HACHETTE
WEINFÜHRER FRANKREICH 2002

HACHETTE
WEINFÜHRER FRANKREICH 2002

Deutsch von Günther Kirchberger

Hallwag
München und Bern

Die Originalausgabe ist 2001 unter dem Titel
Le Guide Hachette des Vins 2002
im Verlag Hachette Livre (Hachette Pratique), Paris, erschienen.

Hallwag ist ein Unternehmen des
Gräfe und Unzer Verlags, München

Hallwag dankt
Eva Zwahlen, Langnau am Albis,
für Durchsicht und Ergänzungen
des Kapitels Schweiz.

Kartographie: Fabrice Le Goff
Illustrationen: Véronique Chappée
Produktion: Gérard Piassale
Umschlaggestaltung: Robert Buchmüller

Satz: Otto Kunz, Bern (Seiten 1–76),
M.I.C., Paris (ab Seite 77)
Fotolithos: Packédit
Druck: Maulde & Renou à Saint-Quentin
Einband: SIRC, Marigny-le-Châtel

ISBN 3-7742-0042-4

Hallwag

INHALT

Symbole 6
Vorbemerkung 7

Der wohl durchdachte Wein 9
Die aktuelle Weinbausituation in Frankreich 11
Was gibt es Neues...? 11
Der Wein 30
Der Weinführer des Verbrauchers 42
Speisen und Weine 70

DIE BESTEN WEINE FRANKREICHS 77–1294

Alsace (Elsaß) und Ostfrankreich 77
Beaujolais und Lyonnais 147
Bordelais 198
Burgund (Bourgogne) 455
Champagne 695
Jura, Savoie und Bugey 771
Languedoc und Roussillon 800
Provence und Korsika 865
Südwestfrankreich (Sud-Ouest) 910
Tal der Loire und Mittelfrankreich 971
Tal der Rhône 1137
Vins doux naturels (gespritete Weine) 1216
Vins de liqueur (Likörweine) 1240
Vins de pays (Landweine) 1253

DIE BESTEN WEINE LUXEMBURGS 1295–1300

DIE BESTEN WEINE DER SCHWEIZ 1301–1331

Index der Appellationen 1332
Index der Gemeinden 1335
Index der Weinerzeuger 1346
Index der Weine 1375

SYMBOLE

IM WEINFÜHRER VERWENDETE SYMBOLE

Die Abbildung eines Etiketts zeigt an, dass es sich dabei um einen «Lieblingswein» handelt

*** außergewöhnlicher Wein
** bemerkenswerter Wein
* sehr gelungener Wein

1999 Jahrgang des verkosteten Weins

□ «stiller» Weißwein
◪ «stiller» Roséwein
■ «stiller» Rotwein
○ weißer Schaumwein
◑ Rosé-Schaumwein
● roter Schaumwein

50 000, 12 500 . . . durchschnittliche Flaschenzahl des verkosteten Weins

4 ha Anbaufläche des verkosteten Weins

- Ausbau im Gärbehälter
- Ausbau im Holzfass
- Temperaturregelung
- Anschrift, Telefon-, Faxnummer, E-Mail
- Verkauf beim Erzeuger
- Besuchs- oder Probiermöglichkeit (n.V. = nach Vereinbarung)
- Name des Besitzers, sofern nicht mit dem Namen in der Anschrift identisch

k. A. keine näheren Angaben übermittelt

DIE PREISE

DIE PREISE (Durchschnittspreis pro Flasche im Zwölferkarton, in Euro)

– 3 € – 20 F	3–5 € 20–30 F	5–8 € 30–50 F	8–11 € 50–70 F
11–15 € 70–100 F	15–23 € 100–150 F	23–30 € 150–200 F	30–38 € 200–250F
38–46 € 250–300 F	46–76 € 300–500 F	+76 € + 500 F	

Der rote Hintergrund zeigt ein gutes Verhältnis von Qualität und Preis an.

DIE JAHRGÄNGE

(82) 83 |(85)||86| 89 (90) 91 |92| 93 **95** 96 |97| **98**

83 91	Die Jahrgänge in Rot sind trinkreif
93 95	Die Jahrgänge in Schwarz sind zum Einkellern bestimmt
|86||**92**|	Die Jahrgänge in Schwarz zwischen zwei senkrechten Strichen sind trinkreif, können aber auch noch gelagert werden
83 95	Die besten Jahrgänge sind halbfett gedruckt
(90)	Der Spitzenjahrgang befindet sich in einem Kreis
|(85)|	Spitzenjahrgang, der trinkreif ist, aber auch noch gelagert werden kann

Die Angabe der Jahrgänge bedeutet nicht, dass man die betreffenden Weine alle beim Erzeuger kaufen kann. Man findet sie jedoch in Weinfachhandlungen oder in Restaurants.

VORBEMERKUNG

Die Auswahl des Jahres

In diesem Weinführer finden Sie die 9000 besten Weine Frankreichs, Luxemburgs und der Schweiz beschrieben, die **alle im Jahr 2001** verkostet wurden. Es handelt sich um eine völlig neue Auswahl, die sich auf den letzten auf Flaschen abgefüllten Jahrgang stützt. Diese Weine sind von **900 Experten im Rahmen von Blindproben** des Hachette-Weinführers unter mehr als 30000 Weinen aller Appellationen **ausgewählt worden.** Zusätzlich werden über 1000 Weine, die keinen eigenen Eintrag erhalten, zusammen mit dem besten Wein desselben Erzeugers **in Fettdruck** aufgeführt. Auch sie wurden alle aufgrund von Blindverkostungen ausgewählt und verdienen die Aufmerksamkeit der Leserschaft.

Ein objektiver Weinführer

Die **Unabhängigkeit dieses Weinführers** ist dadurch garantiert, dass niemand von den hier vertretenen Erzeugern, Weinhändlern oder Genossenschaften finanziell oder in Form von Werbeaufträgen an der Publikation beteiligt ist. Vielmehr möchte dieses Buch ein **Leitfaden für den Weinkauf im Dienste der Verbraucher** sein. Die Noten der Weinproben muss man innerhalb der jeweiligen Appellation vergleichen; es ist nämlich unmöglich, verschiedene Appellationen mit demselben Maßstab zu beurteilen.

Eine Einteilung nach Sternen

Jeder Wein wird verhüllt präsentiert, damit die Flasche nicht zu erkennen ist, und von einer Jury beurteilt, die seine Farbe, seine geruchlichen und geschmacklichen Eigenschaften beschreibt und ihm eine Note zwischen 0 und 5 gibt.

0 fehlerhafter Wein; scheidet aus;
1 kleiner Wein, scheidet aus;
2 gelungener Wein, wird ohne Stern lobend erwähnt;
3 sehr gelungener Wein, **ein Stern;**
4 aufgrund seiner Struktur bemerkenswerter Wein, **zwei Sterne;**
5 außerordentlicher Wein, vorbildlich für die Appellation, **drei Sterne.**

Die Lieblingsweine

Die Weine, deren Etikett abgebildet ist, stellen die «Lieblingsweine» dar, die von den Juroren des Weinführers unabhängig ausgewählt worden sind; sie werden den Lesern besonders empfohlen.

Eine klare Lektüre

Der Aufbau dieses Buches ist sehr einfach.

- Die Weine sind aufgeführt:
  - nach Regionen, alphabetisch angeordnet; danach drei Abschnitte für die gespriteten Weine (Vins doux naturels), die Likörweine (Vins de liqueur) und die Landweine (Vins de pays). Die letzten Kapitel bieten eine Auswahl von ausgezeichneten Luxemburger und Schweizer Weinen.
  - nach Appellationen, innerhalb jeder Region nach geografischen Gesichtspunkten;
  - in alphabetischer Reihenfolge innerhalb jeder Appellation.
- Vier Register am Ende des Buches ermöglichen es, die Appellationen, die Gemeinden, die Erzeuger und die Weine rasch aufzufinden.
- Die 49 Originalkarten geben eine Vorstellung von der geografischen Lage der Weinbaugebiete.

Die Gründe, warum manche Weine fehlen

Bekannte, manchmal sogar berühmte Weine können in dieser Ausgabe fehlen: entweder weil ihre Erzeuger sie nicht vorgestellt haben oder weil sie im Verlauf der Weinproben ausgeschieden sind.

Weinführer für den Käufer

Das Ziel dieses Weinführers ist es, **dem Verbraucher dabei zu helfen, dass er seine Weine nach seinem Geschmack aussuchen** und das beste Verhältnis zwischen Preis und Leistung (angezeigt durch ein Preissymbol in Rot) herausfinden kann.
- Eine aufmerksame Lektüre der einleitenden Abschnitte (im allgemeinen Teil, für die einzelnen Regionen und für die jeweilige Appellation) ist unverzichtbar; einige Informationen, die auf eine Reihe von Weinen zutreffen, werden nicht für jeden einzelnen Wein wiederholt.
- Das **Lesezeichen** liefert – gleichgültig, welche Seite man aufschlägt – den **Schlüssel zu den Symbolen.** Konsultieren Sie dazu auch die Seiten 4, 5 und 6.
- Einige Weine, die aufgrund ihrer Qualität ausgewählt wurden, sind nicht sehr weit verbreitet. Der Herausgeber ist nicht dafür verantwortlich zu machen, dass sie beim Erzeuger nicht verfügbar sind; er fordert aber die Weinfreunde dazu auf, nach ihnen in Weinfachhandlungen, bei Weinhändlern oder auf den Weinkarten von Restaurants zu suchen.
- Ein Ratschlag zum Schluss: Die Weinprobe beim Erzeuger ist sehr oft kostenlos. Missbrauchen Sie sie nicht; die Weinprobe bildet einen nicht unwesentlichen Kostenfaktor für den Erzeuger, der für Sie nicht seine alten Flaschen aufmachen kann.

Wichtig: der Preis der Weine

Die Preise (Durchschnittspreis pro Flasche, im Karton mit zwölf Flaschen), die in Form von «Preisspannen» angegeben sind, unterliegen der **Preisentwicklung** und gelten nur **unter Vorbehalt.** In der Schweiz, in Deutschland und Österreich werden diese Weine zu unterschiedlichen Preisen gehandelt. Die Preise für die Schweizer Weine sind ebenfalls in Euro angegeben.

Die Telefonnummern

Vorwahl für Frankreich: 0033; für Luxemburg: 00352; für die Schweiz: 0041.

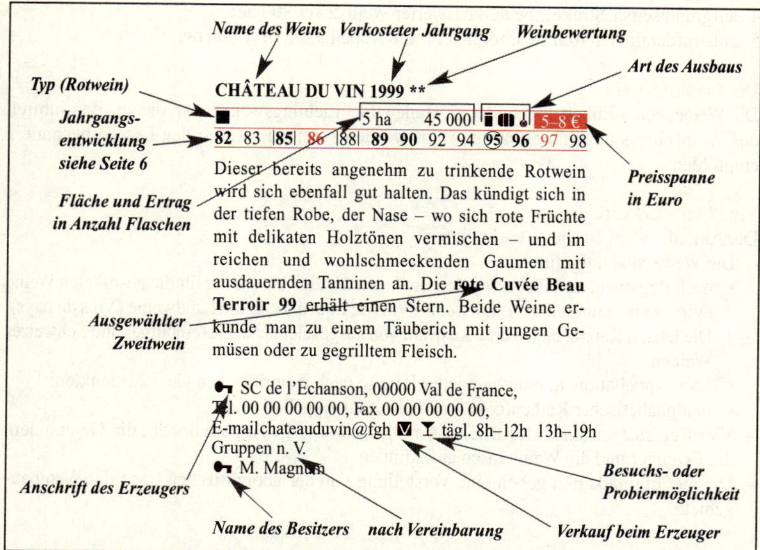

DER WOHL DURCHDACHTE WEIN

Angesichts der Nachfrage der Verbraucher treffen die AOCs Vorbereitungen dafür, Praktiken des integrierten Anbaus in ihre Produktionsvorschriften einzubeziehen. Eine Initiative, die im Geiste der Appellation d'origine contrôlée bleibt, die seit mehr als 65 Jahren den Rahmen für die Erzeugung von Qualitätsweinen bildet.

Während sich die Verbraucher immer mehr um die gesundheitliche und geschmackliche Qualität der Lebensmittel sorgen, die sie kaufen (die beunruhigenden Meldungen des letzten Jahrzehnts haben sie darin erheblich bestärkt), könnten die Winzer zu sich sagen, sie seien Pioniere auf diesem Gebiet gewesen, und sich selbstzufrieden zurücklehnen. Das ganze Gebäude der 1935 geschaffenen Apellations d'origine contrôllées ist nämlich dazu bestimmt, dem Käufer nicht nur den Ursprung des Weins, sondern auch dessen *«Terroir»* zu garantieren: ein Begriff, der eine sehr komplexe Gesamtheit von natürlichen Faktoren und «gleich bleibenden, redlichen, örtlichen» Produktionsbedingungen umfasst, die von den Erlassen für jede Appellation definiert werden. Die Gesetzestexte geben auch die zugelassenen Rebsorten sowie die Zahl der Rebstöcke pro Hektar, die Art des Rebschnitts und die Vinifizierungsmethoden genau an. Zweifellos muss man nicht schon morgen erleben, dass gentechnisch veränderte Reben in den AOCs zugelassen werden, weil es schon jetzt fast unmöglich ist, dort traditionelle Neuzüchtungen einzuführen.

Die Versuchung war groß, sich mit einem bewährten System zufrieden zu geben. Dennoch spüren – auch wenn Frankreich die strengste Kontrolleinrichtung auf dem Gebiet der Weinerzeugung eingeführt hat – die Erzeuger mit dem größten Umweltbewusstsein seit langem die Notwendigkeit, beim Umweltschutz entschlossen zu handeln.

1945–1980: Das goldene Zeitalter der chemischen Schädlingsbekämpfung

Tatsächlich berücksichtigen die Produktionsvorschriften für die AOCs nicht die chemischen Pflanzenschutzmittel, die 1935 praktisch noch nicht existierten, mit Ausnahme von Schwefel zur Bekämpfung des Echten Mehltaus und von Kupfersulfat gegen den Falschen Mehltau sowie Arsenverbindungen für die Behandlung der Rebstöcke. Nach dem Zweiten Weltkrieg stellten die gewaltigen Fortschritte der organischen Chemie den Winzern unerhörte Waffen zur Verfügung, um ihre «Feinde» zu bekämpfen: Insektizide und Akarizide, Mittel gegen Fäulnispilze aller Art und Herbizide, um die Bodenbearbeitung zu reduzieren. Die Schädlingsbekämpfung war umso erbitterter, als man sich an die Schäden durch die Reblaus erinnerte, die fast den gesamten Weinbau vernichtet hatte. Die Begeisterung war auf ihrem Höhepunkt: Es gab keine «schlechten Jahre» mehr, denn sogar unter den schlimmsten Witterungsbedingungen wurde die Produktionsmenge kaum beeinträchtigt; vor allem konnte man praktisch immer gesunde Trauben erzielen. Die Wissenschaft wirkte Wunder, so dass die Versuchung groß war, sie einzusetzen oder sogar zu missbrauchen. Präventive Behandlungsmaßnahmen im Sommer bis zu zwölf Malen in weniger als drei Monaten, Besprühen in großem Maßstab, vom Hubschrauber aus, wenn das Gelände zu steil war, «systemische» Produkte, die in das Innere der Pflanze eindrangen.

Mehrere Alarmsignale

Dank mehrerer Alarmsignale in vielen Anbaugebieten konnten die Erzeuger die negativen Auswirkungen einer systematischen, undifferenzierten chemischen Schädlingsbekämpfung feststellen, was sie gegenüber den verwendeten Produkten wachsamer machte, im Weinberg ebenso wie im Keller. In den 80er Jahren beispielsweise gab es Procymidon, ein Wundermolekül gegen die Graufäule. Ein Fungizid mit sagenhaftem Durchdringungsvermögen, das die Rebe schützte. Bis man feststellte, dass es so tief eindrang, dass man auch im Most und im Wein Rückstände fand. Die US-Regierung verbot sofort die Verwendung dieser Chemikalie sowie die Ausfuhr von Weinen, die Spuren davon enthielten.

Die gezielte Schädlingsbekämpfung: ein abgestufter Gegenangriff

Heute ist die Umwelt ein unumgängliches Kriterium, wenn man über die Wahl der Methoden nachdenkt. Man denkt jedoch nicht mehr nur nach, sondern handelt auch. Überall haben Winzer seit mindestens zehn Jahren begonnen, einen integrierten Anbau zu betreiben. Dieser besteht darin, chemische Düngemittel einzuschränken oder sogar ganz wegzulassen, Krankheiten zu beobachten, Schädlinge mit Hilfe von «Fallen» zu zählen, um sie nur im äußersten Notfall zu vernichten, und keine Herbizide mehr zu verwenden. Im Departement Gironde ist Philippe Chéty, einer der Pioniere dieser Anbaupraxis, sogar Leiter der Weinabteilung der Landwirtschaftskammer der Gironde geworden; damit ist ein maßvollerer Einsatz der chemischen Schutzmittel gewährleistet. Er verwendet diese Praktiken seit achtzehn Jahren und versichert, dass man 25 bis 50 % des Spritzens vermeiden kann, wenn man das Rebenwachstum begrenzt und nur sprüht, wenn es unbedingt notwendig ist. Die betreffenden Beamten der Landwirtschaftskammer, von denen viele in den letzten zehn Jahren angestellt wurden, sind alle in diesen neuen Praktiken ausgebildet worden.

Vereinheitlichung der Methoden?

Im Beaujolais hat die Landwirtschaftskammer der Rhône in Form der Entwicklungskommission des Beaujolais mit der «Charta für die Qualität» von 1990 einen ähnlichen Vorstoß unternommen. Im Laufe der Jahre hat sich die Zahl der Erzeuger, die Mitglieder der Charta sind, regelmäßig vergrößert (1999 über 220). Für Erzeuger, die noch weiter gehen wollten, ist 1997 eine Vereinigung gegründet worden, die ein sehr strenges Leistungsverzeichnis besitzt. Sie hat Anhänger in vielen anderen Anbaugebieten gefunden. Der Respekt vor den Leistungen, die eine Kontrollstelle garantiert, kommt in der Bewilligung eines Logos zum Ausdruck, das auf dem Etikett erscheinen darf.

Diese individuellen Vorstöße mussten unweigerlich zu Reaktionen der Verantwortlichen führen. Wenn Erzeuger es für notwendig halten, weiterzugehen und sich zusätzliche Vorschriften aufzuerlegen, muss dann die AOC nicht diese Berücksichtigung des Umweltschutzes in ihre Vorschriften aufnehmen? Bislang handelte es sich nur um Biolandwirte am Rande des landwirtschaftlichen Systems, die ökologisch bewusste Verbraucher ansprechen. Lassen sich die Bestimmungen des integrierten Landbaus jetzt auf alle anwenden?

Weinbau und Umwelt

Die Kommission «Terroirs und Umwelt» des INAO hat daher die Aufgabe, den Verbrauchern zusätzliche Garantien zu geben. Das ist das Fazit des Berichts, den sie dem nationalen Rat des INAO am 26. April 2001 vorlegte. Die Grundidee besteht darin, in die für jede Appellation definierten Produktionsbedingungen Sachverhalte einzubeziehen, von denen man 1935 keine Vorstellung hatte: Entseuchung der Böden, Verwendung von Dünge- und Pflanzenschutzmitteln, Unkrautvernichtung, Entlaubung usw. Man gab rasch die Idee auf, allen Appellationen allgemeine Vorschriften aufzuerlegen; so sehr widerspricht das dem Geist der AOCs. Diese funktionieren nämlich dezentralisiert; eine AOC ist ein kollektives Erbe, für das jeder Erzeuger mitverantwortlich ist; deshalb müssen die Winzer selbst die Bestimmungen vorschlagen, die sich für ihr Anbaugebiet am besten eignen. Die Champagne, die von den Problemen der Wasserverschmutzung am schwerwiegendsten betroffen ist, hat ihre Arbeit bereits abgeschlossen, während sie im Bordelais mit Unterstützung der Weinbauverbände weitergeführt wird. Ein solches Vorgehen hat den Vorteil, dass er die große Mehrheit der Erzeuger zu einer größeren Beachtung der Umwelt bewegen kann. Die Qualität des Weins wird zwangsläufig von der Aufmerksamkeit profitieren, die den Reben entgegengebracht wird.

Radikale Vorstösse

Einige Verbraucher haben sich dafür entschieden, Weine aus biologischem Anbau zu kaufen. Diese Anbauweise schließt den Einsatz der Chemie nicht völlig aus, denn Schwefel und Kupfersulfat bleiben erlaubt, aber sie verbietet Herbizide und synthetische Pflanzenschutzmittel. Vor allem empfiehlt sie Bodenbearbeitung und die Verwendung organischen Düngers als Ersatz für die Chemie.

Das Label *AB* (für Agriculture biologique), das viele Stellen beglaubigen, garantiert prinzipiell diese Praktiken, die künftig vom Landwirtschaftsministerium anerkannt werden, das ein Leistungsverzeichnis bewilligt hat.

Der biologisch-dynamische Weinbau geht noch weiter, hat aber noch sehr wenige Verfechter, abgesehen von Stars wie Nicolas Joly in La Coulée de Serrant oder Michel Chapoutier in Tain-L'Hermitage. 1924 von dem Österreicher Rudolf Steiner initiiert, präsentiert sich der biologisch-dynamische Anbau als richtige Philosophie, die den Winzer mit dem Kosmos versöhnt, denn sie berücksichtigt den «Einfluss der Sonne, des Mondes und aller Planetenbewegungen auf das Leben».

Auch wenn nicht der gesamte AOC-Weinbau diesen extremen Praktiken folgt, wird er «wohl durchdacht» werden, was er von jeher war oder vielmehr immer hätte sein müssen. Es geht darum, ein Terroir optimal zum Ausdruck zu bringen und es nicht zu vergewaltigen. Der große Wein muss «durchdacht» sein.

DIE AKTUELLE WEINBAUSITUATION IN FRANKREICH

Frankreich hat 2000 etwa 59,7 Mio. hl Wein erzeugt (36 % Weißweine und 64 % Rot- und Roséweine). Der Binnenmarkt ist zwar mit einem durchschnittlichen Verbrauch von 54 l pro Kopf und Jahr immer noch sehr wichtig, aber der Export macht weiterhin einen erheblichen Teil des Absatzes aus. 2000 wurden 14,8 Mio. hl ins Ausland verkauft. Die VQPRD-Stillweine repräsentierten 6,8 Mio. hl und erzielten 18,9 Mio. Francs. Gegenüber 1999 verringerten sich die Exporte dem Volumen nach, blieben aber wertmäßig bei dieser Weinkategorie stabil, während die Tafelweine einschließlich der Landweine eine schwere Krise durchmachen.

WAS GIBT ES NEUES IM ELSASS?

Das sehr lange mit seinen Rebsorten gleichgesetzte Anbaugebiet befasst sich eingehend mit seinen Grands crus. Es lebe das Terroir in Form der Reblagen!

Im gesamten Anbaugebiet war der Winter 2000 mild. Austrieb um den 20. April herum. Ein wechselhafter Frühling, feucht im April, sonnig im Mai. Heftige Wärmegewitter. Hagelschlag am 10., 11. und 13. Mai traf Andlau, den Brandhof, den Moenchberg, Scherwiller und Ribeauvillé. Die Vegetation startete mit gut zwei Wochen Vorsprung. Die Blüte erfolgte außergewöhnlich früh, um den 6. Juni herum. Im Juli gab es wieder regnerisches, kühles Wetter. Im August kam es dann erneut zu Gewittern, die oft von Hagel begleitet waren (am 25. Juli über dem Kritt sowie in Orschwiller, Bergheim, Eguisheim und Ribeauvillé). Die Lese begann schon am 11. September für den Crémant, am 21. September für die Stillweine und am 2. Oktober für die Spätlesen und Beerenauslesen. Die Pflücker wurden nass: Es regnete viel, vor allem Mitte Oktober, was zu einem Befall mit Graufäule führte. Die Edelfäule entwickelte sich recht frühzeitig und sollte ansprechende Ergebnisse erbringen, sofern die Trauben rasch gelesen wurden.

Die Erntemenge 2000 betrug 1 214 624 hl; sie lag damit zwar niedriger als im Vorjahr (fast 1 240 000 hl), aber über dem Durchschnitt der letzten fünf Jahre. Der mittlere Hektarertrag befand sich 1999 bei 90 hl und beträgt diesmal etwa 85 hl. Die AOC Alsace macht 1 008 744 hl aus (83 % der elsässischen Gesamtproduktion).

2000: Das Jahr des Rieslings

Wegen der häufigen Regenfälle litten die dafür anfälligen Rebsorten Muscat und Chasselas; es kann ihnen an Konzentration mangeln. Die Pinot-Sorten wurden manchmal von Fäulnispilzen befallen. Der Auxerrois fiel oft lecker aus. Der Gewürztraminer ist zumeist passabel; seine Säure bietet Aussicht auf Lagerfähigkeit. Pinot gris lieferte Trauben von grandioser Reife, die aber oft schwer zu meistern sind. Wenn sie sorgfältig ausgelesen und vinifiziert wurden, macht die Rebsorte ihrem Jahrgang Ehre. Der Sylvaner hat einen guten Wein hervorgebracht. Gewinner des Jahres ist der ziemlich spät reifende Riesling, insbesondere in Riquewihr und Umgebung.

Alsace grand cru: das Flaggschiff der AOC

Der neue Erlass vom 24. Januar 2001 bringt spürbare Veränderungen für die Vorschriften, die für die Weine der AOC Alsace grand cru gelten (4 % der elsässischen Produktion, 1 600 ha als Grand cru eingestuft, davon 700 ha bestockt). Jeder Erzeuger, der die Absicht hat, einen Grand-cru-Wein zu produzieren, muss künftig vor dem 1. März eine Erklärung unterschreiben, die vor allem die Bezeichnung, die Rebsorte und die Fläche der für diese Produktion bestimmten Parzellen genau angibt. Neue Vorschriften für die Anbauweise gelten für jede ab dem 1. September 2000 angelegte Parzelle: Pflanzdichte von mindestens 4 500 Stöcken pro Hektar, Höchstabstand von 2 m zwischen den Rebzeilen, Verbot einer mechanischen Traubenlese.

Der neu zugelassene Grundertrag liegt bei 55 hl/ha (statt der im letzten Erlass festgelegten 70 hl/ha). Dieser Wert kann jährlich um einen Betrag erhöht werden, der die Obergrenze für die Zulassung zur AOC festlegt und variiert (zwischen 0 und 20 %), wobei der höchstmögliche Ertrag 66 hl/ha ist. Die AOC Alsace grand cru repräsentiert noch keine sehr große Menge, aber das Volumen nimmt von Jahr zu Jahr zu: Die Produktion ist von 33 500 hl 1995 auf 48 500 hl im Jahre 2000 angestiegen. Eine solche Steigerung zeugt von einer Revolution: Das elsässische Weinbaugebiet, das bisher seinen Rebsorten den Vorzug gab, wendet sich immer stärker seinen Terroirs zu, ausgehend von den Grands crus. Eine neue Identität zeichnet sich ab, wobei die Erzeuger danach streben, die Rebsorte möglichst gut dem Terroir anzupassen. Diese Analyse könnte langfristig dazu führen, die Zahl der in jedem Grand cru zugelassenen Rebsorten zu begrenzen (im Augenblick sind es vier Sorten: Muscat, Pinot gris, Riesling und Gewürztraminer) und für den Sylvaner, der gegenwärtig nicht als Grand cru zugelassen ist, bestimmte für diese Rebsorten günstige Reblagen zu öffnen.

Ein Markt mit leichtem Rückgang

Nach einer euphorischen Periode (absoluter Verkaufsrekord im Wirtschaftsjahr 1999/2000 mit 1 199 000 hl oder 160 Mio. Flaschen, +4,3 % innerhalb eines Jahres) ging der elsässische Stillwein im Jahre 2000 beim Verkauf leicht zurück (der Menge nach –2 % mit 155 Mio. Flaschen). Der größte neue Durchbruch im Ausland gelang in Kanada (+27 %), Norwegen (+17 %), Japan (+9 %) und den USA (+8 %). Die Niederlande bleiben (außer beim Crémant) der beste Kunde: 20 %. Der deutsche Markt nimmt den dritten Platz ein, während er dreißig Jahre lang der größte Abnehmer war. Wenn man jedoch den Crémant einbezieht, behält Deutschland den ersten Rang beim Export (8,5 Mio. Flaschen) vor Belgien und Luxemburg (8,4 Mio. Flaschen) und den Niederlanden (8,1 Mio. Flaschen).

Nach den guten Ergebnissen 1999 verzeichnet der elsässische Crémant ebenfalls einen Rückgang (–4 % im Jahre 2000). Mit fast 20 Mio. Flaschen bleibt er allerdings der Marktführer bei den französischen Schaumweinen mit Ausnahme des Champagners. Seine Produktion lag 2000 bei 157 000 hl (13 % des Gesamtvolumens des Anbaugebiets).

Kurzmeldungen aus dem Elsass

Das INAO plant eine Modifizierung des Erlasses für die AOC Crémant d'Alsace, um eine Verbesserung des Transports und somit der Traubenqualität zu erreichen. Wie bei allen Schaumweinen nach der traditionellen Methode der Flaschengärung müssen die Trauben als Ganzbeeren in der Presse ankommen. Diese Anforderung wird in dem vorbereiteten Text herausgestellt. Die Einrichtungen für die Traubenannahme und die Kelterung müssen dann genehmigt werden.

WAS GIBT ES NEUES IM BEAUJOLAIS?

Wir erinnern uns an die Debatte, die im letzten Jahr zum Thema Erntemaschinen das Anbaugebiet erregte. Würde man ihre Verwendung zulassen, die den Bräuchen und den Vorschriften widerspricht? Das war nicht der Fall, aber die Diskussion geht weiter. Ansonsten ist der 2000er durch und durch ein Beaujolais, während der 99er ein wenig untypisch war.

Ein komisches Jahr, dieses 2000! Unwetter, aber keine Schäden. Im April weckte warmes Wetter die Natur auf. Fast tropische Feuchtigkeit und glühend heißer Südwind. Falscher Mehltau und Schwarzfäule beunruhigten die üppig wachsenden Reben. Gewitter gingen nieder, vor allem im Juni während des Pfingstwochenendes. Der Juli war kalt, aber der August glich das Defizit aus. Die Beerenreifung erfolgte frühzeitig; die Graufäule fehlte nahezu. Die Traubenlese begann nach mehreren sonnigen Wochen am 28. August. Die Ernte dauerte bis zum 20. September; sie fand unter günstigen Witterungsbedingungen statt und fand gesunde Trauben vor. Die Lese 2000 war die frühzeitigste der letzten dreißig Jahre. Ein typisches «Beaujolais»-Jahr: Im Gegensatz zum Vorjahr, das fleischige, kräftig gebaute Weine lieferte, brachte 2000 ziemlich fruchtige Weine mit wenig Säure hervor.

KEINE MECHANISCHE TRAUBENLESE

Die 2000er Ernte beträgt 1 396 835 hl. Der weiße Beaujolais geht weiter zurück. Beaujolais und Beaujolais-Villages behaupten sich. Bei den Crus (368 463 hl) kann man von relativer Stabilität sprechen, außer beim Régnié (–14,3 %), der seinen Rang als zehnter Cru noch nicht gefunden hat. Leichte Rückgänge sind auch beim Chénas, Juliénas und Saint-Amour festzustellen. Die Exporte sind mengenmäßig leicht gesunken (–1,9 %), dem Wert nach aber weiter gestiegen (+3,2 %). Deutschland bleibt der Hauptabnehmer (24,2 % der Menge nach), aber das Volumen ist um 5,6 % zurückgegangen. In Großbritannien hingegen sind die Zahlen trotz sehr starker Konkurrenz durch die Weine aus der Neuen Welt gestiegen, um 5,1 % mengenmäßig und um 8,7 % dem Wert nach. Die Beaujolais-Weine sind die meistexportierten AOC-Weine in Japan, dem fünftgrößten Abnehmer des Anbaugebiets.
Erntemaschinen im südlichen Teil des Anbaugebiets? Bei einer geheimen Abstimmung sprach sich das Comité interprofessionnel dagegen aus (36 Stimmen dagegen, fünf dafür und zwei Enthaltungen). Diese Klugheit ist nicht nach dem Geschmack aller Winzer, von denen mehrere nach einer Empfehlung der Weinbauunion des Beaujolais bereits ihre Erntemaschine bestellt hatten.

60 MILLIONEN FLASCHEN PRIMEURWEIN

Der 2000er Primeurwein kam erstmals in Seoul und St. Petersburg auf den Markt. Ein Drittel der Produktion des Anbaugebiets wurde 2000 als Beaujolais Nouveau abgesetzt (452 000 hl, d. h. 60 Mio. Flaschen). Eine neue Bestimmung für den Beaujolais Nouveau ist in Vorbereitung. Die Erzeuger von Lantignié denken über einen «Spitzen»-Primeur nach, der sich auf den Gemeindenamen gründet.

KURZMELDUNGEN AUS DEM BEAUJOLAIS

Das burgundische Fest Saint-Vincent findet Nacheiferer! Seit 2001 ist das «Fest der Beaujolais-Crus», das bisher in Chiroubles veranstaltet wurde, zu einem turnusmäßig wechselnden Fest geworden. Es fand am 6. Mai 2000 in Fleurie statt. Im Frühjahr 2002 wird es in Villié-Morgon abgehalten. SICAREX Beaujolais und INRA befassten sich mit der Reifung der Gamay-Rebe und kamen zu dem Schluss, dass eine späte Lese die Säure verringert, die Farbe verstärkt. Eine Neuerung beim 2000er: Die Winzer des Beaujolais errichteten mitten in Lyon eine Gäranlage und vinifizierten dort 150 hl. Im Süden des Anbaugebiets begleitete die Gründung einer neuen Confrérie das Fest des «Beaujolais gourmand» in Tarare: Die *Consœurerie de la Tarndouille* (benannt nach einer in Beaujolais-Wein zubereiteten Andouille) hat ausschließlich weibliche Mitglieder.
Louis Bréchard, einer der Väter der AOC und ein halbes Jahrhundert lang ein Stützpfeiler des Weinbaus, von jedermann «Papa Bréchard» genannt, starb im Alter von 96 Jahren.

WAS GIBT ES NEUES IM BORDELAIS?

Der 2000er ist unbestreitbar ein technischer Erfolg, willkommen als Unterstützung eines für die meisten Erzeuger ziemlich lustlosen Markts. Trotzdem kennen die Preise für international hoch geschätzte Crus keine Grenzen mehr.

Der 2000er war in Bordeaux der Jahrgang der Superlative, um die Unmäßigkeit des Markts zu beschreiben und um die Qualität der Ernte zu rühmen. Zugegeben, seit 1989 und 1990 hatte man zweifellos keine so günstigen Witterungsbedingungen mehr, um große Weine zu erzeugen. Die Notizen zum Jahrgang, die jedes Jahr die Professoren Pascal Ribérau-Gayon und Guy Guimberton von der önologischen Fakultät erstellen, sind immer noch die «Bibel».

Ein triumphaler 2000er

Die Wetterbeobachtungen und Analysewerte, die seit mehreren Jahrzehnten unter den gleichen Bedingungen festgehalten werden, bestätigen überdies andere Beobachtungen über eine Erwärmung der Erde. Der Gedanke ist erlaubt, dass sich der Weintyp von Bordeaux dadurch langfristig ebenso sicher ändern könnte wie durch Modifizierungen bei der Anbauweise oder bei den Vinifizierungsmethoden.

Die beiden Professoren haben etwa eine regelmäßige Verschiebung beim durchschnittlichen Zeitpunkt der Halbzeit der Blüte und der Beerenreifung während der 70er, 80er und 90er Jahre festgestellt. Innerhalb von dreißig Jahren wurden zwei Wochen gewonnen. Diese Zahlen, die sich auf Mittelwerte der Jahrzehnte stützen, zeigen auch eine Beschleunigung dieser Tendenz in der letzten Phase. Regelmäßig kann man frühzeitigere Lesen mit reiferen Trauben beobachten.

Der Jahrgang 2000 geht sogar über die langfristige Tendenz hinaus, was ihm einen außergewöhnlichen Charakter verleiht. Die schon für den 6. August festgestellte Halbzeit der Beerenreifung war extrem früh. Zu Beginn des Jahres war es besonders warm, ohne dass nach dem Beginn der Vegetationsperiode von April bis Juni ein Wassermangel zu beobachten gewesen wäre. Der Falsche Mehltau, der unter solchen Bedingungen ziemlich stark auftrat, wurde sehr rasch unterdrückt.

Der Sommer begann schlecht, mit Kälte und Regen Anfang Juli, doch ab der zweiten Monatshälfte war es warm und trocken. Diese Bedingungen hielten im September an. Die Höchsttemperatur lag zwei Wochen lang über 25 °C, an drei Tagen sogar über 30 °C.

Reife und Qualität

Am 18. September, der letzten Erhebung vor der Lese, hatten die Trauben eine außergewöhnliche Reife erreicht, mit einem potenziellen Alkoholgehalt von 13,6° bei Merlot und 12,2° bei Cabernet Sauvignon. Sogar 1989, zusammen mit 1996 das letzte Rekordjahr, war man weit davon entfernt! Noch bemerkenswerter ist, dass diese Qualität mit hohen Erträgen einherging, denn das Beerengewicht lag über dem Wert der bekannten großen Jahrgänge. Trotzdem blieb der Gehalt der Polyphenole, d. h. der Tannine, sehr hoch, was eine gute Struktur und komplexe Weine garantiert. All das jedoch um den Preis einer geringen Säure, die trotzdem mit dem Wert der großen Jahrgänge 1989 und 1990 vergleichbar ist. Der letzte Trumpf der 2000er Ernte ist ein ausgezeichneter Gesundheitszustand.

Die letzte Lese des Jahrtausends war denkwürdig. Das Wetter blieb bis Ende September mild. Erst ab dem 10. Oktober stellte sich der Herbst mit starken Niederschlägen ein. Das Anbaugebiet sollte praktisch bis Januar 2001 die Sonne nicht mehr wiedersehen.

Die für Bordeaux sec bestimmten weißen Trauben wurden bei Sonnenschein geerntet, in einem perfekten Gesundheitszustand und bei voller Reife. All das ergibt problemlose Vinifizierungen und gelungene Weine, mit einem einzigen Nachteil: Aromen, die nicht ihren vollen Charakter erreicht haben. Bekanntlich bevorzugen die Weißweine oft die Frische, um ihr Potenzial zu entfalten. Zweifellos ist der Jahrgang günstiger für Weißweine, die für eine Alterung bestimmt sind und unter Umständen im Barriquefass ausgebaut werden, eher als für Weine, die aromatisch sein sollen. Bei den Rotweinen dagegen haben wir das volle Programm. Tiefe Farbe,

Tannine, Frucht und Sanftheit: Sie waren sofort bemerkenswert und erinnern darin an die sanftesten Weine wie die 82er und 89er. Zwar wurden die Cabernet-Sauvignon-Trauben in den spät reifenden Lagen bei Regen geerntet, aber ohne große Schäden. Die roten 2000er entsprechen den größten Weinen, die schon in den ersten Jahren angenehm schmecken und dennoch mehrere Jahrzehnte altern können. Die edelsüßen Weine litten am Ende der Saison unter dem Dauerregen, denn die Edelfäule konnte sich nicht entwickeln und ihre Aufgabe erfüllen: Viele Châteaus verzichteten darauf, die letzten Beeren zu lesen. Der typische Charakter der Sauternes- und Barsac-Weine ist in Gefahr, auch wenn einige gut gebaute Weine erzeugt wurden.

Riesige Mengen, sinkende Preise

Nachdem die mit Reben bestockte AOC-Anbaufläche seit der letzten Lese im Bordelais nochmals um fast 2 000 ha anstieg, ist es nicht erstaunlich, dass die Ernte reichlich ausfiel. So erreichte die für rote AOC-Trauben deklarierte Produktionsmenge 6 037 494 hl gegenüber 5 965 896 hl im Jahre 1999. Hingegen mussten die weißen Trauben einen erneuten Rückgang ihrer Produktion hinnehmen und sanken von 912 797 hl auf 856 911 hl.

Diese hohe Menge hat den Markt schwer belastet, vor allem bei den regionalen AOCs. Die Kurse, die schon Anfang 2000 schwach bewertet waren, mit einem Großhandelspreis von 8 500 F für ein *tonneau* Bordeaux rouge (900 l), sanken nochmals. Während des gesamten Wirtschaftsjahrs 2000/2001 blieben sie zwischen 6 500 und 7 500 F, was die Erzeuger etwa zehn Jahre zurückwirft. Diesen ist es jedoch gelungen, ein Marktsegment zu erobern, mit Hilfe des Bordeaux Supérieur, einer Appellation, die im Juni 2001 mit 8 000 bis 8 500 F pro Fass notiert war. Der Verbraucher findet den Bordeaux in den Regalen zu einem Durchschnittspreis von 18 Francs und den Bordeaux Supérieur mit 24 Francs.

Die Welle des Roséweins flaut nicht ab; seine Verkäufe erhöhten sich 2000 um 24 %. Dem Weißwein dagegen geht es schlechter als je zuvor. Mit einem Fasspreis zwischen 2 500 und 4000 F ist er trotz eines kontinuierlichen Rückgangs der für ihn bestimmten Rebfläche und der Produktion in arger Bedrängnis. Schade eigentlich, denn weiße Bordeaux-Weine, Entre-Deux-Mers oder Graves können ein Qualitätsniveau erreichen, das sehr vieler Weißweine mit spezifischer Appellation würdig wäre, die zu einem zwei- oder dreimal so hohen Preis verkauft werden.

Wahnsinnige Subskripitionspreise: eine zweigeteilte Entwicklung

Am anderen Ende der Preisskala kennt man keine Krise; das sind die Grands crus und die Modeweine, die von den Bewertungen einiger Weinkritiker unterstützt werden, die sechs Monate alte Weine probieren, wenn sie noch nicht ausgebaut worden sind und erst vierzehn bis achtzehn Monate später auf Flaschen abgefüllt werden. Die Kampagne für die *en primeur* verkauften Weine von April bis Juni 2001 wirkte in diesem flauen Klima wie eine Provokation. Schon die Crus bourgeois und die Crus classés erhöhten die Preise um 30 bis 50 %, wobei sie sich auf den hohen Dollarkurs, in Verbindung mit der Schwäche des Euro (gegenüber dem britischen Pfund und dem japanischen Yen), und auf die anerkannte Qualität des 2000ers beriefen, als die Premiers crus classés ungeheuerlichste Unverschämtheit bewiesen. Latour, Lafite, Mouton, Margaux und Haut-Brion verlangten einen noch nie dagewesenen Preis von 1 400 F pro Flasche. Verkündet wurde dies einige Tage vor der Eröffnung der VINEXPO, der Ausstellung der Weine und Spirituosen aus der ganzen Welt, die vom 17. bis zum 21. Juni in Bordeaux stattfand. Die Exporte erhöhten sich laut CFCE (Zentrale für den französischen Außenhandel) mengenmäßig ein wenig (2 173 395 hl im Jahre 2000 gegenüber 2 160 803 hl 1999), gingen aber im Wert leicht zurück (–1,19 %), was dennoch mehr als 8 Mrd. F ausmacht.

Verkaufte Châteaus

Ungeachtet der Marktlage gibt es immer Transaktionen. So etwa verkauften die Brüder André und Lucien Lurton den Clos Fourtet, einen Premier grand cru classé in Saint-Emilion, an Philippe Cuvelier, einen Pariser Geschäftsmann der Papierbranche. Mit 280 Mio. F für die 20 ha Reben und die Lagerbestände war der Augenblick gut gewählt. Die britische Gruppe Bass stieß das 1971 erworbene Château Lascombes, einen Second grand

cru in Margaux, ab. Mit 500 Mio. F für 85 ha Reben ist es nicht so teuer wie Clos Fourtet, aber Saint-Emilion hat immer einen Bonus gegenüber dem Médoc. Käufer war ein amerikanischer Finanzfonds, Colony Capital.
In Saint-Emilion wurde Château Curé-Bon, ein Grand cru classé (4,5 ha Reben), von den Brüdern Werheimer erworben, den Besitzern der Firma Chanel sowie von Rauzan Sègle in Margaux und von Château Canon. Es soll verschwinden: Canon wächst dadurch von 18 auf 21,5 ha, denn nur die 3,5 ha auf dem Plateau von Saint-Emilion dürfen zu einem Premier cru classé hochgestuft werden.
Château Meyney (52 ha in Saint-Estèphe) und Château Plagnac (30 ha im Médoc) wurden an Cordier-Mestrezat verkauft, das zu Val d'Orbieu-Listel im Languedoc gehört. Der Clos des Jacobins und Château La Commanderie in Saint-Emilion schließlich wurden von dem Parfümhersteller Marcel Frydmann (Gruppe Marionnaud) erworben.

WAS GIBT ES NEUES IN BURGUND?

Dem 2000er ist ein langes Schicksal beschieden, denn eine Flasche, die diesen Jahrgang trägt, wird immer Gefühle auslösen. Mengenmäßig stellt er die zweitgrößte Lese in der Geschichte Burgunds dar. Das klimatisch ungünstige Jahr verlangte große Wachsamkeit. Gegenüber dem 99er fällt der 2000er ab.

Der Produktionsrekord wurde 1999 erreicht (1 608 214 hl). Die 2000 erzeugte Menge (1 550 706 hl) liegt über dem Durchschnitt der letzten fünf Jahre (1 484 692 hl). Die Weißweine machen fast zwei Drittel der Ernte aus (943 180 hl), was den bisherigen Trend bestätigt, während die Rotweine ganz leicht Fortschritte machen (607 526 hl). Gegenüber dem Vorjahr resultiert der Rückgang vor allem aus einer weniger einheitlichen Produktion und einer weniger großzügigen Bewilligung der Überschreitung des Höchstertrags. Beim Weißwein lieferte der Jahrgang ausgezeichnete Chablis, während beim Rotwein die Côte de Nuits die Oberhand über die Côte de Beaune gewann (1999 war es umgekehrt).
Gegenüber 1999 verringerte sich 2000 das Weißweinvolumen bei den «Dorfweinen» der Côte de Nuits (–9,4 %) und in geringerem Maße bei den Chablis (–5,7 %) und bei den Grands crus der Côte d'Or (–5,8 %), mit einem starken Rückgang bei Chevalier-Montrachet und Montrachet. Die einzige Steigerung betrifft die kommunalen Appellationen des Mâconnais (+5,7 %). Beim Rotwein nahmen Mâcon und Mâcon Supérieur ebenfalls zu, während die «Dorfweine» der Côte de Nuits und der Côte de Beaune deutlich zurückgingen (–15,4 % bzw. –13,8 %). Die Grands crus der Côte d'Or verzeichneten einen mengenmäßigen Rückgang um 7,7 % (starke Einbußen bei Griotte-Chambertin, Grands Echézeaux, Clos de Tart, Clos de Vougeot und Romanée-Saint-Vivant).

SEHR FRÜHZEITIGE LESE

Burgund, das von den Stürmen Ende Dezember 1999 verschont blieb, erlebte einen sehr milden Winter. Der rasche Austrieb spielte sich schon in den ersten Märztagen ab. Bis Mai/Juni verlief alles gut, mit warmen Tagen, die günstig für ein gutes Wachstum waren. Anfang Juni zeigte sich die Blüte; der Fruchtansatz war üppig. Trotz eines ziemlich regnerischen, kühlen, schlechten Monats Juli behielt der Vegetationszyklus seinen Vorsprung bei; die Beerenreifung setzte früh ein. Falscher Mehltau und Graufäule begleiteten Gewitter und Hagel (im Mâconnais am 2. und 4. Juli und am 17. und 18. August). Obwohl es erneut zu Gewittern kam, waren der Juli und der August ingesamt ziemlich kühl. Ab Ende August beschleunigte der spürbare Temperaturanstieg die Reifung, begünstigte aber gleichzeitig den natürlichen Zuckergehalt und verringerte die Säure. Die Graufäule trat häufig auf, vor allem an der Côte de Nuits. Gewitter gab es danach erst wieder Mitte September an der Côte de Beaune. Die Reife war schön; die Lese gehört zu den frühesten Ernten des Jahrzehnts 1990–2000 (Anfang September im Mâconnais).

PREIS: ABSCHWÄCHUNG NACH HAUSSE

Wegen der Anziehungskraft des historischen Jahrgangs, vor allem bei der Nachfrage im Ausland, stiegen die Preise bei der Versteigerung der Weine der Hospices de Beaune im November (+11 %). Der bisherige Rekord von 1989 wurde mit 47 577 F pro *pièce* (228 l = 300 Flaschen) übertroffen. Die Rotweine stiegen um 9 %, mit einem Durchschnittspreis von 44 872 F pro Fass. Die angesehensten Cuvées, wie der Clos de la Roche und Les Mazis-Chambertin, unterstrichen diese Tendenz mit einer Verteuerung um etwa 30 %. Bei den Weißweinen wurde der Bâtard-Montrachet für 158 086 F je Fass verkauft (+30 %), während der Durchschnittspreis der burgundischen Weißweine insgesamt mit einem Preis von 61 123 F pro Fass um 20 % zunahm.

Der Markt schwächte sich danach ein wenig ab. Im Frühjahr darauf wurde bei der Versteigerung der Hospices de Nuits das Fass Rotwein für 24 912 F verkauft, was einem Rückgang um 2,89 % entspricht. Der Weißwein (nur vier Fässer) fiel deutlich: –28,57 %.

Auf den Auslandsmärkten hält sich Burgund gut, mit fast 90 Mio. verkauften Flaschen 1999/2000 für mehr als 3,5 Mrd. F, was mengenmäßig eine Stabilisierung und wertmäßig eine Erhöhung um 3 % bedeutet. Die Rotweine haben aufgrund der hohen Preise und der Konkurrenz durch ausländische Weine eher Gegenwind. Mit 62 Mio. Flaschen machen die Weißweine den Löwenanteil aus, während die Rotweine dem Wert nach weiter vorne liegen. Zwei Drittel der burgundischen Exporte gehen nach Großbritannien (23 Mio. Flaschen für 752 Mio. F), in die USA (11 Mio. Flaschen für jedoch 811 Mio. F), nach Deutschland (11 Mio. Flaschen), Belgien und Japan (jeweils 8 Mio. Flaschen).

KURZMELDUNGEN AUS BURGUND

Im Norden des Departements Saône-et-Loire, in der Nähe von Les Maranges und der Côte Chalonnaise, besteht das Couchois (380 ha) aus sechs Gemeinden: Couches, Dracy-lès-Couches, Saint-Jean-de-Trézy, Saint-Maurice-lès-Couches, Saint-Pierre-de-Varennes und Saint-Sernin-du-Plain. Sie dürfen der AOC Bourgogne beim Rotwein die geografische Bezeichnung Côtes du Couchois hinzufügen. Es handelt sich um keine neue AOC, sondern um eine Herkunftsbezeichnung innerhalb der regionalen AOC. Der erste Jahrgang ist der 2000er mit rund 1000 hl.

Im Lyra-Schnitt erzogene Reben haben in einigen Bezirken des Anbaugebiets eine Debatte ausgelöst. Es handelt sich dabei um eine Hoch- und Weitraumerziehung, die vor etwa vierzig Jahren in Burgund aufkam: ein zweifaches Hochbinden in der Form eines V. Mehrere Erzeuger verwenden diese Erziehungsweise in hohem Maße, vor allem in den AOCs Auxey-Duresses und Hautes-Côtes de Beaune sowie in den regionalen Appellationen Côtes Chalonnaise und Couchois zu Versuchszwecken. Eine solche Erziehungsweise ist in den Bestimmungen der AOCs nicht vorgesehen; die betroffenen Verbände stehen der Möglichkeit, sie hier einzuführen, reserviert gegenüber. Es liegt an den Berufsvertretungen, eine Änderung der Gesetzestexte herbeizuführen; ansonsten müssten etwa 50 Hektar, die im Lyra-System erzogen werden, wieder umgestellt werden.

Die gentechnisch veränderten Reben mobilisierten dieses Jahr erneut das Anbaugebiet. Diesmal verbreiteten auf Initiative von Anne-Claude Leflaive (Puligny-Montrachet) 24 Erzeuger und Händler im Jahre 2000 den «Aufruf von Beaune». Sie verlangen ein Moratorium zur Einführung gentechnisch veränderter Gewächse in den burgundischen AOCs, weil sie der Meinung sind, diese Revolution könnte den typischen Charakter der Weine und die Identität der Rebsorten gefährden.

Die Caves des Hautes-Côtes haben im Juni 2001 die Caves de la Vervelle (Bligny-lès-Beaune) geschluckt, die 5 000 hl vinifizieren; sie sind nunmehr die einzige Genossenschaft im Departement Côte-d'Or. Antonin Rodet (Mercurey) erwarb einen Teil der Domaine de l'Aigle in Limoux (53 ha, davon 27 bestockt). Die Domaine Roux Père et Fils kaufte das Weingut Sainte-Croix in Aspiran (Hérault), nachdem sie in Lunel Fuß gefasst hatte. Michel Picard (Chagny) übernahm die Kontrolle über Les Grandes Serres, eine Handelsfirma in Châteauneuf-du-Pape. Die elsässische Gruppe Tresch vergrößerte ihren Sitz Raoul Clerget in Montagny-lès-Beaune und schloss einen Partnerschaftsvertrag mit dem Gut Romuald Valot (Villers-la-Fayes in den Hautes-Côtes de Nuits). Die internationale Gruppe Belvédère (Beaune) ist künftig stärker in Polen vertreten, um vor allem bulgarische Weine zu vertreiben. Der berühmte Architekt Frank Gehry erbaut für Vins Jean-Claude Boisset den Gärkeller des Clos Jordan in Kanada (unweit der Niagarafälle).

Termine, die man sich merken sollte: 26. und 27. Januar 2002 in Buxy, Montagny-lès-Buxy, Jully-lès-Buxy und Saint-Vallerin, wo das turnusmäßig wechselnde Fest Saint-Vincent an der Côte Chalonnaise gefeiert wird. Für 2003 ist ein Fest «zurück zu den Ursprüngen» vorgesehen, das im Schloss des Clos de Vougeot und in der Nachbarschaft abgehalten werden soll. Die Grands Jours de Bourgogne finden vom 17. bis zum 24. März 2002 statt.

WAS GIBT ES NEUES IN DER CHAMPAGNE?

Der an Emotionen reiche, beschwerliche, von Hagel geprägte 2000er gehört nicht zu den Jahren, die man leicht vergisst. Aber die klimatischen Bedingungen haben sich eingerenkt, und die Qualität ist letztlich sehr passabel. Der Jahrtausendwechsel wurde zwar mit viel Champagner begrüßt, zeigte aber einen Rückgang gegenüber dem Vorjahr, dem großen Jahr des Champagners.

Das Jahr 2000 war anfangs nicht ermutigend: Die Natur hatte beschlossen, sich nachhaltig in Erinnerung zu bringen, wobei in vielen Bezirken kalte und regnerische mit warmen, gewitterreichen Perioden wechselten, die dazu beitrugen, den Vegetationszyklus der Rebe durcheinander zu bringen. Der Winter war trocken und sehr mild; die Tiefsttemperaturen lagen mehr als 2 °C über dem üblichen Wert. Die Reben trieben Mitte April bei den milden Temperaturen eines sehr regnerischen Frühlings aus. Bereits Anfang Mai konnte man ein Auftreten von Falschem Mehltau beobachten; außerdem gab es erste Gewitter mit Hagel sowie eine erste Generation von Traubenwicklern.

NACH PARASITEN UND HAGEL ...

Der Mai und der Juni waren besonders trocken. Die volle Blüte wurde am 11. Juni für die Chardonnay-Reben, am 12. Juni für Pinot noir und am 15. Juni für Pinot meunier festgestellt. Die Gelbfärbung, die kurz vor der Blüte auftrat, wurde in der zweiten Junihälfte ungewöhnlich stark. Dieses offensichtlich mit der Verwendung eines Unkrautvernichtungsmittels verbundene Phänomen widerstand den Gegenmaßnamen wie etwa dem Stutzen der Reben, das normalerweise ein erneutes Grünen begünstigt. Die Situation verbesserte sich in den meisten Fällen im Laufe des Juli. Während die Reben langsam wieder grün wurden, gingen heftige Gewitter mit Hagelschlag über dem Weinbaugebiet nieder. Am 2. Juli verwüsteten Niederschläge mit taubeneigroßen Hagelkörnern 1 900 ha Reben vollständig. Vor der Ernte waren von den vielen Gewittern mit Hagelschlag 13 000 ha betroffen, wobei 2 900 ha völlig zerstört wurden (was 40 % bzw. 9 % des Anbaugebiets entspricht). Im August wurde das Wetter wieder schön. Die trockene, sonnige Periode hielt während der Lese an, so dass man Trauben ernten konnte, deren Gewicht überdurchschnittlich hoch war (150 g und mehr) und die einen perfekten Gesundheitszustand aufwiesen. Die recht frühe Lese begann schon am 11. September; eine Woche später waren fast alle 100 000 Pflücker bei der Arbeit.

Die Erntemenge 2000 betrug 1 188 910 Fass (2 437 265 hl; ein Fass = 205 l). Sie liegt unter den beiden Vorjahren, die 1 220 000 Fass (2 500 000 hl) übertrafen. Alle Zutaten sind somit vereinigt, um schöne Cuvées abzugeben. Mit einem für die Region hohen

Alkoholgehalt (9,9°) und einer Säure von 7,6 g/l wird der 2000er nicht so einschmeichelnd sein wie der 90er, aber die Weine sind klar und sauber. Sie werden den Verschnitten eine klassische Persönlichkeit verleihen.

… Das auf und ab eines Marktes voller Gegensätze

Die Verkäufe gingen 2000 gegenüber 1999 um 22 % zurück. Dieser Rückgang lässt sich als klassisches Phänomen einer Sicherheitsvorkehrung interpretieren. Zudem war die große Nacht des Champagners die Nacht vom 31. Dezember 1999 und nicht Sylvester 2000. Laut CFCE schwächten sich die Exporte mengenmäßig gegenüber dem Vorjahr deutlich ab: 815 609 hl gegenüber 1 068 879 hl (–23,77 %); sie erzielten etwa 10 Mrd. F gegenüber 12 Mrd. F im Jahr zuvor. Genau die gleiche Tendenz lässt sich bei den Schaumweinen anderer Herkunft beobachten: –25 % der Menge und dem Wert nach. Außerdem gab es einen «Jahr-2000-Effekt», der 1999 zu einem außergewöhnlichen Jahr machte. Die Entwicklung der Stillwein-Appellationen verläuft «stiller», mit weniger Erschütterungen zumindest für die im Ausland bekanntesten Anbaugebiete.

Der Bodenpreis für Rebland stieg um 17 % innerhalb eines Jahres, womit sich der Preis für eine Parzelle innerhalb von zehn Jahren verdreifachte. Die Erzeuger im Departement Aube bemühen sich darum, das Champagner-Rebland zurückzubekommen, um das sie sich beraubt glauben, insbesondere an der Côte de Bars infolge des Gesetzes von 1951. Dieses erlaubte eine Reduzierung der Fläche (potenziell 16 000 ha nach dem Gesetz von 1927, heute 6 500 ha).

Kurzmeldungen aus der Champagne

Ein Konflikt zwischen der Schweiz und der EU? Die kürzlich abgeschlossenen Vereinbarungen untersagen der Waadtländer Gemeinde, die (seit dem Jahr 855!) den Namen Champagne trägt, den Wein aus dem Kanton Waadt, der unter der Bezeichnung Bonvillars auf 28 ha erzeugt wird, «Champagne» zu nennen.

Das Comité interprofessionnel kündigte an, dass es sich in der Champagne für integrierten Anbau einsetzen will (ab Anfang 2001).

Die Champagner-Firmen Mumm und Perrier- Jouët sind von der Gruppe Hicks, Muse, Tate & First in den Besitz von Allied Domecq übergewechselt, für 575 Mio. Euro, während der Kaufpreis 1999 rund 300 Mio. Euro betrug! Pommery kaufte SIMEXVI in Belgien und gründete damit eine Filiale in diesem Land, SA Pommery-Belgium.

Henkell & Söhnlein kaufte die Gruppe Gratien & Meyer (Erzeuger in der Champagne und im Saumur). Auf Antrag des Comité interprofessionnel untersagte das Landgericht in Paris der Keksfabrik Delos und Cantreau, ihre Erzeugnisse «Champagne» zu nennen, obwohl diese Keksbezeichnung seit 150 Jahren in der Umgangssprache verwendet wird.

WAS GIBT ES NEUES IM JURA?

Wie schon der Politiker Edgar Faure sagte, der für die Weine seines Departements eintrat: «Die Geduld ist das Vorzimmer des Glücks.» Man muss nämlich bis 2007 warten, um den 2000er Vin jaune zu trinken. Aber die anderen Weine des Jura weisen bereits auf einen schönen Jahrgang hin.

Auf einen milden Winter folgte ein herrlicher Frühling von April bis Juni. Die Blüte entwickelte sich problemlos in der ersten Juniwoche. Mit Sommerbeginn verschlechterte sich das Wetter, mit Hagel über Arbois (30. Juni) und L'Etoile (1. Juli). Der Julianfang war sehr feucht. Das Wetter kühlte sich ab, was eine geringe Verzögerung beim Wachstum hervorrief. Nach einem ziemlich gewitterreichen Monat August begann die Lese Mitte September. In Château-Chalon wurden die ersten Trauben am 26. September gepflückt. Die Lese wurde unter Regenschauern beendet. Der Gesundheitszustand der Trauben litt ein wenig unter den späten

Attacken der Fäulnis (bei der Savagnin-Rebe) oder dem frühen Auftreten des Falschen Mehltaus (bei Poulsard und Trousseau).
Die 2000er Vins jaunes sind gut ausgefallen, ebenso die recht fetten Weißweine. Die Rotweine haben ebenfalls gute Aussichten und werden 2002 oder 2003 trinkreif sein.
Die Erntemenge 2000 betrug 97 826 hl, davon 31 380 hl Rot- und Roséweine, 39 883 hl Weißweine und Vins jaunes und 13 875 hl Crémant du Jura. Das ist ein Rückgang gegenüber 1999 (110 750 hl), aber dieses für klimatische Widrigkeiten besonders anfällige Anbaugebiet erlebt ein ständiges Auf und Ab (nur 16 354 hl im Jahre 1991). Die Steigerung beim Crémant ist deutlich; Château-Chalon behauptet seinen Platz. Chardonnay und Pinot sind ein wenig die Spielverderber.

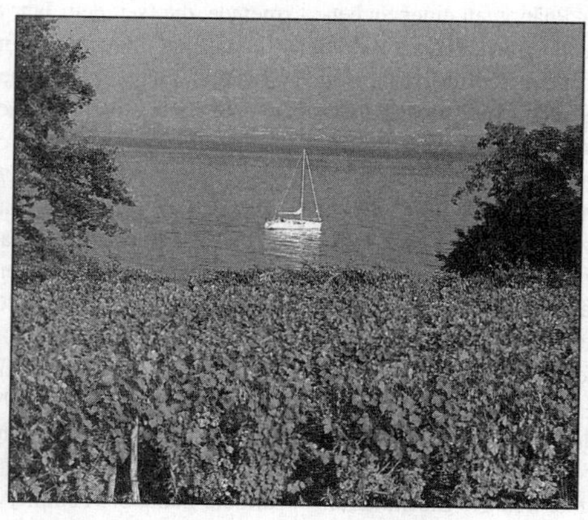

WAS GIBT ES NEUES IN SAVOYEN?

Die Ernte ist mengenmäßig stabil und zeigt eine ausgezeichnete Qualität. Beim Zuckergehalt wurden 2000 alle Rekorde gebrochen. Selbst der 97er fiel nicht besser aus! Die Weine haben Volumen und Klasse. Ein glückliches Jahr.

Der Winter war mild, der Frühling angenehm, ziemlich sonnig und trocken. Von April bis Juni himmlisches Wetter. Die Blüte setzte ohne Hindernisse Anfang Juni ein. Der Juli war durch Niederschläge geprägt; der August verlief ein wenig stürmischer, aber die Lese fand sehr früh statt: Für die meisten Trauben wurde sie vom 5. bis zum 18. September durchgeführt. Die Menge erreichte 140 000 hl, eine leichte Steigerung gegenüber dem Vorjahr (138 300 hl).
Das Anbaugebiet von Savoyen kann flächenmäßig kaum zunehmen: Die Rebfläche wächst jedes Jahr um 1 %. Alle Neuanpflanzungen werden oben auf den Hängen vorgenommen. Die Erzeuger im Bezierk Jongieux nutzen so wieder einen Großteil der Anhöhen von Marestel, die einen bemerkenswerten Roussette-Wein hervorbringen. Kampf gegen die Erosion, Begrünung der Weinberge, Regulierung der Erträge, gezielte Bekämpfung der Rebkrankheiten und der Schädlinge: Savoyen ist auf dem Laufenden.
Das Anbaugebiet rückt von seinem Wintersportort-Image ab, das die sehr ertragreichen Jacquère-Reben verbreiten (deren Trauben 2000 ausgezeichnet ausfielen), und hat die feste Absicht, die Persönlichkeit seiner Weine herauszustellen, was die übrigen Rebsorten erlauben, Roussanne (Bergeron), Altesse (Rousette) und die bemerkenswerte Mondeuse-Traube. Charaktervolle Weine, wie sie etwa Chignin im Combe de Savoie mit Bergeron und Mondeuse erzeugt. Gamay kann ebenfalls sehr schöne Weine liefern; das Jahr 2000 war auch für diese Rebsorte günstig.

WAS GIBT ES NEUES IM LANGUEDOC-ROUSSILLON?

Der 2000er fällt gut aus; er liegt auf der Linie des exzellenten 98ers und scheint den uneinheitlicheren 99er auszustechen, aber er wird mit einem Albtraum von früher konfrontiert: der Rückkehr der Krise der Überproduktion. Die Verkäufe bei den Tafel- und Landweinen gehen zurück, insbesondere im Export. Eine neue Herausforderung für diese Region, die seit fünfzehn Jahren eine noch nie dagewesene Entwicklung erlebt hat, wie sie auch der Hachette-Weinführer widerspiegelt: 30 Seiten in der Ausgabe 1986, 59 in der Ausgabe 2002.

Das Jahr hatte schlecht begonnen, in den Corbières durch die riesigen Überschwemmungen von November 1999 geprägt, die mit Gewitterregen zusammenhingen. Der Winter war trocken, aber der ziemlich warme Frühling befriedigte mit Regentagen die Wasserbedürfnisse der Reben. Die frühzeitige Blüte trat Anfang Juni auf. Während sich der Juli ziemlich kühl und windig zeigte, war der August recht warm. Dank zweier Niederschlagswellen Ende Juli und im August hatten die Reben keinen Wassermangel. Der Einfluss der Winde war fast überall günstig; die erste Septemberhälfte, ziemlich trocken und warm, förderte die Reifung der Trauben, begleitet von einer günstigen Wasserknappheit. Je nach Anbaugebiet fand die Lese von Ende August bis Mitte Oktober statt. Die Trauben zeigten in der Regel eine perfekte Gesundheit; ihre sehr farbstoffreichen, dicken Schalen kündigten reiche, konzentrierte Weine an.

REICHE, VOLLREIFE WEINE

Im Languedoc vereint der Jahrgang 2000 Konzentration, Alkoholgehalt, Komplexität und Feinheit. Ein Reichtum, den man nicht nur bei den Rotweinen, sondern auch bei den Weißweinen feststellt. Der Picpoul de Pinet bietet so seine Lebhaftigkeit und die leckeren Aromen schöner Jahrgänge. Die Persönlichkeit der Erzeugnisse bestätigt sich allmählich; die Terroirs kommen zum Ausdruck und liefern recht typische Weine. Die Weine aus dem Roussillon besitzen die Fruchtigkeit, die Weintrinkern gefällt, die es eilig haben, zeigen aber gleichzeitig teilweise eine Konzentration, die eine mehrjährige Lagerung zulässt. Die Côtes du Roussillon starten in eine schöne Zukunft. Grenache, Carignan, Mourvèdre und Bourboulenc sind 2000 gut gelungen. Syrah hat stellenweise unter der Trockenheit gelitten.

Wegen seiner geografischen Lage ist Limoux ein Sonderfall. Die klimatischen Bedingungen waren hier günstig. Man stellt hier immer einen vom Terroir geprägten Ausdruck fest.

Die AOC-Ernte im Languedoc betrug etwa 2,1 Mio. hl trockene Weine, zu denen man 45 887 hl Vins doux naturels (die Muscat-Weine aus dem Hérault) hinzurechnen muss. Die Produktion im Roussillon erreichte 406 000 hl trockene Weine und 341 000 hl Vins doux naturels. Das ergibt insgesamt für Languedoc-Roussillon eine VQPRD-Produktion von rund 2 985 000 hl. Eine beträchtliche Menge, die aber hinter der Produktion der Tafel- und Landweine fast verschwindet, die vom Preiseinbruch betroffen waren: 13,6 Mio. hl allein in den Departements Aude und Hérault. Bei den Vins doux naturels halten sich die Muscat-AOCs gut; sie machten 2000 die Hälfte der VDN-Produktion des Languedoc-Roussillon aus. Im Roussillon setzt der Muscat de Rivesaltes seinen schönen Aufwärtstrend fort und steigert seine Menge (149 215 hl), Folge der Umstellung der Rivesaltes-Weinberge. Letztere AOC bleibt mit 130 000 hl in einer Krise. Maury, dessen Genossenschaftskellerei eine neue Mannschaft hat, orientiert sich in Richtung Diversifizierung, indem es einen Teil seiner Produktion auf Côtes du Roussillon-Villages umstellt. Banyuls bildet noch immer einen sehr ausgeglichenen Markt.

Die Exporte der AOC-Weine schwächten sich mengenmäßig leicht ab (1 036 000 hl, –5,4 %), behaupten sich aber wertmäßig. Die Schwierigkeiten, die einige Betriebe haben, hängen mit dem Preisrückgang, vor allem bei den Tafelweinen, und mit der internationalen Konkurrenz zusammen. Dennoch sind in den letzten Jahren neue Weingüter entstanden, deren Besitzer die Genossenschaft verlassen haben. In der AOC Coteaux du Languedoc etwa ist die Zahl der Privatkellereien von 446 in 1985 auf 566 im Jahre 1999 gestiegen.

NEUES INTERESSE AN TROCKENEN WEISSWEINEN

Die AOC Collioure würden zu den Rot- und Roséweinen gern Weißweine hinzunehmen. Ein Antrag dazu läuft. Das betrifft eine Produktion von 500 hl, die im Augenblick als Vin de pays verkauft wird. Die AOC Fitou, die für Rotweine bestimmt ist, denkt ebenfalls ernsthaft an Weißweine. Die Genossenschaftskellerei von Tuchan führt seit etwa zwanzig Jahren Versuche durch (in der Größenordnung von 400 bis 500 hl in den letzten Jahren, erzeugt von den Rebsorten Grenache blanc, Macabeu und ein wenig Muscat, im Höchstfall 5 %). Die Erzeuger von Picpoul (AOC Coteaux du Languedoc) würden für ihre 40 000 hl gern eine spezielle AOC Picpoul de Pinet erhalten.

NEUES AUS LANGUEDOC-ROUSSILLON

Nach den Überschwemmungen im November 1999, die das Anbaugebiet der Corbières verwüsteten, wurde es dank der allgemeinen Großzügigkeit wieder aufgebaut. So steht die Genossenschaftskellerei von Cascatel nicht mehr unter Wasser. Im Departement Aude sind Tausende von geschädigten Hektar wiederhergestellt worden; einige Weinberge, wie in Tuchan, mussten verlegt werden.
Epilog für die Feindseligkeit, die das Projekt Robert Mondavis in Aniane (Hérault) auslöste. Der im März 2001 gewählte neue Gemeinderat stellte sich gegen das Vorhaben, so dass sich Mondavi zurückzog. Mondavi musste 55 Mio. F investieren, um 75 ha zu roden (davon 80 % im Besitz der Gemeinde), sie zu bestocken und einen Gärkeller zu errichten. Seit 1997 verkauft der Kalifornier in den USA Vins de pays d'Oc (Marke Vichon Mediterranean) und nimmt auf diesem Markt den 4. Platz ein, wobei er auch bis Japan, Lateinamerika und sogar Europa vordringt. Eine zweite Präsentation (Marke Arianna) betraf die «bouteille du patron» für amerikanische Restaurants. Das ganze Geschäft hatte 2000 einen Umsatz von 84 Mio. F.
Gleichzeitig kamen Investoren aus ganz Frankreich. Besonders aktiv sind die Burgunder. Die Domaine Roux Père et Fils (Saint-Aubin) erwarb das Gut Sainte-Croix in Aspiran im Hérault, nachdem sie bereits Château Saint-Séries in Lunel (roter Sortenwein und ein wenig AOC Clairette du Languedoc) gekauft hatte. Antonin Rodet (Mercurey), eine Filiale von Worms et Cie, kaufte einen Teil der Domaine de l'Aigle im Hochtal der Aude, mit Jean-Louis Denois, dem Gründer des Guts, als Mitinhaber. Château des Mazes in Saint-Aunès (Hérault) wurde von nordamerikanischen Investoren erworben. Nach der Übernahme der Domaines de Virginies in Beziers verlegte die Gruppe Castel in Bordeaux ihre Flaschenabfüllanlage aus Sallèles (Aude) nach hier und tätigte umfangreiche Investitionen (100 000 hl, 5 000 Barriques, 100 Mio. Flaschen pro Jahr).

WAS GIBT ES NEUES IN DER PROVENCE?

Angenehm zu trinken: Der 2000er setzt einen schönen Schlusspunkt für das 20. Jh. Er ist nicht außergewöhnlich, wird aber als gut bis sehr gut beurteilt.

Den gesamten Vegetationszyklus der Rebe über (April bis September) hatte die Provence ausgezeichnete klimatische Bedingungen, sonnig und trocken, so dass alle Rebsorten einen guten Gesundheitszustand erreichen konnten. Vorher war es mild gewesen, ohne Frühjahrsfröste. Gut verteilte Niederschläge machten es möglich, das Defizit eines trockenen Winters auszugleichen. Die Blüte zeigte sich Ende Mai oder Anfang Juni. Der Juni an manchen Orten und der Juli waren durch eine gewisse Kühle geprägt, die auf den Wind zurückzuführen war. Der Sommer blieb trocken, nur mit ein paar sporadischen Regenfällen um den 14. Juli herum. Die Trockenheit war dank einer ausreichenden nächtlichen Feuchtigkeit relativ gut zu ertragen. Die Lese begann teilweise schon am 15. August (bei den früh reifenden Sorten) und am 3. September in Bandol.

Reife und Konzentration

Der Erfolg steht fest, mit hohem natürlichem Zuckergehalt und ausreichender Säure: gute Ergebnisse beim Rotwein wie auch beim Weißwein. Wenn die Reben gelitten haben, dann unter Wasserstress. Aber der herrliche September ermöglichte eine sehr zufrieden stellende Reife und eine starke Konzentration. Bei den weißen Trauben ist die Hülsenmaischung gelungen. Carignan und Syrah haben einen schönen Stoff, Grenache und Mourvèdre einen hohen Alkoholgehalt. Bei den roten Trauben ließen die Reifungsbedingungen eine lange Gärung zu. Der Jahrgang besitzt somit eine gute, sogar ausgezeichnete Qualität.
Die Produktionsmenge lag höher als im Vorjahr: insgesamt 1 334 000 hl, davon 56 832 hl Weißwein (4,25 %). Cassis bietet erstaunliche Weißweine. Pallette und Bellet, zwei winzige AOCs, halten ihre Stellung. Bandol setzt auf Vielfalt und sammelt erste Pluspunkte beim Rotwein. Les Baux-de-Provence verschafft sich allmählich einen Rang. Die Coteaux d'Aix bieten in allen drei Farben einen schönen Jahrgang. Die Coteaux Varois bringen vor allem beim Rotwein ihre Persönlichkeit zum Ausdruck. Die Côtes de Provence präsentieren elegante Roséweine. Einige Rotweine kann man lagern, während die Weißweine bisweilen fesselnd sind.
Können die Côtes de Provence festgelegte Terroirs besser nutzen? Das Thema, seit mehreren Jahren im Gespräch, geht kaum voran. Zumal sich der Wein gut verkauft: 900 000 hl (1999/2000), ein Rekord (+8,5 %), obwohl die Exporte zurückgegangen sind (–14,6 % der Menge nach, –7,6 % wertmäßig).
Bei den Coteaux Varois bleiben zwar die Modalitäten beim Weißwein unverändert, aber die Bestockung für Rot- und Roséweine wurde für die Ernte 2000 geändert, mit Haupt- und Nebensorten. Grenache, Cinsault, Mourvèdre und Syrah müssen nunmehr 80 % des Rebsatzes ausmachen. Mindestens zwei Rebsorten sind obligatorisch, aber keine darf einen Anteil von mehr als 90 % haben.

WAS GIBT ES NEUES AUF KORSIKA?

Das Weinbaujahr 2000 spielte sich im Zeichen einer strahlenden Sonne und einer sommerlichen Trockenheit ab. Die Gesamtheit lag mengenmäßig über dem Vorjahr. Die Qualität ist uneinheitlich, aber zufrieden stellend.

Der Jahrgang 2000 hatte keinen Mangel an hohen Temperaturen; Niederschläge blieben aus, außer im Norden der Insel. Der südliche Teil wurde monatelang bei glühend heißer Sonne vom Regen ausgespart. So sehr, dass die Reifung früh eintrat: Die ersten Trauben wurden am 16. August geerntet. Aufgrund der Trockenheit (Regen fiel erst im November) waren die Trauben in einem ausgezeichneten Zustand, auch wenn im Nordteil der Insel stellenweise Fäulnis auftrat.
Korsika lieferte 2000 etwa 400 000 hl Wein, wovon 200 000 hl Vin de pays und 80 000 hl Tafelwein sind. Die 2 510 ha AOC-Rebland (74 % Vin de Corse, 15 % Patrimonio, 8 % Ajaccio, 3 % Muscat du Cap Corse) erzeugten 111 052 hl, eine deutlich höhere Menge als im Vorjahr: 87 058 hl Vin de Corse (9 % Weißwein, 6 558 hl Ajaccio, 17 435 hl Patrimonio und 2 095 hl Muscat du Cap Corse). Das Lesegut ist durch Reife und Säure gekennzeichnet. Beim Ajaccio hemmte die sommerliche Trockenheit die Reifung des Sciacarello und ließ die Trauben einschrumpfen, was die Vinifizierung erschwert.
In der Nacht vom 15. April 2001 wurden 1000 ha zwischen Bastia und Solenzara, an der Ostküste, vom Frost (–5 °C) heimgesucht. Patrimonio litt weniger. Schätzungsweise wurden 10 % der Parzellen völlig vernichtet.

WAS GIBT ES NEUES IN SÜDWESTFRANKREICH?

Das große Aquitanische Becken, das die Aquitaine und die Midi-Pyrénées umfasst, bildet eine geografische und klimatische Einheit rund um die Garonne und ihre Nebenflüsse. Wenn Bordeaux einen großen Jahrgang hat, sind auch die Weine aus dem Südwesten mit dabei; die Unterschiede sind durch ein paar Tage früherer oder späterer Reife oder die Rebsorte bedingt.

Der 2000er erlebte in der ersten Jahreshälfte beim Wetter einige unliebsame Überraschungen, die auch die Ernte belasteten: sehr ausgiebige Regenfälle, vor allem von April bis Juli mitten in der Entwicklung der Reben: 250 mm Wasser fielen etwa im Gebiet von Bergerac. Deshalb befiel Falscher Mehltau die Reben, während die Blüte unter nicht sehr günstigen Bedingungen verlief. Schon im August war der Mehltau eingedämmt, aber man stellte in geringem Umfang Durchrieseln und Verrieseln fest. Das erklärt die leicht gesunkene Menge in allen Appellationen. Danach herrschte schönes Wetter.

Die Erzeuger in Bergerac entschlossen sich angesichts der prächtigen, stabilen Wetterbedingungen, bis zum 20. September mit dem Lesebeginn zu warten; sie hofften, auf diese Weise eine bessere Konzentration der Phenole (Tannine) und Anthocyane (Farbstoffe) zu erreichen. Diese Tendenz zeigte sich im gesamten Südwesten, wo weder das Klima in der zweiten Septemberhälfte noch der Gesundheitszustand der Trauben im Gegensatz zu den Vorjahren Anlass zur Sorge gaben.

Die roten Trauben wurden deshalb ab Ende September gelesen, um sanfte Tannine zu erhalten. Manche versuchten die Lese bis Mitte Oktober hinauszuschieben, was sich in der zweiten Hälfte des Monats als riskant herausstellte, denn der Oktober war in ganz Südwestfrankreich verregnet.

Die weißen Trauben wurden deutlich früher geerntet, unter idealen Bedingungen, schon ab 6. September in Bergerac, für die lieblichen Weine im Laufe des Monats September. Es gibt kaum Süßweine von edelfaulen Trauben, weil der Monbacillac litt: Die letzten Lesedurchgänge mussten aufgrund von zu starker Feuchtigkeit abgeblasen werden.

Trotz vereinzelter Probleme erzielte man von Gaillac über Buzet und Cahors bis Madiran einen ausgezeichneten bis außergewöhnlichen Jahrgang, vor allem bei den Rotweinen, die farbintensiv und aroma- und tanninreich sind. Die Weißweine sind fehlerlos, aber bisweilen fehlt ihnen die Frische und Lebhaftigkeit der Weine, die man gern jung trinkt. Da man die Weißweine immer häufiger im Barriquefass vinifiziert, erscheint dieser Charakter nicht mehr als Fehler, denn Reife und «Fett» sind heute zunehmend gefragt.

TROTZ EINES LEICHTEN RÜCKGANGS EINE HOHE PRODUKTION

Die geerntete Menge liegt insgesamt leicht unter der Vorjahrsmenge, bleibt aber hoch. So sank die AOC-Ernte im Bergerac-Gebiet insgesamt von 680 351 hl im Jahre 1999 auf 646 537 hl im Jahre 2000, ein geringer Rückgang um etwa 5 %. Dennoch kann man feststellen, dass es die gute Qualität des Jahrgangs erlaubte, viele Trauben «aufzuwerten»: Während vom weißen Bergerac, der schwierig abzusetzen ist, 12 % weniger erzeugt wurden, ging der weiße Côtes de Bergerac nur um 4 % zurück. Beim Pécharmant verringerte sich die Produktion nur um 2 %.

DIE FORTSCHRITTE IM GAILLAC-GEBIET

In Gaillac ist dieser Aufwertungseffekt offensichtlich; begünstigt wird er durch die ausgezeichnete Marktausrichtung der Appellation. Während die Produktion im Departement Tarn von 644 464 hl in 1999 auf 619 115 hl im Jahre 2000 sank, wuchs die Gesamtmenge der Gaillac-Weine von 175 679 hl auf 184 5645 hl (2000). Die Weißweine (von 43 851 hl auf 45 858 hl gestiegen) haben davon ebenso profitiert wie die Rotweine (von 131 828 hl auf 138 706 hl). Erstmals seit fünfzig Jahren ist das Anbaugebiet im Tarn nicht mehr zurückgegangen, sondern im Jahre 2000 sogar um 72 ha gewachsen; die AOC-Fläche hat sich um 133 ha erhöht. In einem fast Languedoc-artigen Klima zeigte der 2000er auch eine große Qua-

lität: reif, leicht, problemlos zu vinifizieren und gut strukturiert. Zwanzig Jahre später erlebt die AOC Gaillac die Entwicklung, die das Bordelais hatte: zunehmende Abkehr vom Tafelwein, Vorherrschaft der AOC und allgemeine Verbesserung der Qualität.
Cahors zeigt nicht die gleichen Merkmale, denn sein Anbaugebiet wurde nach dem Zweiten Weltkrieg fast vollständig wiederhergestellt, auf der Basis eines AOVDQS-Gebiets, das 1970 eine AOC wurde. Man pflanzt weiter neue Reben an, so dass die angemeldete Rebfläche von 4 274 ha 1999 auf 4 427 ha im Jahre 2000 angestiegen ist, aber die Produktion ist leicht zurückgegangen, von 254 784 hl auf 243 911 hl.
Die Côtes du Frontonnais haben ebenfalls einen leichten Rückgang erfahren; die angemeldete Menge hat sich von 128 196 hl auf 120 607 hl verringert. Hingegen hat sich die Appellation Jurançon (trockene und süße Weine) gesteigert: von 46 768 hl im Jahre 1999 auf 50 678 hl im Jahre 2000.

IM ORBIT VON BORDEAUX

Der Markt der südwestfranzösischen Weine war unterschiedlich ausgerichet. Die Anbaugebiete, die dem Bordelais hinsichtlich der Bestockung und der Anbaumethoden ähnlich sind, litten mit ihm mit. In Buzet gingen die Exporte mengenmäßig deutlich zurück. In Bergerac belasteten umfangreiche Lagerbestände, die mit der reichen Ernte 1999 zusammenhingen, die Verkäufe und die Preise: Die Verfügbarkeit (Lager + Erntemenge), die Anfang 1999/2000 mit 1 098 383 hl schon um 2,9 % höher lag, stieg nochmals um 3,5 % und erreichte 1 136 382 hl im September 2000. In Gaillac dagegen halten sich die Großhandelspreise für Fasswein zwischen 660 und 670 F pro Hektoliter, was den 6 500 F für ein 900-Liter-Fass Bordeaux-Wein der regionalen Appellation sehr nahe kommt und einem Literpreis von 7,20 F entspricht. Wer hätte das vor zwanzig oder sogar noch vor zehn Jahren geglaubt? Das Wiederaufleben von Demonstrationen im südfranzösischen Weinbaugebiet für Tafelweine zeigt auch, dass die hartnäckige Konkurrenz bei den billigeren AOCs, bei denen man sowohl Bordeaux wie auch Côtes du Rhône trifft, so weit geht, dass sie die früheren Konsumweine für jeden Tag belastet.

Angesichts der Verkaufsschwierigkeiten auf dem Weltmarkt und der wachsenden Kosten für die Werbefeldzüge haben die Weinbauverbände in Bordeaux und die Berufsgenossenschaften dieses Jahr einem politischen Vorschlag zugestimmt, der lange Zeit überflüssig oder sogar gefährlich erschien. Der Regionalrat der Aquitaine berief einen *Conseil des vins d'Aquitaine* (CVA), eine öffentlich finanzierte Vereinigung, die alle Appellationen der Verwaltungsregion einschließlich Bordeaux umfasst. Die Leitung wurde Pierre Cambar anvertraut, dem ehemaligen Leiter des regionalen Weinbauverbands der AOCs Bordeaux und Bordeaux Supérieur, der Vorsitz M. de Bosredon aus Bergerac.
Die AOCs im Südwesten, deren Preise sich angesichts eines noch vernünftigen Bodenpreises (120 000 bis 150000 F pro Hektar) ziemlich gut halten, sind Investitionsobjekte. Die Anpflanzungen, die man in Gaillac, aber auch in Cahors und Lot-et-Garonne beobachten kann, sind ein Hinweis darauf.
Saint-Sardos (Tarn-et-Garonne), das in unserem Weinführer schon wiederholt ausgezeichnet wurde, hat eine AOVDQS beantragt. Der Vorgang, der gerade bearbeitet wird, dürfte im nächsten Jahr zur Abgrenzung der Parzellen führen; der ministerielle Erlass könnte 2003 unterzeichnet werden.

WAS GIBT ES NEUES IM TAL DER LOIRE?

Das Jahr 2000 endete am 30. November mit der Nachricht, dass die UNESCO das Loire-Tal zu einem Teil des kulturellen Welterbes erklärt hat. Eine Krönung auch für das Weinbaugebiet: Auf dem Schiefer oder dem Kreidetuff baute der Mensch Reben an und errichtete damit Höfe und Châteaus, die zur Milde der Landschaften an der Loire beitragen.

IM GEBIET VON NANTES

Die Witterungsbedingungen 2000 waren weniger günstig als 1999. Ein milder Winter und ein regnerisches Frühjahr begünstigten das Auftreten von Parasiten; im Juli gab es wenig Sonnenschein. Glücklicherweise rettete das schöne Wetter im August das Ganze.

Der Jahrgang liegt im «guten Durchschnitt» und hat eine recht einheitliche Qualität. Der 2000er Muscadet ist fruchtig und aufgrund einer relativ hohen Säure recht trocken.

Die Gesamtproduktion des Pays Nantais (einschließlich des VDQS Fiefs Vendéens) erreichte 967 000 hl, d. h. rund 3 % mehr als 1999, davon 762 000 hl beim Muscadet. Das entspricht in etwa der verkauften Menge. Die Lagerbestände bleiben somit niedrig und machen nur eine halbe Ernte aus. Ab Sommer 2002 droht daher eine Knappheit, denn die Ernte 2001 wird voraussichtlich sehr niedrig ausfallen. Das hängt weniger mit dem Frost vom 20. April zusammen, der den Nordteil des Anbaugebiets traf, als mit den ausgiebigen Regenfällen und dem kühlen Frühjahr. Der Austrieb verlief so enttäuschend, dass sich die Produktionsmenge halbieren könnte. Die Lage könnte für die schwächsten Weinbaubetriebe verhängnisvoll werden; zumindest droht eine starke Preiserhöhung.

Trotz der guten Stabilität der Verkäufe mengenmäßig, vor allem bei den «Sur-lie»-Abfüllungen (+6 % gegenüber dem Vorjahr), stagnieren die Preise auf niedrigem Niveau. Bei den Exporten reichte eine starke Zunahme auf dem deutschen, amerikanischen und japanischen Markt nicht aus, um den Rückgang auf dem englischen Markt, Hauptabnehmer von Muscadet, zu kompensieren.

Die Preisstagnation nährt die Spannungen zwischen Erzeugern und Händlern. Die Gärkeller, die einige dieser Händler besitzen, gewinnen an Bedeutung; sie haben 2000/2001 etwa 99 000 hl vinifiziert, d. h. über 10 % der Produktion. Ursprünglich als Lösung für die kleinen Betriebe gedacht, erweitern sie jetzt ihr Angebot und verarbeiten die Produktion von großen Gütern. Das Genossenschaftswesen ist auch weiterhin wenig verbreitet; zwei der drei kleinen Genossenschaften, die in den letzten Jahren entstanden, schließen sich den Vignerons de la Noëlle an, die ihr Volumen auf das Niveau ihres Ansehens emporhieven möchten. Nachgedacht wird über eine künftige «dritte Stufe» des Muscadet, über den subregionalen Appellationen (Sèvre-et-Maine, Côtes de Grand-Lieu und Coteaux de la Loire) angesiedelt.

IM ANJOU-SAUMUR

Das vor allem im Frühjahr und im September und Oktober durch Niederschläge geprägte Jahr 2000 hatte wenig Sonne: Es fehlten rund 200 Stunden Sonneneinstrahlung im Vergleich zu einem mittleren Jahr. Dennoch blieben die Temperaturen über dem Durchschnitt, mit einem sehr heißen Mai und Juni.

Der Austrieb erfolgte genauso früh wie im letzten Jahr (zehn Tage Vorsprung gegenüber dem Mittelwert). Die Milde und die Feuchtigkeit begünstigten die gleichmäßige Entwicklung der Vegetation, aber auch den Falschen Mehltau, der zu einer regelmäßigen Behandlung zwang. Während die Blüte unter optimalen Bedingungen ablief, büßten die Reben aufgrund des kühlen Juli ihren Vorsprung ein, so dass die Beerenreifung zum üblichen Zeitpunkt stattfand, zwischen dem 20. bis 23. August und dem 5. bis 8. September. Die Lese begann am 25. September.

Trotz des Regens wurden die Trauben fast nicht von Fäulnis befallen, weil recht kühle Tagestemperaturen und die dicke Traubenschale die Entwicklung des Botrytis-Pilzes hemmten. Cabernet-Trauben konnten so in gutem Zustand Ende Oktober und Chenin-Trauben Ende November geerntet werden.

Gamay, Grolleau und Cabernet wurden unter guten Bedingungen gelesen. Die Weine daraus haben einen großen aromatischen Reichtum. Die Rotweine sind farbintensiv und vollkommen ausgewogen. Die starken Niederschläge Ende Oktober und im November behinderten die Lese der weißen Trauben. Dennoch zeigten die Parzellen, bei denen das Rebenwachstum kontrolliert wurde, gute Ergebnisse. Die Reife war vorhanden. Die trockenen Weine werden fruchtig und leicht ausfallen; die edelsüßen Weine werden klar im Geschmack sein und bisweilen sehr fett, wenn die Trauben sehr spät gelesen wurden.

In der Touraine

Der Frühling zeigte sich zwar mit drei sonnigen Wochen schon Ende Februar, aber danach wurde es wieder kühler, so dass der Austrieb zur gewohnten Zeit einsetzte. Die Wetterbedingungen, die im April regnerisch und im Mai durch starken Nebel geprägt waren, führten auch zur Entwicklung von Falschem Mehltau. Das sommerliche Wetter der letzten zwanzig Junitage förderte die Blüte; danach war der Juli regnerisch, der August sonniger, aber immer noch nasser als gewohnt. Glücklicherweise stellte sich ab dem 7. September schönes Wetter ein und hielt bis zum 8. Oktober an, als die Niederschläge zurückkehrten: Es regnete über einen Monat lang.

Die Trauben bestanden ungeachtet der Rebsorte aus überdurchschnittlich großen Beeren mit dickeren Schalen, was sie gegenüber dem Botrytis-Pilz widerstandsfähiger machte.

Die Lese begann ab dem 12. September bei den früher reifenden Rebsorten wie Gamay und Sauvignon, in der letzten Septemberwoche bei Chenin und den beiden Cabernet-Sorten und in der ersten Oktoberwoche bei Chenin und Pineau d'Aunis im Loir-Tal.

Die Rotweine sind in der Regel gut strukturiert, rund und farbintensiv. Ein achtbarer Jahrgang, vor allem beim Chinon, Bourgueil und Saint-Nicolas-de-Bourgueil. Die Rotweine aus dem Tal des Loir und dem Vendômois sind recht sanft.

Chenin fiel bei den trockenen und halbtrockenen Weinen sehr gut, ebenso beim Vouvray und Montlouis oder bei den Grundweinen für die Schaumweinherstellung; doch wegen der Regenfälle im Oktober und November war 2000 kein Jahr für süße Weine. Die Trauben konzentrierten sich nicht über einen potenziellen Alkoholgehalt von 14° hinaus: Dieses Jahr gab es keine edelfaulen Trauben. Außerdem beeinträchtigte Hagelschlag den Montlouis.

Touraine Noble-Joué wurde als AOC anerkannt: Es handelt sich um Roséweine oder «graue» Weine, die Pinot meunier, Pinot gris (20 % Mindestanteil) und Pinot noir (mindestens 10 %) kombinieren und in Chambray-lès-Tours, Esures, Larçay, Saint-Avertin und Joué-lès-Tours erzeugt werden. Der erste Jahrgang ist der 99er. Der VDQS Coteaux du Vendômois wurde zur AOC hochgestuft.

In Mittelfrankreich

Austrieb um den 15. April herum, einige Tage früher als üblich. Die außergewöhnlich große Wärme im Mai und Juni beschleunigte das Rebenwachstum. Mitte Juni war die Blüte praktisch abgeschlossen. Der besonders kühle, feuchte Juli, in dem es stellenweise zu Gewittern kam, verlangsamte die Entwicklung der neuen Trauben und nötigte die Winzer dazu, das Laub zu überwachen. Glücklicherweise kehrte im August das schöne Wetter zurück. Mäßige Temperaturen erlaubten eine langsame Reifung der Beeren und eine gute Verfeinerung der Aromen. Die ausgezeichneten letzten drei Wochen stellten eine starke Zuckerkonzentration und einen ausgewogenen Säuregehalt sicher. Da das Wetter zum Zeitpunkt der Ernte mild blieb, konnten die Winzer ihre Lese staffeln und die Trauben in jeder Parzelle bei optimaler Reife pflücken. Die Lese begann am 13. September für Pinot gris und ab dem 18. September für Sauvignon. Für diese Rebsorte dauerte sie bis zum 15. Oktober; dazwischen erntete man Pinot noir und Gamay.

Die Weißweine bieten Aromen von schöner Komplexität und großer Feinheit, die ihr Terroir durch fruchtige und mineralische und bisweilen pflanzliche Noten zum Ausdruck bringen. Sie zeigen Volumen, Festigkeit, Nachhaltigkeit und Charakter und lassen einen Jahrgang von guter Beständigkeit voraussehen. Die besten Cuvées kann man mehrere Jahre aufheben.

Die Rotweine sind fruchtig und kräftig. Sie erfordern je nach Herkunft der Trauben eine mehr oder weniger lange Reifung.

KURZMELDUNGEN VON DER LOIRE

Das Comité interprofessionnel in Nantes produzierte 2001 eine komische Oper, «Arlequin et Muscadine», zum Ruhme des Muscadet sur lie: «Der Wein lässt die Stadt singen.» Es organisierte außerdem eine Roadshow, die in mehreren europäischen und nordamerikanischen Städten alte Jahrgänge präsentierte. Die Appellation Bonnezeaux feierte 2000 ihren 50. Geburtstag. Die Straße der «Weinberge des Herzens von Frankreich» wurde am 20. Februar 2001 in Bourges eingeweiht. Am 4. Mai 2001 wurde sie in Valençay mit der Straße der Touraine-Weinbaugebiete verbunden. Die 16. Ausstellung der Loire-Weine fand vom 4. bis zum 6. Februar 2001 in Angers statt. Als Gäste waren die USA und Irland eingeladen.

WAS GIBT ES NEUES IM TAL DER RHÔNE?

Man muss rechtzeitig ankommen! Das trifft auf den Jahrgang 2000 zu, in dem die Vegetation lange Zeit unter dem Einfluss eines frühen Wintereinbruchs erstarrt war und schon bei der ersten Wärme in Schwung kam. Eine glückliche Abfolge von Wärme, Gewittern und Mistral ergab insgesamt reiche Weine.

Man hätte es zu Jahresbeginn nicht geahnt: 2000 zeichnete sich durch seine frühe Reife aus. Dennoch hatte es schon am 20. und 21. November Aufsehen erregende Schneefälle (23 cm in Carpentras) gegeben. Mitte April wies der 2000er Jahrgang einen Rückstand gegenüber den Vorjahren auf, vor allem gegenüber 1997 (um 25 Tage), einem Jahr, das zugegeben alle Rekorde hinsichtlich Sonneneinstrahlung und Wärme gebrochen hatte. Aber die sonnenreichen, warmen Monate Mai und Juni machten es möglich, diesen Rückstand aufzuholen. Die Blüte begann im Süden am 20. Mai und im Norden am 23. Mai; schon Ende Juni kündigte sich der Jahrgang als früh reifend im Vergleich zu den letzten Jahren an.

DIE ZUTATEN EINES GUTEN JAHRGANGS

Nach einem besonders kühlen, regnerischen Juli wurde der August ab dem 14. drückend heiß, mit Temperaturen, die 1,8 °C über dem Durchschnitt lagen, so dass sich die frühe Reife des Jahres bestätigte. Die Lese begann schon Ende des Monats im südlichen Teil des Gard und am 6. September im nördlichen Rhône-Tal. Der Gesundheitszustand war bemerkenswert; die Mosterträge und der Gesamtsäuregehalt lagen ziemlich niedrig, während sich ein hoher Alkoholgehalt ankündigte. Der Reichtum an Polyphenolen beim 2000er ist mit den beiden guten Vorjahren vergleichbar. Der Unterschied in der Reife zwischen Schale (Aroma, Farbe, Tannine) und Fruchtfleisch (Zucker und Säure) führte jedoch oft zu einer Verzögerung der Lese. Die Gewitter vom 20. September konnten die von der Trockenheit behinderte Reifung wieder in Gang bringen. Wie immer spielte der Mistral seine Rolle wunderbar. Der Wechsel von Tages- und Nachttemperatur ermöglichte einen Reichtum an Anthocyanen, der über dem Durchschnitt der letzten vier Jahr lag. Die Dicke der Schalen und der ausgezeichnete Gesundheitszustand der Trauben erlaubten eine lange Gärdauer und eine sehr gute Extraktion, was farbintensive, aromatische, tanninreiche, lagerfähige Weine erhoffen lässt – alles Zutaten für einen guten Jahrgang.

Der südliche Abschnitt des Tals lieferte farbintensive Rotweine mit bläulich roten Reflexen und mit sehr milden Tanninen. Die Grenache-Rebe ergab eine Brombeerfruchtigkeit. Die Weißweine werden von einer hübschen Fruchtigkeit mit Nuancen von Zitrusfrüchten und weißen Früchten dominiert. Die Roséweine zeigen eine lebhafte Farbe und bieten Aromen von kleinen roten Früchten. Der nördliche Teil hat Weißweine mit einem guten aromatischen Potenzial erzeugt, die sich schon in Nuancen von weißen Früchten mit einigen Noten von weißen Blüten entfalten. Die Rotweine zeichnen sich durch ihre

Farbe, ihre Fruchtigkeit und ihre deutlich spürbaren, aber samtigen Tannine aus. Sie sind von dem Jahrgang bemerkenswert unterstützt worden und besitzen eine große Vornehmheit und Lagerfähigkeit.
Die Ernte 2000 übertraf die beiden Vorjahre: 3 858 500 hl gegenüber 3 661 000 hl im Jahre 1999. Bei den Côtes du Rhône-Villages nimmt sie weiter zu: nach 317 700 hl (1999) 336 150 hl im Jahre 2000. Die Menge erhöhte sich auch beim Châteauneuf-du-Pape.

Innerhalb von 15 Jahren eine Umorientierung des Markts

Lange Zeit bildeten die Restaurants die Hauptabnehmer für die Rhône-Weine: der offene Karaffenwein als Begleiter zur täglichen Mahlzeit. 1987 machte dieser Absatzmarkt noch 40 % der verkauften Menge aus, vor dem Verbrauch zu Hause (34 %) und dem Export (27 %). 1999 überflügelte der heimische Konsum (40 %) den Verbrauch außer Haus (30 %). 2000 erhöhten sich die AOC-Verkäufe für den heimischen Konsum in Frankreich um 3 %.
Eine andere positive Tendenz in den letzten fünf Jahren ist der wachsende Anteil der exportierten Rhône-Weine: Er erreichte 30 % der Gesamtverkäufe, gegenüber 21 % im Jahre 1994. Von allen französischen Regionen zeigt die Rhône den stärksten Anstieg beim Export: Sie exportierte 798 301 hl, was über 1,7 Mrd. F ausmacht (+5,45 % der Menge nach und fast +15 % wertmäßig).

Kurzmeldungen von der Rhône

Eine neue Genossenschaftskellerei wurde in Pujaut (Gard) gegründet: die Cave de Sauveterre; ihren Sitz hat sie mitten im Dorf, an der RN 580, neben dem Cellier des Chartreux. Mit Hilfe eines Helikopters wurden externe Gärbehälter aufgestellt: ein 3 000 hl fassender Gärbehälter, der 6 t wog, zwei Tanks mit 500 hl, die jeder 3 t wogen, und vier weitere mit 50 hl und einem Gewicht von 1,5 t.
Eine neue Erzeugervereinigung entstand am Ventoux: Les Vignobles du Ventoux mit vier Genossenschaftskellereien (Les Roches Blanches in Mormoiron, La Cave Saint-Marc in Caromb, Les Vignerons du Mont-Ventoux in Bedoin und La Courtoise in Saint-Didier). Die Vereinigung repräsentiert ein Drittel des Volumens der Appellation.
Der «Wein der Päpste» wurde von 1997 angepflanzten Reben des Papstpalastes erzeugt, die ihre erste Ernte lieferten. Die Compagnons du Ban de Vendanges veranstalteten am 9. Juli 2001 im Konklavesaal eine Versteigerung. Von ihren Erlösen profitiert das Projekt «Lesen im Krankenhaus» für Patienten mit Blutkrankheiten in Avignon.

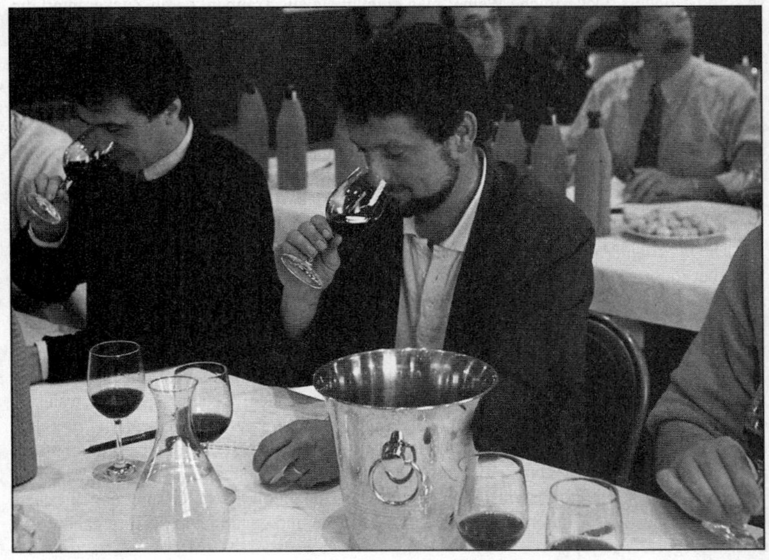

DER WEIN

Definitionsgemäß ist der Wein «das Erzeugnis, das man ausschließlich durch die völlige oder teilweise alkoholische Gärung von (gekelterten) frischen Trauben oder Traubenmost erhält». Alle gesetzlichen Bestimmungen schreiben für die Weine je nach Anbauzone einen Mindestalkoholgehalt von 8,5 oder 9,5 Vol.-% vor. Der Alkoholgehalt wird in Volumenprozenten angegeben, d. h. als Volumenanteil des Weins, den der reine Alkohol bildet; im Most sind 17 g Zucker notwendig, um 1 Vol.-% Alkohol zu erzeugen.

DIE VERSCHIEDENEN WEINTYPEN

Die europäische Regelung unterscheidet in einer Bestätigung der französischen Gepflogenheiten zwischen Tafelweinen *(Vins de table)* und Qualitätsweinen bestimmten Anbaugebiets *(Vins de qualité produits dans une région déterminé,* abgekürzt VQPRD); letztere unterliegen bestimmten Kontrollvorschriften. In Frankreich entsprechen sie den *Appellations d'Origine Vins délimités de qualité supérieure* (bestimmte Weine gehobener Qualität mit Herkunftsbezeichnung, AOVQDS) und den *Vins d'appellations d'origine contrôlée* (Weine mit kontrollierter Herkunftsbezeichnung, AOC). Anmerken muss man noch, dass die jungen Rebstöcke bis zum Alter von vier Jahren (die zu leichte Weine liefern) von der Appellation ausgeschlossen sind.

— Die *trockenen Weine (Vins secs)* und die *halbtrockenen, lieblichen* und *süßen Weine* (*Vins demi-secs, moelleux* und *doux*) sind durch einen unterschiedlichen Zuckergehalt gekennzeichnet. Die Produktion süßer Weine setzt sehr reife, zuckerreiche Trauben voraus; ein Teil dieses Zuckers wird durch die Gärung in Alkohol umgewandelt. Die Sauternes-Weine beispielsweise sind besonders zuckerreiche Weine; man erzeugt sie aus Trauben, deren Zuckeranteil die Edelfäule stark konzentriert hat. Man bezeichnet sie gern als «grands vins liquoreux» (große edelsüße Weine), was nicht mit den *«Vins de liqueurs»* (Likörweine) verwechselt werden darf, die von der europäischen Gesetzgebung definiert sind (siehe unten).

— Die *Schaumweine (Vins mousseux)* unterscheiden sich von den *Stillweinen (Vins tranquilles)* dadurch, dass beim Entkorken der Flasche Kohlensäure entweicht, die von einer zweiten Gärung herrührt (im Französischen als «Schaumbildung» bezeichnet). Bei der früher als «Champagnerverfahren» bezeichneten traditionellen Methode der Flaschengärung findet sie in der Flasche statt, in der der Wein endgültig bleibt. Wenn sie im Gärtank durchgeführt wird, spricht man von Charmat-Verfahren oder Großraumgärung.

— Die *imprägnierten Schaumweine (Vins mousseux gazéifiés)* setzen ebenfalls Kohlensäure frei, aber diese stammt ganz oder mindestens teilweise von zugesetztem Kohlendioxid. Die *Perlweine (Vins pétillants)* enthalten eine Kohlensäure, deren Druck zwischen 1 und 2,5 Bar beträgt. Ihr Alkoholgehalt ist geringer; er kann weniger als 7° betragen, muss aber in jedem Fall über 1° liegen.

— Die *Likörweine (Vins de liqueur)* erhält man durch den Zusatz von geschmacksneutralem Alkohol, konzentriertem Traubenmost oder einer Mischung beider Erzeugnisse, der vor, während oder nach der alkoholischen Gärung hinzugefügt wird. Die Bezeichnung *«Mistella» (mistelle)* ist nicht in den europäischen Bestimmungen enthalten, die von «durch Alkoholzusatz abgestopptem frischem Traubenmost» spricht. Es handelt sich dabei um die Versetzung von Traubenmost mit Alkohol bzw. Branntwein (so dass die alkoholische Gärung abgebrochen wird); der Pineau des Charentes, der Floc de Gascogne und der Macvin du Jura gehören in diese Kategorie.

DIE WEINREBE UND IHR ANBAU

Die Weinrebe gehört zur Gattung *Vitis*, von der es viele Spezies gibt. Traditionell wird der Wein aus verschiedenen Varietäten (Sorten) der Spezies *Vitis vinifera* erzeugt, die in Europa beheimatet ist. Aber es gibt weitere Spezies, die aus Amerika stammen. Einige liefern keine Früchte, andere bringen Beeren hervor, die eine sehr eigentümliche Eigenschaft besitzen, die man als «fuchsig» bezeichnet und die nicht sehr geschätzt ist. Aber diese so genannten «amerikanischen Reben» besitzen eine höhere Widerstandsfähigkeit gegenüber Krankheiten als *Vitis vinifera*. In den 1930er-Jahren versuchte man, durch Kreuzung neue Sorten zu erzeugen, die so resistent gegenüber Krankheiten sind wie die amerikanischen Reben, aber Weine von derselben Qualität wie die von *Vitis vinifera* liefern; hinsichtlich der Qualität erwies sich dies als Fehlschlag.

Vitis vinifera ist anfällig für ein Insekt, das die Wurzeln befällt. Man weiß, welche Zerstörungen die Reblaus Ende des 19. Jahrhunderts anrichtete. Die Entwicklung eines Pfropfreisers von *Vitis vinifera* auf einer Unterlage von amerikanischen Reben, die gegenüber der Reblaus resistent ist, führt zu einem Rebstock, der die Eigenschaften der Spezies besitzt, dessen Wurzeln aber nicht von dem Insekt befallen werden.

Die Spezies *Vitis vinifera* umfasst zahlreiche Spielarten, die als *Rebsorten* bezeichnet werden. Jede Weinbauregion hat die am besten geeigneten Sorten ausgewählt, aber die wirt-

ANBAUGEBIET	REBSORTEN	EIGENSCHAFTEN
Burgund (Rotweine)	Pinot	lagerfähige Qualitätsweine
Burgund (Weißweine)	Chardonnay	lagerfähige Qualitätsweine
Beaujolais	Gamay	Primeur-Weine und zum raschen Verbrauch bestimmte Weine
Rhône, Nordteil (Rotweine)	Syrah	lagerfähige Qualitätsweine
Rhône, Nordteil (Weißweine)	Marsanne, Roussanne	teilweise lagerfähig
Rhône, Nordteil (Weißweine)	Viognier	lagerfähige Weine
Rhône, Südteil, Languedoc, Côtes de Provence	Grenache, Cinsaut, Mourvèdre, Syrah	üppige Weine von kurzer oder mittlerer Lagerfähigkeit
Elsass (jede Rebsorte wird reinsortig vinifiziert und bezeichnet den aus ihr erzeugten Wein)	Riesling, Pinot gris Gewürztraminer, Sylvaner, Muscat usw.	aromareiche Weine, die man rasch trinken sollte – Spitzenweine, Spätlesen und Weine mit Edelfäule ausgenommen
Champagne	Pinot, Chardonnay	trinkreif vom Zeitpunkt des Einkaufs an
Loire (Weißweine)	Sauvignon	aromatische Weine, die bald getrunken werden sollten
Loire (Weißweine)	Chenin	können lang reifen
Loire (Weißweine)	Muscadet	sollten bald getrunken werden
Loire (Rotweine)	Cabernet franc (Breton)	kurz und lang lagerfähig
Bordeaux (Rotweine), Bergerac und Südwestfrankreich	Cabernet Sauvignon, Cabernet franc, Merlot	große lagerfähige Weine
Bordeaux (Weißweine), Bergerac	Sémillon, Sauvignon	trockene Weine von kurzer oder langer Lagerfähigkeit
Montravel, Monbazillac, Duras usw.	Muscadelle	süße Weine von langer Lagerfähigkeit
Madiran	Tannat, Cabernets	große lagerfähige Weine
Jurançon	Petit Manseng, Gros Manseng	trockene Weine: nur kurz lagerfähig; liebliche Weine lange lagerfähig

schaftlichen Bedingungen und die Entwicklung des Verbrauchergeschmacks können ebenfalls auf die Veränderung der Bestockung Einfluss nehmen. Manche Weinbaugebiete erzeugen Weine, die von einer einzigen Rebsorte stammen (Pinot noir und Chardonnay in Burgund, Riesling im Elsass). In anderen Gebieten (Champagne, Bordelais) sind die besten Weine das Ergebnis eines Verschnitts mehrerer Rebsorten, deren Eigenschaften sich ergänzen. Die Reben selbst bestehen aus Einzelpflanzen (Klone), die in ihren Eigenschaften (Ertrag, Reifung, Befall durch Viruskrankheiten) nicht identisch sind; deshalb strebte man schon immer nach der Auslese der besten Rebstöcke. Gegenwärtig betreibt man Forschungen, um die Widerstandsfähigkeiten gentechnisch veränderter Reben zu bestimmen.

Die Anbaubedingungen der Reben haben entscheidende Auswirkungen auf die Qualität des Weins. Man kann ihren Ertrag erheblich verändern, indem man auf die Ertragsfähigkeit, die Dichte der Pflanzen, die Wahl der Unterlage und den Rebschnitt Einfluss nimmt. Aber man weiß auch, dass man die Erträge nicht übermäßig erhöhen kann, ohne die Qualität zu beeinträchtigen. Die Qualität ist nicht gefährdet, wenn man eine große Menge durch die Verbindung günstiger natürlicher Faktoren erhält; einige große Jahrgänge sind auch Jahre mit reicher Ernte. Die Ertragssteigerung im Laufe der letzten Jahre ist nämlich vor allem mit der Verbesserung der Anbaubedingungen verbunden. Die Höchstgrenze, die nicht überschritten werden darf, hängt mit der Qualität des Erzeugnisses zusammen: Der Höchstertrag liegt zwischen 45 und 60 hl/ha für die großen Rotweine, ein wenig höher für trockene Weißweine. Um gute Weine zu erzeugen, braucht man überdies Rebstöcke, die ein ausreichendes Alter besitzen (dreißig Jahre und mehr) und ihr Wurzelsystem vollständig ausgebildet haben.

Die Weinrebe ist eine für viele Krankheiten anfällige Pflanze: Echter und Falscher Mehltau, Schwarzfäule, Graufäule usw. Diese beeinträchtigen die Erntemenge und verleihen den Trauben den schlechten Geschmack, den man im Wein wiederfinden kann. Die Winzer verfügen über wirksame Mittel der Behandlung, mit denen sich die Gesamtqualität mit Sicherheit verbessern lässt. Wahrscheinlich hat der Weinbau in der Vergangenheit in seinem Sicherheitsstreben den Einsatz von chemischen Schädlingsbekämpfungsmitteln ein wenig übertrieben. Heute ist ein Umdenken zwingend geboten. Einerseits fühlt sich der gesamte Weinbau in das Streben nach einem umweltschonenden Anbau einbezogen, der chemische Mittel nur anwendet, wenn sie notwendig sind. Andererseits versucht die Agrobiologie, die sich auf eine Biodynamik des Bodens stützt, natürliche Bedingungen zu schaffen, die die Reben weniger anfällig für Krankheiten machen.

WEINBAUGEBIET: ANPASSUNG DER REBSORTEN AN DEN BODEN UND DAS KLIMA

Im weitesten Sinne fasst der Begriff «Weinbaugebiet» zahlreiche Voraussetzungen biologischer (Wahl der Rebsorte), geografischer, klimatischer, geologischer und bodenmäßiger Natur zusammen. Hinzunehmen muss man noch menschliche, historische und kommerzielle Faktoren: Beispielsweise steht fest, dass die Existenz des Hafens von Bordeaux und sein wichtiger Handelsverkehr mit den Ländern im Norden die Winzer schon im 18. Jahrhundert dazu brachte, die Qualität ihrer Produktion zu verbessern.

Der Wein wird auf der nördlichen Erdhalbkugel zwischen dem 35. und dem 50. Breitengrad angebaut; er hat sich somit an sehr unterschiedliche Klimabedingungen angepasst. Doch die nördlichen Anbaugebiete, die am kältesten sind, lassen nur den Anbau weißer Rebsorten zu, die frühzeitig reifen und deren Trauben vor dem Auftreten der Herbstfröste zur Reife gelangen können. In einem warmen Klima baut man spät reifende Rebsorten an, die hohe Erträge zulassen. Um guten Wein herzustellen, braucht man reife Trauben, aber es darf keine zu rasche und zu vollständige Reifung sein, die zu einem Verlust an Aromastoffen führt; man wählt deshalb Rebsorten, bei denen das richtige Maß an Reife erzielt wird. Ein Problem bei den großen Anbauzonen, die sich in klimatischer Hinsicht am Rand befinden, ist die Wechselhaftigkeit der klimatischen Bedingungen von einem Jahr zum anderen während der Reifungsperiode.

Zu viel Trockenheit oder zu viel Feuchtigkeit können ebenfalls dazwischenkommen. Der Boden des Weinbergs spielt dann eine wesentliche Rolle, um die Wasserversorgung der Pflanze

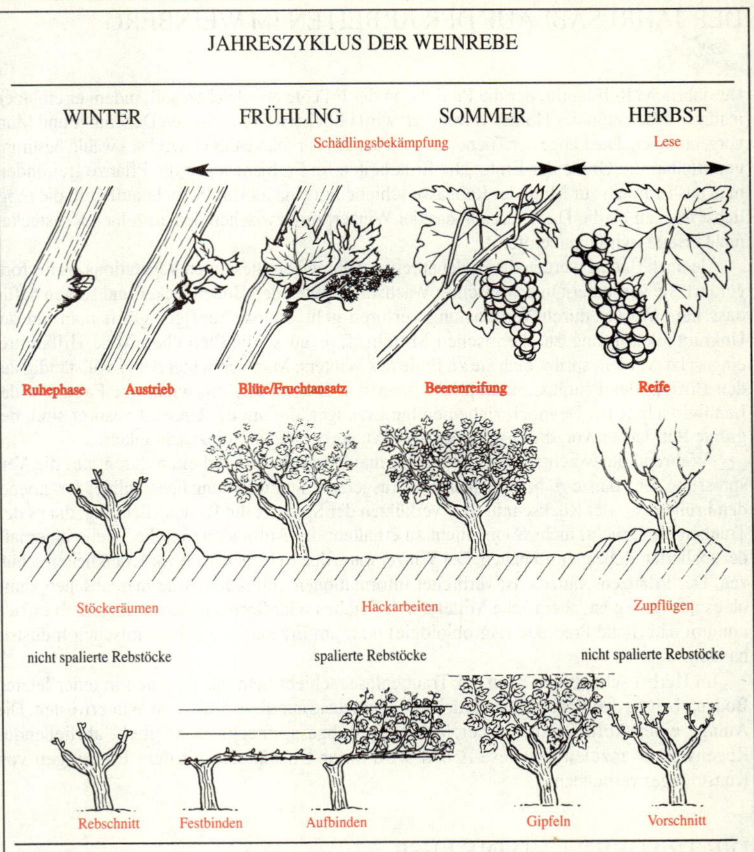

zu regulieren: Er stellt im Frühjahr, während des Wachstums, Wasser zur Verfügung und absorbiert ein mögliches Übermaß, wenn es während der Reifung regnet. Kies- und Kalksteinböden sorgen besonders gut für eine solche Regulierung; aber man kennt auch berühmte Crus auf Sand- und sogar Tonböden. Unter Umständen ergänzt eine künstliche Dränage die natürliche Regulierung. Dieses Phänomen erklärt, dass es sehr angesehene Crus auf Böden gibt, die verschieden aussehen, und dass sich dicht nebeneinander Lagen von unterschiedlicher Qualität befinden können, obwohl die Böden ähnlich erscheinen.

Man weiß auch, dass die Farbe oder die aromatischen und geschmacklichen Merkmale bei ein und derselben Rebsorte und unter denselben klimatischen Bedingungen je nach Beschaffenheit des Bodens und des Untergrundes Unterschiede zeigen können. So ist es von Bedeutung, ob die Reben von Böden stammen, die sich über Kalkstein, tonig-kalkhaltigen Molassen, Ton-, Sand- oder Kiestonablagerungen gebildet haben. Wenn sich der Lehmgehalt im Kies erhöht, führt dies zu Weinen, die auf Kosten der Feinheit säuerlicher, tanninhaltiger und körperreicher ausfallen; die Rebsorte Sauvignon blanc nimmt auf Kalkstein, Kies oder Mergel unterschiedlich intensive Geruchsnoten an. In jedem Fall ist die Weinrebe eine besonders anspruchslose Pflanze, die auf armen Böden wächst. Diese Armut ist übrigens ein Qualitätsfaktor der Weine, denn sie begünstigt begrenzte Erträge, die eine zu geringe Konzentration der Farb-, Aroma- und Geschmacksstoffe verhindern.

DER JAHRESABLAUF DER ARBEITEN IM WEINBERG

Der jährliche Rebschnitt, der die Produktion der Früchte ausgleichen soll, indem er ein übermäßiges Wachstum des Holzes verhindert, wird üblicherweise zwischen Dezember und März vorgenommen. Die Länge der Triebe, die man je nach der Stärke des Gewächses wählt, bestimmt unmittelbar die Größe der Ernte. Die Erdarbeiten im Frühjahr legen die Pflanze frei, indem man das Erdreich zur Mitte der Rebgasse schiebt und eine lockere Schicht aufhäuft, die möglichst trocken bleibt. Das Erdreich, das der Winzerpflug zwischen den einzelnen Rebstöcken nicht erfasst, wird dann entfernt.

Je nach Bedarf werden die Bodenarbeiten während des gesamten Vegetationszyklus fortgeführt; sie verhindern unerwünschtes Wachstum, halten den Boden locker und sorgen dafür, dass kein Wasser durch Verdunstung verloren geht. Immer häufiger greift man bei der Unkrautbekämpfung zu chemischen Mitteln; falls ausschließlich chemische Hilfsmittel eingesetzt werden, spritzt man sie zu Ende des Winters. Man verzichtet dabei vollständig auf den Einsatz des Pfluges; man spricht dann von Brache, die ein wichtiger Faktor in der Landwirtschaft ist. Dennoch ziehen einige Erzeuger, die um die Umwelt besorgt sind, begrünte Rebflächen vor, die es erlauben, den Wuchs der Pflanze einzuschränken.

Während der Wachstumsperiode führt man verschiedene Arbeiten durch, um die Versprossung der Pflanze zu beschränken: das Ausgeizen, die Entfernung überzähliger Jungtriebe; den Frühjahrs- oder Rückschnitt, das Verkürzen der Sprosse; die Laubauslichtung, die es den Trauben ermöglicht, mehr Sonnenlicht zu erhalten; das Aufbinden, um die Triebe innerhalb der spalierten Rebzeilen zu halten. Der Winzer muss den Rebstock auch vor Krankheiten schützen: Der Pflanzenschutzdienst verbreitet Informationen, mit deren Hilfe man absehen kann, ob es notwendig ist, chemische Mittel durch Stäuben oder Spritzen auszubringen, ob es sich nun um natürliche Produkte (Agrobiologie) oder um Erzeugnisse der chemischen Industrie handelt.

Im Herbst schließlich, nach der Traubenlese, schiebt man das Erdreich in einer letzten Bodenarbeit zu den Rebstöcken zurück und schützt sie auf diese Weise vor Winterfrösten. Die Anlage einer Abfließrinne in der Mitte der Rebgasse macht es möglich, abfließendes Regenwasser abzuleiten. Diese Arbeit wird unter Umständen mit dem Einbringen von Kunstdünger verbunden.

DIE TRAUBEN UND DIE LESE

Der Reifezustand der Trauben ist ein wesentlicher Faktor für die Qualität des Weins. Doch in ein und derselben Region sind die klimatischen Bedingungen von einem zum anderen Jahr unterschiedlich; dies führt zu Unterschieden in der Beschaffenheit der Trauben, die wiederum die Eigenschaften des jeweiligen Jahrgangs bestimmen. Eine gute Reife setzt warmes, trockenes Wetter voraus; der Zeitpunkt der Lese muss mit viel Fingerspitzengefühl festgelegt werden, abhängig von der Reifung und vom Gesundheitszustand der Trauben.

Immer stärker macht die Traubenlese von Hand einer maschinellen Lese Platz. Die mit Rüttelvorrichtungen ausgestatteten Erntemaschinen sorgen dafür, dass die Trauben auf ein Förderband fallen; ein Ventilator bläst den größten Teil der Blätter weg. Die rohe Behandlung der Beeren ist grundsätzlich nicht günstig für die Qualität, insbesondere bei Weißweinen; die angesehensten Crus werden sich deshalb als Letzte einer solchen Lesemethode bedienen, trotz der beachtlichen Fortschritte, die bei der Konzeption und Funktionsweise dieser Vollernter erzielt worden sind. Wenn der Reifegrad bei der Lese zu hoch ist, kann man die zu niedrige Säure durch den Zusatz von Weinsäure ausgleichen. Ist der Reifegrad ungenügend, kann man hingegen die Säure verringern, indem man Kalziumkarbonat (kohlensaurer Kalk) hinzugibt. In diesem Fall könnten die Trauben mit nicht ausreichendem Zuckergehalt einen Wein mit niedrigem Alkoholgehalt liefern. Unter genau festgelegten Bedingungen darf der Most auch noch konzentriert werden; der Gesetzgeber erlaubt, dass der Zuckergehalt des Traubenmosts durch den Zusatz von Zucker erhöht wird; das ist die so genannte Chaptalisierung oder Trockenzuckerung.

WINZERKALENDER

JANUAR

Wenn der Rebschnitt von Dezember bis März durchgeführt wird, ist St. Vinzenz ein guter Zeitpunkt, weil sich dann entscheidet, ob der Winter vorbei ist oder noch einmal zurückkehrt.

JULI

Die Schädlingsbekämpfung wird fortgeführt, ebenso die Überwachung des Weins bei großen Temperaturschwankungen!

FEBRUAR

Der Wein zieht sich zusammen, wenn die Temperaturen sinken. Die Überwachung der Fässer für das Auffüllen geschieht regelmäßig das ganze Jahr über. Die malolaktische Gärung muss beendet sein.

AUGUST

Den Boden zu bearbeiten wäre für den Rebstock schädlich, aber man muß wachsam sein gegenüber dem möglichen Befall durch bestimmte Schädlinge. In den Gebieten mit früh reifenden Rebsorten bereitet man den Gärkeller vor.

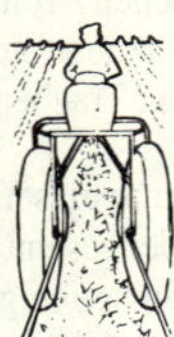

MÄRZ

Man «häufelt». Man beendet den Rebschnitt («Früher Schnitt, später Schnitt, nichts ist besser als der Rebschnitt im März»). Man füllt die Weine, die jung getrunken werden sollen, auf Flaschen ab.

SEPTEMBER

Beobachtung der Reifung durch regelmäßige Abnahme von Trauben, um den Zeitpunkt für die Lese festzulegen; Lesebeginn im Mittelmeerraum.

APRIL

Vor der Reblauskrise trieb man Spalierstangen in den Boden. Heute spaliert man die Reben an Drahtrahmen außer in Hermitage, an der Côte Rôtie und in Condrieu.

OKTOBER

In den meisten Weinbaugebieten findet die Traubenlese statt; die Vinifizierung beginnt. Die lagerfähigen Weine werden in Fässer gefüllt, um sie darin auszubauen.

MAI

Überwachung und Schutzmaßnahmen gegen Frühjahrsfröste. Bodenarbeiten mit der Hacke.

NOVEMBER

Die Primeur-Weine werden auf Flaschen abgefüllt. Man überwacht die Entwicklung der neuen Weine. Der Vorschnitt beginnt.

JUNI

Man bindet die spalierten Reben auf und beginnt damit, die Triebe zu beschneiden. Der Fruchtansatz oder das Verrieseln entscheidet über die Erntemenge.

DEZEMBER

Die Temperatur der Weinkeller muss konstant gehalten werden, um sicherzustellen, dass die alkoholische und die malolaktische Gärung eintritt.

MIKROBIOLOGIE DES WEINS

Der entscheidende mikrobiologische Vorgang, der dafür verantwortlich ist, dass Wein entsteht, ist die alkoholische Gärung; das Wachstum einer bestimmten Hefeart *(Saccharomyces cerevisae)* unter Luftabschluss spaltet den Zucker in Alkohol und Kohlendioxid. Dabei kommen zahlreiche Nebenprodukte (Glyzerin, Bernsteinsäure, Ester usw.) zum Vorschein, die zum Aroma und zum Geschmack des Weins beitragen. Die Gärung entwickelt Wärmeenergie (Abwärme), die zu einer Erwärmung des Gärbehälters führt, so dass unter Umständen eine Kühlung notwendig ist.

Nach der alkoholischen Gärung kann bisweilen die malolaktische Gärung eintreten; unter der Einwirkung von Bakterien wird die Äpfelsäure in Milchsäure und Kohlendioxid gespalten. Als Folge davon nimmt die Azidität (Säuregehalt) ab, wodurch der Wein milder wird und sich das Aroma verfeinert; gleichzeitig gewinnt der Wein eine bessere Haltbarkeit für seine Lagerung. Die Rotweine werden bei dieser Nachgärung immer besser; bei Weißweinen ist der Vorteil weniger einheitlich. Aber Hefepilze und Milchsäurebakterien sind auf den Trauben vorhanden; sie wachsen und vermehren sich bei der Verarbeitung des Traubenguts im Weinkeller. Beim Einfüllen der Trauben in den Gärbehälter kann die Impfung mit Hefepilzen ausreichen, doch immer häufiger gibt man Kulturhefe hinzu, die man in Form von Trockenhefe kaufen kann. Dieses Verfahren ermöglicht einen besseren Ablauf der Gärung; es verhindert bestimmte Fehler, die mit besonderen Hefepilzen verbunden sind (Reduktionsgerüche). In manchen Fällen erlaubt ein geeigneter Stamm von Hefepilzen eine bessere Entfaltung der spezifischen Aromen einer Rebsorte (Sauvignon) gegenüber nicht aromatischen Hefen, die auf der Traube existieren. Jedenfalls beruhen die Qualität und der typische Charakter des Weins auf der Traubenqualität, also auf natürlichen Faktoren (Reblage und Boden).

Die Hefepilze entwickeln sich stets vor den Bakterien, deren Wachstum einsetzt, wenn der Gärvorgang beendet ist. Falls die Gärung zum Stillstand kommt, bevor der gesamte Zucker in Alkohol umgewandelt worden ist, kann der restliche Zucker von den Bakterien gespalten werden, wobei Essigsäure (eine flüchtige Säure) entsteht. Es handelt sich dabei um einen schwer wiegenden Fehler, der als «Essigstich» bezeichnet wird. Aus diesem Grund sind Önologen sehr darauf bedacht, Methoden anzuwenden, die ein Abstoppen der alkoholischen Gärung vermeiden (Reinhefezusatz, Einführen von Stickstoff, Kontrolle der Temperatur und der Luftzufuhr, Entfernen von toxischen Produkten durch Zellhüllen). Bei der Lagerung bleiben immer noch Bakterienstämme erhalten, die schwer wiegende Fehler hervorrufen können: Zerfall bestimmter Bestandteile des Weins, Oxidation und Bildung der Essigsäure (der Vorgang, auf dem die Herstellung von Essig beruht). Bei der Sorgfalt, die man heute bei der Weinherstellung aufwendet, sind solche Risiken praktisch auszuschließen.

DIE VERSCHIEDENEN VINIFIZIERUNGSMETHODEN

Rotweinbereitung

In den meisten Fällen werden die Trauben zuerst entrappt; die Beeren werden danach gekeltert. Das Gemisch aus Traubenschalen, Kernen und Stielen wird in den Gärbottich gefüllt; vorher gibt man etwas Schwefeldioxid als Schutz gegen Oxidation und Verunreinigung durch Mikroben hinzu. Sobald die Gärung beginnt, treibt die Kohlensäure alle festen Bestandteile nach oben, die an der Oberfläche des Gärbehälters eine feste Masse bilden, den sog. «Tresterhut».

Im Gärbehälter findet die alkoholische Gärung gleichzeitig mit der Maischung der Stiele und Kerne im Saft statt. Die vollständige Vergärung des Zuckers dauert im Allgemeinen fünf bis acht Tage; gefördert wird sie durch Luftzufuhr, die das Wachstum der Hefepilze erhöhen soll, und durch die Überwachung der Temperatur (bei etwa 30 °C), um das Absterben der Hefepilze zu verhindern. Die Maischegärung ist im Wesentlichen für die Farbe und die Tanninstruktur des Rotweins verantwortlich. Weine, die für eine lange Alterung bestimmt sind, müssen tanninreich sein und deshalb eine lange Maischung (zwei bis drei Wochen) bei 25 bis

30 °C durchlaufen. Die Rotweine, die man jung trinkt, die Weine vom Primeur-Typ, müssen dagegen fruchtig und tanninarm sein; ihre Maischegärung ist auf ein paar Tage beschränkt.

Das Ablassen des Gärbehälters ist die Trennung des Traubenmosts, der als «Vorlaufwein» oder «großer Wein» bezeichnet wird, vom Trester. Durch Pressen liefert der Trester den «Scheitermost» oder Preßwein; ob man beide verschneidet, hängt von geschmacklichen Kriterien und Analysewerten ab. Vorlauf und Scheitermost werden in getrennten Behältern aufbewahrt, wo sie dann ihre Gärung abschließen: durch Auflösung des Restzuckers und malolaktische Gärung. Bei den großen Weinen erfolgt das Ablassen immer häufiger direkt in Fässer aus Eichenholz, in denen die malolaktische Gärung abläuft. Die Rotweine erwerben so einen harmonischeren Holzgeschmack.

Diese Vinifizierungstechnik bildet die Grundmethode, aber es gibt andere Vinifizierungsverfahren, die in manchen Fällen von besonderem Vorteil sind (Thermovinifikation, d. h. Weinbereitung durch Erhitzen der Trauben oder des Mostes, kontinuierliche Vinifizierung oder Durchlaufgärung, Kohlensäuremaischung).

Roséweinbereitung

Die Clairets (leichte Rotweine), die Roséweine oder die «grauen» Weine (helle Rosés) erhält man durch verschieden lange Maischegärung von Trauben, die nur leicht rosa oder stark gefärbt sind. Zumeist erzeugt man sie durch unmittelbares Keltern dunkler Trauben oder durch Abstechen des Weins nach kurzer Maischung. Im letzteren Falle wird der Gärbehälter wie bei einer klassischen Rotweinbereitung gefüllt; nach ein paar Stunden zieht man einen Teil des Traubenmostes ab, der dann separat gärt. Der Gärbehälter wird erneut aufgefüllt, um Rotwein herzustellen. Dieser ist dann konzentrierter.

Weißweinbereitung

Beim Weißwein gibt es eine Vielzahl von Weintypen; jeder davon ist mit einer speziellen Vinifizierungsmethode und der geeigneten Qualität des Traubenguts verbunden. Zumeist ist Weißwein das Ergebnis der Vergärung von reinem Traubenmost; das Pressen geht somit der Gärung voraus. In manchen Fällen jedoch vermaischt man die Traubenschalen vor dem Gärvorgang, um ihre Aromastoffe herauszuziehen; man benötigt dafür vollkommen gesunde und reife Trauben, damit es zu keinen Geschmacks- (Bitterkeit) und Geruchsfehlern (unangenehmer Geruch) kommt. Der Traubensaft wird durch Keltern, Vorentsaften und Pressen gewonnen; der Scheitermost wird getrennt vergoren, denn er ist von schlechterer Qualität. Der weiße Traubenmost, der sehr anfällig für Oxidation ist, wird sofort durch den Zusatz von Schwefeldioxid geschützt. Schon bei der Saftextrahierung wird der Most vorgeklärt. Außerdem wird der Gärbehälter während des Gärvorgangs beständig bei einer Temperatur von 20 bis 24 °C gehalten, um die Aromen zu bewahren.

Die großen Weißweine werden im Barriquefass vinifiziert; sie erwerben so einen harmonisch integrierten Holzton. Diese Praxis ermöglicht außerdem einen Ausbau auf der Hefe, der die Empfindungen von Fülle und Milde intensiviert; noch verstärkt wird dieser Trend durch das Aufrühren des Hefesatzes der Weine, wodurch die abgestorbenen Hefepilze wieder in Suspension übergehen. In vielen Fällen wird keine malolaktische Gärung angestrebt, weil Weißweine eine säuerliche Frische gut vertragen und diese Nachgärung zu einer Verringerung des sortentypischen Aromas führt. Die Weißweine, die sie dennoch durchlaufen, gewinnen Fett und Fülle, wenn sie in Fässern ausgebaut werden und für eine lange Alterung bestimmt sind (Burgund); außerdem stellt sie die biologische Stabilität der Weine in der Flasche sicher.

Die Herstellung süßer Weine setzt zuckerreiche Trauben voraus; ein Teil des Zuckers wird in Alkohol umgewandelt, aber die Gärung wird unterbrochen, bevor sie beendet ist, indem man Schwefeldioxid hinzufügt und die Hefe durch Abstechen oder Zentrifugieren entfernt oder den Wein pasteurisiert. Die Sauternes- und Barsacweine, die besonders alkohol- (13 bis 16°) und zuckerreich (50 bis 100 g/l) sind, setzen somit Trauben von besonderer Reichhaltigkeit voraus, die man durch eine einfache Reifung der Trauben nicht erhält; sie erfordert das Auftreten der «Edelfäule», die mit dem speziellen Wachstum eines Schimmelpilzes namens *Botrytis cinerea* auf der Traube verbunden ist; die von der Edelfäule befallenen Trauben müssen eigens ausgelesen werden.

HERSTELLUNG DER ROTWEINE

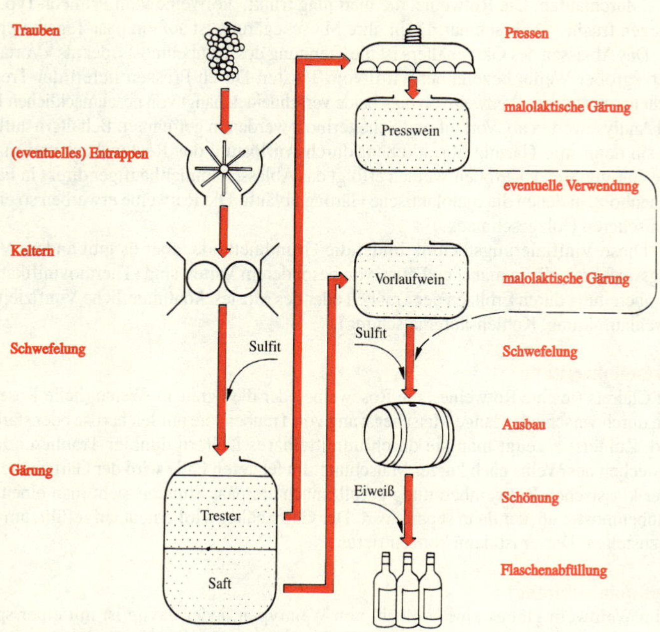

Trauben

(eventuelles) Entrappen

Keltern

Schwefelung

Sulfit

Gärung

Trester

Saft

Pressen

Presswein

malolaktische Gärung

eventuelle Verwendung

Vorlaufwein

malolaktische Gärung

Sulfit

Schwefelung

Ausbau

Eiweiß

Schönung

Flaschenabfüllung

HERSTELLUNG DER WEISSWEINE

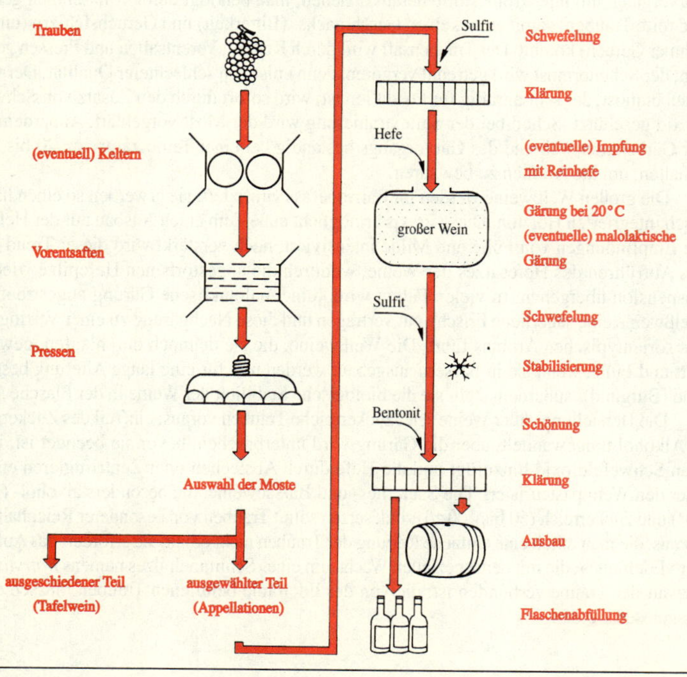

Trauben

(eventuell) Keltern

Vorentsaften

Pressen

Auswahl der Moste

ausgeschiedener Teil (Tafelwein)

ausgewählter Teil (Appellationen)

Sulfit

Schwefelung

Klärung

Hefe

(eventuelle) Impfung mit Reinhefe

großer Wein

Gärung bei 20°C

(eventuelle) malolaktische Gärung

Sulfit

Schwefelung

Stabilisierung

Bentonit

Schönung

Klärung

Ausbau

Flaschenabfüllung

DER AUSBAU DER WEINE – STABILISIERUNG – KLÄRUNG

Der Jungwein ist unfertig, trüb und reich an Kohlensäure; die Ausbauphase (Klärung, Stabilisierung, Verfeinerung der Qualität) begleitet ihn bis zur Abfüllung auf Flaschen. Sie dauert je nach Weintyp unterschiedlich lang: Die «Primeur-Weine» werden ein paar Wochen oder sogar schon ein paar Tage nach dem Ende der Vinifizierung auf Flaschen abgezogen; die großen lagerfähigen Weine werden zwei Jahre oder noch länger ausgebaut.

Die Klärung kann man durch einfaches Sichabsetzenlassen und Abstechen vom Geläger erreichen, wenn der Wein in Behältern mit kleinem Fassungsvermögen (Holzfässer) aufbewahrt wird. Auf die Zentrifugierung oder verschiedene Formen der Filtrierung muss man zurückgreifen, wenn sich der Wein in großen Gärtanks befindet.

Aufgrund seiner komplexen Zusammensetzung kann der Wein Trübungen und Bodensatz hervorrufen; es handelt sich dabei um ganz natürliche Erscheinungen, die auf Mikroorganismen oder chemische Vorgänge zurückgehen. Diese Störungen sind besonders schwer wiegend, wenn sie in der Flasche auftreten; aus diesem Grund muss die Stabilisierung vor der Abfüllung stattfinden.

Durch Mikroorganismen verursachte Störungen (bakterieller Stich oder Nachgärung) kann man verhindern, indem man den Wein in einem vollen Behälter unter Luftabschluss aufbewahrt; durch regelmäßiges Auffüllen sorgt man dafür, dass die Behälter vollständig gefüllt sind, um einen Kontakt mit der Luft zu verhindern. Darüber hinaus ist Schwefeldioxid ein gebräuchliches Antiseptikum und Antioxidans. Seine Wirkung kann durch (antiseptisch wirkende) Sorbinsäure oder (oxidationshemmende) Ascorbinsäure ergänzt werden.

Die Behandlung der Weine ist unbedingt notwendig. Die dafür in Frage kommenden Mittel sind nicht sehr zahlreich; man kennt ihre Wirkungsweise gut, die nicht die Qualität beeinträchtigt, und ihre Unschädlichkeit ist bewiesen. Laborversuche erlauben es, die Risiken von Instabilität vorherzusehen und die Behandlung nur auf die notwendigen Maßnahmen zu begrenzen. Doch die Entwicklung geht in neuerer Zeit dahin, schon bei der Vinifizierung einzugreifen, um die abschließende Behandlung der Weine und die für sie erforderlichen Eingriffe möglichst zu beschränken.

Eine Ablagerung von Weinstein lässt sich vermeiden, indem man den Wein vor der Flaschenabfüllung einer Kältebehandlung unterzieht. Metaweinsäure, die eine Kristallbildung verhindert, wirkt sofort, aber ihr Schutz ist nicht unbegrenzt. Die Schönung besteht darin, dem Wein einen Eiweißstoff (Hühnereiweiß, Gelatine) hinzuzufügen; dieser flockt im Wein aus und fällt die Schwebeteilchen ebenso wie die Bestandteile aus, die später einmal eine Trübung bewirken könnten. Die Schönung der Rotweine (mit Eiweiß) ist ein altbekanntes Verfahren, das unverzichtbar ist, um übermäßig viele Farbstoffe zu beseitigen, die ausflocken und das Innere der Flasche überziehen würden. Gummiarabikum hat eine ähnliche Wirkung; es wird für Tafelweine verwendet, die bald nach der Flaschenabfüllung getrunken werden sollen. Die Ausflockung der Eiweißstoffe, die von Natur aus in Weißweinen vorhanden sind (Eiweißausfällung), wird verhindert, indem man die Stoffe durch Bindung an einen kolloiden Ton, nämlich Bentonit, ausscheidet. Ein zu hoher Gehalt an bestimmten Metallen (Eisen und Kupfer) bewirkt ebenfalls Trübungen; man kann diese Metalle mit Hilfe von Kaliumferrocyanid (Blutlaugensalz) entfernen.

Der Ausbau beinhaltet auch eine Phase der Reifung. Dabei wird zunächst die im Übermaß vorhandene Kohlensäure entfernt, die von der Gärung herrührt. Ihre Regulierung hängt vom Stil ab: Sie verleiht den trockenen Weißweinen und den jungen Weinen Frische; dagegen macht sie die lagerfähigen Weine, vor allem die großen Rotweine, hart. Eine maßvolle Zufuhr von Sauerstoff stellt auch die unbedingt notwendige Umwandlung der Tannine bei den jungen Rotweinen sicher; sie ist unverzichtbar für ihre spätere Flaschenreifung. Die maßvolle Oxidation vollzieht sich spontan im Eichenholzfass; die auch als *«microbullage»* bezeichneten Methoden der Mikrooxygenierung ermöglichen es, die Mengen an gerade notwendigem Sauerstoff gleichmäßig zuzuführen.

Das Eichenholzfass verleiht den Weinen ein Vanillearoma, das mit den Aromen der Frucht perfekt harmoniert, vor allem wenn das Holz neu ist; Allier-Eiche (aus dem Wald von Tronçais) eignet sich besser als Limousin-Eiche. Das Holz muss gespalten werden und drei Jahre lang an der Luft trocknen, bevor es verwendet wird. Dieser Ausbautyp ist Tradition bei den großen Weinen, aber er ist sehr aufwändig (Kaufpreis der Fässer, Handarbeit, Weinschwund durch Verdunstung). Außerdem können die Fässer, wenn sie etwas älter sind, die Ursache für Verunreinigungen mit Mikroorganismen sein und dem Wein mehr Fehler als Qualitäten verleihen. Dieser Ausbautyp muss Weinen vorbehalten sein, die gehaltvoll genug sind, damit der Holzton nicht über die Fruchtigkeit der Trauben dominiert und den typischen Charakter verwässert; die Stärke des Holztons muss dosiert werden (indem man die Ausbaudauer und den Anteil neuer Barriquefässer variiert), in Abhängigkeit von der Struktur des Weins, damit er nicht bei der Alterung austrocknet. Man hat Versuche durchgeführt, den Erwerb des Holztons zu vereinfachen, insbesondere durch die Beimischung von Eichenholzspänen bei der Gärung, eine für AOC-Weine untersagte Praxis.

ABFÜLLUNG – ALTERUNG IN FLASCHEN

Der Begriff «Alterung» bezeichnet speziell die langsame Umwandlung des Weins, der unter Abschluss vom Luftsauerstoff in der Flasche aufbewahrt ist. Die Flaschenabfüllung verlangt viel Sorgfalt und Sauberkeit; es muss nämlich verhindert werden, dass der vollständig geklärte Wein bei diesem Vorgang verunreinigt wird. Außerdem muss man Vorkehrungen treffen, damit der angegebene Flascheninhalt (75cl bei 20 °C) gewährleistet ist. Kork bleibt das bevorzugte Material für Flaschenverschlüsse; dank seiner Biegsamkeit garantiert er einen guten, luftdichten Abschluss. Dieses Material zerfällt jedoch; empfehlenswert ist es, die Korken alle 25 Jahre auszuwechseln. Überdies gibt es zwei Gefahren bei Korkverschlüssen: schadhafte Korken, die den Wein durchsickern lassen, und «Korkgeschmack».

In der Flasche finden viele sehr komplexe Umwandlungsprozesse statt. Zuerst tritt eine Veränderung der Farbe ein, die vor allem bei den Rotweinen zu erkennen ist. Das lebhafte Rot der jungen Weine entwickelt sich zu eher gelben Farbtönen hin, die eine an Ziegelsteine erinnernde Farbe («Ziegelrot») bewirken. Bei sehr alten Rotweinen ist der rote Farbton völlig verschwunden; Gelb und Kastanienbraun sind hier die dominierenden Farben. Diese Umwandlungsprozesse sind verantwortlich dafür, dass sich Farbstoffe in sehr alten Weinen am Boden absetzen. Sie wirken sich auf den Geschmack der Tannine aus, indem sie zu einer Milderung der Gesamtstruktur des Weins führen.

Im Laufe der Flaschenreifung entwickelt sich auch das Aroma, wobei das für einen alten Wein eigentümliche «Bukett» zum Vorschein kommt; es handelt sich um komplexe Umwandlungsprozesse, deren chemische Grundlagen ungeklärt bleiben (es kommt nicht zu Veresterungen).

QUALITÄTSKONTROLLE

Ein guter Wein ist nicht zwangsläufig ein großer Wein; wenn man von einem «Qualitätswein» spricht, bezieht man sich auf die Hierarchie, die von den Tafelweinen über alle möglichen Zwischenstufen bis zu den Grands crus geht. Hinter diesen beiden Ideen steht die Unterscheidung zwischen den «natürlichen» und den «menschlichen» Qualitätsfaktoren. Letztere sind unverzichtbar, um einen «guten Wein» zu erhalten; aber ein «großer Wein» erfordert zusätzlich besondere, anspruchsvolle Voraussetzungen der Umgebung (Boden, Klima) . . .

Die chemische Analyse macht es zwar möglich, bestimmte Fehler des Weins aufzudecken und nachzuweisen, aber ihre Grenzen bei der Bestimmung der Qualität sind durchaus bekannt. Letztlich ist die Weinprobe das Hauptkriterium für die Beurteilung der Qualität. Seit 20 Jahren hat man beträchtliche Fortschritte bei den Methoden der Sinnenprüfung gemacht, die es ermöglichen, die subjektiven Aspekte immer besser zu meistern; sie berücksichtigen die neuen Erkenntnisse auf dem Gebiet der physiologischen Grundlagen des Geruchs und des Geschmacks und der praktischen Bedingungen der Verkostung. Das Geschmacksgutachten wird immer wichtiger bei der Qualitätskontrolle, wenn es gilt, Weine mit kontrollierter Herkunftsbezeichnung zuzulassen, oder im Rahmen von richterlichen Gutachten.

___ Die vorgeschriebene Qualitätskontrolle des Weins hat sich nämlich seit langer Zeit durchgesetzt. Das Gesetz vom 1. August 1905 über die Redlichkeit von Handelsgeschäften bildet die erste offizielle Verlautbarung. Aber die Reglementierung ist nach und nach verbessert worden in dem Maße, wie man neue Einsichten in die Zusammensetzung des Weins und seine Umwandlungsprozesse gewonnen hat. Auf der Grundlage der chemischen Analyse legt die Gesetzgebung eine Art Mindestqualität fest, um die Hauptfehler zu vermeiden. Sie regt überdies an, dieses Mindestniveau mit Hilfe der Technik zu verbessern. Die Abteilung für Verbraucherschutz und Verhinderung betrügerischer Machenschaften trägt die Verantwortung dafür, dass die auf diese Weise aufgestellten Normen der Analyse überprüft werden.

___ Diese Maßnahmen werden durch die Maßnahmen des INAO (Institut national des appellations d'origine) ergänzt, das nach Rücksprache mit den beteiligten Verbänden die Aufgabe hat, die Produktionsbedingungen festzulegen und ihre Kontrolle sicherzustellen: Anbaufläche, Rebsorten, Anpflanzung und Rebschnitt, Anbaumethoden, Vinifizierungsmethoden, Zustand des Mostes und des Weins, Ertrag. Diese Organisation garantiert auch den Schutz der AOC-Weine in Frankreich und im Ausland.

___ In jeder Region wirken außerdem die Weinbauverbände am Schutz der Interessen der ihnen angehörenden Winzer mit, insbesondere im Rahmen der verschiedenen Appellationen. Diese Maßnahmen werden oft durch beratende Gremienbüros und Kommissionen der Fachverbände koordiniert, die die Vertreter der verschiedenen Verbände und des Handels sowie verschiedene Persönlichkeiten der Branche und der Verwaltung vereinigen.

Pascal Ribérau-Gayon

DER WEINFÜHRER DES VERBRAUCHERS

Einen Wein zu kaufen ist die einfachste Sache der Welt, ihn ganz bewusst auszuwählen die schwierigste. Wenn man die Gesamtproduktion der Weine berücksichtigt, gibt es einige hunderttausend verschiedene Weine, mit denen der Weinfreund konfrontiert ist.
Allein Frankreich erzeugt mehrere zehntausend Weine, die alle einen speziellen Charakter und besondere Merkmale haben. Was sie neben ihrer Farbe erkennbar unterscheidet, ist das Etikett. Das erklärt auch, warum es so wichtig ist und warum die Behörden und die Institutionen der Weinbranche bedacht sind, seine Verwendung und sein Erscheinungsbild durch Vorschriften zu regeln. Und warum es für den Käufer notwendig ist, seine Geheimnisse zu ergründen.

DAS ETIKETT

— Das Etikett erfüllt mehrere Aufgaben. Zunächst einmal zeigt es – gesetzlich vorgeschrieben – an, wer im Falle eines Rechtsstreits für den Wein verantwortlich ist. Das kann ein Weinhändler oder ein Erzeuger sein. In manchen Fällen werden diese Informationen durch Angaben oben auf der Kapsel über dem Korken bestätigt.

— Die zweite Funktion des Etiketts ist äußerst wichtig; sie legt die Kategorie fest, zu der der Wein gehört: Vin de Table (Tafelwein), Vin de Pays (Landwein), Appellation d'Origine Vin Délimité de Qualité Supérieure (Herkunftsbezeichnung für Wein gehobener Qualität) oder Appellation d'Origine Contrôlée (kontrollierte Herkunftsbezeichnung) bzw. für die beiden Letzten die Abkürzungen AOVDQS und AOC, wobei diese in der Terminologie der EU dem «Qualitätswein bestimmter Anbaugebiete» (französisch abgekürzt VQPRD) gleichgestellt sind.

Appellation d'Origine Contrôlée

Dies ist die oberste Klasse, die aller großen Weine. Auf dem Etikett vorgeschrieben ist in Frankreich die Angabe

XXXX
appellation contrôlée
oder appellation XXXX contrôlée

Diese Angabe bezeichnet ausdrücklich eine Region, eine Gruppe von Gemeinden, eine Gemeinde oder sogar manchmal eine Reblage (oder Einzellage), in der sich der Weinberg befindet. Als selbstverständlich wird dabei vorausgesetzt, dass ein Wein, wenn er Anrecht auf die AOC haben will, «nach den örtlichen, gesetzlichen und gleich bleibenden Gepflogenheiten» hergestellt worden sein muss, d.h. von edlen, amtlich zugelassenen Rebsorten stammen muss, die in ausgewählten Lagen angepflanzt werden, und dass er nach den regionalen Traditionen vinifiziert worden sein muss. Der Hektarertrag und der Alkoholgehalt (Mindest-, manchmal auch Höchstgehalt) sind gesetzlich festgelegt. Die Weine werden jedes Jahr von einer Degustationskommission zugelassen.

Diese nationalen Vorschriften werden durch die institutionalisierte Anwendung örtlicher Gebräuche ergänzt. So ist im Elsass die regionale Appellation praktisch immer mit der Angabe der Rebsorte verbunden; in Burgund dürfen nur die Premiers crus in derselben Schriftgröße wie die kommunale Appellation angegeben werden, während die nicht als Premier cru eingestuften Einzellagen höchstens halb so groß wie die Appellation erscheinen dürfen. Außerdem findet man auf den Etiketten der Grands crus nicht die Herkunftsgemeinde, weil die Grands crus eine eigene Appellation besitzen.

WIE LIEST MAN EIN ETIKETT?

Anhand des Etiketts muss es möglich sein, dass man den Wein identifiziert und erkennt, wer dafür gesetzlich verantwortlich ist. Als Letzter ist der Flaschenabfüller an der Herstellung des Weins beteiligt: Sein Name muss obligatorisch auf dem Etikett erscheinen. Jede Bezeichnung einer Kategorie zwingt zu speziellen Etikettierungsvorschriften. Die erste Aufgabe des Etiketts besteht darin, den Verbraucher darüber zu informieren und ihm anzuzeigen, zu welcher der vier folgenden Kategorien der Wein gehört: Tafelwein (Herkunftsangabe, Alkoholgehalt, Name und Adresse des Abfüllers sind vorgeschrieben, die Jahrgangsangabe ist untersagt), Vin de Pays, AOVDQS und AOC.

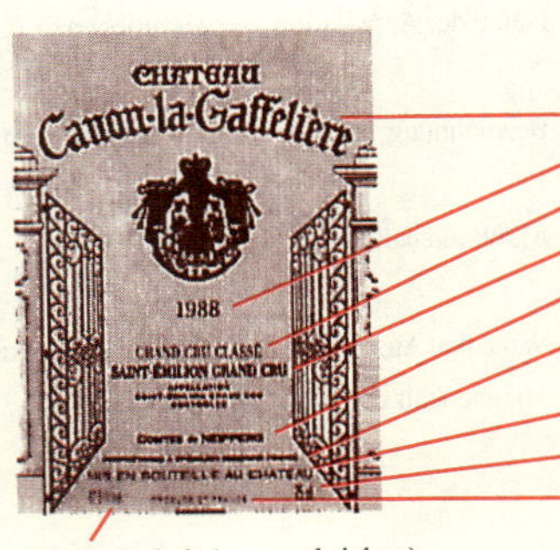

AOC Bourgogne

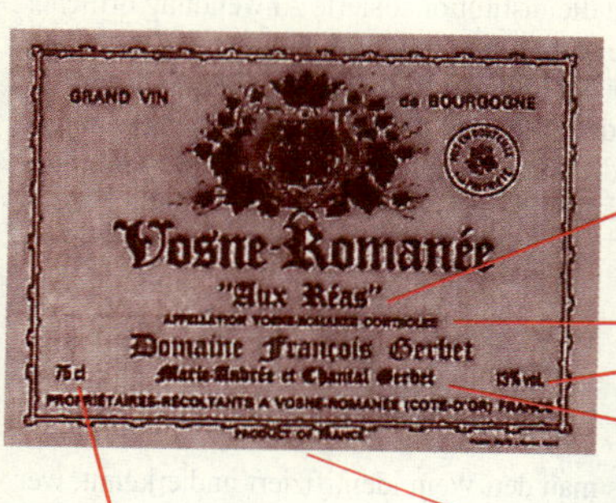

grüne Steuermarke

Jahrgang, oft auf einem Halsetikett angegeben (vorgeschrieben)

Name der Reblage (freiwillig); dieselbe Schriftgröße wie bei der Appellation zeigt an, dass es sich um einen Premier cru handelt

Bezeichnung der Kategorie (vorgeschrieben)

Alkoholgehalt (vorgeschrieben)

Name und Adresse des Abfüllers (vorgeschrieben); zeigt außerdem die Flaschenfüllung auf dem Gut (Erzeugerabfüllung) an und dass es sich um keinen Händlerwein handelt

für den Export in bestimmte Länder bestimmt

Flascheninhalt (vorgeschrieben)

AOC Champagne

grüne Steuermarke

ohne große Bedeutung (freiwillig)

vorgeschrieben

jeder Champagner ist als AOC eingestuft: Die Angabe erscheint nicht; dies ist die einzige Ausnahme von der Regel, dass die Kategorienbezeichnung genannt sein muss

Marke und Anschrift (vorgeschrieben, stillschweigend ist darunter zu verstehen «auf Flaschen abgefüllt von . . .»

Flascheninhalt (vorgeschrieben)

Status des Herstellers und Nummer im Berufsregister

Weintyp, Dosage (vorgeschrieben)

AOVDQS

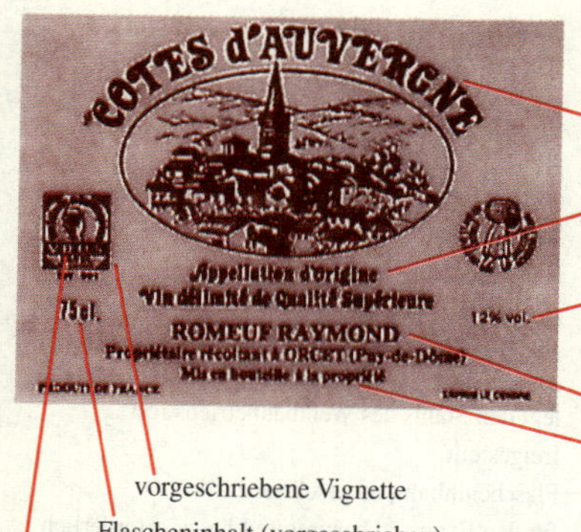

grüne Steuermarke

Jahrgang (freiwillig)

Rebsorte (freiwillig; nur bei reinsortigen Weinen erlaubt)

Name der Appellation (vorgeschrieben)

Bezeichnung der Kategorie (vorgeschrieben)

Alkoholgehalt (vorgeschrieben)

Name und Anschrift des Abfüllers (vorgeschrieben)

Angabe «auf dem Gut» (freiwillig)

vorgeschriebene Vignette

Flascheninhalt (vorgeschrieben)

Kontrollnummer (in Frankreich vorgeschrieben)

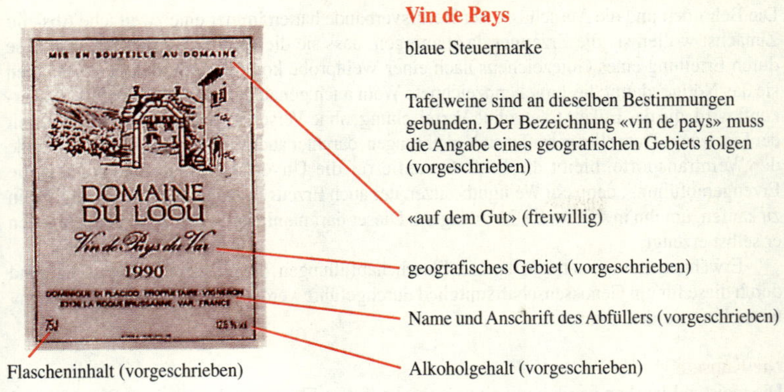

Appellation d'Origine Vin Délimité de Qualité Supérieure

Diese Kategorie, das «Vorzimmer» zur vorangehenden Klasse, ist erkennbar denselben Vorschriften unterworfen. Die AOVDQS-Weine erhalten ihr Gütezeichen nach einer Weinprobe. Das Etikett trägt die vorgeschriebene Angabe «Appellation d'Origine Vin Délimité de Qualité Supérieure» (Herkunftsbezeichnung bestimmter Weine gehobener Qualität) und eine AOVDQS-Vignette. Es sind keine lagerfähigen Weine, aber einige sollte man einkellern.

Vin de Pays

Das Etikett der Landweine gibt die geografische Herkunft des Weins genau an. Man liest somit: Vin de Pays de . . . (gefolgt von einer Gebietsangabe).

___ Die Weine stammen von unterschiedlich edlen Rebsorten, die gesetzlich festgelegt sind und die in einem ziemlich großen, aber dennoch abgegrenzten Gebiet angebaut werden. Außerdem werden ihr Alkoholgehalt, ihre Säure und ihre flüchtige Säure überprüft. Diese frischen, fruchtigen, süffigen Weine trinkt man jung; es ist nutzlos, wenn nicht sogar schädlich, sie einzukellern.

___ Weitere Hinweise und Informationen können die Etiketten ergänzen. Sie sind nicht vorgeschrieben wie die vorangehenden Angaben, sind aber dennoch gesetzlichen Regelungen unterworfen. Die Begriffe «clos» (Weinberg), «château» (Weingut, eigentlich Schloss) und «cru classé» (klassifiziertes Gewächs) beispielsweise dürfen nicht verwendet werden, wenn sie nicht einer alten Gewohnheit und der Realität entsprechen. Was die Etiketten dadurch an Fantasie verlieren, gewinnen sie an Wahrheit; der Käufer wird sich darüber nicht beschweren, weil sie ja immer glaubwürdiger werden.

Jahrgang und Flaschenabfüllung

Zwei nicht vorgeschriebene, aber sehr wichtige Angaben erregen die Aufmerksamkeit des Weinliebhabers: der Jahrgang, entweder auf dem Etikett (das ist der bessere Fall) oder auf einem Halsetikett im oberen Bereich der Flasche, und die genaue Angabe des Orts der Flaschenabfüllung.

___ Der anspruchsvolle Weinfreund duldet nur Erzeugerabfüllungen: angezeigt durch «mis en bouteilles au (oder du) domaine, à (oder de) la propriété oder au (oder du) château, wobei jeweils das Weingut gemeint ist. Jede andere Angabe, d.h. jede Bezeichnung, die keine unbedingte und enge Beziehung hat zwischen dem genauen Ort, wo der Wein vinifiziert worden ist, und dem Ort, wo er auf Flaschen abgefüllt wurde, ist belanglos. Die Formulierungen «mis en bouteilles (abgefüllt) dans la région de production (im Anbaugebiet), par nos soins (unter unserer Aufsicht), dans nos chais (in unseren Weinlagern), par XX» (durch . . ., wobei XX für einen Zwischenhändler steht), bieten – so genau sie auch sein mögen – nicht die Herkunftsgarantie, die die Angabe «mise à la propriété» sicherstellt.

Die Behörden und die Ausschüsse der Berufsverbände hatten immer eine zweifache Absicht: Zunächst wollen sie die Erzeuger dazu anregen, dass sie die Qualität verbessern und diese durch Erteilung eines Gütezeichens nach einer Weinprobe kontrollieren; dann unternehmen sie das Nötige, damit dieser gekennzeichnete Wein auch genau der ist, der in der Flasche verkauft wird, die das Etikett trägt, ohne Vermischung, ohne Verschneiden, ohne die Möglichkeit der Ersetzung. Trotz aller getroffenen Vorkehrungen, darunter auch die Möglichkeit der Kontrolle der Weintransporte, bleibt die beste Garantie für die Unverfälschtheit des Produkts die Erzeugerabfüllung; denn ein Weingutbesitzer, der auch Erzeuger ist, hat nicht das Recht, Wein zu kaufen, um ihn in seinem Keller zu lagern. Dieser darf nämlich nur den Wein enthalten, den er selbst erzeugt.

— Erwähnen muss man noch, dass die Flaschenabfüllungen, die in einer Genossenschaft und durch diese für ein Genossenschaftsmitglied durchgeführt werden, als «Erzeugerabfüllungen» bezeichnet werden können.

Die Kapseln

Die meisten Flaschen werden mit einer Kapsel auf dem Flaschenhals versehen. Diese Kapsel trägt manchmal eine Steuervignette, mit andern Worten den Beweis dafür, dass die Gebühren für die Transportberechtigung abgeführt worden sind. Wenn die Flaschen nicht auf diese Weise «versteuert» sind, braucht man eine Quittung (oder einen Zollpassierschein), der vom nächsten Finanzamt ausgestellt wird (siehe dazu den Abschnitt «Der Transport des Weins», Seite 50).

— Anhand dieser Vignette kann man den Status des Erzeugers (Weingutbesitzer oder Händler) und das Anbaugebiet feststellen. Die Kapseln können eine Steuermarke tragen und individuell gestaltet sein; dies muss nicht der Fall sein, aber in der Regel gilt beides.

Der Korkbrand

Die Erzeuger von Qualitätsweinen hatten das Bedürfnis, ihr Etikett zu bestätigen, indem sie Brandzeichen für den Korken verwendeten. Ein Etikett kann sich ablösen, während der Korken erhalten bleibt; deshalb sind die Herkunft des Weins und der Jahrgang dort eingebrannt. Dies ist auch eine Möglichkeit, eventuelle Betrüger abzuschrecken, die sich nicht mehr damit begnügen können, einfach Etiketten zu ersetzen. Beachten Sie, dass bei den Schaumweinen mit Appellation die Angabe der Appellation auf dem Korken vorgeschrieben ist.

WIE KAUFT MAN, BEI WEM KAUFT MAN?

Die Vertriebswege des Weins sind kompliziert und vielfältig, vom kürzesten bis zum mühsamsten, wobei jeder seine Vor- und Nachteile hat.
Andererseits gibt es verschiedene Formen des Verkaufs, je nachdem, wie (offen oder in Flaschen) und wann (Primeur-Einkauf) der Wein gekauft wird.

Weine zum Trinken, Weine zum Einkellern

Der Kauf von Weinen zum Trinken unterscheidet sich vom Kauf von Weinen, die eingekellert werden sollen. Da man dabei jeweils ein anderes Ziel verfolgt, muss auch die Wahl der Weine gegensätzlich sein. Die Weine, die für den sofortigen Verbrauch bestimmt sind, werden trinkreife Weine sein, d.h. Primeurweine, Landweine, kleine oder mittlere Weine, Weine aus einem leichten Jahrgang mit rascher Entwicklung, oder es handelt sich um große Weine auf ihrem Höhepunkt, die aber im Handel fast oder überhaupt nicht mehr zu finden sind.

— In allen Fällen, noch offensichtlicher bei den großen Weinen, ist eine Ruhezeit von zwei Tagen bis zwei Wochen zwischen dem Einkauf, also dem Transport, und dem Verbrauch notwendig. Alte Flaschen bewegt man überaus vorsichtig, senkrecht und ohne anzustoßen, damit jedes Aufwirbeln des Depots vermieden wird.

— Die Weine zum Einkellern kauft man jung, in der Absicht, sie altern zu lassen. Man sucht immer die größtmöglichen Weine in großen Jahrgängen aus. Es sollten stets Weine sein, die nicht bloß altern können, sondern vielmehr mit den Jahren besser werden.

Der Kauf von offenem Wein

Wein, der nicht auf Flaschen abgefüllt ist, wird als «offener» Wein bezeichnet. Wenn man Wein «im Fass» kauft, bezieht sich das auf Holzfässer, während der «offene» Wein in Behältern aus allen möglichen Materialien transportiert werden kann, vom stählernen Kesselwagen, der 220 hl fasst, über Glasballons bis zum Kunststoffkanister mit 5 l Inhalt.

___ Offenen Wein verkaufen Genossenschaften, manche Erzeuger, einige Weinhändler und sogar Einzelhändler. Diesen Wein bezeichnet man als «verkauft bei Abfüllung». Eine solche Verkaufsweise betrifft die einfachen Weine und die Weine von mittlerer Qualität. Es kommt selten vor, dass man einen Wein von hoher Qualität offen kauft. In manchen Regionen ist diese Form der Vermarktung verboten; das gilt etwa für die Crus classés von Bordeaux.

___ Man muss den Weinliebhaber darauf hinweisen, dass – sogar wenn ein Winzer behaupten sollte, der offen verkaufte Wein sei identisch mit dem Wein, den er in Flaschen verkauft – dies nicht ganz richtig ist; er sucht immer die besten Fässer für den Wein aus, den er selbst auf Flaschen abzieht.

___ Der Kauf von offenem Wein ermöglicht jedoch eine Ersparnis in der Größenordnung von 25 %, denn es ist üblich, für einen Liter Wein höchstens den Preis zu zahlen, der für eine Flasche (mit 0,75 l Inhalt) berechnet wird.

___ Der Käufer spart auch bei den Transportkosten, aber er muss Korken und Flaschen kaufen, wenn er keine hat. Wenn man den Wein im Fass kauft, muss man auch die (nicht sehr hohen) Kosten für das Zurückschicken des Fasses einberechnen.

Hier die am häufigsten verwendeten Fässer:

- Barrique bordelaise (Bordeaux-Barrique)	225 Liter
- Pièce bourguignonne (burgundisches Stückfass)	228 Liter
- Pièce mâconnaise (Mâcon-Stückfass)	216 Liter
- Pièce de Chablis (Chablis-Stückfass)	132 Liter
- Pièce champenoise (Champagne-Stückfass)	205 Liter

___ Die Flaschenabfüllung ist eine angenehme Tätigkeit, wenn man sie zu mehreren durchführt; sie wirft keine großen Probleme auf, was auch immer behauptet wird – vorausgesetzt, man hält sich an einige weiter hinten beschriebene Grundregeln.

Der Kauf in Flaschen

Wein in Flaschen kann man beim Winzer, bei der Genossenschaft, beim Händler oder an irgendeiner Stelle im üblichen Vertriebsnetz kaufen.

___ Wo soll der Weinfreund einkaufen, um das beste Geschäft zu machen? Beim Erzeuger, wenn es um Weine geht, die kaum oder überhaupt nicht im Handel zu finden sind, und davon gibt es sehr viele. Direkt bei den Genossenschaften, um bei kleinen Mengen die immer höher werdenden Lieferkosten zu vermeiden. In allen anderen Fällen ist es nicht ganz so einfach, wie es erscheinen mag. Man muss sich ins Gedächtnis rufen, dass die Erzeuger und die Händler verpflichtet sind, mit ihren Vertreibern in keinen unlauteren Wettbewerb zu treten, d.h. Flaschen nicht billiger als sie verkaufen dürfen. So bieten viele Châteaus im Bordelais, die sich in geringem Maße auf den Einzelhandel stützen, ihre Weine sogar zu einem höheren Preis an, als sie bei den Einzelhändlern kosten, um die Käufer abzuhalten, die trotzdem bei ihnen Wein erwerben wollen, entweder aus Unwissenheit oder aus unerklärlichen Gründen . . . Zumal die Wiederverkäufer aufgrund ihrer hohen Bestellmengen viel interessantere Einkaufspreise eingeräumt bekommen, als sie der Einzelkunde erhält, der nur eine Kiste kauft.

___ Somit kann man einen allgemeinen Grundsatz aufstellen: Die Weine von bekannten Gütern und Châteaus, die in großem Umfang vertrieben werden, kauft man nicht vor Ort, außer es handelt sich um seltene Jahrgänge oder Sondercuvées.

Der Primeur-Einkauf

Diese seit ein paar Jahren von der Weinbranche in Bordeaux entwickelte Verkaufsweise war in den 80er Jahren ein schöner Erfolg. Übrigens sollte man lieber von Subskriptionsverkäufen oder -käufen sprechen. Das Prinzip ist einfach: Man erwirbt einen Wein, bevor er ausgebaut und auf Flaschen abgefüllt worden ist, und zwar zu einem sehr viel niedrigeren Preis, als er später kostet, wenn er lieferbar ist.

Die Subskriptionsmöglichkeit steht für eine begrenzte Zeit und für eine beschränkte Menge offen, zumeist im Frühjahr und zu Beginn des Sommers nach der Lese. Der Käufer zahlt die Hälfte des bei der Bestellung vereinbarten Preises und verpflichtet sich, den Rest bei Lieferung der Flaschen zu begleichen, d.h. zwölf bis fünfzehn Monate später. So kommt der Erzeuger rasch an neues Kapital, und der Käufer kann ein gutes Geschäft machen, wenn die Weinpreise steigen. Dies war 1974/75 bis Ende der 80er Jahre der Fall. Diese Form des Geschäftsabschlusses hat Ähnlichkeit mit den Transaktionen, die man an der Börse als Termingeschäfte bezeichnet.

Was geschieht, wenn die Weinpreise zwischen dem Zeitpunkt der Subskription und dem der Lieferung fallen (Überproduktion, Krise usw.)? Die Subskribenten bezahlen ihre Flaschen teurer als die Käufer, die nicht subskribiert haben. Das ist schon vorgekommen, und es wird wieder geschehen. Bei solchen Spekulationen haben sich Großhändler zu Grunde gerichtet, die sich mit Weinen eindecken wollten. Dabei war ihr Vertrag um so riskanter, über je mehr Jahre er galt.

Wenn alles gut geht, ist der Primeur-Verkauf sicherlich die einzige Möglichkeit, einen Wein unter seinem Kurswert (20 bis 40%) zu erwerben. Die Primeur-Verkäufe werden direkt von den Erzeugern organisiert, aber sie werden auch von Handelsfirmen und Weinverkaufsclubs praktiziert.

Einkauf beim Erzeuger

Neben den weiter oben beschriebenen Möglichkeiten bringt der Besuch beim Erzeuger – unverzichtbar, wenn sein Wein nicht (oder kaum) vertrieben wird – dem Weinfreund eine Befriedigung, die von ganz anderer Art ist als der Abschluss eines gutes Kaufs. Durch den Besuch bei Erzeugern, die wahre Väter ihres Weins sind, können die Weinliebhaber verstehen lernen, was eine Reblage und ihr besonderer Charakter sind, begreifen, worin die Kunst der Weinbereitung besteht, erfahren, wie man Trauben optimal nutzt, und schließlich die engen Beziehungen erfassen, die zwischen einem Winzer und seinem Wein, d.h. zwischen einem Schöpfer und seiner Schöpfung, bestehen. Auf diese Weise lernt man, wie man «gut trinkt» und wie man «besser trinkt». Der regelmäßige Besuch bei Winzern ist durch nichts zu ersetzen.

Einkauf in der Genossenschaftskellerei

Die Qualität der Weine, die Genossenschaften liefern, steigt beständig. Diese Einrichtungen sind ausgerüstet, um offene Weine und Flaschenweine problemlos zu verkaufen, zu Preisen, die ein wenig unter denen liegen, die andere Vertriebswege bei gleicher Qualität verlangen.

Das Prinzip der Weinbaugenossenschaften ist leicht zu begreifen: Die Mitglieder bringen ihre Trauben, und die Fachkräfte – darunter in der Regel ein Önologe – haben die Aufgabe, die Trauben zu keltern und zu vinifizieren, in manchen Appellationen auch die Weine auszubauen und zu verkaufen.

Wenn die Genossenschaften mehrere Weintypen erzeugen, können sie die besten Trauben nutzen (indem sie ausgelesen werden) oder ein bestimmtes Anbaugebiet durch getrennte Vinifizierung zur Geltung bringen. Prämien für edle Rebsorten und besonders reife Trauben und die Möglichkeit, Weine nach der speziellen Qualität jeder Traubenlieferung herzustellen und zu verkaufen, erschließen den besten Genossenschaften den Bereich der Qualitätsweine, sogar der lagerfähigen Weine. Die anderen liefern weiterhin Tafel- und Landweine, bei denen es nichts bringt, wenn man sie länger einkellert.

Einkauf beim Weinhändler

Der Weinhändler kauft definitionsgemäß Weine auf, um sie wieder zu verkaufen. Darüber hinaus ist er oft selbst Besitzer von Weinbergen. Er kann dann als Erzeuger fungieren und seine eigene Produktion verkaufen; er kann den Wein selbstständiger Erzeuger verkaufen, wobei er nur für den Transfer sorgt (das ist der Fall bei den Weinhändlern in Bordeaux, die in ihrem Katalog Weine haben, die auf dem Gut abgefüllt worden sind), und er kann selbst mit einer Erzeugergruppe einen Vertrag über den Alleinvertrieb ihrer Weine abschließen. Er kann *négociant-éleveur* sein, d. h. die Weine in seinen Kellern ausbauen, indem er Weine der gleichen Appellation, die von verschiedenen Erzeugern stammen, verschneidet. Er wird dann zum

Schöpfer des Erzeugnisses in zweifachem Sinne: durch die Wahl seiner Ankäufe und durch den von ihm vorgenommenen Verschnitt. Die Weinhändler haben ihren Sitz in den großen Anbauzonen, aber natürlich hindert einen burgundischen Händler nichts daran, Wein aus Bordeaux zu verkaufen, und umgekehrt. Ein Weinhändler ist dadurch gekennzeichnet, dass er Weine vertreibt, also den Einzelhandel beliefert, mit dem er nicht in Konkurrenz treten darf, indem er seine Weine selbst zu billigeren Preisen verkauft.

Einkauf bei Weinfachhändlern und Einzelhändlern

Das ist die bequemste und schnellste Form des Einkaufs, auch die sicherste, wenn es sich um einen qualifizierten Fachhändler handelt. Seit ein paar Jahren gibt es viele Geschäfte, die sich auf den Verkauf hochwertiger Weine spezialisiert haben. Was ist ein guter Weinfachhändler? Einer, der die Weine unter guten Bedingungen lagern kann, aber auch einer, der originelle Weine von Erzeugern, die ihren Beruf lieben, auszuwählen versteht. Außerdem kann der gute Einzelhändler oder der gute Fachhändler den Käufer beraten, ihm Weine empfehlen, die dieser nicht kennt, und ihn anregen, Weine und Speisen aufeinander abzustimmen, damit beide besser zur Geltung kommen.

Die Verbrauchermärkte

Man muss zwei grundsätzlich verschiedene Arten von Verbrauchermärkten unterscheiden: diejenigen, die Weine in derselben Form verkaufen, wie sie Konservendosen, Mineralwasser und Bastelzubehör verkaufen, und die ziemlich seltenen, die ihre Weinabteilungen von einem Fachmann betreuen lassen, der die Lieferung, Lagerung und Präsentation der Flaschen nach seinen besten Kräften überwacht.

___ Man sollte sich daran erinnern, dass Wein weder Hitze noch Licht oder Lärm verträgt. Nun, in den Verbrauchermärkten ist er diesen dreifachen Prüfungen ausgeliefert. Ein rascher Warenumschlag verringert die Auswirkungen, aber wenn man weiß, dass ein Champagner bereits innerhalb von ein paar Stunden einen «Lichtgeschmack» einfangen kann, wird man vorsichtig . . . Für den Weinliebhaber empfiehlt es sich, dass er die Situation im Einzelfall abschätzt, insbesondere wenn es um den Kauf von Flaschen geht, die eingekellert werden sollen.

Die Weinclubs

Sehr viele Flaschen, die in Kartons oder Kisten geliefert werden, kommen direkt zum Weinfreund; zu verdanken ist dies der Aktivität von Einkaufsclubs, die ihren Mitgliedern eine Reihe von Vorteilen bieten, angefangen bei der Versorgung mit seriösen, informativen Übersichten. Die vorgestellten Weine werden von Önologen und bekannten, kompetenten Persönlichkeiten ausgewählt. Die Auswahl ist ziemlich groß und umfasst manchmal wenig verbreitete Weine. Man muss jedoch an dieser Stelle auch anmerken, dass viele «Clubs» Weinhändler sind.

Die Versteigerungen

Versteigerungen, die beim Wein immer häufiger in Mode kommen, werden von Auktionatoren veranstaltet, die von einem Experten unterstützt werden. Besonders wichtig ist dabei, dass man die Herkunft der Flaschen kennt. Wenn sie aus einem großen Restaurant oder aus dem gut bestückten Keller eines Weinliebhabers kommen, der sie abgetreten hat (Erneuerung eines Kellers, Erbschaft usw.), sind sie mit großer Wahrscheinlichkeit in hervorragendem Zustand. Wenn sie aus verschiedenen kleinen Partien zusammengefasst worden sind, beweist nichts, ob sie unter zufrieden stellenden Bedingungen gelagert worden sind.

___ Lediglich die Farbe des Weins kann dem Käufer Aufschluss geben. Der erfahrene Weinfreund wird nie höher bieten, wenn Flaschen angeboten werden, deren Flüssigkeitsstand zu tief ist, wenn die Farbe der Weißweine in eine relativ dunkle Bronzefarbe übergeht oder wenn die Farbe von Rotweinen erkennbar «verbraucht» erscheint.

___ Selten kann man einen guten Fang bei den großen Appellationen machen, die insbesondere Restaurantbesitzer interessieren, um das Angebot ihrer Weinkarte aufzufüllen; die bei den Profis weniger gefragten kleineren Appellationen sind manchmal sehr erschwinglich.

Bordeaux
Champagner
Burgunder
Elsass
Côtes du Rhône
«Clavelin» (Jura)
Provence
Burgunder
Bordeaux
Champagner
Elsass
«INAO»
Die Gläserserie «Les impitoyables»
Rotweine
Schaumweine
Weißweine
junge Rot- und Roséweine
alte Rotweine

Die Weinversteigerung der Hospices de Beaune und ähnliche Veranstaltungen

Die bei solchen Veranstaltungen für wohltätige Zwecke verkauften Weine lagern in Stückfässern und müssen zwölf bis vierzehn Monate ausgebaut werden. Sie sind deshalb berufsmäßigen Einkäufern von Wein vorbehalten.

Der Transport des Weins

Sobald das Problem der Weinwahl gelöst ist und man weiß, dass man sie erwerben und unter guten Bedingungen (siehe weiter unten) aufbewahren kann, muss man sie transportieren. Der Transport hochwertiger Weine erfordert einige Vorkehrungen und unterliegt einer strengen gesetzlichen Regelung.

Ob man den Wein nun selbst im Auto befördert oder sich dafür eines Spediteurs bedient, der größte Teil des Sommers und der tiefe Winter sind für den Weintransport nicht günstig. Man muss den Wein vor extremen Temperaturen schützen, vor allem vor zu hohen Temperaturen, die den Wein nicht vorübergehend, sondern endgültig beeinträchtigen, gleichgültig, wie lang (sogar Jahre!) man ihn danach ruhen lässt und um was für einen Wein (Farbe, Typ, Herkunft) es sich handelt.

Wenn man zu Hause ankommt, bringt man die Flaschen sofort im Keller unter. Hat man den Wein «offen» erworben, wird man die Behälter dort hinbringen, wo der Wein auf Flaschen abgefüllt wird, im Keller, wenn es der Platz erlaubt, damit man sie nicht mehr umstellen muss. Die Plastikkanister werden in 80 cm Höhe (Tischhöhe), die Fässer in 30 cm Höhe abgestellt, damit man den Wein bis zum letzten Tropfen abziehen kann, ohne seine Lage zu verändern, was von entscheidender Bedeutung ist.

Gesetzliche Regelung des Transports von Weinen in Frankreich

Der Transport alkoholischer Getränke unterliegt besonderen Rechtsvorschriften und ist steuerlichen Abgaben unterworfen, deren Entrichtung ein Begleitdokument belegt; dieses kann zwei Formen haben: entweder die *Steuermarke* auf der Kapsel, die auf jeder Flasche oben angebracht ist, oder ein *Zollpassierschein*, den die Finanzbehörde in der Nähe der Verkaufsstelle oder der Winzer ausstellt, wenn er über einen Quittungsblock verfügt. Bei offenem Wein muss man immer eine solche Bescheinigung mitführen.

Auf diesem Dokument erscheinen der Name des Verkäufers und das Anbaugebiet, die Menge und die Zahl der Behälter, der Empfänger, die Transportweise und ihre Dauer. Wenn die Beförderung länger dauert als vorgesehen, muss man die Gültigkeitsdauer des Zollpassierscheins vom nächstmöglichen Finanzamt berichtigen lassen.

Der Transport von Wein ohne Zollpassierschein gilt als Steuerhinterziehung und wird als solche bestraft. Es empfiehlt sich, solche Steuerdokumente aufzuheben, denn im Falle eines Umzugs, also eines neuerlichen Weintransports, dienen sie zur Ausstellung eines neuen Zollpassierscheins.

Die Höhe der Steuer richtet sich nach der Weinmenge und der Einstufung des Weins durch die Behörden, beschränkt auf zwei Kategorien: Tafelwein und Appellationswein.

Der Export des Weins

Der Wein unterliegt wie alles, was in Frankreich erzeugt oder hergestellt wird, einer Reihe von Steuern. Wenn diese Erzeugnisse oder Gegenstände exportiert werden, kann man sich von der Steuer befreien oder sie sich rückerstatten lassen. Im Falle des Weins betrifft diese Steuerbefreiung die Mehrwertsteuer (TVA) und die Transportsteuer (aber nicht die steuerähnliche Abgabe, die für den nationalen Fonds zur Entwicklung der Landwirtschaft bestimmt ist). Wenn ein Reisender die Steuerbefreiung für die Ausfuhr in Anspruch nehmen will, muss er für den Wein, den er kauft, seine Transportgenehmigung (Nr. 8102 in Grün für die Appellationsweine, Nr. 8101 in Blau für die Tafelweine) mitführen; das Zollbüro, das die Ausfuhr der Waren bestätigt, zahlt die Steuer zurück. Falls die Flaschen Kapseln mit Steuermarken tragen, ist die Rückerstattung der Steuern unmöglich; es empfiehlt sich, beim Kauf dem Verkäufer genau zu erläutern, dass man seinen Wein ausführen und in den Genuss einer Steuerbefreiung kommen möchte. Es ist ratsam, sich über die Einfuhrbestimmungen für Weine und Spirituosen im

Bestimmungsland zu informieren, weil jedes Land seine eigene gesetzliche Regelung besitzt, die von der Zollgebühr bis zu mengenmäßigen Beschränkungen, ja sogar bis zum völligen Einfuhrverbot reicht.

WIE MAN SEINEN WEIN AUFBEWAHRT

Der Aufbau eines guten Weinkellers ist eine knifflige Aufgabe; zu den beschriebenen Grundsätzen kommen nämlich ganz spezielle Anforderungen hinzu . . . Es empfiehlt sich, dass man versucht, Weine zu erkaufen, die denselben Verwendungszweck und denselben Stil haben, die sich aber nicht gleich entwickeln, damit sie nicht alle ihre beste Qualität zur selben Zeit erreichen. Man wird sich also bemühen, Weine zu finden, deren Höhepunkt möglichst lang dauert, damit man nicht gezwungen ist, alle innerhalb kurzer Zeit zu trinken. Man wird auch möglichst unterschiedliche Weine auswählen, damit man nicht immer die gleichen Weine trinken muss, so gut sie auch sein mögen, und damit man den richtigen Wein für jede Lebenslage und für jedes Gericht hat. Zwei Faktoren, die die Anwendung all dieser Grundsätze mitprägen, kann man nicht umgehen: das Budget, über das man verfügt, und die Aufnahmefähigkeit seines Kellers.

Ein guter Keller ist ein geschlossener, dunkler Ort, der vor Erschütterungen und Lärm geschützt ist, frei von jeglichen Gerüchen und gegen Zugluft abgeschirmt, aber dennoch belüftet, weder zu trocken noch zu feucht, mit einer Luftfeuchtigkeit von 75 % und vor allem mit einer gleich bleibenden Temperatur, die möglichst nahe bei 11 °C liegen sollte.

Die Keller in der Stadt haben selten solche Eigenschaften. Bevor man Wein einkellert, muss man deshalb versuchen, den Keller zu verbessern: für ein wenig Luftzufuhr sorgen oder im Gegenteil ein zu zugiges Kellerfenster abdichten, die Luft befeuchten, indem man ein Wasserbecken aufstellt, das ein wenig Holzkohle enthält, oder die Luftfeuchtigkeit vermindern, indem man Kies aufschüttet und die Entlüftung verstärkt. Man muss versuchen, die Temperatur durch Isolierplatten konstant zu halten, und unter Umständen die Regale auf Gummiblöcke stellen, um Erschütterungen auszugleichen. Wenn sich eine Heizung in der Nähe befindet oder wenn sich Heizölgerüche verbreiten, braucht man allerdings wirklich nicht viel zu erwarten.

Es kann auch sein, dass man keinen Keller besitzt oder der Keller unbrauchbar ist. Zwei Lösungen sind möglich: Man kauft einen Wein-Klimaschrank, d.h. eine Vorrichtung zum Lagern von Wein, die 50 bis 500 Flaschen fasst und deren Temperatur und Luftfeuchtigkeit automatisch aufrechterhalten werden, oder man richtet in seiner Wohnung in einem hinteren Winkel eine Lagermöglichkeit ein, deren Temperatur sich nicht sprunghaft verändert und nach Möglichkeit nicht über 16 °C steigt. Denn man muss bedenken: Je höher die Temperatur ist, desto schneller entwickelt sich ein Wein. Vor einem weit verbreiteten Irrtum muss man sich hüten: dass ein Wein, der seinen Höhepunkt unter schlechten Lagerbedingungen rasch erreicht, es mit dem Qualitätsniveau aufnehmen kann, das er in einem guten, kühlen Keller bei langsamer Entwicklung erreicht hätte. Man wird also die Finger davon lassen, sehr große Weine mit langsamer Entwicklung in einem Keller oder an einem Ort altern zu lassen, die zu warm sind. Weinfreunde sollten ihre Einkäufe und den Plan, Weine einzukellern, den besonderen Bedingungen anpassen, die ihre Räumlichkeiten bieten.

Ein guter Weinkeller: seine Ausstattung

Die Erfahrung zeigt, dass ein Keller immer zu klein ist. Man muss die Flaschen rationell anordnen. Das Flaschenregal mit ein oder zwei Böden bietet sehr viele Vorteile; es ist nicht sehr teuer, lässt sich sofort aufstellen und ermöglicht einen leichten Zugriff auf alle eingekellerten Flaschen. Leider nimmt es im Verhältnis zu der Zahl der Flaschen, die man darin aufbewahren kann, viel Platz ein. Wenn man Platz sparen will, gibt es eine einzige Methode: Man muss die Flaschen übereinander stapeln. Um die Stapel zu trennen, damit man an die diversen Weine herankommt, muss man Gefächer aus Hohlblocksteinen bauen oder sich bauen lassen, was überhaupt nicht kompliziert ist; diese können 24, 36 oder 48 Flaschen in zwei Lagen enthalten.

Wenn es der Keller zulässt und wenn Holz darin nicht fault, kann man Regale aus Brettern aufstellen. Man muss die Regale dann im Auge behalten, denn es können sich dort Insekten einnisten, die die Korken befallen.

Zwei Geräte vervollständigen die Kellerausstattung: ein Maximum-Minimum-Thermometer und ein Hygrometer. Durch regelmäßiges Ablesen der Werte kann man Fehler entdecken und abstellen und bestimmen, in welchem Maße sich die Weine bei der Alterung im Keller verbessern können.

Die Flaschenabfüllung

Wenn der Wein, der in Flaschen abgefüllt werden soll, im Plastikbehälter transportiert wird, muss man ihn sehr rasch auf Flaschen abziehen; wenn man ihn im Fass befördert hat, muss man ihn unbedingt zwei Wochen lang zur Ruhe kommen lassen, bevor man ihn auf Flaschen abfüllt. Diese theoretische Angabe muss man den Wetterbedingungen anpassen, die an dem für die Flaschenabfüllung festgesetzten Tag herrschen. Es empfiehlt sich, mildes Wetter zu wählen, einen Tag mit Hochdruck, an dem es weder regnet noch ein Gewitter gibt. In der Praxis wird der Weinliebhaber einen Kompromiss zwischen diesen Grundregeln und seinen persönlichen Zwängen eingehen. Keine Kompromisse sind dagegen beim Material möglich, das er benötigt. Zunächst einmal braucht man Flaschen, die für den Weintyp geeignet sind. Ohne puristisch zu sein, nimmt man Bordeaux-Flaschen für alle Weine aus Südwestfrankreich und vielleicht aus Südfrankreich und Burgunder-Flaschen für die Weine aus Südostfrankreich, dem Beaujolais und Burgund; dabei weiß man auch, dass es andere Flaschen gibt, die einigen Appellationen vorbehalten sind.

Wenn man die Flaschen stapelt, muss man darauf achten, dass es bei den Bordeaux- und den Burgunder-Flaschen relativ leichte Ausführungen (Flaschen mit flachem Boden) und schwere Ausführungen gibt. Neben dem Gewicht unterscheiden sich diese beiden Flaschenkategorien in der Höhe und im Durchmesser.

Alle Flaschen sind gleichermaßen geeignet, den Wein zu schützen, aber die leichtesten unter ihnen sind für eine lange Lagerung weniger geeignet, wenn man die Flaschen stapelt. Zudem können die letztgenannten platzen, wenn sie zu voll sind und man den Korken kräftig hineindrückt.

In der Regel ist es besser, wenn man schwere Flaschen verwendet. Es ist fast ungehörig, einen großen Wein in eine leichte Flasche abzufüllen, ebenso wie man sich hüten wird, Rotwein in weißen, d.h. farblosen Flaschen zu lagern. Üblicherweise sind Letztere bestimmten Weißweinen vorbehalten, damit man – angeblich – «ihr Kleid sehen» kann. Da Weißweine besonders lichtempfindlich sind, sollte man diese Unsitte verbieten. Diese Lichtempfindlichkeit ist so groß, dass Champagner-Häuser, die Weine in weißen (farblosen) Flaschen anbieten, ihren Champagner immer durch eine lichtundurchlässige Papierumhüllung oder eine Kartonpackung schützen.

Was für einen Flaschentyp man auch wählt, man muss sich vor der Flaschenabfüllung vergewissern, dass man ausreichend viele Flaschen und Korken besitzt, denn wenn der Abfüllvorgang einmal eingeleitet ist, muss man ihn rasch zu Ende bringen. Man kann das Fass oder den Kanister nicht halb leer stehen lassen; dies würde zu einer Oxidation des restlichen Weins führen und könnte ihm sogar einen Essigstich verleihen, der ihn ungenießbar machen würde. Achten muss man auch auf eine strenge Sauberkeit der Flaschen, die richtig ausgespült und getrocknet worden sein müssen.

Die Korken

Trotz zahlreicher Forschungsbemühungen bleibt Kork das einzige Material, das sich zum Verschließen der Flaschen eignet. Die Korken sind nicht alle gleich; sie unterscheiden sich im Durchmesser und in der Qualität.

In jedem Fall soll der Korken 6 mm dicker sein als der Flaschenhals.

Je besser der Wein ist, desto länger sollte der Korken sein; er ist für eine lange Lagerung notwendig und ehrt außerdem den Wein und die Personen, die ihn trinken.

Die Qualität des Korks ist schwieriger festzustellen. Er muss etwa zehn Jahre alt sein, damit er die erwünschte Geschmeidigkeit besitzt. Gute Korken haben keine oder nur wenige von den kleinen Rissen, die manchmal mit Korkpulver abgedichtet werden; in diesem Fall sind die Korken «aufgebessert». Es besteht auch die Möglichkeit, Korken mit Korkbrand zu kaufen, die den Jahrgang des auf Flaschen abgefüllten Weins tragen, oder solche Angaben aufbrennen zu lassen.

— Heute kauft man gebrauchsfertige Korken, die mit Ozon sterilisiert sind und in keimfreien Packungen angeboten werden. Man befeuchtet sie nicht mehr, sondern verkorkt dann «trocken». Der Vorteil dieser Methode wurde bewiesen.

Der Wein in der Flasche

Die Füllmaschine ist die ideale Vorrichtung zum Auffüllen der Flasche. Füllmaschinen, die nach dem Ansaugprinzip funktionieren und einen Schieber haben, der durch den Kontakt mit der Flasche betätigt wird, werden in Verbrauchermärkten zu sehr niedrigen Preisen verkauft. Man achtet darauf, dass der Wein entlang der Innenwandung der Flasche hinunterläuft, die man leicht schief hält; auf diese Weise beschränkt man das Durcheinanderwirbeln und die Oxidation. Dieses behutsame Vorgehen ist bei Weißweinen noch nötiger. In keinem Fall darf sich an der Oberfläche der Flüssigkeit Schaum bilden. Die Flaschen werden möglichst weit aufgefüllt, damit der Korken mit dem Wein in Kontakt steht (bei aufrecht stehender Flasche). Der vorbereitete Korken (siehe oben) wird mit Hilfe einer Handkorkmaschine hineingedrückt, die ihn seitlich zusammenpresst, bevor er hineingeschoben wird. Für diesen Zweck gibt es ein breites Angebot an Geräten in allen Preisklassen.

— Man sollte noch darauf hinweisen, dass es sinnvoll ist, den Korken, bevor man ihn in den Flaschenhals drückt, in kaltes Wasser zu tauchen, um ihn zu reinigen und abzukühlen. Die vollen, verkorkten Flaschen werden waagerecht gelagert, damit sie ebenso trocknen wie die Korken.

Das Etikett

Man bereitet Tapetenkleister oder ein Gemisch aus Wasser und Mehl vor, oder man befeuchtet – was noch einfacher geht – die Etiketten mit Milch, um sie auf die Flasche zu kleben, etwa 3 cm über der Flaschenbasis.

— Die Perfektionisten unter den Weinliebhabern umhüllen den Flaschenhals mit vorgeformten Kapseln, die man mit einem kleinen Handgerät darüber stülpt, oder man versiegelt die Flaschen mit Wachs, indem man sie in flüssiges, farbiges Wachs taucht, das man beim Korkenhändler kauft.

Der Wein im Keller

Die Anordnung der Flaschen im Keller ist ein Geduldsspiel, denn der Weinfreund verfügt nie über so viel Platz, wie er es sich wünscht. Soweit es möglich ist, wird man die folgenden Grundregeln beachten: die Weißweine nahe dem Boden, die Rotweine darüber, die lagerfähigen Weine in den hinteren Reihen (oder Gefächern), die am wenigsten zugänglich sind, die Flaschen mit den trinkreifen Weinen ganz vorn.

— Die im Karton gelieferten Flaschen dürfen nicht in dieser Art Verpackung bleiben, im Gegensatz zu den in Holzkisten gelieferten. Wer vorhat, seinen Wein wieder zu verkaufen, wird ihn in der Kiste lassen; die anderen werden aus zwei Gründen darauf verzichten: Kisten nehmen viel Platz weg und sind die Lieblingsbeute von Kellerdiebstählen. In jedem Fall kann man Kisten und Flaschen mit Hilfe eines Kennzeichnungssystems (z. B. mit Buchstaben und Ziffern) markieren. Diese Vermerke werden im nützlichsten Hilfsmittel des Weinkellers benutzt, dem Kellerbuch.

Das Kellerbuch

Es ist das Gedächtnis, der Führer und der «Friedensrichter» des Weinfreundes. Man muss darin die folgenden Informationen finden: Datum des Eingangs, Zahl der Flaschen jedes Cru, genaue Bezeichnung, Preis, voraussichtlicher Höhepunkt, Lage im Keller und unter Umständen Name des idealen dazu passenden Gerichts und ein Verkostungskommentar.

— Die Buchhandlungen verkaufen teure Kellerbücher; wenn man kein solches hat, erfüllt ein Schnellhefter den gleichen Zweck.

WEINKELLER MIT 50 FLASCHEN (4000 FRANC)

25 Flaschen Bordeaux	17 Rotweine (Graves, Saint-Emilion, Médoc, Pomerol, Fronsac) 8 Weißweine: 5 trockene (Graves) 3 süße (Sauternes-Barsac)
20 Flaschen Burgunder	12 Rotweine (Crus der Côte de Nuits, Crus der Côte de Beaune) 8 Weißweine (Chablis, Meursault, Puligny)
10 Flaschen Rhônetal	7 Rotweine (Côte Rôtie, Hermitage, Châteauneuf-du-Pape) 3 Weißweine (Hermitage, Condrieu)

WEINKELLER MIT 150 FLASCHEN (RUND 12 000 FRANC)

Anbaugebiet		Rotweine	Weißweine
40 Bordeaux-Weine	30 Rotweine 10 Weißweine	Fronsac Pomerol Saint-Emilion Graves Médoc (Crus classés Crus bourgeois)	5 große trockene Weine 5 { Sainte-Croix-du-Mont Sauternes-Barsac
30 Burgunder	15 Rotweine 15 Weißweine	Crus der Côte de Nuits Crus der Côte de Beaune Weine der Côte chalonnaise	Chablis Meursault Puligny-Montrachet
25 Rhône-Weine	19 Rotweine 6 Weißweine	Côte Rôtie Hermitage rot Cornas Saint-Joseph Châteauneuf-du-Pape Gigondas Côtes du Rhône-Villages	Condrieu Hermitage weiß Châteauneuf-du-Pape weiß
15 Loire-Weine	8 Rotweine 7 Weißweine	Bourgueil Chinon Saumur-Champigny	Pouilly Fumé Vouvray Coteaux du Layon
10 Südwest-Weine	7 Rotweine 3 Weißweine	Madiran Cahors	Jurançon (trocken und süß)
8 Südost-Weine	6 Rotweine 2 Weißweine	Bandol Palette rot	Cassis Palette weiß
7 Elsässer-Weine	(Weißweine)		Gewürztraminer Riesling Tokay
5 Jura-Weine	(Weißweine)		Vins jaunes Côtes du Jura-Arbois
10 Champagner und Schaumweine (damit man einige zur Verfügung hat; diese Weine werden nicht besser, wenn sie altern)			Crémant de { Loire Bourgogne Alsace } Verschiedene Champagnertypen

WEINKELLER MIT 300 FLASCHEN

Die Anlage eines solchen Weinkellers erfordert eine Investition von rund 20 000 Franc. Man verdoppelt die Zahlen des Weinkellers mit 150 Flaschen, wobei man bedenken muss, dass die Langlebigkeit der Weine um so größer sein muss, je mehr man Flaschen einkellert – was leider (in der Regel) dazu zwingt, dass man teure Weine kaufen muss.

Drei Kellervorschläge

Jeder stattet seinen Weinkeller nach seinem persönlichen Geschmack aus. Die beschriebenen Zusammenstellungen sind nur als Vorschläge gedacht. Ihr Leitfaden ist die angestrebte Vielfalt. Die Primeur-Weine, die Weine, die nicht an Qualität gewinnen, wenn man sie einkellert, tauchen in diesen Vorschlägen nicht auf. Je begrenzter die Flaschenzahl ist, desto stärker muss man darauf achten, die Vorräte aufzufüllen. Die in Klammern angegebenen Werte zeigen selbstverständlich nur die Größenordnung an.

DIE KUNST DES TRINKENS

Trinken ist zwar eine körperliche Notwendigkeit, doch Weintrinken ist ein Genuss . . . Dieser Genuss kann je nach Wein, nach den Bedingungen der Verkostung und nach der Feinfühligkeit des Weinkosters mehr oder weniger intensiv sein.

Die Weinprobe

Es gibt mehrere Arten der Weinprobe, angepasst an den besonderen Zweck: technische, analytische, vergleichende, dreifache Weinprobe usw., die bei den professionellen Weinverkostern Verwendung findet. Der Weinliebhaber betreibt die hedonistische Weinprobe, die es ihm erlaubt, aus einem Wein das Wesentliche herauszuholen, aber auch darüber zu reden, indem sie dazu beiträgt, die Schärfe seines Geruchs- und Geschmackssinns weiterzuentwickeln.

Für die Weinprobe und für den Weingenuss überhaupt ist von großer Bedeutung, wo und wie sie ablaufen. Die Räume müssen angenehm sein, recht hell (Naturlicht oder eine dem Tageslicht vergleichbare Beleuchtung, die nicht die Farben verfälscht), vorzugsweise mit hellen Farben, frei von allen aufdringlichen Gerüchen wie etwa Parfüm, Rauch (Tabak- oder Kaminrauch), Küchengerüchen oder Blumendüften usw. Die Temperatur soll mäßig warm sein (18 bis 20 °C).

Die Wahl des passenden Glases ist äußerst wichtig. Es muss farblos sein, damit das Kleid des Weins gut zu erkennen ist, außerdem möglichst fein. Seine Form sollte die einer Tulpenblüte sein, d.h., das Glas sollte sich nicht nach oben erweitern, wie es oft der Fall ist, sondern sich im Gegenteil leicht verengen. Der Körper des Glases muss vom Fuß durch einen Stiel getrennt sein. Diese Form verhindert, dass sich der Wein erwärmt, wenn man mit der Hand das Glas (an seinem Fuß) hält, und macht es leichter, den Wein zu schwenken – wodurch man seine Anreicherung mit Sauerstoff (und sogar seine Oxidierung) verstärkt und ihn dazu bringt, sein Bukett zu entfalten.

Die Form des Glases ist so wichtig und hat so großen Einfluss auf die geruchliche und geschmackliche Beurteilung des Weins, dass die AFNOR (Association française de normalisation), die französische Normenvereinigung, und die Internationale Standardisierungsorganisation (ISO) nach Untersuchungen ein Glas ausgesucht haben, das dem Verkoster und dem Verbraucher die beste Effizienz garantiert. Dieser Glastyp, der im Allgemeinen «INAO-Glas» genannt wird, ist nicht den Profis vorbehalten. Er wird in einigen Fachhandlungen verkauft. Seit einigen Jahren bieten die französischen, deutschen und österreichischen Glasmacher eine riesige Auswahl an höchst bemerkenswerten Gläsern an.

Technik der Weinprobe

Die Weinprobe wendet sich an den Gesichts-, den Geruchs-, den Geschmacks- und den Tastsinn – bei Letzterem natürlich nicht über die Vermittlung der Finger, sondern des Mundes, der empfindlich ist für die «mechanischen» Wirkungen des Weins: Temperatur, Dichte, gelöste Kohlensäure.

DAS AUGE

Mit dem Auge nimmt der Weintrinker einen ersten Kontakt mit dem Wein auf. Die Prüfung des Kleides (Gesamtheit der visuellen Merkmale), das übrigens durch die Rebsorte geprägt ist, von der der Wein stammt, ist sehr informativ. Es ist eine erste Probe. Gleichgültig, welche Farbe und Schattierung der Wein hat, er muss klar sein, ohne Trübungen. Streifen oder Schleier weisen auf Fehler hin; einen solchen Wein sollte man zurückgeben. Erlaubt sind lediglich kleine Bitartratkristalle, weil sie unlöslich sind: Weinstein, eine Ausfällung, von der Weine betroffen sind, die Opfer eines Kälteschocks geworden sind. Ihre Qualität wird dadurch nicht beeinträchtigt. Die Klarheit prüft man, indem man das Glas zwischen das Auge und eine Lichtquelle hält, die sich möglichst in derselben Höhe befindet. Die Transparenz (bei einem Rotwein) bestimmt man dadurch, dass man den Wein über einem weißen Untergrund prüft, einer Tischdecke oder einem Blatt Papier. Zu dieser Prüfung gehört, dass man sein Glas schief hält. Die Oberfläche wird dabei elliptisch; ihre Beobachtung gibt Aufschluss über das Alter des Weins und seinen Erhaltungszustand; danach überprüft man die Farbnuance des Kleides. Alle jungen Weine müssen durchsichtig sein, was bei erstklassigen alten Weinen nicht immer der Fall ist.

Wein	Farbton des Kleides	Folgerung
Weißwein	fast farblos	sehr jung, gegen Oxidation gut geschützt; moderne Vinifizierung im Gärbehälter
	sehr helles Gelb mit grünen Reflexen	jung bis sehr jung, im Gärbehälter vinifiziert und ausgebaut
	strohgelb, goldgelb	Reife; möglicherweise im Holzfass ausgebaut
	kupfergolden, bronzegolden	schon alt
	bernsteinfarben bis schwarz	oxidiert, zu alt
Rosé	verfärbtes Weiß, blassrosa mit rosaroten Reflexen	Rosé ohne Maischung und junger «grauer Wein»
	lachsrosa bis klares Hellrot	junger, fruchtiger Rosé, der trinkreif ist
	rosa mit gelbem Ton bis zwiebelschalenfarben	beginnt für einen Rosé alt zu werden
Rotwein	bläulich rot	sehr jung; gute Färbung der Gamay-Primeur-Weine und der Beaujolais Nouveaux (6 bis 18 Monate alt)
	klares Rot (kirschrot)	weder jung noch entwickelt; der Höhepunkt für Weine, die weder Primeur- noch lagerfähige Weine sind (2 bis 3 Jahre alt)
	rot mit orangeroten Rändern	Reife eines Weines mit kurzer Lagerfähigkeit; Beginn der Alterung (3 bis 7 Jahre alt)
	rotbraun bis braun	nur die großen Weine erreichen ihren Höhepunkt in einem solchen Kleid; bei den anderen Weinen ist es zu spät

___ Die visuelle Prüfung interessiert sich außerdem für das Funkeln oder den Glanz des Weins. Ein Wein, der Glanz hat, ist fröhlich, lebhaft; ein matter Wein ist vermutlich trostlos. Diese visuelle Inspektion endet bei der Intensität der Farbe, wobei man sich hüten muss, diese mit dem Farbton zu verwechseln.

___ Die Intensität der Farbe von Rotweinen ist am leichtesten zu erkennen; sie sagt am meisten aus.

___ Das Auge entdeckt auch noch die «Kirchenfenster» oder «Tränen», Schlieren, die der Wein auf der Innenwand des Glases bildet, wenn man ihn in eine Drehbewegung versetzt, um das Bukett des Weins einzuatmen (siehe nachstehend). Sie geben Aufschluss über den Alkoholgehalt: Cognac produziert immer solche Tränen, Landweine selten.

Wein	Ursachen	Folgerung
zu helle Farbe	Mangel an Extraktion regenreiches Jahr zu hoher Ertrag junge Rebstöcke Trauben von ungenügender Reife verfaulte Trauben zu kurze Gärdauer Gärung bei niedriger Temperatur	leichte, nur kurz lagerfähige Weine Weine aus einem kleinen Jahrgang
dunkle Farbe	gute Extraktion geringer Ertrag alte Rebstöcke gelungene Vinifizierung	gute oder große Weine schöne Zukunft

Beispiele der Weinsprache, die sich auf die visuelle Prüfung beziehen:

Farbtöne: purpurrot, granatrot, rubinrot, violett, kirschrot, hochrot
Intensität: leicht, kräftig, dunkel, tief, intensiv
Glanz: stumpf, matt, trist, glänzend, brillant
Klarheit: / *Transparenz:* } undurchsichtig, trüb, verschleiert, kristallklar, glanzhell

DIE NASE

Die Geruchsprüfung ist die zweite Probe, die der verkostete Wein durchlaufen muss. Bestimmte schlechte Gerüche sind Gründe für einen Ausschluss des Weines, wie etwa die flüchtige Säure (Essigstich, Essig) oder Korkgeruch; doch in den meisten Fällen sorgt das Bukett des Weins – die Gesamtheit der Gerüche, die aus dem Glas aufsteigen – immer wieder für neue Entdeckungen.

— Die aromatischen Bestandteile des Buketts kommen nach dem Grad ihrer Flüchtigkeit zum Vorschein. Es handelt sich dabei um eine Art Verdunstung des Weins; deshalb ist die Temperatur, mit der der Wein serviert wird, so wichtig. Wenn er zu kalt ist, entwickelt sich kein Bukett; wenn er zu warm ist, geht die Verdunstung zu rasch vor sich, und es kommt zu chemischen Verbindungen, Oxidation, Zerstörung der äußerst flüchtigen Düfte und Extraktion von schweren, ungewöhnlichen Aromastoffen.

— Das Bukett des Weins vereint somit eine Reihe von Gerüchen, die in ständiger Bewegung sind; sie zeigen sich nacheinander, je nachdem, wie der Wein wärmer wird und stärker oxidiert. Deshalb ist wichtig, wie man das Glas hält und bewegt. Zunächst atmet man ein, was aus dem nicht bewegten Glas aufsteigt; dann versetzt man den Wein in eine Drehbewegung: Die Luft wirkt auf den Wein ein, und andere Düfte kommen zum Vorschein.

— Die Qualität eines Weins hängt von der Stärke und der Komplexität des Buketts ab. Die kleinen Weine bieten nur wenig – oder überhaupt kein – Bukett, das dann zu einfach und einförmig ist und sich mit einem einzigen Wort beschreiben lässt. Die großen Weine hingegen sind durch ein reichhaltiges, tiefes Bukett gekennzeichnet, dessen Komplexität sich ständig erneuert.

— Es gibt unbegrenzt viele Ausdrücke, die sich auf das Bukett beziehen, weil man ausschließlich Vergleiche verwendet. Man hat verschiedene Systeme einer Klassifizierung der Gerüche vorgeschlagen; der Einfachheit halber berücksichtigen wir nur die Gerüche, die ein blumiges, fruchtiges, pflanzliches (oder grasiges), würziges, balsamisches, animalisches, holziges, empyreumatisches (mit Bezug auf Feuer) oder chemisches Merkmal bieten.

Beispiele für Ausdrücke, die sich auf die Geruchsprüfung beziehen:

Blüten: Veilchen, Lindenblüten, Jasmin, Holunder, Akazie, Iris, Pfingstrose.
Früchte: Himbeeren, schwarze und rote Johannisbeeren, Süß- und Sauerkirschen, Aprikosen, Äpfel, Bananen, Backpflaumen.
Pflanzen: Gras, Farn, Moos, Unterholz, feuchte Erde, Kreide, verschiedene Pilze.
Gewürze: alle Gewürze von Pfeffer über Gewürznelken und Muskatnuß bis zu Ingwer.
Balsamische Gerüche: Harz, Kiefer, Terpentin.
Tiergeruch: Fleisch, abgehangenes Fleisch, Wildbret, Raubtiergeruch, Moschus, Fell.
Empyreumatische Gerüche: Verbranntes, Geröstetes, getoastetes Brot, Tabak, Heu, alle Arten von Röstgeruch (Kaffee usw.).

DER MUND

Nachdem der Wein die beiden Prüfungen des Auges und der Nase siegreich bestanden hat, durchläuft er eine letzte Prüfung «im Mund».

Man nimmt einen kleinen Schluck Wein und behält ihn im Mund. Dann saugt man ein wenig Luft ein, damit sie sich in der Mundhöhle verteilen kann. Wenn sie fehlt, ist der Wein einfach müde. Im Mund erwärmt sich der Wein; er verbreitet neue Aromastoffe, die man retronasal, d.h. über den Rachenbereich in der Nase, wahrnimmt. Die Geschmacksknospen der Zunge sind nämlich nur für vier grundlegende Geschmacksempfindungen empfänglich: bitter, sauer, süß und salzig. Dies erklärt auch, warum jemand, der erkältet ist, einen Wein (oder ein anderes Getränk oder eine Speise) nicht schmecken kann. Die retronasale Wahrnehmung funktioniert dann nicht.

Außer für die vier oben beschriebenen Geschmackseindrücke ist der Mund empfänglich für die Temperatur des Weins, seine Viskosität, das Vorhandensein – oder Fehlen – von Kohlensäure und die Adstringenz (eine taktile Wirkung, fehlende Gleitwirkung des Speichels und Zusammenziehen der Muskeln unter der Einwirkung der Tannine).

Im Mund offenbaren sich die Ausgewogenheit und die Harmonie oder – im Gegenteil – der Charakter schlecht gebauter Weine, die man nicht kaufen darf.
Weiß- und Roséweine sind durch eine gute Ausgewogenheit zwischen Säure und Milde gekennzeichnet.

Bei zu viel Säure ist der Wein aggressiv, bei zu wenig ist er flach.
Bei zu viel Milde ist der Wein schwer und dick; bei zu wenig ist er dünn und eintönig.

Bei Rotweinen beruht die Ausgewogenheit auf der Säure, der Milde und den Tanninen.

Zu viel Säure:	zu nerviger, oft magerer Wein
zu viel Gerbsäure:	harter, adstringierender Wein
zu viel Milde (selten):	schwerer Wein
Mangel an Säure:	fader Wein
Mangel an Gerbsäure:	unförmiger Wein ohne Gerüst
Mangel an Milde:	Wein, der trocknet

Ein guter Wein befindet sich in einem Gleichgewicht zwischen diesen drei Komponenten. Sie unterstützen seinen aromatischen Reichtum; ein großer Wein unterscheidet sich von einem guten Wein durch seinen gewissenhaften und starken, dabei aber verschmolzenen Bau und sein Volumen in der Komplexität des Aromas.

Beispiele für Ausdrücke, die sich auf den Wein im Mund beziehen:

Kritisch: unförmig, fad, platt, dünn, wässrig, beschränkt, durchsichtig, arm, schwer, massig, grob, dick, unausgewogen.

Lobend: strukturiert, gut gebaut, kräftig gebaut, ausgewogen, korpulent, vollständig, elegant, fein, charaktervoll, gehaltvoll.

Nach dieser Analyse im Mund wird der Wein hinuntergeschluckt. Der Weinfreund konzentriert sich dann darauf, seine aromatische Nachhaltigkeit, die auch als «Länge im Mund» bezeichnet wird, zu bestimmen. Diese Einschätzung wird in «Caudalien» ausgedrückt: eine wissenschaftliche Maßeinheit, die ganz einfach eine Sekunde lang ist. Je länger ein Wein ist, desto schätzenswerter ist er. Diese geschmackliche Länge macht es möglich, eine Hierarchie der Weine aufzustellen, vom kleinsten bis zum größten.

___ Diese Maßeinheit in Sekunden ist sehr einfach und zugleich sehr kompliziert, sie berücksichtigt nur seine aromatische Länge und lässt die Elemente der Struktur des Weins (Säure, bitterer Geschmack, Zucker und Alkohol), die nicht als solche wahrgenommen werden dürfen, außer Acht.

Das Erkennen eines Weins

Die Weinprobe ist wie das Weintrinken bewertend. Es handelt sich darum, einen Wein vollständig zu erfassen und zu bestimmen, ob er groß, mittel oder klein ist. Sehr oft geht es darum, ob er seinem Typ entspricht; aber man muss auch genau erkennen, woher er kommt.

___ Die identifizierende Weinprobe, d.h. die wiedererkennende Weinprobe, ist ein Sport, ein Gesellschaftsspiel; aber sie ist ein Spiel, das man nicht spielen kann, wenn man nicht ein Mindestmaß an Information hat. Man kann eine Rebsorte erkennen, beispielsweise einen Cabernet Sauvignon. Aber ist es ein Cabernet Sauvignon aus Italien, dem Languedoc, Kalifornien, Chile, Argentinien, Australien oder Südafrika? Beschränkt man sich auf Frankreich, so ist es möglich, die großen Weinbaugebiete zu identifizieren; aber wenn man es genauer wissen will, tauchen verzwickte Probleme auf. Würde man sechs Weingläser aufstellen und erläutern, dass es sich dabei um die sechs Appellationen des Médoc (Listrac, Moulis, Margaux, Saint-Julien, Pauillac, Saint-Estèphe) handelt, wie viele würde man dann fehlerfrei erkennen?

___ Eine klassische Erfahrung, die jeder neu machen kann, beweist die Schwierigkeit der Weinprobe: Der Verkoster probiert mit verbundenen Augen in zufälliger Reihenfolge nicht sehr tanninreiche Rotweine und Weißweine ohne viel Aroma, vorzugsweise fassgereifte. Er muss lediglich den Weißwein vom Rotwein (oder umgekehrt) unterscheiden: Es kommt sehr selten vor, dass er sich dabei nicht irrt! Paradoxerweise ist es viel einfacher, einen sehr typischen Wein wiederzuerkennen, an den man noch die Erinnerung im Kopf und im Mund hat. Aber wie hoch ist die Wahrscheinlichkeit, dass der vorgestellte Wein genau jener ist?

Weinprobe für den Kauf

Wenn man in ein Weinbaugebiet fährt und vorhat, Wein zu kaufen, muss man ihn auswählen, also probieren. Es geht also darum, eine beurteilende und vergleichende Weinprobe zu machen. Die Weinprobe, die zwei oder drei Weine miteinander vergleicht, ist einfach; komplizierter wird sie, wenn der Preis der Weine eine Rolle spielt. Bei einem festen Budget – und das sind leider alle Budgets – verbieten sich einige Einkäufe von selbst. Diese Weinprobe wird noch komplizierter, falls man einbezieht, zu welchem Zweck man die Weine kauft und zu welchen Speisen sie passen. Es grenzt schon an Zauberei, vorauszuahnen, was man in zehn Jahren essen wird, und dementsprechend heute den für diese Gelegenheit erforderlichen Wein einzukaufen. Die vergleichende Weinprobe, die im Prinzip einfach und leicht ist, wird extrem heikel, denn der Käufer muss Vermutungen über die Entwicklung verschiedener Weine anstellen und abschätzen, wann sie ihre beste Qualität erreichen. Die Winzer selbst irren sich manchmal, wenn sie versuchen, sich die Zukunft ihres Weins auszumalen. Es gab einige darunter, die ihren eigenen Wein zurückkauften, den sie zu Schleuderpreisen abgegeben hatten, weil sie irrtümlich angenommen hatten, der Wein würde nicht besser werden ...

Ein paar Grundregeln können dennoch Anhaltspunkte für die Beurteilung liefern. Damit Weine besser werden, müssen sie solide gebaut sein. Sie müssen einen ausreichenden Alkoholgehalt besitzen und haben ihn auch wirklich immer: Die Chaptalisierung (der gesetzlich geregelte Zusatz von Zucker) trägt dazu bei, falls es erforderlich ist. Man muss somit auch auf die Säure und die Tannine achten. Ein zu weicher Wein, der jedoch sehr angenehm sein kann und dessen Säuregehalt gering, sogar zu gering ist, wird empfindlich sein; eine lange Lebensdauer ist dann nicht sichergestellt. Ein tanninarmer Wein hat kaum größere Zukunftsaussichten. Im ersten Fall haben die Trauben zu viel Sonnenschein und Wärme erfahren, im zweiten Fall mussten sie unter mangelnder Reife, Befall durch Fäule oder auch unter einer ungeeigneten Vinifizierung leiden.

Säure und Gerbsäure, diese beiden Bestandteile des Weins, kann man messen: Die Säure wird im Gegenwert zur Schwefelsäure bestimmt, in Gramm pro Liter, sofern man nicht lieber den pH-Wert wählt; die Gerbsäure berechnet man nach dem Folain-Index, aber es handelt sich dabei um eine Laborbestimmung.

Die Zukunft eines Weins, der nicht mindestens 3 Gramm Säure enthält, ist nicht gesichert; Nicht ganz so exakt kann man den Grenzwert der Gerbsäure angeben, unterhalb dessen eine lange Lagerung problematisch ist. Dennoch ist die Kenntnis dieser Indexzahl nützlich, denn sehr reife, milde, umhüllte Tannine werden manchmal bei der Weinprobe unterschätzt, weil sie sich nicht immer deutlich zeigen.

In allen Fällen wird man den Wein unter guten Bedingungen probieren, ohne sich von der Atmosphäre des Winzerkellers beeinflussen zu lassen. Man muss vermeiden, ihn nach einer Mahlzeit zu probieren, nach dem Genuss von Alkohol, Kaffee, Schokolade oder Pfefferminzbonbons oder nachdem man geraucht hat. Falls der Winzer Nüsse anbietet, sollte man misstrauisch sein! Denn sie verbessern den Geschmack aller Weine. Misstrauen ist auch bei Käse angebracht, der die Sensibilität des Gaumens verändert; allerhöchstens kann man, wenn man darauf Wert legt, ein Stück trockenes Brot essen.

Einübung der Weinprobe

Wie jede andere Technik lässt sich auch die Weinprobe erlernen. Man kann sie zu Hause durchführen, indem man einige der obigen Bedingungen befolgt. Man kann auch, falls man begeisterter Weinliebhaber ist, praktische Übungen besuchen, die immer zahlreicher werden. Man kann sich auch in Einführungskurse einschreiben, die von verschiedenen privaten Organisationen angeboten werden, die sehr vielfältige Aktivitäten entwickeln: Erlernen der Weinprobe, Erlernen der Abstimmung von Speisen und Weinen, Erkundung der großen französischen oder ausländischen Anbaugebiete durch Weinproben, Untersuchung des Einflusses der Rebsorten, der Jahrgänge, der Böden, Auswirkungen der Vinifizierungsmethoden, kommentierte Weinproben im Beisein des Erzeugers usw.

Das Servieren der Weine

Im Restaurant ist das Servieren des Weins die Aufgabe des Weinkellners. Zu Hause wird der Hausherr zum Weinkellner und muss auch dessen Fähigkeiten besitzen. Viele Fertigkeiten sind notwendig, angefangen bei der Auswahl der Flaschen, die am besten zu den Gerichten der jeweiligen Mahlzeit passen und ihre beste Qualität erreicht haben.

Bei der Abstimmung der Weine auf das Essen spielt natürlich der jeweilige Geschmack eine Rolle; jahrhundertelange Erfahrung in diesem Bereich macht es dennoch möglich, allgemeine Grundregeln aufzustellen und sogar genau vorauszusagen, welche Weine und Gerichte hervorragend miteinander harmonieren und welche Kombinationen sich nicht miteinander vertragen.

Die Weine entwickeln sich sehr ungleich. Den Weinliebhaber, der den besten Wein will, interessiert allein ihr Höhepunkt. Je nach Appellation und somit Rebsorte, je nach Boden und Vinifizierung kann dieser in einem Zeitraum eintreten, der zwischen einem und zwanzig Jahren liegt. Entsprechend dem auf der Flasche angegebenen Jahrgang kann sich der Wein zwei- bis dreimal rascher entwickeln. Man kann jedoch Durchschnittswerte aufstellen, die als Anhaltspunkt dienen und die man unter Berücksichtigung seines Weinkellers und der Informationen in den Jahrgangstabellen modifiziert.

Höhepunkt (in Jahren)

Appellation oder Region	Weißwein	Rotwein		Weißwein	Rotwein
Elsass	Jahr nach der Lese		Loire	1–5	3–10
Alsace Grand Cru	1–4		Loire, lieblich, süß	10–15	
Alsace Vendanges tardives	8–12		Périgord	2–3	3–4
Jura	4	8	Périgord, süß	8–8	
Jura Rosé	6		Bordeaux	2–3	6–8
Vin Jaune	20		große Bordeaux-Weine	8–10	10–15
Savoie	1–2	2–4	Bordeaux, süße Weine	10–15	
Burgund	5	7	Jurançon, trocken	2–4	
großer Burgunder	8–10	10–15	Jurançon, lieblich, süß	6–10	
Mâcon	2–3	1–2	Madiran	5–12	
Beaujolais		Jahr nach der Lese	Cahors	3–10	
Beaujolais-Crus		1–4	Gaillac	1–3	2–4
nördliches Rhône-Tal	2–3	4–5	Languedoc	1–2	2–4
(Côte-Rôtie, Hermitage usw.)	(8)	(8–15)	Côtes de Provence	1–2	2–4
südliches Rhône-Tal	2	4–8	Korsika	1–2	2–4

Anmerkung:
- Man darf den Höhepunkt bei der Entwicklung eines Weines nicht mit der maximalen Alterungsfähigkeit verwechseln.
- Ein warmer Keller oder ein Keller mit schwankender Temperatur beschleunigt die Entwicklung der Weine.

Regeln für das Servieren

Bei der Behandlung der Flasche darf man sich nicht Nachlässigkeiten zu Schulden kommen lassen, von dem Augenblick an, wenn man sie aus dem Keller holt, bis zu dem Moment, wenn man den Wein ins Glas gießt. Je älter ein Wein ist, desto mehr Sorgfalt erfordert er. Man zieht die Flasche aus dem betreffenden Stapel und richtet sie langsam auf, ehe man sie in den Raum trägt, wo sie getrunken wird, falls man sie zum Ausschenken nicht direkt in ein Dekantierkörbchen legt.

— Die anspruchslosesten Weine serviert man ohne großen Aufwand. Bei sehr empfindlichen, also sehr alten Weinen schenkt man sie aus der Flasche aus; diese hat man liebevoll so in das Körbchen gelegt, wie sie vorher im Weinregal lag.

— Die jüngeren oder jungen Weine, die robusten Weine, werden dekantiert, entweder damit sie belüftet werden, weil sie noch etwas Kohlensäure enthalten, ein Andenken an ihre Gärung, oder damit eine für den Trinkgenuss günstige Oxidation eingeleitet wird oder um den klaren Wein von den Ablagerungen zu trennen, die sich am Flaschenboden angesammelt haben. In diesem Fall füllt man den Wein mit aller Behutsamkeit um. Man gießt ihn zu diesem Zweck vor einer Lichtquelle, traditionell einer Kerze (eine Gewohnheit, die aus der Zeit vor der Erfindung des elektrischen Lichts stammt und keinen besonderen Vorteil mit sich bringt), in eine Karaffe um, so dass der trübe Wein und die Feststoffe in der Flasche zurückbleiben.

Wann entkorkt man, wann serviert man?

Professor Peynaud vertritt die Ansicht, es sei nutzlos, den Korken lange bevor man den Wein trinkt, zu entfernen, weil die Oberfläche, die mit der Luft in Kontakt kommt (Flaschenhals und Flasche), zu klein sei. Dennoch fasst die nachstehende Tabelle übliche Erfahrungswerte zusammen, die den Wein zwar nicht immer in allen Fällen verbessern, ihm auf der andern Seite aber auch nie schaden.

aromatische Weißweine Primeur-Wein Alltagsweine Roséweine	rot + weiß	entkorken, sofort trinken
weiße Loire-Weine süße Weißweine		entkorken, eine Stunde warten Flasche senkrecht
junge Rotweine Rotweine auf ihrem Höhepunkt		eine halbe bis zwei Stunden dekantieren, bevor man sie trinkt, damit sie Sauerstoff ziehen
empfindliche alte Rotweine		im Flaschenkorb entkorken und sofort servieren; eventuell dekantieren und sofort trinken

Entkorken

Die Kapsel muss unterhalb des Flaschenrings oder in der Mitte abgeschnitten werden. Der Wein darf nicht mit dem Metall der Kapsel in Berührung kommen. Wenn der Flaschenhals mit Wachs versiegelt ist, versetzt man der Flasche leicht Stöße, damit das Wachs abspringt. Noch besser ist es, zu versuchen, das Wachs mit einem Messer im oberen Bereich des Flaschenhalses abzulösen; diese Methode hat nämlich den Vorteil, dass man die Flasche und den Wein keinen Erschütterungen aussetzt.

Zum Herausziehen des Korken eignet sich allein ein Korkenzieher, der eine spiralige Schraubenform hat (bei einem Korkenzieher, der Blattfedern besitzt, ist die Handhabung schwierig). Theoretisch sollte der Korken nicht durchstoßen werden. Wenn man ihn herausgezogen hat, riecht man daran: Er darf keinen störenden Geruch aufweisen und auch nicht nach Korken riechen (sog. Korkgeruch). Dann probiert man den Wein, um sich nochmals zu vergewissern, bevor man ihn den Gästen einschenkt.

Bei welcher Temperatur?

Man kann einen Wein umbringen, wenn man ihn mit der falschen Temperatur serviert, oder im Gegenteil seine Wirkung steigern, wenn man ihn mit der richtigen Temperatur auf den Tisch bringt. Da der Wein selten die richtige Temperatur hat, empfiehlt sich ein Thermometer, ein Taschenthermometer, wenn man ins Restaurant geht, oder eines, das man in die Flasche steckt, wenn man zu Hause ist. Die Serviertemperatur eines Weins hängt von seiner Appellation (d.h. von seinem Typ), von seinem Alter und zu einem geringen Teil von der Umgebungstemperatur ab. Nicht vergessen darf man dabei, dass sich der Wein im Glas erwärmt.

große rote Bordaux-Weine	16–17 °C
große rote Burgunder	15–16 °C
erstklassige Rotweine, große Rotweine vor ihrem Höhepunkt	14–16 °C
große trockene Weißweine	14–16 °C
leichte, fruchtige, junge Rotweine	11–12 °C
Roséweine, Primeur-Weine	10–12 °C
trockene Weißweine, rote Landweine	10–12 °C
kleine Weißweine, weiße Landweine	8–10 °C
Champagner, Schaumweine	7–8 °C
süße Weine	6 °C

Diese Temperaturen muß man um ein oder zwei Grad erhöhen, wenn der Wein alt ist.

Weine, die man zum Aperitif trinkt, serviert man zumeist etwas kühler, Weine zum Essen trinkt man leicht temperiert. Ebenso berücksichtigt man die Umgebungstemperatur: In einem trockenen Klima erscheint ein Wein, den man mit 11 °C trinkt, eiskalt, weshalb man ihn lieber mit 13 oder sogar 14 °C servieren sollte.

Man sollte sich aber hüten, einen Wein mit mehr als 20 °C zu servieren, denn bei höheren Temperaturen verändern physikalisch-chemische Prozesse, die von der Umgebung unabhängig sind, die Qualitäten des Weins und den zu erwartenden Genuss.

Die Gläser

Jeder Region ihr eigenes Glas. In der Praxis wird man sich, ohne in einen übertriebenen Purismus zu verfallen, entweder mit einem Universalglas (von der Form eines Degustationsglases) oder mit den zwei gebräuchlichsten begnügen, dem Bordeaux- und dem Burgunderglas. Was für ein Glas man auch wählt, man füllt es nicht zu voll, eher zu einem Drittel als zur Hälfte.

Im Restaurant

Im Restaurant kümmert sich der Weinkellner um die Flasche, riecht am Korken, lässt aber den Wein den Gast probieren, der ihn bestellt hat. Vorher sollte er Weine empfohlen haben, die zu den jeweiligen Speisen passen.

Es ist aufschlussreich, die Weinkarte zu studieren, nicht etwa weil sie die Geheimnisse des Weinkellers enthüllt, was ja ihre Aufgabe ist, sondern weil man dadurch abschätzen kann, wie groß die Kompetenz des Weinkellners, des Kellermeisters oder des Lokalbesitzers ist. Eine richtige Weinkarte muss für jeden Wein unbedingt die folgenden Informationen angeben: Appellation, Jahrgang, Ort der Flaschenabfüllung, Name des Weinhändlers oder des Weingutbesitzers, der ihn erzeugt hat und für ihn verantwortlich ist. Die letzte Information wird aus was für Gründen auch immer sehr oft weggelassen.

Eine schöne Weinkarte muss eine breite Auswahl bieten, hinsichtlich der Anzahl der aufgeführten Appellationen ebenso wie bei der Vielfalt und der Qualität der Jahrgänge (viele Restaurantbesitzer haben die unangenehme Angewohnheit, immer die kleinen Jahrgänge anzubieten!). Eine kluge Weinkarte muss dem Stil oder den Spezialitäten der Küche besonders angepasst sein oder auch die Weine der Region großzügig berücksichtigen.

Manchmal wird die «Cuvée des Patrons» angeboten; es ist nämlich möglich, einen angenehmen Wein zu kaufen, der keine AOC besitzt, aber es wird nie ein großer Wein sein.

Weinlokale

Von jeher gab es «Weinlokale» oder «Weinkneipen», die erstklassige Weine im Glas verkauften, sehr oft Erzeugerabfüllungen, die der Lokalbesitzer während eines Besuchs in den jeweiligen Anbaugebieten selbst ausgesucht hatte. Dort servierte man den Gästen auch Wurst- und Käseteller.

In den 70er Jahren entwickelte sich eine neue Generation von Weinlokalen, die häufig als «Wine bar» bezeichnet werden. Die Erfindung eines Apparats, der Wein in offenen Flaschen durch eine Gasschicht (Stickstoff) schützt, des sog. *Cruover*, machte es diesen Lokalen möglich, ihren Gästen sehr große Weine aus angesehenen Jahrgängen anzubieten. Parallel dazu ergänzte ein kleineres Angebot von Gerichten ihre Weinkarte.

DIE JAHRGÄNGE

Alle Qualitätsweine sind Jahrgangsweine. Lediglich ein paar Weine und bestimmte Champagner, deren besondere Herstellungsweise (Verschnitt mehrerer Jahrgänge) dies rechtfertigt, bilden eine Ausnahme von dieser Regel.

Was soll man somit von einer Flasche ohne Jahrgangsangabe halten? Zwei Möglichkeiten sind denkbar: Entweder kann man den Jahrgang nicht nennen, weil er einen scheußlichen Ruf innerhalb der Appellation besitzt, oder er kann nicht mit einem Jahrgang bezeichnet werden, weil er das Ergebnis des Verschnitts von «Weinen mehrerer Jahrgänge» ist, wie die in der Weinbranche geläufige Bezeichnung dafür lautet. Die Qualität des Erzeugnisses hängt dann vom Talent desjenigen ab, der den Wein zusammengestellt hat. Im Allgemeinen ist der verschnittene Wein besser als jeder seiner Bestandteile, aber es ist nicht ratsam, eine solche Flasche altern zu lassen.

Der Wein, der einen großen Jahrgang trägt, ist konzentriert und ausgewogen. Er stammt in der Regel, aber nicht zwangsläufig aus einer (mengenmäßig) kleinen Ernte, deren Trauben frühzeitig gelesen worden sind.

Vins Exclusifs de France
Vinex Weinheim
30 Jahre Erfahrung mit exklusivem Wein aus Frankreich
www.vinex.de
Tel. 06204 - 9 77 00 - Fax 977 099 - vins-de-france@vinex.de

Jetzt Katalog bestellen:
Tel. (09 51) 9 17 18 - 31
info@hexagone-versand.de
La France chez vous...
Bestellen Sie sich ein Stück Frankreich nach Hause – Ihr Katalog liegt schon bereit!
hexagone | versand
www.hexagone-versand.de
Postfach 2965 | D-96020 Bamberg
Tel. (09 51) 9 17 18 - 31 | Fax (09 51) 9 17 18 - 46

In jedem Fall entstehen die großen Jahrgänge nur aus vollkommen gesunden Trauben, die keinerlei Fäulnis aufweisen dürfen. Um einen großen Jahrgang zu erhalten, spielt das Wetter, das zu Beginn des Wachstumszyklus herrscht, keine große Rolle; man kann sogar behaupten, dass manches Missgeschick, wie etwa Frost oder Verrieseln (wenn die Beeren vor der Reife abfallen), günstig ist, weil es die Zahl der Trauben pro Rebstock vermindert, was den Ertrag reduziert. Dagegen ist der Zeitraum vom 15. August bis zur Lese (Ende September) von entscheidender Bedeutung: Möglichst viel Wärme und Sonnenschein sind somit notwendig. 1961 bleibt bis auf weiteres der «Jahrhundertjahrgang», ein beispielhaftes Jahr: Alles spielte sich so ab, wie es sein musste. Die Jahre 1963, 1965 und 1968 waren dagegen katastrophal, weil Kälte und Regen zusammenkamen, daher auch mangelhafte Reife und hoher Ertrag (die Trauben sogen sich mit Wasser voll). Regen und Wärme sind nicht viel besser, denn das lauwarme Wasser begünstigt die Fäulnis. Mit dieser Klippe sah sich ein potenziell großer Jahrgang 1976 in Südwestfrankreich konfrontiert: Die Fortschritte bei den Schutzmaßnahmen für die Trauben, die insbesondere den Sauerwurm (Raupe des Einbindigen Traubenwicklers) bekämpfen und der Entwicklung der Fäulnis vorbeugen sollen, ermöglichen hochwertige Ernten, die früher stark gefährdet gewesen wären. Diese Behandlungsmethoden erlauben es auch, verhältnismäßig unbesorgt abzuwarten, selbst wenn die meteorologischen Voraussetzungen vorübergehend nicht ermutigend sind, dass die Trauben vollständig reif werden – ein großer Qualitätsgewinn. Ab 1978 kann man ausgezeichnete Jahrgänge mit spät gelesenen Trauben feststellen.

Es ist üblich, die Qualität der Jahrgänge in Bewertungstabellen zusammenzufassen. Diese Noten stellen nur Durchschnittswerte dar; sie berücksichtigen weder die mikroklimatischen Bedingungen noch die heroischen Anstrengungen, die Trauben bei der Lese auszusortieren, oder die leidenschaftliche Selektion der Weine im Gärbehälter. So beweist etwa der Graves-Wein der Domaine de Chevalier 1965 – ansonsten ein grauenhafter Jahrgang –, dass man einen großen Wein in einem mit 0 bewerteten Jahr herstellen kann.

Vorschläge für eine Bewertung (von 0 bis 20)

	Bordeaux R	Bordeaux B Süßweine	Bordeaux B sec	Burgund R	Burgund B	Champagne	Loire	Rhône	Elsass
1900	19	19	17	13		17			Deutsches Elsass
1901	11	14							
1902									
1903	14	7	11						
1904	15	17		16		19		18	
1905	14	12							
1906	16	16		19	18				
1907	12	10		15					
1908	13	16							
1909	10	7							
1910									
1911	14	14		19	19	20	19	19	
1912	10	11							
1913	7	7							
1914	13	15				18			
1915		16		16	15	15	12	15	
1916	15	15		13	11	12	11	10	
1917	14	16		11	11	13	12	9	
1918	16	12		13	12	12	11	14	

	Bordeaux R	Bordeaux B Süßweine	Bordeaux B sec	Burgund R	Burgund B	Champagne	Loire	Rhône	Elsass
1919	15	10		18	18	15	18	15	15
1920	17	16		13	14	14	11	13	10
1921	16	20		16	20	20	20	13	20
1922	9	11		9	16	4	7	6	4
1923	12	13		16	18	17	18	18	14
1924	15	16		13	14	11	14	17	11
1925	6	11		6	5	3	4	8	6
1926	16	17		16	16	15	13	13	14
1927	7	14		7	5	5	3	4	
1928	19	17		18	20	20	17	17	17
1929	20	20		20	19	19	18	19	18
1930							3	4	3
1931	2	2		2	3		3	5	3
1932				2	3	3	3	3	7
1933	11	9		16	18	16	17	17	15
1934	17	17		17	18	17	16	17	16
1935	7	12		13	16	10	15	5	14
1936	7	11		9	10	9	12	13	9
1937	16	20		18	18	18	16	17	17
1938	8	12		14	10	10	12	8	9
1939	11	16		9	9	9	10	8	3
1940	13	12		12	8	8	11	5	10
1941	12	10		9	12	10	7	5	5
1942	12	16		14	12	16	11	14	14
1943	15	17		17	16	17	13	17	16
1944	13	11	12	10	10		6	8	4
1945	20	20	18	20	18	20	19	18	20
1946	14	9	10	10	13	10	12	17	9
1947	18	20	18	18	18	18	20	18	17
1948	16	16	16	10	14	11	12		15
1949	19	20	18	20	18	17	16	17	19
1950	13	18	16	11	19	16	14	15	14
1951	8	6	6	7	6	7	7	8	8
1952	16	16	16	16	18	16	15	16	14
1953	19	17	16	18	17	17	18	14	18
1954	10			14	11	15	9	13	9
1955	16	19	18	15	18	19	16	15	17
1956	5						9	12	9
1957	10	15		14	15		13	16	13
1958	11	14		10	9		12	14	12
1959	19	20	18	19	17	17	19	15	20
1960	11	10	10	10	7	14	9	12	12

	Bordeaux R	Bordeaux B Süßweine	Bordeaux B sec	Burgund R	Burgund B	Champagne	Loire	Rhône	Elsass
1961	20	15	16	18	17	16	16	18	19
1962	16	16	16	17	19	17	15	16	14
1963					10				
1964	16	9	13	16	17	18	16	14	18
1965			12				8		
1966	17	15	16	18	18	17	15	16	12
1967	14	18	16	15	16		13	15	14
1968									
1969	10	13	12	19	18	16	15	16	16
1970	17	17	18	15	15	17	15	15	14
1971	16	17	19	18	20	16	17	15	18
1972	10		9	11	13		9	14	9
1973	13	12		12	16	16	16	13	16
1974	11	14		12	13	8	11	12	13
1975	18	17	18		11	18	15	10	15
1976	15	19	16	18	15	15	18	16	19
1977	12	7	14	11	12	9	11	11	12
1978	17	14	17	19	17	16	17	19	15
1979	16	18	18	15	16	15	14	16	16
1980	13	17	18	12	12	14	13	15	10
1981	16	16	17	14	15	15	15	14	17
1982	18	14	16	14	16	16	14	13	15
1983	17	17	16	15	16	15	12	16	20
1984	13	13	12	13	14	5	10	11	15
1985	18	15	14	17	17	17	16	16	19
1986	17	17	12	12	15	9	13	10	10
1987	13	11	16	12	11	10	13	8	13
1988	16	19	18	16	14	15	16	18	17
1989	18	19	18	16	18	16	20	16	16
1990	18	20	17	18	16	19	17	17	18
1991	13	14	13	14	15	11	12	13	13
1992	12	10	14	15	17	12	14	12	13
1993	13	8	15	14	13	12	13	13	13
1994	14	14	17	14	16	12	14	14	12
1995	16	18	17	14	16	16	17	16	12
1996	15	18	16	17	18	19	17	14	12
1997	14	18	14	14	17	15	16	14	13
1998	15	16	14	15	15	13	14	18	13
1999	14	17	13	13	12	15	12	16	10
2000	18	10	16	11	15	15	16	17	12

Die fett umrandeten Kästchen zeigen die Weine an, die eingekellert werden sollten.

Die Süßweine der Loire sind im Jahrgang 1990 mit 20 bewertet.

Welche Jahrgänge soll man jetzt trinken?
Die Weine entwickeln sich unterschiedlich, je nachdem, ob sie in einem unfreundlichen oder in einem sonnenreichen Jahr erzeugt worden sind, aber auch je nach Appellation, ihrer hierarchischen Stellung innerhalb dieser Appellation, ihrer Vinifizierung und ihrem Ausbau. Ihre Reifung hängt auch von dem Keller ab, in dem sie lagern.

Die Bewertungstabelle der Jahrgänge bezieht sich auf gut gebaute Weine jüngerer und somit verfügbarer Jahrgänge, wenn sie richtig gelagert worden sind. Sie bezieht sich nicht auf außergewöhnliche Weine oder Cuvées. Die Weine werden auf ihrem Höhepunkt bewertet. Diese Bewertung bezieht nicht die heutige Entwicklung der alten Jahrgänge ein.

WEIN IN DER KÜCHE

Die Küche zum Wein ist keine heutige Erfindung. Schon der römische Feinschmecker Apicius erwähnt ein Rezept für Ferkel in Weinsauce (es handelte sich um einen Strohwein). Warum soll man Wein in der Küche verwenden? Wegen des Geschmacks, den er mitbringt, und wegen der verdauungsfördernden Wirkung, die er den Gerichten dank des Glyzerins und der Tannine verleiht. Der Alkohol, den manche als Übel betrachten, ist fast völlig aus der Küche verschwunden.

Man könnte eine Geschichte der Kochkunst anhand des Weins nachzeichnen: Die Marinaden wurden erfunden, um Fleischstücke aufzubewahren; heute hält man daran fest, weil sie Geschmacksstoffe liefern. Aus dem Garen, also dem Einkochen der Marinaden, entstanden die Saucen. Manchmal kocht man das Fleisch mit der Marinade; außerdem hat man Ragouts, Schmorgerichte und mit Wein versetzte Garsude sowie pochierte Eier in Rotweinsauce erfunden.

Einige Ratschläge
- Nie alte Weine zum Kochen verschwenden. Das ist teuer, nutzlos und sogar schädlich.
- Nie einfache Tischweine oder zu leichte Weine zum Kochen verwenden; wenn sie einkochen, konzentriert sich nur ihr Mangel an Geschmack.
- Der «Korkgeschmack» verschwindet beim Kochen. Heben Sie Flaschen, die diesen Fehler zeigen, für eine solche Verwendung auf.
- Zum Gericht den Wein trinken, den man zum Kochen verwendet hat, oder einen Wein aus demselben Anbaugebiet.

DER WEINESSIG

Der Wein ist der Freund des Menschen, der Essig der Feind des Weins. Muss man daraus folgern, dass der Essig der Feind des Menschen ist? Nein, Weine und Essige spielen jeder ihren Part im Orchester der Geschmacksempfindungen, die der Mensch genießt. Es wäre bedauerlich, hochwertige Weine, die abgestanden oder oxidiert sind oder einen Korkgeschmack haben, einfach wegzuschütten. Für sie ist das Essiggefäß bestimmt. Ein Essiggefäß für den Hausgebrauch ist ein 3 bis 5 Liter fassender Behälter, der aus Holz oder besser aus glasiertem Ton besteht und in der Regel einen Hahn besitzt. Die Säure des Essigs ist ein Zusatz, ein Entwickler. Er ist ein Kontrapunkt, kein Solist. Um sein Feuer zu dämpfen, hat der Feinschmecker den aromatisierten Essig erfunden. Zahlreiche starke Geschmacksnuancen vereinigen sich zu einer vielgestaltigen Harmonie: Knoblauch, Schalotten, kleine Zwiebeln, Estragon, Senfkörner, Pfefferkörner, Gewürznelken, Holunderblätter, Kapuzinerkresse, Rosenblätter, Lorbeerblätter, Thymianzweige, Dreifinger-Steinbrech usw.

Ratschläge
- Nie ein Essiggefäß in einen Keller stellen.
- Jedes Mal die sog. «Essigmutter» (eine zähflüssige Masse) entfernen, wenn sie sich im Essiggefäß entwickelt.
- Das Essiggefäß an einen temperierten Ort (20 ° C) stellen.
- Das Essiggefäß nie luftdicht verschließen, weil die Luft dazu beiträgt, dass sich die Essigsäurebakterien entwickeln, die den Alkohol des Weins in Essigsäure umwandeln.

- Die Aromastoffe nie in das Essiggefäß legen. Man muss den Essig dem Essiggefäß entnehmen und den aromatisierten Essig in einem anderen Gefäß aufbewahren, vorzugsweise luftdicht abgeschlossen.
- In das Essiggefäß nie Wein einfüllen, dessen Ursprung man nicht kennt.
- Das Essiggefäß «leben». Jedes Mal, wenn man Essig entnimmt, muss man die gleiche Menge Wein wieder aufgießen.
- Ein Essig, der in einem Essiggefäß (maximal) über zwei bis drei Wochen lang stehen bleibt, ist nicht mehr essigartig. Er verliert seinen Weingeschmack und ist reizlos.

SPEISEN UND WEINE

Nichts ist schwieriger, als «den» idealen Wein zu finden, der ein Gericht begleiten soll. Kann es überhaupt einen idealen Wein geben? Im Kapitel über die Verbindung von Speisen und Weinen hat die Monogamie keinen Platz; man muss die extreme Vielfalt der französischen Weine ausnutzen und eigene Erfahrungen machen: Ein guter Weinkeller macht es möglich, durch Ausprobieren schrittweise der Wahrheit näher zu kommen . . .

VORSPEISEN

ANCHOÏADE (SARDELLENPASTE)
- Côtes du Roussillon (Rosé)
- Coteaux d'Aix-en-Provence (Rosé)
- Alsace Sylvaner

ARTISCHOCKEN MIT PILZEN UND SCHINKEN GEFÜLLT
- Coteaux d'Aix-en-Provence (Rosé)
- Rosé de Loire
- Bordeaux (Rosé)

AVOCADO
- Champagner
- Bugey (weiß)
- Bordeaux sec

FROSCHSCHENKEL
Corbières (weiß)
- Entre-Deux-Mers
- Touraine Sauvignon

NIZZAER SALAT (KARTOFFELN, BOHNEN, TOMATEN, SARDELLENFILETS, OLIVEN UND KAPERN)
- Alsace Sylvaner
- Côtes du Rhône (rot)
- Coteaux d'Aix-en-Provence (Rosé)

(ROTE) PAPRIKASCHOTEN GEBRATEN, MIT SAUCE VINAIGRETTE
- Clairette de Bellegarde
- Muscadet
- Mâcon Lugny (weiß)

SOJAKEIMESALAT
- Alsace Tokay
- Clairette du Languedoc
- Muscadet

SPARGEL MIT SCHAUMSAUCE
- Alsace Muscat

STOPFLEBER AU NATUREL
- Barsac
- Corton-Charlemagne
- Listrac
- Banyuls Rimage

STOPFLEBER GEBRATEN
- Jurançon
- Graves (rot)
- Condrieu

STOPFLEBER IM HEFETEIG
- Alsace Tokay Sélection de grains nobles
- Montrachet
- Pécharmant

WEINBERGSCHNECKEN
- Bourgogne Aligoté
- Alsace Riesling
- Touraine Sauvignon

WURSTGERICHTE

BAYONNER SCHINKEN
- Côtes du Rhône-Villages
- Bordeaux Clairet
- Corbières (Rosé)

GEFLÜGELLEBERTERRINE
- Meursault-Charmes
- Saint-Nicolas de Bourgueil
- Morgon

GRIEBEN
- Touraine Cabernet
- Beaujolais-Villages
- Rosé de Loire

HASENPASTETE
- Côtes de Duras (rot)
- Saumur-Champigny
- Moulin-à-Vent

RILLETTES (IM EIGENEN SCHMALZ EINGEMACHTES FLEISCH)
- Bourgogne (rot)
- Alsace Pinot noir
- Touraine Gamay

SCHINKEN, GEKOCHTER
- Alsace Tokay
- Côtes du Rhône
- Côtes du Roussillon (Rosé)

SCHINKEN IN PETERSILIENASPIK
- Chassagne Montrachet (weiß)
- Coteaux du Tricastin (rot)
- Beaujolais (rot)

WILDSCHWEINSCHINKEN GERÄUCHERT
- Côtes de Saint-Mont (rot)
- Bandol (rot)
- Sancerre (weiß)

WURST
- Côtes du Rhône-Villages
- Beaujolais
- Côtes du Roussillon (Rosé)

SCHALEN- UND KRUSTENTIERE

AUSTERN IN CHAMPAGNERSAUCE
- Bourgogne Hautes-Côtes de Nuits (weiß)
- Coteaux Champenois (weiß)
- Roussette de Savoie

BOUZIGUES-MIESMUSCHELN ROH
- Coteaux du Languedoc weiß
- Muscadet de Sèvre-et-Maine
- Coteaux d'Aix-en-Provence (weiß)

HUMMER GEGRILLT
- Hermitage (weiß)
- Pouilly-Fuissé
- Savennières

HUMMERSCHEIBEN MIT SAUCE AMÉRICAINE
- Arbois (gelber Wein)
- Juliénas

JAKOBSMUSCHELNSPIESSCHEN
- Graves (weiß)
- Alsace Sylvaner
- Beaujolais-Villages (rot)

KALMARE GEFÜLLT
- Mâcon-Villages
- Premières Côtes de Bordeaux
- Gaillac (rot)

KRABBENCOCKTAIL
- Jurançon sec
- Fiefs Vendéens (weiß)
- Bordeaux sec Sauvignon

KREBSE IN SUD
- Sancerre (weiß)
- Côtes du Rhône (weiß)
- Gaillac (weiß)

KRUSTEN- UND SCHALENTIERE MIT MAYONNAISE
- Bourgogne (weiß)
- Alsace Riesling
- Haut-Poitou Sauvignon

LANGUSTE MIT MAYONNAISE
- Patrimonio (weiß)
- Alsace Riesling
- Savoie Apremont

MARENNES-AUSTERN
- Muscadet
- Bourgogne Aligoté
- Alsace Sylvaner
- Chablis
- Beaujolais Primeur (rot)

MEERESFRÜCHTEPLATTE
- Chablis
- Muscadet
- Alsace Sylvaner

Miesmuscheln in Weissweinsud
- Bourgogne (weiß)
- Alsace Pinot
- Bordeaux sec Sauvignon

Muschelpfanne mit Spinat
- Muscadet
- Bourgogne Aligoté Bouzeron
- Coteaux Champenois (weiß)

Salat aus Schalentieren und Gurken
- Graves (weiß)
- Muscadet
- Alsace Klevner

Scampi in Cognacsauce
- Chablis premier cru
- Graves (weiß)
- Muscadet de Sèvre-et-Maine

Venusmuscheln gefüllt
- Graves (weiß)
- Montagny
- Anjou (weiß)

Venusmuscheln überbacken
- Pacherenc du Vic-Bilh
- Rully (weiß)
- Beaujolais (weiß)

Zuchtmuscheln in Weisswein sud mit Schalotten, gebraten
- Saint-Véran
- Bergerac sec
- Haut-Poitou Chardonnay

FISCH

Aal angedünstet, mit Petersilienwürzmischung
- Corbières (Rosé)
- Gros Plant du Nantais
- Blaye (weiß)

Alse mit Sauerampfer
- Anjou (weiß)
- Rosé de Loire
- Haut-Poitou Chardonnay

Barquettes girondines (mit gewürfeltem Fisch gefüllte Blätterteigschiffchen)
- Bâtard-Montrachet
- Graves Supérieurs
- Quincy

Bouillabaisse
- Côtes du Roussillon (weiß)
- Coteaux d'Aix-en-Provence (Rosé)
- Muscadet des Coteaux de la Loire

Bourride (provenzalische Fischsuppe mit Gemüse)
- Coteaux d'Aix-en-Provence (Rosé)
- Rosé de Loire
- Bordeaux (Rosé)

Brandade (Stockfischpüree)
- Haut-Poitou (Rosé)
- Bandol (Rosé)
- Corbières (Rosé)

Fischauflauf mit Sauce Nantua (mit Krebsbutter und Krebsschwänzen)
- Bâtard-Montrachet
- Crozes-Hermitage (weiß)
- Bergerac sec

Fischragout
- Saint-Aubin (weiß)
- Saumur sec (weiß)
- Crozes-Hermitage (weiß)

Forelle mit Mandeln
- Chassagne-Montrachet (weiß)
- Alsace Klevner
- Côtes du Roussillon

Fritierte kleine Fische
- Beaujolais (weiß)
- Béarn (weiß)
- Fief Vendéens (weiß)

Glattbutt mit Weissweinsauce
- Graves (weiß)
- Puligny-Montrachet
- Coteaux du Languedoc (weiß)

Gravettes d'Arcachon (kleine Austern) mit Bordelaiser Sauce (Rotwein, Schalotten, Rindermarkscheiben)
- Graves (weiß)
- Bordeaux sec
- Jurançon sec

Hechtklösschen mit Lyoner Sauce (Weisswein, Zwiebeln und Schmelzkartoffeln)
- Montrachet
- Pouilly-Vinzelles
- Beaujolais-Villages (rot)

Jungmakrelen in Weissweinsauce
- Alsace Sylvaner
- Haut-Poitou Sauvignon
- Quincy

Karpfen gefüllt
- Montagny
- Touraine Azay-le-Rideau (weiß)
- Alsace Pinot

Lachs gebraten, in grossen Scheiben
- Chassagne-Montrachet (weiß)
- Cahors
- Côtes du Rhône (Rosé)

Lachsrogen
- Haut-Poitou (Rosé)
- Graves (rot)
- Côtes du Rhône (rot)

Matrosengericht (pikantes Fischragout) aus dem Ill
- Chablis premier cru
- Arbois (weiß)
- Alsace Riesling

Merlan en colère (gebraten, mit Fisch im Maul, dazu Petersilie und Zitronenviertel)
- Alsace Gutedel
- Entre-Deux-Mers
- Seyssel

Neunauge mit Bordelaiser Sauce
- Graves (rot)
- Bergerac (rot)
- Bordeaux (Rosé)

Pochouse (Fischsuppe aus Süsswasserfischen)
- Meursault
- L'Etoile
- Mâcon-Villages

Räucherlachs
- Puligny-Montrachet premier cru
- Pouilly-Fumé
- Bordeaux sec Sauvignon

(Kleine) Rotbarben gebraten
- Chassagne-Montrachet (weiß)
- Hermitage (weiß)
- Bergerac

Rouille sètoise (Fischgericht mit scharfer Knoblauchmayonnaise)
- Clairette du Languedoc
- Côtes du Roussillon (Rosé)
- Rosé de Loire

Sardinen gebraten
- Clairette de Bellegarde
- Jurançon sec
- Bourgogne Aligoté

Seelachs kalt, mit Mayonnaise
- Pouilly-Fuissé
- Savoie
- Chignin
- Bergeron
- Alsace Klevner

Seeteufel, Schwanzstück
- Mâcon-Villages
- Châteauneuf-du-Pape (weiß)
- Bandol (Rosé)

Seezungenfilet nach Hausfrauenart
- Graves (weiß)
- Chablis grand cru
- Sancerre (weiß)

Seezunge nach Müllerinart
- Meursault (weiß)
- Alsace Riesling
- Entre-Deux-Mers

Steinbutt mit Sauce hollandaise
- Graves (weiß)
- Saumur (weiß)
- Hermitage (weiß)

Steinbuttfleisch in Blätterteig
- Chevalier-Montrachet
- Crozes-Hermitage (weiß)

Stockfisch in Knoblauchmayonnaise
- Coteaux-d'Aix-en-Provence (Rosé)
- Bordeaux (Rosé)
- Haut-Poitou (Rosé)

STOCKFISCH VOM GRILL
- Gros Plant du Pays Nantais
- Rosé de Loire
- Coteaux d'Aix-en-Provence (Rosé)

TASCHENKREBS GEFÜLLT
- Premières Côtes de Bordeaux (weiß)
- Bourgogne (weiß)
- Muscadet

TEIGPASTETE MIT LACHS GEFÜLLT
- Pouilly-Vinzelles
- Graves (weiß)
- Rosé de Loire

(ROTER) THUNFISCH MIT ZWIEBELN
- Coteaux d'Aix (weiß)
- Coteaux du Languedoc (weiß)
- Côtes de Duras Sauvignon

(WEISSER) THUNFISCH À LA BASQUE (MIT PAPRIKASCHOTEN, TOMATEN, KNOBLAUCH)
- Graves (weiß)
- Pacherenc de Vic-Bilh
- Gaillac (weiß)

WOLFSBARSCH GEBRATEN
- Auxey-Duresses (weiß)
- Bellet (weiß)
- Bergerac sec

ZANDER IN BUTTERSAUCE
- Muscadet
- Saumur (weiß)
- Saint-Joseph (weiß)

ROTES UND WEISSES FLEISCH

Lamm

BARON (RÜCKEN IN EINEM STÜCK) IM OFEN GEBACKEN
- Haut-Médoc
- Savoie-Mondeuse
- Minervois

LAMMKARREE MARLY
- Saint-Julien
- Ajaccio
- Coteaux du Lyonnais

LAMMSCHULTER IM OFEN GEBRATEN
- Hermitage (rot)
- Côtes de Bourg (rot)
- Moulin-à-Vent

LAMMFILET IM TEIGMANTEL
- Pomerol
- Mercurey
- Coteaux du Tricastin

LAMMRAGOUT MIT THYMIAN
- Châteauneuf-du-Pape (rot)
- Saint-Chinian
- Fleurie

LAMMRAGOUT PROVENZALISCH
- Gigondas
- Côtes de Provence (rot)
- Bourgogne Passetoutgrain (rot)

LAMMSATTEL MIT KRÄUTERN
- Vin de Corse (rot)
- Côtes du Rhône (rot)
- Coteaux du Giennois (rot)

Rind

BŒUF BOURGUIGNON (IN ROTWEIN GESCHMORTES RINDERRAGOUT)
- Rully (rot)
- Saumur (rot)
- Côtes du Marmandais (rot)

CHÂTEAUBRIAND (DOPPELTES FILETSTÜCK GEBRATEN)
- Margaux
- Alsace Pinot
- Coteaux du Tricastin

SCHMORBRATEN MIT GEMÜSE
- Buzet (rot)
- Côtes du Vivarais (rot)
- Arbois (rot)

ENTRECOTE BORDELAISE (ZWISCHENRIPPENSTÜCK MIT BORDELAISER SAUCE UND RINDERMARKSCHEIBEN)
- Saint-Julien
- Saint-Joseph (rot)
- Côtes du Roussillon-Villages

RINDERFILET MIT KROKETTEN
- Côte Rôtie
- Gigondas
- Graves (rot)

FONDUE BOURGUIGNONNE (FLEISCHFONDUE)
- Bordeaux (rot)
- Côtes du Ventoux (rot)
- Bourgogne (Rosé)

GARDIANE
- Lirac (rot)
- Côtes du Lubéron (rot)
- Costières du Gard (rot)

POT-AU-FEU (EINTOPF)
- Anjou (rot)
- Bordeaux (rot)
- Beaujolais (rot)

ROASTBEEF WARM
- Moulis
- Aloxe-Corton
- Côtes du Rhône (rot)

ROASTBEEF KALT
- Madiran
- Beaune (rot)
- Cahors

STEAK NACH HAUSHOFMEISTER-ART (MIT KRÄUTERBUTTER)
- Bergerac (rot)
- Arbois (Rosé)
- Chénas

TOURNEDOS (LENDENSCHNITTE) MIT BEARNER SAUCE (AUS ESSIG, ESTRAGON, PFEFFER, SCHALOTTEN, EIGELB UND WEISSWEIN)
- Listrac
- Saint-Aubin (rot)
- Touraine Amboise (rot)

Hammel

HAMMELBRUST GEFÜLLT
- Côtes du Jura (rot)
- Graves (rot)
- Haut-Poitou Gamay

HAMMELCURRY
- Montagne Saint-Emilion
- Alsace Tokay
- Côtes du Rhône

HAMMELSCHMORBRATEN
- Patrimonio (rot)
- Côtes du Rhône-Villages (rot)
- Morgon

KARBONADE (GEBRATENES ODER GESCHMORTES FLEISCH IN SCHEIBEN)
- Graves de Vayres (rot)
- Fitou
- Crozes-Hermitage (rot)

KEULE KALT, MIT MAYONNAISE
- Saint-Aubin (weiß)
- Bordeaux (rot)
- Entre-Deux-Mers

KEULE MIT BINDFADEN UMSCHNÜRT
- Morey-Saint-Denis
- Saint-Emilion
- Côte de Provence (rot)

NAVARIN (HAMMELRAGOUT MIT WEISSEN RÜBEN, KAROTTEN, ZWIEBELN UND KARTOFFELN)
- Anjou (rot)
- Bordeaux Côtes-de-Francs (rot)
- Bourgogne Marsannay (rot)

Schwein

ANDOUILLETTE (GEKRÖSEWÜRSTCHEN) GEBRATEN
- Coteaux Champenois (weiß)
- Petit Chablis
- Beaujolais (rot)

ANDOUILLETTE IN SAHNESAUCE
- Touraine (weiß)
- Bourgogne (weiß)
- Saint-Joseph (weiß)

BAECKEOFFE (ELSÄSSISCHER EINTOPF AUS DEM BÄCKEROFEN)
- Alsace Riesling
- Alsace Sylvaner

CASSOULET (GASCOGNISCHER EINTOPF AUS DER KASSEROLLE)
- Côtes du Frontonnais (rot)
- Minervois (rot)
- Bergerac (rot)

CHOUCROUTE (ELSÄSSISCHE SCHLACHTPLATTE AUF SAUERKRAUTBETT)
- Alsace Riesling
- Alsace Sylvaner

CONFIT (IM EIGENEN SCHMALZ EINGELEGTES FLEISCH)
- Tursan (rot)
- Corbières (rot)
- Cahors

FLEISCH VOM SCHULTERBLATT IN SAUVIGNONSAUCE
- Bergerac sec
- Menetou-Salon
- Bordeaux (Rosé)

KOHLROULADE GEFÜLLT
- Côtes du Rhône (rot)
- Touraine Gamay
- Bordeaux sec Sauvignon

POTÉE (EINTOPF)
- Côtes du Lubéron
- Côte de Brouilly
- Bourgogne Aligoté

SCHWEINEBRATEN KALT
- Bourgogne (weiß)
- Lirac (rot)
- Bordeaux sec

SCHWEINEBRATEN MIT SAUCE
- Rully (weiß)
- Côte de Brouilly
- Minervois (Rosé)

SCHWEINEKOTELETT KURZ GEBRATEN
- Bourgogne (weiß)
- Côtes d'Auvergne (rot)
- Bordeaux Clairet

(GROBE) SCHWEINSWURST GEBRATEN
- Saint-Joseph oder Bergerac (rot)
- Côtes du Frontonnais (Rosé)

SPANFERKEL IN ASPIK
- Graves de Vayres (weiß)
- Costières du Gard (Rosé)
- Beaujolais-Villages (rot)

Kalb

BLANQUETTE AUF ALTE ART (KALBSRAGOUT MIT WEISSWEINSAUCE, ZWIEBELN UND CHAMPIGNONS)
- Arbois (weiß)
- Alsace grand cru Riesling
- Côtes de Provence (Rosé)

KALBSBRIES MIT SCAMPI
- Graves (weiß)
- Alsace Tokay
- Bordeaux (Rosé)

KALBSKOTELETT GEBRATEN
- Côtes du Rhône (rot)
- Anjou (weiß)
- Bourgogne (rot)

KALBSLEBER PANIERT
- Médoc
- Coteaux d'Aix-en-Provence (rot)
- Haut-Poitou (Rosé)

KALBSLENDE ORLOW (MIT SELLERIE, GEFÜLLTEM KOPFSALAT, KARTOFFELN UND BRATENSAFT)
- Chassagne-Montrachet (weiß)
- Chiroubles
- Lirac (Rosé)

KALBSNIEREN MIT MARKSCHEIBEN
- Saint-Emilion
- Saumur-Champigny
- Coteaux d'Aix-en-Provence (Rosé)

KALBSNUSS GESCHMORT
- Mâcon-Villages (weiß)
- Côtes de Duras (rot)
- Brouilly

KALBSRAGOUT MARENGO (MIT KLEIN GESCHNITTENEN TOMATEN)
- Côtes de Duras Merlot
- Alsace Klevner
- Coteaux du Tricastin (Rosé)

KALBSROULADEN
- Anjou Gamay
- Minervois (Rosé)
- Costières du Gard (weiß)

KALBSSCHNITZEL PANIERT
- Côtes du Jura (weiß)
- Corbières (weiß)
- Côtes du Ventoux (rot)

NIEREN IN GELBEM WEIN SAUTIERT
- Arbois (weiß)
- Gaillac Vin de voile
- Bourgogne Aligoté

NIERENSPIESSCHEN
- Cornas
- Beaujolais-Villages
- Coteaux du Languedoc (Rosé)

GEFLÜGEL, KANINCHEN

BARBARIE-ENTE MIT OLIVEN
- Savoie-Mondeuse (rot)
- Canon-Fronsac
- Anjou Cabernet (rot)

COQ AU VIN ROUGE (HÄHNCHENTEILE IN ROTWEIN, MIT GEMÜSE)
- Ladoix
- Côte de Beaune
- Châteauneuf-du-Pape (rot)

ENTE GEFÜLLT
- Saint-Emilion grand cru
- Bandol (rot)
- Buzet (rot)

ENTE MIT ORANGEN
- Côtes du Jura (gelber Wein)
- Cahors
- Graves (rot)

ENTE MIT PFIRSICHEN
- Banyuls
- Chinon (rot)
- Graves (rot)

ENTE MIT WEISSEN RÜBCHEN
- Puisseguin Saint-Emilion
- Saumur-Champigny
- Coteaux d'Aix-en-Provence (rot)

ENTENHERZEN AM SPIESS
- Saint-Georges-Saint-Emilion
- Chinon
- Côtes du Rhône-Villages

GANS GEFÜLLT
- Anjou Cabernet (rot)
- Côtes du Marmandais (rot)
- Beaujolais-Villages

HÄHNCHEN À LA BASQUE (PAPRIKASCHOTEN, TOMATEN, KNOBLAUCH)
- Côtes de Duras Sauvignon
- Bordeaux sec
- Coteaux du Languedoc (Rosé)

HÄHNCHEN IN RIESLING
- Alsace grand cru Riesling
- Touraine Sauvignon
- Côtes du Rhône (Rosé)

HÄHNCHEN SAUTIERT MIT MORCHELN
- Savigny-lès-Beaune (rot)
- Arbois (weiß)
- Sancerre (weiß)

HÄHNCHENCURRY
- Montagne Saint-Emilion
- Alsace Tokay
- Côtes du Rhône

JUNGTAUBEN NACH FRÜHLINGSART (MIT JUNGEM GEMÜSE)
- Crozes-Hermitage (rot)
- Bordeaux (rot)
- Touraine Gamay

JUNGTRUTHAHN AM SPIESS
- Monthélie
- Graves (weiß)
- Châteaumeillant (Rosé)

KANINCHENBRATEN MIT SENFSAUCE
- Sancerre (rot)
- Tavel
- Côtes de Provence (weiß)

Kaninchenfrikassee
- Touraine (Rosé)
- Côtes de Blaye (weiß)
- Beaujolais-Villages (rot)

Kapaun gebraten
- Bourgogne (weiß)
- Touraine-Mesland
- Côtes du Rhône (Rosé)

Magret (Entenbrustfilet in Scheiben) mit grüner Pfeffersauce
- Saint-Joseph (rot)
- Bourgueil (rot)
- Bergerac (rot)

Perlhühnchen in Armagnac
- Saint-Estèphe
- Chassagne-Montrachet (rot)
- Fleurie

Poularde in Halbtrauer (mit schwarz-weisser Garnitur)
- Chevalier-Montrachet
- Arbois (weiß)
- Juliénas

Poularde in Salzkruste
- Listrac
- Mâcon-Villages (weiß)
- Côtes du Rhône (rot)

Pute mit Maronen
- Saint-Joseph (rot)
- Sancerre (rot)
- Meursault (weiß)

Putenschnitzel mit Roquefort
- Côtes du Jura (weiß)
- Bourgogne Aligoté
- Coteaux d'Aix-en-Provence (Rosé)

Stubenküken aus der Wantzenau
- Côtes de Toul (grauer Wein)
- Alsace Gutedel
- Beaujolais

Wild

Amseln auf korsische Art
- Ajaccio (rot)
- Côtes de Provence (rot)
- Coteaux du Languedoc (rot)

Drosseln mit Wacholderbeeren
- Echézeaux
- Coteaux du Tricastin (rot)
- Chénas

Fasan in Auflaufform mit kleingeschnittenem Gemüse
- Moulis
- Pommard
- Saint-Nicolas de Bourgueil

Hase auf königliche Art (mit Trüffeln)
- Saint-Joseph (rot)
- Volnay
- Pécharmant

Hasenpfeffer
- Canon-Fronsac
- Bonnes-Mares
- Minervois (rot)

Hasenrücken mit Wacholder
- Chambolle Musigny
- Savoie-Mondeuse
- Saint-Chinian

Jungkaninchen gebraten
- Auxey-Duresses (rot)
- Puisseguin Saint-Emilion
- Crozes-Hermitage (rot)

Jungrebhuhn gebraten
- Haut-Médoc
- Vosne-Romanée
- Bourgueil

Jungwildente gebraten
- Saint-Emilion grand cru
- Côte Rôtie
- Faugères

Nachtigallenspiesschen
- Pernand-Vergelesses (rot)
- Pomerol
- Côtes du Ventoux (rot)

Rebhuhn auf katalanische Art
- Maury
- Côtes du Roussillon (rot)
- Beaujolais-Villages

Rebhuhn mit Kohlgemüse
- Bourgogne Irancy
- Arbois (Rosé)
- Cornas

Rehkoteletts mit Linsen und Speck
- Lalande-de-Pomerol
- Côtes de Beaune (rot)
- Crozes-Hermitage (rot)

Rehschlegel mit Pfeffersauce
- Hermitage (rot)
- Corton (rot)
- Côtes du Roussillon (rot)

Ringeltaubenragout
- Saint-Julien
- Côte de Nuits-Villages
- Patrimonio

Waldschnepfe flambiert
- Pauillac
- Musigny
- Hermitage

Wildentenragout
- Côte Rôtie
- Chinon (rot)
- Bordeaux Supérieur

Wildschweinfilet mit Bordelaiser Sauce
- Pomerol
- Bandol
- Gigondas

Wildschweinkeule mit Wildsauce
- Chambertin
- Montagne Saint-Emilion
- Corbières (rot)

Wildschweinschinken, gekochter
- Fronsac
- Châteauneuf-du-Pape (rot)
- Moulin-à-Vent

Gemüse

Auberginenbeignets
- Bourgogne (rot)
- Beaujolais (rot)
- Bordeaux sec

Gemüsestreifen sautiert mit fein gehackter Petersilie und Knoblauch
- Beaune (weiß)
- Alsace Tokay
- Coteaux du Giennois (rot)

Grüne Erbsen
- Saint-Romain (weiß)
- Côtes du Jura (weiß)
- Touraine Sauvignon

Kartoffelgratin
- Bordeaux Côtes de Castillon
- Châteauneuf-du-Pape (weiß)
- Alsace Riesling

Paprikaschoten gefüllt
- Mâcon-Villages
- Côtes du Rhône (Rosé)
- Alsace Tokay

Pilze
- Beaune (weiß)
- Alsace Tokay
- Coteaux du Giennois (rot)

Sellerie geschmort
- Côtes du Ventoux (rot)
- Alsace Pinot noir
- Touraine Sauvignon

Teigwaren
- Côtes du Rhône (rot)
- Coteaux d'Aix (Rosé)

Zuckererbsen
- Graves (weiß)
- Côtes du Rhône (rot)
- Alsace Riesling

KÄSE

aus Kuhmilch

BEAUFORT (HARTKÄSE)
- Arbois (gelber Wein)
- Meursault
- Vin de Savoie
- Chignin
- Bergeron

BLEU D'AUVERGNE (EDELPILZKÄSE)
- Côtes de Bergerac moelleux
- Beaujolais
- Côtes de Bergerac (weiß)

BLEU DE BRESSE (BLAUSCHIMMELKÄSE)
- Côtes du Jura (weiß)
- Mâcon (rot)
- Côtes de Bergerac (weiß)

BRIE (WEICHKÄSE)
- Beaune (rot)
- Alsace Pinot noir
- Coteaux du Languedoc (rot)

CAMEMBERT (WEICHKÄSE)
- Bandol (rot)
- Côtes du Roussillon-Villages
- Beaujolais-Villages

CANTAL (HALBFESTER SCHNITTKÄSE)
- Coteaux du Vivarais (rot)
- Côtes de Provence (Rosé)
- Lirac (weiß)

CARRÉ DE L'EST (WEICHKÄSE)
- Saint-Joseph (rot)
- Coteaux d'Aix-en-Provence (rot)
- Brouilly

CHAOURCE (WEICHKÄSE)
- Montagne Saint-Emilion
- Cadillac
- Chénas

CÎTEAUX
- Aloxe-Corton
- Coteaux Champenois (rot)
- Fleurie

COMTÉ (HARTKÄSE)
- Château-Chalon, Graves (weiß)
- Côtes du Lubéron (weiß)

EDAMER (SCHNITTKÄSE)
- Pauillac
- Fixin
- Costières du Gard (rot)

EPOISSES (WEICHKÄSE)
- Savigny
- Côtes du Jura (rot)
- Côte de Brouilly

FOURME D'AMBERT (BERGKÄSE)
- L'Etoile (gelber Wein)
- Cérons
- Banyuls Rimage

FRISCHKÄSE
- Cahors
- Côtes du Roussillon (Rosé)
- Côtes du Rhône (weiß)

GOUDA (SCHNITTKÄSE)
- Saint-Estèphe
- Chinon
- Coteaux du Tricastin

LIVAROT (WEICHKÄSE)
- Bonnezeaux
- Sainte-Croix-du-Mont
- Alsace Gewurztraminer

MAROILLES (WEICHKÄSE)
- Jurançon
- Alsace Gewurztraminer Vendanges tardives

MIMOLETTE (SCHNITTKÄSE)
- Graves (rot)
- Santenay
- Côtés du Ventoux (rot)

MORBIER (WEICHKÄSE)
- Gevrey-Chambertin
- Madiran
- Côtés du Ventoux (rot)

MUNSTER (WEICHKÄSE)
- Coteaux du Layon-Villages
- Loupiac
- Alsace Gewurztraminer

PONT-L'EVÊQUE (WEICHKÄSE)
- Côtes de Saint-Mont
- Bourgueil
- Nuits-Saint-Georges

RACLETTE
- Vin de Savoie
- Apremont
- Côtes de Duras Sauvignon
- Juliénas

REBLOCHON (BUTTERKÄSE)
- Mercurey
- Lirac (rot)
- Touraine Gamay

RIGOTTE (MILDER KÄSE)
- Bourgogne Hautes-Côtes de Nuits (rot)
- Côtes du Forez
- Saint-Amour

SAINT-MARCELLIN (WEICHKÄSE)
- Faugères
- Tursan (rot)
- Chiroubles

SAINT-NECTAIRE (SCHNITTKÄSE)
- Fronsac
- Bourgogne (rot)
- Mâcon-Villages (weiß)

SCHMELZKÄSE
- Alsace Riesling
- Haut-Poitou Sauvignon
- Côtes du Rhône-Villages

VACHERIN (HALBWEICHKÄSE)
- Corton
- Premières Côtes de Bordeaux
- Barsac

aus Schafmilch

EISBARECH
- Lalande-de-Pomerol
- Cornas
- Marcillac

KORSISCHER SCHAFKÄSE
- Bourgogne Irancy
- Ajaccio
- Côtes du Roussillon (rot)

LARUNS
- Bordeaux Côtes de Castillon
- Gaillac (rot)
- Côtes de Provence (rot)

ROQUEFORT (BLAUSCHIMMELKÄSE)
- Côtes du Jura (gelber Wein)
- Sauternes
- Muscat de Rivesaltes

aus Ziegenmilch

CABÉCOU
- Bourgogne (weiß)
- Tavel
- Gaillac (weiß)

CROTTIN DE CHAVIGNOL (WEICHKÄSE)
- Sancerre (weiß)
- Bordeaux sec
- Côte Roannaise

FRISCHKÄSE
- Champagner
- Montlouis demi-sec
- Crémant d'Alsace

KORSISCHER ZIEGENKÄSE
- Patrimonio (weiß)
- Cassis (weiß)
- Costières du Gard (weiß)

PELARDON
- Condrieu
- Roussette de Savoie
- Coteaux du Lyonnais (rot)

SAINTE-MAURE (WEICHKÄSE)
- Rivesaltes (weiß)
- Alsace Tokay
- Cheverny Gamay

SELLES-SUR-CHER (WEICHKÄSE)
- Coteaux de l'Aubance
- Cheverny
- Romorantin
- Sancerre (Rosé)

VALENCAY (FESTER WEICHKÄSE)
- Vouvray moelleux
- Haut-Poitou (Rosé)
- Valençay Gamay

NACHSPEISEN

APFELKUCHEN (GESTÜRZT)
- Pineau des Charentes
- Arbois Vin de Paille
- Jurançon

BRIOCHE (HEFEBROT)
- Rivesaltes (rot)
- Muscat de Beaumes-de-Venise
- Alsace Vendanges tardives

BÛCHE DE NOËL (GEFÜLLTE BISKUITROLLE)
- Champagner halbtrocken
- Clairette de Die Tradition

ERDBEEREN
- Muscat de Rivesaltes
- Maury

FAR BRETON (SÜSSER FLADEN MIT DÖRROBST)
- Pineau des Charentes
- Anjou Coteaux de la Loire
- Cadillac

GEWÜRZTE CREME
- Coteaux du Layon-Villages
- Sauternes
- Muscat de Saint-Jean de Minervois

GUGELHUPF
- Quarts de Chaume
- Alsace Vendanges tardives
- Muscat de Mireval

ILE FLOTTANTE (EISCHNEEBALLEN IN VANILLECREME)
- Loupiac
- Rivesaltes (weiß)
- Muscat de Rivesaltes

OBSTSALAT
- Sainte-Croix-du-Mont
- Rivesaltes (weiß)
- Muscat de Rivesaltes

PITHIVIERS (BLÄTTERTEIGKUCHEN)
- Maury
- Bonnezeaux
- Muscat de Lunel

SCHOKOLADENKUCHEN
- Banyuls grand cru
- Pineau des Charentes Rosé

VANILLEEIS MIT HIMBEERPÜREE
- Loupiac
- Coteaux du Layon

ZITRONENKUCHEN
- Alsace sélection de grains nobles
- Cérons
- Rivesaltes (weiß)

ALSACE (ELSASS) UND OSTFRANKREICH

Alsace (Elsass)

Der größte Teil des elsässischen Weinbaugebiets liegt auf den Hügeln, die dem Massiv der Vogesen vorgelagert sind und in die Rheinebene hineinreichen. Die Vogesen, die sich zwischen dem Elsass und dem übrigen Frankreich als Bergwand auftürmen, sind für das besondere Klima dieser Region verantwortlich; sie fangen nämlich den größten Teil der Niederschläge ab, die vom Atlantik her kommen. Deswegen ist die durchschnittliche Niederschlagsmenge im Gebiet von Colmar mit weniger als 500 mm pro Jahr die niedrigste in Frankreich! Im Sommer hemmt diese Bergkette den kühlenden Einfluss der atlantischen Winde; doch ausschlaggebend für die geografische Verteilung und die Qualität der Weinberge sind die unterschiedlichen mikroklimatischen Bedingungen, die durch die vielen Windungen der Oberflächengestalt entstehen.

Ein weiteres charakteristisches Merkmal dieses Weinbaugebiets ist die große Vielfalt seiner Böden. In einer erdgeschichtlichen Epoche, die von den Geologen als jüngere Vergangenheit angesehen wird, obwohl sie rund 50 Millionen Jahre zurückliegt, bildeten die Vogesen und der Schwarzwald eine Einheit, entstanden durch eine Reihe von tektonischen Vorgängen (Überflutungen, Erosionen, Faltungen usw.). Ab dem Tertiär begann der mittlere Teil nachzugeben, bis sich – aber erst viel später – eine Tiefebene bildete. Aufgrund dieses Absinkens treten nahezu alle Bodenschichten, die sich im Laufe der verschiedenen geologischen Perioden angehäuft haben, in der Bruchzone zu Tage. Vorwiegend in diesem Gebiet befinden sich die Weinberge. Deshalb sind die meisten Weinbauorte durch mindestens vier oder fünf verschiedene Bodentypen gekennzeichnet.

Die Geschichte des elsässischen Weinbaus reicht bis in die graue Vorzeit zurück. Zweifellos haben schon die vorgeschichtlichen Bewohner die Weinreben genutzt, doch erst in der Zeit der römischen Eroberung scheint man damit begonnen zu haben, Wein wirklich anzubauen. Im 5.Jh. führte das Eindringen der Germanen vorübergehend zu einem Verfall des Weinbaus, aber schriftliche Zeugnisse verraten uns, dass die Weinberge recht bald wieder an Bedeutung gewannen, wobei die Bistümer, Abteien und Klöster eine entscheidende Rolle spielten. Dokumente aus der Zeit vor 900 verzeichnen bereits über 160 Orte, an denen Reben angebaut wurden.

Das Weinbaugebiet breitete sich ohne Unterbrechung bis zum 16. Jh. weiter aus und erreichte damals seine größte Ausdehnung. Die prachtvollen Häuser im Renaissancestil, die man noch in etlichen Weinbauorten findet, zeugen erkennbar vom Wohlstand jener Zeit, als bereits große Mengen elsässischer Weine in alle europäischen Länder exportiert wurden. Aber der Dreißigjährige Krieg, eine Zeit, in der Verwüstun

Alsace (Elsass)

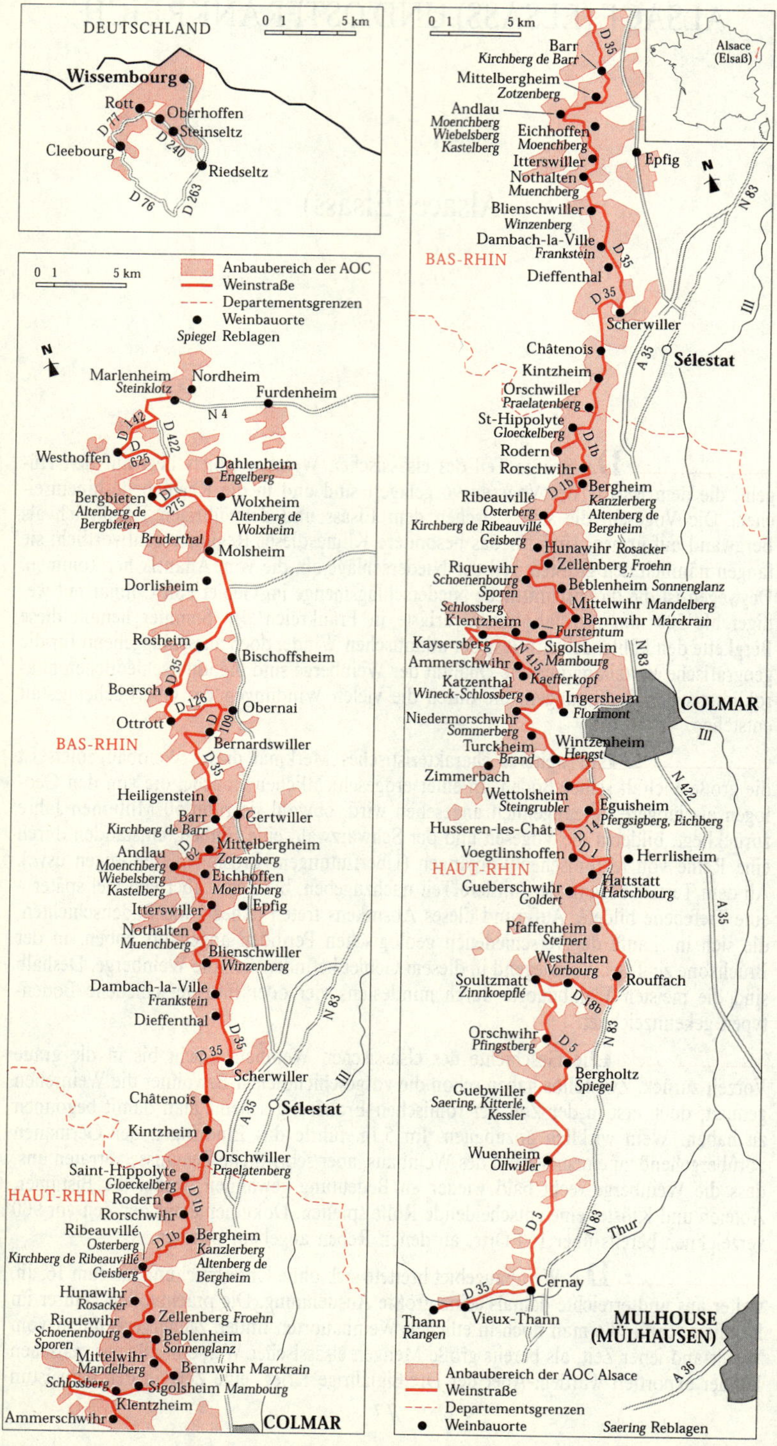

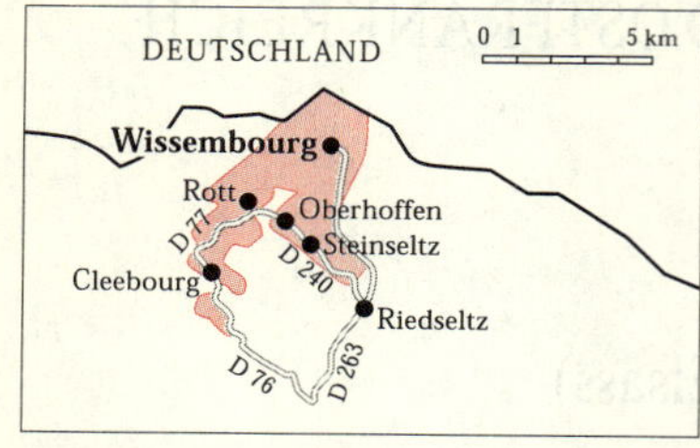

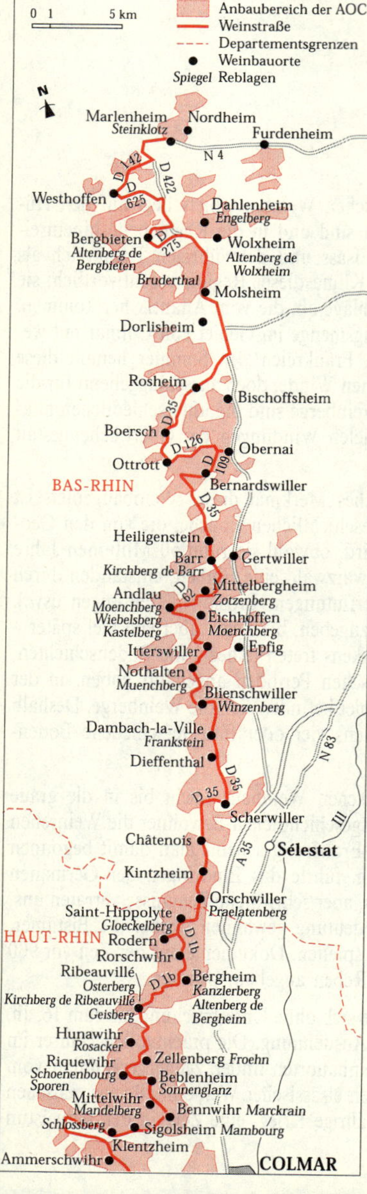

0 1 5 km

Alsace (Elsaß)

N

Barr
Kirchberg de Barr
D 35
Mittelbergheim
Zotzenberg
Andlau
Moenchberg
Wiebelsberg
Kastelberg
Eichhoffen
Moenchberg
Epfig
Itterswiller
Nothalten
Muenchberg
N 83
Blienschwiller
Winzenberg
Dambach-la-Ville
Frankstein
D 35
BAS-RHIN
Dieffenthal
D 35
III
Scherwiller
A 35
Sélestat
Châtenois
Kintzheim
Orschwiller
Praelatenberg
St-Hippolyte
Gloeckelberg
D 1b
Rodern
Rorschwihr
D 1b
Bergheim
Kanzlerberg
Altenberg de Bergheim
Ribeauvillé
Osterberg
Kirchberg de Ribeauvillé
Geisberg
Hunawihr Rosacker
Zellenberg Froehn
Riquewihr
Schoenenbourg
Sporen
Beblenheim Sonnenglanz
Schlossberg
Mittelwihr Mandelberg
Bennwihr Marckrain
Klentzheim
Furstentum
Kaysersberg
N 415
Sigolsheim
Mambourg
N 83
Ammerschwihr
Kaefferkopf
Katzenthal
Wineck-Schlossberg
Ingersheim
Florimont
COLMAR
Niedermorschwihr
Sommerberg
III
Turckheim
Brand
Wintzenheim
Hengst
Zimmerbach
N 422
Wettolsheim
Steingrubler
Eguisheim
Pfergsigberg, Eichberg
Husseren-les-Chât.
D 14
Voegtlinshoffen
D 1
Herrlisheim
HAUT-RHIN
Hattstatt
Hatschbourg
Gueberschwihr
Goldert
A 35
Pfaffenheim
Steinert
Westhalten
Vorbourg
Soultzmatt
Zinnkoepflé
Rouffach
D 18b
N 83
Orschwihr
Pfingstberg
D 5
Bergholtz
Spiegel
Guebwiller
Saering, Kitterlé, Kessler
Wuenheim
Ollwiller
D 5
N 83
Thur
Cernay
D 35
Thann
Rangen
Vieux-Thann
MULHOUSE
(MÜLHAUSEN)
A 36
Anbaubereich der AOC Alsace
Weinstraße
Departementsgrenzen
Weinbauorte
Saering Reblagen

gund Plünderung, Hunger und Pest herrschten, hatte verheerende Auswirkungen auf den Weinbau wie auch auf die übrige Wirtschaft dieser Region.

Nachdem im Lande wieder Frieden eingekehrt war, erlebte der Weinbau allmählich einen erneuten Aufschwung, doch die Ausdehnung der Weinberge wurde in erster Linie mit Hilfe anspruchsloser Rebsorten erreicht. Ein königlicher Erlass des Jahres 1731 suchte dieser Situation ein Ende zu bereiten, jedoch ohne großen Erfolg. Dieser Trend verstärkte sich nach der Französischen Revolution sogar noch, so dass sich die Anbaufläche von 23 000 ha im Jahre 1808 auf 30 000 ha im Jahre 1828 vergrößerte. Es kam zu einer Überproduktion, deren Auswirkungen sich noch zusätzlich verschärften, weil die Ausfuhren fast vollständig wegfielen und der Weinverbrauch zugunsten des Biers zurückging. In der Folgezeit kamen noch weitere Probleme hinzu: die Konkurrenz durch die südfranzösischen Weine, die vom Bau der Eisenbahn profitierten, sowie das Auftreten und die Ausbreitung von Pilzkrankheiten, der «Traubenwürmer» und der Reblaus. Das hatte ab 1902 eine Verringerung der Anbaufläche zur Folge, die bis 1948 anhielt; damals schrumpfte das Anbaugebiet auf 9 500 ha, von denen 7 500 ha als Appellation Alsace eingestuft waren.

Der wirtschaftliche Aufschwung nach dem Krieg und die Anstrengungen der Weinbranche hatten einen günstigen Einfluss auf die Entwicklung des elsässischen Weinbaugebiets, das im Jahre 2000 auf einer Anbaufläche von etwa 14 500 ha rund 1 210 000 hl erzeugte, davon 48 500 hl Grands crus und 157 000 hl Crémant d'Alsace. Der elsässische Wein wird in Frankreich und im Ausland verkauft, wobei die Exporte über ein Viertel des Gesamtumsatzes ausmachen. Diese Entwicklung war die gemeinsame Leistung der verschiedenen Zweige der Weinbranche, die hinsichtlich der Weinmenge nahezu gleiche Marktanteile haben. Es handelt sich dabei um die Winzer, die selbst Wein herstellen, die Genossenschaften und die Weinhändler, die oft auch selbst Erzeuger sind; Letztere kaufen große Mengen bei Weinbauern auf, die ihre Trauben nicht selbst verarbeiten.

Das ganze Jahr über gibt es in verschiedenen Orten entlang der «Elsässischen Weinstraße» zahlreiche Veranstaltungen, die sich um den Wein drehen. Diese Weinstraße gehört zu den wichtigsten touristischen und kulturellen Attraktionen des Elsass. Den Höhepunkt dieser Weinfeste bildet bestimmt die alljährliche elsässische Weinmesse, die im August in Colmar stattfindet; vorher werden noch Weinfeste in Guebwiller, Ammerschwihr, Ribeauvillé, Barr und Molsheim veranstaltet. Hinweisen muss man aber ebenso auf die besonders angesehene Veranstaltung der Confrérie Saint-Etienne, die im 14.Jh. entstand und 1947 wiederbelebt wurde.

Der wichtigste Pluspunkt der elsässischen Weine liegt in der optimalen Entwicklung der Aromastoffe der Trauben begründet, die in Gebieten mit gemäßigt kühlem Klima oft besser verläuft, weil sich die Reifung dort langsam vollzieht und lang dauert. Wie ihr Charakter im Einzelnen ausfällt, ist natürlich von der Rebsorte abhängig. Zu den Besonderheiten dieser Region gehört auch, dass die Weine nach der Rebsorte bezeichnet werden, von der sie erzeugt werden, während die übrigen französischen AOC-Weine im Allgemeinen den Namen der Region oder eines stärker eingegrenzten geografischen Herkunftsgebiets tragen, das sie hervorgebracht hat.

Die im Laufe des Oktobers gelesenen Trauben werden möglichst schnell zur Kellerei transportiert, wo sie gekeltert, bisweilen auch entrappt und danach ausgepresst werden. Der Most, der aus der Traubenpresse läuft, enthält den «Trub», den man so rasch wie möglich durch Absitzenlassen oder durch Zentrifugieren entfernen muss. Der geklärte Most beginnt dann zu gären – eine Phase, in deren Verlauf man ganz besonders darauf achten muss, dass die Temperatur nicht zu stark ansteigt. Danach muss der Winzer den jungen, trüben Wein einer Reihe von Behandlungsmaßnahmen unterziehen: Abstich, Auffüllen, maßvolle Schwefelung und Schönung. Der Ausbau im Tank oder im Fass setzt sich dann bis zum Mai fort, dem Monat, in dem der Wein schließlich auf Flaschen abgezogen wird. Diese Vorgehensweise betrifft das Traubengut, aus dem trockene Weißweine hergestellt werden, d. h. über 90 % der elsässischen Weinproduktion.

Alsace «Vendanges tardives» (Spätlesen) und Alsace «Sélections de grains nobles» (Beerenauslesen) sind Weine, die aus überreifen Trauben erzeugt werden; sie sind erst seit 1984 offizielle Bezeichnungen. Diese Weine unterliegen extrem strengen Produktionsbedingungen; beim Zuckergehalt der Trauben sind es sogar die höchsten vorgeschriebenen Werte überhaupt. Offensichtlich handelt es sich dabei um Weine von außergewöhnlichem Rang, die man nicht in jedem Jahr erhält und deren Herstellungskosten sehr hoch sind. Nur die Rebsorten Gewürztraminer, Pinot gris, Riesling und – seltener – Muscat dürfen diese speziellen Bezeichnungen tragen.

Nach Ansicht der Verbraucher muss der elsässische Wein jung getrunken werden, was bei Sylvaner, Chasselas, Pinot blanc und Edelzwicker auch größtenteils seine Richtigkeit hat. Aber diese Jugendlichkeit verfliegt nicht von heute auf morgen; Riesling, Gewürztraminer und Pinot gris sollte man deshalb oft erst nach zwei Jahren trinken. In Wirklichkeit gibt es aber keine feste Regel in dieser Hinsicht. Manche große Weine, die in Jahrgängen großer Traubenreife erzeugt werden, halten sich viel länger, manchmal sogar Jahrzehnte.

Die Appellation Alsace, die in insgesamt 110 örtlichen Anbaugebieten benutzt werden darf, ist an die Verwendung der folgenden Rebsorten gebunden: Gewürztraminer, (Rhein-)Riesling, Pinot gris, Muscat (blanc und rose) à petits grains, Muscat Ottonel, (echter) Pinot blanc, Auxerrois blanc, Pinot noir, Sylvaner blanc und Chasselas (blanc und rose).

Alsace Klevener de Heiligenstein

Der Klevener von Heiligenstein ist nichts anderes als der alte Traminer (bzw. Savagnin rose), den man im Elsass schon seit Jahrhunderten kennt.

Er wird allmählich in der gesamten Region durch seine würzige Spielart, den «Gewürztraminer», abgelöst, doch in Heiligenstein und fünf Nachbargemeinden hat er überlebt.

Wegen seiner Seltenheit und Eleganz stellt er eine Spezialität dar. Seine Weine sind nämlich sehr kräftig gebaut und zugleich zurückhaltend aromatisch.

ANDRE DOCK Cuvée Tentation 1999**

☐ 0,2 ha 800 11 à 15 €

Der Klevener von Heiligenstein gehört zwar zur Familie der Savagnin-Trauben, ist aber im Unterschied zum Gewürztraminer nicht aromatisch. Dennoch entfaltet er eine feine, elegante Fruchtigkeit. Dieser Wein veranschaulicht dies. Seine goldgelbe Farbe lässt seine große Reife vorhersagen. In der Nase dominieren die Düfte von kandierten Früchten, die mit Birnenaromen verbunden sind, vermischt mit Ananas, die ihm eine seltene Vornehmheit verleiht. Dieser vollkommen harmonische 99er ist reich und füllig. Ein Genuss! (50 g/l Restzucker; Flaschen mit 50 cl Inhalt.)

André et Christian Dock, 20, rue Principale, 67140 Heiligenstein, Tel. 03.88.08.02.69, Fax 03.88.08.19.72 tägl. 8h–12h 13h–18h

DOM. DOCK Cuvée Prestige 1999

☐ 1,2 ha 8 000 5 à 8 €

Die Domaine Dock, die neun Hektar in der Gemeinde Heiligenstein besitzt, exportiert einen nicht unwesentlichen Teil ihrer Produktion in mittel- und westeuropäische Länder (Deutschland, Niederlande, Belgien). Beim 99er stellt sie eine hellgelbe bis blassgoldene Cuvée vor, die klar ist und einen starken Glanz zeigt. Auch wenn dieser Wein im Geruchseindruck noch nicht sehr intensiv ist und im Abgang zurück-

haltend bleibt, ist er gut gemacht und würzig. (Restzucker: 10 g/l.)
André et Christian Dock, 20, rue Principale, 67140 Heiligenstein, Tel. 03.88.08.02.69, Fax 03.88.08.19.72 ☑ Y tägl. 8h–12h 13h–18h

PAUL DOCK Cuvée Prestige 1999*

□ 0,3 ha 2 000 8à11€

Die Produktion des Klevener von Heiligenstein ist auf das gleichnamige Dorf und vier Nachbargemeinden beschränkt: Bourgheim, Gertwiller, Goxwiller und Obernai. Dieser Weinberg befindet sich einige Kilometer nördlich von Barr, am Fuße des Mont Sainte-Odile. Bei Paul Dock entsteht in Heiligenstein ein goldgelber Wein, der auf die Reife des Traubenguts schließen lässt. Er verströmt Birnen- und Quittenaromen. Der Geschmack stimmt perfekt mit dem Geruchseindruck überein: «Was für eine Fruchtigkeit!», meinte einer der Verkoster. Dieser Wein stammt von überreifem Lesegut, was seine Süße erklärt, die mit seiner Struktur harmoniert. (Restzucker: 33 g/l.)
Paul Dock, 55, rue Principale, 67140 Heiligenstein, Tel. 03.88.08.02.49, Fax 03.88.08.02.49 ☑ Y tägl. 9h–11h30 13h30–19h

DANIEL RUFF L'Authentique 1999*

□ 0,6 ha 4 000 8à11€

Ehrhard Wantz, Bürgermeister von Heiligenstein, brachte den Klevener 1742 aus Norditalien mit. So sehr die Rebsorte auch geschätzt wurde, zu Beginn des 20. Jh. erlebte sie einen deutlichen Rückgang, in einem Maße, dass sie 1970 nur mehr drei Hektar einnahm. Nach ihrer Anerkennung als Appellation Alsace konnte sie glücklicherweise das gut entwässerte, trockene Terroir mit Ton- und Kieselböden zurückerobern, das ihr zusagt. Der «echte» Klevener ist bei Daniel Ruff erfolgreich ausgefallen. Sein Wein mit der kräftigen gelben Farbe bringt bereits die sortentypischen Eigenschaften zum Ausdruck. Im Geschmack zeigt er eine harmonische Ausgewogenheit und entfaltet im Abgang einen großartigen Stoff. Er ist trinkreif, kann aber auch noch lagern, um seine volle Entfaltung zu erreichen. (Restzucker: 11 g/l.)
Dom. Daniel Ruff, 64, rue Principale, 67140 Heiligenstein, Tel. 03.88.08.10.81, Fax 03.88.08.43.61 ☑ Y n. V.

Alsace Sylvaner

Woher der Sylvaner stammt, ist höchst ungewiss, doch sein bevorzugtes Anbaugebiet war schon von jeher auf Deutschland und das französische Departement Bas-Rhin (Unterelsass) begrenzt. Im Elsass ist er eine äußerst vorteilhafte Rebsorte, weil er ertragreich und in der Produktion regelmäßig ist.

Sein Wein ist von bemerkenswerter Frische und ziemlich säuerlich und besitzt eine unaufdringliche Fruchtigkeit. Tatsächlich findet man zwei Typen von Sylvanern, die im Handel angeboten werden: Der Erste, der bei weitem der Bessere ist, stammt aus Anbaugebieten mit guter Lage, die selten zur Überproduktion neigen. Der Zweite wird von Weintrinkern geschätzt, die einen anspruchslosen Weintyp mögen, der gefällig und durstlöschend ist. Der Sylvaner passt gut zu Schlachtplatte mit Sauerkraut, kalten und warmen Vorspeisen sowie zu Meeresfrüchten, ganz besonders Austern.

CAVE VINICOLE D'ANDLAU-BARR Mittelbergheim 1999

□ k. A. 10 000 3à5€

Der Zotzenberg ist eine nach Süden ausgerichtete Reblage, deren Boden Kalkstein aus der Juraformation mit Kalkmergel-Konglomeraten vermengt. Die Genossenschaftskellerei hat hier einen Sylvaner mit Aromen von kandierten und exotischen Früchten (Zitrusfrüchte, Mango) erzeugt. Der Wein hat eine recht lebhafte Ansprache und zeigt Ausgewogenheit sowie eine mittlere Länge.
Cave vinicole d'Andlau et environs, 15, av. des Vosges, 67140 Barr, Tel. 03.88.08.90.53, Fax 03.88.08.41.79 ☑ Y n. V.

PATRICK BEYER 1999**

□ 0,5 ha 3 000 3à5€

Die Gemeinde Epfig ist seit dem 8. Jh. für ihre Holznutzung bekannt; außerdem stellt ihre romanische Kirche Sainte-Marguerite eine große Sehenswürdigkeit dar. Versäumen Sie bei Ihrem Besuch nicht den Weinbaubetrieb von Patrick Beyer, dessen von einem Ton- und Kalksteinboden stammender Sylvaner bemerkenswert ist. Seine Aromen von frischen Früchten und geröstetem Brot entfalten sich nämlich intensiv und anhaltend. Der Wein zeigt eine gute Ansprache am Gaumen und bietet eine feine Frische, bevor er mit einer Haselnussnote ausklingt. Ein junges Jurymitglied rief: «Ich liebe ihn!»
Patrick Beyer, 27, rue des Alliés, 67680 Epfig, Tel. 03.88.85.50.21, Fax 03.88.57.81.46 ☑ Y n. V.

E. BOECKEL Mittelbergheim Vieilles vignes 1999*

□ 1 ha 10 000 5à8€

Das von C. Spindler entworfene Etikett erinnert an die lange Tradition des Hauses Boeckel und seines Sylvaners, der vom großen Zotzenberg und aus seiner Umgebung stammt. Dieser 99er bietet eine Aromenpalette, die aus pflanzlichen Noten und Zitrusnuancen besteht, und entfaltet sich dann zum Register kandierter Früchte. Seine klare, recht frische Ansprache weist auf einen Körper von guter Haltung hin,

in dem Pfirsich- und Aprikosenaromen zur Geltung kommen. Ein schöner, typischer Wein, der angenehm und warm ist.
Emile Boeckel, 2, rue de la Montagne, 67140 Mittelbergheim, Tel. 03.88.08.91.91, Fax 03.88.08.91.88, E-Mail vins.boeckel@proveis.com n. V.

CAVE DE CLEEBOURG 1999

☐ 16,36 ha 24 000 3à5€

Die Genossenschaftskellerei von Cléebourg, die 1946 gegründet wurde, um den Weinbau im Nordelsass zu retten, umfasst dank der vielen Mitglieder der Region über 180 Hektar. Diese Cuvée kommt von einem tonig-sandigen Boden. Mit ihren pflanzlichen Nuancen (frisch gemähtes Heu) ist sie sortentypisch und erweckt eine Empfindung von Ausgewogenheit, mit einer leichten Bitternote im Abgang.
Cave vinicole de Cléebourg, rte du Vin, 67160 Cléebourg, Tel. 03.88.94.50.33, Fax 03.88.94.57.08, E-Mail cave.cleebourg@wanadoo.fr
tägl. 8h–12h 14h–18h; Gruppen n. V.

GERARD DOLDER
Mittelbergheim 1999***

☐ 0,56 ha 5 300 5à8€

Mittelbergheim gehört zu den schönsten Dörfern Frankreichs. Es überragt das Oberrheinische Tiefland und besitzt hübsche Häuser aus dem 16. und 17.Jh.; seine Straßen werden durch die zahlreichen Schilder der Weinerzeuger bestimmt. Soll es nicht auch die Hauptstadt des Sylvaners sein? Die Cuvée von Gérard Dolder lässt diese Vorstellung zu. Sie ist beim ersten Riechen zurückhaltend und entfaltet sich dann zu blumigen, fruchtigen und würzigen Noten. Im Mund hat der Verkoster den Eindruck, als würde er in einen reifen, knackigen Apfel beißen. Die schöne Ausgewogenheit hält bis zu einem langen Abgang an.
Gérard Dolder, 29, rue de la Montagne, 67140 Mittelbergheim, Tel. 03.88.08.02.94, Fax 03.88.08.55.86 tägl. 9h–12h 14h–18h

PAUL FAHRER
Réserve des Coteaux du Haut-Kœnigsbourg 1999

☐ 0,2 ha 1 800 3à5€

Das Dorf Orschwiller liegt zu Füßen der Hochkönigsburg (Haut-Kœnigsbourg), der bekanntesten und meistbesuchten mittelalterlichen Burg des Elsass. Dieser vor mehr als sechzig Jahren entstandene Familienbetrieb umfasst sechs Hektar Reben. Der Wein mit den pflanzlichen Nuancen entfaltet sich nach und nach zur Frucht. In der Ansprache klar, ist er ausgewogen und strukturiert und besitzt einen leicht zitronenartigen Abgang.
Paul Fahrer, 3, pl. de La Mairie, 67600 Orschwiller, Tel. 03.88.92.86.57, Fax 03.88.92.20.41 n. V.

CHARLES FREY Frauenberg 1999*

☐ 0,5 ha 4 000 5à8€

Die Freys wohnen in Dambach, einem von mittelalterlichen Stadtmauern umgebenen Ort, und wenden beim Weinbau biologisch-dynamische Methoden an. Ihr Sylvaner, der von einer Reblage mit Granitsandboden kommt, entfaltet feine, fast diskrete Aromen. Der recht ausgewogene Geschmack entwickelt sich angenehm und zeigt eine gute Länge mit einer lebhaften Note.
EARL Charles et Dominique Frey, 4, rue des Ours, 67650 Dambach-la-Ville, Tel. 03.88.92.41.04, Fax 03.88.92.62.23, E-Mail frey.dom.bio@wanadoo.fr
Mo–Sa 9h–12h 13h30–18h

JEAN-MARIE HAAG
Vallée Noble Vieilles vignes 1999*

☐ 0,5 ha 5 200 5à8€

Soultzmatt ist für sein Mineralwasser und für seine großen Weine bekannt. Das Erste gegen den Durst, die anderen für den Trinkgenuss. Dieser junge Winzer, der hier seit 1988 tätig ist, stellt einen Sylvaner aus dem Vallée Noble vor. Sein sortentypischer, im Geruchseindruck feiner Wein öffnet sich nach und nach. Dank einer gut eingebundenen Säure bietet er eine gute Ausgewogenheit und Sanftheit.
Jean-Marie Haag, 17, rue des Chèvres, 68570 Soultzmatt, Tel. 03.89.47.02.38, Fax 03.89.47.64.79, E-Mail jean-marie.haag@wanadoo.fr
Mo–Sa 9h–12h 14h–18h; So u. Gruppen n. V.

JEAN HIRTZ ET FILS
Mittelbergheim 1999*

☐ 0,3 ha 1 200 3à5€

Dieser Familienbetrieb, den Edy Hirtz 1989 übernahm, kann auf eine drei Jahrhunderte alte Geschichte und Erfahrung zurückschauen und umfasst heute 7,5 ha Reben. Sein Sylvaner aus Mittelbergheim bietet feine, noch verhaltene Aromen. Im Geschmack ist die Fülle ausgeprägter. Die Ausgewogenheit setzt sich in einem Abgang von guter Länge fort.
GAEC Jean Hirtz et Fils, 13, rue Rotland, 67140 Mittelbergheim, Tel. 03.88.08.47.90, Fax 03.88.08.47.90 tägl. 9h–12h 13h30–19h

LANDMANN Zellberg 1999***

☐ 1 ha 6 000 5à8€

Die Domaine Landmann entstand 1995 durch die Vereinigung von zwei Familienbetrieben. Seitdem sind das Wohnhaus und der Keller aus dem 17. Jh. vollständig renoviert worden. Eine Belohnung finden diese Anstrengungen in der Qualität dieses Sylvaners vom Zellberg. Die sortentypischen Aromen werden durch Pfeffer- und Quittennoten ergänzt. Der gut gebaute, weiche Wein entwickelt sich voller Feinheit und Stärke. Er zeichnet sich durch seine Länge aus.

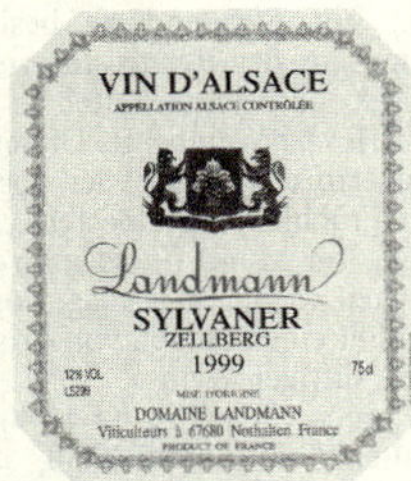

VIN D'ALSACE
APPELLATION ALSACE CONTRÔLÉE
Landmann
SYLVANER
ZELLBERG
1999
DOMAINE LANDMANN

🔑 Armand Landmann, 74, rte du Vin, 67680 Nothalten, Tel. 03.88.92.41.12, Fax 03.88.92.41.12 ☑ Y n. V.

DOM. DE LA VIEILLE FORGE 1999

☐ 0,15 ha 1 200 5 à 8 €

Die Kellerei, die sich an der Stelle der alten Schmiede des Urgroßvaters befindet, wurde 1998 von einem jungen Önologen errichtet. Dieser Sylvaner gehört zum zweiten Jahrgang, den er vinifiziert hat. Er ist klar, fein und im Geruchseindruck ein wenig verschlossen; im Geschmack erscheint er ziemlich rund, hat sich aber noch nicht entfaltet. Bei Erscheinen des Weinführers dürfte er so weit sein.

🔑 SCEA Wiehle, Dom. de la Vieille Forge, 5, rue de Hoen, 68980 Beblenheim, Tel. 03.89.86.01.58, Fax 03.89.47.86.37 ☑ Y n. V.

Alsace Pinot oder Klevner

Der Wein dieser Appellation, der zwei Bezeichnungen trägt (die zweite ist ein alter elsässischer Name), kann von mehreren Rebsorten stammen: vom echten Pinot blanc und vom Auxerrois blanc. Beide sind Sorten mit recht geringen Ansprüchen, die in Lagen von mittlerer Höhe bemerkenswerte Ergebnisse liefern können, denn ihre Weine vereinen auf angenehme Weise Frische, Körper und Weichheit. Die Anbaufläche hat sich innerhalb von zehn Jahren fast verdoppelt; ihr Anteil an der Gesamtrebfläche ist von 10 auf 18 % gestiegen.

Unter den elsässischen Weinen repräsentiert der Pinot blanc das gute Mittelmaß; nicht selten sticht er sogar manche Rieslinge aus. Gastronomisch gesehen, passt er zu allen Gerichten außer zu Käse und Nachspeisen.

PIERRE ARNOLD Auxerrois 1999

☐ 0,35 ha 2 500 5 à 8 €

Im Elsass bestehen viele Familiengüter seit zwei oder drei Jahrhunderten; dieses hier beispielsweise geht auf das Jahr 1711 zurück. Pierre Arnold bewirtschaftet 6,5 ha Reben. Er lässt seine Weine zehn Monate im Eichenfass reifen. Sein Auxerrois besitzt einen klaren Duft, der sich zu einer schönen Fruchtigkeit entfaltet. Er ist ausgewogen, typisch und nachhaltig und enthüllt einen erstklassigen Stoff. Ein viel versprechender Wein.

🔑 Pierre Arnold, 16, rue de la Paix, 67650 Dambach-la-Ville, Tel. 03.88.92.41.70, Fax 03.88.92.62.95 ☑ Y Mo–Sa 9h–19h; So n. V.

A. L. BAUR 1999

☐ 0,56 ha 6 000 5 à 8 €

Dieser Pinot blanc ist in Voegtlinshoffen entstanden, das als Aussichtspunkt in mehr als 300 m Höhe das Weinbaugebiet und das Oberrheinische Tiefland überragt. Mit seiner blassen Farbe, seinem klaren, fruchtigen Duft und seinem mittellang anhaltenden, aber ausgewogenen Geschmack repräsentiert er die Rebsorte recht gut. Eine Cuvée von der gleichen Rebsorte erhielt in der 99er Ausgabe unseres Weinführers eine Liebeserklärung.

🔑 A. L. Baur, 4, rue Roger-Frémeaux, 68420 Voegtlinshoffen, Tel. 03.89.49.30.97, Fax 03.89.49.21.37 ☑ Y n. V.

AIME CARL Roetel Auxerrois 1999

☐ k. A. k. A. 3 à 5 €

Der Betrieb, der sich vor fünfzig Jahren von Mischkultur auf Weinbau umstellte, feiert mit dem Eintritt des Sohns (im Jahre 1999) seinen Einstand im Hachette-Weinführer. Sein Pinot-Auxerrois, der in der Nase relativ zurückhaltend ist, zeigt im Geschmack mehr Fruchtigkeit. Er besitzt eine gute Ausgewogenheit und ist recht sortentypisch.

🔑 Alexandre Carl, 2, rue Saint-Sébastien, 67650 Dambach-la-Ville, Tel. 03.88.92.60.51, Fax 03.88.92.61.52 ☑ Y n. V.

MICHEL DIETRICH Auxerrois Cuvée du Printemps 1999*

☐ 0,6 ha 4 000 3 à 5 €

Dambach-la-Ville hat aus dem Mittelalter von Gräben umgebene Befestigungsanlagen und drei Tortürme bewahrt. Alte Winzerhäuser wie das von Michel Dietrich säumen seine schmalen Straßen. Seine «Frühlingscuvée» stammt von Auxerrois, einer Rebsorte, die früher als die Pinot-Traube reift. Aufgrund ihres empymeumatischen Ausdrucks erscheint sie ein wenig untypisch. Die Fruchtigkeit bleibt zurückhaltend. Ein gefälliger Wein, der füllig und ausgewogen ist. Probieren.

🔑 Michel Dietrich, 3, rue des Ours, 67650 Dambach-la-Ville, Tel. 03.88.92.41.31, Fax 03.88.92.62.88 ☑ Y Mo–Sa 9h–11h30 13h30–19h30

DREYER Eguisheim 1999★★

☐ 0,8 ha 6 000 ◖◗ 3à5€

Die Dreyers wohnen in der Rue de Hautvillers: Eguisheim, vermutlich die Wiege des elsässischen Weinbaus, hat nämlich den gleichnamigen Ort in der Champagne zur Partnerstadt. Diese Erzeuger schlagen einen ausgezeichneten Pinot blanc vor, im Stil des vorangehenden Jahrgangs gehalten, der die gleiche Bewertung erhielt. Der beim ersten Riechen zurückhaltende 99er entfaltet sich danach zu einer schönen, klaren, deutlichen Fruchtigkeit. Er ist typisch für die Rebsorte; er ist schon füllig und zeigt eine angenehme Rundheit. Ein sehr verführerischer Wein, den man mit weißem Fleisch mit Sauce kombinieren kann.

⊶ GAEC Robert Dreyer et Fils,
17, rue de Hautvillers, 68420 Eguisheim,
Tel. 03.89.23.12.18, Fax 03.89.41.61.45
☑ Y n. V.

DOM. ANDRE EHRHART 1999

☐ 0,35 ha 2 500 ▮🌡 3à5€

Das Gut in Familienbesitz befindet sich mitten in Wettolsheim, in der Nähe von Colmar, in einem Fachwerkhaus aus dem Jahre 1737. Sein Pinot blanc wurde aufgrund seiner Aromen, die zunächst zurückhaltend und dann kräftiger sind, als ebenso typisch beurteilt. Er ist fruchtig und wegen seiner Ausgewogenheit und seiner geschmacklichen Nachhaltigkeit angenehm und kann eine ganze Mahlzeit begleiten.

⊶ André Ehrhart et Fils, 68, rue Herzog,
68920 Wettolsheim, Tel. 03.89.80.66.16,
Fax 03.89.79.44.20
☑ Y Mo–Sa 8h–11h30 14h–18h

FRITZ Auxerrois 1999★

☐ 0,3 ha 3 000 ▮ 5à8€

Das Anbaugebiet von Ottrott, das sich zu Füßen der Schlösser Lutzelbourg und Rathsamhausen ausbreitet, gehört zu den Hochburgen des Pinot noir. Doch mit diesem Auxerrois sieht man, dass die weißen Traubensorten in diesen Reblagen hübsche Weine liefern können. Dieser 99er bietet intensive Aromen, die Schwarze-Johannisbeer-Knospe, Backpflaume und sogar ein wenig an Hefebrot erinnernde Noten mischen. Ein im Geschmack weiniger Pinot blanc, der vom Gewohnten abweicht.

⊶ Fritz-Schmitt, 1, rue des Châteaux,
67530 Ottrott, Tel. 03.88.95.98.06 ☑ Y n. V.
⊶ Schmitt

KIENTZLER Ribeauvillé 1999★

☐ 2,5 ha 9 200 ◖◗ 5à8€

Diese Kellerei finden Sie abseits des Städtchens, wie eine Insel inmitten eines Rebenmeers. André Kientzler vinifiziert dort gewissenhaft und gelassen die Produktion seines elf Hektar großen Guts. Sein Pinot blanc bietet intensive Aromen von reifen Früchten. Der kräftige, stets fruchtige Geschmack ist ausgewogen. Ein angenehmer, harmonischer Wein, der insbesondere zu weißem Fleisch passt.

⊶ André Kientzler, 50, rte de Bergheim,
68150 Ribeauvillé, Tel. 03.89.73.67.10,
Fax 03.89.73.35.81 ☑ Y n. V.

PIERRE KOCH ET FILS Auxerrois 1999★

☐ 0,7 ha 6 000 ◖◗ 3à5€

Nothalten, ein Straßendorf, besitzt zwei Springbrunnen aus der Renaissancezeit. Pierre und François Koch bewirtschaften in der Umgebung zwölf Hektar Weinberge. Dieser von der Rebsorte Auxerrois erzeugte 99er beginnt mit Aromen von Früchten, die eine feine Gewürznote enthalten. Im Mund findet man die typische Fruchtigkeit wieder. Der ausgewogene Geschmack enthüllt einen Hauch von Frische. Ein harmonischer, süffiger Wein.

⊶ Pierre et François Koch, 2, rte du Vin,
67680 Nothalten, Tel. 03.88.92.42.30,
Fax 03.88.92.62.91 ☑ Y tägl. 9h–12h 13h30–18h

DOM. DE LA SINNE 1999

☐ 0,5 ha 4 000 ▮ 3à5€

Das elf Hektar große Gut, das nach biologisch-dynamischen Prinzipien geführt wird, stellt einen Pinot blanc mit frischen, fruchtigen Aromen vor. Der Geschmack lässt eine recht gute Ausgewogenheit (die jedoch durch den Restzucker ein wenig gestört wird) und eine schöne Länge erkennen. Im Abgang zeigt sich eine Bitternote.

⊶ GAEC Jérôme Geschickt et Fils,
1, pl. de la Sinne, 68770 Ammerschwihr,
Tel. 03.89.47.12.54, Fax 03.89.47.34.76,
E-Mail geschickt@wanadoo.fr ☑ Y n. V.

FRANÇOIS LICHTLE Hohrain 1999★★★

☐ 0,18 ha 1 200 ◖◗ 5à8€

Husseren-les-Châteaux, das von Weinbergen umgeben ist und von den Silhouetten der Bergfriede der drei Schlösser von Haut-Eguisheim überragt wird, entspricht dem höchsten Punkt (390 m) des elsässischen Weinbaugebiets. Dieser Pinot blanc, der auf dem Ton- und Sandsteinboden des Hohrain entstanden ist, erreicht ebenfalls den Gipfel. Ob es sich um den Pinot noir oder den Pinot blanc handelt (siehe die Ausgabe 2000 unseres Weinführers), François Lichtlé versteht es wirklich, mit den Pinot-Trauben zu spielen! Dieser traditionsgemäß im großen Holzfass ausgebaute 99er bietet eine Sinfonie mit fruchtigen und würzigen Noten. Im Geschmack ergeben Frische, «Fett» und Stärke einen ausgewogenen, harmonischen, eleganten Gesamtgeschmack. Ein überraschender Wein, den man probieren sollte.

⊶ Dom. François Lichtlé,
17, rue des Vignerons, 68420 Husseren-les-Châteaux, Tel. 03.89.49.31.34,
Fax 03.89.49.37.51, E-Mail hlichtle@aol.com
☑ Y n. V.

CH. OLLWILLER
Clos de La Tourelle 1999**

☐ k. A. 10 000 5à8€

Die auf Château d'Ollwiller, im südlichen Teil des elsässischen Weinbaugebiets, geernteten Trauben werden von der Cave vinicole du Vieil-Armand vinifiziert und vermarktet. Dieser 99er zeichnet sich durch seine Aromen von Überreife aus, die von würzigen Noten begleitet werden. Er ist das Ergebnis von gutem Traubengut: intensiv fruchtig und ausgewogen, mit einem Hauch von Frische im Abgang. Ein sehr sympathischer Wein.

Cave vinicole du Vieil-Armand, 3, rte de Cernay, 68360 Soultz-Wuenheim, Tel. 03.89.76.73.75, Fax 03.89.76.70.75 ☑ Y n. V.

JEAN RAPP Muhlweg Auxerrois 1999

☐ 0,36 ha 1 500 5à8€

Jean Rapp entstammt einer Winzerfamilie, die bis 1765 zurückreicht, und hat sich hier 1975 niedergelassen. Er bewirtschaftet acht Hektar im Norden des elsässischen Weinbaugebiets. Sein Gut hält Einzug in unseren Weinführer mit einem Auxerrois, der durch eine zwanzigmonatige Reifung im großen Holzfass geprägt ist. Der Ausbau kommt in Holznoten mit Haselnussnuancen zum Ausdruck, die man im ersten Geschmackseindruck wiederfindet. Die Ansprache ist trotz einer guten Struktur lebhaft. Ein rassiger, untypischer Wein, der nicht kalt lassen kann.

Jean Rapp, 1, faubourg des Vosges, 67120 Dorlisheim, Tel. 03.88.38.28.43, Fax 03.88.38.28.43 ☑ Y n. V.

HUBERT REYSER 1999**

☐ 1 ha 6 000 5à8€

Dieser Klevner, der vom nördlichen Abschnitt der Elsässischen Weinstraße stammt, ist voller Frische und reifer Früchte. Diese Aromen zeigen sich deutlich am Gaumen. Trotz einer leichten Lebhaftigkeit, Kennzeichen der Jugend, ist der 99er gut vinifiziert, typisch und angenehm.

EARL Hubert Reyser, 26, rue de la Chapelle, 67520 Nordheim, Tel. 03.88.87.76.38, Fax 03.88.87.59.67 ☑ Y n. V.

LUCAS ET ANDRE RIEFFEL
Klevner Vieilles vignes 1999

☐ 0,4 ha 3 300 5à8€

Die Aromen dieses Pinot-Weins sind zwar diskret, aber reintönig und frisch, mit einer leichten Mentholnote. Ein angenehmer, typischer, süffiger Wein, der auf Frische hin ausgerichtet ist. «Der Geist des Pinot», fasste ein Mitglied der Jury zusammen.

Lucas et André Rieffel, 11, rue Principale, 67140 Mittelbergheim, Tel. 03.88.08.95.48, Fax 03.88.08.28.94 ☑ Y n. V.

EMILE SCHILLINGER 1999

☐ 0,2 ha 2 400 3à5€

Ein dreistöckiger romanischer Glockenturm aus dem 12. Jh. überragt das gesamte Dorf und das Anbaugebiet von Gueberschwihr. In diese zauberhafte Landschaft fügt sich der 5,5 ha große Weinbaubetrieb ein. Sein Pinot blanc macht die Verkoster nicht sehr redselig. Ein heller, klarer Wein, der ein wenig zurückhaltend und dennoch etwas überraschend und vor allem angenehm zu trinken ist. Ist das nicht die Hauptsache?

EARL Emile Schillinger, 2, rue de la Chapelle, 68420 Gueberschwihr, Tel. 03.89.47.91.59, Fax 03.89.47.91.75 ☑ Y n. V.

CAVE FRANÇOIS SCHMITT 1999**

☐ 0,33 ha 3 000 3à5€

1972 übernahm François Schmitt den Hof in Familienbesitz. Er vergrößerte ihn auf elf Hektar und machte daraus zusammen mit seiner Frau und seinem Sohn Frédéric einen dynamischen Weinbaubetrieb. Der Pinot blanc des Guts ist ein Musterbeispiel seiner Art. Die goldene Farbe lädt dazu ein, am Glas zu riechen. Der recht fruchtige Duft mit exotischen und würzigen Nuancen bestätigt diesen ersten Eindruck. Der Geschmack ist fett und zugleich frisch, füllig und aromatisch und hat eine bemerkenswerte Länge. Schöne Harmonie.

Cave François Schmitt, 19, rte de Soultzmatt, 68500 Orschwihr, Tel. 03.89.76.08.45, Fax 03.89.76.44.02 ☑ Y n. V.

PIERRE SCHUELLER ET FILS 1999

☐ 0,3 ha 3 300 3à5€

In den 150 Jahren, die das Gut besteht, erlebte es vier Winzergenerationen. Es liegt 300 m hoch und überblickt das Oberrheinische Tiefland. Sein Pinot-Auxerrois bietet eine noch zurückhaltende und dennoch gefällige Fruchtigkeit. Im Geschmack ist er nicht übermäßig lang, zeigt aber eine gute Ausgewogenheit und sortentypische Nuancen.

Dom. Pierre Schueller, 4, rte du Vin, 68420 Husseren-les-Châteaux, Tel. 03.89.49.30.36, Fax 03.89.49.30.36 ☑ Y n. V.

SPITZ ET FILS Auxerrois Sélection 1999**

☐ 0,35 ha 4 400 5à8€

Dominique und Marie-Claude Spitz führen seit 1983 einen zehn Hektar großen Betrieb. Ihr Können hat ihnen im Hachette-Weinführer so manchen Stern eingebracht (oft kommen die Sterne paarweise!). Nehmen Sie diesen Auxerrois: Seine an Zitrusfrüchte und Pfirsich erinnernde Fruchtigkeit deutet auf eine schöne Reife hin. Die weitere Verkostung bestätigt diesen ermutigenden Auftakt: Der typische, ausgewogene, reiche Geschmack, der recht weinig und immer intensiv aromatisch ist, setzt sich mit einer Note von Überreife fort und lässt ein gutes Lagerpotenzial vorhersagen.

🔑 Spitz et Fils, 2-4, rte des Vins, 67650 Blienschwiller, Tel. 03.88.92.61.20, Fax 03.88.92.61.26 ☑ Y n. V.
🔑 Dominique & Marie-Claude Spitz

GERARD STINTZI 1999

☐ 1,6 ha 9 000 ▮ 5à8€

Ein Neuling in unserem Weinführer? Nein! Wir haben diesen Weinbaubetrieb in der Ausgabe 1987 erlebt, und danach haben wir öfter Neues gehört. Inzwischen haben diese Winzer zwei Keller eingerichtet, darunter einen Fasskeller, und ihr Gut vergrößert (auf heute acht Hektar); die neue Generation bereitet sich auf die Nachfolge vor. Was soll man über diesen Pinot sagen? Er ist recht fruchtig, mit ein paar entwickelten Noten, füllig, fett und ausgewogen. «Ein für ein tonig-kalkiges Terroir typischer Wein», schrieb ein Verkoster. Er hat es richtig erkannt.
🔑 EARL Gérard Stintzi, 29, rue Principale, 68420 Husseren-les-Châteaux, Tel. 03.89.49.30.10, Fax 03.89.49.34.99 ☑ Y n. V.

ANTOINE STOFFEL Auxerrois 1999★★

☐ 0,72 ha 5 700 ▮▮ 5à8€

Der Weinbaubetrieb, der mitten im Anbaugebiet von Eguisheim liegt, umfasst etwas weniger als acht im Ertrag stehende Hektar. Antoine Stoffel bleibt den traditionellen Methoden treu, die er seit fast vierzig Jahren gekonnt anwendet. Er hat von der Rebsorte Auxerrois einen Wein erzeugt, der intensiv nach weißen Blüten duftet und ein wenig pfeffrig ist. Der in der Ansprache frische, sanfte Geschmack entfaltet sich zu Früchten, die vorwiegend kandiert wirken. Sein Körper ist kraftvoll und zeigt eine bemerkenswerte Länge.
🔑 Antoine Stoffel, 21, rue de Colmar, 68420 Eguisheim, Tel. 03.89.41.32.03, Fax 03.89.24.92.07 ☑ Y Mo–Sa 8h–12h 14h–18h

CAVE DE TURCKHEIM Rotenberg 1999★

☐ 2,5 ha 26 000 ▮🌡 5à8€

Dieser auf einem Ton- und Kalkboden erzeugte Pinot erscheint beim ersten Riechen sehr zurückhaltend und entfaltet sich dann nach und nach, wobei er an einen Korb voll exotischer Früchte denken lässt. Er ist im Geschmack füllig, reich, ausgewogen und lang und klingt mit einer Bitternote aus.
🔑 Cave de Turckheim, 16, rue des Tuileries, 68230 Turckheim, Tel. 03.89.30.23.60, Fax 03.89.27.06.25 ☑ Y n. V.

CHARLES WANTZ Auxerrois "R" 1999★

☐ 1 ha 6 000 ▮🌡 5à8€

Die von Erwin Moser und seiner Frau geleitete Handelsfirma Charles Wantz besitzt auch einen Weinberg in Barr. Sie stellt einen Auxerrois vor, der mit seinen Noten von frischen Früchten beim ersten Riechen recht sympathisch ist. Das intensive Aroma hält im Mund an und ist mit einer leichten, ebenso angenehmen Rundheit verbunden.
🔑 Charles Wantz, 36, rue Saint-Marc, 67140 Barr, Tel. 03.88.08.90.44, Fax 03.88.08.54.61, E-Mail eliane.moser@fnac.net ☑ Y n. V.

ZEYSSOLFF Auxerrois 1999

☐ 2 ha 12 000 ▮▮ 5à8€

Das für seine *Lebküchle* berühmte Dorf Gertwiller erzeugt auch interessante Weine, wie etwa diesen Auxerrois, der auf einem Terroir mit tonigem Kalkstein- und Sandboden entstanden ist. Seine Aromenpalette, die weißfleischigen Pfirsich, Geleefrüchte und Honig mischt, ist reich und komplex. Der in der Ansprache gefällige Geschmack zeigt im Abgang einen runden, körperreichen Charakter.
🔑 G. Zeyssolff, 156, rte de Strasbourg, 67140 Gertwiller, Tel. 03.88.08.90.08, Fax 03.88.08.91.60, E-Mail yuav.zeyssolff@wanadoo.fr ☑ Y n. V.

Alsace Riesling

Der Riesling ist die rheinische Rebsorte schlechthin; das Rheintal ist auch tatsächlich seine Wiege. Er stellt eine für diese Region spät reifende Sorte dar, die in der Produktion regelmäßig ist und eine gute Qualität liefert. Er nimmt fast 22 % der Anbaufläche ein.

Der elsässische Riesling ist ein trockener Wein, was ihn generell von seinem deutschen Gegenstück unterscheidet. Seine Vorzüge liegen im harmonischen Verhältnis zwischen seinem feinen Bouquet und seiner zarten Fruchtigkeit, zwischen seinem Körper und seiner recht deutlichen, aber äußerst feinen Säure. Damit er diese Spitzenqualität erreicht, muss er jedoch aus einer guten Lage kommen.

Der Riesling hat Ableger in vielen anderen Weinbauländern, doch dort ist die Bezeichnung «Riesling» nicht immer vertrauenswürdig, außer man spricht ausdrücklich von «Rheinriesling». Etwa zehn andere Rebsorten in aller Welt heißen so! Vom gastronomischen Standpunkt passt der Riesling, wenn er keinen Restzucker enthält, ganz besonders zu Fisch, Meeresfrüchten und selbstverständlich zu einer Schlachtplatte im Sauerkrautbett oder zu «Coq au riesling» (in Riesling gedünstete Hähnchenstücke); die Sélections de grains nobles (Beerenauslesen) und Vendanges tardives (Spätlesen) eignen sich als Begleitung für Speisen, die man mit edelsüßen Weinen kombiniert.

ALLIMANT-LAUGNER 1999

☐ 2,6 ha 21 000 ■🌡 5à8€

Orschwiller, das an der Grenze zum Departement Haut-Rhin liegt, gehört zu den Dörfern, die sich zu Füßen der Haut-Kœnigsbourg aneinander reihen. Hubert Laugner, der den Familienbetrieb 1984 übernommen hat, bewirtschaftet hier über elf Hektar Reben. Sein Riesling bietet einen zunächst diskreten, feinen Geruchseindruck, der sich zu weißfleischigem Pfirsich und exotischen Früchten entfaltet. Im Abgang ein wenig enttäuschend, bleibt er dank seiner Ausgewogenheit und seiner Fruchtaromen interessant. (Restzucker: 5 g/l.)

🔑 Allimant-Laugner, 10, Grand-Rue, 67600 Orschwiller, Tel. 03.88.92.06.52, Fax 03.88.82.76.38, E-Mail alaugner@terre-net.fr ☑ 🍷 Mo–Sa 8h–19h

🔑 Hubert Laugner

DOM. YVES AMBERG
Damgraben Vieilles vignes 1999

☐ 1 ha 5 000 5à8€

Yves Amberg scheut keine Mühen, im Weinberg ebenso wenig wie im Keller; seine Produktion wird regelmäßig gewürdigt und landet bisweilen auf den besten Rängen. Dieser Riesling vom Damgraben wurde im Vorjahr lobend erwähnt. Der 99er bietet eine schöne Zitronennote, die ein leicht mineralischer Einfluss begleitet. Der ausgewogene Geschmack setzt den Geruchseindruck fort; er verbindet typische Frische und angenehme Weichheit. (Restzucker: 6 g/l.)

🔑 Yves Amberg, 19, rue Fronholz, 67680 Epfig, Tel. 03.88.85.51.28, Fax 03.88.85.52.71 ☑ 🍷 n. V.

COMTE D'ANDLAU-HOMBOURG 1999*

☐ k. A. 4 000 🛢 5à8€

Dieses Weingut im Besitz der Grafen von Andlau-Hombourg geht auf das 12. Jh. zurück. Frische ist der Leitfaden für seinen Riesling, einen ausgewogenen Wein voller Feinheit. Sein Erfolg beruht auf seiner Fruchtigkeit; Noten von weißem Pfirsich und Zitrusfrüchten verleihen ihm Rasse und Eleganz. (Restzucker: 3,4 g/l.)

🔑 Comtes d'Andlau-Hombourg, Château d'Ittenwiller, 67140 Saint-Pierre, Tel. 03.88.08.13.30, Fax 03.88.08.13.30 ☑ 🍷 n. V.

MARC ANSTOTZ Cuvée Catherine 1999**

☐ 0,6 ha 1 800 ■🌡 5à8€

Balbronn, das westlich von Straßburg liegt, verdient einen Besuch, wegen seiner romanischen Wehrkirche ebenso wie aufgrund dieses Guts, dessen Keller nicht nur mit Schnitzereien verzierte alte große Fässer, sondern auch diese bemerkenswerte Cuvée enthält, von der es leider nur eine geringe Stückzahl gibt. Dieser Riesling kommt von einem gipshaltigen Ton- und Kalksteinboden; er bietet einen Duft, der von ein wenig überreifen Zitrusfrüchten geprägt ist, die man im Geschmack wiederfindet. Nach einer lebhaften Ansprache zeigt der Wein eine sehr gute Ausgewogenheit. Die Zitrusnuancen verstärken sich und begleiten den lang anhaltenden Abgang. (Restzucker: 12 g/l.)

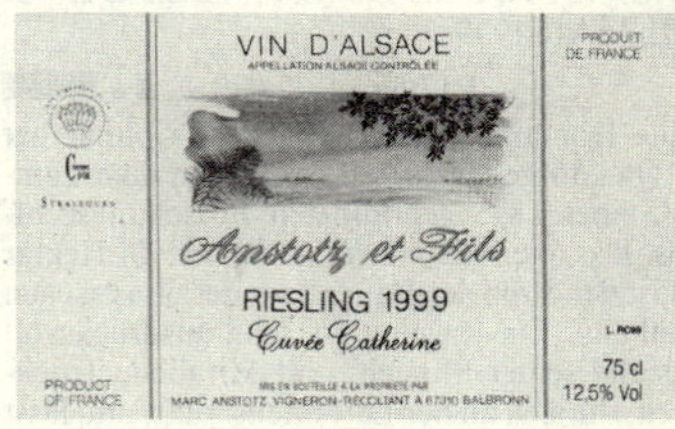

🔑 EARL Anstotz et Fils, 51, rue Balbach, 67310 Balbronn, Tel. 03.88.50.30.55, Fax 03.88.50.58.06 ☑ 🍷 n. V.

🔑 Marc Anstotz

LEON BAUR Elisabeth Stumpf 1999

☐ 1,2 ha 10 000 ■🌡 5à8€

Das mittelalterliche Städtchen Eguisheim, eine der Wiegen des Weinbaugebiets, ist in drei konzentrischen Kreisen rund um sein Schloss angeordnet. Im nördlichen Abschnitt, in der Rue des Remparts, finden Sie diesen Familienbetrieb. Seine Cuvée Elisabeth Stumpf mit dem feinen, fruchtigen Duft, der durch Pampelmuse und Ananas geprägt ist, lässt einen leichten Körper erkennen. Sie vereint Weichheit und Frische. (Restzucker: 7 g/l.)

🔑 Jean-Louis Baur, 22, rue du Rempart-Nord, 68420 Eguisheim, Tel. 03.89.41.79.13, Fax 03.89.41.93.72 ☑ 🍷 n. V.

BESTHEIM Rebgarten 1999*

☐ 12 ha 120 000 ■🌡 5à8€

Im Elsass gibt es viele Reblagen, die den Namen *Rebgarten* tragen. Diese hier befindet sich auf Granitböden. Sie hat einen Riesling hervorgebracht, dessen wenn auch diskrete blumig-mineralische Noten dieses Terroir widerspiegeln. Einen Wein, der bestimmt keinen Gipfel an Komplexität erreicht, sich aber als recht typisch, ausgewogen, nervig und fein erweist: insgesamt ebenso klassisch wie viel versprechend. (Restzucker: 10 g/l.)

🔑 Cave de Bestheim-Bennwihr, 3, rue du Gal-de-Gaulle, 68630 Bennwihr, Tel. 03.89.49.09.29, Fax 03.89.49.09.20, E-Mail bestheim@gofornet.com ☑ 🍷 n. V.

JOSEPH CATTIN 1999*

☐ 6 ha 48 000 🛢 5à8€

Die Brüder Jacques und Jean-Marie Cattin leiten dieses Gut seit 1978. Schon ihr Großvater Joseph war ein fähiger Winzer. Dieser Riesling mit dem intensiven Duft nach weißen Blüten und gelben Früchten zeigt eine schöne Struktur, die zwischen Rundheit und Frische ausbalanciert ist, mit einem recht lang anhaltenden Abgang. Ein ausdrucksvoller Alsace-Wein von guter Fülle. (Restzucker: 5 g/l.)

Joseph Cattin, 18, rue Roger-Frémeaux, 68420 Voegtlinshoffen, Tel. 03.89.49.30.21, Fax 03.89.49.26.02, E-Mail gcattin@terre-net.fr
Mo–Sa 8h–12h 14h–18h; So n. V.

DOM. VITICOLE DE LA VILLE DE COLMAR 1999

☐ 1,17 ha 9 000 5à8€

Die Domaine viticole der Stadt Colmar hat die Nachfolge des Institut Oberlin übernommen, eines 1895 gegründeten Forschungszentrums. Das Weingut erstreckt sich auf 24 Hektar und ist der Stolz der Hauptstadt des elsässischen Weinbaus. Ihr Riesling ist sehr ausdrucksvoll aufgrund seiner Pfirsich- und Mirabellenfruchtigkeit, die sich an der Luft intensiviert, und lässt einen schönen Stoff erkennen. Er ist fett und reich, vielleicht ein wenig zu sehr auf Milde hin ausgerichtet, wird aber von Aromen durchströmt und bietet im Abgang eine willkommene Frische, die zu seiner Länge beiträgt. (Restzucker: 4,8 g/l.)

Dom. viticole de la ville de Colmar, 2, rue Stauffen, 68000 Colmar, Tel. 03.89.79.11.87, Fax 03.89.80.38.66, E-Mail cave@domaineviticoledecolmar.fr
tägl. 8h–12h 14h–18h; Gruppen n. V.; Aug. geschlossen

MICHEL DIETRICH
Cuvée Lanzenberg 1999★★

☐ 1,5 ha 8 000 5à8€

Kennen Sie die «Bärenflasche», die von den Winzern von Dambach kreiert wurde? Michel Dietrich hat sie für diese Cuvée Lanzenberg reserviert. Dieser zunächst verschlossene Riesling lässt lediglich einen Hauch von Pfeffer erkennen, bevor er sich zu einem Garten mit Zitrusfrüchten (Pampelmuse-Zitrone) öffnet. Hinzu kommt eine leichte mineralische Note, die man am Gaumen wiederfindet. Im Mund ist der Stoff von «Fett» umhüllt und wird von einer etwas lebhaften Frische überdeckt. Eine schöne Sinfonie in Pizzicato-Tönen! (Restzucker: 3,87 g/l.)

Michel Dietrich, 3, rue des Ours, 67650 Dambach-la-Ville, Tel. 03.88.92.41.31, Fax 03.88.92.62.88
Mo–Sa 9h–11h30 13h30–19h30

HENRI EHRHART
Kaefferkopf d'Ammerschwihr 1999★

☐ 0,85 ha 4 200 5à8€

Das im 16. Jh. blühende Städtchen Ammerschwihr hat Teile seiner Befestigungsanlagen bewahrt: Mauern, das hohe Tor (13. Jh.), den «Diebesturm» und den «Bürgerturm». Heute ist es vor allem auf die Verteidigung und die Nutzung der Reblage Kaefferkopf bedacht, wie dieser schöne Riesling belegt. Der sehr fruchtige, ein wenig überreife 99er, den eine mineralische Note begleitet, spiegelt den Granitboden wider, von dem er stammt. Er ist lebhaft und ziemlich rund und wirkt ausgewogen und füllig. (Restzucker: 7 g/l.)

Henri Ehrhart, quartier des Fleurs, 68770 Ammerschwihr, Tel. 03.89.78.23.74, Fax 03.89.47.32.59 n. V.

DAVID ERMEL Réserve particulière 1999

☐ 0,8 ha 7 500 5à8€

Die Wehrkirche von Hunawihr, das Wahrzeichen des Orts, erscheint auf dem Etikett dieses Rieslings mit dem feinen, ausdrucksvollen Duft, der vorwiegend fruchtig ist. Der Geschmack, der eine durchschnittliche Struktur besitzt, wirkt zunächst weich; dann gewinnt eine recht lebhafte Frische die Oberhand. Ein passabler Riesling, den ein zwölf Hektar großer Familienbetrieb vorstellt. (Restzucker: 4 g/l.)

David Ermel, 30, rte de Ribeauvillé, 68150 Hunawihr, Tel. 03.89.73.61.71, Fax 03.89.73.32.56 n. V.

ANDRE FALLER Cuvée Julien 1999★★

☐ 0,15 ha 1 200 8à11€

Eine alte Römerstraße führt durch das zauberhafte Dorf Itterswiller hindurch, das auch für seinen Rundweg «Weine und Gastronomie» bekannt ist. Dieser von einem sandig-steinigen Boden stammende Riesling bietet die sortentypische Fruchtigkeit und charakteristische mineralische Noten. Im Geschmack ist er typisch und harmonisch: klar, frisch und fruchtig. (Restzucker: 11 g/l.)

André Faller, 2, rte du Vin, 67140 Itterswiller, Tel. 03.88.85.53.55, Fax 03.88.85.51.13, E-Mail info@vins-faller.com n. V.

ROBERT FALLER ET FILS
Cuvée Bénédicte 1999★★

☐ 0,35 ha 3 000 5à8€

Die von der Jury hoch geschätzte Cuvée trägt den Namen von Jean-Baptiste Fallers Tochter, die 1996 die Leitung des Familienguts (zwölf Hektar in sonnenreichen Lagen von Ribeauvillé) übernommen hat. Sie verführt sofort durch die Komplexität ihrer Aromenpalette, bei der sich weiße Blüten mit fruchtigen und mineralischen Noten mischen. Eine stattliche, fast explodierende Ansprache und ein kräftiger und zugleich lebhafter, sehr fruchtiger Geschmack mit balsamischen Noten verlängern den Genuss des Geruchseindrucks. Die Frische sorgt für die Ausgewogenheit und die herrliche Länge dieses bemerkenswerten Weins. (Restzucker: 4 g/l.)

Robert Faller et Fils, 36, Grand-Rue, 68150 Ribeauvillé, Tel. 03.89.73.60.47, Fax 03.89.73.34.80, E-Mail sarlfaller@aol.com
n. V.

MARCEL FREYBURGER
Kaefferkopf 1999

☐ k. A. 1 700 5 à 8 €

Der 1951 von Sébastien Freyburger geschaffene Weinbaubetrieb umfasst heute fünf Hektar Reben; seit 1994 wird er von Christophe Freyburger geleitet. Dieser zunächst zurückhaltende Riesling entfaltet sich zu einer frischen, sogar leicht grasigen Fruchtigkeit. Im Geschmack zeigt er eine gewisse Harmonie, aber man muss warten, bis sich der Restzucker (8 g/l) eingefügt hat.

Marcel Freyburger, 13, Grand-Rue, 68770 Ammerschwihr, Tel. 03.89.78.25.72, Fax 03.89.78.15.50
☑ Y Mo–Sa 9h–12h 14h–18h; So n. V.
Christophe Freyburger

FREY-SOHLER
Instant douceur Vendanges tardives 1998**

☐ 0,9 ha 4 000 15 à 23 €

Scherwiller kann als eine der Wiegen des Rieslings angesehen werden. Seine Reblagen mit alluvialem Kies eignen sich perfekt für diese Rebsorte, die somit zu ihrer optimalen Qualität gelangen kann. Die Farbe dieses golden funkelnden Weins ist strahlend; seine Aromen bringen Zitrusfrüchte und exotische Früchte zum Ausdruck, die mit Flieder- und Maiglöckchennoten durchsetzt sind. Sein Geschmack ist ölig, sehr geschmeidig und kräftig. Der elegante Abgang endet mit einem Hauch von kandierten Zitrusfrüchten.

Frey-Sohler, 72, rue de l'Ortenbourg, 67750 Scherwiller, Tel. 03.88.92.10.13, Fax 03.88.82.57.11, E-Mail freysohl@terre-net.fr ☑ Y tägl. 8h–12h 13h15–19h; So n. V.
Sohler Frères

LUCIEN GANTZER 1999*

☐ 0,7 ha 5 000 5 à 8 €

Gueberschwihr, das zwischen Colmar und Rouffach liegt, ist einen Umweg wert, insbesondere wegen seiner Kirche mit dem prächtigen romanischen Glockenturm. In einer malerischen Straße, in der Nähe des schönen Marktplatzes, findet man den Keller der Domaine Lucien Gantzer. Die älteste Tochter des Gutsgründers hat 1997 die Leitung des fünf Hektar großen Betriebs übernommen. Ihr ganz in Gold gekleideter Riesling bietet verführerische Aromen kandierter Früchte. Sein Reichtum und seine Fülle sind mit einer feinen Frische verbunden, so dass ein harmonischer, rassiger Gesamteindruck entsteht. (Restzucker: 8 g/l.)

SCEA Lucien Gantzer, 9, rue du Nord, 68420 Gueberschwihr, Tel. 03.89.49.31.81, Fax 03.89.49.23.34 ☑ Y n. V.

MICHEL GOETTELMANN 1999*

☐ 0,14 ha 1 600 5 à 8 €

Michel Goettelmann, der den Familienbetrieb seit 1991 führt, vinifiziert alle elsässischen Rebsorten und verkauft seine Weine seit 1994 selbst. Sein Riesling ist durch Zitrusfrüchte geprägt, mit ein paar Pfirsichnoten und einer mineralischen Nuance. Er ist rassig und angenehm und besitzt eine gute Ausgewogenheit. Auf ansprechende Weise klingt er mit einer zitronenartigen Frische aus.

Michel Goettelmann, 27 A, rue des Goumiers, 67730 Châtenois, Tel. 03.88.82.12.40, Fax 03.88.82.12.40, E-Mail mgoettelmann@wanadoo.fr
☑ Y tägl. 8h–12h 13h–19h

JOSEPH GSELL Cuvée Modeste Gsell 1999

☐ k. A. 2 000 8 à 11 €

Seit 1978 führt Joseph Gsell das Familiengut, das seinen Sitz in einem 300 Jahre alten Haus hat. Diese Cuvée, die von einem Ton- und Kalkboden kommt, zeichnet sich durch ihre Fülle aus, im Geruchseindruck mit den fruchtigen Nuancen ebenso wie im Geschmack, wo man einen schönen Stoff entdeckt. Die Wärme dominiert jedoch über die Frische. Eine leichte Bitternote beschließt die Verkostung. (Restzucker: 8 g/l.)

Joseph Gsell, 26, Grand-Rue, 68500 Orschwihr, Tel. 03.89.76.95.11, Fax 03.89.76.20.54
☑ Y Mo–Sa 9h–19h

DOM. GUNTZ
Ortenberg Cuvée Mathéus 1999**

☐ 0,22 ha 1 600 8 à 11 €

Das Etikett verkündet es: Dieses Gut in Scherwiller, zu Füßen der Ortenburg, zählt elf Winzergenerationen (die letzte leitet es seit 1993). Die Erfahrung und eine gewissenhafte Arbeit tragen ihre Früchte mit diesem schönen Riesling. Der goldfarbene Wein entfaltet sich zu Zitronennoten und Nuancen von überreifen, fast kandierten Früchten mit einem Hauch von Honig. Im Mund macht sich ein großartiger Stoff bemerkbar, aber der aromatische Ausdruck bleibt noch zurückhaltend. Man sollte ein bis zwei Jahre warten, damit sich die Fruchtigkeit deutlich zeigen kann. (Restzucker: 23 g/l.)

Christophe Guntz, 27, rue de Dambach, 67750 Scherwiller, Tel. 03.88.58.30.30, Fax 03.88.82.70.77
☑ Y Mo–Sa 8h–19h; So n. V.

ANDRE HARTMANN
Armoirie Hartmann 1999*

☐ 0,7 ha k. A. 8 à 11 €

Das Dorf Voegtlinshoffen, das wie ein Balkon die Oberrheinische Tiefebene überragt, überblickt ein Meer von Reben. Die Familie Hartmann lebt hier seit dem 17.Jh. Ihr Riesling Armoirie wird in unserem Weinführer oft gelobt. Der 99er bietet einen feinen Duft mit diskreter Fruchtigkeit und einen ausdrucksvollen Geschmack in frischer, angenehmer Ausgewogenheit. In ein paar Monaten kommt er deutlicher zum Ausdruck. (Restzucker: 10 g/l.)

André Hartmann, 11, rue Roger-Frémeaux, 68420 Voegtlinshoffen, Tel. 03.89.49.38.34, Fax 03.89.49.26.18
☑ Y Mo–Sa 9h–12h 14h–18h

HERTZOG Tradition 1999*

☐ 0,3 ha 3 500 5 à 8 €

Die ersten Dokumente, die die Weinbaugeschichte von Obermorschwihr betreffen, reichen ins 10. Jh. zurück, in eine Zeit, als der Bischof von Straßburg das *vicus Morswilare* dem

St.-Thomas-Kloster überließ. Im 15. Jh. besaß die ganz in der Nähe liegende Abtei Marbach hier große, angesehene Weinberge. Dieser sehr gelungene Riesling bringt mit Sicherheit eine schöne Kontinuität in der Nutzung des Terroir zum Ausdruck. Er stammt von einem Ton- und Kalksteinboden und bietet eine subtile Fruchtigkeit mit Pfirsich- und Birnennoten. Eine feine Frische, die recht stark an Zitronen erinnert, verleiht ihm eine elegante Ausgewogenheit, während ein lang anhaltender Abgang seine Harmonie beschließt. (Restzucker: 7 g/l.)

EARL Sylvain Hertzog, 18, rte du Vin, 68420 Obermorschwihr, Tel. 03.89.49.31.93, Fax 03.89.49.28.85
Mo–Sa 9h–19h; So n. V.

HUBER ET BLEGER Schlossreben 1999

☐ 0,8 ha 8 000 5à8€

Das 16 ha große Gut wird seit 1977 von zwei Brüdern, Claude und Marc Huber, geführt. Der Name der Reblage «Schlossreben» bezieht sich auf das Schloss Haut-Kœnigsbourg, eines der meistbesuchten Schlösser von Frankreich, das nur ein paar Kilometer von Saint-Hippolyte entfernt liegt. Dieses Terroir hat einen Wein mit einem Duft von mittlerer Stärke hervorgebracht, der aber aufgrund seiner feinen Birnen- und Pfirsichnoten reizvoll ist. Seine Frische, seine Länge und eine gewisse Fülle verraten schönes Traubengut. (Restzucker: 8 g/l.)

SCEA Huber et Bléger, 6, rte du Vin, 68590 Saint-Hippolyte, Tel. 03.89.73.01.12, Fax 03.89.73.00.81, E-Mail huber.bleger@online.fr tägl. 8h–12h 13h30–18h30

JACQUES ILTIS Schlossreben 1999*

☐ 0,35 ha 2 500 5à8€

Das 8,5 ha große Gut zu Füßen der Haut-Kœnigsbourg wird von den Söhnen von Jacques Iltis, Christophe und Benoît, bewirtschaftet. Der Keller enthält Eichenfässer, die ihnen ihre Küfervorfahren hinterlassen haben. Im Holzfass ist auch dieser Riesling entstanden, der voller Charme weiße Blüten und Zitrusfrüchte (Pampelmuse) entfaltet; diese sind Ausdruck des Granitbodens, von dem er stammt. Man findet die gleichen Aromen in einer frischen Ansprache wieder. Der Wein lässt eine gute Ausgewogenheit mit einer leichten Wärme erkennen und klingt mit bodentypischen Noten aus. (Restzucker: 5 g/l.)

Jacques Iltis et Fils, 1, rue Schlossreben, 68590 Saint-Hippolyte, Tel. 03.89.73.00.67, Fax 03.89.73.01.82
Mo–Sa 8h–12h 14h–18h; So n. V.

ROGER JUNG ET FILS Riquewihr 1999*

☐ 0,4 ha 3 500 5à8€

Rémy und Jacques Jung wohnen in Riquewihr, einem der meistbesuchten Weinbauorte des Elsass; sie haben 1989 die Nachfolge ihres Vaters Roger angetreten und führen ein 15 ha großes Gut. Sie verfolgen eine Qualitätspolitik; auch dieser 99er verleugnet nicht ihr Glaubensbekenntnis: ein fruchtiger Riesling, im Geruchseindruck ebenso wie im Geschmack, mit Gewürznuancen (Pfeffer). Der im ersten Geschmackseindruck weiche Wein ist angenehm aufgrund seiner Fülle und seiner Frische, die für einen langen Abgang sorgen. (Restzucker:4,5 g/l.)

SARL Roger Jung et Fils, 23, rue de la 1re-Armée, 68340 Riquewihr, Tel. 03.89.47.92.17, Fax 03.89.47.87.63, E-Mail rjung@terre-net.fr n. V.

HENRI KLEE Vieilles vignes 1999

☐ 1,3 ha 7 800 5à8€

Philippe Klée leitet den Betrieb seit 1985. Er repräsentiert die neunte Generation dieser Familie, die seit 1624 Wein anbaut. Sein Riesling Vieilles vignes kündigt sich mit seinen Noten von Überreife (Honig und Wachs) reizvoll an. Dann macht er sich durch einen guten Stoff bemerkbar, der intensiv und voluminös, aber elegant ist. Ein etwas sanfter Abgang fordert dazu auf, diese Flasche ein bis zwei Jahre aufzuheben. (Restzucker: 6 g/l.)

EARL Henri Klée et Fils, 11, Grand-Rue, 68230 Katzenthal, Tel. 03.89.27.03.81, Fax 03.89.27.28.17 n. V.

KOEHLY Hahnenberg 1999

☐ 0,42 ha 2 000 5à8€

Kintzheim liegt in der Nähe von Sélestat, an der Straße zur Haut-Kœnigsbourg. Jean-Marie Koehly, der das Gut seit 1976 führt, bewirtschaftet über 15 ha Weinberge. Der Hahnenberg, eine Reblage mit Sand- und Sandsteinboden, hat diesen Riesling geprägt. Seine komplexen Aromen mischen blumige und fruchtige Töne (Aprikose), Noten von Überreife und mineralische Nuancen (Feuerstein). Im Geschmack hat sich Restzucker (10 g/l) noch nicht eingefügt und legt nahe, diesen 99er noch aufzuheben, damit er an Harmonie gewinnen kann.

Jean-Marie Koehly, 64, rue du Gal-de-Gaulle, 67600 Kintzheim, Tel. 03.88.82.09.77, Fax 03.88.82.09.77
tägl. 8h–12 h 13h–19h; 20. Dez. bis 5. Jan. geschlossen

JACQUES LINDENLAUB Stierkopf 1999

☐ 0,65 ha 4 600 5à8€

Im Dorf Dorlisheim, in der Nähe von Molsheim, kann der Besucher eine romanische Kirche, einen Brunnen und Häuser aus der Renaissancezeit sowie die Ruinen der Johanniter-Komturei bewundern. Ein Weinbaupfad ermöglicht es ihm, die Rebsorten und die Arbeiten im Weinberg kennen zu lernen. Dieser Riesling von einem Ton- und Kalksteinboden bietet diskrete, feine Aromen, die sich mit Zitronennoten im Mund deutlicher zeigen. Nach einer weichen Ansprache kommt die Lebhaftigkeit zum Vorschein und sorgt für einen recht lang anhaltenden Abgang. (Restzucker: 8 g/l.)

Jacques Lindenlaub, 6, fbg des Vosges, 67120 Dorlisheim, Tel. 03.88.38.21.78, Fax 03.88.38.55.38 n. V.

JEROME LORENTZ Réserve 1999**

☐ 3 ha 20 000 8à11€

Diese Handelsfirma hat auch ein eigenes Weingut (32 ha Reben). Ihre Cuvée Réserve, die von einem Ton- und Kalksteinboden stammt, kommt in sehr intensiven Fruchtaromen zum

Ausdruck. Eine Stärke, die man im Geschmack wiederfindet, wo sich der Wein bis zum angenehmen, anhaltenden Abgang kräftig, trocken und tief zeigt. (Restzucker: 6 g/l.)
Jérôme Lorentz, 1-3, rue des Vignerons, 68750 Bergheim, Tel. 03.89.73.22.22, Fax 03.89.73.30.49, E-Mail lorentz@vins-lorentz.com Mo–Sa 10h–12h 14h–18h30
Charles Lorentz

ANDRE MAULER Burgreben 1999*

☐ 0,34 ha 2 800 5 à 8 €

«Burgreben», der Name der Reblage, weist auf das Alter des Weinbergs hin, der bis in die ersten Jahrhunderte des Mittelalters zurückreicht. Die Familie Mauler zählt vier Winzergenerationen. Sie stellt einen Riesling vor, der im Geruchseindruck noch zurückhaltend ist, sich jedoch zu ein paar Blütennoten öffnet. Gute Struktur im Geschmack, bereits mit einem mineralischen Auftakt: ein rassiger, viel versprechender Wein. (Restzucker: 0,7 g/l.)
André Mauler et successeurs, 3, rue Jean-Macé, 68980 Beblenheim, Tel. 03.89.47.90.50, Fax 03.89.47.80.08, E-Mail c.mauler@caramail.com n. V.

METZ-GEIGER 1999*

☐ 0,47 ha 2 900 3 à 5 €

Dieser Riesling kommt aus Epfig, einem großen Weinbauort, der als Sehenswürdigkeit die romanische Kapelle Sainte-Marguerite besitzt; diese steht etwas abseits vom Dorf, wo es zur Ebene hinunter geht. Er kommt von einem tonig-sandigen Boden und bietet einen intensiven Duft nach Zitrone und grüner Zitrone, mit mineralischen Noten. Er hat eine lebhafte Ansprache und ist freimütig und sehr frisch. Seine Säure verleiht ihm eine gute Länge, so dass man ihn mit Fisch kombinieren kann. (Restzucker: 5 g/l.)
Metz-Geiger, 9, rue Fronholz, 67680 Epfig, Tel. 03.88.85.55.21, Fax 03.88.85.55.21
n. V.

DENIS MEYER
Vendanges tardives 1998**

☐ 0,24 ha 1 100 11 à 15 €

Eine alte Winzerfamilie, die seit 1761 in Voegtlinshoffen wohnt, präsentiert diesen Wein von kräftiger gelber Farbe, der von einem Muschelkalkboden stammt. Der feine, weite, reiche Duft lässt vor allem Aromen kandierter Früchte vom Aprikosen- oder Zitrustyp erkennen. Die Ausgewogenheit im Geschmack und die Länge des Abgangs sind bemerkenswert. Die Zitrusaromen verleihen dem Wein eine unvergleichliche Feinheit. (Flaschen mit 50 cl Inhalt.)
Denis Meyer, 2, rte du Vin, 68420 Voegtlinshoffen, Tel. 03.89.49.38.00, Fax 03.89.49.26.52
n. V.

MEYER-FONNE Kaefferkopf 1999*

☐ 0,13 ha 900 11 à 15 €

Der Kaefferkopf, eine Reblage mit tonig-kalkigem Sandsteinboden, wurde 1932 abgegrenzt. Die 63 ha große Lage wurde nicht als Grand cru eingestuft. Ein Korb mit Zitrusfrüchten und ein Strauß von weißen Blüten: Dieser Riesling macht durch seine Aromen auf sich aufmerksam. Der seidige Geschmack kehrt zu den Früchten zurück; seine geschmeidige Säure und seine Stärke machen ihn zu einem rassigen Wein, der in zwei bis drei Jahren an Vornehmheit gewinnt. (Restzucker: 5 g/l.)
Meyer-Fonné, 24, Grand-Rue, 68230 Katzenthal, Tel. 03.89.27.16.50, Fax 03.89.27.34.17
n. V.
François und Félix Meyer

JOS. MOELLINGER ET FILS
Sélection 1999

☐ 0,75 ha 8 000 5 à 8 €

Joseph Moellinger verkaufte die ersten Flaschen im Jahre 1945. Heute wird das 14 ha große Gut in Familienbesitz, das in der Nähe von Colmar liegt, von seinem Enkel Michel geführt. Sein Riesling Sélection wirkt verführerisch: warmer Geruchseindruck mit Räucher- und Brioche-Aromen, angenehme, durch Milde geprägte Ansprache, die durch eine säuerliche, geradlinige Frische abgelöst wird, Noten von Zitrusfrüchten und Blüten im Geschmack. Und der Abgang? Noch ein wenig unreif, aber das wird sich legen ... (Restzucker: 6,3 g/l.)
SCEA Jos. Moellinger et Fils, 6, rue de la 5e -D.-B., 68920 Wettolsheim, Tel. 03.89.80.62.02, Fax 03.89.80.04.94
tägl. 8h–12h 13h30–19h; Okt. geschlossen

FRANCIS MURE 1999*

☐ 0,4 ha 2 500 5 à 8 €

Die Kuhschellen, die auf den Anhöhen von Westhalten den Frühling ankündigen, schmücken das Etikett dieses Rieslings, der eine helle goldgelbe Farbe besitzt. Auch wenn sich der Geruchseindruck noch verschlossen zeigt, ist er trotzdem viel versprechend. Im Mund lässt dieser typische Wein seinen Charakter erkennen, mit einer klaren Ansprache, einer guten Ausgewogenheit und einer großen Länge. 2003 wird dieser 99er seine Reife erreichen! (Restzucker: 2 g/l.)
Francis Muré, 30, rue de Rouffach, 68250 Westhalten, Tel. 03.89.47.64.20, Fax 03.89.47.09.39 n. V.

CAVE VINICOLE D'ORSCHWILLER-KINTZHEIM
Les Faîtières 1999

☐ k. A. 1 250 000 5 à 8 €

Die 1957 gegründete Genossenschaft hat ihren Sitz zu Füßen der Haut-Kœnigsbourg. Sie stellt einen in beeindruckender Menge erzeugten Riesling vor, der sehr achtbar ist und eine mittlere Länge hat. Es mangelt ihm nur ein wenig an Frische, um Sterne zu gewinnen. Im Geschmack ist die Säuerlichkeit vom «Fett» und von einer gewissen Rundheit umhüllt, die mit Noten kandierter Früchte verbunden sind. Der intensive Duft nach sehr reifen Früchten ist recht attraktiv. (Restzucker: 5 g/l.)
Cave vinicole d'Orschwiller-Kintzheim, rte du Vin, BP 2, 67600 Orschwiller, Tel. 03.88.92.09.87, Fax 03.88.82.30.92
n. V.

OTTER Sélection de grains nobles 1998*

☐ 0,8 ha 2 000 30 à 38 €

Das Terroir, von dem dieser Riesling kommt, besitzt einen Kalksteinboden und hinterlässt seinen Stempel in den Geschmacksmerkmalen des Weins. Er bietet einen schönen Anblick von goldgelber Farbe und einen sehr feinen Duft, den Aromen überreifer Zitrusfrüchte beherrschen. Im Nasen-Rachen-Raum kommen leichte Röstnoten zum Vorschein, die ein fülliger, reichhaltiger Stoff begleitet. Im frischen Abgang taucht die kandierte Zitrusfrucht wieder auf. Die Zukunft dieses Weins ist garantiert.

Dom. François Otter et Fils, 4, rue du Muscat, 68420 Hattstatt, Tel. 03.89.49.33.00, Fax 03.89.49.38.69, E-Mail ottjef@nucleus.fr n. V.

VIGNOBLES REINHART
Sélection de grains nobles 1998*

☐ 0,4 ha 2 500 23 à 30 €

Die Sélection-de-grains-nobles-Weine stammen beim Riesling von Traubengut, das über 256 g/l Zucker enthalten hat. Der Riesling bewahrt auf beachtliche Weise seine sortentypische Persönlichkeit, selbst wenn seine Trauben edelfaul waren. Dieser 98er, dessen intensive goldgelbe Farbe ins Altgoldene geht, ist reich an Aromen von Kandiertem, Honig und Pfirsich, die in der Nase einen komplexen mineralischen Charakter zeigen. Am Gaumen bietet er viel Rundheit und «Fett». Dank seiner Frische besitzt der Wein im Geschmack eine großartige Haltung. Gelungene Harmonie. (Flaschen mit 50 cl Inhalt.)

Pierre Reinhart, 7, rue du Printemps, 68500 Orschwihr, Tel. 03.89.76.95.12, Fax 03.89.74.84.08 n. V.

PIERRE ET JEAN-PIERRE RIETSCH
Stein 1999*

☐ 0,46 ha 5 000 5 à 8 €

Die Rietsch wohnen in Mittelbergheim, einer Gemeinde, die zu den hundert schönsten Dörfern Frankreichs gehört, und zeichnen sich regelmäßig durch die Qualität ihrer Rieslinge und durch die Originalität ihrer Etiketten aus. Dieser 99er bietet komplexe, feine Aromen und lässt im Geschmack eine gute Ausgewogenheit erkennen. Ein im Gesamteindruck sehr angenehmer Wein, der im Sommer 2002 seinen Platz bei Tisch finden wird. (Restzucker: 9,2 g/l.)

Pierre et Jean-Pierre Rietsch, 32, rue Principale, 67140 Mittelbergheim, Tel. 03.88.08.00.64, Fax 03.88.08.40.91, E-Mail rietsch@wanadoo.fr n. V.

LA CAVE DU ROI DAGOBERT
Riesling de Wolxheim 1999

☐ 2 ha 20 666 5 à 8 €

Der Name dieser Kellerei erinnert daran, dass der berühmteste Merowingerkönig in diesem nördlichen Teil des elsässischen Anbaugebiets Weinberge besaß. Dieser im Glas hellgelbe Riesling erscheint noch verschlossen, lässt aber reiche, komplexe Aromen erkennen. Er besitzt einen guten Stoff und bis zum Abgang eine schöne Frische. Man sollte ihn ein bis zwei Jahre aufheben, bevor man ihn genießt. (Restzucker: 6 g/l.)

La cave du Roi Dagobert, 1, rte de Scharrachbergheim, 67310 Traenheim, Tel. 03.88.50.69.00, Fax 03.88.50.69.09, E-Mail dagobert@cave-dagobert.com tägl. 8h–12h 14h–18h

RUHLMANN Cristal Granit "S" 1999

☐ 1 ha 6 600 5 à 8 €

Das 1688 entstandene Gut hat sich in den letzten Jahrzehnten stark vergrößert, flächenmäßig (heute 17 ha) ebenso wie bei der Exportmenge. Es stellt eine Cuvée vor, die vom Schlossberg kommt, einer Reblage mit Granitboden in Dambach (nicht zu verwechseln mit dem gleichnamigen Grand cru im Departement Haut-Rhin). Ein Wein mit blumigen Geißblatt- und Rosennoten, die sein Terroir verraten. Der frische, ausgewogene, vornehme Geschmack ist für die Rebsorte charakteristisch. (Restzucker: 2 g/l.)

Ruhlmann, 34, rue du Mal-Foch, 67650 Dambach-la-Ville, Tel. 03.88.92.41.86, Fax 03.88.92.61.81 Mo–Sa 8h–12h 13h30–19h

RUHLMANN-DIRRINGER
Cuvée réservée 1999*

☐ 1,2 ha 10 000 5 à 8 €

Dieses Gut, das sich am Rande der Befestigungsanlagen von Dambach befindet, wird die Liebhaber von guten Weinen und alten Bauwerken interessieren, die unter dem Rippengewölbe seines Probierkellers aus dem Jahre 1578 diesen 99er probieren können. Dieser Riesling, den Noten von Zitrusfrüchten und kandierten Früchten prägen, zeigt am Gaumen eine schöne Kontinuität des Aromas und eine gute Frische. Harmonischer, typischer Gesamteindruck. (Restzucker: 4 g/l.)

Ruhlmann-Dirringer, 3, rue de Mullenheim, 67650 Dambach-la-Ville, Tel. 03.88.92.40.28, Fax 03.88.92.48.05 Mo–Sa 9h–11h45 13h30–18h30

CLOS SAINTE-APOLLINE
Bollenberg Tradition 1999

☐ 1,5 ha 5 000 5 à 8 €

Die 1887 entstandene Domaine du Bollenberg trägt den Namen eines Weinbergs mit Ton- und Kalksteinboden, wie er für die Rebhügel im Süden des Elsass typisch ist. Ihre Cuvée Tradition lässt in der Nase eine leichte Überreife mit Noten von reifen und kandierten Früchten erkennen. Nach einer weichen Ansprache zeigt sie eine schon zufrieden stellende Harmonie, aber nach einer ein- bis zweijährigen Lagerung dürfte sie vollkommen harmonisch sein. (Restzucker: 2 g/l.)

Clos Sainte-Apolline, Dom. du Bollenberg, 68250 Westhalten, Tel. 03.89.49.67.10, Fax 03.89.49.76.16, E-Mail info@bollenberg.com tägl. 8h–20h

SCHAEFFER-WOERLY

Clos du Bernstein 1999

☐ k. A. 1 700 8 à 11 €

Seit 1987 führt Vincent Woerly das Familiengut, das sieben Hektar umfasst. Der Clos du Bernstein, ein Weinberg mit Granitboden, hat einen Riesling geliefert, der im Duft fein und noch zurückhaltend ist und sich im Laufe der kommenden Monate entfalten dürfte. Im Geschmack zeigt sich nach einer frischen, sogar lebhaften Ansprache deutlich die gute Struktur. Der Abgang ist angenehm und anhaltend. Ein Wein, den man lagern sollte. (Restzucker: 12 g/l.)

Schaeffer-Woerly, 3 pl. du Marché,
67650 Dambach-la-Ville, Tel. 03.88.92.40.81,
Fax 03.88.92.49.87
Mo–Sa 9h–12 h 14h–18h; So n. V.

JEAN-PAUL SCHMITT Rittersberg 1999

☐ 1,5 ha 9 000 8 à 11 €

Die immer noch beeindruckende Ortenburg bewachte den Eingang zum Tal von Villé. Im 13. Jh. als Festung Rudolfs von Habsburg errichtet, diente sie 1525 als Hintergrund für das blutige Schlusskapitel im Bauernkrieg, einer entscheidenden Phase der Reformation. An ihren Hängen besitzt Jean-Paul Schmitt acht Hektar Reben, die seine Familie 1927 erwarb. Seine Cuvée du Rittersberg, die in harmonischer Hinsicht noch zurückhaltend ist, hinterlässt einen frischen Eindruck. Im Mund gibt sie sich weich, mit Zitrusnoten, einer leichten Bitternote und einem lang anhaltenden, reizvollen Abgang. (Restzucker: 7 g/l.)

Jean-Paul Schmitt, Hühnelmühle,
67750 Scherwiller, Tel. 03.88.82.34.74,
Fax 03.88.82.33.95,
E-Mail vins.j.pschmitt@wanadoo.fr
Mo–Sa 10h–12h 13h–18h; So 14h–19h;
15.–30. Jan. geschlossen

SCHOENHEITZ Holder 1999

☐ 0,3 ha 1 800 5 à 8 €

Wihr-au-Val liegt am Eingang des Munstertals, das die Hochvogesen durchzieht. Die Familie Schoenheitz lebt hier seit dem Ende des 17. Jh. Sie nutzt wieder interessante Parzellen, wie etwa den Holder, eine Reblage mit Granitboden, wo dieser Riesling erzeugt worden ist. Ein gefälliger Wein, der blumige und würzige Nuancen bietet und im Abgang ausgewogen und frisch ist. (Restzucker: 2 g/l.)

Henri Schoenheitz, 1, rue de Walbach,
68230 Wihr-au-Val, Tel. 03.89.71.03.96,
Fax 03.89.71.14.33 n. V.

JEAN-VICTOR SCHUTZ

Vieilles vignes 1999

☐ 1,5 ha 7 000 5 à 8 €

Die 1997 gegründete Handelsfirma verkauft 95 % ihrer Weine ins Ausland, insbesondere nach Holland, Belgien und Dänemark. Dieser im Anblick blassgelbe, leicht perlende Riesling befindet sich aromatisch im guten Mittelfeld, mit ein paar pflanzlichen Noten. Nach einer lebhaften Ansprache entfalten sich im Mund Zitrusnuancen. Frische und Rundheit liegen beieinander. Wir warten auf ihre Vereinigung. (Restzucker: 13 g/l.)

Jean-Victor Schutz, 34, rue du Mal.-Foch,
67650 Dambach-la-Ville, Tel. 03.88.92.41.86,
Fax 03.88.92.61.81 n. V.

E. SPANNAGEL ET FILS

Côtes de Kientzheim Kirrenburg 1999

☐ 0,08 ha 800 5 à 8 €

Seit 1995 bewirtschaftet Rémy Spannagel das Familiengut in der Nähe von Colmar. Alle seine Reben sind in Hanglage auf Granitböden angepflanzt. Sein Riesling Kirrenburg kündigt sich mit einer goldgelben Farbe an, die einem schönen Körper vorausgeht, und entfaltet sich mit Aromen von überreifen und getrockneten Früchten. Der Geschmack, der eine gute Ausgewogenheit besitzt und leicht vom Alkohol geprägt ist, bestätigt den Reichtum der Struktur. Dieser Wein scheint sich ein wenig rasch zu entwickeln. (Restzucker: 5 g/l.)

Eugène Spannagel et Fils, 11, rue de Cussac,
68240 Sigolsheim, Tel. 03.89.78.25.90,
Fax 03.89.78.25.90, E-Mail remy.spannagel@free.fr n. V.

PIERRE SPARR Altenbourg 1999*

☐ 0,97 ha 11 400 11 à 15 €

Diese Cuvée, die aufgrund ihrer mineralischen Nuancen und ihrer Noten von Überreife sehr reif wirkt und sehr lang anhält, zeigt eine seltene Rundheit, Fülle und Intensität. Zweifellos empfindet man sie als nicht sehr sortentypisch, aber eine starke Persönlichkeit kann man ihr nicht absprechen. Vorgestellt wird sie von einer 1982 entstandenen Handelsfirma, die den Lesern unseres Weinführers wohl bekannt ist. (Restzucker: 9,7 g/l.)

SA Pierre Sparr et ses Fils,
2, rue de la 1re Armée, 68240 Sigolsheim,
Tel. 03.89.78.24.22, Fax 03.89.47.32.62,
E-Mail vins-sparr@rmcnet.fr n. V.

ANDRE STENTZ Rosenberg 1999

☐ 0,75 ha 4 000 8 à 11 €

Der Weinbaubetrieb von André Stentz, der in einer Gemeinde nahe bei Colmar liegt, geht auf das 17. Jh. zurück. Schon Anfang der 80er Jahre stellte er sich auf biologischen Anbau um. Dieser im Duft fruchtige, feine, elegante Riesling kommt am Gaumen stärker zum Ausdruck. Er ist wohl ausgewogen und hält im Abgang mit einer leichten Rundheit an. (Restzucker: 10 g/l.)

André Stentz, 2, rue de la Batteuse,
68920 Wettolsheim, Tel. 03.89.80.64.91,
Fax 03.89.79.59.75 n. V.

MICHELE ET JEAN-LUC STOECKLE

Cuvée réservée 1999*

☐ 1 ha 6 000 5 à 8 €

Michèle und Jean-Luc Stoecklé, die hier seit zwanzig Jahren leben, bewirtschaften 6,5 ha Reben rund um Katzenthal, in der Nähe von Colmar. Ihre Cuvée réservée, die von einem Granitboden stammt, verleugnet ihre Herkunft nicht. Ihre Blüten- und Lakritzearomen, die Gewürze hervorheben, weisen auf erstklassiges Traubengut hin. Dieser frische und zugleich kräftige

Wein zeigt in einem schönen Abgang seine Rasse.
Michèle et Jean-Luc Stoecklé, 9, Grand-Rue, 68230 Katzenthal, Tel. 03.89.27.05.08, Fax 03.89.27.33.61
Mo–Sa 8h–12h 13h–19h; So 8h–12h

DOM. STOEFFLER Kronenbourg 1999*

0,5 ha 3 000 5 à 8 €

Martine und Vincent Stoeffler haben ihr Schicksal, ihre Weinberge (die rund um Barr bzw. Ribeauvillé liegen) und ihre önologische Kompetenz vereint und 1988 ein rund zwölf Hektar großes Gut geschaffen. Ihr Engagement zugunsten der Qualität trägt seit mehr als zehn Jahren seine Früchte, wie diese Cuvée von der Reblage Kronenbourg beweist. Im Vorjahr erhielt sie eine Liebeserklärung. Der 99er entfaltet sich zu intensiven Zitrus- und Honigaromen. Im Mund harmonieren die schönen Aromen vollreifer Trauben mit einem ausgewogenen Geschmack, in dem man Tiefe findet. Ein lagerfähiger Wein, den man für einige Zeit im Keller vergessen muss. (Restzucker: 5 g/l.)
Dom. Martine et Vincent Stoeffler, 1, rue des Lièvres, 67140 Barr, Tel. 03.88.08.52.50, Fax 03.88.08.17.09, E-Mail vins.stoeffler@wanadoo.fr n. V.

STRUSS Bildstoecklé 1999*

0,19 ha 1 050 5 à 8 €

Die Familie Struss bewirtschaftet etwa fünf Hektar in Obermorschwihr, einem Dorf, dessen Weinbaugeschichte eng mit der Abtei Marbach verbunden ist. Dieses im 11. Jh. gegründete Kloster, das ein spirituelles Zentrum des mittelalterlichen Elsass war, besaß hier nämlich gute Weinberge auf Ton- und Kalksteinböden. Von einem Kalksteinboden stammt dieser füllige 99er, der aufgrund seiner Zitronenaromen ausdrucksvoll wirkt. Die Ansprache ist klar und weich. Am Gaumen findet man Zitrusnoten wieder, die mit einer gewissen auf Überreife zurückzuführenden Rundheit harmonieren. Die Frische im Abgang begleitet eine gute Länge. (Restzucker: 10 g/l.)
André Struss et Fils, 16, rue Principale, 68420 Obermorschwihr, Tel. 03.89.49.36.71, Fax 03.89.49.37.30 n. V.
Philippe Struss

ANDRE THOMAS ET FILS
Sélection de grains nobles 1998**

0,5 ha 1000 23 à 30 €

Die Reblagen mit Granitböden bekommen dem Riesling wunderbar. Diese Traubensorte besitzt dickschalige Beeren, die für Edelfäule nicht sehr anfällig sind. Wenn es den Winzern gelingt, edelfaule Beeren zu ernten, sind die Ergebnisse zauberhaft. Dieser goldgelbe bis altgoldene Wein bietet einen bemerkenswert feinen Duft: stark durch kandierte Früchte geprägt, mit einer Pilznote, die Nuancen von frischer Aprikose enthält; er besitzt eine schöne Eleganz. Der Geschmack ist verschmolzen, reich und harmonisch und zeigt eine großartige Beständigkeit.
EARL André Thomas et Fils, 3, rue des Seigneurs, 68770 Ammerschwihr, Tel. 03.89.47.16.60, Fax 03.89.47.37.22
n. V.

TRIMBACH Cuvée Frédéric-Emile 1997*

5,5 ha 30 000 15 à 23 €

Dieser helle strohgelbe Riesling mit den recht kräftigen grünen Reflexen stammt von Reben, die in Süd- und Südostlage auf tonigen Kalkstein- und Muschelkalkböden wachsen. In der Nase entdeckt man neben einer hübschen, reifen Frucht (weißfleischiger Pfirsich) und Akazienblütendüften einen ausgeprägten mineralischen Charakter. Diesen Charakter findet man in einem wohl ausgewogenen, auf kraftvolle Weise aromatischen Geschmack wieder. Der recht lebhafte, ein wenig zitronenartige Abgang bildet eine gute Verlängerung seiner Frucht. Ein schon ausdrucksstarker Wein, der aber die notwendige Stärke besitzt, um zu altern.
F.E. Trimbach, 15, rte de Bergheim, 68150 Ribeauvillé, Tel. 03.89.73.60.30, Fax 03.89.73.89.04, E-Mail contact@maison-trimbach.fr n. V.

VORBURGER 1999*

k. A. k. A. 5 à 8 €

Der in den 50er Jahren entstandene Weinbaubetrieb befindet sich in Voegtlinshoffen, einem bezaubernden Dorf, das oberhalb der Weinberge liegt. Sein 98er Riesling erhielt eine Liebeserklärung. Der darauf folgende Jahrgang beginnt mit blumigen und würzigen Nuancen; er zeigt einen guten Stoff, «Fett», Ausgewogenheit und Noten von Überreife. Die Säureunterstützung, die voller Frische ist, verleiht ihm Stärke und Nachhaltigkeit. (Restzucker: 3 g/l.)
Jean-Pierre Vorburger et Fils, 3, rue de la Source, 68420 Voegtlinshoffen, Tel. 03.89.49.35.52, Fax 03.89.86.40.56
Mo–Sa 8h–12h 13h30–18h

CH. WAGENBOURG Vallée Noble 1999

k. A. 7 000 5 à 8 €

Soultzmatt liegt am Eingang des Vallée Noble; das «vornehme Tal» hat seinen Namen von den sieben Burgen, die es bewachten. Die Wagenburg ist die Einzige, die von ihnen noch besteht. Die Familie Klein, deren Vorfahren schon in den ersten Jahren des 17.Jh. Winzer in dem Dorf waren, hat sich hier 1905 niedergelassen. Jacky und Mireille Klein haben 1995 die Leitung des Guts übernommen. Ihr Riesling, der dank seiner Zitrusaromen elegant wirkt, besitzt außerdem eine gute Ansprache, Qualitäten von Frische und Ausgewogenheit sowie einen gefälligen, abgerundeten Abgang. (Restzucker: 3 g/l.)
Joseph et Jacky Klein, Ch. Wagenbourg, 25, rue de la Vallée, 68570 Soultzmatt, Tel. 03.89.47.01.41, Fax 03.89.47.65.61
Mo–Sa 8h–12h 13h–19h

WILLM 1999*

k. A. k. A. 5 à 8 €

Diese Handelsfirma gehört zur Wolfberger-Gruppe in Eguisheim. Ihren Sitz hat sie in Barr, einem Weinbauzentrum im Departement Bas-

Rhin, das einen Besuch wert ist, insbesondere wegen des Musée de la Folie-Marco, eines schönen Beispiels für ein prächtiges Bauwerk aus dem 18. Jh. Ihr 99er Riesling mischt in seiner Aromenpalette Noten von kandierten Früchten und weißen Blüten, die eine mineralische Nuance ergänzt. Er ist in der Ansprache weich, fein und strukturiert, besitzt einen würzigen Charakter und erweist sich im Geschmack als ziemlich lang anhaltend. (Restzucker: 4 g/l.)
Alsace Willm, 32, rue du Dr-Sultzer, 67140 Barr, Tel. 03.88.08.19.11, Fax 03.88.08.56.21 n. V.

FERNAND ZIEGLER
Clos Saint-Ulrich 1999*

☐ 1,2 ha 3 130 5à8€

Fernand Ziegler entstammt einer Familie, die im elsässischen Weinbaugebiet tief verwurzelt ist (das Gut geht auf das Jahr 1634 zurück), und arbeitet hier seit fast vierzig Jahren. Eine Erfahrung, von der dieser Riesling sicherlich profitiert hat. Sein deutlicher, frischer Duft lässt an einen Korb Zitrusfrüchte denken. Die Frische findet man im Mund wieder, zusammen mit einer schönen Komplexität, einer feinen Struktur und Fruchtnoten im Abgang. (Restzucker: 2,5 g/l.)
EARL Fernand Ziegler et Fils, 7, rue des Vosges, 68150 Hunawihr, Tel. 03.89.73.64.42, Fax 03.89.73.71.38 n. V.

JEAN ZIEGLER Seidenfaden 1999

☐ 0,6 ha 3 000 5à8€

Das nicht einmal drei Hektar große Gut zählt bereits vier Generationen Winzer. In Riquewihr bleiben Geschichte und Tradition feste Werte, genau wie der Riesling. Dieser hier, der von einem Mergel- und Gipsboden stammt, hat keinen Mangel an Rasse: Er ist in der Ansprache lebhaft, besitzt eine geschmeidige Struktur und klingt mit einer noch etwas unreifen Note aus. Lagern. (Restzucker: 12 g/l.)
Jean Ziegler, 3, chem. de la Daensch, 9, rue des Juifs, 68340 Riquewihr, Tel. 03.89.47.96.47, Fax 03.89.47.96.47, E-Mail info@trotthus.com n. V.

ZIMMERMANN Sélection première 1999*

☐ 0,7 ha 6 000 5à8€

Die Zimmermanns, die seit 1693 von Generation zu Generation Winzer sind, stellen ihre Weine unter Beachtung der Traditionen her. Entstanden in einer Umgebung, die das Schloss Haut-Kœnigsbourg beherrscht, bietet dieser Riesling eine warme, mineralische Seite, die seine Herkunft von einem Kieselboden widerspiegelt. Die Pfirsich- und Zitrusnuancen entfalten sich voller Feinheit, während nach einer weichen Ansprache frische Note zum Vorschein kommt. Ein insgesamt wohl ausgewogener, gefälliger Wein. (Restzucker: 7 g/l.)
EARL A. Zimmermann Fils, 3, Grand-Rue, 67600 Orschwiller, Tel. 03.88.92.08.49, Fax 03.88.92.94.55 n. V.

PIERRE-PAUL ZINK 1999

☐ 0,8 ha 6 600 5à8€

Pierre-Paul Zink wohnt in Pfaffenheim, einem Dorf, in dem sehr viele Winzer leben, und stellt einen Riesling vor, der mit seiner Zitrusfruchtigkeit und seinen Noten von weißen Blüten ausdrucksvoll und einschmeichelnd ist. Der Geschmack, der schon in der Ansprache durch Frische geprägt ist, zeigt Ausgewogenheit und Länge. Ein Wein, der nach einer ein- bis zweijährigen Lagerung an Harmonie gewinnen wird. (Restzucker: 2 g/l.)
Pierre-Paul Zink, 27, rue de la Lauch, 68250 Pfaffenheim, Tel. 03.89.49.60.87, Fax 03.89.49.73.05 n. V.

Alsace Muscat

Zwei Spielarten der Muscat-Rebe werden verwendet, um daraus diesen trockenen, aromatischen Wein herzustellen, bei dem man den Eindruck hat, als würde man in frische Trauben beißen. Die Erste, die schon von jeher Muscat d'Alsace genannt wird, ist keine andere als die besser unter ihrem Namen Muscat de Frontignan bekannte Rebsorte. Da sie spät reift, baut man sie nur in den besten Lagen an. Die andere, Muscat Ottonel, reift früher und ist deshalb auch weiter verbreitet. Die beiden Rebsorten nehmen zusammen 340 Hektar, d. h. 2,4 % der Anbaufläche. Der Muscat d'Alsace muss als Spezialität angesehen werden: ein erstaunlicher, lieblicher Wein, den man als Aperitif oder bei Empfängen trinkt, beispielsweise zu Gugelhupf oder elsässischen Brezeln.

CAMILLE BRAUN Bollenberg 1999*

☐ 0,4 ha 2 500 5à8€

Der Bollenberg ist bekannt für seine unter Naturschutz stehende Flora und die Sage von Hexen, die hier schon seit grauer Vorzeit leben sollen. Der tonige Kalksteinboden und das Können dieses Winzers haben einen Muscat mit blumigen und ein wenig fruchtigen Noten hervorgebracht. Der Geschmack hält nicht sehr lang an, lässt aber eine schöne, frische und zugleich runde Ansprache und danach eine gute Präsenz der Frucht erkennen. (Restzucker: 9 g/l.)
Camille Braun, 16, Grand-Rue, 68500 Orschwihr, Tel. 03.89.76.95.20, Fax 03.89.74.35.03 Mo–Sa 8h–12h 13h30–19h

DOM. BERNARD ET DANIEL HAEGI
Vendanges tardives 1998*

☐ 0,25 ha 840 15 à 23 €

Der Muscat ist sicherlich eine der heikelsten Rebsorten des Elsass. Daraus erfolgreich einen trockenen Wein zu erzeugen ist schon schwierig, aber die Herstellung einer Spätlese verrät wahre Kunstfertigkeit. Bernard und Daniel Haegi haben es geschafft: ein lautes Bravo für sie! Die Farbe ist ein strahlendes Goldgelb. Der Geruchseindruck bietet eine sehr delikate Fruchtigkeit; der wohl ausgewogene Geschmack ist voller Feinheit. Die noch zurückhaltenden Aromen müssen sich nur noch entfalten. Sehr schöner Stoff.

Bernard et Daniel Haegi,
33, rue de la Montagne, 67140 Mittelbergheim,
Tel. 03.88.08.95.80, Fax 03.88.08.91.20
☑ Y Mo–Sa 8h–12h 13h–18h

HERTZOG 1999

☐ 0,13 ha 1 500 5 à 8 €

Eine Fachwerkkirche! Sie steht in Obermorschwihr und ist die Einzige im Oberelsass. Diesen Muscat, der im Geschmack sehr reich, sogar ein wenig körperreich ist, finden Sie bei Sylvain Hertzog. In der Nase: leicht röstartige Noten und Honignuancen. Im Geschmack: Rundheit und Stoff mit einem recht lang anhaltenden Abgang. Dieser Wein kann exotische Küche oder einen Mandelkuchen begleiten. (Restzucker: 6 g/l.)

EARL Sylvain Hertzog, 18, rte du Vin,
68420 Obermorschwihr, Tel. 03.89.49.31.93,
Fax 03.89.49.28.85
☑ Y Mo–Sa 9h–19h; So n. V.

JEAN-LUC MEYER 1999

☐ 0,24 ha 1 800 5 à 8 €

Jean-Luc Meyer führt dieses Gut seit 1982. Sein Betrieb umfasst gegenwärtig etwa zehn Hektar. Sein traditionsgemäß trockener Muscat, der eine blassgelbe Farbe mit goldenen Reflexen zeigt, ist gut gebaut. Die sortentypischen Aromen und die Noten von kandierten Früchten sind intensiv. Der zunächst recht runde Geschmack macht einer fruchtigen Frische Platz, die eine gute Länge sicherstellt. (Restzucker: 2 g/l.)

Jean-Luc Meyer, 4, rue des Trois-Châteaux,
68420 Eguisheim, Tel. 03.89.24.53.66,
Fax 03.89.41.66.46 ☑ Y n. V.

EDMOND RENTZ Réserve 1999*

☐ 0,7 ha 5 000 5 à 8 €

Dieser Winzer wohnt in dem Dorf Zellenberg, das hoch auf einem Hügel liegt, und leitet seit 1954 ein 20 ha großes Gut. Dessen Ursprünge liegen im Jahre 1785 mit dem Erwerb der ersten Rebparzellen. Sein auf einem Ton- und Kalksteinboden erzeugter Muscat bietet schöne Früchte mit einem Anflug von getrockneten Früchten. Die Fruchtigkeit der Trauben, die eine leichte Rundheit begleitet, ist am Gaumen deutlich spürbar und setzt sich in einem ziemlich lang anhaltenden Abgang fort. (Restzucker: 10 g/l.)

EARL Dom. Edmond Rentz, 7, rte du Vin,
68340 Zellenberg, Tel. 03.89.47.90.17,
Fax 03.89.47.97.27
☑ Y Mo–Sa 9h–12h 14h–18h

LOUIS SCHERB ET FILS 1999*

☐ 0,48 ha 4 800 5 à 8 €

Ein romanischer Glockenturm aus dem 12. Jh. kennzeichnet das malerische Dorf Gueberschwihr, das auch für sein Ende August veranstaltetes Fest der Freundschaft bekannt ist. Dieser zunächst reserviert wirkende Muscat entfaltet sich danach zu ziemlich komplexen, exotischen Noten. Er ist freimütig und recht körperreich und kommt im Geschmack voller Eleganz und Persönlichkeit zum Ausdruck. Als Aperitif zu empfehlen. (Restzucker: 4,9 g/l.)

EARL Joseph et André Scherb,
1, rte de Saint-Marc, 68420 Gueberschwihr,
Tel. 03.89.49.30.83, Fax 03.89.49.30.65
☑ Y Mo–Sa 8h–12h 13h–19h; So 9h–12h

JEAN-LOUIS SCHOEPFER 1999

☐ 0,35 ha 2 000 5 à 8 €

Die Schoepfers sind seit 1656 von Generation zu Generation Winzer in Wettolsheim. 1997 trat Gilles in den Familienbetrieb ein. Dieser Wein, ein typischer Muscat d'Alsace mit einer leichten Nuance von Akazienblüte, hat eine klare Ansprache und ist im Geschmack voll, mit schöner Lebhaftigkeit. Eine Lindenblütennote verleiht ihm eine frühlingshafte Ausstrahlung. Trinken sollte man ihn zu einem Teller Spargel. (Restzucker: 4 g/l.)

EARL Jean-Louis Schoepfer,
35, rue Herzog, 68920 Wettolsheim,
Tel. 03.89.80.71.29, Fax 03.89.79.61.35,
E-Mail jlschoepfer@libertysurf.fr ☑ Y n. V.

DOM. STIRN Tradition 1999*

☐ 0,15 ha 1 200 5 à 8 €

Fabien Stirn, ein junger Önologe, leitet dieses Gut seit 1999. Er erfüllt sich hier seinen Traum und lebt seine Leidenschaft für den Wein aus. Die goldenen Reflexe in einem schönen Glanz sind bei diesem Muscat recht einschmeichelnd. Die intensiven, komplexen Aromen bieten Veilchen, Lindenblüte, Brombeere, kandierte Früchte und Honig. Die Harmonie stellt sich in einem fülligen Geschmack voller Rundheit ein. Ein Wein, der ausgezeichnet als Aperitif passt und bestimmt auch zu gedünsteten Krustentieren schmeckt. (Restzucker: 7 g/l.)

Fabien Stirn, Dom. Stirn, 3, rue du Château,
68240 Sigolsheim, Tel. 03.89.47.30.58,
Fax 03.89.47.30.58 ☑ Y n. V.

Alsace Gewurztraminer

Die Rebsorte, von der dieser Wein gewonnen wird, ist eine besonders aromatische Spielart aus der Familie der

Traminer-Reben. Schon eine 1551 veröffentlichte Abhandlung bezeichnet sie als typisch elsässische Rebsorte. Dieser unverfälschte Charakter, der sich im Laufe der Jahrhunderte immer stärker herausbildete, ist zweifellos darauf zurückzuführen, dass der Gewürztraminer in diesem Anbaugebiet eine optimale Qualität erzielt. Das hat ihm in der Welt des Weinbaus ein einzigartiges Ansehen eingebracht.

Sein Wein ist körperreich, kräftig gebaut, zumeist trocken, aber manchmal lieblich und durch ein wunderbares Bouquet gekennzeichnet, das je nach Lage und Jahrgang unterschiedlich intensiv ausfällt. Der Gewürztraminer ist eine früh reifende Rebsorte mit geringen und unregelmäßigen Erträgen, deren Trauben viel Zucker enthalten. Er nimmt etwa 2 500 ha ein, d. h. fast 17,6 % der gesamten elsässischen Anbaufläche. Oft serviert man ihn als Aperitif, bei Empfängen oder zu Nachspeisen, aber er passt auch, insbesondere wernn er intensiv schmeckt, zu Käsesorten mit herzhaftem Geschmack, wie etwa Roquefort und Munster.

DOM. PIERRE ADAM Kaefferkopf 1999*

☐ 8 ha 6 000 8 à 11 €

Pierre Adam hat diesen Weinbaubetrieb in den 50er Jahren geschaffen. Sein Sohn Rémy, der ihn Anfang der 90er Jahre übernahm, besitzt heute elf Hektar Reben, die sich zu einem großen Teil am Kaefferkopf befinden. Von dieser angesehenen Lage mit tonigem Kalksteinboden stammt dieser schon sehr ausdrucksvolle Gewürztraminer, der würzige Noten und kandierte Früchte mischt. Der lang anhaltende, bezaubernde Geschmack erlaubt es, dass man ihn mit exotischen Spezialitäten kombiniert. (Restzucker: 18 g/l.)

Dom. Pierre Adam,
8, rue du Lt-Louis-Mourier, 68770 Ammerschwihr, Tel. 03.89.78.23.07, Fax 03.89.47.39.68, E-Mail info@domaine-adam.com
tägl. 8h–12h 13h–20h

J.-B. ADAM
Kaefferkopf Réserve particulière Cuvée Jean-Baptiste 1999*

☐ 1,5 ha 8 000 11 à 15 €

Die Adams, die seit 1614 Winzer und Weinhändler in Ammerschwihr sind, bleiben der Tradition besonders verhaftet. Die altehrwürdige Firma stellt einen Wein vor, der als sehr jugendlich beurteilt worden ist. Dieser Kaefferkopf verbindet in der Nase Rosenaromen mit Räuchernoten. Aufgrund seines ziemlich runden, kräftigen, sehr angenehmen Geschmacks wird er als Aperitif oder zu fernöstlicher Küche empfohlen. (Restzucker: 25 g/l.)

Jean-Baptiste Adam, 5, rue de l'Aigle, 68770 Ammerschwihr, Tel. 03.89.78.23.21, Fax 03.89.47.35.91, E-Mail adam@jb-adam.com
Mo–Sa 8h–12h 14h–18h30; Gruppen n. V.

LAURENT BANNWARTH
Bildstoecklé 1999*

☐ 1,8 ha 12 142 5 à 8 €

Laurent Bannwarth bewirtschaftet zusammen mit seinem Sohn über zehn Hektar Reben. Mit seinen Erzeugnissen, die eine große Reife besitzen, hat er sich einen soliden Ruf erworben. Insbesondere seine Gewürztraminer werden in unserem Weinführer oft lobend erwähnt. Dieser hier stammt von einem Ton- und Kalksteinboden und zeigt seinen Reichtum und sortentypische Aromen. Im Geschmack besitzt er eine ungewöhnliche Fülle. Ein fetter, anhaltender Wein, den man ebenso gut als Aperitif wie zum Dessert trinken kann. (Restzucker: 7,5 g/l.)

Laurent Bannwarth et Fils, 9, rte du Vin, 68420 Obermorschwihr, Tel. 03.89.49.30.87, Fax 03.89.49.29.02, E-Mail bannwarth@calixo.net n. V.

DOM. BARMES-BUECHER
Herrenweg 1999*

☐ 0,37 ha 2 000 11 à 15 €

Das angesehene Gut, das aus der Verbindung von zwei Familien hervorgegangen ist, umfasst heute 15 ha Reben. Seit drei Jahren hat er sich auf den anspruchsvollen Weg biologisch-dynamischer Anbauprinzipien eingelassen. Dieser Gewürztraminer, der sein kieshaltiges Herkunftsgebiet widerspiegelt, bietet sehr intensive Aromen. Am Gaumen lässt er ein schönes Gerüst und eine lange Nachhaltigkeit erkennen. Ein opulenter Wein. (Restzucker: 10 g/l.)

Dom. Barmès-Buecher,
30, rue Sainte-Gertrude, 68920 Wettolsheim, Tel. 03.89.80.62.92, Fax 03.89.79.30.80, E-Mail barmes-buecher@terre-net.fr n. V.

BARON DE HOEN
Vendanges tardives 1998

☐ 20 ha 12 000 15 à 23 €

Beblenheim liegt am Fuße des Sonnenglanz-Hangs. Diese Gemeinde gehört zu den Perlen des elsässischen Weinbaugebiets und bietet den Besuchern schöne Beispiele der Baukunst: Häuser mit hölzernem Fachwerk oder einen gotischen Springbrunnen. Die Kellerei Hoen hat 250 Hektar Weinberge. Dieser strahlend hellgelbe Gewürztraminer bietet einen vom Terroir geprägten Geruchseindruck mit vorwiegend blumigen Düften. Der feine, gut strukturierte Geschmack muss noch vollkommen harmonisch werden. Ein Wein von guter Länge, den man drei bis fünf Jahre aufheben muss.

SICA Baron de Hoen, 20, rue de Hoen, 68980 Beblenheim, Tel. 03.89.47.89.93
n. V.

BAUMANN ZIRGEL
Sélection de grains nobles 1998***

☐ 1 ha 3 000 23 à 30 €

Dieser Gewürztraminer, der von einem Ton- und Kalksteinboden kommt, stellt ein Vorbild für alle Sélection-de-grains-nobles-Weine dar. Seine goldene Farbe ist leicht kupferrot getönt. Er besitzt eine extreme Komplexität: Backpflaume, Quitte, Früchte (Orange), Mandel und Wachs vermischen sich auf köstliche Weise. Am Gaumen kommt die gleiche aromatische Stärke bis zu einem lang anhaltenden Abgang zum Vorschein. Jedes Element hat seinen Platz, so dass ein Meisterwerk entsteht. (Flaschen mit 50 cl Inhalt.)

EARL Baumann-Zirgel, 5, rue du Vignoble, 68630 Mittelwihr, Tel. 03.89.47.90.40, Fax 03.89.49.04.89
täg. 8h30–12h30 14h–19h
J.-J. Zirgel

FRANÇOIS BAUR 1999

☐ 0,78 ha 5 000 11 à 15 €

Dieser Gewürztraminer kommt von einem elf Hektar großen Weinbaubetrieb, der seinen Sitz im Herzen des Marktfleckens Turckheim hat, in einem prächtigen Gebäude, das aus der Anfangszeit des Guts (1741) stammt. Er stammt von einem Granitboden und wirkt mit Noten von Blüten und überreifen Früchten im Geruchseindruck sehr intensiv. Die aromatische Komplexität findet man in einem ätherischen, subtilen Geschmack wieder. Probieren sollte man ihn zu exotischen Gerichten. (Restzucker: 20 g/l.)

François Baur Petit-Fils, 3, Grand-Rue, 68230 Turckheim, Tel. 03.89.27.06.62, Fax 03.89.27.47.21, E-Mail vinsbaur@hotmail.com n. V.

BECK – DOM. DU REMPART
Cuvée du Rempart 1999

☐ 0,5 ha 2 000 11 à 15 €

Gilbert Beck begnügt sich nicht damit, sein neun Hektar großes Gut zu bewirtschaften, sondern stellt seine Begeisterung für das elsässische Terroir in den Dienst seiner Kollegen, indem er ihre Erzeugnisse in seiner Maison des Grands Crus anbietet! Seine im Duft elegante, blumige Cuvée du Rempart ist durch ihre Herkunft von einem Granitboden geprägt. Der Geschmack, der eine recht weiche Ansprache zeigt, ist ziemlich rund, besitzt aber eine Struktur. Schöne Harmonie. (Restzucker: 37 g/l.)

Beck, Dom. du Rempart, 5, rue des Remparts, 67650 Dambach-la-Ville, Tel. 03.88.92.62.03, Fax 03.88.92.49.40
n. V.
Gilbert Beck

DOM. JEAN-MARC BERNHARD
Vieilles vignes 1999

☐ k. A. k. A. 5 à 8 €

Nach einem einjährigen Praktikum, das ihn in die neuen Weinländer führte, hat sich Frédéric Bernhard, ein ausgebildeter Önologe, seinem Vater Jean-Marc auf dem Gut der Vorfahren angeschlossen und schickt sich an, eine Tradition fortzuführen, die bis ins Kaiserreich zurückreicht. Das Gespann macht uns mit einem Gewürztraminer bekannt, der durch seine goldene Farbe verführt und Aromen von Blüten und kandierten Früchten bietet. Der im Geschmack sehr reiche Wein, der im Augenblick von ein wenig Restzucker (19 g/l) dominiert wird, dürfte mit der Zeit seine Harmonie finden.

Domaine Jean-Marc Bernhard, 21, Grand-Rue, 68230 Katzenthal, Tel. 03.89.27.05.34, Fax 03.89.27.58.72, E-Mail jeanmarcbernhard@online.fr Mo–Sa 9h–12h 14h–19h

BESTHEIM Vendanges tardives 1998

☐ 5,61 ha 17 000 15 à 23 €

Im Zweiten Weltkrieg wurden das Dorf Bennwihr und seine Weinberge von Artilleriegeschossen vollständig zerstört. Um das Anbaugebiet wieder herzustellen und die Produktion wieder aufzunehmen, wurde schon 1945 eine Genossenschaftskellerei gegründet, die sich später mit der Kellerei von Westhalten vereinigte und den Namen Bestheim annahm. Sie präsentiert hier einen strohgelben Wein, dessen Duft zart mit Blütenoten und mineralischen Aromen beginnt. Der Geschmack zeigt Fülle und Konzentration, hinterlässt aber den Eindruck eines hohen Zuckergehalts. Dieser Gewürztraminer verdient eine fünfjährige Lagerung.

Bestheim – Cave de Westhalten, 52, rte de Soultzmatt, 68250 Westhalten, Tel. 03.89.49.09.29, Fax 03.89.49.09.20, E-Mail bestheim@gofornet.com n. V.

DOM. CLAUDE BLEGER
Sélection de grains nobles 1998**

☐ 0,28 ha 2 200 23 à 30 €

Claude Blégers Stammbaum reicht bis in den Dreißigjährigen Krieg zurück. Der sieben Hektar große Betrieb befindet sich in Orschwiller, einem ehemaligen Lehen von Schloss Haut-Kœnigsbourg, das man im Jahre 823 erstmals erwähnt findet. Dieser goldgelbe Gewürztraminer bietet einen umfangreichen, würzigen Duft mit Lakritzenuancen. Er ist voll, kräftig und auf harmonische Weise ausgewogen und hinterlässt im retronasalen Geruch einen sehr lang anhaltenden Eindruck von kandierten Früchten (Birne). (Flaschen mit 50 cl Inhalt.)

Dom. Claude Bléger, 23, Grand-Rue, 67600 Orschwiller, Tel. 03.88.92.32.56, Fax 03.88.82.59.95
tägl. 9h–12h15 13h15–19h30

CAVE DE CLEEBOURG
Oberberg Steinseltz 1999

☐ 4,36 ha 7 000 5 à 8 €

Das «nordische» Cléebourg: Ist Ihnen bekannt, dass der Ort und seine Nachbarn im 17. und 18. Jh. infolge einer Heirat direkt mit der schwedischen Königskrone verbunden waren? Heute vereint die 1946 gegründete Genossenschaftskellerei alle Erzeuger des nördlichsten Teils des Weinbaugebiets, der kleinen Insel Wissembourg, und vinifiziert die Produktion von 180 Hektar. Dieser von einem tonig-schluffigen Boden stammende Gewürztraminer zeigt einen üppigen Duft von Litschi und exotischen Früchten. Er ist in der Ansprache ziemlich weich und recht rund, wie geschaffen für Nachspeisen. (Restzucker: 8,5 g/l.)

Cave vinicole de Cléebourg, rte du Vin, 67160 Cléebourg, Tel. 03.88.94.50.33, Fax 03.88.94.57.08, E-Mail cave.cleebourg@wanadoo.fr
tägl. 8h–12h 14h–18h; Gruppen n. V.

DOM. ANDRE EHRHART ET FILS
Herrenweg 1999*

☐ 0,8 ha 6 000 5 à 8 €

Wettolsheim, das ganz nahe bei Colmar liegt, ist ein malerisches Dorf, das sich ganz dem Weinbau verschrieben hat. André Ehrhart wohnt dort in einem Haus von 1737. Jahr für Jahr finden sich seine Weine im Hachette-Weinführer auf einem guten Platz. Dieser Gewürztraminer, der von einem Ton- und Kalksteinboden stammt, ist schon sehr offen im Geruchseindruck, der Pentanol- und Fruchtnoten mischt. Der ziemlich fette, füllige Geschmack klingt mit einem eindrucksvollen Finale aus. (Restzucker: 8 g/l.)

André Ehrhart et Fils, 68, rue Herzog, 68920 Wettolsheim, Tel. 03.89.80.66.16, Fax 03.89.79.44.20
Mo–Sa 8h–11h30 14h–18h

RENE FLEITH-ESCHARD
Letzenberg 1999*

☐ 0,7 ha 4 400 5 à 8 €

Ein Weinbaubetrieb, der in unserem Weinführer regelmäßig vertreten ist, mehr als nur einmal auf den besten Plätzen. René Fleith hat das Gut stetig vergrößert und seine Anbaufläche auf mehr als neun Hektar erweitert. Sein Sohn Vincent hat sich ihm 1995 angeschlossen, mit der Absicht, neue Investitionen im Keller zu tätigen. Ihr Gewürztraminer vom Letzenberg, der seine Herkunft von einem Ton- und Kalksteinboden widerspiegelt, erscheint noch sehr jugendlich im Geruchseindruck, in dem man Noten von Früchten und Überreife spürt. Im Geschmack ist er rund und harmonisch. Ein kräftiger Wein, der für eine lange Lagerung gebaut ist. (Restzucker: 25 g/l.)

René Fleith-Eschard, lieu-dit Lange Matten, 68040 Ingersheim, Tel. 03.89.27.24.19, Fax 03.89.27.56.79 n. V.
René und Vincent Fleith

ANTOINE FONNE Kaefferkopf 1999**

☐ 1 ha 4 800 5 à 8 €

Der kleine Betrieb (4 ha) befindet sich in Ammerschwihr, einer der größten Weinbaugemeinden des Elsass. Er hat sich Anfang der 70er Jahre auf Weinbau spezialisiert und versteht es, die Parzellen auf dem Kaefferkopf, einer berühmten elsässischen Reblage, zu nutzen, wie dieser bemerkenswerte 99er bezeugt. Die Leichtigkeit des Granitbodens findet sich in der Eleganz und der Stärke der Aromen wieder, die von exotischen Früchten beherrscht werden. Im Geschmack ist er ausgewogen und lang anhaltend. Ein rassiger, typischer Gewürztraminer, den man ebenso gut als Aperitif wie am Ende einer Mahlzeit servieren kann. (Restzucker: 17 g/l.)

Antoine Fonné, 14, Grand-Rue, 68770 Ammerschwihr, Tel. 03.89.47.37.90, Fax 03.89.47.18.83 n. V.

ROBERT FREUDENREICH ET FILS
Sélection de grains nobles 1998**

☐ 1,12 ha 2 700 23 à 30 €

Die von Kalksteingeröll bedeckten Mergelkalkböden von Pfaffenheim eignen sich perfekt für die Erzeugung von Sélections de grains nobles. Dieser tiefgelbe 98er mit bernsteinfarbenen Reflexen besitzt einen komplexen Duft, eine wahre Explosion von kandierten Früchten und Gewürzen, die eine für Edelfäule charakteristische Nuance betont. Der sinnliche Geschmack, der keinerlei Schwere zeigt, bestätigt die Eleganz des Weins bis zu einem lang anhaltenden Abgang. Aussicht auf eine große Zukunft. (Flaschen mit 50 cl Inhalt.) Außerdem hat das Gut für seinen **trockenen 99er Gewürztraminer** (Preisgruppe: 50 bis 69 F) einen Stern erhalten. Seine Trümpfe: ein sich entladender Duft, der Quitte, Melone und exotische Früchte mischt, und ein frischer, ausgewogener, anhaltender Geschmack.

Robert Freudenreich et Fils, 31, rue de l'Eglise, 68250 Pfaffenheim, Tel. 03.89.49.60.88, Fax 03.89.49.69.36
n. V.

FREY-SOHLER
Sélection de grains nobles 1998

☐ 0,9 ha k. A. 38 à 46 €

Diese Sélection de grains nobles kommt von einem alluvialen Kiesboden, was erklärt, warum er schon offen ist und warum man ihn schon jetzt trinken kann. Er ist tiefgelb mit goldenen Reflexen und entfaltet einen kräftigen Duft von Gewürzen und kandierten Früchten. Am Gaumen setzt sich dieser Eindruck fort. Ein nicht sehr komplexer Gewürztraminer, der aber frisch, typisch und harmonisch ist.

Frey-Sohler, 72, rue de l'Ortenbourg, 67750 Scherwiller, Tel. 03.88.92.10.13, Fax 03.88.82.57.11, E-Mail freysohl@terre-net.fr Mo–Sa 8h–12h 13h15–19h; So n. V.
Brüder Sohler

PAUL GINGLINGER
Vendanges tardives 1998*

☐ 0,7 ha 3 500 15 à 23 €

Paul Ginglinger führt einen zwölf Hektar großen Betrieb, der 1636 entstand. Unterstützt wird er von seinem Sohn Michel, der seit ein paar Jahren Önologe ist. Gemeinsam haben sie einen goldfarbenen Wein mit Aromen von kandierten Früchten erzeugt. Der volle, kräftige Stoff hinterlässt einen Eindruck von Stärke und Fülle. Die sehr harmonische Ausgewogenheit ist ein gutes Vorzeichen für die Entwicklung dieses Gewürztraminers.

Paul Ginglinger, 8, pl. Charles-de-Gaulle, 68420 Eguisheim, Tel. 03.89.41.44.25, Fax 03.89.24.94.88, E-Mail ginglin@club-internet.fr ☑ Y n. V.

ANDRE HARTMANN
Terrasses du Hagelberg 1999

☐ 0,3 ha k. A. 8 à 11 €

Die 1991 geduldig wieder hergestellten «Terrassen des Hagelbergs», das Schmuckstück der Domaine André Hartmann, verleihen dem Weinberg einen romantischen Zauber und begünstigen gleichzeitig eine frühe Reife der Trauben. Dieser Gewürztraminer spiegelt im Geruchseindruck sein Herkunftsgebiet mit dem Muschelkalkboden wider: Er zeigt sich nämlich sehr blumig, während der würzige Charakter erst im Schlussgeschmack zum Vorschein kommt. Ein eleganter, für eine lange Alterung gebauter Wein. (Restzucker: 30 g/l.)

André Hartmann, 11, rue Roger-Frémeaux, 68420 Voegtlinshoffen, Tel. 03.89.49.38.34, Fax 03.89.49.26.18
☑ Y Mo–Sa 9h–12h 14h–18h

HASSENFORDER 1999*

☐ 0,25 ha 1000 5 à 8 €

Dieser Gewürztraminer kommt aus Nothalten, einem Dorf, das ganz dem Weinbau geweiht ist. Gilbert Hassenforder, der seinen Betrieb seit 1977 führt, stellt einen Gewürztraminer vor, der von einem Mergel- und Kalksteinboden kommt und noch von Gäraromen geprägt ist, bei denen Banane hervortritt. Er hat eine gute, recht lebhafte Ansprache und ist gut strukturiert. Begleiten kann er Käse oder exotische Spezialiäten. (Restzucker: 8,5 g/l.)

Gilbert Hassenforder, 57, rte des Vins d'Alsace, 67680 Nothalten, Tel. 03.88.92.41.81, Fax 03.88.92.41.81 ☑ Y n. V.

BRUNO HERTZ Réserve 1999*

☐ 0,3 ha 2 000 5 à 8 €

Bruno Hertz, Winzer und Önologe, hat seinen Sitz mitten in dem mittelalterlichen Städtchen Eguisheim, das als eine der Wiegen des elsässischen Weinbaugebiets gilt. Er bewirtschaftet fast sechs Hektar Reben. Trotz seiner Herkunft von einem Ton- und Kalksteinboden ist sein Gewürztraminer Réserve schon sehr intensiv und ausdrucksvoll in der Nase mit seinen Zitrus- und Aprikosennuancen. Im Geschmack ist er frisch, kräftig gebaut und recht anhaltend. Er lässt sich ebenso angenehm als Aperitif wie zu einem exotischen Gericht servieren. (Restzucker: 5 g/l.)

Bruno Hertz, 9, pl. de l'Eglise, 68420 Eguisheim, Tel. 03.89.41.81.61, Fax 03.89.41.68.32 ☑ Y n. V.

ALBERT HERTZ Vendanges tardives 1998

☐ 0,35 ha 2 000 15 à 23 €

Eguisheim ist einer der malerischsten Marktflecken des Elsass und der Geburtsort von Papst Leo IX., dessen 1000. Geburtstag man im Jahre 2002 feiern wird. Albert Hertz hat hier einen strohgelben Wein mit goldenen Reflexen erzeugt. Der Duft äußert sich in komplexen Noten von exotischen Früchten und Rosinen sowie einem leicht rauchigen Charakter. Der Geschmack ist zwar seidig und ölig, aber die Großzügigkeit überdeckt nicht den Ausdruck der Rebsorte. Ein schon relativ entwickelter Wein.

Albert Hertz, 3, rue du Riesling, 68420 Eguisheim, Tel. 03.89.41.30.32, Fax 03.89.23.99.23 ☑ Y n. V.

DOM. ROGER HEYBERGER
Bildstoeckle Sélection de grains nobles 1998**

☐ 1 ha 4 000 23 à 30 €

Eine schöne goldgelbe Farbe mit strahlenden Reflexen und ein frischer Rosen- und Gewürzduft kennzeichnen ihn. Der Geschmack ist ölig und leicht kandiert, seine Länge beachtlich. Dieser 98er ist noch nicht sehr offen; es ist notwendig, dass man ihn ein wenig aufhebt, aber er ist viel versprechend.

Roger Heyberger et Fils, 5, rue Principale, 68420 Obermorschwihr, Tel. 03.89.49.30.01, Fax 03.89.49.22.28
☑ Y Mo–Sa 8h–12h 14h–18h

HORCHER
Sélection de grains nobles 1998*

☐ 0,25 ha 1000 23 à 30 €

In der Gemeinde Mittelwihr, von der sich östlich der für sein mildes Klima berühmte Grand cru Mandelberg befindet, teilen sich Riesling- und Gewürztraminer-Reben die Starrolle. Ernest Horcher präsentiert einen tiefbernsteingelben Wein mit goldenen Reflexen. Der noch verschlossene Geruchseindruck lässt trotzdem Zitrusnoten erkennnen. Der Geschmack zeigt eine schöne Ansprache; er ist samtig und erweckt einen angenehmen Eindruck. Seine Aromen sind intensiv und halten sehr lang an.

Ernest Horcher et Fils, 6, rue du Vignoble, 68630 Mittelwihr, Tel. 03.89.47.93.26, Fax 03.89.49.04.92
☑ Y Mo–Sa 8h–12h 14h–19h

CLAUDE ET GEORGES HUMBRECHT 1999*

☐ 0,75 ha 7 000 5 à 8 €

Gueberschwihr ist nicht nur für seinen romanischen Glockenturm bekannt, sondern auch ein Schmuckstück des elsässischen Weinbaugebiets. Georges und Claude Humbrecht arbeiten hier seit 1989 eng zusammen. Ihr Gewürztraminer, der trotz seines Ursprungs von einem Ton- und Kalksteinboden schon recht offenherzig ist,

bietet Aromen von Ananas und exotischen Früchten. Im Geschmack ist er kräftig und hält sehr lang an. Er ist ein trockener Wein, der zu Käse oder fernöstlichen Spezialitäten passt. (Restzucker: 6 g/l.)
EARL Claude et Georges Humbrecht, 33, rue de Pfaffenheim, 68420 Gueberschwihr, Tel. 03.89.49.31.51 n. V.

JEAN HUTTARD Prestige 1999*

0,5 ha 2 500 8 à 11 €

Zellenberg ist ein großartiges Dorf, das sich hoch auf einem Vorsprung östlich von Riquewihr befindet. Die Huttards, die am Rande der «Weinstraße» wohnen, sind hier seit vielen Generationen Winzer. Obwohl ihr Gewürztraminer von einem Ton- und Kalksteinboden stammt, ist er im Duft schon sehr intensiv; Rosennuancen konkurriern mit Noten von exotischen Früchten und Überreife. Im Geschmack besitzt er eine gute Ausgewogenheit, ist lang und warm und lässt einen großartigen Stoff erkennen. (Restzucker: 25 g/l.)
Jean Huttard, 10, rte du Vin, 68340 Zellenberg, Tel. 03.89.47.90.49, Fax 03.89.47.90.32 Di–So 9h–12h 14h–18h
Jean-Claude Huttard

JEAN-CHARLES KIEFFER 1999*

0,3 ha 1 500 5 à 8 €

Jean-Charles Kieffer entstammt einer Winzerfamilie, die ins 18. Jh. zurückreicht, und bewirtschaftet neun Hektar Reben im malerischen Dorf Itterswiller. Sein im Duft intensiver und zugleich sehr komplexer Gewürztraminer mischt mit den traditionellen Noten von Zitrusfrüchten und kandierten Früchten andere Merkmale, die mit der Überreife zusammenhängen. Ein nachhaltiger Wein, der im Geschmack füllig und strukturiert ist – die Frucht von schönem Traubengut. (Restzucker: 15 g/l.)
Jean-Charles Kieffer, 7, rte des Vins, 67140 Itterswiller, Tel. 03.88.85.59.80, Fax 03.88.57.81.44, E-Mail jean-charles-kieffer@wanadoo.fr tägl. 8h–12h 14h–18h

CAVE DE KIENTZHEIM-KAYSERSBERG
Altenburg 1999

9,83 ha 16 000 8 à 11 €

Diese Genossenschaft vereint die Produktion von 180 ha Weinbergen, die sich auf die beiden Nachbargemeinden Kaysersberg und Kientzheim verteilen. In dem letztgenannten Dorf befindet sich der Sitz der Confrérie Saint-Etienne. Dieser Gewürztraminer, der im Geruchseindruck eine mittlere Stärke zeigt, entfaltet Aromen von Tee und reifen Früchten. Im Geschmack ist er ausgewogen und elegant. Er ist noch jung, wird sich aber mit der Zeit entwickeln, wie alle Weine, die von tonigen Mergelböden stammen. (Restzucker: 20 g/l.)
Cave de Kientzheim-Kaysersberg, 10, rue des Vieux-Moulins, 68240 Kientzheim, Tel. 03.89.47.13.19, Fax 03.89.47.34.38 n. V.

KLEIN AUX VIEUX REMPARTS
Schlossreben 1999*

0,75 ha 4 500 8 à 11 €

Die treuen Leser unseres Weinführers kennen sehr wohl die Produktion dieses 8 ha großen Guts, das zu Füßen der Haut-Kœnigsbourg liegt und seit 1973 von Jean-Marie Klein geführt wird: Seine Weine sind hier regelmäßig vertreten. Seine «Schlossreben» wachsen auf einem Granitboden, der einen Gewürztraminer mit einem sehr eleganten Frucht- und Röstduft hervorgebracht hat. Dieser 99er, der im Mund eine schöne Ansprache bietet und lebhaft und zugleich kräftig gebaut ist, passt zu vielen Gerichten. (Restzucker: 7,5 g/l.)
Françoise et Jean-Marie Klein – Aux Vieux Remparts, rte du Haut-Kœnigsbourg, 68590 Saint-Hippolyte, Tel. 03.89.73.00.41, Fax 03.89.73.04.94 n. V.

PAUL KUBLER Weingarten 1999

0,22 ha 2 000 8 à 11 €

Die Kublers, die seit 1620 Generation für Generation Winzer sind, führen ein Gut in Soultzmatt, einem zauberhaften Marktflecken des Vallée Noble. Dieser Gewürztraminer, der von einem Sandsteinboden kommt, ist bereits im Geruchseindruck sehr voll und intensiv, wobei sich die Aromen der Traubensorte mit den Gäraromen vermischen. Im Geschmack ist er kräftig und harmonisch. Er ist das Ergebnis von schönem Lesegut. (Restzucker: 24 g/l.)
EARL Paul Kubler, 103, rue de la Vallée, 68570 Soultzmatt, Tel. 03.89.47.00.75, Fax 03.89.47.65.45, E-Mail kubler@lesvins.com n. V.

KUEHN Kaefferkopf 1999*

k. A. 25 000 8 à 11 €

Die Firma Kuehn, ein altehrwürdiges Unternehmen in Ammerschwihr, gehört heute zur Genossenschaftskellerei von Ingersheim, hat aber ihre Autonomie bewahrt und bewirtschaftet weiterhin ihr prächtiges Gut mit den zwölf Hektar Weinbergen. Ihr Gewürztraminer vom Kaefferkopf bietet einen sehr intensiven Duft, der blumige und würzige Noten mischt; hinzu kommen originellere Nuancen von Veilchen und kandierten Früchten. Im Geschmack ist er ziemlich fett und füllig. Ein ausgewogener, rassiger Wein, der sehr verheißungsvoll ist. (Restzucker: 20 g/l.)
Kuehn SA, 3, Grand-Rue, 68770 Ammerschwihr, Tel. 03.89.78.23.16, Fax 03.89.47.18.32 Mo–Fr 8h–12h 13h–17h

FRANÇOIS LICHTLE
Sélection de grains nobles 1998**

k. A. 600 23 à 30 €

Das Dorf Husseren-les-Châteaux, das 390 m hoch liegt, ist der am höchsten gelegene Ort an der Elsässischen Weinstraße. Seinen Aufschwung nahm es während der Französischen Revolution, als die Dorfbewohner Besitzer der Ländereien wurden, die früher der Abtei Marbach gehört hatten. Von seinem Terroir mit Ton- und Kalksteinböden kommt ein tiefgelber Gewürztraminer, der altgolden funkelt. Der intensive Duft ist von großer Komplexität und er-

innert an kandierte Früchte und getrocknete Aprikosen. Der generöse, ölige Wein besitzt «Fett» und Körper und beweist bis zum sehr lang anhaltenden Abgang eine schöne Harmonie. (Flaschen mit 50 cl Inhalt.)
Dom. François Lichtlé,
17, rue des Vignerons, 68420 Husseren-les-Châteaux, Tel. 03.89.49.31.34,
Fax 03.89.49.37.51, E-Mail hlichtle@aol.com
n. V.

FRANÇOIS LIPP
Sélection de grains nobles 1998**

☐ 0,46 ha 600 30 à 38 €

Die Firma Lipp wurde um 1825 gegründet. Sie beliefert die Brauerei Lipp, die man in Paris ebenso wie in Zürich findet, und besitzt 6,5 ha Reben. Eine gelbe Farbe mit bernsteingelben Reflexen von großem Glanz verleiht ihrem Gewürztraminer sofort einen gewissen Reiz. Der feine Duft befindet sich im würzigen Register. Im Geschmack ist der Wein vornehm und vollkommen ausgewogen und bietet einen Hauch von Akazienblüte. Er wirkt kandiert und «riecht nach Sonne», wie einer der Verkoster schrieb. Schönes Traubengut.
François Lipp et fils, 6, rte du Vin,
68420 Husseren-les-Châteaux,
Tel. 03.89.49.30.37, Fax 03.89.49.32.23
n. V.

MARZOLF Sélection de grains nobles 1998*

☐ 0,25 ha 1 300 30 à 38 €

Diese seit 1844 in Gueberschwihr lebende Familie genießt den Vorzug, dass sie einen Teil ihrer Rebparzellen auf dem Grand cru Goldert hat. Der bernsteingelbe 98er mit den altgoldenen Reflexen bietet würzige und röstartige Aromen und Kaffeenoten. Im Geschmack ist er füllig und komplex, vielleicht noch ein wenig schwer, aber von schöner Länge. Heben wir ihn noch ein wenig auf.
GAEC Marzolf, 9, rte de Rouffach,
68420 Gueberschwihr, Tel. 03.89.49.31.02,
Fax 03.89.49.20.84, E-Mail vins@marzolf.fr
n. V.

ALBERT MAURER 1999*

☐ 1,05 ha 6 500 5 à 8 €

Albert Maurer, der seit 1965 Winzer ist, führt heute einen elf Hektar großen Weinbaubetrieb, der in der Nähe des Städtchens Barr liegt. Getreu seiner Herkunft von einem Ton- und Kalksteinboden zeigt sein Gewürztraminer einen üppigen Duft, der sich zu würzigen Aromen entfaltet. In der Ansprache ist er ziemlich opulent. Es handelt sich um einen fetten, gut strukturierten, anhaltenden Wein. (Restzucker: 14 g/l.)
Albert Maurer, 11, rue du Vignoble,
67140 Eichhoffen, Tel. 03.88.08.96.75,
Fax 03.88.08.59.98
Mo–Sa 8h–12h 13h30–18h

GERARD METZ
Vieilles vignes Cuvée Prestige 1999*

☐ 0,5 ha 3 000 5 à 8 €

Die Familie Metz, die seit Anfang des 20. Jh. Wein anbaut und heute ein Gut mit zwölf Hektar Reben besitzt, verdankt ihren Ruf nicht nur ihrem Können, sondern auch der Vielfalt der Terroirs, die sie nutzt. So findet man den Stempel eines tonig-sandigen Bodens in der aromatischen Stärke dieses Gewürztraminers, in dem man Gewürz- und Lakritzenoten erkennt. Im Geschmack ist er ziemlich weich und wohl ausgewogen – das Ergebnis von schönem Traubengut. Er passt zu Käse und Nachspeisen. (Restzucker: 7 g/l.)
Dom. Gérard Metz, 23, rte du Vin,
67140 Itterswiller, Tel. 03.88.57.80.25,
Fax 03.88.57.81.42 n. V.
Eric Casimir

DOM. RENE MEYER
La Croix du Pfoeller Vieilles vignes Cuvée Martin 1999

☐ 0,55 ha 5 400 8 à 11 €

René Meyer, der seit 1959 Winzer ist, bewirtschaftet heute gemeinsam mit seinem Sohn acht Hektar Reben in großartiger Lage. Diese Cuvée Martin, die von 45 Jahre alten Reben auf einem Kalkmergelboden stammt, zeichnet sich in der Nase durch rauchige Aromen aus. Im Geschmack ist sie ziemlich sanft und besitzt die Struktur, die für eine schöne Harmonie notwendig ist. Nach einer zwei- bis dreijährigen Lagerung wird sie ihre optimale Qualität erreichen. (Restzucker: 31 g/l.)
EARL Dom. René Meyer et Fils, 14, Grand-Rue, 68230 Katzenthal, Tel. 03.89.27.04.67,
Fax 03.89.27.50.59 n. V.

DOM. MOLTES Bergweingarten 1999*

☐ 0,5 ha 2 500 8 à 11 €

Stéphane und Michäel Moltès entstammen einer alten Winzerfamilie, die bis ins 18. Jh. zurückreicht, und haben dieses Gut 1997 übernommen. Die beiden Brüder bewirtschaften elf Hektar Reben. Der Ton- und Kalksteinboden der Reblage Bergweingarten bekommt dem Gewürztraminer gut. Dieser hier ist nämlich im Geruchseindruck besonders typisch mit seinen würzigen und fruchtigen Nuancen. Er ist ein opulenter Wein, der im Geschmack ziemlich rund und fett ist: alles, was zum Aperitif oder zu Nachspeisen erforderlich ist. (Restzucker: 20 g/l.)
Dom. Antoine Moltès et Fils,
8-10, rue du Fossé, 68250 Pfaffenheim,
Tel. 03.89.49.60.85, Fax 03.89.49.50.43,
E-Mail domaine@vins-moltes.com
tägl. 8h–12h 14h–19h

JULES MULLER Réserve 1999

☐ 3 ha 20 000 8 à 11 €

Das 1886 gegründete Handelshaus Jules Muller hat seine Persönlichkeit bewahrt, auch wenn es heute der Firma Gustave Lorentz gehört. Damit es nicht zu weit von den geernteten Trauben entfernt ist, bewirtschaftet es weiterhin einen eigenen, zwölf Hektar großen Weinberg. Dieser

Gewürztraminer, der von einem Ton- und Kalksteinboden stammt, entfaltet in der Nase schon sehr ausdrucksvolle Frucht- und Gewürzaromen. Im Geschmack ist er kräftig und ziemlich fett. Es handelt sich um das Ergebnis von schönem Traubengut. (Restzucker: 6 g/l.)

Jules Muller, 91, rue des Vignerons, 68750 Bergheim, Tel. 03.89.73.22.21, Fax 03.89.73.30.49 ☑ Ῑ Mo–Sa 10h–12h 14h–18h30

Gustave Lorentz

CH. D'ORSCHWIHR Bollenberg 1999**

☐ 1,3 ha 10 000 5 à 8 €

Hubert Hartmann hat vor ein paar Jahren dieses Château übernommen, das ein 20 ha großes Gut besitzt; es hat ihm ein Ansehen eingebracht, von dem die in den letzten Ausgaben des Hachette-Weinführers errungenen Sterne zeugen. Sein auf einem Ton- und Kalksteinboden erzeugter Gewürztraminer vom Bollenberg entfaltet in der Nase sehr intensive Aromen, bei denen sich Gewürze mit Blütenblättern von Rosen mischen. Am Gaumen zeigt er eine schöne Ansprache und ist sehr kräftig. Ein trockener Wein, der sich ideal für exotische Küche eignet. (Restzucker: 4 g/l.)

Ch. d'Orschwihr, 1, rue du Centre, 68500 Orschwihr, Tel. 03.89.74.25.00, Fax 03.89.76.56.91, E-Mail hh@chateau-or.com ☑ Ῑ n. V.

OTTER Sélection de grains nobles 1998**

☐ 0,34 ha 1 600 30 à 38 €

Die Domaine Otter arbeitet seit 1890 in Hattstatt, einem alten Städtchen, das im 12. Jh. befestigt wurde und von dem man noch Teile der Stadtmauern sehen kann. Sie stellt einen tiefgelben Wein mit bernsteinfarbenen Reflexen vor. Nach einem komplexen Geruchseindruck von exotischen Früchten und Gewürzen zieht sich der Geschmack lang hin, mit «Fett» und Aromen exotischer Früchte. Früchte und Rosinen kennzeichnen den anhaltenden Abgang. Ein großer Wein.

Dom. François Otter et Fils, 4, rue du Muscat, 68420 Hattstatt, Tel. 03.89.49.33.00, Fax 03.89.49.38.69, E-Mail ottjef@nucleus.fr ☑ Ῑ n. V.

Jean-François Otter

LES VIGNERONS DE PFAFFENHEIM ET GUEBERSCHWIHR Grande Réserve 1999**

☐ 0,77 ha 6 000 8 à 11 €

Die Genossenschaftskellerei von Pfaffenheim fusionierte 1968 mit der von Gueberschwihr. Sie vereint heute die Produktion von 235 ha Weinbergen. Ihre Weine werden im Hachette-Weinführer oft sehr gut benotet. Nehmen Sie diesen Gewürztraminer, der Eleganz mit Stärke verbindet. In der Nase ist er durch Aromen von Früchten, Quitte und Überreife geprägt, während er sich am Gaumen als sehr füllig und vor allem sehr lang anhaltend erweist. Die ganze Rassigkeit des Terroir ist in diesem Wein vorhanden. (Restzucker: 17 g/l.)

Cave de Pfaffenheim, 5, rue du Chai, BP 33, 68250 Pfaffenheim, Tel. 03.89.78.08.08, Fax 03.89.49.71.65, E-Mail cave@pfaffenheim.com ☑ Ῑ tägl. 8h–12h 14h–18h

ERNEST PREISS Cuvée particulière 1999*

☐ 1,5 ha 17 000 8 à 11 €

Riquewihr, das von den letzten kriegerischen Auseinandersetzungen verschont blieb, hat ein reiches Erbe bewahrt, das es zu einem der berühmtesten Weinbauorte im Elsass macht. Viele Winzer und Weinhändler führen hier die Tradition fort. Die Firma Ernest Preiss stellt einen im Geruchseindruck noch jugendlichen Gewürztraminer vor, den ein Hauch von Vanille trägt. Die gesamte Ausdrucksstärke der Rebsorte entlädt sich im Geschmack, der würzig und zugleich tief ist. Ein anhaltender Wein, der für eine lange Lagerung gerüstet ist. (Restzucker: 9 g/l.)

Ernest Preiss, rue Jacques-Preiss, BP 3, 68340 Riquewihr, Tel. 03.89.47.91.21 ☑ Ῑ n. V.

PREISS-ZIMMER Vieilles vignes 1999

☐ 3 ha 26 000 8 à 11 €

Diese Handelsfirma hat ihren Sitz in Riquewihr, das ein Juwel des elsässischen Weinbaugebiets ist, wegen seiner Geschichte und seiner Baukunst ebenso wie aufgrund der Qualität des Terroir. Sie präsentiert einen noch sehr jugendlichen Gewürztraminer, der seiner Herkunft von einem Ton- und Kalksteinboden entspricht. Die elegante Note von exotischen Früchten zeigt sich vor allem am Gaumen. Er ist robust und zugleich kräftig, ein schöner Wein zum Lagern. (Restzucker: 15 g/l.)

SARL Preiss-Zimmer, 40, rue du Gal-de-Gaulle, 68340 Riquewihr, Tel. 03.89.47.86.91, Fax 03.89.27.35.33

VIGNOBLES REINHART Sélection de grains nobles 1998*

☐ 0,4 ha 3 000 23 à 30 €

Orschwihr gehört zu den elsässischen Weinbauorten. Es liegt am Fuße seines Grand cru Pfingstberg und veranstaltet jedes Jahr die «Nacht des Crémant». Pierre Reinhart präsentiert hier einen sehr tiefen goldgelben Gewürztraminer mit bernsteinfarbenen Reflexen. In der Nase enthüllt sein Wein Aromen, die auf diskrete Weise kandiert wirken. Im Geschmack ist er kräftig, offenherzig und gut entwickelt. In dieser aromatischen Entladung dominieren Noten von kandierter Birne. (Flaschen mit 50 cl Inhalt.)

Pierre Reinhart, 7, rue du Printemps, 68500 Orschwihr, Tel. 03.89.76.95.12, Fax 03.89.74.84.08 ☑ Ῑ n. V.

DOM. EDMOND RENTZ Sélection de grains nobles 1998*

☐ 1 ha 1 800 30 à 38 €

Zellenberg liegt 285 m hoch auf einem Bergrücken, was ihm den Beinamen «Klein-Toledo» eingebracht hat. Hier haben die Vorfahren der Familie Rentz 1785 ihre ersten Morgen Rebland gekauft. Das Gut umfasst heute 20 Hektar. Sein bernsteingelber Gewürztraminer ist fein, aber zurückhaltend und lässt dabei Aromen von kandierten Früchten und Aprikose erkennen. Der sehr edelsüße, reiche, kräftige Geschmack klingt mit einer angenehmen Empfindung von Frische aus. Ein Wein, der seiner vollkommenen Harmonie nahe ist. (Flaschen mit 50 cl Inhalt.)

EARL Dom. Edmond Rentz, 7, rte du Vin, 68340 Zellenberg, Tel. 03.89.47.90.17, Fax 03.89.47.97.27
Mo–Sa 9h–12h 14h–18h

DOM. FRANÇOIS RUNNER ET FILS
Bergweingarten 1999*

☐ 0,83 ha 7 000 5 à 8 €

1997 trat Francis-Claude die Nachfolge seines Vaters François Runner auf diesem 12 ha großen Gut an. Die Qualität ist stets vorhanden, wenn man nach der Regelmäßigkeit urteilt, mit der das Gut in unserem Weinführer erwähnt wird. Dieser Gewürztraminer, der von einem Ton- und Kalksteinboden kommt, entfaltet in der Nase kräftige Blütenaromen, die von Röstnuancen begleitet werden. Im Geschmack ist er recht weich, vollkommen ausgewogen und sehr lang anhaltend. Ein Wein von großer Eleganz, den man als Aperitif oder zu asiatischen Spezialitäten servieren sollte. (Restzucker: 10 g/l.)

Dom. François Runner et Fils, 1, rue de la Liberté, 68250 Pfaffenheim, Tel. 03.89.49.62.89, Fax 03.89.49.73.69
tägl. 8h–12h 13h–19h; Gruppen n. V.

SAULNIER
Vendanges tardives Vieilles vignes 1998**

☐ 0,29 ha 1 800 15 à 23 €

Der Reichtum von Gueberschwihr beruht wirklich auf seinen Weinbergen. Um sich davon zu überzeugen, reicht es aus, wenn man in seinen engen, gepflasterten Gässchen umherschlendert; diese sind gesäumt von Renaissancehäusern, die sich zu einem großen Hof mit Treppentürmchen und hohen Kellern öffnen. Hier hat Marco Saulnier 1992 seinen Weinbaubetrieb geschaffen. Er wird in unserem Weinführer regelmäßig erwähnt und stellt einen strohgelben Gewürztraminer vor, der nach getrockneten Früchten, Feige und Aprikose duftet. Die gleichen Noten kehren im Geschmack wieder, innerhalb eines konzentrierten Stoffs, der gut verschmolzen, kräftig und rassig ist. In einem sehr lang anhaltenden Abgang kommt eine Quittennuance zum Vorschein.

Marco Saulnier, 43, rue Haute, 68420 Gueberschwihr, Tel. 03.89.86.42.02, Fax 03.89.49.34.82 n. V.

SAULNIER 1999**

☐ 0,15 ha 1 200 5 à 8 €

Bevor Marco Saulnier 1992 Winzer wurde, hatte er seine Laufbahn in der Landwirtschaftskammer des Departements Haut-Rhin begonnen. Er machte sofort von sich reden, wie die Sterne bezeugen, die seine Weine seit mehreren Jahren in unserem Weinführer würdigen. Trotz einer Herkunft von einem Ton- und Kalksteinboden verströmt sein Gewürztraminer bereits sehr intensive Gewürz- und Rosendüfte. Er ist reich und kräftig, das Ergebnis von bemerkenswertem Traubengut. (Restzucker: 8 g/l.)

Marco Saulnier, 43, rue Haute, 68420 Gueberschwihr, Tel. 03.89.86.42.02, Fax 03.89.49.34.82 n. V.

MARTIN SCHAETZEL
Ammerschwihr Cuvée Isabelle 1999*

☐ 0,6 ha 4 000 8 à 11 €

Seit zwanzig Jahren schafft es Jean Schaetzel, seine Funktionen als Organisator der Berufsausbildung für Winzer und die Führung eines acht Hektar großen Familienbetriebs zu vereinen. Seine Cuvée Isabelle, die ihr kieshaltiges Herkunftsgebiet widerspiegelt, zeigt sich in der Nase schon sehr intensiv, was sie jedoch nicht daran hindert, eine sehr elegante Aromenpalette zu bieten, die aus Rosen, Litschi und kandierten Früchten besteht. Der recht volle Geschmack enttäuscht nicht. Seine Rundheit wird durch das Gerüst vollkommen ausbalanciert. (Restzucker: 19,6 g/l.)

SARL Martin Schaetzel, 3, rue de la 5e-Division-Blindée, 68770 Ammerschwihr, Tel. 03.89.47.11.39, Fax 03.89.78.29.77
n. V.
Béa und Jean Schaetzel

DOM. JOSEPH SCHARSCH 1999*

☐ 0,5 ha 4 000 5 à 8 €

Als Joseph Scharsch diesen Betrieb 1970 übernahm, besaß er nur 2,5 Hektar Reben. Er hat seine Anbaufläche auf zehn Hektar vergrößert und sich auf den Weinbau spezialisiert. Sein Gewürztraminer, der von einem Kalkmergelboden kommt, wirkt in der Nase noch sehr jung. Doch schon in der Ansprache zeigt er seine Vorzüge: einen fülligen, strukturierten Geschmack, der nicht ohne Rundheit ist. Ein viel versprechender Wein, den man als Aperitif oder zum Dessert servieren kann. (Restzucker: 9 g/l.) Die gleiche Rebsorte hat eine **98er Sélection de grains nobles** (Preisgruppe: 100 bis 149 F, die Flasche mit 50 cl Inhalt) hervorgebracht, die ebenso gelungen ist (ein Stern). Ein im Geschmack harmonischer Wein, der im Abgang frisch ist, mit einer kräftigen, eleganten Aromenpalette (gekochte Früchte, Orange, Mirabelle).

Dom. Joseph Scharsch, 12, rue de l'Eglise, 67120 Wolxheim, Tel. 03.88.38.30.61, Fax 03.88.38.01.13, E-Mail domaine.scharsch@wanadoo.fr n. V.

SCHERB Sélection de grains nobles 1998*

☐ 0,43 ha k. A. 23 à 30 €

Die Gewürztraminer-Reben fügen sich ein zwischen das Grün der Tannenwälder und das Rosarot des Sandsteins in den Steinbrüchen von Gueberschwihr. Die Rebsorte kommt in einem intensiv gelben Wein mit altgoldenen Reflexen zum Ausdruck. Räucher- und Gewürznoten betonen den Duft von exotischen Früchten. Der Geschmack besitzt die gleiche aromatische Stärke; er ist voll, weit und tief.

Michel Scherb, 16, rue Haute, 68420 Gueberschwihr, Tel. 03.89.49.26.82, Fax 03.89.49.39.06 n. V.

A. SCHERER Holzweg 1999★

☐ 0,25 ha 1 500 8à11€

Dieser Gewürztraminer kommt aus Husseren-les-Châteaux, einem malerischen, hoch gelegenen Dorf, das einen nicht verbaubaren Ausblick über die Oberrheinische Tiefebene bietet. Sie können ihn in einem Gebäude von 1750 probieren. Dieser Wein, der mit seinen Aromen von reifen Früchten und Überreife in der Nase sehr angenehm ist, spiegelt die ganze Vornehmheit des tonig-kalkigen Terroir wider, von dem er stammt. Der recht kräftig gebaute, harmonische Geschmack besitzt ein wenig Restzucker (12 g/l), der unmittelbar auf die Qualität des Leseguts zurückzuführen ist.

Vignoble A. Scherer, 12, rte du Vin, BP 4, 68420 Husseren-les-Châteaux, Tel. 03.89.49.30.33, Fax 03.89.49.27.48, E-Mail ascherer@wanadoo.fr
☑ Y Mo–Sa 8h–12h 13h–18h

DOM. PIERRE SCHILLE Réserve 1999★

☐ 0,39 ha 3 700 8à11€

Pierre Schillé und seine Frau begannen Anfang der 60er Jahre mit der Flaschenabfüllung. Ihr Sohn Christophe hat 1990 die Leitung des Guts übernommen und besitzt heute eine große Bandbreite an Reblagen. Sein von Ton- und Kalksteinböden stammender Gewürztraminer Réserve ist schon recht entfaltet; er mischt würzige Noten mit blumigen Düften. Im Geschmack ist er sehr füllig: ein fetter, strukturierter, lang anhaltender Wein von großer Harmonie. (Restzucker: 34 g/l.)

Pierre Schillé et Fils, 14, rue du Stade, 68240 Sigolsheim, Tel. 03.89.47.10.67, Fax 03.89.47.39.12 ☑ Y n. V.

JEAN-LOUIS SCHOEPFER
Kirchacker 1999★

☐ 0,35 ha 2 500 8à11€

Wer kennt nicht die sehr südfranzösisch wirkende Redseligkeit Jean-Louis Schoepfers? Dieser begeisterte Winzer, der in den letzten Jahren von seinen beiden Söhnen unterstützt wird, bewirtschaftet ein zehn Hektar großes Gut in Wettolsheim, in der Nähe von Colmar. Dieser Gewürztraminer, der von einem Ton- und Kieselboden kommt, bietet einen sehr intensiven Lakritze- und Orangenschalenduft. Er ist reich und opulent, was ein Hauch von Überreife verstärkt, und hält im Geschmack lang an. (Restzucker: 7,5 g/l.)

EARL Jean-Louis Schoepfer, 35, rue Herzog, 68920 Wettolsheim, Tel. 03.89.80.71.29, Fax 03.89.79.61.35, E-Mail jlschoepfer@libertysurf.fr ☑ Y n. V.

J. SIEGLER 1999★

☐ 0,6 ha 3 300 5à8€

Jean Siegler gehört zu den vielen Winzern in Mittelwihr, einem Dorf, das den Weinfreunden aufgrund seines Mandelbergs, einer Reblage mit guter Ausrichtung und früher Reife, bekannt ist. Obwohl sein Gewürztraminer von einem Kalkmergelboden stammt, ist er im Duft schon sehr intensiv, wobei Aromen von Rosen, Gewürzen und reifen Früchten dominieren. Im Geschmack ist er ausgewogen und kräftig gebaut. Ein lang anhaltender, rassiger Wein. (Restzucker: 10 g/l.)

EARL Jean Siegler Père et Fils, Clos des Terres-Brunes, 26, rue des Merles, 68630 Mittelwihr, Tel. 03.89.47.90.70, Fax 03.89.49.01.78
☑ Y tägl. 9h–19h

LES VIGNERONS DE SIGOLSHEIM
Lieu-dit Vogelgarten 1999★

☐ k. A. 38 000 8à11€

Auch wenn sich die Genossenschaftskellerei von Sigolsheim, eine der ersten, die nach den Gefechten um die Einbruchstelle von Colmar gegründet wurden, mit der Genossenschaftskellerei von Turckheim zusammengetan hat, hält sie mit Nachdruck daran fest, die Trauben ihrer Reblagen zu vinifizieren. Der Vogelgarten hat einen Gewürztraminer mit einem ausdrucksvollen Ananas- und Bananenduft geliefert. Seine Ansprache ist recht frisch; der würzige Geschmack hält besonders lang an. (Restzucker: 8,1 g/l.)

La Cave de Sigolsheim, 11-15, rue Saint-Jacques, 68240 Sigolsheim, Tel. 03.89.78.10.10, Fax 03.89.78.21.93, E-Mail la.cave.de.sigolsheim@gofornet.com
☑ Y tägl. 8h–12h 13h30–17h30

RENE SIMONIS Kaefferkopf 1999★

☐ 0,3 ha 1 800 8à11€

Etienne Simonis entstammt einer in Ammerschwihr seit dem 17. Jh. ansässigen Winzerfamilie und leitet den Betrieb seit 1996. Dieses Jahr finden wir ihn hier mit einem Gewürztraminer vom Kaefferkopf. Trotz seiner Herkunft von einem Granitboden bleibt dieser 99er sehr jugendlich und diskret im Geruchseindruck, der von blumigen Düften dominiert wird. Im Geschmack, der weich und zugleich gut strukturiert ist, kommen seine Aromen von exotischen Früchten zum Vorschein. Ein verführerischer Wein, der Aussicht auf eine schöne Zukunft hat. (Restzucker: 440 g/l.)

René et Etienne Simonis, 2, rue des Moulins, 68770 Ammerschwihr, Tel. 03.89.47.30.79, Fax 03.89.78.24.10
☑ Y n. V.

SIPP-MACK Vieilles vignes 1999★★

☐ 1,48 ha 12 000 8à11€

Die Domaine Sipp-Mack besitzt 17 Hektar, eine Rebfläche, die größer ist, als sie die meisten Familienbetriebe in der Region haben. Die Rebparzellen verteilen sich auf die Gemeinden Hunawihr, Ribeauvillé und Bergheim. Dieser Gewürztraminer von einem Tonmergelboden bietet ein herrliches Bouquet, das fruchtige, blumige und honigartige Nuancen verbindet. Im Geschmack ist er ziemlich rund, aber recht kräftig gebaut. Ein hinreißender Wein, der das Ergebnis von bemerkenswertem Traubengut ist. (Restzucker: 28 g/l.)

Dom. Sipp-Mack, 1, rue des Vosges, 68150 Hunawihr, Tel. 03.89.73.61.88, Fax 03.89.73.36.70, E-Mail sippmack@calixo.net ☑ Y n. V.

PAUL SPANNAGEL 1999*

☐ 0,35 ha 3 700 5 à 8 €

Der moderne Kirchturm, der auf die Zerstörungen im Zweiten Weltkrieg zurückzuführen ist, darf nicht täuschen. Katzenthal ist ein geschichtsträchtiges Dorf, das von der Weinbautradition durchdrungen ist. Auf einem Kalksteinboden konnte Paul Spannagel einen sehr blumigen Gewürztraminer erzeugen. Dieser in der Ansprache klare, ausgewogene und lang anhaltende 99er wird seinen Platz als Aperitif wie auch zu Käse oder Nachspeisen finden. (Restzucker: 8 g/l.)

Paul Spannagel et Fils, 1, Grand-Rue, 68230 Katzenthal, Tel. 03.89.27.01.70, Fax 03.89.27.45.93 Mo–Sa 8h–12h 14h–19h

VINCENT SPANNAGEL
Sélection de grains nobles 1998**

☐ 0,36 ha 1 280 23 à 30 €

Katzenthal liegt einige Kilometer westlich von Colmar. Das zwischen seine Weinberge eingebettete Dorf wird von Château de la Wineck überragt. Vincent Spannagel hat hier einen goldgelben Wein von sehr großem Glanz erzeugt. Der Duft ist fein fruchtig, mit Gewürznoten. Im Geschmack ist dieser Gewürztraminer kräftig, aber harmonisch und bietet einen Anflug von kandierten Früchten.

Vincent Spannagel, 82, rue du Vignoble, 68230 Katzenthal, Tel. 03.89.27.52.13, Fax 03.89.27.56.48 n. V.

BERNARD STAEHLE Cuvée Elise 1999*

☐ 0,6 ha 2 700 5 à 8 €

Bernard Staehlé, der in einer Gemeinde in der Nähe von Colmar lebt, führt ein Gut mit mehr als sechs Hektar Reben. Er hat seinen Betrieb auf ein ausgezeichnetes Niveau angehoben, wie die vielen Sterne bezeugen, die er im Hachette-Weinführer erhalten hat. Seine Cuvée Elise, die von einem Kalkmergelboden kommt, bietet einen sehr ausdrucksvollen Quitten- und Litschiduft. Seine volle Harmonie erreicht dieser wohl ausgewogene, lang anhaltende, kräftige Wein nach einer zwei- bis dreijährigen Lagerung. (Restzucker: 18 g/l.)

EARL Bernard Staehlé, 15, rue Clemenceau, 68920 Wintzenheim, Tel. 03.89.27.39.02, Fax 03.89.27.59.37 n. V.

DOM. STOEFFLER
Vendanges tardives 1998*

☐ 0,6 ha 2 500 11 à 15 €

Martine und Vincent Stoeffler haben ihren Betrieb in Barr. Seit 1988 haben sie ihre Weinberge mit denen von Martines Eltern zusammengelegt, die in Ribeauvillé wohnen. Sie sind beide Önologen und üben ihren Beruf meisterlich aus. Ihr Wein, der mit seiner hellgelben Farbe einen schönen Anblick bietet, entfaltet einen intensiven Duft, der auf gekochte Früchte ausgerichtet ist, vor allem auf Mirabellenkonfitüre. Der Geschmack zeigt eine schöne (vielleicht noch zu große?) Rundheit. Er ist kräftig und typisch. «Dieser Gewürztraminer ist ein großer Klassiker», meinte einer der Verkoster.

Dom. Martine et Vincent Stoeffler, 1, rue des Lièvres, 67140 Barr, Tel. 03.88.08.52.50, Fax 03.88.08.17.09, E-Mail vins.stoeffler@wanadoo.fr n. V.

THOMANN Clos du Letzenberg 1999

☐ 0,2 ha 2 152 8 à 11 €

Die Familie Thomann bewirtschaftet ein Gut mit sieben Hektar Reben. 1978 wagte sie sich an das gewaltige Vorhaben, den Letzenberg wieder zu nutzen, indem sie seine Steilhänge terrassierte. Das bringt uns einen golden funkelnden Gewürztraminer mit sortentypischem Duft ein. Am Gaumen erweist er sich als gut strukturiert. Ein lang anhaltender, großzügiger Wein, der für die Lagerung perfekt gerüstet ist. (Restzucker: 12 g/l.)

Vins Le Manoir, 56, rue de la Promenade, 68040 Ingersheim, Tel. 03.89.27.23.69, Fax 03.89.27.23.69, E-Mail thomann@terre-net.fr n. V.

Thomann

ANDRE THOMAS ET FILS
Vieilles vignes 1999

☐ 0,6 ha 3 000 11 à 15 €

André und François Thomas, leidenschaftliche Winzer, bewirtschaften gemeinsam sechs Hektar Reben und stellen sich im Augenblick auf biologischen Anbau um. Ihr Gewürztraminer Vieilles vignes, der von einem Ton- und Kalksteinboden kommt, befindet sich noch in seiner Jugendphase. In der Nase ist er durch Aromen von großer Feinheit geprägt. Im Geschmack ist er ziemlich fett, besitzt aber eine Säurestruktur, die es ihm erlaubt, sich nach einer drei- bis vierjährigen Lagerung voll zu entfalten. (Restzucker: 30 g/l.)

EARL André Thomas et Fils, 3, rue des Seigneurs, 68770 Ammerschwihr, Tel. 03.89.47.16.60, Fax 03.89.47.37.22 n. V.

TRIMBACH
Cuvée des Seigneurs de Ribeaupierre 1997**

☐ 2,5 ha 12 000 15 à 23 €

Ein Familienunternehmen, das ganz der elsässischen Tradition entspricht, stellt seine Kunst des Verschneidens heraus, in Cuvées mit besonderen Namen, die durch Gewissenhaftigkeit und Anspruch geprägt sind. Nehmen Sie diesen Gewürztraminer, dessen kräftige strohgelbe Farbe ein leichter goldener Schimmer belebt. Der intensive, sehr typische Geruchseindruck bietet die gesamte Palette der Rebsorte, mit Düften von Gewürzen, Rosen und exotischen Früchten sowie Muskatellernoten. Der ebenso ausdrucksvolle Geschmack zeigt eine ziemlich reichhaltige, sogar opulente Ausbalanciertheit. Ein schöner, sanfter, lang anhaltender Abgang, in dem sich reintönige Aromen ohne jegliche Schwere entfalten, beschließt die Verkostung dieses überschwänglichen Weins.

F.E. Trimbach, 15, rte de Bergheim, 68150 Ribeauvillé, Tel. 03.89.73.60.30, Fax 03.89.73.89.04, E-Mail contact@maison-trimbach.fr n. V.

CHARLES WANTZ
Sélection de grains nobles 1998*

☐ 0,3 ha 1000 38 à 46 €

Die Firma Charles Wantz besteht seit einigen Generationen in Barr. Neben zahlreichen wirtschaftlichen Aktivitäten nutzte das Städtchen schon immer seine Weinproduktion. So veranstaltet es jedes Jahr, um den 14. Juli herum, die traditionelle Weinmesse der Winzer des Kantons. Dieser goldgelbe Gewürztraminer schillert mit strahlenden Bernsteinreflexen, bevor er eine feine Fruchtigkeit verströmt, die würzige Nuancen enthält. Im Mund attackiert er freimütig und entfaltet sich dann auf kräftige Weise bis zu einem würzigen Finale.

Charles Wantz, 36, rue Saint-Marc, 67140 Barr, Tel. 03.88.08.90.44, Fax 03.88.08.54.61, E-Mail eliane.moser@fnac.net ☑ Y n. V.

JEAN-PAUL WASSLER Fronholz 1999*

☐ 0,37 ha 3 000 8 à 11 €

Das ist nicht die erste Flaschenabfüllung Jean-Paul Wasslers, denn er hat die Leitung des Guts schon 1960 übernommen. Er war es auch, der es in Richtung Direktverkauf führte: Vorher verkaufte der Betrieb (heute zwölf Hektar) seine Produktion im Fass, insbesondere nach Paris. Er präsentiert einen Gewürztraminer, der von einem Ton- und Kalksteinboden stammt, mit einem subtilen und zugleich intensiven Duft, der an Litschi erinnert. Der mit blumigen und exotischen Noten ebenfalls sehr ausdrucksvolle Geschmack ist ausgewogen und lang anhaltend. (Restzucker: 17 g/l.)

GAEC Jean-Paul Wassler, 1, rte d'Epfig, 67650 Blienschwiller, Tel. 03.88.92.41.53, Fax 03.88.92.63.11 ☑ Y n. V.

Marc Wassler

DOM. WEINBACH
Vendanges tardives Altenbourg 1998*

☐ 1 ha 4 000 38 à 46 €

Die Domaine Weinbach-Clos des Capucins ist weithin berühmt: Ihre Weine werden an den besten Tafeln geschätzt. Anmerken muss man, dass über die Hälfte ihrer Produktion für den Export bestimmt ist. Dieser strahlend goldgelbe Wein zeichnet sich vor allem durch die Feinheit seiner Aromen aus, die an Zitrusfrüchte erinnern. Der Geschmack ist gut strukturiert, reich und kräftig. Die Ausgewogenheit ist erreicht; der lang anhaltende Abgang bietet Zitrusfrüchte von großer Frische. Ein zukunftsreicher Wein.

Dom. Weinbach-Colette Faller et ses Filles, Clos des Capucins, 68240 Kaysersberg, Tel. 03.89.47.13.21, Fax 03.89.47.38.18 ☑ Y n. V.

JEAN-MICHEL WELTY
Bollenberg 1999**

☐ 1,2 ha 10 000 5 à 8 €

Jean-Michel Welty, der den Betrieb seit 1984 leitet, wohnt in einem geschichtsträchtigen Gebäude, denn es handelt sich um einen Zehnthof, der 1576 errichtet wurde. Er präsentiert einen prächtigen Gewürztraminer, der sich dieses Rahmens würdig erweist, mit einem sehr intensiven Gewürz-, Birnen- und Zitrusduft. Im Geschmack ist er fett und fleischig und hat eine seltene Struktur und Länge. Er eignet sich für alle möglichen kulinarischen Kombinationen: exotische Spezialitäten, Käse, Nachspeisen. (Restzucker: 13 g/l.)

EARL dom. Jean-Michel Welty, 22-24, Grand-Rue, 68500 Orschwihr, Tel. 03.89.76.09.03, Fax 03.89.76.16.80, E-Mail jean-michel-welty@terre-net.fr ☑ Y Mo–Sa 8h30–11h30 14h–19h; So n. V.

WINTER Muhlforst 1999*

☐ 0,2 ha 2 000 11 à 15 €

Die treuen Leser unseres Weinführers kennen diesen Weinbaubetrieb in Hunawihr gut, der Cuvées bietet, die in der Produktionsmenge bescheiden (das Gut umfasst nur vier Hektar), in der Qualität aber groß sind. Dieser von seinem Ton- und Kalksteinboden geprägte Gewürztraminer bleibt sehr jugendlich. In der Nase verraten Räuchernoten einen Hauch von Überreife. Im Geschmack ist er kräftig und wohl ausgewogen. Ein generöser, viel versprechender Wein, der nach einer zweijährigen Lagerung seine volle Entfaltung erreichen wird. (Restzucker: 20 g/l.)

Albert Winter, 17, rue Sainte-Hune, 68150 Hunawihr, Tel. 03.89.73.62.95, Fax 03.89.73.62.95 ☑ Y n. V.

WUNSCH & MANN
Sélection de grains nobles Collection Joseph Mann 1998

☐ 0,8 ha 2 400 30 à 38 €

Diese Firma, ein Erzeuger und Weinhändler, besteht seit langem in Wettolsheim. Sie gehört zu den Weinfirmen, die das Ansehen des elsässischen Weins begründet haben. Ihr goldgelber, bernsteinfarben schimmernder Gewürztraminer entfaltet leichte Pfirsich- und Gewürznoten. Der Geschmack ist füllig und fruchtig, betont aber eine vielleicht noch zu starke Süße. Es braucht noch einige Zeit, bis sich die Harmonie einstellt.

Wunsch et Mann, 2, rue des Clefs, 68920 Wettolsheim, Tel. 03.89.22.91.25, Fax 03.89.80.05.21, E-Mail wunsch-mann@wanadoo.fr ☑ Y n. V.

Familie Mann

ZIEGLER-MAULER
Vendanges tardives Cuvée Inès 1998

☐ 0,4 ha 1000 ▮🌡 23 à 30 €

1996 wurde der fünf Hektar große Betrieb von Philippe Ziegler, der schon seit 1990 für die Vinifizierung zuständig war, ganz übernommen. Die Cuvée Inès stammt von fünfzig Jahre alten Rebstöcken. Im Anblick ist ihre recht goldene Farbe ein viel versprechendes Zeichen. Der Duft bietet Noten von Tresterschnaps, was ihm einen etwas entwickelten Charakter verleiht. Der kräftige, von kandierten Aromen erfüllte Geschmack ist noch vom hohen Restzuckergehalt geprägt. Deshalb muss sich dieser Wein in den kommenden drei Jahren noch weiter entwickeln.

🔑 Jean-Jacques Ziegler-Mauler Fils,
2, rue des Merles, 68630 Mittelwihr,
Tel. 03.89.47.90.37, Fax 03.89.47.98.27
☑ 🍷 n. V.

Alsace Tokay-Pinot gris

Die einheimische Bezeichnung «Tokay d'Alsace» (Tokajer aus dem Elsass), wie man hier den Pinot gris seit vier Jahrhunderten nennt, ist verwunderlich, weil diese Rebsorte nie im osteuropäischen Ungarn angebaut worden ist! Doch der Legende nach wurde die Tokay-Rebe aus diesem östlichen Land von dem kaiserlichen Heerführer Lazarus von Schwendi mitgebracht, der im Elsass große Weingüter besaß. Ihr Ursprungsgebiet scheint allerdings – wie bei allen Reben aus der Pinot-Familie – das alte Herzogtum Burgund zu sein.

Pinot gris nimmt nur 1 300 ha, kann aber einen alkoholischen, sehr körperreichen Wein hervorbringen, der voller Vornehmheit ist und bei Fleischgerichten an die Stelle eines Rotweins treten kann. Wenn er so prächtig wie 1983, 1989 und 1990 – außergewöhnliche Jahrgänge – ausfällt, gehört er zu den besten Weinen, die man zu Stopfleber trinken kann.

DOM. PIERRE ADAM
Katzenstegel Cuvée Théo 1999★★

☐ 1 ha 7 000 ▮🌡 8 à 11 €

Dieser 1950 mit einem Hektar Reben entstandene Familienbetrieb ist beständig gewachsen, der Rebfläche nach ebenso wie im Ansehen. Heute umfasst er elf Hektar und sammelt in unserem Weinführer Sterne, insbesondere für diesen Tokay vom Katzenstegel, einer Reblage mit Sand- und Granitböden. Die schon im letzten Jahr als bemerkenswert beurteilte Cuvée Théo wird aufgrund ihrer Eleganz als würdig erachtet, beim 99er das höchste Podest zu erklimmen. Ihre reiche Fruchtigkeit und ihre Nachhaltigkeit, bei der sich die Frische mit einer herrlichen Rundheit ausbalanciert, finden allgemeine Anerkennung. (Restzucker: 22 g/l.)

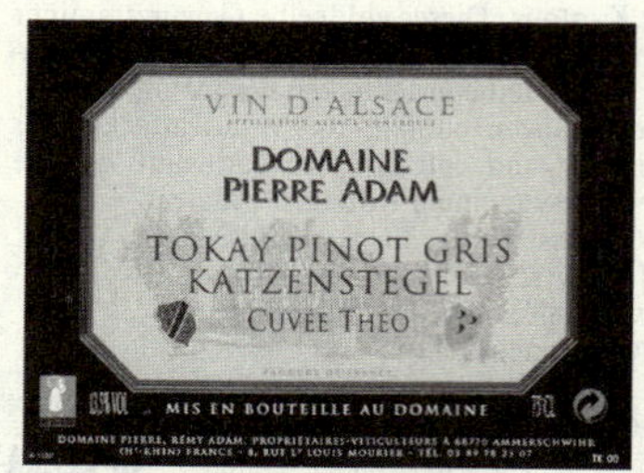

🔑 Dom. Pierre Adam,
8, rue du Lt-Louis-Mourier, 68770 Ammerschwihr, Tel. 03.89.78.23.07, Fax 03.89.47.39.68,
E-Mail info@domaine-adam.com
☑ 🍷 tägl. 8h–12h 13h–20h

ANDRE ANCEL Quatre Saisons 1999

☐ 0,23 ha 1 490 ▮ 5 à 8 €

Das Städtchen Kaysersberg, das von Mauern umgeben ist und von seinem Bergfried überragt wird, hat einen mittelalterlichen und Renaissance-Charakter bewahrt. Die Familie Ancel hat seit etwas mehr als einem Jahrhundert Weinberge in der Umgebung. In ihrem Keller befinden sich die traditionellen Holzfässer, aber auch neue Edelstahltanks mit geringem Fassungsvermögen. Diese Cuvée besitzt einen kräftigen Duft, der eine Pfirsich- und Aprikosenfruchtigkeit mit einem sortentypischen Räuchergeruch mischt, Aromen, die man voller Stärke am Gaumen wiederfindet. Nach einer klaren, runden Ansprache erscheint der Geschmack ein wenig körperreich, bleibt aber sehr gefällig. (Restzucker: 20 g/l.)

🔑 EARL André Ancel, 3, rue du Collège,
68240 Kaysersberg, Tel. 03.89.47.10.76,
Fax 03.89.78.13.78 ☑ 🍷 tägl. 8h–12h 13h30–19h

VIGNOBLE FREDERIC ARBOGAST
Vieilles vignes 1999

☐ 0,52 ha 3 600 ▮🌡 5 à 8 €

Die Gemeinde Westhoffen liegt im nördlichen Teil des Weinbaugebiets, westlich von Straßburg. Die Domaine Arbogast befindet sich hier seit etwa dreißig Jahren. Ein Tonmergelboden hat ihren Tokay Vieilles vignes mit den Unterholz- und Pilzaromen hervorgebracht. Im Mund zeigt sich die Fruchtigkeit voller Feinheit in einer geschmeidigen Struktur. Angenehme Harmonie. (Restzucker: 28 g/l.)

🔑 EARL Frédéric Arbogast, 3, pl. de l'Eglise,
67310 Westhoffen, Tel. 03.88.50.30.51,
Fax 03.88.50.30.51 ☑ 🍷 n. V.

DOM. BAUMANN Birgele 1999

☐ 0,83 ha 9 000 8 à 11 €

Das junge Gut besitzt 14 ha Reben. Es entstand 1998 aus dem Zusammenschluss von Jean-Michel Baumann und Claude Wiss. Ihr 99er Tokay bietet einen diskreten Duft, in dem man einige Pfirsichnoten erkennt. Er ist ausgewogen, fein und recht typisch und zeigt eine schöne Lebhaftigkeit. Bis 2002 wird er an Ausdrucksstärke gewinnen. (Restzucker: 30,6 g/l.)

Dom. Baumann, 8, av. Méquillet, 68340 Riquewihr, Tel. 03.89.47.92.14, Fax 03.89.47.99.31, E-Mail baumann@reperes.com Y n. V.

ANDRE BLANCK ET SES FILS
Cuvée Margaux 1999*

☐ 1,5 ha 5 000 8 à 11 €

Das «Gehöft der Malteserritter», das André Blanck vor fünfzig Jahren erwarb, gehörte Lazarus von Schwendig, dem man die «Erfindung» des Tokay-Weins zuschreibt. Ein besonders günstiger Ort, um diese Rebsorte zu nutzen! Diese Cuvée bietet einen komplexen Duft, einen wahren Korb mit Blumen und vollreifen Früchten. Ihre Harmonie gründet sich auf einen reichhaltigen Stoff, der mit einer schönen Frische verbunden ist. Innerhalb von zwei bis drei Jahren wird sie noch an Glanz gewinnen. (Restzucker: 25 g/l.)

EARL André Blanck et Fils, Ancienne Cour des Chevaliers de Malte, 68240 Kientzheim, Tel. 03.89.78.24.72, Fax 03.89.47.17.07 Y Mo–Sa 8h–19h

HENRI BLEGER
Coteau du Haut-Kœnigsbourg 1999**

☐ 0,38 ha 3 600 8 à 11 €

Saint-Hippolyte liegt zu Füßen der Haut-Kœnigsbourg. Henri Bléger bewirtschaftet hier etwa acht Hektar Reben. Sein Keller aus der Renaissancezeit (1562) enthält Eichenfässer. Dieser Tokay ist nicht mit Holz in Berührung gekommen, aber er ist ein großer Wein. Die sehr reife, sogar überreife Frucht zeigt sich in der Nase neben Räuchernoten. Im Geschmack, der rund, aber ausgewogen erscheint, bietet sich schöner Stoff dar. Der anhaltende, frische Geschmack verleiht diesem Wein einen temperamentvollen Charakter, der «Lust macht, sich davon nachzuschenken». Ein Tokay für Gänseleber. (Restzucker: 11 g/l.)

Henri Bléger, 2, rue Saint-Fulrade, 68590 Saint-Hippolyte, Tel. 03.89.73.00.08, Fax 03.89.73.05.93 Y n. V.

DOM. DU BOUXHOF
Vendanges tardives Cuvée Benjamin 1998*

☐ 17,78 ha 1 400 23 à 30 €

Man hat alte Pergamentdokumente gefunden, die die achthundertjährige Geschichte der Domaine du Bouxhof erzählen. Das sieben Hektar große Gut ist das einzige, das im Elsass unter Denkmalschutz steht (seit 1996). Es stellt einen tiefgoldgelben Wein vor, dessen Konzentration der Aromen konzentrierter Früchte mit Anisnoten man in der Nase genießt. Im Geschmack ist die Ausgewogenheit erreicht. Dieser rassige Pinot gris, bei dem sich die Anisnoten erneut in Erinnerung bringen, kann dank einer guten Säureunterstützung altern.

EARL François Edel et Fils, Dom. du Bouxhof, 68630 Mittelwihr, Tel. 03.89.47.90.34, Fax 03.89.47.84.82 Y tägl. 9h–19h

CAMILLE BRAUN Lippelsberg 1999*

☐ 0,5 ha 3 000 5 à 8 €

Camille Braun und ihr Sohn entstammen einer Familie, die seit rund zwei Jahrhunderten Wein anbaut; sie bewirtschaften 9,5 Hektar im Südteil des elsässischen Weinbaugebiets. Sie nutzen den Ausdruck der Terroirs, wie etwa des Lippelsbergs mit seinen Kalkstein- und Sandsteinböden. Dieser Tokay zeigt eine reiche Fruchtigkeit mit einem fast mineralischen Anklang. Im Mund ist er ebenfalls sehr ausdrucksreif. Er ist im Geschmack füllig, fett und rund und bietet einen guten Abgang, der durch eine willkommene Frische geprägt ist. (Restzucker: 23 g/l.)

Camille Braun, 16, Grand-Rue, 68500 Orschwihr, Tel. 03.89.76.95.20, Fax 03.89.74.35.03 Y Mo–Sa 8h–12h 13h30–19h

DOM. BURGHART-SPETTEL
Réserve 1999*

☐ 0,35 ha 2 900 5 à 8 €

Das 1948 entstandene Familiengut bleibt den Traditionen treu, insbesondere der Vinifizierung im großen Eichenfass. Sein Pinot gris Réserve zeigt eine schöne, schon vollreife Frucht mit einer Note von herbstlichem Unterholz – Aromen, die man am Gaumen wiederfindet. Im Abgang bietet dieser 99er, der aufgrund seiner Frische und einer gewissen Stärke eine angenehme Ausgewogenheit besitzt, eine gute Länge. (Restzucker: 12 g/l.)

Dom. Burghart-Spettel, 9, rte du Vin, 68630 Mittelwihr, Tel. 03.89.47.93.19, Fax 03.89.49.07.62 Y n. V.

DOPFF ET IRION Les Maquisards 1999*

☐ 3,5 ha 21 000 8 à 11 €

Riquewihr und die Ländereien seines Schlosses blieben von 1320 bis zur Französischen Revolution im Besitz der Herzöge von Württemberg. Die 1946 gegründete Firma Dopff et Irion bewirtschaftet zwei Güter, darunter das des Château de Riquewihr (27 ha). Die Pinot-gris-Cuvée Les Maquisards wurde so von René Dopff, dem Firmengründer und ehemaligen Mitglied der Résistance, getauft. Der strahlend goldgelbe 99er ist ein großer Klassiker. Der sehr feine Duft bietet Noten von kandierten Früchten und frisch gemähtem Heu. Die Ansprache zeigt Frische, Stärke und einen guten Gehalt. Ein Wein, der sich nur noch entfalten muss. Lagern. (Restzucker: 14 g/l.)

Dopff et Irion, Dom. du château de Riquewihr, 68340 Riquewihr, Tel. 03.89.47.92.51, Fax 03.89.47.98.90, E-Mail post@dopff-irion.com Y n. V.

EINHART Westerberg 1999

☐ 1 ha 3 000 5à8€

Diese Cuvée wird in unserem Weinführer nicht zum ersten Mal erwähnt. Der 99er besitzt vielleicht nicht den Gehalt früherer ausgezeichneter Jahrgänge (96er und 94er), bleibt aber zufrieden stellend: Der klare, feine, typische Duft bietet Honig- und Lakritzenoten. Der kräftige, frische Geschmack besitzt eine gute Ausgewogenheit. Das Etikett, das ein Aquarell André Josts wiedergibt, scheint die Geruchs- und Geschmacksempfindungen mit den warmen und zugleich frischen Nuancen zum Ausdruck zu bringen. (Restzucker: 10 g/l.)

Nicolas Einhart, 15, rue Principale, 67560 Rosenwiller, Tel. 03.88.50.41.90, Fax 03.88.50.29.27, E-Mail info@einhart.com
☑ Y n. V.

FERNAND ENGEL ET FILS
Clos des Anges 1999*

☐ k. A. 7 300 8à11€

Der Jahrgang 1999 entspricht dem fünfzigjährigen Bestehen des Guts. Dieser Tokay lässt nach und nach Aromen von Früchten erkennen. Der reiche, kräftige Geschmack, der noch vom Zucker geprägt ist, besitzt eine gute Länge. Ein viel versprechender Wein, der sich in ein bis zwei Jahren öffnen dürfte. (Restzucker: 35 g/l.)

GAEC Fernand Engel et Fils, 1, rte du Vin, 68590 Rorschwihr, Tel. 03.89.73.77.27, Fax 03.89.73.63.70, E-Mail fengel@terre-net.fr
☑ Y Mo–Sa 8h–12h 13h–18h; So 9h–12h

RENE FLECK 1999

☐ k. A. k. A. 5à8€

Ein Wein, für den René Fleck und Tochter verantwortlich zeichnen, denn 1995 schloss sich Nathalie Fleck ihrem Vater in dem Betrieb an, der im Vallée Noble liegt. Im vierten Jahr hintereinander wird ein Pinot gris dieses Guts in unserem Weinführer erwähnt. Dieser von einem Muschelkalkboden stammende 99er entfaltet sich nach und nach zu exotischen Noten, die von Unterholznuancen begleitet werden. Der ausgewogene Geschmack erweckt einen Eindruck von Reichtum in der Ansprache und in einem lang anhaltenden Abgang. Eine leichte Wärme beschließt die Verkostung. (Restzucker: 10,5 g/l.)

René Fleck et Fille, 27, rte d'Orschwihr, 68570 Soultzmatt, Tel. 03.89.47.01.20, Fax 03.89.47.09.24 ☑ Y n. V.

ROBERT FREUDENREICH
Côte de Rouffach 1999

☐ 0,34 ha 3 500 8à11€

Die Freudenreichs, Sohn und Vater, führen einen Betrieb mit sieben Hektar Reben und haben alle guten traditionellen Praktiken beibehalten, wie etwa die Handlese oder die Vinifizierung und den Ausbau der Weine im Eichenfass. Sie stellen einen Tokay vor, der sehr blumig und recht würzig ist, in der Nase ebenso wie am Gaumen. Ein Wein, der aufgrund seiner öligen Rundheit und seines Abgangs, der die Gewürze wieder aufnimmt, angenehm ist. (Restzucker: 18 g/l.)

Robert Freudenreich et Fils, 31, rue de l'Eglise, 68250 Pfaffenheim, Tel. 03.89.49.60.88, Fax 03.89.49.69.36
☑ Y n. V.

W. GISSELBRECHT Réserve spéciale 1999

☐ 3 ha 28 000 5à8€

Der befestigte Ort Dambach-la-Ville hat das Erscheinungsbild bewahrt, das er im 18. Jh. zeigte. Der Marktflecken rühmt sich auch, dass er das flächenmäßig größte Anbaugebiet im Elsass besitzt. Neben ihrem Weinhandel (mit Ausbau der jungen Weine) bewirtschaftet die Firma W.Gisselbrecht 17 Hektar in Dambach und in den Nachbargemeinden (Dieffenthal, Scherwiller und Châtenois). Ihre im Geruchseindruck noch zurückhaltende Réserve spéciale öffnet sich leicht zu ein paar blumigen und rauchigen Noten. Der schon ausgewogene Geschmack erweist sich als kräftig, sogar wuchtig und lang anhaltend. (Restzucker: 10 g/l.)

Willy Gisselbrecht et Fils, 5, rte du Vin, 67650 Dambach-la-Ville, Tel. 03.88.92.41.02, Fax 03.88.92.45.50
☑ Y Mo–Sa 8h–12h 14h–18h

GOETZ 1999**

☐ 0,6 ha 6 000 5à8€

Napoleon schätzte angeblich die Weine von Wolxheim, einem Dorf, das sich auf Kalkmergelböden im Norden des Weinbaugebiets befindet. Mathieu Goetz hat dort einen überaus viel versprechenden Pinot gris erzeugt. Der ein wenig verschlossene Geruchseindruck lässt trotzdem eine schöne Blume erkennen. Der Geschmack schmeichelt durch seine Ausgewogenheit, seine Fülle und seine sehr große Länge. Ein lagerfähiger Wein, den man mit vielen Gerichten kombinieren kann, beispielsweise mit Geflügel. (Restzucker: 13 g/l.)

Mathieu Goetz, 2, rue Jeanne-d'Arc, 67120 Wolxheim, Tel. 03.88.38.10.47 ☑ Y n. V.

JOSEPH GSELL Cuvée César 1999**

☐ 0,3 ha 1 500 8à11€

Sollte diese Cuvée César dem römischen Feldherrn Cäsar gewidmet sein? Jedenfalls mangelt es ihr nicht an Gehalt! Eine hübsche, intensive, feine Blume zeigt sich in der Nase und dann am Gaumen mit einem reichen, ausgewogenen, gut strukturierten Geschmack. Der fruchtige Abgang sorgt für Eleganz. (Restzucker: 32 g/l.)

Joseph Gsell, 26, Grand-Rue, 68500 Orschwihr, Tel. 03.89.76.95.11, Fax 03.89.76.20.54
☑ Y Mo–Sa 9h–19h

JEAN-PAUL HAEFFELIN ET FILS
Cuvée Vieilles vignes 1999*

☐ 0,2 ha 2 000 5à8€

Diese Familie profitiert von der Erfahrung vieler Generationen, denn das Gut entstand 1770. 1993 verlegte der Sohn Daniel den Betrieb aus dem Ort hinaus, aber die Besucher werden noch immer innerhalb des mittelalterlichen Städtchens empfangen. Nach kandierten Früchten und weißen Blüten in der Nase zeigt dieser Tokay eine Ausbalanciertheit, die auf Fri-

sche und einer gewissen Stärke beruht. Er ist ziemlich leicht zu trinken und typisch und bietet außerdem einen guten Abgang. (Restzucker: 15 g/l.)
Vignoble Daniel Haeffelin, 35, Grand-Rue, 68420 Eguisheim, Tel. 03.89.41.77.85, Fax 03.89.23.32.43 ☑ Y n. V.

DOM. HENRI HAEFFELIN ET FILS
Le Silex 1999*

☐ 0,5 ha 3 000 ▮▮ 8à11€

Guy Haeffelin, der seit 1989 ein hübsches, 16 ha großes Gut leitet, hat den Ehrgeiz, «den Geschmack des Terroir wiederzufinden». Wie im letzten Jahr wurde seine Cuvée Le Silex von der Jury berücksichtigt. Sie hat eine kräftige gelbe Farbe und bietet einen Duft, in dem sich die sehr spürbare kandierte Frucht mit weißen Blüten verbindet. Trotz einer dominierenden Süße bleibt die Ansprache klar und frisch; sie bildet den Auftakt zu einem Geschmack, in dem Fülle und «Fett» den Reichtum verraten. In den kommenden drei bis vier Jahren wird dieser Tokay an Ausgewogenheit und Reife gewinnen. (Restzucker: 10 g/l.)
Dom. Henri Haeffelin, 13, rue d'Eguisheim, 68920 Wettolsheim, Tel. 03.89.80.76.81, Fax 03.89.79.67.05
☑ Y Mo–Sa 8h–12h 13h–19h; So n. V.
Guy Haeffelin

DOM. MATERNE HAEGELIN ET SES FILLES Cuvée Elise 1999

☐ 2 ha 17 900 8à11€

Diese Cuvée, die der jüngsten Vertreterin der Frauen auf dem Gut gewidmet ist, strahlt ebenfalls Jugendlichkeit aus, mit einem noch zurückhaltenden Duft, der sich zu blumigen Nuancen und einer etwas überreifen Fruchtigkeit entfaltet und zu einem weichen, runden Geschmack führt, der noch nicht seine volle Harmonie gefunden hat und eine sehr deutlich spürbare Säure zeigt. Man sollte ihn einige Zeit aufheben. (Restzucker: 16 g/l.)
Dom. Materne Haegelin et ses Filles, 45-47, Grand-Rue, 68500 Orschwihr, Tel. 03.89.76.95.17, Fax 03.89.74.88.87, E-Mail filles@haegelin-materne.fr
☑ Y tägl. 8h15–12h 13h–18h30
Régine Garnier

HAULLER Cuvée Saint-Sébastien 1999**

☐ 1 ha 11 000 5à8€

Seit seiner Gründung 1830 hat sich das Gut in Familienbesitz vergrößert: Es betreibt einen Weinhandel und verfügt über neunzehn eigene Hektar Weinberge, die hauptsächlich auf Granitböden liegen. Seine Cuvée Saint-Sébastien macht sofort durch einen ausdrucksvollen, komplexen Duft auf sich aufmerksam, der Blüten-, Frucht- und Honignoten mischt. Die Folgeeindrücke lassen einen gehaltvollen Tokay erkennen, der trotz seiner Jugend ausgewogen und fein ist und lang anhält. Ein Wein zum Essen, der einen Kapaun begleiten kann. (Restzucker: 10 g/l.)
J. Hauller et Fils, 3, rue de la Gare, 67650 Dambach-la-Ville, Tel. 03.88.92.40.21, Fax 03.88.92.45.41, E-Mail j.hauller@wanadoo.fr ☑ Y n. V.
René Hauller

KLEIN-BRAND Cuvée Réserve 1999

☐ 0,55 ha 5 800 ▮▮ 5à8€

Die Reblagen im Vallée Noble liefern zumeist reiche, sehr typische Weine, darunter diesen 99er, der trotz seiner Jugend ein gutes Beispiel dafür abgibt. Sein feiner Duft mischt weiße Blüten (Akazie) mit stark ausgeprägten Lakritze- und Minzenoten. Diese Aromen findet man in einem recht frischen, ausgewogenen, angenehmen Geschmack wieder. (Restzucker: 15 g/l.)
Klein-Brand, 96, rue de la Vallée, 68570 Soultzmatt, Tel. 03.89.47.00.08, Fax 03.89.47.65.53
☑ Y Mo–Sa 8h–12h 13h30–18h

MARC KREYDENWEISS
Clos Rebberg 1999**

☐ 0,4 ha 3 000 11à15€

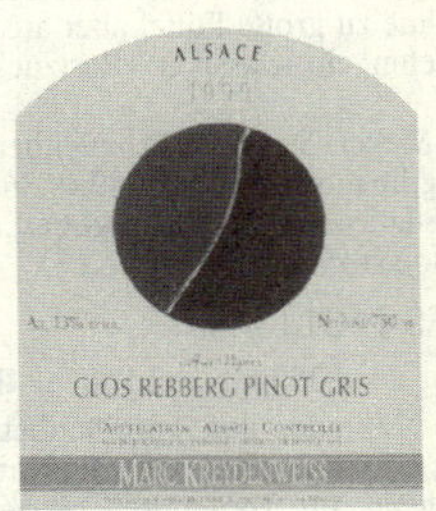

Das von David Tremlett gestaltete Etikett ist originell aufgrund seiner Nüchternheit. Der Duft dieses Pinot gris hingegen lässt an eine Schale denken, die von fruchtigen Düften überquillt: reife, getrocknete und kandierte Früchte mit einem Hauch von Honig. Im Mund entfaltet ein schöner, fast knackiger Stoff exotische Aromen und Aprikosennoten. Dieser Wein beschert einen wahren Genuss. Sein Schöpfer? Ein Winzer mit einem zwölf Hektar großen Gut, das er nach biodynamischen Prinzipien führt. (Restzucker: 8 g/l.)
Dom. Marc Kreydenweiss, 12, rue Deharbe, 67140 Andlau, Tel. 03.88.08.95.83, Fax 03.88.08.41.16 ☑ Y n. V.

CELLIER DE LA WEISS
Ritzenthaler 1999*

☐ 3 ha 26 300 5à8€

Erzeugt worden ist dieser Tokay auf einem Boden mit Anschwemmungen, die hier die Weiss und die Fecht abgelagert haben, Flüsse, die von den Hochvogesen herabkommen. Er wirkt einschmeichelnd aufgrund seiner Aromen von kandierten Früchten, die die Aromen der Rebsorte ergänzen. Nach einer runden Ansprache hält eine Quittenfruchtigkeit in einem angenehmen Abgang lang an. (Restzucker: 16 g/l.)
Cellier de La Weiss, BP 5, 68240 Kaysersberg, Tel. 03.89.30.23.60, Fax 03.89.27.35.33

MEISTERMANN Cuvée Prestige 1999

☐ 0,35 ha 4 000 ▮▮ 5à8€

Pfaffenheim verdient einen Besuch wegen seiner Kapelle Notre-Dame-du-Schauenberg, einer alten Wallfahrtsstätte, die eine herrliche Aussicht über die Oberrheinische Tiefebene bietet. Das Dorf besitzt auch zahlreiche alte Winzerhäuser. Das flächenmäßig (4,5 Hektar) bescheidene Gut von Michel Meistermann wirkt traditionell aufgrund seiner Keller, die mit großen Fässern ausgestattet sind. Seine in aromatischer Hinsicht noch zurückhaltende Cuvée Prestige ist füllig, ausgewogen und schon recht lang anhaltend. Nach einer ein- bis zweijährigen Lagerung wird sie an Ausdrucksstärke gewinnen. (Restzucker: 10 g/l.)

Michel Meistermann, 37, rue de l'Eglise, 68250 Pfaffenheim, Tel. 03.89.49.60.61, Fax 03.89.49.79.30 ☑ Y n. V.

GILBERT MEYER Cuvée Prestige 1999

☐ k. A. 2 400 ▮▮ 5à8€

Die auf einem Kalkmergelboden erzeugte Cuvée bietet über einem leichten, sortentypischen Räuchergeruch einige Blütenaromen. Gute Struktur ohne zu große Fülle, aber ausgewogen und angenehm: ein Klassiker. (Restzucker: 18 g/l.)

Gilbert Meyer, 5, rue du Schauenberg, 68420 Voegtlinshoffen, Tel. 03.89.49.36.65, Fax 03.89.86.42.45, E-Mail vins.gilbert.meyer@wanadoo.fr ☑ Y n. V.

CHARLES NOLL 1999*

☐ 0,35 ha 2 500 ▮▮ 5à8€

Charles Noll, der den Familienbetrieb seit 1983 führt, bewirtschaftet sechs Hektar Reben, die vorwiegend auf Ton- und Kalksteinböden angepflanzt sind. Sein blassgelber, grün schimmernder Pinot gris bietet einen sortentypischen Duft. Der Geschmack verführt durch seine Feinheit, seine schöne Frische und seine Harmonie. Eleganter Gesamteindruck. (Restzucker: 14,6 g/l.)

EARL Charles Noll, 2, rue de l'Ecole, 68630 Mittelwihr, Tel. 03.89.47.93.21, Fax 03.89.47.86.23 ☑ Y tägl. 9h–21h

PIERRE ET JEAN-PIERRE RIETSCH Rippelholz 1999**

☐ 0,39 ha 2 500 ▮ 8à11€

Mittelbergheim, das früher der Abtei Andlau gehörte, hat nicht nur seinen malerischen Charme bewahrt, sondern hat es auch verstanden, seinen Ruf als Weinbauort zu mehren – dank Winzern wie den Rietsch. Nehmen Sie diesen Tokay, der auf den Kalkmergelböden der Reblage Rippelholz erzeugt worden ist. Sein Duft von exotischen Früchten ist ausdrucksvoll und elegant. Der feine, gefällige Geschmack lässt einen schönen Stoff und ein ausgezeichnetes Potenzial erkennen. Ein sehr viel versprechender Wein, den man einige Monate lagern sollte. (Restzucker: 36 g/l.)

Pierre et Jean-Pierre Rietsch, 32, rue Principale, 67140 Mittelbergheim, Tel. 03.88.08.00.64, Fax 03.88.08.40.91, E-Mail rietsch@wanadoo.fr ☑ Y n. V.

WILLY ROLLI-EDEL 1999*

☐ 0,34 ha 1 880 ▮▮ 8à11€

Rorschwihr gehört zu den Dörfern, die sich südlich der Haut-Kœnigsbourg aneinander reihen. Willy Rolli bewirtschaftet gekonnt die elf Hektar seines Guts in Familienbesitz. Sein Pinot gris zeigt die rauchigen Akzente der Rebsorte, bevor er Blüten- und Honignoten bietet. Im Mund genießt man seine Fülle, seine Stärke und die Intensität seiner Aromen. Ansprechende Harmonie. (Restzucker: 17 g/l.)

Willy Rolli-Edel, 5, rue de l'Eglise, 68590 Rorschwihr, Tel. 03.89.73.63.26, Fax 03.89.73.83.50 ☑ Y n. V.

DANIEL RUFF Cuvée Julie 1999

☐ 0,6 ha 4 000 ▮▮ 5à8€

Das Gut liegt in Heiligenstein, am Fuße des Mont Sainte-Odile; es entstand 1920, was es zu einem für das Elsass recht jungen Weingut macht, aber es umfasst bereits zehn Hektar. Seine Cuvée Julie zeigt Aromen von Überreife mit ein paar Pentanolnoten. Der nicht übermäßig stoffreiche Geschmack ist ausgewogen und ziemlich rund und bietet fruchtige Nuancen. (Restzucker: 9 g/l.)

Dom. Daniel Ruff, 64, rue Principale, 67140 Heiligenstein, Tel. 03.88.08.10.81, Fax 03.88.08.43.61 ☑ Y n. V.

CLOS SAINTE-ODILE 1999

☐ k. A. 5 000 ▮ 8à11€

Der Clos Sainte-Odile liegt auf den Anhöhen von Obernai. Seine Weine werden von einer Tochterfirma der Genossenschaftskellerei von Obernai hergestellt. Diesen hier beherrschen typische Räuchernoten und Nuancen, die an den Holzausbau erinnern, zusammen mit einer diskreten Fruchtigkeit. Klar und ausgewogen, mit einer angenehmen Säuerlichkeit. Es handelt sich um einen «sympathischen» Wein, wie es ein Verkoster zusammenfasste. (Restzucker: 7,5 g/l.)

Sté vinicole Sainte-Odile, 30, rue du Gal-Leclerc, 67210 Obernai, Tel. 03.88.47.60.29, Fax 03.88.47.60.22 ☑ Y n. V.

THOMANN Clos du Letzenberg Sélection de grains nobles 1998*

☐ 0,26 ha 2 267 ▮ 15à23€

Der Letzenberg, der zwischen Ingersheim und Turckheim liegt, besitzt eine Südostlage. Der nach dem Ersten Weltkrieg aufgegebene Hang

verdankt seine neuerliche Nutzung und seine Terrassierung seit etwa zwanzig Jahren diesem Winzer. Tiefe strohgelbe Farbe, großzügiger, feiner Duft, geprägt von kandierten Früchten. Der Wein kleidet den Gaumen wunderbar aus. Die Ausgewogenheit ist gelungen, die Zukunft garantiert. (Flaschen mit 50 cl Inhalt.)
Vins Le Manoir, 56, rue de la Promenade, 68040 Ingersheim, Tel. 03.89.27.23.69, Fax 03.89.27.23.69, E-Mail thomann@terre-net.fr n. V.
Thomann

ANDRE THOMAS ET FILS
Cuvée particulière 1999

☐ 0,3 ha 1 500 11 à 15 €

Die Familie Thomas, die in unserem Weinführer oft ausgewählt worden ist, hat einen Tokay vorgeschlagen, der von einem Ton- und Kalksteinboden kommt und feine, elegante Fruchtaromen bietet. Im Mund zeigt dieser Wein eine reiche, sogar ein wenig fette Struktur. Er bleibt leicht zurückhaltend und lässt im Abgang eine Bitternote erkennen. (Restzucker: 440 g/l.)
EARL André Thomas et Fils, 3, rue des Seigneurs, 68770 Ammerschwihr, Tel. 03.89.47.16.60, Fax 03.89.47.37.22
n. V.

TRIMBACH Réserve personnelle 1997*

☐ 4 ha 20 000 15 à 23 €

Die Trimbach-Weine findet man ebenso in den angesehenen Restaurants wie im Elyséepalast oder im Matignon (Sitz des Ministerpräsidenten)... Dieser strohfarbene 97er zeigt sich in der Nase sehr typisch, würzig, ein wenig schwer mit seiner Palette, die Honig, gelbe Früchte und mineralische Noten mischt. Der würzige Charakter findet sich im Mund wieder, zusammen mit Fülle und einer Ausbalanciertheit, die in Richtung Sanftheit geht. Der Restzucker ist in diesem verführerischen Wein mit dem aromatischen Abgang spürbar.
F.E. Trimbach, 15, rte de Bergheim, 68150 Ribeauvillé, Tel. 03.89.73.60.30, Fax 03.89.73.89.04, E-Mail contact@maison-trimbach.fr n. V.

VORBURGER
Sélection de grains nobles 1998**

☐ k. A. k. A. 15 à 23 €

Der in den 50er Jahren entstandene Familienbetrieb war schon 1958 unter dem Namen Vorburger Arsène bekannt. Heute wird er von seinem Enkel geführt und präsentiert einen goldgelben Pinot gris, dessen Duft stark durch Edelfäule und Unterholz geprägt ist. Dieser am Gaumen reiche, opulente, würzige Wein besitzt eine sehr schöne Säure, Garant für seine Entwicklung. Er besitzt im Geschmack eine bemerkenswerte Länge und eine große Vornehmheit. Das Preis-Leistungs-Verhältnis ist ebenfalls ausgezeichnet. (Flaschen mit 50 cl Inhalt.)
Jean-Pierre Vorburger et Fils, 3, rue de la Source, 68420 Voegtlinshoffen, Tel. 03.89.49.35.52, Fax 03.89.86.40.56
Mo–Sa 8h–12h 13h30–18h

LOUIS WALTER
Cuvée des Seigneurs 1999*

☐ 0,27 ha 2 800 8 à 11 €

Das 1959 von Louis Walter angelegte Familiengut wird seit 1979 von seinem Sohn Bernard geleitet, der sieben Hektar Weinberge bewirtschaftet, die rund um Pfaffenheim auf Ton- und Kalksteinböden liegen. Seine Cuvée des Seigneurs verführt durch ihre reichen, komplexen, intensiven Aromen, die von Quitte dominiert werden. Im Geschmack bietet sie aufgrund ihrer fruchtigen Stärke und ihres schon ausgewogenen Stoffs eine schöne Präsenz. In ein paar Monaten erreicht sie ihre vollkommene Harmonie. (Restzucker: 31 g/l.)
Bernard Walter, 10, rue de la Tuilerie, 68250 Pfaffenheim, Tel. 03.89.49.62.85, Fax 03.89.49.62.85, E-Mail stéphane-walter@wanadoo.fr n. V.

JEAN WEINGAND 1999*

☐ k. A. 45 000 5 à 8 €

Als Ergänzung zum Familienbetrieb haben die beiden Brüder Jacques und Jean-Marie Cattin einen Weinhandel aufgebaut. Ihr Tokay kündigt sich durch eine kräftige altgoldene Farbe und einen intensiven Duft an, in dem rauchige Noten und Blutorangenkonzentrat aufeinander folgen. Danach entdeckt man einen Geschmack, der in erster Linie auf Reichtum hin ausgerichtet, aber ausgewogen und harmonisch ist. Ein schon einschmeichelnder Wein. (Restzucker: 12 g/l.)
Jean Weingand, 19, rue Roger-Frémeaux, 68420 Voegtlinshoffen, Tel. 03.89.49.30.21, Fax 03.89.49.26.02 n. V.
Jacques und Jean-Marie Cattin

BERNADETTE WELTY ET FILS
1999**

☐ 0,55 ha 3 500 8 à 11 €

Guy Welty hat den Familienbetrieb 1992 übernommen. Er besitzt rund sieben Hektar Weinberge, die sich auf vier Gemeinden verteilen. Sein Tokay, der von einem Ton- und Kalksteinboden stammt, entfaltet sich zu Aromen von Überreife mit Zitrusnoten. Auf die milde Ansprache folgt ein runder Geschmack mit guter Fruchtigkeit. Ein sehr viel versprechender Wein, dessen Abgang in zwei bis drei Jahren seine volle Harmonie finden dürfte. (Restzucker: 12 g/l.)
Bernadette Welty et Fils, 15-17, Grand-Rue, 68500 Orschwihr, Tel. 03.89.76.95.21, Fax 03.89.76.95.21
Mo–Sa 8h–12h 13h30–19h

Alsace Pinot noir

Das Elsass ist vor allem für seine Weißweine berühmt. Aber wer weiß, dass die Rotweine hier im Mittelalter einen beträchtlichen Raum einnahmen? Nachdem der Pinot noir (die beste rote Traubensorte der nördlichen Regionen) fast verschwunden war, nimmt er heute mit 1 249 ha etwa 8,9 % der Rebfläche ein.

Bekannt ist in erster Linie der Rosétyp, ein angenehmer, trockener, fruchtiger Wein, der wie andere Rosés zu zahlreichen Gerichten passt. Man kann jedoch eine Tendenz zur Herstellung eines richtigen Rotweins aus Pinot-noir-Trauben beobachten: eine sehr viel versprechende Entwicklung.

BARON KIRMANN
Elevé en fût de chêne 1999**

■ 0,2 ha 1 500 ⅡⅠ 11 à 15 €

Das Anbaugebiet in der Gegend von Obernai zeichnet sich wirklich durch seine Pinot-noir-Weine aus. Diese 1630 gegründete Firma demonstriert es meisterlich. Die Farbe ihres 99ers ist intensiv dunkelrot, mit bläulich roten Reflexen durchsetzt. Der sehr aromatische Duft räumt Sauerkirsche und Brombeer die Hauptrollen ein. Am Gaumen Ausgewogenheit. Dieser füllige, fette Wein besitzt ausdrucksstarke Tannine, die innerhalb von zwei Jahren verschmelzen dürften. Außerdem verwöhnt er die Verkoster mit seinen anhaltenden Kirschnoten im Abgang. Ein lagerfähiger Pinot noir.

Philippe Kirmann, 2, rue du Gal-de-Gaulle, 67560 Rosheim, Tel. 03.88.50.43.01, Fax 03.88.50.22.72 ☑ Y n. V.

PIERRE BECHT Cuvée Frédéric 1999*

■ 0,5 ha 4 000 ⅡⅠ 5 à 8 €

Dorlisheim, das am Eingang des Tals der Bruche liegt, kann stolz sein auf seine Weinberge, die sich auf den Ausläufern der Vorvogesen ausbreiten. Ausrichtung und Böden eignen sich perfekt, um die anspruchsvollsten Rebsorten zur Entfaltung zu bringen. Beweis dafür ist dieser Pinot noir. Tiefes Rubinrot mit bläulich roten Reflexen. Er macht sich schon in der Nase bemerkbar, wobei er rote Früchte, vor allem Kirsche und Backpflaume, bietet. Der Holzton ist wohl dosiert und verleiht ihm einen Hauch von Gewürzen, der die Eleganz des Ganzen unterstreicht. Nach einer ausgewogenen Ansprache im Geschmack lässt die nicht sehr tanninreiche Struktur eine große Geschmeidigkeit erkennen. Ein schöner Wein, der in den kommenden drei Jahren noch besser wird.

Pierre et Frédéric Becht, 26, fg des Vosges, 67120 Dorlisheim, Tel. 03.88.38.18.22, Fax 03.88.38.87.81 ☑ Y n. V.

FRANÇOIS BLEGER
Rouge de Saint-Hippolyte Vieilli en barrique 1999*

■ 0,2 ha 1 500 ⅡⅠ 8 à 11 €

Die Rotweine aus Saint-Hippolyte haben in der Geschichte des elsässischen Weinbaugebiets eine alte Tradition. Der Pinot noir nahm hier stets zu Recht eine Vorrangstellung ein. Dieser hier, rubinrot mit bläulich roten Reflexen, bietet einen komplexen, feinen Unterholzduft. Im Geschmack kommen rote Früchte zum Vorschein, begleitet von reichhaltigen Tanninen und einem eleganten Holzton. Der Abgang hält lang an.

François Bléger, 63, rte du Vin, 68590 Saint-Hippolyte, Tel. 03.89.73.06.07, Fax 03.89.73.06.07, E-Mail bleger.françois@liberty-surf.fr
☑ Y n. V.

DOM. LEON BOESCH
Luss Vallée Noble 1999**

■ 0,4 ha 2 500 ⅡⅠ 11 à 15 €

Die Reben im Vallée Noble haben eine ausgezeichnete Lage und Ausrichtung. In dieser günstigen Nische steht die Sonne im Süden bis Südosten am Himmel. Hier hat Léon Boesch einen dunkelrubinroten Pinot noir rubis erzeugt, dessen bläulich rote Reflexe die Klarheit betonen. In der Nase vereinigen sich Holznoten und rote Früchte (Brombeere und schwarze Johannisbeere). Der Geschmack lässt eine gute Tanninstruktur erkennen; der Holzton ist zwar deutlich zu spüren, aber nie aufdringlich. Im fülligen Körper findet man nicht nur Schwarze-Johannisbeer- und Brombeer-Aromen, sondern auch eine deutliche Kirschnote. Ein Wein, der in einem guten Jahr perfekt sein wird.

Dom. Léon Boesch, 6, rue Saint-Blaise, 68250 Westhalten, Tel. 03.89.47.01.83, Fax 03.89.47.64.95
☑ Y Mo–Sa 10h–12h 14h–18h
Gérard Boesch

BOHN 1999

■ 0,6 ha 3 400 ⅡⅠ 5 à 8 €

Im 12. Jh. legten die Mönche der Abtei Baumgarten an den Steilhängen des Ungersbergs, der 901 m hoch ist, einen Weinberg an. Die Schiefer- und Sandsteinböden drücken den Weinen, die von dort kommen, ihren Stempel auf. Dieser hier zeigt ein warmes Rot mit kupferfarbenen Reflexen und entfaltet in der Nase noch diskrete Aromen von gekochten Früchten. Im Geschmack ist er durch die Holztannine geprägt, die sich verflüchtigen dürften, so dass ein angenehmer Charakter roter Früchte zum Vorschein kommt. Noch aufheben.

Bernard Bohn, 1, chem. du Leh, 67140 Reichsfeld, Tel. 03.88.85.58.78, Fax 03.88.57.84.88
☑ Y Mo–Sa 8h–11h45 13h–18h; So n. V.

FRANÇOIS BOHN Réserve 1999*

■ 0,2 ha 1 500 Ⅰ 5 à 8 €

Die Familie Bohn arbeitet seit vielen Generationen auf dem Weingut. Bis 1998 verkaufte sie in erster Linie Trauben, aber dann begann sie damit, ihre eigenen Weine herzustellen. Der eingeschlagene Weg war der Richtige: Ist dieser rubinrote Pinot noir mit dunkleren Reflexen nicht typisch? Seine Aromen sind zwar noch diskret, lassen aber eine schöne Zukunft vorhersagen. Die Frucht kommt zum Vorschein, begleitet von Unterholzdüften. Der sanfte, komplexe Geschmack ist noch von den Tanninen geprägt, aber diese müssen nur noch verschmelzen.

🔑 François Bohn, 35, rue des Trois-Épis, 68040 Ingersheim, Tel. 03.89.27.31.27, Fax 03.89.27.31.27 ☑ Y n. V.

ANDRE DUSSOURT
Rouge de Blienschwiller Elevé en barrique Réserve Prestige 1999*

■ 0,2 ha 1 450 ⅠⅠⅠ 11à15€

Die Firma André Dussourt ist aus einer alten Winzerfamilie hervorgegangen, die seit dem 17. Jh. Wein anbaut. Ursprünglich war sie in Blienschwiller ansässig und hat, seitdem sie 1961 die Firma Bléger erwarb, ihren Sitz in Scherwiller. Ein Großteil ihrer Rebparzellen befindet sich noch in Blienschwiller, wie etwa diejenigen, die diesen Pinot noir hervorgebracht haben. Schon die dunkelrote Farbe mit den malvenfarbenen Reflexen ist Hinweis auf einen Wein von guter Provenienz. Der fruchtige Duft (Sauerkische) wird ein wenig vom Vanillearoma des Holzfasses überdeckt. Der Geschmack muss noch vollkommen harmonisch werden, aber alle Anzeichen für eine gute Entwicklung sind bereits erkennbar.

🔑 Dom. André Dussourt, 2, rue de Dambach, 67750 Scherwiller, Tel. 03.88.92.10.27, Fax 03.88.92.18.44, E-Mail vins.dussourt@wordline.fr
☑ Y Mo–Sa 8h–12h 13h30–18h
🔑 Paul Dussourt

DOM. ENGEL 1999*

■ 1 ha 10 000 ▮🌡 5à8€

Orschwiller, das zu Füßen der Haut-Kœnigsbourg liegt, gehört zu den alten Lehen des Schlosses. Die Domaine Engel bewirtschaftet in dieser Gemeinde ein 16 ha großes Gut, wobei drei Viertel der Anbaufläche auf den Grand cru Praelatenberg entfallen. Ihr lebhaft und strahlend roter Pinot noir entfaltet in der Nase sehr ausgeprägte Schwarze-Johannisbeer-Aromen. Der Charakter von roten Früchten bestätigt sich in einem fetten, fülligen, reichen Geschmack. Ein Wein von guter Länge, der angenehm und typisch ist.

🔑 Dom. Christian et Hubert Engel, 1, rue des Vignes, Haut-Kœnigsbourg, 67600 Orschwiller, Tel. 03.88.92.01.83, Fax 03.88.82.25.09 ☑ Y tägl. 9h–11h30 14h–18h

DOM. FLEISCHER 1999*

■ 0,55 ha 6 000 ▮🌡 5à8€

In Pfaffenheim, auf halbem Weg zwischen Colmar und Rouffach, liegen die Weinberge nach Südsüdosten. Die Ton- und Kalksteinböden, die aus steinigen Konglomeraten bestehen, eignen sich perfekt für die gute Reifung der Pinot-noir-Rebe. Dieser hellrote, ziemlich rosarot erscheinende 99er bietet noch verhaltene Düfte von weißen Blüten. Im Mund entfaltet er viel Frische und einen angenehmen, süffigen Charakter. Er kann leichte Gerichte, wie etwa weißes Fleisch, begleiten.

🔑 Dom. Fleischer, 28, rue du Moulin, 68250 Pfaffenheim, Tel. 03.89.49.62.70, Fax 03.89.49.50.74 ☑ Y n. V.

J. FRITSCH 1999*

■ 0,37 ha 3 600 ▮ 5à8€

Am Ortseingang von Kientzheim empfängt das Schloss der Confrérie de Saint-Etienne den Besucher; daneben schildert das Weinmuseum die Geschichte des örtlichen Weinbaus. Joseph Fritsch präsentiert hier einen tiefdunkelroten Wein, der bläulich rote Reflexe zeigt. Der mittelstarke Duft ist dennoch deutlich durch Sauerkirsche, Backpflaume und Brombeere geprägt. Nach einer klaren Ansprache intensivieren sich die Aromen in einem fülligen Geschmack. In zwei bis drei Jahren wird dieser Pinot noir seine ganze Fülle zum Ausdruck bringen.

🔑 EARL Joseph Fritsch, 31, Grand-Rue, 68240 Kientzheim, Tel. 03.89.78.24.27, Fax 03.89.78.24.27 ☑ Y n. V.

GEYER 1999*

■ 0,35 ha 2 200 ⅠⅠⅠ 5à8€

Nothalten ist von Weinbergen umschlossen: Im Westen wird es von den sonnigen Hängen überragt, die nach Ostsüdosten liegen; im Osten überblickt das Dorf seinerseits die Reben, die sich an sanfteren Hängen zu seinen Füßen ausbreiten. Roland Geyer, Besitzer von neun Hektar Reben, hat einen in der Farbe klaren Pinot noir erzeugt, dessen bläulich rote Reflexe das tiefe Rubinrot aufhellen. Der Geruchseindruck ist von Schwarzkirsche, Brombeere und Backpflaume geprägt. Der Wein hat eine klare Ansprache und stützt seine geschmackliche Ausgewogenheit auf recht spürbare, aber fügsame Tannine. Die Aromen von roten Früchten finden darin ihren Widerhall und sorgen auf diese Weise für die Länge und die Fülle des Abgangs.

🔑 Dom. Roland Geyer, 148, rte du Vin, 67680 Nothalten, Tel. 03.88.92.46.82, Fax 03.88.92.63.19 ☑ Y n. V.

DOM. ROBERT HAAG ET FILS 1999

■ 0,53 ha 4 188 ⅠⅠⅠ 5à8€

Die in der Nähe von Sélestat liegende Gemeinde Scherwiller hat ihre Weinberge auf Quarzsand sowie daneben liegenden Granitsandböden angelegt. Die Weine sind hier voller Leichtigkeit, mit großer aromatischer Ausdruckskraft. Der Pinot noir der Haags bildet keine Ausnahme: Hinter seinem strahlenden Rot entfaltet sich ein sehr blumiger und fruchtiger Duft. Eine würzige Note und ein Hauch von geröstetem Brot betonen seine aromatische Feinheit. Der im Geschmack angenehme Wein ist bis zum Abgang durch seine Frische gekennzeichnet.

🔑 Dom. Robert Haag et Fils, 21, rue de la Mairie, 67750 Scherwiller, Tel. 03.88.92.11.83, Fax 03.88.82.15.85
☑ Y Mo–Sa 9h–12h 14h–19h
🔑 François Haag

LEON HEITZMANN 1999***

■ 0,4 ha 3 500 ⅠⅠⅠ 8à11€

Das Haus Léon Heitzmann ist den Lesern unseres Weinführers nicht unbekannt: Zwei Liebeserklärungen haben es in jüngster Zeit belohnt. Es ist ein sicherer Wert, umso mehr als ihm für seinen 99er Pinot noir eine neue Auszeichnung zuerkannt wird. Dieser elegante, reiche Wein, der ein sehr intensives, reintöniges Rot zeigt, entfaltet Kirscharomen, die von Schwarze-Johannisbeer-Noten betont werden. Im Geschmack erweist er sich als fein, füllig, großzügig und lang anhaltend, unterstützt von vornehmen Tanninen, die eine große Reife besitzen. Die Sanftheit verbindet sich mit der Komplexität der Aromen von roten Früchten.

Léon Heitzmann, 2, Grand-Rue,
68770 Ammerschwihr,
Tel. 03.89.47.10.64, Fax 03.89.78.27.76
Mo–Sa 8h–12h 13h30–18h

EMILE HERZOG 1999*

■ 0,21 ha 1 600 8à11€

Turckheim, ein historisches und deshalb von Touristen viel besuchtes Städtchen, ist bekannt für seinen Nachtwächter, der die Tradition aufrechterhält, indem er im Sommer an jedem Abend seine Runde durch die Straßen macht. Die Familie Herzog ist mit diesem Ort, wo sie seit 1686 ansässig ist, eng verbunden. Sie schlägt einen granatroten 99er mit braunen Reflexen vor. Ihr angenehm holzbetonter Pinot lässt in der Nase auch Aromen von Pflaumenkonfitüre erkennen, während am Gaumen gekochte Früchte dominieren, die Noten von Gewürznelken enthalten. Er besitzt einen guten Umfang und ist füllig und generös; sein Abgang ist kräftig und anhaltend.

Emile Herzog, 28, rue du Florimont,
68230 Turckheim, Tel. 03.89.27.08.79,
Fax 03.89.27.08.79, E-Mail e.herzog@laposte.net n. V.

HORCHER 1999*

■ 0,57 ha 4 800 5à8€

Mittelwihr, das an der Elsässischen Weinstraße liegt, ist der Ort der Mandelbäume. Was bedeutet, dass sein Mikroklima für Reben günstig ist. Die Reblagen dort verleihen den Weinen einen originellen Ausdruck. Dieser intensiv rubinrote Pinot noir von großer Klarheit überlässt roten Früchten (vor allem schwarzer Johannisbeere) die Hauptrolle. Im Geschmack wird er durch die Frische von Lakritze verstärkt und ist kräftig, robust, füllig und großzügig. Geschmeidige Tannine garantieren seine stattliche Haltung.

Ernest Horcher et Fils, 6, rue du Vignoble,
68630 Mittelwihr, Tel. 03.89.47.93.26,
Fax 03.89.49.04.92
Mo–Sa 8h–12h 14h–19h

ARMAND HURST Vieilles vignes 1999**

■ 0,49 ha 4 000 11à15€

Das Haus Hurst hat sich dank seiner Weine von der Rebsorte Pinot noir einen Namen gemacht. Es konnte die Granitböden, die den Brand bilden, optimal nutzen. Die alten Pinot-noir-Rebstöcke, von denen dieser Wein stammt, befinden sich mitten in dem Grand cru. Der rubinrote Wein, dessen intensiv fruchtiger Duft (schwarze Johannisbeere) eine feine Holznote enthält, bietet am Gaumen eine große Fülle, schon vollkommen verschmolzene Tannine, «Fett», Großzügigkeit und rote Früchte. Er ist überaus seidig.

Armand Hurst, 8, rue de la Chapelle,
68230 Turckheim, Tel. 03.89.27.40.22,
Fax 03.89.27.47.67 n. V.

KIENTZ Coteaux de Blienschwiller 1999*

■ 0,9 ha 6 500 5à8€

Die Granitreblagen sind durch eine rasche Erwärmung ihres Bodens schon beim geringsten Sonnenschein gekennzeichnet. Da sie in der Regel für eine frühe Reife der Trauben sorgen, kommen die Weine von dort ebenso schnell zur Entfaltung. Dieser intensiv rote Pinot noir bietet einen frischen Duft, der aus Blüten sowie einer noch diskreten Frucht besteht. Im Geschmack zeigt er sich füllig und typisch, mit schöner Stärke. Sein Abgang besitzt außerdem eine gute Länge.

René Kientz Fils, 51, rte du Vin,
67650 Blienschwiller, Tel. 03.88.92.49.06,
Fax 03.88.92.45.87 n. V.

ANDRE KLEINKNECHT
Vieilli en barrique 1999*

■ 0,2 ha 1 300 8à11€

Das südlich von Barr liegende Mittelbergheim, das dank seiner Gebäude malerisch wirkt, ist auch für seine Weinberge und seine Weine berühmt. André Kleinknecht, dessen Weinbauwurzeln bis 1621 zurückreichen, hat hier auf etwas mehr als neun Hektar seine Weine mit Können erzeugt. Sein dunkelroter, ziegelrot schimmernder Pinot noir lässt unter einem Holzton Schwarze-Johannisbeer-Aromen erkennen. Der füllige, fette Geschmack besitzt eine angenehme Großzügigkeit. Die Tannine sind noch sehr markant, aber die Zukunft erscheint viel versprechend (zwei bis drei Jahre).

André Kleinknecht, 45, rue Principale,
67140 Mittelbergheim, Tel. 03.88.08.49.46,
Fax 03.88.08.49.46, E-Mail andre-kleinknecht@wanadoo.fr
tägl. 10h–11h30 13h–19h

HUBERT KRICK Herrenweg 1999*

■ 0,9 ha 6 000 5à8€

Seit vielen Generationen befindet sich Hubert Kricks Weinbaubetrieb in Wintzenheim, einem Städtchen am Eingang des Munstertals. Dieser Pinot noir kommt von einem alluvialen Boden, der dank des Vorhandenseins von viel Geröll eine frühe Reife sicherstellt. Eine sehr kräftige rote Farbe, ein intensiver Duft von roten Früchten mit Holznoten und ein angenehmer, reicher, opulenter, fetter Geschmack von großer Länge

kennzeichnen ihn. Ein schöner, typischer Wein, der im Mund Großzügigkeit und Süffigkeit vereint.
EARL Hubert Krick, 93-95, rue Clemenceau, 68920 Wintzenheim, Tel. 03.89.27.00.01, Fax 03.89.27.54.75 ☑ n. V.

DOM. DE L'ANCIEN MONASTERE
Rouge de Saint-Léonard Cuvée du Grand Chapître 1999***

■ 3 ha 3 066 5 à 8 €

Saint-Léonard, das in der Nähe von Obernai liegt, profitiert von einem beachtlichen Touristenstrom. Der kleine Marktflecken gehört zu den Wiegen der Pinot-noir-Rebe im Elsass, mit angesehenen Erzeugern wie Bernard Hummel und seinen Töchtern. Das dunkle Rubinrot dieses 99ers ist ein gutes Vorzeichen. Zunächst für Komplexität. Der stark durch rote Früchte geprägte Duft wird auch von Brombeeren dominiert und enthält eine Quittennuance. Der seidige Geschmack, den reife, deutlich spürbare Tannine unterstützen, besitzt eine außergewöhnliche Ausgewogenheit zwischen Stoff, Frucht und Säure.
B. Hummel et ses Filles, L'Ancien Monastère, 4, cour du Chapître-Saint-Léonard, 67530 Boersch, Tel. 03.88.95.81.21, Fax 03.88.48.11.21, E-Mail b.hummel@wanadoo.fr ☑ tägl. 8h30–12h30 13h30–19h30

DOM. DE L'ECOLE
Côte de Rouffach 1999*

■ k. A. 4 000 5 à 8 €

Die Domaine de l'Ecole gehört zu den Einrichtungen der Landwirtschafts- und Winzerausbildung von Rouffach. Der Versuchsweinberg, der 1868 für pädagogische Zwecke angelegt wurde, ist seit 1970 vergrößert worden und hat sich einen guten Namen gemacht. Sein Pinot noir hüllt sich in ein Rubinrot mit bläulich roten Reflexen. Beim ersten Riechen erkennt man die Ausgewogenheit zwischen dem leichten Holzton und den Aromen von gekochten Früchten (Backpflaume). Nach der Belüftung kennzeichnen Kirsch- und Brombeerdüfte den typischen Charakter des Weins. Am Gaumen zeigen die spürbaren Tannine keinerlei Aggressivität, während die noch zurückhaltenden Aromen die Jugendlichkeit dieses 99ers zum Ausdruck bringen. Der harmonische Abgang besitzt eine gute Länge.
Dom. de L'Ecole, Lycée viticole, 8, Aux Remparts, 68250 Rouffach, Tel. 03.89.78.73.16, Fax 03.89.78.73.01, E-Mail expl.legta.rouffach@educagri.fr ☑ n. V.

JEAN-LUC MADER
Cuvée Théophile 1999***

■ 0,5 ha 2 500 5 à 8 €

Die Gemeinde Hunawihr ist vor allem dank ihrer Wehrkirche bekannt. Weitere Attraktionen, wie etwa der Storchenpark, ziehen die Besucher an. Die Ton- und Kalksteinböden scheinen der Pinot-noir-Rebe zu bekommen, wie die Cuvée Théophile bezeugt. Dieser Wein von schönem, hellem Rubinrot, der intensiv fruchtig (rote Früchte, wobei Kirsche dominiert) ist und einen delikaten Holzton besitzt, entfaltet sich insbesondere am Gaumen. Reich, kräftig, großzügig, laut der Beschreibung eines Verkosters «durch das edle Barriquefass geprägt». Er ist nachhaltig und fett. Sein seidiger Charakter erhöht noch zusätzlich die Eleganz.

Jean-Luc Mader, 13, Grand-Rue, 68150 Hunawihr, Tel. 03.89.73.80.32, Fax 03.89.73.31.22 ☑ n. V.

ALBERT MANN Vieilles vignes 1999

■ 0,33 ha 2 500 15 à 23 €

Wettolsheim, das ein paar Kilometer westlich von Colmar liegt, besitzt sehr große Weinberge. Seine Kalkmergelböden eignen sich für alle Rebsorten, ganz besonders für Pinot noir. Dieser hier zeigt ein leichtes Rot mit einigen ziegelroten Reflexen und entfaltet in der Nase einen schönen Holzton und Nuancen roter Früchte. Der recht fette Geschmack wird trotzdem von noch zu deutlich spürbaren Tanninen geprägt. Der nervige Abgang muss noch perfekt werden.
Dom. Albert Mann, 13, rue du Château, 68920 Wettolsheim, Tel. 03.89.80.62.00, Fax 03.89.80.34.23, E-Mail vins@mann-albert.com ☑ n. V.
Barthelmé

OTTER Barriques 1999***

■ 0,39 ha 1 200 8 à 11 €

Die Domaine François Otter liegt in der Gemeinde Hattstatt, am Fuße des Grand cru Hatschbourg. Beim 99er erreicht der auf altmodische Weise ohne Schönung und Filtrierung vinifizierte Pinot noir die höchste Qualität und zeigt sich mustergültig. Ein tiefes Granatrot mit malvenfarbenen Reflexen verleiht ihm ein schönes Aussehen. Die Weichselaromen, die Ledernuancen und einen würzigen Holzton enthalten, sind bemerkenswert. Der Geschmack von großer Ausdrucksstärke besitzt stattliche, seidige Tannine. Ein ganz einfach perfekter Wein: «Sein Entwicklungspotenzial ist enorm», wie die Verkoster schrieben.

🔑 Dom. François Otter et Fils, 4, rue du Muscat, 68420 Hattstatt, Tel. 03.89.49.33.00, Fax 03.89.49.38.69, E-Mail ottjef@nucleus.fr ☑ 𝕐 n. V.

RINGENBACH-MOSER Réserve 1999

■ 0,6 ha 5 500 ▮ 5à8€

Sigolsheim liegt wunderschön am Ausgang des viel besuchten Tals von Kaysersberg. Mit seinen angesehenen Reblagen, die ganz nach Süden gehen, ist es eine Hochburg des elsässischen Weinbaugebiets. Eine strahlend rote Farbe mit kirschroten Reflexen umhüllt diesen Wein. Der Duft ist durch die Feinheit und die Konzentration der Aromen geprägt. Die Ansprache ist fruchtig und angenehm und besitzt eine gute Frische. Laut einem Verkoster «ein klassischer Pinot noir».

🔑 Ringenbach-Moser, 12, rue du Vallon, 68240 Sigolsheim, Tel. 03.89.47.11.23, Fax 03.89.47.32.58
☑ 𝕐 Mo–Fr 8h30–11h30 13h30–17h30

ROLLY GASSMANN Rodern 1999*

■ 0,7 ha 3 000 ⦀ 11à15€

Das Ansehen der Firma Rolly Gassmann steht außer Frage. Sie zeichnet sich regelmäßig durch ihre ausdrucksvollen Weine aus, die ein getreuer Ausdruck ihrer meisterlichen Vinifizierung sind. Dieser tiefrote Pinot noir ist schon beredt, wobei seine Aromenpalette von Früchten bis zu leicht animalischen Noten reicht. Im Geschmack ist er voll und hinterlässt einen Eindruck von Feinheit, Fülle und sogar «Fett». Sein Abgang hält zwar lang an, aber die Aromen darin können sich noch stärker entwickeln. Ein erstklassiger Wein.

🔑 Rolly Gassmann, 2, rue de l'Eglise, 68590 Rorschwihr, Tel. 03.89.73.63.28, Fax 03.89.73.33.06
☑ 𝕐 Mo–Sa 9h–11h45 13h15–18h

PAUL SCHERER
Réserve personnelle 1999**

■ 0,4 ha 3 000 ▮🌡 5à8€

Die Firma Paul Scherer gehört zu den ältesten in der Gemeinde Husseren-les-Châteaux. Die Qualität dieses Pinot noir, der mit seinem dunklen Granatrot bemerkenswert strahlend ist, straft ihr Ansehen, das sie sich im Laufe von fünf Generationen erworben hat, nicht Lügen. Der dichte Geruchseindruck, der sehr frische Erdbeer-, Himbeer- und Schwarze-Johannisbeer-Aromen verströmt, trägt zu seiner Harmonie bei. Der einheitliche Geschmack, der voller Feinheit ist, findet eine Fermate in einer anhaltenden Fruchtnote. Ein großer Wein.

🔑 EARL Paul Scherer et Fils, 40, rue Principale, 68420 Husseren-les-Châteaux, Tel. 03.89.49.30.34, Fax 03.89.86.41.67 ☑ 𝕐 n. V.

DOM. MAURICE SCHOECH 1999*

■ 0,6 ha 4 500 ⦀ 5à8€

Sébastien und Jean-Léon Schoech führen seit 1995 das Weingut ihres Vaters. Hier ist ihnen ein Pinot noir gelungen, der innerhalb von zwei Jahren sein gesamtes Potenzial entfalten wird. Der Wein besitzt eine rote Farbe mit orangeroten Reflexen und bietet einen holzbetonten Geruchseindruck, der Nuancen gekochter Früchte enthält, während er im Geschmack Noten von Johannisbeerkonfitüre und Gewürzen (Pfeffer) bevorzugt. Er ist körperreich und nachhaltig, entfaltet viel Stoff und klingt mit Finesse aus.

🔑 Dom. Maurice Schoech, 4, rte de Kientzheim, 68770 Ammerschwihr, Tel. 03.89.78.25.78, Fax 03.89.78.13.66
☑ 𝕐 Mo–Sa 9h–12h 13h30–18h

EMILE SCHWARTZ ET FILS
Réserve personnelle 1999*

■ 0,5 ha 4 500 ⦀ 5à8€

Husseren-les-Châteaux ist das Dorf, das westlich von Colmar liegt und seine gesamten Weinberge überragt. Es besitzt schöne Reblagen mit Südsüdostausrichtung, die so angesehene Namen tragen wie Pfersigberg und Eichberg, zwei Grands crus. Emile Schwartz baut hier über sechs Hektar Reben an. Seine Réserve personnelle von der Rebsorte Pinot noir lässt hinter ihrer sehr klaren Purpurfarbe Kirscharomen erkennen, die sich mit Düften mediterraner Pflanzen und Holznoten vermischen. Nach einer fetten Ansprache ist der Geschmack wohl ausgewogen und komplex; er vereint Früchte und Pfeffer.

🔑 EARL Emile Schwartz et Fils, 3, rue Principale, 68420 Husseren-les-Châteaux, Tel. 03.89.49.30.61, Fax 03.89.49.27.27
☑ 𝕐 Mo–Sa 8h–12h 14h–19h; 1.–15. Sept. geschlossen

JEAN-PAUL SIMONIS 1999

■ 0,25 ha 2 300 ⦀ 5à8€

Bei Jean-Paul Simonis wurde der erste Pinot noir 1988 vinifiziert. Ein Jahrzehnt später bietet er einen tiefpurpurroten Wein, der nach Sauerkirsche und Brombeere duftet, mit Noten von geröstetem Brot. Der fette, komplexe, kräftige Geschmack erinnert an Aromen roter Früchte. Die noch sehr deutlich spürbaren Tannine werden mit ein wenig Zeit an Harmonie gewinnen.

🔑 EARL Jean-Paul Simonis et Fils, 1, rue du Chasseur-M.-Besombes, 68770 Ammerschwihr, Tel. 03.89.47.13.51, Fax 03.89.47.13.51 ☑ 𝕐 n. V.
🔑 Jean-Marc Simonis

JEAN SIPP 1999*

■ 2 ha 10 000 ▮⦀🌡 11à15€

Ribeauvillé, ein dank seiner Industrie dynamisches Städtchen, besitzt auch eine tatkräftige Weinbranche. Mit 20 ha Weinbergen nimmt die Firma Sipp hier eine besondere Stellung ein. Ihr ist ein Pinot noir von guter Lagerfähigkeit gelungen, der ganz in Granatrot gekleidet ist. Dem kräftigen, komplexen Duft nach Früchten, den der Holzton vom Fass würzt, entsprechen im

Geschmack eine großartige Struktur und ein anhaltender Abgang. Die Tannine sind noch nicht vollständig verschmolzen, aber dieser Wein hat keinen Mangel an Trümpfen.
Dom. Jean Sipp, 60, rue de la Fraternité, 68150 Ribeauvillé, Tel. 03.89.73.60.02, Fax 03.89.73.82.38, E-Mail domaine@jean-sipp.com Y n. V.
Jean-Jacques Sipp

DOM. J. SPERRY-KOBLOTH
Vieilles vignes 1999*

■ 0,28 ha 2 000 5à8€

Blienschwiller, das 2 km nördlich von Dambach-la-Ville liegt, schmiegt sich an das Granitmassiv der Vorvogesen. Auf dem Zweiglimmergranit entstehen leichte, elegante Weine. Das sind durchaus auch die Merkmale dieses dunkelroten Pinot noir mit den bläulich roten Reflexen. In einer Palette, die vorwiegend von roten Früchten (Himbeere) beherrscht wird, kommen reife, sogar getrocknete Früchte zum Vorschein. Am Gaumen zeigt der Wein eine große Weichheit, Aromen getrockneter Früchte (Feige) und eine Tabaknote. Er hält nicht sehr lang an, ist aber sehr fein und klingt mit einer Nuance von schwarzer Johannisbeere aus.
Dom. J. Sperry-Kobloth, 50, rue du Winzenberg, 67650 Blienschwiller, Tel. 03.88.92.40.66, Fax 03.88.92.63.95
Y n. V.

JEAN-MARIE STRAUB 1999

■ 0,35 ha 3 000 5à8€

Granitböden scheinen der Rebsorte Pinot noir gut zu bekommen. Sie verleihen den Weinen zwar einen leichteren Charakter, begünstigen aber auch einen intensiveren, frühreifen Ausdruck. Dieser im Geruchseindruck noch zurückhaltende Pinot noir, der mit seiner hellgelben, ziegelrot schimmernden Farbe sehr sortentypisch ist, lässt feine Gewürzdüfte erkennen. Auch wenn der Abgang ein wenig kurz anhält, ist der Geschmack um feine Tannine herum gut gebaut.
Jean-Marie Straub, 61, rte du Vin, 67650 Blienschwiller, Tel. 03.88.92.40.42, Fax 03.88.92.40.42 Y n. V.

HUGUES STROHM
Rouge d'Obernai Elevé en fût de chêne 1998**

■ 0,2 ha 1 200 8à11€

Hugues Strohms Weinberg befindet sich auf einem Ton- und Kalksteinboden von Obernai, der für Pinot noir günstig ist. So hat diese Rebsorte einen tiefrubinroten Wein hervorgebracht, der schon sehr intensiv ist. Die Aromen von roten Früchten, die von Brombeere dominiert und von einer Ledernote ergänzt werden, zeigen eine bemerkenswerte Komplexität. Dieser 98er, der füllig ist, sehr reife Tannine besitzt und im Abgang lang anhält, ist der Inbegriff des großen lagerfähigen Weins: Ein Verkoster sagt ihm eine Zukunft von zwölf Jahren voraus.
Hugues Strohm, 33, rue de la Montagne, 67210 Obernai, Tel. 03.88.49.93.51, Fax 03.88.48.33.80 Y n. V.

WEHRLE 1999*

■ 0,8 ha 5 500 5à8€

Husseren-les-Châteaux verdankt seinen Namen den drei Schlössern, die den Marktflecken überragen. Von diesen Bauwerken bestehen heute zwar nur mehr Ruinen, aber sie sind leicht zugänglich und können besichtigt werden, wenn man die «Straße der fünf Schlösser» nimmt. Die Familie Wehrlé, die seit 1910 in der Gemeinde ansässig ist, stellt einen hellroten Wein vor, der aufgrund seiner aromatischen Stärke – ein mit Kirsche vermengter Holzton – reizvoll ist. Im Mund ist die Struktur leicht, aber wohl ausgewogen. Da seine Tannine nicht sehr spürbar sind, kann man den Wein schon jetzt trinken.
Maurice Wehrlé, 21, rue des Vignerons, 68420 Husseren-les-Châteaux, Tel. 03.89.49.30.79, Fax 03.89.49.29.60
Y n. V.

GERARD WEINZORN 1999**

■ 0,4 ha 2 600 8à11€

Niedermorschwihr, das nicht weit von Colmar entfernt liegt, präsentiert bei einem Besuch seine Reichtümer. Mit dem Weinführer in der Hand werden Sie hier das aus dem Jahre 1615 stammende Haus dieses Winzers im Renaissancestil entdecken. Es steht unter Denkmalschutz und besitzt einen reich skulptierten Erker. Verkosten können Sie auch diesen tiefrubinroten Wein mit den Aromen von gekochten Früchten (Erdbeere, Backpflaume) und sogar von Konfitüre, die Gewürznoten enthalten. Der weiche, füllige Geschmack bietet erstklassige Tannine und eine Textur voller Feinheit. Eine vollkommene Harmonie macht diesen Pinot noir zu einem großen Wein, den man schon jetzt trinken kann.
Gérard Weinzorn et Fils, 133, rue des Trois-Epis, 68230 Niedermorschwihr, Tel. 03.89.27.40.55, Fax 03.89.27.04.23, E-Mail contact@weinzorn.fr
Y tägl. 8h–12h 14h–18h

Alsace grand cru

Um die besten Lagen des Weinbaugebiets höher einzustufen, führte ein Erlass 1975 die Appellation «Alsace grand cru» ein, die mit einer Reihe strengerer Bestimmungen hinsichtlich des Ertrages und des Zuckergehalts der Trauben verbunden und auf die Rebsorten Gewürztraminer, Pinot gris, Riesling und Muscat beschränkt ist. Die abgegrenzten Reblagen bringen – neben den Weinen, die das Siegel der Confrérie Saint-Etienne tragen, und einigen berühmten Cuvées – die allerbesten elsässischen Weine hervor.

Im Jahre 1983 legte ein Erlass eine erste Gruppe von Reblagen fest, die in diese Appellation aufgenommen wurden; er wurde durch einen Erlass vom 17. Dezember 1992 aufgehoben und ersetzt. Das elsässische Weinbaugebiet besitzt somit offiziell 50 Grands crus, die sich auf 47 Gemeinden verteilen (im Erlass 46, weil man Rouffach vergaß!) und deren Größe zwischen 3,23 und 80,28 ha beträgt. Grundlage für die Abgrenzung war die geologische Einheitlichkeit, die die Grands crus haben sollten. Ihre Produktion bleibt bescheiden: 48 500 hl wurden für den Jahrgang 2000 angemeldet.

Die neuen Bestimmungen, die schon seit der Traubenlese 1987 gelten, betreffen die Anhebung des natürlichen Mindestalkoholgehalts von 11° auf 12° beim Gewürztraminer und Tokay-Pinot gris sowie die Verpflichtung, auf den Etiketten und in allen offiziellen Dokumenten künftig zusammen mit der Rebsorte und dem Jahrgang den Namen der Reblage anzugeben.

Alsace grand cru Altenberg de Bergbieten

FREDERIC MOCHEL Muscat 1999*

☐ 0,32 ha 2 500 11 à 15 €

Von den verschiedenen im Elsass angebauten Rebsorten ist Muscat hinsichtlich des Terroir die anspruchsvollste. Er braucht einen Boden, der geeignet ist, eine gewisse Wasserreserve zurückzuhalten, aber auch gut trocknet, einen Boden, der sich rasch erwärmt und die gespeicherte Wärme bewahrt, eine nach Südsüdosten ausgerichtete Reblage. Der Grand cru Altenberg de Bergbieten, von dem dieser Wein stammt, entspricht diesen Anforderungen vollkommen. Dieser gelbgrüne 99er mit strahlenden Reflexen bringt die Muscat-Traube mit feinen, eleganten Gewürznuancen in der Nase intensiv zum Ausdruck. Er ist im Geschmack ausgewogen und bewahrt seine Harmonie bis zu seinem deutlichen, anhaltenden Abgang. (Restzucker: 12 g/l.)

Frédéric Mochel, 56, rue Principale, 67310 Traenheim, Tel. 03.88.50.38.67, Fax 03.88.50.56.19 ☒ Y n. V.

CAVE D'OBERNAI Riesling 1999*

☐ k. A. 16 000 5 à 8 €

Die Genossenschaftskellerei von Obernai gehört zur Gruppe Divinal, einem der Haupterzeuger im elsässischen Weinbaugebiet. Trotz ihrer Größe strebt sie nach dem Ausdruck des Terroir. Deshalb findet man den Stempel der Tonmergelböden des Grand cru Altenberg de Bergbieten in diesem Riesling, der einen sehr jugendlichen Charakter bietet, auch wenn der Duft schon Zitronengras- und Röstnoten erkennen lässt. Im Geschmack ist er ausgewogen, aromatisch und lang anhaltend. Ein harmonischer Wein, der zu Fisch und Meeresfrüchten passt. (Restzucker: 2,5 g/l.)

Cave vinicole d'Obernai, 30, rue du Gal-Leclerc, 67210 Obernai, Tel. 03.88.47.60.20, Fax 03.88.47.60.22 ☒ Y n. V.

LA CAVE DU ROI DAGOBERT Riesling 1999**

☐ 1,5 ha 10 400 5 à 8 €

Die Cave du Roi Dagobert, ein weiteres Schmuckstück der Gruppe Divinal, befindet sich im Norden des elsässischen Weinbaugebiets; seit ein paar Jahren weitet sie den Direktverkauf aus. Ihre Weine, vor allem die Rieslinge, sind im Hachette-Weinführer regelmäßig vertreten, bisweilen auf den besten Rängen. Dieses Jahr ist das mit diesem 99er der Fall, dessen sehr eleganter Duft Zitrone und Bittermandel mischt. Der Geschmack ist kräftig und strukturiert. Ein Hauch von Restzucker (7 g/l) beeinträchtigt die Gesamtausgewogenheit nicht. Ein lang anhaltender, sehr rassiger Wein.

La cave du Roi Dagobert, 1, rte de Scharrachbergheim, 67310 Traenheim, Tel. 03.88.50.69.00, Fax 03.88.50.69.09, E-Mail dagobert@cave-dagobert.com ☒ Y tägl. 8h–12h 14h–18h

Alsace grand cru Altenberg de Bergheim

GUSTAVE LORENTZ Riesling 1999

☐ 4 ha 15 000 15 à 23 €

Auch wenn die 1836 gegründete Firma Gustave Lorentz als eine der größten Handelsfirmen im Elsass anerkannt ist, interessiert sie sich weiterhin für ihre 32 ha Reben, die sich teilweise oben auf dem Altenberg von Bergheim befinden. Dieser im Duft feine, blumige Riesling ist durch Zitronennoten und eine schöne Lebhaftigkeit im Geschmack geprägt. Ein typischer

Wein, der im Abgang ziemlich lang anhält. (Restzucker: 7 g/l.)
Gustave Lorentz, 35, Grand-Rue, 68750 Bergheim, Tel. 03.89.73.22.22, Fax 03.89.73.30.49, E-Mail lorentz@vins-lorentz.com ☒ Y Mo–Sa 10h–12h 14h–18h30
Charles Lorentz

Alsace grand cru Altenberg de Wolxheim

MUHLBERGER Riesling 1999

☐ 1,5 ha 2 500 5 à 8 €

François Muhlberger bewirtschaftet zusammen mit seinem Sohn Robert ein 13 ha großes Gut. Trotz seiner Herkunft von einem Ton- und Kalksteinboden zeigt ihr Riesling vom Altenberg mit seinen mineralischen Noten, die man in der Nase wahrnimmt, bereits eine schöne Entwicklung. Er ist gut strukturiert und sogar ziemlich fett. Ein lang anhaltender, harmonischer Wein, den man jetzt mit Genuss trinken kann. (Restzucker: 10 g/l.)
Vignobles François Muhlberger, 1, rue de Strasbourg, 67120 Wolxheim, Tel. 03.88.38.10.33, Fax 03.88.38.47.65
☒ Y tägl. 9h–12h 13h–19h

ANDRE REGIN Riesling 1999*

☐ 0,7 ha 2 000 5 à 8 €

Der 7,5 ha große Betrieb, der im Norden des elsässischen Weinbaugebiets liegt, wird seit 1988 von André Regin geführt. Die Gemeinde Wolxheim ist mit ihrem Grand cru Altenberg berühmt für ihre Rieslinge. Dieser hier ist noch jung, besitzt aber die ganze Klasse, die man von einem Wein erwarten kann, der auf diesem Ton- und Kalksteinboden entstanden ist. Er beginnt mit einem blumig-mineralischen Duft und bietet eine klare, lebhafte Ansprache. Der ziemlich lang anhaltende Geschmack klingt mit Zitrusnoten aus, die nahe legen, dass man diese Flasche zu Meeresfrüchten serviert. (Restzucker: 6,8 g/l.)
André Regin, 2, rue Principale, 67120 Wolxheim, Tel. 03.88.38.17.02, Fax 03.88.38.17.02
☒ Y n. V.

ZOELLER Riesling 1999***

☐ 0,95 ha 6 600 5 à 8 €

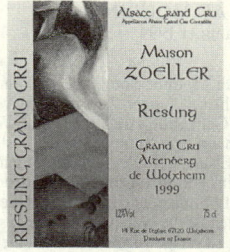

Der 10 ha große Betrieb entstand 1900. Er bleibt den traditionellen Vinifizierungsmethoden treu und hat den Grand cru Altenberg de Wolxheim optimal genutzt. Die goldene Farbe dieses Rieslings verrät sofort sein außergewöhnliches Traubengut. Der Wein, der im Duft durch Noten von kandierten Früchten und Überreife geprägt ist, erscheint füllig, fett und perfekt strukturiert. Er passt zu den feinsten Fischgerichten. (Restzucker: 12 g/l.)
EARL Maison Zoeller, 14, rue de l'Eglise, 67120 Wolxheim, Tel. 03.88.38.15.90, Fax 03.88.38.15.90, E-Mail vins.Zoeller@wanadoo.fr ☒ Y Mo–Sa 9h–11h30 14h–19h

Alsace grand cru Brand

DOM. ALBERT BOXLER Tokay-Pinot gris 1999**

☐ k. A. k. A. 11 à 15 €

Niedermorschwihr ist von zwei Grands crus mit Granitböden eingeschlossen, dem Sommerberg im Norden und dem Brand im Süden. Der Letztere, der ganz nach Süden liegt, kommt in den Genuss einer maximalen Sonneneinstrahlung. Die Weine, die hier entstehen, sind durch die Wärme geprägt, wie etwa dieser Tokay-Pinot gris. Er bietet eine schöne, strahlende strohgelbe Farbe und Düfte von Früchten und Räuchergeruch. Im Geschmack geht die Stärke mit «Fett» und Großzügigkeit einher. Die fast vollkommene Harmonie setzt sich während des gesamten lang anhaltenden Abgangs vor. Ein sehr großer Wein. (Restzucker: 36 g/l.)
Albert Boxler, 78, rue des Trois-Epis, 68230 Niedermorschwihr, Tel. 03.89.27.11.32, Fax 03.89.27.70.14, E-Mail albert.boxler@online.fr ☒ Y n. V.

PAUL BUECHER Tokay-Pinot gris 1999*

☐ 0,35 ha 2 400 11 à 15 €

Paul Buecher gehört zu den größten Weinerzeugern in der Gemeinde Wettolsheim. Henri und Jean-Marc Buecher, die heute die Verantwortung tragen, streben unaufhörlich nach einer sehr großen Komplexität und einer Komplementarität zwischen den Rebsorten und den Terroirs. Strohgelbe bis goldene Farbe, intensive, überreife Fruchtigkeit, die von Honig begleitet wird, kräftiger, rassiger, ausgewogener Geschmack, der mit einer guten Säureunterstützung ausklingt: ein Wein, dessen Vinifizierung gut gemeistert worden ist. Man kann ihn für sich allein, ohne Begleitung, trinken. (Restzucker: 24 g/l.)
Paul Buecher, 15, rue Sainte-Gertrude, 68920 Wettolsheim, Tel. 03.89.80.64.73, Fax 03.89.80.58.62 ☒ Y n. V.

DOPFF AU MOULIN
Gewurztraminer 1999*

☐ 3,3 ha 18 700 11 à 15 €

Dopff au Moulin, eine Firma in Familienbesitz, besteht seit langer Zeit in Riquewihr. Sie hat in der Gemeinde Turckheim 70 ha Weinberge, die sich auf dem Brand, einer der besten Reblagen des Elsass, befinden. Die altgoldene Farbe dieses Weins verführt sofort. Der ausdrucksvolle Duft bietet blumige, leicht würzige Rosennoten. Am Gaumen ist die Note von Überreife spürbar. Der Wein ist ausgewogen und hat einen angenehmen Abgang von guter Länge. (Restzucker: 12 g/l.)

SA Dopff au Moulin, 2, av. Jacques-Preiss, 68340 Riquewihr, Tel. 03.89.49.09.69, Fax 03.89.47.83.61 ☑ Y tägl. 9h–12h 14h–18h

ARMAND HURST Riesling 1999*

☐ 0,88 ha 6 000 8 à 11 €

Der kleine Marktflecken Turckheim, der westlich von Colmar am Eingang des Munstertals liegt, holt aus dem Reichtum seiner Weinberge das Wesentliche heraus, insbesondere aus den Reben, die sich den Granithang des Brand hinaufziehen. Armand Hurst, der ein acht Hektar großes Gut führt, hat einen Riesling mit feinem, blumigem Duft erzeugt. Nach diesem verheißungsvollen Auftakt entdeckt man einen fülligen, sehr gut strukturierten Geschmack, der einen Wein verrät, der dazu geschaffen ist, sich bei der Alterung günstig zu entwickeln. Servieren sollte man ihn zu Fisch oder Meeresfrüchten. (Restzucker: 9 g/l.)

Armand Hurst, 8, rue de la Chapelle, 68230 Turckheim, Tel. 03.89.27.40.22, Fax 03.89.27.47.67 ☑ Y n. V.

JOSMEYER Riesling 1999*

☐ 0,3 ha 2 500 15 à 23 €

Die 1854 gegründete Handelsfirma besitzt 25 ha Weinberge, die gerade auf biologisch-dynamischen Anbau umgestellt werden. Dieser Riesling, der seinen Granitboden widerspiegelt, ist in der Nase schon sehr offen: Seine intensive Fruchtigkeit mischt sich voller Eleganz mit ein paar Feuersteinnoten. Im Geschmack ist er ausgewogen und sehr gut strukturiert. Ein rassiger Wein, der die zartesten Fische verdient. (Restzucker: 4,9 g/l.)

SA Josmeyer et Fils, 76, rue Clemenceau, 68920 Wintzenheim, Tel. 03.89.27.91.90, Fax 03.89.27.91.99, E-Mail josmeyer@wanadoo.fr ☑ Y n. V.

CAVE DE TURCKHEIM
Riesling 1999***

☐ k. A. 35 000 8 à 11 €

Die Genossenschaftskellerei von Turckheim, die unterhalb des Grand cru liegt, spielt eine sehr wichtige Rolle, die sich auf das gesamte Tal erstreckt. Sein Riesling Grand cru verführt durch seinen Duft, dessen sehr ausdrucksvolle Fruchtigkeit auf eine große Reife hinweist. Er hat eine schöne Ansprache und lässt am Gaumen Aromen von reifen Früchten und eine außergewöhnliche Struktur erkennen. Dieser harmonische, zum Lagern geeignete Wein wird seinen Platz nicht nur zu Fisch, sondern auch zu fernöstlichen Spezialitäten finden. (Restzucker: 8,1 g/l.)

Cave de Turckheim, 16, rue des Tuileries, 68230 Turckheim, Tel. 03.89.30.23.60, Fax 03.89.27.06.25 ☑ Y n. V.

Alsace grand cru Bruderthal

FREDERIC ARBOGAST
Gewurztraminer 1999*

☐ 0,27 ha 2 000 8 à 11 €

Dieser Weinbaubetrieb ist relativ jung, denn 1971 füllte er erstmals seinen Wein auf Flaschen ab. Ein Teil seiner Reben befindet sich in der Reblage Bruderthal in der Gemeinde Molsheim. Der vorgestellte strahlend goldene Wein stammt von dort. Der Geruchseindruck ist zwar noch verschlossen (dafür ist das Terroir verantwortlich), lässt aber diskrete Quitten- und Korinthenaromen erkennen. Der Geschmack ist kräftig und schon ausdrucksvoll, vielleicht noch ein wenig süß, denn er ist nicht genug verschmolzen. Hier reift ein schöner Wein heran. (Restzucker: 32 g/l.)

EARL Frédéric Arbogast, 3, pl. de l'Eglise, 67310 Westhoffen, Tel. 03.88.50.30.51, Fax 03.88.50.30.51 ☑ Y n. V.

GERARD NEUMEYER
Gewurztraminer 1999*

☐ 0,79 ha 6 090 15 à 23 €

Die Firma Gérard Neumeyer befindet sich in Molsheim und hat einen Großteil ihrer Reben im Grand cru Bruderthal, einer Reblage mit Muschelkalkboden, die nach Südosten geht und lagerfähige Weine hervorbringen kann. Sie hat einen **99er Tokay-Pinot gris** erzeugt, der «kalksteintypisch» ist, mit einem kräftigen Quittenduft und Räuchergeruch. Dieser ebenso gelungene hellgelbe Gewürztraminer bietet eine komplexe Palette von Früchten, Blüten und mineralischen Noten. Sein klarer, anhaltender Geschmack ist um eine schöne Struktur herum gebaut. (Restzucker: 41 g/l.)

Dom. Gérard Neumeyer, 29, rue Ettore-Bugatti, 67120 Molsheim, Tel. 03.88.38.12.45, Fax 03.88.38.11.27, E-Mail domaine.neumeyer@wanadoo.fr ☑ Y Mo–Sa 9h–12h 14h–19h

BERNARD WEBER Riesling 1999**

☐ 1,5 ha 2 000 11 à 15 €

Bernard Weber hat 1974 das Gut seiner Großeltern übernommen. Er stellt einen Riesling Grand cru vor, der von einem Muschelkalkboden stammt. Dieser in der Nase sehr intensive 99er mischt bereits blumige und mineralische Noten. Er ist in der Ansprache ziemlich lebhaft und zeigt danach eine sehr stattliche Struktur und eine bemerkenswerte Länge. (Restzucker: 6 g/l.)

🔑 Bernard Weber, 49, rue de Saverne, 67120 Molsheim, Tel. 03.88.38.52.67, Fax 03.88.38.58.81, E-Mail info@bernard-weber.com ☑ Y n. V.

Alsace grand cru Eichberg

CHARLES BAUR Riesling 1999★★★

☐ 0,32 ha 2 800 11 à 15 €

Der in Eguisheim ansässige Armand Baur führt ein zwölf Hektar großes Gut. Sein Riesling Grand cru erweist sich des berühmten Weinbauorts würdig, wo er entstanden ist. Er wird im Duft von Blütenaromen geprägt, die sich mit Nuancen von Zitrusfrüchten und exotischen Früchten vermischen, und lässt im Geschmack eine außerordentliche Stärke erkennen. Er ist kräftig, strukturiert und harmonisch. Ein Wein von großer Klasse, der schönste Zukunftsaussichten hat. (Restzucker: 4 g/l.)

🔑 Charles Baur, 29, Grand-Rue, 68420 Eguisheim, Tel. 03.89.41.32.49, Fax 03.89.41.55.79, E-Mail cave@vinscharlesbaur.fr
☑ Y Mo–Sa 9h–12h 13h30–19h
🔑 Armand Baur

PAUL SCHNEIDER Riesling 1999★★

☐ 0,27 ha 1 800 8 à 11 €

Die Domaine Paul Schneider hat ihren Sitz in einem Haus von 1663, das früher der Zehnthof des Domprobsts der Kathedrale von Straßburg war. Ihr Riesling vom Grand cru Eichberg, der je nach Jahrgang passabel oder betörend (siehe den 97er) ausfällt, hat in unserem Weinführer einen Stammplatz. Dieser 99er ist ein großer Wein. Entsprechend seiner Herkunft von einem Ton- und Kieselboden mischt er in der Nase Zitrone und exotische Früchte. Im Geschmack ist er komplex, ziemlich fett, aber sehr gut strukturiert und lässt ausgezeichnetes Traubengut erkennen. (Restzucker: 6 g/l.)

🔑 Paul Schneider et Fils, 1, rue de l'Hôpital, 68420 Eguisheim, Tel. 03.89.41.50.07, Fax 03.89.41.30.57
☑ Y Mo–Sa 10h–12h 13h30–18h30; So n. V.

MAURICE WEHRLE Tokay-Pinot gris 1999★

☐ 0,3 ha 2 000 8 à 11 €

Der Grand cru Eichberg, der die Gemeinde Eguisheim überragt, ist eine Reblage mit Kalkmergelboden, die nach Südosten geht. Auch wenn hier der Gewürztraminer dominiert, räumt er den Rebsorten Riesling und Tokay-Pinot gris viel Platz ein. Die letztgenannte Rebsorte hat einen strohgelben Wein erzeugt, dessen noch verschlossener Geruchseindruck trotzdem komplexe, elegante Aromen wachruft. Dieser rassige, kräftig gebaute 99er erfordert eine zweijährige Lagerung, um seine Ausgewogenheit zu erreichen. (Restzucker: 17 g/l.)

🔑 Maurice Wehrlé, 21, rue des Vignerons, 68420 Husseren-les-Châteaux, Tel. 03.89.49.30.79, Fax 03.89.49.29.60
☑ Y n. V.

PAUL ZINCK Gewurztraminer 1999★

☐ 0,5 ha 2 500 8 à 11 €

Eguisheim, ein berühmter befestigter Marktflecken, verteidigt entschlossen seine Weinbautradition – dank Erzeugern wie Paul Zinck, der 1970 mit der Flaschenabfüllung begann. Ein tatkräftiger Winzer, der seit ein paar Jahren seine Ausfuhren ausgeweitet, 1990 ein Esslokal eröffnet und 1995 eine neue Vinifizierungsanlage errichtet hat. Sein Gewürztraminer vom Grand cru Eichberg ist einmal mehr im Hachette-Weinführer vertreten. Ein in der Nase intensiver, blumiger Wein, der am Gaumen recht kräftig gebaut ist und sehr lang anhält. Eine gewisse Süße im Geschmack bestimmt ihn vorzugsweise zum Aperitif oder zu Nachspeisen. (Restzucker: 10 g/l.)

🔑 SARL Paul Zinck, 18, rue des Trois-Châteaux, 68420 Eguisheim, Tel. 03.89.41.19.11, Fax 03.89.24.12.85, E-Mail info@pzinck.fr ☑ Y n. V.

Alsace grand cru Florimont

RENE MEYER Tokay-Pinot gris 1999★★★

☐ 0,24 ha 1 866 11 à 15 €

Der Florimont überragt Ingersheim im Westen. Wie sein Name andeutet, ist er eine Reblage, die aufgrund ihrer Flora interessant ist. Im Frühling blühen noch in bestimmten Parzellen die Tulpen zwischen den Rebstöcken. Die Farbe dieses Tokay-Pinot gris ist golden. Der offenherzige, kräftige Duft bietet Noten von Überreife und Kandiertem. Nach einer klaren Ansprache bilden die Komplexität, die Fülle und die Länge die Hauptvorzüge des Finales. Dieser 99er, der dem Typ der «Vendanges tardives» nahe kommt, wird einen ausgezeichneten Wein zum Lagern abgeben. (Restzucker: 35 g/l.)

🔑 EARL Dom. René Meyer et Fils, 14, Grand-Rue, 68230 Katzenthal, Tel. 03.89.27.04.67, Fax 03.89.27.50.59 ☑ Y n. V.

BRUNO SORG Riesling 1999*

☐ k. A. 2 900 8 à 11 €

Bruno Sorg, der hier seit 1965 ansässig ist, hat seinen Betrieb beständig vergrößert. Heute besitzt er zusammen mit seinem Sohn zehn Hektar Reben, die sich auf die Gemeinden Eguisheim und Ingersheim verteilen. Sein noch junger Riesling vom Florimont, der von einem Ton- und Kalksteinboden stammt, lässt Nuancen von weißen Blüten und kandierten Früchten erkennen. Er hat eine ziemlich lebhafte Ansprache und erweist sich als füllig, strukturiert und lang anhaltend. Ein Wein von großer Harmonie. (Restzucker: 3 g/l.)

Dom. Bruno Sorg, 8, rue Mgr-Stumpf, 68420 Eguisheim, Tel. 03.89.41.80.85, Fax 03.89.41.22.64 ☑ Y n. V.

Alsace grand cru Frankstein

P. KIRSCHNER ET FILS Riesling 1999*

☐ 0,3 ha 2 120 8 à 11 €

Der letzte Jahrgang erhielt eine Liebeserklärung. Das weist auf das Können dieses Weinbaubetriebs hin, der seine Weinberge 1800 anlegte und im 19. Jh. ein Pionier bei der Flaschenabfüllung war. Dieser von seinem Granitboden geprägte 99er Riesling wirkt fruchtig und ätherisch zugleich. Im Geschmack erweist er sich als gut strukturiert, reich und anhaltend, für eine lange Alterung gerüstet. (Restzucker: 5 g/l.)

Pierre Kirschner, 26, rue Théophile-Bader, 67650 Dambach-la-Ville, Tel. 03.88.92.40.55, Fax 03.88.92.62.54, E-Mail kirschner@reperes.com ☑ Y Mo–Sa 8h–12h 13h–19h

RUHLMANN Gewurztraminer 1999*

☐ 0,6 ha 5 400 11 à 15 €

Dambach-la-Ville ist bestimmt die größte Weinbaugemeinde im Elsass: Die Weinbranche ist hier sehr aktiv, mit etwa sechzig Winzern, die ihre Weine auf den Markt bringen. Sie besitzt auch ihren eigenen Grand cru, den Frankstein, der sich auf einem Sockel mit zweiglimmerigem Granit befindet. Hinter einer goldenen Farbe lässt dieser Gewürztraminer in der Nase eine leichte Note von Überreife erkennen, die von kandierten Früchten begleitet wird. Am Gaumen dominieren die Aromen von Überreife. Die Ansprache ist warm, der Abgang lang. (Restzucker: 12 g/l.)

Ruhlmann, 34, rue du Mal-Foch, 67650 Dambach-la-Ville, Tel. 03.88.92.41.86, Fax 03.88.92.61.81
☑ Y Mo–Sa 8h–12h 13h30–19h

Alsace grand cru Furstentum

JOSEPH FRITSCH
Gewurztraminer 1999**

☐ 0,3 ha 1 800 8 à 11 €

Der Grand cru Furstentum kann die Gewürztraminer, die von dort kommen, wunderbar zur Entfaltung bringen. Joseph Fritsch, der in Kientzheim wohnt, stellt einen Wein von ziemlich hellem, überaus strahlendem Gelb vor. Die dominierenden Aromen sind exotische Früchte und Gewürze. Der noch diskrete Geschmack lässt dennoch eine große Feinheit der Aromen, eine fast verwirklichte Ausgewogenheit und einen fruchtigen, lang anhaltenden Abgang erahnen. (Restzucker: 39,4 g/l.)

EARL Joseph Fritsch, 31, Grand-Rue, 68240 Kientzheim, Tel. 03.89.78.24.27, Fax 03.89.78.24.27 ☑ Y n. V.

ALBERT MANN
Riesling Vendanges tardives 1998*

☐ 0,14 ha 600 23 à 30 €

Die Familie Mann hat die Palette ihrer Reblagen erweitert und ist in fünf Grands crus vertreten. Dieser Riesling vom Furstentum bietet unter einer goldenen Farbe kandierte Aromen und eine Kaffeenote. Im Geschmack ist die Ansprache klar und frisch. Ein ausgewogener, fülliger, reicher Wein, der eine schöne Zukunft über fünf Jahre hinweg verspricht.

Dom. Albert Mann, 13, rue du Château, 68920 Wettolsheim, Tel. 03.89.80.62.00, Fax 03.89.80.34.23, E-Mail vins@mann-albert.com ☑ Y n. V.

ALBERT MANN
Gewurztraminer Vieilles vignes 1999**

☐ 0,6 ha 4 500 11 à 15 €

Der Grand cru Furstentum, der eine außergewöhnliche Lage am Ausgang des Tals von Kaysersberg besitzt, kommt dank seiner Südsüdostausrichtung in den Genuss eines Höchstmaßes an Sonnenschein, vom Morgen bis zum Abend. Auf diese Weise ist er vor den Nordwinden geschützt. Dieser überaus strahlende goldgelbe Wein ist im Geruchseindruck noch zurückhaltend, aber schon viel versprechend aufgrund seiner komplexen Mango- und Ananasaromen. Im Mund entfaltet er sich ziemlich rasch und enthüllt so seine Stärke, die aber voller Feinheit ist, sowie seine große Länge. Der Geschmack von kandierten Früchten dominiert dabei. (Restzucker: 34 g/l.)

Dom. Albert Mann, 13, rue du Château, 68920 Wettolsheim, Tel. 03.89.80.62.00, Fax 03.89.80.34.23, E-Mail vins@mann-albert.com ☑ Y n. V.

Barthelmé

DOM. WEINBACH
Gewurztraminer Cuvée Laurence 1999★★

☐ 1 ha 4 300 30 à 38 €

Colette Faller, einer der großen Namen des Weinbaugebiets, und ihre Töchter führen die Domaine Weinbach mit meisterlicher Hand. Die Weine werden mit viel Feingefühl hergestellt. Die Farbe dieses Gewürztraminers ist golden; der Duft zeigt Gewürze und einen vornehmen pflanzlichen Charakter. Der sehr füllige, kräftige Geschmack wird von den Aromen der überreifen Frucht dominiert. Der Schlussgeschmack ist großartig und hält lang an, auch wenn sich die Süße noch stärker einfügen muss. Die Verkoster sagen diesem Wein eine große Zukunft voraus. (Restzucker: 65 g/l.)

Dom. Weinbach – Colette Faller et ses Filles, Clos des Capucins, 68240 Kaysersberg, Tel. 03.89.47.13.21, Fax 03.89.47.38.18 ☑ Y n. V.

Alsace grand cru Geisberg

KIENTZLER Riesling 1999★

☐ 1,3 ha 7 900 15 à 23 €

André Kientzler leitet seit 1975 ein elf Hektar großes Gut, das reich an Grand-cru-Lagen ist. Der Geisberg, eine Reblage mit Ton- und Kalksteinboden, hat einen Riesling hervorgebracht, der sehr intensiv duftet, wobei Räuchernuancen, Noten von kandierten Früchten und mineralische Anklänge miteinander verbunden sind. Schöne Ansprache, perfekt strukturiert, komplex und harmonisch. Das ist ein Wein, der für eine lange Alterung geschaffen ist. (Restzucker: 3,5 g/l.)

André Kientzler, 50, rte de Bergheim, 68150 Ribeauvillé, Tel. 03.89.73.67.10, Fax 03.89.73.35.81 ☑ Y n. V.

Alsace grand cru Gloeckelberg

KOEBERLE KREYER
Tokay-Pinot gris 1999★★★

☐ 0,13 ha 800 8 à 11 €

Der sandige Boden befindet sich auf einem Granitsockel. Die Reblage, die im Süden ein Höchstmaß an Sonnenschein einfängt, ist günstig für die Erzeugung von großen Weinen. Den Beweis dafür liefert dieser Pinot gris. Der intensiv gelbe Wein, dessen grüne Reflexe seine Jugend und sein großes Entwicklungspotenzial verraten, verströmt getrocknete, sogar kandierte Früchte (Quitte), die mit einer typischen Räuchernote verbunden sind. Im Geschmack ist er ganz einfach prächtig: elegant, rassig, im richtigen Maße kräftig gebaut und ölig. Die Ausgewogenheit ist vollkommen und lässt eine lange Lagerfähigkeit voraussagen. (Restzucker: 60 g/l.)

Koeberlé Kreyer, 28, rue du Pinot-Noir, 68590 Rodern, Tel. 03.89.73.00.55, Fax 03.89.73.00.55, E-Mail fkoeberl@fr.pakardbell.org ☑ Y n. V.

CHARLES NOLL Tokay-pinot gris 1999★

☐ 0,1 ha 800 8 à 11 €

Ein sandiger Boden kennzeichnet dieses Terroir: ein leichter Boden, der im Frühjahr eine rasche Erwärmung sowie eine frühe Reifung der Trauben begünstigt. Die Pinot-gris-Rebe schätzt solche Bedingungen. Eine ziemlich blasse strohgelbe Farbe, die von ein paar grünen Reflexen belebt wird, verführt das Auge. In der Nase erinnert dieser Wein an Zitrusfrüchte (Mandarine), die eine Räuchernote unterstreicht. Der frische, fette, kräftige Geschmack besitzt die notwendige Öligkeit. Einige Verkoster beurteilen diesen 99er als noch ein wenig jung, aber hinsichtlich seiner schönen Zukunft herrscht Einstimmigkeit. (Restzucker: 21 g/l.)

EARL Charles Noll, 2, rue de l'Ecole, 68630 Mittelwihr, Tel. 03.89.47.93.21, Fax 03.89.47.86.23 ☑ Y tägl. 9h–21h

Alsace grand cru Goldert

GROSS Riesling 1999★

☐ 0,16 ha 1 500 8 à 11 €

Gueberschwihr, das von seinem wunderschönen, 36 m hohen Kirchturm überragt wird, gehört zu den berühmtesten Gemeinden des elsässischen Weinbaugebiets. Von den vielen Weinbaubetrieben, die es beherbergt, zeichnet sich der von Henri Gross durch die Qualität seiner Weine aus. Der Goldert hat hier beim 96er einen zum Lieblingswein gewählten Wein hervorgebracht. Der in der Nase durch Noten von Zitrusfrüchten und weißen Blüten geprägte 99er erweist sich schon als sehr intensiv. Im Geschmack ist er füllig, lang anhaltend und strukturiert. Er ist für die Lagerung geschaffen. Trinken kann man ihn zu Fisch mit Sauce. (Restzucker: 6 g/l.)

EARL Henri Gross et Fils, 11, rue du Nord, 68420 Gueberschwihr, Tel. 03.89.49.24.49, Fax 03.89.49.33.58 ☑ Y n. V.

LOUIS SCHERB ET FILS
Gewurztraminer 1999*

☐ 0,46 ha 3 900 8 à 11 €

Gueberschwihr gehört zu den Schmuckstücken des Weinbaugebiets. Es liegt ein paar Kilometer südlich von Colmar und ist einen Besuch wert: Sie werden fasziniert sein von der malerischen Architektur der Winzerhäuser. Der Grand cru Goldert ist mit dieser Gemeinde verbunden. Dieser hellgelbe Wein bietet einen Duft nach Mandelblüte und danach einen kräftigen, verschmolzenen Geschmack. Seine gute Frische lässt erkennen, dass er sich bei der Alterung günstig entwickeln wird. Dieser 99er, der eine schöne Süffigkeit zeigt, kann bestimmte pikante Gerichte begleiten. (Restzucker: 8,6 g/l.)

EARL Joseph et André Scherb,
1, rte de Saint-Marc, 68420 Gueberschwihr,
Tel. 03.89.49.30.83, Fax 03.89.49.30.65
Mo–Sa 8h–12h 13h–19h; So 9h–12h

MAURICE SCHUELLER
Gewurztraminer 1999

☐ 0,3 ha 2 500 11 à 15 €

Das Gut begann 1965 mit der Vermarktung seiner Weine. Es hat Rebparzellen im Grand cru Goldert, sicherlich einer der Reblagen, die die speziellen Eigenschaften der Rebsorte Gewürztraminer am besten zur Entfaltung bringen. Dieser blassgelbe Wein bietet in der Nase blumige Noten, vor allem Rosen. Sein Geschmack ist kräftig und würzig und wird von einer guten Säure unterstützt, die eine perfekte Lagerung garantiert. (Restzucker: 19 g/l.)

EARL Maurice Schueller, 17, rue Basse,
68420 Gueberschwihr, Tel. 03.89.49.31.80,
Fax 03.89.49.26.60 n. V.
Marc Schueller

Alsace grand cru Hatschbourg

BUECHER-FIX Gewurztraminer 1999***

☐ 0,3 ha 2 500 8 à 11 €

Der Grand cru Hatschbourg erstreckt sich in den Gemeinden Hattstatt und Voegtlinshoffen in Südlage. Ein von vielen Kieselsteinen bedeckter Untergrund aus Kalkmergel sowie Löss- und Lehmablagerungen verleihen dieser Reblage ihre Hauptmerkmale. Auf diesem Boden entstehen lagerfähige Weine. Dieser 99er, der eine klare goldene Farbe besitzt und am Glasrand viele «Tränen» hinterlässt, ist außergewöhnlich gelungen. Er ist intensiv durch Rosen geprägt, in der Nase von Aromen der Überreife begleitet, und entfaltet sich vor allem am Gaumen, mit einer außerordentlichen Rundheit und Samtigkeit. Bis zu seinem exotischen Finale, das Gewürze begleiten, ist er voller Charme und verführerisch. (Restzucker: 30 g/l.)

Buecher-Fix, 21, rue Sainte-Gertrude,
68920 Wettolsheim, Tel. 03.89.30.12.80,
Fax 03.89.30.12.81, E-Mail buecher@terre-net.fr n. V.

DOM. JOSEPH CATTIN
Tokay-Pinot gris 1999

☐ 1,37 ha 10 000 8 à 11 €

Die Firma Joseph Cattin gehört zu den Pionieren, die das Weinbaugebiet im Elsass geschaffen haben. Die Brüder Cattin setzen die Qualitätspolitik fort, die ihre Vorfahren einst einleiteten. Dieser klare hellgelbe Wein mit goldenen Reflexen ist angenehm fruchtig, mit Noten von grünem Apfel. Seine leicht würzige, pfeffrige Ansprache findet einen Widerhall im Geschmack. Eine schöne Frische steigert eine sich anbahnende Harmonie. (Restzucker: 30 g/l.)

Joseph Cattin, 18, rue Roger-Frémeaux,
68420 Voegtlinshoffen, Tel. 03.89.49.30.21,
Fax 03.89.49.26.02, E-Mail gcattin@terre-net.fr
Mo–Sa 8h–12h 14h–18h; So n. V.
Jacques und Jean-Marie Cattin

Alsace grand cru Hengst

MOELLINGER Gewurztraminer 1999*

☐ k. A. 4 000 5 à 8 €

Der Grand cru Hengst bietet den Sonnenstrahlen seine Hänge dar. Sein Kalkmergel gehört bestimmt zu den am besten für die Rebsorte Gewürztraminer geeigneten Böden. Dieser 99er von strahlendem Goldgelb bietet einen schon offenherzigen Geruchseindruck: Verblühte Rosen, Tabak und Gewürze finden sich darin nebeneinander. Im Geschmack ist die Ansprache klar und deutlich; Stärke und Öligkeit sind seine Hauptmerkmale. Dieser Wein von guter Beständigkeit braucht zwischen sechs und acht Jahren, um sich vollständig zu entfalten. (Restzucker: 29,1 g/l.)

SCEA Jos. Moellinger et Fils,
6, rue de la 5e -D.-B., 68920 Wettolsheim,
Tel. 03.89.80.62.02, Fax 03.89.80.04.94
tägl. 8h–12h 13h30–19h; Okt. geschlossen

DOM. AIME STENTZ
Clos du Vicus Romain Tokay-Pinot gris 1999*

☐ k. A. 4 700 8 à 11 €

Südlich von Wintzenheim und westlich von Wettolsheim breitet sich die imposante Masse des Hengst aus, einer Reblage mit Kalkmergelboden und großartiger Südostausrichtung, die sich perfekt für die heikle Rebsorte Pinot gris eignet. Dieser hellgelbe, golden funkelnde Wein lässt subtile Aromen von kandierten Früchten erkennen. Er ist noch verschlossen und bietet einen wuchtigen Geschmack, der durch die Frucht geprägt ist. Die entstehende Öligkeit macht sich bemerkbar. Ein lagerfähiger Wein, der ein wenig Zeit erfordert, um sich vollständig zu entfalten. (Restzucker: 15 g/l.)

Dom. Aimé Stentz et Fils, 37, rue Herzog, 68920 Wettolsheim, Tel. 03.89.80.63.77, Fax 03.89.79.78.68, E-Mail stentz.e.@calcxo.net
Mo–Sa 8h–12h 14h–18h

DOM. AIME STENTZ ET FILS
Gewurztraminer Sélection de grains nobles 1998**

☐ 0,19 ha 520 23 à 30 €

Der Hengst bringt große Weine von der Rebsorte Gewürztraminer hervor. Dieser hier ist strahlend tiefgelb mit bernsteinfarbenen Reflexen und macht durch die kräftigen Gewürzaromen der Rebsorte sowie durch seine Lebhaftigkeit und seine Frische auf sich aufmerksam. Sein voluminöser, öliger Geschmack lässt im Abgang die gleiche würzige Frische erkennen. Kandierte Früchte begleiten die aromatische Entwicklung. Dieser Wein versteckt sich noch, wird sich aber nach einer vier- bis fünfjährigen Lagerung entfalten.

Dom. Aimé Stentz et Fils, 37, rue Herzog, 68920 Wettolsheim, Tel. 03.89.80.63.77, Fax 03.89.79.78.68, E-Mail stentz.e.@calcxo.net
Mo–Sa 8h–12h 14h–18h

Alsace grand cru Kastelberg

ANDRE ET REMY GRESSER
Riesling 1999*

☐ 0,35 ha 2 500 11 à 15 €

Rémy Gresser hat 1977 das zehn Hektar große Weingut übernommen, mit einem Weinberg, der in der Epoche des Sonnenkönigs angelegt wurde. Beständig nach Qualität strebend, richtet er sich seit einigen Jahren auf den Ausdruck der Terroirs hin aus. Er präsentiert einen Riesling, der auf den Schieferböden des Kastelbergs erzeugt worden ist: einen sehr jugendlichen Wein, der aber mit seinen Birnen- und Quittenaromen elegant wirkt. Er ist ausgewogen und anhaltend, insgesamt sehr viel versprechend. (Restzucker: 6 g/l.)

Dom. André et Rémy Gresser, 2, rue de l'Ecole, 67140 Andlau, Tel. 03.88.08.95.88, Fax 03.88.08.55.99, E-Mail remy.gresser@wanadoo.fr
Mo–Sa 8h–12h 14h–19h; So n. V.

MARC KREYDENWEISS Riesling 1999*

☐ 1 ha 4 000 23 à 30 €

Marc Kreydenweiss, der in Andlau ein zwölf Hektar großes Weingut hat, ist im Laufe der Jahre zu einem Maßstab im Elsass geworden. Nehmen Sie diesen Riesling vom Kastelberg. Sein sehr intensiver Duft nach geröstetem Brot spiegelt seine Herkunft von einem Schieferboden wider. Im Geschmack ist er sehr füllig, gut strukturiert und anhaltend und klingt mit einer Note von Steinfrüchten aus. Gefälliger Gesamteindruck. (Restzucker: 11 g/l.)

Dom. Marc Kreydenweiss, 12, rue Deharbe, 67140 Andlau, Tel. 03.88.08.95.83, Fax 03.88.08.41.16 n. V.

GUY WACH Riesling 1999***

☐ 0,58 ha 4 400 11 à 15 €

Guy Wach, der in unserem Weinführer mit seinen Grand-cru-Rieslingen häufig berücksichtigt wird, leitet seit 1979 einen sieben Hektar großen Betrieb. Wenn man in einer Gemeinde wohnt, die ihr tausendjähriges Bestehen feiert, muss man die Tradition einfach ehren! Und große lagerfähige Weine erzeugen, wie etwa diesen Riesling mit dem sehr intensiven Duft nach Passionsfrüchten. Er hat eine schöne Ansprache, ist ausgewogen und hält lang an. Das Ergebnis von außergewöhnlichem Traubengut. (Restzucker: 12 g/l.)

Guy Wach, Dom. des Marronniers, 5, rue la Commanderie, 67140 Andlau, Tel. 03.88.08.93.20, Fax 03.88.08.45.59
n. V.

Alsace grand cru Kirchberg de Barr

DOM. HERING Gewurztraminer 1999*

☐ 0,65 ha 4 200 8 à 11 €

Die Weinbautradition besteht in der Familie Hering seit 1858. Der Urgroßvater von Jean-Daniel Hering zeichnete sich übrigens durch seine Kreuzungsversuche aus, um für die Veredelung eine Unterlage herauszuzüchten, die für die Bedingungen des elsässischen Weinbaugebiets besser geeignet war. Dieser hellgelbe Wein mit strahlenden Reflexen zeigt sich in der Nase sehr zurückhaltend. Er ist sehr fein, braucht jedoch noch ein wenig Zeit, um sich zu entfalten. Der Geschmack ist recht rund und kräftig. Schöner Stoff, der sich günstig entwickeln wird. (Restzucker: 25 g/l.)

Dom. Hering, 6, rue Sultzer, 67140 Barr, Tel. 03.88.08.90.07, Fax 03.88.08.08.54, E-Mail jdh@infonie.fr n. V.

Alsace grand cru Mambourg

PIERRE SPARR
Gewurztraminer Vendanges tardives 1998*

☐ 0,9 ha 10 000 23 à 30 €

Pierre Sparr leitet dieses Gut zusammen mit einem seiner Cousins. Er hat auf die Erzeugung von hochwertigem Wein gesetzt. Damit ihm das gelingt, greift er ohne Zögern zu neuartigen Methoden, im Weinberg ebenso wie im Keller. Die Farbe dieses Gewürztraminers ist goldgelb. Der Duft lässt kandierte Früchte und frische Feige erkennen, während der konzentrierte Geschmack durch die Aromen von Akazienblütenhonig gewürzt wird. Feigen und kandierte Früchte tauchen wieder auf und ergänzen die große Süße dieses Weins. Schöne Zukunftsaussichten.

SA Pierre Sparr et ses Fils, 2, rue de la 1re Armée, 68240 Sigolsheim, Tel. 03.89.78.24.22, Fax 03.89.47.32.62, E-Mail vins-sparr@rmcnet.fr ☑ Y n. V.

Alsace grand cru Mandelberg

HARTWEG Riesling 1999*

☐ 0,26 ha 2 150 8 à 11 €

Jean-Paul Hartweg bewirtschaftet seit 1972 acht Hektar Reben. 1996 hat sich ihm sein Sohn angeschlossen. Das Gut hat Trauben von großer Reife zu einer Spezialität gemacht. Und diese große Reife oder sogar Überreife ist in diesem Riesling spürbar, der von einem Kalkmergelboden kommt. Dieser im Geruchseindruck blumige und zugleich fruchtige (Birne, Aprikose) 99er ist im Geschmack füllig und komplex, wobei sich exotische Nuancen harmonisch mit einer gewissen Rundheit vereinen. Ein sehr lang anhaltender Wein, den man zum Aperitif entkorken kann. (Restzucker: 24 g/l.)

Jean-Paul et Frank Hartweg, 39, rue Jean-Macé, 68980 Beblenheim, Tel. 03.89.47.94.79, Fax 03.89.49.00.83, E-Mail frank.hartweg@free.fr
☑ Y Mo–Sa 8h–11h30 13h30–18h

JEAN-PAUL MAULER
Gewurztraminer 1999**

☐ 0,27 ha 2 300 8 à 11 €

Jean-Paul Mauler, der einer der ältesten Winzerfamilien in Mittelwihr entstammt, hat sich einen Namen gemacht. Er hat es sehr rasch geschafft, seinen Weinen dank einer optimalen Entsprechung zwischen Boden und Gewächs Originalität zu verleihen. Eine goldene Farbe mit strahlenden Reflexen, ein Duft von sehr reifen Früchten, der die Überreife verrät, und ein Geschmack von großer Fülle, zu dem im Abgang eine würzige Komplexität hinzukommt – das sind die Merkmale dieses bemerkenswerten Gewürztraminers. (Restzucker: 17,5 g/l.)

Jean-Paul Mauler, 3, pl. des Cigognes, 68630 Mittelwihr, Tel. 03.89.47.93.23, Fax 03.89.47.88.29 ☑ Y tägl. 8h–12h30 14h–19h

CHARLES NOLL
Gewurztraminer 1999***

☐ 0,1 ha 900 8 à 11 €

Der berühmte Mandelberg scheint der Rebsorte Gewürztraminer wirklich zu bekommen. Der vorgestellte Wein ist ein Musterbeispiel seiner Art. Seine Farbe ist golden; sein Duft von Rosen und kandierten Früchten hinterlässt einen sehr intensiven Eindruck. Am Gaumen entlädt sich dieser 99er in einem Feuerwerk von kandierten Früchten und verblühten Rosen. In seiner ganzen Fülle ist er genau im richtigen Maße seidig. Ein Genuss. Er ist prächtig. (Restzucker: 31,4 g/l.)

EARL Charles Noll, 2, rue de l'Ecole, 68630 Mittelwihr, Tel. 03.89.47.93.21, Fax 03.89.47.86.23 ☑ Y tägl. 9h–21h

W. WURTZ Gewurztraminer 1999*

☐ 0,2 ha 2 000 8 à 11 €

Der Mandelberg gehört bestimmt zu den elsässischen Reblagen mit der frühesten Reife: Die Blüte der Mandelbäume kündigt dort den Frühling an. Deshalb ist er zu Recht als Grand cru eingestuft. Dieser delikate, strahlend blassgoldene Wein ist im Geruchseindruck schon sehr typisch: Man findet darin Rosen und reife Früchte. Im Geschmack wird die Ausgewogenheit durch eine Lebkuchennote gewürzt. Der Abgang ist voller Frische – Hinweis auf eine langfristig gute Entwicklung. (Restzucker: 15 g/l.)

Willy Wurtz et Fils, 6, rue du Bouxhof, 68630 Mittelwihr, Tel. 03.89.47.93.16, Fax 03.89.47.89.01 ☑ Y tägl. 9h–19h

Alsace grand cru Marckrain

RENE BARTH Gewurztraminer 1999*

☐ 0,15 ha 1 100 8 à 11 €

Michel Fonné hat 1989 das Weingut seines Onkels übernommen. Er ist Önologe und entfaltet dort seine Talente, indem er in erster Linie die Produktion von Weinen ausweitet, die von

großen Reblagen stammen. Dieser blassgoldene 99er mit grünen Reflexen lässt sehr rasch Noten exotischer Früchte erkennen, die Gewürznuancen enthalten. Der Geschmack ist klar, sehr ausgewogen und würzig. Der im Abgang lang anhaltende Wein verdient, dass man ihn noch ein wenig aufhebt. (Restzucker: 16 g/l.)
Dom. Michel Fonne,
24, rue du Gal-de-Gaulle, 68630 Bennwihr,
Tel. 03.89.47.92.69, Fax 03.89.49.04.86
n. V.

Alsace grand cru Moenchberg

ARMAND GILG Riesling 1999*

1 ha 6 800 8 à 11 €

Die Domaine Gilg, die sich in einem der schönsten Dörfer Frankreichs befindet, gehört mit ihren 22 ha Weinbergen zu den Weinbaubetrieben, die in Mittelbergheim von Bedeutung sind. Nicht nur aufgrund der Größe, sondern auch wegen des Ansehens. Dieser von seinem sandigen Ursprung geprägte Riesling bietet in der Nase intensive, elegante Blütenaromen. Er ist in der Ansprache ziemlich lebhaft und zeigt am Gaumen Zitronennoten, so dass man ihn zu allen Produkten des Meeres empfehlen kann. (Restzucker: 4 g/l.)
Dom. Armand Gilg et Fils, 2, rue Rotland,
67140 Mittelbergheim, Tel. 03.88.08.92.76,
Fax 03.88.08.25.91 n. V.

Alsace grand cru Muenchberg

RENE KOCH ET FILS Riesling 1999*

0,2 ha 1 200 8 à 11 €

René Koch ist hier seit 1970 tätig. Unterstützt wird er von seinem Sohn Michel, der die dritte Generation repräsentiert. Das Gut (10 ha Reben) wurde in den letzten Jahren mit einem Riesling berücksichtigt, der in der Qualität recht regelmäßig ist und von diesem Grand cru mit Sandstein und Böden vulkanischer Herkunft stammt. Der 99er ist noch jugendlich. Sein Duft wird von Zitrusnoten dominiert; sein Geschmack ist frisch, ausgewogen und anhaltend. Ein erstklassiger Wein für Fisch oder Meeresfrüchte. (Restzucker: 5 g/l.)
GAEC René et Michel Koch,
5, rue de la Fontaine, 67680 Nothalten,
Tel. 03.88.92.41.03, Fax 03.88.92.63.99,
E-Mail vin-koch@oreka.com n. V.

SAOULIAK
Gewurztraminer Sélection de grains nobles 1998**

0,12 ha 800 38 à 46 €

Der Familienbetrieb wurde 1939 vom Großvater Marie-Odile Saouliaks gegründet, der ihn seit 1980 zusammen mit seinem Sohn führt. Sein goldgelb erscheinender Gewürztraminer wird von kandierten Früchten beherrscht, vor allem von Orange. Die Komplexität kandierter Früchte kehrt im Geschmack wieder, in einem ziemlich provenzalisch wirkenden Register. Der Wein klingt mit einem bemerkenswerten Finale aus. (Flaschen mit 50 cl Inhalt.)
Saouliak, 102, rte des Vins,
67680 Nothalten, Tel. 03.88.92.45.73
tägl. 9h–12h 14h–20h

Alsace grand cru Ollwiller

VIEIL ARMAND Riesling 1999*

k. A. k. A. 8 à 11 €

Die Cave du Vieil Armand gehört zur Wolfberger-Gruppe. Sie befindet sich im südlichen Abschnitt des elsässischen Weinbaugebiets, ebenso wie der Grand cru Ollwiller. Obwohl dieser Riesling von einem Ton- und Kalksteinboden kommt, ist er schon sehr offen im Geruchseindruck, mit mineralischen Noten und Nuancen von geröstetem Brot. Er hat eine schöne Ansprache und zeigt sich ausgewogen und harmonisch. (Restzucker: 5 g/l.)
Cave vinicole du Vieil-Armand,
3, rte de Cernay, 68360 Soultz-Wuenheim,
Tel. 03.89.76.73.75, Fax 03.89.76.70.75
n. V.

Alsace grand cru Osterberg

FERNAND FROEHLICH ET FILS
Riesling 1999

0,1 ha 850 5 à 8 €

Fernand Froehlich lebt in Ostheim, einem Dorf nahe bei Riquewihr und Colmar, und bewirtschaftet zusammen mit seinem Sohn über acht Hektar Weinberge. Mit diesem Riesling hält er seinen Einzug in unseren Weinführer. Der durch seine Herkunft von einem Ton- und Kalksteinboden geprägte 99er ist noch sehr jugendlich, auch wenn man in der Nase schon eine schöne Mineralität spürt. Er ist recht lebhaft in der Ansprache und besitzt einen zitronenartigen Charakter. Er ist für die Lagerung gebaut. (Restzucker: 12 g/l.)

🔑 EARL Fernand Froehlich et Fils,
29, rte de Colmar, 68150 Ostheim,
Tel. 03.89.86.01.46, Fax 03.89.86.01.54
☑ 🍷 tägl. 8h–12h 13h30–19h30; Gruppen n. V.

Alsace grand cru Pfersigberg

CHARLES BAUR Gewurztraminer 1999*

☐ 0,47 ha 3 500 ▮▮ 11 à 15 €

Armand Baur leitet heute einen 12 ha großen Betrieb. Als ausgebildeter Önologe betätigt er sich dort mit großem Können. Sein intensiv glänzender Gewürztraminer von hellem Goldgelb ist zwar noch verschlossen, lässt aber bereits Gewürz- und Anisdüfte erkennen. Eine schöne Ausgewogenheit kennzeichnet den Geschmack, auch wenn die Jugend dieses 99ers spürbar ist. Eine zwei- bis dreijährige Lagerung wird es diesem Wein ermöglichen, seinen vollen Charakter zu erreichen. (Restzucker: 14 g/l.)

🔑 Charles Baur, 29, Grand-Rue, 68420 Eguisheim, Tel. 03.89.41.32.49, Fax 03.89.41.55.79, E-Mail cave@vinscharlesbaur.fr
☑ 🍷 Mo–Sa 9h–12h 13h30–19h

LEON BAUR Gewurztraminer 1999*

☐ 0,38 ha 2 800 ▮▮ 8 à 11 €

Der vorzugsweise nach Ostsüdosten gehende Pfersigberg besteht aus Kalksteingeröll auf einem Kalkmergelboden. Seine Weine zeigen eine große Feinheit. Dieser hier hat eine helle goldgelbe Farbe und kommt in der Nase intensiv zum Ausdruck, in einem vorwiegend würzigen Register. Der wohl ausgewogene Geschmack ist bemerkenswert strukturiert; er hält lang an und lässt im Abgang Rosen und Veilchen erkennen, die mit fruchtigen Mangonoten verbunden sind. (Restzucker: 10 g/l.)

🔑 Jean-Louis Baur, 22, rue du Rempart-Nord, 68420 Eguisheim, Tel. 03.89.41.79.13, Fax 03.89.41.93.72 ☑ 🍷 n. V.

EMILE BEYER
Riesling Vendanges tardives 1998*

☐ 0,51 ha 2 304 ▮▮ 15 à 23 €

Die Familie Beyer lebt seit 1580 in Eguisheim. Der gegenwärtige Sitz des Guts befindet sich in dem ehemaligen Gasthaus *Au Cheval Blanc*, dessen Keller, der immer noch genutzt wird, von 1583 stammt. Eine strohgelbe Farbe mit orangeroten Reflexen schmückt diesen Wein. Der intensive Duft entfaltet Orangenaromen, die Eukalyptusnoten enthalten. Im Mund nimmt der Verkoster zunächst eine starke Süße wahr, die ein nerviger Abgang ausgleicht. Der Eindruck von Orangenschale ist stark ausgeprägt. Ein angenehmer Wein, der noch vollkommen harmonisch werden muss.

🔑 Emile Beyer, 7, pl. du Château Saint-Léon, 68420 Eguisheim, Tel. 03.89.41.40.45, Fax 03.89.41.64.21, E-Mail info@émile-beyer.fr
☑ 🍷 tägl. 9h–12h 14h–18h

ALBERT HERTZ Riesling 1999*

☐ 0,3 ha 2 500 ▮▮ 8 à 11 €

Albert Hertz, der den Betrieb seit 1976 führt, wurde beim *International Wine and Spirit Competition* in London zum «Winzer des Jahres 1993» gewählt. Vom Pfersigberg, einer Reblage mit Kalkmergelboden, hat er einen noch jugendlichen Riesling erzeugt, der in der Nase von Zitrusfrüchten beherrscht wird. Der recht lebhafte, strukturierte, anhaltende Geschmack lässt einen großartigen Stoff erkennen. Ein Wein zum Essen. (Restzucker: 4 g/l.)

🔑 Albert Hertz, 3, rue du Riesling, 68420 Eguisheim, Tel. 03.89.41.30.32, Fax 03.89.23.99.23 ☑ 🍷 n. V.

FRANÇOIS LICHTLE Riesling 1999*

☐ 0,17 ha 1 200 11 à 15 €

Husseren-les-Châteaux ist ein hoch gelegenes Dorf, von dem aus der Blick die Oberrheinische Tiefebene umfasst, mit dem Grand cru Pfersigberg im Vordergrund. Die Domaine Lichtlé hat es verstanden, schöne Ausdrucksformen dieser Reblage zu finden. Der intensive Duft dieses Rieslings, der an Pfirsich erinnert, scheint den Namen der Reblage zu beschwören; außerdem findet man darin Noten kandierter Früchte. Der sehr füllige, strukturierte Geschmack enthüllt großartiges, leicht überreifes Traubengut. (Restzucker: 6 g/l.)

🔑 Dom. François Lichtlé, 17, rue des Vignerons, 68420 Husseren-les-Châteaux, Tel. 03.89.49.31.34, Fax 03.89.49.37.51, E-Mail hlichtle@aol.com
☑ 🍷 n. V.

JEAN-LOUIS ET FABIENNE MANN
Riesling 1999*

☐ 0,4 ha 3 000 8 à 11 €

Jean-Louis Mann hat den Familienbetrieb 1982 übernommen, aber erst 1998 mit der Flaschenabfüllung begonnen. Mit Erfolg, wie der prächtige 98er Riesling bewies, der in der letztjährigen Ausgabe unseres Weinführers beschrieben wurde, und wie auch dieser hier bezeugt, der vollauf zufrieden stellt. Er kommt von einem Kalkmergelboden und entfaltet Aromen von seltener Komplexität, bei der sich Mineralisches mit Zitrone und kandierten Früchten mischt. Perfekt strukturiert, ein wenig fett und lang anhaltend: ein sehr viel versprechender Wein. (Restzucker: 8,5 g/l.)

🔑 EARL Jean-Louis Mann, 11, rue du Traminer, 68420 Eguisheim, Tel. 03.89.24.26.47, Fax 03.89.24.09.41, E-Mail mann.jean.louis@wanadoo.fr
☑ 🍷 n. V.

Alsace grand cru Pfingstberg

ALBERT ZIEGLER
Gewurztraminer 1999*

☐ 0,3 ha 2 600 ▮ 8 à 11 €

Die Domaine Albert Ziegler gehört zu den größten Betrieben in Orschwihr, einer durch den Weinbau ganz besonders geprägten Gemeinde. Einen Teil seiner Reben hat er auf dem Pfingstberg, der in Südsüdostlage das kleine Tal von Orschwihr überragt. Sein strahlend goldgelber Gewürztraminer zeigt eine intensive, exotische Fruchtigkeit, die von anderen getrockneten Früchten begleitet wird. Der Wein, der im Mund viel typischen Charakter entfaltet, ist kräftig und lang. Der Abgang wird von verblühten Rosen und Rosinen beherrscht. (Restzucker: 12 g/l.)

Albert Ziegler, 10, rue de l'Eglise, 68500 Orschwihr, Tel. 03.89.76.01.12, Fax 03.89.74.91.32 ☑ ⵖ tägl. 8h–12h 13h–19h

Alsace grand cru Praelatenberg

DOM. ALLIMANT-LAUGNER
Riesling 1999*

☐ 0,34 ha 2 600 ▮ 5 à 8 €

Mit elf Hektar Reben nimmt dieser Betrieb in Orschwiller eine Vorrangstellung ein. Seine Inspiration schöpft er aus dem Granitboden des Praelatenbergs. Dieser noch jugendliche Riesling zeigt sich im Geruchseindruck schon sehr elegant. Im Geschmack ist er intensiv, strukturiert und sehr lang anhaltend. Er ist das Ergebnis von großartigem Traubengut und für eine lange Alterung gerüstet. (Restzucker: 7 g/l.)

Allimant-Laugner, 10, Grand-Rue, 67600 Orschwiller, Tel. 03.88.92.06.52, Fax 03.88.82.76.38, E-Mail alaugner@terre-net.fr ☑ ⵖ Mo–Sa 8h–19h

Hubert Laugner

DOM. ENGEL FRERES
Gewurztraminer 1999*

☐ 0,12 ha 1000 ▮ 8 à 11 €

Die Aussichtspunkte der Haut-Kœnigsbourg überragen die Hänge des Praelatenbergs. Diese Reblage befindet sich auf einem Granitsockel; an der Oberfläche treten braune Tonböden von unterschiedlicher Stärke zu Tage. Die Domaine Engel bewirtschaftet hier 7 ha Reben. Dieser goldgelbe Wein ist recht offenherzig, mit Blütennoten und Eisenkrautaromen. Der ausgewogene Geschmack legt die Betonung auf Früchte, die von Rosen belebt werden. Es handelt sich um ein «schönes, fein pfeffriges Ensemble mit Anflügen von getrockneten Früchten», schrieb einer der Verkoster. (Restzucker: 15 g/l.)

Dom. Christian et Hubert Engel, 1, rue des Vignes, Haut-Kœnigsbourg, 67600 Orschwiller, Tel. 03.88.92.01.83, Fax 03.88.82.25.09 ☑ ⵖ tägl. 9h–11h30 14h–18h

SIFFERT Gewurztraminer 1999**

☐ 0,52 ha 6 600 ▮▮ 15 à 23 €

Die Domaine Siffert, ein sehr alter Betrieb des elsässischen Weinbaugebiets, feierte 1992 ihren 200. Geburtstag. Ein Teil ihrer Reben befindet sich in der Reblage Praelatenberg, die den Weinen durch die Komplexität ihres Untergrunds ihren Stempel aufdrückt. Dieser goldgelbe Wein bietet einen sehr offenen Duft von Blüten und exotischen Früchten. Der Geschmack, in dem kandierte Früchte dominieren, zeigt eine schöne Fülle, «Fett» und einen bemerkenswerten Abgang. Der Wein ist für eine dreijährige Lagerung bestimmt. (Restzucker: 49 g/l; Flaschen mit 50 cl Inhalt.)

SCEA Dom. Siffert, 16, rte du Vin, 67600 Orschwiller, Tel. 03.88.92.02.77, Fax 03.88.82.70.02
☑ ⵖ Mo–Sa 9h–12h 13h30–19h; So n. V.; 15. Jan. bis 15. Febr. geschlossen

Maurice Siffert

Alsace grand cru Rangen de Thann

CLOS SAINT-THEOBALD
Tokay-Pinot gris Vendanges tardives 1998**

☐ 2 ha 3 000 ▮ 30 à 38 €

Bernsteingelbe Reflexe auf einem goldenen Untergrund schmücken diesen Wein, der Aromen von kandierten Früchten und Bienenwachs bietet. Im Geschmack ist er voll, reichhaltig und voluminös. Dieser 98er wird von einer Säure unterstützt, die es ihm erlaubt, eine zwei- bis dreijähige Lagerung zu verkraften.

Dom. Schoffit , 66-68 Nonnenholz-Weg, 68000 Colmar, Tel. 03.89.24.41.14, Fax 03.89.41.40.52 ☑ ⵖ n. V.

CLOS SAINT-THEOBALD
Riesling Sélection de grains nobles 1998*

☐ 1 ha 2 000 ▮ 38 à 46 €

Dieser altgoldene 98er bietet deutliche Zitrusnoten. Im Mund findet man Merkmale kandierter Früchte. Trotz eines hohen Restzuckergehalts ist die Harmonie fast erreicht. Aber bei einer mehrjährigen Lagerung kann sich dieser schöne Wein noch verfeinern. (Flaschen mit 50 cl Inhalt.) Lobend erwähnt werden muss der **trockene 99er Gewürztraminer** (Preisgruppe: 150 bis 199 F). Bei diesem strahlend goldfarbenen Wein, der stark durch Überreife und Süße geprägt ist, steht fest, dass er sich gut entwickelt. (Restzucker: 40 g/l.)

Dom. Schoffit, 66-68 Nonnenholz-Weg, 68000 Colmar, Tel. 03.89.24.41.14, Fax 03.89.41.40.52 ☑ ⵖ n. V.

WOLFBERGER Tokay-Pinot gris 1999★★★

☐ k. A. 19 000 ▮ 23 à 30 €

Wolfberger gehört zu den größten Firmen im Elsass. Sie bietet eine breite Palette von Weinen, die mit den verschiedenen Terroirs verbunden ist, wo sie Weinberge besitzt. Dieser Tokay-Pinot gris ist auf dem Rangen de Thann an sehr steilen Hängen entstanden. In seinem Goldgelb mit den vielen schillernden Reflexen erstaunt er durch die Feinheit und die außergewöhnliche Komplexität seiner kandierten Aromen. Der elegante, schon harmonische Geschmack ist ganz einfach prächtig. Der Wein, der eine schöne Zukunft verspricht, verträgt eine dreijährige Lagerung. (Restzucker: 60 g/l.)

🔑 Cave vinicole Wolfberger, 6, Grand-Rue, 68420 Eguisheim, Tel. 03.89.22.20.20, Fax 03.89.23.47.09 Y n. V.

Alsace grand cru Rosacker

CAVE VINICOLE DE HUNAWIHR
Tokay-pinot gris 1999★

☐ 0,8 ha 5 300 ▮ 🌡 8 à 11 €

Die Weine der Gemeinde Hunawihr sind seit sehr langer Zeit berühmt. Die Bischöfe von Basel und Saint-Dié stritten sich im Jahre 1123 um den Zehnten, der in Form von Wein entrichtet wurde. Dieses Ansehen ist auch heute noch gültig, umso mehr als ein Grand cru die Reblagen bereichert hat. Dieser goldgelbe Wein mit hellen Reflexen bietet eine diskrete Fruchtigkeit mit ein paar Noten von weißen Blüten und Minze. Der Geschmack verführt durch seine Ausgewogenheit, die durch eine gewisse Frische verstärkt wird. Trotz eines noch hohen Zuckergehalts (Restzucker: 25 g/l) klingt er mit einer schönen Länge aus.

🔑 Cave vinicole de Hunawihr, 48, rte de Ribeauvillé, 68150 Hunawihr, Tel. 03.89.73.61.67, Fax 03.89.73.33.95 ☑ Y tägl. 8h–12h 14h–18h

FRANÇOIS SCHWACH ET FILS
Riesling 1999★★

☐ 0,2 ha 1 600 ▮ 🌡 8 à 11 €

Der große Betrieb (20 ha) ist in den letzten zwanzig Jahren stark gewachsen. Er setzt auf die Auswahl der Reblagen und verfügt über eine moderne Ausrüstung. Der Rosacker, ein Grand cru mit Ton- und Kalksteinboden, hat diesen Riesling hervorgebracht, dessen sehr intensiver Duft Zitrone, Pampelmuse und exotische Früchte vereint. Der Geschmack bietet eine schöne Ansprache und erweist sich als kräftig, ziemlich weich und von großer Länge. Ein für die Lagerung gewappneter Wein. (Restzucker: 8 g/l.)

🔑 Dom. François Schwach et Fils, 28, rte de Ribeauvillé, 68150 Hunawihr, Tel. 03.89.73.62.15, Fax 03.89.73.37.84, E-Mail schwach@rmcnet.fr ☑ Y tägl. 9h–12h 13h30–18h30; Gruppen n. V.; Jan. bis März So geschlossen

ALBERT WINTER Riesling 1999

☐ 0,2 ha 1 800 ▮▮ 8 à 11 €

Dieser Weinbaubetrieb von bescheidener Größe (vier Hektar), der im Hachette-Weinführer regelmäßig erwähnt wird, hat uns mit sehr schönen Cuvées bekannt gemacht. Oft erinnern wir uns an einen 96er Riesling, der vom gleichen Grand cru kam und in der Ausgabe 1999 eine Liebeserklärung erhielt. Der durch seine Herkunft von einem Ton- und Kalksteinboden geprägte 99er steckt noch in seiner Jugendphase. In der Nase verbindet er Zitrusnuancen und Röstnoten. Er ist im Geschmack ausgewogen und harmonisch undbesitzt ein hohes Alterungspotenzial. (Restzucker: 12 g/l.)

🔑 Albert Winter, 17, rue Sainte-Hune, 68150 Hunawihr, Tel. 03.89.73.62.95, Fax 03.89.73.62.95 ☑ Y n. V.

Alsace grand cru Saering

DIRLER
Riesling Vendanges tardives 1998★★

☐ 0,31 ha 2 500 ▮ 🌡 15 à 23 €

Jean Dirler, Vertreter der neuen Generation, arbeitet hier seit 2000; außerdem hat er geheiratet, daher auch der neue Betriebsname: Dirler-Cadé. Die Verbindung zwischen Wein und Terroir wird auf diesem Gut seit langem studiert, lange vor dem Aufkommen der Appellation Alsace grand cru. Dieser Riesling kommt von einem sandigen Mergelboden mit viel Kies. Er ist blassgolden mit strahlend gelben Reflexen und entfaltet einen Duft von großer Qualität, mit sehr komplexen Aromen von Zitrusfrüchten und kandierten Früchten. Im Geschmack ist er fett und füllig, lässt aber der Frische genug Raum, damit er eine bemerkenswerte Eleganz gewinnt. Die Noten von grüner Zitrone, Pampelmuse und exotischen Früchten verleihen ihm einen sehr lang anhaltenden Abgang.

🔑 EARL Dirler-Cadé, 13, rue d'Issenheim, 68500 Bergholtz, Tel. 03.89.76.91.00, Fax 03.89.76.85.97, E-Mail jpdirler@terre-net.fr ☑ Y n. V.

JOSEPH LOBERGER
Tokay-Pinot gris Cuvée Florian 1999★

☐ 0,4 ha 2 500 ▮ 🌡 8 à 11 €

Der Saering gehört zu den Grands crus, die am Eingang des Tals von Guebwiller liegen. Er ist eine Reblage, die aufgrund ihres Aufbaus

interessant ist: tonig-sandig, so dass er sich für die Entfaltung der delikatesten Rebsorten eignet. Pinot gris findet hier einen günstigen Boden, denn Wasser- und Wärmereserven sind hier garantiert. Goldgelb mit strahlenden Reflexen, Pfirsich- und Quittenduft mit Wachsnote, ausgewogener Geschmack: ein komplexer Wein. Sein frischer Abgang verleiht ihm ein gutes Lagerpotenzial. (Restzucker: 23,2 g/l.)
Joseph Loberger, 10, rue de Bergholtz-Zell, 68500 Bergholtz, Tel. 03.89.76.88.03, Fax 03.89.74.16.88
Mo–Sa 8h–12h 14h–18h

ERIC ROMINGER Riesling 1999**

0,1 ha 500 11 à 15 €

Eric Rominger, der seit 1986 Winzer ist, leitet einen acht Hektar großen Betrieb. Er hat gerade seinen Keller von Bergholtz nach Westhalten verlegt. Dank seiner Grand-cru-Weine hat er sich einen soliden Ruf erworben. Die Leser unseres Weinführers kennen die vom Zinnkoepflé gut; einige Jahrgänge davon haben die höchste Qualität erreicht. Hier ein Riesling vom Saering, einer Reblage mit Sand- und Kalksteinboden, der in einem sehr subtilen Duft zum Ausdruck kommt, der zur gleichen Zeit zitronig, mentholartig und mineralisch ist. Dieser 99er, der im Geschmack sehr füllig, fett, aber stets harmonisch ist und eine gute Länge besitzt, ist durch Reife geprägt. (Restzucker: 8 g/l.)
Eric Rominger, 16, rue Saint-Blaise, 68250 Westhalten, Tel. 03.89.47.68.60, Fax 03.89.47.68.61 n. V.

DOMAINES SCHLUMBERGER Riesling 1999*

9 ha 20 000 11 à 15 €

Die Domaines Schlumberger, die dank ihrer Rebfläche (145 ha) der größte Weinbaubetrieb im Elsass sind, zählen auch aufgrund ihres Ansehens zu den Großen. Sie besitzen einen Großteil der Reblagen, die in der Gegend von Guebwiller, im Süden des Weinbaugebiets, als Grands crus eingestuft sind. Dieser Riesling vom Saering, der besonders intensiv duftet, verbindet blumige und mineralische Aromen mit einer Lakritzenote. Im Geschmack zeigt er eine sehr schöne Ausgewogenheit und ist lang und harmonisch. Ein Wein zum Essen. (Restzucker: 14 g/l.)
Domaines Schlumberger, 100, rue Théodore-Deck, 68501 Guebwiller Cedex, Tel. 03.89.74.27.00, Fax 03.89.74.85.75, E-Mail duschlum@aol.com n. V.

Alsace grand cru Schlossberg

ANDRE BLANCK Riesling 1999*

2 ha 7 000 8 à 11 €

Ihren Sitz hat die Domaine André Blanck im ehemaligen Hof der Malteserritter, einem geschichtsträchtigen Ort, der sich neben dem nicht weniger berühmten Schloss Lazarus von Schwendis, heute Sitz der Confrérie Saint-Etienne, befindet. Der Schlossberg ist ein majestätischer Hang auf Quarzsandboden. Hier herrscht die Rebsorte Riesling vor. Dieser hier, den das Terroir prägt, zeigt sich in der Nase sehr blumig und schon sehr offenherzig. Die gleiche Intensität setzt sich in einem ausgewogenen, anhaltenden Geschmack fort. Lange Lebensdauer garantiert. (Restzucker: 6 g/l.). Der 97er wurde zum Lieblingswein gewählt. Einen weiteren Stern erhält das Gut für einen **98er Riesling 98 Vendanges tardives** (Preisgruppe: 70 bis 99 F). Seine komplexen mineralisch-fruchtigen Aromen und sein reicher, fülliger Geschmack wurden sehr geschätzt. (Flaschen mit 50 cl Inhalt.)
EARL André Blanck et Fils, Ancienne Cour des Chevaliers de Malte, 68240 Kientzheim, Tel. 03.89.78.24.72, Fax 03.89.47.17.07
Mo–Sa 8h–19h

JEAN DIETRICH Riesling Vieilles vignes 1999*

0,45 ha 3 000 8 à 11 €

Die Domaine Dietrich, die elf Hektar Reben in Kaysersberg besitzt, ist am Ansehen des Schlossbergs nicht unbeteiligt: dieser Weinberg gehört zu den wichtigsten Reblagen der AOC Alsace grand cru. Trotz seiner Herkunft von einem Granitboden bleibt dieser Riesling im Geruchseindruck sehr jugendlich. Er ist recht lebhaft in der Ansprache, strukturiert und hält sehr an. Ein Wein von großer Klasse, der zu Fisch und Meeresfrüchten passt. (Restzucker: 3 g/l.)
Jean Dietrich, 4, rue de l'Oberhof, 68240 Kaysersberg, Tel. 03.89.78.25.24, Fax 03.89.47.30.72 tägl. 10h–12h 14h–18h

JOSEPH FRITSCH Riesling 1999**

0,3 ha 1 900 5 à 8 €

Wie alle Winzer in Kientzheim bietet Joseph Fritsch seinen Kunden die ganze Bandbreite der elsässischen Weine, insbesondere diesen wirklich majestätischen Grand cru Schlossberg. Dieser Riesling, der seine Herkunft von einem Granitboden widerspiegelt, zeigt in der Nase bereits seine schöne Stärke. Er ist sehr ausdrucksvoll, ein Wein von großer Rasse, der zur gleichen Zeit elegant und strukturiert ist und sehr lang anhält. (Restzucker: 6 g/l.)
EARL Joseph Fritsch, 31, Grand-Rue, 68240 Kientzheim, Tel. 03.89.78.24.27, Fax 03.89.78.24.27 n. V.

SALZMANN Riesling 1999*

1,48 ha 4 300 8 à 11 €

Die Familie Salzmann-Thomann sind die Nachfahren eines Winzergeschlechts, das bis 1526 zurückreicht. Sie stellt einen überaus gelungenen Riesling Grand cru vor. Der elegante, sehr blumige Duft ist für seinen Granitboden charakteristisch. Ein ausdrucksvoller, harmonischer Wein mit guter Ansprache, der gut zu Fisch mit Sauce passt. (Restzucker: 4 g/l.)
Salzmann-Thomann, Dom. de l'Oberhof, 3, rue de l'Oberhof, 68240 Kaysersberg, Tel. 03.89.47.10.26, Fax 03.89.78.13.08
n. V.

FRANÇOIS STOLL Riesling 1999**

☐ 0,3 ha 2 007 5 à 8 €

François Stoll entstammt einer Winzerfamilie, die bis 1767 zurückreicht, und wohnt mitten in Kaysersberg, einem Städtchen, das aufgrund der Schönheit seiner Gebäude ebenso berühmt ist wie wegen seiner Grand-cru-Lage Schlossberg, wo dieser Riesling entstanden ist. Er kommt von einem Granitboden und ist sehr ausdrucksvoll in der Nase, wobei er blumige Aromen und Zitrusnuancen mischt. Im Geschmack ist er gut ausbalanciert, opulent und sehr lang anhaltend. Seinen Platz hat er bei den feinsten Fischgerichten. (Restzucker: 7,5 g/l.)

GAEC François Stoll,
19, rue Basse-du-Rempart, 68240 Kaysersberg,
Tel. 03.89.78.23.10, Fax 03.89.78.21.45
n. V.

ZIEGLER-MAULER
Les Murets Riesling 1999**

☐ 0,27 ha 1 200 8 à 11 €

Philippe Ziegler hat den fünf Hektar großen Betrieb 1996 übernommen. Sein Riesling Grand cru Schlossberg Les Murets, der in unserem Weinführer oft vertreten ist, hat sich in diesem Jahrgang besonders ausgezeichnet. Der intensive, sehr komplexe Duft weist sofort auf eine große Reife hin. Der füllige, anhaltende Geschmack zeigt eine schöne Harmonie. Ein Wein, den man zu gekochtem Fisch oder zu Hummer à l'américaine (mit Schalotten, Tomaten und Kräutern in heißer Butter und Öl sautiert, mit Cognac flambiert und mit Weißwein abgelöscht) servieren sollte. (Restzucker: 6 g/l.)

Jean-Jacques Ziegler-Mauler Fils,
2, rue des Merles, 68630 Mittelwihr,
Tel. 03.89.47.90.37, Fax 03.89.47.98.27
n. V.

Alsace grand cru Schoenenbourg

DOPFF AU MOULIN Riesling 1999*

☐ 8 ha 47 000 11 à 15 €

Die 1634 gegründete, in Familienbesitz gebliebene Firma Dopff ist nicht nur eine berühmte Handelsfirma in Riquewihr. Sie bewirtschaftet außerdem selbst 70 ha Weinberge und weiß, was *«terroir»* bedeutet. Die ganze Opulenz der Reblage Schoenenbourg findet sich in diesem Riesling wieder, der in der Nase schon sehr intensiv ist, blumig und mineralisch zugleich. Aber am Gaumen enthüllt der Wein seine ganze Stärke und seine Komplexität. Er bietet eine große Nachhaltigkeit und ist der feinsten Gerichte würdig. (Restzucker: 6 g/l.)

SA Dopff au Moulin, 2, av. Jacques-Preiss, 68340 Riquewihr, Tel. 03.89.49.09.69,
Fax 03.89.47.83.61 tägl. 9h–12h 14h–18h

ROGER JUNG ET FILS
Riesling Vendanges tardives 1998***

☐ 0,35 ha 2 200 15 à 23 €

Das Städtchen Riquewihr ist in der ganzen Welt bekannt, sicherlich dank seiner Geschichte, aber auch wegen seiner Weinbranche. Die Firma Roger Jung et Fils hat hier ihren Sitz, wobei sich ihre Kellerei in der Nähe der historischen Stadtmauern befindet. Gold und zitronengelbe Reflexe lassen diesen Wein im Glas erstrahlen. Dem durch Zitrusfrüchte (Pampelmuse) geprägten Duft entspricht ein Geschmack von außergewöhnlicher Öligkeit, in dem das Pampelmusenaroma durch sehr reiche Noten ergänzt wird. Der Abgang hinterlässt im Nasen-Rachen-Raum einen anhaltenden Eindruck von Orange. Ein Wein von außergewöhnlicher Fülle.

SARL Roger Jung et Fils,
23, rue de la 1re-Armée, 68340 Riquewihr,
Tel. 03.89.47.92.17, Fax 03.89.47.87.63,
E-Mail rjung@terre-net.fr n. V.

JEAN KLACK Riesling 1999*

☐ 0,35 ha 2 200 8 à 11 €

Riquewihr, das ist das Königreich der alten Bauwerke, wie etwa dieses Kellers, der – ebenso alt wie das Gut – von 1628 stammt, und zugleich der großen Reblagen, wie des Schoenenbourg-Hügels. Dieser Riesling, der in der Nase mit seinen Aromen von weißen Blüten und Mandarine sehr elegant ist, erweist sich am Gaumen als lebhaft und ausgewogen. Ein geradliniger Wein, der den sortentypischen Charakter ebenso gut wie die Typizität seines Kalkmergelursprungs ausdrücken kann. (Restzucker: 9 g/l.)

EARL Jean Klack et Fils,
18, rue de la 1re -Armée, 68340 Riquewihr,
Tel. 03.89.47.92.44, Fax 03.89.47.84.72
tägl. 9h–12h 14h–20h
Daniel Klack

RAYMOND RENCK Riesling 1999*

☐ 0,08 ha 600 8 à 11 €

Colette und Gérard Schillinger-Renck haben den etwas über fünf Hektar großen Betrieb 1996 übernommen. Sie sind Verfechter der traditionellen Weinbereitung und lassen dem Ausdruck des Terroir großen Raum. Ihr Riesling von der Reblage Schoenenbourg, der durch seine Herkunft von einem Mergelboden geprägt ist, erscheint noch jugendlich. Der Geruchseindruck bietet Nuancen von weißen Blüten, die ein Hauch von Lakritze würzt. Klar und lebhaft

in der Ansprache, lang anhaltend und rassig: ein für eine lange Lagerung gebauter Wein. (Restzucker: 3 g/l.)
🔑 EARL Raymond Renck, 11, rue de Hoën, 68980 Beblenheim, Tel. 03.89.47.91.75, Fax 03.89.47.91.75 ☑ 🍷 n. V.

FRANÇOIS SCHWACH ET FILS
Riesling 1999

☐ 0,13 ha 800 ▮🌡 11 à 15 €

Philippe Schwach, der die dritte Generation repräsentiert, hat sich 1985 seinem Vater im Betrieb angeschlossen. Mit 20 Hektar, die im Ertrag stehen, besitzt er eines der größten Güter der Gegend. Auch wenn er seinen Sitz in Hunawihr hat, hindert ihn das nicht daran, seine Reblagen auszuweiten. Sein Riesling vom Schoenenbourg zeigt sich schon sehr offen in der Nase mit seinen Noten von weißen Blüten. Er ist durch eine schöne Ansprache und eine lange Nachhaltigkeit gekennzeichnet. Ein Wein, der gerüstet ist, um den Jahren zu trotzen. (Restzucker: 6,5 g/l.)
🔑 Dom. François Schwach et Fils, 28, rte de Ribeauvillé, 68150 Hunawihr, Tel. 03.89.73.62.15, Fax 03.89.73.37.84, E-Mail schwach@rmcnet.fr
☑ 🍷 tägl. 9h–12h 13h30–18h30; Gruppen n. V.; Jan. bis März So geschlossen

Alsace grand cru Sommerberg

ALBERT BOXLER Riesling 1999**

☐ k. A. k. A. ▮▮ 8 à 11 €

Niedermorschwihr breitet sich in seiner ganzen Länge am Grunde eines Tals aus, das vom Sommerberg überragt wird; es besitzt eine architektonisch interessante Kirche. Das Ansehen der Domaine Albert Boxler steht außer Frage: Der Betrieb erringt regelmäßig Sterne, oft sogar zwei auf einmal. Dieser 99er Riesling ist ebenso bemerkenswert wie der letzte Jahrgang. Er kommt von einem Granitboden und bietet einen intensiven, sehr blumigen Duft. Seine Fülle, die in keiner Weise seine Ausgewogenheit beeinträchtigt, macht ihn zu einem Wein von großer Harmonie. (Restzucker: 3 g/l.)
🔑 Albert Boxler, 78, rue des Trois-Epis, 68230 Niedermorschwihr, Tel. 03.89.27.11.32, Fax 03.89.27.70.14, E-Mail albert.boxler@online.fr ☑ 🍷 n. V.

GERARD WEINZORN Riesling 1999**

☐ 0,5 ha 2 800 ▮ 11 à 15 €

Das im Renaissancestil errichtete Haus steht unter Denkmalschutz. Es geht auf das Jahr 1619 zurück, ebenso wie die alte Winzerfamilie Claude Weinzorns, der den Betrieb 1992 übernommen hat. Das Gut präsentiert regelmäßig Grand-cru-Rieslinge (Sommerberg oder Brand). Hier erneut ein äußerst bemerkenswerter Wein. Der durch seinen Granitboden geprägte 99er ist mit seinen blumigen Aromen, die sich mit Zitrusnuancen mischen, in der Nase schon sehr entfaltet. Er ist in der Ansprache recht weich und lässt rasch seine schöne Struktur erkennen, die ein Hauch von Überreife verstärkt. (Restzucker: 12,5 g/l.)
🔑 Gérard Weinzorn et Fils, 133, rue des Trois-Epis, 68230 Niedermorschwihr, Tel. 03.89.27.40.55, Fax 03.89.27.04.23, E-Mail contact@weinzorn.fr
☑ 🍷 tägl. 8h–12h 14h–18h

Alsace grand cru Sonnenglanz

BARON DE HOEN
Tokay-Pinot gris 1999*

☐ k. A. 26 000 ▮🌡 8 à 11 €

Die Kellerei Hoen, Besitzerin der Genossenschaftskellerei von Beblenheim, bewirtschaftet eine große Rebfläche in der Reblage Sonnenglanz. Ihr strohgelber Son Pinot gris entfaltet sich zu exotischen Früchten, Quitte und Bergamotte, vermischt mit Unterholz. Der gut strukturierte Geschmack hinterlässt einen knackigfruchtigen Eindruck (Ananas, Pfirsich), der harmonisch und anhaltend ist. Geben Sie diesem Wein ein bis zwei Jahre, damit er vollkommen reifen kann. (Restzucker: 25 g/l.)
🔑 SICA Baron de Hoen, 20, rue de Hoen, 68980 Beblenheim, Tel. 03.89.47.89.93
☑ 🍷 n. V.

JEAN BECKER Gewurztraminer 1999*

☐ 0,6 ha 4 000 ▮🌡 11 à 15 €

Die Firma Becker in Zellenberg ist berühmt für ihre Weine mit Terroir-Charakter. Die Reblage Sonnenglanz in der Nachbargemeinde Beblenheim besitzt einen ziemlich schweren Kalkmergelboden, der die aromatische Entfaltung der Weine verzögert und ihnen eine große Lagerfähigkeit verleiht. Dieser Gewürztraminer bringt ihre Auswirkungen gut zum Ausdruck. Er ist blassgelb und bietet einen typischen Duft nach Blütenblättern von Rosen und danach einen Geschmack von schöner Fülle. Er ist zwar noch zurückhaltend, zeigt aber schon Merkmale von reifen Früchten und Gewürzen. Zwei Jahre aufheben. (Restzucker: 18 g/l.)
🔑 SA Jean Becker, 4, rte d'Ostheim, 68340 Zellenberg, Tel. 03.89.47.90.16, Fax 03.89.47.99.57
☑ 🍷 tägl. 8h–12h 14h–18h

JEAN-PAUL ET FRANK HARTWEG
Tokay-Pinot gris 1999*

☐ 0,2 ha 1 800 ▮ 8 à 11 €

Frank Hartweg hat den Familienbetrieb 1996 übernommen, nachdem er in Burgund Weinbau und Önologie studiert hatte. Er war erfolgreich mit einem Pinot gris von kräftigem Goldgelb, unter dessen fruchtige Aromen sich ein paar blumige Akazienblütennoten mischen. Die gleiche Aromenpalette nimmt man auch in einem

fetten, fülligen Geschmack wahr, der noch vollkommen harmonisch werden muss. (Restzucker: 44 g/l.)
🔑 Jean-Paul et Frank Hartweg,
39, rue Jean-Macé, 68980 Beblenheim,
Tel. 03.89.47.94.79, Fax 03.89.49.00.83,
E-Mail frank.hartweg@free.fr
☑ Ῑ Mo–Sa 8h–11h30 13h30–18h

HEIMBERGER Riesling 1999★

☐ 1,5 ha 8 000 8 à 11 €

Die Winzerkellerei von Beblenheim (bei Riquewihr) konnte ihre Unabhängigkeit bewahren. Das verdankt sie den Fähigkeiten ihrer Weinmacher und der Qualität ihrer Reblagen, zu denen mehr als nur ein Grand cru gehört. Obwohl dieser Riesling von einem Kalkmergelboden stammt, ist er in der Nase schon sehr offen. Er besitzt eine bemerkenswerte Feinheit und wird von blumigen Düften beherrscht. Er zeigt eine schöne Ansprache und bietet eine gut verschmolzene Struktur und eine lange Nachhaltigkeit. Ein harmonischer, rassiger Wein. (Restzucker: 5,3 g/l.)
🔑 Cave vinicole de Beblenheim,
14, rue de Hoen, 68980 Beblenheim,
Tel. 03.89.47.90.02, Fax 03.89.47.86.85
☑ Ῑ n. V.

BERNARD WURTZ
Tokay-Pinot gris 1999★

☐ 0,15 ha 600 8 à 11 €

Der in den 30er Jahren abgegrenzte Sonnenglanz gehört heute zur Familie der Grand-cru-Lagen. Sein ziemlich schwerer Bodenaufbau, den aber eine Schicht Kalksteingeröll auflockert, macht ihn zu einem ausgezeichneten Terroir für Pinot gris. Dieser hier, sattgelb mit grünen Reflexen, ist schon im Duft umfangreich, wobei er Quitte und Räuchergeruch verbindet. Er besitzt eine große Frische und strukturiert sich voller Feinheit, mit «Fett» und Länge. (Restzucker: 15 g/l.)
🔑 Bernard Wurtz, 12, rue du Château,
68630 Mittelwihr, Tel. 03.89.47.93.24,
Fax 03.89.86.01.69 ☑ Ῑ n. V.

Alsace grand cru Spiegel

LOBERGER Riesling 1999★★★

☐ 0,45 ha 3 200 8 à 11 €

Joseph Loberger, Nachkomme einer Winzerfamilie, die bis 1617 zurückreicht, bewirtschaftet seit 1984 ein sechs Hektar großes Gut. Sein Riesling vom Spiegel, den sehr intensive Aromen exotischer Früchte (Mango, Passionsfrucht) prägen, ist in der Nase sehr verführerisch. Er hat eine schöne Ansprache und ist lebhaft, reich und anhaltend. Ein überaus viel versprechender Wein. Rasse und Beständigkeit sind die Leitfäden der Verkostung. (Restzucker: 7,2 g/l.)
🔑 Joseph Loberger, 10, rue de Bergholtz-Zell,
68500 Bergholtz, Tel. 03.89.76.88.03,
Fax 03.89.74.16.88
☑ Ῑ Mo–Sa 8h–12h 14h–18h

DOM. SCHLUMBERGER
Pinot gris 1999★

☐ 2,6 ha 21 000 11 à 15 €

Die Domaines Schlumberger sind der größte Weinbergbesitzer im Elsass und gehören auch zu den angesehensten Weingütern. Sie präsentieren eine reiche Palette von Lagenweinen. Ihre Rebparzellen am Hang des Tals von Guebwiller sind terrassiert. Dieser strahlend goldfarbene Pinot gris bietet überreife Aromen, die von Wachs begleitet werden. Der fette, füllige, generöse Geschmack gleicht seine noch dominierende Süße (Restzucker: 40 g/l) durch eine schöne Säure aus. Ein sehr konzentrierter Wein.
🔑 Domaines Schlumberger,
100, rue Théodore-Deck, 68501 Guebwiller Cedex, Tel. 03.89.74.27.00, Fax 03.89.74.85.75,
E-Mail duschlum@aol.com ☑ Ῑ n. V.

Alsace grand cru Sporen

DOM. DE LA VIEILLE FORGE
Riesling 1999★

☐ 0,1 ha 450 8 à 11 €

Ein Weinbaubetrieb, der 1998 von einem jungen Önologen übernommen wurde. Der Keller befindet sich an der Stelle der Schmiede seines Urgroßvaters, daher auch der Name des Guts. Der Sporen, das Schmuckstück des Weinguts, hat einen Riesling mit einem sehr feinen Blüten- und Quittenduft geliefert. Der Wein besitzt eine schöne Ansprache und eine Struktur, die sich perfekt mit einem Hauch von Restzucker (3 g/l) verträgt. Großartiges Traubengut.
🔑 SCEA Wiehle, Dom. de la Vieille Forge,
5, rue de Hoen, 68980 Beblenheim,
Tel. 03.89.86.01.58, Fax 03.89.47.86.37
☑ Ῑ n. V.

Alsace grand cru Steinert

KUENTZ Gewurztraminer 1999★

☐ 0,25 ha 2 000 8 à 11 €

Der ganz überwiegend aus Kalkstein bestehende Steinert wird von Geröll bedeckt, so dass der Boden gut durchlüftet ist. Die rasche Erwärmung schon bei geringstem Sonnenschein ist auf diese Weise garantiert. Der strahlend goldfarbene Gewürztraminer, der dort entstanden ist, kommt mittelstark, aber mit viel blumiger Feinheit (verblühte Rosen) zur Entfaltung. Im Geschmack ist er klar, typisch, strukturiert und von guter Länge, wobei im Abgang neben Veil-

chen die verblühten Rosen wieder auftauchen. (Restzucker: 22 g/l.)
🔑 R. Kuentz et Fils, 22-24, rue du Fossé, 68250 Pfaffenheim, Tel. 03.89.49.61.90, Fax 03.89.49.77.17
☑ Ῑ Mo–Sa 8h–12h 13h30–19h; So n. V.

Alsace grand cru Steingrübler

DOM. BARMES BUECHER
Riesling 1999★★

☐ 0,31 ha 1000 15 à 23 €

François Barmès leitet diesen 15 ha großen Betrieb seit 1985. Seit drei Jahren beschreitet er den anspruchsvollen Weg des biologisch-dynamischen Anbaus, um der Persönlichkeit des Terroir möglichst nahe zu kommen. Obwohl sein Riesling vom Steingrübler von einem Ton- und Kalksteinboden kommt, bietet er schon einen intensiven Duft, der die Zitrusnoten und die von einer leichten Überreife herrührenden Röstgerüche harmonisch mischt. Dieser Wein, der eine schöne Ansprache besitzt und füllig und strukturiert ist, zeigt die ganze Stärke von großartigem Traubengut. (Restzucker: 6 g/l.)
🔑 Dom. Barmès-Buecher, 30, rue Sainte-Gertrude, 68920 Wettolsheim, Tel. 03.89.80.62.92, Fax 03.89.79.30.80, E-Mail barmes-buecher@terre-net.fr ☑ Ῑ n. V.

JOS. MOELLINGER ET FILS
Riesling 1999★

☐ 0,2 ha 1 600 5 à 8 €

Joseph Moellinger stellte den Betrieb schon 1945 auf Flaschenabfüllung um. Heute führt sein Enkel Michel das 14 ha große Gut. Sein Riesling vom Steingrübler spiegelt den Ursprung von einem Kalkmergelboden wider: Er muss sich noch öffen. In der Nase lässt er Feuersteinnoten erkennen. Am Gaumen ist er durch eine recht klare Ansprache gekennzeichnet, auf die eine üppigere Empfindung folgt. Ein lang anhaltender, rassiger Wein, der alle gastronomischen Kühnheiten auf sich nehmen kann. (Restzucker: 5,9 g/l.)
🔑 SCEA Jos. Moellinger et Fils, 6, rue de la 5ᵉ-D.-B., 68920 Wettolsheim, Tel. 03.89.80.62.02, Fax 03.89.80.04.94
☑ Ῑ tägl. 8h–12h 13h30–19h; Okt. geschlossen

ANDRE STENTZ Tokay-Pinot gris 1999★

☐ 0,18 ha 1 250 11 à 15 €

André Stentz entstammt einer alten Winzerfamilie. Seine Vorfahren begannen schon 1676 mit dem Weinbau. Er selbst interessiert sich seit 1984 für den biologischen Anbau. Die damit verbundenen Anbau- und Weinbereitungsmethoden beherrscht er perfekt. Dieser intensiv gelbe Wein mit ein paar blasseren Reflexen ist im Duft schon sehr offen, mit einem Hauch von Vanille und Hefebrot. Im Geschmack ist er durch eine Rundheit gekennzeichnet, die sich nicht vollständig eingefügt hat. Diese Weichheit wird jedoch durch eine schöne Frische ausgeglichen und durch die kandiert wirkende Fruchtigkeit verstärkt. (Restzucker: 30 g/l.)
🔑 André Stentz, 2, rue de la Batteuse, 68920 Wettolsheim, Tel. 03.89.80.64.91, Fax 03.89.79.59.75 ☑ Ῑ n. V.

Alsace grand cru Wiebelsberg

BOECKEL Riesling 1999★★

☐ 2,5 ha 10 500 8 à 11 €

Die Firma Boeckel, die ihren Sitz in der alten Innenstadt des Marktfleckens Mittelbergheim hat, bewirtschaftet 20 ha Weinberge. Der Wiebelsberg, eine Reblage mit Sand- und Sandsteinboden, hat einen Riesling mit intensiven, überraschenden Röstaromen hervorgebracht. Kräftig und strukturiert, lang anhaltend und rassig: ein origineller Wein. (Restzucker: 5 g/l.)
🔑 Emile Boeckel, 2, rue de la Montagne, 67140 Mittelbergheim, Tel. 03.88.08.91.91, Fax 03.88.08.91.88, E-Mail vins.boeckel@proveis.com ☑ Ῑ n. V.

Alsace grand cru Wineck-Schlossberg

JEAN-MARC BERNHARD
Riesling 1999★

☐ 0,35 ha k. A. 8 à 11 €

Jean-Marc Bernhard, der einen 1802 entstandenen Betrieb leitet, wird seit einem Jahr von seinem Sohn unterstützt. Er besitzt Parzellen in mehreren Grands crus, darunter dem Wineck-Schlossberg. Sein Riesling ist nicht nur vom Granitboden dieser Reblage, sondern auch von der Überreife geprägt, denn er erntete die Trauben erst Anfang November. Er ist in der Nase blumig und rauchig und lässt am Gaumen Zitronennoten erkennen. (Restzucker: 7,2 g/l.) Der 98er erhielt eine Liebeserklärung.
🔑 Domaine Jean-Marc Bernhard, 21, Grand-Rue, 68230 Katzenthal, Tel. 03.89.27.05.34, Fax 03.89.27.58.72, E-Mail jeanmarcbernhard@online.fr ☑ Ῑ Mo–Sa 9h–12h 14h–19h

JEAN-PAUL ECKLE Riesling 1999★

☐ 0,21 ha 1 500 8 à 11 €

Jean-Paul Ecklé, der jetzt von seinem Sohn Emmanuel unterstützt wird, bietet regelmäßig sehr gelungene Rieslinge (und sogar außergewöhnliche wie den 96er), die auf dem Wineck-Schlossberg erzeugt worden sind. Dieser hier ist intensiv gelb und zeigt in der Nase Noten von Honig und Überreife. Er ist im Geschmack fett und füllig, für die Alterung gerüstet. Man kann

ihn zu Fisch mit Sauce servieren. (Restzucker: 5 g/l.)
Jean-Paul Ecklé et Fils, 29, Grand-Rue, 68230 Katzenthal, Tel. 03.89.27.09.41, Fax 03.89.80.86.18 ☑ tägl. 8h–12h 13h–19h

HENRI KLEE

Gewurztraminer Vendanges tardives 1998**

☐ 0,35 ha 1 800 15 à 23 €

Der Zweiglimmergranit des Grand cru Wineck-Schlossberg hat dem Gewürztraminer Henri Klées seine ganze Vornehmheit verliehen. Die ockergelbe Farbe ist bemerkenswert. Der Geruchseindruck ist noch von Rosinen geprägt und besitzt ein großes Entwicklungspotenzial. Im Geschmack ist dieser Wein «multidimensional», notierte ein Verkoster: Er ist füllig und langgliedrig zugleich, kräftig gebaut und klingt mild mit Noten exotischer Früchte aus. Ein Wein voller Feinheit und verführerischer Stärke. (Flaschen mit 50 cl Inhalt.)
EARL Henri Klée et Fils, 11, Grand-Rue, 68230 Katzenthal, Tel. 03.89.27.03.81, Fax 03.89.27.28.17 ☑ n. V.

Alsace grand cru Winzenberg

HUBERT METZ Gewurztraminer 1999*

☐ 0,63 ha 3 000 8 à 11 €

Hubert Metz hat seinen Sitz in Blienschwiller, im ehemaligen Zehnthof, der von 1728 stammt. Bis zur Französischen Revolution wurde der Zehnte in Form von Trauben entrichtet. Dieser goldene, bernsteingelb funkelnde Wein lässt Aromen von Quitte und kandierten Früchten erkennen. Die gleichen Noten kommen auch am Gaumen zum Vorschein, «mit einem Hauch von Alkohol, der diesen Wein angenehm aufrüstet», wie es einer der Verkoster ausdrückte. Innerhalb von drei Jahren dürfte er vollkommen harmonisch werden. (Restzucker: 21 g/l.) Vom gleichen Grand cru finden wir auch dieses Jahr den **99er Riesling** des Guts, der eine lobende Erwähnung erhält. Sein sehr intensiver Duft bringt den Granitboden, von dem er stammt, gut zum Ausdruck. Im Geschmack ist er recht lebhaft und klingt mit einer Zitronennote aus.
Hubert Metz,
3, rue du Winzenberg, 67650 Blienschwiller, Tel. 03.88.92.43.06, Fax 03.88.92.62.08, E-Mail hubertmetz@aol.com
☑ Mo–Sa 8h–19h

Alsace grand cru Zinnkoepflé

DOM. LEON BOESCH

Tokay-Pinot gris Sélection de grains nobles 1998*

☐ 0,2 ha k. A. 46 à 76 €

Der Zinnkoepflé ist eine Reblage mit Mergel- und Muschelkalkboden, die für die Erzeugung von Sélection-de-grains-nobles-Weinen begehrt ist. Dieser strohgelbe Tokay-Pinot gris ist ein gutes Beispiel dafür. Er wirkt aufgrund seiner Aromenpalette mit den Unterholznuancen komplex und hinterlässt schon in der Ansprache einen angenehmen Eindruck; danach entfaltet er einen seidigen Stoff. Das würzige Finale spielt eine Sinfonie von Aromen.
Dom. Léon Boesch, 6, rue Saint-Blaise, 68250 Westhalten, Tel. 03.89.47.01.83, Fax 03.89.47.64.95
☑ Mo–Sa 10h–12h 14h–18h
Gérard Boesch

DIRINGER

Gewurztraminer Vendanges tardives 1998*

☐ 0,4 ha 1 800 15 à 23 €

Die Anfänge dieses Familienbetriebs reichen bis 1740 zurück. Seit 1982 bewirtschaften Sébastien, ausgebildeter Önologe, und Thomas Diringer ein rund 13 ha großes Weingut, das sich zum großen Teil im Grand cru Zinnkoepflé befindet. Ihr Gewürztraminer von blassgelber Farbe ist in der Nase elegant und fein; außerdem bietet er im Geschmack eine große Opulenz und Ausgewogenheit. Seine Frische unterstützt einen Abgang von schöner Länge.
Dom. Diringer, 18, rue de Rouffach, 68250 Westhalten, Tel. 03.89.47.01.06, Fax 03.89.47.62.64, E-Mail info@diringer.fr
☑ Mo–Sa 9h–12h 14h–19h

RENE FLECK Riesling 1999*

☐ 0,14 ha 1 200 5 à 8 €

René Fleck und seine Tochter, die ihn seit 1995 in der Leitung des Guts unterstützt, stellen einen Riesling vor, der aufgrund seiner Aromenpalette interessant ist, mit einem Duft, der durch Zitronen- und mineralische Noten geprägt ist. Eine schöne Ansprache bildet den Auftakt zu einem lang anhaltenden, harmonischen Geschmack, der ein solides Alterungspotenzial besitzt. (Restzucker: 14 g/l.)
René Fleck et Fille, 27, rte d'Orschwihr, 68570 Soultzmatt, Tel. 03.89.47.01.20, Fax 03.89.47.09.24 ☑ n. V.

JEAN-MARIE HAAG

Gewurztraminer Vendanges tardives 1998*

☐ 0,37 ha 1 200 15 à 23 €

Soultzmatt, ein zauberhafter Ort, der sich am Grunde des Vallée Noble zusammendrängt, verdankt sein Ansehen dem Weinbau. Hier blühen jedoch auch andere Wirtschaftszweige: die Mineralwasserquelle Lisbeth und die Metallindustrie. Ein Großteil dieser Spätlese stammt von Rebstöcken, die in den 20er Jahren angepflanzt

wurden. Das Ergebnis ist ein strohgelber Wein mit goldenem Reflex, dessen Duft kräftige, feine Aromen von Blumen und exotischen Früchten verströmt. Der opulente Geschmack ist bereits ausbalanciert. Die Blütenaromen kehren in einem mittellangen Abgang wieder.
Jean-Marie Haag, 17, rue des Chèvres, 68570 Soultzmatt, Tel. 03.89.47.02.38, Fax 03.89.47.64.79, E-Mail jean-marie.haag@wanadoo.fr
Mo–Sa 9h–12h 14h–18h; So u. Gruppen n. V.

PAUL KUBLER
Gewurztraminer Sélection de grains nobles 1998*

0,3 ha 2 000 23 à 30 €

Der Grand cru Zinnkoepflé bringt erstaunliche Weine hervor, für die wir hier ein schönes Beispiel haben. Dieser goldgelbe Gewürztraminer entfaltet sich zu einem sehr komplexen Duft von kandierten Früchten, der eine Feigennote enthält. Am Gaumen erscheint er schon reif: Er ist sehr angenehm und seidig und bietet würzige Merkmale, begleitet von den Feigennoten, die man schon beim Riechen wahrgenommen hat.
EARL Paul Kubler, 103, rue de la Vallée, 68570 Soultzmatt, Tel. 03.89.47.00.75, Fax 03.89.47.65.45, E-Mail kubler@lesvins.com
n. V.

SEPPI LANDMANN
Tokay-Pinot gris Sélection de grains nobles 1998*

0,25 ha 1000 +76 €

Seppi Landmann, der sich hier 1982 niederließ, hat sich im Elsass rasch einen Namen gemacht. Sein in der früh reifenden Reblage Zinnkoepflé erzeugter Tokay-Pinot gris zeigt eine altgoldene Farbe. Sein Duft bietet Aromen von Gekochtem, Karamell und Pilzen. Dieser im Geschmack intensive, großzügige und sehr seidige Wein fügt sich in ein aromatisches Register ein, das auf vornehme Weise die Überreife der Trauben in Erinnerung bringt. Ein schönes Beispiel für eine Sélection de grains nobles mit würzigen Noten. Der **98er Grand cru Zinnkoepflé Riesling Sélection de grains nobles** wird wegen seiner schönen Fruchtaromen im Mund und wegen seiner Frische lobend erwähnt.
Seppi Landmann, 20, rue de la Vallée, 68570 Soultzmatt, Tel. 03.89.47.09.33, Fax 03.89.47.06.99, E-Mail seppi.landmann@wanadoo.fr n. V.

FRANCIS MURE Tokay-Pinot gris 1999**

0,3 ha 2 200 11 à 15 €

Der Zinnkoepflé besitzt eine besonders günstige Lage. Er wird nämlich im Westen durch die höchsten Gipfel der Vogesen von den atlantischen Strömungen und durch den Gipfel des Hügels, dessen Südhang er einnimmt, von den Nordwinden abgeschirmt. Der Kalksteinboden verleiht den Weinen ihren typischen Charakter. Dieser tiefgoldgelbe Pinot gris mit strahlenden Reflexen bietet einen schönen Räuchergeruch, der eine Quittennote enthält. Im Geschmack ist er sehr fett und bemerkenswert komplex. Er besitzt ein großes Alterungspotenzial. «Das ist ein Wein von großer Beständigkeit, der für die Einkellerung geeignet ist», präzisierte es einer der Verkoster. (Restzucker: 35 g/l.)
Francis Muré, 30, rue de Rouffach, 68250 Westhalten, Tel. 03.89.47.64.20, Fax 03.89.47.09.39 n. V.

Alsace grand cru Zotzenberg

BOECKEL Tokay-Pinot gris 1999*

0,3 ha 2 050 8 à 11 €

Wer Zotzenberg sagt, meint Mittelbergheim. Dieser zauberhafte Marktflecken ist auch der Sitz der Firma Boeckel, die bestimmt zu den Ältesten in der Region gehört. Sie hat in hohem Maße zum Ansehen des elsässischen Weins beigetragen. Eine goldgelbe Farbe schmückt diesen Tokay-Pinot gris. Der leicht lakritzeartige Geruchseindruck lässt Unterholzdüfte erkennen. Die Ansprache ist klar; der Geschmack hat bereits eine schöne Ausgewogenheit erreicht. Fett und fast trocken, ein Wein von guter Fülle, der die feinsten Gerichte begleiten kann. (Restzucker: 12,5 g/l.)
Emile Boeckel, 2, rue de la Montagne, 67140 Mittelbergheim, Tel. 03.88.08.91.91, Fax 03.88.08.91.88, E-Mail vins.boeckel@proveis.com n. V.

BERNARD ET DANIEL HAEGI
Riesling 1999*

0,3 ha 2 400 5 à 8 €

Dieser acht Hektar große Betrieb befindet sich in Mittelbergheim, einem der schönsten Dörfer Frankreichs; er hat schon die Erfahrungen von drei Erzeugergenerationen genutzt. Vom Zotzenberg, einer Grand-cru-Lage mit Kalkmergelboden, konnte er einen Riesling mit einem intensiven, sortentypischen Blütenduft erzeugen. Der lebhafte, strukturierte, anhaltende Wein lässt am Gaumen den ganzen Einfluss des Terroir erkennen. (Restzucker: 2 g/l.)
Bernard et Daniel Haegi, 33, rue de la Montagne, 67140 Mittelbergheim, Tel. 03.88.08.95.80, Fax 03.88.08.91.20
Mo–Sa 8h–12h 13h–18h

FERNAND SELTZ ET FILS
Riesling 1999**

0,3 ha 2 500 8 à 11 €

Der acht Hektar Reben umfassende Betrieb begann erst 1988 mit der Flaschenabfüllung. Er hat keine Zeit verschwendet! Obwohl dieser Riesling von einem Kalkmergelboden kommt, bietet er schon einen stark entfalteten Duft mit sehr eleganten Zitronennoten. Er zeigt eine klare Ansprache und ist im Geschmack relativ weich, lang anhaltend und rassig. Begleiten kann er die feinsten Fischgerichte. (Restzucker: 4 g/l.)

EARL Fernand Seltz et Fils,
42, rue Principale, 67140 Mittelbergheim,
Tel. 03.88.08.93.92, Fax 03.88.08.93.92
Mo–Sa 8h30–19h; So 8h30–12h

A. WITTMANN FILS Riesling 1999**

k. A. 2 660 5 à 8 €

Die Wittmanns, die einen Betrieb mit acht Hektar Weinbergen führen, sind seit 1785 Generation für Generation Winzer. Ihr Keller geht sogar auf das Jahr 1588 zurück! Dieser Riesling entfaltet in der Nase sehr intensive Aromen, die Zitrone, Pampelmuse und Melone harmonisch vereinen. Er ist in der Ansprache lebhaft, perfekt strukturiert und anhaltend: ein Wein von großer Klasse. Man sagte ihm eine lange Lagerfähigkeit voraus. (Restzucker: 6 g/l.)

EARL André Wittmann et Fils,
7-9, rue Principale, 67140 Mittelbergheim,
Tel. 03.88.08.95.79, Fax 03.88.08.53.81
n. V.

A. WITTMANN FILS
Gewurztraminer 1999**

0,32 ha 2 000 8 à 11 €

Die Familie Wittmann hat einen Teil ihrer Reben auf dem Zotzenberg, dessen Mergeltonboden die Erzeugung von lagerfähigen Weinen garantiert. Dieser goldfarbene Gewürztraminer, den Düfte exotischer Früchte (vor allem Mango) beleben, besitzt bereits viel Selbstsicherheit. Er überrascht schon in der Ansprache und setzt sich mit den gleichen Fruchtnoten fort, die man beim Riechen wahrgenommen hat; im Abgang kommen noch Menthol- und Anisnoten hinzu. «Dieser Wein eignet sich für den Weinfreund, der vom Gewohnten abweichen möchte», schrieb ein Verkoster. (Restzucker: 20 g/l.)

EARL André Wittmann et Fils,
7-9, rue Principale, 67140 Mittelbergheim,
Tel. 03.88.08.95.79, Fax 03.88.08.53.81
n. V.

Crémant d'Alsace

Die Schaffung dieser Appellation im Jahre 1976 hat der Produktion von Schaumweinen, die nach der traditionellen Methode der Flaschengärung hergestellt werden, zu neuem Aufschwung verholfen, nachdem diese lange Zeit sehr beschränkt war. Die Rebsorten, aus denen dieser immer beliebter werdende Schaumwein zusammengestellt werden darf, sind Pinot blanc, Auxerrois, Pinot gris, Pinot noir, Riesling und Chardonnay. 2000 wurden 157 000 hl Crémant d'Alsace produziert.

ANDRE ANCEL 1998*

0,17 ha 1 100 5 à 8 €

Die Familie Ancel verkauft ihre Weine seit 1928 in Flaschen. André Ancel selbst führt das 8,7 ha große Gut seit fünfzehn Jahren. Sein Crémant, der ein zartes Rosa und ein feines Perlen zeigt, ist füllig, ausgewogen und fruchtig. Der Abgang beschließt die Verkostung in schöner Harmonie.

EARL André Ancel, 3, rue du Collège,
68240 Kaysersberg, Tel. 03.89.47.10.76,
Fax 03.89.78.13.78 tägl. 8h–12h 13h30–19h

RENE BARTH 1998*

0,5 ha 3 500 5 à 8 €

Michel Fonné, ein ausgebildeter Önologe, der einer alten Winzerfamilie entstammt, ließ sich hier 1989 nieder, als er den Betrieb seines Onkels übernahm. Sein Crémant ist das Ergebnis eines Verschnitts von Pinot und Riesling. Er hat eine goldgelbe Farbe und ist im Geschmack fruchtig und frisch, mit einer exotischen Note, die zum Aperitif gefallen wird.

Dom. Michel Fonné,
24, rue du Gal-de-Gaulle, 68630 Bennwihr,
Tel. 03.89.47.92.69, Fax 03.89.49.04.86,
E-Mail michel.fonne@wanadoo.fr n. V.

A. L. BAUR 1998*

0,55 ha 5 600 5 à 8 €

Vor dem Gut der Familie Baur kann der Besucher eine Rebzeile sehen, die die sieben im Elsass angebauten Rebsorten präsentiert. Dieser Crémant hat die Rebsorte Pinot-Auxerrois zum Ursprung. Daraus resultieren fruchtige Aromen, die intensiv und einschmeichelnd sind. Der füllige, runde Geschmack klingt mit einer schönen Länge aus. Dieser Wein, der aufgrund seines Volumens und seines Körpers gefällt, kann eine Mahlzeit begleiten.

A. L. Baur, 4, rue Roger-Frémeaux,
68420 Voegtlinshoffen, Tel. 03.89.49.30.97,
Fax 03.89.49.21.37 n. V.

BESTHEIM

k. A. k. A. 5 à 8 €

Bestheim ist das Ergebnis der Vereinigung der Genossenschaftswinzer von Bennwihr und Westhalten. Im letztgenannten Dorf befindet sich die Produktionsanlage für den Crémant. Dieser hier bietet Aromen von Früchten und

Blüten. Die leichte Rundheit im Geschmack wird durch die Frische ausgeglichen, die für eine gewisse Länge sorgt. Ein süffiger Crémant.
Cave de Bestheim-Bennwihr, 3, rue du Gal-de-Gaulle, 68630 Bennwihr, Tel. 03.89.49.09.29, Fax 03.89.49.09.20, E-Mail bestheim@gofornet.com n. V.

MAXIME BRAND Rimmler Kapelle 1998*

○ 1,06 ha 6 700 5à8€

Das Gut besitzt einen sehr alten Gewölbekeller, der zweifellos ein ehemaliger Zehntkeller ist. Dort können Sie diesen Crémant probieren, der von Rebstöcken stammt, die nahe der Kapelle Saint-Michel wachsen. Der Wein, der einen guten Schaum entwickelt und in der Nase intensiv ist, mit einer leicht exotischen Note, bietet auch einen erstklassigen Geschmack, schon in der Ansprache. Die Fruchtigkeit kommt in einer Ausgewogenheit zurück, die recht weich und angenehm ist.
Maxime Brand, 15, rue Principale, 67120 Ergersheim, Tel. 03.88.38.18.87, Fax 03.88.49.84.44 n. V.

JEAN-CLAUDE BUECHER 1999*

◐ 0,33 ha 3 200 5à8€

Jean-Claude Buecher, der seit 1980 einen Familienbetrieb leitet, hat sich dafür entschieden, ausschließlich Crémant d'Alsace herzustellen. Diese aus Pinot-noir-Trauben erzeugte Cuvée mit der blassrosa Farbe entfaltet Aromen von roten Früchten und erweist sich als angenehm ausgewogen.
Jean-Claude Buecher, 31, rue des Vignes, 68920 Wettolsheim, Tel. 03.89.80.14.01, Fax 03.89.80.17.78 n. V.

DOM. DOCK 1999*

○ 0,5 ha 6 000 5à8€

Viele Klöster, darunter auch Sainte-Odile, hatten Weingüter in dem Dorf Heiligenstein, das auf die Merowinger zurückgeht. Die Familie Dock bewirtschaftet hier etwa neun Hektar. Ihr blassgelber Crémant mit dem leichten Moussieren bietet voller Zurückhaltung feine Zitronen- und Lakritzearomen. Im Geschmack gefällt er durch seine Ausgewogenheit und Frische.
André et Christian Dock, 20, rue Principale, 67140 Heiligenstein, Tel. 03.88.08.02.69, Fax 03.88.08.19.72 tägl. 8h–12h 13h–18h

DAVID ERMEL 1998*

○ 1,2 ha 12 000 5à8€

Hunawihr kann man bei einem Spaziergang kennen lernen, auf dem an touristischen Attraktionen reichen Rundweg oder auf dem Weinbaupfad und natürlich beim Besuch eines Winzerkellers wie etwa dieses hier. Der blassgelbe Crémant, den feine Aromen von diskreter Fruchtigkeit schmücken, zeigt zunächst eine gute Frische und lässt danach einen runden, anhaltenden Körper erkennen.
David Ermel, 30, rte de Ribeauvillé, 68150 Hunawihr, Tel. 03.89.73.61.71, Fax 03.89.73.32.56 n. V.

ANTOINE FONNE Blanc de blancs 1998*

○ 0,32 ha 2 000 5à8€

Der 1972 entstandene Betrieb wird seit zehn Jahren von René Fonné geleitet. Sein Weingut umfasst vier Hektar. Der Schaum zeigt zwar nur eine geringe Beständigkeit, aber dennoch ist diese Cuvée in ihrem Ausdruck fein und sehr blumig. Die Verbindung von schönem Stoff, Frische und beachtlicher Länge verleiht ihr die Eleganz, die man von einem guten Aperitif erwartet.
Antoine Fonné, 14, Grand-Rue, 68770 Ammerschwihr, Tel. 03.89.47.37.90, Fax 03.89.47.18.83 n. V.

LOUIS FREYBURGER ET FILS 1998**

◐ 0,33 ha 4 000 5à8€

André Freyburger führt das 20 ha große Gut seit 1972. Schon 1982 begann er mit der Produktion von Rosé-Crémants. Dieser hier zeigt ein Rosarot mit ein wenig bernsteinfarbenen Reflexen und beweist eine schöne Stärke des Aromas. Im Mund bietet er einen runden, anhaltenden Stoff.
Dom. Louis Freyburger et Fils, 1, rue du Maire-Witzig, 68750 Bergheim, Tel. 03.89.73.63.82, Fax 03.89.73.37.72 n. V.

JOSEPH GRUSS ET FILS 1999***

○ 1,4 ha 16 400 5à8€

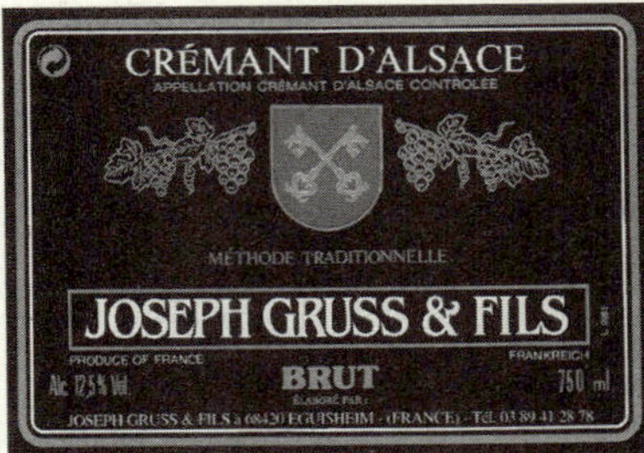

In Eguisheim hatte die Confrérie des Gourmets, deren Mitglieder Inhaber eines öffentlichen Amts waren und die Unverfälschtheit des auf den Markt gebrachten Weins garantierten, ihren Sitz in diesem Haus, dessen Ursprünge auf das Jahr 1559 zurückgehen. Bernard Gruss und seine Sohn André verfolgen eine echte Qualitätspolitik, so dass ihre Weine im Hachette-Weinführer regelmäßig Erwähnung finden. Dieser Crémant, der auf Pinot-Auxerrois und Riesling basiert, ruft allgemein Lob hervor: Aromen mit Pfirsich- und Zitrusnuancen, eine schöne Frische in Verbindung mit einer reichen Rundheit – ein großer Erfolg!

🔑 Dom. Gruss, 25, Grand-Rue, 68420 Eguisheim, Tel. 03.89.41.28.78, Fax 03.89.41.76.66, E-Mail domainegruss@hotmail.com
☑ 🍷 tägl. 8h–12h 13h30–18h

HUNOLD Cuvée du Paradis 1999

○ 1,5 ha 12 000 5 à 8 €

In Rouffach ist «Le Paradis» eine bemerkenswerte Reblage, die sich oben auf dem Hügel befindet, der das Tal überragt. Der Familienbetrieb Hunold besitzt über zwölf Hektar. Dieser von Chardonnay, Pinot und Riesling erzeugte Crémant zeigt eine große Feinheit, durch seine Zitrusaromen ebenso wie durch seine Präsenz am Gaumen. Trinken sollte man ihn zu Beginn einer Mahlzeit.

🔑 EARL Bruno Hunold, 29, rue aux Quatre-Vents, 68250 Rouffach, Tel. 03.89.49.60.57, Fax 03.89.49.67.66 ☑ 🍷 n. V.

HUBERT KRICK 1998*

○ 0,4 ha 4 000 8 à 11 €

Wintzenheim, das ganz nahe bei Colmar liegt, zu Füßen der Hohlandsbourg, bildet die Verbindung zwischen der Stadt und dem Weinbaugebiet. Hubert Krick leitet seit 1982 einen 11,5 ha großen Familienbetrieb. Sein kräftig schäumender Crémant kündigt sich mit Noten von weißen Blüten an, die sich auch am Gaumen zeigen. Gute Ausgewogenheit. Er ist typisch und hält lang an.

🔑 EARL Hubert Krick, 93-95, rue Clemenceau, 68920 Wintzenheim, Tel. 03.89.27.00.01, Fax 03.89.27.54.75
☑ 🍷 n. V.

ALBERT MAURER 1998*

○ 1,5 ha 12 000 5 à 8 €

Eichhoffen, das abseits der großen Verkehrsachsen liegt, ist ein kleines Winzerdorf in der Nachbarschaft von Andlau. Seine Geschichte reicht bis in die Römerzeit zurück. Dieser Crémant überrascht ein wenig durch seine strahlend goldgelbe Farbe, die ein beständiges Moussieren belebt. Seine intensive Fruchtigkeit zeigt sich auch am Gaumen, wo sie eine schöne Ansprache ergänzt. Danach folgt ein lang anhaltender, angenehmer Abgang.

🔑 Albert Maurer, 11, rue du Vignoble, 67140 Eichhoffen, Tel. 03.88.08.96.75, Fax 03.88.08.59.98
☑ 🍷 Mo–Sa 8h–12h 13h30–18h

PREISS-ZIMMER 1999*

○ 15 ha 150 000 5 à 8 €

Das Städtchen Riquewihr, das sich hinter seinen Befestigungsanlagen verschanzt, entspricht dem traditionellen Bild, das man von den elsässischen Weinbauorten hat. Wenn man seine schmalen Straßen mit großen Schritten durchschreitet und seine Keller besichtigt, kann man nicht unbewegt bleiben. Dieser blassgelbe, grün schimmernde Crémant besitzt dank seiner Zitrusaromen ebenfalls eine schöne Persönlichkeit. Im Geschmack verstärkt sie sich noch, bis hin zu einem freimütigen, eleganten Finale.

🔑 SARL Preiss-Zimmer, 40, rue du Gal-de-Gaulle, 68340 Riquewihr, Tel. 03.89.47.86.91, Fax 03.89.27.35.33

RUHLMANN 1998

○ 0,9 ha 8 000 5 à 8 €

Die Ortenburg liegt auf den Anhöhen von Scherwiller. Sicherlich hat sie die Vergangenheit des Dorfs geprägt, aber nicht so sehr wie der Weinbau und die Erzeugung von Rieslingweinen. Dieser aus einer Kombination von Pinot blanc und Riesling hervorgegangene Crémant bietet in der Nase elegante Blütennoten. Er ist ausdrucksvoll und recht typisch, mit ein wenig Rundheit, und hält im Geschmack auf harmonische Weise an.

🔑 Gilbert Ruhlmann Fils, 31, rue de l'Ortenbourg, 67750 Scherwiller, Tel. 03.88.92.03.21, Fax 03.88.82.30.19, E-Mail gruhlman@terre-net.fr ☑ 🍷 n. V.

PAUL SCHNEIDER 1999*

○ 1,15 ha 12 000 8 à 11 €

In Eguisheim ist jedes Haus geschichtsträchtig. Der Sitz des Weinguts Schneider befindet sich im ehemaligen Zehnthof des Domprobsts der Kathedrale von Straßburg. In diesem Crémant von strohgelber Farbe ist das Moussieren recht intensiv, ebenso wie die Fruchtigkeit, die man in der Nase und am Gaumen wahrnimmt. Gute Ausgewogenheit, weich und frisch. Der Wein verdient seinen Platz beim Aperitif.

🔑 Paul Schneider et Fils, 1, rue de l'Hôpital, 68420 Eguisheim, Tel. 03.89.41.50.07, Fax 03.89.41.30.57
☑ 🍷 Mo–Sa 10h–12h 13h30–18h30; So n. V.

EMILE SCHWARTZ 1998

○ 1,2 ha 12 000 5 à 8 €

Emile Schwartz und sein Sohn Christian bewirtschaften ein 6,5 ha großes Gut, dessen Weinberge sich an den Hängen zu Füßen der drei Schlösser von Eguisheim ausbreiten. Dieser Crémant, den feine, anhaltende Perlen beleben, bietet pinottypische Aromen, die angenehm und intensiv sind. Im Geschmack verleiht ihm die Frische, die sich schon in der Ansprache ankündigt, Charakter, ohne seine Ausgewogenheit zu beeinträchtigen.

🔑 EARL Emile Schwartz et Fils, 3, rue Principale, 68420 Husseren-les-Châteaux, Tel. 03.89.49.30.61, Fax 03.89.49.27.27
☑ 🍷 Mo–Sa 8h–12h 14h–19h; 1.–15. Sept. geschlossen

BRUNO SORG 1998*

○ k. A. 9 000 5 à 8 €

Einige Schritte von der Kirche entfernt, die dem hl. Leonhard geweiht ist, können Sie den Keller der Domaine Sorg besuchen und dort vielleicht diesen Crémant probieren. Er hat eine feine, frische Fruchtigkeit und bietet einen

Hauch von Lebhaftigkeit sowie eine schöne Rundheit. Im Geschmack bleibt die Fruchtigkeit elegant.

Dom. Bruno Sorg,
8, rue Mgr-Stumpf, 68420 Eguisheim,
Tel. 03.89.41.80.85, Fax 03.89.41.22.64
n. V.

SPITZ ET FILS
Blanc de noirs Fronholz 1998*

○ 0,54 ha 6 200 5 à 8 €

Blienschwiller, früher im Besitz des Bischofs von Straßburg, ist ein typischer Weinbauort, der über 200 ha Weinberge und mehr als fünfzig Winzer besitzt. Die Domaine Spitz verfolgt seit vielen Jahren eine Qualitätspolitik und macht beständige Fortschritte. Dieser Crémant präsentiert sich in einem strahlenden Gold, mit feinem Schaum. Die eleganten Aromen in der Nase wie auch im Mund tragen zu einem Eindruck von Harmonie bei. Ein ausgewogener, angenehmer Wein.

Spitz et Fils,
2-4, rte des Vins,
67650 Blienschwiller,
Tel. 03.88.92.61.20, Fax 03.88.92.61.26
n. V.
D. et M.-C. Spitz

STOFFEL 1998*

○ 0,69 ha 6 000 5 à 8 €

Die seit den Zeiten der Kelten und Römer geschichtsträchtige Gemeinde Eguisheim hat sich stets um den Empfang der Touristen und Weinliebhaber gekümmert. Die Familie Stoffel trägt selbstverständlich ebenfalls dazu bei. Dieser Crémant, der in seinem blassen Gold intensiv perlt, entfaltet sich mit stark ausgepräten Zitrusaromen. Im Mund macht die frische Ansprache einer schönen Ausgewogenheit Platz. Der Geschmack hält auf angenehme Weise an.

Antoine Stoffel,
21, rue de Colmar, 68420 Eguisheim,
Tel. 03.89.41.32.03, Fax 03.89.24.92.07
Mo–Sa 8h–12h 14h–18h

ULMER 1998**

○ 40 ha 4 600 5 à 8 €

Das vom Großvater väterlicherseits aufgebaute Weingut Ulmer besitzt heute ein Dutzend Hektar Reben. Dieser Crémant wird ausschließlich von der Rebsorte Pinot blanc hergestellt. Er präsentiert sich in einer blassgelben Farbe mit intensiven Aromen von weißen Blüten und Mandel. Im Mund attackiert er voller Frische und setzt sich dann mit einer bemerkenswerten Harmonie fort.

EARL Rémy Ulmer,
3, rue des Ciseaux, 67650 Rosheim,
Tel. 03.88.50.45.62, Fax 03.88.50.45.62
n. V.

LAURENT VOGT Chardonnay 1998**

○ 0,4 ha 4 800 8 à 11 €

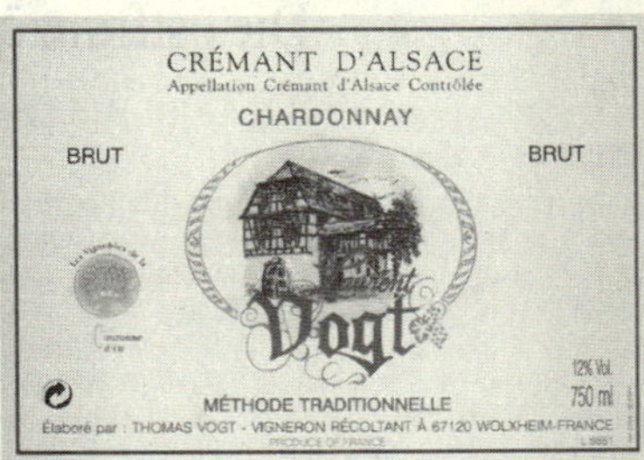

1998 trat Thomas Vogt die Nachfolge seines Vaters Laurent an. Der Betrieb, der seinen Sitz in einem schönen Fachwerkhaus hat, umfasst elf Hektar Weinberge. Dieser hellgelbe Crémant, der ausschließlich von der Rebsorte Chardonnay stammt und mittelstark moussiert, bietet klare, delikate Aromen. Blumige und fruchtige Nuancen mischen sich mit Röst- und Vanillenoten. Der füllige, frische Geschmack wird von ein paar Röstnoten betont, die beachtlich lang anhalten. Ein rassiger, wunderschöner Wein!

EARL Laurent Vogt, 4, rue des Vignerons,
67120 Wolxheim, Tel. 03.88.38.50.41,
Fax 03.88.38.50.41, E-Mail thomas@domaine-vogt.com n. V.
Thomas Vogt

CH. WAGENBOURG 1998*

○ 1,1 ha 11 000 5 à 8 €

Das Gut, dessen Sitz sich in einem 1506 errichteten Schloss befindet, wird seit 1987 von Jacky und Mireille Klein geführt. Der Crémant des Châteaus, hergestellt aus Pinot-blanc-Trauben, die von einem Ton- und Kalksteinboden stammen, zeigt seine Vornehmheit: eine hübsche Palette von intensiver Fruchtigkeit, die sich am Gaumen fortsetzt, ausgewogener Stoff und eine lebhafte Frische, die ihm das Privileg eines guten Begleiters zum Essen verleiht.

Joseph et Jacky Klein, Ch. Wagenbourg,
25, rue de la Vallée, 68570 Soultzmatt,
Tel. 03.89.47.01.41, Fax 03.89.47.65.61
Mo–Sa 8h–12h 13h–19h

ODILE ET DANIELLE WEBER 1998*

○ 0,4 ha 2 500 8 à 11 €

Die Schwestern Weber haben das Familiengut 1988 übernommen. Sie bewirtschaften etwas mehr als vier Hektar, für die sie seit 1992 biologische Anbaumethoden verwenden, und stellen eine recht interessante Palette von elsässischen Weinen her. Dieser Crémant bietet eine zarte Fruchtigkeit und ein paar würzige Noten. Im Mund entfaltet er einen guten Stoff, der fein und zugleich nachhaltig ist und eine angenehme Ausgewogenheit besitzt.

GAEC Odile et Danielle Weber,
14, rue de Colmar, 68420 Eguisheim,
Tel. 03.89.41.35.56, Fax 03.89.41.35.56
n. V.

Die ostfranzösischen Weine

Die Anbaugebiete der Côtes de Toul und der Mosel bleiben die beiden letzten Zeugnisse des früher einmal blühenden lothringischen Weinbaus. Blühend, was die Größe des lothringischen Weinbaugebiets betrifft (1890 über 30 000 ha), wie auch hinsichtlich seines Ansehens. Ihren Höhepunkt hatten die beiden Anbaugebiete Ende des 19. Jh. Danach kamen leider mehrere Faktoren zusammen, die zu ihrem Niedergang führten: die Reblauskrise, die eine Verwendung von Hybriden minderer Qualität zur Folge hatte, die wirtschaftliche Krise des Weinbaus im Jahre 1907, die Nähe der Schlachtfelder im Ersten Weltkrieg und die Industrialisierung der Region, die eine starke Landflucht nach sich zog. Erst 1951 erkannten die Behörden den eigenständigen Charakter dieser Anbaugebiete offiziell an und legten die Côtes de Toul und die Vins de Moselle fest, wodurch sie diese Weine endgültig unter die großen französischen Weine einreihten.

Côtes de Toul

Das westlich von Toul und dem charakteristischen Moselbogen gelegene Weinbaugebiet befindet sich auf dem Boden von acht Gemeinden; diese verteilen sich entlang einem Hang, der durch die Erosion von Sedimentschichten aus dem Pariser Becken entstanden ist. Man stößt hier auf Böden aus der Juraformation, die aus Tonen der Oxford-Stufe sowie aus beachtlichen Mengen von Kalksteingeröll bestehen, sehr gut entwässert sind und nach Süden oder Südosten liegen. Das semikontinentale Klima, das im Sommer höhere Temperaturen bewirkt, ist günstig für die Reben. Doch im Frühjahr gibt es häufig Fröste.

Die Gamay-Rebe dominiert noch immer, obwohl sie zugunsten von Pinot noir deutlich zurückgeht. Der Verschnitt dieser beiden Rebsorten ergibt typische *Vins gris,* «graue Weine», d. h. sehr helle Roséweine, die man durch unmittelbares Keltern der Trauben erhält. Außerdem verlangt der Erlass ausdrücklich, dass für die Produktion von Vin gris mindestens 10 % Pinot noir mit Gamay verschnitten wird, was dem Wein eine größere Rundheit verleiht. Wenn die Pinot-noir-Traube allein als Rotwein vinifiziert wird, liefert sie körperreiche, angenehme Weine. Der aus dieser Gegend stammende Auxerrois, der sich beständig auf dem Vormarsch befindet, erzeugt zarte Weißweine.

Die Rebfläche umfasst gegenwärtig fast 100 ha, die 5 436 hl im Jahre 2000 erzeugten.

Eine ab Toul hervorragend ausgeschilderte «Wein- und Mirabellenstraße» führt durch das Weinbaugebiet

Das Anbaugebiet hat vor kurzem die Zulassung zur AOC erhalten (Erlass vom 31. März 1998).

VINCENT GORNY Pinot noir 2000★★

■ 1,2 ha 7 500 ▮ 5à8€

Vincent Gorny, im letzten Jahr mit einer Liebeserklärung ausgezeichnet, konnte die Schwierigkeiten des Jahrgangs 2000 perfekt meistern: Nehmen Sie die wunderbar intensive rote Farbe

und den Duft, der stark von Aromen exquisiter roter Früchte geprägt ist. Die zwölf Jahre alten Rebstöcke haben einen charaktervollen Wein geliefert, dessen sehr schöner Geschmack sich auf eine bemerkenswerte Ausgewogenheit stützt.
Vincent Gorny, 50, rue des Triboulottes, 54200 Bruley, Tel. 03.83.63.80.41, Fax 03.83.63.53.80, E-Mail vincentgorny@yahoo.fr ☑ Ỵ n. V.

DOM. DE LA LINOTTE Gris 2000*

◪ 0,83 ha 8 000 ▮ 3à5€

Nachdem Marc Laroppe vier Jahre in der Champagne verbracht hatte, übernahm er 1993 dieses Gut. Seine gesamten Rebstöcke werden im Lyra-System erzogen. Dieser «graue» Wein, der eine schöne lachsrote Farbe besitzt, bietet einen gefälligen, etwas zurückhaltenden fruchtigen Duft. Der sehr ausgewogene Geschmack hält äußerst lang an. Vom gleichen Gut erhält ein **2000er Auxerrois,** der fein ist und durch eine schöne Säure ausbalanciert wird, eine lobende Erwähnung.
Marc Laroppe, 90, rue Victor-Hugo, 54200 Bruley, Tel. 03.83.63.29.02, Fax 03.83.63.00.39 ☑ Ỵ tägl. 8h30–19h

MARCEL ET MICHEL LAROPPE
Pinot noir 1999*

■ 4,5 ha 20 000 ⫼ 5à8€

Dieses Gut in Familienbesitz gehört zu den treibenden Kräften der AOC. Schonung der Umwelt, Achtung vor dem Terroir, vollständige Entrappung des Traubenguts, ein Jahr langer Ausbau im Holzfass: Das ergibt einen Wein von hübscher roter Farbe, mit einem sehr schönen, leicht vanilleartigen Duft, in dem die Typizität trotz der Holzummantelung gut zum Ausdruck kommt. Schöne Ausgewogenheit im Geschmack. Er hält lang an und klingt harmonisch aus. Der nicht im Holzfass ausgebaute **2000er Auxerrois** hat wegen der Feinheit seiner Blütenaromen eine lobende Erwähnung erhalten.
Marcel et Michel Laroppe, 253, rue de la République, 54200 Bruley, Tel. 03.83.43.11.04, Fax 03.83.43.36.92 ☑ Ỵ Mo–Sa 8h–12h 13h30–19h

LES VIGNERONS DU TOULOIS
Gris 2000

◪ k. A. 7 000 ▮🌡 3à5€

Diese Genossenschaft hat ihren Sitz an der «Mirabellenstraße» (Lothringen ist berühmt für seine Mirabellen) und gehört zu den jüngsten Genossenschaftskellereien von Frankreich; sie ist auch eine der Kleinsten, denn sie zählt nur zehn Erzeuger. Ihr Vin gris trägt ein schönes lachsrotes Kleid mit rosaroten Reflexen. Der feine Duft erweist sich als ein wenig zurückhaltend, aber angenehm. Der Geschmack ist mild und gefällig.
Les Vignerons du Toulois, 43, pl. de la Mairie, 54113 Mont-le-Vignoble, Tel. 03.83.62.59.93, Fax 03.83.62.59.93 ☑ Ỵ Di–So 14h–18h

Moselle AOVDQS

Das nicht einmal 20 ha umfassende Weinbaugebiet liegt an den Hängen des Moseltals; diese sind aus den Sedimentschichten entstanden, die den Westrand des Pariser Beckens bilden. Die ausgewiesene Anbaufläche konzentriert sich um drei Schwerpunkte: der erste südlich und westlich von Metz, der zweite in der Gegend von Sierck-les-Bains und der dritte im Tal der Seille rund um Vic-sur-Seille. Der Weinbau ist von den Anbaumethoden im nahe gelegenen Luxemburg beeinflusst, wo die Rebstöcke in Hoch- und Weitraumkultur erzogen werden und trockene, fruchtige Weißweine dominieren. Mengenmäßig bleibt diese AOVDQS sehr bescheiden; 2000 wurden 1 633 hl produziert. Einer weiteren Ausdehnung steht die extreme Zerstückelung der Region entgegen.

GAUTHIER
Réserve de la porte des évêques
Muller-Thurgau 2000*

☐ 0,2 ha 2 000 ▮ 3à5€

Claude Gauthier ließ sich hier nieder, als sich die Französische Revolution zum 200. Mal jährte. Er bleibt mit der Geschichte seiner Region eng verbunden, denn seine Familie baute schon unter dem Ancien Régime Wein an. Diese Cuvée präsentiert sich mit einer sehr blassen Farbe, die für die Rebsorte Müller-Thurgau eigentümlich ist. Der Duft jedoch ist sehr fein und verströmt Blütennoten. Der Geschmack mit fruchtigen Noten bietet eine schöne Ausgewogenheit.
Claude Gauthier, 4 pl. du Palais, 57630 Vic-sur-Seille, Tel. 03.87.01.11.55, Fax 03.87.01.11.55 ☑ Ỵ n. V.

MICHEL MAURICE Auxerrois 2000**

☐ 0,67 ha 6 000 ▮🌡 3à5€

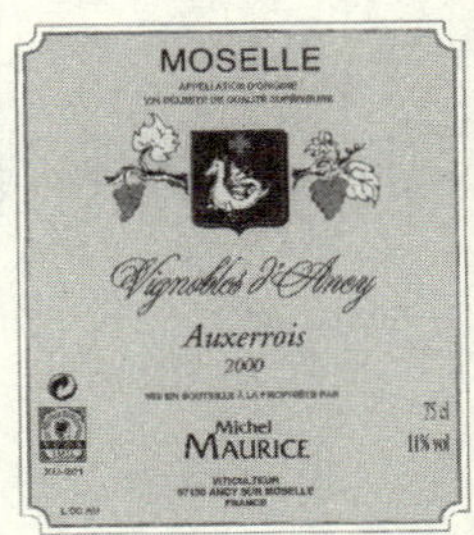

Die Weinberge von Ancy liegen auf einem Ton- und Kalksteinboden. Michel Maurice hat einen **2000er Rosé** vorgestellt, der Pinot noir (70 %) und Gamay kombiniert. Dieser Wein

zeigt eine begeisternde lachsrote Farbe und duftet nach Fruchtbonbons und Blumen. Er erhält einen Stern. Doch die Liebeserklärung erringt dieser Auxerrois. Seine Farbe ist recht blass und funkelt grün. Der Duft entfaltet schwarze Johannisbeeren sowie zitronenartige und exotische Noten. Der füllige Geschmack geht mehr in Richtung Zitrusfrüchte; er zeigt eine sehr schöne Ausgewogenheit.
Michel Maurice, 1-3, pl. Foch, 57130 Ancy-sur-Moselle, Tel. 03.87.30.90.07, Fax 03.87.30.90.07, E-Mail mauricem@net-courrier.com ☑ Y n. V.

DOM. MUR DU CLOITRE
Muller Thurgau 2000

☐ 0,3 ha 1 720 5à8€

Das Rebland, das 6 km von Schloss Sierck (11. Jh.) entfernt liegt und das früher die Kartäuser von Rettel nutzten, wurde 1997 von Jean-Paul Paquet erworben. Hier also sein vierter Jahrgang. Dieser sehr helle und blasse 2000er zeigt sich in der Nase recht zurückhaltend, jedoch mit schönen mineralischen Nuancen. Der Geschmack ist zitronenartig und sehr trocken. Ein recht sortentypischer Wein, der mit dem Terroir übereinstimmt, das ihn hervorgebracht hat.
Jean-Paul Paquet, chem. des Quatre-Vents, 57570 Berg-sur-Moselle, Tel. 06.08.09.83.49, Fax 06.87.67.44.29 ☑ Y n. V.

OURY-SCHREIBER
Cuvée du Maréchal Fabert 2000

☐ 0,3 ha 2 900 5à8€

Abraham de Fabert, Marschall unter König Ludwig XIV., besaß diese kleine Parzelle, die heute im Besitz Pascal Ourys ist; sein Gut umfasst 6,18 Hektar. 60 % Pinot gris, 30 % Gewürztraminer und 10 % Auxerrois ergeben diesen 2000er von schöner blassgrüner Farbe. Sein Geruchseindruck entfaltet blumige Düfte und Haselnussnoten. Der füllige, fette Geschmack ist von den 4,7 Gramm Restzucker geprägt. Zwei weitere Weine erhalten eine lobende Erwähnung: der **2000er Auxerrois** (Preisgruppe: 20 bis 29 F), blass mit grünen Reflexen, fein würzig, zitronenartig, ausgewogen und lang anhaltend, und der **2000er Pinot noir,** der im Fass ausgebaut worden ist und einen angenehmen Geschmack besitzt.
Pascal Oury, 29, rue des Côtes, 57420 Marieulles-Vezon, Tel. 03.87.52.09.02, Fax 03.87.52.09.17 ☑ Y n. V.

J. SIMON-HOLLERICH
Pinot blanc 2000*

☐ k. A. 4 500 3à5€

Jeanne und Joseph haben die gleiche Adresse, die gleiche Telefonnummer und das gleiche Etikett und präsentieren jeweils einen Pinot blanc. Beide Cuvées besitzen eine hinreißende helle Farbe mit grünlichen Reflexen. Ihr sehr feiner Duft bietet eine schöne Ausdrucksstärke von Zitrusfrüchten. Der angenehme, weiche, auf delikate Weise aromatische Geschmack erweist sich als ausgewogen und frisch.
Jeanne Simon-Hollerich, 16, rue du Pressoir, 57480 Contz-les-Bains, Tel. 03.82.83.74.81, Fax 03.82.83.69.70 ☑ Y tägl. 8h–20h

CH. DE VAUX
Les Hautes Bassières Pinot noir 2000*

■ 1,3 ha 10 200 5à8€

Norbert und Marie-Geneviève Molozay, zwei junge Önologen, haben sich 1999 mitten in dem Winzerdorf Vaux niedergelassen, in einem 1870 umgebauten Schloss, dessen Gewölbekeller aus dem 13. Jh. stammen. Mit der Hand gelesene Trauben, die zu 100 % entrappt werden, und ein traditioneller Ausbau im burgundischen Stil im Eichenfass haben diese Cuvée von hellroter Farbe ergeben. Ihr sehr klassischer Duft bietet Aromen von roten Früchten und Holznoten. Dem Geschmack mangelt es zwar ein wenig an «Fett», um zwei Sterne zu erhalten, aber dennoch besitzt er ein schönes Potenzial. Der Abgang ist durch Vanillenoten geprägt. Der **2000er Weißwein,** das Ergebnis des Verschnitts von mehreren Rebsorten, ist sehr schön (ebenfalls ein Stern). Den feinen Aprikosendüften entsprechen im Geschmack Noten von weißen Früchten, die einen fetten, lang anhaltenden Wein ankündigen. Es handelt sich hierbei um das Ergebnis einer Hülsenmaischung. Ein Wein, der die größten Fischgerichte verdient.
Marie-Geneviève et Norbert Molozay, Ch. de Vaux, 4, pl. Saint-Rémi, 57130 Vaux, Tel. 03.87.60.20.64, Fax 03.87.60.24.67 ☑ Y n. V.

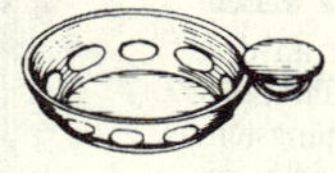

BEAUJOLAIS UND LYONNAIS

Beaujolais

Das Beaujolais ist zwar offiziell – und dem Gesetz nach – mit dem Weinbaugebiet Burgund verbunden, aber es besitzt dennoch einen eigenständigen Charakter, der in der Praxis in hohem Maße anerkannt ist. Diese Eigenständigkeit wird auch durch die tatkräftige Werbung für seine Weine herausgestellt, die eifrig von all denen betrieben wird, die den Beaujolais in der ganzen Welt berühmt gemacht haben. Wer könnte somit nicht wissen, dass jedes Jahr am dritten Donnerstag im November der «neue» Beaujolais eintrifft? Schon vom Gelände her unterscheidet sich die Landschaft von der des berühmten Nachbarn. Hier findet man kein gerade verlaufendes, fast regelmäßiges Band von Hängen; vielmehr wechseln sich Hügel und Täler ab, so dass es zahlreiche sonnenbeschienene Hänge gibt. Auch die Häuser, bei denen Hohlziegel an die Stelle von Flachziegeln treten, wirken bereits ein wenig südfranzösisch.

Das Beaujolais, der äußerste Süden von Burgund, der bereits die Pforte zu Südfrankreich bildet, umfasst 23 000 ha in 96 Gemeinden der Departements Saône-et-Loire und Rhône. Es misst von Norden nach Süden 50 km; seine durchschnittliche Breite beträgt etwa 15 km, wobei der nördliche Teil schmäler ist. Im Norden scheint der Arlois die Abgrenzung zum Mâconnais zu sein. Im Osten dagegen bildet die Tiefebene der Saône, wo die Flussschleifen des majestätischen Stroms in der Sonne funkeln, eine deutliche Grenze. Julius Cäsar sagte von der Saône, sie fließe so langsam, dass das Auge fast nicht unterscheiden könne, in welche Richtung sie sich bewege. Im Westen stellen die Berge des Beaujolais die ersten Ausläufer des Zentralmassivs dar, deren höchste Erhebung, der Mont Saint-Rigaux (1012 m), wie ein Grenzstein zwischen dem Einzugsgebiet der Saône und dem der Loire wirkt. Im Süden schließlich folgt das Weinbaugebiet von Lyon; es reicht bis zu der gleichnamigen Großstadt, die – wie jedermann weiß – von drei «Flüssen» gespeist wird: der Rhône, der Saône und dem – Beaujolais!

Mit Sicherheit verdanken die Weine des Beaujolais viel der Stadt Lyon, deren Weinlokale, die berühmten *«bouchons»*, sie von jeher versorgen. Dort fanden sie offensichtlich einen sehr guten Absatzmarkt, als das Weinbaugebiet im 18. Jh. aufblühte. Zwei Jahrhunderte vorher war Villefranche-sur-Saône als Gebietshauptstadt an die Stelle von Beaujeu getreten, von dem die Region ihren Namen hatte. Die Herren von Beaujeu hatten geschickt und klug die Expansion und den Wohlstand ihrer Güter sichergestellt, darin angespornt durch das mächtige Beispiel ihrer berühmten Nachbarn, der Grafen von Mâcon und Le Forez, der Äbte von Cluny und der Erzbischöfe von Lyon. Die Aufnahme des Beaujolais in den Geltungsbereich der fünf königlichen Großpachten, die für die Transporte nach Paris (die lange Zeit über den Kanal von Briare abgewickelt wurden) von bestimmten Steuerabgaben befreit waren, führte zu einem raschen Aufschwung des Weinbaugebiets.

Heute produziert das Beaujolais durchschnittlich 1 400 000 hl Rotweine mit typischem Charakter (die Weißweinproduktion ist äußerst begrenzt), aber – und das ist hier ein wesentlicher Unterschied zu Burgund – fast ausschließlich von einer einzigen Rebsorte, der Gamay-Traube. Die Produktion verteilt sich auf die drei Appellationen Beaujolais, Beaujolais Supérieur und Beaujolais-Villages sowie die zehn «Crus»: Brouilly, Côte de Brouilly, Chénas, Chiroubles, Fleurie, Morgon, Juliénas, Moulin-à-Vent, Saint-Amour und Régnié. Die drei erstgenannten Appellationen können für Rot-, Rosé- oder Weißweine in Anspruch genommen werden, die zehn anderen nur für Rotweine, die laut Gesetz mit Ausnahme von Régnié auch zu AOC Bourgogne herabgestuft werden dürfen. In geologischer Hinsicht hat das Beaujolais die Auswirkungen der herzynischen Faltung im Erdaltertum und später der alpinen Faltung im Tertiär durchlaufen. Letztere Gebirgsbildung hat die heutige Oberflächengestalt geprägt, wobei sie die Sedimentschichten aus dem Erdmittelalter auseinanderriss und das Urgestein hervortreten ließ. In jüngerer Zeit, nämlich im Quartär, schufen die Gletscher und die Flüsse, die sich von Westen nach Osten vorarbeiteten, zahlreiche Täler und formten die Anbaugebiete, indem Inseln aus hartem Felsgestein zum Vorschein kamen, das der Erosion widerstand. So wurde auch der für den Weinbau geeignete Hang abgegrenzt, der wie eine riesige Treppe nach Osten hin abfällt und auf den Terrassen der Saône ausläuft.

Man unterscheidet traditionell den nördlichen Teil des Beaujolais von Südbeaujolais, wobei die fiktive Trennlinie durch Villefranche-sur-Saône verläuft. Das erstgenannte Gebiet bietet eine sanftere Oberflächengestalt mit abgerundeten Formen am Grund von Tälern, die teilweise mit Sand aufgefüllt sind. Hier findet man alte Gesteine wie etwa Granit, Porphyr, Schiefer und Diorit. Die langsame Verwitterung des Granitgesteins führt zu kieseligem Sand oder Gesteinsgrus, dessen Schichtdicke in Gestalt von Quarzsand an bestimmten Stellen von 10 cm bis zu mehreren Metern reichen kann. Es handelt sich dabei um saure, durchlässige, arme Böden. Sie halten die Nährstoffe schlecht zurück, weil organische Stoffe fehlen, und sind empfindlich gegenüber Trockenheit, aber leicht zu bearbeiten. Zusammen mit Schiefer bilden sie die bevorzugten Böden der kommunalen Appellationen und der Beaujolais-Villages. Der andere Abschnitt, der einen höheren Anteil an Ablagerungen sowie tonig-kalkigen Böden aufweist, ist durch eine etwas stärker zerklüftete Oberflächengestalt geprägt. Die Böden hier enthalten mehr Kalk- und Sandstein. Das ist die Anbauzone der «goldenen Steine», deren von Eisenoxiden herrührende Farbe den Häusern eine warme Ausstrahlung verleiht. Die Böden sind reicher und speichern die Feuchtigkeit besser. Hier befindet sich das Anbaugebiet der AOC Beaujolais. Außer diesen beiden Gebieten, wo die Reben in Höhen zwischen 190 und 550 m wachsen, gibt es noch das obere Beaujolais. Es besteht aus härteren metamorphen Felsgesteinen; in Höhen über 600 m sind diese mit Nadelwäldern bedeckt, die sich mit Kastanienbäumen und Farnkraut abwechseln. Die besten Lagen, die nach Südsüdosten gehen, befinden sich in Höhen zwischen 190 und 350 m.

Das Beaujolais hat ein gemäßigtes Klima, das auf drei unterschiedliche klimatische Einflüsse zurückgeht: eine kontinentale, eine atlantische und eine mediterrane Strömung. Jede dieser Strömungen kann jahreszeitlich vorherrschen, mit einem jähen Umschlag des Wetters, der das Barometer und das Thermometer verrückt spielen lässt. Der Winter kann kalt oder feucht ausfallen, der Frühling feucht oder trocken; die Monate Juli und August können sengend heiß sein, wenn der aus südlicher Richtung wehende Wind alles verdorren lässt, oder feucht, mit Gewitterregen, die oft von Hagel begleitet sind. Der Herbst kann feucht oder warm sein. Die durchschnittliche Niederschlagsmenge liegt bei 750 mm im Jahr; die Temperatur kann von –20 °C bis zu +38 °C reichen. Aber die mikroklimatischen Bedingungen verändern diese Voraussetzungen merklich und sorgen dafür, dass die Reben auch in eigentlich weniger günstigen Lagen wachsen können. Das gesamte Anbaugebiet kommt in den Genuss einer guten Sonneneinstrahlung und profitiert von günstigen Reifungsbedingungen.

Beaujolais

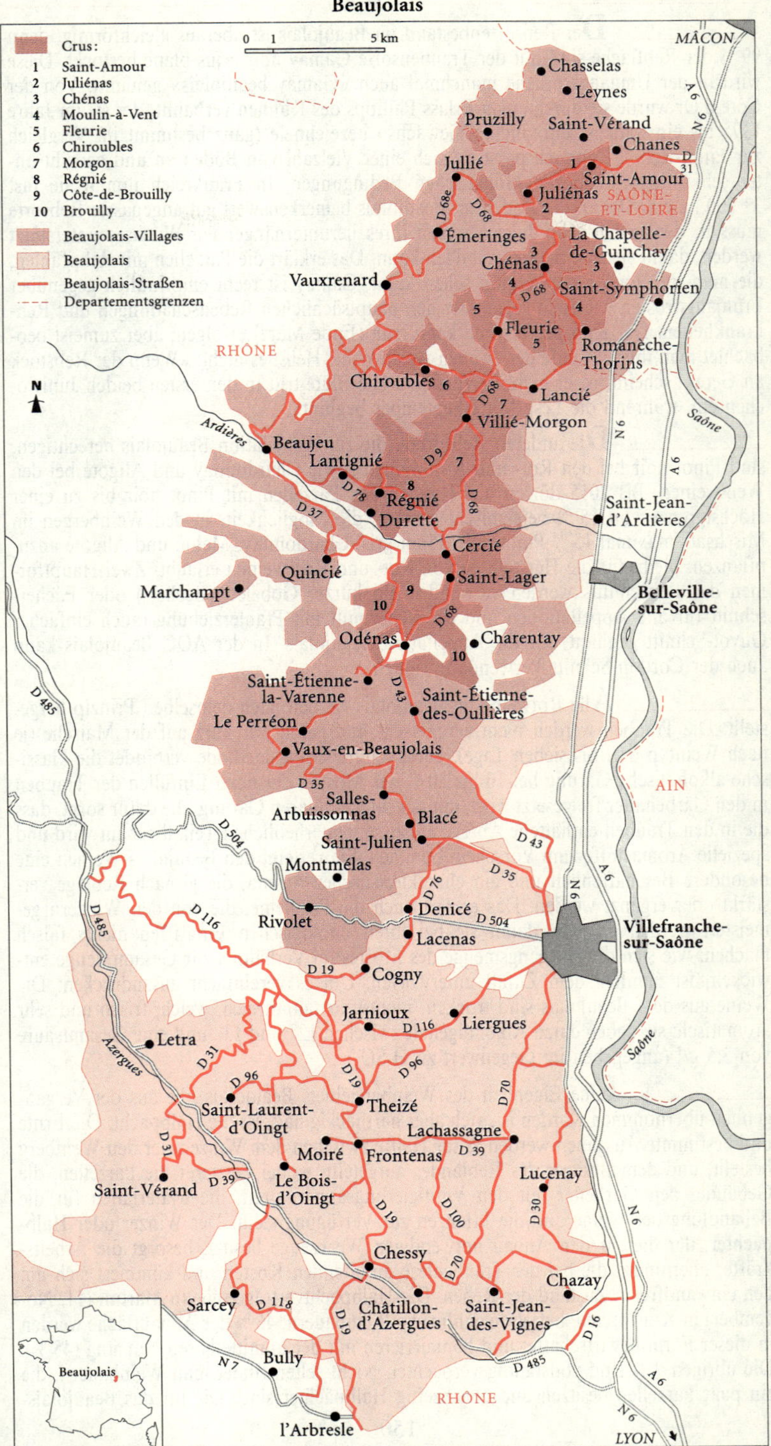

Crus:
1 Saint-Amour
2 Juliénas
3 Chénas
4 Moulin-à-Vent
5 Fleurie
6 Chiroubles
7 Morgon
8 Régnié
9 Côte-de-Brouilly
10 Brouilly
Beaujolais-Villages
Beaujolais
Beaujolais-Straßen
Departementsgrenzen
0 1 5 km
N
MÂCON
Chasselas
Leynes
Pruzilly
Saint-Vérand
Chanes
Jullié
Saint-Amour
Juliénas
SAÔNE-ET-LOIRE
Émeringes
La Chapelle-de-Guinchay
Chénas
Vauxrenard
Saint-Symphorien
Fleurie
Romanèche-Thorins
RHÔNE
Chiroubles
Lancié
Villié-Morgon
Ardières
Beaujeu
Lantignié
Régnié
Durette
Saint-Jean-d'Ardières
Cercié
Quincié
Saint-Lager
Marchampt
Belleville-sur-Saône
Odénas
Charentay
Saint-Étienne-la-Varenne
Saint-Étienne-des-Oullières
Le Perréon
Vaux-en-Beaujolais
AIN
Salles-Arbuissonnas
Blacé
Saint-Julien
Montmélas
Rivolet
Denicé
Lacenas
Villefranche-sur-Saône
Cogny
Jarnioux
Liergues
Letra
Azergues
Saint-Laurent-d'Oingt
Theizé
Lachassagne
Moiré
Frontenas
Saint-Vérand
Le Bois-d'Oingt
Lucenay
Chessy
Chazay
Sarcey
Châtillon-d'Azergues
Saint-Jean-des-Vignes
Bully
RHÔNE
l'Arbresle
LYON
Saône
Beaujolais
A 6
N 6
D 31
D 68e
D 68
D 9
D 78
D 37
D 43
D 35
D 504
D 76
D 116
D 485
D 19
D 96
D 70
D 39
D 100
D 30
D 118
D 16
N 7

Der Rebsortenbestand im Beaujolais ist überaus gleichförmig, denn 99 % der Rebfläche sind mit der Traubensorte Gamay noir à jus blanc bestockt. Diese wird in der Umgangssprache manchmal auch «Gamay beaujolais» genannt. Von der Côte d'Or wurde sie durch einen Erlass Philipps des Kühnen verbannt, der sie im Jahre 1395 als ein «höchst unredliches Gewächs» bezeichnete (ganz bestimmt im Vergleich zur Pinot-Rebe). Dennoch passt sie sich einer Vielzahl von Böden an und gedeiht unter sehr unterschiedlichen klimatischen Bedingungen. In Frankreich nimmt sie fast 33 000 ha ein. Die an die Böden im Beaujolais bemerkenswert gut angepasste Rebsorte muss in den ersten zehn Jahren wegen ihres herunterhängenden Wuchses unterstützt werden, damit sie sich richtig ausbilden kann. Das erklärt die Parzellen mit Rebpfählen, die man im Norden der Region sehen kann. Gamay ist recht empfindlich gegenüber Frühjahrsfrösten wie auch gegenüber den hauptsächlichen Rebenschädlingen und Rebkrankheiten. Der Knospenaustrieb kann früh (Ende März) erfolgen, aber zumeist beobachtet man ihn im Laufe der zweiten Aprilwoche. Heißt es nicht: «Wenn der Rebstock an Georgi scheint, ist er nicht in Verzug»? Die Blüte tritt in den ersten beiden Juniwochen ein, während die Lese Mitte September beginnt.

Die anderen Rebsorten, die zur Appellation Beaujolais berechtigen, sind Pinot noir bei den Rot- und Roséweinen sowie Chardonnay und Aligoté bei den Weißweinen. Bis 2015 dürfen die Trauben aus Parzellen mit Pinot noir bis zu einer Höchstgrenze von 15 % beigemischt werden; die Möglichkeit, in den Weinbergen im Mischsatz maximal 15 % Pinot noir, Pinot gris, Chardonnay, Melon und Aligoté anzupflanzen, bleibt für die Herstellung von Rot- und Roséweinen erlaubt. Zwei Hauptformen des Rebschnitts werden verwendet: ein kurzer Gobelet- (Becher-) oder Fächerschnitt für alle Appellationen und ein Rebschnitt mit Pfahlerziehung (auch einfacher Guyot-Schnitt genannt) für die Appellation Beaujolais. In der AOC Beaujolais kann auch der Cordon-Schnitt Verwendung finden.

Alle Rotweine im Beaujolais werden nach demselben Prinzip hergestellt: Die Trauben werden nicht zerquetscht und gären nur kurz auf der Maische (je nach Weintyp drei bis sieben Tage). Diese Vinifizierungsmethode verbindet die klassische alkoholische Gärung bei 10 bis 20 % des Mostes, der beim Einfüllen der Trauben in den Gärbehälter freigesetzt wird, mit der interzellulären Gärung, die dafür sorgt, dass die in den Trauben enthaltene Äpfelsäure zu einem erheblichen Teil abgebaut wird und spezielle Aromastoffe zum Vorschein kommen. Sie verleiht den Beaujolais-Weinen eine besondere Beschaffenheit und ein charakteristisches Aroma, die je nach Reblage verstärkt oder ergänzt werden. Das erklärt auch die Probleme, die von den Winzern gemeistert werden müssen, damit sie bei ihren önologischen Eingriffen nichts falsch machen; wie sich die Ausgangsmenge des Mostes im Verhältnis zur Gesamtmenge entwickelt, ist nämlich dem Zufall unterworfen. Um es vereinfacht auszudrücken: Die Weine aus dem Beaujolais sind trocken, nicht sehr tanninreich, weich, frisch und sehr aromatisch; sie haben einen Alkoholgehalt zwischen 12° und 13° und eine Gesamtsäure von 3,5 g/l (angegeben im Gegenwert zu H_2SO_4).

Eine Eigenheit des Weinbaugebiets Beaujolais, die aus der Vergangenheit übernommen worden ist, sich aber hartnäckig hält, ist die Halbpacht: Die Ernte und bestimmte Ausgaben werden je zur Hälfte zwischen dem Winzer, der den Weinberg bestellt, und dem Besitzer des Reblandes aufgeteilt, wobei Letzterer die Parzellen, die Gebäude, den Gärkeller mit den Vinifizierungsapparaturen, die Materialien für die Behandlung der Weine und die Pflanzen zur Verfügung stellt. Der Winzer oder Halbpächter, der die für den Anbau notwendigen Werkzeuge besitzt, besorgt die Arbeitskräfte, übernimmt die bei der Traubenlese anfallenden Kosten und kümmert sich um den einwandfreien Zustand der Reben. Die Halbpachtverträge, die an Martini (11. November) in Kraft treten, betreffen zahlreiche Weinbauern; 46 % der Anbaufläche werden in dieser Form bewirtschaftet und konkurrieren mit der unmittelbaren Nutzung (45 %). Die übrigen 9 % sind vollständig verpachtet. Nicht selten findet man Weinbauern, die ein paar Parzellen besitzen und gleichzeitig Halbpächter sind. Die für das Beaujolais-

Gebiet typischen landwirtschaftlichen Betriebe sind 7 bis 10 ha groß. Sie sind kleiner in der Anbauzone der Crus, wo die Halbpacht vorherrscht, und größer im Süden, wo die Mischkultur allgegenwärtig ist. 19 Genossenschaftskellereien verarbeiten 30 % der Produktion. Lokale Weinerzeuger und -händler machen unter sich 85 % der Verkäufe aus. Diese in «Stück» berechneten Verkäufe, wobei jedes Stückfass 216 l (für die AOC Beaujolais) bzw. 215 l (für die AOC Beaujolais-Villages und die Crus) entspricht, werden das ganze Jahr über abgewickelt; doch entscheidend für die Wirtschaft der Region sind die ersten Monate des Geschäftsjahres, wenn die Primeur-Weine auf den Markt kommen. Fast 50 % der Produktion gehen ins Ausland, in erster Linie in die Schweiz, nach Deutschland, Belgien, Luxemburg, Großbritannien, die USA, in die Niederlande, nach Dänemark, Kanada, Japan, Schweden und Italien.

Nur die Appellationen Beaujolais, Beaujolais Supérieur und Beaujolais-Villages eröffnen bei den Rot- und Roséweinen die Möglichkeit zu der Bezeichnung «Primeur-Wein» oder «Nouveau» (neuer Wein). Diese Weine, die ursprünglich von den Granitsandböden einiger Anbauzonen der Beaujolais-Villages stammten, werden mittels einer kurzen Maischegärung hergestellt, die etwa vier Tage dauert und den zarten, süffigen Charakter des Weins, eine nicht zu kräftige Farbe und an reife Bananen erinnernde Fruchtaromen fördert. Besondere Vorschriften legen die Normen für die chemische Analyse und den Zeitpunkt fest, wann der Wein in den Handel gelangen darf. Schon Mitte November stehen die Primeur-Weine bereit, damit sie in der ganzen Welt getrunken werden können. Die Produktionsmenge dieses Weintyps ist von 13 000 hl im Jahre 1956 auf 100 000 hl im Jahre 1970 gestiegen und weiter auf 200 000 hl im Jahre 1976, 400 000 hl 1982, 500 000 hl 1985, mehr als 600 000 hl 1990 und 655 000 hl 1996; im Jahre 2000 waren es 630 576 hl. Ab dem 15. Dezember werden die «Crus» verkauft, nachdem sie die chemische Analyse und die Sinnenprüfung durchlaufen haben; der größte Teil davon wird nach Ostern abgesetzt. Die Beaujolais-Weine sind für keine sehr lange Lagerung bestimmt; aber selbst wenn man sie in den meisten Fällen innerhalb der ersten beiden Jahre nach der Lese trinkt, gibt es sehr schöne Weine, die man nach zehn Jahren genießen kann. Der Reiz dieser Weine beruht auf der Frische und Feinheit des Duftes, der an bestimmte Blumen (Pfingstrose, Rose, Veilchen und Iris) und auch Früchte (Aprikose, Kirsche, Pfirsich und rote Beerenfrüchte) erinnert.

Beaujolais und Beaujolais Supérieur

Die Appellation Beaujolais macht fast die Hälfte der Produktion aus. 10 480 ha, die sich vorwiegend südlich von Villefranche befinden, lieferten im Jahre 2000 etwa 672 790 hl, darunter 7 068 hl Weißweine. Letztere werden aus Chardonnay-Trauben hergestellt, die zu 20 % im Kanton La Chapelle-de-Guinchay, einer Übergangszone zwischen den kieselhaltigen Böden der Crus und den Kalksteinböden des Mâconnais, wachsen. In der Anbauzone der «goldenen Steine», östlich von Le Bois-d'Oingt und südlich von Villefranche, findet man Rotweine mit mehr fruchtigen als blumigen Aromen, die im Geruch bisweilen pflanzliche Noten zeigen; diese farbintensiven, robusten, ein wenig rustikalen Weine halten sich recht gut. Im oberen Abschnitt des Azergues-Tals, im Westen der Region, trifft man auf kristalline Gesteine, die den Weinen eine mineralischere Vollmundigkeit verleihen, weshalb man sie ein wenig später trinkt. Die höher gelegenen Anbaugebiete schließlich liefern lebhafte Weine von leichterer Farbe, die aber auch in warmen Jahren frischer ausfallen. Die neun Genossenschaftskellereien, die in diesem Sektor entstanden sind, haben erheblich dazu beigetragen, die Vinifizierungstechnik und die Wirtschaft dieses Gebiets, aus dem fast 75 % der Primeur-Weine kommen, voranzutreiben.

Die Appellation Beaujolais Supérieur besitzt kein speziell abgegrenztes Anbaugebiet, sondern die Rebflächen dafür werden jedes Jahr bestimmt. Sie darf für Weine in Anspruch genommen werden, deren Moste zum Zeitpunkt der Lese einen potenziellen Alkoholgehalt besitzen, der 0,5° höher als der Alkoholgehalt der Appellation Beaujolais ist. Jedes Jahr werden 400 hl so ausgewiesen, hauptsächlich im Anbaugebiet der AOC Beaujolais.

Die Ansiedlungen liegen verstreut; man kann dort die traditionelle Bauweise der Winzerhäuser bewundern. Die Außentreppe führt zu einem Balkon mit Vordach und zu den Wohnräumen, die sich über dem ebenerdigen Keller befinden. Ende des 18. Jh. errichtete man große Gärkeller außerhalb des Hauptgebäudes. Die Kellerei von Lacenas, ein Nebengebäude des Schlosses von Montauzan, das 6 km von Villefranche entfernt ist, beherbergt die Weinbruderschaft der Compagnons du Beaujolais; diese wurde 1947 gegründet, um die Beaujolais-Weine zu unterstützen, und hat heute auch internationale Gäste. Eine andere Confrérie, die Grappilleurs des Pierres Dorées, spielt seit 1968 eine wichtige Rolle bei den vielen Veranstaltungen im Beaujolais. Wenn man einen *«pot»* Beaujolais trinkt, das bauchige, 46 cl fassende Fläschchen, das auf den Tischen der Weinlokale steht, tut man dies am besten zu gebratenen Fleischstückchen in Schmalz, Kutteln, Blutwurst, Brühwürsten, Schnittwurst und Schweinernem oder zu überbackenen Lyoner Klößchen. Die Primeur-Weine passen zu Karden mit Rindermark oder zu einem Kartoffelgratin mit Zwiebeln.

Beaujolais

ANTOINE BARRIER 2000

■ 9 ha 73 000 ▮🌡 3à5€

Dieser purpurrote Wein, der in Saint-Georges-de-Reinens für die Einkaufszentrale der Leclerc-Verbrauchermärkte erzeugt wird, bietet den entfalteten Duft von weißen Blüten, aber auch von schwarzer Johannisbeere und roten Früchten. Der füllige, reiche Geschmack, der ausgewogen und gleichzeitig körperreich ist, kommt gut zum Ausdruck. Es empfiehlt sich, diese Flasche im Laufe des Jahres zu trinken, wenn sie noch ihre anfängliche Fruchtigkeit besitzt.

🔑 SCAMARK, 52, rue Camille-Desmoulins, 92135 Issy-les-Moulineaux, Tel. 01.46.62.76.37, Fax 01.46.44.38.32

CAVE DU BEAU VALLON
Au pays des pierres dorées 2000

■ 12 ha 100 000 ▮🌡 5à8€

Hier türmen sich die «goldenen Steine» als Barren zu einer kleinen Mauer um die Weinberge herum auf; dort bilden sie, geometrisch zugeschnitten, reizvolle Dörfer, die von Weinstöcken umgeben sind. Im Herzen dieses Gebiets hat die Genossenschaftskellerei einen granatroten Wein erzeugt, der intensiv nach roten Früchten und Steinobst duftet. Seine Konstitution, die zugleich leicht und vollständig, weich und fruchtig ist, erweist sich schon jetzt als sehr angenehm bei der Verkostung.

🔑 Cave du Beau Vallon, Le Beau Vallon, 69620 Theizé, Tel. 04.74.71.48.00, Fax 04.74.71.84.46, E-Mail info@cave-beauvallon.com ☑ Y n. V.

CLAUDE BERGER 1999★★

□ 0,4 ha 2 000 ▮🌡 5à8€

Claude Berger führt das Gut seiner Vorfahren seit zehn Jahren. Zwanzig Jahre alte Rebstöcke haben diesen Wein von funkelnder Goldfarbe geliefert, der elegant nach Früchten sowie Weißdorn- und Lindenblüten duftet. Die harmonische Frische der Säure und die Feinheit der auf Süßmandeln basierenden Fruchtigkeit vervollständigen die Beschreibung dieses nachhaltigen, überaus fröhlichen 99ers, den man zwei Jahre lang zu Hecht servieren kann.

🔑 EARL Claude Berger, Le Chalier, 69480 Pommiers, Tel. 04.74.65.07.09, Fax 04.74.68.34.45 ☑ Y tägl. 10h–12h 14h–18h

CLAUDE BERNARDIN 2000

■ 2,5 ha 14 000 ▮🌡 3à5€

In einem unterirdischen Keller ist ein bläulich roter Wein ausgebaut worden, dessen mittelstarker Duft an rote Früchte und schwarze Johannisbeere erinnert. Er besitzt eine solide Struktur und ist fruchtig und ziemlich lang. Man kann ihn ein Jahr lang genießen.

🔑 Claude Bernardin, Le Genetay, 69480 Lucenay, Tel. 04.74.67.02.59, Fax 04.74.62.00.19 ☑ Y n. V.

CH. DE BLACERET-ROY
Cuvée de l'Artiste 1999

□ 1,5 ha 8 000 ▮🌡 3à5€

Das Gut, das zahlreiche Weinfreunde empfängt, bietet einen typischen Wein mit subtilen blumigen und mineralischen Noten, die mit getrockneten Früchten verbunden sind. Der ausgewogene Geschmack von schöner Länge reizt zu einem Genuss im Laufe des Jahres.

🔑 Thierry Canard, Ch. de Blaceret-Roy, 69460 Saint-Etienne-des-Oullières, Tel. 04.74.03.45.42, Fax 04.74.03.52.10 ☑ Y n. V.

DOM. DU BOIS DE LA BOSSE 2000**

■ 3 ha 5 000 3à5€

Die Dumas bewirtschaften dieses 12 ha große Gut seit 1868. Ihr intensiv granatroter Beaujolais entfaltet sich zu Düften von roten Früchten und feinen Gewürzen, die sich im Geschmack fortsetzen und verstärken. Diesen kompletten, rassigen Wein, der den Gaumen mit seinem «Fleisch» und seinen Aromen vollständig und harmonisch ausfüllt, kann man zwei bis drei Jahre lang mit Genuss trinken.

EARL Georges Després, Le Vernay, 69460 Saint-Etienne-des-Oullières, Tel. 04.74.03.48.98, Fax 04.74.03.31.55 n. V.

DOM. DU BOIS DE LA GORGE 2000*

■ 1,5 ha 5 000 5à8€

Das Gut, das bis 1620 zurückreicht, beherbergt ein kleines Lapidarium, in dem auch alte Werkzeuge ausgestellt sind. In einem der beiden Probierkeller kann man neben dem **weißen 2000er Beaujolais** (Preisgruppe: 50 bis 69 F), der eine lobende Erwähnung erhalten hat, diese lebhafte rubinrote Cuvée mit den angenehmen, feinen, frischen Düften von roten Früchten verkosten. Ihr gutes Gerüst ist harmonisch und stört die durstlöschenden Qualitäten dieses gefälligen Weins, den man zu Wurstgerichten trinken sollte, nicht. Er lässt sich ein bis zwei Jahre lang genießen.

GFA du Bois de la Gorge, La Chanal, 69640 Jarnioux, Tel. 04.74.03.82.89 n. V.

M. Montessuy

DOM. DU BOIS DU JOUR

Bouquet de vieilles vignes 2000

■ 0,5 ha 3 500 3à5€

Tonig-sandig-schluffige Böden haben diese dunkelgranatrote Cuvée mit dem entfalteten Duft von roter und schwarzer Johannisbeere und Gewürzen hervorgebracht. Der noch tanninreiche, aber gut gebaute Wein zeigt im Geschmack eine gute Nachhaltigkeit. Im Herbst 2001 wird er trinkreif sein, um Wurstgerichte während des Essens bei einer Jagd zu begleiten, wie die Jury erläuterte. Der **weiße 99er Beaujolais** des Guts wurde von der Jury ebenfalls lobend erwähnt.

Gilles Carreau, Lachanal, 69640 Cogny, Tel. 04.74.67.41.40, Fax 04.74.67.46.24 n. V.

LES VIGNERONS DE LA CAVE DE BULLY 2000

■ 520 ha 110 000 3à5€

Die 1959 entstandene Kellerei ist mit 38 000 hl eine der größten im Beaujolais. Lobend erwähnt für ihren **weißen 2000er Beaujolais** (Preisgruppe: 30 bis 49 F) und ihren **roten 2000er Beaujolais Supérieur** (Preisgruppe: 30 bis 49 F), erhält sie auch für diesen Beaujolais ein Lob. Die Farbe mit den sehr jugendlichen Tönen verleiht ihm zusammen mit dem Duft von frischen Trauben und roter Johannisbeere einen klassischen Charakter. Den fruchtigen, weichen, leichten, aber wohl ausgewogenen Geschmack kann man im Laufe des Jahres genießen.

Cave beaujolaise de Bully, 69210 Bully, Tel. 04.74.01.27.77, Fax 04.74.01.14.53 n. V.

CH. DE BUSSY 2000

■ 5 ha 35 000 3à5€

In den Kellern des 1892 restaurierten Châteaus ist ein rubinroter Wein mit violetten Reflexen ausgebaut worden, der sich noch verschlossen gibt, auch wenn man in der Nase und im Mund kleine rote Früchte entdeckt, verbunden mit Brombeer- und Kirschwassernoten. Die strenge Ansprache der Tannine fordert dazu auf, mindestens ein Jahr zu warten, damit dieser 2000er sein schönes Potenzial auf liebenswürdigere Weise zum Ausdruck bringt.

GFA Ch. de Bussy, Bussy, 69640 Saint-Julien, Tel. 04.74.09.60.08

Frau Ganem

MICHEL CARRON

Coteaux de Terre-Noire 2000

■ 1 ha 8 000 3à5€

Erneut erhält der **weiße 2000er Beaujolais** (Preisgruppe: 30 bis 49 F) von Michel Carron die gleiche Note wie diese recht intensive granatrote Cuvée mit dem überaus einschmeichelnden Duft von roten Früchten und Pentanolnoten. Seine recht leichte Struktur bestimmt diesen fruchtigen, runden Wein zu einem raschen Verbrauch.

Michel Carron, Terre-Noire, 69620 Moiré, Tel. 04.74.71.62.02, Fax 04.74.71.62.02 n. V.

CH. DE CERCY 2000*

■ 10 ha 10 000 3à5€

Das 1972 renovierte Gut kann in einem besonders eingerichteten Raum bis zu hundert Personen empfangen. Dieser strahlend granatrote Beaujolais bietet intensive Düfte von roten Früchten, mit denen sich Noten von frischer Feige und Pfirsich sowie mineralische Gerüche mischen. Er ist fein, typisch und sehr harmonisch. Aufgrund seines Abgangs und seiner guten Länge kann man ihn ein bis zwei Jahre lang mit Genuss trinken.

Michel Picard, Cercy, 69640 Denicé, Tel. 04.74.67.34.44, Fax 04.74.67.32.35 n. V.

CH. DE CHANZE 1999

□ 0,38 ha 3 500 3à5€

Diese Kellerei, die 340 überwiegend mit Gamay noir bestockte Hektar vinifiziert, hat einen strohgelben Wein hergestellt, der mit feinen Pampelmusendüften beginnt. Dank seines Körpers, den eine deutlich spürbare Säure unterstützt, kann man ihn noch ein paar Monate aufheben.

Cave beaujolaise de Saint-Vérand, Le Bady, 69620 Saint-Vérand, Tel. 04.74.71.73.19, Fax 04.74.71.83.45, E-Mail c.b.s.v.@wanadoo.fr n. V.

PIERRE CHARMET
Cuvée la Ronze 2000**

■ 0,3 ha 2 500 5à8€

Ein hübscher Name für diese mengenmäßig ganz kleine, aber hochwertige Cuvée. In ein dunkles Kleid gehüllt, entfaltet sie ausdrucksvolle Düfte von roten Früchten, die mit blumigen Noten vermischt sind. Die runde, fruchtige Ansprache ist allein schon ein Vergnügen. Dieser harmonische, nachhaltige Wein, der sehr ausgewogen ist und über verschmolzene Tannine verfügt, sollte im Laufe der nächsten beiden Jahre getrunken werden.

Pierre Charmet, Le Martin, 69620 Le Breuil, Tel. 04.74.71.80.67 ☑ Y n. V.

JACQUES CHARMETANT 2000

■ 6,5 ha 6 000 3à5€

Einige Rebstöcke sind über fünfzig Jahre alt, aber der Betrieb wurde 1996 wieder aufgebaut, als sich Jacques Charmetant entschloss, in den harten, aber schönen Beruf des Winzers zu wechseln. Sein Beaujolais von rubinroter Farbe und mit dem deutlichen Duft von roten Früchten, Veilchen und Pfingstrose erweist sich am Gaumen als fein. Diese lebhafte Cuvée von maßvoller Fülle erinnert an den klassischen Stil der Beaujolais-Weine, die man im ersten Jahr nach der Lese trinkt.

Jacques Charmetant, pl. du 11-Novembre, 69480 Pommiers, Tel. 04.74.65.12.34, Fax 04.74.65.12.34, E-Mail jacques.charmetant@wanadoo.fr ☑ Y n. V.

DOM. CHATELUS DE LA ROCHE
2000

■ 2 ha k. A. 5à8€

Rebstöcke an Hängen mit Südostlage haben eine strahlend rubinrote Cuvée mit einem ausgeprägten Aroma von schwarzer Johannisbeere geliefert. Dieser vollständige, aromatische, gut gemachte und gut strukturierte Wein, der über einen guten Körper verfügt, ist schon jetzt trinkreif.

Pascal Chatelus, La Roche, 69620 Saint-Laurent-d'Oingt, Tel. 04.74.71.24.78, Fax 04.74.71.28.36 ☑ Y n. V.

DOMINIQUE CHERMETTE
Cuvée Vieilles vignes 2000

■ 2 ha 15 000 5à8€

Das von Dominique Chermettes Eltern 1958 erworbene Gut umfasst heute über 8 ha. Diese dunkelrote Cuvée, die von fünfzig Jahre alten Reben auf einem Ton- und Kalksteinboden stammt, beginnt mit Pentanolnoten, die in Richtung Sauerkirsche gehen. Sie enthüllt am Gaumen einen hübschen, kräftigen, lebhaften Stoff und klingt dann mit einer tanninreicheren Note aus. Ein paar Monate Lagerung dürften ausreichen, damit sie ihre wahre Qualität erreicht.

Dominique Chermette, Le Barnigat, 69620 Saint-Laurent-d'Oingt, Tel. 04.74.71.20.05, Fax 04.74.71.20.05 ☑ Y n. V.

CLOS DES VIEUX MARRONNIERS
2000

■ 4,5 ha 10 000 3à5€

In diesem vorwiegend aus Ton und Kalkstein bestehenden Weinberg haben die Reben einen bläulich roten Beaujolais hervorgebracht, der sich zu Noten von schwarzer Johannisbeere entfaltet. Dieser reiche, ausgewogene, vollständige Wein, der eine gute Nachhaltigkeit zeigt, kann nur noch besser werden.

Jean-Louis Large, 69380 Charnay, Tel. 04.78.47.95.28, Fax 04.78.47.95.28 ☑ Y n. V.

ROLAND CORNU Tradition 2000**

■ 1 ha 5 000 5à8€

In einem granithaltigen Abschnitt des Südbeaujolais erzeugt, bietet diese klare rubinrote Cuvée reiche Erdbeer-, Himbeer- und Zimtdüfte, die sich in Richtung Lakritze und Gewürznelke entwickeln. Sie überziehen den Gaumen mit einer seidigen Zartheit. Dieser wunderbar lang anhaltende Wein, dessen ölig-fruchtige Struktur sich auf dichte, rassige Tannine stützt, wird zwei bis drei Jahre lang empfohlen. Er passt zu Bœuf bourguignon (in Rotwein geschmortes Rindsragout).

Roland Cornu, 275, allée du Mas, 69490 Sarcey, Tel. 04.74.26.86.25, Fax 04.74.26.85.11, E-Mail roland.cornu@wanadoo.fr ☑ Y n. V.

DOM. DES COTEAUX DE LA ROCHE
2000*

□ 0,25 ha 2 300 5à8€

Diese gelbgrüne Cuvée, die von einem Granithang stammt, liefert frische, feine Düfte, die an Mango erinnern. Die säuerliche Ansprache ergibt zusammen mit einem recht kräftigen, runden, fruchtigen Körper einen Wein, der sogar den ungeübtesten Gaumen umschmeichelt. Er ist trinkfertig und passt zu Fisch und Krustentieren. Der **rote 2000er Beaujolais Vieilles vignes** des Guts hat eine lobende Erwähnung erhalten.

EARL Joyet, La Roche, 69620 Létra, Tel. 04.74.71.32.77, Fax 04.74.71.32.77 ☑ Y n. V.

DOM. DES CRETES
Cuvée des Varennes 2000*

■ 2,1 ha 17 000 5à8€

Die Rebstöcke, die auf 350 m hohen Hügelkämmen auf Ton- und Kieselböden wachsen, haben eine leuchtend rote Cuvée mit sehr schönen violetten Reflexen hervorgebracht. Der strukturierte, kräftig gebaute, fruchtige Geschmack von großem Reichtum macht sich sofort bemerkbar. Diesen nachhaltigen Wein kann man zwei Jahre lang zu gegrilltem Fleisch genießen.

GAEC Brondel Père et Fils, rte des Crêtes, 69480 Graves-sur-Anse, Tel. 04.74.67.11.62, Fax 04.74.60.24.30, E-Mail domaine.descretes@wanadoo.fr n. V.

DOM. DE CRUIX 2000

■ 2,5 ha 15 000 5à8€

90 % der auf dem Gut verkauften Flaschen sind mit einem Siebdruck geschmückt. Diese strahlend rubinrote Cuvée entfaltet sich zu Noten von roten Früchten, die sich in Richtung Gewürze entwickeln, und gibt sich im Geschmack seriös. Sie bietet eine echte Lebhaftigkeit und einen Tanninreichtum, die aber die allgemeine Ausgewogenheit nicht beeinträchtigen. Lagern.

Jean-Claude Brossette, Dom. de Cruix, 69620 Theizé, Tel. 04.74.71.24.74, Fax 04.74.71.29.16, E-Mail jcbrossette@oreka.com n. V.

JEAN DESCROIX Cuvée du Clos 2000

■ k. A. 5 000 3à5€

Dieser Wein von lebhafter roter Farbe, der sehr einschmeichelnd nach Erdbeere und roter Johannisbeere duftet, offenbart sich im Geschmack als ziemlich leicht. Er lässt sich angenehm trinken und ist ohne jegliche Rauheit. Man sollte ihn jetzt zu einem Hartkäse genießen.

Jean et Michael Descroix, Bennevent, 69640 Denicé, Tel. 04.74.67.30.74, Fax 04.74.67.30.74 n. V.

JEAN-GABRIEL DEVAY
Cuvée des Jarlotiers 2000

■ 0,77 ha 4 500 3à5€

Vier Parzellen in guter Lage mit Schieferboden haben diese recht intensive rote Cuvée hervorgebracht, die komplexe Düfte von sehr reifen Früchten und Kirschwassernoten freisetzt. Diese setzen sich im Mund fort. Der volle, gut gebaute, recht nachhaltige Wein, der den Gaumen ausfüllt, ist schon jetzt trinkreif.

Jean-Gabriel Devay, 10, chem. du Guéret, 69210 Bully, Tel. 04.74.01.01.48, Fax 04.74.01.09.04 n. V.

LES VIGNERONS DU DOURY
Cuvée Prestige 2000**

■ 2 ha 3 000 5à8€

Die Kellerei, die gerade mit einem neuen Typ von Traubenpresse ausgerüstet worden ist, hat eine Cuvée Prestige hergestellt, die ihren Namen zu Recht trägt. Sie ist granatrot und bietet komplexe Brombeer- und Heidelbeerdüfte. Nach einer klaren Ansprache füllen milde, fruchtige Tannine den Mund aus. Diesen reichen, ausgewogenen Wein, der während der gesamten Verkostung einheitlich ist, kann man in den nächsten beiden Jahren genießen. Der **2000er Beaujolais Supérieur** der Kellerei hat einen Stern erhalten.

Cave des Vignerons du Doury, Le Doury, 69620 Létra, Tel. 04.74.71.30.52, Fax 04.74.71.35.28
Di–Sa 9h–12h 14h–18h; So 10h–12h 15h–19h

BERNARD DUMAS 2000*

■ 1 ha 2 000 3à5€

Unweit des malerischen, hoch gelegenen Dorfs Ternand ist eine strahlend granatrote Cuvée mit entfalteten Düften von roten Früchten, Steinfrüchten und Gewürzen erzeugt worden. Ihr reicher, fleischiger Stoff mit den Aromen von Kirschwasser und Fruchtdrops füllt auf angenehme Weise den Mund aus. Sanfte Tannine und ein säuerlicher Abgang beeinträchtigen nicht die gute Gesamtharmonie.

Bernard Dumas, Les Ronzières, 69620 Ternand, Tel. 04.74.71.38.57 n. V.

PIERRE ET PAUL DURDILLY
Les Grandes Coasses 2000*

■ 19 ha 50 000 5à8€

Von den 20 ha des Guts ist ein Hektar für die Erzeugung von Weißwein bestimmt. Der **weiße 99er Beaujolais** hat eine lobende Erwähnung erhalten. Dieser Rotwein mit der klaren Rubinfarbe bietet intensive Pentanoldüfte und Noten von roten Früchten, die sich in Richtung Tabak und Kakao entwickeln. Passend dazu überzieht er den Gaumen mit seiner Rundheit und seinen feinen Tanninen. Die schöne Ausgewogenheit, die Fruchtigkeit und die Eleganz des Geschmacks kann man schon jetzt zu weißem Fleisch würdigen.

Pierre et Paul Durdilly, Dom. des Grandes Coasses, 69620 Le Bois-d'Oingt, Tel. 04.74.71.65.11, Fax 04.74.71.82.42
n. V.

HENRY FESSY 2000*

■ k. A. 30 000 5à8€

Dieser strukturierte, ziemlich lang anhaltende Wein, der sich in einer tiefroten Farbe präsentiert, komplexe Düfte von sehr reifen Früchten verströmt und recht stark durch rote Früchte wie etwa Kirsche geprägt ist, lässt sich in den nächsten beiden Jahren mit Genuss trinken.

Henry Fessy, Bel-Air, 69220 Saint-Jean-d'Ardières, Tel. 04.74.66.00.16, Fax 04.74.69.61.67, E-Mail vins.fessy@wanadoo.fr n. V.

JEAN-FRANÇOIS GARLON
Cuvée Vieilles vignes 2000

■ 3 ha 20 000 5à8€

Der Weinbau hat keine Geheimnisse für die Familie Garlon, die hier seit 1750 lebt. Diese Cuvée von schöner, klarer purpurroter Farbe, die einschmeichelnd nach Steinobst duftet, zeigt eine gute Gesamtharmonie. Der Wein ist schon im Herbst trinkreif.

🔑 Jean-François Garlon, Le Bourg, 69620 Theizé, Tel. 04.74.71.11.97, Fax 04.74.71.23.30, E-Mail jfgarlon@wanadoo.fr ☑ 𝐘 n. V.

DOM. JEAN-FELIX GERMAIN 1999*

☐ 0,75 ha 6 900 5à8€

Dieses Gut besteht seit zwei Jahrhunderten im Land der «goldenen Steine». Die Chardonnay-Rebe, die auf tonig-kalkigen Böden angebaut wird, hat hier einen strohgelben Wein mit traditionellen Merkmalen hervorgebracht. Frische, harmonisch verschmolzene Düfte, die Zitrone und weiße Blüten mischen, begleiten einen zunächst lebhaften Geschmack, der sich recht lang entfaltet und eine gute Konzentration des Stoffs enthüllt. Diesen recht einheitlichen 99er kann man in den nächsten beiden Jahren zu Fisch trinken.

🔑 Dom. Jean-Félix Germain, Les Crozettes, 69380 Charnay, Tel. 04.78.43.94.52, Fax 04.78.43.94.52 ☑ 𝐘 tägl. 8h–19h

HENRI ET BERNARD GIRIN

Cuvée coteaux du Razet 2000*

■ 1,5 ha 10 000 5à8€

Eine maximale Extraktion liegt dieser tiefgranatroten Cuvée zu Grunde, in der Düfte von Schwarze-Johannisbeer-Knospe und pürierten Erdbeeren dominieren. Die vom «Fleisch» gut umhüllten, noch jungen Tannine wagen sich im Abgang hervor. Aufgrund seines schönen Potenzials kann man diesen 2000er zwei Jahre lang zu Geflügel oder Wurstgerichten genießen.

🔑 GAEC Henri et Bernard Girin, Aucherand, 69620 Saint-Vérand, Tel. 04.74.71.63.49, Fax 04.74.71.85.61, E-Mail beaujolais.girin@free.fr ☑ 𝐘 Mo–Sa 8h–12h 14h–19h

CH. DU GRAND TALANCE 2000

☐ 0,75 ha 7 000 3à5€

Das schöne, 42 ha große Gut gehört seit 1870 der gleichen Familie. Sein weißer Beaujolais von recht kräftiger strohgelber Farbe, der von einem tonig-schluffigen Boden kommt, entfaltet sich zu angenehmen Glyzinien- und Lakritzearomen. Die recht lebhafte Ansprache macht fruchtig-mineralischen Empfindungen Platz, während der Abgang ölig ist. Der **rote 2000er Beaujolais** hat ebenfalls eine lobende Erwähnung erhalten.

🔑 Jean-Marc Truchot, GFA du Grand Talancé, 69640 Denicé, Tel. 04.74.67.55.04 ☑ 𝐘 n. V.

VIGNOBLE GRANGE-NEUVE 2000

■ 2,5 ha 8 000 3à5€

Denis Carron hat 1994 ein neues Gut mit 55 ha gekauft; seit 2000 bietet er eine Ferienwohnung an. Er stellt eine bläulich rote bis granatfarbene Cuvée vor, die intensive Schwarze-Johannisbeer-Düfte liefert, begleitet von Mentholnoten. Der Geschmack, der mit seinem guten Gerüst und seinen jungen Tanninen ein wenig rustikal wirkt, muss sich noch verfeinern. Diesen Wein, der Ausdruck einer modernen Vinifizierungstechnologie ist, kann man zwei Jahre lang trinken.

🔑 Denis Carron, chem. des Brosses, 69620 Frontenas, Tel. 04.74.71.70.31, Fax 04.74.71.86.30 ☑ 𝐘 n. V.

DOM. DU GUELET 2000

■ 0,5 ha 2 000 3à5€

In Kellern aus dem Jahre 1791 ist diese klare rote Cuvée ausgebaut worden. Angenehme, feine, fruchtige Düfte begleiten einen süffigen, frischen Geschmack. Dieser leckere Wein ist jetzt trinkreif.

🔑 Didier Puillat, Le Fournel, 69640 Rivolet, Tel. 04.74.67.34.05, Fax 04.74.67.34.05 ☑ 𝐘 n. V.

🔑 Branciard

DOM. DE LA CHAMBARDE 2000*

■ 3,44 ha 30 000 5à8€

Die Rebstöcke sind vierzig Jahre alt, aber erst seit zwanzig Jahren werden die Weine unmittelbar auf dem Gut hergestellt. Diese von einem Granitboden stammende Cuvée, die rubinrot mit violetten Reflexen ist, entfaltet sich zu fruchtigen Düften mit unverfälschtem Charakter. Sie ist korpulent und besitzt eine ausgezeichnete Struktur. Der rassige, nachhaltige Wein kann ein bis zwei Jahre halten.

🔑 Robert Peigneaux, Dom. de la Chambarde, 69620 Létra, Tel. 04.74.71.32.43, Fax 04.74.71.37.09, E-Mail domaine.chambarde@wanadoo.fr ☑ 𝐘 n. V.

DOM. DE LA COMBE DES FEES 1999

☐ 0,3 ha 2 000 5à8€

Combe des Fées ist der Name des Flusses, der an diesem Gut vorbeifließt, das für seinen Weinbau die Methoden des integrierten Pflanzenschutzes (mit dem Einsatz nur der unbedingt notwendigen chemischen Mittel) verwendet. Die Chardonnay-Reben, die hier auf Granitsand gedeihen, haben von vollreifen Trauben einen golden funkelnden Wein geliefert, den Blüten- und Honignoten schmücken. Er ist harmonisch; seine Akazienaromen nimmt man rasch wahr. Man sollte diesen 99er im Laufe des Jahres zu Schalen- oder Krustentieren trinken.

🔑 Jean-Charles Perrin, La Maison Jaune, 69460 Vaux-en-Beaujolais, Tel. 04.74.03.24.55, Fax 04.74.03.24.55 ☑ 𝐘 n. V.

DOM. DE LA FEUILLATA

Cuvée Elégance 2000**

■ 2 ha 5 000 5à8€

Fünfzig Jahre alte Rebstöcke, die auf Granitböden wachsen, haben diese Cuvée hervorgebracht, die ihren Namen zu Recht trägt. Die klare granatrote Farbe hat nämlich Schick, ebenso wie die Ausgewogenheit der komplexen Düfte, in denen sich Heidelbeere, Brombeere, Blütennoten und Unterholz mischen. Die Jury spendet bereits Beifall. Danach bestätigt das herrliche Gerüst aus feinen Tanninen, die von elegantem «Fleisch» mit dem Aroma von roten Früchten umhüllt sind, den ersten Eindruck. Dieser Genießerwein sollte im Laufe der nächsten beiden Jahre getrunken werden.

🔑 Dom. de La Feuillata, 69620 Saint-Vérand, Tel. 04.74.71.74.53, Fax 04.74.71.83.84
☑ 🍷 n. V.
🔑 Rollet

DOM. LAFOND 2000★★

■ 12,5 ha 20 000 🍾🌡 3à5€

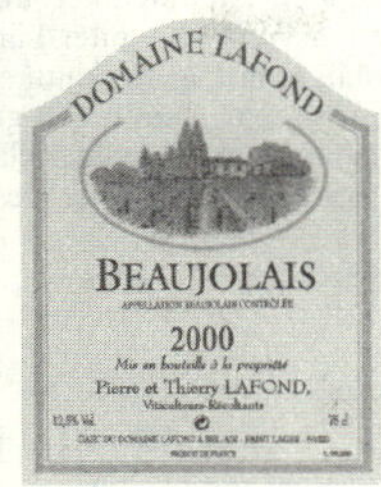

Das ist zwar keine Neuentdeckung, aber das Leben besteht auch aus Bestätigung! Neben einem **2000er Brouilly** (Preisgruppe: 30 bis 49 F), der eine lobende Erwähnung erhalten hat, sieht sich das Gut mit einer Liebeserklärung für diese dunkelrote Cuvée bedacht, die stark nach roten Früchten duftet. Die Intensivierung ihrer fruchtigen Aromen, die sich zu Vanillenoten hin entwickeln, ihre durch milde Tannine ausbalancierte Struktur und ihre Nachhaltigkeit verführen. Dieser gefällige, harmonisch aufgebaute Wein ist dafür gemacht, dass man ihn jetzt trinkt.

🔑 EARL Dom. Lafond, Bel Air, 69220 Saint-Lager, Tel. 04.74.66.04.46, Fax 04.74.66.37.91
☑ 🍷 n. V.

DOM. DE LA GRANGE MENARD
Cuvée Vieilles vignes 2000★

■ 5 ha 30 000 🍾🌡 3à5€

Guy Pignard, der dieses 19 ha große Gut seit 1980 führt, besitzt Rebstöcke, die im Durchschnitt 45 Jahre alt sind. Sie wachsen auf Ton- und Kalkböden und haben eine kräftige granatrote Cuvée geliefert, die intensive, komplexe Erdbeer- und Schwarze-Johannisbeer-Düfte entfaltet, begleitet von charakteristischen Pentanolnoten. Die sehr ausgeprägte fruchtige Ansprache ist mit einem reichen Stoff verknüpft, der im Abgang gut gebaute Tannine enthüllt. Dieser schöne Wein ist im Herbst 2001 trinkreif.

🔑 Guy Pignard, Dom. de La Grange Ménard, 69400 Arnas, Tel. 04.74.62.87.60, Fax 04.74.62.87.60 ☑ 🍷 n. V.

DOM. DE LA GRENOUILLERE 2000

■ 2,5 ha 22 000 🍾🌡 5à8€

Die Anfänge des auf Granithängen angelegten Weinbergs reichen bis 1745 zurück. Diese 2000er Cuvée von lebhaftem, sattem Rot bietet intensive Pentanolnoten und Aromen von roten Früchten, die sich im Mund zusammen mit feinen Tanninen entfalten. Der geschmeidige, durchschnittlich fleischige Wein sollte im Laufe des Jahres zu Wurstgerichten getrunken werden.

🔑 Charles Bréchard, La Grenouillère, 69620 Chamelet, Tel. 04.74.71.34.13, Fax 04.74.71.36.22 ☑ 🍷 n. V.

VIGNOBLE LA MANTELLIERE 2000

■ 1 ha k. A. 🛢 5à8€

Der Ausbau der Weine von diesem 7,7 ha großen Gut, das in der Nähe des mittelalterlichen Dorfes Oingt liegt, wird ein Jahr lang in großen Holzfässern vorgenommen. Dieser kräftige rote Beaujolais bietet angenehme fruchtigblumige Düfte. Seine noch spürbaren Tannine stören nicht seine gute Ausgewogenheit. Diesen nachhaltigen Wein sollte man im ersten Jahr nach der Lese trinken.

🔑 Christophe Braymand, Le Bourg, 69620 Le Breuil, Tel. 04.74.71.85.72, Fax 04.74.71.85.72
☑ 🍷 n. V.

DOM. DE LA NOISERAIE 1999

□ 0,5 ha 2 500 🛢 8à11€

«Spätlese», vermerkt das Etikett, ohne den genauen Zeitpunkt der Lese anzugeben. Aber die Reife der Trauben steht außer Zweifel. Der holzbetonte Charakter dieses strohgelben Weins mit dem schönen, lebhaften Aussehen zeigt sich deutlich in der Nase wie auch im Mund. Die Vanilledüfte, die noch dominieren, halten sich jedoch im Zaum. Dank seiner reichhaltigen Beschaffenheit wird seine Vermählung mit dem Eichenholz die Weinfreunde zufrieden stellen.

🔑 Bernard Martin, Pizay, 69220 Saint-Jean-d'Ardières, Tel. 04.74.66.36.58, Fax 04.74.66.15.98 ☑ 🍷 n. V.

DOM. DE LA REVOL 2000★

■ 3 ha 5 000 🍾🌡 3à5€

Dieser im Südbeaujolais liegende Familienbetrieb wurde 1982 von seinen heutigen Besitzern übernommen. Sie haben einen **weißen 2000er Beaujolais** vorgestellt, der eine lobende Erwähnung erhalten hat. Diese Cuvée von sehr ausgeprägter purpurroter Farbe hat ganz knapp einen zweiten Stern verfehlt: Angenehm intensive Düfte von roten Früchten begleiten einen fleischigen, ausgewogenen, kräftigen Geschmack. Den harmonischen Wein, der schon trinkreif ist, sollte man im Laufe des Jahres genießen.

🔑 Bruno Debourg, La Croix, 69490 Dareizé, Tel. 04.74.05.78.01, Fax 04.74.05.66.40
☑ 🍷 n. V.

DOM. LASSALLE 1999★

□ 0,16 ha 1 500 🍾 5à8€

Die Chardonnay-Reben wachsen hier in einer Reblage oberhalb der Saône-Ebene; sie haben einen blassgoldenen Wein mit den komplexen Düften von Geißblatt, Akazienblüte und Zitrusfrüchten geliefert, unter die sich Trockenfrüchte mischen. Der strukturierte, ölige Geschmack bietet erst spät eine säuerliche Note. Diesen angenehmen 99er sollte man im Laufe des Jahres zu weißem Fleisch oder Fisch trinken. Herausstellen wollen wir noch, dass dieses Gut aus Sorge um die Umwelt bei der Schädlingsbekämpfung nur die unbedingt notwendigen Agrochemikalien einsetzt.

🔑 Jean-Pierre Lassalle, 1, chem. de Tredo, 69480 Morancé, Tel. 04.78.43.63.97, Fax 04.78.43.63.97, E-Mail domaine.lassalle@wanadoo.fr ☑ 🍷 Sa 10h–18h

CH. DE LAVERNETTE 1999

☐ 2,5 ha 6 000 🍷🌡 5à8€

Die Chardonnay-Reben werden hier auf Kalkstein als Ursprungsgestein angebaut, das von tonig-kieseligem Material bedeckt wird. Sie haben einen hellgelben Wein hervorgebracht, der durch grüne Reflexe geprägt wird. Die sehr guten, frischen, ausdrucksvollen Düfte bieten vorwiegend Zitrusfrüchte. Dieser leichte, angenehme, harmonische 99er ist jetzt trinkreif.

🔑 Bertrand de Boissieu, Ch. de Lavernette, 71570 Leynes, Tel. 03.85.35.63.21, Fax 03.85.35.67.32, E-Mail ba.de-boissieu@wanadoo.fr 🅥 🍷 n. V.

CH. DE L'ECLAIR 2000**

■ 2 ha 11 000 🍷🌡 5à8€

Im zweiten Jahr hintereinander sieht sich dieses Gut, das Victor Vermorel gehörte, der zur Wiederherstellung der Weinberge nach der Reblauskrise beitrug, von der Oberjury für die Beaujolais-Weine mit einer Liebeserklärung bedacht. Diese dunkelgranatrote Cuvée bietet komplexe, subtile Düfte nach Erdbeere, Himbeere und Brombeere. Sie ist fruchtig und fleischig und strukturiert sich um feine Tannine; man kann sie ein bis zwei Jahre aufheben. Eine Cuvée des **2000er Beaujolais-Villages Château de l'Eclair** hat eine lobende Erwähnung erhalten.

🔑 SICAREX Beaujolais, Ch. de l'Eclair, 69400 Liergues, Tel. 04.74.68.76.27, Fax 04.74.68.76.27 🅥 🍷 n. V.

LE PERE LA GROLLE 2000

■ 30 ha 260 000 🍷🌡 3à5€

Diese Handelsfirma hat mit 180 Winzern einen Vertrag über eine Zusammenarbeit abgeschlossen. Diese Cuvée von leichter roter Farbe, die von ausgewählten Parzellen stammt, bietet sehr feine, klare Fruchtaromen. Ihre ausgezeichnete Struktur aus dichten, duftigen Tanninen erweist sich als sehr angenehm. Ihr an Kirschkern erinnernder Abgang sorgt für einen gelungenen Abschluss. Am besten kann man diesen Père la Grolle an der Theke genießen, in den kommenden beiden Jahren mit einer Wurstplatte als Begleitung.

🔑 Ets Pellerin, 435, rte du Beaujolais, 69830 Saint-Georges-de-Reneins, Tel. 04.74.09.60.00, Fax 04.74.09.60.17

DOM. LES PREVELIERES 2000**

■ 3,75 ha 30 000 🍷 3à5€

Diese bläulich granatrote Cuvée, die mit ihrem Bouquet von Erdbeere und schwarzer Johannisbeere umschmeichelt, wird von der Firma Thorin vermarktet, die zur Boisset-Gruppe gehört. Ihr guter Körper, der Frische bewahrt hat, ist mit recht runden Tanninen verbunden. Diesen strukturierten Wein von guter Länge, einen echten Beaujolais zum Lagern, kann man schon im Herbst genießen; man sollte ihn gut gekühlt servieren, zusammen mit Wurstgerichten.

🔑 Dom. Les Prévelières, Layet de Dessous, 69220 Oingt, Tel. 04.74.69.09.10, Fax 04.74.69.09.28

🔑 Serge Morel

CH. DE LEYNES 1999*

☐ 2 ha 10 000 🍷🌡 5à8€

An der äußersten Grenze zwischen Mâconnais und Beaujolais hat dieses Gut in Familienbesitz, dessen Ursprünge über zwei Jahrhunderte zurückreichen, einen blassgelben Wein erzeugt, der im Glas goldene Reflexe zeigt. Ein angenehm intensives Bouquet von weißen Blüten sowie Honig- und Gewürzaromen kennzeichnet diesen ausgewogenen, geschmeidigen, nachhaltigen 99er. Der elegante Beaujolais ist trinkreif und kann ein paar Krustentiere begleiten.

🔑 Jean Bernard, Les Correaux, 71570 Leynes, Tel. 03.85.35.11.59, Fax 03.85.35.13.94, E-Mail bernard-leynes@caramail.com 🅥 🍷 n. V.

CAVE DES VIGNERONS DE LIERGUES 2000*

◪ 4 ha 18 000 🍷🌡 5à8€

Die älteste Genossenschaftskellerei des Beaujolais vinifiziert heute 500 ha Reben. Mit ihrem Rosé von schönem, strahlendem Lachsrot zeichnet sie sich erneut aus. Seine reintönigen, eleganten Traubenaromen ergeben zusammen mit einem fleischigen, fruchtigen, frischen Geschmack einen harmonischen, angenehmen Gesamteindruck. Dieser Wein ist schon jetzt trinkfertig. Der **weiße 2000er Beaujolais** und der **rote 2000er Beaujolais** (beide in der Preisgruppe von 20 bis 29 F) der Kellerei sind von der Jury ebenfalls berücksichtigt worden, aber ohne Stern.

🔑 Cave des Vignerons de Liergues, 69400 Liergues, Tel. 04.74.65.86.00, Fax 04.74.62.81.20 🅥 🍷 n. V.

DOM. MANOIR DU CARRA 2000

■ 1,5 ha 5 000 🍷🌡 3à5€

Das Gut liegt nicht weit entfernt von Château de Montmelas, das ein wenig an ein Dornröschenschloss erinnert. Es hat diese hochrote Cuvée erzeugt, deren Pentanolgeruch Noten von schwarzer Johannisbeere enthält. Nach einer recht frischen Ansprache erfüllen Düfte von Fruchtdrops und roten Früchten den Mund. Der ausgewogene, feine Wein ist trinkreif.

🔑 Jean-Noël Sambardier, Dom. Manoir du Carra, 69640 Denicé, Tel. 04.74.67.38.24, Fax 04.74.67.40.61, E-Mail jfsambardier@aol.com 🅥 🍷 n. V.

RENE MARCHAND 2000

■ 1,5 ha 6 000 ▮ 5à8€

Die schöne tiefrote Farbe dieses Weins verbindet sich mit Düften von roten Früchten (Himbeere) und Blumen. Die recht kräftige Ansprache ist durch vollreife Früchte gekennzeichnet, die die gesamte Verkostung begleiten. Der schon trinkreife 2000er passt zu einem Entrecote oder weißem Fleisch. Der **weiße 2000er Beaujolais** wurde als gelungen beurteilt; er erhält eine lobende Erwähnung.

René Marchand, Les Meules, 69640 Cogny, Tel. 04.74.67.33.25, Fax 04.74.67.33.94 ☒ Y tägl. 8h–12h 14h–19h

DOM. DU MARQUISON 2000**

■ 5 ha 5 000 ▮ 3à5€

Rebstöcke, die an Ton- und Kalksteinhängen in Südlage wachsen, haben diesen bläulich granatroten Wein mit dem klaren, komplexen Bouquet von Erdbeere und Himbeere mit Noten von schwarzer Johannisbeere und weißen Blüten hervorgebracht. Die sehr angenehme Ansprache, die voller Feinheit und reich an Düften ist, beginnt mit harmonischen Eindrücken, die sich zwischen der Frische der Fruchtigkeit und der Weinigkeit bewegen. Dieser Beaujolais von typischem Charakter kann zwei Jahre lang weißes oder rotes Fleisch sowie recht milde Käse begleiten.

Christian Vivier-Merle, EARL Dom. du Marquison, Les Verjouttes, 69620 Theizé, Tel. 04.74.71.26.66, Fax 04.74.71.10.32 ☒ Y n. V.

MEZIAT-BELOUZE 2000*

■ 2,45 ha 7 800 ▮ 3à5€

Ton- und Granitböden liegen diesem Wein von leichter rubinroter Farbe zu Grunde, dessen entfaltete, frische Düfte nach roter und schwarzer Johannisbeere von Pentanolnoten begleitet werden. Diesen sehr angenehmen Beaujolais, der lecker, süffig und sanft ist und einen etwas feinen, aber recht typischen Körper besitzt, kann man im Laufe des Jahres zu Grillgerichten, Bratspießchen oder Meeresfrüchten genießen.

GAEC Méziat-Belouze, Rochefort, 69115 Chiroubles, Tel. 04.74.69.11.81, Fax 04.74.69.11.81 ☒ Y n. V.

CH. DE MONTAUZAN
Elevé en fût de chêne 2000

■ 1 ha 5 000 ▮ 3à5€

Die Kellerei von Lacenas, ein Nebengebäude des Schlosses, zeugt seit vier Jahrhunderten von der Weinbautätigkeit des Guts. Diese lebhaft rote Cuvée bietet eine angenehme Mischung von blumigen und würzigen Düften. Dieser ausgewogene Wein voller Rundheit, der eine gute Länge besitzt, ist trinkreif.

SCI Dom. de Montauzan, Ch. de Montauzan, 69640 Lacenas, Tel. 04.74.66.62.03, Fax 04.74.69.61.38, E-Mail montauzan.com ☒ Y n. V.

PIERRE MONTESSUY 2000*

■ 1,2 ha 6 000 ▮ 5à8€

In diesem sehr alten Dorf, das von einem schönen Schloss aus dem 13. Jh. überragt wird, ist von mehr als siebzig Jahre alten Reben eine Cuvée von reizvoller Purpurfarbe erzeugt worden. Diese bietet Aromen von kleinen roten Früchten, die Pentanolnoten enthalten. Der frische, durstlöschende Wein, der recht typisch ist, sollte im Laufe des Jahres getrunken werden.

Pierre Montessuy, La Chanal, 69640 Jarnioux, Tel. 04.74.03.83.13 ☒ Y n. V.

DOM. PEROL Cuvée Vieilles vignes 2000*

■ 3,2 ha 10 000 ▮ 5à8€

Das 1806 entstandene, 13 ha große Gut ist 1912 in den Besitz der Familie Pérol gekommen. Seine siebzig Jahre alten Rebstöcke haben einen bläulich roten Wein hervorgebracht, der nach roten Früchten duftet, vermischt mit blumigen Noten. Der frische, fruchtige Geschmack, dem es nicht an Rückgrat mangelt, ist ausgewogen. Trinken sollte man diesen angenehmen Wein im Laufe des Jahres zu Geflügel oder Ziegenkäse. Der **weiße 99er Clos du Château Lassalle** hat eine lobende Erwähnung erhalten.

Frédéric Pérol, Colletière, 69380 Châtillon-d'Azergues, Tel. 04.78.43.99.84, Fax 04.78.43.99.84 ☒ Y Mo–Sa 14h–20h

DOM. DE PIERRE-FILANT 2000*

■ k. A. k. A. ▮ 3à5€

Diese alte befestigte Gebäude, das von Reben, Wald und Wiesen umgeben ist, beherbergt eine Sammlung von Vögeln. Es präsentiert eine in großen Eichenfässern ausgebaute Cuvée, die eine intensive rote Farbe mit schönen violetten Reflexen zeigt und durch Düfte von sehr reifen roten Früchten gekennzeichnet ist. Der Geschmack, der über reichen Stoff verfügt, bleibt trotz einiger noch junger Tannine ausgewogen. Diesen Beaujolais von hübscher Nachhaltigkeit kann man im Herbst probieren und bis 2003 servieren.

Emmanuel Fellot, Dom. de Pierre-Filant, 69640 Rivolet, Tel. 04.74.67.37.75, Fax 04.74.67.39.06 ☒ Y tägl. 8h–19h

RESERVE DU MAITRE DE CHAIS DE PIZAY 2000*

■ 3,8 ha 18 000 ▮ 3à5€

Gilles Perez bewirtschaftet die Weinberge von Château de Pizay in Halbpacht. Diese Réserve entfaltet sich in ihrer intensiven granatroten Farbe zu Düften von Walderdbeeren und kandierten Kirschen. Schon in der Ansprache kommt seine gute Vollmundigkeit zum Vorschein. Der Wein, der gut strukturiert ist, mit schönen Tanninen, und im Geschmack lang anhält, wird im Herbst trinkreif sein; er passt dann zu weißem Fleisch, mit Sauce oder gegrillt. Man kann ihn ein bis zwei Jahre lang trinken.

Gilles Perez, Pizay, 69220 Saint-Jean-d'Ardières, Tel. 04.74.66.26.10, Fax 04.74.69.60.66

Château de Pizay

DOM. DE POUILLY-LE-CHATEL 2000

☐ 0,8 ha 4 000 ▮ 5à8€

Diese klare, strahlende Cuvée, die von einem Ton- und Kalkboden stammt, beginnt mit komplexen, ausdrucksvollen Düften von Birne und Minze sowie einem Hauch von Maiglöckchen. Der harmonische, volle, fleischige Geschmack deutet darauf hin, dass er im Herbst vollständig entwickelt sein wird. Man kann diesen Wein im Laufe des Jahres trinken.

Sylvaine et Bruno Chevalier, Pouilly-le-Chatel, 69640 Denicé, Tel. 04.74.67.41.01, Fax 04.74.67.37.86, E-Mail br.chevalier@free.fr
n. V.

DOM. DE ROTISSON

Cuvée Prestige Fleur de Lys Vieilles vignes 2000

■ 1,8 ha 10 000 ▮ 5à8€

Didier Pouget, der ein Diplom in Önologie hat, wird einmal mehr lobend erwähnt, nämlich für diese Cuvée Prestige von granatroter Farbe mit den kräftigen Düften von schwarzer Johannisbeere, unter die sich Vanille mischt. Die noch ein wenig jungen, strengen Tannine müssen sich verfeinern, damit sie ihre Qualitäten zum Ausdruck bringen. Dieser Wein, der ein ausgezeichnetes Potenzial besitzt, muss zwei bis drei Jahre und vielleicht sogar noch länger lagern!

Dom. de Rotisson, rte de Conzy, 69210 Saint-Germain-sur-L'Arbresle, Tel. 04.74.01.23.08, Fax 04.74.01.55.41, E-Mail domaine-de-rotisson@wanadoo.fr
Mo–Sa 9h–13h 14h30–19h
Didier Pouget

Beaujolais-Villages

Die Bezeichnung *«Villages»* (Dörfer) wurde gewählt, um die Vielzahl von Ortsnamen zu ersetzen, die der Appellation Beaujolais hinzugefügt werden durften, wenn man Weine unterscheiden wollte, die als besser galten. Fast alle Erzeuger haben sich für die Kennzeichnung Beaujolais-Villages entschieden.

Insgesamt 38 Gemeinden, darunter acht im Kanton La Chapelle-de-Guinchay, haben Anrecht auf die Appellation Beaujolais-Villages, aber nur dreißig dürfen den Ortsnamen der Bezeichnung Beaujolais hinzufügen. Die Bezeichnung Beaujolais-Villages erleichtert zwar seit 1950 die Vermarktung, doch einige Namen, die gleichlautend mit einem Cru sind, können für Verwirrung sorgen. Die 6 022 ha, die sich fast vollständig zwischen der Anbauzone der Beaujolais-Weine und der Anbauzone der Crus befinden, brachten 2000 eine Produktionsmenge von 351 356 hl Rotweinen und 3 226 hl Weißweinen hervor.

Die Weine dieser Appellation ähneln denen der Crus und unterliegen denselben Anbaubestimmungen (Gobelet-Schnitt, um 0,5° höherer potenzieller Alkoholgehalt des Traubenmostes als bei den einfachen Beaujolais-Weinen). Sie stammen von Granitsandböden, sind fruchtig und süffig und zeigen eine schöne, lebhafte rote Farbe. Bei den Primeur-Weinen bilden sie die unnachahmlichen Spitzencuvées. In den höher gelegenen Anbaugebieten mit Granitböden bringen sie die Lebhaftigkeit mit, die erforderlich ist, um Weine herzustellen, die man das ganze Jahr lang trinken kann. Zwischen diesen Extremen sind alle Nuancen vertreten, Weine, die Feinheit, Aroma und Körper verbinden und zur größten Freude der Gäste zu den vielfältigsten Gerichten passen: Hecht in Rahmsauce, Pasteten und Filetstücke vom Charolaisrind harmonieren gut mit einem Beaujolais-Villages voller Feinheit.

DOM. DE BEL-AIR 2000

■ 6 ha k. A. ▮ 5à8€

Eine alte, so genannte «amerikanische» Traubenpresse war an der Herstellung dieser intensiven rubinroten Cuvée beteiligt, deren entfaltete Fruchtigkeit an rote Johannisbeeren erinnert. Man schätzt an ihr den öligen Reichtum und die leichten Tannine. Dieser sehr gefällige Wein gibt in den nächsten beiden Jahren einen hübschen Tropfen ab.

EARL Lafont, Dom. de Bel-Air, 69430 Lantignié, Tel. 04.74.04.82.08, Fax 04.74.04.89.33
n. V.

DOM. FRANÇOIS BEROUJON 2000*

■ 6 ha 47 000 ▮ 5à8€

Das zwischen Blacé und Vaux-en-Beaujolais gelegene Dorf besitzt eine wunderbare romanische Prioratskirche. Nach ihrer Besichtigung werden Sie es, ähnlich wie viele Schauspieler und Sänger, nicht versäumen, die Keller dieses Guts zu besuchen, in denen dieser intensive purpurrote Wein mit den feinen Düften von roten Früchten hergestellt wurde. Sein schöner, strukturierter, ausgewogener Körper füllt den Mund lang anhaltend aus. Er wird schon im Herbst trinkreif sein.

François Beroujon, La Laveuse, 69460 Salles-Arbuissonnas, Tel. 04.74.67.52.47, Fax 04.74.67.52.47 n. V.

CH. DU BOST 2000

■ 5 ha 40 000 ▮ 5à8€

Dieser Wein von sattem Purpurrot, den die Firma Thorin abfüllt, ist durch recht kräftige, angenehme Düfte von roten Früchten und Kirschwasser geprägt. Sein sehr schöner, ausgewogener Geschmack, der fruchtig und tanninreich ist, bestimmt ihn zur Lagerung.

Ch. du Bost, 69640 Blacé, Tel. 04.74.69.09.10, Fax 04.74.69.09.28
de Geffrier

CH. DU CARRE 2000

■ k. A. k. A. ▮ 5à8€

Diese Händlercuvée von klarer roter Farbe bietet schöne Düfte nach Erdbeere, Sauerkirsche und Fruchtdrops. Ihre Dünnflüssigkeit stört nicht ihre Ausgewogenheit. Der frische, aromatische Wein, der viel Vergnügen bereitet, ist schon jetzt trinkreif und passt zu Dauerwurst oder Kaninchenpastete.

Jacques Charlet, 71570 La Chapelle-de-Guinchay, Tel. 03.85.36.82.41, Fax 03.85.33.83.19

PIERRE CHANAU 2000*

■ 20 ha 160 000 ▮ 3à5€

Die Firma Thorin hat für Auchan eine fruchtige, süffige Cuvée hergestellt. Sie ist dunkelgranatrot und bietet recht intensive, komplexe Düfte von roten und schwarzen Früchten, die Pentanolnoten begleiten. Fleischig und wohl ausgewogen, gleitet sie angenehm durch den Mund, zielt aber auf keine lange Lagerung ab.

Auchan, 200, rue de la Recherche, 59650 Villeneuve-d'Ascq, Tel. 04.74.69.09.10, Fax 04.74.69.09.28 n. V.

DOM. DU CHAPITAL 2000

■ 8 ha 9 000 ▮ 5à8€

Das Gut, das zwischen Beaujeu und Lantignié an der D 78 liegt und in seinen Anfängen bis 1850 zurückreicht, hat einen rubinroten Wein hergestellt, der sich nach und nach zu Noten von Blüten und sehr reifen Erdbeeren entfaltet. Der Geschmack, der noch von den Tanninen beherrscht wird, erweist sich als aromatisch und nachhaltig. Dieser 2000er dürfte zum Fest der hl. Katharina (25. November) 2001 trinkreif sein.

Bernard Desperrier, Le Chapital, 69430 Lantignié, Tel. 04.74.04.82.79 n. V.

DOM. DES CHARMEUSES 2000

■ 1,2 ha 7 000 ▮ 3à5€

Das Gut liegt 2 km von Beaujeu, der historischen und touristischen Hauptstadt des Beaujolais, entfernt. Dieses Jahr stellt es eine hellrubinrote Cuvée vor, deren ausdrucksvolle Düfte von kleinen roten Früchten und Blüten mit einem weichen, leichten Geschmack verbunden sind, der an einen «Nouveau» denken lässt. Es wird empfohlen, diese Flasche zu einem Roquefort oder einem Sauerkirschkuchen zu trinken.

Bruno Jambon, Le Charnay, 69430 Lantignié, Tel. 04.74.69.53.93, Fax 04.74.69.53.95 n. V.

CH. DU CHAYLARD Emeringes 2000

■ k. A. 7 000 ▮ 3à5€

Bernard Canard, Halbpächter von Château du Chaylard, hat diese Cuvée erzeugt, die durch feine Düfte von roten Früchten gekennzeichnet ist. Der angenehme Wein zeigt eine recht intensive Purpurfarbe und ist gut gebaut, aber ein wenig leicht. Genießen sollte man ihn im Laufe des Jahres.

Bernard et Josiane Canard, Les Grandes Vignes, 69840 Emeringes, Tel. 04.74.04.44.49, Fax 04.74.04.45.16, E-Mail bernard.canard@wanadoo.fr n. V.

RECOLTE CHERMIEUX 2000

■ 2,7 ha 3 000 ▮ 5à8€

Nordwestlich von Régnié bietet Lantignié eine Aussicht auf Château de la Roche-Thulon, das aus dem 15. Jh. stammt. Gérard Genty verwendet in seinem fast 10 ha großen Weinberg möglichst wenige chemische Stoffe bei der Schädlingsbekämpfung. Komplexe, recht kräftige Düfte von sehr reifen, durch Erdbeeren geprägten Früchten kennzeichnen diese Cuvée, deren leichte rubinrote Farbe fuchsienrote Reflexe schmücken. Die klare, aromatische Ansprache hat Charme; danach machen sich die Tannine bemerkbar und halten bis zum Abgang an. Sie dürften in diesem Winter milder werden, so dass man den Wein im Laufe des Jahres trinken kann.

Gérard Genty, Vaugervan, 69430 Lantignié, Tel. 04.74.69.23.56, Fax 04.74.69.23.56 n. V.

DOM. DE CLAIRANDRE 2000

■ 1 ha 5 000 ▮ 5à8€

Das 5 ha große Gut an der D 133, das südlich von Saint-Etienne-la-Varenne liegt, stellt einen Wein vor, der von 45 Jahre alten Rebstöcken erzeugt worden ist. Schöne Düfte von roten Früchten, die sich mit Schwarze-Johannisbeer-Noten mischen, gehen von dieser strahlend granatroten Cuvée aus. Ihre recht feine Struktur und ihre Aromen von Fruchtdrops lassen an einen «Nouveau» denken. Ein angenehmer, frischer Wein, der jetzt trinkreif ist.

André Chavanis, Champagne, 69460 Saint-Etienne-la-Varenne, Tel. 04.74.03.51.15, Fax 04.74.03.53.97 n. V.

DOM. DE COLETTE 2000

■ 5,5 ha 30 000 ▮ 5à8€

Das Gut, das die Trauben aussortiert, bevor sie in den Gärtank gefüllt werden, hat eine purpurrote Cuvée mit intensiven Düften von roten Früchten hergestellt. Der fleischige, aromatische Geschmack zeigt eine gute Länge. Dieser sanfte Wein ist vorzugsweise dazu bestimmt, dass man ihn im ersten Jahr nach der Lese trinkt.

Jacky Gauthier, Colette, 69430 Lantignié, Tel. 04.74.69.25.73, Fax 04.74.69.25.14 n. V.

DOM. ANDRE COLONGE ET FILS 2000

■ 13 ha 60 000 3 à 5 €

Das Gut, das sich achtmal in die Bestenliste des Hachette-Weinführers eintrug, hat 1996 die silberne Weintraube erhalten; es wird für seine gesamte Produktion 2000 lobend erwähnt, für den **2000er Fleurie** (Preisgruppe: 30 bis 49 F) ebenso wie für den Beaujolais-Villages. Der Letztere hat eine kräftige rubinrote Farbe und hinterlässt am Glas schöne Tränen; in der Nase jedoch gibt er sich zurückhaltend. Schwarze-Johannisbeer-Noten, die eine gute Säure unterstützt, kommen im Geschmack deutlicher zum Ausdruck. Ziemlich lang anhaltend und gut gelungen, ein hübscher Wein, den man jetzt trinken sollte.

Dom. André Colonge et Fils, Les Terres-Dessus, 69220 Lancié, Tel. 04.74.04.11.73, Fax 04.74.04.12.68 ☑ Y n. V.

DOM. DES COMBIERS 2000

■ 5 ha 3 000 5 à 8 €

Die Darstellung einer Traubenlese im alten Stil schmückt das Etikett dieser tiefrubinroten Cuvée, die angenehm intensiv nach roter Johannisbeere und Himbeere duftet. Der frische, fruchtige, elegante, leichte Geschmack reizt dazu, den Wein im Laufe des Jahres zu trinken.

Yves Savoye, Les Combiers, 69820 Vauxrenard, Tel. 04.74.69.92.69, Fax 04.74.69.92.69 ☑ Y n. V.

PHILIPPE DESCHAMPS

Cuvée Vieilles vignes 2000*

■ 0,6 ha 4 000 5 à 8 €

Diese schöne rote Cuvée mit violetten Reflexen ist das Ergebnis von Traubengut, das aufgrund von Verrieseln streng ausgelesen wurde. Ihre entfalteten Düfte von roten Früchten, Kirschen und schwarzen Johannisbeeren zeigen eine schöne Nachhaltigkeit. Ein harmonischer, samtiger, aromatischer Geschmack kennzeichnet diesen typischen, klassischen Wein. Er ist schon trinkreif und eignet sich für eine zweijährige Lagerung.

Philippe Deschamps, Morne, 69430 Beaujeu, Tel. 04.74.04.82.54, Fax 04.74.69.51.04 ☑ Y n. V.

GEORGES DUBŒUF 2000**

■ k. A. 60 000 3 à 5 €

Dieser Weinhändler, der hinter dem «Hameau en Beaujolais» (ein Museumsgelände, das sich der Kultur des Weinbaus und des Weins widmet) steht, hat eine lobende Erwähnung erhalten für seinen **99er Moulin-à-Vent** (Preisgruppe: 30 bis 49 F). Zwei Sterne bekommt er für den **2000er Régnié** und für diesen tiefrubinroten Wein, der von der Oberjury bei den Lieblingsweinen mit gleicher Stimmenzahl auf den ersten Platz gewählt wurde. Seine intensiven, komplexen Düfte von roten und schwarzen Früchten begleiten einen sehr schönen, strukturierten Geschmack mit angenehmen, anhaltenden Aromen von roten und schwarzen Johannisbeeren. Dieser Wein mit ausgeprägtem Charakter ist trinkreif, kann aber zwei bis drei Jahre lagern.

SA Les Vins Georges Dubœuf, quartier de la Gare, B.P. 12, 71570 Romanèche-Thorins, Tel. 03.85.35.34.20, Fax 03.85.35.34.25, E-Mail mcvgd@csi.com ☑ Y tägl. 9h–18h im Hameau en Beaujolais; 1.–15. Febr. geschlossen

DOM. DES FORTIERES 2000

■ 3,3 ha 6 000 5 à 8 €

Dieser dunkelrote Wein, der neun Monate im großen Eichenfass ausgebaut wurde, beginnt mit fruchtigen und fein würzigen Nuancen. Nach einer frischen, angenehmen Ansprache enthüllt er eine schöne Rundheit, so dass man ihn im Laufe des Jahres trinken kann.

Daniel Texier, Les Fortières, 69460 Blacé, Tel. 04.74.67.58.57, Fax 04.74.67.58.57, E-Mail dtexier@vins-du-beaujolais.com ☑ Y n. V.

DOM. DES FOUDRES 2000

■ 9,3 ha 5 000 3 à 5 €

Der Roman *Clochemerle* (1934) von Gabriel Chevallier machte das Dorf Vaux berühmt. Nicht weit davon entfernt ist dieser Wein von klarem Rubinrot ausgebaut worden, dessen entfaltete Düfte von roten Früchten sich mit Pentanolnoten mischen. Dieser runde, ausgewogene, frische, ziemlich feine Beaujolais-Villages ist jetzt trinkreif.

Roger Sanlaville, Le Plageret, 69460 Vaux-en-Beaujolais, Tel. 04.74.03.24.03, Fax 04.74.03.21.77 ☑ Y tägl. 7h–19h

DOM. DE GIMELANDE 1999

□ 0,42 ha 1 800 5 à 8 €

Die lebhafte, sehr jugendlich gebliebene Farbe zeigt blassgrüne Reflexe. In der Nase offenbaren die sortentypischen Düfte der Chardonnay-Traube mehr Reife. Der klare, nicht zu frische Geschmack ist ansprechend. Trinken sollte man diesen recht leichten Wein gegen den Durst im Laufe des Jahres.

Armand Large, Dom. de Gimelande, Le Clerjon, 69640 Montmelas, Tel. 04.74.67.30.95, Fax 04.74.67.47.34 ☑ Y n. V.

DAVID GOBET 2000

■ 1 ha 3 000 5 à 8 €

Die Schwarze-Johannisbeer-Düfte, die mit Unterholzgerüchen verbunden sind, Kennzeichen einer Warmmaischung der Trauben, erweisen sich als besonders fein. Der runde, ausgewogene, sehr aromatische Geschmack klingt mit

tanninbetonten Noten aus. Diesen sympathischen Wein sollte man im Laufe des Jahres zu einem gegrillten Entrecote trinken.
🔑 David Gobet, L'Ermitage, 69430 Régnié-Durette, Tel. 04.74.69.22.10, Fax 04.74.69.22.10, E-Mail dgobet@aol.fr ☑ 🍷 n. V.

DOM. DU GRAND CHENE 2000*

■ 6,5 ha 13 330 🍾🌡 5à8€

Dieser Wein von intensiver, klarer rubinroter Farbe, der vom Eventail des vignerons vertrieben wird, entfaltet Düfte von frischen Früchten, die mit würzigen und pflanzlichen Nuancen verbunden sind. Die ein wenig lebhafte Ansprache bleibt angenehm. Dank ihrer leichten, verschmolzenen, aber typischen Struktur kann man die Cuvée schon jetzt genießen.
🔑 André Jaffre, 69220 Charentay, Tel. 04.74.06.10.10, Fax 04.74.66.13.77 ☑ 🍷 n. V.

DOM. DE GRY-SABLON 2000**

■ 3,8 ha 18 000 🍾🌡 5à8€

Eine perfekt gemeisterte Kontrolle der Gärtemperatur und eine Maischung vor der Gärung liegen dieser Cuvée mit der bläulich granatroten Farbe zu Grunde, die von der Oberjury mit gleicher Stimmenzahl bei den Lieblingsweinen auf den ersten Platz gewählt wurde. Die kräftigen, anhaltenden Düfte von Himbeere und anderen roten Früchten begleiten einen strukturierten Geschmack von schöner Fülle, in dem noch junge Tannine zum Vorschein kommen. Ihre herrliche Ansprache, ihre Länge und ihr samtiger Abgang lassen eine zwei- bis dreijähige Lagerfährigkeit voraussagen.
🔑 Dominique Morel, Les Chavannes, 69840 Emeringes, Tel. 04.74.04.45.35, Fax 04.74.04.42.66, E-Mail gry-sablon@wanadoo.fr ☑ 🍷 Mo–Sa 8h–18h

DOM. DES HAUTS BUYON 2000

■ 1 ha 5 000 🍾 5à8€

Die Reben, die in einer Lage mit besonders früher Reife wachsen und deren Trauben am 30. August 2000 gelesen wurden, haben einen Wein von intensivem, klarem, strahlendem Granatrot geliefert, mit feinen, ausdrucksvollen Düften roter Früchte. Fruchtig, mit einer feinen, harmonischen Struktur. Ein insgesamt angenehmer Wein, den man jetzt trinken kann.
🔑 Christophe Paris, Buyon, 69460 Saint-Etienne-des-Oullières, Tel. 04.74.03.52.25, Fax 04.74.03.58.94 ☑ 🍷 n. V.

DOM. DE LA BEAUCARNE
Quintessence 2000*

■ 0,6 ha 4 000 🍾🌡 5à8€

Er hat eine klare dunkelgranatrote Farbe und entfaltet sich zu konzentrierten Noten von Iris und Sauerkirsche, aber auch von Heu. Seine Fruchtigkeit füllt den Mund vollständig aus und erntet allgemeinen Beifall. Dieser sehr schöne Wein, der füllig ist und einen recht kräftigen Abgang von Kirschwasser und Gewürzen bietet, kann zwei Jahre lang ein Bœuf bourguignon oder gebratene Rindskutteln mit Schneckenbutter und Kräutermayonnaise begleiten.
🔑 Michel Nesme, 69430 Beaujeu, Tel. 04.74.04.86.23, Fax 04.74.04.83.41 ☑ 🍷 n. V.

CH. DE LACARELLE 2000**

■ 130 ha 100 000 🍾🌡 5à8€

Das 1775 angelegte Weingut gehörte stets der gleichen Familie. Mit 130 ha Reben ist es das größte im Beaujolais. Diese Cuvée, die eine strahlende rubinrote Farbe mit granatroten Reflexen zeigt, duftet nach Himbeere und Erdbeere und entwickelt sich dann in Richtung schwarze Johannisbeere und Lakritze. Ein paar Pfirsich- und Vanillenuancen ergänzen diese Aromenpalette. Die schöne Ausgewogenheit zwischen der Rundheit und dem Körper, die mit einem Hauch von Frische verbunden ist, empfindet man als sehr angenehm. Den eleganten Wein kann man zwei Jahre lang zu weißem Fleisch trinken.
🔑 Louis Durieu de Lacarelle, 69460 Saint-Etienne-des-Oullières, Tel. 04.74.03.40.80, Fax 04.74.03.50.18, E-Mail chateaudelacarelle@free.fr ☑ 🍷 n. V.

DOM. DE LA CHAPELLE DE VATRE
Cuvée Allys 2000

■ 6,2 ha 7 000 🍾🌡 5à8€

Die Geschichte des Guts reicht bis 1650 zurück, aber die Kapelle, die dem hl. Johannes geweiht ist, stammt aus dem 12. Jh. Diese Cuvée von sehr reintöniger kirschroter Farbe bietet Düfte von roter Johannisbeere und Himbeere, die sich mit vollreifen schwarzen Johannisbeeren vermischen. Nach einer hübschen Ansprache dominieren im Geschmack die deutlich spürbaren Tannine. Dieser weinige Tropfen besitzt gute Trümpfe, um noch feiner zu werden.
🔑 Dom. de La Chapelle de Vâtre, Le Bourbon, 69840 Jullié, Tel. 04.74.04.43.57, Fax 04.74.04.40.27, E-Mail dominique.capart@libertysurf.fr ☑ 🍷 n. V.
🔑 Dominique Capart

VINCENT LACONDEMINE 2000**

■ 3 ha 20 000 🍾🌡 5à8€

In dem 1999 renovierten Keller wurde dieser dunkelgranatrote Wein mit dem ausdrucksvollen, komplexen Duft von gekochten Früchten und schwarzer Johannisbeere ausgebaut. Eine gut durchgeführte Vinifizierung ermöglichte eine optimale Extraktion des Stoffs, die in einem schönen Gerüst und Fülle zum Ausdruck kommt. Dieser frische, aromatische, ausgewoge-

ne 2000er erweist sich als elegant; er kann zwei bis drei Jahre lang weißes Fleisch oder einen kräftigen Käse sehr angenehm begleiten.
Vincent Lacondemine, Le Moulin, 69430 Beaujeu, Tel. 04.74.04.82.77, Fax 04.74.69.27.61 n. V.

DOM. DE LA CROIX SAUNIER Sélection vieilles vignes 2000*

3 ha 10 000 5 à 8 €

Sechzig Jahre alte Reben, die an Steilhängen mit Granitsand in voller Südlage wachsen, haben diese sehr angenehme Cuvée von klarer, strahlender Purpurfarbe hervorgebracht. Markante Düfte, bei denen sich rote Früchte und Gewürze mischen, begleiten einen lang anhaltenden, strukturierten, ausgewogenen Geschmack. Ihren nicht zu reichhaltigen Körper kann man im Laufe des Jahres würdigen.
GAEC dom. de La Croix Saunier, Jean Dulac et Fils, 69460 Vaux-en-Beaujolais, Tel. 04.74.03.22.46, Fax 04.74.03.28.97 n. V.

DOM. DE LA MADONE Le Perréon 2000

20 ha 80 000 5 à 8 €

Wenn wild wachsende Himbeeren und Erdbeeren reifen, werden die Wanderwege zu Pfaden für Naschkatzen. Man muss dies ausnutzen und auf den Weingütern Station machen. Hier haben dreißig Jahre alte Rebstöcke einen rubinroten Wein mit violetten Reflexen geliefert, der sich zu Düften von roten Früchten und Unterholzgerüchen entfaltet. Ein ziemlich runder, aromatischer, lang anhaltender 2000er, den man schon in diesem Herbst probieren kann.
Jean Bérerd et Fils, SCEA de La Madone, 69460 Le Perréon, Tel. 04.74.03.21.85, Fax 04.74.03.27.19 n. V.

LA MERLATIERE 2000*

16 ha 30 000 5 à 8 €

Das 20 ha große Weingut in Familienbesitz hat für seinen **2000er Moulin-à-Vent** einen Stern erhalten, doch die Hauptproduktion des Guts bekommt für ihre reiche granatrote Farbe mit den schönen violetten Reflexen einen Stern. Dieser schon in der Ansprache kräftige Wein mit den sanften Tanninen erfüllt den Mund lang anhaltend mit Aromen roter Früchte. Er ist sehr gut gemacht und kann zwei Jahre lang angenehm und kraftvoll zum Ausdruck kommen, in Begleitung von weißem Fleisch mit Sauce oder geschmortem rotem Fleisch.
Gérard Gauthier, GAEC de La Merlatière, 69220 Lancié, Tel. 04.74.04.13.29, Fax 04.74.69.86.84 n. V.

CUVEE DE LA MOUTONNIERE 2000*

7 ha 30 000 5 à 8 €

Die Société des vins de Pizay, die die Weine einer Gruppe von Erzeugern (darunter die von Château de Pizay, einem touristischen Komplex und Weinbaubetrieb, dessen Bergfried aus dem 15. Jh. stammt) vermarktet, hat eine tiefgranatrote Cuvée ausgewählt, die angenehm nach roten Früchten, aber auch Brombeeren und feinen schwarzen Johannisbeeren duftet. Sie ist ausgewogen und warm und hinterlässt im Abgang einen guten Nachgeschmack von Kirsche. Man kann sie im Laufe des Jahres zu Wildterrinen, Wurstgerichten oder Käse trinken.
Sté des vins de Pizay, 69910 Villié-Morgon, Tel. 04.74.66.26.10, Fax 04.74.69.60.66

DOM. DE LA ROCHE THULON 2000**

3,5 ha 5 000 5 à 8 €

Zum zehnjährigen Jubiläum an der Spitze des Weinbaubetriebs erhält Pascal Nigay die dritte Liebeserklärung der Oberjury für diesen granatroten Wein mit den ausdrucksvollen, kräftigen Düften von roten Früchten. Die reiche, ausgewogene Ansprache setzt sich in harmonischen Eindrücken von großer Komplexität fort. Dieser bemerkenswert gelungene und sehr authentische 2000er hält sich viele Jahre.
Pascal Nigay, Dom. de la Roche Thulon, 69430 Lantignié, Tel. 04.74.69.23.14, Fax 04.74.69.26.85 n. V.

DOM. DE LA TOUR DES BOURRONS 2000

3,5 ha 3 000 3 à 5 €

Dieser Wein von kräftiger rubinroter Farbe, der von einer Kohlensäuremaischung mit Regelung der Temperatur herrührt, ist sehr aromatisch. Die Pentanolnoten und die Düfte von roten Früchten bleiben frisch. Der süffige, zarte, fruchtige, leicht zu trinkende Beaujolais-Villages ist dafür gemacht, dass man ihn jetzt trinkt.
Bernard Guignier, Les Bourrons, 69820 Vauxrenard, Tel. 04.74.69.92.05, Fax 04.74.69.92.05 n. V.

DOM. DE LA TREILLE Lancié 2000

2 ha 2 500 5 à 8 €

Diese Cuvée von lebhafter, intensiver roter Farbe entfaltet sich zu frischen, komplexen Noten von roten Früchten, die man im Geschmack wieder findet. Man nimmt einen ziemlich reichhaltigen Stoff und feine Tannine wahr, die sich noch abrunden müssen. Eine zweijährige Lagerung ist möglich.
EARL Jean-Paul et Hervé Gauthier, Les Frébouches, 69220 Lancié, Tel. 04.74.04.11.03, Fax 04.74.69.84.13, E-Mail jean-paul.gauthier2@wanadoo.fr n. V.

DOM. DU MARRONNIER ROSE 2000

■ 4 ha 6 000 3à5€

Die Dorys haben die japanischen, amerikanischen und niederländischen Weinliebhaber erobert. Ihr 2000er wird niemandem missfallen. Er schmückt sich mit einer kirschroten Farbe und lässt sich wie eine Frucht kauen. Auf die lebhafte, milde Ansprache von guter Ausgewogenheit folgen recht sanfte Tannine. Dieser hübsche Wein, der aromatisch und gut gemacht ist, sollte im ersten Jahr nach der Lese getrunken werden.

Sylvain et Nathalie Dory, Le Bourg, 69820 Vauxrenard, Tel. 04.74.69.90.80, Fax 04.74.69.90.80, E-Mail natalie.dory@wanadoo.fr n. V.

PATRICE MARTIN 2000*

■ 2 ha 4 000 3à5€

Dieser junge Winzer von 23 Jahren, der den Betrieb seit 1998 leitet, hat einen **2000er Juliénas** (Preisgruppe: 30 bis 49 F) hergestellt, außerdem diese tiefgranatrote Cuvée, deren Schwarze-Johannisbeer-Düfte würzige Nuancen enthalten. Ihr «Fleisch» und ihr aus verschmolzenen Tanninen bestehendes Gerüst verleihen ihr eine gewisse Korpulenz, die dennoch viel Anmut bewahrt. Den sehr lang anhaltenden, alkoholreichen Wein kann man in den nächsten beiden Jahren genießen.

Patrice Martin, Les Verchères, 71570 Chanes, Tel. 03.85.37.42.27, Fax 03.85.37.47.43 n. V.

CEDRIC MARTIN 2000

■ 3,5 ha 4 500 3à5€

Dieser junge Winzer, der hier seit 1996 lebt, hat eine dunkelrote Cuvée mit eleganten fruchtig-blumigen Noten erzeugt. Sie ist ziemlich reich und verführt durch ihre harmonische, anhaltende Fruchtigkeit. Trinken sollte man diesen klassischen, hochwertigen Wein innerhalb der nächsten achtzehn Monate.

Cédric Martin, Les Verchères, 71570 Chanes, Tel. 03.85.37.46.32, Fax 03.85.37.46.32 n. V.

DOM. CHRISTIAN MIOLANE 2000*

■ 10,5 ha 30 000 3à5€

Etwa fünfzig Jahre alte Rebstöcke, deren Trauben teilweise mittels Regelung der Gärtemperatur vinifiziert werden, haben einen tiefrubinroten Wein mit einem ausdrucksvollen Duft von säuerlichen roten Früchten und Brombeeren hervorgebracht. Die aromatische, reiche Ansprache entfaltet sich auf elegante Weise mit Rundheit. Dieser typische Wein, der den Mund gut ausfüllt, sollte vorzugsweise innerhalb der nächsten beiden Jahre getrunken werden.

Dom. Christian Miolane, La Folie, 69460 Salles-Arbuissonnas, Tel. 04.74.67.52.67, Fax 04.74.67.59.95

MOMMESSIN Vieilles vignes 2000*

■ 13,75 ha 110 000 5à8€

Diese bläulich rote Cuvée bietet ausgezeichnete Düfte von frischen Trauben und roten Früchten. Der sehr gute, fleischige, aromatische, lang anhaltende Geschmack ist voller Feinheit. Trinken sollte man diesen wohl ausgewogenen, hübschen Wein im Laufe des Jahres.

Mommessin, Le Pont-des-Samsons, 69430 Quincié-en-Beaujolais, Tel. 04.74.69.09.30, Fax 04.74.69.09.28, E-Mail information@mommessin.com n. V.

CH. DE MONVALLON 2000

■ 2,04 ha 4 000 5à8€

Charentay, eine Gemeinde auf sieben Hügeln, enthält viele Schlösser, darunter das von Arginy, das auf das 12. Jh. zurückgeht und eine ehemalige Festung der Tempelritter ist. Château de Monvallon stammt aus dem 19. Jh. Seine 45 Jahre alten Rebstöcke haben einen sehr dichten Wein von dunkler Granatfarbe geliefert, der schüchtern mit Nuancen von roten Früchten und Lakritze beginnt. Seine säuerliche Ansprache, die sich mit recht spürbaren Tanninen vermischt, verleiht ihm eine imposante Statur. Die Flasche muss einige Monate eingekellert werden.

Françoise et Benoît Chastel, La Grange-Bourbon, 69220 Charentay, Tel. 04.74.66.86.60, Fax 04.74.66.73.23 n. V.

DOM. DES NUGUES 2000*

■ 17,5 ha 70 000 5à8€

Der Jahrgang 2000 markiert die Ankunft von Gilles, der sich seinem Vater auf diesem schönen, 21,5 ha großen Gut anschließt. Gemeinsam haben sie in geringer Menge einen **2000er Morgon** hergestellt, der eine lobende Erwähnung erhält, außerdem diesen Beaujolais-Villages, der sich zu sehr kräftigen Düften von roten Früchten entfaltet. Nach einer schönen, klaren Ansprache zeigt sich der körperreiche, lang anhaltende Wein noch ein wenig zurückhaltend bei den aromatischen Eindrücken, die einige Monate Lagerung aufwecken dürften. Den hübschen Wein sollte man in den nächsten beiden Jahren zu weißem Fleisch trinken.

EARL Gelin, Les Pasquiers, 69220 Lancié, Tel. 04.74.04.14.00, Fax 04.74.04.16.73 n. V.

DOM. DU PENLOIS Lancié 2000*

■ 10 ha 35 000 5à8€

Nach einer Besichtigung von Château de Corcelles sollten Sie nicht zögern, einen Kilometer weiter zu gehen, um dieses Weingut kennen zu lernen. Seine Rebstöcke, die in 210 m Höhe auf dem Boden der Gemeinde Lancié wachsen, haben einen dunkelgranatroten Wein hervorgebracht, in dessen schönem Duft von roten Früchten schwarze Johannisbeeren dominieren. Die optimale Extraktion erweist sich als gelungen. Dieser körperreiche, volle 2000er von guter Länge kommt mindestens zwei Jahre lang zu einem Haarwildgericht angenehm zur Geltung.

SCEA Besson Père et Fils, Dom. du Penlois, Cidex 558, 69220 Lancié, Tel. 04.74.04.13.35, Fax 04.74.69.82.07 n. V.

DOM. DU PERRIN 2000

■ 6 ha 10 000 5à8€

Le Perréon, das die Straße der Pässe der Beaujolais-Berge beschließt und an der D 88 liegt, ist ein echtes Weinbaudorf. Roger Lacondemine führt dieses Gut seit 1974. Komplexe, recht kräftige Himbeer- und Erdbeerdüfte mit Veilchennoten gehen von dieser Cuvée aus, die eine lebhafte, leichte rote Farbe hat. Die fruchtige Ansprache begleitet einen sehr sanften Geschmack mit feiner Struktur. Diesen süffigen Wein sollte man zu einem erstklassigen Käse trinken.

Roger Lacondemine, Le Perrin, 69460 Le Perréon, Tel. 04.74.03.24.69, Fax 04.74.03.27.79 n. V.

ALAIN PEYTEL 2000

■ 0,13 ha 1000 3à5€

Die auf kieselig-tonigen Böden angepflanzten Reben haben eine lebhaft rote Cuvée mit Himbeer-, Kirschwasser- und Mandelaromen hervorgebracht. Der zunächst weiche Geschmack erweist sich rasch als kräftig und ein wenig rustikal. Dieser Wein ist gut gemacht, aber im Interesse eines größeren Genusses sollte man ein Jahr warten, damit er feiner wird.

Alain Peytel, Les Fouillouses, 69840 Juliénas, Tel. 04.74.04.44.73, Fax 04.74.04.48.39 n. V.

Peiller

CAVE COOPERATIVE DE SAINT-JULIEN 2000★★

■ 7 ha 5 800 5à8€

Die zuletzt entstandene (1988) der neunzehn Genossenschaftskellereien des Beaujolais hat einen **roten 2000er Beaujolais** vorgestellt, der eine lobende Erwähnung erhält. Aber sie imponiert vor allem mit diesem granatroten, violett funkelnden Wein von schöner Intensität. Der bemerkenswerte, volle 2000er, der einen reichhaltigen, ausgewogenen Stoff besitzt und sehr lang anhält (sein leicht würziger Abgang hat verführt), kann mindestens zwei Jahre lagern. Es wird empfohlen, ihn zu einem provenzalischen Schmorgericht zu trinken.

Cave coopérative de Saint-Julien, Les Fournelles, 69640 Saint-Julien, Tel. 04.74.67.57.46, Fax 04.74.67.51.93, E-Mail stjulien@vins-du-beaujolais.com n. V.

DOM. DE SOUZONS 2000

■ k. A. k. A. 5à8€

Laurent Jambon, ein junger Winzer, hat gerade ein Weingut übernommen. Hier das Ergebnis seiner ersten Lese. Dieser lebhaft rote 2000er beginnt mit schönen Nuancen von roten Früchten und schwarzer Johannisbeere. Der kräftige, fruchtige Geschmack bleibt angenehm trotz einer leichten Adstringenz, die bis zum Herbst verschwindet. Die Jury empfiehlt, diesen Wein im Laufe des Jahres zu gegrilltem Fisch zu trinken.

Laurent Jambon, 69430 Lantignié, Tel. 04.74.04.80.29, Fax 04.74.69.29.50 n. V.

CH. DE VARENNES 1999

□ 0,25 ha 1 100 5à8€

Auch wenn Quincié einen Großteil seiner Bekanntheit Bernard Pivot verdankt, ist die Gemeinde seit langem für ihre Weinberge bekannt. Château de Varennes, das aus dem 16. Jh. stammt, hat seine Verteidigungstürme bewahrt. Es wirkt stolz. Dieser zehn Monate im Eichenfass ausgebaute Weißwein, den eine kräftige Goldfarbe schmückt, bietet im Duft und im Geschmack charakteristische Vanille- und Röstnoten. Er ist fleischig, rund und recht typisch. Trinken kann man ihn zu Fisch mit Rahmsauce.

SCI Ch. de Varennes, 69430 Quincié-en-Beaujolais, Tel. 04.74.04.31.67, Fax 04.74.69.00.69 n. V.

Charveriat

CH. DE VAUX 2000

■ 5 ha 20 000 3à5€

Vaux-en-Beaujolais verdankt seine Berühmtheit nicht allein dem Roman *Clochemerle* von Gabriel Chevallier. Es ist auch ein sehr altes Dorf, das in vorgeschichtliche Zeiten zurückreicht, wie die Überreste des Auguel-Lagers belegen. Das Gut wurde 1854 von der Familie de Vermont erworben. In diesem Jahr ist Yannick, der Sohn, im Betrieb hinzugekommen. Der **weiße 2000er Beaujolais Château de Vaux** (Preisgruppe: 30 bis 49 F) hat eine lobende Erwähnung erhalten, ebenso wie dieser lebhaft rote Wein, der nach Blüten und roten Früchten duftet. Dank einer guten Weinigkeit, die mit einer Struktur verbunden ist, die sich noch ein wenig lebhaft zeigt, kann man ihn im Laufe des Jahres mit Genuss trinken.

Jacques et Yannick de Vermont, rue Louis de Vermont, 69460 Vaux-en-Beaujolais, Tel. 04.74.03.20.03, Fax 04.74.03.24.10 n. V.

Brouilly und Côte de Brouilly

Am letzten Samstag im August erklingen im gesamten Anbaugebiet Gesang und Musik. Die Traubenlese hat noch nicht begonnen, und dennoch erklimmen zahlreiche Menschen, die in Körben etwas zum Essen mitführen, die 484 m des Hügels von Brouilly. Sie steigen zum Gipfel hinauf, wo sich eine Kapelle erhebt. In ihrem Schatten reicht man einander Brot, Wein und Salz! Von dort oben überblicken die Pilger das Beaujolais, das Mâconnais, die Dombes und den Mont d'Or. Zwei Schwesterappellationen streiten sich um die Abgrenzung der Reblagen: Brouilly und Côte de Brouilly.

Das Weinbaugebiet der AOC Côte de Brouilly, das auf den Hängen des Hügels entstanden ist, liegt auf Granitgestein und sehr hartem blaugrünem Schiefer, der als Grüne Hornblende oder Diorit bezeichnet wird. Dieser Berg dürfte auf vulkanische Tätigkeit im Erdaltertum zurückgehen, aber der Sage nach ist er entstanden, als hier ein Riese, der das Bett der Saône aushob, seine Kiepe entleerte ... Die Weinproduktion (18 800 hl bei 325 ha) verteilt sich auf vier Gemeinden: Odenas, Saint-Lager, Cercié und Quincié. Die Appellation Brouilly selbst umfasst rund um den Hügel 1 315 ha, die an seinem Fuße liegen, und erzeugt 75 800 hl. Außer den bereits erwähnten Orten reicht sie in das Gebiet von Saint-Etienne-la-Varenne und Charentay hinein. Auf dem Boden von Cercié befindet sich die wohl bekannte Reblage «la Pisse Vieille».

Brouilly

CH. DE BAGNOLS 1999

■ 9 ha 10 000 5à8€

Alain Ravier leitet seit 1983 dieses Gut, das von einem Château aus dem 18. Jh. beherrscht wird. Sein roter 99er, der in der Farbe kräftig und reintönig ist, entfaltet Düfte von Leder, Lakritze und roter Johannisbeere. Der füllige, seidige Geschmack bietet eine schüchterne Fruchtigkeit. Trinken sollte man diesen angenehmen, ausgewogenen Wein im Laufe der nächsten beiden Jahre.

EARL Alain Ravier, Ch. de Bagnols, 69460 Saint-Etienne-la-Varenne, Tel. 04.74.03.42.77, Fax 04.74.03.42.77 tägl. 10h–12h 14h–18h

JEAN BARONNAT 2000**

■ k. A. k. A. 5à8€

Diese Handelsfirma in Gleizé, einer zum Bezirk Villefranche-sur-Saône gehörenden Gemeinde, hat drei Weine vorgestellt, die alle berücksichtigt wurden: Der **2000er Morgon** dieses Weinhändlers wird lobend erwähnt; der **2000er Beaujolais-Villages** (Preisgruppe: 20 bis 29 F) erhält einen Stern und diese tiefgranatrote Cuvée zwei Sterne. Angenehm intensive Himbeer- und Blütendüfte begleiten einen runden, weichen Geschmack. Der elegante, nachhaltige Wein, der Feinheit und Stärke vereint, ist trinkreif, kann aber zwei Jahre altern.

Maison Jean Baronnat, Les Bruyères, rte de Lacenas, 69400 Gleizé, Tel. 04.74.68.59.20, Fax 04.74.62.19.21, E-Mail info.@baronnat.com n. V.

CH. BEILLARD 2000

■ 12 ha 40 000 5à8€

Saint-Lager besitzt ein stark umgebautes Schloss aus der Feudalzeit sowie mehrere Herrenhäuser. Es bildet eine wichtige Station an der Straße der Beaujolais-Crus. Dieses Gut hat einen rubinroten Brouilly mit schönen violetten Reflexen hergestellt. Mit den entfalteten Düften von Erdbeere und schwarzer Johannisbeere mischen sich Noten getrockneter Aprikosen. Sein schöner Stoff offenbart auch Lebhaftigkeit. Trinken sollte man ihn im Laufe des Jahres.

GFA Beillard, Briante, 69220 Saint-Lager, Tel. 04.74.09.60.08

CH. DE BRIANTE Réserve 2000

■ 14,8 ha 15 000 5à8€

Briante, ein Herrenhaus aus dem 18. Jh., gehörte dem Gründer der Union beaujolaise, die 1888 entstand, mitten in der Reblauskrise. Heute wird die Réserve des Châteaus von der Firma Mommessin auf Flaschen abgefüllt. Sie zeigt eine herrliche Farbe. Reichhaltige Düfte von roter und schwarzer Johannisbeere, aber auch Pentanolnoten begleiten einen vollen Geschmack, der eine gute Struktur besitzt, deren noch junge Tannine milder werden müssen. Man kann ihn ein bis zwei Jahre aufheben.

Ch. de Briante, 69220 Saint-Lager, Tel. 04.74.66.72.34, Fax 04.74.66.73.94

PIERRE CHANAU 2000

■ k. A. 300 000 5à8€

Diese für den Großhandel bestimmte Cuvée von blasser Malvenfarbe, die recht intensiv nach Himbeere, schwarzer Johannisbeere und Gewürzen duftet, zeigt in der Ansprache Lebhaftigkeit. Dank ihrer wärmeren Nuancen, die danach folgen, kann sie noch länger reifen. Man sollte sie ein bis zwei Jahre aufheben.

J. Chanut, Les Chers, 69840 Juliénas, Tel. 04.74.06.78.70, Fax 04.74.06.78.71, E-Mail avf@free.fr n. V.

DOM. DU CHATEAU DE LA VALETTE 2000

■ 2,74 ha 14 000 5à8€

Jean-Pierre Crespin wohnt in Charentay, einem Dorf mit vielen Schlössern, und hat einen **Côte de Brouilly** vorgestellt, der die gleiche Note erhält wie dieser dunkelrote Brouilly. Seine Aromen von vollreifen Früchten, die sich nach und nach bemerkbar machen, begleiten einen Geschmack, in dem die Tannine dominieren. Sein solides Gerüst macht ihn zu einem Wein, den man lagern und in zwei Jahren probieren sollte.

Jean-Pierre Crespin, Le Bourg, 69220 Charentay, Tel. 04.74.66.81.96, Fax 04.74.66.71.72 n. V.

PAUL CINQUIN Pisse-Vieille 2000

■ 3 ha 9 000 5à8€

Die Trauben für diesen Wein kommen aus einer der populärsten Einzellagen des Beaujolais. Er hat eine klare granatrote Farbe und kräftige Düfte von Pfingstrosen, die sich in Richtung Erdbeere und Himbeere entwickeln, und überzieht den Gaumen mit samtigen Empfindungen.

Weich und frisch, mit guter Nachhaltigkeit. Er ist trinkreif und passt zu weißem Fleisch.
Paul Cinquin, Les Nazins, 69220 Saint-Lager, Tel. 04.74.66.80.00, Fax 04.74.66.70.78 n. V.

DOM. CRET DES GARANCHES 2000*

8 ha k. A. 5à8€

Acht der neun Hektar, die das Gut bilden, haben diesen tiefroten, schwarz funkelnden Wein mit eleganten Aromen von roten Früchten, Gewürzen und Steinfrüchten hervorgebracht. Ein sehr schönes Gerüst, Frische und Fruchtigkeit ergeben einen ausgewogenen Gesamteindruck. Er ist für eine zwei- bis dreijährige Lagerung geeignet.
Yvonne Dufaitre, Dom. Crêt des Garanches, 69460 Odenas, Tel. 04.74.03.41.46, Fax 04.74.03.51.65 n. V.

DOM. DIT BARRON 1999

9 ha 10 000 5à8€

Bei der Aushebung erhielt ein Vorfahr den Titel Baron, weil er sich an Stelle des Sohnes des Barons, für den er arbeitete, anwerben ließ. Die tiefrote Farbe dieses 99ers lässt einige Anzeichen einer Entwicklung erkennen. Die Düfte, die zuerst an rote und schwarze Früchte erinnern, klingen mit Noten von vollreifen schwarzen Johannisbeeren und Kirschwasser aus. Der ausgewogene, recht angenehme Geschmack bleibt noch von ein paar Tanninen dominiert. Dieser Wein ist im Jahre 2002 genussfertig.
Muriel et Gilles Aujogues, Les Bruyères, 69220 Cercié-en-Beaujolais, Tel. 04.74.66.87.59, Fax 04.74.66.72.55 n. V.

FABRICE DUCROUX
Vignobles des Côtes 2000

0,64 ha 5 130 5à8€

Der Weinbaubetrieb, der sich an den Hängen des Brouilly-Hügels befindet, hat eine tiefgranatrote Cuvée erzeugt, in deren Duft von roter und schwarzer Johannisbeere sich eine Prise Pfeffer mischt. Dieser Wein von angenehmer Rundheit bleibt trotz eines etwas schroffen, körperreichen Charakters ansprechend. Es empfiehlt sich, ihn zu einem gepökelten Rippenstück vom Schwein zu trinken; man kann auch ein bis zwei Jahre warten, bevor man ihn probiert.
Fabrice Ducroux, 69640 Saint-Julien, Tel. 04.74.06.10.10, Fax 04.74.66.13.77 n. V.

HENRY FESSY Cuvée Pur Sang 1999

k. A. 4 000 8à11€

Die dunkelrubinrote Cuvée mit den entfalteten Düften von vollreifen roten Früchten und Gewürzen enthüllt einen aromatischen Körper, der einige Tannine bewahrt. Diesen Wein von typischem Charakter, der ein wenig rustikal ist und sich rasch entwickelt, kann man ein Jahr lang zu Braten oder Wild genießen.
SCI Vignoble de Bel-Air, 69220 Saint-Jean-d'Ardières, Tel. 04.74.66.00.16, Fax 04.74.69.61.67, E-Mail vins.fessy@wanadoo.fr n. V.
Henry Fessy

JEAN-FRANÇOIS GAGET 1999*

6,2 ha 12 000 5à8€

Jean-François Gaget, Winzer auf Château de Pierreux, hat einen Wein erzeugt, dessen tiefrote Farbe ein paar rosa und ziegelrote Reflexe zeigt. Der sehr feine, elegante Duft enthüllt Nuancen von Steinfrüchten und Blüten. Im Mund entfaltet sich zusammen mit Noten von Blumen und kandierten Früchten eine sehr schöne Struktur, die Weinigkeit und Frische verbindet. Trinken kann man ihn in den nächsten beiden Jahren.
Jean-François Gaget, La Roche, 69460 Odenas, Tel. 04.74.03.46.23, Fax 04.74.03.51.40 n. V.

DANIEL GUILLET 2000

1,25 ha 4 000 5à8€

Daniel Guillet führt seit 1984 das 7,5 ha große Gut, wovon 1,25 Hektar für diese sehr dunkle, klare Cuvée bestimmt sind, die nach schwarzen Früchten, Erdbeere und Himbeere duftet. Ihr reicher Stoff und ihre Weinigkeit verleihen ihr eine schöne Stärke, begleitet von Tanninen, die in ein bis zwei Jahren verschmelzen dürften.
Daniel Guillet, Les Lions, 69460 Odenas, Tel. 04.74.03.48.06, Fax 04.74.03.48.06 n. V.

DOM. DE JASSERON 2000

1,26 ha 4 000 5à8€

Von sechzig Jahre alten Rebstöcken ist eine tiefrubinrote Cuvée mit sehr guten, komplexen Erdbeer-, Himbeer- und Blütendüften erzeugt worden. Der runde, fruchtige, leicht würzige Geschmack bietet sanfte, harmonische Tannine. Dieser elegante, sehr angenehme Wein ist schon jetzt trinkreif.
Georges Barjot, Grille-Midi, 69220 Saint-Jean-d'Ardières, Tel. 04.74.66.47.34, Fax 04.74.66.47.34 tägl. 8h–19h

ANNE-MARIE JUILLARD
Cuvée Prestige 1999

1,35 ha 4 000 5à8€

Sie sollten wissen, dass Anne-Marie Juillard im Jahre 2000 die Domaine de La Sorbière erworben hat. Die feinen Holznoten, die von ihrem Brouilly ausgehen, erfüllen auch den Mund. Die verschmolzenen Tannine und das zarte «Fleisch» mit Vanillearoma bestimmen diesen 99er zu einem Genuss im Laufe des Jahres. Der **2000er Régnié** hat die gleiche Note erhalten.
Anne-Marie Juillard, Bergeron, 69220 Saint-Lager, Tel. 04.74.66.82.28, Fax 04.74.66.53.68 n. V.

CH. DE LA CHAIZE 2000

96,02 ha 450 000 5à8€

Das nach den Bauplänen von Mansart errichtete Château de La Chaize, das 1676 ein riesiges Weingut erhielt, ist eines der imposantesten Schlösser im Beaujolais. Es genießt internationales Ansehen. Sein 99er von schöner, kräftiger roter Farbe entfaltet sich zu komplexen Düften von roten Früchten, aber auch von Veilchen. Nach einer klaren Ansprache gibt sich der Wein

fruchtig und würzig. Diesen eleganten Brouilly kann man schon jetzt genießen.
⊶ Marquise de Roussy de Sales, Ch. de La Chaize, 69460 Odenas, Tel. 04.74.03.41.05, Fax 04.74.03.52.73, E-Mail chateaudelachaize@wanadoo.fr ☑ 🍷 n. V.

JEAN-MARC LAFOREST 2000*

■ k. A. 34 000 ▮🌡 5à8€

In einem speziell eingerichteten Gewölbekeller kann man diesen Brouilly von tiefem, klarem Granatrot probieren, der Nuancen von roten Früchten, Fruchtdrops und Gewürzen bietet. Die schönen Tannine, die in Düfte von roten Früchten eingehüllt sind, verleihen diesem Wein Fülle. Er bewahrt Frische und zeigt eine sehr gute Gesamtausgewogenheit. Trinken sollte man ihn im Laufe des Jahres.
⊶ Jean-Marc Laforest, Chez le Bois, 69430 Régnié-Durette, Tel. 04.74.04.35.03, Fax 04.74.69.01.67 ☑ 🍷 tägl. 8h–20h

DOM. DE LA PISSEVIEILLE
Pissevieille 2000*

■ 4 ha 15 000 ▮🌡 5à8€

Dieser bläulich rote Wein, der ebenfalls aus der Einzellage La Pissevieille kommt, entfaltet sehr intensive Erdbeerdüfte, die sich in mineralischen und röstartigen Noten fortsetzen. Sein reicher Stoff bewahrt viel Fruchtigkeit und Lebhaftigkeit. Die Tannine, die im Abgang zum Vorschein kommen, fordern dazu auf, ihn zwei Jahre aufzuheben.
⊶ Mme Gaillard, La Pissevieille, 435, rte du Beaujolais, 69220 Cercié-en-Beaujolais, Tel. 04.74.09.60.08

DOM. DE LA ROCHE SAINT MARTIN 2000*

■ 7 ha 25 000 ▮🌡 5à8€

Ein fast 10 ha großes Gut, das Jean-Jacques Béréziat seit 1989 leitet. Er vinifiziert die Hälfte seines Traubenguts mittels Thermovinifikation (Erhitzung des Mostes). Sein **2000er Côte de Brouilly** hat eine lobende Erwähnung erhalten. Dieser dunkelrote Brouilly mit den Aromen von sehr reifen kleinen roten Früchten bekommt einen Stern. Der fleischige, fruchtige Geschmack erweist sich als recht kräftig und muss sich noch abrunden. Dieser typische Wein von guter Machart sollte in den nächsten beiden Jahren getrunken werden.
⊶ SCEA Jean-Jacques Béréziat, Briante, 69220 Saint-Lager, Tel. 04.74.66.85.39, Fax 04.74.66.70.54 ☑ 🍷 n. V.

DOM. DE LA SAIGNE 2000

■ 0,5 ha 3 500 ▮ 5à8€

Die Trauben für diese tiefrubinrote Cuvée mit den zurückhaltenden Düften von Erdbeere und sauren Drops, aber auch von Schwarze-Johannisbeer-Blättern sind an Granithängen geerntet worden, die ein Gefälle von 25 % aufweisen. Der solide strukturierte Wein, der noch lebhaft, körperreich und tanninbetont ist, sollte ein bis zwei Jahre lagern.
⊶ EARL Lenoir Fils, Cimes de Cherves, 69430 Quincié-en-Beaujolais, Tel. 04.74.69.02.03, Fax 04.74.69.01.45 ☑ 🍷 n. V.

DOM. DE LA VALETTE 2000**

■ 4 ha 20 000 ▮🌡 5à8€

Die klare Rubinfarbe dieser Cuvée des Weinhändlers J. Pellerin ist strahlend, ebenso wie die Düfte von roter Johannisbeere und Himbeere, die sich in Richtung Lakritze und Gewürznelken entwickeln. Die sehr samtige Ansprache bietet verschmolzene Tannine von großer Feinheit, verbunden mit komplexen Aromen, bei denen Kirsche dominiert. Dieser einschmeichelnde Wein, der eine bemerkenswerte Ausgewogenheit und Eleganz besitzt, ist schon trinkreif, kann aber zwei Jahre lang zu einem Bresse-Hühnchen mit Rahmsauce und Morcheln oder zu einer Wurst im Teigmantel mit in Butter gedünsteten Zwiebeln serviert werden.
⊶ Vins et Vignobles, 435, rte du Beaujolais, 69830 Saint-Georges-de-Reneins, Tel. 04.74.09.60.00, Fax 04.74.67.09.60, E-Mail info@vinsetvignobles.com

LA VANDAME 2000

■ k. A. k. A. ▮ 5à8€

Dieser Weinhändler aus Villefranche hat zwei lobende Erwähnungen erhalten, die eine für den **2000er Juliénas Domaine de Grand Croix** und die andere für diese violettrote Cuvée. Recht feine Düfte von roten Früchten und schwarzer Johannisbeere begleiten einen gut gebauten Geschmack, der noch nicht alle Möglichkeiten zur Geltung bringt. Man muss bis zum Herbst 2001 warten und die Flasche dann innerhalb der nächsten beiden Jahre trinken.
⊶ Dupond d'Halluin, B.P. 79, 69653 Villefranche-en-Beaujolais, Tel. 04.74.60.34.74, Fax 04.74.68.04.14

LE JARDIN DES RAVATYS 2000

■ 7 ha 10 000 ▮🌡 5à8€

Im Frühjahr bildet der auf dem Etikett abgebildete Garten der Ravatys zusammen mit dem Brouilly-Hügel einen hübschen ländlichen Anblick. Dieser rubinrote Wein mit dem feinen, angenehmen Duft von Fruchtdrops und schwarzer Johannisbeere zeigt sich am Gaumen etwas lebhaft. Dank seiner guten Struktur, seiner Fruchtigkeit und seiner Länge im Geschmack kann man ihn ein bis zwei Jahre aufheben. Er kann dann Wild begleiten.
⊶ Institut Pasteur, Ch. des Ravatys, 69220 Saint-Lager, Tel. 04.74.66.47.81, Fax 04.74.69.61.38 ☑ 🍷 n. V.

LAURENT MARTRAY
Vieilles vignes 1999

■ 1,5 ha 8 000 5à8€

Diese tiefrubinrote Cuvée, die im Gärkeller von Château de La Chaize vinifiziert wurde, ist durch Düfte geprägt, die an Gewürze erinnern, insbesondere an Gewürznelken. Sie ist körperreich, mit noch sehr jungen Tanninen, die eine mehrmonatige Lagerung erfordern. Die Ju-

ry empfiehlt, ihn im Jahre 2002 zu würzigen Wurstgerichten zu trinken!
🔑 Laurent Martray, Combiaty, 69460 Odenas, Tel. 04.74.03.51.03, Fax 04.74.03.50.92
☑ Ɏ n. V.
🔑 de Roussy-Sales

DOM. DU MOULIN FAVRE
Cuvée vieilles vignes 2000**

■ 8,5 ha 20 000 5à8€

Eine sorgfältige Vinifizierung mit kurzer Kohlensäuremaischung, wobei die Trauben in den Saft eingetaucht sind, hat diese typische Cuvée von lebhafter, kräftiger Granatfarbe ergeben, mit intensiven Geruchsnoten von Kirsche und Heidelbeere, die sich mit Kaffee- und Schokoladenuancen mischen. Der harmonische, anhaltende Geschmack besteht aus Aromen von roten Früchten und einem elegant gebauten Körper, die es ermöglichen, dass man diesen Wein schon jetzt und noch zwei bis drei Jahre lang genießen kann.
🔑 Armand Vernus, Le Vieux-Bourg, 69460 Odenas, Tel. 04.74.03.40.63, Fax 04.74.03.40.76 ☑ Ɏ n. V.

DOM. DES NAZINS 1999

■ 1,4 ha 8 200 8à11€

Die Familie lebt seit vier Jahrhunderten in Saint-Lager, aber das Gut selbst stammt von 1900. In seinen Kellern ist ein dunkelrubinroter Wein ausgebaut worden, der sich zu Himbeer- und Kirschnoten entfaltet. Er ist weich, süffig und frisch und hinterlässt im Mund einen guten Geschmack von roten Früchten und Konfitüre. Man kann ihn zu gefülltem Schweinskopf oder zu einer in Wein zubereiteten Wurst trinken.
🔑 Loïc Brac de La Perrière, Les Nazins, 69220 Saint-Lager, Tel. 04.74.66.82.82, Fax 04.74.66.72.05 ☑ Ɏ n. V.

DOM. ROBERT PERROUD 1999

■ 5 ha 10 000 5à8€

Der **2000er Côte de Brouilly** und dieser 99er Brouilly, die beide lobend erwähnt werden, bestätigen den Wahlspruch des Guts, der behauptet, dass seine Weine seinen alleinigen Reichtum ausmachen! Dieser tiefrubinrote Wein mit schönen blauen Reflexen entfaltet sich rasch zu komplexen Düften von sehr reifen Früchten, Geröstetem und Gewürzen. Der gut gebaute, ausgewogene Geschmack zeigt die Merkmale einer Thermovinifikation. Dieser gut gemachte Wein von guter Harmonie ist schon genussfertig, um ihn zu rotem Fleisch und Wild zu trinken, kann aber auch zwei bis drei Jahre lagern.
🔑 Robert Perroud, Les Balloquets, 69460 Odenas, Tel. 04.74.04.35.63, Fax 04.74.04.32.46, E-Mail robertperroud@wanadoo.fr ☑ Ɏ n. V.

DOM. DE PIERREFAIT 1999

■ 2 ha 10 000 5à8€

Dreißig Jahre alte Rebstöcke haben einen rubinroten Wein geliefert, dessen Düfte von mittlerer Stärke an rote Früchte, Pfingstrose und Gewürze erinnern. Auf die angenehme, runde Ansprache folgen tanninbetontere, aber klare Eindrücke. Es wird empfohlen, diese Flasche im Laufe des Jahres zu gebratenem Entenbrustfilet mit Gewürzen zu trinken.
🔑 Claude Echallier, Creigne, 69460 Odenas, Tel. 06.11.75.86.82 ☑ Ɏ n. V.

DOM. DE PONCHON 2000

■ 3 ha 5 000 5à8€

Die vierte in Régnié wohnende Generation bewirtschaftet jetzt dieses Gut in Familienbesitz. Yves Durand hat einen granatroten Wein erzeugt, dessen komplexe Düfte von Kirschkonfitüre eine weinige Note enthalten. Der elegante, rassige Geschmack wirkt recht fein. Trinken sollte man diesen gefälligen Wein von typischem Charakter zu Wurst im Teigmantel.
🔑 Yves Durand, Ponchon, 69430 Régnié-Durette, Tel. 04.74.04.34.78, Fax 04.74.04.34.78
☑ Ɏ tägl. 8h–20h

CAVE BEAUJOLAISE DE QUINCIE
1999*

■ 4 ha 15 000 5à8€

Ein Stern wurde dem **99er Côte de Brouilly** der Winzergenossenschaft zuerkannt, ebenso dieser klaren purpurroten Cuvée mit den eleganten Düften von roten Früchten und Veilchen. Der fleischige, weiche, ausgewogene Geschmack bewahrt viel Frische. Der harmonische, gut strukturierte Wein sollte in den nächsten beiden Jahren getrunken werden.
🔑 Cave beaujolaise de Quincié, Le Ribouillon, 69430 Quincié-en-Beaujolais, Tel. 04.74.04.32.54, Fax 04.74.69.01.30
☑ Ɏ n. V.

DOM. RUET 2000*

■ 4 ha 20 000 5à8€

Das 16 ha große Gut am Fuße des Brouilly-Hügels hat einen von der Jury lobend erwähnten **2000er Régnié** und diese dunkelgranatrote Cuvée mit den deutlichen Düften von roten Früchten, schwarzer Johannisbeere und Blüten erzeugt. Ihr reichhaltiger, fein gearbeiteter Stoff und ihre gute Nachhaltigkeit sind die eines lagerfähigen Weins, den man in den kommenden Monaten probieren kann. Vergessen wir nicht, dass Jean-Paul Ruet in dieser AOC zwei Liebeserklärungen für den 98er und den 99er erhalten hat.
🔑 Dom. Ruet, Voujon, 69220 Cercié-en-Beaujolais, Tel. 04.74.66.85.00, Fax 04.74.66.89.64, E-Mail ruet.beaujolais@wanadoo.fr ☑ Ɏ n. V.
🔑 Jean-Paul Ruet

DOM. DE SAINT-ENNEMOND 2000*

■ 6 ha 30 000 5à8€

Das Gut, das den Namen eines Erzbischofs von Lyon aus dem 7. Jh. trägt, umfasst 15 Hektar und einige Gästezimmer. Sein tiefroter 2000er mit den komplexen Düften von Steinfrüchten, Erdbeere und schwarzer Johannisbeere bietet auch Nuancen von Fruchtdrops. Dieser leckere, sehr aromatische, gut gelungene Wein erinnert an einen «Nouveau»: Er sollte jetzt getrunken werden.

🔑 Christian Béréziat, Saint-Ennemond, 69220 Cercié-en-Beaujolais, Tel. 04.74.69.67.17, Fax 04.74.69.67.29, E-Mail christian.bereziat@wanadoo.fr ☑ 🍷 tägl. 8h–19h

DOM. DU SANCILLON 1999

■ 3,9 ha 8 000 5à8€

Diese tiefpurpurrote Cuvée, die das Ergebnis einer zwischen Thermovinifikation und klassischerer Weinbereitung liegenden Vinifizierung ist, entfaltet sich ziemlich rasch zu komplexen Düften von weißen Blüten und Gewürzen. Manche mögen ihre etwas leichte Ansprache und ihre blumigen Aromen, andere werden durch ihr «Fleisch» und ihre gute Struktur verführt, die es erlauben, ihn ein Jahr lang zu einem Hochwildgericht zu genießen.

🔑 Charles Champier, Le Moulin Favre, 69460 Odenas, Tel. 04.74.03.42.18, Fax 04.74.03.30.62 ☑ 🍷 n. V.

🔑 Dom. Rolland

DOM. JEANNE TATOUX Garanche 2000

■ 3 ha 9 730 5à8€

Dieser klare granatrote Wein, der von einem Hang in Charentay stammt und vom Eventail de vignerons producteurs vermarktet wird, beginnt mit originellen Nuancen von Carpentras-Fruchtbonbons, die sich in Richtung Erdbeere und Himbeere entwickeln. Diesen süffigen, weichen, gefälligen Wein gegen den Durst sollte man zu einer Platte mit Wurstgerichten trinken.

🔑 Jeanne Tatoux, 69220 Charentay, Tel. 04.74.06.10.10, Fax 04.74.66.13.77 ☑ 🍷 n. V.

GEORGES VIORNERY 2000*

■ k. A. 14 000 5à8€

Die tiefrote Cuvée kommt aus der Reblage Brouilly. Der sehr intensive Geruchseindruck erinnert an rote und schwarze Früchte. Der kräftig gebaute Geschmack bietet Himbeernoten. Dieser Wein mit dem starken Potenzial sollte zwei Jahre lagern.

🔑 Georges Viornery, Brouilly, 69460 Odenas, Tel. 04.74.03.41.44, Fax 04.74.03.41.44 ☑ 🍷 tägl. 8h–20h

DOM. DE VURIL 1999

■ 11,1 ha 35 000 5à8€

Tonige Kalkstein- und Granitböden haben diesen Brouilly von kräftiger rubinroter Farbe hervorgebacht, den Noten von sehr reifen roten und schwarzen Früchten erfüllen, vermischt mit Gewürzen. Der runde, fleischige, fruchtige Wein zeigt eine gute Nachhaltigkeit und enthüllt einen etwas feinen und dennoch sehr angenehmen Körper. Trinken sollte man ihn zu Bresse-Geflügel, zubereitet im Bratensaft mit Trüffeln.

🔑 Gabriel Jambon, Chapoly, 69220 Charentay, Tel. 04.74.66.84.98, Fax 04.74.66.80.58 ☑ 🍷 n. V.

Côte de Brouilly

DOM. BARON DE L'ECLUSE 1999*

■ 5,11 ha 10 000 5à8€

Chantal Pégaz, Gründerin und Vorsitzende der Gruppe «Etoiles en Beaujolais», leitet dieses Gut, das einen 99er mit dem kräftigen Duft von sehr reifen Früchten, schwarzer Johannisbere und Röstnoten erzeugt hat. Der warme Wein, der füllig, rund und dicht ist und feine Tannine und einen würzigen Abgang besitzt, ist trinkreif, hat aber noch schöne Tage vor sich: Eine zweijährige Lagerung ist möglich.

🔑 SCI du Dom. Baron de l'Ecluse, L'Ecluse, 69460 Odenas, Tel. 04.74.03.40.29, Fax 04.74.03.53.50, E-Mail vinbaron@aol.com ☑ 🍷 n. V.

CAVE DES VIGNERONS DE BEL-AIR 2000**

■ 5 ha 42 000 5à8€

Die Anfänge der Kellerei gehen auf das Jahr 1929 zurück, als sich eine Hand voll Winzer zusammenschlossen, um ihren eigenen Gärkeller zu errichten. Von der Jury lobend erwähnt wird ihr **2000er Beaujolais-Villages.** Dieser dunkelgranatrote Côte de Brouilly präsentiert sich mit feinen Rote-Johannisbeer- und Traubendüften, die einen sehr angenehmen, fleischigen Geschmack mit nachhaltigen Aromen roter Früchte begleiten. Sein tanninbetonter Abgang zerstört den bemerkenswerten Gesamteindruck nicht. Dieser hübsche Wein ist trinkreif, kann aber zwei Jahre eingekellert werden.

🔑 Cave des Vignerons de Bel-Air, rte de Beaujeu, 69220 Saint-Jean-d'Ardières, Tel. 04.74.06.16.05, Fax 04.74.06.16.09, E-Mail cvba@wanadoo.fr ☑ 🍷 Mo–Sa 9h–12h 14h–18h

M. BONNETAIN 1999

■ 3 ha 7 000 8à11€

Die Weinberge des Institut Pasteur, die seit 1947 von der gleichen Familie in Halbpacht bewirtschaftet werden, haben einen dunkelrubinroten Wein mit ein paar ziegelroten Reflexen hervorgebracht. Bei der Belüftung kommen feine Düfte von Mineralen, Unterholz und Gewürzen zum Vorschein. Die ersten fleischig-fruchtigen Eindrücke, die sehr angenehm sind, entwickeln sich zu einem etwas lebhaften Abgang von guter Länge hin. Trinken sollte man diesen 99er im Laufe des Jahres.

🔑 Maurice Bonnetain, Le Bourg, 69220 Saint-Lager, Tel. 04.74.66.81.49, Fax 04.74.66.71.95 ☑ 🍷 n. V.

DOM. DU CHEMIN DE RONDE 2000*

■ 3 ha k. A. 5à8€

Die Rebstöcke, die hier im Nordosten auf einem der härtesten Gesteine Europas wachsen, haben einen granatroten Wein mit recht feinem Duft von sehr reifen Früchten geliefert. Er erfüllt den Mund spontan mit harmonischen Eindrücken von «Fleisch» und verschmolzenen Tanninen, die von komplexen Fruchtaromen unterstützt werden. Diesen sympathischen

Repräsentanten der AOC kann man in den nächsten beiden Jahren mit Genuss trinken.
Gérard Monteil, 70, Grande rue, 69220 Cercié-en-Beaujolais, Tel. 04.74.66.80.50, Fax 04.74.66.70.91 n. V.

DOM. CHEVALIER-METRAT 1999

2 ha 8 000 5à8€

Edelstahltanks und Stückfässer aus Eichenholz empfangen die Weine, die von vierzig Jahre alten Rebstöcken stammen, angepflanzt auf den blauen Felsen des alten Schiefergesteins der Brouilly-Hänge. Dieser lebhaft rote Wein bietet feine Heidelbeer- und Brombeerdüfte, die ein mineralischer Hauch unterstützt. Der angenehme, volle Geschmack verbindet die Fruchtigkeit mit eleganten Holznoten. Der 99er ist schon diesen Herbst trinkreif. Der ebenfalls von der Jury ausgewählte **rote 2000er Beaujolais** (Preisgruppe: 20 bis 29 F) kommt aus einer 50 Ar großen Parzelle.
Sylvain Métrat, Le Roux, 69460 Odenas, Tel. 04.74.03.50.33, Fax 04.74.03.37.24 n. V.

DOM. DE CONROY 1999*

7,8 ha 25 000 5à8€

Das 12 ha große Gut stammt aus dem 17. Jh. Es stellt einen dunkelroten Côte de Brouilly mit recht kräftigen Brombeer- und Birnennoten vor, die durch mineralische Nuancen ergänzt werden. Die ersten Eindrücke, die klar und sanft sind, begleiten einen angenehmen Körper, der im Abgang noch ein wenig tanninbetont ist. Dieser sehr gelungene Wein sollte, bevor man ihn 2002 serviert, Sauerstoff ziehen.
SCE des Dom. Saint-Charles, Le Bluizard, 69460 Saint-Etienne-la-Varenne, Tel. 04.74.03.30.90, Fax 04.74.03.30.80, E-Mail saintcharles@sofradi.com n. V.
Jean de Saint-Charles

VALERIE DALAIS 1999

0,5 ha 2 000 5à8€

Ein angenehmer Duft nach Pfeffer, Safran und Leder, der sich noch entwickeln kann, kennzeichnet diese tiefgranatrote Cuvée, die das Ergebnis eines zwölfmonatigen Fassausbaus ist. Der körperreiche, ein wenig raue Geschmack muss sich verfeinern. Man sollte diese Flasche ein Jahr aufheben, bevor man sie zu Wild serviert.
Valérie Dalais, La Grand-Raie, 69220 Saint-Lager, Tel. 04.74.66.75.37, Fax 04.74.66.75.77 n. V.

DOM. DU FOUR A PAIN 2000*

2 ha 15 000 5à8€

Dieser granatrote, fast violette Côte de Brouilly hat eine schöne Klarheit. Der weinige Duft bietet feine Kirschnoten. Der deutliche, runde Geschmack zeigt sich im Abgang kräftiger. Der gut gemachte Wein muss sich noch entfalten. Man sollte ihn ein Jahr aufheben.
SCI de L'Ecluse, 69220 Saint-Lager, Tel. 04.74.09.60.08

CH. DU GRAND VERNAY 1999

k. A. 20 000 5à8€

Das 1950 entstandene Gut hat im Hachette-Weinführer 1993 eine Liebeserklärung erhalten. Am Südhang des Brouilly-Hügels hat es eine tiefgranatrote Cuvée geerntet, die im großen Eichenfass ausgebaut worden ist und einen recht konzentrierten Duft von Sauerkirsche, Farnkraut und Heu bietet. Die schöne, ein wenig nervige Ansprache begleitet einen feinen, fruchtigen Körper. Dieser Wein wird innerhalb der nächsten beiden Jahre zum Ausdruck kommen und zu einer Wildschweinterrine passen.
EARL Claude Geoffray, Ch. du Grand Vernay, 69220 Charentay, Tel. 04.74.03.46.20, Fax 04.74.03.47.46
tägl. 9h–12h30 13h30–19h30

DOM. DE LA MADONE 2000

8 ha 10 000 5à8€

Das 12 ha große Gut liegt unweit der Kapelle auf dem Brouilly-Hügel, die Notre-Dame-du-Raisin geweiht ist, und hat einen dunklen Côte de Brouilly mit den entfalteten Düften von roter Johannisbeere, Unterholz und Farnkraut erzeugt. Der kräftig strukturierte, konzentrierte Geschmack erweist sich schon als recht rund und lang. Trinken sollte man ihn in den nächsten beiden Jahren zu einem gegrillten Entrecote.
EARL Dom. de La Madone, Les Maisons-Neuves, 69220 Saint-Lager, Tel. 04.74.66.84.37, Fax 04.74.66.70.65
Daniel Trichard

DOM. DE LA PIERRE BLEUE 2000**

4 ha k. A. 5à8€

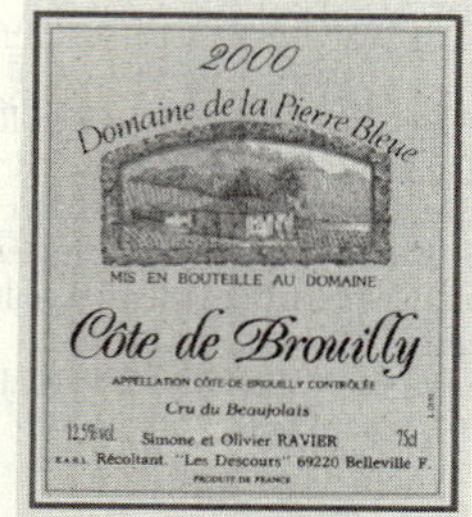

Erneut erhält der **2000er Beaujolais Les Sables d'Or** einen Stern. Im Gärkeller des 1840 errichteten Guts, in dem ein Empfangs- und Probierraum eingerichtet ist, kann der Leser auch diese Cuvée kennen lernen. Sie wurde von der Oberjury zum Lieblingswein gewählt wegen ihrer schönen granatroten, purpurrot funkelnden Farbe, die klar und strahlend ist und von der sehr angenehme, recht kräftige Düfte von roten Früchten und Veilchen ausgehen. Nach einer vollkommen ausgewogenen Ansprache schmeckt man sanfte, von fruchtig-blumigen Noten umhüllte Tannine. Man kann diesen harmonischen, sehr gefälligen 2000er zwei bis drei Jahre lang trinken.

🔑EARL Olivier Ravier, Dom. des Sables d'Or, Les Descours, 69220 Belleville-sur-Saône, Tel. 04.74.66.12.66, Fax 04.74.66.57.50, E-Mail olivier.ravier@wanadoo.fr
☑ Ῠ tägl. 8h–18h

DOM. J. LARGE 2000

■ 3,2 ha 17 330 ⫼ 5 à 8 €

Dieser Côte de Brouilly, der vom Eventail des Producteurs in Corcelles auf Flaschen abgefüllt wird, entfaltet sich zu Nuancen von schwarzen Früchten und Röstgeruch. Seine Fruchtigkeit im Geschmack bleibt von zahlreichen viel versprechenden Tanninen beherrscht. Aufgrund seines mineralischen, noch ein wenig rustikalen Abgangs sollte man ihn mindestens ein Jahr lang aufheben.
🔑Michel Large, 69460 Odenas, Tel. 04.74.06.10.10, Fax 04.74.66.13.77
☑ Ῠ n. V.

DOM. DE LA VOUTE DES CROZES 2000

■ 3,5 ha 25 000 5 à 8 €

Vierzig Jahre alte Rebstöcke, die auf Granit und altem Schiefer angepflanzt sind, haben diesen granatroten Wein hervorgebracht, der mit konzentrierten Düften vom Typ Pfingstrose beginnt. Dem komplexen, sich entwickelnden Geschmack mangelt es weder an Tanninen noch an Stoff. Wenn sich dieser 2000er nach ein paar Monaten Lagerung verfeinert hat, wird er seine ganze Stärke zeigen.
🔑Nicole Chanrion, Les Crozes, 80, Grande-Rue, 69220 Cercié-en-Beaujolais, Tel. 04.74.66.80.37, Fax 04.74.66.89.60
☑ Ῠ n. V.

DOM. LES ROCHES BLEUES 1999*

■ 2,65 ha 17 500 ⫼ 5 à 8 €

Meter für Meter musste man dem Felsen mit Dynamit zu Leibe rücken, um den 15 m langen Gewölbekeller zu bauen, in dem dieser jugendliche tiefrote 99er mit dem einschmeichelnden Duft von frischen Trauben und Blüten ausgebaut worden ist. Der sehr angenehme, ausgewogene Geschmack bietet Paprika- und Feuersteinnoten. Er ist trinkreif.
🔑Dominique Lacondemine, Dom. Les Roches Bleues, 69460 Odenas, Tel. 04.74.03.43.11, Fax 04.74.03.50.06, E-Mail lacondemine.dominique@wanadoo.fr
☑ Ῠ Mo–Sa 8h30–20h; So n. V.

DOM. MONBRIAND 2000

■ k. A. 13 000 🍾🌡 5 à 8 €

Dieser Wein, eine Cuvée der Handelsfirma in Juliénas, bietet entfaltete Düfte von Kirsche sowie Pentanol- und Blütennoten. Dieser angenehme Repräsentant, der harmonisch ausgewogen ist und ein leichtes Gerüst besitzt, sollte jetzt getrunken werden.
🔑Jacques Dépagneux, Les Chers, 69840 Juliénas, Tel. 04.74.06.78.70, Fax 04.74.06.78.71, E-Mail avf@free.fr Ῠ n. V.

DOM. ROLLAND 2000

■ 6 ha 4 000 🍾 8 à 11 €

Diese Handelsfirma, deren Ursprünge bis 1882 zurückreichen, hat einen Wein ausgebaut, der eine sehr schöne tiefgranatrote Farbe und einen entfalteten Duft von Kirschwasser, schwarzer Johannisbeere und Brombeere besitzt. Auf die sanfte Ansprache folgt mehr Festigkeit: Die Tannine, die dennoch recht stark verschmolzen sind, und Lebhaftigkeit sind vorhanden, um eine gute Alterung zu garantieren. Man wird diese Cuvée von großer Feinheit in einem Jahr mit Vergnügen wieder probieren.
🔑Pierre Ferraud et Fils, 31, rue du Mal-Foch, 69220 Belleville, Tel. 04.74.06.47.60, Fax 04.74.66.05.50 ☑ Ῠ n. V.

CELLIER DES SAINT-ETIENNE 2000

■ 12 ha 8 000 🍾🌡 5 à 8 €

Die 1957 gegründete Kellerei fasst 250 Genossenschaftsmitglieder und vinifiziert 25 000 hl. Dieser granatrote 2000er mit violetten Reflexen bietet recht intensive Düfte von roten Früchten, die mit dem Duft von Pfingstrosen und Osterglocken sowie Unterholzgerüchen verbunden sind. Sobald sich seine leichte Tanninbetontheit verflüchtigt, kann dieser Wein, der einen typischen Charakter besitzt und dessen gute Stärke schöne mineralische Noten zur Geltung bringen, auf sehr angenehme Weise eine Platte mit Wurstgerichten begleiten. Trinken sollte man ihn in den nächsten beiden Jahren.
🔑Cellier des Saint-Etienne, rue du Beaujolais, 69460 Saint-Etienne-des-Oullières, Tel. 04.74.03.43.69, Fax 04.74.03.48.29
☑ Ῠ n. V.

DOM. DU SOULIER 2000

■ 7 ha 6 000 ⫼ 5 à 8 €

Dieser dunkelrote Wein mit den komplexen Düften von Sauerkirsche, Himbeere und roter und schwarzer Johannisbeere, unter die sich Iris mischt, ist in einem der größten Gewölbekeller der Côte de Brouilly entstanden. In einem Jahr wird er einmütige Zustimmung finden und kann dann zu Hasenpfeffer serviert werden.
🔑Diane Julhiet, Dom. du Soulier, 69460 Odenas, Tel. 04.74.03.49.01, Fax 04.74.03.49.01 ☑ Ῠ n. V.

CH. THIVIN 2000*

■ 8,3 ha 60 000 ⫼ 5 à 8 €

Das von der Reblaus zerstörte Gut gehörte zu den treibenden Kräften beim Neuaufbau des Beaujolais. Dieser 2000er, dessen intensive Farbe violette Reflexe säumen, bietet großzügige Düfte von roten Früchten, die von frischen Kirschnoten dominiert werden. Seine milden, aromatischen Tannine geben sich harmonisch und lang anhaltend. Der Wein, der eine gezügelte Stärke und einen sehr typischen Charakter besitzt, ist genussfertig, kann aber zwei bis drei Jahre lang getrunken werden.
🔑Claude Geoffray, Ch. Thivin, 69460 Odenas, Tel. 04.74.03.47.53, Fax 04.74.03.52.87
☑ Ῠ n. V.

DOM. DU VADOT 1999*

■ 2 ha 8 000 ▮ 5à8€

Sechzig Jahre alte Rebstöcke, die auf Böden mit Granit und altem Schiefer wachsen, haben diese dunkelgranatrote Cuvée mit mineralischen Nuancen sowie Noten von Unterholz und roten Früchten hervorgebracht. Warme, sogar animalische, an Moschus erinnernde Noten intensivieren die Stärke ihres Körpers. Diesen typischen Wein, der vollständig ist und recht lang anhält, kann man in den nächsten drei Jahren zu Wurstgerichten oder rotem Fleisch trinken.

Jean-Pierre Gouillon, Dom. du Vadot, Pont-de-Cherves, 69430 Quincié-en-Beaujolais, Tel. 04.74.04.36.19, Fax 04.74.69.00.44

☑ Y n. V.

ROBERT VERGER L'Ecluse 2000*

■ 9 ha 15 000 ▮ 5à8€

Das 10,3 ha große Gut praktiziert den so genannten integrierten Pflanzenschutz, der mit maßvollem Einsatz von Agrochemikalien die Umwelt schont. In der 1996 renovierten Kellerei ist dieser klare purpurrote Wein hergestellt worden, dessen entfaltete, einschmeichelnde Düfte an rote Früchte und Veilchen erinnern. Seine schöne, ausgewogene Struktur stützt sich auf Tannine, die mit ein wenig wilden Aromen durchsetzt sind. Er schmeckt sehr angenehm und sollte innerhalb der nächsten beiden Jahre getrunken werden.

Robert Verger, L'Ecluse, 69220 Saint-Lager, Tel. 04.74.66.82.09, Fax 04.74.66.71.31

☑ Y n. V.

Chénas

In der Sage heißt es, dass dieser Ort einst von einem riesigen Eichenwald bedeckt war. Als ein Holzfäller feststellte, dass hier Reben wuchsen, die ein – zweifellos von Gott geschickter – Vogel auf höchst natürliche Weise gesetzt hatte, soll er begonnen haben, den Wald zu roden, um das edle Gewächs anzupflanzen. Jene Rebe, die heute Gamay noir à jus blanc heißt ...

Eine der kleinsten Beaujolais-Appellationen, die 285 ha im Grenzgebiet zwischen den Departements Rhône und Saône-et-Loire umfasst. Sie liefert 16 130 hl, die in den Gemeinden Chénas und La Chapelle-de-Guinchay erzeugt werden. Die Chénas-Weine, die von den steilen Granithängen im Westen stammen, sind farbintensiv und kräftig, aber ohne übermäßige Aggressivität, und entfalten blumige Aromen, die an Rosen und Veilchen denken lassen. Sie erinnern an die Weine der Appellation Moulin-à-Vent, die den größten Teil der Weinberge in dieser Gemeinde einnimmt. Die Chénas-Weine, die von Rebflächen des lehmigeren und flacheren Anbaugebiets im Ostteil stammen, zeigen ein zarteres Gerüst. Diese Appellation, die im Vergleich zu den anderen Beaujolais-Crus zu Unrecht als arme Verwandte verkannt wird, leidet unter ihrer kleinen Produktionsmenge. Die Genossenschaftskellerei des Château de Chénas vinifiziert 45 % der Trauben der Appellation; in ihrem aus dem 17. Jh. stammenden Gewölbekeller sieht man schöne Eichenfässer.

MICHEL ET REMI BENON 2000

■ 3 ha 13 000 ▮ 5à8€

Die zehnte Generation, die für dieses Gut in Familienbesitz verantwortlich ist, teilt die Leidenschaft ihrer Vorfahren für den Weinbau im Beaujolais. Dieser sehr jugendliche, strahlend rubinrote Wein ist für die Lagerung gebaut. Er verfügt über ein schönes Tanninpotenzial und wurde als «männlich» bezeichnet. Warten wir zwei bis drei Jahre, um ihn zu Wild voll und ganz würdigen zu können.

GAEC Michel et Rémi Benon, Les Blémonts, 71570 La Chapelle-de-Guinchay, Tel. 03.85.33.84.22, Fax 03.85.33.89.54, E-Mail benon@vins-du-beaujolais.com

☑ Y tägl. 8h–19h

CH. BONNET Vieilles vignes 2000

■ 8 ha 30 000 ▮ 5à8€

Dieses Gut, das 2 km von der Windmühle und 3 km vom Zehnthaus von Juliénas entfernt liegt, ist mit Gärbehältern aus Zement und großen Eichenfässern ausgerüstet. Sechzig Jahre alte Rebstöcke haben diesen purpurroten Wein hervorgebracht, der nach sehr reifen roten Früchten duftet. Ein Hauch von Vanille, verbunden mit deutlich spürbaren Tanninen, ermahnt dazu, dass er noch im Keller altern muss. Seine Erdbeer- und Himbeeraromen sowie seine gute Gesamtausgewogenheit sind reizvoll.

Pierre-Yves Perrachon, Ch. Bonnet, 71570 La Chapelle-de-Guinchay, Tel. 03.85.36.70.41, Fax 03.85.36.77.27, E-Mail chbonnet@terre.net.fr ☑ Y n. V.

AMEDEE DEGRANGE 1999*

■ 0,12 ha 1000 5à8€

Ein **Moulin-à-Vent** und ein Chénas des gleichen Jahrgangs sehen sich von der Jury jeweils mit einem Stern bedacht. Der Chénas von granatroter Farbe bietet angenehme, feine Holznoten. Der fleischige Geschmack erweist sich als lang anhaltend und klar. Der Einfluss des Eichenholzes hat sich recht gut eingefügt. Dieser noch lebhafte, strukturierte, kräftige Wein kann ein Platte mit Schweinernem oder einen Kalbsbraten mit Pilzen begleiten. Man sollte ihn zwei bis drei Jahre aufheben.

🔑 Amédée Degrange, Les Vérillats, 69840 Chénas, Tel. 04.74.04.48.48, Fax 04.74.04.46.35 ☑ 𝐘 tägl. 8h–12h 14h–19h

JEAN GEORGES ET FILS 1999

■ 2,7 ha 5 000 ▮ ⦀ ⸸ 5à8€

Mit einem Anteil von 20 % seiner Produktion, die in die USA, nach Deutschland und Belgien exportiert werden, ist dieses Gut in Familienbesitz beim Chénas ein sicherer Wert. Seine 99er Cuvée zeigt eine sehr hübsche, klare Granatfarbe, die jugendlich geblieben ist. Der komplexe Duft von vollreifen roten Früchten erinnert ebenfalls daran, dass sie vier Monate lang im Holzfass ausgebaut worden ist. Dieser füllige, fleischige Wein, der eine schöne Struktur besitzt, hat seine Reife erreicht. Er kann noch ein bis zwei Jahre lagern. Der **99er Moulin-à-Vent** (Preisgruppe: 50 bis 69 F) des Guts wurde von der Jury ebenfalls lobend erwähnt.

🔑 GAEC Jean Georges et Fils, Le Bourg, 69840 Chénas, Tel. 04.74.04.48.21, Fax 04.74.04.42.77, E-Mail jean-georges-et-fils@wanadoo.fr ☑ 𝐘 n. V.

PASCAL GRANGER 2000

■ 0,5 ha 4 000 ▮ ⦀ 5à8€

Auf zwei Jahrhunderte Weinbaugeschichte kann diese Familie aus Juliénas zurückblicken, deren **2000er Beaujolais-Villages Cuvée spéciale** (Preisgruppe: 20 bis 29 F) lobend erwähnt worden ist, ebenso wie dieser klare rubinrote Wein mit den zurückhaltenden Düften von roten Früchten. Brombeer- und Schwarze-Johannisbeer-Noten zeigen sich deutlicher am Gaumen. Dieser recht kräftige Wein mit einem schönen Tanningerüst ist ausgewogen. Er sollte ein bis zwei Jahre lagern.

🔑 Germaine Granger, Les Poupets, 69840 Juliénas, Tel. 04.74.04.44.79, Fax 04.74.04.41.24 ☑ 𝐘 n. V.

DOM. DU GREFFEUR 1999

■ 2 ha 3 000 ▮ 5à8€

Die Rebstöcke des Guts, das 1977 aus dem väterlichen Weinberg entstand, haben einen sehr jugendlichen 99er geliefert. Der noch verschlossene Geruchseindruck erinnert an vollreife rote Früchte. Ein wenig strenge Tannine überdecken die anfängliche Rundheit des Körpers; sie müssen sich besänftigen.

🔑 Jean-Claude Lespinasse, Les Marmets, 71570 La Chapelle-de-Guinchay, Tel. 03.85.36.70.42, Fax 03.85.33.85.49 ☑ 𝐘 n. V.

HUBERT LAPIERRE
Cuvée spéciale Vieilli en fût de chêne 1999*

■ 1 ha 4 500 ⦀ ⸸ 8à11€

Diese von sechzig Jahre alten Rebstöcken erzeugte Sondercuvée mit der schönen Purpurfarbe, die das Ergebnis eines zehnmonatigen Ausbaus im Eichenfass ist, bietet Düfte von roten Früchten sowie einen Holzton von großer Feinheit. Da es ihr weder an «Fleisch» noch an Lebhaftigkeit mangelt und sie von reichen, verschmolzenen Tanninen erfüllt ist, hat sie noch Reserven. Diesen sehr gelungenen, holzbetonten Wein kann man zwei bis drei Jahre lang zu Fleisch mit Sauce genießen.

🔑 Hubert Lapierre, Les Gandelins, 71570 La Chapelle-de-Guinchay, Tel. 03.85.36.74.89, Fax 03.85.36.79.69 ☑ 𝐘 n. V.

LE VIEUX DOMAINE 1999

■ 1 ha 3 000 ⦀ 5à8€

Die «Alte Domäne» wurde 1890 geschaffen, an der gleichen Stelle, wo sich ein Jahrhundert vorher ein Pfarrhaus erhob. Die 99er Cuvée von kräftiger granatroter Farbe bietet vor einem fruchtigen Hintergrund schöne Holz- und Gewürznoten. Sie ist durch einen gut gemeisterten Ausbau im Eichenfass geprägt und erweist sich als sehr gelungen. Eine etwas leichte Struktur reizt dazu, ihn schon jetzt und noch ein bis zwei Jahre lang zu trinken.

🔑 EARL M.-C. et D. Joseph, Le Vieux Bourg, 69840 Chénas, Tel. 04.74.04.48.08, Fax 04.74.04.47.36, E-Mail le.vieux.domaine@wanadoo.fr ☑ 𝐘 n. V.

DOM. DU MAUPAS 2000*

■ 0,9 ha 3 000 ▮ ⦀ ⸸ 5à8€

H. Lespinasse hat dieses Gut 1962 geschaffen, indem er Rebparzellen kaufte, um einen 7,5 ha großen Weinbaubetrieb aufzubauen. Der **2000er Juliénas** des Guts hat eine lobende Erwähnung erhalten, aber dieser klare rubinrote Wein erringt einen Stern. Pentanolnoten und klare, großzügige Himbeer- und Weichselaromen begleiten einen strukturierten Geschmack. Die originelle Lebhaftigkeit dieses Chénas behält die Oberhand und scheint ein Garant für eine gute Lagerung zu sein. Man kann ihn ein paar Monate aufheben und dann zwei bis drei Jahre lang mit Genuss trinken.

🔑 H. et J. Lespinasse, Dom. du Maupas, 69840 Juliénas, Tel. 03.85.36.75.86, Fax 03.85.33.86.70 ☑ 𝐘 n. V.

DOM. DES PINS 1999

■ 4,5 ha 4 000 ▮ ⸸ 5à8€

Die Einheitlichkeit dieses 99ers von hellrubinroter Farbe beruht auf der Feinheit der fruchtigen Düfte, die mit einem recht runden, aber sehr feinen Geschmack verbunden sind. Er ist reintönig und für einen Cru recht zart. Trinken sollte man ihn zu Linsen mit warmer Wurst.

🔑 Pascal Aufranc, En Rémont, 69840 Chénas, Tel. 04.74.04.47.95, Fax 04.74.04.47.95 ☑ 𝐘 n. V.

DOM. DU P'TIT PARADIS 2000

■ 0,52 ha 3 800 ▮ 5à8€

Vom «Kleinen Paradies» aus, das sich inmitten der Reben in halber Höhe am Hang befindet, kann das Auge einen weiten Rundblick über die Alpenkette erfassen. Die fruchtigen Düfte dieser klaren roten Cuvée sind mit würzigen Noten vermischt. Dank ihres guten Gerüsts und ihrer echten Lebhaftigkeit kann man sie schon jetzt genießen.

🔑 Denise et Francis Margerand, Les Pinchons, 69840 Chénas, Tel. 04.74.04.48.71, Fax 04.74.04.46.29 ☑ 𝐘 tägl. 8h–20h

GEORGES ROSSI
Vignoble en Guinchay 2000*

■ 2,5 ha 9 330 ▮ 5à8€

Diese vom Eventail des vignerons producteurs vermarktete Cuvée kommt von einem Gut, das 1962 nach Jahrzehnten der Halbpacht erworben wurde. Sie besitzt eine strahlende, klare bläulich rote Farbe und bietet zurückhaltende Schwarze-Johannisbeer- und Himbeerdüfte. Die fruchtige, weiche, seidige Ansprache betont viele, aber harmonische Tannine. Diesen ausgewogenen, eleganten Wein kann man schon jetzt und noch zwei bis drei Jahre trinken.

Georges Rossi, 71570 La Chapelle-de-Guinchay, Tel. 04.74.06.10.10, Fax 04.74.66.13.77 ☑ Y n. V.

DOM. DE TREMONT
Les Gandelins 2000*

■ 2 ha 10 000 ▮ 5à8€

Das 19 ha große Gut, das 1989 entstand, hat einen Wein von kräftiger bläulich roter Farbe erzeugt. Intensive Düfte von reifen Früchten, unter die sich eine animalische Note mischt, ergeben zusammen mit einem reichhaltigen, fleischigen Körper und gefälligen Tanninen eine Cuvée, die ihres großen Nachbars Moulin-à-Vent würdig wäre. Sie bewahrt Weichheit und ist trinkreif, kann aber zwei Jahre lagern.

Daniel et Françoise Bouchacourt, Les Jean-Loron, 71570 La Chapelle-de-Guinchay, Tel. 03.85.36.77.49, Fax 03.85.33.87.20 ☑ Y n. V.

Chiroubles

Der «höchste» Cru des Beaujolais. Auf 374 ha, die sich in fast 400 m Höhe in einer einzigen Gemeinde befinden, in einem Talkessel mit leichten, mageren Granitsandböden, erzeugt er 21 500 hl von der Rebsorte Gamay noir à jus blanc. Der Chiroubles ist ein eleganter, feiner Wein, der tanninarm, vollmundig und bezaubernd ist und an Veilchen erinnert. Die 1996 gegründete Confrérie des Damoiselles de Chiroubles macht, unterstützt von ihren Rittern, voller Feingefühl diesen Wein bekannt, der manchmal als der weiblichste unter den Crus bezeichnet wird. Er ist rasch trinkreif und besitzt bisweilen ein wenig den Charakter eines Fleurie oder eines Morgon, der Weine aus den Nachbar-Crus. Zu allen Tageszeiten passt er zu Fleisch- und Wurstgerichten. Wenn man sich davon selbst überzeugen möchte, braucht man nur die Straße zu nehmen, die hinter dem Dorf zum Fût d'Avenas führt. Auf dem Gipfel dieser 700 m hohen Erhebung, die den Ort überragt, befindet sich ein «Probierstübchen».

Jedes Jahr im April feiert Chiroubles einen seiner Söhne, den berühmten Rebsortenkundler Victor Pulliat, der hier 1827 geboren wurde. Seine Arbeiten, die sich dem Reifezeitpunkt und der Veredelung der Rebsorten widmeten, sind auf der ganzen Welt bekannt. Für seine Beobachtungen züchtete er auf seinem Weingut Tempéré über 2000 Rebsorten! Chiroubles hat eine Genossenschaftskellerei, die 3000 hl des Anbaugebiets vinifiziert.

DOM. CHAPELLE SAINT-ROCH
2000**

■ 5 ha 3 330 ▮ 5à8€

Vierzig Jahre alte Rebstöcke, die auf Granitsand wachsen, haben einen granatroten Chiroubles mit ausgeprägten Düften von roter Johannisbeere und sauren Drops geliefert, mit denen sich Lakritze- und Gewürznoten vermischen. Die schöne, fruchtige, frische Ansprache, die sich lang anhaltend in Kirsch- und Rote-Johannisbeer-Noten fortsetzt, wird von kräftigen, runden Tanninen unterstützt. Ein eleganter, typischer, süffiger Wein, den man mit Vergnügen wie eine Frucht beißt. Trinken sollte man ihn innerhalb der nächsten beiden Jahre zu einem Rehschlegel.

Gérard Chapuy, 69115 Chiroubles, Tel. 04.74.06.10.10, Fax 04.74.66.13.77 ☑ Y n. V.

DOM. DU CLOS VERDY 1999**

■ 5,5 ha 14 000 ▮ 5à8€

Dieses Gut erntet im zweiten Jahr hintereinander zwei Sterne. Sein 99er von klarer granatroter Farbe bietet Düfte von Kirschwasser und roten Früchten, die eine Gewürzpalette mit Nuancen von Zimt, Gewürznelke, Lakritze und Safran begleitet. Die schöne, lebhafte, harmonische Ansprache findet eine harmonische Fortsetzung in herrlichen, verschmolzenen Tanninen, die in Düfte von kandierten Kirschen gehüllt sind. Der an Lakritze erinnernde Abgang mit mineralischen Noten ist verführerisch. Diesen bemerkenswerten Chiroubles kann man jetzt

oder noch ein Jahr lang zu Hühnchen mit Rahmsauce und Morcheln trinken.
Georges Boulon, pl. Victor-Pulliat, 69115 Chiroubles, Tel. 04.74.04.27.27, Fax 04.74.69.13.16
Mo–Fr 9h–12h 14h–18h; Sa, So n. V.

DOM. DU CRET DES BRUYERES 2000*

■ 1,9 ha 6 000 5à8€

Das Gut, das 800 m von dem aus dem 14. Jh. stammenden Château de la Pierre entfernt liegt, hat einen Stern für diese bläulich rote Cuvée erhalten, die die Hauptproduktion ergänzt: den von der Jury lobend erwähnten **2000er Régnié** (Preisgruppe: 20 bis 29 F). Die große Stärke der Düfte von schwarzer Johannisbeere und frischen roten Früchten weist auf eine Vinifizierung mittels Wärmebehandlung hin. Der fleischige, füllige, runde Geschmack ist frisch. Ihr Abgang ist nicht typisch, aber der Gesamteindruck bleibt ausgewogen. Die Anhänger dieses Stils können sich diese Flasche in den nächsten beiden Jahren schmecken lassen.
GFA Desplace Frères, Aux Bruyères, 69430 Régnié-Durette, Tel. 04.74.04.30.21, Fax 04.74.04.30.55 n. V.

DOM. DUFOUX Cuvée Réservée 1999

■ 1,65 ha 7 000 5à8€

Diese rote bis purpurviolette Cuvée bietet angenehme Himbeer- und Rote-Johannisbeer-Düfte, mit denen sich Vanille und eine Prise Gewürze vermischen. Nach einer guten Ansprache gewinnen die Tannine die Oberhand. Doch die Aromen von kandierten Früchten vervollständigen die Verkostung des Weins und reizen dazu, ihn jetzt zu trinken.
Guy Morin, Le Bois, 69115 Chiroubles, Tel. 04.74.69.13.29, Fax 04.74.69.13.29
tägl. 9h–20h
Marcel Dufoux

DOM. GOBET Vieilles vignes 1999*

■ 0,85 ha 1 800 5à8€

Christophe Jeannet leitet das 6 ha große Gut seit 1998. Dieses Jahr erfüllen Düfte von roten Früchten, Vanille und Pfeffer die dunkelrubinrote 99er Cuvée. Sie überzieht den Gaumen voller Sanftheit. Die gezügelte Stärke sowie die fruchtig-pfeffrigen Nuancen tragen zum Reiz der Verkostung dieses harmonischen Weins bei, den man im Laufe des Jahres trinken sollte.
Christophe Jeannet, Le Bourg, 69115 Chiroubles, Tel. 04.74.04.21.04, Fax 04.74.04.23.58, E-Mail domaine.gobet@wanadoo.fr n. V.

DOM. DE LA CHAPELLE DES BOIS 1999*

■ 0,24 ha 1 700 5à8€

Vierzig Jahre alte Rebstöcke haben diese granatrote Cuvée hervorgebracht, die nach Kirsche duftet, vermischt mit Vanille. Sie ist zunächst lebhaft und frisch, aber es mangelt ihr nicht an «Fleisch». Tannine, die am Ende ihrer Entwicklung stehen, prägen noch ihren Abgang, beeinträchtigen ihre gute Harmonie aber nicht. Man sollte bis 2002 warten, um sie voll würdigen zu können.
EARL Coudert-Appert, Le Colombier, 69820 Fleurie, Tel. 04.74.69.86.07, Fax 04.74.04.12.66
tägl. 8h–20h; im Jan. geschlossen

DOM. DE LA COMBE AU LOUP 1999*

■ 5 ha 38 000 5à8€

Das Gut, das im letzten Jahr mit dem 98er einen Lieblingswein hatte, zeichnet sich erneut aus: mit dem lobend erwähnten **99er Régnié** und diesem granatroten Wein, der sich zu frischen roten Früchten, darunter Sauerkirschen, entfaltet. Der fleischige Geschmack, der aus feinen Tanninen besteht und ein sehr gutes aromatisches Potenzial von Himbeeren und roten Johannisbeeren besitzt, ist sehr harmonisch. Eine sehr schöne Cuvée, die man in den nächsten drei Jahren trinken kann.
Méziat Père et Fils, Dom. de la Combe au Loup, Le Bourg, 69115 Chiroubles, Tel. 04.74.04.24.02, Fax 04.74.69.14.07
Mo–Sa 8h30–12h 14h–18h30

VIGNOBLE LA FONTENELLE 2000**

■ 5 ha 10 000 5à8€

Das nach Südsüdosten gehende Gut hat einen überaus strahlenden rubinroten Wein erzeugt, dessen noch zurückhaltende Düfte an rote Früchte, Lakritze und Gewürze erinnern. Sein recht ausdrucksvoller, fleischiger Geschmack, den feine, dichte Tannine unterstützen, zeigt eine schöne Fülle. Die Aromen von vollreifen Kirschen halten voller Frische lang an. Diesen frischen, angenehmen Chiroubles kann man im Laufe der nächsten beiden Jahre zu weißem Fleisch trinken.
Gobet-Jeannet, 69115 Chiroubles, Tel. 04.74.06.10.10, Fax 04.74.66.13.77
n. V.

ERIC MORIN Vieilles vignes 1999**

■ 1,5 ha 6 000 8à11€

Die tanzenden Bauern von Bruegel schmücken das Etikett dieser Flasche und verraten nicht den Charakter ihres Weins: Er zeigt sich nämlich jovial, in ein purpurrotes Gewand gehüllt. Die recht entfalteten Düfte von roten Früchten und Pfingstrosen, die Röst- und Kaffeenoten begleiten, werden von einem fleischigen, vollen, kräftig gebauten Körper abgelöst. Dieser typische Chiroubles besitzt Ausdauer und kann zwei bis drei Jahre lang getrunken werden.
Eric Morin, Javernand, 69115 Chiroubles, Tel. 04.74.69.11.70, Fax 04.74.04.22.28
n. V.

DOM. MORIN 2000*

■ 4 ha 20 000 5à8€

In den Kellern des Guts, die sich mitten im Dorf befinden, ist eine 2000er Cuvée von rubinroter Farbe hergestellt worden, die durch elegante Düfte von Himbeere und roter Johannisbeere, aber auch schwarzer Johannisbeere geprägt ist. Sehr rasch kommen junge Tannine zum Vorschein, die einen Körper mit konzentrierten

Schwarze-Johannisbeer-Aromen überdecken. Diesen kräftigen Wein mit sicherem Entwicklungspotenzial sollte man ein bis zwei Jahre aufheben. Er kann dann eine Lyoner Dauerwurst begleiten.
🔑 Guy Morin, Le Bois, 69115 Chiroubles, Tel. 04.74.69.13.29, Fax 04.74.69.13.29
🍷 tägl. 9h–20h

DOM. DU PETIT PUITS 2000

■ 6 ha 20 000 5à8€

Eine Reblage mit Granitsand hat diesen rubinroten Chiroubles mit den Düften von verblühten Rosen, Pfingstrosen, Heu und kleinen roten Früchten hervorgebracht. Ein etwas feiner Körper kennzeichnet diesen typischen Wein, der klar und lebhaft ist. Trinken kann man ihn im Laufe des Jahres, beispielsweise zu einer gekochten Wurst.
🔑 Gilles Méziat, Le Verdy, 69115 Chiroubles, Tel. 04.74.69.15.90, Fax 04.74.04.27.71
☑ 🍷 tägl. 8h–19h

Fleurie

Eine Kapelle, die auf dem Gipfel einer vollständig mit Gamay noir à jus blanc bepflanzten Kuppe steht, scheint über das Weinbaugebiet zu wachen: Die Madonna von Fleurie ist das Wahrzeichen des nach Brouilly und Morgon drittgrößten Beaujolais-Cru. Die 875 ha der Appellation reichen nicht über die Grenzen der Gemeinde hinaus. Auf recht einheitlichen Böden wird hier ein Wein erzeugt, dem Granite mit großen Kristallen einen feinen, bezaubernden Charakter verleihen. Die Produktion lag 2000 bei 50 028 hl. Manche mögen ihn gekühlt, andere temperiert, aber alle lieben – dem Vorbild der Familie Chabert folgend, die dieses berühmte Gericht erfunden hat – *Andouillette beaujolaise*, mit Fleurie zubereitete Gekrösewürstchen. Es ist ein Wein, der ähnlich wie eine Frühlingslandschaft voller Verheißungen und Licht ist, mit Aromen, die an Iris und Veilchen erinnern.

Mitten im Dorf befinden sich zwei Probierkeller (der eine in der Nähe des Rathauses, der andere in der Genossenschaftskellerei, die zu den Größten gehört und 30 % der Produktion des Cru vinifiziert), die das gesamte Sortiment an Weinen mit so klingenden Lagennamen wie *la Rochette, la Chapelle-des-Bois, les Roches, Grille-Midi, la Joie-du-Palais* im Angebot haben.

CH. DU BOURG 2000*

■ 5 ha 10 000 5à8€

Ein Vater und seine Söhne bewirtschaften die Weinberge dieses Schlosses, dessen Ursprünge ins 18. Jh. zurückreichen. Sie haben einen strahlenden rubinroten Wein erzeugt, der sich zu angenehmen Rote-Johannisbeer- und Himbeer-Noten entfaltet. Die klare Ansprache bewahrt Lebhaftigkeit. Diese körperreiche Cuvée mit hübschen, geschmeidigen Tanninen, die eine anhaltende, aber noch nervige Fruchtigkeit besitzt, muss sich verfeinern. Man sollte ihm zwei Jahre zubilligen, damit er sich liebenswürdiger zeigt.
🔑 Bruno Matray, La Treille, 69820 Fleurie, Tel. 04.74.69.81.15, Fax 04.74.69.86.80, E-Mail matraybruno@free.fr ☑ 🍷 n. V.

DOM. DU CALVAIRE DE ROCHE GRES 2000*

■ 2,1 ha 15 000 5à8€

Unweit des Guts bilden dreizehn Steine, die 1934 in den Weinbergen aufgestellt wurden, einen Kalvarienberg. Die tiefgranatrote 2000er Cuvée bietet dichte Düfte von roten Früchten, die durch Erdbeeren geprägt sind. Sie ist reich und freimütig und entfaltet im Geschmack robuste Tannine. Dieser lang anhaltende, strukturierte Fleurie wird in den kommenden drei bis vier Jahren feiner werden.
🔑 EARL Didier Desvignes, Saint-Joseph, 69910 Villié-Morgon, Tel. 04.74.69.92.29, Fax 04.74.69.97.54 ☑ 🍷 n. V.

DOM. CHAINTREUIL Cuvée Vieilles vignes 2000

■ 3 ha 21 000 5à8€

97 Jahre alte Rebstöcke haben diesen Wein hervorgebracht, der sieben Monate lang im großen Eichenfass ausgebaut worden ist. Er hüllt sich in eine Purpurfarbe und bietet angenehme Düfte von roten Früchten, die mit schwarzer Johannisbeere und einem Hauch von Backpflaume vermischt sind. Auf die weiche Ansprache folgen tanninreichere Eindrücke, die sich mit dem Alter verfeinern werden. Dieser ausgewogene Fleurie von guter Länge muss noch zwei Jahre lagern und kann dann zu rotem Fleisch serviert werden.
🔑 SCEA Dom. Chaintreuil, La Chapelle-des-Bois, 69820 Fleurie, Tel. 04.74.04.11.35, Fax 04.74.04.10.40 ☑ 🍷 n. V.

DOM. CHIGNARD Les Moriers 1999*

■ 1 ha 7 000 5à8€

Dieser dunkelrote Wein, der von fünfzig Jahre alten Rebstöcken erzeugt und ein Jahr lang im Holzfass ausgebaut worden ist, entfaltet sich nach und nach zu einer recht dichten Fruchtigkeit. Ein deutlich ausdrucksvollerer Geschmack, der fleischig, kräftig gebaut und wohl ausgewogen ist, bezauberte die Verkoster. Trinken sollte man ihn in den nächsten beiden Jahren.

🔑 Michel Chignard, Le Point du Jour, 69820 Fleurie, Tel. 04.74.04.11.87, Fax 04.74.69.81.97
☑ Ⲧ Mo–Sa 8h–12h 13h30–19h

CLOS DES GRANDS FERS 1999**

■ 0,75 ha 4 500 ⅠⅠ 5à8€

Ein zehn Monate im großen Eichenfass ausgebauter Wein von klarer granatroter Farbe, der reich an komplexen Düften von roten Früchten und Kirschwasser ist, vermischt mit Vanille und Kaffee. Der sehr aromatische Geschmack enthüllt schon in der Ansprache ein schönes Gerüst, das teilweise aus einem erstklassigen Holzton besteht. Diesen harmonischen Wein mit dem entfalteten Stoff kann man zwei bis drei Jahre lang mit Genuss trinken. Ein **2000er Morgon Côte du Py Christian Bernard** hat eine lobende Erwähnung erhalten.

🔑 SARL Christian Bernard, Les Grands Fers, 69820 Fleurie, Tel. 04.74.04.11.27, Fax 04.74.69.86.64, E-Mail chbernard@terre-net.fr ☑ Ⲧ Mo–Fr 9h–12h 14h–17h30

DOM. COTEAU DE BEL-AIR Cuvée Tradition 1999

■ 1 ha k. A. ⅠⅠ 5à8€

Jean-Marie Appert besitzt sieben Hektar, von denen einer diese Cuvée von hübscher granatroter Farbe hervorgebracht hat, die ätherische, fruchtig-blumige Noten bietet. Der fruchtige, runde Geschmack bringt die Reife eines sechsmonatigen Ausbaus im Holzfass zum Ausdruck. Der komplexe, angenehme Wein von guter Länge sollte in den nächsten beiden Jahren getrunken werden.

🔑 Jean-Marie Appert, Bel-Air, 69115 Chiroubles, Tel. 04.74.04.23.77, Fax 04.74.69.17.19
☑ Ⲧ n. V.

HENRY FESSY La Roilette 2000

■ k. A. k. A. Ⅰ 8à11€

Henry Fessy, ein Weinhändler, der die jungen Weine selbst ausbaut, stellt diese Cuvée vor, die eine rote Farbe von mittlerer Stärke besitzt. Sie bietet zurückhaltende blumig-fruchtige Düfte, die sich in Richtung Gewürze entwickeln. Der angenehme, fruchtig-weinige Geschmack geizt sichtlich mit Tanninen. Diesen gut gebauten Wein, der für ein rasches Vergnügen bereitet ist, sollte man jetzt trinken.

🔑 Henry Fessy, Bel-Air, 69220 Saint-Jean-d'Ardières, Tel. 04.74.66.00.16, Fax 04.74.69.61.67, E-Mail vins.fessy@wanadoo.fr ☑ Ⲧ n. V.

DOM. DE LA COUR PROFONDE 2000

■ 4,7 ha 14 000 Ⅰ 5à8€

Das Gut hat seinen Namen von seiner Lage unten in der Gemeinde Chiroubles. Dieser Fleurie, der von fünfzig Jahre alten Rebstöcken und während der Traubenlese an einem Sortiertisch ausgelesenen Beeren stammt, ist mittels einer kurzen einleitenden Kohlensäuremaischung hergestellt worden. Er ist leuchtend rot und verbindet ein feines, blumiges Bouquet mit Weichsel- und Rote-Johannisbeer-Noten. Der angenehme Charakter der verschmolzenen Tannine vereint sich mit pflanzlichen Nuancen. Dieser gelungene Wein, der ausgewogen und frisch ist, sollte in den kommenden drei Jahren getrunken werden.

🔑 EARL Revollat, La Cour Profonde, 69115 Chiroubles, Tel. 04.74.69.13.72, Fax 04.74.04.22.84 ☑ Ⲧ tägl. 9h–19h

DOM. DE LA MADONE La Madone 2000

■ k. A. k. A. Ⅰ🌡 5à8€

Unweit der Madonnenkapelle, von der aus man eine sehr hübsche Aussicht auf das Tal der Saône hat, ist dieser rubinrote Wein erzeugt worden, der sich zu fruchtigen und blumigen Noten entfaltet. Sein runder, sanfter Stoff von frischer Fruchtigkeit erweist sich als leicht, so dass man ihn in den nächsten zwei Jahren trinken kann.

🔑 Jean-Marc Desprès, La Madone, 69820 Fleurie, Tel. 04.74.69.81.51, Fax 04.74.69.81.93, E-Mail jeanmarcdespres@aol.com ☑ Ⲧ n. V.

DOM. LES ROCHES DU VIVIER 2000*

■ 8 ha 30 000 Ⅰ 5à8€

Die Lese auf diesem 22 ha großen Gut begann am 30. August. Dieser mittels einer kurzen einleitenden Kohlensäuremaischung hergestellte 2000er, der eine schöne, intensive granatrote Farbe besitzt, umschmeichelt mit seinen kräftigen Düften von Blüten und Früchten sofort den Geruchssinn. Nach einer sehr klaren Ansprache überzieht sein großzügiger, fleischiger, auch tanninreicher Stoff den Gaumen. In zwei Jahren wird der Wein seinen gesamten Reichtum zum Ausdruck bringen.

🔑 Dom. Berrod, Le Vivier, 69820 Fleurie, Tel. 04.74.69.83.83, Fax 04.74.69.86.19
☑ Ⲧ n. V.

DOM. METRAT ET FILS La Roilette 1999

■ 2 ha 12 000 Ⅰ ⅠⅠ 8à11€

Das Gut erhielt im letzten Jahr eine Liebeserklärung für seinen 98er Fleurie. Die 99er Cuvée bringt feine Nuancen von roten Früchten und Noten von frischer Butter zum Ausdruck. Der weiche, füllige Geschmack enthüllt im Abgang noch sehr deutlich spürbare Tannine. Dieser gelungene, für die Alterung geeignete Wein sollte zwei Jahre lagern.

🔑 Bernard Métrat, Le Brie, 69820 Fleurie, Tel. 04.74.69.84.26, Fax 04.74.69.84.49
☑ Ⲧ n. V.

DOM. MONROZIER Les Moriers 1999

■ 2,15 ha 4 500 ⅠⅠ 8à11€

Das Gut, das seit zwei Jahrhunderten im Besitz der gleichen Familie ist, hat einen Wein erzeugt, der von fünfzig Jahre alten Rebstöcken stammt, die auf rosa Granit wachsen. Er ist granatrot und bietet im Geruch weinige Noten und komplexe Düfte mit mineralischen Nuancen und Noten kandierter Früchte. Das reife «Fleisch» und die verschmolzenen Tannine zeugen von einem Ausbau im Holzfass. Dieser Wein mit dem starken Charakter ist trinkreif.

🔑 SCEA du dom. Monrozier, Les Moriers, 69820 Fleurie, Tel. 04.74.69.83.78, Fax 04.74.04.12.17 ☑ Ῑ tägl. 10h–19h

DOM. DE MONTGENAS 2000

■ 5,75 ha 26 660 ▮🌡 5à8€

Bei den schlichten, mittelstarken Düften dieses lebhaft roten Weins dominieren rote Früchte. Der recht füllige, weiche Geschmack zeigt eine gute Säure, erweist sich aber im Hinblick auf die Tannine als leicht. Ein jetzt trinkreifer Fleurie.

🔑 Dom. de Montgenas, 69820 Fleurie, Tel. 04.74.06.10.10, Fax 04.74.66.13.77 ☑ Ῑ n. V.

DOM. PARDON 2000

■ k. A. 19 000 ▮🌡 5à8€

Der rubinrote Fleurie von dem Gut dieses Weinhändlers, der seinen Sitz in Beaujeu hat, beginnt mit sehr reifen roten Früchten und mineralischen Noten, die sich am Gaumen verlängern. Der ausgewogene, recht warme Geschmack bewahrt Feinheit. Ein Wein, den man in den kommenden beiden Jahren trinken kann.

🔑 Pardon et Fils, 39, rue du Gal-Leclerc, 69430 Beaujeu, Tel. 04.74.04.86.97, Fax 04.74.69.24.08, E-Mail pardon-fils.vins@wanadoo.fr ☑ Ῑ Mo–Fr 8h–12h 14h–18h

DOM. DU POINT DU JOUR 1999*

■ 5,5 ha 20 000 ▮ 8à11€

1988 begann Jocelyne Depardon mit ihrem Vater zusammenzuarbeiten und übernahm dann 1995 die Leitung des Familienbetriebs. Dieser klare granatrote Wein mit dem Kirschduft, der Noten von schwarzer Johannisbeere und Lakritze enthält, zeigt eine schöne «Vollmundigkeit». Der edle Körper dieses strukturierten Fleurie, der eine schöne Länge besitzt und von stattlichen Tanninen unterstützt wird, ist verheißungsvoll. Diesen 99er kann man in den nächsten zwei bis drei Jahren zu einem Rehschlegel oder zu rotem Fleisch servieren.

🔑 Dom. du Point du Jour, Le Point du Jour, 69820 Fleurie, Tel. 04.74.69.82.93, Fax 04.74.69.82.87 ☑ Ῑ Mo–Sa 8h30–18h30

🔑 GAEC Depardon-Copéret

ANDRE VAISSE Grille-Midi 2000

■ 4 ha 12 000 ▮🌡 5à8€

Der granatrote Wein ist in funktionell eingerichteten Räumen hergestellt worden. Er duftet diskret nach roten Früchten, Birne und Flieder. Sanft überzieht er den Gaumen mit einer Fruchtigkeit, die von der Weinigkeit dominiert bleibt. Er ist harmonisch, besitzt aber eine ein wenig feine Struktur. Er ist dazu bestimmt, dass man ihn im Laufe des Jahres trinkt.

🔑 André Vaisse, 69820 Fleurie, Tel. 04.74.06.10.10, Fax 04.74.66.13.77 ☑ Ῑ n. V.

Juliénas

Dieser Cru ist der Etymologie nach «kaiserlich»; der Name Juliénas soll nämlich auf Julius Cäsar zurückgehen, ebenso der Name von Jullié, einer der vier Gemeinden, die das Anbaugebiet der Appellation bilden (die beiden anderen Orte sind Emeringes und Pruzilly, wobei der Letztgenannte im Departement Saône-et-Loire liegt). Die 606 ha, die mit Gamay noir à jus blanc bestockt sind und im Westen Granitböden und im Osten Sedimentböden mit alten Anschwemmungen einnehmen, ermöglichen die Produktion von 34 200 hl. Die Weine sind kräftig gebaut und reich an Farbstoffen. Man kann sie im Frühjahr trinken, nachdem sie ein paar Monate gereift sind. Mit ihrem munteren, schelmischen Charakter entsprechen sie den Fresken, die den Probierkeller Caveau de la Vieille Eglise mitten im Dorf schmücken. In dieser nicht mehr für religiöse Zwecke benutzten Kapelle wird jedes Jahr Mitte November der Prix Victor-Peyret an einen Künstler, Maler, Schriftsteller oder Journalisten vergeben, der die Weine des Cru am besten «erfasst» hat. Er erhält 104 Flaschen: zwei für jedes Wochenende. Die Genossenschaftskellerei, die sich in den Gemäuern der ehemaligen Prioratskirche des Schlosses von Le Bois de la Salle befindet, stellt 30 % der Weine der Appellation her.

JEAN ET BENOIT AUJAS 1999

■ 9 ha 2 000 ▮ 5à8€

Vater und Sohn haben sich 1993 zusammengetan, um gemeinsam ein 11 ha großes Weingut zu bewirtschaften, das sich an Hängen in Südlage befindet. Die 99er Cuvée von kräftigem Rubinrot entfaltet komplexe Düfte von schwarzer Johannisbeere und Erdbeere, aber auch von Leder und Tabak. Der ein wenig leichte, aber typische Wein, der Frische und Jugendlichkeit bewahrt hat, erweist sich schon als leicht trinkbar. Man kann ihn bereits jetzt zu Wurstgerichten oder gegrilltem Fleisch vorschlagen, aber ein Jahr mehr ist möglich.

🔑 GAEC Jean et Benoît Aujas, La Ville, 69840 Juliénas, Tel. 04.74.04.41.35 ☑ Ῑ n. V.

DOM. DU BOIS DE LA SALLE 1999

■ 1,5 ha 8 000 ▮ 8à11€

Michel Janin leitet dieses 4,5 ha große Gut seit 1974. Die rubinrote Farbe seines 99ers schmückt sich mit schönen granatroten Reflexen. Die Düfte mit blumigen und würzigen Nuancen begleiten einen ausgewogenen, frischen

Geschmack, der aus feinen Tanninen besteht. Schon jetzt trinkreif.
🔑 Michel Janin, Bois de la Salle, 69840 Juliénas, Tel. 04.74.04.44.74, Fax 04.74.04.44.45
☑ Ῑ n. V.

BERNARD BROYER 2000*

■ 2 ha 8 000 ⦀ 5à8€

Das Gut gehörte dem Großvater von Bernard Broyers Frau. Dieses Jahr wird der **2000er Chénas** lobend erwähnt, während dieser Juliénas einen Stern erhält: Seine dunkelrubinrote Farbe wurde sehr geschätzt, ebenso wie seine frischen Düfte von Traube und roter Johannisbeere, die mit Pfingstrosen- und Pfeffernoten vermischt sind. Nach einer klaren Ansprache, die die Frucht und das «Fleisch» betont, zeigt sich der Geschmack gut strukturiert. Die Entwicklung der jungen Tannine ist viel versprechend. Dieser alkoholreiche Wein mit dem sehr schönen Potenzial sollte ein Jahr lang lagern. Er kann dann Fleischgerichte mit Sauce oder Ziegenkäse begleiten.
🔑 Bernard Broyer, Les Bucherats, 69840 Juliénas, Tel. 04.74.04.46.75, Fax 04.74.04.45.18
☑ Ῑ tägl. 10h–12h 14h–19h; 15.–31. Aug. geschlossen

DOM. DU CLOS DU FIEF 2000

■ 7 ha 40 000 ▮⦀🌡 5à8€

Die vierte Generation führt das 13 ha große Gut seit 1980. Dieser rubinrote bis violette Wein, der das Ergebnis einer Thermovinifikation mit Erhitzung des Mosts ist, bietet kräftige Pfingstrosendüfte, aber auch wildere Gerüche. Die sehr ausgewogene, sanfte Ansprache entwickelt sich rasch zu Tanninen hin, die recht zurückhaltend bleiben. Zwei Schulen stehen einander gegenüber: Die eine schätzt diesen Wein jetzt in seiner Fruchtbetontheit, die andere legt nahe, ihn mindestens zwei Jahre aufzuheben.
🔑 Michel Tête, Les Gonnards, 69840 Juliénas, Tel. 04.74.04.41.62, Fax 04.74.04.47.09
☑ Ῑ n. V.

DOM. DU COTEAU DES FOUILLOUSES Cuvée Vieilles vignes 2000

■ 0,68 ha 5 000 ▮⦀ 5à8€

Das Gut gehörte Pierre Aguetant, dem Dichter des Beaujolais. Es umfasst 15 Hektar. Diese bläulich rote Cuvée von mittlerer Klarheit, die im großen Fass ausgebaut worden ist, bietet einen schönen, weinigen Geruchseindruck mit Himbeer- und Schwarze-Johannisbeer-Düften. Der kräftige, aber noch lebhafte Geschmack zeigt sich tanninreich. Man muss ein bis zwei Jahre warten, um diesen für die Lagerung gebauten Juliénas voll würdigen zu können.
🔑 Roland Lattaud, Le Bourg, 69840 Jullié, Tel. 04.74.04.43.86, Fax 04.74.04.43.86
☑ Ῑ n. V.

MAISON DESVIGNES 1999

■ k. A. 15 000 ▮ 5à8€

Die tiefrubinrote Cuvée dieses Händlers enthüllt Düfte von schöner Stärke, die Nuancen von Blüten und kandierten Früchten enthalten. Der sanfte Geschmack mit dem Aroma von sehr reifen Früchten besitzt ein Gerüst aus feinen Tanninen. Der wohl ausgewogene, einschmeichelnde Wein ist trinkreif.
🔑 Maison Desvignes, rue Guillemet-Desvignes, 71570 La Chapelle-de-Guinchay, Tel. 03.85.36.72.32, Fax 03.85.36.74.02 Ῑ n. V.

CH. DE JULIENAS 1999

■ 15 ha 20 000 ⦀ 5à8€

Der Herr von Beaujeu hatte hier im 13. Jh. ein befestigtes Gebäude errichtet. Das im 18. Jh. neu aufgebaute Schloss wirkt stolz. François Condemine und sein Sohn Thierry bewirtschaften 35 ha Weinberge. Dieser rubinrote Wein, der nach roten Früchten duftet, vermischt mit leichten Unterholznoten, und elegant gebaut ist, erweist sich schon jetzt als angenehm trinkbar.
🔑 François et Thierry Condemine, Ch. de Juliénas, 69840 Juliénas, Tel. 04.74.04.41.43, Fax 04.74.04.42.38 ☑

CH. DE LA BOTTIERE 2000*

■ k. A. 30 000 ▮⦀🌡 5à8€

Die Geschichte von Juliénas erwähnt die Perrachons seit 1601. Dieser intensiv purpurrote Wein, der das Ergebnis einer Wärmebehandlung des Mosts ist, verströmt recht entfaltete, charakteristische Schwarze-Johannisbeer-Düfte, die mit einer pfeffrigen Note verbunden sind. Der sehr fruchtige Geschmack bleibt angenehm. Eine optimale Extraktion des Stoffs und ein geeigneter Ausbau verleihen diesem 2000er die erwarteten «eckigen» Eindrücke. Man sollte ihn ein Jahr aufheben, damit er an Reife gewinnt.
🔑 Jacques Perrachon, Dom. de La Bottière, 69840 Juliénas, Tel. 03.85.36.75.42, Fax 03.85.33.86.36 ☑ Ῑ n. V.

DOM. DE LA BOTTIERE-PAVILLON 2000

■ 4 ha 28 000 ▮⦀🌡 5à8€

Man erzählte uns, dass Peynet und Lino Ventura Gäste dieses Guts waren, das der Weinhändler Bouchacourt vorgestellt hat. Berücksichtigt wird es für eine lebhaft rote Cuvée mit einem überaus einschmeichelnden Duft von roten Früchten, Pfingstrose und Gewürzen. Die aromatische Ansprache macht einem Geschmack Platz, den man gern fülliger hätte. Ihre zunächst sanften Tannine zeigen sich im Abgang fest. Der sehr angenehm duftende Wein muss sich ein bis zwei Jahre im Keller verfeinern.
🔑 Roland Bouchacourt, La Bottière-Pavillon, 69840 Juliénas, Tel. 04.74.09.60.08

DOM. DE LA COMBE-DARROUX Cuvée Prestige Vieilles vignes 1999

■ 1,6 ha 10 000 ⦀ 5à8€

Pascal Guignet, der sich hier 1989 niederließ, hat für diese Cuvée die alten Rebstöcke vom Bucherats-Hang ausgewählt. Der dunkelrote 99er mit dem ganz leicht vanilleartigen Duft, der acht Monate im Fass ausgebaut worden ist, erweist sich als fein strukturiert. Er ist ausgewogen und besitzt einen angenehm verschmolzenen Holzton. Dieser einschmeichelnde, leicht zu trinkende Wein ist schon jetzt genussreif.

EARL Anne et Pascal Guignet, Dom. de La Combe-Darroux, 71570 La Chapelle-de-Guinchay, Tel. 04.74.06.70.90, Fax 04.74.04.45.08, E-Mail domaine.guignet@wanadoo.fr
n. V.

DOM. DE LA COTE DE BESSAY 1999

■ k. A. k. A. 5à8€

Die Cuvée dieser Firma mit Sitz in Beaune zeigt eine leichte, klare Farbe. Der zurückhaltende Duft von roten Früchten, Heidelbeere und schwarzer Johannisbeere, der mit warmen Noten verbunden ist, bleibt angenehm. Der kräftige Geschmack offenbart ein Tanningerüst, das von Steinfruchtaromen eingehüllt wird. Der Wein, der eine gute Gesamtqualität bietet, ist trinkreif.
HDV Distribution, rue du Dr-Barolet, Z.I. Beaune Vignolles, 21200 Beaune Cedex, Tel. 03.80.24.70.07, Fax 03.80.22.54.31, E-Mail hdv@planetb.fr n. V.

DOM. DE LA COTE DE CHEVENAL 2000

■ 1,25 ha 4 500 5à8€

Die Brüder Bergeron haben sich 1996 zusammengetan, um das 24 ha große Gut zu bewirtschaften. Ihre 2000er Cuvée von satter roter Farbe entfaltet sich zu kräftigen Düften von roten Früchten. Der sehr aromatische Geschmack mit angenehmen pfeffrigen Noten bleibt noch unter dem Einfluss von Tanninen, die halbwegs verschmolzen sind. Der sehr jugendliche Wein muss mindestens ein Jahr lagern. Der **2000er Fleurie** hat eine lobende Erwähnung erhalten.
GAEC Jean-François et Pierre Bergeron, Les Rougelons, 69840 Emeringes, Tel. 04.74.04.41.19, Fax 04.74.04.40.72
tägl. 8h–12h30 13h30–19h

DOM. LE CHAPON 2000★★

■ 4,92 ha 12 000 5à8€

Nach einer Liebeserklärung für den 93er erringt Jean Buiron zwei Sterne für diesen 2000er, der sechs Monate im großen Holzfass ausgebaut worden ist. Er zeigt eine sehr schöne kirschrote Farbe mit fuchsienroten Reflexen. Seine reichhaltigen, intensiven Düfte von roten Früchten und Steinfrüchten, die mit Gewürzen vermischt sind, besitzen Komplexität. Der Geschmack erweist sich als beständig. Dieser harmonische Wein, der über eine gute Weinigkeit und feine Tannine verfügt, ist trinkreif, besitzt aber ein echtes Potenzial für eine zwei- bis dreijährige Lagerung.
Jean Buiron, Le Chapon, 69840 Juliénas, Tel. 04.74.04.40.39, Fax 04.74.04.47.52
n. V.

DOM. LE COTOYON 1999★

■ 1 ha 3 000 5à8€

Das nördlich von Juliénas gelegene Gut bietet zwei komfortable Ferienwohnungen, die über einen Swimmingpool verfügen. Die Weinliebhaber werden diese elegante 99er Cuvée von dunkler Granatfarbe, die sechs Monate im Eichenfass ausgebaut worden ist, nicht versäumen. Sie beginnt mit ausdrucksvollen Vanillenoten. Im Geschmack kommen komplexe, anhaltende Nuancen von roten Früchten sowie ein Holzton zum Ausdruck. Ihre gute Stärke und ihr harmonischer Körper machen sie zu einem typischen Wein, der schon jetzt trinkreif ist, den man aber auch zwei Jahre aufheben kann.
Frédéric Bénat, Les Ravinets, 71570 Pruzilly, Tel. 03.85.35.12.90, Fax 03.85.35.12.90
n. V.

DOM. LES COTES DE LA ROCHE 1999★

■ 2 ha 6 000 5à8€

In der Familie Descombes ist man von jeher Winzer! Diese Cuvée mit der herrlichen violett funkelnden Granatfarbe bietet intensive, komplexe Düfte von roten Früchten und Lakritze mit einer Anis- und Unterholznote. Ihr reicher, fleischiger, aromatischer Körper ist durch noch junge Tannine geprägt. Man kann diesen Wein, einen würdigen Vertreter des Cru, im Laufe der nächsten zwei bis drei Jahre trinken.
EARL Joëlle et Gérard Descombes, Les Préaux, 69840 Jullié, Tel. 04.74.04.42.05, Fax 04.74.04.48.04 n. V.

DOM. JEAN-PIERRE MARGERAND 2000

■ 6,15 ha 10 000 5à8€

Dieser tiefrote 2000er, der mittels einer kurzen einleitenden Maischegärung hergestellt worden ist, duftet nach frischen Früchten, wie etwa Trauben, verbunden mit sauren Drops und Reseda. Trinken sollte man ihn im Laufe des Jahres zu Wurstgerichten oder Coq au vin.
Jean-Pierre Margerand, Les Crots, 69840 Juliénas, Tel. 04.74.04.40.86, Fax 04.74.04.46.54
n. V.

DOM. DES MARRANS 1999★

■ 0,8 ha 2 700 5à8€

Zwei Gästezimmer können hier die Liebhaber von guten Weinen aufnehmen. Das über 16 ha große Gut besitzt schöne große Eichenfässer. Gegenüber einem lobend erwähnten **99er Fleurie** (Preisgruppe: 50 bis 69 F) setzt sich dieser Juliénas mit einem Stern durch. Er hat eine schöne rubinrote Farbe mit violetten Reflexen und entfaltet sich zu intensiven, komplexen Brombeer- und Himbeerdüften, die mit Feuerstein- und Lakritzenoten verbunden sind. Die fleischige, runde Ansprache zeigt sich sehr angenehm. Mit seinem gut entwickelten Tanningerüst mangelt es diesem 99er nicht an typischem Charakter. Er kann noch ein Jahr lagern, bevor man ihn zu einem burgundischen Fondue (bei dem Fleischwürfel in siedendes Öl getaucht werden) serviert.
Jean-Jacques et Liliane Melinand, Les Marrans, 69820 Fleurie, Tel. 04.74.04.13.21, Fax 04.74.69.82.45, E-Mail melinand.m@wanadoo.fr n. V.

DOM. MATRAY
Vieilles vignes Elevé en fût de chêne 1999

■ 1 ha 8 000 5à8€

Das fast 10 ha große Gut hat diese intensiv rubinrote Sondercuvée zehn Monate im Eichenfass ausgebaut. Sie erwacht zu Blüten und Gewürzdüften mit feinem Holzton. Auf die feste Ansprache folgen intensive Aromen von sehr reifen Früchten. Dieser vollständige Wein von guter Lebhaftigkeit ist schon trinkreif.

GAEC Daniel et Lilian Matray, Les Paquelets, 69840 Juliénas, Tel. 04.74.04.45.57, Fax 04.74.04.47.63, E-Mail domaine.matray@wanadoo.fr tägl. 8h–20h

JEAN-FRANÇOIS PERRAUD 2000

■ 6,94 ha 6 000 5à8€

Unsere Jurys haben die gesamte Produktion des Guts lobend erwähnt: zusammen mit dem **roten 2000er Beaujolais-Villages** (Preisgruppe: 20 bis 29 F) diesen Juliénas, der eine etwas leichte Farbe zeigt und recht intensive Düfte von roten Früchten, Heidelbeere und Röstung entfaltet. Dank seines guten Körpers, der ausgewogen und frisch ist und den Gaumen ganz schlicht ausfüllt, kann man ihn während der nächsten beiden Jahre trinken.

Jean-François Perraud, Les Chanoriers, 69840 Jullié, Tel. 04.74.04.49.09, Fax 04.74.04.49.09, E-Mail jean.françois.perraud@wanadoo.fr n. V.

BERNARD SANTE 1999*

■ 2,5 ha 18 000 5à8€

Bernard Santé hat den Familienbetrieb 1980 übernommen. Dieser rubinrote Juliénas, der von siebzig Jahre alten Rebstöcken stammt und mittels einer kurzen einleitenden Maischegärung hergestellt worden ist, bietet einen stark entfalteten Duft mit reichen, warmen Noten von vollreifen, kandiert wirkenden Früchten. Die ausgezeichnete Ausgewogenheit, die man bereits spürt, wenn man ihn in den Mund nimmt, bringt einen schönen Kompromiss zwischen Tanninen und Säure zum Ausdruck. Der Wein, der einen angenehmen, pikanten Abgang besitzt, kann in den nächsten beiden Jahren ein Wildragout oder Fleisch mit Sauce begleiten.

Bernard Santé, rte de Juliénas, Les Blémonts, 71570 La Chapelle-de-Guinchay, Tel. 03.85.33.82.81, Fax 03.85.33.84.46 n. V.

Morgon

Der nach Brouilly zweitgrößte Beaujoalis-Cru befindet sich innerhalb einer einzigen Gemeinde. Seine 1 115 ha Rebfläche, die als AOC eingestuft sind, liefern durchschnittlich 66 261 hl von einem robusten, generösen, fruchtigen Wein, der an Kirschen, Kirschwasser und Aprikosen erinnert. Diese Eigenheiten sind auf die Böden zurückzuführen, die durch die Verwitterung des vorwiegend basischen Schiefers entstanden sind und Eisen- und Manganoxide enthalten. Diese Böden, die von den Winzern als «faulige Erde» bezeichnet werden, verleihen den Weinen besondere Eigenschaften, so dass man auch davon spricht, die Weine von Morgon würden «morgonnieren» ... Diese Voraussetzung ist günstig für die Herstellung eines lagerfähigen Weines von der Rebsorte Gamay noir à jus blanc, der wie ein Burgunder wirken kann und perfekt zu Coq au vin passt. Unweit der alten Römerstraße, die Lyon mit Autun verband, ist das Terroir des Py-Hügels, das sich in 300 m Höhe auf dieser perfekt geformten Kuppe befindet, eine besonders typische Reblage.

Die Gemeinde Villié-Morgon kann sich zu Recht etwas darauf einbilden, dass sie sich als Erste darum kümmerte, die Liebhaber des Beaujolais-Weins zu empfangen: Ihr in den Kellern des Schlosses von Fontcrenne untergebrachter Probierkeller kann mehrere hundert Personen aufnehmen. Dieser besonders günstige, modern eingerichtete Raum macht die Besucher und Vereine glücklich, die nach einer «Winzeratmosphäre» suchen ...

DOM. AUCŒUR Cuvée Prestige 1999

■ 1 ha 5 000 5à8€

Eine Besichtigung der Anlagen und eine Einführung in die Weinverkostung werden von dieser Familie angeboten, die eine rubinrote bis bläulich rote Cuvée mit recht intensiven Kirschdüften erzeugt hat. Sie ist weinig und präsentiert noch herbe Tannine: Es empfiehlt sich, einige Monate zu warten, damit sich der Holzton einfügt.

Dom. Aucœur, Le Rochaud, 69910 Villié-Morgon, Tel. 04.74.04.22.10, Fax 04.74.69.16.82 n. V.

RAYMOND BOULAND 1999

■ 6 ha 10 000 5à8€

Sechzig Jahre alte Reben, deren Trauben am 10. September 1999 gelesen wurden, haben einen Wein von klarem Rubinrot geliefert, dessen typische Düfte an vollreife Kirschen erinnern. Der zunächst runde Geschmack enthüllt Tannine, die noch ein wenig hart sind. Seine Länge ist viel versprechend. Seine Struktur rät dazu, dass man diesen Morgon im Jahre 2002 trinkt.

🔑 Raymond Bouland, Corcelette, 69910 Villié-Morgon, Tel. 04.74.04.22.25, Fax 04.74.04.22.25 ☑ 🍷 n. V.

NOEL BULLIAT
Cuvée Vieilles vignes 1999**

■ 0,7 ha 4 000 5à8€

Diese tiefrubinrote Cuvée, die von siebzig Jahre alten Rebstöcken stammt, offenbart eine überaus gelungene Vereinigung zwischen einem leichten Holzton und Düften von schwarzen Früchten und sehr reifen Kirschen. Sie besitzt feine Tannine und eine gute, ausgewogene Struktur und zeigt eine viel versprechende Vollmundigkeit, die man auch in den nächsten zwei bis drei Jahren vorfinden wird. Serviert werden kann sie zu gebratenem Geflügel mit Sauce.

🔑 Noël Bulliat, Le Colombier, 69910 Villié-Morgon, Tel. 04.74.69.13.51, Fax 04.74.69.14.09 ☑ 🍷 n. V.

JEAN-MARC BURGAUD
Côte du Py 1999*

■ 6 ha k. A. 5à8€

Ein Kreuz auf dem Gipfel dieser wohl bekannten Reblage markiert das Herzstück dieses Weinguts, das einen rubinroten Wein mit den charakteristischen Düften von Kirschwasser vorstellt, vermischt mit Röstgeruch und Gewürznoten. Dieser frische 99er mit Aromen von Steinfrüchten und Weinbergspfirsichen, dessen fleischige Struktur feine, nachhaltige Tannine begleiten, sollte innerhalb der nächsten zwei bis drei Jahre getrunken werden.

🔑 Jean-Marc Burgaud, Morgon, 69910 Villié-Morgon, Tel. 04.74.69.16.10, Fax 04.74.69.16.10, E-Mail jeanmarcburgaud@libertysurf.fr ☑ 🍷 tägl. 9h–12h 14h–18h

DOM. CALOT Tête de cuvée 1999

■ 1,3 ha 9 000 5à8€

Der Weinberg wurde 1920 angelegt, aber die Rebstöcke, die auf verwittertem Granit wachsen, sind vierzig Jahre alt. Sie haben einen sehr duftigen Wein hervorgebracht, bei dem die charakteristischen Kirschwasseraromen von eleganten Iris- und Veilchennoten begleitet werden. Seine harmonische Struktur, die voller Feinheit ist, bestimmt ihn dazu, dass man ihn im Laufe des Jahres trinkt.

🔑 SCEA François et Jean Calot, Le Bourg, 69910 Villié-Morgon, Tel. 04.74.04.20.55, Fax 04.74.69.12.93 ☑ 🍷 n. V.
🔑 GFA de Corcelette

DOM. DE CHANTEMERLE 2000*

■ 3 ha 13 000 5à8€

Das Gut mit dem viel sagenden Namen «Amselgesang» hat einen granatroten Wein erzeugt, der recht intensiv nach Erdbeere und Himbeere duftet und sich zu Gewürzen hin entwickelt. Die körperreiche Ansprache und noch spürbare Tannine bringen die Jugendlichkeit dieses 2000ers in Erinnerung. Seine gute Struktur sichert ihm eine schöne Zukunft, falls man zwei Jahre warten kann. Dann wird man ihn zu rotem Fleisch genießen.

🔑 Claude Merle, 69910 Villié-Morgon, Tel. 04.74.09.60.08

FRANCK CHAVY
Cuvée vieillie en fût de chêne 1999*

■ k. A. 9 000 5à8€

Diese Cuvée, das Ergebnis einer modernen Vinifizierungsweise, die mit einem Ausbau im burgundischen Stil verbunden ist, maßt sich ihre Bezeichnung «im Eichenfass gereift» nicht an. «Der aufmerksame Leser weiß Bescheid», notierte ein Verkoster zufrieden. Der tiefrote 99er hat den Glanz der Jugend bewahrt und enthüllt sofort seinen Ausbau im Eichenfass mit einem Holzton, der mit Noten roter Früchte durchsetzt ist. Im Geschmack herrscht ein ausgeglichenes Spiel zwischen feinen Tanninen und holzbetonten Eindrücken. Dieser typische Wein, der eine gute, reichhaltige Frische behält, muss mindestens ein Jahr lang lagern, damit er reift. Man kann ihn dann zu Wild servieren.

🔑 Franck Chavy, Le Chazelay, 69430 Régnié-Durette, Tel. 04.74.04.80.26, Fax 04.74.69.20.00 ☑ 🍷 n. V.

LOUIS CHAVY 2000

■ k. A. 18 000 8à11€

Dieser Weinhändler von der Côte d'Or hat eine Cuvée hergestellt, die sich zu Blüten- und Kirschwasserdüften entfaltet, die an einen Morgon denken lassen. Die jungen Tannine, die noch den ein wenig feinen Körper beherrschen, fordern dazu auf, ihn ein paar Jahre länger aufzuheben.

🔑 Louis Chavy, Caveau la Vierge Romaine, pl. des Marronniers, 21190 Puligny-Montrachet, Tel. 03.80.26.33.00, Fax 03.80.24.14.84, E-Mail mallet.b@cvabeaune.fr
☑ 🍷 tägl. 10h–18h; Nov. bis März geschlossen

DOM. DU CHAZELAY 1999*

■ 3 ha 10 000 5à8€

Sechzig Jahre alte Reben, sieben Monate Ausbau im Gärbehälter: Dieser klassische Wein von bläulich roter Farbe und mit den intensiven, klaren Düften von sehr reifen Früchten entfaltet eine Tanninstruktur, die von einem aromatischen, typischen Körper unterstützt wird. Der Gesamtausdruck ist ausgewogen und besitzt eine gute Stärke. Man kann ihn im Laufe des Jahres zu Coq au vin trinken.

🔑 Henri Chavy, Le Chazelay, 69430 Régnié-Durette, Tel. 04.74.69.24.34, Fax 04.74.69.20.00 ☑ 🍷 n. V.

LA MAISON DES VIGNERONS DE CHIROUBLES
Cuvée de la Chenevière 1999*

■ 2,72 ha 20 000 5à8€

Die 1929 gegründete Winzergenossenschaft hat eine tiefpurpurrote Cuvée mit recht intensiven, angenehmen Düften von roten Früchten vinifiziert. Ihr fleischiger, aromatischer Körper ist mit milden Tanninen verbunden. Trinken kann man diesen schönen, typischen Wein, der ausgewogen und ziemlich rund ist, im Laufe des

Jahres zu einer Lammkeule, die nach der Art eines Rehschlegels zubereitet wird.

La Maison des Vignerons de Chiroubles, Le Bourg, 69115 Chiroubles, Tel. 04.74.69.14.94, Fax 04.74.69.10.59
tägl. 10h–12h30 14h30–18h

DOM. DE CLOS SAINT-PAUL 1999

1,3 ha 12 000 5à8€

Diese strahlend granatrote Cuvée beginnt mit recht kräftigen Düften von roten Früchten, die sich in würzigen Noten fortsetzen. Man genießt die Struktur ihrer jungen Tannine und ihre typischen Aromen. Da der Wein eher für eine kurze Lagerung gemacht ist, sollte er 2002 getrunken werden.

EARL Janine Chaffanjon, 210, rte de Pizay, 69220 Saint-Jean-d'Ardières, Tel. 04.74.66.12.18, Fax 04.74.66.09.37, E-Mail st.paul@wanadoo.fr
Mo–Sa 8h–12h 14h–18h

DOM. GAGET Côte du Py 1999*

5,2 ha 30 000 5à8€

1999 kam der Sohn im Betrieb zum Vater hinzu. Ihre erste gemeinsame Ernte, die von sechzig Jahre alten Reben stammt, schmückt sich mit einer tiefen, klaren Granatfarbe. Während der Geruchseindruck mit den Zimt-, Gewürznelken- und Lakritzedüften nicht sehr intensiv ist, zeigt der runde, harmonisch gebaute, fleischige Geschmack die Merkmale seines Terroir. Diese Cuvée, die großen Charme besitzt und nahe an einem zweiten Stern war, kann innerhalb der nächsten drei Jahre zu einem Rehschlegel getrunken werden.

Dom. Gaget, La Côte du Py, 69910 Villié-Morgon, Tel. 04.74.04.20.75, Fax 04.74.04.21.54
n. V.

DOM. DES GAUDETS 2000**

1 ha 10 000 5à8€

Seit 1993 arbeiten Vater und Sohn zusammen und bewirtschaften gemeinsam Weinberge mit fünfzig Jahre alten Rebstöcken, die auf Schieferböden angepflanzt sind. Sie haben eine rubinrote Cuvée erzeugt, die sich zu Kirschwasserdüften entfaltet. Sie ist wohl ausgewogen und besitzt dichte, duftige Tannine, die an Weinbergspfirsich und reife Früchte erinnern. Trinken kann man den sehr lang anhaltenden Wein im Laufe der nächsten drei bis vier Jahre.

Noël et Christophe Sornay, Le Brye, 69910 Villié-Morgon, Tel. 04.74.04.23.65, Fax 04.74.69.10.70 n. V.

ALAIN ET GEORGES GAUTHIER 1999

1,5 ha 11 300 5à8€

Achtzig Jahre alte Rebstöcke, die auf Schieferböden wachsen, haben eine granatrote Cuvée hervorgebracht, die fünf Monate lang je zur Hälfte im Gärtank und im Holzfass ausgebaut worden ist. Ihre entfalteten, feinen Düfte erinnern an rote Früchte, unter die sich ein Hauch von Jasmin mischt. Die ein wenig eckigen Tannine ihres reichhaltigen Körpers müssen sich noch verfeinern, damit der Wein liebenswürdiger wird. Er kann dann eine ganze Mahlzeit im Freundeskreis begleiten.

Alain et Georges Gauthier, EARL des Rochauds, La Roche Pilée, 69910 Villié-Morgon, Tel. 04.74.69.15.87, Fax 04.74.69.15.87
n. V.

MADAME ARTHUR GEOFFROY 2000

0,58 ha 4 000 5à8€

Der in kleiner Menge erzeugte granatrote Wein, der von einer Reblage mit Schieferboden kommt, bietet Düfte von Kirsche und schwarzen Früchten. Sein fleischiger, runder und sehr aromatischer Geschmack kommt zusammen mit feinen Tanninen zufrieden stellend zum Ausdruck. Es wird empfohlen, ihn im Laufe des Jahres zu Geflügel oder rotem Fleisch zu trinken.

Louise Geoffroy, Le Pré Jourdan, BP 17, 69910 Villié-Morgon, Tel. 04.74.04.23.57, Fax 04.74.69.13.45 n. V.

DOM. DE GRY-SABLON 2000**

2,3 ha 17 000 5à8€

Im neuen Probierkeller, der dieses Jahr eingerichtet wurde, kann man diesen Morgon, der eine sehr ausgeprägte rubinrote Farbe besitzt, kennen lernen. Er macht sich nach und nach mit Safran- und Zimtnoten bemerkbar, die sich zu Heidelbeer- und Johannisbeergelee hin entwickeln. Herrlich runde und fleischige Eindrücke umhüllen Tannine von ausgezeichneter Qualität. Seine bemerkenswerte Struktur und seine Nachhaltigkeit garantieren diesem 2000er eine schöne Lagerung. Man kann drei bis vier Jahre lang mit ihm als Begleiter für ein Federstück vom Rind rechnen.

Dominique Morel, Les Chavannes, 69840 Emeringes, Tel. 04.74.04.45.35, Fax 04.74.04.42.66, E-Mail gry-sablon@wanadoo.fr Mo–Sa 8h–18h

DOM. DE JAVERNIERE 2000*

1 ha 6 600 5à8€

Die vierte Generation, die den Betrieb seit 1974 führt, hat eine Cuvée von außergewöhnlicher Farbe vinifiziert: zwischen Rubin- und Granatrot. Kräftige, deutliche Düfte von schwarzer Johannisbeere und Veilchen, durchsetzt mit Gewürz- und Paprikanoten, ergeben zusammen mit einem kräftigen, ausgewogenen Körper einen männlichen, harmonischen Wein, der für die

Alterung geeignet ist. Dieser typische Morgon wird den Gaumen zwei bis drei Jahre lang begeistern.
🔑 Noël Lacoque, Javernière, 69910 Villié-Morgon, Tel. 04.74.04.24.26 ☑ 𝐓 n. V.

DOM. DE JAVERNIERE 2000*

■ 1 ha 5 000 🍷 5à8€

Die andere Domaine de Javernière, die von der fünften Generation geleitet wird, stellt im gleichen Jahrgang eine sehr schöne rubinrote Cuvée mit violetten Reflexen vor. Hier dominiert der entfaltete Eichenholzduft über die Unterholzgerüche mit Röst- und Ledernoten. Im Geschmack kommen die typischen Aromen von Kirschwasser und Steinobst zum Vorschein. Dieser kräftige Wein mit dichten, anhaltenden Tanninen ist für eine drei- bis vierjährige und noch längere Lagerung gebaut.
🔑 Hervé Lacoque, Javernière, 69910 Villié-Morgon, Tel. 04.74.04.26.64 ☑ 𝐓 n. V.

DOM. DE LA BECHE
Cuvée Vieilles vignes 1999

■ 2 ha 12 000 🍷 5à8€

Sechzig Jahre alte Rebstöcke, die auf einem steinigen Tonboden angepflanzt sind, haben einen Wein mit einschmeichelndem, fruchtigem Duft geliefert. Seine schöne Struktur, die noch von sich entwickelnden Tanninen beeinflusst bleibt, wird noch feiner werden. Im Herbst ist er trinkreif.
🔑 Olivier Depardon, Dom. de La Bêche, 69910 Villié-Morgon, Tel. 04.74.69.15.89, Fax 04.74.04.21.88 ☑ 𝐓 n. V.

DOM. DE LA CHANAISE
Côte du Py 1999*

■ 3,5 ha 20 000 🍷 8à11€

Das Gut in Familienbesitz, dessen Ursprünge ins 16. Jh. zurückreichen, hat einen tiefgranatroten 99er erzeugt, in dessen komplexen, intensiven Düften sich Steinfrüchte, getrocknete Früchte und Pfingstrose mischen. Die schöne, fleischige, fruchtige Ansprache begleitet ein geschmeidiges, elegantes Tanningerüst. Diskrete Holznoten, die von den großen Eichenfässern herrühren, verbinden sich mit feinen Aromen von sehr reifen Früchten. Dieser typische, ansprechende Wein besitzt genug Reserven, damit man ihn im Laufe der nächsten drei Jahre trinken kann.
🔑 Dominique Piron, Morgon, 69910 Villié-Morgon, Tel. 04.74.69.10.20, Fax 04.74.69.16.65, E-Mail dominique-piron@domaines-piron.fr ☑ 𝐓 n. V.

DOM. DE LA COTE DES CHARMES
Les Charmes 2000

■ 6 ha 11 000 🍷 5à8€

Jacques Trichard leitet das 9 ha große Gut seit 1969. Dieser Wein stammt von den Schieferböden der Einzellage Les Charmes. Er hat eine schöne Granatfarbe, die sich mit violetten Tönen schmückt, und entfaltet feine Sauerkirschdüfte. Der frische Geschmack, dem es weder an «Fleisch» noch an Gerüst mangelt, bietet angenehme Aromen von Waldfrüchten. Diese typische, komplette Cuvée, die für die Lagerung geeignet ist, wird in ein bis zwei Jahren trinkreif sein.
🔑 Jacques Trichard, Les Charmes, 69910 Villié-Morgon, Tel. 04.74.04.20.35, Fax 04.74.69.13.49 ☑ 𝐓 n. V.

DOM. DE LA SERVE DES VIGNES
2000

■ k. A. k. A. 8à11€

Eine gelungene Cuvée, die von dem Weinhändler Pierre Dupond vorgestellt wird. Ihre reichen Düfte mit den mineralischen Nuancen sind für das Terroir charakteristisch. Nach einer klaren Ansprache machen sich die Tannine bemerkbar, aber die Struktur wird sich abrunden. Dieser gut gemachte Wein von guter Länge ist im Herbst trinkreif.
🔑 Pierre Dupond, 235, rue de Thizy, 69653 Villefranche-sur-Saône, Tel. 04.74.65.24.32, Fax 04.74.68.04.14, E-Mail p.dupond@seldon.fr

DOM. DE L'HERMINETTE 1999

■ 4 ha 20 000 🍷 5à8€

Dieser Weinhändler, der seinen Sitz unweit von Vaux («Clochemerle») hat, schlägt einen tiefgranatroten Wein mit diskreten Kirsch- und Brombeerdüften vor. Das Gespann Lebhaftigkeit-Tanninreichtum, das über seinen guten Körper dominiert, regt dazu an, diesen 99er mit dem würzigen Abgang (ein Hauch von Lakritze) ein paar Monate aufzuheben. Coq au vin wird danach willkommen sein.
🔑 Maison François Paquet, BP 1, Le Trève, 69460 Le Perréon, Tel. 04.74.02.10.10, Fax 04.74.03.26.99 ☑

DOM. DU MARGUILLIER 2000

■ 6 ha 37 000 🍷 5à8€

Düfte von Gewürzen wie etwa Gewürznelke gehen von diesem Wein mit der kirschroten Farbe aus. Nach einer weichen, ziemlich runden Ansprache dominieren rustikalere, kräftigere Eindrücke. Dieser jugendliche Morgon ist zukunftsreich, wenn man ihm ein Jahr Zeit lässt, damit er sich verfeinert.
🔑 Noël et Christophe Sornay, 69830 Villié-Morgon, Tel. 04.74.09.60.08

DOM. PASSOT-COLLONGE
Les Charmes 1999

■ k. A. 8 000 🍷 5à8€

Das 1990 renovierte Gut in Familienbesitz, das 800 m von Château de Fontcrenne entfernt liegt, hat einen intensiv granatroten Wein erzeugt, der von einem Granitboden stammt. Dieser Morgon, der über einen reichhaltigen, fleischigen, kräftigen Körper verfügt, besitzt eine üppige Konstitution und eine schöne Stärke. Eine leichte Belüftung ist geboten, damit man ihn zu Niederwild voll würdigen kann.
🔑 Bernard et Monique Passot, Le Colombier, rte de Fleurie, 69910 Villié-Morgon, Tel. 04.74.69.10.77, Fax 04.74.69.13.59 ☑ 𝐓 n. V.

DOM. DES PILLETS
Vieilles vignes 1999★★

■ 8 ha 5 000 🛢 5à8€

Das Weingut ist eine ehemalige Halbpacht der Herren von Fontcrenne de Villié; es wird von der Römerstraße durchquert, die Lyon mit Autun verband. Dieser tiefpurpurrote Morgon mit den intensiven Düften von Pflaumenkonfitüre und Quittenbrot zeigt einen großen Reichtum. Sein harmonischer Stoff, den Aromen von sehr reifen Früchten begleiten, überzieht den Gaumen lang anhaltend ohne Rauheit. Diesen bemerkenswerten Wein kann man im Laufe der nächsten zwei bis drei Jahre genießen.

🔑 GFA Les Pillets, Les Pillets, 69910 Villié-Morgon, Tel. 04.74.04.21.60, Fax 04.74.69.15.28 ☑ 🍷 Mo–Sa 9h–12h 13h30–19h; zwei Wochen im Aug. u. 24. Dez. bis 2. Jan. geschlossen
🔑 Gérard Brisson

CH. DE PIZAY 2000

■ 19 ha 150 000 🍾 5à8€

Ein viereckiger Bergfried, Türmchen mit glasierten Ziegeln aus dem 15. Jh., Renaissancebauten und Gebäude aus dem 19. Jh. sowie eine Kapelle aus dem 18. Jh. bilden einen riesigen Hotelkomplex, dem aber auch ein Weinbaubetrieb angeschlossen ist. Außer dem lobend erwähnten **weißen 2000er Beaujolais** hat das Gut diesen rubinroten Morgon hergestellt, der nach Blüten und Früchten duftet. Seine gute geschmackliche Präsenz empfiehlt ihn trotz eines etwas feinen Körpers zu einem Genuss im Laufe des Jahres.

🔑 SCEA Dom. Château de Pizay, 69220 Saint-Jean-d'Ardières, Tel. 04.74.66.20.10, Fax 04.74.69.60.66, ☑ 🍷 n. V.

DOM. DE ROCHE SAINT JEAN
Côte de Py 1999★

■ 2,43 ha 5 500 🍾 5à8€

Auf diesem über 13 ha großen Gut hat der nach Südsüdosten liegende Weinberg eine tiefrubinrote Cuvée mit komplexen Düften von sehr reifen roten Früchten hervorgebracht. Nach einer reichen Ansprache hinterlässt sein fleischiger Körper, der stark «morgonniert», einen angenehmen Geschmackseindruck, der dazu reizt, diesen 99er im Laufe des Jahres zu weißem oder rotem Fleisch zu trinken.

🔑 SCEA Bernard Mathon, Bellevue, dom. de Roche-Saint-Jean, 69910 Villié-Morgon, Tel. 04.74.04.23.92, Fax 04.74.04.23.92 ☑ 🍷 n. V.

MONIQUE ET MAURICE SORNAY
1999

■ k. A. 10 000 🍾 5à8€

Die schöne Stärke der Düfte (Veilchen, verbunden mit Iris und frischer Paprikaschote) wurde bei diesem rubinroten bis violetten Wein einstimmig anerkannt, ebenso wie die Verführungskraft seiner aromatischen Tannine und seines runden, samtigen Körpers. Eine originelle, elegante Cuvée, die man im Laufe des Jahres trinken sollte.

🔑 EARL Sornay-Aucœur, Fondlong, 69910 Villié-Morgon, Tel. 04.74.04.22.97, Fax 04.74.04.22.97 ☑ 🍷 n. V.

DOM. DES SOUCHONS
Cuvée Tradition 1999★

■ 10 ha 60 000 🍾 5à8€

Das 1752 entstandene Gut hat von vierzig Jahre alten Rebstöcken, die auf Ton- und Kalksteinböden wachsen, diesen 99er erzeugt, der eine schöne Granatfarbe ohne jegliche Entwicklungsnuance besitzt. Er bietet angenehme, feine blumig-fruchtige Düfte und überzieht dann den Gaumen mit seinem zarten «Fleisch». Der bezaubernde, samtige Wein kann schon dieses Jahr getrunken werden, aber eine ein- bis zweijährige Lagerung ist bei ihm möglich.

🔑 Serge Condemine-Pillet, Morgon-le-Bas, 69910 Villié-Morgon, Tel. 04.74.69.14.45, Fax 04.74.69.15.43, E-Mail domainesouchons@free.fr
☑ 🍷 tägl. 8h–12h 14h–19h; 23. Dez. bis 2. Jan. geschlossen

Moulin-à-Vent

Der «Seigneur» unter den Beaujolais-Crus hat seine 676 ha in den Gemeinden Chénas, im Departement Rhône gelegen, und Romanèche-Thorins, im Departement Saône-et-Loire. Wahrzeichen der Appellation ist die ehrwürdige Windmühle, die sich in 240 m Höhe auf einer sanft geformten Kuppe mit reinem Granitsand erhebt, in der Reblage Les Thorins; 1999 erhielt sie in Anwesenheit der Seefahrer Laurent und Yvan Bourgnon ihre Flügel zurück. Erzeugt werden hier 38 600 hl von der Rebsorte Gamay noir à jus blanc. Die nicht sehr tiefen Böden, die reich sind an Mineralen wie etwa Mangan, verleihen den Weinen eine tiefrote Farbe, ein an Iris erinnerndes Aroma, Bouquet und Körper, so dass man sie manchmal mit ihren burgundischen Cousins von der Côte d'Or vergleicht. Nach einem alten Brauch trägt man den Wein aus jedem Jahrgang zu den Taufsteinen, zuerst nach Romanèche-Thorins (Ende Oktober), danach in alle Dörfer und Anfang Dezember schließlich in den Hauptort.

Obwohl man den Moulin-à-Vent schon in den ersten Monaten nach seiner Herstellung genießen kann, verträgt er problemlos eine mehrjährige Alterung. Dieser «Fürst» war einer der ersten Crus, die als AOC anerkannt wurden, nämlich im Jahre 1936, nachdem ein Urteil des Landgerichts von Mâcon seine Grenzen festlegte. Zwei Probierkeller machen es möglich, ihn zu verkosten, der eine zu Füßen der Windmühle, der andere am Rand der Route nationale. Hier wie auch anderswo trinkt man den Moulin-à-Vent mit Genuss zu allen Gerichten, zu denen man üblicherweise Rotwein wählt.

CH. BONNET Vieilles vignes 2000*

■ 1,7 ha 12 000 5à8€

Das schöne, 7 ha große Gut, dessen Ursprung bis 1630 zurückreicht, wird heute teilweise vom Sohn des Besitzers bewirtschaftet. Diese granatrote Cuvée beginnt mit flüchtigen Nuancen von Tiergeruch, die sich in Richtung Rote-Johannisbeer- und Himbeernoten entwickeln, verbunden mit Gewürzen. Im Geschmack genießt man die aromatischen Qualitäten dieses jugendlichen 99ers, der noch voller Energie ist und sich ausgewogen und harmonisch zeigt. Trinken kann man ihn im Laufe der nächsten beiden Jahre.

Pierre-Yves Perrachon, Ch. Bonnet, 71570 La Chapelle-de-Guinchay, Tel. 03.85.36.70.41, Fax 03.85.36.77.27, E-Mail chbonnet@terre.net.fr n. V.

DOM. BOURISSET 2000

■ 5 ha 35 000 8à11€

Die Rebstöcke, die nicht weit von der berühmten Mühle entfernt auf Gesteinsgrus wachsen, haben diese dunkelgranatrote Cuvée hervorgebracht. Sie beginnt noch schüchtern mit schönen Noten von Blüten und schwarzer Johannisbeere, die sich zum Mineralischen hin entwickeln. Dieser Wein mit den jugendlichen Merkmalen kleidet den Mund mit rassigen Tanninen aus, die sich abrunden werden; er ist reich, konzentriert und aromatisch. Man sollte ihn zwei bis drei Jahre aufheben, um ihn mit Genuss trinken zu können.

Collin-Bourisset Vins Fins, av. de la Gare, 71680 Crèches-sur-Saône, Tel. 03.85.36.57.25, Fax 03.85.37.15.38, E-Mail cbourisset@gofornet.com n. V.

DOM. CHAMPAGNON 2000

■ 2,99 ha 19 000 5à8€

Sechs Monate Lagerung im Fass für diese lebhaft rote Cuvée mit den kräftigen Kirsch- und Schwarze-Johannisbeer-Düften, die sich im Mund fortsetzen. Die weiche, fruchtige Ansprache verlängert sich in raueren Eindrücken junger Tannine. Dieser zunächst süffig wirkende Wein muss sich noch ein paar Monate verfeinern.

EARL du Dom. Champagnon, Les Brureaux, 69840 Chénas, Tel. 03.85.36.71.32, Fax 03.85.36.72.00, E-Mail champagnon.gaec@compuserve.com tägl. 8h–20h

DOM. DE CHAMP DE COUR Réserve 1999*

■ 2 ha 15 000 8à11€

Das Gut befindet sich im Besitz der Familie Mommessin. Sein 99er ist sechs Monate in Fässern ausgebaut worden, die aus dem Grand cru Clos de Tart (im Alleinbesitz der Familie) stammen. Er ist dunkelrubinrot und bietet recht kräftige Vanilledüfte und blumige Nuancen. Sein schöner, weiniger Körper, den der Holzton durchdringt, ist vollständig und ausgewogen. Ein sehr gelungener Wein, den man im Laufe des Jahres 2002 trinken kann.

GFA Champ de Cour, 71570 Romanèche-Thorins, Tel. 04.74.69.09.30, Fax 04.74.69.09.28

PIERRE CHANAU 1999*

■ 7,75 ha 60 000 5à8€

Dieser von der Firma Thorin für Auchan hergestellte hellrubinrote 99er zeigt sich in der Nase ausdrucksstark. Die komplexen Düfte von guter Stärke erinnern an kleine rote und schwarze Früchte, die mit Blüten- und Gewürznoten verbunden sind. Dem Geschmack, der eine gute Ausgewogenheit zwischen Frucht und Tanninen bietet, mangelt es nicht an Weinigkeit. Trinken sollte man diesen angenehmen Wein in den nächsten beiden Jahren zu rotem Fleisch oder einem Anglerragout.

Auchan, 200, rue de la Recherche, 59650 Villeneuve-d'Ascq, Tel. 04.74.69.09.10, Fax 04.74.69.09.28 n. V.

JACQUES CHARLET Champ de Cour 2000

■ k. A. k. A. 5à8€

Das helle Rubinrot der Farbe wird von schönen violetten Reflexen unterstützt. Die feinen Düfte von schwarzer Johannisbeere und gekochten Früchten bleiben recht zurückhaltend. Der gut zusammengestellte, ausgewogene Geschmack wird zuerst von pflanzlichen Eindrücken beherrscht; dahinter folgen anhaltende Vanillenoten. Dieser Wein muss noch feiner werden.

Jacques Charlet, 71570 La Chapelle-de-Guinchay, Tel. 03.85.36.82.41, Fax 03.85.33.83.19

DOM. GAY-COPERET 2000

■ 5 ha 8 000 5à8€

Ein perfektes Beispiel für Gleichberechtigung: Das Gut trägt den Namen der beiden Ehepartner und hält für die Weinliebhaber einen warmherzigen Empfang bereit. Dieser dunkle, fast violette Wein mit Nuancen von Pfingstrose, die in Richtung Lakritze gehen, erweist sich körperreich, mit einem soliden Gerüst. Dieser noch jugendliche und ungekünstelte Moulin-à-Vent zeigt ein schönes Potenzial. Man kann ihn zwei bis drei Jahre aufheben.

Catherine et Maurice Gay, Les Vérillats, 69840 Chénas, Tel. 04.74.04.48.86, Fax 04.74.04.42.74 n. V.

J. GONARD ET FILS 2000*

■ 1 ha 7 000 ⫼ 5 à 8 €

Das auf Weine aus dem Mâconnais und dem Beaujolais spezialisierte Familienunernehmen stellt eine dunkelgranatrote Cuvée mit einem ausdrucksvollen Duft von kleinen roten Früchten und Steinfrüchten vor, unter die sich Gewürze mischen. Der kräftige, recht runde, fruchtige Geschmack ist auf harmonische Weise ausgewogen. Diesen gelungenen, sehr angenehmen Wein kann man in den nächsten beiden Jahren trinken.

J. Gonard et Fils, La Varenne, Jullie, 69840 Juliénas, Tel. 04.74.04.45.20, Fax 04.74.04.45.69 ☑ Y tägl. 9h–12h 14h–19h

DOM. DU HAUT-PONCIE 1999**

■ 3,2 ha 6 800 ⫼ 8 à 11 €

Eine Reblage, die reich an Mangan ist, hat diese klare rubinrote Cuvée mit dem sehr feinen, deutlichen Bouquet von Vanille und kandierten roten Früchten hervorgebacht. Der reiche 99er erweist sich als harmonisch gebaut und nachhaltig. Er hat einen feinen Holzton mit Lakritzenoten und ist typisch, rund und gut strukturiert. Auch wenn er trinkreif ist, kann er noch zwei Jahre lagern.

GAEC Tranchand, Dom. du Haut-Poncié, 69820 Fleurie, Tel. 04.74.04.16.06, Fax 04.74.69.89.97
☑ Y Mo–Sa 8h–20h; So n. V.

CH. DES JACQUES 1999*

■ 22 ha 20 000 ⫼ 11 à 15 €

Eine traditionelle Anbauweise der Reben hat zusammen mit einer langen Vermaischung einen intensiv rubinroten Wein geliefert, der sich zu Brombeernuancen und mineralischen Noten entfaltet. Dieser füllige, reiche 99er mit dem deutlichen mineralischen Charakter, der viel Lebhaftigkeit bewahrt hat, wird in den kommenden zwei bis drei Jahren munden. Eine Dekantierung wie in Burgund kann günstig für ihn sein.

Ch. des Jacques, 71570 Romanèche-Thorins, Tel. 03.85.35.51.64, Fax 03.85.35.59.15, E-Mail chateau-des-jacques@wanadoo.fr
☑ Y n. V.
Firma Louis Jadot

LA BRUYERE 1999

■ 1 ha 6 000 ▮ 15 à 23 €

Neben einer riesigen Palette von Crus der Côte d'Or bietet die Firma in Beaune diesen Moulin-à-Vent. Elegante Vanillenuancen mit einem dominierenden Backpflaumenduft gehen von der intensiv hochroten Cuvée aus. Der kräftige, runde Körper offenbart einen schon trinkreifen Wein, der noch gewinnt, wenn man ihn ein Jahr aufhebt.

Pierre André, Ch. de Corton-André, 21420 Aloxe-Corton, Tel. 03.80.26.44.25, Fax 03.80.26.43.57, E-Mail pandre@axnet.fr

DOM. DE LA TEPPE 1999

■ 4,5 ha 9 000 ⫼ 5 à 8 €

Das Gut, das 500 m vom Musée du Compagnonnage entfernt liegt und sich seit fünf Generationen unaufhörlich vergrößert hat, umfasst heute über 20 ha Weinberge. Diese intensiv rubinrote Cuvée mit den komplexen Düften von roten Früchten, Trockenblumen und Unterholz entfaltet sich auf angenehme Weise im Mund mit würzigen Noten, die sich mit ihrer Frucht vermischen. Im Abgang kommen noch Tannine zum Vorschein, die sich aber schon im Herbst aufgelöst haben dürften, so dass man diesen Wein im Laufe des Jahres trinken kann.

EARL Robert et Pierre Bouzereau, Dom. de La Teppe, 71570 Romanèche-Thorins, Tel. 03.85.35.52.47, Fax 03.85.35.52.47
☑ Y n. V.

DOM. DE LA TOUR DU BIEF 1999

■ k. A. 9 800 ⫼ 8 à 11 €

Charnay, der Sitz dieses Weinhändlers, hat eine Kirche, deren Apsis und Glockenturm romanisch sind. Die zunächst verborgenen Aromen dieser intensiv rubinroten Cuvée entfalten sich während der Verkostung; sie erinnern an Lakritze und Unterholz. Der ausgewogene, feine 99er von guter Nachhaltigkeit hat seine Reife erreicht; deshalb empfiehlt es sich, ihn in den nächsten beiden Jahren zu trinken.

Trénel Fils, 33, chem. du Buéry, 71850 Charnay-lès-Mâcon, Tel. 03.85.34.48.20, Fax 03.85.20.55.01, E-Mail info@trenel.com
☑ Y Di–Fr 8h–12h 13h30–18h; Mo 13h30–18h u. Sa 8h–12h

DOM. JACQUES ET ANNIE LORON La Rochelle 2000*

■ 2 ha 8 000 ▮ 5 à 8 €

Fünfzig Jahre alte Rebstöcke haben einen von der Jury lobend erwähnten **2000er Chénas** hervorgebracht, außerdem diese purpurrote Cuvée mit dem einschmeichelnden Duft von Rosen und Pfingstrosen, der sich zu Zimt und Safran hin entwickelt. Der recht fleischige, füllige Wein mit der guten Tanninunterstützung lässt sich im Laufe der nächsten beiden Jahre wie eine Weintraube «beißen».

EARL Jacques et Annie Loron, Les Blancs, 69840 Chénas, Tel. 04.74.04.48.76, Fax 04.74.04.42.14 ☑ Y n. V.

DOM. DU MATINAL 2000

■ 4 ha 8 000 ▮⫼ 5 à 8 €

Die Weine der beiden Appellationen, die das 6,3 ha große Gut in Anspruch nimmt, werden von der Jury lobend erwähnt: ein sieben Monate im Gärtank ausgebauter **2000er Chénas** und der Moulin-à-Vent, der acht Monate im Eichenfass reifte. Dieser hat eine leichte rote Farbe und bietet feine, anhaltende Düfte von Trauben und kandierten Früchten sowie Holznoten. Der jugendliche, weiche Geschmack zeigt eine überaus angemessene Fülle. Dieser angenehme, nicht sehr körperreiche Wein kann im Laufe des Jahres getrunken werden.

🔑 EARL Simone et Guy Braillon, Le Bourg, 69840 Chénas, Tel. 04.74.04.48.31, Fax 04.74.04.47.64
☑ 🍷 tägl. 9h–20h; Gruppen n. V.; Mitte Aug. geschlossen

CH. DES MICHAUDS 2000

■ 4 ha 6 400 5à8€

Diese granatrote Cuvée, die in einem der schönsten Gewölbekeller der Region ausgebaut worden ist, duftet nach Blüten, frischen roten Früchten und Gewürzen und zeigt noch ihre ganze Jugendlichkeit. Ihre Tannine, die angenehm bleiben, sind mit anhaltenden Fruchtaromen verknüpft. Der gut gebaute Wein muss seine glücklich begonnene Entwicklung fortsetzen. Man sollte ihn ein Jahr lagern.
🔑 Ch. de Chénas, 69880 Chénas, Tel. 04.74.06.10.10, Fax 04.74.66.13.77
☑ 🍷 n. V.

CH. DU MOULIN A VENT 1999*

■ 29,4 ha 28 000 8à11€

Nicht weit entfernt von der Windmühle, dem Wahrzeichen des Cru, ist dieser tiefrubinrote Wein mit dem komplexen Bouquet von Geröstetem, Gewürzen und vollreifen Früchten entstanden. Sein reichhaltiger, fleischiger, öliger Körper ist von Aromen von kandierten Früchten und Gewürzen durchdrungen. Man kann ihn in den nächsten beiden Jahren zu rotem Fleisch oder Wild trinken. (Auf dem Etikett hat der Erzeuger «Cuvée exceptionnelle» vermerkt, was diese Flasche von der nicht im Holzfass ausgebauten Cuvée unterscheidet.)
🔑 Ch. du Moulin à Vent, 71570 Romanèche-Thorins, Tel. 03.85.35.50.68, Fax 03.85.35.20.06
☑ 🍷 Mo–Fr 9h–12h 14h–18h; Sa, So n. V.
🔑 Flornoy-Bloud

DOM. DU MOULIN D'EOLE
Les Thorins Réserve 1999*

■ 1,72 ha 13 000 8à11€

Dem 98er des Guts wurde im letzten Jahr eine Liebeserklärung zuerkannt. Dieses Jahr erhält der 99er einen Stern für einen Wein von klarem, strahlendem Rubinrot, der feine Düfte von roten Früchten verströmt, verbunden mit Lakritze, Pfeffer, Zimt und Gewürznelke. Mit verschmolzenen, nachhaltigen Tanninen überzieht er voller Öligkeit den Gaumen. Die rassige Cuvée ist trinkreif, aber die geduldigeren Weinfreunde werden sie sich zwei Jahre lang zu einem Rehschlegel munden lassen.
🔑 Philippe Guérin, Le Bourg, 69840 Chénas, Tel. 04.74.04.46.88, Fax 04.74.04.47.29
☑ 🍷 Mo–Sa 9h–12h 14h–19h

GEORGES ET MONIQUE PERRAUD
1999

■ 1,26 ha 9 000 5à8€

Ein und dieselbe Familie bewirtschaftet das Gut seit 1560! Dieser lebhaft rubinrote 99er entfaltet sich zu Nuancen von roten Früchten, die von Vanille durchdrungen sind. Sein guter Körper, der Frische bewahrt hat, bleibt dennoch vom Holzton des Fasses dominiert, aber der Wein kann sich noch entwickeln. Man sollte ein bis zwei Jahre warten, bis er seine Reife erreicht hat.
🔑 Georges et Monique Perraud, 69820 Vauxrenard, Tel. 04.74.69.90.47 ☑ 🍷 n. V.

DOM. DU POURPRE 2000*

■ 9,5 ha 20 000 5à8€

Zusammen mit dem lobend erwähnten **Chénas** trägt sich die gesamte 2000er Produktion des Guts in die Bestenliste des Hachette-Weinführers ein! Pfingstrosen- und Rosendüfte, danach Nuancen kandierter Kirschen kennzeichnen diesen dunkelroten Moulin-à-Vent. Auf die frische Ansprache folgen Eindrücke von Rundheit, für die ein milder, reicher Körper sorgt. Die dichten, rassigen Tanninen, die sich im Abgang zeigen, reizen dazu, seinen Genuss für die nächsten zwei bis drei Jahre aufzuschieben.
🔑 EARL Dom. du Pourpre, Les Pinchons, 69840 Chénas, Tel. 04.74.04.48.81, Fax 04.74.04.49.22 ☑ 🍷 tägl. 8h–20h
🔑 Méziat

LES VIGNERONS DU PRIEURE
Roche Gré 1999

■ k. A. k. A. 5à8€

Die 1960 von 83 Winzern gegründete Genossenschaftskellerei vinifiziert heute die 270 Hektar ihrer 255 Mitglieder. Ihr 99er Moulin-à-Vent von leichter, klarer, reintöniger roter Farbe, der einen fruchtigen, leicht vanilleartigen Duft besitzt, hält im Geschmack lang an. Seine noch spürbaren Tannine müssen sich ein paar Monate lang abrunden.
🔑 Les Vignerons du Prieuré, Ch. du Bois de la Salle, 69840 Juliénas, Tel. 04.74.04.41.66, Fax 04.74.04.47.05 ☑ 🍷 n. V.

DOM. BENOIT TRICHARD
Mortperay 1999*

■ 6,5 ha 30 000 8à11€

Dieser Erzeuger, der integrierten Pflanzenschutz praktiziert, wird von unseren Jurys regelmäßig ausgewählt. Dieses Jahr wird sein **2000er Brouilly** (Preisgruppe: 30 bis 49 F) lobend erwähnt, während dieser dunkelrote Wein mit den ziegelroten Reflexen einen Stern erhält. Seine sehr intensiven Düfte von roten Früchten, Unterholz und Geröstetem verraten eine schöne Entwicklung. Sein reichhaltiger Körper kommt nach einer als zurückhaltend beurteilten Ansprache zum Vorschein. Der sehr aromatische Moulin-à-Vent mit dem gelungenen Holzton, der im Geschmack ausgewogen ist und lang anhält, hat Persönlichkeit. Trinken kann man ihn in den nächsten beiden Jahren.
🔑 Dom. Benoît Trichard, Le Vieux-Bourg, 69460 Odenas, Tel. 04.74.03.40.87, Fax 04.74.03.52.02, E-Mail dbtricha@club-internet.fr ☑ 🍷 n. V.

Régnié

Der jüngste Beaujolais-Cru, 1988 offiziell anerkannt, liegt zwischen dem Cru Morgon im Norden und dem Cru Brouilly im Süden und bestätigt so die Kontinuität der Grenzen zwischen den zehn kommunalen Appellationen des Beaujolais.

Mit Ausnahme von 5,93 ha in der Nachbargemeinde Lantigné befinden sich die 746 abgegrenzten Hektar der Appellation vollständig auf dem Boden der Gemeinde Régnié-Durette. Ähnlich wie beim älteren Nachbarn Morgon hat man nur den Namen einer der beiden zusammengewachsenen Gemeinden als Bezeichnung für die Appellation gewählt. 2000 wurden nur 500 ha als AOC Régnié angemeldet, bei einer Produktion von 28 900 hl.

Das Anbaugebiet der Gemeinde erstreckt sich von Nordwesten nach Südosten und ist zum großen Teil der Morgen- und Mittagssonne ausgesetzt, so dass man die Reben in einer Höhe zwischen 300 und 500 m anbauen kann.

Zumeist treibt die einzige Rebsorte der Appellation, Gamay noir à jus blanc, ihre Wurzeln in einen sandig-steinigen Untergrund; die Weinberge befinden sich nämlich auf dem Granitmassiv von Fleurie. Aber es gibt auch ein paar Abschnitte, wo der Boden leicht tonig ist.

Die Erziehungsart der Reben und die Vinifizierungsweise sind dieselben wie in den anderen kommunalen Appellationen. Eine Ausnahme in den Vorschriften besagt jedoch, dass die AOC Bourgogne nicht in Anspruch genommen werden darf.

Im Caveau des Deux Clochers, dem «Probierkeller der zwei Kirchtürme», nahe bei der Kirche, deren origineller Bau den Wein symbolisiert, können die Weinfreunde ein paar Proben der hier erzeugten 33 880 hl trinken. Die fleischigen, weichen, ausgewogenen, eleganten Weine, deren entfaltete Aromen an rote Johannisbeere, Himbeere und Blumen erinnern, werden von manchen als fröhlich und feminin bezeichnet.

DOM. DES BOIS 1999

■ 1,32 ha 11 000 5à8€

Durchreisende Gäste finden auf dem Gut eine Ferienunterkunft und Verpflegung; sie können sich auch mit der Arbeit im Weinberg und bei der Weinbereitung vertraut machen. Diese überaus strahlende Cuvée mit den recht feinen Kirsch- und Gewürzdüften füllt den Mund voller Leichtigkeit aus. Trinken kann man den gefälligen, ausgewogenen Wein, der frisch geblieben ist, zu Wurstgerichten.

Roger et Marie-Hélène Labruyère, Les Bois, 69430 Régnié-Durette, Tel. 04.74.04.24.09, Fax 04.74.69.15.16, E-Mail roger.labruyere@wanadoo.fr n. V.

DOM. DES BRAVES 2000

■ 4 ha 10 000 5à8€

Diese mittels Thermovinifikation hergestellte Cuvée wurde von Franck Cinquin erzeugt, der hier seit 1989 arbeitet. Sie ist strahlend rubinrot mit violetten Reflexen und gibt sich zunächst einschmeichelnd. Komplexe, intensive Düfte von Gewürzen und sehr reifen Früchten strömen aus dem Glas. Die runde Ansprache entwickelt sich zu lebhafteren pflanzlichen Noten hin, die im Gegensatz zu den anfänglichen kräftigen Geruchseindrücken stehen. Eine Flasche, die man ein wenig aufheben kann, obwohl ein Verkoster empfahl, sie schon im Herbst zu trinken.

Franck Cinquin, Les Grandes Bruyères, 69430 Régnié-Durette, Tel. 04.74.66.88.08, Fax 04.74.66.88.08 n. V.

DOM. DES BRAVES 2000

■ 9 ha 30 000 5à8€

Dieses andere Gut, das ebenfalls eine Thermovinifikation mit Erhitzung der Trauben oder des Mostes verwendet, stellt einen granatroten Wein vor, der mit ausgeprägten Düften von Fruchtdrops und schwarzen Früchten beginnt. Auf die recht weiche Ansprache folgt rasch eine Säurespitze, die die Aromen des noch jugendlichen Weins verstärkt. Er ist frisch und lecker. Trinken sollte man ihn im Laufe des Jahres.

Paul Cinquin, Les Braves, 69430 Régnié-Durette, Tel. 04.74.04.31.11, Fax 04.74.04.32.17 n. V.

DOM. DES BUYATS 2000

■ 1 ha 7 000 5à8€

In den Kellern des Guts, dessen Anfänge auf das Jahr 1822 zurückgehen, ist eine rubinrote bis bläulich rote Cuvée mit recht leichten Düften von roten Früchten, blumigen Noten und Gewürzen ausgebaut worden. Der nervige, pfeffrige Geschmack bietet noch rustikale Tannine, die sich verfeinern müssen. Dieser Wein mit dem einschmeichelnden Duft besitzt eine gute Ausgewogenheit. Man sollte ihn ein Jahr lagern.

Pierre Coillard, Dom. des Buyats, Les Buliats, 69430 Régnié-Durette, Tel. 04.74.04.35.37, Fax 04.74.69.02.93 n. V.

DOM. DE COLONAT

Cuvée Vieilles vignes 2000

■ 0,76 ha 5 600 ▮ 5à8€

Der hier seit 1977 tätige Bernard Collonge entstammt einer Familie, die seit dem 17. Jh. auf diesem Gut lebt. Für seine Weine hat er in unserem Weinführer bereits Liebeserklärungen erhalten. Seine strahlend rubinrote 2000er Cuvée entfaltet feine Düfte von sehr reifen Früchten. Er ist recht ausgewogen, so dass man ihn im Laufe des Jahres mit Genuss trinken kann.

Bernard Collonge, Dom. de Colonat, Saint-Joseph, 69910 Villié-Morgon, Tel. 04.74.69.91.43, Fax 04.74.69.92.47 ☑ Y n. V.

FRANÇOIS ET MONIQUE DESIGAUD 1999★

■ 4 ha 4 000 5à8€

Dieser Weinbaubetrieb liegt in gleicher Entfernung von Villié-Morgon und Régnié-Durette, in der Nähe des Dorfs Saint-Joseph, das in 470 m Höhe einen Großteil der Weinberge überragt. Er stellt einen hübschen 99er von intensivem Rubinrot vor, dessen feine Düfte von sehr reifen Trauben und Gewürzen sich ziemlich lang anhaltend in der Mundhöhle fortsetzen. Die klare, frische Ansprache zeigt auch einen fülligen, strukturierten Wein mit seidigen Tanninen. Man kann ihn einige Monate aufheben.

François et Monique Désigaud, Les Fûts, 69430 Régnié-Durette, Tel. 04.74.69.92.68, Fax 04.74.69.92.68 ☑ Y n. V.

HOSPICES DE BEAUJEU

Cuvée La Plaigne 1999

■ k. A. 7 000 ▮ 5à8€

Die Firma, die seit 1820 Weinberge besitzt und einen Weinhandel betreibt, bietet eine Cuvée von klarem Rubinrot, die man bei der berühmten Versteigerung erwerben kann, wobei man bieten kann, solange eine Kerze brennt. Die recht intensiven Himbeer- und Rote-Johannisbeer-Düfte, die sich zu Lakritze hin entwickeln, sind im Geschmack mit reizenden, milden Tanninen verbunden. Dieser süffige Wein gegen den Durst, der eine gute Frische bewahrt, wird zwei Jahre lang auf sehr angenehme Weise eine Platte mit Wurstgerichten begleiten.

Pardon et Fils, 39, rue du Gal-Leclerc, 69430 Beaujeu, Tel. 04.74.04.86.97, Fax 04.74.69.24.08, E-Mail pardon-fils.vins@wanadoo.fr

☑ Y Mo–Fr 8h–12h 14h–18h; Aug. geschlossen

DOM. DOMINIQUE JAMBON 2000★

■ 3 ha 4 000 ▮ 5à8€

Dominique Jambon, der bis 1995 Halbpächter anderer Güter war, wird für einen **2000er Morgon** lobend erwähnt und erhält einen Stern für diesen tiefpurpurroten Wein mit den mittelstarken, komplexen Düften von Veilchen und schwarzen Früchten wie etwa Brombeere. Nach einer klaren, fleischigen Ansprache enthüllt der 2000er nach und nach eine schöne Tanninstruktur, die mit fruchtigen Aromen verbunden ist und eine schöne Zukunft vorhersagen lässt. Er muss ein Jahr lagern.

Dominique Jambon, Arnas, 69430 Lantignié, Tel. 04.74.04.80.59, Fax 04.74.04.80.59 ☑ Y n. V.

DIDIER LAGNEAU 2000

■ 1,8 ha k. A. ▮ 5à8€

Didier Lagneau übernahm den Familienbetrieb 1999. Dieser lebhaft rote Wein beginnt mit Noten von roten Früchten und Gewürzen, die sich im Geschmack fortsetzen. Er ist aromatisch und besitzt noch spürbare Tannine, die ihn aber nicht aus dem Gleichgewicht bringen. Trinken sollte man ihn im Laufe des Jahres.

Didier Lagneau, Huire, 69430 Quincié-en-Beaujolais, Tel. 04.74.69.20.70, Fax 04.74.04.89.44 ☑ Y n. V.

GERARD ET JEANNINE LAGNEAU 2000

■ 6,5 ha 10 000 ▮ 5à8€

Das Gut in Familienbesitz, das über vier Gästezimmer verfügt, wurde für seinen **2000er Beaujolais-Villages** lobend erwähnt. Der Régnié aus dem gleichen Jahrgang entfaltet sich ziemlich rasch zu subtilen Himbeer- und Gewürzdüften. Der fruchtig-würzige Geschmack von guter Länge ist durch milde Tannine geprägt, die sich verfeinern müssen, und enttäuscht nicht. Man muss diesen Wein in den nächsten zwei Jahren trinken.

Gérard et Jeannine Lagneau, Huire, 69430 Quincié-en-Beaujolais, Tel. 04.74.69.20.70, Fax 04.74.04.89.44 ☑ Y n. V.

DOM. DE LA GRANGE CHARTON 1999

■ 3,44 ha 25 000 ▮ 5à8€

Auf dem Etikett erkennt man das charakteristische Gebäude, in dem die Familien der mit dem Gut verbundenen Winzer wohnen. Dieser tiefrubinrote 99er bietet gute Weichselaromen. Nach einer klaren Ansprache kommen die Tannine zum Vorschein und enthüllen einen etwas feinen Körper. Der gefällige Wein sollte im Laufe des Jahres zu weißem Fleisch getrunken werden.

Maison Thorin, Le Pont des Samsons, 69430 Quincié-en-Beaujolais, Tel. 04.74.69.09.10, Fax 04.74.69.09.28, E-Mail information@maisonthorin.com

DOM. DE LA PLAIGNE 2000

■ 9,5 ha 40 000 ▮ 5à8€

Eine kluge Mischung von klassischer Weinbereitung und Thermovinifikation liegt diesem Wein von kräftiger rubinroter Farbe zu Grunde, der sich zu Noten von Himbeeren, getrockneten Früchten und Blüten entfaltet. Sein schöner, fruchtiger Körper, der mehr Fülle verdienen würde, und sein ein wenig leichtes Gerüst bestimmen ihn zu einem Genuss in den nächsten beiden Jahren.

Gilles et Cécile Roux, La Plaigne, 69430 Régnié-Durette, Tel. 04.74.04.80.86, Fax 04.74.04.83.72 ☑ Y n. V.

DENIS ET VALERIE MATRAY 1999

■ 4,75 ha 4 000 3à5€

Der Wein dieses Familienbetriebs, der als Halbpächter der Hospices de Beaujeu arbeitet, hat eine sehr jugendliche rubinrote Farbe und zeigt angenehme Düfte von Früchten und Gewürzen. Der fleischige, ausgewogene Geschmack von guter Länge erweist sich als gut bewahrt. Trinken sollte man ihn im Laufe des Jahres.

Denis Matray, La Plaigne, 69430 Régnié-Durette, Tel. 04.74.69.22.54, Fax 04.74.69.22.54 Mo–Sa 9h–12h 14h–19h

JEAN-LUC PROLANGE 2000**

■ 6,3 ha 10 000 3à5€

Nach Anfängen als Kellereiarbeiter auf dem Gut der Hospices de Beaujeu hat dieser Winzer den Familienbetrieb in Halbpacht übernommen. Der Wein, der eine sehr dunkelrote Farbe mit blauen Reflexen zeigt, bietet komplexe, intensive Erdbeer- und Veilchendüfte, die sich zu mineralischen Noten und zu Nuancen von sehr reifen schwarzen und roten Johannisbeeren hin entwickeln. Die fleischige, runde Ansprache ist besonders verführerisch; danach erweist sich der Geschmack als lecker und sehr aromatisch. Erst im Abgang kommen festere Tannine zum Vorschein. Dank der sehr guten anfänglichen Eindrücke und seiner Alterungsfähigkeit kann man ihn ein bis zwei Jahre aufheben.

Jean-Luc Prolange, Les Vergers, 69430 Régnié-Durette, Tel. 04.74.69.00.22, Fax 04.74.69.00.22 n. V.

Yemeniz

DOM. DE VERNUS 1999

■ 1,5 ha 3 500 5à8€

Das Gut, das im gleichnamigen Weiler liegt, hat eine karminrote Cuvée mit entfalteten Düften von Pfeffer, schwarzen Früchten und Litschis erzeugt. Ein runder, sehr aromatischer Geschmack kennzeichnet diesen originellen, angenehmen Wein, der jetzt trinkreif ist.

Alain Démule, La Roche, 69430 Quincié-en-Beaujolais, Tel. 04.74.04.31.30, Fax 04.74.04.31.37 n. V.

Saint-Amour

Die 317 ha der Appellation, die sich vollständig im Departement Saône-et-Loire befinden, erzeugen 18 244 hl. Die kalkarmen Ton- und Kieselböden bilden zusammen mit Sandstein und Granitkies die Übergangszone zwischen den Böden im Süden, die ausschließlich aus dem Erdaltertum stammen, und den benachbarten Kalksteinböden im Norden, wo die Appellationen Saint-Véran und Mâcon liegen. Bei der Vinifizierung gibt es zwei «önologische Richtungen», um die Qualitäten der Rebsorte Gamay noir à jus blanc zur Entfaltung zu bringen: Die eine bevorzugt eine lange Maischegärung, die die Beaujolais-Traditionen wahrt und den von Granitböden stammenden Weinen den Körper und die Farbe verleiht, die für lagerfähige Weine notwendig sind. Die andere befürwortet eine Herstellung im Primeur-Stil und liefert Weine, die früher trinkreif sind, um die Neugier der Weinfreunde zu befriedigen. Saint-Amour sollte man zu Weinbergschnecken, frittierten kleinen Fischen, Froschschenkeln, Pilzen oder Poularde in Rahmsauce trinken.

Die Appellation hat bei vielen ausländischen Weintrinkern Anklang gefunden, so dass ein sehr großer Teil der Produktion ins Ausland geht. Der Besucher kann den Saint-Amour in einem Probierkeller kennen lernen, der 1965 in der Reblage Le Plâtre-Durand errichtet wurde, bevor er seinen Weg fortsetzt zur Kirche und zum Rathaus, die auf dem Gipfel einer 309 m hohen Kuppe die Region überblicken. Eine kleine Statue, die in einem Winkel der Kirche steht, erinnert an die Bekehrung des römischen Soldaten, von dem der Ort seinen Namen hat; sie lässt die Fresken vergessen, die sich in einem Haus im Weiler Les Thévenins befanden, heute aber leider nicht mehr existieren. Diese Bilder sollen ein Zeugnis vom fröhlichen Treiben gegeben haben, das während der Französischen Revolution in diesem «Haus der Jungfrauen» (Bordell) herrschte, und würden ebenfalls den Namen dieses Dorfs erklären ...

CH. DE BELLEVERNE 2000

■ 4 ha 15 000 8à11€

In den Kellern des Châteaus, das von 1800 stammt, ist dieser bläulich rote Saint-Amour ausgebaut worden, dessen recht feine Düfte empyreumatische Noten und Gewürznuancen bieten. Er füllt mit viel Milde den Gaumen aus und entfaltet delikate Heidelbeer- und Kirscharomen. Er ist harmonisch und nicht sehr kräftig. Jetzt trinkreif.

Sylvie Bataillard, Ch. de Belleverne, rue Jules Chauvet, 71570 La Chapelle-de-Guinchay, Tel. 03.85.36.71.06, Fax 03.85.33.86.41 Mo–Sa 8h–12h 13h30–18h

DOM. DES BILLARDS 2000

■ k. A. k. A. ▮ 5à8€

Der **2000er Juliénas Domaine de la Vieille Eglise** im Besitz der Erbengemeinschaft Loron hat eine lobende Erwähnung erhalten, ebenso wie dieser Wein von klarer rubinroter Farbe. Er entfaltet sich zu roten Früchten und Sauerkirschen, die von komplexen, mineralischen Noten, wie etwa Feuerstein, begleitet werden. Schon in der Ansprache lassen sich die schönen aromatischen Eindrücke nicht leugnen. Dieser ein wenig zarte, durstlöschende Saint-Amour, der weich und ausgewogen ist, wird willkommen sein, um den nächsten Valentinstag 2002 zusammen mit gegrilltem Fleisch zu feiern.

Ets Loron et Fils, Pontanevaux, 71570 La Chapelle-de-Guinchay, Tel. 03.85.36.81.20, Fax 03.85.33.83.19, E-Mail vinloron@wanadoo.fr

DOM. DU CARJOT 2000

■ 3 ha 20 000 ▮ 8à11€

Dieser Weinhändler stellt einen Gutswein von klarem Purpurrot vor, der mit Noten von roten Früchten beginnt, begleitet von gerösteten Mandeln. Im Geschmack treten Aprikosen hervor. Seine Weichheit, seine Fruchtigkeit und seine Leichtigkeit laden dazu ein, ihn im Laufe des Jahres zu trinken.

La Réserve des Domaines, Les Chers, 69840 Juliénas, Tel. 04.74.06.78.70, Fax 04.74.06.78.71, E-Mail avf@free.fr Y n. V.

Gilbert Giloux

CLOS DE LA BROSSE 2000

■ 1,08 ha 10 000 8à11€

Der Clos de la Brosse, der aus einer 1,08 ha großen, nach Osten liegenden Parzelle besteht, bietet einen klaren granatroten Wein mit delikaten Düften roter Früchte. Im Geschmack tragen die Eleganz der Fruchtigkeit und die verschmolzenen Tannine zu seinem Charme bei. Trinken kann man diesen fein und harmonisch gebauten 2000er im Jahre 2002. Ein weiterer von diesem Weinhändler vertriebener Cru, der **2000er Brouilly Domaine de la Motte** (Preisgruppe: 30 bis 49 F), hat ebenfalls eine lobende Erwähnung erhalten.

Paul Beaudet, rue Paul-Beaudet, 71570 Pontanevaux, Tel. 03.85.36.72.76, Fax 03.85.36.72.02, E-Mail paulbeaudet@compuserve.com

☑ Y Mo–Fr 8h–12h 13h30–17h30; Aug. geschlossen

DOM. DES DUC 2000*

■ 9,5 ha 50 000 ▮ 5à8€

Das Gut, das in Form einer Vereinigung von Weinbaubetrieben geführt wird, hat sich seit 1985 laufend vergrößert und umfasst heute 27,67 Hektar. Der 2000er von kristallklarem Purpurrot fällt zuerst durch intensive, komplexe Düfte von roten Früchten und Gewürzen auf. Sein weiniger Reichtum und seine verschmolzenen, gut gemeisterten Tannine verleihen ihm viel Konzentration. Trinken kann man diesen vollständigen, harmonischen Wein im Laufe des Jahres.

Dom. des Duc, La Piat, 71570 Saint-Amour-Bellevue, Tel. 03.85.37.10.08, Fax 03.85.36.55.75, E-Mail duc@vins-du-beaujolais.com ☑ Y n. V.

DOM. DE L'ANCIEN RELAIS Clos de la Brosse 1999

■ 1,1 ha 8 000 ▮ 5à8€

In den Gewölbekellern dieser ehemaligen Umspannstelle für Postkutschenpferde, die auf das Jahr 1399 zurückgeht, sind ein von der Jury lobend erwähnter **99er Juliénas Vieilles vignes** und dieser strahlend rubinrote Wein ausgebaut worden, dessen recht deutliche Düfte roter Früchte von würzigen Nuancen begleitet werden. Die sehr angenehme Ansprache setzt sich in Kirschwasser- und Aprikosennoten fort. Tannine verstärken die gute Struktur. Ein Saint-Amour, den man zu rotem Fleisch oder Innereien trinken kann.

EARL André Poitevin, Les Chamonards, 71570 Saint-Amour-Bellevue, Tel. 03.85.37.16.05, Fax 03.85.37.40.87 ☑ Y n. V.

GERARD ET NATHALIE MARGERAND Champs grillés 1999

■ 0,38 ha 4 000 ▮ 5à8€

Dieser intensive rote Wein hat die gleiche Bewertung wie der **99er Juliénas,** der eine lobende Erwähnung erhält. Er entfaltet sich zu roten Früchten und schwarzer Johannisbeere. Der kräftige Geschmack mit fruchtig-würzigen Aromen erweist sich als ausgewogen und sehr nachhaltig. Man kann diesen Saint-Amour zwei bis drei Jahre lang zu Wild genießen.

Gérard et Nathalie Margerand, Les Capitans, 69840 Juliénas, Tel. 04.74.04.46.53, Fax 04.74.04.46.53 ☑ Y n. V.

JEAN-JACQUES ET SYLVAINE MARTIN 2000*

■ 0,56 ha 3 500 ▮ 5à8€

Die Martins, die seit 1973 auf diesem Stück Land leben, haben von ihrer großen Produktion zwei Cuvées vorgestellt, die beide einen Stern erhalten: einen **weißen 99er Beaujolais** sowie diesen dunkelrubinroten Saint-Amour, der nach Pfingstrosen und roten Früchten duftet. Eine klare, fruchtbetonte Ansprache und das «Fleisch» bringen einen Geschmack von guter Stärke zur Geltung. Der ausgewogene, runde Genießerwein, dessen Abgang voller Feinheit anhält, kann zwei Jahre lang zu weißem Fleisch oder Fisch getrunken werden.

Jean-Jacques Martin, Les Verchères, 71570 Chânes, Tel. 03.85.37.42.27, Fax 03.85.37.47.43 ☑ Y n. V.

DOM. DES PIERRES 2000

■ 6 ha 40 000 ▮ 5à8€

Das Gut, ein Stammgast in unserem Weinführer, macht den Beaujolais von Japan bis Dänemark bekannt. Einmal mehr gehört es zu den seltenen Erzeugern, die ausgewählt wurden. Der 2000er von klarem Purpurrot verbindet blumig-fruchtige Düfte mit Gewürznoten. Der recht reiche, ein wenig säuerliche Körper dieses Weins, der leicht durch seine Tannine geprägt ist, füllt den Mund auf angenehme Weise auf. Der Geschmack ist ausgewogen und nachhaltig. Es empfiehlt sich, diesen Saint-Amour im Laufe des Jahres zu Wild zu trinken.

Georges Trichard, rte de Juliénas, 71570 La Chapelle-de-Guinchay, Tel. 03.85.36.70.70, Fax 03.85.33.82.31 n. V.

JEAN-PIERRE TEISSEDRE
Cuvée Prestige 1999

■ k. A. k. A. 8 à 11 €

Der granatrote Wein, der von diesem Weinhändler mit Sitz in Saint-Etienne-des-Oullières vorgestellt wurde, bietet originelle Lederdüfte, vermischt mit roten Früchten, die sich im Geschmack fortsetzen. Er ist gut gebaut und besitzt eine gute Länge. Er hat keinen sehr typischen Charakter, wird aber den Verbraucher in ein bis zwei Jahren zufrieden stellen.

Jean-Pierre Teissèdre, Les Grandes Bruyères, 69460 Saint-Etienne-des-Oullières, Tel. 04.74.03.48.02, Fax 04.74.03.46.33, E-Mail jp-teissedre.earl@wanadoo.fr n. V.

THOMAS LA CHEVALIERE
La Folie 2000*

■ 0,8 ha 5 000 8 à 11 €

Die galante Szene eines Gemäldes von Watteau, die auf dem Etikett wiedergegeben ist, veranschaulicht das Vergnügen, das diese «Folie» bereitet. Man mag das klare Purpurrot der Farbe, das mit entfalteten, komplexen Düften von weißen Blüten, Pfingstrosen und roten Früchten verbunden ist. Man schätzt die «wache» Ansprache, die fleischige, runde, fruchtige Empfindungen begleitet. Trinken kann man diesen gut strukturierten Wein, der eine gute Stärke besitzt, zwei Jahre lang zu rotem Fleisch mit Sauce oder zu einem Brie.

Thomas La Chevalière, 69430 Beaujeu, Tel. 04.74.04.84.97, Fax 04.74.69.29.87 Mo–Fr 8h–12h 14h–18h

Das Lyonnais

Das Anbaugebiet, in dem die Weine der Appellation Coteaux du Lyonnais erzeugt werden, liegt am Ostrand des Zentralmassivs und wird im Osten von der Rhône und der Saône, im Westen von den Bergen des Lyonnais, im Norden vom Weinbaugebiet des Beaujolais und im Süden vom Tal der Rhône begrenzt. Es ist seit der Römerzeit das historische Weinbaugebiet von Lyon und erlebte Ende des 16. Jh. eine Blütezeit, als der Klerus und reiche Bürger den Anbau der Reben förderten und unterstützten. 1836 waren im Grundbuch 13 500 ha Rebland eingetragen. Die Reblauskrise und die Ausbreitung des Lyoner Ballungsraums haben die Anbauzone reduziert. Heute beläuft sich die im Ertrag stehende Rebfläche auf 346 ha; diese verteilen sich auf 49 Gemeinden, die im Westen um die Großstadt Lyon herum liegen, vom Mont d'Or im Norden bis zum Tal des Gier im Süden.

Diese 40 km lange und 30 km breite Anbauzone ist von Südwesten nach Nordosten durch ein Relief gegliedert, das dafür verantwortlich ist, dass sich 250 m hoch gelegene Täler mit Hügeln abwechseln, die 500 m Höhe erreichen. Es gibt eine Vielzahl von Böden; man findet hier Granit, metamorphe Gesteine, Sedimentgesteine, Schlick, Schwemmland und Löss. Der durchlässige, leichte Aufbau und die geringe Schichtdicke mancher dieser Böden sind das gemeinsame Merkmal des Weinbaugebiets, in dem altes Gestein vorherrscht.

Coteaux du Lyonnais

Hier sind die drei klimatischen Hauptströmungen des Beaujolais zu spüren, wobei jedoch der Einfluss des Mittelmeers am stärksten ist. Dennoch begrenzt die Oberflächengestalt, die für die Einflüsse des ozeanischen und des kontinentalen Klimas offener ist, den Rebbau auf Höhen unter 500 m und schließt Nordlagen aus. Die besten Reblagen befinden sich auf der Höhe der Hochfläche. Der Rebsortenbestand dieses Anbaugebiets beruht im Wesentlichen auf Gamay noir à jus blanc, einer Traubensorte, die nach der im Beaujolais gebräuchlichen Methode vinifiziert wird und sehr reizvolle, bei der Kundschaft in Lyon äußerst gefragte Weine liefert. Die anderen in der Appellation zugelassenen Rebsorten sind bei den Weißweinen Chardonnay und Aligoté. Die verlangte Mindestdichte bei der Bestockung beträgt 6 000 Rebstöcke pro Hektar; als Rebschnitt sind der Gobelet- oder der Cordon-Schnitt und der Guyot-Schnitt erlaubt. Der Grundertrag liegt bei 60 hl/ha, wobei für die Rotweine 10° und 13° als Mindest- bzw. Höchstalkoholgehalt und für Weißweine 9,5° und 12,5° vorgeschrieben sind. Die Produktionsmenge liegt bei 20 276 hl Rot- und Roséwein und 2 050 hl Weißwein. Die Genossenschaftskellerei in Sain-Bel, die drei Viertel davon produziert, erweist sich als treibende Kraft in dieser durch Mischkultur geprägten Region, wo der Obstbau eine wichtige Rolle spielt.

Die Weine der 1984 als AOC anerkannten Coteaux du Lyonnais sind fruchtig, süffig und reich an Düften und passen auf angenehme und schlichte Weise zu allen Schweinefleisch- und Wurstgerichten aus Lyon, wie etwa Würstchen, Brühwürsten, Schwanzstück vom Schwein, Schweinsfüßen, Schweinshachsen und Eisbein, sowie zu Ziegenkäse.

DOM. DE BAPTISTE 2000*

■ 3,5 ha k. A. ■ 🌡 3à5€

Der Weinbaubetrieb, der auch eine Rebschule besitzt, hat einen **roten 2000er Beaujolais Domaine du Grand Lièvre** erzeugt, der eine lobende Erwähnung erhält. Doch der Stern kommt diesem Wein zu, der eine herrliche rubinrote Farbe zeigt. Seine intensiven Düfte von schwarzer Johannisbeere und Fruchtdrops sind mit dem komplexen Geruchseindruck von Moschus und Farnkraut verbunden. Der seidige, frische Geschmack hält lang an. Dieser untypische, aber sehr gelungene Coteaux du Lyonnais besitzt die nötige Stärke, dass man ihn drei Jahre lang zu Bœuf bourguignon, einer Schweinebacke oder Kutteln mit gehackten, in Butter gedünsteten und mit Weißwein gelöschten Zwiebeln trinken kann.

🔑 Bouteille Frères, Rotaval, 69380 Saint-Jean-des-Vignes, Tel. 04.78.43.73.27, Fax 04.78.43.08.94 ☑ 𝐘 n. V.

CAVE DE SAIN-BEL L'Hommée 2000**

■ 30 ha 40 000 ■ 🌡 5à8€

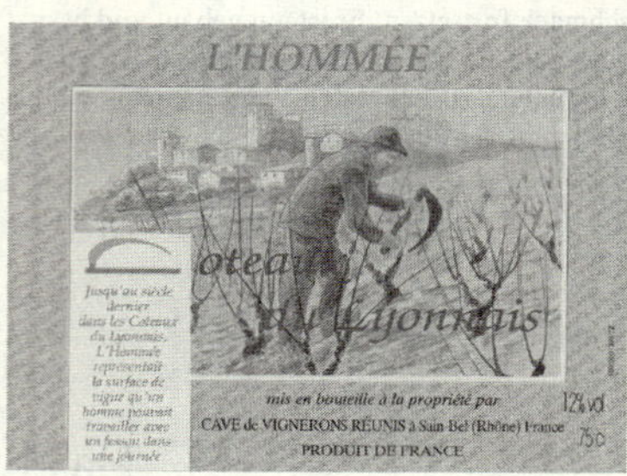

Diese intensiv granatrote Cuvée, die schon als 98er ein Lieblingswein war, besitzt eine einschmeichelnde Milde und feine, reine Aromen von schwarzer Johannisbeere und Himbeere und enthüllt im Mund eine schöne Struktur. Man kann diesen 2000er in den nächsten drei Jahren zu einem Saint-Marcellin (cremiger Weichkäse) oder zu Hirn nach Art der Lyoner Seidenarbeiter trinken. Die Genossenschaftskellerei von Sain-Bel stellt auch einen **roten 2000er Beaujolais Domaine du Soly** vor, der von der Jury als sehr gelungen (ein Stern) beurteilt worden ist. Zwei ausgezeichnete Cuvées.

🔑 Cave de Vignerons réunis, RN 89, 69210 Sain-Bel, Tel. 04.74.01.11.33, Fax 04.74.01.10.27 ☑ 𝐘 n. V.

DOM. DU CLOS SAINT-MARC 2000

■ 17 ha 100 000 ■ 🌡 3à5€

Dieser tiefrubinrote Wein, der von vierzig Jahre alten, auf einem Granitsandboden wachsenden Rebstöcken stammt, bietet angenehme Aromen von roten Früchten – das Ergebnis eines klugen Kompromisses zwischen modernen oder klassischeren Methoden der Lese und der Vinifizierung. Er ist recht fein und besitzt eine elegante Struktur, die auf frischen, fruchtigen Tanninen beruht. Trinken sollte man ihn in den nächsten beiden Jahren.

🔑 GAEC du Clos Saint-Marc, 60, rte des Fontaines, 69440 Taluyers, Tel. 04.78.48.26.78, Fax 04.78.48.77.91 ☑ 𝐘 n. V.

PIERRE ET JEAN-MICHEL JOMARD 2000*

□	1 ha	9 000	3à5€

In einem der drei Gärtanks dieses Guts in Familienbesitz, das von 1520 stammt, ist der **rote 2000er Coteaux du Lyonnais** vinifiziert worden, den die Jury lobend erwähnt hat, außerdem diese blassgoldene Cuvée mit den angenehmen Düften von Honig und Zitrusfrüchten (Zitrone, Orange und Mandarine). Der weiche, runde Wein füllt den Mund voll aus. Er ist nachhaltig, wohl ausgewogen und schon trinkreif, kann aber auch zwei bis drei Jahre altern.

Pierre et Jean-Michel Jomard, Le Morillon, 69210 Fleurieux-sur-l'Arbresle, Tel. 04.74.01.02.27, Fax 04.74.01.24.04 n. V.

DOM. DE LA PETITE GALLEE 1999**

□	2 ha	12 000	5à8€

Das 11 ha große Gut, das 15 km südlich von Lyon liegt, ist mit diesem sehr schönen 99er, der von einem Ton- und Kalkboden stammt, bei der für die Wahl zum Lieblingswein zuständigen Oberjury auf den zweiten Platz gekommen. Er hat eine recht intensive goldgrüne Farbe und bietet frische, komplexe Honig- und Lindenblütendüfte. Trinken kann man diesen fruchtigen, harmonischen Wein, der sehr vollständig ist, sehr lang anhält und schon viel Vergnügen bereitet, im Laufe der nächsten beiden Jahre zu am Spieß gebratenem Geflügel, Kalbsbraten oder Stockfischpüree. Der **rote 2000er Coteaux du Lyonnais Vieilles vignes** hat einen Stern erhalten.

Robert et Patrice Thollet, La Petite Gallée, 69390 Millery, Tel. 04.78.46.24.30, Fax 04.72.30.73.48 n. V.

ANNE MAZILLE 1999**

□	0,3 ha	2 500	3à5€

Dreißig Jahre alte Rebstöcke, die auf Granitböden angepflanzt sind, haben diese intensiv goldgrüne Cuvée hervorgebracht, die von der Oberjury zum Lieblingswein gewählt wurde. Der sehr ausdrucksvolle Geruchseindruck bietet Zitronen- und Honigdüfte von schöner Stärke. Der Geschmack beeindruckt durch seinen Reichtum. Der fruchtige, lang anhaltende Wein, der eine gezügelte Stärke besitzt und sehr harmonisch ist, hat Reserven, um sich noch zu entwickeln: Er kann mindestens zwei Jahre eingekellert werden und dann Geflügel und Fisch mit Rahmsauce begleiten.

Anne Mazille, 10, rue du 8-Mai, 69390 Millery, Tel. 04.72.30.14.91, Fax 04.72.30.16.65 n. V.

DOM. DE PETIT FROMENTIN Vieilles vignes 2000

■	2 ha	13 200	3à5€

Die Rebstöcke, die in historischen Reblagen des Mont d'Or angepflanzt sind, haben einen Wein von intensiver roter Farbe mit bläulich roten Reflexen geliefert. Der angenehme, diskrete Duft von roten Früchten lässt eine originelle Fenchelnote erkennen. Dieser 2000er, der eine harmonische Struktur besitzt, ist frisch. Trinken kann man ihn im Laufe des Jahres.

Decrenisse Père et Fils, Le Petit Fromentin, 69380 Chasselay, Tel. 04.78.47.35.11, Fax 04.78.47.35.11 Mo–Sa 17h–19h30

DOM. DE PRAPIN 2000

■	4 ha	30 000	3à5€

Das Gut, das an der Straße von Taluyers nach Saint-Laurent-d'Agny liegt, besitzt ein Terroir mit gut ausgerichteten Hängen. Der reiche, fleischige, aromatische Körper dieser strahlend granatroten Cuvée kommt lang anhaltend im Mund zum Ausdruck. Sie besitzt noch junge Tannine, so dass man sie in den nächsten zwei bis drei Jahren zu Schweinernem genießen wird. Der von Chardonnay-Trauben erzeugte **weiße 2000er Coteaux du Lyonnais** hat eine lobende Erwähnung erhalten.

Henri Jullian, Prapin, 69440 Taluyers, Tel. 04.78.48.24.84, Fax 04.78.48.24.84 tägl. 9h–12h 14h30–19h

BORDELAIS

In der ganzen Welt ist Bordeaux gleichbedeutend mit Wein. Doch wer heute Bordeaux besucht, hat Probleme, in einer Stadt, in der es nicht mehr die schönen am Hafen aufgestapelten Fässerreihen gibt und die großen Lagerkeller der Weinhändler in die Gewerbegebiete am Stadtrand ausgelagert worden sind, Hinweise auf die Weinproduktion zu finden. Und die kleinen Kellerkneipen, in die man am Vormittag ging, um dort ein Glas Süßwein zu trinken, sind ebenfalls fast alle verschwunden. Andere Zeiten, andere Sitten.

Das ist allerdings in der langen Weinbaugeschichte von Bordeaux nicht die erste Widersprüchlichkeit. Man bedenke nur, dass der Wein hier schon vor dem Weinbau bekannt war. In der ersten Hälfte des 1. Jh. v. Chr. (noch bevor die römischen Legionen in Aquitanien einmarschiert waren) begannen nämlich Händler aus Kampanien, den Bewohnern von Burdigala (wie Bordeaux damals hieß) Wein zu verkaufen. Somit machten die Aquitanier in gewisser Weise über den Wein die ersten Erfahrungen mit der römischen Kultur! In der Folgezeit, im 1. Jh. unserer Zeitrechnung, tauchte der Weinbau selbst auf. Er scheint sich aber erst ab dem 12. Jh. etwas ausgebreitet zu haben: Die Vermählung von Eleonore von Aquitanien mit Heinrich Plantagenet, dem späteren englischen König Heinrich II., förderte die Ausfuhr der *«clarets»* auf die Britischen Inseln. Der neue Wein wurde vor Weihnachten verschifft. Man konnte damals Weine nicht lagern; nach einem Jahr waren sie weniger wert, weil sie teilweise verdorben waren.

Gegen Ende des 17. Jh. erhielten die «Clarets» Konkurrenz, als neue Getränke (Tee, Kaffee, Schokolade) eingeführt wurden und die gehaltvolleren Weine von der Iberischen Halbinsel hinzukamen. Zudem hatten die Kriege, die Ludwig XIV. führte, wirtschaftliche Vergeltungsmaßnahmen gegen die französischen Weine zur Folge. Die feine englische Gesellschaft hielt jedoch an ihrer Vorliebe für «Clarets» fest. Deshalb versuchten einige Londoner Weinhändler zu Beginn des 18. Jh. einen neuen Stil von feineren Weinen zu entwickeln, die *«new French clarets»*, die sie jung aufkauften und selbst ausbauten. Um ihre Gewinnspanne zu erhöhen, kamen sie auf die Idee, diese Weine in Flaschen zu verkaufen. Die Flaschen wurden verkorkt und versiegelt und garantierten so die Herkunft des Weins. Die Beziehung zwischen Terroir, Château und großem Wein, die sich dabei unmerklich entwickelte, markierte das Aufkommen der Qualität. Von da an wurden die Weine entsprechend ihrer Qualität beurteilt, gewürdigt und bezahlt. Das ermutigte die Winzer zu besonderen Anstrengungen bei der Auswahl der Reblagen, bei der Beschränkung der Erträge und beim Ausbau der Weine im Holzfass; parallel dazu begannen sie die Weine durch Zusatz von Schwefeldioxid gegen Oxidation zu schützen, so dass sie altern konnten, und sie durch Schönung und Abstich zu klären. Am Ende des 18. Jh. hatte sich die Hierarchie der Crus von Bordeaux herausgebildet. Trotz der Französischen Revolution und der Napoleonischen Kriege, die den Zugang zu den englischen Märkten vorübergehend versperrten, wuchs das Ansehen der großen Weine von Bordeaux im 19. Jh. unaufhörlich weiter und führte 1855 zur berühmten Klassifizierung der Crus des Médoc, die immer noch in Kraft ist – trotz aller Kritik, die man gegen sie vorbringen kann.

Nach dieser günstigen Periode wurde das Weinbaugebiet von den Rebkrankheiten, der Reblaus und dem Falschen Mehltau tief getroffen; auch die Wirtschaftskrisen und die beiden Weltkriege hatten schwerwiegende Auswirkungen. Doch von 1960 bis Ende der 80er Jahre erlebte der Bordeaux-Wein erneut eine Blütezeit, die mit einer bemerkenswerten Verbesserung der Qualität und einem weltweiten Interesse an den großen Weinen einherging. Der Hierarchiebegriff der Terroirs und der Crus fand zu seinem ursprünglichen Wert zurück; aber die Rotweine profitierten von dieser Entwicklung stärker als die Weißweine. Zu Beginn der 90er Jahre sah sich der Markt mit

Problemen konfrontiert, die sich auch auf die Struktur des Weinbaugebiets auswirken werden.

Das Weinbaugebiet von Bordeaux ist um drei Flüsse herum angelegt: die Garonne, die Dordogne und ihre gemeinsame Trichtermündung, die Gironde. Diese schaffen günstige Umweltbedingungen für den Weinbau (Hänge mit guter Lage und Regulierung der Temperatur). Außerdem spielten sie eine wichtige wirtschaftliche Rolle, indem sie den Transport des Weins zu den Orten ermöglichten, wo er getrunken wurde. Das Klima in der Region von Bordeaux ist relativ gemäßigt (im Jahresdurchschnitt 7,5 °C Tiefst- und 17 °C Höchsttemperatur); überdies wird das Anbaugebiet durch Kiefernwälder gegen den Einfluss des Atlantiks abgeschirmt. Winterfröste sind die Ausnahme (1956, 1958, 1985), aber wenn die Temperatur bisweilen im April oder Mai unter –2 °C fällt, kann dies zum Absterben der jungen Knospen führen. Kaltes und feuchtes Wetter während der Blütezeit (Juni) ruft die Gefahr hervor, dass die Blüten verrieseln und die Fruchtansätze später verkümmern. Diese beiden Widrigkeiten führen zu Einbußen bei der Lese und erklären auch die Schwankungen in der Produktionsmenge. Die Qualität des Traubenguts setzt hingegen ein warmes und trockenes Wetter in der Zeit von Juli bis Oktober voraus, insbesondere während der letzten vier Wochen vor der Lese (insgesamt 2 008 Stunden Sonnenschein im Jahr). Das Klima im Bordelais ist recht feucht (900 mm jährliche Niederschlagsmenge), vor allem im Frühjahr, wenn das Wetter nicht immer sehr freundlich ist. Berühmt sind jedoch die Herbste; zahlreiche Jahrgänge wurden in letzter Minute noch durch einen außergewöhnlichen Nachsommer gerettet. Ohne diesen glücklichen Umstand hätte es die großen Bordeaux-Weine nie geben können.

Die Reben werden im Departement Gironde auf Böden von sehr unterschiedlicher Beschaffenheit angebaut; das Qualitätsniveau ist deshalb nicht mit einem besonderen Bodentyp verbunden. Der größte Teil der Grands crus beim Rotwein liegt auf kieselhaltigen Anschwemmungen von Kiessand; doch man findet auch berühmte Anbaugebiete auf marinem Seesternkalk, auf Molassen und sogar auf tonigen Ablagerungen. Die trockenen Weißweine werden ausschließlich auf Schwemmlandböden mit Kies und Sand, auf Seesternkalk und auf Lehm oder Molassen erzeugt. Die

Médoc - Graves – Saint-Emilion – Pomerol – Fronsac

Jahrgänge	Trinken	Lagern	Trinken oder lagern
außergewöhnlich	**45 47 61 70 75**		**82 85**
sehr gut	**49 53 55 59 62 64 66 67 71* 76 79**	**88 90 95 96 98**	**78 81 83 86 89 93 94**
gut	**50 73 74 77 80 84 87 92**		**91**

* Beim Pomerol ist dieser Jahrgang außergewöhnlich.

– Die Weine der Bordeaux-Appellationen und die Côtes-de-Bordeaux-Weine (Rotweine) müssen in den kommenden 5 bis 6 Jahren getrunken werden. Einige von ihnen können sogar 10 Jahre altern.

Trockene Weißweine der Graves

Jahrgänge	Trinken	Lagern	Trinken oder lagern
außergewöhnlich	**78 81 82 83**		
sehr gut	**76 85 87 88 92 93 94**	**98 99**	**95 96**
gut	**79 80 84 86 97**	**97**	**89 90**

– Die anderen trockenen Bordeaux-Weine sollte man vorzugsweise in den nächsten zwei Jahren trinken.

Weiße Süßweine

Jahrgänge	Trinken	Lagern	Trinken oder lagern
außergewöhnlich	**47 67 70 71 75 76**	**90 95 97**	**83 88 89**
sehr gut	**49 59 62 81 82**	**96**	**86**
gut	**50 55 77 78 79 80 84 91**	**98**	**85 87 94**

– Obwohl man die Süßweine auch jung trinken kann (als Aperitif, um ihre Fruchtigkeit zu genießen), erreichen sie ihre besonderen Qualitäten erst nach einer langen Alterung.

Bordelais

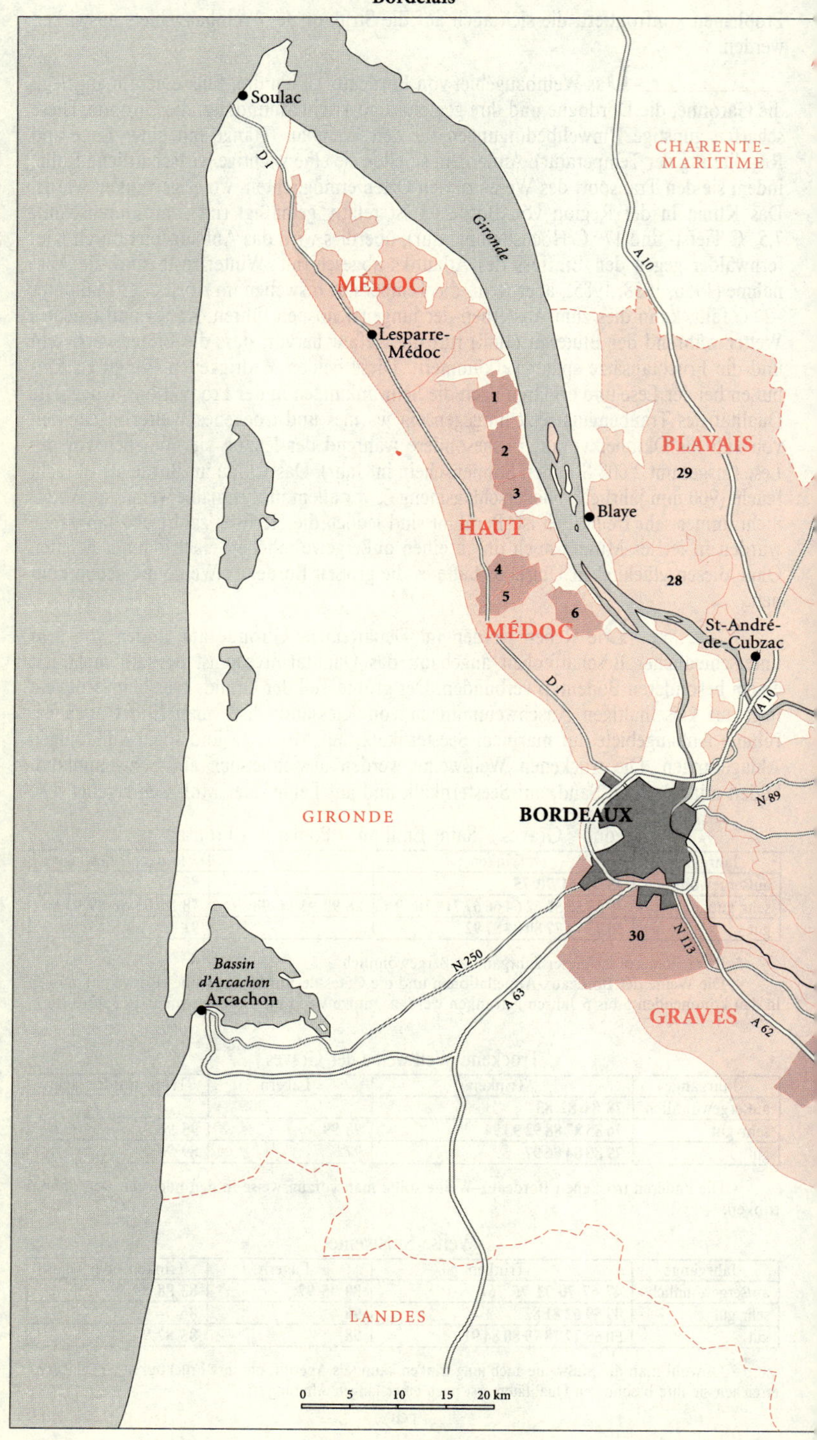

Soulac
D 1
Gironde
CHARENTE-
MARITIME
A 10
MÉDOC
Lesparre-
Médoc
1
2
3
BLAYAIS
29
Blaye
HAUT
4
5
28
6
MÉDOC
St-André-
de-Cubzac
D 1
A 10
N 89
GIRONDE
BORDEAUX
30
N 113
Bassin
d'Arcachon
Arcachon
N 250
A 63
GRAVES
A 62
LANDES
0
5
10
15
20 km

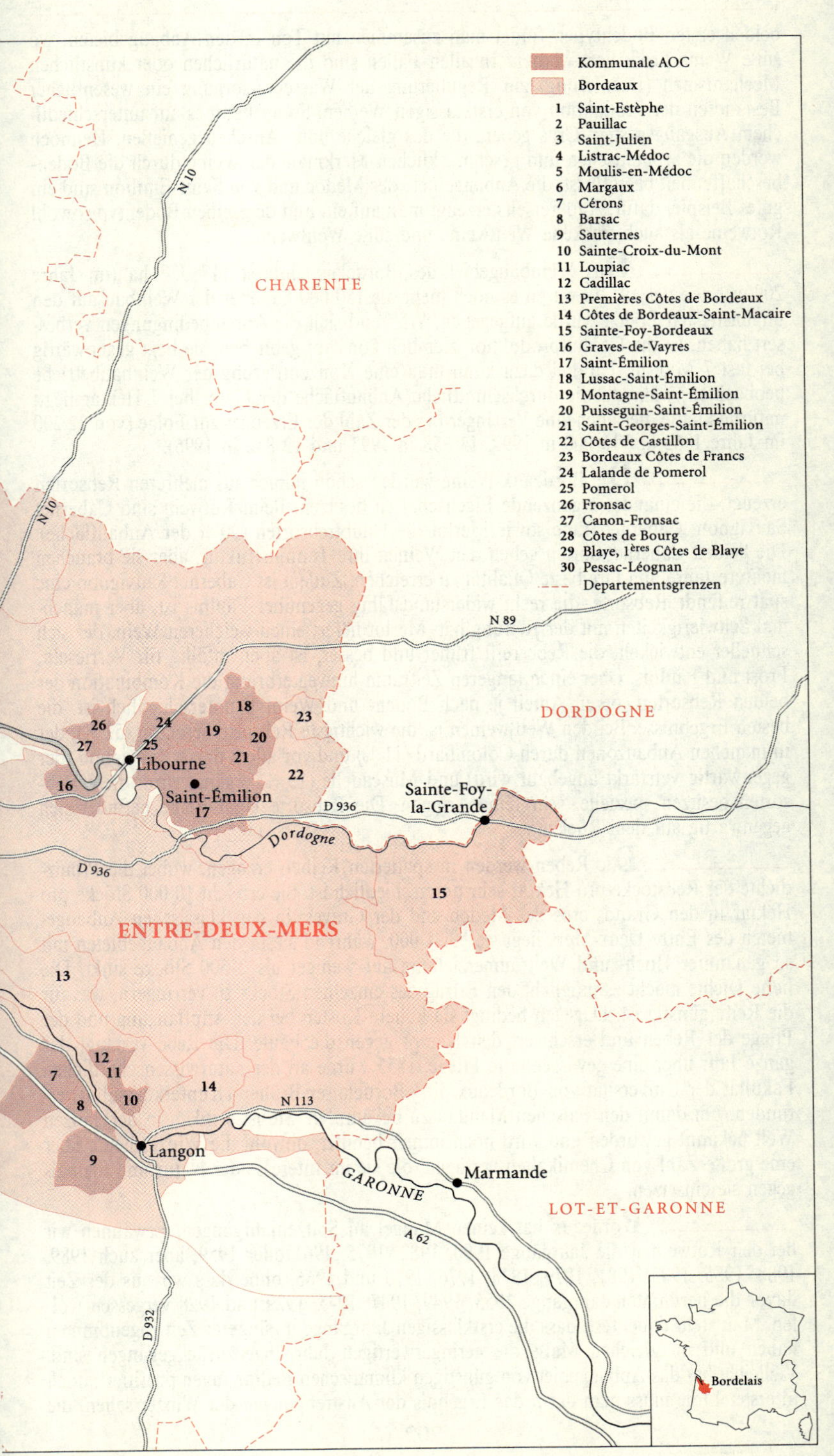
Kommunale AOC
Bordeaux
1 Saint-Estèphe
2 Pauillac
3 Saint-Julien
4 Listrac-Médoc
5 Moulis-en-Médoc
6 Margaux
7 Cérons
8 Barsac
9 Sauternes
10 Sainte-Croix-du-Mont
11 Loupiac
12 Cadillac
13 Premières Côtes de Bordeaux
14 Côtes de Bordeaux-Saint-Macaire
15 Sainte-Foy-Bordeaux
16 Graves-de-Vayres
17 Saint-Émilion
18 Lussac-Saint-Émilion
19 Montagne-Saint-Émilion
20 Puisseguin-Saint-Émilion
21 Saint-Georges-Saint-Émilion
22 Côtes de Castillon
23 Bordeaux Côtes de Francs
24 Lalande de Pomerol
25 Pomerol
26 Fronsac
27 Canon-Fronsac
28 Côtes de Bourg
29 Blaye, 1ères Côtes de Blaye
30 Pessac-Léognan
Departementsgrenzen
CHARENTE
DORDOGNE
ENTRE-DEUX-MERS
LOT-ET-GARONNE
N 10
N 89
N 113
D 936
D 932
A 62
Libourne
Saint-Émilion
Sainte-Foy-la-Grande
Dordogne
Langon
Marmande
GARONNE
Bordelais

beiden ersten Bodentypen findet man zusammen mit Ton in den Anbaugebieten, wo süße Weine produziert werden. In allen Fällen sind die natürlichen oder künstlichen Mechanismen (Dränierung) zur Regulierung der Wasserversorgung ein wesentlicher Bestandteil der Produktion von erstklassigen Weinen. Somit kann es auf unterschiedlichem Ausgangsgestein Crus geben, die das gleiche hohe Ansehen genießen. Dennoch werden die aromatischen und geschmacklichen Merkmale der Weine durch die Bodenbeschaffenheit beeinflusst; die Anbaugebiete des Médoc und von Saint-Emilion sind ein gutes Beispiel dafür. Andererseits erzeugt man auf ein und demselben Bodentyp sowohl Rotweine als auch trockene Weißweine und süße Weißweine.

Das Weinbaugebiet des Bordelais umfasst 117 327 ha (im Jahre 2000); Ende des 19. Jh. waren es noch mehr als 150 000 ha, aber der Weinbau auf den ungünstigsten Böden wurde aufgegeben. Während sich die Anbaubedingungen verbessert haben, ist die Gesamtproduktion ziemlich konstant geblieben; sie liegt gegenwärtig bei fast 7 Mio. hl. Parallel dazu kann man eine Konzentrierung der Weinbaubetriebe beobachten, während die durchschnittliche Anbaufläche der Güter bei 7 Hektar liegt; natürlich hatte dies auch eine Verringerung der Zahl der Erzeuger zur Folge (von 22 200 im Jahre 1983 auf 16 000 in 1992, 13 358 in 1993 und 12 852 in 1996).

Die Bordeaux-Weine wurden schon immer aus mehreren Rebsorten erzeugt, die einander ergänzende Eigenschaften besitzen. Beim Rotwein sind Cabernet Sauvignon, Cabernet franc sowie Merlot die Hauptrebsorten (90 % der Anbaufläche). Die beiden Cabernet-Sorten geben den Weinen ihre Tanninstruktur, aber sie brauchen mehrere Jahre, um ihre beste Qualität zu erreichen. Zudem ist Cabernet Sauvignon eine spät reifende Rebsorte, die recht widerstandsfähig gegenüber Fäulnis ist, aber manchmal Schwierigkeiten mit der Reifung hat. Merlot liefert einen weicheren Wein, der sich schneller entwickelt; die Rebe reift früher und besser, ist aber anfällig für Verrieseln, Frost und Fäulnis. Über einen längeren Zeitraum hinweg erbringt die Kombination der beiden Rebsorten, deren Anteil je nach Boden- und Weintyp unterschiedlich ist, die besten Ergebnisse. Bei den Weißweinen ist die wichtigste Rebsorte Sémillon (52 %), der in manchen Anbauzonen durch Colombard (11 %) und vor allem durch Sauvignon (der gegenwärtig verstärkt angebaut wird) und Muscadelle (15 %) ergänzt wird; diese Rebsorten besitzen spezielle, sehr feine Aromen. Die Rebsorte Ugni Blanc befindet sich gegenwärtig auf dem Rückzug.

Die Reben werden in spalierten Reihen erzogen, wobei die Pflanzdichte der Rebstöcke pro Hektar sehr unterschiedlich ist. Sie erreicht 10 000 Stöcke pro Hektar in den Grands crus des Médoc und der Graves; in den klassischen Anbaugebieten des Entre-Deux-Mers liegt sie bei 4 000, während sie in den Anbaugebieten mit so genannter Hoch- und Weitraumerziehung auf weniger als 2 500 Stöcke sinkt. Die hohe Dichte macht es möglich, den Ertrag des einzelnen Stocks zu verringern, was für die Reife günstig ist. Dagegen bedingt sie höhere Kosten bei der Anpflanzung und der Pflege der Reben und erschwert den Kampf gegen die Fäule. Die Rebe verlangt das ganze Jahr über eine gewissenhafte Pflege. 1855 wurde an der naturwissenschaftlichen Fakultät der Universität von Bordeaux die «Bordelaiser Brühe» (Kupferkalksulfat) erfunden, um damit den Falschen Mehltau zu bekämpfen. Sie ist seitdem in der ganzen Welt bekannt geworden und wird noch immer benutzt, obwohl die Winzer heute über eine große Zahl von Chemikalien verfügen, die sie im Interesse der Natur und niemals gegen sie einsetzen.

Bordeaux hat keinen Mangel an Spitzenjahrgängen. Erwähnen wir bei den Rotweinen die Jahrgänge 1990, 1982, 1975, 1961 oder 1959, aber auch 1989, 1988, 1985, 1983, 1981, 1979, 1978, 1976, 1970 und 1966, ohne dass wir aus der Zeit davor die berühmten Jahrgänge 1955, 1949, 1947, 1945, 1929 und 1928 vergessen wollen. Man stellt dabei fest, dass die erstklassigen Jahrgänge in jüngerer Zeit zugenommen haben und im gleichen Maße die geringerwertigen Jahrgänge zurückgegangen sind. Vielleicht hat das Anbaugebiet von günstigen klimatischen Bedingungen profitiert; doch in erster Linie muss man darin das Ergebnis der Anstrengungen der Winzer sehen, die sich auf Errungenschaften der wissenschaftlichen Forschung stützen, um die Voraussetzungen für den Anbau der Reben und der Vinifizierung zu verbessern. Der Weinbau im Gebiet von Bordeaux hat außergewöhnliche Terroirs zur Verfügung, aber er kann diese auch durch die ausgeklügeltste Technologie, die es überhaupt geben kann, ausnutzen. Deshalb kann man versichern, dass es im Departement Gironde keine schlechten Jahrgänge mehr geben wird.

Im Falle der trockenen Weißweine ist der Qualitätsbegriff der Jahrgänge zwar weniger ausgeprägt, doch bei den edelsüßen Weinen gewinnt er wieder seine ganze Bedeutung; für sie spielen nämlich die Bedingungen, unter denen sich die Edelfäule entwickelt, eine wesentliche Rolle (siehe dazu die allgemeine Einführung «Der Wein» sowie die verschiedenen Texte der entsprechenden Weine).

Eine Erzeugerabfüllung gibt es bei den Grands crus schon seit langem; doch viele von ihnen füllen erst seit zehn bis fünfzehn Jahren ihren gesamten Wein auf dem Gut ab. Bei den anderen Weinen (den Grundappellationen oder genauer gesagt regionalen Appellationen) kümmerte sich der Winzer traditionell um den Anbau der Reben und die Verarbeitung der Trauben zu Wein, während der Weinhändler danach nicht nur den Vertrieb der Weine, sondern auch ihren Ausbau, d. h. ihren Verschnitt übernahm, um eine einheitliche Qualität bis zur Flaschenabfüllung zu gewährleisten. Die Situation verändert sich allmählich; man kann sogar behaupten, dass die große Mehrheit der AOC-Weine heute von den Erzeugern ausgebaut wird und bei ihnen reift und lagert. Die Fortschritte der Önologie machen es jetzt möglich, regelmäßig Weine herzustellen, die ohne weitere Behandlung trinkbar sind. Selbstverständlich versuchen die Winzer deshalb den Wert ihres Weins zu steigern, indem sie ihn selbst auf Flaschen abziehen. Die Genossenschaftskellereien haben bei dieser Entwicklung dadurch eine Rolle gespielt, dass sie Vereinigungen gründeten, die die Ausstattung und den Verkauf der Weine sicherstellen. Der Weinhandel behält immer noch eine wichtige Funktion auf der Ebene des Vertriebs, insbesondere beim Export, weil er seit langem über gut ausgebaute Vertriebsnetze verfügt. Dennoch ist es leicht möglich, dass in Zukunft auch die Markenweine der Weinhändler auf neuerliches Interesse beim Einzelhandel stoßen.

Die Vermarktung der riesigen Weinproduktion von Bordeaux unterliegt selbstverständlich den Zufälligkeiten des Verlaufs der wirtschaftlichen Konjunktur und hängt von der Menge und der Qualität der Lese ab. In letzter Zeit konnte der Conseil interprofessionnel des vins de Bordeaux, das aus Vertretern der Berufsverbände bestehende Beratungsgremium der Bordeaux-Weine, eine wichtige Rolle beim Verkauf spielen: durch den Aufbau regelmäßiger Lagerbestände, die Bereitstellung von Qualitätsreserven und finanzielle Maßnahmen zur Regulierung des Marktes.

Die Weinbauverbände sichern ebenfalls den Schutz der verschiedenen kontrollierten Herkunftsbezeichnungen, indem sie die Qualitätskriterien festlegen. Sie führen unter der Aufsicht des INAO jedes Jahr Weinproben durch, die bei allen erzeugten Weinen über die Zulassung entscheiden; diese Sinnenprüfungen können zum Verlust des Anspruchs auf die Appellation führen, wenn die Qualität als ungenügend beurteilt wird.

Die Weinbruderschaften (u. a. Jurade de Saint-Emilion, Commanderie du Bontemps du Médoc et des Graves, Connétablie de Guyenne) organisieren regelmäßig Veranstaltungen mit folkloristischem Charakter, deren Ziel die Unterrichtung über die Bordeaux-Weine ist; koordiniert werden ihre Aktivitäten innerhalb des Grand Conseil du Vin de Bordeaux.

All diese Werbe-, Verkaufs- und Produktionsmaßnahmen beweisen, dass der Bordeaux-Wein heute ein Wirtschaftsgut ist, das gewissenhaft verwaltet wird. Der Wert der Produktion, die 2000 bei einer Menge von 6 879 946 hl mehr als einen Viertel der französischen AOC-Produktion ausmachte, beläuft sich auf etliche Milliarden Franc, davon drei Milliarden im Export. Ihre Bedeutung für das Leben der Region steht ebenfalls fest, denn schätzungsweise ist einer von sechs Einwohnern der Gironde direkt oder indirekt von der Weinbranche abhängig. Doch ob es sich nun um einen Rotwein, einen trockenen Weißwein oder einen süßen Wein handelt, in diesem Landstrich der Gascogne, zu der die Gegend um Bordelais gehört, ist der Wein nicht nur ein Wirtschaftsfaktor. Er ist auch und in erster Linie ein Kulturgut. Denn hinter jedem Weinetikett verbergen sich bald Châteaus mit traumhafter Architektur, bald schlichte Bauernhäuser, stets aber Weinberge und Weinkeller, wo Menschen arbeiten, die mit ihrem Können ihre Traditionen und ihre Erinnerungen einbringen.

Die regionalen Bordeaux-Appellationen

Während die Leser die kommunalen Appellationen ziemlich leicht einordnen können, fällt es ihnen oft schwerer, sich eine genaue Vorstellung davon zu machen, was die Appellation Bordeaux darstellt. Dennoch lässt sie sich scheinbar recht einfach definieren: Anspruch auf diese Appellation haben alle Qualitätsweine, die in der abgegrenzten Anbauzone des Departements Gironde erzeugt werden, mit Ausnahme der Weine, die aus der sandigen Zone im Westen und Süden stammen (der Heidelandschaft, die seit dem 19. Jh. den Kiefernwäldern vorbehalten ist). Oder mit anderen Worten: Alle für den Weinbau geeigneten Anbaugebiete der Gironde haben Anrecht auf diese Appellation. Und alle Weine, die hier erzeugt werden, dürfen sie verwenden, unter der Voraussetzung, dass sie den recht strengen Vorschriften entsprechen, die für ihre Zulassung festgelegt sind (Wahl der Rebsorten, Höchsterträge usw.). Doch hinter dieser Einfachheit steckt eine große Vielfalt. Eine Vielfalt zunächst bei den Weintypen. Es empfiehlt sich nämlich, eher von Bordeaux-Appellationen als von einer einzigen Appellation Bordeaux zu sprechen. Diese umfassen Rotweine, aber auch Rosés und Clairets, Weißweine (trockene und süße Weine) und Schaumweine (weiß oder rosé). Dann auch eine Vielfalt hinsichtlich der Herkunft, denn unter Bordeaux-Weinen versteht man mehrere Weintypen: Für die einen handelt es sich um Weine, die in Gebieten der Gironde erzeugt werden, die lediglich auf die Appellation Bordeaux Anrecht haben, wie etwa die so genannten Palus-Bereiche (bestimmte Schwemmlandböden) in der Nähe von Flüssen oder einige Anbauzonen des Libournais (die Gemeinden Saint-André-de-Cubzac, Guîtres, Coutras usw.); für die anderen handelt es sich um Weine aus Regionen, die Anspruch auf eine eigene Appellation haben (Médoc, Saint-Emilion, Pomerol usw.). In gewissen Fällen erklärt sich die Verwendung der regionalen Appellation dann aus der Tatsache, dass die örtliche Appellation im Handel nicht sehr bekannt ist (wie etwa Bordeaux Côtes-de-Francs, Bordeaux Haut-Benauge, Bordeaux Sainte-Foy oder Bordeaux Saint-Macaire); die spezielle Appellation ist letztlich nur eine Ergänzung der regionalen Appellation und trägt weiter nichts zur Wertsteigerung des Erzeugnisses bei. Deshalb begnügen sich solche Erzeuger lieber mit dem Image der Marke Bordeaux. Aber es kommt auch vor, dass man Bordeaux-Weine findet, die von einem Gut stammen, das sich im Anbaugebiet einer angesehenen Appellation befindet – was die Neugier mancher Weinliebhaber wecken kann. Doch auch hierfür lässt sich leicht eine Erklärung finden: Traditionell erzeugen viele Weingüter in der Gironde mehrere Weintypen (insbesondere Rot- und Weißweine); nun gilt jedoch in vielen Fällen (Médoc, Saint-Emilion, Entre-Deux-Mers oder Sauternes) die spezifische Appellation nur für einen einzigen Weintyp. Die anderen Weine werden somit als Bordeaux oder Bordeaux Supérieur verkauft.

Auch wenn sie nicht so berühmt sind wie die Grands crus, bilden all diese Bordeaux-Weine trotzdem die mengenmäßig größte Appellation des Departements Gironde: 3 309 870 hl Rotwein, 517 467 hl Weißweine und 18 925 hl Crémants de Bordeaux im Jahre 2000.

Angesichts dieser großen Produktionsmenge und der beeindruckenden Größe der Anbaufläche könnte man auf den Gedanken kommen, dass zwischen zwei Bordeaux-Weinen kaum eine Ähnlichkeit besteht. Dennoch gibt es, selbst wenn man eine Fülle von Merkmalen findet, auch Gemeinsamkeiten, die den verschiedenen regionalen Appellationen ihren einheitlichen Charakter verleihen. So sind die roten Bordeaux-Weine ausgewogene, harmonische und delikate Weine; sie sollten in der Regel fruchtig sein, dürfen aber nicht zu körperreich sein, damit man sie jung trinken kann. Die roten Bordeaux Supérieurs erheben den Anspruch, vollständigere Weine zu sein. Sie verwenden bessere Trauben und werden so vinifiziert, dass sie eine gewisse Alterungsfähigkeit besitzen. Alles in allem bilden sie eine Auslese unter den Bordeaux-Weinen.

Die Clairet- und Roséweine der Appellation Bordeaux werden mittels einer kurzen Maischegärung roter Trauben hergestellt; die Clairets haben eine etwas kräftigere Farbe. Sie sind frisch und fruchtig, aber ihre Produktionsmenge bleibt sehr beschränkt.

Die weißen Bordeaux-Weine sind trockene, nervige, fruchtige Weine. Ihre Qualität hat sich in jüngster Zeit durch die Fortschritte verbessert, die bei den Anbau- und Vinifizierungsmethoden erzielt wurden; aber diese Appellation genießt noch nicht den Ruf, den sie eigentlich verdienen würde. Das erklärt auch, warum einige Weine zu Tafelweinen herabgestuft werden; da nämlich der Preisunterschied manchmal recht gering ist, kann es tatsächlich in kommerzieller Hinsicht vorteilhafter sein, einen Wein als Tafelwein und nicht als Bordeaux blanc zu verkaufen. Die weißen Bordeaux Supérieurs, die eine Auslese bilden, sind lieblich und ölig; ihre Produktionsmenge ist begrenzt.

Schließlich gibt es noch eine Appellation Crémant de Bordeaux. Die Grundweine müssen im Anbaugebiet der Appellation Bordeaux erzeugt werden. Die zweite Gärung (Kohlensäureentwicklung) muss sich in der Flasche vollziehen, und zwar innerhalb der Region Bordeaux.

Bordeaux

CLOS AMBRION

Vieilli en fût de chêne 1999

■ k. A. 7 000 5à8€

Ein intensives, kraftvolles Purpurrot, in dem sich ein orangerotes Funkeln zeigt, deutet auf echtes Temperament hin. Ein Eindruck, den der Duft nicht Lügen straft: reich an Noten von Gewürznelke, Zimt und Weihrauch. Der feste Geschmack führt einen Holzton ein, der sich langsam entfaltet. Ein kräftigender Wein, der sich im verständnisvollen Dunkel eines guten Kellers entwickeln wird.

Bernard Faure, Ambrion, 33240 Lalande-de-Fronsac, Tel. 06.68.48.82.25 n. V.

CH. ARNEAU-BOUCHER 1999*

■ 22 ha 14 000 5à8€

Dieser auf einer tonigen Kalksteinkuppe von Saint-Genès-de-Fronsac entstandene Wein zeigt ein viel versprechendes, tiefes Rot. Er stammt ausschließlich von der Merlot-Rebe und bietet einen kräftigen, konzentrierten Duft. Ein schöner Wein, der von einer Tanninstruktur unterstützt wird, die gerade dabei ist, sich zu verfeinern. Aufmachen kann man ihn in den nächsten beiden Jahren.

EARL Jacques Sartron, 8, le Bourg, 33240 Saint-Genès-de-Fronsac, Tel. 05.57.43.11.12, Fax 05.57.43.56.34

DOM. DU BALLAT

L'Esprit du Ballat 1999*

■ 3,5 ha 6 000 8à11€

Niemand wird darüber erstaunt sein, dass der «Esprit du Ballat» in der Nähe der Häuser entstanden ist, wo der Schriftsteller François Mauriac und der Maler Toulouse-Lautrec ihre Inspiration gefunden haben. Dieser purpurrote Wein, der hochrot funkelt, konzentriert die Frucht und das Fleisch von sehr gut angebauten Merlot-Trauben. Im Geruch durch Trüffel und Lakritze geprägt, nimmt er im Geschmack animalische Züge an, denen das «Fett» eines freigebigen Fleisches entspricht. Im Finale des vollendeten Bouquets konkurrieren die Frucht (schwarze Johannisbeere) und einige würzige Nuancen. Ein kleiner Aufenthalt im Keller wird seine Qualität noch steigern. Servieren kann man ihn zu gefüllten Wachteln.

EARL Vignobles Trejaut, Dom. du Ballat, 33490 Saint-André-du-Bois, Tel. 05.56.76.42.83, Fax 05.56.76.45.14 n. V.

CH. DE BEAULIEU 1999

■ 16,91 ha 65 000 3à5€

Der Krieg zwischen Frankreich und England hat uns das schöne, im Mittelalter befestigte Sauveterre-de-Guyenne hinterlassen, unweit von Château de Beaulieu gelegen. Verdankt Frankreich nicht den Engländern auch zu einem Teil, dass die Weine in dieser Region sehr früh florierten? Dieser 99er, das Ergebnis eines Rebsatzes, bei dem die beiden Cabernet-Sorten den Hauptanteil stellen, präsentiert sich in einem dicken, dunklen Mantel. Dennoch ist die Frucht durchaus vorhanden und bietet schon die ersten Anregungen: gekochte Früchte, Backpflaume, schwarze Kirsche. Der stattliche, strukturierte Wein bringt kräftige Tannine zum Einsatz, die nur eine gute Alterung zähmen wird. Die Textur ist weinig und hält lang an. Ein schönes Erzeugnis für aufgeschlossene Weinliebhaber, die es nicht sehr eilig haben.

Cellier de La Bastide, Cave coop. vinicole, 33540 Sauveterre-de-Guyenne, Tel. 05.56.61.55.21, Fax 05.56.71.60.11
Mo–Sa 9h–12h15 13h30–18h15; Gruppen n. V.
GFA de Beaulieu

CH. BEAU-VAILLART 1999*

k. A. 100 000 3à5€

Unter einer recht dunklen Farbe, in der einige granatrote Reflexe glänzen, entfaltet sich eine Aromenpalette, die sich im Tierreich bedient: Fell, Moschus, altes Leder. Die Überraschung kommt mit den ziemlich reichlich vorhandenen Tanninen, die ungestüm sind und für ein leichtes Fleisch wenig Raum lassen. Man muss ein bis zwei Jahre warten, bis er eine gute Ausgewogenheit erreicht. Die Anhänger der Tradition werden darüber entzückt sein.

Michel Boyer, Ch. Bellevue La Mongie, 33420 Génissac, Tel. 05.57.24.48.43, Fax 05.57.24.48.43
Mo–Fr 8h–12h 14h–19h; Sa, So n. V.; 15.–30. Aug. geschlossen

CH. BEL AIR PERPONCHER 1999**

k. A. k. A. 5à8€

Der erste der von der Despange-Mannschaft vorgestellten Weine, auf die Sie in diesem Hachette-Weinführer stoßen. Auf den folgenden Seiten werden Sie noch viele andere davon auf den besten Plätzen finden! Unter einer noch sehr frischen blutroten Farbe entdeckt man hier Tuberosen- und Narzissendüfte, bevor die Frucht zum Vorschein kommt. Dann folgt die opulente Rundheit eines Fleisches, das milde Tannine verstärken; diese münden in einen sehr langen Abgang. Ein Wein für rotes Fleisch, von dem man schon die ersten Flaschen aufmachen, den man aber auch die nächsten zwei bis drei Jahre lagern kann.

GFA de Perponcher, 33420 Naujan-et-Postiac, Tel. 05.57.84.55.08, Fax 05.57.84.57.31, E-Mail contact@vignobles-despagne.com
n. V.
J.-L. Despagne

CH. BELLE-GARDE

Cuvée élevée en fût de chêne 1999**

9 ha 60 000 5à8€

Die tiefschwarze Farbe weist auf die Fülle an Stoff hin. Die Geruchsempfindungen teilen sich zwischen dem Bereich der Frucht und dem des Fassholzes auf. Schwarze Johannisbeere und Backpflaume zeichnen sich vor einer harmonisch verschmolzenen Kulisse ab. Eine Schokoladennote bestätigt den großen Einfluss der Merlot-Rebe. Der Geschmack bewirkt eine hübsche Überblendung dieser Aromen, die von eleganten Tanninen unterstützt wird. Ein zukunftsreicher Wein.

Eric Duffau, Ch. Belle-Garde, Monplaisir, 33420 Génissac, Tel. 05.57.24.49.12, Fax 05.57.24.41.28, E-Mail eric.duffau@wanadoo.fr
Mo–Sa 8h–12h 14h–19h; 15.–30. Aug. geschlossen

CH. BONNEMET 1999*

23,77 ha 50 000 3à5€

Ein Rubinrot mit intensiven bläulich roten Reflexen, Aromen, die noch voller Jugendlichkeit stecken und ein entstehendes Bouquet – Unterholz, leicht an Fleisch erinnernd – erahnen lassen. Dieser schon in der Ansprache körperreiche, fleischige Wein enthüllt nach und nach das Vorhandensein der darunter liegenden Tannine, die Garanten für eine gute Alterung sind (drei bis vier Jahre).

Prodiffu, 17-19, rte des Vignerons, 33790 Landerrouat, Tel. 05.56.61.33.73, Fax 05.56.61.40.57, E-Mail prodiffu@prodiffu.com
Bernard Chavelard

CH. BONNET

Réserve Elevé en fût de chêne 1999*

57 ha k. A. 5à8€

Die Weine von Château Bonnet sind von vornehmer Herkunft, denn sie stammen von einem Gut, das schon lang vor der Französischen Revolution bestand. Das schöne Bauwerk aus dem 18. Jh. ist von Nebengebäuden für die Vinifizierung und Lagerung umgeben, die über eine erstklassige Ausrüstung verfügen; die Anlagen werden von anerkannten Fachleuten bedient. Die tonigen Kalkstein- und kieseligen Tonböden haben hier einen Wein von großer Klasse hervorgebracht, mit einem Bouquet, das von den Aromen des gerösteten Fassholzes und von Vanille erfüllt ist, wobei die Frucht in Form von Traubengelee und Brombeere zum Ausdruck kommt. Dieser 99er ist körperreich und fleischig zugleich und wird von den dominierenden Cabernet-Sorten geprägt; im Abgang hält er in einer würzigen Tonalität lang an.

SCEA Vignobles André Lurton, Ch. Bonnet, 33420 Grézillac, Tel. 05.57.25.58.58, Fax 05.57.74.98.59, E-Mail andrelurton@wanadoo.fr n. V.

CH. BRANDEAU 1999*

12 ha 92 000 5à8€

Dieser 99er, dessen Purpurrot am Rand ziegelrote Reflexe zeigt, ist eine subtile Mischung von Früchtekompott, Tabak und Düften, die von den 90 % Merlot stammen. Der Geschmack ist tanninreich und zugleich dicht und besitzt eine echte Komplexität. Der schon jetzt sanfte Wein wird bis 2003 ein Genießerwein bleiben.

Philippe Hermouet, Clos du Roy, 33141 Saillans, Tel. 05.57.55.07.41, Fax 05.57.55.07.45, E-Mail hermouetclosduroy@wanadoo.fr
n. V.

CH. BUISSON-REDON 1999*

■ 3 ha 40 000 3 à 5 €

Eine granatrote Farbe mit leichten ziegelroten Reflexen, ein noch zurückhaltender Duft in Halbtönen, der ein fruchtiges Aroma (Himbeere) erahnen lässt. Der Geschmack überrascht durch seine Dichte und verbirgt nicht die noch solide Struktur der Tannine. Eine ein- bis zweijährige Lagerung wird sich günstig auswirken.

SCEA du Mayne-Vieil, 33133 Galgon, Tel. 05.57.74.30.06, Fax 05.57.84.39.33, E-Mail mayne-vieil@aol.com n. V.

Famille Seze

PRESTIGE DE CH. CABLANC 1999*

■ 4,6 ha 40 000 5 à 8 €

Eine intensive rote Farbe und ein bezauberndes Bouquet mit Vanille- und Röstnoten. Die Trauben sind zu spüren, mit recht diskreten, aber deutlichen Aromen, die einen perfekten Gesundheitszustand des Leseguts erkennen lassen. Der Stoff ist reichhaltig und seidig; die Tannine kleiden den Mund angenehm aus und machen Platz für einen cremigen Abgang. Dieser Wein, der sich schon angenehm trinken lässt, kann auch lagern.

Jean-Lou Debart, SCEA de Ch. Cablanc, 33350 Saint-Pey-de-Castets, Tel. 05.57.40.52.20, Fax 05.57.40.72.65, E-Mail chcablanc@aol.com n. V.

CALVET RESERVE

Elevé en fût de chêne 1999*

■ 167 ha k. A. 3 à 5 €

In diesem Calvet Réserve kommt das ganze Können einer sehr angesehenen Firma zum Ausdruck. Auswahl der Parzellen, lange Gärung, Respektierung des «Calvet-Stils» beim Verschnitt, Ausbau im Holzfass, Reifung in der Flasche. «Er ist sehr gut, sehr Bordeaux-typisch», riefen die Juroren, beeindruckt von dieser granatroten Cuvée mit dem empyreumatischen Geruchseindruck, in dem sich das Räucheraroma mit Himbeernoten mischt. Der elegante Geschmack mit den Unterholznoten, die rasch die Tannine aufheitern, kennzeichnet einen sehr schönen Wein.

Calvet, 75, cours du Médoc, BP 11, 33028 Bordeaux Cedex, Tel. 05.56.43.59.00, Fax 05.56.43.17.78, E-Mail calvet@calvet.com

CARREFOUR 1999*

■ k. A. 1 500 000 3 à 5 €

Carrefour hat Ginestet, einer großen Firma im Bordelais, die Herstellung seines Bordeaux anvertraut und dafür ein sehr strenges Leistungsverzeichnis vorgegeben. Das elegante Etikett gibt ganz genau den Namen des Abfüllers an: Bernard Taillan, eine Gruppe, zu der Ginestet gehört. Der Name «Carrefour» steht auf einer losen Halsschleife. Dieser Wein stammt von einer Auswahl von Parzellen, die insgesamt 200 ha einnehmen; man kann ihn blind kaufen und seinen besten Freunden servieren. Purpurrote Farbe von schöner Intensität. Reiche, kräftige Aromen verführen sofort. Im Mund gleiten die Tannine über die Zunge und bereiten einen kraftvollen, aromatischen Abgang vor. Ein paar Monate werden für seine Entfaltung ausreichen, aber der Weinfreund, der es eilig hat, wird durch unmittelbares Vergnügen belohnt.

SA Maison Ginestet, 19, av. de Fontenille, 33360 Carignan-de-Bordeaux, Tel. 05.56.68.81.82, Fax 05.56.20.96.99, E-Mail contact@ginestet.fr n. V.

CH. CAZALIS Cuvée CL Fin de siècle 1998

■ 6,5 ha 175 000 5 à 8 €

Cazalis leitet sich von einem sehr alten Familiennamen (*Vital de Cazalé*, ein Grundherr und Krieger des 13. Jh.) ab. Diese kirschrote Cuvée bietet einen Korb vollreifer Früchte: Brombeere, Heidelbeere und Backpflaume, aber auch kandierte Traube. Der liebenswürdige, gut verschmolzene Geschmack ist reich an Konfitürenoten. Vielleicht ist das der nostalgische Duft «Fin de Siècle»? Auf jeden Fall kann man ihn ohne Gewissensbisse in diesem neuen Jahrhundert trinken.

Claude Billot, SCEA Dom. de Cazalis, 33350 Pujols-sur-Dordogne, Tel. 05.57.40.72.72, Fax 05.57.40.72.00, E-Mail chateau.cazalis@wanadoo.fr n. V.

CH. CAZEAU

Cuvée Prestige Vieilli en fût de chêne 1999

■ 180 ha 100 000 3 à 5 €

Die orangeroten Reflexe der Farbe verraten den Beginn einer Entwicklung. Diese Cuvée Prestige bringt einen äußerst ausgefeilten Ausbau im Holzfass zum Ausdruck. Der Geruchseindruck ist durch Röstaromen geprägt, während ein graziler Geschmack eine füllige, warme Reife der Tannine zum Ausdruck bringt. Noten kandierter Früchte, die durch gekochte Backpflaume bereichert werden, begleiten die Verkostung bis zu einem einschmeichelnden Abgang. Trinken sollte man ihn zu einer Lammkeule, unmittelbar vor der Besichtigung des ländlichen Weinbau- und Weinmuseums in Gornac.

SCI Domaines Cazeau et Perey, 33540 Sauveterre-de-Guyenne, Tel. 05.56.71.50.76, Fax 05.56.71.87.70, E-Mail laguyennoise@wanadoo.fr

Anne-Marie und Michel Martin

CH. CHAPELLE SAINT-SAUVEUR

Elevé en fût de chêne 1999

■ 50 ha 26 600 3 à 5 €

Aus der Vereinigung von fünf verschiedenen Weinbaubetrieben ist Château Chapelle Saint-Sauveur entstanden, neben dem sich eine kleine Kapelle aus dem 18. Jh. erhebt. Dieser tiefpurpurrote Wein bietet beim ersten Riechen pflanzliche Nuancen, die von Unterholz geprägt sind, gefolgt von Konfitürenoten (Backpflaume, schwarze Kirsche) – das Ganze vor einem sehr angenehmen Vanillehintergrund. Die Entwicklung am Gaumen ist sehr rund und ausgewogen. Die Röstaromen kommen erneut im Nachgeschmack zum Vorschein, der ohne jegliche Aggressivität ist. Dieser Wein ist ebenso zu einem Rinderfilet mit Steinpilzen wie zu einem Lammkarree angebracht.

🔑 SCEA des domaines Cazat-Beauchêne, 33570 Petit-Palais, Tel. 05.57.69.86.92, Fax 05.57.69.87.00, E-Mail cazalio@aol.com
☑ Ⲧ n. V.
🔑 S. F. Carère

CH. CLOS DU BOURG 1999*

■ 4,75 ha 29 000 8à11€

Dieser 99er Château Clos du Bourg, ein schönes Beispiel von Ausgewogenheit zwischen dem Beitrag der Rebsorte und dem des Fasses, entfaltet zuerst fruchtige Düfte (Brombeere, Walderdbeere) und wählt danach ein Register von Vanille und Kokosnuss. Je nach persönlicher Ansicht (und Geschmack) kann man ihn jetzt servieren oder auch noch ein paar Monate aufheben.

🔑 Ch. Manieu, La Rivière, 33126 Fronsac, Tel. 05.57.24.92.79, Fax 05.57.24.92.78
☑ Ⲧ Mo–Fr 10h30–12h 14h30–18h
🔑 Frau Léon

CH. COURTEY Cuvée Léon 1999*

■ 4,89 ha 7 500 3à5€

Auf Château Courtey baut man die Reben auf den Hügeln an, die vom Schatten Toulouse-Lautrecs inspiriert sind, der über dem nahen Château Malromé schwebt. Diese Cuvée Léon von sehr dichtem Granatrot reizt durch ihren kraftvollen Geschmack, der sich auf einem Bett aus schon verfeinerten Tanninen entfaltet. Die Harmonie seines Abgangs macht ihn zu einem gefälligen Wein, den man jetzt servieren kann.

🔑 SCEA Courtey, 33490 Saint-Martial, Tel. 05.56.76.42.56, Fax 05.56.76.42.56
☑ Ⲧ n. V.

CH. CRABITAN-BELLEVUE
Cuvée spéciale 1999

■ 12 ha 15 000 5à8€

Diese Sondercuvée von B. Solane, die eine schöne, klare, reintönige Farbe zeigt, besitzt ein imposantes aromatisches Potenzial, das die Zeit harmonisch machen wird. Schwarze Johannisbeere, Pflaume und Kirsche begleiten eine Struktur mit im Augenblick ungestümen Tanninen, aber sie ist ein charaktervoller Wein, der schöne Jahre vor sich hat.

🔑 GFA Bernard Solane et Fils, 33410 Sainte-Croix-du-Mont, Tel. 05.56.62.01.53, Fax 05.56.76.72.09
☑ Ⲧ Mo–Sa 8h–12h 14h–18h

DOURTHE Numéro 1 1999

■ k. A. 600 000 5à8€

Nach der Kreation des berühmten weißen Bordeaux Numéro 1 mussten wir fünf Jahre warten, bis 1993 der rote Bordeaux Nr. 1 geschaffen wurde. Für beide gelten eine strenge Auslese der Cuvées bei den Zulieferern und ein Ausbau im Barriquefass. Im Export ist dies ein unbestreitbarer Erfolg. Dieser 99er bietet eine schöne Illustration seiner Appellation. Ein klares, strahlendes Granatrot und ein Duft von vollreifen Früchten und Zimt, der seine volle Entfaltung noch nicht erreicht hat. Der Auftakt im Geschmack ist deutlich und ein wenig frisch, mit wohl schmeckenden, zarten Tanninen. Der Wein endet mit einer langen Schleppe, an der sich einige balsamische Noten festklammern. Er ist trinkreif.

🔑 Dourthe, 35, rue de Bordeaux, 33290 Parempuyre, Tel. 05.56.35.53.00, Fax 05.56.35.53.29, E-Mail contact@cvbg.com
☑ Ⲧ n. V.

CH. DUCLA 1999*

■ 30 ha 200 000 5à8€

Dieser 99er vereint Qualität und Quantität. Er duftet einschmeichelnd (Pflaume, Sauerkirsche) und besitzt einen Körper, den seidige Tannine einhüllen und der im Nachgeschmack mit Noten von Pflaume und kandierter Kirsche anhält. Einen Stern erhält der **99er Permanence V** (Preisgruppe: 50 bis 69 F), der eineinhalb Jahre im Holzfass gereift ist. Er ist bereits verschwenderisch mit unmittelbaren Genüssen, kann aber drei bis vier Jahre lagern.

🔑 GFA Dom. Mau, BP 1, 33190 Gironde-sur-Dropt, Tel. 05.56.61.54.54, Fax 05.56.71.10.45, E-Mail info@chateau-ducla.com ☑

CH. FAURET 1999*

■ 0,25 ha 1 600 5à8€

Die purpurrote Farbe mit violettem Rand kündigt eine angenehme Verkostung an. Diese ist fruchtig und – trotz eines etwas lebhaften ersten Kontakts – in ihren Tanninen elegant und klingt mit Noten kandierter Früchte aus, die auf sehr reifes Traubengut zurückgehen. Für die Vollendung dieses Weins ist eine Lagerung notwendig (drei bis fünf Jahre, je nach den Voraussetzungen).

🔑 E. et N. Zecchi, GAEC Fauret, Les Arromans, 33420 Moulon, Tel. 05.57.74.98.49 ☑ Ⲧ n. V.

CH. FLEUR SAINT-ESPERIT
Vieilli en fût de chêne 1999*

■ 0,88 ha 7 000 3à5€

Hier haben wir ein originelles, in jeder Hinsicht fesselndes Erzeugnis, das von einer ganz kleinen Parzelle auf einem sandigen Boden stammt. Sie ist zu 100 % mit Cabernet franc bestockt und gehört einem Weinbergbesitzer, der Reben in den AOCs Pomerol und Lalande hat. Die Farbe ist lebhaft rot mit purpurroten Reflexen. Eine schöne Präsenz der Fruchtigkeit verbindet sich mit Vanillenoten. Dieser feste, körperreiche 99er entfaltet am Gaumen eine Abfolge von Pfeffer- und Lakritzearomen, durchsetzt mit Noten, die an Wald denken lassen (Humus, Pfifferling). Der Abgang, den diese komplexen Aromen bereichern, verleiht ihm viel Charme.

🔑 GFA V. et P. Fourreau, Chevrol, 33500 Néac, Tel. 05.57.25.13.34, Fax 05.57.51.91.79 ☑

DOM. FLORIMOND-LA-BREDE 1999*

■ 15 ha 60 000 3à5€

Das Gut, ein Familienbetrieb, wurde von Louis Marinier umstrukturiert, der vor fünfzehn Jahren ein unermüdlicher Verteidiger der Bordeaux-Weine war; es erstreckt sich auf tonige

Kalksteinhügel, die sich in Schussweite der früheren Wurfmaschinen der Festung von Blaye befinden. Dieser 99er ist ein hübscher Wein, der es eilig hat, auf den Tisch zu kommen, denn er zeigt eine gewisse Entwicklung. Sein Granatrot ist strahlend. Von den Merlot-Reben, die im Weinberg dominieren, findet man die Traubendüfte und die Noten von Schalen und Schokolade wieder. Die reifen Tannine besitzen Rundheit und Samtigkeit. In diesem Wein gibt es Stoff, der reif ist.

SCEA Vignobles Louis Marinier,
Dom. Florimond-La Brède, 33390 Berson,
Tel. 05.57.64.39.07, Fax 05.57.64.23.27,
E-Mail vignobleslouismarinier@wanadoo.fr
Mo–Fr 8h–12h 14h–18h; Sa, So n. V.;
Aug. geschlossen

CH. FRAPPE PEYROT
Elevé en barrique 1999*

■ 15 ha 10 000 5 à 8 €

Er bietet eine liebenswürdige Erscheinung mit einem purpurvioletten Strahlen, wenn man den Wein im Glas schwenkt. Das kräftige, würzige Bouquet (Vanille, Karamell) kündigt eine klare, deutliche Ansprache an. Dieser noch jugendliche, lebhafte Wein stützt sich auf ein Gerüst mit guten Tanninen, das einen gefälligen Abgang vorbereitet. Eine Lagerung wird ihn noch verbessern. Man muss warten, bis seine Jugend vorüber ist!

Jean-Yves Arnaud, La Croix,
33410 Gabarnac, Tel. 05.56.20.23.52,
Fax 05.56.20.23.52 n. V.

CH. GEROME LAMBERTIE 1998*

■ 25 ha 50 000 -3 €

Nach der Rückkehr vom siebten Kreuzzug errichtete Alfons von Frankreich (Bruder von König Ludwig IX., dem Heiligen) die schöne Festung Sainte-Foy-la-Grande (1255), die man besuchen sollte, bevor man diesen Wein probiert, bei dem Merlot den Löwenanteil (70 %) stellt. Die Farbe ist granatrot; der Geruchseindruck erinnert an Früchte, mit pflanzlichen Noten (Paprikaschote). Nach einer eleganten, frischen Ansprache kommen die roten Früchte diskret zum Ausdruck und machen dann einem fülligen, eleganten Abgang Platz. Seine Harmonie lässt den baldigen Genuss einiger Flaschen zu; den Rest kann man mehrere Jahre aufheben.

EARL Jean-François Ossard,
3, La Lambertine, 33220 Pineuilh,
Tel. 05.57.46.12.04, Fax 05.57.46.31.28

G. DE GINESTET 1999

■ 260 ha 2 000 000 3 à 5 €

Jedermann kennt die entscheidende Rolle, die der Weinhandel, der die Jungweine selbst ausbaut, für das internationale Ansehen der Weine aus Bordeaux spielt. Die Firma Ginestet, die mehrere große Marken besitzt, nimmt bei diesem Erfolg einen bedeutenden Platz ein. Dieser Wein, der in seinem durchscheinenden Rubinrot anmutig wirkt, verführt durch hochfeine Noten von Pflaume und schwarzer Johannisbeere, die fast primeurhaft wirken, so sehr bringen sie die Frucht selbst zum Ausdruck. Der aromatische Abgang, der in der gleichen Tonalität gehalten ist, enthält einige Anklänge an Tannine. Der Wein ist trinkreif. Eine andere Marke von Ginestet, der **rote 99er Bordeaux Marquis de Chasse,** erhält die gleiche Note.

SA Maison Ginestet, 19, av. de Fontenille,
33360 Carignan-de-Bordeaux,
Tel. 05.56.68.81.82, Fax 05.56.20.96.99,
E-Mail contact@ginestet.fr n. V.

CH. GIRUNDIA 1999**

■ 3 ha 25 000 5 à 8 €

Dieser Wein aus dem Gebiet von Blaye, der das Ergebnis einer kleinen Parzellenauswahl ist und einen originellen Rebsatz bietet (50 % Merlot, 50 % Malbec), hat die Jurymitglieder durch ein angenehm intensives Purpurrot mit rubinroten Reflexen und durch einen Duft von kandierten Früchten erobert. Er besitzt im Geschmack viel Fülle und noch kräftige, leckere Tannine, die im Abgang einer triumphalen Rückkehr von kandierten Pflaumen und Kirschen Platz machen. Ein lagerfähiger Wein, den man zu Waldschnepfe servieren kann.

SCEA Ch. Ségonzac, 39, Ségonzac,
33390 Saint-Genès-de-Blaye,
Tel. 05.57.42.18.16, Fax 05.57.42.24.80,
E-Mail segonzac@chateau-segonzac.com
n. V.

CH. DES GRANDS BRIANDS
Elevé en fût de chêne 1998*

■ 7,5 ha 32 000 3 à 5 €

Die Merlot- und Cabernet-Sauvignon-Trauben dieses Châteaus besitzen ein edles, freigebiges Terroir mit Kiesböden. Die ganze Eleganz und die Feinheit dieses Weins rühren davon her, wie seine kräftige Farbe und sein zaubervoller Duft beweisen, der aus Pfingstrosen, verblühten Rosen, Tee und Geißblatt besteht. Der in der Ansprache milde Wein zeigt sich schlank und fast einschmeichelnd. Der schlichte, milde Abgang bietet eine sehr spannende Rückkehr zu dem vanilleartigen Holzton.

Ch. du Grand Briand,
ZAE de l'Arbalestrier, 33220 Pineuilh,
Tel. 05.57.41.91.50, Fax 05.57.46.42.76
n. V.

GRAND VOYAGEUR
Elevé en fût de chêne 1998

■ 2 ha 13 200 5 à 8 €

Diese Cuvée Grand Voyageur hat noch eine lange Reise vor sich! Sie zeigt ein schönes, kräftiges Rubinrot und besitzt Aromen von reifen Früchten, Kern und leichten Gewürzen und einen noch spürbaren Holzton. Der Geschmack enthält eine kräftige Struktur mit deutlichen Tanninen. Mokka, Zedernholz und eine pfeffrige Note bilden die Zutaten dieses Weins, aber das Rezept erfordert Zeit, damit sich seine Bestandteile harmonisch vereinigen.

Benoît et Valérie Calvet, 44, rue Barreyre,
33300 Bordeaux, Tel. 05.57.87.01.87,
Fax 05.57.87.08.08,
E-Mail contact@bvcbordeaux.com

CH. GROSSOMBRE 1999*

■ 7 ha k. A. 5 à 8 €

Einige Kilometer von Château Bonnet, dem Flaggschiff, entfernt leitet Béatrice Lurton die Geschicke von Château Grossombre, das in seinen Ausmaßen viel bescheidener ist, dessen Weine aber ein durchaus gerechtfertigtes Ansehen genießen. Diese ein Jahr lang im Eichenfass ausgebaute Cuvée ist das Ergebnis eines Verschnitts, den die Cabernet-Reben beherrschen. Im Anblick bietet dieser Wein eine majestätische Erscheinung. Er zeigt viel Frische in seinem runden, an Kakao erinnernden Bouquet und erstaunt im Geschmack durch sein Volumen, ein großzügiges Fleisch, das viele Tannine einhüllt, die aber recht maßvoll sind. In seiner Entwicklung, die erst beginnt, findet man viel Eleganz mit feiner Toastnuance und viel Fülle.

Béatrice Lurton, BP 10, 33420 Grézillac, Tel. 05.57.25.58.58, Fax 05.57.74.98.59, E-Mail andrelurton@andrelurton.com ☑

CH. HAUT-CASTENET 1999*

■ 15 ha 120 000 5 à 8 €

Die Rebflächen von Haut-Castenet breiten sich im Herzen der Guyenne aus, wo sich «der Gesang der Steine» immer noch zum Himmel richtet. Davon zeugt, einige Meilen entfernt, die befestigte Abteikirche Saint-Ferme (11. Jh.), deren Kapitelle die schönsten Szenen aus dem Alten und dem Neuen Testament schildern. François Greffier hat hier, beraten von dem Önologen J.-M. Jacob, einen charaktervollen Wein vinifiziert und ausgebaut, der eine strahlend rubinrote Farbe besitzt. Das kräftige, feine Bouquet breitet sich am Gaumen aus; in dem gehaltvollen, fast körperreichen Geschmack beweisen die Tannine ihre schöne Jugendlichkeit. Fleisch und Wild werden zu diesem jugendlichen Erstling gut passen, sobald seine Strenge verschwunden ist.

EARL François Greffier, Castenet, 33790 Auriolles, Tel. 05.56.61.40.67, Fax 05.56.61.38.82, E-Mail ch.castenet@wanadoo.fr ☑ Ῑ n. V.

CH. HAUT-GAUSSENS 1999

■ 1 ha 5 000 3 à 5 €

Von den 27 Hektar, die das Gut besitzt, erzeugt ein Hektar diese im Barriquefass ausgebaute Cuvée. Die Farbe setzt auf Verführungskraft: ein hübsches, leichtes Purpurrot. Backpflaume und schwarze Johannisbeere teilen sich auf subtile Weise den Duft, ohne einen diskreten Holzton zu überdecken. Der Auftakt im Mund vereinigt Aromen und Geschmacksnoten innerhalb einer eleganten, anhaltenden Verschmolzenheit. Der Geschmack setzt sich mit würzigen Noten fort, während sich das Ungestüm der Tannine beruhigt. Ein paar Jahre Lagerung werden das Werk abschließen.

Lhuillier, Guiard, 33620 Laruscade, Tel. 05.57.68.50.99, Fax 05.57.68.50.99 ☑ Ῑ n. V.

CH. HAUT-MAZIERES 1999

■ 19,61 ha 164 000 5 à 8 €

Ein 99er, der sich noch in seiner Jugendphase befindet. In seiner Farbe mit den ziegelroten Reflexen und in seinen Aromen im Geschmack zeichnet sich jedoch eine beginnende Entwicklung ab. Die Tannine sind am richtigen Platz und treten in einem sanften, ehrlichen Abgang zurück, der vollauf Vertrauen für die Zukunft dieses Weins bei der Reifung weckt.

Union de producteurs de Rauzan, 33420 Rauzan, Tel. 05.57.84.13.22, Fax 05.57.84.12.67 ☑ Ῑ n. V.

CH. HAUT PARABELLE 1999

■ 4 ha 20 000 3 à 5 €

Jeden Tag zieht die Sonne ihre Bahn um die Hänge von Haut Parabelle, die eine Ost-West-Ausrichtung besitzen. Hier gelangt sogar die Rebsorte Cabernet Sauvignon zur Reife. Im gleichen Anteil wie Merlot verwendet, liefert sie hier eine strahlend rubinrote Farbe. Der Körper ist weich und fett; die Tannine sind bereits verschmolzen. Die Zeit wird nichts mehr hinzufügen.

SCEA vignoble Yvan Brun, Coureau, 33330 Saint-Sulpice-de-Faleyrens, Tel. 05.57.24.61.62 ☑ Ῑ n. V.

CH. DE JABASTAS 1999*

■ 2 ha 15 000 3 à 5 €

Als liebenswürdiger Reflex der anmutigen Ufer der Dordogne, in der sich das von hier ein paar hundert Meter entfernte Château de Vayres spiegelt, erstaunt dieser Wein durch den Glanz seiner sehr kräftigen Granatfarbe. Der intensive Duft, der voller Frische ist (Himbeere, rote Johannisbeere), kündigt einen ansprechenden Geschmack an, in dem überreife Sauerkirschen mit einem fülligen Stoff zusammenwirken. Diese Flasche, die man schon an einem schön gedeckten Tisch servieren darf, kann auch drei Jahre in einem kühlen Keller vorteilhaft lagern.

Jean-Marie Nadau, Ch. de Jabastas, 35, av. des Prades, 33450 Izon, Tel. 05.57.84.97.13, Fax 05.57.84.97.14 ☑ Ῑ n. V.

CLOS JEAN 1999

■ 5 ha 30 000 5 à 8 €

Der Weinberg an Hängen über der Garonne umgibt ein schönes Gebäude aus dem 18. Jh. Mit 80 % Merlot bietet dieser Bordeaux eine durch die Rebsorte geprägte aromatische Grundlage, die reich an Noten von roten und schwarzen Früchten (schwarze Johannisbeere, Backpflaume, Heidelbeere) ist, und ein sehr sanftes, rundes Gerüst ohne jegliche Aggressivität. Ein trinkreifer Wein, der ganz in der Tradition gehalten ist.

SCEA vignobles Lionel Bord, Clos Jean, 33410 Loupiac, Tel. 05.56.62.99.83, Fax 05.56.62.93.55, E-Mail closseau@vignoblesbor.com ☑ Ῑ Mo–Fr 8h30–12h 14h–17h30; Sa, So n. V.

CH. JOININ 1999*

■ 15,48 ha 65 000 3à5€

Den Mestreguilhems, die Weinbergbesitzer in Saint-Emilion (Château Pipeau) sind, gehört auch dieses Gut im Entre-Deux-Mers. Von überreifen schwarzen Kirschen leiht sich dieser 99er die Farbe und das Aroma, mit dem sich die Heidelbeeren und die Brombeere des ausgehenden Sommers vermischen. Der Geschmack, den seidige Tannine erfüllen, absolviert einen gut strukturierten Parcours. Der richtige Wein zu Entrecote bordelaise (gegrilltes Rippenstück vom Rind, garniert mit Rindermarkscheiben, Petersilie und Bordelaiser Sauce), den man in einem Jahr und dann drei bis vier Jahre lang trinken kann.

Brigitte Mestreguilhem, 33420 Rauzan, Tel. 05.57.24.72.95, Fax 05.57.24.71.25, E-Mail chateau.pipeau@wanadoo.fr

CH. LA BARDONNE 1999*

■ 6 ha 48 000 3à5€

Die traditionelle Vinifizierung einer Auswahl von Parzellen, die sich an den hoch gelegenen Hängen des Gebiets von Blaye ausbreiten, hat diesen dunklen Wein hervorgebracht, dessen Geruchseindruck ein leichter Holzton mit Vanillenote prägt. Die Tannine, die noch ein Relief zeigen, werden sich im Geschmack bald mit sehr reifen Trauben vereinigen. Dieser klassische, gut strukturierte Wein muss in einem guten Keller lagern.

Vignobles Alain Faure, Ch. Belair-Coubet, 33710 Saint-Ciers-de-Canesse, Tel. 05.57.42.68.80, Fax 05.57.42.68.81, E-Mail belair-coubet@wanadoo.fr n. V.

CH. LA BASSANNE 1999*

■ 3 ha 4 400 3à5€

Ein auf der Grundlage einer sehr sorgfältigen Parzellenauswahl liebevoll hergestellter Wein. Catherine Perret hat sein blutrotes Gewand gestickt; sie hat sein kräftiges, weiniges Bouquet überwacht, das nach roten Früchten und Gewürzen duftet. Die samtigen Tannine ergänzen das Ganze, das die Zeit (zwei bis drei Jahre) vollenden wird.

Catherine Perret, La Grande-Côte, 33124 Aillas, Tel. 05.56.65.33.17, Fax 05.56.65.30.59 n. V.

DOM. DE LA COLOMBINE 1999*

■ k. A. 10 000 3à5€

Dieser Wein, bei dem Merlot in hohem Maße dominiert (80 %), zeigt ein großzügiges Granatrot und Aromen von schöner, fruchtiger Stärke. Der sehr runde Körper enthüllt ausgewogene, samtige Tannine und ein entstehendes Bouquet von kandierten Früchten, Unterholz und Humus. Der leckere Wein, der ohne weitere Wartezeit trinkreif ist, kann eine ganze Mahlzeit begleiten.

Les producteurs réunis de Puisseguin et Lussac-Saint-Emilion, Durand, 33570 Puisseguin, Tel. 05.57.55.50.40, Fax 05.57.74.57.43 n. V.

Jean-Louis Rabiller

CH. LA COMMANDERIE DE QUEYRET 1999*

■ 30 ha 180 000 5à8€

Das alte, vornehme Bauwerk der Tempelritter (13. Jh.) hat die Wendungen der modernen Zeiten gut bewältigt, wenn man nach dem hohen technischen Standard seiner Einrichtungen und seiner Arbeitsmethoden urteilt. Das bezeugt dieser 99er mit der kräftigen karminroten Farbe und den konzentrierten Aromen von roten Früchten und schwarzer Johannisbeere. Der runde, fleischige Geschmack erweist sich als fruchtig und mündet in einen seidigen Abgang. Diese Flasche lädt zum unverzüglichen Genuss wie auch zu einer dreijährigen Lagerung ein.

Claude Comin, Ch. La Commanderie, 33790 Saint-Antoine-du-Queyret, Tel. 05.56.61.31.98, Fax 05.56.61.34.22 n. V.

DOM. DE LA CROIX 1999

■ 15 ha 20 000 3à5€

Eine schöne Farbe von sehr reifen Kirschen, ein intensiver Duft und ein runder Geschmack, in dem man förmlich in die Merlot-Trauben beißt, zum Schluss ein kräftiger, stärkender Abgang, der es am Wochenende mit einem über Rebenholz gegrillten Rippenstück vom Rind aufnehmen kann. Man kann diesen Wein je nach Geschmack sofort genießen oder seinen Genuss auch auf viel später verschieben.

Jean-Yves Arnaud, La Croix, 33410 Gabarnac, Tel. 05.56.20.23.52, Fax 05.56.20.23.52 n. V.

CH. LA CROIX DE NAUZE 1999*

■ 2 ha 6 000 3à5€

Das Bouquet erstrahlt noch nicht in seinem ganzen Glanz; vermutlich ist es in den Falten eines dunklen Kleids verborgen, aber einige blumige Noten zeigen sich (Iris, Tuberose) und erfüllen den Gaumen. Der Stoff wird durch noch feste, aber reife Tannine ausgeglichen. Die Harmonie zeichnet sich nach und nach ab, aber es ist vernünftiger, wenn man die Reife dieses Weins abwartet – ein Jahr oder sogar noch länger.

Xavier Dangin, 39, Micouleau, 33330 Vignonet, Tel. 05.57.84.53.01, Fax 05.57.84.53.83 n. V.

Elies-Brignet

CH. LAGARERE 1999

■ 18,75 ha 150 000 3à5€

Zu Beginn des 20. Jh. wurde das Gut mit einem Schleusensystem ausgerüstet, das es erlaubte, es zu überfluten, um die Reblaus zu bekämpfen. Dieser 99er verdankt alles einer beherzten Übernahme des Betriebs und der Ausrüstung der Keller, die die neuen Besitzer nach dem Stand der modernen Technik installierten. Das Ergebnis ist eine vernünftige Extraktion. Die Aromen überlassen die Hauptrolle roten Früchten (Schlehe, Kirsche), die im Geschmack entwickelter erscheinen als im Duft. Die Jugend der Tannine legt nahe, dass man ihn zwischen 2002 und 2005 trinkt.

🗝 Paul Gonfrier, Ch. de Marsan, 33550 Lestiac-sur-Garonne, Tel. 05.56.72.14.38, Fax 05.56.72.10.38, E-Mail gonfier@terre-net.fr Y n. V.

CH. DE LAGORCE Réserve 1999*

■ 1 ha 2 000 ◖◗ 8à11€

Cabernet Sauvignon und Cabernet franc balancieren sich in einem Wein aus, der durch die Feinheit seiner Düfte verführt. Hinter einer sehr kräftigen Farbe verbirgt sich ein Aromenkonzentrat mit tausend Nuancen (rote Johannisbeere, Brombeere, Kirschen ...), die lang anhalten. Die kräftige, dichte Struktur verleiht dem Ganzen eine gute Alterungsfähigkeit.

🗝 Benjamin Mazeau, Ch. de Lagorce, 33760 Targon, Tel. 05.56.23.60.73, Fax 05.56.23.65.02 ☑ Y n. V.

CH. LA GRAVE 1999

■ 6,2 ha k. A. ▮🌡 5à8€

Virginie Tinon, die junge Winzerin dieses Châteaus, hat hier ihren ersten Jahrgang vorgestellt, der von ausgewählten Parzellen erzeugt worden ist. Sie hat die Lektionen ihres Vaters gut genutzt und präsentiert einen an Phenolen reichen Wein, der aufgrund seiner opulenten Farbe ebenso dicht wirkt wie aufgrund seiner diskreten Aromen von eingemachten Pflaumen und Brombeeren. Eine vernünftige Tanninunterstützung sichert dem Wein eine Lebensdauer von ein paar Jahren – ein Zeitraum, der notwendig ist, damit er sich voll entfaltet.

🗝 EARL Vignoble Tinon, Ch. La Grave, 33410 Sainte-Croix-du-Mont, Tel. 05.56.62.01.65, Fax 05.56.62.00.04 Y n. V.

CH. LAGRAVE PARAN 1999*

■ 9 ha 45 000 ▮🌡 3à5€

Die schönen tonigen Kieskuppen dieses Châteaus, die mit Merlot (70 %) und Cabernet franc (30 %) bestockt sind, erleben jedes Jahr eine streng mit der Hand durchgeführte Traubenlese (was heutzutage sehr selten ist, Anm. d. Red.). Dieser Bordeaux präsentiert sich mit einer schönen Farbe, die strahlende Reflexe zeigt. Er ist im Duft bezaubernd und im Geschmack fett und entfaltet intensive Aromen von reifen Früchten (Traube, Backpflaume), die ein rundes, sanftes Fleisch intensivieren, dessen samtige Tannine harmonisch anhalten. Dieser liebenswürdige Wein kann schon morgen gefallen, aber in den kommenden drei bis vier Jahren wird er an Verführungskraft gewinnen.

🗝 EARL Pierre Lafon, Ch. Lagrave-Paran, 33490 Saint-André-du-Bois, Tel. 05.56.76.42.74, Fax 05.56.76.49.78 ☑ Y n. V.

CH. LALANDE-LABATUT
Cuvée Prestige Elevé en fût de chêne 1999

■ 15 ha 100 000 ◖◗ 5à8€

Ein strahlender Wein mit einem fruchtigen Duft, der voll und angenehm ist, entfaltet sich zu einem Bouquet von kandierter Kirsche und Quitte. Die durchsichtige Struktur lässt ganz leicht das Vorhandensein von gezügelten Tanninen erkennen und hüllt einen anmutigen Körper mit Gewürz-, Zedernholz- und Kakaodüften ein. Eine abschließende Empfindung von Rundheit beendet den Parcours im Mund, bgleitet von einem Räucheraroma mit delikatem Holzton.

🗝 SCEA Vignobles Falxa, 38, Labatut, 33370 Salleboeuf, Tel. 05.56.21.23.18, Fax 05.56.21.20.98, E-Mail chateau.lalande-labatut@wanadoo.fr ☑ Y n. V.

CH. LA MIRANDELLE 1999

■ 8,66 ha 50 000 ▮🌡 3à5€

In einer Gemeinde mit alter Weinbautradition, in einem Gebiet, wo kriegerische Festungen mit jahrhundertealten Abteikirchen wechseln, herrscht das Château über einen kleinen Weinberg, der in Hanglage auf tonigen Kalksteinböden angelegt ist. Es hat einen hübschen Wein erzeugt, der durch seine granatrote Farbe, seinen Duft von reifen Früchten und seine seidige Textur verführt. Sehr maßvolle Tannine sind nur da, um auf diskrete Weise einen Nachgeschmack von Primäraromen zu unterstützen, die diese Flasche vorzugsweise dazu bestimmen, dass sie schon getrunken wird, wenn unser Weinführer herauskommt.

🗝 Cellier de La Bastide, Cave coop. vinicole, 33540 Sauveterre-de-Guyenne, Tel. 05.56.61.55.21, Fax 05.56.71.60.11 ☑ Y Mo–Sa 9h–12h15 13h30–18h15; Gruppen n. V.

🗝 Yves Moncontier

CH. LA MOTHE DU BARRY
Cuvée Le Barry 1999**

■ 2 ha 14 000 ◖◗ 8à11€

Eine 150 Jahre alte Familientradition hat Joël Duffau nicht davon abgehalten, entschlossen in das Zeitalter des modernen Fortschritts und der Innovation einzutreten. Diese im Eichenfass ausgebaute Cuvée Le Barry ist das Ergebnis einer anspruchsvollen Auswahl von Parzellen. Ein eindrucksvolles Nachtgewand, tief und schwarz, umhüllt ein außergewöhnliches Bouquet von Sauerkirsche in Alkohol, schwarzer Johannisbeere und Heidelbeere. Das Ganze ist vor einem Hintergrund aus geröstetem Kaffee und balsamischen Gerüchen verschmolzen. Eine füllige, warme Reife breitet sich am Gaumen aus, wobei eine Trüffelnuance untrüglich die Merlot-Traube (75 %) als Quelle für so viel Freigebigkeit kennzeichnet. Ein paar Jahre werden diesem schönen Wein eine Patina verleihen. Die **99er Cuvée Design** (Preisgruppe: 30 bis 49 F) erweist sich ebenfalls als nicht unwürdig (ein Stern); sie ist in einer Stückzahl von 35 000 Flaschen produziert worden.

🗝 Joël Duffau, Les Arromans n°2, 33420 Moulon, Tel. 05.57.74.93.98, Fax 05.57.84.66.10, E-Mail lamothed@club-internet.fr ☑ Y Mo–Sa 8h–12h 14h–19h

CH. LARROQUE
Vieilli en fût de chêne 1999*

■ 56 ha 224 000 ◖◗ 5à8€

Ein intensives Granatrot, eine hübsche Fruchtigkeit, die im Bouquet dominiert, ein Holzton mit unaufdringlicher Toastnote und dann ein kraftvoller Durchgang im Mund, mit einem recht runden Körper. Ein Wein von schönem Lesegut mit noch lebhaften Tanninen: Die Trauben, die eine gute Konzentration aufwiesen, sind noch vorhanden, teilen sich aber den Abgang mit dem Holz. Man muss sich nicht beeilen, ihn zu trinken.

Boyer de La Giroday, 18, rte de Montignac, 33760 Ladaux, Tel. 05.57.34.54.00, Fax 05.56.23.48.78, E-Mail vignobles-ducourt@wanadoo.fr
n. V.

LA VIEILLE EGLISE 1999*

20 ha 133 000 -3€

Ein strahlendes Granatrot mit ziegelroten Reflexen kennzeichnet die reizvolle Erscheinung dieser Cuvée, die ebenso ermutigend und sehr ausdrucksvoll ist, wobei schon der erste Geruchseindruck eine glückliche Vereinigung von Früchten (schwarze Johannisbeere, Brombeere) und Unterholz- und Humusnuancen erkennen lässt. Ein sehr korpulenter Geschmack enthüllt animalische Noten. Man kann diesen 99er ohne weitere Wartezeit in seiner Fruchtigkeit trinken oder ihn ein bis zwei Jahre altern lassen.

Domainie de Sansac, Les Lèves, 33220 Sainte-Foy-la-Grande, Tel. 05.57.56.02.02, Fax 05.57.56.02.22 n. V.

CH. LE DROT 1998*

12 ha 10 000 3à5€

Die beiden Cabernet-Sorten und Merlot vereinigen sich zu einem farbintensiven Wein von klarem Karminrot. Die Düfte von roten Steinfrüchten (Kirsche) springen einem förmlich in die Nase. Aromen von schwarzen Früchten und Iris folgen nach und bereichern einen zarten, voluminösen Abgang. Dieser 98er ist trinkreif, kann aber – für die Perfektionisten – auch lagern.

Jean-Guy Issard, 33190 Bagas, Tel. 05.56.71.46.25, Fax 05.56.71.46.25
n. V.

CH. LE FREGNE Vieilli en fût de chêne 1999*

3 ha 7 000 3à5€

Seit Jahrhunderten kennt man in Castelviel die Sünde der Wollust, die so anschaulich auf einem der Kapitelle seiner romanischen Kirche dargestellt ist. Aber eine Verkostung im Château Le Frègne sorgt für eine moderne Version der Sinnenlüste. Dieser 99er mit dem violett schimmernden Purpurrot bezaubert den Geist durch die Feinheit seiner verschmolzenen Weichselaromen, vermischt mit einer feinen Schokoladennote, an der man den dominierenden Einfluss der Merlot-Rebe erkennt. Ein Hauch von schwarzer Johannisbeere begleitet den Geschmack und lässt die Nervigkeit einiger undisziplinierter Tannine vergessen. Seine Entwicklung ist zum Schluss köstlich; an seiner Zukunft besteht mittelfristig kein Zweifel.

EARL Le Frègne, 33540 Castelviel, Tel. 05.56.61.97.56 n. V.
Serge Rizzetto

CH. LE GRAND BESSAL 1999*

2 ha 10 000 5à8€

Saint-Germain-du-Puch ist stolz, dass auf seinem Boden ein altes, sehr schönes befestigtes Bauwerk (Le Grand Puch) steht, das im 14. Jh. errichtet wurde, in der Zeit des «schwarzen Prinzen», der als Herzog von Aquitanien über das sehr nahe Bordeaux herrschte. Angesichts der Ecktürmchen von Le Grand Puch wirkt Château Le Grand Bessac sehr neuzeitlich. Es hat einen Wein erzeugt, dessen Farbe an Bigarreau-Kirschen erinnert und der nach schwarzer Johannisbeere und Hyazinthe duftet; im Mund entdeckt man animalische Noten von Leder und Moschus. Man muss die ein wenig hohe Barriere der Tannine überwinden, um eine Rückkehr zur Frucht zu erleben; bei einer zwei- bis vierjährigen Lagerung dürften sie harmonisch verschmelzen.

SCEA Echeverria, Ricard, 33750 Saint-Germain-du-Puch, Tel. 05.57.24.54.96, Fax 05.57.24.02.05
n. V.

CH. LE MAYNE 1999

17 ha k. A. 5à8€

Dieses große Gut (70 ha), das 1987 erworben wurde, ist mit einem sehr modernen Keller ausgerüstet. Mit einer rubinrot funkelnden Farbe von mittlerer Stärke und einem komplexen Duft, in dem die Frucht mit Gewürznuancen konkurriert, kann dieser einschmeichelnde, elegante Wein weißes Fleisch begleiten. Der runde, leicht würzige Geschmack hält in einem sehr milden Abgang an, der dazu reizt, ihn schon bald zu genießen.

SCEA Ch. Le Mayne, 33220 Saint-Quentin-de-Caplong, Tel. 05.57.41.00.05
Mo–Fr 8h–12h 14h–18h

CH. LE MOULIN DU ROULET 1999

5 ha 20 000 3à5€

Eine junge Frau hat diesem hübschen Wein, der von den drei Bordeaux-Rebsorten (60 % Merlot) stammt, ihren Stempel aufgedrückt. Die Reben wachsen auf einer tonigen Kalksteinkuppe, die von einer Windmühle überragt wird. Dieser feine 99er, der auf delikate Weise von einem guten Fass geprägt wird und zur gleichen Zeit strukturiert und fleischig wirkt, ist das Ergebnis einer gelungenen Vereinigung zwischen einem rassigen Wein und den Vanillearomen des Eichenholzes. Ein paar Jahre der Lagerung werden sich auf ihn sehr günstig auswirken.

Catherine et Patrick Bonnamy, Moulin du Roulet, 33350 Sainte-Radegonde, Tel. 05.57.40.58.51, Fax 05.57.40.58.51
n. V.

CH. LE NOBLE 1999*

23 ha 94 000 5à8€

Er hat eine leichte, durchscheinende Granatfarbe und zeigt dennoch Lebhaftigkeit und Rundheit, wobei der Duft an sehr reife Bigarreau-Kirschen und Backpflaumen erinnert. Im Geschmack ist er dicht und fleischig; seine Gerbsäure ist gut gezügelt. Im Abgang findet man

Aromen von großer Reife wieder. Er wird sich mit der Zeit langsam entwickeln. Ein Wein zu Wild. Der von diesem Händler ebenfalls präsentierte **99er Château Tuilerie Rivière** erhält eine lobende Erwähnung.

🔑 Maison Sichel-Coste, 8, rue de la Poste, 33210 Langon, Tel. 05.56.63.50.52, Fax 05.56.63.42.28

LES CHARMILLES DES HAUTS DE PALETTE Elevé en fût de chêne 1999

■ 12 ha 50 000 3à5€

Charles Young hat diese Marke 1999 geschaffen. Hier ist die erste Cuvée, in der die Cabernet-Sorten gleichgewichtig mit der Merlot-Rebe vertreten sind. Die leichte Farbe lässt schöne zinnoberrote Reflexe erkennen. Spontane Aromen heitern ein noch ein wenig zurückhaltendes Bouquet (schwarze Johannisbeere, Hyazinthe) auf. Der Körper ist leicht und geschmeidig und schmeckt nach Lakritze. Diese Feinheit sollte man unverzüglich genießen.

🔑 SARL Les Hauts de Palette, 4*bis*, chem. de Palette, 33410 Béguey, Tel. 05.56.62.94.85, Fax 05.56.62.18.11, E-Mail les-hauts-de-palette@wanadoo.fr ☑

DOM. DE L'ESCOUACH Elevé en fût de chêne 1999★★

■ 1 ha 6 000 5à8€

Ein ganz kleiner umfriedeter Weinberg, der mit alten Merlot-Reben bestockt und an tonigen Kalksteinhängen angelegt ist, hat diesen Wein von kräftiger Farbe (tiefrot) hervorgebracht. Seine Aromen mit den pflanzlichen Nuancen (Paprikaschote, Pilze) bilden seine ersten Reize. Gemischte Gewürze und Lakritzenoten bereichern einen öligen Geschmack von bemerkenswerter Ausgewogenheit, der freundliche Tannine enthält. Eine mehrjährige Lagerung kann empfohlen werden.

🔑 Pierre Rabouy, 33350 Saint-Pey-de-Castets, Tel. 05.57.40.51.16, Fax 05.57.40.51.16
☑ 🍷 n. V.

CH. LES VERGNES 1999★

■ k. A. 133 000 3à5€

Ein Wein voller Feinheit und Zurückhaltung. Er offenbart sich erst, wenn man ihn im Glas schwenkt: Ein paar Noten von Kernen entfalten sich nach und nach zu schwarzer Johannisbeere und einem Hauch von Himbeere. Diese genau berechnete Feinheit macht rasch einem einschmeichelnden, samtigen Geschmack Platz. Es ist besser, wenn die Zeit nicht auf diese subtile Mischung einwirkt und man den Wein unverzüglich genießt.

🔑 Univitis, Les lèves, 33220 Sainte-Foy-la-Grande, Tel. 05.57.56.02.02, Fax 05.57.56.02.22
☑ 🍷 Di–Sa 9h30–12h30 15h30–18h

LE VIEUX MOULIN Cuvée spéciale Elevé en barrique de chêne 1999★

■ 2 ha 12 000 5à8€

Die Keller der Firma Mähler-Besse, die ihren Sitz seit sehr langer Zeit im traditionellen Viertel des Weinhandels von Bordeaux hat (Les Chartrons), verdienen einen Besuch. Diese intensiv schwarze Cuvée, die allein von Merlot-Trauben erzeugt worden ist (sehr selten beim Bordeaux), bietet in der Nase eine wahre Blütenlese von Düften: Wild, Trüffel und getrocknete Feige. Der im gleichen Stil nachfolgende Geschmack ist füllig und gut strukturiert und zeigt den sanften Charakter sehr reifer Merlot-Trauben. Am Schluss kehrt ein röstartiger Holzton unaufdringlich zurück. Dieser schon liebenswürdige Wein kann auf eine lange Alterung verzichten.

🔑 SA Mähler-Besse, 49, rue Camille-Godard, BP 23, 33026 Bordeaux, Tel. 05.56.56.04.30, Fax 05.56.56.04.59, E-Mail france.mahler-besse@wanadoo.fr
☑ 🍷 n. V.

CH. LION BEAULIEU 1999★★

■ 4 ha k. A. 5à8€

Wie es nur natürlich ist, hat der GFA de Lyon diesen sehr jungen Cru bereits auf den richtigen Weg gebracht. Eine kräftige, fruchtige Präsenz der Aromen kennzeichnet diesen unverfälschten, voluminösen Wein, der die schlichten Qualitäten eines rassigen Bordeaux zeigt, der fleischig, körperreich und ausgewogen ist.

🔑 GFA de Lyon, 33420 Naujan-et-Postiac, Tel. 05.57.84.55.08, Fax 05.57.84.57.31, E-Mail contact@vignobles-despagne.com
🔑 J. Elissalde

LES VINS DE LISENNES Cuvée de l'Artiste 1999

■ k. A. 15 000 3à5€

Das Etikett wurde von einem berühmten rumänischen Graveur (Chirnoaga) gestaltet, der sich im Château aufhielt, und gibt genau an: «Dieser Wein wurde auf dem Gut von B. Dumas für die Weine von Lisennes abgefüllt.» Diese Cuvée stammt von einem Terroir mit tonigem Kalksteinboden, das zu gleichen Teilen mit Merlot und Cabernet bestockt ist, und schmückt sich mit einer klaren, reintönigen Farbe, in der schon einige ziegelrote Reflexe zu erkennen sind. Der fruchtige, reife, sehr feine Duft bildet das Vorspiel für eine Ansprache, in der sich Stoff und leichte Gerbsäure abwechseln. Ein harmonisch verschmolzener Wein, den man ohne große Umstände trinken kann.

🔑 Jean-Luc Soubie, Ch. de Lisennes, 33370 Tresses, Tel. 05.57.34.13.03, Fax 05.57.34.05.36, E-Mail contact@lisennes.fr
☑ 🍷 n. V.

CH. DE L'ORANGERIE 1999*

■ 27,35 ha 229 000 3à5€

Seit 1790 bewahrt die Familie Icard dieses schöne Weingut, das sich unter den Schutz der alten Festung Sauveterre-de-Guyenne gestellt hat. Auf einem einheitlichen Terroir mit kräftigen Böden hat sie einen Weinberg angelegt, der durch ein gutes Gleichgewicht zwischen den drei Hauptrebsorten des Bordelais geprägt ist. In ein zartes Purpurrot gehüllt, zeichnet sich dieser 99er durch Gewürznoten aus, die in einen klaren, sanften Geschmack mit maßvollen Tanninen münden. Ein recht typischer, braver Bordeaux, den man ohne weitere Wartezeit trinken oder zwei bis drei Jahre aufheben kann.

Jean-Christophe Icard, Ch. de l'Orangerie, 33540 Saint-Félix-de-Foncaude, Tel. 05.56.71.53.67, Fax 05.56.71.59.11, E-Mail orangerie@quaternet.fr n. V.

CH. MAISON NOBLE

Cuvée Prestige Vieilli en fût de chêne 1999

■ 1,7 ha 13 000 5à8€

Eine sehr kleine Auswahl von Parzellen mit kieseligem Tonboden, die zu 90 % mit Merlot bestockt sind, hat diese Cuvée hervorgebracht. Ein funkelndes Purpurrot und ein Kakaogeruch kündigen einen fülligen Geschmack an, der die Hauptrebsorte in den Vordergrund stellt. Eine gute Ausgewogenheit zwischen einem maßvollen Holzton und wilden Unterholzaromen legt einen baldigen Genuss oder eine kürzere Lagerung nahe.

Bernard Sartron, Maison Noble, 33230 Maransin, Tel. 05.57.69.19.36, Fax 05.57.69.17.78 n. V.

CH. MAURINE 1999**

■ 16,7 ha 138 400 5à8€

Die glänzende Farbe dieses 99ers und das Bouquet von kleinen roten Früchten (Heidelbeere, rote Johannisbeere), das Röstnuancen enthält, lassen ihn schon auf Anhieb sehr spannend erscheinen. Diese weinige Cuvée zeigt sich im Geschmack fett, mit dichtem, gut extrahiertem Stoff, den Zimt und geröstetes Brot mit ihrem Aroma erfüllen. Sie besitzt ein feines, lang anhaltendes Gerüst. Ein trinkreifer Wein, der auch lagern kann.

Union de producteurs de Rauzan, 33420 Rauzan, Tel. 05.57.84.13.22, Fax 05.57.84.12.67 n. V.

Jacques Chandes

CH. MERLIN FRONTENAC 1999

■ 3 ha 10 000 3à5€

Frontenac ist berühmt für die Qualität der hellen Steine, die in seinen uralten Steinbrüchen gewonnen werden. Dieser rubinrote 99er mit den violetten Farbtönen bezaubert beim ersten Riechen durch Aromen von roten Früchten und Unterholz im Herbst. Die Düfte gehen von Pilzen zu trockenem Laub und dann zu kandierten Früchten über. Sein schmelzendes Fleisch, das weich und süffig wirkt, macht es möglich, dass man diesen Wein schon jetzt serviert.

SA La Croix Merlin, 16, rte de Guibert, 33760 Frontenac, Tel. 05.56.23.98.49, Fax 05.56.23.97.22 n. V.

CH. DU MONT 1998**

■ 6 ha 30 000 5à8€

Die weißen Süßweine haben keinen Alleinanspruch auf die Hänge von Sainte-Croix-du-Mont; man lässt dort auch schöne rote Trauben reifen, die mit der Hand gelesen werden, wie auf Château du Mont. Die sehr intensive, dunkle Farbe dieses 98ers zeigt einen purpurvioletten Rand. Der komplexe Duft erinnert an Karamell, mit leichten Gewürzen, ein wenig Firngeruch und balsamischen Noten. Die Tannine machen sich bemerkbar, ohne die Vollmundigkeit zu verdrängen. Dieser kräftige, konzentrierte Bordeaux ist für manche trinkreif und für andere lang alterungsfähig. Aber warum sollte das ein Widerspruch sein?

Vignobles Hervé Chouvac, Ch. du Mont, 33410 Sainte-Croix-du-Mont, Tel. 05.56.62.07.65, Fax 05.56.62.07.58 n. V.

CH. MOTTE MAUCOURT

Vieilli en fût de chêne 1999

■ 5 ha 10 000 5à8€

Die Wandmalereien der mittelalterlichen Kirche von Saint-Genis-du-Bois locken die Touristen an, ebenso wie das diese purpurrote Cuvée tun dürfte, die eine echte Entdeckung ist. Ihre extreme Konzentration kommt in den Geschmacksnoten kandierter Früchte zum Vorschein, die die genaue Fortsetzung eines hübschen Dufts bilden, der vom Ausbau geprägt ist. Heidelbeere unterstreicht die dominierende fruchtige Tonalität dieses Weins. Der Geschmack hält lang an, muss sich aber zwei bis drei Jahre gedulden, damit er seine Tannine vergisst.

GAEC Villeneuve et Fils, Ch. Motte Maucourt, 33760 Saint-Genis-du-Bois, Tel. 05.56.71.54.77, Fax 05.56.71.64.23 Mo–Sa 9h–12h 14h–19h

CH. PEYRILLAC 1999

■ k. A. 20 000 5à8€

Er bietet noch seine Primäraromen (schwarze Johannisbeere, Erdbeere). Nach der Woge von Tanninen entdeckt man im Geschmack die kluge Alchimie der sich gerade entwickelnden Aromen. Pfingstrose und Nelke entfalten sich sanft; der Geschmack bezaubert mit seiner Suche nach dem sich abzeichnenden Bouquet. Dieser Wein braucht Zeit, um seine volle Ausdrucksstärke zu erreichen; man muss ihm eine ein- bis zweijährige Lagerung gönnen.

Jean-Pierre Roussille, 97, rte de Terrefort, 33240 Saint-André-de-Cubzac, Tel. 05.57.43.27.00, Fax 05.57.43.69.95 n. V.

CH. PIERROUSSELLE 1999**

■ 25 ha 150 000 3à5€

Dieser von Hélène Desplat, einer hervorragenden Önologin der Firma Ginestet, vinifizierte Château Pierrousselle hat durch seinen Duft

von roten Früchten und reifen Trauben verführt. Die dominierende Merlot-Rebe sorgt für eine angenehme Rundheit in einem Geschmack, in dem das «Fett» mit sanften, anhaltenden Tanninen harmoniert. Eine Cuvée, die *specially selected for the CO-CP* ist, wie das ansonsten in Französisch gehaltene Etikett angibt.
SA Maison Ginestet, 19, av. de Fontenille, 33360 Carignan-de-Bordeaux, Tel. 05.56.68.81.82, Fax 05.56.20.96.99, E-Mail contact@ginestet.fr n. V.
M. Lafon

CH. PONCHEMIN 1999*

■ 12,98 ha 50 000 3à5€

Dieser Bordeaux mit den kräftigen granatroten Reflexen stammt von einem Weinberg, in dem Merlot (45 %) mit den beiden Cabernet-Sorten kombiniert wird. Er zeigt eine gute Weinigkeit, die Düfte von gekochten Früchten und Backpflaume bereichern. Der runde, fleischige, strukturierte Geschmack erweist sich als animalisch und moschusartig. Ein paar Jahre in einem guten Keller werden ihm gut bekommen.
Prodiffu, 17-19, rte des Vignerons, 33790 Landerrouat, Tel. 05.56.61.33.73, Fax 05.56.61.40.57, E-Mail prodiffu@prodiffu.com
Christophe Betin

PREMIUS Elevé en fût de chêne 1999

■ 12,09 ha 100 000 5à8€

Der zart holzige und würzige Wein von karminroter Farbe kündigt einen verführerischen Geschmack an, der ganz von schwarzen Johannisbeeren und zerquetschten Heidelbeeren erfüllt ist. Der Geschmack wird durch lebhafte, aber genussvolle Tannine strukturiert, die sich in ein bis zwei Jahren besänftigen dürften. Der **trockene Bordeaux 2000** der gleichen Marke erhält eine lobende Erwähnung. Er ist zart und erfrischend und bietet sich sofort zu weißem Fleisch an.
SA Yvon Mau, BP 01, 33190 Gironde-sur-Dropt Cedex, Tel. 05.56.61.54.54, Fax 05.56.71.10.45

CH. PREVOST 1999*

■ 30 ha 225 000 3à5€

Ganz in der Nähe der eindrucksvollen Benediktinerabtei La Sauve Majeure (1079) bewirtschaftet die Familie Garzaro seit mehreren Generationen die tonigen Kalksteinhänge von Baron. Ihr 99er, ein traditioneller Verschnitt von Merlot, Cabernet Sauvignon und Cabernet franc, hüllt sich in einen hübschen rubinroten Samt, den purpurrote Reflexe schmücken. Er ist noch ganz von seiner ursprünglichen Fruchtigkeit bestimmt und befindet sich mitten in der Entwicklung; ein recht gehaltvoller Stoff und ein kräftiger Körper sind gute Vorzeichen.
EARL Vignobles Elisabeth Garzaro, Ch. Le Prieur, 33750 Baron, Tel. 05.56.30.16.16, Fax 05.56.30.12.63, E-Mail garzaro@vingarzaro.com n. V.

CH. RAUZAN DESPAGNE 1999**

■ k. A. k. A. 5à8€

Dank einer leistungsfähigen Mannschaft erringen die Vignobles Despagne jedes Jahr in unserem Weinführer zahlreiche Lorbeeren. Die Oberjury hat diesem Château Rauzan Despagne eine Liebeserklärung zuerkannt, ebenso wie dem Tour de Mirambeau in der AOC Bordeaux. Gemäß unseren Regeln (nicht mehr als ein Etikett pro Erzeuger in ein und derselben Appellation) trägt Rauzan Despagne den Sieg davon. Veilchen und Iris, die ein schon ausgeprägtes Bouquet bilden, lassen den rubinroten Wein mit den purpurvioletten Reflexen noch schöner erscheinen. Der Geschmack, der den Gaumen umschmeichelt, enthüllt Zimt- und Gewürznelkenaromen über einer Struktur von noch spürbaren Tanninen, die aber nach einer drei- bis fünfjährigen Lagerung an Feinheit gewinnen werden.
GFA de Landeron, 33420 Naujan-et-Postiac, Tel. 05.57.84.55.08, Fax 05.57.84.57.31, E-Mail contact@vignobles-despagne.com n. V.
J.-L. Despagne

CH. RAUZAN DESPAGNE Cuvée Passion 1999**

■ k. A. k. A. 11à15€

Die Cuvée Passion des Vignobles Despagne, ein sehr großer Klassiker, der regelmäßig ausgewählt wird, wird ihren alten Gewohnheiten nicht untreu. Sie ist mehr als nur dunkel, ein schwarzer Wein von außerordentlicher Dichte, der dennoch klar ist. Sehr reife Früchte, Holzton und würzige Zimt- und Tabakdüfte vermischen sich. Dieses intensive Bouquet entlädt sich in einem warmen Geschmack. Die gleiche aromatische Fülle hält in einem duftigen, vollmundigen Abgang lang an. Eine lange, tugendhafte Wartezeit ist hier dringend geboten.
GFA de Landeron, 33420 Naujan-et-Postiac, Tel. 05.57.84.55.08, Fax 05.57.84.57.31, E-Mail contact@vignobles-despagne.com n. V.

CH. DE RIBEBON 1999*

■ 25 ha 150 000 3à5€

Ein hochroter Wein, der im Anblick sehr ansprechend ist. Der füllige Geschmack lässt innerhalb einer guten Weinigkeit verschmolzene Tannine erkennen. Dieser 99er, der noch in seiner Jugendphase steckt, wird sich aromatisch nicht ausweiten, aber mit der Zeit an Ausdrucksstärke gewinnen.

Alain Aubert, 57 *bis*, rte de l'Europe,
33350 Saint-Magne-de-Castillon,
Tel. 05.57.40.04.30, Fax 05.57.40.27.02
n. V.

CH. SAINT-ANTOINE
Réserve du Château 1999★

■ 80 ha 400 000 5à8€

Das große Gut, das um ein sehr schönes Gebäude aus dem 19. Jh. herum angelegt ist, bestimmt den größten Teil seines Weinbergs für die Erzeugung dieses Bordeaux. Er ist granatrot mit rubinroten Reflexen und bezaubert in der Nase durch einen intensiven blumigen Duft. Seine voluminöse Präsenz füllt den Mund gut aus, in dem Gewürz- und Röstnoten das «Fett» begleiten. Sehr weich, leicht zu trinken, mit reichem Stoff: Dieser Wein kann lange Zeit gefallen.

Vignobles Aubert, Ch. La Couspaude,
33330 Saint-Emilion, Tel. 05.57.40.15.76,
Fax 05.57.40.10.14 n. V.

CH. SAINT-FLORIN 1999

■ k. A. 450 000 3à5€

Dieses Weingut an den tonigen Kalksteinhängen von Soussac hat einen wohl ausgewogenen 99er erzeugt. Über einer schönen, tiefgründigen Struktur, in der man die Dominanz der Merlot-Rebe erkennt, entfalten sich blumig-fruchtige Aromen. Der Wein hält sich im voluminösen Geschmack gut, ohne die noch jungen Tannine zu verbergen. Ein unverfälschter Bordeaux. «Ländlich», nannte ihn ein Juror, der vorschlug, ihn zu Schinken mit Kohl zu servieren.

Jean-Marc Jolivet, Ch. Saint-Florin,
33790 Soussac, Tel. 05.56.61.31.61,
Fax 05.56.61.34.87 n. V.

CH. DES SEIGNEURS DE POMMYERS 1999

■ 9 ha 25 700 5à8€

Der Wein der Herren von Pommyers ist stolz auf seine Geschichte, die bis ins 18. Jh. zurückreicht, und preist, obwohl er dem modernen Konzept des biologischen Anbaus entstammt, die Tugenden der Tradition. Purpurviolett getönt, bietet er einen hübschen Iris- und Veilchenduft, der voll frühlingshafter Frische ist. Die aromatische Intensivierung im Mund wählt über einer Struktur mit feinem Stoff ein benachbartes Register (verblühte Rose, Pfingstrose). Die Tannine machen sich nicht bemerkbar, so dass der Abgang mit milden Mentholaromen sanft ausklingt.

Jean-Luc Piva, Ch. des Seigneurs
de Pommyers, 33540 Saint-Félix-de-Foncaude,
Tel. 05.56.71.65.16, Fax 05.56.71.65.16
n. V.

SIRIUS Elevé en fût de chêne 1998★

■ k. A. 330 000 5à8€

Am Firmament der Sirius. Auf der Erde mehrere Hunderttausend Flaschen. Ein rätselhafter, sehr komplexer Duft, in dem sich animalische Gerüche mit würzigen Noten von schwarzem Tabak und Weihrauch verbinden, leitet einen verschmolzenen Geschmack ein, in dem die Lakritze am Gaumen ein aromatisches Gewölbe errichtet. Die Frucht kehrt im Abgang innerhalb eines duftigen, frischen Bouquets zurück. Ein erstklassiger Begleiter zu gebratenem Jungkaninchen.

Maison Sichel-Coste, 8, rue de la Poste,
33210 Langon, Tel. 05.56.63.50.52,
Fax 05.56.63.42.28

CH. TALMONT 1999★★

■ 77,53 ha 330 000 3à5€

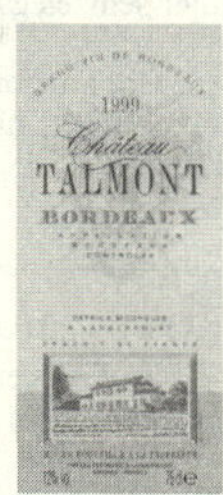

Dieser 99er hat die einmütige Zustimmung der Jury gefunden, in erster Linie wegen der Stärke seiner granatroten Farbe, die karminrote Töne säumen. Sein sehr reifes Bouquet von schwarzer Johannisbeere und Kirschen in Alkohol ist noch im Entstehen begriffen. Veilchen und Gewürze verleihen dem Geschmack eine schöne Komplexität. Die Struktur verstärkt sich mit großzügigen, abgerundeten Tanninen, die eine gute Alterung erlauben.

Prodiffu, 17-19, rte des Vignerons,
33790 Landerrouat, Tel. 05.56.61.33.73,
Fax 05.56.61.40.57,
E-Mail prodiffu@prodiffu.com
Patrick Mourgues

CH. THIEULEY
Elevé en fût de chêne 1999★

■ k. A. 100 000 5à8€

Die am Vorabend des zweiten Jahrtausends vom hl. Gerhard gegründete Abtei La Sauve Majeure war ein mächtiger Grundbesitz und ein geistliches Zentrum, das seinen Einfluss bis England ausdehnte. In unserer Zeit ist Château Thieuley ebenfalls in England bekannt, aber aus ganz anderen Gründen. Dieser 99er von schöner leuchtend roter Farbe entfaltet sich sofort mit Noten von gekochten Früchten und Brombeere, bietet aber gleichzeitig einen Leder- und Moschusduft, der überraschen kann. Der Geschmack ist von einem schönen, dichten Stoff erfüllt, der ein Fundament aus Tanninen umhüllt. Sehr reife Merlot-Trauben verleihen ihm einen fülligen, seidigen Abgang, der an Trüffel erinnert.

Sté des Vignobles Francis Courselle,
Ch. Thieuley, 33670 La Sauve,
Tel. 05.56.23.00.01, Fax 05.56.23.34.37
n. V.

CH. TOUDENAC

Elevé en fût de chêne 1999*

■ 25 ha 120 000 ◖◗ 5à8€

Nachdem man die Abtei Blasimon, ein Meisterwerk der romanischen Baukunst, bewundert hat, sollte man die befestigte Wassermühle von Labarthe besichtigen, die im 14. Jh. von den Benediktinermönchen errichtet wurde. Danach wird Sie ein Besuch auf Château Toudenac zu den sinnlichen Genüssen zurückbringen. Dieser stark von empyreumatischen Noten (Kokosnuss und ein delikates Röstaroma) geprägte Wein zeigt sich im Geschmack weinig und kräftig und klingt dann mit einer sehr eleganten Rückkehr des Holztons aus.

Vignobles Aubert, Ch. La Couspaude, 33330 Saint-Emilion, Tel. 05.57.40.15.76, Fax 05.57.40.10.14 Y n. V.

CH. TOUR DE BIOT

Cuvée Vieilles vignes 1999*

■ 3 ha 20 000 5à8€

Keiner könnte Gilles Gremen dafür tadeln, dass er diese vorwiegend mit Merlot (70 %) bestockten drei Hektar getrennt vinifiziert, um diese Cuvée herzustellen. Das tiefe Purpurrot lässt den Weinfreund wissen: Dieser Wein besitzt Dichte; seine reichen, kräftigen, komplexen Aromen bringen die volle Reife der Trauben in Erinnerung. Die Konzentration im Geschmack, die Samtigkeit der deutlich spürbaren Tannine und ein fein fruchtiges Aroma verleihen ihm eine gute Länge und ein Alterungspotenzial von zwei bis drei Jahren.

Gilles Gremen, EARL La Tour Rouge, 33220 La Roquille, Tel. 05.57.41.26.49, Fax 05.57.41.29.84 ☑ Y n. V.

CH. TOUR DE MIRAMBEAU 1999**

■ k. A. k. A. 5à8€

Die Ehrungen gehen dieses Jahr nicht nur über eine sehr begrenzte Auswahl von ein paar Hektar, sondern über den gesamten Cru nieder, was die fachmännische Meisterung durch die Despagne-Mannschaft belegt. Das dichte, tiefe Purpurrot kündigt einen köstlichen Duft an. Im Mund enthüllt der Wein eine schöne Harmonie zwischen der Seidigkeit der Tannine und der Frucht. Das Fleisch zeigt Rundungen, die an Konfitüre erinnern, wobei schwarze Johannisbeere und Pflaume mit wilder Brombeere konkurrieren. Der glänzende, lang anhaltende Abgang wird bei Ihnen eine bleibende Erinnerung hinterlassen.

SCEA Vignobles Despagne, 33420 Naujan-et-Postiac, Tel. 05.57.84.55.08, Fax 05.57.84.57.31, E-Mail contact@vignobles-despagne.com ☑ Y n. V.

J. L. Despagne

CH. VALROSE 1998*

■ 8 ha 5 000 ◖◗ 8à11€

Ein intensives Bordeauxrot mit bläulichen Reflexen. Ein verführerischer Duft: sehr reife, konzentrierte Trauben, eine Empfindung von Süße, die auf Kakao, Karamell und Vanille zurückgeht. Er ist in der Ansprache sehr dicht, fett und fleischig und bietet vollendete Tannine. Das Ganze ist voluminös und elegant. Die schöne Ausgewogenheit ist der Garant für eine lange Alterungsfähigkeit.

SCEA Michel Barthe, 18, Girolatte, 33420 Naujan-et-Postiac, Tel. 05.57.84.55.23, Fax 05.57.84.57.37 ☑ Y n. V.

CH. VERMONT

Cuvée Prestige Elevé en fût 1998

■ 30 ha 20 000 ◖◗ 5à8€

Ein Gebäude aus dem 19. Jh., das eine Kapelle enthält, umgeben von einem Weinberg, der in der reinsten Tradition angebaut wird und dessen Trauben mit der Hand gelesen werden. Diese Cuvée Prestige, die ein schönes, reiches, samtiges Rot zeigt, bietet einen Duft mit einer an Kirsche und Backpflaume erinnernden Fruchtigkeit. Ihre seidigen Tannine und ihr geschmeidiger, frischer Körper, der in eine angenehme Empfindung von geröstetem Holz mündet, machen sie zu einem liebenswürdigen Wein.

Vignobles Dufourg, Ch. Haut-Marchand, 33760 Targon, Tel. 05.56.23.90.16, Fax 05.56.23.45.30 ☑ Y n. V.

VIEUX CHATEAU RENAISSANCE

Vieilli en fût de chêne 1998*

■ 5 ha 8 000 ◖◗ 3à5€

Eine sehr lange Hülsenmaischung bringt deutlich zum Ausdruck, dass der Erzeuger nach Frucht strebte. Intensives, dunkles Purpurrot wie bei einer reifen roten Traube – dieser Bordeaux duftet nach zerquetschten Beeren und Traubengelee. Der im ersten Geschmackseindruck milde, zarte Körper erscheint ein wenig strenger, sobald sich die Tannine bemerkbar machen, aber innerhalb einer schönen Länge mit süßem Vanillearoma zeichnet sich die Harmonie ab. Die Frucht kehrt im Abgang zurück und bereitet eine schon eingeleitete Alterung vor.

Patrice Turtaut, Cousteau, 33540 St-Sulpice-de-Pommiers, Tel. 05.56.71.59.54, Fax 05.56.71.63.81 ☑ Y n. V.

CH. VIEUX LIRON

Vieilli en fût de chêne 1998

■ 5 ha k. A. ◖◗ 5à8€

Je eine Hälfte Merlot- und Cabernet-Reben, die auf den Kiesböden von Escoussans (nordöstlich von Cadillac) wachsen. Die Farbe dieses 98ers hat die Farbe von Kirschen, während der schlichte, aber deutliche Duft an blühenden Wein erinnert. Der Geschmack bietet ein robustes Tanningerüst und einen soliden Körper, der sich in einem balsamischen Abgang fortsetzt. Der Wildgeruch von Hasenpfeffer wird diese schöne Stärke mildern.

Danièle Mallard, Ch. Naudonnet-Plaisance, 33760 Escoussans, Tel. 05.56.23.93.04, Fax 05.57.34.40.78, E-Mail mallard@net-courrier.com ☑ Y n. V.

Bordeaux Clairet

CH. BRAS D'ARGENT 2000*

◪ 1 ha 8 000 ▮🌡 5à8€

Aus einer Höhe von 100 m (im Departement Gironde ein richtiger Gipfel!) blickt dieses auf Kiesböden liegende Château auf den Beuve hinab, einen zauberhaften Nebenfluss der Garonne. Der Clairet von dort versteht es, sich sofort beliebt zu machen: eine schöne Farbe mit granatroten Reflexen und ein samtiger Geschmack, den eine leichte Tanninstruktur betont, genau, was notwendig ist, um eine eventuelle Verwechslung mit einem einfachen Rosé auszuschließen. Blumige Aromen erinnern an Blütenblätter von Rosen. Ein an Vanille und Lakritze erinnernder Stoff bereichert den Nachgeschmack.

🔑 EARL Vignobles Belloc-Rochet,
Ch. Brondelle, 33210 Langon,
Tel. 05.56.62.38.14, Fax 05.56.62.23.14,
E-Mail chateau.brondelle@wanadoo.fr
☑ 🍷 n. V.

CH. DARZAC 2000*

◪ 10 ha 80 000 5à8€

Château Darzac hat mit seinem Clairet einen klaren Erfolg, wie die zehn Hektar mit Merlot- und Cabernet-Reben belegen, die es für ihn bereitstellt. Er vereint auf diese Weise Qualität und Quantität und setzt einen Maßstab für den typischen Clairet: ein sehr feiner, delikater Geruchseindruck mit frischen, harmonischen, sommerlichen Düften und ein weicher, glatter Körper, der leicht würzig und lakritzeartig schmeckt und sich langsam verflüchtigt, wobei er einen sanften Eindruck hinterlässt.

🔑 SCA Vignobles Claude Barthe,
22, rte de Bordeaux, 33420 Naujan-et-Postiac,
Tel. 05.57.84.55.04, Fax 05.57.84.60.23,
E-Mail chateau.fondarzac@wanadoo.fr
☑ 🍷 n. V.

CH. DE FONTENILLE 2000*

◪ 6 ha 50 000 ▮🌡 3à5€

Château de Fontenille, das ganz in der Nähe der Abtei Sauve-Majeure liegt, ist ein schönes, vornehmes Landhaus aus dem 18. Jh., das den Besucher überaus liebenswürdig empfängt. Der ein wenig hellrosa, leicht ins Gelbrote gehende Wein bietet einen fruchtbetonten Duft: schwarze Johannisbeere und ein Hauch von Pampelmuse. Im Geschmack ist er frisch, rassig und elegant. Ein leichtes Perlen verleiht ihm eine angenehme Lebhaftigkeit, die eng mit einem Abgang verbunden ist, den eine Note von sauren Drops prägt.

🔑 SC Ch. de Fontenille, 33670 La Sauve,
Tel. 05.56.23.03.26, Fax 05.56.23.30.03,
E-Mail defraine@chateau-fontenille.com
☑ 🍷 n. V.
🔑 Defraine

CH. LA BRETONNIERE 2000*

◪ 2 ha 16 000 ▮ 5à8€

Château de la Bretonnière präsentiert hier einen Clairet mit guter Extraktion, der ein recht kräftiges Rubinrot zeigt und nach reifen roten Früchten duftet, aromatisch wie ein selbst gemachtes Himbeerpüree. Im Mund entfaltet er eine schöne Struktur und ein harmonisches Volumen mit anhaltenden Geschmacksnoten. Dieser Wein hat sich schon «fein gemacht»: Man kann ihn ohne Zögern trinken.

🔑 Stéphane Heurlier, EARL La Bretonnière,
33390 Mazion, Tel. 05.57.64.59.23,
Fax 05.57.64.59.23 ☑ 🍷 n. V.

CH. LANDEREAU 2000*

◪ 8 ha 50 000 ▮🌡 5à8€

Dieser Clairet hat eine etwas blasse Farbe, aber seine Aromen besitzen die Überschwänglichkeit eines Frühlings, den Holunderblüten mit ihrem Duft erfüllen. Bergamotte vermischt sich damit und belebt ein rundes, lebhaftes Fleisch. Ideal zu einem Grillfest.

🔑 SC Vignobles Michel Baylet,
Ch. Landereau, 33670 Sadirac,
Tel. 05.56.30.64.28, Fax 05.56.30.63.90
☑ 🍷 n. V.

CH. MALROME Aristide Bruant 2000*

◪ 0,7 ha 6 600 🛢 5à8€

Ein wunderschönes Gebäude mit Innenhof, das auf das Mittelalter zurückgeht, und berühmte «Mieter»: ein Minister der Regierung Napoleons III. und der Maler Toulouse-Lautrec, der diese schöne Cuvée Aristide Bruant inspiriert hat, die in ihrer schönen Erscheinung dem Gemälde des großen Meisters entsprungen sein könnte. Ein strahlendes Blassrosa mit lachsroten Tönen, ein überaus feines Bouquet, das reich an exotischen Früchten ist und sehr elegant wirkt, mit einer leichten Vanillenote, und ein runder, ausgewogener Geschmack, der ein ansprechendes Rückaroma mit Holz und Haselnuss bietet.

🔑 Malromé, Ch. Malromé,
33490 Saint-André-du-Bois, Tel. 05.56.76.44.92,
Fax 05.56.76.46.18,
E-Mail v.lartigue@malrome.com ☑ 🍷 n. V.

CH. DE MARSAN 2000*

◪ k. A. 46 000 3à5€

Dieser Clairet hat eine Farbe, wie sie sein muss: ein hübsches, recht intensives Rot. Er zeichnet sich durch die Eleganz eines runden und zugleich dichten Stoffs und durch unendliche Feinheit der Aromen aus, für die blühender Wein und schwarze Johannisbeere sorgen. Ein recht temperamentvoller, schlanker, harmonischer Abgang verlängert den Genuss und hinterlässt einen deutlichen, aromatischen Geschmackseindruck.

🔑 SCEA Gonfrier Frères, Ch. de Marsan,
33550 Lestiac-sur-Garonne, Tel. 05.56.72.14.38,
Fax 05.56.72.10.38,
E-Mail gonfrier@terre-net.fr ☑ 🍷 n. V.

CH. MOULIN DE PONCET 2000*

◪ 2,5 ha 20 000 ▮🌡 5à8€

Die tonigen Kalksteinhänge von Daignac (zwischen La Sauve und Branne im Entre-Deux-Mers) tragen einen mit Cabernet Sauvignon bestockten Weinberg, der ausschließlich für diesen Clairet bestimmt ist. Sein sehr frischer Duft widerlegt nicht den Beginn einer Entwicklung, den man in seiner leicht ziegelroten Farbe erkennt. Walderdbeere und Himbeere dominieren die Verkostung, die durch einen kaum wahrnehmbaren Hauch von Kohlensäure belebt wird. Der deutliche, leckere Geschmack führt zu einem schönen, anhaltenden, fruchtigen Abgang.

🔑 Vignobles Ph. Barthe, Peyrefus, 33420 Daignac, Tel. 05.57.84.55.90, Fax 05.57.74.96.57, E-Mail vbarthe@club-internet.fr ☑ Y n. V.

LES VIGNERONS DE SAINT-MARTIN 2000*

◪ 0,85 ha 7 400 ▮🌡 3à5€

Nach dem Vorbild ihres Schutzheiligen auf seinem Pferd haben die Vignerons de Saint-Martin von ihrem Weinberg eine schöne Parzelle abgetrennt, die ganz mit Merlot bestockt ist und diesen süffigen, angenehmen Clairet hervorbringt. Sein sehr großzügiges Bouquet bringt eine starke Persönlichkeit zum Ausdruck, die glücklicherweise durch die Feinheit seiner Aromen im Geschmack gemildert wird. Diesen begleitet eine lange Abfolge von Aromen roter und schwarzer Johannisbeeren.

🔑 Cave coop. vinicole de Génissac, 54, le Bourg, 33420 Génissac, Tel. 05.57.55.55.65, Fax 05.57.55.11.61 ☑ Y Mo–Fr 9h–12h 14h–18h; Sa 9h–12h

Bordeaux sec

CH. DES ANTONINS 2000**

□ 2 ha 8 000 ▮ 3à5€

Im 13. Jh. bewohnten die Mönche von Saint-Antoine diesen Ort und bekämpften die Anfechtungen der Leidenschaften mit einem selbst zusammengestellten «Saint-Vinage». Von diesem wundertätigen Balsam muss etwas in dieser Cuvée übrig geblieben sein, deren Großzügigkeit und Harmonie unsere Juroren verführt haben. Sie feiert fröhlich die Vereinigung von Sauvignon und Sémillon (65 bzw. 35 %) und duftet nach goldenen Trauben. Dieser Wein ist unzweifelhaft ein wahrer Segen!

🔑 Geoffroy de Roquefeuil, Le Couvent, 33190 Pondaurat, Tel. 05.56.61.00.08, Fax 05.56.71.22.07 ☑ Y n. V.

BARTON ET GUESTIER
1725 Réserve du Fondateur 2000*

□ k. A. k. A. ▮🌡 5à8€

Der Gründer von Barton et Guestier wäre sicherlich entzückt über die hervorragende Qualität dieses 2000er Weißweins, der unter seiner Schirmherrschaft steht. Dieser strahlend goldene Wein duftet nach Sommerfrüchten (Birne, Pfirsich) und bringt in die fast gepolstert wirkende Samtigkeit eine bezaubernde Säurespitze ein. Der Abgang «sauvignoniert» auf sanfte Weise, als würde er der Hauptrebsorte des Verschnitts (20 % Sémillon) seine Reverenz erweisen.

🔑 Barton et Guestier, Ch. Magnol, 87, rue du Dehez, 33292 Blanquefort Cedex, Tel. 05.56.95.48.00, Fax 05.56.95.48.01, E-Mail barton-e-guestier@seagram.com

CH. BAUDUC 2000**

□ 5,48 ha 4 000 ▮🌡 5à8€

Ein schönes, altes Gebäude, eingebettet in einen Park mit Bäumen (70 ha) und einen Weinberg (30 ha), und ein Keller, in dem man sich mit diesem ausgezeichneten Bordeaux erfrischen kann. Dieser 2000er ist strahlend blassgelb und bietet ein konzentriertes Bouquet von sehr reifen Früchten und Mandel. Der Geschmack ist leicht und von äußerster Feinheit; seine blumigen Noten, die von Minze und Maracuja begleitet werden, harmonieren vollauf mit dem «Fett» von überreifem Traubengut. Ausgewogenheit, Duft und Körper: Dieser Wein ist in allem stark. Er hat ganz knapp eine Liebeserklärung verpasst.

🔑 SCEA Vignobles Quinney, Ch. Bauduc, 33670 Créon, Tel. 05.56.23.22.22, Fax 05.56.23.06.05, E-Mail team@bauduc.com ☑ Y n. V.

BEAU MAYNE 2000*

□ k. A. k. A. ▮🌡 3à5€

Dourthe, ein Händler, der die Jungweine selbst ausbaut, präsentiert diese recht helle strohgelbe Cuvée, die im Glas einen schönen Glanz zeigt. Der Wein besitzt einen delikaten, komplexen Duft, der reich an Noten von Fenchel und weißen Rosen ist. Diese halten in einem feinen, öligen Geschmack an. Ein paar exotische Geschmacksknospen (Ananas, Pampelmuse) bereichern und verlängern einen sehr frischen Abgang.

🔑 Dourthe, 35, rue de Bordeaux, 33290 Parempuyre, Tel. 05.56.35.53.00, Fax 05.56.35.53.29, E-Mail contact@cvbg.com ☑ Y n. V.

CAVE BEL-AIR 2000*

□ k. A. 30 000 ▮🌡 3à5€

Die Firma Sichel rühmt sich, die Weine, die sie anbietet, selbst zu vinifizieren. Ihr Können wird sehr gut durch diese Cuvée veranschaulicht, einen sortenreinen Sauvignon, der nach Honig, Aprikose und Melone duftet. Am Gaumen intensiviert sich dieser aromatische Reichtum in einem sehr frischen Stil. Ein hübscher trockener Bordeaux, der wohl ausgewogen und subtil ist.

Maison Sichel-Coste, 8, rue de la Poste, 33210 Langon, Tel. 05.56.63.50.52, Fax 05.56.63.42.28

CH. BEL AIR PERPONCHER 2000★★

☐ k. A. k. A. 5à8€

Dieser Bordeaux, der sich in ein wunderschönes Strohgelb hüllt, verbindet Stärke und aromatische Feinheit: Ginster, Holunder und diskreter Buchsbaum bilden den ersten Geruchseindruck, während die Zitronennoten, die Pampelmusenschale begleitet, auf einen frischen, ein wenig nervigen Geschmack hinweisen. Die richtige Dosierung zwischen Sauvignon, Sémillon und Muscadelle (60, 20 und nochmals 20 %) sorgt für eine geschmeidige, verschmolzene Struktur, die lang anhält und vornehm wirkt.

GFA de Perponcher, 33420 Naujan-et-Postiac, Tel. 05.57.84.55.08, Fax 05.57.84.57.31, E-Mail contact@vignobles-despagne.com

☑ Ⲧ n. V.

J.-L. Despagne

CH. BELLE-GARDE 2000★

☐ 3 ha k. A. 3à5€

Ein strahlender Wein von schöner, durchscheinender Goldfarbe, der einen reichen, süßen Duft von frischer Butter mit Vanillenoten bietet. Ein runder, sehr reifer, blumiger Geschmack (Ginster, Rosenblütenblätter) erfüllt den Gaumen mit samtigen, verschmolzenen Aromen, bei denen Honig und Haselnuss sanft die Geschmacksknospen umschmeicheln. Ein hübsches, sehr elegantes Erzeugnis mit gesicherter Zukunft.

Eric Duffau, Ch. Belle-Garde, Monplaisir, 33420 Génissac, Tel. 05.57.24.49.12, Fax 05.57.24.41.28, E-Mail eric.duffau@wanadoo.fr

☑ Ⲧ Mo–Sa 8h–12h 14h–19h; 15.–30. Aug. geschlossen

CH. BOIS-MALOT 2000★

☐ 0,6 ha 5 000 5à8€

Eine Rebparzelle, die auf einem kieseligen Tonboden über einem Kiesuntergrund angelegt und zu gleichen Teilen mit Sémillon und Sauvignon bestockt ist. Dieser goldfarbene, grün schimmernde Wein bietet einen Duft von exotischen Früchten und Ginster. Eine gute Ausgewogenheit stellt sich im Geschmack ein, den eine gewisse Korpulenz und eine angenehme Länge prägten. Man sollte ihn gut gekühlt in kleinen Schlucken trinken.

SCEA Meynard et Fils, 133, rte des Valentons, 33450 Saint-Loubès, Tel. 05.56.38.94.18, Fax 05.56.38.92.47

☑ Ⲧ Mo–Fr 8h30–12h 14h–19h; Sa 8h30–12h

CH. DE BONHOSTE 2000★★

☐ 6,87 ha 20 000 5à8€

Die Harmonie des Ortes und die Liebenswürdigkeit der Gastgeber tragen wesentlich zum Charme von Château Bonhoste bei, das seinen Namen («guter Gastgeber») nicht umsonst trägt. Die Erzeugnisse des Guts steigern noch das Vergnügen eines Besuchs. Der Stil dieses weißen Bordeaux macht sich sofort bemerkbar: Seine feinen Zitronenaromen mit Orangenschale und Ananas sind delikat und verdienen eine aufmerksame Prüfung. Pfirsich und Quitte zeigen sich in einem zarten, seidigen Geschmack. Ein milder, bedächtiger Abgang dehnt diese Aromen lang aus.

SCEA Vignobles Fournier, Ch. de Bonhoste, 33420 Saint-Jean-de-Blaignac, Tel. 05.57.84.12.18, Fax 05.57.84.15.36

☑ Ⲧ n. V.

CHAI DE BORDES 2000★

☐ k. A. 100 000 3à5€

Die Farbe ist blassgelb mit grünen Reflexen. Der ein wenig schüchterne Geruchseindruck lässt Zitrusfrüchte erkennen, wenn man den Wein im Glas schwenkt: Zitrone und Orangenschale. Neue Aromen tauchen im Mund auf: Akazienblüte und Bienenwachs überziehen den Gaumen und verleihen ihren Charme einem schlanken Körper. Der Abgang verdankt der Sauvignon-Traube seine lebhafte, elegante Note, die lang anhält.

Cheval-Quancard, La Mouline, 4, rue du Carbouney, 33560 Carbon-Blanc, Tel. 05.57.77.88.88, Fax 05.57.77.88.99, E-Mail chevalquancard@chevalquancard.com

Ⲧ n. V.

CH. BOURDICOTTE 2000★

☐ 3 ha 30 000 3à5€

Eine ziemlich seltene Mischung von 90 % Sauvignon und 10 % Muscadelle liegt diesem Wein zu Grunde. Die Farbe und die Aromen erinnern gemeinsam an den betörenden Zauber von frisch gemähtem Heu und an das nostalgische Gefühl von Trockenblumen. Ein herbstlicher Eindruck, den man in einem ziemlich stark entwickelten Geschmack wiederfindet. Dort entfalten sich Feige, getrocknete Früchte und Kirschkern in einer angenehm nachhaltigen Harmonie.

SCEA Rolet Jarbin, Dom. de Bourdicotte, 33790 Cazaugitat, Tel. 05.56.61.32.55, Fax 05.56.61.38.26

CALVET RESERVE 2000

☐ k. A. 33 000 3à5€

Dieser blassgelbe Calvet Réserve gewinnt seine fruchtige Eleganz von einem sehr hohen Sémillon-Anteil (80 %) und eine Note mineralischer Lebhaftigkeit von der Sauvignon-Traube. Ein dichter, kraftvoller Körper betont die gelungene Vereinigung von Trauben und Fassholz. Dieser harmonische, lang anhaltende Wein kann Meeresfrüchte und gegrillten Fisch begleiten.

Calvet, 75, cours du Médoc, BP 11, 33028 Bordeaux Cedex, Tel. 05.56.43.59.00, Fax 05.56.43.17.78, E-Mail calvet@calvet.com

CHORUS Elevé en fût de chêne 1999

☐ k. A. 12 000 3à5€

Wenn man den Wein im Glas schwenkt, lässt dieser Chorus mit dem recht intensiven Zitronengelb delikate Blütennoten (Heckenrose, Geißblatt) erkennen. Ein sehr feines Röstaroma

kommt stärker am Gaumen zum Ausdruck, über einer Struktur mit einer guten Säure und einer zurückhaltenden Fruchtigkeit. Dieser ziemlich nervige Wein entfaltet eine angenehme Nachhaltigkeit und hinterlässt einen sehr deutlichen Geschmackseindruck. Er ist die passende Begleitung für Meeresfrüchte und Krustentiere.
J.J. Mortier et Cie, 62, bd Pierre-1er,
33000 Bordeaux, Tel. 05.56.51.13.13,
Fax 05.57.85.92.77,
E-Mail mortier@mortier.com
Mo–Fr 8h–18h30

CLOS DES CAPUCINS 2000★★

□ 1,2 ha 9 000 3 à 5 €

Dieser 2000er, in dessen Graugolden man ein leichtes Perlen wahrnimmt, besitzt ein Bouquet von recht reifen Früchten und kandierten Zitrusfrüchten, mit denen sich mineralische Noten (Feuerstein) und Mandelnuancen vermischen. Der leckere, wohl ausgewogene Geschmack bietet anhaltende fruchtige Aromen in einer dichten, fast cremigen Hülle; die Gesamtharmonie verlängert ihren Genuss.
SCEA Jean Médeville et Fils, Ch. Fayau,
33410 Cadillac, Tel. 05.57.98.08.08,
Fax 05.56.62.18.22,
E-Mail medeville-jeanetfils@wanadoo.fr
Mo–Fr 8h30–12h30 14h–18h

CH. CRABITAN BELLEVUE 2000★

□ 1 ha 8 000 3 à 5 €

Neben seinen edelsüßen Weinen übt Bernard Solane seine Kunst auch auf dem Gebiet der trockenen Weißweine aus. Diese 2000er Cuvée sorgt für eine Frische ohne Rauheit, die durch frühlingshafte Aromen belebt wird, Akazienblüte, Maiglöckchen und Zitronengras. Am Gaumen ist sie sehr geradlinig und deutlich, wobei die Aromen im Nachgeschmack harmonisch verschmolzen sind. Sie ist bereit, jedes weiße Fleisch mit Sauce zu begleiten.
GFA Bernard Solane et Fils,
33410 Sainte-Croix-du-Mont,
Tel. 05.56.62.01.53, Fax 05.56.76.72.09
Mo–Sa 8h–12h 14h–18h

CH. DOISY-DAENE 2000★

□ 6 ha 25 000 11 à 15 €

Dieser blassgoldene trockene Bordeaux wurde von zwei im Bordelais anerkannten meisterlichen Önologen vinifiziert, in diesem Falle von Denis Dubourdieu und seinem Vater, den Besitzern dieses Cru classé von Sauternes. Er ist ein Wein von großer aromatischer Komplexität, wobei sich Litschi, Ananas und Mango vereinigen. Er bringt die Vornehmheit des Eichenholzes, in dem er hergestellt worden ist, durch einen sehr feinen Holzton mit Röstaroma gut zum Ausdruck und hinterlässt im Geschmack eine leichte, lebhafte, zufriedene Empfindung.
EARL Vignobles P. et D. Dubourdieu,
10, quartier Gravas, 33720 Barsac,
Tel. 05.56.27.15.84, Fax 05.56.27.18.99
n. V.

CH. FONREAUD Le Cygne 2000★

□ 1,9 ha 14 000 8 à 11 €

Vor mehr als zehn Jahren knüpfte Château Fonréaud an die alte Weißweintradition im Médoc an. Zu Beginn des 20. Jh. wurde hier ein berühmter trockener Weißwein erzeugt, der «Le Cygne» hieß. Diese letzte Version des ausgehenden Jahrhunderts ist das Ergebnis eines Verschnitts, in dem Muscadelle und Sémillon zu gleichen Teilen (jeweils 20 %) Sauvignon (60 %) begleiten. Ihre Farbe ist blassgelb mit grünen Reflexen; ihr Bouquet erinnert an das saftige Fruchtfleisch von Nektarinen und den «Bratengeruch» überreifer Aprikosen. Goldene Trauben erfüllen einen großzügigen Geschmack, in dem die Toastnoten die Begleitstimme für die fruchtige Melodie bilden. Hinzu kommt noch die Verführung.
Ch. Fonréaud, 33480 Listrac-Médoc,
Tel. 05.56.58.02.43, Fax 05.56.58.04.33
Mo–Fr 9h–11h30 14h–17h30
Héritiers Chanfreau

CH. FRANC-PERAT 2000★★

□ 6 ha 30 000 8 à 11 €

Ein schönes Terroir mit kieseligem Tonboden, bestockt mit Sauvignon und Sémillon, ist für diesen trockenen Weißwein bestimmt, der ein leuchtendes Goldgelb zeigt. Der Duft ist eine wahre Wonne: Vanille, Quittenkonfitüre, weiße Blüten. Der Geschmack setzt diesen Eindruck mit einer lebhaften, frischen Ansprache und einer bemerkenswerten Länge fort. Einen solchen Genuss schiebt man nicht hinaus!
SCEA de Mont-Pérat, 33550 Capian,
Tel. 05.57.84.55.08, Fax 05.57.84.57.31,
E-Mail contact@vignobles-despagne.com
n. V.
J.-L. Despagne

CH. GAYON 2000★★

□ 1,72 ha 8 000 3 à 5 €

Dieses schöne, sehr alte Gut gehörte während der Französischen Revolution einer Familie, von der ein Mitglied im Bordelais das erste Opfer der Schreckensherrschaft wurde. Heute löst die Milde der Hügel von Caudrot heitere Gefühle aus, genauso wie das leichte Bernsteingelb dieser Cuvée mit dem süßen Honig- und Akazienblütenduft. Eine hübsche Struktur mit genug «Fett», um die Geschmacksknospen zu umschmeicheln, bietet einen erfrischenden mentholartigen Abgang. Ein gelungener Wein, den man mehr «beißt» als trinkt, beispielsweise als

Aperitif. Er ist elegant und rassig und hat seinen Höhepunkt erreicht.
🔑 Jean Crampes, Ch. Gayon, 33490 Caudrot, Tel. 05.56.62.81.19, Fax 05.56.62.71.24, E-Mail jcrampes@chateau-gayon.com
☑ Ῑ Mo–Fr 8h–12h 14h–18h; Sa, So n. V.

GINESTET

Vinifié et élevé en fût de chêne 2000*

☐ k. A. 100 000 3à5€

Man muss die großen Handelsfirmen im Bordelais würdigen, die demonstrieren, dass eine große in den Handel gebrachte Menge nicht Qualität ausschließt. Sein frisches Strohgelb und seine Aromen von Dörrfeige und kandierter Traube verführen. Ein fülliger, runder Körper bringt an Orangenschale erinnernde Geschmacksnoten hervor und gleitet sanft in einen Abgang, der aus Vanille und Honig besteht.
🔑 SA Maison Ginestet, 19, av. de Fontenille, 33360 Carignan-de-Bordeaux, Tel. 05.56.68.81.82, Fax 05.56.20.96.99, E-Mail contact@ginestet.fr ☑ Ῑ n. V.

CH. DU GRAND-MOUEYS 2000*

☐ 17 ha k. A. 3à5€

Ein altes galloromanisches Landgut im 6. Jh. und danach ein mittelalterliches Schloss, dessen Geschichte im Mittelalter man nur mit Vorsicht aufdecken darf, denn sie riecht nach dem Schwefel und dem beißenden Rauch der Scheiterhaufen, die für die Tempelritter errichtet wurden. Viel erholsamer ist die elegante Frische dieser 2000er Cuvée, die im Mund ebenso sanft ist wie in der Nase, mit einer Rückkehr von kandierten Früchten, Pfirsich und Aprikose im Geschmack. Der Abgang ist rund und reich an süßen Honignoten.
🔑 SCA Les Trois Collines, Ch. du Grand-Mouëys, 33550 Capian, Tel. 05.57.97.04.44, Fax 05.57.97.04.60, E-Mail cavif.gm@ifrance.com ☑ Ῑ n. V.

CH. DU GRAND PLANTIER 2000**

☐ 1,5 ha 8 000 5à8€

Sagen wir es ohne Umschweife: Diese Cuvée ist prächtig, der Perfektion nahe und zudem gut ausgebaut (selbstverständlich auf der Feinhefe). Ihre Liebeserklärung verdankt sie der jugendlichen hellgelben Farbe und der Komplexität ihres kräftigen, fesselnden Bouquets. Weiße Blüten, Lindenblüte und Heckenrose, ebenso viele duftige Eindrücke in einem betörenden Geschmack. Dieser bis zum Schluss rassige Wein wird bei jedem Anlass eine unerschöpfliche Quelle des Glücks sein.
🔑 GAEC des Vignobles Albucher, Ch. du Grand Plantier, 33410 Monprimblanc, Tel. 05.56.62.99.03, Fax 05.56.76.91.35
☑ Ῑ n. V.

CH. GUILLAUME BLANC

Elevé en fût 2000*

☐ 2,31 ha k. A. 3à5€

Der 98er wurde im Hachette-Weinführer 2000 zum Lieblingswein gewählt. Der 2000er ist ein fesselnder Wein von kräftigem Goldgelb; sein Glanz erinnert an den goldenen Schimmer edelsüßer Weine. Die Aromen sind durch eine überreife, in der Sonne fast gebackene Frucht geprägt. Ein sehr reicher, kräftiger, fetter Geschmack lässt an Trockenfrüchte (Mandel) und kandierte Aprikose denken. Ein sehr milder, vanilleartiger Abgang beschließt diesen kraftvollen Wein, der Scampi in Cognacsauce würdig ist.
🔑 SCEA Ch. Guillaume, lieu-dit Guillaume-Blanc, 33220 Saint-Philippe-du-Seignal, Tel. 05.57.41.91.50, Fax 05.57.46.42.76
☑ Ῑ n. V.

CH. HAUT-GARRIGA 2000*

☐ 2 ha 10 000 3à5€

Château Haut-Garriga besitzt zwei Hektar mit Sémillon-Reben, die für diese Cuvée bestimmt sind. Sie besitzt einen Duft, der reich ist an Zitrusschalen (Orange, Mandarine) und an sehr süßen honigartigen, leicht vanilleartigen Aromen. Hier findet man die Frische in den Aromen des Geschmacks, Eisenkraut und Bergamotte, und nicht in der Säure. Die Rundheit ist überaus wirkungsvoll.
🔑 EARL Vignobles C. Barreau et Fils, Garriga, 33420 Grézillac, Tel. 05.57.74.90.06, Fax 05.57.74.96.63 ☑ Ῑ n. V.

CH. HAUT RIAN Cuvée Excellence 1999*

☐ 2 ha 12 000 5à8€

Die kühne Bezeichnung dieser Cuvée ist kein leerer Begriff für Michel Dietrich, der alles getan hat, um sie von alten Sémillon-Reben (mindestens 35 Jahre) zu erzeugen. Ananas und Pampelmuse überfluten den Mund mit ihren sonnenreichen Aromen und machen dann einem hübschen Holzton Platz, der innerhalb einer schönen Länge mit Vanillearoma ein wenig geröstet wirkt. Der **trockene Bordeaux 2000** (Preisgruppe: 20 bis 29 F), der nicht im Holzfass ausgebaut worden ist, erhält die gleiche Note. Er ist delikat und zart und wirkt durch seine Ausgewogenheit liebenswürdiger als durch seine Stärke.
🔑 Michel Dietrich, La Bastide, 33410 Rions, Tel. 05.56.76.95.01, Fax 05.56.76.93.51
☑ Ῑ Mo–Sa 9h–12h 14h–17h30; 10.–31. Aug. geschlossen

CH. DU JUGE 2000*

☐ 8 ha 65 000 5à8€

Die blassgoldene Farbe, in der einige Kohlensäurebläschen zu erahnen sind, kündigt einen intensiven Duft von Passionsfrüchten und Mandarine an. Der zarte, reichhaltige Geschmack zeigt muskatellerartige Noten und setzt sich in noch nie dagewesenen Quitten- und Rhabarberaromen fort. Ein Wein, den man der Neugier wegen probieren sollte und der zum Schluss sehr fesselnd ist.

Pierre Dupleich, Ch. du Juge, rte de Branne, 33410 Cadillac, Tel. 05.56.62.17.77, Fax 05.56.62.17.59, E-Mail pierre.dupleich@wanadoo.fr ☑ Y n. V.

David

LABOTTIERE 2000*

☐ k. A. k. A. 3à5€

Dieser Wein rühmt sich eines angesehenen Namens, der zu einem sehr schönen herrschaftlichen Stadthaus im alten Vorort Saint-Seurin in Bordeaux gehört, einem Meisterwerk, dessen Feinheit in der Ausstattung genau dem großartigen französischen Geschmack entspricht. Seine hübsche, blasse Farbe ist klar und strahlend; sein Bouquet lässt sich von sehr reifen Früchten, Korinthen, getrockneter Aprikose und Banane anregen. Hier reicht die Sauvignon-Traube allein aus: überaus golden, fett und warm. Ein intensiver, vollmundiger Abgang (Maracuja, Litschi) verlangt nach Zander in zarter Buttersauce oder nach gebratenem Kapaun.

Cordier-Mestrezat et Domaines, 109, rue Achard, 33000 Bordeaux, Tel. 05.56.11.29.00, Fax 05.56.11.29.01

CH. LA CADERIE 2000*

☐ 2,09 ha 5 000 5à8€

Die Archive belegen, dass La Caderie bereits während der Französischen Revolution Wein erzeugte. Die Tradition wurde bis heute fortgeführt und integrierte dabei alle Errungenschaften der modernen Technik. Dieser Wein geht auf manuell gelesene Trauben zurück, in einer Parzelle, die seit mehr als einem Jahrhundert Reben trägt. Er verführt durch die Eleganz eines überaus feinen Dufts, der anfangs an Toastbrot und danach an Zitrone und Eisenkraut erinnert. Das Bouquet zeigt sich in einem runden, frischen Geschmack. Der Ausbau auf der Hefe hat ihm eine vollmundige, lang anhaltende Dichte verliehen.

François Landais, Ch. La Caderie, 33910 Saint-Martin-du-Bois, Tel. 05.57.49.41.32, Fax 05.57.49.41.32 ☑ Y n. V.

LAITHWAITE 2000**

☐ k. A. 132 300 -3€

Der englische Markt wird die Eleganz dieses Sauvignon sehr schätzen, der perfekt gearbeitet ist, im Glanz seiner strohgelben Farbe ebenso wie in seinem sehr frischen Duft, der Zitronengras, Eisenkraut und Orangenblüte verbindet. Dieser zu Beginn nervige, kraftvolle Wein breitet einen sanften, zarten Körper aus, der keinerlei Schwere zeigt und ganz leicht an Butter und Geröstetes erinnert. Er bleibt bis zum Schluss lebhaft und kann zu gegrillter Alse mit gedünsteten Auberginen oder zu Spargel in zarter Buttersauce serviert werden.

SARL Direct Wines Ch. La Clarière Laithwaite, Les Confrères de La Clarière, 33350 Sainte-Colombe, Tel. 05.57.47.95.14, Fax 05.57.47.94.47 Y n. V.

CH. LAMOTHE DE HAUX 2000*

☐ 20 ha 200 000 5à8€

Von einem solchen Wein 200 000 Flaschen zu produzieren ist keine alltägliche Sache. Dennoch schafft man dies hier, mit einem Verschnitt von Sauvignon und Sémillon zu gleichen Teilen sowie 20 % Muscadelle. Zumindest darf man sich sicher sein, dass man diesen opulenten, reichen Wein mit der sehr beherrschten Säuerlichkeit und dem herbstlichen Aroma von wildem Apfel und Quitte nicht versäumt. In seinem Glanz wird der bescheidenste Tisch zu einem Festbankett. Diese Flasche kann man schon jetzt mit Genuss trinken, ohne länger zu warten.

Néel et Chombart, Ch. Lamothe de Haux, 33550 Haux, Tel. 05.57.34.53.00, Fax 05.56.23.24.49, E-Mail neel-chombart@chateau-lamothe.com ☑ Y Mo–Fr 9h–18h

LEGENDE R 2000*

☐ k. A. k. A. 8à11€

Dieser Bordeaux, der von der Lafite-Mannschaft hergestellt, aber von der Kellerei Nicolas vertrieben wird, stammt von Sémillon- und Sauvignon-Reben, die im Entre-Deux-Mers und in den Côtes angepflanzt sind. Konzipiert wurde er so, dass man ihn jung trinken kann. Frisch, duftig, mit schönen Zitronennoten, fein und elegant – er hat sein Ziel vollkommen erreicht.

Domaines Barons de Rothschild Lafite Distribution, 33, rue de la Baume, 75008 Paris, Tel. 01.53.89.78.00, Fax 01.53.89.78.01

CH. DE L'ENCLOS 2000**

☐ 1,2 ha 6 000 3à5€

Diese sortenrein aus Sauvignon-Trauben hergestellte Cuvée ist ein schönes Beispiel für das qualitative Potenzial dieser Rebsorte. Eine große Feinheit im Duft (Quittenbrot, weißer Pfirsich) und ein klarer, fruchtiger Geschmack verleihen ihm einen ätherisch leichten Stil, der zum Schluss sehr verführerisch ist. Wenn man diesen Wein in seiner Frische trinkt, passt er am besten zu einer Platte Meeresfrüchte oder einer über Holzfeuer gegrillten Alse.

Vignerons de Guyenne, Union des producteurs de Blasimon, 33540 Blasimon, Tel. 05.56.71.55.28, Fax 05.56.71.59.32 ☑ Y n. V.

Farges und Sohn

CH. DE L'ESPERANCE 2000*

☐ 5 ha 40 000 3à5€

Die Domaine de Cazalis hat fünf Hektar gutes Rebland mit tonigem Kalksteinboden reserviert, um diesen Wein zu erzeugen, der ausschließlich von Sauvignon-Trauben stammt. Das Ergebnis ist ein Weißwein mit einem etwas überraschenden Charakter, dessen exotische Düfte (Kiwi) Noten von hellem Tabak und Lakritze begleiten. Der sehr gefällige, milde Geschmack,

der leicht an Gebäck erinnert, setzt sich in anhaltenden Gewürznoten fort.
SCEA Dom. de Cazalis, 33350 Pujols, Tel. 05.57.40.72.72, Fax 05.57.40.72.00, E-Mail chateau-cazalis@wanadoo.fr ☑ Ɪ n. V.
Claude Billot

CH. DE LOS 2000*

☐ 3 ha 30 000 3 à 5 €

Dieser 2000er besitzt die Blässe von Akazienblütenhonig, aber ein sehr lebhaftes Bouquet von Ginster und Buchsbaum, zu denen komplexere Teer- und Weihrauchnoten hinzukommen. Im Geschmack ist er zart und seidig und zeigt sich bis zum Schluss harmonisch, mit einer erstaunlichen Frische.
SCEA Vignobles Signé, 505, Petit-Moulin-Sud, 33760 Arbis, Tel. 05.56.23.93.22, Fax 05.56.23.45.75, E-Mail signevignobles@wanadoo.fr ☑ Ɪ n. V.

JACQUES ET FRANÇOIS LURTON 2000*

☐ 11 ha 109 000 3 à 5 €

Jacques und François Lurton stellen ihre Tatkraft beim Verkauf in den Dienst dieser in großer Stückzahl produzierten Cuvée aus Sauvignon-Trauben, die sorgfältig mittels Hülsenmaischung aus ölig ausgewähltem Traubengut hergestellt worden ist. Die strahlende blassgoldene Farbe kündigt einen feinen, aber kräftigen Duft an, in dem Ligusterblüte auf mineralische Noten trifft. Die Ansprache ist lebhaft und lässt konzentrierte goldene Trauben erahnen. Im Abgang kommt Haselnuss zur Harmonie hinzu; das Ganze zeigt eine schöne aromatische Nachhaltigkeit.
Jacques et François Lurton, Dom. de Poumeyrade, 33870 Vayres, Tel. 05.57.74.72.74, Fax 05.57.74.70.73, E-Mail jflurton@jflurton.com

FLEUR DE LUZE 2000*

☐ k. A. 27 000 5 à 8 €

Die Firma Luze übt seit 1820 ihre Tätigkeit als *négociant-éleveur* aus. Diese Fleur de Luze, die mit ihrer schönen, durchscheinenden Goldfarbe verführerisch erscheint, bietet in der Nase eine schöne Komposition frühlingshafter Düfte, bei denen sich Weißdorn, Flieder und Ginster innerhalb einer geschickten Harmonie vermischen. Ein konzentrierter Stoff von getrockneten Früchten (Korinthen) kleidet auf angenehme Weise den Mund aus. «Fett» und Frische finden hier zu einem vollkommenen Einklang.
A. de Luze et Fils, Dom. du Ribet, BP 59, 33451 Saint-Loubès Cedex, Tel. 05.57.97.07.20, Fax 05.57.97.07.27, E-Mail deluze@gvg.fr ☑ Ɪ n. V.

MICHEL LYNCH 2000*

☐ k. A. 200 000 5 à 8 €

Michel Lynch war vor fast 200 Jahren eine berühmte Persönlichkeit des Médoc, ein ausgezeichneter Weinerzeuger und Besitzer von Lynch-Bages. Heute ist das der Markenname des Weinhandels von Jean-Michel Cazes. Diese 2000er Cuvée verführt durch ihren intensiven Duft mit den blumigen Nuancen (Jasmin, Rose) und den exotischen Noten. Eine sanfte Ansprache macht einem stattlichen, fülligen Körper Platz. Fruchtige Geschmacksnoten bereichern einen runden, nervigen Abgang. Die Juroren mochten diesen hübschen, reifen Wein sehr.
SNC Michel Lynch, BP 66, 33250 Pauillac, Tel. 05.56.73.24.15, Fax 05.56.59.26.42
J.-M. Cazes

BLANC DE LYNCH-BAGES 2000*

☐ 4,5 ha 36 000 23 à 30 €

Die neuen Weißweine aus dem Médoc sind mit Sicherheit gefährliche Konkurrenten, deren Können sich jedes Jahr mehr bestätigt. Dieser Blanc de Lynch-Bages von strahlend blasser Farbe bietet einen Duft ohne Hochmut, der durch sein Bouquet von weißen Blüten und Buchsbaum belebt wird. Frische Noten überfallen den Mund (grüne Paprikaschote, Lamellenpilze, Zitronengras) und sorgen für einen sanften, aromatischen Abgang. Dieser lebhafte, durstlöschende Wein wird den Genuss von kaltem Seelachs vervielfachen.
Jean-Michel Cazes, Ch. Lynch-Bages, 33250 Pauillac, Tel. 05.56.73.24.00, Fax 05.56.59.26.42, E-Mail infochato@lynchbages.com ☑
Famille Cazes

MAYNE D'OLIVET 1999**

☐ 2 ha 12 000 8 à 11 €

Die Familie Boidron, Fachleute auf dem Gebiet des Weinbaus und der Vinifizierung, eröffnet hier einen neuen Weg, indem sie einen trockenen Bordeaux von großer Klasse erzeugt, der von einer neuartigen Zusammenstellung herrührt: Sauvignon blanc, Muscadelle, Sémillon und vor allem Sauvignon gris vereinigen sich optimal. Man nimmt darin Litschi, Zitrone und kandierte Aprikose wahr, harmonisch verschmolzen in einem Geschmack, den ein feiner Vanilleschleier einhüllt. Ein komplexes, umfangreiches Bouquet führt zu einer ausgezeichneten Nachhaltigkeit der Aromen.
Jean-Noël Boidron, Ch. Corbin Michotte, 33330 Saint-Emilion, Tel. 05.57.51.64.88, Fax 05.57.51.56.30 ☑ Ɪ n. V.

MAYNE SANSAC 2000*

☐ 5 ha 33 000 3 à 5 €

Er hat eine schöne blassgoldene Farbe mit grünen Reflexen und bietet vor einem zart buttrigen Hintergrund einen kühnen, beharrlichen Duft (Zitronengras, Minze, weiße Blüten). Ein fülliger, ausgewogener Körper mit maßvoller Säure breitet sich zwischen reifer Frucht und Honig aus und entwickelt sich danach zu seidigen, milden Geschmacksnoten. Ein delikater Wein, den man allein – als Aperitif – oder zu weißem Fleisch trinken kann.
Domainie de Sansac, Les Lèves, 33220 Sainte-Foy-la-Grande, Tel. 05.57.56.02.02, Fax 05.57.56.02.22 Ɪ n. V.

CH. MOULIN DE PILLARDOT 2000

☐ 3 ha 20 000 5 à 8 €

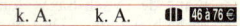

Château de Pillardot ist ein Ort, wo man sich für die Vinifizierung Zeit nimmt und einen langen Ausbau auf der Hefe mit Aufrühren des Hefesatzes vornimmt. Das Bouquet ist sehr blumig: Akazienblüte, blühender Wein und Ginster bilden eine duftende Girlande für einen lebhaften, frühlingshaften Geschmack, der einen mentholartigen Abgang und eine gute Länge besitzt.

Ch. Bourdicotte, Le Bourg, 33790 Cazaugitat, Tel. 06.08.71.60.06, Fax 05.56.61.38.26

PAVILLON BLANC DU CHATEAU MARGAUX 1999★★★

☐ k. A. k. A. 46 à 76 €

Seit einigen Jahren nimmt der Pavillon blanc von Château Margaux einen herausragenden Platz unter den größten trockenen Bordeaux-Weißweinen ein. Das gilt auch für diesen prächtigen 99er mit der reizvollen Kupferfarbe. Das äußerst komplexe Bouquet verbindet die frischen Düfte von Zitrusfrüchten mit den wärmeren Noten von überreifen Früchten. Der reiche, dichte, köstliche Geschmack bietet ebenfalls eine schöne Aromenpalette, von Haselnussbutter bis zu Birnenkompott. Dieser Wein, der kräftig und so knackig wie eine Traube ist, verdient einen feinen Fisch mit Sauce.

SC du Ch. Margaux, 33460 Margaux, Tel. 05.57.88.83.83, Fax 05.57.88.83.32

CH. PENIN 2000★

☐ 2 ha 16 500 5 à 8 €

Patrick Carteyron hat 15 % Sauvignon gris in den traditionellen Rebsatz seines weißen Bordeaux eingeführt. Dieser 2000er, der über viele Ressourcen verfügt, entfaltet einen reichen, komplexen Duft, aus dessen Aromen vor allem Pampelmuse herausragt. Im fetten, fleischigen Geschmack weitet sich die reife Frucht aus: Mandarine, getrocknete Aprikose. «Endlich Wein und reife Trauben!», rief ein glücklicher Verkoster. Gibt es ein schöneres Kompliment?

SCEA Patrick Carteyron, Ch. Penin, 33420 Génissac, Tel. 05.57.24.46.98, Fax 05.57.24.41.99 n. V.

CH. PIERRAIL 2000★★

☐ 10 ha 53 700 5 à 8 €

Einmal mehr hat Château Pierrail mit diesem 2000er einen hochwertigen Wein herausgebracht. Er hat eine schöne strahlend strohgelbe Farbe und vereint in einer glücklichen Gegenüberstellung geröstetes Brot und die blumige Entladung von Geißblatt und Magnolienblüten. Eleganz und Ausgewogenheit findet man im Geschmack, der das gleiche komplexe Bouquet wiederholt und sich zu einem anhaltenden Abgang ausdehnt. Ein sehr hübscher Wein, den man zu einem ebenso erstklassigen Essen trinken sollte.

EARL Ch. Pierrail, 33220 Margueron, Tel. 05.57.41.21.75, Fax 05.57.41.23.77, E-Mail pierrail@chateau-pierrail.com n. V.

CH. PIERRON 2000★

☐ 8 ha 55 000 3 à 5 €

Dieses etwa 100 ha große Gut wird heute von der dritten Generation geführt. Es hat acht Hektar mit Sauvignon-Reben, die auf einem sandig-schluffigen Boden angepflanzt sind. Die Juroren mochten die kräftige Entladung dieses Weins, die blumig (Ginster) und zugleich fruchtig (Früchte mit weißem Fruchtfleisch, grüner Apfel) ist. Der Geschmack zeigt sich trotz einer etwas prickelnden Ansprache zur gleichen Zeit ölig und lebhaft. Das frühlingshafte Aroma von weißen Blüten findet man im Abgang wieder, der intensiv ist und eine gute Länge besitzt.

GAEC Cardarelli, Laborne Nord, 33790 Massugas, Tel. 05.56.61.48.13, Fax 05.56.61.32.38

LE BLANC DU CHATEAU PRIEURE-LICHINE 2000★★

☐ 1,6 ha 7 000 15 à 23 €

Glückliche Mönche dieses ehemaligen Priorats, für die ein Messwein reserviert war, der im Stande war, den leibhaftigen Teufel auf die Knie fallen zu lassen! Dieser weiße Bordeaux ließ unsere Juroren in eine weltliche Verehrung verfallen. Er zeigt ein Zitronengelb, das mit Nuancen von grünem Apfel schillert, und bietet ein wahres Feuerwerk von kandierten Orangen, Pampelmuse und Obstgartendüften: Pfirsich, Walderdbeere und Aprikose. Im Geschmack ist er ölig und lebhaft und reichert sich mit Röstnoten und balsamischen Noten an.

Ch. Prieuré-Lichine, 34, av. de la 5e-République, 33460 Cantenac, Tel. 05.57.88.36.28, Fax 05.57.88.78.93, E-Mail prieure.lichine@wanadoo.fr n. V.

M. Ballande

CH. REYNON Vieilles vignes 1999★

☐ k. A. 72 000 8 à 11 €

Die alten Reben von Château Reynon haben ihren Ruhm und beweisen jedes Jahr die Effizienz des Besitzers, eines herausragenden Förderers der neuen Methoden bei der Weißweinvinifizierung. Hinweisen kann man auf eine manuelle Traubenlese mit mehreren Lesedurchgängen und ein hartnäckiges Streben nach optimaler Extraktion der Aromen. Das Ziel ist erreicht, so sehr ist das qualitative Potenzial der Sauvignon-Traube vorhanden, in ihrem typischen Charakter und in ihrer Komplexität. Die blumige Seite (Ginster, Rosenblütenblätter) verbindet sich sehr gut mit einer pflanzlichen Note, ohne das «Fett» und die Samtigkeit eines

üppigen, lang anhaltenden Geschmacks zu überdecken.
⊶ Denis et Florence Dubourdieu, Ch. Reynon, 33410 Béguey, Tel. 05.56.62.96.51, Fax 05.56.62.14.89, E-Mail reynon@gofornet.com ☑ Y n. V.

DOM. DE RICAUD 2000*

☐ 4,5 ha 36 000 5à8€

Ein Spitzenteam leitet heute dieses Gut, nämlich Régis Chaigne (ein wahres Konzentrat von neuen Ideen!) und sein önologischer Berater Jean-Louis. Ein fachliches Können von hohem Niveau garantiert ihnen seit mehreren Jahren ihre Präsenz im Hachette-Weinführer. Diese 2000er Cuvée verbindet die Fruchtigkeit der Sauvignon-Traube mit der dickflüssigen Rundheit der Sémillon-Traube, während man einen Hauch von Fantasie (Nelke, Traubenhyazinthe) den 5 % Muscadelle zuordnen könnte, die nicht zufällig hier vertreten sind. Wenn man ihn jetzt trinkt, hilft er gegen den Durst.
⊶ Vignobles Chaigne et Fils, Ch. Ballan-Larquette, 33540 Saint-Laurent-du-Bois, Tel. 05.56.76.46.02, Fax 05.56.76.40.90, E-Mail rchaigne@vins-bordeaux.fr ☑ Y n. V.

CH. DES ROCS 2000*

☐ 4,34 ha 20 000 5à8€

Dieser trockene Sauvignon ist ein fein ziselierter Wein. Er ist goldfarben wie Akazienblütenhonig und leiht sich vom Bienenstock auch seinen Duft nach Wachs. Seinen Ausbau auf der Feinhefe lässt er durch einen rundlichen Geschmack mit reichen Aromen von blühendem Wein erkennen. Der Abgang bietet Fülle und «Fett» und bereitet sich darauf vor, eine Platte mit Meeresfrüchten zu begleiten.
⊶ SCEA Vignobles Michel Bergey, Ch. Damis, 33490 Sainte-Foy-la-Longue, Tel. 05.56.76.41.42, Fax 05.56.76.46.42 ☑ Y n. V.

CH. ROQUEFORT Tradition 2000*

☐ 32 ha 200 000 5à8€

Beim weißen Bordeaux bildet Château de Roquefort im Hinblick auf die Qualität einen Maßstab. Sein sehr blumiger Tradition (Maiglöckchen, Weißdorn, Flieder) besitzt eine klare, deutliche, kräftige Ansprache. Das «Fett» und die Rundheit vertragen sich gut mit einer mineralischen Seite, die im Dienste einer Rückkehr zu Blüten im Abgang steht.
⊶ SCE du Ch. Roquefort, 33760 Lugasson, Tel. 05.56.23.97.48, Fax 05.56.23.51.44, E-Mail chateau-roquefort@wanadoo.fr ☑ Y n. V.
⊶ F. Bellanger

CH. TOUR DE MIRAMBEAU 2000**

☐ k. A. k. A. 5à8€

J.-L. Despagne versteht sich meisterlich darauf, Sie mit guten Trauben zu verwöhnen. Das gilt auch für diesen 2000er Tour de Mirambeau, dessen Goldgrün leicht perlt. Er beginnt Sie mit blühendem Wein mild zu stimmen, unterstützt von einer geschickten Kombination blumiger Düfte (Akazienblüte, Holunder). Der weiche, fette Geschmack setzt sein Werk der Verführung in einer vollmundigen Abfolge fort, die von Zimt und gerösteten Mandeln durchsetzt ist.
⊶ SCEA Vignobles Despagne, 33420 Naujan-et-Postiac, Tel. 05.57.84.55.08, Fax 05.57.84.57.31, E-Mail contact@vignobles-despagne.com ☑ Y n. V.

CH. TURCAUD 1999*

☐ 2,4 ha 9 900 5à8€

Château Turcaud, das im Herzen des Entre-Deux-Mers liegt, ganz in der Nähe der berühmten Abtei La Sauve Majeure, erzeugt weiße Bordeaux-Weine, deren Ansehen seit langer Zeit feststeht. Dieser 99er zeigt ein schönes, strahlendes Blassgelb mit grünen Reflexen; eine feine Holznote würzt sein sehr Sauvignon-typisches Aroma. Eine klare, lebhafte Ansprache lässt rasch eine Entwicklung voller Rundheit erkennen, bei der Vanille und kandierte Zitrone zusammentreffen. Ein Wein, den man zusammen mit Freunden trinken sollte.
⊶ EARL Vignobles Robert, Ch. Turcaud, 33670 La Sauve, Tel. 05.56.23.04.41, Fax 05.56.23.35.85 ☑ Y n. V.

CH. VIEUX CARREFOUR 2000*

☐ 0,7 ha 4 000 3à5€

François Gabard, der Besitzer dieses Châteaus, zählt nicht mehr die Generationen, die ihn von seinem Vorfahren trennen, der sich als Erster im Jahre 1745 auf diesem Gut ansiedelte! Sein weißer Bordeaux wirkt aufgrund seines Pfirsich- und Litschidufts überaus elegant. Sein Fleisch, das ein paar Kohlensäurebläschen beleben, ist rund und sehr schmelzig und verbindet Honig mit Mandel und Vanille. Ein öliger Nachgeschmack bestimmt diese Flasche für Gänseleber oder Wild mit heller Sauce.
⊶ EARL François Gabard, Le Carrefour, 33133 Galgon, Tel. 05.57.74.30.77, Fax 05.57.84.35.73 ☑ Y n. V.

Bordeaux Rosé

CH. BELLEVUE LA MONGIE 2000*

◪ 0,6 ha 5 000 3à5€

Dieser Rosé zeigt im Glas eine hübsche himbeerrote Oberfläche. Sein lebhafter, fast säuerlicher Weißdorn- und Pfingstrosenduft lässt ein paar Noten von frischen Mandeln erkennen. Der Körper ist voluminös und fruchtig; seine Frische stützt sich auf ein leichtes Perlen. Dieser Wein kann einen schönen Auftakt für eine Mahlzeit bilden, aber es ist möglich, dass man ihn bis Weihnachten auch noch zum Dessert trinkt.
⊶ Michel Boyer, Ch. Bellevue La Mongie, 33420 Génissac, Tel. 05.57.24.48.43, Fax 05.57.24.48.43 ☑ Y Mo–Fr 8h–12h 14h–19h; Sa, So n. V.; 15.–30. Aug. geschlossen

CH. DE BONHOSTE 2000*

6 ha 13 000 5à8€

Eine leichte, blasse Farbe, die aber so strahlend wie Wasser aus einem Gebirgsbach ist, zarte Aromen von Rosenblütenblättern. Die Ansprache im Mund ist ziemlich nervig, aber von großer Eleganz. Ein leichtes Perlen sorgt für einen sehr reizvollen Geschmack, den ein milder, mentholartiger Abgang gut ausgleicht. Dieser Wein ist bereit, jeden Fisch mit hellem Fleisch zu begleiten.

SCEA Vignobles Fournier, Ch. de Bonhoste, 33420 Saint-Jean-de-Blaignac, Tel. 05.57.84.12.18, Fax 05.57.84.15.36 n. V.

FEILLON FRERES ET FILS 2000*

0,33 ha 2 500 5à8€

Dieser johannisbeerrote Rosé, die Frucht einer perfekten Zusammenarbeit im Familienverband, wobei jeder seine Fähigkeiten einbringt, bietet einen intensiven Duft (Erdbeere, Himbeere), den ein Hauch von Exotik bereichert. Im Mund verändert er sich, gewinnt an Fülle und wird fast feurig. Eine gewisse Vollmundigkeit überzieht den Gaumen und hinterlässt einen Eindruck von allgemeinem Wohlbehagen.

Feillon Frères et Fils, Ch. Les Rocques, 33710 Saint-Seurin-de-Bourg, Tel. 05.57.68.42.82, Fax 05.57.68.36.25, E-Mail feillon.vins.de.bordeaux@wanadoo.fr Mo–Fr 9h–12h 14h–18h; Sa, So n. V.

GRANDES VERSANNES 2000*

4 ha 35 000 3à5€

Ein Stern am Firmament dieses Roséweins belohnt die Anstrengungen der Erzeuger von Lugon, die für ihn einige gut gelegene Parzellen reserviert haben und ihn mit einem sehr gut darauf abgestimmten Fachkönnen herstellen. Ein strahlendes Lachsrot, von Pfirsich und Quittengelee geprägte Aromen. Dem Geschmack gelingt ein perfekter Kompromiss zwischen einer zitronenartigen Frische und dem exotischen Zauber von Pampelmuse und Orangenschale. Der aromatische Abgang bietet eine schöne Länge.

Union de producteurs de Lugon, 6, rue Louis-Pasteur, 33240 Lugon, Tel. 05.57.55.00.88, Fax 05.57.84.83.16 Mo–Sa 8h30–12h30 14h–18h; Gruppen n. V.

GRANGENEUVE 2000*

10 ha 13 000 3à5€

Die besten Vinifizierungsmethoden, insbesondere niedrige Temperaturen vor Beginn des Gärvorgangs, haben die Herstellung dieses Roséweins von frischer, zarter Farbe geleitet. Sommerliche Düfte (Nektarine, Aprikose) in der Nase bilden das Vorspiel für die Milde eines harmonischen Geschmacks, den eine lang anhaltende Säuerlichkeit unterstützt, wobei Walderdbeere für eine leichte Note sorgt.

Cave coop. de Grangeneuve, 33760 Romagne, Tel. 05.57.97.09.40, Fax 05.57.97.09.41 Di–Fr 8h–12h 14h–17h

CH. DE LABORDE 2000*

4,69 ha 14 000 3à5€

Dieser Rosé ist das Ergebnis eines Verschnitts, in dem Cabernet franc den Löwenanteil (80 %) stellt und der Farbe – ein zartes Rot, das bläulich schimmert – seinen Stempel aufdrückt, ebenso dem Duft, in dem Erdbeere und Fruchtbonbons ihre Süße einbringen. Der Geschmack, den zarte Tannine erfüllen, zeigt eine schöne Ausgewogenheit zwischen gerösteten Mandeln und einer lang anhaltenden Zitronennote.

Union de producteurs Baron d'Espiet, Lieu-dit La Fourcade, 33420 Espiet, Tel. 05.57.24.24.08, Fax 05.57.24.18.91, E-Mail baron-espiet@dial.oleane.com n. V.

Alain Duc

DOM. DE LA CROIX 2000**

2 ha 7 000 3à5€

Die drei Rebsorten des Bordelais, die auf Boulbènes (Schwemmland aus Sand und feinem Schlick) und tonigen Kalksteinböden angepflanzt sind, werden hier zu einem Rosé kombiniert, dessen schöne Erscheinung funkelnde rubinrote Reflexe zeigt. Der Geruchseindruck besitzt eine große Feinheit; man verliert sich unaufhörlich in seinen Hyazinthen- und Rosendüften. Ein lang anhaltender Abgang, der einschmeichelnd und sinnlich ist, hielt die Juroren in seinem Bann.

Jean-Yves Arnaud, La Croix, 33410 Gabarnac, Tel. 05.56.20.23.52, Fax 05.56.20.23.52 n. V.

CH. LA MICHELIERE 2000*

1,28 ha 11 200 3à5€

Ein sehr blasser Rosé, den durchscheinende Farbtöne umgeben. Aromen voller Nuancen, die sich nicht zwischen Pfingstrose und roter Johannisbeere entscheiden können. Die Verführung kommt im Geschmack, mit einem Fleisch, das keine Zurückhaltung kennt, mit einer unerwarteten, einnehmenden Rundheit. Die sanfte, frische Entwicklung macht ihn zu einem Wein, den man zum Vergnügen trinkt und der sich ganz selbstverständlich als Aperitif anbietet.

SCEA Tobler et Fils, Ch. La Michelière, Lieu-dit Le Bourdieu, 33240 Saint-Romain-la-Virvée, Tel. 05.57.58.16.39, Fax 05.57.58.15.16 n. V.

CH. LA RIVALERIE 2000*

0,75 ha 7 000 5à8€

Zum Vergnügen hat sich dieses Château eine ganz kleine Cuvée vorbehalten, um diesen Rosé mit den himbeerroten Pastelltönen zu erzeugen. Man muss ihn ein wenig drängen, damit er einen jugendlichen Duft von schwarzer Johannisbeere und Grenadine erkennen lässt. Dieser im Geschmack sehr extraktreiche Wein, der mittels Saignée-Verfahren (Abstich nach kurzer Maischung) hergestellt worden ist, bietet eine gute Ausgewogenheit zwischen säuerlichen und fruchtigen Aromen. Sein würziger Abgang ver-

leiht ihm genug Anmut, dass er eine herbstliche Mahlzeit in ihrer ganzen Länge begleiten kann.
SCEA La Rivalerie,
33390 Saint-Paul-de-Blaye, Tel. 05.57.42.18.84,
Fax 05.57.42.14.27, E-Mail info@la-rivalerie.fr
n. V.

LA ROSE CASTENET 2000**

4 ha 34 000 5à8€

Die buttrigen Aromen dieser Rose Castenet muss man im wohltuenden Schatten eines in der Belle Epoque angelegten Parks einatmen. Die Röst- (Haselnuss) und Gewürznoten sowie eine große Milde im Geschmack machen den ganzen Charme dieses Roséweins aus, der die Juroren für sich einnahm. Ein Hauch von Walderdbeere bereichert einen verführerischen Abgang.
EARL François Greffier, Castenet,
33790 Auriolles, Tel. 05.56.61.40.67,
Fax 05.56.61.38.82,
E-Mail ch.castenet@wanadoo.fr n. V.

LA ROSE DE LOUDENNE 2000*

1 ha 6 000 5à8€

Auf Loudenne mangelt es nicht an Inspirationsquellen für einen Rosé von großer Klasse: beispielsweise das Altrosa der Mauern dieses kleines Landhauses aus dem 17. Jh. oder die unzähligen Düfte einer herrlichen Sammlung von alten Rosen, ganz zu schweigen von den tausend Kombinationen, die 60 Hektar mit verschiedenen Rebsorten bieten. Die Farbe dieser «Rose von Loudenne» zeigt komplexe Nuancen, bei denen sich Orange, Rosa und Mauve mischen. Ebenso komplex ist ihr Duft von roter Johannisbeere, in dem eine pflanzliche Note an die Blätter von Tomaten erinnert. Pfingstrose und Iris findet man im Mund; in einem frischen, fruchtigen Abgang kehren die Aromen zurück.
SCS Ch. Loudenne,
33340 Saint-Yzans-de-Médoc,
Tel. 05.56.73.17.80, Fax 05.56.09.02.87,
E-Mail chateau.loudenne@wanadoo.fr
Mo–Fr 9h30–12h 14h–17h
Dom. Lafragette

CH. MAISON NOBLE SAINT-MARTIN 2000*

3,5 ha 27 000 5à8€

Diese «vornehme Haus» unweit von Sauveterre-de-Guyenne wurde auf den Ruinen eines alten Feudalschlosses aus dem 14. Jh. errichtet. Sein Weinberg wurde um die gleiche Zeit angelegt. Sein 2000er Rosé ist hingegen durchaus zeitgenössisch; er ist voller Frische und entfaltet den intensiven Duft von blühendem Wein. Ein leichtes Perlen steigert seine Jugendlichkeit, ohne deswegen eine gewisse Rundheit im Geschmack abzuschwächen, ein sanftes, fülliges Honigaroma, das mit einer Lakritzenote von schöner Länge ausklingt.
Michel Pelissie,
Ch. Maison-Noble-Saint-Martin,
33540 Saint-Martin-du-Puy, Tel. 05.56.71.86.53,
Fax 05.56.71.86.12,
E-Mail maison-noble@wanadoo.fr n. V.

CH. MONTAUNOIR 2000*

1 ha 7 500 3à5€

Dieser Abstich von kurz gemaischten Cabernet- und Merlot-Trauben hat einen rosaroten Most mit himbeerroten Reflexen ergeben, richtiges Lebensblut, das strahlend und lebhaft ist und förmlich singt, wenn es ins Glas fließt. «Stark durch rote Früchte geprägt», laut unseren Verkostern, mit einem Hauch von Vanille. Sein Geschmack ist frisch, vor Jugendlichkeit prickelnd, und gestattet sich eine exotische Fantasie mit einer Ananasnote. Ein Begleiter, der für ein Picknick mit Freunden bestimmt ist.
SCEA des Vignobles Ricard,
Ch. de Vertheuil, 33410 Sainte-Croix-du-Mont,
Tel. 05.56.62.02.70, Fax 05.56.76.73.23
Mo–Sa 9h–12h 14h–18h

CH. NAUDONNET PLAISANCE

Perle rose d'avril 2000*

1 ha k. A. 5à8€

Wenige Weine genießen eine so aufmerksame Behandlung wie diese Roséweine bei ihrer Erzeugung: Lese mit der Hand, Vermaischung der Trauben vor dem Keltern, Gärung im Barriquefass. Auf Naudonnet Plaisance ist keine Mühe zu viel für diese «Rosa Perle des April». Sie bietet ein kräftiges Bouquet, in dem Mirabelle und Kirsche einen betörenden Duft ergeben, vor einem Hintergrund von Honig, den eine feine Note von Heidekraut prägt. Ein delikater, seidiger Wein, der zu Saucen mit fein gehackten grünen Kräutern oder zu Tarte Tatin (umgestürzter Mürbeteigkuchen mit karamellisierten Äpfeln) passt.
Danièle Mallard, Ch. Naudonnet-Plaisance,
33760 Escoussans, Tel. 05.56.23.93.04,
Fax 05.57.34.40.78, E-Mail mallard@aol.com
n. V.

CH. PERAYNE 2000*

1,5 ha 10 000 3à5€

Château Perayne, das ganz in der Nähe von Sauveterre liegt, genoss früher ein großes Ansehen, das ihm seine jetzigen Besitzer, die hier seit 1994 leben, wieder verschaffen möchten. Beweis dafür ist dieser hübsche Rosé, dessen strahlendes Himbeerrot das Auge verführt. Das Aroma von grünem Apfel und schwarzer Johannisbeere beherrscht die Verkostung bis zum Abgang, den die Düfte von Walderdbeere bereichern. Trinken kann man ihn, wenn man von einem Besuch der Güter in der Umgebung zurückkehrt: Malagar, Malromé, Saint-Macaire ...
Henri Lüddecke, Ch. Perayne,
33490 Saint-André-du-Bois, Tel. 05.57.98.16.20,
Fax 05.56.76.45.71,
E-Mail chateau.perayne@wanadoo.fr
n. V.

CH. SEGONZAC LA FORET 2000*

17 ha 15 000 5à8€

Hinter einem schönen Rosarot, das klar und intensiv ist, verbergen sich Aromen von Sommerfrüchten (weißer Pfirsich), die sich in einem angenehmen, leicht fruchtigen Geschmack fortsetzen. Diese Harmonie, die frei von aller Aggressivität ist, verzaubert die Geschmacksknos-

pen noch lange, nachdem man das Glas wieder abgesetzt hat. Ein seidiger, sehr dichter Abgang scheint auf einen ebenbürtigen Begleiter zu warten, beispielsweise auf ein sehr zartes Kalbsragout mit weißer Sauce.
Grands Vins de Gironde, Dom du Ribet, 33450 Saint-Loubès, Tel. 05.57.97.07.20, Fax 05.57.97.07.27, E-Mail jm.alige@gvg.fr
n. V.
Jeanine Segonzac

Bordeaux Supérieur

CH. BARREYRE 1999

6,5 ha 45 000 5 à 8 €

Die Rebsorte Petit Verdot zeigt sich als unverzichtbar für die extreme Feinheit eines Cabernet Sauvignon, indem sie ihm ihre würzige Lebhaftigkeit mitgibt, zusammen mit einem sehr eigentümlichen Hauch von Veilchen. Eine Fruchtigkeit von Sauerkirsche und Heidelbeere erfüllt ein nicht übermäßig kräftiges Gerüst mit ihren Aromen und ermöglicht einen baldigen Genuss.
SC Ch. Barreyre, 33460 Macau, Tel. 05.57.88.07.64, Fax 05.57.88.07.00
n. V.
Giron

CH. BAULOS LA VERGNE 1999*

11 ha k. A. 5 à 8 €

Saint-Germain-la-Rivière ist ein hübscher kleiner Marktflecken, der sich, unweit von Libourne, in den anmutigen Flusswindungen der Dordogne spiegelt. Dieser 99er wird für lange Zeit in den Gläsern purpurrot funkeln. Seine Aromen bedienen sich bei den Blumen (Iris, Hyazinthe) und noch mehr bei den schweren Düften von Sommerfrüchten: zerdrückte Himbeere, Pflaume. Er hat eine schöne Konstitution, ist körperreich und lässt den geschickten Bau seiner Tannine erkennen, die seine Alterungsfähigkeit bestätigen.
Maison Yvan Dinand, Dom. de Baulos, 33240 Saint-Germain-la-Rivière, Tel. 05.57.84.46.01, Fax 05.57.84.81.36
n. V.

CH. BEL AIR PERPONCHER

Grande Cuvée 1999**

k. A. k. A. 11 à 15 €

Diese Grande Cuvée hat eine schöne Begeisterung ausgelöst. In der Nase bietet sie erstaunliche blumige Noten. Die Düfte von Iris, Veilchen und Holunderblüte erfüllen ebenso den Gaumen und schmücken ein Fleisch, das in der Ansprache ein wenig streng wirkt. Im Nachgeschmack bestätigt die Rückkehr zu gekochten Früchten (Backpflaume) die Zukunftsaussichten eines erstklassigen Weins.
GFA de Perponcher, 33420 Naujan-et-Postiac, Tel. 05.57.84.55.08, Fax 05.57.84.57.31, E-Mail contact@vignobles-despagne.com
n. V.
J.-L. Despagne

CH. BELLEVUE LA MONGIE

Cuvée vieillie en fût de chêne 1999*

2,5 ha 18 000 5 à 8 €

Génissac liegt südlich von Libourne auf dem linken Ufer der Dordogne. Die Weine dieses Châteaus lassen nie kalt. Dieser im Anblick tiefpurpurrote 99er zeigt ein solides Gerüst, das eine pfeffrige Note verstärkt und animalische und moschusartige Nuancen durchziehen. Das Fleisch und das «Fett» wohnen in einem Geschmack, in dem die Tannine ihre Kraft verloren haben; sie werden zur Entwicklung dieses hübschen Weins beitragen, wenn man ihm für eine Alterung Zeit lässt. Dieser 99er wird zusammen mit einem Brie, der so weich ist, dass er schon läuft, ein schönes Paar bilden.
Michel Boyer, Ch. Bellevue La Mongie, 33420 Génissac, Tel. 05.57.24.48.43, Fax 05.57.24.48.43
Mo–Fr 8h–12h 14h–19h; Sa, So n. V.; 15.–30. Aug. geschlossen

CH. DE BLASSAN

Cuvée spéciale Vieilli en fût de chêne 1999

5 ha 30 000 5 à 8 €

Ein 31 ha großes Gut im Gebiet von Fronsac. Sein Bordeaux Supérieur, dessen Farbe granatrot und mauve funkelt, bietet einen Moschus- und Ledergeruch mit wilden Fell- und Zibetnoten. Die ganze Kunst dieser Cuvée besteht darin, dass sie keiner anderen ähnelt. Als Aroma findet man Wald nach dem Regen in diesem Fleisch, das einen kräftigen Geschmack und ehrliche Tannine besitzt, wobei das Eichenholz und die Pfifferlinge lang anhalten. Man sollte diesen Wein für ländliche Gerichte reservieren: Hasenpastete, Geflügelleberterrine, kalte Keule mit Mayonnaise.
Guy Cenni, 33240 Lugon, Tel. 05.57.84.40.91, Fax 05.57.84.82.93
n. V.

CH. BOIS-MALOT

Tradition Elevé en fût de chêne neuf 1998*

7 ha 33 500 8 à 11 €

Auf Château Bois-Malot ist man für die Tradition, wie diese Cuvée verdeutlicht: manuelle Lese, Tisch zum Aussortieren der Trauben, lange Gärung. Dieser purpurrote Wein mit den leicht karminroten Reflexen bietet einen Korb duftender Früchte: «mit Verlaine'schen Nuancen», wie es ein Verkoster ausdrückte. Seine Verführungskraft beruht mehr auf der Feinheit als auf der Stärke. Der Geschmack entwickelt sich seidig und voller Charme und klingt mit einer lang anhaltenden Vanillenote aus.
SCEA Meynard et Fils, 133, rte des Valentons, 33450 Saint-Loubès, Tel. 05.56.38.94.18, Fax 05.56.38.92.47
Mo–Fr 8h30–12h 14h–19h; Sa 8h30–12h

CH. DE BONHOSTE Cuvée Prestige 1999*

■ k. A. k. A. 8 à 11 €

Sein zartes, strahlendes Rot lässt das Licht hindurchdringen. Röstaromen mit großzügiger Vanillenote entwickeln sich in einem Bouquet, das sich gerade bildet. Der Stoff ist weit davon entfernt, sich aufzudrängen, und verführt vorzugsweise durch den Charme und die Feinheit einer Textur, die durch disziplinierte Tannine nur ganz leicht geprägt wird. Das noch spürbare Fass sollte zu einer zwei- bis dreijährigen Lagerung reizen. Die **99er Hauptcuvée** vom gleichen Château (Preisgruppe: 30 bis 49 F) ist ein Klassiker; sie wird lobend erwähnt.

SCEA Vignobles Fournier, Ch. de Bonhoste, 33420 Saint-Jean-de-Blaignac, Tel. 05.57.84.12.18, Fax 05.57.84.15.36 n. V.

Fournier Bern

CH. BOUTILLON 1998*

■ 13 ha 28 000 5 à 8 €

Auf diesem Gut macht man den Wein als Ästhet, als Künstler, aber wir sprechen hier nicht vom Kino – außer als Claude Chabrol hierher kam, um einen Film *(«Dr. Popaul»)* zu drehen. Mit seinen Moschus- und Wildbretgerüchen, seinem geschmeidigen, festen Körper und den noch wilden Tanninen bezeugt dieser 98er eine Stärke, die ausreicht, damit er es beispielsweise mit einem Perlhühnchen in Armagnac-Sauce und danach mit einem halb gereiften Mimolette-Käse (kugelrunder Schnittkäse aus Kuhmilch) aufnimmt.

SCEA Filippi-Gillet, Ch. Boutillon, 33540 Mesterrieux, Tel. 05.56.71.41.47, Fax 05.56.71.32.21 n. V.

LES SENS DE BRANDA 1998*

■ k. A. 150 000 5 à 8 €

Branda, eine mittelalterliche Festung, die Beteiligter und Zeuge der unerfreulichen Geschehnisse des Hundertjährigen Krieges war, ist viel mehr als das und wurde gerade wunderschön restauriert und durch einen herrlichen Garten der Sinne ergänzt. Man muss es unbedingt besichtigen. Und diesen 98er probieren, dessen Granatrot orangerote Reflexe säumen. Der Duft von roten Früchten in Alkohol und saftiger Backpflaume, der eine diskrete Mentholnote enthält, weist auf den Reichtum des kräftig gebauten Geschmacks hin, der gern Fleisch mit Sauce oder ein kurz gebratenes Hühnchen mit Pfifferlingen begleiten wird.

SA Leda, Ch. Branda, 33240 Cadillac-en-Fronsadais, Tel. 05.57.94.09.20, Fax 05.57.94.09.30

CH. BRANDE-BERGERE 1999

■ 4,5 ha 26 000 5 à 8 €

Diese Kartause (kleines Landhaus), das 1780 von einem Irländer errichtet wurde, ist erst 1850 ein Weingut geworden. Ihr unverfälschter 99er, der bis zum Nachgeschmack liebenswürdig ist, macht durch eine intensive rote Farbe und komplexe Aromen von kleinen Früchten (Schlehe, Heidelbeere) auf sich aufmerksam. Seine harmonische Präsenz im Geschmack macht ihn zum passenden Begleiter für eine gute Mahlzeit im Familienkreis.

EARL Ch. Brande-Bergère, 33230 Les Eglisottes, Tel. 05.57.49.58.46, Fax 05.57.49.51.52 n. V.

GFA Dalibot

CH. BROWN-LAMARTINE 1999*

■ 11 ha 80 000 8 à 11 €

Das ist noch ein von Jean-Michel Cazes hergestellter 99er, aber seitdem hat Christian Seely die Leitung der Weingüter von AXA-Millésimes übernommen, die Jean-Michel Cazes auf ein hervorragendes Niveau führte, indem er eine leistungsfähige Mannschaft zusammenstellte. Dieser dunkelgranatrote Wein, der auf den tonigen Kieselböden von Cantenac-en-Médoc entstanden ist und von einem in hohem Maße von der Rebsorte Cabernet Sauvignon dominierten Verschnitt herrührt, erregt die Aufmerksamkeit durch seinen sehr eigentümlichen Himbeerduft mit Holzton. Er ist in der Ansprache füllig und fleischig und verbindet erfolgreich ein etwas strenges Tanningerüst mit einer Rundheit, in der ein Kakaoaroma dominiert. Dank seiner knackigen Frucht kann man ihn bald trinken.

Christian Seely, Ch. Brown-Lamartine, 33460 Cantenac, Tel. 05.57.88.81.81, Fax 05.57.88.81.90, E-Mail infochato@cantenacbrown.com n. V.

AXA-Millésimes

CH. DE CAMARSAC Sélection Elevé en barrique 1999

■ 9 ha 68 000 5 à 8 €

Das heutige Château de Camarsac ist an der Stelle einer alten Festung errichtet worden, die einige Zeit der «schwarze Prinz» (Eduard, Prinz von Wales, Sohn des englischen Königs Eduard III.) bewohnte, und erhebt sich mit seiner bezaubernden Silhouette auf einem Felsvorsprung; es wird bald sein 600-jähriges Bestehen feiern. Sein Bordeaux Supérieur präsentiert sich in einer granatroten Farbe mit goldbraunen Reflexen. Ein einschmeichelnder Duft (rote Früchte, Lakritze, geröstetes Brot) bereitet auf eine klare, milde Ansprache vor. Ein hübscher Stoff überzieht sanft den Gaumen und erfüllt ihn mit vielfältigen Noten: verblühte Rosen, Veilchen, Iris. Der Geschmack setzt sich in einem lang anhaltenden Abgang mit Röstaroma fort. Man kann ihn schon jetzt zu Braten servieren.

Bérénice Lurton, Ch. de Camarsac, 33750 Camarsac, Tel. 05.56.30.11.02, Fax 05.56.30.11.02 n. V.

CH. CANEVAULT 1998*

■ 4,5 ha 24 000 5 à 8 €

Die zinnoberrote Farbe und der sehr milde Weichselduft kündigen einen öligen Geschmack mit reichhaltigem Fleisch an, der glatte, leckere Tannine besitzt und von Schwarze-Johannisbeer- und Himbeeraromen erfüllt wird. Sehr schöne Gesamtharmonie.

SCEA Jean-Pierre Chaudet, Caneveau, 33240 Lugon, Tel. 05.57.84.49.10, Fax 05.57.84.42.07, E-Mail scea-chaudet-j.p@wanadoo.fr
Mo–Sa 9h–12h 13h30–18h
Sylvie Chaudet

DOM. DE CANTEMERLE
Cuvée Prestige Vieilli en fût de chêne 1999

■ 10 ha 270 000 5à8€

Die Jugend der neuen Besitzer schließt nicht aus, dass sie die Tradition achtet. Man verwendet hier die Wildhefen des Terroir, führt aber – als Zugeständnis an die Technik – vor der Gärung eine lange Maischung durch. Das Ergebnis ist eine farbintensive Cuvée, die kräftige Aromen besitzt: verschiedene Gewürze und Wildbret. Dieser Wein breitet sich mit einem soliden, kräftig gebauten Geschmack im Mund angenehm aus. Das stark erwärmte Fassholz verspricht eine schöne Entfaltung.
Vignobles Mabille, Dom. de Cantemerle, 33240 Saint-Gervais, Tel. 05.57.43.11.39, Fax 05.57.43.11.39, E-Mail contact@domaine-cantemerle.com
n. V.

CH. DE CAZENOVE 1999

■ 4 ha 25 000 5à8€

«Sine labore nihil», lautet der Wahlspruch dieses Guts im Médoc. Dieser 99er hat eine schöne karminrote Farbe, aber sein Duft offenbart sich erst langsam, wenn man den Wein im Glas schwenkt. Eine stattliche, ziemlich feste Struktur, die aus hübschen Tanninen besteht, trifft auf das Fleisch, ohne schon damit zu verschmelzen. Das ist ein echter Wein zum Lagern, den gut geröstetes Eichenholz und ein fruchtig-würziges Rückaroma auflockert. Eine anhaltende Vollmundigkeit legt einen mehrjährigen Aufenthalt im Keller nahe.
Louis de Cazenove, Ch. de Cazenove, 33460 Macau-en-Médoc, Tel. 05.57.88.79.98, Fax 05.57.88.79.98, E-Mail cazessen@club-internet.fr n. V.

CHAPELLE DE BARBE 1999*

■ 8,3 ha 66 500 5à8€

Nach dem Vorbild der alten Kapelle von Barbe, die 1636 errichtet wurde und den im Ästuar kreuzenden Seeleuten als Orientierungspunkt diente, ist dieser 99er «der Maßstab für den roten Bordeaux Supérieur», wie einer der Juroren notierte. Verdanken wir dieser langer Existenz eine solche Verfeinerung in dem delikaten, komplexen balsamischen und sanft krokantartigen Bouquet? Der runde Geschmack mit den fülligen, verschmolzenen Tanninen trägt den Stempel alter Reben, deren abgeklärte Kraft hier für Stärke und Konzentration sorgt. Ein paar Jahre Lagerung werden ihm eine unnachahmliche Patina verleihen.
SC villeneuvoise, Ch. de Barbe, 33710 Villeneuve, Tel. 05.57.42.64.00, Fax 05.57.64.94.10

CH. COURONNEAU
Cuvée Pierre de Cartier Elevé en barrique 1999

■ 5 ha 20 000 8à11€

Dieses prächtige Schloss aus dem 15. Jh., das vier Ecktürme flankieren und breite Gräben umschließen, wurde von den Nachkommen Jacques Cartiers bewohnt. Diese Cuvée Pierre de Cartier hüllt sich ganz in ein Purpurrot. Der kräftige Duft bietet würzige und blumige Nuancen (Hyazinthe und Minze) und überlässt zart geröstetem Eichenholz die Hauptrolle. «Fett», Länge und Konzentration: Die Tannine sind mit einem dichten Stoff verschmolzen. Ein reifer, schon einschmeichelnder Wein.
Piat, Ch. de Couronneau, 33220 Ligueux, Tel. 05.57.41.26.55, Fax 05.57.41.27.58, E-Mail chateau-couronneau@wanadoo.fr
n. V.

DOM. DE COURTEILLAC 1999**

■ 18,95 ha 96 000 8à11€

Dominique Méneret hat dieses Gut 1998 gekauft. Ein dichtes Purpurrot mit purpurviolettem Rand schmückt diesen hübschen Wein. Ein intensiver Duft verbindet rote Früchte (rote Johannisbeere, Kirsche) und schwarze Johannisbeere mit einem delikaten, zurückhaltenden Holzton. Der reiche, äußerst fette Geschmack enthüllt während seiner Entwicklung die süßesten Gewürze. Ein paar noch eckige Tannine machen sich mit Nachdruck bemerkbar und verleihen dem Ganzen eine feste, anhaltende Konstitution.
Dom. de Courteillac, 33350 Ruch, Tel. 05.57.40.79.48, Fax 05.57.40.57.05 n. V.
D. Méneret

CH. COURTEY Cuvée Margo 1998*

■ 3 ha 9 000 5à8€

Zuvorkommend, wie ihr Name vermuten lässt, präsentiert sich die Cuvée Margo mit einer purpurroten Farbe und Vanille- und Lakritzedüften. Der geschmeidige, frische, ziemlich lebhafte Körper zeigt ein wenig schroffe Tannine, die eine pfeffrige Note verstärkt. Der Stoff scheint am Ende die Oberhand zu gewinnen. Ein Wein, den man zwei Jahre einkellern sollte.
SCEA Courtey, 33490 Saint-Martial, Tel. 05.56.76.42.56, Fax 05.56.76.42.56
n. V.

CH. DE CUGAT
Cuvée Francis Meyer 1999*

■ 3 ha 10 000 8à11€

Diese Cuvée von schönem, samtigem Granatrot bietet einen komplexen Duft, in dem Zedernholz und Bergamotte sich gegen einen eroberungslustigen Holzton wehren. Sie ist körperreich und scheint Zeit zu brauchen, um ihren vollen Charakter zu erreichen. Die **99er Hauptcuvée** (Preisgruppe: 30 bis 49 F) hat durch ihre Fruchtigkeit und einen Gewürz- und Zimtgeschmack verführt. Sie ist sehr sanft und wird in den nächsten Monaten zwanglos bei Tisch erscheinen.
Benoît Meyer, Ch. de Cugat, 33540 Blasimon, Tel. 05.56.71.52.08, Fax 05.56.71.60.29 n. V.

CH. DAMASE 1999*

■ 10 ha 80 000 ◐ 5à8€

Die kiesigen Tonhänge, die zu einer Flussschleife der Isle hin abfallen, vertragen sich gut mit ihrem einzigen «Mieter»: der Merlot-Rebe, die hier sehr gut ohne eine andere Rebsorte auskommt. Das tiefe Purpurrot ist charakteristisch für diese Traubensorte, ebenso wie die Aromenpalette: Backpflaume, Traubengelee, Schale, Trüffel. Zwölf Monate im Barriquefass haben ihr zusätzlich balsamische und vanilleartige Gerüche von einem Eichenholz guter Herkunft verliehen. Ein kraftvoller, rassiger Wein, dessen zivilisierte Tannine für Ausgewogenheit und lange Lebensdauer sorgen.

Xavier Milhade, Ch. Damase, 33910 Savignac-de-l'Isle, Tel. 05.57.55.48.90, Fax 05.57.84.31.27, E-Mail milhadeg@aol.com

CH. DEGAS Elevé en fût de chêne 1999*

■ 1,2 ha 8 000 ◐ 5à8€

Marie-José Degas hat einen Weinberg von sehr großer Seltenheit. Eine kleine Parzelle, die über hundert Jahre alt ist, ein richtiger botanischer Garten für Reben. Das ist das Nonplusultra der «Doktrine» von Bordeaux, die eine Pluralität der Rebsorten verlangt. Komplexität ist selbstverständlich der Hauptbegriff dieser Verkostung; sie kommt in einem Bouquet mit zahlreichen Anklängen zum Ausdruck. Der großzügige, sanfte, runde Stoff erfüllt den Gaumen mit fruchtigen Noten (Brombeere, Kirsche) und süßen Lakritzearomen. Der harmonische Abgang überlässt es den Tanninen, für zusätzliche Konsistenz zu sorgen. Zu gegrilltem Fleisch.

Marie-José Degas, Ch. Degas, 33750 Saint-Germain-du-Puch, Tel. 05.57.24.52.32, Fax 05.57.24.03.72
☑ Y n. V.

CH. FAYAU 1998**

■ 25 ha 150 000 5à8€

Die Familie Médeville erzeugt auf Château Fayau seit sieben Generationen Wein auf einem idealen Terroir, der aus Kies, Ton und Sand besteht. Dieser Bordeaux Supérieur ist ein schönes Beispiel für das, was eine so lange Tradition hervorbringen kann. Die karminrote Farbe mit den goldbraunen Reflexen ist der Rahmen für ein Bouquet, dessen Aromen tausend würzige, blumige und fruchtige Nuancen (Veilchen und Brombeere) haben. Dieser Wein, der am Gaumen voller Rundheit ist, entfaltet über einem Fundament von verschmolzenen Tanninen Geschmacksnoten von roten Früchten. Eine schon jetzt ausgezeichnete Flasche, die man auch aufheben kann.

SCEA Jean Médeville et Fils, Ch. Fayau, 33410 Cadillac, Tel. 05.57.98.08.08, Fax 05.56.62.18.22, E-Mail medeville-jeanetfils@wanadoo.fr
☑ Y Mo–Fr 8h30–12h30 14h–18h

CH. FONCHEREAU 1998*

■ 20,05 ha 50 000 3à5€

Dieses schöne Weingut, das ganz nahe bei Bordeaux an der Straße nach Libourne liegt, bietet ein traditionelles Gleichgewicht zwischen den drei Hauptrebsorten des Bordelais, wobei Merlot den Hauptanteil stellt (60 %). Es hat einen strahlend granatroten Wein mit einem sehr offenherzigen Duft erzeugt, der einen deutlich fruchtigen Charakter zeigt: Kirsche, Brombeere und schwarze Johannisbeere. Wohl schmeckende würzig-kandierte Aromen erfüllen vor einer Kulisse aus feinen, eleganten Tanninen den Mund. Ein früh reifes Talent, das sich mit dem Alter nur noch bestätigen kann.

SCA Ch. Fonchereau, BP 9, 33450 Montussan, Tel. 05.56.72.96.12, Fax 05.56.72.44.91, E-Mail courrier@fonchereau.com ☑ Y n. V.
Madar

CH. FREYNEAU 1998*

■ 4,5 ha 30 000 5à8€

Diesem 98e in seinem Rubinrot mit schillernden malvenfarbenen Reflexen mangelt es nicht an Reizen; der feine, rassige, würzige Duft steht dem in nichts nach. Sein Fleisch ist tanninreich und zeigt eine schöne Festigkeit. Dieser 98er kann bald Fleisch mit Sauce begleiten.

GAEC Maulin et Fils, Ch. Freyneau, 33450 Montussan, Tel. 05.56.72.95.46, Fax 05.56.72.84.29, E-Mail accueil@chateau-freyneau.com
☑ Y n. V.

CH. DE FUSSIGNAC 1999

■ 13 ha 75 000 ◐ 5à8€

Die schöne Kirche Petit-Palais war eine häufig besuchte Station auf einem der Jakobswege nach Santiago de Compostela. Auf Château de Fussignac hält man an der Tradition fest, wonach sich Ausbau und Weinbau ergänzen, und ist noch bestrebt, die Trauben mit der Hand zu lesen. Dieser 99er mit der lebhaften, kräftigen Farbe macht durch ein komplexes Bouquet von getrockneten Früchten und Honig auf sich aufmerksam. Ein stattlicher, fülliger Körper entfaltet sich und setzt dabei ein Aroma von Schwarze-Johannisbeer-Gelee frei; er hält im Geschmack lang an und ist ölig und kräftig. Ein echter Genießerwein, den man unverzüglich trinken sollte.

Jean-François Carrille, pl. du Marcadieu, 33330 Saint-Emilion, Tel. 05.57.24.74.46, Fax 05.57.24.64.40, E-Mail paul.carrille@worldonline.fr ☑ Y n. V.

CH. GALAND Elevé en fût de chêne 1999*

■ 3,58 ha 9 000 ◐ 8à11€

Hier gilt in allen Bereichen Strenge: keine Verwendung von Unkrautvernichtungsmitteln, sondern Umpflügen des Bodens, manuelle Lese in kleinen Kisten, Auslese der Trauben usw. Alte Reben (rund sechzig Jahre) haben einen 99er von leicht karminroter Farbe hervorgebracht, der ein sehr ausdrucksvolles, feines Bouquet mit Frucht- und Toastnoten besitzt. Der im Geschmack elegante Wein bietet im Mund Aromen, die mit dem Bouquet eng verbunden sind. Diese schöne Harmonie passt zu reichhaltigen Gerichten wie etwa gefüllter Ente und Ringeltaubenragout.

Jean Galand, La Malatie, 33126 Fronsac, Tel. 05.57.58.23.04, Fax 05.57.58.20.81 ☑ Y n. V.

CH. GENLAIRE 1999

■ 6,45 ha 114 000 3à5€

Château Genlaire ist ein liebenswürdiges Landhaus, das inmitten von einigen Hektar Reben steht; diese zeigen die Besonderheit, dass Cabernet franc deutlich den Hauptanteil stellt (63 %), während Merlot mit 20 % vertreten ist und der Rest aus Cabernet Sauvignon besteht. Daher rühren zweifellos die Feinheit einer himbeerroten Farbe und das delikate Bouquet mit den zarten Düften von kandiertem Pfirsich und rosinierten Trauben. Ein Geschmack mit dichten Gewürzen verlängert sich zu einem leichten Abgang, der trotzdem noch harmonisch verschmelzen muss. Ein Wein, den man mit delikaten Gerichten kombinieren kann: Fleisch mit zarter Buttersauce, Pfifferlinge und cremige Käse.

Prodiffu, 17-19, rte des Vignerons, 33790 Landerrouat, Tel. 05.56.61.33.73, Fax 05.56.61.40.57, E-Mail prodiffu@prodiffu.com

Jeanne Chauvel

CH. GRAND MONTEIL

Elevé en fût de chêne 1999

■ 40 ha 320 700 5à8€

Das Château, das voller Charme und Diskretion ist, könnte sich rühmen, dass es Gustave Eiffel gehörte und um ein wunderbares Gebäude herum einen Park mit uralten Zedern und Magnolien und ein großes Weingut besitzt. Dieser Wein reizt durch eine hübsche Farbe von glänzendem Rot und durch einen kräftigen Geruch, der sehr würzig ist und leicht an Trüffel erinnert. Unterholz und Lamellenpilze gewinnen die Oberhand über einen zarten Stoff und lassen ein jugendliches Tanningerüst hervortreten. Geflügel und gezüchtetes Niederwild kann in Bälde seine Gesellschaft genießen.

Jean Téchenet, Ch. Grand Monteil, 33370 Sallebœuf, Tel. 05.56.21.29.70, Fax 05.56.78.39.91 ☑ Y n. V.

CH. GREE-LAROQUE 1998★★

■ 1,6 ha 7 000 5à8€

Dieser junge Erzeuger, der ein wenig durch Zufall zum Weinbau gekommen ist, hat in sich einen önophilen Hang entdeckt. Daran kann man nicht zweifeln, wenn man nach diesem sehr frischen und sehr schwungvollen 98er urteilt, der sanft und harmonisch ist und Aromen von Himbeere und schwarzer Johannisbeere bietet. Trotz seiner ungestümen Tannine ist dieser Wein leicht zugänglich; er klingt in Schönheit mit einer lang anhaltenden Holznote aus.

Benoît de Nyvenheim, Arnaud Laroque, 33910 Saint-Ciers-d'Abzac, Tel. 05.57.49.45.42, Fax 05.57.49.45.42 ☑ Y n. V.

CH. HAUT-NADEAU 1999★★

■ 6 ha 45 000 5à8€

Patrick Audouit, ein Önologe, der auf seinem Gebiet ein Fachmann ist, hat sein ganzes Können auf die Herstellung dieses 99ers verwendet, der von einem Gut im Besitz seiner Familie kommt. Das tiefe Schwarz seiner samtigen Farbe geht auf eine lange Maischegärung zurück, ebenso die Harmonie des Bouquets von Brombeere und schwarzer Johannisbeere. Die Fülle im Geschmack wird durch eine gute Präsenz der Tannine unterstützt. Dieser schon prächtige Wein, eine Hymne an die gut gemachte Arbeit, kann mit der Zeit nur noch größer werden.

SCEA Ch. Haut-Nadeau, 3, chem. d'Estévenadeau, 33760 Targon, Tel. 05.56.20.44.07, Fax 05.56.20.44.07 ☑

Audouit

CH. HAUT-NIVELLE

Cuvée Prestige Vieilli en fût de chêne 1999★

■ 18 ha 70 000 5à8€

Die Weine von Haut-Nivelle, insbesondere diese Cuvée Prestige, fügen dem Vergnügen der Verkostung noch die Wunder romanischer Baukunst hinzu, die die Straßen nach Saint-Sauveur, Petit-Palais und Cornemps säumen. Dieser 99er präsentiert sich in einem schönen Kirschrot und besitzt ein hübsches, würzig-rauchiges Bouquet. Im Mund bietet er sehr milde Aromen, bei denen sich ein paar Vanillenoten und danach Lakritze- und Ledernuancen zeigen. Die Tannine sind jung und lebhaft, aber ein einschmeichelnder Charakter kann sie zähmen. Man sollte seine Entwicklung aufmerksam beobachten.

SCEA Les Ducs d'Aquitaine, Favereau, 33660 Saint-Sauveur-de-Puynormand, Tel. 05.57.69.69.69, Fax 05.57.69.62.84, E-Mail vignobles@lepottier.com ☑ Y n. V.

Le Pottier

CH. DES HUGUETS 1998★

■ 5 ha 30 000 3à5€

Die quarzreichen Kiesböden von Les Artigues-de-Lussac eignen sich gut für diesen Weinberg, der mit den drei Rebsorten des Bordelais bestockt ist (70 % Merlot), wobei die Trauben manuell gelesen werden. Den Beweis dafür liefert dieser 98er, der aufgrund seiner intensiven Farbe ebenso gelungen ist wie aufgrund der an Konfitüre erinnernden Noten seines Geruchseindrucks und seiner würzigen Düfte. Der zarte,

runde Geschmack, der gut strukturiert ist, weitet sich zu einem eleganten Finale aus.
Vignobles Paul Bordes, Faize,
33570 Les Artigues-de-Lussac,
Tel. 05.57.24.33.66, Fax 05.57.24.30.42,
E-Mail vignobles.bordes.paul@wanadoo.fr
n. V.

CH. LA BASTIDE MONGIRON
Cuvée noire 1999*

■ 1 ha 6 000 5à8€

Diese Cuvée noire trägt ihren Namen zu Recht: Sie erweist sich nämlich als sehr dunkel, fast dickflüssig. Animalische, sehr wilde Noten, Leder und ein wenig «Wildragout», weisen auf einen kräftig gebauten Geschmack hin. Der Wein hat einen hübschen Stoff und ist körperreich und robust, mit schönen Traubentanninen. Die Holzaromen begleiten weiches Fruchtfleisch. Die wahre Bordeaux-Tradition. Er verspricht eine schöne Zukunft.
Jean-Michel Queyron, Dom. de Mongiron,
33750 Nérigean, Tel. 05.57.24.53.16,
Fax 05.57.24.06.36 n. V.

CH. LA COMMANDERIE DE QUEYRET 1999*

■ 20 ha 120 000 5à8€

Claude und Simone Comin bewirtschaften ein Terroir, das schon vor 700 Jahren die Ritter des Ordens des hl. Johannes vom Spital zu Jerusalem erkannten, und erzeugen hier diesen purpurroten Wein, dessen Bouquet sich als komplex erweist. Wenn man ihn im Glas schwenkt, setzt er eine Reihe von warmen Düften frei, die der Geschmack danach verstärkt. Das sanfte Fleisch erscheint bis zu einem anhaltenden, sinnlichen Abgang würzig. Die Tannine fordern dazu auf, dass man ihn einige Zeit lagert.
Claude Comin, Ch. La Commanderie,
33790 Saint-Antoine-du-Queyret,
Tel. 05.56.61.31.98, Fax 05.56.61.34.22
n. V.

DOM. DE LA GRAVE
Cuvée Tradition 1999*

■ 9 ha 60 000 3à5€

Das Gut, dessen kiesige Tonböden hauptsächlich mit Merlot (80 %) bestockt sind, umgibt ein schönes, kleines Landhaus aus dem 18. Jh. Dieser reiche, komplexe 99er bietet blumige Noten, die nach und nach vanilleartigen Eindrücken Platz machen. Der Geschmack ist ölig und fett, während sich über einer samtigen Textur vollreife Tannine maßvoll entfalten. Echte Klasse, die sich mit dem Alter nur noch bestätigen wird.
SCEA Roche, Perriche,
33750 Beychac-et-Caillau, Tel. 05.56.72.41.28,
Fax 05.56.72.41.28 tägl. 8h–19h

DOM. DE LA GRAVE
R – Cuvée Prestige 1999**

■ 3 ha 10 000 5à8€

Vor mehr als hundert Jahren kaufte die Familie Roche dem braven Pfarrer der Gemeinde dieses Gut ab; sie erzeugt hier weiterhin einen Wein, der so solide und dicht wie der grobe Wollstoff einer Mönchskutte ist. In seinem kräftigen, empyreumatischen Geruchseindruck wechseln sich Röstnoten mit Pflaumen- und Pfirsicharomen ab. Die Tannine sind gerade dabei, feiner zu werden; Zedernholz und Muskatnuss verleihen dem forschen Abgang Länge. Diesen 99er sollte man für ein Festmahl reservieren.
SCEA Roche, Perriche,
33750 Beychac-et-Caillau, Tel. 05.56.72.41.28,
Fax 05.56.72.41.28 tägl. 8h–19h

CH. LAGRAVE PARAN
Elevé en fût de chêne 1999*

■ 2 ha 12 000 5à8€

Hier regiert die Rebsorte Cabernet Sauvignon, sehr gut an die kiesreichen Böden dieses Guts angepasst. Sie bringt alle Merkmale davon zum Ausdruck: feine Harz-, Muskat- und Zedernholzdüfte und zum Schluss Vanillenoten, die von geschickt ausgebranntem Fassholz herrühren. Die Ansprache ist noch ein wenig gehemmt, aber die Harmonie stellt sich ein; zudem wird die Entwicklung von einem so reichen Potenzial profitieren.
EARL Pierre Lafon, Ch. Lagrave-Paran,
33490 Saint-André-du-Bois, Tel. 05.56.76.42.74,
Fax 05.56.76.49.78 n. V.

CH. LA MALATIE 1999*

■ 1,49 ha 11 500 5à8€

Zwei junge Erzeuger sehen ihre Anstrengungen belohnt, denn ihr sehr kleiner Betrieb, den sie nach den traditionellen Methoden bewirtschaften, wurde mit einem bordeauxroten, granatrot funkelnden Wein ausgewählt. Unterholz und Humus treffen auf sehr reife Früchte. Der Geschmack erweist sich als voll von würzigen Aromen und erinnert an Trüffel. Die Tannine sind ein wenig dicht, aber das Feuer ist da und begleitet eine gute Länge.
Sautanier-Goumard, Lamarche,
33126 Fronsac, Tel. 06.81.42.24.56,
Fax 05.57.25.32.32,
E-Mail chateau.la.malatie@wanadoo.fr
n. V.

CH. LA MARECHALE 1998**

■ 1,75 ha 10 000 5à8€

Einmütig begrüßten alle Mitglieder der Jury die fülligen Formen dieses 98ers. Eine prächtige leuchtend rote Farbe, die ebenso frisch und lebhaft wie der Nelken- und Hyazinthenduft ist.

Ein fleischiger, samtiger, fetter Wein, der von überreifen Trauben stammt. Er ist in allem elegant und bietet einen Abgang mit zivilisierten Tanninen, die Garanten für eine schöne Zukunft sind.
SCEA Pierre Dumeynieu, Roumagnac, 33126 La Rivière, Tel. 05.57.24.98.48, Fax 05.57.24.90.44 n. V.

CH. LA MAZETTE
Cuvée fût de chêne 1999

■ 25 ha 120 000 3 à 5 €

Merlot und Cabernet, angepflanzt auf Ton und Boulbène (Schwemmland aus Sand und feinem Schlick), haben einen dunkelroten Wein mit einem kräftigen Duft hervorgebracht, bei dem ein leicht pflanzlicher Hintergrund den Reichtum der Fruchtigkeit zur Geltung bringt. Dieser körperreiche, duftige 99er, der an Gewürzaromen ebenso reich ist wie an hübschen Tanninen, bietet Wildbret- und Ledernoten. Dank seiner schmackhaften Struktur kann er pikante Gerichte begleiten.
Jean-Pierre Fourgadet, Ch. La Mazette, 33240 Saint-Romain-la-Virvée, Tel. 05.57.58.10.67, Fax 05.57.58.18.54

CH. DE LA NAUZE 1999*

■ 4 ha 10 000 3 à 5 €

Château de La Nauze präsentiert hier einen liebenswürdigen Wein, der aus dem Gebiet von Saint-Emilion kommt: zinnoberrot, mit leicht mentholartigem Duft. Dieser sanfte, zarte 99er besitzt ein nach Lakritze schmeckendes Fleisch, das seidige Tannine elegant umkleiden. Diese samtige, warme Präsenz im Abgang lädt zu einem baldigen Genuss ein.
Xavier Dangin, 39, Micouleau, 33330 Vignonet, Tel. 05.57.84.53.01, Fax 05.57.84.53.83 n. V.
Elies-Brignet

CH. LANDEREAU Cuvée Prestige 1999*

■ 6 ha 30 000 11 à 15 €

Die Baylets auf Château Landereau sind mit Leib und Seele Winzer. Sie betreiben einen durchdachten, d. h. traditionellen Weinbau: Lese mit der Hand in einigen Parzellen, Festhalten an einigen alten Rebstöcken, manuelles Aussortieren der Trauben. Die Cuvée Prestige hat eine lebhafte purpurrote Farbe und bietet ein sich gerade bildendes Bouquet mit wilden, fast fleischartigen Noten, die sich deutlich von einer subtilen Mischung aus altem Rum und gerösteten Mandeln abheben. Der Geschmack gibt sich zart und rund. Ein Hauch von Tanninen fügt sich in einen sanften, lang anhaltenden Abgang ein. Der **im Eichenfass ausgebaute weiße 99er Château Lhoste** vom gleichen Erzeuger (Preisgruppe: 30 bis 49 F) wird lobend erwähnt: Harz, Unterholz und Pfifferling erinnern an Wald; die balsamischen Gerüche rühren vom Barriquefass her.
SC Vignobles Michel Baylet, Ch. Landereau, 33670 Sadirac, Tel. 05.56.30.64.28, Fax 05.56.30.63.90 n. V.

CH. LA SALARGUE 1999

■ 10 ha 65 000 3 à 5 €

Eine hübsche, kraftvolle 99er Cuvée mit einer roten Farbe, die ein granatroter Rand säumt, eingehüllt in ihre Aromen von kandierten Früchten, die fast karamellisiert wirken. Sie ist solide und kräftig gebaut und erweitert ihre Geschmacksnoten ins animalische Register (Leder und Wild). Sie hüllt noch sehr junge Tannine in die Rundungen ihres üppigen Fleisches ein. In ein bis zwei Jahren wird das Werk vollendet sein.
SCEA Vignoble Bruno Le Roy, La Salargue, 33420 Moulon, Tel. 05.57.24.48.44, Fax 05.57.24.49.93, E-Mail vignoble-bruno-le-roy@wanadoo.fr n. V.

CH. LAUDUC
Cuvée Prestige Elevé en fût de chêne 1999

■ 4 ha 26 500 5 à 8 €

Château Lauduc breitet seine Weinberge zwischen zwei Hügeln aus, die im Laufe der Jahrhunderte dem im Mittelalter im Entre-Deux-Mers bestehenden Waldgebiet abgerungen wurden. Das Gefühl der Heiterkeit, das diese Landschaften ausstrahlen, obwohl sie so nahe bei der Hauptstadt der Region liegen, findet man in diesem 99er wieder. Eine granatrote Erscheinung und ein hübscher Röstgeruch mit feiner Mentholnote gehen einem liebenswürdigen, wohl ausgewogenen Geschmack voraus, den ausdrucksvolle Merlot-Trauben ziemlich stark prägen. Die Entwicklung der Tannine ist recht weit fortgeschritten; gemildert wird sie durch Honig- und Lebkuchenaromen. Ein Wein, den man ohne Eile trinken kann.
GAEC Grandeau et Fils, Ch. Lauduc, 33370 Tresses, Tel. 05.57.34.11.82, Fax 05.57.34.08.19, E-Mail maison.grandeau.lauduc@wanadoo.fr n. V.

CH. LA VERRIERE 1999

■ 4 ha 26 000 5 à 8 €

Eine schöne Zusammenstellung von Merlot (60 %) und den beiden Cabernet-Sorten, angepflanzt an den Hängen von Landerrouat, hat diesen intensiv und strahlend roten Wein hervorgebracht, den ein Bouquet von starker fruchtiger Konzentration (überreife Trauben, Heidelbeere, Brombeere) schmückt. Die klare Ansprache setzt sich in abschließenden Noten von Zedernholz fort. Das Ganze befindet sich mitten in der Umwandlung; seine Entfaltung wird zwei bis drei Jahre Geduld erfordern.
EARL André Bessette, 8, La Verrière, 33790 Landerrouat, Tel. 05.56.61.33.21, Fax 05.56.61.44.25 n. V.
André et Alain Bessette

CH. DE LA VIEILLE TOUR
Réserve Tradition Elevé en fût de chêne 1998*

■ 7 ha 55 000 8 à 11 €

Dieser ganz in Purpur gehüllte Réserve Tradition repräsentiert deutlich die Landschaft seines Herkunftsgebiets: Hier regieren Pilze, sogar Trüffel, in einem Unterholzduft mit vielen An-

klängen. Das Eichenholz, das zum Schluss erscheint, findet man in einem kraftvollen, konzentrierten Geschmack wieder, der Tannine zeigt, die sich einfügen müssen. Zwei bis drei Jahre in einem guten Keller verstecken.
Vignobles Boissonneau,
33190 Saint-Michel-de-Lapujade,
Tel. 05.56.61.72.14, Fax 05.56.61.71.01,
E-Mail vignobles.boissonneau@wanadoo.fr
n. V.

CH. LE GRAND CHEMIN
Elevé et vieilli en fût de chêne 1999*

9,52 ha 20 000 5 à 8 €

Der Merlot-Traube verdanken wir die sehr kräftige Purpurfarbe und die duftige Frische von Sauerkirsche und zerdrückter Himbeere, die mit Wild- und Moschusnoten wechseln. Ein deutlicher, weiniger Geschmack lässt eine gute Ausgewogenheit zwischen den Tanninen und einem samtigen Stoff mit Schokoladennuancen erkennen. Ein harmonischer Wein, den man ohne weitere Lagerung trinken kann.
Christiane Bourseau, SCEA
Le Grand-Chemin, Pradelle, 33240 Virsac,
Tel. 05.57.43.29.32, Fax 05.57.43.39.57,
E-Mail christiane.bourseau@voila.fr
tägl. 9h–13h 14h–19h

CH. LE GRAND MOULIN
Fruit d'automne 2000*

0,5 ha 4 000 8 à 11 €

Dieser liebliche Wein aus dem Norden des Departements, der ausschließlich von der Rebsorte Sauvignon gris erzeugt worden ist, erweist sich als ausgewogen und lecker. Er wirkt angenehm aufgrund seines aromatischen Ausdrucks mit den originellen Noten von reifen Früchten, die das gut eingebundene Röstaroma des Barriquefasses begleitet. Diese «Herbstfrucht» kann man schon jetzt anbieten.
GAEC du Grand Moulin, La Champagne,
33820 Saint-Aubin-de-Blaye,
Tel. 05.57.32.62.06, Fax 05.57.32.73.73,
E-Mail jf@grandmoulin.com
Mo–Sa 9h–12h30 14h–19h
Reaud

CH. LE GRAND VERDUS
Grande Réserve Elevé en barrique de chêne neuf 1999*

7 ha 20 000 11 à 15 €

Das unter Denkmalschutz stehende Château Le Grand Verdus, ein befestigtes Landhaus aus dem 16. Jh., gehört zu den angesehensten Bauwerken des Weinbaugürtels von Bordeaux. Aber hier ist die Gegenwart ebenso viel wert wie die Vergangenheit, wie die ausgezeichneten Noten belegen, die das Gut schon in unserem Weinführer erhalten hat. Dieser Wein, das Ergebnis eines kompromisslosen Strebens nach Perfektion (reduzierte Erträge, manuelle Traubenlese), besitzt eine intensive purpurrote Farbe; der Duft entfaltet sich vorbehaltlos, wenn man den Wein im Glas schwenkt: Pflaume in Alkohol, schwarze Kirsche. Er strahlt eine Heiterkeit aus, die aus Harmonie und Milde besteht. Die **99er Cuvée Tradition** (Preisgruppe: 30 bis 49 F) erhält ebenfalls einen Stern: «Dieser Wein hat viel Mumm; die Zeit wird sich wunderbar für ihn auswirken», schrieb ein Verkoster.
Ph. et A. Legrix de La Salle,
Ch. Le Grand Verdus, 33670 Sadirac,
Tel. 05.56.30.50.90, Fax 05.56.30.50.98,
E-Mail
le.grand.verdus.legris.de.la.salle@wanadoo.fr
n. V.

CH. LE PIN BEAUSOLEIL 1999*

4,7 ha 18 000 11 à 15 €

Er geht den Weg weiter, den er sich in den beiden vorangegangenen Weinführern gebahnt hat. Dieser dunkelgranatrote 99er bietet ein Bouquet von extremer Reichhaltigkeit, in dem sich überreife Trauben mit Eukalyptus und Zimt verbinden. Das Röstaroma eines erstklassigen Eichenholzes drückt dem delikaten Zusammenspiel seinen kräftigen Stempel auf. Was die reichlich vorhandenen Tannine betrifft, ist die Vereinigung noch in keiner Weise abgeschlossen, aber das ist nur eine Sache der Zeit.
Arnaud Pauchet, Le Pin,
33420 Saint-Vincent-de-Pertignas,
Tel. 05.57.84.02.56, Fax 05.57.84.02.56,
E-Mail arno.pauchet@wanadoo.fr n. V.

CH. LESCALLE 1999

20 ha 137 000 5 à 8 €

Ein tiefes, samtiges Schwarz, das eine lange Maischung verrät, gekochte und eingemachte Früchte, ein Duft, den Röstnoten bereichern: alles Anfangseindrücke, die dazu einladen, die Verkostung fortzusetzen. Der Geschmack ist konzentriert und gründet sich auf eine solide Struktur, unterstützt von einer Gerbsäure, die kräftig ist, ohne dass sie dominieren würde. Die Rückkehr zur Vanille und zur Fruchtigkeit ergibt einen anhaltenden Abgang. Ein paar Jahre Lagerung werden diesem Wein gut tun.
EURL Lescalle, 33460 Macau,
Tel. 05.57.88.07.64, Fax 05.57.88.07.00
n. V.

CH. L'ESCART
Cuvée Omar Khayam 1999**

0,8 ha 5 600 8 à 11 €

Dieser in geringer Stückzahl erzeugte Wein ist die Frucht einer Auslese im Weinberg. Omar Khayam (ein persischer Dichter, der auch den Wein besang) hätte dieses weiche Fleisch gepriesen, das sich in ein ins Violette spielendes Purpurrot hüllt. Er hätte sich berauscht an seinen Düften von Gewürznelke, Harz und Tabak. Die **99er Cuvée Prestige Julien** erhält eine lobende Erwähnung. Sie verfügt über ein gutes Entwicklungspotenzial.
SCEA Ch. L'Escart, 70, chem. Couvertaire,
BP 8, 33450 Saint-Loubès, Tel. 05.56.77.53.19,
Fax 05.56.77.68.59 n. V.
Gérard Laurent

CH. LES GRAVIERES DE LA BRANDILLE 1998*

26,37 ha 210 000 5 à 8 €

Dieser 98er ist sehr beachtlich in seinem Granatrot, in dem die Zeit bereits ihren Stempel hinterlassen hat. Wenn man den Wein im Glas schwenkt, entfaltet sich in einem Umfeld von Humus und verwelktem Laub ein Veilchenbouquet. Geröstete Paprikaschote und Trüffel machen sich im Geschmack bemerkbar, der eine zarte Ansprache mit besänftigten Tanninen bietet. Der Stoff ist harmonisch, die Reife vorangeschritten. Man spürt, wie eilig es dieser Wein hat, bei Tisch zu erscheinen, und darf sich ihm nicht in den Weg stellen.

🔑 EARL Jean-Pierre Borderie,
119, rue de la République,
33230 Saint-Médard-de-Guizières,
Tel. 05.57.69.83.01, Fax 05.57.69.72.84
☑ Y Mo–Sa 8h–12h 14h–19h

CH. LES MAUBATS
Elevé en fût de chêne 1999

■ 3,4 ha 21 000 5à8€

Château Les Maubats befindet sich in einem Landstrich, der während des Hundertjährigen Krieges und danach mit Feuer und Schwert verwüstet wurde. Es wurde in der Nähe eines während der Französischen Revolution zerstörten Weilers errichtet. Der Name «Les Maubats» erinnert an diese Leidensgeschichte. Als angenehmer Kontrast dazu versenkt uns sein Bordeaux Supérieur heute in ein friedliches Glücksgefühl, das auf einen soliden Körper zurückgeht, der einen recht ausgeprägten Bodengeschmack zum Ausdruck bringt. Aromen von eingemachten Früchten durchsetzen eine stattliche Struktur. Ein hochroter Wein, dessen männliche Persönlichkeit man besonders zu geschmortem Fleisch, Wild und Weichkäse mit Schimmelrinde genießen kann.

🔑 Robert Armellin, Ch. Les Maubats,
33580 Roquebrune, Tel. 05.56.61.68.36,
Fax 05.56.61.69.10,
E-Mail chateau.les.maubats@wanadoo.fr
☑ Y n. V.

CH. LESTRILLE CAPMARTIN
Cuvée Tradition Elevé en fût de chêne 1999★★

■ 9 ha 70 000 5à8€

Jean-Louis Roumage hat diese Cuvée aus 90 % Merlot, kombiniert mit Cabernet Sauvignon, erzeugt. Zwölf Monate im Holzfass haben das noch junge Bouquet ergeben, das – wenn man den Wein im Glas schwenkt – Noten von geröstetem Brot und Zimt erkennen lässt. Die Verführung setzt sich in der seidigen Fülle des Geschmacks fort, einer aromatischen Mischung von roter Johannisbeere und zerdrückter Brombeere.

🔑 EARL Jean-Louis Roumage, Lestrille,
33750 Saint-Germain-du-Puch,
Tel. 05.57.24.51.02, Fax 05.57.24.04.58,
E-Mail jean-louis.roumage@wanadoo.fr
☑ Y n. V.

CH. DE L'HERMITAGE
Vieilli en fût 1998★

■ 8,63 ha 30 000 5à8€

Heinrich IV. soll in der Hermitage einen Halt eingelegt haben, als er seine Mutter, Jeanne d'Albret, besuchte. Dieses gut ausgerüstete Weingut hat einen 98er von hübschem Purpurrot erzeugt, der intensiv duftet: Röstaromen mit animalischen Leder- und Wildnoten. Eine sanfte, runde Ansprache geht einer dicht geschlossenen Reihe von Tanninen voraus, die ein wenig aggressiv wirken, aber ein üppiges Fleisch enthält sie und erweckt einen echten Eindruck von Ausgewogenheit. Schöne Zukunftsaussichten.

🔑 EARL Gérard Lopez, L'Hermitage,
33540 Saint-Martin-du-Puy, Tel. 05.56.71.57.58,
Fax 05.56.71.65.00,
E-Mail chateau-hermitage@wanadoo.fr
☑ Y n. V.

CH. DE LUGAGNAC 1998★

■ 49 ha 140 000 5à8€

Dieses Château, ein sehr schönes mittelalterliches Bauwerk, das über einen seit einem halben Jahrhundert wiederhergestellten Weinberg verfügt, hat eine richtige Wiedergeburt erlebt. Die Familie Bon hat ihre ganze Energie darauf verwandt und erzeugt Weine, die im Hachette-Weinführer regelmäßig ausgezeichnet werden. Dieser 98er mit der tiefschwarzen Farbe und dem Duft von kandierten roten Früchten besitzt einen ausgewogenen, fleischigen Geschmack, der wegen seiner Rundheit und seiner lang anhaltenden Aromen gefällt. Nichts passt besser zu ihm als Fleisch mit Sauce.

🔑 Mylène et Maurice Bon,
SCEA du Ch. de Lugagnac, 33790 Pellegrue,
Tel. 05.56.61.30.60, Fax 05.56.61.38.48,
E-Mail clugagnac@aol.com
☑ Y tägl. 9h–12h 14h–19h

CH. MAJUREAU-SERCILLAN
Elevé en fût de chêne 1999

■ 10 ha 76 000 5à8€

Diese Cuvée zeichnet sich ebenso durch die Eleganz ihrer Farbe mit den ziegelroten Reflexen aus wie durch ihr Bouquet, das tausend Nuancen von Unterholz, verwelktem Laub und gut getoastetem Fassholz enthält. Die warme, dichte Ansprache im Geschmack entleiht dem animalischen Bereich ihre Wildbret- und Moschusnoten, auf die eine Entwicklung hin zu Früchten und kandierten Trauben folgt. Ein deutlich hervortretendes Gerüst bestimmt diesen Wein dazu, das Stichwort für recht pikante, deftige Gerichte zu liefern: Lammkarbonade (in dünne Scheiben geschnitten und geschmort), kurz gebratene Entrecote (innen blutig).

🔑 Alain Vironneau, Le Majureau,
33240 Salignac, Tel. 05.57.43.00.25,
Fax 05.57.43.91.34 ☑ Y n. V.

L'ESPRIT DE MALROME
Elevé en barrique 1999★

■ 20 ha 60 000 5à8€

Die Silhouette von Toulouse-Lautrec befindet sich in der Mitte dieses schönen Etiketts. Folglich erstaunt auch nicht die überladen wirkende Farbe des strahlenden Altgranatrots. Der Maler scheint auch seine Palette zur Verfügung gestellt zu haben, um dieses schillernde Bouquet zusammenzustellen, in dem sich Veilchen und Nelke vermischen, wobei im Geschmack eine pfeffrige Note ein hübsches Toastaroma verstärkt. Ein schlanker Körper, den in reichem Maße Tannine umhüllen, lässt ein etwas eckiges Gerüst erkennen. Die Zeit wird es übernehmen, dieses liebenswürdige Bild nachzubessern.

Malromé, Ch. Malromé, 33490 Saint-André-du-Bois, Tel. 05.56.76.44.92, Fax 05.56.76.46.18, E-Mail v.lartigue@malrome.com n. V.
Ph. Decroix

MARQUIS D'ABEYLIE
Elevé en fût de chêne 1998★

4,5 ha 33 000 5à8€

Die Closerie d'Estiac präsentiert ihren kleinen Marquis mit der hochroten, ein wenig bläulich schimmernden Gesichtsfarbe, der aber sehr fein nach Pfingstrose und Schwarze-Johannisbeer-Knospe duftet! Er ist rundlich und trotzdem ziemlich kräftig gebaut. Man spürt den alten Landadel, der am Knopfloch blühenden Wein trägt und eine Duftwolke von Trüffel und Tabak hinter sich lässt. Zwei bis drei Jahre aufheben.

Closerie d'Estiac, Les Lèves, 33320 Sainte-Foy-la-Grande, Tel. 05.57.56.02.02, Fax 05.57.56.02.22
Di–Sa 9h30–12h30 15h30–18h

CH. MONIER LA FRAISSE 1998★★

12 ha 22 000 3à5€

Dieser Weinberg, der sich zwischen Festungen und tausend Jahre alten Abteien auf den Kuppen von Sauveterre-de-Guyenne befindet, zeigt seinen Unterschied durch eine deutliche Dominanz der robusten Rebsorte Cabernet Sauvignon (70 %), ohne die es recht schwer fällt, einen großen Bordeaux herzustellen. Dieser Wein enthält in einem dicken purpurroten Samt eine eindrucksvolle Vielfalt von Aromen. Zerquetschte Kirsche, rote Johannisbeere und Brombeere gehen einer Mentholnote voraus. Muskatnuss ist ebenfalls vorhanden und macht einem seidigen Fleisch Platz. Die Hauptrebsorte bietet ihre Tannine auf, die eine schmackhafte Adstringenz zeigen, als Aufforderung zu einer langen Alterung von fünf, sechs oder sogar noch mehr Jahren.

Cellier de La Bastide, Cave coop. vinicole, 33540 Sauveterre-de-Guyenne, Tel. 05.56.61.55.21, Fax 05.56.71.60.11
Mo–Sa 9h–12h15 13h30–18h15; Gruppen n. V.
Claude Laveix

DOM. DE MONREPOS 1999

10 ha k. A. 5à8€

Dieser von einem tonigen Kalksteinboden stammende 99er ist das Ergebnis eines Verschnitts, in dem Merlot sehr stark dominiert (85 %). Er bietet im Anblick ein intensives Rot von schönem Glanz. Das Aroma ist komplex, wobei sich Kakao mit empyreumatischen Gerüchen vermischt und einen Geschmack mit Noten von eingemachten Früchten ankündigt. Eine vollendete Reife erkennt man im Abgang, der dicht und opulent ist und eine kaum wahrnehmbare Tanninnote überdeckt. Für den, der warten kann, verspricht diese Flasche eine schöne Zukunft.

EARL Vignobles D. et C. Devaud, Ch. de Faise, 33570 Les Artigues-de-Lussac, Tel. 05.57.24.31.39, Fax 05.57.24.34.17
n. V.

CH. MOULIN DE FERRAND 1999

7 ha k. A. 5à8€

Moulin de Ferrand bestätigt mit seinem 99er den Rang, den es sich in unserem Weinführer erworben hat. Eine schöne Erscheinung, die reich an warmen, farbigen Noten ist, kündigt ein Bouquet an, das eine Würze mit feiner Pfeffernote und Düfte von roten Früchten prägen. Dieser runde Wein hat einige Rauheiten der Tannine noch nicht beseitigt, aber die Zeit wird sich auf diesem Gebiet wohltuend auswirken. Klug ist, wer ihn für zwei Jahre in seinem Keller vergisst. Dieser Wein wird im Großhandel verkauft.

Vignobles Boissonneau, 33190 Saint-Michel-de-Lapujade, Tel. 05.56.61.72.14, Fax 05.56.61.71.01, E-Mail vignobles.boissonneau@wanadoo.fr
n. V.

CH. MOUTTE BLANC 1999★

2 ha 12 000 5à8€

Ein fast zwanghaftes Streben nach Qualität könnte die Lebensregel sein, die sich dieser junge Winzer auferlegt. Sein Bordeaux Supérieur ist sehr spannend aufgrund eines Bouquets von nicht sehr geläufigen Aromen von Wildfrüchten, kandierter Aprikose und rosinierten Trauben. Ein fleischiger, dickflüssiger Körper und ein in seinem Mittelbereich fetter, konzentrierter Geschmack bereiten auf einen Abgang vor, der durch Kakao und Vanille bestimmt ist. Ein Wein, der Anhänger finden wird.

Patrice de Bortoli, Ch. Moutte Blanc, 6, imp. de la Libération, 33460 Macau, Tel. 05.57.88.40.39, Fax 05.57.88.40.39
tägl. 9h–13h 14h–19h

CH. NAUDONNET-PLAISANCE
Vieilli en fût de chêne 1999★

20 ha k. A. 8à11€

Escoussans, das zwischen Cadillac und Targon liegt, gehört zum Entre-Deux-Mers. Dieses Gut ist gleichgewichtig zwischen Merlot und die beiden Cabernet-Sorten aufgeteilt. Die schillernde Farbe verführt, ebenso wie der Duft, der aus Unterholz-, Trüffel- und Humusnoten besteht. Sie vereinigen sich dank eines leichten Holztons, indem sie sich in einem runden Körper mit gezähmten Tanninen fortsetzen. Man kann diesen Wein, der sich schon angenehm trinkt, auch ein paar Jahre aufheben.

Danièle Mallard, Ch. Naudonnet-Plaisance, 33760 Escoussans, Tel. 05.56.23.93.04, Fax 05.57.34.40.78, E-Mail mallard@aol.com
n. V.

CH. PANCHILLE Cuvée Alix 1999★

3 ha 17 000 5à8€

Dieser junge Winzer hat seinen Weinberg auf einem Ton- und Siltboden, eingezwängt in eine Flussschleife der Dordogne, und rechnet es sich als Ehre an, wenn er seine Trauben mit der Hand liest. Seine Cuvée Alix, die mit ihrem tiefen Kirschrot eine hübsche Erscheinung zeigt, entfaltet einen recht gesprächigen Duft; geröstetes Brot verbindet sich mit einem runden, sanften Stoff. Eine Empfindung von Ausgewogenheit geht von einem anhaltenden Nachgeschmack aus. Die Hauptcuvée, der **99er Château Panchille,** erhält eine lobende Erwähnung. Schwarze Johannisbeere und gekochte Früchte umhüllen besänftigte Tannine.

⚷ Pascal Sirat, 33500 Arveyres,
Tel. 05.57.51.57.39, Fax 05.57.51.57.39
☑ Y n. V.

CH. PASCAUD Elevé en fût de chêne 1999*

■ 3 ha 20 000 ⏸ 8 à 11 €

Eine Auswahl von alten Reben bildet den Haupttrumpf dieses 99ers von klassischem Bordeauxrot, der sich für seine Aromen im Pflanzenreich bedient. Nach einem ersten Geruchseindruck von rosinierten Trauben und Dörrfeige entwickeln sich die Nuancen in Richtung Mandel und Haselnuss. Die balsamischen Düfte bringen die Vornehmheit des Eichenholzes zum Ausdruck. Diesem Château Pascaud ist eine lange Karriere beschieden.

⚷ SCEA Vignobles Avril, BP 12,
33133 Galgon, Tel. 05.57.84.32.11,
Fax 05.57.74.38.62,
E-Mail ch.pascaud@aol.com ☑ Y n. V.

CH. PENIN Grande Sélection 1999**

■ 7,5 ha 53 000 ⏸ 8 à 11 €

Patrick Carteyron gehört zu den großen Stars der Appellation. Er ist Önologe und hat das Familiengut 1982 übernommen; in jeder Ausgabe des Hachette-Weinführers gehören seine Cuvées zu den 28 bis 30 % Weinen, die ausgewählt werden! Dieser unmittelbar hinter Les Cailloux (siehe unten) eingestufte Wein hat ebenfalls eine Liebeserklärung erhalten. Ein lebhaftes Bordeauxrot mit bläulichen Reflexen, ein entstehendes, aber tiefes Bouquet auf einer komplexen Grundlage von Heidelbeere und Gewürznelke. Das Fassholz hat seine Röstnoten eingebracht. Die im Tank ausgebaute **99er Cuvée Tradition de Ch. Penin** (Preisgruppe: 30 bis 49 F) erhält einen Stern. Im Anblick wie auch in der Nase ist sie ein Korb voll roter Früchte, die sich mit Sonne vollgesogen haben. Das Gerüst ist auf Dauerhaftigkeit hin angelegt, aber im Geschmack spürt man schon das reinste Glücksgefühl.

⚷ SCEA Patrick Carteyron, Ch. Penin,
33420 Génissac, Tel. 05.57.24.46.98,
Fax 05.57.24.41.99 ☑ Y n. V.

CH. PENIN Les Cailloux 1999**

■ 1,4 ha 6 700 ⏸ 8 à 11 €

Die Cuvée Les Cailloux, die – wie ihr Name andeutet – von einem Kiesboden stammt, hat ihre Liebeserklärung schon mit dem ersten Veilchen- und Irisduft gewonnen. Diese frühlingshafte Frische macht im Mund Aromen von Zimt und gerösteten Mandeln Platz. Die Ausdünstungen überreifer Trauben auf einem erwärmten Kiesboden verflüchtigen sich langsam in einem kräftigen, anhaltenden Abgang. Der noch junge und schon sehr begabte Cailloux wird im Keller zu einer hervorragenden Qualität heranreifen.

⚷ SCEA Patrick Carteyron, Ch. Penin,
33420 Génissac, Tel. 05.57.24.46.98,
Fax 05.57.24.41.99 ☑ Y n. V.

CH. PETIT-FREYLON Excellence Lyre 1999

■ 5 ha 10 000 ⏸ 5 à 8 €

Die Rebenerziehung im «Lyra»-System breitet sich seit ein paar Jahren etwas aus, insbesondere bei einigen jungen Winzern, die auf neue Methoden erpicht sind. In der Frische seines jugendlichen Alters bietet diese Cuvée im Anblick eine klare, lebhafte Farbe und beruft sich auf Düfte von roten Früchten und Backpflaume. Das Fleisch entfaltet sich in einem öligen Geschmack und lässt am Gaumen Noten von Kirsche und Kirschwasser erkennen. Sie ist kräftig und rassig und hüllt in ihr Fruchtfleisch Tannine ein, die ein wenig nervig sind, sich aber im Vorhinein geschlagen geben: Die Wartezeit wird nicht lang dauern.

⚷ EARL Vignobles Lagrange,
Ch. Petit-Freylon, 33760 Saint-Genis-du-Bois,
Tel. 05.56.71.54.79, Fax 05.56.71.59.90
☑ Y n. V.

CH. PEYRON SIMON Vieilli en fût de chêne 1998**

■ 1,5 ha 10 000 ▮⏸🌡 3 à 5 €

Es erscheint ein wenig nostalgisch, wenn wir auf diesen winzigen Weinbaubetrieb ganz in der Nähe von Bordeaux hinweisen, wo die Zeit stehen geblieben ist, und der Arbeit im alten Stil, ohne Einsatz von Unkrautvernichtungsmitteln, die Ehre erweisen. Man spürt deutlich die Handschrift des Winzers in dieser Cuvée, die eine Liebeserklärung knapp verfehlt hat. Ihre samtige Farbe ist scharlachrot; ihr Bouquet verbindet schwarze Früchte mit Kaffee- und Ledernoten. Der lang anhaltende, an Vanille erinnernde Abgang bestätigt die Qualität eines fleischigen Geschmacks mit eleganten Tanninen. Wir wären nicht erstaunt darüber, im Jahre 2010 zu erfahren, dass dieser Bordeaux Supérieur immer noch auf der Welt ist.

⚷ J. Simon, 46, rte de Peyron,
33450 Montussan, Tel. 05.56.72.94.73
☑ Y n. V.

CH. PIERRAIL 1998*

■ 19 ha 115 000 ⏸ 8 à 11 €

Dieses schöne, sehr alte Weingut wird von einem herrlichen Schloss aus dem 18. Jh. überragt, in dem viele historische Erinnerungen stecken, denn die Herzogin von Berry verbarg dort, zur Abreise in die Vendée bereit, einige Zeit ihre

Umsturzpläne gegen den Bürgerkönig Louis Philippe (1832). Der Keller ist aber durchaus modern, wie dieser 98er von tiefem Purpurrot bezeugt. Das Bouquet von Früchten (schwarze Johannisbeere und Bigarreau-Kirsche) vor einem angenehm vanilleartigen Hintergrund kündigt einen Wein mit einem soliden Gerüst an, dessen Tannine noch ein wenig lebhaft, aber schmackhaft sind. Sie sind Garanten für Langlebigkeit bei diesem Wein, der charaktervolle Gerichte (Lammkeule, Geflügelbrustfilet) ehren kann.

EARL Ch. Pierrail, 33220 Margueron, Tel. 05.57.41.21.75, Fax 05.57.41.23.77, E-Mail pierrail@chateau-pierrail.com
n. V.

CH. PLAISANCE 1999*

■ 8 ha 57 000 5 à 8 €

Die Farbe ist dicht und tief; die Aromenpalette (Backpflaume, Sauerkirsche, getrocknete Aprikose) bereichert sich mit ein paar Vanillenoten und danach mit pflanzlichen Gerüchen: Pilze und Trüffel. Fülliges, sanftes Fleisch überdeckt gut die gezähmten Tannine und setzt sich in einer anhaltenden Harmonie mit feinem Holzton fort.

SCEA Ch. Plaisance, 33460 Macau, Tel. 01.53.53.35.35 n. V.
Chollet

CH. PONCHARAC 1999

■ 15 ha 115 000 3 à 5 €

Dieser Wein mit echtem Terrroir-Charakter von einem tonigen Kalksteinboden besitzt einen schönen, konzentrierten Stoff, der kräftig gefärbt ist (purpurrot mit orangeroter Nuance). Fruchtaromen, die mit Leder- und Fellnoten verbunden sind, bezeugen die ganze Kraft seiner Jugend. Seine ein wenig überschwänglichen Tannine erfordern noch eine lange Entwicklung, aber der Stoff ist vorhanden, gestützt auf einen viel versprechenden Reichtum.

SA Yvon Mau, BP 1, 33193 La Réole, Tel. 05.56.61.54.54, Fax 05.56.71.10.45, E-Mail info@chateau-ducla.com
Casasnovas

DOM. DU PONT ROUGE 1999

■ 11 ha k. A. 3 à 5 €

Dieses Gut in Soussans wird exklusiv von der Firma Cordier vertrieben, gehört aber Château Tayac in der AOC Margaux. Sein Wein von schönem Karminrot besitzt einen originellen Geruchseindruck, der fruchtig und zugleich animalisch ist und durch deutliche Moschus- und Ledernoten geprägt wird. Die Tannine gleichen ein großzügiges, kraftvolles Fleisch aus. Man kann diesen 99er ebenso gut servieren wie für ein wenig später (zwei Jahre lang) aufheben.

SC Ch. Tayac, Lieu-dit Tayac, BP 10, 33460 Soussans, Tel. 05.57.88.33.06, Fax 05.57.88.36.06 tägl. 9h–12h30 14h–18h

PRINCE NOIR 1999

■ k. A. 130 000 3 à 5 €

Prince Noir ist eine Marke einer Firma, die ihr Geschäft seit fast drei Jahrhunderten betreibt! Jedes Jahr wird diese Erfahrung von den Launen eines wechselhaften Wetters in Frage gestellt. Das Jahr 1999, ein sehr schwieriges, hat die guten Winzer belohnt, wie etwa diejenigen, die an der Wiege dieses «Schwarzen Prinzen» wachten. Intensives Purpurrot und gemischte Aromen von sehr reifen Trauben, Backpflaume und Gewürzen (Zimt, Lakritze). Das ist ein Wein mit gut dosierter Extraktion, der auf dem Tisch jedes qualitätsbewussten Menschen seinen Platz finden wird.

Barton et Guestier, Ch. Magnol, 87, rue du Dehez, 33292 Blanquefort Cedex, Tel. 05.56.95.48.00, Fax 05.56.95.48.01, E-Mail barton-e-guestier@seagram.com

CH. PUY-FAVEREAU 1999

■ k. A. 60 000 5 à 8 €

Die Strahlen der Mittags- und der Abendsonne überfluten mit ihrem Licht diesen Weinberg in Hanglage, der sich ganz in der Nähe der Appellation Lussac-Saint-Emilion befindet. Das erklärt den Duft von roten Früchten und die Wärme im Geschmack. Ein Wein, der schon ganz darauf eingestellt ist, sich vorbehaltlos darzubieten.

SCEA Les Ducs d'Aquitaine, Favereau, 33660 Saint-Sauveur-de-Puynormand, Tel. 05.57.69.69.69, Fax 05.57.69.62.84, E-Mail vignobles@lepottier.com n. V.
Le Pottier

CH. DE RABOUCHET Sélection première 1998*

■ 4 ha 20 000 5 à 8 €

Vier Hektar an Hängen, die Sainte-Foy-la-Grande überragen und wegen ihrer Kalksteinausstriche bemerkenswert sind, haben diesen Wein hervorgebracht, der von 70 % Merlot und den beiden Cabernet-Sorten stammt. Aus einer vor dem Gärvorgang durchgeführten Maischung bei niedriger Temperatur resultieren eine kräftige Rubinfarbe und vor allem recht ausgeprägte Fruchtaromen – eine gewollte Konsequenz des langen Kontakts zwischen Traubenschalen und dem Saft der zerquetschten Trauben. Dieser zunächst körperreiche, fette, sehr fleischige 99er bietet ziemlich ungestüme, fast raue Tannine in einem typischen Geschmack mit Leder-, Fell- und Wildnoten. Der Holzton ist vorhanden und dominiert noch im Abgang. Man muss ihn für einige Jahre im Keller vergessen.

Fournier, GFA du Ch. de Rabouchet, 33220 Pineuilh, Tel. 05.57.46.46.81, Fax 05.57.46.17.19, E-Mail chfournier@infonie.fr n. V.

CH. RAMBAUD 1999*

■ 7 ha 50 000 5 à 8 €

Dieses tonig-kalkige Terroir ist hauptsächlich mit Merlot (80 %) bestockt; dort steht ein prächtiges Gebäude, das ein General des Kaiserreichs errichtete und das von der Anhöhe seines Hangs

eine Flusswindung der Dordogne überblickt. Die purpurrote Farbe dieses 99ers ist intensiv; der einschmeichelnde Duft besteht aus geröstetem Brot, Kakao und Gewürzen. Vanillenoten verleihen einer schnörkellosen Tanninstruktur Anmut. Die Harmonie entwickelt sich gerade, so dass man diesen Wein, obwohl er schon liebenswürdig ist, noch lagern muss, bevor man ihn wieder aus dem Keller holen kann.
SCEA Daniel Mouty, Ch. du Barry,
33350 Sainte-Terre, Tel. 05.57.84.55.88,
Fax 05.57.74.92.99,
E-Mail daniel-mouty@wanadoo.fr
Mo–Fr 8h–17h

CH. RECOUGNE 1999**

■ 50 ha 300 000 5 à 8 €

Die Familie Milhade bewirtschaftet ein sehr schönes Gut auf den Hügeln von Fronsac. Dieser 99er, der in seinem vielfach schillernden Granatrot sehr elegant wirkt, erstaunt durch den Reichtum seines Dufts von überreifen kleinen Früchten, die sich mit einem Hauch von Veilchen und Lamellenpilzen vermischen. Die Jurys standen unter dem Bann eines vollmundigen Geschmacks mit seidiger Empfindung. Ein Abgang mit angenehmer Hefebrotnote lädt zu einem unverzüglichen Genuss ein. Die neue Sondercuvée, der **99er Terra Recognita** (Preisgruppe: 50 bis 69 F), erhält einen Stern. Sie stammt von über sechzig Jahre alten Reben und besitzt schöne Tannine, die eine kürzere Lagerung zulassen. Der **99er Château Tour d'Auron** (ein Stern) schließlich erweist sich als reich und vollständig.
SCEV Jean Milhade, Ch. Recougne,
33133 Galgon, Tel. 05.57.55.48.90,
Fax 05.57.84.31.27

REIGNAC 1999**

■ 27 ha 90 000 15 à 23 €

Ein schönes Gebäude aus dem 18. Jh. und ein von Eiffel errichtetes Gewächshaus sind gute Gründe, um dieses Gut zu besuchen. Der Wein ist ein weiterer Grund. Die Hauptcuvée, der **99er Château de Reignac** (Preisgruppe: 50 bis 69 F), erhält in dieser AOC einen Stern. Dieser Reignac, eine Sondercuvée, die für keinen kleinen Kreis bestimmt ist, sieht sich mit einer einmütigen Liebeserklärung bedacht und kommt auf den ersten Platz. Was für eine schöne Vereinigung zwischen den Traubenaromen, schwarzen und roten Johannisbeeren, und dem fein gearbeiteten, vanilleartigen Holzton mit den Kokosnussnoten! Gerösteter Kaffee sorgt für Komplexität. Der Mund wird von einem Fleisch mit zarten, fruchtigen Anklängen erfüllt. Die Tannine sind so elegant, dass sie in den Hintergrund treten, aber einen langen Aufenthalt im Keller verkraften werden.
SCI Ch. de Reignac, 33450 Saint-Loubès,
Tel. 05.56.20.41.05, Fax 05.56.68.63.31
n. V.
Yves Vatelot

CH. ROC MEYNARD 1999

■ 13 ha 55 000 5 à 8 €

In ein klares, strahlendes, tiefes Rubinrot gehüllt, lässt dieser kraftvolle 99er ein gutes Entwicklungspotenzial erkennen. Eine erste Entladung von kleinen roten Früchten macht sich in der Nase bemerkbar, wo sich frische, leicht würzige Noten vermischen. Ein samtiger, dicker, fülliger Stoff dringt in den Mund ein, ohne wohl schmeckende Tannine zu verheimlichen. Ein lakritzeartiger, leicht würziger Abgang erfüllt lang anhaltend den Gaumen. Innerhalb von zwei bis drei Jahren wird das Ganze vollendet sein.
Philippe Hermouet, Clos du Roy,
33141 Saillans, Tel. 05.57.55.07.41,
Fax 05.57.55.07.45,
E-Mail hermouetclosduroy@wanadoo.fr
n. V.

CH. SAINT-IGNAN 1999

■ 15 ha 80 000 5 à 8 €

Dieser Cru gehörte früher zu dem sehr schönen Château du Bouilh in der AOC Côtes de Bourg. Er präsentiert einen strahlend purpurroten Wein mit einem entstehenden Bouquet, das noch verhalten, aber sehr vornehm ist. Die Frucht ist vorhanden; Trüffel und Gewürze sind ebenfalls präsent. Dieser im Geschmack weinige 99er besitzt den Duft eines rassigen Madeira und einen dickflüssigen Stoff, in dem sich ein wenig lebhafte Tannine verbergen. Ein sich entwickelnder Wein, dem zu viel Eile schaden könnte.
Feillon Frères et Fils, Ch. Les Rocques,
33710 Saint-Seurin-de-Bourg,
Tel. 05.57.68.42.82, Fax 05.57.68.36.25,
E-Mail feillon.vins.de.bordeaux@wanadoo.fr
Mo–Fr 9h–12h 14h–18h; Sa, So n. V.

CH. DE SEGUIN
Cuvée Prestige Vieilli en barrique neuve 1998*

■ 20,5 ha 150 000 8 à 11 €

Dieses sehr große Gut liegt vor den Toren von Bordeaux. Seine treffend benannte Cuvée Prestige strahlt mit einem rubinroten Glanz und verführt durch ihre würzigen Düfte. Eine große Konzentration breitet sich im Mund innerhalb einer eleganten Umgebung von Tanninen aus. Der seidige, reiche Abgang mit den animalischen Nuancen passt vorzugsweise zu pikanten Gerichten. Dieser Wein versteht es, sich sehr rasch beliebt zu machen, wird aber auch von einer guten Lagerung im Keller profitieren.
Michael et Gert Carl, Ch. de Seguin,
33360 Lignan-de-Bordeaux, Tel. 05.57.97.19.75,
Fax 05.57.97.19.72,
E-Mail info@chateau-seguin.fr n. V.

SEIGNEUR DES ORMES

Cuvée réservée Elevé en fût de chêne 1998★★

■ 1,7 ha 14 000 5à8€

Hier haben wir das Meisterwerk der Erzeugervereinigung Baron d'Espiet. Dieser Wein ist in allem gut: eine leuchtend rote Farbe, ein intensiver Duft von schwarzen Früchten (Johannisbeere, Brombeere) mit einem sehr feinen, gut eingefügten Holzton. Noch bevor er in den Mund gelangt, ist der Auftakt gelungen. Die gesamte Abfolge im Geschmack ist eine Bestätigung dieses ausgezeichneten Eindrucks: eine klare, deutliche, kräftige Ansprache, glatte, schmackhafte Tannine und ein nachhaltiger, lebhafter, sanfter Abgang, der reich an balsamischen Noten ist.

Union de producteurs Baron d'Espiet, Lieu-dit La Fourcade, 33420 Espiet, Tel. 05.57.24.24.08, Fax 05.57.24.18.91, E-Mail baron-espiet@dial.oleane.com

n. V.

CH. TERTRE CABARON

Elevé en fût de chêne 1998★

■ 1,75 ha 7 000 5à8€

Eine schöne Farbe von leuchtendem Rot und ein Duft von reifen Früchten, Gewürzen und geröstetem Brot sind die unmittelbaren Anzeichen für eine Qualität, die man später deutlicher ausgeprägt entdeckt. Hochfeine Mokka- und Röstdüfte gehen einer Entwicklung in einer reichen aromatischen Kulisse voraus. Süße Gewürze (Muskatnuss, Zimt) setzen sich in flüchtigen Geschmacksnoten fort und enden mit der Rückkehr zur Süße von gerösteten Mandeln und zu dem Holzton.

SCEA Dom. de Bastorre, 33540 Saint-Brice, Tel. 05.56.71.54.19, Fax 05.56.71.50.29

n. V.

Frau Dugrand

CH. THIEULEY

Réserve Francis Courselle 1999★★

■ k. A. 50 000 11à15€

Dieses Weingut ist nicht umsonst berühmt. Diese aus 90 % Merlot und 10 % Cabernet franc hergestellte Cuvée, die von einem kiesigen Tonboden stammt, kam unter die am besten platzierten Bordeaux Supérieurs. Sie trägt – laut einem Verkoster – ein «richtiges Kardinalsgewand». Sie ist nicht nur im Anblick imposant, sondern auch aufgrund ihrer balsamischen Düfte und ihrer an Pflanzensaft, schwarze Olive, Leder und Humus erinnernden Gerüche. Man staunt über einen so voluminösen Körper, in dem die Tannine zum Geschmack beitragen, wobei sich die Würzigkeit mit einem feinen Räucheraroma zufrieden gibt. Dieser Wein ist nahrhaft: Man kann ihn förmlich «essen», wie Alexis Lichine es ausdrückte, aber erst nach einer Karenzzeit von einigen Jahren.

Sté des Vignobles Francis Courselle, Ch. Thieuley, 33670 La Sauve, Tel. 05.56.23.00.01, Fax 05.56.23.34.37

n. V.

CH. TOUR DE GILET 1999★

■ 3,9 ha 28 000 5à8€

Ein Bordeaux Supérieur aus dem Médoc, für den die im Palus-Gebiet wachsenden Trauben mit der Hand gelesen wurden. Er ist aufgrund seiner hocheleganten Farbe ebenso ansprechend wie aufgrund seines Bouquets, in dem schwarze Kirschen mit frischen roten Johannisbeeren spielen. Im Geschmack ist er sehr konzentriert und entfaltet rote Früchte. Man kann ihn sofort trinken, aber seine Qualität nimmt mit der Zeit noch zu. Die sechzehn Monate im Holzfass ausgebaute **99er Cuvée Les Vieilles Vignes de Tour de Gilet** (Preisgruppe: 50 bis 69 F) erhält einen Stern; man sollte sie zwei Jahre lagern.

SC Ch. Tour de Gilet, Gilet, 33290 Ludon-Médoc, Tel. 05.57.88.07.64, Fax 05.57.88.07.00 n. V.

Bachelot

CH. TOUR DE MIRAMBEAU

Cuvée Passion Elevé en fût de chêne 1999★★

■ k. A. k. A. 11à15€

Die Qualität entspricht hier bestimmt der Qualität der Menschen! Château de Mirambeau, die Galionsfigur der Appellation Bordeaux Supérieur, hat seine ganze Meisterschaft in diese Cuvée Passion eingebracht! Sie besitzt eine Pflaumenfarbe und schmückt sich mit einem Bouquet, dessen intensive Düfte an Cassis und zerdrückte rote Johannisbeeren erinnern. Der Holzton ist vorhanden, genau richtig dosiert. Ein runder, fülliger Auftakt kennzeichnet den Geschmack, mit Aromen von reifen Früchten und einem sehr milden, fast süßen Holz. Die samtigen Tannine hinterlassen einen sinnlichen, zufriedenen Geschmackseindruck. Dieser wunderschöne Wein wird im Keller noch prächtiger werden.

SCEA Vignobles Despagne, 33420 Naujan-et-Postiac, Tel. 05.57.84.55.08, Fax 05.57.84.57.31, E-Mail contact@vignobles-despagne.com

n. V.

J.-L. Despagne

CH. TROCARD Monrepos 1998★

■ 5 ha 25 000 5à8€

Fünf Hektar gute Merlot-Reben, die als einzige Sorte auf tonigen Kieselböden angepflanzt sind – das ist die Grundlage für diesen Monrepos mit der schwarzen Farbe. Sein lebhaftes Aroma hat etwas, das verführen kann (Vanille, Rauchwerk und Leder). Dieser kraftvolle 98er verbindet Unterholznoten mit Aromen vom Fassholz in einer schönen Ausgewo-

genheit zwischen Ausbau und Wein. Zwei Jahre aufheben.
⊶ SCEA des Vignobles Trocard, 2, Les Petits-Jays-Ouest, 33570 Les Artigues-de-Lussac, Tel. 05.57.55.57.90, Fax 05.57.55.57.98, E-Mail trocard@wanadoo.fr
☑ Y Mo–Fr 8h–12h 14h–17h

CH. VERRIERE BELLEVUE 1999

■ 15 ha 30 000 5à8€

Sein Bouquet ist ebenso komplex wie der Untergrund, auf dem dieser Wein entstanden ist: weißer und roter Ton, reich an marinen Fossilien und eisenhaltigen Ablagerungen. Der füllige, weinige Geschmack bezaubert mit einer schönen Länge der Aromen. Wenn man ihn bald auf den Tisch bringen würde, wäre das kein Sakrileg.
⊶ EARL Alice et Jean-Paul Bessette, 5, La Verrière, 33790 Landerrouat, Tel. 05.56.61.36.91, Fax 05.56.61.41.12
☑ Y n. V.

CH. VIEUX BELLE-RIVE
Elevé en fût de chêne 1999

■ 2 ha 16 000 5à8€

Dieser 99er ist ein fast reinrassiger Sohn der Merlot-Rebe (90 %), die nur eine Koketterie des Winzers mit 10 % Malbec, der Hauptrebsorte von Cahors, kombiniert hat. Ein intensives Granatrot, das mit schüchternen ziegelroten Reflexen durchsetzt ist, kündigt den ebenfalls vom Beginn einer Entwicklung geprägten Duft an: Aromen von verblühten Rosen und Pfingstrose. Dieser recht korpulente Wein vereinigt seine Tannine mit einem Fleisch, das die Zeit verfeinern wird. Man kann ihn drei Jahre lang trinken.
⊶ Laurent Audigay, Ch. Vieux Belle-Rive, 33330 Saint-Sulpice-de-Faleyrens, Tel. 05.57.21.66.77, Fax 05.57.74.45.59 ☑

CH. VINCY 1998*

■ 12,9 ha 104 530 5à8€

In Rauzan stellt die Erzeugervereinigung eine supermoderne Ausrüstung in den Dienst einer Vinifizierung, die der Orthodoxie von Bordeaux die Treue hält. Dieser Château Vincy kann es belegen: Sein Rot ist nicht exzessiv, als wollte er die Aromen, die sich um seinen Duft streiten, deutlicher hervortreten lassen: schwarze Johannisbeere, Brombeere und Kirsche. Der Wein zeigt sich im Geschmack rund und kräftig; er kann einige Tannine, die ein wenig wild wirken, reifen lassen, aber die Frucht ist am Gaumen spürbar. Er besitzt somit das ganze notwendige Talent.
⊶ Union de producteurs de Rauzan, 33420 Rauzan, Tel. 05.57.84.13.22, Fax 05.57.84.12.67 Y n. V.
⊶ G. Cresta

Crémant de Bordeaux

Der 1990 eingeführte Crémant de Bordeaux wird nach den sehr strengen Vorschriften hergestellt, die für alle Crémant-Appellationen gelten, aus traditionellen Rebsorten des Bordelais. Die Crémants (18 228 hl im Jahre 2000) sind zumeist weiß, aber es gibt auch Rosés (696 hl).

BROUETTE PETIT-FILS Cuvée Réserve*

○ k. A. 17 200 5à8€

Bei Schaumweinen, insbesondere bei Crémants, ist die Firma Brouette (die ihre Ursprünge in der Champagne hat) seit gut einem Jahrhundert ein Maßstab im Bordelais. Ihre Cuvée Réserve verdankt der sortenreinen Verwendung von Sémillon-Trauben ihr schönes, reintöniges Gelb und ihren runden Charakter, der an Hefebrot, Honig und Vanille erinnert. Sie ist ein gut gemachter, nachhaltiger Wein, in dem die Milde eine erfrischende Lebhaftigkeit nicht ausschließt.
⊶ SA Brouette Petit-Fils, Caves du Pain de Sucre, 33710 Bourg-sur-Gironde, Tel. 05.57.68.42.09, Fax 05.57.68.26.48
☑ Y Di–Sa 9h–12h 14h–18h

A. CHAMVERMEIL 1999*

○ k. A. k. A. 5à8€

Die Cuvée, eine Marke von Château d'Arsac im Haut-Médoc, ist gut gebaut, sehr jugendlich und reich an frischen Aromen: Apfel, Quitte, Falscher Jasmin. Ihr lebhafter Geschmack erinnert an Bienenwachs und geröstetes Hefebrot. Die anhaltende Harmonie ist sehr beruhigend und macht Lust, diesen Schaumwein zu Räucherlachs als Eingangsgericht zu trinken.
⊶ Philippe Raoux, SA Marjolaine, Ch. d'Arsac, 33460 Arsac, Tel. 05.56.58.83.90, Fax 05.56.58.83.08 ☑

LE TREBUCHET 1999**

○ 0,8 ha 6 000 5à8€

Château Trébuchet verdankt seinen Namen einer Wurfmaschine, die im Hundertjährigen Krieg eingesetzt wurde; doch sein Keller enthält heute eine ganz andere, friedlichere Anlage, der diese Cuvée dennoch verdankt, dass sie unsere Jury erobert hat. Die Eleganz ist hier überall spürbar: Sehr feine Bläschen wirbeln in einem leuchtenden Hellgelb umher. Ein rauchiger, würziger, aber auch fruchtiger Duft (Williams Christbirne). Der entfaltete, lang anhaltende

Geschmack reiht diesen Wein in die Elite des Crémant de Bordeaux ein: einstimmige Wahl zum Lieblingswein.
Bernard Berger, Ch. Le Trébuchet, 33190 Les Esseintes, Tel. 05.56.71.42.28, Fax 05.56.71.30.16
Mo–Sa 8h–12h 14h–18h

MILADY*

k. A. 20 000 5à8€

Hier haben wir einen umstrittenen Crémant, der von manchen als ausgezeichnet und von anderen als «kommerziell» (aber ist das schlecht?) beurteilt wurde. Er hat eine granatrosa Farbe, die ganz leicht ziegelrot schimmert, und zeigt einen Duft voller roter Früchte (Kirschkern, Heidelbeere). Der komplexere Geschmack bietet einen Hauch von roten und schwarzen Johannisbeeren. Diese stark verschmolzenen Empfindungen setzen sich in der gleichen fruchtigen Tonalität fort. Dieser Schaumwein wird bei allen Gelegenheiten gut munden.
Jean-Louis Ballarin, La Clotte, 33550 Haux, Tel. 05.56.67.11.30, Fax 05.56.67.54.60, E-Mail ballarin@wanadoo.fr n. V.

DU PRIEUR*

k. A. k. A. 8à11€

Die Garzaros gehörten zu den ersten Erzeugern, die Crémant hergestellt haben, und zeigen hier den Vorteil einer solchen langen Erfahrung. Dieser Crémant du Prieur zeigt im Anblick eine Fülle von feinen Bläschen in einem strahlenden, blassen Goldgelb. Röst- und Butternoten bereichern einen intensiven Geruchseindruck. Zitrusfrüchte und Vanille verschönern einen munteren, lebhaften Geschmack. Die Ausgewogenheit ist erreicht, die Länge sehr ansprechend.
EARL Vignobles Garzaro, Ch. Le Prieur, 33750 Baron, Tel. 05.56.30.16.16, Fax 05.56.30.12.63, E-Mail garzaro@vingarzaro.com n. V.

Blayais und Bourgeais

Das Blayais und das Bourgeais sind zwei kleine Gebiete, die sich an der Grenze der Gironde zum Departement Charente-Maritime befinden und die man immer wieder gern besucht. Vielleicht wegen ihrer geschichtsträchtigen Stätten, der Höhle Pair-Non-Pair (mit ihren prähistorischen Felsmalereien, die fast so bedeutend wie die von Lascaux sind), der Zitadellen von Blaye und von Bourg, der kleinen Schlösser und der anderen alten Jagdschlösschen. Aber noch mehr deshalb, weil diese sehr hügelige Region eine anheimelnde Atmosphäre verbreitet; diese Stimmung geht auf die vielen Täler zurück und steht im Gegensatz zu dem fast maritimen Horizont an den Ufern des Ästuars der Gironde. Es ist nicht nur das Land des Störs und des Kaviars, sondern auch ein Weinbaugebiet, in dem der Weinbau schon seit galloromanischer Zeit zu seinem besonderen Charme beiträgt. Lange Zeit wurde hier viel Weißwein erzeugt; bis Anfang des 20. Jh. verwendete man ihn zum Brennen von Cognac. Aber heute ist die Weißweinproduktion sehr deutlich rückläufig, denn die Rotweine spielen wirtschaftlich eine viel größere Rolle.

Blaye, Premières Côtes de Blaye, Côtes de Blaye, Bourg, Bourgeais, Côtes de Bourg, Rot- und Weißweine – es fällt manchmal ein wenig schwer, sich in den Appellationen dieser Region zurechtzufinden. Man kann jedoch zwei große Gruppen unterscheiden: die Weine von Blaye mit recht unterschiedlichen Böden und die von Bourg, deren Böden geologisch einheitlicher sind.

Côtes de Blaye und Premières Côtes de Blaye

Im – jetzt nur noch moralischen – Schutz der Zitadelle von Blaye, die von dem berühmten Festungsbaumeister Vauban errichtet wurde, erstreckt sich das Weinbaugebiet von Blaye auf rund 4 600 ha, die mit roten und weißen Traubensorten bestockt sind. Die Appellationen Blaye und Blayais werden immer seltener verwendet, weil die Winzer lieber Weine aus edleren Rebsorten erzeugen, die Anspruch auf die Appellationen Côtes de Blaye und Premières Côtes de Blaye haben; dennoch produzierte die AOC Blaye 12 742 hl im Jahre 2000. Die roten Premières Côtes de Blaye (321 239 hl in 2000) sind ziemlich farbintensive Weine, die einen echten rustikalen Charakter haben und Stärke und Fruchtigkeit besitzen. Die Weißweine (12 605 hl in 2000) sind aromatisch. Die weißen Côtes de Blaye (2 747 hl in 2000) sind zumeist trockene Weine von leichter Farbe, die man zu Beginn einer Mahlzeit auf den Tisch bringt, während die roten Premières Côtes vorzugsweise zu Fleisch oder Käse passen.

Côtes de Blaye

DOM. DE LA NOUZILLETTE 2000

□ 4 ha 25 000 3 à 5 €

Colombard (60 %) und Sauvignon, am 19. September 2000 geerntet und auf der Feinhefe ausgebaut, haben diesen Wein hervorgebracht, der zwar in seinem aromatischen Ausdruck ein wenig zurückhaltend bleibt, aber dennoch aufgrund seiner blumigen und fruchtigen Noten sympathisch ist.

GAEC du Moulin Borgne, 5, le Moulin Borgne, 33620 Marcenais, Tel. 05.57.68.70.25, Fax 05.57.68.09.12 tägl. 9h–20h
Catherinaud

CH. MAGDELEINE-BOUHOU 2000

□ 0,75 ha 5 700 5 à 8 €

Dieser Cru, der sich vor den Toren von Blaye und seiner Zitadelle (2 km entfernt) befindet, präsentiert einen weichen, wohl schmeckenden Wein mit kleinen säuerlich-fruchtigen Noten (Zitrusfrüchte).

Vignobles Rousseaud Père et Fils, Ch. Magdeleine-Bouhou, 33390 Cars, Tel. 05.57.42.19.13, Fax 05.57.42.85.27
n. V.

Premières Côtes de Blaye

CH. BERTHENON 1999*

■ 14 ha 83 000 5 à 8 €

Wie viele Crus, deren Ansehen weit in die Vergangenheit zurückreicht, besitzt dieses Château ein erstklassiges Terroir. Sein stattlicher, eleganter 99er ist gut gebaut. Sein lang anhaltender Abgang greift die Lakritzenoten des Bouquets wieder auf und hinterlässt beim Verkoster eine angenehme Erinnerung.

GFA Henri Ponz, Ch. Berthenon, Le Barrail, 33390 Saint-Paul-de-Blaye, Tel. 05.57.42.52.24, Fax 05.57.42.52.24
Mo–Fr 8h–12h 14h–19h; Sa, So n. V.

NECTAR DES BERTRANDS 1999**

■ 2,5 ha 12 000 11 à 15 €

Die Dubois besitzen 80 Hektar und stellen verschiedene Cuvées her. Nach einer Liebeserklärung für den letzten Jahrgang erhält die **2000er Cuvée Prestige** (Preisgruppe: 30 bis 49 F) zwei Sterne; man kann sie blind kaufen. Diese andere Cuvée siegte bei der Oberjury haushoch. Dieser im Holzfass ausgebaute Wein zeigt echte Ambitionen und erreicht ihre Ziele, wie ihre Entfaltung bei der Verkostung beweist. Auf ein sehr schönes Granatrot folgt ein bezauberndes Bouquet, in dem sich Toastaromen und Noten roter Früchte vereinigen. Der leckere, warme, samtige Geschmack ist ebenso ausdrucksstark. Dieser viel versprechende 99er verdient, dass man ihn in zwei bis fünf Jahren zu charaktervollen Gerichten serviert.

EARL Vignobles Dubois et Fils, Les Bertrands, 33860 Reignac, Tel. 05.57.32.40.27, Fax 05.57.32.41.36, E-Mail chateau.les.bertrands@wanadoo.fr
n. V.

CH. BOIS-VERT 2000*

□ 1 ha 7 000 5 à 8 €

Die Kombination von Sauvignon blanc, Sauvignon gris und Muscadelle begünstigte diesen sanften, runden, wohl schmeckenden Wein in seiner aromatischen Entfaltung mit den Noten von Zitrusfrüchten, weißem Pfirsich und exotischen Früchten. Die **rote 99er Cuvée Prestige** hat ebenfalls einen Stern erhalten.

Patrick Penaud, 12, Boisvert, 33820 Saint-Caprais-de-Blaye, Tel. 05.57.32.98.10, Fax 05.57.32.98.10
n. V.

CH. CAILLETEAU BERGERON Vieilli en fût de chêne 1999*

■ 10 ha 36 000 5 à 8 €

Die purpurrote Farbe dieses 99ers, sein Bouquet mit den köstlichen, eleganten Düften und sein Geschmack, der Holz und Stoff erfolgreich verbindet, zeugen von einem sehr gepflegten Weinberg. Der **2000er Weißwein** hat ebenfalls einen Stern bekommen: für seinen sehr einschmeichelnden Zitrusduft, den eine elegante Vanillenote würzt – Beweis für einen gut dosierten Ausbau im Holzfass.

EARL Dartier et Fils, 33390 Mazion, Tel. 05.57.42.11.10, Fax 05.57.42.37.72
n. V.

CH. CANTELOUP 1999**

■ 4 ha 20 000 8 à 11 €

Mit diesem 99er bestätigen Eric und Michel Vezain, die sich 1992 zusammengeschlossen haben, glanzvoll den Erfolg, den sie im letzten Jahr erzielten. Dieser Wein zeigt sofort durch eine dunkle, fast schwarze Farbe seine Stärke. Die gleiche Stärke findet man auch im Bouquet, das mit fruchtigen und empyreumatischen Noten ebenso reich wie komplex ist. Der Geschmack überzeugt endgültig davon, dass diese sehr schöne Flasche einen besonderen Platz im Keller verdient.

Eric Vezain, Canteloup, 33390 Fours, Tel. 05.57.42.13.16, Fax 05.57.42.26.28
☑ Y Mo–Sa 9h–12h 14h–18h30

CH. CAP SAINT-MARTIN
Cuvée Prestige 1999★★

■ 2 ha 12 000 8 à 11 €

Dieser Wein, der mit seinem Namen das offene Meer beschwört, ist auch eine tolle Einladung zum Genuss der Weinverkostung. Den Verführungen einer reizvollen Farbe fügt diese Cuvée Prestige noch die Versuchungen eines Bouquets hinzu, das aus tausend Nuancen besteht: gerösteter Kaffee, Toastbrot, Pflaume. Im Geschmack garantiert eine solide, fleischige Struktur eine schöne Entwicklung innerhalb von zwei bis vier Jahren.

SCEA des Vignobles Ardoin, 13, rte de Mazerolles, 33390 Saint-Martin-Lacaussade, Tel. 05.57.42.91.73, Fax 05.57.42.91.73, E-Mail vignobles.ardoin@wanadoo.fr
☑ Y Mo–Sa 8h–12h 14h–19h; 15.–31. Aug. geschlossen

CH. CORPS DE LOUP
Vieilli en fût de chêne 1999★

■ 8 ha 23 000 5 à 8 €

Dieser Wein von einem Gut, das von einer Frau geleitet wird, zeigt gute Anlagen, aufgrund seines Bouquets, in dem die Röst- und Fruchtnoten durch einen Hauch Lakritze unterstützt werden, ebenso wie aufgrund seiner gut gebauten, lang anhaltenden Struktur.

Blayais und Bourgeais

Blayais
Bourgeais
Departementsgrenzen

Françoise Vidal-Leguénédal,
Ch. Corps de Loup, 33390 Anglade,
Tel. 05.57.64.45.10, Fax 05.57.64.45.10,
E-Mail chateau-corps-de-loup@wanadoo.fr
☑ Ῑ Mo–Fr 10h–12h 15h–18h30; Sa, So n. V.

GRAND VIN DE CH. DUBRAUD 1999

■ 2 ha 6 600 11 à 15 €

Dieser stark vom Fassausbau geprägte Wein, eine in kleiner Stückzahl hergestellte Sondercuvée mit eigenem Namen, ist im Abgang noch ein wenig rustikal und muss sich entwickeln, was er dank seiner soliden Struktur unter guten Voraussetzungen tun kann.

Ch. Dubraud,
33920 Saint-Christoly-de-Blaye,
Tel. 05.57.42.45.30, Fax 05.57.42.50.92,
E-Mail avida@terre-net.fr ☑ Ῑ n. V.
Alain und Céline Vidal

CH. FOUCHE 2000*

□ 1,25 ha 10 500 3 à 5 €

Eine Familie, die hier seit dem 17. Jh. lebt, aber die Gebäude stammen erst von Anfang des 20. Jh. Dieser ausschließlich aus Sauvignon-Trauben erzeugte Wein zeigt sich interessant aufgrund seiner Noten, die im Bouquet ebenso wie im Geschmack sehr deutlich zu spüren sind. Er ist ausgewogen und frisch und kann zu gegrillter Alse serviert werden.

Vignobles Jean Bonnet, Ch. Fouché,
14, rue de la Gravette, 33620 Cubnezais,
Tel. 05.57.68.07.71, Fax 05.57.68.06.08
☑ Ῑ n. V.

CH. FREDIGNAC Cuvée Prestige 1998

■ 2 ha 12 000 5 à 8 €

Wie viele Weine aus dem Gebiet von Blaye stammt dieser 98er hauptsächlich von der Merlot-Traube: Das Bouquet mit den Noten von roten Früchten und die relativ sanfte Struktur zeigen den Einfluss dieser Rebsorte auf den Charakter des Weins. Er muss ein bis zwei Jahre lagern, damit sich das Holz einfügt.

Michel L'Amouller, 7, rue Emile-Frouard,
33390 Saint-Martin-Lacaussade,
Tel. 05.57.42.24.93, Fax 05.57.42.00.64
☑ Ῑ n. V.

CH. GAUTHIER
Elevé en fût de chêne 1999**

■ 10,35 ha 63 300 5 à 8 €

Ein Gut, dessen Trauben in der Kellerei von Pugnac vinifiziert werden. Dieser Wein belegt das Können der Genossenschaftsmitglieder. Die Intensität seiner Farbe und vor allem die Stärke seines Bouquets, einer gelungenen Vereinigung von roten Früchten und Holz, verleihen seiner Erscheinung eine beeindruckende Seite. Der kräftige Geschmack, der aber eine feine Struktur hat, schließt das Ganze ab und garantiert eine gute Entwicklung.

Union de producteurs de Pugnac, Bellevue,
33710 Pugnac, Tel. 05.57.68.81.01,
Fax 05.57.68.83.17,
E-Mail udep.pugnac@wanadoo.fr Ῑ n. V.
Michel Massé

CH. DU GRAND BARRAIL
Révélation 1999*

■ 3 ha 19 500 8 à 11 €

Die Vignobles D. Lafon, die mehrere Crus im Gebiet von Blaye haben, präsentieren hier eine Cuvée, die ein Jahr lang in Barriquefässern aus neuem französischem Eichenholz ausgebaut worden ist. Das sehr ausdrucksstarke Bouquet trägt den Stempel des Ausbaus. Der Geschmack, der von milden, aber sehr deutlich spürbaren Tanninen unterstützt wird, lässt ein gutes Volumen erkennen, bevor er in einen pfeffrigen Abgang mündet.

Vignobles Denis Lafon,
Bracaille 1, 33390 Cars, Tel. 05.57.42.33.04,
Fax 05.57.42.08.92,
E-Mail denislafon@aol.com ☑ Ῑ n. V.

DOM. DES GRAVES D'ARDONNEAU
Cuvée Prestige Vieilli en fût de chêne 1999**

■ 4 ha 25 000 5 à 8 €

Diese kleine Cuvée Prestige, die von einem großen Gut (28 ha) stammt, hat eine gewissenhafte Behandlung erfahren. Sie ist sehr elegant in ihrem aromatischen Ausdruck, den das Holz gut unterstützt, und stützt sich auf runde, harmonische Tannine und eine gute Ausgewogenheit der Geschmacksnoten.

Simon Rey et Fils, Dom. des
Graves d'Ardonneau, 33620 Saint-Mariens,
Tel. 05.57.68.66.98, Fax 05.57.68.19.30
☑ Ῑ Mo–Sa 8h–12h30 14h30–19h

CH. HAUT-CANTELOUP 2000*

□ 2,5 ha 10 000 3 à 5 €

Ein vielfältiger Rebsatz und eine Hülsenmaischung – dieser Wein hat von einer sorgfältigen Behandlung profitiert. Sein ausdrucksvoller Charakter mit Aromen von Buchsbaum, Zitrusfrüchten und getrockneten Früchten begleitet auf angenehme Weise einen ausgewogenen Geschmack, in dem sich «Fett» und Rundheit entsprechen.

Sylvain Bordenave, 1, Salvert, 33390 Fours,
Tel. 05.57.42.36.69, Fax 05.57.42.36.69
☑ Ῑ Mo–Sa 8h–12h 14h–18h

CH. HAUT-GRELOT 2000*

□ 140 ha 100 000 3 à 5 €

Dieser Cru erhielt im letzten Jahr eine Liebeserklärung für eine rote Cuvée, die als **99er Coteau de Methez** (Preisgruppe: 30 bis 49 F) eine lobende Erwähnung bekommt und einen hübschen Holzton mit roten Früchten verbindet. Hier haben wir den Weißwein des Guts mit seiner Hauptcuvée. Dieser 2000er kann eine große Zahl von Weinfreunden durch seine schöne Aromenpalette (von Litschi bis Zitrone) überraschen und verführen.

EARL Joël Bonneau, Au Grelot,
33820 Saint-Ciers-sur-Gironde,
Tel. 05.57.32.65.98, Fax 05.57.32.71.81
☑ Ῑ Mo–Sa 9h–13h 14h–19h

CH. DU HAUT-GUERIN
Vieilli en fût de chêne 1998*

■ 3,6 ha 24 000 5à8€

Dieser zwölf Monate im Fass ausgebaute Wein, der in nummerierten Flaschen verkauft wird, stammt von tonigen Kieskuppen. Er muss sich noch abrunden, zeigt sich aber mehr als nur verführerisch, insbesondere durch die Bitterschokoladennote des Abgangs. Er ist zart duftig (Unterholz, Früchte und Gewürze) und erweist sich in der Ansprache als rund, bevor er eine schöne Tanninstruktur enthüllt.

Alain Coureau, Ch. du Haut-Guérin, 33920 Saint-Savin, Tel. 05.57.58.40.47, Fax 05.57.58.93.09
tägl. 9h–21h; Aug. geschlossen

CH. HAUT-TERRIER
Vieilli en barrique neuve 1999*

■ 40 ha 100 000 8à11€

Dieser Weinberg mit einem sehr hohen Merlot-Anteil (95 %) hat einen Wein hervorgebracht, der mit einem sehr ausdrucksvollen Bouquet von roten Früchten und mit einer sympathischen Rundheit im Geschmack von dieser Rebsorte geprägt ist. Das bedeutet nicht, dass die Tannine fehlen würden. Ganz im Gegenteil. Der füllige, wohl ausgewogene Stoff wird es dieser Flasche erlauben, die zwei bis drei Jahre zu lagern, die das Holz braucht, damit es sich vollständig einfügt.

Bernard Denéchaud, Ch. Haut-Terrier, 46, le Bourg, 33620 Saint-Mariens, Tel. 05.57.68.53.54, Fax 05.57.68.16.87, E-Mail chateau-haut-terrier@wanadoo.fr
n. V.

CH. LA BRAULTERIE 2000*

□ 1,5 ha 10 000 3à5€

Sauvignon (80 %) und Sémillon, auf tonigen Kieselböden erzeugt, haben einen sehr hübschen Wein geliefert, der durch den Zauber seines Bouquets, deren Noten von exotischen Früchten, Litschi und gelbfleischigem Pfirsich mit dem fetten, fleischigen Charakter des Geschmacks harmonieren, auf sich aufmerksam macht.

SCA La Braulterie-Morisset, Les Graves, 33390 Berson, Tel. 05.57.64.39.51, Fax 05.57.64.23.60, E-Mail braulterie@wanadoo.fr
Mo–Sa 9h–18h

CH. LACAUSSADE SAINT-MARTIN
3 Moulins 2000

□ 3 ha 20 000 8à11€

Dieser auf einem der ältesten Weingüter der Gemeinde Saint-Martin-Lacaussade erzeugte Wein stammt von 90 % Sémillon, die durch Sauvignon ergänzt werden. Er bietet einen aromatischen Ausdruck von guter Komplexität (Aprikose, geröstetes Brot und kandierte kleine Früchte) und einen gut ausbalancierten Geschmack, obwohl der Holzton zu spüren ist. Warten Sie bis zum Valentinstag 2002.

Jacques Chardat, Ch. Labrousse, 33390 Saint-Martin-Lacaussade, Tel. 05.57.42.66.66, Fax 05.57.64.36.20, E-Mail bordeaux@vgus.com n. V.

CH. LA RAZ CAMAN
Elevé en fût de chêne 1998

■ k. A. 65 000 8à11€

Dieser im Eichenfass ausgebaute Wein kommt von einem Weinberg, der vier Rebsorten kombiniert. Er setzt entschieden auf die Karte des aromatischen Ausdrucks mit ansprechenden Noten von vollreifen, fast überreifen Früchten. Am 24. April 2001, dem Tag der Verkostung, zeigten die Tannine noch deutlich ihre Präsenz, aber schon an Weihnachten dürften sie sich eingefügt haben.

Jean-François Pommeraud, Ch. La Raz Caman, 33390 Anglade, Tel. 05.57.64.41.82, Fax 05.57.64.41.77, E-Mail info@la-raz-caman.com n. V.

CH. LA ROSE BELLEVUE
Cuvée Prestige Elevé en fût de chêne 1999*

■ 5 ha 25 000 5à8€

Dieser Wein, eine Cuvée Prestige von einem insgesamt über 40 ha großen Gut, ist stark vom Ausbau im Eichenfass geprägt. Aber das Holz ist gut dosiert worden, so dass seine Vanillenoten Rücksicht auf die Frucht und den Stoff nehmen. Weich, fett, rund, wohl ausgewogen, lang anhaltend und von großer Feinheit – das ist ein eleganter Wein.

EARL vignobles Eymas et Fils, 5, Les Mouriers, 33820 Saint-Palais, Tel. 05.57.32.66.54, Fax 05.57.32.78.78, E-Mail chateau.larosebellevue@freesbe.fr
tägl. 9h–19h; Ende Dez. geschlossen

CH. DE LA SALLE 1999**

□ 0,6 ha 4 500 8à11€

Das 18 ha große Gut hat eine in kleiner Stückzahl produzierte Cuvée sortenrein aus Sauvignon-Trauben hergestellt, die von einem tonigen Kalksteinboden stammen. Dieser Wein, der elf Monate lang im Holzfass auf der Hefe mit Aufrühren des Hefesatzes ausgebaut worden ist, zeigt eine prächtige gelbe Farbe mit kupferfarbenen Reflexen. Er zeichnet sich durch seine Aromenpalette aus, in der sich Zitrusfrüchte den Löwenanteil nehmen. Er ist lang, frisch, ausgewogen und harmonisch und lässt sich zwei bis drei Jahre aufheben, auch wenn er schon jetzt sehr gefällig ist. Würdig für Fisch mit zarter Buttersauce.

SCEA Ch. de La Salle, 33390 Saint-Genès-de-Blaye, Tel. 05.57.42.12.15, Fax 05.57.42.87.11
n. V.
Bonnin

CH. LE MENAUDAT
Cuvée réservée 1999*

5 ha 41 300 5 à 8 €

Der seit langem berühmte Cru bleibt mit dieser Cuvée réservée seiner Qualitätstradition treu. Frische Mandeln, Leder, reife Früchte – das Bouquet ist äußerst komplex. Der füllige, samtige Geschmack ist sehr ausgewogen.

SCEA FJDN Cruse, Le Menaudat, 33390 Saint-Androny, Tel. 05.56.65.20.08, Fax 05.57.64.40.29
Mo–Fr 8h–12h 14h–18h; Sa n. V.; in der Woche vom 15. Aug. geschlossen

CH. LE QUEYROUX
Le Joyau Elevé en barrique neuve 1998*

k. A. 600 23 à 30 €

Eine Mikrocuvée von einem kleinen Weinberg (1,48 ha), bei dem der Boden mit einem Pferd umgepflügt wird. Dieser Wein kombiniert Merlot und Cabernet Sauvignon zu gleichen Teilen, die zwölf Monate im Holzfass ausgebaut wurden. Sein Bouquet bietet Toastnoten und rauchige Nuancen. Sein schönes Gerüst mit den eleganten Tanninen bringt ihm einen vier- bis fünfjährigen Aufenthalt im Keller ein.

Dominique Léandre-Chevalier, 6, lieu-dit Coulon, 33390 Anglade, Tel. 05.57.64.46.54, Fax 05.57.64.42.41 n. V.

CH. LES GRAVES
Elevé en fût de chêne 1999*

5 ha 25 000 5 à 8 €

Auf einem kieseligen Tonboden angepflanzte Merlot- (60 %) und Cabernet-Sauvignon-Reben, deren Trauben mit der Hand gelesen werden, haben diesen noch sehr jungen Wein geliefert. Er braucht drei bis vier Jahre, um zu seiner endgültigen Persönlichkeit zu finden, die sein Bouquet mit den diskreten Düften von reifen Früchten, seine Ausgewogenheit und seine Fülle erahnen lassen.

SCEA Jean-Pierre Pauvif, 15, rue Favereau, 33920 Saint-Vivien-de-Blaye, Tel. 05.57.42.47.37, Fax 05.57.42.55.89, E-Mail info@chateau-les-graves.com
n. V.

CH. LES HAUTS DE FONTARABIE
1999*

15 ha 110 000 5 à 8 €

Ein Cru, den 1995 die beiden Töchter Alain Faures kauften. Dieser Wein von schönem Bordeauxrot ist ausdrucksvoll (schwarze Früchte und Wild) und kräftig gebaut und verlangt eine Lagerung. Man muss seine Entwicklung regelmäßig beobachten, damit man ihn genießen kann, wenn er auf seinem Höhepunkt ist.

Vignobles Alain Faure, Ch. Belair-Coubet, 33710 Saint-Ciers-de-Canesse, Tel. 05.57.42.68.80, Fax 05.57.42.68.81, E-Mail belair-coubet@wanadoo.fr n. V.

CH. LE VIROU Les Vieilles Vignes 1999*

8 ha 48 000 5 à 8 €

Dieser 99er stammt von einem Weinberg, der zu einem riesigen Gut (insgesamt über 100 ha) gehört, das ein ehemaliges Priorat aus dem 16. Jh. beherrscht. Der tanninreiche, gut ausbalancierte Wein zeigt einen echten klassischen Charakter.

SC Ch. Le Virou, Le Virou, 33920 Saint-Girons-d'Aiguevives, Tel. 05.57.42.44.40, Fax 05.57.42.44.40

CH. LOUMEDE
Elevé en fût de chêne 1998*

6 ha 44 000 5 à 8 €

Das Gut liegt 800 m von der galloromanischen *villa* (Landgut) Plassac entfernt. Der Ausbau hat diesen Wein mit den gerösteten und karamellisierten Aromen zwar tief geprägt, aber darin erschöpft sich seine Persönlichkeit nicht. Der runde Geschmack mit guten Tanninen lässt eine schöne Ausgewogenheit und viel Konzentration erkennen.

SCE de Loumède, Ch. Loumède, 33390 Blaye, Tel. 05.57.42.16.39, Fax 05.57.42.25.30 n. V.
Raynaud

CH. DE MANON 1999**

3,2 ha 20 000 8 à 11 €

Die Bantégnies, die ein schönes Gut von etwa 60 Hektar leiten, stellen hier einen Wein vor, der von einer Parzelle stammt, die im Flurbuch mit dem Namen «Manon» eingetragen ist. Diese Parzelle gehört zu den Weinbergen von Château Bertinerie. Die goldene Farbe zeigt einen sehr schönen Glanz und strahlt im Glas. Dieser Wein, der Frische und «Fett» vereint, bewahrt eine angenehme Lebhaftigkeit, die mit seinem Bouquet mit den köstlichen Toast-, Honig- und Lebkuchennoten angenehm harmoniert. Er verdient einen Steinbutt; aufmachen kann man ihn im Jahre 2002.

D. Bantégnies et Fils, Ch. Bertinerie, 33620 Cubnezais, Tel. 05.57.68.70.74, Fax 05.57.68.01.03 n. V.

CH. DES MATARDS
Cuvée Quentin Vinifié en fût de chêne 1999*

1 ha 8 000 5 à 8 €

Dieser im Eichenfass vinifizierte Wein stammt von einem Weinberg, der zu einem über 40 ha großen Gut gehört. Er besitzt echten Charme mit viel Eleganz, in seinem Bouquet mit den feinen Pampelmusen- und Aprikosennoten ebenso wie im Geschmack, wo er eine vollkommene Ausgewogenheit zeigt.

GAEC Terrigeol et Fils, 27, av. du Pont-de-la-Grâce, Le pas d'Ozelle, 33820 Saint-Ciers-sur-Gironde, Tel. 05.57.32.61.96, Fax 05.57.32.79.21, E-Mail info@chateau-les-matards.com
n. V.

CH. MAYNE-GUYON

Cuvée Héribert 1998★

■ 7,5 ha 33 500 8 à 11 €

Der Ausbau im Barriquefass ist im Bouquet zu erkennen, ohne dass er ihn aus dem Gleichgewicht bringen würde. Der verschmolzene Charakter findet sich im Geschmack wieder. Die runde, füllige Struktur, die sich auf sanfte, milde Tannine stützt, weist auf eine große Lagerfähigkeit hin und hinterlässt einen harmonischen Gesamteindruck.

Ch. Mayne-Guyon, Mazerolles, 33390 Cars, Tel. 05.57.42.09.59, Fax 05.57.42.27.93
n. V.
Fréteaud

CH. MONCONSEIL GAZIN

Grande Réserve Elevé en fût de chêne 1999★★

■ 2 ha 13 000 11 à 15 €

Wurde dieses schöne, vornehme Landhaus nicht um 1500 an einem Ort errichtet, an dem Karl der Große einen Rat abgehalten haben soll? Glücklicherweise muss man nicht die Antwort darauf finden, um diesen sehr hübschen Wein zu schätzen, dessen einschmeichelnde Seite dazu bestimmt ist, dass er zartes Fleisch begleitet. Bei dieser Art von Gerichten kommen seine feinen Aromen von reifen Trauben und Holz voll zur Geltung, ebenso seine samtigen Tannine.

Vignobles Michel Baudet,
Ch. Monconseil Gazin, 33390 Plassac,
Tel. 05.57.42.16.63, Fax 05.57.42.31.22,
E-Mail mbaudet@terre-net.fr
Mo–Sa 9h–12h30 14h–19h

CH. MONTFOLLET

Vieilles vignes 1999★★

■ 3 ha 18 000 5 à 8 €

Diese Cuvée zeichnet sich durch die Stärke ihres Ausdrucks aus, im Bouquet ebenso wie im Geschmack: Während Ersteres den Röstungscharakter betont, machen die roten Früchte dies am Gaumen wett, wo sie sich in Toastnoten einhüllen. Dieser weiche, fette, füllige, tanninreiche Wein ist schon angenehm, kann aber auch lagern.

Cave coop. du Blayais, 9, Le Piquet,
33390 Cars, Tel. 05.57.42.13.15,
Fax 05.57.42.84.92 n. V.
SCEA Raimond

CH. PEYREDOULLE

Maine Criquau 1999★

■ 4 ha 30 000 8 à 11 €

Der Cru genießt ein langjähriges Ansehen und bleibt mit dieser Cuvée von schönem Karminrot seinem Image treu. Das Bouquet mit Noten von schwarzer Kirsche, Tabak und Röstung und der kräftige, gut ausbalancierte Geschmack enttäuschen nicht.

Vignobles Germain et Associés,
Ch. Peyredoulle, 33390 Berson,
Tel. 05.57.42.66.66, Fax 05.57.64.36.20,
E-Mail bordeaux@vgas.com n. V.

CH. PRIEURE MALESAN

Elevé en fût de chêne 1999★

■ 53 ha 390 000 5 à 8 €

Dieser Wein ist nicht nur wegen seiner Produktionsmenge interessant, sondern auch wegen seines Bouquets, das reich an Noten von getrockneten Früchten, Kakao, Vanille und Röstgeruch ist. Seine Komplexität bestätigt sich im Geschmack, wobei Frucht- und Toastaromen hinzukommen. Diese Cuvée, die von einem guten Gerüst mit seidigen, umhüllten Tanninen unterstützt wird, verdient einen vier- bis fünfjährigen Aufenthalt im Keller. Vertrieben wird der Wein von der Firma William Pitters.

SCA Ch. Prieuré Malesan, 1, Perenne,
33390 Saint-Genès-de-Blaye,
Tel. 05.57.42.18.25, Fax 05.57.42.15.86 n. V.

CH. ROLAND LA GARDE

Prestige 1999★★

■ 10 ha 70 000 8 à 11 €

Sein Name ruft in Erinnerung, welchen Platz Karl der Große und sein Neffe Roland in den Sagen des Blaye-Gebietes einnehmen. Dieser Wein ist recht typisch aufgrund seiner Struktur. Sie ist fett und tanninreich und garantiert ein gutes Alterungspotenzial, auf das auch die Qualität seines Bouquets (schwarze Johannisbeere, Röstaroma und Blüten) hinweist.

Ch. Roland La Garde, 8, La Garde,
33390 Saint-Seurin-de-Cursac,
Tel. 05.57.42.32.29, Fax 05.57.42.01.86,
E-Mail bruno.martin30@libertysurf.fr
Mo–Sa 8h–12h 14h–19h
Bruno Martin

DOM. DES ROSIERS

Elevé en fût de chêne 1999

■ 2,5 ha 18 600 5 à 8 €

Ein 15 ha großes Gut, eine für das Gebiet von Blaye charakteristische Bestockung und zwölf Monate im Barriquefass: Dieser schlichte, aber gut gemachte 99er, den man jung trinken kann, zeichnet sich durch sein Bouquet aus, in dem sich gerösteter Kaffee mit animalischen Noten verbindet, vermischt mit getrockneten Früchten. Feine Tannine strukturieren ihn gut. Er ist bereits ein guter Wein zu Rinderbraten.

Christian Blanchet, 10, La Borderie,
33820 Saint-Ciers-sur-Gironde,
Tel. 05.57.32.75.97, Fax 05.57.32.78.37,
E-Mail cblanchet@wanadoo.fr n. V.

CH. SAINT-AULAYE

Harmonie Elevé en fût de chêne 1999★

■ 1 ha 7 000 5 à 8 €

Es ist immer bewegend, wenn man alte Dokumente entdeckt, die die Geschichte der eigenen Familie erzählen. Das passierte vor kurzem den Berneauds, die eine Urkunde über den Erwerb einer Parzelle aus dem Jahre 1742 wiederfanden. So läuft das Winzerleben ab. Diese Cuvée ist vollständig im Eichenfass ausgebaut worden. Sie ist sanft und elegant und bietet eine gute Tanninstruktur, die kulinarisch eine sehr schöne Kombination mit feinen Gerichten liefern wird: Wachteln mit Trauben und Perlhuhn mit Ananas beispielsweise.

SCEA vignoble J. et H. Berneaud, 4, Saint-Aulaye, 33390 Mazion, Tel. 05.57.42.11.14, Fax 05.57.42.11.14, E-Mail cberneaud@aol.com n. V.

CH. SEGONZAC Les Vieilles vignes 1998*

10 ha 73 000 8 à 11 €

Dieser Cru, ein schönes Gut aufgrund seiner Gebäude ebenso wie hinsichtlich seiner Anbaufläche, präsentiert mit diesem 98er einen Wein, dem es nicht an Mitteln fehlt: in seinem Bouquet mit den Noten von gekochten Früchten, Gewürzen und des Holzes wie auch durch seine fette, fleischige Struktur mit einem soliden Stoff, der sich noch abrunden muss. Die Cuvée **Héritage 1999** (Preisgruppe: 70 bis 99 F) hat eine lobende Erwähnung erhalten.

SCEA Ch. Ségonzac, 39, Ségonzac, 33390 Saint-Genès-de-Blaye, Tel. 05.57.42.18.16, Fax 05.57.42.24.80, E-Mail segonzac@chateau-segonzac.com n. V.

CH. TERRE-BLANQUE
Cuvée Noémie Elevé en fût de chêne 1999**

k. A. 6 500 11 à 15 €

Eine nummerierte Cuvée, für die die Trauben mit der Hand gelesen wurden, im Eichenfass ausgebaut. Dieser Wein zeigt während der gesamten Verkostung eine schöne Haltung. Das Bouquet, das von Röstnoten zu Düften roter Früchte übergeht, beweist echte Komplexität, die der Beitrag des Holzes bereichert. Der volle, reiche, kräftige, aber nicht aggressive Geschmack, der das gleiche Niveau hat, kündigt ein großes Lagerpotenzial an.

Paul-Emmanuel Boulmé, Ch. Terre-Blanque, 33990 Saint-Genès-de-Blaye, Tel. 05.57.42.18.48, Fax 05.57.42.19.48, E-Mail pe-boulme@chateau-terreblanque.com n. V.

EXCELLENCE DE TUTIAC
Vieilli en fût de chêne 1998**

10 ha 40 000 8 à 11 €

Auf ihre 1 700 ha gestützt, kann die Cave des Hauts de Gironde ihre besten Parzellen nutzen, um diese Spitzencuvée herzustellen. Ihr entfaltetes, komplexes Bouquet beginnt mit rauchigen Gerüchen und geht über zu Noten von roten Früchten, die eine große Eleganz besitzen. Der vom Ausbau und einem guten Stoff wirkungsvoll unterstützte Geschmack ist im gleichen Stil gehalten und hinterlässt eine schöne Empfindung von Harmonie.

Cave des Hauts de Gironde, La Cafourche, 33860 Marcillac, Tel. 05.57.32.48.33, Fax 05.57.32.49.63, E-Mail contact@tutiac.com n. V.

Côtes de Bourg

Die AOC umfasst 3 876 ha. Mit Merlot als dominierender Rebsorte zeichnen sich die Rotweine (226 648 hl im Jahre 2000) oft durch eine schöne Farbe und recht typische Aromen von roten Früchten aus. Sie sind ziemlich tanninreich und lassen in sehr vielen Fällen eine gewisse Alterung zu. Die nicht allzu zahlreichen Weißweine (2 752 hl) sind in der Regel trocken, mit einem recht typischen Bouquet.

CH. BEL-AIR Vieilli en fût de chêne 1998*

0,5 ha 3 640 5 à 8 €

Dieser im Eichenfass ausgebaute Wein kommt nur von einem kleinen Teil des Guts (insgesamt 20 ha). Er hat eine schöne, dunkle Farbe und zeigt sich ansprechend, aufgrund seiner sanften, öligen Struktur ebenso wie aufgrund seines Bouquets mit den Noten roter Früchte.

GAEC Gayet Frères, Ch. Bel-Air, 33710 Samonac, Tel. 05.57.68.26.67, Fax 05.57.68.26.67 n. V.

CH. BELAIR-COUBET 1999*

k. A. 150 000 5 à 8 €

Dieser im Holzfass und im Tank ausgebaute Wein ist nicht nur hinsichtlich seiner Produktionsmenge seriös, sondern auch in seinem Geschmack, dank seines Bouquets ebenso wie aufgrund seiner Tanninstruktur, die noch verschmelzen muss, denn das Holz ist noch sehr deutlich zu spüren. Der **99er Château Tour Neuve** und der **99er Château Jansenant** haben ebenfalls einen Stern erhalten.

Vignobles Alain Faure, Ch. Belair-Coubet, 33710 Saint-Ciers-de-Canesse, Tel. 05.57.42.68.80, Fax 05.57.42.68.81, E-Mail belair-coubet@wanadoo.fr n. V.

CH. BRULESECAILLE 1999**

15 ha 80 000 8 à 11 €

Dieser Cru gehört zu den bekanntesten der Appellation. Das ist nur gerecht, wenn man seine Regelmäßigkeit betrachtet, die dieser sehr hübsche 99er belegt. Der runde, fleischige Wein, der ausgewogen und gut gebaut ist, hält alles, was die schöne, dunkle Farbe verspricht. Alles weist darauf hin, dass er eine schöne Zukunft vor sich hat: Die Tiefe des Fleisches, die Ausgewogenheit zwischen Fassholz und Trauben. Eine drei- bis vierjährige Lagerung kann seine schon große Komplexität (rote Früchte, Vanille, Röstaroma) nur noch erhöhen. Der **weiße 2000er Château Brulesécaille** (Preisgruppe: 30 bis 49 F) hat einen Stern erhalten. Der elegante, gut gebaute Wein muss darauf warten, dass die Frucht über das Röstaroma dominiert.

🔑 GFA Rodet Recapet, Brulesécaille, 33710 Tauriac, Tel. 05.57.68.40.31, Fax 05.57.68.21.27, E-Mail cht.brulesecaille@freesbee.fr ☑ Y n. V.

CH. CASTEL LA ROSE
Cuvée Sélection 1999★

■ 13 ha 40 000 ⏸ 5à8€

Wie viele Crus im Gebiet von Bourg räumt dieses Château in der Bestockung der Merlot-Rebe viel Platz ein. Dieser weiche, fruchtige Wein trägt ihren Stempel. Sein schöner aromatischer Ausdruck bestätigt die Lagerfähigkeiten, auf die sein Stoff und seine lange Nachhaltigkeit hinweisen.

🔑 GAEC Rémy Castel et Fils, 3, Laforêt, 33710 Villeneuve, Tel. 05.57.64.86.61, Fax 05.57.64.90.07 ☑ Y n. V.

CH. COLBERT
Cuvée Prestige Vieilli en fût de chêne 1999★

■ 2 ha 10 000 ⏸ 5à8€

Diese im Eichenfass ausgebaute Cuvée erweckt durch ihre schöne Farbe zwischen Rubin- und Granatrot beim Verkoster Vertrauen. Das noch vom Holz geprägte Bouquet besitzt dennoch genug Persönlichkeit, um Aromen von reifen Früchten und Schokolade und animalische Noten erkennen zu lassen. Der fleischige Geschmack, der von guten Tanninen getragen wird, zeigt ein echtes Gespür für Ausgewogenheit. Die **99er Hauptcuvée** hat eine lobende Erwähnung erhalten. Sie ist ein echter Wein mit Terroir-Charakter.

🔑 Duwer, Ch. Colbert, 33710 Comps, Tel. 05.57.64.95.04, Fax 05.57.64.88.41 ☑ Y tägl. 9h–18h

🔑 SCA Château Colbert

CH. DE COTS
Cuvée Prestige Elevé en fût de chêne 1998★★

■ k. A. 3 000 ⏸ 8à11€

Das 15 ha große Gut, das gerade auf biologischen Anbau umgestellt wird, präsentiert hier eine sehr hübsche, in kleiner Stückzahl produzierte Sondercuvée, die in neuen Barriquefässern ausgebaut worden ist. Eine ansprechende Farbe, ein Bouquet, das auf harmonische Weise reife Früchte und Holz mischt, und ein solider Bau – alles weist darauf hin, dass dieser Wein eine Einkellerung verdient.

🔑 Gilles Bergon, 3, Cots, 33710 Bayon-sur-Gironde, Tel. 05.57.64.82.79, Fax 05.57.64.95.82 ☑ Y tägl. 9h–12h 14h–19h

CH. COUBET 1998

■ k. A. 10 000 ⏸ 5à8€

Michel Migné, der 1996 auf das Familiengut kam, stellt einen Wein vor, der eine gute Präsenz der Tannine erkennen lässt, ohne dass er zu große Stärke entwickeln würde. Das fruchtige Bouquet und die schöne, sehr lebhafte Farbe bilden ein erstklassiges Zusammenspiel.

🔑 Michel Migné, Ch. Coubet, 33710 Villeneuve, Tel. 05.57.64.91.04 ☑ Y n. V.

CH. CROUTE-CHARLUS
Vieilli en fût de chêne 1998★

■ 7,44 ha 11 000 ⏸ 5à8€

Cédric Baudouin hat 1995 die Nachfolge seines Großvaters Guy Sicard angetreten. Er bleibt der Vielfalt der Bestockung treu und stellt hier seine im Eichenfass gereifte Cuvée vor, die mit den drei Hauptrebsorten des Bordelais 10 % Malbec kombiniert. Das Holz ist noch zu spüren, vor allem am Gaumen, ohne dass es aber die anderen Komponenten des aromatischen Ausdrucks erdrücken würde. Der komplexe, großzügige Wein braucht und verdient auch eine Lagerung von drei bis vier Jahren.

🔑 Cédric Baudouin, Ch. Croûte-Charlus, 33710 Bourg-sur-Gironde, Tel. 05.57.68.25.67, Fax 05.57.68.25.77 Y n. V.

CH. FOUGAS
Cuvée Prestige Elevée en barrique 1999★★

■ 6 ha 40 000 ⏸ 5à8€

Das Gut, ein hübsches, kleines Landhaus an der Straße von Bourg nach Pugnac, genießt einen soliden Ruf. Seine 99er Cuvée Prestige kann dieses Ansehen nur noch stärken. Sie ist großzügig in ihrem aromatischen Ausdruck mit schönen empyreumatischen Röstnoten und enthüllt eine solide Tanninstruktur, die ihre Stärke entfalten kann, ohne ihre Rundheit einzubüßen. Dieser genussvolle Wein, der stattlich und harmonisch ist, verdient einen Aufenthalt im Keller. Die **99er Cuvée Maldoror** (Preisgruppe: 70 bis 99 F), die lang im Holzfass gereift ist und verschmelzen muss, hat einen Stern erhalten. Als 98er wurde sie zum Lieblingswein gewählt.

🔑 Jean-Yves Béchet, Ch. Fougas, 33710 Lansac, Tel. 05.57.68.42.15, Fax 05.57.68.28.59 ☑ Y Mo–Fr 9h–18h

🔑 GFA Fougas

CH. GALAU 1999★★

■ 6,5 ha 40 000 ⏸ 5à8€

Dieser Wein, der vom gleichen Erzeuger wie der Château Nodoz stammt, wurde ebenfalls der für die Wahl zum Lieblingswein zuständigen Oberjury vorgeschlagen. Er wirkt sehr elegant aufgrund seiner Aromen von Röstung, aber auch von roten Früchten und schwarzer Johannisbeere sowie aufgrund seiner Tannine. Er ist einschmeichelnd, lässt aber gleichzeitig eine schöne Stärke erkennen und verträgt eine Lagerung von sechs bis acht Jahren.

🔑 Magdeleine, Ch. Nodoz, 33710 Tauriac, Tel. 05.57.68.41.03, Fax 05.57.68.37.34 ☑ Y n. V.

CH. GARREAU 1999

■ 2,6 ha 16 000 ⏸ 8à11€

Trotz einer gewissen Strenge im Abgang hinterlässt dieser Wein einen günstigen Eindruck, wobei sich die Beiträge des Holzes und der Frucht ausgleichen und den Gaumen angenehm auskleiden. Er passt zu Lammragout mit Kartoffeln, Zwiebeln und weißen Rübchen.

🔑 SCEA Ch. Garreau, La Fosse,
33710 Pugnac, Tel. 05.57.68.90.75,
Fax 05.57.68.90.84
☑ 🍷 Mo–Fr 8h15–12h 13h30–17h30
🔑 Frau Guez

CH. GRAND LAUNAY

Réserve Lion noir 1999*

■ 6 ha 30 000 🍾 8à11€

Der Cru, ein sicherer und zuverlässiger Wert, bleibt mit diesem sehr gut gebauten Wein seiner Tradition treu. Im Holzfass ausgebaut, trägt er den Stempel davon in den Röstnoten seines Bouquets. Aber darin erschöpft sich nicht seine Persönlichkeit, die in empyreumatischen Aromen und Noten roter Früchte zum Ausdruck kommt. Er ist lebhaft und tanninreich und mündet in einen schönen Abgang.

🔑 Michel Cosyns, Ch. Grand Launay,
33710 Teuillac, Tel. 05.57.64.39.03,
Fax 05.57.64.22.32 ☑ 🍷 n. V.

CH. GRAVETTES-SAMONAC

Prestige Vieilli en fût de chêne 1999

■ 5 ha 30 000 🍾 5à8€

Dieser weiche, runde Wein von dunkelrubinroter Farbe, eine Auswahl der besten im Holzfass ausgebauten Cuvées, wirkt angenehm aufgrund seines aromatischen Ausdrucks mit den Frucht- und Röstnoten im Abgang. Die **Cuvée Tradition** hat für ihr blumig-fruchtiges Bouquet ebenfalls eine lobende Erwähnung erhalten.

🔑 Gérard Giresse, Le Bourg, 33710 Samonac,
Tel. 05.57.68.21.16, Fax 05.57.68.36.43
☑ 🍷 n. V.

CH. GUERRY 1999

■ 22,95 ha 140 000 🍾 8à11€

Der Weinhandel im Bordelais hat sich zwar nicht sehr für das Anbaugebiet von Bourg interessiert, doch Bertrand de Rivoyre, seit drei Jahrzehnten Weinbergbesitzer in Tauriac, kann man diesen Vorwurf nicht machen. Sein 99er, der ein elegantes Karminrot zeigt, entfaltet bereits Früchte in der Nase, die nicht vom Holz beherrscht wird. Nach einer sanften Ansprache besitzt der runde Geschmack eine gute Harmonie. Ein schon sehr angenehmer Wein, den man aber lagern kann.

🔑 SC du Ch. Guerry, 33710 Tauriac,
Tel. 05.57.68.20.78, Fax 05.57.68.41.31
☑ 🍷 n. V.
🔑 B. de Rivoyre

CH. GUIRAUD

Vieilli en fût de chêne 1998*

■ 4 ha 21 600 🍾 8à11€

Erneut präsentiert dieser Cru eine überaus gelungene Cuvée, die im Eichenfass gereift ist. Der Ausbau ist noch zu spüren, vor allem im Abgang, aber zwischen dem Holz und dem Stoff besteht eine gute Ausgewogenheit. Dieser weiche, angenehm duftige Wein, der schon elegant ist, wird in zwei bis drei Jahren seine optimale Qualität erreichen.

🔑 Jacky Bernard, 3, Guiraud,
33710 Saint-Ciers-de-Canesse,
Tel. 05.57.64.91.02, Fax 05.57.64.91.46
☑ 🍷 n. V.

CH. HAUT-GUIRAUD

Péché du Roy Vieilli en fût de chêne 1999**

■ 10 ha 20 000 🍾 5à8€

Dieser im Eichenfass gereifte Wein beginnt diskret mit einem schüchternen Bouquet, das aber aufgrund seiner Noten von Geröstetem, Mokka, Gewürzen, Paprika und Muskatnuss elegant wirkt. Der füllige Geschmack stützt sich auf milde, fleischige Tannine und geht in einen eleganten, großzügigen Abgang über. Der **Château Castaing** hat einen Stern erhalten. Seine noch leicht abrupten Tannine erfordern ein wenig Lagerung.

🔑 EARL Bonnet et Fils, Ch. Haut-Guiraud,
33710 Saint-Ciers-de-Canesse,
Tel. 05.57.64.91.39, Fax 05.57.64.88.05
☑ 🍷 n. V.

CH. HAUT-MACO

Cuvée Jean-Bernard 1998*

■ 8 ha 53 000 🍾 5à8€

Das Gut tätigte umfangreiche Investitionen und errichtete 1991 einen halb runden Barriquekeller. Dieser Wein, der zur Spitzencuvée des Cru gehört, ist gut gebaut. Aber er fällt vor allem durch die Qualität seiner Aromen auf, mit eleganten, harmonischen Düften, die reife Früchte mit dem Holzton mischen. Die Hauptcuvée, der **98er Château Haut-Macô**, hat eine lobende Erwähnung erhalten; sie ist trinkreif, während die Cuvée Jean-Bernard zwei bis drei Jahre warten muss.

🔑 Jean et Bernard Mallet, Ch. Haut-Macô,
33710 Tauriac, Tel. 05.57.68.81.26,
Fax 05.57.68.91.97
☑ 🍷 Mo–Sa 8h–12h 14h–18h

CH. HAUT-MONDESIR 1999*

■ 1,8 ha 12 000 🍾 11à15€

Der Cru, ein kleiner Weinberg, der zu einem Gut im Gebiet von Blaye gehört (Mondésir-Gazin), bietet mit diesem 99er einen Wein von guter aromatischer Stärke und solider Entfaltung am Gaumen, wobei gute Tannine und hübsche Lakritzenoten den Geschmack bereichern. Eine sehr schöne Cuvée, die man bis zur Lese 2002 aufheben sollte.

🔑 Marc Pasquet, 10, Le Sablon, BP 7,
33390 Plassac, Tel. 05.57.42.29.80,
Fax 05.57.42.84.46 ☑ 🍷 n. V.

CH. LABADIE Vieilli en fût de chêne 1999*

■ 9,2 ha 73 000 🍾 5à8€

Dieser Wein hat Reserven, ohne dass er jedoch einigen früheren Jahrgängen gleichkommen würde, von denen der 98er im Hachette-Weinführer 2001 zum Lieblingswein gewählt wurde. Seine kräftige Farbe lässt dies vorhersagen, während sein recht intensives Bouquet mit den Röst- und Vanillenoten und sein tanninreicher und zugleich runder Stoff es bestätigen. Der **99er Château Laroche Joubert** erhält eine lobende Erwähnung; er muss für einige Zeit in den Keller.

Joël Dupuy, 1, Cagna, 33710 Mombrier,
Tel. 05.57.64.23.84, Fax 05.57.64.23.85,
E-Mail vignoblesjdupuy@aol.com n. V.

CH. DE LA BRUNETTE
Chêne de Brunette Elevé en fût 1999

0,5 ha 3 000 5 à 8 €

Der im Holzfass ausgebaute Wein ist im Abgang ein wenig trocken. Aber diese Jugendsünde dürfte verschwinden, so dass eine ausdrucksvolle Cuvée (rote Früchte, Vanille und Kakao) zum Vorschein kommt. Schöne, ziemlich stark verschmolzene Struktur.

SCEA Lagarde Père et Fils, Dom.
de La Brunette, 33710 Prignac-et-Marcamps,
Tel. 05.57.43.58.23, Fax 05.57.43.01.21,
E-Mail chateau.de.la.brunette@wanadoo.fr
n. V.

CH. DE LA GRAVE Nectar 1999*

k. A. 15 000 11 à 15 €

Dieser Cru, der von einem feudal wirkenden Schloss beherrscht wird, präsentiert hier seine Sondercuvée. Der Ausbau im Holzfass hat darin angenehme Gewürzaromen hinterlassen, die zu den Aromen von Erdbeere und kandierten Früchten hinzukommen und gemeinsam einen schönen Wein ergeben, der wohl ausgewogen ist und lang anhält.

Philippe Bassereau, Ch. de La Grave,
33710 Bourg-sur-Gironde, Tel. 05.57.68.41.49,
Fax 05.57.68.49.26,
E-Mail chateau.de.la.grave@wanadoo.fr
n. V.

CH. LA GROLET Tête de cuvée 1999*

1,5 ha 10 000 5 à 8 €

Von diesem großen Gut sind nur 1,5 Hektar für diese Sondercuvée in nummerierten Flaschen bestimmt. Sie stammt von alten Merlot-Reben (45 Jahre) und ist durch den Ausbau im Holzfass und durch die Rebsorte geprägt, die ihr ein sehr einschmeichelndes Bouquet verliehen haben. Der Stoff erscheint schon rund, verschmolzen und ausgewogen.

Jean-Luc Hubert, Ch. La Grolet,
33390 Cars, Tel. 05.57.42.11.95,
Fax 05.57.42.38.15 n. V.

LA PETITE CHARDONNE
Elevé en fût de chêne 1999*

4 ha 30 000 8 à 11 €

Die Vignobles Marinier, die in erster Linie durch Kellereien vertreten sind, aber im Gebiet von Bourg auch fast 50 Hektar Weinberge haben, verkaufen unter der Marke La Petite Chardonne eine Auslese von ihren besten Parzellen. Ihr von einem komplexen Bouquet (Vanille, gerösteter Kaffee, Blüten und Fleischnoten) unterstützter Côtes de Bourg erweist sich als angenehm aufgrund seiner Sturktur, die nur eine kürzere Lagerung (rund zwei Jahre) benötigt, um sich abzurunden.

SCEA Vignobles Louis Marinier,
Dom. Florimond-La Brède, 33390 Berson,
Tel. 05.57.64.39.07, Fax 05.57.64.23.27,
E-Mail vignobleslouismarinier@wanadoo.fr
Mo–Fr 8h–12h 14h–18h; Sa, So n. V.;
Aug. geschlossen

CH. LA TUILIERE Les Armoiries 1998*

3 ha 15 000 11 à 15 €

Diese von 45 Jahre alten Reben erzeugte Cuvée, das Prunkstück des Cru, das in nummerierten Flaschen ausgeliefert wird, erfordert noch ein wenig Geduld, damit sich der Holzton einfügen kann, aber die Struktur ist robust genug und das Bouquet kräftig genug, damit diese Entwicklung problemlos verläuft. Die **Hauptcuvée** (Preisgruppe: 30 bis 49 F), die ebenfalls im Holzfass ausgebaut worden ist, aber von 25 Jahre alten Reben stammt, hat eine lobende Erwähnung erhalten.

Les Vignobles Philippe Estournet,
Ch. La Tuilière, 33710 Saint-Ciers-de-Canesse,
Tel. 05.57.64.80.90, Fax 05.57.64.89.97,
E-Mail chateaulatuiliere@minitel.net
n. V.

CH. LE BREUIL
Cuvée du Dragon Elevé en fût de chêne 1998*

1,5 ha 11 000 5 à 8 €

Trotz seines Namens «Cuvée des Drachen» ist dieser Wein in einer Gemeinde entstanden, die reich an Sehenswürdigkeiten ist und eine schöne Kirche besitzt, die sich an der Uferstraße der Gironde befindet. Ein friedliches, harmonisches Register hat diese Cuvée auch gewählt, um sich zu entfalten: mit einem Bouquet, das auf glückliche Weise schwarze Früchte und Trüffel mit Vanille und Karamell verbindet. Die tanninreiche, lang anhaltende Struktur garantiert eine gute Entwicklung bei der Lagerung.

GAEC Doyen et Fils, Ch. Le Breuil,
33710 Bayon-sur-Gironde, Tel. 05.57.64.80.10,
Fax 05.57.64.93.75,
E-Mail chateau.le.breuil@wanadoo.fr
Mo–Fr 9h–12h 15h–19h

CH. LE SABLARD
Cuvée Prestige Elevée en fût de chêne neuf 1999

6,3 ha 7 000 8 à 11 €

Dieser im neuen Eichenfass ausgebaute Wein ist im Abgang noch ein wenig tanninbetont; aber diese Jugendsünde dürfte verschwinden, so dass seine Aromen von gerösteten Kastanien, Veilchen und kandierten roten Früchten vollständig zum Ausdruck kommen können. Denn das Holz vereinigt sich gut mit der ausgewogenen Weinigkeit.

Jacques Buratti, 7, Le Rioucreux,
33920 Saint-Christoly-de-Blaye,
Tel. 05.57.42.57.67, Fax 05.57.42.43.06
tägl. 9h–12h 14h30–18h

CH. LES GRAVES DE VIAUD
Cuvée Tradition Vieilli en fût de chêne 1999

■ 10 ha 70 000 5à8€

Château de Viaud, das 1994 von neuen Besitzern übernommen wurde, hat zwei Cuvées vorgestellt. Diese hier ist für eine lange Lagerung bestimmt, aber der Wein bleibt dennoch wohl ausgewogen und harmonisch, mit einer guten aromatischen Entfaltung, die Röstnoten mit Gewürzen verbindet. Die zwölf Monate im Barriquefass ausgebaute **Grande Cuvée** (Preisgruppe: 70 bis 99 F) hat eine lobende Erwähnung erhalten. Sie muss zwei bis drei Jahre altern, damit sich das Holz einfügt.

Dom. de Viaud, 33710 Pugnac,
Tel. 05.57.68.94.37, Fax 05.57.68.94.49
n. V.

CH. LE TERTRE DE LEYLE
Cuvée Réserve Elevé en fût de chêne 1998★

■ 1,1 ha 7 500 5à8€

Das 16,55 ha große Gut hat sich im Laufe der Jahre durch den Ankauf von Nachbarparzellen vergrößert. Dieser im Barriquefass ausgebaute Wein, der von einer Spitzencuvée stammt, ist noch sehr stark vom Holz geprägt. Aber der Holzton ist erstklassig und bietet hübsche Vanillenoten. Die runde, tanninreiche Struktur ist stark genug, um eine günstige Entwicklung zu garantieren.

SC Vignobles Grandillon, Le Bourg,
33710 Teuillac, Tel. 05.57.64.39.31,
Fax 05.57.64.24.18 n. V.

CH. L'HOSPITAL Elevé en fût 1998★

■ 0,2 ha 10 000 8à11€

Nach der Übernahme des Guts im Juli 1997 beginnen die jetzigen Besitzer ihre richtige eigene Produktion mit diesem Jahrgang. Er ist mehr als ermutigend: jugendlich in seiner Erscheinung mit einer tiefen Farbe, fein und elegant aufgrund seines Bouquets mit dem gut eingefügten Holzton. Er zeigt Sanftheit und einen guten Stoff, die die reife Frucht erkennen lassen.

Christine et Bruno Duhamel,
Ch. L'Hospital, 33710 Saint-Trojan,
Tel. 05.57.64.33.60, Fax 05.57.64.33.60,
E-Mail alvitis@wanadoo.fr n. V.

CH. MACAY Original 1999

■ 3 ha 18 000 11à15€

Diese Cuvée stammt von einer Parzelle, deren Trauben mit der Hand gelesen wurden. Sie zeigt sich recht bezaubernd aufgrund ihres aromatischen Ausdrucks, der hübsche Vanillenoten bietet, und aufgrund ihrer Struktur, die eine gute Länge besitzt.

Eric et Bernard Latouche, Ch. Macay,
33710 Samonac, Tel. 05.57.68.41.50,
Fax 05.57.68.35.23 n. V.

CH. MARTINAT
Vieilli en fût de chêne 1999★

■ k. A. 35 000 8à11€

Kokosnuss, Vanille und kandierte Früchte: Das Bouquet enthält noch deutlich die Spuren des Ausbaus im Barriquefass. Aber wie die dunkle, fast schwarze Farbe ankündigt, besitzt dieser Wein eine Struktur, die stark genug ist, um abwarten zu können, bis das Ganze vollständig verschmilzt.

SCEV Marsaux-Donze, Ch. Martinat,
33710 Lansac, Tel. 05.57.68.34.98,
Fax 05.57.68.35.39, E-Mail donzels@aol.com
n. V.

CH. MONTAIGUT
Vieilli et élevé en fût de chêne 2000

□ 1,8 ha 7 000 5à8€

Einer der seltenen Weißweine, die noch in der Appellation Côtes de Bourg erzeugt werden. Sauvignon, mit Muscadelle (20 %) und Sémillon (20 %) kombiniert, und die Vinifizierung haben die Buchsbaum- und Zitrusaromen geprägt. Der **im Holzfass ausgebaute rote Château Montaigut** hat ebenfalls eine lobende Erwähnung erhalten; er ist bereits einschmeichelnd.

François de Pardieu, 2, Nodeau,
33710 Saint-Ciers-de-Canesse,
Tel. 05.57.64.92.49, Fax 05.57.64.94.20
n. V.

CH. DU MOULIN-VIEUX 1998★

■ 15 ha 72 000 5à8€

Diese im Barriquefass ausgebaute Cuvée, die in nummerierten Flaschen ausgeliefert wird, ist schon wegen ihrer Produktionsmenge interessant. Das macht ihre Qualitäten nur umso wertvoller: ein Bouquet mit delikaten Düften roter Früchte über einem Holzton; ein fülliger fetter Geschmack und ein gut ausbalancierter Stoff, der von einer sorgfältigen Arbeit zeugt.

Jean-Pierre et Cédric Gorphe,
20, chem. du Moulin-Vieux, 33710 Tauriac,
Tel. 06.07.04.44.17, Fax 05.57.68.29.75
n. V.

CH. NODOZ 1999★★

■ 10 ha 60 000 8à11€

Sein schöner Keller und sein Probierraum machen diesen Cru zu einer bevorzugten Station an der Straße der «Önotouristen». Aber seine Hauptattraktion sind seine Weine, die sich mit diesem Jahrgang einmal mehr auszeichnen. Ein sehr schönes, dunkles Granatrot, ein komplexes Bouquet, das von Bitterschokolade bis zu roten Früchten reicht, eine Ansprache voller Rundheit und eine sanfte, elegante, tanninreiche Struktur: Alles vereinigt sich zu einem großen Wein, den man in vier bis fünf Jahren und dann bis 2010 oder 2012 trinken kann.

Magdeleine, Ch. Nodoz, 33710 Tauriac,
Tel. 05.57.68.41.03, Fax 05.57.68.37.34 n. V.

CH. PERTHUS 1998*

■ k. A. 48 000 5 à 8 €

Dieser Wein, der 300 m von einem der wichtigsten Schauplätze der Vorgeschichte, der Höhle Pair-Non-Pair, entfernt entstanden ist, erinnert durch seine animalischen Gerüche (Leder) auch ein wenig an die berühmten Höhlenmalereien. Aber auch wenn er die Stärke der altsteinzeitlichen Jäger besitzt, sollte er mit seinem verschmolzenen, umhüllten Charakter doch eher an angenehmere Epochen denken lassen. Die Kellerei von Tauriac, die ihn hergestellt hat, erhält für ihre Marke **Etienne de Tauriac** eine lobende Erwähnung.

Cave de Bourg-Tauriac,
3, av. des Côtes-de-Bourg, 33710 Tauriac,
Tel. 05.57.94.07.07, Fax 05.57.94.07.00,
E-Mail cave.bourg-tauriac@wanadoo.fr
Mo–Sa 9h–12h30 13h30–18h
Claire Deffarge

CH. PEYCHAUD Maisonneuve 1999*

■ 6 ha 40 000 8 à 11 €

Die Vignobles Germain präsentieren einen hübschen Wein, der eine gute aromatische Komplexität (kleine rote Früchte, Lakritze und Noten von Überreife) mit einem soliden Bau mit Fleisch und Tanninen verbindet. Man kann ihn in zwei Jahren aufmachen und dann vier Jahre lang servieren.

Vignobles Germain et Associés,
Ch. Peyredoulle, 33390 Berson,
Tel. 05.57.42.66.66, Fax 05.57.64.36.20,
E-Mail bordeaux@vgas.com n. V.

CLOS DU PIAT Cuvée Louis 1999**

■ 3,5 ha 20 000 11 à 15 €

Die Chétys, Anhänger – um nicht zu sagen Jünger – des integrierten Anbaus, wenden seine Prinzipien auf diesem kleinen Cru an, den sie 1999 erworben haben. Mit wirklichem Erfolg, wie diese sehr hübsche, im Holzfass ausgebaute Cuvée beweist. Ihre strahlend rote Farbe, ihr Bouquet, in dem Lakritze zu den schwarzen Johannisbeeren hinzukommt, ihre fruchtige Ansprache, ihre gut verschmolzenen Tannine und ihr Reichtum garantieren ihr eine sichere Zukunft. Der **Château Mercier** (Preisgruppe: 30 bis 49 F) hat eine lobende Erwähnung erhalten.

Philippe et Christophe Chéty, Ch. Mercier,
33710 Saint-Trojan, Tel. 05.57.42.66.99,
Fax 05.57.42.66.96,
E-Mail info@chateau-mercier.fr
Mo–Fr 8h–12h 14h–17h30

RELAIS DE LA POSTE 1999

■ k. A. 128 000 5 à 8 €

Dieser Cru, der seinen Namen von einer ehemaligen Umspannstelle für Postkutschenpferde von 1750 hat, präsentiert einen Wein, der im Abgang noch ein wenig streng, aber gut gebaut ist und eine schöne aromatische Komplexität besitzt (rote und schwarze Johannisbeeren, verblühte Rosen).

Vignobles Drode, Relais de la Poste,
33710 Teuillac, Tel. 05.57.64.37.95,
Fax 05.57.64.37.95 n. V.

CH. REPIMPLET
Cuvée Amélie Julien 1999**

■ 2,8 ha 18 000 8 à 11 €

Der Cru machte mit dem 96er einen großen Sprung nach vorn, aber er musste dies noch bestätigen. Mit dieser schönen Spitzencuvée, die nicht bloß für einen kleinen Kreis hergestellt wird, ist das nun auch geschafft. Sie kündigt sich mit einer dunkelroten Farbe an und entfaltet ein komplexes Bouquet, in dem Vanille reife Früchte und Gewürze unterstützt. Die reiche, feste, anhaltende Struktur, die in einen schönen Nachgeschmack mit Röstnoten mündet, führt zu dem logischen Schluss: Diese Flasche verdient eine Einkellerung. Die ausdrucksvolle, reiche **99er Hauptcuvée** (Preisgruppe: 30 bis 49 F) hat eine lobende Erwähnung erhalten.

Michèle et Patrick Touret, 4, Repimplet,
33710 Saint-Ciers-de-Canesse,
Tel. 05.57.64.31.78, Fax 05.57.64.31.78
n. V.

CH. DE ROUSSELET
Vieilli en fût de chêne 1998*

■ 2,5 ha 18 500 5 à 8 €

Ohne dass dieser Wein ein Athlet wäre, zeigt er sich interessant aufgrund seiner Ausgewogenheit und seines aromatischen Ausdrucks, der Früchte und Schokolade mischt. Der Geschmack vereint erfolgreich Holz und Frucht. Das Ganze endet in Schönheit mit einem Abgang von guter Nachhaltigkeit.

EARL du Ch. de Rousselet,
33710 Saint-Trojan, Tel. 05.57.64.32.18,
Fax 05.57.64.32.18,
E-Mail chateau.de.rousselet@wanadoo.fr
n. V.

CH. ROUSSELLE 1999*

■ k. A. k. A. 8 à 11 €

Ein hübsches Terroir, gewissenhafte Methoden der Rebenerziehung, der Traubenlese und der Vinifizierung – es fehlt an nichts, um einen eleganten, seidigen Wein hervorzubringen, der wohl ausgewogen und harmonisch ist. Seine blumigen Noten kann man genießen, ohne dass man zu lang warten müsste.

Ch. Rousselle,
33710 Saint-Ciers-de-Canesse,
Tel. 05.57.42.16.62, Fax 05.57.42.19.51,
E-Mail chateaurousselle@hotmail.com
Mo–Fr 9h–12h 14h–18h; Sa, So n. V.

CH. DE TASTE 1998

■ 15 ha 80 000 5à8€

Dieser weiche, runde Wein kommt aus der Gemeinde Lansac, einem hügeligen Landstrich. Er entfaltet Aromen voller Feinheit und Eleganz.

SCEA des Vignobles de Taste et Barrié, La Sablière, 33710 Lansac, Tel. 05.57.68.40.34

CH. TOUR DES GRAVES

Vieilli en fût de chêne 2000*

□ 0,3 ha 1 500 5à8€

Die Tradition, weiße Côtes-de-Bourg-Weine zu erzeugen, ist zwar ein wenig in Vergessenheit geraten, aber nicht ausgestorben. Daran erinnert dieser im Barriquefass vinifizierte und auf der Hefe (mit Aufrühren des Hefesatzes) ausgebaute Wein, der ein sympathisches Bouquet von Zitrusfrüchten und Vanillenoten bietet.

GAEC Arnaud Frères, Le Poteau, 33710 Teuillac, Tel. 05.57.64.32.02, Fax 05.57.64.23.94 n. V.

CH. DE VIENS 1999*

■ 23 ha 80 000 8à11€

Dieser konzentrierte, tanninreiche Wein braucht noch zwei bis drei Jahre, um harmonisch zu verschmelzen und sich zu entfalten, aber dank seiner Struktur und seines Stoffs wird er das problemlos schaffen.

Eric Merle, Château de Viens, 33710 Mombrier, Tel. 05.57.68.24.80 n. V.

Libournais

Selbst wenn es keine Appellation «Libourne» gibt, ist das Libournais durchaus eine Realität. Mit der Stadt Libourne als Zentrum und der Dordogne als Verkehrsachse hat es einen im Verhältnis zur übrigen Gironde sehr eigenständigen Charakter, weil es weniger unmittelbar von der Hauptstadt der Region abhängt. Übrigens stellt man nicht selten das Libournais dem Bordelais im eigentlichen Sinne gegenüber, indem man beispielsweise auf die nicht so protzige Architektur der «Weinschlösser» oder die Stellung der Weinhändler aus dem Departement Corrèze in Libourne verweist. Aber am stärksten unterscheidet sich das Libournais vermutlich durch die Konzentration des Weinbaugebiets, das bereits am Stadtrand beginnt und mehrere Gemeinden mit so berühmten Appellationen wie etwa Fronsac, Pomerol oder Saint-Emilion fast vollständig einbezieht. Es ist in eine Vielzahl von kleinen oder mittleren Gütern aufgesplittert. Die großen Weingüter wie im Médoc oder die großen, für die Aquitaine typischen Anbauflächen scheinen hier fast einer anderen Welt anzugehören.

Seinen eigenständigen Charakter zeigt das Weinbaugebiet auch durch seine Bestockung. Darin dominiert die Merlot-Rebe, die den Weinen Feinheit und Fruchtigkeit verleiht und es ihnen ermöglicht, gut zu altern, selbst wenn sie keine so lange Lagerfähigkeit haben wie die Weine aus Appellationen, in denen hauptsächlich Cabernet Sauvignon angebaut wird. Dafür kann man sie ein wenig früher trinken. Sie passen zu vielen Gerichten (rotes und

Libournais

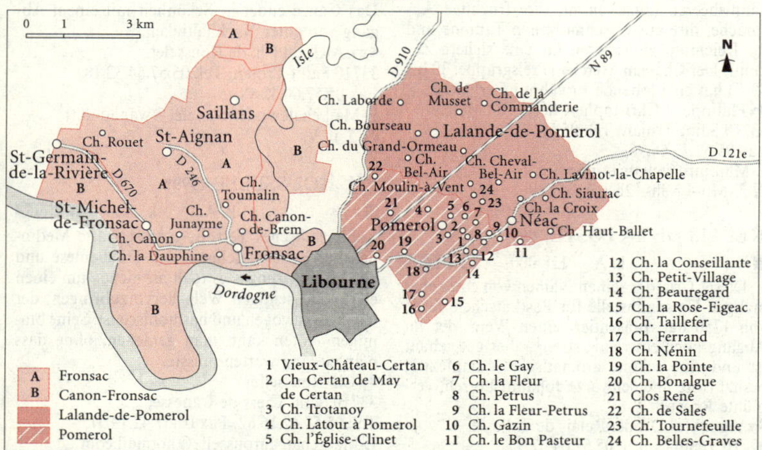

weißes Fleisch, Käse, aber auch bestimmte Fische, wie etwa Neunauge).

Canon-Fronsac und Fronsac

Das Gebiet von Fronsac, das von der Dordogne und der Isle begrenzt wird, bietet schöne, stark zerklüftete Landschaften mit zwei Anhöhen oder Hügeln, die 60 bzw. 75 m hoch sind; von dort hat man eine wunderschöne Aussicht. Als strategisch gut gelegener Ort spielte diese Region eine wichtige Rolle, insbesondere im Mittelalter und während der Zeit der Fronde (oppositionelle Bewegung gegen das absolutistische Königtum) von Bordeaux; bereits in der Zeit Karls des Großen war hier eine mächtige Festung errichtet worden. Diese Burg besteht heute zwar nicht mehr, aber dafür besitzt das Fronsadais schöne Kirchen und viele Schlösser. Das sehr alte Weinbaugebiet bringt in sechs Gemeinden Weine mit individuellem Charakter hervor, die vollständig und körperreich, dabei aber auch fein und vornehm sind. Alle Gemeinden können die Appellation Fronsac (46 138 hl im Jahre 2000) in Anspruch nehmen, aber lediglich Fronsac und Saint-Michel-de-Fronsac haben für die Weine, die an ihren Hängen (tonige Kalksteinböden auf einer Seesternkalkschicht) erzeugt werden, Anrecht auf die Appellation Canon-Fronsac (16 462 hl in 2000).

Canon-Fronsac

CH. BARRABAQUE Prestige 1998**

■ k. A. k. A. 15 à 23 €

88 |89| |90| 91 92 |94| (95) (96) **97 98**

Wo soll das nur enden mit diesem Château? Nach drei Liebeserklärungen in Folge hier eine vierte für diesen großartigen 98er – eine im Hachette-Weinführer seltene Regelmäßigkeit. Die schwarze Farbe ist prächtig; die kräftigen, komplexen Düfte sind durch reife Früchte geprägt, die perfekt mit Vanille- und Röstnoten vom Holz harmonieren. Im Mund offenbart sich das Potenzial dieses reichen, dichten Weins, der sich in der Ansprache entlädt und sich danach voller Ausgewogenheit und Feinheit entwickelt. Der sehr lang anhaltende, aromatische Abgang lässt die ganze Alterungsfähigkeit dieser Flasche erahnen.

SCEA Noël Père et Fils, Ch. Barrabaque, 33126 Fronsac, Tel. 05.57.55.09.09, Fax 05.57.55.09.00, E-Mail chateaubarrabaque@yahoo.fr Y n. V.

CH. BELLOY Cuvée Prestige 1998*

■ 1 ha 6 619 11 à 15 €

Dieses 6,85 ha große Gut, das aus der Zeit des Zweiten Kaiserreichs stammt, konnte die Tradition bewahren, hat aber gleichzeitig moderne Methoden des integrierten Anbaus und der Vinifizierung eingeführt. Diese kleine Cuvée ist sehr gelungen: granatrot mit violetten Reflexen; entstehendes Bouquet von reifen Früchten, Unterholz und Röstung; samtige, ausgewogene, tanninreiche Struktur, die sich voller Länge und Feinheit entwickelt. Warten Sie zwei bis drei Jahre, bevor Sie diese Flasche aufmachen.

SA Travers, BP 1, 33126 Fronsac, Tel. 05.57.24.98.05, Fax 05.57.24.97.79
Y n. V.
GAF Bardibel

CH. CANON 1998*

■ 1,35 ha 9 400 11 à 15 €

Dem etwas mehr als einen Hektar großen Cru im Besitz der Familie Moueix, der mit Merlot bestockt ist, gelingen immer ausgezeichnete Weine, wie etwa dieser 98er. Die Farbe ist tief und intensiv; die Aromen von reifen Früchten, Lakritze und Vanille sind elegant. Danach entwickeln sich die samtigen Tannine im Mund mit Harmonie und Feinheit bis zum komplexen, lang anhaltenden Abgang. Man darf eine Alterungsfähigkeit von mindestens vier bis sechs Jahren erhoffen.

Ets Jean-Pierre Moueix, 54, quai du Priourat, 33500 Libourne, Tel. 05.57.51.78.96

CH. CANON DE BREM 1998

■ 4,57 ha 31 000 11 à 15 €

Mit mehr als 60 % Cabernet franc zeichnet sich dieser 98er durch sehr elegante Menthol-, Leder- und Holzdüfte aus. Der in der Ansprache zarte, samtige Wein entwickelt sich danach voller Feinheit. Trinken kann man ihn in zwei bis drei Jahren.

Ets Jean-Pierre Moueix, 54, quai du Priourat, 33500 Libourne, Tel. 05.57.51.78.96

CH. CANON SAINT-MICHEL 1998*

■ k. A. 12 500 11 à 15 €

Die erste Vinifizierung für diesen jungen Erzeuger, der gerade das Gut seines Vaters übernommen hat. Das Ergebnis ist ermutigend: kräftige, strahlende Farbe, Bouquet von Tabak, Röstgeruch und Vanille und eine Tanninstruktur, die recht fruchtig (Kirsche), elegant und kräftig gebaut ist. Der konzentrierte, sehr lange Schlussgeschmack mit dem delikaten Holzton lässt eine Alterungsfähigkeit von mindestens zwei bis fünf Jahren vorhersagen.

Jean-Yves Millaire, Lamarche, 33126 Fronsac, Tel. 06.08.33.81.11, Fax 06.57.25.07.38 n. V.

CH. CASSAGNE HAUT-CANON La Truffière 1998*

■ 13 ha 39 000 11 à 15 €

86 88 **89** 90 91 |93| |94| 96 97 98

Ihren Namen hat diese Cuvée von einem Trüffelgelände mitten im Weinberg, wo die Besitzer jedes Jahr einige Trüffel ernten. Der 98er bietet eine dunkle Farbe mit granatroten Reflexen sowie feine, komplexe Aromen von kandierten roten Früchten und Unterholz mit einer etwas animalischen Note. Im Geschmack setzt er auf die Harmonie zwischen fruchtigen Tanninen und einem eleganten Holzton. Trinken kann man ihn in den nächsten fünf Jahren. Die wegen ihrer aromatischen Frische und ihrer blumigen Ausgewogenheit lobend erwähnte **klassische Cuvée** (Preisgruppe: 50 bis 69 F) ist schon jetzt trinkreif.

Jean-Jacques Dubois, Ch. Cassagne Haut-Canon, 33126 Saint-Michel-de-Fronsac, Tel. 05.57.51.63.98, Fax 05.57.51.62.20, E-Mail jjdubois@club-internet.fr n. V.

CLOS TOUMALIN 1998*

■ 4 ha 10 000 11 à 15 €

Mit 50 % Merlot kombiniert, teilen sich die beiden Cabernet-Sorten gleichgewichtig die restlichen 50 % und ergeben zusammen diesen 98er von tiefem Purpurrot. Das entstehende Bouquet erinnert an Karamell, Leder, Menthol und kandierte Früchte. Im Geschmack ist er ein charaktervoller Wein, mit samtigen Tanninen in der Ansprache, nach der er sich mit Volumen und Konzentration entwickelt. In zwei bis fünf Jahren, wenn sich der Holzton eingefügt hat, wird die Ausgewogenheit vollkommen sein.

SC Vignobles Bouyge-Barthe, Ch. Gagnard, 33126 Fronsac, Tel. 05.57.51.42.99, Fax 05.57.51.10.83 n. V.

CH. COMTE 1998*

■ 3 ha 12 000 11 à 15 €

Die auf einem kalkhaltigen Kieselboden wachsenden Merlot-Reben (98 %) haben eine sehr gute Ausrichtung auf dem Hang. Dieser Wein bietet eine intensive purpurrote Farbe und Aromen von Heidelbeere, Unterholz, Kaffee und Kakao. Die in der Ansprache kräftigen, sogar lebhaften Tannine entwickeln sich glücklicherweise mit mehr Milde und Eleganz; der Geschmack klingt in einer sehr guten Ausgewogenheit aus. Eine Flasche, die man in drei bis fünf Jahren aufmachen kann.

Françoise Roux, Ch. Lagüe, 33126 Fronsac, Tel. 05.57.51.24.68, Fax 05.57.25.98.67 n. V.

CH. COUSTOLLE 1998*

■ 20 ha k. A. 8 à 11 €

90 93 94 |95| |96| |97| 98

Das Château erzeugt regelmäßig sehr gute Weine, wie etwa diesen 98er: klare granatrote Farbe mit schillernden Reflexen, unaufdringliches, leicht würziges Bouquet von reifen roten Früchten. Die Struktur der fülligen, freigebigen Tannine macht sich im Abgang bemerkbar, dürfte sich aber nach einer zwei- bis dreijährigen Flaschenalterung beruhigen.

GFA Vignobles Alain Roux, Ch. Coustolle, 33126 Fronsac, Tel. 05.57.51.31.25, Fax 05.57.74.00.32 n. V.

CH. DU GABY 1998

■ 9,35 ha 13 968 11 à 15 €

Die Familie Khayat hat dieses Gut 1999 erworben. Also haben wir hier die Jahrgänge der alten Besitzer, die 250 Jahre lang über diesen Weinberg herrschten. Das Château hat 1998 zwei Weine erzeugt. Der erste hat ein sehr klares Bouquet von frischen roten Früchten und solide Tannine, die ein vanilleartiger Holzton zart umhüllt: ein typischer Wein, den man in zwei bis fünf Jahren trinken kann. Der zweite Wein, der **La Roche Gaby** (Preisgruppe: 50 bis 69 F) heißt, wird wegen seines fruchtigen Charakters ebenfalls lobend erwähnt, aber er besitzt sanftere Tannine und erweist sich als süffig. Er hat weniger Zukunft als sein großer Bruder und sollte in den nächsten Jahren getrunken werden.

SCEA Vignoble famille Khayat, Ch. du Gaby, 33126 Fronsac, Tel. 05.57.51.24.97, Fax 05.57.25.18.99, E-Mail chateau.du.gaby@wanadoo.fr n. V.

CH. HAUT-MAZERIS 1998*

■ 6,01 ha 39 000 11 à 15 €

Ein klassischer, aus Merlot (60 %) und den beiden Cabernet-Sorten (40 %) bestehender Rebsatz für diesen sehr gelungenen 98er. Die lebhafte Farbe zeigt hübsche rubinrote Reflexe. Die Fruchtigkeit dominiert im Bouquet, das diskrete Kakaonoten enthält. Die in der Ansprache kräftigen Tannine entwickeln sich voller Feinheit und ohne Aggressivität bis zu einem recht harmonischen Abgang. Trinken kann man ihn innerhalb von zwei bis drei Jahren.

SCEA Ch. Haut-Mazeris, 33126 Saint-Michel-de-Fronsac, Tel. 05.57.24.98.14, Fax 05.57.24.91.07 n. V.

CH. LA CROIX CANON 1998*

■ 14 ha 74 000 11 à 15 €

Mit einer Kombination von 81 % Merlot und 19 % Cabernet franc waren F. Veyssière, der Kellermeister, und Jean-Claude Berrouet, der Önologe, beim 98er dieses ideal gelegenen Châteaus erfolgreich. Die granatrote Farbe zeigt purpurrote Reflexe. Das ausdrucksvolle Bouquet erinnert an Gewürze, Früchte und Räucheraromen. Im Geschmack erweist er sich als charaktervoller Wein, der füllig und kräftig gebaut und im Abgang besonders samtig ist. Nach einer zwei- bis fünfjährigen Alterung wird die Harmonie vollkommen sein.

SCEA Ch. Bodet, Ets Jean-Pierre Moueix
54, quai du Priourat, 33500 Libourne,
Tel. 05.57.55.05.80

LA FLEUR CAILLEAU 1998**

3,6 ha 12 000 11 à 15 €

85 86 88 92 |93| |94| **95 96 98**

Das Château, das sich seit 1990 auf biologisch-dynamischen Anbau umgestellt hat, erzeugt alle Jahre ausgezeichnete Weine, die in erster Linie auf Merlot (95 %) basieren. Dieser 98er ist zwölf Monate im Barriquefass gereift: Die Farbe ist intensiv, fast schwarz. Das komplexe Bouquet wird von kandiert wirkenden Backpflaumen-, Erdnuss- und Kaffeenoten dominiert. Die in der Ansprache freigebigen, sanften Tannine erweisen sich als kräftig, reif und fett, im Schlussgeschmack vollkommen ausgewogen. Ein Wein, der erfolgreich die Frucht der Trauben und den nicht übertriebenen Barriqueausbau verbindet. Bei der Oberjury ist er auf den zweiten Platz gekommen und hat um nur eine Stimme eine Liebeserklärung verpasst. Man kann ihn in zwei bis sechs Jahren genießen, aber maßvoll!

Paul et Pascale Barre, La Grave,
33126 Fronsac, Tel. 05.57.51.31.11,
Fax 05.57.25.08.61,
E-Mail p.p.barre@wanadoo.fr n. V.

CH. LAMARCHE CANON
Candelaire 1998

4 ha 25 000 8 à 11 €

|94| 95 |96| |97| 98

Diese Cuvée, die zu 90 % von über fünfzig Jahre alten Merlot-Reben stammt und zwölf Monate in Fässern mit 400 l Inhalt ausgebaut worden ist, zeichnet sich durch einen angenehm tanninbetonten und fruchtigen Charakter und im Schlussgeschmack durch Lakritze- und Holzaromen aus. Ein typischer Wein, den man zwei bis drei Jahre altern lassen sollte.

Eric Julien, Ch. Lamarche-Canon,
33126 Fronsac, Tel. 05.57.51.28.13,
Fax 05.57.51.28.13,
E-Mail bordeaux@vgas.com
Mo–Sa 8h–12h 14h–18h

CH. LARCHEVESQUE
Cuvée Prestige 1998*

3,62 ha 5 900 11 à 15 €

Diese im Barriquefass ausgebaute Cuvée Prestige zeichnet sich durch die tiefe Intensität ihrer Farbe und durch die Aromen von Lakritze, reifen Früchten und geröstetem Holz aus. Die vollmundige Ansprache setzt sich voller Stärke und Umfang fort, auch wenn die Tannine vom Fassausbau im Abgang noch verschmelzen sollten. Ein Wein mit typischem Charakter, den man in zwei bis fünf Jahren trinken kann. Mit der gleichen, für das Libournais typischen Zusammenstellung (70 % Merlot und 30 % Cabernet franc) präsentiert dieser Cru eine nicht fassgereifte Cuvée, den **98er Château Larchevesque** (Preisgruppe: 50 bis 69 F); sie erhält eine lobende Erwähnung.

SARL Cave de Larchevesque,
1, rue Guadet, 33330 Saint-Emilion,
Tel. 05.57.24.67.78, Fax 05.57.24.71.31
tägl. 10h–12h30 13h30–19h
Viaud

CH. MAZERIS La Part des Anges 1998**

1 ha 4 000 8 à 11 €

Hergestellt worden ist diese Cuvée von einer Auswahl von zwei Parzellen mit fünfzig Jahre alten Merlot-Reben. Sie trägt einen hübschen Namen («Der Anteil der Engel») und ist beim 98er bemerkenswert. Die granatrote Farbe ist intensiv. Die komplexen Düfte von reifen Früchten, Tabak und Menthol harmonieren mit einem kräftigen, vanilleartigen Holzton. Im Geschmack dominieren Feinheit und Samtigkeit, obwohl sich die Tannine als voluminös und lang anhaltend erweisen. Man sollte ihn unbedingt in vier bis zehn Jahren probieren. Wegen ihrer aromatischen Feinheit und der Seidigkeit ihrer Tanninstruktur wird die **klassische Cuvée** lobend erwähnt; trinken kann man sie innerhalb von ein bis drei Jahren.

EARL de Cournuaud, Ch. Mazeris,
33126 Saint-Michel-de-Fronsac,
Tel. 05.57.24.96.93, Fax 05.57.24.98.25,
E-Mail p.decournuaud@wanadoo.fr
Mo–Sa 8h–13h 14h–19h

CH. MAZERIS-BELLEVUE 1998

9,4 ha 65 000 8 à 11 €

Das Château befindet sich auf dem tonigen Kalksteinhügel der Appellation, von wo aus man die Kirche Saint-Aignan bewundern kann. Ihm ist ein interessanter Wein gelungen: dunkles Purpurrot, blumiges, leicht fruchtiges Bouquet, zarte Tannine, die sich zu einer größeren Festigkeit hin entwickeln. Eine zwei- bis dreijährige Flaschenreifung erscheint notwendig.

Jacques Bussier, Ch. Mazeris-Bellevue,
33126 Saint-Michel-de-Fronsac,
Tel. 05.57.24.98.19, Fax 05.57.24.90.32,
E-Mail ch-mazeris-bellevue@wanadoo.fr
tägl. 9h–18h

CH. ROULLET 1998*

2,61 ha 10 000 8 à 11 €

Der kleine Cru, der seit Generationen von der gleichen Familie bewirtschaftet wird, präsentiert ausgezeichnete Weine, wie etwa diesen feinen, eleganten 98er, den intensive Holzgerüche prägen. Im Geschmack sind die Tannine fett und samtig; sie verkraften diesen sehr deutlich spürbaren Holzton gut und entwickeln sich mit Nachhaltigkeit und Ausgewogenheit. Ein Wein, der sich schon sehr angenehm trinken lässt, aber problemlos drei bis fünf Jahre altern dürfte.

SCEA Dorneau, Ch. La Croix,
33126 Fronsac, Tel. 05.57.51.31.28,
Fax 05.57.74.08.88,
E-Mail scea-dorneau@wanadoo.fr n. V.

CH. SAINT-BERNARD
Elevé en fût de chêne 1998★

■ 0,26 ha 2 400 5 à 8 €

Ein 26 ha großes Gut stellt diese winzige Cuvée vor, die ausschließlich aus Merlot-Trauben hergestellt worden ist. Die strahlende Farbe zeigt schöne bläulich rote Reflexe. Die Düfte von Kakao und roten Früchten mit einer Note von kandierter Backpflaume findet man in der Nase ebenso wie im Mund, im Gleichgewicht mit einer sanften, voluminösen Tanninstruktur. Ein sehr harmonischer Wein, der sich in zwei bis drei Jahren vollständig entfalten wird.

Sébastien Gaucher, 1, Nardon,
33126 Saint-Michel-de-Fronsac,
Tel. 05.57.24.90.24, Fax 05.57.24.90.24
n. V.

CH. TOUMALIN 1998★

■ 7,5 ha 48 000 8 à 11 €

94 95 **96** 98

Die Familie d'Arfeuille, die in Pomerol und Saint-Emilion Weinberge hat, vernachlässigt darüber nicht ihren Canon-Fronsac, der 75 % Merlot mit Cabernet kombiniert. Dieser sehr schöne Wein schmückt sich mit einem leicht orangerot funkelnden Rubinrot. Sein zurückhaltendes, aber elegantes Bouquet und seine sanften, runden Tannine, die sich mit Feinheit und Konzentration entwickeln, zeigen eine vollkommene Harmonie mit einem angenehm vanilleartigen Holzton. Eine Flasche, die man in zwei bis drei Jahren trinken kann.

Françoise d'Arfeuille, Ch. Toumalin,
33126 Fronsac, Tel. 05.57.51.02.11,
Fax 05.57.51.42.33 n. V.

CH. VRAI CANON BOUCHE 1998★

■ 7 ha 40 000 11 à 15 €

|90| 91 |94| |95| 96 |97| 98

Auf diesem Plateau, das sich auf Steinbrüchen befindet, probierte die Armee im 18. Jh. Kanonen aus. Heute wird hier unter ruhigeren Bedingungen Wein erzeugt, nicht ohne Erfolg, wie der 98er zeigt, der zu 90 % aus Merlot besteht: intensives Purpurrot, elegantes Bouquet von kleinen roten Früchten, Brombeere und Vanille, deutlich vorhandene Tannine, die noch konzentriert und im Abgang ein wenig fest sind. Ein Wein, der sich bei einer vier- bis fünfjährigen Lagerung entfalten muss.

Françoise Roux, Ch. Lagüe, 33126 Fronsac,
Tel. 05.57.51.24.68, Fax 05.57.25.98.67
n. V.

Fronsac

CH. BARRABAQUE 1998★

■ k. A. k. A. 8 à 11 €

Hergestellt von einem der Stars der Appellation, ein hübscher Wein, der zu 70 % von Merlot und zu 30 % von Cabernet franc stammt. Das Purpurrot ist tief. Das noch diskrete Bouquet verbindet rote Früchte und einen vanilleartigen Holzton. Die sanfte, samtige Struktur mit den Gewürznoten entwickelt sich mit Ausgewogenheit und einer guten Nachhaltigkeit. Eine für ihre Appellation typische Flasche, die man in zwei bis drei Jahren aufmachen kann.

SCEA Noël Père et Fils, Ch. Barrabaque,
33126 Fronsac, Tel. 05.57.55.09.09,
Fax 05.57.55.09.00,
E-Mail chateaubarrabaque@yahoo.fr
n. V.

CH. BOURDIEU LA VALADE 1998★★

■ k. A. k. A. 8 à 11 €

Mit einem Fuß im Canon, mit dem anderen in Fronsac – Alain Roux beherrscht sein Fach. Sein 98er glänzt mit seinem schönen Purpurrot und seinem eleganten Bouquet von reifen Früchten, Gewürzen und Röstaroma. Ein in der Ansprache sanfter Wein, der sich während seiner Entwicklung im Mund mit Stärke, Reife und großer Ausgewogenheit entfaltet. Eine für die Appellation recht typische Flasche, die man in zwei bis sechs Jahren trinken kann.

GFA Vignobles Alain Roux, Ch. Coustolle,
33126 Fronsac, Tel. 05.57.51.31.25,
Fax 05.57.74.00.32 n. V.

CLOS DU ROY Cuvée Arthur 1998★

■ 5 ha 25 000 8 à 11 €

Die ein Jahr lang im Barriquefass ausgebaute Cuvée Arthur macht heute 70 % der Produktion des Clos du Roy aus. Sie bietet eine kräftige Farbe, ein entstehendes Bouquet von reifen Früchten und Vanille und eine stattliche, ausgewogene Tanninstruktur. Der klassische Abgang, der ein wenig streng, aber sehr nachhaltig ist, berechtigt nach zwei bis fünf Jahren Lagerung zu allen Hoffnungen.

Philippe Hermouet, Clos du Roy,
33141 Saillans, Tel. 05.57.55.07.41,
Fax 05.57.55.07.45,
E-Mail hermouetclosduroy@wanadoo.fr
n. V.

CH. FONTENIL 1998

■ 9 ha 55 000 11 à 15 €

|88| |89| |(90)| 92 |93| |94| **95** 96 |97| 98

Das Château, das seit fünfzehn Jahren Dany und Michel Rolland gehört, präsentiert diesen 98er mit der tiefen, praktisch schwarzen Farbe. Die intensiven Düfte werden von Kaffee, Räucheraroma und Vanille beherrscht. Die kräftigen, robusten, sehr konzentrierten Tannine erlauben es der Frucht noch nicht, dass sie zum Ausdruck kommt, denn diese wird vom Holz erdrückt. Warten Sie unbedingt drei bis acht Jahre, bevor Sie diese Flasche öffnen.

Michel et Dany Rolland, Catusseau,
33500 Pomerol, Tel. 05.57.51.23.05,
Fax 05.57.51.66.08

CH. GAGNARD 1998★

■ 10 ha 25 000 8 à 11 €

Mit 50 % Merlot und 50 % Cabernet schafft dieser 98er erfolgreich die Ausgewogenheit, in aromatischer Hinsicht mit seinen Noten von Gewürzen und reifen Früchten und mit seinem diskreten Holzton ebenso wie bei der geschmacklichen Struktur, bei der die kräftigen, samtigen Tannine gut umhüllt und dank eines gelungenen Ausbaus verschmolzen sind. Große Nachhaltigkeit im Abgang. Dieser Wein wird sich in den nächsten fünf Jahren offenbaren.

SC Vignobles Bouyge-Barthe, Ch. Gagnard, 33126 Fronsac, Tel. 05.57.51.42.99, Fax 05.57.51.10.83 Y n. V.

CH. GRAND BARAIL 1998

■ 1 ha 7 000 5 à 8 €

Dieser von der Merlot-Rebe erzeugte Wein zeichnet sich durch ein fruchtiges (Himbeere) und würziges Bouquet aus. Seine samtigen, gut umhüllten, wenn auch im Abgang ein wenig «grünen» Tannine machen es möglich, dass man ihn aufmacht oder zwei bis drei Jahre aufhebt.

GFA Pierre Goujon, Ch. Loiseau, 33240 Lalande-de-Fronsac, Tel. 05.57.58.14.02, Fax 05.57.58.15.46 Y n. V.

HAUT-CARLES 1998**

■ 7 ha 22 000 15 à 23 €

GRAND VIN DE BORDEAUX
FRONSAC
HAUT-CARLES
1998
Mis en bouteille à la propriété
APPELLATION FRONSAC CONTRÔLÉE

Das seit dem 15. Jh. von der Geschichte geprägte Gut bestätigt seine qualitative Wiedergeburt mit dieser erneuten Liebeserklärung. Dieser Wein ist das Ergebnis einer Auswahl von ideal gelegenen Parzellen, die im Wesentlichen mit Merlot bestockt sind. Der Wein hat eine intensive granatrote Farbe und ein komplexes Bouquet von Gewürzen, geröstetem Brot, Mokka und schwarzen Früchten. Die runden, samtigen Tannine sind sehr reif und bemerkenswert ausgewogen und entwickeln sich mit viel Feinheit und aromatischem Reichtum. Eine Ausnahmeflasche, die man für zwei bis sechs Jahre im Keller vergessen muss. Die andere Cuvée, der **98er Château de Carles** (Preisgruppe: 30 bis 49 F), hat für ihre Frucht und ihre Gesamtharmonie einen Stern erhalten; man kann ihn innerhalb von zwei bis drei Jahren trinken.

SCEV Ch. de Carles, Ch. de Carles, 33141 Saillans, Tel. 05.57.84.32.03, Fax 05.57.84.31.91 Y n. V.

CH. HAUT LARIVEAU 1998

■ 6,5 ha 30 000 11 à 15 €

89 |90| 91 92 |93| |94| 95 96 |97| |98|

Dieses Gut rührt von den Überresten eines Herrenhauses aus dem 12. Jh. her. Es erzeugt einen Wein, der ausschließlich von der Merlot-Rebe stammt. Die rubinrote Farbe zeigt ziegelrote Reflexe. Das ätherisch leichte Bouquet erinnert an Kaffee und Räucheraromen. Er besitzt Tannine, die in der Ansprache lebhaft sind und sich am Ende des Geschmacks als fetter erweisen, wobei sie der Holzton gut ausgleicht. Trinken kann man ihn in den nächsten drei bis vier Jahren.

B. et G. Hubau, Ch. Haut-Lariveau, 33126 Saint-Michel-de-Fronsac, Tel. 05.57.51.14.37, Fax 05.57.51.53.45 Y n. V.

CH. HAUT-MAZERIS 1998*

■ 4,94 ha 37 000 11 à 15 €

Er bietet ein kräftiges Granatrot, das mit ziegelroten Reflexen glänzt, und ein frisches, fruchtig-pfeffriges Bouquet sowie eine Veilchennote. Im Geschmack entwickeln sich die intensiven, seidigen Tannine mit viel Frucht (Brombeere), wobei sie Feinheit und Stärke verbinden und diesen Wein alterungsfähig machen (drei bis fünf Jahre).

SCEA Ch. Haut-Mazeris, 33126 Saint-Michel-de-Fronsac, Tel. 05.57.24.98.14, Fax 05.57.24.91.07 Y n. V.

CH. JEANDEMAN La Chêneraie 1998*

■ 4 ha 16 000 8 à 11 €

Das Château befindet sich auf dem höchsten Punkt der Appellation; es stellt eine zwölf Monate im Barriquefass ausgebaute Cuvée vor. Ihre rubinrote Farbe ist intensiv; ihre Aromen von Gewürzen, Gewürzkräuten und schwarzer Johannisbeere mit einer unaufdringlichen Holznote sind gefällig. Die sehr ausdrucksvollen und sehr reifen Tannine harmonieren vollkommen mit dem Ausbau im Holzfass, der im Abgang ein wenig hervortritt. Eine Flasche, die man trinken oder zwei bis fünf Jahre lang aufheben kann. Die **klassische Cuvée** (Preisgruppe: 30 bis 49 F), die nicht im Fass gereift ist, kann man wegen ihrer Reife und ihrer guten Ausgewogenheit schon jetzt genießen.

Roy-Trocard, Ch. Jeandeman, 33126 Fronsac, Tel. 05.57.74.30.52, Fax 05.57.74.39.96, E-Mail roy.trocard@vnumail.com Y n. V.

CH. LA BRANDE 1998*

■ 3 ha 23 000 8 à 11 €

La Brande liegt an der Grenze der beiden Gemeinden Galgon und Saillans. Dort endeten, wie man uns erzählte, die Prozessionen der beiden Dörfer, die ihren Abschluss gewohntermaßen in einer Prügelei zwischen Gascognern und *Gabays* (Nordfranzosen) fanden. Sie werden hier nicht nur diese Cuvée finden, sondern auch den lobend erwähnten **98er Château Moulin de Reynaud** (Preisgruppe: 70 bis 99 F). Beide sind fruchtige, würzige Weine mit feinem Holzton, die eine deutliche, ausgewogene, wenn auch im Abgang ein wenig einfache Struktur besitzen. Zwei Flaschen, die man in zwei bis drei Jahren schätzen kann.

Vignoble Béraud, La Brande, 33141 Saillans, Tel. 05.57.74.36.38, Fax 05.57.74.38.46 Y tägl. 9h–12h 13h30–19h; Gruppen n. V.

CH. LA CROIX LAROQUE 1998

■ 12 ha 50 000 8 à 11 €

Dieses kleine Familiengut präsentiert einen angenehmen 98er mit delikaten Aromen von Geräuchertem, Ganachecreme (aus Butter, Rahm und Sauce) und Vanille. Er ist in der Ansprache lebhaft und entwickelt sich mit viel Stoff, aber auch mit einer gewissen Strenge und Festigkeit im Abgang, die zwei bis vier Jahre Lagerung benötigen.

Guy Morin, Ch. La Croix-Laroque, 33126 Fronsac, Tel. 05.57.51.24.33, Fax 05.57.51.64.23 tägl. 9h–20h

CH. DE LA DAUPHINE 1998*

■ 9 ha 59 000 11 à 15 €

Das sehr schöne kleine Landhaus herrscht über einen Weinberg, in dem Merlot regiert (93 %). Dieser karminrote Wein besitzt intensive Aromen von Leder, roten Früchten, Vanille und Kakao. Im Mund sind die Tannine füllig und voluminös, die durch einen eleganten Holzton gut ausbalanciert werden. Eine Flasche, die eine Reifung von zwei bis drei Jahren braucht, um sich zu entfalten.

Ets Jean-Pierre Moueix, 54, quai du Priourat, 33500 Libourne, Tel. 05.57.51.78.96

CH. LA GARDE Elevé en fût de chêne 1998

■ 1,73 ha 6 000 8 à 11 €

Dieser 1997 erworbene kleine Cru verdient Aufmerksamkeit für seinen 98er: strahlendes Rubinrot, elegantes Bouquet von Gewürzen, Blüten und roten Früchten. Die sanfte, ausgewogene Struktur ist schon angenehm, aber der Abgang zeigt seine Tannine! Ein Wein, den man ein bis zwei Jahre aufheben muss. Die im Tank ausgebaute **klassische Cuvée 1998** ist ebenfalls lobend erwähnt worden; sie wird die Freunde von weichen, fruchtigen Weinen erfreuen und ist schon trinkreif.

Ronald Wilmot, La Fontenelle, 33240 Lugon, Tel. 05.57.84.82.13, Fax 05.57.84.84.17 n. V.

CH. LA GRAVE 1998*

■ 3,7 ha 15 000 8 à 11 €

Der Wein stammt von einem nach biologisch-dynamischen Prinzipien angebauten Weinberg, was im Bordelais noch ziemlich selten vorkommt. Das Ergebnis ist interessant: tiefes Kirschrot, Himbeer-, Veilchen- und Pfefferdüfte, die ein leichter Holzton verstärkt. Ein in der Ansprache fetter, intensiver Wein, der sich mit Stärke und Feinheit zugleich entwickelt, aber Zeit braucht, um sich vollständig zu entfalten, mindestens drei bis fünf Jahre.

Paul et Pascale Barre, La Grave, 33126 Fronsac, Tel. 05.57.51.31.11, Fax 05.57.25.08.61, E-Mail p.p.barre@wanadoo.fr n. V.

CH. DE LA HUSTE 1998*

■ 5 ha 29 000 11 à 15 €

Das Gut, das seit 1860 im Besitz der Familie ist, erzeugt gewohntermaßen ausgezeichnete Weine, wie etwa diesen 98er, dessen intensives Rubinrot schwarze Reflexe durchziehen. Die ausdrucksvollen Aromen von roten Früchten harmonieren mit Noten von getoastetem Holz. Im Geschmack erweist er sich als voluminöser, kräftiger Wein, der dennoch im Abgang eine sehr elegante, fruchtige Feinheit bewahrt. Eine Flasche, die man in zwei bis fünf Jahren trinken kann. Vom gleichen Erzeuger erhält der **98er Château Dalem** (Preisgruppe: 100 bis 149 F) einen Stern. Eines der herausragenden Weingüter im Gebiet von Fronsac.

Michel Rullier, Ch. de la Huste, 33141 Saillans, Tel. 05.57.84.34.18, Fax 05.57.74.39.85 n. V.

CH. DE LA RIVIERE 1998*

■ 59 ha 200 000 11 à 15 €

Dieses wunderschöne Château, das im 16. Jh. errichtet und später umgebaut wurde, überragt das Tal der Dordogne. Es verdient einen Besuch, damit man die Lage bewundern und auch den qualitativen Neubeginn seiner Weine würdigen kann, den dieser purpurrote, violett schimmernde 98er mit den Aromen von Leder, reifen, leicht kandierten Früchten (Kirsche) und Geröstetem bezeugt. Im Geschmack macht die Sanftheit der Ansprache einer kräftigen, lang anhaltenden Struktur Platz, die noch ein wenig vom Holzton dominiert wird. Die Harmonie wird in zwei bis fünf Jahren vollkommen sein.

SA Ch. de La Rivière, BP 50, 33126 Fronsac, Tel. 05.57.55.56.56, Fax 05.57.24.94.39, E-Mail info@chateau-de-la-riviere.com n. V.

Jean Leprince

CH. LA ROUSSELLE 1998**

■ 4,2 ha 15 200 11 à 15 €

|88| |89| |90| 91 92 |93| 94 (95) 96 |97| **98**

Nachdem das Gut im 19. Jh. seine Glanzzeit hatte, wird es seit dreißig Jahren umfassend renoviert, im Weinberg ebenso wie in den Kellern. Das Ergebnis ist großartig, wie dieser intensiv granatrote 98er mit den bläulich roten Reflexen belegt, der kräftige Düfte von Gewürzen (Pfeffer, Ingwer), roten Früchten, Vanille und Kakao entfaltet. Im Geschmack wird der Eindruck von «Fett» und Volumen durch eine sehr schöne Ausgewogenheit verstärkt, wobei die harmonischen Tannine im Abgang auftauchen. Eine Flasche, die man erst in drei bis acht Jahren aufmachen sollte.

Jacques et Viviane Davau, Ch. La Rousselle, 33126 La Rivière, Tel. 05.57.24.96.73, Fax 05.57.24.91.05 Mo–Sa 9h–12h 14h–18h

CH. LA VIEILLE CROIX Cuvée DM 1998**

■ 5 ha 30 000 8 à 11 €

Die Buchstaben «DM» stehen im Giebeldreieck des Châteaus; von ihnen hat diese Cuvée ihren Namen. Sie stammt von einem Tonboden mit Kalksteinuntergrund, wobei die Lage ganz nach Süden ausgerichtet ist. Die intensive Farbe dieses 98ers strahlt mit rubinroten Reflexen. Die Kaffee-, Röst- und Vanilledüfte dominieren

noch. Die sehr jungen Tannine, die in der Ansprache ein wenig lebhaft sind, entwickeln sich danach mit mehr Rundheit, «Fett» und Volumen. Im Abgang offenbart sich der Wein vollständig, indem er viel Ausgewogenheit und Fülle zeigt. Eine prächtige Cuvée, die man in drei bis sechs Jahren trinken kann.
SCEA de La Vieille Croix, La Croix, 33141 Saillans, Tel. 05.57.74.30.50, Fax 05.57.84.30.96 n. V.
Isabelle Dupuy

CH. LA VIEILLE CURE 1998**

20 ha 60 000 15 à 23 €
|88| |89| |90| 91 92 93 |94| 95 |96| 97 98

Das Château besitzt ein ausgezeichnetes Terroir an den Hängen von Saillans; es wird im Hachette-Weinführer regelmäßig ausgezeichnet und erhält für den 98er eine Liebeserklärung. Das intensive Purpurrot zeigt strahlende rubinrote Reflexe. Das kräftige Bouquet verbindet schwarze Früchte, Vanille, Röstaroma sowie eine sehr angenehme mineralische Note. Der ebenso kräftige Geschmack, der fleischig, fett und aufgrund seines Ausbaus im Holzfass noch ein wenig verschlossen ist, lässt ein sehr großes Alterungspotenzial erkennen (mindestens vier bis acht Jahre). Der Zweitwein, der **98er Château Coutreau** (Preisgruppe: 50 bis 69 F), wird wegen seiner Frucht und seiner Rundheit lobend erwähnt; er ist trinkreif.
SNC Ch. La Vieille Cure, 1, Coutreau, 33141 Saillans, Tel. 05.57.84.32.05, Fax 05.57.74.39.83, E-Mail vieillecur@aol.com n. V.
M. Ferenbach

CH. LES ROCHES DE FERRAND Elevé en fût de chêne 1998

5 ha 30 000 8 à 11 €

Dieses Château, das sich seit vielen Generationen im Besitz der gleichen Familien befindet, zeichnet sich im Hachette-Weinführer durch die Qualität seiner Weine aus. Der 98er erinnert in seinem kräftigen Granatrot an schwarze Kirsche, Moschus und Ingwer. Die Tannine sind fett und samtig und danach im Abgang ein wenig bitter. Ein Wein, der ein bis drei Jahre Lagerung erfordert.
Rémy Rousselot, Ch. Les Roches de Ferrand, Huchat, 33126 Saint-Aignan, Tel. 05.57.24.95.16, Fax 05.57.24.91.44 n. V.

CH. LES TROIS CROIX 1998**

13,71 ha 72 000 15 à 23 €

Nach zwei Liebeserklärungen hintereinander für den 96er und den 97er hätte das Gut, Preisträger der Silbernen Weintraube im Hachette-Weinführer 2001, fast eine dritte erhalten, denn bei der Oberjury fehlte ihm nur eine Stimme. Dieser 98er ist dennoch prächtig in seinem intensiven Purpurrot mit den schwarzen Reflexen und mit seinen kräftigen, komplexen Aromen von kandierten Früchten, Kakao, Röstung und Zimt. Seine dichte, samtige Tanninstruktur bezeugt eine große Reife der Trauben. Der harmonische, sehr lang anhaltende Abgang ist das Kennzeichen eines sehr großen Weins auf dem Gipfel seiner Appellation.
Famille Patrick Léon, Ch. Les Trois Croix, 33126 Fronsac, Tel. 05.57.84.32.09, Fax 05.57.84.34.03 n. V.

CH. MANIEU 1998*

4,24 ha 27 000 11 à 15 €

Das auf einem tonig-kalkigen Molasseboden angelegte Gut, das zu 95 % mit Merlot bestockt ist, stellt einen interessanten 98er vor: strahlendes Rubinrot, ausdrucksvolle Düfte von schwarzer Johannisbeere, Pflaume und geröstetem Brot, freimütige, gut strukturierte Tannine, die sich mit Feinheit und Nachhaltigkeit entwickeln. Ein Wein, der in drei bis fünf Jahren sehr angenehm sein wird.
Ch. Manieu, La Rivière, 33126 Fronsac, Tel. 05.57.24.92.79, Fax 05.57.24.92.78 Mo–Fr 10h30–12h 14h30–18h
Frau Léon

CH. MAYNE-VIEIL Cuvée Aliénor 1998*

3 ha 20 000 8 à 11 €

Die im Barriquefass ausgebaute Cuvée Aliénor ist eine drei Hektar Merlot umfassende Auswahl von den 45 Hektar, die das Gut umfasst. Der 98er zeichnet sich besonders durch eine tiefe, strahlende granatrote Farbe und komplexe Aromen von Früchten, Gewürzen, Unterholz und Vanille aus. Die in der Ansprache fetten Tannine erweisen sich danach als kräftig und ausgewogen und halten im Abgang sehr lang an. Eine Flasche, die man in zwei bis fünf Jahren genießen kann. Die **Hauptcuvée** (Preisgruppe: 30 bis 49 F) wird wegen ihrer Aromen von reifen Früchten und wegen ihrer sehr klassischen Struktur ohne Stern lobend erwähnt; sie ist schon jetzt trinkreif.
SCEA du Mayne-Vieil, 33133 Galgon, Tel. 05.57.74.30.06, Fax 05.57.84.39.33, E-Mail mayne-vieil@aol.com n. V.
Familie Sèze

CH. MOULIN HAUT-LAROQUE 1998*

15 ha k. A. 15 à 23 €
86 |88| (89) |90| 91 92 |93| |94| 95 96 97 98

Das Château ist seit dem 16. Jh. im Besitz der gleichen Familie – eine Tatsache, die selten genug vorkommt, um hier vermerkt zu werden. Dank seines ausgezeichneten Terroir und eines unbestreitbaren Könnens des Besitzers erzeugt es regelmäßig sehr gute Weine. Das komplexe Bouquet dieses 98ers erinnert an kandierte, sehr

reife Früchte, Vanille und geröstetes Brot. Die sanften, fetten Tannine, die von einem nicht übermäßig starken Holzton gut umhüllt werden, halten lang an. Die ausgewogene Struktur lässt eine schöne Zukunft vorhersehen (mindestens drei bis acht Jahre).
Jean-Noël Hervé, Ch. Cardeneau, 33141 Saillans, Tel. 05.57.84.32.07, Fax 05.57.84.31.84, E-Mail hervejnoel@aol.com n. V.

CH. PETRARQUE 1998

1,5 ha 7 800 8 à 11 €

Das Château trägt den Namen des italienischen Dichtes Petrarca, der im 14. Jh. in seinen Sonetten seine Geliebte Laura di Noves pries. Sie werden dort einen erstklassigen Wein von dichter, fast schwarzer Farbe finden, mit einem delikaten Bouquet von Veilchen, Vanille und Lakritze. Die fülligen, fleischigen Tannine entwickeln sich mit Feinheit, haben aber keine große Nachhaltigkeit. Eine Flasche, die man innerhalb von ein bis drei Jahren trinken kann.
GFA Chabiran, 1, av. de la Mairie, 33500 Néac, Tel. 05.57.51.08.36, Fax 05.57.25.93.44 n. V.

CH. PUY GUILHEM 1998*

7 ha 44 000 11 à 15 €

Das Château wurde 1995 von Annie und Jean-François Enixon gekauft, die seitdem ihren ganzen Mut und ihr Können einsetzen, um dieses sehr schöne Terroir wieder zu nutzen. Dieser 98er, der sich mit einem intensiven Granatrot schmückt, besitzt ein ausdrucksvolles Bouquet von roten Früchten, Pfeffer, Vanille und Röstaromen und umhüllte Tannine, die sehr typisch und noch ein wenig vom Holz geprägt sind. In zwei bis sechs Jahren wird die Ausgewogenheit perfekt sein. Der Zweitwein, der **98er Château Puy Saint Vincent** (Preisgruppe: 50 bis 69 F), erhält eine lobende Erwähnung für seine aromatische Frische und seine harmonische Struktur, die ihn schon trinkreif macht.
SCEA Ch. Puy Guilhem, 33141 Saillans, Tel. 05.57.84.32.08, Fax 05.57.74.36.45 n. V.
Herr und Frau J.-F. Enixon

CH. RENARD MONDESIR 1998*

7 ha 24 000 11 à 15 €

|93| |94| |95| 96 |97| 98

Dieser aus 95 % Merlot hergestellte 98er verdient, dass man sich für seine intensive, klare Farbe, sein offenes, gefälliges Leder-, Gewürz- und Vanillebouquet und seine kräftige, ausgewogene Struktur interessiert. Im Schlussgeschmack ist der aromatische Ausdruck noch intensiver. Das ist ein Wein, der hinzugewinnt, wenn er zwei bis fünf Jahre altert.
Xavier Chassagnoux, Ch. Renard, La Rivière, 33126 Fronsac, Tel. 05.57.24.96.37, Fax 05.57.24.90.18, E-Mail chateau.renard.mondesir@wanadoo.fr n. V.

CH. RICHELIEU 1998*

12,5 ha 25 000 8 à 11 €

Wie sein Name andeutet, gehörte dieses Château der Familie de Richelieu, insbesondere dem Marschall de Richelieu, einem Neffen des Kardinals, der am Hofe Ludwigs XIV. «Fronsac» genannt wurde. Sie werden dort einen schönen 98er finden, der in aromatischer Hinsicht (in erster Linie rote Früchte und Vanille) konzentriert und im Geschmack kräftig ist, mit einem Abgang, der noch vom Eichenholz geprägt ist. Damit er sanft wird und verschmilzt, braucht er eine Reifung von zwei bis fünf Jahren in einem guten Keller.
EARL Ch. Richelieu, 1, chem. du Tertre, 33126 Fronsac, Tel. 05.57.51.13.94, Fax 05.57.51.13.94
tägl. 9h30–12h30 14h–18h

CH. ROUET 1998

k. A. k. A. 11 à 15 €

Dieses Château, das seit Ende des 18. Jh. der gleichen Familie gehört, hat einen frischen 98er erzeugt, der recht fruchtig ist (rote Johannisbeere, Himbeere). Intensive, ein wenig «wilde» Tannine brauchen ein wenig Lagerung, um zu verschmelzen.
Patrick Danglade, Ch. Rouet, 33240 Saint-Germain-la-Rivière, Tel. 05.57.84.40.24, Fax 05.56.48.14.10 n. V.

CH. ROUMAGNAC LA MARECHALE 1998*

4,93 ha 22 500 5 à 8 €

93 |94| 95 96 97 98

Dieses Familiengut besitzt eine ideale Lage an Hängen, die in Südsüdost-Ausrichtung das Tal der Dordogne überragen. Es verdient auch wegen seiner Weine einen Besuch: Den 98er prägen Düfte von Unterholz, geröstetem Holz und Pfeffer und eine voluminöse Tanninstruktur, die recht typisch und sehr ausgewogen ist. Ein Wein, der sich innerhalb von zwei bis fünf Jahren vollständig entfalten wird.
SCEA Pierre Dumeynieu, Roumagnac, 33126 La Rivière, Tel. 05.57.24.98.48, Fax 05.57.24.90.44 n. V.

CH. STEVAL 1998

2,04 ha 1000 8 à 11 €

Was man als «Garagenwein» bezeichnet, denn im Bordelais ist es im Unterschied zu Burgund selten, dass man nur tausend Flaschen produziert. Dieser sortenrein von der Merlot-Rebe hergestellte 98er verdient Aufmerksamkeit für sein entstehendes Bouquet von Gewürzen und geröstetem Brot und für seine Struktur, die gut ausbalanciert, aber noch von seinem Ausbau im Barriquefass geprägt ist. Die Harmonie dürfte nach einer zwei- bis dreijährigen Alterung erreicht sein.
Sébastien Gaucher, 1, Nardon, 33126 Saint-Michel-de-Fronsac, Tel. 05.57.24.90.24, Fax 05.57.24.90.24 n. V.

CH. TOUR DU MOULIN
Cuvée particulière 1998★

■ 7 ha 10 000 11 à 15 €

Diese Cuvée particulière, die ein intensives, strahlendes Granatrot zeigt, bietet ein ausdrucksvolles Bouquet von Karamell, Feige, Vanille und Backpflaume. Im Geschmack entwickeln sich die frischen, konzentrierten Tannine mit «Fett», Harmonie und viel Länge. Das ist ein fast trinkreifer Wein, der aber zwei bis fünf Jahre altern kann. Die **98er Hauptcuvée** (Preisgruppe: 50 bis 69 F) sieht sich ebenfalls mit einem Stern bedacht: Sie ist im Augenblick fruchtiger und sehr typisch für einen Fronsac und ebenfalls trinkreif.

SCEA Ch. Tour du Moulin, Le Moulin, 33141 Saillans, Tel. 05.57.74.34.26, Fax 05.57.74.34.26 Y n. V.

J. und V. Dupuch

CH. VILLARS 1998★

■ 20 ha 117 000 11 à 15 €

Dieses Château, Gründungsmitglied von «Expression de Fronsac», einem Verein, der einige der besten Weingüter der Appellation umfasst, erzeugt ausgezeichnete Weine. Hier ist die rubinrote Farbe intensiv. Die konzentrierten, kräftigen Aromen erinnern an Gewürze, reife Früchte und Vanille. Die samtigen, eleganten Tannine werden von einem spürbaren, aber gut dosierten Holzton verstärkt. Ein lagerfähiger Wein, den man in drei bis acht Jahren trinken kann. Der **98er Château Moulin Haut Villars** (Preisgruppe: 50 bis 69 F) erhält für seine fruchtige Intensität und seine wirklich klassische Struktur eine lobende Erwähnung. Trinken kann man ihn innerhalb von ein bis zwei Jahren.

Jean-Claude Gaudrie, Villars, 33141 Saillans, Tel. 05.57.84.32.17, Fax 05.57.84.31.25, E-Mail chateau.villars@wanadoo.fr Y n. V.

Pomerol

Mit rund 800 ha ist Pomerol eine der kleinsten Appellationen der Gironde und hinsichtlich seiner Bauwerke eine der bescheidensten.

Die im 19. Jh. aufgekommene Mode der in einem eklektizistischen Baustil errichteten «Weinschlösser» scheint die Bewohner von Pomerol nicht verführt zu haben, die ihren ländlichen oder bürgerlichen Wohnhäusern treu geblieben sind. Trotzdem besitzt die Appellation zweifellos den «Ahnherrn» aller Weinschlösser der Gironde, Château de Sales (17. Jh.), und eines der zauberhaftesten Bauwerke des 18. Jh, Château Beauregard, das die Guggenheims auf ihrem New Yorker Anwesen auf Long Island nachgebaut haben.

Diese Bescheidenheit im Baustil passt zu einer AOC, zu deren eigentümlichem Charakter es gehört, dass sie eine Art «dörfliche Republik» bildet, in der jeder Bewohner versucht, die Harmonie und den Zusammenhalt der Gemeinschaft zu bewahren – ein Bemühen, das erklärt, warum die Erzeuger hinsichtlich der Richtigkeit einer Klassifizierung der Crus immer zurückhaltend geblieben sind.

Die Qualität und der besondere Charakter der Terroirs hätten eine offizielle Anerkennung des Werts der Weine dieser Appellation gerechtfertigt. Wie alle berühmten Anbaugebiete ist auch das von Pomerol durch die Tätigkeit eines Flusses entstanden, nämlich der Isle, die damit begann, die Kalksteintafel abzutragen und hier wahllos Kiesschichten abzulagern, mit denen sie sich im Verlauf ihrer Erosionstätigkeit beladen hatte. Das Ergebnis ist eine komplizierte Verschachtelung von Kies oder Kiesgeröll, die aus dem Zentralmassiv stammen. Die Komplexität der Lagen erscheint unentwirrbar; man kann jedoch vier große Einheiten unterscheiden: im Süden, in Richtung Libourne, eine sandige Zone; bei Saint-Emilion Kies auf Sand oder Ton (ein Boden, der dem auf der Hochfläche von Figeac ähnelt); im Zentrum der AOC Kies auf oder manchmal (Petrus) auch unter dem Ton; im Nordosten und Nordwesten schließlich feinerer Kies mit höherem Sandanteil.

Trotz dieser Vielfalt zeigen die Pomerol-Weine eine ähnliche Struktur. Sie sind sehr bouquetreich und verbinden Rundheit und Sanftheit mit einer echten Stärke, so dass sie lang altern können, obwohl man sie schon ziemlich jung trinken kann. Dieser Charakter eröffnet ihnen eine breite Palette von Gerichten, zu denen sie passen; man kann sie ebenso zu verfeinerten Gerichten wie auch zu sehr einfachen Gerichten trinken. 2000 erzeugte die Appellation 36 922 hl.

CH. BEAUCHENE 1998**

■ 4,7 ha 20 000 ⏸ 23 à 30 €

(95) 96 **97 98**

Der Cru präsentiert alle Jahre eine schöne Auswahl von alten Merlot-Reben, die von einem an Eisenoxiden reichen tonigen Kiestonboden stammt und hervorragend vinifiziert und ausgebaut worden ist. Mit seiner schönen schwarzen Farbe mit purpurroten Reflexen bringt dieser 98er Stärke und Harmonie zum Ausdruck. Das reiche, recht offenherzige Bouquet verbindet die Aromen von reifen Früchten mit einem herrlichen gerösteten und verbrannten Holzton. Der Geschmack ist rassig, mit einem dichten, fleischigen, kräftig gebauten, nachhaltigen Stoff. Ein großer Wein zum Lagern.

🔑 Charles Leymarie et Fils,
SCEA Clos Mazeyres, BP 132,
33502 Libourne Cedex, Tel. 05.57.51.07.83,
Fax 05.57.51.99.94,
E-Mail leymarie@ch-leymarie.com

CH. BEAUREGARD 1998**

■ 12 ha 60 000 ⏸ 38 à 46 €

75 78 81 (82) 83 84 85 86 |88| 89 |90| 92 **|93| |94|** **95 96 97** (98)

Beauregard, eines der bezauberndsten kleinen Bordelais-Landhäuser aus dem 18. Jh., erhielt seine erste Liebeserklärung im letzten Jahr für einen schwierigen Jahrgang; dieses Jahr schafft es die gleiche Leistung mit einem klassischeren Jahrgang. Dieser 98er besitzt alles, wonach man in einem großen Pomerol sucht: ein schönes, dunkles Bordeauxrot, das fast schwarz erscheint; eine lange Abfolge von Aromen in der Nase: reife schwarze Früchte, feines Eichenholz, Zimt, Vanille, Leder und Trüffel; einen Geschmack mit einem sanften, fetten, rassigen Charakter, der eine schöne Harmonie zwischen Trauben und Holz bietet. Diesen Wein kann man über einen langen Zeitraum genießen (fünf bis zwanzig Jahre). Der Zweitwein, der **98er Benjamin de Beauregard** (Preisgruppe: 100 bis 149 F), erhält einen Stern. Seine eleganten Tannine werden in drei bis vier Jahren samtig werden.

🔑 SCEA Ch. Beauregard, 33500 Pomerol,
Tel. 05.57.51.13.36, Fax 05.57.25.09.55,
E-Mail beauregard@dial.oleane.com ☑ Y n. V.

CH. BEAU SOLEIL 1998*

■ 3,5 ha 19 500 ⏸ 30 à 38 €

Dieser kleine Cru, bei dem Merlot dominiert (unterstützt durch 5 % Cabernet Sauvignon), ist auf Sand und feinem Kies angelegt. Der 98er präsentiert sich in einem dunklen Granatrot, das einen entwickelten Rand zeigt. Das Bouquet entfaltet überreife Früchte, Konfitüre und Schokolade, die ein hübscher Holzton mit Röstaroma bereichert. Der Geschmack ist kräftig, rund und wohl ausgewogen, mit spürbaren, aber verschmolzenen Tanninen und einer langen aromatischen Nachhaltigkeit. Zwei bis drei Jahre aufheben, damit er sich stärker entfaltet.

🔑 Anne-Marie Audy-Arcaute, Ch. Jonqueyres,
33750 Saint-Germain-du-Puch,
Tel. 05.56.68.55.88, Fax 05.56.68.55.77,
E-Mail info@chateau-beausoleil.fr ☑

CH. BELLEGRAVE 1998**

■ 7 ha 40 000 ⏸ 15 à 23 €

88 89 91 92 |93| |94| |95| |96| **|97| 98**

Ein Cru, den Jean-Marie Bouldys Vater 1951 kaufte. Dieser 98er von sehr schöner Machart, der drei Viertel Merlot und ein Viertel Cabernet franc kombiniert, hat eine intensive granatrote Farbe. Der Duft entfaltet, wenn man den Wein im Glas schwenkt, Aromen von vollreifen roten und schwarzen Früchten, die sich auf angenehme Weise mit einem feinen, würzigen Holzton vereinigen. Der füllige, kräftige Geschmack enthüllt fleischige, fette Tannine, die im Abgang lang anhalten, mit einer sehr schönen Wiederkehr der Aromen.

🔑 Jean-Marie Bouldy, Lieu-dit René,
33500 Pomerol, Tel. 05.57.51.20.47,
Fax 05.57.51.23.14 ☑ Y n. V.

CH. BONALGUE 1998*

■ 5,5 ha 22 000 ⏸ 23 à 30 €

85 **|86|** |88| |89| |90| |93| |94| **95** 96 97 98

Dieser 98er stammt in erster Linie von Merlot-Reben, die – ergänzt durch 15 % Cabernet franc – auf Böden angepflanzt sind, die Sand, Ton und Kies vermengen. Er ist sehr farbintensiv, granatrot getönt, und besitzt ein holzbetontes, würziges Bouquet, das elegant und rassig ist, mit einer echten Vornehmheit der Aromen. Der in der Ansprache ölige, fette Wein entwickelt sich mit einer festen, kräftigen Tanninstruktur bis zu einem harmonischen, lang anhaltenden Abgang. Ein sehr guter, lagerfähiger Wein.

🔑 SA Pierre Bourotte, 62, quai du Priourat,
33500 Libourne, Tel. 05.57.51.62.17,
Fax 05.57.51.28.28,
E-Mail jeanbaptiste.audy@wanadoo.fr Y n. V.

CH. BOURGNEUF-VAYRON 1998

■ 9 ha 41 000 ▮⏸🌡 30 à 38 €

|89| |90| 91 93 94 **95** 96 97 98

Das Gut liegt auf tonigen Kiesböden und ist mit Merlot bestockt, durch 10 % Cabernet franc ergänzt. Es präsentiert einen granatroten Wein mit noch zurückhaltendem Geruchseindruck, in dem man im Augenblick nur animalische und würzige Noten sowie einen leichten Holzton wahrnimmt. Der Geschmack ist stark

strukturiert und konzentriert. Ein wenig feste, strenge Tannine benötigen eine lange Lagerung, damit sie sich beruhigen.
Xavier Vayron, Ch. Bourgneuf-Vayron, 1, le Bourg-Neuf, 33500 Pomerol, Tel. 05.57.51.42.03, Fax 05.57.25.01.40 n. V.

CH. CANTELAUZE 1998*

1 ha 3 900 30 à 38 €

92 94 95 |96| 98

«Cantelauze», okzitanisch für «singt der Vogel» – das ist der Name, den Jean-Noël Boidron, ein im Bordelais wohl bekannter Önologe, seinem kleinen Pomerol-Gut gegeben hat. Er dachte dabei an die Lerche, die man hier bei der Traubenlese singen hört. Sein 98er ist sehr gelungen. Die Farbe erinnert an schwarze Bigarreau-Kirschen. Das Bouquet verlangt ein wenig Belüftung, damit es empyreumatische Holzgerüche und Wildnoten entfaltet. Die monumentale, kräftige Struktur, die von vielen Holztanninen aufgebaut wird, lässt in einigen Jahren einen ausgezeichneten, charaktervollen Pomerol voraussehen.
Jean-Noël Boidron, 6, pl. Joffre, 33500 Libourne, Tel. 05.57.51.64.88, Fax 05.57.51.56.30 n. V.

CH. CERTAN DE MAY DE CERTAN 1998*

5 ha 24 000 46 à 76 €

85 86 88 |89| |(90)| 94 95 96 97 98

Die Familie de May, die schottischer Herkunft ist, diente dem französischen König schon im Mittelalter. Sie erhielt im 16. Jh. das Lehen Certan und pflanzte dort Reben an. Eine lange Geschichte im Dienste eines angesehenen, sehr eleganten Weins. Das bestätigt sich mit diesem dunkelgranatroten 98er. In der Nase verbindet er Aromen von roten Früchten und getoastetes Holz mit würzigen Noten. Im Geschmack ist der Stoff gut ausbalanciert, sanft in der Ansprache, noch tanninreich im Abgang, aber nicht im Übermaß. Ein hübscher Wein, den man in zwei bis drei Jahren mit Genuss trinken dürfte.
Mme Barreau-Badar, Ch. Certan de May de Certan, 33500 Pomerol, Tel. 05.57.51.41.53, Fax 05.57.51.88.51 n. V.

CLOS BEAUREGARD 1998

5 ha 30 000 15 à 23 €

Jean-Michel Moueix hat das Gut 1991 übernommen. Das Terroir, Sand über einem als *crasse de fer* (Eisenschlacke) bezeichneten eisenoxidreichen roten Kiesboden, ist mit alten Reben bestockt, die aus 60 % Merlot, 25 % Cabernet franc und 15 % Cabernet Sauvignon bestehen. Der Wein hat eine hübsche, intensive granatrote Farbe. Das entstehende Bouquet ist noch sehr frisch und mentholartig. Die Ansprache ist sanft und frisch, aber die noch rustikalen Tannine müssen ein wenig reifen. Dann kann man diesen 98er zu rotem Fleisch oder Wild servieren.
Jean-Michel Moueix, Ch. La Tour du Pin Figeac, 33330 Saint-Emilion, Tel. 05.57.74.18.44, Fax 05.57.51.52.87 n. V.

CH. CLOS DE SALLES 1998

1,1 ha 6 600 23 à 30 €

Dieser kleine Weinberg entstand aus einer Parzelle von Château de Salles, die durch die Eisenbahn abgetrennt wurde, als die Bahnstrecke hier vorbeigeführt wurde. Auf einem Kiesboden sind 60 % Merlot und 40 % Cabernet angepflanzt. Der Wein zeigt ein schönes, dunkles Granatrot. Das schon ausdrucksvolle Bouquet (fruchtig, würzig und mentholartig) wird noch vom Fass beherrscht. Im Mund dominiert der holzbetonte Geschmack und braucht mehrere Jahre, um sich zu besänftigen und sich voller Feinheit zu entwickeln.
EARL du Ch. Clos de Salles, Ch. du Pintey, 33500 Libourne, Tel. 05.57.51.03.04, Fax 05.57.51.03.04, E-Mail angeliquemerlet@hotmail.com n. V.

CLOS DU CLOCHER 1998**

4,3 ha 22 000 30 à 38 €

82 83 |85| (86) |88| |89| |90| 92 |93| |94| 95 97 **98**

Der Cru liegt im Schatten des Kirchturms von Pomerol, ganz nahe bei dem Marktflecken; auf kiesigen Tonböden kombiniert er vier Fünftel Merlot mit einem Fünftel Cabernet franc. Das Ergebnis ist ein bemerkenswerter 98er, der eine herrliche, dunkle Granatfarbe besitzt, die dicht und sehr tief ist. Das Bouquet bringt in seinen Aromen von kandierten roten Früchten, die harmonisch mit einem eleganten, vanilleartigen Holzton verbunden sind, viel Rasse zum Ausdruck. Der Geschmack ist füllig und fleischig und bietet ein prächtiges Fleisch von großartiger Konzentration und samtige Tannine. Ein Wein von großer Klasse, den man einige Jahre im Keller aufheben muss.
SC Clos du Clocher, BP 79, 33500 Libourne, Tel. 05.57.51.62.17, Fax 05.57.51.28.28, E-Mail jeanbaptiste.audy@wanadoo.fr n. V.

CLOS DU PELERIN 1998

2,8 ha 12 000 15 à 23 €

|93| |95| 96 |97| 98

Ein sympathischer, aber noch ein klein wenig rustikaler Pomerol, entstanden auf sandigen Böden, die zu 80 % mit Merlot bestockt sind, ergänzt durch die beiden Cabernet-Sorten. Der etwas verschlossene Geruchseindruck erfordert, dass man den Wein im Glas schwenkt, damit er fruchtige Noten von schwarzer Johannisbeere erkennen lässt. Der kräftige Geschmack stützt sich auf Tannine, die sich noch besänftigen müssen.
Norbert Egreteau, Clos du Pèlerin, 3, chem. de Sales, 33500 Pomerol, Tel. 05.57.74.03.66, Fax 05.57.25.06.17 n. V.

CLOS SAINT-ANDRE 1998**

■ 0,6 ha 4 000 🍷 23 à 30 €

Ein kleiner Weinberg, den Daniel Mouty 1994 mit Hilfe von 35 Jahre alten Merlot-Reben angelegt hat, die auf tiefen Kiesböden angepflanzt sind. Das dunkle, fast schwarz erscheinende Bordeauxrot kündigt ein tiefes Bouquet von schwarzen Früchten und getoastetem Fassholz an. Der Geschmack bietet viel Konzentration und Volumen und verbindet die Rundheit der Merlot-Traube mit der Eleganz und der Frische der Tannine. Die taktilen Empfindungen kommen zum kakaoartigen Schlussgeschmack hinzu. Diese Flasche dürfte die Klassiker und die Modernen versöhnen.

🔑 SCEA Daniel Mouty, Ch. du Barry,
33350 Sainte-Terre, Tel. 05.57.84.55.88,
Fax 05.57.74.92.99,
E-Mail daniel-mouty@wanadoo.fr
☑ 🍷 Mo–Fr 8h–17h

CLOS TOULIFAUT 1998

■ 2 ha 12 000 🍷 15 à 23 €

Jean-Michel Moueix verwendet für seine Weingüter in Pomerol nicht die Bezeichnung «Château», sondern «Clos», bei Toulifaut ebenso wie bei Beauregard. Hier befindet sich die alte Rebparzelle, die mit 60 % Merlot noir, 30 % Cabernet franc und 10 % Cabernet Sauvignon bestockt ist, ebenfalls auf Sand und an Eisenoxid reichem Kies. Das Rubinrot säumen ziegelrote Reflexe. Das Bouquet mit dem exotischen Charakter bietet Tabak, getoastetes Holz, Lakritze, Leder sowie einen Hauch von schwarzen Früchten. Der weiche, delikate Geschmack klingt mit seidigen Tanninen aus.

🔑 Jean-Michel Moueix, Ch. La Tour du Pin Figeac, 33330 Saint-Emilion,
Tel. 05.57.74.18.44, Fax 05.57.51.52.87
☑ 🍷 n. V.

CH. DELTOUR 1998

■ 1,7 ha 10 000 🍷 8 à 11 €

Ein kleiner Weinberg in der Reblage René, im Westen der Appellation, zwischen den Straßen nach Paris und Périgueux. Die auf kiesigen Kieselböden angelegte Parzelle enthält 70 % Merlot, die durch Cabernet und Pressac ergänzt werden. Das entstehende Bouquet lässt Aromen von roten Früchten, Minze und Humus erkennen. Der noch jugendliche Geschmack bietet eine reife Frucht, unterstützt von ein wenig rauen Tanninen, die ein paar Jahre brauchen, um sich zu verfeinern.

🔑 Jeanne Thouraud, lieu-dit René n° 12,
33500 Pomerol, Tel. 05.57.51.47.98,
Fax 05.57.25.99.23 ☑ 🍷 n. V.

CH. ELISEE Vieilli en fût de chêne 1998*

■ 1,5 ha 10 600 🍷 15 à 23 €

Ein kleiner Weinberg in der AOC Pomerol, den die Familie Garzaro erwarb, die ihm den Namen einer Vorfahrin gab. Das Terroir ist kiesig-sandig; Merlot dominiert mit 90 %. Der Wein hat eine schöne tiefrubinrote Farbe. Das schon ausdrucksvolle Bouquet bietet Düfte von eingemachten schwarzen Früchten mit feinem Holzton. Dieser Pomerol ist im Geschmack voll und fleischig; er besitzt schöne Rundungen und eine Tanninstruktur, die es erlaubt, dass man ihn lagert, bis man ihn zu gegrilltem Fleisch genießen kann.

🔑 EARL Vignobles Garzaro, Ch. Le Prieur,
33750 Baron, Tel. 05.56.30.16.16,
Fax 05.56.30.12.63,
E-Mail garzaro@vingarzaro.com 🍷 n. V.

CH. FRANC-MAILLET 1998*

■ 5,1 ha 32 000 🍷 15 à 23 €

Seit dem Erwerb der ersten Rebparzelle durch Jean-Baptiste Arpin, nach seiner Rückkehr aus dem Ersten Weltkrieg im Jahre 1919, haben einander drei Generationen auf diesem Gut abgelöst, das auf den kiesigen Kieselböden der Lage Maillet liegt. Die Reben bestehen zu 80 % aus Merlot und zu 20 % aus Cabernet franc. Der Wein hat eine schöne, intensive Granatfarbe und ist im Geruchseindruck noch ein wenig verschlossen; wenn man ihn im Glas schwenkt, enthüllt er eine konzentrierte, kräftige Fruchtigkeit. Diese Stärke kommt im Geschmack mit einer hohen Extraktion der Tannine zum Ausdruck, die eine sechs- bis siebenjährige Lagerung erfordern. Servieren sollte man ihn zu rotem Fleisch, Wild und Käse. Die **98er Cuvée Jean-Baptiste** (Preisgruppe: 150 bis 199 F) muss ebenfalls warten, bis sich das Holz einfügt; sie erhält einen Stern.

🔑 EARL Vignobles G. Arpin, Maillet,
33500 Pomerol, Tel. 06.09.73.69.47,
Fax 05.57.51.96.75,
E-Mail gaelarpin@excite.com ☑ 🍷 n. V.

CH. GAZIN 1998**

■ 24,24 ha 46 908 🍷 46 à 76 €

70 75 76 78 79 80 81 82 83 84 85 86 87 |88| |89| |(90)| 91 92 |(93)| |94| (95) (96) 97 **98**

Gazin, ein zauberhaftes Gut, das an die Ehrungen des Hachette-Weinführers und seine Liebeserklärungen gewöhnt ist, gehört zu den berühmtesten und ältesten Crus von Pomerol. Dieser 98er bezeugt erneut die große Qualität des Weinmachers. Er kündigt sich mit einem klassischen, sehr dunklen Granatrot von bemerkenswerter Intensität an. Das ausdrucksvolle, elegante Bouquet verströmt Aromen von gekochter Backpflaume, Karamell und Vanille mit einem großartigen Einklang zwischen Frucht und Holz. Der körperreiche, gehaltvolle, füllige, weinige Geschmack besitzt eine kräftige, rassige Struktur und einen unendlich langen Abgang voller Harmonie. Ein sehr großer Klassiker, ein

Pomerol, wie man ihn liebt. Der Zweitwein, **L'Hospitalet de Gazin** (Preisgruppe: 100 bis 149 F), wird lobend erwähnt für seine Aromen, die an gekochte Backpflaume, süße Gewürze, Tabak und einen Hauch von Veilchen erinnern. Öffnen kann man ihn in zwei bis drei Jahren.
SCEA Ch. Gazin, 33500 Pomerol, Tel. 05.57.51.07.05, Fax 05.57.51.69.96, E-Mail chateau.gazin@wanadoo.fr n. V.
Familie Bailliencourt

CH. GOMBAUDE-GUILLOT 1998*

7,85 ha 24 000 30 à 38 €

86 |89| |90| 91 |93| |94| **95** 96 98

Das Château ist in der alten Kneipe eingerichtet, die zur gleichen Zeit wie die Kirche im Jahre 1898 erbaut wurde. Dieser aus 85 % Merlot und 15 % Cabernet franc zusammengestellte 98er zeigt ein wunderschönes Purpurrot mit purpurvioletten Reflexen. Er verbindet Aromen von vollreifen roten und schwarzen Früchten mit einem eleganten Holzton, der toastartig und würzig ist. Die stattliche, kräftige Struktur lässt fleischige, samtige Tannine und eine angenehme Nachhaltigkeit erkennen. Eine sehr schöne Flasche, die man drei bis fünf Jahre aufheben und dann zu Entenpfeffer servieren sollte.
SCEA Famille Laval, 4, chem. des Grand-Vignes, 33500 Pomerol, Tel. 05.57.51.17.40, Fax 05.57.51.16.89
n. V.
Claire Laval

CH. GOUPRIE 1998

4,57 ha 13 000 15 à 23 €

Ein gefälliger 98er von recht kräftigem Granatrot, das einen entwickelten Rand zeigt. Der ausdrucksvolle Duft bietet Aromen von reifen Früchten, die sich mit Gerüchen von geröstetem Brot und Kakao mischen, begleitet von einem blumigen Hauch von Veilchen. Der körperreiche, runde Geschmack lässt ausgewogene, feste Tannine erkennen. Der Wein ist angenehm und dürfte in zwei bis drei Jahren trinkreif sein.
SCEA Patrick et Sylvie Moze-Berthon, Bertin, 33570 Montagne, Tel. 05.57.74.66.84, Fax 05.57.74.58.70, E-Mail chateau.rocher-gardat@wanadoo.fr
n. V.

CH. GRAND BEAUSEJOUR 1998**

0,65 ha 3 000 38 à 46 €

200 m von Château Figeac entfernt hat Daniel Mouty 1998 eine Parzelle mit Merlot-Reben erworben. Das Château, das sich in der Nähe der RN 89 befindet, wird gerade in seinem ursprünglichen Louis-quatorze-Stil renoviert und dürfte schon im September 2001 die Weinliebhaber empfangen. Dieser in sehr kleiner Stückzahl produzierte 98er von intensivem, dunklem Granatrot hatte alle Reize: Sein Bouquet, das an Konfitüre roter Früchte erinnert, enthüllt auch einen sehr einschmeichelnden Holzton; sein Geschmack, ein Wunder an Ausgewogenheit, besitzt viel Fleisch und Volumen sowie ölige, samtige Tannine. Ein großer Wein, der kräftig und harmonisch ist. Drei bis fünf Jahre aufheben.
SCEA Daniel Mouty, Ch. du Barry, 33350 Sainte-Terre, Tel. 05.57.84.55.88, Fax 05.57.74.92.99, E-Mail daniel-mouty@wanadoo.fr
Mo–Fr 8h–17h

CH. GRAND MOULINET 1998*

2 ha 12 000 15 à 23 €

|94| |96| |97| 98

Dieser kleine Cru ist mit Château Haut-Surget in der AOC Lalande de Pomerol verbunden; die Merlot-Reben, die auf eisenoxidhaltigen Sandböden angepflanzt sind, dominieren mit 90 %. Der Wein ist dunkelpurpurrot. Sein sehr ausdrucksvolles Bouquet mischt reife Früchte und stark getoastetes Holz mit einem Hauch von Menthol. Im Mund ist er deutlich zu spüren und komplex, mit einem sehr holzbetonten Geschmack, der manchen gefällt, aber andere überraschen mag. Dieser charaktervolle Wein muss sich ein wenig beruhigen.
Ollet-Fourreau, 33500 Néac, Tel. 05.57.51.28.68, Fax 05.57.51.91.79
n. V.

CH. GRANDS SILLONS GABACHOT 1998*

4 ha 18 000 15 à 23 €

Dieser Cru gehört der aus dem Departement Corrèze stammenden Familie Janoueix, die sich im Libournais angesiedelt hat, wo sie einen Weinhandel betreibt und mehrere Weinberge besitzt. Dieser hier ist mit alten Rebstöcken der Sorten Merlot (70 %), Bouchet oder Cabernet franc (20 %) und Pressac oder Côt (10 %) bepflanzt, die auf unterschiedlichen Böden mit Eisenoxiden wachsen. Die Farbe zeigt schöne, intensive granatrote Reflexe. Das Bouquet ist bereits ausdrucksvoll, mit schwarzen Früchten (Heidelbeere) und würzigem Eichenholz, das sich gut eingefügt hat. Wenn man den Wein in den Mund nimmt, fühlt er sich fleischig an; dann kommen rasch die Holztannine zum Vorschein. Man muss drei bis acht Jahre warten, um diese Flasche genießen zu können, beispielsweise zu «Blutente» (erstickt, mit ihrem Blut im Körper).
François Janoueix, 20, quai du Priourat, BP 135, 33502 Libourne Cedex, Tel. 05.57.55.55.44, Fax 05.57.51.83.70
n. V.

CH. GUILLOT 1998

4,3 ha 24 000 23 à 30 €

82 83 85 86 88 |89| |93| |94| 95 96 97 98

Erzeugt auf kieselig-tonigen Kiesböden, mit einem ausgewogenen Rebsatz (70 % Merlot gegenüber 30 % Cabernet franc). Der Wein präsentiert sich in einem schönen, dunklen Granatrot. Das Bouquet bietet einen hübschen gerösteten Holzton, der zulässt, dass die Aromen reifer roter Früchte zum Ausdruck kommen. Der weiche, delikate, ziemlich feine Geschmack zeigt eine gute Ausgewogenheit zwischen Fleisch und Struktur. Eine Flasche, die sich in zwei bis drei Jahren angenehm trinken lässt.

SCEA Vignobles Luquot, 152, av. de l'Epinette, 33500 Libourne, Tel. 05.57.51.18.95, Fax 05.57.25.10.59 n. V.

CH. HAUT-FERRAND 1998

4 ha 25 000 15 à 23 €

82 **83** 85 86 88 91 92 93 |94| |95| 96 98

Dieser Wein stammt von vier Hektar der insgesamt sechzehn Hektar, die Château Ferrand umfasst, und schmückt sich mit einem dunklen Purpurrot. Der Geruchseindruck erfordert, dass man den Wein ein wenig im Glas schwenkt, damit er sich öffnet und Aromen von kandierten Früchten und Leder bietet. Der Geschmack braucht ebenfalls zwei bis drei Jahre, um sich in der Flasche zu verfeinern.

SCE du Ch. Ferrand, 33500 Pomerol, Tel. 05.57.51.21.67, Fax 05.57.25.01.41 n. V.

H. Gasparoux

CH. HAUT-TROPCHAUD 1998**

2 ha 15 000 23 à 30 €

88 |90| |93| |94| 95 96 |97| **98**

Der 1987 von Michel Coudroy erworbene Cru befindet sich auf den sehr schönen Kiesböden der Hochterrasse von Pomerol und ist mit sehr alten Merlot-Rebstöcken (achtzig Jahre) bepflanzt. Dieser 98er bietet mit seinem Granatrot eine schöne Erscheinung und verströmt ein komplexes, elegantes Bouquet, das Aromen von sehr reifen Früchten, gekochter Backpflaume und Kakao mit schönen Vanille- und Röstgerüchen verbindet. Der zunächst runde und fleischige Geschmack entwickelt sich zu einem reichhaltigen, kräftigen Stoff von bemerkenswerter Konzentration der Tannine, der im Abgang noch fest ist. Ein sehr großer Wein, der eine lange Lagerung verdient.

Michel Coudroy, Maison-Neuve, 33570 Montagne, Tel. 05.57.74.62.23, Fax 05.57.74.64.18 n. V.

CH. LA BASSONNERIE 1998

2,07 ha 12 000 15 à 23 €

96 97 98

Alte Sand- und Kiesböden, die über einem Tonuntergrund liegen und zu 60 % mit Merlot und zu 40 % mit Cabernet bestockt sind, haben diesen Wein mit dem recht reintönigen Bordeauxrot hervorgebracht. Frische rote Früchte, verbunden mit Noten von verbranntem Holz, die ein wenig in Richtung Teer gehen, begleiten einen körperreichen, ausgewogenen Geschmack. Man sollte ihn zwei bis drei Jahre aufheben, damit er an Ausdrucksstärke gewinnen kann. Vom gleichen Erzeuger erhält der **98er Mayne René** (Preisgruppe: 150 bis 199 F) die gleiche Note. 90 % Merlot ergeben einen sympathischen Wein, der in zwei Jahren trinkreif sein wird.

SCEA La Bassonnerie, «René», 33500 Pomerol, Tel. 06.09.73.12.78, Fax 05.57.51.99.94, E-Mail leymarie@ch-leymarie.com n. V.

CH. LA CONSEILLANTE 1998*

12 ha k. A. +76 €

82 85 88 |89| |90| 91 |92| |93| 95 96 97 98

Dieses Weingut, der Archetyp des Pomerol-Cru, wird seit 130 Jahren von der Familie Nicolas bewirtschaftet. Es liegt zwischen Petrus und Cheval Blanc auf einem kiesigen Tonboden und ist mit 80 % Merlot und 20 % Cabernet franc bestockt. Bei diesem 98er haben wir es mit einem lagerfähigen Pomerol zu tun, der eine schöne Farbe mit intensiven granatroten Reflexen besitzt. Das komplexe Bouquet mischt Blumen (Veilchen), reife Früchte und einen würzig-empyreumatischen Holzton. Der elegante und zugleich körperreiche Geschmack kennzeichnet sehr reife Merlot-Trauben und einen gut gemeisterten Ausbau im Holzfass. Man kann ihn ab 2005 zu Federwild aufmachen.

SC Héritiers L. Nicolas, Ch. La Conseillante, 33500 Pomerol, Tel. 05.57.51.15.32, Fax 05.57.51.42.39 n. V.

CH. LA CROIX 1998

10 ha 60 000 30 à 38 €

86 |89| |90| 92 94 |95| |(96)| 97 98

La Croix hat seine Reben auf den Kies- und Sandböden der Hochterrasse von Pomerol und an deren Südkante. Eine ausgewogene Bestockung, die 60 % Merlot, 20 % Cabernet franc und 20 % Cabernet Sauvignon enthält, hat einen 98er von lebhaftem, intensivem Rubinrot hervorgebracht. Das Bouquet ist kräftig und konzentriert und wird durch Wild-, Lakritze- und zum Schluss Veilchennoten geprägt; es dürfte sich in den kommenden Jahren rasch entfalten. Der Geschmack wird durch dichte Tannine strukturiert, die noch ein wenig streng sind, aber ein schönes Potenzial garantieren.

SC Ch. La Croix, 37, rue Pline-Parmentier, BP 192, 33506 Libourne Cedex, Tel. 05.57.51.41.86, Fax 05.57.51.53.16, E-Mail info@j-janoueix-bordeaux.com n. V.

CH. LA CROIX DU CASSE 1998*

9 ha 48 000 46 à 76 €

|96| 98

Der auf Kies, Sand und Eisenoxiden angelegte Weinberg wurde nach den Frösten von 1956 auf der Basis von 70 % Merlot und 30 % Cabernet franc wiederhergestellt. Der Wein hat eine hübsche, intensive Farbe mit granatroten Reflexen. Der noch ein wenig fruchtige Geruchseindruck entwickelt sich zu würzigen und vor allem sehr holzigen Noten. Die kräftige, fleischige Struktur stützt sich auf Tannine, die verschmelzen müssen. Servieren kann man ihn zu Hasenrücken mit Rahmsauce.

Jean-Michel Arcaute, Ch. Jonqueyres, Gam Audy, 33750 Saint-Germain-du-Puch, Tel. 05.57.34.51.51, Fax 05.56.30.11.45, E-Mail info@gamaudy.com n. V.

CH. LA CROIX SAINT GEORGES 1998*

■ 3,5 ha 21 000 **30 à 38 €**

(82) 83 85 86 |88| |89| |90| 92 |93| |94| |96| |97| 98

Das Château ist wunderschön restauriert worden; eine Skulptur, die den hl. Georg darstellt, erinnert an der Fasssade eines der Keller daran, dass das Gut einst dem Orden der Johanniter gehörte, die hier ein *«nosocane»* errichtet hatten, ein Hospiz, in dem sie die Kranken und Invaliden pflegten. Heute ist es ein Weingut, das einen zu 95 % aus Merlot erzeugten 98er von intensivem, dunklem Granatrot vorstellt. Das komplexe, elegante Bouquet entfaltet Röstungsgerüche und Düfte von roten Früchten. Der füllige, runde Geschmack stützt sich auf sanfte, fleischige Tannine, die eine schöne Harmonie zeigen. Große Länge im Abgang.

SC Ch. La Croix, 37, rue Pline-Parmentier, BP 192, 33506 Libourne Cedex, Tel. 05.57.51.41.86, Fax 05.57.51.53.16, E-Mail info@j-janoueix-bordeaux.com

n. V.

CH. LAFLEUR 1998**

■ 3,15 ha 12 000 **+76 €**

|85| |86| |88| **89** |90| |92| |(93)| **94** 95 96 97 **98**

Ein interessanter Cru, dessen Bestockung zu gleichen Teilen aus Cabernet franc und Merlot besteht. Das vielfältige Terroir vermengt Kies, Ton und Sand. All das ergibt einen charaktervollen Pomerol, der als 93er eine Liebeserklärung erhielt und dieses Jahr die gleiche Leistung schafft. Er hat eine großartige, dunkle granatrote Farbe und ist im Duft schon kräftig und komplex, wobei er einen bemerkenswerten Einklang zwischen reifer Frucht und feinem Holz erkennen lässt. Er ist warm und besitzt ein sehr schönes Volumen, mit einem Geschmack von kandierten Früchten und Vanille; im Abgang bietet er erstklassige Tannine. Das Ganze zeigt eine große Harmonie und gibt einen Wein von langer Lagerfähigkeit ab. Der Zweitwein, der **98er Pensées de Lafleur** (Preisgruppe: 250 bis 299 F), erhält eine lobende Erwähnung.

Sylvie et Jacques Guinaudeau, Grand Village, 33240 Mouillac, Tel. 05.57.84.44.03, Fax 05.57.84.83.31 n. V.

Marie Robin

CH. LA FLEUR DE PLINCE 1998*

■ 0,28 ha k. A. **23 à 30 €**

Eine Mikrocuvée, die 1998 geschaffen wurde, als Pierre Choukroun diese 28 Ar große Parzelle erwarb, die zu 90 % mit Merlot und zu 10 % mit Cabernet bestockt ist. Das intensive Granatrot zeigt Entwicklungsreflexe. Das kräftige, weinige Bouquet entfaltet Aromen von gekochten und kandierten Früchten, die sich mit Röstungsgerüchen vermischen. Der Geschmack ist ausgewogen und gut strukturiert, mit fetten, fleischigen Tanninen, die sich im Abgang lang anhaltend entwickeln.

Pierre Choukroun, Le Grand Moulinet, 33500 Pomerol, Tel. 05.57.74.15.26, Fax 05.57.74.15.27, E-Mail gvbpc@wanadoo.fr

n. V.

CH. LAFLEUR-GAZIN 1998*

■ 8,6 ha 51 000 **15 à 23 €**

86 88 |89| |90| 92 |96| 97 98

Der 98er stammt in erster Linie von Merlot-Reben (92 %), die auf Sand und Ton angepflanzt sind; hergestellt worden ist er unter der Leitung von Jean-Claude Berrouet. Sein Rubinrot ist intensiv und tief. Sein entstehendes Bouquet gefällt durch seine Noten von getrockneten Früchten und geröstetem Holz und durch seinen frischen Hauch von Unterholz. Die Struktur ist reichhaltig und gut ausbalanciert, mit seidigen, verschmolzenen Tanninen von schöner Machart und einem sehr nachhaltigen Abgang. Sein Leben wird lang dauern! Servieren kann man ihn zu Niederwild oder einem Trüffelomelett.

Ets Jean-Pierre Moueix, 54, quai du Priourat, 33500 Libourne, Tel. 05.57.51.78.96

Frau Delfour-Borderie

CH. LA FLEUR-PETRUS 1998**

■ 10,41 ha 48 000 **46 à 76 €**

82 83 |85| **86** |88| |(89)| **90 92** |94| 95 **96** 97 **98**

Ein und dieselbe Mannschaft erzeugt und vertreibt diesen Wein und seinen großen Bruder Petrus. Dennoch stellt man einige Unterschiede im Terroir (hier ein wenig mehr Kies und etwas weniger Ton) und im Rebsatz (etwas weniger Merlot und ein wenig mehr Cabernet franc) fest. Während der Petrus außergewöhnlich ist, stellt La Fleur-Petrus einen bemerkenswerten klassischen Pomerol dar: eine sehr dunkle Farbe, sehr reife Aromen (Backpflaume) mit Noten von getoastetem Holz und Leder; im Geschmack schöne Rundungen, die durch dichte Tannine von den Trauben und vom Fassholz gestrafft werden. Dieser Wein verdient, dass er sich noch ein wenig entfaltet: Trinken kann man ihn in fünf bis sieben Jahren.

SC du Ch. La Fleur-Pétrus, 33500 Pomerol

CH. LA GANNE 1998**

■ 3 ha 13 300 **15 à 23 €**

86 88 |90| |93| |94| 96 |97| **98**

Der von der Familie Dubois-Lachaud seit vier Generationen bewirtschaftete Cru befindet sich im Südwesten der Appellation und ist auf einem eisenhaltigen Sandboden zu 80 % mit

Merlot und zu 20 % Cabernet franc bestockt. Dieser 98er schmückt sich mit einer prächtigen Farbe. Sein feines und zugleich komplexes Bouquet entfaltet Noten von Kirsche in Alkohol, Vanille, Kaffee und Leder. Der Geschmack besitzt eine gute Ausgewogenheit zwischen Stärke und Eleganz; das Holz nimmt Rücksicht auf die Trauben. Sehr gut gemacht.
Michel Dubois, 224, av. Foch, 33500 Libourne, Tel. 05.57.51.18.24, Fax 05.57.51.62.20, E-Mail laganne@aol.com
n. V.

CH. LA GRAVE TRIGANT DE BOISSET 1998

8,68 ha 50 000 30 à 38 €
82 83 85 86 |88| |89| |(90)| 92 |94| 95 96 98

Dieser fast 9 ha große Cru, der sich auf kiesigen Tonböden befindet (89 % Merlot und 11 % Cabernet franc), stellt einen angenehmen, harmonischen 98er vor, der sich in seinem hübschen, dunklen, intensiven Kirschrot gut präsentiert. Der Geruchseindruck mischt animalische Gerüche und balsamische Düfte mit einem feinen, eleganten Holzton. Der Geschmack lässt runde, fleischige Tannine erkennen, die freigebig und samtig sind und in einem milden, sanften Abgang lang anhalten.
Ets Jean-Pierre Moueix, Ch. La Grave Trigant de Boisset, 33500 Pomerol

CH. LA POINTE 1998★★★

22 ha 110 000 23 à 30 €
82 83 85 86 88 |89| |93| |94| 95 (96) |97| (98)

Gilles Pauquet berät dieses Gut, das von einem Gebäude im Directoire-Stil beherrscht wird. Es überrascht uns erneut mit diesem 98er, der das Niveau seines 96ers erreicht. Er bietet alle wesentlichen Merkmale eines großen, lagerfähigen Pomerol-Weins: bordeauxrote Farbe mit schwarzen Reflexen, kräftiges, komplexes Bouquet, in dem sich Veilchen, Mokka, Trüffel, Merlot, Eichenholz und Leder abwechseln. Dieser fleischige, vollmundige Wein hat einen rassigen Geschmack, den lakritzeartige, schokoladige Tannine aufbauen. Die Stärke achtet darin die Harmonie. Eine eindrucksvolle Flasche zu einem sehr attraktiven Preis.
SCE Ch. La Pointe-Pomerol, 33500 Pomerol, Tel. 05.57.51.02.11, Fax 05.57.51.42.33, E-Mail chateau.lapointe@wanadoo.fr
n. V.

CH. LA ROSE FIGEAC 1998★

3 ha 18 000 38 à 46 €
82 (85) 86 |88| |89| |90| 92 |93| |94| 95 96 97 98

Dieser Cru liegt im Figeac-Abschnitt auf einem Terroir, das Kies und alten Sand vermengt. Sein 98er kombiniert 95 % fünfzig Jahre alte Merlot-Reben mit 5 % Cabernet franc. Er zeigt ein intensives, jugendliches Rubinrot und entfaltet ein elegantes, komplexes Bouquet, das rote Früchte mit blumigen Veilchendüften sowie einem schönen Geruch von geröstetem Holz verbindet, der Teer- und Lakritzenoten enthält. Der körperreiche, in der Ansprache rassige und nervige Geschmack entwickelt sich zu einer festen, korpulenten Tanninstruktur, die Garant für eine schöne Zukunft ist. Würdig für großes Wild.
Vignobles Despagne-Rapin, Maison Blanche, 33570 Montagne, Tel. 05.57.74.62.18, Fax 05.57.74.58.98 n. V.

CH. LATOUR A POMEROL 1998★

7,93 ha 42 000 38 à 46 €
61 64 66 67 70 71 75 (76) 80 81 82 83 85 86 |87| 88 89 90 92 |(93)| 94 95 96 |97| 98

Dieser Cru im Besitz von Madame Lily Lacoste-Loubat liegt in der Nähe der Kirche von Pomerol. Er befindet sich auf einem sandigkiesigen Boden über einem Tonuntergrund (91 % Merlot) und liefert unter der Leitung Jean-Claude Berrouets einen überaus klassischen Pomerol von sehr tiefem, dunklem Granatrot. Das konzentrierte Bouquet erinnert an reife Früchte, hält sich aber noch zurück. Der elegante Geschmack entfaltet eine schöne Struktur mit seidigen Tanninen von großer Qualität, die im Abgang sehr lang anhalten. Ein Wein, der eine Lagerung von fünf bis acht Jahren verdient.
Ets Jean-Pierre Moueix, 54, quai du Priourat, 33500 Libourne, Tel. 05.57.51.78.96
Lily Lacoste

CLOS DE LA VIEILLE EGLISE 1998★★★

1,45 ha 9 500 23 à 30 €
92 93 |94| 95 96 (98)

Der zu 90 % aus alten Merlot-Reben und zu 10 % aus Cabernet franc bestehende Cru befindet sich auf tonigen Kiesböden. Unsere Verkoster waren begeistert über die Dichte des sehr dunklen, tiefen Granatrots dieses 98ers und danach über die Stärke und die Vornehmheit seines Bouquets, das Aromen von gekochten Früchten und elegante Holzgerüche harmonisch verbindet. Der Geschmack ist konzentriert, füllig und reich; die fleischigen, samtigen Tannine halten in einem grandiosen, sehr würzigen Abgang lang an.
SCEA des Vignobles Trocard, 2, Les Petits-Jays-Ouest, 33570 Les Artigues-de-Lussac, Tel. 05.57.55.57.90, Fax 05.57.55.57.98, E-Mail trocard@wanadoo.fr
Mo–Fr 8h–12h 14h–17h

CH. LE BON PASTEUR 1998★★★

■ 7 ha 34 000 46 à 76 €

78 79 81 |82| 83 |85| |86| |88| |89| 90 92 93 94 (95) 96 97 (98)

Michel Rolland, önologischer Berater für Weingüter, die über alle Kontinente verteilt sind, übt sein Können auf seinem eigenen Gut brillant aus, wie dieser herrliche Pomerol beweist, in dem 75 % Merlot mit Cabernet franc kombiniert werden. Dieser dunkle, fast schwarze 98er besitzt eine großartige Aromenpalette, die aus sehr reifen Früchten, kräftigen Gewürzen und stark getoastetem Fassholz besteht. Sein großer Geschmacksreichtum, seine Großzügigkeit und seine kräftigen, aber gut gemeisterten Tannine ergeben einen großen Wein zum Lagern, der elegant und zugleich rassig ist.

SCEA Fermière des domaines Rolland, Maillet, 33500 Pomerol, Tel. 05.57.51.23.05, Fax 05.57.51.66.08 n. V.

CH. LE CAILLOU 1998

■ 7 ha k. A. 15 à 23 €

|93| |94| |95| 98

Seinen Namen verdankt dieser Cru, der seit über einem Jahrhundert im Besitz der gleichen Familie ist, der Bezeichnung im Flurbuch für die Lage, in der sich der Weinberg befindet, angelegt auf einem Kiessandboden, der mit Eisenoxiden vermengt ist. Dieser 98er von schönem Rubinrot mit purpurvioletten Reflexen ist noch sehr jugendlich: Seine Aromen von säuerlichen roten Früchten und Leder, sein leicht gerösteter, vanilleartiger Holzton und seine solide Struktur mit den festen, kräftigen Tanninen, die im Augenblick ein wenig streng erscheinen, sind Garanten für eine gute Zukunft.

André Giraud, Ch. Le Caillou, 41, rue de Catusseau, 33500 Pomerol, Tel. 05.57.51.06.10, Fax 05.57.51.74.95 n. V.

GFA Giraud-Bélivier

CH. DU DOM. DE L'EGLISE 1998

■ 7 ha 35 000 23 à 30 €

Angelegt auf Kiesböden, die zu drei Vierteln mit Merlot und zu einem Viertel mit Cabernet franc bestockt sind, hat dieser Cru einen angenehmen 98er hervorgebracht, der sich in einem hübschen, dunklen Granatrot gut präsentiert. Das Bouquet bleibt noch ein wenig zurückhaltend und lässt nur ein paar fruchtige Aromen erkennen, die feine Holznoten würzen. Die Struktur ist fest und ausgewogen, mit Charme in der Ansprache, aber der Abgang ist ein wenig streng und benötigt mehrere Jahre Lagerung, damit er sanfter wird.

Indivision Castéja-Preben-Hansen, 33330 Saint-Emilion, Tel. 05.56.00.00.70, Fax 05.57.87.48.61

ESPRIT DE L'EGLISE 1998★★

■ 2 ha 10 000 23 à 30 €

Der Zweitwein von Clos L'Eglise wird von 75 % Merlot und 25 % Cabernet franc hergestellt. Der 98er, der eine schöne Farbe von schwarzen Bigarreauk-Kirschen zeigt, bietet ein konzentriertes Bouquet von sehr reifen Merlot-Trauben, das an Veilchen, Vanille und verbranntes Holz (Mokka) erinnert. Der Körper ist dicht und füllig und stützt sich auf gute Holztannine, die würzig sind und noch ein wenig dominieren. Ein moderner, sehr gut gemachter Pomerol.

Sylviane Garcin-Cathiard, SC Clos L'Eglise, 33500 Pomerol, Tel. 05.56.64.05.22, Fax 05.56.64.06.98, E-Mail haut.bergey@wanadoo.fr

CH. L'ENCLOS 1998★

■ 9,45 ha 47 890 23 à 30 €

|85| |86| |88| |89| 91 |95| |96| 98

Ein klassisches Weingut, das im Westen der Appellation auf kieselig-tonigen Kiesböden angelegt worden ist. Zu den Maßstäbe setzenden Jahrgängen gehörte ein 47er, der 1959 am niederländischen Königshof zu Ehren des britischen Königspaars serviert wurde. Der sehr gelungene 98er wird in ein paar Jahren trinkreif sein. Im Augenblick zeigt er eine intensive rubinrote Farbe. Das schon sehr feine Bouquet bietet Frucht, Gewürze und Unterholzgerüche. Die Struktur ist gut ausbalanciert, rund und voll, mit einem anhaltenden Geschmack von schwarzen Früchten.

SCEA du Ch. L'Enclos, 20, rue du Grand-Moulinet, 33500 Pomerol, Tel. 05.57.51.04.62, Fax 05.57.51.43.15, E-Mail chateaulenclos@wanadoo.fr n. V.

CH. LES GRANDS SILLONS 1998

■ 2 ha 12 000 15 à 23 €

Dieser Cru, ein kleines Familiengut, das der Urgroßvater des heutigen Besitzers 1925 erwarb, liegt auf Sandböden, die mit 45 Jahre alten Merlot-Reben bestockt sind, ergänzt durch Cabernet Sauvignon (15 %). Das Ergebnis ist ein schöner dunkelgranatroter 98er mit Aromen von roten Früchten, die sich mit balsamischen Gerüchen und Unterholznoten vermischen. Der gut gebaute Geschmack bietet einen festen, lebhaften Stoff, der noch ein wenig Zeit braucht, um sich abzurunden.

Philippe Dignac, Ch. Côtes de Bonde, 33570 Montagne, Tel. 05.57.74.64.52, Fax 05.57.74.55.88, E-Mail dignac@enfrance.com

CLOS DES LITANIES 1998

■ 0,74 ha 4 500 30 à 38 €

86 |90| 96 |97| 98

Das ein wenig veraltet wirkende Etikett zeigt Bruder Mathieu Bossuet, der 1514 zum Pfarrer von Pomerol berufen wurde, wie er in diesem schönen Weinberg zwischen den Reben seine Litanei liest. Dieser ausschließlich von alten Merlot-Rebstöcken erzeugte 98er verbindet in der Nase Aromen von reifen Früchten und einen hübschen gerösteten, vanilleartigen Holzton. Der Geschmack ist weich, seidig, fein und elegant. Ein gefälliger Wein, den man in zwei bis drei Jahren trinken kann.

SC Ch. La Croix, 37, rue Pline-Parmentier, BP 192, 33506 Libourne Cedex, Tel. 05.57.51.41.86, Fax 05.57.51.53.16, E-Mail info@j-janoueix-bordeaux.com ☑ Y n. V.

CH. MONTVIEL 1998*

■ 5 ha k. A. 15 à 23 €

88 89 |90| 91 |93| 94 |95| 96 97 98

Das auf Kies angelegte Gut ist mit 85 % Merlot und 15 % Cabernet franc bestockt. Es hat einen gut gelungenen 98er von intensivem Granatrot erzeugt. Das Bouquet ist zu Aromen von reifen Früchten entfaltet, die sich mit Röstnoten vermischen. Der runde, füllige, fleischige Geschmack bietet eine schöne Harmonie zwischen Trauben und Holz. Ein Wein, der Stärke und Feinheit vereint. Heben Sie ihn drei bis fünf Jahre auf.

SCA du Ch. Montviel, Grand-Moulinet, 33500 Pomerol, Tel. 05.57.51.87.92, Fax 05.21.93.21.03 ☑ Y n. V.

Yves und Catherine Péré-Vergé

CH. MOULINET 1998*

■ 13 ha 80 000 15 à 23 €

93 |94| |95| |96| 98

Nathalie Moueix-Guillot übernahm die Leitung dieses alten, bedeutenden Weinguts nach dem Tod ihres Vaters Armand Moueix, einer großen Persönlichkeit, die im Weinbau und im Sportleben des Libournais geschätzt wurde. Der auf Kies und Sand angelegte Weinberg besteht aus 60 % Merlot, 30 % Cabernet Sauvignon und 10 % Cabernet franc. Der Wein zeigt ein schönes, dunkles Rubinrot. Der Duft beginnt sich zu Aromen von kandierten Früchten und Kaffee sowie zu einem empyreumatischen Hauch zu entfalten. Auf die weiche, runde Ansprache folgen rasch Tannine, die noch ein wenig hart sind. In vier bis fünf Jahren kann man diesen 98er zu Fleisch und Käse genießen.

Nathalie et Marie-José Moueix, Ch. Fonplégade, BP 45, 33330 Saint-Emilion, Tel. 05.57.74.43.11, Fax 05.57.74.44.67, E-Mail stephanyrosa@wanadoo.fr ☑ Y n. V.

CH. MOULINET-LASSERRE 1998*

■ 5 ha 25 000 15 à 23 €

|89| |90| 91 92 93 94 95 96 97 98

Nichts trennt Moulinet-Lasserre von Clos René. Der mit 80 % Merlot, 20 % Cabernet franc und 10 % Malbec bestockte Weinberg hat einen Wein geliefert, dessen granatrote Farbe eine gute Intensität hat. Das Bouquet zieht das Register der Feinheit: reine Frucht mit Lakritzenote und einem Hauch von Leder. Dieser 98er besitzt viel Dichte und zeigt seine Jugendlichkeit, bleibt aber durchaus im Geist der Appellation.

SCEA Garde-Lasserre, Clos René, 33500 Pomerol, Tel. 05.57.51.10.41, Fax 05.57.51.16.28 ☑ Y n. V.

J.-M. Garde

CH. PETIT VILLAGE 1998**

■ 11 ha 42 000 46 à 76 €

85 86 88 |89| 90 92 93 94 95 96 |97| 98

Christian Seely hat gerade die Leitung der AXA-Weingüter im Bordelais übernommen, nachdem Jean-Michel Cazes in den Ruhestand gegangen ist. Das tonig-kiesige Terroir, das zu 72 % mit Merlot und zu 28 % mit Cabernet bestockt ist, hat einen dunkelgranatroten Wein mit einem ausdrucksvollen Bouquet von sehr reifen Früchten, Vanille, geröstetem Eichenholz und einer animalischen Note hervorgebracht. Der warme, dichte Geschmack ist konzentriert und reich an Tanninen von den Trauben und vom Fassholz. Dieser köstliche Pomerol dürfte sich in fünf bis zehn Jahren entfalten.

Christian Seely, Ch. Petit Village, 33500 Pomerol, Tel. 05.57.51.21.08, Fax 05.57.51.87.31, E-Mail infochato@petit-village.com ☑ Y n. V.

AXA Millésimes

PETRUS 1998***

■ 11,42 ha 30 000 +76 €

61 67 71 74 75 76 78 |79| |81| (82) |83| |85| |86| |87| |(88)| |89| 90 |92| 93 |94| (95) (96) 97 (98)

Ein Terroir von regelmäßiger Qualität, eine glanzvolle neuere Geschichte, eine Zeit des Ruhms, die mit der Heirat von Elisabeth, der späteren Königin von England, begann, und heute großartige Menschen, die das Gut leiten: Petrus ist der Bannerträger der Appellation Pomerol, von der er alle Merkmale besitzt, mit zusätzlicher Opulenz im Geschmack. Das prächtige Bordeauxrot ist dunkel, fast schwarz. Das extrem konzentrierte Bouquet bringt die vollkommene Vereinigung zwischen den vollreifen Merlot-Trauben (95 % Anteil) und dem sehr feinen Eichenholz zum Ausdruck. Der Geschmack ist warm, kräftig, fleischig und trüffelartig und wird von Tanninen verlängert, die

dicht und zugleich lakritzeartig sind und eine lange Lagerfähigkeit versprechen.
SC du Ch. Petrus, 33500 Pomerol

CH. PLINCE 1998**

■ 7,18 ha 45 000 15 à 23 €

86 |89| |90| 91 92 |95| 96 **98**

Dieses schöne, 10 ha große Familiengut befindet sich auf Sandböden, die mit Eisenoxiden vermengt und zu drei Vierteln mit Merlot und zu einem Viertel mit Cabernet vermengt sind. Der 98er hat unsere Jury schon beim Anblick verführt, der eine prächtige Purpurfarbe zeigt, dunkel und tief, mit purpurvioletten Reflexen an der Oberfläche. Das schon sehr entfaltete, komplexe Bouquet verbindet vollreife rote und schwarze Früchte mit Röst-, Vanille- und Gewürzgerüchen. Der füllige, fleischige, kräftige Geschmack besitzt eine schöne Ausgewogenheit zwischen den Traubentanninen und den Tanninen vom Ausbau im Holzfass. Der noch ein wenig feste Abgang braucht einige Jahre Lagerung, um sich zu verfeinern.
SCEV Moreau, Ch. Plince, 33500 Libourne, Tel. 05.57.51.68.77, Fax 05.57.51.43.39
Mo–Fr 8h–12h 14h30–18h30 (Fr bis 17h)

CLOS PLINCE 1998

■ 1,15 ha 6 000 15 à 23 €

Dieser ganz kleine Cru, den die Familie Laval 1996 kaufte, besteht aus 70 % Merlot- und 30 % Cabernet-Reben, die auf Sand angepflanzt sind. Sein gefälliger, einschmeichelnder 98er besitzt eine lebhafte rubinrote Farbe. Das Bouquet wird im Augenblick ein wenig von den vanilleartigen Holznoten dominiert und öffnet sich zu Aromen von gekochten roten Früchten in Alkohol. Der Geschmack ist kräftig und fleischig; seine festen, deutlich spürbaren Tannine dürften dem Wein eine gute Entwicklung garantieren (drei bis vier Jahre Lagerung).
SCEA Famille Laval, 4, chem. des Grand-Vignes, 33500 Pomerol, Tel. 05.57.51.17.40, Fax 05.57.51.16.89
n. V.

CH. POMEAUX 1998**

■ 3,78 ha 22 000 46 à 76 €

Ein Aufsehen erregender Einstand für diesen Cru schon mit seiner ersten Ernte! Ausschließlich Merlot-Reben, auf eisenhaltigen Ton- und Kiesböden angepflanzt, zwei Jahre in neuen Barriquefässern ausgebaut – das erscheint simpel. Und dennoch ist das Ergebnis beeindruckend. Die sehr dunkle Farbe besitzt schwarzbraune Reflexe. Der kräftige und zugleich hochfeine Geruchseindruck verbindet rote Früchte, gekochte Kirschen, Gewürze, Mokka, Leder und getoastete Fassdaube (noch ein wenig dominierend). Der warme, fette, dichte Geschmack, den feinkörnige, noch frische Tannine unterstützen, lässt einen Wein erkennen, der sich zu einer langen Lagerung eignet. Nach einem solchen Erfolg warten wir auf die Bestätigung bei den nächsten Jahrgängen.
SCEA du Ch. Pomeaux, 6, Lieu-dit Toulifaut, 33500 Pomerol, Tel. 05.57.51.98.88, Fax 05.57.51.88.99, E-Mail info@pomeaux.com n. V.
M. A.T. Powers

CH. PONT-CLOQUET 1998

■ 0,53 ha 3 600 30 à 38 €

Der Cru entstand 1996, aber der Wein wird von fünfzig Jahre alten Merlot-Reben erzeugt, ergänzt durch 10 % Cabernet Sauvignon. Dieser 98er ist ein schöner Wein von gutem typischem Charakter: Die granatrote Farbe ist intensiv und klar; das Bouquet entfaltet reife Früchte und feine, elegante Noten; der weiche, ausgewogene Geschmack, der sich auf seidige, feine, gut umhüllte Tannine gründet, bietet im Abgang eine gute Beständigkeit.
Stéphanie Rousseau, Petit Sorillon, 33230 Abzac, Tel. 05.57.49.06.10, Fax 05.57.49.38.96, E-Mail vignoblerousseau@wanadoo.fr
n. V.

CH. PRIEURS DE LA COMMANDERIE 1998*

■ 3,5 ha 6 000 23 à 30 €

86 88 |89| |90| 91 |93| |94| 96 **97** 98

Diese Cru ist aus der Vereinigung von einem Dutzend Parzellen entstanden, die über den westlichen Teil Pomerols verstreut liegen. Geleitet wird er von der gleichen Mannschaft, die auch für Château La Dominique zuständig ist, einen Grand cru classé von Saint-Emilion, der dem gleichen Besitzer gehört. Er bietet einen schönen 98er von dunklem, leicht entwickeltem Granatrot. Die Aromen von gekochten roten Früchten treffen auf die Gerüche von gutem Holz und auf sehr angenehme blumige Nuancen. Der Geschmack ist wohl ausgewogen; seine runden, fleischigen Tannine halten wunderschön bis zu einem köstlichen Abgang an. Servieren sollte man ihn zu einer Waldschnepfe.
Clément Fayat, Ch. La Dominique, 33330 Saint-Emilion, Tel. 05.57.51.31.36, Fax 05.57.51.63.04, E-Mail info@vignobles.fayat-group.com
n. V.

CH. RATOUIN 1998*

■ 3,2 ha 15 000 11 à 15 €

Château Ratouin, ein kleines Gut, das seit drei Generationen im Besitz der gleichen Familie ist, liegt auf kieseligen Kiesböden und ist zu 70 % mit Merlot und zu 30 % mit Cabernet franc bestockt. Dieser 98er von intensivem, tiefem Rubinrot entfaltet ein konzentriertes, kräftiges Bouquet, das eine schöne Harmonie zwischen den Aromen von gekochten Früchten, Röstung, Leder und gutem Holz bietet. Der Geschmack enthüllt seidige, fleischige Tannine, eine füllige, runde Struktur und danach einen langen, nachhaltigen Abgang, der sehr angenehm ist.
SCEA Ch. Ratouin, Village de René, 33500 Pomerol, Tel. 05.57.51.19.58, Fax 05.57.51.47.92 n. V.

CLOS RENE 1998*

■ 12 ha 65 000 15 à 23 €

|86| |88| |89| |90| 91 92 93 95 96 **97** 98

Dieser auf einem Kiessandboden entstandene 98er, der sechzehn Monate in Barriquefässern (ein Viertel davon neu) ausgebaut worden ist, zeigt eine schöne granatrote Farbe. Der Duft ist fein und fruchtig und lässt, wenn man den Wein im Glas schwenkt, Gewürz- und Ledernoten erkennen. Der Geschmack ist noch jugendlich, aber die ausgewogenen Tannine dürften in drei bis fünf Jahren einen verführerischen Tropfen ergeben.
SCEA Garde-Lasserre, Clos René, 33500 Pomerol, Tel. 05.57.51.10.41, Fax 05.57.51.16.28 n. V.
J.-M. Garde

CH. ROUGET 1998*

■ 18,5 ha 30 000 23 à 30 €

|94| |95| |96| 97 98

Ein 98er, der auf dem tonigen Kiesplateau erzeugt worden ist und ein dunkles, tiefes Granatrot zeigt. Der Duft bietet reife und kandierte Früchte (Sauerkirsche), die ein eleganter Holzton mit Röstnoten würzt. Der Geschmack ist rund, voll und kräftig, mit sanften, samtigen Tanninen, die lang anhalten. Ein Wein von schöner Ausgewogenheit, der in drei bis fünf Jahren seine Reife erreichen dürfte.
Ch. Rouget SGVP, 33500 Pomerol, Tel. 05.57.51.05.85, Fax 05.57.55.22.45 n. V.
Labruyère

CH. SAINTE-MARIE 1998

■ 4,5 ha 26 000 30 à 38 €

Das auf Sandböden angelegte Gut in Familienbesitz betreibt biologischen Anbau; es ist zu zwei Dritteln mit Merlot und zu einem Drittel mit Cabernet bestockt. Dieser 98er von intensivem, strahlendem Rubinrot verströmt ein warmes, weiniges Bouquet, das Aromen von gekochten Früchten, Kaffee, Schokolade und Lakritze bietet. Der ausgewogene, harmonische Geschmack zeigt eine hübsche Fleischigkeit, verschmolzene, samtige Tannine und eine schöne Länge im Abgang. Ein Juror schlug eine originelle Kombination dazu vor: Flussfisch.
J. Pélotier et Fille, 41, av. Georges-Pompidou, 33500 Libourne, Tel. 05.57.51.12.27, Fax 05.57.51.12.27 n. V.

CH. DE SALES 1998

■ 47,5 ha 160 000 23 à 30 €

86 88 |89| |90| 92 94 |97| 98

Sales, das sich seit vier Jahrhunderten im Besitz der gleichen Familie befindet, ist architektonisch eines der schönsten Châteaus des Bordelais. Es verfügt über fast 50 ha Reben, die auf feinkörnigem Kies und Sand angepflanzt sind (70 % Merlot, 15 % Cabernet franc und 15 % Cabernet Sauvignon). Sein sehr gefälliger 98er, der ein hübsches Granatrot mit entwickelt wirkenden Reflexen zeigt, bietet einen noch etwas diskreten, aber weinigen Geruchseindruck mit Aromen gekochter Früchte. Der Geschmack ist ausgewogen; seine sanften, runden Tannine kompensieren einen leichten Mangel an Stärke durch eine schöne Eleganz, die Niederwild verdient.
Bruno de Lambert, Ch. de Sales, 33500 Pomerol, Tel. 05.57.51.04.92, Fax 05.57.25.23.91 n. V.

CH. DU TAILHAS 1998

■ 11 ha 60 000 23 à 30 €

97 98

Dieser 98er, der hauptsächlich von Merlot (70 % der Bestockung auf einem Boden, der Sand und Kies über Ortstein vermengt) erzeugt worden ist, wurde zwanzig Monate in neuen Barriquefässern ausgebaut. Er hat eine leichte Farbe mit ziegelroten Reflexen. In der Nase sind die Aromen noch frisch, fruchtig, lakritzeartig und ein wenig trüffelähnlich. Die eleganten Tannine verleihen diesem angenehmen Wein viel Frische. Man kann ihn recht bald zu rotem Fleisch oder Neunauge nach Bordelaiserart trinken.
Nebout et Fils, SC Ch. du Tailhas, 33500 Pomerol, Tel. 05.57.51.26.02, Fax 05.57.25.17.70 n. V.

CH. THIBEAUD-MAILLET 1998*

■ 1 ha 6 167 15 à 23 €

88 89 |90| 92 |93| |94| 95 |96| 97 98

Dieser kleine Cru, der von unseren Verkostern regelmäßig ausgewählt wird, befindet sich auf einem tonig-kiesigen Boden, der zu 85 % mit Merlot und zu 15 % mit Cabernet franc bestockt ist. Der Wein zieht das Register der Feinheit mit einer schönen, dichten, rubinroten Farbe und kandierten Früchten und Röstaromen in der Nase. Die sanfte, bezaubernde Ansprache setzt sich mit feinen, würzigen Tanninen fort. In zwei bis drei Jahren kann man diesen 98er zu nicht abgehangenem Wild servieren.
Roger et Andrée Duroux, Ch. Thibeaud-Maillet, 33500 Pomerol, Tel. 05.57.51.82.68, Fax 05.57.51.58.43 tägl. 9h–12h 14h–20h; März geschlossen

CH. TROTANOY 1998**

■ 7,16 ha 32 000 +76 €

79 **80** (82) **85** **86** 87 |88| |89| |(90)| |92| |94| (95) (96) 97 **98**

Dieser Cru, um den sich die großen Restaurants dieser Welt reißen, besitzt einen besonderen Boden: Sehr tonhaltig und kiesig, ist er bei trockenem Wetter hart und wird beim geringsten Regenfall schlüpfrig. Beschwerlich für den Winzer, aber was für ein Resultat! Dieser 98er bringt die Stärke und die Rasse des Terroirs zum Ausdruck: Er hat eine sehr dunkle, dichte Granatfarbe und entfaltet ein elegantes Bouquet, in dem das geröstete, getoastete Holz mit der Vanillenote die Aromen von roten und schwarzen Früchten verstärkt. Die Struktur ist reich, das Fleisch freigebig, mit einer sehr schönen Tanninstruktur, die den Weinliebhabern noch ein wenig Geduld abfordern wird.
SC du Ch. Trotanoy, 33500 Pomerol

CH. DE VALOIS 1998

■ 7,66 ha 50 000 15 à 23 €

Das 1862 entstandene Gut hat 1886 den Namen «Château de Valois» angenommen. Es befindet sich auf äolischen Sanden, die stellenweise mit Kies vermengt sind, und enthält in ihrer Bestockung über drei Viertel Merlot-Reben. Dieser 98er von hübschem, noch lebhaft funkelndem Granatrot entfaltet ein Bouquet, das noch ein wenig vom Holz geprägt ist und aus Röst- und Vanillenoten besteht, mit einem Hauch von Frucht darunter. Der wohl ausgewogene Geschmack besitzt eine gute Konzentration, aber die Festigkeit der Tannine im Abgang erfordert von den Weinfreunden noch ein wenig Geduld.

SCEA des vignobles Leydet, Rouilledimat, 33500 Libourne, Tel. 05.57.51.19.77, Fax 05.57.51.00.62 ☑ Ῑ n. V.

VIEUX CHATEAU CERTAN 1998***

■ 14 ha 38 400 +76 €

81 82 83 85 86 |(88)| |89| |90| 92 **93** |94| **95 96** 97 (98)

Der europäischste der Pomerol-Crus: Zu Beginn des 16. Jh. von einer schottischen Familie angelegt, wird das Gut seit 1924 von einer belgischen Familie glänzend bewirtschaftet. Der 98er fand einmütige Zustimmung aufgrund seiner prächtigen bordeauxroten Farbe mit schwarzen Reflexen. Seine Aromen, die über einem feinen Holzton noch sehr fruchtig sind (Sauerkirsche, Feige, Backpflaume), kündigen einen vollen, runden Geschmack mit sanften Tanninen an, die den Stempel der Merlot-Traube und zugleich des Fasses tragen. Kurz gesagt: ein großer traditioneller Pomerol, der sehr harmonisch ist.

SC du Vieux Château Certan, 33500 Pomerol, Tel. 05.57.51.17.33, Fax 05.57.25.35.08, E-Mail vieuxchateaucertan@wanadoo.fr Ῑ n. V.

Thienpont

VIEUX CHATEAU FERRON 1998**

■ 1,5 ha 10 000 23 à 30 €

|89| |90| 93 |95| |96| 97 **98**

Einer der drei Weinberge, die in Pomerol von den Garzaros, Winzern im Entre-Deux-Mers, bewirtschaftet werden, bestockt mit 90 % Merlot und 10 % Cabernet franc, die über vierzig Jahre alt sind und auf einem Kiessandboden wachsen. Der Wein zeigt ein hübsches Granatrot mit ziegelroten Reflexen. Der zart holzige und lakritzeartige Geruchseindruck «merlotiert» am Anfang mit einer Note von gekochter Backpflaume und enthält eine kleine animalische Note (Wild). Der seidige, runde, fleischige Geschmack wird von Tanninen ausgeglichen, die jetzt gezähmt sind und es möglich machen, dass man diesen 98er zwei bis acht Jahre lang zu Rindfleisch mit Steinpilzen oder Wild trinkt. Die gleiche Note wurde dem **98er Clos des Amandiers** zuerkannt.

EARL Vignobles Elisabeth Garzaro, Ch. Le Prieur, 33750 Baron, Tel. 05.56.30.16.16, Fax 05.56.30.12.63, E-Mail garzaro@vingarzaro.com ☑ Ῑ n. V.

CH. VIEUX MAILLET 1998*

■ 2,62 ha 12 500 23 à 30 €

|95| 96 97 98

Vieux Maillet, ein vier Hektar großes Gut, das 1994 von Isabelle Motte erworben wurde, liegt auf Ton- und Sandböden (vier Fünftel Merlot und ein Fünftel Cabernet franc). Das Ergebnis ist ein 98er von schöner Erscheinung, dessen hübsches Rubinrot kräftig und tief ist. Der Geruchseindruck verbindet Stärke und Feinheit; er erinnert über Aromen von vollreifen Trauben stark an Vanille und lässt sehr elegante Röstgerüche erkennen. Dieser sehr gut strukturierte Wein wird von erstklassigen, lang anhaltenden, fetten Tanninen unterstützt und bietet die für einen Pomerol typische Ausgewogenheit.

Isabelle Motte, Ch. Vieux Maillet, 33500 Pomerol, Tel. 05.57.51.04.67, Fax 05.57.51.04.67, E-Mail chateau.vieux.maillet@wanadoo.fr Ῑ n. V.

CH. VRAY CROIX DE GAY 1998*

■ 3,66 ha 22 500 15 à 23 €

85 86 88 |89| |90| |93| |94| 95 |97| 98

Olivier Guichard, ein Weggefährte von General de Gaulle, gehörte zu denen, die 1958 seine Rückkehr an die Macht bewerkstelligten. Er blieb Minister im Kabinett von Jacques Chaban-Delmas, der ihm im Juni 1969 das Erziehungsministerium anvertraute. Hier ist sein Weingut. Der Weinberg enthält 90 % Merlot und 10 % Cabernet franc. Dieser 98er, der ein noch jugendliches Rubinrot zeigt, entfaltet Düfte von reifen Früchten und süßen Gewürzen mit Kaffeenoten und blumigen Nuancen. Der zunächst weiche, delikate Geschmack enthüllt danach samtige Tannine, ein schönes Volumen und im Abgang eine große Weinigkeit. Eine Flasche, die man innerhalb von zwei bis drei Jahren trinken kann.

SCE Baronne Guichard, Ch. Siaurac, 33500 Néac, Tel. 05.57.51.64.58, Fax 05.57.51.41.56 ☑ Ῑ n. V.

Olivier Guichard

Lalande de Pomerol

Ähnlich wie Pomerol, dessen Nachbar es ist, wurde dieses etwa 1 100 ha große Weinbaugebiet von den Johannitern geschaffen (denen wir auch die schöne Kirche von Lalande verdanken, die aus dem 12. Jh. stammt). Es erzeugt aus den klassischen Rebsorten von Bordeaux farbintensive Rotweine, die kräftig und bouquetreich sind. Sie genießen einen guten Ruf, wobei es die besten von ihnen mit den Pomerol- und Saint-Emilion-Weinen aufnehmen können. 2000 wurden 57 520 hl angemeldet.

CH. DES ANNEREAUX 1998*

■ 20 ha 100 000 8 à 11 €

Ein Cru, der sich in idealer Lage im Herzen eines tonig-kiesigen Terroirs befindet, mit 80 % Merlot und 20 % Cabernet bestockt. Der Wein ist achtzehn Monate im Barriquefass gereift. Er besitzt ein kräftiges, strahlendes Purpurrot und einen entfalteten Duft von Gewürzen, Blumen und schwarzen Früchten (Johannisbeere, Brombeere) sowie Leder. Im Geschmack entwickeln sich die runden, reifen Tannine mit viel Fülle zu Lakritze- und Gewürzaromen hin. Man kann diese Flasche in drei bis fünf Jahren aufmachen.

SCE du Ch. des Annereaux, 33500 Lalande-de-Pomerol, Tel. 05.57.55.48.90, Fax 05.57.84.31.27 n. V.

Milhade-Hessel

CH. BECHEREAU Cuvée fût de chêne 1998

■ 2,25 ha 14 000 8 à 11 €

Aromen von geröstetem Brot, Leder und Zimt und eine kräftige Farbe bei einem weichen, runden Wein, den man in den nächsten drei Jahren trinken kann.

SCE Jean-Michel Bertrand, Béchereau, 33570 Les Artigues-de-Lussac, Tel. 05.57.24.31.22, Fax 05.57.24.34.69 Mo–Sa 8h–12h 14h–18h

CH. DE BEL-AIR 1998*

■ 16 ha k. A. 15 à 23 €

Dieses alte, 20 ha große Gut im Libournais gehört seit 1962 Jean-Pierre Musset; es befindet sich auf einem Kiesboden und hat eine klassische Bestockung von Merlot (75 %) und Cabernet. Es präsentiert einen Wein von tiefer, fast schwarzer Farbe. Die komplexen Aromen von reifen und gekochten Früchten (schwarze Johannisbeere, Kirsche) kündigen füllige, samtige Tannine an, die sehr typisch sind und sich voller Feinheit entwickeln. Eine leichte Lebhaftigkeit ist ein Garant für eine gute Langlebigkeit. Eine Flasche, die in zwei bis fünf Jahren viel Vergnügen schenken wird.

Vignobles Jean-Pierre Musset, Ch. de Bel-Air, 33500 Lalande-de-Pomerol, Tel. 05.57.51.40.07, Fax 05.57.74.17.43, E-Mail chateaudebelair@wanadoo.fr n. V.

CH. BELLES-GRAVES 1998

■ 16,2 ha 90 000 11 à 15 €

Das Château war lange Zeit der «offizielle» Lieferant für die *Calypso*, das Schiff von Kapitän Cousteau. Sein 98er ist sehr fruchtig (Himbeere) und zart holzig. Die Tannine sind sanft und schmelzig, vollreif und ausgewogen bis in einen angenehmen Abgang hinein. Diese Flasche kann man in den nächsten drei Jahren trinken.

GFA Theallet-Piton, SC Ch. Belles-Graves, 33500 Néac, Tel. 05.57.51.09.61, Fax 05.57.51.01.41 n. V.

CH. BOUQUET DE VIOLETTES 1998*

■ 2,7 ha 8 200 15 à 23 €

Dieser kleine Cru erfährt eine sehr gewissenhafte Behandlung, bei der Erziehung der Reben ebenso wie bei der Herstellung seines Weins, wie die schöne purpurrote Farbe mit den rubinroten Nuancen dieses 98ers bezeugt, der in der Nase voller schwarzer Früchte, Kirsche, Vanille und Kakao ist. Die runden, kräftigen Tannine entwickeln sich mit Sanftheit und Reife. Der ein wenig strenge Abgang braucht eine zwei- bis dreijährige Alterung, um sich abzurunden, was in dieser AOC normal ist.

Jean-Jacques Chollet, La Chapelle, 50210 Camprond, Tel. 02.33.45.19.61, Fax 02.33.45.35.54 n. V.

CH. BOURSEAU 1998*

■ 10 ha 45 000 11 à 15 €

Das Gut, das 200 m von der wunderschönen Dorfkirche (12. Jh.) von Lalande entfernt liegt, besitzt ein ausgezeichnetes Terroir mit Ton und Kies. Es hat diesen Wein hervorgebracht, der 10 % Bouchet mit den beiden traditionellen Rebsorten kombiniert. Die Farbe ist satt; die kräftigen Düfte von reifen Früchten und Veilchen werden von sehr frischen Noten begleitet. Die noch ziemlich festen Tannine bilden einen soliden, fülligen Geschmack, der lang anhält. Eine zukunftsreiche Flasche, die man in drei bis acht Jahren aufmachen kann.

SARL Vignobles Véronique Gaboriaud-Bernard, Ch. Bourseau, 33500 Lalande-de-Pomerol, Tel. 05.57.51.52.39, Fax 05.57.51.70.19, E-Mail matras@cavesparticulieres.com tägl. 9h–12h 14h–17h30

CH. CANON CHAIGNEAU 1998

■ 8 ha 24 000 11 à 15 €

Noten von Röstung (Kaffee, Kakao) und reifen Früchten begleiten die Verkostung dieses ziemlich fleischigen Weins, der aber von einem dominierenden Holzton nicht erdrückt wird. In zwei bis drei Jahren dürfte alles in Ordnung kommen.

⊶ SCEA Marin Audra,
3 *bis*, rue Porte-Brunet, 33330 Saint-Emilion,
Tel. 05.57.24.69.13, Fax 05.57.24.69.11,
E-Mail louis.marin@wanadoo.fr ☑ Y n. V.

DOM. DU CHAPELAIN 1998

■ 1,02 ha 5 243 ◍ 11 à 15 €

Das Etikett der Domaine du Chapelain zeigt die Kirche Saint-Jean von Lalande, die mit ihrer herrlichen Vorderfront an die Kirche der Johanniter erinnert. Dieser kleine Cru präsentiert einen angenehmen 98er, den elegante Aromen von roten Früchten, Brombeere, Vanille und Wild prägen. Zwei bis drei Jahre werden nötig sein, damit die Tannine verschmelzen.

⊶ SCEA du Ch. L'Enclos,
20, rue du Grand-Moulinet, 33500 Pomerol,
Tel. 05.57.51.04.62, Fax 05.57.51.43.15,
E-Mail chateaulenclos@wanadoo.fr ☑ Y n. V.

CLOS DES TUILERIES 1998

■ 2 ha 2 500 ▮◍🌡 8 à 11 €

Dieser Clos präsentiert einen 98er mit ziegelroten Reflexen, dessen aus Menthol, Lakritze und schwarzer Johannisbeere bestehendes Bouquet von einem erstklassigen Holzton unterstützt wird. Im Geschmack entdeckt man einen sanften, harmonischen Wein mit spürbaren, reifen Tanninen, die recht typisch für die Appellation sind. Man kann ihn trinken oder ein paar Jahre aufheben.

⊶ SCEA des Vignobles Francis Merlet,
46, rte de l'Europe, Goizet,
33910 Saint-Denis-de-Pile, Tel. 05.57.84.25.19,
Fax 05.57.84.25.19 ☑ Y n. V.

CLOS LES FOUGERAILLES 1998

■ 2,25 ha 5 000 ◍ 8 à 11 €

Dieser sortenreine Merlot zeichnet sich durch ein lebhaftes Rot, angenehme Aromen von roten Früchten mit delikatem Holzton und sanfte, runde Tannine aus, die im Schlussgeschmack ausgewogen sind. Ein gelungener Wein, den man in zwei bis drei Jahren aufmachen kann.

⊶ SCEA du Ch. Coudreau, 1, rte de Robin,
33910 Saint-Denis-de-Pile, Tel. 06.82.17.85.28,
Fax 06.57.74.26.77,
E-Mail chateau.coudreau@laposte.net
☑ Y n. V.
⊶ Vacher

CH. GRAND ORMEAU 1998★★

■ 8 ha 38 000 ◍ 15 à 23 €

Jean-Claude Beton begeisterte sich 1988 für dieses Weingut. Er leitete eine anspruchsvolle Qualitätspolitik ein, die den Cru zu den besten Rängen führte. Sein ausgezeichnetes Terroir mit Kiesböden wird durch einen Ertrag von nur 35 hl/ha zur Geltung gebracht. Dort liegt bestimmt auch das Hauptgeheimnis der großen Weine. Dieser hier strahlt mit dunkelrubinroten Reflexen. Sein ausdrucksvolles Bouquet erinnert an reife Früchte mit einem sehr eleganten, empyreumatischen Holzton. Die feinkörnigen Tannine bieten eine dichte Textur, viel Konzentration und «Fett». Der sehr komplexe, nachhaltige Abgang lässt eine lange Lagerung von mindestens fünf bis acht Jahren zu.

⊶ Ch. Grand Ormeau,
33500 Lalande-de-Pomerol, Tel. 05.57.25.30.20,
Fax 05.57.25.22.80,
E-Mail grand.ormeau@wanadoo.fr ☑ Y n. V.
⊶ Jean-Claude Beton

CH. GRAND ORMEAU

Cuvée Madeleine 1998★★★

■ 2,5 ha 10 000 ◍ 30 à 38 €

Jean-Claude Beton, der Gründer der Gruppe Orangina, hat aus diesem Gut einen großartigen Cru gemacht. Eine einstimmige Liebeserklärung belohnt die Cuvée Madeleine, die von alten Reben stammt, die auf einem Kiesboden wachsen. Unter einer sehr dunklen, kräftigen Farbe kommen komplexe Aromen zum Vorschein, die Gewürze (Vanille) und gekochte rote Früchte verbinden. Die fülligen, festen Tannine, die gleichzeitig seidig wirken, erwecken einen Eindruck von Stärke und Länge. Ein Ausnahmewein, den man erst in fünf bis zehn Jahren aufmachen sollte.

⊶ Ch. Grand Ormeau,
33500 Lalande-de-Pomerol, Tel. 05.57.25.30.20,
Fax 05.57.25.22.80,
E-Mail grand.ormeau@wanadoo.fr ☑ Y n. V.

CH. HAUT-CHAIGNEAU

Cuvée Prestige Elevé en fût de chêne 1998★

■ 11 ha 50 000 ◍ 15 à 23 €

Pascal Chatonnet, ein angesehener Önologe, unterstützt seinen Vater auf den Familiengütern. Beide präsentieren jedes Jahr ausgezeichnete Weine, wie etwa diesen 98er mit der tiefen, strahlenden Farbe. Der ausdrucksvolle Duft erinnert an rote und schwarze Früchte (schwarze Johannisbeere), die mit einem vanille- und toastartigen Holzton verbunden sind. Die sehr konzentrierten, in der Ansprache kräftigen Tannine entwickeln sich danach voller Feinheit bis zu einem hübschen, aromatischen Abgang. Eine Flasche, die man zwei bis fünf Jahre aufheben kann. Der Zweitwein, der **98er Château Tour Saint-André** (Preisgruppe: 70 bis 99 F), wird für seine warmen, fruchtigen Aromen und seine geschmeidige, ausgewogene Struktur lobend erwähnt. Er ist schneller trinkreif als sein großer Bruder.

⊶ GFA J. et A. Chatonnet,
Ch. Haut-Chaigneau, 33500 Néac,
Tel. 05.57.51.31.31, Fax 05.57.25.08.93
☑ Y n. V.

CH. HAUT-CHATAIN
Cuvée Prestige 1998★★

■ 1 ha 6 000 11 à 15 €

Diese Cuvée Prestige entspricht einem Hektar vierzig Jahre alter Reben von den insgesamt 22 Hektar, die das Gut umfasst. Dieser 98er von dunkler, tiefer Farbe verführt sofort mit einem intensiven Bouquet von eingemachten roten Früchten, geröstetem Brot und Teer. Die Ansprache ist weich und dicht; danach kommen reife, feste Tannine zum Vorschein, die sehr fruchtig sind (Himbeere, Walderdbeere). Ein Wein voller Feinheit, den man in zwei bis acht Jahren trinken kann. Die **klassische Cuvée,** die von 25 Jahre alten Merlot-Reben erzeugt worden ist und zusätzlich 10 % Cabernet franc enthält, bekommt für ihre Ausgewogenheit zwischen reifen Früchten und sanften, eleganten Tanninen einen Stern. Ein Wein, den man rascher trinken kann, innerhalb von zwei bis drei Jahren.

Vignobles Rivière-Junquas, Ch. Haut-Châtain, 33500 Néac, Tel. 05.57.25.98.48, Fax 05.57.25.95.45 n. V.

CH. HAUT-SURGET 1998

■ 36 ha 100 000 11 à 15 €

Haut-Surget, ein großes Gut, präsentiert einen angenehmen Wein: Die Jury schätzte seine granatrote Farbe mit den bläulich roten Reflexen und seine Blüten- und Röstaromen, die eine Note roter Früchte begleitet. Im Geschmack sind die Tannine immer noch spielbeherrschend; die Früchte werden erst nach einer zwei- bis vierjährigen Lagerung vollständig zur Entfaltung kommen.

Ollet-Fourreau, 33500 Néac, Tel. 05.57.51.28.68, Fax 05.57.51.91.79 n. V.

CH. JEAN DE GUE Cuvée Prestige 1998★★

■ 6,5 ha k. A. 11 à 15 €

Nach einer Liebeserklärung und drei Sternen für den 97er präsentiert dieses Château einen bemerkenswerten 98er, der eine granatrote Farbe mit sehr strahlenden rubinroten Reflexen besitzt. Seine Aromen von Früchten (schwarze Johannisbeere), Gewürzen und Trüffeln vereinigen sich mit klassischeren Holznoten (Vanille, geröstetes Brot) zu einem sehr komplexen Bouquet. Im Mund bieten die kräftigen, reifen Tannine, die besonders fett und elegant sind, ein sehr fruchtiges und würziges Rückaroma. Eine Flasche, die man unbedingt für fünf bis zehn Jahre in einem guten Keller vergessen muss.

Vignobles Aubert, La Couspaude, 33330 Saint-Emilion, Tel. 05.57.40.15.76, Fax 05.57.40.10.14 n. V.

CH. LA BORDERIE-MONDESIR 1998★

■ 2,2 ha 13 000 11 à 15 €

Jean-Marie Rousseau, der ein 44 ha großes Gut führt, bestimmt zwei Hektar für diese Cuvée, die beim 98er etwa 90 % Merlot mit Cabernet Sauvignon kombiniert. Die Reben wachsen auf einem kiesigen Boden, der im Untergrund Schlacke enthält. Dieser Wein zeigt ein Rubinrot mit bläulich roten Reflexen und verströmt Düfte, die an Gewürze, rote Früchte und Leder erinnern. Seine runden und zugleich kräftigen Tannine sind bis zum Abgang sehr elegant. Eine zukunftsreiche Cuvée, die sich innerhalb von zwei bis fünf Jahren vollständig entfalten wird.

Jean-Marie Rousseau, Petit-Sorillon, 33230 Abzac, Tel. 05.57.49.06.10, Fax 05.57.49.38.96, E-Mail vignoblesrousseau@wanadoo.fr n. V.

CH. LA CROIX SAINT-JEAN 1998

■ 1,34 ha 8 000 11 à 15 €

Dieses Weingut wird in der weiblichen Linie vererbt; geführt wird es heute vom Vater und von der Tochter. Ihr sehr angenehmer Wein ist strahlend rubinrot und bietet klare Aromen von roten Früchten mit leichter Toastnote. Seine würzigen Tannine zeigen eine gute Ausgewogenheit, aber auch eine leichte Festigkeit, die sich nach einer Lagerung von zwei bis drei Jahren verflüchtigen dürfte.

Vignobles Raymond Tapon, Lafleur Vachon, 33330 Saint-Emilion, Tel. 05.57.74.61.20, Fax 05.57.74.61.19, E-Mail vinstapon@aol.com n. V.

CH. LA FAURIE MAISON NEUVE
Elevé en fût de chêne 1998

■ 3,8 ha 25 000 8 à 11 €

Dieser 98er, der von einem guten kiesigen Terroir stammt, verdient Beachtung wegen seiner aromatischen Intensität, die Gewürze, schwarze Früchte (schwarze Johannisbeere), Wild, Veilchen und Vanille prägen. Im Geschmack erweist er sich als angenehmer Wein mit sanften Tanninen. Man kann ihn schon jetzt in seiner Fruchtigkeit trinken oder zwei bis drei Jahre aufheben.

Michel Coudroy, Maison-Neuve, 33570 Montagne, Tel. 05.57.74.62.23, Fax 05.57.74.64.18 n. V.

LA FLEUR DE BOUARD 1998★

■ k. A. 59 000 15 à 23 €

Der 98er ist der erste Jahrgang des neuen Besitzers Hubert de Boüard, der außerdem Miteigentümer von Château Angelus und Vorsitzender des Verbands von Saint-Emilion ist. Das intensive Granatrot zeigt schwarze Reflexe. Das ausdrucksvolle Bouquet von reifen Trauben und Blumen wird von reichen, vanilleartigen Holznoten geprägt. Im Geschmack sind die Tannine sehr deutlich zu spüren, aber recht rund und fett und hinterlassen eine Empfindung von großer Reife. Man muss zwei bis drei Jahre warten, damit sich der Holzton völlig harmonisch einfügt; dann kann man diesen Wein für lange Zeit zu Niederwild servieren.

Hubert de Boüard de Laforest, SC Ch. La Fleur Saint-Georges, BP 7, 33500 Pomerol, Tel. 05.57.25.25.13, Fax 05.57.51.65.14, E-Mail lafleurdebouard@libertysurf.fr n. V.

CH. LA VALLIERE 1998*

■ 1 ha 5 000 🍷 8 à 11 €

Ein Kiesboden und ein für das Libournais klassischer Rebsatz haben diesen rubinroten Wein mit den leicht ziegelroten Reflexen hervorgebracht. Der Geruchseindruck bietet komplexe Düfte von reifen und kandierten Früchten sowie animalische Noten (Leder). Die fülligen, voluminösen, recht fleischigen Tannine, die lang anhalten, erlauben es, dass man diese Flasche in zwei Jahren aufmacht.

SARL L. Dubost, Catusseau, 33500 Pomerol, Tel. 05.57.51.74.57, Fax 05.57.25.99.95 n. V.

Yvon Dubost

CH. LES CHAUMES 1998

■ 3,5 ha 20 000 8 à 11 €

Der 1977 von Alain Vigier erworbene Cru präsentiert einen ansprechenden Wein mit einem Bouquet von Mandel und kandierten Früchten und mit komplexen, recht festen Tanninen. Ein ziemlich warmer, aber typischer 98er, den man in den nächsten drei Jahren trinken kann. Der **weiße 98er Château La Croix** vom selben Erzeuger erhält die gleiche Note.

Alain Vigier, La Fleur des Prés, 33500 Pomerol, Tel. 05.57.74.00.16, Fax 05.57.51.87.70, E-Mail vigier.alain@wanadoo.fr n. V.

CH. LES HAUTS-CONSEILLANTS 1998*

■ 9 ha 41 000 11 à 15 €

Das Gut, das sich auf einem sandig-schluffigen Boden befindet, erzeugt regelmäßig ausgezeichnete Weine, wie etwa diesen 98er von glänzender Farbe. Die feinen, komplexen Aromen erinnern an Lakritze und kandierte Früchte, mit einem vanilleartigen Holzton. Im Geschmack stützen sich die reifen, seidigen Tannine auf einen schönen Stoff. Der Abgang, der Holzton und Fruchtigkeit verbindet, zeigt viel Harmonie. Dieser sehr typische Wein hat eine Zukunftserwartung von fünf bis zehn Jahren.

SA Pierre Bourotte, 62, quai du Priourat, 33500 Libourne, Tel. 05.57.51.62.17, Fax 05.57.51.28.28, E-Mail jeanbaptiste.audy@wanadoo.fr n. V.

CH. DE L'EVECHE 1998

■ 10 ha 24 000 8 à 11 €

Dieser Wein verdient eine lobende Erwähnung, nicht nur wegen seiner tiefen Farbe und seines eleganten Bouquets von reifen und gerösteten Früchten, sondern auch wegen seiner in der Ansprache fülligen, samtigen Tannine, die sich voller Charme, aber auch mit ein wenig Bitterkeit entwickeln. «Ein guter Merlot, vom Fass geröstet», vermerkte die Jury. Diese Rebsorte dominiert tatsächlich die Zusammenstellung (60 %). Es empfiehlt sich, diese Flasche zwei bis drei Jahre einzukellern.

Vignobles Chaumet, Goujon, RN 89, 33500 Lalande-de-Pomerol, Tel. 05.57.25.50.12, Fax 05.57.25.51.48, E-Mail vignobles.chaumet@wanadoo.fr Mo–Sa 8h–12h 14h–18h

CH. MONCETS 1998*

■ 19 ha 30 000 8 à 11 €

Das schöne, 24 ha große Gut beruft sich auf eine sehr lange Geschichte. Besonders erfolgreich war es mit diesem 98er, der konzentrierte Aromen (schwarze Früchte, geröstetes Brot) und eine noch tanninreiche Struktur besitzt. Die Entwicklung im Geschmack wird von einer eleganten, sanften, nachhaltigen Ausgewogenheit dominiert, mit einem sehr dichten Abgang. Eine Flasche, die man in zwei bis fünf Jahren genießen kann.

de Jerphanion, Moncets, 33500 Néac, Tel. 05.57.51.19.33, Fax 05.57.51.56.24, E-Mail bastidette@moncets.com n. V.

CH. PERRON La Fleur 1998**

■ k. A. 10 000 15 à 23 €

Das von 1647 stammende Château Perron ist eines der ältesten in der Gemeinde Lalande; es gehört seit drei Generationen der gleichen Familie. Es präsentiert eine in jeder Hinsicht bemerkenswerte Cuvée La Fleur: dunkel und tief, mit kräftigen, komplexen Aromen von Erdbeere, Himbeere, Vanille und Kakao. Sie besitzt deutlich spürbare, aber samtige Tannine, die durch viel Feinheit und Eleganz im Schlussgeschmack gekennzeichnet sind. Ein künftiger großer Wein für die geduldigen Weinfreunde, denn es ist notwendig, dass man drei bis acht Jahre wartet, bevor man ihn aufmacht.

Michel-Pierre Massonie, Ch. Perron, BP 88, 33503 Libourne Cedex, Tel. 05.57.51.40.29, Fax 05.57.51.13.37 n. V.

DOM. PONT DE GUESTRES Elevé en fût de chêne 1998*

■ 2 ha 12 000 11 à 15 €

Dieser Familienbetrieb stellte zwei unterschiedliche Weine vor, die beide mit einem Stern bewertet werden. Der erste Wein, der Domaine Pont de Guestres (100 % Merlot), ist durch einen intensiven Ausbau im Holzfass gekennzeichnet, der im Augenblick die Frucht und die Qualität der deutlich spürbaren Tannine ein wenig überdeckt. Der zweite Wein, der **98er Château Au Pont de Guitres**, verbindet 30 % Cabernet franc mit Merlot, ist aber nur sechs Monate im Fass gereift (gegenüber zwölf beim obigen Wein). Er ist viel fruchtiger, mit sehr angenehmen blumigen Noten; seine Tannine sind sanft und ausgewogen und besitzen eine mittlere Stärke. Man kann ihn bald trinken, auf jeden Fall vor dem Ersten, bei dem es notwendig ist, dass man ihn zwei bis fünf Jahre altern lässt.

Rémy Rousselot, Ch. Les Roches de Ferrand, 33126 Saint-Aignan, Tel. 05.57.24.95.16, Fax 05.57.24.91.44 n. V.

CH. REAL-CAILLOU 1998*

■ 4,3 ha 25 000 11 à 15 €

Dieser Wein wird von den Schülern der Fachoberschule von Montagne hergestellt, die 1969 gegründet wurde, um die zukünftigen Akteure des Weinbau- und Vinifizierungsbereichs auszubilden. Das ist ein sehr gelungener 98er. Er zeigt eine schöne, intensive rubinrote Farbe und ein entfaltetes Bouquet von vollreifen gekochten Früchten und geröstetem Holz. Im Geschmack dürften sich die einschmeichelnden, schon verschmelzenden Tannine innerhalb von zwei bis fünf Jahren mit Feinheit und Ausgewogenheit entwickeln.

Lycée viticole de Libourne-Montagne, Goujon, 33570 Montagne, Tel. 05.57.55.21.22, Fax 05.57.51.66.13, E-Mail legta.libourne@educagri.fr
Mo–Fr 8h30–12h 13h30–17h30

CH. TOUR DE MARCHESSEAU 1998

■ 5 ha 35 000 8 à 11 €

Dieser auf einem hübschen Kiesboden entstandene 98er präsentiert sich wunderschön mit einer strahlenden Farbe. Seine zurückhaltenden Aromen von gerösteten Früchten und Leder gehen einem Geschmack voraus, der im Augenblick holzbetont ist, aber eine vollreife Frucht erkennen lässt. Ein Wein, den man trinken oder zwei bis drei Jahre aufheben kann, damit sich der Holzton einfügt. Vom selben Erzeuger erhält der **98er Château La Croix des Moines** (Preisgruppe: 70 bis 99 F) eine lobende Erwähnung.

SCEA des Vignobles Trocard, 2, Les Petits-Jays-Ouest, 33570 Les Artigues-de-Lussac, Tel. 05.57.55.57.90, Fax 05.57.55.57.98, E-Mail trocard@wanadoo.fr
Mo–Fr 8h–12h 14h–17h

CH. DE VIAUD 1998*

■ 9 ha 54 300 11 à 15 €

Das auf einem tiefen Kiesboden liegende Gut, dessen Bestockung durch Merlot (95 %) geprägt ist, präsentiert einen 98er von kräftigem, strahlendem Granatrot. Die Aromen werden von sehr reifen Früchten (schwarze Johannisbeere, Brombeere) und einem delikaten Holzton geprägt. Im Geschmack halten die seidigen, samtigen Tannine lang an und bestätigen einen Eindruck von Stärke; sie erlauben alle Hoffnungen für eine gute Alterung: mindestens vier bis acht Jahre. Der **98er Château du Grand Chambellan** vom selben Erzeuger erhält eine lobende Erwähnung.

SAS Ch. de Viaud, 33500 Lalande-de-Pomerol, Tel. 05.57.51.17.86, Fax 05.57.51.79.77

ENCLOS DE VIAUD 1998*

■ 3,82 ha 21 300 11 à 15 €

Dieser 98er, der auf einem leicht tonhaltigen Kiessandboden erzeugt worden ist, verdient Beachtung wegen seiner sehr schönen Purpurfarbe und seiner Aromen von reifen roten Früchten, schwarzer Johannisbeere und Tabak. Die fetten, vollen Tannine nehmen einen nachhaltigen Geschmack in Besitz, der nicht ohne Feinheit und im Abgang ziemlich würzig ist. Eine Flasche, die man in drei bis fünf Jahren aufmachen kann.

SARL de La Diligence, La Patache, 33500 Pomerol, Tel. 05.57.55.38.03, Fax 05.57.55.38.01 n. V.

CH. VIEUX CHEVROL 1998

■ 21 ha 100 000 8 à 11 €

Dieser 98er besitzt ein elegantes, konzentriertes Bouquet von kleinen roten Früchten und eine angenehme klassische Tanninstruktur, die sich mangels Komplexität voller Charme entwickelt. Man kann ihn trinken oder zwei bis drei Jahre aufheben.

Jean-Pierre Champseix, Vieux Chevrol, 33500 Néac, Tel. 05.57.51.09.80, Fax 05.57.51.31.05 n. V.

VIEUX CLOS CHAMBRUN 1998*

■ k. A. 2 400 23 à 30 €

Diese in begrenzter Stückzahl erzeugte Cuvée ist in neuen Barriquefässern ausgebaut worden; sie kombiniert 50 % Merlot und die beiden Cabernet-Sorten zu gleichen Teilen. Sie präsentiert sich mit den besten Vorzeichen in einem satten Granatrot mit malvenfarbenen Reflexen. Ihre eleganten Düfte von Vanille, schwarzen Früchten, geröstetem Brot und Veilchen leiten einen ausgewogenen Geschmack ein, der sich voller Stärke entwickelt. Die Frucht fehlt nicht, aber noch dominiert der Holzton, der sich in zwei bis drei Jahren verflüchtigen wird.

Jean-Jacques Chollet, La Chapelle, 50210 Camprond, Tel. 02.33.45.19.61, Fax 02.33.45.35.54 n. V.

Saint-Emilion und Saint-Emilion grand cru

Saint-Emilion, das an den Hängen eines Hügels über dem Tal der Dordogne liegt, ist ein bezaubernder, friedlicher Weinbauort (3 300 Einwohner). Doch es ist auch ein geschichtsträchtiger Ort. Als Station auf dem Jakobsweg nach Santiago de Compostela, befestigte Stadt im Hundertjährigen Krieg und später Zufluchtsort für die Girondisten, als ihre Deputierten aus dem Konvent verbannt wurden, besitzt es zahlreiche Zeugnisse, die an seine Vergangenheit erinnern. Der Sage nach geht der Weinbau auf die römische Epoche zurück; damals sollen hier Legionäre die ersten Reben angepflanzt haben. Aber seinen richtigen Anfang scheint das Anbaugebiet, zumindest als es eine gewisse Ausdehnung hatte, erst im 13. Jh. genommen zu haben. Wie auch immer – Saint-

Emilion ist heute der Mittelpunkt eines der berühmtesten Weinbaugebiete der Welt. Dieses verteilt sich auf neun Gemeinden und enthält eine Vielzahl von Böden. Rund um Saint-Emilion liefern das Kalksteinplateau und ein toniger Kalksteinhang (von dem zahlreiche Crus classés stammen) Weine von schöner Farbe, die körperreich und kräftig gebaut sind. An den Grenzen zu Pomerol bringt der Kiesboden Weine hervor, die sich durch ihre große Feinheit auszeichnen (dieses Gebiet weist ebenfalls zahlreiche Grands crus auf). Aber den größten Teil der Appellation Saint-Emilion bilden die Böden, die aus sandigen Anschwemmungen bestehen und zur Dordogne hin abfallen; sie erzeugen gute Weine. Bei den Rebsorten kann man ein deutliches Übergewicht der Merlot-Rebe feststellen, die durch Cabernet franc, der in dieser Gegend auch Bouchet genannt wird, und in geringerem Maße durch Cabernet Sauvignon ergänzt wird.

Eine der Besonderheiten von Saint-Emilion ist seine Klassifizierung. Sie ist ziemlich jung (sie stammt erst von 1955) und wird regelmäßig und systematisch revidiert (die erste Überprüfung wurde 1958 durchgeführt, die bislang letzte 1996). Die Appellation Saint-Emilion dürfen alle Weine in Anspruch nehmen, die in der Gemeinde Saint-Emilion sowie in acht weiteren Gemeinden in der Umgebung erzeugt werden. Die zweite Appellation, Saint-Emilion grand cru, ist daher mit keinem festgelegten Anbaugebiet, sondern mit einer Auslese der Weine verbunden; diese müssen anspruchsvolleren Qualitätskriterien genügen, die durch eine Sinnenprüfung bestätigt werden. Die Weine müssen eine zweite Weinprobe durchlaufen, bevor sie auf Flaschen abgefüllt werden. Unter den Weinen der Appellation Saint-Emilion grand cru werden die Châteaus ausgewählt, die klassifiziert werden. 1986 wurden 74 von ihnen klassifiziert, davon elf als Premiers grands crus. In der Klassifizierung von 1996 wurden 68 eingestuft, davon dreizehn als Premiers grands crus. Diese teilen sich in zwei Gruppen auf: A für zwei von ihnen (Ausone und Cheval Blanc) und B für die elf übrigen. Anmerken muss man, dass die Erzeugervereinigung von Saint-Emilion sicherlich die größte französische Winzergenossenschaft ist, die sich in der Anbauzone einer großen Appellation befindet. 2000 erzeugte die AOC Saint-Emilion 100 141 hl und die AOC Saint-Emilion grand cru 175 180 hl.

Die Verkostung für den Hachette-Weinführer wurde innerhalb der Appellation Saint-Emilion grand cru nicht pauschal für alle Weine durchgeführt. Eine Kommission hat die Weine der Appellation Saint-Emilion grand cru classé (ohne Unterscheidung der Premiers crus classés) ausgewählt; eine andere Kommission hat die Weine der Appellation Saint-Emilion grand cru verkostet. Die vergebenen Sterne entstprechen somit diesen beiden Kriterien.

Saint-Emilion

CH. BARBEROUSSE Cuvée Prestige 1998

■ 1 ha 3 600 11 à 15 €

Diese Mikrocuvée stammt von alten Merlot-Reben, die auf dem Gut eigens ausgewählt wurden; ihre Trauben wurden sorgfältig vinifiziert und fünfzehn Monate in neuen Eichenfässern ausgebaut. Die rubinrote Farbe zeigt granatrote Reflexe. In der Nase dominieren die Röstnoten des neuen Holzes über die Aromen von gekochten roten Früchten. Der Geschmack lässt

Gebiet von Saint-Émilion

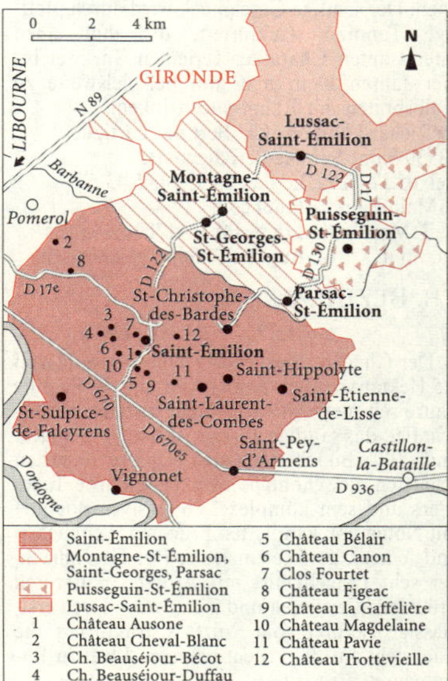

ein schönes Volumen mit runden, fetten Tanninen erkennen, die sehr reif und nachhaltig sind. Zwei bis drei Jahre aufheben, damit er eine bessere Harmonie erreicht. Die **98er Hauptcuvée** (Preisgruppe: 30 bis 49 F) hat eine lobende Erwähnung erhalten.

GAEC Jean Puyol et Fils, Ch. Barberousse, 33330 Saint-Emilion, Tel. 05.57.24.74.24, Fax 05.57.24.62.77 n. V.

CH. BARRAIL-DESTIEU
Elevé en fût de chêne 1998

1,17 ha 6 000 8 à 11 €

Dieser winzige Cru befindet sich auf Tonböden am Fuße des Hangs und besteht je zur Hälfte aus Merlot und Cabernet franc, die nach biologisch-dynamischen Anbauprinzipien kultiviert werden; er wurde 1995 von einem Weinbergbesitzer der Nachbarappellation Côtes de Castillon erworben. Er präsentiert einen gelungenen 98er, der in klares, strahlendes Granatrot zeigt. Das Bouquet wird von den Röstgerüchen des guten Holzes und von empyreumatischen Aromen dominiert. Der weiche, ausgewogene Geschmack, der ein wenig vom Ausbau im Holzfass geprägt ist, dürfte in ein bis zwei Jahren verschmelzen.

GAEC Verger Fils, 4, chem. de Beauséjour, 33350 Saint-Magne-de-Castillon, Tel. 05.57.40.13.14, Fax 05.57.40.34.06 n. V.

CH. BERTINAT LARTIGUE 1998

k. A. 15 000 8 à 11 €

Danielle und Richard Dubois, Winzer und Önologen, erzeugen diesen Saint-Emilion von 35 Jahre alten Reben, die auf eisenhaltigen Sand- und Kiesböden angepflanzt sind. Der Wein hat eine hübsche rubin- bis karminrote Farbe. Der noch frische Duft ist fruchtig (Kirsche) und würzig, mit einem Hauch von Veilchen. Der samtige Geschmack wird durch pfeffrige Tannine strukturiert, die ihm einen interessanten Charakter verleihen. In zwei bis vier Jahren kann man ihn beispielsweise zu Kalbsbraten mit Rahmsauce trinken.

Richard Dubois, Ch. Bertinat Lartigue, 33330 Saint-Sulpice-de-Faleyrens, Tel. 05.57.24.72.75, Fax 05.57.74.45.43, E-Mail dubricru@aol.com Mo–Fr 9h–11h30 14h30–17h30; Sa, So n. V.; 14. Aug. bis 3. Sept. geschlossen

CH. BEZINEAU 1998**

1,5 ha 7 000 8 à 11 €

Der Château Bézineau ist eine Auswahl von 1,5 Hektar von den zehn Hektar, die die Familie Faure seit mehr als sechs Generationen bewirtschaftet; das sandige Terroir ist mit 80 % Merlot und 20 % Bouchet bestockt. Unsere Experten schätzten die schöne bordeauxrote Farbe dieses 98ers und sein komplexes, intensives Bouquet mit Noten von kandierten Früchten, Lebkuchen und feinem, geröstetem Holz. Der Geschmack, der sehr freigebig ist mit Aromen von roten Früchten, Gewürzen und Zimt, wird durch erstklassige Tannine vom Holzfass strukturiert, die Rücksicht auf die Frucht nehmen. Ideal zu Entenmagret (Brustfilet).

SCEA vignobles Faure, Ch. Bézineau, 33330 Saint-Emilion, Tel. 05.57.24.72.50, Fax 05.57.24.72.50 n. V.

CH. BOIS CARDINAL 1998

10 ha 10 000 8 à 11 €

Dieser 1990 geschaffene Cru ist der Zweitwein von Château La Fleur Cardinale. Er wird auf tonigen Kalksteinböden mit felsigem Untergrund von 70 % Merlot und Cabernet Sauvignon erzeugt. Dieser 98er hat eine hübsche rubinrote Farbe, die frisch, lebhaft und recht kräftig ist. Die Aromen von roten Früchten, die pflanzliche Noten enthalten, werden durch einen angenehmen Holzton bereichert, der verbrannt und lakritzeartig wirkt. Die Tanninstruktur ist fest und im Augenblick ein wenig streng, aber die Tannine dürften sich bald verfeinern. Drei bis vier Jahre einkellern.

Alain et Claude Asséo, Ch. Fleur Cardinale, 33330 Saint-Etienne-de-Lisse, Tel. 05.57.40.14.05, Fax 05.57.40.28.62, E-Mail fleurcardinale@terre-net.fr n. V.

CH. BOIS GROULEY 1998

6 ha 15 000 8 à 11 €

Dieser auf Kiessand von 60 % Merlot, 30 % Cabernet franc und 10 % Cabernet Sauvignon erzeugte 98er hat eine schöne granatrote Farbe, die intensiv und satt ist, und erweist sich in der Nase als sehr gefällig, mit Aromen von kandierten roten Früchten, die sich mit würzigen Nuancen und Ledergerüchen vermischen. Der weiche, runde, fleischige Geschmack besitzt samtige Tannine und eine schöne Struktur. Man kann ihn ein bis zwei Jahre aufheben oder schon jetzt trinken.

Raymonde Lusseau, 276, Bois Grouley, 33330 Saint-Sulpice-de-Faleyrens, Tel. 05.57.24.74.03, Fax 05.57.24.67.19 n. V.

CH. CLOS JEAN VOISIN 1998

3,05 ha 13 000 8 à 11 €

Je zur Hälfte aus Merlot und den beiden Cabernet-Sorten hergestellt, die auf alten Sandböden wachsen, präsentiert sich dieser Wein in einem klaren, leichten Granatrot mit entwickelten Reflexen. Das Bouquet verbindet Aromen von frischen, säuerlichen roten Früchten mit animalischen Ledernoten sowie einigen frischen pflanzlichen Nuancen. Die Struktur erweist sich als ausgewogen, aber die Tannine und der Abgang sind noch fest. Deshalb empfiehlt es sich, diesen 98er zwei bis drei Jahre altern zu lassen, bevor man ihn trinkt.

Jacques Sautarel, Ch. Clos Jean Voisin, 33330 Saint-Emilion, Tel. 05.57.24.67.10, Fax 05.57.24.67.12 n. V.

CLOS LE BREGNET 1998

7 ha 10 000 5 à 8 €

Dieses schöne, 13,5 ha große Gut erzeugt auf sieben Hektar Saint-Emilion, während der Rest für die AOC Bordeaux bestimmt ist. Der Rebsatz ist ausgewogen: 70 % Merlot gegenüber 20 % Cabernet franc und 10 % Cabernet Sauvignon, die auf Sand und Kies angepflanzt sind. Das

KLASSIFIZIERUNG 1996 DER GRANDS CRUS VON SAINT-EMILION

SAINT-EMILION, PREMIERS GRANDS CRUS CLASSES

A Château Ausone
Château Cheval Blanc

B Château Angelus
Château Beau-Séjour (Bécot)
Château Beauséjour (Duffau-Lagarrosse)
Château Belair
Château Canon
Château Clos Fourtet
Château Figeac
Château La Gaffelière
Château Magdelaine
Château Pavie
Château Trottevieille

SAINT-EMILION, GRANDS CRUS CLASSES

Château Balestard La Tonnelle
Château Bellevue
Château Bergat
Château Berliquet
Château Cadet-Bon
Château Cadet-Piola
Château Canon-La Gaffelière
Château Cap de Mourlin
Château Chauvin
Clos des Jacobins
Clos de L'Oratoire
Clos Saint-Martin
Château Corbin
Château Corbin-Michotte
Château Couvent des Jacobins
Château Curé Bon La Madeleine
Château Dassault
Château Faurie de Souchard
Château Fonplégade
Château Fonroque
Château Franc-Mayne
Château Grand Mayne
Château Grand Pontet
Château Guadet Saint-Julien
Château Haut Corbin
Château Haut Sarpe
Château La Clotte
Château La Clusière
Château La Couspaude
Château La Dominique
Château La Marzelle
Château Laniote
Château Larcis-Ducasse
Château Larmande
Château Laroque
Château Laroze
Château L'Arrosée
Château La Serre
Château La Tour du Pin-Figeac (Giraud-Belivier)
Château La Tour du Pin-Figeac (Moueix)
Château La Tour-Figeac
Château Le Prieuré
Château Les Grandes Murailles
Château Matras
Château Moulin du Cadet
Château Pavie-Decesse
Château Pavie-Macquin
Château Petit-Faurie-de-Soutard
Château Ripeau
Château Saint-Georges Côte Pavie
Château Soutard
Château Tertre Daugay
Château Troplong-Mondot
Château Villemaurine
Château Yon-Figeac

Ergebnis ist ein gefälliger 98er, der eine hübsche, strahlend granatrote Farbe mit Entwicklungsreflexen besitzt. Das subtile, feine Bouquet verbindet fruchtige Aromen mit animalischen Ledergerüchen. Der wohl ausgewogene Geschmack stützt sich auf sanfte, seidige Tannine. Ein schlichter, ehrlicher Wein, der trinkreif ist.
EARL vignobles Coureau, Le Brégnet, 33330 Saint-Sulpice-de-Faleyrens, Tel. 05.57.24.76.43, Fax 05.57.24.76.43
Mo–Sa 9h–12h 13h30–19h

LE D DE DASSAULT 1998*

10,33 ha 48 000 11 à 15 €

Die mit dem Jahrgang 1997 auf den Markt gebrachte Marke ersetzt den Château Mérissac als Zweitwein von Château Dassault. Der Wein kombiniert zwei Drittel Merlot mit einem Drittel Cabernet, wobei die jüngsten Reben des Guts herangezogen werden. Hier haben wir einen sehr gefälligen 98er. Die rubinrote Farbe mit den lebhaften purpurvioletten Reflexen bietet eine schöne Erscheinung. Der frische, fruchtige Duft verströmt würzige Noten und einen diskreten Holzton. Dieser Wein verfügt über eine schöne Tanninstruktur, die spürbar, aber gut umhüllt ist. Er ist trinkreif, sollte aber trotzdem noch zwei bis drei Jahre altern.
SARL Ch. Dassault, 33330 Saint-Emilion, Tel. 05.57.55.10.00, Fax 05.57.55.10.01, E-Mail lbv@chateaudassault.com n. V.

EPICURE Elevé en fût de chêne 1998*

k. A. 20 000 8 à 11 €

Epicure ist die Marke der Handelsfirma, die zwei Persönlichkeiten des Bordelais gegründet haben: Bernard Pujol und Hubert de Boüard, die interessante Cuvées vorstellen. Das gilt auch für diesen sehr gelungenen Saint-Emilion. Seine Farbe ist dunkel. Sein noch ein wenig diskretes Bouquet ist konzentriert, fruchtig und zugleich holzig. Der Geschmack, der aufgrund eines guten Stoffs ebenfalls konzentriert ist, klingt mit ein wenig strengen Tanninen aus, die ein paar Jahre Lagerung erfordern.
Bordeaux Vins Sélection, 27, rue Roullet, 33800 Bordeaux, Tel. 05.57.35.12.35, Fax 05.57.35.12.36, E-Mail bus.grands.crus@wanadoo.fr

CH. FLEUR BADON 1998

4,38 ha 21 066 8 à 11 €

Der kleine Weinberg, der in Saint-Laurent-des-Combes, im Südosten der Appellation, auf einem Kieselboden angelegt ist, enthält 77 % Merlot und 23 % Cabernet. Der Wein hat eine leichte ziegelrote Farbe. In der Nase ist er ausdrucksvoll aufgrund seiner animalischen Gerüche, die Unterholznuancen enthalten, während er sich im Mund als sehr präsent erweist. Der Geschmack ist fruchtig, würzig (grüner Pfeffer) und mentholartig. Eine überraschende, aber interessante Flasche.
Union de producteurs de Saint-Emilion, Haut-Gravet, BP 27, 33330 Saint-Emilion, Tel. 05.57.24.70.71, Fax 05.57.24.65.18, E-Mail udp-vins.saint-emilion@gofornet.com
Mo–Sa 8h–12h 14h–18h
SCEA Vignobles Bost

CH. FRANCS BORIES 1998*

9,58 ha 52 533 8 à 11 €

Der Weinberg, der in Vignonet liegt, im Süden der Appellation, ist zu 80 % mit Merlot und zu 20 % mit Cabernet bestockt. Der Wein hat eine hübsche, frische Farbe und entfaltet in der Nase kandierte, reife Früchte, die eine animalische Note begleitet. Der runde, wohl ausgewogene Geschmack bietet eine hübsche Fruchtigkeit und im Abgang feine Tannine.
Union de producteurs de Saint-Emilion, Haut-Gravet, BP 27, 33330 Saint-Emilion, Tel. 05.57.24.70.71, Fax 05.57.24.65.18, E-Mail udp-vins.saint-emilion@gofornet.com
Mo–Sa 8h–12h 14h–18h
J.-Cl. Arnaud und Gilles Roux

CH. GERBAUD 1998

k. A. 5 000 8 à 11 €

Ein schönes, 15 ha großes Gut, das seit 1956 im Besitz der Familie Chabrol ist. Der Wein ist angenehm, aufgrund seiner rubinroten Farbe mit den ziegelroten Reflexen ebenso wie wegen seiner fruchtig-würzigen Aromen. Der runde Geschmack bietet ein anhaltendes Kirscharoma; er wird von noch ein wenig festen Tanninen strukturiert, die es aber erlauben, dass man diesen Saint-Emilion in ein bis zwei Jahren trinkt.
Patricia Chabrol, Ch. Gerbaud, 33330 Saint-Pey-d'Armens, Tel. 06.03.27.00.32, Fax 05.57.47.10.53, E-Mail chateaugerbaud@wanadoo.fr
n. V.

CH. HAUTES VERSANNES 1998

13,61 ha 80 000 8 à 11 €

Ein Familiengut, das auf den Kiessandböden von Saint-Sulpice-de-Faleyrens liegt und dessen Trauben von der Erzeugervereinigung vinifiziert werden. In einem hübschen Rubinrot mit orangeroten Reflexen entfaltet dieser sanfte, angenehme Wein Mentholgerüche, wenn man ihn im Glas schwenkt. Sein würziger Geschmack dürfte gegrillte Hammelkoteletts gut begleiten.
Union de producteurs de Saint-Emilion, Haut-Gravet, BP 27, 33330 Saint-Emilion, Tel. 05.57.24.70.71, Fax 05.57.24.65.18, E-Mail udp-vins.saint-emilion@gofornet.com
Mo–Sa 8h–12h 14h–18h
J.-Pierre und J.-Paul Lacoste

CH. HAUT GROS CAILLOU 1998

6 ha 43 000 11 à 15 €

Dieser Cru, der mit einem 93er Einzug in den Hachette-Weinführer hielt, befindet sich auf sandigen und tonig-kalkigen Böden, die zu 60 % mit Merlot und zu 40 % mit Cabernet bestockt sind. Sein 98er lässt Anzeichen einer Entwicklung erkennen, in seiner granatroten Farbe mit orangeroten Reflexen ebenso wie in seinem Bouquet, das gekochte Früchte mit würzigen und vanilleartigen Düften von einem guten Holz verbindet. Er ist weich, rund und ausgewogen und besitzt eine angenehme aromatische Nachhaltigkeit. Eine trinkreife Flasche.

SCEA Haut Gros Caillou, 33330 Saint-Sulpice-de-Faleyrens, Tel. 05.56.62.66.16, Fax 05.56.76.93.30 n. V.
Alain Thiénot

CH. HAUT-RENAISSANCE 1998*

2,5 ha 16 000 8à11€

Dieses Gut, das unsere Liebeserklärung gewohnt ist, stellt dieses Jahr einen Saint-Emilion vor, der von Merlot-Reben stammt, die auf einem tonigen Kalksteinboden angepflanzt sind; ausgebaut wurde er in einem Barriquekeller aus dem 17. Jh. Unsere Verkoster mochten seine rubinrote Farbe und seinen kräftigen und zugleich feinen Duft, der schwarze Früchte und geröstetes Eichenholz bietet. Seine füllige, runde Struktur zeigt eine schöne Ausgewogenheit zwischen Frucht und Holz. Dieser kräftige Wein, der einen lang anhaltenden Vanillegeschmack besitzt, kann in ein paar Jahren Coq au vin, ein Schmorgericht oder Wild begleiten.

SCEA des Vignobles Denis Barraud, Ch. Haut-Renaissance, 33330 Saint-Sulpice-de-Faleyrens, Tel. 05.57.84.54.73, Fax 05.57.84.52.07, E-Mail denis.barraud@wanadoo.fr n. V.

CH. HAUTS-MOUREAUX 1998

10,19 ha 74 666 8à11€

Der Weinberg in Saint-Etienne-de-Lisse ist zu 86 % mit Merlot und zu 14 % mit Bouchet (Cabernet franc) bestockt, die auf tonigen Kieselböden wachsen. Der Wein hat eine rubinrote Farbe von recht guter Intensität. Er ist sanft und verschmolzen. Man kann ihn recht bald trinken, beispielsweise zu gebratenem Geflügel.

Union de producteurs de Saint-Emilion, Haut-Gravet, BP 27, 33330 Saint-Emilion, Tel. 05.57.24.70.71, Fax 05.57.24.65.18, E-Mail udp-vins.saint-emilion@gofornet.com
Mo–Sa 8h–12h 14h–18h
Vignobles Courrèche et Fils

CH. HAUT VEYRAC 1998*

7,5 ha 44 000 8à11€

Der auf den tonigen Kalksteinböden von Saint-Etienne-de-Lisse angelegte Cru besteht zu drei Vierteln aus Merlot und zu einem Viertel aus Cabernet franc. Er präsentiert einen 98er von lebhaftem, intensivem Rubinrot. Der kräftige, komplexe Duft bietet reife rote Früchte. Die Verkostung lässt runde, samtige Tannine erkennen, die im Abgang recht nachhaltig sind. Damit er sich besser entfaltet, sollte man ihn zwei bis drei Jahre aufheben.

SCA Ch. Haut Veyrac, 33330 Saint-Etienne-de-Lisse, Tel. 05.57.40.02.26, Fax 05.57.40.37.09
Di–Sa 9h30–18h
G. Claverie, J. Castaing

CH. JUPILLE CARILLON
Elevé en fût de chêne 1998

k. A. 10 000 8à11€

Ein Gut mit einem hübschen kleinen Landhaus, das seit 1997 von Isabelle Visage geführt wird. Sie präsentiert eine Cuvée von den neun Hektar, die ihre Familie bewirtschaftet. Der braune Kiessandboden ist zu 85 % mit Merlot bestockt. Der Wein hat eine hübsche rubinrote Farbe mit ziegelroten Reflexen. Das vanille- und mentholartige Bouquet ist angenehm. Der frische Geschmack entwickelt sich zu einem Aroma von roten Früchten und Gewürzen und wird von noch ein wenig festen Tanninen strukturiert. Man muss ein wenig warten, bis man diesen 98er zu geschmortem Lamm und Käse trinken kann.

SCEA des Vignobles Visage, Jupille, 33330 Saint-Sulpice-de-Faleyrens, Tel. 05.57.24.62.92, Fax 05.57.24.69.40 n. V.

CH. LA CAZE BELLEVUE 1998

9,3 ha 45 000 5à8€

Dieser 9,3 ha große Cru auf braunen Sand- und Kiesböden, der sich aus 80 % Merlot und 20 % Cabernet franc zusammensetzt, hat einen 98er von gutem, typischem Charakter erzeugt. Das Bouquet verbindet rote Früchte (Kirsche und Himbeere) mit würzigen Muskatnussnoten und blumigen Veilchennoten. Die Verkostung offenbart einen in der Ansprache fetten, fleischigen Wein und danach eine Entfaltung der Tannine, die noch ein wenig fest, aber gut umhüllt sind. Eine Flasche, die man zwei bis drei Jahre lagern sollte.

Philippe Faure, 7, rue de la Cité, 33330 Saint-Sulpice-de-Faleyrens, Tel. 05.57.74.41.85, Fax 05.57.74.41.85 n. V.

CH. DE LA COUR 1998*

k. A. 23 816 8à11€

Der 1995 von einem jungen Landwirt, Hugues Delacour, gekaufte Cru beweist seitdem eine große Regelmäßigkeit. Der Name des Châteaus ist eine Hommage an den Chevalier de La Cour, einen Vorfahren der Familie und Grundbesitzer, der König Karl IX. diente. Dieser 98er, der sich in einem dunklen, tiefen Rubinrot gut präsentiert, enthüllt in der Nase Aromen von vollreifen roten Früchten, typisch für die Rebsorte Merlot, die ihn zu 90 % bildet. Die Struktur ist gut gebaut, mit «Fett» und Volumen, auch wenn der noch ein wenig strenge Abgang ein paar Jahre Reifung benötigt.

EARL du Châtel Delacour, Ch. de La Cour, 33330 Vignonet, Tel. 05.57.84.64.95, Fax 05.57.84.65.00 n. V.

CH. LA CROIX BONNELLE 1998

3 ha 18 000 8à11€

Der von den jüngsten Reben des Guts erzeugte Zweitwein von Château La Bonnelle, geboren auf tonigen Kieselböden im Südosten der Appellation. Dieser lebhaft und strahlend rubinrote 98er bildet einen angenehmen, frischen Wein. Der Geruchseindruck ist sehr klar und fruchtig. Der sanfte, runde Geschmack ist gut gebaut. Der noch ein wenig feste Abgang verlangt eine Reifung von einem Jahr.

Vignobles Sulzer, La Bonnelle, 33330 Saint-Pey-d'Armens, Tel. 05.57.47.15.12, Fax 05.57.47.16.83 n. V.

CH. LA CROIX FOURCHE MALLARD Vieilli en fût de chêne 1998

■ 2,5 ha k. A. 11 à 15 €

Dieser 2,5 ha große Cru, der mit Merlot sowie 10 % Cabernet bestockt ist, liegt auf Sand und Kies; in den 70er Jahren wurde er von der Familie Mallard erworben, die ihre Wurzeln im Entre-Deux-Mers und im Gebiet von Sauternes hat. Dieser 98er hat eine schöne rote Farbe, die lebhaft und intensiv ist und purpurviolette Reflexe zeigt. Der Duft verbindet Aromen von reifen Früchten mit den holzigen Gerüchen von Vanille, Geröstetem und Gewürzen. Der in der Ansprache sanfte und fleischige Geschmack entwickelt sich zu Tanninen, die im Abgang ein wenig fest sind. Man sollte zwei bis drei Jahre warten, damit er mehr Harmonie gewinnt.

Danièle Mallard, Ch. Naudonnet-Plaisance, 33760 Escoussans, Tel. 05.56.23.93.04, Fax 05.57.34.40.78, E-Mail mallard@net-courrier.com n. V.

CH. LA FLEUR GARDEROSE 1998

■ 1,56 ha 11 000 8 à 11 €

Dieser Cru vor den Toren von Libourne, der zu zwei Dritteln mit Merlot und zu einem Drittel mit Cabernet bestockt ist, hat einen 98er erzeugt, der aufgrund seiner hübschen, lebhaften Rubinfarbe und seines feinen, subtilen, schon ausdrucksvollen und einschmeichelnden Bouquets gefällt. Im Geschmack ist er weich, seidig und warm und besitzt eine gute Struktur aus dichten, noch ein wenig festen Tanninen. Dieser Wein muss zwei bis drei Jahre altern.

GAEC Pueyo Frères, 15, av. de Gourinat, 33500 Libourne, Tel. 05.57.51.71.12, Fax 05.57.51.82.88, E-Mail contact@belregard-figeac.com n. V.

CH. LAGARDE BELLEVUE Vieilli en fût de chêne 1998*

■ 1 ha 6 500 8 à 11 €

Ein ganz kleiner Cru (1 ha), angelegt auf tiefen Sandböden, die mit Kies vermengt sind. Dieser aus 80 % Merlot und 20 % Cabernet franc zusammengestellte 98er besitzt einen schönen Stoff, worauf seine hübsche tiefrubinrote Farbe hindeutet. Das entstehende Bouquet bietet rote Früchte, die mit sehr feinen Holznoten verbunden sind. Die Struktur stützt sich auf reife, fette Tannine, die mit Frucht- und Lakritzearomen lang anhalten. Ein Wein von gutem, typischem Charakter, den man zwei bis drei Jahre oder noch länger altern lassen sollte.

SARL SOVIFA, 36 A, rue de la Dordogne, 33330 Saint-Sulpice-de-Faleyrens, Tel. 05.57.24.68.83, Fax 05.57.24.63.12 n. V.

Richard Bouvier

CH. LE MAINE 1998**

■ 4 ha 22 000 8 à 11 €

Das Gut in Familienbesitz befindet sich auf den tonigen Sandböden von Saint-Pey-d'Armens, im Südosten der Appellation, und enthält 80 % Merlot und 20 % Cabernet franc. Es präsentiert einen bemerkenswerten 98er von prächtigem Granatrot. In der Nase dominieren die kräftigen Aromen von roten Früchten über die frischeren Lakritze- und Veilchennoten. Der Geschmack ist füllig und fleischig; er gründet sich auf reiche, samtige Tannine, die lang anhalten. Eine sehr schöne Flasche, die man zwei bis drei Jahre aufheben sollte, um sie voll würdigen zu können.

Chantal Veyry, Ch. Maine-Reynaud, 33330 Saint-Pey-d'Armens, Tel. 05.57.24.74.09, Fax 05.57.24.64.81 n. V.

CH. LE SABLE Cuvée Prestige Elevé en fût de chêne 1998*

■ 1,06 ha 6 000 11 à 15 €

Diese kleine Cuvée kombiniert 80 % alte Merlot-Reben und 20 % Cabernet; sie ist traditionell vinifiziert und dann im Eichenfass ausgebaut worden. Das Ergebnis ist ein 98er von schönem Rubinrot mit purpurvioletten Reflexen. Das Bouquet zeigt sich sehr subtil, mit Aromen von roten Früchten und Düften von geröstetem Brot. Der Geschmack ist körperreich und robust; seine kräftige, im Augenblick ein wenig raue Tanninstruktur erfordert einige Jahre Reifung, damit sie sanfter wird. Die **Hauptcuvée** (Preisgruppe: 50 bis 69 F), die nicht im Eichenfass gereift und ganz durch rote Früchte bestimmt ist, erhält eine lobende Erwähnung.

SARL Cave de Larchevesque, 1, rue Guadet, 33330 Saint-Emilion, Tel. 05.57.24.67.78, Fax 05.57.24.71.31 tägl. 10h–12h30 13h30–19h

Viaud

CH. LES MAURINS 1998*

■ 2,5 ha 3 000 5 à 8 €

Chantal Pargade bewirtschaftet den kleinen Weinberg, den ihr Vater 1981 anlegte. Merlot (70 %) und Cabernet (30 %) ergeben hier einen Wein von intensiver, noch jugendlicher Farbe, der sehr fruchtig (schwarze Johannisbeere) und würzig duftet. Der frische, runde Geschmack besitzt viel versprechende Tannine, die noch ein wenig in der Flasche reifen müssen, damit man sie richtig würdigen kann. Ein Wein, den man zu rotem Fleisch oder Käse trinkt.

Chantal Pargade, 172, Les Maurins, 33330 Saint-Sulpice-de-Faleyrens, Tel. 05.57.24.62.84, Fax 05.57.24.62.84, E-Mail ludovic.pargade@free.fr n. V.

CH. LES VIEUX MAURINS Cuvée Prestige Vieilli en fût de chêne 1998**

■ 1 ha 5 000 11 à 15 €

Ein erster Versuch und sofort eine Meisterleistung für die Familie Goudal, die einen Hektar sehr alter Merlot-Reben (von den acht Hektar, die das Gut umfasst) für die Erzeugung dieser wunderbar im Eichenfass ausgebauten Cuvée bestimmt hat. Die Jury wurde gleich zu Beginn durch eine bemerkenswerte Farbe verführt: schwarz in der Tiefe und purpurviolett an der Oberfläche, sehr dicht und satt. Das sehr konzentrierte Bouquet ist noch verschlossen, lässt aber Aromen von kandierten Früchten, Vanille und Veilchen erkennen, die sich rasch entfalten dürften. Der ebenso konzentrierte, fleischige Geschmack besitzt reiche, fette

Tannine, die lang und aromatisch sind. Ein echter Wein zum Lagern.

Michel et Jocelyne Goudal, Les Vieux-Maurins, 33330 Saint-Sulpice-de-Faleyrens, Tel. 05.57.24.62.96, Fax 05.57.24.65.03, E-Mail les-vieux-maurins@wanadoo.fr n. V.

CH. LES VIEUX MAURINS 1998*

■ 7 ha 40 000 8 à 11 €

Der Cru liegt auf einem sandigen Boden über einem Kalksteinsubstrat und besteht zu 70 % aus Merlot-Reben; er präsentiert einen sehr gelungenen 98er. Die Farbe ist rubinrot. Der noch ein wenig diskrete Geruchseindruck bietet Aromen von kandierten, reifen roten Früchten. Der konzentrierte Geschmack besitzt runde, fette Tannine, die im Abgang anhalten und eine gute Lagerung sicherstellen.

Michel et Jocelyne Goudal, Les Vieux-Maurins, 33330 Saint-Sulpice-de-Faleyrens, Tel. 05.57.24.62.96, Fax 05.57.24.65.03, E-Mail les-vieux-maurins@wanadoo.fr n. V.

CH. MONTREMBLANT 1998

■ 1 ha 5 000 5 à 8 €

Ein 98er ohne besondere Ansprüche, der aber sehr angenehm ist. Er hat eine schöne, typische dunkelgranatrote Farbe und entfaltet Aromen von kandierten Früchten, die von rauchigen Noten begleitet werden. Dank seines sehr gefälligen, von sanften, seidigen Tanninen ausbalancierten Geschmacks kann man diesen Wein in den kommenden drei bis vier Jahren trinken.

GAEC Puyol, Ch. Montremblant, 33330 Saint-Emilion, Tel. 05.57.24.74.24, Fax 05.57.24.62.77 n. V.

MOULIN DE SARPE 1998

■ 4 ha 25 000 11 à 15 €

Die 1732 errichtete Mühle von Sarpe gehört zur Vereinigung der französischen Mühlen. Von diesem außergewöhnlichen Ort sieht man die zwölf Kirchtürme der benachbarten Pfarreien. Die Reben wachsen hier auf tonigen Kalksteinböden. Die hübsche Farbe dieses 98ers zeigt Entwicklungsreflexe. Man muss den Wein ein wenig im Glas schwenken, damit er Düfte von Unterholz und roten Früchten entfaltet. Der Geschmack ist gleichzeitig weich und frisch, würzig (Muskatnuss) und nachhaltig. Die Tannine sind spürbar und ausgewogen. Ein Wein, der in zwei bis drei Jahren trinkreif ist.

Sté d'Exploitation du Ch. Haut-Sarpe, BP 192, 33506 Libourne Cedex, Tel. 05.57.51.41.86, Fax 05.57.51.53.16, E-Mail info@j-janoueix-bordeaux.com n. V.

CH. MOULIN DES GRAVES 1998

■ 9,05 ha 68 000 8 à 11 €

Ein Weinberg im Süden der Appellation, in der Nähe des Marktfleckens Vignonet, auf eisenhaltigem Sand und Kies angelegt. Die Bestockung wird von alten Merlot-Reben dominiert, ergänzt durch 10 % Cabernet franc und 10 % Cabernet Sauvignon. Das Ergebnis ist ein 98er von gutem, typischem Charakter, der eine dunkle, tiefe rubinrote Farbe besitzt. Die Aromen von roten und schwarzen Früchten (in erster Linie Kirsche und schwarze Johannisbeere) sind frisch und angenehm. Der ausgewogene Geschmack enthüllt eine gute Rundheit und ein gut gebautes Tanningerüst. Ein ehrlicher, gefälliger Wein, den man trinken oder zwei bis drei Jahre aufheben kann.

EARL des Vignobles J.-F. Musset, 20, d'Arthus, 33330 Vignonet, Tel. 05.57.84.53.15, Fax 05.57.84.53.15 n. V.

PAVILLON DU HAUT ROCHER 1998

■ 2 ha 14 900 8 à 11 €

Diese 1874 von Jean de Monteils Urgroßvater geschaffene Marke wurde 1991 übernommen und stellt seitdem den Zweitwein von Château Haut Rocher (Saint-Emilion grand cru) dar. Sie präsentiert einen 98er voller Frische, wie seine hübsche lebhaft rubinrote Farbe mit rötlich violetten und purpurroten Reflexen bezeugt. Der sehr aromatische Duft entfaltet Noten von säuerlichen kleinen roten Früchten, Kern und Backpflaume. Der Geschmack, der durch noch feste, nervige Tannine gut ausbalanciert wird, braucht einige Jahre, um sich zu besänftigen.

Jean de Monteil, Ch. Haut Rocher, 33330 Saint-Etienne-de-Lisse, Tel. 05.57.40.18.09, Fax 05.57.40.08.23, E-Mail ht.rocher@vins-jean-de-monteil.com n. V.

CH. PEREY-GROULEY 1998

■ 4,5 ha 30 000 5 à 8 €

Florence und Alain Xans besitzen einen 14,5 ha großen Weinberg. Dieser Cru, der zu 90 % mit Merlot bestockt ist und auf den sandig-kiesigen Böden im Süden der Appellation liegt, liefert einen 98er von klarem, strahlendem Granatrot. In der Nase sind schon Merlot-typische Aromen von roten Früchten zu erkennen, die sich in den kommenden zwei bis drei Jahren voll entfalten dürften. Im Mund entdeckt man einen sanften, seidigen, feinen Geschmack, der sehr lecker und frisch ist. Ein ehrlicher Wein, der einen leichten Mangel an Konzentration durch eine bemerkenswerte Ausdrucksstärke der Trauben kompensiert.

Vignobles Florence et Alain Xans, Perey, 33330 Saint-Sulpice-de-Faleyrens, Tel. 06.80.72.84.87, Fax 05.57.24.63.61 n. V.

PETIT CORBIN-DESPAGNE 1998

■ 1 ha 4 000 8à11€

Der Zweitwein von Château Grand Corbin Despagne stellt eine kleine Produktion von 4 000 Flaschen dar, die von einem Hektar junger Merlot-Reben stammen. Ein sympathischer, gut gemachter Saint-Emilion von frischer, jugendlicher Farbe, mit einem noch ein wenig verschlossenen Geruchseindruck und einem typischen, wohl ausgewogenen Geschmack ohne Holzton. Noch ein wenig aufheben.

SCEV Consorts Despagne, Ch. Grand Corbin Despagne, 33330 Saint-Emilion, Tel. 05.57.51.08.38, Fax 05.57.51.29.18, E-Mail f-despagne@grand-corbin-despagne.com
Y n. V.

CH. PEYROUQUET 1998

■ 19,48 ha 91 708 8à11€

In Saint-Pey-d'Armens, im Südosten der Appellation, auf einem Kieselboden angebaute Reben (79 % Merlot). Der rubinrote Wein schmückt sich mit orangeroten Reflexen. Das Bouquet bietet Aromen von reifen Früchten und Gewürzen, die ein animalischer Hauch begleitet. Rund und ausgewogen, mit einem noch fruchtigen Geschmack. Diese schon angenehme Flasche kann zwei bis drei Jahre lagern.

Union de producteurs de Saint-Emilion, Haut-Gravet, BP 27, 33330 Saint-Emilion, Tel. 05.57.24.70.71, Fax 05.57.24.65.18, E-Mail udp-vins.saint-emilion@gofornet.com
Y Mo–Sa 8h–12h 14h–18h
Maurice Cheminade

CH. QUEYRON PATARABET 1998*

■ 9,43 ha 52 933 8à11€

Zehn Hektar auf Kieselböden, im Süden der Gemeinde Saint-Emilion, ausschließlich mit Merlot-Reben bestockt. Dieser Wein mit der schönen rubinroten Farbe lässt Konfitüre- und Lakritzearomen von vollreifen Trauben erkennen, wobei rote Früchte dominieren. Der runde, seidige Geschmack bietet ebenfalls ein Aroma von reifen Früchten und entwickelt sich zu ausgewogenen, nachhaltigen Tanninen. Ein guter Saint-Emilion, der in ein bis zwei Jahren Wild begleiten kann.

Union de producteurs de Saint-Emilion, Haut-Gravet, BP 27, 33330 Saint-Emilion, Tel. 05.57.24.70.71, Fax 05.57.24.65.18, E-Mail udp-vins.saint-emilion@gofornet.com
Y Mo–Sa 8h–12h 14h–18h
EARL Vignobles Itey

CH. ROCHER-FIGEAC 1998

■ 4 ha 24 000 8à11€

Das Gut in Familienbesitz, das vor den Toren von Libourne auf eisenoxidreichen Kiesböden liegt, wurde um 1880 angelegt. In der Nase ist dieser 98er von klarer, lebhafter rubinroter Farbe noch zurückhaltend, lässt aber dahinter eine schöne Komplexität mit würzigen Noten, rauchigen Gerüchen, Pflaumenaromen und Veilchendüften erkennen. Der weiche, runde, ausgewogene Geschmack ist gut strukturiert. Ein ehrlicher Wein, der in den kommenden beiden Jahren trinkreif ist.

Jean-Pierre Tournier, Tailhas, 194, rte de Saint-Emilion, 33500 Libourne, Tel. 05.57.51.36.49, Fax 05.57.51.98.70
Y n. V.

DOM. DU SEME 1998*

■ 1,44 ha 5 000 8à11€

Ein Neuling im Hachette-Weinführer: Dieser kleine Cru (1,44 ha) wurde 1995 von der Familie Mérias gekauft, die ein Weingut in den Nachbarappellationen Lussac Saint-Emilion und Montagne Saint-Emilion bewirtschaftet. Sein ausschließlich von Merlot-Trauben hergestellter 98er hat von einem sehr schönen Ausbau im Eichenfass profitiert. Er hat eine lebhafte, kräftige Farbe und erweist sich im Duft schon als ausdrucksvoll mit seinen Aromen von reifen und kandierten Früchten und seinem sehr einschmeichelnden Holzton, der Röst- und Räuchernoten enthält. Der harmonische Geschmack besitzt sanfte, seidige Tannine. Dieser 98er, der eine gute Ausgewogenheit und eine sehr große Länge hat, bietet eine hübsche aromatische Frische.

SCEA du Moulin Blanc, Le Moulin Blanc, 33570 Lussac-Saint-Emilion, Tel. 05.57.74.50.27, Fax 05.57.74.58.88, E-Mail chateau-moulin-blanc@wanadoo.fr
Y n. V.
Brigitte Mérias

CH. TOINET-FOMBRAUGE 1998

■ 6,25 ha 6 000 8à11€

Es handelt sich um ein Gut in Familienbesitz, das vor hundert Jahren Château Fombrauge abgekauft wurde. Das tonig-kalkige Terroir ist zu 80 % mit Merlot und zu 20 % mit Bouchet bestockt. Der 98er hat eine schöne Farbe und einen diskreten Duft, der noch frisch und fruchtig ist. Im Mund ist er weich und schmelzig, mit einem Himbeergeschmack; er besitzt deutlich spürbare Tannine, die sich aber günstig entwickeln. Ein Wein zum Genießen.

Bernard Sierra, Ch. Toinet-Fombrauge, 33330 Saint-Christophe-des-Bardes, Tel. 05.57.24.77.70, Fax 05.57.24.76.49
Y tägl. 10h–12h 15h–19h

CH. VIEUX LABARTHE 1998

■ 9,06 ha 68 266 8à11€

Dieser Weinberg in Vignonet, im Süden der Appellation, gehört der Erbengemeinschaft Martin. Der Wein zeigt ein hübsches Kirschrot von guter Intensität. Im Geruchseindruck ist er noch verschlossen; man muss ihn ein wenig im Glas schwenken, damit er sich zu Noten von roten Früchten und Unterholz entfaltet. Der lebhafte Geschmack bietet ein nachhaltiges, weiniges Aroma mit noch ein wenig rustikalen Tanninen. Man kann diesen 98er in ein paar Jahren zu rotem Fleisch trinken.

Union de producteurs de Saint-Emilion, Haut-Gravet, BP 27, 33330 Saint-Emilion, Tel. 05.57.24.70.71, Fax 05.57.24.65.18, E-Mail udp-vins.saint-emilion@gofornet.com
Y Mo–Sa 8h–12h 14h–18h
GAEC de Labarthe

CH. VIEUX LARTIGUE 1998**

■ 6,14 ha 25 000 11 à 15 €

Der zu 80 % mit Merlot und zu 20 % mit Cabernet franc bestockte Cru befindet sich auf Kiessandböden. Die gute Meisterung der Reben, der Vinifizierung und des Anbaus, die traditionell durchgeführt werden, führen zu diesem 98er, der schon aufgrund seiner dunklen, dichten roten Farbe in seiner Erscheinung bemerkenswert ist. Das Bouquet erinnert an Konfitüre aus roten Früchten, mit einem harmonischen Holzton, der Röst-, Vanille- und Gewürzaromen bietet. Im Geschmack zeigen sich viel Volumen und «Fett». Die reichen, festen Tannine garantieren eine gute Lagerfähigkeit.
SC du ch. Vieux Lartigue,
33330 Saint-Sulpice-de-Faleyrens,
Tel. 05.57.55.38.03, Fax 05.57.55.38.01
n. V.

CH. YON SAINT-CHRISTOPHE 1998*

■ 1,94 ha 13 300 8 à 11 €

Ein bemerkenswerter Einstand für dieses kleine Weingut, das auf dem sandig-tonigen Terroir von Saint-Christophe-des-Bardes liegt und von den Winzern der Côtes de Bourges bewirtschaftet wird, die ihre Produktion ausweiten wollten. Der Wein schmückt sich mit einem schönen, intensiven Rubinrot. Wenn man ihn im Glas schwenkt, lässt er Blüten- (Veilchen), Frucht- (Brombeere) und Konfitürenoten erkennen. Der sanfte, frische Geschmack bietet ein Aroma von vollkommen reif gepflückten Trauben. In ein bis zwei Jahren kann dieser 98er ein Lammbaron (Rücken mit beiden Keulen unzerlegt gebraten) oder ein Entenmagret (Brustfilet) begleiten.
GFA Rodet Recapet, Brulesécaille,
33710 Tauriac, Tel. 05.57.68.40.31,
Fax 05.57.68.21.27,
E-Mail cht.brulesecaille@freesbee.fr n. V.

Saint-Emilion grand cru

CH. D'ARCIE 1998

■ 6,9 ha 45 066 8 à 11 €

Dieser Weinberg liegt in Saint-Pey-d'Armens auf Sand- und tonigen Kieselböden und enthält drei Viertel Merlot und ein Viertel Cabernet. Er präsentiert uns einen gefälligen, eleganten 98er. Das komplexe, ansprechende Bouquet bietet Aromen von vollreifen Früchten, getrockneten Früchten und Unterholz, die ein Hauch von Vanille bereichert. Der Geschmack ist ausgewogen und besitzt eine mittlere Struktur, aber Fleisch, Feinheit und eine gute Beständigkeit im Abgang.
Union de producteurs de Saint-Emilion,
Haut-Gravet, BP 27, 33330 Saint-Emilion,
Tel. 05.57.24.70.71, Fax 05.57.24.65.18,
E-Mail udp-vins.saint-emilion@gofornet.com
Mo–Sa 8h–12h 14h–18h
SCEA Vignobles Soupre

CH. AUSONE 1998***

■ 1er gd cru A 7 ha 24 000 +76 €

61 64 75 76 78 79 80 81 (82) 83 85 86 88 |(89)| 90 92 93 |94| (96) 97 (98)

Die ganz großen Weine setzen sich immer durch, selbst bei einer Blindverkostung. Dieser großartige 98er Ausone bestätigt es. Was ist sein Geheimnis? Fünfzig Jahre alte Reben (50 % Merlot und 50 % Bouchet), im Süden des Städtchens an einem tonigen Kalksteinhang angepflanzt, an dem seit zwei Jahrtausenden Wein angebaut wird. Jedenfalls hat ihm die Jury mit überschwänglichen Ausdrücken eine einstimmige Liebeserklärung zuerkannt: prächtige, strahlende bordeauxrote Farbe, schon äußerst komplexes, entstehendes Bouquet, außerordentlicher Reichtum des Geschmacks. Um es schlicht und einfach auszudrücken, sagen wir, dass die vollkommene Harmonie zwischen klassischem Charakter und Originalität, zwischen sehr guten Trauben und sehr gutem Holz, zwischen Stärke und Eleganz Zustimmung gefunden hat. Ein zukünftiger großer Wein.
Famille Vauthier, Ch. Ausone,
33330 Saint-Emilion, Tel. 05.57.24.70.26,
Fax 05.57.74.47.39

CH. BARDE-HAUT 1998*

■ 8,35 ha 38 000 38 à 46 €

|95| |96| 97 98

Das im September 2000 von Sylviane Garcin-Cathiard erworbene Gut befindet sich auf tonigen Kalksteinböden. Dieser 98er, der 85 % Merlot und 15 % Cabernet franc kombiniert, zeigt ein schönes Rubinrot. Das kräftige Bouquet verbindet empyreumatische Noten von verbranntem gutem Holz mit Noten gekochter Früchte. Der gut strukturierte Geschmack bietet dichte, fleischige, samtige Tannine und eine große Länge im Abgang.
SC Ch. Barde-Haut,
33330 Saint-Christophe-des-Bardes,
Tel. 05.56.64.05.22, Fax 05.56.64.06.98
n. V.
S. Garcin-Cathiard

CH. DU BARRY 1998**

■ 10 ha 58 000 11 à 15 €

89 |90| 91 92 |93| 95 98

Der Cru, der sich im Süden der Appellation auf tiefen Kiesböden befindet, wurde Anfang des 20. Jh. von Daniel Moutys Großvater angelegt, der aus der Auvergne stammte. Heute bewirtschaftet der Enkel zusammen mit seiner Tochter Sabine das Gut. Er erhielt bereits für den 95er eine Liebeserklärung und präsentiert diesen bemerkenswerten 98er, den ein schönes, intensives, dunkles Rubinrot kleidet. Das Bouquet verbindet einen feinen, eleganten Holzton harmonisch mit den fruchtigen Aromen des Weins. Der Geschmack ist reich und ausgewogen, köstlich und robust und besitzt Tannine von großer Qualität, die im Abgang sehr lang und nachhaltig sind. Ein erstklassiger Wein, den man vier bis fünf Jahre lagern sollte.

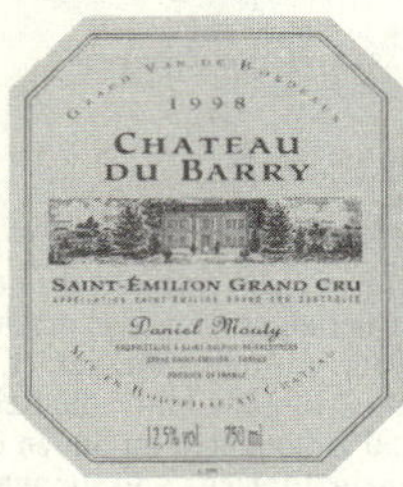

SCEA Daniel Mouty, Ch. du Barry, 33350 Sainte-Terre, Tel. 05.57.84.55.88, Fax 05.57.74.92.99, E-Mail daniel-mouty@wanadoo.fr
Mo–Fr 8h–17h

CH. DU BASQUE 1998

12,39 ha 79 989 8 à 11 €

Der im Südosten der Appellation auf mit Ton vermengtem Sand angelegte Cru ist mit Merlot-Reben bestockt, die 15 % Cabernet ergänzen. Dieser schlichte, gefällige 98er, der eine hübsche rubinrote Farbe hat, bietet einen feinen, weinigen Duft, der gekochte rote Früchte erkennen lässt. Der weiche, runde Geschmack entwickelt sich zu einer festen, nervigen Tanninstruktur, die ein wenig Lagerung erfordert, damit sie sich verfeinert.

Union de producteurs de Saint-Emilion, Haut-Gravet, BP 27, 33330 Saint-Emilion, Tel. 05.57.24.70.71, Fax 05.57.24.65.18, E-Mail udp-vins.saint-emilion@gofornet.com
Mo–Sa 8h–12h 14h–18h
SCEA Ch. du Basque

CH. BEAU-SEJOUR BECOT 1998*

1er gd cru B 16,52 ha k. A. +76 €

75 78 79 81 82 83 |85| |86| 87 |88| |89| |90| 91 |92| |93| |94| 95 96 |97| 98

Ein angesehenes Gut, das auf dem Plateau von Saint-Martin-de-Mazerat liegt, unmittelbar westlich des alten Städtchens. Das Terroir mit tonigem Seesternkalk ist mit vierzig Jahre alten Reben bestockt (70 % Merlot und 30 % Cabernet). Die Rebstöcke wachsen hier seit zwei Jahrtausenden, wie die Furchen aus galloromanischer Zeit beweisen, die sich sogar in den Fels eingegraben haben. 1998 stellt die Familie Bécot hier immer noch Wein her. Dieser hier hat eine großartige, fast schwarz erscheinende Farbe von Bigarreau-Kirschen. Das schon kräftige entstehende Bouquet mischt fruchtige Nuancen (Kirsche in Alkohol), einen empyreumatischen Holzton und einen Hauch von Gewürzen und Wild. Der sehr körperreiche, robuste Geschmack stützt sich auf noch ein wenig strenge Tannine, die aber in fünf bis zehn Jahren einen großen Wein garantieren.

SCEA Beau-Séjour Bécot, 33330 Saint-Emilion, Tel. 05.57.74.46.87, Fax 05.57.24.66.88 n. V.

CH. BELLEFONT-BELCIER 1998

8 ha 42 000 15 à 23 €

95 96 |97| 98

Es handelt sich hier um eine acht Hektar umfassende Auswahl von den dreizehn Hektar, die das auf dem Kalksteinhang von Saint-Laurent-des-Combes nach Süden liegende Gut im Osten der Appellation umfasst. Die Bestockung ist für Saint-Emilion typisch. Das Ergebnis ist ein 98er von kräftigem, lebhaftem Granatrot, mit einem komplexen Bouquet von schwarzen Früchten und einem würzigen Holzton. Der Geschmack wird noch vom Holz dominiert und bietet Vanille- und Kokosnussnoten. Diesem Wein, der im Augenblick in der Nase angenehmer ist als im Mund, wird es gut tun, wenn er sich drei bis vier Jahre lang beruhigt.

SCI Bellefont-Belcier, 33330 Saint-Laurent-des-Combes, Tel. 05.57.24.72.16, Fax 05.57.74.45.06, E-Mail bellefontbelcier@aol.com n. V.

CH. BELLISLE MONDOTTE 1998

4,5 ha 19 000 15 à 23 €

Dieser 98er von schönem, dunklem Rubinrot ist noch ein wenig zurückhaltend; der Geruchseindruck lässt Aromen von frischen Früchten und Unterholznuancen erkennen. Der schmackhafte, aromatische Wein, der im Mund eine angenehme Nervigkeit beweist, besitzt eine tadellose, ausgewogene Struktur. Er ist schlicht, aber sehr gefällig und wird bald trinkreif sein, während der 97er im letzten Jahr durch seine Alterungsfähigkeit überraschte und verführte. Bei den Weinen folgt ein Jahrgang auf den anderen, und keiner ist wie der andere.

SCEA Héritiers Escure, 33330 Saint-Laurent-des-Combes, Tel. 05.57.74.41.17 n. V.

CH. BELREGARD-FIGEAC 1998

2,83 ha 18 000 11 à 15 €

89 90 93 94 |95| |96| 98

Die dreißig Jahre alten Reben, die auf den sandig-kiesigen Böden im Figeac-Abschnitt wachsen, bestehen zu 68 % aus Merlot und zu 32 % aus Cabernet. Dieser 98er zeigt eine schöne dunkelpurpurrote Farbe. Das Bouquet entfaltet sich zu blumigen und fruchtigen Noten, die ein Hauch von Moschus begleitet. Der frische Geschmack stützt sich auf eine runde, samtige Textur mit etwas animalischem Charakter. In drei bis fünf Jahren wird dieser Wein trinkreif sein.

GAEC Pueyo Frères, 15, av. de Gourinat, 33500 Libourne, Tel. 05.57.51.71.12, Fax 05.57.51.82.88, E-Mail contact@belregard-figeac.com
n. V.

CH. BERGAT 1998

■ Gd cru clas. k. A. k. A. 23 à 30 €

92 93 |95| |96| 97 98

Das tonig-kalkige Terroir ist zwar sehr klassisch für Saint-Emilion, aber der Rebsatz ist es weniger – mit 45 % Cabernet-Sorten, die zum eigentümlichen Charakter dieses Weins beitragen. Granatrote Reflexe säumen sein schönes Rubinrot. Das intensive Bouquet mit den Noten von reifen Früchten und zart getoastetem Holz entwickelt sich zu buttrigen Nuancen hin, mit Haselnussnoten. Der Geschmack gründet sich auf nachhaltige Holztannine. Je nach Geschmack kann man diesen 98er in zwei bis sechs Jahren aufmachen.

Indivision Castéja-Preben-Hansen, 33330 Saint-Emilion, Tel. 05.56.00.00.70, Fax 05.57.87.48.61

CH. BERLIQUET 1998★★

■ Gd cru clas. k. A. 23 000 30 à 38 €

88 89 91 92 |93| |94| |95| |96| 97 **98**

Auf dem tonigen Kalksteinplateau der Magdeleine, ganz nahe bei dem mittelalterlichen Städtchen, besitzt Berliquet eine großartige Südsüdwestlage. Die Anstrengungen, die seit 1996 im Weinberg und im Keller unternommen wurden, haben die Erzeugung dieses bemerkenswerten 98ers von tiefer, dichter Farbe ermöglicht. Das kräftige, rassige Bouquet enthält Aromen von reifen Früchten und geröstetes und getoastetes Holz von großer Eleganz. Im Geschmack zeigt er mit seinen reichen, fleischigen Tanninen eine beeindruckende Konzentration. Ein Wein von großer Klasse, der die besten Zukunftsaussichten hat.

Patrick de Lesquen, SCEA Ch. Berliquet, 33330 Saint-Emilion, Tel. 05.57.24.70.48, Fax 05.57.24.70.24 Y n. V.

CH. BERNATEAU

Elevé en fût de chêne 1998★

■ 12 ha 80 000 11 à 15 €

Ein schöner Weinberg in Hanglage. Der Grand cru ist eine zwölf Hektar umfassende Auswahl von den achtzehn Hektar, die die Familie Lavau seit drei Generationen bewirtschaftet. Die tonigen Kalksteinböden sind zu 82 % mit Merlot und zu 18 % mit Cabernet bestockt. Das Ergebnis ist ein tiefrubinroter 98er mit purpurroten Reflexen. Das Bouquet, das einen diskreten Charme besitzt, ist fein und elegant, mit frischen Früchten und getoastetem Holz. Der warme, schillernde Geschmack intensiviert sich und endet auf feinen Tanninen, die sich drei bis vier Jahre abmildern müssen. Dieser Wein kann Neunauge nach Bordelaiserart oder Ringeltaubenragout begleiten.

Lavau, Ch. Bernateau, 33330 Saint-Etienne-de-Lisse, Tel. 05.57.40.18.19, Fax 05.57.40.27.31 ☑ Y n. V.

CH. BOUTISSE 1998★

■ 23 ha 86 000 15 à 23 €

Xavier und Gérard Milhade erhoffen viel von diesem vor kurzem erworbenen Weingut, das auf einem tonigen Kalksteinboden angelegt ist. Sie präsentieren einen rubinroten 98er mit dunklen purpurvioletten Reflexen. Das ausdrucksvolle, elegante Bouquet verbindet reife Früchte, geröstetes Brot und Karamell. Die ausgewogene, sehr einschmeichelnde Struktur bietet im Abgang eine schöne Beständigkeit. Heben Sie ihn drei bis vier Jahre auf, damit sich der Holzton einfügt.

SCE Dom. Boutisse, 33330 Saint-Christophe-des-Bardes, Tel. 05.57.55.48.90, Fax 05.57.84.31.27 ☑ Y n. V.

Milhade

CH. CADET-BON 1998★★

■ Gd cru clas. 4,48 ha 20 800 23 à 30 €

|90| 92 93 |94| 95 (96) |97| **98**

Dieser Cru liegt nördlich von dem mittelalterlichen Städtchen auf dem Cadet-Hügel, auf tonig-kalkigen Böden; er besteht aus 70 % Merlot und 30 % Cabernet franc. Nach zehn Jahren Fegefeuer wurde er 1996 wieder hochgestuft und erhielt im Hachette-Weinführer 2000 eine Liebeserklärung; jetzt stellt er einen bemerkenswerten 98er vor. Dieser Wein von lebhaftem, intensivem Rubinrot entfaltet kräftige, weinige Aromen von vollreifen und kandierten Früchten, die mit den würzigen und verbrannten Noten eines schönen Holztons verbunden sind. Der Geschmack ist füllig, fleischig und gut strukturiert, mit öligen, genussvollen Tanninen, die im Abgang sehr nachhaltig sind.

Loriene SA, 1, Le Cadet, 33330 Saint-Emilion, Tel. 05.57.74.43.20, Fax 05.57.24.66.41, E-Mail loriene@cadet-bon.com ☑ Y n. V.

CH. CADET-PEYCHEZ 1998

■ 1,2 ha 6 000 8 à 11 €

Dieser kleine Cru ist mit dem Cru classé Faurie de Souchard verbunden. Er befindet sich am Rande von Saint-Emilion auf tonig-kalkigen Böden und ist zu 80 % mit Merlot und zu 20 % mit Cabernet franc bestockt. Dieser 98er von kräftigem Rubinrot entfaltet einen hübschen Duft von reifen und kandierten roten Früchten, die eine würzige Note bereichert. Der Geschmack ist rund und sanft, mit einer ausgewogenen Struktur und einer guten Weinigkeit. Ein eleganter Wein, der in zwei bis drei Jahren trinkreif sein dürfte.

Françoise Sciard, Ch. Faurie de Souchard, 33330 Saint-Emilion, Tel. 05.57.74.43.80, Fax 05.57.74.43.96 ☑ Y n. V.

CH. CAILLOU D'ARTHUS

Vieilli en fût de chêne 1998

■ 2,9 ha k. A. 8 à 11 €

Dieser von der Handelsfirma Cordier-Mestrezat in Bordeaux vinifizierte und verkaufte 98er bietet in der Nase Aromen von roten Früchten in Sirup, die schlicht, sanft und sehr gefällig sind. Der Geschmack ist weich, rund und ein-

schmeichelnd; einen gewissen Mangel an Stärke gleicht er durch eine hübsche Fruchtigkeit und Eleganz aus. Ein leicht zugänglicher Wein, der trinkreif ist, aber auch zwei bis drei Jahre lagern kann.
Jean-Denis Salvert, Ch. Caillou d'Arthus, 33330 Vignonet, Tel. 05.57.80.93.30 n. V.

CH. CANON 1998**

1er gd cru B 14 ha 30 000 38 à 46 €
|89| |90| |94| 96 97 **98**

Dieser Cru gehört der Familie Wertheimer, den Besitzern der Firma Chanel; d. h., wir befinden uns hier im Luxussektor. Was uns dieser 98er bestätigt. Luxus enthält immer einen Anteil Rätselhaftigkeit. Dennoch ist hier die Bestockung sehr klassisch: 80 % Merlot und 20 % Cabernet franc, auf tonigem Kalkstein angepflanzt. Sollte das Geheimnis auf den vierzehn Hektar unterirdischer Steinbrüche beruhen (die man besichtigen kann)? Der Wein trägt ein herrliches Kleid (was das Wenigste von den Dingen bei Chanel ist!). Das Bouquet ist elegant und zugleich komplex: schokoladig-vanilleartiges Holzaroma, Pfingstrose. Der anmutige Geschmack entwickelt sich zu noch frischen Tanninen, die aber für die Lagerung sehr viel versprechend sind.
SC Ch. Canon, 33330 Saint-Emilion, Tel. 05.57.55.23.45, Fax 05.57.24.68.00 n. V.

CLOS CANON 1998**

14 ha 35 000 15 à 23 €

Der Leser muss zunächst einmal wissen, dass die Weine der AOC Saint-Emilion grand cru in zwei getrennten Weinproben verkostet werden: die Grands crus classés und die anderen Grands crus. Dieser 98er verführte unsere Verkoster zunächst durch sein herrliches Rubinrot, das dunkel, dicht und tief ist. Das elegante, komplexe Bouquet erinnert an Konfitüre aus kleinen schwarzen Früchten, verbunden mit Gewürzen. Der füllige, fleischige, sehr harmonische Geschmack stützt sich auf seidige, samtige Tannine, die im Abgang sehr lang mit Aromen von gekochten Früchten anhalten.
SC Ch. Canon, 33330 Saint-Emilion, Tel. 05.57.55.23.45, Fax 05.57.24.68.00 n. V.

CH. CAP DE MOURLIN 1998*

Gd cru clas. 13,81 ha 65 000 15 à 23 €
(82) 83 85 **86** 88 |89| |90| 92 93 |94| 96 98

Der tonig-kieselige und tonig-kalkige Boden ist zu 65 % mit Merlot-Reben bestockt, die durch die beiden Cabernet-Sorten ergänzt werden; die Lese begann am 25. September. Dieser 98er, der eine prächtige Farbe von dichtem, tiefem Rubinrot zeigt, scheint sich noch ein wenig in sein Schneckenhaus eingeschlossen zu haben. Der Geruchseindruck lässt überreife rote Früchte und einen eleganten Holzton erkennen. Der Geschmack ist körperreich, robust und gehaltvoll, mit fetten, öligen Tanninen, die im Abgang lang anhalten. In drei bis fünf Jahren dürfte sich dieser Wein entfalten. Erinnern wir noch daran, dass die Capdemourlins dieses Gut seit dem 17. Jh. führen.
SCEA Capdemourlin, Ch. Roudier, 33570 Montagne, Tel. 05.57.74.62.06, Fax 05.57.74.59.34 n. V.

CH. CAPET DUVERGER 1998

k. A. 36 000 8 à 11 €

Das Gut liegt in Saint-Hippolyte auf sandigen und tonig-kieseligen Böden und besitzt eine ausgewogene Bestockung. Dieser 98er, der zwei Drittel Merlot und ein Drittel Cabernet kombiniert, hat eine schöne, strahlende dunkelrubinrote Farbe und bietet ein Bouquet von reifen Früchten und Gewürzen, das gut eingefügte Holznoten enthält. Die Struktur ist ausgewogen und zeigt eine gute Beständigkeit mit einem soliden Stoff, der sich in den kommenden zwei bis drei Jahren günstig entwickeln dürfte.
Union de producteurs de Saint-Emilion, Haut-Gravet, BP 27, 33330 Saint-Emilion, Tel. 05.57.24.70.71, Fax 05.57.24.65.18, E-Mail udp-vins.saint-emilion@gofornet.com
Mo–Sa 8h–12h 14h–18h
EARL Héritiers Duverger

CH. CARDINAL-VILLEMAURINE 1998*

7 ha k. A. 11 à 15 €

Das im Herzen von Saint-Emilion liegende Château hat zu einem Drittel im Tank und zu einem Drittel im Barriquefass einen Wein ausgebaut, der von 70 % Merlot und 30 % Cabernet erzeugt worden ist, angepflanzt auf tonigem Kalkstein. Dieser 98er, dessen schöne Farbe an Bigarreau-Kirschen erinnert, bietet schon intensive Düfte von roten Früchten, Sauerkirsche und geröstetem Holz mit Vanillenote. Im Geschmack ist er sehr rund und harmonisch und besitzt eine gute Ausgewogenheit zwischen Frucht und Holz; er ist typisch für seine Appellation und den Jahrgang. Trinken kann man ihn in fünf Jahren und dann weitere fünf Jahre lang.
Jean-François Carrille, pl. du Marcadieu, 33330 Saint-Emilion, Tel. 05.57.24.74.46, Fax 05.57.24.64.40, E-Mail paul.carrille@worldonline.fr n. V.

CH. CARTEAU COTES DAUGAY 1998*

14,59 ha 80 000 11 à 15 €
82 83 **86** 88 |89| |90| 92 93 |94| |95| |96| |97| 98

Wenn man von Libourne her kommt, entdeckt man diesen Cru an den ersten Hängen von Saint-Emilion, auf tonigem Kalkstein und tiefem Sand angelegt und zu drei Vierteln mit Merlot und zu einem Viertel mit Cabernet bestockt. Dieses Château erhält jedes Jahr einen oder zwei Sterne im Hachette-Weinführer. Betrachten Sie diesen 98er, der ein prächtiges Kleid aus purpurrotem Samt mit rötlich violetten Reflexen trägt. Das reiche, sehr elegante Bouquet verbindet rote Früchte und Lebkuchen mit einem sehr hübschen, gut eingebundenen Holzton. Der füllige, fette, fleischige Geschmack enthüllt die kräftige Struktur eines lagerfähigen Weins und einen lang anhaltenden, genussvollen, sehr aromatischen Abgang. Ein Verkoster würde diese Flasche gern zu einem Entrecote nach Weinhänd-

lerart (mit Rotweinsauce, gehackten Zwiebeln und Kräuterbutter) trinken.
SCEA Vignobles Jacques Bertrand, Ch. Carteau, 33330 Saint-Emilion, Tel. 05.57.24.73.94, Fax 05.57.24.69.07
n. V.

CH. DU CAUZE 1998*

20 ha 100 000 11 à 15 €

85 88 89 90 92 93 |94| 95 97 98

Ein großes Weingut, von dessen 24 Hektar zwanzig für diesen Wein bestimmt sind. Die Reben sind alt (vierzig bis fünfzig Jahre) und wachsen auf tonig-kalkigen Böden im Nordosten der Appellation; sie bestehen zu 90 % aus Merlot. Die granatrote Farbe ist sehr dunkel. Die von der Merlot-Traube dominierten Aromen (Backpflaume) begleitet ein Hauch von Leder und Eichenholz. Der fleischige, kräftig gebaute Geschmack besitzt Tannine, die noch ein wenig streng, aber viel versprechend sind (drei bis neun Jahre Lagerfähigkeit).
Bruno Laporte-Bayard, SC du Ch. du Cauze, 33330 Saint-Emilion, Tel. 05.57.74.62.47, Fax 05.57.74.59.12
n. V.

CH. CHAMPION 1998

7 ha 32 000 8 à 11 €

93 94 |95| |96| 98

Die Familie Bourrigaud bewirtschaftet seit vielen Generationen zwei Grands crus, die im Norden der Appellation liegen. Dieser 98er ist zart und angenehm; er zeigt ein hübsches Rubinrot von guter Intensität. Das Bouquet beginnt Noten von roten Früchten mit feinem Holzton zu entfalten. Die Struktur ist sanft und rund und wird ebenfalls von Früchten dominiert, auch wenn sich die ein wenig festen Tannine zwei bis drei Jahre lang besänftigen müssen.
SCEA Bourrigaud et Fils, Ch. Champion, 33330 Saint-Christophe-des-Bardes, Tel. 05.57.74.43.98, Fax 05.57.74.41.07, E-Mail contact@chateau-champion.com
n. V.

CH. CHANTE ALOUETTE 1998

5 ha 28 000 11 à 15 €

|96| |97| 98

Der 5 ha große Cru, der auf Sandböden liegt und mit Merlot (80 %) und Cabernet (20 %) bestockt ist, wurde 1995 von Guy d'Arfeuille übernommen und wird von seinem Sohn Benoît geführt. Dieser elegante 98er hat eine schöne strahlend rubinrote Farbe. Das fruchtig-blumige Bouquet, das sehr gefällig und frisch ist, bietet eine Mentholnote. Die ausgewogene Struktur stützt sich auf runde, sanfte Tannine. Ein Wein von gutem, typischem Charakter, der im Abgang nachhaltig ist und zwei bis drei Jahre lagern muss.
Guy d'Arfeuille, Ch. Chante Alouette, 33330 Saint-Emilion, Tel. 05.57.24.71.81, Fax 05.57.24.74.82
Mo–Sa 9h–12h 14h–19h

DOM. CHANTE ALOUETTE CORMEIL 1998

k. A. 32 000 11 à 15 €

(82) 83 85 86 88 89 90 91 93 94 95 98

Die Reben, die auf einer sandigen Erosionsabdachung mit eisenoxidhaltigem Kies wachsen, bestehen zu zwei Dritteln aus Merlot und zu einem Drittel aus Cabernet. Der Wein hat eine hübsche dunkelrubinrote Farbe mit purpurroten Reflexen. Wenn man den Wein im Glas schwenkt, gibt der noch ein wenig verschlossene Geruchseindruck Aromen von Backpflaume und feuchter Erde frei, die eine animalische Note begleitet. Die Ansprache ist kräftig und warm; sie entwickelt sich rasch zu soliden, noch ein wenig rustikalen Tanninen, die eine Reifung von zwei bis sechs Jahren erfordern.
EARL Vignobles Yves Delol, Ch. Gueyrosse, 33500 Libourne, Tel. 05.57.51.02.63, Fax 05.57.51.93.39
n. V.

CH. CHAUVIN 1998

Gd cru clas. 12,49 ha 50 000 23 à 30 €

82 85 86 88 89 90 93 |94| |96| 98

Das Familiengut, das auf sandig-kiesigen Böden angelegt worden ist und zu 80 % aus Merlot und zu 20 % aus Cabernet besteht, wurde 1891 erworben. Es umfasst heute 15 Hektar und wird von zwei Schwestern geführt. Dieser 98er zeigt ein schönes, intensives Granatrot und bietet in der Nase Aromen von reifen und kandierten roten Früchten, die ein hübscher Holzton mit Röst- und Räuchernoten begleitet. Der Geschmack ist lebhaft und fest; die im Augenblick ein wenig strenge Tanninstruktur ist der Garant für eine gute Zukunft.
SCEA Ch. Chauvin, Les Cabannes-Nord, 33330 Saint-Emilion, Tel. 05.57.24.76.25, Fax 05.57.74.41.34 n. V.
Mmes Ondet-Février

CH. CHEVAL BLANC 1998**

1er gd cru A 35 ha 90 000 +76 €

61 64 66 69 70 71 72 73 74 |75| 76 77 |78| |79| 80 |81| |82| 83 85 86 87 88 89 (90) |92| |93| 94 95 96 97 98

Ein mythischer Cru, der seit 1764 oftmals beschrieben wurde. Sprechen wir lieber von den Menschen, zuerst von denen, für die der 98er die erste Lese darstellt: Albert Frère, ein belgischer Finanzier, und Bernard Arnault, Generaldirektor von LVMH, der auch in Yquem investierte. Das Gut wird seit zehn Jahren von Pierre Lurton geleitet, der einer der bedeutendsten Familien des Weinbaus im Bordelais entstammt. Der 98er entspricht ihnen ein wenig: kraftvoll und zugleich fein. Rubinrote Reflexe umsäumen die bordeauxrote Farbe. Das entstehende Bouquet bietet ein Konzentrat aus Früchten und Holz. Der Geschmack ist warm, fleischig und sehr reich an Tanninen, die noch frisch sind und sich voller Feinheit entwickeln werden. Ein großer, verheißungsvoller Wein,
SC du Cheval Blanc, 33330 Saint-Emilion, Tel. 05.57.55.55.55, Fax 05.57.55.55.50 n. V.

CLOS DE LA CURE 1998

■ 6,87 ha 41 000 11 à 15 €

|93| 95 96 97 98

Hier erzeugten die Priester von Saint-Christophe-des-Bardes früher ihren Wein. Das ist zwar vorbei, aber der Weinberg existiert immer noch. Sein schönes tonig-kalkiges Terroir trägt 78 % Merlot und 22 % Cabernet. Die Farbe dieses 98ers zeigt lebhafte purpurrote Reflexe. Sein Geruchseindruck ist kraftvoll und empyreumatisch. Der im Geschmack noch frische Wein entwickelt sich zu feinen, verschmolzenen Tanninen. Er wirkt jugendlich und dürfte sich innerhalb von zwei bis drei Jahren abklären, um dann Wild, rotes Fleisch und Käse zu begleiten.
Christian Bouyer, Ch. Milon, 33330 Saint-Christophe-des-Bardes, Tel. 05.57.24.77.18, Fax 05.57.24.64.20
n. V.

CH. CLOS DE SARPE 1998

■ 3,68 ha 10 711 30 à 38 €

Dieser 4 ha große Cru, früher im Besitz von Baron du Foussat de Bogeron, wurde 1923 vom Großvater des heutigen Besitzers gekauft. Er liegt auf einer Hochfläche mit tonigem Kalksteinboden und besteht aus Merlot, ergänzt durch 15 % Cabernet franc und mit biologischen Anbaumethoden kultiviert. Dieser 98er zeigt ein hübsches Granatrot mit karminroten Reflexen und entfaltet in der Nase fruchtige Aromen, die mit würzigen, holzigen und schokoladigen Noten verbunden sind. Nach einer festen, kräftigen Ansprache entwickelt sich der Geschmack zu einer etwas rauen Struktur hin, die einige Jahre Alterung braucht, um feiner zu werden.
SCA Beyney, Ch. Clos de Sarpe, 33330 Saint-Christophe-des-Bardes, Tel. 05.57.24.72.39, Fax 05.57.74.47.54
n. V.

CLOS DES MENUTS 1998*

■ 36 ha k. A. 15 à 23 €

88 89 90 91 |95| |96| 98

Erinnern wir uns daran, dass dieses große Weingut (36 ha) das Verdienst hat, seine gesamte Produktion unter ein und demselben Namen zu präsentieren. Lagerkeller, die mitten in der Innenstadt von Saint-Emilion in den Fels gegraben sind, haben diesen sehr viel versprechenden 98er von schönem, typischem Charakter ermöglicht. Dieser lebhaft rubinrote Wein bietet in der Nase gefällige fruchtige Aromen und würzige Noten. Der sanfte, runde Geschmack ist wohl ausgewogen und wird durch feste Tannine strukturiert, die im Abgang anhalten.
SCEV Pierre Rivière, Clos des Menuts, 33330 Saint-Emilion, Tel. 05.57.55.59.59, Fax 05.57.55.59.51, E-Mail mriviere@riviere-stemilion.com
tägl. 9h–12h 14h–18h

CLOS FOURTET 1998**

■ 1er gd cru B k. A. 65 000 46 à 76 €

71 73 74 75 76 78 79 81 82 83 |85| 86 87 |88| |89| |90| |91| 92 |93| |94| (95) 96 97 98

Der 98er ist der 50. Jahrgang und einer der letzten der Familie Lurton im Clos Fourtet. Sie kaufte nämlich dieses Gut 1948 und hat es Anfang 2001 an Philippe Cuvelier verkauft, der es für das dritte Jahrtausend übernimmt. Der Clos Fourtet ist der Archetyp des Saint-Emilion grand cru, der ganz nahe bei der Kirche liegt: 85 % Merlot-Reben auf einem tonig-kalkigen Boden, großartige Keller, die auf drei Ebenen in ehemaligen Steinbrüchen eingerichtet sind. Das gilt auch für den Wein. Dieser 98er hat eine prächtige purpurrote Farbe mit hochroten Reflexen und bietet ein konzentriertes, komplexes Bouquet, in dem sich blumige und fruchtige Düfte (schwarze Johannisbeere, Heidelbeere) und getoastetes Holz vermischen. Der kraftvolle, fleischige, großzügige Geschmack, der sich förmlich entlädt, lässt eine schöne Ausgewogenheit zwischen Merlot-Trauben und Eichenholz erkennen. Die frischen, feinen Tannine stellen ein gutes Lagerpotenzial sicher.
SC Clos Fourtet, 33330 Saint-Emilion, Tel. 05.57.24.70.90, Fax 05.57.74.46.52 n. V.
M. Cuvelier

CH. CLOS LA GRACE DIEU 1998*

■ 2 ha 6 000 15 à 23 €

Die erste Ernte für Odile Audier, die diesen kleinen Weinberg 1997 kaufte. Dieser liegt neben dem Familiengut La Grâce-Dieu-les-Menuts, im Westen des Städtchens. Die vierzig Jahre alten Reben bestehen zu 80 % aus Merlot und zu 20 % aus Cabernet, die auf unterschiedlichen Böden angepflanzt sind: braune Böden, toniger Sand, roter Kies mit Eisenoxiden. Unsere Verkoster schätzten diesen ersten Wein sehr. Seine schöne, dunkle Farbe ist anziehend. Seine Aromen von schwarzen Früchten begleiten einen eleganten Holzton. Im Geschmack ist er warm, lang und zugleich harmonisch. Man kann ihn in ein paar Jahren zu rotem Fleisch mit Weinsauce trinken.
Odile Audier, La Grâce Dieu, 33330 Saint-Emilion, Tel. 05.57.24.73.10, Fax 05.57.74.45.92 n. V.

CLOS LA MADELEINE 1998

■ 2 ha 10 000 23 à 30 €

Die dreißig Jahre alten Reben, die im Süden des Städtchens auf tonigem Kalkstein wachsen, bestehen zu 60 % aus Merlot und zu 40 % aus Bouchet. Dieser Wein zeigt eine hübsche, noch jugendliche Erscheinung. Das entstehende Bouquet ist fein: fruchtig und zugleich holzig. Der runde Geschmack bietet ein Lakritzearoma. Diese Flasche lässt sich bald angenehm trinken.
SA du Clos La Madeleine, La Gaffelière Ouest, BP 78, 33330 Saint-Emilion, Tel. 05.57.55.38.03, Fax 05.57.55.38.01
n. V.

CLOS SAINT-JULIEN 1998*

■ 1,5 ha 5 000 🛢 23 à 30 €

Dieser kleine Clos im Herzen von Saint-Emilion ist noch teilweise von Bruchsteinmauern umschlossen, die bis vor einigen Jahren eine – inzwischen leider gestohlene – Statue der Pomona, der römischen Göttin der Früchte und des Obstbaus, enthielten. Dieser 98er hüllt sich in ein dunkles, intensives Purpurrot mit lebhaften rubinroten Reflexen. Der kräftige, elegante Duft verbindet kandierte Früchte, Mokka, Zimt, Lakritze und Röstgerüche. Der reiche, kräftige Geschmack, den schöne, samtige Tannine gut strukturieren, bietet einen genussvollen, sehr lang anhaltenden Abgang.

SCEA Vignobles J.-J. Nouvel, Ch. Gaillard, BP 84, 33330 Saint-Emilion, Tel. 05.57.24.72.05, Fax 05.57.74.40.03, E-Mail chateau.gaillard@wanadoo.fr ☑ Y n. V.

CLOS SAINT-MARTIN 1998*

■ Gd cru clas. 1,33 ha 6 500 🛢 30 à 38 €

81 85 86 88 89 |90| 92 93 |95| |96| |97| 98

Das kleine Gut, das 1850 von der Familie Reiffers erworben wurde, war der Weinberg des Pfarrhauses der Gemeinde Saint-Martin. Es liegt auf tonigen Kalksteinböden und ist mit 70 % Merlot und 30 % Cabernet franc bestockt. Es präsentiert einen schönen 98er mit einer dichten, dunklen Granatfarbe. Der kräftige, elegante Duft verströmt Aromen von roten Früchten, die mit Toast- und Röstgerüchen von gutem, verbranntem Holz verbunden sind. Der ausgewogene, harmonische Geschmack bietet eine echte Frische, einen feinen, eingebundenen Holzton und seidige Tannine, die aber eine gute Haltung zeigen und im Abgang anhalten.

GFA Les Grandes Murailles, Ch. Côte de Baleau, 33330 Saint-Emilion, Tel. 05.57.24.71.09, Fax 05.57.24.69.72, E-Mail lesgrandesmurailles@wanadoo.fr Y n. V.

CLOS SAINT-VINCENT 1998

■ 4,68 ha 28 000 🛢 8 à 11 €

Dieser dem Schutzheiligen der Winzer geweihte Cru befindet sich auf Kiessandböden im Süden der Appellation. Er präsentiert einen ehrlichen 98er von gutem, typischem Charakter, der ein klares, lebhaftes Rubinrot zeigt. Die Aromen von roten Früchten (Erdbeere) vermischen sich auf angenehme Weise mit einem feinen, leicht gerösteten Holzton. Der wohl ausgewogene, sanfte, runde, frische Geschmack stützt sich auf seidige, delikate Tannine, die es möglich machen, dass man diese Flasche bald trinkt.

SC du Clos Saint-Vincent, Lansemen, 33330 Saint-Sulpice-de-Faleyrens, Tel. 05.56.23.92.76, Fax 05.56.23.61.65 ☑ Y n. V.

Latorse

CLOS TRIMOULET 1998

■ k. A. 52 000 🛢 11 à 15 €

35 Jahre alte Reben (80 % Merlot) haben einen Wein von hübschem, dichtem Rubinrot mit granatroten Reflexen geliefert. Der noch zurückhaltende Geruchseindruck erinnert an kleine rote Früchte, mit einem Hauch von Tiergeruch. Der Geschmack ist fruchtig, weich und säuerlich. Er klingt mit ein wenig rustikalen Tanninen aus, die sich innerhalb von zwei bis fünf Jahren verfeinern dürften.

EARL Appollot, Clos Trimoulet, 33330 Saint-Emilion, Tel. 05.57.24.71.96, Fax 05.57.74.45.88 ☑ Y n. V.

CH. CORBIN 1998

■ Gd cru clas. 12,7 ha 80 000 🛢 23 à 30 €

64 75 79 81 (82) 83 85 86 |88| |89| |90| 93 94 |95| |96| 98

Das nordöstlich von Saint-Emilion gelegene Gut besitzt dreißig Jahre alte Reben (80 % Merlot, 17 % Bouchet und 3 % Malbec oder Côt), die auf alten Sand- und Tonböden angepflanzt sind. Der Wein zeigt ein schönes Rubinrot. Sein schon ausdrucksvolles Bouquet verbindet fruchtige (Backpflaume, rote Johannisbeere), würzige, holzige und toastartige Nuancen, die – wenn man den Wein im Glas schwenkt – einen Hauch von Wildbret erkennen lassen. Der frische und zugleich runde Geschmack stützt sich auf feine Holztannine, die auf die Frucht Rücksicht nehmen.

SC Ch. Corbin, 33330 Saint-Emilion, Tel. 05.57.25.20.30, Fax 05.57.25.22.00, E-Mail chateau.corbin@wanadoo.fr ☑ Y n. V.

CH. CORMEIL-FIGEAC 1998

■ 10 ha 50 000 🛢 15 à 23 €

82 83 86 88 89 90 91 92 94 95 96 98

Der 2,5 km westlich von Saint-Emilion auf alten Sandböden angelegte Weinberg ist zu 70 % mit Merlot und zu 30 % mit Cabernet franc bestockt. Dieser 98er zeigt die Merkmale der Weine aus dem Figeac-Abschnitt: eine hübsche rubinrote Farbe, Aromen von roten Früchten mit leichtem Holzton, einen frischen, lebhaften Geschmack, der mit noch festen Tanninen ausklingt. Er ist solide und ein wenig rustikal und muss zwei bis fünf Jahre warten, bis er Wild und rotes Fleisch begleiten kann.

SCEA Cormeil-Figeac, BP 49, 33330 Saint-Emilion, Tel. 05.57.24.70.53, Fax 05.57.24.68.20, E-Mail moreaud@cormeil-figeac.com ☑ Y n. V.

R. Moreaud

CH. COTE DE BALEAU 1998*

■ 8 ha 40 000 🛢 11 à 15 €

88 |95| 96 |98|

Einige Weingüter im Libournais beweisen eine wunderbare Beständigkeit und befinden sich seit Jahrhunderten im Besitz der gleichen Familie. Dieser Weinberg mit tonig-kalkigem Boden, der zu drei Vierteln mit Merlot und zu einem Viertel mit Cabernet bestockt ist, gehört den Reifferts seit 1643. Ein Rekord? Ihr 98er hat eine schöne, intensive rubinrote Farbe mit granatroten Reflexen. Das entstehende Bouquet steht noch unter dem Einfluss des an Vanille erinnernden Holzes. Der in der Ansprache runde Geschmack besitzt eine gut ausbalancierte Struktur. Auch dort dominiert das Holz ein we-

nig über die Frucht, aber dank seines zeitgenössischen Stils kann man diesen Wein nach einer zwei- bis dreijährigen Lagerung trinken.
GFA Les Grandes Murailles, Ch. Côte de Baleau, 33330 Saint-Emilion, Tel. 05.57.24.71.09, Fax 05.57.24.69.72, E-Mail lesgrandesmurailles@wanadoo.fr
n. V.

COTES ROCHEUSES 1998

35 ha 218 527 8 à 11 €

Die mengenmäßig größte Marke der Erzeugervereinigung von Saint-Emilion. Sie ist das Ergebnis eines Verschnitts von 60 % Merlot und 40 % Cabernet. Dieser 98er, der eine schöne rubinrote Farbe mit karminroten Reflexen zeigt, verbindet die Aromen von Früchten und Gewürzen mit einem delikaten Holzton. Die Struktur ist nicht sehr intensiv, wird aber durch sanfte, seidige Tannine gut ausbalanciert, die einen baldigen Genuss erlauben.
Union de producteurs de Saint-Emilion, Haut-Gravet, BP 27, 33330 Saint-Emilion, Tel. 05.57.24.70.71, Fax 05.57.24.65.18, E-Mail udp-vins.saint-emilion@gofornet.com
Mo–Sa 8h–12h 14h–18h

CH. COUDERT-PELLETAN
Vieilli en fût de chêne neuf 1998

4 ha 24 000 11 à 15 €

86 **88** 92 |93| |94| **95** 96 97 98

Der auf tonigem Kalkstein angelegte Weinberg enthält 60 % Merlot und 40 % Cabernet. Eine schöne, dunkle rubinrote Farbe, frische Unterholz- und Brombeernoten und ein noch fruchtiger Geschmack, der sich zu Tanninen entwickelt, die sich einige Jahre lang verfeinern müssen: Das ist das Porträt dieses recht typischen 98ers.
Pierre et Philippe Lavau, Ch. Coudert-Pelletan, BP 13, 33330 Saint-Christophe-des-Bardes, Tel. 05.57.24.77.30, Fax 05.57.24.66.24, E-Mail coudert.pelletan@worldonline.fr
Mo–Fr 9h–12h30 14h–18h; Sa, So n. V.

COUVENT DES JACOBINS 1998**

Gd cru clas. 7 ha 30 000 46 à 76 €

Dieses ehemalige Kloster im Herzen des mittelalterlichen Städtchens wurde im 13. Jahrhundert errichtet und dann während der Französischen Revolution aufgegeben. Heute steht es mit seinen schönen Umfriedungsmauern und seinen tiefen unterirdischen Kellern unter Denkmalschutz. Der Weinberg besteht zu drei Vierteln aus Merlot und zu einem Viertel aus Cabernet franc. Er hat einen prächtigen 98er von strahlender Farbe geliefert. Der Duft entfaltet sich rasch zu Aromen von frischen roten Früchten, Kern und Mandel, die mit Gewürznoten verbunden sind. Der kräftige, reiche Geschmack enthüllt recht dichte, aber sanfte Tannine und zeigt im Abgang eine gute Länge.
SCEV Joinaud-Borde, 10, rue Guadet, 33330 Saint-Emilion, Tel. 05.57.24.70.66, Fax 05.57.24.62.51

CH. CROIX DE VIGNOT 1998*

1,45 ha 9 500 8 à 11 €

Dieser winzige Cru besteht aus einer Parzelle mit fünfzig Jahre alten Merlot-Reben, die am Fuße des Hangs auf tonig-kalkigen Böden liegt, ganz in der Nähe der alten «Seigneurie de Capet». Das Ergebnis ist ein sehr gelungener 98er von hübschem Rubinrot. Das feine, komplexe Bouquet mischt fruchtige und blumige Aromen mit Vanille- und Gewürzdüften. Eine schöne Rundheit und viel Volumen im Geschmack kennzeichnen diesen gut gebauten Wein, der über echtes Potenzial verfügt.
René Micheau-Maillou, 33330 Saint-Hippolyte, Tel. 05.57.24.61.99, Fax 05.57.24.61.99 n. V.

CH. CROQUE MICHOTTE 1998**

13,67 ha 59 000 23 à 30 €

91 |95| 96 **98**

Dieses schöne, fast 14 ha große Weingut, das 1906 von Samuel Geoffrion, dem Großvater der heutigen Besitzer, erworben wurde, liegt ganz nahe bei Pomerol auf alten Sandböden, die mit Kies vermischt sind. Sein 98er stammt von Merlot-Trauben, ergänzt durch 10 % Cabernet franc. Er präsentiert sich in einem klaren Rubinrot. Der Duft bietet Aromen von roten und schwarzen Früchten, Kakaonoten und einen hübschen, würzigen Holzton. Der Geschmack enthüllt einen fülligen, fleischigen Wein, dessen dichte, kräftige Tannine im Abgang sehr lang anhalten.
GFA Geoffrion, Ch. Croque Michotte, 33330 Saint-Emilion, Tel. 05.57.51.13.64, Fax 05.57.51.07.81 n. V.

CH. CROS-FIGEAC 1998**

2,5 ha 7 000 23 à 30 €

Die letzte Erwerbung der Familie Querre im Jahre 1998. Die neuen Besitzer möchten das Niveau dieses Cru anheben und innerhalb von fünf Jahren Weine von großer Qualität erzeugen. Mit diesem als bemerkenswert beurteilten 98er sind sie in ihrem Marschplan deutlich vorangekommen. Die purpurrote Farbe ist dunkel. Sein konzentriertes, rassiges Bouquet verbindet über einem Holzaroma schwarze Früchte, Sauerkirsche, Leder und Vanille. Der Geschmack ist ebenfalls schon komplex und lang und wird noch von einem erstklassigen Holzton dominiert; er klingt mit edlen, reifen Tanninen aus. Ein großer Wein zum Lagern.
SCEA Ch. Cros-Figeac, Hospices de La Madeleine, 33330 Saint-Emilion, Tel. 05.57.55.51.60, Fax 05.57.55.51.61

CH. CRUZEAU 1998*

4,4 ha 28 000 11 à 15 €

Das Schloss mit den Spitztürmchen geht auf das 16. Jh. zurück. Sein 1897 von der Familie Luquot erworbener Weinberg liegt auf grobkörnigem Sand und ist zu drei Vierteln mit Merlot und zu einem Viertel mit Cabernet franc bestockt. Dieser 98er, der sich in einem intensiven Rubinrot präsentiert, enthüllt Aromen von kandierten Früchten, Pflaume und Lakritze, die sich mit Gewürz- und Röstnoten vermischen. Er ist in der Ansprache sanft und füllig und entwickelt

sich zu einer festen Tanninstruktur, die sich in den kommenden drei bis vier Jahren besänftigen dürfte.
SCEA Vignobles Luquot,
152, av. de l'Epinette, 33500 Libourne,
Tel. 05.57.51.18.95, Fax 05.57.25.10.59
n. V.

CH. DASSAULT 1998*

Gd cru clas. 14,48 ha 77 000 30 à 38 €
83 86 88 89 |90| 92 |94| |95| 96 98

Marcel Dassault, ein Industriekapitän, würde seinen Wein gern während der Luftfahrtveranstaltungen der von ihm gegründeten Gruppe servieren. Das heute von seinem Enkel Laurent geführte Gut, das auf alten Sandböden liegt, besteht aus 65 % Merlot, 30 % Cabernet franc und 5 % Cabernet Sauvignon. Sein 98er hat eine prächtige, strahlende Farbe, die an Schwarzkirschen erinnert. Das feine, elegante Bouquet bietet schöne fruchtige Aromen, die fast kandiert wirken und sich mit Toast- und Gewürznoten vermischen. Nach einer sanften, runden Ansprache entwickelt sich der Geschmack zu dichten, seidigen Tanninen von sehr großer Länge.
SARL Ch. Dassault, 33330 Saint-Emilion,
Tel. 05.57.55.10.00, Fax 05.57.55.10.01,
E-Mail lbv@chateaudassault.com n. V.

CH. DESTIEUX 1998*

8,12 ha 32 000 15 à 23 €
85 86 |88| |89| |90| 92 93 |94| |95| 96 97 98

Das etwa acht Hektar große Gut über dem Tal der Dordogne besitzt eine wunderschöne Aussicht. Es wird im Hachette-Weinführer regelmäßig ausgewählt und präsentiert einen intensiv rubinroten 98er. Das sehr harmonische Bouquet verbindet auf elegante Weise rote und schwarze Früchte mit einem angenehmen vanille- und röstartigen Holzton. Der reiche Geschmack lässt eine schöne Konzentration fetter, fleischiger Tannine und eine gute Weinigkeit erkennen. Die aromatische Nachhaltigkeit ist lang und wohl schmeckend: ein Wein zum Lagern.
Dauriac, Ch. Destieux, 33330 Saint-Emilion,
Tel. 05.57.24.77.44, Fax 05.57.40.37.42
n. V.

CH. DESTIEUX BERGER 1998

8,63 ha 21 333 8 à 11 €

Dieser Wein stammt von den Sandböden in Saint-Sulpice-de-Faleyrens, die je zur Hälfte mit Merlot und Cabernet bestockt sind. Er hat eine schöne rubinrote Farbe und verströmt Düfte von roten Früchten, die sich mit feinen, vanilleartigen Holznoten vermischen. Der Geschmack enthüllt eine tadellose Tanninstruktur, unterstützt von einer angenehmen Nervigkeit, die für einen frischen Abgang sorgt.
Union de producteurs de Saint-Emilion,
Haut-Gravet, BP 27, 33330 Saint-Emilion,
Tel. 05.57.24.70.71, Fax 05.57.24.65.18,
E-Mail udp-vins.saint-emilion@gofornet.com
Mo–Sa 8h–12h 14h–18h
Alain Cazenave

CH. FAUGERES 1998**

20 ha 115 000 23 à 30 €
|93| |94| 95 |96| |97| 98

Das Gut, das 500 m von der Kirche Sainte-Colombe entfernt liegt, gehört der Familie Guisez seit 1823. Dieser 98er, der hauptsächlich aus Merlot besteht, ergänzt durch 10 % Cabernet franc und 5 % Cabernet Sauvignon, ist vierzehn Monate im Barriquefass ausgebaut worden. Das Rubinrot ist dunkel und sehr intensiv. Das ausdrucksvolle, komplexe Bouquet verbindet Aromen von roten Früchten mit angenehmen Gerüchen von verbranntem Holz, die Teer- und Lakritzenuancen enthalten. Der Geschmack enthüllt einen prächtigen, robusten, gehaltvollen Stoff mit Tanninen, die zwar noch fest und ein wenig streng, aber viel versprechend sind.
GFA C. et P. Guisez, Ch. Faugères,
33330 Saint-Etienne-de-Lisse,
Tel. 05.57.40.34.99, Fax 05.57.40.36.14,
E-Mail faugeres@club-internet.fr n. V.

CH. DE FERRAND 1998*

28 ha 160 000 11 à 15 €
82 83 85 86 88 |90| |94| |95| 98

Ferrand, ein bemerkenswertes Schloss aus dem 17. Jh., das von einem mit Bäumen bestandenen Besitz umgeben ist, regiert über ein Weingut, das auf tonigen Kalksteinböden liegt. Es hat diesen sehr gelungenen 98er hervorgebracht, der mit seinem lebhaften, intensiven Rubinrot eine hübsche Erscheinung bietet. Das Bouquet entfaltet kandierte rote Früchte, die mit sehr feinen Gewürz- und Vanillenoten verbunden sind. Der Geschmack besitzt eine schöne Struktur mit runden, fleischigen Tanninen, die sehr ausgewogen und im Abgang nachhaltig sind.
Héritiers du Baron Bich, Ch. de Ferrand,
33330 Saint-Hippolyte, Tel. 05.57.74.47.11,
Fax 05.57.24.69.08 n. V.

CH. FERRAND-LARTIGUE 1998*

5,8 ha 24 000 30 à 38 €
94 95 |96| 97 98

Seitdem dieser Cru erstmals mit dem 94er im Hachette-Weinführer auftauchte, wird er von unseren Experten regelmäßig ausgewählt. Der Wein wird von vierzig Jahre alten Reben erzeugt, die auf vielfältigen Böden angepflanzt sind: Sand, Kies, toniger Kalkstein. Die Bestockung enthält 80 % Merlot und 20 % Cabernet. Der 98er hat eine hübsche, frische Farbe von Bigarreau-Kirschen. Der Duft entfaltet sich zu blumigen (Veilchen), fruchtigen (Himbeere) und würzigen Noten. Der runde, kräftige, ebenfalls fruchtige Geschmack entwickelt sich zu ein wenig strengen Tanninen hin, die drei bis sechs Jahre brauchen, um sich zu beruhigen.
Ferrand, Ch. Ferrand-Lartigue,
rte de Lartigue, 33330 Saint-Emilion,
Tel. 05.57.74.46.19, Fax 05.57.74.46.19,
E-Mail vincent.rapin@libertysurf.fr

CH. FIGEAC 1998★★

■ 1er gd cru B 37,5 ha 100 000 +76 €

62 64 66 70 71 74 75 76 77 78 79 80 81 82 83 85 86 87 **88 89** 90 92 93 94 95 96 97 **98**

Nach einer Liebeserklärung und einer Goldenen Weintraube für einen mustergültigen 95er bietet Figeac mit diesem bemerkenswerten 98er eine Neuauflage dieser Leistung. Wir haben es hier mit einem großen, charaktervollen Weingut zu tun. Sein Ursprung geht auf ein galloromanisches Landgut zurück, das durch ein Château ersetzt wurde. Seit 1892 ist das Gut im Besitz der Familie Manoncourt. Dieser Wein ist ein Rätsel: Das Terroir und die Bestockung sind untypisch, und dennoch stufte ihn die Jury bei der Blindverkostung unter die besten Saint-Emilion grands crus classés ein. Er ist ein großer Charmeur von tadelloser Erscheinung (bordeauxrot mit purpurroten Reflexen). Seine Feinheit im Geruch (schwarze Früchte, geröstetes Eichenholz), seine harmonische Haltung im Geschmack und sein lang anhaltender, eleganter Abgang können nicht gleichgültig lassen.

SCEA Famille Manoncourt, Ch. Figeac,
33330 Saint-Emilion, Tel. 05.57.24.72.26,
Fax 05.57.74.45.74,
E-Mail chateau-figeac@chateau-figeac.com
n. V.

CH. FLEUR CARDINALE 1998★

■ 10 ha 50 000 15 à 23 €

82 83 85 86 88 89 90 **93 94** 95 **96** 97 98

Dieses Terroir mit tonigen Kalksteinböden über einem felsigen Untergrund befindet sich im Osten der Appellation. Der von vierzig Jahre alten Reben (70 % Merlot, 15 % Cabernet Sauvignon und 15 % Bouchet) stammende Wein ist gut vinifiziert und gut ausgebaut worden. Das Granatrot lässt am Rand eine Entwicklungsnote erkennen. Das Bouquet entfaltet allmählich Aromen von reifen Früchten und Vanille. Der harmonische, warme, fruchtige Geschmack wird von Tanninen getragen, die noch ein wenig streng sind, was bei einem jungen Grand cru normal ist. Das Holz nimmt Rücksicht auf den Wein, der nur eine Lagerung von zwei bis drei Jahren braucht.

Alain et Claude Asséo, Ch. Fleur Cardinale,
33330 Saint-Etienne-de-Lisse,
Tel. 05.57.40.14.05, Fax 05.57.40.28.62,
E-Mail fleurcardinale@terre-net.fr n. V.

CH. FLEUR LARTIGUE 1998★

■ 5,46 ha 34 933 8 à 11 €

Der rund 5,5 ha große Weinberg, der auf sandig-kiesigen Böden liegt, enthält 80 % Merlot und 20 % Cabernet franc. Dieser lebhaft rubinrote 98er enthüllt Aromen von reifen Früchten und Gewürzen, die mit feinen Holznuancen verbunden sind. Ein im Geschmack sanfter, runder, wohl ausgewogener Wein mit öligen, samtigen Tanninen, die im Abgang angenehm lang anhalten.

Union de producteurs de Saint-Emilion,
Haut-Gravet, BP 27, 33330 Saint-Emilion,
Tel. 05.57.24.70.71, Fax 05.57.24.65.18,
E-Mail udp-vins.saint-emilion@gofornet.com
Mo–Sa 8h–12h 14h–18h
SCEA Vignobles Chantureau

CH. FOMBRAUGE 1998★

■ 52 ha 165 000 11 à 15 €

86 88 90 91 92 93 95 96 97 98

Fombrauge, das vor kurzem der Weinhändler Bernard Magrez erwarb, wurde 1679 errichtet und beherrscht ein 75 ha großes Weingut. 70 % Merlot und 30 % Cabernet, im Nordosten der Appellation auf tonig-kalkigen Böden angepflanzt, haben einen Wein hervorgebracht, der von den Verkostern sehr geschätzt wurde. Sie mochten seine schöne Farbe von Bigarreau-Kirschen, die rubinrote Reflexe zeigt. Sein Bouquet erfordert ein wenig Belüftung, damit es holzige, vanilleartige und mineralische Nuancen freigibt, die mit gekochten Früchten vermischt sind. Sein voller, samtiger Geschmack entfaltet sich zu einem Aroma von reifen Trauben und zu zukunftsreichen Tanninen. In drei bis acht Jahren kann diese Flasche ein Entrecote à la bordelaise oder Wild begleiten.

SA Ch. Fombrauge,
33330 Saint-Christophe-des-Bardes,
Tel. 05.57.24.77.12, Fax 05.57.24.66.95,
E-Mail chateau@fombrauge.com n. V.
B. Magrez

CH. FONPLEGADE 1998

■ Gd cru clas. 11,35 ha k. A. 23 à 30 €

82 83 85 86 **88** 90 92 93 94 95 96 97 98

Die ersten Reben wurden hier von den Römern angepflanzt, wie die Spuren von Furchen beweisen, die in den Fels gegraben wurden. Das Gut nimmt am Südhang der Hänge von Saint-Emilion eine geschützte Lage ein. Dieser 98er bietet ein schönes, lebhaftes Rubinrot und ist in der Nase noch zurückhaltend. Wenn man den Wein im Glas schwenkt, zeigen sich Aromen von roten Früchten, Vanille und Karamell. Die Struktur ist ausgewogen, nicht sehr kräftig, besitzt aber gute, reife Tannine, die bald verschmelzen dürften.

Nathalie et Marie-José Moueix,
Ch. Fonplégade, BP 45, 33330 Saint-Emilion,
Tel. 05.57.74.43.11, Fax 05.57.74.44.67,
E-Mail stephanyrosa@wanadoo.fr n. V.

CH. FONRAZADE 1998**

■ 8,5 ha 55 000 11 à 15 €

86 |88| |90| |95| 96 **98**

Allein 8,5 Hektar wurden ausgewählt, um den Hauptwein zusammenzustellen: Welche Bedeutung diese hochwertige Arbeit hat, weiß man nur zu gut. Der Besitzer und seine Tochter präsentieren einen bemerkenswert gelungenen 98er, der ein sehr reizvolles, dunkles Bordeauxrot zeigt. Das entstehende Bouquet entfaltet sich an der Luft zu fruchtigen Noten. Der feine, elegante Geschmack lässt eine schöne Harmonie zwischen Frucht und Holz erkennen. Seinen Höhepunkt dürfte dieser Wein in drei bis zehn Jahren erreichen. In den großen Gebäuden über dem Barriquekeller befindet sich ein großer Empfangsraum, der Gruppen und Seminare aufnehmen kann.

Guy Balotte, Ch. Fonrazade, 33330 Saint-Emilion, Tel. 05.57.24.71.58, Fax 05.57.74.40.87, E-Mail chateau-fonrazade@wanadoo.fr tägl. 8h–12h 14h–18h

CH. FONROQUE 1998*

■ Gd cru clas. 19,26 ha 78 000 15 à 23 €

81 82 83 85 86 88 89 |90| 92 93 **95** |97| 98

Ein etwa 20 ha großes Weingut auf tonigen Kalksteinböden und ein Wein, der fast ausschließlich von Merlot-Trauben (90 %, ergänzt durch Cabernet franc) erzeugt worden ist. Dieser 98er hat eine ansprechende Farbe von tiefem Rubinrot. Das noch sehr frische Bouquet entfaltet sich zu Aromen von roten Früchten, Backpflaume und Leder, die mit Menthol-, Holz- und Lakritzenoten verbunden sind. Der runde, fleischige Geschmack ist harmonisch; eine schöne Fruchtigkeit wird von guten Trauben- und Holztanninen unterstützt, die vollkommen ausgewogen sind und lang anhalten. Ein erstklassiger, lagerfähiger Wein.

Ets Jean-Pierre Moueix, 54, quai du Priourat, 33500 Libourne, Tel. 05.57.51.78.96

GFA Ch. Fonroque

CH. FRANC BIGAROUX 1998

■ 6 ha 15 000 11 à 15 €

Gilles Teyssier, der Neffe des Besitzers dieses Weinbergs, bewirtschaftet ein kleines Gut, das in dem kleinen Marktflecken Les Bigaroux auf warmem Sand und tiefem Kies liegt. Er stellt einen schlichten, gefälligen Wein vor, der bald trinkreif sein wird. Die granatrote Farbe zeigt einen leicht entwickelten Rand. Der Duft erinnert an reife rote Früchte, verbunden mit angenehmen Röstnoten. Der sanfte, runde Geschmack enthüllt sehr reife, delikate Tannine. Servieren kann man ihn zu jungen Rebhühnern mit Kohl.

EARL Gilles Teyssier, 50, av. de Saint-Emilion, 33330 Saint-Sulpice-de-Faleyrens, Tel. 05.57.24.64.77, Fax 05.57.24.64.77, E-Mail gilles.teyssier@free.fr n. V.

Francis Fretier

CH. FRANC GRACE-DIEU 1998*

■ 8,49 ha 36 000 11 à 15 €

Seinen Namen hat das Gut von einem ehemaligen Zisterzienserpriorat, das unter dem Ancien Régime von allen Abgaben befreit war. Sein Weinberg ist klassisch und setzt sich aus 70 % Merlot und 30 % Cabernet zusammen, angepflanzt auf Böden mit braunem Sand und blauem Ton. Der Wein hat eine kräftige purpurrote Farbe. Sein noch diskretes Bouquet lässt blumige (Pfingstrose), fruchtige (Zitrone, schwarze Johannisbeere) und zart holzige Noten (Vanille, Toastbrot) erkennen. Der Geschmack beginnt mit frischen, sanften Empfindungen und entwickelt sich dann zu dichten, eleganten Tanninen. In zwei bis drei Jahren kann dieser 98er Wild oder ein Entrecote à la bordelaise begleiten.

SEV Fournier, Ch. Franc Grace-Dieu, 33330 Saint-Emilion, Tel. 05.57.24.66.18, Fax 05.56.24.98.05 n. V.

CH. FRANC LA ROSE 1998*

■ 3,8 ha 25 000 11 à 15 €

1995 erwarb Jean-Louis Trocard, ein Weinbaufunktionär im Bordelais, dieses kleine Gut, das im Abschnitt La Rose liegt, nördlich von Saint-Emilion. Das tonig-kalkige Terroir ist hier zu 90 % mit Merlot und zu 10 % mit Cabernet franc bestockt. 1998, in dem Jahr, als die Keller renoviert wurden, hat er einen Wein erzeugt, der im Augenblick eine dunkle purpurrote Farbe zeigt. Das Bouquet braucht ein wenig Belüftung, damit es über einem feinen Holzton Nuancen von Früchten, Tabak und Leder bietet. Der ausgewogene, ausdrucksvolle, konzentrierte Geschmack besitzt seidige Tannine. Dank ihres öligen Charakters kann man diese Flasche ziemlich bald als Begleiter zu Wild servieren.

SCEA des Vignobles Trocard, 2, Les Petits-Jays-Ouest, 33570 Les Artigues-de-Lussac, Tel. 05.57.55.57.90, Fax 05.57.55.57.98, E-Mail trocard@wanadoo.fr Mo–Fr 8h–12h 14h–17h

CH. FRANC-MAYNE 1998*

■ Gd cru clas. 5 ha 26 000 23 à 30 €

85 86 |88| |89| |90| |92| 95 |96| |97| 98

1996 haben sich Georgy und Jean-Lou Fourcroy, belgische Weinhändler, mit Carlo und Hubert Clasen, Otto Lenselink sowie Valérie und Benoît Calvet zusammengetan, um AXA dieses schöne Weingut abzukaufen. Seitdem haben sie ausgezeichnete Arbeit geleistet. Vor allem bei diesem 98er von intensivem Rubinrot. Das Bouquet enthüllt, wenn man den Wein im Glas schwenkt, Aromen von schwarzen Früchten (schwarze Johannisbeere), Haselnuss und getoastetem Holz. Der sehr feine, elegante Geschmack bietet reife Frucht und erstklassige Tannine. Eine Flasche, die man in drei bis vier Jahren zu Gerichten der Region aufmachen kann, Schmorgerichten oder Ente. Franc-Mayne, Mitglied der Kette «Châteaux et Hôtels de France», bietet fünf Gästezimmer an.

Fourcroy, SCEA Ch. Franc-Mayne, La Gomerie, 33330 Saint-Emilion, Tel. 05.57.24.62.61, Fax 05.57.24.68.25 n. V.

CH. FRANC PATARABET 1998*

■ 6 ha 26 000 8 à 11 €

86 88 89 90 91 98

Dieser Cru besitzt im Herzen von Saint-Emilion einen schönen Felsenkeller. 60 % Merlot und 40 % Cabernet, angepflanzt auf tonigen Kieselböden, haben diesen Wein geliefert, den ein schönes, intensives Rubinrot schmückt. Er ist noch ein wenig von einem eleganten Holzton geprägt, der an Röstung erinnert und die Aromen von roten Früchten nicht überdeckt. Der wohl ausgewogene 98er ist mit einer Struktur ausgerüstet, die ausreicht, um diese gegenwärtige leichte Unmäßigkeit zu verkraften, und sich in den kommenden drei bis fünf Jahren sehr günstig entwickeln dürfte.

GFA Faure-Barraud, rue Guadet, BP 72, 33330 Saint-Emilion, Tel. 05.57.24.65.93, Fax 05.57.24.69.05, E-Mail jn@franc-patarabet.com ☑ Ｙ n. V.

CH. GAILLARD 1998*

■ 11 ha 70 000 11 à 15 €

Das Gut, das sich seit 1792 im Besitz der Familie befindet, umfasst heute 19 Hektar, von denen elf für Château Gaillard bestimmt sind. Die auf drei Gemeinden verteilten Weinberge besitzen verschiedene Böden, bei denen sich Ton und Sand vermengen. Die Bestockung besteht zu vier Fünfteln aus Merlot und zu einem Fünftel aus Cabernet franc. Dieser 98er, der mit seinem intensiven, lebhaften Purpurrot eine schöne Erscheinung bietet, kommt in der Nase noch nicht sehr zum Ausdruck, aber dennoch sind Aromen von roten Früchten und Unterholz zu bemerken, die ein Hauch von Vanille begleitet. Der runde, fette, ölige, sehr leckere Geschmack enthüllt Noten von Früchten und geröstetem Brot und eine schöne Struktur, die im Abgang lang und solide ist.

SCEA Vignobles J.-J. Nouvel, Ch. Gaillard, BP 84, 33330 Saint-Emilion, Tel. 05.57.24.72.05, Fax 05.57.74.40.03, E-Mail chateau.gaillard@wanadoo.fr ☑ Ｙ n. V.

GALIUS 1998*

■ 10 ha 61 761 11 à 15 €

Diese Marke gehört zu den herausragenden Erzeugnissen der berühmten Genossenschaft von Saint-Emilion. Sie kombiniert 70 % Merlot und 30 % Cabernet. Der 98er ist sehr gelungen mit seiner schönen rubinroten Farbe, die jugendlich, lebhaft und intensiv ist. Der Duft bietet vollreife rote und schwarze Früchte, die ein hübscher Holzton mit Vanille- und Röstnoten bereichert. Nach einer seidigen, runden Ansprache enthüllt der Geschmack eine reiche, fleischige Struktur, gestützt auf gute Tannine, die im Abgang noch fest sind, aber eine Lagerung von vier bis fünf Jahren sicherstellen. Eine andere Cuvée, **Haut Quercus 1998,** erhält die gleiche Note. Lobend erwähnt wird die Marke **Royal 1998** (Preisgruppe: 50 bis 69 F).

Union de producteurs de Saint-Emilion, Haut-Gravet, BP 27, 33330 Saint-Emilion, Tel. 05.57.24.70.71, Fax 05.57.24.65.18, E-Mail udp-vins.saint-emilion@gofornet.com ☑ Ｙ Mo–Sa 8h–12h 14h–18h

CH. GONTEY 1998*

■ 2,4 ha 12 000 15 à 23 €

Ein kleiner Weinberg, der seit 1997 von den Winzern des Gebiets von Blaye und Bourg bewirtschaftet wird. Der Wein hat eine schöne, intensive Farbe von Bigarreau-Kirschen. Das Bouquet steht noch unter dem Einfluss sehr reifer schwarzer Früchte, die eine leichte Röstnote begleitet. Der frische, sanfte Geschmack bietet ein fruchtig-würziges Aroma und klingt mit recht ausgeprägten Holztanninen aus. Seinen Höhepunkt dürfte dieser 98er in vier bis sechs Jahren erreichen.

Laurence et Marc Pasquet, Grand Gontey, 33330 Saint-Emilion, Tel. 05.57.42.29.80, Fax 05.57.42.84.86 ☑ Ｙ n. V.

CH. GRAND-CORBIN-DESPAGNE 1998*

■ 26,54 ha 101 000 15 à 23 €

|89| **|90|** |93| |94| 95 96 97 98

Die Despagnes, die seit dem 17. Jh. im Libournais ansässig und seit 1812 Besitzer dieses schönen Guts sind, lesen die Trauben im Weinberg und im Keller aus. Dieser 98er, der von den tonig-sandigen Böden im Norden der Appellation kommt und drei Viertel Merlot mit einem Viertel Cabernet franc kombiniert, bezeugt den Erfolg dieser Methode. Die Farbe zeigt ein dunkles, tiefes Granatrot. Das noch ein wenig zurückhaltende Bouquet enthüllt Aromen von reifen roten Früchten (Himbeere) und Gewürzen, die mit einem eleganten toast- und vanilleartigen Holzton verbunden sind. Der schon in der Ansprache fleischige und füllige Geschmack entwickelt sich zu einer dichten, kräftigen Tanninstruktur, die nach einer mehrjährigen Lagerung ihre Ausgewogenheit finden dürfte.

SCEV Consorts Despagne, Ch. Grand Corbin Despagne, 33330 Saint-Emilion, Tel. 05.57.51.08.38, Fax 05.57.51.29.18, E-Mail f-despagne@grand-corbin-despagne.com ☑ Ｙ n. V.

CH. GRAND-PONTET 1998*

■ Gd cru clas. 14 ha 70 000 15 à 23 €

85 86 88 |89| **|90|** 91 |93| |94| **95** 96 97 98

Das Gut, das vor den Toren von Saint-Emilion, ganz nahe bei der Straße nach Libourne, auf einem tonigen Kalksteinplateau liegt, befand sich früher im Besitz der Firma Barton et Guestier und wurde vor zwanzig Jahren von den drei Familien Bécot, Berjal und Pourquet gekauft. Dieser 98er, eine Kombination von drei Vierteln Merlot und einem Viertel Cabernet franc, präsentiert sich in einem prächtigen Purpurrot, das tief und sehr dicht ist. Das ausdrucksvolle, kräftige Bouquet verbindet Aromen von kandierten Früchten, Rauch und Vanille sowie Röstgerüche. Der Geschmack enthüllt eine schöne, feste, intensive Struktur

mit ausgewogenen Tanninen, die eine gute Lagerung garantieren.
Ch. Grand-Pontet, 33330 Saint-Emilion, Tel. 06.85.83.08.65 n. V.
Bécot-Pourquet

CH. GRANDS CHAMPS 1998*

2 ha 13 000 11 à 15 €

Dieser Cru, der aus alten Merlot-Reben besteht, ergänzt durch 20 % Cabernet (eine Hälfte Cabernet franc und die andere Hälfte Cabernet Sauvignon), gehört zu einem 18 ha großen Weinbaubetrieb, der in erster Linie Côtes de Castillon erzeugt. Er präsentiert einen 98er, dessen prächtiges, dunkles Granatrot noch einen lebhaften Rand zeigt. Der sehr ausdrucksvolle Duft wird ein wenig von den Röst- und Schokoladennoten des Holzes dominiert, aber darunter ist eine hübsche Fruchtigkeit zu erkennen. Der Mund offenbart eine feste, rassige, sehr reiche Tanninstruktur und gute, anhaltende Geschmacksnoten. Ein schöner, lagerfähiger Wein, den man drei bis fünf Jahre aufheben sollte.
Christophe Blanc, 2, av. de la Bourrée, 33350 Saint-Magne-de-Castillon, Tel. 05.57.40.42.53, Fax 05.53.40.42.53
Jean Blanc

CH. GUEYROSSE 1998*

4,6 ha 20 000 11 à 15 €

86 90 92 93 94 96 |97| 98

Einer der beiden Crus, die Yves Delol bewirtschaftet. Dieser hier liegt vor den Toren von Libourne auf Sand und Kies. Sein dunkelpurpurroter, granatrot schimmernder 98er bietet ein interessantes Bouquet, das mit sehr reifen Früchten beginnt, gefolgt von einem vanilleartigen Holzton, und mit einer lang anhaltenden Wildnote endet. Der kräftige, fleischige Geschmack bietet ein überreifes Aroma, an das sich dichte, ein wenig rustikale Tannine anschließen. Ein Saint-Emilion im alten Stil, der in drei bis sechs Jahren Gerichte mit Sauce begleiten kann.
EARL Vignobles Yves Delol, Ch. Gueyrosse, 33500 Libourne, Tel. 05.57.51.02.63, Fax 05.57.51.93.39
n. V.

CH. HAUT-BADETTE 1998

1,25 ha 7 500 15 à 23 €

Ein kleiner «Grand cru», etwas mehr als ein Hektar von den 21 Hektar, die Jean Janoueix in Saint-Emilion bewirtschaftet. 90 % Merlot-Reben, ergänzt durch 10 % Cabernet Sauvignon, sind auf einem kieseligen und tonig-kieseligen Boden angepflanzt. Dieser 98er zeigt ein jugendliches Rubinrot. Lebhafte fruchtige Düfte mit feinem Holzton, frische, elegante Aromen von roter Johannisbeere und frisch schmeckende Tannine ergeben einen etwas schlichten Wein, den man recht bald zu Entenmagret (Brustfilet), weißem Fleisch und delikaten Käsesorten trinken kann.
Sté d'Exploitation du Ch. Haut-Sarpe, BP 192, 33506 Libourne Cedex, Tel. 05.57.51.41.86, Fax 05.57.51.53.16, E-Mail info@j-janoueix-bordeaux.com
n. V.
J.-F. Janoueix

CH. HAUT-BRISSON 1998**

9,38 ha 58 000 15 à 23 €

Die zweite Ernte für die neuen Besitzer dieses Cru, der auf eisenoxidhaltigem Kiessand liegt, und bereits ein sehr schöner Erfolg mit diesem 98er, der aus 60 % Merlot, 30 % Cabernet Sauvignon und 10 % Cabernet franc zusammengestellt worden ist. Die Farbe ist sehr dicht und dunkel und zeigt schwarze Reflexe. Das konzentrierte, kräftige Bouquet bietet reife Trauben und gutes, verbranntes und geröstetes Holz, begleitet von Rauch- und Wildbretnoten. Der füllige, robuste, kraftvolle Geschmack zeigt eine große Vollmundigkeit und solide Tannine, die noch ein wenig streng, aber viel versprechend sind.
SCEA Ch. Haut-Brisson, 33330 Vignonet, Tel. 05.57.84.69.57, Fax 05.57.74.93.11, E-Mail haut.brisson@wanadoo.fr n. V.
Kwok

CH. HAUT-CADET 1998

1,22 ha 8 266 11 à 15 €

Einer von den vielen Weinbergen, die Roger Geens, ein belgischer Weinhändler, im Bordelais besitzt. Er ist mit 80 % Merlot bestockt und liegt zum einen Teil auf sandig-kiesigen, eisenreichen Böden und zum anderen Teil auf tonigen Kalksteinböden. Dieser 98er zeigt einige Entwicklungsreflexe. Er benötigt eine Belüftung, damit er Frucht- und Holznoten entfaltet. Im Mund erinnert das Aroma an kandierte Früchte. Die zwar spürbaren, aber verschmolzenen Tannine machen es möglich, dass man diesen Wein in zwei bis drei Jahren trinkt.
SCEA Vignobles Rocher-Cap-de-Rive 1, 33350 Saint-Magne-de-Castillon, Tel. 05.57.40.08.88, Fax 05.57.40.19.93, E-Mail vignoblesrochercaprive@wanadoo.fr

CH. HAUT-CORBIN 1998*

Gd cru clas. 6,01 ha 36 000 23 à 30 €

81 (82) 83 85 86 |88| |90| |91| 92 |93| |94| (97) 98

Der Cru in der Nähe des Anbaugebiets von Pomerol, der für den 97er eine tolle Liebeserklärung erhielt, hat diesen 98er, das Ergebnis einer ausgewogenen Zusammenstellung, zwölf Monate in Barriquefässern (40 % davon neu) ausgebaut. Der Wein besitzt ein hübsches, intensives Rubinrot mit purpurvioletten Reflexen und zeigt sich elegant und ausdrucksvoll: Er entfaltet Aromen von schwarzen Früchten, die mit den Toast- und Röstgerüchen eines schönen Holztons sowie mit Rauch- und Teernuancen verbunden sind. Der runde Geschmack, der in der Ansprache sanft und seidig ist, entwickelt sich lang anhaltend zu einer guten, im Abgang etwas festen Struktur. Diese Flasche muss ein paar Jahre lagern.

SC Ch. Haut-Corbin, 33330 Saint-Emilion, Tel. 05.57.51.95.54, Fax 05.57.51.90.93
n. V.

CH. HAUTE-NAUVE 1998*

8,51 ha 51 733 8 à 11 €

Dieser auf tonigen Kieselböden von 60 % Merlot und 40 % Cabernet erzeugte Wein zeigt ein hübsches, strahlendes, lebhaftes Rubinrot. Das Bouquet erinnert an kandierte rote und schwarze Früchte mit einem feinen, subtilen Holzton über Vanille- und Gewürznoten. Der Geschmack mit den deutlich spürbaren, knackigen Tanninen ist ausgewogen und nachhaltig.
Union de producteurs de Saint-Emilion, Haut-Gravet, BP 27, 33330 Saint-Emilion, Tel. 05.57.24.70.71, Fax 05.57.24.65.18, E-Mail udp-vins.saint-emilion@gofornet.com
Mo–Sa 8h–12h 14h–18h
SCEA Ch. Haute-Nauve

CH. HAUT-GRAVET 1998**

6,5 ha 44 000 15 à 23 €

Ein Aufsehen erregender erster Auftritt für diesen 6,5 ha großen Cru, der 50 % Merlot, 40 % Cabernet franc und 10 % Cabernet Sauvignon enthält, angepflanzt in der Kieszone von Saint-Sulpice-de-Faleyrens, im Süden der Appellation. Unsere Jury wurde von der schönen Konzentration dieses 98ers verführt, der mit seiner sehr dichten, dunklen Purpurfarbe eine großartige Erscheinung bietet. Das komplexe, sehr ausdrucksvolle Bouquet verbindet reife Früchte mit den Toastaromen eines sehr eleganten Holztons. Der reiche, füllige, kräftige Geschmack enthüllt großartige Tannine, die sehr wohl schmeckend und nachhaltig sind. Ein großer Wein, den man mindestens fünf Jahre aufheben sollte.
Alain Aubert, 57 *bis*, rte de Libourne, 33350 Saint-Magne-de-Castillon, Tel. 05.57.40.04.30, Fax 05.57.40.27.02

CH. HAUT LA GRACE DIEU 1998**

1,5 ha 5 000 15 à 23 €

Diese 1970 von den Vignobles Saby gekaufte Parzelle mit fünzig Jahre alten Merlot-Reben besitzt eine schöne Lage an einem tonigen Kalksteinhang und verdient daher eine getrennte Vinifizierung, Reifung und Abfüllung. Das Ergebnis ist ein bemerkenswerter 98er, der eine dunkle Granatfarbe besitzt. Der reiche, komplexe Duft verbindet Aromen von kandierten roten Früchten und Gewürzen mit den empyreumatischen Noten eines rassigen, eleganten Holztons. Der Geschmack, den ein schöner Stoff gut ausbalanciert, zeigt Fülle und Volumen. Die im Augenblick ein wenig feste Tanninstruktur dürfte nach ein paar Jahren Lagerung verschmelzen.
EARL Vignobles Jean-Bernard Saby et Fils, Ch. Rozier, 33330 Saint-Laurent-des-Combes, Tel. 05.57.24.73.03, Fax 05.57.24.67.77, E-Mail jean.saby@chateau-rozier.com
n. V.

CH. HAUT-MONTIL 1998

7,22 ha 44 800 8 à 11 €

Dieser Cru wird im Süden der Appellation auf sieben Hektar mit Kies vermengten Sandböden von Merlot-Reben erzeugt, die durch 15 % Cabernet franc unterstützt werden. Sein 98er hat eine hübsche rubinrote Farbe und entfaltet in der Nase frische Aromen von roten Früchten. Der Geschmack ist weich, rund und ausgewogen, mit leichten Tanninen, die einen sofortigen Genuss erlauben.
Union de producteurs de Saint-Emilion, Haut-Gravet, BP 27, 33330 Saint-Emilion, Tel. 05.57.24.70.71, Fax 05.57.24.65.18, E-Mail udp-vins.saint-emilion@gofornet.com
Mo–Sa 8h–12h 14h–18h
SCEA Familie Vimeney

CH. HAUT-SARPE 1998*

Gd cru clas. 13,25 ha 79 000 23 à 30 €

85 86 88 89 |90| 92 |93| |94| 95 96 98

Das Château liegt nordöstlich von Saint-Emilion, auf der tonigen Kalksteinhochfläche, die das Städtchen mit Saint-Christophe-des-Bardes verbindet. Es stellt einen Wein vor, der 30 % Cabernet franc mit Merlot kombiniert. Dieser 98er schmückt sich mit einem schönen Rubinrot, das lebhaft und tief ist, und entfaltet in der Nase Aromen von kandierten Früchten, die mit Vanille-, Kakao- und Gewürzdüften verbunden sind. Er ist weich, rund, ausgewogen und harmonisch und besitzt feine, elegante Tannine, die im Abgang lang und wohl schmeckend anhalten.
Sté d'Exploitation du Ch. Haut-Sarpe, BP 192, 33506 Libourne Cedex, Tel. 05.57.51.41.86, Fax 05.57.51.53.16, E-Mail info@j-janoueix-bordeaux.com
n. V.

CH. HAUT-SEGOTTES 1998**

8,7 ha 40 000 11 à 15 €

88 89 90 92 93 94 96 **98**

Der Weinberg, in dem keine Herbizide verwendet werden, ist mit 60 % Merlot und 40 % Cabernet bestockt, die auf einem sandig-tonigen Boden über einem Untergrund aus eisenoxidhaltigem rotem Kies wachsen. Der 98er ist bemerkenswert mit seiner dunklen und zugleich lebhaften Farbe. Ein intensives Bouquet von reifen Früchten und gutem Holz geht einer runden, samtigen Ansprache voraus. Danach zeigt sich ein Geschmack von vollreifen roten Früchten und erwärmtem Holz. Ein männlich wirkender Geschmack, der aber ohne Aggressivität ist, beendet die Verkostung dieses Weins, der mindestens vier oder sogar zehn Jahre lagern muss.

Danielle André, Ch. Haut-Segottes, 33330 Saint-Emilion, Tel. 05.57.24.60.98, Fax 05.57.74.47.29 ☑ Y Mo–Sa 9h–12h 14h–19h

CH. HAUT VILLET 1998

■ 5 ha 31 000 15 à 23 €

Ein schönes, kristallklares Rubinrot schmückt diesen 98er mit dem schon intensiven Bouquet: Blumen (Veilchen), rote Früchte und Gewürze (Zimt). Der kräftige, körperreiche Geschmack bietet ein fruchtig-würziges Aroma mit Wildbretnoten. Ein Wein, den man in drei bis fünf Jahren zu Wild mit Sauce trinken kann.

Eric Lenormand, Ch. Haut-Villet, 33330 Saint-Etienne-de-Lisse, Tel. 05.57.47.97.60, Fax 05.57.47.92.94, E-Mail haut.villet@free.fr ☑ Y n. V.

CH. JACQUES-BLANC Cuvée du Maître 1998*

■ 7 ha 40 000 11 à 15 €

89 90 |93| 95 98

Jacques Blanc, der Begründer dieses Cru, war im 14. Jh. ein bedeutender Jurat (gewählter Stadtrat) von Saint-Emilion. Der 21 ha große Weinberg wird heute nach biologisch-dynamischen Anbauprinzipien kultiviert. Sieben Hektar alte Merlot-Reben, ergänzt durch Cabernet franc (10 %), haben diese intensiv purpurrote Cuvée hervorgebracht. Das Bouquet entfaltet reife Früchte mit einer schönen Röstumhüllung, edles Holz und frische, leicht mentholartige Nuancen. Der in der Ansprache körperreiche, kraftvolle Wein erweist sich als sehr schmackhaft und köstlich, mit runden, fleischigen, fetten Tanninen, die im Abgang recht nachhaltig sind.

SCEA du Ch. Jacques-Blanc, 33330 Saint-Etienne-de-Lisse, Tel. 05.57.56.02.97, Fax 05.57.40.18.01 ☑ Y n. V.

CH. JEAN VOISIN Cuvée Amédée 1998**

■ 8 ha 31 589 15 à 23 €

94 (95) 96 |97| **98**

Diese Cuvée Amédée, eine acht Hektar umfassende Auswahl von den vierzehn Hektar des Guts, ist ein alter Stammgast des Hachette-Weinführers. Sie kombiniert 70 % Merlot und 30 % Cabernet, die von tonigen Kieselböden stammen, und zeigt immer ein tadelloses Verhalten. Dieser 98er ist bemerkenswert in seinem schönen, dunklen Purpurrot. Sein bereits sehr komplexes Bouquet bietet Noten von eingemachten Brombeeren, die mit blumigen und holzigen Nuancen verbunden sind. Sein ausgewogener, harmonischer Geschmack, der Fleisch, Stoff und Länge besitzt, stützt sich auf dichte, verschmolzene Tannine. Ein guter, lagerfähiger Wein, der für seinen Jahrgang typisch ist. Der Zweitwein, der **98er Jean-Voisin-Fagouet** (Preisgruppe: 70 bis 99 F), erhält eine lobende Erwähnung. Er ist sanft, frisch und schon gefällig.

SCEA du Ch. Jean Voisin, 33330 Saint-Emilion, Tel. 05.57.24.70.40, Fax 05.57.24.79.57, E-Mail chassag@quaternet.fr ☑ Y n. V.
Chassagnoux

CH. LA BONNELLE 1998

■ 9,6 ha 60 000 11 à 15 €

93 |94| |95| 96 97 98

Das für die Gironde typische Gebäude stammt von Anfang des 19. Jh. Das Gut, das bis 1990 in genossenschaftlicher Form bewirtschaftet wurde, hat umfangreiche Arbeiten vorgenommen und 2000 einen neuen Keller eingerichtet. Dieser 98er hat eine schöne, intensive rubinrote Farbe und verbindet im Duft Aromen von roten Früchten und animalische Gerüche mit einigen Röstnoten. Der Geschmack ist gehaltvoll und körperreich; die im Abgang ein wenig strengen Tannine brauchen ein paar Jahre Lagerung, um sich zu verfeinern.

Vignobles Sulzer, La Bonnelle, 33330 Saint-Pey-d'Armens, Tel. 05.57.47.15.12, Fax 05.57.47.16.83 ☑ Y n. V.

CH. LA CHAPELLE-LESCOURS 1998*

■ 4,18 ha 27 000 11 à 15 €

Das Gut, das vor kurzem von François Quentin, einem jungen Önologen, übernommen wurde, besitzt fünfzig Jahre alte Reben, die auf einer sandigen Kieskuppe wachsen. Die Farbe zeigt ein schönes, tiefes Rubinrot. Das entstehende Bouquet braucht ein wenig Belüftung, damit es Aromen von Menthol und roten Früchten sowie mineralische Nuancen verströmt. Der Mund bietet Volumen und Präsenz, einen Geschmack von Früchten und Unterholz und solide Tannine. Dieser Wein dürfte sich in zwei Jahren entfalten und in zwölf Jahren seinen Höhepunkt erreichen. Er kann eine Waldschnepfe (an einer Schnur hängend in Brühe gegart) oder eine Rehkeule mit Wildsauce, Johannisbeergelee und Pfeffer begleiten.

F. Quentin, Ch. La Chapelle-Lescours, 33330 Saint-Sulpice, Tel. 05.57.74.41.22, Fax 05.57.24.65.37, E-Mail F.Quentin@free.fr ☑ Y n. V.

CH. LA COMMANDERIE 1998

■ 5,35 ha k. A. 11 à 15 €

82 85 88 |89| |(90)| 91 92 |93| 94 |95| 96 98

Dieser hauptsächlich aus Merlot sowie Cabernet franc (10 %) bestehende Cru liegt auf einem Terroir, das Sand und Kies vermengt. Verwaltet wird er von den Domaines Cordier, während er in technischer Hinsicht mit dem Clos des Jacobins, einem Cru classé, verbunden ist. Er präsentiert einen 98er von schönem, dunklem, intensivem Granatrot. Der kräftige, weinige Duft verbindet die Aromen von gekochten Früchten mit Leder- und Wildbretgerüchen. Dieser Wein, der mit einem körperreichen, runden und weichen Geschmackseindruck beginnt, hat eine gute Haltung; der ein wenig feste Abgang erfordert ein paar Jahre Geduld.

Domaines Cordier, 160, cours du Médoc, 33300 Bordeaux, Tel. 05.57.19.57.77, Fax 05.57.19.57.87 Y n. V.

CH. DE LA COUR 1998

■ k. A. 21 410 ▮ 11 à 15 €

|95| |96| |97| 98

Der neun Hektar große Cru, der 1995 von Hugues Delacour, einem jungen Winzer aus der Champagne, geschaffen wurde, verdankt seinen Namen einem Vorfahren der Familie, dem Chevalier de La Cour, der König Karl IX. diente. Dieser strahlend rubinrote 98er ist im Geruchseindruck noch ein wenig verschlossen, aber viel versprechend aufgrund der Noten von schwarzen Früchten und Lakritze, die man in der Nase wahrnimmt. Der wohl ausgewogene Geschmack bietet viel Frucht und pfeffrige Noten; seine schöne Tanninstruktur macht ihn zu einem lagerfähigen Wein.

EARL du Châtel Delacour, Ch. de La Cour, 33330 Vignonet, Tel. 05.57.84.64.95, Fax 05.57.84.65.00 n. V.

CH. LA COUSPAUDE 1998**

■ Gd cru clas. 7,01 ha 40 000 38 à 46 €

82 83 85 **86** 88 |(89)| |90| 91 92 |93| |94| **95** 96 |97| **98**

Das Gut, seit 1996 ein Cru classé, ist sehr aktiv auf dem Gebiet der Künste, denn es veranstaltet Ausstellungen von Rang. Darüber vernachlässigt es aber nicht den Weinbau und die Weine, wie dieser großartige 98er beweist, der in neuen Barriquefässern ausgebaut worden ist. Er ist in seiner Zusammenstellung typisch für das Libournais und zeigt eine prächtige Farbe von dunklem, dichtem Granatrot. In der Nase kommt er kraftvoll zum Ausdruck, mit Aromen von reifen Früchten, die mit einem eleganten gerösteten und verbrannten Holzton verbunden sind. Die Struktur ist reich und füllig, mit sehr schönen, fleischigen Tanninen, die im Abgang lang anhalten.

Vignobles Aubert, La Couspaude, 33330 Saint-Emilion, Tel. 05.57.40.15.76, Fax 05.57.40.10.14 n. V.

CH. LA CROIZILLE 1998**

■ 1,85 ha 4 425 38 à 46 €

Ein kleiner Weinberg, der 1996 erworben wurde. Seine Geschicke bestimmt jetzt Monsieur de Schepper. Die dreißig Jahre alten Reben (70 % Merlot und 30 % Cabernet Sauvignon) sind auf einem tonigen Kalksteinboden angepflanzt. Der 98er besitzt eine wunderschöne dunkelpurpurrote, fast schwarze Farbe. Der schon intensive Duft ist sehr viel versprechend; er bietet Aromen von schwarzen Früchten, Vanille und geröstetem Holz. Im Geschmack ist er reich, komplex und köstlich; er hat eine schöne Tanninstruktur mit dichter Textur. Dieser Wein von großer Lagerfähigkeit kann noch sechs bis zehn Jahre lang reifen.

SCEA Ch. Tour Baladoz, 33330 Saint-Laurent-des-Combes, Tel. 05.57.88.94.17, Fax 05.57.88.39.14, E-Mail gdemour@aol.com n. V.

CH. LA DOMINIQUE 1998

■ Gd cru clas. 18,5 ha 55 000 46 à 76 €

(82) **86** **87** 88 |**89**| |90| 91 92 |93| |94| 95 **96** 97 98

Das 22,5 ha große Gut, das auf das 18. Jh. zurückgeht und im Nordwesten der Appellation liegt, praktiziert eine Schädlingsbekämpfung mit integriertem Pflanzenschutz nach Parzellen. Dieser 98er, dessen hübsche rubinrote Farbe lebhaft und strahlend ist, zeigt sich in der Nase noch ein wenig zurückhaltend, wird sich aber entfalten, wie die Aromen von kandierten Früchten und Vanille, die man schon wahrnimmt, vorhersagen lassen. Der kräftige, feste Geschmack enthüllt eine starke Konzentration der Tannine, die mehrere Jahre Lagerung benötigen, damit sie abgeklärter werden.

Clément Fayat, Ch. La Dominique, 33330 Saint-Emilion, Tel. 05.57.51.31.36, Fax 05.57.51.63.04, E-Mail info@vignobles.fayat-group.com n. V.

CH. LA FAGNOUSE 1998*

■ 7 ha 40 000 11 à 15 €

Die Familie Coutant besitzt sieben Hektar. Dieser Cru liegt im Osten der Appellation auf einem tonigen Kalksteinboden. Die für Saint-Emilion klassische Bestockung (zwei Drittel Merlot und ein Drittel Cabernet franc) hat einen rubinroten 98er hervorgebracht, der typisch und ausgewogen ist, mit einem zart fruchtigen Bouquet (Himbeere). Er ist in der Ansprache zart und entfaltet sich danach zu spürbaren, aber feinen Tanninen. Er dürfte ziemlich bald trinkreif sein, kann aber auch lagern.

SCE Ch. la Fagnouse, 33330 Saint-Etienne-de-Lisse, Tel. 05.57.40.11.49, Fax 05.57.40.46.20 n. V.

Coutant

CH. LA FLEUR CRAVIGNAC 1998

■ 7,75 ha 51 400 11 à 15 €

94 95 96 97 98

Dieser im Hachette-Weinführer regelmäßig vertretene Cru wird stets im Restaurant der Nationalversammlung serviert. Sein 98er hat eine hübsche, intensive rubinrote Farbe. Das Bouquet erinnert an sehr reife rote Früchte und bietet buttrige und animalische Noten. Der runde, volle Geschmack stützt sich auf verschmolzene Tannine. In zwei bis drei Jahren kann man diesen Wein zu rotem Fleisch, Geflügel und Käse servieren.

SCEA Ch. Cravignac, 33330 Saint-Emilion, Tel. 05.57.74.44.01, Fax 05.57.84.56.70 n. V.

L. Beaupertuis

CH. LA FLEUR DE JAUGUE 1998

■ 3 ha 18 000 11 à 15 €

|96| 97 98

Ein Cru, der seit 1930 im Besitz der Familie Bigaud ist. Dieser Wein ist eine Auswahl von La Croix de Jaugue (90 % Merlot und 10 % Cabernet franc). Er ist sehr dunkelrubinrot und bietet einen noch verschlossenen Geruchseindruck, der ein wenig Belüftung benötigt, um Aromen von gekochten Früchten, Gewürzen (Gewürznelke, Pfeffer) und Weihrauch mit leichtem Holzton zu entfalten. Die Struktur ist kräftig gebaut und solide. Diese Cuvée im alten Stil muss ein paar Jahre lagern, bevor sie gebratenes Fleisch oder Fleisch mit Sauce und Käse begleiten kann.

Georges Bigaud, 150, av. du Gal-de-Gaulle, 33500 Libourne, Tel. 05.57.51.51.29, Fax 05.57.51.29.70 n. V.

CH. LA FLEUR DU CASSE 1998*

■ 1,2 ha 7 500 11 à 15 €

Der kleine Cru, der in erster Linie mit alten Merlot-Reben bestockt ist, die auf tonigen Kalksteinböden wachsen und durch 5 % Cabernet franc ergänzt werden, wurde 1996 von der Familie Garzaro erworben, die auch ein großes Weingut im Entre-Deux-Mers und andere Güter in Pomerol bewirtschaftet. Dieser dunkelgranatrote 98er entfaltet in der Nase ein intensives, komplexes Bouquet, das im Augenblick Gerüche von verbranntem Holz und Lakritze ein wenig dominieren, die aber von einer darunter wahrnehmbaren hübschen Fruchtigkeit begleitet werden. Der Geschmack lässt eine schöne Ausgewogenheit mit fleischigen, gehaltvollen Tanninen, viel Eleganz und einen langen Abgang erkennen – Garanten für eine gute Lagerfähigkeit.

EARL Vignobles Garzaro, Ch. Le Prieur, 33750 Baron, Tel. 05.56.30.16.16, Fax 05.56.30.12.63, E-Mail garzaro@vingarzaro.com n. V.

CH. LA FLEUR PEREY

Cuvée Prestige Vieillie en fût de chêne 1998

■ 3,5 ha 24 000 11 à 15 €

93 94 |95| |96| |97| |98|

Fünfzig Jahre alte Reben (80 % Merlot und 20 % Cabernet), die auf Kiessandböden angepflanzt sind, haben diese Sondercuvée hervorgebracht, die mit karminroten Reflexen funkelt. Das angenehme Bouquet verbindet rote Früchte mit animalischen Fell- und Ledergerüchen sowie Röst- und Lakritzenoten. Der Geschmack, der schon seidige Tannine besitzt, bietet eine hübsche Länge.

Vignobles Florence et Alain Xans, Perey, 33330 Saint-Sulpice-de-Faleyrens, Tel. 06.80.72.84.87, Fax 06.57.24.63.61 n. V.

CH. LA GAFFELIERE 1998

■ 1er gd cru B 18 ha 70 000 38 à 46 €

75 78 79 80 81 (82) 83 84 85 |86| 87 88 89 |90| 91 92 |93| |94| 95 96 |97| 98

Reben gibt es hier schon seit Jahrtausenden, während die Familie hier seit Jahrhunderten lebt. Wir sind hier auf La Gaffelière, am südlichen Ortseingang des mittelalterlichen Städtchens, zwischen Ausone und Pavie. Das tonig-kalkige Terroir ist mit vierzig Jahre alten Reben bestockt (70 % Merlot und 30 % Cabernet). Der 98er entspricht deutlich dem aristokratischen, eleganten, verfeinerten Image. Karminrote Reflexe säumen das Purpurrot. Das noch ein wenig strenge Bouquet entfaltet sich an der Luft zu fruchtigen (schwarze Johannisbeere, Kirsche) und würzigen Noten (Vanille, Zimt) und einem diskreten Holzton. Der Geschmack ist sanft und delikat; die Tannine erweisen sich als fein und frisch. Ein spezieller Stil.

Léo de Malet Roquefort, Ch. La Gaffelière, 33330 Saint-Emilion, Tel. 05.57.24.72.15, Fax 05.57.24.69.06 n. V.

CH. LA GARELLE 1998

■ 8,35 ha 54 000 11 à 15 €

Ein dreißig Jahre alter Weinberg, der auf den Sandböden am Fuße der Côte Pavie angelegt ist und aus 80 % Merlot und 20 % Cabernet besteht. Der Wein zeigt ein noch jugendliches, dunkles Purpurrot. Die Düfte sind sehr fruchtig. Die Ansprache ist klar und strukturiert, aber die Tannine beherrschen rasch den Geschmack, was ihm einen rustikalen Charakter verleiht, der vier bis fünf Jahre benötigt, um sich zu verfeinern. Dann kann man diesen 98er zu weißem Fleisch genießen.

Jean-Luc Marette, Ch. La Garelle, 33330 Saint-Emilion, Tel. 05.57.24.61.98, Fax 05.57.24.75.22 n. V.

CH. LA GOMERIE 1998**

■ 2,52 ha k. A. +76 €

95 96 97 98

Die Besitzer von Beauséjour-Bécot übernahmen 1995 diesen Weinberg der alten Abtei Fayze, der schon für das Jahr 1276 belegt ist. Während der Französischen Revolution wurde das damals 200 Hektar umfassende Gut aufgeteilt; die 2,5 Hektar, die heute übrig geblieben sind, repräsentieren den alten umfriedeten Weinberg des Priorats, das sich hier befand. Dieser bemerkenswerte 98er, ein sortenreiner Merlot, zeigt ein dunkles, tiefes Purpurrot. Das sehr viel versprechende Bouquet bietet Röstaromen von einem guten Holz, die noch eine hübsche Fruchtigkeit überdecken. Der Geschmack enthüllt einen schönen Stoff, dessen reiche, reife Tannine im Abgang lang anhaltend zum Ausdruck kommen.

G. et D. Bécot, GFA La Gomerie, 33330 Saint-Emilion, Tel. 05.57.74.46.87, Fax 05.57.24.66.88, E-Mail contact@beausejour-becot.com

CH. LA GRACE-DIEU-LES-MENUTS 1998

■ 13,35 ha 75 000 15 à 23 €

86 88 89 91 93 94 95 |96| |97| 98

Das Gut liegt in der Nähe eines alten Priorats, das eine Station auf dem Jakobsweg nach Santiago de Compostela war und von dem es seinen Namen hat. Es ist zu zwei Dritteln mit Merlot und zu einem Drittel mit Cabernet bestockt, die auf tonigen Kalkstein- und Kieselböden angepflanzt sind. Der sehr farbintensive Wein zeigt sich in der Nase noch frisch und fruchtig und lässt einen Hauch von Cabernet erkennen. Die Ansprache ist lebhaft und elegant. Die noch ein wenig rauen Tannine brauchen drei bis sechs Jahre, um sich abzurunden. Dann kann dieser 98er rotes Fleisch oder Wildpfeffer begleiten.

EARL Vignobles Pilotte-Audier, Ch. La Grâce-Dieu-les-Menuts, 33330 Saint-Emilion, Tel. 05.57.24.73.10, Fax 05.57.74.40.44 n. V.

CH. LAMARTRE 1998

11,58 ha 53 457 8 à 11 €

Dieser in Saint-Etienne-de-Lisse auf tonigen Kieselböden vorwiegend von Merlot (83 %) erzeugte Wein hat ein einschmeichelndes, feines Bouquet, das blumige Noten, würzige Aromen und eine rauchige Nuance verbindet. Der Geschmack ist ausgewogen, mit sanften, seidigen Tanninen, die innerhalb von zwei Jahren einen hübschen Genießerwein ergeben dürften.

Union de producteurs de Saint-Emilion, Haut-Gravet, BP 27, 33330 Saint-Emilion, Tel. 05.57.24.70.71, Fax 05.57.24.65.18, E-Mail udp-vins.saint-emilion@gofornet.com Mo–Sa 8h–12h 14h–18h
SCEA Ch. Lamartre

CH. DE LA NAUVE

Elevé en fût de chêne 1998

3 ha 19 000 11 à 15 €

Das Familiengut liegt am Rande der Straße, die von Libourne nach Castillon führt, im Südosten der Appellation. Der sandig-tonige Boden ist hier zu 80 % mit Merlot und zu 20 % mit Cabernet franc bestockt. Der Wein zeigt eine hübsche Erscheinung. Die Belüftung enthüllt einen charaktervollen Geruchseindruck, der blumige, fruchtige, mineralische (Feuerstein) und holzige Düfte sowie Leder- und Tabaknoten verbindet. Der Geschmack ist ausdrucksvoll und ausgewogen; dank seines schon harmonischen Abgangs kann man diesen 98er recht bald trinken.

SCEA Ch. de La Nauve, 9, Nauve-Sud, 33330 Saint-Laurent-des-Combes, Tel. 05.57.24.71.89, Fax 05.57.74.46.61, E-Mail la-nauve@wanadoo.fr n. V.
Richard Veyry

CH. LANIOTE 1998

Gd cru clas. 5 ha 30 000 15 à 23 €

89 93 |94| 95 96 98

Die jungen Besitzer dieses Cru haben nicht nur die Rebparzellen, sondern auch die Höhle, in der im 8. Jh. der Mönch Emilion lebte, die Dreifaltigkeitskapelle (13. Jh.) und die Katakomben geerbt. Was für eine Verantwortung! Sie waren recht erfolgreich bei diesem 98er, der ein intensives, klares Granatrot zeigt. Das entstehende Bouquet lässt Aromen von kleinen roten Früchten, blumige Veilchendüfte und Röstnoten von gutem Holz erkennen. Die feste, nervige Struktur zeigt eine schöne Stärke und deutlich spürbare Tannine, die im Augenblick ein wenig streng, aber Garanten für eine gute Alterung sind.

de La Filolie, Ch. Laniote, 33330 Saint-Emilion, Tel. 05.57.24.70.80, Fax 05.57.24.60.11, E-Mail laniote@wanadoo.fr tägl. 8h–12h 14h–18h

CH. LAPLAGNOTTE-BELLEVUE 1998*

5,54 ha 30 000 15 à 23 €

|90| |93| |94| 96 |97| 98

Dieses hübsche Gut, das nördlich von Saint-Emilion auf tonigen Kieselböden liegt, wurde 1990 von der Familie Labarre gekauft. Sein 98er besitzt eine schöne, dunkle, intensive rubinrote Farbe. Das Bouquet verbindet Aromen von Früchten und vollreifen Trauben mit angenehmen Holz- und Röstnoten. Der ausgewogene, harmonische Geschmack stützt sich auf runde, fleischige Tannine, die lang anhalten. Ein stilvoller, klassischer Wein.

Claude de Labarre, Ch. Laplagnotte-Bellevue, 33330 Saint-Christophe-des-Bardes, Tel. 05.57.24.78.67, Fax 05.57.24.63.62, E-Mail arnauddl@aol.com n. V.

CH. L'APOLLINE 1998

2,8 ha 15 000 11 à 15 €

Philippe und Perrine Genevey haben das Gut 1996 gekauft. Ihre ersten beiden Ernten sind von unseren Verkostern ausgewählt worden. Ein guter Start! Sie haben diesen Cru nach dem Vornamen ihrer dritten, vorletzten Tochter benannt. Der im Süden der Appellation liegende Weinberg enthält zwei Drittel Merlot und ein Drittel Cabernet Sauvignon, die auf einem sandig-tonigen Boden über Kies wachsen. Der Wein hat eine hübsche dunkle Farbe, die jugendlich wirkt. Der Duft ist fruchtig (Feige), mit buttrigen Holznoten. Der noch strenge, verwirrende Geschmack verrät eine starke Extraktion. Dieser 98er erfordert eine Lagerung von vier bis zehn Jahren, damit er sich beruhigt.

Genevey, EARL Ch. L'Apolline, 33330 Saint-Sulpice-de-Faleyrens, Tel. 05.57.51.26.80, Fax 05.57.51.26.80

CH. LARMANDE 1998*

Gd cru clas. 22,4 ha 95 000 23 à 30 €

85 86 |(88)| |89| |90| 92 |93| 94 96 97 98

Dieses schöne Weingut gehörte der Familie Méneret-Capdemourlin, die seit fünf Jahrhunderten in Saint-Emilion lebt. Es ist 1990 in den Besitz der Versicherungsgesellschaft La Mondiale übergegangen und präsentiert einen guten 98er, der zwei Drittel Merlot und ein Drittel Cabernet kombiniert. Das lebhafte, intensive Rubinrot weist auf die Jugend dieses Weins hin, die ein weiniges, sehr fruchtiges Bouquet mit einigen würzigen und rauchigen Noten bestätigt. Die kräftige, feste Struktur erscheint im Augenblick ein wenig streng, erlaubt es aber, eine schöne Zukunft in vier bis fünf Jahren vorherzusehen.

SCE du Ch. Larmande, BP 26, 33330 Saint-Emilion, Tel. 05.57.24.71.41, Fax 05.57.74.42.80, E-Mail chateau-larmande@wanadoo.fr n. V.
La Mondiale

CH. LAROZE 1998★★

■ Gd cru clas. 27 ha 100 000 15 à 23 €

85 86 88 89 |90| 91 92 |93| |94| 95 96 |97| **98**

Schon 1610 erzeugten die Gurchys Wein in Saint-Emilion, in der Reblage Mazerat. Zwischen 1882 und 1885 schufen sie Château Laroze, das heute von Guy Meslin bewirtschaftet wird, einem direkten Nachkommen, der uns daran erinnert, wie wichtig es ist, dass man sich um jeden einzelnen Rebstock kümmert. Oder wussten Sie, dass 27 Hektar 154 000 Rebstöcke enthalten? Dieser 98er bietet eine bemerkenswerte Erscheinung in seinem prächtigen Purpurrot, das dunkel und dicht ist und sehr lebhafte rötlich violette Reflexe zeigt. Er ist kräftig und komplex und entfaltet rote Früchte, Gewürze und Lakritze. Der reiche, fleischige Geschmack enthüllt kräftige, aber samtige Tannine, die diesem Wein mit Terroir-Charakter eine schöne Lagerfähigkeit garantieren.

Guy Meslin, Ch. Laroze, 33330 Saint-Emilion, Tel. 05.57.24.79.79, Fax 05.57.24.79.80, E-Mail ch.laroze@wanadoo.fr ☑ Ꮖ n. V.

CH. LA SERRE 1998★

■ Gd cru clas. 6,5 ha 24 000 15 à 23 €

|90| 92 |93| |95| |96| 98

Der sieben Hektar große Cru liegt 200 m von der Stadtmauer Saint-Emilions entfernt auf dem tonigen Kalksteinplateau im Osten des Orts. Er besteht zu vier Fünfteln aus Merlot und zu einem Fünftel aus Cabernet franc. Dieser 98er präsentiert sich in einem hübschen Rubinrot, das lebhaft und tief ist. Der Duft bietet intensive Aromen von sehr reifen Früchten, die mit einem sehr eleganten Holzton verbunden sind. Der Geschmack ist kräftig und robust, mit der schönen, festen Struktur eines lagerfähigen Weins, die Garant für eine große Zukunft ist.

Luc d'Arfeuille, Ch. La Serre, 33330 Saint-Emilion, Tel. 05.57.24.71.38, Fax 05.57.24.63.01 ☑ Ꮖ n. V.

CH. LA TOUR DU PIN FIGEAC 1998

■ Gd cru clas. 11 ha 69 000 15 à 23 €

|88| |89| |90| 95 98

Dieser elf Hektar große Cru, der 1876 von dem berühmten Château Figeac abgetrennt wurde, gehört seit 1923 der Familie Giraud-Bélivier. Der auf Kies- und tonigen Sandböden angelegte Weinberg besteht zu drei Vierteln aus Merlot und zu einem Viertel aus Cabernet franc. Die granatrote Farbe dieses eleganten Weins zeigt den Beginn einer Enwicklung. Das Bouquet ist noch ein wenig verschlossen, lässt aber mit fruchtigen und würzigen Noten sowie einem feinen Holzton schöne Möglichkeiten erahnen. Der kräftig gebaute, ausgewogene Geschmack stützt sich auf feste Tannine von guter Beständigkeit. Der Wein dürfte sich öffnen und sich in drei bis fünf Jahren entfalten.

André Giraud, Ch. Le Caillou, 41, rue de Catusseau, 33500 Pomerol, Tel. 05.57.51.06.10, Fax 05.57.51.74.95 ☑ Ꮖ n. V.

GFA Giraud-Bélivier

CH. LA TOUR-FIGEAC 1998★

■ Gd cru clas. 12,5 ha 40 000 30 à 38 €

82 83 85 86 89 **|90|** 93 |94| |95| **96** |97| 98

Sehr viele Crus tragen den Namen Figeac. Dieser hier wurde 1879 selbstständig. Der Weinberg befindet sich auf Böden, die Ton, alte Sande und Kies vermengen, und ist zu 80 % mit Merlot und zu 20 % mit Cabernet franc bestockt. Dieser 98er präsentiert sich bemerkenswert: mit einer sehr dunklen Farbe, die in der Tiefe schwarz und an der Oberfläche purpurrot erscheint. Er ist in der Nase noch ein wenig verschlossen, zeigt aber eine wunderbare Konzentration mit dichten, kräftigen Tanninen und viel «Fett», Fleisch und Öligkeit. Sein sehr schöner Stoff ist zwar noch sehr stark vom Fass geprägt, aber viel versprechend.

Otto Rettenmaier, BP 007, 33330 Saint-Emilion, Tel. 05.57.51.77.62, Fax 05.57.25.36.92 ☑ Ꮖ n. V.

CH. DES LAUDES 1998★

■ 2,9 ha 18 000 15 à 23 €

Dieser neue Cru umfasst nicht ganz drei Hektar von den fünf Hektar, die die GFA Haut-Saint-Georges bewirtschaftet. Diese neuen Erzeuger haben dennoch eine lange Erfahrung im Weinbau und in der Vinifizierung. Sie präsentieren einen 98er von tiefer, lebhafter Farbe. Man muss ihn im Glas schwenken, damit sich klarer, eleganter Duft entfaltet, der einen Hauch von Cabernet-Trauben bietet. Der füllige Geschmack zeigt ein Weichselaroma und endet mit noch ein wenig festen Tanninen. Ein guter, lagerfähiger Wein, der in vier bis zehn Jahren zur Entfaltung kommen dürfte.

GFA du Haut-Saint-Georges, Arvouet, BP 80, 33330 Vignonet, Tel. 05.57.55.38.00, Fax 05.57.55.38.01 ☑ Ꮖ Mo–Fr 9h–12h30 13h30–18h

B. Banton

CH. LAVALLADE 1998

■ 4 ha 25 000 11 à 15 €

88 90 |95| 96 98

Dieser Cru, ein Familienbesitz, ist eine Auswahl der besten Parzellen des Guts und repräsentiert vier von den insgesamt zwölf Hektar. Überwiegend Merlot sowie 10 % Cabernet franc und 5 % Cabernet Sauvignon haben einen 98er von schönem, dunklem Granatrot hervorgebracht. Das entstehende Bouquet ist noch diskret und muss sich erst langsam zu frischen, fruchtigen Noten entfalten. Der Geschmack ist kräftig gebaut, mit Tanninen, die im Augenblick ein wenig hart sind und eine Reifung von zwei bis fünf Jahren benötigen.

SCEA Gaury et Fils, Ch. Lavallade, 33330 Saint-Christophe-des-Bardes, Tel. 05.57.24.77.49, Fax 05.57.24.64.83 ☑ Ꮖ n. V.

LE FER 1998★

■ 2 ha 6 000 23 à 30 €

Eine Kuriosität: Das Etikett zeigt ein Hufeisen. Dieser 98er wurde von der Handelsfirma Mähler-Besse in Bordeaux hergestellt; erzeugt worden ist er auf zwei der insgesamt fünf Hektar, die Mähler-Besse im Süden der Appellation auf tonigen Kieselböden besitzt. Der reinsortige Merlot hat eine schöne, tiefe Purpurfarbe. Das Bouquet ist schon ausdrucksvoll und komplex: blumig (Hyazinthe) und fruchtig (rote Früchte), mit einem starken Holz- und Toastgeruch. Die frische, elegante Ansprache kündigt eine harmonische Entfaltung zwischen Frucht und Holz an. Rundheit und Volumen kennzeichnen diesen typischen, gut gemachten Wein.

SA Mähler-Besse, 49, rue Camille-Godard, BP 23, 33026 Bordeaux, Tel. 05.56.56.04.30, Fax 05.56.56.04.59, E-Mail france.mahler-besse@wanadoo.fr n. V.

CH. LE LOUP 1998*

■ 6,12 ha 39 829 8 à 11 €

Dieser Cru ist auf tonigen Kieselböden nördlich von Saint-Christophe-des-Bardes angelegt und je zur Hälfte mit Merlot und Cabernet franc bestockt. Er präsentiert einen 98er, der im ersten Geruchseindruck durch animalische Leder- und Wildbretnoten geprägt ist; bei der Belüftung kommen dann rote Früchte zum Vorschein. Der Geschmack ist gut strukturiert, mit kräftigen, festen Tanninen, die mit einer erstklassigen Weinigkeit verbunden sind. Ein Wein, den man zwei bis drei Jahre lagern muss, damit er sich entfalten kann.

Union de producteurs de Saint-Emilion, Haut-Gravet, BP 27, 33330 Saint-Emilion, Tel. 05.57.24.70.71, Fax 05.57.24.65.18, E-Mail udp-vins.saint-emilion@gofornet.com Mo–Sa 8h–12h 14h–18h
Patrick Garrigue

CH. LE MERLE 1998

■ 4 ha 20 000 11 à 15 €

Ein kleines Gut in Saint-Pey-d'Armens, im Südosten der Appellation, das vor kurzem zu den Vignobles Réunis hinzugekommen ist. Es ist ausschließlich mit Merlot bestockt. Der Wein hat eine hübsche, dichte rote Farbe. Die in der Nase feinen, diskreten Noten von roten Früchten vermischen sich mit Nuancen von getoastetem Holz. Dieser sanfte, wohl ausgewogene 98er wird in ein bis zwei Jahren gefällig sein.

SA Les Vignobles Réunis, 33330 Saint-Pey-d'Armens, Tel. 05.56.81.57.86, Fax 05.56.81.57.90, E-Mail accueil@saint-lo-group.com n. V.

CH. LES CABANNES 1998

■ 0,5 ha 3 600 11 à 15 €

Ein Gut, das 1997 von einem in Bordeaux ausgebildeten kanadischen Önologen gekauft wurde. Diese Mikrocuvée kommt von einer Parzelle, die auf tiefem Kies mit alten Merlot-Reben bestockt ist. Das Ergebnis ist ein angenehmer, leckerer 98er von intensivem, lebhaftem Rubinrot. Das Bouquet verbindet Aromen von schwarzer Johannisbeere und Lakritze mit blumigen Düften (Nelke) und den Toastnuancen eines hübschen Holztons. Der weiche, runde, fleischige Geschmack ist gut ausbalanciert; er bietet einen sehr fruchtigen Abgang. Man kann ihn schon jetzt trinken oder zwei bis drei Jahre aufheben.

Peter Kjellberg, Les Cabannes, 33330 Saint-Sulpice-de-Faleyrens, Tel. 05.57.24.62.86 n. V.

CH. LES GRANDES MURAILLES 1998*

■ Gd cru clas. 2 ha 7 500 23 à 30 €

88 |89| 94 |95| |96| 97 98

Diese «Großen Mauern», die Überreste eines Jakobinerklosters aus dem 12. Jh., sind ein Wahrzeichen der AOC. Der kleine Weinberg, den sie beschützen, gehört seit 1643 der Familie Reiffers. Dieser 98er, der hauptsächlich von Merlot-Reben erzeugt worden ist, die auf tonigen Kalksteinböden wachsen, schmückt sich mit einem herrlichen Rubinrot, das lebhaft und intensiv ist und stark glänzende purpurviolette Reflexe zeigt. Der ausdrucksvolle Duft entfaltet Aromen von schwarzen Früchten, Backpflaume und Gewürzen, die sich mit den Röst- und Vanillenoten eines schönen Holztons vermischen. Der zunächst sanfte, runde Geschmack entwickelt sich zu einer ausgewogenen Struktur mit festen Tanninen. Ein zu einer guten Lagerung fähiger Wein.

GFA Les Grandes Murailles, Ch. Côte de Baleau, 33330 Saint-Emilion, Tel. 05.57.24.71.09, Fax 05.57.24.69.72, E-Mail lesgrandesmurailles@wanadoo.fr n. V.

LES PLANTES DU MAYNE 1998*

■ k. A. 13 000 15 à 23 €

Das ist ein sehr interessanter Zweitwein, selbst wenn er für einen Zweitwein ein wenig teuer ist. Er wird auf Château Grand-Mayne hergestellt und ausgebaut und genießt die gleiche sorgfältige Behandlung wie der Hauptwein. Seine an Bigarreau-Kirsche erinnernde Farbe zeigt zinnoberrote Reflexe. Sein Bouquet fängt an, über einem Holzton Aromen von roten Früchten zu entfalten. Sein Geschmack wird von Tanninen strukturiert, die ein wenig hart, aber elegant sind. Dank seiner Dichte kann er gut altern.

GFA Jean-Pierre Nony, Ch. Grand-Mayne, 33330 Saint-Emilion, Tel. 05.57.74.42.50, Fax 05.57.74.41.89, E-Mail grand-mayne@grand-mayne.com n. V.

CH. L'ETAMPE 1998*

■ 1,82 ha 7 000 11 à 15 €

Der erste Auftritt im Hachette-Weinführer für diesen kleinen Cru (1,82 ha), der 1997 gekauft und geschaffen wurde. Er besteht in erster Linie aus Merlot-Reben, ergänzt durch 15 % Cabernet franc, und ist auf Sand und Silt mit Spuren von Ton und Eisenoxiden angelegt. Dieser 98er, dessen dunkles Rubinrot intensiv und jugendlich erscheint, zeigt noch purpurviolette Reflexe. Er wird leicht von einem einschmeichelnden Holzton mit Noten von Vanille und geröstetem Brot dominiert, bietet aber dennoch angenehme Aromen von reifen Früchten. In der Ansprache ist er sanft und rund und entwickelt sich danach zu einer schönen Tanninstruktur, die im Abgang noch fest ist und ein paar Jahre Geduld erfordert.

Ch. L'Etampe, RD 245, 33330 Saint-Emilion, Tel. 05.56.44.27.71, Fax 05.56.01.25.39 n. V.

CH. LUCIE 1998

■ 4,3 ha 25 000 15 à 23 €

Ein kleiner Weinberg, der zu 95 % mit Merlot-Reben bestockt und auf vielfältigen Böden angelegt ist: Sand, Kies und Ton. Die intensive Farbe ist jugendlich. Wenn man den Wein im Glas schwenkt, entfaltet er fruchtige und toastartige Aromen. Der weiche, fruchtige Geschmack entwickelt sich zu feinen, frischen Tanninen. Man sollte diese Flasche zwei bis vier Jahre aufheben, bevor man sie zu Fleisch und Wild trinkt.

Michel Bortolussi, 316, Grands-Champs, 33330 Saint-Sulpice-de-Faleyrens, Tel. 05.57.74.44.42, Fax 05.57.24.73.00

CH. LUSSEAU 1998*

■ 0,42 ha 2 700 15 à 23 €

Diesen winzigen Cru von nicht einmal einem halben Hektar kaufte Laurent Lusseau seinem Onkel 1993 ab. Die Reben (70 % Merlot und 30 % Bouchet) sind auf einem sandig-kiesigen Boden im Süden der Appellation angepflanzt. Der 98er ist sehr sympathisch mit einem hübschen, dunklen Rubinrot und einem Bouquet, in dem der Holzton dominiert (gerösteter Kaffee, Vanillenote). Im Geschmack ist er füllig und fett und entwickelt sich zu deutlich spürbaren, aber angenehmen Tanninen. Er steht noch ein wenig unter dem Einfluss des Holzfasses, besitzt aber ein gutes Potenzial, das sich in fünf bis sechs Jahren bestätigen dürfte.

Laurent Lusseau, 276, Perey-Nord, 33330 Saint-Sulpice-de-Faleyrens, Tel. 05.57.74.46.54, Fax 05.57.24.67.19 n. V.

CH. MAGDELAINE 1998

■ 1er gd cru B 10,36 ha 33 000 38 à 46 €

70 75 78 79 80 82 (83) 85 |86| |87| |88| |89| 90 |92| |93| |94| 95 |96| |97| 98

Magdelaine, im Besitz der großen Familie Moueix, liegt auf dem Kalksteinplateau und am tonigen Kalksteinhang. Dreißig Jahre alte Reben (90 % Merlot und 10 % Cabernet franc) haben diesen schönen Wein geliefert, der vierzehn Monate im Barriquefass ausgebaut worden ist. Das Auge wird sofort durch die Klarheit der bordeauxroten Farbe verführt. Der Beitrag des Eichenholzes ist delikat, in der Nase ebenso wie im Mund. Alles ist bezaubernd, seidig und recht zart, obwohl der noch tanninreiche Abgang eine Lagerung von drei bis vier Jahren nahe legt.

Ets Jean-Pierre Moueix, 54, quai du Priourat, 33500 Libourne, Tel. 05.57.51.78.96

CH. MAGNAN 1998

■ 10 ha 50 000 11 à 15 €

82 85 86 88 |(89)| 91 92 |94| |96| 97 98

Der zehn Hektar große Cru gehört zu einem 25 ha großen Gut, das die Familie Moreaud 1979 kaufte. Er ist durch eine für Saint-Emilion klassische Bestockung und ein Terroir von alten Sandböden gekennzeichnet. Dieser 98er hat eine hübsche, dunkle Farbe, ein elegantes, fruchtiges Bouquet, in dem sich Noten von «fassgereiftem Cabernet» zeigen, und einen harmonischen, fruchtigen Geschmack, der mit verschmolzenen, nachhaltigen Tanninen ausklingt. Er muss ein wenig lagern.

SCEA Cormeil-Figeac, BP 49, 33330 Saint-Emilion, Tel. 05.57.24.70.53, Fax 05.57.24.68.20, E-Mail moreaud@cormeil-figeac.com n. V.

R. Moreaud

CH. MAGNAN LA GAFFELIERE 1998

■ 7,33 ha 48 000 11 à 15 €

Ein auf einer sandigen Erosionsabdachung angelegter Weinberg, der mit 65 % Merlot, 25 % Bouchet und 10 % Cabernet Sauvignon bestockt ist. Dieser Wein, der zu einem Drittel im Tank und zu zwei Dritteln im Barriquefass ausgebaut worden ist, zeigt sich während der gesamten Verkostung sehr jugendlich. Der noch verschlossene Geruchseindruck erfordert eine Belüftung und ein Schwenken des Glases, damit er Frucht- und Gewürzaromen freigibt. Im Geschmack ist der erste Eindruck klar und voll; dann kommen feine, aber noch strenge Tannine zum Vorschein, die zwei bis fünf Jahre brauchen, um sich zu verfeinern.

SA du Clos La Madeleine, La Gaffelière Ouest, BP 78, 33330 Saint-Emilion, Tel. 05.57.55.38.03, Fax 05.57.55.38.01 n. V.

CH. MANGOT Cuvée Quintessence 1998*

■ 2,75 ha 10 800 15 à 23 €

|96| 98

Es handelt sich hier um eine Cuvée, die von den insgesamt 34 Hektar dieses Crus ausgewählt worden ist. Die vierzig Jahre alten Reben, ausschließlich Merlot, wachsen im Osten der Appellation auf Seesternkalk. Dieser 98er hat eine intensive Farbe, die einige Entwicklungsreflexe zeigt. Er ist sehr holzbetont, an Toastbrot erinnernd, und lässt Aromen von Pflaume in Alkohol und von Gewürzen erkennen, mit einem Hauch von Moschus. Der warme Eindruck im Mund bietet einen Geschmack von sehr reifen Merlot-Trauben und feine Tannine, die im Abgang lang anhalten. Servieren kann man ihn in zwei bis sieben Jahren.

Vignobles Jean Petit, Ch. Mangot, 33330 Saint-Etienne-de-Lisse, Tel. 05.57.40.18.23, Fax 05.57.40.15.97, E-Mail chmangot@terre-net.fr Mo–Fr 8h30–12h 14h–18h; Sa, So n. V.

CH. MATRAS 1998*

■ Gd cru clas. 8 ha 30 000 15 à 23 €

83 85 86 |90| 92 |93| |94| 97 98

Matras hat seine Keller in einer ehemaligen Kapelle aus dem 17. Jh. eingerichtet. Dieser je zur Hälfte aus Merlot und Cabernet franc erzeugte 98er zeigt ein schönes Granatrot mit purpurvioletten Reflexen. Das Bouquet verbindet frische Aromen von roten und schwarzen Früchten mit Noten von geröstetem und verbranntem Holz. Der kräftige, großzügige Wein, der im Geschmack füllig und sanft ist, besitzt gute, fette, dichte Tannine, die im Abgang lang anhalten.

Vignobles Véronique Gaboriaud, Ch. Matras, 33330 Saint-Emilion, Tel. 05.57.51.52.39, Fax 05.57.51.70.19 n. V.

CH. MAUVEZIN 1998

■ 3,5 ha 15 000 23 à 30 €

Nach einer schönen Erscheinung mit einer kräftigen rubinroten Farbe entfaltet dieser 98er in der Nase Aromen von kandierten roten Früchten und getrockneten Früchten, die mit angenehmen Röst- und Toastgerüchen verbunden sind. Der zunächst weiche Geschmack lässt rasch eine starke Präsenz der Tannine erkennen. Er ist im Augenblick ein wenig fest und dürfte sich bei einer mehrjährigen Lagerung verfeinern.

GFA P. Cassat et Fils, BP 44, 33330 Saint-Emilion, Tel. 05.57.24.72.36, Fax 05.57.74.48.54 n. V.

CH. MILON 1998

■ 20 ha 43 000 8 à 11 €

Die Familie Bouyer-Arteau bewirtschaftet fast 27 ha, darunter dieses schöne Weingut. Der im Norden der Appellation auf eisenhaltigen Kiesel- und Tonböden angelegte Cru ist mit Merlot-Reben bestockt, die durch 20 % Cabernet ergänzt werden. Der Wein hat eine dunkle Farbe. Wenn man ihn im Glas schwenkt, öffnet sich das noch diskrete Bouquet zu Noten von Blumen und danach von Zimt und Vanille. Der in der Ansprache kräftige, nervige Geschmack enthält Tannine, die noch fest, aber viel versprechend sind. In zwei bis drei Jahren dürfte dieser 98er gut munden.

Christian Bouyer, Ch. Milon, 33330 Saint-Christophe-des-Bardes, Tel. 05.57.24.77.18, Fax 05.57.24.64.20 n. V.

CH. MOINE VIEUX 1998

■ 3,5 ha 18 000 11 à 15 €

Ein kleines Gut auf Sand und Kies im Süden der Appellation und dreißig Jahre alte Reben mit einer für das Libournais klassischen Bestockung. Dieser 98er hat eine hübsche rubinrote Farbe mit kirschroten Reflexen. Der Duft ist schon intensiv (rote Früchte, getoastetes Holz mit Vanillenote). Die sehr geschmeidige Struktur begleitet einen sehr angenehmen, nachhaltigen Geschmack von vollreifen Merlot-Trauben. Dank seiner unaufdringlichen Tannine kann man diesen Wein ziemlich bald trinken, beispielsweise zu Geflügel mit Waldpilzsauce.

SCE Moine Vieux, Lanseman, 33330 Saint-Sulpice-de-Faleyrens, Tel. 05.57.74.40.54, Fax 05.57.74.40.54 n. V.

P. Dentraygues

CH. MONBOUSQUET 1998*

■ 33 ha 80 000 46 à 76 €

|93| |94| |95| 96 **97** 98

Der 1993 von Gérard Perse erworbene Cru befindet sich im Osten von Saint-Sulpice-de-Faleyrens auf tonigen Kiesböden; er enthält 60 % Merlot, 30 % Cabernet franc und 10 % Cabernet Sauvignon. Das Ergebnis ist ein 98er von dunklem Granatrot. Das kräftige Bouquet ist durch Düfte von Vanille und geröstetem Brot gekennzeichnet, die mit Aromen reifer Früchte verbunden sind. Der runde, fleischige, reiche, weinige Geschmack wird im Augenblick vom Holzton des Barriqueausbaus dominiert, aber seine schöne Struktur dürfte ihm in den kommenden Jahren eine günstige Entwicklung ermöglichen.

SA Ch. Monbousquet, 33330 Saint-Sulpice-de-Faleyrens, Tel. 05.57.55.43.43, Fax 05.57.24.63.99

Gérard Perse

CH. MONLOT CAPET 1998*

■ 7 ha 45 000 15 à 23 €

90 92 **93 94** |95| |96| |97| 98

Ein seriöser Cru, der von unseren Experten regelmäßig ausgewählt wird. Er liegt auf den tonigen Kalksteinböden von Saint-Hippolyte, im Osten der Appellation. Das Purpurrot dieses 98ers zeigt einige Entwicklungsreflexe. Das Bouquet ist bereits komplex: Mispelfrucht, schwarze Johannisbeere und ein hübscher Holzton mit Röstung. Der Geschmack ist frisch, mit feinen, dichten Tanninen. Innerhalb von zwei bis sechs Jahren dürfte dieser Wein gefallen; man kann ihn dann zu Neunauge nach Bordelaiserart servieren.

Bernard Rivals, Ch. Monlot-Capet, 33330 Saint-Hippolyte, Tel. 05.57.74.49.47, Fax 05.57.24.62.33, E-Mail musset-rivals@belair-monlot.com n. V.

CH. MOULIN GALHAUD 1998**

■ 2 ha k. A. 15 à 23 €

Die Familie Galhaud ist im Weinbau von Saint-Emilion seit mehreren Generationen bekannt, aber dieser Cru, den sein 1996 eine Frau leitet, erscheint erstmals im letzten Jahr mit seinem 97er, einem allerdings heiklen Jahrgang, in unserem Weinführer. Der 98er bestätigt in hohem Maße diesen Erfolg. Er ist das Ergebnis von zwei ausschließlich mit Merlot bestockten Hektar auf Kiesböden, ausgewählt aus den 5,6 Hektar des Guts. Er zeigt ein dunkles, dichtes Rubinrot und kommt in der Nase schon kraftvoll zum Ausdruck, wobei er schwarze Früchte, Gewürze, Vanille, Leder und Lakritze mischt. Der ebenfalls sehr reiche, runde, warme, fleischige Geschmack klingt mit samtigen Tanninen aus. Eine schöne Vereinigung zwischen

vollreifen Merlot-Trauben und einem vanilleartigen Eichenholz, typisch für Saint-Emilion.
SCEA Martine Galhaud, 33330 Vignonet, Tel. 05.57.97.39.73, Fax 05.57.97.39.74
tägl. 8h–12h 13h–15h

CH. MOULIN SAINT-GEORGES 1998**

7 ha 35 000 30 à 38 €

86 89 (90) 91 93 94 |95| |96| |97| **98**

Ein hübsches Gut am südlichen Ortseingang von Saint-Emilion, das zu Füßen von Ausone liegt und ebenfalls von Alain Vauthier bewirtschaftet wird. Eine für die Appellation klassische Bestockung, die aus 70 % Merlot und 30 % Cabernet besteht, angepflanzt auf tonigem Kalkstein. Der ebenfalls klassische Wein befindet sich stets auf dem besten Niveau. Betrachten Sie die schöne dunkelrubinrote Farbe dieses 98ers, riechen Sie an seinem intensiven, fruchtigen, aber vor allem holzig-vanilleartigen Bouquet, das eine sehr angenehme Note von gerösteten Mandeln enthält. Der sehr harmonische Geschmack bietet eine vollkommene Ausgewogenheit zwischen den roten Früchten und den gut eingefügten Tanninen.
Famille Vauthier, Ch. Ausone, 33330 Saint-Emilion, Tel. 05.57.24.70.26, Fax 05.57.74.47.39
Mo–Sa 8h–13h 13h30–17h30; Jan. geschlossen

CH. ORISSE DU CASSE 1998

5,35 ha 12 500 11 à 15 €

85 86 |88| |89| 92 |94| 95 96 98

Danielle und Richard Dubois, ausgebildete Önologen, bemühen sich, traditionelle, «handwerkliche» Weine herzustellen. Ihr Terroir mit Kiessand und eisenhaltigem Kies hat einen tiefpurpurroten 98er hervorgebracht. Das entstehende Bouquet ist noch fruchtbetont (schwarze Johannisbeere, Heidelbeere) und enthält einen leichten Holzton. Dieser im Geschmack sehr jugendliche, frische Wein, der mit ein wenig festen Tanninen endet, braucht ein paar Jahre, um feiner zu werden.
Richard Dubois, Ch. Bertinat Lartigue, 33330 Saint-Sulpice-de-Faleyrens, Tel. 05.57.24.72.75, Fax 05.57.74.45.43, E-Mail dubricru@aol.com
Mo–Fr 9h–11h30 14h30–17h30; Sa, So n. V.; 14. Aug. bis 3. Sept. geschlossen

CH. PARAN JUSTICE 1998

11,02 ha 48 666 8 à 11 €

Das Gut, das in Saint-Etienne-de-Lisse auf tonigen Kieselböden liegt, enthält 68 % Merlot. Dieser 98er ist trinkreif. Er hat eine klare, strahlende Granatfarbe und ist in der Nase ein wenig zurückhaltend, mit blumigen Noten, die sich mit animalischen Ledergerüchen vermischen. Der weiche, ausgewogene Geschmack lässt feine, warme Tannine erkennen.

Union de producteurs de Saint-Emilion, Haut-Gravet, BP 27, 33330 Saint-Emilion, Tel. 05.57.24.70.71, Fax 05.57.24.65.18, E-Mail udp-vins.saint-emilion@gofornet.com
Mo–Sa 8h–12h 14h–18h
Marie Boutros-Toni

CH. PATRIS 1998**

7,59 ha 24 000 15 à 23 €

88 |90| 92 93 95 |96| |97| **98**

Der von unseren Verkostern regelmäßig ausgewählte Cru wird seit 1967 von Michel Querre bewirtschaftet. Dieser tätigte 1996 Investitionen, die gute Ergebnisse erbringen, wenn man nach einem sehr guten 97er (ein heikler Jahrgang) und diesem bemerkenswerten 98er urteilt. Der Wein schmückt sich mit einem herrlichen, dunklen Purpurrot. Sein sehr reizvoller Duft erinnert an eingemachte schwarze Früchte und warmen Lebkuchen. Der füllige, umfangreiche, warme Geschmack klingt mit reifen, verschmolzenen Tanninen aus. Der rassige, verfeinerte Wein bringt die erstklassigen Trauben, die mit ausgezeichneter Meisterung der Technik vinifiziert wurden, gut zum Ausdruck. Er ist schon gut und dürfte sehr gut altern.
Michel Querre, SCEA Ch. Patris, Les Hospices de la Madeleine, 33330 Saint-Emilion, Tel. 05.57.55.51.60, Fax 05.57.55.51.61 n. V.

CH. PAVIE 1998*

1er gd cru B 37 ha 80 000 +76 €

70 71 75 76 **78** 79 80 **81 82 83** |85| |86| 87 |88| |89| |(90)| **91 92** |93| |94| **95 96** 98

Die erste Lese für Gérard Perse, der einen sehr gelungenen 98er präsentiert. 1998 kaufte er nämlich dieses große, angesehene Weingut, das auf der ersten Hanglinie ganz nach Süden liegt. Das Terroir mit tonigen Kalkstein- und Kiesböden ist mit vierzig Jahre alten Reben (60 % Merlot und 40 % Cabernet) bestockt. Der Wein zeigt ein schönes, dunkles Bordeauxrot, das fast schwarz erscheint, und ist in der Nase sehr ausdrucksvoll: sehr reife oder gekochte Früchte, Backwaren, Mandel, Vanille und Kokosnuss. Der Geschmack ist warm, dicht und köstlich und enthüllt viele Tannine, von den Trauben und vom Holz. Ein fast zu starker Holzton. Ein Pavie im modernen Stil.
Gérard Perse, SCA Ch. Pavie, 33330 Saint-Emilion, Tel. 05.57.55.43.43, Fax 05.57.24.63.99

CH. PAVIE DECESSE 1998*

Gd cru clas. 10 ha 33 000 +76 €

83 85 86 |88| |(89)| |90| 92 |93| |94| 96 **97** 98

Das zehn Hektar große Gut, das an den tonigen Kalksteinhängen der Côte Pavie ganz nach Süden liegt, wurde 1997 von der Familie Perse gekauft. Nach einer Liebeserklärung im letzten Jahr für den 97er stellt es dieses Jahr einen sehr gelungenen 98er vor, der hauptsächlich aus Merlot besteht, ergänzt durch 10 % Cabernet franc. Das herrliche, tiefe, satte Granatrot und das kräftige Bouquet, das reife rote Früchte und einen eleganten Holzton verbindet,

weisen auf die Konzentration des Geschmacks hin. Zwar erfordern die Tannine eine mehrjährige Reifung, aber was für eine schöne Struktur!
SCA Pavie-Decesse, 33330 Saint-Emilion, Tel. 05.57.55.43.43, Fax 05.57.24.63.99
Gérard Perse

CH. PAVIE MACQUIN 1998**

Gd cru clas. 11,89 ha 47 000 46 à 76 €

83 85 86 |88| |89| |90| 91 92 |93| |94| 96 (97) 98

Der ganz in der Nähe des mittelalterlichen Städtchens liegende Cru überragt oben auf seinem tonigen Kalksteinplateau die Côte Pavie. Er wird mittels vergleichender Methoden angebaut, d. h. teilweise mit integriertem Pflanzenschutz und teilweise nach biologisch-dynamischen Prinzipien. Im letzten Jahr erhielt er eine Liebeserklärung für seinen 98er. Er präsentiert einen bemerkenswerten 98er, dessen wunderschönes, sehr dunkles Purpurrot rötlich violette Reflexe zeigt. Das intensive, sehr ausdrucksvolle Bouquet verbindet die Aromen von kandierten schwarzen Früchten mit den empyreumatischen Gerüchen von prächtigem verbranntem Holz. Der kräftige, reiche Geschmack lässt eine dichte, rassige, elegante Struktur erkennen, die im Abgang sehr lang anhält. Ein großer Wein zum Lagern.
SCEA Ch. Pavie Macquin, 33330 Saint-Emilion, Tel. 05.57.24.74.23, Fax 05.57.24.63.78 n. V.
Famille Corre-Macquin

CH. PETIT FOMBRAUGE 1998**

2,5 ha 12 000 15 à 23 €

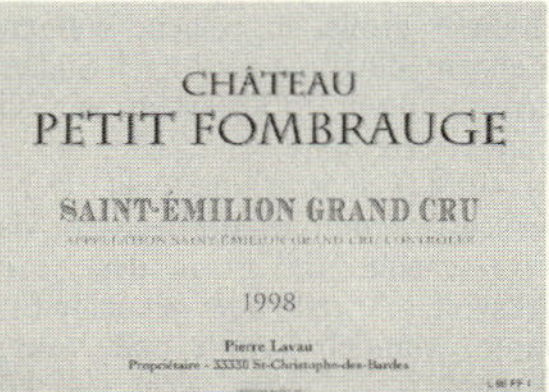

Pierre Lavau ersteigerte dieses kleine Gut 1996 und steckt viel hinein, um es wieder herzurichten. Die Anstrengungen wurden belohnt, denn schon bei der ersten Lese beurteilten unsere Experten seinen Wein als sehr gelungen. Sein 98er erreicht den Gipfel: Die Verkoster erkannten ihm eine Liebeserklärung zu. Sie mochten sein schönes, tiefes Rubinrot und sein leicht fruchtiges Bouquet, aber vor allem sein gutes Aroma von getoastetem Holz. Der sehr ausdrucksvolle Geschmack bietet viele rote Früchte und junge, aber viel versprechende Tannine. Gute Trauben, gute Arbeit: In zwei bis drei Jahren kann man anfangen, diesen Wein aufzumachen und ihn zu rotem Fleisch und Käse zu servieren.
Pierre Lavau, Ch. Petit Fombrauge, 33330 Saint-Christophe-des-Bardes, Tel. 05.57.24.77.30, Fax 05.57.24.66.24, E-Mail petitfombrauge@terre-net.fr n. V.

CH. PETIT-GRAVET 1998

3 ha 14 500 11 à 15 €

Erzeugt wird dieser Wein von über vierzig Jahre alten Reben (60 % Merlot), die auf tiefem Sand angepflanzt sind. Er hat eine purpurrote Farbe mit Entwicklungsreflexen. Der angenehme Duft ist aufgrund seiner Feinheit interessant. Im Geschmack entdeckt man Tannine, die ein ziemlich fettes Fleisch umhüllt, ein Lederaroma und einen empyreumatischen Holzton. Dank seines schon seidigen Abgangs kann man diesen 98er recht bald trinken.
SCE Ch. Petit-Gravet, 2, rue de la Madeleine, 33330 Saint-Emilion, Tel. 06.82.10.64.75, Fax 06.57.24.72.34, E-Mail petit.gravet@wanadoo.fr n. V.
Frau M.-L. Nouvel

CH. PETIT VAL 1998

9,25 ha 50 000 11 à 15 €

86 88 |89| |(90)| |93| |95| 96 98

Der Cru, der nördlich von Saint-Emilion auf einer sandigen Erosionsabdachung liegt, bietet einen ausgewogenen Rebsatz: 70 % Merlot, 20 % Cabernet franc und 10 % Cabernet Sauvignon. Das helle Rubinrot dieses 98ers zeigt einige Entwicklungsreflexe. Das entstehende Bouquet enthüllt Aromen von roten Früchten in Alkohol, die mit würzigen und leicht holzigen Noten vermischt sind. Der Geschmack lässt eine gute Ausgewogenheit zwischen Volumen und Fleisch, eine schöne Weinigkeit und Tannine erkennen, die im Abgang recht nachhaltig sind.
Michel Boutet, SC du Ch. Vieux Pourret, BP 70, 33330 Saint-Emilion, Tel. 05.57.24.70.86, Fax 05.57.24.68.30 n. V.

CH. PIGANEAU 1998

k. A. 25 000 8 à 11 €

Der Weinberg liegt in der Nähe der Dordogne, am Ortsausgang von Libourne, dort, wo sich früher der Hafen von Saint-Emilion befand, ganz nahe bei dem Menhir Pierrefitte, dem größten Megalith der Gironde. Dieser 98er zeigt eine schöne rubinrote Farbe, die recht lebhaft ist und eine gute Erscheinung bietet. Das sehr gefällige Bouquet verbindet Frucht-, Gewürz- und Holzaromen. Der weiche, runde Geschmack gleicht einen leichten Mangel an Struktur durch viel Feinheit und Charme aus. Servieren kann man ihn zu Kaninchen mit Preiselbeeren.
SCEA J.-B. Brunot et Fils, 1, Jean-Melin, 33330 Saint-Emilion, Tel. 05.57.55.09.99, Fax 05.57.55.09.95, E-Mail vignobles.brunot@wanadoo.fr n. V.

CH. PIPEAU 1998

35 ha 190 000 11 à 15 €

86 88 89 92 93 |94| |95| 96 97 98

Der zu Beginn des 20. Jh. vom Großvater der jetzigen Besitzer angelegte Cru umfasst heute 35 Hektar, die mit Merlot sowie 10 % Cabernet franc und 10 % Cabernet Sauvignon bestockt sind. Er liegt am Fuße des Hangs südöstlich von

Saint-Emilion und verbindet tonig-kalkige, sandige und kiesige Böden. Dieser 98er von dunklem, intensivem Rubinrot ist noch ein wenig verschlossen, lässt aber Noten von roten Früchten und Leder erkennen. Die kräftige, gehaltvolle Struktur enthüllt schöne Tannine, die ein wenig fest und streng sind, aber eine schöne Zukunft garantieren.
GAEC Mestreguilhem, Ch. Pipeau, 33330 Saint-Laurent-des-Combes, Tel. 05.57.24.72.95, Fax 05.57.24.71.25, E-Mail chateau.pipeau@wanadoo.fr n. V.

CH. PLAISANCE 1998*

9 ha 54 000 11 à 15 €

Dieser Cru ist eine neun Hektar große Auswahl von den sechzehn Hektar, die Xavier Mareschal seit 1997 im Süden der Appellation bewirtschaftet. Die Böden sind hier gemischt: Sand, Kies und Ton. Die Bestockung enthält 80 % Merlot und 20 % Cabernet. Der sehr gelungene 98er zeigt ein dunkles Rubinrot mit granatroten Reflexen. In der Nase werden die Noten von roten Früchten rasch von einem gerösteten Holz mit Vanillenote dominiert, das ein wenig aufdringlich wirkt. Der elegante Geschmack steht ebenfalls noch unter dem Einfluss des Ausbaus im Holzfass. Gut munden dürfte dieser Wein zwischen 2003 und 2013.
SCEA ch. Plaisance, 33330 Saint-Sulpice-de-Faleyrens, Tel. 05.57.24.78.85, Fax 05.57.74.44.94 n. V.
Xavier Mareschal

CH. DE PRESSAC 1998*

10 ha 49 000 15 à 23 €

Ein in zweifacher Hinsicht historisch bedeutsames Schloss, denn es war der Schauplatz, an dem 1453 der Hundertjährige Krieg beendet wurde, aber hier wurde auch im 18. Jh. eine Rebsorte angepflanzt, die den Namen «Schwarzer von Pressac» (Auxerrois) erhielt. Das 40 ha große Weingut wurde 1997 von J.-F. und D. Quenin gekauft. Ihr 98er zeigt eine herrliche Farbe, die fast schwarz ist und dennoch glänzt. Das komplexe Bouquet verbindet schwarze Früchte und geröstetes Holz mit Vanillenote. Der elegante, rassige Geschmack endet mit Tanninen von großartiger Textur. In fünf bis acht Jahren wird dieser Wein den perfekten Begleiter für rotes Fleisch und Wild abgeben.
GFA Ch. de Pressac, 33330 Saint-Etienne-de-Lisse, Tel. 05.57.40.18.02, Fax 05.57.40.10.07, E-Mail jfetdquenin@libertysurf.fr n. V.
J.-F. et D. Quenin

CH. PUY MOUTON 1998

2 ha k. A. 11 à 15 €

Dieser Cru befindet sich auf den tonigen Kieselböden von Saint-Christophe-des-Bardes, im Norden der Appellation. Der Wein hat eine hübsche rubinrote Farbe mit purpurroten Reflexen. Das Bouquet entfaltet sich zu Nuancen von Unterholz, grünem Pfeffer, geröstetem Brot und Vanille. Die milde, runde Ansprache bietet einen noch fruchtigen Geschmack, aber die sehr deutlich spürbaren, lakritzeartigen Tannine müssen zwei bis fünf Jahre reifen.
EARL Vignobles D. et C. Devaud, Ch. de Faise, 33570 Les Artigues-de-Lussac, Tel. 05.57.24.31.39, Fax 05.57.24.34.17 n. V.

CH. QUERCY 1998**

4,5 ha 20 000 15 à 23 €

88 89 |90| 92 |93| |94| **95 96 98**

Dieser auf einem sandigen Kiesboden erzeugte 98er, dessen dunkle Purpurfarbe rötlich violette Reflexe zeigt, hat unsere sehr strengen Verkoster verführt. An der Luft entfaltet der Duft ein intensives Bouquet, das ein Holz von großer Qualität prägt. Der warme, großzügige Geschmack, der Konzentration und «Fett» vereint, lässt Frucht- und Tabakaromen und sehr feine Tannine erkennen. Ein charaktervoller Wein für erfahrene Weinliebhaber, der seinen Höhepunkt in fünf bis sieben Jahren erreichen dürfte.
GFA du Ch. Quercy, 3, Grave, 33330 Vignonet, Tel. 05.57.84.56.07, Fax 05.57.84.54.82, E-Mail chateauquercy@wanadoo.fr n. V.

CH. QUERCY Marina Carine 1998**

0,5 ha 1000 38 à 46 €

Wie soll man das zehnjährige Jubiläum bei der Führung dieses Guts feiern? Durch eine Rarität: 1000 Flaschen, auf einem halben Hektar Kies von 80 % Merlot noir und 20 % Bouchet erzeugt, die achtzig Jahre alt sind. Das kann nur ein bemerkenswertes Produkt ergeben. Was unsere Verkoster bestätigten, die ihm zwei Sterne zuerkannten. Die Farbe ist prächtig, ein dunkles Bordeauxrot mit purpurroten Reflexen. Der kräftige, komplexe Duft bietet eine Abfolge von Blumen, Früchten und Wild vor dem Hintergrund eines empyreumatischen Holztons. Der fette, gehaltvolle, samtige Geschmack, den reife Tannine strukturieren, ist eine Abfolge von kräftigen Aromen. Er steht im Augenblick noch ein wenig unter dem Einfluss des Ausbaus im Holzfass, aber die Frucht kommt in einem frischen, aromatischen Abgang zurück. In fünf bis zehn Jahren wird das eine außergewöhnliche Flasche sein.
GFA du Ch. Quercy, 3, Grave, 33330 Vignonet, Tel. 05.57.84.56.07, Fax 05.57.84.54.82, E-Mail chateauquercy@wanadoo.fr n. V.

CH. RABY-JEAN VOISIN 1998

9,5 ha 60 000 11 à 15 €

Dieser auf alten Sanden und an Eisenoxid reichem rotem Kies angelegte Cru wurde 1968 von der Familie Raby-Saugeon erworben. Die Bestockung besteht hier aus 80 % Merlot und 20 % Cabernet. Im Anblick zeigt der Wein einige lachsrote Entwicklungsreflexe. In der Nase ist er sehr komplex, eher blumig als fruchtig, und verbindet eine animalische Note mit viel geröstetem Holz. Er ist in der Ansprache weich und rund und entwickelt sich rasch zu kräftigen vanilleartigen Holzaromen, die den Geschmack beherrschen, sich aber innerhalb von zwei bis drei Jahren beruhigen dürften.

🔑 Vignobles Raby-Saugeon, Ch. du Paradis, 33330 Saint-Emilion, Tel. 05.57.55.07.20, Fax 05.57.55.07.21, E-Mail chateau.du.paradis@wanadoo.fr
☑ 🍷 n. V.

CH. RIOU DE THAILLAS 1998**

■ 3 ha 10 000 ⓘⓘ 15 à 23 €

Der kleine umfriedete Weinberg, den Jean-Yves und Michèle Béchet vor kurzem erworben haben, feiert in unserem Weinführer mit diesem bemerkenswerten 98er einen schönen Einstand. Er stammt ausschließlich von Merlot-Reben und zeigt ein dunkles, dichtes Granatrot. Er entfaltet ein konzentrieres Bouquet, das die Aromen von reifen Früchten mit einem eleganten, rassigen Holzton verbindet, dessen Noten an Verbranntes, Vanille und Kakao erinnern. Der in der Ansprache füllige, fleischige Geschmack entwickelt sich lang und schwillt zu einer sehr reifen, kräftigen Tanninstruktur an. Ein großer Wein, den man vier bis fünf Jahre im Keller altern lassen muss.

🔑 Michèle Béchet, Ch. Riou de Thaillas, 33330 Saint-Emilion, Tel. 05.57.68.42.15, Fax 05.57.68.28.59, E-Mail jean-yves.bechet@wanadoo.fr
☑ 🍷 n. V.

CH. ROC DE BOISSEAUX 1998*

■ 5 ha 32 000 ▮ⓘⓘ🌡 8 à 11 €

92 |93| |94| |97| 98

Der auf den sandigen Kiesböden von Saint-Sulpice-de-Faleyrens angelegte Cru wird von dem Önologen Gilles Pauquet und von der Firma Vitigestion beraten. Sein 98er, der vier Fünftel Merlot und ein Fünftel Cabernet franc kombiniert, präsentiert sich in einem tiefen Rubinrot. Der Geruchseindruck lässt einen ausgezeichneten Ausbau im Eichenfass erkennen und bietet über Aromen von frischen roten Früchten Gewürz- und Toastnoten. Der füllige, fleischige Geschmack enthüllt ein schönes Volumen, eine hervorragende Ausgewogenheit und eine große Länge. Ein klassischer Wein, den man drei bis fünf Jahre einkellern sollte.

🔑 SCEA du Ch. Roc de Boisseaux, Trapeau, 33330 Saint-Sulpice-de-Faleyrens, Tel. 05.57.74.45.40, Fax 05.57.88.07.00
☑ 🍷 n. V.
🔑 GFA Mme Clowez

CH. ROCHEBELLE 1998**

■ 2,7 ha 15 000 ⓘⓘ 15 à 23 €

88 |89| |93| **96** 97 **98**

Auf einem schönen Terroir mit tonigem Kalksteinboden begleiten 15 % Cabernet franc die Merlot-Rebe und ergeben gemeinsam diesen bemerkenswerten 98er, der in einem dunklen, tiefen Rubinrot eine sehr hübsche Erscheinung bietet. Das kräftige, harmonische Bouquet verbindet die Aromen von überreifen und gekochten Früchten (Backpflaume) mit würzigen Gerüchen und einer frischen Mentholnote. Der füllige, runde Geschmack besitzt eine wunderschöne Tanninstruktur und beweist im Abgang eine große Nachhaltigkeit. Ein sehr schöner Wein zum Lagern.

🔑 SCEA Philippe Faniest, Ch. Rochebelle, 33330 Saint-Laurent-des-Combes, Tel. 06.07.32.37.94, Fax 05.57.51.01.99, E-Mail chateaurochebelle@grand-cru-st-emilion.c
☑ 🍷 n. V.

CH. ROCHER BELLEVUE FIGEAC 1998*

■ 7,5 ha k. A. ⓘⓘ 11 à 15 €

86 |(88)| |89| 91 92 94 95 96 97 98

Von den 10,5 Hektar, die er bewirtschaftet, reserviert der Besitzer 7,5 Hektar für diesen Cru, der auf alten Sanden und Kies liegt und zu 70 % mit Merlot und zu 30 % mit Cabernet franc bestockt ist. Ein somit klassischer Weinberg, der einen klassischen Wein von regelmäßiger Qualität erzeugt. Die bordeauxrote Farbe ist tief. Der verführerische Duft enthüllt eine Fruchtigkeit mit einem angenehmen Holzton. Der Geschmack lässt eine gute Konzentration von dichten, nachhaltigen Tanninen erkennen. Ein lagerfähiger Wein voller Zukunft, den man für zwei bis sechs Jahre im Keller vergessen muss.

🔑 SC Rocher Bellevue Figeac, 14, rue d'Aviau, 33000 Bordeaux, Tel. 05.56.81.19.69, Fax 05.56.81.19.69 🍷 n. V.
🔑 Pierre Dutruilh

CH. ROLLAND-MAILLET 1998**

■ 3,35 ha 15 000 ▮ⓘⓘ🌡 11 à 15 €

(82) 85 86 |89| |90| |93| |94| 95 97 **98**

Michel Rolland, ein Önologe von internationalem Ansehen, leitet diesen Cru, der zu drei Vierteln mit Merlot und zu einem Viertel mit Cabernet franc bestockt ist. Die purpurrote Farbe dieses 98ers ist tief und dunkel, mit sehr jugendlichen, lebhaften Reflexen. Der angenehme, intensive Duft wird von den Aromen sehr reifer roter und schwarzer Früchte beherrscht, die ein harmonischer Holzton begleitet. Der körperreiche, fleischige, füllige, kräftig gebaute Geschmack bietet eine wunderbare Vereinigung der Traubentannine mit dem Holz vom Ausbau. Eine bemerkenswerte Flasche, bei der es sich empfiehlt, dass man sie nach Möglichkeit drei bis vier Jahre aufhebt.

🔑 SCEA Fermière des domaines Rolland, Maillet, 33500 Pomerol, Tel. 05.57.51.23.05, Fax 05.57.51.66.08 ☑ 🍷 n. V.

CH. ROL VALENTIN 1998**

■ 3,8 ha 12 000 ⓘⓘ 46 à 76 €

94 |(95)| 96 **98**

Eric Prissette ist begeisterungsfähig; er war früher an Spitzensport interessiert und interessiert sich jetzt für Weine von hohem Niveau. Er erzeugt seit 1994 Weine und erhielt für seinen 95er eine erste Liebeserklärung. Zwei Jahre hielt er sich zurück, bevor er mit seinem 98er eine Neuauflage seiner Leistung bietet. Dieser ist ein sortenreiner Merlot, erzeugt von vierzig Jahre alten Reben, die auf Sand und Kies angepflanzt sind. Beim ersten Anblick wird man durch eine prächtige bordeauxrote Farbe verzaubert, die dunkel, fast schwarz ist. Das Bouquet ist bereits kräftig, konzentriert und elegant und verbindet sehr reife Merlot-Trauben und an Lakritze erinnerndes Eichenholz. Der Geschmack ist fleischig, dicht und rassig, mit samtigen Tanninen. Toll! Dieser fast unmäßige Wein kann manchen Weinfreund überraschen, aber er wird der Zeit und den kräftigsten Gerichten trotzen.

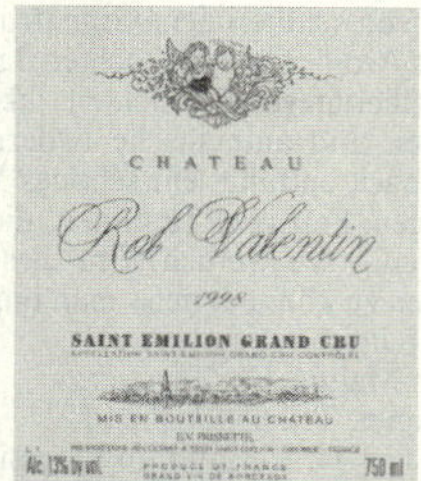

Eric Prissette, Ch. Rol Valentin, 33330 Saint-Emilion, Tel. 05.57.74.43.51, Fax 05.57.74.45.13 n. V.

CH. ROYLLAND 1998*

4 ha 20 000 11 à 15 €

|90| 92 |93| |94| 95 96 98

Der kleine Weinberg, den die heutigen Besitzer 1989 übernommen haben, liegt in der kleinen Bucht von Mazerat, am Südwesthang von Saint-Emilion. Er ist in erster Linie mit Merlot-Reben bestockt, die durch 10 % Cabernet franc ergänzt werden, und befindet sich auf Tonböden mit geringem Kalkanteil. Dieser 98er von lebhaftem, intensivem Rubinrot verbindet in der Nase Aromen von vollreifen roten und schwarzen Früchten mit einem hochfeinen, eleganten Holzton, der zart geröstet ist. Der sanfte, harmonische Geschmack bietet eine schöne Struktur, die reife, kräftige Tannine ausgleichen – Garanten für eine gute Lagerung.

GFA Roylland, 33330 Saint-Emilion, Tel. 05.57.24.68.27, Fax 05.57.24.65.25 n. V.

Pascal Oddo und Chantal Vuitton

CH. ROZIER 1998

k. A. 90 000 11 à 15 €

86 88 89 90 |93| |94| 96 |97| 98

Château Rozier, 1850 entstanden, umfasst heute 22 Hektar, die auf fünf Gemeinden verstreut liegen, und besitzt sehr unterschiedliche Terroirs, die mit Merlot sowie 15 % Cabernet franc und 5 % Cabernet Sauvignon bestockt sind. Sein 98er besitzt einen guten, typischen Charakter und präsentiert sich in einem intensiven Rubinrot. Der Duft verbindet auf harmonische Weise die Aromen roter Früchte mit den Toastgerüchen von gutem Holz. Der Geschmack ist in der Ansprache ausgewogen, rund und fleischig, dann kräftig gebaut und danach strukturiert. Der im Augenblick ein wenig strenge Abgang dürfte sich in den nächsten zwei bis drei Jahren besänftigen.

EARL Vignobles Jean-Bernard Saby et Fils, Ch. Rozier, 33330 Saint-Laurent-des-Combes, Tel. 05.57.24.73.03, Fax 05.57.24.67.77, E-Mail jean.saby@chateau-rozier.com n. V.

SAINT DOMINGUE 1998**

2,7 ha 6 000 46 à 76 €

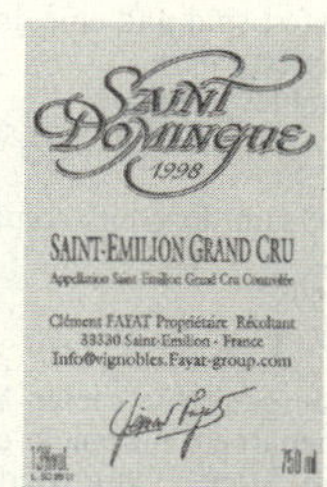

Dieser neue, 2,7 ha große Cru (zu 100 % Merlot), um den sich die Mannschaft von La Dominique kümmert, vereinigt Parzellen, die neben diesem Grand cru classé liegen und 1998 von Clément Fayat gekauft wurden. Der Wein hat unsere Verkoster durch seinen Reichtum und seine Konzentration verführt. Das Purpurrot ist dunkel und dicht, mit rötlich violetten Reflexen. In der Nase verbinden sich die Aromen von kandierten roten und schwarzen Früchten elegant mit Holznoten, die an Kakao, Rauch und geröste Mandeln erinnern. Der in der Ansprache runde, seidige, fleischige Geschmack entwickelt sich zu einer kräftigen Tanninstruktur, die eine lange Lagerung sicherstellen kann.

Clément Fayat, Ch. La Dominique, 33330 Saint-Emilion, Tel. 05.57.51.31.36, Fax 05.57.51.63.04, E-Mail info@vignobles.fayat-group.com n. V.

CH. SAINT-GEORGES COTE PAVIE 1998

Gd cru clas. 5 ha 28 000 15 à 23 €

82 83 (85) 86 88 89 |90| 92 |95| 97 98

Dieser Cru liegt vor den Toren des mittelalterlichen Städtchens nach Südsüdwesten auf einem schönen Hang mit tonigem Kalksteinboden. Sein 98er kombiniert 75 % Merlot mit 25 % Cabernet franc. Er hat einen guten, typischen Charakter. Die granatrote Farbe bietet eine schöne Erscheinung, aber der Geruchseindruck wirkt noch ein wenig verschlossen; dennoch lässt er fruchtige und blumige Nuancen und Schokoladennoten erkennen. Der ausgewogene Geschmack stützt sich auf spürbare Tannine ohne Aggressivität und auf Frucht. Seine gute, lagerfähige Struktur dürfte sich in drei bis vier Jahren entfalten.

Marie-Gabrielle Masson, Ch. Saint-Georges Côte Pavie, 33330 Saint-Emilion, Tel. 05.57.74.44.23 n. V.

CH. SAINT-LO 1998

9 ha 50 000 11 à 15 €

Das 1992 von dem thailändischen Konsul in Bordeaux vollständig erneuerte Gut stammt aus dem 16. Jh. Dieser 98er, der von 85 % Merlot und 15 % Cabernet franc erzeugt worden ist, angepflanzt auf tonigen Sandböden, hat eine klare granatrote Farbe. Das recht intensive Bouquet mischt schwarze Früchte und Lakritze mit animalischen Ledergerüchen, das Ganze mit ei-

nem feinen, gut eingefügten Holzton verbunden. Der Geschmack ist körperreich und sanft und gründet sich danach auf Tannine, die im Abgang ein wenig fest sind und eine drei- bis vierjährige Alterung erfordern.
SA Les Vignobles Réunis,
33330 Saint-Pey-d'Armens, Tel. 05.56.81.57.86,
Fax 05.56.81.57.90,
E-Mail accueil@saint-lo-group.com n. V.

SANCTUS 1998

3,7 ha 12 000 46 à 76 €

Der erste Jahrgang für diesen neuen Cru, der in Zusammenarbeit mit einem chilenischen Winzer, Aurelio Montes, vinifiziert wird. Der 98er, der zu zwei Dritteln von Merlot und zu einem Drittel von Cabernet franc stammt, ist zwanzig Monate im neuen Eichenfass ausgebaut worden. Er zeigt ein lebhaftes Rubinrot. Das noch diskrete Bouquet verbindet gekochte rote Früchte und gutes Holz. Der ausgewogene Geschmack bietet Rundheit, Frucht und elegante Tannine von guter Beständigkeit. Dennoch muss man ihn drei bis vier Jahre aufheben, damit man ihn stärker entfaltet genießen kann.
SA Ch. La Bienfaisance, 39, le Bourg,
33330 Saint-Emilion, Tel. 05.57.24.65.83,
Fax 05.57.24.78.26 n. V.

CH. SANSONNET 1998

7 ha 30 000 11 à 15 €

Sansonnet, das 1999 von der Familie des Marquis d'Aulan, dem ehemaligen Besitzer der Champagner-Firma Piper-Heidsieck, erworben wurde, gehörte früher Decazes, dem Premierminister Ludwigs XVIII. Die 35 Jahre alten Reben (70 % Merlot und 30 % Cabernet) sind auf tonigen Kalksteinböden angepflanzt. Das Bouquet dieses 98ers verbindet sehr reife Früchte, Gewürze und einen ausgeprägten Holzton. Dieser in der Ansprache sanfte Wein entwickelt sich zu einem Geschmack von sehr reifen Früchten mit Holzaroma hin, der es ermöglichen dürfte, dass man ihn recht bald trinkt.
Ch. Sansonnet, 33330 Saint-Emilion,
Tel. 03.26.88.75.81, Fax 03.26.88.67.43 n. V.
d'Aulan

CH. TERTRE DAUGAY 1998*

Gd cru clas. 13 ha 50 000 23 à 30 €
82 **83 86 88** |89| |90| |93| |94| 96 98

Der Cru auf den ersten Anhöhen des Südhangs von Saint-Emilion besitzt eine sehr schöne Lage auf tonigen Kalksteinböden. Dieser 98er, eine Kombination gleicher Anteile von Merlot und Cabernet franc, präsentiert sich in einem ansprechenden Rubinrot, das sehr jugendlich, lebhaft und intensiv ist. Die Aromen roter Früchte beherrschen das kräftige, warme Bouquet mit den feinen Holznoten. Der ausgewogene, harmonische Geschmack enthüllt ein gutes Volumen und elegante, samtige Tannine, die innerhalb von zwei bis drei Jahren vollständig verschmelzen dürften. «Ganz in der Tradition des Saint-Emilion.»
Léo de Malet Roquefort, Ch. La Gaffelière,
33330 Saint-Emilion, Tel. 05.57.24.72.15,
Fax 05.57.24.69.06 n. V.

CH. TEYSSIER 1998

15,6 ha 65 208 15 à 23 €

Dieses schöne Gebäude, das Jonathan Maltus 1994 kaufte, ist von einem Weinberg umgeben, der hauptsächlich mit Merlot sowie als Ergänzung dazu mit 15 % Cabernet franc bestockt ist. Dieser 98er von schillerndem Granatrot verbindet im Duft Aromen von gekochter Backpflaume und kandierten roten Früchten, lakritzeartige Holznoten und animalische Ledernuancen. Der Geschmack entfaltet ein schönes Volumen mit fleischigen, kräftigen Tanninen, die im Abgang ein wenig rau werden. Um diesen Wein voll würdigen zu können, muss man ihn deshalb vier bis fünf Jahre reifen lassen.
Jonathan Maltus, Ch. Teyssier,
33330 Vignonet, Tel. 05.57.84.64.22,
Fax 05.57.84.63.54, E-Mail info@teyssier.fr
n. V.

CH. TOINET FOMBRAUGE 1998

1,05 ha 7 000 11 à 15 €
|93| |94| |95| 96 97 98

Die ältesten Reben dieses Guts finden Eingang in diese AOC: zu 80 % Merlot sowie Cabernet franc, angepflanzt auf tonigen Kalksteinböden. Der Wein zeigt eine schöne rubinrote Farbe. Der Duft erinnert an frische rote Früchte und zerquetschte Kerne, die von feinen Holznoten begleitet werden. Der körperreiche, kräftig gebaute Geschmack entfaltet feste, aber viel versprechende Tannine, die in den kommenden Jahren sanfter werden dürften.
Bernard Sierra, Ch. Toinet-Fombrauge,
33330 Saint-Christophe-des-Bardes,
Tel. 05.57.24.77.70, Fax 05.57.24.76.49
tägl. 10h–12h 15h–19h

CH. TOURANS 1998

3,66 ha 24 888 11 à 15 €

Einer der vielen Bordelais-Crus der Firma Roger Geens, eines belgischen Weinhändlers. Dieser 98er ist von Merlot (80 %) und Cabernet Sauvignon (20 %) erzeugt worden, die auf tonigem Kalkstein wachsen. Der Wein hat eine hübsche, strahlende Rubinfarbe. Der noch ein wenig verschlossene Geruchseindruck macht es nötig, den Wein im Glas zu schwenken, damit er Milch- und Holzaromen freisetzt. Der Geschmack besitzt einen guten Umfang und wird rasch von Tanninen dominiert, die ein wenig aufdringlich wirken. Ein charaktervoller Wein, der je nach Geschmack gefallen oder schockieren kann.
SCEA Vignobles Rocher-Cap-de-Rive 1,
33350 Saint-Magne-de-Castillon,
Tel. 05.57.40.08.88, Fax 05.57.40.19.93,
E-Mail vignoblesrochercaprive@wanadoo.fr

CH. TOUR BALADOZ 1998*

5 ha 30 000 11 à 15 €
|93| |94| 95 96 |97| 98

Erzeugt worden ist er von dreißig Jahre alten Reben (70 % Merlot und 30 % Cabernet), die auf tonigen Kalksteinböden im Osten der Appellation wachsen. Dieser 98er beeindruckt durch eine fast schwarze Farbe. Der Duft entfaltet sich zu Konfitürenoten und einem empyreumatischen Holzton. Der zunächst weiche, fleischige Geschmack wird rasch von erstklassigen, aber ein wenig festen Holztanninen unterstützt. Ein solider Lagerwein, der je nach Geschmack und Lagerungsbedingungen drei bis zwölf Jahre ruhen sollte.

SCEA Ch. Tour Baladoz,
33330 Saint-Laurent-des-Combes,
Tel. 05.57.88.94.17, Fax 05.57.88.39.14,
E-Mail gdemour@aol.com ☑ Ɪ n. V.

CH. TOUR DES COMBES 1998

■ 13 ha 51 000 11 à 15 €

|90| |94| |95| |96| 98

Der Weinberg (80 % Merlot) ist am Fuße des Hangs von Saint-Laurent-des-Combes auf tonig-kalkigen und sandigen Böden angelegt. Dieser 98er von hübschem Rubinrot ist noch diskret in der Nase, wo sich dennoch frische, fruchtige Düfte und ein paar würzige Noten zeigen. Der Geschmack ist sanft und rund, mit angenehmen, fleischigen Tanninen und einer schönen aromatischen Wiederkehr der roten Früchte im Abgang.

SCE des Vignobles Darribéhaude,
1, Au Sable, 33330 Saint-Laurent-des-Combes,
Tel. 05.57.24.70.04, Fax 05.57.74.46.14
☑ Ɪ n. V.

TOUR DU SEME 1998*

■ 3 ha 15 000 15 à 23 €

Ein Neuling im Hachette-Weinführer. Das im März 1998 entstandene Gut hat bereits die Aufmerksamkeit der Jury erregt, nämlich mit diesem überraschenden Wein, einer drei Hektar umfassenden Auswahl von den sechs Hektar, die das Gut umfasst, erzeugt von zwanzig Jahre alten Reben, die auf tiefem Sand angepflanzt sind. Die Zusammenstellung ist mit 60 % Cabernet gegenüber 40 % Merlot untypisch. Die Farbe zeigt ein schönes, dunkles Rubinrot. Wenn man den Wein im Glas schwenkt, verströmt das noch ein wenig verschlossene Bouquet Düfte von Waldfrüchten, Gewürzen, Tabak und Röstung. Der frische, fruchtige Geschmack wird von verschmolzenen Tanninen unterstützt, die es möglich machen, dass man diesen 98er recht bald trinkt.

SARL Milens, Le Sème,
33330 Saint-Hippolyte, Tel. 05.57.55.24.47,
Fax 05.57.55.24.44 ☑ Ɪ n. V.

CH. TOUR GRAND FAURIE 1998

■ 13,8 ha 93 000 11 à 15 €

88 |90| 94 |95| |96| |97| 98

Der Cru wurde zu Beginn des 20. Jh. von Pierre Feytit gekauft, dem Urgroßvaer der heutigen Winzerin. Die im Durchschnitt über vierzig Jahre alten Reben bestehen zu 86 % aus Merlot und zu 12 % aus Cabernet sowie einem Hauch von Malbec (Côt), die auf Sandböden über eisenoxidhaltigem Kies und tonigem Kalksteinboden wachsen. Der strahlende Wein zeigt einige Entwicklungsreflexe. Das schon feine, komplexe Bouquet verbindet Frucht- und Holznoten. Der sanfte Geschmack stützt sich auf verschmolzene Tannine, die es erlauben dürften, dass man diese Flasche ziemlich bald zu einem auf Rebholz gegrillten Lendenstück vom Rind trinkt.

Georgette Feytit, Ch. Tour Grand-Faurie,
33330 Saint-Emilion, Tel. 05.57.24.73.75,
Fax 05.57.74.46.94, E-Mail feytit@hotmail.com
☑ Ɪ n. V.

CH. TOUR RENAISSANCE 1998

■ 4 ha 23 000 8 à 11 €

89 |90| 91 92 93 94 |96| |97| 98

Dieser in unserem Weinführer regelmäßig ausgewählte Cru ist ein Teil der 48 Hektar, die Daniel Mouty bewirtschaftet, und gehört seiner Frau Françoise, die ebenfalls einer alten Winzerfamilie entstammt. Sein 98er, dessen herrliche rubinrote Farbe lebhaft und intensiv ist, bietet ein ausdrucksvolles, reiches Bouquet, das Aromen von reifen Trauben und kandierten Früchten mit einem einschmeichelnden Holzton verbindet, der Schokoladennoten bietet. Der im Geschmack kraftvolle, körperreiche Wein besitzt eine feste, anhaltende Tanninstruktur, die nur ein wenig Zeit braucht, um zu verschmelzen.

SCEA Daniel Mouty, Ch. du Barry,
33350 Sainte-Terre, Tel. 05.57.84.55.88,
Fax 05.57.74.92.99,
E-Mail daniel-mouty@wanadoo.fr
☑ Ɪ Mo–Fr 8h–17h

CH. TRIMOULET 1998

■ 8 ha 48 000 11 à 15 €

94 |95| |96| |97| 98

Dieser Cru besteht aus 60 % Merlot und 40 % Cabernet franc. Der 98er hat eine recht kräftige Farbe. Im Duft vermischen sich die Aromen von frischen Früchten mit blumigen Noten. Der Geschmack ist gut strukturiert, mit einer dichten Tanninstruktur, die im Augenblick ein wenig fest, aber viel versprechend ist.

Michel Jean, Ch. Trimoulet,
33330 Saint-Emilion, Tel. 05.57.24.70.56,
Fax 05.57.74.41.69 Ɪ n. V.

CH. TROPLONG-MONDOT 1998*

■ Gd cru clas. 25,32 ha 83 800 38 à 46 €

82 83 85 86 88 |**89**| |(90)| **92** 93 |95| |96| 97 98

Dieser 30 ha große Cru, der in Mondot liegt, auf dem höchsten Punkt östlich von Saint-Emilion, und 1745 von der Familie de Sèze gegründet und zwischen 1850 und 1875 von Raymond Troplong, dem Senatspräsidenten, aufgebaut wurde, gehört seit 1936 der Familie Valette. Sein sehr klassischer Weinberg ist mit 80 % Merlot und 20 % Cabernet-Sorten bestockt, die auf einem tonigen Kalksteinboden angepflanzt sind. Dieser 98er ist ebenfalls klassisch und befindet sich auf einem hohen Niveau, wenn man nach seinem großartigen dunklen, fast schwarzen Bordeauxrot und seiner sehr reichhaltigen Duftpalette urteilt: sehr reife Trauben, Backpflaume, Schokolade, Kaffee, Bourbon-Vanille und Leder. Der überaus köstliche Geschmack besitzt Frucht, Fleisch und erstklassige Tannine. Ein lagerfähiger Wein, den man in drei bis acht Jahren servieren kann, beispielsweise zu einer Wildterrine. Der Zweitwein, der **98er Mondot** (Preisgruppe: 100 bis 149 F), erhält die gleiche

Note. Eine schöne Ausgewogenheit zwischen der Frucht und dem Holz und feinkörnige Tannine ergeben einen harmonischen Wein, den man früher als den Hauptwein aufmachen kann.
Christine Valette, Ch. Troplong-Mondot, 33330 Saint-Emilion, Tel. 05.57.55.32.05, Fax 05.57.55.32.07 n. V.

CH. TROTTEVIEILLE 1998*

1er gd cru B k. A. k. A. 38 à 46 €

82 85 86 88 90 93 94 |95| |96| |97| 98

Bekrönt von einem kleinen Landhaus aus dem 18. Jh., das einige hundert Meter nordwestlich von Saint-Emilion liegt, bietet dieses Gut einen großartigen Rundblick über das Tal der Dordogne, das mittelalterliche Städtchen, Pomerol, Fronsac sowie den Weinberg mit den vierzig Jahre alten Reben (je zur Hälfte Merlot und Cabernet), die auf einem tonigen Kalksteinboden angepflanzt sind. Der Wein zeigt ein jugendliches, dunkles Bordeauxrot. Der Duft braucht ein wenig Belüftung, um ein Bouquet zu entfalten, das geröstete Mandel und schwarze Früchte verbindet. Lebhaftigkeit und Frische kommen im Geschmack zum Ausdruck, in dem viele noch männliche Tannine eine fünf- bis zehnjährige Lagerung möglich machen. Rehsattel oder Jungwildschwein werden zu ihm passen.
Indivision Castéja-Preben-Hansen, Ch. Trottevieille, 33330 Saint-Emilion, Tel. 05.56.00.00.70, Fax 05.57.87.48.61 n. V.

CH. DU VAL D'OR 1998

12,48 ha k. A. 11 à 15 €

94 95 96 |97| 98

Seinen Namen hat dieser Cru von dem Dorf Orval im Departement Dordogne, von wo der Großvater Philippe Bardets stammte. Im 19. Jh. besaß einer seiner Vorfahren Lastkähne, die Barriquefässer nach Bordeaux transportierten. Der im Süden der Appellation angelegte Weinberg hat einen Wein von dunklem Rubinrot hervorgebracht. Das feine, delikate Bouquet erinnert an kleine Früchte (Himbeere) und geröstetes Brot. Der Geschmack ist noch sehr fruchtig und reich an festen Tanninen, die nur ein wenig warten müssen, damit sie rotes Fleisch und Wild begleiten.
SCEA des Vignobles Bardet, 17, la Cale, 33330 Vignonet, Tel. 05.57.84.53.16, Fax 05.57.74.93.47, E-Mail vignobles@vignobles-bardet.fr n. V.

CH. VIEILLE TOUR LA ROSE 1998*

4,5 ha 32 000 8 à 11 €

Ein hübsches, zehn Hektar großes Weingut, das seit 1946 von der Familie Ybert bewirtschaftet wird. 4,5 Hektar davon sind für den Grand cru bestimmt; sie liegen auf den eisenhaltigen Sanden des Abschnitts La Rose, im Norden von Saint-Emilion, und sind zu 80 % mit Merlot und zu 20 % mit Cabernet bestockt. Der 98er hat eine hübsche Granatfarbe, die dunkel und dicht ist. Das schon intensive Bouquet entfaltet sehr reife Trauben, Eingemachtes und Backpflaume, die ein Hauch von Leder begleitet. Der Geschmack ist fleischig, dicht und körperreich und wird von guten Traubentanninen verstärkt. Ein traditioneller Saint-Emilion, der in zwei Jahren Wild, Saucen, rotes Fleisch und Pyrenäenkäse begleiten kann.
SCEA Vignobles Daniel Ybert, La Rose, 33330 Saint-Emilion, Tel. 05.57.24.73.41, Fax 05.57.74.44.83 n. V.

VIEUX CHATEAU L'ABBAYE 1998

1,73 ha 10 000 11 à 15 €

|95| 96 97 98

Die umgebaute Kirche Saint-Christophe (12. Jh.) bewahrt ein schönes romanisches Portal. Der Boden ist hier tonig-kalkig, über Felsgestein, und mit 85 % Merlot und 15 % Cabernet franc bestockt. Der 98er hat eine hübsche rubinrote Farbe; in der Nase ist er schon ausdrucksvoll und liefert blumige und holzige Düfte mit einem Hauch von Paprikaschote. Er ist in der Ansprache sehr warm und mündet rasch in noch junge Tannine, die sich zwei bis drei Jahre lang beruhigen müssen, bevor man diese Flasche öffnen kann.
Françoise Lladères, Vieux château l'Abbaye, BP 69, 33330 Saint-Christophe-des-Bardes, Tel. 05.57.47.98.76, Fax 05.57.47.93.03 n. V.

VIEUX CHATEAU PELLETAN 1998

6,24 ha 23 300 8 à 11 €

Der im Norden der Appellation auf tonigem Kalkstein angelegte Weinberg gehört der Familie Magnaudeix, die auch Vieux Larmande und Tertre de Sarpe bewirtschaftet. Die Bestockung enthält hier 80 % Merlot und 20 % Cabernet franc. Das Ergebnis ist ein Wein von dunkelrubinroter Farbe, der nach kleinen roten Früchten duftet, mit einem leichten Holzton. Der klare Geschmack entwickelt sich zu noch harten Tanninen, die ein paar Jahre brauchen, damit sie sich abklären. Ein Saint-Emilion im alten Stil, rustikal und männlich.
SCEA Vignobles Magnaudeix, Ch. Vieux Larmande, 33330 Saint-Emilion, Tel. 05.57.24.60.49, Fax 05.57.24.61.91 n. V.

CH. VIEUX GRAND FAURIE 1998

5 ha 26 000 8 à 11 €

Dieser Cru im Norden von Saint-Emilion liegt auf alten Sandböden und enthält 70 % Merlot. Der Wein hat eine hübsche Farbe mit rubinroten Reflexen. Man muss ihn ein wenig im Glas schwenken, damit das Bouquet Aromen von kandierten Früchten und einen warmen Duft entfaltet. Der sanfte, ausgewogene Geschmack bietet eine gute Konzentration und noch ein wenig harte Tannine. Ein Saint-Emilion im traditionellen Stil, der drei bis vier Jahre altern muss.
SCEA Bourrigaud et Fils, Ch. Vieux Grand Faurie, 33330 Saint-Emilion, Tel. 05.57.74.43.98, Fax 05.57.74.41.07, E-Mail contact@chateau.champion.com
Pascal

CH. VIEUX LARMANDE 1998

■ 4,25 ha 23 400 11 à 15 €

|88| |90| 92 94 95 |96| |98|

Ein kleines Gut in Familienbesitz, dessen Bestockung drei Viertel Merlot und ein Viertel Bouchet enthält. Die dreißig Jahre alten Rebstöcke sind auf einem tonigen Kieselboden angepflanzt. Der Wein hat eine hübsche, recht kräftige Granatfarbe. Der Duft ist fruchtig (säuerliche rote Johannisbeeren) und fein. Der runde, elegante Geschmack bietet ebenfalls ein fruchtiges Aroma und eine gute Ausgewogenheit zwischen den Holztanninen und den Trauben. Dieser schon harmonische 98er dürfte sich recht schnell entwickeln.

SCEA Vignobles Magnaudeix, Ch. Vieux Larmande, 33330 Saint-Emilion, Tel. 05.57.24.60.49, Fax 05.57.24.61.91 n. V.

CH. VIEUX POURRET 1998*

■ 4,19 ha 24 000 11 à 15 €

86 88 |89| |90| |93| |94| 95 96 |97| 98

Dieser Cru in der Nähe des Städtchens gehört seit 1980 Michel Boutet. Merlot ist hier mit 20 % Cabernet franc zu einem 98er kombiniert worden, der achtzehn Monate im Barriquefass ausgebaut worden ist. Der Ausbau ist gelungen: Die granatrote Farbe ist klar und strahlend; der Duft entfaltet gekochte rote Früchte, Leder und Gewürze. Der ausgewogene Geschmack stützt sich auf sanfte, runde Tannine, die für Volumen und eine schöne Stärke und danach im Abgang für eine angenehme, köstliche aromatische Nachhaltigkeit sorgen.

Michel Boutet, SC du Ch. Vieux Pourret, BP 70, 33330 Saint-Emilion, Tel. 05.57.24.70.86, Fax 05.57.24.68.30 n. V.

CH. VIEUX SARPE 1998*

■ 2,5 ha 15 000 15 à 23 €

Auf Haut Sarpe kann man die Spuren von Furchen sehen, die in der Römerzeit in den Fels gegraben wurden. Die Reben sind noch immer da und haben einen sehr gelungenen 98er hervorgebracht. Sein intensives Rubinrot zeigt karminrote Reflexe. Das entstehende Bouquet braucht ein wenig Belüftung, damit es rote Früchte (Kirsche) und würzige, fleischartige Noten bietet. Der sanfte, runde Geschmack stützt sich auf relativ verschmolzene Tannine. Ein einschmeichelnder Wein.

Sté d'Exploitation du Ch. Haut-Sarpe, BP 192, 33506 Libourne Cedex, Tel. 05.57.51.41.86, Fax 05.57.51.53.16, E-Mail info@j-janoueix-bordeaux.com n. V.

J.F. Janoueix

CH. VILLEMAURINE 1998

■ Gd cru clas. 7 ha 48 000 23 à 30 €

85 86 88 |89| |90| 93 94 97 |98|

Dieser 98er von lebhaftem, intensivem Rubinrot entfaltet Aromen von eingemachten kleinen roten Früchten und Anklänge an Feige, Vanille und Rauch. Der sanfte, feine Geschmack besitzt schon gefällige, seidige Tannine.

SCA Vignobles Robert Giraud, Dom. de Loiseau, BP 31, 33240 Saint-André-de-Cubzac, Tel. 05.57.43.01.44, Fax 05.57.43.08.75, E-Mail direction@robertgiraud.com n. V.

Die anderen Appellationen der Region Saint-Emilion

Mehrere Nachbargemeinden von Saint-Emilion, die früher der Autorität seiner Jurade (Stadtrat) unterstanden, dürfen an ihren Namen den des berühmten Nachbarorts anhängen. Im Einzelnen sind dies die Appellationen Lussac-Saint-Emilion (1 437 ha, 84 274 hl), Montagne Saint-Emilion (1 575 ha, 91 650 hl), Puisseguin Saint-Emilion (742 ha, 43 037 hl) und Saint-Georges Saint-Emilion (183 ha, 10 514 hl), wobei die beiden letzten Orte heute mit Montagne zusammengewachsen sind. Alle liegen nordöstlich von Saint-Emilion, in einem Gebiet mit zerklüfteter Oberflächengestalt, die den Reiz dieser Gegend ausmacht. Auf ihren Hügeln findet man eine Reihe von ruhmreichen historischen Bauwerken. Die Böden sind sehr unterschiedlich, während die Bestockung dieselbe wie in Saint-Emilion ist; auch die Qualität ist ähnlich wie die der Saint-Emilion-Weine.

Lussac Saint-Emilion

CH. DE BARBE-BLANCHE
Cuvée Henri IV 1998

■ k. A. 40 000 11 à 15 €

2000 erwarb André Lurton 50 % der Anteile von André Magnons Gut. Diese Cuvée Henri IV ist ein Jahr lang im neuen Barriquefass ausgebaut worden. Seine granatrote Farbe zeigt rubinrote Reflexe. Das intensive Bouquet erinnert an reife rote Früchte, Vanille und geröstetes Brot. Die spürbaren Tannine sind nicht sehr konzentriert, brauchen aber dennoch eine Lagerung von zwei bis drei Jahren.

SCE Ch. de Barbe-Blanche, 33570 Lussac, Tel. 05.57.25.58.58, Fax 05.57.74.98.59
n. V.
André Lurton und André Magnon

CH. BEL-AIR 1998**

k. A. 140 000 8 à 11 €

Das schöne, 21 ha große Gut befindet sich auf einem tonigen Terroir, das im Unterboden Eisenoxide aufweist. Sein Wein ist prächtig: Die intensive granatrote Farbe mit purpurroten Reflexen kündigt ein ausdrucksvolles, reiches Bouquet an, das noch von den Röst- und Vanillenoten dominiert wird. Im Geschmack entwickelt sich die sanfte, großzügige Ansprache voller Stärke, aber mit viel Holz; das Fass vereinigt sich jedoch sehr gut mit dem Wein. Er zeigt eine große, sehr reichhaltige Komplexität und verfügt über ein großes Lagerpotenzial, mindestens vier bis sechs Jahre.

Jean-Noël Roi, EARL Ch. Bel-Air, 33570 Lussac, Tel. 05.57.74.60.40, Fax 05.57.74.52.11, E-Mail jean.roi@wanadoo.fr n. V.

CH. BEL-AIR Cuvée Jean Gabriel 1998**

2 ha 12 000 11 à 15 €

Diese großartige Cuvée stammt von einer Auswahl von Merlot- und Cabernet-Parzellen, die auf einem Tonboden liegen. Sie ist achtzehn Monate lang vollständig in neuen Barriquefässern ausgebaut worden und bezaubert die Liebhaber von Weinen, die zum Lagern bestimmt sind. Die Purpurfarbe ist fast schwarz. Die Röst- und Toastaromen verbinden sich innerhalb einer komplexen Palette mit den Noten von reifen Früchten, während die großzügigen, seidigen Tannine verschmolzen, fett und ausgewogen sind und eine große Länge besitzen. Ein bemerkenswerter Wein, den man mindestens vier bis zehn Jahre oder sogar noch länger altern lassen kann.

Jean-Noël Roi, EARL Ch. Bel-Air, 33570 Lussac, Tel. 05.57.74.60.40, Fax 05.57.74.52.11, E-Mail jean.roi@wanadoo.fr n. V.

CH. DE BELLEVUE 1998

12 ha 84 000 8 à 11 €

Ein schönes kleines Landhaus aus dem 18. Jh. beherrscht den Weinberg, von dem dieser 98er kommt, der sanft und fruchtig (Erdbeere, Pfirsich) und sehr elegant ist. Im Geschmack erweist er sich als tanninreicher, komplexer Wein, der sich besänftigen und ausbalancieren muss. Man kann ihn zwei bis drei Jahre in einem guten Keller aufheben.

Ch. Chatenoud et Fils, Ch. de Bellevue, 33570 Lussac, Tel. 05.57.74.60.25, Fax 05.57.74.53.69 n. V.

CH. BONNIN 1998**

2,5 ha 15 000 8 à 11 €

Dieses vor kurzem übernommene Château hat im letzten Jahr für seinen ersten Jahrgang, den 97er, einen Stern erhalten; mit diesem prächtigen 98er kommt es noch weiter voran. Das strahlende Purpurrot zeigt an schwarze Kirschen erinnernde Reflexe. Das ausdrucksvolle Bouquet lässt an Geröstetes, Vanille und reife Früchte denken. Der in der Ansprache sanfte, großzügige Geschmack besitzt kräftige, aromatische, verschmolzene Tannine: Der zwölfmonatige Ausbau im Holzfass ist gut durchgeführt worden. Der besonders ausgewogene, lang anhaltende Abgang lässt eine Lagerfähigkeit von mindestens fünf bis zehn Jahren voraussagen.

Philippe Bonnin, Pichon, 33570 Lussac-Saint-Emilion, Tel. 05.57.74.53.12, Fax 05.57.74.58.26
n. V.

CH. DE BORDES B de B 1998

0,25 ha 2 100 8 à 11 €

Diese winzige Cuvée, die ein Jahr lang im neuen Fass ausgebaut worden ist, bietet eine kräftige granatrote Farbe und eine zurückhaltende, aber elegante Frucht von schwarzer Johannisbeere, Pfeffer und Gewürznelke. Im Geschmack ist sie ölig. Die Tannine sind sehr deutlich zu spüren; sie müssen sich während einer zwei- bis vierjährigen Reifung besänftigen und ausgleichen.

Vignobles Paul Bordes, Faize, 33570 Les Artigues-de-Lussac, Tel. 05.57.24.33.66, Fax 05.57.24.30.42, E-Mail vignobles.bordes.paul@wanadoo.fr
n. V.

CH. CAILLOU LES MARTINS 1998*

8 ha 40 000 5 à 8 €

Dieser kleine Familienbetrieb erzeugt regelmäßig sehr gute Weine, wie etwa diesen 99er, der eine strahlende Purpurfarbe besitzt. Sein entstehendes Bouquet von Früchten und geräuchertem Holz hat Charme. Seine in der Ansprache sanfte Tanninstruktur entwickelt sich voller Stärke zu einer guten Ausgewogenheit zwischen den Traubentanninen und dem Holzton. Eine Flasche, die man in den nächsten fünf Jahren trinken kann.

Jean-François Carrille, pl. du Marcadieu, 33330 Saint-Emilion, Tel. 05.57.24.74.46, Fax 05.57.24.64.40, E-Mail paul.carrille@worldonline.fr n. V.

CH. CHEREAU 1998

20 ha 60 000 5 à 8 €

Eine recht Libournais-typische Bestockung mit 70 % Merlot und den beiden Cabernet-Sorten, die auf tonigem Kalkstein wachsen. Dieser 98er zeichnet sich vor allem durch sehr elegante Aromen von Blumen (Rose) und durch eine sanfte, verschmolzene Struktur von recht guter Komplexität im Abgang aus. Ein Wein, den man trinken oder zwei bis drei Jahre aufheben kann.

SCEA Vignobles Silvestrini, 8, Chéreau, 33570 Lussac, Tel. 05.57.74.50.76, Fax 05.57.74.53.22 n. V.

CH. DU COURLAT
Les raisins de la tradition Cuvée Jean-Baptiste Fût de chêne 1998*

■ 4 ha 30 000 11 à 15 €

Diese Spitzencuvée, die von alten Reben des Guts stammt, wurde zu Ehren des Großvaters des heutigen Besitzers geschaffen, der den Weinberg anlegte. Der 98er zeigt ein schillerndes Granatrot. Sein ausdrucksvolles Bouquet erinnert an Himbeere, Veilchen, Gewürze und Vanille. Im Geschmack ist er ein kräftiger, sehr reifer Wein, der mindestens drei bis vier Jahre braucht, um sanft zu werden. Der **98er Château du Courlat** (Preisgruppe: 50 bis 69 F) erhält eine lobende Erwähnung für seinen sehr fruchtigen Charakter und seine sanfte, harmonische Struktur. Man kann diese Flasche schon jetzt und noch zwei bis drei Jahre lang servieren.
SA Pierre Bourotte, 62, quai du Priourat, 33500 Libourne, Tel. 05.57.51.62.17, Fax 05.57.51.28.28, E-Mail jeanbaptiste.audy@wanadoo.fr n. V.

CH. CROIX DE RAMBEAU 1998

■ 6 ha 50 000 8 à 11 €

Das Château, das sich seit Mitte des 20. Jh. im Besitz der Trocards befindet, hat 2001 einen neuen Barriquekeller eingeweiht. Sein 98er besitzt ein frisches, fruchtiges Bouquet von Himbeere und Veilchen und eine in der Ansprache intensive Tanninstruktur, die dennoch bei der Entwicklung eine gewisse Strenge zeigt. Wenn seine Jugend in ein bis drei Jahren vorüber ist, wird sein harmonischer Charakter zu kleinem Haarwild passen.
SCEA des Vignobles Trocard, 2, Les Petits-Jays-Ouest, 33570 Les Artigues-de-Lussac, Tel. 05.57.55.57.90, Fax 05.57.55.57.98, E-Mail trocard@wanadoo.fr
Mo–Fr 8h–12h 14h–17h

CH. DE LA GRENIERE
Cuvée de la Chartreuse Elevé en barrique de chêne merrain 1998

■ 2,8 ha 15 000 8 à 11 €

Château de La Grenière stellt zwei 98er vor, die gleich bewertet wurden. Die im Barriquefass ausgebaute Cuvée de la Chartreuse besitzt ein ziemlich komplexes Bouquet von getrockneten Früchten und intensive, ölige Tannine, die im Schlussgeschmack noch jugendlich erscheinen. Die **klassische Cuvée 1998** ist frischer, fruchtig (rote Johannisbeere, schwarze Johannisbeere) und leicht würzig; ihre Tannine sind schon sehr angenehm. Zwei unterschiedliche Stile, die man in ein bis drei Jahren genießen kann.
EARL Vignobles Dubreuil, Ch. de La Grenière, 33570 Lussac, Tel. 05.57.74.64.96, Fax 05.57.74.56.28, E-Mail o.jp.dubreuil@m6net.fr n. V.
Odette Dubreuil

CH. LA HAUTE CLAYMORE 1998**

■ 3 ha k. A. 8 à 11 €

Der Weinberg, der mit seinen englischen Ursprüngen ins 14. Jh. zurückreicht, gehörte der Zisterzienserabtei Faise. Er ist die Ehrungen des Hachette-Weinführers gewohnt und erhält hier eine einstimmige Liebeserklärung für diese Sondercuvée. Das Purpurrot ist tief; das elegante Bouquet verbindet reife Früchte, Röstaroma und balsamische Noten. Die reiche, klare Ansprache mit gut verschmolzenen Tanninen entwickelt sich voller Stärke zu einem sehr fruchtigen Stoff. Dieser sehr typische 98er von großer Qualität wird nach einer drei- bis sechsjährigen Lagerung noch besser zur Entfaltung kommen. Der Zweitwein, der **98er Cadet du Château Claymore** (Preisgruppe: 30 bis 49 F), erhält einen Stern: ein sehr einschmeichelnder, typischer Wein, den man in den nächsten drei bis vier Jahren aufmachen kann.

EARL Vignobles D. et C. Devaud, Ch. de Faise, 33570 Les Artigues-de-Lussac, Tel. 05.57.24.31.39, Fax 05.57.24.34.17
n. V.

CH. LA JORINE 1998*

■ 3,55 ha 25 000 5 à 8 €

Das Etikett dieses Cru zeigt die Kirche von Cornemps. Das Château präsentiert einen sehr interessanten 98er, der ein intensives, tiefes Granatrot zeigt und schon sehr ausdrucksvolle Gewürz- und Kaffeearomen besitzt. Seine strukturierten, reichen Tannine begleitet ein guter Holzton. Der ausgewogene, anhaltende Schlussgeschmack lässt eine Lagerung von zwei bis fünf Jahren zu.
EARL vignobles Fagard, Cornemps, 33570 Petit-Palais, Tel. 05.57.69.73.19, Fax 05.57.69.73.75 n. V.

CH. DES LANDES 1998

■ 24 ha 25 000 5 à 8 €

Die beiden Cabernet-Sorten begleiten die dominierende Merlot-Rebe (80 %). Dieser 98er ist durch eine schon leicht ziegelrote Farbe und eine spürbare, harmonische Tanninstruktur gekennzeichnet, die im Abgang noch streng ist. In zwei bis drei Jahren ist die Ausgewogenheit erreicht.
EARL des vignobles des Landes, Ch. des Landes, 33570 Lussac-Saint-Emilion, Tel. 05.57.74.68.05, Fax 05.57.74.68.05, E-Mail nicolaslassagne@aol.com
tägl. 8h–20h
Lassagne

CH. LE GRAND BOIS 1998*

■ 0,89 ha 70 000 8 à 11 €

Wir haben Sie bereits darauf hingewiesen, dass die Felsenkeller dieses Châteaus eine Besichtigung wert sind. Sie können dort auch diesen prächtigen Wein probieren, der zu 100 % von der Merlot-Rebe stammt und zwölf Monate im neuen Barriquefass ausgebaut worden ist. Seine intensive, satte Farbe zieht den Blick auf sich. Der Duft verbindet Blumen, rote Früchte und einen vanilleartigen Holzton. Der Geschmack erweist sich sanft und würzig und entwickelt sich dann voller Stärke und Reife und mit viel Ausgewogenheit. Eine sehr schöne Flasche, die man trinken oder drei bis sechs Jahre aufheben kann.

SARL Roc de Boissac, Pleniers de Boissac, 33570 Puisseguin, Tel. 05.57.74.61.22, Fax 05.57.74.59.54 n. V.

SCI de Boissac

CH. LES COUZINS
Cuvée Prestige Elevé en fût de chêne neuf 1998*

■ 3 ha 20 000 8à11€

Diese Cuvée Prestige stammt von alten Merlot- (80 %) und Cabernet-Sauvignon-Reben (20 %); sie ist ein Jahr lang im Barriquefass ausgebaut worden. Das Purpurrot zeigt schöne rubinrote Reflexe; die intensiven Aromen erinnern an rote Früchte, Kaffee, Kakao und Vanille. Die sanften, umhüllten Tannine entwickeln sich voller Stärke und Ausgewogenheit, auch wenn der Holzton noch dominiert. In zwei bis fünf Jahren wird die Harmonie vollkommen sein. Die Hauptcuvée, der **98er Château Les Couzins** (Preisgruppe: 30 bis 49 F), erhält die gleiche Note. Sie besteht zu 90 % aus Merlot und ist sehr lang und harmonisch. Der Wein ist im Fass gereift, aber der Ausbau hat auf die Frucht Rücksicht genommen.

Robert Seize, Ch. Les Couzins, 33570 Lussac, Tel. 05.57.74.60.67, Fax 05.57.74.55.60
tägl. 9h–12h 14h–19h; Jan. geschlossen

CH. LION PERRUCHON 1998

■ 10,08 ha k. A. 8à11€

65 % Merlot bei diesem 98er, der sich durch eine kräftige granatrote Farbe, durch ein deutliches, frisches Bouquet von roten und schwarzen Johannisbeeren und Trüffeln und durch eine typische, ziemlich kräftige Tanninstruktur auszeichnet, die sich mit der Zeit besänftigen muss. Eine Flasche, die man in zwei bis drei Jahren trinken kann.

Jean-Pierre Thézard, Ch. Lion Perruchon, 33570 Lussac, Tel. 05.57.74.58.21, Fax 05.57.74.58.39 n. V.

CH. LUCAS
Grand de Lucas Cuvée Prestige Vieilli en fût de chêne 1998

■ 5,25 ha 35 000 8à11€

König Heinrich IV. soll sich in diesem Schloss während der Schlacht bei Coutras aufgehalten haben. Heute erzeugt man hier einen guten Wein, wie etwa diese Cuvée mit dem eleganten Duft von schwarzer Johannisbeere und getrockneten Früchten und mit den ausdrucksvollen, fetten Tanninen, die sich voller Feinheit entwickeln, aber nicht sehr lang anhalten. Trinken kann man ihn innerhalb von zwei bis drei Jahren.

Frédéric Vauthier, Ch. Lucas, 33570 Lussac, Tel. 05.57.74.60.21, Fax 05.57.74.62.46, E-Mail info@vins-lucas-vauthier.fr n. V.

CH. DE LUSSAC 1998*

■ 25 ha 70 000 8à11€

Dieses Château hat die Besonderheit, dass es den Namen seiner Appellation trägt, was in Frankreich ziemlich selten vorkommt. Sein Wein zeigt eine intensive Farbe mit rubinroten Reflexen. Sein entstehendes Bouquet erinnert an Paprikaschote, Gewürze und Veilchen. Im Geschmack zeigt er sich füllig und ausgewogen. Er lässt sich schon angenehm trinken und kann zwei bis drei Jahre lagern.

Laviale, 15, rue de Lincent, 33570 Lussac-Saint-Emilion, Tel. 05.57.74.65.55, Fax 05.57.74.55.83
n. V.

CH. LYONNAT 1998*

■ 45 ha 250 000 8à11€

Lyonnat, ein großes Gut, kombiniert 80 % Merlot mit Cabernet. Dieser vierzehn Monate im Barriquefass ausgebaute 98er erscheint prächtig in seinem Purpurrot mit den strahlenden Reflexen. Er verführt auch durch seine eleganten Aromen von geröstetem Holz und roten Früchten. Die in der Ansprache sanften, vollreifen Tannine entwickeln sich zur schönen Ausgewogenheit eines lagerfähigen Weins. Eine Flasche, die man in zwei bis sechs Jahren trinken kann.

SCEV Jean Milhade, Ch. Recougne, 33133 Galgon, Tel. 05.57.55.48.90, Fax 05.57.84.31.27

CH. MAYNE BLANC
Cuvée Saint-Vincent 1998*

■ 6 ha 30 000 11à15€

Dieses an die Ehrungen durch unseren Weinführer gewöhnte Château, das von Jean Boncheau und seinem Sohn Charly geführt wird, präsentiert einen ausgezeichneten 98er. Die granatrote Farbe ist kräftig. Das entstehende Bouquet erinnert an Braten, Vanille, schwarze Johannisbeere und Zimt. Der Geschmack enthüllt intensive, umhüllte Tannine, «Fett» und eine gute Ausgewogenheit. Der noch tanninreiche Abgang braucht eine Reifung von zwei bis fünf Jahren, damit er sanfter wird.

EARL Jean Boncheau, Ch. Mayne-Blanc, 33570 Lussac, Tel. 05.57.74.60.56, Fax 05.57.74.51.77
Mo–Sa 8h–12h 14h–19h; Jan., Febr. geschlossen

CH. DU MOULIN NOIR 1998

■ 6,8 ha 52 000 8à11€

Wenn die Adresse das Médoc angibt, wird dieser Wein aus dem Libournais von der Firma Vitigestion betreut. Der 98er präsentiert sich gut mit einer strahlend rubinroten Farbe und ausdrucksvollen Aromen von gekochten Früchten, Geräuchertem und einem leichten Holzton. Im Geschmack ist er sanft und ausgewogen und entwickelt sich voller Feinheit; eine Bitternote

im Abgang nötigt jedoch dazu, ihn ein bis zwei Jahre aufzuheben.
SC Ch. du Moulin Noir, Lescalle, 33460 Macau, Tel. 05.57.88.07.64, Fax 05.57.88.07.00 n. V.

CH. PILOT LES MARTINS 1998*

■ 4 ha 24 000 5à8€

Der erste Jahrgang für diese neue Marke, eine Auswahl von Parzellen mit Merlot- (70 %) und Cabernet-Reben (30 %), die auf einem tonigen Kiesboden angepflanzt sind. Der Wein bietet eine kräftige, strahlende Granatfarbe und diskrete, elegante Aromen von gekochten Früchten und Räucherung. Die sehr deutlich vorhandenen, aber gut verschmolzenen Tannine weisen auf einen gut dosierten Barriqueausbau hin. Eine Flasche, die man in zwei bis vier Jahren trinken kann.
Jean-François Carrille, pl. du Marcadieu, 33330 Saint-Emilion, Tel. 05.57.24.74.46, Fax 05.57.24.64.40, E-Mail paul.carrille@worldonline.fr n. V.

CH. PONT DE PIERRE 1998

■ 12 ha 80 000 5à8€

Dieser Gutswein wird von einem Händler vorgestellt. Er zeichnet sich durch eine kräftige Purpurfarbe, ein unaufdringliches Bouquet von reifen und gekochten Früchten und eine runde, sanfte, im Abgang wohl ausgewogene Struktur aus. Das Ganze ist recht schlicht und lässt keine lange Lagerung zu: höchstens zwei bis drei Jahre.
SA Yvon Mau, BP 01, 33190 Gironde-sur-Dropt Cedex, Tel. 05.56.61.54.54, Fax 05.56.71.10.45
Vergniol

ROC DE LUSSAC Cuvée des Druides 1998

■ k. A. 4 577 5à8€

Dieser Wein wird von der Genossenschaftskellerei von Lussac in einer sehr kleinen Stückzahl produziert. Die Farbe erstrahlt in einem hübschen Purpurrot. Die Aromen erinnern an reife Früchte und Blumen. Die in der Ansprache sanften, samtigen Tannine entwickeln sich dann in einer schönen Ausgewogenheit. Eine Flasche, die sich schon gut trinken lässt.
Les producteurs réunis de Puisseguin et Lussac-Saint-Emilion, Durand, 33570 Puisseguin, Tel. 05.57.55.50.40, Fax 05.57.74.57.43 n. V.

CH. DES ROCHERS 1998*

■ 2,78 ha 23 000 8à11€

Das zu 95 % mit Merlot bestockte Gut liegt auf einem erstklassigen Terroir mit tonigem Kiesboden. Sein 98er mit der dunklen, fast schwarzen Farbe besitzt intensive Aromen, die an Vanille, Veilchen, Kokosnuss und Bienenwachs erinnern. Er ist in der Ansprache sehr tanninreich und entwickelt sich danach voller Harmonie und Öligkeit, wobei er einen kräftigen Holzton enthüllt. In zwei bis fünf Jahren wird er vollkommen ausgewogen sein.
SCE Vignobles Rousseau, Petit Sorillon, 33230 Abzac, Tel. 05.57.49.06.10, Fax 05.57.49.38.96, E-Mail rousseau.laurent2@wanadoo.fr n. V.

CH. DE TABUTEAU 1998

■ 18,8 ha 140 000 5à8€

Dieses große Weingut hat einen 98er erzeugt, der interessant ist, aufgrund seiner strahlend rubinroten Farbe ebenso wie aufgrund seiner kräftigen Aromen von kandierten Früchten und Backpflaume. Seine in der Anprache angenehmen Tannine entwickeln sich voller Stärke. Man muss diesen Wein unbedingt zwei bis drei Jahre aufheben, damit er eine bessere Harmonie erreicht.
Vignobles Bessou, Ch. Durand-Laplagne, 33570 Puisseguin, Tel. 05.57.74.63.07, Fax 05.57.74.59.58 n. V.

CH. VERDU 1998*

■ 20 ha 13 500 5à8€

Dieser 98er besitzt eine intensive, strahlende Farbe, ein Bouquet von roten Früchten, Geräuchertem und Kompott aus gekochten Früchten und eine Tanninstruktur, die in der Ansprache sanft ist und sich voller Feinheit zu einer schönen aromatischen Ausgewogenheit entwickelt. Eine Flasche, die man trinken oder zwei bis vier Jahre aufheben kann.
SCEA Gaury-Dubos, 33230 Abzac, Tel. 05.57.74.51.16, Fax 05.57.74.61.24 n. V.

Montagne Saint-Emilion

CH. D'ARVOUET 1998*

■ 3,8 ha 18 000 8à11€

Das im Südosten der Appellation gelegene Gut verfügt über moderne Methoden, was diesem sehr schönen 98er, der zwölf Monate in Holzfässern (ein Drittel davon neu) ausgebaut wurde, zugute gekommen ist. Ein noch jugendliches Granatrot, ein intensives Bouquet von roten Früchten und Geröstetem und in der Ansprache sanfte Tannine, die sich voller Rundheit und Ausgewogenheit entwickeln, ergeben diesen Wein, dessen ein wenig strenger Abgang eine Alterung von zwei bis fünf Jahren verlangt.
EARL Moreau, Ch. d'Arvouet, 33570 Montagne, Tel. 05.57.74.56.60, Fax 05.57.74.58.33, E-Mail moreaulavoute@aol.com n. V.

CH. BECHEREAU 1998*

■ 10 ha 40 000 5à8€

Das Gut, das sich in idealer Lage auf einem tonigen Kalksteinboden befindet, ist zu 75 % mit Merlot und zu 25 % mit Cabernet franc bestockt. Eine purpurrote Farbe mit intensiven rubinroten Reflexen, ein entstehendes Bouquet von kandierten Früchten und Wild und eine seidige, ausgewogene Tanninstruktur sorgen für

echtes Vergnügen. Der schon sehr harmonische, nachhaltige Abgang erlaubt einen baldigen Genuss, aber dieser Wein hält sich auch ein paar Jahre.
🔑 SCE Jean-Michel Bertrand, Béchereau, 33570 Les Artigues-de-Lussac, Tel. 05.57.24.31.22, Fax 05.57.24.34:69
Y Mo–Sa 8h–12h 14h–18h

CH. BONFORT 1998

■ k. A. k. A. 8 à 11 €

Dieser Wein bietet eine lebhafte Farbe und ein elegantes Brombeerbouquet mit feinem Holzton. Seine runden, typischen Tannine entwickeln sich bis zum Abgang mit einer angenehmen aromatischen Note. Man kann ihn trinken oder zwei bis drei Jahre aufheben.
🔑 Cheval-Quancard, La Mouline, 4, rue du Carbouney, 33560 Carbon-Blanc, Tel. 05.57.77.88.88, Fax 05.57.77.88.99, E-Mail chevalquancard@chevalquancard.com
Y n. V.

CH. CARDINAL 1998

■ 9 ha 50 000 11 à 15 €

Das Château, das seit 1742 der gleichen Familie gehört, präsentiert einen gut gemachten Wein, der aufgrund seiner Sanftheit und seiner Ausgewogenheit zwischen der Frucht und dem leicht würzigen, geräucherten Holz ansprechend ist. Sein schlichter Charakter lässt dennoch keine lange Lagerung zu.
🔑 SCEA Bertin et Fils, Dallau, 8, rte de Lamarche, 33910 Saint-Denis-de-Pile, Tel. 05.57.84.21.17, Fax 05.57.84.29.44 Y n. V.

CH. CAZELON 1998

■ 4 ha 16 000 5 à 8 €

Dieser 98er besitzt einen angenehmen fruchtigen Charakter, den ein delikater Holzton verstärkt. Seine fleischige, ausgewogene Struktur entwickelt sich zu einem noch lebhaften Abgang hin, der eine Lagerung von zwei bis drei Jahren benötigt.
🔑 Denis Fourloubey, Cazelon, 33570 Montagne, Tel. 05.57.74.58.78, Fax 05.57.74.57.47 ✉ Y n. V.

CH. CHEVALIER SAINT-GEORGES 1998*

■ k. A. 25 000 5 à 8 €

Das Château befindet sich auf einem guten Tonboden, der zu 80 % mit Merlot und zu 20 % mit Cabernet bestockt ist. Sein 98er hat eine rubinrote Farbe mit karminroten Reflexen und bietet ein Bouquet von Leder, kandierten Früchten und Blumen. Ein reicher, in der Ansprache voller und runder Wein, der sich in den nächsten Jahren noch stärker entfalten dürfte, aber schon serviert werden kann.
🔑 EARL Appollot, Clos Trimoulet, 33330 Saint-Emilion, Tel. 05.57.24.71.96, Fax 05.57.74.45.88 ✉ Y n. V.

CH. COUCY 1998*

■ 20 ha 80 000 8 à 11 €

Ein Château, das ebenso wie La Grande Barde von Dominique Maurèze geführt wird. Dieser Wein, ein Verschnitt von 70 % Merlot, 20 % Cabernet franc und 10 % Cabernet Sauvignon, die von einem guten Terroir mit tonigem Kalksteinboden kommen, zeigt eine intensive Farbe mit violetten Reflexen. Das entstehende Bouquet von roten Früchten ist elegant. Die in der Ansprache fetten Tannine entwickeln sich voller Feinheit und Stärke, in vollkommenem Gleichgewicht mit dem gut eingefügten Holzton. Eine erstklassige Flasche, die man in zwei bis drei Jahren trinken kann.
🔑 Héritiers Maurèze, Ch. Coucy, 33570 Montagne, Tel. 05.57.74.62.14, Fax 05.57.74.56.07 ✉ Y n. V.

CH. CROIX BEAUSEJOUR

Elevé en fût 1998**

■ 6,5 ha 19 000 5 à 8 €

Das Gut liegt auf einem Silt- und tonigen Kalksteinboden und besitzt viele sehr alte Reben, die für den großartigen Erfolg dieses 98ers verantwortlich sind. Die intensive Farbe funkelt rubinrot. Das ausdrucksvolle Bouquet erinnert an kandierte Früchte, Backpflaume und Vanille. Die in der Ansprache fülligen, kraftvollen Tannine entwickeln sich voller Öligkeit und mit viel Feinheit, ohne jedoch etwas von ihrer Stärke einzubüßen. Der sehr reife und sehr lang anhaltende Abgang lässt eine große Zukunft vorhersagen: mindestens vier bis acht Jahre.
🔑 Olivier Laporte, Ch. Croix-Beauséjour, Arriailh, 33570 Montagne, Tel. 05.57.74.69.62, Fax 05.57.74.59.21 ✉ Y n. V.

CH. FAIZEAU

Sélection Vieilles vignes 1998**

■ 10 ha 39 000 11 à 15 €

Dieses Château, das sich an den Hängen des Hügels von Calon befindet, auf einem Boden mit Sand, Kalkstein und Molasse, zeichnet sich gewohntermaßen im Hachette-Weinführer aus. Sein prächtiger 98er, der sich mit einer tiefen, schwarzen Farbe präsentiert, bildet keine Ausnahme von dieser Regel. Intensive, komplexe Aromen von Früchten (Brombeere, Heidelbeere), geröstetem Brot und Geräuchertem verführen den Weinfreund. Im Mund setzt sich die sanfte Ansprache mit einer Empfindung von Stärke, «Fett» und Harmonie bis zu einem lang

anhaltenden, seidigen, sehr reifen Abgang fort, der eine große Zukunft vorhersagen lässt. Mindestens fünf bis zehn Jahre.
SCE du Ch. Faizeau, 33570 Montagne, Tel. 05.57.24.68.94, Fax 05.57.24.60.37, E-Mail chateau.faizeau@m6net.fr n. V.
Chantal Lebreton

CH. GARDEROSE 1998★★

10 ha 20 000 5à8€

Dieser von dem Händler Yvon Mau vertriebene Wein rührt von einer Vinifizierung von Parzellen her, deren Reben auf einem tonigen Kiesboden angepflanzt sind. Das Ergebnis ist großartig: dunkle und zugleich strahlende Farbe, noch diskrete, aber viel versprechende Aromen von Gewürzen und reifen Früchten, einschmeichelnde, samtige, konzentrierte Tannine. Der Abgang ist elegant, nachhaltig und vollkommen ausgewogen. Eine Flasche, die man in zwei bis drei Jahren unter guten Freunden trinken kann.
SA Yvon Mau, BP 01, 33190 Gironde-sur-Dropt Cedex, Tel. 05.56.61.54.54, Fax 05.56.71.10.45
Garde et Fils

CH. GAY MOULINS 1998★

2 ha 8 000 11à15€

Dieser 98er hat zwei Besonderheiten: Das ist der erste Jahrgang, der seit zehn Jahren im Château auf Flaschen abgefüllt worden ist; seine Bestockung wird von Cabernet franc dominiert (75 %), was in der Region außergewöhnlich ist. Der Erfolg ist unbestreitbar: Die granatrote Farbe ist strahlend; die Aromen von Backpflaume und reifen Früchten sind intensiv. Die in der Ansprache fülligen, samtigen Tannine entwickeln sich voller Feinheit und Länge. Eine Flasche, die man in zwei bis fünf Jahren aufmachen kann. Ein weiterer Wein dieses Erzeugers, der **98er Château des Moines** (Preisgruppe: 50 bis 69 F), der von 80 % Merlot stammt, erhält eine lobende Erwähnung.
Vignobles Raymond Tapon, Ch. des Moines, 33570 Montagne, Tel. 05.57.74.61.20, Fax 05.57.74.61.19, E-Mail vinstapon@aol.com n. V.

CH. GRAND BARAIL 1998★★

9 ha k. A. 5à8€

Dieser 98er enthält 30 % Cabernet Sauvignon, kombiniert mit Merlot-Trauben, die von alten Reben stammen. Das Ergebnis ist beeindruckend: sehr konzentrierte schwarze Farbe, komplexe, feine Aromen von roten Früchten, Geröstetem und Vanille. Die in der Ansprache füllige, verschmolzene Tanninstruktur entwickelt sich mit Stärke und zugleich mit Eleganz. Man spürt, dass die Tannine von einem sehr reifen Traubengut stammen und mit einem gut eingefügten Holzton im Gleichgewicht sind. Eine Flasche, die man für drei bis zehn Jahre in seinem Keller vergessen muss.
EARL Vignobles D. et C. Devaud, Ch. de Faise, 33570 Les Artigues-de-Lussac, Tel. 05.57.24.31.39, Fax 05.57.24.34.17 n. V.

CH. GRAND BARIL Elevé en fût 1998

28 ha 21 210 5à8€

Die 1969 gegründete Fachoberschule für Weinbau in Montagne bildet die künftigen Winzer und Weinmacher aus. Dieser 98er, erzeugt von den Schülern, die hier die Grundlagen ihres Winzerberufs erlernen, zeigt eine rubinrote Farbe mit ziegelroten Reflexen. Das diskrete Bouquet erinnert an Räucherung und Gewürze. Die noch ein wenig strengen Tannine werden nach einer Alterung von zwei bis drei Jahren ausgewogener sein.
Lycée viticole de Libourne-Montagne, Goujon, 33570 Montagne, Tel. 05.57.55.21.22, Fax 05.57.51.66.13, E-Mail legta-libourne@edueagri.fr
Mo–Fr 8h30–12h 13h30–17h30

CH. GUADET-PLAISANCE Cuvée Saint-Vincent Elevé en fût de chêne 1998★

2 ha 6 500 8à11€

Diese Cuvée stammt zu 90 % von vierzig Jahre alten Merlot-Reben. Die kirschrote Farbe glänzt mit lebhaften Reflexen. Das Bouquet, das noch von einem kräftigen, vanilleartigen Holzton dominiert wird, muss «aufwachen», während sich die Tannine fruchtiger und vor allem voller Reife zeigen. Ein gut gemachter Wein, der drei bis fünf Jahre lagern muss, damit sich der Holzton besser einfügt.
SCEA Vignobles Jean-Paul Deson, 2, av. Piney, 33330 Saint-Christophe-des-Bardes, Tel. 05.57.24.77.40, Fax 05.57.74.46.34
n. V.

CH. LA BASTIDETTE 1998

1,13 ha 6 000 8à11€

Dieser 98er stammt von 70 % Merlot und 30 % Cabernet franc. Er zeichnet sich durch ein Bouquet von verwelktem Laub und Pfirsich und durch eine frische, ausgewogene Tanninstruktur ohne zu große Stärke aus. Ein Wein, den man in zwei bis drei Jahren trinken kann, wobei man ihn vorher dekantieren sollte.
de Jerphanion, Moncets, 33500 Néac, Tel. 05.57.51.19.33, Fax 05.57.51.56.24, E-Mail bastidette@moncets.com n. V.

CH. LA CHAPELLE Elevé en fût de chêne 1998

k. A. 18 000 5à8€

Ein zu 90 % aus Merlot erzeugter 98er erscheint sehr verführerisch aufgrund seiner intensiven, strahlenden Farbe und seiner typischen, feinen Aromen von kleinen roten Früchten mit leichtem Holzton. Die in der Ansprache freimütigen, ein wenig lebhaften Tannine entwickeln sich danach mit mehr Rundheit und Ausgewogenheit. Trinken kann man diesen Wein in den nächsten drei Jahren.
SCEA du Ch. La Chapelle, Berlière, 33570 Montagne, Tel. 05.57.24.78.33, Fax 05.57.24.78.33 n. V.
Thierry Demur

CH. LA COUROLLE
Elevé en fût de chêne 1998

■ 5 ha 30 000 5à8€

Dieser 98er verdient einen Umweg aufgrund seines entstehenden Bouquets von Backpflaume und geröstetem Holz und wegen seiner im Geschmack runden, aber soliden und recht reifen Struktur, die einen echten klassischen Charakter zeigt. Der Abgang lässt dennoch keine lange Lagerfähigkeit erhoffen, höchstens zwei bis drei Jahre.

Claude Guimberteau, Arriailh, 33570 Montagne, Tel. 05.57.74.62.38, Fax 05.57.74.50.78 n. V.

CH. LA COURONNE 1998*

■ 11 ha 42 000 8à11€

Dieser ausschließlich aus Merlot-Trauben hergestellte 98er besitzt alles, um sofort zu verführen: eine strahlende purpurrote Farbe und sehr elegante, fruchtige Aromen. Im Geschmack sind die Tannine voll und rund und entwickeln sich dann voller Charme, mit einer gewissen Lebhaftigkeit und viel Harmonie im Abgang. Ein sehr guter Wein, den man in ein bis drei Jahren trinken kann.

EARL Thomas Thiou, Ch. La Couronne, 33570 Montagne, Tel. 05.57.74.66.62, Fax 05.57.74.51.65, E-Mail Lacouronne@aol.com n. V.

CLOS LA CROIX D'ARRIAILH 1998*

■ 0,8 ha 4 500 8à11€

Dieser Clos ist eine Auswahl von über fünfzig Jahre alten Reben, die traditionell angebaut werden, während ihre Trauben mit den modernsten Methoden vinifiziert werden. Der im Bouquet dominierende Holzton ist dennoch sehr angenehm und mit kräftigen, ausgewogenen Tanninen vollkommen verschmolzen. Ein Genießerwein, den man zwei Jahre altern lassen kann.

Olivier Laporte, Ch. Croix-Beauséjour, Arriailh, 33570 Montagne, Tel. 05.57.74.69.62, Fax 05.57.74.59.21 n. V.

CH. LA FAUCONNERIE 1998*

■ 0,88 ha 6 000 5à8€

Ein Gut auf den tonig-kalkigen Hochflächen der Appellation. Die tiefe bläulich rote Farbe kündigt komplexe Düfte von Früchten (schwarze Johannisbeere) und einen gut eingefügten vanilleartigen Holzton an. Alles kommt zusammen, damit dieser Wein in zwei bis fünf Jahren seinen vollen Charakter erreicht.

Bernadette Paret, 33570 Montagne, Tel. 05.57.74.65.47, Fax 05.57.74.65.47 n. V.

Simone Paret

CH. LAFLEUR GRANDS-LANDES 1998

■ 8 ha 10 660 8à11€

Das auf einem guten Kiesboden angelegte Gut wurde 1997 von einem jungen Önologen übernommen. Dieser zweite Jahrgang beginnt mit einem strahlenden Rubinrot und einem Bouquet, das von sehr reifen und kandierten Früchten dominiert wird. Die sanften, eleganten Tannine, die schon ein wenig entwickelt sind, machen es möglich, dass man diese Flasche in den nächsten drei Jahren aufmacht.

EARL Vignobles Carrère, 9, rte de Lyon, Lamarche, 33910 Saint-Denis-de-Pile, Tel. 05.57.24.31.75, Fax 05.57.24.30.17 n. V.

Isabelle Fort

CH. LA GRANDE BARDE 1998*

■ 8,5 ha 58 000 8à11€

Dieser 98er ist das Ergebnis einer Kombination von 80 % Merlot und 18 % Cabernet, die 2 % Malbec ergänzen. Die rubinrote Farbe hat schöne violette Reflexe. Die intensiven Düfte erinnern an Mandel und rote Früchte, die ein guter Holzton begleitet. Im Mund entdeckt man füllige, fette Tannine, eine schöne Ausgewogenheit zum Schluss und eine sehr angenehme Rückkehr des Aromas. Eine Flasche, die man in zwei bis fünf Jahren trinken kann.

SCE du Ch. La Grande-Barde, 33570 Montagne, Tel. 05.57.74.64.98, Fax 05.57.74.64.98 n. V.

CH. LA PAPETERIE 1998

■ 10 ha 44 000 8à11€

Das Château liegt am Ufer der Bardanne, eines kleinen Flusses, der Nordfrankreich von Okzitanien trennt. Es präsentiert einen Wein, der mit seinem tiefen Granatrot ansprechend ist. Die Düfte erinnern an Geräuchertes und Lakritze. Die sanften, harmonischen, nicht sehr kräftigen Tannine machen es möglich, diese Flasche in zwei bis drei Jahren zu öffnen.

Jean-Pierre Estager, 33-41, rue de Montaudon, 33500 Libourne, Tel. 05.57.51.04.09, Fax 05.57.25.13.38, E-Mail estager@estager.com n. V.

CH. LA TOUR CALON 1998

■ k. A. 20 000 8à11€

Der hohe Cabernet-Anteil (40 %) in der Zusammenstellung dieses 98ers tritt besonders im Kirsch- und Gewürzduft hervor. Im Geschmack ist er ein öliger, recht kräftiger Wein. Der noch feste, holzbetonte Abgang erfordert zwei bis drei Jahre Alterung, damit er sanfter wird.

Claude Lateyron, BP 1, 33570 Montagne, Tel. 05.57.74.50.00, Fax 05.57.74.58.58 Mo–Fr 8h–12h 13h30 –17h30

L'ART DE MAISON NEUVE 1998

■ 4 ha 19 000 8à11€

Ein 71 ha großes Gut in Familienbesitz, das Michel Coudroy seit 1968 führt. Von den beiden in diesem Jahrgang vorgestellten Weinen zeichnet sich die 1998 geschaffene Merlot-Sondercuvée «L'Art», die ein sehr elegantes Etikett hat, durch einen Karamell- und Kakaoduft und eine sanfte und gefällige Geschmacksstruktur aus, die ein guter Holzton verstärkt. Die **klassische Cuvée** ist fruchtiger; die Tannine sind sanft und elegant, jedoch ohne große Fülle. Die beiden Weine sind bereits trinkreif, lassen sich aber auch zwei bis vier Jahre aufheben.

Michel Coudroy, Maison-Neuve, 33570 Montagne, Tel. 05.57.74.62.23, Fax 05.57.74.64.18 n. V.

CH. MONTAIGUILLON 1998*

25 ha 126 000 8 à 11 €

Das Gut erneuert seit 1949 unaufhörlich seinen Weinberg und investiert regelmäßig in die Keller. Der 98er hat eine intensive Farbe mit purpurvioletten Reflexen. Sein komplexes Bouquet reiht Noten von Gewürzen, Blumen und Leder sowie einen gut gemeisterten Holzton aneinander. Die in der Ansprache sanften, runden Tannine erweisen sich danach als opulent und ein wenig lebhaft, was eine Alterung von drei bis sechs Jahren ermöglichen dürfte.

Amart, Ch. Montaiguillon, 33570 Montagne, Tel. 05.57.74.62.34, Fax 05.57.74.59.07, E-Mail chantalamart@montaiguillon.com n. V.

CH. PLAISANCE 1998*

17,44 ha 60 000 8 à 11 €

Das Château befindet sich auf einem sandigen Boden; sein 98er ist sehr gelungen: lebhafte, intensive Farbe, typisches Bouquet von roten Früchten mit delikatem Holzton, sanfte, feine Tannine, die sich mit Fülle und Eleganz entwickeln. Der Schlussgeschmack ist ausgewogen, von Walnuss- und Backpflaumenaromen geprägt. In zwei bis drei Jahren wird dieser Wein perfekt sein.

Les Celliers de Bordeaux Benauge, 18, rte de Montignac, 33760 Ladaux, Tel. 05.57.34.54.00, Fax 05.56.23.48.78, E-Mail celliers-bxbenauge@wanadoo.fr n. V.

CH. ROC DE CALON

Cuvée Prestige 1998**

2,5 ha 14 000 8 à 11 €

Diese Cuvée Prestige entspricht einer Auswahl von alten Merlot- (90 %) und Cabernet-franc-Reben (10 %), deren Trauben getrennt vinifiziert und ausgebaut werden. Der 98er ist großartig: tiefe, schillernde Farbe, Duft von Sauerkirsche, Pflaume und Gewürznelke mit einem eleganten Holzton. Im Geschmack ist er reich und vollreif und lässt Volumen und einen sehr aromatischen Abgang erkennen, der auf einen rassigen Wein von langer Lagerfähigkeit (mindestens fünf bis acht Jahre) hinweist. Die **klassische Cuvée 1998** (Preisgruppe: 30 bis 49 F) wird wegen ihrer Frische von kleinen roten Früchten und wegen ihrer sanften, schon angenehmen Struktur ohne Stern lobend erwähnt.

Bernard Laydis, Barreau, 33570 Montagne, Tel. 05.57.74.63.99, Fax 05.57.74.51.47, E-Mail rocdecalon@wanadoo.fr n. V.

CH. ROCHER CALON 1998

16 ha 40 000 5 à 8 €

Dieser 98er stammt zu 95 % von Merlot, einer Rebsorte, die in den aromatischen Nuancen von roten Früchten und Trüffel deutlich hervortritt. Im Geschmack sind die Tannine typisch und ausgewogen. Eine Flasche, die man in den nächsten drei Jahren trinken kann.

SCEV Lagardère, Négrit, 33570 Montagne, Tel. 05.57.74.61.63, Fax 05.57.74.59.62 n. V.

CH. ROCHER CORBIN 1998*

9,17 ha 62 000 8 à 11 €

Das Château liegt am Westhang des Calon-Hügels, eines Felsvorsprungs aus Kalkstein, der das Tal überragt. Es nutzt die modernsten Methoden, im Weinberg ebenso wie in den Kellern, wodurch es diesen sehr schönen 98er erzielt hat. Die Farbe ist glänzend. Das rassige Bouquet entfaltet Noten von Tabak, Röstung und roten Früchten. Die Tanninstruktur ist kräftig und zeigt eine große aromatische Komplexität. In zwei bis fünf Jahren wird dieser Wein auf seinem Höhepunkt sein.

SCE du Ch. Rocher Corbin, 33570 Montagne, Tel. 05.57.74.55.92, Fax 05.57.74.53.15 n. V.

Philippe Durand

CH. ROCHER-GARDAT 1998

5,3 ha k. A. 8 à 11 €

Ein erstklassiger Wein, wie sein gefälliges Bouquet von kandierten roten Früchten und einem ausgewogenen Holzton und seine kräftige, harmonische Tanninstruktur zeigen, die ganz im Stil des Jahrgangs gehalten ist. Trinken kann man ihn in zwei bis drei Jahren.

SCEA Patrick et Sylvie Moze-Berthon, Bertin, 33570 Montagne, Tel. 05.57.74.66.84, Fax 05.57.74.58.70, E-Mail chateau.rocher-gardat@wanadoo.fr n. V.

CH. SAMION

Elevé en barrique de chêne 1998**

1,3 ha 12 000 8 à 11 €

Nicht viel mehr als ein Hektar auf einem tonigen Boden mit Seesternkalkstein umfasst dieser Weinberg, der einer belgischen Gruppe gehört. Dieser 98er präsentiert sich in einem bemerkenswerten Purpurrot, das intensiv und strahlend ist. Seine kräftigen Aromen von roten Früchten und ein leicht teerartiger und danach vanilleartiger Holzton weisen auf das Vorhandensein von Tanninen hin, die sich mit viel Reife und Opulenz entwickeln. Der sehr gefällige, ausgewogene Abgang lässt eine Zukunft von mindestens zwei bis fünf Jahren erahnen.

SCEA Vignobles Rocher Cap de Rive 1, Ch. Cap d'Or, 33570 Montagne, Tel. 05.57.40.08.88, Fax 05.57.40.19.93, E-Mail vignoblesrochercaprive@wanadoo.fr

CH. TEYSSIER 1998*

19,2 ha 68 000 8 à 11 €

Das über 50 ha große Gut wird von dem Bordeaux-Weinhändler Dourthe mit großem Können geführt, wie dieser sehr schöne 98er beweist: kräftige purpurrote Farbe, intensive Aromen, die noch von geröstetem Holz dominiert werden, eine sanfte, harmonische Tanninstruktur, die sich zu mehr Stärke und Länge entwickelt.

Man muss unbedingt zwei bis fünf Jahre warten, bevor man diese Flasche aufmacht.
Dourthe, 35, rue de Bordeaux, 33290 Parempuyre, Tel. 05.56.35.53.00, Fax 05.56.35.53.29, E-Mail contact@cvbg.com n. V.
GFA Durand-Teyssier

CH. VIEILLE TOUR MONTAGNE
1998*

2,6 ha k. A. 8à11€

Das kleine Gut von nicht einmal drei Hektar ist ausschließlich mit Merlot bestockt. Der Wein, der mit eleganten Feigen-, Eukalyptus- und Wildnoten eine gute Intensität zeigt, stützt sich auf samtige Tannine, die recht kräftig, voll und wohl ausgewogen sind. Die Frische des Abgangs ist sehr angenehm. Eine Flasche, die man innerhalb von zwei bis fünf Jahren trinken kann.
Pierre et André Durand, 33570 Montagne, Tel. 05.57.74.62.02 tägl. 9h–12h 14h–18h

VIEUX CHATEAU CALON
Sélection 1998*

k. A. k. A. 5à8€

Zwei oder drei Jahre Alterung sind für diesen Wein (100 % Merlot) notwendig, der ein ausdrucksvolles Bouquet mit animalischen Noten (Leder und Wild) entfaltet, die erfahrene Weinliebhaber mögen. Die Frucht fehlt auch nicht; der gut gebaute Geschmack gründet sich auf eine dichte, harmonische Struktur. Wenn seine Tannine einmal verschmolzen sind, kann man ihn zu einem Hasen servieren.
SCE Gros et Fils, Calon, 33570 Montagne, Tel. 05.57.51.23.03, Fax 05.57.25.36.14 n. V.

VIEUX CHATEAU DES ROCHERS
1998

4 ha 16 000 5à8€

Jean-Claude Rocher hat das Familiengut 1995 übernommen. Sein 98er besitzt eine schöne rubinrote Farbe, ein entstehendes Bouquet von reifen Früchten (Himbeere) und sanfte, runde Tannine von guter Qualität. Ein Wein, den man in zwei Jahren zum sonntäglichen Braten servieren kann.
Jean-Claude Rocher, Mirande, 33570 Montagne, Tel. 05.57.74.62.37, Fax 05.57.25.18.14 n. V.
Abel Rocher

VIEUX CHATEAU NEGRIT 1998*

7 ha 40 000 8à11€

Dieses Château auf einem Hügel in Südlage hat seinen Wein dem Händler Yvon Mau anvertraut, der seinen Vertrieb sicherstellt. Die Purpurfarbe dieses 98ers zeigt granatrote Reflexe. Das Bouquet erinnert an kandierte Früchte. Die runden, ausgewogenen Tannine entwickeln sich voller Stärke, aber ohne Aggressivität. Eine gute Flasche, die man trinken oder zwei bis drei Jahre aufheben kann.
SA Yvon Mau, BP 01, 33190 Gironde-sur-Dropt Cedex, Tel. 05.56.61.54.54, Fax 05.56.71.10.45
Alexandre Blanc

VIEUX CHATEAU SAINT-ANDRE
1998**

10 ha 50 000 8à11€

Das Château gehört Jean-Claude Berrouet, der berühmte Gewächse vinifiziert, darunter Petrus und andere Weingüter der Familie Moueix. Es liegt auf einem Kalksteinboden, der zahlreiche Zeugnisse aus der Römerzeit enthält. Dieser Wein (80 % Merlot, 20 % Cabernet franc) zeigt ein intensives Granatrot und bietet rassige Düfte von Früchten, Gewürzen und frischer Minze. Seine samtige, ausgewogene Struktur ist perfekt. Sein aromatischer, nachhaltiger Abgang kennzeichnet ein gutes Lagerpotenzial: mindestens fünf bis acht Jahre.
Jean-Claude Berrouet, 1, Samion, 33570 Montagne

CH. VIEUX MESSILE CASSAT
Elevé en fût de chêne 1998*

10 ha 48 000 8à11€

Das Gut ist mit 70 % Merlot und 30 % Cabernet franc bestockt. Eine intensive, strahlende Farbe umhüllt diesen sehr schönen Wein mit den typischen Aromen von Feige und kandierten Früchten und mit einem eleganten Holzton. Im Geschmack zeigt er sich rund und großzügig, im Abgang vollreif und ausgewogen. Alles ist hier zu einem echten Genuss in zwei bis drei Jahren vereinigt.
Vignobles Aubert, La Couspaude, 33330 Saint-Emilion, Tel. 05.57.40.15.76, Fax 05.57.40.10.14 n. V.

CH. VIEUX MOULINS DE CHEREAU
1998

5,5 ha 30 000 5à8€

Dieser 98er verdient die Aufmerksamkeit der Leser für seine sanfte, animalische Struktur, die sich mit guter Ausgewogenheit und interessanter Reife entwickelt. Ein Wein, den man trinken oder zwei bis drei Jahre aufheben kann.
SCEA Vignobles Silvestrini, 8, Chéreau, 33570 Lussac, Tel. 05.57.74.50.76, Fax 05.57.74.53.22 n. V.

Puisseguin Saint-Emilion

CH. BEL-AIR
Cuvée de Bacchus Vieilli en fût de chêne 1998*

5 ha 20 000 8à11€

Ein 17 ha großes Gut in einem Stück, das im 18. Jh. entstand. Diese Sondercuvée ist besonders gut gelungen. Sie zeigt ein leicht ziegelrot getöntes Rubinrot und bietet elegante Aromen von kandierten Früchten und geröstetem Brot. Die in der Ansprache runden, sanften Tannine entwickeln sich danach mit mehr Stärke und

Rasse. Der sehr ölige, lang anhaltende Abgang macht es möglich, für diesen Wein eine Lagerfähigkeit von drei bis fünf Jahren vorherzusagen.

SCEA Adoue Bel-Air, Bel-Air, 33570 Puisseguin, Tel. 05.57.74.51.82, Fax 05.57.74.59.94 ☑ Y tägl. 8h–13h 14h–19h
Brüder Adoue

CH. BRANDA 1998***

■ 5,5 ha 16 800 15 à 23 €

Nach einer Erfolgsserie im Hachette-Weinführer mit seinen letzten Jahrgängen erhält das Château dieses Jahr drei Sterne, was sehr selten vorkommt. Die tiefe, fast schwarze Farbe funkelt mit herrlichen Reflexen. Die komplexen Aromen von reifen Früchten, Pfeffer und Zimt harmonieren mit angenehmen Holznoten, wie etwa Vanille, Kakao oder Mokka. Im Mund sind die Tannine dicht, fest und sehr reich und besitzen ein großartiges Volumen. Die Entwicklung ist sanft und noch holzbetont, aber nach einer Lagerung von fünf bis zehn Jahren wird die Ausgewogenheit perfekt sein. Der Kellermeister hat gut gearbeitet!

SC Ch. du Branda, Roques, 33570 Puisseguin, Tel. 05.57.74.62.55, Fax 05.57.74.57.33 ☑ Y n. V.

CH. CHENE-VIEUX 1998

■ k. A. 27 100 5 à 8 €

Dieser 98er besitzt eine granatrote Farbe mit schon ziegelroten Reflexen, ein diskretes Bouquet von gekochten und eingemachten Früchten und volle, runde, gut strukturierte Tannine. Ein im Augenblick gefälliger Wein, den man im Laufe des Jahres trinken kann.

SCE Y. Foucard et Fils, Ch. Chêne-Vieux, 33570 Puisseguin, Tel. 05.57.51.11.40, Fax 05.57.25.36.45 ☑ Y n. V.

CH. FAYAN Elevé en fût de chêne 1998*

■ 10,77 ha 20 000 5 à 8 €

Wenn Sie dieses Château besichtigen, können Sie Ausstellungen von Gemälden und Skulpturen sowie sagenhafte Autos sehen. Sie können dort auch diesen 98er mit den delikaten fruchtigen Aromen (schwarze Johannisbeere, Brombeere) probieren, die mit einem diskreten, eleganten Holzton harmonieren. Die spürbaren, ausgewogenen Tannine stimmen mit dem Ausbau im Barriquefass überein. Eine Flasche, die man in zwei bis drei Jahren trinken kann.

SCEA Philippe Mounet, Ch. Fayan, 33570 Puisseguin, Tel. 05.57.74.63.49, Fax 05.57.74.54.73
☑ Y Mo–Sa 8h–12h 14h–18h

CH. FONGABAN 1998**

■ 7 ha 35 000 8 à 11 €

Das auf einem tonigen Kalksteinboden zu 80 % mit Merlot und zu 20 % mit Cabernet bestockte Gut hat einen großartigen Wein geliefert: tiefe Farbe mit rubinroten Reflexen, komplexe Aromen von Früchten, Muskatnuss, Vanille und Wild. Die feste, kräftige Ansprache setzt sich in einem ausgewogenen Geschmack fort, der aus samtigen Tanninen besteht, die aromatisch (Unterholz) und besonders nachhaltig sind. Der Holzton muss sich noch einfügen, was zu einer Lagerung von mindestens drei bis acht Jahren zwingt.

SARL de Fongaban, 33570 Puisseguin, Tel. 05.57.74.54.07, Fax 05.57.74.50.97
☑ Y n. V.

CH. GONTET 1998***

■ 2 ha 10 000 8 à 11 €

Jean-Louis Robin hat von einer zwei Hektar umfassenden Auswahl eine prächtige Cuvée erzeugt, die ihm dieses Jahr den ersten Platz in der AOC einbringt. Das klassische Terroir mit tonigem Kalksteinboden ist mit 80 % Merlot und 20 % Cabernet bestockt. Die kräftige granatrote Farbe strahlt mit ihrem ganzen Glanz. Der intensive, komplexe Duft erinnert an schwarze Früchte, Gewürze, kandierte Früchte und Vanille. Im Mund folgt auf die runde, elegante Ansprache eine Empfindung von kräftigen, recht holzigen Tanninen in vollkommener Ausgewogenheit. Ein hervorragend gemachter, typischer Wein, der sich nach einer drei- bis achtjährigen Reifung in einem guten Keller vollständig entfalten wird.

Jean-Loup Robin, Ch. Gontet, 33570 Puisseguin, Tel. 05.57.84.28.16, Fax 05.57.84.29.13, E-Mail chateau.gontet@wanadoo.fr ☑ Y n. V.

CH. GRAND RIGAUD 1998

■ 6 ha 15 000 5 à 8 €

Die Familie Desplat besitzt diesen Cru seit 1935. Der 98er zeichnet sich vor allem durch die Feinheit seines blumigen, leicht mentholartigen Bouquets aus, das sich zu Noten von Backpflaume, Wild und schwarzer Johannisbeere hin entwickelt. Im Geschmack ist er seidig und ausgewogen. Er ist ein Wein, der sich schon angenehm trinken lässt, aber auch ein paar Jahre altern kann.

Guy Desplat, Grand Rigaud, 33570 Puisseguin, Tel. 05.57.74.61.10, Fax 05.57.74.58.30 ☑ Y n. V.

CH. GUIBOT LA FOURVIEILLE 1998**

■ 10 ha 60 000 8 à 11 €

Das Château gehört einer Familie, die seit langem in der Region ansässig ist und von der ein Mitglied 1863 zusammen mit dem späteren kurzzeitigen Kaiser Maximilian zur Eroberung Mexikos aufbrach. Es befindet sich auf einem guten tonigen Kalksteinboden, der in diesem sehr schönen 98er, der 90 % Merlot mit Cabernet franc kombiniert, zur Geltung kommt. Die dunkle Farbe ist strahlend. Der noch ein wenig verschlossene Geruchseindruck erinnert an Blumen, Gewürze, schwarze Johannisbeere, Backpflaume und Vanille. Im Mund sind die Tannine fest und voluminös; sie sind sehr fruchtig und harmonieren mit einem angenehmen Holzton. Unbedingt drei bis fünf Jahre warten.

Henri Bourlon, Ch. Guibeau, 33570 Puisseguin, Tel. 05.57.55.22.75, Fax 05.57.74.58.52, E-Mail vignobles.henri.bourlon@wanadoo.fr
n. V.

CH. HAUT-BERNAT
Vieilli en fût de chêne 1998*

5,65 ha 32 000 8 à 11 €

Das 1990 gekaufte Château hat seitdem die Investitionen vervielfacht, im Weinberg ebenso wie in den Kellern, um den Gipfel der Appellation zu erreichen. Es erhielt im letzten Jahre eine Liebeserklärung für seinen 97er, der als der gelungenste der AOC beurteilt wurde. Hier ist ein 98er von lebhaftem, strahlendem Rubinrot, mit Frucht-, Röst- und Gewürzaromen (Muskatnuss). Die runden, fleischigen Tannine entwickeln sich im Abgang mit einer großen Komplexität und einem recht intensiven Holzton. Eine Flasche, die man in zwei bis fünf Jahren trinken kann.

SA Vignobles Bessineau, 8, Brousse, BP 42, 33350 Belvès-de-Castillon, Tel. 05.57.56.05.55, Fax 05.57.56.05.56, E-Mail bessineau@cote-montpezat.com
n. V.

CH. HAUT-FAYAN 1998*

7 ha k. A. 5 à 8 €

Dieser 98er bietet eine intensive granatrote Farbe mit lebhaften Reflexen und elegante Aromen von gekochten Früchten, Lakritze und Kiefernharz und enthüllt in der Ansprache runde, voluminöse Tannine. Danach lässt die harmonische, fruchtige Entwicklung einen rassigen, sehr geradlinigen Wein erahnen, der sich nach einer zwei- bis dreijährigen Lagerung entfalten wird.

SCEA Vignobles Guy Poitou, Ch. Haut-Fayan, 33570 Puisseguin, Tel. 05.57.74.67.38, Fax 05.57.74.54.82
tägl. 8h–12h 15h–18h

CH. LA CROIX GUILLOTIN 1998*

15 ha 90 000 5 à 8 €

Dieser von dem Händler Yvon Mau vorgestellte Wein zeigt ein tiefes Rubinrot und entfaltet elegante, komplexe Düfte von schwarzen Früchten und Zimt. Seine in der Ansprache seidige Struktur offenbart danach noch jugendliche Tannine, die bei einer zwei- bis dreijährigen Alterung verschmelzen dürften.

SA Yvon Mau, BP 01, 33190 Gironde-sur-Dropt Cedex, Tel. 05.56.61.54.54, Fax 05.56.71.10.45
Lorenzon Frères

CH. LAFAURIE 1998

5 ha 30 000 5 à 8 €

60 % Merlot und 40 % Cabernet für diesen 98er, der schon fast angenehm zu trinken ist, obwohl er im neuen Holzfass ausgebaut worden ist. Die Farbe ist lebhaft. Die Düfte von roten Früchten (Kirsche) sind kräftig. Die deutlich vorhandenen, reifen Tannine dürften bis Weihnachten 2001 verschmelzen. Ein für seine Appellation recht typischer Wein.

Vignobles Paul Bordes, Faize, 33570 Les Artigues-de-Lussac, Tel. 05.57.24.33.66, Fax 05.57.24.30.42, E-Mail vignobles.bordes.paul@wanadoo.fr
n. V.

CH. DES LAURETS 1998**

20 ha 113 000 8 à 11 €

Das Château im Stil der Zeit von Napoleon III. regiert über einen riesigen zusammenhängenden Weinberg, der inmitten eines 150 ha großen Besitzes liegt, wo Sie auch die Ruinen des aus dem 12. Jh. stammenden Schlosses Malengin sehen können. Dieser in seinem tiefen Rubinrot prächtig erscheinende Wein bietet komplexe Düfte von roten und schwarzen Früchten, geröstetem Brot, Pflaume und Minze. Im Mund erweisen sich die Tannine als sanft und kräftig; sie sind vollkommen reif und besitzen eine große Nachhaltigkeit. Eine erstklassige Flasche, die man in drei bis sechs Jahren aufmachen kann.

SA Ch. des Laurets, 33570 Puisseguin, Tel. 05.57.74.63.40, Fax 05.57.74.65.34, E-Mail chateau-des-laurets@wanadoo.fr
n. V.

CH. DE MOLE 1998*

9,35 ha 60 000 8 à 11 €

Das Château, das seit sechs Generationen der gleichen Familie gehört, konnte in den letzten Jahren Fortschritte machen, wie dieser sehr gelungene 98er mit der intensiven granatroten Farbe zeigt. Das komplexe Bouquet von gerösteten Früchten und Vanille und die fleischigen, kräftigen Tannine, die sich mit einer großen aromatischen Komplexität und viel Nachhaltigkeit entwickeln, weisen darauf hin, dass man diesen Wein mindestens zwei bis drei Jahre aufheben muss.

Ginette Lenier, Ch. de Môle, 33570 Puisseguin, Tel. 05.57.74.60.86, Fax 05.57.74.60.86 n. V.

CH. MOUCHET
Vieilli en fût de chêne 1998

6,89 ha 8 000 5 à 8 €

Dieser 98er kombiniert 70 % Merlot mit den beiden Cabernet-Sorten zu gleichen Teilen und hat vierzehn Monate im Barriquefass verbracht. Mit seinem hübschen Granatrot, das noch lebhafte Reflexe besitzt, und seinem entstehenden Bouquet von Gewürzen und kleinen roten Früchten erscheint er von Anfang an sehr verführerisch. Die Tannine sind im Mund fest und leicht holzig. Ein Wein, den man in zwei bis drei Jahren trinken kann.

SCEA Ch. La Croix de Mouchet, Mouchet, 33570 Montagne, Tel. 05.57.74.62.83, Fax 05.57.74.59.61 n. V.
Grando

CH. DU MOULIN 1998*

■ 8 ha 50 000 5à8€

Ein schönes Terroir mit tonigem Kalkstein, eine klassische Zusammenstellung und sechs Monate Ausbau im Barriquefass haben diesen sehr angenehmen 98er ergeben, der Aromen von vollreifen roten Früchten bietet. Im Mund enthüllen sich volle, weinige Tannine, und eine willkommene Säure verleiht diesem Wein ein sicheres Alterungspotenzial. Ein ungekünstelter Wein, der den Weintrinker in drei bis sechs Jahren erfreuen wird.

SCEA Chanet et Fils, n° 1 Jacques, 33570 Puisseguin, Tel. 05.57.74.60.85, Fax 05.57.74.59.90 n. V.

CH. DE PUISSEGUIN CURAT 1998*

■ 3 ha 16 000 5à8€

Dieses Schloss, das einst im Besitz von Jeanne d'Albret war, wurde für einige Zeit auch von Michel de Montaigne verwaltet. Heute sind die Besitzer bestimmt weniger berühmt, aber sie erzeugen einen Wein von großer Qualität. Die Farbe dieses 98ers ist intensiv. Das Bouquet von Leder, Feuerstein, Brombeere und Gewürzen erweist sich als sehr komplex. Die in der Ansprache reiche und fruchtige Tanninstruktur entwickelt sich voller Stärke und Volumen. Eine erfreuliche Flasche, die man in drei bis fünf Jahren genießen kann.

EARL du Ch. de Puisseguin-Curat, 33570 Puisseguin, Tel. 05.57.74.51.06, Fax 05.57.74.54.29, E-Mail chateau-de-puisseguin-curat@wanadoo.fr n. V.
Robin

CH. RIGAUD 1998*

■ 3 ha 18 000 8à11€

Dieser 98er zeichnet sich durch eine strahlende Farbe mit rubinroten Reflexen, durch einen kräftigen, komplexen Wild-, Leder- und Gewürzgeruch und durch gefällige, sehr zarte Struktur aus. Zwischen Ostern und Weihnachten 2002 dürfte er trinkreif sein.

J. Taïx, Rigaud, 33570 Puisseguin, Tel. 05.57.74.63.35, Fax 05.57.74.50.34 n. V.

CH. ROC DE BERNON 1998

■ 14,08 ha 64 000 5à8€

Das im Hachette-Weinführer regelmäßig geehrte Château erhielt im letzten Jahr eine Liebeserklärung. Es präsentiert einen 98er mit einem fruchtigen, animalischen, leicht würzigen Bouquet. Im Mund entwickeln sich die Tannine des Weins, die zunächst sanft und rund sind, zu einer gewissen Festigkeit hin. Eine zwei- bis dreijährige Lagerung drängt sich auf, damit dieser Wein seine Ausgewogenheit erreicht.

J.-M. Lenier, Ch. Roc de Bernon, 33570 Puisseguin, Tel. 05.57.74.53.42, Fax 05.57.74.53.42, E-Mail roc.de.bernon@wanadoo.fr n. V.

CH. ROC DE BOISSAC 1998**

■ k. A. k. A. 8à11€

Das Château gehörte Ende des 19. Jh. Dr. Poitou, dem Entdecker der Bordelaiser Brühe, die bei den Winzern in der ganzen Welt wohl bekannt ist. Bei Ihrem Besuch können Sie im Departement einmalige Keller kennen lernen und dort diesen sehr schönen 98er mit der tiefen granatroten Farbe und den delikaten Düften von frischen Früchten und Gewürzen probieren. Die in der Ansprache sanften, fetten Tannine entwickeln sich voller Fülle und weisen auf eine große Reife hin. Ein recht nachhaltiger, sehr rassiger Wein, den man in drei bis fünf Jahren aufmachen kann.

SARL Roc de Boissac, Pleniers de Boissac, 33570 Puisseguin, Tel. 05.57.74.61.22, Fax 05.57.74.59.54 n. V.

Saint-Georges Saint-Emilion

CH. BELAIR SAINT-GEORGES 1998**

■ 4 ha 20 000 8à11€

Dieser kleine Cru befindet sich auf einem tonigen Kalksteinboden und ist mit 80 % Merlot und 20 % Cabernet bestockt. Der 98er ist großartig mit seiner strahlenden Farbe; die komplexen Aromen erinnern an Kaffee, geröstetes Brot und danach an delikate, reife Früchte. Nach einer kräftigen, verschmolzenen Ansprache setzt sich der Geschmack mit viel Stärke, Ausgewogenheit und viel Präsenz des Holztons fort. Die Harmonie des Abgangs kennzeichnet einen großen Wein, der erfolgreich drei bis sechs Jahre oder noch länger altern dürfte.

Nadine Pocci-Le Menn, Ch. Belair Saint-Georges, 33570 Montagne, Tel. 05.57.74.65.40, Fax 05.57.74.51.64 n. V.

CH. CAP D'OR 1998

■ 5,5 ha 44 000 8à11€

Das Château liegt auf einem guten Terroir mit tonigem Seesternkalk. Es hat einen recht typischen 98er mit Gerüchen von Geräuchertem, reifen Früchten und geröstetem Holz erzeugt. Die Tannine sind im Mund mild, aber sehr deutlich zu spüren; sie dürften sich in den nächsten zwei bis drei Jahren einfügen.

SCEA Vignobles Rocher Cap de Rive 1, Ch. Cap d'Or, 33570 Montagne, Tel. 05.57.40.08.88, Fax 05.57.40.19.93, E-Mail vignoblesrochercaprive@wanadoo.fr

CH. DIVON 1998

■ 4,75 ha k. A. 8 à 11 €

Dieses Château gehört seit 1860 der gleichen Familie; Tradition ist hier somit von Bedeutung, wie etwa bei seinem 98er. Das entstehende Bouquet erinnert an Pfeffer, Blumen und rote Früchte. Die runden, ansprechenden Tannine sind schlicht, aber ehrlich und am Ende des Geschmackseindrucks ein wenig adstringierend. In ein bis drei Jahren wird dieser Wein besser sein.

Christian Andrieu, Divon, 33570 Montagne, Tel. 05.57.74.66.07 n. V.

CH. HAUT-SAINT-GEORGES 1998*

■ 3,5 ha 20 000 11 à 15 €

Auf einem tonig-schluffigen Boden mit eisenoxidhaltigem Kies hat dieses Château von 90 % Merlot einen erstklassigen 98er erzeugt. Das Purpurrot zeigt schöne Reflexe; das weinige, frische Bouquet erinnert an Tabak und Trüffel. Die in der Ansprache reichen, milden Tannine entwickeln sich danach mit Fülle und viel Jugendlichkeit. Ein typischer Wein, den man in zwei bis fünf Jahren trinken kann.

SCE du Ch. La Grande-Barde, 33570 Montagne, Tel. 05.57.74.64.98, Fax 05.57.74.64.98 n. V.

CH. LA CROIX DE SAINT-GEORGES 1998*

■ 6,58 ha 50 000 8 à 11 €

Das Gut, das früher ein fester Bestandteil von Château Saint-Georges war, ist jetzt selbstständig und zeichnet sich durch seine Bestockung aus, die gleichgewichtig zwischen Merlot und Cabernet aufgeteilt ist. Der Wein, der in der Nase noch zurückhaltend ist (Noten von schwarzen Früchten), kommt im Geschmack stärker zum Ausdruck und enthüllt vollmundige, kräftige Tannine, die traditionell und ziemlich nachhaltig sind. Eine Flasche, die sich in drei bis sechs Jahren entfalten wird.

Jean de Coninck, Ch. du Pintey, 33500 Libourne, Tel. 05.57.51.03.04, Fax 05.57.51.03.04 n. V.

CH. LE ROC DE TROQUARD 1998

■ 3,05 ha 3 500 5 à 8 €

Dieser von Isabelle Visage erzeugte 98er bietet eine strahlende purpurrote Farbe und ein entstehendes Bouquet, das klar, weinig und sehr delikat ist, und enthüllt runde, ziemlich füllige Tannine, die weder eine große Komplexität noch eine große Nachhaltigkeit besitzen. Dennoch ist das ein Wein, der sich angenehm trinkt und auch zwei bis drei Jahre altern kann.

SCEA des Vignobles Visage, Jupille, 33330 Saint-Sulpice-de-Faleyrens, Tel. 05.57.24.62.92, Fax 05.57.24.69.40 n. V.

CH. SAINT-GEORGES 1998***

■ 45 ha 280 000 15 à 23 €

92 93 94 **95** 96 |97| (98)

Dieses prächtige Château aus dem 18. Jh. überragt mit seinen hohen Türmen, aber auch mit dem hohen Niveau seiner Weine die ganze Region und wird jedes Jahr im Hachette-Weinführer geehrt. Dieses Jahr hat es keine Liebeserklärung erhalten, aber es kann sich mit seinen drei Sternen trösten, die mindestens ebenso schwierig zu erringen sind! Die intensive Farbe besitzt schwarze Reflexe. Die kräftigen, eleganten Aromen erinnern an rote Früchte, Zedernholz und Gewürze mit einer feinen Holznote. Die in der Ansprache sanften, samtigen Tannine sind sehr reif und aufgrund eines gut gemeisterten Ausbaus umhüllt. Der warme, ausgewogene Abgang lässt alle Hoffnungen für die Alterung zu, mindestens fünf bis zehn Jahre.

Famille Desbois, Ch. Saint-Georges, 33570 Montagne, Tel. 05.57.74.62.11, Fax 05.57.74.58.62, E-Mail g.desbois@chateau-saint-georges.com n. V.

Côtes de Castillon

Im Jahre 1989 entstand eine neue Appellation: Côtes de Castillon. Sie übernahm auf einer Anbaufläche von heute 3 019 ha die Anbauzone der früheren Appellation Bordeaux Côtes de Castillon, d. h. die neun Gemeinden Belvès-de-Castillon, Castillon-la-Bataille, Saint-Magne-de-Castillon, Gardegan-et-Tourtirac, Sainte-Colombe, Saint-Genès-de-Castillon, Saint-Philippe-d'Aiguilhe, Les Salles-de-Castillon und Monbadon. Um die regionale Appellation verlassen zu können, müssen die Erzeuger jedoch strengere Produktionsbedingungen beachten, insbesondere im Hinblick auf die Pflanzdichte, die auf 5 000 Rebstöcke pro Hektar festgelegt ist. Angesichts der bestehenden Weinberge besteht eine Übergangsfrist bis 2010. Im Jahre 2000 erreichte die Produktion 178 522 hl.

ARTHUS 1998*

■ k. A. 10 000 8 à 11 €

Danielle, eine ausgebildete Önologin, begegnete Richard an einem mythischen Ort des Weins, auf Château Petrus. Seitdem führen sie ihr Weingut gemeinsam. Die 35 Jahre alten Reben sind auf dem Kalksteinplateau angepflanzt. Ihr 98er bietet eine granatrote Farbe und Düfte von Kirsche, Brombeere und Gewürzen, die von angenehmen Röstnoten belebt werden. Im Ge-

schmack sorgen die kräftigen, ausgewogenen Tannine bis zum sehr nachhaltigen Abgang für eine angenehme Weinigkeit. Man muss zwei bis fünf Jahre warten, bevor man diese Flasche aufmacht.
Richard Dubois, Ch. Bertinat Lartigue, 33330 Saint-Sulpice-de-Faleyrens, Tel. 05.57.24.72.75, Fax 05.57.74.45.43, E-Mail dubricru@aol.com
Mo–Fr 9h–11h30 14h30–17h30; Sa, So n. V.; 14. Aug. bis 3. Sept. geschlossen

CH. BEAUSEJOUR
Elevé en fût de chêne 1998**

5 ha 20 000 5 à 8 €

Das Château praktiziert biologisch-dynamischen Weinbau. In den Kellern wird alles aufgeboten, um die Weine mit großer Sorgfalt zu vinifizieren und auszubauen, wie dieser großartige 98er belegt. Die Farbe ist intensiv und tief; die Aromen von sehr reifen Früchten und die Noten von geröstetem Holz harmonieren perfekt. Die samtigen Tannine, die sanft und ausgewogen sind, entwickeln sich mit viel Komplexität und Nachhaltigkeit bis zu einem würzigen Abgang, der Garant für eine schöne Zukunft ist. Ein sehr großer Wein.
GAEC Verger Fils, 4, chem. de Beauséjour, 33350 Saint-Magne-de-Castillon, Tel. 05.57.40.13.14, Fax 05.57.40.34.06
n. V.
Bernard und Gilles Verger

CH. BEL-AIR Elevé en fût de chêne 1998**

13 ha 50 000 8 à 11 €

Angeblich brachten die Druiden hier einst ihre Tieropfer dar. Heute wird auf friedlichere Weise alles versucht, um Weine von großer Qualität zu erzeugen. Das gilt auch für diesen 98er von dunkler Granatfarbe, dessen sehr feines, weiniges Bouquet Nuancen von Lakritze, schwarzen Früchten und geröstetem Brot enthält. Auf die ein wenig lebhafte Ansprache folgt eine Empfindung von «Fett», Fülle und Öligkeit. Der lang anhaltende, sehr würzige Abgang ist das Kennzeichen eines guten Alterungspotenzials von mindestens vier bis acht Jahren. Der Zweitwein, der **99er La Chapelle Monrepos** (Preisgruppe: 30 bis 49 F), erhält eine lobende Erwähnung: Man kann ihn schon jetzt in seiner Schlichtheit trinken.
SCEA du Dom. de Bellair, 33350 Belvès-de-Castillon, Tel. 05.80.13.02.12, Fax 05.56.42.44.47 n. V.
Patrick David

LE PIN DE BELCIER 1998**

2 ha 4 000 15 à 23 €

Le Pin de Belcier ist eine Sondercuvée, die von alten Merlot- (80 %) und Cabernet-franc-Reben erzeugt wird. Die Jury wurde von diesem Wein mit der intensiven, rubinrot funkelnden Farbe und den komplexen Aromen von reifen Früchten beeindruckt, die mit einem vanilleartigen Holzton und einem kräftigen, aber nicht aufdringlichen Röstaroma harmonieren. Im Geschmack erweisen sich die Tannine als kräftig und zugleich sanft; das fruchtige Rückaroma ist sehr angenehm. Der wunderbar ausgewogene, sehr lang anhaltende Abgang lässt eine große Zukunft von mindestens fünf bis zehn Jahren vorhersagen. Die Hauptcuvée, der **98er Château de Belcier** (Preisgruppe: 50 bis 69 F), vereint vier Rebsorten; sie erhält einen Stern.
SCA Ch. de Belcier, 33350 Les Salles-de-Castillon, Tel. 05.57.40.67.58, Fax 05.57.40.67.58
n. V.
MACIF

CH. BELLEVUE
Cuvée Vieilles vignes Vieilli en fût de chêne 1999**

4 ha 12 000 5 à 8 €

Diese Cuvée ist eine Auswahl von alten Merlot- (90 %) und Cabernet-franc-Reben, deren Trauben gekonnt vinifiziert worden sind, wie dieser großartige 99er mit der intensiven Purpurfarbe und den einschmeichelnden Aromen von kandierten schwarzen Früchten, Leder und Geröstetem beweist. Die Eleganz der Ansprache beruht auf reifen Tanninen, die aufgrund eines erstklassigen Ausbaus im Eichenfass gut verschmolzen sind; der Abgang ist besonders fruchtig und nachhaltig. Ein sehr schöner Wein, der von der Wahl zum Lieblingswein nicht weit entfernt war. Trinken kann man ihn in zwei bis fünf Jahren.
Michel Lydoire, Ch. Bellevue, 33350 Belvès-de-Castillon, Tel. 05.57.47.94.29, Fax 05.57.47.94.29 n. V.

CH. BEYNAT Cuvée Léonard 1998**

2,5 ha 6 500 8 à 11 €

Diese Cuvée ist eine Auswahl von Merlot und Cabernet Sauvignon zu gleichen Teilen, wobei die Trauben von 35 Jahre alten Reben stammen. Sie bietet eine tiefe granatrote Farbe sowie Kirsch-, Leder- und Röstdüfte. Ihre reiche, kräftige Struktur enthüllt «Fett» und danach im Abgang Volumen. Sie ist ein sehr ausgewogener, zukunftsreicher Wein, der seine Versprechen in zwei bis sechs Jahren einlösen wird. Die **klassische Cuvée 1998** (Preisgruppe: 30 bis 49 F) erhält eine lobende Erwähnung für ihr angenehm mentholartiges, würziges Bouquet und für den eleganten, seidigen Charakter ihrer Tannine.
Xavier Borliachon, 27, rte de Beynat, 33350 Saint-Magne-de-Castillon, Tel. 05.57.40.01.14, Fax 05.57.40.18.51
n. V.

CH. BREHAT 1998*

8 ha 39 000 5 à 8 €

Das Château, das der Familie Jean de Monteils seit mehreren Jahrhunderten gehört, präsentiert einen aromatischen 98er, der komplexe Nuancen von Lakritze, roten Früchten, Veilchen und hellem Tabak verbindet. Im Geschmack ist er ein korpulenter, einschmeichelnder Wein, mit Tanninen, die im Abgang noch fest sind. Eine drei- bis fünfjährige Reifung wird ihm eine schöne Harmonie verleihen
Jean de Monteil, Ch. Haut Rocher, 33330 Saint-Etienne-de-Lisse, Tel. 05.57.40.18.09, Fax 05.57.40.08.23, E-Mail ht.rocher@vins-jean-de-monteil.com
n. V.

CH. CANTEGRIVE 1998**

■ 16,73 ha 60 000 8 à 11 €

Dieses 1990 erworbene, 23 ha große Gut kümmert sich äußerst gewissenhaft um die Vinifizierung seiner Weine; der 98er hat davon in hervorragender Weise profitiert. Seine granatrote Farbe ist kräftig, fast schwarz. Die Düfte von vollreifen roten Früchten, Leder und Holz finden ihre Harmonie mit einer kräftigen, weinigen Tanninstruktur, die noch sehr jugendlich ist. Der lang anhaltende, würzige, ungekünstelte Abgang lässt für diesen sehr schönen Wein, der für die Appellation typisch ist, eine Zukunft von drei bis sieben Jahren voraussagen.

SC Ch. Cantegrive, Terrasson, 33570 Monbadon, Tel. 03.26.52.14.74, Fax 03.26.52.24.02 n. V.

Doyard Frères

CH. CAP DE FAUGERES 1998*

■ 27 ha 108 000 8 à 11 €

Das Gut, das die Ehrungen unseres Weinführers gewohnt ist (erinnern wir nur an die Liebeserklärung für den schwierigen 97er), erzeugt jedes Jahr sehr gute Weine. Das gilt auch für diesen 98er, der eine tiefe Farbe und intensive, komplexe Aromen von vollreifen roten Früchten bietet, die eine elegante Holznote verstärkt. Die kräftigen, aber gut verschmolzenen Tannine entwickeln sich mit Noten von Sauerkirsche und schwarzer Johannisbeere bis zu einem sehr ausgewogenen Abgang. Eine schöne Flasche, die man in drei bis sechs Jahren aufmachen kann.

GFA C. et P. Guisez, Ch. Cap de Faugères, 33350 Sainte-Colombe, Tel. 05.57.40.34.99, Fax 05.57.40.36.14, E-Mail faugeres@club-internet.fr n. V.

CH. CASTEGENS
Sélection première 1998*

■ 28 ha 25 000 5 à 8 €

Das sehr bekannte Schloss (es dient als Kulisse für die Rekonstruktion der Schlacht bei Castillon) gehört seit dem 15. Jh. der gleichen Familie. Der Wein verdient ebenfalls einen Umweg, wie dieser 98er mit der strahlenden Granatfarbe und dem intensiven Bouquet von Gewürzen und kandierten Früchten bezeugt. Im Mund macht die Sanftheit der Ansprache seidigen und zugleich kräftigen Tanninen Platz, die eine sehr gute Länge besitzen. Man muss rund zwei Jahre warten, bevor man diese Flasche serviert.

J.-L. de Fontenay, Ch. Castegens, 33350 Belvès-de-Castillon, Tel. 05.57.47.96.07, Fax 05.57.47.91.61, E-Mail jldefontenay@wanadoo.fr n. V.

CH. COTE MONTPEZAT 1999**

■ 30 ha 150 000 8 à 11 €

Der an die Ehrungen durch unseren Weinführer gewöhnte Cru hat mit diesem 99er ganz knapp eine Liebeserklärung verpasst. Das tiefe Purpurrot strahlt mit hübschen bräunlichen Reflexen. Das intensive, ausdrucksvolle Bouquet erinnert an vollreife rote Früchte, Heidelbeere und Vanille. Die seidigen, fleischigen Tannine entwickeln sich mit Feinheit und Ausgewogenheit; umhüllt werden sie von eleganten Holznoten. Ein sehr schöner, charaktervoller Wein, den man in zwei bis sechs Jahren trinken kann.

SA Vignobles Bessineau, 8, Brousse, BP 42, 33350 Belvès-de-Castillon, Tel. 05.57.56.05.55, Fax 05.57.56.05.56, E-Mail bessineau@cote-montpezat.com n. V.

CH. DUBOIS-GRIMON 1998**

■ 1 ha 6 000 15 à 23 €

Nur ein Hektar Merlot (80 %) und Cabernet franc (20 %) bildet die Grundlage für diese Sondercuvée, die ein Zehntel des Guts ausmacht. Die purpurrote Farbe zeigt strahlende rubinrote Reflexe. Die kräftigen, komplexen Aromen erinnern an Lakritze, Backpflaume und Vanille. Die sanften, samtigen, vollkommen reifen Tannine harmonieren völlig mit dem Ausbau im Holzfass. Der lang anhaltende, seidige Abgang verleiht diesem Wein, der sehr gut altern kann (mindestens drei bis fünf Jahre), einen unbestreitbaren Charme.

Gilbert Dubois, Ch. Grimon, 33350 Saint-Philippe-d'Aiguilhe, Tel. 05.57.40.67.58, Fax 05.57.40.67.58

CH. FONTBAUDE
Vieilles vignes Elevé en fût de chêne 1999

■ 3 ha 15 000 8 à 11 €

Diese Auswahl von alten Reben hat einen im Anblick strahlenden 99er ergeben, dessen fruchtige Düfte noch ein kräftiger, vanilleartiger Holzton dominiert. Der Geschmack ist sanft und weich und harmoniert mit dem Ausbau im Eichenfass, besitzt aber kein großes Alterungspotenzial. Trinkreif.

GAEC Sabaté-Zavan, 34, rue de l'Eglise, 33350 Saint-Magne-de-Castillon, Tel. 05.57.40.06.58, Fax 05.57.40.26.54, E-Mail chateau.fontbaude@wanadoo.fr n. V.

CH. GERBAY Elevé en fût de chêne 1998

■ 12,23 ha 15 000 5 à 8 €

Dieser 98er präsentiert sich in einem strahlenden Granatrot und bietet ein ausdrucksvolles Bouquet von reifen Früchten (Himbeere). Die sanften Tannine mit dem delikaten Holzton entwickeln sich voller Feinheit, aber ohne große Komplexität. Eine Flasche, die sich in den kommenden zwei bis drei Jahren angenehm trinken lässt.

Consorts Yerles, SCEA Ch. Gerbaý, 33350 Gardegan, Tel. 05.57.40.63.87, Fax 05.57.40.66.39, E-Mail gerbay@wanadoo.fr n. V.

CH. GERMAN 1998*

■ 30 ha 50 000 5 à 8 €

Die zwischen Merlot und die Cabernet-Sorten gleichgewichtig aufgeteilte Bestockung dieses Cru hat einen reichen, komplexen 98er hervorgebracht. Das entstehende Bouquet von reifen Früchten und Vanille ist sehr elegant, ebenso die seidigen, würzigen Tannine, die aufgrund eines erstklassigen Ausbaus im Holzfass kräftig gebaut und gut verschmolzen sind. Ein Wein, der sich nach einer Lagerung von zwei bis

drei Jahren in einem guten Keller entfalten wird. Der **98er Château Hyot** vom gleichen Erzeuger erhält eine lobende Erwähnung.
Alain Aubert, 57 *bis*, rte de Libourne, 33350 Saint-Magne-de-Castillon, Tel. 05.57.40.04.30, Fax 05.57.40.27.02

CH. GRAND TUILLAC 1999*

■ 15 ha 120 000 3à5€

Das auf dem Kalksteinplateau der Appellation liegende Château befindet sich seit sieben Generationen im Besitz der gleichen Familie. Die Tradition hat die Herstellung dieses purpurroten, bläulich rot schimmernden 99ers geleitet, dessen angenehmes entstehendes Bouquet aus reifen Früchten und einem diskreten Holzton besteht. Nach einer kräftigen Ansprache entwickelt sich der Geschmack mit «Fett» und viel Nachhaltigkeit. Ein charaktervoller Wein, der in den nächsten drei bis fünf Jahren perfekt sein wird.
SCEA Lavigne, S. et L. Poitevin, Ch. Grand Tuillac, 33350 Saint-Philippe-d'Aiguilhe, Tel. 05.57.40.60.09, Fax 05.57.40.66.67, E-Mail s.c.e.a.lavigne@wanadoo.fr n. V.

CH. GRIMON 1998

■ 4,5 ha 36 000 5à8€

Dieser 98er verbindet Aromen von roten Früchten und Leder mit einem diskreten Holzton. Im Mund ist er weich und frisch und besitzt keine große Stärke, aber er ist wohl ausgewogen und angenehm zu trinken.
Gilbert Dubois, Ch. Grimon, 33350 Saint-Philippe-d'Aiguilhe, Tel. 05.57.40.67.58, Fax 05.57.40.67.58

CH. HAUTE TERRASSE 1999

■ 3,08 ha 20 000 5à8€

Der 99er ist die erste Ernte des neuen Besitzers, der es verstanden hat, einen charaktervollen Wein mit den Aromen von Leder und kleinen roten Früchten zu präsentieren. Im Geschmack ist er sanft und klar, im Abgang ein wenig schlicht. Ein typischer Wein, den man in den nächsten drei Jahren trinken kann.
Pascal Bourrigaud, Champion, 33330 Saint-Emilion, Tel. 05.57.74.43.98, Fax 05.57.74.41.07, E-Mail pascal.bourrigaud@producteurs.com

CH. LA BRANDE 1999

■ k. A. k. A. 8à11€

Dieses Château, ein schönes Gut in einem Stück, stellt einen 99er vor, der aufgrund seiner aromatischen Frische (rote Früchte) und seiner sanften, aromatischen, ziemlich nachhaltigen Tanninstruktur interessant ist. Eine schon jetzt trinkreife Flasche, die aber ein paar Jahre lagern kann.
Vignobles Jean Petit, Ch. Mangot, 33330 Saint-Etienne-de-Lisse, Tel. 05.57.40.18.23, Fax 05.57.40.15.97, E-Mail chmangot@terre-net.fr
Mo–Fr 8h30–12h 14h–18h; Sa, So n. V.

DOM. DE LA CARESSE 1998*

■ k. A. 60 000 8à11€

Auf die Herstellung dieses 98ers wurde größte Sorgfalt verwendet. Die granatrote Farbe ist tief und strahlend. Die Aromen von vollreifen roten Früchten harmonieren mit diskreten Holznoten. Der Geschmack enthüllt volle, runde, würzige Tannine und bietet einen aromatischen Abgang, der lang anhält und ausgewogen ist. Eine Flasche, die man in zwei bis fünf Jahren aufmachen kann.
Jean Blanc, 2, av. de la Bourrée, 33350 Saint-Magne-de-Castillon, Tel. 05.57.40.07.59, Fax 05.57.40.42.53

CH. LA CLARIERE LAITHWAITE 1998

■ 4,6 ha 24 500 8à11€

Das Château, das einen Kilometer von der spätgotischen Kirche Sainte-Colombe entfernt liegt, erzeugt jedes Jahr sehr gute Weine, die für einen englischen Club bestimmt sind. Ein paar Flaschen jedoch sind erhältlich, wie etwa dieser 98er, den ein gut entfaltetes Bouquet von Früchten und Vanille kennzeichnet. Die in der Ansprache ein wenig festen Tannine entwickeln sich jedoch voller Offenheit und mit einer guten Nachhaltigkeit. Trinken kann man ihn in rund zwei Jahren.
SARL Direct Wines Ch. La Clarière Laithwaite, Les Confrères de La Clarière, 33350 Sainte-Colombe, Tel. 05.57.47.95.14, Fax 05.57.47.94.47 n. V.

CH. LA GRANDE MAYE

Elevé et vieilli en barrique de chêne 1998

■ 12 ha 60 000 8à11€

Dieser 98er besitzt einen noch zurückhaltenden Duft von geröstetem Brot, doch im Mund kommt die Frucht mit sanften, gut verschmolzenen Tanninen zum Vorschein, die einen vanilleartigen Holzton haben. Ein Wein, den man in den kommenden drei Jahren trinken kann.
EARL P.L. Valade, 1, Le Plantey, 33350 Belvès-de-Castillon, Tel. 05.57.47.93.92, Fax 05.57.47.93.92, E-Mail paul-valade@wanadoo.fr n. V.

EXCELLENCE DE LAMARTINE 1999

■ 2 ha 6 000 11à15€

Château Lamartine (17,5 ha) erzeugt diese Sondercuvée allein von Merlot-Reben. Noten von geröstetem Holz dominieren diesen 99er, auch wenn die roten Früchte diskret zum Vorschein kommen. Im Geschmack ist er konzentriert und recht ausgewogen. Man kann ihn trinken oder ein paar Jahre aufheben.
EARL Gourraud, 1, la Nauze, 33350 Saint-Philippe-d'Aiguilhe, Tel. 05.57.40.60.46, Fax 05.57.40.66.01
Mo–Sa 9h–12h 14h–19h; Sept. geschlossen

CH. LAPEYRONIE 1998**

■ 4 ha 13 000 11à15€

Château Lapeyronie befindet sich auf einem schönen tonig-kalkigen Terroir von Sainte-Colombe und nutzt heute alle modernen Vinifizierungs- und Ausbaumethoden. Der 98er ist eine verführerische Veranschaulichung dieser Methoden, wie seine tiefe Granatfarbe und seine Röst- und Toastaromen mit den Nuancen von Eukalyptus und in Kirschwaser eingelegten Kirschen zeigen. Die in der Ansprache klaren, reifen Tannine sind deutlich zu spüren; umhüllt werden sie von dem Holzton eines gut gemeisterten Ausbaus im Barriquefass. Der Abgang ist lang und fruchtig. Nach zwei bis fünf Jahren Lagerung wird er ein sehr schöner Wein sein. Vom gleichen Erzeuger erhält der **98er Château La Font du Jeu** (Preisgruppe: 50 bis 69 F) einen Stern.

SCEA Lapeyronie, 4, Castelmerle, 33350 Sainte-Colombe, Tel. 05.57.40.19.27, Fax 05.57.40.14.38 ☑ Ῑ n. V.

CH. LA PIERRIERE Cuvée Prestige 1998*

■ 5 ha 32 420 5à8€

Dieses sehr schöne Schloss, das zwischen dem 13. und 16. Jh. errichtet wurde und von trocken liegenden Wassergräben umgeben ist, gehört seit 1607 der gleichen Familie! Trotz der Hochachtung vor der Tradition hält der moderne Fortschritt Einzug in die Keller, wie die Qualität dieser Cuvée Prestige beweist: Eine intensive schwarze Farbe, ein komplexes Himbeer- und Kischbouquet und die Sanftheit und Harmonie der Tannine ergeben einen erfreulichen Wein, den man schon jetzt genießen oder zwei bis drei Jahre aufheben kann. Die **99er Hauptcuvée Château La Pierrière** (150 000 Flaschen, die nicht im Holzfass ausgebaut werden) wird von Kressmann vertrieben; sie erhält für ihre Aufrichtigkeit eine lobende Erwähnung.

R. et D. De Marcillac, Ch. la Pierrière, 33350 Gardegan, Tel. 05.57.47.99.77, Fax 05.57.47.92.58, E-Mail chateau.lapierriere@free.fr ☑ Ῑ n. V.

CH. LA RONCHERAIE TERRASSON Cuvée Sereine 1998*

■ 2 ha 6 000 5à8€

Diese Cuvée Sereine, der erste Jahrgang, den diese jungen Winzer, die sich hier 1997 niederließen, im Fass ausgebaut haben, verdient einen Umweg: tiefes Granatrot, komplexe, intensive Aromen von gerösteten Früchten und Kaffee, eine dichte, harmonische Tanninstruktur, die sich mit «Fett», Volumen und viel Frische entwickelt. Der sehr fruchtige, anhaltende Abgang lässt für diese Flasche eine schöne Zukunft vorhersehen: mindestens drei bis sechs Jahre.

EARL Roy-Vittaut, La Roncheraie-Terrasson, 33350 Belvès-de-Castillon, Tel. 05.57.47.94.12, Fax 05.57.47.94.12, E-Mail la.roncheraie.terrasson@wanadoo.fr ☑ Ῑ n. V.

G. und A. Roy de Pianelli

CH. LA SENTINELLE Elevé un an en fût de chêne 1999

■ 4 ha 15 300 5à8€

Der 25 ha große Weinberg, der 1997 von einer Pariserin angelegt wurde, präsentiert einen sehr fruchtigen 99er, den eine leichte Holznote schmückt. Reiche, aber kräftige Tannine kennzeichnen ein echtes Lagerpotenzial.

Sté viticole du Dom. de Lézin, 11, Giraud-Arnaud, 33750 Saint-Germain-du-Puch, Tel. 05.57.24.00.00, Fax 05.57.24.00.98 ☑ Ῑ n. V.

Muriel Huillier

DOM. LA TUQUE BEL-AIR Vieilli en fût de chêne neuf 1998

■ 20 ha 45 000 5à8€

Das Gut, das seit 1984 einem Winzer aus Saint-Emilion gehört, reicht bis 1854 zurück. Es präsentiert einen 98er mit einer hübschen rubinroten Farbe und einem entstehenden Bouquet von kleinen roten Früchten. Dieser Wein ist im Geschmack durch sanfte, reife, wenn auch im Abgang ein wenig strenge Tannine gekennzeichnet. Seine gute aromatische Nachhaltigkeit erlaubt eine Lagerung von ein bis drei Jahren.

GAEC Jean Lavau et Fils, Ch. Coudert Pelletan, BP 13, 33330 Saint-Christophe-des-Bardes, Tel. 05.57.24.77.30, Fax 05.57.24.66.24, E-Mail coudert.pelletan@worldonline.fr ☑ Ῑ Mo–Fr 9h–18h; Sa, So n. V.

CH. LAVERGNE 1999

■ 5 ha 22 000 3à5€

Thierry Moro trat 1986 die Nachfolge seines Vaters an. Während das Pergamentetikett veraltet erscheinen kann, ist der Wein ansprechend: Er ist fruchtig und besitzt einen tanninreichen Geschmack, der weich und freimütig ist und relativ lang anhält. Seine gute allgemeine Ausgewogenheit macht ihn schon jetzt zu einem Tropfen, der sich angenehm trinken lässt, aber er kann eine zwei- bis dreijährige Alterung verkraften.

Thierry Moro, La Vergnasse, 33570 Saint-Cibard, Tel. 05.57.40.65.75, Fax 05.57.40.65.75 ☑ Ῑ n. V.

LES MOULINS DE COUSSILLON 1998

■ 2,12 ha 8 000 3à5€

Dieser Wein mit dem entstehenden Bouquet von Gewürzen, welkem Laub und schwarzer Johannisbeere ist liebenswürdig. Die recht milden Tannine besitzen eine gute Frische und eine harmonische Ausgewogenheit. Trinken kann man ihn in zwei bis drei Jahren.

Arbo, Godard, 33570 Francs, Tel. 05.57.40.65.77, Fax 05.57.40.65.77 ☑ Ῑ n. V.

CH. MOULIN DE CLOTTE Cuvée Dominique Vieilli en fût de chêne 1999*

■ 0,5 ha 3 000 5à8€

Diese Cuvée Dominique, die von einem über sieben Hektar großen Gut stammt, ist eine begrenzte Abfüllung. Sie besitzt eine kräftige, strahlende Farbe, Düfte von roten Früchten, Lakritze und Röstung und spürbare, voluminöse Tannine, die im Abgang harmonisch sind. Sie sind gut gebaut und dürften sich nach einer zwei- bis dreijährigen Lagerung abrunden.

SCEA Vignobles Dominique Chupin, Moulin de Clotte, 33350 Les Salles-de-Castillon, Tel. 05.57.40.60.94, Fax 05.57.40.66.68 ☑ Ῑ n. V.

CH. PERVENCHE-PUY ARNAUD 1998★

■ 8,5 ha 22 000 5 à 8 €

Der im April 2000 von Thierry Valette gekaufte Cru hat umfangreiche Arbeiten zur Renovierung der Keller eingeleitet, von denen dieser sehr gelungene 98er natürlich noch nicht profitiert hat. Die granatrote Farbe ist kräftig. Das entstehende Bouquet erinnert an Gewürze, Lakritze und reife Früchte. Die in der Ansprache eleganten Tannine sind freigebig und kräftig und harmonieren mit einem sehr angenehmen Holzton. Eine Flasche, die man in zwei bis fünf Jahren trinken kann.

EARL Thierry Valette, 7, Puy Arnaud, 33350 Belvès-de-Castillon, Tel. 05.57.47.90.33, Fax 05.56.90.15.44 n. V.

CH. PEYROU 1998★★

■ 5 ha 25 000 8 à 11 €

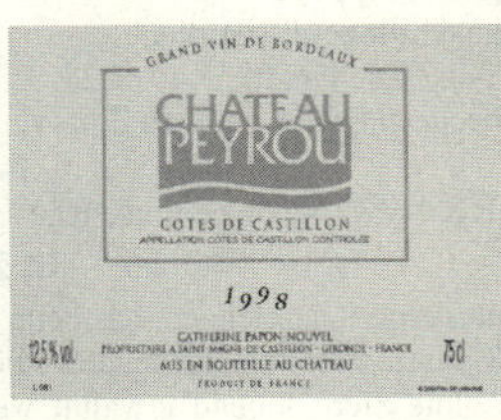

Dieses Gut, das von einem jungen Önologen mit Strenge, Leidenschaft und Können geführt wird, erhält für diesen prächtigen 98er eine einstimmige Liebeserklärung. Die tiefe, sehr kräftige Farbe verführt sofort. Die Aromen von roten Früchten und Gewürzen harmonieren mit einem eleganten, vanilleartigen Holzton. Die in der Ansprache samtigen Tannine erweisen sich danach als fett und freigebig. Im Abgang macht sich die Stärke dieses Weins bemerkbar und dominiert über eine Empfindung von sehr interessanter Jugendlichkeit. Eine Flasche, die herausragt und unbedingt drei bis zehn Jahre altern muss. Man will mehr davon haben!

Catherine Papon-Nouvel, Peyrou, 33350 Saint-Magne-de-Castillon, Tel. 05.57.40.06.49, Fax 05.57.74.40.03 n. V.

CH. PILLEBOIS
Vieilles vignes Vieilli en fût de chêne 1998

■ 5 ha 14 000 5 à 8 €

Das Gut, das sich im Besitz von Franc Lartigue in Saint-Emilion befindet, hat diesen Côtes de Castillon erzeugt, der wegen seines angenehmen Bouquets von Gewürzen, Vanille und geröstetem Brot eine lobende Erwähnung verdient. Die ehrlichen, runden Tannine sind harmonisch, wenn auch im Abgang ein wenig schlicht. Man kann ihn trinken oder zwei bis drei Jahre aufheben.

Vignobles Marcel Petit, 6, chem. de Pillebois, 33250 Saint-Magne-de-Castillon, Tel. 05.57.40.33.03, Fax 05.57.40.06.05 n. V.

CH. DE PITRAY 1998★★

■ 30 ha 210 000 8 à 11 €

Hundert Hektar umgeben das große Château de Pitray; dieser Erstwein des Châteaus – eine Bezeichnung, die man auf dem Etikett lesen kann – ist eine Auswahl, die weniger als ein Drittel der Ernte ausmacht. Das Ergebnis ist beim 98er beeindruckend. Die sehr kräftige Farbe und das intensive, komplexe Bouquet von roten Früchten, Vanille und Kaffee verführen sofort. Im Mund befindet sich die kräftige Textur, die durch fruchtige (Sauerkirsche), fleischige Tannine gekennzeichnet ist, in einem Gleichgewicht mit einem gut dosierten Holzton. Ein sehr schöner Wein, der nach einer zwei- bis fünfjährigen Reifung sein ganzes Potenzial ausschöpfen wird.

SC de La Frérie, Ch. de Pitray, 33350 Gardegan, Tel. 05.57.40.63.38, Fax 05.57.40.66.24, E-Mail pitray@pitray.com n. V.

Comtesse de Boigne

CH. PUY GARANCE
Elevé en fût de chêne 1999

■ 1 ha 3 000 5 à 8 €

Frédéric Burriel hat das Familiengut 1997 zu einem Teil übernommen. Diese Sondercuvée, die zu 98 % von Merlot-Trauben stammt, ist durch ein intensives Bouquet von geröstetem Holz gekennzeichnet, das ein wenig pfeffrig ist. Die in der Ansprache sehr kräftigen Tannine entwickeln sich ziemlich rasch. Man kann sie in den nächsten drei Jahren trinken.

Frédéric Burriel, 33350 Belvès-de-Castillon, Tel. 06.81.47.90.23, Fax 05.57.40.11.15 n. V.

CH. ROBIN 1998★

■ 12 ha 70 000 8 à 11 €

Château Robin, das sich an Hängen in Südostlage befindet, gehört zu den Schmuckstücken der Appellation. Der 98er bietet eine kirschrote Farbe und komplexe Düfte von schwarzer Johannisbeere, Menthol und Vanille. Seine dichte, harmonische Struktur ist im Abgang noch fest. Die vollkommene Ausgewogenheit dürfte innerhalb von zwei bis drei Jahren erreicht sein und für eine gewisse Zeit anhalten.

Ch. Robin, 33350 Belvès-de-Castillon, Tel. 05.57.47.92.47, Fax 05.57.47.94.45 n. V.

Sté Lurckroft

CH. ROC DE JOANIN 1998★

■ 1,5 ha 12 000 5 à 8 €

Yves Mirande kaufte dieses Gut 1979. Seit 1994 ist Pierre Mirande in den Kellern tätig. Sein 98er zeichnet sich durch ein intensives Rubinrot und komplexe Aromen von vollreifen Früchten aus, die eine delikate Holznote würzt. Die konzentrierte Tanninstruktur entwickelt sich voller Feinheit und harmoniert mit einem gut gemeisterten Barriqueausbau. Trinken kann man ihn in rund zwei Jahren.

SCEA Vignobles Mirande,
Ch. La Rose Côtes Rol, 33330 Saint-Emilion,
Tel. 05.57.24.71.28, Fax 05.57.74.40.42
n. V.

CH. ROCHER LIDEYRE 1998

■ 37 ha 130 000 5 à 8 €

Dieses sehr große Gut präsentiert einen 98er mit angenehmen Aromen (Lakritze, Tabak, Gewürze). Dieser Wein, der in der Ansprache sanfte Tannine besitzt, entwickelt sich mit ein wenig Lebhaftigkeit. Er muss unbedingt ein bis drei Jahre lagern, damit er zu einer größeren Harmonie findet.

SCEA vignobles Bardet – Grands Vins de Gironde, Dom. du Ribet, 33450 Saint-Loubès,
Tel. 05.57.97.07.20, Fax 05.57.97.07.27,
E-Mail gvg@gvg.fr

CH. ROQUE LE MAYNE

Elevé en fût de chêne 1999★★

■ 7 ha 43 000 5 à 8 €

Dieser zwölf Monate im neuen Eichenfass gereifte Wein vereinigt 70 % Merlot, 25 % Cabernet Sauvignon und 5 % Côt. Die purpurrote Farbe ist tief. Die komplexen Düfte erinnern an vollreife rote Früchte, Vanille und Schokolade. Nach einer besonders milden Ansprache entwickelt sich der Geschmack mit Stärke und Eleganz. Die aromatische Rückkehr der Früchte ist sehr harmonisch. Ein großer Wein, den man in drei bis sechs Jahren aufmachen kann. Vom gleichen Erzeuger wird der **99er Château la Bourrée** wegen seines angenehmen, fruchtigen Charakters und seiner reifen Tannine lobend erwähnt; in ein bis zwei Jahren wird er trinkreif sein.

SCEA des vignobles Meynard, 10, rte de La Bourrée, 33350 Saint-Magnes-de-Castillon,
Tel. 05.57.40.17.32, Fax 05.57.40.17.32,
E-Mail vignobles-meynard@wanadoo.fr
n. V.

CH. ROQUEVIEILLE

Vieilli en fût de chêne 1998★

■ 11,41 ha 70 000 5 à 8 €

Der auf einem klassischen tonigen Kalksteinboden angelegte Cru präsentiert einen 98er von kräftiger Farbe, mit einem komplexen Bouquet, das noch vom gerösteten Holz geprägt ist. Der sanfte, reife Geschmack erinnert an Sauerkirsche; umhüllt wird er von kräftigen Tanninen, die vom Barriquefass herrühren. Die allgemeine Ausgewogenheit ist gut. In zwei bis drei Jahren kann man diese Flasche trinken.

SCEA Ch. Roquevieille,
33350 Saint-Philippe-d'Aiguilhe,
Tel. 05.57.74.47.11, Fax 05.57.24.69.08
n. V.

CH. DE SAINT-PHILIPPE

Cuvée Helmina 1998★

■ k. A. 6 000 8 à 11 €

Der Besitzer Philippe Bécheau gehört zur siebten Generation, die auf diesem 1750 gekauften Gut vertreten ist. Trotz der Tradition werden für diese Cuvée Helmina moderne Methoden eingesetzt. Das ausdrucksvolle Bouquet von reifen Früchten wird noch von Holz-, Röst- und Vanillenoten geprägt. Die Tannine müssen verschmelzen, aber der sehr elegante Abgang des Geschmacks lässt für die Reifung alle Hoffnungen zu.

EARL Vignobles Bécheau,
Ch. de Saint-Philippe,
33350 Saint-Philippe-d'Aiguilhe,
Tel. 05.57.40.60.21, Fax 05.57.40.62.28,
E-Mail pbecheau@terre-net.fr n. V.

CH. TERRASSON Cuvée Prévenche 1998

■ 2 ha 12 000 5 à 8 €

Château Terrasson zeichnet sich beim Jahrgang 1998 durch zwei verschiedene Weine aus, die beide ohne Stern lobend erwähnt werden. Die im Barriquefass ausgebaute Cuvée Prévenche wird von Aromen von schwarzen Früchten, Vanille und Gewürzen (Gewürznelke) geprägt, während die im Tank ausgebaute **klassische Cuvée** fruchtiger ist. In beiden Fällen sind die Tannine sanft und ausgewogen, aber beim fassgereiften Wein ist das Alterungspotenzial größer.

EARL Christophe et Marie-Jo Lavau,
Ch. Terrasson, BP 9, 33570 Puisseguin,
Tel. 05.57.56.06.65, Fax 05.57.56.06.76,
E-Mail clavau@terre-net.fr n. V.

VALMY DUBOURDIEU LANGE 1999★

■ 4,5 ha 20 000 15 à 23 €

Château de Chainchon ist einen Umweg wert, aufgrund seiner Architektur ebenso wie aufgrund der Qualität seiner Produktion. Sein **99er Château de Chainchon Cuvée Prestige** (Preisgruppe: 30 bis 49 F) ist genauso gut bewertet worden wie dieser 99er. Die verführerische purpurrote Farbe ist strahlend. Der komplexe Duft bietet Nuancen von schwarzer Johannisbeere, Gewürzen (Vanille) und Kakao. Im Geschmack besitzt der Wein «Fett», Volumen und viel Länge; in zwei bis fünf Jahren kann man ihn voll und ganz genießen. Erinnern wir daran, dass die gleiche Cuvée beim 98er zum Lieblingswein gewählt wurde.

Patrick Erésué, Ch. de Chainchon,
33350 Castillon-la-Bataille, Tel. 05.57.40.14.78,
Fax 05.57.40.25.45,
E-Mail chateau.de.chainchon@wanadoo.fr
n. V.

Bordeaux Côtes de Francs

Das Weinbaugebiet der Appellation Bordeaux Côtes de Francs (512 ha in Ertrag stehend, mit einer Produktion von 29 772 hl, davon 576 hl Weißwein), das sich 12 km östlich von Saint-Emilion auf die Gemeinden Saint-Cibard und Tayac erstreckt, besitzt eine günstige Lage an Hängen mit tonigen Kalkstein- und Mergelböden, die zu den höchsten Hügeln der Gironde gehören. Es ist fast ausschließlich für die Erzeugung von Rotweinen bestimmt; genutzt wird es von ein paar dynamischen Winzern sowie einer Winzergenossenschaft, die sehr hübsche, reiche und duftige Weine erzeugen.

VIGNOBLE D'ALFRED 1998

■ 2 ha k. A. 8 à 11 €

Dieser Wein, der zu 40 % von der Merlot-Rebe stammt, ergänzt durch die beiden Cabernet-Sorten mit gleichen Anteilen, ist sechzehn Monate im Barriquefass ausgebaut worden. Er zeigt eine schillernde Farbe mit granatroten Reflexen und bietet einen komplexen Duft von Gewürzen, roten Früchten und Vanille und eine angenehme, wenn auch im Abgang ein wenig feste und leichte Tanninstruktur. Man muss ihn zwei bis drei Jahre lagern, damit er mehr Rundheit erwirbt.

SCEA Lapeyronie, 4, Castelmerle, 33350 Sainte-Colombe, Tel. 05.57.40.19.27, Fax 05.57.40.14.38 n. V.

A. Charrier

CH. DE FRANCS
Les Cerisiers Vieilli en fût de chêne 1998★★

■ 5 ha 18 000 11 à 15 €

Diese Sondercuvée von Château de Francs wird von nur fünf Hektar eines insgesamt 32 ha großen Guts erzeugt, und zwar von 75 % Merlot und 25 % Cabernet franc, die auf einem schönen tonigen Kalksteinboden angepflanzt sind. Eine intensive, strahlende Farbe umhüllt sie. Ihre feinen, harmonischen Aromen erinnern an rote Früchte und Vanille. Der Geschmack zeigt sich füllig und großzügig und besitzt besonders reife, verschmolzene Tannine, die im Abgang vollständig zum Ausdruck kommen: große Kunst. Eine Flasche, die man in drei bis fünf Jahren würdigen kann. Der **99er Weißwein** (Preisgruppe: 50 bis 69 F), der zu gleichen Teilen Sémillon und Sauvignon kombiniert und neun Monate im neuen Barriquefass ausgebaut wurde, ist ganz durch kandierte Früchte (Aprikose), Orangenschale und geröstete Vanille bestimmt; er erhält eine lobende Erwähnung.

SCEA Ch. de Francs, 33570 Francs, Tel. 05.57.40.65.91, Fax 05.57.40.63.04 n. V.

Hébrard und de Bouard

CH. GODARD BELLEVUE
Elevé en fût de chêne 1998

■ 5,5 ha 13 500 5 à 8 €

Die Rebstöcke dieses Guts sind schon dreißig Jahre alt. Der Geruchseindruck bot zwar bei der Verkostung nur Röstnoten, aber der Wein zeichnet sich im Geschmack durch eine gefällige Fruchtigkeit und einen ansprechenden Holzton aus. Ein Wein mit gut extrahierten Tanninen, der in den nächsten drei Jahren angenehm zu trinken sein wird.

Arbo, Godard, 33570 Francs, Tel. 05.57.40.65.77, Fax 05.57.40.65.77 n. V.

CH. LACLAVERIE 1998

■ 9,5 ha 49 000 5 à 8 €

Dieser 98er verdient wegen seines intensiven Bouquets von vollreifen Früchten und geröstetem Holz und wegen seiner sanften, ausgewogenen Tannine eine lobende Erwähnung. Trotzdem sollte man lieber zwei bis drei Jahre warten, damit das Holz Zeit hat, sich einzufügen.

GFA Les Charmes-Godard, Lauriol, 33570 Saint-Cibard, Tel. 05.57.56.07.47, Fax 05.57.56.07.48, E-Mail ch.puygueraud@wanadoo.fr n. V.

Nicolas Thienpont

CH. LES CHARMES-GODARD 1999★★

□ 1,65 ha 13 600 8 à 11 €

Dieses Château präsentiert einen herrlichen Weißwein, der von den Rebsorten Sémillon (65 %), Sauvignon (20 %) und Muscadelle (15 %) stammt und neun Monate im Barriquefass auf der Hefe ausgebaut worden ist, mit Aufrühren des Hefesatzes. Dieser Wein, der ein strahlendes Blassgelb zeigt, verführt sofort. Sein ausdrucksvoller Duft mit den mineralischen, pfeffrigen und blumigen Noten ist schon sehr angenehm. Sein Geschmack erweist sich als einschmeichelnd und bietet eine schöne Fülle und viel «Fett». Die Harmonie zwischen der Frucht (Aprikose) und dem vanilleartigen Holzton ist vollkommen. Diese Flasche kann bereits getrunken werden, altert aber auch sehr gut, mindestens zwei bis fünf Jahre. Der **rote 98er Les Charmes-Godard** (Preisgruppe: 30 bis 49 F) erhält eine lobende Erwähnung.

GFA Les Charmes-Godard, Lauriol, 33570 Saint-Cibard, Tel. 05.57.56.07.47, Fax 05.57.56.07.48, E-Mail ch.puygueraud@wanadoo.fr n. V.

Nicolas Thienpont

CH. MARSAU 1998★★

■ 5 ha 30 000 11 à 15 €

Château Marsau, das auf einem der höchsten Punkte der Appellation liegt, besitzt ein Terroir mit tonigem Kalksteinboden, das ausschließlich mit Merlot bestockt ist. Der Cru, der schon in unseren vorangegangenen Ausgaben Aufmerksamkeit erregte, zeichnet sich mit diesem 98er erneut aus: granatrote Farbe mit schwarzen Reflexen, frische, elegante Aromen von roter Johannisbeere, Kirsche, Gewürzen und Lakritze. Im Mund erweisen sich die Tannine als sanft und freimütig und entwickeln sich mit viel

«Fett», Seidigkeit und Ausgewogenheit. Der nachhaltige, fruchtige Abgang lässt eine schöne Zukunft vorhersagen, mindestens fünf bis sechs Jahre und vielleicht noch länger. Der Wein wird von der Firma Dourthe vertrieben, die Jean-Marie Chadronnier leitet.

Ch. Marsau, «Bernaderie», 33570 Francs, Tel. 05.57.40.67.23, Fax 05.57.40.67.23, E-Mail contact@cobg.com n. V.

S. und J.-M. Chadronnier

CH. NARDOU 1999★★

■ 3 ha 19 000 5 à 8 €

Dieses Gut, das erst 1998 von der Familie Dubard erworben wurde, macht allmählich von sich reden, wie dieser prächtige 99er beweist: tiefes Rubinrot, komplexes, intensives Bouquet von getoastetem Holz und roten Früchten, kräftige, wohl schmeckende Tannine von schöner Feinheit, die im Abgang mit den Tanninen vom Eichenholz gut verbunden sind. Eine sehr schöne Flasche, die man in drei bis fünf Jahren öffnen kann. Der Zweitwein, der nicht im Holzfass ausgebaute **rote 99er Château du Bois Meney,** wird wegen seiner fruchtigen Frische und seiner fleischigen, eleganten Struktur lobend erwähnt.

EARL Vignobles Florent Dubard, Nardou, 33570 Tayac, Tel. 05.57.40.69.60, Fax 05.57.40.69.20 n. V.

PELAN 1998★★

■ 4 ha 15 000 15 à 23 €

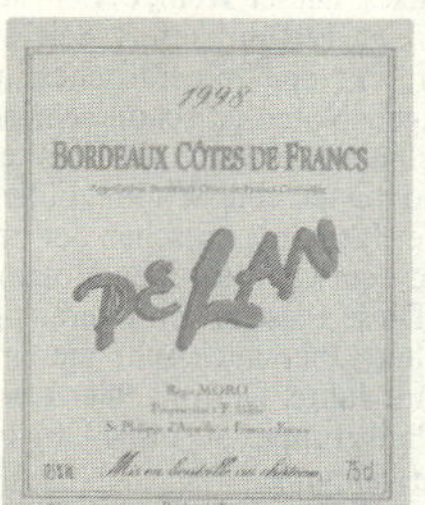

Dieser Wein, der erneut eine Liebeserklärung erhalten hat, verdient die ganze Aufmerksamkeit der Leser. Er stammt von 80 % Cabernet Sauvignon und einem Terroir mit Seesternkalk und zeichnet sich durch eine dunkelpurpurrote Farbe und intensive, komplexe Aromen von Konfitüre, Vanille, Gewürzen und Röstung aus. Seine Tanninstruktur ist kräftig und zugleich elegant. Der fleischige Wein erfordert eine Reifung von vier bis acht Jahren; er wird dann zu Grillgerichten oder Fleisch mit Sauce schmecken.

Régis Moro, Champs-de-Mars, 33350 Saint-Philippe-d'Aiguilhe, Tel. 05.57.40.63.49, Fax 05.57.40.61.41 n. V.

CH. PUYANCHE

Elevé en fût de chêne 1998

□ 1,5 ha 4 000 5 à 8 €

Dieser trockene Weißwein, der im Barriquefass vergoren und ausgebaut wurde, erregt das Interesse durch seine Aromen von Blumen, Zitronengras und Wachs. Im Geschmack zeigt er eine gute, schon recht entwickelte Länge: Man muss ihn recht bald trinken.

Arbo, Godard, 33570 Francs, Tel. 05.57.40.65.77, Fax 05.57.40.65.77 n. V.

CH. PUYGUERAUD 1998★

■ 35 ha 59 500 11 à 15 €

Dieses großartige Gut, das von Nicolas Thienpont geführt wird, gehört stets zu den sicheren Werten der Appellation, wie dieser interessante 98er belegt, der zwölf Monate im Barriquefass ausgebaut worden ist und von 50 % Merlot, 45 % Cabernet und 5 % Malbec stammt. Die purpurrote Farbe zeigt hübsche rubinrote Reflexe. Die eleganten Düfte erinnern an Pfeffer und Brombeere. Die Tannine sind fleischig und kräftig gebaut und mit einer sehr angenehmen weinigen Seite verbunden. Ein charmanter Wein, den man nach einer zwei- bis dreijährigen Lagerung in einem guten Keller aufmachen kann.

SC Ch. de Puygueraud, 33570 Saint-Cibard, Tel. 05.57.56.07.47, Fax 05.57.56.07.48, E-Mail ch.puygueraud@wanadoo.fr n. V.

Zwischen Garonne und Dordogne

Die geografische Region Entre-Deux-Mers bildet ein großes Dreieck, das von der Garonne, der Dordogne und der Südostgrenze des Departements Gironde begrenzt wird. Sie ist bestimmt eine der anmutigsten und hübschesten Gegenden des ganzen Bordelais; ihre Anbaufläche, die etwa 23 000 ha umfasst, macht ein Viertel des gesamten Weinbaugebiets aus. Da die Landschaft sehr hügelig ist, kann man sowohl weite Horizonte als auch kleine, stille Winkel entdecken, die prächtige, oft sehr typische Bauwerke schmücken: Burgen, kleine Châteaus, die ganz in das Grün der Umgebung eingebettet sind, und vor allem befestigte Mühlen. Mit ihren dem Volksglauben entstammenden Überlieferungen, die aus grauer Vorzeit stammen, ist sie auch eine Hochburg der Sagenwelt der Gironde.

Entre-Deux-Mers

Die Appellation Entre-Deux-Mers stimmt nicht genau mit dem geografischen Gebiet des Entre-Deux-Mers überein, denn sie fasst zwar die Gemeinden zusammen, die sich zwischen den beiden Flüssen befinden, schließt aber die Orte aus, die eine eigene Appellation besitzen. Es handelt sich um eine Appellation für trockene Weißweine, deren Vorschriften nicht viel strenger als für die Appellation Bordeaux sind. Doch in der Praxis versuchen die Winzer ihre besten Weißweine für diese Appellation zu reservieren. Deshalb wird die Produktionsmenge freiwillig beschränkt (2000 standen 1 335 ha im Ertrag, die 84 377 hl erzeugten). Die Weinproben für die Zulassung sind besonders streng. Die am häufigsten angebaute Rebsorte ist die Sauvignon-Rebe, die den Entre-Deux-Mers-Weinen ein eigentümliches, sehr geschätztes Aroma verleiht, vor allem wenn der Wein jung ist.

CH. DE BEAUREGARD-DUCOURT 2000*

☐ 2 ha k. A. 5 à 8 €

Die Familie Ducourt ist für ihren innovativen Geist (erneute Nutzung alter Weinberge und neue Vinifizierungen von Rotweinen in den 70er Jahren) und ihre Originalität bekannt: Sie präsentiert hier einen Wein von den Rebsorten Sémillon (63 %) und Sauvignon (34 %), der 3 % von einer zusätzlichen Traubensorte enthält, die jetzt in der Region ein wenig in Vergessenheit geraten ist, nämlich Ugni blanc. Diese Traube trägt zweifellos zu einer ausgeprägten Lebhaftigkeit bei, die bestimmte «Entre-Deux-Mers-Weine für Austern» kennzeichnet. Getrocknete Früchte, weiße Blüten und Buchsbaum erfüllen mit ihrem Aroma auf temperamentvolle Weise einen kräftig gebauten Körper, während der Abgang ein wenig bitter ist. Ein Genuss zu Schalentieren!

SCEA Vignobles Ducourt,
18, rte de Montignac, 33760 Ladaux,
Tel. 05.57.34.54.00, Fax 05.56.23.48.78,
E-Mail celliers-bxbenauge@wanadoo.fr
n. V.

CH. BEL AIR 2000**

☐ k. A. k. A. 5 à 8 €

Die unvermeidliche Mannschaft von J.-L. Despagne! Mühelos erkennt man ihre Urheberschaft in dieser Ausgabe und in den früheren Ausgaben (suchen Sie nach Sternen und Liebeserklärungen). Dieser meisterliche Wein kombiniert zu je einem Drittel Sauvignon, Sémillon und Muscadelle. Seiner aromatischen Stärke ebenbürtig ist nur noch die Komplexität seiner Aromenpalette, die sich von einem Frühjahrsstrauß zur Exotik von Maracuja, Litschi und Ananas vor einem Duft von Akazienblütenhonig entwickelt. Die Ansprache entlädt sich: rundes, konzentriertes, seidiges Fleisch. Der sinnliche Abgang erinnert an Lakritze. Diese Harmonie bleibt leicht und ätherisch. Alles bringt hier das reife Traubengut zum Ausdruck, die Sanftheit des Pressens, die begeisterte und durchdachte Bearbeitung des Weins in Form seiner Vinifizierung und seines Ausbaus. Fügen wir noch hinzu, dass der **Rauzan d'Espagne** und der **Tour de Mirambeau** in dieser AOC und in diesem Jahrgang nicht übel sind.

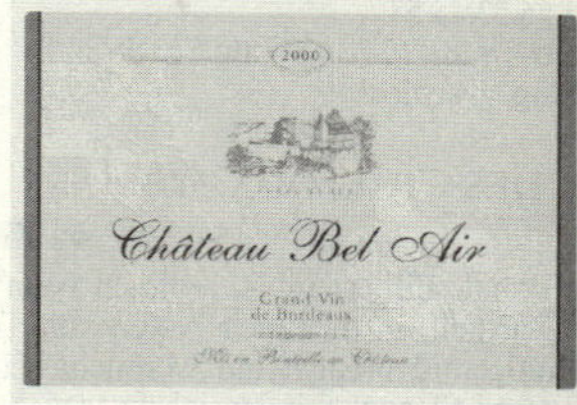

GFA de Perponcher,
33420 Naujan-et-Postiac, Tel. 05.57.84.55.08,
Fax 05.57.84.57.31,
E-Mail contact@vignobles-despagne.com
n. V.

CH. BELLEVUE 2000

☐ 7 ha 1000 3 à 5 €

Diese sehr klassische Kombination von Sémillon und Sauvignon zu gleichen Teilen kann dem Liebhaber von Entre-Deux-Mers eine heitere Grundlage bieten: Seine blumige Komplexität entwickelt sich um Ginster herum; die frische Liebenswürdigkeit seines Fleisches ist eine Einladung, dass man ihn zusammen mit Freunden trinkt, bei der Heimkehr von einer Angelpartie.

SCEA Ch. Bellevue,
33540 Sauveterre-de-Guyenne,
Tel. 05.56.71.54.56, Fax 05.56.71.83.95,
E-Mail postmaster@chateau-bellevue.com
n. V.
D'Amécourt

CH. BONNET 2000**

☐ k. A. k. A. 5 à 8 €

Dank seines Besitzers André Lurton gehört Bonnet zu den Châteaus, die in den letzten Jahrzehnten die Geschichte der Bordeaux-Weine geprägt haben. Mit diesem Wein beschließt er würdig das 20. Jh.: Zitrusfrüchte, grüne Zitrone und Pampelmuse – das Bouquet harmoniert mit der hellgelben Farbe und ergibt gemeinsam mit ihr eine schöne Erscheinung. Der Geschmack, der seine Lebhaftigkeit hinter einer fetten Ansprache verbirgt, lässt eine gute Präsenz erkennen, die eine Fortsetzung der Düfte des Bouquets bildet. Der gut gelungene **2000er Château Guibon** hat eine lobende Erwähnung erhalten.

SCEA Vignobles André Lurton, Ch. Bonnet,
33420 Grézillac, Tel. 05.57.25.58.58,
Fax 05.57.74.98.59,
E-Mail andrelurton@wanadoo.fr n. V.

DOM. DU BOURDIEU 2000*

☐ 4,93 ha 37 000 3à5€

Muscadelle (50 %) wurde mit Sauvignon und Sémillon in gleichen Anteilen kombiniert. Erstere Rebsorte dominiert in diesem Wein aus biologischem Anbau: Der Duft bringt eine hübsche Komplexität von kandierten Früchten, Honig und weißem Karamell zum Ausdruck, die Ginster zusätzlich unterstreicht. Das runde, fast fette Fleisch entfaltet reiche, frische, delikate Aromen, die im Abgang lebhaft sind. Echter Charme.

SCA Vignoble Boudon, Le Bourdieu, 33760 Soulignac, Tel. 05.56.23.65.60, Fax 05.56.23.45.58
Mo–Fr 9h–12h 14h–18h; Sa, So n. V.; Ende Aug. geschlossen

DOM. DES CAILLOUX 2000

☐ 6 ha 15 000 3à5€

Sémillon dominiert mit 60 % diesen Wein von großer Zartheit, in dem sich Noten von Trauben, Honig und Nougat mit Mandeln zeigen. Feinheit und Eleganz reimen sich zwar nicht auf Stärke, aber diese Flasche macht es möglich, dass man die klare, nuancenreiche Palette der Geschmacksnoten genießt.

Benoît Maulun et Nicole Dupuy, SCEA Dom. des Cailloux, 33760 Romagne, Tel. 05.56.23.60.17, Fax 05.56.23.32.05
n. V.

CH. CANDELEY 2000*

☐ 7 ha 35 000 3à5€

Sauvignon hat hier den kleinsten Anteil (20 %). Sémillon und Muscadelle teilen sich mit je 40 % die Konsistenz eines blumig-fruchtigen Weins, der Rosen und Litschi vor einem sanften, voluminösen Hintergrund von Zitrusfrüchten verbindet. Der Abgang zeigt den Hauch von Lebhaftigkeit, die für die Gesamtharmonie notwendig ist. Trinken kann man ihn zu Geflügel, Wurstgerichten oder Ziegenkäse.

Henri Devillaire, Toutifaut, 33790 Saint-Antoine-du-Queyret, Tel. 05.56.61.31.46, Fax 05.56.61.37.37
n. V.

CH. CASTENET-GREFFIER 2000*

☐ 6 ha 44 000 5à8€

Die würdige, schmucklose Abtei Saint-Ferme liegt 5 km von diesem Château entfernt, das die Leser des Hachette-Weinführers seit langem schätzen. Dieser mit Sémillon und Muscadelle verschnittene Sauvignon (75 %) ist ein hübscher Klassiker: Er bietet exotische, wilde Aromen über einem fülligen Körper, der weich wirkt, wenn man ihn in den Mund nimmt, und dann lebhaft wird, mit Blüten von Falschem Jasmin im Abgang. Er eignet sich, ohne dass man sich beeilen müsste, als Begleitung zu Fisch und Wurstgerichten.

EARL François Greffier, Castenet, 33790 Auriolles, Tel. 05.56.61.40.67, Fax 05.56.61.38.82, E-Mail ch.castenet@wanadoo.fr n. V.

CH. CHANTELOUVE 2000**

☐ 2,2 ha 19 000 3à5€

Wir befinden uns hier praktisch im geografischen Herzen des Entre-Deux-Mers. 50 % Sémillon, 20 % Muscadelle und 30 % reife Sauvignon-Trauben: Diese Kombination bietet einen kräftigen, aber delikaten, harmonischen Duft von exotischen Früchten (Litschi, Ananas und Passionsfrucht) und weißem Pfirsich mit einer ganz leichten Mentholnote. Der Geschmack rundet sich auf reife, samtige Weise mit köstlichen Ananasnoten ab. Die Frische ist zurückhaltend, aber wirkungsvoll. Zweifellos ein untypischer, aber sehr angenehmer Wein.

EARL J.C. Lescoutras et Fils, Le Bourg, 33760 Faleyras, Tel. 05.56.23.90.87, Fax 05.56.23.61.37 n. V.

CH. DE CRAIN 2000*

☐ 12 ha 20 000 -3€

Weisen wir auf eine originelle Besonderheit in der Zusammenstellung hin: das Vorhandensein von Sauvignon gris, einer duftigen, runden Mutation von Sauvignon blanc. Neben dieser Rebsorte in zwei Farben teilen sich Sémillon und Muscadelle mit gleichen Anteilen 60 % des Weins. Die Jury schätzte die Feinheit und die Zartheit des sehr blumigen Dufts. Die Ansprache ist sanft, fast seidig, frisch und prickelnd. Die Aromen halten ziemlich lang an. Ein Wein, um den Durst zu löschen oder für den Abend.

SCA de Crain, Ch. de Crain, 33750 Baron, Tel. 05.57.24.50.66, Fax 05.45.25.03.73, E-Mail fougere@chateau-de-crain.com
n. V.

CH. DE DAMBERT 2000*

☐ 1,5 ha 10 000 -3€

Ein paar Kilometer von dem Gut entfernt verdient das für die Saintonge typische Portal der Kirche von Castelvieil einen Umweg. Hier haben wir das Ergebnis einer sehr klassischen Vinifizierung von Sauvignon (50 %), Sémillon (25 %) und Muscadelle (25 %), die auf der Feinhefe gereift sind: Der Château de Dambert duftet vor einem Hintergrund von Ginster nach Honig von weißen Blüten und nach Pfirsich. Danach erfüllen Zitrusfrüchte im Mund ein etwas schweres, aber verführerisches Fleisch mit ihrem Aroma. Der Abgang zeigt sich lebhaft, mit mineralischen Noten. Eine Alternative dazu ist der **2000er Château La Grande Métairie** (Preisgruppe: 20 bis 29 F). Zitrone und Pampelmuse, unterstützt von weißem Pfirsich, beherrschen den Duft und den Geschmack und beleben einen runden Körper. Es wird interessant sein, diese Weine zu verfolgen, wenn man sie zu Fisch, Geflügel oder Käse serviert!

SCEA Vignobles Buffeteau, LD Dambert, 33540 Gornac, Tel. 05.56.61.97.59, Fax 05.56.61.97.65 n. V.

CH. FONDARZAC 2000*

☐ k. A. 50 000 5à8€

Diese Kombination von Sauvignon (60 %), Sémillon und Muscadelle weist schon in der Erscheinung auf ihre Eleganz hin: ein strahlendes Weiß mit goldenen Reflexen. Die Nase enthüllt eine Komplexität von schöner Reife: weiße Blüten, Akazie, exotische Früchte. Der ausgewogene Geschmack, der füllig, seidig und leicht prickelnd ist, verdient eine längere Aufmerksamkeit, damit er seinen subtilen Charakter zum Ausdruck bringt. Ein Juror versicherte, dass dieser Wein ein Botschafter seiner Appellation sein könne! Vom selben Erzeuger sind zwei weitere Weine ausgewählt worden: Der **2000er Château Darzac** ist sehr sanft und duftet nach Honig und Akazienblüte. Der **99er Château Darzac Cuvée Claude Barthe** (Preisgruppe: 50 bis 69 F) ist ein Verschnitt von 80 % Sauvignon und 20 % Sémillon; der sechsmonatige Ausbau im Eichenfass fügt den kandierten Früchten des Bouquets und der honigartigen Rundheit des Körpers eine rauchige Komplexität hinzu. Der Abgang bringt eine angenehme mineralische Note. Er hat einen Stern erhalten.

SCA Vignobles Claude Barthe,
22, rte de Bordeaux, 33420 Naujan-et-Postiac,
Tel. 05.57.84.55.04, Fax 05.57.84.60.23,
E-Mail chateau.fondarzac@wanadoo.fr
n. V.

CH. GRAND-JEAN 2000

☐ 14 ha 120 000 3à5€

Ein 83 ha großes Gut, das 3 km von der Abtei La Sauve Majeure entfernt liegt. Dieser Wein von den Rebsorten Sémillon (60 %), Sauvignon (30 %) und Muscadelle, der auf der Hefe ausgebaut wurde, bietet eine frische, runde, fast fett wirkende Eleganz mit Aromen von grünen Früchten, die ganz leicht an Hefebrot erinnern. Im Gegensatz dazu steht der Abgang mit seiner Lebhaftigkeit. Diese Flasche wird sich in Gesellschaft von Krusten- und Schalentieren wohl fühlen.

Michel Dulon, Ch. Grand-Jean,
33760 Soulignac, Tel. 05.56.23.69.16,
Fax 05.57.34.41.29,
E-Mail dulon.vignobles@wanadoo.fr
n. V.

CH. GROSSOMBRE 2000*

☐ k. A. k. A. 5à8€

Dieser Wein, ein recht typischer Entre-Deux-Mers, kündigt seinen Stil durch ein Bouquet an, in dem grüne Zitrone zu den blumigen Noten hinzukommt. Der in der Ansprache lebhafte Geschmack wird danach fetter, behält aber seine Frische bei, bevor er in einen Abgang von guter Fülle mündet.

Béatrice Lurton, BP 10, 33420 Grézillac,
Tel. 05.57.25.58.58, Fax 05.57.74.98.59,
E-Mail andrelurton@andrelurton.com

CH. GUICHOT 2000*

☐ 2 ha 6 000 3à5€

Die Jury schätzt die hübsche aromatische Komplexität dieser Kombination von Sauvignon (70 %) und Muscadelle: Ihre Feinheit beruht auf weißen Blüten, Lindenblüte und Pampelmuse, aber auch auf Birne und Aprikose. Diese Aromen rufen eine gute Reife der Trauben in Erinnerung, die man im Mund spürt. «Fett», eine Frische des Körpers und eine Bitternote im Abgang mit Zitrusaromen – alles passt zu Fisch (in Salzkruste?) und Schalentieren.

Zwischen Garonne und Dordogne

André et Michèle Froissard, Guichot, 33790 Saint-Antoine du Queyret, Tel. 05.56.61.36.99, Fax 05.56.61.36.99
☑ Y n. V.

CH. HAUT D'ARZAC 2000*

☐ 2 ha 12 000 3à5€

Ein etwas untypischer Wein, der sich auf die Ausgewogenheit der drei Rebsorten Sauvignon, Sémillon und Muscadelle (je ein Drittel) gründet: Der Geruchseindruck ist durch einen muskatellerartigen Duft geprägt, den weiße Blüten (Falscher Jasmin, Orange) und Noten von frischen Mandeln unterstützen. Der füllige, fette Geschmack muss sich nur noch entfalten; der sehr lang anhaltende Abgang mag überraschen, ist aber reizvoll.

Gérard Boissonneau, 33420 Naujan-et-Postiac, Tel. 05.57.74.91.12, Fax 05.57.74.99.60 ☑ Y n. V.

CH. HAUT MAURIN 2000*

☐ 0,35 ha 2 660 -3€

Das ein paar Kilometer von Cadillac entfernt liegende Gut präsentiert mehrere AOCs, darunter diesen Entre-Deux-Mers, in dem sich die drei Rebsorten (darunter 40 % Sauvignon) vereinigen. Düfte von Zitrusfrüchten (Orangenschale) und Ginsterhonig, die durch frische Mentholnoten von schöner Nachhaltigkeit belebt werden, begleiten die fett wirkende Fülle des Geschmacks. Die Zeit dürfte diese Harmonie bestätigen.

EARL Vignobles Sanfourche, rue Grand-Village, 33410 Donzac, Tel. 05.56.62.97.43, Fax 05.56.62.16.87
☑ Y n. V.

CH. HAUT POUGNAN 2000*

☐ 7 ha 55 000 3à5€

Eine Maischung vor und nach der Gärung (kontrollierte Reifung auf der Feinhefe) kennzeichnet auf angenehme Weise diesen Wein von der Sauvignon-Rebe (85 %): Die aromatische Komplexität erinnert an muskatellerartige Düfte mit leichter Zitronennote vor einem Hintergrund von frischen Mandeln und erfüllt einen runden, lang anhaltenden Geschmack, der an Gugelhupf denken lässt. Ein sicherlich untypischer, aber sehr guter Wein.

Ch. Haut Pougnan, 33670 Saint-Genès de Lombaud, Tel. 05.56.23.06.00, Fax 05.57.95.99.84
☑ Y n. V.
Guéridon

CH. LA MIRANDELLE 2000*

☐ 4,3 ha 20 000 3à5€

Diese Genossenschaft, die sich außerhalb der Mauern einer für die Region typischen befestigten Ortschaft befindet, ihren Sitz aber direkt neben der Stadtmauer hat, beeindruckt durch ihre moderne Ausrüstung. Der Château La Mirandelle ist von der Kellerei wegen der Qualität seines Terroirs mit tonigen Kalksteinböden ausgewählt worden, außerdem wegen seines sehr klassischen Rebsatzes, der 30 % Muscadelle enthält. Diese sorgen hier für intensive exotische Noten, die mit den zitronenartigen und blumigen Aromen der Rebsorten Sémillon (20 %) und Sauvignon (50 %) verbunden sind. Ein lebhafter, frischer Körper und ein leicht mentholartiger Abgang kennzeichnen einen schönen Erfolg. Die Marke **Sauveterre** ist ein Verschnittwein, der 60 % Sémillon und 10 % Muscadelle enthält; er duftet nach weißen Blüten und Litschi. Dieser Wein erhält als 2000er eine lobende Erwähnung.

Cellier de La Bastide, Cave coop. vinicole, 33540 Sauveterre-de-Guyenne, Tel. 05.56.61.55.21, Fax 05.56.71.60.11
☑ Y Mo–Sa 9h–12h15 13h30–18h15; Gruppen n. V.
Moncontier

CH. LESTRILLE 2000*

☐ 1,5 ha 13 000 5à8€

Die Lektüre des Hachette-Weinführers in den letzten Jahren erklärt den soliden Ruf von Jean-Louis Roumage, beim Weißwein ebenso wie beim Rotwein. Sein 2000er Entre-Deux-Mers von drei Rebsorten (darunter 60 % Sauvignon) entfaltet sich mit einer fruchtigen Harmonie (Pomelo, Ananas), die Orangenblüte und Akazienblütenhonig begleiten. Ein Verführer, den man schon diesen Herbst als Aperitif genießen kann.

EARL Jean-Louis Roumage, Lestrille, 33750 Saint-Germain-du-Puch, Tel. 05.57.24.51.02, Fax 05.57.24.04.58, E-Mail jean-louis.roumage@wanadoo.fr
☑ Y n. V.

LES VEYRIERS 2000**

☐ k. A. 6 000 -3€

Ein großartiger Klassiker, der nur um Haaresbreite die Wahl zum Lieblingswein verfehlt hat. Alles ist darin vorhanden, von der Schönheit der blassgelben Farbe mit den smaragdgrünen Reflexen bis zur ausgeprägten, schillernden, zivilisierten Fülle der Aromen, einer harmonischen Vereinigung von reifen und kandierten Früchten und weißen Blüten oder Wildblüten. «Der Abgang ist toll», vermerkte ein Juror. Eine bemerkenswerte Kombination von Sémillon und Sauvignon (jeweils 50 %).

C.C. Viticulteurs réunis de Sainte-Radegonde, 33350 Sainte-Radegonde, Tel. 05.57.40.53.82, Fax 05.57.40.55.99
☑ Y Mo–Fr 8h30–12h30 14h–17h

CH. LES VIEILLES TUILERIES 2000*

☐ k. A. k. A. 3à5€

Arbis, das zwischen der wuchtigen Kirche von Targon und dem mächtigen Schloss von Cadillac liegt, kündigt die ersten Hänge von Bordeaux an. Muscadelle macht nur 10 % aus, so dass es Sauvignon (50 %) und Sémillon (40 %) sind, die hier in der Nase ihre aromatische Stärke zeigen: Ginster mit Mentholnote, Pampelmuse und Orangenschale. Der frische, sanfte Geschmack ist von den gleichen Aromen erfüllt; ein hübsches Prickeln, das den Abgang verlängert, regt die Lebhaftigkeit an. Ein stärkender Wein für Krustentiere und gegrillte Meeresfische.

SCEA des Vignobles Menguin, 194, Gouas, 33760 Arbis, Tel. 05.56.23.61.70, Fax 05.56.23.49.79 n. V.

MAINE-BRILLAND 2000

10 ha 60 000 -3€

Producta präsentiert mit Maine-Brilland einen sehr sympathischen Verschnitt von Sémillon und Sauvignon zu gleichen Anteilen, ergänzt durch 10 % Muscadelle. Düfte von Ananas und reifen Früchten mildern die aromatische Frische der Sauvignon-Traube. Der runde Geschmack wird im Abgang lebhaft: ein Aperitifwein. Der **Château de Beaulieu** und die Marke **Gamage** bieten Variationen über das Thema Sauvignon (der trotzdem an diesen Weinen nur einen Anteil von 50 % hat): Die Rebsorte zeigt darin ihre Stärke, mit einem ausgeprägten Ginsteraroma beim Gamage bzw. mit einem Zitrusaroma beim Château de Beaulieu. Servieren kann man sie zu Schalentieren.

Producta SA, 21, cours Xavier-Arnozan, 33082 Bordeaux Cedex, Tel. 05.57.81.18.18, Fax 05.56.81.22.12, E-Mail producta@producta.com n. V.

CH. MARCEAU 2000*

10,2 ha 61 200 3à5€

Dieser Château Marceau stützt sich auf Sémillon (70 %): Seine intensiven Zitrusaromen, die von Hefebrot, einem leichten Buchsbaumduft und Farnkraut begleitet werden, seine sanfte, prickelnde Ansprache, sein frischer Körper und sein nerviger Abgang kennzeichnen einen sehr gelungenen Entre-Deux-Mers-Typ. Der **2000er Château Canteloudette** verbindet Sémillon, Sauvignon und Muscadelle: Trotz eines schüchternen Geruchseindrucks gefiel er aufgrund seiner nervigen, vornehmen Harmonie, in der sich Honig und Buchsbaum entfalten. Die Zeit dürfte nützlich für ihn sein, aber der Genuss beginnt schon jetzt, wenn er Meeresfrüchte begleitet. Dieser Wein hat einen Stern verdient, ebenso wie der Markenwein **Fleur 2000,** ein hauseigener Verschnitt, der zart, fast süffig ist, mit gegensätzlichen Aromen von Blüten und kühnem Muskatellerduft und mit einem unaufdringlichen Abgang, der «nach mehr schmeckt», ohne dass man zu lang warten sollte.

Union de producteurs de Rauzan, 33420 Rauzan, Tel. 05.57.84.13.22, Fax 05.57.84.12.67 n. V.

CH. MARJOSSE 2000*

6 ha 50 000 3à5€

Die nahen Ruinen von Schloss Curton wachen bescheiden über eine hügelige Landschaft. Pierre Lurton gehört zu den großen Meistern der Rotweinvinifizierung auf Château Cheval Blanc. Hier, auf seinem eigenen Grund, zeigt er, dass er beim Weißwein ebenfalls erfolgreich ist. Die frischen Düfte der Sauvignon-Traube (50 % des Weins) werden im Mund durch ein leichtes Prickeln belebt; der gut ausbalancierte Körper setzt sich mit Mandelnoten und fruchtigen Nuancen fort. Ein Wein zum Aperitif oder zu Meeresfrüchten, der mit seiner blassen, goldgrau schimmernden Farbe bezaubernd wirkt!

Pierre Lurton, Ch. Marjosse, 33420 Tizac-de-Curton, Tel. 05.57.55.57.80, Fax 05.57.55.57.84 n. V.

CH. MAYNE-CABANOT 2000**

5,6 ha 47 300 3à5€

Das imposante mittelalterliche Schloss (14. Jh.) verdient einen Besuch, ebenso wie die mächtige Genossenschaftskellerei von Rauzan. Diese Liebeserklärung für den Château Mayne-Cabanot feiert die Vereinigung von Sauvignon- (76 %) und Sémillon-Trauben, die bei voller Reife geerntet und nach einer Maischung perfekt vinifiziert wurden: Das Perlen betont die lebhafte Feinheit der Düfte von weißen Blüten, Pfirsich und Zitronengras in der Ansprache, während sich die Aromen des runden, korpulenten Körpers in mentholartig-pfeffrigen Anklängen an Pomelo fortsetzen. Ein Weintyp, der aufgrund seiner Komplexität für die AOC vorbildlich ist. Servieren kann man ihn als Aperitif oder zum Essen. Man muss seine Entwicklung im Auge behalten.

Union de producteurs de Rauzan, 33420 Rauzan, Tel. 05.57.84.13.22, Fax 05.57.84.12.67 n. V.
GFA Corbières

CH. MOULIN DE PONCET 2000**

4 ha 30 000 5à8€

Eine verführerische Harmonie: Sauvignon (50 %), Sémillon (30 %) und Muscadelle (20 %), in reifem Zustand gelesen und auf der Feinhefe ausgebaut, vereinigen sich zu frühlingshaften Düften (Weißdorn, Obstgarten, blühender Wein). Der runde Körper, der nach Wachs und Honig schmeckt, und ein eleganter, nachhaltiger Abgang werden als Aperitif oder zu gewissen Käsesorten, beispielsweise Ziegenkäse, entzücken.

Vignobles Ph. Barthe, Peyrefus, 33420 Daignac, Tel. 05.57.84.55.90, Fax 05.57.74.96.57, E-Mail vbarthe@club-internet.fr n. V.

CH. MYLORD 2000*

20 ha 150 000 3à5€

Wie der 99er gefiel dieser Wein, der von den drei Hauptrebsorten in einem ausgewogenen Verhältnis stammt, durch seine komplexe Harmonie: ausgeprägte Aromen von Zitrusfrüchten und Litschi, die der Ausbau auf der Feinhefe hervorhebt, ein Körper, den ein Perlen

anregt, und eine Länge, die mit ihrer Frische umschmeichelt.
Michel et Alain Large, Ch. Mylord, 33420 Grézillac, Tel. 05.57.84.52.19, Fax 05.57.74.93.95, E-Mail large@chateau-mylord.com n. V.

CH. NARDIQUE LA GRAVIERE 2000*

13 ha 65 000 5à8 €

Ein wenig Muscadelle (10 %) würzt die Kombination von Sauvignon und Sémillon mit gleichen Anteilen. Der Geruchseindruck ist delikat und hochfein: Er ist zunächst ein wenig verschlossen und öffnet sich rasch, wobei er weiße Blüten, Pampelmuse und Mandel mischt. Die aromatische Stärke reifer Früchte entfaltet sich im Geschmack; die Eleganz bestätigt sich. Der leckere, ein wenig schlanke Körper zeigt eine lebhafte Ausgewogenheit, die aber bis zum Abgang köstlich ist. Ein Wein, den man für Meeresfrüchte oder als Aperitif reservieren sollte.
Vignobles Thérèse, Ch. Nardique La Gravière, 33670 Saint-Genès-de-Lombaud, Tel. 05.56.23.01.37, Fax 05.56.23.25.89
n. V.

CH. NINON 2000*

2,62 ha 6 000 3à5 €

Eine sorgfältige, gelungene Vinifizierung (Maischung vor und nach der Gärung) kennzeichnet den Erfolg dieses klassisch konzipierten Weins, in dem Sauvignon mit 75 % und Muscadelle mit 5 % vertreten sind, ergänzt durch Sémillon. Feine Apfel- und Birnennoten begleiten die Zitrusfrüchte; die Aromen im Geschmack werden durch sanfte Nuancen kandierter Früchte bereichert. Ein wirkungsvolles Perlen belebt die Harmonie des voluminösen Körpers und verlängert einen Abgang von vollreifen Früchten. Ein Begleiter für Meeresfrüchte.
Pierre Roubineau, 5, Tenot, 33420 Grézillac, Tel. 05.57.84.62.41, Fax 05.57.84.62.41
n. V.

CH. SAINTE-MARIE Vieilles vignes 2000*

7 ha 60 000 5à8 €

Ein vorbildlicher Entre-Deux-Mers: Sauvignon (50 %) zeigt darin eine elegante Großzügigkeit mit maßvollen Ginster- und Buchsbaumdüften. Das Fleisch, das nach Pfirsich, säuerlichem Apfel und Honig schmeckt, entfaltet sich in aller Schlichtheit. Ein Wein, den man zum Vergnügen trinken kann, als Aperitif oder als Erfrischung. Die **2000er Cuvée Madlys** ist eine Kombination von Sauvignon (70 %) und Sémillon (30 %) von einem Kiesboden, sechs Monate im Holzfass ausgebaut: Die aromatische Komplexität entsteht aus dem Zusammenklang von Zitrusfrüchten, sauren Drops und Trauben sowie Eichenholz, das für bezaubernde Lebkuchennoten sorgt. Die Qualität des Fleisches, das von der Rundheit des Holztons und von der Frische des Traubenguts begleitet wird, weckt Interesse.
Gilles et Stéphane Dupuch, 51, rte de Bordeaux, 33760 Targon, Tel. 05.56.23.64.30, Fax 05.56.23.66.80, E-Mail ch.ste.marie@wanadoo.fr n. V.

CH. VIGNOL 2000*

7 ha 40 000 5à8 €

Das Hauptgebäude des Châteaus zeigt eine originelle Architektur im Stil von Louisiana, die daran erinnert, dass seine Schöpfer Reeder in Bordeaux waren. Dieser Wein, der vorwiegend und deutlich ausgeprägt aus Sauvignon-Trauben (60 % gegenüber 30 % Sémillon) besteht, bietet deren ganze runde Frische und aromatische Lebhaftigkeit. Bis zur Übersättigung? Einige Verkoster schlugen vor, darüber mit den Lesern zur diskutieren.
B. et D. Doublet, Ch. Vignol, 33750 Saint-Quentin-de-Baron, Tel. 05.57.24.12.93, Fax 05.57.24.12.83, E-Mail bdoublet@club-internet.fr n. V.

Graves de Vayres

Trotz des ähnlichen Namens hat dieses Weinbaugebiet, das nicht weit von Libourne entfernt auf dem linken Ufer der Dordogne liegt, nichts mit dem Weinbaubereich Graves zu tun. Die Graves de Vayres stellen vielmehr eine verhältnismäßig kleine Enklave dar, deren Kiesböden sich von denen im Entre-Deux-Mers unterscheiden. Diese Bezeichnung wurde seit dem 19. Jh. verwendet, bevor sie 1931 offiziell anerkannt wurde. Anfangs galt sie für trockene oder liebliche Weißweine, aber die Entwicklung geht gegenwärtig dahin, die Produktion der Rotweine zu erhöhen, die dieselbe Appellation in Anspruch nehmen dürfen.

Die gesamte Rebfläche des Anbaugebiets dieser Region umfasst rund 360 ha für rote Traubensorten und 165 ha für weiße Traubensorten; ein großer Teil der Rotweine kommt unter den regionalen Appellationen von Bordeaux in den Handel. 2000 erreichte die Produktion in der AOC Graves de Vayres 39 963 hl, davon 7 871 hl Weißweine.

CUVEE DU BARON CHARLES Elevé en fût de chêne 1998

2 ha 15 000 5à8 €

80 % Merlot und 20 % Cabernet franc, die von 35 Jahre alten Reben stammen, achtzehn Monate im Barriquefass ausgebaut: Dieser 98er zeichnet sich durch ein Bouquet von gekochten Früchten und gerösteten Mandeln und durch sanfte, freigebige Tannine aus, die im Abgang bereits entwickelt erscheinen. Man kann ihn

trinken oder maximal zwei bis drei Jahre aufheben.
Pierrette et Christian Labeille, Ch. Le Tertre, 33870 Vayres, Tel. 05.57.74.76.91, Fax 05.57.74.87.40 Mo–Sa 8h–19h

CH. BARRE GENTILLOT 1999

11,52 ha 40 000 5à8€

Das im 18. Jh. entstandene Gut liegt 3 km vom Schloss von Vayres entfernt. Sein 99er, der im Wesentlichen auf Merlot (95 %) basiert, wird von Brombeer- und Trockenfruchtaromen dominiert. Im Geschmack erweist er sich als weich und fruchtig, muss aber ein bis zwei Jahre lagern, damit sich sein Abgang abrundet.
SCEA Yvette Cazenave-Mahé, Ch. de Barre, 33500 Arveyres, Tel. 05.57.24.80.26, Fax 05.57.24.84.54, E-Mail chateau.de.barre@online.fr n. V.

CH. BUSSAC 1999*

20 ha 70 000 5à8€

Dieser auf einem Kiesboden erzeugte Wein, der zu 80 % aus Merlot besteht, bietet eine intensive rubinrote Farbe und ein entstehendes Bouquet von Vanille und roten Früchten. Seine sanften, reichen Tannine entwickeln sich dank eines gut eingefügten Holztons mit viel Feinheit. Ein charmanter Wein, den man in ein bis drei Jahren trinken kann.
SCEA Vignoble Cassignard, 33870 Vayres, Tel. 05.57.24.52.14, Fax 05.57.24.06.00 n. V.

CH. CANTELAUDETTE Elevé en fût de chêne 1999*

2 ha 12 000 5à8€

Das Gut befindet sich auf einem tonigen Sandboden. Es präsentiert diesen eleganten, ausgewogenen Wein, den ein Bouquet von reifen Früchten und Blüten und ein vanilleartiger Holzton prägen. Die in der Ansprache fleischigen Tannine sind danach deutlich zu spüren und halten lang an. Eine zwei- bis dreijährige Lagerung wird ihnen mehr Verschmolzenheit verleihen.
Jean-Michel Chatelier, Ch. Cantelaudette, 33500 Arveyres, Tel. 05.57.24.84.71, Fax 05.57.24.83.41 n. V.

CH. DURAND-BAYLE 2000*

k. A. 13 000 5à8€

Michel Gonet, ein Winzer aus der Champagne, hat viel in das Bordelais investiert, so dass wir seine Weine bald in einer angesehenen AOC sehen werden, wo er gerade ein prächtiges Château erworben hat. Er besitzt 260 Hektar und erweitert seine Produktion auf die Appellation Graves de Vayres. Die modernsten Methoden der Weißweinvinifizierung werden für diesen Wein verwendet, der beim 2000er Jahrgang eine große Qualität zeigt. Die goldgrüne Farbe ist strahlend; der intensive Duft erinnert an Akazienblüten und Ananas. Der sanfte, fette Geschmack beweist im Abgang viel Feinheit und Harmonie. Ein echter Genießerwein, den man schon jetzt trinken oder zwei bis drei Jahre aufheben kann. Der **rote 99er Château Durand-Bayle** erhielt ebenfalls einen Stern. 80 % Merlot, ergänzt durch Cabernet franc, ergeben hier einen seidigen, fruchtigen Wein mit elegantem Holzton. Trinken kann man ihn in den kommenden drei Jahren.
SCEV Michel Gonet et Fils, Ch. Lesparre, 33750 Beychac-et-Caillau, Tel. 05.57.24.51.23, Fax 05.57.24.03.99, E-Mail vins.gonet@wanadoo.fr n. V.

CH. FAGE Elevé en fût de chêne 1999

k. A. 22 000 5à8€

Das vor kurzem von dem Weinhändler Joël Quancard gekaufte Château bietet zwei verschiedene Weine: einen **im Eichenfass ausgebauten Rotwein** und einen **nicht fassgereiften Rotwein,** die im Jahrgang 1999 mit der gleichen Note bewertet wurden. Es handelt sich um gut gemachte Weine, die sanft, aromatisch und recht fruchtig sind, mit ausgewogenen, reifen Tanninen. Man kann sie innerhalb von ein bis drei Jahren trinken.
SA Ch. Fage, 33500 Arveyres, Tel. 04.67.39.10.51, Fax 04.67.39.15.33

CH. GOUDICHAUD 1999*

1 ha 5 000 5à8€

Dieses Herrenhaus, das im 18. Jh. von einem Schüler des Baumeisters Jacques-Ange Gabriel errichtet wurde, war die Sommerresidenz der Erzbischöfe von Bordeaux. Es hat einen angenehmen 99er erzeugt, der aufgrund seiner Aromen von Zimt und exotischen Früchten originell ist. Im Geschmack sind die noch jungen Tannine deutlich zu spüren, mit mineralischen Noten im Abgang. Ein wirklich guter Wein mit Bodengeschmack, der gut gemacht ist. Trinken kann man ihn innerhalb von zwei bis drei Jahren.
Paul Glotin, Ch. Goudichaud, 33750 Saint-Germain-du-Puch, Tel. 05.57.22.27.60, Fax 05.57.22.27.61 n. V.

CH. HAUT-GAYAT 1999*

k. A. 105 000 5à8€

Das Château, das sich seit acht Generationen im Besitz der gleichen Familie befindet, liegt auf auf einem Kiesboden und ist zu je 50 % mit Merlot und Cabernet Sauvignon bestockt. Dieser 99er besitzt eine kräftige rubinrote Farbe. Das ausdrucksstarke Bouquet erinnert an Gewürze und geröstetes Holz. Im Geschmack sind die Tannine sanft, frisch und bereits angenehm. Eine Flasche, die man in zwei bis drei Jahren trinken kann.
Marie-José Degas, Ch. Degas, 33750 Saint-Germain-du-Puch, Tel. 05.57.24.52.32, Fax 05.57.24.03.72 n. V.

CH. LA CHAPELLE BELLEVUE Prestige Elevé en barrique 1998**

2 ha 9 000 8à11€

Dieser prächtige 98er erweist sich als ein wenig untypisch für seine Appellation, denn in seiner Bestockung dominiert Cabernet Sauvignon (60 %). Die purpurrote Farbe strahlt mit ihrem ganzen Glanz. Die konzentrierten Aromen von sehr reifen Früchten harmonieren gut mit Röst- und Vanillenoten. Die gehaltvollen, robusten, kraftvollen Tannine entwickeln sich voller Feinheit und Ausgewogenheit. Ein sehr schöner Wein von großer Länge, den man für drei bis sechs Jahre in seinem Keller vergessen muss.

Lisette Labeille, Ch. La Chapelle Bellevue, chem. du Pin, 33870 Vayres,
Tel. 05.57.84.90.39, Fax 05.57.74.82.40
n. V.

GRAND VIN DU CH. LESPARRE 1999★★

■ 6 ha 30 000 15 à 23 €

Dieser «Grand Vin», das Schmuckstück von Château Lesparre, ist eine Auswahl von der schönsten Kiesparzelle, mit allen Mitteln der modernsten Technologie vinifiziert und ausgebaut. Das Ergebnis ist beeindruckend: dunkle, tiefe Farbe, intensive Düfte von gekochten Früchten und geröstetem Holz, robuste, kräftige Tanninstruktur, dominiert von den Holztanninen, die ein paar Jahre Alterung brauchen, um zu verschmelzen. Ein sehr moderner Wein, der den Liebhabern dieses Weinstils gefallen wird. **Die klassische Cuvée 1999 von Château Lesparre** (Preisgruppe: 30 bis 49 F) erhält einen Stern. Sie ist zwar nicht so lang im Holzfass ausgebaut worden, aber das Eichenholz bleibt deutlich zu spüren und erfordert eine zweijährige Lagerung.

SCEV Michel Gonet et Fils, Ch. Lesparre, 33750 Beychac-et-Caillau, Tel. 05.57.24.51.23, Fax 05.57.24.03.99,
E-Mail vins.gonet@wanadoo.fr n. V.

CH. L'HOSANNE
Elevé en fût de chêne 1999★

□ 1 ha 5 000 5 à 8 €

Dieser Wein, der ausschließlich von der Rebsorte Sémillon, auf tonigen Kiesböden angepflanzt, erzeugt und im Barriquefass vinifiziert worden ist, verführt durch seine aromatische Komplexität (Mandel, Akazienblüte, Pfeffer, Vanille) und durch seine Öligkeit im Geschmack, die in einer vollkommenen Ausgewogenheit zum Holzton steht. Eine sehr harmonische Flasche, die man schon jetzt aufmachen kann.

SCEA Chastel-Labat, 124, av. de Libourne, 33870 Vayres, Tel. 05.57.74.70.55,
Fax 05.57.74.70.36 n. V.

CH. PICHON-BELLEVUE
Cuvée Elisée 1999★

■ 2 ha 19 000 5 à 8 €

Pichon-Bellevue ist ein schönes Gut von 40 Hektar. Diese kleine Cuvée kombiniert die drei aquitanischen Rebsorten, bei denen Merlot (75 %) dominiert, und ist zehn Monate im Barriquefass ausgebaut worden. Ihre intensiven Aromen sind holzbetont; im Geschmack entwickelt sich ihre fleischige, samtige Struktur mit einer guten Nachhaltigkeit über Waldfrüchten. Eine Flasche, die man in den kommenden drei Jahren trinken kann. Der **rote 99er Château Pichon-Bellevue** ist nicht im Holzfass gereift. Er schmeckt sehr angenehm, mit einer sanften Ansprache, einer schönen Ausgewogenheit und Aromen von reifen Früchten. Er erhält eine lobende Erwähnung.

Ch. Pichon-Bellevue, 33870 Vayres,
Tel. 05.57.74.84.08, Fax 05.57.84.95.04
n. V.
D. und L. Reclus

CH. TOUR DE GUEYRON 1999★

■ 1 ha k. A. 5 à 8 €

Nur ein Hektar Kiesboden, je zur Hälfte mit Merlot und Cabernet franc bestockt, hat diesen rubinroten Wein hervorgebracht, dessen Aromen von vollreifen Früchten ein intensiver Holzton begleitet. Die sanfte, runde Struktur entwickelt sich mit einer guten Nachhaltigkeit, obwohl das Fassholz noch stark dominiert. Man muss ihn zwei bis vier Jahre aufheben, damit man eine bessere Harmonie erhält.

Pascal Sirat, 33500 Arveyres,
Tel. 05.57.51.57.39, Fax 05.57.51.57.39
n. V.

Sainte-Foy-Bordeaux

Sainte-Foy, ein mittelalterlicher Ort, der für Touristen sehr reizvoll ist, aber auch ein Weinbauort zwischen den Departements Lot-et-Garonne und Dordogne, hat im Jahre 2000 auf einer Anbaufläche von 358 ha 1 476 hl Weißweine und 17 470 hl Rotweine erzeugt.

CH. DU CHAMP DES TREILLES
Sec Elevé en fût de chêne 2000★

□ 2,25 ha 13 000 5 à 8 €

Jean-Michel Comme, Verwalter von Château Pontet-Canet, einem Grand cru classé in Pauillac, hat dieses Familiengut 1998 übernommen. Im Augenblick zeichnet er sich mit seinem trockenen 2000er Weißwein aus, der ein kräftiges, komplexes Bouquet von Ananas, Banane und Vanille bietet. Seine ausgewogene, sanfte Struktur wird noch von dem Ausbau im Eichenfass beherrscht: Innerhalb von ein bis zwei Jahren wird die Harmonie besser sein. Eine Mikrocuvée bildet der **99er von alten Sémillon-Reben** (Preisgruppe: 70 bis 99 F), ein lieblicher Wein, der wegen seiner angenehmen Aromen von kandierten Früchten (Aprikose) und Lebkuchen lobend erwähnt wird und im Geschmack ein wenig nervig ist.

Corinne Comme, Pibran, 33250 Pauillac,
Tel. 05.56.59.15.88, Fax 05.56.59.15.88
n. V.

CH. DES CHAPELAINS 1999★★

□ 1,2 ha 9 500 5 à 8 €

Das Château, das sich seit dem 17. Jh. in der gleichen Familie befindet, stellt seit 1991 Weine her. Wer könnte glauben, dass der trockene Sainte-Foy-Bordeaux fähig ist, einen so großen

Reichtum zu bieten? Diese Cuvée von strahlendem Blassgelb mit goldenen Reflexen entfaltet sehr feine, elegante Aromen von Akazienblütenhonig und kandierter Orange. Die vanilleartigen und würzigen Holznoten kommen danach im Geschmack zum Vorschein, aber nicht im Übermaß; sie stehen in einem vollkommenen Gleichgewicht zu einer samtigen, recht stattlichen Struktur. Der Abgang besitzt viel «Fett» und Charme; er dürfte eine Alterung von zwei bis fünf Jahren erlauben, aber man kann diesen Wein schon jetzt trinken. Lobend erwähnt wird der **rote 99er Château des Chapelains** (Preisgruppe: 20 bis 29 F), der ein hübsches entstehendes Bouquet und ein gutes Potenzial zeigt.

Pierre Charlot, Les Chapelains, 33220 Saint-André-et-Appelles, Tel. 05.57.41.21.74, Fax 05.57.41.27.42, E-Mail chateaudeschapelains@wanadoo.fr
☑ Y Mo–Fr 8h–12h 14h–18h; Sa, So n. V.

CH. CLAIRE ABBAYE
Elevé en fût de chêne 1999

■ 4,5 ha 21 000 5à8€

Elf Hektar Reben, angepflanzt an einem tonigen Kalksteinhang, bilden dieses Gut, das an einer Stätte aus galloromanischer Zeit angelegt worden ist. Nach dem bemerkenswerten Erfolg seines 98ers präsentiert das Château einen einfacheren 99er mit einem kräftigen Bouquet, das von Cabernet-typischen Noten von Paprikaschote dominiert wird. Im Geschmack müssen die Tannine verschmelzen: Die allgemeine Ausgewogenheit lässt ein gutes Potenzial vorhersagen, das sich in den kommenden drei Jahren offenbaren dürfte.

Bruno Sellier de Brugière, Ch. Claire Abbaye, 33890 Gensac, Tel. 05.57.47.42.04, Fax 05.57.47.48.16, E-Mail bruno.sellier@free.fr ☑ Y n. V.

CH. HOSTENS-PICANT
Cuvée des Demoiselles 1999

□ 10 ha 45 000 11à15€

Sainte-Foy-la-Grande, ein im 13. Jh. befestigter Ort, hat alles getan, damit in den 1990er Jahren ein erstklassiges Weinbaugebiet wieder erstehen konnte. Sein im Barriquefass vinifizierter und zwölf Monate lang ausgebauter Weißwein verdient eine lobende Erwähnung aufgrund seines ausdrucksvollen Bouquets von Zitrusfrüchten, pfeffrigen Gewürzen und Blüten. Er ist in der Ansprache sanft und fett und entwickelt sich voller Lebhaftigkeit zu einem blumigen Eindruck.

Ch. Hostens-Picant, Grangeneuve Nord, 33220 Les Lèves-et-Thoumeyragues, Tel. 05.57.46.38.11, Fax 05.57.46.26.23, E-Mail chateauhp@aol.com ☑ Y n. V.

CH. LA CHAPELLE MAILLARD
Cuvée Prestige Elevé en fût de chêne 1999

■ k. A. 10 600 8à11€

Ein neun Hektar großes Gut, das biologisch-dynamische Anbaumethoden verwendet. Diese Cuvée Prestige ist durch die Eleganz ihrer fruchtigen und würzigen Aromen und durch kräftige, ausgewogene Tannine gekennzeichnet. Dennoch ist es notwendig, dass man ein bis drei Jahre wartet, damit sich der Holzton einfügt.

Ch. La Chapelle Maillard, 33220 Saint-Quentin-de-Caplong, Tel. 05.57.41.26.13, Fax 05.57.41.25.99, E-Mail chateau@chapelle-maillard.com
☑ Y n. V.

CH. L'ENCLOS
Réserve de la Marquise Elevé en fût de chêne 1999

■ 5,6 ha 41 000 5à8€

Das 1758 errichtete Château gehört der Vorsitzenden des jungen Verbands der AOC. Man kann sich vorstellen, dass sie eine fabelhafte Köchin ist, denn sie rät, diesen Wein zu «Weinblättern von L'Enclos, gefüllt mit getrüffelter Gänseleber, zu servieren, mit Steinpilzen als Beilage». Diese Réserve de la Marquise präsentiert sich in einem tiefen Kirschrot; sie bietet noch diskrete Aromen von Gewürzen, Blüten und Holz. Die samtigen, fülligen Tannine entwickeln sich zwar voller Schlichtheit, aber mit einer Harmonie, die auf einen echten Genuss in ein bis drei Jahren hindeutet.

SCEA Ch. L'Enclos, Dom. de L'Enclos, 33220 Pineuilh, Tel. 05.57.46.55.97, Fax 05.57.46.55.97, E-Mail sceachateaulenclos@wanadoo.fr
☑ Y n. V.

CH. LES BAS-MONTS Sec 2000★★

□ 1 ha 7 800 3à5€

Dieser sortenreine Sauvignon, der von einem klassischen Terroir mit tonig-kalkigem Boden kommt, wird die Liebhaber von unverfälschten trockenen Weißweinen entzücken: Die blassgelbe Farbe strahlt mit Kupferreflexen. Die hochfeinen Düfte erinnern an Akazie, Holunder und Honig. Im Geschmack ist die Ansprache füllig; darauf folgen «Fett», Volumen und eine bemerkenswerte aromatische Ausgewogenheit. Ein sehr gut gemachter Wein, den man schon jetzt zu Fisch und Schalentieren trinken kann.

GAEC Basso Frères, Au Raymond, 33220 Margueron, Tel. 05.57.41.29.16, Fax 05.57.41.29.16 ☑ Y n. V.

CH. MARTET Réserve de Famille 1999★

■ 6,3 ha 30 000 15à23€

Nach einer Liebeserklärung für seinen 98er präsentiert das Château erneut einen sehr schönen Wein, der zu 100 % von Merlot-Trauben stammt und ganz nahe daran war, beim 99er einen zweiten Stern zu erringen. Die dichte Farbe ist fast schwarz; die deutlichen Düfte erinnern an Pflaume, Vanille und geröstetes Brot. Sanfte, freigebige Tannine ergeben einen sehr feinen, recht nachhaltigen Geschmack. Man muss ihn für drei bis sechs Jahre in einem guten Keller vergessen. Der Zweitwein, der **99er Les Hauts de Martet** (Preisgruppe: 30 bis 49 F), erhält für seine großzügige Fruchtigkeit und seine kräftige Tanninstruktur mit dem angenehmen Holzton eine lobende Erwähnung. Er macht es möglich, dass man den Hauptwein abwartet.

SCEA Ch. Martet, 33220 Eynesse, Tel. 05.57.41.00.49, Fax 05.57.41.09.36, E-Mail pdeconinck@deconinckwine.be
n. V.
Patrick de Coninck

CH. DES THIBEAUD 1999**

1,5 ha 9 987 5à8€

Dieser 99er stammt von einer Parzelle mit alten Reben, die auf einem tonigen Kalksteinboden angepflanzt sind; er wird von der Cabernet-Rebe (75 % des Verschnitts) dominiert und bietet eine angenehme Überraschung. Das lebhafte Granatrot zeigt purpurrote Reflexe. Die schwarzen Früchte und Gewürze und der vanilleartige Holzton harmonieren mit fülligen, kräftigen Tanninen, die ein großes Volumen besitzen. Letztere werden im Abgang von Schlehen- und Pfefferaromen geprägt. Ein Wein, der sich bei einer zwei- bis fünfjährigen Lagerung in einem guten Keller verfeinern wird.

Dom. Delaplace, Le Canton, 33220 Caplong, Tel. 05.57.41.25.65, Fax 05.57.41.27.84, E-Mail chateau.des.thibeaud@free.fr n. V.

CH. VERRIERE BELLEVUE
Moelleux 1999

1 ha 4 000 8à11€

Alice und Jean-Paul Bessette und ihr Sohn Mathieu, der ein BTS (höheres Technikerdiplom) für Weinbau und Önologie hat, besitzen dieses Weingut, das sich an den Hängen von Landerrouat befindet. Dieser süße Weißwein, der von spät gelesenen Trauben stammt, die in mehreren Lesedurchgängen aussortiert wurden, ist im Geruchseindruck noch verschlossen und kommt im Geschmack stärker zum Ausdruck, mit «Fett», Volumen und einem fruchtigen, honigartigen Abgang. Natürlich ist ein wenig Alterung notwendig.

EARL Alice et Jean-Paul Bessette, 5, La Verrière, 33790 Landerrouat, Tel. 05.56.61.36.91, Fax 05.56.61.41.12
n. V.

Premières Côtes de Bordeaux

Die Region der Premières Côtes erstreckt sich auf einer Länge von etwa 60 km entlang dem rechten Ufer der Garonne, vom Stadtrand von Bordeaux bis Cadillac. Die Weinberge sind an Hängen angelegt, die den Fluss überragen und wunderbare Aussichtspunkte bieten. Die Böden sind hier sehr vielfältig. Am Rande der Garonne bestehen sie aus jüngeren Anschwemmungen; einige davon liefern hervorragende Rotweine. An den Hängen findet man Kies- oder Kalksteinböden; je weiter man sich vom Fluss entfernt, desto höher wird der Tonanteil. Der Rebsatz und die Anbau- und Vinifizierungsmethoden sind die klassischen. Das Weinbaugebiet, das diese Appellation in Anspruch nehmen darf, umfasst beim Rotwein 2 868 ha und beim süßen Weißwein 470 ha. Ein Großteil der Weine, insbesondere der Weißweine, wird unter den regionalen Bordeaux-Appellationen verkauft. Die Rotweine (198 831 hl im Jahre 2000) haben sich seit langer Zeit einen recht guten Ruf erworben. Sie sind farbintensiv, körperreich und kraftvoll; die Weine, die an den Hängen erzeugt werden, haben außerdem eine gewisse Feinheit. Die Weißweine (17 933 hl) sind liebliche Weine, die immer mehr Ähnlichkeit mit den süßen Weinen haben.

Die Appellation Côtes de Bordeaux Saint-Macaire bildet die Verlängerung der Premières Côtes de Bordeaux in südöstlicher Richtung. Sie erzeugt weiche edelsüße Weine; 2000 lag die Produktion bei 2 321 hl.

BARON DE GRAVELINES
Vieilli en fût de chêne 1999

k. A. k. A. 3à5€

Dieser von der Firma Mau vertriebene Wein folgt mit einer starken Präsenz des Holzes dem gegenwärtigen Trend, aber der Holzton ist erstklassig. Der Wein bleibt insgesamt interessant wegen seines Bouquets, das sich zwischen Orange und Zitrone bewegt, seines Stoffs und seiner allgemeinen Ausgewogenheit.

SA Yvon Mau, BP 01, 33190 Gironde-sur-Dropt Cedex, Tel. 05.56.61.54.54, Fax 05.56.71.10.45

DOM. DU BARRAIL La Charmille 1999**

4 ha 24 000 8à11€

Yves Armand ist zwar vor allem für seinen Süßwein (Château La Rame) bekannt, aber er ist beim Rotwein nicht weniger talentiert. Die Liebeserklärung für seinen schönen 98er im letzten Jahr erbrachte einen glanzvollen Beweis dafür. Dieser 99er ist ebenfalls sehr eloquent. Auch wenn er noch verschmelzen muss, zeigt er durch sein Bouquet mit den Frucht- und Röstnoten wie auch durch seine solide Tanninstruktur, dass er ein echtes Entwicklungspotenzial besitzt, das innerhalb von vier bis fünf Jahren einen sehr schönen Wein verspricht.

Yves Armand, Ch. La Rame, 33410 Sainte-Croix-du-Mont, Tel. 05.56.62.01.50, Fax 05.56.62.01.94, E-Mail chateau.larame@wanadoo.fr
Mo–Fr 8h30–12h 13h30–19h; Sa, So n. V.

CH. DU BIAC Elevé en barrique 1998

■ 7 ha 26 000 5 à 8 €

Dieser Wein von dunkler Farbe, der aufgrund seines Bouquets wie auch seines Geschmacks noch recht jung und streng wirkt, muss sich entwickeln. Sein gutes Gerüst weist auf eine nach einer drei- bis vierjährigen Lagerung interessante Flasche hin.

SCEA Ch. du Biac, 19, rte de Ruasse, 33550 Langoiran, Tel. 05.56.67.19.98, Fax 05.56.67.32.63, E-Mail palas@quaternet.fr n. V.

Patrick Rossini

CH. DE BIROT 1998*

■ 17 ha 42 600 5 à 8 €

Ein schönes Gebäude aus dem 18. Jh., ein Gut an Hängen über der Garonne und zwei große Namen (Fournier und Castéja) des Weinbaus im Bordelais an seiner Spitze: Dieser Cru kann Ambitionen zeigen, aber es sind keine leeren Ansprüche, wie dieser Wein beweist. Er ist sanft und rund, getragen von gut extrahierten Tanninen, und schafft es, mit feinen, fruchtig-würzigen Aromen, die eine schöne animalische Note begleitet, angenehm zu wirken, bewahrt aber gleichzeitig eine gute Entwicklungsreserve, die auch dazu einladen kann, dass man ihn zwei bis drei Jahre aufhebt.

Fournier-Castéja, Ch. de Birot, 33410 Béguey, Tel. 05.56.62.68.16, Fax 05.56.62.68.16, E-Mail fournier.casteja@wanadoo.fr n. V.

CH. BRETHOUS Cuvée Prestige 1998**

■ 12,5 ha 500 000 8 à 11 €

Die Verdiers sind klug genug, um nicht in die Falle des Modegeschmacks zu laufen: Man hat hier nicht die Absicht, Mikrocuvées zu erzeugen, wie sie im Trend liegen. Das Holz ist zu spüren, aber es ist dazu da, dass es den Stoff begleitet, und nicht, um ihn zu verdrängen. Das Ergebnis ist ein sehr schöner Wein zum Lagern, den man fünf bis sechs Jahre aufheben muss. Auf seine Jugendlichkeit weist er durch seine bordeauxrote Farbe hin, auf seine Qualität durch ein schon komplexes Bouquet, das sich in einer kräftig gebauten, harmonischen Struktur fortsetzt.

Denise et Cécile Verdier, Ch. Brethous, 33360 Camblanes, Tel. 05.56.20.77.76, Fax 05.56.20.08.45

Mo–Fr 8h30–12h 14h–18h; Sa, So n. V.

CH. CARIGNAN 1999*

■ 11 ha 40 000 15 à 23 €

Dieses Gut, ein riesiger Besitz mit 145 Hektar, von denen sechzig mit Reben bestockt sind, besitzt eine lange Vergangenheit und wird von einem schönen Château beherrscht, das berühmte Besitzer hatte, von Xaintrailles, im 15. Jh. Marschall von Frankreich, bis zur Familie Montesquieu. Sein ausgewogener 99er, der eine gute aromatische Komplexität besitzt, wird sich innerhalb von zwei bis drei Jahren seiner Herkunft vollkommen gewachsen zeigen. Die **98er Cuvée Prima** (Preisgruppe: 50 bis 69 F) hat aufgrund ihrer eleganten Struktur ebenfalls einen Stern erhalten.

GFA Philippe Pieraerts, Ch. Carignan, 33360 Carignan-de-Bordeaux, Tel. 05.56.21.21.30, Fax 05.56.78.36.65, E-Mail tt@chateau-carignan.com n. V.

CH. CARSIN Cuvée noire 1999*

■ 21 ha 21 828 11 à 15 €

Dieser Wein, eine Spitzencuvée, wird von seinem Besitzer, dem einzigen finnländischen Weinbergbesitzer im Bordelais, umhegt. Davon kann man sich überzeugen, wenn man seine schöne Farbe, ein strahlendes Dunkelrot, und sein Bouquet mit den Noten von Leder, roten Früchten und geröstetem Brot entdeckt. Der von einem Gerüst mit harmonischen Tanninen unterstützte Geschmack verlangt nach einer zwei- bis dreijährigen Lagerung.

Juha Berglund, Ch. Carsin, 33410 Rions, Tel. 05.56.76.93.06, Fax 05.56.62.64.80, E-Mail chateau@carsin.com n. V.

CH. DES CEDRES
Elevé en fût de chêne 1999*

■ 3 ha 18 600 5 à 8 €

«Schloss der Zedern» – ein hübscher Name für diesen Wein, der aufgrund seines Bouquets und seines Geschmacks gefällt. Während der Duft seine Persönlichkeit mit Noten von roten Früchten zum Ausdruck bringt, findet der Eindruck am Gaumen seine Identität in einem soliden Stoff, der innerhalb von zwei bis drei Jahren seine optimale Qualität erreichen wird.

SCEA Vignobles Larroque, Ch. des Cèdres, 33550 Paillet, Tel. 05.56.72.16.02, Fax 05.56.72.34.44 n. V.

CH. CLOS DE MONS 1999

■ 1,47 ha 12 000 5 à 8 €

Das 1996 erworbene Gut wurde 1999 mit einem Keller ausgerüstet. Merlot (65 %), Cabernet Sauvignon (30 %) und 5 % Cabernet franc haben zur Ausgewogenheit dieses gut gebauten Weins von kräftiger purpurroter Farbe beigetragen, der in ein bis zwei Jahren zeigen wird, was in ihm steckt.

SC Ch. de Mons, 37, chem. de Peybotte, 33360 Lignan-de-Bordeaux, Tel. 05.56.21.00.00, Fax 05.56.21.00.01 n. V.

Monfort-Davidsen

CLOS DU MOINE 1999*

□ 0,56 ha 3 000 3à5€

1870 entschied sich der Besitzer dieses Weinbergs dafür, in einen Orden einzutreten. Er verkaufte seine Rebparzelle, die seitdem im Besitz der Familie geblieben ist. Diese in sehr kleiner Stückzahl produzierte Cuvée ist ausdrucksvoll aufgrund ihres Bouquets mit den Noten von Blüten und reifen Früchten wie auch aufgrund ihres sanften, runden, fülligen, frischen Geschmacks.

Jean-Michel Barbot, Desclos, rte de Loupiac, 33410 Sainte-Croix-du-Mont, Tel. 05.56.62.01.63, Fax 05.56.62.06.09
n. V.

CLOS SAINTE-ANNE 1999*

■ 3 ha 25 000 8à11€

Obwohl die Vignobles Courselle in erster Linie im Gebiet des Entre-Deux-Mers arbeiten, sind sie auch hier vertreten. Mit guten Ergebnissen, wenn man nach diesem Wein urteilt, dessen Eleganz im Bouquet durch Röstnoten und im Geschmack durch eine schöne aromatische Entfaltung und reife Tannine geprägt ist. Eine hübsche Flasche, die man zwei bis drei Jahre aufheben muss.

Sté des Vignobles Francis Courselle, Ch. Thieuley, 33670 La Sauve, Tel. 05.56.23.00.01, Fax 05.56.23.34.37
n. V.

CH. CRABITAN-BELLEVUE 1999*

□ 5 ha 9 000 5à8€

Die GFA Solane ist zwar in erster Linie in der Appellation Sainte-Croix vertreten, aber darüber vernachlässigt sie nicht ihren Premières Côtes. Dieser Wein beweist es durch seine Sanftheit, seine Rundheit, seine Ausgewogenheit und eine Fülle, die zu seiner angenehmen Wirkung beiträgt. Ein Klassiker der AOC.

GFA Bernard Solane et Fils, 33410 Sainte-Croix-du-Mont, Tel. 05.56.62.01.53, Fax 05.56.76.72.09
Mo–Sa 8h–12h 14h–18h

CH. DUDON
Cuvée Jean-Baptiste Dudon 1998*

■ 2 ha 16 000 5à8€

Dieser Cru, den die Merlauts vor nunmehr vierzig Jahren erwarben, setzt still und leise seinen Weg fort, mit einem charaktervollen Wein, der die aromatische Komplexität und den Stoff besitzt, die notwendig sind, um in zwei bis drei Jahren eine sehr elegante Flasche zu ergeben.

SARL Dudon, Ch. Dudon, 33880 Baurech, Tel. 05.57.97.77.35, Fax 05.57.97.77.39, E-Mail jmdudon@alienor.fr n. V.
Jean Merlaut

CH. FAUCHEY 1999

■ 5 ha 18 000 5à8€

Diese Burg, die nach der Aufhebung des Edikts von Nantes in Flammen aufging, wurde 1855 in einem neogotischen Stil wieder aufgebaut. Dieser Wein ist ein wenig «dünn gekleidet», mit einer Farbe, die ebenso leicht wie klar ist. Er setzt entschlossen auf die Karte der Sanftheit und Frische. Diese Merkmale kommen wie gerufen, um das Bouquet mit den köstlichen Düften von kleinen roten Früchten und Vanille zur Geltung zu bringen.

SCEA Famille Salamanca, Ch. Fauchey, 33550 Villenave-de-Rions, Tel. 05.56.72.30.60, Fax 05.56.72.30.09, E-Mail chateaufauchey@aol.com n. V.

CH. FRANC-PERAT 1999**

■ k. A. k. A. 8à11€

Diesen Erzeuger werden Sie auf sehr vielen Seiten dieses Kapitels finden, denn wie jedes Jahr wurden seine Weine von unseren Jurys ausgewählt, und das auf den besten Plätzen: Sehen Sie weiter unter den prächtigen Châteaus Mont-Pérat. Dieser Wein ist ebenfalls bemerkenswert. Er ist intensiv in seinem aromatischen Ausdruck mit den Noten von reifen Früchten, Vanille und Toast, um eine Familienähnlichkeit zu bewirken, und entfaltet einen fülligen, tanninreichen Geschmack, der dieser großartigen Cuvée eine sehr schöne Zukunft garantiert.

SCEA de Mont-Pérat, 33550 Capian, Tel. 05.57.84.55.08, Fax 05.57.84.57.31, E-Mail contact@vignobles-despagne.com
n. V.
J.-L. Despagne

CH. GALLAND-DAST 1998*

■ 2,59 ha 20 000 5à8€

Ein kleines Gut, das ebenso zurückhaltend wie sympathisch ist, mit einem Wein, dem es nicht an Persönlichkeit mangelt. Er ist sanft, wohl ausgewogen und lang anhaltend und wird von soliden Tanninen unterstützt. Er hat alle Chancen, sich unter guten Bedingungen zu entwickeln, so dass sich sein Bouquet von reifen Früchten vollständig entfalten kann.

SCEA du Ch. Galland-Dast, 33880 Cambes, Tel. 05.56.20.87.54, Fax 05.56.20.87.54
n. V.

CH. DU GRAND PLANTIER 1999

■ 11 ha 22 000 5à8€

Die Vignobles Albucher, ein Erzeuger in vielen Appellationen, stellen hier einen schlichten, aber gut gebauten Premières Côtes vor, der aufgrund seiner Rundheit gefällt, die mit seinen liebenswürdigen blumig-fruchtigen Düften harmoniert.

GAEC des Vignobles Albucher, Ch. du Grand Plantier, 33410 Monprimblanc, Tel. 05.56.62.99.03, Fax 05.56.76.91.35
n. V.

CH. GRIMONT Cuvée Prestige 1999*

■ 8 ha 55 000 5à8€

Dieser Wein wurde im Holzfass ausgebaut. Sein Bouquet hat davon eine deutliche Vanillenote bewahrt, die man am Gaumen wiederfindet, wo sie sich mit roten Früchten vermischt, so dass ein wohl ausgewogener, sanfter, fülliger, liebenswürdiger Geschmack das Ergebnis ist. Dieser 99er, der eine gute Länge besitzt, kann drei bis vier Jahre lagern.

🔑SCEA Pierre Yung et Fils, Ch. Grimont, 33360 Quinsac, Tel. 05.56.20.86.18, Fax 05.56.20.82.50 ☑ 🍷 n. V.

CH. HAUT GAUDIN

Cuvée Prestige Elevé en fût de chêne 1998★

■ 5 ha 20 000 ⏺ 8à11€

Diese zwölf Monate im Eichenfass ausgebaute Cuvée Prestige hat Gewürz- und Vanillenoten erworben, die zu ihrer Eleganz beitragen. Von der Farbe, einem funkelnden, tiefen Rubinrot, bis zum Abgang bestätigt alles, dass er ein gutes Potenzial besitzt und eine Lagerung von zwei bis drei Jahren verdient. Die **98er Cuvée Tradition** (Preisgruppe: 30 bis 49 F), die nur sechs Monate im Barriquefass gereift ist, erhält ebenfalls einen Stern. Sie ist bereits ansprechend und besitzt eine gute Entwicklungsfähigkeit.

🔑Vignobles Dubourg, 33760 Escoussans, Tel. 05.56.23.93.08, Fax 05.56.23.65.77 ☑ 🍷 Mo–Sa 8h–12h 14h–18h

CH. HAUT MAURIN 1999★

☐ 2 ha k. A. ▮ 3à5€

Dieser Wein, der einzige liebliche Wein aus dem großen Angebot, das die Vignobles Sanfourche präsentieren, hat keinen Mangel an Argumenten. Er ist in seinem aromatischen Ausdruck elegant und entfaltet eine gut ausbalancierte Struktur, die für einen sanften, reifen Geschmack sorgt.

🔑EARL Vignobles Sanfourche, rue Grand-Village, 33410 Donzac, Tel. 05.56.62.97.43, Fax 05.56.62.16.87 ☑ 🍷 n. V.

CH. JONCHET Cuvée Prestige 1998★

■ 6,5 ha 10 000 ⏺ 5à8€

Dieser Wein, eine Spitzencuvée, ist ein guter Botschafter seines Cru: Zu einem Bouquet von guter Komplexität (Backpflaume, Holz und rote Früchte) gesellt sich ein frischer, sanfter, seidiger, eleganter Geschmack, der lang anhält und beim Verkoster eine sympathische Erinnerung hinterlässt.

🔑Philippe Rullaud, Ch. Jonchet, La Roberie, 33880 Cambes, Tel. 05.56.21.34.16, Fax 05.56.78.75.32 ☑ 🍷 n. V.

CH. JOURDAN

Elevé en fût de chêne 1999★

■ 17,86 ha 93 000 ⏺ 5à8€

Das Gut ist ein ehemaliges Benediktinerpriorat. Sein heute von der Firma de Luze vertriebener Wein erscheint bereits aufgrund seines liebenswürdigen Bouquets von kleinen roten Früchten und aufgrund seiner Sanftheit ansprechend, aber gleichzeitig zeigt er durch seine feinen Tannine und seinen langen Abgang, dass er ein gutes Potenzial besitzt.

🔑A. de Luze et Fils, Dom. du Ribet, BP 59, 33451 Saint-Loubès Cedex, Tel. 05.57.97.07.20, Fax 05.57.97.07.27, E-Mail deluze@gvg.fr ☑ 🍷 n. V.

CH. LA BERTRANDE

Elevé en fût de chêne 1999★★

■ 2,5 ha 12 000 ⏺ 8à11€

Dieser Wein, der zu einer im Eichenfass ausgebauten und in nummerierten Flaschen verkauften Cuvée gehört, hat zwar noch nicht von den umfangreichen Arbeiten profitiert, die gegenwärtig auf dem Gut durchgeführt werden, zeigt aber dennoch eine schöne Form. Er ist sanft, rund, seidig und gleichzeitig tanninreich und entfaltet ein Bouquet von reifen Früchten und einen interessanten Stoff, die ihn bereits angenehm machen, ihm aber auch gute Entwicklungsmöglichkeiten offen lassen.

🔑Vignobles Anne-Marie Gillet, Ch. La Bertrande, 33410 Omet, Tel. 05.56.62.19.64, Fax 05.56.76.90.55, E-Mail chateau.la.bertrande@wanadoo.fr ☑ 🍷 n. V.

CH. LA CHEZE

Elevé en fût de chêne 1999★

■ 9 ha 40 000 ⏺ 5à8€

Wie viele Herrenhäuser in der Umgebung soll dieses Château dem Herzog von Epernon als Jagdschlösschen gedient haben. Heute ist es ein Cru, den zwei Önologen übernommen haben, die einen soliden Ruf genießen. Ihr Ansehen wird unter diesem 99er nicht leiden, dessen dunkle, strahlende Farbe auf eine schöne Konzentration hinweist. Dieser Wein verbindet auf angenehme Weise Holz und Früchte, bevor er eine füllige, lang anhaltende Struktur entfaltet, die von einem soliden Gerüst unterstützt wird. Letzteres deutet auf eine interessante Lagerfähigkeit von drei bis fünf Jahren hin.

🔑SCEA Ch. La Chèze, La Chaise, 33550 Capian, Tel. 05.56.72.11.77, Fax 05.56.23.01.51 ☑ 🍷 n. V.

CH. LA CLYDE

Cuvée Garde de la Clyde Elevé en fût de chêne 1998★

■ 2 ha 12 000 ⏺ 8à11€

Der Name «Cuvée garde» zeigt klar die Ambitionen dieses Weins: Lagerfähigkeit. Man begreift bei dieser Perspektive die Rolle, die der immer noch sehr deutlich spürbare Ausbau gespielt hat. Aber seine solide Konstitution wird dem Holz und den Tanninen die Zeit lassen, dass sie sich einfügen.

🔑EARL Philippe Cathala, Ch. La Clyde, 33550 Tabanac, Tel. 05.56.67.56.84, Fax 05.56.67.12.06 ☑ 🍷 n. V.

CH. LA FORET

Elevé en fût de chêne 1999★

■ 2 ha 8 000 ⏺ 5à8€

Auch wenn der Name des Cru eine Hommage an die Mönche ist, die den Wald rodeten und Reben anpflanzten, um einen Wein für den Gottesdienst zu erzeugen, hat dieser Premières Côtes nichts von einem Messwein an sich. Die Feinheit seiner Düfte mit den Nuancen von roten Früchten, Krokant und Holz und sein gutes Tanningerüst belegen eine Extraktion und einen Ausbau, die gut gemeistert wurden.

SCEA Ch. La Forêt, 33880 Cambes, Tel. 05.56.21.31.25, Fax 05.56.78.71.80 n. V.
d'Herbigny

CH. LA PRIOULETTE 1998*

3 ha 10 000 5 à 8 €

Das 1911 von Pierre Bord gekaufte Gut ist im Besitz der Familie geblieben. Bénédicte und Valérie, seine Enkelinnen, führen es seit fünf Jahren. Dieser Wein ist interessant wegen seines ausdrucksvollen Bouquets (rote Früchte) und seiner soliden Tanninstruktur. Eine hübsche Flasche, die schon sehr angenehm ist, aber auch zwei bis drei Jahre lagern kann.

SC du Ch. La Prioulette, 33490 Saint-Maixant, Tel. 05.56.62.01.97, Fax 05.56.62.02.20 n. V.

CH. LAROCHE 1999**

13,5 ha 70 000 5 à 8 €

Entsprechend dem Château, einem schönen Gebäude aus dem 18. Jh., das um einen Turm aus dem 16. Jh. herum errichtet wurde, ist dieser Wein solide gebaut. Sein Bouquet hat eine gute Intensität und verbindet erfolgreich Unterholz- und Fruchtnoten. Der konzentrierte, wohl ausgewogene Geschmack bietet eine sanfte Ansprache, bevor er die Stärke seiner Tannine enthüllt, die eine Lagerung von vier bis fünf Jahren benötigen.

Martine Palau, Ch. Laroche, 33880 Baurech, Tel. 05.56.21.31.03, Fax 05.56.21.36.58, E-Mail chateau.laroche@wanadoo.fr n. V.

CH. LE DOYENNE 1999

8 ha 37 000 8 à 11 €

Ein schöner Park verleiht dem Gut echte Anmut. Obwohl dieser Wein im Abgang ein wenig streng ist, erweist er sich als attraktiv aufgrund seiner Ausgewogenheit und seines Bouquets mit den hübschen, fruchtigen Noten (schwarze Johannisbeere und Sauerkirsche).

SCEA du Doyenné, 27, chem. de Loupes, 33880 Saint-Caprais-de-Bordeaux, Tel. 05.56.78.75.75, Fax 05.56.21.30.09, E-Mail doyenne@vieco.com n. V.
D. Watrin

CH. LESCURE 1998

2,3 ha 7 800 3 à 5 €

Erzeugt worden ist dieser Wein in Verdelais, einem Dorf, dessen Basilika von dem Schriftsteller François Mauriac und dessen Café von dem Maler Toulouse-Lautrec häufig besucht wurde. Er ist sanft und reich und verlangt keine Lagerung, sondern kann, wenn man ihn jung trinkt, ein liebenswürdiges Antlitz zeigen.

C.A.T. Ch. Lescure, 33490 Verdelais, Tel. 05.57.98.04.68, Fax 05.57.98.04.64, E-Mail chateau.lescure@free.fr n. V.
S.P.E.G.

CH. LES HAUTS DE PALETTE

Elevé en fût de chêne 1998*

2,75 ha 20 000 5 à 8 €

Dieser Wein stammt von einem kleinen Weinberg, in dem Merlot und die beiden Cabernet-Sorten gleichgewichtig vertreten sind. Unterstützt wird er von einer guten Struktur, die füllig, fleischig und lang anhaltend ist und es sowohl erlaubt, dass man ihn schon jetzt trinkt, als auch, dass man ihn drei bis vier Jahre lagert.

SCEA Charles Yung et Fils, 8, chem. de Palette, 33410 Béguey, Tel. 05.56.62.94.85, Fax 05.56.62.18.11 n. V.

CH. DE L'ESPINGLET 1999*

26 ha 120 000 5 à 8 €

Der von der großen Firma Ginestet vertriebene Wein kommt von einem schönen, seit langer Zeit renommierten Gut; er hält, was seine schöne purpurrote Farbe verspricht. Rote Früchte und Gewürze teilen sich den Duft, zu dem noch Tabaknote hinzukommt. Dieser 99er entfaltet eine gute Struktur, deren Tannine in ein bis zwei Jahren ihre Reife erreichen werden.

SA Maison Ginestet, 19, av. de Fontenille, 33360 Carignan-de-Bordeaux, Tel. 05.56.68.81.82, Fax 05.56.20.96.99, E-Mail contact@ginestet.fr n. V.
EBG Raynaud

CH. DE LESTIAC

Cuvée Prestige Elevé en fût de chêne 1999*

55,7 ha 80 000 5 à 8 €

Die in der Qualität sehr regelmäßige Cuvée Prestige dieses Cru setzt einmal mehr auf die Karte der Eleganz. Sie ist komplex und köstlich aufgrund ihres Bouquets, in dem Schokoladen- und Röstnoten zu reifen Früchten und Konfitüre hinzukommen, und zeigt sich im Geschmack füllig, lang, fleischig und tanninreich. In ein bis zwei Jahren werden wir hier eine sehr hübsche Flasche haben. Der nicht im Barriquefass ausgebaute **rote 99er Château de Marsan** erhält eine lobende Erwähnung.

SCEA Gonfrier Frères, Ch. de Marsan, 33550 Lestiac-sur-Garonne, Tel. 05.56.72.14.38, Fax 05.56.72.10.38, E-Mail gonfrier@terre-net.fr n. V.

CH. LEZONGARS 1999*

10 ha 50 000 5 à 8 €

Beherrscht wird der Cru von einer schönen Villa, deren Baustil vom Palladianismus angeregt wurde und sich oben an einem Hang befindet; er besitzt ein erstklassiges Terroir. Den Beweis dafür liefert dieser Wein, obwohl er im Abgang noch ein wenig streng ist, durch sein Bouquet mit den Noten von roten Früchten und Gewürzen wie auch durch seine Struktur, die dazu auffordert, dass man ihn drei bis vier Jahre aufhebt.

SC du Ch. Lezongars, 324, Roques-Nord, 33550 Villenave-de-Rions, Tel. 05.56.72.18.06, Fax 05.56.72.31.44, E-Mail info@chateau-lezongars.com n. V.

CH. MACALAN 1999*

■ 2,65 ha 21 000 5à8€

Dieser Wein kommt aus Sainte-Eulalie, einer Gemeinde im Norden der Appellation, die ein reiches Erbe besitzt (eine Kirche aus dem 13. Jh. und eine alte Abtei). Er setzt bewusst auf die Karte der Eleganz, die man im Bouquet, das aus reifen roten Früchten und Röstnoten besteht, wie auch im sanften, ausgewogenen, lang anhaltenden Geschmack wahrnimmt.

Jean-Jacques Hias, Ch. Macalan, 20, rue des Vignerons, 33560 Sainte-Eulalie, Tel. 05.56.38.92.41, Fax 05.56.38.92.41
n. V.

CH. MAINE-PASCAUD
Cuvée André Vieilli en fût de chêne 1998*

■ 3 ha 20 000 5à8€

Dem Wein mangelt es nicht an Trümpfen, ohne dass er es mit bestimmten früheren Jahrgängen aufnehmen könnte, wie etwa mit dem 96er, der im Hachette-Weinführer 2000 eine Liebeserklärung erhielt. Er hat eine kräftige Farbe und ist weich und rund; gute Tannine, die ausdrucksvoll sind (Früchte und Gewürze), balancieren ihn aus. Er wird von einer ein- bis zweijährigen Lagerung profitieren.

Olivier Metzinger, SCEA du Ch. Pascaud, RD 10, 33410 Rions, Tel. 05.56.62.60.58, Fax 05.56.62.60.58 n. V.

CH. MALAGAR 1999*

□ k. A. 4 000 8à11€

Müssen wir daran erinnern, dass dies das Gut des Schriftstelles François Mauriac war? Eine goldene Farbe umhüllt diesen lieblichen Wein, der nach Bienenwachs und kandierten Früchten duftet. Die Eleganz des Geschmacks verbindet «Fett» und Volumen mit einem hübschen Holzton zu einem Wein, der schon jetzt interessant ist.

Domaines Cordier, 160, cours du Médoc, 33300 Bordeaux, Tel. 05.57.19.57.77, Fax 05.57.19.57.87 n. V.

CH. MARGOTON 1998*

□ 3 ha 4 000 5à8€

Sémillon und Muscadelle ergeben zu gleichen Teilen diese in kleiner Stückzahl erzeugte Cuvée, die Reichtum zeigt, durch ihr Bouquet mit feinen, rauchigen Noten ebenso wie durch ihren weichen, fetten, fülligen Geschmack.

Francine et Francis Courrèges, 31, chem. des Vignes, 33880 Saint-Caprais-de-Bordeaux, Tel. 05.56.21.32.87, Fax 05.56.21.37.18, E-Mail f.courreges@gt-sa.com
tägl. 8h–12h 14h–18h

CH. MEMOIRES
Vieilli en fût de chêne 1999*

■ k. A. 40 000 5à8€

Dieser Cru gibt nicht dem Modegeschmack nach, der die Merlot-Rebe bevorzugt, und ist überwiegend mit Cabernet Sauvignon bestockt (60 %). Beim 99er war das ein Erfolg: Wie seine kräftige Farbe ankündigt, drückt dieser Wein seine Persönlichkeit durch ein Bouquet aus, das auf angenehme Weise Früchte und Vanille verbindet, bevor er durch seine Konzentration und seine sehr ausgeprägten Holztannine eine gute Hoffnung auf Lagerfähigkeit erkennen lässt.

SCEA Vignobles Ménard, Ch. Mémoires, 33490 Saint-Maixant, Tel. 05.56.62.06.43, Fax 05.56.62.04.32, E-Mail memoires@aol.com
n. V.
J.-François Ménard

CH. DE MONS Elevé en fût de chêne 1998*

■ 27 ha k. A. 3à5€

Der Cru, ein großes Familiengut, dessen Weine durch die Familie Cordier vertrieben werden, bietet hier einen gut gebauten Wein von reintönigem Rubinrot. Er ist frisch und körperreich, mit gut eingefügten Holzaromen. Dieser 98er ist schon gefällig, braucht aber noch Zeit, um sich abzurunden.

Ets D. Cordier, 53, rue du Dehez, 33290 Blanquefort, Tel. 05.56.95.53.00, Fax 05.56.95.53.01, E-Mail florence.dobhels@cordier-wines.com
GAEC Subra

CH. MONT-PERAT 1999***

■ 10 ha 18 000 15à23€

Nach einer Liebeserklärung im letzten Jahr wiederholt dieser Cru die gleiche Leistung mit seinem 99er. Dieser Wein beeindruckt in seiner dunklen Farbe; er ist ein richtiger Zauberer, der alle Düfte freisetzt, mit einer Vorliebe für Toastnoten. Das sehr gut dosierte Holz nimmt Rücksicht auf den Stoff und überlässt es ihm, eine sehr gute Lagerfähigkeit anzudeuten.

SCEA de Mont-Pérat, 33550 Capian, Tel. 05.57.84.55.08, Fax 05.57.84.57.31, E-Mail contact@vignobles-despagne.com
n. V.

CH. OGIER DE GOURGUE 1999*

■ 4,5 ha 36 000 8à11€

Ein manuelles Unterstoßen des Tresterhuts, eine vernünftige Dosierung des Anteils von neuen Barriquefässern – der Besitzer, ein ausgebildeter Önologe, entschied sich dafür, einen Wein von guter Lagerfähigkeit zu erzielen, aber ohne Adstringenz. Trotz eines etwas verschlossenen Bouquets mit einer diskreten Fruchtigkeit ist das Ziel mit diesem 99er erreicht, der eine hübsche, tiefe Farbe mit purpurroten Reflexen besitzt. Der Geschmack zeigt sich bis zum seidigen Abgang mild.

🔑 Josette Fourès, 41, av. de Gourgues, 33880 Saint-Caprais-de-Bordeaux, Tel. 05.56.78.70.99, Fax 05.56.76.46.18, E-Mail v.lartigue@malrome.com ☑ 🍷 n. V.

CH. DU PIRAS 1998*

■ 25 ha 175 000 8 à 11 €

Dieser auf einem riesigen Gut von 76 Hektar erzeugte Wein muss sich abrunden, was er dank seines Stoffs tun kann, der – wie man spürt – von einer guten Präsenz der Tannine unterstützt wird. Seine intensiven, komplexen Düfte von Unterholz, reifen Früchten und Gewürzen werden durch eine animalische Note ergänzt. Nach dem Dekantieren wird dieser aromatische Reichtum stärker zum Ausdruck kommen.

🔑 SCA Les Trois Collines, Ch. du Grand-Mouëys, 33550 Capian, Tel. 05.57.97.04.44, Fax 05.57.97.04.60, E-Mail cavif.gm@ifrance.com ☑ 🍷 n. V.

CH. PRIEURE CANTELOUP

Cuvée Faustine Elevé en fût de chêne 1999*

■ 9,3 ha k. A. 5 à 8 €

Dieser im Eichenfass ausgebaute Wein schafft es, Sanftheit und Konzentration zu vereinen. Sein Bouquet bleibt zwar noch ein wenig verschlossen, aber es kündigt sich durch seine fruchtige Seite als interessant an. Die Tanninstruktur muss ihm die Zeit lassen, dass er sich entfaltet (in vier bis fünf Jahren).

🔑 Xavier et Valérie Germe, 63, chem. du Loup, 33370 Yvrac, Tel. 05.56.31.58.61, Fax 05.56.56.00.00 ☑ 🍷 n. V.

CH. REYNON 1999*

■ 16 ha 75 000 11 à 15 €

Das Château, das seinem Baustil nach reines 18. Jh. ist, stammt in Wirklichkeit von 1848. Dieser 99er ist ebenfalls ein wenig überraschend für den, der den Cru kennt, nämlich aufgrund seiner Fähigkeit, dass man ihn jung trinkt, obwohl er der Zeit trotzen kann. Der Weinfreund, der ihn schon in diesem Winter genießt, wird nicht enttäuscht werden, weder durch sein hübsches, fruchtiges Bouquet, das kräftig ist und eine schöne Konzentration ankündigt, noch durch seine ausgewogene Struktur, die durch eine aromatische Entfaltung von sehr reifen Früchten und Röstnoten unterstützt wird. Der Gesamteindruck ist sehr elegant.

🔑 Denis et Florence Dubourdieu, Ch. Reynon, 33410 Béguey, Tel. 05.56.62.96.51, Fax 05.56.62.14.89, E-Mail reynon@gofornet.com ☑ 🍷 n. V.

CH. ROQUEBERT

Cuvée spéciale Oanna Elevé en fût neuf 1998

■ 1 ha 6 000 8 à 11 €

Dieser Wein, eine in kleiner Stückzahl produzierte Sondercuvée, die ein ausdrucksvolles Bouquet besitzt und noch durch die Tannine geprägt wird, erfordert eine Lagerung von zwei bis drei Jahren, bevor man ihn serviert.

🔑 Christian et Philippe Neys, Ch. Roquebert, 33360 Quinsac, Tel. 05.56.20.84.14, Fax 05.56.20.84.14 ☑ 🍷 Mo–Fr 9h–12h 14h–18h; Sa, So n. V.

CH. DE TESTE 1999*

□ 3 ha 14 000 5 à 8 €

Laurent Réglat, der einer in der Region fest verwurzelten Familie entstammt, präsentiert hier einen Wein von schöner Beständigkeit im Geschmack. Bienenwachs, Braten, Honig, Akazienblüte, Zitrone und Konfitüre – sein Bouquet verleiht ihm echten Charme. Der **rote 99er Château Saint-Hubert** (Preisgruppe: 50 bis 69 F) hat eine lobende Erwähnung erhalten.

🔑 EARL Vignobles Laurent Réglat, Ch. de Teste, 33410 Monprimblanc, Tel. 05.56.62.92.76, Fax 05.56.62.98.80, E-Mail laurent.reglat@worldonline.fr ☑ 🍷 Mo–Fr 9h–12h 14h30–18h; 15.–30. Aug. geschlossen

CH. VIEILLE TOUR 1998*

■ 1,5 ha 9 000 5 à 8 €

Dieser Cru, ein schönes Gut von insgesamt 33 Hektar, stellt hier einen Wein vor, der ausschließlich auf Merlot basiert. Die Rebsorte hat die Persönlichkeit des Bouquets mit feinen fruchtigen und würzigen Noten des Geschmacks geprägt, der eine angenehme Sanftheit zeigt. Trinken kann man den gut gebauten Wein in ein bis zwei Jahren.

🔑 Arlette Gouin, 1, Lapradiasse, 33410 Laroque, Tel. 05.56.62.61.21, Fax 05.56.76.94.18, E-Mail chateau.vieille.tour@wanadoo.fr ☑ 🍷 n. V.

Côtes de Bordeaux Saint-Macaire

CH. FAYARD 1999*

□ 2,97 ha 10 000 11 à 15 €

Saint-Macaire hat seine aus dem Mittelalter stammende Stadtmauer, seine Häuser aus dem 16. Jh. und die Kirche Saint-Sauveur mit den im 13. Jh. geschaffenen Wandmalereien bewahrt. Es zählt zu den schönsten Städten der Gironde und verdient Ihren Besuch ebenso wie dieses Château aus dem 17. Jh. Sein 99er stammt von alten Reben, die auf einem Kiesboden angepflanzt sind, und bietet eine hübsche Farbe mit goldenen Reflexen und komplexe Aromen von gelben Früchten, von Pampelmuse, mit mineralischen Noten, die sich mit Leder vermischen. Im Geschmack ist er voll und ausgewogen und zeigt sich harmonisch, mit «Fett» und viel Nachhaltigkeit. Man kann ihn trinken oder zwei bis drei Jahre aufheben.

🔑 Jacques-Charles de Musset, Ch. Fayard, 33490 Le Pian-sur-Garonne, Tel. 05.56.63.33.81, Fax 05.56.63.60.20, E-Mail chateau.fayard@wanadoo.fr 🍷 n. V.
🔑 Saint-Michel SA

CH. PERAYNE 1999

☐ 2,25 ha 1 350 5à8€

Für die Briefmarkenfreunde weisen wir in Saint-Macaire auf ein Postmuseum hin, das in der ehemaligen Postkutschenstation *Relais de poste d'Henri IV* eingerichtet ist. Diese winzige Cuvée sollte man sich wegen ihres hübschen Bouquets von grüner Zitrone, Blüten und Pfeffer merken. Der in der Ansprache sehr lebhafte Wein dürfte von einer zwei- bis dreijährigen Alterung erfolgreich profitieren und dann viel Vergnügen schenken.

🔑 Henri Lüddecke, Ch. Perayne, 33490 Saint-André-du-Bois, Tel. 05.57.98.16.20, Fax 05.56.76.45.71, E-Mail chateau.perayne@wanadoo.fr
☑ 🍷 n. V.

Die Region Graves

Graves, ein für das Bordelais besonders typisches Weinbaugebiet, muss nicht mehr beweisen, dass es sehr alt ist: Bereits in römischer Zeit begannen seine Rebzeilen die Hauptstadt Aquitaniens zu umschließen und einen Wein zu erzeugen, der – laut Columella, einem über die Landwirtschaft schreibenden römischen Schriftsteller – «sich lange hält und nach ein paar Jahren besser wird». Im Mittelalter kam der Name «Graves» auf. Er bezeichnete damals alle Gebiete, die sich stromaufwärts von Bordeaux befanden, zwischen dem linken Ufer der Garonne und der Hochfläche von Landes. Später gewann das Gebiet von Sauternes einen eigenständigen Charakter und entwickelte sich in der Region Graves zu einer Enklave, die für die Erzeugung von süßen Weinen bestimmt ist.

Graves und Graves Supérieures

Das sich auf rund 50 km erstreckende Graves-Gebiet verdankt seinen Namen der Beschaffenheit seines Bodens: Dieser besteht hauptsächlich aus Terrassen, aufgeschüttet von der Garonne und ihren Vorläufern, die sehr unterschiedliches Geröll (Kieselsteine und Kies aus den Pyrenäen und dem Zentralmassiv) abgelagert haben.

Seit 1987 werden die hier erzeugten Weine nicht mehr alle als Graves-Weine verkauft, weil das Anbaugebiet von Pessac-Léognan eine eigene Appellation besitzt, dabei aber weiterhin die Möglichkeit hat, auf dem Etikett die Bezeichnungen «Vin de Graves», «Grand vin de Graves» oder «Cru classé de Graves» zu verwenden. In der Praxis sind es die Crus im Süden der Region, die für sich die Appellation Graves in Anspruch nehmen.

Eine der Besonderheiten des Graves-Gebiets ist das Gleichgewicht, das sich zwischen den Anbauflächen für rote Rebsorten (2 376 ha ohne die AOC Pessac-Léognan) und den Anbauflächen für trockene Weißweiße (über 1 270 ha) herausgebildet hat. Die roten Graves-Weine (137 957 hl im Jahre 2000) haben eine kräftige, elegante Struktur, die eine gute Alterung erlaubt; ihr zart rauchiges Bouquet ist besonders typisch. Die trockenen Weißweine (66 019 hl in 2000) sind elegant und fleischig und gehören zu den besten in der Gironde. Die besten, die heute oft in Barriquefässern ausgebaut werden, gewinnen nach ein paar Jahren Reifung an Reichtum und Komplexität. Man findet auch einige liebliche Weine, die ihre Anhänger behalten haben und unter der Appellation Graves Supérieures verkauft werden.

Graves

CH. D'ARCHAMBEAU 2000*

☐ 10 ha k. A. 5à8€

90 91 92 93 94 96 |98| |2000|

Mit einer schönen romanischen Kirche ist Illats sicher einen Umweg wert. Das bietet die Gelegenheit, ein paar interessante Crus zu entdecken, darunter diesen hier. Sein frischer 2000er Weißwein, der eine ansprechende blassgelbe Farbe besitzt, zeigt sich sehr verführerisch aufgrund seines Bouquets mit Ginster- und Maracujanoten und einem dominierenden Pampel-

musenaroma, das man im Geschmack wiederfindet.
SARL Famille Dubourdieu, Archambeau, 33720 Illats, Tel. 05.56.62.51.46, Fax 05.56.62.47.98 n. V.

CH. D'ARDENNES 1999**

25 ha 80 000 8 à 11 €
88 (89) 90 92 93 94 96 |97| |98| 99

Das Ansehen von Château d'Ardennes ist allgemein bekannt; dennoch kümmert sich das Gut weiterhin so intensiv um die Qualität seiner Produktion. Dieser 99er, der 45 % Merlot, 40 % Cabernet Sauvignon, 10 % Cabernet franc und Petit Verdot kombiniert, beweist es. Wie seine intensive Farbe ankündigt, besitzt er einen hübschen Stoff, den das Holz und die Frucht- und Röstaromen vor einem mineralischen Hintergrund von großartiger Länge gut unterstützen. Der **2000er Weißwein** (Preisgruppe: 50 bis 69 F) hat eine lobende Erwähnung erhalten.
SCEA Ch. d'Ardennes, Ardennes, 33720 Illats, Tel. 05.56.62.53.80, Fax 05.56.62.43.67 n. V.
François Dubrey

CH. D'ARRICAUD Cuvée Prestige 1998*

2 ha 10 600 11 à 15 €
(85) 88 89 |90| 91 93 |96| 98

Dieser überwiegend aus Merlot (60 %) erzeugte Wein kommt von einem Gut, das einen schönen Rundblick über das Gebiet von Sauternes und die Garonne bietet. Er ist noch zurückhaltend in seinem Bouquet, stützt sich aber auf einen schönen, ausgewogenen Stoff, den ein gut gemeisterter Ausbau unterstützt. Der runde **99er Weißwein** (Preisgruppe: 50 bis 69 F) mit einem feinen Duft von Akazienblüten und Honig hat eine lobende Erwähnung erhalten.
EARL Bouyx, Ch. d'Arricaud, 33720 Landiras, Tel. 05.56.62.51.29, Fax 05.56.62.41.47 n. V.

CH. BEAUREGARD-DUCASSE 1998*

23 ha 100 000 8 à 11 €
|93| |94| 95 96 |97| |98|

Der Cru, ein Familienbetrieb, bildet ein schönes Gut von fast 40 Hektar. Diese Cuvée, die seine Hauptproduktion darstellt, bietet einen hübschen Wein, der sich entwickeln muss (denn seine Tannine sind noch sehr jung), aber genug «Fett» und Kraft besitzt, um dies in zwei bis drei Jahren auch zu schaffen. Er hat ein feines Bouquet (schwarze Johannisbeere, Waldfrüchte und ein leichter Holzton) und klingt mit einem sehr angenehmen Abgang aus. Die **im Holzfass ausgebaute Cuvée Albert Duran** (Preisgruppe: 70 bis 99 F), die ebenfalls kräftig und elegant ist, hat auch einen Stern erhalten. Der **2000er Weißwein** wurde lobend erwähnt, während die **2000er Cuvée Albertine Peyri** einen Stern bekam.
Jacques Perromat, Ducasse, 33210 Mazères, Tel. 05.56.76.18.97, Fax 05.56.76.17.73
n. V.
GFA de Gaillote

CH. DE BEAU-SITE 1998

5 ha 14 000 8 à 11 €

Diese Cuvée stammt von einer kleinen Parzelle, deren Trauben mit der Hand gelesen wurden. Sie setzt mit balsamischen Noten und Anklängen an gekochte Früchte entschieden auf die aromatische Karte. Die gefälligen Tannine sind umhüllt. Der **99er Weißwein** hat für seine exotischen Düfte ebenfalls eine lobende Erwähnung erhalten.
SA Ch. de Beau-Site, Beau-Site, 33640 Portets, Tel. 05.56.67.18.15, Fax 05.56.67.38.12, E-Mail chateaudebeausite@dial.deane.com
n. V.
Frau Dumergue

CH. BERGER 1998**

1,64 ha 12 900 8 à 11 €

Dieser Wein ist zwar aufgrund seiner Produktionsmenge ein wenig für einen beschränkten Kreis bestimmt, aber er zeigt dennoch während der gesamten Verkostung eine sehr schöne Haltung. Die Intensität der Farbe findet man im Bouquet wieder, während dessen Eleganz und Komplexität im Geschmack erhalten bleiben und beim Verkoster einen harmonischen Gesamteindruck hinterlassen. Er hat eine gute Lagerfähigkeit (vier bis fünf Jahre).
SCA Ch. Berger, 6, chem. La Girafe, 33640 Portets, Tel. 05.56.67.58.98, Fax 05.56.67.04.88 n. V.

CH. BICHON CASSIGNOLS 1998*

3 ha 20 000 8 à 11 €

Etwas mehr als zwölf Hektar bilden diesen Cru, der 1981 auf einem Kiessandboden angelegt wurde. Auch wenn es diesem Wein noch nicht gelingt, sich vollständig auszudrücken, kann er trotz alledem Argumente vorbringen, ob es sich nun um die Ausgewogenheit seiner sehr dichten Struktur oder um die angenehmen Düfte von roten Früchten und schwarzer Johannisbeere in seinem Bouquet handelt. Der **99er Weißwein** hat aufgrund seines sehr feinen Holztons und seiner exotischen Düfte eine lobende Erwähnung erhalten.
Jean-François Lespinasse, 50, av. Edouard-Capdeville, 33650 La Brède, Tel. 05.56.20.28.20, Fax 05.56.20.20.08, E-Mail bichon.cassignols@wanadoo.fr
n. V.

CLOS BOURGELAT 1998

3,62 ha 28 000 5 à 8 €

Dieser Wein, in dem Merlot mit dem gleichen Anteil wie die beiden Cabernet-Sorten vertreten ist, kommt ebenso wie der edelsüße Wein aus Cérons. Er kommt noch nicht vollständig zur Entfaltung, aber eine gute Präsenz der Tannine und ein interessanter aromatischer Ausdruck (Kokosnuss, Lakritze und Rauch) ermutigen dazu, dass man ihn aufhebt. Der **2000er Weißwein** (100 % Sémillon) hat ebenfalls eine lobende Erwähnung erhalten.

🔑 Dominique Lafosse, Clos Bourgelat, 33720 Cérons, Tel. 05.56.27.01.73, Fax 05.56.27.13.72
☑ 🍷 Mo–Sa 9h–12h 14h–19h; Gruppen n. V.

CH. BRONDELLE 1999★★

■ 15 ha 80 000 🍾 8à11€

Lange Zeit hat dieser Cru nur Weißwein erzeugt. Auch wenn der **2000er Weißwein** einen Stern hat, wie sollte man sich dann nicht über die Qualität seines 99er Rotweins freuen? Die Komplexität seines Bouquets (Iris, rote Früchte, Himbeere und Holz) findet sich auch am Gaumen wieder und führt zu einem Geschmack mit traditionellen und modernen Noten. Eine schöne Flasche, die man für fünf oder sechs Jahre im Keller vergessen muss.

🔑 EARL Vignobles Belloc-Rochet, Ch. Brondelle, 33210 Langon, Tel. 05.56.62.38.14, Fax 05.56.62.23.14, E-Mail chateau.brondelle@wanadoo.fr
☑ 🍷 n. V.

CH. CABANNIEUX
Elevé en barrique 1998★

■ 13 ha k. A. 🍾 8à11€

Dieser zusammenhängende Weinberg, der auf leicht abschüssigen Kiesböden angelegt ist, besitzt gute Entwässerungsbedingungen. Sein ausdrucksvoller, kräftig gebauter, fülliger 98er, der achtzehn Monate im Barriquefass ausgebaut worden ist, verdient eine Wartezeit von zwei bis drei Jahren, damit die Tannine verschmelzen können.

🔑 SCEA du Ch. Cabannieux, 44, rte du Courmeau, 33640 Portets, Tel. 05.56.67.22.01, Fax 05.56.67.32.54
☑ 🍷 n. V.
🔑 Frau Dudignac

CH. DU CAILLOU
Cuvée Saint-Cricq 1999★

□ 2 ha 7 000 🍾 5à8€

Der im Barriquefass ausgebaute Wein löst die Versprechen seiner schönen Farbe ein: durch sein Bouquet mit den Noten von Honig, Kandiertem, Wachs und Aprikose ebenso wie durch seine Struktur, die sich während der gesamten Verkostung entwickelt und in einen nachhaltigen, fruchtbetonten Abgang mündet. Die **99er Hauptcuvée** hat eine lobende Erwähnung erhalten.

🔑 SARL Ch. du Caillou, rte de Saint-Cricq, Caillou, 33720 Cérons, Tel. 05.56.27.17.60, Fax 05.56.27.00.31 ☑ 🍷 n. V.
🔑 Latorse

Region Graves

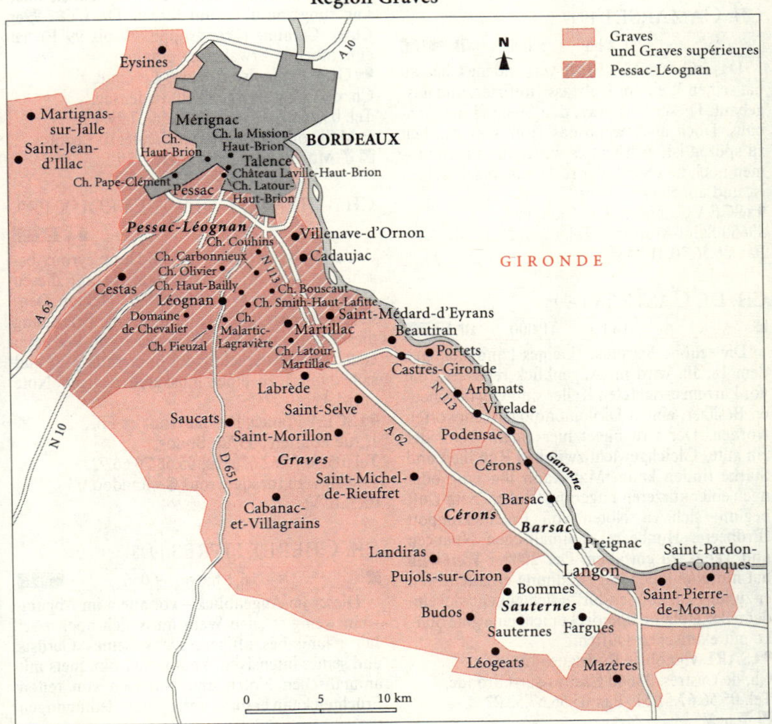

CH. CALENS 1998*

■ 6 ha 7 500 5 à 8 €

Dieser strahlend granatrote Wein, der aus dem Norden der Appellation kommt, ist interessant wegen seiner guten Gesamtkonstitution, die im Augenblick noch streng ist, und wegen seiner reifen Früchte und Gewürze. Sein fülliger, lang anhaltender Abgang verspricht, dass dieser Wein in zwei bis drei Jahren elegant sein wird.
GAEC Artaud et Fils, 6, rue des Mages, 33640 Beautiran, Tel. 05.56.67.05.48, Fax 05.56.67.04.72 n. V.

CH. DE CALLAC 1999*

■ 20 ha 120 000 11 à 15 €

Der vor kurzem von Philippe Rivière übernommene Cru ist dazu berufen, dass er sich in den kommenden Jahren entwickelt. Aber dieser 99er zeigt bereits, das er echte Trümpfe besitzt. Sein Bouquet verbindet ebenso wie sein Geschmack reife Früchte mit Röstnoten. Der gut gebaute Wein kann gelagert werden, ist aber schon gefällig. Der **99er Weißwein** hat eine lobende Erwähnung erhalten; er ist für die Liebhaber eines röstartigen Holztons bestimmt.
SCEA VM et Ph. Rivière, Ch. de Callac, 33720 Illats, Tel. 05.57.55.59.59, Fax 05.57.55.59.51, E-Mail priviere@riviere-stemilion.com n. V.

CH. CAMARSET 1999

□ 1,2 ha 6 000 5 à 8 €

Das früher mit La Brède verbundene Château hat seinen Wein im Holzfass vinifiziert und ausgebaut. Dieser 99er trägt den Stempel des Ausbaus. Doch auch wenn das Holz sehr deutlich zu spüren ist, erdrückt es weder die Fruchtaromen noch den Stoff, der recht gut verschmolzen ist und angenehm bleibt.
SCEA Camarset, Ch. Camarset, 33650 Saint-Morillon, Tel. 05.56.20.31.94, Fax 05.56.20.31.94

CH. DE CASTRES 1999*

■ 14 ha 41 000 11 à 15 €

Die schöne Kartause (kleines Landhaus) aus dem 18. Jh. wird im Augenblick renoviert; die vor kurzem errichteten Keller sind von dem neuen Besitzer, einem Diplomönologen, entworfen worden. Der Cru bietet hier einen Wein, der ein gutes Gleichgewicht zwischen Rundheit und Stärke finden kann. Man kann ihn jung oder nach einer kürzeren Lagerung trinken. Sein Duft beginnt sich zu Noten von Früchtekompott (Erdbeere, Himbeere), animalischen Nuancen und Tabak zu entfalten. Der **2000er Weißwein** hat nur eine lobende Erwähnung erhalten, weil er zu jung ist, aber er dürfte sich gut entwickeln, denn der Holzton überdeckt nicht eine gute Stärke mit exotischen Düften.
SARL vignobles Rodrigues-Lalande, Ch. de Castres, 33640 Castres-sur-Gironde, Tel. 05.56.67.51.51, Fax 05.56.67.52.22 n. V.

CH. CAZEBONNE 1998**

■ 12,6 ha 72 000 5 à 8 €

Auch wenn die Weine dieses Cru nicht mehr wie früher vom «Hafen der Keller» in Langon in alle Welt gehen, besitzen sie immer noch ein ausgezeichnetes Terroir. Dass es hervorragend genutzt worden ist, beweist dieser Wein, der rote Früchte, schwarze Johannisbeere und Holz harmonisch verbindet, bevor er eine großzügige, feine, komplexe Struktur enthüllt. Eine schöne Flasche, die man fünf bis sechs Jahre im Keller aufheben kann. Der zart duftige **99er Weißwein** hat eine lobende Erwähnung erhalten.
Jean-Marc et Marie-Jo Bridet, Vignobles de Bordeaux, Saint-Pierre-de-Mons, 33212 Langon Cedex, Tel. 05.56.63.19.34, Fax 05.56.63.21.60, E-Mail lvb.sica@libertysurf.fr n. V.

CH. DE CHANTEGRIVE 1999**

■ 30 ha 100 000 8 à 11 €

Dieses 90 ha große Gut besitzt eine moderne, elegante Ausrüstung. Es ist in der Qualität regelmäßig und bleibt seiner Tradition mit diesem Wein treu, der sich bemüht, seine tiefrote Farbe nicht Lügen zu strafen. Das vom Holz mit Röstnoten geprägte Bouquet zeigt keine Schwäche, ebenso wie der Geschmack mit den noch ungestümen Tanninen, die aber Rücksicht auf den Wein nehmen. Der Abgang, der die Früchte und das Holz vereint, bestätigt die Möglichkeit einer Lagerung von über fünf Jahren. Die **weiße 99er Cuvée Caroline** (Preisgruppe: 70 bis 99 F) hat eine lobende Erwähnung erhalten.
GFA Françoise et Henri Lévêque, Ch. de Chantegrive, 33720 Podensac, Tel. 05.56.27.17.38, Fax 05.56.27.29.42, E-Mail courrier@chateau.chantegrive.com Mo–Sa 8h–12h30 13h30–18h

CH. CHERCHY-DESQUEYROUX 1999

□ 0,75 ha k. A. 5 à 8 €

Zum großen Glück für die Desqueyroux beschränkt sich ihr Gut nicht allein auf diesen Weinberg, denn es umfasst 18,65 Hektar. Dennoch haben sie gewissenhaft über die Erzeugung dieses runden, vollen Weins gewacht, der beim ersten Riechen fruchtig und mineralisch ist und sich danach zu einer muskatellerartigen Note entwickelt.
SCEA Francis Desqueyroux et Fils, 1, rue Pourière, 33720 Budos, Tel. 05.56.76.62.67, Fax 05.56.76.66.92, E-Mail vign.fdesqueyroux@wanadoo.fr n. V.

CH. CHERET-PITRES 1998

■ 6,1 ha 9 066 5 à 8 €

Dieser im Augenblick – vor allem im Abgang – ein wenig strenge Wein muss sich noch zwei Jahre lang besänftigen. Dank seines Gerüsts und seines intensiven, komplexen Bouquets mit animalischen Noten und Nuancen von reifen Früchten kann er diese unter guten Bedingungen tun.

🔑 Pascal et Caroline Dulugat,
Ch. Cheret-Pitres, 33640 Portets,
Tel. 05.56.67.27.76, Fax 05.56.67.27.76,
E-Mail chateau.cheret-pitres@wanadoo.fr
☑ Ῑ n. V.

CLOS DU HEZ 1998★★

■ 1 ha 5 500 ⅠⅠⅠ 5à8€

Wie viele andere Erzeuger im Gebiet von Sauternes sind die Guignards auch im Graves-Gebiet vertreten. Niemand wird das bedauern, wenn er diesen harmonischen 98er entdeckt, der aufgrund seines fruchtig-blumigen Bouquets ebenso ausdrucksvoll ist wie aufgrund seines Geschmacks. Dieser stützt sich auf ein schönes Tanningerüst und garantiert dem erstklassigen Wein gute Zukunftsaussichten.

🔑 GAEC Philippe et Jacques Guignard,
Ch. Lamothe Guignard, 33210 Sauternes,
Tel. 05.56.76.60.28, Fax 05.56.76.69.05
☑ Ῑ Mo–Fr 8h–12h 14h–18h; Sa, So n. V.

CLOS FLORIDENE 1999★★

■ 5 ha 28 500 ⅠⅠⅠ 11à15€

85 86 88 89 (90) 92 93 94 95 96 **98 99**

Denis Dubourdieu, ein großer Spezialist für die Vinifizierung von Weißweinen, ist ein auf Vollständigkeit bedachter Önologe, der die Methoden der Rotweinbereitung ebenso gut beherrscht. Nach vielen anderen Jahrgängen belegt das dieser 99er durch die Harmonie, die zwischen den Tanninen und dem Fleisch besteht und einen runden, eleganten, warmen Eindruck hervorruft. Er ist schon angenehm und besitzt einen eleganten, empyreumatischen und fruchtigen Duft. Man kann diese Flasche vier bis fünf Jahre lagern.

🔑 Denis et Florence Dubourdieu, Ch. Reynon,
33410 Béguey, Tel. 05.56.62.96.51,
Fax 05.56.62.14.89,
E-Mail reynon@gofornet.com ☑ Ῑ n. V.

DOM. DE COUQUEREAU 1999

■ 1,9 ha 10 000 ⅠⅠⅠ 5à8€

80 % Merlot und 20 % Cabernet Sauvignon, auf einem Kiesboden erzeugt, haben diesen Wein von schöner rubinroter Farbe hervorgebracht. Sein entstehendes Bouquet überdeckt nicht die noch strengen Tannine, die die Zukunft dieses 99ers garantieren können. Der **99er Weißwein,** ein sortenreiner Sémillon (wie ein Verkoster herausfinden konnte), hat ebenfalls eine lobende Erwähnung erhalten.

🔑 Amalia Gipoulou, 22, av. Adolphe-Demons,
33650 La Brède, Tel. 05.56.20.32.27,
Fax 05.56.20.24.84 ☑ Ῑ n. V.

CH. DOMS 1999

■ 7 ha 45 000 ⅠⅠⅠ 5à8€

Das Gut fügt sich mit seinen Gebäuden in den Geist des Bordelais ein. Ähnlich wie die Bauwerke zeigt das Bouquet dieses Weins einen echten klassischen Charakter mit eleganten Haselnussnoten. Die Struktur, die sich auf sehr sanfte Tannine stützt, harmoniert mit den Düften. Die **rote 98er Cuvée Amélie** (Preisgruppe: 50 bis 69 F) hat ebenfalls eine lobende Erwähnung erhalten.

🔑 SCE Vignobles Parage, Ch. Doms,
33640 Portets, Tel. 05.56.67.20.12,
Fax 05.56.67.31.89 ☑ Ῑ n. V.

LA GRANDE CUVEE DE DOURTHE 1998★★

■ k. A. 50 000 ⅠⅠⅠ 5à8€

Dieser Wein, eine Marke der Firma Dourthe, die wiederum Teil des CVBG ist, zeigt sich dem Ansehen der Gruppe gewachsen. Diese im Anblick sehr angenehme Cuvée kombiniert 60 % Cabernet mit Merlot. Sie kann den Verkoster durch die Komplexität und die Originalität seines Bouquets überraschen, in dem zu den Kirsch-, Schwarze-Johannisbeer- und Holznoten rasch sehr frische Eukalyptusnoten hinzukommen. Im Geschmack wird sie wieder klassisch und offenbart durch ihre feinen, wohl ausgewogenen Tannine ein schönes Potenzial. Die fette, runde **weiße 99er Grande Cuvée,** die lang und elegant ist, hat einen Stern erhalten.

🔑 Dourthe, 35, rue de Bordeaux,
33290 Parempuyre, Tel. 05.56.35.53.00,
Fax 05.56.35.53.29, E-Mail contact@cvbg.com
☑ Ῑ n. V.

CH. DUVERGER Cuvée spéciale 1999★

□ 1 ha k. A. ⅠⅠⅠ 8à11€

Diese Sondercuvée, ein sortenreiner Sémillon von einem tonigen Kalksteinboden, hat eine gewissenhafte Behandlung erfahren: Hinter Holznoten, die zunächst die Aufmerksamkeit erregen, entfaltet sich rasch ein elegantes Bouquet (Zitrone und Wachs). Der intensive, aromatische Geschmack kommt mit ebenso viel Reichtum wie Nuancen zum Ausdruck. Die **rote 98er Cuvée spéciale** (Preisgruppe: 70 bis 99 F) wurde lobend erwähnt.

🔑 Yannick Zausa, Ch. Duverger, 33720 Budos,
Tel. 05.56.62.43.40, Fax 05.56.62.43.45
☑ Ῑ n. V.

EPICURE Elevé en fût de chêne 1998★

■ k. A. k. A. ⅠⅠⅠ 11à15€

Ein hübscher Name, den manche für einen Widerspruch bei einem Wein halten würden, dessen sehr reelle Qualitäten eher in der Seriosität als im Hedonismus zu suchen sind und auf diese Weise mit dem philosophischen Sinn des Epikureismus übereinstimmen, der die Genüsse der Tugend und nicht die Genüsse der Sinne predigt. Das Holz ist nicht nur im Duft deutlich zu spüren, sondern auch im Geschmack, aber die Struktur ist kräftig genug gebaut, um es zu verarbeiten – dank eines tanninreichen Grundstoffs, der einen langen Abgang ausweitet.

🔑 Bordeaux Vins Sélection, 27, rue Roullet,
33800 Bordeaux, Tel. 05.57.35.12.35,
Fax 05.57.35.12.36,
E-Mail bus.grands.crus@wanadoo.fr ☑
🔑 B. Pujol und H. de Bouard

CH. FERRANDE 2000★

□ 5 ha 40 000 Ⅰ 5à8€

Dieser Cru, ein schönes Gut, das der Familie Castel gehört, beschließt das 20. Jh. mit einem hübschen Wein, der Sauvignon und Sémillon mit gleichen Anteilen kombiniert. Man schätzt seine goldgelbe Farbe und seinen aromatischen Ausdruck mit einem leichten Hauch von Mandarine im Abgang. Der **99er Rotwein** hat ebenfalls eine lobende Erwähnung erhalten; er muss ein bis zwei Jahre lagern, damit sich der Holzton einfügt.

Castel Frères,
21-24, rue Georges-Guynemer,
33290 Blanquefort, Tel. 05.56.95.54.00,
Fax 05.56.95.54.20

CH. DES FOUGERES
Clos Montesquieu 1999

☐ 9 ha 23 000 11 à 15 €

Dieser schlichte, aber aufgrund seines Bouquets mit den Zitronen-, Honig- und Zitrusnoten sehr gefällige Wein trägt einen angesehenen Namen, den der Familie Montesquieu. Der **98er Les Persanes de Montesquieu** (Preisgruppe: 50 bis 69 F) hat ebenfalls eine lobende Erwähnung erhalten; diese Marke gehört den Montesquieus, die auch Weinhändler sind.

SCEA des vignobles Montesquieu,
Aux Fougères, BP 53, 33650 La Brède,
Tel. 05.56.78.45.45, Fax 05.56.20.25.07,
E-Mail
montesquieu@bordeaux-montesquieu.com
n. V.
GFA Montesquieu

CH. DU GRAND BOS 1998★★

■ 10,2 ha 54 000 11 à 15 €

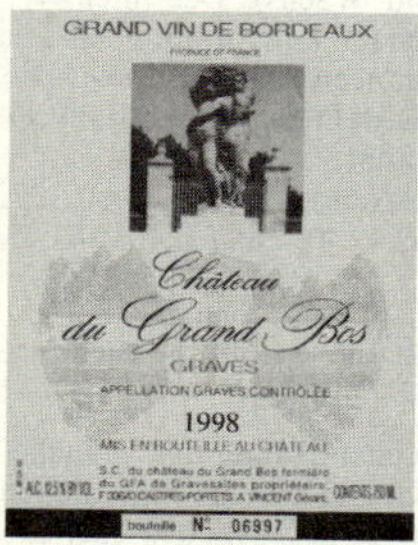

Die seit dem 17. Jh. belegte Berufung zum Weinbau bleibt auf diesem Gut aktuell, wie dieser sehr schöne 98er auf meisterliche Weise zeigt. Mit ihm verwirklicht der Cru alle seine Ambitionen. Die Klasse der dunklen Farbe und die Eleganz des Bouquets mit den Röst-, Vanille- und Zimtnoten bilden einen bemerkenswerten Auftakt. Dann demonstriert der Geschmack seine Persönlichkeit: reich, fleischig und gut gebaut, in einer vollkommenen Vereinigung zwischen der Frucht und dem Holzton. Der im gleichen Stil gehaltene Abgang bestätigt das Potenzial dieses überaus gelungenen Weins.

SCEA du Ch. du Grand Bos, 33640 Castres,
Tel. 05.56.67.39.20, Fax 05.56.67.16.77
n. V.
GFA de Gravesaltes

CH. GRAND MOUTA
Elevé en fût de chêne 1998★

■ 2 ha 12 000 5 à 8 €

Dieser auf einem schönen Gut im Süden der Appellation erzeugte Wein entwickelt sich im Laufe der Verkostung erfolgreich, mit einer tiefen Farbe, einem Bouquet, dessen Düfte stark vom Holz geprägt sind, aber auch Backpflaumen und kandierte Früchte einbeziehen, einem fetten Geschmack und einer guten Länge.

SCEA Dom. Latrille-Bonnin, Petit-Mouta,
33210 Mazères, Tel. 05.56.63.41.70,
Fax 05.56.76.83.25 n. V.
GFA du Brion

CH. GRAVEYRON
Réserve du Château 1998★

■ 6 ha 20 000 5 à 8 €

Dieser Wein, eine Spitzencuvée, hat von der sorgfältigen Behandlung profitiert, die er erfahren hat. Seine granatrote Farbe, seine Düfte von roten Früchten, seine Rundheit, seine gut verschmolzenen Tannine und sein harmonischer Abgang machen ihn bereits angenehm, erweisen sich aber gleichzeitig als Garanten für seine Zukunft. Die **Cuvée Tradition** hat ebenfalls einen Stern erhalten. Es handelt sich um die gleiche Zusammenstellung von Rebsorten wie bei der Réserve, aber der Wein ist zwölf Monate im Holzfass ausgebaut worden. Man muss warten, bis sich der Holzton einfügt.

EARL Vignobles Pierre Cante,
67, rte des Graves, 33640 Portets,
Tel. 05.56.67.23.69, Fax 05.56.67.58.19
Mo–Sa 9h–12h 14h–19h

CH. DES GRAVIERES 1999★

■ 15 ha 80 000 5 à 8 €

Die Labuzans, junge Önologen, ignorieren die modernen Methoden keineswegs, aber sie verstehen es, sie im Dienste ihres Terroirs einzusetzen. Dieser Wein beweist, dass ihr Vorgehen seine Vorteile hat: Er ist intensiv rot und besitzt einen animalischen, röstartigen Geruch; er wird noch von den Tanninen dominiert, die jedoch nicht aggressiv sind und zulassen, dass im Abgang eine Kirschnote zum Vorschein kommt.

Vignobles Labuzan, Ch. des Gravières,
33640 Portets, Tel. 05.56.67.15.70,
Fax 05.56.67.07.50 n. V.

DOM. DU HAURET LALANDE 2000★★

☐ 1,65 ha 12 800 5 à 8 €

Dieser Wein ist von guter Provenienz: Er stammt von einem Weinberg in Barsac und wurde in den Kellern von Château Piada vinifiziert. Er ist füllig und sehr schmackhaft und zeigt sich seiner Herkunft würdig, insbesondere durch die Komplexität und die Eleganz seiner Aromen, die Akazienblüte mit Pampelmuse und Buchsbaum mit Zitrusfrüchten verbinden.

EARL Lalande et Fils, Ch. Piada,
33720 Barsac, Tel. 05.56.27.16.13,
Fax 05.56.27.26.30
Mo–Fr 8h–12h 13h30–19h; Sa, So n. V.

CH. HAUT-GRAMONS
Elevé en fût de chêne 1998

■ 12 ha 42 000 8 à 11 €

Françoise und Frédéric Boudat, die auf beiden Ufern der Garonne vertreten sind, bieten hier einen klaren Wein, der nach Gewürzen und roten Früchten duftet und ausgewogen und fleischig ist. Der tanninreiche Abgang muss sich noch entfalten und abrunden.

GAEC Cigana-Boudat, Ch. de Viaut, 33410 Mourens, Tel. 05.56.61.98.13, Fax 05.56.61.99.46 n. V.

CH. HAUT SELVE 1999*

□ 10 ha 50 000 11 à 15 €

Dieser auf dem großen Weingut Saint-Selve erzeugte Wein kombiniert 60 % Sauvignon mit Sémillon und ist zehn Monate im Barriquefass ausgebaut worden. Er setzt entschlossen auf die Karte der aromatischen Feinheit, mit eleganten Röstnoten und einem harmonischen Abgang.

SCA des Ch. de Branda et de Cadillac, 33240 Cadillac-en-Fronsadais, Tel. 05.56.20.29.25, Fax 05.56.78.47.63 n. V.

Lesgourgues

LA CLOSIERE DE MAY 1999*

■ 1 ha 6 000 5 à 8 €

Entstanden ist dieser Wein in einem kleinen Weinberg, der einem Besitzer vom rechten Ufer der Garonne gehört. Er hat ein originelles Bouquet (weißes Eichenholz und Firngeruch mit frischen Mentholnoten) und ist sanft und elegant; unterstützt wird er von seidigen Tanninen. Er lässt sich erfolgreich mit moderner Küche kombinieren.

Pierre Dupleich, Ch. du Juge, rte de Branne, 33410 Cadillac, Tel. 05.56.62.17.77, Fax 05.56.62.17.59, E-Mail pierre.dupleich@wanadoo.fr n. V.

CH. LA FLEUR CLEMENCE
Elevé en fût de chêne 1999*

■ 2 ha 8 000 11 à 15 €

Der ziemlich stark vom Holz geprägte **rote 99er Carbon d'Artigues** (Preisgruppe: 50 bis 69 F) hat eine lobende Erwähnung erhalten. Er stammt von 25 Jahre alten Reben und vereinigt Merlot mit den beiden Cabernet-Sorten. Der gleiche zwölfmonatige Ausbau im Barriquefass kennzeichnet die Cuvée Clémence, aber es handelt sich um eine Auswahl von 35 Jahre alten Reben, wobei nur Cabernet Sauvignon mit 60 % Merlot kombiniert wird. Der Wein zeigt eine schöne bordeauxrote Farbe. Das Eichenholz prägt den Geruchseindruck, aber der weinige, runde, fleischige, köstliche Geschmack lässt zu, dass die Struktur und die Aromen ihre Eleganz vollständig zum Ausdruck bringen.

Ch. Carbon d'Artigues, 33720 Landiras, Tel. 05.56.62.53.24, Fax 05.56.62.53.24 n. V.

CH. LA FLEUR JONQUET 1999*

□ 1 ha 7 500 11 à 15 €

Dieser hübsche Wein, der zu gleichen Teilen von den Rebsorten Sémillon und Sauvignon stammt, stützt sich auf eine schöne, runde, körperreiche Struktur und entfaltet sehr interessante Aromen, die Gewürze und Vanille mit exotischen, zitronenartigen und überreifen Noten verbinden.

Laurence Lataste, 5, rue Amélie, 33200 Bordeaux, Tel. 05.56.17.08.18, Fax 05.57.22.12.54, E-Mail l.lataste@enfrance.com n. V.

CH. DE LANDIRAS 1998*

■ k. A. 8 400 11 à 15 €

Das Gut, ein Herrenhaus und eine Wallfahrtsstätte, ist eines der geschichtsträchtigsten der Region. Es ist auch ein berühmter Cru. Dieses Ansehen erklärt sich, wenn man diesen 98er probiert, der gut strukturiert und zugleich komplex ist, mit den verführerischen Düften von Früchten, Vanille und geröstetem Holz. Drei bis fünf Jahre aufheben. Der ebenso harmonische **99er Weißwein** (75 % Sauvignon, 25 % Sémillon) hat für seine Gesamtharmonie und für den Holzton, der die Frucht nicht überdeckt, ebenfalls einen Stern verdient.

SCA Dom. La Grave, Ch. de Landiras, 33720 Landiras, Tel. 05.56.62.44.70, Fax 05.56.62.43.78, E-Mail mail@chateau-de-landiras n. V.

CH. LANGLET 1999**

■ 2,09 ha 15 000 8 à 11 €

Die Kressmanns, die mit Château Latour-Martillac in der AOC Pessac-Léognan vertreten sind, und das auf eindrucksvolle Weise, vernachlässigen darüber nicht die Graves-Weine. Wie könnte man daran zweifeln bei diesem kräftig gebauten, sehr viel versprechenden Wein, der die anspruchsvollsten Verkoster durch die große Komplexität seines Bouquets verführen wird. Rote und schwarze Früchte, Schwarze-Johannisbeer-Knospe, Tabak und Rauch – der aromatische Spaziergang wird zu einer wahren Schnitzeljagd. Der **99er Weißwein** (Preisgruppe: 30 bis 49 F) hat eine lobende Erwähnung erhalten. «Er sauvignoniert», schrieb ein Verkoster, der nicht wusste, dass der Wein allein von dieser Rebsorte stammt.

Domaines Kressmann, Ch. Latour-Martillac, 33650 Martillac, Tel. 05.57.97.71.11, Fax 05.57.97.71.17, E-Mail latour-martillac@latour-martillac.com n. V.

CH. LA VIEILLE FRANCE 1998*

■ 3 ha 20 000 8 à 11 €

Dieser Wein kommt von einem Weinberg, dessen Bestockung gleichgewichtig zwischen Merlot und Cabernet Sauvignon aufgeteilt ist. Er kleidet den Gaumen großzügig aus und wirkt gefällig aufgrund seines feinen, komplexen Bouquets und interessant wegen seines Stoffs und seiner Länge, die einen guten Holzton in eine schöne Struktur einbinden und dazu einladen, dass man ihn vier bis fünf Jahre aufhebt. Der **weiße 2000er Cadet de la Vieille France** (Preisgruppe: 30 bis 49 F), der aromatisch, fett und wohl ausgewogen ist, hat ebenfalls einen Stern erhalten. Der von der Firma Ginestet in Carignan auf Flaschen abgefüllte und vertriebene

weiße 99er Château Saint-Galier (Preisgruppe: weniger als 30 F) ist eine Auswahl von Cuvées von Château La Vieille France; er hat keine mächtige Struktur, gefällt aber aufgrund seiner blumigen Seite. Er hat eine lobende Erwähnung erhalten.
Michel Dugoua, Ch. La Vieille France, 1, chem. du Malbec BP8, 33640 Portets, Tel. 05.56.67.19.11, Fax 05.56.67.17.54, E-Mail courrier@chateau-la-vieille-france.fr n. V.

CH. LE BOURDILLOT

Cuvée Prestige Elevé en fût de chêne 1999*

0,81 ha k. A. 8 à 11 €

Im Graves-Gebiet ist der Name Haverlan zu einer Qualitätsgarantie geworden. Ein Ansehen, das nicht in Gefahr ist, dass es sinkt, wie dieser Wein bezeugt, der 63 % Cabernet Sauvignon mit Merlot kombiniert. Seiner Ausgewogenheit kommen nur noch seine aromatischen Reize gleich, bei denen sich rote Früchte auf vorteilhafte Weise mit Gewürzen verbinden. Er besitzt zwar keine große Lagerfähigkeit, aber man kann ihn zwei bis drei Jahre lang aufheben. Der **rote 99er Cuvée Tentation** (gleiche Anteile von Cabernet Sauvignon und Merlot) und der **2000er Weißwein,** der ein ausgewogenes Verhältnis von Sauvignon und Sémillon bietet, haben ebenfalls einen Stern erhalten.
Patrice Haverlan, 11, rue de l'Hospital, 33640 Portets, Tel. 05.56.67.11.32, Fax 05.56.67.11.32, E-Mail patrice.haverlan@worldonline.fr Mo–Do 8h–12h30 13h–17h30

CH. LE CHEC 1999*

2,5 ha 8 000 5 à 8 €

Während man nicht verpflichtet ist, der Sage, die den Namen dieses Cru durch die Niederlage eines im Einzelkampf von den Vorfahren Montesquieus besiegten Muselmanen erklärt, große Glaubwürdigkeit beizumessen, muss man diesen blassgoldenen Wein mit der eleganten Struktur und dem hübschen Holzton würdigen. Der **99er Rotwein** hat eine lobende Erwähnung erhalten; er muss zwei bis drei Jahre ruhen, damit sich der Holzton einfügt.
Christian Auney, La Girotte, 33650 La Brède, Tel. 05.56.20.31.94, Fax 05.56.20.31.94 n. V.

CH. LEHOUL Elevé en fût de chêne 1998**

5 ha 25 000 8 à 11 €

Hier gibt man dem Modegeschmack und der Leichtigkeit nicht nach. Cabernet bleibt hier dominierend (80 %), wobei sich dieser großartig gelungene Wein umso besser verhält. Der reiche, runde Geschmack, der von sehr schönen, noch jungen Tanninen unterstützt wird, erweist sich als Garant für seine Zukunft, während das Bouquet durch die Vereinigung von warmen Noten reifer Früchte mit frischeren Noten von Thymian der Garrigue verführt. Der **2000er Weißwein** (Preisgruppe: 30 bis 49 F), der ein reiches Bouquet (Lindenblüte und Pfirsich) besitzt, und der **rote 98er Pavillon,** der sich zu reifen Tanninen mit animalischen Moschusnoten und Gewürz- und Fruchtnuancen (Kirsche) entwickelt, haben beide einen Stern erhalten.
EARL Fonta et Fils, rte d'Auros, 33210 Langon, Tel. 05.56.63.17.74, Fax 05.56.63.06.06 n. V.

CH. LE PAVILLON DE BOYREIN 1999

13 ha 100 000 5 à 8 €

Dieser im Abgang noch recht strenge Wein ist interessant aufgrund seines Bouquets mit den delikaten Noten von roten Früchten und Leder und aufgrund seiner sanften, klaren Struktur. Trinken kann man ihn in den nächsten beiden Jahren.
SCEA Vignobles Pierre Bonnet, Le Pavillon de Boyrein, 33210 Roaillan, Tel. 05.56.63.24.24, Fax 05.56.62.31.59, E-Mail vignobles-bonnet@wanadoo.fr n. V.

CH. L'ETOILE 2000*

k. A. 26 000 5 à 8 €

Präsentiert wird dieser 2000er von Pierre Coste, einer der großen Persönlichkeiten in der Welt des Weins von Bordeaux. Er zeigt eine echte Großzügigkeit durch die Stärke und den Umfang seiner Aromenpalette, in der Buchsbaum auf Zitrusfrüchte trifft. Ein ebenso angenehmer wie ausgewogener Wein.
Maison Sichel-Coste, 8, rue de la Poste, 33210 Langon, Tel. 05.56.63.50.52, Fax 05.56.63.42.28

CH. LE TUQUET 1998*

35 ha 100 000 8 à 11 €

Die Tradition belegen eine «Kartause» (kleines Landhaus) von 1730 (Südfassade von Victor Louis) und die Familie von Père de Foucauld in der Liste der Besitzer, während eine Umgestaltung der Keller in den 90er Jahren ein Beweis für den modernen Fortschritt ist. Dieser gut gebaute Wein entkräftet nicht die Versprechen seiner schönen granatroten Farbe und gewinnt viel Charme aus seinem aromatischen Ausdruck mit den hübschen Noten von roten Früchten, Röstung, Rauch und Backpflaume.
GFA du Ch. Le Tuquet, Ch. Le Tuquet, 33640 Beautiran, Tel. 05.56.20.21.23, Fax 05.56.20.21.83 n. V.
Paul Ragon

CH. DE L'HOSPITAL 1998**

10 ha 60 000 11 à 15 €

Auf diesem Cru leitet eine große Gewissenhaftigkeit die Pflege des Weinbergs und die Vinifizierung. Das Ergebnis sind bemerkenswerte Weine, wie etwa dieser 98er mit der imposanten Entfaltung der Aromen. Die Verbindung des Holzes und der reifen roten Früchte ist von Erfolg gekrönt. Die konzentrierte, kräftige, elegante Struktur hinterlässt einen sehr harmonischen Gesamteindruck. Der Wein verdient eine drei- bis vierjährige Einkellerung. Der **99er Weißwein,** der ebenfalls eine schöne Arbeit beim Traubengut und beim Ausbau bezeugt, hat für die subtile Vereinigung von Frucht und Fass einen Stern erhalten.

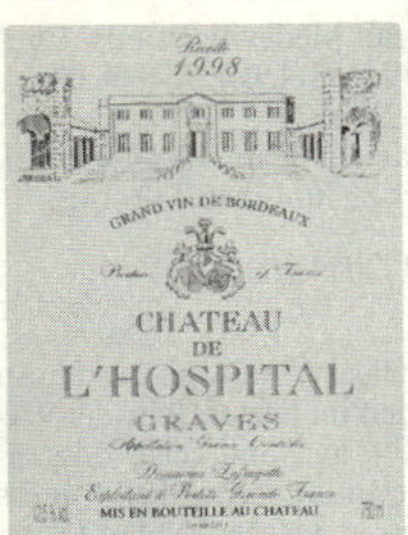

🔑 SCS Vignobles Lafragette, Darrouban, 33640 Portets, Tel. 05.56.73.17.80, Fax 05.56.09.02.87 ☑ 🍷 n. V.

CH. DE L'ORDONNANCE Elevé en fût de chêne 1998★

■ 1 ha k. A. 🛢 5à8€

Dieser Wein, der zu einer kleinen, im Barriquefass ausgebauten Produktion gehört, wird im Augenblick vom Fass geprägt, aber man spürt, dass er Reserven besitzt. Er kann sich unter guten Bedingungen entwickeln. Seine granatrote Farbe, sein (noch jugendliches) Bouquet und seine gute Struktur bemühen sich, dies zu zeigen.

🔑 GAEC Bélis et Fils, Tourmilot, 33210 Langon, Tel. 05.56.62.22.11, Fax 05.56.62.22.11 ☑ 🍷 n. V.

CH. LUDEMAN LA COTE 1999★★

■ 9 ha 70 000 🛢 5à8€

Der expandierende Cru hat innerhalb von weniger als zehn Jahren seine Fläche verdoppelt. Dieser sehr hübsche 99er beweist, dass die Vergrößerung nicht auf Kosten der Qualität vorgenommen wurde. Dieser fette, gut strukturierte, aber nicht aggressive Wein, der reich an Aromen ist und den Beitrag des Holzes perfekt einbindet, verdient eine über fünfjährige Einkellerung, bevor man ihn zu feinen Gerichten serviert. Der **rote 99er Clos les Majureaux** hat eine lobende Erwähnung erhalten. Er ist schlicht und gut gemacht und wurde nicht im Holzfass ausgebaut; er duftet nach Veilchen und ist im Geschmack weich und frisch.

🔑 SCEA Chaloupin-Lambrot, Ludeman, 33210 Langon, Tel. 05.56.63.07.15, Fax 05.56.63.48.17, E-Mail m-bellocludeman@wanadoo.fr ☑ 🍷 n. V.

CH. LUSSEAU 1998★

■ 3,37 ha 6 000 🛢 8à11€

Das 1805 errichtete Château liegt 4 km von La Brède entfernt. Ein Sand- und Kieselboden über einem tonigen Untergrund, eine klassische Zusammenstellung mit ein wenig Malbec und zwölf Monate Ausbau im Barriquefass haben diesen 98er hervorgebracht. Eine schöne granatrote Farbe, Fleisch, «Fett», eine gute Präsenz der Tannine und ein kräftiges Bouquet mit Frucht- und Röstnoten: ein Wein, der gut gerüstet ist, um der Zukunft zu trotzen.

🔑 Anne-Marie de Granvilliers-Quellien, Ch. Lusseau, 6, rte de Lusseau, 33640 Ayguemorte-les-Graves, Tel. 05.56.67.01.67, Fax 05.56.37.17.82 ☑ 🍷 Di, Mi, Sa, So 10h–12h 14h–18h

CH. MAGNEAU Cuvée Julien 1999★★

□ 4 ha 7 000 🛢 8à11€

Mittels Hülsenmaischung im Holzfass vinifiziert und auf der Hefe ausgebaut – diese Cuvée ist der Bannerträger der Ardurats. Der 99er ist frisch, zart duftig, kraftvoll und füllig und behauptet erfolgreich seine Stellung, wobei er von einem Holz profitieren kann, das den Wein unterstützt, ohne ihn zu erdrücken. Der sanfte, gefällige **rote 99er Château Magneau** hat eine lobende Erwähnung erhalten.

🔑 Henri Ardurats et Fils, EARL des Cabanasses,12, chem. Maxime-Ardurats, 33650 La Brède, Tel. 05.56.20.20.57, Fax 05.56.20.39.95, E-Mail ardurats@chateau-magneau.com ☑ 🍷 Mo–Fr 9h–12h 14h–18h; Sa, So n. V.

M. DE MALLE 1999★★

□ k. A. k. A. 🛢 8à11€

Dieser Wein hat eine edle Herkunft: Er stammt vom kiesigen Weinberg des Weinguts de Malle. Er erweist sich seines Ursprungs würdig durch seine Erscheinung wie auch durch seinen aromatischen Ausdruck mit den schönen Noten von Blüten, Aprikosen und exotischen Früchten oder durch sein Volumen. Er ist frisch und wohl ausgewogen und wird zu Hecht mit Rahmsauce oder zu Steinbutt mit Schaumsauce munden. Der **rote 99er Château de Cardaillan** hat eine lobende Erwähnung erhalten.

🔑 Comtesse de Bournazel, Ch. de Malle, 33210 Preignac, Tel. 05.56.62.36.86, Fax 05.56.76.82.40, E-Mail chateaudemalle@wanadoo.fr ☑ 🍷 n. V.

CH. MAYNE D'IMBERT 1998★

■ 20 ha 30 000 5à8€

In einer Zeit der Mikrocuvées bleibt dieser Wein dem Geist des Bordelais treu und bietet eine seriöse Produktionsmenge. Umso reizvoller sind seine Qualitäten, eine Eleganz des Bouquets und eine Ausgewogenheit des Geschmacks.

🔑 SCEA Vignobles Bouche, 23, rue François-Mauriac, BP 58, 33720 Podensac, Tel. 05.56.27.18.17, Fax 05.56.27.21.16 ☑ 🍷 n. V.

CH. MAYNE DU CROS Elevé en fût de chêne 1999★

□ 4 ha 8 000 🛢 8à11€

Dieser in einem Weinberg von Cérons erzeugte Wein ist mittels Hülsenmaischung vinifiziert und im Barriquefass ausgebaut worden. Er hat eine kräftige gelbe Farbe und erregt sehr schnell die Aufmerksamkeit durch die Komplexität seines Bouquets, das Noten von exotischen Früchten, Zitrusfrüchten, Bienenwachs und Mango verbindet. Ein schöner Abgang beschließt die Verkostung mit einer leicht säuerlichen und rauchigen Nuance. Der **rote 99er Mayne du Cros,** in dem die beiden Cabernet-Sorten die Hauptrolle spielen und Merlot nur 10 % des Verschnitts ausmacht, hat eine lobende Erwähnung erhalten. Ein hübscher Stoff, ein gut gemeisterter Ausbau und eine schöne Ausgewogenheit. Zwei Jahre aufheben.

SA Vignobles M. Boyer, Ch. du Cros, 33410 Loupiac, Tel. 05.56.62.99.31, Fax 05.56.62.12.59, E-Mail contact@chateauducros.com
Mo–Fr 8h–12h 14h–18h; Sa, So n. V.

CLOS MOLEON
Vieilli en fût de chêne 1999

3 ha 16 000 8 à 11 €

Das Etikett überrascht und zieht den Blick auf sich: Man sieht darauf Napoleon auf einem Pferd. Dieser schlichte, aber gut gemachte Wein ist noch ziemlich streng, aber seine Tanninstruktur dürfte sich abrunden. Der Duft eröffnet die Konversation wirkungsvoll und bringt gute fruchtige Argumente vor.

EARL Vignobles Laurent Réglat, Ch. de Teste, 33410 Monprimblanc, Tel. 05.56.62.92.76, Fax 05.56.62.98.80, E-Mail laurent.reglat@worldonline.fr
Mo–Fr 9h–12h 14h30–18h; 15.–30. Aug. geschlossen

CH. DU MONT 1999*

1 ha 3 000 5 à 8 €

Dieser Cru wird von einem Erzeuger bewirtschaftet, der hauptsächlich in Sainte-Croix-du-Mont vertreten ist. Er bietet hier einen frischen, ausgewogenen, aromatischen Wein, der im Holzfass auf der Hefe ausgebaut worden ist, mit Aufrühren des Hefesatzes. Dieser 99er bietet exotische Geschmacksnoten und Zitrusdüfte.

Vignobles Hervé Chouvac, Ch. du Mont, 33410 Sainte-Croix-du-Mont, Tel. 05.56.62.07.65, Fax 05.56.62.07.58
n. V.

CH. MOULIN DE CLAIRAC 2000*

10 ha 70 000 3 à 5 €

Dieser von der Firma Ginestet vinifizierte Wein ist gut gebaut, mit einer angenehmen Rundheit, die zur Feinheit des aromatischen Ausdrucks passt, der über einem Pampelmusenaroma aus Noten von kandierten Früchten und Röstaromen besteht.

SA Maison Ginestet, 19, av. de Fontenille, 33360 Carignan-de-Bordeaux, Tel. 05.56.68.81.82, Fax 05.56.20.96.99, E-Mail contact@ginestet.fr n. V.
Alain Pargade

CH. DU MOURET 2000*

6 ha 53 000 3 à 5 €

Die Médevilles, die seit 1826 in erster Linie in Cadillac vertreten sind, bewirtschaften seit einem Vierteljahrhundert auch diesen Cru in Roaillan. Das reicht aus, um das Terroir gut zu kennen und seine Persönlichkeit mit diesem runden, fetten, lebhaften, wohl ausgewogenen Wein zum Ausdruck zu bringen.

SCEA Jean Médeville et Fils, Ch. Fayau, 33410 Cadillac, Tel. 05.57.98.08.08, Fax 05.56.62.18.22, E-Mail medeville-jeanetfils@wanadoo.fr
Mo–Fr 8h30–12h30 14h–18h

CH. MOUTIN 2000**

1 ha 3 000 8 à 11 €

Dieser 2000er Weißwein bestätigt den guten Eindruck, den im letzten Jahr der 97er Rotwein hervorgerufen hat, und zeigt, dass er Reserven hat. Sein Reichtum, sein «Fett» und seine Aromen mit den exotischen Noten (Passionsfrucht und Mango) hinterlassen beim Verkoster einen überaus angenehmen Eindruck. Der gut gebaute, aber noch vom Holz dominierte **98er Rotwein** (Preisgruppe: 70 bis 99 F) hat einen Stern erhalten; er sollte zwei bis drei Jahre lagern.

SC Jean Darriet, Ch. Dauphiné-Rondillon, 33410 Loupiac, Tel. 05.56.62.61.75, Fax 05.56.62.63.73, E-Mail vignoblesdarriet@wanadoo.fr
Mo–Fr 8h–12h30 14h–18h30; Sa, So n. V.; 1.–15. Aug. geschlossen

CH. PERIN DE NAUDINE 1999

3 ha 10 000 5 à 8 €

Seit der Übernahme des Guts 1996 hat Olivier Colas seinen Weinberg vergrößert, so dass er heute zwölf Hektar umfasst. Dieser Wein kündigt sich mit einer strahlend gelben Farbe an und lenkt durch die Anmut seiner Aromen von Zitronengras, weißem Pfirsich, Gewürzen und Vanille die Aufmerksamkeit auf sich. Die **rote 98er Cuvée Les Sphinx de Naudine** besitzt runde Tannine, die Noten von roten Früchten unterstützen. Ein bis zwei Jahre lagern.

Ch. Périn de Naudine, 8, imp. des Domaines, 33640 Castres, Tel. 05.56.67.06.65, Fax 05.56.67.59.68, E-Mail chateauperin@wanadoo.fr n. V.
Olivier Colas

CH. PIRON 1998**

8 ha 30 000 5 à 8 €

Eine alte Familientradition, ein Terroir mit Kiesboden, eine Zusammenstellung aus Merlot und Cabernet Sauvignon (jeweils 50 %) und ein achtzehnmonatiger Ausbau im Barriquefass: Dieser Wein löst alle Versprechen seiner granatroten, schwarz schimmernden Farbe ein. Der Umfang und die Konzentration des holzbetonten Bouquets, das eine Nuance von schwarzen Früchten enthält, findet man im Geschmack und in einem lang anhaltenden Abgang mit schönen Mokkanoten wieder.

Paul Boyreau, Ch. Piron, 33650 Saint-Morillon, Tel. 05.56.20.25.61, Fax 05.56.78.48.36 n. V.

CH. PONT DE BRION 1999**

7 ha 35 000 8 à 11 €

Das in der Qualität regelmäßige Gut bleibt mit diesem sehr hübschen Wein seiner Tradition treu. Seine tiefe Farbe, sein Bouquet von großer Feinheit, seine Tannine und seine Ausgewogenheit zwischen Stoff und Holz – alles passt zusammen, so dass man ihm eine schöne Zukunft

vorhersagen kann. Der **weiße 99er Pont de Brion** erhält einen Stern. Er ist vom Holz geprägt, zeigt aber in einer eleganten Entfaltung auch exotische Noten. Der **weiße 99er Château Ludeman Les Cèdres** (Preisgruppe: 30 bis 49 F) erhält eine lobende Erwähnung. Er ist sehr blumig und befindet sich ein wenig am Rand der AOC, aber er wird einen angenehmen Aperitif abgeben.
SCEA Molinari et Fils, Ludeman, 33210 Langon, Tel. 05.56.63.09.52, Fax 05.56.63.13.47 n. V.

CH. DE PORTETS 1998

■ 14,12 ha 85 000 8 à 11 €

Das im 13. Jh. entstandene Château enthält heute ein imposantes Gebäude aus dem 18. Jh. mit einem schmiedeeisernen Gitter und einem Renaissance-Pavillon. Somit ist es Erbe einer langen Geschichte. Sein gut gebauter, ausgewogener 98er, der 50 % Merlot mit Cabernet-Reben kombiniert, angepflanzt auf einem Kiesboden, zeigt ein gefälliges Antlitz mit hübschen fruchtigen und würzigen Aromen. Eine zwei- bis dreijährige Lagerung ist denkbar.
SCEA Théron-Portets, Ch. de Portets, 33640 Portets, Tel. 05.56.67.12.30, Fax 05.56.67.33.47, E-Mail vignobles.theron@wanadoo.fr
n. V.
Jean-Pierre Théron

CH. PROMS-BELLEVUE 1998

■ 7 ha 40 000 5 à 8 €

Dieser aus dem Süden der Appellation stammende Wein ist stark durch die Rebsorte Cabernet Sauvignon geprägt. Er ist interessant aufgrund seiner Fruchtigkeit. Auch wenn er in der Ansprache sanft und im Mittelbereich des Geschmacks rund ist, besitzt er doch einen strengen, festen Abgang, der sich nach einer Lagerung von einem Jahr abrunden dürfte.
SA Yvon Mau, BP 01, 33190 Gironde-sur-Dropt Cedex, Tel. 05.56.61.54.54, Fax 05.56.71.10.45
J.-Cl. Labbe

CH. QUINCARNON 1998

■ 5,5 ha 26 000 5 à 8 €

Der unweit des Sauternes-Gebiets erzeugte Wein (50 % Merlot, 50 % Cabernet Sauvignon) offenbart sich noch nicht vollständig, aber man erahnt einen guten, fülligen, recht kräftigen Stoff mit schon verschmolzenen Tanninen.
Carlos Asseretto, Vignobles de Bordeaux, 33211 Saint-Pierre-de-Mons, Tel. 05.56.63.19.34, Fax 05.56.63.21.60, E-Mail lvb.sica@libertysurf.fr n. V.

CH. RAHOUL 1998★

■ 20 ha 80 000 11 à 15 €

Rahoul, für das die Mannschaft Alain Thiénots verantwortlich zeichnet, erhielt im letzten Jahr eine Liebeserklärung für einen weißen 98er Graves-Wein. Die Jury, die 2001 den roten 98er verkostete, mochte seine lebhafte, strahlende Farbe und seinen sehr delikaten und zugleich reichen Duft, der aus reifen Früchten und rauchigen Noten besteht. Der füllige, körperreiche Geschmack besitzt Vollmundigkeit und reife, runde Tannine von großer Länge. Die abschließende Holznote ist elegant. Vom gleichen Erzeuger hat der **weiße 99er Château La Garance** (Preisgruppe: 50 bis 69 F) einen Stern erhalten. Er ist ein eleganter Wein mit feinem Bouquet (Noten von weißen Früchten und Zitrusfrüchten, die ein leichter Holzton begleitet).
Alain Thiénot, Ch. Rahoul, 4, rte du Courneau, 33640 Portets, Tel. 05.56.67.01.12, Fax 05.56.67.02.88, E-Mail chateau-rahoul@alain-thienot.fr
n. V.

CH. DE RESPIDE
Cuvée Callipyge Elevé en fût de chêne 1998★

■ 5 ha 18 000 8 à 11 €

Dieser im Holzfass ausgebaute Wein stützt sich auf sanfte, samtige Tannine und entfaltet Aromen, die noch ein wenig vom Holz dominiert werden, aber interessant sind. Eine sehr gut gearbeitete Cuvée, die rund drei Jahre lagern muss. Der runde, klare, lang anhaltende **weiße 2000er Château de Respide** (Preisgruppe: 30 bis 49 F) hat ebenfalls einen Stern erhalten.
SCEA Vignobles Franck Bonnet, Ch. de Respide, rte d'Auros, 33210 Langon, Tel. 05.56.63.24.24, Fax 05.56.62.31.59
n. V.

DAME DE RESPIDE 1998★★

■ 3,5 ha 20 000 8 à 11 €

Château Respide-Médevilleru ist ein Cru, der ebenso angesehen ist wie sein Erzeuger, der «Antiquar des Sauternes»; hier wird es durch seine «Dame» vertreten. Es konnte keinen besseren Botschafter finden: tiefe Farbe, deutlich wahrnehmbares Bouquet mit schönen Noten von Fell, fülliger, fleischiger Geschmack und imposante Tannine – alles weist auf einen schönen Wein hin, den man vier bis fünf Jahre lagern sollte.
Christian Médeville, Ch. Gilette, 33210 Preignac, Tel. 05.56.76.28.44, Fax 05.56.76.28.43, E-Mail christian.medeville@wanadoo.fr
n. V.

CH. ROQUETAILLADE LA GRANGE 1998★★

■ 23 ha 150 000 8 à 11 €

Der Weinberg gehörte früher zu Schloss Roquetaillade, einem der schönsten Bauwerke der Gironde, und besitzt ein erstklassiges Terroir. Die Guignards bemühen sich, seinen gesamten Charakter zum Ausdruck zu bringen. Mit Erfolg, wie dieser sanfte, reiche, aromatische, komplexe Wein zeigt, der an Gewürze und Rauch erinnert und dank eines gut gemeisterten Ausbaus ausgewogen ist. Der **rote 99er Château de Carolle** (Preisgruppe: 30 bis 49 F) hat einen Stern erhalten; man muss ihn drei Jahre aufheben.
GAEC Guignard Frères, 33210 Mazères, Tel. 05.56.76.14.23, Fax 05.56.62.30.62, E-Mail contact@roquetaillade.com n. V.

CH. SAINT-AGREVES 1998

■ 11 ha k. A. 5à8€

Dieser im Abgang ein wenig strenge Wein ist in der Ansprache milder. Diese frische, gut ausbalancierte Cuvée vereinigt gut die Aromen von Früchten und vom Ausbau (Gewürze). Sie muss zwei bis drei Jahre lagern.

EARL Landry, Ch. Saint-Agrèves, 17, rue Joachim-de-Chalup, 33720 Landiras, Tel. 05.56.62.50.85, Fax 05.56.62.42.49, E-Mail saint.agreves@free.fr
Mo–Sa 9h30–12h30 14h30–19h

CH. SAINT-HILAIRE Cuvée fût neuf 1999*

□ 2 ha 4 500 5à8€

Dieser runde, fette Wein in einem entschieden klassischen Stil, ein Erzeugnis aus biologischem Anbau, das ausschließlich von Sémillon-Trauben stammt, erinnert mit Wehmut an die Weine von früher, vor allem durch sein Bouquet mit den Bienenwachs- und Akazienblütennoten.

SARL H.-G. Guérin, Ch. Saint-Hilaire, 33640 Castres-Gironde, Tel. 05.56.67.12.12, Fax 05.56.67.53.23 n. V.

CH. SAINT-JEAN-DES-GRAVES 2000**

□ 10 ha k. A. 5à8€

Nach einer Liebeserklärung im letzten Jahr für seinen 98er Rotwein wird der Cru erneut geehrt, nämlich mit diesem 2000er Weißwein, der das 20. Jh. auf sehr glückliche Weise beschließt. Die vollreifen Sauvignon-Trauben sind nicht nur im Verschnitt stark vertreten, sondern auch im Bouquet mit den Maracujanoten deutlich wahrzunehmen. Der fruchtige, fette Geschmack ist auch sehr harmonisch.

J. David, Ch. Liot, 33720 Barsac, Tel. 05.56.27.15.31, Fax 05.56.27.14.42
n. V.

CH. SAINT-ROBERT Cuvée Poncet-Deville 1999**

■ 4 ha k. A. 11à15€

89 90 92 93 94 |95| 96 97 98 99

Auf Saint-Robert werden die Trauben mit der Hand gelesen und aussortiert. Die Trauben und danach der Most und der Wein genießen eine sorgfältige Behandlung. Diese Cuvée, die mit ihrer Farbe ebenso elegant ist wie durch ihr Bouquet mit Gewürz- und Unterholznoten, zeigt ihre ganze Persönlichkeit am Gaumen: Sie ist köstlich, seidig, wohl schmeckend und vollkommen ausgewogen und verspricht innerhalb von fünf Jahren einen sehr großen Wein. Die gut gebaute **Hauptcuvée** (Preisgruppe: 50 bis 69 F), die aber jünger getrunken werden kann, hat einen Stern erhalten, ebenso wie die **weiße 99er Cuvée Poncet-Deville**.

SCEA Vignobles Bastor et Saint-Robert, Dom. de Lamontagne, 33210 Preignac, Tel. 05.56.63.27.66, Fax 05.56.76.87.03, E-Mail bastor-lamontagne@dial.oleane.com
n. V.
Foncier-Vignobles

CH. DE SANSARIC Cuvée Valentin 1998*

■ k. A. 1000 8à11€

Diese Cuvée, die 80 % Merlot, 15 % Cabernet Sauvignon und 5 % Malbec kombiniert, ist zwölf Monate im Barriquefass ausgebaut worden. Sie bleibt zwar aufgrund ihrer geringen Produktionsmenge auf einen ziemlich kleinen Kreis beschränkt, ist aber dennoch interessant aufgrund ihres Bouquets, das vom Holz gut unterstützt wird, und aufgrund seines großzügigen, vollmundigen Körpers. Dank ihrer verschmolzenen Tannine kann sie von einer zwei- bis dreijährigen Lagerung profitieren.

D. Abadie, 33640 Castres-Gironde, Tel. 05.56.67.03.17, Fax 05.56.67.59.53
n. V.

CH. DU SEUIL 1998**

■ 7 ha 35 000 8à11€

Dieser Wein bezeugt eine gewissenhafte Arbeit. Er ist von 50 % Cabernet Sauvignon, 45 % Merlot und 5 % Malbec erzeugt und fünfzehn Monate lang im Barriquefass ausgebaut worden. Der Geruchseindruck, der noch vom Fass mit einschmeichelnden Noten von erwärmtem Eichenholz geprägt ist, entfaltet hübsche Weichseldüfte, während die Tannine mit dem Ganzen verschmelzen und für einen eleganten, gut gebauten Wein sorgen, «wie man ihn gern findet». Dieser für erfahrene Weinliebhaber schon angenehme 98er verdient einen rund dreijährigen Aufenthalt im Keller. Der leckere, fruchtige **2000er Weißwein** mit dem delikaten Holzton hat einen Stern erhalten.

Ch. du Seuil, 33720 Cérons, Tel. 05.56.27.11.56, Fax 05.56.27.28.79, E-Mail chateau-du-seuil@wanadoo.fr
n. V.
T.-R. Watts

CH. SIMON 1998**

■ 7 ha 12 000 8à11€

Mit diesem 98er, der 70 % Merlot mit Cabernet Sauvignon kombiniert, gelang dem Cru ein schöner Fortschritt. Er ist nicht nur in seiner Präsentation mit einer purpurroten Farbe und einem Bouquet mit rauchigen Noten sehr angenehm, sondern auch aufgrund seiner Entfaltung am Gaumen. Der sehr harmonische Geschmack setzt auf Unterholznoten und findet zu einer schönen Ausgewogenheit zwischen Rundheit und Tanninen.

EARL Dufour, Ch. Simon, 33720 Barsac, Tel. 05.56.27.15.35, Fax 05.56.27.24.79, E-Mail chateau.simon@worldonline.fr
n. V.

CH. TOUR DE CALENS 2000*

□ 1,1 ha 8 700 5 à 8 €

Seit 1987 bemühen sich die Doublets, das Potenzial jeder Parzelle ihres Weinguts auszuschöpfen. Dieser fette, lebhafte, wohl ausgewogene Wein kommt in seinem Bouquet mit den Düften von exotischen Früchten (Ananas und Mango) vorteilhaft zur Geltung. Der **im Eichenfass ausgebaute rote 98er Tour de Calens** hat eine lobende Erwähnung erhalten: Er ist vollkommen typisch.

Bernard et Dominique Doublet, Ch. Tour de Calens, 33640 Beautiran, Tel. 05.57.24.12.93, Fax 05.57.24.12.83, E-Mail b.doublet@club-internet.fr n. V.

CH. DU TOURTE 1999

■ 5 ha 26 000 8 à 11 €

Der 1994 erworbene Cru enthält zehn Hektar mit tiefen Kiesböden über einem tonigen Untergrund. Dieser Wein besitzt zwar kein außergewöhnliches Potenzial, verdient aber eine Lagerung von zwei bis drei Jahren, damit das Bouquet die Zeit hat, die ganze Komplexität zu erwerben, die die Aromen von roten Früchten und Gewürzen ankündigen. Der **weiße 98er Château du Tourte** hat eine lobende Erwähnung erhalten; bei ihm dominiert der Holzton noch etwas.

SCEA Ch. du Tourte, 33210 Toulenne, Tel. 01.46.88.40.08, Fax 01.46.88.01.45, E-Mail hubert.arnaud@cza.fr n. V.

CH. TOURTEAU CHOLLET 1999*

■ 43,29 ha 249 600 5 à 8 €

Das 67 ha große Gut, das seit 1973 von der Firma Mestrezat verwaltet wird, liegt im Herzen des südlichen Kiesgebiets. Dieser Cru, eine schöne «Schneise» von Reben inmitten von Pinien, präsentiert hier einen gut gebauten Wein, der nach einer kürzeren Lagerung, die es möglich macht, dass sich das Holz einfügt, bestimmt sehr angenehm sein wird.

SC du Ch. Tourteau Chollet, La Croix-Bacalan, 109, rue Achard, BP 154, 33042 Bordeaux Cedex, Tel. 05.56.11.29.00, Fax 05.56.11.29.01 n. V.

CH. TRIGANT Cuvée Lartigue 1998

■ 0,7 ha 5 000 8 à 11 €

Diese Cuvée stammt von einem Cru, der die Appellation Pessac-Léognan besitzt; sie ist dazu bestimmt, einen Wein zu liefern, den man jung trinken kann. Dieser runde, ausgewogene 98er, der einen angenehmen aromatischen Ausdruck bietet, erreicht sein Ziel vollkommen, kann aber trotzdem eine kürzere Lagerung vertragen.

GFA du Ch. Trigant, chem. de Couhins, 33140 Villenave-d'Ornon, Tel. 05.56.75.82.49, Fax 05.56.75.82.49 n. V.

Frau Seze

VIEUX CHATEAU GAUBERT 1999**

■ 25 ha 60 000 11 à 15 €

83 85 86 87 |88| |89| |90| 91 |93| **94 95 97 98 99**

Man schaudert bei dem Gedanken, dass dieses schöne Gebäude aus dem 18. Jh. und sein Weingut fast durch Aufteilung in kleine Grundstücke verschwunden wäre. Das hätte uns um diesen Wein gebracht, der ein prächtiges Dunkelrot zeigt, bevor er ein ebenso intensives wie komplexes Bouquet (reife Früchte, schwarze Johannisbeere, Gewürze, Leder) entfaltet. Der kräftige und zugleich sanfte und milde Geschmack ist Garant für die Zukunft dieser hervorragend gelungenen Flasche. Der **weiße 2000er Vieux Château Gaubert,** fett, elegant, komplex und kräftig, hat einen Stern erhalten, ebenso wie der **rote 99er Benjamin du Vieux Château Gaubert** (Preisgruppe: 50 bis 69 F) und der **2000er Weißwein**. Eine ganze wohl erzogene Familie!

Dominique Haverlan, Vieux Château Gaubert, 33640 Portets, Tel. 05.56.67.52.76, Fax 05.56.67.52.76 n. V.

CH. VILLA BEL-AIR 1999**

■ 24 ha 144 000 8 à 11 €

Zwar ist es schwer, den Gipfel zu erklimmen, aber es ist noch schwieriger, sich dort oben zu halten. Jean-Michel Cazes, Daniel Llose und Guy Delestrac ist das gelungen. Einmal mehr präsentieren sie einen Wein, der im Geist des Bordelais gehalten ist und Eleganz und Stärke verbindet. Dieser kraftvolle, sanfte 99er, den schöne Tannine unterstützen, zeigt ein ebenso feines wie komplexes Bouquet mit Noten von schwarzer Johannisbeere, Gewürzen und kandierten kleinen Früchten. Eine Flasche, die eine gute Einkellerung verdient. Der reiche, elegante **2000er Weißwein** hat ebenfalls zwei Sterne erhalten. Das Holz dominiert nicht; alles ist an seinem Platz.

Jean-Michel Cazes, Ch. Villa Bel-Air, 33650 Saint-Morillon, Tel. 05.56.20.29.35, Fax 05.56.78.44.80, E-Mail infochato@villabelair.com n. V.

Graves Supérieures

CH. CHERCHY-DESQUEYROUX 1999**

□ 5,45 ha 20 000 23 à 30 €

Dieser Wein, der vom gleichen Erzeuger wie der gleichnamige Graves-Wein stammt, zeigt sich einschmeichelnd aufgrund seines Bouquets mit den Noten von kandierter Orangenschale. Der reiche, schwere Geschmack kann durch das Vorhandensein eines Bratenaromas, wie es für die echten edelsüßen Weine charakteristisch ist, Aufmerksamkeit erregen.

SCEA Francis Desqueyroux et Fils, 1, rue Pourière, 33720 Budos, Tel. 05.56.76.62.67, Fax 05.56.76.66.92, E-Mail vign.fdesqueyroux@wanadoo.fr n. V.

CH. LEHOUL 1999

1,2 ha 2 800 8à11€

Sechzehn Monate im Barriquefass prägen noch diesen Wein, der von der Sémillon-Rebe stammt und eine recht dunkle Farbe besitzt. Der Geruchseindruck besteht nur aus Röstnoten, aber diese sind elegant; sie setzen sich im Mund fort, wo sie Aromen von kandierten Früchten begleiten. Der Geschmack ist rund, doch trotzdem muss sich das Holz noch einfügen.

EARL Fonta et Fils, rte d'Auros, 33210 Langon, Tel. 05.56.63.17.74, Fax 05.56.63.06.06 n. V.

DOM. DE MAREUIL 1999*

3 ha 3 000 5à8€

Der in seiner Konzeption traditionelle Wein besitzt eine große aromatische Großzügigkeit und setzt in angenehmer Weise auf Nuancenreichtum, wobei er sich von Noten kandierter Mandarine zu Honig- und Bienenwachsnoten entwickelt.

René Désert, 12, rte d'Illats, 33210 Pujols-sur-Ciron, Tel. 05.56.76.69.70, Fax 05.56.76.69.70 n. V.

CH. DE ROCHEFORT 1999*

1,92 ha 2 000 5à8€

Dieser Winzer, der auch im Gebiet von Sauternes Erzeuger ist, kennt die qualitativen Erfordernisse der edelsüßen und lieblichen Weine. Sein 99er, dank seines Reichtums ein echter Aperitifwein, liefert den Beweis dafür: Er ist rund, sanft und kräftig und entfaltet ein Bouquet von echter Feinheit.

Jean-Christophe Barbe, Ch. Laville, 33210 Preignac, Tel. 05.56.63.59.45, Fax 05.56.63.16.28 n. V.

Pessac-Léognan

Das Gebiet von Pessac und Léognan, das dem Nordteil der Region Graves entspricht (und früher Hautes-Graves genannt wurde), ist heute eine kommunale Appellation nach dem Vorbild der Appellationen im Médoc. Die Einführung dieser Appellation, die sich auch durch ihre historische Bedeutung rechtfertigen ließe (das Anbaugebiet rund um die Stadt lieferte im Mittelalter die Clarets), erklärt sich aus der Eigenständigkeit ihres Bodens. Die Terrassen, die man weiter südlich findet, machen hier einer hügeligeren Topografie Platz. Der Abschnitt zwischen Martillac und Mérignac besteht aus einem Archipel von Kieskuppen, die sich aufgrund ihrer Böden, die sehr unterschiedliche Kieselsteine enthalten, und ihrer steilen Hänge hervorragend für den Weinbau eignen. Diese Steilhänge stellen eine sehr gute Entwässerung sicher. Die Pessac-Léognan-Weine zeigen einen sehr eigenständigen Charakter; das haben die Fachleute übrigens schon seit langer Zeit festgestellt, ohne die Schaffung der Appellation abzuwarten. So war Haut-Brion bei der kaiserlichen Klassifizierung von 1855 das einzige nicht im Médoc gelegene Château, das eingestuft wurde (als Premier cru). Als dann 1959 sechzehn Crus des Graves-Gebiets klassifiziert wurden, befanden sich alle im Anbaubereich der heutigen kommunalen Appellation.

Die Rotweine (57 702 hl im Jahre 2000) besitzen die allgemeinen Merkmale der Graves-Weine, unterscheiden sich aber durch ihr Bouquet, ihre Samtigkeit und ihr Gerüst. Die trockenen Weißweine (13 561 hl) eignen sich besonders gut für den Ausbau im Holzfass und für die Alterung, die es ihnen ermöglicht, einen sehr großen aromatischen Reichtum mit feinen Noten von Ginster und Lindenblüte zu erwerben.

CH. BAHANS HAUT-BRION 1998**

k. A. k. A. 30à38€

Wie sein berühmter großer Bruder profitiert dieser Wein von der gewissenhaften Behandlung durch die Mannschaft, die sich um den Weinberg und die Vinifizierung kümmert. Der 98er zeigt ein dunkles Bordeauxrot mit purpurvioletten Reflexen und ist sehr ausdrucksvoll aufgrund seiner Aromen von gewachstem Eichenholz, Leder und Kirschen in Alkohol. Seine runden, reifen Tannine sind schmackhaft und tragen zur Ausgewogenheit des schönen Weins bei, der mit einem eleganten, pfeffrigen Abgang angenehm ausklingt.

SA Dom. Clarence Dillon, BP 24, 33602 Pessac Cedex, Tel. 05.56.00.29.30, Fax 05.56.98.75.14, E-Mail info@haut-brion.com

CH. BARET 1998**

k. A. k. A. 8à11€

Dieser Cru vor den Toren von Bordeaux hat gerade seine Renovierungsarbeiten abgeschlossen, die vor nunmehr zwanzig Jahren begannen. Sein fülliger, reicher, kräftig gebauter 98er mit soliden, gut extrahierten Tanninen zeigt, dass die zwei Jahrzehnte dauernden Anstrengungen nicht umsonst waren. Seine granatrote Farbe

und sein Bouquet von schwarzen Früchten sind vom gleichen Kaliber. Diese schöne Flasche wird in vier bis fünf Jahren zu Wild oder einem schönen Stück rotem Fleisch passen. Der **99er Weißwein** (Preisgruppe: 30 bis 49 F) erhält eine lobende Erwähnung.
Héritiers André Ballande, Ch. Baret, 33140 Villenave-d'Ornon, Tel. 05.56.00.00.70, Fax 05.56.52.29.54 n. V.

CH. BOUSCAUT 1998*

Cru clas. k. A. 98 000 15 à 23 €
76 79 80 81 82 83 84 **85** (86) 87 |88| **89 90** 93 |94| 95 96 97

Der Name, unter dem dieser Cru schon im 18. Jh. berühmt war, Haut-Truchon, ist zwar weniger poetisch als der heutige, besagte aber deutlich, dass er eine vorteilhafte topografische Lage besitzt. Diese kann zur Qualität seiner Produktion nur beitragen, wie der hübsche 98er beweist. Er ist mit Vanille-, Schwarze-Johannisbeer- und Lederdüften sehr ausdrucksvoll, ohne aber je aufdringlich zu wirken, und stützt sich auf solide Tannine, die eine Lagerung von drei Jahren verlangen.
Ch. Bouscaut, RN 113, 33140 Cadaujac, Tel. 05.57.83.12.20, Fax 05.57.83.12.21, E-Mail cb@chateau-bouscaut.com n. V.
Sophie Cogombles

CH. BOUSCAUT 1999**

Cru clas. 6 ha 22 000 15 à 23 €
82 83 85 86 88 89 90 93 |95| |96| 97 |98| **99**

Sophie Cogombles, die für die durch die Medien verbreiteten Trends ebenso wenig empfänglich ist wie ihr Vater Lucien Lurton, stellt zusammen mit ihrem Ehemann Laurent Weine her, die ihr gefallen. Umso besser, denn das bringt uns diesen sehr schönen 99er ein. Der Reichtum und die Komplexität seines Bouquets (geröstete Mandeln, blühende Akazie, exotische Früchte, Kokosnuss) regen den Appetit an, und die fette, warme, vollkommene Ausgewogenheit lässt den Verkoster nicht hungrig zurück. Ein wirklich großer, harmonischer Wein zum Lagern.
Ch. Bouscaut, RN 113, 33140 Cadaujac, Tel. 05.57.83.12.20, Fax 05.57.83.12.21, E-Mail cb@chateau-bouscaut.com n. V.

CH. BROWN 1999*

3,81 ha 19 000 15 à 23 €

Das in seiner Qualität regelmäßige Château Brown hat sich mit seinem Weißwein, der von einem Kiessandboden kommt, ein gutes Kapital an Sympathie und Wertschätzung erworben. Dieser Wein belegt die Gewissenhaftigkeit der Arbeitsmethoden (manuelle Lese und strenges Aussortieren der Trauben) durch seine Farbe mit den strahlenden Reflexen, sein hübsches Bouquet von Zitrusfrüchten und getrockneten Früchten und seinen fruchtigen, lebhaften, frischen Geschmack. Ihren Höhepunkt wird die schon sehr angenehme Flasche in ein bis zwei Jahren erreichen.
Ch. Brown, allée John-Lewis-Brown, 33850 Léognan, Tel. 05.56.87.08.10, Fax 05.56.87.87.34, E-Mail chateau.brown@wanadoo.fr
Bernard Barthe

CH. CANTELYS 1998

25 ha 25 000 11 à 15 €

Feiner Kies trägt diesen Cru, bei dem Cabernet Sauvignon (70 %) mit Merlot kombiniert wird. Dieser vierzehn Monate im Barriquefass ausgebaute Wein hat eine hübsche rubinrote Farbe und entfaltet ein delikates Bouquet, das sehr nahe bei der Frucht ist, wobei sich Sauerkirsche und rote Johannisbeere vorteilhaft mit Gewürzen und einer eleganten Holznote verbinden. Die umhüllten Tannine erfordern eine drei- bis fünfjährige Lagerung.
SARL Daniel Cathiard, Ch. Cantelys, 33650 Martillac, Tel. 05.57.83.11.22, Fax 05.57.83.11.21 n. V.

CH. CARBONNIEUX 1998*

Cru clas. 45 ha 200 000 15 à 23 €
75 81 82 83 85 (86) 87 |**88**| |89| |**90**| |91| |92| |93| |94| |95| **96** |97| 98

Der Cru, ein Zeuge für die – oft vergessene – Rolle, die die Mönche im Leben des Weinbau-

DIE KLASSIFIZIERTEN CRUS VON GRAVES

CRU CLASSE	WEIN	CRU CLASSE	WEIN
Château Bouscaut	Rot- und Weißwein	Château Laville-Haut-Brion	Weißwein
Château Carbonnieux	Rot- und Weißwein	Château Malartic-Lagravière	Rot- und Weißwein
Domaine de Chevalier	Rot- und Weißwein	Château La Mission-Haut-Brion	Rotwein
Château Couhins	Weißwein	Château Olivier	Rot- und Weißwein
Château Couhins-Lurton	Weißwein	Château Pape-Clément	Rotwein
Château Fieuzal	Rotwein	Château Smith-Haut-Lafitte	Rotwein
Château Haut-Bailly	Rotwein	Château Latour-Haut-Brion	Rotwein
Château Haut-Brion	Rotwein	Château La Tour-Martillac	Rot- und Weißwein

gebiets von Bordeaux spielten, macht mit diesem sehr hübschen Wein keine halben Sachen. Das kräftige, komplexe Bouquet, das von Röst- und Weichselnoten erfüllt wird, mündet in einen Geschmack mit recht sanften und zugleich kräftigen Tanninen. Gut umhüllte Tannine stellen dieser Flasche eine gute Lagerfähigkeit sicher.

SC des Grandes Graves, Ch. Carbonnieux, 33850 Léognan, Tel. 05.57.96.56.20, Fax 05.57.96.59.19, E-Mail chateau.carbonnieux@wanadoo.fr

n. V.

Perrin

CH. CARBONNIEUX 1999*

☐ Cru clas. 45 ha 200 000 15 à 23 €

81 82 83 85 86 87 88 |89| |90| |91| 92 |93| |94| |95| |96| 97 |98| 99

Seine durchscheinende Farbe machte es möglich, dass man den weißen Carbonnieux als «Mineralwasser von Carbonnieux» an die Küsten des Bosporus transportieren konnte. Dieser 99er hat jedoch ein reintöniges Gelb gewählt. Er entfaltet diskrete Blütendüfte, bevor er eine deutliche, geradlinige Ansprache mit einem spürbaren Holzton bietet. Dann zeigt sich der Wein bis zu einem lang anhaltenden, rauchigen Abgang: reich und elegant. Aufmachen kann man ihn in zwei bis drei Jahren.

SC des Grandes Graves, Ch. Carbonnieux, 33850 Léognan, Tel. 05.57.96.56.20, Fax 05.57.96.59.19, E-Mail chateau.carbonnieux@wanadoo.fr

n. V.

DOM. DE CHEVALIER 1998**

■ Cru clas. 13 ha 80 000 30 à 38 €

64 66 70 73 75 78 79 83 84 |85| |86| 87 88 |(89)| |90| 91 92 |93| |94| 96 97 98

Dieser Cru mit seinen hellen Gebäuden, die im Gegensatz zum dunkelgrünen Hintergrund der Landes-Wälder stehen, besitzt einen sehr schönen Kiesboden über einem tonig-kalkigen Untergrund. Er präsentiert einen Wein von ausgezeichneter Erscheinung. Dieser lang anhaltende 98er, den schmackhafte Tannine tragen, verbirgt nicht, dass er auf einen langen Aufenthalt im Keller abzielt. Aber er kann die geduldigen Weinfreunde belohnen, denn seine kräftige Struktur und sein Bouquet sind sehr viel versprechend. Die Komplexität seiner Aromen macht ihn zu einer richtigen Gewürzdose, die einige Röst- und Trüffelnoten bereichern. Der Zweitwein, der **rote 98er Esprit de Chevalier** (Preisgruppe: 100 bis 149 F), hat eine lobende Erwähnung erhalten und muss zwei bis drei Jahre lagern.

SC Dom. de Chevalier, 33850 Léognan, Tel. 05.56.64.16.16, Fax 05.56.64.18.18, E-Mail domainedechevalier@domainedechevalier.co

n. V.

Familie Bernard

DOM. DE CHEVALIER 1998**

☐ Cru clas. 4 ha 15 000 38 à 46 €

82 83 85 86 |89| |(90)| 91 92 |93| |94| |96| |97| 98

Da sein Ansehen nichts mit der geringen Größe des Weinbergs zu tun hat, von dem er stammt, ist der Weißwein von Chevalier an den berühmtesten Tafeln der Welt vertreten. Wenn man nach der Komplexität seines Bouquets, das Zitrusfrüchte und Holz vereint, dem Reichtum seiner Ansprache und der Dichte und Lebhaftigkeit seines Geschmacks urteilt, wie sollte man da nicht die Privilegierten beneiden, die diesen 98er genießen dürfen? Der **weiße 98er L'Esprit de Chevalier** (Preisgruppe: 100 bis 149 F), der Zweitwein, hat eine lobende Erwähnung erhalten.

SC Dom. de Chevalier, 33850 Léognan, Tel. 05.56.64.16.16, Fax 05.56.64.18.18, E-Mail domainedechevalier@domainedechevalier.com

n. V.

CH. COUHINS-LURTON 1999**

☐ Cru clas. 5,5 ha k. A. 23 à 30 €

82 83 85 86 87 88 89 |90| 91 |92| 93 |94| 95 |(96)| 97 98 |99|

André Lurton hat sich mit Feuereifer für die Wiedergeburt von Couhins engagiert. Dieser 99er zeigt nach vielen anderen Jahrgängen, dass seine Arbeit nicht fruchtlos geblieben ist. Der Wein zeigt eine schöne Farbe und entfaltet ein hübsches Bouquet, in dem Pfirsich auf exotische Früchte und Vanille trifft. Der sanfte, gut gebaute Geschmack ist sehr aromatisch (Früchte, Holz und Honig).

SCEA Vignobles André Lurton, Ch. Bonnet, 33420 Grézillac, Tel. 05.57.25.58.58, Fax 05.57.74.98.59, E-Mail andrelurton@wanadoo.fr n. V.

CH. DE CRUZEAU 1999*

☐ 12 ha k. A. 8 à 11 €

88 89 90 92 93 94 95 |96| |97| |98| |99|

Dieser Cru in Saint-Médard-d'Eyrans besitzt eine schöne Ausrichtung nach Süden. Sein Wein kann es zwar nicht mit dem Couhins-Lurton vom selben Erzeuger aufnehmen, zeigt aber eine solide, angenehme Persönlichkeit. Sie bestätigt sich schon im Bouquet mit Noten von gerösteten Mandeln, Toastbrot, Litschi und Harz. Der frische Geschmack, der eine gute Stärke besitzt, ist schon sehr gefällig, gewinnt aber bestimmt noch hinzu, wenn man zwei bis drei Jahre wartet. Der **rote 98er Cruzeau** erhält eine lobende Erwähnung: rote Früchte, Gewürze und Kaffee begleiten einen noch jugendlichen Geschmack, der erst «werden» muss.

SCEA Vignobles André Lurton, Ch. Bonnet, 33420 Grézillac, Tel. 05.57.25.58.58, Fax 05.57.74.98.59, E-Mail andrelurton@wanadoo.fr n. V.

CH. FERRAN 1998*

■ 10 ha 60 000 8 à 11 €

83 85 88 89 |90| 94 |95| 97 98

Wie viele Güter in Martillac ist dieser Cru ein ehemaliger Besitz von Mitgliedern des Parlaments, deren Geschichte mit der Geschichte der Montesquieus verknüpft war. Auch wenn sein 98er in seiner Tanninbetontheit dem Zeitgeschmack folgt, mangelt es ihm nicht an Charme: im Geschmack, der reich, voll und ölig ist, ebenso wie in seinem Bouquet, das kräftige Düfte von Röstung und kandierten Früchten erfüllen. Alles weist auf ein solides Lagerpotenzial hin, das dazu auffordert, diese Flasche nicht vor drei Jahren aufzumachen. Der **weiße 99er Ferran** erhält für seine köstlichen Düfte von weißen Blüten, Lorbeer und Buchsbaum einen Stern.

Ch. Ferran, 33650 Martillac,
Tel. 06.07.41.86.00, Fax 06.56.72.62.73
n. V.
Hervé Béraud-Sudreau

CH. DE FIEUZAL 1998**

■ Cru clas. 60 ha 150 000 38 à 46 €

70 75 76 77 78 79 80 81 82 83 84 |85| |86| |88| |89| |(90)| 91 92 93 94 (95) (96) 97 98

Der Cru, der 1994 unter die Kontrolle der Volksbank kam, hat dieses Jahr seinen Besitzer gewechselt. Nur begrüßen kann man die schöne Regularität, die er bislang beweist und die seine beiden Weine veranschaulichen. Dieser 98er zeigt ein Granatrot, das ebenso ausdrucksvoll ist wie das Bouquet von reifen Früchten und geröstetem Brot. Der Geschmack zeigt sich einschmeichelnd und komplex und wird von soliden, eckigen Tanninen getragen; er braucht fünf bis sechs Jahre, bis er verschmilzt. Servieren kann man ihn zu charaktervollen Gerichten wie etwa Entenpfeffer.

SA Ch. de Fieuzal,
124, av. de Mont-de-Marsan, 33850 Léognan,
Tel. 05.56.64.77.86, Fax 05.56.64.18.88
n. V.

CH. DE FIEUZAL 1999***

□ 18 ha 40 000 38 à 46 €

83 84 85 86 87 |88| |89| |(90)| 91 92 |93| |94| |95| |96| 97 98 (99)

Dieser Cru, der eng mit der Renaissance der trockenen Weißweine von Bordeaux verbunden ist, zeichnet sich einmal mehr durch die Qualität seiner Produktion aus. Sein 99er von herrlicher graugoldener Farbe erweist sich als beeindruckend aufgrund seines Fleisches und seiner Länge, die ihn kräftig erscheinen lassen, dabei aber jegliche Aggressivität vermeiden. Sein intensives, überaus angenehmes Bouquet verbindet frische Trauben, Noten von reifen Sauvignon-Trauben und Gewürzen. Ein sehr großer Wein, den man mindestens drei bis vier Jahre aufheben muss. Der Zweitwein, der **weiße 99er L'Abeille de Fieuzal** (Preisgruppe: 100 bis 149 F), ist leichter, aber sehr aromatisch mit schönen Buchsbaumnoten; er erhält einen Stern.

SA Ch. de Fieuzal,
124, av. de Mont-de-Marsan, 33850 Léognan,
Tel. 05.56.64.77.86, Fax 05.56.64.18.88
n. V.

CH. DE FRANCE 1998*

■ 29 ha 70 000 15 à 23 €

81 82 83 85 86 88 89 |90| 92 93 94 |95| 96 97 98

Mit diesem 98er ist Bernard Thomassin, der sein 30-jähriges Jubiläum an der Spitze des Guts feiert, ein Wein gelungen, der ein kräftiges Bouquet mit schönen Gewürznoten besitzt. Der Geschmack stützt sich auf sehr deutlich spürbare, aber seidige Tannine, die vom Fassholz geprägt sind. Er hat eine schöne Länge und lässt es nicht an Kraft fehlen, was auf einen hübschen Tropfen nach einer fünf- bis siebenjährigen Lagerung hindeutet. Der feine, elegante **weiße 99er Château de France** mit Blüten- und Röstnoten erhält eine lobende Erwähnung.

SA Bernard Thomassin, Ch. de France,
98, av. de Mont-de-Marsan, 33850 Léognan,
Tel. 05.56.64.75.39, Fax 05.56.64.72.13,
E-Mail
chateau-de-france@chateau-de-france.com
n. V.

CH. GAZIN ROCQUENCOURT 1998*

■ 5,1 ha 34 000 11 à 15 €

Der Cru setzt seinen qualitativen Anstieg fort und präsentiert hier einen gut gebauten Wein, der aber mehr die Feinheit als die Stärke anstrebt. Dieser sanfte, wohl ausgewogene 98er, der von schmackhaften Tanninen getragen wird, entfaltet elegante Düfte von reifen Trauben und Gewürzen.

SCEA Ch. Gazin Rocquencourt,
74, av. de Cestas, 33850 Léognan,
Tel. 05.56.64.77.80, Fax 05.56.64.77.89
Michotte

CH. HAUT-BAILLY 1998**

■ Cru clas. 26 ha 80 000 30 à 38 €

78 79 80 81 82 83 85 |86| 87 88 (89) |90| |92| 93 94 (95) 96 97 98

Der Cru, der im letzten Jahr für seinen 97er eine Liebeserklärung erhielt, gehört immer zu den gelungensten der Appellation. Dieser Wein zeigt sofort seine Lagerfähigkeit durch seine schöne Purpurfarbe mit rötlich violetten Reflexen. Der komplexe und äußerst nuancenreiche Geruchseindruck mit Düften von reifen Früchten und Vanillearomen kündigt einen Geschmack mit seidigen, öligen Tanninen an, die zu einem eleganten Abgang mit Lakritzearoma führen. Der Zweitwein des Cru, der **rote 98er La Parde de Haut Bailly** (Preisgruppe: 70 bis 99 F), hat eine lobende Erwähnung erhalten; trinken kann man ihn im nächsten Jahr zu weißem Fleisch.

SCA du Ch. Haut-Bailly, rte de Cadaujac,
33850 Léognan, Tel. 05.56.64.75.11,
Fax 05.56.64.53.60,
E-Mail mail@chateau-haut-bailly.com n. V.
Robert G. Wilmers

CH. HAUT-BERGEY 1998**

■ 13 ha 55 000 23 à 30 €

91 92 93 |94| 96 97 **98**

Im 18. Jh. erstreckte sich das Gut, das damals «Maison noble de Pontey» hieß, auf mehr als 100 Hektar. Heute ist der Cru bescheidener und umfasst 32 Hektar. Trotzdem zeigt er sich sehr ehrgeizig bei diesem großartigen Wein, der sich in einem dunklen Rubinrot meisterlich präsentiert, das ebenso intensiv ist wie das Bouquet. Seine reiche Aromenpalette reicht von schwarzen Früchten über Toastnoten bis zu Kakao. Der sanfte, gut gebaute Geschmack mit seidigen, kräftigen Tanninen belegt eine schöne Extraktion, lädt aber gleichzeitig dazu ein, vier bis fünf Jahre zu warten, bevor man diese große Flasche aufmacht. Der **weiße 99er Haut-Bergey** erhält eine lobende Erwähnung: In einem röstartigen Umfeld kommt die Sauvignon-Traube (75 %) zur Geltung.

Sylviane Garcin-Cathiard, Ch. Haut-Bergey, BP 49, 33850 Léognan, Tel. 05.56.64.05.22, Fax 05.56.64.06.98, E-Mail haut-bergey@wanadoo.fr ☑ Y n. V.

CH. HAUT-BRION 1998***

■ 1er cru clas. 43,2 ha k. A. +76 €

73 74 |75| 76 77 78 |79| 81 |(82)| |83| 84 |85| |86| 87 **88 89** |(90)| |91| |92| |93| **94** (95) (96) **97** (98)

Das älteste Weinschloss im Bordelais, der einzige nicht im Médoc liegende Cru, der 1855 eingestuft wurde. Der «Seigneur der Graves-Weine» rechtfertigt mit diesem 98er einmal mehr sein Ansehen und die Ehrungen, die ihn immer umgeben. Seine majestätische Erscheinung von tiefer, dunkler Farbe zeigt seine Jugendlichkeit. Natürlich besitzt der Duft eine sehr schöne Qualität: Er ist kräftig und entfaltet Noten von reifen Früchten und Sauerkirsche in Alkohol vor einem sehr komplexen Hintergrund von Räucher- und Lakritzearomen. Dennoch erscheint er fast schüchtern, verglichen mit der Ansprache, die in ihrer Dichte sinnlich ist. Der Geschmack ist monumental, vollmundig, füllig und lang anhaltend, getragen von feinen, dichten Tanninen, die in einem perfekten Gleichgewicht zu einer eleganten Fruchtigkeit stehen. Bis zum Abgang zeigt er klar und deutlich die Tugenden einer für diesen Jahrgang außergewöhnlichen Lagerfähigkeit: Er muss zehn Jahre ruhen, bevor er seinen Höhepunkt erreicht.

SA Dom. Clarence Dillon, BP 24, 33602 Pessac Cedex, Tel. 05.56.00.29.30, Fax 05.56.98.75.14, E-Mail info@haut-brion.com

CH. HAUT-BRION 1999***

□ 2,7 ha k. A. +76 €

(82) 83 85 87 88 |89| |90| |93| |94| |95| |96| |97| **98** (99)

Haut-Brion, eine elegantes Herrenhaus aus dem 16./17. Jh., wurde 1935 von Clarence Dillon erworben. Heute bestimmt die Herzogin de Mouchy die Geschicke der Weingüter; seit diesem Jahr wird sie darin von ihrem Sohn unterstützt, Fürst Robert de Luxembourg. Auch wenn Haut-Brion beim Weißwein nie klassifiziert wurde, erweist es sich doch nie als unwürdig. Diesem 99er fehlte bei den vier Verkostern nur eine Stimme für die Wahl zum Lieblingswein. Sein Bouquet hat eine schöne Komplexität und erinnert nacheinander an Haselnuss, frische Butter, Zitrusfrüchte, exotische Früchte und Kamille. Der fette, kräftige Geschmack ist ebenso köstlich und harmonisch. Ein Wein von großem Stil, der offenkundig für die Lagerung bestimmt ist.

SA Dom. Clarence Dillon, BP 24, 33602 Pessac Cedex, Tel. 05.56.00.29.30, Fax 05.56.98.75.14, E-Mail info@haut-brion.com

LES PLANTIERS DU HAUT-BRION 1999*

□ k. A. k. A. +76 €

Dieser von der Mannschaft von Haut-Brion präsentierte Wein bietet in seinem Bouquet mit den fruchtigen Noten (Melone und Zitrusfrüchte) die Merkmale eines Sémillon von einem Kiesboden. Der runde, gut umhüllte, kräftig gebaute Geschmack zeigt sich ebenfalls seiner vornehmen Herkunft würdig, ebenso wie der Abgang mit den köstlichen Aromen von kandierter Orange.

SA Dom. Clarence Dillon, BP 24, 33602 Pessac Cedex, Tel. 05.56.00.29.30, Fax 05.56.98.75.14, E-Mail info@haut-brion.com

CH. HAUT LAGRANGE 1999*

□ 1,7 ha 12 000 11 à 15 €

92 94 95 |96| 97 |98| |99|

Sauvignon gris (5 %) begleitet Sauvignon blanc (45 %) und Sémillon. Das Ergebnis ist ein Wein von hübscher hellgelber Farbe, mit fülligen Aromen (exotische Früchte und Litschi), einer vollmundigen Ansprache und einem frischen, wohl ausgewogenen Geschmack.

Francis Boutemy, SA Ch. Haut Lagrange, 31, rte de Loustalade, 33850 Léognan, Tel. 05.56.64.09.93, Fax 05.56.64.10.08, E-Mail chateau-haut-lagrange@wanadoo.fr ☑ Y n. V.

CH. HAUT-PLANTADE 1998

■ 5,67 ha 38 000 11 à 15 €

Ein hübscher Wein in Moll: Die Nase enthüllt einen feinen Holzton, der mit roten Früchten verbunden ist. Der Geschmack jedoch zeigt Charakter, mit einem Stoff, der solide genug ist, um eine gute Lagerung ins Auge zu fassen.

GAEC Plantade Père et Fils, Ch. Haut-Plantade, 33850 Léognan, Tel. 05.56.64.07.09, Fax 05.56.64.02.24, E-Mail hautplantade@wanadoo.fr n. V.

CH. LAFONT MENAUT 1998*

■ 9 ha 50 000 8 à 11 €

Der Weinberg, der einst Montesquieu, dem Verfasser des Werks *«Vom Geist der Gesetze»*, gehörte, besitzt ein schönes Terroir mit Kiesboden. Seit zehn Jahren wird er von Philibert Perrin wiederhergestellt. Dieser Wein, der die aktuellen Fortschritte des Cru veranschaulicht, verbindet eine gewinnende rubinrote Farbe und ein kräftiges, komplexes Bouquet, das noch vom Fass dominiert wird, mit einem soliden, kugelrunden Gerüst. Als Krönung des Ganzen zeigt sich der Abgang viel versprechend aufgrund seiner Länge und seines warmen Charakters.

Philibert Perrin, Ch. Lafont Menaut, 33650 Martillac, Tel. 05.57.96.56.20, Fax 05.57.96.59.19 n. V.

CH. LA GARDE 1998**

■ 48 ha 117 000 15 à 23 €

|90| 91 93 94 (95) 96 97 98

Das 1739 entstandene Château hat 1882 Keller errichtet; diese wurden von der Firma Dourthe renoviert, die das Gut 1990 übernahm, und verdienen Ihren Besuch. Der Wein ebenfalls. Er stammt von Cabernet Sauvignon (60 %) und Merlot, angepflanzt auf einer schönen Kuppe mit Kies und tonigem Kalkstein, und genießt eine sorgfältige Pflege. Die intensive, strahlende Purpurfarbe gefällt sofort; danach bietet der Duft Noten von Röstung, Gewürzen, Gewürznelke, Ingwer und roten Trauben: Es fällt schwer, seiner Komplexität zu widerstehen. Seine Entfaltung in einem fülligen, voluminösen Geschmack, der die Frucht und das Holz bis zu einem lang anhaltenden Abgang verbindet, ist ebenso verführerisch. Eine bemerkenswerte Flasche, die man in drei bis vier Jahren oder sogar noch später zu Federwild genießen kann. Schon jetzt hingegen kann man den **weißen 99er La Garde** trinken, der lobend erwähnt wird.

SC du Ch. La Garde (Dourthe), 35, rue de Bordeaux, 33290 Parempuyre, Tel. 05.56.35.53.00, Fax 05.56.35.53.29, E-Mail contact@cvbg.com n. V.

Dourthe

CH. LAGRAVE-MARTILLAC 1998*

■ 30 ha 40 000 11 à 15 €

Die Stärke und die Eleganz des Hauptweins findet man auch im Zweitwein von Château Latour-Martillac, der sich rühmen kann, ein Bouquet zu bieten, das ebenso reich wie die Tanninstruktur ist. Eine sehr hübsche Flasche, die man in vier bis fünf Jahren zu rotem Fleisch aufmachen kann. Der **weiße 99er Lagrave Martillac** erhält eine lobende Erwähnung. Er ist noch zurückhaltend, mit Röstnoten, und zeigt eine große Frische.

Domaines Kressmann, Ch. Latour-Martillac, 33650 Martillac, Tel. 05.57.97.71.11, Fax 05.57.97.71.17, E-Mail latour-martillac@latour-martillac.com n. V.

GFA Latour-Martillac

CH. LA LOUVIERE 1998

■ 35 ha k. A. 23 à 30 €

75 80 81 82 83 85 86 |88| |89| (90) 91 92 93 94 95 96 97 98

La Louvière, ein wunderschönes Château in neoklassizistischem Stil, besitzt eine gewaltige Treppe, die ein Portalvorbau mit Säulen mit ionischen Kapitellen krönt. Dieser Wein versucht zwar nicht wirklich, es mit einigen älteren Jahrgängen oder dem weißen 99er aufzunehmen, aber er bietet als Auftakt ein intensives Granatrot. Er entfaltet hübsche Räucher- und Röstaromen und zeigt sich dann im Geschmack streng und jansenistisch. Man muss drei bis vier Jahre warten, damit er sich stärker offenbart.

SCEA Vignobles André Lurton, Ch. Bonnet, 33420 Grézillac, Tel. 05.57.25.58.58, Fax 05.57.74.98.59, E-Mail andrelurton@wanadoo.fr n. V.

CH. LA LOUVIERE 1999**

□ 15 ha k. A. 23 à 30 €

86 88 89 (90) 91 92 93 |94| |95| |96| |97| 98 99

André Lurton, der sein 50-jähriges Winzerjubiläum gefeiert hat, besitzt eine lange Erfahrung auf dem Gebiet der Weißweinbereitung. Die eleganten Buchsbaum-, Mimosen- und Zitronendüfte des Bouquets bei diesem 99er bezeugen es. Er ist harmonisch, komplex und gut gebaut und zeigt, dass er eine gute Herkunft hat und dass man ihn zwei bis drei Jahre aufheben kann. Der **99er L de La Louvière** (Preisgruppe: 50 bis 69 F), der Zweitwein des Cru, hat einen Stern erhalten.

SCEA Vignobles André Lurton, Ch. Bonnet, 33420 Grézillac, Tel. 05.57.25.58.58, Fax 05.57.74.98.59, E-Mail andrelurton@wanadoo.fr n. V.

CH. LA MISSION HAUT-BRION 1998**

■ Cru clas. 20,9 ha k. A. +76 €

78 80 81 |82| |83| 84 |85| |86| 87 |88| 89 (90) 92 |93| 94 95 (96) 97 98

Der Cru, gestern der Rivale und heute der Bruder von Haut-Brion, verdankt seinem Terroir und den Menschen, die das Gut nacheinander geführt haben, die außerordentliche Qualität seiner Weine. Dieser 99er hat eine sehr schöne Erscheinung und beginnt mit einem Granatrot, das leuchtend rote Reflexe zeigt. Er ist im Geruchseindruck (kalter Rauch, Gewürze und Lakritze) dicht und komplex und bietet eine kräftige, großzügige Ansprache und danach einen Geschmack, den solide Tannine bis zu einem aufgrund seiner vielen Aromen sehr Bordeaux-typischen Abgang unterstützen. Ein für das Château sehr typischer, d. h. beeindruckender Wein, den man zehn bis fünfzehn Jahre im Keller lagern sollte. Der Zweitwein von La Mission, **La Chapelle de la Mission Haut-Brion,** der ebenfalls einen schönen Umfang besitzt und einen Stern erhalten hat, kann früher entkorkt werden, in vier bis fünf Jahren.

SA Dom. Clarence Dillon, BP 24, 33602 Pessac Cedex, Tel. 05.56.00.29.30, Fax 05.56.98.75.14, E-Mail info@haut-brion.com

CH. LARRIVET-HAUT-BRION 1999*

□ 9 ha 25 000 23 à 30 €

88 89 90 |96| 97 |98| |99|

Das von einem kleinen Wasserlauf, dem Larrivet, durchflossene Gut besitzt einen blühenden Park. Sein Wein verführt schon auf den ersten Blick, der eine golden schimmernde, leicht bernsteingelbe Farbe entdeckt. Er ist weich und wohl ausgewogen und entfaltet sich nach und nach, wobei er hübsche Zitrusaromen freisetzt. Die erfolgreiche Vereinigung von Holz und Stoff belegt eine sorgfältige Arbeit. Der **98er Rotwein** ist im Augenblick diskreter; er erhält eine lobende Erwähnung.

SCEA du Ch. Larrivet-Haut-Brion, rue Haut-Brion, 33850 Léognan, Tel. 05.56.64.75.51, Fax 05.56.64.53.47

n. V.

Ph. Gervoson

DOM. DE LA SOLITUDE 1998

■ 23 ha 70 000 11 à 15 €

Dieser Cru, der noch immer einem geistlichen Orden gehört, erinnert an die Rolle, die die Klöster bei der Entwicklung des historischen Weinbaugebiets von Bordeaux spielten. Sein 98er, den Olivier Bernard von der Domaine de Chevalier hergestellt hat, ist rund und wohl ausgewogen; er wirkt ansprechend aufgrund seines Bouquets mit den delikaten Noten von Leder und Kirschen in Alkohol.

SC Dom. de Chevalier, Dom. de La Solitude, 33650 Martillac, Tel. 05.56.72.74.74, Fax 05.56.72.52.00, E-Mail olivierbernard@domainedelasolitude.com

n. V.

CH. LATOUR HAUT-BRION 1998*

■ Cru clas. 4,9 ha k. A. 30 à 38 €

78 79 80 81 |(82)| |83| 84 |85| |86| 87 |88| |89| |90| 92 |93| |94| 95 96 97 98

Der Cru, der ebenso wie sein Nachbar La Mission zu den Domaines Dillon gehört, widmet sich ganz den Rotweinen. Sein 98er, der bei der Verkostung noch ein wenig streng ist, verbirgt seine Berufung zur Lagerung nicht: Sein komplexes Bouquet reicht von Noten reifer, leicht kandierter Trauben bis zu Leder. Sein runder, wuchtiger Geschmack mit einer dichten Struktur mündet in einen würzigen Abgang.

SA Dom. Clarence Dillon, BP 24, 33602 Pessac Cedex, Tel. 05.56.00.29.30, Fax 05.56.98.75.14, E-Mail info@haut-brion.com

CH. LA TOUR LEOGNAN 1998*

■ 8 ha 40 000 8 à 11 €

96 97 98

Dieser Cru in der Nähe von Château Carbonnieux wird ebenfalls von Antony Perrins Mannschaft bewirtschaftet. Es ist deshalb auch nicht erstaunlich, dass man eine Ähnlichkeit zwischen beiden Weinen feststellt. Bei diesem 98er findet man nämlich ausgewogene, gut verschmolzene Tannine und Weichseldüfte wieder. Röst- und Backpflaumennoten ergänzen sie zu einem harmonischen Gesamteindruck. Der **weiße 99er La Tour Léognan** erhält ebenfalls einen Stern. Farbe, Düfte und Struktur befinden sich in perfektem Einklang mit dem Holzton, der die Frucht nicht überdeckt.

SC des Grandes Graves, Ch. Carbonnieux, 33850 Léognan, Tel. 05.57.96.56.20, Fax 05.57.96.59.19, E-Mail chateau.carbonnieux@wanadoo.fr

n. V.

Perrin

CH. LATOUR-MARTILLAC 1998**

■ Cru clas. 30 ha 126 000 23 à 30 €

79 81 (82) 83 84 85 86 87 88 |89| 90 91 92 93 94 95 96 97 98

Besucher, die diesen Cru zusammen mit Tristan oder Loïc Kressmann besichtigt haben, können keinerlei Zweifel an der Begeisterung haben, die beide für den Wein aufbringen. Der Weinliebhaber, der diesen sehr schönen 98er probiert, wird ebenfalls davon überzeugt sein. Die Stärke des Bouquets mit den Wildaromen findet man auch am Gaumen und im Abgang zusammen mit einer soliden Tanninstruktur. Der Schlussgeschmack ist mit viel «Fett» und Länge verbunden und wird dem harmonischen, noch sehr jungen Wein eine glückliche Alterung garantieren.

Domaines Kressmann, Ch. Latour-Martillac, 33650 Martillac, Tel. 05.57.97.71.11, Fax 05.57.97.71.17, E-Mail latour-martillac@latour-martillac.com

n. V.

GFA Latour-Martillac

CH. LATOUR-MARTILLAC 1999**

□ Cru clas. 10 ha 42 000 23 à 30 €

81 82 83 84 85 86 87 (88) 89 90 91 92 93 |94| |95| 96 97 |98| |99|

Seit Jahrzehnten genießt die Familie Kressmann einen soliden Ruf bei Weißweinen. Ihr prächtiger 98er zeigt, dass es nicht so aussieht, als würde ihr Ansehen schwinden. Er beginnt mit einer klaren, strahlenden Farbe und bietet einen kräftigen Geruchseindruck, der die Röstnoten des Barriquefasses mit Orangendüften verbindet. Der Geschmack ist ebenso komplex; er beweist einen guten Sinn für Ausgewogenheit und eine Frische, die ihn schon sehr angenehm machen, aber gleichzeitig ein gutes Lagerpotenzial beweisen.
Domaines Kressmann,
Ch. Latour-Martillac, 33650 Martillac,
Tel. 05.57.97.71.11, Fax 05.57.97.71.17,
E-Mail latour-martillac@latour-martillac.com
n. V.

CH. LAVILLE HAUT-BRION 1999**

□ Cru clas. 3,7 ha k. A. 38 à 46 €
81 82 83 |85| 87 88 |(89)| |90| 92 |93| |94| |95| |96| |97| |(98)| **99**

Ein winziger Weinberg, aber aufgrund seines außergewöhnlichen Terroirs und seiner Bestockung (vorwiegend mit Sémillon) ganz im Geist des Graves-Gebiets und von Haut-Brion gehalten. Dieser 99er trägt den Stempel der Rebsorte: Er erscheint sehr elegant, schillernd mit einer blassen Farbe, die grüne Reflexe zeigt, mit einem frischen, blumigen Duft. Er hat eine schöne Komplexität und reicht im Geschmack von Lindenblüte bis zu Zitrone und reifer Ananas, während seine zur gleichen Zeit fette und feine, sanfte und lebhafte Struktur auf ein gutes Lagerpotenzial hinweist, dabei aber schon sehr angenehm ist.
SA Dom. Clarence Dillon,
BP 24, 33602 Pessac Cedex, Tel. 05.56.00.29.30,
Fax 05.56.98.75.14,
E-Mail info@haut-brion.com

CH. LE PAPE 1998*

■ 5 ha 34 000 15 à 23 €

Dieser Cru, ein kleines Gut in Léognan, wird von einem hübschen Landhaus beherrscht. Sein Wein bietet ebenfalls eine schöne Erscheinung, mit seiner dunkelrubinroten Farbe ebenso wie aufgrund seines Bouquets mit den kräftigen Noten von Zimt, Gewürznelke, Wild und roten Früchten oder aufgrund seiner eleganten, lang anhaltenden, tanninreichen Struktur.
Patrick Monjanel, 34, chem. le Pape,
33850 Léognan, Tel. 05.56.64.10.90,
Fax 05.56.64.17.78 n. V.

CH. LE SARTRE 1999*

□ 7 ha 35 000 11 à 15 €
92 93 94 95 |96| 97 |98| |99|

Le Sartre, das sich am Rande der Wälder von Landes befindet, ist auf Kiesböden aus der Günz-Kalkzeit angelegt. Es ist seit 1981 im Besitz der Perrins (Château Carbonnieux) und verfügt heute über eine moderne Ausrüstung. Dieser Wein macht durch seinen aromatischen Reichtum auf sich aufmerksam. Die Vanillenoten vom Ausbau im Barriquefass gesellen sich harmonisch zu den Zitrus- und Lindenblütenaromen. Der fette, gut gebaute Wein ist interessant.
GFA des Ch. Le Sartre et Bois Martin,
33850 Léognan, Tel. 05.57.96.56.20,
Fax 05.57.96.59.19,
E-Mail chateau.carbonnieux@wanadoo.fr
n. V.
Perrin

CH. LES CARMES HAUT-BRION 1998*

■ 4,36 ha 22 000 23 à 30 €
80 82 83 85 **88** |89| **90 91** 92 93 94 |95| **96** 97 |98|

Eine Wasserfläche, ein Château aus dem 19. Jh., ein mit Bäumen bestandener Park – dieser Cru ist voller Charme. Er entstand im 16. Jh. und war Eigentum des Karmeliterordens. Dieser noch sehr jugendliche Wein offenbart sich nicht sofort. Doch an der Luft enthüllt er ein komplexes Bouquet, in dem sich Toastnoten mit reifen Früchten verbinden. Fett, fleischig und füllig – die Persönlichkeit des Geschmacks deutet auf gute Entwicklungsmöglichkeiten hin.
Ch. Les Carmes Haut-Brion,
197, av. Jean-Cordier, 33600 Pessac,
Tel. 05.56.51.49.43, Fax 05.56.93.10.71,
E-Mail chateau@les-carmes-haut-brion.com
n. V.
Didier Furt

CH. LESPAULT 1999

□ 1 ha 4 500 11 à 15 €

Ausschließlich Sauvignon-Trauben, auf tiefem Kies angepflanzt, am 31. August geerntet, im Barriquefass vergoren und auf der Hefe mit Aufrühren des Hefesatzes ausgebaut, haben diesen hübschen Wein geliefert. Er besitzt zwar keine große Fülle, zeigt sich aber sympathisch aufgrund seiner Aromen von Zitrusfrüchten, Geißblatt und vollreifem Traubengut, die in einen frischen Abgang übergehen. Ein Wein zu Fisch. Der **rote 98er Château Lespault** wird lobend erwähnt. Er ist sanft und angenehm und dürfte sich im Frühjahr 2002 eines Rippenstücks vom Rind würdig erweisen.
Domaines Kressmann,
Ch. Latour-Martillac, 33650 Martillac,
Tel. 05.57.97.71.11, Fax 05.57.97.71.17,
E-Mail latour-martillac@latour-martillac.com
n. V.
SC Bolleau

CH. LE THIL COMTE CLARY 1999*

□ k. A. 20 000 11 à 15 €

Der Cru sollte sich eher Comtesse Clary als Comte Clary nennen, eine so wichtige Rolle spielte Jeanne Clary, die ihn in der zweiten Hälfte des 19. Jh. besaß, in seiner Geschichte. Die Nachkommen ihrer Erben haben bei der Dosierung des Fasses Feingefühl bewiesen. Das Holz nimmt Rücksicht auf die Aromen von Zitrusfrüchten und gelbfleischigen Früchten. Man kann diesen fetten, lebhaften, frischen Wein trinken oder lagern. Der **98er Rotwein** erhält eine lobende Erwähnung. Für einen Pessac-Léognan ist er leicht, aber er ist angenehm.

Ch. Le Thil Comte Clary, Le Thil, 33850 Léognan, Tel. 05.56.30.01.02, Fax 05.56.30.04.32, E-Mail jean-de-laitre@chateau.le.thil.com n. V.

CH. MALARTIC-LAGRAVIERE 1998*

Cru clas. 23 ha 44 117 23 à 30 €

64 66 (70) 71 75 76 79 81 82 83 |85| |86| |88| |89| |90| |91| 92 |93| 95 96 97 98

Wie sein Etikett in Erinnerung ruft, war dieser Cru, der früher einmal einer Reederfamilie gehörte, an dem Abenteuer beteiligt, die Weine nach Indien und wieder zurück zu transportieren. Sein 98er braucht keine solche Reise, um seine Qualitäten zu offenbaren. Die Aromen kommen zwar beim ersten Riechen nur diskret zum Ausdruck, zeigen sich aber in der Folge deutlich und unterstützen die Früchte durch schöne Röstungsnoten. Der volle, konzentrierte Geschmack fügt der Palette zusätzlich schöne Nuancen von Früchtekompott hinzu. Der beeindruckende Wein verdient, dass man ihn zu einer Hammelkeule (an einer Schnur hängend) serviert, in Brühe gegart. Es kommt selten vor, dass der Zweitwein ebenso gut bewertet wird wie der große Wein. Das gilt jedoch für den **Sillage de Malartic** (Preisgruppe: 70 bis 99 F), der kräftig gebaut und verführerisch ist.

Ch. Malartic-Lagravière, 43, av. de Mont-de-Marsan, 33850 Léognan, Tel. 05.56.64.75.08, Fax 05.56.64.99.66, E-Mail malartic-lagraviere@malartic-lagraviere n. V.

A.-A. Bonnie

CH. MALARTIC-LAGRAVIERE 1999

Cru clas. 4 ha 12 197 23 à 30 €

97 98 |99|

Dieser sanfte, wohl ausgewogene Wein kombiniert 20 % Sémillon mit Sauvignon. Er ist fein und delikat in seinem aromatischen Ausdruck, der hübschen Noten von Zitrusfrüchten und Orangenschale den Vorzug gibt, ohne das Röstaroma zu vernachlässigen. Der weiße Zweitwein, der **99er Le Sillage de Malartic** (Preisgruppe: 70 bis 99 F), hat ebenfalls eine lobende Erwähnung erhalten.

Ch. Malartic-Lagravière, 43, av. de Mont-de-Marsan, 33850 Léognan, Tel. 05.56.64.75.08, Fax 05.56.64.99.66, E-Mail malartic-lagraviere@malartic-lagraviere n. V.

CLOS MARSALETTE 1999*

0,7 ha 4 000 11 à 15 €

Wenn sich der Besitzer von Canon la Gaffelière, der Besitzer von Haut-Lagrange und ein Vermesser zusammentun, um ein Weingut zu gründen, ist alles für seinen Erfolg vereint. Sauvignon und Sémillon zu gleichen Teilen ergeben hier einen überaus gelungenen Wein. Er ist konzentriert und ölig und entfaltet eine hübsche Fülle von Aromen: Litschi, Kokosnuss und Pampelmuse.

SCEA Marsalette, 31, rte de Loustalade, 33850 Léognan, Tel. 05.56.64.09.93, Fax 05.56.64.10.08 n. V.

DOM. DE MERLET 1998

3 ha 15 000 8 à 11 €

Entstanden ist dieser Wein auf einem kleinen Gut (4 ha), das 1989 neu bestockt wurde. Beim ersten Riechen ist er nicht sehr gesprächig. Aber dann öffnet sich sein Bouquet und entfaltet sympathische Düfte von Früchten (Pflaume), Gewürzen und Lakritze. Der elegante, wohl ausgewogene Geschmack rechtfertigt eine Lagerung von drei Jahren.

Indivision Tauzin, 35, cours du Mal-Leclerc, 33850 Léognan, Tel. 05.56.64.77.74, Fax 05.56.64.77.74 n. V.

CH. OLIVIER 1998*

Cru clas. 35 ha k. A. 15 à 23 €

82 83 |85| |86| 87 |88| |89| |90| 91 92 93 94 95 96 97 98

Ein mittelalterliches Schloss, umgeben von Burggräben, die noch immer mit Wasser gefüllt sind. Der Schwarze Prinz hielt dort im 14. Jh. den französischen Kronfeldherrn Du Guesclin gefangen. Dieser ebenso solide gebaute 98er, der eine großartige Farbe mit karminroten Tönen zeigt, entfaltet ein kräftiges Bouquet, das rote und schwarze Früchte mit würzigen, vanilleartigen und animalischen Noten verbindet, als wolle er die Vergangenheit wieder auferstehen lassen und zu einem Wildessen einladen.

Jean-Jacques de Bethmann, Ch. Olivier, 33850 Léognan, Tel. 05.56.64.75.16, Fax 05.56.64.54.23, E-Mail chateau-olivier@wanadoo.fr n. V.

CH. PAPE CLEMENT 1998**

Cru clas. 20 ha 80 000 38 à 46 €

75 78 79 80 (81) 82 83 85 |86| 87 |88| 89 90 91 92 |93| |94| 95 96 97 98

Der Cru, im Besitz des berühmten Bordeaux-Weinhändlers Bernard Magrez, trägt den Namen, den sein Eigentümer Bertrand de Got 1305 annahm, als er zum Papst (Klemens V.) gewählt wurde. Er gehört zu den angesehensten Crus der Appellation und des Bordelais. Dieser 98er, der in der besten Tradition des Guts steht, versteht es meisterlich, sich zu präsentieren. Die Eleganz seiner Farbe mit den rubin- und zinnoberroten Nuancen findet man im Bouquet wieder: Der intensive, konzentrierte Duft setzt geschickt auf

Gewürz-, Vanille- und Fruchtnoten. Dem ebenso reichhaltigen Geschmack gelingt die Vereinigung von Charme und tanninreichem Ausgangsmaterial zu einem Wein von großer Klasse.
Bernard Magrez, Ch. Pape Clément, 33600 Pessac, Tel. 05.57.26.38.38, Fax 05.57.26.38.39, E-Mail chateau@pape-clement.com Y n. V.

CLEMENTIN DU PAPE CLEMENT 1999*

□ 2,5 ha k. A. 15 à 23 €

92 (93) 94 |96| |97| **98** 99

Milde und Lebhaftigkeit zu verbinden ist nicht einfach. Diesem Zweitwein, der mit seinen Röstaromen fein und elegant wirkt, gelingt es, aber gleichzeitig kann er während der gesamten Verkostung seine Komplexität steigern. Der **rote 98er Clémentin** erhält ebenfalls einen Stern; er ist angenehm und rassig.
Bernard Magrez, Ch. Pape Clément, 33600 Pessac, Tel. 05.57.26.38.38, Fax 05.57.26.38.39, E-Mail chateau@pape-clement.com Y n. V.

CH. PICQUE CAILLOU 1998

■ 14 ha 51 066 15 à 23 €

Auch wenn die ENITA gerade dabei ist, in Mérignac ein Weingut wiederherzustellen, ist Picque Caillou im Augenblick das einzige bestehende Gut. Sein im Abgang noch ein wenig strenger 98er ist aufgrund seiner Aromen von Paprikaschote recht typisch für die Cabernet-Rebe. Er ist ziemlich tanninreich. Man kann ihn jung zu einer Piperade (Rührei mit Paprikaschoten, Tomaten, Zwiebeln und Knoblauch sowie Schinken, Huhn oder Thunfischstücken) trinken oder aufheben.
GFA Ch. Picque Caillou, av. Pierre-Mendès-France, 33700 Mérignac, Tel. 05.56.47.37.98, Fax 05.56.97.99.37 Y n. V.
Calvet Paulin

CH. PONTAC MONPLAISIR 1998*

■ 11 ha 55 000 8 à 11 €

91 92 |94| 95 (96) 97 98

Dieser Cru, der vor den Toren von Bordeaux im Ballungsgebiet eingeschlossen ist, wird mit der Urbanisierung gut fertig. Die Qualität seiner Produktion wird ihm Anhänger einbringen. Sein 98er ist komplex, mit Aromen, die von Leder bis zu geröstetem Brot reichen, und in der Ansprache sanft, fast sinnlich; er entfaltet sich sehr harmonisch im Geschmack, in dem sich Holz und Frucht sanft vermischen. Der **99er Weißwein** ist ebenso gelungen und wartet auf eine Scheibe Lachs mit Estragon.
Jean et Alain Maufras, Ch. Pontac Monplaisir, 33140 Villenave-d'Ornon, Tel. 05.56.87.08.21, Fax 05.56.87.35.10 Y n. V.

CH. POUMEY 1998*

■ 5 ha 20 000 15 à 23 €

Der Cru, der wie Pape Clément im Besitz von Bernard Magrez ist, aber in Gradignan liegt, bietet einen sehr ausdrucksvollen Wein, aufgrund seines Bouquets mit den animalischen und empyreumatischen Noten ebenso wie aufgrund seines Volumens oder seiner Tannine, deren seidiger Charakter zur öligen Ansprache passt. Ein lang anhaltender Abgang beschließt die Verkostung auf angenehme Weise und kündigt gute Aussichten für die Lagerfähigkeit an.
Bernard Magrez, Ch. Pape Clément, 33600 Pessac, Tel. 05.57.26.38.38, Fax 05.57.26.38.39, E-Mail chateau@pape-clement.com Y n. V.

CH. DE ROCHEMORIN 1998*

■ k. A. k. A. 8 à 11 €

85 86 88 89 90 91 92 |93| |94| 95 96 97 98

Dieser Wein, der nach Abenteuer duftet, ist in einem alten befestigten Gehöft erzeugt worden. Er wird noch vom Holz dominiert, aber dessen Beitrag ist erstklassig, mit schönen Vanille- und Röstaromen. Dank seiner Struktur kann er eine Alterung von drei bis vier Jahren verkraften. Servieren kann man ihn zu Wachteln mit Frühlingsgemüse. Der **weiße 99er Rochemorin,** der blumig und harmonisch ist, erhält einen Stern.
SCEA Vignobles André Lurton, Ch. Bonnet, 33420 Grézillac, Tel. 05.57.25.58.58, Fax 05.57.74.98.59, E-Mail andrelurton@wanadoo.fr Y n. V.

CH. DE ROUILLAC 1998*

■ 7,5 ha 18 000 15 à 23 €

Baron Haussmann empfing auf Rouillac Kaiser Napoleon III., der an seiner Tafel die Weine aus diesem Cru trank. Auch wenn man kein gekröntes Haupt ist, kann man sich vom Bouquet dieses Weins verführen lassen, das Kaffee, Harz, Ingwer und Gewürznelke verbindet, ebenso wie durch seine Struktur, deren feinkörnige Tannine vom Eichenholz gut umhüllt worden sind.
SCS Vignobles Lafragette, Ch. de Rouillac, 33610 Canéjan, Tel. 05.56.89.41.68, Fax 05.56.89.41.68, E-Mail vincent-painturaud@free.fr Y n. V.

CH. SEGUIN 1998

■ 17 ha 20 000 8 à 11 €

Seit 1999 erlebt das Gut dank umfangreicher Investitionen einen echten Neuanfang. Dieser Jahrgang hat noch nicht davon profitiert. Er ist strukturiert und rund, zeigt aber eine gute Präsenz der Tannine und verbindet rote Früchte mit Röstnoten.
SC Dom. de Seguin, chem. de la House, 33610 Canéjan, Tel. 05.56.75.02.43, Fax 05.56.89.35.41, E-Mail chateau-seguin@wanadoo.fr Y n. V.

LES HAUTS DE SMITH 1998*

■ 55 ha 65 000 11 à 15 €

Der weiche, runde Zweitwein von Smith hat von einer guten Extraktion der Tannine profitiert, die seine Zukunft sicherstellt, ohne seinen sehr angenehmen Ausdruck von roten Früchten und schwarzer Johannisbeere zu gefährden. Der **weiße 99er Les Hauts de Smith** erhält eine lobende Erwähnung.

SARL D. Cathiard, 33650 Martillac,
Tel. 05.57.83.11.22, Fax 05.57.83.11.21,
E-Mail smith-haut-lafitte@smith-haut-lafitte.co
n. V.

CH. SMITH HAUT LAFITTE 1999★★

11 ha 45 000 30 à 38 €

88 89 90 91 92 93 94 |95| 96 |97| (98) 99

Seit Jahrzehnten genießt Smith Haut Lafitte einen soliden Ruf bei den Weißweinen. Erinnern wir nur an den prächtigen 98er, der im letzten Jahr eine Liebeserklärung erhielt. Der 99er, der größtenteils von Sauvignon erzeugt worden ist, unterstützt von jeweils 5 % Sauvignon gris und Sémillon, bietet elegante Aromen, die an vollkommen reife Trauben der Hauptrebsorte und danach an Fruchtnoten erinnern, die an der Luft zum Vorschein kommen. Diese Düfte bilden ein komplexes Ensemble, das der ausgezeichnete Önologe Gabriel Vialard verwirklichen konnte. Der fleischige, gut gebaute Geschmack mit viel Vollmundigkeit befindet sich auf dem gleichen Niveau und mündet in einen beeindruckenden Abgang, der zur Lagerung einlädt.

SARL D. Cathiard, 33650 Martillac,
Tel. 05.57.83.11.22, Fax 05.57.83.11.21,
E-Mail smith-haut-lafitte@smith-haut-lafitte.co
n. V.

CH. SMITH HAUT LAFITTE 1998★★

Cru clas. 44 ha 110 000 30 à 38 €

61 62 70 71 72 73 (75) 80 82 83 85 86 87 |88| |89| |90| |91| 92 |93| 94 |95| 96 97 98

Dieser noch stark vom Holz geprägte Wein offenbart sich nicht vollständig. Man erahnt jedoch schon, dass er sich überaus reizvoll darstellen dürfte, sobald er den Beitrag des Fassausbaus verdaut hat. Seine Jugendlichkeit, auf die seine Farbe hinweist, wird durch seine schöne Struktur mit den gut extrahierten, lang anhaltenden, reichhaltigen Tanninen bestätigt. Der Geruchseindruck lässt animalische Noten erkennen, die auf die Noten von reifen roten Früchten treffen.

SARL D. Cathiard, 33650 Martillac,
Tel. 05.57.83.11.22, Fax 05.57.83.11.21,
E-Mail smith-haut-lafitte@smith-haut-lafitte.co
n. V.

Das Médoc

Im Gironde-Gebiet nimmt das Médoc eine Sonderstellung ein. Auf ihrer Halbinsel eingeschlossen und gleichzeitig aufgrund der tief ins Landesinnere hineinreichenden Trichtermündung der Gironde weit offen für die Welt, erscheinen das Médoc und seine Bewohner wie eine perfekte Verkörperung des aquitanischen Temperaments, das zwischen Abkapselung und Weltoffenheit schwankt. Deshalb ist es auch nicht erstaunlich, dass man hier ebenso kleine, kaum bekannte Familienbetriebe findet wie große, berühmte Weingüter, die mächtigen französischen oder ausländischen Konzernen gehören.

Sollte man sich darüber wundern, würde man übersehen, dass das Weingebiet des Médoc (das nur einen Teil des historischen und geografischen Médoc-Gebiets bildet) über 80 km lang und 10 km breit ist. Das bedeutet, dass der Besucher nicht nur die großen Weinschlösser aus dem letzten Jahrhundert mit ihren prächtigen Kellereigebäuden bewundern, sondern auch auf Entdeckungsreise gehen kann, um die Gegend näher kennen zu lernen. Diese sehr vielfältige Landschaft bietet sowohl flache, gleichförmige Horizonte (in der Nähe von Margaux) als auch schöne Kuppen (in der Gegend von Pauillac) oder die höchst eigentümliche Welt des Médoc in seinem Nordteil, wo Land und Meer zusammentreffen. Die Anbaufläche der Appellationen des Médoc umfasst 15 408 ha.

Für den Besucher, der bereit ist, die altbekannten Routen zu verlassen, hält das Médoc in jeder Hinsicht etliche angenehme Überraschungen bereit. Doch sein großer Reichtum sind seine Kiesböden, die mit sanften Hängen zur Trichtermündung der Gironde hin abfallen. Dieser an Nährstoffen arme Boden ist besonders günstig für die Erzeugung erstklassiger Weine, weil die topografische Lage eine perfekte Entwässerung ermöglicht.

Gewöhnlich unterscheidet man das obere Médoc (Haut-Médoc), das von Blanquefort bis Saint-Seurin-de-Cadourne reicht, und das untere Médoc (Bas-Médoc), das von Saint-Germain-d'Esteuil bis Saint-Vivien geht. Innerhalb der ersten Anbauzone erzeugen sechs kommunale Appellationen die angesehensten Weine. Die 60 Crus classés befinden sich zumeist auf dem Gebiet dieser kommunalen Appellationen; dennoch tragen fünf davon ausschließlich die Appellation Haut-Médoc. Die Crus classés machen annähernd 25 % der gesamten Rebfläche des Médoc, 20 % der Weinproduktion und über 40 % des Umsatzes aus. Außer den Crus classés besitzt das Médoc zahlreiche Crus bourgeois, die ihren Wein auf dem Château selbst abfüllen und einen ausgezeichneten Ruf genießen. Es gibt mehrere Genossenschaftskellereien in den Appellationen Médoc und Haut-Médoc, aber auch in drei kommunalen Appellationen.

Die Rebfläche des Médoc erstreckt sich auf 15 140 ha, die sich von Norden nach Süden auf acht AOCs verteilen. Es gibt zwei unterregionale Appellationen Médoc und Haut-Médoc (60 % des Médoc-Anbaugebiets) und sechs kommunale Appellationen: Saint-Estèphe, Pauillac, Saint-Julien, Listrac-Médoc, Moulis-en-Médoc und Margaux (40 % der Médoc-Anbaufläche). Die regionale Appellation ist wie beim übrigen Weinbaugebiet des Bordelais die AOC Bordeaux.

Médoc und Haut-Médoc

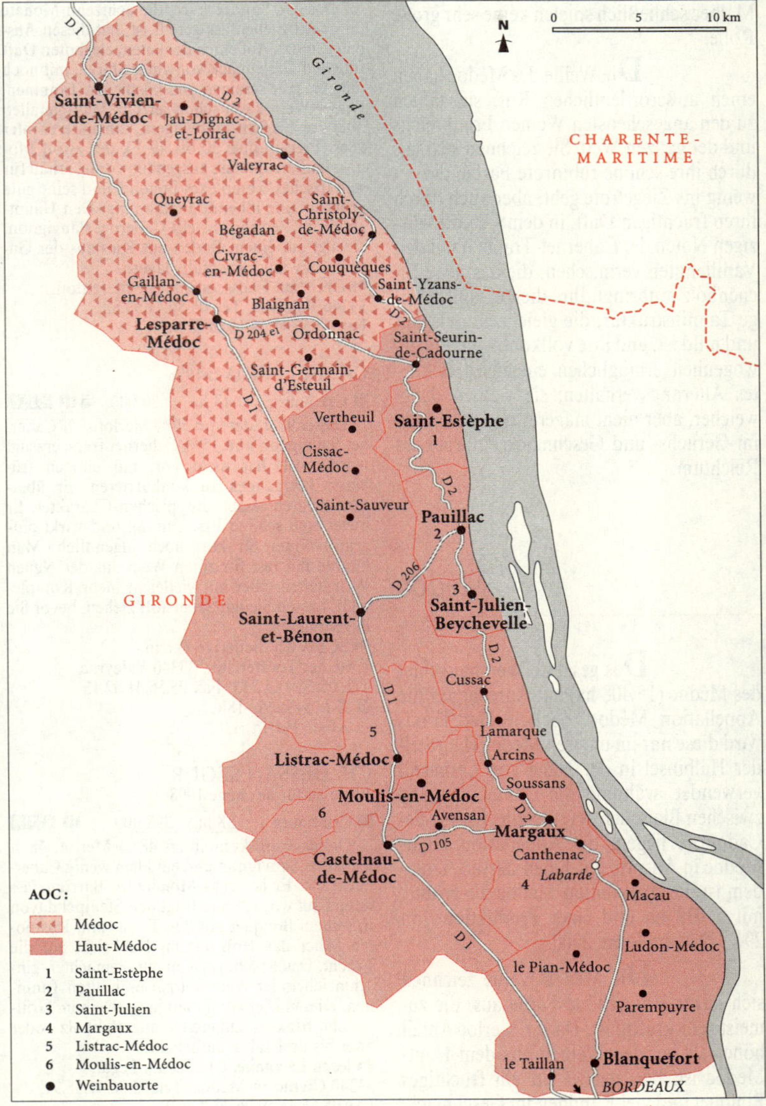

Cabernet Sauvignon, die traditionelle Rebsorte im Médoc, ist wahrscheinlich nicht mehr ganz so wichtig wie früher, nimmt aber dennoch 52 % der gesamten Anbaufläche ein. Mit 34 % folgt die Merlot-Rebe an zweiter Stelle; ihr weicher Wein ist ebenfalls von hervorragender Qualität und entwickelt sich schneller, so dass man ihn früher trinken kann. Die Rebsorte Cabernet franc, die für Feinheit sorgt, macht 10 % aus. Petit Verdot und Malbec schließlich spielen keine sehr große Rolle.

Die Weine des Médoc haben einen außerordentlichen Ruf; sie zählen zu den angesehensten Weinen Frankreichs und der ganzen Welt. Sie zeichnen sich aus durch ihre schöne rubinrote Farbe, die ein wenig ins Ziegelrote geht, aber auch durch ihren fruchtigen Duft, in dem sich die würzigen Noten der Cabernet-Trauben mit den Vanillenoten vermischen, die das neue Eichenholz mitbringt. Ihre dichte, vollständige Tanninstruktur, die gleichzeitig elegant und mild ist, und ihre vollkommene Ausgewogenheit ermöglichen ein ausgezeichnetes Alterungsverhalten; sie werden dabei weicher, aber nicht magerer und gewinnen im Geruchs- und Geschmackseindruck an Reichtum.

Médoc

Das gesamte Weinbaugebiet des Médoc (15 408 ha) hat Anrecht auf die Appellation Médoc; doch in der Praxis wird diese nur im unteren Médoc (Nordteil der Halbinsel in der Nähe von Lesparre) verwendet, während die Gemeinden, die zwischen Blanquefort und Saint-Seurin-de-Cadourne liegen, die Appellation Haut-Médoc in Anspruch nehmen dürfen. Trotzdem ist die Appellation Médoc die größte, mit 5 039 ha und einer Produktion von 291 549 hl im Jahre 2000.

Die Médoc-Weine zeichnen sich durch eine schöne Farbe aus, die zumeist sehr kräftig ist. Da ihr Merlot-Anteil höher als bei den Weinen aus dem Haut-Médoc ist, besitzen sie oft ein fruchtiges Bouquet und viel Rundheit im Geschmack. Einige Weine, die von hübschen, isoliert liegenden Kuppen mit Kiesböden stammen, bieten auch eine große Feinheit und einen schönen Tanninreichtum.

CH. BELLEGRAVE
Cuvée spéciale Vieilli en fût de chêne neuf 1998*

■ Cru bourg. 2 ha 3 000 ◧ 11 à 15 €

Das Gut, das sich seit einem Jahrhundert im Besitz der Familie befindet, umfasst 20 Hektar. Diese zu gleichen Teilen aus Cabernet und Merlot erzeugte Sondercuvée, die achtzehn Monate im neuen Eichenfass gereift ist, hat diesen Ausbau genutzt. Auf einen delikaten, eleganten Duft folgt ein Geschmack von guter Stärke, mit noch jungen, aber seidigen und köstlichen Tanninen. Dieser Wein kann schon jetzt zu Wild gefallen oder drei bis fünf Jahre lagern. Ein anderer **roter 98er** (Preisgruppe: 30 bis 49 F), der zwölf Monate im Barriquefass ausgebaut wurde, erhält für sein frisches, komplexes Bouquet und seine gute Struktur eine lobende Erwähnung. Den Hauptanteil im Verschnitt stellt Cabernet Sauvignon, erzeugt auf einem Boden mit Kies aus der Garonne. Er muss ebenfalls lagern.

Christian Caussèque, 8, rue de Janton, 33340 Valeyrac, Tel. 05.56.41.53.82, Fax 05.56.41.50.10 ☑ Y n. V.

CH. BELLERIVE 1998

■ Cru bourg. 13 ha 20 000 ◧ 5 à 8 €

Dieser 98er, der von 50 % Merlot, 5 % Cabernet Sauvignon und 15 % Cabernet franc erzeugt worden ist, hat nicht vor, mit einigen früheren Jahrgängen zu konkurrieren. Er überrascht durch seinen untypischen Charakter. Er bietet eine schöne Erscheinung und wirkt aufgrund seiner Struktur noch jugendlich. Man könnte ihn fast für einen Wein aus der Neuen Welt halten, aber mit vielleicht mehr Komplexität. Lassen Sie ihn Sauerstoff ziehen, bevor Sie ihn servieren.

SCEA Ch. Bellerive-Perrin, 1, rte des Tourterelles, 33340 Valeyrac, Tel. 05.56.41.52.13, Fax 05.56.41.52.13 ☑ Y Mo–Sa 9h–18h

Melle Perrin

CH. BESSAN SEGUR
Elevé en fût de chêne 1998

■ Cru bourg. 38 ha 298 000 ◧ 8 à 11 €

Dieser Wein kombiniert 48 % Merlot, 48 % Cabernet Sauvignon und ein klein wenig Cabernet franc. Er ist sechs Monate im Barriquefass ausgebaut worden und trägt den Stempel davon in seinem Bouquet mit den Toast- und Röstnoten. Aber das Holz nimmt Rücksicht auf die Frucht. Das Ergebnis ist ein gut gemachter, einschmeichelnder Wein mit gut umhüllten Tanninen. Diesen 98er kann man jung zu einem Grillgericht trinken, zubereitet auf Rebholz, oder zwei bis drei Jahre aufheben.

Rémi Lacombe, Ch. Bessan Ségur, 33340 Civrac-en-Médoc, Tel. 05.56.41.56.91, Fax 05.56.41.59.06 ☑ Y n. V.

DIE KLASSIFIZIERUNG VON 1855, REVIDIERT 1973

PREMIERS CRUS	Château Langoa-Bartaux (Saint-Julien)
Château Lafite-Rothschild (Pauillac)	Château Malescot-Saint-Exupéry (Margaux)
Château Latour (Pauillac)	Château Marquis d'Alesme-Becker (Margaux)
Château Margaux (Margaux)	Château Palmer (Margaux)
Château Mouton-Rothschild (Pauillac)	
Château Haut-Brion Pessac-Léognan	**QUATRIÈMES CRUS**
	Château Beychevelle (Saint-Julien)
SECONDS CRUS	Château Branaire-Ducru (Saint-Julien)
Château Brane-Cantenac (Margaux)	Château Duhart-Milon-Rothschild (Pauillac)
Château Cos-d'Estournel (Saint-Estèphe)	Château Lafon-Rochet (Saint-Estèphe)
Château Ducru-Beaucaillou (Saint-Julien)	Château Marquis-de-Terme (Margaux)
Château Durfort-Vivens (Margaux)	Château Pouget (Margaux)
Château Gruaud-Larose (Saint-Julien)	Château Prieuré-Lichine (Margaux)
Château Lascombes (Margaux)	Château Saint-Pierre (Saint-Julien)
Château Léoville-Barton (Saint-Julien)	Château Talbot (Saint-Julien)
Château Léoville-Las-Cases (Saint-Julien)	Château La Tour-Carnet (Haut-Médoc)
Château Léoville-Poyferré (Saint-Julien)	
Château Montrose (Saint-Estèphe)	**CINQUIÈMES CRUS**
Château Pichon-Longueville-Baron (Pauillac)	Château d'Armailhac (Pauillac)
Château Pichon-Longueville Comtesse-de-Lalande (Pauillac)	Château Batailley (Pauillac)
Château Rauzan-Ségla (Margaux)	Château Belgrave (Haut-Médoc)
Château Rauzan-Gassies (Margaux)	Château Camensac (Haut-Médoc)
	Château Cantemerle (Haut-Médoc)
TROISIÈMES CRUS	Château Clerc-Milon (Pauillac)
Château Boyd-Cantenac (Margaux)	Château Cos-Labory (Saint-Estèphe)
Château Cantenac-Brown (Margaux)	Château Croizet-Bages (Pauillac)
Château Calon-Ségur (Saint-Estèphe)	Château Dauzac (Margaux)
Château Desmirail (Margaux)	Château Grand-Puy-Ducasse (Pauillac)
Château Ferrière (Margaux)	Château Grand-Puy-Lacoste (Pauillac)
Château Giscours (Margaux)	Château Haut-Bages-Libéral (Pauillac)
Château d'Issan (Margaux)	Château Haut-Batailley (Pauillac)
Château Kirwan (Margaux)	Château Lynch-Bages (Pauillac)
Château Lagrange (Saint-Julien)	Château Lynch-Moussas (Pauillac)
Château La Lagune (Haut-Médoc)	Château Pédesclaux (Pauillac)
	Château Pontet-Canet (Pauillac)
	Château du Tertre (Margaux)

DIE KLASSIFIZIERTEN SAUTERNE-CRUS (1855)

PREMIER CRU SUPÉRIEUR	**SECONDS CRUS**
Château d'Yquem	Château d'Arche
	Château Broustet
PREMIERS CRUS	Château Caillou
Château Climens	Château Doisy-Daëne
Château Coutet	Château Doisy-Dubroca
Château Guiraud	Château Doisy-Védrines
Château Lafaurie-Peyraguey	Château Filhot
Château La Tour-Blanche	Château Lamothe (Despujols)
Clos Haut-Peyraguey	Château Lamothe (Guignard)
Château Rabaud-Promis	Château de Malle
Château Sigalas-Rabaud	Château Myrat
Château Rayne-Vigneau	Château Nairac
Château Rieussec	Château Romer
Château Suduiraut	Château Romer-Du-Hayot
	Château Suau

CH. BOIS DE ROC 1998★

■ Cru artisan 10 ha 70 000 5 à 8 €

85 86 89 90 92 93 |96| 97 98

Philippe Cazenave, der in den 60er Jahren als landwirtschaftlicher Berater arbeitete, bewirtschaftet seit dreißig Jahren dieses Weingut, das auf einem tonigen Kalksteinboden angelegt ist und dessen Bestockung nicht die Rebsorten Carménère (3 %) und Petit Verdot (2 %) vergisst – ein sympathischer Zug. Sicherlich ist dieser 98er im Abgang und im Bouquet stark vom Holz geprägt, aber – Médoc verpflichtet – die Struktur ist vorhanden. Sie wird es dieser Cuvée erlauben, dass sie sich gut entwickelt und in zwei bis drei Jahren einen wohl ausgewogenen Tropfen abgibt.

GAF du Taillanet, Ch. Bois de Roc, 2, rue des Sarments, 33340 Saint-Yzans-de-Médoc, Tel. 05.56.09.09.79, Fax 05.56.09.06.29, E-Mail boisderoc@aol.com ☑ Y n. V.

Ph. Cazenave

CH. BOURNAC
Elevé en fût de chêne 1998★★

■ Cru bourg. 13,5 ha 54 000 8 à 11 €

Dieser Cru, ein Stammgast im Hachette-Weinführer, gehört zu den sicheren Werten der Appellation. Sein Terroir befindet sich dort, wo es viele kalkhaltige Steine gibt; es besitzt eine große Qualität. Dieser Wein, der fünf bis sechs Jahre eingekellert werden muss, zeigt, dass er über solide Argumente verfügt: eine tiefe Farbe, ein fruchtiges Bouquet und eine Tanninstruktur, die von einer starken Extraktion herrührt, aber elegant und fleischig bleibt.

Bruno Secret, 11, rte des Petites-Granges, 33340 Civrac-en-Médoc, Tel. 05.56.41.51.24, Fax 05.56.41.51.24 ☑ Y n. V.

CH. BREUILH 1998

■ 4,2 ha 25 000 8 à 11 €

Denis Bergey präsentiert hier einen bescheidenen Wein, der aber angenehm ist, aufgrund seiner Düfte von roten Früchten und Vanille ebenso wie aufgrund seines ausgewogenen, seidigen Charakters.

Denis Bergey, 14, rte de Breuilh, 33340 Bégadan, Tel. 05.56.41.53.62, Fax 05.56.41.57.35 ☑

CH. DES BROUSTERAS
Vieilli en fût de chêne 1998★

■ Cru bourg. 25 ha 190 000 8 à 11 €

Rue de l'Ancienne-Douane – die Adresse dieses Cru erinnert daran, dass Saint-Yzans erkennbar eine Gemeinde des maritimen Médoc ist, die sich am Ufer des Ästuars befindet. Dieser Wein wirkt leicht, obwohl er eine tiefrote Farbe besitzt, und zeigt eine gute Haltung; ein genau dosierter Ausbau im Eichenfass bringt ihn zur Geltung. Er hat eine schöne aromatische Komplexität (schwarze Johannisbeere, Leder, Vanille) und dürfte in rund drei Jahren seinen Höhepunkt erreichen.

SCF Ch. des Brousteras, 2, rue de l'Ancienne-Douane, 33340 Saint-Yzans-de-Médoc, Tel. 05.56.09.05.44, Fax 05.56.09.04.21 ☑ Y n. V.

Brüder Renouil

CH. CANTEGRIC 1998★

■ Cru artisan 1 ha 6 000 5 à 8 €

|95| |96| |97| 98

Auch wenn sich dieses Gut mit dem bescheidenen Titel eines Cru artisan zufrieden gibt, kann er aufgrund der Qualität seiner Produktion, die 50 % Cabernet Sauvignon und 10 % Cabernet franc mit Merlot kombiniert, Ehrgeiz entwickeln. Eine tiefe Farbe mit bläulich roten Reflexen, ein komplexes, kräftiges, fast betörendes Bouquet (Kompott aus roten und schwarzen Früchten) und eine solide Struktur, die sich auf dichte, samtige Tannine stützt: Dieser 98er liefert den Beweis dafür.

GFA du Ch. Cantegric, 10, av. Charles-de-Gaulle, 33340 Saint-Christoly-Médoc, Tel. 05.56.41.57.00, Fax 05.56.41.89.36, E-Mail ch.cantegric@wanadoo.fr ☑ Y n. V.

Joany-Feugas

CH. CASTERA 1998★

■ Cru bourg. 63 ha 250 000 11 à 15 €

|88| 89 |90| 95 96 97 98

Das Château, das ein schöner Park oberhalb von Saint-Germain d'Esteuil schmückt, verheimlicht seine mittelalterlichen Ursprünge nicht. Dieser auf einem tonigen Kalksteinboden erzeugte Wein besitzt eine schöne, noch etwas strenge Struktur und hat nichts von einem leichten, mittelalterlichen *Claret* an sich. Seine Tannine und sein recht stark entfaltetes Bouquet erlauben es ihm, die Zeit abzuwarten, die notwendig ist, damit sich das Holz einfügen kann (drei bis vier Jahre).

SNC Ch. Castéra, 33340 Saint-Germain-d'Esteuil, Tel. 05.56.73.20.60, Fax 05.56.73.20.61, E-Mail chateaucastera@compuserve.com ☑ Y n. V.

CH. CHANTELYS 1998★

■ Cru bourg. 8 ha 30 000 11 à 15 €

Christine Braquessac, geborene Courrian, trägt Namen, die im Médoc gleichbedeutend sind mit Qualität und Unverfälschtheit. Zeuge dafür ist dieser Wein, dessen Farbe auf die Jugendlichkeit hinweist. Gut unterstützt von einem Bouquet mit fruchtigen Noten (rote Früchte, schwarze Johannisbeere und schwarze Kirsche), entfaltet er einen soliden Stoff, der eine Lagerung von vier bis fünf Jahren rechtfertigt, oder sogar noch länger, wenn man seine Entwicklung überwacht. Der lobend erwähnte Zweitwein, der **98er Les Iris de Chantelys** (Preisgruppe: 30 bis 49 F), ist großzügig und einschmeichelnd; trinken kann man ihn in den nächsten drei Jahren.

Ch. Chantelys, Lafon, 33340 Prignac-en-Médoc, Tel. 06.10.02.12.92, Fax 06.56.09.09.07, E-Mail jfbraq@aol.com
n. V.
Christine Courrian

CLOS BELLEVUE 1998

■ 2,5 ha 3 000 5à8€

Der Cru liegt in Vertheuil, einer Gemeinde mit einem reichen Erbe. Er präsentiert hier einen Wein, der 70 % Cabernet Sauvignon mit Merlot kombiniert. Er erfordert keine lange Lagerung, kann aber aufgrund seiner Ausgewogenheit und seines wirklich eleganten Abgangs während der nächsten fünf Jahre angenehm bleiben.

Luc Grimbert, 8, rue des Peupliers, Le Vignan, 33180 Vertheuil, Tel. 06.08.92.45.91, Fax 06.56.59.37.16 n. V.

CLOS MALABUT 1998

■ 4,15 ha 7 200 5à8€

An der Spitze des Médoc gelegen, nicht weit von Soulac entfernt, befindet sich dieser Cru ganz im Einflussbereich des Ozeans. Sein 98er, der Sanftheit und Volumen vereint, zeigt im Geschmack eine gute Haltung und besitzt ein ausdrucksvolles Bouquet mit feinen Frucht- und Holznoten. Trinken kann man ihn in den kommenden beiden Jahren zu Geflügel.

Nadine Wendling, 6, chem. des Séguelongue, Vensac, 33590 Saint-Vivien-de-Médoc, Tel. 05.56.09.49.16
tägl. 10h30–12h30 17h–19h

COLLECTION PRIVEE D. CORDIER Elevé en fût de chêne 1998

■ k. A. k. A. 5à8€

Dieser Wein, eine Marke der Firma Cordier, ist vielleicht kein Maestro, aber er versteht es, sich auszudrücken: mit seinem Bouquet, das reich an vielen kleinen Früchten ist, ebenso wie im Geschmack, wo er sich als verschmolzen erweist. Er ist in ein bis zwei Jahren trinkreif.

Ets D. Cordier, 53, rue du Dehez, 33290 Blanquefort, Tel. 05.56.95.53.00, Fax 05.56.95.53.01, E-Mail florence.dobhels@cordier-wines.com

CH. DAVID 1998

■ Cru bourg. 10 ha 75 000 8à11€

Dieser Wein kommt aus Vensac, einer Gemeinde, in der sich immer noch die Flügel einer schönen Mühle drehen, von einem Boden, wo Sand über den Kies dominiert. Er besitzt solide Tannine und braucht Zeit, um sich abzurunden. Nachdem eine neue Generation die Leitung des Betriebs übernommen hat, sollte man diesen Cru mit dem neuen Keller in Zukunft im Auge behalten.

EARL Coutreau, Ch. David, 40, Grande-Rue, 33590 Vensac, Tel. 05.56.09.44.62, Fax 05.56.09.59.09, E-Mail chateaudavid@online.fr
tägl. 9h–13h 14h–19h; während der Lese geschlossen

CH. DES DEUX MOULINS 1998*

■ Cru bourg. 6 ha 30 000 11à15€

Angelegt auf schönen Kiesböden, die zum Ästuar hin liegen, besitzt der Cru ein erstklassiges Terroir, bei dem 60 % Merlot die beiden Cabernet-Sorten und Petit Verdot begleiten. Da die Vinifizierung dieser Qualität entspricht, ist daraus ein gehaltvoller, körperreicher Wein mit eleganten, rassigen Tanninen hervorgegangen. Das komplexe Bouquet, das aus Noten von roten Früchten und Leder besteht, die ein Holzton würzt, steht dem in nichts nach.

SCEA Vignobles Moriau, 2, rte de Lesparre, 33340 Saint-Christoly-Médoc, Tel. 05.56.41.54.20, Fax 05.56.41.37.63
n. V.

LA GRANDE CUVEE DE DOURTHE 1998**

■ k. A. k. A. 5à8€

Die Weine der Grande Cuvée sind das Ergebnis einer Partnerschaft zwischen dem großen Händler und Weinbergbesitzern; sie gehen auf eine strenge Auswahl zurück. Mit diesem 98er, der 75 % Cabernet mit Merlot kombiniert und zwölf Monate im neuen Barriquefass ausgebaut wurde, ist das Ergebnis vorbildlich: schöne purpurrote Farbe mit dunklen Reflexen, Bouquet mit Erdbeernoten, ein stattlicher, voller, konzentrierter Geschmack, der ein wahres aromatisches Feuerwerk bietet (Vanille, Kakao, Lakritze, Kaffeerösterei, Pfeffer, Gewürznelke). Ein großer, klassischer Médoc-Wein, den man zu Wild trinken sollte.

Dourthe, 35, rue de Bordeaux, 33290 Parempuyre, Tel. 05.56.35.53.00, Fax 05.56.35.53.29, E-Mail contact@cvbg.com
n. V.

EPICURE 1998*

■ k. A. 20 000 11à15€

Eine neue Marke, hervorgegangen aus der Verbindung von Bernard Pujol, der lange Zeit Pape-Clément führte, und Hubert de Bouard, dem Vorsitzenden des Verbands von Saint-Emilion. Sie kombiniert 60 % Merlot mit Cabernet Sauvignon. «Dieser Wein folgt dem Zeitgeschmack», schrieb ein Verkoster. Er entfaltet nämlich ein vom Ausbau geprägtes Bouquet. Das Ganze bleibt dennoch wohl ausgewogen und dürfte mit der Zeit verschmelzen.

Bernard Pujol et Hubert de Bouard, 27, rue Roullet, 33800 Bordeaux, Tel. 05.57.35.12.35, Fax 05.57.35.12.36, E-Mail bus.grands.crus@wanadoo.fr

CH. D'ESCOT 1998

■ Cru bourg. 18,8 ha 120 000 ⏸ 8 à 11 €

Zwei Weinberge bilden diesen Cru, der eine in Lesparre, der andere in Saint-Christoly. Sein noch strenger 98er wird von der Rebsorte Cabernet Sauvignon dominiert (75 % des Verschnitts). Er kann sich auf eine schöne Tanninstruktur stützen, um sich günstig zu entwickeln und sich abzurunden.

🔑 SCEA du Ch. d'Escot, 33340 Lesparre-Médoc, Tel. 05.56.41.06.92, Fax 05.56.41.82.42 ☑ Ƴ Mo–Fr 8h30–12h30 13h30–17h30

🔑 Herr und Frau Rouy

CH. D'ESCURAC 1998

■ Cru bourg. 10 ha 60 000 ⏸ 11 à 15 €

Entstanden ist dieser Wein (60 % Merlot, ergänzt durch Cabernet Sauvignon) auf einer schönen Kieskuppe inmitten der Moore von Queyrac. Er besitzt eine solide Struktur, die es ihm ermöglichen wird, dass er sich in den kommenden Jahren günstig entwickelt und zu seinem endgültigen Ausdruck findet. Im Augenblick bietet er Düfte von Blüten, süßen Gewürzen, roten Früchten und Geröstetem und einen warmen Abgang. Der Zweitwein, der **98er La Chapelle d'Escurac** (Preisgruppe: 50 bis 69 F), kombiniert zu gleichen Teilen die beiden Rebsorten des Hauptweins. Er wird seinen Weg rascher finden als sein großer Bruder; seine Feinheit und seine Eleganz haben die Jury verführt, die vorschlug, ihn zu einer Macaronnade mit Gemüse und Pfifferlingen aus dem Médoc zu verbinden, kombiniert mit angedünsteter Geflügelleber!

🔑 Jean-Marc Landureau, Ch. d'Escurac, 33340 Civrac-en-Médoc, Tel. 05.56.41.50.81, Fax 05.56.41.36.48 ☑ Ƴ Mo–Fr 9h–12h 14h–17h

CH. FONTIS 1998

■ Cru bourg. 10 ha 40 000 ⏸ 11 à 15 €

Dieser Cru befindet sich in guter Lage auf einem der höchsten Punkte der AOC (38 m) und besitzt ein erstklassiges Terroir, das aus leicht tonhaltigem Kies besteht. Sein im Abgang noch ein wenig strenger Wein enthält ebenso viel Cabernet Sauvignon wie Merlot. Er ist achtzehn Monate im Barriquefass gereift und zeigt sich recht viel versprechend mit seiner schönen Ansprache, die auf ein Bouquet mit kräftigen Noten von Kakao und roten Früchten folgt.

🔑 Vincent Boivert, Ch. Fontis, 33340 Ordonnac, Tel. 05.56.73.30.30, Fax 05.56.73.30.31 ☑ Ƴ n. V.

CH. GARANCE HAUT GRENAT 1998★

■ 4,1 ha 30 000 ⏸ 8 à 11 €

Ein kleiner Cru in Familienbesitz, deren Traubengut bis 1997 in der Genossenschaftskellerei vinifiziert wurde. Das Gut liegt auf den tonigen Kiesböden von Bégadan und beginnt seine selbstständige Zukunft unter glücklichen Vorzeichen. Sein 98er von intensivem Dunkelrot entfaltet ein hübsches Bouquet von kandierten roten Früchten über einem Leder- und Gewürzaroma. Das gut gemeisterte Holz des Fasses fügt sich in ein solide gebautes Gerüst ein. Man kann ihn 2002 aufmachen und vier bis fünf Jahre lang trinken.

🔑 Laurent Rebes, Ch. Garance Haut, 14, rte de la Reille, 33340 Bégadan, Tel. 05.56.41.37.61, Fax 05.56.41.37.61, E-Mail l.rebes@free.fr ☑ Ƴ n. V.

GRAND SAINT-BRICE

Elevé en fût de chêne 1998★

■ 68,22 ha 111 900 ⏸ 5 à 8 €

Die in der Qualität regelmäßige Genossenschaftskellerei von Saint-Yzans-de-Médoc beweist uns mit dieser Cuvée erneut ihr Können. Das spürbare, aber unaufdringliche Eichenholz (französischen und amerikanischen Ursprungs) unterstützt das Bouquet und das Gerüst gut. Die Aromen, die in ihren Anklängen an rote Früchte sehr harmonisch sind, passen zu der Ausgewogenheit des Geschmacks und laden dazu ein, dass man diese Flasche in drei bis vier Jahren öffnet.

🔑 Cave Saint-Brice, 33340 Saint-Yzans-de-Médoc, Tel. 05.56.09.05.05, Fax 05.56.09.01.92 ☑ Ƴ Mo–Fr 8h–12h 14h–18h

CH. GREYSAC 1998★

■ Cru bourg. 60 ha 480 000 ⏸ 8 à 11 €

85 86 |88| |89| 91 93 94 |95| |96| |97| 98

Das Gut wurde 1973 von einer Gruppe von Freunden erworben, darunter Baron François de Gunzburf und Giovanni Agnelli. Das Château, das sich neun Jahre später der Union der Grands crus anschloss, hält noch immer seine Stellung. Zeuge dafür ist dieser Wein, dem es nicht an Charakter mangelt. Seine Struktur harmoniert mit der Rundheit der Ansprache und den Tabak-, Lakritze- und Röstaromen, so dass das Ergebnis ein dichter, hochfeiner Wein ist.

🔑 SA Domaines Codem, Ch. Greysac, 33340 Bégadan, Tel. 05.56.73.26.56, Fax 05.56.73.26.58 ☑ Ƴ n. V.

CH. GRIVIERE 1998★

■ Cru bourg. 22 ha k. A. ⏸ 11 à 15 €

93 94 **95** 96 |97| 98

Der Cru, früher ein Gut der Familie de Rozière, deren Rolle bei der Renaissance der Appellation in den Jahren 1970–1980 bekannt ist, wechselte 1991 den Besitzer. Sein gut gebauter Wein, der auf 58 % Merlot basiert und von einem tonigen Kalksteinboden stammt, setzt entschieden auf die Karte des aromatischen Charmes. Die feinen, schlichten Düfte verbinden Wild-, Röst- und Gewürznoten und begleiten eine angenehme Entfaltung am Gaumen.

🔑 Les Domaines CGR, rte de la Cardonne, 33340 Blaignan, Tel. 05.56.73.31.51, Fax 05.56.73.31.52, E-Mail mguyon@domaines-cgr.com ☑ Ƴ Mo–Fr 8h30–12h 13h30–17h; Gruppen n. V.

CH. HAUT-BALIRAC
Vieilli en fût de chêne 1998*

■ 2 ha 7 000 5à8€

Zwei von den 8,66 Hektar, die das Gut umfasst, waren für die Herstellung dieser Sondercuvée bestimmt, die zwölf Monate im Barriquefass ausgebaut wurde und Merlot (45 %), Cabernet Sauvignon (35 %), Cabernet franc (15 %), Petit Verdot (3 %) und Malbec kombiniert, wobei die Reben von Kiesböden stammen, vermengt mit Sand. Ihre intensive Farbe und ihr komplexes Bouquet mit den Frucht- und Röstnoten geben ihr eine ansprechende Erscheinung. Der in der Ansprache einschmeichelnde Geschmack, der danach in seiner Entfaltung – im Augenblick – strenger ist, erweist sich aufgrund seines Reichtums als viel versprechend.

SCEA Haut-Balirac, 1, rte de Lousteauneuf, 33340 Valeyrac, Tel. 05.56.41.55.93 n. V.
Cédric Chamaison

CH. HAUT BLAIGNAN
Elevage en barrique 1998

■ Cru artisan 14,88 ha 15 000 5à8€

Dieser Wein, der sich mit der Bezeichnung «Cru artisan» schmückt und auf einem tonigen Kalksteinboden erzeugt worden ist, erinnert durch eine gute Tanninstruktur an seine Médoc-Herkunft. Diese ist noch ziemlich streng und passt zur Stärke des Bouquets mit den ausdrucksvollen Noten sehr reifer Früchte, was dazu auffordert, die Flasche einige Zeit zu lagern.

GAEC Brochard-Cahier, 19, rue de Verdun, 33340 Blaignan, Tel. 05.56.09.04.70, Fax 05.56.09.00.08 tägl. 9h–12h 14h–19h

CH. HAUT BRISEY 1998*

■ Cru bourg. k. A. 90 000 5à8€

(86) 87 **88 89** 90 91 93 94 **95** 96 97 98

Für die Freunde von Orten mit typischem Charakter weisen wir auf die Nähe des kleinen Hafens Goulée hin, für die an Archäologie Interessierten auf die Nähe von Gräbern aus der Merowingerzeit. Das Gut entstand 1983. Dieser 98er, der 70 % Cabernet Sauvignon mit Merlot kombiniert, entfaltet sich mit Nachdruck. Seine kräftigen Tannine fügen sich in einen gut dosierten Holzton ein. Zart duftig mit feinen Gewürznoten. Ein echter Genießerwein, den man drei bis vier Jahre aufheben muss. Wie man uns erzählte, züchten Christian und Corinne Denis auch Pferde.

SCEA Ch. Haut Brisey, Sestignan, 33590 Jau-Dignac-et-Loirac, Tel. 05.56.09.56.77, Fax 05.56.73.98.36, E-Mail hautbrisey@wanadoo.fr n. V.
Christian Denis

CH. HAUT-CANTELOUP
Collection 1998**

■ Cru bourg. 11 ha 80 000 8à11€

94 95 |96| |97| **98**

Eine schräge Laderampe und ein Zöllnerhaus an seinem *estey* (Kanal): Der Hafen von Saint-Christoly zählt zu den bezauberndsten an den Ufern der Gironde. Dort befinden sich die Keller, wo diese überaus gelungene Cuvée entstanden ist. Eine violett schimmernde Farbe und ein ausdrucksvolles Bouquet (reife Früchte, Vanille und Kokosnuss vor einem pfeffrigen Hintergrund) verleihen seiner Erscheinung viel Eleganz. Der strukturierte, vollmundige Geschmack steht dem bis hin zu seinen harmonischen Abgang in nichts nach. Diese Flasche, die eine schöne Lagerung verspricht, muss man sieben bis acht Jahre lang in einem verschwiegenen Keller vergessen.

SARL du Ch. Haut-Canteloup, 33340 Saint-Christoly-Médoc, Tel. 05.56.41.58.98, Fax 05.56.41.36.08 n. V.

CH. HAUT-GARIN 1998

■ Cru bourg. 6,5 ha 11 000 5à8€

|93| 94 96 |97| 98

Vielleicht beeinflusst von der ein wenig nostalgischen Seite des Etiketts (ein Paar Ochsen, angeschirrt an einen Karren für das Traubengut), liegt dieser Wein durch seine Bestockung, bei der die beiden Cabernet-Sorten und Petit Verdot 60 % erreichen, seine Struktur und sein Lagerpotenzial auf der klassischen Linie der Médoc-Weine. Was ihn nicht daran hindert, in der Nase Persönlichkeit zu zeigen, mit einer frischen Mentholnote, die die Aromen von schwarzen Früchten ergänzt.

Gilles Hue, Lafon, 33340 Prignac-en-Médoc, Tel. 05.56.09.00.02 Mo–Sa 9h–12h 14h–19h; So n. V.

CH. HAUT-GRAVAT 1998*

■ 7,68 ha 18 000 5à8€

Der Keller, eine gelungene Kombination von Holzfässern und Edelstahltanks, erscheint so gepflegt, dass man sich dort beim Eintritt wie in einem Empfangsraum vorkommt. So ist es auch nicht erstaunlich, dass hier ein gut gemachter Wein entsteht. Cabernet Sauvignon, Cabernet franc und Merlot sind mit je einem Drittel an der Zusammenstellung beteiligt. Das Holz ist zwar noch stark zu spüren, aber erstklassig; dahinter nimmt man ein viel versprechendes Bouquet und eine Struktur wahr, die von seidigen Tanninen gut ausbalanciert wird. Noch zwei bis drei Jahre, und man hat eine überaus harmonische Flasche.

Sté Alain Lanneau, Ch. Haut-Gravat, 5, chem. du Clou, 33590 Jau-Dignac-et-Loirac, Tel. 05.56.09.41.20, Fax 05.56.73.98.06 n. V.

CH. HAUT-MYLES 1998

■ Cru bourg. 12 ha 80 000 8 à 11 €

Dieser strukturierte Wein von einem tonigen Kalksteinboden sollte noch lagern (drei bis vier Jahre), auch wenn er bereits eine sympathische Persönlichkeit und ein komplexes, intensives Bouquet zeigt. Rote und schwarze Früchte, Blüten und Gewürze – seine Aromen sind ein richtiger Feinschmeckerbummel. Ein Verkoster schlug vor, ihn zu Coq au vin zu servieren.

Jean-Marc Landureau, Ch. d'Escurac, 33340 Civrac-en-Médoc, Tel. 05.56.41.50.81, Fax 05.56.41.36.48 Mo–Fr 9h–12h 14h–17h

CH. HOURBANON 1998★

■ Cru bourg. 5 ha 30 000 5 à 8 €

Ein hübsches Gut in einem Stück, das ein erstklassiges Terroir mit Kiesböden besitzt. Sein 98er ist Médoc-typisch durch seine Bestockung, bei der Merlot nur 24 % ausmacht. Er hat eine kräftige Farbe und verfügt mit seiner Struktur über ein echtes Lagerpotenzial. Das Bouquet, das im Augenblick vom Holz (achtzehn Monate Ausbau im Barriquefass) dominiert wird, hat Zeit, sich zu entfalten.

SC Delayat-Chemin, Ch. Hourbanon, 33340 Prignac-en-Médoc, Tel. 05.56.41.02.88, Fax 05.56.41.24.33, E-Mail hugues.delayat@wanadoo.fr n. V.

CH. LABADIE 1998★★

■ Cru bourg. 13,5 ha 81 000 5 à 8 €

(90) 92 93 94 |95| 96 **97 98**

Y. Bibey, eine markante, sympathische Persönlichkeit des lokalen Lebens, ist auch ein ausgezeichneter Winzer. Erhielt er nicht im letzten Jahr eine Liebeserklärung für den schwierigen 97er? Einmal mehr beweist er seine Qualitäten, mit einem gut gebauten Wein, der auf einem tonig-kalkigen Boden entstanden ist und Merlot und Cabernet Sauvignon mit gleichen Anteilen kombiniert. Unterstützt von einem reichen, ausgewogenen Stoff, verspricht dieser 98er, dass er sich sehr vorteilhaft entwickeln wird. Zumal sein Bouquet mit den Röstnoten ebenso viele Reize besitzt wie der Geschmack. Wenn Sie in Bégadan sind, sollten Sie es nicht versäumen, sich die aus dem 11. Jh. stammende Apsis der Kirche anzuschauen.

GFA Bibey, 1, rte de Chassereau, Ch. Labadie, 33340 Bégadan, Tel. 05.56.41.55.58, Fax 05.56.41.39.47 n. V.

CH. LA CARDONNE 1998★

■ Cru bourg. 86 ha k. A. 11 à 15 €

88 89 90 94 **95 96** |97| 98

Dank seiner 125 Hektar gehört dieser Cru zu den größten Gütern der Gegend. Auch wenn sein 98er nicht vorhat, mit bestimmten früheren Jahrgängen zu konkurrieren, zeichnet er sich durch seine Rundheit aus. Die fruchtigen und würzigen Aromen unterstreichen den bis zum Abgang angenehmen Charakter.

Les Domaines CGR, rte de la Cardonne, 33340 Blaignan, Tel. 05.56.73.31.51, Fax 05.56.73.31.52, E-Mail mguyon@domaines-cgr.com Mo–Fr 8h30–12h 13h30–17h; Gruppen n. V.

CH. LA CHANDELLIERE

Cuvée particulière Elevée en fût de chêne 1998★★

■ Cru bourg. 21 ha 35 000 8 à 11 €

Die von einem Secret präsentierte Cuvée, die aus 70 % Cabernet und 30 % Merlot von einem tonigen Kalksteinboden zusammengestellt und im Eichenfass ausgebaut worden ist, wird dem Ansehen der Familie gerecht. Sie hat eine schöne purpurviolette Farbe und zeigt sich verführerisch durch ihr Bouquet, dessen hübsche Düfte von reifen Früchten (Heidelbeere, rote Johannisbeere und Sauerkirsche) ein leichter Holzton unterstreicht. Am Gaumen entfalten sich um einen reichen Stoff herum seidige Tannine, die es zulassen, dass man diese Flasche ebenso gut jung zu Wild trinkt wie auch vier bis fünf Jahre oder noch länger aufhebt, um sie dann zu rotem Fleisch zu servieren.

GAEC de Cazaillan, 16, rte des Petites-Granges, 33340 Civrac-en-Médoc, Tel. 05.56.41.53.51, Fax 05.56.41.53.51 n. V.

Secret

CH. LA CLARE 1998★

■ Cru bourg. 20 ha 150 000 8 à 11 €

90 92 94 |95| 96 |97| 98

Ein schönes Terroir, das zu je einem Drittel aus Kies von der Garonne, Kies von den Pyrenäen und tonigem Kalkstein besteht. Ist das ein Wein der Boissenot-Schule?, fragte sich ein Verkoster. Diesem 98er mangelt es nämlich nicht an Trümpfen. Der erste Vorzug ist eine ausgewogene Struktur, die im Abgang noch ein wenig tanninreich ist, aber eine gute Entwicklung verspricht. Der zweite ist der Charme des Bouquets. Obwohl es sich noch bildet, lässt es bereits seine ganze Komplexität mit Frucht- und Mentholnoten erahnen, die eine sehr deutliche Lakritzenuance bereichert.

Paul de Rozières, Ch. La Clare, 33340 Bégadan, Tel. 05.56.41.50.61, Fax 05.56.41.50.69 tägl. 8h–18h

CH. LACOMBE NOAILLAC 1998★

■ Cru bourg. 15 ha 100 000 8 à 11 €

Die Lapalus gehörten zur kleinen Zahl der Pioniere, die den Weinbau in Jau und an der Spitze des Médoc wieder belebt haben, und zählen noch immer zu den treibenden Kräften des Gebiets. Ihr sehr gelungener 98er, eine glückliche Vereinigung von Frucht und Holz, hinterlässt die Erinnerung an einen schönen Abgang mit Noten von Kakao und Rauch. Rubinrote Farbe, komplexes Bouquet und gute Struktur: Diese Flasche verdient einen Aufenthalt in der Ruhe des Kellers.

🔑 SC Ch. Lacombe Noaillac, Le Broustera,
33590 Jau-Dignac-et-Loirac,
Tel. 05.56.41.50.18, Fax 05.56.41.54.65,
E-Mail info@les.trois.chateaux.com ☑

CH. LAFON 1998★★

■ Cru bourg. 8 ha 50 000 🛢 11 à 15 €

|93| (95) 96 **97** **98**

Wer Rémy Fauchey, seine Begeisterung für den Weinbau und seinen Eifer kennt, für den sind die Qualitäten dieses Weins nicht erstaunlich. Von der Farbe, einem Dunkelrot, das fast schwarz erscheint, bis hin zum lang anhaltenden Abgang ist an diesem 98er alles gelungen. Seine Stärke und sein Tanninreichtum entladen sich schon in der Ansprache. Die frischen, komplexen Aromen sind vom gleichen Kaliber und tragen dazu bei, diesen Wein zu einem Klassiker der lagerfähigen Médoc-Weine zu machen: Er kann über fünf Jahre lang im Keller warten.

🔑 Rémy Fauchey, Ch. Lafon,
33340 Prignac-en-Médoc, Tel. 05.56.09.02.17,
Fax 05.56.09.04.96 ☑ 🍷 tägl. 9h30–18h

CH. LA HOURCADE
Vieilli en fût de chêne 1998★

■ 15 ha 30 000 🛢 5 à 8 €

96 97 98

Wenn Sie diesen Cru finden wollen, fahren Sie nach Jau und fragen nach Gino. Dieser, ein ehemaliger Reiter und Pferdebegeisterter, ist bei allen Einwohnern der Gemeinde bekannt. Aber trotz seiner Liebe zum Reiten hat er in seinem Winzerberuf sein Glück gefunden; er wendet die Prinzipien des biologisch-dynamischen Anbaus an. Sein Wein zeigt, dass die Berufung zum Winzer nichts Gekünsteltes an sich hat: Er kündigt sich mit einer Farbe von schöner Intensität an und erweist sich als viel versprechend, durch sein Bouquet mit Noten von Gewürznelke und anderen Gewürzen ebenso wie aufgrund seines Geschmacks mit den gut umhüllten Tanninen.

🔑 Gino et Florent Cecchini, Ch. La Hourcade,
7, rue de Noaillac,
33590 Jau-Dignac-et-Loirac,
Tel. 05.56.09.53.61, Fax 05.56.09.57.53
☑ 🍷 tägl. 9h–12h 14h–20h

CH. LALANDE DE GRAVELONGUE
La Croix Tête de cuvée 1998★

■ 3 ha 10 000 🛢 15 à 23 €

Dieser Wein, eine kleine Spitzencuvée, ist in der Absicht erzeugt worden, im alten Stil zu arbeiten. Er ist sehr farbintensiv und entfaltet ein Bouquet, das in kräftigen Tuberosennoten zum Ausdruck kommt. Der Geschmack besitzt ein gutes Volumen und stützt sich auf runde Tannine und gut eingefügtes Holz, was zu einem Wein führt, den man jung trinken oder aufheben kann. Die gut gebaute, aber rustikalere **Hauptcuvée** (Preisgruppe: 70 bis 99 F; 50 000 Flaschen) hat eine lobende Erwähnung erhalten.

🔑 SCEA Lalande de Gravelongue,
19, rte de Troussas, 33340 Valeyrac,
Tel. 05.56.41.59.68, Fax 05.88.53.08.31,
E-Mail gravelongue@libertysurf.fr ☑ 🍷 n. V.

CH. LA PIROUETTE 1998

■ Cru bourg. 4 ha 25 000 🛢 5 à 8 €

Das Thema «Vollblut» des Etiketts ist nicht zufällig gewählt: Yvan Roux begeistert sich für Pferde. Aber darüber vernachlässigt er nicht seinen Weinberg. Sein Wein hat eine gute Regelmäßigkeit und versteht es, sich in einem günstigen Licht zu präsentieren, mit verschmolzenen Tanninen, die den fetten, seidigen Charakter des Ganzen verstärken.

🔑 SCEA Yvan Roux, Semensan,
33590 Jau-Dignac-et-Loirac,
Tel. 05.56.09.42.02, Fax 05.56.09.42.02
☑ 🍷 n. V.

CH. L'ARGENTEYRE
Vieilles vignes Elevé en barrique 1998

■ 6 ha 38 000 🛢 5 à 8 €

Diese Cuvée stammt von einem 27 ha großen Gut, das auf Kiesböden liegt. Mit Schwarze-Johannisbeer- und Lakritzearomen und einer etwas streng wirkenden Jugendlichkeit erinnert sie auch daran, dass der typische Charakter der Médoc-Weine darin besteht, dass sie eine Zeit der Ruhe benötigen, bevor sie sich entfalten können.

🔑 GAEC des vignobles Reich,
Ch. l'Argenteyre, Courbian, 33340 Bégadan,
Tel. 05.56.41.52.34, Fax 05.56.41.52.34
☑ 🍷 n. V.

CH. LA TILLE CAMELON
Elevé en fût de chêne 1998

■ 14,38 ha 29 460 🛢 5 à 8 €

Ein schlichter, deutlicher Gutswein, der in der Genossenschaftskellerei von Saint-Yzans hergestellt wird. Sein Bouquet mit angenehmen Weichselnoten bringt ihn zur Geltung.

🔑 Cave Saint-Brice,
33340 Saint-Yzans-de-Médoc,
Tel. 05.56.09.05.05, Fax 05.56.09.01.92
☑ 🍷 Mo–Fr 8h–12h 14h–18h

CH. LA TOUR DE BY 1998*

■ Cru bourg. 60 ha 500 000 11 à 15 €

82 83 85 86 |88| |89| |90| 91 |93| |94| 95 96 |97| 98

Seinen Namen und sein Wahrzeichen verdankt der Cru zwar seinem berühmten Leuchtturm, der die Gironde überragt, doch sein Ansehen als Weingut verdankt er der Kieskuppe, auf der er liegt. Dieses Terroir wird von Marc Pagès genutzt, der jetzt Vorbereitungen trifft, seinem Schwiegersohn die Leitung zu übergeben; es hat beständige Ergebnisse erbracht. Seine Qualität bestätigt sich mit diesem Wein. Das Bouquet, das Früchte mit Unterholz verbindet, sorgt für Eleganz, während die kräftige Struktur des Geschmacks auf ein echtes Entwicklungspotenzial hinweist. Es ist nicht unmöglich, dass dieser 98er in drei bis vier Jahren seinen zweiten Stern gewinnt.

Marc Pagès, Ch. La Tour de By,
33340 Bégadan, Tel. 05.56.41.50.03,
Fax 05.56.41.36.10,
E-Mail la.tour.de.by@wanadoo.fr n. V.

CH. LAULAN DUCOS 1998*

■ 20 ha 25 000 5 à 8 €

88 |89| 90 91 92 93 96 97 98

Brigitte Ducos, die den Cru 1997 übernommen hat, stellt einen Wein vor, der in seinem aromatischen Ausdruck delikat ist und darin Tabak mit blumigen Noten verbindet. Ihr 98er lässt eine gute Struktur erkennen, bei der das Holz weder das «Fett» noch das Fleisch erdrückt. Die Cuvée ist recht typisch und besitzt echte Verführungskraft.

SCEA Ch. Laulan Ducos,
4, rte de Vertamont,
33590 Jau-Dignac-et-Loirac,
Tel. 05.56.09.42.37, Fax 05.56.09.48.40
n. V.
Brigitte Ducos

CH. LE BERNARDOT 1998

■ 12,27 ha 26 000 5 à 8 €

Vielleicht weil dieses japanisch-schottische Ehepaar nicht der Welt des Weins entstammt, sondern sich bewusst für sie entschieden hat, spricht es voller Begeisterung über den Wein. Und beide wissen, wovon sie sprechen. Zeuge dafür ist dieser 98er, in dem 70 % Cabernet Sauvignon mit Merlot verbunden sind. Im Bouquet erinnern die Düfte an schwarze Johannisbeere und rote Früchte; im Geschmack unterstützen solide Tannine das Ganze. Eine Flasche, die man vier bis fünf Jahre aufheben muss.

Fujiko et John Robertson, Ch. Gaudin,
33590 Vensac, Tel. 05.56.09.57.94,
Fax 05.56.73.98.87 n. V.

CH. LE BOURDIEU 1998*

■ Cru bourg. 23 ha 180 000 8 à 11 €

90 91 92 93 94 |95| |96| 97 98

Die Baillys, fesselnde Persönlichkeiten, gehören zu den Winzern, die es verstehen, ihre Appellation sympathisch erscheinen zu lassen. Ihr 98er stammt von den Kiesböden von Valeyrac, auf einer Kuppe, die ihr Château umgibt; er versucht nicht, den Athleten zu spielen, sondern besitzt etwas, um zu verführen: ein schlichtes, aber klares Bouquet und einen fetten, gut gebauten, ausgewogenen Geschmack mit feinem Holzton. Auch wenn dieser Wein noch ein wenig verschlossen ist, dürfte er sich innerhalb von vier bis fünf Jahren entfalten.

Guy Bailly, Ch. Le Bourdieu,
1, rte de Troussas, 33340 Valeyrac,
Tel. 05.56.41.58.52, Fax 05.56.41.36.09,
E-Mail lebourdieu@free.fr
Mo–Fr 9h–12h 14h–18h

CH. LE BREUIL RENAISSANCE Excellence 1998*

■ k. A. k. A. 8 à 11 €

Der Cru, der nicht einmal 5 km von dem malerischen kleinen Hafen Goulée entfernt liegt, hat in den 90er Jahren eine rasche Entwicklung durchlaufen. Seine noch ein wenig rustikale Cuvée muss zwei bis drei Jahre lagern, damit sie ihre Persönlichkeit deutlich zeigen kann. Im Augenblick bietet sie Röstnoten und eine angenehm runde, fleischige Seite.

Philippe Bérard, 6, rte du Bana,
33340 Bégadan, Tel. 05.56.41.50.67,
Fax 05.56.41.36.77,
E-Mail phil.berard@wanadoo.fr n. V.

CH. LE PEY 1998**

■ Cru bourg. 15 ha 105 000 8 à 11 €

Dieser Cru, der bis Ende 2000 auf fünfzehn Hektar anwuchs, wird von Claude Compagnet und seinen beiden Söhnen gewissenhaft geführt. Ihre Arbeit findet hier ihre Belohnung in einem purpurroten Wein mit rubinroten Reflexen. In den Vanille- und Toastnoten des Bouquets lässt er die Präsenz des Holzes erkennen. Aber der Stoff ist vorhanden und stellt ein gutes Lagerpotenzial sicher; er kündigt eine gut gemachte, innerhalb von vier bis fünf Jahren ausgewogene Cuvée an.

SCEA Claude Compagnet, Ch. Le Pey,
33340 Bégadan, Tel. 05.56.41.57.75,
Fax 05.56.41.53.23
Mo–Sa 9h–12h 14h–18h

CH. LES GRANDS CHENES Cuvée Prestige 1998**

■ Cru bourg. 7,16 ha 25 000 11 à 15 €

86 88 89 90 91 92 93 94 95 |96| |97| 98

Ein kleiner Cru, aber mit einem schönen Kiesboden und alten Reben (60 % Cabernet Sauvignon, 5 % Cabernet franc und 35 % Merlot), der vor drei Jahren von Bernard Magrez gekauft wurde. Er setzt seinen qualitativen Aufstieg fort und präsentiert uns einen einschmeichelnden Wein mit einer kräftigen Unterstützung durch das Holz. Ganz besonders schätzen werden Sie seinen aromatischen Ausdruck, in dem sich Toastnoten mit Unterholzgerüchen verbinden. Sein eleganter Geschmack macht ihn bereits gefällig, lädt aber dennoch dazu ein, ihn drei bis vier Jahre aufzuheben.

SARL Ch. Les Grands Chênes, rte de Lesparre, 33340 Saint-Christoly-Médoc, Tel. 05.56.41.35.69, Fax 05.56.41.53.12 n. V.
Bernard Magrez

CH. LES MOINES Prestige 1998**

Cru bourg. 18 ha 140 000 8 à 11 €

86 88 89 90 91 92 |93| 94 (95) 96 |97| 98

Eine Adresse, die man sich merken muss, wenn man das Weinbaugebiet von Bordeaux besucht: Der ebenso liebenswürdige wie leidenschaftliche und gewissenhafte Claude Pourreau zögert nie, einem sein Gut zu zeigen. Das bietet auch die Gelegenheit, diese hübsche Cuvée Prestige kennen zu lernen, die aufgrund ihres Rebsatzes (70 % Cabernet Sauvignon) Médoc-typisch ist. Im Geruchseindruck, in dem sich fruchtige Noten entfalten, wie auch im Geschmack wird sie vom Holz gut unterstützt. Dieser Wein, der in reichen Maße einen schönen Stoff enthält, kann fünf bis acht Jahre lagern, was es ermöglicht, dass das Ganze vollständig verschmilzt.

SCEA Vignobles Pourreau, 9, rue Château-Plumeau, 33340 Couquèques, Tel. 05.56.41.38.06, Fax 05.56.41.37.81
n. V.

CH. LES ORMES SORBET 1998**

Cru bourg. 19 ha 100 000 11 à 15 €

78 81 83 85 86 88 89 |(90)| 91 92 93 94 95 96 97 98

Die Gemeinde Couquèques besitzt ein so spezifisches Terroir, dass sie ihren Namen einer Kalksteinschicht gegeben hat. Jean Boivert, der von seinem Önologen Jean Boissenot gut beraten wird, kann diese Besonderheit nutzen. Einmal mehr bestätigt er seinen guten Ruf. Sein 98er, der in seinem Purpurrot majestätisch wirkt, zeichnet sich durch sein hochfeines, komplexes Bouquet mit fruchtigen und rauchigen Noten aus. Die Struktur, die Milde und Stärke vereint, veranschaulicht den Geist der Weine aus dem Médoc. Eine Flasche, die es verdient, dass man sie drei bis vier Jahre lang im Keller vergisst.

Jean Boivert, Ch. Les Ormes-Sorbet, 33340 Couquèques, Tel. 05.56.73.30.30, Fax 05.56.73.30.31, E-Mail ormes.sorbet@wanadoo.fr n. V.

CH. LES TUILERIES 1998*

Cru bourg. 11 ha 80 000 8 à 11 €

90 91 92 93 |94| 96 98

Zahlreich sind die alten Küferfamilien, die in sich die Berufung zu Winzern verspürten: Die Dartiguenaves gehören dazu. Dieser je zur Häfte aus Merlot und Cabernet erzeugte Wein ist noch sehr stark vom Holz geprägt, verspricht aber, dass er sich sehr günstig entwickeln wird. Sein Bouquet mit den Mentholnoten, seine ausgewogene Ansprache und sein öliger, voller Charakter verleihen ihm eine gute Ausgangsbasis.

Jean-Luc Dartiguenave, Ch. Les Tuileries, 33340 Saint-Yzans-de-Médoc, Tel. 05.56.09.05.31, Fax 05.56.09.02.43, E-Mail chateau-les-tuileries@wanadoo.fr
Mo–Fr 9h–12h 14h–18h

CH. LE TEMPLE 1998*

Cru bourg. 14 ha 100 000 8 à 11 €

Gewohntermaßen hat dieser Cru mehr die Ausgewogenheit als die reine Stärke angestrebt. Das Ergebnis ist sympathisch mit einem Bouquet, das hübsche Noten von Veilchen, Iris und Lakritze enthält. Die gut umhüllten, fleischigen Tannine führen ganz natürlich zu einem eleganten Abgang.

Denis Bergey, Ch. Le Temple, 33340 Valeyrac, Tel. 05.56.41.53.62, Fax 05.56.41.57.35, E-Mail letemple@terre-net.fr
Mo–Sa 8h–19h30

L'ETENDARD 1998

k. A. 15 000 5 à 8 €

Uni-Médoc besitzt Keller, in denen 2 400 Barriques aus französischer Eiche jedes Jahr zu einem Drittel erneuert werden. Cabernet Sauvignon (55 %) wird hier allein mit Merlot kombiniert. Dieser zehn Monate im Fass ausgebaute Wein ist schlicht und liebenswürdig und bietet angenehme Aromen mit Nuancen von Kakao und reifen Früchten. Das Holz ist gut dosiert.

Uni-Médoc, 14, rte de Soulac, 33340 Gaillan, Tel. 05.56.41.03.12, Fax 05.56.41.00.66 n. V.

CH. LISTRAN 1998*

Cru bourg. 10 ha 50 000 5 à 8 €

Auf einer schönen Kieskuppe, die sich am Rande des Moors befindet, ist dieses von Grund auf neu angelegte Weingut sehr repräsentativ für die Gemeinde Jau-et-Dignac. Sein 98er, eine Kombination von Merlot (39 %) mit den beiden Cabernet-Sorten und Petit Verdot, wird seiner Herkunft gerecht. Die Jugendlichkeit seiner schönen purpurroten Farbe findet man in den Aromen des Bouquets wieder: rote Früchte über einem leichten Geruch von Verbranntem. Der in der Ansprache runde Geschmack, der aromatisch, voll und fleischig ist, passt in zwei bis drei Jahren zu Entenpfeffer.

Arnaud Crété, Ch. Listran, 33590 Jau-Dignac-et-Loirac, Tel. 05.56.09.48.59, Fax 05.56.09.58.70, E-Mail crete@listran.com
tägl. 9h30–12h30 14h–18h; 15. Sept. bis 15. Okt. geschlossen

CH. LOIRAC Sélection 1998

■ 6,54 ha 16 000 8 à 11 €

Dieser Wein, eine fünfzehn Monate im Holzfass ausgebaute Cuvée, kombiniert 70 % Cabernet Sauvignon mit Merlot. Er bietet ein ansprechendes Bouquet mit fruchtigen und würzigen Noten und zeigt sich danach großzügig und ölig im Geschmack, der von seidigen Tanninen unterstützt wird. Zwei bis drei Jahre aufheben.

SCA Ch. Loirac, 1, rte de Queyrac, 33590 Jau-Dignac-et-Loirac, Tel. 06.08.46.68.21, Fax 06.56.58.35.17, E-Mail jllchtloirac@aol.com n. V.

J.-L. Camelot

CH. LOUDENNE 1998★★

■ Cru bourg. 42 ha 280 000 11 à 15 €

(82) 83 85 86 88 89 90 91 93 94 95 (96) 97 98

Loudenne, ein Erdhügel mit Kies, der sich ganz an den Rand der Gironde drängt, besitzt eine außergewöhnliche Lage. Das rosa Landhaus, das über 120 Jahre lang britisch war, hatte eine ziemlich außergewöhnliche Geschichte. Es ist daher nicht erstaunlich, dass sich sein Wein ebenfalls auszeichnet. Dieser aus 60 % Merlot und 40 % Cabernet Sauvignon zusammengestellte 98er, der aufgrund seiner Länge bemerkenswert ist, besitzt alles, um acht bis zehn Jahre lang einen guten Platz im Keller zu beanspruchen: Stärke mit samtigen Tanninen, einen in der Ansprache reichen Geschmack und ein rassiges Bouquet mit Lebkuchen-, Zimt- und Röstnoten über einem leicht an Eingemachtes erinnernden Aroma. Ein echter Leckerbissen. Zu einer Liebeserklärung fehlte ihm nur eine Stimme.

SCS Ch. Loudenne, 33340 Saint-Yzans-de-Médoc, Tel. 05.56.73.17.80, Fax 05.56.09.02.87, E-Mail chateau.loudenne@wanadoo.fr Mo–Fr 9h30–12h 14h–17h

Domaines Lafragette

CH. LOUSTEAUNEUF

Art et Tradition 1998★

■ Cru bourg. 10 ha 60 000 8 à 11 €

93 94 |(95)| |96| 97 98

Dieser Wein gehört zu einer Cuvée, die von den alten Reben des Guts stammt. Der Holzton, der im Augenblick dominiert, schadet ihm ein wenig, aber das Ganze bleibt gut gebaut. In drei bis vier Jahren kann er elegant zum Ausdruck kommen.

Bruno Segond, 2, rte de Lousteauneuf, 33340 Valeyrac, Tel. 05.56.41.52.11, Fax 05.56.41.38.52, E-Mail chateau.lousteauneuf@wanadoo.fr n. V.

MICHEL LYNCH 1998★

■ k. A. 42 000 8 à 11 €

Die Cazes, Besitzer von berühmten Crus, betreiben auch einen Weinhandel, der sich gerade mit dem Bau einer neuen Kellerei in Macau ausweitet. Michel Lynch ist ihre Marke, während Lynch Bages das Flaggschiff bildet. Ihren wohl ausgewogenen Médoc, der ein angenehmes Bouquet (reife Früchte und Holznoten) bietet, kann man jung trinken oder zwei bis drei Jahre aufheben.

SNC Michel Lynch, BP 66, 33250 Pauillac, Tel. 05.56.73.24.15, Fax 05.56.59.26.42

CH. MAREIL

Cuvée Prestige Elevé en fût de chêne 1998★

■ 15 ha 25 700 8 à 11 €

Dieser Cru, der mit Entschlossenheit von einer charaktervollen Frau geführt wird, wurde lange Zeit in der Genossenschaftskellerei vinifiziert; der 98er ist der erste im Château hergestellte Jahrgang. Er ist viel versprechend, wenn auch schlicht. Er ist gut gebaut, um sanfte, seidige Tannine herum, und bietet köstliche Aromen von schwarzen Früchten.

EARL du Ch. Mareil, 4, chem. de Mareil, 33340 Ordonnac, Tel. 05.56.09.00.32, Fax 05.56.09.07.33, E-Mail chateau.mareil@terre-net.fr n. V.

Herr und Frau Brun

CH. DES MOULINS 1998

■ Cru artisan 9 ha 10 000 5 à 8 €

Wie die herrliche romanische Abteikirche (unter Denkmalschutz stehend) noch immer in Erinnerung ruft, besaß Vertheuil eine große Abtei, deren Mönche mehrere Mühlen betrieben. Der Name dieses Weins möchte sie ehren. Die Tannine hätten ein wenig mehr Reife verdient; dennoch fügt sich das Ganze in den klassischen Médoc-Charakter ein. Man sollte ihn drei bis vier Jahre aufheben.

Jean-Charles Prévosteau, Le Gouat, 33180 Vertheuil, Tel. 05.56.41.95.20, Fax 05.56.41.97.25 n. V.

CH. NOAILLAC 1998

■ Cru bourg. 43 ha 203 000 8 à 11 €

86 88 91 92 93 94 |95| 96 97 98

Der Wein kommt von einem Weingut, das einen hohen Anteil junger Reben enthält, die auf einer Kieskuppe angepflanzt sind. Er zeigt sich in der Ansprache noch streng, aber die Tannine sind im Mittelbereich des Geschmacks gut umhüllt. Er hinterlässt einen Eindruck von delikaten Düften: kleine rote Früchte und ein eleganter Hauch von Menthol.

Ch. Noaillac, 33590 Jau-Dignac-et-Loirac, Tel. 05.56.09.52.20, Fax 05.56.09.58.75, E-Mail noaillac@noaillac.com n. V.

Xavier Pagès

CH. NOURET Elevé en fût de chêne 1998

■ 5,37 ha 29 000 5 à 8 €

Die Gebäude befinden sich zwar in Civrac, aber der Weinberg liegt in Bégadan. Dieser noch verschlossene Wein erweist sich als interessant aufgrund seines Gerüsts und seiner Aromen mit den Noten von Lakritze, Kakao und schwarzer Johannisbeere. Man muss ihm, wie jedem echten Médoc-Wein, Zeit lassen, damit sich Wein und Holz vereinigen können.

SCEA Ch. Nouret, 33340 Civrac-en-Médoc, Tel. 05.56.41.50.40, Fax 05.56.41.50.40 tägl. 8h–18h

Duhau

CH. PATACHE D'AUX 1998*

■ Cru bourg. 43 ha 300 000 11 à 15 €

82 83 **85** 86 88 **89** |90| 91 92 93 |94| 95 96 97 98

Ein hübscher Name, der an die Zeit der Postkutschen, der *«pataches d'aux»*, erinnert. Dieser auf einem tonigen Kalksteinboden erzeugte Wein, der 20 % Merlot mit den beiden Cabernet-Sorten sowie 3 % Petit Verdot kombiniert, besitzt eine schöne Persönlichkeit, aufgrund seines Bouquets von reifen roten Früchten ebenso wie aufgrund seines Geschmacks mit den gut extrahierten, seidigen Tanninen. Er bietet ein gutes Lagerpotenzial.

SA Patache d'Aux, 1, rue du 19-Mars, 33340 Bégadan, Tel. 05.56.41.50.18, Fax 05.56.41.54.65, E-Mail info@les-trois-chateaux.com n. V.

PAVILLON DE BELLEVUE 1998

■ k. A. 100 000 8 à 11 €

Die Liebhaber von Bauwerken werden die Ausbesserung der Dächer bemerken, die bei der Genossenschaftskellerei die Strenge des Stahlbetons aus den 50er Jahren gemildert hat. Die Tannine im Abgang, die noch ein wenig streng sind, müssen sich abrunden, aber der Wein ist recht sanft und bietet sympathische aromatische Noten von roten Früchten und Pflaume.

SCAV Pavillon de Bellevue, 1, rte de Peyressan, 33340 Ordonnac, Tel. 05.56.09.04.13, Fax 05.56.09.03.29 n. V.

CH. DU PERIER 1998**

■ Cru bourg. 7 ha 35 000 8 à 11 €

90 91 92 **93** 94 |95| 96 |97| **98**

Dieser Wein enthält 50 % Merlot; er ist zwölf Monate in Barriquefässern gereift, von denen 25 % neu waren. Seine rubinrote Farbe und seine kräftigen Düfte von schwarzer Johannisbeere und kleinen roten Früchten zeugen von seiner Jugendlichkeit. Der Geschmack bietet eine sanfte Ansprache und eine Struktur mit gut verschmolzenen Tanninen. Fleisch, Länge, Stoff, Reichtum. Dieser große Klassiker des Médoc muss acht bis zehn Jahre im Keller lagern.

Bruno Saintout, Cartujac, 33112 Saint-Laurent-Médoc, Tel. 05.56.59.91.70, Fax 05.56.59.46.13 n. V.

CH. PEY DE PONT
Vieilli en fût de chêne 1998*

■ Cru bourg. 1,7 ha 14 000 5 à 8 €

Der Cru, der 1998 die Genossenschaft verlassen hat, bestätigt seine Ambitionen mit diesem Wein, in dem in einem Médoc-typischen Verschnitt Cabernet Sauvignon (70 %) über Merlot dominiert. Die kräftige, strahlende Farbe bezaubert das Auge; das harmonische Bouquet mit feinen Noten von Backpflaume, schwarzer Johannisbeere und Gewürzen straft den Anblick nicht Lügen. Im Geschmack brauchen die Tannine noch Zeit (vier bis fünf Jahre), um sich abzurunden, aber sie sind Garanten für die Herkunft dieser Flasche, die eine Arbeit von großer Qualität belegt.

EARL Henri Reich et Fils, 3, rte du Port-de-Goulée, Trembleaux, 33340 Civrac-en-Médoc, Tel. 05.56.41.52.80, Fax 05.56.41.52.80 tägl. 8h–12h 13h30–18h

CH. PIGAUD 1998*

■ 4 ha k. A. 8 à 11 €

Dieser Wein, der vom gleichen Erzeuger wie der Château Bois de Roc stammt, trägt im Bouquet mit den fast brandigen Röstnoten ebenfalls den Stempel des Holzfasses. Doch im Geschmack fügt sich das Holz in den runden Stoff ein, den angenehme, kleine Tannine unterstützen. Ein ausgewogener, insgesamt schon gefälliger 98er, der trotzdem zwei bis drei Jahre lagern kann.

GAF Dom. du Taillanet, G. de Mour et Fils, 3, rue des Anciens-Combattants, 33460 Soussans, Tel. 05.57.88.94.17, Fax 05.57.88.39.14

CH. RAMAFORT 1998

■ Cru bourg. 17 ha k. A. 11 à 15 €

96 97 |98|

Auch wenn dieser Wein auf den gleichen Erzeuger wie der Château La Cardonne zurückgeht, zeigt er doch dank einer gleichgewichtigen Kombination der beiden Cabernet-Sorten seine eigene Persönlichkeit. Das Ergebnis ist ein würziger, recht konzentrierter 98er, der nach einer Lagerung von zwei bis drei Jahren und einer leichten Belüftung zeigt, was in ihm steckt.

Les Domaines CGR, rte de la Cardonne, 33340 Blaignan, Tel. 05.56.73.31.51, Fax 05.56.73.31.52, E-Mail mguyon@domaines-cgr.com Mo–Fr 8h30–12h 13h30–17h; Gruppen n. V.

CH. RENE GEORGES
Cuvée Prestige Elevé en fût de chêne 1998*

■ 3 ha 5 500 8 à 11 €

René Poitevin, ein ehemaliger Bäcker, der zum Weinbau übergewechselt ist und den Familienbetrieb übernommen hat, ist ein Handwerker geblieben, der gut gemachte Arbeit liebt. Wie könnte man daran zweifeln, wenn man den Glanz der Farbe dieser Cuvée Prestige bewundert oder sein hübsches Bouquet riecht, in dem sich Vanille harmonisch mit schwarzen Früchten verbindet? Der dichte, ausgewogene, samtige Geschmack steht dem in nichts nach. Er fordert zu einer fünf- bis sechsjährigen Einkellerung auf. Der ebenfalls im Holzfass ausgebaute **Château Poitevin** (Preisgruppe: 50 bis 69 F) hat eine lobende Erwähnung erhalten.

EARL Poitevin, 16, rue du 15-mars-62, 33590 Jau-Dignac-et-Loirac, Tel. 05.56.09.45.32, Fax 05.56.04.45.32, E-Mail chateau.poitevin@voila.fr tägl. 8h–20h

CH. ROLLAN DE BY 1998★★

■ Cru bourg. 30 ha 150 000 15 à 23 €
|89| 91 92 93 |94| (96) **97 98**

Wie gewohnt bietet der Cru einmal mehr einen gut gebauten Wein. Das geheime Einvernehmen zwischen den Merlot-Reben und dem tonigen Kiesboden hat gut funktioniert. Dieser tieffarbene 98er ist noch vom Holz geprägt. Aber er besitzt das Gerüst, das notwendig ist, um seinen Beitrag zu verdauen. Der Wein ist kräftig, fast wild; alles deutet darauf hin, dass er einen Aufenthalt von drei bis vier Jahren an einem stillen Ort im Keller verdient.

Jean Guyon, Ch. Rollan de By,
33340 Bégadan, Tel. 05.56.41.58.59,
Fax 05.56.41.37.82,
E-Mail info@rollandeby.com ☑ Ῑ n. V.

CH. SAINT-CHRISTOPHE 1998★

■ Cru bourg. 30 ha 50 000 11 à 15 €
94 |95| |96| 98

Der Wein trägt den alten Namen der Gemeinde, Saint-Christoly, die damals ein Pfarrbezirk war. In seiner Zusammenstellung ist er Médoc-typisch. Er ist fünfzehn Monate im Barriquefass ausgebaut worden und kann sich in einem Bouquet entfalten, in dem Wildnoten zu den roten Früchten hinzukommen. Die noch recht festen, nervigen Tannine müssen sich abrunden. Was sie nach einer Lagerung von einigen Jahren tun werden.

Patrick Gillet, Ch. Saint-Christophe,
33340 Saint-Christoly-Médoc,
Tel. 05.56.41.57.22, Fax 05.56.41.59.95
☑ Ῑ Mo–Fr 9h–18h30; Sa 9h–12h

CH. SAINT-HILAIRE
Vieilli en fût de chêne 1998

■ 8 ha 60 000 5 à 8 €

Von alten Windmühlen bis zur Wehrkirche – das Erbe von Queyrac ist unaufdringlich, aber nicht ohne Reize. Dementsprechend verbirgt dieser Wein im Augenblick ein wenig sein Potenzial, aber die Argumente fehlen ihm nicht. Die gut extrahierten, feinen Tannine bezeugen eine gewissenhafte Arbeit.

EARL Adrien et Fabienne Uijttewaal,
13, chem. de la Rivière, 33340 Queyrac,
Tel. 05.56.59.80.88, Fax 05.56.59.80.88
☑ Ῑ Mo–Fr 9h–12h 14h–18h

CAVE SAINT-JEAN Le Grand Art 1998★

■ k. A. 50 000 5 à 8 €

Die Kellerei Saint-Jean in Bégadan zählt zu den größten und tatkräftigsten im Médoc, beim Streben nach Qualitätskontrolle ebenso wie bei der Herkunftsgarantie der Trauben. Dieser Wein belegt ihre Gewissenhaftigkeit: Er bietet mit seiner lebhaften roten Farbe eine schöne Erscheinung und entfaltet ein komplexes, ausdrucksvolles Bouquet, in dem sich das Holz mit roten Früchten und Veilchen verbindet. Der sanfte, samtige, fleischige Geschmack, den reiche, harmonische Tannine unterstützen, besagt deutlich, dass es schade wäre, wenn man diese Flasche vor vier bis fünf Jahren öffnen würde.

Cave Saint-Jean, 2, rte de Canissac,
33340 Bégadan, Tel. 05.56.41.50.13,
Fax 05.56.41.50.78
☑ Ῑ Mo–Fr 8h30–12h30 14h–18h (Fr 17h); Sa 8h30–12h

CH. SIPIAN 1998

■ Cru bourg. 25 ha 90 000 8 à 11 €

Der Cru erstreckt sich auf 25 Hektar mit Garonne-Kies, die mit 60 % Cabernet Sauvignon, 35 % Merlot und 5 % Petit Verdot bestockt sind. Mit diesem 98er präsentiert er einen strahlenden Wein mit purpurroten Reflexen, der solide gebaut ist. Obwohl er im Abgang ein wenig schroff ist, hinterlässt er einen Eindruck von gefälligen Aromen, die Paprika- und Rauchnoten mit Lakritzenuancen verbinden. Drei bis vier Jahre aufheben.

Vignobles Méhaye, SC Ch. Sipian,
28, rte du Port-de-Goulée, 33340 Valeyrac,
Tel. 05.56.41.56.05, Fax 05.56.41.35.36,
E-Mail chateausipian@net-up.com ☑ Ῑ n. V.
B. und F. Méhaye

CH. TOUR BLANCHE 1998★

■ Cru bourg. 27 ha 167 000 8 à 11 €

Dieser Wein, der auf Garonne-Kies erzeugt und von einer markanten Persönlichkeit des Médoc, Dominique Hessel, präsentiert wird, füllt seine Rolle aus und ist im Geist der Halbinsel des Weins gehalten. Sein noch etwas verschlossenes Bouquet lässt eine gute Stärke erkennen, die sich gerade entwickelt. Der fleischige Geschmack mit köstlichen Tanninen bestätigt diesen Eindruck.

SVA Ch. Tour Blanche, 15, rte du Breuil,
33340 Saint-Christoly-Médoc,
Tel. 05.56.58.15.79, Fax 05.56.58.39.89,
E-Mail hessel@moulin-a-vent.com ☑ Ῑ n. V.

CH. TOUR CASTILLON 1998

■ Cru bourg. 10,47 ha 6 500 5 à 8 €

«Alles vergeht.» Man braucht viel Vorstellungskraft angesichts der wenigen Überreste, die auf diesem Gut erhalten geblieben sind, um sich in Erinnerung zu rufen, dass es sich an der Stelle einer der mächtigsten Festungen im mittelalterlichen Aquitanien befindet. Sein Wein ist typisch; er wird auf angenehme Weise von einem diskreten Holzton (Vanille und geröstetes Brot) unterstützt, der sich mit Noten roter Früchte vermischt, und ist fest, wenn auch nicht sehr dicht.

EARL Vignobles Peyruse,
3, rte du Fort-Castillon,
33340 Saint-Christoly-Médoc,
Tel. 05.56.41.54.98, Fax 05.56.41.39.19
☑ Ῑ Mo–Fr 9h–12h 13h30–18h; Sa, So n. V.

CH. TOUR HAUT-CAUSSAN 1998★★

■ Cru bourg. 16 ha 103 015 11 à 15 €
82 83 85 86 |89| |(90)| 91 92 93 94 **95 (96) 97 98**

Dieser Cru, berühmt wegen seiner Mühle, die sein Wahrzeichen bildet, profitiert von einem erstklassigen Terroir, einer Allianz von Kies und tonigem Kalkstein, und von der leidenschaftlichen Arbeit Philippe Courrians. Sein eleganter Wein bietet ein entfaltetes Bouquet (Traube, rote

Johannisbeere, Backpflaume). Seine Vollmundigkeit und seine Tannine, die sanft und zugleich fest sind, fordern dennoch auf, dass man diese Flasche nicht sofort aufmacht: Die Geduld wird in reichem Maße belohnt werden. Der lobend erwähnte Zweitwein, der **98er Château La Landotte** (Preisgruppe: 30 bis 49 F), ist recht ordentlich; man kann ihn 2002 öffnen.
Philippe Courrian, 33340 Blaignan,
Tel. 05.56.09.00.77, Fax 05.56.09.06.26
n. V.

CH. TOUR PRIGNAC 1998

Cru bourg. 135,08 ha 972 000 8 à 11 €

Der sechs Monate im Barriquefass ausgebaute Wein kommt von einem sehr großen Gut (insgesamt 250 ha), das der Gruppe Castel gehört. Er zeigt sich verführerisch in seinem aromatischen Ausdruck mit den warmen Noten von Holz, zerdrückten Erdbeeren und schwarzer Johannisbeere. Diesen runden, ausgewogenen 98er kann man sofort trinken oder zwei bis drei Jahre aufheben.
Castel Frères,
21-24, rue Georges-Guynemer,
33290 Blanquefort, Tel. 05.56.95.54.00,
Fax 05.56.95.54.20

TRADITION DES COLOMBIERS 1998

132,1 ha 100 000 8 à 11 €

Dieser Wein trägt den Stempel seines Ausbaus im Eichenfass, im Duft ebenso wie im Geschmack. Sein am aktuellen Trend ausgerichteter Charakter bestimmt ihn für die Liebhaber von sehr holzbetonten Weinen, auch wenn die Frucht später einmal ihren Platz zurückgewinnt.
Cave Les Vieux Colombiers,
23, rue des Colombiers,
33340 Prignac-en-Médoc, Tel. 05.56.09.01.02,
Fax 05.56.09.03.67
tägl. 8h30–12h30 14h–18h

CH. VERNOUS 1998

Cru bourg. 21,85 ha 90 000 5 à 8 €

Der Cru, ein Gut der Champagner-Firma Roederer, bietet mit diesem 98er einen gut gebauten Wein, dessen Tannine, die sich während der gesamten Verkostung entwickeln, noch zwei bis drei Jahre brauchen, um sich abzurunden.
SCA du Ch. Vernous, Saint-Trélody,
33340 Lesparre, Tel. 05.56.41.13.57,
Fax 05.56.41.21.12 n. V.

CH. VIEUX PREZAT 1998

k. A. 24 000 5 à 8 €

Dieser von der Firma Cheval-Quancard vertriebene Wein ist schlicht, aber gut gemacht. Er entfaltet einen angenehmen Duft mit feinen Noten von roten Früchten in Alkohol und verlangt keine lange Lagerung, um zu zeigen, was in ihm steckt.
Cheval-Quancard, La Mouline,
4, rue du Carbouney, 33560 Carbon-Blanc,
Tel. 05.57.77.88.88, Fax 05.57.77.88.99,
E-Mail chevalquancard@chevalquancard.com
n. V.

CH. VIEUX ROBIN Bois de Lunier 1998**

Cru bourg. 14,25 ha 55 000 11 à 15 €

|82| 83 |85| |86| 87 |88| |89| |90| 91 |93| 94 **95 96** 97 **98**

Maryse und Didier Roba, die Erben einer sechs Generationen umfassenden Familientradition, hätten sich damit zufrieden geben können, den Rang ihres Cru zu halten. Das war aber nicht der Fall, wie ihre Cuvée «Bois de Lunier» einmal mehr beweist. Dieser 98er, ein echter Wein zum Genießen, weist auf ein echtes Lagerpotenzial hin, mit der optimalen Qualität in acht bis zehn Jahren. Sein erstaunlicher aromatischer Reichtum, der von Kaffee und geröstetem Brot über Aprikose, Erdbeere und schwarze Früchte bis zu Quitte reicht, verspricht viele schöne Kommentare für das Kellerbuch.
SCE Ch. Vieux Robin, 33340 Bégadan,
Tel. 05.56.41.50.64, Fax 05.56.41.37.85,
E-Mail contact@chateau-vieux-robin.com
n. V.
Maryse und Didier Roba

Haut-Médoc

Das spezifische Gebiet der Appellation Haut-Médoc windet sich um die kommunalen Appellationen herum. Die Appellation Haut-Médoc ist mit einer Rebfläche von 4 387 ha und einer Produktion von 250 453 hl im Jahre 2000 die zweitgrößte. Ihre Weine genießen ein höheres Ansehen; teilweise ist das darauf zurückzuführen, dass in ihrem Gebiet fünf Crus classés liegen, während sich die anderen in den sechs kommunalen Appellationen befinden, die als Enklaven im Anbaubereich des Haut-Médoc eingeschlossen sind.

Im Médoc wurde die Klassifizierung der Weine 1855 vorgenommen, also fast ein Jahrhundert früher als in den anderen Weinbaugebieten. Das erklärt sich aus dem Vorsprung, den der Weinbau im Médoc ab dem 18. Jh. hatte; denn dort vollzog sich zum großen Teil das «Aufkommen der Qualität» mit der Entdeckung der Begriffe *«terroir»* und *«cru»*, d.h. die Erkenntnis, dass es einen Zusammenhang zwischen der natürlichen Umgebung und der Qualität des Weins gibt. Die Haut-Médoc-Weine sind durch ihren großzügigen Charakter gekennzeichnet, besitzen aber keine übermäßige Stärke. Sie zeigen echte Feinheit im Duft und bieten zumeist eine gute Alterungsfähigkeit. Dann sollte man sie temperiert trinken; sie passen sehr gut zu weißem Fleisch und Geflügel oder Wild mit hellem Fleisch. Aber wenn man sie jünger trinkt und gekühlt serviert, können sie auch andere Gerichte begleiten, wie etwa bestimmte Fische.

CH. D'AGASSAC 1998★★

■ Cru bourg. 23 ha 120 000 ◖◗ 11 à 15 €

95 96 97 98

Zwischen Reben und Mooren ragt eine richtige Festung auf, deren Türme sich im dunklen Wasser der wie eine Lagune wirkenden Burggräben spiegeln. Der Wein, der lange Zeit keinen Bezug zur berühmten Vergangenheit des Orts hatte, findet seit ein paar Jahren (1996 von Groupama gekauft) zu seinem Rang zurück. Es fällt schon schwer, sich nicht von der schwarzen Farbe dieses 98ers verführen zu lassen, aber es ist bestimmt nicht einfacher, der Feinheit seines Bouquets mit den Vanillenoten zu widerstehen. Der kräftige, konzentrierte Geschmack steht dem in nichts nach: Seine überaus seidigen Tannine garantieren eine schöne Lagerung, machen ihn aber trotzdem schon gefällig.

SCA du Ch. d'Agassac,
15, rue du Château-d'Agassac,
33290 Ludon-Médoc, Tel. 05.57.88.15.47,
Fax 05.57.88.17.61,
E-Mail contact@agassac.com ☑ Ⲧ n. V.
Groupama

CH. D'ARCHE 1998★

■ Cru bourg. 9 ha k. A. ◖◗ 15 à 23 €

90 91 92 93 |94| |95| **96** |97| |98|

Dieser von der Firma Mähler-Besse vertriebene Wein wird die treuen Anhänger des Cru durch die Tatsache, dass man ihn recht jung trinken kann, vielleicht ein wenig erstaunen. Aber sie werden nicht enttäuscht sein über seine Persönlichkeit, die seine Rundheit und sein harmonischer, fruchtiger Ausdruck besonders liebenswürdig machen.

SA Mähler-Besse, 49, rue Camille-Godard,
BP 23, 33026 Bordeaux, Tel. 05.56.56.04.30,
Fax 05.56.56.04.59,
E-Mail france.mahler-besse@wanadoo.fr
☑ Ⲧ n. V.

CH. ARNAULD 1998

■ Cru bourg. 25 ha 150 000 ◖◗ 11 à 15 €

82 83 85 (86) |88| |89| 91 92 |93| 95 96 97 98

Die heute bestehende Kirche des Marktfleckens Arcins ist zwar nicht älter als 1840, aber der Pfarrbezirk soll ein Priorat besessen haben, das am Jakobsweg nach Santiago de Compostela lag. Sollte dieser Cru ein entfernter Erbe davon sein? Die Frage darf Sie nicht daran hindern, diesen Wein mit dem frischen, mentholartigen Bouquet und der guten, delikaten, aber ausgewogenen Struktur in ein bis zwei Jahren zu genießen.

SCEA Theil-Roggy, Ch. Arnauld,
33460 Arcins, Tel. 05.57.88.89.10,
Fax 05.57.88.89.20
☑ Ⲧ Mo–Fr 8h30–12h 14h–17h30

CH. D'AURILHAC 1998★★

■ Cru bourg. 11 ha 86 000 ◖◗ 8 à 11 €

96 97 98

Dieser in der Qualität regelmäßige Cru, der im Preis vernünftig gehalten ist (eine Tatsache, die es verdient, dass man sie eigens herausstellt), bedenkt uns erneut mit einem gut gebauten Wein. Sein von einem soliden Stoff getragener 98er demonstriert mit Nachdruck seine Persönlichkeit durch eine schöne Farbe und ein überaus interessantes Bouquet mit Leder-, Erdbeer- und Gewürznoten. Der in der Ansprache füllige, kräftige, aromatische Geschmack verspricht eine günstige Entwicklung bei der Lagerung. Der **98er Château La Fagotte** vom gleichen Erzeuger hat eine lobende Erwähnung erhalten.

SCEA Ch. d'Aurilhac et La Fagotte,
Sénilhac, 33180 Saint-Seurin-de-Cadourne,
Tel. 05.56.59.35.32, Fax 05.56.59.35.32
☑ Ⲧ n. V.

CH. BARATEAU 1998★

■ Cru bourg. 15 ha 90 000 ▮◖◗↓ 8 à 11 €

85 86 |88| |89| |90| |93| |94| 95 96 |97| 98

Dieser Cru respektiert den Geist der Appellation und vergisst nicht die so genannten Nebensorten, Petit Verdot und Cabernet franc (jeweils 5 %), die Cabernet Sauvignon und Merlot ergänzen. Sein 98er ist aufgrund seines Bouquets mit den Noten kandierter Früchte schon gefällig, aber man kann ihn trotzdem zwei bis vier Jahre aufheben. Sein Abgang muss sich noch abrunden, auch wenn seine Tannine schon sanft sind.

Sté Fermière Ch. Barateau,
33112 Saint-Laurent-Médoc,
Tel. 05.56.59.42.07, Fax 05.56.59.49.91,
E-Mail cb@hroy.com ☑ Ⲧ n. V.
Familie Leroy

CH. BARREYRES 1998★

■ Cru bourg. k. A. 546 300 ◖◗ 11 à 15 €

Der vor dreißig Jahren von der Familie Castel erworbene Cru bildet ein fast 100 ha großes Gut, das ein imposantes, um 1880 von Baron Dupérier de Larsan errichtetes Château beherrscht. Nach dem Vorbild des Besitzers befindet sich der Wein in der besten Médoc-Tradition, mit einer dichten, tiefen Farbe, die eine gut gebaute Cuvée ankündigt. Seine ausgewogene, runde Struktur wird von einem spürbaren, aber unaufdringlichen Holzton unterstützt.

Castel Frères,
21-24, rue Georges-Guynemer,
33290 Blanquefort, Tel. 05.56.95.54.00,
Fax 05.56.95.54.20 ☑

CH. BEAUMONT 1998★

■ Cru bourg. 105 ha 500 000 ◖◗ 11 à 15 €

86 88 89 **90** 93 94 |95| 96 |97| 98

Dieses Château ist nicht nur wegen seiner Architektur recht erstaunlich, sondern auch aufgrund einiger seiner früheren Besitzer: ein bretonischer Adliger, ein Minister aus Honduras, ein Pariser Industrieller, Mailänder, ein Oberstleutnant und ein venezolanischer Senator. Der kräftig gebaute Wein, den ein Bouquet mit Röst-

noten begleitet, hat ebenfalls keinen Mangel an Persönlichkeit. Seine reifen Tannine mit Holzaromen laden dazu ein, ihn zwischen 2004 und 2008 zu trinken.
SCE Ch. Beaumont,
33460 Cussac-Fort-Médoc, Tel. 05.56.58.92.29,
Fax 05.56.58.90.94,
E-Mail chateau.beaumont@wanadoo.fr
n. V.

CH. BELGRAVE 1998**

5ème cru clas. 55 ha 245 000 15 à 23 €
82 83 84 85 86 87 88 89 (90) 91 92 93 |94| 95 96 97 98

Wie könnte man den Namen des Cru nicht mit dem Terroir in Vergangenheit bringen? Dennoch bezieht er sich auf ein Viertel in London, in dem einer der alten Besitzer wohnte. Aber die Qualität der Kiesböden hat es dem Team Jacques Bégarie und Merete Larsen bestimmt einmal mehr ermöglicht, diesen 98er zu erzeugen. Er stützt sich auf fette, kräftige Tannine und beweist durch sein Bouquet mit den feinen Frucht- und Holznoten echte Vornehmheit. Der Wein ist gut gebaut, so dass er in vier bis fünf Jahren einen sehr hübschen Tropfen abgeben wird. Der Zweitwein, der **98er Diane de Belgrave** (Preisgruppe: 50 bis 69 F), konkurriert nicht mit dem großen Bruder, wird aber wegen seiner Fruchtigkeit und seiner verschmolzenen Tannine lobend erwähnt.
Dourthe, Ch. Belgrave, 35, rue de Bordeaux, 33290 Parempuyre, Tel. 05.56.35.53.00,
Fax 05.56.35.53.29, E-Mail contact@cvbg.com
n. V.

CH. BEL ORME
Tronquoy de Lalande 1998

Cru bourg. 26 ha 150 000 11 à 15 €
|95| |96| 97 98

Die Gemeinde Saint-Seurin-de-Cadourne besitzt zwar kein großes, Aufsehen erregendes Bauwerk, enthält aber viele kleine Châteaus, darunter dieses hier, dessen für die Gironde sehr typischer Bau bisweilen Victor Louis zugeschrieben wird. Sein unaufdringlich duftender 98er, den eine gute Tanninstruktur unterstützt, ist noch stark vom Barriquefass geprägt. Aufmachen kann man ihn in zwei bis drei Jahren.
Jean-Michel Quié, Ch. Bel Orme,
33180 Saint-Seurin-de-Cadourne,
Tel. 05.56.59.38.29, Fax 05.56.59.72.83
n. V.

CH. BERNADOTTE 1998*

Cru bourg. 30 ha k. A. 15 à 23 €

Auch wenn dieses elegante Château erst von 1860 stammt, verdankt das Gut seinen Namen einem der Vorfahren des berühmten Marschalls des Ersten Kaiserreichs. Der Wein mit den feinen, würzigen Aromen profitiert von einem schönen Kiesboden und vom Können der Mannschaft von Pichon Comtesse (Pauillac). Er stützt sich auf gut extrahierte Tannine und einen mit Fingerspitzengefühl dosierten Ausbau und lässt ein solides Lagerpotenzial erkennen.
SC Ch. Le Fournas, Le Fournas-Nord,
33250 Saint-Sauveur, Tel. 05.56.59.57.04,
Fax 05.56.59.57.04 n. V.
May-Eliane de Lencquesaing

CH. BERTRAND BRANEYRE 1998

Cru bourg. 13,9 ha 60 000 11 à 15 €

Erzeugt worden ist dieser sanfte, ansprechende Wein in Cissac, einer Gemeinde, wo der Weinbau gegenwärtig einen echten Neuanfang erlebt. Er erregt die Aufmerksamkeit durch den klaren, liebenswürdigen Charakter seines Bouquets mit den Noten von Kirsche, schwarzer Johannisbeere und Haselnuss. Nachdem der Cru zwei Jahrhunderte im Besitz der Familie seines Gründers geblieben war, wurde er 1993 von Ludwig Cooreman erworben.
SARL Famille L. Cooreman,
13, rue de la Croix-des-Gunes,
33250 Cissac-Médoc, Tel. 05.56.59.54.03,
Fax 05.56.59.59.46 n. V.

LES BRULIERES DE BEYCHEVELLE 1998*

13 ha 84 000 11 à 15 €

Dieser Wein kommt von einem Weinberg im Haut-Médoc, der zu Château Beychevelle, einem der elegantesten Weinschlösser des Bordelais (AOC Saint-Julien), gehört, und besitzt Präsenz. Er beginnt mit einem dichten Purpurrot und entfaltet ein hübsches Bouquet von reifen Trauben. Die noch ein wenig strenge Struktur enthüllt einen guten Stoff, der nach einer drei- bis vierjährigen Lagerung verlangt.
SC Ch. Beychevelle,
33250 Saint-Julien-Beychevelle,
Tel. 05.56.73.20.70, Fax 05.56.73.20.71,
E-Mail beychevelle@beychevelle.com
Mo–Fr 10h–12h 14h–17h; Gruppen n. V.
Grands Millésimes de France

CH. DU BREUIL 1998*

Cru bourg. 16 ha 60 000 8 à 11 €

Die alte Burg, die heute zerfallen ist, bleibt in der Erinnerung erhalten, so groß ist die Zahl der mysteriösen Erzählungen, die sie hervorgerufen hat. Ihr deutlicher, kräftiger 98er hingegen hat nichts Geheimnisvolles: Er zeigt eine schöne, dunkle Farbe und weist sofort auf seine Qualitäten hin, ob es sich nun um sein sehr ausdrucksvolles Bouquet mit animalischen Noten oder um sein Gerüst handelt, das eine hübsche Lagerfähigkeit verspricht. Ein großer Klassiker des Haut-Médoc.
Vialard, Ch. Cissac, 33250 Cissac-Médoc,
Tel. 05.56.59.58.13, Fax 05.56.59.55.67,
E-Mail marie.vialard@chateau-cissac.com
n. V.

CH. CAMBON LA PELOUSE 1998**

Cru bourg. 32 ha 210 000 8 à 11 €

Die Keller, die stark an eine kalifornische *winery* erinnern, zeugen mit ihrem modernen Charakter von den Anstrengungen, die die Mannschaft des Guts unternommen hat. Sie haben sich positiv ausgewirkt, wie dieser 98er beweist. Kein Schwachpunkt in der Erscheinung: Auf die intensive Farbe folgt ein feines, komplexes Bouquet mit hübschen Noten von Holz und kleinen roten Früchten. Der füllige, kräftige Geschmack, den verschmolzene Tannine unterstützen, hinterlässt die Erinnerung an einen gelungenen Wein, den man vier bis fünf Jahre einkellern kann.

🔑 Jean-Pierre Marie, SCEA Cambon La Pelouse, 5, chem. de Canteloup, 33460 Macau, Tel. 05.57.88.40.32, Fax 05.57.88.19.12 ☑ 🍷 n. V.

CH. CAMENSAC 1998★★

■ 5ème cru clas. 70 ha 285 000 ⏸ 23 à 30 €

85 86 |88| 92 94 (95) (96) |97| 98

Camensac, das in den letzten drei Jahren sehr schöne Liebeserklärungen erhielt, nimmt eine Kuppe mit tiefem Kies ein. Seine Farbe, ein tiefes Rubinrot, sein Bouquet, das reife Früchte mit Backpflaume verbindet, und sein Geschmack mit den umhüllten, leicht würzigen Tanninen könnten sehr viele Crus eifersüchtig machen. Dieser Wein verlangt unbestreitbar einen Aufenthalt von gut fünf Jahren im Keller.

🔑 Ch. Camensac, rte de Saint-Julien, BP 9, 33112 Saint-Laurent-Médoc, Tel. 05.56.59.41.69, Fax 05.56.59.41.73 ☑ 🍷 n. V.

CH. CANTEMERLE 1998★★

■ 5ème cru clas. 67 ha 300 000 ⏸ 23 à 30 €

81 82 83 (85) 86 87 |88| |(89)| |90| 91 92 |93| |94| 95 96 97 98

Auch wenn sein Park, der um 1850 von L.-B. Fischer entworfen wurde, stark unter dem Sturm von 1999 litt, bleibt das Château dennoch ein schönes Gut. Sein noch ein wenig vom Ausbau geprägter 98er zeigt, dass er über die Mittel verfügt, um sich in den kommenden Jahren günstig zu entwickeln: eine intensive Farbe, ein Bouquet, dessen Komplexität sich an der Luft zeigt, und eine sehr lange Struktur, die Tannine ohne jegliche Rauheit unterstützen.

🔑 SC Ch. Cantemerle, 1, chem. Guittot, 33460 Macau, Tel. 05.57.97.02.82, Fax 05.57.97.02.84, E-Mail cantemerle@cantemerle.com 🍷 n. V.
🔑 groupe SMABTP

CH. DU CARTILLON 1998★

■ Cru bourg. 45 ha 300 000 ⏸ 8 à 11 €

Dieser Cru, ein schönes Gebäude an der Grenze zu Moulis und Cussac, besitzt ein erstklassiges Terroir mit Kiesböden. Dort hat es diesen 98er mit einem Médoc-typischen Verschnitt erzeugt. Sein Wein, der durch die Frische seines Bouquets mit den Düften von roten Früchten und Vanille verführt, ist im Geschmack ausgewogen. Man muss ihn zwei bis drei Jahre aufheben.

🔑 EARL Vignobles Robert Giraud, Ch. du Cartillon, 33460 Lamarque, Tel. 05.57.43.01.44, Fax 05.57.43.08.75, E-Mail direction@robertgiraud.com ☑

DOM. DE CARTUJAC 1998

■ Cru paysan 7 ha 25 000 ⏸ 5 à 8 €

Der noch ein wenig rustikale Wein beweist trotzdem Feinheit in seinem aromatischen Ausdruck mit den Noten von schwarzen Früchten und Geröstetem. Er wird zu recht fettem Geflügel schmecken.

🔑 Bruno Saintout, SCEA de Cartujac, 20, Cartujac, 33112 Saint-Laurent-Médoc, Tel. 05.56.59.91.70, Fax 05.56.59.46.13 ☑ 🍷 n. V.

CH. CHARMAIL 1998★★

■ Cru bourg. 22 ha 107 000 ▮⏸🌡 11 à 15 €

88 89 90 91 92 93 |94| |95| (96) 97 98

Aller guten Dinge sind drei: Charmail erhält erneut eine Liebeserklärung. Es reicht schon aus, wenn man seine herrliche Farbe betrachtet, ein strahlendes, dunkles Purpurrot, um zu begreifen, warum. Die Struktur, die über äußerst reife Tannine verfügt, hält ihre Versprechen und kündigt eine Lagerfähigkeit von fünf bis zehn Jahren an. Die Aromenpalette reicht von Tuberosen bis zu Braten und Röstung, bevor sie am Gaumen Gewürze enthüllt. Die Harmonie, die Stärke und die Ausgewogenheit bezeugen eine schöne Vinifizierungsarbeit und eine gut durchgeführte Extraktion.

🔑 Olivier Sèze, Ch. Charmail, 33180 Saint-Seurin-de-Cadourne, Tel. 05.56.59.70.63, Fax 05.56.59.39.20 ☑ 🍷 n. V.

CHEVALIERS DU ROI SOLEIL 1998★

■ 5 ha 13 600 ▮ 5 à 8 €

Cussac, das den Zufahrtskanal zum «Hafen des Mondes» kontrollierte, wurde von dem Baumeister Vauban mit einem Fort versehen, dessen schöne Giebeldreiecke Ludwig XIV. ehren. Dennoch schöpft dieser sanfte, angenehm fruchtige Wein seinen humorvollen Ton eher aus dem Geist der Aufklärung als aus der großen Strenge der Klassik. Von der gleichen Kellerei hat der

Fort du Roy, Le Grand Art (Preisgruppe: 50 bis 69 F), eine lobende Erwähnung erhalten.
SCA les Viticulteurs du Fort-Médoc, 105, av. du Haut-Médoc, 33460 Cussac-Fort-Médoc, Tel. 05.56.58.92.85, Fax 05.56.58.92.86 n. V.

CH. CISSAC 1998**

■ Cru bourg. 36 ha 240 000 15 à 23 €

Dieses Familiengut, das im 19. Jh. von einem Vorfahren des heutigen Besitzers durch Vereinigung mehrerer kleiner Crus geschaffen wurde, besitzt mit der Abtei Vertheuil und dem Chor der Kirche von Cissac (12. Jh.) eine interessante kulturelle Umgebung. Sein nuancenreicher 98er bringt die Persönlichkeit der Médoc-typischen Zusammenstellung, bei der Merlot (20 %) und Petit Verdot die Rebsorte Cabernet Sauvignon (75 %) begleiten, perfekt zum Ausdruck. Das kräftige, elegante Bouquet setzt auf Noten von Früchten und Vanille und lässt sofort die Vornehmheit des Weins erkennen. Der reiche, fette, kräftig gebaute Geschmack verlangt nach einer drei- bis vierjährigen Lagerung.
Vialard, Ch. Cissac, 33250 Cissac-Médoc, Tel. 05.56.59.58.13, Fax 05.56.59.55.67, E-Mail marie.vialard@chateau-cissac.com
n. V.

CH. CITRAN 1998**

■ Cru bourg. 90 ha 310 002 15 à 23 €
88 |89| (90) 91 92 93 |94| (95) 96 97 98

Ein Gebäude aus dem 18. Jh., umgeben von Wassergräben, die Erbe einer mittelalterlichen Burg sind – das hohe Alter des Guts steht außer Frage. Dieser Wein, der eine sehr dichte Farbe zeigt und unauffällig duftet, mit angenehmen Röst- und Gewürznoten, entfaltet eine solide Tanninstruktur. Er ist fett, kräftig und lang und muss lagern.
Antoine Merlaut, SA Ch. Citran, 33480 Avensan, Tel. 05.56.58.21.01, Fax 05.57.88.84.60, E-Mail taillan@wanadoo.fr
n. V.

CH. CLEMENT-PICHON 1998**

■ Cru bourg. 25 ha 115 000 11 à 15 €
85 86 88 89 90 94 |95| 97 **98**

Während die Architektur des Schlosses, die von der Fassade von Chenonceau inspiriert ist, an die Loire denken lässt, reiht sich der Wein ganz in die Tradition des Médoc ein. Er hat eine granatrote Farbe und bietet ein Beispiel für einen tanninreichen und zugleich sanften Wein. Er wird vom Holz gut unterstützt und zeigt sich verführerisch aufgrund seiner Vanille- und Röstaromen wie auch aufgrund seines runden, weichen, samtigen Charakters, lässt aber zugleich einen reichen Stoff erkennen. Man muss ihn fünf bis sechs Jahre aufheben.
Clément Fayat, Château Clément-Pichon, 33290 Parempuyre, Tel. 05.56.35.23.79, Fax 05.56.35.85.23, E-Mail info@vignobles.fayat-group.com
Mo–Fr 9h–13h 14h–18h

CH. COLOMBE PEYLANDE

L'aïeul Léontin 1998

■ 1 ha 5 000 11 à 15 €

Diese in recht geringer Stückzahl produzierte Cuvée, die von über 25 Jahren alten Reben stammt, ist noch rustikal. Aber ihre Ausgewogenheit und ihr Bouquet mit den Noten von grüner Paprikaschote und Backpflaume dürften in drei bis vier Jahren einen hübschen Tropfen ergeben.
EARL Dedieu-Benoit, 6, chem. des Vignes, 33460 Cussac-Fort-Médoc, Tel. 05.56.58.93.08, Fax 05.57.88.50.81 n. V.

CH. DE COUDOT 1998

■ Cru artisan 5 ha 30 000 8 à 11 €

Dieser Cru, ein Neuling im Hachette-Weinführer, bietet hier einen recht typischen Wein. Er kommt in einem Bouquet mit feinen Noten von roten Früchten und Vanille zum Ausdruck und entfaltet kräftige, reiche Tannine, die einen erstklassigen Gesamteindruck hervorrufen.
SC du Ch. de Coudot, 9, imp. de Coudot, 33460 Cussac-Fort-Médoc, Tel. 05.56.58.90.71, Fax 05.57.88.50.47 n. V.
Blanchard

CH. COUFRAN 1998*

■ Cru bourg. 76 ha 500 000 11 à 15 €
82 83 85 86 88 89 90 93 94 |95| **96** 97 98

Die gleiche Gemeinde und derselbe Erzeuger wie bei Château Verdignan, aber ein anderes Terroir (trockener Kies und Kiessand) und eine unterschiedliche Bestockung (85 % Merlot). Das Ergebnis ist ein Wein, der seine eigene Persönlichkeit entfaltet. Der dichten Struktur des Verdignan entspricht hier ein runder, einschmeichelnder Charakter, der sich am Gaumen ebenso wie in der Nase zeigt, auch wenn seine Fruchtigkeit im Augenblick ein wenig vom Holz überdeckt wird.
SCA Ch. Coufran, 33180 Saint-Seurin-de-Cadourne, Tel. 05.56.59.31.02, Fax 05.56.59.32.85 n. V.
Miailhe

CH. DILLON 1998*

■ Cru bourg. 38 ha 160 000 8 à 11 €
82 83 85 (86) |88| |89| |90| 91 93 |94| |95| |96| |97| 98

Zweifellos verdankt Château Dillon seinem Status als Fachoberschule für Landwirtschaft, dass es einer der letzten Crus ist, die im Gebiet von Blanquefort der Urbanisierung trotzen. Sein Wein, der aufgrund seiner Farbe und seines Bouquets recht typisch ist, bildet ein Argument, das seinen Widerstand rechtfertigt. Er stützt sich auf sanfte Tannine, auf die der Ausbau Rücksicht genommen hat, und besitzt ein gutes Potenzial.
Lycée agricole de Blanquefort, Ch. Dillon, BP 113, 33290 Blanquefort, Tel. 05.56.95.39.94, Fax 05.56.95.36.75, E-Mail chateau-dillon@chateau-dillon.com
n. V.
Landwirtschaftsministerium

CH. DE GIRONVILLE 1998*

■ Cru bourg. 9 ha 63 000 8à11€

Das Château aus dem 18. Jh., Erbe einer alten Burg, die vielleicht auf dem Boden eines galloromanischen Landguts entstand, ist mit aufregenden Sagen verbunden. Nichts Schauerliches findet man hingegen bei diesem Wein mit der frischen, intensiven Farbe. Das harmonische Bouquet bietet Gewürz-, Röst- und Paprikanoten. Der Geschmack ist sanft und rund, bleibt aber trotzdem füllig und zeigt eine gute Beständigkeit der Tannine. Es empfiehlt sich, diesen 98er zwei bis drei Jahre aufzuheben. Der **98er Château Belle-Vue** (Preisgruppe: 100 bis 149 F) von einem Cru, der dem gleichen Erzeuger gehört, hat eine lobende Erwähnung erhalten.

SC de La Gironville, 69, rte de Louens, 33460 Macau, Tel. 05.57.88.19.79, Fax 05.57.88.41.79 Y n. V.

CH. GRANDIS 1998*

■ Cru bourg. 9,6 ha 48 970 8à11€

88 |89| |90| 91 92 |93| |95| 96 |97| 98

François Vergez entstammt einer Familie, die in Saint-Seurin seit dem 17. Jh. ansässig ist, und kennt das Terroir dieser Gemeinde wirklich. Er schafft die aromatische Vereinigung von Holz (Vanille und Röstungsnoten) und Frucht. Der sanfte, gut gebaute Geschmack stützt sich auf noch spürbare Tannine, die sich innerhalb von zwei bis drei Jahren abrunden dürften.

François-Joseph Vergez, Ch. Grandis, 33180 Saint-Seurin-de-Cadourne, Tel. 05.56.59.31.16, Fax 05.56.59.39.85 Y n. V.

DOM. GRAND LAFONT 1998*

■ Cru artisan k. A. 15 000 8à11€

82 85 86 88 89 90 91 |93| 94 |95| |96| |97| 98

Dieser Wein kommt aus Ludon, einer Gemeinde im Süden des Haut-Médoc, die eine interessante Kirche mit einem befestigten Glockenturm besitzt. Er ist auf schönen Kiesböden erzeugt worden und hat eine dunkle Farbe. Er verheimlicht nicht, dass er 24 Monate lang in Barriquefässern gereift ist, von denen 25 % neu waren: Sein Geruchseindruck ist reich an Holznoten, die jedoch nicht die Frucht überdecken. Der Geschmack folgt im gleichen Register nach, solide, weinig, mit einem intensiven, aber gut eingebundenen Holzton. Alles fordert zu einer Lagerung von drei bis vier Jahren auf.

M. et Mme Lavanceau, Dom. Grand Lafont, 33290 Ludon-Médoc, Tel. 05.57.88.44.31, Fax 05.57.88.44.31 Y n. V.

CH. GUITTOT-FELLONNEAU 1998

■ Cru artisan 3,8 ha 21 000 8à11€

Dieser Cru, ein Gut mit Landgasthof, kombiniert 50 % Merlot mit den beiden Cabernet-Sorten. Der Wein zeigt ein tiefes Rubinrot. Der sanfte, kräftig gebaute Geschmack harmoniert mit dem fruchtigen Bouquet.

Guy Constantin, Ch. Guittot-Fellonneau, 33460 Macau, Tel. 05.57.88.47.81, Fax 05.57.88.09.94 Y n. V.

CH. HANTEILLAN 1998

■ Cru bourg. 55 ha 408 000 8à11€

Nach einer tiefen Farbe mag das Bouquet schüchtern erscheinen. Aber seine Feinheit findet man im milden Charakter des recht ausdrucksvollen Geschmacks wieder, der zu der fast seidigen Textur passt. Ein sympathischer Wein, den man jung trinken kann.

SA Ch. Hanteillan, 12, rte d'Hanteillan, 33250 Cissac, Tel. 05.56.59.35.31, Fax 05.56.59.31.51

Y Mo–Do 9h–12h 14h–17h30; Fr 9h–12h

CH. HAUT-BREGA 1998*

■ 8 ha 48 000 8à11€

Dieser in Saint-Seurin erzeugte Wein, der aus 65 % Cabernet besteht, kombiniert mit Merlot, hat eine gute Provenienz. Man zweifelt nicht daran, wenn man seine rubinrote Farbe betrachtet und sein Bouquet mit den fruchtigen und würzigen Noten riecht oder seine Struktur genießt. Er ist gut gebaut und demonstriert seinen Haut-Médoc-Charakter durch seine Solidität.

Joseph Ambach, 16, rue des Frères-Razeau, 33180 Saint-Seurin-de-Cadourne, Tel. 05.56.59.70.77, Fax 05.56.59.62.50, E-Mail cht.haut.brega@wanadoo.fr

Y tägl. 10h–18h; im Winter n. V.

CH. HAUT-LOGAT 1998

■ Cru bourg. k. A. k. A. 5à8€

Marcel und Christian Quancard sind die Besitzer dieses Cru, der einen solide gebauten Wein erzeugt hat, den eine breite Aromenpalette (Früchte, Tabak, Lakritze) bestimmt. Ihr 98er wird seinen Höhepunkt in zwei Jahren erreichen. Die von der gleichen Firma im selben Jahrgang präsentierten **Château La Croix Margautot** und der **Château Tour Saint-Joseph** haben eine lobende Erwähnung erhalten.

Cheval-Quancard, La Mouline, 4, rue du Carbouney, 33560 Carbon-Blanc, Tel. 05.57.77.88.88, Fax 05.57.77.88.99, E-Mail chevalquancard@chevalquancard.com Y n. V.

CH. HENNEBELLE 1998

■ 10,5 ha 60 000 5à8€

Dieser auf Kies und Kiessand erzeugte Wein besteht aus 50 % Merlot, 48 % Cabernet Sauvignon und 2 % Cabernet franc. Er ist körperreich und kraftvoll und besitzt echte Trümpfe, darunter ein gutes Gerüst und diskrete, aber interessante Aromen (Humus, Unterholz). Ein ehrlicher Wein.

Pierre Bonastre, 21, rte de Pauillac, 33460 Lamarque, Tel. 05.56.58.94.07, Fax 05.57.88.51.13 Y tägl. 8h–12h 15h–19h

CH. JULIEN 1998*

■ Cru bourg. 15 ha 70 000 8à11€

Dieser Wein, der vom gleichen Erzeuger wie der Château Cap Léon Veyrin (Listrac) stammt, trägt in seinem Bouquet den Stempel der Hauptrebsorte (Merlot mit 55 %). Sein fetter, lang anhaltender, fülliger Geschmack bezeugt ein gutes Lagerpotenzial.

🔑 SCEA Vignobles Alain Meyre,
Ch. Cap Léon Veyrin, 33480 Listrac-Médoc,
Tel. 05.56.58.07.28, Fax 05.56.58.07.50
☑ Ῑ Mo–Sa 9h–12h 14h–18h

KRESSMANN GRANDE RESERVE 1998*

■ k. A. k. A. 5 à 8 €

Ein Verschnitt von Partien, die von sorgfältig ausgewählten Weinbergbesitzern stammen, im Barriquefass ausgebaut. Dieser Wein bietet ein Bouquet, das aufgrund seiner Vanille-, Mandel- und Konfitürenoten sympathisch ist. Trotz seiner liebenswürdigen Seite enthüllt er eine gute Struktur mit Volumen, «Fett» und Tanninen ohne Rauheit. Eine erstklassige Arbeit, die verdient, dass man diese Flasche drei bis fünf Jahre aufhebt.

🔑 Kressmann, 35, rte de Bordeaux,
33290 Parempuyre, Tel. 05.56.35.53.00,
Fax 05.56.35.53.29,
E-Mail contact@cvbg.com Ῑ n. V.

CH. LACOUR JACQUET 1998

■ 5 ha 35 000 8 à 11 €

89 90 94 |95| |96| 97 98

Dieser Wein stammt von einem Cru, der möglicherweise früher am Jakobsweg nach Santiago de Compostela lag und 60 % Cabernet Sauvignon, 35 % Merlot, 3 % Cabernet franc und 2 % Petit Verdot kombiniert. Er hat eine anziehende karminrote Farbe, ist aber noch ein wenig streng in seinem tanninreichen Ausdruck, der die Frucht nicht überdeckt. «Ich mag diesen kräftigen Wein sehr, der sich innerhalb von drei bis vier Jahren abrunden dürfte», notierte ein Verkoster.

🔑 GAEC Lartigue, 70, av. du Haut-Médoc,
33460 Cussac-Fort-Médoc, Tel. 05.56.58.91.55,
Fax 05.56.58.94.82 ☑ Ῑ tägl. 10h–18h

CH. LA FON DU BERGER 1998*

■ 16 ha 60 000 8 à 11 €

Das 1983 geschaffene Gut ist zwar nicht sehr alt, macht aber eine gute Figur mit diesem Wein, dessen Komplexität während der gesamten Verkostung bestehen bleibt. Früchte, Kokosnuss, Vanille – die Aromen verschmelzen harmonisch. Dieser füllige, tanninreiche 98er verdient, dass man ihn zwei bis drei Jahre lagert.

🔑 Gérard Bougès, Le Fournas,
33250 Saint-Sauveur, Tel. 05.56.59.51.43,
Fax 05.56.73.90.61 ☑ Ῑ tägl. 9h–12h 14h–18h

CH. LA HOURINGUE 1998

■ Cru bourg. 28 ha 150 000 11 à 15 €

Der Wein, der 55 % Merlot enthält, stammt von Reben, die hinter dem Polofeld von Giscours wachsen, dem Gut, zu dem dieser Cru gehört. Er beweist Originalität durch die Anis- und Mentholnoten, die sich mit den Aromen roter Früchte vermischen. Seine optimale Qualität dürfte dieser sanfte, angenehme 98er in zwei Jahren erreichen.

🔑 SAE Ch. Giscours, 10, rte de Giscours,
33460 Labarde, Tel. 05.57.97.09.09,
Fax 05.57.97.09.00,
E-Mail giscours@chateau-giscours.fr Ῑ n. V.
🔑 Eric Albada Jelgersma

CH. LA LAGUNE 1998**

■ 3ème cru clas. k. A. k. A. 15 à 23 €

75 78 |81| |82| 83 85 |86| 87 88 (89) **90** 91 92 |93| 94 **95 96 97 98**

Ein sicherer und anerkannter Wert der Halbinsel Médoc, wegen seines kleinen Landhauses, einer unvermeidlichen Station jeder Weinreise, aber auch wegen seines Weins, der durch seine Bestockung (55 % Cabernet Sauvignon, 15 % Cabernet franc, 10 % Merlot) Médoc-typisch ist. Dieser hier wurde im Eichenfass ausgebaut und zeigt ein kräftiges, strahlendes Rubinrot. Seine Persönlichkeit beweist er durch sein Bouquet mit den Schokolade- und Toastnoten. Er ist solide gebaut und stützt sich auf harmonische Tannine und einen schönen Stoff. Man sollte ihn für vier bis fünf Jahre einkellern.

🔑 Ch. La Lagune, 81, av. de l'Europe,
33290 Ludon-Médoc, Tel. 05.57.88.82.77,
Fax 05.57.88.82.70 Ῑ n. V.
🔑 M. Ducellier

CH. DE LAMARQUE 1998*

■ Cru bourg. 35,72 ha 180 000 11 à 15 €

83 86 88 89 90 **91** 92 93 94 95 |96| 97 98

Das kleine Dorf Lamarque, in das die Passagen der Fähre von Blaye Leben bringen, kann ein wenig Stolz aus seinem Schloss ziehen, das hier mit seinen Türmen seit dem Hundertjährigen Krieg aufragt. Sein 98er erhebt Anspruch auf eine viel kürzere Lebensdauer. Aber seine Eleganz und seine Ausgewogenheit (er ist gut ausgebaut und körperreich) machen es möglich, dass er in zwei Jahren angenehm mundet und rund zehn Jahre altert. Der kleine Bruder des Château de Lamarque, der **98er Château Cap de Haut** (Preisgruppe: 50 bis 69 F), erhält eine lobende Erwähnung; er ist trinkreif.

🔑 Gromand d'Evry, Ch. de Lamarque,
33460 Lamarque, Tel. 05.56.58.90.03,
Fax 05.56.58.93.43,
E-Mail chdelamarq@aol.com ☑ Ῑ n. V.

CH. LAMOTHE-CISSAC 1998

■ Cru bourg. 33 ha 200 000 8 à 11 €

85 86 89 |90| |94| **95** 96 |98|

Dieser Cru im tiefsten Inneren des rätselhaften Médoc ist der Erbe eines römischen Landguts, wie der Ortsname und die Archäologie belegen. Obwohl dieser Wein ein wenig vom Holz dominiert wird, muss man ihn jung trinken, in einem Jahr, wenn man in den vollen Genuss seines Bouquets mit den Noten von Unterholz, Früchten in Alkohol, Röstaroma und Zedernholz kommen möchte. «Gute Ausgewogenheit von Anfang bis Ende», notierte ein Verkoster.

🔑 SC Ch. Lamothe, BP 3,
33250 Cissac-Médoc, Tel. 05.56.59.58.16,
Fax 05.56.59.57.97,
E-Mail domaines.fabre@enfrance.com
☑ 🍷 n. V.

CH. LANESSAN 1998*

■ Cru bourg. k. A. 280 000 🛢 15à23€

86 88 |90| 91 92 |93| |94| 95 96 |97| 98

Die Architektur des Châteaus und der Keller, die lange Dauer der Familientradition (seit 1793), die Rolle des Guts bei der Entstehung des Weintourismus, das Terroir ... Lanessan ist untrennbar mit der Geschichte des Weinbaus im Médoc und sogar mit dem französischen Weinbau verbunden. Sein 98er, der vor allem wegen seiner Ausgewogenheit zwischen Feinheit und Stärke klassisch ist, verleugnet seine Ursprünge nicht. Er besteht aus 75 % Cabernet Sauvignon, 20 % Merlot, 1,5 % Cabernet franc und 3,5 % Petit Verdot und kann in drei bis vier Jahren getrunken werden. Von einem anderen Gut, das 1962 in den Besitz der Familie kam, stammt der **98er Château de Sainte-Gemme** (Preisgruppe: 70 bis 99 F); er hat eine lobende Erwähnung erhalten.

🔑 SCEA Delbos-Bouteiller, Ch. Lanessan,
33460 Cussac-Fort-Médoc, Tel. 05.56.58.94.80,
Fax 05.57.88.89.92,
E-Mail bouteiller@bouteiller.com
☑ 🍷 tägl. 9h–12h 14h–18h

CH. LA PEYRE 1998**

■ Cru artisan k. A. 8 000 🛢 5à8€

|95| 96 |97| **98**

Dieser Wein, der von einem zu gleichen Teilen mit Merlot und Cabernet Sauvignon bestockten Weinberg kommt, macht keine halben Sachen. Er zeigt ein intensives Rubinrot. Der dichte Duft wartet, bis man traditionell drei Atemzüge nimmt, damit er aufwacht. Der Vorhang öffnet sich trotzdem zu einem kräftigen, fülligen Geschmack, den ein Barriqueausbau prägt, der noch das Terroir überdeckt. Hinter dieser Strenge kommen reife, lang anhaltende Tannine zum Vorschein. Diese Flasche wird noch besser, wenn sie vier bis fünf Jahre lagert.

🔑 EARL Vignobles Rabiller, Leyssac,
33180 Saint-Estèphe, Tel. 05.56.59.32.51,
Fax 05.56.59.70.09
☑ 🍷 tägl. 10h–12h 14h30–19h

CH. LAROSE-TRINTAUDON 1998*

■ Cru bourg. 53 ha 807 000 🛢 8à11€

81 82 83 85 86 87 88 89 |90| 91 92 93 |94| 95 96 **97** 98

Die Bordeaux-Mannschaft der Güter, die den AGF gehören, führt auch ein Weingut in Chile, Las Casas del Toqui. Dieser Haut-Médoc kommt von einem großen Gut und kombiniert 60 % Cabernet Sauvignon, 5 % Cabernet franc und 35 % Merlot. Der ist zwölf Monate im Barriquefass ausgebaut worden und bietet einen schillernden Duft, der über einem kräftigen Holzaroma Himbeere und schwarze Johannisbeere verbindet. Der Geschmack zeigt eine gute Erziehung: Die feinen Tannine machen einer eleganten Aromenpalette Platz. Der **98er Château Larose Perganson** (Preisgruppe: 70 bis 99 F), der einen Stern erhält, vereinigt 60 % Cabernet Sauvignon mit lediglich Merlot. Er ist ebenfalls sehr klassisch, besitzt aber eine längere Lagerfähigkeit als sein großer Bruder.

🔑 SA Ch. Larose-Trintaudon, rte de Pauillac,
33112 Saint-Laurent-Médoc,
Tel. 05.56.59.41.72, Fax 05.56.59.93.22,
E-Mail info@trintaudon.com ☑ 🍷 n. V.
🔑 AGF

CH. LA TOUR CARNET 1998**

■ 4ème cru clas. 48 ha 240 000 🛢 15à23€

79 81 82 83 85 86 |(88)| |89| |90| 93 94 |(96)| 97 98

Paul Bocuse, Francis Garcia, Pierre Troisgros und die Graveliers: Im letzten März scharte Bernard Magrez einige «Päpste» der französischen Kochkunst um sich, um das eingeleitete Programm zur Umstrukturierung von La Tour Carnet zu eröffnen, dessen fast tausendjährige Geschichte die Leser unseres Weinführers kennen. Der 98er hat noch nicht davon profitiert, zeigt aber dennoch mit seiner dunklen, purpurviolett schimmernden Farbe eine stolze Erscheinung. Das Bouquet, das voller Feinheit ist, bietet Röst- und Fruchtnoten. Der Geschmack verführt durch den seidigen Charakter, den ihm erstklassige Tannine verleihen.

🔑 SCEA Ch. La Tour Carnet,
33112 Saint-Laurent-Médoc,
Tel. 05.56.73.30.90, Fax 05.56.59.48.54 🍷 n. V.
🔑 Bernard Magrez

CH. DE LAUGA 1998*

■ Cru artisan 4,5 ha 30 000 🛢 5à8€

Ein echtes Gut von Winzern, auf dem man die Bindung zum Terroir spürt. Dieser kräftig gebaute Wein besitzt Aromen von roten Früchten und Trauben, begleitet von einem Holzton, der sich gut entwickeln dürfte. Er ist kraftvoll, körperreich und noch ein wenig streng und braucht einen mehrjährigen Aufenthalt im Keller, bevor man ihn zu gegrilltem Fleisch trinken kann.

🔑 Christian Brun, 4, rue des Capérans,
33460 Cussac-Fort-Médoc, Tel. 05.56.58.92.83,
Fax 05.56.58.92.83 ☑ 🍷 tägl. 8h–19h

CH. LE BOURDIEU VERTHEUIL 1998*

■ Cru bourg. 30 ha 200 000 🛢 8à11€

Wie sein Name andeutet, der zweifellos mittelalterlichen Ursprungs ist, widmet sich dieses Gut seit langer Zeit dem Weinbau. Sein 98er bietet mit seiner dunklen Farbe eine schöne Erscheinung und zeigt sich seinem reichen Erbe gewachsen, in seinem aromatischen Ausdruck mit den Noten reifer Früchte ebenso wie durch seine Struktur mit den gut extrahierten Tanninen. Der Geschmack, der das Ganze auf glückliche Weise vervollständigt, bestätigt die Idee, dass diese Flasche eine gute Lagerung verdient (rund fünf Jahre).

SC Ch. Le Bourdieu-Vertheuil, 33180 Vertheuil, Tel. 05.56.41.98.01, Fax 05.56.41.99.32 n. V.

L'ERMITAGE DE CHASSE-SPLEEN 1998*

■ 40 ha 250 000 11 à 15 €

Dieser Wein stammt von Rebparzellen der Appellation Haut-Médoc, die zu dem berühmten Cru Chasse-Spleen in der AOC Moulis-en-Médoc gehören, und kombiniert Merlot mit 65 % Cabernet Sauvignon. Zu den Reizen seiner granatroten Farbe kommen noch ein hübsches Bouquet mit Noten von roten und schwarzen Johannisbeeren und ein voller, runder Geschmack hinzu, in dem sich die Tannine in Gesellschaft eines erstklassigen Holztons finden.

Céline Villars-Foubet, SA Ch. Chasse-Spleen, Grand-Poujeaux, 33480 Moulis-en-Médoc, Tel. 05.56.58.02.37, Fax 05.57.88.84.40, E-Mail jpfoubet@chasse-spleen.com n. V.

CH. LIEUJEAN Cuvée prestige 1998

■ Cru bourg. 3 ha 15 000 11 à 15 €

Erzielt wurde dieser Wein von sorgfältig ausgewählten alten Reben (drei Hektar von insgesamt fünfzig). Er trägt noch den Stempel seines zwölfmonatigen Ausbaus im Holzfass, ohne dass aber das Gleichgewicht mit der Frucht verschwinden würde.

Ch. Lieujean, 33250 Saint-Sauveur-Médoc, Tel. 05.56.41.50.18, Fax 05.56.41.54.65

CH. LIVERSAN 1998*

■ Cru bourg. 25 ha 160 000 11 à 15 €

Dieser Cru im Besitz von Fürst Guy de Polignac wird heute innerhalb des GIE des Trois Châteaux bewirtschaftet. Eine Organisationsform, die ihm bekommt, wie dieser Wein belegt, dessen tiefrote Farbe den Folgeeindrücken gerecht wird. Er entfaltet ein Bouquet mit Noten von reifen Trauben und Röstaroma und zeigt Beständigkeit am Gaumen, wo sich umhüllte Tannine zeigen.

SCEA Ch. Liversan, 1, rte de Fonpiqueyre, 33250 Saint-Sauveur-Médoc, Tel. 05.56.41.50.18, Fax 05.56.41.54.65, E-Mail info@les-trois-chateaux.com n. V.

CH. MALESCASSE 1998*

■ Cru bourg. 37 ha 160 000 11 à 15 €

82 83 84 87 |88| |89| |90| 91 92 93 |94| 95 96 97 98

Das um 1830 errichtete Château, das durch seinen Baustil für das Bordelais repräsentativ ist, belegt auch, wie sehr die Menschen damals darauf bedacht waren, ihren Reichtum zur Schau zu stellen. Dementsprechend zeigt sich dieser 98er ausdrucksvoll durch ein Bouquet mit empyreumatischen Noten. Der füllige, fette, großzügige Geschmack wird von gut verschmolzenen Tanninen getragen. Der Zweitwein, der **98er La Closerie de Malescasse** (Preisgruppe: 50 bis 69 F), hat eine lobende Erwähnung erhalten.

Ch. Malescasse, 6, rte du Moulin-Rose, 33460 Lamarque, Tel. 05.56.58.90.09, Fax 05.56.59.64.72, E-Mail malescasse@chateaumalescasse.com n. V.

Alcatel Alstom

CH. DE MALLERET 1998

■ Cru bourg. 37 ha 120 000 11 à 15 €

86 87 **88 89** |(90)| 91 92 94 **95** |96| |97| |98|

Wie eines der großen Pferderennen von Longchamp immer noch beweist, besaß dieses Château lange Zeit ein berühmtes Gestüt. Dieser schlichte, gut gebaute Wein ist nicht für die Lagerung bestimmt, wie seine rubinrote Farbe mit dem orangeroten Rand zeigt. Trotzdem sind die Tannine jung; eine Paprikanote begleitet die Gewürze und die Frucht.

SCEA du Ch. de Malleret, Dom. du Ribet, 33450 Saint-Loubès, Tel. 05.57.97.07.20, Fax 05.57.97.07.27 Mo–Fr 9h–12h 14h–17h

CH. MAUCAMPS 1998*

■ Cru bourg. 18 ha 92 538 11 à 15 €

82 83 85 (86) 88 |89| |90| **93 94** |95| |96| |97| 98

Gewohntermaßen präsentiert dieser Cru einen soliden, robusten Wein. Die Extraktion hat ihm einen noch etwas strengen Charakter verliehen, auch wenn die Ansprache besonders mild ist. Dieser kräftig gebaute, für eine gute Lagerung bestimmte 98er zeigt sich interessant aufgrund seines Bouquets mit den warmen Noten von Backpflaume, reifen Trauben und Sauerkirsche. Trinken sollte man ihn zu Rehpfeffer. Vom gleichen Erzeuger erhält der **98er Château Dasvin Bel Air** (Preisgruppe: 50 bis 69 F) einen Stern, ebenso wie der **98er Château Maurac Les vignes de Cabaleyran;** man muss ihnen Zeit lassen, sich zu entfalten.

Ch. Maucamps, BP 11, 33460 Macau, Tel. 05.57.88.07.64, Fax 05.57.88.07.00 n. V.

Tessandier

CH. MEYRE Optima 1998**

■ Cru bourg. 15,5 ha 15 000 11 à 15 €

88 89 90 91 93 94 |95| 96 |97| **98**

Optima, die Nachfolgerin der Cuvée Colette der alten Besitzerin, ist eine Spitzencuvée, der es nicht an Charakter mangelt. Dieser Charakter kommt im Bouquet mit komplexen Noten von roten Früchten, Tabak und Leder ebenso deutlich zum Ausdruck wie im Geschmack mit kräftigen Tanninen, die eine fünf- bis sechsjährige Lagerung erfordern.

Ch. Meyre SA, 16, rte de Castelnau, 33480 Avensan, Tel. 05.56.58.10.77, Fax 05.56.58.13.20, E-Mail chateau.meyre@wanadoo.fr Mo–Fr 14h–17h; 1. Nov. bis 30. März n. V.

CH. MICALET

Cuvée Réserve Elevé en fût de chêne 1998**

■ Cru artisan 0,58 ha 3 600 11 à 15 €

Der Keller dieses kleinen Cru erscheint zwar nicht auf der Liste der Stars des Weintourismus, aber er bewahrt eine Atmosphäre, die den Besucher in die Stimmung der Weingüter von früher eintaucht. Doch sein Wein ist deutlich zeitgenössisch. Er zeigt keinen Schwachpunkt in seinem aromatischen Ausdruck, in dem sich Anis mit Röstnoten zu einem komplexen Duft vermischt, und entfaltet eine kräftige, füllige Struktur. Die Tannine besitzen die notwendige Stärke, damit sie den Beitrag des Holzes in drei bis vier Jahren optimal nutzen können.

EARL Denis Fédieu, Ch. Micalet, 10, rue Jeanne-d'Arc, 33460 Cussac-Fort-Médoc, Tel. 05.56.58.95.48, Fax 05.56.58.96.85

Mo–Sa 9h–13h 15h–19h; Gruppen n. V.

CH. MILOUCA 1998**

■ 1,5 ha 6 000 5 à 8 €

Der Cru, ein kleines Gut von drei Hektar, versucht einen Wein in der reinsten Tradition des Médoc herzustellen. Mit diesem 98er ist das Ziel glänzend erreicht. Intensives Bordeauxrot, angenehmes, komplexes Bouquet, ausgewogener Geschmack mit guten Aussichten für die Lagerung: Alle Merkmale eines echten Haut-Médoc sind in diesem lang anhaltenden, eleganten Wein vereint.

Ind. Lartigue-Coulary, 33460 Cussac-Fort-Médoc, Tel. 05.56.58.91.55, Fax 05.56.58.94.82 n. V.

CH. MOUTTE BLANC

Marguerite Déjean 1998**

■ Cru artisan 0,36 ha 700 11 à 15 €

Ein winziger Weinberg mit einer Mikrocuvée, aber eine maximale Betreuung. Ist das noch der «Geist des Bordeaux» oder das Konzept eines Marketingerzeugnisses, das man als «Garagenwein» bezeichnen und mit den parzellenweisen Vinifizierungen in Burgund vergleichen könnte? Die Frage ist legitim, obwohl sie die Qualitäten dieses gut gebauten, fülligen, lang anhaltenden Weins in keiner Weise schmälert. Von der fast schwarzen Farbe über das äußerst komplexe Bouquet (Kirsche, schwarze Johannisbeere, Harz und Zedernholz) bis zum Abgang weist alles auf ein schönes Lagerpotenzial hin.

de Bortoli, 33, av. de la Coste, 33460 Macau, Tel. 05.57.88.42.36, Fax 05.57.88.42.36 tägl. 10h–12h 14h–19h

CH. MURET 1998*

■ Cru bourg. 25 ha 80 000 8 à 11 €

91 93 94 |95| 96 97 98

Der Cru, der sich ganz in der Nähe einer kulturellen Sehenswürdigkeit des Médoc befindet, nämlich der archäologischen Stätte Brion, bestätigt einmal mehr seine Regelmäßigkeit in der Qualität. Sein 98er hat eine dunkle Farbe und entfaltet ein Bouquet mit großzügigen Noten von leicht reifen Früchten, die leicht kandiert sind. Die voluminösen Tannine kleiden auf angenehme Weise den Gaumen aus. Der lang anhaltende Abgang bestätigt seine Lagerfähigkeit.

SCA de Muret, Ch. Muret, 33180 Saint-Seurin-de-Cadourne, Tel. 05.56.59.38.11, Fax 05.56.59.37.03

n. V.

Boufflerd

CH. D'OSMOND 1998

■ Cru artisan 3,5 ha 20 000 5 à 8 €

Dieser Wein stammt von einem der kleinen Crus artisans, die dazu beitragen, dem Weinbaugebiet des Médoc seine Persönlichkeit zu verleihen. Er ist noch ein wenig rustikal, aber kräftig genug gebaut, damit er sich günstig entwickeln kann.

Philippe Tressol, EARL des Gûnes, 36, rte des Gûnes, 33250 Cissac-Médoc, Tel. 05.56.59.59.17, Fax 05.56.59.59.17, E-Mail chateaud'osmond@wanadoo.fr

n. V.

CH. PALOUMEY 1998*

■ Cru bourg. 13 ha 85 000 11 à 15 €

Auch wenn dieser Wein von noch jungen Reben stammt, die nach den Prinzipien der gezielten Schädlingsbekämpfung mittels integrierten Pflanzenschutzes kultiviert werden, bietet er doch eine schöne Erscheinung, durch seine Farbe oder sein Bouquet mit den gefälligen Vanillenoten ebenso wie aufgrund seiner feinen Struktur, die gut ausbalanciert ist und lang anhält. Der **98er Château Haut-Carmaillet** (Preisgruppe: 50 bis 69 F), der Zweitwein, erhält die gleiche Note.

SA Ch. Paloumey, 50, rue Pouge-de-Beau, 33290 Ludon-Médoc, Tel. 05.57.88.00.66, Fax 05.57.88.00.67, E-Mail chateaupaloumey@wanadoo.fr

n. V.

CH. PEYRABON 1998*

■ Cru bourg. 40,69 ha 125 185 11 à 15 €

86 88 |89| |90| 91 92 93 |94| 96 |97| 98

Dieser Cru, der einst die Wiege der Familie de Courcelles war, gehört seit 1998 der Firma Millésima. Sein 98er ist angenehm in seiner aromatischen Entfaltung, die sich mit Vanille- und Karamellnoten gerade erst entwickelt, und sehr sympathisch im Geschmack, in dem ihm seine Tanninstruktur einen recht typischen Charakter verleiht. Drei bis vier Jahre aufheben.

SARL Ch. Peyrabon, 33250 Saint-Sauveur, Tel. 05.56.59.57.10, Fax 05.56.59.59.45, E-Mail chateau.peyrabon@wanadoo.fr

n. V.

CH. PEYRE-LEBADE 1998*

■ Cru bourg. k. A. 250 000 11 à 15 €

Während die Bestockung dieses großen Weinbergs (60 % Merlot) überraschen kann, bleibt die Verkostung mit der Großzügigkeit und dem Stoff im Geschmackseindruck ganz im Geiste des Médoc. Da das Bouquet mit den komplexen Noten von reifen Früchten dem in nichts nachsteht, spricht alles für eine gute Lagerfähigkeit. Eine andere Marke, der **98er Les Granges** (Preisgruppe: 50 bis 69 F), liegt ebenso

im «Trend»; er ist ein liebenswürdiger und aromatischer Wein, der eine lobende Erwähnung erhält.
Cie vinicole Edmond de Rothschild, Ch. Clarke, 33480 Listrac-Médoc, Tel. 05.56.58.38.00, Fax 05.56.58.26.46, E-Mail chateau.clarke@wanadoo.fr
B. de Rothschild

CH. PONTOISE-CABARRUS 1998*

Cru bourg. 24 ha 180 000 8 à 11 €

85 (86) 88 89 **90** 92 93 94 95 96 |97| 98

François Tereygeol, eine markante Persönlichkeit des Weinbaus in der Gironde, zeichnete sich durch neue Vorschläge aus, wie etwa den der individuellen Ersatzmenge bei der Festlegung der zugelassenen Erträge. Darüber vernachlässigt er jedoch nicht sein Gut, wie dieser farbintensive Wein bezeugt. Er hält lang an und wird von einem gut dosierten Holzton unterstützt; in seinem aromatischen Ausdruck mit den Noten von reifen Früchten zeigt er sich verführerisch.
François Tereygeol, Ch. Pontoise-Cabarrus, 33180 Saint-Seurin-de-Cadourne, Tel. 05.56.59.34.92, Fax 05.56.59.72.42, E-Mail pontoise.cabarrus@wanadoo.fr
Mo–Sa 9h–12h 14h–17h30
SCIA du Haut-Médoc

CH. RAMAGE LA BATISSE 1998*

Cru bourg. 33 ha 256 350 11 à 15 €

85 86 88 89 |90| **91** 92 94 95 96 **97** 98

Finanzielle Investitionen und der Einsatz der Mannschaft – die Seriosität der Arbeit auf diesem Gut steht außer Frage. Nach einer schönen Liebeserklärung für den schwierigen 97er im letzten Jahr wird der Cru hier für seinen 98er geehrt. Dieser reiche, solide Wein mit einer Tanninstruktur ohne Schwachpunkt ist nämlich sympathisch dank seines Bouquets, in dem sich hübsche Trüffel- und Fruchtnoten zeigen. Der Zweitwein des Cru, der **98er Château du Terrey** (Preisgruppe: 30 bis 49 F), hat eine lobende Erwähnung erhalten.
SCI Ch. Ramage La Batisse, 33250 Saint-Sauveur, Tel. 05.56.59.57.24, Fax 05.56.59.54.14 n. V.
MACIF

CH. DU RAUX 1998*

Cru bourg. 16 ha 50 000 5 à 8 €

88 90 **91** 94 |95| |96| |98|

Dieser kirschrote Wein, der von einem hauptsächlich mit Merlot (60 %) bestockten Gut kommt, entfaltet ein Bouquet mit angenehmen blumigen Noten (Veilchen und Hyazinthe). Der weiche, runde, elegante Geschmack ist dank feiner Tannine ebenfalls gut gebaut.
SCI du Raux, 33460 Cussac-Fort-Médoc, Tel. 05.56.58.91.07, Fax 05.56.58.91.07
n. V.

CH. REYSSON

Réserve Vieilli en fût de chêne 1998

Cru bourg. 67 ha 66 600 11 à 15 €

Der Wein, eine in nummerierten Flaschen verkaufte Cuvée Réserve, ist im Augenblick vom Holz geprägt, dürfte aber innerhalb von ein bis zwei Jahren einen gefälligen Tropfen abgeben. Es sei noch daran erinnert, dass der 96er eine Liebeserklärung erhielt: Er dürfte jetzt berühmt sein. Vertrieben wird dieses Château von der Firma Mestrezat.
SARL du Ch. Reysson, La Croix Bacalan, 109, rue Achard, BP 154, 33042 Bordeaux Cedex, Tel. 05.56.11.29.00, Fax 05.56.11.29.01 n. V.

CH. SAINT-AHON 1998

Cru bourg. 30,5 ha 11 500 8 à 11 €

Das Château, das architektonisch für den Baustil der Zeit Napoleons III. charakteristisch ist, präsentiert einen gut gemachten Wein, der liebenswürdig und anmutig ist und auf die Karte der Frische und der Feinheit setzt. Beachten Sie seine guten, verschmolzenen Tannine, die ihn schon jetzt trinkreif machen und ihm eine Lagerfähigkeit von mindestens fünf Jahren verleihen.
Comte Bernard de Colbert, Ch. Saint-Ahon, Caychac, 33290 Blanquefort, Tel. 05.56.35.06.45, Fax 05.56.35.87.16
n. V.

CH. SAINT-PAUL 1998**

Cru bourg. 20 ha 100 000 11 à 15 €

95 96 97 98

Wie gewohnt präsentiert dieser Cru einen perfekt gelungenen Wein. Ein echter klassischer Charakter dominiert während der gesamten Verkostung. Ein komplexes Bouquet mit Noten von Röstaroma, roten Früchten, Gewürzen und Tuberosen, eine milde Ansprache, imposante, seidige Tannine und Fleisch – alles ist vorhanden und kündigt eine große Flasche in vier bis fünf oder auch mehr Jahren an.
SC du Ch. Saint-Paul, 33180 Saint-Seurin-de-Cadourne, Tel. 05.56.59.34.72, Fax 05.56.59.38.35
n. V.

CH. SENEJAC 1998**

Cru bourg. k. A. 71 000 11 à 15 €

89 90 91 |93| 94 95 **96** 97 **98**

Der letzte unter der Ägide von Charles de Guigné hergestellte Jahrgang, bevor Thierry Rustmann das Gut 1999 übernahm. Dieser Wein hat eine granatrote Farbe. Die Komplexität des Bouquets, in dem Backpflaume und Feige zu den Röstnoten hinzukommen, und die Ausgewogenheit des Geschmacks, in dem das Tanningerüst die Rundheit nicht ausschließt, sind gute Vorzeichen für die Entwicklung dieser Cuvée.
M. et Mme Thierry Rustmann, Ch. Sénéjac, 33290 Le Pian-Médoc, Tel. 05.56.70.20.11, Fax 05.56.70.23.91 n. V.

LA BASTIDE DE SIRAN 1998★★

■ 1 ha 7 200 8 à 11 €

Wie viele Cru in der AOC Margaux besitzt Château Siran ein paar Parzellen in der Appellation Haut-Médoc. Diese sind vollständig mit Cabernet Sauvignon bestockt und liefern uns hier einen lagerfähigen Wein, der nicht für die Liebhaber von leicht zugänglichen Weinen bestimmt ist. Erstklassige Tannine, ein kräftiges Bouquet (Brombeere und schwarze Johannisbeere) und eine gute Präsenz des Holzes: Alles zeugt von einer sorgfältigen Arbeit.
SC du Ch. Siran, Ch. Siran, 33460 Labarde, Tel. 05.57.88.34.04, Fax 05.57.88.70.05, E-Mail chateau.siran@wanadoo.fr
tägl. 10h–12h30 13h30–18h
William Alain Miailhe

CH. SOCIANDO-MALLET 1998★★★

■ 46 ha 230 000 38 à 46 €

75 76 78 80 81 |(82)| 83 84 85 86 87 |88| |89| |90| 91 |92| |93| 94 (95) (96) 97 (98)

Es ist zwar schwierig, den Gipfel zu erreichen, aber noch härter ist es, sich dort zu halten. Was Jean Gautreau seit Jahren gelingt. Angesichts dieses Weins, der in seinem Bouquet ebenso wie durch seine Struktur außergewöhnlich ist, sollten wir nicht auf unseren Genuss verzichten. Der füllige, lang anhaltende Geschmack, der tanninreich und vollkommen ausgewogen ist, nimmt es an herausragender Qualität mit der Entladung der Aromen auf, die die Verkostung prägen. In zwei bis sechs Jahren oder noch später wird diese Flasche das Kellerbuch bereichern. Vertrieben wird sie vom Weinhandel. Der auf dem Gut erhältliche Zweitwein, **La Demoiselle de Sociando-Mallet** (Preisgruppe: 70 bis 99 F), hat eine lobende Erwähnung erhalten: Dank seiner seidigen, ausgewogenen Tannine kann man ihn schon jetzt servieren, aber im Verlauf einer zwei- bis vierjährigen Lagerung wird er noch besser werden.
SCEA Jean Gautreau, Ch. Sociando-Mallet, 33180 Saint-Seurin-de-Cadourne, Tel. 05.56.73.38.80, Fax 05.56.73.38.88, E-Mail scea-jean-gautreau@wanadoo.fr
n. V.

CH. SOUDARS 1998★

■ Cru bourg. 22 ha 170 000 11 à 15 €

82 83 85 86 |89| |90| 91 92 93 94 |95| |96| 97 98

Der Wein stammt von einem Weinberg, in dem Merlot den gleichen Anteil wie Cabernet Sauvignon hat, und ist gut vinifiziert worden. Sein Abgang muss sich zwar noch abrunden, aber die Dichte seines Bouquets (Vanille, Zedernholz und Früchte) und die Einheitlichkeit seiner Struktur zeigen, dass er Reserven besitzt.
Vignobles E. F. Miailhe, 33180 Saint-Seurin-de-Cadourne, Tel. 05.56.59.31.02, Fax 05.56.59.72.39 n. V.
Eric Miailhe

CH. DU TAILLAN 1998★

■ Cru bourg. 24 ha 110 000 8 à 11 €

Dieser Cru vor den Toren von Bordeaux besitzt einen der ältesten und schönsten Gärkeller des Bordelais. Sein zu 60 % aus Merlot-Trauben erzeugter 98er, der von einem tonigen Kalksteinboden stammt, ist in seiner Farbe ebenso tief wie in seinem aromatischen Ausdruck mit den Noten von Gewürzen, Röstung, Anis und Menthol und wirkt ebenfalls stolz. Er ist rund und zugleich tanninreich und verfügt über eine solide Struktur, die aber keinerlei Aggressivität zeigt. Zu Federwild wird er angenehm schmecken.
SCEA Ch. du Taillan, 56, av. de La Croix, 33320 Le Taillan-Médoc, Tel. 05.56.57.47.00, Fax 05.56.57.47.01, E-Mail chateau.taillan@wanadoo.fr n. V.

CH. TOUR DES GRAVES 1998

■ 3 ha 20 000 8 à 11 €

Dieser klare, weiche Wein, das Ergebnis von 65 % Cabernet Sauvignon und 35 % Merlot, zeigt sich kräftig in seinem aromatischen Ausdruck, der für eine Empfindung von Frische sorgt.
Balleau, G. de Mour et Fils, 3, rue des Anciens-Combattants, 33460 Soussans, Tel. 05.57.88.94.17, Fax 05.57.88.39.14

CH. TOUR DU HAUT-MOULIN 1998★

■ Cru bourg. 32 ha 150 000 11 à 15 €

78 79 81 82 (83) 84 85 |86| 87 |88| |89| |90| 91 92 |93| 94 95 96 97 98

Dieser Cru, ein sicherer und anerkannter Wert der Appellation, bleibt seiner Tradition mit einem Wein treu, der 50 % Cabernet Sauvignon, 45 % Merlot und 5 % Petit Verdot kombiniert. Dieser 98er verdient eine Einkellerung. Er ist tiefrubinrot, fett und würzig und wird von gut umhüllten Tanninen unterstützt. Er kann den harmonischen Charakter des Bouquets, der getoastetes Holz mit Gewürzen verbindet, zur Geltung bringen.
SCEA Ch. Tour du Haut-Moulin, 7, rue des Aubarèdes, 33460 Cussac-Fort-Médoc, Tel. 05.56.58.91.10, Fax 05.56.58.99.30 n. V.
Familie Poitou

CH. VERDIGNAN 1998★

■ Cru bourg. 50 ha 350 000 11 à 15 €

(86) 88 89 90 93 94 |95| |96| 98

50 % Cabernet Sauvignon, 5 % Cabernet franc und 45 % Merlot ergeben diesen fünfzehn Monate im Barriquefass ausgebauten Wein. Er stützt sich auf eine dichte Struktur, die es ihm erlaubt, unter guten Voraussetzungen zu altern. Das noch diskrete, vom Holz dominierte Bou-

quet wird davon profitieren und sich in drei bis fünf Jahren zu fruchtigen Noten entfalten.
SC Ch. Verdignan, 33180 Saint-Seurin-de-Cadourne, Tel. 05.56.59.31.02, Fax 05.56.81.32.35 n. V.

CH. VIALLET-NOUHANT

Vieilli en fût de chêne 1998

■ Cru artisan 0,6 ha 4 800 5à8€

Alain Nouhant, ein Klimaforscher, entdeckte den Weinbau und das Bordelais. 1993 entschloss er sich, Winzer zu werden. Diese je zur Hälfte aus Cabernet Sauvignon und Merlot erzeugte Cuvée ist ziemlich im «Zeittrend» gehalten. Eine dunkle Farbe, ein eher «stummer» Geruchseindruck und ein kräftiger, tanninreicher Geschmack weisen auf eine starke Extraktion hin. Natürlich zum Lagern bestimmt.
Alain Nouhant, 5, rue Jeanne-d'Arc, 33460 Cussac-Fort-Médoc, Tel. 05.57.88.51.43, Fax 05.57.88.51.43, E-Mail alain.nouhant@libertysurf.fr n. V.

CH. VICTORIA 1998*

■ Cru bourg. 80 ha 120 000 11à15€

Ein gut gewählter Name für dieses Château, das ein wenig an die Annehmlichkeiten des Lebens und an die Eleganz des Englands von früher erinnert. Trotz des immer noch ausgeprägten Einflusses des Holzfasses zeigt der Wein in seiner Tanninstruktur eine gewisse Milde. Man muss ihn mindestens zwei bis drei Jahre aufheben.
SC Ch. Le Bourdieu, 33180 Vertheuil, Tel. 05.56.41.98.01, Fax 05.56.41.99.32 n. V.

CH. DE VILLAMBIS 1998

■ Cru bourg. 38 ha k. A. 8à11€

Dieser von der Firma Dourthe vertriebene Wein kommt von einem großen Gut des Centre d'Aide par le Travail, das sich um die gesellschaftliche Eingliederung von Behinderten durch reguläre Arbeit bemüht. Er ist schlicht, aber gut gemacht. Sein angenehmer aromatischer Eindruck bevorzugt an der Luft reife Früchte, vor allem schwarze Kirschen.
Ch. de Villambis, 33250 Cissac-Médoc, Tel. 05.56.35.53.00, Fax 05.56.35.52.29, E-Mail contact@cvbg.com
CAT Cissac-Médoc

CH. DE VILLEGEORGE 1998*

■ Cru bourg. 15 ha 67 800 15à23€

83 **85** |86| 87 |89| |90| 93 94 95 **96** |97| 98

Die Bestockung des Weinbergs weist der Merlot-Rebe zwar eine wichtige Rolle zu, aber bei der Zusammenstellung dieses Weins dominiert Cabernet Sauvignon. Das Ergebnis ist eine ausgewogene, gut gebaute Cuvée, die ihre feinen Rauch- und Kirschnoten hervorhebt. Sie muss zwei Jahre im Keller lagern. Vertrieben wird sie vom Weinhandel im Bordelais. Der Zweitwein des Cru, der **98er Le Reflet de Villegeorge** (Preisgruppe: 50 bis 69 F), hat eine lobende Erwähnung erhalten; er wird von Lucien Lurton et Fils in Cadaujac vertreten.
SC Les Grands Crus réunis, 2036 Chalet, 33480 Moulis-en-Médoc, Tel. 05.56.58.22.01, Fax 05.56.58.15.10, E-Mail lgcr.wanadoo.fr n. V.
M.-L. Lurton-Roux

Listrac-Médoc

Die ausschließlich mit der gleichnamigen Gemeinde verbundene AOC ist die am weitesten vom Ästuar entfernte kommunale Appellation. Sie gehört zu den wenigen Anbaugebieten, die der Tourist durchquert, wenn er nach Soulac fährt oder von La Pointe-de-Grave her kommt. Ihr sehr origineller Boden fällt mit der ausgehöhlten Kuppe eines geologischen Sattels zusammen, bei dem die Erosion zu einer Reliefumkehr geführt hat. Im Westen, am Rande des Waldes, breiten sich zwei kleinere Kuppen mit Kies aus den Pyrenäen aus, deren Hänge und Unterboden (häufig Kalkstein) die natürliche Entwässerung der Böden begünstigen. Das Zentrum der AOC, die ausgehöhlte Kuppe, nimmt die Ebene von Peyrelebade ein, wo die Böden tonig-kalkig sind. Im Osten schließlich erstrecken sich Kuppen mit Kies von der Garonne.

Der Listrac ist ein kraftvoller, robuster Wein. Doch im Gegensatz zu dem, was früher einmal galt, bedingt seine Robustheit heute nicht mehr eine gewisse Rauheit. Auch wenn einige Weine in ihrer Jugend ein wenig hart bleiben, gleichen die meisten ihren Tanninreichtum durch ihre Rundheit aus. Alle bieten eine gute Lagerfähigkeit, je nach Jahrgang zwischen sieben und achtzehn Jahren. 2000 erzeugten die 663 ha 37 580 hl.

CH. CAP LEON VEYRIN 1998*

■ Cru bourg. 15 ha 70 000 11à15€

|90| 91 92 93 **94** 95 96 |97| 98

Auch wenn die Merlot-Rebe mit 60 % dominiert, ist dieser 98er weniger Merlot-typisch als einige frühere Jahrgänge. Er ist elegant und rassig und kann dank seiner erstklassigen Tannine ein gutes Potenzial offenbaren, zeigt sich aber gleichzeitig verführerisch durch die Komplexität seines Bouquets mit den Vanille-, Trüffel- und Himbeerdüften. Das Holz muss sich noch einfügen, aber dank der Struktur wird es dies schaffen.

SCEA Vignobles Alain Meyre, Ch. Cap Léon Veyrin, 33480 Listrac-Médoc, Tel. 05.56.58.07.28, Fax 05.56.58.07.50
Mo–Sa 9h–12h 14h–18h

CH. CLARKE 1998**

Cru bourg. 54 ha 300 000 15 à 23 €

81 82 83 85 (86) 88 |89| |90| 91 92 93 |94| 95 96 |97| 98

Der auf einem Kalkstein- und tonig-kalkigen Boden angelegte Weinberg beweist Originalität aufgrund seiner Bestockung mit dem hohen Merlot-Anteil (80 % bei diesem Jahrgang), den lediglich Cabernet Sauvignon ergänzt. Sein weicher, aromatischer 98er mit Noten von roten Früchten trägt den Stempel davon. Ebenso verheimlicht er nicht seinen Ausbau, den man in den Vanillenuancen spüren kann. Der wohl ausgewogene, kräftig gebaute Wein braucht ein bis zwei Jahre, bevor er sich vollständig offenbart.

Cie vinicole Edmond de Rothschild, Ch. Clarke, 33480 Listrac-Médoc, Tel. 05.56.58.38.00, Fax 05.56.58.26.46, E-Mail chateau.clarke@wanadoo.fr
Benjamin de Rothschild

CH. DONISSAN 1998

Cru bourg. 8,53 ha 43 000 8 à 11 €

Dieser Wein kommt von einem unauffälligen Gut und gefällt durch seinen sanften Charakter und sein Bouquet mit den delikaten Noten von roten Früchten, die das Holz gut unterstützt. Er wird sympathisch sein, wenn man ihn jung trinkt.

Roger et Marie-Véronique Laporte, Ch. Donissan, 33480 Listrac-Médoc, Tel. 05.56.58.04.77, Fax 05.56.58.04.45
n. V.

CH. DUCLUZEAU 1998*

Cru bourg. 4,5 ha 36 000 8 à 11 €

81 (82) 83 85 86 |88| |89| |90| 91 92 |94| 96 |97| 98

Der Cru, der schon Mitte des 19. Jh. in den Weinführern vertreten war, zeigt sich seiner Vergangenheit gewachsen. Sein bemerkenswertes Terroir mit Kiesböden hat diesen Wein hervorgebracht, dessen Bouquet Noten von Weihrauch und reifen Früchten mischt. Er kombiniert Cabernet Sauvignon mit 90 % Merlot und erweist sich als rund und fleischig, bietet aber gleichzeitig tanninreiche Noten und einen eleganten Holzton. Der Geschmack endet mit einem hübschen Abgang, der karamellisiert und pfeffrig wirkt.

Mme J.-E. Borie, Ch. Ducluzeau, 33480 Listrac-Médoc, Tel. 05.56.73.16.73, Fax 05.56.59.27.37

GRAND L DU CHATEAU FONREAUD 1998

Cru bourg. k. A. 50 000 11 à 15 €

Ein von einer großen Firma in Bordeaux vorgestellter Wein, ein Verschnitt von 60 % Cabernet Sauvignon, 30 % Cabernet franc und 10 % Merlot, der von Château Fonréaud kommt. Er hat eine dunkle Farbe und bietet einen feinen, liebenswürdigen Duft mit Holznoten und einen runden, gefälligen Geschmack.

SA Mähler-Besse, 49, rue Camille-Godard, BP 23, 33026 Bordeaux, Tel. 05.56.56.04.30, Fax 05.56.56.04.59, E-Mail france.mahler-besse@wanadoo.fr
n. V.

CH. FONREAUD 1998

Cru bourg. 33,55 ha 180 000 11 à 15 €

81 82 83 85 86 88 |89| |90| 91 92 |93| 95 96 97 98

Der Cru, ein schönes Gut, das dem gleichen Besitzer wie Château Lestage gehört, ist Médoc-typisch geblieben in seiner Bestockung mit 60 % Cabernet Sauvignon, 37 % Merlot und 3 % Petit Verdot, die auf Kies über einem Kalksteinsockel angepflanzt sind. Er präsentiert einen Wein mit einem Bouquet, das eine zurückhaltende Fruchtigkeit mit Lakritze und animalischen Noten mischt. Seine Tannine müssen sich im Laufe einer zwei- bis dreijährigen Lagerung abrunden.

Ch. Fonréaud, 33480 Listrac-Médoc, Tel. 05.56.58.02.43, Fax 05.56.58.04.33
Mo–Fr 9h–11h30 14h–17h30

CH. FOURCAS-DUMONT 1998*

30 ha 30 000 11 à 15 €

Der Wein dieses Châteaus wurde von der Firma Sichel vorgestellt. Die tiefe, strahlende Farbe reizt dazu, die Verkostung fortzusetzen. Der Duft kommt im Augenblick in einer holzig-vanilleartigen Tonalität zum Ausdruck, ebenso wie der Geschmack, der einen guten, ziemlich feinen Stoff und eine fruchtbetonte Nachhaltigkeit zeigt. Man kann ihn in seiner Frische trinken oder drei Jahre warten, damit er eine stärkere Verschmolzenheit gewinnt.

Maison Sichel-Coste, 8, rue de la Poste, 33210 Langon, Tel. 05.56.63.50.52, Fax 05.56.63.42.28

CH. FOURCAS DUPRE 1998

Cru bourg. 44 ha 250 000 11 à 15 €

(78) 79 81 82 83 |85| |86| |88| |89| |90| 91 92 93 |94| 95 96 |97| 98

Einer der bekanntesten Crus der Appellation. Er kombiniert gleiche Anteile Cabernet Sauvignon und Merlot sowie 10 % Cabernet franc und 2 % Petit Verdot, auf Kiesböden erzeugt. Er ist somit ein lagerfähiger Wein, der zum Zeitpunkt der Verkostung verschwiegen war; die Tannine dominieren noch das Ganze. Lassen Sie ihn im Keller schlummern.

Ch. Fourcas Dupré, 33480 Listrac-Médoc, Tel. 05.56.58.01.07, Fax 05.56.58.02.27
Mo–Fr 8h–12h 14h–17h30

CH. FOURCAS HOSTEN 1998*

Cru bourg. 46,67 ha 265 000 11 à 15 €

75 78 81 |(82)| 83 |85| |86| |88| |89| |90| 91 92 93 94 95 96 97 98

Dieses kleine Landhaus, das mitten im Dorf liegt, ganz in der Nähe der romanischen Kirche, hat seinen großen Park bewahrt; so etwas kommt selten genug vor, um darauf hinzuweisen. Unterstützt von einer Vanillenote, die auf

den Ausbau zurückgeht, hat sein Wein eine tiefe Farbe und entfaltet sich gut, im Bouquet ebenso wie am Gaumen, mit einer Stärke und einer Länge, die dazu einladen, dass man drei bis vier Jahre wartet, bevor man diese elegante Flasche aufmacht.
SC du Ch. Fourcas-Hosten, rue de l'Eglise, 33480 Listrac-Médoc, Tel. 05.56.58.01.15, Fax 05.56.58.06.73, E-Mail fourcas@club-internet.fr n. V.

GRAND LISTRAC
La Caravelle Elevé en fût de chêne 1998*

k. A. k. A. 11 à 15 €

Dieser Wein, eine Spitzencuvée der Genossenschaft, bleibt der Qualitätstradition der Kellerei treu. Er ist dunkelrot und entfaltet ein Bouquet mit angenehmen Lakritze- und Backpflaumenaromen, bevor er einen fülligen, fetten Geschmack erkennen lässt, der ein knappes Jahr Lagerung benötigt.
Cave de vinification de Listrac-Médoc, 21, av. de Soulac, 33480 Listrac-Médoc, Tel. 05.56.58.03.19, Fax 05.56.58.07.22, E-Mail grandlistrac@cave-listrac-médoc.com n. V.

CH. JANDER 1998

k. A. 50 000 11 à 15 €

Der Cru, der 1998 aus der Vereinigung des Weinbergs von Château Listrac mit einem Teil des Weinbergs von Sémeillan-Mazeau entstand, präsentiert hier seine erste Ernte. Sein Wein hat eine dunkle Farbe mit purpurvioletten Reflexen und bietet ein deutliches Bouquet, das noch vom Holz dominiert wird, und eine gute Struktur, die durch ihre ziemlich strengen Tannine unterstreicht, dass ein wenig Geduld notwendig ist.
SCE Les Vignobles Jander, 41, av. de Soulac, 33480 Listrac-Médoc, Tel. 05.56.58.01.12, Fax 05.56.58.01.57, E-Mail vignobles.jander@wanadoo.fr tägl. 9h–12h 14h–18h

CH. LALANDE Cuvée spéciale 1998*

Cru bourg. 10,12 ha 25 000 8 à 11 €

Eine Abfolge von neun Generationen auf dem Gut und eine Bestockung, die Petit Verdot nicht verschmäht. Hier ist man weit vom Medienrummel entfernt und weiß, was Authentizität bedeutet. Rubinrot mit granatroten Reflexen, ein ausdrucksvolles Bouquet (schwarze Johannisbeere, Vanille und Röstung), eine sanfte, runde Ansprache und ein solider Stoff, der sich noch abrunden muss – sein 98er beweist es. Ein anderer Wein vom gleichen Erzeuger, der aber von der Firma Robert Giraud in Saint-André-de-Cubzac vertrieben wird, der **98er Château Larosey**, ist sehr ähnlich, wurde aber vollständig im Holzfass ausgebaut; er hat ebenfalls einen Stern erhalten.
EARL Darriet-Lescoutra, Ch. Lalande, 33480 Listrac-Médoc, Tel. 05.56.58.19.45, Fax 05.56.58.15.62
Mo–Sa 9h–12h 14h–19h; So n. V.

CH. LESTAGE 1998

Cru bourg. 39,73 ha 200 000 11 à 15 €

81 82 83 **85** |86| |**89**| |90| 91 92 |94| 95 96 97 98

Das große, alte Gut wird von einem Château beherrscht, das für den Baustil der Zeit von Kaiser Napoleon III. typisch ist. Es präsentiert einen zart duftigen Wein, dessen Tannine noch streng sind, aber keine lange Lagerung verlangen (drei bis vier Jahre).
Ch. Lestage, 33480 Listrac-Médoc, Tel. 05.56.58.02.43, Fax 05.56.58.04.33
Mo–Fr 9h–11h30 14h–17h30

CH. MAYNE LALANDE 1998**

Cru bourg. k. A. 60 000 11 à 15 €

85 86 88 |**89**| |**90**| 91 92 |94| |95| 96 **97 98**

Glauben Sie nicht, dass sich Bernard Lartigue am Rande des Waldes niedergelassen hat, um vor der Welt zu fliehen. Er tat es, um gefällige Weine zu erzeugen, wie diesen 98er. Gewürze, Backpflaume, reife Früchte und Holz – das Bouquet hält alles, was die rubinrote Frage verspricht, ebenso wie der Geschmack. Dieser ist fett, einschmeichelnd und kräftig; er belegt eine sorgfältige Arbeit und weist auf eine große Lagerfähigkeit hin.
Bernard Lartigue, Le Mayne-de-Lalande, 33480 Listrac-Médoc, Tel. 05.56.58.27.63, Fax 05.56.58.22.41, E-Mail b.lartigue@terre-net.fr n. V.

CH. MOULIN DU BOURG 1998*

Cru bourg. 12 ha 80 000 8 à 11 €

Dieser Cru, der jetzt mit Château Fourcas Dumont vereinigt ist, präsentiert einen Wein, der keine sehr große Fülle, aber einen guten Stoff besitzt und aufgrund seines Bouquets mit fruchtigen Noten angenehm erscheint.
SCA Ch. Fourcas-Dumont, 12, rue Odilon-Redon, 33480 Listrac-Médoc, Tel. 05.56.58.03.84, Fax 05.56.58.01.20, E-Mail info@chateau-fourcas-dumont.com tägl. 9h–12h 14h–17h; Sa, So n. V.
Herr Lescoutra und Herr Miquau

Moulis und Listrac

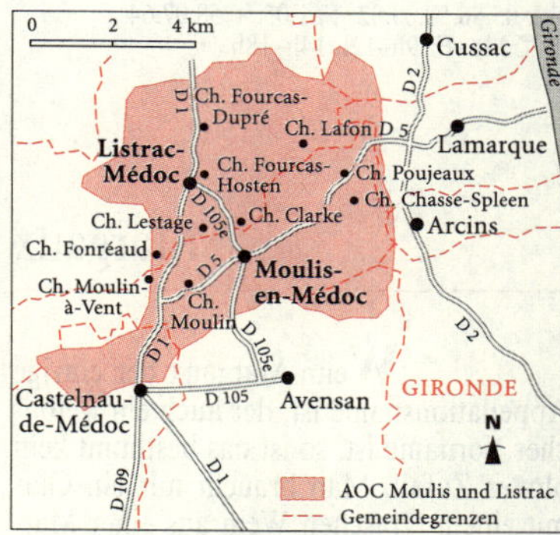

CH. PEYREDON LAGRAVETTE 1998**

■ Cru bourg. 6,3 ha 35 000 8 à 11 €

81 ⑧② **83 85** 86 88 |89| |90| 91 92 93 |94| |95| **96 97 98**

Laut einer Besitzurkunde vom 6. November 1546 soll dieses Stück Land seit ebendiesem Zeitpunkt ein und derselben Familie gehören. Auf jeden Fall gereicht die Qualität seiner Produktion der Appellation zur Ehre: Sein dunkelrubinroter 98er verführt durch sein Bouquet (reife Früchte und Holz) wie auch durch seine Struktur, die trotz ihrer Stärke und der Präsenz der Tannine fleischig und vollmundig ist.

Paul Hostein, 2062 Médrac Est, Ch. Peyredon-Lagravette, 33480 Listrac-Médoc, Tel. 05.56.58.05.55, Fax 05.56.58.05.50 n. V.

CH. REVERDI Réserve personnelle 1998

■ Cru bourg. 15 ha k. A. 8 à 11 €

Dieser Wein, der zu einer Cuvée mit nummerierten Flaschen gehört, setzt entschlossen auf die Karte des Charmes, so dass er schon jetzt gefallen kann. Schwarze Früchte und Holznoten bestimmen das Bouquet, während sich der nicht sehr kräftige Geschmack über einem eleganten Holzton entwickelt. Vom gleichen Erzeuger hat der **98er Château l'Ermitage** eine lobende Erwähnung erhalten.

SCEA Vignobles Christian Thomas, village Donissan, 33480 Listrac-Médoc, Tel. 05.56.58.02.25, Fax 05.56.58.06.56 Mo–Sa 9h–12h 14h–18h; 20. Sept. bis 20. Okt. geschlossen

CH. SARANSOT-DUPRE 1998**

■ Cru bourg. 15 ha 70 000 11 à 15 €

70 71 75 78 81 **82** 83 85 **86 88** |89| |90| 91 93 |94| **95** 96 97 **98**

Der auf einem vorwiegend tonig-kalkigen Terroir angelegte Weinberg bevorzugt die Rebsorte Merlot (60 %). Sein Wein trägt den Stempel davon, in seinem Bouquet mit den Noten von roten Früchten ebenso wie in seinem sanften, fleischigen Geschmack. Der ausgewogene, gut gebaute 98er verdient, dass man ihn drei bis vier Jahre aufhebt.

Yves Raymond, Ch. Saransot-Dupré, 4, Grand-Rue, 33480 Listrac-Médoc, Tel. 05.56.58.03.02, Fax 05.56.58.07.64 Mo–Fr 9h–12h 14h–18h

Margaux

Wenn Margaux der einzige Appellationsname ist, der auch ein weiblicher Vorname ist, so ist das bestimmt kein bloßer Zufall. Man braucht nur ein Glas mit einem typischen Wein aus einer Margaux-Lage zu probieren, um die subtilen Bande zu erfassen, die beide vereinen.

Die Margaux-Weine bieten eine ausgezeichnete Lagerfähigkeit, aber sie zeichnen sich auch durch ihre Weichheit und ihre Zartheit aus, die ein fruchtiges Aroma von großer Eleganz unterstützt. Sie sind das Musterbeispiel von tanninreichen, großzügigen, sanften Weinen, die man im Kellerbuch in der Rubrik der lange lagerfähigen Weine eintragen muss.

Die Originalität der Margaux-Weine beruht auf zahlreichen Faktoren. Die menschlichen Aspekte darf man dabei nicht vernachlässigen. Anders als die übrigen großen Gemeinden des Médoc haben die Winzer in der AOC Margaux die Rebsorte Cabernet Sauvignon weniger bevorzugt. Hier gewinnt die Merlot-Rebe, auch wenn sie weiterhin im Verschnitt den kleineren Anteil stellt, eine größere Bedeutung. Andererseits erstreckt sich die Appellation auf das Gebiet von fünf Gemeinden: Margaux sowie Cantenac, Soussans, Labarde und Arsac. In jeder von ihnen gehören nicht alle Reblagen zur AOC; nur die Böden, die sich am besten für den Weinbau eignen, sind berücksichtigt worden. Das Ergebnis ist ein einheitliches Anbaugebiet, das aus einer Reihe von Kieskuppen besteht.

Diese Kuppen bilden zwei Einheiten: An der Peripherie breitet sich ein System aus, das an eine Art Archipel auf dem Festland denken lässt, wobei die «Inseln» durch kleine Täler, Bäche oder Torfmoore voneinander getrennt sind; im Herzen der Appellation, in den Gemeinden Margaux und Cantenac, breitet sich eine Hochfläche aus weißem Kies aus, die rund 6 km lang und 2 km breit ist und durch Erosion in Kuppen zerschnitten worden ist. In diesem Abschnitt liegen viele der achtzehn Crus classés der Appellation.

Die aufgrund ihrer Eleganz bemerkenswerten Margaux-Weine sind Weine, die nach feinen Gerichten verlangen, wie etwa Chateaubriand, Ente, Rebhuhn oder – Bordeaux verpflichtet – Entrecote à la bordelaise. 2000 wurden 73 446 hl auf 1 408 ha erzeugt.

CH. BOYD-CANTENAC 1998★★

■ 3ème cru clas. 17 ha k. A. 23 à 30 €

70 75 79 80 81 (82) 83 |85| 86 |88| |89| |90| 91 92 94 95 |96| |97| 98

Als guter Kenner des Terroirs von Margaux besaß Lucien Guillemet die Klugheit, eine vielfältige Bestockung aufrechtzuerhalten. Dieser Wein von dichtem, tiefem Rubinrot kann ihm nur Recht geben: Unterstützt von einer guten Struktur, die sich auf das Vorhandensein von soliden Tanninen gründet, kann er durch seinen Reichtum und seine aromatische Nachhaltigkeit verführen, mit genussvollen Noten von Röstung, Toastbrot, Hefebrot und Gewürzen (Gewürznelke), die einen schönen Ausbau belegen. Eine Flasche, die man vier bis fünf Jahre aufheben muss.

SCE Ch. Boyd-Cantenac et Pouget, Cantenac, 33460 Margaux, Tel. 05.57.88.90.82, Fax 05.57.88.33.27, E-Mail contact@boyd-cantenac.fr n. V.

CH. BRANE-CANTENAC 1998★★

■ 2ème cru clas. 90 ha 110 000 38 à 46 €

70 71 75 76 78 79 81 82 83 84 85 (86) 87 |88| |89| |90| 91 92 93 94 95 (96) 97 98

Das Gebäude ist hier zwar bescheiden, aber der Cru bildet ein großes Gut mit einer glanzvollen Geschichte, denn Baron de Brane war Anfang des 19. Jh. eine der großen Persönlichkeiten des Weinbaus. Er hätte nicht vor Scham erröten müssen angesichts dieses tieffarbenen Weins, der aufgrund seiner Lagerfähigkeit (acht bis zehn Jahre) in der besten Tradition des Médoc steht. Dieser äußerst tanninreiche und kräftige 98er entfaltet auch ein Bouquet, das sich mit rauchigen Noten und Nuancen von Brombeere und schwarzer Johannisbeere verstärken wird. Der **98er Baron de Brane** (Preisgruppe: 100 bis 149 F) hat eine lobende Erwähnung erhalten. Er muss zwei bis drei Jahre lagern, damit seine noch strengen Tannine verschmelzen.

SCEA du Ch. Brane-Cantenac, 33460 Cantenac, Tel. 05.57.88.83.33, Fax 05.57.88.72.51 n. V.

Henri Lurton

CH. CANTENAC-BROWN 1998★★

■ 3ème cru clas. 42 ha 144 000 30 à 38 €

75 76 79 80 81 82 |83| 85 |86| |88| |89| |(90)| 91 92 93 94 95 96 97 98

Das Château, ein monumentales Gebäude aus Ziegel und Stein, enthält ein luxuriöses Ausbildungszentrum für die Angestellten seines Besitzers, der Gruppe AXA. Wetten wir, dass sie nicht unempfänglich gegenüber dem Inhalt der Keller bleiben werden, für die dieser 98er ein schönes Exemplar bildet, wegen der Intensität und Feinheit seines Bouquets ebenso wie wegen der Stärke und Eleganz seiner Struktur. Letztere wird von erstklassigen Tanninen unterstützt und sorgt für einen lang anhaltenden, seidigen Charakter, bei dem alles Lagerfähigkeit verspricht. Der **98er Château Canuet** (Preisgruppe: 100 bis 149 F), der ebenfalls tanninreiche Zweitwein, den man dekantieren muss, hat einen Stern erhalten. Er bietet 120 000 Flaschen von einem

Margaux

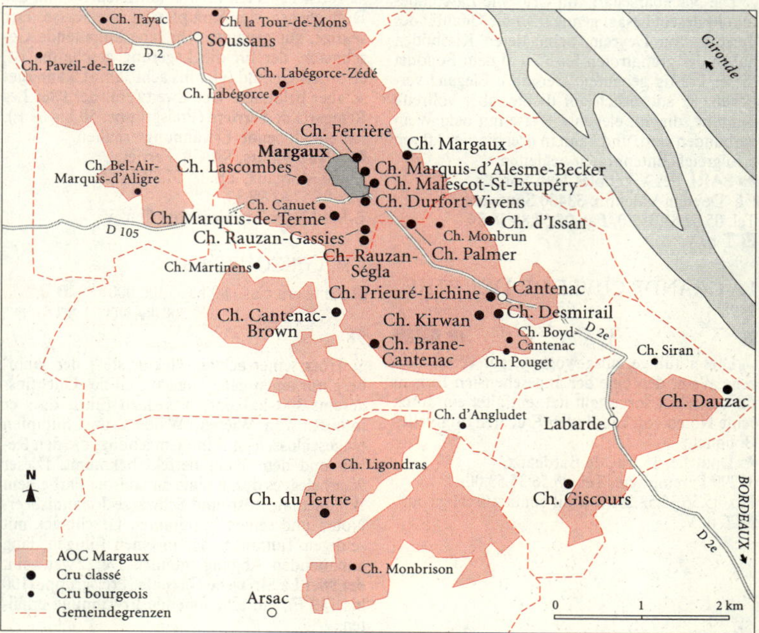

sehr konzentrierten Wein, den man ebenso für einige Zeit einkellern muss.
🔑 Christian Seely, Ch. Cantenac-Brown, 33460 Cantenac, Tel. 05.57.88.81.81, Fax 05.57.88.81.90, E-Mail infochato@cantenacbrown.com
☑ 🍷 n. V.
🔑 AXA Millésimes

CH. DAUZAC 1998**

■ 5ème cru clas. 25 ha 130 000 ⏏ 30 à 38 €
78 79 80 81 82 83 84 85 |86| 87 |88| |89| |(90)| 91 92 |93| 95 96 97 98

Die MAIF war gut beraten, als sie André Lurton für die Leitung des Guts und Jacques Boissenot als önologischen Berater auswählte. Beide beweisen erneut ihre Kompetenz mit diesem Wein von kräftigem, strahlendem Rubinrot, der ein bezauberndes Bouquet und einen gut gebauten Geschmack bietet. Die Struktur setzt die Harmonie der Duftnoten fort, die rote Früchte und Kakao mischen, und entfaltet einen seidigen und zugleich kräftigen Charakter, der den Eindruck von einer Cuvée hinterlässt, die ebenso viel «Schick» wie Zukunft besitzt. Fünf bis acht Jahre lagern.
🔑 Sté d'exploitation du Ch. Dauzac, 33460 Labarde-Margaux, Tel. 05.57.88.32.10, Fax 05.57.88.96.00 ☑ 🍷 n. V.
🔑 MAIF

CH. DEYREM VALENTIN 1998*

■ Cru bourg. 10 ha 65 000 ⏏ 15 à 23 €
75 76 81 82 83 85 |86| |88| |89| |90| 91 92 |93| |94| 95 97 98

Die Nachbarschaft von Crus wie Lascombes und Malescot besagt genug über die Qualität des Terroirs von Deyrem. Seine tiefen Kiesböden haben der granatroten Farbe und dem Bouquet dieses kräftig gebauten 98ers ihre Eleganz verliehen. Er stützt sich auf dichte, aber vollreife Tannine, die auf elegante Weise mit dem Wein verbunden sind, und kann in drei bis vier Jahren erfolgreich Entenbraten begleiten.
🔑 EARL des Vignobles Jean Sorge, Ch. Deyrem Valentin, 33460 Soussans, Tel. 05.57.88.35.70, Fax 05.57.88.36.84
☑ 🍷 n. V.

LA GRANDE CUVEE DE DOURTHE 1998

■ k. A. k. A. ⏏ 11 à 15 €

Dieser füllige, ausgewogene, gut verschmolzene Wein, den eine der angesehensten Firmen im Bordelais vorgestellt hat, entfaltet ein durch seine Noten von kandierten Früchten originelles Bouquet.
🔑 Dourthe, 35, rue de Bordeaux, 33290 Parempuyre, Tel. 05.56.35.53.00, Fax 05.56.35.53.29, E-Mail contact@cvbg.com
☑ 🍷 n. V.

CH. DURFORT-VIVENS 1998*

■ 2ème cru clas. 39,82 ha 62 000 ⏏ 23 à 30 €
75 76 81 82 83 85 |(86)| |88| |89| |90| |93| |94| 95 (96) |97| 98

Seit dem 13. Jh. hat dieser Cru an der Weinbaugeschichte des Médoc teil. Gonzague Lurton, der das Gut seit 1992 führt, hat einen neuen Gär- und Lagerkeller errichtet, aber auch nicht vergessen, in den Weinberg zu investieren. Sein Wein ist ein echter Margaux, der eine gute Lagerfähigkeit bieten kann, aber gleichzeitig einen liebenswürdigen Charakter entfaltet. Das Holz ist gut genug dosiert, um den Stoff und das Bouquet von roten Früchten zu unterstützen, ohne dass es sie erdrücken würde. Eine Flasche, die man fünf Jahre aufheben muss.
🔑 SCEA Ch. Durfort, Ch. Durfort-Vivens, 33460 Margaux, Tel. 05.57.88.31.02, Fax 05.57.88.60.60, E-Mail infos@durfort-vivens.com 🍷 n. V.
🔑 Gonzague Lurton

CH. FERRIERE 1998**

■ 3ème cru clas. 8 ha 33 000 ⏏ 15 à 23 €
70 75 78 81 83 84 |(85)| |86| 87 |88| 89 92 93 94 95 96 97 98

Dieser Cru, der im 16. Jh. von Gabriel Ferrière, einem königlichen Makler in Bordeaux, geschaffen wurde, gehört zu den ältesten Weingütern von Margaux. Er befindet sich auf einem hervorragenden Terroir und wird von Claire Villars-Lurton klug bewirtschaftet, die heute große Weine erzeugt. Seine granatrote Farbe eröffnet schöne Perspektiven, die im Bouquet und am Gaumen Gestalt annehmen. Von Leder bis zu roten Früchten in Alkohol reichend, hat der Duft ebenso viel Komplexität wie Rasse. Der seidige, gut gebaute, sehr lang anhaltende Geschmack, der für die Lagerung geschaffen ist, erfordert Geduld (vier bis acht Jahre), kann diese aber belohnen. Der Zweitwein, der **98er Les Remparts de Ferrière** (Preisgruppe: 50 bis 69 F), hat eine lobende Erwähnung erhalten.
🔑 Claire Villars, SA Ch. Ferrière, 33460 Margaux, Tel. 05.57.88.76.65, Fax 05.57.88.98.33, E-Mail infos@ferrière.com 🍷 n. V.

CH. GISCOURS 1998*

■ 3ème cru clas. 80 ha 300 000 ⏏ 23 à 30 €
75 78 81 82 83 85 (86) |88| |89| |90| 91 93 94 |97| 98

Trotz seiner achtzig Hektar stellt der Weinberg nur einen ganz kleinen Teil des Guts (insgesamt 300 ha) dar, was dazu führt, dass er inmitten von Wiesen, Wäldern und Sümpfen eingeschlossen ist. Eine Umgebung, die den Reben und dem Wein perfekt bekommt. Dieser 98er belegt es durch seine dunkelrote Farbe, sein Bouquet mit Röst- und Schwarze-Johannisbeer-Noten und seinen imposanten Geschmack mit seidigen Tanninen, der in einen fülligen, lang anhaltenden Abgang mündet. Der Zweitwein, der **98er La Sirène de Giscours** (Preisgruppe: 100 bis 149 F), hat eine lobende Erwähnung erhalten.

SAE Ch. Giscours, 10, rte de Giscours, 33460 Labarde, Tel. 05.57.97.09.09, Fax 05.57.97.09.00, E-Mail giscours@chateau-giscours.fr n. V.
Albada Jelgersma

CH. HAUT BRETON LARIGAUDIERE 1998

Cru bourg. 12,46 ha 63 000 15 à 23 €
|90| 91 92 93 |94| 95 96 |97| |98|

Auch wenn sein Gerüst ein wenig zart ist, erweist sich dieser Wein dank fleischiger, aber fester Tannine als gut gebaut. Sie lassen ein ausgewogenes, klassisches Gerüst erkennen, das ihn gefällig macht.
SCEA Ch. Haut Breton Larigaudière, 33460 Soussans, Tel. 05.57.88.94.17, Fax 05.57.88.39.14 n. V.
de Schepper

CH. D'ISSAN 1998*

3ème cru clas. 30 ha 110 000 38 à 46 €
82 83 85 86 87 |88| |89| |90| 92 93 94 95 96 97 98

Die Weine von Château d'Issan, die schon Anfang des 18. Jh. in London bekannt genug waren, damit sie in einem Brief an den Prinzen von Wales erwähnt wurden, behaupten mehr als zweieinhalb Jahrhunderte später noch immer ihren Rang. Die Intensität der Farbe mit den leuchtend roten Reflexen muss die Stärke des Bouquets nicht beneiden, dessen Komplexität Düfte von schwarzer Johannisbeere mit Röstnoten verbindet. Die seidige, reiche Struktur, die elegante, gut verschmolzene Tannine unterstützen, führt zu einem Abgang, in dem man Noten von Schwarze-Johannisbeer-Knospe findet, vermischt mit Gewürzen.
SFV de Cantenac, Ch. d'Issan, 33460 Cantenac, Tel. 05.57.88.35.91, Fax 05.57.88.74.24, E-Mail issan@chateau-issan.com n. V.
Cruse

CH. KIRWAN 1998*

3ème cru clas. 35 ha 120 000 46 à 76 €
75 79 81 82 83 85 (86) |88| 89 93 94 95 96 97 98

Eines der ersten Châteaus im Médoc, die ständig bewohnt waren. Errichtet wurde es 1780 von einem Irländer. Entsprechend der Bestockung, bei der die beiden Cabernet-Sorten (60 %) und Petit Verdot (10 %) einen nicht unwesentlichen Platz einnehmen, steht dieser Wein in der Tradition von Margaux. Die Struktur, die sich auf gut verschmolzene Tannine stützt, ist kräftig gebaut, aber elegant. Das Ergebnis ist ein jugendlicher, ausgewogener 98er, der die aromatische Komplexität (hinter den Holznoten kommen rote Früchte zum Vorschein) in den Vordergrund stellt. Der Zweitwein, der **98er Les Charmes de Kirwan** (Preisgruppe: 100 bis 149 F), erhält eine lobende Erwähnung.
Maison Schröder et Schýler, 55, quai des Chartrons, 33000 Bordeaux, Tel. 05.57.87.64.55, Fax 05.57.87.57.20, E-Mail mail@schroder-schyler.com Mo–Fr 9h30–17h30
J. H. Schýler

CH. LABEGORCE-ZEDE 1998*

27 ha 100 000 15 à 23 €
82 (83) |85| |86| |88| 89 90 91 92 |93| |94| |95| 96 97 98

Dieser Cru, ein schönes Gut, dessen Weinberg um das Château herum liegt, gehört der gleichen Familie wie Vieux Château Certan in Pomerol. Sein 98er hat eine lebhafte Farbe mit kirschroten Reflexen. Seinen klaren, ehrlichen Bau, der nicht sehr kräftig, aber angenehm ist, begleitet ein elegantes Bouquet (frische Früchte, Wildbeeren und Brombeere). Servieren kann man ihn zu Niederwild oder Lammbraten.
SCEA du Ch. Labégorce-Zédé, 33460 Soussans, Tel. 05.57.88.71.31, Fax 05.57.88.72.54 n. V.
L. Thienpont

LA BERLANDE 1998**

4 ha 20 000 11 à 15 €

Henri Duboscq, Besitzer von Château Haut-Marbuzet, ist auch ein Weinhändler, der sich in der Kunst, seine Weine richtig auszuwählen, zu einem Meister entwickelt hat. Er präsentiert hier einen komplexen, gut gebauten, konzentrierten Wein, in dem der Geist des Margaux – sowohl vornehm als auch lagerfähig – voll zum Ausdruck kommt. Ein etwa zehnjähriger Aufenthalt im Keller ist für einen maximalen Genuss wünschenswert.
Brusina-Brandler, 3, quai de Bacalan, 33300 Bordeaux, Tel. 05.56.39.26.77, Fax 05.56.69.16.84 n. V.

CH. LA GALIANE 1998

5,67 ha k. A. 11 à 15 €

Dieser Wein kommt von einem der letzten kleinen Güter, die in der Appellation übrig geblieben sind. Er ist schlicht, aber interessant aufgrund seiner Sanftheit, seiner Ausgewogenheit und seines Bouquets mit den feinen Gewürznoten.
SCEA René Renon, Ch. La Galiane, 33460 Soussans, Tel. 05.57.88.35.27, Fax 05.57.88.70.59 n. V.

CH. LA GURGUE 1998*

Cru bourg. 10 ha 36 500 15 à 23 €
82 83 85 86 88 89 |90| |95| |96| |97| |98|

Dieser Wein, der vom gleichen Erzeuger wie der Château Ferrière stammt, ist in seinen Ambitionen bescheidener, bleibt aber trotzdem vollkommen typisch. Er ist angenehm in seinem aromatischen Ausdruck mit Noten von kleinen roten Früchten und Veilchen und fügt ein gutes Volumen und seidige Tannine hinzu, die einen Wein ergeben, der rund ist und zugleich eine gute Lagerfähigkeit hat.

🔑 Claire Villars, SA Ch. Ferrière, 33460 Margaux, Tel. 05.57.88.76.65, Fax 05.57.88.98.33, E-Mail infos@ferriere.com 🍷 n. V.

CH. LARRUAU 1998

■ Cru bourg. k. A. 700 000 🛢 11 à 15 €

86 |88| |89| 90 |93| |94| 95 96 97 |98|

Zwar verzichtet dieser Wein mit dem angenehmen Bouquet von roten Früchten nicht darauf, dass er die Sanftheit und die Feinheit betont, aber er entfaltet ein gutes Volumen im Geschmack, den das Holz unterstützt, ohne ihn zu unterdrücken.

🔑 Bernard Château, 4, rue de La Trémoille, 33460 Margaux, Tel. 05.57.88.35.50, Fax 05.57.88.76.69 ☑ 🍷 n. V.

CH. LASCOMBES 1998*

■ 2ème cru clas. 50 ha 200 000 🛢 30 à 38 €

70 76 79 81 82 83 85 (86) |88| |89| |90| 93 95 96 |97| 98

Der Cru, der mitten in dem Marktflecken liegt und gerade den Besitzer gewechselt hat, besitzt ein erstklassiges Terroir mit feinem Kies aus der Günz-Kaltzeit. Es ist deshalb auch nicht erstaunlich, dass hier ein Wein mit sehr festem Charakter entsteht. Obwohl das Holz immer noch spürbar ist, schafft es nicht, die Persönlichkeit des Bouquets und des Geschmacks zu überdecken. Hinter den animalischen Noten entfalten sich Aromen von Röstung, Lebkuchen und kandierten Früchten. Der kräftige, tanninreiche Geschmack erfordert eine Lagerung.

🔑 SV de Ch. Lascombes, 33460 Margaux, Tel. 05.57.88.70.66, Fax 05.57.88.72.17, E-Mail chateaulascombes@wanadoo.fr ☑ 🍷 n. V.

CH. LA TOUR DE MONS 1998

■ Cru bourg. 22,4 ha 159 000 🛢 11 à 15 €

Seit seinem Besitzwechsel im Jahre 1995 hat der Cru ein umfangreiches Renovierungsprogramm in die Wege geleitet. Den ersten Nutzen hat er daraus mit diesem 98er gezogen, der für die Zukunft sehr ermutigend ist aufgrund seiner Kraft und seiner Eleganz, die es erlauben, dass man ihn bald trinken oder auch zwei bis drei Jahre aufheben kann.

🔑 SCEA Ch. La Tour de Mons, 33460 Soussans, Tel. 05.57.88.33.03, Fax 05.57.88.32.46 🍷 n. V.

CH. LE COTEAU 1998

■ 10,5 ha 50 000 🛢 8 à 11 €

Dieser Cru präsentiert einen gut strukturierten Wein mit einer soliden Tanninengrundlage. Auch wenn der Abgang mehr Eleganz hätte zeigen können, ist das Ganze aufgrund seines Körpers, seiner Vollmundigkeit und seines kräftigen Bouquets von roten Früchten verführerisch. Man sollte ihn drei bis fünf Jahre lang einkellern.

🔑 Eric Léglise, 39, av. Jean-Luc-Vonderheyden, 33460 Arsac, Tel. 05.56.58.82.30, Fax 05.56.58.82.30 ☑ 🍷 n. V.

CH. MALESCOT SAINT-EXUPERY 1998**

■ 3ème cru clas. k. A. 105 500 🛢 38 à 46 €

81 82 83 |85| |86| 88 89 90 |91| 92 93 94 95 96 98

Der 300 Jahre alte Cru wird von einem Château im Baustil der Zeit Napoleons III. beherrscht. In seinem Wein findet man die ganze legendäre Eleganz der Margaux-Weine wieder. Von der purpurroten Farbe bis zum Abgang steht die Verkostung dank schöner Aromen von geröstetem Brot und Sauerkirsche unter dem zweifachen Zeichen von Stärke und Feinheit. Dieser perfekt gelungene 98er, der eine große Klasse besitzt, verdient es, dass man ihn in fünf bis sechs Jahren mit einem feinen Gericht kombiniert, beispielsweise zu Ringeltaube, in Aluminiumfolie so lange gebraten, bis das Fleisch gerade rosig ist. Im Kellerbuch wird er als eine der schönsten Eintragungen in Erinnerung bleiben

🔑 SCEA Ch. Malescot Saint-Exupéry, 33460 Margaux, Tel. 05.57.88.97.20, Fax 05.57.88.97.21 ☑ 🍷 n. V.

🔑 Roger Zuger

CH. MARGAUX 1998***

■ 1er cru clas. 78 ha k. A. 🛢 +76 €

59 |61| 66 70 71 |75| 77 78 |79| 80 |81| |(82)| |83| 84 |85| |86| |87| 88 89 90 91 |92| 93 94 (95) (96) 97 (98)

Wenige Crus können sich rühmen, eine vollkommene Harmonie zwischen der Architektur und dem Wein verwirklicht zu haben. Margaux gehört zu ihnen: Der majestätischen Schönheit der Räumlichkeiten – des klassischen Châteaus ebenso wie der Kellergebäude – entspricht die Vornehmheit dieses Weins. Der Wein beginnt mit einem tiefen Granatrot und enthüllt ein komplexes, genussvolles Bouquet von Mokka und Hefebrot und dann von sehr reifen Früchten. Die Kakao- und Vanillearomen der Ansprache entfalten danach Noten von Edelholz und schwarzen Früchten über einer Struktur, die mit ihrer Fülle, Stärke und Freigebigkeit große Klasse besitzt. Dieser Wein verdient zweifellos, dass man ihn mehrere Jahre aufhebt.

🔑 SC du Ch. Margaux, 33460 Margaux, Tel. 05.57.88.83.83, Fax 05.57.88.83.32

CH. MARQUIS DE TERME 1998**

■ 4ème cru clas. 40 ha 165 000 23 à 30 €

75 81 82 (83) 85 **86 89** 90 93 **94 95** 96 97 **98**

Dieser Cru steht zwar nicht oft im Rampenlicht, ist aber dennoch in der Appellation ein «sicherer Wert». Er beweist es einmal mehr. Dieser Wein zeigt ein schönes, dunkles Granatrot und entfaltet ein Bouquet, das gekochte Früchte mit Vanille verbindet, bevor er einen sanften, gehaltvollen, öligen, tanninreichen Geschmack enthüllt, der eine abschließende Harmonie verlängert. Insgesamt eine Flasche, die man mindestens fünf Jahre aufheben muss.

SCA Ch. Marquis de Terme,
3, rte de Rauzan, BP 11, 33460 Margaux,
Tel. 05.57.88.30.01, Fax 05.57.88.32.51,
E-Mail marquisterme@terre-net.fr ☑ Y n. V.

Séneclauze

CH. MARSAC SEGUINEAU 1998

■ Cru bourg. 10,23 ha 56 000 15 à 23 €

95 |96| |97| 98

Das Gut, das im 18. Jh. aus der Vereinigung von 115 Parzellen entstand, gehört heute zu der von Yves Barsalou geleiteten Gruppe. Trotz einer gewissen Strenge im Abgang bietet sein 98er ein fruchtiges Bouquet und eine körperreiche, fleischige Struktur. Drei Jahre aufheben.

SC du Ch. Marsac-Séguineau,
La Croix Bacalan, 109, rue Achard,
BP 154, 33042 Bordeaux Cedex,
Tel. 05.56.11.29.00, Fax 05.56.11.29.01 Y n. V.

CH. MARTINENS 1998

■ 25 ha 120 000 11 à 15 €

Obwohl dieses Château im 18. Jh. für zwei Engländerinnen errichtet wurde, bietet es ein schönes Beispiel für ein für das Bordelais typisches Herrenhaus. Seine Feinheit findet man in diesem Wein wieder, der diskrete Tannine besitzt, aber aufgrund seiner Sanftheit und seines Bouquets mit den Noten von reifen Früchten und Geröstetem interessant ist.

Sté Fermière du Ch. Martinens,
33460 Cantenac, Tel. 05.57.88.71.37,
Fax 05.57.88.38.35 ☑ Y n. V.

Frau Dulos und Herr Seynat

CH. MONBRISON 1998*

■ Cru bourg. 13,2 ha 45 000 15 à 23 €

82 83 |85| |(86)| |88| |89| |90| 91 94 95 96 **97** 98

Unter diesem bezaubernden Haus soll sich ein unterirdisches Gewölbe verbergen. Dorthin vorzudringen wird bestimmt schwieriger sein, als die Qualitäten dieses Weins zu finden. Hinter einer hübschen, tiefen Farbe mit violetten Reflexen kommt an der Luft ein intensives Bouquet mit Noten von Röstung, Rauch und roten Früchten zum Vorschein. Nach einer sanften Ansprache entwickelte sich der Geschmack zu seidigen und zugleich kräftigen Tanninen. Man muss fünf Jahre warten, bis sich der Holzton einfügt.

Laurent Vonderheyden, Ch. Monbrison,
33460 Arsac, Tel. 05.56.58.80.04,
Fax 05.56.58.85.33 ☑ Y n. V.

E. M. Davis und Sohn

CH. MONGRAVEY Cuvée Prestige 1998*

■ 9 ha 12 000 15 à 23 €

Régis Bernaleau führt diesen Cru seit 1981. Dieser Wein, eine Spitzencuvée, besitzt eine echte Persönlichkeit. Zum Ausdruck kommt sie in seiner dunkelroten Farbe, in seinem Bouquet, in dem Mentholnoten zu den Noten von Lakritze und schwarzer Johannisbeere hinzukommen, und in seiner reichen, vollen Tanninstruktur. Man muss ihn vier bis fünf Jahre aufheben.

Régis Bernaleau, Ch. Mongravey,
33460 Arsac, Tel. 05.56.58.84.51,
Fax 05.56.58.83.39,
E-Mail chateau.mongravey@wanadoo.fr
☑ Y n. V.

CH. PALMER 1998**

■ 3ème cru clas. 50 ha 120 000 +76 €

78 79 80 |81| |82| |83| 84 |85| |(86)| |88| |89| **90** |91| |92| **93 94 95 96 97 98**

Seine Gebäude und sein Name stammen zwar aus dem 19. Jh., aber der Cru war bereits im 18. Jh. unter dem Namen Château de Gasq bekannt. Er gehört heute immer noch zu den treibenden Kräften der Appellationen, dank Weinen wie diesem prächtigen 98er. Sein dunkles Rubinrot ist reich an Versprechen, die alle eingelöst werden: Zu einer schönen aromatischen Komplexität (Vanille, Röstaroma, Lakritze) kommt eine füllige, kräftige Tanninstruktur mit einem perfekt gemeisterten Holzton hinzu. Der Abgang, der ein große Länge besitzt, bietet eine hübsche Vereinigung von reifen Früchten und Holz. Bis zum Höhepunkt dieses 98ers muss man fünf bis acht oder zehn Jahre warten.

Ch. Palmer, Cantenac, 33460 Margaux,
Tel. 05.57.88.72.72, Fax 05.57.88.37.16,
E-Mail chateau-palmer@chateau-palmer.com
Y n. V.

PAVILLON ROUGE 1998**

■ k. A. k. A. 23 à 30 €

78 81 |82| |83| |84| |85| |86| |88| |89| |90| 92 |93| **94 95 96 97 98**

Der Pavillon Rouge ist vielleicht nur ein Zweitwein, aber der von Château Margaux. Daher ist er ein großer Wein. Aufgrund seines Bouquets mit den Vanille- und Zimtnoten ebenso wie aufgrund seines Geschmacks, der eine Ansprache mit viel Frische bietet, bevor er einen großartigen, tanninreichen Stoff entfaltet, der ihn «jansenistischer», d. h. strenger als seinen

großen Bruder macht. Insgesamt ein rassiger 98er, der die Ehren der Einkellerung verdient.
SC du Ch. Margaux, 33460 Margaux,
Tel. 05.57.88.83.83, Fax 05.57.88.83.32

CH. POUGET 1998

■ 4ème cru clas. 10 ha k. A. 15 à 23 €
75 85 86 88 |89| |90| 92 94 |95| |96| |97| 98

Dieser Wein kommt von einem Cru, der ganz unabhängig von Boyd-Cantenac geführt wird. Er bevorzugt die Feinheit, ist rund, fleischig, zart und fein duftend und besitzt eine gute Ausgewogenheit, die es ihm ermöglicht, den Beitrag des Holzes mühelos zu integrieren. In zwei bis drei Jahren dürfte er seinen Höhepunkt erreichen.
SCE Ch. Boyd-Cantenac et Pouget,
Cantenac, 33460 Margaux, Tel. 05.57.88.90.82,
Fax 05.57.88.33.27,
E-Mail contact@boyd-cantenac.fr ☑ Y n. V.

CH. PRIEURE-LICHINE 1998***

■ 4ème cru clas. 40 ha 240 000 30 à 38 €
82 83 86 |88| |89| |90| 91 |92| |93| 96 97 (98)

Da das Gut im Juni 1999 gekauft wurde, ist dieser 98er der letzte Jahrgang, den Sacha Lichine erzeugt hat. Das Mindeste, was man sagen könnte, dass er in Schönheit endete: Das komplexe, originelle Bouquet, sogar mit einer Note «Hasenbauch», ist ein Musterbeispiel an Eleganz. Auf einen solchen Duft nachzufolgen ist nicht einfach, aber der Geschmack tut es mit viel Klasse. Es gelingt ihm nämlich, den Wein und das Holz zu einem fleischigen, voluminösen, reichen Zusammenspiel zu vereinigen. Dieser 98er wird in etwa zehn Jahren auf seinem Höhepunkt sein.
Ch. Prieuré-Lichine,
34, av. de la 5e-République, 33460 Cantenac,
Tel. 05.57.88.36.28, Fax 05.57.88.78.93,
E-Mail prieure.lichine@wanadoo.fr ☑ Y n. V.
GPE Ballande

CH. RAUZAN-GASSIES 1998*

■ 2ème cru clas. 30 ha 130 000 23 à 30 €
|93| |94| 96 97 98

Der Cru ist zwar nicht gerade das größte Weingut der Appellation, aber er hat eine beachtliche Größe und umfasst genug Parzellen, um eine breite Palette von Böden zu bieten. Es ist deshalb nicht erstaunlich, dass hier ein Wein mit einem komplexen Bouquet entsteht, in dem sich Noten von Kaffee mit Nuancen von schwarzen und roten Johannisbeeren sowie Heidelbeeren vermischen. Die kräftigen, seidigen Tannine verbinden sich mit den Tanninen vom Fassholz und erfordern nur noch eine Lagerung von drei bis vier Jahren, um zu verschmelzen.
SCI Ch. Rauzan-Gassies, 33460 Margaux,
Tel. 05.57.88.71.88, Fax 05.57.88.37.49
☑ Y n. V.
J.-Michel Quié

CH. RAUZAN-SEGLA 1998***

■ 2ème cru clas. 51 ha 95 000 46 à 76 €
81 |83| |85| |88| |89| 90 91 92 93 94 95 (96) |97| (98)

Der Cru, der früher Eigentum der Gruppe Holt war und heute im Besitz von Chanel ist, hat von großen Investitionen profitiert. Dank dieser Geldmittel hat er eine Ausrüstung erhalten, deren Effizienz sein prächtiger 98er in reichem Maße demonstriert. Von der granatroten Farbe bis zum überaus aromatischen Abgang steht die ganze Verkostung unter dem zweifachen Zeichen von Eleganz und Stärke. Das feine, kraftvolle Bouquet bietet Toast- und Fruchtnoten (rote Früchte), während sich am Gaumen gut extrahierte, freigebige Tannine entfalten, die für einen kräftig gebauten, harmonischen Geschmack von herrlicher Länge sorgen. Ein großer Wein, bei dem es schade wäre, wenn man nicht mindestens fünf Jahre warten würde, bevor man ihn aufmacht.
Ch. Rauzan-Ségla, BP 56, 33460 Margaux,
Tel. 05.57.88.82.10, Fax 05.57.88.34.54 Y n. V.

SEGLA 1998**

■ k. A. 95 000 11 à 15 €

Als wirklich vornehmer Herr hat Rauzan-Ségla nicht alles für sich in Anspruch genommen. Was es dem kleinen Ségla erlaubt, bei den Großen, sogar bei den sehr Großen mitzuspielen, denn er wurde der für die Liebeserklärungen zuständigen Oberjury vorgeschlagen und überlässt seinem älteren Bruder den Platz. Seine Eleganz kommt in den Holznoten des Bouquets zum Vorschein, das auch an geröstete Haselnüsse erinnert. Der Geschmack enthüllt, ohne dass er seine Feinheit einbüßt, einen fülligen, rassigen Charakter, der eine schöne Lagerfähigkeit verspricht. Hervorheben möchten wir hier sein großartiges Preis-Leistungs-Verhältnis.
Ch. Rauzan-Ségla, BP 56, 33460 Margaux,
Tel. 05.57.88.82.10, Fax 05.57.88.34.54 Y n. V.

CH. SIRAN 1998*

■ Cru bourg. 24 ha 90 000 23 à 30 €

66 78 79 80 81 82 83 85 86 87 88 |89| |90| 91 92 |93| 94 95 96 97 98

In der Epoche, als die Gironde und die Garonne nicht begradigt waren, führten die Kanäle für die Schiffe am Gut vorüber, wo sich ein Hafen zum Verladen der Weine befand. Hoffen wir, dass alle das Niveau dieses sehr gelungenen 98ers hatten. Er weist mit seiner purpurviolett funkelnden Farbe auf seine Jugend hin und bestätigt diese durch seine fleischige Tanninstruktur, auf die ein lang anhaltender Abgang folgt. Er ist schon sehr elegant und wird nach einer zwei- bis dreijährigen Wartezeit vollständig verschmelzen.

SC du Ch. Siran, Ch. Siran, 33460 Labarde, Tel. 05.57.88.34.04, Fax 05.57.88.70.05, E-Mail chateau.siran@wanadoo.fr
tägl. 10h–12h30 13h30–18h
William Alain Miailhe

CH. TAYAC 1998*

■ Cru bourg. 18 ha 134 000 11 à 15 €

Dieser Cru, der zu einem fast 40 ha großen Gut gehört, kann auf seinen 98er stolz sein: Den Reizen eines komplexen Bouquets (Röstung, Leder und Früchtekompott) fügt er die eines runden, fülligen, kräftig gebauten Geschmacks hinzu. Eine Flasche, die man drei bis fünf Jahre aufheben muss.

SC Ch. Tayac, Lieu-dit Tayac, BP 10, 33460 Soussans, Tel. 05.57.88.33.06, Fax 05.57.88.36.06 tägl. 9h–12h30 14h–18h

CH. DU TERTRE 1998**

■ 5ème cru clas50,4 ha 200 000 15 à 23 €

|90| 91 92 93 95 96 **98**

Die alten Gewölbekeller, in denen die alten Jahrgänge des Cru reiften, werden bestimmt auch einige Flaschen von diesem 98er aufnehmen, den alles für die Lagerung bestimmt: seine dunkle, tiefe Farbe, sein Bouquet, dessen kräftige Düfte von kandierter Kirsche, Brombeere und Heidelbeere von delikaten Röstnoten unterstützt werden, die das Holz eingebracht hat, und seine Präsenz im Geschmack, in dem ein dichter, tanninreicher Stoff zum Vorschein kommt, nicht zu vergessen sein Abgang, den eine schöne Rückkehr der Aromen verlängert.

SEV Ch. du Tertre, chem. de Ligondras, 33460 Arsac, Tel. 05.57.97.09.09, Fax 05.57.97.09.00 n. V.
Albada Jelgersma

CH. DES TROIS CHARDONS 1998

■ 2,88 ha 17 000 11 à 15 €

78 79 82 83 85 86 88 |89| |90| |94| |95| 96 97 |98|

Die Chardons, früher Kellermeister und Verwalter von Château Palmer, bewirtschaften einen der letzten kleinen Crus artisans der Appellation. Ihr sanfter, eleganter, zart duftender 98er ist fett und einschmeichelnd zugleich und besitzt einen hübschen Abgang.

Claude et Yves Chardon, Issan, 33460 Cantenac, Tel. 05.57.88.39.13, Fax 05.57.88.33.94 n. V.

CH. VINCENT 1998*

■ Cru bourg. 5 ha 6 500 15 à 23 €

Klein ist das Gut zwar hinsichtlich seiner Fläche, aber dies gilt weniger, wenn man sein Terroir, das von den Terroirs der großen Crus classés umrahmt wird, und seinen Wein betrachtet. Dieser 98er ist ausdrucksvoll und komplex und entfaltet sich während der gesamten Verkostung auf angenehme Weise, wobei auf ein Bouquet mit Frucht- und Lakritzenoten ein runder, fülliger, langer, wohl ausgewogener Geschmack folgt.

Marthe Domec, Ch. Vincent, Issan, 33460 Cantenac, Tel. 05.57.88.90.56, Fax 05.44.18.02.70

Moulis-en-Médoc

Moulis, ein schmales Band von 12 km Länge und 300 bis 400 m Breite, ist die kleinste kommunale Appellation des Médoc. Dennoch bietet es eine große Bandbreite von Terroirs.

Wie in Listrac bilden diese drei große Gruppen. Im Westen, nahe der Straße Bordeaux–Soulac, bietet der Abschnitt von Bouqueyran eine vielfältige Topografie mit einem Kalksteinkamm und einem Hang mit altem Kies (aus den Pyrenäen). In der Mitte findet man einen tonigen Kalksteinrücken, der eine Verlängerung der Ebene von Peyrelebade (siehe Listrac-Médoc) ist. Im Osten und Nordosten schließlich, nahe der Eisenbahnstrecke, breiten sich schöne Kuppen mit Kies aus der Günz-Kaltzeit (Kies aus der Garonne) aus, die einen besonders günstigen Boden abgeben. In diesem letzten Abschnitt befinden sich die berühmten Hügel von Grand-Poujeaux, Maucaillou und Médrac.

Die weichen, fleischigen Moulis-Weine sind durch ihren sanften, zarten Charakter gekennzeichnet. Sie können sich ein wenig rascher entwickeln als die Weine der anderen kommunalen Appellationen, besitzen aber dennoch eine gute Lagerfähigkeit (sieben bis acht Jahre). 2000 wurden 33 860 hl auf 589 ha erzeugt.

CH. ANTHONIC 1998*

■ Cru bourg. 20,54 ha 154 000 11 à 15 €

82 83 **85** (86) 88 **89** |90| 91 92 93 |94| |95| 96 |97| 98

Der Cru, der nicht einmal 800 m von der romanischen Kirche von Moulis entfernt liegt, wird seit 1977 von Pierre Cordonnier geführt. Dieser Wein von satter Farbe entspricht deutlich seiner Zusammenstellung, in dem Merlot dominiert (55 %). Sein Bouquet bietet elegante Noten von kandierten Früchten. Dank seiner reifen Tannine kann man ihn in zwei bis drei Jahren servieren.

SCEA Pierre Cordonnier, Ch. Anthonic, 33480 Moulis-en-Médoc, Tel. 05.56.58.34.60, Fax 05.56.58.72.76, E-Mail chateau.anthonic@terre-net.fr Mo–Fr 9h–12h 14h–17h30; Sa, So n. V.

CH. BISTON-BRILLETTE 1998*

■ Cru bourg. 21,5 ha 110 000 11 à 15 €

86 88 89 (90) 91 |93| |94| 95 **96** 97 98

Einmal mehr bestätigt dieser Cru, der gleiche Anteile von Cabernet Sauvignon und Merlot kombiniert, seine Qualität. Sein Wein, der sich auf eine solide, gut umhüllte Tanninstruktur stützt, kann durch seine schwarze Farbe mit roten Reflexen den Blick und durch sein Bouquet mit den Noten von schwarzer Johannisbeere, kaltem Tabak, Röstgeruch und Gewürznelke die Aufmerksamkeit auf sich lenken. Alles bis hin zum lang anhaltenden Abgang lädt zu einer Lagerung von drei bis vier Jahren ein.

EARL Ch. Biston-Brillette, Petit-Poujeaux, 33480 Moulis-en-Médoc, Tel. 05.56.58.22.86, Fax 05.56.58.13.16, E-Mail contact@chateaubistonbrillette.com Mo–Fr 10h–12h 14h–18h; Sa 10h–12h

Michel Barbarin

CH. BOIS DE LA GRAVETTE 1998*

■ 3 ha 20 000 5 à 8 €

Während der Cru erst von 1995 stammt, reicht die Verbindung zwischen den Porcherons und dem Weinbau weit zurück. Daran wird man nicht zweifeln, wenn man diesen Wein (52 % Cabernet, 48 % Merlot) mit der intensiven, tiefen Farbe probiert. Die Vereinigung von Holz und Stoff ist noch nicht abgeschlossen, aber man spürt eine Präsenz der Tannine und der Aromen (rote Früchte in Alkohol und Kakao), die notwendig ist, damit sich das Ganze günstig entwickeln kann. Eine Flasche, die einen vier- bis fünfjährigen Aufenthalt im Keller verdient.

EARL Bois de la Gravette, 33480 Moulis-en-Médoc, Tel. 05.56.58.22.11, Fax 05.56.58.22.11 tägl. 8h–19h

Christian Porcheron

CH. BRILLETTE 1998**

■ 40 ha 110 000 15 à 23 €

|94| **95 96 98**

Der Cru, ein schönes Gut von insgesamt über 80 Hektar, zeichnet sich auch durch die Qualität seiner Produktion aus. Zeuge dafür ist dieser wohl ausgewogene Wein. Mit Vergnügen bewundert man sein dunkles Rubinrot, riecht sein Bouquet, in dem sich Frucht, Gewürze und Toastnoten auf subtile Weise vereinigen, und genießt seinen Geschmack, dessen kräftige Struktur nach einer guten Lagerung verlangt.

SA Ch. Brillette, 33480 Moulis-en-Médoc, Tel. 05.56.58.22.09, Fax 05.56.58.12.26 Mo–Fr 9h–12h 14h–17h30

CH. CHASSE-SPLEEN 1998**

■ Cru bourg. 40 ha 250 000 23 à 30 €

75 76 **78 79** 80 **81 82** |(83)| |85| |86| |88| |89| **90** 91 92 **93 94 95 96 97 98**

Von seiner Entstehung durch Teilung im Jahre 1865 bis zu seinem Erwerb durch Jacques Merlaut im Jahre 1976 ist über die Geschichte dieses Cru alles bekannt, mit Ausnahme seines Namens. Das Terroir und die Arbeit sind erstklassig: Kein Geheimnis hingegen gibt es hinsichtlich des Erfolgs des Guts, für den dieser 98er ein perfektes Beispiel liefert. Aufgrund seines Bouquets mit den delikaten Röst-, Menthol-, Gewürz- und Fruchtnoten (reife Früchte) ist er ebenso präsent wie durch seine runde, sanfte Tanninstruktur. Eine schöne Flasche, die keine sehr lange Lagerung benötigt: Trinken kann man sie in etwa drei Jahren.

Céline Villars-Foubet, SA Ch. Chasse-Spleen, Grand-Poujeaux, 33480 Moulis-en-Médoc, Tel. 05.56.58.02.37, Fax 05.57.88.84.40, E-Mail jpfoubet@chasse-spleen.com n. V.

CH. CHEMIN ROYAL 1998

■ Cru bourg. 9,78 ha 60 000 8 à 11 €

Dieser schon verschmolzene Wein mit hohem Merlot-Anteil (65 %) mag manche Weinliebhaber überraschen. Doch sein Bouquet mit den empyreumatischen Noten und den Nuancen von reifen Früchten und sein ziemlich lang anhaltender Abgang werden nicht enttäuschen.

Ch. Fonréaud, 33480 Listrac-Médoc, Tel. 05.56.58.02.43, Fax 05.56.58.04.33 Mo–Fr 9h–11h30 14h–17h30

CH. DUPLESSIS 1998

■ Cru bourg. 18 ha 63 065 11 à 15 €

Dieser Wein, der vom gleichen Erzeuger wie der Château Villegeorge (Haut-Médoc) stammt, kombiniert 69 % Merlot mit den drei anderen Rebsorten des Médoc. Seine Farbe ist sehr klar, während den Geruchseindruck ein diskreter Holzton würzt. Er ist in der Ansprache rund und besitzt Volumen, aber die Entwicklung danach ist durch die Tannine bestimmt. Er dürfte sich innerhalb von zwei bis drei Jahren verbessern.

SC Les Grands Crus Réunis, 2036, Chalet, 33480 Moulis-en-Médoc, Tel. 05.56.58.22.01, Fax 05.56.58.15.10, E-Mail lgcr@wanadoo.fr n. V.

Lurton-Roux

CH. DUPLESSIS FABRE 1998

■ Cru bourg. 2,5 ha 17 000 11 à 15 €

90 91 92 93 94 |95| **96** 98

Einst im Besitz des Herzogs de Richelieu, der unter der Herrschaft von König Ludwig XV. Intrigen betrieb und ein aufwändiges Leben führte – dieser Cru unterscheidet sich von

seinem «Bruder» Maucaillou durch einen Verschnitt, der 55 % Merlot und 45 % Cabernet Sauvignon enthält. Er bietet fruchtige, würzige und animalische Noten. Im Geschmack begleiten die Tannine Röstnoten über einer ziemlich geradlinigen Struktur. Öffnen kann man ihn in ein bis zwei Jahren.
Ch. Maucaillou, quartier de la Gare, 33480 Moulis-en-Médoc, Tel. 05.56.58.01.23, Fax 05.56.58.00.88 tägl. 10h–12h 14h–18h
Philippe Dourthe

CH. DUTRUCH GRAND-POUJEAUX 1998

Cru bourg. 25 ha 170 000 11 à 15 €
81 82 (83) 85 |86| |88| 89 |90| 93 |94| 95 **96** |97| 98

Der Cru, der 1999 mit neuen Lager- und Gärkellern ausgestattet wurde, bietet uns hier einen schlichten, aber angenehmen Wein, vor allem aufgrund seines Bouquets mit den Mokkanoten. Zwei Jahre aufheben.
EARL François Cordonnier, Ch. Dutruch Grand-Poujeaux, 33480 Moulis-en-Médoc, Tel. 05.56.58.02.55, Fax 05.56.58.06.22, E-Mail chateau.dutruch@aquinet.net
n. V.

CH. GUITIGNAN 1998

Cru bourg. 6 ha 40 000 8 à 11 €

Dieser in der Kellerei von Listrac vinifizierte Wein ist in seinem aromatischen Ausdruck am Gaumen einfach, aber sein Bouquet mit den Noten roter Früchte und seine kräftigere Tanninstruktur garantieren ihm ein gutes Entwicklungspotenzial.
Cave de vinification de Listrac, 21, av. de Soulac, 33480 Listrac-Médoc, Tel. 05.56.58.03.19, Fax 05.56.58.07.22, E-Mail grandlistrac@cave-listrac-medoc.com
n. V.
Annie Vidaller

CH. LA GARRICQ 1998**

3 ha 20 000 23 à 30 €
93 94 |95| 96 97 **98**

Martine Cazeneuve ist zwar auch Erzeugerin in der Appellation Haut-Médoc (Château Paloumey), doch am besten bringt sie ihr Können beim Moulis mit diesem überraschenden Wein zum Ausdruck. Der elegante Holzton eröffnet den Ball der Gerüche, in dem rote Früchte dem Tanz der Farbe folgen. Die seidige Ansprache verlängert das Fest, ebenso wie der Geschmack, in dem Früchte und runde Tannine ein harmonisches Bild zeichnen.
SA Ch. Paloumey, 50, rue Pouge-de-Beau, 33290 Ludon-Médoc, Tel. 05.57.88.00.66, Fax 05.57.88.00.67, E-Mail chateaupaloumey@wanadoo.fr
n. V.

CH. LALAUDEY 1998**

6,5 ha 24 000 11 à 15 €

Wie der Margaux vom gleichen Erzeuger, der Château Mongravey, besitzt dieser Moulis-en-Médoc eine solide Struktur. Sein Bouquet steht dem in nichts nach und entfaltet deutlich ausgeprägte Noten von Trüffel, Humus, Leder und kaltem Tabak. Der Wein verlangt nach einer Lagerung von vier bis fünf Jahren, wobei man seine Entwicklung regelmäßig verfolgen muss, denn die Tannine sind bereits seidig und reif.
Régis Bernaleau, Ch. Mongravey, 33460 Arsac, Tel. 05.56.58.84.51, Fax 05.56.58.83.39, E-Mail chateau.mongravey@wanadoo.fr
n. V.

CH. LA MOULINE 1998

Cru bourg. k. A. k. A. 8 à 11 €
93 94 |95| 96 98

Der vor den Veränderungen des Cru im Jahre 1999 entstandene Wein besitzt Tannine, die im Geschmack ein wenig einsam sind. Aber sein Bouquet erweckt durch seine Backpflaumen- und Gewürznoten Interesse. In ein bis zwei Jahren dürfte er trinkreif sein.
JLC Coubris, 90, rue Marcelin-Jourdan, 33200 Bordeaux, Tel. 05.56.17.13.17, Fax 05.56.17.13.18
Mo–Fr 8h–12h 13h–17h; Aug. geschlossen

CH. LESTAGE-DARQUIER 1998

Cru bourg. 8,29 ha 60 000 8 à 11 €

Entstanden ist dieser Wein auf einem Gut, das sich auf eine sechs Generationen umfassende Kontinuität der Familie stützt. Er besitzt eine helle Farbe und eine einfache, aber wohl schmeckende Struktur, die Schwarze-Johannisbeer-Knospen auf angenehme Weise unterstützen.
EARL Bernard, Grand-Poujeaux, 33480 Moulis-en-Médoc, Tel. 05.56.58.18.16, Fax 05.56.58.38.42 n. V.

CH. MALMAISON 1998

Cru bourg. 24 ha 45 000 11 à 15 €
88 89 90 **91** 92 93 94 95 96 97 98

Dank seiner Größe kann Château Clarke über das Gebiet von Listrac hinausreichen und Wein in anderen Appellationen erzeugen, wie etwa diesen Moulis, der 61 % Merlot mit den beiden Cabernet-Sorten kombiniert. Die Farbe entspricht dem Kanon der AOC. Der Geruchseindruck verbindet rote Früchte mit den Noten des Ausbaus (zwölf Monate im Barriquefass). Die Ansprache ist am Anfang solide; danach zeigen sich im Geschmack die Tannine vom Holz. Drei Jahre aufheben.
Cie vinicole Edmond de Rothschild, Ch. Clarke, 33480 Listrac-Médoc, Tel. 05.56.58.38.00, Fax 05.56.58.26.46, E-Mail chateau.clarke@wanadoo.fr
Benjamin de Rothschild

CH. MAUCAILLOU 1998*

69 ha 530 000 23 à 30 €
81 82 83 85 86 87 |88| |89| |90| 91 92 93 94 |95| (96) 97 98

Dieser Cru, das Familiengut der Dourthes, besitzt ein Museum der mit dem Weinbau und dem Wein verbundenen Berufe, das für jeden Weinliebhaber eine unverzichtbare Station darstellt. «Ich finde den traditionellen Geist der Appellation wieder», notierte ein Verkoster, der begeistert darüber war, einen Wein zu probieren, der hauptsächlich aus den beiden Cabernet-Sorten sowie 35 % Merlot und 7 % Petit Verdot besteht. Dieser solide gebaute 98er zeigt sich noch nicht trinkreif, aber seine gegenwärtige Strenge sollte in drei bis vier Jahren verschwinden. Dann wird sich sein Bouquet entfalten, das im Augenblick Frucht-, Toast- und Mentholnoten zeigt. Es sei noch daran erinnert, dass der 96er zu den seltenen Weinen gehörte, die in unserem Weinführer mit drei Sternen ausgezeichnet wurden und eine Liebeserklärung erhielten.

Ch. Maucaillou, quartier de la Gare, 33480 Moulis-en-Médoc, Tel. 05.56.58.01.23, Fax 05.56.58.00.88 ☑ Y tägl. 10h–12h 14h–18h

Philippe Dourthe

CH. MOULIN A VENT 1998

■ Cru bourg. 25 ha k. A. 11 à 15 €

82 83 85 86 88 |89| |90| 91 95 |96| |97| 98

Der Cru, der auf der höchsten Kuppe im Westen der Appellation liegt, trägt den Flurnamen der Lage. Er präsentiert hier einen Wein, der keine sehr imposante Struktur entfaltet, aber an die Nähe der Pinienwälder erinnert, nämlich durch Harznoten, die im Bouquet wie auch im Rückaroma vorhanden sind. Heben Sie ihn ein bis zwei Jahre auf.

Dominique Hessel, Ch. Moulin-à-Vent, Bouqueyran, 33480 Moulis-en-Médoc, Tel. 05.56.58.15.79, Fax 05.56.58.39.89, E-Mail hessel@moulin-a-vent.com ☑ Y Mo–Fr 9h–12h 14h–18h

CH. MYON DE L'ENCLOS 1998

■ k. A. 20 000 8 à 11 €

95 |96| |97| 98

Dieser Wein, der vom gleichen Erzeuger wie der Château Mayne Lalande (Listrac-Médoc) stammt, ist rustikaler, aber interessant aufgrund seiner Entwicklungsmöglichkeiten in den kommenden zwei bis drei Jahren. Seine dunkle Farbe, sein Duft, der Sauerkirsche und Lakritze verbindet, und seine freimütige, wuchtige Ansprache, auf die eine strenge Entwicklung folgt, gefallen durchaus.

Bernard Lartigue, Le Mayne-de-Lalande, 33480 Listrac-Médoc, Tel. 05.56.58.27.63, Fax 05.56.58.22.41, E-Mail b.lartigue@terre-net.fr ☑ Y n. V.

CH. PEY BERLAND 1998*

■ 0,85 ha 5 200 15 à 23 €

Die Größe des Guts erklärt, warum dieser Wein, der ausschließlich von der Merlot-Rebe stammt, untypisch und schlicht, aber wohl ausgewogen ist, mit einem delikaten Bouquet. Weisen wir darauf hin, dass die Reben acht Jahre alt sind.

Jean Charpentier, Ch. Pey Berland, 33480 Moulis-en-Médoc, Tel. 05.56.58.38.84, Fax 05.56.58.38.84 ☑ Y n. V.

CH. POUJEAUX 1998**

■ Cru bourg. 53 ha 300 000 23 à 30 €

81 82 83 84 |85| |(86)| 87 |88| |89| 90 |91| |92| 93 94 95 96 97 98

Ein schönes Terroir, die aus der Günz-Kaltzeit stammende Kieskuppe von Poujeaux, und eine Familientradition von acht Jahrzehnten: Es fehlt nicht an Erklärungen für das gerechtfertigte Ansehen, das dieser Cru genießt. Sein 98er wird ihm nicht abträglich sein: eine Farbe wie schwarzer Samt, ein noch vom Ausbau geprägtes Bouquet (Vanille und Brotrinde), das aber sein künftiges Antlitz mit Noten von reifen Früchten und Gewürzen erkennen lässt, runde, sanfte Ansprache, gut umhüllte Tannine und ein lang anhaltender Abgang – alles deutet auf eine hübsche Flasche in ein paar Jahren hin.

Jean Theil SA, Ch. Poujeaux, 33480 Moulis-en-Médoc, Tel. 05.56.58.02.96, Fax 05.56.58.01.25, E-Mail chateaupoujeaux@wanadoo.fr ☑ Y Mo–Fr 9h–12h 14h–17h; 1. Okt. bis 31. Juni n. V.

CH. RUAT PETIT POUJEAUX 1998

■ Cru bourg. 15 ha 45 000 11 à 15 €

Pierre Goffre-Viaud gehört zu den starken Persönlichkeiten im Weinbau des Bordelais. Vor zwanzig Jahren hat er dieses Gut wiederhergestellt. Dieser Wein von schönem Kirschrot mit rubinroten Reflexen besitzt ein schönes Bouquet (Noten von Leder, Traube, kandierten Früchten und Himbeere). Die Ansprache ist zart, passend zu einem nicht sehr tanninreichen Stoff, der aber bis zum Abgang gefällig ist.

SCEA Vignobles Goffre-Viaud, Petit Poujeaux, 33480 Moulis-en-Médoc, Tel. 05.56.58.25.15, Fax 05.56.58.15.90 ☑ Y n. V.

Pauillac

Pauillac, das kaum mehr Einwohner hat als ein großer ländlicher Marktflecken, ist eine richtige Kleinstadt, die sogar über einen Jachthafen am Canal du Midi verfügt. Es ist ein Ort, an dem man sich die Annehmlichkeit leisten kann, auf der Terrasse der Cafés am Hafenkai Garnelen zu essen, die frisch aus dem Ästuar kommen. Pauillac ist aber auch und vor allem die Weinhauptstadt des Médoc, aufgrund seiner geografischen Lage ebenso wie aufgrund des Vorhandenseins von drei Premiers crus classés (Lafite, Latour und Mouton), die durch eine recht beeindruckende Liste von achtzehn Crus classés ergänzt werden. Die Genossenschaft stellt eine große Produktionsmenge sicher. 2000 erzeugte die Appellation auf einer Fläche von 1 178 ha 64 357 hl.

Die Appellation wird in der Mitte durch den Chenal du Gahet – dieser kleine Wasserlauf trennt die beiden Hochflächen, auf denen sich das Weinbaugebiet befindet – in zwei Hälften geteilt. Das nördliche Plateau, das seinen Namen dem Weiler Pouyalet verdankt, liegt etwas höher (etwa 30 m) und ist durch ausgeprägtere Hänge gekennzeichnet. Es hat das Privileg, dass es zwei Premiers crus classés (Lafite und Mouton) besitzt, und ist durch eine vollkommene Übereinstimmung von Boden und Unterboden bestimmt, die man auch auf dem Plateau von Saint-Lambert wiederfindet. Letztere Hochfläche, die sich südlich des Gahet erstreckt, hat einen eigenständigen Charakter aufgrund der Nähe zum Tal des Juillac, eines kleinen Baches, der die südliche Grenze der Gemeinde bildet und für eine sehr gute Entwässerung sorgt, und wegen seines grobkörnigen Kieses, der auf dem Boden des Premier cru (Latour) in diesem Abschnitt besonders bemerkenswert ist.

Die Pauillac-Weine, die von Kuppen mit sehr reinen Kiesböden stammen, sind sehr körperreich, kraftvoll und kräftig gebaut, aber auch fein und elegant und besitzen ein zartes Bouquet. Da sie sich bei der Alterung sehr günstig entwickeln, sollte man sie lagern. Aber dann muss man keine Angst haben, sie zu recht kräftigen Gerichten zu servieren, wie etwa zu Pilzgerichten, rotem Fleisch, Wild mit dunklem Fleisch oder Geflügelleber.

CH. D'ARMAILHAC 1998★★

■ 5ème cru clas. 50 ha 124 000 23 à 30 €

72 73 74 75 78 **79 80 81** |82| |83| **84** |85| |(86)| **87** |88| |89| **90** 92 **93** |94| **95** 96 97 **98**

Dieser Cru kündigt sich mit einer kleinen Bacchus-Statue an, die er aus dem Museum seines Nachbarn Mouton Rothschild entliehen hat. Er besitzt eine echte Persönlichkeit, die dieser sehr hübsche Wein mit dem delikaten Bouquet von roten Früchten, Leder und empyreumatischen Noten mit Nachdruck bestätigt. Er ist korpulent und wird von seidigen Tanninen und einer Fülle strukturiert, die eine bemerkenswert maßvolle Extraktion belegen und ihm ein gutes Lagerpotenzial garantieren. Der milde, pfeffrige Abgang ist überaus bezaubernd.

Ch. d'Armailhac, 33250 Pauillac,
Tel. 05.56.59.22.22, Fax 05.56.73.20.44,
E-Mail webmaster@bpdr.com
Baronne Ph. de Rothschild GFA

CH. ARTIGUES ARNAUD 1998

■ 39,18 ha 43 300 11 à 15 €

Das Gut präsentiert einen runden, fleischigen Wein mit reicher Textur. Er wird zwar von der Mannschaft von Grand-Puy Ducasse hergestellt, bildet aber einen eigenen Cru. Er ist schon gefällig aufgrund seiner frischen Aromen von roten Früchten und erscheint leicht, kann aber in ein paar Jahren angenehme Überraschungen bereithalten.

SC du Ch. Grand-Puy Ducasse,
La Croix Bacalan, 109, rue Achard,
BP 154, 33042 Bordeaux Cedex,
Tel. 05.56.11.29.00, Fax 05.56.11.29.01 Y n. V.

BARON NATHANIEL 1998★★

■ k. A. k. A. 11 à 15 €

Mit dieser Marke macht die Handelsfirma Baron Philippe de Rothschild durch ihre Regelmäßigkeit auf sich aufmerksam. Ihr Wein ist reich und komplex in seinem aromatischen Ausdruck, in dem Kakao eine gelungene Verbindung mit Vanille- und Gewürznoten eingeht, und kann Stärke und Zartheit zu einem gut strukturierten, sehr harmonischen 98er vereinigen, der in einen Abgang voller Eleganz mündet.

Baron Philippe de Rothschild SA,
BP 117, 33250 Pauillac, Tel. 05.56.73.20.20,
Fax 05.56.73.20.44,
E-Mail webmaster@bpdr.com

Pauillac

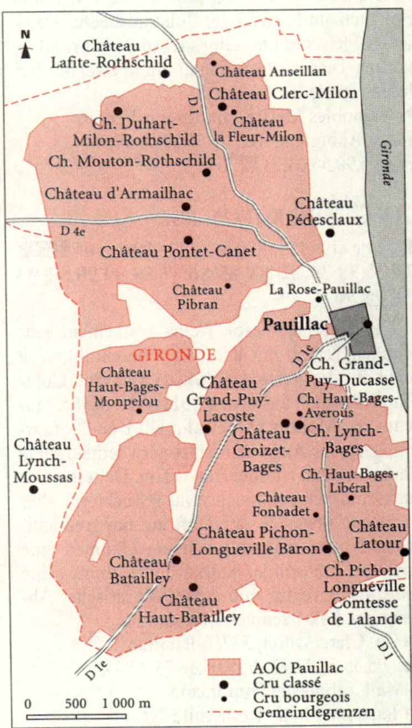

CH. BATAILLEY 1998**

■ 5ème cru clas. 55 ha k. A. 23 à 30 €

70 75 76 78 79 80 81 |82| |83| |85| |86| |88| |89| |90| 91 92 93 95 (96) 97 98

Die Castéjas, die dieses schöne Gut führen und die Gruppe Borie-Manoux leiten, sind bestimmt die älteste Familie, die noch immer Weinberge in der Appellation besitzt. Die Qualität ihres Cru veranschaulicht einmal mehr dieser 98er. Er hat eine schöne tiefrote Farbe mit lebhaften, strahlenden rubinroten Reflexen und entfaltet einen klaren Duft mit Frucht- und Holznoten. Im fülligen, voluminösen Geschmack zeigen sich bemerkenswerte Cabernet-Aromen, bevor er in einen langen, pfeffrigen Abgang übergeht. Diesen lang lagerfähigen Wein kann man ab 2004 zu Hammel oder Federwild servieren.

Héritiers Castéja, 33250 Pauillac,
Tel. 05.56.00.00.70, Fax 05.57.87.48.61
n. V.
Emile Castéja

CH. BELLEGRAVE 1998*

■ Cru bourg. 8 ha 50 000 15 à 23 €

Die Mestres, eine berühmte Familie im Rhône-Tal, haben die 2,5 Hektar dieses Cru in Pauillac 1997 einem Weinhändler aus San Francisco namens Van der Voort abgekauft. Seitdem haben sie die Rebfläche des Weinbergs vergrößert. Dieser Wein, der zwölf Monate in Barriquefässern ausgebaut worden ist, von denen 50 % neu waren, besitzt verführerische Düfte von reifen Früchten und schwarzer Johannisbeere. Dank seines Fleisches und seines Körpers mit runden, sanften Tanninen kann man ihn in zwei bis drei Jahren genießen.

Vignobles Meffre, rue Joseph-Vernet,
84810 Aubignan, Tel. 05.56.59.06.47,
Fax 05.90.65.03.73 n. V.

CH. CLERC MILON 1998*

■ 5ème cru clas. 30 ha 172 000 30 à 38 €

|75| 76 78 79 |82| |83| |85| 86 87 88 89 90 |92| 93 |94| (95) 96 97 98

Der Charme dieses Weins von einem sehr schönen Terroir mit Kiesböden beschränkt sich nicht auf die Reize des Etiketts, das eine Goldschmiedearbeit aus dem 17. Jh. zeigt, die im Museum von Mouton aufbewahrt wird: ein Hofnarrenpaar. Das Auge betrachtet gern seine dunkle Farbe mit dem zinnoberroten Ton. Der erste Geruchseindruck zeigt sich zwar schüchtern, aber dann entfaltet sich der Duft zu empyreumatischen Noten, während sich am Gaumen eine Struktur von solider Stärke der Tannine, eine großzügige Textur und ein verführerischer Abgang mit Lakritzenoten offenbaren.

Ch. Clerc Milon, 33250 Pauillac,
Tel. 05.56.59.22.22, Fax 05.56.73.20.44,
E-Mail webmaster@bpdr.com
Baronne Ph. de Rothschild GFA

CH. COLOMBIER-MONPELOU 1998

■ Cru bourg. 15 ha 110 000 11 à 15 €

|94| 95 96 97 98

Dieser Wein kommt von einer Hochfläche, die Pauillac überragt. Er besitzt schon samtige Tannine und zeigt sich ansprechend dank seiner einschmeichelnden Aromen von reifen Früchten, aber auch durch seine balsamischen Noten. Seine exotischen Geschmacksnoten verleihen ihm einen liebenswürdigen Stil.

SC Vignobles Jugla,
Ch. Colombier-Monpelou, 33250 Pauillac,
Tel. 05.56.59.01.48, Fax 05.56.59.12.01
n. V.

CH. CORDEILLAN-BAGES 1998*

■ Cru bourg. 2 ha 12 000 30 à 38 €

|89| |91| 93 94 95 96 97 98

Cordeillan, ein Schlosshotel, ist ein Beispiel für die Renaissance der Gastronomie im Médoc. Es bietet auch eine erstklassige Produktion, wie dieser Wein bezeugt, dessen Düfte von Herrenschokolade, Gewürzen und exotischen Früchten mit dem schönen Stoff des Geschmacks harmonieren, der reife, komplexe Tannine besitzt. Eine ausgewogene, kräftige, ausdrucksvolle Cuvée.

Jean-Michel Cazes, Ch. Cordeillan-Bages,
33250 Pauillac, Tel. 05.56.73.24.00,
Fax 05.56.59.26.42,
E-Mail infochato@cordeillanbages.com
n. V.

CH. CROIZET-BAGES 1998

■ 5ème cru clas. 28 ha 160 000 15 à 23 €

93 94 |95| |96| |97| |98|

Das im 16. Jh. von der Familie Bages geschaffene Gut kam während der Französischen Revolution in den Besitz der Croizets. Das erklärt seinen Namen. Sein 98er steht aufgrund seiner Sanftheit und Feinheit in der Tradition des Cru. Mehr als die Stärke bevorzugen das Bouquet mit den Noten von säuerlichen Früchten, Menthol, Blüten und Paprikaschote und der Geschmack mit den einfachen Tanninen die Zartheit und die Frische.

Jean-Michel Quié, Ch. Croizet-Bages,
33250 Pauillac, Tel. 05.56.59.01.62,
Fax 05.56.59.23.39 Di–Sa 9h–13h 14h–18h

CH. DUHART-MILON 1998**

■ 4ème cru clas. 67 ha 28 000 46 à 76 €

61 70 75 76 79 80 81 |82| |83| |85| |86| 87 88 89 90 |91| |92| |93| |94| 95 96 97 98

Als Hafen hatte Pauillac auch seine Freibeuter, von denen die Duharts ihren Namen diesem Cru hinterlassen haben. Der Wein gibt der Anmut den Vorzug, ist aber trotzdem gut gebaut. Seine grazile Struktur und seine eleganten Tannine passen zu seinem aromatischen Ausdruck (schwarze Johannisbeere, Brombeere, Lakritze, kandierte Früchte und Kakao, gewürzt durch empyreumatische und holzige Noten) und ergeben gemeinsam eine bezaubernde Cuvée, die gute Entwicklungsmöglichkeiten besitzt. Der Zweitwein, der **98er Moulin de Duhart** (Preisgruppe: 100 bis 149 F), hat eine lobende Erwähnung erhalten. Er zeigt ein strahlendes Granatrot, ist im Geruchseindruck zurückhaltend und entwickelt sich zu einer feinen, gefälligen Struktur, die es erlaubt, dass man ihn in zwei Jahren serviert.

Ch. Duhart-Milon, 33250 Pauillac

CH. FONBADET 1998

■ Cru bourg. k. A. 110 000 15 à 23 €

75 76 78 79 81 |82| 83 85 |86| 87 |88| |89| |90| 91 93 95 96 97 98

Der Park dieses Cru, schwer heimgesucht von dem Sturm, der im Dezember 1999 das Médoc, Frankreich und einen Teil Europas verwüstete, wird gerade wiederhergestellt. Wie es bei den Weinen dieses Guts oft der Fall ist, braucht der 98er ein paar Jahre (zwei bis drei), bevor er sich vollständig offenbart. Aber seine Tannine, die in der Pauillac-Tradition stehen, und sein Bouquet mit den diskreten Noten von reifen Früchten, Gewürzen und Tabak erweisen sich als viel versprechend.

SCEA des Domaines Peyronie,
Ch. Fonbadet, 33250 Pauillac,
Tel. 05.56.59.02.11, Fax 05.56.59.22.61,
E-Mail pascale@chateaufonbadet.com
n. V.

CH. GAUDIN 1998

■ 10 ha k. A. 11 à 15 €

Dieser Wein, der exklusiv von der Firma Cordier vertrieben wird, ist noch ein wenig streng. Diskrete Düfte von roten Früchten verbinden sich mit dem Holzton bis hin zu einem würzigen Abgang, der ihm einen angenehmen Charakter verleiht.

Linette Capdevielle, SCI du Ch. Gaudin,
BP 12, 33250 Pauillac, Tel. 05.56.59.24.39,
Fax 05.56.59.25.26

CH. GRAND-PUY DUCASSE 1998*

■ 5ème cru clas. 39,18 ha 174 000 23 à 30 €

82 83 84 85 86 88 89 |90| 91 92 93 94 |95| 96 97 98

Ähnlich wie das Château, ein schönes Gebäude im Herzen von Pauillac, zeigt dieser Wein einen echten klassischen Charakter, durch seine Textur und seine Tannine, die ihm eine lange Lebensdauer garantieren. Dank dieser Alterungsfähigkeit kann sich das noch entstehende Bouquet öffnen und fruchtige, animalische und würzige Aromen entfalten, die jetzt allmählich zum Vorschein kommen. Der Zweitwein, der **98er Prélude à Grand-Puy Ducasse** (Preisgruppe: 100 bis 149 F), hat eine lobende Erwähnung erhalten. Die gut verbundenen Tannine von den Trauben und vom Holz dürften es erlauben, dass man ihn 2002 zu Küken mit jungem Frühlingsgemüse serviert.

SC du Ch. Grand-Puy Ducasse,
La Croix Bacalan, 109, rue Achard,
BP 154, 33042 Bordeaux Cedex,
Tel. 05.56.11.29.00, Fax 05.56.11.29.01 n. V.

CH. GRAND-PUY-LACOSTE 1998**

■ 5ème cru clas. 50 ha 165 000 30 à 38 €

61 66 70 71 75 76 78 81 82 |83| |85| |(86)| 87 88 89 90 |91| |92| |93| |94| 95 96 |97| 98

Wie sein Name (*«puy»* = Erhebung) andeutet, befindet sich dieser Cru auf einer Anhöhe. Dank der besonnenen Führung des Guts durch François-Xavier Borie konnte dieser Wein aus dem Terroir die Quintessenz herausziehen. Er kündigt sich mit einem dunklen Granatrot an und entfaltet eine breite Palette von Düften (rote Früchte, Gewürze, Kirsche, rote Johannisbeere und Menthol, das Ganze mit Vanille bestreut). Die freigebigen, reifen Tannine tragen zur Ausgewogenheit des Geschmacks bei und verbinden sich mit dem lang anhaltenden Abgang, um gemeinsam eine schöne Entwicklung zu garantieren. Eine Wartezeit von vier Jahren drängt sich auf. Um sich dafür mit Geduld zu wappnen, kann man den liebenswürdigen Zweitwein trinken, den von der Jury lobend erwähnten **98er Lacoste-Borie.**

Ch. Grand-Puy-Lacoste, 33250 Pauillac,
Tel. 05.56.73.16.73, Fax 05.56.59.27.37 n. V.

CH. HAUT-BAGES LIBERAL 1998***

■ 5ème cru clas. 28 ha 117 000 15 à 23 €

75 76 78 79 80 81 |(82)| |83| 84 |85| |86| 87 88 89 90 91 92 |93| |94| 95 96 97 (98)

Dieser Cru besteht aus zwei Teilen, von denen der eine in der Nähe von Latour die Gironde überragt und der andere auf der Hochfläche von Bages liegt. Er besitzt ein erstklassiges Terroir. Um sich davon zu überzeugen, reicht es aus, die sehr schöne, dunkle Farbe dieses prächtigen 98ers zu bewundern. Und wenn der geringste Zweifel übrig bliebe, wird ihn das Bouquet rasch zerstreuen: Seine Aromenpalette, die von seltener Vornehmheit ist, wobei über einem Holzaroma eingemachte Früchte dominieren, mit sehr feinen Schokoladen- und Kaffeenoten, beeindruckt durch ihre Komplexität. Der dichte, volle, reiche, fleischige, gehaltvolle Geschmack vervollständigt das Bild auf wunderschöne Weise und geht in einen sehr lang anhaltenden Abgang über. Ein großer Wein, den man ein paar Jahre lang im Keller vergessen muss. Der bescheidenere, aber delikate und bezaubernde Zweitwein, **La Chapelle de Bages 1998** (Preisgruppe: 50 bis 69 F), hat einen Stern erhalten. Er verbindet die roten Früchte mit einem hübschen Holzton und entwickelt sich zu seidigen Tanninen.

Claire Villars, Ch. Haut-Bages Libéral, 33250 Pauillac, Tel. 05.57.88.76.65, Fax 05.57.88.98.33, E-Mail infos@haut-bages-liberal.com Y n. V.

CH. HAUT-BATAILLEY 1998*

■ 5ème cru clas. k. A. 105 000 23 à 30 €

66 71 75 78 **81** 82 83 84 |85| |86| **87** 88 89 90 91 |92| |93| **94 95 96** |97| 98

Der Cru, der dem gleichen Erzeuger wie Château Grand-Puy-Lacoste gehört, besitzt seine eigene Persönlichkeit; Cabernet franc (10 %) ergänzt dabei die Zusammenstellung. Während man in der granatroten Farbe und in dem Sinn für Ausgewogenheit, den er beweist, eine Familienähnlichkeit findet, zeigt er seinen eigenständigen Charakter durch Toastnoten im Bouquet und durch die Rundheit seiner Tannine. Diese fordern ebenso wie sein schöner Abgang mit Röstaroma dazu auf, zwei bis drei Jahre zu warten, bevor man ihn serviert. Der Zweitwein, der **98er Château La Tour l'Aspic**, hat eine lobende Erwähnung erhalten. «In diesem Wein findet man Zartheit», notierte ein Juror, der seine besonnenen Tannine bewunderte.

SA Jean-Eugène Borie, 33250 Saint-Julien-Beychevelle, Tel. 05.56.73.16.73, Fax 05.56.59.27.37 Y n. V.
Frau des Brest-Borie

DOM. IRIS DU GAYON 1998

■ Cru artisan 0,5 ha 1 500 15 à 23 €

Dieser in sehr kleiner Stückzahl produzierte Wein, der von einem ganz kleinen Cru stammt (man müsste von einem «Mikroweinberg» sprechen), ist sechzehn Monate lang im Barriquefass ausgebaut worden. Er zeigt eine schöne bläulich rote Farbe und bietet einen Duft von schwarzen Früchten und Fell vor einem Hintergrund von Eichenholz. Sein Geschmack hingegen stützt sich auf recht schlichte Tannine.

Françoise Siri, Moulin du Gayon Pouyalet, 33250 Pauillac, Tel. 05.56.59.03.82, Fax 05.56.59.67.00 Y n. V.

CH. LA BECASSE 1998*

■ 4 ha 30 000 23 à 30 €

91 92 93 |94| 95 96 |97| 98

Der gut ausbalancierte Wein mit kräftigen, aber angenehm verschmolzenen Tanninen verbindet reife Früchte und Blüten mit Röstnoten. Ein Hauch von Toastaroma prägt den Abgang. Diese elegante, kräftig gebaute Cuvée verdient, dass man sie vier bis fünf Jahre aufhebt.

Roland Fonteneau, 21, rue Edouard-de-Pontet, 33250 Pauillac, Tel. 05.56.59.07.14, Fax 05.56.59.18.44 Y n. V.

CH. LAFITE ROTHSCHILD 1998***

■ 1er cru clas. 102 ha 260 000 +76 €

59 |(61)| 64 |66| 69 |70| 73 |75| **76 77** |78| |79| |80| |81| |82| |83| |84| **85 86** |87| **88 89 90 92 93 94** (95) (96) **97** (98)

Die Mode des Lafite-Weins fing während der Herrschaft von König Ludwig XV. an; dieser Cru gehört zu den ältesten Weingütern im Médoc. Das elegante Gebäude überragt einen kreisrund angelegten Keller von beeindruckender Erhabenheit, der von Ricardo Bofill erbaut wurde. Dieser Wein wird durch eine Entladung von Aromen geprägt und entfaltet köstliche Mokka- und Röstgerüche, wobei immer Früchte darunter liegen. Die Ansprache und der Geschmack beweisen den Charakter eines großen Pauillac-Weins; viel Eleganz begleitet die Stärke, die für einen Gesamteindruck von wirklicher Fülle sorgt. Unterstützt von feinkörnigen Tanninen, ist die Entwicklung während der gesamten Verkostung bemerkenswert. Der aromatische, harmonische Abgang, der lang anhält, garantiert die Zukunft dieser Ausnahmeflasche, die man mehrere Jahre einkellern muss.

Ch. Lafite Rothschild, 33250 Pauillac, Tel. 01.53.89.78.00, Fax 01.53.89.78.01 Y n. V.

CARRUADES DE LAFITE 1998*

■ k. A. 350 000 30 à 38 €

|85| |86| **87 88 89** 90 91 92 |93| |94| **95 96 97** 98

Der Zweitwein von Lafite zeigte sich zum Zeitpunkt der Verkostung strenger als sein großer Bruder. Sein solides Gerüst, das sich auf feste, aber fleischige Tannine gründet, lässt eine sehr günstige Zukunft vorhersagen.

Ch. Lafite Rothschild, 33250 Pauillac, Tel. 01.53.89.78.00, Fax 01.53.89.78.01 Y n. V.

CH. LA FLEUR MILON 1998**

■ Cru bourg. 12,5 ha 85 000 15 à 23 €

94 (95) **96** 97 **98**

Dieser Cru in der Nachbarschaft einer der großen Namen des Wein-Gotha kann große Ambitionen nähren. Sein 98er zeigt, dass er sie auch erreichen kann. Er ist zur gleichen Zeit frisch, fleischig, rund und dicht und besitzt viel Relief. Zählen kann er auf seine Tannine, die seine Zukunft sicherstellen, und auf sein Bouquet mit schönen blumigen und würzigen Noten, die ihm einen charmanten Charakter verleihen.

SCE Ch. La Fleur Milon, Le Pouyalet, 33250 Pauillac, Tel. 05.56.59.29.01, Fax 05.56.59.23.22 Y n. V.
Erbengemeinschaft Gimenez

CH. LA FLEUR PEYRABON 1998*

■ Cru bourg. 4,87 ha 30 841 15 à 23 €

Der 1998 von der Firma Millesima erworbene Cru reicht ins 18. Jh. zurück. Geleitet wird er jetzt von Patrick Bernard. Dieser Wein, dessen noch ein wenig strenge Tannine eine Lagerung erfordern, präsentiert sich in einem schönen,

strahlenden Rubinrot. Sein gut gemeisterter Ausbau hat Rücksicht auf die Frucht und die Aromen genommen, die eine gute Komplexität beweisen.
SARL Ch. Peyrabon, 33250 Saint-Sauveur, Tel. 05.56.59.57.10, Fax 05.56.59.59.45, E-Mail chateau.peyrabon@wanadoo.fr
n. V.
P. Bernard

LA ROSE PAUILLAC 1998

■ k. A. 70 000 8 à 11 €

Dieser Wein, eine Marke der Genossenschaftskellerei von Pauillac, ist in seinem aromatischen Ausdruck ziemlich einfach, besitzt aber einen klassischen Bau mit Klarheit und Stärke.
La Rose Pauillac, 44, rue du M[al]-Joffre, BP 14, 33250 Pauillac, Tel. 05.56.59.26.00, Fax 05.56.59.63.58 n. V.

CH. LATOUR 1998★★★

■ 1er cru clas. 43 ha k. A. +76 €
61 67 71 73 74 75 76 77 78 79 80 81 82 83 84 **85 86** 87 **88 89 90** 91 92 **93** 94 95 **96 97** 98

Wenn der Wein auch ein traditionelles Erzeugnis ist, bedeutet das nicht, dass sich die Crus nicht entwickeln. Obwohl oder gerade weil Latour so geschichtsträchtig ist, steht es immer ganz vorne bei den Veränderungen. So etwa wird der Keller gerade renoviert. Das Wesentliche ist jedoch, dass der Wein lange Zeit eine so vornehme Erscheinung beibehält wie dieser 98er, der sich meisterlich präsentieren kann. Seine schöne granatrote Farbe und sein Bouquet mit den Röst-, Kakao-, Gewürz- und Ledernoten zeigen seinen Charakter. Dieser bestätigt sich im Geschmack mit einem reifen, opulenten Stoff, der seidige, ölige Tannine besitzt, die nahe legen, dass man diese Flasche zehn bis zwanzig Jahre lang einkellert.
SCV de Ch. Latour, Saint-Lambert, 33250 Pauillac, Tel. 05.56.73.19.80, Fax 05.56.73.19.81 n. V.
François Pinault

LES FORTS DE LATOUR 1998★★

■ k. A. k. A. 46 à 76 €
80 81 82 83 85 86 87 88 **89 90** 92 94 **95 96** 97 **98**

Während der Zeit, die der Hauptwein von Château Latour reift, kann man den Charakter dieses charmanten Weins mit dem schönen Bouquet (Früchte, Leder und kandierte Noten) nutzen. Aber man darf es dabei nicht zu eilig haben, denn er ist ein echter Pauillac, den sein solides Gerüst, seine freigebigen, konzentrierten Tannine und sein langer Abgang dazu bestimmen, dass man ihn drei bis vier Jahre aufhebt.
SCV de Ch. Latour, Saint-Lambert, 33250 Pauillac, Tel. 05.56.73.19.80, Fax 05.56.73.19.81 n. V.

CH. LA TOURETTE 1998★

■ 3 ha 23 000 15 à 23 €

Dieser Wein von einer Pauillac-Parzelle, die Château Larose-Trintaudon (Haut-Médoc) gehört, ist im Abgang noch ein wenig streng und muss lagern. Die Komplexität seines Bouquets und die Qualität seiner Struktur, die sich deutlich intensiviert, erweisen sich als Garanten für eine gute Entwicklung.
SA Ch. Larose-Trintaudon, rte de Pauillac, 33112 Saint-Laurent-Médoc, Tel. 05.56.59.41.72, Fax 05.56.59.93.22, E-Mail info@trintaudon.com n. V.
AGF

LES TOURELLES DE LONGUEVILLE 1998★

■ k. A. 180 000 30 à 38 €

Der Zweitwein von Pichon Baron hat eine umgekehrte Zusammenstellung, denn er enthält 60 % Merlot, während der Hauptwein mit 60 % Cabernet Sauvignon Pauillac-typisch bleibt. Sein graziler Körper ist verführerisch aufgrund seiner Ausgewogenheit und seines fruchtigen Bouquets. Dank der Zartheit seiner Tannine kann man ihn in zwei bis drei Jahren voll genießen.
Christian Seely, Ch. Pichon-Longueville, 33250 Pauillac, Tel. 05.56.73.17.17, Fax 05.56.73.17.28, E-Mail infochato@pichonlongueville.com
n. V.
AXA-Millésimes

CH. LYNCH-BAGES 1998★★★

■ 5ème cru clas. 90 ha 420 000 46 à 76 €
70 71 75 76 78 79 80 81 82 83 84 85 86 87 88 89 **90** 91 92 93 **94** 95 **96** 97 98

Innerhalb von zwei Generationen haben André und Jean-Michel Cazes dieses Weingut, das auf schönen Böden mit Garonne-Kies liegt, auf das höchste Niveau emporgehoben. Ein sehr schönes Beispiel für diesen Erfolg findet man in ihrem 98er, der eine vollkommene Ausgewogenheit besitzt. Er beeindruckt durch eine schwarze Farbe und zeigt seine Großzügigkeit durch den Reichtum seines Bouquets, in dem Holznoten die Frucht würzen. Im Mund entlädt sich die Stärke der Tannine, aber ohne die geringste Aggressivität – im Gegenteil: Er zeigt eine große Öligkeit. Er ist fett, seidig und elegant und stützt sich auf eine dichte Struktur. Dieser Wein verdient einen langen Aufenthalt im Keller (fünf bis zehn Jahre). Der **98er Château Haut Bages**

Averous (Preisgruppe: 150 bis 199 F), der Zweitwein des Cru, wurde von der Jury lobend erwähnt.
Jean-Michel Cazes, Ch. Lynch-Bages, 33250 Pauillac, Tel. 05.56.73.24.00, Fax 05.56.59.26.42, E-Mail infochato@lynchbages.com ☑
Familie Cazes

CH. LYNCH-MOUSSAS 1998*

■ 5ème cru clas. k. A. k. A. 30 à 38 €

81 82 **83** 85 86 88 |89| **90** |93| 95 96 |97| 98

Die aus Irland stammende Familie Lynch hat der Stadt Bordeaux unter der Herrschaft Napoleons I. nicht nur einen Bürgermeister geschenkt, sondern den Weingütern, die sie besaß, auch ihren Namen hinterlassen. Dieser Cru gehört ebenso wie Batailley heute der Familie Castéja. Sein 98er zeigt einen guten, typischen Charakter. Die Fülle des Geschmacks mit den gut verschmolzenen Tanninen, sein Volumen und sein lang anhaltender Abgang sind viel versprechend. Aber als echter Pauillac erweist sich dieser Wein auch als köstlich und sogar bezaubernd aufgrund seines Bouquets mit den delikaten Frucht- und Vanillenoten.
Emile Castéja, 33250 Pauillac, Tel. 05.56.00.00.70, Fax 05.57.87.48.61 ☑ Y n. V.

CH. MOUTON ROTHSCHILD 1998***

■ 1er cru clas. 78 ha 275 000 +76 €

71 72 73 74 |75| 76 77 |78| **79** 80 81 **82 83** |84| **85** ⑧⑥ |87| **88 89 90** |91| |92| **93 94** ⑨⑤ **96 97** ⑨⑧

Ein riesiger Keller, ein Museum zum Wein in der Kunst und Etiketten, die von den größten Künstlern gestaltet werden – Mouton zeichnet sich durch seine touristischen Sehenswürdigkeiten aus. Aber darüber darf man nicht das Wesentliche vergessen, nämlich die Qualität des Terroirs und der Arbeit, die im Weinberg wie auch in den Kellern geleistet wird. Das Ergebnis ist ein Ausnahmewein, der alle Versprechen der sehr dunklen kirschroten Farbe einlöst. Von Mokka bis zu reifen roten Früchten – das Bouquet ist ein wahers Glücksgefühl. Und der Geschmack erweitert die Palette noch mit würzigen Noten (schwarzer Pfeffer) und Aromen von kandierten Früchten. Der runde, füllige, fleischige Stoff entfaltet sich auf harmonische Weise und steigert sich in der Stärke und in der Feinheit, wobei er einen vornehmen, überaus bezaubernden Eindruck von sehr großer Lagerfähigkeit hinterlässt. Ein wahrer Archetyp des Pauillac-Weins. Das Etikett für diesen Jahrgang wurde von Rufino Tamayo, einem mexikanischen Maler, geschaffen.
Ch. Mouton Rothschild, 33250 Pauillac, Tel. 05.56.59.22.22, Fax 05.56.73.20.44, E-Mail webmaster@bpdr.com ☑ Y n. V.
Baronne Ph. de Rothschild GFA

CH. PEDESCLAUX 1998

■ 5e cru clas. 12,5 ha 80 000 15 à 23 €

1821 vereinigte Urbain Pédesclaux mehrere Parzellen, um daraus einen Cru zu schaffen, dem er seinen Namen gab. Dieser sanfte Wein mit recht gut umhüllten Tanninen wird seine volle Reife in zwei bis drei Jahren erreichen, so dass sich sein Bouquet mit den Röst-, Kern- und Lakritzenoten vollständig entfalten kann.
SCEA Ch. Pédesclaux, Padarnac, 33250 Pauillac, Tel. 05.56.59.22.59, Fax 05.56.59.63.19 ☑ Y n. V.

CH. PIBRAN 1998

■ Cru bourg. 10 ha 50 000 23 à 30 €

|88| |89| |90| 91 93 94 95 96 97 98

Dieser Cru, ein Nachbar von Pichon-Longueville Baron, der auch derselben Gruppe gehört, bewahrt dennoch seine eigene Persönlichkeit, die hier in noch diskreten Aromen, aber mit einer originellen Note (Firngeruch) zum Ausdruck kommt. Seine schlichte Struktur ist trotzdem gehaltvoll genug, um eine gute Alterung zu garantieren.
Christian Seely, Ch. Pibran, 33250 Pauillac, Tel. 05.56.73.17.17, Fax 05.56.73.17.28 ☑
AXA Millésimes

CH. PICHON-LONGUEVILLE BARON 1998**

■ 2ème cru clas. 70 ha 230 000 46 à 76 €

78 81 |82| |83| 84 |85| |86| **87** |88| |89| ⑨⓪ **91 92 93 94 95** ⑨⑥ **97 98**

Die Gruppe AXA-Millésimes hat dieses Château zu ihrem Schaufenster gemacht. Sie hat darüber den Wein nicht vernachlässigt, wie dieser 98er belegt: Seine aromatische Entfaltung geht von den fruchtigen Bestandteilen zu denen des Ausbaus (Röstaroma) über, ohne dass diese die Ersteren erdrücken würden. Der rassige, kräftige Geschmack mit gut verschmolzenen, sehr lang anhaltenden Tanninen ist bezaubernd und gleichzeitig viel versprechend; das Alter seiner Reife wird er in fünf bis sieben Jahren erreichen.
Christian Seely, Ch. Pichon-Longueville, 33250 Pauillac, Tel. 05.56.73.17.17, Fax 05.56.73.17.28, E-Mail infochato@pichonlongueville.com ☑ Y n. V.
AXA Millésimes

CH. PICHON-LONGUEVILLE COMTESSE DE LALANDE 1998**

■ 2ème cru clas. 75 ha k. A. ⅡⅠ 46 à 76 €
66 70 71 75 76 78 79 80 81 82 83 84 |85| |(86)| 87 |(88)| |89| |90| |91| 92 |93| |94| 95 96 97 98

Vielleicht weil das Château zu den seltenen Gütern gehört, die ein Archiv bewahrt haben, und weil einander nur zwei Familien in seiner Führung abgelöst haben, hat es sich May-Eliane de Lencquesaing zum Ziel gesetzt, den Geist der Comtesse de Lalande wiederzufinden. Obwohl dieser Wein weit davon entfernt ist, dass er seinen endgültigen Ausdruck gefunden hätte (Pauillac verpflichtet schließlich!), lässt er ebenfalls eine Struktur erkennen, deren Stärke sich zeigen kann, ohne je aggressiv zu wirken. Das bemerkenswert fruchtige, zart holzige Bouquet ist ebenso viel versprechend wie das Gerüst.

SCI Ch. Pichon-Longueville Comtesse de Lalande, 33250 Pauillac, Tel. 05.56.59.19.40, Fax 05.56.59.26.56, E-Mail pichon@pichon-lalande.com ☑ Y n. V.
May-Eliane de Lencquesaing

CH. PONTET-CANET 1998*

■ 5ème cru clas. 40 ha 200 000 ⅡⅠ 30 à 38 €
(61) 70 75 76 77 78 79 81 82 |83| 84 |85| 86 87 |88| |89| |90| 91 92 93 |94| 95 96 97 98

Ein Gut, das heute berühmt dafür ist, dass es als Rahmen für den Film *J'ai épousé une ombre* (1982) von Robin Davis diente, und ein seit dem 18. Jh. berühmter Cru. Getreu seiner Tradition und der Appellation bietet es mit diesem 98er einen solide gebauten Wein, der einen vernünftigen Aufenthalt im Keller verdient. Dank seiner deutlich spürbaren, sehr nachhaltigen Tannine kann er sich gut entwickeln, während sein kräftiges, intensives Bouquet seine fruchtigen und empyreumatischen Aromen verfeinern wird.

Alfred Tesseron, Ch. Pontet-Canet, 33250 Pauillac, Tel. 05.56.59.04.04, Fax 05.56.59.26.63, E-Mail pontet@pontet-canet.com ☑ Y n. V.

RESERVE DE LA COMTESSE 1998*

■ k. A. k. A. 15 à 23 €

Auf Pichon Comtesse ist der Zweitwein keine neue Einführung: Die Archive enthüllen, dass der Zweitwein von 1874 zu einer Ausstellung im Jahre 1890 nach Moskau geschickt wurde. Nach einer Zeit, als diese Praxis in Vergessenheit geraten war, kam sie 1973 wieder auf. Der 98er befindet sich ganz im Geist des Cru, aufgrund seiner Eleganz, die man ebenso gut in den verschmolzenen, harmonischen Tanninen wie im Bouquet wiederfindet, das eine schöne Komplexität zeigt (rote Früchte, Mokka, Röstgeruch usw.). Eine sehr hübsche Flasche, die man drei bis vier Jahre aufheben muss.

SCI Ch. Pichon-Longueville Comtesse de Lalande, 33250 Pauillac, Tel. 05.56.59.19.40, Fax 05.56.59.26.56, E-Mail pichon@pichon-lalande.com ☑ Y n. V.

CH. SAINTE-ANNE 1998*

■ 2,3 ha 17 500 ⅡⅠ 11 à 15 €

Dieser Wein kommt von einem kleinen Weinberg, der zu einem Gut in Saint-Estèphe gehört. Er hat die Jury durch sein Bouquet verführt, in dem die fruchtigen und blumigen Düfte vom Holz gut unterstützt werden. Der reiche, gehaltvolle, ausgewogene Geschmack gründet sich auf ein gutes Tanninfundament, das es ihm erlaubt, heiter in die Zukunft zu schauen.

Dom. La Croix de Pez, Pez, 33180 Saint-Estèphe, Tel. 05.56.59.37.23, Fax 05.56.59.33.97 ☑ Y n. V.
Guyonnaud

CH. TOUR PIBRAN 1998

■ Cru bourg. 10 ha 65 000 ⅡⅠ 11 à 15 €

Vertrieben wird dieser Wein vom Handel. Er enthält gerade entstehende Aromen, die von den Trauben geprägt sind, und bleibt zurückhaltend; seine soliden Tannine, bei denen der Holzton dominiert, müssen verschmelzen.

Compagnie Médocaine des Grands Crus, ZI, 7, rue Descartes, 33290 Blanquefort, Tel. 05.56.95.54.95, Fax 05.56.95.54.85, E-Mail cmgc@medocaine.com
J. Gounel

Saint-Estèphe

Nicht sehr weit von Pauillac und seinem Hafen entfernt bietet Saint-Estèphe mit seinen zauberhaften ländlichen Weilern einen binnenländischen Charakter. Bis auf ein paar Hektar, die sich innerhalb der Appellation Pauillac befinden, entspricht die Appellation (1 231 ha im Jahre angemeldet mit 64 357 hl) dem Gebiet der gleichnamigen Gemeinde. Sie ist die nördlichste der sechs kommunalen Appellationen des Médoc. Das verleiht ihr einen recht ausgeprägten typischen Charakter, mit einer mittleren Höhe von etwa 40 m und Böden aus Kies, die einen etwas höheren Tonanteil als in den südlicheren Appellationen haben. Die Appellation enthält fünf Crus classés. Die hier erzeugten Weine sind von ihrem Terroir geprägt. Dieser Bodengeschmack verstärkt deutlich ihren Charakter: Zumeist haben die Trauben einen höheren Säuregehalt. Die Weine besitzen eine intensivere Farbe und einen größeren Tanninreichtum als die anderen Médoc-Weine. Sie sind sehr kräftig und haben eine ausgezeichnete Lagerfähigkeit.

CH. ANDRON BLANQUET 1998*

■ Cru bourg. 16 ha 66 500 11 à 15 €

75 76 79 **81** 82 83 **85 86** 87 |88| |89| |90| 91 92 |93| |94| |95| 96 97 98

Dieser Cru, der wie Cos Labory zu den Domaines Audoy gehört, ist typisch für die AOC mit seinen 80 % Cabernet-Reben, die auf schönen Kiesböden aus der Günz-Kaltzeit angepflanzt sind. Der Wein zeigt ein sehr strahlendes Granatrot und bietet einen ausgewogenen, harmonischen Charakter mit feinen, eleganten Tanninen, die es ihm ermöglichen, eine gute Alterung zu verkraften. Seine intensiven Gewürzaromen und seine blumig-fruchtigen Noten machen ihn zu einem großen Klassiker.

SCE Dom. Audoy, Ch. Andron Blanquet, 33180 Saint-Estèphe, Tel. 05.56.59.30.22, Fax 05.56.59.73.52

CH. BEAU-SITE 1998*

■ Cru bourg. k. A. k. A. 11 à 15 €

«Die besten Weinberge schauen auf den Fluss», heißt es. Von der Terrasse dieses Gebäudes erfasst der Blick die Reben und den Ästuar, was über die Qualität des Terroirs viel aussagt. Der kräftige, aber wohl ausgewogene Wein ist ein guter Anwalt für das Gut. Er wird noch ein wenig vom Holz dominiert und besitzt den Reichtum und die Stärke der Tannine, die notwendig sind, um mit dem Alter das Fassholz zu verdauen. Sein lang anhaltender Abgang ist sehr elegant.

Héritiers Castéja, 33250 Pauillac, Tel. 05.56.00.00.70, Fax 05.57.87.48.61 n. V.

CH. BEL-AIR 1998*

■ 4 ha 26 000 11 à 15 €

Der in der Qualität regelmäßige Cru bleibt sich treu mit diesem Wein von schöner Erscheinung. Auf seine granatrote Farbe und sein Bouquet, das eine gute Komplexität besitzt und Heidelbeer- und Gewürznoten bietet, folgt ein Geschmack mit harmonischen, lang anhaltenden Tanninen, die noch verschmelzen müssen.

SCEA du Ch. Bel Air, 4, chem. de Fontauge, 33180 Saint-Estèphe, Tel. 05.56.58.21.03, Fax 05.56.58.17.20, E-Mail jfbraq@aol.com n. V.

J.-F. Braquessac

CH. CALON-SEGUR 1998*

■ 3ème cru clas. 90 ha k. A. 38 à 46 €

Calon, Bischof von Poitiers, war im Mittelalter der Besitzer dieses Cru. Im 18. Jh. fügte Präsident de Ségur seinen Namen dem Château hinzu, dessen Gebäude aus dem 17. Jh. stammt. Dieser Wein von schönem Rubinrot mit bläulich roten Reflexen weist auf seine tanninbetonte Persönlichkeit hin. Sein Bouquet (schwarze Johannisbeere, Brombeere und Himbeere hinter einem animalischen Aroma) bestätigt seinen Charakter an der Luft. Der kräftige, fast energische Geschmack besitzt einen schönen Sinn für Ausgewogenheit und ein gutes Entwicklungspotenzial.

SCEA Ch. Calon-Ségur, 33180 Saint-Estèphe, Tel. 05.56.59.30.08, Fax 05.56.59.71.51 n. V.

CH. CHAMBERT-MARBUZET 1998*

■ Cru bourg. 8 ha 50 000 15 à 23 €

66 76 79 81 82 83 |85| |86| |88| |89| |90| 91 92 |93| |94| **95** 96 97 98

Der Erzeuger, ein begabter Mann, ist niemand anderer als der Besitzer von Haut-Marbuzet. Er präsentiert hier ebenfalls einen sehr hübschen Wein mit einer dichten Struktur und einem komplexen aromatischen Ausdruck (Kakao, Lakritze und rote Früchte). Sein voller, fruchtbetonter Abgang weist auf eine schöne Lagerfähigkeit hin.

Henri Duboscq et Fils, Ch. Chambert-Marbuzet, 33180 Saint-Estèphe, Tel. 05.56.59.30.54, Fax 05.56.59.70.87 Mo–Sa 10h–12h 14h–18h

CH. CLAUZET 1998

■ Cru bourg. 12 ha 73 000 11 à 15 €

Maurice Velge erinnert gern daran, dass die Übernahme dieses Weinguts die Verwirklichung eines alten Traums war: Man glaubt es ihm bereitwillig, wenn man diesen Wein probiert, dessen Stoff verspricht, dass er sich nach einer Lagerung von zwei bis drei Jahren entfalten wird. Seine gegenwärtige Jugendlichkeit zeigt sich in einer hübschen Erscheinung, in der violett schimmernden Farbe ebenso wie in den entstehenden Aromen von roten Früchten vor einem Hintergrund aus Röstgeruch und Vanille. Vom gleichen Erzeuger ist der **98er Château de Côme** (Preisgruppe: 50 bis 69 F) ebenfalls lobend erwähnt worden.

SA Maurice Velge, Leyssac, 33180 Saint-Estèphe, Tel. 05.56.59.34.16, Fax 05.56.59.37.11, E-Mail chateauclauzet@wanadoo.fr Mo–Fr 9h–12h 14h–17h

COS D'ESTOURNEL 1998**

■ 2ème cru clas. 65 ha 285 000 46 à 76 €

75 76 78 79 80 81 |82| **83** |85| |86| 87 **88** |89| |90| |91| |92| |93| **94 95 96 97 98**

Cos, wie ihn jeder im Médoc nennt, ein richtiger orientalischer Palast, ist nur ein Kellergebäude, das ganz und gar im Dienste des Weins steht. Es wurde zum ersten Mal im Jahre 1998 verkauft, bevor es 2000 erneut den Besitzer wechselte, aber das dürfte nichts an der Führung des Guts oder an der Qualität des Weins ändern, der von einem außergewöhnlichen Terroir profitiert. Dieser 98er, der eine schöne granatrote Farbe hat, ist sehr elegant in seinem aromatischen Ausdruck mit den feinen Toastnoten, die sich mit reifen Früchten (schwarze Johannisbeere) und Wild vermischen. Der gut gebaute Geschmack mit seidigen, charaktervollen Tanninen zeigt sich dem gewachsen und klingt mit einem langen, nachhaltigen Abgang aus, der sehr verheißungsvoll ist.

Domaines Prats, 33180 Saint-Estèphe, Tel. 05.56.73.15.50, Fax 05.56.59.72.59, E-Mail estournel@estournel.com n. V.

LES PAGODES DE COS 1998*

■ k. A. 110 000 🍷 15 à 23 €

Der Zweitwein von Cos schmückt sich mit einem Rubinrot, das purpurviolette Reflexe zeigt. Seine fette, kräftige Struktur bleibt harmonisch; sein aromatischer Ausdruck erinnert durch die animalischen und würzigen Noten ein wenig an die des Hauptweins. In vier bis fünf Jahren wird er ein Wein für Wild sein.

🔑 Domaines Prats, 33180 Saint-Estèphe, Tel. 05.56.73.15.50, Fax 05.56.59.72.59, E-Mail estournel@estournel.com 🍷 n. V.

CH. COS LABORY 1998**

■ 5ème cru clas. 18 ha 68 000 🍷 23 à 30 €

64 70 75 78 79 80 81 82 83 84 85 |86| 87 88 |89| |(90)| 91 92 93 |94| 95 96 97 98

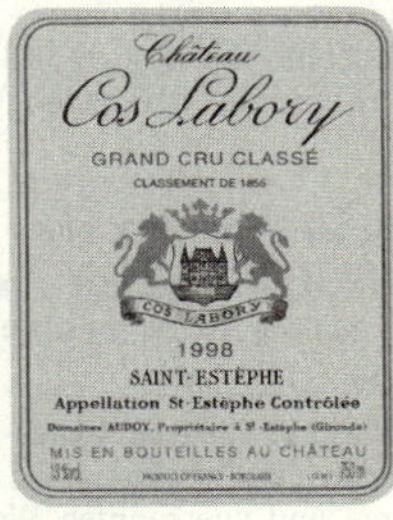

Nachdem dieser Cru in den Jahren 1980–1990 einen sehr schönen qualitativen Wiederaufstieg schaffte, genießt er heute das Ansehen, das ihm sein Terroir, seine Einstufung, die Menschen, die das Gut führen, und sein Wein einbringen. Dessen Farbe geizt nicht mit Versprechen. Und die Eindrücke, die sich daran anschließen, enttäuschen nicht: Das ausdrucksvolle, komplexe Bouquet bietet Noten von reifen Früchten (schwarze Johannisbeere, Brombeere), Gewürzen (Zimt) und geröstetem Holz. Der füllige, kräftige, elegante Geschmack ist harmonisch und rassig. Der einfachere, aber ebenfalls lagerfähige **98er Le Charme Labory** (Preisgruppe: 70 bis 99 F), der Zweitwein, hat eine lobende Erwähnung erhalten.

🔑 SCE Domaines Audoy, Ch. Cos Labory, 33180 Saint-Estèphe, Tel. 05.56.59.30.22, Fax 05.56.59.73.52 ☑ 🍷 n. V.

CH. COUTELIN-MERVILLE 1998*

■ Cru bourg. 20,9 ha 154 000 🍷 11 à 15 €

Eine vielfältige Bestockung und eine traditionelle Vinifizierung haben einen Wein von schönem Purpurrot mit einem intensiven Bouquet ergeben. Das Holz muss sich zwar noch einfügen, aber dank seiner fülligen, tanninreichen Struktur kann es das auch schaffen.

🔑 G. Estager et Fils, Blanquet, 33180 Saint-Estèphe, Tel. 05.56.59.32.10, Fax 05.56.59.32.10 ☑ 🍷 n. V.

CH. HAUT-MARBUZET 1998***

■ Cru bourg. 55 ha 350 000 🍷 23 à 30 €

|61| 62 64 66 67 70 71 73 |75| |76| 77 78 79 80 81 (82) 83 85 86 88 89 90 |92| |93| 94 95 96 97 (98)

Seit fast dreißig Jahren, die Henri Duboscq dieses Gut führt, hat er es nicht nur vergrößert, sondern ihm auch den Stempel seiner Persönlichkeit aufgedrückt. Er macht hier Weine, die er selbst mag. Und das bringt uns einen der schönsten Erfolge des Jahrgangs 1998 ein. Wenn die Farbe viel versprechend ist, so halten sich auch das Bouquet und der Geschmack keineswegs zurück. Ersteres ist überaus komplex und verbindet sehr reife Früchte mit Schokolade und geröstetem Brot. Der perfekt gebaute Geschmack, der frisch und fruchtig ist, gleichzeitig aber für einen unverfälschten Saint-Estèphe typisch bleibt, hinterlässt beim Verkoster einen Eindruck von Harmonie, dem es fast gelingt, vergessen zu lassen, dass diese Flasche zum Lagern bestimmt ist.

Saint-Estèphe

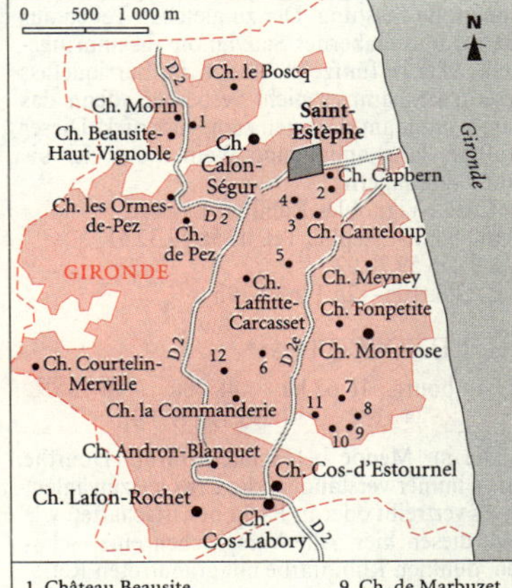

🔑 Henri Dubosq et Fils, Ch. Haut-Marbuzet, 33180 Saint-Estèphe, Tel. 05.56.59.30.54, Fax 05.56.59.70.87
☑ 🍷 Mo–Sa 10h–12h 14h–18h

CH. LA COMMANDERIE 1998

■ Cru bourg. 9 ha 71 000 8 à 11 €

Dieser Wein von einem Gut, auf dem die Merlot-Rebe 50 % ausmacht, ist einschmeichelnd; dennoch reicht seine delikate Struktur aus, um eine gute Alterungsfähigkeit sicherzustellen.

🔑 EARL Ch. La Commanderie, Leyssac, 33180 Saint-Estèphe, Tel. 05.56.59.32.30, Fax 05.56.90.08.78 ☑ 🍷 n. V.

CH. LAFON-ROCHET 1998★★

■ 4ème cru clas. 40 ha 144 000 30 à 38 €

(64) 75 76 77 78 79 81 82 |83| 85 86 |88| |89| |90| 91 92 93 |94| (95) 96 97 98

Auf diesem Cru werden regelmäßig Verbesserungsarbeiten vorgenommen. Im Jahre 2000 ist ein Barriquekeller entstanden. Sein 98er kombiniert 39 % Cabernet mit 61 % Merlot. Sein nuancenreiches Bouquet teilt sich gleichgewichtig zwischen Lakritze, Gewürzen und schwarzen Früchten auf. Seinen Sinn für Ausgewogenheit findet man auch am Gaumen wieder, wo eine gut durchgeführte Extraktion und ein echter aromatischer Reichtum für einen dichten, komplexen Geschmack sorgen, den ein Abgang von großer Klasse krönt.

🔑 SCF Ch. Lafon-Rochet, 33180 Saint-Estèphe, Tel. 05.56.59.32.06, Fax 05.56.59.72.43, E-Mail lafon@lafon-rochet.com ☑ 🍷 n. V.
🔑 Tesseron

CH. LA PEYRE 1998

■ Cru artisan 6,5 ha 40 000 11 à 15 €

Mit dem 96er gelang diesem sehr jungen Gut eine große Leistung. Der zu gleichen Teilen aus Merlot und Cabernet Sauvignon zusammengestellte 98er ist fünfzehn Monate im Barriquefass gereift. Er kann es nicht verbergen, denn das Fass kommt am stärksten zum Ausdruck. Dieser kräftige, lang anhaltende Wein muss vier bis fünf Jahre lagern.

🔑 EARL Vignobles Rabiller, Leyssac, 33180 Saint-Estèphe, Tel. 05.56.59.32.51, Fax 05.56.59.70.09
☑ 🍷 tägl. 10h–12h 14h30–19h

CH. LE BOSCQ 1998★★

■ Cru bourg. 16,62 ha 48 000 15 à 23 €

82 83 85 (86) |88| 89 90 |95| |96| |97| 98

Die im Médoc beheimatete Firma Dourthe hat es immer verstanden, die Crus auszuwählen, die es vertreibt oder in Pacht bewirtschaftet, wie etwa diesen hier. Alle Versprechen einer schönen, dunklen Rubinfarbe mit granatroten Reflexen werden eingelöst. Das Bouquet beeindruckt durch die Komplexität seiner Aromen von schwarzen Früchten und Röstung. Die ebenso ausdrucksvolle Entfaltung im Geschmack enthüllt eine bemerkenswerte Struktur. Der prächtige Abgang kennzeichnet einen großen Saint-Estèphe, der mindestens fünf Jahre reifen muss.

🔑 Dourthe, 35, rue de Bordeaux, 33290 Parempuyre, Tel. 05.56.35.53.00, Fax 05.56.35.53.29, E-Mail contact@cvbg.com
☑ 🍷 n. V.
🔑 GFA Le Boscq

CH. LE CROCK 1998★

■ Cru bourg. k. A. k. A. 11 à 15 €

90 |95| 96 97 98

Einmal mehr präsentiert dieser Cru einen gut gebauten Wein mit ansprechendem Duft. Er ist gut ausbalanciert und setzt auf die Karte der Feinheit; er entfaltet frische, delikate Aromen, bei denen Frucht und Holzton miteinander harmonieren. Ein langer Abgang beschließt die Verkostung.

🔑 Domaines Cuvelier, Ch. Le Crock, 33180 Saint-Estèphe, Tel. 05.56.59.30.33, E-Mail cuvelier.bordeaux@wanadoo.fr
☑ 🍷 n. V.

CH. LES ORMES DE PEZ 1998★

■ Cru bourg. 33 ha 204 000 23 à 30 €

81 |82| |83| 84 |85| |86| 87 |88| 89 90 91 |92| 93 94 95 96 97 98

Der Cru, der wie Château Lynch-Bages in Pauillac im Besitz der Familie Cazes ist, gehört zu den sicheren und anerkannten Werten der Appellation. Dieser 98er von dichtem, tiefem Granatrot kombiniert 20 % Merlot mit den beiden Cabernet-Sorten. Das recht typische, diskrete, aber feine Bouquet bietet angenehme Düfte von schwarzen und roten Johannisbeeren. Im Geschmack macht die Frucht, die in der Ansprache dominiert, nach und nach erstklassigen Tanninen Platz, die im Abgang lang anhalten. Aussicht auf eine schöne Lagerfähigkeit.

🔑 Jean-Michel Cazes, Ch. Les Ormes de Pez, 33180 Saint-Estèphe, Tel. 05.56.73.24.00, Fax 05.56.59.26.42, E-Mail infochato@ormesdepez.com ☑
🔑 Familie Cazes

CH. LILIAN LADOUYS 1998★

■ Cru bourg. 30 ha 200 000 15 à 23 €

|89| |(90)| 91 92 |93| |94| 95 96 97 98

Der Cru, der in den letzten Jahren ziemlich rasch aufgestiegen ist, verfügt über ein Terroir, das aus 61 % Kiesböden, 23 % tonigen Kalksteinöden und 16 % Kiessandböden besteht. Sein in seinem Rebsatz Médoc-typischer Wein trägt ein gut sitzendes Kleid. Der zurückhaltende Duft lässt komplexe Gewürz- und Blütennoten erkennen. Die gut extrahierten Tannine sind noch fest. **La Devise de Lilian 1998** (Preisgruppe: 50 bis 69 F) hat eine lobende Erwähnung erhalten.

🔑 Ch. Lilian Ladouys, Blanquet, 33180 Saint-Estèphe, Tel. 05.56.59.71.96, Fax 05.56.59.35.97 🍷 n. V.
🔑 Natexis

CH. MARBUZET 1998*

■ Cru bourg. 7 ha 32 000 15 à 23 €

75 76 78 79 81 82 83 84 |85| |86| 87 |88| |89| |90| 92 93 |94| **95 96** |98|

Dieser Cru bourgeois im Besitz der Domaines Prats ist der kleine Bruder von Cos d'Estournel. Sein wohl ausgewogener, seidiger Wein kann seine eigene Persönlichkeit in Form von blumigen und fruchtigen Düften ausdrücken, die eine große Feinheit besitzen.

Domaines Prats, 33180 Saint-Estèphe, Tel. 05.56.73.15.50, Fax 05.56.59.72.59, E-Mail estournel@estournel.com n. V.

MARQUIS DE SAINT-ESTEPHE
Tradition Elevé en fût de chêne 1998

■ 34 ha 270 000 11 à 15 €

Dieser Wein, eine Marke der Genossenschaftskellerei von Saint-Estèphe, bleibt in seinem aromatischen Ausdruck noch zurückhaltend, aber seine gute Konstitution und seine immer noch jungen Tannine werden es ihm ermöglichen, dass er sich entfaltet.

Marquis de Saint-Estèphe, 2, rte du Médoc, 33180 Saint-Estèphe, Tel. 05.56.73.35.30, Fax 05.56.59.70.89, E-Mail marquis.st.estephe@wanadoo.fr Mo–Fr 8h30–12h15 14h–18h

CH. MONTROSE 1998**

■ 2ème cru clas. 68,39 ha 196 500 46 à 76 €

64 66 67 |70| |75| 76 78 |79| 81 |82| **83** |85| **86** 87 **88 89 90** |91| |92| |93| **94 95 96 97 98**

Das Château ist bestimmt wegen seiner Aussicht auf den Ästuar interessanter als wegen seiner Architektur: Das große Gut besitzt ein schönes Terroir, das «auf den Fluss schaut». Sein noch vom Holz dominierter 98er lässt eine kräftige, ausgewogene Struktur erkennen, die recht typisch ist. Begleitet wird sie von einem Bouquet, das auf sehr angenehme Weise Kakao, rote Früchte und Holz verbindet. Seine Tannine halten sehr lang an und garantieren ihm eine schöne Zukunft.

Jean-Louis Charmolüe, SCEA du Ch. Montrose, 33180 Saint-Estèphe, Tel. 05.56.59.30.12, Fax 05.56.59.38.48 n. V.

CH. PETIT BOCQ 1998

■ 7,74 ha 54 000 15 à 23 €

94 95 96 **97** 98

Der Wein, der von einem zu 70 % mit Merlot bestockten Weinberg kommt, zeigt sich angenehm duftig und entfaltet eine Palette von Aromen, die von Früchten über in Alkohol eingelegte Früchte bis zu Gewürzen reichen. Der in der Ansprache runde, großzügige Geschmack wird danach tanninreicher, mit einer Struktur, die eine kürzere Lagerung erfordert.

SCEA Lagneaux-Blaton, 3, rue de la Croix-de-Pez, B.P. 33, 33180 Saint-Estèphe, Tel. 05.56.59.35.69, Fax 05.56.59.32.11, E-Mail petitbocq@hotmail.com n. V.

CH. PHELAN SEGUR 1998**

■ Cru bourg. 64 ha 180 000 30 à 38 €

81 82 86 |88| |89| |90| |91| 92 **93** |94| **95 96** 97 **98**

Dieser Cru, ein sehr schönes Gut, das direkt neben dem Marktflecken den Ästuar überragt, setzt mit dem 98er auf die Karte der Eleganz. Der in der Ansprache feine Geschmack enthüllt Tannine, die eine erstklassige Extraktion und Trauben von guter Herkunft belegen. Der Abgang, der nachhaltig ist, ohne imposant zu wirken, bewegt sich im gleichen Register. Der Zweitwein, **98er Frank Phélan** (Preisgruppe: 100 bis 149 F), hat eine lobende Erwähnung erhalten.

Ch. Phélan Ségur, 33180 Saint-Estèphe, Tel. 05.56.59.74.00, Fax 05.56.59.74.10, E-Mail phelan.segur@wanadoo.fr n. V.
X. Gardinier

CH. PICARD 1998*

■ Cru bourg. 8 ha 45 000 11 à 15 €

Das Château im Besitz der Gruppe Mähler-Besse, die es 1997 der Champagner-Firma Roederer abkaufte, liegt nicht einmal 100 m von der in einem neoklassizistischen Stil errichteten Pfarrkirche (schöne Inneneinrichtung) von Saint-Estèphe entfernt. Dieser 98er kombiniert 15 % Merlot mit Cabernet Sauvignon, die auf einer Kieskuppe wachsen. Die Tannine vom Holz und vom Wein müssen noch verschmelzen, aber sie sind in beiden Fällen erstklassig, ebenso wie das Bouquet mit den komplexen Frucht-, Röstungs- und Lakritzenoten. Seine Struktur garantiert diesem Wein ein gutes Alterungspotenzial, das der lange Abgang mit dem Röstaroma bestätigt.

SA Mähler-Besse, 49, rue Camille-Godard, BP 23, 33026 Bordeaux, Tel. 05.56.56.04.30, Fax 05.56.56.04.59, E-Mail france.mahler-besse@wanadoo.fr n. V.

CH. POMYS 1998

■ Cru bourg. 12 ha 65 000 11 à 15 €

Das Gut, das für sein Schlosshotel (drei Sterne) bekannt ist, bildet auch zusammen mit seinem «Schwesterschiff», Château Saint-Estèphe, ein schönes Gut von 24 Hektar. Dieser 98er entfaltet einen gut ausbalancierten Bau mit feinen Tanninen und einem Bouquet, das von roten Früchten bis zu blumigen Noten reicht. Der **98er Château Saint-Estèphe** hat ebenfalls eine lobende Erwähnung erhalten.

SARL Arnaud, Ch. Pomys, 33180 Saint-Estèphe, Tel. 05.56.59.32.26, Fax 05.56.59.35.24 n. V.

CH. SEGUR DE CABANAC 1998**

■ Cru bourg. 7,07 ha 45 000 15 à 23 €

|86| 88 **89** 90 91 92 |93| |94| 95 96 |97| **98**

Während die Parlamentarier von Bordeaux, die die Geschichte des Weins geschrieben haben, lieber mit Pessac, Pauillac oder Margaux verbunden waren, ist Saint-Estèphe mit der berühmten Familie der Ségurs verknüpft. Dieser Wein erweist ihnen eine verdiente Ehrung, nicht nur aufgrund seines Namens, sondern auch

durch seine Struktur. Sie ist sehr reichhaltig und verlangt eine gute Lagerung von mindestens fünf Jahren; dank der Stärke des Bouquets mit den Noten von Geröstetem, Vanille und kleinen roten Früchten kann er heiter in die Zukunft blicken.
SCEA Guy Delon et Fils, Ch. Ségur de Cabanac, 33180 Saint-Estèphe, Tel. 05.56.59.70.10, Fax 05.56.59.73.94
n. V.

CH. TOUR DE PEZ 1998★★

■ Cru bourg. 14 ha 80 000 15 à 23 €
91 |93| |94| (95) **96** 97 **98**

Ein schönes Gut ist dieser Cru nicht nur wegen seiner Größe, sondern auch wegen der Qualität seines Terroirs und seines Weins, was sein 98er belegt, der während der gesamten Verkostung vollauf zufrieden stellt. Eine granatrote Farbe, ein kräftiger Duft, in dem sich rote Früchte mit Röstnoten verbinden, und ein ebenso kräftiger und noch komplexerer Geschmack, wobei zu den Geruchseindrücken der Nase noch Mandelaromen hinzukommen – alles an diesem Wein ist bemerkenswert. Er ist tanninreich und hält lang an. Im Keller sollte er vier bis fünf Jahre lang reifen. Der Zweitwein, der **98er Château Les Hauts de Pez** (Preisgruppe: 50 bis 69 F), erhält einen Stern; man kann ihn ebenfalls einkellern.
SA Ch. Tour de Pez, L'Hereteyre, 33180 Saint-Estèphe, Tel. 05.56.59.31.60, Fax 05.56.59.71.12, E-Mail chtpez@terre-net.fr
Mo–Fr 9h30–12h 14h–17h; Gruppen n. V.

CH. TOUR DES TERMES 1998★★

■ Cru bourg. 15 ha 100 000 11 à 15 €
81 82 83 84 85 **86** 88 89 92 |93| |94| 95 96 97 **98**

Die Bestockung, die der Merlot-Rebe viel Platz einräumt (50 %), verrät ein Streben nach Feinheit und Sanftheit. Das Ziel ist mit diesem Wein erreicht. Er ist reich und komplex aufgrund seiner Aromen von reifen Früchten, Vanille und Geröstetem und zeigt sich einschmeichelnd, besitzt aber gleichzeitig eine gute Struktur, die ein gut eingebundener Holzton begleitet. Er wird zu Wild schmecken. Vom gleichen Erzeuger erhält der **98er Fleur d'Ossian** (Preisgruppe: 150 bis 199 F), der sich mit einem hübschen Etikett präsentiert, eine lobende Erwähnung. Die vollständig vom Holz dominierte Frucht kommt noch nicht zur Entfaltung.
Vignobles Jean Anney, Saint-Corbian, 33180 Saint-Estèphe, Tel. 05.56.59.32.89, Fax 05.56.59.73.74 n. V.

CH. TRONQUOY LALANDE 1998★

■ Cru bourg. 17 ha 120 000 11 à 15 €
(82) 83 **85** |**86**| 87 |88| |89| 90 |91| |**93**| |**94**| 95 96 98

Das hübsche Château aus dem 18. Jh. beherrscht einen Weinberg, in dem Merlot 48 % einnimmt. Dieser Wein, der mit seinem dunklen Granatrot und den purpurroten Reflexen einen sehr angenehmen Anblick bietet, besitzt ein Bouquet von echter Feinheit, mit Düften von schwarzen Früchten, die von Holznoten verstärkt werden. Der harmonische, elegante Geschmack lässt einen reichen, samtigen Stoff erkennen. Die noch jugendliche Cuvée hat Aussicht auf eine schöne Zukunft.
Dourthe, 35, rue de Bordeaux, 33290 Parempuyre, Tel. 05.56.35.53.00, Fax 05.56.35.53.29, E-Mail contact@cvbg.com
n. V.
Frau Casteja-Texier

Saint-Julien

Für die einen «Saint-Julien», für die anderen «Saint-Julien-Beychevelles» – Saint-Julien ist die einzige kommunale Appellation des Haut-Médoc, die nicht darauf achtet, dass die Bezeichnung für das Weinbaugebiet genau mit dem Namen der Gemeinde übereinstimmt. Die zweite Bezeichnung hat zugegeben den Fehler, dass sie ein wenig lang ist, aber sie entspricht vollkommen dem Wesen der Menschen und dem Anbaugebiet der Gemeinde und der Appellation, das auf zwei Hochflächen mit Kies- und Kiesgeröllböden liegt.

Das Weinbaugebiet von Saint-Julien, das sich genau in der Mitte des Haut-Médoc befindet, bildet auf einer ziemlich kleinen Anbaufläche (911 ha mit 49 759 hl im Jahre 2000) eine harmonische Synthese zwischen den Appellationen Margaux und Pauillac. Es ist somit auch nicht verwunderlich, dass man hier elf Crus classés findet (darunter fünf Deuxièmes crus). Entsprechend ihrem Anbaugebiet bieten die Weine einen guten Ausgleich zwischen den Merkmalen der Margaux-Weine (vor allem Feinheit) und denen der Pauillac-Weine (Körper). Im Allgemeinen besitzen sie eine schöne Farbe, ein feines, typisches Bouquet, Körper, großen Reichtum und eine sehr schöne Kraft. Doch selbstverständlich sind die etwa 6,6 Millionen Flaschen, die jedes Jahr in Saint-Julien erzeugt werden, weit davon entfernt, dass sie alle einander ähnlich wären. Besonders erfahrene Verkoster werden die Unterschiede feststellen, die zwischen den Crus im Süden (den Margaux-Weinen ähnlicher) und den Crus im Norden (näher bei den Pauillac-Weinen) sowie zwischen den in der Nähe des Ästuars gelegenen

Crus und den Crus weiter im Landesinneren (in Richtung Saint-Laurent) bestehen.

CH. BEYCHEVELLE 1998**

■ 4ème cru clas. 55 ha k. A. 23 à 30 €

70 76 79 81 82 83 85 |86| |88| |(89)| 90 91 92 93 94 95 96 97 98

Beychevelle, zwischen kleinem Landhaus und Schloss, ist eines der schönsten Weinchâteaus im Médoc. Es ist außerdem ein Cru mit einem großartigen Terroir, wie die hervorragende Qualität seines 98ers beweist, der den Erfolg des 97ers bestätigt. Die Düfte der Pinienwälder gesellen sich zu den Gewürzgerüchen, die früher die Laderampen der Schiffe verströmten, die gegenüber dem Château anlegten und ihre Segel einholten. Sie bilden ein Bouquet, dessen Komplexität genussvolle Noten von geröstetem Brot und Erdbeerkonfitüre noch steigern. Am Gaumen findet man Reichtum und Ausgewogenheit in einem köstlichen Geschmack, der sein «Fett» und sein Potenzial zeigen kann, ohne je seine Eleganz zu verleugnen. Ein großer Saint-Julien.

SC Ch. Beychevelle,
33250 Saint-Julien-Beychevelle,
Tel. 05.56.73.20.70, Fax 05.56.73.20.71,
E-Mail beychevelle@beychevelle.com
☑ Y Mo–Fr 10h–12h 14h–17h; Gruppen n. V.

AMIRAL DE BEYCHEVELLE 1998*

■ 19 ha k. A. 11 à 15 €

Dieser Zweitwein von Château Beychevelle hat bestimmt nicht vor, mit seinem großen Bruder zu konkurrieren; aber er hat keine Minderwertigkeitskomplexe und zeigt, was er wert ist: Er ist ausdrucksvoll durch sein Bouquet mit den Backpflaumennoten und im Geschmack kräftig, fett und rund; er ist ebenfalls vornehm und besitzt eine schöne Lagerfähigkeit.

SC Ch. Beychevelle,
33250 Saint-Julien-Beychevelle,
Tel. 05.56.73.20.70, Fax 05.56.73.20.71,
E-Mail beychevelle@beychevelle.com
☑ Y Mo–Fr 10h–12h 14h–17h; Gruppen n. V.

CH. BRANAIRE Duluc-Ducru 1998**

■ 4ème cru clas. k. A. k. A. 23 à 30 €

81 82 83 85 86 |88| 89 |90| 93 94 |95| 96 |97| 98

Die seit zehn Jahren auf diesem Cru vorgenommene Renovierung hat mit dem 98er Früchte getragen. Er ist perfekt gelungen und zeugt durch seine Feinheit und sein Lagerpotenzial von einem schönen Stoff, der klug genutzt worden ist. Den schweren Düften (Lakritze, Wildbret, Menthol und Backpflaume) nach zu urteilen, die sein Bouquet im Augenblick erkennen lässt, sollte man ihn vier, fünf oder sechs Jahre einkellern.

SAE du Ch. Branaire-Ducru,
33250 Saint-Julien-Beychevelle,
Tel. 05.56.59.25.86, Fax 05.56.59.16.26 Y n. V.

CH. DUCRU-BEAUCAILLOU 1998**

■ 2ème cru clas. 50 ha 210 000 46 à 76 €

|61| 64 66 |70| 71 |75| 76 |78| 79 81 |(82)| 83 84 |85| |86| 87 88 89 90 91 92 |93| 94 (95) (96) |97| 98

Ducru, eine wunderschöne «Kartause» (kleines Landhaus), das von Pavillons in einem eklektizistischen Stil umrahmt wird, ragt über dem Ästuar auf, auf den seine sorgfältig aufgereihten Rebzeilen blicken. Wie ein Verkoster (bei einer Blindprobe, woran wir nochmals erinnern!) notierte, ist dieser Wein von den Cabernet-Sorten geprägt. Cabernet Sauvignon (65 %) und Cabernet franc (5 %) werden nämlich lediglich durch 25 % Merlot und 5 % Petit Verdot ergänzt. Das ist die ausgezeichnete Zusammenstellung des Saint-Julien. Stärke und Eleganz, die Verbindung dieser beiden Qualitäten, die den typischen Charakter des Cru ausmachen, ist hier perfekt verwirklicht. Mit zusätzlich einem reichen und äußerst komplexen Bouquet, das sonnenreiche Gewürz-, Kakao- und Kräuternoten enthält, ohne einige Backpflaumen- und Vanillenuancen zu vergessen.

SA Jean-Eugène Borie,
Ch. Ducru-Beaucaillou,
33250 Saint-Julien-Beychevelle,
Tel. 05.56.73.16.73, Fax 05.56.59.27.37 Y n. V.

CH. DULUC 1998*

■ k. A. k. A. 11 à 15 €

Dieser Wein, der kleine Bruder von Château Branaire, zeigt weniger Ambitionen. Aber seine feinen Tannine, die an Spitzen denken lassen, und seine Röstungs- und Gewürzaromen ergeben ein harmonisches Bild.

SAE du Ch. Branaire-Ducru,
33250 Saint-Julien-Beychevelle,
Tel. 05.56.59.25.86, Fax 05.56.59.16.26 Y n. V.

Saint-Julien

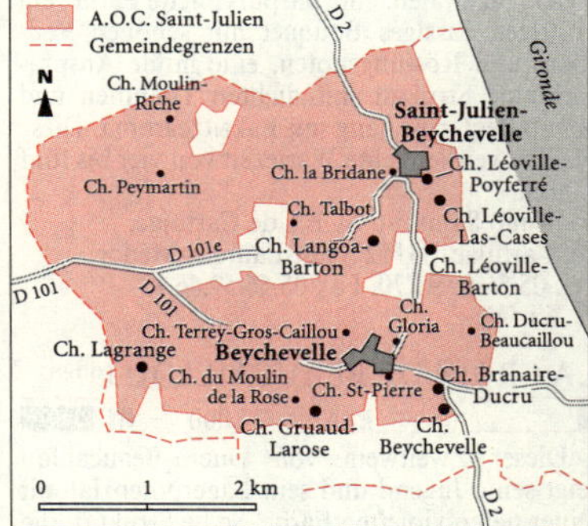

CH. GLORIA 1998*

■ k. A. 200 000 🍷 23 à 30 €

64 66 70 71 75 76 78 |79| 81 82 83 84 |85| |86| 87 |88| |89| |90| 93 94 |95| 96 97 98

Unterstützt von ihrem Ehemann, dem Vorsitzenden des Club des Girondins von Bordeaux, führt Françoise Triaud mit großer Tüchtigkeit das Werk ihres Vaters Henri Martin fort, der diesen Cru gründete. Alles an ihrem Wein belegt eine erstklassige Arbeit: ein komplexes, elegantes Bouquet (grüne Paprikaschote und Mokka), eine Ansprache ohne jegliche Aggressivität, feine, gut extrahierte Tannine, die ein wohl dosierter Holzton unterstützt.

🔑 Domaines Martin, Ch. Gloria,
33250 Saint-Julien-Beychevelle,
Tel. 05.56.59.08.18, Fax 05.56.59.16.18
☑ Y n. V.
🔑 Françoise Triaud

CH. GRUAUD-LAROSE 1998*

■ 2ème cru clas. 82 ha 254 000 🍷 38 à 46 €

70 71 75 76 77 78 79 80 81 82 83 84 |85| (86) 87 |88| |89| 90 |91| 92 93 |94| (95) 96 97 98

Dieser Wein, der erste Jahrgang, für den der jetzige Besitzer, die Gruppe Taillan, vollständig verantwortlich zeichnet, sollte noch lagern; er bezeugt die Absicht, die Qualität und das Ansehen des Cru aufrechtzuerhalten. Wenn er durch sein Aussehen, ein schönes Granatrot, Versprechen macht, kann er sie auch halten: durch sein Bouquet mit den hübschen Noten von roten Früchten und einem leicht animalischen Hauch wie auch durch seinen Geschmack, dessen Struktur ausgewogen und gut extrahiert ist, selbst wenn das Holz deutlich spürbar ist und zur Geduld mahnt.

🔑 Ch. Gruaud-Larose, BP 6,
33250 Saint-Julien-Beychevelle,
Tel. 05.56.73.15.20, Fax 05.56.59.64.72,
E-Mail contact@chateau-gruaud-larose.com
Y n. V.
🔑 Bernard Taillan Vins

CH. LA BRIDANE 1998*

■ Cru bourg. 15 ha k. A. 🍷 11 à 15 €

81 82 83 85 86 88 89 |90| |93| |94| |95| 96 97 98

Eine dreihundertjährige Familientradition bewirkt feste Bande zum Terroir. Dieser Cru bourgeois liefert den Beweis dafür durch seine vielen Qualitäten: eine purpurviolette Farbe, ein kräftiges, rassiges Bouquet mit schönen Veilchen- und Röstungsnoten, eine milde Ansprache, eine Struktur mit dichten Tanninen und ein opulenter Abgang mit Lakritzearoma. Diese Flasche verdient eine Wartezeit von vier bis fünf Jahren.

🔑 Bruno Saintout, SCEA de Cartujac,
20, Cartujac, 33112 Saint-Laurent-Médoc,
Tel. 05.56.59.91.70, Fax 05.56.59.46.13
☑ Y n. V.

LA CROIX DE BEAUCAILLOU 1998*

■ k. A. 77 000 🍷 23 à 30 €

Dieser Zweitwein von Ducru-Beaucaillou zeigt seine Jugend und sein Lagerpotenzial mit seiner tiefen violetten Farbe. Seine Struktur, die füllige, reiche Tannine unterstützen, harmoniert mit den kandiert wirkenden Düften des Bouquets und den Schokoladenaromen des Geschmacks, so dass ein erstklassiger Gesamteindruck entsteht.

🔑 SA Jean-Eugène Borie,
33250 Saint-Julien-Beychevelle,
Tel. 05.56.73.16.73, Fax 05.56.59.27.37 Y n. V.

CH. LAGRANGE 1998**

■ 3ème cru clas. 109 ha k. A. 🍷 23 à 30 €

79 81 82 83 85 |86| 87 88 89 |(90)| 91 92 |93| 94 95 96 97 98

Lagrange, ein schönes, großes Gut, ist außerdem ein Cru von großer Regelmäßigkeit. Einmal mehr bestätigt er es hier, auch wenn sich sein 98er nicht sofort offenbart. Sein zunächst verschlossenes Bouquet entschließt sich, dass es sich erst nach einer Belüftung entfaltet; aber dann ist seine Komplexität unbestreitbar: Zimt, Gewürznelke, schwarzer Pfeffer und Anklänge an Schokolade und Fell als Krönung des Ganzen. Der Geschmack bietet intensive Aromen. Diese lassen ebenso wie die Tannine oder das Rückaroma keinerlei Zweifel an der Zukunft dieser Flasche aufkommen.

🔑 Ch. Lagrange,
33250 Saint-Julien-Beychevelle,
Tel. 05.56.73.38.38, Fax 05.56.59.26.09,
E-Mail
chateau-lagrange@chateau-lagrange.com
Y n. V.
🔑 Suntory Ltd

LES FIEFS DE LAGRANGE 1998*

■ k. A. k. A. 🍷 15 à 23 €

Der Zweitwein von Lagrange ist bestimmt bescheidener als sein Bruder, aber er bleibt dennoch interessant, mit seinem Bouquet, das animalische Noten und reife Früchte verbindet, ebenso wie durch seine Tannine, die sich noch abklären müssen, oder aufgrund seines Abgangs, der eine schöne aromatische Nachhaltigkeit zeigt.

🔑 Ch. Lagrange,
33250 Saint-Julien-Beychevelle,
Tel. 05.56.73.38.38, Fax 05.56.59.26.09,
E-Mail
chateau-lagrange@chateau-lagrange.com
Y n. V.

CH. LALANDE 1998

■ 30 ha 200 000 🍷 11 à 15 €

Ein Wein, der in einer alles andere als kleinen Stückzahl erzeugt wird. Dennoch erweist er sich als gefällig in seinem Purpurviolett. Nach einer sanften Ansprache kommt die Cabernet-Traube über einem Holzton auf eine für Médoc-Weine typische Weise zum Ausdruck. Die ein wenig rustikalen Tannine sollten in zwei bis drei Jahren verschmelzen.

🔑 Vignobles Meffre, rue Joseph-Vernet,
84810 Aubignan, Tel. 05.56.59.06.47,
Fax 05.90.65.03.73 ☑ Y n. V.

CH. LALANDE-BORIE 1998

■ 18 ha 100 000 15 à 23 €

Dieser Wein, der vom gleichen Erzeuger wie der Ducru-Beaucaillou stammt, ist einförmiger, aber es mangelt ihm nicht an Charme, dank seiner delikaten Farbe und seiner guten Ausdrucksstärke im Duft ebenso wie im Geschmack.
SA Jean-Eugène Borie, 33250 Saint-Julien-Beychevelle, Tel. 05.56.73.16.73, Fax 05.56.59.27.37 n. V.

CH. LANGOA BARTON 1998*

■ 3ème cru clas. 19 ha 90 000 23 à 30 €
70 75 76 78 80 81 |82| 83 |85| 86 88 |(89)| 90 92 |93| 94 95 96 97 98

Eleganz und Behaglichkeit: Langoa gehört zu den vollendetsten Ausdrucksformen eines kleinen Landhauses im Bordelais. Zusammen mit Mouton ist das der einzige Cru classé, der seit der Klassifizierung im Jahre 1855 nicht den Besitzer gewechselt hat. Seit 1821 ist er das Eigentum der Bartons, die 1722 aus Irland kamen. Sein intensiver und zugleich komplexer Wein ist ebenfalls vollkommen im Geiste des Médoc gehalten. Er beweist eine schöne Lagerfähigkeit und wird durch feine Tannine ausbalanciert. Er sollte fünf bis sechs Jahre im Keller ruhen.
Anthony Barton, Ch. Langoa Barton, 33250 Saint-Julien-Beychevelle, Tel. 05.56.59.06.05, Fax 05.56.59.14.29 n. V.

CH. LEOVILLE-BARTON 1998**

■ 2ème cru clas. 46 ha 250 000 30 à 38 €
64 67 70 71 75 76 78 79 80 81 |82| |83| |85| 86 87 88 89 |(90)| |91| 92 |93| 94 95 96 97 98

Wer an Architektur interessiert ist, kann weitergehen: Das Château, das ist Langoa. Aber der Weinfreund wird lange bei diesem 98er verweilen: einer perfekten Komposition (80 % Cabernet und 20 % Merlot), in der das schöne Terroir mit Kiesboden zum Ausdruck kommt. Er zeigt ein sehr dunkles Rotbraun und lässt schon bei der ersten Kontaktaufnahme ein äußerst komplexes Bouquet erkennen. Der Geschmack geht von einer vollen, fleischigen, sanften Ansprache zu einem tanninreichen, aber reifen und köstlichen Abgang über. Alles lädt dazu ein, diese Flasche acht bis zehn Jahre aufzuheben.
Anthony Barton, Ch. Léoville-Barton, 33250 Saint-Julien-Beychevelle, Tel. 05.56.59.06.05, Fax 05.56.59.14.29, E-Mail chateau@leoville-barton.com n. V.

CH. LEOVILLE POYFERRE 1998**

■ 2ème cru clas. k. A. k. A. 30 à 38 €
76 78 79 80 81 |82| |(83)| 84 85 86 87 88 89 |90| |91| |92| |93| |94| 95 96 97 98

Poyferré, das Herzstück des alten Léoville-Guts, besitzt 80 Hektar, aber auch das Château. Seine Reben nehmen eine der schönsten Kieskuppen der AOC ein. Der noch vom Holz geprägte, sehr jugendliche 98er muss lange Zeit im Keller lagern. Aber durch seine tiefe Farbe mit violettem Ton zeigt er schon interessante Perspektiven auf. Das Bouquet mit den köstlichen Noten von Konfitüre, Gewürzen und aromatischen Kräutern (die Frucht kommt noch nicht zum Vorschein) kündigt einen stark strukturierten Geschmack, einen reichen, dichten Stoff und einen langen Abgang mit Lakritzearoma an.
Didier Cuvelier, Ch. Léoville Poyferré, 33250 Saint-Julien-Beychevelle, Tel. 05.56.59.08.30, Fax 05.56.59.60.09, E-Mail lp.dc@leoville-poyferre.fr n. V.

CH. MOULIN DE LA ROSE 1998*

■ Cru bourg. 4,65 ha 30 000 15 à 23 €
|93| |94| 95 96 |97| 98

Obwohl dieser Wein nur von einem kleinen, zerstückelten Weinberg kommt, macht er inmitten der Crus von Saint-Julien keine klägliche Figur. Eine schöne Farbe mit purpurvioletten Reflexen, ein hübsches Bouquet, in dem sich Butternoten mit Röst-, Kakao- und Backpflaumennoten und sogar einem Rancio-Aroma vermischen, ohne dass sie die reife Frucht vergessen würden, ein gut verschmolzener Stoff und ein Abgang zwischen Karamell und Kaffee ergeben einen originellen Gesamteindruck.
SCEA Guy Delon et Fils, Ch. Moulin de la Rose, 33250 Saint-Julien-Beychevelle, Tel. 05.56.59.08.45, Fax 05.56.59.73.94 n. V.

CH. MOULIN RICHE 1998*

■ k. A. k. A. 15 à 23 €
|93| |94| 95 96 97 98

Der Zweitwein von Léoville Poyferré ist ebenfalls gut gebaut. Dank seiner umhüllten Tannine kann man ihn früher als den Hauptwein trinken.
Didier Cuvelier, Ch. Léoville Poyferré, 33250 Saint-Julien-Beychevelle, Tel. 05.56.59.08.30, Fax 05.56.59.60.09, E-Mail lp.dc@leoville-poyferre.fr n. V.

PORT CAILLAVET 1998*

■ 4 ha 18 000 11 à 15 €

Diesem Wein, einer Marke, die der Weinhändler Henri Duboscq zu Ehren seiner Mutter geschaffen hat, mangelt es nicht an Komplexität in seinem aromatischen Ausdruck, in dem sich Toast- und Fruchtnoten verbinden. Sein in der Ansprache seriöser, fülliger Geschmack, der sich auf einen schönen Stoff mit köstlichen Tanninen stützt, lässt eine lange Lagerfähigkeit voraussagen.
Brusina-Brandler, 3, quai de Bacalan, 33300 Bordeaux, Tel. 05.56.39.26.77, Fax 05.56.69.16.84 n. V.

CH. SAINT-PIERRE 1998**

■ 4ème cru clas. 17 ha 58 000 30 à 38 €
82 83 84 |85| |(86)| 87 |88| |89| |90| 91 92 |93| 94 (95) (96) 97 98

Die Architektur dieses Châteaus ist zwar nicht sehr aristokratisch, aber seine Geschichte ist für eine Vielzahl von Crus im Médoc repräsentativ: Im 17. Jh. entstanden, wurde das Gut in der zweiten Hälfte des 19. Jh. geteilt und im 20. Jh. von Henri Martin wiederhergestellt. Der Wein macht noch immer mit seinem kleinen Etikett, das einen nostalgischen Charme besitzt, auf sich aufmerksam, ist aber durchaus zeitge-

nössisch. Er bietet delikate animalische Noten, bevor er Vanille und Röstaroma mit reifen Früchten mischt. Danach entfaltet er ein schönes Volumen, das seidige Tannine unterstützen, ehe er schließlich in einen lang anhaltenden Abgang mündet.
Domaines Martin, Ch. Saint-Pierre, 33250 Saint-Julien-Beychevelle, Tel. 05.56.59.08.18, Fax 05.56.59.16.18
n. V.
Françoise Triaud

CH. TALBOT 1998*

4ème cru clas. 102 ha 300 000 30 à 38 €

78 79 80 81 |82| **83 84** |(85)| |86| **87** |88| 89 90 **93** 94 **95** 96 97 98

Talbot, das stolz auf einer Kieskuppe thront, die über dem Ästuar der Gironde aufragt, ist nicht nur ein Château, das Komfort und gutes Leben ausstrahlt, sondern auch ein großartiges Terroir für den Weinbau. Wer wird daran zweifeln, wenn er diesen Wein mit der überaus reizvollen dunklen Farbe probiert hat? Kaffee, Vanille, Gewürze und balsamische Noten – sein Bouquet kann den Geruchssinn umschmeicheln. Aber vollständig entfaltet sich dieser 98er am Gaumen, mit einem runden, soliden Charakter. Seine sehr gut umhüllten Tannine und seine fast feminine Harmonie machen ihn zu einem sehr schönen Beispiel für einen Saint-Julien. Ein vier- bis fünfjähriger Aufenthalt im Keller drängt sich auf.
Ch. Talbot, 33250 Saint-Julien-Beychevelle, Tel. 05.56.73.21.50, Fax 05.56.73.21.51, E-Mail chateau-talbot@chateau-talbot.com
n. V.
Mmes Rustmann et Bignon

CH. TERREY GROS CAILLOUX 1998

Cru bourg. k. A. 100 000 11 à 15 €

Der Cru, eine Vereinigung von zwei kleinen Gütern, bleibt mit diesem gut gebauten Wein seiner Tradition treu. Den Reizen seines Bouquets mit den delikaten Holz- und Fruchtnoten fügt er eine gute Struktur hinzu, deren Tannine sich noch abrunden müssen.
SCEA du Ch. Terrey Gros Cailloux, 33250 Saint-Julien-Beychevelle, Tel. 05.56.59.06.27, Fax 05.56.59.29.32
n. V.

CH. TEYNAC 1998*

11,5 ha 50 000 15 à 23 €

93 94 95 96 |97| 98

Dieser in der Qualität regelmäßige Cru bietet einmal mehr ein schönes Beispiel für das, was er leisten kann. Auch wenn er in seinem Bouquet ein wenig zurückhaltend bleibt, spürt man schon, wie elegante Vanille- und Lakritzenoten zum Vorschein kommen. Sein Geschmack, der einen echten klassischen Charakter beweist, stützt sich auf imposante Tannine, die aber wohl ausgewogen und nicht aggressiv sind. Ein harmonischer Wein, der ein wenig lagern muss.
Ch. Teynac, Grand-rue, Beychevelle, 33250 Saint-Julien-Beychevelle, Tel. 05.56.59.12.91, Fax 05.56.59.46.12
n. V.
F. und Ph. Pairault

Die süßen Weißweine

Wenn man eine Weinbaukarte der Gironde betrachtet, bemerkt man sofort, dass sich alle Appellationen für süße und edelsüße Weine *(Vins liquoreux)* in einem kleinen Gebiet befinden, das beiderseits der Garonne rund um den Zusammenfluss mit dem Ciron liegt. Ein bloßer Zufall? Bestimmt nicht, denn das kalte Wasser des Flüsschens aus dem Landes-Gebiet, das seinen ganzen Lauf entlang von einem Laubdach überwölbt wird, sorgt für ein sehr eigentümliches Mikroklima. Dieses begünstigt das Wachstum von *Botrytis cinerea*, einem Schimmelpilz, der für die Edelfäule verantwortlich ist. Das Herbstwetter, das für diese Gegend typisch ist (Feuchtigkeit am Morgen, warmer Sonnenschein am Nachmittag), ermöglicht es nämlich dem Schimmelpilz, sich auf vollkommen reifen Trauben zu entwickeln, ohne dass dabei die Schale aufplatzt. Die Beere verhält sich wie ein richtiger Schwamm, so dass sich der Saft infolge der Verdunstung des Wassers konzentriert. Man erhält auf diese Weise sehr zuckerreiche Moste.

Um dieses Resultat zu erzielen, muss man viele Einschränkungen in Kauf nehmen. Da die Entwicklung der Edelfäule auf den verschiedenen Beeren uneinheitlich verläuft, muss man die Trauben mehrmals lesen, wobei man jedes Mal nur die Trauben pflückt, die sich in einem optimalen Zustand befinden. Außerdem sind die Hektarerträge sehr gering (in Sauternes und Barsac 25 hl gesetzlich erlaubter Höchstertrag). Die sehr stark dem Zufall unterworfene Entwicklung der Überreife hängt zudem von klimatischen Bedingungen ab und fordert von den Winzern die Bereitschaft, Risiken einzugehen.

Cadillac

Dieser im Mittelalter befestigte Ort, dessen prächtiges Schloss aus dem 17. Jh. den Beinamen «Fontainebleau der Gironde» trägt, wird oft als Hauptstadt der Premières Côtes angesehen. Aber seit 1980 ist Cadillac auch eine Appellation für süße Weine, die im Jahre 2000 auf einer Anbaufläche von 204 ha 6 628 hl erzeugte.

CH. DES CEDRES
Cuvée Prestige Elevée en fût de chêne 1999★

☐ 1 ha 4 600 5à8€

Diese Cuvée, die vom selben Erzeuger wie der gleichnamige Premières Côtes de Bordeaux stammt, ist sanft und zugleich kräftig und zeichnet sich durch ihre gute Präsenz der Aromen von Honig, kandierten Früchten und Orangenkonfitüre aus. Der Abgang beschließt die Verkostung mit einer eleganten Note.

SCEA Vignobles Larroque, Ch. des Cèdres, 33550 Paillet, Tel. 05.56.72.16.02, Fax 05.56.72.34.44 n. V.

CLOS SAINTE-ANNE 1999★

☐ 1 ha 6 000 11à15€

Wenn man darauf hinweist, dass Francis Courselle für diesen Wein verantwortlich zeichnet, ist das schon eine Qualitätsgarantie. Tatsächlich macht dieser 99er während der gesamten Verkostung eine schöne Figur: goldene Farbe, komplexes Bouquet (Honig, Ananas, exotische und kandierte Früchte, Haselnuss), sanfte, konzentrierte, lang anhaltende Struktur mit der notwendigen Edelsüße.

Sté Vignobles Francis Courselle, Ch. Thieuley, 33670 La Sauve, Tel. 05.56.23.00.01, Fax 05.56.23.34.37 n. V.

CH. FAYAU 1998★★

☐ 10 ha 32 000 5à8€

Die Médevilles, Weinhändler, die ihren Sitz in Cadillac in einem kleinen Landhaus aus dem 18. Jh. haben, erweisen sich mit diesem sehr schönen 98er als große Verfechter der Appellation.Das zunächst fast schüchterne Bouquet enthüllt sehr rasch seine Feinheit und seine Komplexität. Diese beiden Qualitäten findet man im Geschmack wieder, in dem sich die Stärke und die Intensität dieses zur Lagerung bestimmten Weins bestätigen.

SCEA Jean Médeville et Fils, Ch. Fayau, 33410 Cadillac, Tel. 05.57.98.08.08, Fax 05.56.62.18.22, E-Mail medeville-jeanetfils@wanadoo.fr Mo–Fr 8h30–12h30 14h–18h

DOM. DU FILH Cuvée réservée 1998

☐ 0,6 ha 2 000 8à11€

Christine Bouyre hofft, dass sie den 100. Geburtstag ihrer heute 98 Jahre alten Großmutter in den Kellern feiern kann, die diese 1945 erwarb. Von den zwanzig Hektar des Guts kommt hier eine ganz kleine Sondercuvée: Dieser Wein ist in seinem aromatischen Ausdruck von Bienenwachs, Ginster und kandierten Früchten angenehm. Er beweist einen echten klassischen Charakter, der einen ausgewogenen, eleganten Gesamteindruck hinterlässt.

Christine Bouyre, Le Filh, 33410 Donzac, Tel. 05.56.62.93.21, Fax 05.56.62.16.84 n. V.

CH. DU JUGE 1999★

☐ k. A. k. A. 8à11€

Dieser Wein von hüschem Strohgelb mit blassgoldenen Reflexen hält alles, was seine Erscheinung verspricht: Er duftet zart, mit Noten von Geißblatt, Mandarine und Geleefrüchten, und erweist sich am Gaumen als sehr angenehm, mit einer guten Ausgewogenheit und viel Eleganz. Der **98er Cru Quinette** hat eine lobende Erwähnung erhalten.

Pierre Dupleich, Ch. du Juge, rte de Branne, 33410 Cadillac, Tel. 05.56.62.17.77, Fax 05.56.62.17.59, E-Mail pierre.dupleich@wanadoo.fr n. V.

CH. LA BERTRANDE 1999

☐ 5 ha 20 000 8à11€

Der vom selben Erzeuger wie der gleichnamige Premières Côtes de Bordeaux stammende Wein besitzt zweifellos weniger Charakter, bleibt aber dennoch ansprechend dank seiner delikaten blumig-fruchtigen Aromen, die eine Struktur von guter Länge unterstützt.

Die süßen Weißweine

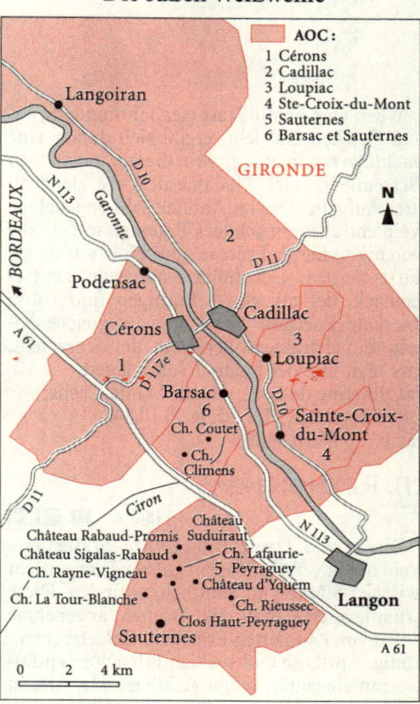

🔑 Vignobles Anne-Marie Gillet, Ch. La Bertrande, 33410 Omet, Tel. 05.56.62.19.64, Fax 05.56.76.90.55, E-Mail chateau.la.bertrande@wanadoo.fr ☑ 🍷 n. V.

CH. MEMOIRES
Grains d'Or Elevé en fût de chêne 1999★★

☐ 5,75 ha 10 000 8 à 11 €

Die in der Qualität regelmäßige Cuvée zeigt einmal mehr eine sehr schöne Haltung. Unterstützt wird sie von einem fesselnden Bouquet, in dem Noten von Rauch, Honig und kandierten Früchten einen dominierenden Duft von hellem Tabak ergänzen. Der ebenso aromatische und komplexe Geschmack ist sehr gut ausbalanciert und besitzt ebenso viel Stärke wie Sanftheit. Der schon sehr gefällige Wein verdient, dass man ihn zwei bis drei Jahre aufhebt. (Flaschen mit 50 cl Inhalt.)

🔑 SCEA Vignobles Ménard, Ch. Mémoires, 33490 Saint-Maixant, Tel. 05.56.62.06.43, Fax 05.56.62.04.32, E-Mail memoires@aol.com ☑ 🍷 n. V.

CH. PEYBRUN 1999★★

☐ 5,93 ha 10 000 8 à 11 €

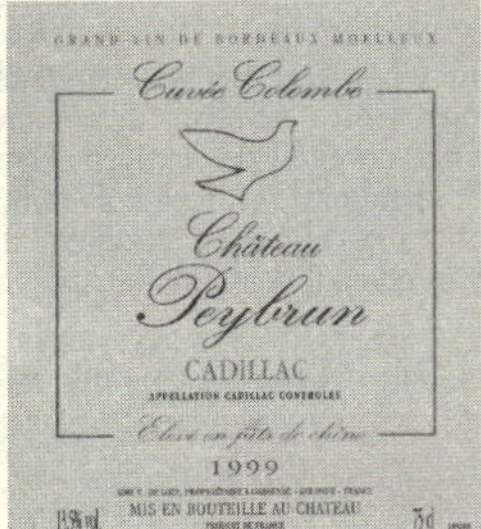

Wenn eine Familie fast vier Jahrhunderte auf dem gleichen Gut lebt, ergibt sich daraus eine Qualitätsverpflichtung. Mit diesem prächtigen 99er entledigt sich Madame de Loze glanzvoll ihrer Aufgabe: Der im Anblick sehr angenehme Wein entfaltet ein schönes Bouquet, in dem die Noten kandierter Früchte vom Holz gut unterstützt werden. Der füllige, ausgewogene Geschmack, der mit einem kräftigen Botrytiston eine gute Edelsüße bietet, hat das gleiche Niveau. Ein charaktervoller Wein, der es verdient, dass man ihn vier bis fünf Jahre lagert.

🔑 Catherine de Loze, 41, rue Sainte-Cécile, 33000 Bordeaux, Tel. 05.56.96.10.84, Fax 05.56.96.10.84 ☑

CH. REYNON 1999★

☐ 4,5 ha 16 000 15 à 23 €

Dieser von Denis Dubourdieu präsentierte Wein hat es verstanden, ein gutes Gleichgewicht zwischen Stärke und Sanftheit zu finden. Diese Grundlage erlaubt es den Aromen, angenehme Noten von kandierten Früchten, Geleefrüchten, Honig, Aprikose und weißem Pfirsich zu entfalten. Ein eleganter, schon gefälliger 99er, der in drei bis sechs Jahren groß werden dürfte.

🔑 Denis et Florence Dubourdieu, Ch. Reynon, 33410 Béguey, Tel. 05.56.62.96.51, Fax 05.56.62.14.89, E-Mail reynon@gofornet.com ☑ 🍷 n. V.

DOM. DU ROC 1998

☐ 4 ha 4 500 8 à 11 €

Der in der Qualität regelmäßige Cru präsentiert erneut einen Wein von schöner Haltung. Er ist zart duftig und wohl ausgewogen und schafft es, einen Charakter von Geleefrüchten mit blumigen Noten (Akazienblüte) zu vereinen.

🔑 Gérard Opérie, Dom. du Roc, 33410 Rions, Tel. 05.56.62.61.69, Fax 05.56.62.17.78 ☑ 🍷 n. V.

CH. DE TESTE 1999

☐ 0,53 ha 2 800 8 à 11 €

Laurent Réglat, der auch Erzeuger in den Premières Côtes de Bordeaux ist, stellt hier eine sehr kleine Cuvée vor, die ausschließlich von der Sémillon-Rebe stammt. Dieser Wein ist in seinem aromatischen Ausdruck mit den Noten von kandierten Früchten und Gewürzen ein wenig zurückhaltend, aber sympathisch.

🔑 EARL Vignobles Laurent Réglat, Ch. de Teste, 33410 Monprimblanc, Tel. 05.56.62.92.76, Fax 05.56.62.98.80, E-Mail laurent.reglat@worldonline.fr ☑ 🍷 Mo–Fr 9h–12h 14h30–18h; 15.–30. Aug. geschlossen

CH. TOUR FAUGAS 1998

☐ 2,7 ha 10 000 11 à 15 €

Dieser Wein strebt nicht so sehr nach Stärke und kandiertem Charakter wie nach Feinheit und Zartheit, mit Noten von weißen Blüten, die sich mit Honig und Bienenwachs harmonisch verbinden.

🔑 Le Diascorn, Ch. Monteils, 33210 Preignac, Tel. 05.56.76.12.12, Fax 05.56.76.28.63 ☑ 🍷 n. V.

CH. VIEILLE TOUR
Grains nobles Elevé en fût de chêne 1998

☐ k. A. 600 11 à 15 €

Der Wein ist zwar aufgrund seiner Produktionsmenge nur für einen kleinen Kreis bestimmt, bleibt aber dennoch wirklich interessant. Er ist weich und einschmeichelnd und entfaltet feine Aromen von kandierten und gerösteten Früchten.

🔑 Arlette Gouin, 1, Lapradiasse, 33410 Laroque, Tel. 05.56.62.61.21, Fax 05.56.76.94.18, E-Mail chateau.vieille.tour@wanadoo.fr ☑ 🍷 n. V.

Loupiac

Das Weinbaugebiet von Loupiac (2000 wurden 14 549 hl bei 401 ha angemeldet) ist alt, denn seine Existenz ist bereits für das 13. Jh. belegt. Aufgrund der Ausrichtung der Terroirs und der Bestockung hat diese Appellation viel Ähnlichkeit mit der von Saint-Croix du Mont. Doch ähnlich wie am linken Ufer spürt man hier, wenn man weiter in nördliche Richtung geht, eine fast unmerkliche Entwicklung weg von den edelsüßen Weinen im eigentlichen Sinn und hin zu mehr lieblichen Weinen.

CRU CHAMPON Crème de Tête 1998*

☐ 1,8 ha 5 000 8 à 11 €

Der Cru befindet sich seit 1793 im Besitz der gleichen Familie. Er präsentiert einen hübschen Wein, dessen Trauben Mitte September geerntet wurden. Bei diesem sanften, frischen, wohl ausgewogenen 98er kommt zur Öligkeit des Geschmacks die Komplexität des Bouquets hinzu, in dem sich die Düfte von Haselnuss, Mandarine, Konfitüre und Trockenfrüchten zum Beitrag der Edelfäule gesellen.

SCEA Yvan Réglat, Ch. Balot, 33410 Monprimblanc, Tel. 05.56.62.98.96, Fax 05.56.62.19.48 n. V.

CH. DU CROS 1998*

☐ 37 ha 35 000 11 à 15 €

Der Cros, ein schönes Gut, gehörte den Nachkommen von Montaigne, dem Verfasser der *«Essais»*, bevor es Michel Boyers Großvater 1921 kaufte. Das ist bei diesem Château aus dem 13. Jh. offensichtlich ein kultureller Bezug. Die Reben werden hier gut behandelt: Auch wenn ihm sein Bouquet nicht erlaubt, dass er mit einigen früheren Jahrgängen konkurriert, ist dieser 98er dennoch interessant wegen seines klaren, ausgewogenen Charakters und seiner recht ausdrucksvollen Aromen von kandierten Früchten und Quitte.

SA Vignobles M. Boyer, Ch. du Cros, 33410 Loupiac, Tel. 05.56.62.99.31, Fax 05.56.62.12.59, E-Mail contact@chateauducros.com

Mo–Fr 8h–12h 14h–18h; Sa, So n. V.

CH. DAUPHINE RONDILLON 1998

☐ 18 ha 30 000 8 à 11 €

Dieser Wein, der vom gleichen Erzeuger wie der Château Moutin (Graves) stammt, entfaltet schöne Aromen, die gekochte oder kandierte Früchte sowie Honig mit der Vanille des Eichenfasses mischen, in dem er achtzehn Monate gereift ist. Man muss ihn zwei Jahre aufheben.

SC Jean Darriet, Ch. Dauphiné-Rondillon, 33410 Loupiac, Tel. 05.56.62.61.75, Fax 05.56.62.63.73, E-Mail vignoblesdarriet@wanadoo.fr

Mo–Fr 8h–12h30 14h–18h30; Sa, So n. V.; 1.–15. Aug. geschlossen

CH. DU GRAND PLANTIER

Elevé en fût de chêne 1998

☐ 14 ha 4 000 8 à 11 €

Der im Barriquefass ausgebaute Wein, der in nummerierten Flaschen verkauft wird, hat eine sehr kräftige goldene Farbe und entfaltet sympathische Aromen von gekochten Früchten und Honig. Der Geschmack besitzt viel «Fett», aber man muss ein paar Monate warten, bevor man diesen Loupiac trinkt (und ihn vielleicht in seinem wahren Wert beurteilen kann).

GAEC des Vignobles Albucher, Ch. du Grand Plantier, 33410 Monprimblanc, Tel. 05.56.62.99.03, Fax 05.56.76.91.35

n. V.

CH. LA BERTRANDE 1998

☐ 3,59 ha 15 000 8 à 11 €

Wenn dieser Weinführer in Druck geht, werden die Keller gerade renoviert. Dieser aus Sémillon-Trauben erzeugte Wein trägt in seinem fruchtigen Bouquet den Stempel der Rebsorte. Er zeigt sich frisch, rund und gut gebaut.

Vignobles Anne-Marie Gillet, Ch. La Bertrande, 33410 Omet, Tel. 05.56.62.19.64, Fax 05.56.76.90.55, E-Mail chateau.la.bertrande@wanadoo.fr

n. V.

CH. LA NERE 1998*

☐ 14 ha 65 000 5 à 8 €

Die Vignobles Dulac-Séraphon bilden ein schönes Gut, das mehrere Crus in mehreren Gemeinden und Appellationen umfasst. Sie präsentieren hier einen frischen, delikaten, harmonischen Loupiac. Von der goldgelben Farbe bis zum lang anhaltenden Abgang kommt er vollständig zur Entfaltung, mit gefälligen Noten von kandierten und exotischen Früchten, die eine runde, fette Struktur unterstützt.

SCEA Y. Dulac et J. Séraphon, 2, Pantoc, 33490 Verdelais, Tel. 05.56.62.02.08, Fax 05.56.76.71.49 n. V.

CH. LES ROQUES

Cuvée Frantz Elevé en fût de chêne 1999**

☐ 3,5 ha 2 500 15 à 23 €

Der Cru befindet sich an einem Hang, der an der Grenze zwischen den AOCs Loupiac und Sainte-Croix-du-Mont nach Südwesten liegt, und bietet eine außergewöhnliche Aussicht über das Gebiet von Sauternes. Die Vorzüge des Terroirs beschränken sich nicht allein auf den Rundblick. Diese Spitzencuvée beweist es durch ihr Bouquet wie auch im Geschmack. Der feine, komplexe Duft kann mit Noten von getrockneten und kandierten Früchten sowie Orangenschale überraschen. Dank seines Geschmacks, der voll, fett, reich und sehr ausdrucksstark ist, kann man ihn vier bis fünf Jahre aufheben.

SCEA Ch. du Pavillon, 33410 Sainte-Croix-du-Mont, Tel. 05.56.62.01.04, Fax 05.56.62.00.92, E-Mail a.v.fertal@wanadoo.fr n. V.

Fertal

CH. DE LOUPIAC 1999*

☐ 2 ha 6 600 15 à 23 €

Das Château, das in der Nähe der romanischen Kirche aus dem 12. Jh. liegt, ist aufgrund seiner Bauweise (ein kleines Landhaus, das von zwei Pavillons flankiert wird) ganz im Stil des Bordelais gehalten. Es dient als Bannerträger für die Sanfourche-Weingüter mit dieser im Holzfass ausgebauten Cuvée. Das Holz ist noch sehr deutlich zu spüren, aber es ist erstklassig und trägt zur Eleganz des Ganzen bei, wobei sich in einem gut gebauten Geschmack Vanillenoten mit Akazienblütennuancen und einem Hauch von Menthol vermischen.

Daniel Sanfourche, Ch. Loupiac-Gaudiet, 33410 Loupiac, Tel. 05.56.62.99.88, Fax 05.56.62.60.13, E-Mail loupiac-gaudiet@atlantic-line.fr

n. V.

Marc Ducau

CH. MEMOIRES 1999

☐ 5 ha 9 900 5 à 8 €

Auch wenn Jean-François Ménard Weinberge in den anderen AOCs der Region besitzt, ist Loupiac zweifellos seine Lieblingsappellation. Dieser Wein belegt durch seine aromatische Komplexität und seinen fülligen, fetten Stoff eine sorgfältige Arbeit. Trinken kann man ihn in drei bis vier Jahren.

SCEA Vignobles Ménard, Ch. Mémoires, 33490 Saint-Maixant, Tel. 05.56.62.06.43, Fax 05.56.62.04.32, E-Mail memoires@aol.com

n. V.

CH. RONDILLON 1999

☐ 9,5 ha 30 000 8 à 11 €

Die Bords, die eine zweihundertjährige Familientradition fortführen, haben es erneut verstanden, die Qualitäten des Terroirs zu nutzen, und einen Wein erzeugt, der schlicht, aber wohl ausgewogen ist und entschieden auf die Karte der Feinheit und der Eleganz setzt.

SCEA Vignobles Bord, Ch. Rondillon, 33410 Loupiac, Tel. 05.56.62.99.84, Fax 05.56.62.93.55, E-Mail lionelbord@vignoblesbord.com

n. V.

Sainte-Croix-du-Mont

Ein Ort mit schroffen Hängen über der Garonne, der trotz seiner zauberhaften Landschaft nicht sehr bekannt ist, und ein Wein, der (ähnlich wie die anderen Appellationen der süßen Weine auf dem rechten Ufer) lange Zeit darunter gelitten hat, dass er als Wein für Hochzeiten und Festbankette galt.

Doch diese gegenüber von Sauternes gelegene Appellation (16 155 hl im Jahre 2000 bei 429 ha) hat Besseres verdient: Zu guten Böden, zumeist Kalkstein mit Kieszonen, kommt hier ein Mikroklima hinzu, das für die Entwicklung der Edelfäule günstig ist. Die verwendeten Rebsorten und Vinifizierungsmethoden sind denen im Gebiet von Sauternes sehr ähnlich. Die Weine, die lieblichen ebenso wie die wirklich edelsüßen, hinterlassen einen angenehm fruchtigen Eindruck. Man kann sie zu den gleichen Speisen wie ihre Gegenstücke vom linken Ufer servieren, aber ihr günstiger Preis kann auch dazu reizen, sie zum Mixen prächtiger Cocktails zu verwenden.

CH. DES ARROUCATS 1999

☐ 23 ha 40 000 5 à 8 €

Dieser Wein mit der schönen, kräftigen goldenen Farbe ist reizvoll, durch sein Bouquet mit den Braten- und Röstnoten und den Nuancen kandierter Früchte ebenso wie aufgrund seiner Struktur, die reich, ziemlich schwer, rund und fett ist.

EARL des Vignobles Labat-Lapouge, Ch. des Arroucats, 33410 Sainte-Croix-du-Mont, Tel. 05.56.62.07.37, Fax 05.57.98.06.29

Mo–Sa 9h–12h 14h–18h

Annie Lapouge

CH. CRABITAN-BELLEVUE
Cuvée spéciale 1998*

☐ 22 ha 13 000 8 à 11 €

Dieses 46 ha große Gut präsentiert eine Sondercuvée, die ausschließlich von Sémillon-Trauben stammt und 24 Monate im Barriquefass ausgebaut worden ist. Sie ist ein sehr hübscher Wein, auch wenn sie noch vom Holz geprägt ist. Der Holzton zeigt eine gute Qualität, während das Ganze eine schöne Ausgewogenheit bewahrt. Trotzdem muss man fünf Jahre warten, bis die Frucht ihre Identität zu erkennen gibt. Noch ein Wein, der für die Freunde der «modernen Schule» bestimmt ist.

GFA Bernard Solane et Fils, 33410 Sainte-Croix-du-Mont, Tel. 05.56.62.01.53, Fax 05.56.76.72.09

Mo–Sa 8h–12h 14h–18h

CH. LA GRAVE Sentiers d'automne 1998*

☐ 11 ha k. A. 8 à 11 €

Wie das Barriquefass, das auf dem Etikett zu sehen ist, ohne Umschweife anzeigt, wurde diese Cuvée im Holzfass ausgebaut. Der sehr gut dosierte Beitrag des Holzes nimmt auf die Gesamtharmonie Rücksicht. Der runde, fette, füllige, lange Geschmack verträgt sich mit dem Bouquet und beweist eine gute Edelfäule sowie eine erstklassige Arbeit. Der **98er Château Grand Peyrot** hat eine lobende Erwähnung erhalten.

Jean-Marie Tinon, Ch. La Grave, 33410 Sainte-Croix-du-Mont, Tel. 05.56.62.01.65, Fax 05.56.62.00.04, E-Mail tinon@terre-net.fr ☑ Y n. V.

CH. LAMARQUE 1999*

☐ 15 ha 45 000 8 à 11 €

Auf einem Hügel, der das Tal der Garonne überragt, besitzt dieser Cru ein recht typisches Terroir, wie das Vorhandensein einer Schicht mit fossilen Austern belegt. Dieser gut genutzte Vorzug ergibt hübsche Weine wie etwa diese Cuvée. Sie ist sehr ausgewogen und hat von einem Ausbau profitiert, der die Persönlichkeit des Stoffs und des Bouquets respektiert hat. Gekochte Früchte und exotische Aromen verleihen dem Wein bis hin zum seidigen Abgang einen echten Charakter. Eine Flasche, die man ebenso jetzt wie in drei bis vier Jahren genießen kann.

Bernard Darroman, Ch. Lamarque, 33410 Sainte-Croix-du-Mont, Tel. 05.56.62.01.21, Fax 05.56.76.72.10 ☑ Y n. V.

CH. LA RAME Réserve du Château 1999*

☐ 20 ha 10 000 15 à 23 €

Yves Armand hat einen neuen, 1000 m² großen Keller errichtet, dessen erster «Gast» dieser 99er war. Auch wenn er nicht vorhat, mit den früheren Jahrgängen zu konkurrieren, von denen viele legendär waren, kann dieser Wein eine harmonische Erscheinung zeigen: aufgrund seiner runden, ausgewogenen Seite ebenso wie dank seiner eleganten Aromen, Blüten, kandierte Früchte, Honig und Mango vor einem an Wachs erinnernden Hintergrund.

Yves Armand, Ch. La Rame, 33410 Sainte-Croix-du-Mont, Tel. 05.56.62.01.50, Fax 05.56.62.01.94, E-Mail chateau.larame@wanadoo.fr ☑ Y Mo–Fr 8h30–12h 13h30–19h; Sa, So n. V.

CH. LESCURE 1998

☐ 4,34 ha 11 800 5 à 8 €

Keller aus den 1930er Jahren und ein Weinberg, der seit 1993 genutzt wird. Dieser Wein, der 5 % Muscadelle mit 85 % Sémillon und 10 % Sauvignon kombiniert, ist rund und angenehm duftig (getrocknete Aprikose, Honig und Botrytisnoten) und besitzt einen liebenswürdigen Charakter, weil sich der Holzton gut eingefügt hat.

C.A.T. Ch. Lescure, 33490 Verdelais, Tel. 05.57.98.04.68, Fax 05.57.98.04.64, E-Mail chateau.lescure@free.fr ☑ Y n. V.
S.P.E.G.

CH. LOUSTEAU-VIEIL Cuvée Grande Réserve 1999

☐ 15 ha 44 000 11 à 15 €

Diese Spitzencuvée stammt von einem Weingut, von dem aus man von Zeit zu Zeit die Pyrenäen sieht oder erkennt, und kombiniert 60 % Sémillon, 25 % Muscadelle und 15 % Sauvignon. Der Ausbau im Barriquefass ist bei diesem 99er noch sehr deutlich zu spüren; dennoch bleibt er recht ausgewogen und verführerisch aufgrund der Eleganz seines Bouquets mit den Aprikosen- und Mirabellennoten. Man muss ein Jahr oder zwei warten, bevor man ihn zu weißem Fleisch serviert.

Vignobles R. Sessacq, Ch. Lousteau-Vieil, 33410 Sainte-Croix-du-Mont, Tel. 05.56.62.01.15, Fax 05.56.62.01.68, E-Mail me.sessacq@infonie.fr ☑ Y tägl. 9h–20h
Martine Sessacq

CH. DU MONT Cuvée Pierre 1999***

☐ 15 ha 10 000 11 à 15 €

Château du Mont ist zwar eine alte Bekannte im Hachette-Weinführer, doch mit diesem 99er weiht sie ihre neue Cuvée ein, die auf den Namen «Pierre» getauft wurde. Ein richtiges kleines Schmuckstück, und das nicht nur wegen seiner schönen, strahlenden Goldfarbe. Dieser Wein besitzt alles: ein perfektes Bouquet mit Noten kandierter Früchte, einen unverfälschten Geschmack edelsüßer Weine, der überreif und konzentriert ist, Öligkeit, Reichtum und eine außergewöhnliche Eleganz. Eine erlesene Flasche, die eine Arbeit von großer Qualität bezeugt.

Vignobles Hervé Chouvac, Ch. du Mont, 33410 Sainte-Croix-du-Mont, Tel. 05.56.62.07.65, Fax 05.56.62.07.58 ☑ Y n. V.
Paul Chouvac

CH. PEYROT-MARGES Réserve du château 1999

☐ 8 ha 10 000 8 à 11 €

Diese Cuvée, deren Trauben Mitte Oktober gelesen wurden, ist im Holzfass ausgebaut worden. Sie verheimlicht es nicht. Ihre Entfaltung zeigt echte Eleganz, auf die ihre strahlend goldene Farbe hinweist. Ihr Bouquet mit Honig- und Aprikosennoten verbindet sich mit einem weichen, seidigen Geschmack, so dass der Wein insgesamt einen angenehmen Eindruck hinterlässt.

GAEC Vignobles Chassagnol, Bern, 33410 Gabarnac, Tel. 05.56.62.98.00, Fax 05.56.62.93.23 ☑ Y Mo–Fr 8h–12h30 14h–19h; Sa n. V.

Cérons

Die Cérons-Weine (2 591 hl im Jahre 2000 bei 76 ha) werden in einer Enklave in der Appellation Graves erzeugt, die sie im Unterschied zu den Sauternes- und Barsac-Weinen ebenfalls in Anspruch nehmen dürfen; sie bilden ein Bindeglied zwischen den Barsac-Weinen und den lieblichen Graves Supérieurs. Aber darin erschöpft sich ihre Originalität nicht, die auf einem besonders kraftvollen Charakter und einer großen Feinheit beruht.

CH. DU CAILLOU 1998*

☐ 2 ha 6 000 8 à 11 €

Dieser Wein, der vom selben Erzeuger wie der gleichnamige Graves stammt, ist noch vom Ausbau geprägt, aber er erregt Interesse durch seinen stattlichen, langen Gesamtbau wie auch durch sein Bouquet mit schönen Haselnuss- und Röstnoten. Man muss drei bis fünf Jahre warten, damit sich der sehr kräftige Holzton verflüchtigt.

SARL Ch. du Caillou, rte de Saint-Cricq, Caillou, 33720 Cérons, Tel. 05.56.27.17.60, Fax 05.56.27.00.31 ☑ Y n. V.

Latorse

CH. HURADIN 1998**

☐ 1,28 ha 3 000 8 à 11 €

Der auf einer Kieshochfläche entstandene Wein ist weit davon, dass er seinen Höhepunkt erreicht hätte, aber lässt bereits einen angenehmen Charakter erkennen, durch seine Aromen von Haselnuss, Akazienblüte und kandierter Orange ebenso wie durch seine runde, füllige, lange Struktur.

SCEA Vignobles Y. Ricaud-Lafosse, Ch. Huradin, 33720 Cérons, Tel. 05.56.27.09.97, Fax 05.56.27.09.97 ☑ Y n. V.

Barsac

Alle Weine der Appellation Barsac dürfen die Appellation Sauternes in Anspruch nehmen. Barsac (616 ha mit 13 504 hl im Jahre 2000) hebt sich jedoch von den Gemeinden des eigentlichen Sauternes-Gebiets durch ein weniger hügeliges Gelände und durch die Steinmauern ab, die hier oft die Weinbaubetriebe umgeben. Seine Weine unterscheiden sich von den Sauternes-Weinen durch eine weniger intensive Edelsüße. Aber sie können ebenso wie diese in klassischer Weise zu einer Nachspeise oder – wie es immer häufiger geschieht – zu Vorspeisen, etwa zu Gänse- und Entenleber oder auch zu kräftigen Käsesorten vom Roqueforttyp, serviert werden.

CH. CLIMENS 1997*

☐ 1er cru clas. 29 ha 32 000 +76 €

71 72 75 76 79 80 81 82 |83| |85| |86| 88 89 (90) |91| 94 95 97

Das elegante Gebäude findet eine perfekte Harmonie mit den umgebenden Reben. Dementsprechend kommt dieser Wein mit Feinheit und Eleganz zum Ausdruck: Im Glas strahlt das Gold. Die blumigen Düfte verführen. Im Geschmack zeigt sich der kandierte Charakter nicht; noch dominieren Honig und Aprikose.

S. F. du Ch. Climens, 33720 Barsac, Tel. 05.56.27.15.33, Fax 05.56.27.21.04, E-Mail contact@chateau-climens.fr ☑ Y n. V.

Bérénice Lurton

CH. FARLURET 1999*

☐ 9 ha 10 000 15 à 23 €

75 81 82 83 85 |88| |(89)| |90| |91| 94 95 |96| 97 98 99

Dieser Wein, der vom gleichen Erzeuger wie der Château Haut Bergeron (Sauternes) stammt, setzt ebenfalls auf die Karte der Feinheit, mit einem schönen aromatischen Ausdruck, in dem die Edelsüße und die Noten von botrytisierten Rosinen ein Hauch von Vanille verstärkt, der einen gut gemeisterten Ausbau belegt.

Hervé et Patrick Lamothe, 3, Piquey, 33210 Preignac, Tel. 05.56.63.24.76, Fax 05.56.63.23.31, E-Mail haut-bergeron@wanadoo.fr

☑ Y Mo–Sa 9h–12h 14h–19h

CH. NAIRAC 1997**

☐ 2ème cru clas. 15 ha 10 840 38 à 46 €

73 74 75 76 79 80 81 82 |(83)| 85 |86| 88 89 90 |91| |92| |93| 94 (95) 96 97

Die Architektur des Châteaus, die Anlage des Gartens – hier spürt man überall den Hang zur Perfektion, auch in den Arbeitsmethoden. Wie könnte man anders die Qualitäten dieses Weins erklären, der sich den früheren Jahrgängen ebenbürtig zeigt. Er hat eine strohgelbe bis goldene Farbe und beweist in seinem Bouquet mit den Noten von überreifen Aprikosen und Konfitüre ebenso viel Großzügigkeit wie im Ge-

schmack, in dem sein Reichtum, seine Komplexität und sein rosinierter, edelfauler Charakter einen Gesamteindruck von sehr schöner Haltung erwecken.
🔑 Ch. Nairac, 33720 Barsac,
Tel. 05.56.27.16.16, Fax 05.56.27.26.50 Y n. V.
🔑 Nicole Tari

CH. ROUMIEU 1998

☐ 17 ha 39 000 15 à 23 €

Einer der seltenen Crus im Sauternes-Gebiet, die von einer Frau geleitet werden. Und ein sanfter, leichter, öliger Wein, der den Stempel davon in der Subtilität seines aromatischen Ausdrucks trägt, in dem sich Wachs und Orange mit Jod- und Fruchtnoten verbinden. Auf Flaschen abgefüllt und vertrieben wird er von dem Weinhändler Dourthe, CVBG in Parempuyre.
🔑 Catherine Craveia-Goyaud, Ch. Roumieu, 33720 Barsac, Tel. 05.56.27.21.01,
Fax 05.56.27.01.55 Y n. V.

CH. ROUMIEU-LACOSTE 1999★★★

☐ k. A. 15 600 23 à 30 €
|90| |95| |(96)| |97| **98 99**

Die Dubourdieus bilden eine große Familie, in der es nicht an Talenten mangelt, wie dieser prächtige 99er beweist. Schon beim ersten Riechen kommt das Bouquet in seiner majestätischen Schönheit zum Vorschein, mit einer Entladung von Düften, die von kandierten Früchten bis zu Bratennoten reichen und sich harmonisch zu einem reichen, vollständigen, feinen Gesamteindruck vereinigen, der delikat und zugleich kräftig ist. Der ebenso elegante Geschmack, der konzentriert und komplex ist, stützt sich auf einen sehr schönen Stoff und einen gut dosierten Holzton, um einer Fülle an Aromen (Aprikose, Rosinen, Geröstetes ...) freien Lauf zu lassen und eine sehr große Lagerfähigkeit anzukündigen.
🔑 Hervé Dubourdieu, Ch. Roûmieu-Lacoste, 33720 Barsac, Tel. 05.56.27.16.29,
Fax 05.56.27.02.65 ☑ Y n. V.

CH. SIMON 1998★

☐ 18 ha 12 000 11 à 15 €

Die Dufours, eine alte Familie aus Barsac, erzielen mit diesem 98er ein schönes Ergebnis. Der Wein wirkt sehr angenehm mit seinem Bouquet, in dem Honig- und Minzenoten zu einem frischen, eleganten Gesamteindruck beitragen, und ist es ebenso durch seine Entfaltung am Gaumen und durch seinen Abgang mit schönen, blumigen Aromen, die ein Hauch von Akazie verstärkt.
🔑 EARL Dufour, Ch. Simon, 33720 Barsac,
Tel. 05.56.27.15.35, Fax 05.56.27.24.79,
E-Mail chateau.simon@worldonline.fr
☑ Y n. V.

CH. SUAU 1999★

☐ 2ème cru clas. 8 ha 19 000 15 à 23 €
97 |98| |99|

Dieser von einer Frau, Nicole Biarnès, präsentierte Wein hat sein Lager bezogen, nämlich das der Sanftheit, der Feinheit und der Komplexität, die in einem Bouquet zum Ausdruck kommen, in dem sich Litschi, Akazienblütenhonig und exotische Früchte vereinigen.
🔑 Nicole Biarnès, Ch. de Navarro,
33720 Illats, Tel. 05.56.27.20.27,
Fax 05.56.27.26.53 ☑ Y n. V.

Sauternes

Wenn Sie ein Château in Sauternes besuchen, werden Sie alles über jenen Besitzer erfahren, der eines Tages auf den genialen Gedanken kam, mit der Lese verspätet zu beginnen, und vermutlich aus Sturheit beschloss, die Trauben trotz ihrer Überreife zu pflücken. Aber wenn Sie fünf besuchen, werden Sie nicht mehr darüber erfahren, denn jeder Besitzer hat seine eigene Version, die sich selbstverständlich auf seinem Gut zugetragen hat. In Wirklichkeit weiß niemand, wer den Sauternes «erfunden» hat, und auch nicht, wann oder wo das geschehen ist.

Während sich die Geschichte im Gebiet von Sauternes immer noch hinter Legenden verbirgt, besitzt die Geografie keine Geheimnisse mehr. Die AOC umfasst eine Anbaufläche von 1 624 ha, die 30 555 hl im Jahre 2000 erzeugten. Jeder Stein in den fünf Gemeinden, die die Appellation bilden (darunter auch Barsac, das seine eigene Appellation besitzt), ist untersucht worden und in seiner Zusammensetzung bekannt. Bestimmt verleiht die Vielfalt der Böden (Kies, toniger Kalkstein oder Kalkstein) und der Unterböden jedem Cru einen eigenen Charakter, wobei die berühmtesten Crus auf Kieskuppen liegen. Die Sauternes-Weine, die aus drei Rebsorten – Sémillion (70–80 %), Sauvignon (20–30 %) und Muscadelle – erzeugt werden, sind goldfarben und ölig, aber auch fein und zart. Ihr Bouquet, das an «Bratenduft» erinnert, entfaltet sich bei der Alterung sehr gut und wird reich und komplex, mit Noten von Honig, Haselnuss und kandierter Orange. Hinweisen muss man noch darauf, dass die Sauternes-Weine als einzige Weißweine 1855 klassifiziert wurden.

CH. ANDOYSE DU HAYOT 1998

☐ 20 ha 36 000 11 à 15 €

90 91 93 94 95 96 97 98

Die Rebsorten Sémillon (80 %) und Muscadelle mögen die tonigen Kiesböden des Gebiets von Sauternes. Dieser goldene, strohgelb funkelnde 98er zeigt sich zunächst fruchtig (weißfleischige Früchte); danach kommen Mentholnoten zum Vorschein. Er ist frisch und gleichzeitig mild. Man kann ihn schon jetzt servieren.

SCE Vignobles du Hayot, Ch. Andoyse, 33720 Barsac, Tel. 05.56.27.15.37, Fax 05.56.27.04.24, E-Mail duhayot@usa.net n. V.

CRU D'ARCHE-PUGNEAU 1998*

☐ 13 ha 10 000 15 à 23 €

Die Daneys führen dieses Gut zwar erst seit 1923, aber sie haben in der Familie eine sehr alte Weinbautradition, die bis ins 18. Jh. zurückreicht. Lebhaft, weich, füllig und ausdrucksvoll, mit einem komplexen Bouquet, in dem sich Bienenwachs mit Blüten und Zitrusnoten mischt: Der 98er zeigt, dass sie aus dieser Tradition echtes Können herausgezogen haben.

Jean-Francis Daney, 24, le Biton, 33210 Preignac, Tel. 05.56.63.50.55, Fax 05.56.63.39.69, E-Mail daney.francis.fr.free n. V.

CH. D'ARMAJAN DES ORMES 1998*

☐ 7 ha 13 000 15 à 23 €

95 96 97 98

Der sehr alte Cru, der im 15. Jh. entstand, besitzt ein Château aus dem 18. Jh. Er wird immer noch gepflegt, wie dieser Wein beweist, der sich während der gesamten Verkostung vorteilhaft entwickelt: Auf den Reichtum des Bouquets (getrocknete Blumen, Bienenwachs und Quitte) folgt ein sanfter, fülliger, fetter, aromatischer Geschmack.

EARL Jacques et Guillaume Perromat, Ch. d'Armajan, 33210 Preignac, Tel. 05.56.63.22.17, Fax 05.56.63.21.55 n. V.

CH. BARONNE MATHILDE 1994

☐ k. A. k. A. 15 à 23 €

Dieser Wein, eine Marke der Handelsfirma Baron Philippe de Rothschild, ist gefällig aufgrund seines Bouquets mit den Noten von Firngeruch, Rosinen und Aprikose und interessant wegen seines fetten, konzentrierten Charakters.

Baron Philippe de Rothschild SA, BP 117, 33250 Pauillac, Tel. 05.56.73.20.20, Fax 05.56.73.20.44, E-Mail webmaster@bpdr.com

CRU BARREJATS 1997**

☐ 2,6 ha 2 100 38 à 46 €

90 91 92 94 95 96 97 98

Der in der Qualität regelmäßige Cru bleibt seiner Tradition treu mit diesem Wein, der mit seiner goldenen Farbe ebenso angenehm anzuschauen ist, wie man gern an ihm riecht, mit einem Bouquet, das Holznoten und Anklänge an Honig, kandierte Aprikose und Korinthen verbindet. Er ist süß und konzentriert und beginnt schon harmonisch zu werden, aber er besitzt noch echte Reserven. Der reiche, aromatische, wohl ausgewogene Zweitwein des Cru, der **98er Accabailles de Barréjats** (Preisgruppe: 100 bis 149 F), hat einen Stern erhalten.

SCEA Barréjats, Clos de Gensac, Mareuil, 33210 Pujols-sur-Ciron, Tel. 05.56.76.69.06, Fax 05.56.76.69.06, E-Mail mireille.daret@free.fr n. V.

Mireille Daret und Ph. Andurand

CH. BASTOR-LAMONTAGNE 1998*

☐ 57 ha 64 000 15 à 23 €

82 83 84 85 86 87 88 89 (90) 94 95 96 97 98

Das fast zusammenhängende Gut, ein sicherer und anerkannter Wert im Gebiet von Sauternes, präsentiert hier einen Wein, der 80 % Sémillon und 20 % Sauvignon kombiniert, die von beinahe vierzig Jahre alten Reben stammen. Er zeigt eine sehr schöne goldene Farbe und hat keinen Mangel an Originalität in seinem aromatischen Ausdruck, in dem sich Ginster, kandierte Früchte und Wachs mit einem hübschen Holzton verbinden. Der wohl ausgewogene Geschmack mündet in einen Abgang, der echte Eleganz besitzt.

SCEA Vignobles Bastor et Saint-Robert, Dom. de Lamontagne, 33210 Preignac, Tel. 05.56.63.27.66, Fax 05.56.76.87.03, E-Mail bastor-lamontagne@dial.oleane.com n. V.

Foncier-Vignobles

CH. BECHEREAU 1998*

☐ 10,63 ha 33 000 15 à 23 €

Die Vignobles Dumon, die Erzeuger in vielen Appellationen sind, haben eine Vorliebe für den Sauternes-Wein. Ihr 98er – in ein schönes, reintöniges Golden gehüllt, frisch, ausgewogen, gut gebaut und aromatisch (Akazie, frische und kandierte Früchte, die ein hübscher Holzton mit Lakritzenote begleitet) – zeigt, dass sie ihm eine sorgfältige Behandlung angedeihen lassen.

Les Vignobles Dumon, Ch. Bêchereau de Ruat, 33210 Bommes, Tel. 05.56.76.61.73, Fax 05.56.76.67.84 Mo–Fr 9h–12h 14h–17h30; Sa, So und Gruppen n. V.

CH. CAILLOU Private Cuvée 1999*

☐ 2ème cru clas. k. A. 2 800 38 à 46 €

Erzeugt auf einem tonig-kalkigen Terroir im oberen Teil von Barsac, der zu den dreizehn Hektar dieses 1855 klassifizierten Châteaus gehört, zeigt diese Cuvée, dass sie von guter Provenienz ist. Ihre gold- bis strohgelbe Farbe kündigt sofort ihre Ambitionen an. Ihr Bouquet

ist zurückhaltender, aber liebenswürdig aufgrund seiner Honig-, Harz- und Zitrusnoten. Der angenehme, weiche, fette, fruchtige, würzige Geschmack hinterlässt einen erstklassigen Gesamteindruck. Eine Flasche, die man in drei Jahren aufmachen kann.
Jean-Michel et Marie-Josée Pierre, Ch. Caillou, 33720 Barsac, Tel. 05.56.27.16.38, Fax 05.56.27.09.60 n. V.

CH. CAPLANE 1999*

3,5 ha 5 000 11 à 15 €

Die Muscadelle-Rebe (10 %) ergänzt hier Sémillon. Dieser Cru setzt entschieden auf die Karte der Eleganz, insbesondere in aromatischer Hinsicht mit der gelungenen Vereinigung von Honig und einer breiten Palette frischer, blumiger Düfte: weiße Blüten, Rose, Weißdorn. Ein hübscher, schon gefälliger Wein, dem es aber nicht an Reserven fehlt, um der Zukunft zu trotzen.
Guy David, 6, Moulin de Laubes, 33410 Laroque, Tel. 05.56.62.93.76 n. V.
Frau Garbay

CH. DE CARLES 1999

15,17 ha 40 000 11 à 15 €

Dieser Cru in Barsac gehört seit 1856 der gleichen Familie. 5 % Sauvignon werden mit Sémillon kombiniert, um hier einen sanften, frischen Wein zu präsentieren, der durch seine Aromen von exotischen Früchten (Litschi, Mango), Honig und getrocknete Aprikose fesselnd wirkt.
Michel Pascaud, Ch. de Carles, 33720 Barsac, Tel. 05.56.27.07.19, Fax 05.56.27.13.18, E-Mail chateaudecarles@aol.com n. V.

CLOS FONTAINE 1995

10 ha 5 000 11 à 15 €

Dieser schlichte, aber gut gebaute 95er beweist in seinem aromatischen Ausdruck mit den Noten kandierter Früchte eine gute Intensität und in seiner Entfaltung am Gaumen Frische.
Claude Saint-Marc, Dom. du Petit de l'Eglise, 33210 Langon, Tel. 05.56.62.24.78, Fax 05.56.76.86.68 n. V.

CH. CLOSIOT 1998**

4 ha 5 200 15 à 23 €

Führte an dem Gut ein Jakobsweg nach Santiago de Compostela vorbei, wie manche glauben? Es ist nicht sehr wahrscheinlich, dass Sie die Antwort darauf finden können. Aber das darf Sie nicht daran hindern, diesen sehr hübschen 98er zu genießen. Der Großzügigkeit seines Bouquets mit den Noten von Toast, Zitrusfrüchten, Honig, Leder und getrockneten Früchten kommen nur noch die Fülle des Geschmacks und die Anmut des Abgangs mit einem leichten Hauch von Orangenschale gleich. Eine Flasche, die eine Einkellerung verdient. Aber der Genuss ist bereits sehr groß!
Soizeau, Ch. Closiot, 33720 Barsac, Tel. 05.56.27.05.92, Fax 05.56.27.11.06, E-Mail closiot@vins-sauternes.com
Mo–Fr 9h–12h 14h–18h

CH. DU COY 1999**

k. A. 18 000 11 à 15 €
97 **98 99**

1999 ist es den Biarnès gelungen, auf Suau und auf Coy radikal verschiedene Weine herzustellen. Der femininen Seite des Barsac-Weins steht der belebende Charakter des Sauternes-Weins gegenüber. Letzterer ist füllig und fett und geht von den frischen Mentholgerüchen des ersten Dufts danach zu Noten von Rosinen, kandierter Orange und Honig über. Die noch vom Holz geprägte, kräftige Cuvée erfordert eine Lagerung von vier bis fünf Jahren.
Nicole Biarnès, Ch. de Navarro, 33720 Illats, Tel. 05.56.27.20.27, Fax 05.56.27.26.53 n. V.

CH. DOISY DAENE 1998*

2ème cru clas. 15 ha 30 000 23 à 30 €
50 71 |75| |76| |78| |79| |80| **|81|** **|82|** |(83)| 84 |85| **|86|** |88| |89| **|90|** **|91|** **|94|** **95 96 97** 98

Pierre und Denis Dubourdieu, Männer mit Charakter, machen die Weißweine, die sie befürworten: Obwohl dieser Wein, dessen begeisterndes Strohgelb goldene Reflexe zeigt, stattlich und kräftig gebaut ist, strebt er mehr nach Feinheit als nach Stärke. Das Ergebnis ist ein wohl ausgewogener 98er mit eleganten Blüten- und Röstnoten, dessen Entfaltung in drei bis fünf Jahren zu erwarten ist, auch wenn er sich schon frisch und sehr gefällig zeigt.
EARL Vignobles P. et D. Dubourdieu, 10, quartier Gravas, 33720 Barsac, Tel. 05.56.27.15.84, Fax 05.56.27.18.99
n. V.

CH. DUDON 1998

10,8 ha 18 565 15 à 23 €

Hinsichtlich Tradition ein schönes Landhaus aus dem 18. Jh., das von Türmen und Pavillons eingerahmt wird und der Familie des jetzigen Besitzers seit 1868 gehört. Im Hinblick auf den Fortschritt ein moderner Wein, der frisch und schmackhaft ist, mit sympathischen Aprikosenaromen, die sich mit Noten kandierter Früchte mischen.
SCE du Ch. Dudon, 33720 Barsac, Tel. 56.27.29.38, Fax 56.27.29.38, E-Mail chateau.dudon.barsac@wanadoo.fr
n. V.
Allien

CH. DE FARGUES 1995**

13 ha 15 000 46 à 76 €
|47| |49| |53| |59| 62 |(67)| 71 |75| |76| |83| 84 85 |86| 87 |88| |89| |90| |91| |94| |95|

Zu Füßen der alten, majestätisch wirkenden Burg strahlt das vornehme Landhaus die friedliche Atmosphäre des Landlebens von Langon aus. Eine raffiniertere Welt ruft das Bouquet dieses Weins in Erinnerung, mit den verfeinerten Düften von Birnenlikör und Ginster sowie Quitten- und Lebkuchennoten vor einem Mentholhintergrund. Der runde, fette, feine, frische Geschmack ist vom gleichen Kaliber. Nach einer Ansprache voller Süße zeigt er seine Struktur und sein «Fett», bewahrt dabei aber seine

Feinheit mit einem leichten Anklang an kandierte Mandarine. Im Abgang lebt er wieder auf und entlädt seine Stärke und seinen aromatischen Reichtum.
Comte Alexandre de Lur-Saluces, Ch. de Fargues, 33210 Fargues-de-Langon, Tel. 05.57.98.04.20, Fax 05.57.98.04.21, E-Mail fargues@chateau-de-fargues.com n. V.

CH. FILHOT 1998*

2ème cru clas. 60 ha 70 000 23 à 30 €
81 82 83 85 86 88 89 91 92 95 97 98

Filhot, ein imposantes Gebäude, das kurz nach der Französischen Revolution vollendet wurde, hieß einige Zeit «Château de Sauternes». Eine Bezeichnung, die dieser Wein vollauf rechtfertigt. Er präsentiert sich mit einer ansprechenden Farbe, strohgelb mit dotterblumengelben Reflexen, und entfaltet ein freigebiges, komplexes Bouquet (kandierte Früchte, Zitrusfrüchte, Bratenaroma), bevor er einen fülligen, kräftigen, ausdrucksvollen Geschmack bietet.
SCEA du Ch. Filhot, 33210 Sauternes, Tel. 05.56.76.61.09, Fax 05.56.76.67.91, E-Mail filhot@filhot.com Mo–Sa 9h–12h 14h–18h
Familie de Vaucelles

CH. GRAVAS 1998*

10,5 ha 30 000 11 à 15 €

Dieser Cru ist sehr repräsentativ für die mittelgroßen Güter, die dem Weinbaugebiet von Barsac seine Persönlichkeit geben. Er stellt hier einen Wein vor, dessen Bouquet sehr stark von der Edelfäule geprägt ist. Der füllige, fette, lebhafte Geschmack ist ebenfalls ausdrucksvoll und fügt den Früchten und dem Akazienblütenhonig der Aromenpalette noch weiße Blüten hinzu. Ein charaktervoller Sauternes, der harmonisch und verführerisch ist.
SCEA Domaines Bernard, Ch. Gravas, 33720 Barsac, Tel. 05.56.27.06.91, Fax 05.56.27.29.83 tägl. 8h–12h 14h–18h

CH. GUIRAUD 1998**

1er cru clas. 85 ha k. A. 38 à 46 €
83 85 86 88 |89| (90) 92 |95| 96 (97) 98

Das Gut, zusammen mit Yquem der einzige Premier cru, der sich in der Gemeinde Sauternes befindet, besitzt ein schönes Terroir. Niemand wird deshalb überrascht sein, dass hier ein bemerkenswerter Wein entsteht. Sein ebenso ausdrucksvolles wie komplexes Bouquet bot im Mai 2001 (zum Zeitpunkt seiner Verkostung) Pfirsich-, Aprikosen- und Honignoten. Er ist füllig und lang anhaltend und besitzt den Charakter eines großen edelsüßen Weins aus dem Bordelais, der lange lagerfähig, aber angenehm ist und den man schon jetzt trinken kann. Die Jury schlug eine neue kulinarische Kombination vor: Scampi mit Gewürzen.
SCA du Ch. Guiraud, 33210 Sauternes, Tel. 05.56.76.61.01, Fax 05.56.76.61.01, E-Mail xplanty@club-internet.fr n. V.

CH. GUITERONDE DU HAYOT 1998*

35 ha 62 000 11 à 15 €

Die Vignobles du Hayot in Barsac bilden ein schönes Gut. Ihr Wein ist sehr viel versprechend. Auf sein noch diskretes Bouquet folgt ein viel ausdrucksvollerer Geschmack mit Noten von kandierter Orange über einem Aroma von Geleefrüchten. Die stattliche, robuste, kräftige Struktur ist gut gebaut. Der **99er Château Mayne du Hayot** (Preisgruppe: 70 bis 99 F) hat einen Stern erhalten. Er zeigt eine altgoldene Farbe und besitzt wunderbare Aromen von Aprikosen und Marmelade aus kandierten Orangen, die in einem reichen, kräftigen Geschmack anhalten.
SCE Vignobles du Hayot, Ch. Andoyse, 33720 Barsac, Tel. 05.56.27.15.37, Fax 05.56.27.04.24, E-Mail duhayot@usa.net n. V.

CH. HAUT-BERGERON 1999*

16 ha 40 000 15 à 23 €
83 85 86 |88| |89| |90| 91 94 95 96 97 98 99

Wenn man sich fünf Generationen lang behauptet, ist das ein Zeichen von Seriosität, das dieser 99er bestätigt. Er ist frisch und lebhaft und wird von einer klug bemessenen Säure unterstützt; gleichzeitig bietet er «Fett» und einen recht kräftigen Botrytiston. Er bleibt ein wenig schüchtern in seinem Bouquet, das sich noch entfalten muss, aber mit seiner aromatischen Vielfalt (Lebkuchen, gekochte Früchte, getrocknete Feige) gut beginnt. Im gleichen Jahrgang wurde der Zweitwein, der **Château Fontebride** (Preisgruppe: 70 bis 99 F), von der Jury mit einer lobenden Erwähnung ausgewählt.
Hervé et Patrick Lamothe, 3, Piquey, 33210 Preignac, Tel. 05.56.63.24.76, Fax 05.56.63.23.31, E-Mail haut-bergeron@wanadoo.fr Mo–Sa 9h–12h 14h–19h

CH. HAUT-GRILLON Cuvée spéciale 1998*

Cru bourg. 8 ha 6 000 15 à 23 €

Dieser Wein zeigt echte Ambitionen, in seinem Bouquet, dessen Komplexität (Aprikose, kandierte Orange, Honig) man genießen wird, ebenso wie mit seinem Geschmack. Dieser ist weich, fett und lang und lässt eine gute Lagerfähigkeit erkennen.
Odile Roumazeilles-Cameleyre, Ch. Grillon, 33720 Barsac, Tel. 05.56.27.16.45, Fax 05.56.27.12.18 tägl. 9h–12h30 14h–19h

CH. LAFAURIE-PEYRAGUEY 1998*

1er cru clas. 40 ha k. A. 30 à 38 €
75 |76| 79 80 |81| 82 83 84 85 86 |87| |(88)| |89| |90| |91| |92| |93| |94| |95| 96 97 98

Ein Portalvorbau und eine Umfassungsmauer aus dem 13. Jh., ein Hauptgebäude aus dem 17. Jh., ein schöner Weinberg (90 % Sémillon, 8 % Sauvignon und 2 % Muscadelle), eine leistungsfähige Mannschaft und ein sehr interessanter Cru. Dieser Wein beweist einen echten typischen Charakter, obwohl der Jahrgang für die edelsüßen Weine sehr heikel war. Er ist ausge-

wogen und bringt seine Persönlichkeit mit einem leichten Hauch von Edelfäule, die man schon im Bouquet wahrnimmt, und in einem sehr angenehmen Abgang zum Ausdruck. Der Zweitwein, der **99er La Chapelle de Lafaurie-Peyraguey** (Preisgruppe: 100 bis 149 F), hat eine lobende Erwähnung erhalten.
Domaines Cordier, 160, cours du Médoc, 33300 Bordeaux, Tel. 05.57.19.57.77, Fax 05.57.19.57.87 n. V.

CH. L'AGNET LA CARRIERE 1998★★

☐ 5 ha 14 000 15 à 23 €

Die Vignobles Mallard, die in vielen Appellationen des Bordelais vertreten sind, erzielen einmal mehr mit ihrem Sauternes-Wein einen schönen Erfolg. Dieser 98er, der sich im Laufe der Verkostung entfaltet, gewinnt an Komplexität und bietet eine breite Aromenpalette, die kandierte Früchte, weiße Blüten und Vanille umfasst. Die Struktur steht dem in nichts nach: Sie ist reich und elegant und wird ihren ganzen Charme bei einer Poularde mit Rahmsauce finden, mit Morcheln als Beilage.
Danièle Mallard, Ch. Naudonnet-Plaisance, 33760 Escoussans, Tel. 05.56.23.93.04, Fax 05.57.34.40.78, E-Mail mallard@net-courrier.com n. V.

CH. LAMOTHE GUIGNARD 1998★

☐ 2ème cru clas. 18 ha 34 500 15 à 23 €
|81| 82 |83| 84 |85| |86| 87 |88| 89 **90** 92 93 |94| |95| |96| 97 98

Eine schöne Kuppe mit tonigem Kiesboden trägt diesen Cru, der 5 % Sauvignon und 5 % Muscadelle mit Sémillon kombiniert. Ein zwölfmonatiger Ausbau im Barriquefass hat diesen 98er hervorgebracht, der die Feinheit des Bouquets (Akazie, weiße Blüten und Passionsfrüchte) mit dem Reichtum des runden, fetten Geschmacks vereint. Der Wein endet in Schönheit mit Aromen von getrockneten Aprikosen und bietet eine gute Konsistenz.
GAEC Philippe et Jacques Guignard, Ch. Lamothe Guignard, 33210 Sauternes, Tel. 05.56.76.60.28, Fax 05.56.76.69.05 Mo–Fr 8h–12h 14h–18h; Sa, So n. V.

CH. LANGE 1998★

☐ k. A. 6 000 11 à 15 €

Dieser auf einem interessanten Terroir (Kies und tonige Kalksteinböden) erzeugte Wein zeigt sich seiner Herkunft würdig. Sein Bouquet hat zwar noch nicht seinen endgültigen Ausdruck gefunden, aber man erkennt schon originelle Perspektiven (Trüffel und Menthol). Der füllige, großzügige Geschmack hat sich für stärker ausgeprägte Frucht-, Röst- und Gewürznoten entschieden.
SCEA Daniel Picot, Ch. Lange, 33210 Bommes, Tel. 05.56.76.61.69, Fax 05.56.63.40.45 n. V.

CH. LANGE-REGLAT
Sélection royale 1998★

☐ 2 ha 3 000 30 à 38 €

Diese Spitzencuvée, die mit ihrem kreisrunden Etikett originell wirkt, kann durch ihre Qualitäten die Aufmerksamkeit auf sich lenken. Sie kommen im Bouquet zum Vorschein, in dem das Holz sehr stark zu spüren ist, ohne die künftigen Düfte (Zitrusfrüchte) daran zu hindern, dass sie sich zeigen. Der Geschmack und der Abgang, die mit exotischen Aromen und viel Jugendlichkeit, die die Edelsüße verrät, sehr einschmeichelnd sind, ergeben ein elegantes Bild. Die **99er Cuvée spéciale** (Preisgruppe: 100 bis 149 F) hat eine lobende Erwähnung erhalten.
Bernard Réglat, Ch. de La Mazerolle, 33410 Monprimblanc, Tel. 05.56.62.98.63, Fax 05.56.62.17.98, E-Mail reglat.bernard@wanadoo.fr n. V.

CH. LARIBOTTE 1998★

☐ 15,5 ha 10 000 11 à 15 €

Der Cru, ein Familiengut, wie man sie in Preignac in großer Zahl findet, bleibt seiner Tradition treu mit diesem Wein, der ein hübsches Bouquet mit getrockneten Früchten und einen seidigen, fülligen, ausgewogenen Geschmack bietet. Eine Cuvée von guter Harmonie.
Jean-Pierre Lahiteau, quartier de Sanches, 33210 Preignac, Tel. 05.56.63.27.88, Fax 05.56.62.24.80 n. V.

CH. LA RIVIERE 1999★

☐ 4 ha 9 000 15 à 23 €

Dieser 99er, ein anderer Wein der Familie Réglat, aber diesmal von Guillaume Réglat, entwickelt sich während der gesamten Verkostung mit viel Feinheit. Er duftet unauffällig, mit hübschen Honig- und Blütennoten über einem Wachsaroma, und enthüllt im Geschmack einen lebhaften, eleganten Charakter.
Guillaume Réglat, Ch. Cousteau, 33410 Monprimblanc, Tel. 05.56.62.98.63, Fax 05.56.62.17.98 n. V.

CH. LA TOUR BLANCHE 1996★★

☐ 1er cru clas. 34 ha k. A. 30 à 38 €
(61) 62 75 79 80 |81| 82 |83| 84 |85| |86| |88| 89 **90** |91| |94| **95 96 97**

Nachdem dieser Cru seinen 96er vor zwei Jahren nicht vorstellte, tut er dies heute. Zweifellos war er gut beraten, damit zu warten. Die-

ser Wein hat eine schöne gelbe Farbe mit goldenen Reflexen und bietet ein Bouquet, das durch seine Tiefe und seine Eleganz beeindruckt. Seine Komplexität findet sich im Geschmack wieder, in dem sich Noten kandierter Früchte mit Geleefrüchten verbinden. Die reiche, vollkommen ausgewogene Cuvée verspricht einen großen Wein innerhalb von vier bis fünf Jahren.
Ch. La Tour Blanche, 33210 Bommes, Tel. 05.57.98.02.73, Fax 05.57.98.02.78, E-Mail tour-blanche@tour-blanche.com
Mo–Fr 9h–11h30 14h–17h
Landwirtschaftsministerium

CH. LATREZOTTE 1999

☐ 7,5 ha k. A. 15 à 23 €

Er ist goldgelb und bietet einen Duft von exotischen Früchten. Die Ansprache ist schlicht und sanft; danach erweist sich der Wein angenehm aufgrund seines Bouquets und einer guten Dichte im Abgang.
Jan de Kok, Ch. Latrezotte, 33720 Barsac, Tel. 05.56.27.16.50, Fax 05.56.27.08.89
n. V.

CH. LAVILLE 1999*

☐ 13 ha 12 000 11 à 15 €

92 94 |95| **96** 97 **98** 99

Dieser ein wenig einschmeichelnde Wein zeigt sich in der Nase ebenso ausdrucksvoll wie im Mund, ohne dass er mit dem besonders gelungenen 98er des gleichen Cru konkurrieren könnte. Der Duft demonstriert seinen Reichtum und seine Komplexität. Der fleischige, füllige, wohl ausgewogene Geschmack zeigt, dass er gute Reserven besitzt. Der **Château Delmond** (Preisgruppe: 50 bis 69 F), der nicht im Eichenfass ausgebaut worden ist, erhält ebenfalls einen Stern, genau wie der **Château Rochefort** (Preisgruppe: 70 bis 99 F) vom selben Erzeuger und im gleichen Jahrgang.
EARL du Ch. Laville, 33210 Preignac, Tel. 05.56.63.59.45, Fax 05.56.63.16.28
Mo–Fr 8h–12h30 13h30–18h30
Y. und C. Barbe

CH. LIOT 1999*

☐ 20 ha k. A. 15 à 23 €

89 90 91 93 95 96 97 98 99

Die Ausweitung des Rebsatzes ergibt hier erneut einen harmonischen Wein, der sehr elegant ist in seinem aromatischen Ausdruck, in dem sich frische, fruchtige Noten mit Nuancen von Überreife zu einem schönen Ensemble vereinigen.
J. David, Ch. Liot, 33720 Barsac, Tel. 05.56.27.15.31, Fax 05.56.27.14.42
n. V.

CH. DE MALLE 1999**

☐ 2ème cru clas. 27 ha 30 000 30 à 38 €

71 (75) 76 81 **83** |85| **86** 87 |88| |89| |90| **91** |94| |95| **96** 97 **98** |99|

Der Cru, ein prächtiges Gebäude aus dem 17. Jh., das von schönen Gärten im italienischen Stil umgeben ist, gehört zu den größten touristischen Sehenswürdigkeiten des Gebietes von Sauternes. Und sein Wein zeigt ebenfalls eine sehr starke Persönlichkeit: Exotische Früchte (Guave und Maracuja) verleihen dem Bouquet, das einige Röstnoten und etwas Edelsüße bereichern, eine große Stärke. Der füllige, nachhaltige, kernige 99er ist schon angenehm, verdient aber, dass man ihn fünf bis zehn Jahre aufhebt. Zu einem Lieblingswein fehlte ihm nur eine Stimme.
Comtesse de Bournazel, Ch. de Malle, 33210 Preignac, Tel. 05.56.62.36.86, Fax 05.56.76.82.40, E-Mail chateaudemalle@wanadoo.fr n. V.

CH. MONET 1999

☐ 2,1 ha 4 700 11 à 15 €

Dieser runde, delikate Wein, der vom gleichen Erzeuger wie der Château Le Bourdillot (Graves) stammt, erweist sich als gefällig, mit viel Feinheit im aromatischen Ausdruck, in dem sich reife Früchte, Vanille, Honig und Rosinen vereinigen.
Patrice Haverlan, 11, rue de l'Hospital, 33640 Portets, Tel. 05.56.67.11.32, Fax 05.56.67.11.32, E-Mail patrice.haverlan@worldonline.fr
Mo–Do 8h–12h30 13h–17h30

CH. DU MONT
Réserve du Château 1999**

☐ 0,54 ha 1 200 11 à 15 €

Die vom selben Erzeuger wie der gleichnamige Sainte-Croix präsentierte Réserve ist ebenfalls sehr interessant. Sie zeigt ein blassgolden getöntes Gelb und entfaltet ein Bouquet von schöner Intensität, in dem kandierte Aprikose, Pfirsich, getrocknete Früchte, Honig und Holz bald harmonisch verschmelzen werden. Der fleischige, gut gebaute Wein, der genug Säure besitzt, um ein «Relief» aufzuweisen, bestätigt diese guten Anlagen und lädt zu einer Lagerung von fünf bis zehn Jahren ein. Schade, dass die Stückzahl nicht der Qualität des Weins entspricht!
Vignobles Hervé Chouvac, Ch. du Mont, 33410 Sainte-Croix-du-Mont, Tel. 05.56.62.07.65, Fax 05.56.62.07.58
n. V.

DOM. DE MONTEILS
Cuvée Sélection 1998*

☐ 8 ha 4 800 15 à 23 €

Dieser Wein, eine Spitzencuvée, wurde umhegt. Man erahnt es, wenn man sein komplexes, elegantes Bouquet entdeckt, das Honignoten und Nuancen kandierter Früchte mit getrockneter Aprikose verbindet. Der füllige, großzügige, ausgewogene, lang anhaltende Geschmack zeigt ebenfalls eine schöne Haltung.
SCEA Dom. de Monteils, 3, rte de Fargues, 33210 Preignac, Tel. 05.56.62.24.05, Fax 05.56.62.22.30, E-Mail vins.sauternes@wanadoo.fr n. V.

CH. DE MYRAT 1998

☐ 2ème cru clas. 22 ha 34 000 23 à 30 €

Das von einem weitläufigen Park umgebene Château lässt an die großen Ferien von früher denken. Es gehört zugegebenermaßen immer noch der Familie de Pontac, deren Name mit der Entstehung der Grands crus von Bordeaux verknüpft ist. Das vor zehn Jahren neu bestockte Myrat präsentiert diesen Wein von schöner Bernsteinfarbe. Seine Noten von Karamell, Wachs, getrockneten Früchten und Gewürzen, sein fleischiger Charakter und eine leichte Entwicklung verleihen ihm echten Charme.

Jacques de Pontac, Ch. de Myrat, 33720 Barsac, Tel. 05.56.27.09.06, Fax 05.56.27.11.75 n. V.

CH. CRU PEYRAGUEY 1998*

☐ 6,76 ha 19 000 15 à 23 €

75 76 79 82 83 |85| |86| |88| |89| |90| 91 |94| |95| |96| 97 98

Der in der Qualität immer regelmäßige Cru präsentiert mit diesem 98er einen Wein, der tausend weiße Blüten mit Bienenwachs verbindet. Der runde, füllige Geschmack, der reich an Restzucker ist, geht in einen warmen Abgang über.

Vignobles Mussotte, 10, Miselle, 33210 Preignac, Tel. 05.56.44.43.48, Fax 05.56.44.43.48 n. V.

CH. PIOT-DAVID 1998

☐ 4 ha 11 000 11 à 15 €

Dieser Wein stammt von einem zusammenhängenden Weinberg, der von Mauern umgeben ist. Er ist gut ausbalanciert, erfordert aber eine Wartezeit, damit sich das Bouquet vollständig entfaltet und sich das Holz einfügen kann.

Jean-Luc David, Ch. Poncet, 33410 Omet, Tel. 05.56.62.97.30, Fax 05.56.62.66.76 n. V.

PRIMO PALATUM 1998**

☐ 0,3 ha 600 46 à 76 €

Mit dreißig Ar hat der Weinbau etwas von Gartenbau. Das Ergebnis ist ein in winziger Stückzahl hergestellter Wein, der aber sehr konzentriert ist, in seinem Bouquet ebenso wie im Geschmack. Die Aromen, die ein Holzton von guter Qualität unterstützt, reichen von sehr reifen Trauben bis zu Geleefrüchten und von kandierten Früchten bis zu Backpflaumen. Der füllige, fette, ölige Geschmack ist rassig. Diese Marke, eine neue Handelsfirma, die 1996 entstand, hat sich für Vinifizierungen von Mikrocuvées entschieden, die zu sehr hohen Preisen verkauft werden. Wir würden sie gern bei größeren Produktionen erleben.

Primo Palatum, 1, Cirette, 33190 Morizès, Tel. 05.56.71.39.39, Fax 05.56.71.39.40, E-Mail primo-palatum@wanadoo.fr

Xavier Copel

CH. DE RAYNE VIGNEAU 1998**

☐ 1er cru clas. 76,28 ha 128 000 30 à 38 €

85 86 |88| |89| |90| |91| 92 94 |95| |96| 97 98

Dieser Cru, der ursprünglich Domaine du Vigneau hieß, änderte seinen Namen, als er in der ersten Hälfte des 19. Jh. in den Besitz von Catherine de Rayne, einer geborenen Pontac, kam. Jetzt ist er ein großes Gut, auf dem man einen sehr schönen Wein in großem Maßstab erzeugen kann, wie dieser 98er bezeugt. Sein Bouquet, das ebenso intensiv wie komplex ist, bietet Düfte, die von Weinbergspfirsich bis Akazienblüte reichen. Seine sanfte Struktur ist ausgewogen und seidig bis zu einem eleganten, lang anhaltenden Abgang, den eine Note von weißem Pfirsich prägt. Der sehr harmonische **99er Le Clos l'Abeilley** (Preisgruppe: 100 bis 149 F), von einer kleinen Enklave, die innerhalb von Rayne-Vigneau liegt, hat einen Stern erhalten.

SC du Ch. de Rayne Vigneau, La Croix Bacalan, 109, rue Achard BP 154, 33042 Bordeaux Cedex, Tel. 05.56.11.29.00, Fax 05.56.11.29.01 n. V.

CH. RIEUSSEC 1998**

☐ 1er cru clas. 75 ha 90 000 46 à 76 €

62 67 70 71 |75| |76| |78| |79| |80| |81| 82 83 84 85 |86| 87 88 89 |(90)| 92 |94| 95 (96) (97) 98

Der Cru besitzt ein hervorragendes Terroir. Es wird dank umfangreicher Investitionen perfekt genutzt und liefert jetzt prächtige Weine wie diesen 98er, der ein großartiges Beispiel dafür bietet: Seine Düfte, eine gelungene Vereinigung von Honig, weißen Blüten und Pfirsich, sind ebenso ausdrucksvoll wie seine goldene Farbe. Sein frischer und zugleich fetter, imposanter und vollmundiger Geschmack mit den ausgewogenen Aromen wird von einer Note getrockneter Aprikosen beherrscht. Dieser Wein, der eine prächtige Erscheinung bietet, verfügt über ein bemerkenswertes Lagerpotenzial.

Ch. Rieussec, 33210 Fargues-de-Langon, Tel. 01.53.89.78.00, Fax 01.53.89.78.01 n. V.

CH. ROMER DU HAYOT 1998*

☐ 2ème cru clas. 16 ha 23 600 15 à 23 €

75 76 79 81 82 |83| |85| |86| 88 89 |90| 91 |93| |95| 96 |97| 98

Eine tonig-kiesige Kuppe trägt dieses Gut, das 1855 klassifiziert wurde und 1881 von einer Erbteilung betroffen war. Dieser Wein, den eine schöne goldene Farbe schmückt, offenbart einen kräftigen Duft von weißen Blüten, getrockneten Früchten und Honig. Im Geschmack ist er blumig, ausgewogen und elegant. Eine Flasche, die sich gut für den «hinteren Teil» des Kellers eignet.

SCE Vignobles du Hayot, Ch. Andoyse, 33720 Barsac, Tel. 05.56.27.15.37, Fax 05.56.27.04.24, E-Mail duhayot@usa.net n. V.

André du Hayot

CH. ROUMIEU 1998

☐ 19,5 ha 11 500 11 à 15 €

Barsac oder Sauternes? Beide AOCs dürfen in Anspruch genommen werden, wenn sich die Reben in der Gemeinde Barsac befinden. Dieser strahlend goldene Wein zeigt sich einschmeichelnd, mit einem sehr angenehmen aromatischen Ausdruck (Zitrusfrüchte und Vanille), «Fett», Süße und einer guten Nachhaltigkeit im Geschmack.

Olivier Bernadet, Pleguemate, 33720 Barsac, Tel. 05.56.27.16.76, Fax 05.56.27.05.97, E-Mail olivier.bernadet@free.fr ☑ Y n. V.

CH. SAINT-VINCENT 1998**

☐ 7 ha 12 000 15 à 23 €

Dieser Wein, der vom gleichen Erzeuger wie der Château Cherchy-Desqueyroux (Graves) stammt, entwickelt sich während der gesamten Verkostung auf vorteilhafte Weise: Er hat eine schöne goldgelbe Farbe und entfaltet ein intensives, komplexes Bouquet (kandierte Früchte, Vanille, Birne, Akazie, Ginster) und einen ebenso dichten wie ausgewogenen Geschmack. Ein schöner, harmonischer, lagerfähiger Sauternes.

SCEA Francis Desqueyroux et Fils, 1, rue Pourière, 33720 Budos, Tel. 05.56.76.62.67, Fax 05.56.76.66.92, E-Mail vign.fdesqueyroux@wanadoo.fr ☑ Y n. V.

CH. SIGALAS RABAUD 1999**

☐ 1er cru clas. 13,37 ha k. A. 15 à 23 €

66 75 76 81 82 83 85 |**86**| 87 |**88**| |**89**| |90| |91| |92| |94| |(95)| 96 **97 98** |99|

Tonige Kiesböden und eine Ausrichtung nach Süden: Sigalas mangelt es nicht an Trümpfen. Georges Pauli, der großartige Önologe von Cordier, konnte sie erneut gekonnt ausschöpfen. Dieser Wein besitzt eine sehr schöne Farbe, ein leicht bernsteinfarbenes Goldgelb, und zeigt eine große aromatische Eleganz mit Noten, die Pfirsich und reife Aprikose mischen, ohne den für Sauternes so charakteristischen Akazienblütenhonig zu vergessen. Der kräftig gebaute, ausgewogene, nachhaltige Geschmack ist ebenfalls vollkommen typisch. Man kann diesen 99er zu Brathähnchen mit Aprikosen servieren. Sein erstaunlicher Zweitwein, der **99er Le Cadet de Sigalas Rabaud** (Preisgruppe: 70 bis 99 F), ist reich an betörenden Düften und zeigt sich füllig und fett; er verdient ebenfalls zwei Sterne.

Ch. Sigalas-Rabaud, Bommes-Sauternes, 33210 Langon, Tel. 05.56.11.29.00, Fax 05.56.11.29.01

de Lambert des Granges

CH. D'YQUEM 1996***

☐ 1er cru sup. k. A. k. A. +76 €

21 29 37 42 |45| **53 55** 59 (67) **70 71** |75| |76| 80 |82| |83| |84| |85| |86| |87| |88| **89 90 91** 93 **94** (95) (96)

Das Château, ein echtes befestigtes Herrenhaus, enthält viele Schätze, darunter eine Kapelle, die mit italienischen Fresken geschmückt ist. Aber sein Hauptjuwel bleibt sein Wein, für den dieser 96er ein Beispiel bietet. Während seine strahlende Farbe seinen Reichtum zeigt, erscheint das Bouquet beim ersten Riechen ein wenig schüchtern; aber sehr rasch kommen sein frühlingshafter Charakter und seine Jugendlichkeit zum Vorschein, gekennzeichnet durch Düfte, die Ähnlichkeit mit frisch gepflückten Trauben haben, und würzige Noten, die vom Holzfass herrühren. Ebenso harmonisch ist der volle, reiche, vollkommen ausgewogene Geschmack. Kandierte Früchte, Schale von Zitrusfrüchten, Quittenbrot, verhaltene Stärke – alles ist an seinem Platz. Der Abgang, der durch seine Länge beeindruckt, lässt eine bemerkenswerte Alterungsfähigkeit vorhersagen. Ein großer Klassiker.

Comte Alexandre de Lur-Saluces, Ch. d'Yquem, 33210 Sauternes, Tel. 05.57.98.07.07, Fax 05.57.98.07.08, E-Mail info@yquem.fr Y n. V.

LVMH

BURGUND (BOURGOGNE)

«Liebenswertes und weinreiches Burgund», schrieb Michelet. Welcher Weinfreund würde einer solchen Behauptung nicht beipflichten? Gemeinsam mit dem Bordelais und der Champagne verbreitet Burgund nämlich in der ganzen Welt den hervorragenden Ruf der berühmtesten Weine Frankreichs. Diese Weine kombiniert es in seinen Anbaugebieten mit einer überaus reichen Esskultur, wobei es in ihrer Vielfalt etwas für jeden Geschmack und das passende Getränk zu jedem Gericht findet.

Mehr noch als in jeder anderen Weinbauregion lässt sich in Burgund die Welt des Weins nicht vom Alltagsleben trennen, in einer Kultur, die sich im Rhythmus der Winzerarbeiten geformt hat. Von den Grenzen des Auxerrois bis zu den Bergen des Beaujolais ernähren der Weinbau und der Wein eine ganze Provinz, die schon seit der Antike die beiden Metropolen Paris und Lyon verbindet – und die Menschen haben nicht schlecht davon gelebt. Wenn man Gaston Roupnel, einem burgundischen Schriftsteller, der auch Winzer in Gevrey-Chambertin war, und seiner *Histoire de la campagne française* glauben darf, ist die Weinrebe angeblich im 6. Jh. v. Chr. «über die Schweiz und die Bergübergänge des Jura» nach Gallien eingeführt und schon bald darauf an den Hängen des Saône- und des Rhône-Tals angebaut worden. Selbst wenn für andere die Griechen den Weinbau begründeten, der aus Südfrankreich hierher gelangte, wird niemand bestreiten, welche Bedeutung er sehr bald auf burgundischem Boden gewann. Mehrere Reliefs im Archäologischen Museum von Dijon zeugen davon. Und als sich der antike Redner Eumenes in Autun an Kaiser Konstantin wandte, so geschah dies in der Absicht, an die Reben zu erinnern, die in der Gegend von Beaune angebaut wurden und die er bereits damals als «bewundernswert und alt» bezeichnete.

Geformt durch das teils ruhmreiche, teils tragische Wechselspiel seiner Geschichte, den Widrigkeiten der klimatischen Bedingungen ausgesetzt und den Veränderungen der landwirtschaftlichen Methoden unterworfen (wobei die Mönche im Einflussbereich von Cluny und Cîteaux eine wesentliche Rolle spielten), bildete Burgund nach und nach die Palette seiner *climats* (Einzellagen) und seiner Crus heraus und entwickelte sich dabei beständig in Richtung Qualität und typischer Charakter von unvergleichlichen Weinen. Unter der Herrschaft der vier Herzöge von Burgund (1342–1477) wurden die Vorschriften erlassen, die ein hohes Qualitätsniveau sicherstellen sollten.

Man muss jedoch klarstellen, dass das Burgund der Weine nicht genau mit dem Verwaltungsgebiet Burgund übereinstimmt: Das Departement Nièvre (das zusammen mit den Departements Côte-d'Or, Yonne und Saône-et-Loire verwaltungsmäßig zur Region Burgund gehört) ist Teil des mittelfranzösischen Weinbaugebiets und des riesigen Gebiets des Loire-Tals (Anbaugebiet von Pouilly-sur-Loire). Das Departement Rhône (das für die Justiz- und die Verwaltungsbehörden ebenfalls zu Burgund gehört), das Land des Beaujolais, hat dagegen durch Gewohnheitsrecht eine Eigenständigkeit gewonnen, die – neben der kommerziellen Praxis – auch durch die Verwendung einer speziellen Rebsorte gerechtfertigt wird. An dieser Einteilung hält auch der vorliegende Weinführer fest (siehe auch das Kapitel «Beaujolais»), in dem unter Burgund somit die Weinbaugebiete der Departements Yonne (Niederburgund), Côte-d'Or und Saône-et-Loire verstanden werden, obwohl einige im Beaujolais erzeugte Weine unter der regionalen Appellation Bourgogne verkauft werden dürfen.

Die Einheitlichkeit der in Burgund angebauten Rebsorten – mit Ausnahme des Beaujolais, wo die Rebsorte Gamay noir à jus blanc angepflanzt wird – lässt keinen Zweifel aufkommen: Bei den Weißweinen regiert hier Chardonnay, bei den Rotweinen Pinot noir. Als Überbleibsel alter Anbautraditionen oder einer besonderen Anpassung an spezielle Böden findet man jedoch auch einige Nebensorten: Aligoté, eine weiße Rebsorte, die den berühmten Bourgogne Aligoté hervorbringt, der häufig zur Herstellung des «Kir» (Weißwein und Crème de Cassis, ein Fruchtlikör aus schwarzen Johannisbeeren) verwendet wird; ihre höchste Qualität erreicht die Rebe im kleinen Gebiet von Bouzeron, ganz in der Nähe von Chagny (Saône-et-Loire). César, eine «rote» Rebsorte, wurde vor allem in der Gegend von Auxerre angebaut, aber sie scheint allmählich zu verschwinden. Die Rebsorte Sacy liefert im Departement Yonne den Bourgogne grand ordinaire, wird aber zunehmend durch die Chardonnay-Rebe ersetzt. Die Gamay-Rebe erzeugt Bourgogne grand ordinaire und – verschnitten mit Pinot noir – Bourgogne Passetoutgrain. Die Sauvignon-Rebe schließlich, die berühmte aromareiche Rebsorte der Weinbaugebiete von Sancerre und Pouilly-sur-Loire, wird in der Gegend von Saint-Bris-le-Vineux (Departement Yonne) angebaut; dort bringt sie die Weine der AOVDQS Sauvignon de Saint-Bris hervor, die bald AOC-Status erlangen dürften.

In einem relativ einheitlichen, überwiegend semikontinentalen Klima mit ozeanischem Einfluss, der hier die Grenzen des Pariser Beckens erreicht, sind somit die Böden für die besonderen Eigenschaften der sehr vielen in Burgund erzeugten Weine verantwortlich. Denn auch wenn eine extreme Zerstückelung der Parzellen hier überall die Regel ist, so ist sie doch zum großen Teil dadurch begründet, dass vielfältige geologische Formationen nebeneinander zu Tage treten und die reichhaltige Palette von Düften und Geschmacksnoten der burgundischen Reblagen hervorbringen. Und mehr noch als die meteorologischen Voraussetzungen erklären die Unterschiede in der Bodenbeschaffenheit hier den Begriff der «Einzellage», die die Merkmale von Weinen innerhalb ein und derselben Appellation genau bestimmt und die Klassifizierung und das Erscheinungsbild der großen Burgunderweine nach Lust und Laune kompliziert. Diese *climats*, die besonders anschauliche Namen tragen (wie etwa la Renarde = die Füchsin, les Cailles = die Wachteln, Genevrières = Wacholdersträucher, Côte-Rôtie = sonnenverbrannter Hang, Clos de la Maréchale = Weinberg der Marschallin, Clos des Ormes = Weinberg der Ulmen usw.), sind mindestens seit dem 18. Jh. fest verankerte Bezeichnungen, die für Anbauflächen von einigen Hektar Größe, manchmal sogar nur von ein paar *ouvrées* (eine «ouvrée» entspricht 4,28 Ar) stehen; sie entsprechen einer «natürlichen Größe, die sich in der Einheitlichkeit des Weins äußert, den sie hervorbringt...» (A. Vedel). Wie man nämlich feststellen kann, bestehen bisweilen zwischen zwei Rebparzellen, die mehrere hundert Meter voneinander entfernt sind, aber innerhalb derselben Einzellage liegen, geringere Unterschiede als zwischen zwei anderen Nachbarparzellen, die sich in zwei verschiedenen Einzellagen befinden.

Darüber hinaus kennt man in der Hierarchie der Weine vier Stufen von Appellationen: die regionale Appellation (56 % der Produktion), Villages (d. h. «Dörfer», auch als kommunale Appellation bezeichnet), Premier cru (12 % der Produktion) und Grand cru (2 % der Produktion, die 33 Grands crus an der Côte d'Or und in Chablis umfasst). Die Zahl der gesetzlich abgegrenzten Reblagen oder Einzellagen ist sehr groß; beispielsweise gibt es bei den Premiers crus in der Gemeinde Nuits-Saint-Georges 27 verschiedene Namen, und das bei einer Anbaufläche von nur etwa 100 ha!

Neuere Untersuchungen haben die (oft empirisch festgestellten) Beziehungen zwischen den Böden und den Reblagen bestätigt, die zur Entstehung der Appellationen, der Crus oder der Einzellagen führten. So konnte man beispielsweise im Gebiet der Côte de Nuits 59 Bodentypen ermitteln, die sich in ihrem Aufbau oder in ihren physikalisch-chemischen Merkmalen (Hanglage, Anteil an Steinen, Tongehalt usw.) unterscheiden und tatsächlich mit der Unterscheidung der Appellationen Grand cru, Premier cru, Villages und regionale AOC übereinstimmen.

Einfacher ist eine viel allgemeinere geografische Betrachtungsweise, die üblicherweise innerhalb des Weinbaugebiets Burgund – von Norden nach Süden – vier große Anbauzonen unterscheidet: die Anbaugebiete des Departements Yonne (Niederburgund), die der Côte d'Or (Côte de Nuits und Côte de Beaune), die Côte Chalonnaise und das Mâconnais.

Burgund

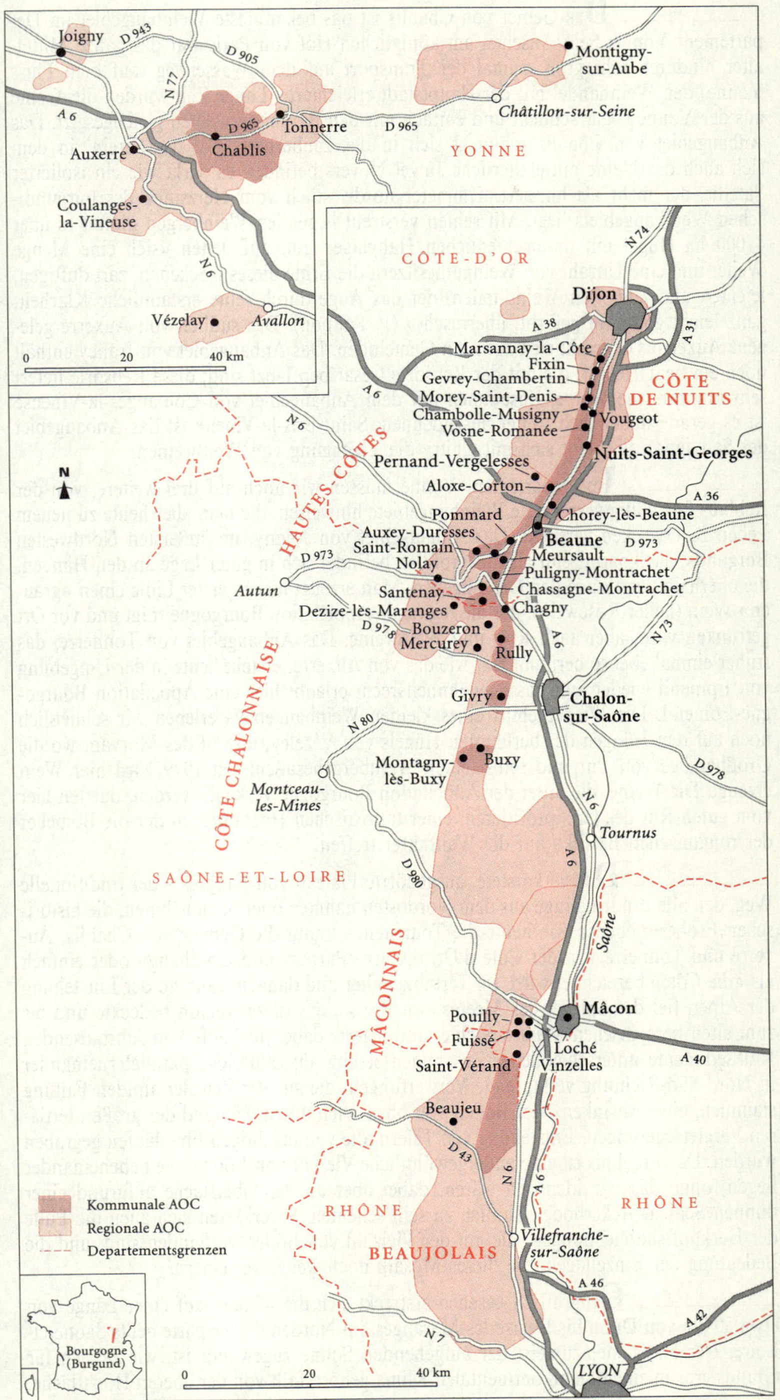
Joigny
D 943
D 905
Montigny-
sur-Aube
N 77
A 6
Châtillon-sur-Seine
D 965
Tonnerre
D 965
Chablis
Auxerre
YONNE
Coulanges-
la-Vineuse
N 6
CÔTE-D'OR
N 74
Dijon
Vézelay
Avallon
A 38
A 31
0
20
40 km
Marsannay-la-Côte
Fixin
Gevrey-Chambertin
CÔTE
DE NUITS
Morey-Saint-Denis
Chambolle-Musigny
A 6
Vougeot
N 6
Vosne-Romanée
Nuits-Saint-Georges
HAUTES-CÔTES
Pernand-Vergelesses
N
Aloxe-Corton
A 36
Pommard
Chorey-lès-Beaune
Auxey-Duresses
Beaune
D 973
Saint-Romain
Meursault
D 973
Nolay
Puligny-Montrachet
Autun
Santenay
Chassagne-Montrachet
Dezize-lès-Maranges
Chagny
D 978
Bouzeron
N 73
Mercurey
A 6
Rully
CÔTE CHALONNAISE
Givry
Chalon-
sur-Saône
N 80
Buxy
D 978
Montagny-
lès-Buxy
Montceau-
les-Mines
N 6
Tournus
D 980
A 6
SAÔNE-ET-LOIRE
Saône
MÂCONNAIS
Pouilly
Mâcon
Fuissé
Loché
A 40
Saint-Vérand
Vinzelles
Beaujeu
D 43
N 6
A 6
Kommunale AOC
RHÔNE
RHÔNE
Regionale AOC
Departementsgrenzen
Villefranche-
sur-Saône
BEAUJOLAIS
A 46
A 42
N 7
Bourgogne
(Burgund)
0
20
40 km
LYON

Das Gebiet von Chablis ist das bekannteste Weinbaugebiet im Departement Yonne. Sein Ansehen am königlichen Hof von Paris war das ganze Mittelalter hindurch sehr groß, zumal der Transport auf dem Wasserweg (auf dem Fluss Yonne) den Weinhandel mit der Hauptstadt erleichterte. Lange Zeit wurden die Weine aus der Yonne sogar schlicht und einfach mit *den* Burgunderweinen gleichgesetzt. Das Anbaugebiet von Chablis schmiegt sich in das zauberhafte Tal des Serein, in dem sich auch das kleine mittelalterliche Juwel Noyers befindet; es wirkt wie ein isolierter Satellit, der mehr als hundert Kilometer nordwestlich vom Herzstück des burgundischen Weinbaugebiets liegt. Mit seinen verstreut liegenden Weinbergen nimmt es über 4 000 ha Hügel mit unterschiedlichen Hanglagen ein, auf denen «sich eine Menge Weiler und eine Unzahl von Weingutbesitzern die Ernte dieses trockenen, zart duftigen, leichten und lebhaften Weins teilen, der das Auge durch seine erstaunliche Klarheit, ganz leicht goldgrün gefärbt, überrascht» (P. Poupon). Das südlich von Auxerre gelegene Auxerrois erstreckt sich auf zehn Gemeinden. Das Anbaugebiet von Irancy enthält noch ein paar Hektar, die mit der Rebsorte César bepflanzt sind; diese Rebsorte liefert sehr tanninreiche Weine. Zusammen mit dem Anbaugebiet von Coulanges-la-Vineuse ist es gerade dabei, sich weiter auszudehnen. Saint-Bris-le-Vineux ist das Anbaugebiet des Sauvignon und teilt sich mit Chitry die Erzeugung von Weißweinen.

Im Departement Yonne müssen wir noch auf drei weitere, von der Reblaus fast völlig vernichtete Weinbaugebiete hinweisen, die man aber heute zu neuem Leben zu erwecken versucht. Das Anbaugebiet von Joigny, im äußersten Nordwesten Burgunds, das knapp zehn Hektar groß ist, befindet sich in guter Lage an den Hängen, die oberhalb der Yonne den Ort umgeben. Man erzeugt hier in erster Linie einen «grauen» Wein (heller Roséwein), der die regionale Appellation Bourgogne trägt und vor Ort getrunken wird, aber auch Rot- und Weißweine. Das Anbaugebiet von Tonnerre, das früher einmal ebenso berühmt war wie das von Auxerre, ersteht heute in der Umgebung von Epineuil wieder auf; das Gewohnheitsrecht erlaubt hier eine Appellation Bourgogne-Epineuil. Die Wiedergeburt eines kleinen Weinbaugebiets erleben wir schließlich noch auf den Hängen des berühmten Hügels von Vézeley, unweit des Morvan, wo die Großherzöge von Burgund selbst einen Weinberg besaßen; seit 1979 wird hier Wein erzeugt. Die Weine, die unter der Appellation Bourgogne verkauft werden, dürften hier vom guten Ruf des Orts profitieren, einer touristischen Hochburg, in der die Besucher der romanischen Basilika auf die Wallfahrer treffen.

Das verkarstete, ausgedörrte Plateau von Langres – der traditionelle Weg, den alle Eindringlinge aus dem Nordosten nahmen oder noch nehmen, die historischen Eroberer ebenso wie heute die Touristen – trennt die Gebiete von Chablis, Auxerre und Tonnerre von der Côte d'Or, die als «Purpur- und Goldhang» oder einfach als *«die Côte»* bezeichnet wird. Im Tertiärzeitalter und danach während der Entstehung der Alpen fiel der Spiegel des Meeres von Bresse, das diese Region bedeckte und bis zum alten hercynischen Massiv reichte, und lagerte dabei im Laufe von Jahrtausenden Kalksedimente unterschiedlicher Zusammensetzung ab: zahlreiche parallel zueinander in Nord-Süd-Richtung verlaufende Verwerfungen, die aus der Zeit der alpiden Faltung stammen, ein «Absinken» der Böden von oben nach unten während der großen tertiären Vergletscherungen, Entstehung von Tälern, die von mächtigen Flussläufen gegraben wurden. Das Ergebnis ist eine außergewöhnliche Vielfalt von Böden, die nebeneinander liegen, ohne dass sie identisch wären, dabei aber an der Oberfläche aufgrund einer dünnen Schicht Ackerboden ähnlich zu sein scheinen. So erklären sich auch die Fülle der Herkunftsbezeichnungen, die mit der Vielzahl von Böden verbunden sind, und die Bedeutung der Einzellagen, die dieses Mosaik noch weiter verfeinern.

Geografisch gesehen erstreckt sich die «Côte» auf einer Länge von etwa 50 km von Dijon bis Dezize-lès-Maranges, im Norden des Departements Saône-et-Loire. Der Hang, der zumeist der aufgehenden Sonne zugewandt ist, wie es sich für Grands crus in einem semikontinentalen Klima gehört, fällt von der oberen Hochfläche, auf der sich vereinzelt Weinberge der Hautes Côtes befinden, zur Ebene der Saône hin ab, wo andere Kulturpflanzen angebaut werden.

Die «Côte» erstreckt sich geradlinig, was eine hervorragende Ostsüdost-Ausrichtung begünstigt. Traditionell wird sie in mehrere Abschnitte unterteilt, von denen der Erste im Norden großenteils durch die wachsende Urbanisierung im Ballungsraum Dijon erdrückt wird (Gemeinde Chenôve). Aus Traditionsgründen hat die Stadtverwaltung von Dijon dennoch eine Parzelle mitten in der Stadt selbst wieder bepflanzt. In Marsannay fängt die Côte de Nuits an, die bis zum Clos des Langres auf dem Boden der Gemeinde Corgoloin reicht. Sie ist ein schmaler Hang (nur ein paar hundert Meter breit), der von Erosionstälern, die mit ihren Wäldern und Felsen an die Alpen erinnern, zerschnitten wird und kalten, trockenen Winden ausgesetzt ist. Dieser Abschnitt der Côte besitzt 29 Appellationen, die sich entsprechend der Cru-Skala verteilen, zusammen mit Dörfern, die sehr angesehene Namen tragen: Gevrey-Chambertin, Chambolle-Musigny, Vosne-Romanée, Nuits-Saint-Georges ... Die Premiers crus und die Grands crus (Chambertin, Clos de la Roche, Musigny, Clos de Vougeot) befinden sich in einer Höhe zwischen 240 und 320 m. In diesem Gebiet stößt man inmitten vielfältiger Geröllablagerungen am häufigsten auf Böden, bei denen Mergelkalk zu Tage tritt. Die am besten strukturierten Rotweine von ganz Burgund, die sich für die längste Lagerung eignen, stammen von hier.

Daran schließt sich die Côte de Beaune an: Der Hang ist breiter (ein bis zwei Kilometer), hat ein gemäßigteres Klima und ist gleichzeitig feuchteren Winden ausgesetzt, was eine frühere Reifung der Trauben zur Folge hat. In geologischer Hinsicht ist die Côte de Beaune einheitlicher aufgebaut als die Côte de Nuits, mit einer fast waagrecht verlaufenden Hochfläche am Fuß des Hangs, die aus Schichten der oberen Bath-Stufe besteht und mit stark rot gefärbter Erde bedeckt ist. Auf diesen recht tiefen Böden werden die großen Rotweine erzeugt (Beaune Grèves, Pommard Epenots usw.). Im Süden der Côte de Beaune bilden Bänke aus oolithischem Kalkstein, die sich zusammen mit direkt darüber liegendem Kalkstein unter dem von Geröll bedeckten Mergel aus der mittleren Bath-Stufe befinden, steinige, kieshaltige Böden; auf ihnen werden Weißweine erzeugt, die zu den angesehensten zählen: Premiers crus und Grands crus der Gemeinden Meursault, Puligny-Montrachet und Chassagne-Montrachet. Wenn man von einer «Côte der Rotweine» und einer «Côte der Weißweine» spricht, muss man noch zwischen beiden das Anbaugebiet von Volnay erwähnen, das auf steinigen Ton- und Kalksteinböden liegt und Rotweine von großer Feinheit hervorbringt.

An der Côte de Beaune werden die Reben in größerer Höhe angebaut als an der Côte de Nuits: bis zu 400 m und manchmal noch höher. Der Hang wird von breiten Erosionstälern zerschnitten; eines davon, das Tal von Pernand-Vergelesses, scheint den berühmten Corton-Berg von der übrigen Côte abzutrennen.

Seit etwa dreißig Jahren bestockt man nach und nach wieder die Bereiche der Hautes-Côtes, wo die regionalen Appellationen Bourgogne Hautes-Côte de Nuits und Bourgogne Hautes-Côtes de Beaune erzeugt werden. Die Rebsorte Aligoté hat dort ihr bevorzugtes Anbaugebiet, das ihre Frische gut zur Geltung bringt. Einige Reblagen liefern ausgezeichnete Rotweine aus Pinot noir, die oft nach Beeren (Himbeere und schwarze Johannisbeere) duften; diese kleinen Früchte sind burgundische Spezialitäten, die dort ebenfalls gezüchtet werden.

Etwas stärker entfaltet sich die Landschaft an der Côte Chalonnaise (4 500 ha); die geradlinige Oberflächengestalt verbreitert sich hier zu nicht sehr hohen Hügeln, die hauptsächlich westlich des Saône-Tals aufragen. Der geologische Aufbau ist viel weniger einheitlich als im Weinbaugebiet der Côte d'Or: Die Böden befinden sich auf Kalkstein aus der Juraformation, aber auch auf Mergel, der ebenfalls dem Jura oder einer noch älteren erdgeschichtlichen Formation, nämlich Lias oder Trias, entstammt. Rotweine von der Rebsorte Pinot noir werden in Mercurey, Givry und Rully erzeugt, aber diese Gemeinden produzieren auch Weißweine von der Chardonnay-Rebe, ebenso wie Montagny. Dort befindet sich auch Bouzeron mit dem berühmten Aligoté. Erwähnen muss man noch ein gutes Anbaugebiet in der Umgebung von Couches, das von einem mittelalterlichen Schloss überragt wird. Von romanischen Kirchen zu alten Gebäuden – jede touristische Reiseroute kann hier auch in eine «Weinstraße» übergehen.

Das Mâconnais (mit einer im Ertrag stehenden Anbaufläche von 5 700 ha) – eine Abfolge von Hügeln, die oft weite Horizonte enthüllen, wo im Grün der Weiden immer wieder die weißen Punkte von grasenden Charolais-Rindern zu sehen sind – lag Lamartine sehr am Herzen: Milly, das Dorf, in dem er aufwuchs, ist ein Weinbauort, und er selbst besaß dort ebenfalls Weinberge. Es ist geologisch einfacher aufgebaut als das Chalonnais. Die sedimentären Schichten von der Trias- bis zur Juraformation werden hier in West-Ost-Richtung von Verwerfungen zerschnitten. 20 % der Appellationen sind kommunale, 80 % regionale AOCs (Mâcon blanc und Mâcon rouge). Auf braunen Kalksteinböden werden die berühmtesten Weißweine, die von der Rebsorte Chardonnay stammen, an den besonders gut gelegenen und sehr sonnenreichen Hängen von Pouilly, Solutré und Vergisson erzeugt; sie sind bemerkenswert wegen ihrer Erscheinung und ihrer langen Lagerfähigkeit. Die Rot- und Roséweine werden in der Appellation Bourgogne aus der Rebsorte Pinot noir und bei den Mâcon-Weinen aus Gamay noir à jus blanc hergestellt; die Reben wachsen dabei in tieferen, weniger guten Lagen, auf oft schluffigen Böden, in denen Kieselknollen die Entwässerung erleichtern.

So wesentlich die Bodenbeschaffenheit und die klimatischen Voraussetzungen auch sein mögen, man kann das Weinbaugebiet Burgund nicht vorstellen, ohne den Anteil des Menschen am Weinbau und an der Weinherstellung zu erwähnen: Menschen, die hier oft schon seit Jahrhunderten mit ihrem Anbaugebiet verbunden sind. Deswegen sind die Namen vieler Familien in den Dörfern dieselben wie vor 500 Jahren. Auch die Gründung einiger Handelshäuser reicht manchmal ins 18. Jh. zurück.

Das zerstückelte Weinbaugebiet besteht aus Familienbetrieben, die eine geringe Größe haben. So genügt ein vier bis fünf Hektar großes Weingut in einer Dorfappellation (z. B. Nuits-Saint-Georges), um einen Haushalt zu ernähren, der einen Arbeiter beschäftigt. Erzeuger, die mehr als zehn Hektar Rebland besitzen und bewirtschaften, sind selten: Der berühmte Clos-Vougeot etwa, der 50 ha umfasst, ist unter mehr als siebzig Besitzer aufgeteilt! Die Zerstückelung der Einzellagen hinsichtlich der Besitzverhältnisse erhöht die Vielfalt der erzeugten Weine noch weiter und sorgt für einen gesunden Wettbewerb unter den Winzern. Eine Weinprobe in Burgund besteht oft darin, dass man zwei Weine derselben Rebsorte und derselben Appellation vergleicht, die aber jeder aus einer anderen Einzellage kommen, oder dass man zwei Weine derselben Rebsorte und derselben Einzellage beurteilt, die jedoch aus verschiedenen Jahrgängen stammen. Deshalb tauchen bei der Weinprobe zwei Begriffe immer wieder auf: «Cru» bzw. *«climat»* und *«millésime»* (Jahrgang), zu denen selbstverständlich die persönliche «Handschrift» des Erzeugers hinzukommt, der die Weine präsentiert. Bei den Anbau- und Vinifizierungsmethoden ist der burgundische Winzer sehr darauf bedacht, die Bräuche und Traditionen zu bewahren, was aber nicht heißt, dass er eine Modernisierung grundsätzlich ablehnen würde. So nimmt etwa die Mechanisierung im Weinbau zu; außerdem haben es viele Erzeuger verstanden, neue Geräte und Methoden vorteilhaft zu nutzen. Es gibt jedoch Traditionen, die von den Winzern ebenso wenig wie von den Weinhändlern in Frage gestellt werden dürfen: Eines der besten Beispiele dafür ist der Ausbau der Weine im Eichenfass.

Schätzungsweise 3 500 Güter leben ausschließlich vom Weinbau. Sie machen zwei Drittel der 24 000 ha Reben aus, die in AOC-Lagen angepflanzt sind. Neunzehn Winzergenossenschaften sind verzeichnet; sehr aktiv ist das Genossenschaftswesen im Gebiet von Chablis, in der Côte Chalonnaise und vor allem im Mâconnais (dreizehn Genossenschaftskellereien). Sie erzeugen rund 25 % der gesamten Weinmenge. Die Weinhändler, die selbst Weine ausbauen, spielen seit dem 18. Jh. eine große Rolle.

Sie vermarkten über 60 % der Produktion und besitzen mehr als 35 % der Gesamtfläche der Grands crus an der Côte de Beaune. Mit seinen Weingütern erzeugt der Weinhandel 8 % der burgundischen Gesamtproduktion. Diese liegt bei durchschnittlich 180 Millionen Flaschen (105 Mio. Flaschen Weißwein und 75 Mio. Flaschen Rotwein), die einen Umsatz von 5 Mrd. Francs ausmachen, davon 2,6 Milliarden im Export. Die Gesamtmenge aller Appellationen beträgt etwa 3 Mio. hl.

Die Bedeutung des Ausbaus (die Behandlung eines Weins von seiner frühesten Jugend bis zu seiner optimalen Qualität vor der Flaschenabfüllung) unterstreicht die Rolle des *négociant-éleveur*, des Weinhändlers, der junge Weine aufkauft und selbst ausbaut: Neben seiner kommerziellen Aufgabe übernimmt er auch eine kellertechnische Verantwortung. Es versteht sich deshalb von selbst, dass sich zwischen dem Weinbau und dem Weinhandel eine harmonische Beziehung der beiden Berufsgruppen entwickelt hat.

Das BIVB (Bureau interprofessionnel des vins de Bourgogne) besitzt drei Außenstellen: Mâcon, Beaune und Chablis. Es wird in technischer und wirtschaftlicher Hinsicht wie auch im Bereich der Werbung tätig. Die Universität von Burgund war die erste Einrichtung in Frankreich, zumindest auf Universitätsebene, die 1934 einen Unterricht in Önologie anbot und ein Fachdiplom einführte – zur selben Zeit, als die berühmte Confrérie der Chevaliers du Tastevin gegründet wurde, die sehr viel für die Verbreitung und das weltweite Ansehen der burgundischen Weine leistet. Sie hat ihren Sitz im Château du Clos-Vougeot und trägt gemeinsam mit anderen örtlichen Weinbruderschaften dazu bei, die Traditionen am Leben zu erhalten. Eine der prächtigsten Traditionen ist unbestritten die 1851 eingeführte Versteigerung der Hospices de Beaune, ein Treffpunkt für die internationale Weinelite und eine «Börse», an der sich die Preise für die Grands crus orientieren. Zusammen mit dem «Kapitel» (Versammlung) der Confrérie und der *«Paulée»* bildet die Versteigerung einen der *«Trois Glorieuses»*, der «drei glorreichen Tage». Aber in ganz Burgund versteht man es, fröhliche Weinfeste zu feiern, entweder vor einer *pièce* (Fass mit 228 l Fassungsvermögen) oder vor einer Flasche. Burgund und seine Weine muss man einfach mögen: Ist es nicht ganz einfach «ein Land, das man in seinem Glas mitnehmen kann»?

Die regionalen Appellationen Bourgogne

Die regionalen Appellationen Bourgogne, Bourgogne grand ordinaire und ihre Ableger oder Entsprechungen nehmen den größten Anbaubereich des burgundischen Weinbaugebiets ein. Sie dürfen in den traditionell als Weinbauorte geltenden Gemeinden der Departements Yonne, Côte-d'Or und Saône-et-Loire sowie im Kanton Villefranche-sur-Saône (Departement Rhône) erzeugt werden. Im Jahr 2000 produzierten sie insgesamt 361 917 hl.

Die gesetzliche Regelung der Traditionen, insbesondere die Festlegung der Reblagen durch die Abgrenzung der Parzellen, hat innerhalb der regionalen Appellationen zu einer Hierarchie geführt. Die Appellation Bourgogne grand ordinaire ist die allgemeinste Appellation, die hinsichtlich der abgegrenzten Anbaufläche am weitesten gefasst ist. Mit einem strenger festgelegten Rebsatz erzeugt man an den gleichen Orten Bourgogne Aligoté, Bourgogne Passetoutgrain und Crémant de Bourgogne.

Bourgogne

Der Anbaubereich dieser Appellation ist recht groß, wenn man die möglichen Zusätze der verschiedenen Namen von Untergebieten (Hautes-Côtes, Côte Chalonnaise) oder von Dörfern (Irancy, Chitry, Epineuil) einbezieht; sie alle bilden nämlich jeweils ein eigenständiges Anbaugebiet und werden hier auch als solche aufgeführt. Angesichts der Größe dieser Appellation ist es nicht verwunderlich, dass die Erzeuger versucht haben, ihren Weinen einen persönlichen Charakter zu verleihen und den Gesetzgeber davon zu überzeugen, dass die Herkunft genauer angegeben werden sollte. Im Gebiet von Châtillon (Côte-d'Or) wurde der Name Massigny verwendet, aber dieses Anbaugebiet ist fast verschwunden. Seit jüngerer Zeit verwenden die Winzer an den Hängen der Yonne den Dorfnamen und haben ihn der Appellation Bourgogne hinzugefügt. Das gilt für Saint-Bris und Côtes d'Auxerre auf dem rechten Ufer und für Coulanges-la-Vineuse auf dem linken Ufer.

Die Produktionsmenge der Appellation Bourgogne liegt im Durchschnitt bei rund 155 000 hl pro Jahr. Beim Weißwein wurden 78 726 hl von der Rebsorte Chardonnay erzeugt, die im Departement Yonne auch Beaunois genannt wird. Die Rebsorte Pinot blanc, die zwar im Gesetzestext aufgeführt wird und früher in den Hautes Côtes ein wenig häufiger angebaut wurde, ist praktisch verschwunden. Sie wird übrigens sehr oft – zumindest dem Namen nach – mit dem Chardonnay verwechselt.

Beim Rot- und Roséwein beträgt die Produktion (von der Rebsorte Pinot noir) durchschnittlich etwa 125 000 bis 130 000 hl pro Jahr. Die Rebsorte Pinot beurot ist leider fast vollständig verschwunden, weil sie wenig Farbstoffe enthält; sie verlieh den Rotweinen eine bemerkenswerte Feinheit. In manchen Jahren darf die angemeldete Produktionsmenge um die Weinmenge erhöht werden, die von der «Zurücknahme» der kommunalen Beaujolais-Appellationen stammt: Brouilly, Côte-de-Brouilly, Chénas, Chiroubles, Fleurie, Juliénas, Morgon, Moulin à Vent und Saint-Amour. Diese Weine sind dann ausschließlich aus Gamay noir hergestellt worden und besitzen somit einen anderen Charakter. Die Roséweine, bei denen sich die Menge ein wenig erhöht, wenn in einem Jahr die Trauben ungenügend reifen oder die Reben in hohem Maße von der Graufäule befallen sind, dürfen unter der Appellation Bourgogne rosé oder Bourgogne Clairet verkauft werden.

Um das Ganze noch komplizierter zu machen, findet man Etiketten, die zusätzlich zur Appellation Bourgogne noch den Namen der Reblage tragen, in welcher der Wein erzeugt worden ist. Einige alte, berühmte Weinberge rechtfertigen heute diese Praxis; das trifft zu auf die Reblagen le Chapitre in Chenôve, les Montreculs, Überbleibsel des von der Urbanisierung heimgesuchten Anbaugebiets von Dijon, und la Chapelle-Notre-Dame in Serrigny. Bei den anderen führen sie oft zu einer Verwechslung mit den Premiers crus und sind nicht immer gerechtfertigt.

DOM. ALEXANDRE 1999

■ 1,8 ha 3 000 5à8€

Kaffee- und Himbeeraromen wirken zusammen und sorgen gemeinsam für ein intensives Bouquet. Im Geschmack bleibt die frische Frucht spürbar. Ein schöner, guter Wein, den man im Höchstfall in einem Jahr trinken kann.

Dom. Alexandre Père et Fils, pl. de la Mairie, 71150 Remigny, Tel. 03.85.87.22.61, Fax 03.85.87.22.61, E-Mail domaine.alexandre@roonoo.net
n. V.

BERTRAND AMBROISE 1999*

□ k. A. k. A. 5à8€

Sie wählen den **roten 99er Vieilles vignes** (Preisgruppe: 50 bis 69 F)? Er bietet innerhalb einer glücklichen, anhaltenden Melodie Sauerkirschen. Oder diesen Weißwein? Er ist gelb mit goldenen Reflexen und besitzt Nervigkeit und Rundheit. Gut vinifiziert, mit interessantem Potenzial. Man kann ihn schon jetzt trinken. Sein Bouquet? Ein wahres Glücksgefühl, zwischen Iris und Haselnüssen. Beide Weine kann man mit der sonntäglichen Mahlzeit kombinieren.

Maison Bertrand Ambroise, rue de l'Eglise, 21700 Premeaux-Prissey, Tel. 03.80.62.30.19, Fax 03.80.62.38.69, E-Mail bertrand.ambroise@wanadoo.fr
n. V.

MICHEL ARCELAIN 1999*

□ 0,16 ha 1 400 5à8€

Ein Weißwein, der aus Pommard, einem Anbaugebiet für rote Traubensorten, kommt. Er ist im Augenblick prächtig und dürfte sich ein bis zwei Jahre halten. Seine goldene Farbe leuchtet. Der schon recht offene Duft setzt auf Frucht und Honig. Der großzügige, sehr fruchtige Geschmack, der lang anhält, zeigt eine Eleganz, die einen guten Fisch verdient.

Michel Arcelain, rue Mareau, 21630 Pommard, Tel. 03.80.22.13.50, Fax 03.80.22.13.50
n. V.

CHRISTOPHE AUGUSTE
Coulanges-la-Vineuse 1999*

■ 11 ha 70 000 5à8€

Coulanges heißt nicht umsonst «la Vineuse». Dieser nach einem recht frischen Auftakt reiche und warme Wein, dessen Farbe an Sauerkirschen erinnert, erweist sich als gefällig und leicht; er ist gut gemacht und typisch für das Gebiet von Auxerre. Trinken kann man ihn bis 2003.

Christophe Auguste, 55, rue André-Vildieu, 89580 Coulanges-la-Vineuse, Tel. 03.86.42.35.04, Fax 03.86.42.51.81
☑ Y n. V.

DOM. BERNAERT 1999**

□ 5,92 ha 30 000 5à8€

Die Töpfer von Accolay sind bekannt, aber durch die Autobahn entfällt zugegebenermaßen diese obligatorische Station an der RN 6. Hier haben wir einen Winzer aus Accolay. Sein Chardonnay gewinnt die Liebeserklärung Nr. 1 des Departements Yonne. Ein Weinberg, der seit 1988 zurückerobert wird. Hellgelb mit silbernen Reflexen, frischer Duft nach grüner Zitrone und Blüten. Dieser warme 99er bietet einen schönen, ausgewogenen Stoff, der reich ist und lang anhält. Er findet einmütige Zustimmung.

Philippe Bernaert, 6, rte Nationale, 89460 Accolay, Tel. 03.86.81.56.95, Fax 03.86.81.69.33 ☑ Y n. V.

DOM. BORGNAT
Coulanges-la-Vineuse 1999*

□ 1 ha 2 000 5à8€

Wenn Sie zum Vergnügen unterwegs sind, gibt es hier ein Taubenhaus, das in eine Ferienunterkunft umgewandelt worden ist, und einen Keller, aus dem ein Landgasthof geworden ist. Ein in historischer Hinsicht sehr schöner Ort. Und wenn Sie den weißen Coulanges nicht kennen, wird sich Ihnen dieser hier gern vorstellen. Seine Farbe ist zwar nicht sehr strahlend, aber reizvoll. Sein hübscher Duft erinnert an Ananas und Vanille. Der in der Ansprache lebhafte Geschmack zeigt rasch eine ausdrucksvolle, warme Weinigkeit.

EARL Dom. Benjamin Borgnat, 1, rue de l'Eglise, 89290 Escolives-Sainte-Camille, Tel. 03.86.53.35.28, Fax 03.86.53.65.00, E-Mail domaineborgnat@wanadoo.fr
☑ Y n. V.

PASCAL BOUCHARD
Côtes d'Auxerre Les Pierres blanches 1999*

□ k. A. 24 000 5à8€

Der erste Akt ist holzbetont, der zweite Akt fruchtig. Wiederauftritt des Fasses und erneuter Auftritt der Frucht vor einer mineralischen Kulisse: Wir befinden uns im fünften Akt, der die Vermählung der beiden feiert. Etwas Besseres kann man nicht erträumen. Reintöniges Gelb, nicht sehr aromatisch – diese eher moderne als klassische Inszenierung hat etwas an sich, das einem großen Publikum gefallen kann. Eine gewisse Komplexität. Befinden wir uns nicht mitten in einem Theaterstück?

Pascal Bouchard, 5 bis, rue Porte-Noël, 89800 Chablis, Tel. 03.86.42.18.64, Fax 03.86.42.48.11, E-Mail pascal.bouchard@wanadoo.fr
☑ Y tägl. 10h–12h30 14h–19h; Jan. geschlossen

CELINE BOUDARD-COTE 1999*

■ 0,65 ha 5 000 5à8€

Céline Boudard-Coté studierte in Bordeaux und kehrte dann 1999 zurück, um das Familiengut allein zu übernehmen. Der erste Jahrgang. Wir möchten sie gern dazu beglückwünschen. Die Farbe ist kräftig, der Duft ausdrucksvoll, der Geschmack reich und noch in der Entwicklung begriffen. Dieser 99er könnte eine Rehkeule begleiten!

Céline Boudard-Coté, Les Noirots, Vauliemeres, 89700 Molosmes, Tel. 03.86.55.08.91, Fax 03.86.55.13.47 ☑ Y tägl. 10h–20h

DOM. DENIS BOUSSEY
Vieilles vignes 1999*

□ 0,6 ha 3 600 5à8€

Monthélie besitzt eine Kirche aus dem 12. Jh., die Zeugnisse des Cluny-Stils bewahrt. Vielleicht wurden in dieser Gemeinde die ersten Reben vor der Römerzeit angepflanzt. Diese Cuvée verdient Ihren Besuch. Sie ist goldgrün und braucht im Augenblick ein wenig Belüftung, um über das Vanillearoma vom Fass hinaus ein fruchtiges Bouquet (Zitrone, Pampelmuse) zu entfalten. Der Geschmack bietet sofort Noten von Mandeln, weißfleischigem Pfirsich und Aprikose, die ein Hauch von Menthol ergänzt. Fett, Eleganz und Reife: Dieser Wein hat ein langes Leben vor sich. Es wurde vorgeschlagen, ihn zu einem Süßwasserfisch mit Rahmsauce zu servieren.

Dom. Denis Boussey, 1, rue du Pied-de-la-Vallée, 21190 Monthélie, Tel. 03.80.21.21.23, Fax 03.80.21.62.46
☑ Y Mo–Sa 8h–12h 13h30–18h30; 5.–25. Aug. geschlossen

DOM. REGIS BOUVIER
Montre-Cul 1999**

■ 0,63 ha 2 500 5à8€

Der berühmte Montre-Cul, eine Einzellage ganz in der Nähe von Dijon, gehört in Burgund in dieser Appellation zu den seltenen Reblagen, die ihren Namen offiziell angeben dürfen. Er ist von Anfang bis Ende dicht. Ein kräftiger Wein, dessen Aromen sich auf Heidelbeere und Brombeere konzentrieren. Dieser 99er besitzt ein sehr

gutes Lagerpotenzial: Man kann ihn problemlos für einige Zeit im Keller vergessen.
🔑 Régis Bouvier, 52, rue de Mazy, 21160 Marsannay-la-Côte, Tel. 03.80.51.33.93, Fax 03.80.58.75.07 ☑ Y n. V.

MICHEL BOUZEREAU ET FILS 1999*

☐ 1 ha k. A. 8à11€

Ein weißer Bourgogne, der korpulent ist und sich angenehm trinken lässt. Er kommt aus einem großartigen Anbaugebiet für Chardonnay-Trauben: Meursault. Er erstrahlt in einem blassen Gold, das grüne Reflexe durchzucken, und bietet einen kräftigen Duft, in dem Honignoten dominieren. Der Geschmack ist füllig, fett, ausgewogen und elegant.
🔑 Michel Bouzereau et Fils, 3, rue de la Planche-Meunière, 21190 Meursault, Tel. 03.80.21.20.74, Fax 03.80.21.66.41 ☑ Y n. V.

BROSSOLETTE 1999

■ 2 ha 8 500 5à8€

Das Weinbaugebiet von Tonnerre erlebte erst vor kurzem seine Wiedergeburt: Deshalb müssen die Reben noch älter werden. Aber die Männer und Frauen, die an seine Zukunft glauben, beweisen wahres Können. Dieser Wein, der ganz dem Jahrgang entspricht, wurde fünf Monate im Holzfass ausgebaut. Die Frucht wird deutlich respektiert. Das Volumen ist zwar nicht imposant (die Rebstöcke sind erst neun Jahre alt), aber der Geschmack ist gefällig und lädt zu einem Picknick an einem schönen Herbsttag ein.
🔑 J.-J. et A.-C. Brossolette, 6, Grande-Rue, 89700 Molosmes, Tel. 03.25.70.02.94, Fax 03.25.70.59.81 ☑ Y tägl. 8h–20h

CHRISTOPHE BUISSON
Les Châtaigniers 1999**

■ k. A. k. A. 5à8€

Christophe Buisson begann 1990 mit null. Er interessierte sich für die Geschichte seiner Gemeinde, Saint-Romain im Departement Côte-d'Or, pachtete und kaufte Parzellen und danach einen Gärkeller. Er präsentiert diesen Wein von tiefer Farbe, Granatrot mit violetten Tönen und mineralischen Reflexen. Der sehr gehaltvolle Duft erinnert an reife oder überreife Früchte. Feinheit und Stärke spielen mit einer würzigen Schlussnote unentschieden. Dieser 99er kann drei bis vier Jahre gut leben.
🔑 Christophe Buisson, 21190 Saint-Romain, Tel. 03.80.21.63.92, Fax 03.80.21.67.03 ☑ Y n. V.

LES VIGNERONS DE BUXY 1999**

☐ 11 ha 35 000 5à8€

Dieser Wein, der sicherlich ein deutliches Gelb zeigt, passt zu gebratenem Zanderrücken oder sogar zu einem Kalbsragout. Seine aromatische Inszenierung könnte man sich bei den Filmfestspielen in Cannes vorstellen. Süße Zitrusfrüchte und Goldlack führen einen Dialog. Die Ausgewogenheit zwischen Säure und Alkohol ist großartig. Was für eine Stärke! Bemerkenswerte Länge mit einer eindrucksvollen Nachhaltigkeit der Aromen. Vollkommen typischer Charakter.
🔑 SICA Les Vignerons réunis à Buxy, rte de Chalon-sur-Saône, 71390 Buxy, Tel. 03.85.92.03.80, Fax 03.85.92.08.06

DOM. CAILLOT Les Herbeux 1998**

☐ 1 ha 7 000 5à8€

Les Herbeux? Eine Lage in Meursault mit Weinstöcken und trotz des Namens nicht mit wild wachsendem Gras. Hier haben wir einen Bourgogne, der der natürliche Sohn der besten Weine dieser angesehenen Appellation ist. Schon auf den ersten Blick erkennt man einen fetten Wein. Geröstete Mandeln entwickeln sich zu Buttercroissants und kleinen weißen Blüten. Dieser 98er ist ölig, mit Aromen von getrockneten Früchten im Geschmack. Perfekt, mehr Meursault als Bourgogne – doch bei einem solchen Preis muss man sich beeilen!
🔑 GAEC Dom. Caillot, 14, rue du Cromin, 21190 Meursault, Tel. 03.80.21.21.70, Fax 03.80.21.69.58 ☑ Y n. V.

MARIE-THERESE CANARD ET JEAN-MICHEL AUBINEL 1999*

☐ 0,16 ha 1 500 5à8€

Warum sollte das Vergnügen untersagt sein? Verboten? Ein leicht goldener Wein, der sich zu mineralischen Noten und Ananas entfaltet. Er nimmt Sie in seine Arme und lässt Sie nicht mehr los. Er hat eine erstaunliche Länge. Man findet Geschmack an seinen Sekundäraromen von Birne und Quitte. Ein Wort nur, und er ist schon bei Tisch. Man kann ihn jetzt trinken.
🔑 SCEV Canard-Aubinel, Mouhy, 71960 Prissé, Tel. 03.85.20.21.43, Fax 03.85.20.21.43 ☑ Y n. V.

DOM. CAPUANO-FERRERI ET FILS 1999*

■ k. A. k. A. 5à8€

Ein Kalbsragout dürfte diesen 99er, den man nicht zu rasch trinken darf, zur Geltung bringen. Dunkles Hochrot. Er ist das Ergebnis einer recht stark vorangetriebenen Extraktion. Daher auch diese rustikale Seite, wobei die Tannine die Rundheit überdecken. Ansonsten ist er ein gut «ausbalancierter» Wein.
🔑 John Capuano, 14, rue Chauchien, 21590 Santenay, Tel. 03.80.20.64.12, Fax 03.80.20.65.75 ☑ Y n. V.

MADAME EDMOND CHALMEAU
Chitry 1999*

☐ 1,8 ha 12 800 5à8€

Chitry-le-Fort widmet sich in erster Linie dem Weißwein. Den Weißweinen, müsste man eigentlich sagen, denn der Aligoté fällt hier manchmal wunderbar aus. Hier jedoch haben wir einen Chardonnay. Ganz schlicht und freimütig, einer unserer alten Lieblingsweine: Er zeigt, dass er die Zügel nicht aus der Hand gibt. Er besitzt ein Potenzial, das bis zum Augenblick nur zur Hälfte ausgeschöpft ist, wobei sich Säure und Alkohol ausgleichen und die Aromen von weißfleischigem Pfirsich sehr gefällig sind.

🔑 Mme Edmond Chalmeau,
20, rue du Ruisseau, 89530 Chitry-le-Fort,
Tel. 03.86.41.42.09, Fax 03.86.41.46.84
☑ 🍷 n. V.

CHAMPY PERE ET CIE 1999★★

■ k. A. 40 000 8 à 11 €

Dieser Pinot noir macht der Appellation Ehre. Ein wirklich hübscher Wein. Die Farbe ist beständig. Der Duft entfaltet sich bereitwillig zu einem Cocktail roter Früchte. Selbst die leichte Aggressivität der Tannine beeinträchtigt nicht die Gesamtharmonie. Es kommt selten vor, dass man in einer regionalen Appellation so viel Komplexität findet.

🔑 Maison Champy, 5, rue du Grenier-à-Sel,
21200 Beaune, Tel. 03.80.25.09.99,
Fax 03.80.25.09.95,
E-Mail champyprost@aol.com ☑ 🍷 n. V.
🔑 Pierre Meurgey

CHARLES DE FRANCE 1998★

□ k. A. 50 000 5 à 8 €

Charles gehört zu den Vornamen von Jean-Claude Boissets Sohn. Ist darin der Ursprung der Marke «Charles de France» zu sehen? Unwichtig: Diesen zarten goldenen Chardonnay mit den Farnkrautnoten hofiert man gern. Sein Körper ist der einer Skulptur, von einem Hauch von Lebkuchen betont. Ein schon jetzt angenehmer Wein, den man aber auch lagern kann.

🔑 Jean-Claude Boisset, 5, quai Dumorey,
21700 Nuits-Saint-Georges, Tel. 03.80.62.62.61,
Fax 03.80.62.37.38

DOM. PHILIPPE CHARLOPIN
Cuvée Prestige 1998★★

■ k. A. k. A. 8 à 11 €

Dieser Wein feiert einen viel beachteten Einstand. Alle Blicke richten sich auf ihn. Es stimmt, dass wir hier einen seltenen Vogel vor uns haben: außerordentlich für einen 98er, außergewöhnlich für eine regionale Appellation! Philippe Charlopin ist in unserem Weinführer oft vertreten. Sagen wir einfach, dass ihm alles gelingt. Ein guter Ratschlag noch: Nehmen Sie rasch Ihr Handy zur Hand und rufen Sie Gevrey an!

🔑 Philippe Charlopin, 18, rte de Dijon,
21220 Gevrey-Chambertin, Tel. 03.80.51.81.18,
Fax 03.80.51.81.18 ☑ 🍷 n. V.

JEAN-PIERRE CHARTON 1999★

■ 3 ha 11 000 5 à 8 €

Dieser Pinot noir besingt temperamentvoll seinen Stolz, ein Burgunder zu sein. Er bietet nämlich einen typischen Charakter, der sympathisch, ein wenig rau, aber spontan und recht lebhaft ist. Seine hochrote Farbe bildet einen ausgezeichneten Auftakt zu einem feinen, rassigen Bouquet.

🔑 Jean-Pierre Charton, 29, Grande-Rue,
71640 Mercurey, Tel. 03.85.45.22.39,
Fax 03.85.45.22.39 ☑ 🍷 n. V.

CLOS DU CHATEAU 1999★

□ 4,5 ha 30 000 11 à 15 €

Das 19 ha große Château, das sich im Besitz der Französischen Bodenkreditanstalt befindet, stellt einen charaktervollen Bourgogne vor, der aber noch sehr stark vom Holz geprägt ist. Dennoch besteht er aus sehr gutem «Rohmaterial», das dem Fass Widerstand leisten kann, so dass der Wein voll und gleichzeitig kräftig ist. Eine Flasche, die für erfahrene Weinliebhaber bestimmt ist.

🔑 SCEA Dom. du Château de Puligny-Montrachet, 21190 Puligny-Montrachet,
Tel. 03.80.21.39.14, Fax 03.80.21.39.07,
E-Mail chateaupul@aol.com ☑ 🍷 n. V.

DOM. CHAUMONT PERE ET FILS 1999★

■ 1,5 ha 1 600 5 à 8 €

Das ist selten, aber vielleicht bedeutsam: Dieses Gut hat dreißig Jahre lang biologischen Anbau praktiziert. In Zukunft legt es sich auf gezielte Schädlingsbekämpfung mit integriertem Pflanzenschutz fest. Mit diesem Bourgogne bietet es einen Nonstopflug in die Pinot-noir-Universität an: Er hat eine sehr intensive Farbe von schöner Klarheit und entfaltet über einer Mokkanote Aromen von schwarzen Kirschen. Die Schwarzkirschen findet man im Mund wieder, innerhalb einer Umgebung von Unterholz und Humus. Sehr «bodentypisch».

🔑 Dom. Chaumont Père et Fils, Le Clos Saint-Georges, 71640 Saint-Jean-de-Vaux,
Tel. 03.85.45.13.77, Fax 03.85.45.27.77,
E-Mail didierchaumont@aol.com ☑ 🍷 n. V.

DOM. DES CHAZELLES 2000★

□ k. A. 6 000 5 à 8 €

Die Chalands machten sich 1967 selbstständig; sie verließen damals die Genossenschaftskellerei und kümmern sich jetzt selbst um ihre 6,2 Hektar. «Hier haben wir einen schönen weißen Bourgogne», notierte ein Verkoster: Das Auge erfreut sich an allen Merkmalen der Chardonnay-Traube, einer blassen Farbe mit vielen grünen Reflexen. Weißdorn beherrscht den Duft, während Pampelmuse im Mund dominiert, über einer sehr angenehmen kleinen Struktur, die schon jetzt gefällt.

🔑 Jean-Noël Chaland, En Jean-Large,
71260 Viré, Tel. 03.85.33.11.18,
Fax 03.85.33.15.58 ☑ 🍷 Mo–Sa 8h–19h

DOM. HENRI CLERC ET FILS
Les Riaux 1999★

□ 2,33 ha 21 733 5 à 8 €

Ein altes burgundisches Gut, für das die Chardonnay-Traube keine Geheimnisse mehr enthält. Dieser strahlend goldene Wein bietet einen sehr angenehmen Duft von frischen Früchten. Im Geschmack ist er harmonisch und ausgewogen, wobei ein frischer Abgang mit Zitrone das Ganze belebt. Er kann zwei bis drei Jahre lang Fischterrinen begleiten.

🔑 Dom. Henri Clerc et Fils, pl. des Marronniers, 21190 Puligny-Montrachet, Tel. 03.80.21.32.74, Fax 03.80.21.39.60
☑ Y tägl. 8h30–11h45 14h–17h45
🔑 Bernard Clerc

DOM. FRANÇOIS COLLIN
Epineuil 1999*

■ 4,9 ha k. A. 5 à 8 €

Philippe Collin hat 2000 die Leitung des Familienbetriebs übernommen. Er hat hier einen sehr gelungenen 99er geerbt: Das Rot ist kleidsam, der Genuss vorhanden. Dieser Wein, dessen Rubinrot bläulich rote Töne zeigt, besitzt ein reifes Bouquet (gekochte Früchte, Backpflaume). Im Geschmack setzt er alles auf die Frucht. Der runde, frische Körper mit maßvollem Holzton macht Lust, weiterzumachen.

🔑 Philippe Collin, Les Mulots, 89700 Tonnerre, Tel. 03.86.75.93.84, Fax 03.86.75.94.00, E-Mail françois.collin@wanadoo.fr ☑ Y n. V.

DOM. COLLOTTE 1999*

■ 1 ha 4 000 5 à 8 €

Hier beweist sich die Grundregel: Gute Weine kann man nur mit guten Trauben machen. Dieser Wein hier hakt sich bei Ihnen ein, so einen guten Charakter besitzt er. Er ist tanninreich, ohne adstringierend zu wirken, fleischig, ohne dick zu sein, sanft, überaus liebenswürdig und strahlend granatrot. Im Duft äußert er sich in zwei Sprachen: Leder und rote Früchte. Der Rest, berichtete man uns, ist aufrichtigste Kameradschaft. Es ist überflüssig, ihn altern zu lassen.

🔑 Dom. Collotte, 44, rue de Mazy, 21160 Marsannay-la-Côte, Tel. 03.80.52.24.34, Fax 03.80.58.74.40 ☑ Y n. V.

COMTE DE MIGIEU 1999

□ k. A. k. A. 15 à 23 €

Eine zur Gruppe Max gehörende Cuvée, in der reife Früchte auf honigartige und harzige Noten setzen. Ein Hauch von Alkohol im Geschmack begleitet den röstartigen Eindruck, der vom Fass herrührt und sich nach ein paar Jahren Lagerung einfügen dürfte.

🔑 Poulet Père et Fils, 6, rue de Chaux, BP 4, 21700 Nuits-Saint-Georges, Tel. 03.80.62.43.02, Fax 03.80.61.28.08

DOM. DE CORBETON 1999**

□ k. A. 200 000 8 à 11 €

Für seine Appellation große Klasse! Dieser Wein von recht blassem Strohgelb zeigt seine Vornehmheit und seine Eleganz schon in den ersten Augenblicken durch eine deutlich vorhandene Frucht, aber mit der in guten Familien empfohlenen Zurückhaltung. Und dann fliegt er, ätherisch und hochfein, zu den Gipfeln hinauf. Es handelt sich hier um die Firma A. Bichot unter einem anderen Namen, den sie benutzt. Für die Wahl zum Lieblingswein vorgeschlagen.

🔑 Dom. de Corbeton, BP 47, 21202 Beaune Cedex, Tel. 03.80.24.37.47, Fax 03.80.24.37.38

DOM. DE COURCEL 1998*

■ 0,7 ha 1 500 8 à 11 €

Dieser «einfache» Bourgogne, der von einem Gut in Pommard kommt, ist sehr gelungen. Vanille und schwarze Johannisbeere bilden die Vorposten einer sehr konzentrierten aromatischen Grundlage. Eine gute Extraktion führt im Mund zu einer entsprechenden Erscheinung, während Bigarreau-Kirschen auf die vorangegangenen Aromen folgen. Ein typischer 98er in einem recht schicken Stil.

🔑 Dom. de Courcel, pl. de l'Eglise, 21630 Pommard, Tel. 03.80.22.10.64, Fax 03.80.24.98.73 ☑

DOM. DARNAT 1999*

□ 1,2 ha 7 000 8 à 11 €

Henri Darnat hat den Familienbetrieb 1995 übernommen. Dieser weiße Bourgogne, der ebenfalls aus Meursault kommt, trägt die Farben seines Terroir. Der Duft bringt die Rebsorte zum Ausdruck, während der Geschmack außer Blüten und Früchten einen diskreten, gut dosierten Holzton erkennen lässt. Ein Wein von schöner Haltung.

🔑 Dom. Darnat, 20, rue des Forges, 21190 Meursault, Tel. 03.80.21.23.30, Fax 03.80.21.64.62, E-Mail domaine.darnat@libertysurf.fr
☑ Y n. V.

RODOLPHE DEMOUGEOT 1999*

□ 0,49 ha 4 800 5 à 8 €

Dieser Jahrgang stellt die erste Weißwein-Vinifizierung des 1992 entstandenen Guts dar. Zehn Monate im Holzfass haben den schönen typischen Charakter dieses intensiv strohgelben Weins mit den Aromen von frischen Früchten, Mandeln und Unterholz nicht ausgelöscht. Der im Geschmack angenehme Wein bietet Empfindungen, die von der Fülle der Ansprache bis zur Lebhaftigkeit des von Zitrusfrüchten bestimmten Abgangs reichen. Schon recht sympathisch.

🔑 Dom. Rodolphe Demougeot, 2, rue du Clos-de-Mazeray, 21190 Meursault, Tel. 03.80.21.28.99, Fax 03.80.21.29.18
☑ Y n. V.

DESVIGNES 1998

□ k. A. 12 000 5 à 8 €

Der weiße Bourgogne dieser sympathischen Firma aus dem Beaujolais: Das Kleid wurde von einem großen Modeschöpfer entworfen. Der blumige Duft wird von einer Zimtnote unterstützt. Der ausgewogene, runde, lang anhaltende, recht fruchtige Geschmack gefällt schon jetzt.

🔑 Maison Desvignes, rue Guillemet-Desvignes, Pontanevaux, 71570 La Chapelle-de-Guinchay, Tel. 03.85.36.72.32, Fax 03.85.36.74.02 Y n. V.

ANTOINE DONAT ET FILS
Côtes d'Auxerre Dessus-bon-boire 1999**

■ 1,5 ha 7 000 5 à 8 €

Ausbau im Eichenfass, aber ohne Rückgriff auf neue Holzfässer, um den Wein nicht «niederzuknüppeln». Dieser sehr genussvolle 99er

von rubinroter bis purpurvioletter Farbe, der mit Früchten und Gewürzen «pinotiert», ist wirklich «mehr als nur gut zu trinken». Ein Reblagenname, den man nicht erfinden kann.
André Donat, 41, rue de Vallan, 89290 Vaux, Tel. 03.86.53.89.99, Fax 03.86.53.68.36
Mo–Sa 9h–12h 14h–19h; So n. V.

DOM. DUBOIS D'ORGEVAL 1998*

k. A. k. A. 5à8€

Ein Wein der regionalen Appellation, der eine dunkelrubinrote Farbe und ziemlich gewohnte animalische Noten besitzt. Besondere Aufmerksamkeit erregt seine Struktur. Sein für die burgundische Pinot-noir-Rebe typischer Charakter ebenfalls. Im guten Mittelfeld.
Dom. Dubois d'Orgeval, 3, rue Joseph-Bard, 21200 Chorey-lès-Beaune, Tel. 03.80.24.70.89, Fax 03.80.22.45.02 n. V.

GILLES DURAND 2000

0,2 ha 1 650 3à5€

Dieses 1991 entstandene Gut besitzt junge Rebstöcke (sieben Jahre alt), die einen interessanten Rosé geliefert haben, auch wenn er mehr rund als lebhaft ist. Die lachsrote Farbe kündigt einen fruchtigen Duft mit Noten von säuerlichen Bonbons an. Der Geschmack verlangt nach Grillgerichten schon in diesem Herbst.
Gilles Durand, Ferme de l'Hermitage, 89700 Tonnerre, Tel. 03.86.54.46.70, Fax 03.86.55.29.00 n. V.

BERNARD DURY 1999*

0,61 ha 2 000 5à8€

Bernard Dury baut seine 7,45 Hektar seit 1975 an. Diese strahlend goldene Cuvée bietet einen recht ausgeprägten Duft von Lindenblüten und weißen Blüten. Erst im Mund kommt das Fass mit seinen Vanillenoten zum Vorschein. Aber die Lebhaftigkeit bleibt in einem ausgewogenen Geschmack bis zum Abgang erhalten.
Bernard Dury, rue du Château, hameau de Cissey, 21190 Meursault, Tel. 03.80.21.48.44, Fax 03.80.21.48.44 n. V.

SYLVAIN DUSSORT
Cuvée des Ormes 1999*

1,3 ha 9 000 8à11€

Eine Cuvée, die den Lesern unseres Weinführers sehr bekannt ist, eine Auslese von vierzig Jahre alten Reben. Sie erstrahlt in einer glänzenden Goldfarbe. Die Nase bietet blumige und honigartige Düfte sowie kandierte Früchte. Der Geschmack hat eine recht fette Ansprache und entwickelt sich danach zu Holznoten und einer Lebhaftigkeit, die ihm eine zwei- bis dreijährige Lagerfähigkeit garantiert. Fisch mit Rahmsauce wird dazu empfohlen.
Sylvain Dussort, 12, rue Charles-Giraud, 21190 Meursault, Tel. 03.80.21.27.50, Fax 03.80.21.65.91, E-Mail dussvins@aol.com
n. V.

DOM. FELIX
Côtes d'Auxerre Cuvée Saint-André 1998**

0,22 ha 2 000 5à8€

Dieses im 17. Jh. entstandene Gut wird seit 1987 von Hervé Félix geführt, der sein Dorf, dessen Architektur die Liebhaber alter Bauwerke erfreuen kann, besonders gern hat. Das Andreaskreuz war früher das Erkennungszeichen der Burgunder. Diese dem hl. Andreas geweihte Cuvée besitzt alles von dem braven Apostel und erntet ausschließlich Lob. Ein tiefgelber 98er, der zwar noch sehr vanilleartig ist, aber gleichzeitig einen Reichtum, eine Stärke und eine Eleganz zeigt, wie sie in der Appellation selten sind. Er verdient Jakobsmuscheln in zarter Buttersauce. Der **99er Rosé** ist ganz einfach gut (ein Stern); er bietet feine Noten von Zitrusfrüchten und roten Früchten.
Dom. Hervé Félix, 17, rue de Paris, 89530 Saint-Bris-le-Vineux, Tel. 03.86.53.33.87, Fax 03.86.53.61.64, E-Mail felix@caves-particulieres.com
Mo–Sa 9h–11h30 14h–18h30

DOM. DE FISSEY 1999*

1,5 ha 800 5à8€

Dieser in der Côte Chalonnaise erzeugte 99er kommt von weit her. Yves lebte nämlich in Paris, bevor er sich hier niederließ, und er wachte dort nicht über die Reben von Montmartre! Das Ergebnis ist ganz und gar zufrieden stellend, wenn man nach diesem angenehmen, weinigen Tropfen urteilt. Seine Tannine wissen, wo ihr Platz ist. Satte Farbe, klassische Aromen, die gerade erwachen. Ein recht typischer Wein.
Yves et Catherine Léveillé, Dom. de Fissey, 71390 Moroges, Tel. 03.85.47.98.70, Fax 03.85.47.99.40 n. V.

DOM. FONTAINE DE LA VIERGE
Chitry 1999**

2 ha 5 000 5à8€

Das Gut liegt 300 m von der schönen Wehrkirche von Chitry-le-Fort entfernt. Man darf hier weder das eine noch das andere versäumen. Wer den Duft von Weinbergspfirsich finden möchte, wird sich von diesem Wein mit der aromatischen Glut verführen lassen. Echte Persönlichkeit, frisch und sehr angenehm. Der leicht zitronenartige Geschmack erscheint mehr fein als konzentriert, aber dieser sehr hübsche Wein will sofort zu Tisch.

🔑 Jean-Claude Biot, 5, chem. des Fossés, 89530 Chitry-le-Fort, Tel. 03.86.41.42.79, Fax 03.86.41.46.72 ☑ 🍷 n. V.

DOM. DES FROMANGES 1999*

☐ k. A. k. A. ▮ 5à8€

Sollte die Appellation an sich selbst zweifeln? Dieser blassgoldene Wein, der Honig und Feuerstein wie ein Grammatiklehrer konjugiert, würde Sie im Handumdrehen von den Qualitäten und Vorzügen eines ausgezeichneten weißen Burgunders überzeugen. Lebhaft und fett. Mit ihm klopft das Glück an die Tür.

🔑 F. Protheau et Fils, Ch. d'Etroyes, 71640 Mercurey, Tel. 03.85.98.99.10, Fax 03.85.98.99.00, E-Mail commercial@protheau.com
🍷 Di–Sa 8h–12h 14h–18h

GILBERT ET PHILIPPE GERMAIN 1999*

◪ 0,2 ha 1000 ⦀ 3à5€

Dieser Winzer, der sich 1995 auf dem Gut seiner Eltern niederließ, präsentiert einen Rosé, der nicht schnurstracks die Kehle hinunterrinnt. Er macht es sich im Mund bequem, wobei sich seine natürliche Lebhaftigkeit in eine angenehme Rundheit einhüllt. Seine Originalität rührt von einem leichten Vanillearoma her, das sich mit der Frucht verbindet. Er wird zu Beginn einer Mahlzeit den Appetit anregen.

🔑 Philippe Germain, 21190 Nantoux, Tel. 03.80.26.05.63, Fax 03.80.26.05.12
☑ 🍷 n. V.

DOM. ANNE-MARIE GILLE 1999**

■ 0,24 ha 1 700 ⦀ 5à8€

Anne-Marie Gille gehört zu einer alten Familie, die seit dem 16. Jh. in Comblanchien ansässig ist: Sie führt diesen Betrieb seit 1983 und hat einen Keller mit Aufsehen erregenden alten Jahrgängen geerbt. Bläulich rot, als würde er geradewegs der Palette eines impressionistischen Malers entspringen, zeigt dieser Wein eine sehr klassische Reihe von Aromen (Unterholz, Brombeere), die einer zufrieden stellenden Weinigkeit entsprechen. Im Mund bietet er einen richtigen Trimm-dich-Pfad: Seine Bestandteile sind ausbalanciert, beispielsweise die sehr deutlich spürbaren Tannine, die aber keinerlei Aggressivität besitzen, und der Stoff, der so reichhaltig ist, wie es nur möglich ist. In zwei Jahren ein Lieblingswein? Gepökeltes Schweinefleisch mit Linsen hat bestimmt Recht damit, dass es sich bis Dezember 2004 geduldet!

🔑 Dom. Anne-Marie Gille, 34, RN 74, 21700 Comblanchien, Tel. 03.80.62.94.13, Fax 03.80.62.99.88, E-Mail gille@burgundywines.net ☑ 🍷 n. V.

GHISLAINE ET JEAN-HUGUES GOISOT Côtes d'Auxerre 1999**

■ 4 ha 20 000 ⦀ 5à8€

In einem alten Wachlokal aus dem 11. Jh. ist dieser Betrieb untergebracht, der von unseren Verkostern regelmäßig belohnt wird. Der Vinifizierungsstil begünstigt die Extraktion. Gemeint ist damit eine lange Gärdauer. Dieser sehr ausgeklügelte Wein hat ungeheuer viel Farbe und viele schwarze Früchte und zeigt sich im Geschmack recht beeindruckend. Der **rote 99er Corps de garde** (Preisgruppe: 50 bis 69 F) ähnelt stark dem obigen Wein. Der **weiße 99er Corps de garde** wird lobend erwähnt: Er ist sehr holzbetont und muss zwei Jahre lagern.

🔑 Ghislaine et Jean-Hugues Goisot, 30, rue Bienvenu-Martin, 89530 Saint-Bris-le-Vineux, Tel. 03.86.53.35.15, Fax 03.86.53.62.03 ☑ 🍷 n. V.

DOM. GRAND ROCHE Côtes d'Auxerre 1999**

■ 4 ha 18 000 ▮🌡 5à8€

Erick Lavallée war Buchhalter. 1981 begeisterte er sich für Feldfrüchte. 1987 wurde er Weinbauer. Angesichts dieses 99ers wird sich keiner darüber beschweren. Dieser Wein besitzt durchaus die Merkmale eines Côtes d'Auxerre: wild, aber ohne jegliche Aggressivität. Das Wunder des Weins! Er ist kirschrot und zeigt eine frische Ansprache; im Mund benimmt er sich nach den Regeln der Höflichkeit. Seine Tannine buckeln nicht; den Nachgeschmack von Kernen hat man gern.

🔑 Erick Lavallée, Dom. Grand Roche, 6, rte de Chitry, 89530 Saint-Bris-le-Vineux, Tel. 03.86.53.84.07, Fax 03.86.53.88.36
☑ 🍷 n. V.

GRIFFE Côtes d'Auxerre 2000

■ 1,07 ha 5 000 ▮ 5à8€

David Griffe bewirtschaftet das Gut in Familienbesitz seit 1992. Chitry, wo das Gut seinen Sitz hat, besitzt eine unter Denkmalschutz stehende Kirche aus dem 14. Jh. Was soll man über diesen 2000er sagen? Er bietet ein interessantes Bouquet von Schlehen und roten Früchten – ein aromatisches Thema, das im Geschmack fortgeführt wird. Er ist leicht und recht einschmeichelnd, so dass man ihn schon diesen Winter zu einem Braten mit Kartoffelauflauf (mit Crème fraîche gratinierte dünne Kartoffelscheiben) servieren kann. Der **weiße 2000er Bourgogne Chitry** erhält die gleiche Note; er muss ein bis zwei Jahre altern.

🔑 EARL Griffe, 15, rue du Beugnon, 89530 Chitry-le-Fort, Tel. 03.86.41.41.06, Fax 03.86.41.47.36 ☑ 🍷 n. V.

DOM. PATRICK GUILLOT 1999**

■ 1,5 ha 5 000 3à5€

Alle nur erdenkliche Farbe ist herausgezogen worden. Brombeere ist natürlich die Galionsfigur dieses Duftschiffes, das auf große Fahrt geht. Im Mund sind die kleinen roten Früchte sehr brav und die Tannine taktvoll. Vielleicht ist er im jetzigen Zustand noch ein wenig eckig, aber er ist ein Wein, der noch weit von seiner optimalen Qualität entfernt ist und drei bis vier Jahre lagern muss. Das beste Preis-Leistungs-Verhältnis der vorgestellten Weine.

Dom. Patrick Guillot, 9 A, rue de Vaugeailles, 71640 Mercurey, Tel. 03.85.45.27.40, Fax 03.85.45.28.57
n. V.

DOM. HARMAND-GEOFFROY 1999*

■ 0,63 ha 5 700 8à11€

Dieser Wein, der von einem hübschen Gut in Gevrey-Chambertin kommt, wird auf vier Kontinenten vertrieben. Er hat eine leicht granatrote Farbe und nimmt zwei Anläufe, um sein Bouquet festzulegen: zuerst mit Himbeere, dann mit stärker entwickelten Aromen wie Unterholz und Fell. Das Fass hat sich gut eingefügt; der Stoff reicht vollauf aus. Die geringe Säure hingegen lässt vermuten, dass dieser Wein wahrscheinlich nicht lang lagerfähig ist; seinen lang anhaltenden öligen Abgang sollte man in den nächsten zwei bis drei Jahren genießen.

Dom. Harmand-Geoffroy, 1, pl. des Lois, 21220 Gevrey-Chambertin, Tel. 03.80.34.10.65, Fax 03.80.34.13.72, E-Mail harmand-geoffroy@wanadoo.fr
n. V.

CUVEE HENRY DE VEZELAY
Vézelay 1999**

□ 32,93 ha 150 000 5à8€

Vézelay ist nicht nur «die Barke, die am Horizont den Anker wirft» (Paul Claudel), sondern auch eine Kellerei mit gutem Wein. Die 1989 gegründete Genossenschaft präsentiert hier einen Chardonnay im Geiste des Landes, großzügig und fleischig. Ein recht fetter Pilger, um genau zu sein, der zurückhaltend ist, wenn man seiner Nase glauben darf. Schönes Gewand. Der **99er Rotwein** des gleichen Namens erhält einen Stern. Man kann ihn 2002 zu einem Magret (Geflügelbrustfilet, in dünnen Scheiben rosa gebraten) genießen. Der **2000er La Vézelienne** bekommt ebenfalls einen Stern. Heben Sie ihn ein bis zwei Jahre auf.

Cave Henry de Vézelay, 89450 Saint-Père, Tel. 03.86.33.29.62, Fax 03.86.33.35.03
tägl. 10h–12h 14h30–18h

HENRY FRERES 1999**

□ 5 ha 10 000 5à8€

Pascal und Didier sind Brüder und haben sich vor mehr als zehn Jahren zusammengeschlossen. Dieser 99er wurde der Oberjury für die Liebeserklärungen vorgeschlagen. Seine Farbe setzt nicht zu viele Effekte; sein Geruchseindruck ist zurückhaltend (lässt aber schon an Honig, Zitrone und Feuerstein denken), während sich sein Geschmack danach als reizend, fein und strukturiert erweist.

GAEC Henry Frères, 89800 Saint-Cyr-les-Colons, Tel. 03.86.41.44.87, Fax 03.86.41.41.48
n. V.

JOEL HUDELOT-BAILLET 1999*

■ 0,93 ha 3 000 5à8€

Ein Wein der Gattungsappellation Bourgogne? Der regionalen Appellation Bourgogne, muss man dazu sagen. Seine große Intensität in der Farbe öffnet ihm alle Pforten. Sein Bouquet vereinigt Gewürze und reife Früchte. Er ist reich und eroberungslustig, im Schlussgeschmack fast wild. Er ist sich seiner Sache sicher und darauf eingestellt, ein wenig zu lagern.

Joël Hudelot-Baillet, 21, rue Basse, 21220 Chambolle-Musigny, Tel. 03.80.62.85.88, Fax 03.80.62.49.83 n. V.

PATRICK HUGOT 1998**

□ 3,5 ha 5 000 5à8€

Das Tonnerrois ist ein Weinbaugebiet, das man aufmerksam verfolgen sollte. In geologischer Hinsicht kommt es dem Gebiet von Chablis sehr nahe und vermischt sich stellenweise damit. Hier ist ihm ein Chardonnay gelungen, den es sich wie ein kleines Schmuckstück an den Finger gesteckt hat. Weißgolden und blumig, an Unterholz erinnernd und pfeffrig, lebhaft und lang anhaltend – dieser gut ausgebaute 98er gehört zu den Besten. Wer hätte das noch vor ein paar Jahren gedacht?

Patrick Hugot, Le Grand Virey, 89700 Molosmes, Tel. 03.86.55.16.11, Fax 03.86.55.16.11
Mo–Sa 8h–12h 14h–19h

LES VIGNERONS D'IGE
Elevé en fût de chêne 1999*

■ 3,5 ha 30 000 5à8€

Zwölf Monate im Eichenfass für die Cuvée dieser Genossenschaft, die 280 Hektar vinifiziert. Sie ist verteufelt schön: feuerrote Farbe mit bläulich roten Tönen. Wilder Atem: Brombeere, Heidelbeere. Das Fass ist im Mund deutlicher wahrzunehmen als in der Nase. Dieser Wein, dessen typischer Charakter mittelstark ausgeprägt ist, kommt aus dem Mâconnais, wo Pinot noir auf eigentümliche Weise zum Ausdruck kommt. Er ist weich und harmonisch und offenbart sehr reizvolle Qualitäten.

Cave coop. des vignerons d'Igé, 71960 Igé, Tel. 03.85.33.33.56, Fax 03.85.33.41.85, E-Mail lesvigneronsdige@lesvigneronsdige.com
Mo–Sa 8h–12h 14h–18h

DOM. GUY-PIERRE JEAN ET FILS
Les Champs Pourras 1999*

■ k. A. k. A. 5à8€

Dieser 99er macht keine großen Umstände. Er hat die Farbe eines Weins aus dem Jahrgang 2000: ein kräftiges Violett. Er besitzt offenherzige Aromen: rote Johannisbeere und Himbeere. Im Geschmack ist er nicht leicht aufzuheitern, so streng erscheint er. Die mit seiner Struktur und seiner Stärke verbundene Gewissenhaftigkeit seines Ausbaus im Holzfass bestimmt ihn

dazu, Epoisses (cremiger Weichkäse aus Kuhmilch) oder Soumaintrain (kräftig riechender und schmeckender Käse aus Kuhmilch) zu begleiten.
Dom. Guy-Pierre Jean et Fils, rue des Cras, 21420 Aloxe-Corton, Tel. 03.80.26.44.72, Fax 03.80.26.45.36 n. V.

PHILIPPE ET FRANÇOISE JOUBY
Côtes d'Auxerre 1998*

k. A. k. A. 5à8€

Ein 98er, der nicht mit Vollmundigkeit geizt. Man kann ihn als Wein mit Bodencharakter bezeichnen, stämmig unter seinem ins Purpurviolette gehenden Rubinrot, recht reif und noch tanninreich. Er ist für die Appellation recht charakteristisch und besitzt eine mittlere Lagerfähigkeit. Der **99er Weißwein** zeigt Muskeln; er erhält eine lobende Erwähnung. Kaufen Sie ihn, ohne dass Sie ihn sofort aufmachen.
Cave Françoise et Philippe Jouby, 8 bis, rte de Paris, 89530 Saint-Bris-le-Vineux, Tel. 03.86.53.30.58, Fax 03.86.53.30.58
n. V.

JULIUS CAESAR
Cuvée du Maître de poste 1998*

0,5 ha 3 000 8à11€

Julius Caesar! Der Name der Cuvée. Und das ausgerechnet in Burgund, wo man Cäsar nicht sehr gern hat und Vercingetorix bevorzugt. Aber lassen wir das beiseite und betrachten wir diesen 98er unter allen Gesichtspunkten. Intensives Rubinrot, vollreife rote Früchte, die unter dem Einfluss von schwarzer Johannisbeere schwarze Früchte werden. Er vereint ein Tanningerüst und ein fruchtiges Fleisch. *Tu quoque* ... Trinken sollte man ihn vor den Iden des März.
Marylène et Philippe Sorin, 12, rue de Paris, 89530 Saint-Bris-le-Vineux, Tel. 03.86.53.60.76, Fax 03.86.53.62.60, E-Mail philippe.sorin@libertysurf.fr n. V.

DOM. DANIEL JUNOT
Elevé en fût de chêne 1999

0,4 ha 4 000 5à8€

3 km von Tonnerre entfernt besaß das Dorf Junay im 17. Jh. Rebparzellen, die Nicolas Boileau, dem Verfasser des Werkes *Die Dichtkunst*, gehörten. Dieses sehr junge Weingut macht viel von sich reden. Seine in kleiner Stückzahl erzeugte Cuvée baut auf keinem kräftigen Stoff auf, ist aber gut gemacht und ziemlich stark vom Holzfass geprägt, das dennoch die Fruchtaromen nicht überdeckt.
Daniel Junot, 7, Grande-Rue, 89700 Junay, Tel. 03.86.54.40.93, Fax 03.86.54.40.93
n. V.

DOM. DE L'ABBAYE DU PETIT QUINCY Epineuil 2000*

1 ha 8 000 5à8€

Ein Gut, das 1990 von der Familie Gruhier übernommen wurde: Madame Gruhier ist eine Delaunay (ein alter Weinhändler, der seinen Sitz in Dijon und später in L'Etang-Vergy hatte). Sein mittels Saignée-Verfahren (durch Abstich nach kurzer Maischung der Trauben ohne Pressen) gewonnener Wein ist ein schönes Geschenk des Jahres 2000. Er hat eine johannisbeerrote Farbe, ist würzig und zeigt eine gute Komplexität des Aromas (saure Drops). Ein paar Zitrusnoten. Man kann ihn unbesorgt in den kommenden Monaten trinken.
Dominique Gruhier, rue du Clos de Quincy, 89700 Epineuil, Tel. 03.86.55.32.51, Fax 03.86.55.32.50
Mo–Fr 9h–12h 14h–18h; Sa n. V.

CH. DE LA BRUYERE
Elevé en fût de chêne 1999*

0,5 ha 3 000 5à8€

Dieses im Mittelalter errichtete Château, das seit 1995 der Familie Borie gehört, wurde 1881 stark umgebaut. Es besitzt 8,6 ha Reben. Die auf Ton- und Kalksteinböden angepflanzten Chardonnay-Reben haben einen ausgewogenen, strukturierten, blumigen Bourgogne hervorgebracht. Die neun Monate Fassausbau haben das große Potenzial dieses Weins nicht verdorben; aufmachen sollte man ihn in ein bis zwei Jahren.
Paul-Henry Borie, Ch. de La Bruyère, 71960 Igé, Tel. 03.85.33.30.72, Fax 03.85.33.40.65, E-Mail mph.borie@wanadoo.fr
tägl. 8h–12h 14h–19h

DOM. DE LA GALOPIERE 1999*

7 ha 6 000 5à8€

Claire und Gabriel Fournier haben 1982 beschlossen, sich ausschließlich den Reben und dem Wein zu widmen. Heute arbeiten sie ohne Unkrautvernichtungsmittel. Ihr Bourgogne muss noch ein Jahr im Keller lagern. Er ist ein famoser Bursche, der sich auf vollreife Früchte und Gewürze stützt, mit roter Johannisbeere im Geschmack. Über verschmolzenen, aber noch spürbaren Tanninen macht sich eine schöne Vollmundigkeit bemerkbar. Gebratenes rotes Fleisch passt zu ihm.
Claire et Gabriel Fournier, 6, rue de l'Eglise, 21200 Bligny-lès-Beaune, Tel. 03.80.21.46.50, Fax 03.80.21.49.93, E-Mail c.g.fournier@wanadoo.fr n. V.

DOM. DE LA PERRIERE
Clos de La Perrière Monopole 1999**

1 ha 6 000 5à8€

Wenn Sie wirklich die besten unter den besten Flaschen der AOC wollen, dann nehmen Sie diesen 99er, der unter seiner hellen Farbe leicht an Toast erinnert. Natürlich muss man dazu diesen Holzton von süßen Gewürzen schätzen. Aber der Geschmack sorgt zusätzlich für Frische und Feinheit; sie harmonieren nach und nach mit Menthol- und Zitronennoten, die einen schönen Knicks vor Ihnen machen. Dieser Wein kommt aus der südlichen Côte d'Or.
Dom. de La Perrière, La Cave de Pommard, 1, rte de Beaune, 21630 Pommard, Tel. 03.80.24.62.25, Fax 03.80.24.62.42, E-Mail cecile.chenu@wanadoo.fr
tägl. 10h–18h

«L» DE MICHEL LAROCHE
Cuvée Prestige 1999*

☐ 13 ha 106 000 5à8€

Michel Laroche ist Direktor einer Firma und hat mit seinen «Lieferanten», den Winzern, die ihm ihr Traubengut überlassen, qualitätsorientierte Verträge abgeschlossen. Dieser im typischen Charakter ebenbürtige Bourgogne weckt über einem Blassgelb einen diskreten Honigduft. Zu Kompott verarbeitete Früchte verleihen ihm Charakter. Ein gut durchgeführter Ausbau für einen Wein von guter Qualität, der ausgewogen und anhaltend ist.

Michel Laroche, 22, rue Louis-Bro, BP 33, 89800 Chablis, Tel. 03.86.42.89.28, Fax 03.86.42.89.29, E-Mail info@michellaroche.com ☑ Y n. V.

DOM. DE LA TOUR BAJOLE
Vieilles vignes 1998*

■ 1,5 ha 9 000 5à8€

Zusammen mit mehreren Winzern in Auxey-Duresses spielte dieses Gut eine Pionierrolle bei den im Lyra-System erzogenen Reben, mit denen gegenwärtig in den Hautes-Côtes experimentiert wird. Die Farbe erinnert an schwarze Kirschen; der Duft stimmt vollkommen mit der Rebsorte überein (Bigarreau-Kirsche). Dieser Wein bietet Frische, Säure und Gerüst. Er wird gebratenes oder gegrilltes weißes Fleisch mögen.

M.-A. et J.-C. Dessendre, Dom. de La Tour-Bajole, Les Ombrots, 71490 Saint-Maurice-lès-Couches, Tel. 03.85.45.52.90, Fax 03.85.45.52.90, E-Mail domaine-de-la-tour-bajole@wanadoo.fr ☑ Y n. V.

CH. DE LA TOUR DE L'ANGE 1999

■ 1,7 ha 10 000 5à8€

Diese Reben sollen früher einem Helden der Mâconnais-Mythologie gehört haben: dem berühmten Claude Brosse, der nach Versailles reiste, um König Ludwig XIV. seinen Wein probieren zu lassen. Hier haben wir einen Pinot noir aus dem Mâconnais im Lande der Gamay-Traube. Dieser strahlend helle rubinrote 99er entfaltet in bester Absicht seine Feinheit und seine Klarheit. Zur täglichen Mahlzeit.

SCE Ch. de La Tour de l'Ange, chem. du bourg, 71850 Charnay-lès-Mâcon, Tel. 03.85.34.96.67, Fax 03.85.34.97.98, E-Mail ml.debryas@latourdelange.com ☑ Y n. V.

LATOUR-MABILLE 1999

☐ 0,8 ha 3 000 5à8€

Vincent Latour war 23 Jahre alt, als er 1998 das Familiengut übernahm. Er profitiert von 45 Jahre alten Reben und dem sehr schönen Terroir von Meursault. Dieser Wein, der eine große blumige Frische zeigt, ist von unmittelbarer Aufrichtigkeit: Sein Stoff ist gut ausbalanciert und entwickelt einen Eindruck von Ehrlichkeit. Heben Sie ihn ein knappes Jahr auf.

Jean Latour-Labille et Fils, 6, rue du 8-Mai, 21190 Meursault, Tel. 03.80.21.22.49, Fax 03.80.21.67.86 ☑ Y n. V.

Vincent Latour

CH. DE LA VELLE 1999*

☐ 0,3 ha 3 000 5à8€

Manchmal muss man Kombinationen zwischen Gerichten und Weinen wagen, die das Gespräch wieder in Gang bringen können, wenn es ein wenig erlahmt ist. Außerdem muss man die dafür geeignete Flasche zur Verfügung haben. Probieren Sie diesen 99er zu einer sehr süßen Nachspeise auf Bananenbasis oder sogar zu flambierter Banane. Unser Weinführer steckt voller Ideen! Ein zitronengelber Chardonnay, der in der Nase auf Zitrusfrüchten (mit ein wenig frischen Nüssen) verbleibt, sehr fett ist und einen liebenswürdigen Abgang ebenfalls mit Zitrusfrüchten enthüllt.

Bertrand Darviot, Ch. de La Velle, 17, rue de La Velle, 21190 Meursault, Tel. 03.80.21.22.83, Fax 03.80.21.65.60, E-Mail chateaudelavelle@infonie.fr ☑ Y n. V.

LES CAVES DE LA VERVELLE
Cuvée 1369 1999**

■ 2 ha 12 400 8à11€

Cuvée 1369? Das Geburtsjahr des Schlosses von Bligny-lès-Beaune, das Philibert Paillard, der burgundische Kanzler, erbauen ließ. Glanz und Funkeln der Farbe, Vanilleduft: ein sehr schöner Wein. Ein wenig mehr «Fett», und er wäre perfekt und würde eine Liebeserklärung erhalten.

Ch. de Bligny-lès-Beaune, Caves de la Vervelle, le Château, 21200 Bligny-lès-Beaune, Tel. 03.80.21.47.38, Fax 03.80.21.40.27 ☑ Y tägl. 8h–12h 14h–18h

JACQUES LEMAIGRE 1999**

■ 0,2 ha 1 400 5à8€

Hier haben wir einen Wein, der im richtigen Augenblick losspurtet, wenn es nämlich darum geht, dass man sich in ihn verliebt, und der zum Schluss unter den Platzierten landet. Ein sehr gutes Beispiel für die Entdeckungen unseres Weinführers. Wer kennt schon diesen winzigen Betrieb? Nun, wir haben darauf hingewiesen: Dieser kirschrote Wein mit dem feinen, komplexen Duft, der angenehmen Säure und der tadellosen Struktur gehört zum Spitzenfeld. Wenige Flaschen, aber sie sind gut.

Jacques Lemaigre, 2, rte de Paris-Genève, 89700 Dannemoine, Tel. 03.86.55.54.84 ☑ Y n. V.

SERGE LEPAGE Côte Saint-Jacques 1999

■ 0,48 ha 3 900 5à8€

Ein halber Hektar Pinot noir. Dieser Wein hält die Fackel des Weinbaugebiets Joigny, des nördlichsten Anbaugebiets von Burgund, hoch. Er ist rubin- bis granatrot und hat einen recht feinen Duft (erstklassige mineralische Note). Seine Tannine sind genau, wie sie sein müssen; sie sind von Aromen roter Früchte umhüllt und lassen eine zwei- bis dreijährige Lagerung erhoffen. Ein **«grauer» Wein 1999,** das Ergebnis eines Verschnitts von 70 % Pinot gris und 30 % Pinot noir, wobei die Trauben bereits bei der Ankunft des Leseguts gepresst wurden, hat keinen Mangel an Originalität; er reicht von Heckenrosen

bis zu Weißdorn. Er wird als Wein gegen den Durst lobend erwähnt.
🔑 Serge Lepage, 9, rue Principale, Grand Longueron, 89300 Champlay, Tel. 03.86.62.05.58, Fax 03.86.62.20.08 ☑ Ῑ n. V.

LES PIERRELEES Vieilles vignes 1999*

■ 7,5 ha 6 000 5à8€

Laurent Verot hat sich hier 1996 niedergelassen und bietet eine schöne Leistung! Sein Wein von kräftiger roter Farbe ist noch stark von den Kirsch- und Unterholzaromen geprägt. Für einen «einfachen» Bourgogne hat er viel Ausdauer. Er füllt den ganzen Mund aus und beeilt sich nicht, ihn wieder zu verlassen.
🔑 Laurent Verot, imp. des Petite-Chaumes, 71640 Germolles, Tel. 03.85.45.15.07 Ῑ n. V.

MICHEL LORAIN 1999

□ 5 ha 40 000 5à8€

Das schon im Altertum bewohnte Joigny ist ein architektonisch und historisch reizvolles Städtchen, das die Yonne überragt. Michel Lorain, seit nicht ganz zehn Jahren Winzer, ist ein mit Sternen ausgezeichneter Küchenchef, den wir hier mit seinem Wein erleben. Weiße Blüten und exotische Nuancen, Mandeln und Minze: Diese subtilen Empfindungen entdeckt man mit Vergnügen sowohl in der Nase als auch im Mund. Der Geschmack intensiviert sich deutlich und erweist sich als anhaltend. Man sollte diesen 99er ein wenig lagern, denn er ist viel versprechend: Hat er auf diese Weise nicht auch etwas von großer Kochkunst an sich?
🔑 SCEV Michel Lorain, 12, fg de Paris, 89300 Joigny, Tel. 03.86.62.06.70, Fax 03.86.91.49.70 ☑ Ῑ n. V.

DOM. NICOLAS MAILLET 2000*

■ 0,4 ha 2 600 5à8€

1999 verließ Nicolas Maillet die Genossenschaft, um seine Weine selbst herzustellen. Er hat gut daran getan angesichts dieses sehr anmutigen Weins, der bestimmt gut konzipiert ist. Unter seiner Malvenfarbe ist der Duft schon sehr beredt: vollreife Kirschen. Der Geschmack zeigt große Freimütigkeit. Ein kompletter Wein in einem leichten Stil.
🔑 Dom. Nicolas Maillet, La Cure, 71960 Verzé, Tel. 03.85.33.46.76, Fax 03.85.33.46.76 ☑ Ῑ n. V.

MALTOFF
Coulanges-la-Vineuse Cuvée Prestige 1999**

■ 0,5 ha 5 400 5à8€

Dieser 99er, wirklich eine Cuvée Prestige, besitzt Persönlichkeit und eine gewisse Originalität. Er hat eine hochrote Farbe. Rote Früchte gewinnen sanft die Oberhand über das Vanillearoma. Er ist weich und klar und ist im Mund voller Harmonie. Nichts schaut hervor. Der Stil von Coulanges.

🔑 Dom. Jean-Pierre Maltoff, 20, rue d'Aguesseau, 89580 Coulanges-la-Vineuse, Tel. 03.86.42.32.48, Fax 03.86.42.24.92, E-Mail domainej-p.maltoff@wanadoo.fr
☑ Ῑ n. V.

CAVE DES VIGNERONS DE MANCEY 1999*

■ k. A. 15 000 5à8€

Mancey ist jenes Dorf in der Nähe von Tournus, wo man erstmals das Auftreten der Reblaus in Burgund entdeckte. Man hat sich sehr abgemüht, hier den Reben und dem Wein zu einer Wiedergeburt zu verhelfen. Dieser hier ist strahlend und klar. Sein auffälliger Duft begibt sich in ein recht fruchtiges Unterholz. Sein Körper ist nicht übermäßig, aber seine Jugendlichkeit und seine Präsenz veranlassen zu Geduld. Die **im Eichenfass ausgebaute 99er Cuvée** wurde ebenfalls sehr geschätzt.
🔑 Cave des vignerons de Mancey, RN 6, En Velnoux, 71700 Tournus, Tel. 03.85.51.00.83, Fax 03.85.51.71.20
☑ Ῑ n. V.

CATHERINE ET CLAUDE MARECHAL Cuvée Gravel 1999*

■ 3,42 ha 15 300 8à11€

Warum Cuvée Gravel? Weil der Untergrund hier, östlich von Beaune, vor allem aus Kies besteht. Schöne kirschrote Reflexe machen seine Farbe sehr herzlich. Sein Bouquet zeigt eine Vorliebe für kleine schwarze Früchte wie schwarze Johannisbeere oder Brombeere. Sein wirklich lang anhaltender Geschmack sorgt für eine kontinuierliche Fortsetzung des Geruchseindrucks. Mit diesem Wein verfügt die Rebsorte über einen guten Anwalt.
🔑 EARL Catherine et Claude Maréchal, 6, rte de Chalon, 21200 Bligny-lès-Beaune, Tel. 03.80.21.44.37, Fax 03.80.26.85.01
☑ Ῑ n. V.

DOM. DES MARRONNIERS 2000**

□ 1,08 ha 10 000 5à8€

Dieser sehr liebenswürdige Winzer zerreißt sich förmlich, wenn er Ihnen seinen Weinberg zeigt. Sein weißer Burgunder teilt diese Liebenswürdigkeit. Er zeigt ein strahlendes Strohgelb, ist blumig und empyreumatisch und hinterlässt einen vollen, von Jugendlichkeit durchdrungenen Geschmackseindruck. Alles ist gut gemeistert.

Bernard Légland, Grande-Rue de Chablis, 89800 Préhy, Tel. 03.86.41.42.70, Fax 03.86.41.45.82
Y tägl. 9h30–12h 13h30–19h; 15 Aug. bis 3. Sept. geschlossen

DOM. DE MARSOIF 1999★★

□ 2,45 ha 15 000 5à8€

Das Gut entstand 1991, die erste Cuvée 1994. Es gibt Verbindungen zur Domaine de Maison Rouge im Gebiet von Tonnerre, während sich der Probierkeller im Departement Loir-et-Cher befindet. All das nötigt uns eine Liebeserklärung ab, denn Burgund ist liebenswürdig und kann teilen. Ein prächtiger weißer Bourgogne, der glänzend und intensiv ist, mit einem mineralischen Aroma, das auf glatt geschliffenem Feuerstein Funken schlägt. Diese 2,5 Hektar haben eine Abmachung mit dem Himmel.

SCEA de Marsoif, 1, rte de Verdes, 41160 Semerville, Tel. 02.54.80.44.31, Fax 02.54.80.43.26, E-Mail rmarsoif@terre-net.fr Y n. V.
Martine Masson

DOM. MATHIAS Epineuil 1999★

■ 7 ha 30 000 5à8€

Alain Mathias, ein Weinbergarbeiter, hat sich vor zwanzig Jahren selbstständig gemacht, wobei er den Neuanfang des Weinbaugebiets von Tonnerre nutzte. Mit seinen himbeerroten Tönen ist sein Wein angenehm anzuschauen. Rote Früchte in der Nase, am Gaumen lebhaft und frisch: Er erledigt das Ganze auf recht runde Weise. Im Geschmack setzt er ebenfalls auf Kirschnoten.

Alain Mathias, rte de Troyes, 89700 Epineuil, Tel. 03.86.54.43.90, Fax 03.86.54.47.75, E-Mail domaine.alain.mathias@wanadoo.fr
Y n. V.

DOM. DE MAUPERTHUIS Les Truffières 1999

□ 1,35 ha 9 600 5à8€

Ein 4,55 ha großes Gut, das 1992 entstand. Dieser «saubere und ehrliche» Wein, der von sehr jungen Reben (fünf Jahre) stammt, hinterlässt einen guten Eindruck. Er zeigt in der Nase wie auch im Mund gute zitronenartige und mineralische Noten.

Laurent Ternynck, EARL de Mauperthuis, Civry, 89440 Massangis, Tel. 03.86.33.86.24, Fax 03.86.33.86.24, E-Mail ternynck@hotmail.com Y n. V.

DOM. MOISSENET-BONNARD Les Maisons Dieu 1999★

■ 0,29 ha 2 400 5à8€

Die von Parfümherstellern sehr gesuchte Schwarze-Johannisbeer-Knospe beherrscht sein Bouquet. Dieser dunkelpurpurrote Pinot mit dem ein wenig steifen Körper ist gerade dabei, sich zu verfeinern. Diese Einzellage befindet sich auf dem Boden von Pommard und ist nicht weit von einer kommunalen Appellation entfernt. Beachten Sie auch die lobend erwähnte **99er Cuvée de l'Oncle Paul;** sie ist für die Weinfreunde bestimmt, die Sehnsucht haben nach der Zeitschrift *Spirou* aus den 50er Jahren und ihren Geschichten von «Onkel Paul».

Dom. Moissenet-Bonnard, rte d'Autun, 21630 Pommard, Tel. 03.80.24.62.34, Fax 03.80.22.30.04 Y n. V.

MOMMESSIN La Clé Saint-Pierre 1999★

■ 3,4 ha 20 000 8à11€

Er führt einen Anstieg der Frucht vor: Kirsche im Anblick, Brombeere in der Nase, schwarze Johannisbeere und Unterholz im Mund. Wenig Säure, aber ein starker Schwung und ziemlich große Hoffnungen für die Zukunft. Auf dem Wappen dieser Firma erscheinen seit langem die Himmelsschlüssel von Petrus. Der **99er Weißwein** (Preisgruppe: 30 bis 49 F) verdient die gleichen Komplimente.

Mommessin, Le Pont-des-Samsons, 69430 Quincié-en-Beaujolais, Tel. 04.74.69.09.30, Fax 04.74.69.09.28, E-Mail information@mommessin.com Y n. V.

DOM. DE MONTPIERREUX 1998★

□ 3 ha 21 000 5à8€

Montpierreux knüpft wieder an seine reiche Weinbauvergangenheit an. Den Beweis dafür liefert dieser nicht zu intensive, aber sehr klare 98er mit dem offenherzigen, eleganten Bouquet. Er ist rund, mineralisch, ausgewogen und anhaltend – würdig eines Fischgerichts mit Sauce.

François Choné, Dom. de Montpierreux, rte de Chablis, 89290 Venoy, Tel. 03.86.40.20.91, Fax 03.86.40.28.00
Y tägl. 9h–19h

MICHEL MOREY-COFFINET 1999★★

■ 1,2 ha 4 500 5à8€

Thibault, einer der beiden Söhne, tritt in den Betrieb ein. Dieser Wein begrüßt ihn. Er ist dunkelrot, mit schönem Glanz, und verbindet Himbeere, Kirsche und Mokka, d. h. rote Früchte und Fass. Der klare, deutliche Geschmack zeigt ein relativ sanftes Temperament, weil seine soliden Tannine gut miteinander verschmolzen sind. Dieser füllige, lang anhaltende Wein wird von 2003 bis 2006 sehr angenehm schmecken.

Dom. Michel Morey-Coffinet, 6, pl. du Grand-Four, 21190 Chassagne-Montrachet, Tel. 03.80.21.31.71, Fax 03.80.21.90.81, E-Mail morey.coffinet@wanadoo.fr Y n. V.

OLIVIER MORIN Chitry 1999★

□ 3 ha 20 000 ▮🌡 5à8€

Chitry, ein hübsches, von Reben umgebenes Dorf, das sich in die Senke eines kleinen Tals schmiegt, ist reich an alten Kellern, die das Alter dieses Anbaugebiets in Erinnerung rufen. Dort wurde eine der ersten Chardonnay-Parzellen im Tal der Yonne (in Chablis ist es der Serein) angepflanzt. Dieser Wein hat noch wenig Duft, zeigt aber im Mund eine gute Haltung. Er ist ziemlich holzbetont und muss noch harmonisch verschmelzen. Als Begleitung dafür kann man einen in Chitry-Wein zubereiteten Hecht empfehlen.

🔑 Olivier Morin, 2, chem. de Vaudu, 89530 Chitry-le-Fort, Tel. 03.86.41.47.20, Fax 03.86.41.47.20 ☑ 🍷 n. V.

ANDRE ET JEAN-RENE NUDANT La Chapelle Notre-Dame 1998★

■ 0,3 ha 2 700 🛢 5à8€

Was ist die Besonderheit dieses Weins? Er ist einer der wenigen Burgunder der regionalen Appellation Bourgogne, die offiziell das Recht besitzen, den Namen einer Einzellage zu tragen. Bei der Kapelle handelt es sich um Notre-Dame-du-Chemin, die am Rande der Route nationale in Ladoix steht. Dieser leichte, frische Pinot, dessen Rubinrot ziegelrote Reflexe wirft und der einen spürbaren Holzton besitzt, bietet eine liebenswürdige Note von schwarzer Johannisbeere. Ein recht typischer «Bratenwein».

🔑 Dom. Nudant, 11, RN 74, 21550 Ladoix-Serrigny, Tel. 03.80.26.40.48, Fax 03.80.26.47.13, E-Mail domaine.nudant@wanadoo.fr ☑ 🍷 n. V.

PINQUIER-BROVELLI 1999

■ 0,92 ha 7 650 ▮🛢 5à8€

Thierry Pinquier leitet das Gut seit 1994. Eine schöne Granatfarbe umhüllt eine Aromenpalette, in der man mühelos Vanille und Lakritze erkennt. Der sehr offenherzige Geschmack und die Entfaltung eines Aromas, das lang anhält, ergeben einen Wein, den man jetzt trinken kann. Er ist für seinen Jahrgang repräsentativ.

🔑 Thierry Pinquier, 5, rue Pierre-Mouchoux, 21190 Meursault, Tel. 03.80.21.24.87, Fax 03.80.21.61.09 ☑ 🍷 tägl. 8h–12h30 13h–19h

REBOURGEON-MURE 1999★★

■ 1,6 ha 10 000 🛢 5à8€

Eines Tages ließ sich Jean Bourgogne in Pommard nieder. Das war 1552. So entstand diese Familienlinie. Mit diesem 99er feiert sie somit ihren 450. Geburtstag. Granatrot mit bläulich roten Nuancen. Der Duft ist einschmeichelnd und genussvoll. Dieser Wein hat gute Tannine; ein Hauch von Fass, das in der Nase neu wirkt. Die Folgeeindrücke im Geschmack sind ausgezeichnet: Ausgewogenheit, Aromenpalette, seidige Tannine. Für 34 Francs ab Keller: Man sollte ihn sich nicht entgehen lassen.

🔑 Daniel Rebourgeon-Mure, Grande-Rue, 21630 Pommard, Tel. 03.80.22.75.39, Fax 03.80.22.71.00 ☑ 🍷 n. V.

ARMELLE ET BERNARD RION 1999★★

■ 1 ha 7 000 🛢 5à8€

Diese Winzer, Züchter von aristokratischen Hunden (Bearded Collie) und Apostel der burgundischen Trüffel *(Tuber uncinatum)*, haben mehrere gute Eisen im Feuer. Dieser purpurrote bis bläulich rote Wein, der komplexe, fruchtige Aromen bietet, ist zweifellos noch zurückhaltend, skizziert aber kraftvoll die Konturen eines großen Burgunders. Für die Appellation hochwertig.

🔑 Dom. Armelle et Bernard Rion, 8, rte Nationale, 21700 Vosne-Romanée, Tel. 03.80.61.05.31, Fax 03.80.61.24.60, E-Mail rion@webiwine.com ☑ 🍷 n. V.

DOM. SAINTE-CLAIRE Côtes d'Auxerre 1999★

■ k. A. k. A. ▮🛢🌡 5à8€

«Man hat große Lust, ihn zu kaufen», notierte einer unserer Juroren auf seinem Zettel. Ein 99er Pinot noir von blassem Kirschrot, mit fruchtigem, aber diskretem Duft, ein wenig mineralisch im Geschmack, wo man die Frucht wiederfindet. Er ist gut gemacht, aber recht schlicht, ein kleines bisschen entwickelt. Trinkreif, zu einem Abendessen im Familienkreis. Der anhaltende, mineralische **weiße 99er Bourgogne Jean-Marc Brocard Kimméridgien** erhält einen Stern.

🔑 Jean-Marc Brocard, 3, rte de Chablis, 89800 Préhy, Tel. 03.86.41.49.00, Fax 03.86.41.49.09, E-Mail brocard@brocard.fr ☑ 🍷 n. V.

SAINT-HUBERT 1999

■ k. A. k. A. ▮🌡 11à15€

Unter dem Schutz von Hubertus, dem Schutzheiligen der Jäger, steht ein Wein mit Entwicklungsnuancen, dessen Bouquet an Erdbeerkonfitüre erinnert. Er ist noch jugendlich im Geschmack und recht elegant und wird den Freunden von schlichten Weinen, die keine unendlich lange Wartezeit erfordern, gefallen. Entkorken Sie ihn.

🔑 Boisseaux-Estivant, 38, fg Saint-Nicolas, BP 107, 21200 Beaune, Tel. 03.80.22.00.05, Fax 03.80.24.19.73

DOM. SAINT-PANCRACE Côtes d'Auxerre 2000★

□ 0,36 ha 3 000 ▮🛢🌡 5à8€

Der Wein wird präsentiert von einem kleinen Gut (weniger als 1 ha) in Auxerre, dessen zweiter Jahrgang er ist. Sein exotischer Charakter bestimmt ihn zu Hühnchen mit Ananas. Er hat eine helle, klare Farbe und reizt durch seine Bananen- und Mangodüfte. Ansonsten ist dieser junge Sohn des Jahres 2000, der noch ein wenig lebhaft und nicht sehr stark auf die Vanille ausgerichtet ist, äußerst süffig. Angenehme Reife der Frucht.

🔑 Xavier Julien, Dom. Saint-Pancrace, 6, rue Lebeuf, 89000 Auxerre, Tel. 03.86.51.69.71, Fax 03.86.51.69.71 ☑ 🍷 n. V.

DOM. SAINT-PRIX
Côtes d'Auxerre 1999**

☐ 2 ha 12 000 5à8€

Diese Domäne, ein riesiges Gut, das seit Urzeiten (15. Jh.) in Familienbesitz ist, findet sich stets auf den besten Rängen des Hachette-Weinführers. Dieser Wein bildet keine Ausnahme von der Regel: Seine Aromen sind so subtil, dass man glauben könnte, sie wären in Grasse zusammengestellt worden, das, was man dort einen Duft für Frauen nennen würde. Wir erfinden hier nichts. Es stand auf dem Zettel eines unserer Verkoster, und er kennt sich damit aus. Mit dem Wein natürlich. Außerdem spürte er, dass sein Herz für diesen stark funkelnden Wein schlug, der an den Jasmin- und Geißblattduft der Personen bei Colette erinnert. Der **rote 99er Bourgogne Côtes d'Auxerre Bersan et Fils** ruft praktisch die gleiche Begeisterung hervor, mindestens eine Liebeserklärung.

Dom. Bersan et Fils,
20, rue du Dr-Tardieux, 89530 Saint-Bris-le-Vineux, Tel. 03.86.53.33.73, Fax 03.86.53.38.45
n. V.

DOM. SAINT-PRIX
Côtes d'Auxerre 1999**

■ 5 ha 30 000 5à8€

Kirschrot, als würde er daran erinnern, dass das Gebiet von Auxerre früher einmal von Kirschbäumen bedeckt war, die sich im Frühling rosa färbten. In der Nase nimmt man ebenfalls Kirschen wahr. Die Sorte Marmotte? Wahrscheinlich. «Endlich ein echter Wein!», schrieb einer unserer Verkoster auf seinen Zettel. Er macht Lust, mehr davon zu trinken, so sehr widmet er sich seiner Berufung: den Kirschen. Sie können ihn ohne Zögern wählen.

Dom. Bersan et Fils,
20, rue du Dr-Tardieux, 89530 Saint-Bris-le-Vineux, Tel. 03.86.53.33.73, Fax 03.86.53.38.45
n. V.

DOM. VINCENT SAUVESTRE 1999*

■ 1,7 ha 13 500 5à8€

Seine Interessensschwerpunkte: schwarze Kirschen, die seine Farbe beeinflussen, Walderdbeeren, die die Nase umschmeicheln, Pfeffer, der im Geschmack einen mehr als beachtlichen Schlusspunkt setzt. Die Ansprache ist zärtlich. Umfang und Körper sind perfekt. Beachten Sie auch diesen köstlichen Geschmack von frischen Trauben, der – sonderbarerweise – beim Wein selten wird.

Dom. Vincent Sauvestre, rte de Monthélie, 21190 Meursault, Tel. 03.80.21.22.45, Fax 03.80.21.28.05 n. V.

CLAUDE ET THOMAS SEGUIN
Côtes d'Auxerre 1999*

■ 1,6 ha 11 000 5à8€

In Saint-Bris lässt man sich Zeit. Die im 13. Jh. begonnene Kirche wurde dreihundert Jahre später beendet. Muss man sich darüber wundern, dass sich dieser 99er mit der Zeit (zwei bis drei Jahre) deutlich abzeichnen muss? Er hat eine kräftige rubinrote Farbe und erinnert ein wenig an die Überreife und das Terroir. Die Tannine sind schon recht verschmolzen; die Säure ist bescheiden, und die roten Früchte sind am richtigen Platz.

Claude et Thomas Seguin, 3 bis, rue Haute, 89530 Saint-Bris-le-Vineux, Tel. 03.86.53.37.39, Fax 03.86.53.61.12 n. V.

PAUL ET COLETTE SIMON 1999*

☐ 1 ha 4 000 5à8€

Die Hautes-Côtes de Nuits in vollen Zügen. Fast schon die Alpen, denn er zeigt einen Anstieg und Ausdauer! Aromen von Nektarine, Menthol und Akazienblüte unter einer sehr hellen Farbe; der elegante, rassige Geschmack vermischt darin bis zum anhaltenden Abgang exotische Früchte und Pampelmuse. Sehr hübsch und verheißungsvoll.

Paul et Colette Simon, 21700 Marey-lès-Fussey, Tel. 03.80.62.93.35, Fax 03.80.62.71.54, E-Mail domaine@paul-simon.fr n. V.

CHRISTINE ET PASCAL SORIN
Côtes d'Auxerre 1999**

☐ 1,5 ha 4 600 5à8€

Pascal Sorin übernahm 1989 den Betrieb seiner Großeltern und steuert seitdem von einem Erfolg zum anderen. Und dieser Wein? Die Ouvertüre im Mund hat Ähnlichkeit mit einem Opernchor. Dieser hellgelbe Chardonnay mit grünen Reflexen zeigt einen hübschen Charakter. Seine Aromen von Brioche und geröstetem Brot illustrieren die Rebsorte nach den üblichen Regeln; im Abgang würzt sie eine mineralische Note. Dank seiner Feinheit und seiner ausgewogenen, frischen Beschaffenheit kann er es mit Fisch aufnehmen.

Sorin-Coquard, 25, rue de Grisy, 89530 Saint-Bris-le-Vineux, Tel. 03.86.53.37.76, Fax 03.86.53.37.76
Mo–Sa 8h–20h30; So 8h–12h30
Pascal Sorin

JEAN-PIERRE SORIN
Côtes d'Auxerre 1999*

■ 0,65 ha 4 000 5à8€

Eine gewissenhafte Vinifizierung und sicherlich schöne Trauben. Eine Seltenheit sind in dieser Auswahl die Weine, die so viel Körper und Dichte zeigen. Man beurteilte ihn als sehr vollständig, mit einer Lagerfähigkeit von mehreren Jahren. Sie sollten jedoch wissen, dass seine Säure – Garant für eine gute Lagerung –

über einer beachtlichen Frucht und diskreten Tanninen ziemlich kräftig ist. Vergessen Sie ihn ein bis zwei Jahre lang ganz hinten in Ihrem Keller.
Madame Jean-Pierre Sorin, 6, rue de Grisy, 89530 Saint-Bris-le-Vineux, Tel. 03.86.53.32.44, Fax 03.86.53.37.76
Mo–Sa 8h–20h30; So 8h–12h30

MARYLENE ET PHILIPPE SORIN
Côtes d'Auxerre Réserve du Maître de Poste Fût de chêne 1998*

5,5 ha 15 000 5à8€

Diese ehemalige Umspannstelle für Postkutschenpferde aus dem 18. Jh. beherrscht ein 20 ha großes Gut. Dieser 98er zeigt im lebhaften Rubinrot ein paar bernsteinfarbene Reflexe. Im Duft schlägt er zwei Fliegen mit einer Klappe; er geht in Richtung Leder und Tiergeruch, aber auch Kirsch und Kirschwasser. Holzton und Tannine erfordern eine gewisse Geduld.
Marylène et Philippe Sorin, 12, rue de Paris, 89530 Saint-Bris-le-Vineux, Tel. 03.86.53.60.76, Fax 03.86.53.62.60, E-Mail philippe.sorin@libertysurf.fr n. V.

JEAN-BAPTISTE THIBAUT
Chitry 1999*

1,1 ha 4 000 5à8€

Hier können Sie ein kleines Ökomuseum besichtigen, bevor – oder nachdem – Sie diesen Wein begriffen haben. Der Charakter des Chitry-Weins wird in diesem Wein, der im Anblick intensiv ist (nicht übel für einen 99er) und in der Nase animalisch wirkt (Leder), durchaus respektiert. Die jungen Tannine melden sich noch, aber der Geschmack ist bereits interessant. Alles entwickelt sich einwandfrei zu einer ein- bis zweijährigen Lagerung hin.
Jean-Baptiste Thibaut, 3, rue du Château, 89290 Quenne, Tel. 03.86.40.35.76, Fax 03.86.40.27.70, E-Mail domaine-thibaut@wanadoo.fr
n. V.

DOM. THOMAS 1999*

0,88 ha 7 500 8à11€

Es handelt sich um das Familiengut der Firma Moillard. Dieser blutrote Pinot noir bietet einen schönen Früchtekorb mit leichter Vanillenote. Dieser im Geschmack reizende Wein verkörpert den Standard der Appellation. Die Tannine dominieren zwar ein wenig die Situation, aber sie sind nicht fehl am Platz. Eine Käseplatte ist eine gute Idee für die Begleitung.
Dom. Thomas, chem. rural n° 29, 21700 Nuits-Saint-Georges, Tel. 03.80.62.42.00, Fax 03.80.61.28.13, E-Mail nuicave@wanadoo.fr
tägl. 10h–18h; Jan. geschlossen

CH. DU VAL DE MERCY
Coulanges-la-Vineuse Réserve du Château 2000

0,73 ha 4 000 5à8€

Dieses vor genau zehn Jahren entstandene Gut besitzt achtzehn Hektar im Gebiet von Chablis und zehn im Gebiet von Auxerre. Der 2000er ist seine erste Präsentation vor unserer Jury. Dieser purpurrote Wein mit dem Himbeerbouquet ist das Ergebnis einer ausreichenden Extraktion. Der warme Geschmack ist recht typisch.
Dom. du Ch. du Val de Mercy, 8, promenade du Tertre, 89530 Chitry, Tel. 03.86.41.48.00, Fax 03.86.41.45.80, E-Mail chateauduval@aol.com n. V.
Rudolf Mezoni

ALAIN VIGNOT Côte Saint-Jacques 1999*

4,16 ha 22 000 5à8€

Einer der Urheber der Wiedergeburt der Côte Saint-Jacques, eines Terroir, das durchaus hätte verschwinden können, und das wäre schade gewesen. Dieser 99er zeigt dies deutlich. Er hat eine rote Farbe, deren Reflexe an schwarze Johannisbeeren erinnern, und bietet einen recht wilden, animalischen Duft mit einer Koketterie: einer Veilchennote. Ein frischer, umgänglicher Wein gegen den Durst, der große Authentizität besitzt, meilenweit von den technologischen Produkten entfernt.
Alain Vignot, 16, rue des Prés, 89300 Paroy-sur-Tholon, Tel. 03.86.91.03.06, Fax 03.86.91.09.37 n. V.

DOM. ELISE VILLIERS 1999*

0,5 ha 3 000 5à8€

Wenn man Winzer in Vézelay ist, bedeutet dies, dass man das Weltliche und das Spirituelle, den Geist und das Herz, die Geschichte und die Literatur zusammenbringt. Es bedeutet auch, dass man die Rebparzellen der burgundischen Herzöge wiederfindet und an der Wiedergeburt der alten Weingüter der Klöster mitwirkt. Und was ist mit diesem 99er? Ein ausgereifter Käse vom Soumaintrain-Typ ist das Richtige, so draufgängerisch zeigt sich dieser intensive, entfaltete Rotwein. Er ist tanninreich, aber ehrlich, bietet eine auffällige Ansprache, besitzt Gehalt im Überfluss und macht daraus letztlich einen nicht sehr typischen, aber interessanten Wein. Der von der Jury lobend erwähnte **99er Bourgogne Vézelay Le Clos,** der honigartig und buttrig, fett und lebhaft ist, bezeugt ebenfalls die Fortschritte, die auf diesem Gut seit zehn Jahren erreicht worden sind.
Elise Villiers, Précy-le-Moult, Pierre-Perthuis, 89450 Vézelay, Tel. 03.86.33.27.62, Fax 03.86.33.27.62 n. V.

Bourgogne grand ordinaire

In der Praxis werden die Appellationen Bourgogne ordinaire und Bourgogne grand ordinaire sehr selten benutzt. Wenn man sie überhaupt verwendet, verzichtet man zumeist auf die zweite Bezeichnung, weil sie ziemlich abgedroschen klingt. Einige Lagen, die sich ein wenig am Rande des berühmten Weinbaugebiets befinden, können hier jedoch hervorragende Weine zu höchst erschwinglichen Preisen hervorbringen. Praktisch dürfen alle in Burgund angebauten Rebsorten zur Herstellung dieses Weins verwendet werden, der als Weiß-, Rot- und Roséwein oder Clairet auf den Markt kommen kann.

Bei den Weißweinen verwendet man als Rebsorten Chardonnay oder Melon, von dem es aber nur noch ein paar Parzellen gibt; diese letztgenannte Rebsorte hat sich viel weiter westlich in Frankreich angesiedelt, wo sie im Gebiet von Nantes den berühmten Muscadet erzeugt. Der Wein von der Aligoté-Rebe wird fast immer unter der Bezeichnung Bourgogne Aligoté angeboten. Die Rebsorte Sacy (ausschließlich im Departement Yonne) wurde in erster Linie im gesamten Gebiet von Chablis und im Yonne-Tal angebaut, um Schaumweine für den Export zu produzieren; seit der Einführung des Crémant de Bourgogne wird sie für diese Appellation genutzt.

Beim Rot- und Roséwein sind die traditionellen burgundischen Rebsorten, Gamay noir und Pinot noir, die vorwiegend verwendeten Sorten. Zusätzlich benutzt werden dürfen im Departement Yonne die Rebsorte César, die der regionalen Appellation Bourgogne vorbehalten ist, insbesondere in Irancy, und die Tressot-Rebe, die nur noch in den Gesetzestexten auftaucht, aber überhaupt nicht mehr angebaut wird. In dieser Appellation findet man die besten aus Gamay erzeugten Weine im Departement Yonne und hier vor allem in Coulanges-la-Vineuse. Die Produktionsmenge dieser AOC lag 2000 bei 10 300 hl.

CAVE DES VIGNERONS DE GENOUILLY 1999

■ 4 ha 10 000 3à5€

Die Genossenschaftswinzer von Genouilly (im Departement Saône-et-Loire) erzeugen ihren Bourgogne grand ordinaire aus Gamay. Ganz leicht ins Bernsteinfarbene spielendes Granatrot. Ein voller, fleischiger, kräftig gebauter Wein, dessen Adstringenz nicht überrascht. Trinken kann man ihn im Laufe des Jahres 2002.

Cave des vignerons de Genouilly, 71460 Genouilly, Tel. 03.85.49.23.72, Fax 03.85.49.23.58 ☑ Y Mo–Sa 8h–12h 14h–18h

OLIVIER MORIN 1999*

■ 0,5 ha 2 000 5à8€

Ein sortenreines örtliches Erzeugnis, das zu stark in Vergessenheit geraten ist, wie der Melon de Bourgogne, an dem man in Vézelay festhält, oder auch der Sacy aus dem Gebiet von Auxerre. Hier haben wir einen Gamay aus dem Auxerrois, der einen animalischen Wein ergibt, der ein wenig fuchsig ist und seinen Charakter eines Primeurweins zwei bis drei Jahre bewahrt. Ein Bourgogne grand ordinaire im alten Stil, sympathisch und knusprig.

Olivier Morin, 2, chem. de Vaudu, 89530 Chitry-le-Fort, Tel. 03.86.41.47.20, Fax 03.86.41.47.20 ☑ Y n. V.

DOM. SYLVAIN PATAILLE 1999

■ 0,4 ha 450 3à5€

Die erste Ernte für diesen Gamay aus Marsannay-la-Côte. Früher bildete diese gutmütige, freigebige Rebsorte den Reichtum der Winzer des Dorfes, die den Gamay in Dijon als Zechwein an den Mann brachten. Ein kirschroter Wein ohne Aggressivität der Tannine ist von recht zarter Natur, aber man muss ihm Zeit lassen, sich zu verfeinern (ein bis zwei Jahre). Dieser junge Weinerzeuger ist Önologe und springt ins kalte Wasser, indem er selbst Reben anpflanzt.

Sylvain Pataille, 14, rue Neuve, 21160 Marsannay-la-Côte, Tel. 03.80.52.49.49, Fax 03.80.52.49.49 ☑ Y n. V.

DOM. ARMELLE ET BERNARD RION 1999

■ 1 ha 7 000 3à5€

Wenn ein Gut in Vosne-Romanée den Bourgogne grand ordinaire auf seine Karte schreibt, ist das ein wenig so wie damals, als das Volk 1789 in Versailles eindrang. Der Preis macht ihn zugegebenermaßen für alle erschwinglich. Dieser 99er von sehr schöner Farbe versteckt seinen Duft nicht: Auf eingemachte Kirschen folgt ein für die Appellation klassischer Geschmack, der ein wenig rau ist, mit fruchtigem Stoff. Sehen Sie eine Lagerung von einem Jahr vor.

Dom. Armelle et Bernard Rion, 8, rte Nationale, 21700 Vosne-Romanée, Tel. 03.80.61.05.31, Fax 03.80.61.24.60, E-Mail rion@webiwine.com ☑ Y n. V.

Bourgogne Aligoté

Es heißt auch, dies sei der «Muscadet von Burgund». Ein hervorragender offener Karaffenwein, den man jung trinkt und der das Aroma der Rebsorte gut zum Ausdruck bringt. Er ist ein wenig lebhaft und macht es vor allem in manchen Gegenden möglich, dass man die Weine von der Chardonnay-Rebe länger aufhebt. Die Aligoté-Rebe ist an der Côte von der Chardonnay-Rebe verdrängt worden und hat sich in dem für sie bestimmten Anbaubereich ein wenig nach unten verlagert, während sie früher auf den Hügeln angebaut wurde. Aber das Terroir beeinflusst sie ebenso wie die anderen Rebsorten; es gibt deshalb ebenso viele Typen von Aligoté-Weinen wie Regionen, wo sie erzeugt werden. Die Aligotés von Pernand waren für ihre Weichheit und ihren fruchtigen Duft bekannt (bevor sie dem Chardonnay Platz machten). Die Aligotés der Hautes-Côtes sind wegen ihrer Frische und Lebhaftigkeit gesucht; die von Saint-Bris im Departement Yonne scheinen von der Sauvignon-Rebe einen Hauch von Holunderblüten entliehen zu haben, mit leichten, süffigen Geschmacksnoten.

BERTRAND AMBROISE 1999*

☐ k. A. k. A. 5à8€

Schöne goldene Farbe von mittlerer Stärke, aber recht deutlich und sehr strahlend. Die olfaktorische Etappe verläuft zurückhaltender. Lediglich ein wenig Mineralisches und reife Trauben. Etwas «Fett» in der Ansprache, danach eine Entwicklung hin zu einer echten Lebhaftigkeit. Die Harmonie wird durch die Frische sichergestellt.

Maison Bertrand Ambroise, rue de l'Eglise, 21700 Premeaux-Prissey, Tel. 03.80.62.30.19, Fax 03.80.62.38.69, E-Mail bertrand.ambroise@wanadoo.fr
☑ Y n. V.

CH. BADER-MIMEUR 1998*

☐ 0,15 ha 1000 5à8€

Ein Verkoster notierte – bei einer Blindprobe, woran nochmals erinnert sei, d. h., die Flasche trug nur eine anonyme Nummer – auf seinem Zettel: «Ein in der Art eines Chardonnay vinifizierter Wein.» Bravo, Monsieur! Dieser Aligoté kommt aus Chassagne-Montrachet, ist neun Monate im Holzfass ausgebaut worden und besitzt zwangsläufig Persönlichkeit. Wollen Sie ihm das vorwerfen? Er ist strohgelb mit goldenen Reflexen und bietet eine bemerkenswerte Aromenpalette: Butter, Menthol, Mandeln. Er ist eher fett als lebhaft und zeigt am Ende der Vorstellung ein klein wenig Säure, die seine Frische garantiert.

Bader-Mimeur, 1, chem. du Château, 21190 Chassagne-Montrachet, Tel. 03.80.21.30.22, Fax 03.80.21.33.29
☑ Y n. V.

CAVES DE BAILLY 2000**

☐ 60 ha 50 000 5à8€

Über seinen mineralischen Charakter braucht man sich nicht zu wundern. Er wurde nämlich in den ehemaligen Steinbrüchen von Bailly in Saint-Bris-le-Vineux ausgebaut: in einer unterirdischen Kathedrale, die mehrere Hektar groß ist! Hübsche Reflexe, grüne Zitrone beim Aufruf des Geruchsinns: Dieser Wein aus dem Jahr 2000 vereint alle erforderlichen Qualitäten. Konkurrierte er nicht auch bei der Wahl zum Lieblingswein?

SICA du Vignoble Auxerrois, Caves de Bailly, 89530 Saint-Bris-le-Vineux, Tel. 03.86.53.77.77, Fax 03.86.53.80.94
☑ Y tägl. 8h–12h 14h–18h

DOM. BELIN-RAPET
Vieilles vignes 1998*

☐ 0,5 ha 3 500 5à8€

Er ist sehr blass mit silbernen Reflexen und entfaltet sich, wenn man den Wein im Glas schwenkt, zu herrlichen Aromen von weißen Blüten und frisch gemähtem Heu. Seine Konzentration ruft einen Eindruck von fortwährender Stärke hervor. Blüten- und Honignoten begleiten eine bedeutsame Nachhaltigkeit. Das ist ein Wein, den man ein paar Jahre aufheben kann: Er hat es nicht schrecklich eilig.

Dom. Belin-Rapet, imp. des Combottes, 21420 Pernand-Vergelesses, Tel. 03.80.22.77.51, Fax 03.80.22.76.59, E-Mail domaine.belin.rapet@wanadoo.fr
☑ Y tägl. 8h–20h
Ludovic Belin

JEAN-CLAUDE BOISSET 1999*

☐ k. A. 40 000 5à8€

Zweifellos würde ein so gelungener Wein eine Weinbergschnecke aus ihrem Haus hervorlocken, damit sie unverzüglich bei Tisch erscheint. Seine Farbe ist sehr anziehend. Seine leicht mineralischen Weißdorn- und Geißblattaromen gehen einer bezaubernden Ansprache voraus, die unmittelbaren Genuss schenkt. «Ein Aligoté, wie man ihn mag», schrieb einer unserer Verkoster auf seinen Zettel. Der **2000er Morin Père et Fils** von einer zur selben Gruppe gehörenden Firma erhält für ihre blumige Eleganz ebenfalls einen Stern.

Jean-Claude Boisset, 5, quai Dumorey, 21700 Nuits-Saint-Georges, Tel. 03.80.62.62.61, Fax 03.80.62.37.38

JEAN-CLAUDE BOUHEY ET FILS 1999*

☐ 12 ha 16 000 3à5€

Villers-la-Faye ist eine Aligoté-Hochburg der Hautes-Côtes de Nuits. Wir haben hier ein recht typisches Erzeugnis mit starkem Potenzial vor uns. Die Farbe ist blass mit grünen Reflexen, der Duft halb blumig und halb mineralisch und der Geschmack ziemlich reich und voll.

GAEC Jean-Claude Bouhey et Fils, 7, rte de Magny, 21700 Villers-la-Faye, Tel. 03.80.62.92.62, Fax 03.80.62.74.07
☑ Y n. V.

DOM. CAPUANO-FERRERI ET FILS 1999*

☐ k. A. k. A. 5à8€

Ein Gut, das in der Ausgabe 1993 eine Liebeserklärung für seinen 90er Santenay Gravières erhielt. Das war der Wein von Gino, dem Vater von John, der heute seine eigenen Cuvées herstellt, wie etwa diese hier, die für einen Aligoté einen erstaunlichen Reichtum besitzt. Sattes Goldgelb, kräftiger Duft (grünes Holz, Eisenkraut, Akazienblüte). Dieser 99er ist in der Ansprache blumig und konzentriert sich dann auf Früchtekompott. Er ist füllig, warm und anhaltend; nichts fehlt ihm außer der Dreistigkeit der Rebsorte. Es stimmt, dass er im Holzfass ausgebaut worden ist.

John Capuano, 14, rue Chauchien, 21590 Santenay, Tel. 03.80.20.64.12, Fax 03.80.20.65.75 n. V.

MADAME EDMOND CHALMEAU 1999*

☐ 3 ha 18 000 3 à 5 €

Madame Chalmeau, Winzerin in Chitry-le-Fort, bestimmt drei ihrer acht Hektar für die Aligoté-Rebe. Dieser 99er von heller Farbe besitzt noch keinen sehr ausdrucksvollen Duft. Er zeigt sich recht weinig, fruchtig und großzügig, wobei er seine maximale Anstrengung auf eine sanfte, blumige Ansprache verwendet.

Mme Edmond Chalmeau, 20, rue du Ruisseau, 89530 Chitry-le-Fort, Tel. 03.86.41.42.09, Fax 03.86.41.46.84 n. V.

DOM. CHARACHE-BERGERET Vieilles vignes 1999*

☐ 4,3 ha 10 000 8 à 11 €

Dieser Winzer in Bouze (auf den Anhöhen von Beaune) präsentiert einen interessanten, eleganten, liebenswürdigen 99er. Zimt und Akazienblüte: ein hübscher, leichter Aligoté-Duft unter einer intensiven Farbe.

Charache-Bergeret, 21200 Bouze-lès-Beaune, Tel. 03.80.26.00.86, Fax 03.80.26.00.86 n. V.

DOM. JEAN CHARTRON Clos de la Combe 1999

☐ 0,5 ha 4 000 5 à 8 €

Grüne Zitrone und grüner Apfel bilden ein Paar. Wenn man die Aromen genauer ergründet, entdeckt man darin vielleicht einen leichten Duft von gekochten Birnen sowie den Beginn einer blumigen Entfaltung. Dieser 99er trinkt sich gut und mag eine Andouillette (Gekrösewürstchen).

Dom. Jean Chartron, 13, Grande-Rue, 21190 Puligny-Montrachet, Tel. 03.80.21.32.85, Fax 03.80.21.36.35 tägl. 10h–12h 14h–18h; Mitte Nov. bis März geschlossen

PHILIPPE CHAVY 1998*

☐ 0,52 ha 2 000 3 à 5 €

Ausbau im Tank auf der Hefe und ein 98er mit grasiger Tendenz: ein Wein, der sich im Mund entlädt. Für den Geschmacksausdruck gilt dasselbe wie für die aromatische Botschaft. Ein paar blumige und honigartige Nuancen. Wir sind hier in Puligny! Einer der gefälligen Weine dieser Auswahl.

Philippe Chavy, 22, Grande-Rue, 21190 Puligny-Montrachet, Tel. 03.80.21.92.41, Fax 03.80.21.93.15, E-Mail chavyp@aol.com n. V.

Pierre Thomas

LA CAVE DU CONNAISSEUR 1999**

☐ 1 ha 6 000 5 à 8 €

An der Endausscheidung für die Wahl zum Lieblingswein teilzunehmen liegt nicht im Bereich jedes x-beliebigen Weins. Diesem hier ist es gelungen. Er findet seinen Platz auf dem Siegerpodest. Goldgrün, mit einem schönen, recht lebhaften mineralisch-zitronigen Aroma. Er kann sein «Fett» und seine Säure wunderbar ausbalancieren.

La Cave du Connaisseur, rue des Moulins, BP 78, 89800 Chablis, Tel. 03.86.42.87.15, Fax 03.86.42.49.84, E-Mail connaisseur@chablis.net tägl. 10h–18h

DOM. DARNAT 1999*

☐ 0,18 ha 1 500 5 à 8 €

Dieser 99er zeigt sich lebhaft, fruchtig und harmonisch, mit einer Haselnussnote. Das Fass ist natürlich vorhanden: Wir befinden uns hier in Meursault, und man muss begreifen, dass man in Meursault sogar den Aligoté wie in Meursault macht.

Dom. Darnat, 20, rue des Forges, 21190 Meursault, Tel. 03.80.21.23.30, Fax 03.80.21.64.62, E-Mail domaine.darnat@libertysurf.fr n. V.

JOCELYNE ET PHILIPPE DEFRANCE 1999*

☐ 5,39 ha 12 000 5 à 8 €

Lust zu machen ist besser, als Mitleid zu erregen, nicht wahr? Weißgolden und in der Nase sehr intensiv, ein weicher, fruchtiger Wein. Ein wenig «Fett» ist nicht dazu angetan, dass es uns missfallen würde. Seine Nachhaltigkeit? Sehr zufrieden stellend. Servieren kann man ihn zum Aperitif mit goldgelben Gougères (Gebäck aus Brandteig und Hartkäse).

Philippe Defrance, 5, rue du Four, 89530 Saint-Bris-le-Vineux, Tel. 03.86.53.39.04, Fax 03.86.53.66.46 n. V.

DOM. DENIS PERE ET FILS 1999*

☐ 0,8 ha 3 000 5 à 8 €

Gekochter Schinken in Petersilieaspik passt gut zu diesem Wein, der Frucht und Frische ausbalancieren kann, was diesem typischen, aber nicht sehr nervigen Aligoté Relief verleiht. Seine Farbe ist nicht übermäßig golden; sein Geruchseindruck ist zurückhaltend, aber er wird sich zu blumigen Noten entfalten können.

Dom. Denis Père et Fils, chem. des Vignes-Blanches, 21420 Pernand-Vergelesses, Tel. 03.80.21.50.91, Fax 03.80.26.10.32 n. V.

DOM. DENIZOT 1999*

☐ 5,3 ha 4 130 ▮♨ 5à8€

In Bissey-sous-Cruchaud, einem sympathischen Dorf im Norden des Departements Saône-et-Loire, wird der Aligoté als Kind des Landes betrachtet. Das ist zwar nicht Bouzeron, aber fast! Dieser Wein spielt seine Partitur in einer recht frischen Tonart. Er ist zart und leicht und versteht es, an die Gefühle zu appellieren. Seine Säure ist geschickt gemeistert worden.

🔑 Dom. Christian et Bruno Denizot, 71390 Bissey-sous-Cruchaud, Tel. 03.85.92.13.34, Fax 03.85.92.12.87, E-Mail denizot@caves-particulieres.com ☑ Ɏ Mo–Sa 8h–19h

DOM. DESSUS BON BOIRE 1999

☐ 0,5 ha 4 500 ▮ 3à5€

Während Antoine Donat den Weinbau im Gebiet von Auxerre einst mit Pinot noir und Chardonnay wieder ankurbelte, bestockte André einen halben Hektar wieder mit Aligoté. Dieser Wein gibt ihm Recht. Wenig Farbe, aber diese Traubensorte bietet für gewöhnlich einen diskreten Anblick. Zitrusfrüchte und getrocknete Früchte bilden ein sympathisches Bouquet. Frische und Lebhaftigkeit.

🔑 André Donat, 41, rue de Vallan, 89290 Vaux, Tel. 03.86.53.89.99, Fax 03.86.53.68.36 Ɏ Mo–Sa 9h–12h 14h–19h; So n. V.

JEAN-FRANÇOIS DICONNE 1999

☐ 2,3 ha 2 700 ▮♨ 5à8€

«Wenn man in den Verzeichnissen des Pfarrbezirks von 1626 auf Spuren unserer Ahnen stößt, dürfte es sich dabei um Tagelöhner handeln, denn die Bezeichnung «Besitzer» stammt erst aus der Zeit der Französischen Revolution», teilte uns Jean-François Diconne bescheiden mit. Das macht dennoch über zwei Jahrhunderte aus! Sein Wein von kräftigem Zitronengelb, der lecker duftet (frisch, aromatisch: Apfel, Clementine) und ein wenig perlt, bildet einen guten Auftakt zu einer Mahlzeit, beispielsweise zu gefüllten Miesmuscheln. Ziemlich reif und wirklich lang anhaltend.

🔑 Jean-François Diconne, rue du Bourg, 71150 Remigny, Tel. 03.85.87.20.01, Fax 03.85.87.23.98 ☑ Ɏ n. V.

GERARD DOREAU 1998

☐ 0,39 ha 3 000 ◧ 5à8€

Bei diesem strohgelben Wein mit grünen Reflexen weist sein Bouquet auf seinen Ausbau im Holzfass hin. Schwere Aromen: Honig, geröstetes Brot und süße Gewürze. Wir sind hier bei den Aligoté-Weinen, die mitten im Chardonnay-Gebiet zur Welt kommen. Ein spezieller Stil.

🔑 Gérard Doreau, rue du Dessous, 21190 Monthélie, Tel. 03.80.21.27.89, Fax 03.80.21.62.19 ☑ Ɏ n. V.

DOM. YVAN DUFOULEUR 1999*

☐ 1 ha 7 000 ▮♨ 5à8€

Ein sehr hübscher, zart goldfarbener Aligoté, der aus Nuits, einem Rotweingebiet, kommt. Er besitzt ein recht entfaltetes Bouquet mit Zitronennoten sowie einem Hauch von Geißblatt. Ein ausgezeichneter, nicht sehr typischer Wein, der aber Körper und Länge besitzt.

🔑 Dom. Yvan Dufouleur, 18, rue Thurot, 21700 Nuits-Saint-Georges, Tel. 03.80.62.31.00, Fax 03.80.62.31.00 ☑ Ɏ n. V.

DOM. FONTAINE DE LA VIERGE 1999*

☐ 7 ha 30 000 ▮ 3à5€

Dieser Wein verleugnet seine Herkunft nicht. Er ist hell und strahlend und duftet nach Feuerstein und Wiesenblumen. Die Deutlichkeit und die Freimütigkeit sind unbestreitbar.

🔑 Jean-Claude Biot, 5, chem. des Fossés, 89530 Chitry-le-Fort, Tel. 03.86.41.42.79, Fax 03.86.41.46:72 ☑ Ɏ n. V.

DIDIER FORNEROL 1999

☐ 0,2 ha 1 800 ▮ 3à5€

Seine Reflexe, die in einer gewohnten Farbe aufblitzen, sind ansprechend. Der Geruchseindruck? Zeichenkohle, Feuerstein, explosiv. Er ist im Geschmack sehr fett und stark verschmolzen und macht dies im Abgang durch seine lebhafte Note wett. Zu Schnecken.

🔑 Didier Fornerol, 15, pl. de la Mairie, 21700 Corgoloin, Tel. 03.80.62.93.09, Fax 03.80.62.93.09 ☑ Ɏ n. V.

GACHOT-MONOT 1999*

☐ 0,52 ha 4 700 ▮ 3à5€

Ein ehemaliger Pfarrer aus Corgoloin verbrachte fünfzehn Jahre seines Lebens als Missionar bei den Eskimos. Dieser Aligoté hätte ihn in seinem Iglu um mindestens 40 °C aufgeheizt. Er hat eine strohgoldene Farbe und bietet in der Nase einige Zitrusfrüchte; danach entfaltet er sich genau in der Aromenpalette seiner Appellation. Ein gefälliger, jugendlicher Wein, der erfrischend wirkt, sobald man ihn in den Mund nimmt.

🔑 Dom. Gachot-Monot, 13, rue Humbert-de-Gillens, 21700 Gerland, Tel. 03.80.62.50.95, Fax 03.80.62.53.85 ☑ Ɏ Mo–Fr 8h–12h 14h–18h

JEAN-HUGUES ET GHISLAINE GOISOT 1999**

☐ 7,68 ha 56 000 ▮♨ 5à8€

Der beste Aligoté von der Yonne steht hier vor uns. Sein typischer Charakter erstaunt schon auf den ersten Blick, sobald man die Nase darüber hält. Frucht, ein wenig Blüten, danach ein leckerer, bis zum Abgang einheitlicher Geschmack, der mineralisch ist, klassisch und – wie geschrieben wurde – im reinsten Geist der Rebsorte und des Yonne-Weinbaugebiets.

🔑 Ghislaine et Jean-Hugues Goisot, 30, rue Bienvenu-Martin, 89530 Saint-Bris-le-Vineux, Tel. 03.86.53.35.15, Fax 03.86.53.62.03 ☑ Ɏ n. V.

DOM. GOUFFIER
Clos de Butte Soleil 1999*

☐ 2,5 ha 9 000 ■ ⌀ 5à8€

Fontaines liegt in der Côte Chalonnaise. Wir hätten von diesem Winzer gern ein wenig mehr über den Clos de Butte Soleil erfahren. Dieser ein wenig verschlossene 99er von klarem Strohgelb präsentiert sich mit ausgewogenen, strengen Zügen. In zwei Jahren wird er vollständig zur Entfaltung kommen. Ein Erfolg, mit einem typischen Charakter, der selten geworden ist.
Dom. Gouffier, 11, Grande-Rue, 71150 Fontaines, Tel. 03.85.91.49.66, Fax 03.85.91.46.98, E-Mail jerome.gouffier@wanadoo.fr ☑ Y n. V.

DOM. GRAND ROCHE 2000*

☐ 3 ha 18 000 ■ ⌀ 5à8€

Die Buchhaltung führt zu allem, sogar zum Weinbau. Erick Lavallée übte nämlich seinen Beruf mit Zahlen aus, als er 1987 ein anderes Leben wählte. Die Aktiva ergeben hier eine gute Bilanz. Er ist ziemlich blass und entfaltet sehr intensive pflanzliche Tendenzen. Er «sauvignoniert» ein wenig. Seine Rundheit und seine Sanftheit machen ihn sehr angenehm, zumal eine gut bemessene Säure für einen Hauch von Zitrone sorgt.
Dom. Grand Roche, rte de Chitry, 89530 Saint-Bris-le-Vineux, Tel. 03.86.53.84.07, Fax 03.86.53.88.36 ☑ Y n. V.
Erick Lavallée

BLANCHE ET HENRI GROS 1999*

☐ k. A. 3 000 ■ 5à8€

Hier haben wir einen guten Aligoté, der Ihnen bei einem Imbiss einen Peitschenhieb versetzt. Sehr hell und klar. Er ist ein wenig exotisch (Mandarine) und rinnt wie ein Gebirgsbach durch den Mund, rasch, frisch und lebhaft. Trinken kann man ihn schon jetzt. Chambœuf ist das Dorf in den Hautes-Côtes, in das man gelangt, wenn man von Gevrey aus das Erosionstal von Lavaux hinaufsteigt.
Henri Gros, 21220 Chambœuf, Tel. 03.80.51.81.20, Fax 03.80.49.71.75 ☑ Y n. V.

DOM. JEAN GUITON 1999*

☐ 0,44 ha 3 000 ■ ⌀ 5à8€

Gute Ansprache, gute Säure, gute Intensität! Man kann Aligotés erleben, die ein wenig lebhafter sind, aber dieser 99er hier hält seine Stellung sehr gut. Ein pflanzlicher, danach blumiger Wein, der seine Qualitäten ein bis zwei Jahre lang bewahren kann. Servieren sollte man ihn zu Austern.
Dom. Jean Guiton, 4, rte de Pommard, 21200 Bligny-lès-Beaune, Tel. 03.80.26.82.88, Fax 03.80.26.85.05, E-Mail guillaume-guiton@wanadoo.fr ☑ Y n. V.

JEAN-LUC HOUBLIN 1998*

☐ 0,59 ha 3 500 ■ 5à8€

Wenn Sie nach Migé kommen, sollten Sie es nicht versäumen, die Windmühle zu besichtigen, die vor ein paar Jahren vollständig renoviert wurde. Und danach diese Kellerei, die einen Aligoté mit pflanzlichen Düften unter seinen grünen Reflexen präsentiert. Reichtum des «Fetts», Aromen von grünen Früchten im Geschmack – die Konzentration ist sehr gelungen.
Dom. Jean-Luc Houblin, 1, passage des Vignes, 89580 Migé, Tel. 03.86.41.69.87, Fax 03.86.41.71.95 ☑ Y Mo–Sa 8h–20h; So 8h–12h30; Gruppen n. V.

FREDERIC JACOB 1999*

☐ 3 ha 6 000 ■ 3à5€

Frédéric Jacob hat die Domaine Jacob-Frerebeau 1996 in Besitz genommen. Sein heller strohgelber Aligoté kommt von den Hautes-Côtes mit wilden, warmen, kräftigen Noten herab. Er ist füllig und aromatreich und entwickelt sich in Richtung vollreife Aprikosen. Er ist eigentümlich und zeigt einen originellen, nicht zu nervigen Stil.
Frédéric Jacob, 50, Grande-Rue, 21420 Changey-Echevronne, Tel. 03.80.21.55.58 ☑ Y n. V.

HUBERT JACOB-MAUCLAIR 1999

☐ 1,3 ha 4 000 ■ 5à8€

Leicht perlend, aber das verleiht ihm Kraft. Dieser 99er von kräftiger, strahlender Farbe stammt aus den Hautes-Côtes de Beaune. Sein elegantes, hochfeines Blütenbouquet schmückt ein Hauch von Farnkraut. Die Ansprache ist gut durchgeführt, die Ausgewogenheit gesichert.
Hubert Jacob-Mauclair, 56, Grande-Rue, Changey, 21420 Echevronne, Tel. 03.80.21.57.07, Fax 03.80.21.57.07 ☑ Y n. V.

DOM. REMI JOBARD 1999**

☐ 1,5 ha 3 000 ■ 5à8€

Durchscheinend und hellgelb: Er hat sich nicht im Schneider geirrt. Sein fruchtiger Duft lässt einige Ambitionen erkennen. Der Geschmack dreht sich um die folgenden Adjektive: sanft, zart, rund. Seine Konturen sind mit sicherer und zugleich feiner Hand gezeichnet: Er besitzt einen hübschen Körper. Sein zitronenartiger Charakter bestimmt diesen Aligoté zu Meeresfrüchten. Man würde einen großen Fehler machen, wenn man ihn sich entgehen ließe.
Dom. Rémi Jobard, 12, rue Sudot, 21190 Meursault, Tel. 03.80.21.20.23, Fax 03.80.21.67.69, E-Mail remi.jobard@libertysurf.fr ☑ Y n. V.

JEAN-LUC JOILLOT 1999*

☐ 0,6 ha 6 000 ■ 5à8€

Grüne Zitrone, sehr mineralisch, frisch, lebhaft wie eine Forelle. Er besitzt außerdem ein festes, würziges Gerüst und geht in Richtung reife Früchte, die ihm Länge und Stärke verleihen.
Jean-Luc Joillot, rue Marey-Monge, 21630 Pommard, Tel. 03.80.24.20.26, Fax 03.80.24.67.54 ☑ Y n. V.

GILLES JOURDAN 1999*

☐ 0,3 ha 2 400 5à8€

Dieser für den Jahrgang 1999 sehr typische Aligoté besitzt eine echte Nervigkeit. Ganz und gar der Charakter eines Aligoté-Weins: klar, mineralisch und wunderbar typisch. In seiner Gegenwart werden selbst Miesmuscheln wieder lebendig.

Gilles Jourdan, Grande-Rue, 21700 Corgoloin, Tel. 03.80.62.76.31, Fax 03.80.62.98.55 n. V.

DOM. LAMY-PILLOT 1999**

☐ 1,64 ha 9 400 5à8€

Recht kräftiges Goldgrün: Er fällt sofort auf. Sein Duft von grünen Mandeln entwickelt sich nicht stark, macht aber Lust, weiterzumachen. Er ist süffig und impulsiv und dringt mit unleugbarer Präsenz ein. Wirklich prächtig. Er kann auf den Johannisbeerlikör verzichten und allein schon für einen schönen Aperitif sorgen.

Dom. Lamy-Pillot, 31, rte de Santenay, 21190 Chassagne-Montrachet, Tel. 03.80.21.30.52, Fax 03.80.21.30.02, E-Mail lamy.pillot@wanadoo.fr n. V.

DANIEL LARGEOT 2000*

☐ 0,4 ha 3 600 3à5€

Seine kristallklare Farbe wird von ein paar Reflexen begleitet. Sein Duft stürmt drauflos und ruft Apfel, weiße Blüten und sogar Butter zusammen. Die Säure ist gut eingebunden, die Ansprache sehr saftig; im Rückaroma genießt man Lebkuchen. Er lädt uns ein, Dijon zu besuchen.

Daniel Largeot, 5, rue des Brenôts, 21200 Chorey-lès-Beaune, Tel. 03.80.22.15.10, Fax 03.80.22.60.62 n. V.

DOM. LARUE 1999*

☐ 1,56 ha 5 200 5à8€

Recht typisch und schnörkellos, ein blassgoldener Wein mit grünen Reflexen, der sehr frisch ist, mit Aromen von grünen Früchten und Zitrusfrüchten sowie einem Hauch von Mandeln. Der Geschmack besitzt Nervigkeit, zeigt sich aber auch lecker und nachhaltig. Krustentiere werden sich ausgiebig mit ihm unterhalten.

Dom. Larue, Gamay, 21190 Saint-Aubin, Tel. 03.80.21.30.74, Fax 03.80.21.91.36 n. V.

DOM. MAILLARD PERE ET FILS 1999*

☐ 0,4 ha k. A. 5à8€

Ein Till Eulenspiegel! Jung, enthusiastisch, schwungvoll. Vor allem nimmt er sich nicht ernst und befriedigt den Geist und den Körper. Und da ist er: goldfarben und nach frisch gepflücktem Weißdorn duftend. Er hat einen Feuersteingeschmack und jenen Hauch von Eleganz, der Weine von guter Provenienz auszeichnet. Bieten Sie ihm eine angemessene Küche, wie etwa die nach dem früheren Küchenchef benannte Tourte (mit Entenfleisch gefüllter Kuchen), die lange Zeit die schönen Abendessen im Spitzenrestaurant Le-Pré-aux-Clercs in Dijon bestimmte.

Dom. Maillard, 2, rue Joseph-Bard, 21200 Chorey-lès-Beaune, Tel. 03.80.22.10.67, Fax 03.80.24.00.42 n. V.

DOM. MAREY 1998

☐ 1 ha 5 000 5à8€

Ein Gut, das keine Verbindungen zu der Familie Marey-Monge hat, die früher an der Côte und in den Hautes-Côtes glänzte. Dieser Aligoté zeigt eine so helle Farbe, dass sie fast weiß erscheint. Farnkraut und Minze lenken seinen Duft in die richtige Richtung; der Geschmack hält an und prägt den Eindruck. Dieses Aroma begleitet eine gefällige, recht füllige, kräftige Verkostung. Meuilley in der Nähe von Vergy ist ein gutes Beispiel für die Wiedereroberung der Hautes-Côtes in den 60er und 70er Jahren.

Dom. Marey, rue Bachot, 21700 Meuilley, Tel. 03.80.61.12.44, Fax 03.80.61.11.31, E-Mail dommarey@aol.com n. V.

PASCAL MELLENOTTE 1999

☐ 1 ha 2 000 3à5€

Blasses Zitronengelb, grüner Apfel über Brotkrume, feine Hefe – er geht mit allen Visa auf Reisen. Im Geschmack ist er angenehm und belebend. Eine hübsche Kreuzfahrt! Er ist vielleicht nicht auf großer Fahrt, aber man kann das erste Anlegen nutzen, um sich möglichst viel Zeit zu lassen, natürlich zu Meeresfrüchten.

Pascal Mellenotte, Le Martray, 71640 Mellecey, Tel. 03.85.45.15.64, Fax 03.85.45.15.64 Mo–Sa 10h–19h

ARMELLE ET JEAN-MICHEL MOLIN 1999*

☐ 0,3 ha 2 800 3à5€

Ein schon 2002 trinkreifer 99er, der das Nonplusultra darstellt. Sorgfältig koloriert und aromatisch – er besitzt deutlich einen Feuersteincharakter. Der in der Ansprache zarte und direkte Geschmack entwickelt sich zur gleichen Mineralität hin und balanciert sich im Abgang aus. Verwenden Sie ihn nicht für einen Kir: Er verdient einen Hecht!

EARL Armelle et Jean-Michel Molin, 54, rte des Grands-Crus, 21220 Fixin, Tel. 03.80.52.21.28, Fax 03.80.59.96.99 n. V.

DOM. HENRI NAUDIN-FERRAND 1999

☐ 1,81 ha 16 526 3à5€

Die Hautes-Côtes de Nuits sind für diese Rebsorte ein Lieblingsort, ein gesegnetes Gebiet. Und was ist mit diesem Wein hier? Wenig Farbe, aber Frühlingsaromen das ganze Jahr über (natürlich blumige). Von der Ansprache bis zum Schlussgeschmack empfindet man keine Langeweile. Sie können ihn in den nächsten Monaten trinken.

Dom. Henri Naudin-Ferrand, rue du Meix-Grenot, 21700 Magny-lès-Villers, Tel. 03.80.62.91.50, Fax 03.80.62.91.77, E-Mail dnaudin@ipac.fr n. V.

NICOLAS PERE ET FILS 1999*

☐ 0,9 ha 5 000 ▮🌡 3à5€

Blassgolden mit grünen Reflexen, in der Nase mineralisch. Im Mund zeigt er sich zart und lebhaft zugleich, mentholartig, auf der Frische anhaltend. Die Jury war ihm deutlich gewogen und betonte, er zeige eine gute Haltung. Sie empfahl dazu süßsaure Küche auf indische Art, ein wenig scharf gewürzt.

🔑 EARL du dom. Nicolas Père et Fils, 38, rte de Cirey, 21340 Nolay, Tel. 03.80.21.82.92, Fax 03.80.21.85.47 ☑ Y tägl. 9h–12h 13h30–19h

ERIC PANSIOT 1999*

☐ 3 ha 10 000 ▮ 5à8€

Er ist hellgoldgelb und bietet eine interessante Aromenpalette, von Schwarze-Johannisbeer-Knospe bis zu Geißblatt. Seine fruchtige Säure (Zitrone) entspricht durchaus den Erwartungen der Öffentlichkeit für diesen Weintyp. Eine gewisse Fülle begleitet ihn den ganzen anhaltenden Geschmack über. Könnte gekochter Schinken in Petersilieaspik zu ihm passen?

🔑 Eric Pansiot, Ch. de la Chaume, 21700 Corgoloin, Tel. 03.80.62.94.32, Fax 03.80.62.73.14 ☑ Y n. V.

DOM. PAVELOT 1999*

☐ 0,9 ha 2 500 ▮ 5à8€

Man sagt Pavelot, wenn man Pernand meint, so sehr bildet diese Familie seit Jahrhunderten eine Einheit mit dem Dorf. Ihr Aligoté ist instruktiv für den Weinfreund, der die Appellation kennen lernen möchte. Er ist blassgolden und präsentiert sich mit delikaten Blütendüften. Keinerlei Aggressivität, sondern eine leckere Seite, die sich mit einer wirkungsvollen Lebhaftigkeit verbindet. Gut gebaut und sehr typisch.

🔑 EARL Dom. Régis et Luc Pavelot, rue du Paulant, 21420 Pernand-Vergelesses, Tel. 03.80.26.13.65, Fax 03.80.26.13.65 ☑ Y n. V.

GEORGES ET THIERRY PINTE 1998

☐ 0,73 ha 2 600 ▮ 5à8€

Dieser hellgelbe 98er hatte Zeit, ein recht intensives Bouquet aus weißen Blüten und Minze zusammenzustellen. Eine kleine Bitternote im Abgang. Ein klarer, sauberer Wein, wie es unsere Verkoster ausdrückten.

🔑 GAEC Georges et Thierry Pinte, 11, rue du Jarron, 21420 Savigny-lès-Beaune, Tel. 03.80.21.51.59, Fax 03.80.21.51.59 ☑ Y n. V.

DOM. JACKY RENARD 1999

☐ 4,86 ha k. A. ▮🌡 5à8€

Recht charakteristisch für die Aligoté-Weine von der Yonne: Seine Farbe hat Feuer und Glanz. Sein frischer, blumiger Duft ist sehr niedlich. Man mag seine jugendliche Spontaneität, auch wenn seine Länge mittel ist. Trinken kann man ihn in der nächsten Zeit.

🔑 Jacky Renard, La Côte-de-Chaussan, 89530 Saint-Bris-le-Vineux, Tel. 03.86.53.38.58, Fax 03.86.53.33.50 ☑ Y n. V.

CH. DE ROUGEON 1999*

☐ 8 ha k. A. ▮ 5à8€

Die Firma Bouchard Père et Fils hat ihre Keller in den Bollwerken der aus dem 15. Jh. stammenden Festung von Beaune. Ihr Aligoté gibt einen sehr guten, aber nicht sehr typischen Wein ab. Er zeigt ein schönes, strahlendes Graugolden und wirkt vornehm. Man lässt sich durch seinen Lindenblütenduft und das Rückaroma mit Farnkraut verführen. All das ist perfekt. Der Geschmack besitzt nicht die Lebhaftigkeit der Rebsorte: Er erweist sich als rund.

🔑 Bouchard Père et Fils, Ch. de Beaune, 21200 Beaune, Tel. 03.80.24.80.24, Fax 03.80.22.55.88, E-Mail france@bouchard-pereetfils.com Y n. V.

PASCAL SORIN 1999*

☐ 2,2 ha 4 500 ▮ 3à5€

Schöner Glanz der Farbe. Die Dinge lassen sich gut an, umso mehr, als ein hübscher Hauch von Haselnüssen das halb pflanzliche und halb blumige Bouquet begleitet. Das Fass ist nicht verantwortlich dafür (Ausbau im Tank). Ein recht vollständiger Wein, der zunächst sehr rund und dann voller sich entladender Aromen ist (vor allem Pampelmuse). Wenig Säure.

🔑 Sorin-Coquard, 25, rue de Grisy, 89530 Saint-Bris-le-Vineux, Tel. 03.86.53.37.76, Fax 03.86.53.37.76 ☑ Y Mo–Sa 8h–20h30; So 8h–12h30

🔑 Pascal Sorin

PIERRE TAUPENOT 1998

☐ 0,3 ha 2 780 ▮◐ 5à8€

Nichts in seiner Farbe trübt den Blick. Hübsche Bewegung im Glas. Mittelstarker Duft nach Zitronengras und Weißdorn, der ein wenig grasig ist. Das «Fett» dominiert über die Säure, aber der Wein bewahrt eine gewisse Frische. Bestimmt ein feiner Wein im Geist der Côte de Beaune.

🔑 Pierre Taupenot, rue du Chevrotin, 21190 Saint-Romain, Tel. 03.80.21.24.37, Fax 03.80.21.68.42 ☑ Y n. V.

VENOT 1999*

☐ 3 ha 3 000 ▮ 5à8€

Dieser von der Côte Chalonnaise kommende 99er lässt an die Lebensregel denken, die früher einmal galt: «Grüner Wein, reiches Burgund.» Er «chardonniert» nicht und hat ein sehr lebhaftes Temperament; er ist äußerst säuerlich, komplex und vollständig, wobei sich Zitrone mit liebenswürdigen Frühlingsblumen vermischt. Ende 2002/Anfang 2003 wird er sich der Perfektion nähern.

🔑 GAEC Venot, «La Corvée», 71390 Moroges, Tel. 03.85.47.90.20, Fax 03.85.47.90.20 ☑ Y n. V.

DOM. VERRET 2000**

☐ 12,74 ha 110 000 ▮🌡 5à8€

Ein Pionier des Direktverkaufs im Gebiet von Chablis. Von seinen 300 000 Flaschen, die jedes Jahr verkauft werden, wird diese hier bei Ihnen kein Bedauern hinterlassen. Seine kleine exotische Nuance kommt zu seinem wirklich sehr fesselnden Charme hinzu. Man kann ihn genießen, ohne lang zu warten.

Dom. Verret, 7, rte de Champs, BP 4, 89530 Saint-Bris-le-Vineux, Tel. 03.86.53.31.81, Fax 03.86.53.89.61, E-Mail bruno.verret@wanadoo.fr n. V.

VEUVE HENRI MORONI 1999*

2 ha 6 500 5 à 8 €

In einer klaren blassgelben Kulisse betreten die Schauspieler die Bühne: Zitrone, Pampelmuse und ein paar diskrete Blüten. Sehr frisch und sehr gut – er ist ein Aligoté vom Scheitel bis zur Sohle. Das ist genau das, was man von einem solchen Wein erwartet. Sicherlich hat das Ganze keine extreme Lebhaftigkeit, er schläft aber auch keineswegs.

Veuve Henri Moroni, 1, rue de l'Abreuvoir, 21190 Puligny-Montrachet, Tel. 03.80.21.30.48, Fax 03.80.21.33.08, E-Mail veuve.moroni@wanadoo.fr n. V.

Bourgogne Passetoutgrain

Eine Appellation ausschließlich für Rot- und Roséweine, die innerhalb des Anbaubereichs der Appellation Bourgogne grand ordinaire erzeugt werden oder aus einer enger gefassten Appellation stammen, sofern die Weine aus einem Verschnitt von Pinot noir und Gamay noir hergestellt werden; der Pinot-noir-Anteil muss dabei mindestens ein Drittel ausmachen. Häufig wird behauptet, dass die besten Weine gleiche Mengen Pinot noir und Gamay noir oder sogar mehr Pinot noir enthalten.

Die Roséweine müssen nach dem *Saignée*-Verfahren (Abstechen des Mostes nach kurzer Maischung, ohne dass die Trauben gepresst werden) hergestellt werden; es handelt sich also im Gegensatz zu den «grauen» Weinen, die man durch unmittelbares Keltern dunkler Trauben erhält und wie Weißweine vinifiziert, um «önologische» Roséweine. Bei der erstgenannten Methode wird der Abstich des Traubenmosts vorgenommen, wenn der Winzer im Verlauf der Maischung die erwünschte Farbe erreicht hat. Dies kann auch durchaus mitten in der Nacht der Fall sein! Die Produktionsmenge von Passetoutgrain-Rosé ist sehr gering; diese AOC ist in erster Linie als Rotweinappellation bekannt. Die Weine werden in erster Linie im Departement Saône-et-Loire (rund zwei Drittel) erzeugt, der Rest im Departement Côte-d'Or und im Tal der Yonne. Die Produktionsmenge liegt zwischen 65 000 und 75 000 hl (1999 waren es 71 708 hl). Die Weine sind leicht und delikat und sollten jung getrunken werden.

DOM. BOUZERAND-DUJARDIN 1999**

0,43 ha 2 700 5 à 8 €

Auf die Plätze, fertig, los! Beeilen Sie sich, um einen Wein zu bekommen, der nur um einen Hauch die Wahl zum Lieblingswein verfehlt und die Nr. 1 ist. Er kennt die beste Art und Weise, wie er Ihnen gefallen kann. Tiefes Granatrot, Aromen von schwarzer Johannisbeere und Kirsche mit einem Hauch von Kirschwasser entfaltend. Im Geschmack kommt dieser Passetoutgrain wunderbar zur Geltung: lebhaft, frisch, ein wenig warm, aber fest – er steht mit dem richtigen Fuß auf.

Dom. Bouzerand-Dujardin, pl. de l'Eglise, 21190 Monthélie, Tel. 03.80.21.20.08, Fax 03.80.21.28.16 n. V.

JEAN BROCARD-GRIVOT 1999*

0,26 ha 1 370 3 à 5 €

50:50 Pinot und Gamay. In Reulle-Vergy hat man ein Gespür für Ausgewogenheit. Dieser 99er ist ein ehrlicher und unverfälschter Wein von johannisbeerroter Farbe, mit einem tiefen, sorgfältigen Duft (schwarze Johannisbeere, Brotkrume, Gewürze). Er ist im Charakter eher sanft und schmeckt bei einem Grillfest zu kleinen Spießen angenehm.

Jean Brocard-Grivot, rue Basse, 21220 Reulle-Vergy, Tel. 03.80.61.42.14 n. V.

PIERRE CHANAU 1999

k. A. 156 977 3 à 5 €

Eine Großhandelsmarke, die ihre Weine von verschiedenen Weinhändlern herstellen lässt, hier von Philippe d'Argenval (wie auf dem Etikett zu lesen ist), einer Filiale von Antonin Rodet. Der Wein ist gelungen; man kann ihn im Himmel trinken, wie man früher sagte. Ein wenig mit Krallen bewehrte Tannine, aber seine gute Leichtigkeit passt zu dem behandelten Thema. Er kann in diesem Winter Eintopf begleiten.

Pierre Chanau, 71640 Mercurey, Tel. 03.85.98.12.12, Fax 03.85.45.25.49

GUY FONTAINE ET JACKY VION 1999*

0,6 ha 5 200 5 à 8 €

Dieses Gut in Familienbesitz, das auf halbem Weg zwischen Beaune und Chalon-sur-Saône liegt, wird seit 1982 von Guy Fontaine und seinem Schwager Jacky Vion geführt, die von den Hachette-Jurys regelmäßig ausgewählt werden. Und ihr Passetoutgrain? Blutrot, olé! Wir befinden uns hier nämlich in der Arena. Auf seine Tannine gestützt, stürmt der Wein kraftvoll und entschlossen vorwärts. Sein Aroma hält lang an.

Ein 99er, den man im Laufe des Jahres zu Schweinebraten mit Kartoffeln nach Bäckerart (Kartoffelscheiben und Zwiebeln im Ofen gebacken) trinken kann.
GAEC des Vignerons, rue du Bourg, 71150 Remigny, Tel. 03.85.87.03.35, Fax 03.85.87.03.35 n. V.

DOM. PIERRE GELIN 1999

1,78 ha 10 000 3à5€

Dieser Passetoutgrain von intensivem, kräftigem Feuerrot hat einen klaren, deutlichen Duft. Er ist sehr typisch und besitzt bei einem Gamay-Anteil von 70 % einen gut strukturierten, pfeffrigen Geschmack. Für seine Tannine jedoch ist es günstig, wenn sie ein wenig sanfter werden.
Dom. Pierre Gelin, 2, rue du Chapitre, 21220 Fixin, Tel. 03.80.52.45.24, Fax 03.80.51.47.80
Mo–Fr 9h–12h 14h–17h; Sa n. V.
Stéphen Gelin

GILBERT ET PHILIPPE GERMAIN 1999

1,5 ha 5 000 3à5€

Wenn Sie sich je fragen, was der ideale Begleiter zu einem Paar Œufs en meurette (pochierte verlorene Eier in Rotweinsauce mit Speckstreifen, Champignons und Croûtons) ist, wählen Sie diesen Passetoutgrain von den Hautes-Côtes de Beaune. Das Verhältnis darin beträgt 70 % Gamay und 30 % Pinot. Es funktioniert gut, in einem sanften, zarten Stil, der sich nicht zu lang fortsetzt, seinen Vertrag aber erfüllt.
Philippe Germain, 21190 Nantoux, Tel. 03.80.26.05.63, Fax 03.80.26.05.12
n. V.

ROBERT GROFFIER ET FILS 1999

k. A. 5 000 5à8€

Man gewinnt damit problemlos einen Freund. Er ist röter als rot und scheint von einer Reise auf die Antillen zurückzukommen, mit erregenden Düften im Koffer (Granatapfel, Bitterorange). Recht spürbar vom Holz beeinflusst, aber in diesem Wein findet man auch Jugendlichkeit und Temperament.
SARL Robert Groffier Père et Fils, 3-5, rte des Grands-Crus, 21220 Morey-Saint-Denis, Tel. 03.80.34.31.53, Fax 03.80.34.31.53
n. V.

DOM. REMI JOBARD 1999*

1 ha 2 500 3à5€

Ein Rotwein aus diesem Weißweindorf, der klar die Farbe ansagt: ein ins Bläuliche gehendes Rubinrot. Er steckt die Nase mit diskreter, frischer Frucht heraus. Danach bietet er eine lebhafte Ansprache, zeigt sich aber bald rund. Er ist klar und deutlich und findet problemlos einen Konsens. Eine leichte Note von würziger Wärme im Schlussgeschmack. So lässt man ihn zurück.
Dom. Rémi Jobard, 12, rue Sudot, 21190 Meursault, Tel. 03.80.21.20.23, Fax 03.80.21.67.69, E-Mail remi.jobard@libertysurf.fr n. V.

DOM. DE LA CHAPELLE 1999

3,5 ha 5 000 3à5€

Das alte, 25 ha große Gut hat diesen Passetoutgrain wie einen Beaujolais vinifiziert, wobei die Trauben als ganze, unversehrte Beeren in den Gärtank gefüllt wurden. Das ergibt hier einen Wein, der sich in seinem Rubinrot mit hellen Reflexen gut präsentiert und sich zu roten Früchten entfaltet; seine 65 % Gamay lassen nicht kalt.
Bouthenet Père et Fils, Dom. de la Chapelle, Eguilly, 71490 Couches, Tel. 03.85.45.54.76, Fax 03.85.45.56.51 n. V.

DOM. DE LA FEUILLARDE 2000

0,3 ha 2 600 5à8€

Ein Passetoutgrain, der uns auf die Schulter nimmt. Er ist sehr primeurhaft; sein Gamay-Anteil (trotzdem 50 %) liefert die Hülle und zeigt sich zart und lecker. Unter seiner nicht zu intensiven Farbe sprechen Duft und Geschmack mit einer Stimme. Trinken kann man ihn in sechs Monaten im Freundeskreis. Ein Wein, der den Jahrgang 2000 trägt und aus Südburgund zu uns kommt.
Lucien Thomas, Dom. de La Feuillarde, 71960 Prissé, Tel. 03.85.34.54.45, Fax 03.85.34.31.50, E-Mail contact@domaine-feuillarde.com
tägl. 8h–12h 13h–19h

LES CHAMPS DE L'ABBAYE 1999*

1 ha 5 500 5à8€

Dieses neue, 1996 gegründete Gut hat sich gerade auf biodynamische Prinzipien umgestellt. Es präsentiert einen Wein aus 45 % Pinot und 55 % Gamay mit traditionellen Fruchtaromen. Er ist schmackhaft, mit Vollmundigkeit, einem guten Gerüst und recht viel Gehalt, und besitzt ein echtes Potenzial.
Alain Hasard, Les Champs de l'Abbaye, 3, pl. de l'Abbaye, 71510 Saint-Sernin-du-Plain, Tel. 03.85.45.59.32, Fax 03.85.45.59.32
n. V.

GHISLAINE ET BERNARD MARECHAL-CAILLOT 1999*

3,13 ha 8 000 5à8€

Dieser Wein, der zu 75 % aus Gamay und zu 25 % aus Pinot noir erzeugt wurde, ist gefällig. Er ist sanft, herzensgut und zart besaitet und versteht es, sich Freunde zu machen: Seine purpurrote Farbe ist ein klein wenig entwickelt. In seiner Kategorie ist er ausgezeichnet aufgrund einer zarten Frucht über verschmolzenen Tanninen, die ihn schon jetzt angenehm machen, zu Kalbskotelett in Rahmsauce mit glasierten Karotten.
Bernard Maréchal-Caillot, 10, rte de Chalon, 21200 Bligny-lès-Beaune, Tel. 03.80.21.44.55, Fax 03.80.26.88.21
n. V.

DOM. DU MERLE 1999*

■ 1 ha 2 500 5 à 8 €

65 % Gamay – man achtet hier die Tradition. Ein strahlend und durchscheinend kirschroter Wein mit Aromen von eingemachten Früchten, der im Geschmack sehr fett ist, robust aufgrund seiner Tannine, die dennoch ziemlich fein sind. Er ist großzügig und entwickelt sich; es empfiehlt sich, die Flasche jetzt zu entkorken.

Michel Morin, Sens, 71240 Sennecey-le-Grand, Tel. 03.85.44.75.38, Fax 03.85.44.73.63, E-Mail domainemerle@yahoo.com
tägl. 9h30–19h30

PASCAL 1999*

■ 2 ha 15 000 5 à 8 €

Die in Chenôve stehenden Traubenpressen der burgundischen Herzöge gehören dieser 1852 gegründeten Firma. Dieser Weinhändler aus Gevrey hat seine Sache gut gemacht. Ein erstklassiger Passetoutgrain, der mit 60 % Gamay und 40 % Pinot Ihre ganze Wertschätzung verdient. Nicht dunkler als rubinrot. Ein wilder Duft von schwarzer Johannisbeere. Struktur, Stoff und Harmonie treffen zusammen.

Pascal, Clos des Noirets, 21220 Gevrey-Chambertin, Tel. 03.80.34.37.82, Fax 03.80.51.88.05 n. V.
Cheron

ROBERT SIRUGUE 1998*

■ 2,5 ha 15 000 3 à 5 €

Robert Sirugue und seine Marie-France und Jean-Louis arbeiten auf diesem 11 ha großen Gut zusammen. Es gibt tausend verschiedene Schreibweisen von Passetoutgrain, aber die hier ist die Richtige. Es gibt mehrere Arten, ihn zusammenzustellen: Hier sind es 30 % Gamay und 70 % Pinot. Es gibt eine gute Art und Weise, ihn zu genießen: zu Potaufeu. Dieser 98er von hübscher Farbe gießt einen Tropfen Cassis in ein recht entwickeltes Bouquet (Leder, Rauch). Die Tanningrundlage räumt keinen Augenblick lang das Feld. Er ist trinkreif.

Robert Sirugue, 3, av. du Monument, 21700 Vosne-Romanée, Tel. 03.80.61.00.64, Fax 03.80.61.27.57 n. V.

DOM. TAUPENOT-MERME 1998

■ k. A. 10 000 5 à 8 €

Jean Taupenot tat sich mit Denise Merme zusammen; etwa zwanzig Jahre später arbeiten ihre Kinder Virginie und Romain auf dem Gut. 30 % Pinot und 70 % Gamay: Die Waagschale senkt sich offensichtlich zur letzteren Seite hin, worüber man sich nicht beklagt. Die Farbe können Sie sich mühelos vorstellen. Schwarze Johannisbeere, Walderdbeere, gekochte Backpflaume – das Bouquet ist nicht ohne Raffinesse. Der Geschmack, frisch in der Ansprache und rustikal, wie es sich auch gehört, bewahrt Nervigkeit und eine Tanningrundlage, die seinen Charakter betont.

Jean Taupenot-Merme, 33, rte des Grands-Crus, 21220 Morey-Saint-Denis, Tel. 03.80.34.35.24, Fax 03.80.51.83.41, E-Mail domainetaupenot-merme@wanadoo.fr
n. V.

JEAN-PIERRE TRUCHETET 1999*

■ 0,63 ha 5 600 3 à 5 €

Er besitzt Farbe, an der Grenze zu einem bläulichen Rot. Bei seinem Bouquet feilscht er nicht: Die Frucht hat einen guten Standort, mit einer würzigen Note und (was nicht sehr häufig vorkommt, aber Aufmerksamkeit erregt) einem Duft nach Brombeerstrauch. Der Stoff ist stark umhüllt, ohne rustikalen Charakter. Alles, was erforderlich ist.

Jean-Pierre Truchetet, rue des Masers, 21700 Premeaux-Prissey, Tel. 03.80.61.07.22, Fax 03.80.61.34.35
Mo–Fr 9h–12h 14h–19h; 15.–31. Aug. geschlossen

DOM. VERRET 2000**

■ 2,5 ha 12 000 5 à 8 €

Ein Wein von einem großen Gut (52 ha) im Gebiet von Auxerre, zwei Drittel Gamay und ein Drittel Pinot – die Rechnung geht auf. Seine bläulich rote Farbe führt zu einem ermutigenden Duft, der auf Schwarze-Johannisbeer-Knospe ausgerichtet ist. Er ist süffig und fruchtig, eher lebhaft als tanninreich und macht Lust auf Wurst und Camembert.

Dom. Verret, 7, rte de Champs, BP 4, 89530 Saint-Bris-le-Vineux, Tel. 03.86.53.31.81, Fax 03.86.53.89.61, E-Mail bruno.verret@wanadoo.fr n. V.

DOM. VOARICK 1999*

■ 8,25 ha 70 000 5 à 8 €

Zu einem mit Pilzen gefüllten Kuchen. Dieser Wein von leichter Malvenfarbe über einem kirschroten Untergrund zeigt im Duft eine Schwermütigkeit wie eine Figur bei Françoise Sagan; ihr Himbeergeschmack über feinen Tanninen ist optimistischer und setzt am Anfang und am Ende auf Sanftheit.

Emile Voarick, 71640 Saint-Martin-sous-Montaigu, Tel. 03.85.45.23.23, Fax 03.85.45.16.37 tägl. 8h–12h 14h–18h

Bourgogne Hautes-Côtes de Nuits

In der Umgangssprache und auf den Etiketten verwendet man am häufigsten «Bourgogne Hautes-Côtes de Nuits» für die Rot-, Rosé- und Weißweine, die in sechzehn Gemeinden des Hinterlandes sowie in den Teilen von Gemeinden erzeugt werden, die oberhalb der kommunalen Appellationen und der Crus der Côte de Nuits liegen. 2000 erzeugten diese Anbaugebiete 29 717 hl, davon 5 291 hl Weißwein. Die Produktionsmenge hat sich seit 1970 stark erhöht; vor diesem Zeitpunkt beschränkte sich das Anbaugebiet auf die Produktion von Weinen der umfassenderen regionalen Appellationen, insbesondere auf Bourgogne Aligoté. Dann stellte es seine Produktion um, wobei vor der Reblausinvasion bestockte Reblagen wieder bepflanzt wurden.

Die Hügel mit den besten Lagen liefern in manchen Jahren Weine, die es mit denen aus Parzellen der Côte aufnehmen können. Übrigens fallen die Ergebnisse beim Weißwein oft besser aus; daher ist es schade, dass hier nicht mehr Chardonnay angepflanzt wird, der zweifellos zumeist besser gedeihen würde. Mit dem Versuch, das Weinbaugebiet wiederherzustellen, waren auch Bemühungen verbunden, den Fremdenverkehr anzukurbeln. Besonders hervorheben muss man in diesem Zusammenhang den Bau eines «Hauses der Hautes-Côtes», wo die Erzeugnisse der Region ausgestellt sind, die man zusammen mit der einheimischen Küche verkosten kann.

DOM. BARBIER ET FILS
Corvée de Villy 1998*

■ 1,92 ha 12 000 11 à 15 €

Domaine Barbier et Fils wurde 1995 von Dufouleur Père et Fils erworben: Man bleibt in Nuits unter sich. Das Rubinrot ist hier sehr burgundisch. Ein Hauch von Kakao und Gewürzen verrät einen gut gemeisterten Ausbau im Holzfass. Der aufgrund solider Tannine ausgewogene Geschmack erlaubt eine kürzere Lagerung (ein bis zwei Jahre).

Dom. Barbier et Fils, 15, rue Thurot, BP 27, 21700 Nuits-Saint-Georges, Tel. 03.80.61.21.21, Fax 03.80.61.10.65 n. V.

Guy und Xavier Dufouleur

JEAN BOUCHARD 1999*

■ k. A. 34 500 11 à 15 €

Ein sehr gelungener Wein. Seine Farbe geht ins Granatrote, mit einer rosaroten Nuance am Rand der Oberfläche. Heidelbeere und Brombeere – schwarze Früchte sind die Hauptdarsteller. Tannine ohne Übertreibung, Stoff und Frucht.

Jean Bouchard, BP 47, 21202 Beaune Cedex, Tel. 03.80.24.37.27, Fax 03.80.24.37.38

DOM. CACHAT-OCQUIDANT ET FILS 1999*

■ 61,91 ha 3 600 5 à 8 €

Granatrot mit bläulichen Reflexen, mit fruchtigen, aber diskreten Aromen. Er überlässt es dem Ausbau im Keller, die ganze Partitur zu spielen. Dieser ist eher füllig als lang anhaltend, rund und strukturiert und klingt mit einer überaus wirkungsvollen Lakritzenote aus. Er wird Ladoix gerecht, das sich an der «Grenze» zwischen den Hautes-Côtes de Nuits und den Hautes-Côtes de Beaune befindet.

Dom. Cachat-Ocquidant et Fils, 3 pl. du Souvenir, 21550 Ladoix-Serrigny, Tel. 03.80.26.45.30, Fax 03.80.26.48.16 n. V.

F. CHAUVENET
Les Hauts de Charmont 1998*

■ k. A. 60 000 8 à 11 €

Ein schönes, ins Burgunderrote gehendes Rubinrot. Sein Duft hätte Colette begeistert, so blumig, subtil und wahnsinnig feminin ist er. Hat Colette nicht eine Reportage über diese Firma verfasst, die zu den ältesten von Nuits gehört (heute im Besitz von J.-Cl. Boisset)? Das, was man als genussvollen Wein bezeichnet, reich und großzügig, nicht übermäßig tanninreich, mit einem Wort: durstlöschend.

F. Chauvenet, 9, quai Fleury, 21700 Nuits-Saint-Georges, Tel. 03.80.62.61.43, Fax 03.80.62.37.38

RAOUL CLERGET 1999*

■ k. A. 30 000 5 à 8 €

Die Firma Clerget, die von der elsässischen Familie Tresch übernommen wurde, präsentiert einen Wein von den Hautes-Côtes, der zu Beginn des Geschmackseindrucks noch ein wenig verschlossen ist und dann eine angenehme Liebenswürdigkeit gewinnt. Er ist granatrot und duftet nach Unterholz und Pilzen. Der Geschmack findet die gleiche Note, die mit einer klassischen Fruchtigkeit verbunden ist. Servieren sollte man ihn bei der sonntäglichen Mahlzeit zu Geflügel.

Raoul Clerget, chem. de la Pierre-qui-Vire, 21200 Montagny-lès-Beaune, Tel. 03.80.26.37.37, Fax 03.80.24.14.81, E-Mail contacts@tresch.fr

Tresch SA

DOM. YVAN DUFOULEUR
Les Dames Huguette 1998*

■ 1,3 ha 6 000 8 à 11 €

Die Dames Huguette sind medienbewusst: Unterhalb der Fernsehmasten angepflanzt, können die Reben Rot- und Weißweine hervorbringen! Dieses Gut erhält für jede der beiden Farben einen Stern: Der Rotwein von kräftigem Granatrot ist fein und gut gemacht; er entspricht den Kriterien der AOC, auch wenn er stark vom Fass beeinflusst ist. Bieten Sie ihm Ente an. Der **98er Weißwein** aus der gleichen Einzellage zeigt einen feinen Holzton. Der **rote 99er «Villages»** ist sehr harmonisch. Er erhält ebenfalls einen Stern.

Dom. Yvan Dufouleur, 18, rue Thurot, 21700 Nuits-Saint-Georges, Tel. 03.80.62.31.00, Fax 03.80.62.31.00 n. V.

GEISWEILER 1999

■ k. A. 10 000 5 à 8 €

Die Firma Geisweiler spielte einst eine Vorreiterrolle bei der Zurückeroberung der Hautes-Côtes, wobei sie vor allem den riesigen Weinberg von Bévy anlegte. Sie gehört jetzt der Firma Picard in Chagny. Dieser 99er besitzt hübsche

rubinrote Töne, ein entstehendes Bouquet (schwarze Früchte, Gewürze) und einen in der Ansprache eckigen Geschmack. Er entwickelt sich unter noch strengen Tanninen in Richtung Länge.
🔑 Geisweiler, 4, rte de Dijon, 21700 Nuits-Saint-Georges, Tel. 03.85.87.51.21, Fax 03.85.87.51.11
🔑 M. Picard

DOM. GLANTENET 1999**

☐ 2,05 ha 8 000 5 à 8 €

Die Glantenets, die seit dem 18. Jh. Winzer sind, bauen ihre Weine in Fässern aus französischer Eiche aus. Dieser hier ist zwölf Monate im Fass gereift. Er hat eine frische Farbe und versteht es, die besten Karten auszuspielen: Mandel-, Zitrus- und Minzearomen. Er ist komplex und ausdrucksvoll, ausgewogen und einschmeichelnd. Ein Meeresfrüchteauflauf wird ihn zufrieden stellen.
🔑 Dom. Glantenet Père et Fils, rue de l'Aye, 21700 Magny-lès-Villers, Tel. 03.80.62.91.61, Fax 03.80.62.74.79, E-Mail domaine.glantenet@wanadoo.fr
☑ Y Mo–Sa 8h–12h 14h–18h

BLANCHE ET HENRI GROS
Cuvée de garde Vieilles vignes 1999**

■ 2,5 ha 4 500 8 à 11 €

Chambœuf ist das «nördlichste» Dorf der Hautes-Côtes de Nuits. Es hält für uns eine ausgezeichnete Überraschung bereit. Eleganz und Stärke, kann man etwas Besseres erträumen? Dieser 99er geht in Richtung Himbeere. Er besitzt Zukunft und bildet ein reizvolles Erzeugnis: Rundheit im Geschmack, diskrete Tannine.
🔑 Henri Gros, 21220 Chambœuf, Tel. 03.80.51.81.20, Fax 03.80.49.71.75
☑ Y n. V.

DOM. GROS FRERE ET SŒUR 1999**

■ 6,5 ha 43 500 8 à 11 €

Knapp eine Liebeserklärung verfehlt! Was heißt, dass dieser 99er, der von einem angesehenen Gut in Vosne-Romanée vorgestellt wird, zu den besten gehört. Ausgezeichnete Intensität der Farbe, sehr einschmeichelnde Aromen (Erdbeere, Mokka), gute Länge im recht tanninreichen Geschmack: Er zeigt einen bemerkenswert typischen Charakter. Man darf ihn nicht zu bald aufmachen. Für seinen **99er Weißwein** (Preisgruppe: 70 bis 99 F) erhält dieses Gut einen Stern. Er ist füllig und hält mit Blüten und Früchten an; außerdem besitzt er die mineralische Note der großen Weine.
🔑 SCE Gros Frère et Sœur, 6, rue des Grands-Crus, 21700 Vosne-Romanée, Tel. 03.80.61.12.43, Fax 03.80.61.34.05 ☑ Y n. V.
🔑 Bernard Gros

FREDERIC JACOB 1999

■ 1 ha 3 000 5 à 8 €

Frédéric Jacob, der sich hier 1996 niederließ, präsentiert einen gefälligen, gut gemachten Wein, der nicht zu viel Charakter besitzt, aber interessant ist. Er ist nicht sehr farbintensiv; der Duft teilt sich zwischen Gewürzen und Früchten auf. Dieser leckere Wein ist zu einem Teller mit Wurstgerichten bestimmt und kann für das Glück des Augenblicks getrunken werden, ohne dass man viel darüber nachdenkt.
🔑 Frédéric Jacob, 50, Grande-Rue, 21420 Changey-Echevronne, Tel. 03.80.21.55.58
☑ Y n. V.

JEAN-PHILIPPE MARCHAND
Cuvée Prestige Vieilli en fût de chêne 1999*

■ k. A. k. A. 5 à 8 €

Auf diesem im 17. Jh. entstandenen Gut, das Gästezimmer besitzt, kann man eine alte Traubenpresse bewundern. Für seinen 95er hat Jean-Philippe Marchand im Hachette-Weinführer 1998 eine Liebeserklärung erhalten. Die Farbe des 99ers lässt an vollreife Kirschen denken. Sein Bouquet bietet eine große Vielfalt, denn man findet darin Farnkraut, schwarze Johannisbeere ... Dieser konzentrierte, kräftig gebaute, ausgewogene, typische Wein ist lang anhaltend und angenehm; ein Kalbsragout wird ihn fröhlich stimmen. Und damit wir es nicht vergessen: Die Tannine sind sehr liebenswürdig.
🔑 Maison Jean-Philippe Marchand, 4, rue Souvert, 21220 Gevrey-Chambertin, Tel. 03.80.34.33.60, Fax 03.80.34.12.77, E-Mail marchand@axnet.com ☑ Y n. V.

DOM. MOILLARD 1999

☐ 7,4 ha 40 000 8 à 11 €

Zu Schweinefilet mignon mit Backpflaumen. Dieser klare Wein, der in der Nase (Vanille, Birne) und im Mund sehr ausdrucksvoll ist, setzt auf Pfirsich und klingt mit einer mineralischen Note aus.
🔑 Dom. Moillard, chem. rural 29, 2, rue François-Mignotte, 21700 Nuits-Saint-Georges, Tel. 03.80.62.42.22, Fax 03.80.61.28.13, E-Mail nuicave@wanadoo.fr
☑ Y tägl. 10h–18h; Jan. geschlossen

DOM. DE MONTMAIN
Les Genevrières 1998

■ 6 ha 32 000 15 à 23 €

Erzeugt worden ist dieser im Auftakt verschlossene Rotwein, der an der Luft zu würzigen Noten erwacht, von einem sehr großen Spezialisten für dieses Thema, der in den Ausgaben 1990 und 1995 Liebeserklärungen erhielt. Der Abgang ist von kräftigen Tanninen geprägt, die im Augenblick ungenügend umhüllt sind. Im Wesentlichen kandierte schwarze Früchte. Zwei bis drei Jahre aufheben.
🔑 Dom. de Montmain, 21700 Villars-Fontaine, Tel. 03.80.62.31.94, Fax 03.80.61.02.31
☑ Y Mo–Fr 8h30–12h 13h30–18h; Sa n. V.
🔑 Hudelot

DOM. HENRI NAUDIN-FERRAND
Elevé en fût de chêne 1999

☐ 1,17 ha 9 310 5 à 8 €

Wie Sie wissen, führen Frauen dieses Gut. Gute Köchinnen sollten ein Zanderfilet im Lebkuchenmantel (Dijon ist nicht weit entfernt) als Begleitung für diesen strohgelben 99er wählen,

der ein wenig blumig ist. Die Säure gleicht ihn gut aus. Wenig Stoff, aber Schwung.
Dom. Henri Naudin-Ferrand, rue du Meix-Grenot, 21700 Magny-lès-Villers, Tel. 03.80.62.91.50, Fax 03.80.62.91.77, E-Mail dnaudin@ipac.fr n. V.

OLIVIER-GARD Cuvée Tradition 1999*

1 ha 6 000 5 à 8 €

Erzeugt wurde der Wein in Corboin, einem Weiler von Nuits-Saint-Georges, der auf der Hochfläche liegt. Er weckt unsere Aufmerksamkeit durch eine sehr weibliche Harmonie: funkelnde Farbe, fruchtiger Duft (eine Belüftung ist notwendig). Aufgrund der Qualität des Geschmacks und des reizvollen Abgangs darf man viel Genuss erwarten.
Dom. Olivier-Gard, Concœur-et-Corboin, 21700 Nuits-Saint-Georges, Tel. 03.80.61.00.43, Fax 03.80.61.38.45 n. V.
Manuel Olivier

ERIC PANSIOT Le Lieu Dieu 1999**

0,6 ha 4 000 5 à 8 €

Die Einzellage Le Lieu Dieu: eine ehemalige Abtei von Nonnen ganz in der Nähe von Marey-lès-Fussey, einer Hochburg der Hautes-Côtes. Dieser Wein ist ein Musterbeispiel der Hautes-Côtes de Nuits. Übrigens hat ihn ein Juror einer Liebeserklärung für würdig befunden, was etwas heißen will! Seine Honignote unter seiner hellen, glänzenden Farbe besitzt alles, um zu gefallen. Eine Struktur, die zu einer zwei- bis dreijährigen Lagerung fähig ist.
Eric Pansiot, Ch. de la Chaume, 21700 Corgoloin, Tel. 03.80.62.94.32, Fax 03.80.62.73.14 n. V.

CH. DE PREMEAUX 1999*

2,1 ha 8 000 8 à 11 €

Der Großvater von Monsieur Pelletier kaufte dieses Château 1933; er selbst führt das 12,5 ha große Gut seit 1982. Hier haben wir einen Wein, der schon im Glas nicht locker lässt: bläulich rote Reflexe in einer sehr intensiven Farbe von funkelndem Granatrot. Sein Bouquet ist weinig, auf schwarze Johannisbeere ausgerichtet. Nichts im Geschmack enttäuscht: ziemlich reichhaltiger Stoff, angenehme Rundheit, doch die Frucht ist in dieser Phase der Verkostung noch zurückhaltend. Ausdrucksvoll und typisch. Man kann ihn in einem Jahr aufmachen, aber er hält sich auch drei bis vier Jahre.
Dom. du Ch. de Premeaux, 21700 Premeaux-Prissey, Tel. 03.80.62.30.64, Fax 03.80.62.39.28, E-Mail chateau.de.premeaux@wanadoo.fr n. V.
Pelletier

DOM. SAINT-SATURNIN 1999*

4 ha 26 000 11 à 15 €

Saint-Saturnin oder die im 12. Jh. errichtete Kirche von Vergy: Wir befinden uns hier im Herzen der Hautes-Côtes, um einen an Satin erinnernden granatroten 99er mit intensiven rosa Reflexen und einem recht entfalteten, ehrlichen Bouquet von echter Komplexität zu probieren. Auf der Zunge ist alles Seide, mit einer gut dosierten Säureunterstützung und zufrieden stellender Länge. Ein knackiger, wohl schmeckender Wein.
Vieilles Caves de Bourgogne & de Bordeaux, 6 bis, bd Jacques-Copeau, 21200 Beaune, Tel. 03.80.24.37.47, Fax 03.80.24.37.38

PAUL ET COLETTE SIMON
Les Dames Huguette Vieilli en fût de chêne 1998*

1 ha 6 000 8 à 11 €

Ebenfalls ein Wein aus der Einzellage Les Dames Huguette, einem Schmuckstück der Appellation, das sich auf den Anhöhen von Nuits-Saint-Georges befindet. Wir haben hier ein Beispiel von guter Extraktion vor uns, mit einem echten Hauch von Bodengeschmack. Sein roter Samt erinnert an Sauerkirschen. Lakritze im Auftakt, denn er hat achtzehn Monate in Holzfässern verbracht, von denen 30 % neu waren. Ein etwas eigentümlicher Wein.
Paul et Colette Simon, 21700 Marey-lès-Fussey, Tel. 03.80.62.93.35, Fax 03.80.62.71.54, E-Mail domaine@paul-simon.fr n. V.

GUY SIMON ET FILS
Vieilli en fût de chêne 1999*

2 ha 6 000 8 à 11 €

Guy Simons Sohn, der auf der Fachoberschule für Weinbau in Beaune ein Önologiediplom erworben hat, arbeitet jetzt auf dem Gut mit. Ausgebaut worden ist dieser 99er, der in seiner Farbe an Burlat-Kirschen erinnert und würzige Noten enthält, im Holzfass, wobei ein Drittel neue Fässer waren. Er beeindruckt durch seine aromatische Nachhaltigkeit und seine Fülle im Geschmack. Recht gedämpfter Holzton, deutlich präsente Frucht. Ein anderer 99er erhält eine lobende Erwähnung: die **Cuvée des Dames Huguette** (eine berühmte Reblage, die sich auf den Anhöhen von Nuits-Saint-Georges befindet).
Guy Simon et Fils, 21700 Marey-lès-Fussey, Tel. 03.80.62.91.85, Fax 03.80.62.71.82 n. V.

DOM. THEVENOT-LE BRUN ET FILS
1999*

3,4 ha 14 400 5 à 8 €

Wenn der Papa nicht im Weinberg ist, spielt er Shakespeare im alternativen Theater von Avignon. Dieser Wein jedoch fragt sich nicht: *To be or not to be.* Dieser blassgoldene Chardonnay mit grauen Reflexen, der leicht nach Toast duftet, bringt sein Terroir mit dem Akzent der Hautes-Côtes zum Ausdruck. Es ist überflüssig, ihn einzukellern; genießen Sie ihn schon jetzt. Der **weiße 99er Clos du Vignon** (Preisgruppe: 50 bis 69 F) erhält ebenfalls einen Stern.
Dom. Thévenot-Le Brun et Fils, 21700 Marey-lès-Fussey, Tel. 03.80.62.91.64, Fax 03.80.62.99.81, E-Mail thevenot-le-brun@wanadoo.fr n. V.

JEAN-PIERRE TRUCHETET 1998★★

☐ 0,66 ha 5 700 ⏸ 5 à 8 €

Dieses 8,5 ha große Gut in Premeaux-Prissey, dem Dorf mit den zwei Kirchen (der von Premeaux und der von Prissey), die beide im 13. Jh. errichtet wurden, erzeugt hier einen sehr hübschen Wein, der zehn Monate im Holzfass ausgebaut wurde. Die Oberjury hat sich für ihn entschieden: einstimmige Wahl zum Lieblingswein wegen seiner jugendlichen Aromen, die sich zwischen mineralischen und blumigen Noten aufteilen. Er ist rund und fett und besitzt Körper, lässt aber im Mund die schon in der Nase wahrgenommene mineralische Seite erkennen. In der Appellation gibt es nichts Bezauberndes.

🔑 Jean-Pierre Truchetet, rue des Masers, 21700 Premeaux-Prissey, Tel. 03.80.61.07.22, Fax 03.80.61.34.35
☑ 🍷 Mo–Fr 9h–12h 14h–19h; 15.–31. Aug. geschlossen

DOM. ALAIN VERDET
Vieilles vignes 1998★★

☐ 1,6 ha 5 000 ⏸ 11 à 15 €

Das Gut, das seit 1971 biologischen Anbau praktiziert, hat diesen Wein im neuen Holzfass vinifiziert und achtzehn Monate ausgebaut. Dieser 98er besitzt alles, um zu gefallen: Die Nase bestätigt das Auge und der Mund die Nase, auf einer blumigen Linie, ein wenig nervig in diesem Alter, aber voller Feinheit. Der Abgang ist prächtig, ein wahres Feuerwerk. In zwei bis drei Jahren kann er Krustentiere begleiten. Liebeserklärung in der Ausgabe 2000 für seinen 96er Rotwein.

🔑 Alain Verdet, rue Combe A.-Naudon, 21700 Arcenant, Tel. 03.80.61.08.10, Fax 03.80.61.08.10 ☑ 🍷 n. V.

CH. DE VILLERS-LA-FAYE 1999

■ 8 ha 13 000 ⏸ 8 à 11 €

Serge Valot hat den Betrieb seinem Sohn Samuel übergeben, bleibt aber Hospizwinzer in Beaune – ein Adelsbrief in Burgund. Ein purpur- bis karminroter 99er, der sich im Augenblick weigert, sich zwischen Holz und schwarzen Früchten zu entscheiden. Er bietet eine sehr delikate Ansprache und lässt zum Schluss hübsche Tannine zu Wort kommen. Sandrine Bonnaire hat hier eine Szene des Rivette-Films über das Leben der Jeanne d'Arc gedreht.

🔑 Ch. de Villers-la-Faye, rue du Château, 21700 Villers-la-Faye, Tel. 03.80.62.91.57, Fax 03.80.62.71.32 ☑ 🍷 n. V.
🔑 Valot Vater und Sohn

Bourgogne Hautes-Côtes de Beaune

Der geografische Anbaubereich für diese Appellation ist größer (etwa zwanzig Gemeinden) und reicht in den Norden des Departements Saône-et-Loire hinein. Auch die Produktionsmenge der Weine der AOC Bourgogne Hautes-Côtes de Beaune liegt höher als bei den Hautes-Côtes de Nuits: 2000 waren es 39 574 hl, davon 7 250 hl Weißwein. Die Lagen sind uneinheitlicher; große Flächen sind noch mit Aligoté und Gamay bepflanzt.

Die Winzergenossenschaft der Hautes-Côtes, die in Orches, Weiler Baubigny, ihren Anfang nahm, hat heute ihren Sitz im «Guidon» von Pommard, an der Kreuzung der D 973 und der RN 74, südlich von Beaune. Sie produziert eine große Menge Bourgogne Hautes-Côtes de Beaune. Ähnlich wie weiter nördlich hat sich das Weinbaugebiet hauptsächlich seit den Jahren 1970–1975 vergrößert.

Die Landschaft ist malerischer als in den Hautes-Côtes de Nuits; zahlreiche Orte lohnen hier einen Besuch, wie etwa Orches, La Rochepot und sein Schloss sowie Nolay, ein kleines burgundisches Dorf. Anmerken muss man schließlich noch, dass die Hautes-Côtes, wo sich früher landwirtschaftliche Betriebe mit Mischkultur befanden, Landstriche geblieben sind, die Beerenfrüchte produzieren. Diese Früchte sind für die Likör- und Schnapshersteller in Nuits-Saint-Georges und Dijon bestimmt, so dass man hier noch immer – in unterschiedlichem Aggregatzustand – schwarze Johannisbeeren und Himbeeren bzw. aus diesen Früchten hergestellte Liköre und Schnäpse von hervorragender Qualität findet. Der Birnenschnaps der Monts-de-Côte-d'Or, der eine einfache Appellation besitzt, hat hier ebenfalls seinen Ursprung.

DOM. BACHEY-LEGROS ET FILS 1999★

■ 0,5 ha 600 8 à 11 €

Fahren Sie die älteste Straße in dem Dorf Santenay-le-Haut. Eine ländliche Kapelle von 1703 steht gegenüber diesem in burgundischem Baustil errichteten Gut. Dieser dunkelgranatrote 99er mit bläulichen Reflexen bietet einen diskreten Duft, in dem rote Früchte und eine leicht balsamische Note zusammentreffen. Dieser reiche, elegante Wein, der aufgrund nicht zu fester Tannine ausgewogen wirkt, muss zwei Jahre im Keller ruhen, bevor man ihn zu Œufs en meurette (pochierte verlorene Eier in Rotweinsauce) servieren kann.

Christiane Bachey-Legros, 12, rue de la Charrière, 21590 Santenay, Tel. 03.80.20.64.14 n. V.

DOM. BERGER-RIVE Au Paradis 1999

■ 3 ha 4 000 5 à 8 €

Es gibt das Château de Mercey (Antonin Rodet). Es gibt auch das Manoir de Mercey. Um jegliche Verwechslung zu vermeiden, kann man für das Manoir die Bezeichnung Domaine Berger-Rive verwenden. Reben in Hoch- und Weitraumerziehung, vom INAO in den Hautes-Côtes zugelassen. Und ein hübscher Lagennamen: «Im Paradies». Wie seine ins bläulich Rote gehende schwarze Farbe schon andeutet, ist dies ein sehr konzentrierter Wein mit eingemachten roten Früchten, der wuchtig und tanninreich ist. Er verdient eine Lagerung, bevor man ihn zu einem Stück Charolais-Rind oder/und zu kräftigen Käsesorten serviert.

Dom. Gérard Berger-Rive et Fils, Manoir de Mercey, 71150 Cheilly-lès-Maranges, Tel. 03.85.91.13.81, Fax 03.85.91.17.06 n. V.

DANIEL BILLARD 1998★

□ 0,44 ha 1 682 5 à 8 €

Der Stoff eines großen Weins hinter einer gewissen Zurückhaltung. Man denkt dabei an den Satz von van Gogh: «Die Malerei, das ist die Wirklichkeit plus das Temperament.» Hier ergänzen Reife und Konzentration eine delikate Farbe und ein Butter- und Haselnussbouquet. Man kann diesen Wein ebenso trinken wie noch lagern. Präsentiert wird er von einem Winzer aus Les Maranges.

Daniel Billard, rue de Borgy, 71150 Dezize-lès-Maranges, Tel. 03.85.91.15.60, Fax 03.85.91.10.59 n. V.

DOM. DU BOIS GUILLAUME Les Champs Perdrix 1999★

□ 2,11 ha 12 000 5 à 8 €

Ein blasses Goldgelb. Dieser noch jugendliche, fehlerlose Wein bietet einen interessanten Charakter, der im Geschmack mit einer sehr ansprechenden mineralischen Note verbunden ist. Hübsche Länge.

Jean-Yves Devevey, Dom. du Bois Guillaume, rue de Breuil, 71150 Demigny, Tel. 03.85.49.91.11, Fax 03.85.49.91.59, E-Mail devevey-bois-guillaume@wanadoo.fr n. V.

PASCAL BOULEY 1998

■ 0,73 ha 2 400 5 à 8 €

Wenn Sie wissen wollen, mit was ein Rotwein von kräftigem Granatrot Ähnlichkeit hat, sollten Sie mit diesem hier Kontakt aufnehmen. Er ist fruchtig (reife und gekochte Früchte) und wird von einer Röstnote begleitet. Der Wein besitzt eine Struktur, auch wenn man von ihm ein wenig mehr Fett erwartet hätte. Der Holzton ist erstklassig.

Pascal Bouley, pl. de l'Eglise, 21190 Volnay, Tel. 03.80.21.61.69, Fax 03.80.21.66.44 n. V.

G. BRZEZINSKI 1999

■ k. A. 3 000 8 à 11 €

Diese Marke, die frühere Firma Rivot, präsentiert unter der Hülle eines leicht ziegelroten Farbtons auf rubinrotem Untergrund diesen interessanten 99er, der sich im Auftakt im fruchtigen Register bewegt und dann animalisch und wild wird. Die Textur ist recht fein; die Tannine sind frei von bösen Absichten. Seine Entwicklung reizt dazu, ihn nicht zu spät zu trinken.

G. Brzezinski, rte d'Autun, 21630 Pommard, Tel. 03.80.22.23.99, Fax 03.80.22.28.33 Mo–Sa 8h–12h 14h–18h; 23. Dez. bis 6. Jan. geschlossen

CHRISTOPHE BUISSON Les Pierres percées 1999★

■ k. A. k. A. 5 à 8 €

Ein 1990 aus dem Nichts heraus entstandenes Gut, abgesehen vom Enthusiasmus und vom Mut. Gepachtete Rebparzellen, die dann nach und nach gekauft wurden, und 1999 Erwerb eines Gärkellers in Beaune. Dieser bläulich granatrote Wein bietet der Nase Düfte von kleinen roten Früchten, bevor er Offenheit und Fülle zeigt. Gute Tannine, eine nicht zu robuste Struktur, die reichhaltig ist und lang anhält: im sehr guten Mittelfeld.

Christophe Buisson, 21190 Saint-Romain, Tel. 03.80.21.63.92, Fax 03.80.21.67.03 n. V.

CAPITAIN-GAGNEROT Les Gueulottes 1998★

□ 1,05 ha 7 000 5 à 8 €

Seit 1802 führen die Capitains einen stolzen Wahlspruch im Mund: «Loyalität macht meine Stärke aus.» Man kann Sie nur dazu einladen, ihren in den Corton-Felsen hineingegrabenen Keller zu entdecken. Zunächst einmal bietet dieser Wein von noch lebhafter, jugendlicher Farbe ein paar diskrete Düfte von Brotkrume und geröstetem Brot. Es behagt ihm am Gaumen; der Geschmack ist fett, sehr dicht, lang anhaltend und nach dem Abgang für lange Zeit nachklingend. Es ist zwecklos, ihn im Keller zu vergessen, denn er ist bereits «diensttauglich».

Maison Capitain-Gagnerot, 38, rte de Dijon, 21550 Ladoix-Serrigny, Tel. 03.80.26.41.36, Fax 03.80.26.46.29 n. V.

DENIS CARRE 1999**

■ k. A. k. A. 5à8€

Seine letzte Liebeserklärung in dieser Appellation stammt aus dem Hachette-Weinführer 1991 und galt einem 88er Rotwein. Sein jugendlicher, sehr junger 99er zeigt typische bläulich rote Farbtöne. Sein Bouquet bietet über einem leichten Holzton Erdbeere und Himbeere. Kräftig gebaut und tanninreich, mit einem Wort: eckig. Er ist noch ein wenig streng, aber viel versprechend und gut gearbeitet. Der **99er Weißwein** erhält eine lobende Erwähnung: Er wirkt sehr spielerisch und lässt sich fröhlich singend trinken.

Denis Carré, rue du Puits-Bouret, 21190 Meloisey, Tel. 03.80.26.02.21, Fax 03.80.26.04.64 n. V.

DOM. FRANÇOIS CHARLES ET FILS 1999*

□ 1,5 ha 9 000 5à8€

Vor zehn Jahren weihte Nantoux sein Wasserschloss ein. Von Zeit zu Zeit ist es durchaus notwendig, Wasser in seinen Wein zu gießen! Denn dieses Dorf hat wieder Geschmack am Weinbau gefunden. Dieser 99er von recht dichter Farbe, der nach Mirabelle, Honig und geröstetem Brot duftet, macht seiner Appellation Ehre. Wenn er leicht entwickelt erscheint, geht das auf seine große Reife zurück. Liebeserklärung im Hachette-Weinführer 1997 für seinen 94er Rotwein.

EARL François Charles et Fils, 21190 Nantoux, Tel. 03.80.26.01.20, Fax 03.80.26.04.84 n. V.

DOM. CHEVROT 1999*

■ 2 ha 13 000 5à8€

Lammkarree zu diesem sanften, runden, wenn auch ein wenig festen Pinot noir, der im Mund eine gute Haltung zeigt. Er ist intensiv granatrot und duftet leicht nach Vanille; er verkörpert den «weiblichen» Stil. Was nebenbei gesagt sehr angenehm ist und uns unmäßige Tannine und Weine, die man unendlich lang lagern muss, erspart.

Catherine et Fernand Chevrot, Dom. Chevrot, 19, rte de Couches, 71150 Cheilly-lès-Maranges, Tel. 03.85.91.10.55, Fax 03.85.91.13.24, E-Mail domaine.chevrot@wanadoo.fr Mo–Sa 9h–12h 14h–18h; So 9h–12h

RAOUL CLERGET 1999*

■ k. A. 50 000 5à8€

Intensiv! Das sieht man auf den ersten Blick. Das riecht man, mit Nuancen von säuerlichen roten Beeren, um genauer zu sein: Kornelkirschen. Die Ansprache ist recht fest, die Gerbsäure deutlich, die Säure markant und die Länge mittel. Seine Struktur ist nicht beträchtlich, aber der Wein ist typisch. Raoul Clerget ist eine Firma, die von der elsässischen Familie Tresch übernommen und in jüngster Zeit vergrößert wurde.

Raoul Clerget, chem. de la Pierre-qui-Vire, 21200 Montagny-lès-Beaune, Tel. 03.80.26.37.37, Fax 03.80.24.14.81, E-Mail contacts@tresch.fr

Tresch SA

Y. ET C. CONTAT-GRANGE 1999*

■ 2 ha 4 000 5à8€

Die Gazette, die sagenhafte Figur aus den Romanen von Henri Vincenot, lief oft die Wege der Hautes-Côtes de Beaune entlang. Sie hätte gern ein wenig mit diesem Wein geplaudert, der eine liebenswürdige Farbe von schwarzen Kirschen zeigt und nach Unterholz und reifen Früchten duftet. Ganz einfach ein großes Mädchen, das nicht schüchtern, aber auf der Hut ist, mit dem soliden Körper einer Burgunderin, die es gewohnt ist, in den Weinberg zu gehen.

EARL Yvon Contat-Grangé, Grande-Rue, 71150 Dezize-lès-Maranges, Tel. 03.85.91.15.87, Fax 03.85.91.12.54 n. V.

RODOLPHE DEMOUGEOT Vieilles vignes 1999*

■ 1 ha 6 000 5à8€

«Er ist durchaus nicht übel», notierte ein Verkoster auf seinem Zettel. Die Burgunder haben eine Vorliebe für die Stilfigur der Litotes. Lesen Sie somit: Das ist wirklich guter Wein. Farbe von Sauerkirschen: aus den Trauben extrahiert! Der Duft geht nach einer Phase von Schwarzkirschen in Richtung animalische Ledernoten. Die Ansprache ist diskret, aber sehr rasch zeigen sich eine schöne Konstitution und eine phänomenale Vollmundigkeit. Man sollte ihn zwei bis drei Jahre aufheben und dann zu Entenbraten auf den Tisch bringen.

Dom. Rodolphe Demougeot, 2, rue du Clos-de-Mazeray, 21190 Meursault, Tel. 03.80.21.28.99, Fax 03.80.21.29.18 n. V.

DOUDET-NAUDIN 1999**

■ 2,4 ha 18 000 5à8€

Er weiß, wie man es macht. Einer der besten Weine der Verkostung. Farbe in Hülle und Fülle, Pfeffer und schwarze Johannisbeere für das Glücksgefühl, einen wirklichen Pinot-Duft einzuatmen, und dazu dieser Körper, dieses Fleisch und diese Frucht. Eine Frucht, die nicht verboten ist, aber wir empfehlen Ihnen eine ein- bis zweijährige Lagerung, bevor Sie ihn probieren sollten.

Doudet-Naudin, 3, rue Henri-Cyrot, BP 1, 21420 Savigny-lès-Beaune, Tel. 03.80.21.51.74, Fax 03.80.21.50.69 n. V.

DOM. R. DUBOIS ET FILS Les Monts Battois 1999*

□ 0,9 ha 6 000 5à8€

Les Monts Battois sind eine zu Recht berühmte Einzellage. Hat man hier nicht einen Versuchsweinberg angelegt, in der Absicht, auf den Anhöhen von Beaune-Savigny Wein anzubauen? Gelb an der Grenze zum Grünen. Ein sehr leckerer Chardonnay mit Toast- und Aprikosennoten. Hübsche Trauben, hübscher Wein. Er ist ganz im Stil seiner Appellation gehalten.

🔑 Dom. R. Dubois et Fils, rte de Nuits-Saint-Georges, 21700 Premeaux-Prissey, Tel. 03.80.62.30.61, Fax 03.80.61.24.07, E-Mail rdubois@wanadoo.fr
☑ 🍷 Mo–Fr 8h–11h30 14h–18h; Sa, So n. V.

DOM. C. ET J.-M. DURAND 1999

■ 2,5 ha 8 000 5à8€

Alexandre Dumas hat uns eine sehr bewegende Seite über seinen Besuch in den Hautes-Côtes hinterlassen. Man spürt die gleiche Emotion, wenn man sich diesem Wein von hübschem Rubinrot nähert, der würzig, rund und fleischig ist. Körper und Tannine zwar, aber eine angenehme Verschmolzenheit, bei der man an schwarze Johannisbeere wie auch an Vanille denkt.

🔑 Dom. Christine et Jean-Marc Durand, 1, rue de l'Eglise, 21200 Bouze-lès-Beaune, Tel. 03.80.22.75.31, Fax 03.80.26.02.57
☑ 🍷 n. V.

DOM. GLANTENET 1999*

□ 3,17 ha 5 500 🛢 5à8€

Dieses Gut reicht mit seinen Wurzeln bis ins 18. Jh. zurück, füllt aber seinen Wein erst seit 1997 selbst auf Flaschen zurück. Sein Chardonnay hat nicht viel Farbe, aber diese wirkt frisch. Ein hübscher Duft umhüllt ihn stärker: Brot direkt aus dem Ofen, Brotkrume, danach Zitrusfrüchte und weiße Früchte. Die Ansprache fällt nicht ab. Der Geschmack hält mit lebhaften Zitronennoten an. Seine Säureunterstützung erlaubt eine ein- bis dreijährige Lagerung.

🔑 Dom. Glantenet Père et Fils, rue de l'Aye, 21700 Magny-lès-Villers, Tel. 03.80.62.91.61, Fax 03.80.62.74.79, E-Mail domaine.glantenet@wanadoo.fr
☑ 🍷 Mo–Sa 8h–12h 14h–18h

LES CAVES DES HAUTES-COTES
La Dalignière Elevé en fût de chêne 1999

■ k. A. 21 000 🛢 8à11€

Die Genossenschaft hat viel zur Zurückeroberung des Weinbaugebiets der Hautes-Côtes beigetragen. Diese im Eichenfass ausgebaute Cuvée ist sehr stark vom Holz geprägt. Ein funkelnd purpurroter Wein, der fruchtig und pfeffrig ist. Er ist warm und gibt einen guten Begleiter ab, mit umhüllten Tanninen. In diesem Stadium fällt es schwer, ihn vollständig zu beurteilen.

🔑 Les Caves des Hautes-Côtes, rte de Pommard, 21200 Beaune, Tel. 03.80.25.01.00, Fax 03.80.22.87.05, E-Mail vinchc@wanadoo.fr ☑ 🍷 n. V.

HOSPICES DE DIJON
Chenovre Ermitage 1999*

□ 10,12 ha 69 000 🍾 8à11€

Das Universitätsklinikum von Dijon hat 1984 damit begonnen, sein Erbe besser zu nutzen, und das Weingut Chenovre-Ermitage zwischen Pernand und Savigny auf etwa zehn Hektar wieder auferstehen lassen; angebaut werden die Reben vom Arbeitsbeschaffungszentrum in Beaune, während die Trauben von Château de Meursault (Boisseaux-Gruppe) vinifiziert werden. Dieser 99er des Hospiz (wohlgemerkt des Hospiz von Dijon) zeigt eine diskrete goldgrüne Farbe und ist blumig und buttrig, nicht sehr lang anhaltend, aber lebhaft und frisch im Abgang. Sorgsam behandelter Stoff.

🔑 Hospices de Dijon, 5, rue du Collège, 21200 Beaune, Tel. 03.80.24.53.01, Fax 03.80.24.53.03 ☑ 🍷 tägl. 9h–12h 14h–18h

DOM. A. ET B. LABRY 1999*

□ 1,3 ha 2 500 🛢 8à11€

Ein 15,5 ha großes Gut, das sich in der Côte und den Hautes-Côtes de Beaune befindet. *Carpe diem:* Warten Sie nicht auf morgen, um das Glück dieses schönen Burgunders mit dem feinen Toastduft zu genießen, der sehr gut ausgebaut, sanft und rund ist. Seine Farbe ist ziemlich blass, sein Duft leicht lakritzeartig.

🔑 Dom. André et Bernard Labry, Melin, 21190 Auxey-Duresses, Tel. 03.80.21.21.60, Fax 03.80.21.64.15, E-Mail domaine-labry@wanadoo.fr ☑ 🍷 n. V.

LYCEE VITICOLE DE BEAUNE 1998*

□ 1,03 ha 3 586 🛢 5à8€

Die Fachoberschule für Weinbau in Beaune errang für ihren 95er in der Ausgabe 1998 den Preis als Klassenbester und erhielt eine Liebeserklärung. Ihr 98er empfängt die Glückwünsche der Jury, was auch nicht so übel ist. Er ist goldgelb, Butter und Haselnüsse, mineralisch und fruchtig, ausgewogen. Das Holz drängt sich nicht auf. Dennoch scheint es, als hätte dieser Wein einige Zeit im Fass verbracht, wobei die Fässer von der Küferschule hergestellt werden. Der Landwirtschaftsminister sollte ihn einmal bei Tisch servieren.

🔑 Dom. du Lycée viticole de Beaune, 16, av. Charles-Jaffelin, 21200 Beaune, Tel. 03.80.26.35.81, Fax 03.80.22.76.69
☑ 🍷 Mo–Fr 8h–11h30 14h–17h; Sa 8h–11h30

CH. MOROT-GAUDRY 1999*

□ 0,2 ha 1 700 🍾 5à8€

Eine alte Mühle in der Schlucht der Cozanne, eines kleinen Wasserlaufs, der zwischen Les Maranges und den Hautes-Côtes fließt. Diese Mühle kümmert sich nicht mehr um das Getreide; sie macht guten Wein. Dieser hier ist klar und blass mit grünen Reflexen und auf Feuerstein hin ausgerichtet. Rund und fein. Er hält nicht sehr lang an, erweist sich aber als sehr gefällig. Denken Sie dabei als Fischsuppe an ein herzhaftes Anglerragout mit Fischen aus der Saône und dem Doubs.

🔑 Morot-Gaudry, Moulin Pignot, 71150 Paris-l'Hôpital, Tel. 03.85.91.11.09, Fax 03.85.91.11.09 ☑ 🍷 n. V.

DOM. HENRI NAUDIN-FERRAND 1999*

□ 1,5 ha 13 532 🍾🛢🌡 5à8€

Magny-lès-Villers befindet sich mit einem Fuß in den Hautes-Côtes de Nuits und mit dem anderen in den Hautes-Côtes de Beaune. Wir sind hier im zweiten Holzschuh und probieren einen Wein, der im Hachette-Weinführer 1992 (als 89er) Lieblingswein war und sich diesmal in einer klassischen Farbe präsentiert. Eine kleine

pflanzliche Note, ein sehr Chardonnay-typisches Bouquet und eine füllige Ansprache, gefolgt von einem vollen und milden Geschmack, den Zitrusfrüchte über einem Hauch von Feinhefe bereichern. Seriöse Struktur. Beachten Sie auch die **rote 98er Cuvée Orchis** (Preisgruppe: 50 bis 69 F), wenn Sie einen Holzton mögen.
🔑 Dom. Henri Naudin-Ferrand, rue du Meix-Grenot, 21700 Magny-lès-Villers, Tel. 03.80.62.91.50, Fax 03.80.62.91.77, E-Mail dnaudin@ipac.fr ☑ Ɪ n. V.

DOM. PARIGOT PERE ET FILS 1999*

■ 2 ha 10 000 ⏸ 8à11€

Dieses Gut lebt hier wie ein Fisch im Wasser. Liebeserklärungen in den Ausgaben 1996 und 1992 für seinen 93er und 89er: Es kennt sich mit seinem Thema wunderbar aus. Diesmal haben wir es mit einem in jeder Hinsicht gelungenen 99er zu tun. Er hat eine kräftige, an Bigarreau-Kirschen erinnernde Farbe und einen sehr lang anhaltenden Duft, der röstartig und danach fruchtig ist. Er ist gut gebaut, robust, körperreich und schon seidig und besitzt viel Charakter und Harmonie.
🔑 Dom. Parigot Père et Fils, rte de Pommard, 21190 Meloisey, Tel. 03.80.26.01.70, Fax 03.80.26.04.32 ☑ Ɪ n. V.

CH. PHILIPPE-LE-HARDI
Clos de La Chaise Dieu 1999*

☐ 10,77 ha 100 000 ▮⏸🌡 5à8€

«Der Stuhl Gottes». Wir stellen uns gern vor, wie Gottvater am siebten Schöpfungstag auf den Hautes-Côtes sitzt, um sich ein wenig auszuruhen und sich die Zeit zu nehmen, sein Werk zu genießen. Und auch diesen Wein von leuchtend goldener Farbe zu genießen, der ein wenig zu Haselnüssen entfaltet ist, am Gaumen einen angenehmen, recht mineralischen Charakter zeigt und die Geschmacksknospen mit einer sehr frischen Empfindung zurücklässt.
🔑 Ch. de Santenay, BP 18, 21590 Santenay, Tel. 03.80.20.61.87, Fax 03.80.20.63.66 ☑ Ɪ n. V.

DOM. PONSARD-CHEVALIER 1999

■ 1,79 ha 2 000 ⏸ 5à8€

Über Berge und durch Täler – die Landschaft der Hautes-Côtes reicht von Hügeln bis zu Tälern. So auch dieser Pinot noir, der in der Ansprache ruhig ist, an frische Himbeeren erinnert und dann kräftige, beißende Tannine erklimmt. Er trägt das fast violette Gewand eines Domherrn, der vom Bischofsamt träumt. Seine Aromen sind im Geist der Rebsorte und des Terroir gehalten.
🔑 Ponsard-Chevalier, 2, Les Tilles, 21590 Santenay, Tel. 03.80.20.60.87, Fax 03.80.20.61.10 ☑ Ɪ n. V.

DOM. ROSSIGNOL-FEVRIER PERE ET FILS 1999*

■ 0,24 ha 1 800 ⏸ 5à8€

Rundheit und «Fett» sind die ersten Eindrücke, die dieser Pinot noir hervorruft; er erledigt das Ganze voller Feinheit. Im Anblick schwarze Kirschen. In der Nase ein leichter Anklang an Lakritze und Kirschwasser. Dieser Wein ist natürlich zu jung, um seine letzten Patronen zu verschießen. Aber seine Tannine runden sich bereits ab; sein Abgang ist viel versprechend.
🔑 EARL Rossignol-Février, rue du Mont, 21190 Volnay, Tel. 03.80.21.64.23, Fax 03.80.21.67.74 ☑ Ɪ n. V.
🔑 Frédéric Rossignol

DOM. SAINT-ANTOINE DES ECHARDS 1999*

☐ 0,41 ha 2 300 ▮⏸🌡 5à8€

Im Herzen des Tals der Cozanne, an der Grenze zwischen den Departements Côte-d'Or und Saône-et-Loire, präsentiert das Gut diesen 99er mit der bezaubernden Farbe und dem hochfeinen Duft, der leicht blumig ist und dann durch Himbeere unterstützt wird. Sehr einschmeichelnd. Ein Wein also, dem man gern das Haar zerzausen möchte, so ein hübsches, niedliches Gesicht hat er. Im Mund entdeckt man Körper und eine gewisse Nervigkeit, interessante, originelle Aromen und einen kompletten Charakter.
🔑 Franck Guérin, Dom. Saint-Antoine des Echards, rue Santenay, 21340 Change, Tel. 03.85.91.10.40, Fax 03.85.91.17.29 ☑ Ɪ n. V.

CAVE DE SAINTE-MARIE-LA-BLANCHE 1999

☐ 1 ha 5 700 ▮🌡 8à11€

Diese Genossenschaft ist mit Feuereifer bei der Sache. Sie hat nur 70 Hektar, davon einen einzigen für diesen Wein. Er ist mineralisch und süffig und erfüllt seine Rolle vollauf. Haselnüsse und Butterbrot unter einer goldgelben Farbe, ein wenig verschlossen. Er gefällt, denn sein Geschmack ist voll, angenehm und unverfälscht.
🔑 Cave de Sainte-Marie-la-Blanche, rte de Verdun, 21200 Sainte-Marie-la-Blanche, Tel. 03.80.26.60.60, Fax 03.80.26.54.47 ☑ Ɪ Mo–Sa 8h–12h 14h–19h

MICHEL SERVEAU 1999*

■ 3,19 ha 5 000 ▮ 5à8€

In La Rochepot weiß man, was Farbe bedeutet. Es genügt schon, wenn man nur den Kopf hebt und die Dächer des Schlosses bewundert. Dieser Wein hat somit eine granatrote Farbe, die im Stil dieser Gegend glasiert ist. Eine Note von roter Johannisbeere – sie gehört ebenfalls zur Landschaft. Ein voller, ausgewogener 99er, der bereits gut mundet. Dank seines Gerüsts kann man auf eine drei- bis vierjährige Lagerung setzen.
🔑 Michel Serveau, rte de Beaune, 21340 La Rochepot, Tel. 03.80.21.70.24, Fax 03.80.21.71.87 ☑ Ɪ n. V.

VAUCHER PERE ET FILS 1999*

■ k. A. k. A. ▮🌡 5à8€

Vaucher, eine alte Weinhandelsfirma in Dijon, aus der eine Marke der Gruppe Cottin in Nuits (Labouré-Roi) geworden ist, präsentiert einen 99er, der eher intensiv als strahlend ist, würzig und freigebig mit kleinen roten Früchten. Im Geschmack behält er die gleiche aromatische

Komplexität bei: Wenig Körper, aber Fleisch und Charme.
🔑 Vaucher Père et Fils, rue Lavoisier, 21700 Nuits-Saint-Georges, Tel. 03.80.62.64.00, Fax 03.80.62.64.10 Y n. V.

DOM. DES VIGNES BLANCHES 1998

■ 0,64 ha 3 350 5à8€

Wie nennen sich die Einwohner von Paris-l'Hôpital, einer der Gemeinden im Departement Saône-et-Loire, die in den Genuss dieser Appellation kommen? Die Lhôpitaux! So müssen Sie sagen, wenn Sie die Familie Léger begrüßen, und aufpassen, was sie in ihrem Keller darauf erwidert. Die in ihrem Innersten recht tiefe Farbe dieses 98ers ist ein guter Auftakt für ein Bouquet von Erdbeeren und Schwarze-Johannisbeerstrauch-Blättern. Noch nicht hundertprozentig entfaltet, aber zart.
🔑 Les Vignes Blanches, rue des Bayards, 71150 Paris-l'Hôpital, Tel. 03.85.91.14.56 Y n. V.

DOM. DES VIGNES DES DEMOISELLES
Cuvée Amandine Poinsot 1999*

■ 1,1 ha 6 400 8à11€

Die Appellation, der Jahrgang – alles kommt zusammen. Dunkles Kirschrot, zwischen rote Frucht und Vanille aufgeteilt – ein recht tanninreicher Pinot noir, der «hüpfend und springend» geht, wie Montaigne es ausdrückt. Die Hautes-Côtes sind nun einmal so, voller steiler Pfade und sanfter Abstiege. Dieser Wein ähnelt ihnen und besitzt Ausdauer.
🔑 Gabriel Demangeot et Fils, rue de Berfey, 21340 Change, Tel. 03.85.91.11.10, Fax 03.85.91.16.83 Y n. V.

Crémant de Bourgogne

Wie alle oder fast alle französischen Weinbauregionen besaß Burgund seine Appellation für Schaumweine, die im gesamten geografischen Anbaubereich erzeugt und hergestellt wurden. Ohne diese Schaumweine kritisieren zu wollen, muss man doch einräumen, dass die Qualität nicht sehr einheitlich war und zumeist auch nicht dem Ansehen der Region entsprach – vermutlich weil die Schaumweine aus zu schweren Weinen hergestellt wurden. Eine 1974 gebildete Arbeitsgruppe schuf die Grundlagen für den Crémant und legte für ihn ebenso strenge Produktionsbedingungen fest, wie sie in der Champagne gelten; die dortigen Bedingungen dienten als Vorbild. Ein Erlass von 1975 bestätigte offiziell dieses Vorhaben, dem sich schließlich alle Hersteller (mehr oder weniger freiwillig) anschlossen, denn die Appellation Bourgogne mousseux wurde 1984 abgeschafft. Nach einem schwierigen Beginn entwickelt sich diese Appellation gut; 2000 wurden 74 130 hl produziert.

BAILLY-LAPIERRE Chardonnay 1998*

○ k. A. 50 000 5à8€

Der **98er Blanc de Blancs Brut**, der Chardonnay (70 %) und Aligoté kombiniert, bietet eine gute Struktur. Dank seiner Lebhaftigkeit kann man ihn ein bis zwei Jahre aufheben. Ebenso gelungen ist dieser Crémant, den feine, sich regelmäßig entwickelnde Bläschen und Noten von weißen Blüten und grünem Apfel zur Geltung bringen. Ölig und delikat, ohne zu große Länge – er ist nicht umsonst ein Chardonnay. Diese Marke ersetzt Meurgis nach dreißig Jahren, nachdem diese in den berühmten Caves de Bailly (Saint-Bris-le-Vineux) gute und treue Dienste geleistet hat.
🔑 SICA du Vignoble Auxerrois, Caves de Bailly, 89530 Saint-Bris-le-Vineux, Tel. 03.86.53.77.77, Fax 03.86.53.80.94 Y tägl. 8h–12h 14h–18h

DOM. BERGER-RIVE
Cuvée Saint-Hugues

○ 0,98 ha 3 000 5à8€

Warum eine Cuvée Saint-Hugues? Das ist der Vorname des ältesten Sohns des Hausherrn, zu Ehren des berühmten Abts von Cluny, der den Ausdruck «nach Canossa gehen» prägte. So weit braucht man nicht zu gehen, um sich die Gnade des Crémant zu erwerben: Dieser hier erledigt es. Schöne Haltung, mit einer sehr feinen Schaumkrone, helles Strohgelb. Er ist lebhaft, spontan und üppig schäumend.
🔑 Dom. Gérard Berger-Rive et Fils, Manoir de Mercey, 71150 Cheilly-lès-Maranges, Tel. 03.85.91.13.81, Fax 03.85.91.17.06 Y n. V.

DOM. BILLARD ET FILS

○ k. A. k. A. 5à8€

Sanft, ohne Aggressivität und von guter Ausführung. Dieser Crémant, ein Sohn der Pinot-noir-Traube, ist das Werk von Vitteaut-Alberti in Rully. Viele Winzer vertrauen nämlich die Verwandlung ihres Weins in einen Schaumwein einem Fachmann an. Hübscher, üppiger, feiner Schaum, so dass auch unser Auge genießt. Leichter Duft und ausgewogener Geschmack.
🔑 Dom. Billard et Fils, 21340 La Rochepot, Tel. 03.80.21.87.94, Fax 03.80.21.72.17 Y n. V.

CAVE DES VIGNERONS DE BISSEY
Blanc de Blancs 1999**

○ 1,82 ha 19 000 5à8€

Bouquetreich wie kein Zweiter, 50 % Chardonnay und ebenso viel Aligoté, ein prächtiges Erzeugnis voller Frische und Feinheit, mit recht blumigem Duft und gut gezeichnetem, ausgewogenem Körper. Diese kleine Genossenschaft im Norden des Departements Saône-et-Loire könnte vielen etwas vormachen. Äußerst verführerisch und von unschuldiger Schlichtheit ist der **99er Rosé Brut.** Aligoté, Pinot und Gamay – wenn diese drei hier gemeinsam am Werk sind, erhalten sie ebenfalls zwei Sterne.

Cave des Vignerons de Bissey, 71390 Bissey-sous-Cruchaud, Tel. 03.85.92.05.00, Fax 03.85.92.08.73 n. V.

DOM. ALBERT BOILLOT
Blanc de Noirs 1999*

○ 0,22 ha 2 200 5à8€

Ein Gut, das Ende ds 17. Jh. in Volnay entstand. Sein 99er Blanc de Noirs hinterlässt einen guten Eindruck. Seine Farbe ist weißgrün; seine Bläschen sind fein und beständig, während sein Geschmack ohne Superlative, aber angenehm und gut dosiert ist.

SCE du Dom. Albert Boillot, ruelle Saint-Etienne, 21190 Volnay, Tel. 03.80.21.61.21, Fax 03.80.21.61.21, E-Mail dom.albert.boillot@wanadoo.fr n. V.

SYLVAIN BOUHELIER 1998*

○ 4 ha 9 000 8à11€

1993 hat dieser junge Winzer aus dem Gebiet von Châtillon seine erste Vinifizierung durchzuführen. Seine Ergebnisse muss man mit besonderer Sympathie begrüßen. Ein zu gleichen Teilen aus weißen und dunklen Trauben erzeugter Crémant mit einer sehr hübschen Schaumkrone und einem schönen Moussieren, danach mit einem Bouquet von Röstung und kandierten Früchten. Ein guter, fruchtiger Anfangsgeschmack, der sich mit der Komplexität einer außergewöhnlichen aromatischen Reife (Pfirsich, Rosinen) fortsetzt.

Sylvain Bouhélier, pl. Saint-Martin, 21400 Chaumont-le-Bois, Tel. 03.80.81.95.97, Fax 03.80.81.95.97 n. V.

DOM. JEAN-MARIE BOUZEREAU
Blanc de Blancs 1997*

○ 0,25 ha 2 000 5à8€

Ein Chardonnay vom Scheitel bis zur Sohle, denn wir sind hier in Meursault: Dieser Crémant spielt keine Statistenrolle. Er ist hell und klar und nimmt seinen gesamten Platz ein. Seine Frische und seine Aromen (Sahne, Biskuit) tragen ihn, aber er findet vor allem in seiner Weinigkeit die Mittel, um auf sich aufmerksam zu machen. In einem Maße, dass man sich fragt, ob er – wenn es darin keine schöne Schaumkrone gäbe – ein Schaumwein oder ein Stillwein ist! Ein ausgezeichnetes Beispiel für die traditionelle Flaschengärung im Kerngebiet der großen Weißweine.

Dom. Jean-Marie Bouzereau, 7, rue Labbé, 21190 Meursault, Tel. 03.80.21.62.41, Fax 03.80.21.24.39 n. V.

DOM. JEAN CHARTRON
Blanc de Blancs*

○ k. A. 1 500 8à11€

In Puligny muss es natürlich ein Weißwein aus weißen Trauben sein. Dieser hochfeine Crémant hat eine etwas kräftige strohgelbe Farbe. Er bietet in der Nase Zitrone und Pampelmuse und ist danach am Gaumen weinig und rund, ohne schlaff zu wirken, ein wenig leicht zwar, aber umgänglich und von angenehmer Länge.

Dom. Jean Chartron, 13, Grande-Rue, 21190 Puligny-Montrachet, Tel. 03.80.21.32.85, Fax 03.80.21.36.35 tägl. 10h–12h 14h–18h; Mitte Nov. bis März

CHEVALIER Prestige**

○ k. A. 75 000 5à8€

Dank entschiedener Unterstützer hat er an der Endausscheidung teilgenommen. Seine Bläschen sind fein und kristallklar; die Schaumkrone ist sehr liebenswürdig, die Farbe strohgelb, der Geruchseindruck buttrig. Vielleicht mangelt es ihm ein wenig an Länge, um außergewöhnlich zu sein, aber er löst sich deutlich von der Kategorie der «Aperitifweine» und findet Aufnahme in die Gruppe der «Weine zum Essen». Ein Hauch von grünem Apfel belebt eine wohl schmeckende Fülle, die ihn gut umhüllt.

Chevalier, 5, quai Dumorey, 21700 Nuits-Saint-Georges, Tel. 03.80.62.61.47, Fax 03.80.62.37.38

DOM. CHEVROT 1999*

○ 0,6 ha 4 000 5à8€

Brotzeit, Paulée: Wir empfehlen Ihnen, bei den Chevrots Trauben zu pflücken, wenn Sie eine angenehme Zeit verbringen wollen. Und dann wird man bestimmt auch diesen aus Pinot noir (60 %) und Chardonnay (40 %) erzeugten Crémant aufmachen, der einen schönen, intensiven weißen Schaum mit anhaltender Schaumkrone bietet. Butter und Zitrone sind mit Feuereifer dabei. Der Geschmack ist frisch, das Rückaroma sehr angenehm.

Catherine et Fernand Chevrot, Dom. Chevrot, 19, rte de Couches, 71150 Cheilly-lès-Maranges, Tel. 03.85.91.10.55, Fax 03.85.91.13.24, E-Mail domaine.chevrot@wanadoo.fr Mo–Sa 9h–12h 14h–18h; So 9h–12h

DOM. DES COLOMBIERS 1999

○ 0,8 ha 2 000 5à8€

Dieser sortenreine Chardonnay erreicht uns aus dem Süden des Departements Saône-et-Loire. Gute Entwicklung der Bläschen in einem schönen, hellen Golden. Ein ganz leichter Hauch von Oxidation (?) über einem Apfel- und Weißdornduft. Ein Wein, den man nicht lang im Keller aufheben kann, dessen aromatische Komplexität aber gefällt und der echte Persönlichkeit zeigt.

EARL Dom. des Colombiers, Le Bourg, 71570 Saint-Vérand, Tel. 03.85.37.45.65, Fax 03.85.37.45.65 tägl. 14h–18h

M. Berthelémy

DOM. CORNU 1997*

○ 0,2 ha k. A. 5à8€

Hergestellt von der ausgezeichneten Firma Delorme in Rully, ein klassischer Crémant, der ausreichend moussiert. Zitronengras vom Anblick bis zum Duft, gemäß einer reifen, typi-

schen Weiterentwicklung. Ein traditioneller, heiterer Körper. Man kann ihn schon jetzt entkorken.
Dom. Cornu, rue du Meix-Grenot, 21700 Magny-lès-Villers, Tel. 03.80.62.92.05, Fax 03.80.62.72.22 n. V.

DELIANCE PERE ET FILS Ruban vert*

○ 5 ha 22 000 5à8€

Zu 85 % Chardonnay, der Rest Pinot noir: ein stark schäumender Wein. Golden mit grünen Reflexen, blumig und anhaltend. Er ist noch jung und hat nicht alles offenbart. Seine Zitrusnoten, sein leicht bitterer Hauch im Abgang und sein Schwung machen ihn zu einem Crémant, der vom Gewohnten abweicht.
Dom. Deliance, 71640 Dracy-le-Fort, Tel. 03.85.44.40.59, Fax 03.85.44.36.13 Mo–Sa 9h–12h 14h–19h

ANDRE DELORME Blanc de Noirs**

○ k. A. 67 000 5à8€

Auf Jean-François Delorme, den Vater des Crémant de Bourgogne, der oft mit Liebeserklärungen ausgezeichnet worden ist, geht ein Sternenregen nieder. Dieser Blanc de Noirs ist nicht effekthascherisch, sondern strebt nach dem perfekten typischen Charakter, was ihm hier gelingt. Ein wenig exotisch, umgänglich. Man kann damit den Abend schön ausklingen lassen. Der **Blanc de Blancs** erhält die gleiche Note: Er ist der Inbegriff eines Aperitifweins. Der **Rosé** bekommt einen Stern: Seine hübsche Farbe ist strahlend; seine Aromen sind sehr verführerisch. Zu weißem Fleisch.
André Delorme, Dom. de la Renarde, 2, rue de la République, 71150 Rully, Tel. 03.85.87.10.12, Fax 03.85.87.04.60, E-Mail andre-delorme@wanadoo.fr Mo–Fr 9h–12h 14h–19h (Sa bis 18h); Gruppen n. V.

DOM. DENIS PERE ET FILS*

○ 0,2 ha 1 200 5à8€

Schöne Schnüre aus Bläschen durchziehen diesen mehr goldenen als grünen Crémant, der nach Wiesenblumen duftet. Der Geschmack ist sehr vollständig und macht ihn für eine gewisse Lagerung geeignet. Honig und Zitrone: Man genießt den Abgang.
Dom. Denis Père et Fils, chem. des Vignes-Blanches, 21420 Pernand-Vergelesses, Tel. 03.80.21.50.91, Fax 03.80.26.10.32 n. V.

DOM. DENIZOT**

◐ k. A. 3 400 8à11€

Denizot. Es fällt schwer, einen burgundischeren Namen zu finden. In Henri Vincenots Romanen taucht er oft auf. In unserem Weinführer ebenfalls (Liebeserklärung in der Ausgabe 2000). Ein Crémant, der aus einer solchen Wiege kommt, ist zwangsläufig gut. Hier ist er prächtig. Unsere Verkoster betonten seine Persönlichkeit, seinen typischen Charakter und seine Harmonie. «Um Vergnügen zu bereiten», notierte einer von ihnen. Ein Verschnitt von 10 % Gamay gegenüber 90 % Pinot aus den Jahrgängen 1998 und 1999.
Dom. Christian et Bruno Denizot, 71390 Bissey-sous-Cruchaud, Tel. 03.85.92.13.34, Fax 03.85.92.12.87, E-Mail denizot@caves-particulieres.com Mo–Sa 8h–19h

CHARLES DURET

○ k. A. 60 000 8à11€

Eine Firma in Nuits, die lange Zeit von Bernard Barbier, einer farbigen Gestalt des Weinbaugebiets, geführt wurde, heute zur deutschen Gruppe G. Reh gehört und von einem Burgunder durch Adoption geleitet wird. Zur Hälfte Pinot, während sich Chardonnay und Aligoté den Rest teilen. Sein Moussieren ist kräftig, sein Gelb leicht bernsteinfarben. Exotische Noten (Mango). Man sollte ihn jetzt trinken, weil er sich gerade in seiner Entwicklung befindet.
Moingeon, 4, rte de Dijon, 21700 Nuits-Saint-Georges, Tel. 03.80.61.08.62, Fax 03.80.62.36.38, E-Mail cremantmoingeon@wanadoo.fr Mo–Sa 8h–12h 13h30–18h

BERNARD DURY Blanc de Blancs

○ k. A. k. A. 5à8€

Viel Chardonnay und ein wenig Aligoté (10 %): Die Gleichung geht auf. Gelb und perlend: Seine Bläschen zeigen Schwung. Und sein Duft? Roggenbrot und getrocknete Aprikose. Sein Geschmack? Recht weinig, voll, anscheinend ohne viel Dosage.
Bernard Dury, rue du Château, hameau de Cissey, 21190 Meursault, Tel. 03.80.21.48.44, Fax 03.80.21.48.44 n. V.

LES VIGNERONS DE HAUTE BOURGOGNE 1998*

○ k. A. 18 000 8à11€

Dieser Crémant kommt von weither zurück. Er bezeugt nämlich die mutige Wiedergeburt des Châtillonnais-Weinbaugebiets (34 Genossenschaftswinzer auf 35 ha). Pinot noir (60 %) und Chardonnay liefern diesen Brut mit dem fröhlichen Moussieren, der beständigen Schaumkrone, dem Haselnuss- und Aprikosenbouquet, der erwarteten Frische und der erhofften Länge. Zwei Rebsorten gehen auch in einen anderen Crémant ein, eine **Les Caves du Bois de Langres** genannte Cuvée, die aber einen Pinot-Anteil von 90 % hat. Ebenfalls ein Stern.
SICA des Vignerons de Haute-Bourgogne, Les caves du Bois de Langres, 21400 Prusly-sur-Ource, Tel. 03.80.91.07.60, Fax 03.80.91.24.76 Di–So 9h–12h 14h–19h

LES CAVES DES HAUTES-COTES

○ k. A. 3 700 5à8€

Was für ein langer Weg, seitdem die Winzer von Orches ihren Rosé auf den Markt brachten! Die Genossenschaft der Hautes-Côtes besitzt auch zahlreiche Rebparzellen in der Côte. Ihr Crémant bietet feine, anhaltende Bläschen und eine angenehme Schaumkrone. Sein blumiger und vor allem röstartiger Duft ist zufriedenstellend, auf neuartige Weise. Schöne, frucht-

betonte Ansprache. Ein Hauch von Entwicklung. Also trinkreif.
Les Caves des Hautes-Côtes, rte de Pommard, 21200 Beaune, Tel. 03.80.25.01.00, Fax 03.80.22.87.05, E-Mail vinchc@wanadoo.fr ☑ Ῑ n. V.

LES VIGNERONS D'IGE*

○ k. A. 150 000 5à8€

Die 1927 gegründete Genossenschaft von Igé umfasst 280 ha. Sie präsentiert diesen Crémant (20 % Pinot noir, kombiniert mit Chardonnay). Sein honigartiger Charakter mit Bienenwachs und Akazienblüten ist sehr angenehm. Sie sollten ihn für das nächste Fest nutzen, denn dieser Wein ist nicht für eine lange Lagerung gemacht.
Cave coop. des vignerons d'Igé, 71960 Igé, Tel. 03.85.33.33.56, Fax 03.85.33.41.85, E-Mail lesvigneronsdige@lesvigneronsdige.com
☑ Ῑ Mo–Sa 8h–12h 14h–18h

PIERRE JANNY La Maison bleue**

○ k. A. k. A. 5à8€

Ein Chardonnay-Verschnitt aus Großburgund, von einem Weinhändler im Departement Saône-et-Loire. Er hat eine vornehme goldgrüne Farbe. Jugendlichkeit erfüllt seinen an Akazien und Akazienblüten erinnernden Duft. Durch seine Rebsorte geprägt, chardonniert er deutlich. Und er beherrscht seine Muttersprache! Die frische Frucht hält am Gaumen mit guter Lebhaftigkeit an. Eine Flasche, die man im kommenden Jahr trinken kann. Zu einem Vacherin-Käse mit schwarzen Johannisbeeren? Das wäre gut.
Sté Pierre Janny, La Condemine, Cidex 1556, 71260 Péronne, Tel. 03.85.23.96.20, Fax 03.85.36.96.58, E-Mail pierre-janny@wanadoo.fr

JEAN-HERVE JONNIER 1998*

○ 1 ha 8 000 8à11€

Wussten Sie, dass für die Vorgeschichte eine Chassey-Kultur definiert wurde? Hier in Chassey-le-Camp, vor 5 000 Jahren. Das heißt, dass die Wurzeln tief in den Untergrund hineinreichen. Dieser 98er zeigt ein leichtes Moussieren und eine leichte Schaumkrone. Seine Pfirsich- und Haselnussaromen sind überaus liebenswürdig. Diese aromatische Linie setzt sich mit Frische und Ausgewogenheit zwischen Säure und Fett fort. Ein schönes Ebenbild der Appellation.
Jean-Hervé Jonnier, Bercully, 71150 Chassey-le-Camp, Tel. 03.85.87.21.90, Fax 03.85.87.23.63 ☑ Ῑ tägl. 8h–12h 14h–20h

LES CAVES DE LA VERVELLE*

○ 1,15 ha 13 680 5à8€

Für den Weinliebhaber, der nach Frucht sucht, hier ein empfehlenswerter Wein. Er hat eine angenehme, klassische Farbe und geht ein wenig ins Exotische, behält dabei aber grünen Apfel zwischen den Zähnen bei. Der Geschmack ist strukturiert und robust; er besteht zu 60 % aus Pinot noir, ergänzt durch Chardonnay (30 %) und Aligoté.
Cave de Sainte-Marie-la-Blanche, rte de Verdun, 21200 Sainte-Marie-la-Blanche, Tel. 03.80.26.60.60, Fax 03.80.26.54.47
☑ Ῑ Mo–Sa 8h–12h 14h–19h

CELLIER DE LA VIEILLE GRANGE 1999*

○ 0,71 ha 7 000 5à8€

Joaquim Carlos hat 1969 als Weinbergarbeiter begonnen. Ab 1980 fing er an, kleine Parzellen mit Reben zu kaufen, und heute ist er in Beaune selbstständig. Dieser 99er, in erster Linie aus Chardonnay (sowie ein wenig Aligoté), bietet einen recht flüchtigen Schaum, eine blasse Farbe, an feine Backwaren erinnernde Aromen und einen runden Geschmack, der eine Feuersteinnote enthält. Und er duftet nach Trauben!
Cellier de La Vieille Grange, 27, bd Clemenceau, 21200 Beaune, Tel. 03.80.22.40.06, Fax 03.80.24.12.31
Ῑ tägl. 9h–12h 14h–19h
Joaquim Carlos

LOUIS LORON Cuvée Prestige Blanc de Blancs*

○ k. A. 32 000 5à8€

Diese Firma im Beaujolais wurde 1932 gegründet. Sie bietet im November, wenn die Primeurweine auf den Markt kommen, Tage der offenen Tür. Ihr Crémant, ein sortenreiner Chardonnay, entwickelt Bläschen und besitzt im Augenblick einen Karamellduft, der danach für einen Blanc de Blancs sehr charakteristisch wird, und im Geschmack Fülle und Dauerhaftigkeit. Wirklich ein Chardonnay-typischer Wein.
SA Louis Loron et Fils, Le Vivier, 69820 Fleurie, Tel. 04.74.04.10.22, Fax 04.74.69.84.19, E-Mail infos@loron-et-fils.com
☑ Ῑ Mo–Fr 8h–12h 13h30–18h; So 8h30–12h

CAVE DE LUGNY**

○ 30 ha 300 000 5à8€

Diese selbstbewusste Genossenschaftskellerei, die im Hachette-Weinführer 1998 eine Liebeserklärung erhielt und 1 470 ha Reben vinifiziert, präsentiert einen der schönsten Crémants der Verkostung. Der Schaum und die Bläschen sind nicht auf Glanzleistungen aus, aber der Geißblattduft ruft eine Emotion hervor – und alles ändert sich. Ein sehr jugendlicher, sehr leckerer, sehr frischer, sehr blumiger und sehr seidiger Geschmack – das prägt Sie. Nicht für das Leben, sondern einen schönen Augenblick lang. Der **Rosé-Crémant** erhält eine lobende Erwähnung.
SCV Cave de Lugny, rue des Charmes, 71260 Lugny, Tel. 03.85.33.22.85, Fax 03.85.33.26.46, E-Mail commercial@cave-lugny.com
☑ Ῑ n. V.

DOM. DU MERLE Blanc de Blancs

○ 0,3 ha 2 500 5à8€

Eine «weiße Amsel» (im Sinne eines «weißen Raben»)! Das «Gut der Amsel» präsentiert uns nämlich diesen Crémant, der zu 100 % von der

Rebsorte Chardonnay stammt. Er zeigt eine goldgelbe Farbe und besitzt im Überfluss feine, recht lebhafte Bläschen. Sein zart blumiges Bouquet chardonniert so gut, wie es nur kann. Frisch und trocken: Er hat den Stil der Côte Châlonnaise.

🔑 Michel Morin, Sens, 71240 Sennecey-le-Grand, Tel. 03.85.44.75.38, Fax 03.85.44.73.63, E-Mail domainemerle@yahoo.com
☑ Ⲯ tägl. 9h30–19h30

PICAMELOT 1999**

◐ k. A. 4 684 8à11€

Louis Picamelot, ein Winzer, und sein Vater Joseph, ein Küfer, legten ihren Weinberg 1926 an. Hier haben wir einen sehr guten Rosé-Crémant, den man als Aperitif trinkt und der alle Freunde fröhlich stimmen wird. Eine Unzahl von Bläschen und eine beträchtliche Schaumkrone über einem blassen Rosa im gleichen Stil. Die Himbeeraromen entfalten sich zu einem fruchtigen Geschmack von großer Harmonie. Der lang anhaltende Abgang setzt ebenfalls auf rote Früchte. Das ist ein sortenreiner Pinot noir.

🔑 Louis Picamelot,
12, pl. de la Croix-Blanche, BP 2, 71150 Rully, Tel. 03.85.87.13.60, Fax 03.85.87.63.81
☑ Ⲯ n. V.

CAVE DE PRISSE-SOLOGNY-VERZE

○ 35,74 ha 120 000 5à8€

Im Herzen des «lamartinischen» Tals vinifiziert die Genossenschaft 900 ha Reben. Dieser Crémant, ein sortenreiner Chardonnay, bietet ein unaufdringliches Moussieren, das von feinen, diskreten Bläschen bestimmt wird. Liebenswürdiges Bouquet: buttrig und vanilleartig, Sahne und Biskuit. Im Geschmack Feuer, Festigkeit und Robustheit.

🔑 Cave de Prissé-Sologny-Verzé, 71960 Prissé, Tel. 03.85.37.88.06, Fax 03.85.37.61.76, E-Mail cave.prisse@wanadoo.fr ☑ Ⲯ n. V.

DOM. MICHEL PRUNIER 1998*

○ 0,8 ha 5 000 5à8€

Michel Prunier, Absolvent der Schule von Avize im Departement Marne (Fachoberschule für Weinbau der Champagne), weiß, was Schaumwein bedeutet. Aligoté und Pinot noir je zur Hälfte ergeben einen 98er, den man ohne zu lange Lagerung trinken muss, denn er hat seinen Höhepunkt erreicht. Gute Entwicklung der Bläschen, leichte Schaumkrone, an Butter und Hefebrot erinnernder Duft. Er ist im Geschmack perfekt und verdient ein besseres Schicksal als das eines banalen Aperitifs. Genießen Sie ihn zu einer Austernsuppe oder zu Œufs en meurette (pochierte verlorene Eier, aber diesmal in Weißweinsauce).

🔑 Michel Prunier, rte de Beaune,
21190 Auxey-Duresses, Tel. 03.80.21.21.05, Fax 03.80.21.64.73 ☑ Ⲯ n. V.

ALBERT SOUNIT Cuvée Prestige***

○ k. A. 34 000 5à8€

In Kopenhagen herrscht Freude! Sogar die Kleine Meerjungfrau zappelt vor Vergnügen. Diese Firma, die vor fast zehn Jahren von ihrem großen dänischen Importeur gekauft wurde, erhält ein zweites Mal eine Liebeserklärung (vorher bereits im Hachette-Weinführer 1998). 60 % Pinot noir und 40 % Chardonnay: Diese Cuvée besitzt einen vollkommenen klassischen Charakter. Alles ist fein, ausgewogen, spontan und typisch, bis hin zum Duft nach Trauben. Der Wein bleibt in Erinnerung, was sein größtes Verdienst ist.

🔑 Albert Sounit, 5 pl. du Champ-de-Foire, 71150 Rully, Tel. 03.85.87.20.71, Fax 03.85.87.09.71, E-Mail albert-sounit@wanadoo.fr
☑ Ⲯ Mo–Fr 8h–12h 14h30–18h; Sa, So n. V.

DOM. THEVENOT-LE BRUN ET FILS**

○ 0,4 ha 4 000 5à8€

Dieses Gut in Marey-lès-Fussey in den Hautes-Côtes de Nuits ist gut bekannt. Wenn es Ihnen erzählt, dass es unter den Pinot-noir-, Chardonnay- und Aligoté-Trauben auch 11 % Pinot gris (zu einer Seltenheit geworden) gibt, darf man ihm glauben. Was folgt daraus? Die Zusammenstellung verbessert die Alchimie; man könnte darin den goldenen Schnitt finden. Ein sehr sauberer, klarer Wein von leichter, jugendlicher Fruchtigkeit, der frisch und elegant, kurz gesagt sehr typisch ist.

🔑 Dom. Thévenot-Le Brun et Fils, 21700 Marey-lès-Fussey, Tel. 03.80.62.91.64, Fax 03.80.62.99.81, E-Mail thevenot-le-brun@wanadoo.fr
☑ Ⲯ n. V.

CECILE ET LAURENT TRIPOZ 1999*

○ 1,2 ha 1 100 8à11€

Er moussiert still und leise; die goldene Farbe ist ein wenig kräftig. Seine Düfte erinnern an Pampelmuse und vielleicht getrocknete Aprikose, wenn man einem unserer Verkoster glauben darf. Er lag damit bestimmt nicht falsch, denn diese Empfindung taucht für alle im Geschmack auf. Ein ausgewogener, lang anhaltender Crémant zu Geflügel mit Rahmsauce. Wenn Sie im Bahnhof von Mâcon-Loché in den TGV steigen, sollten Sie sich die Zeit nehmen, diese Kellerei zu besuchen, die ein begeisterungsfähiges Ehepaar errichtet hat (Liebeserklärung im Hachette-Weinführer 1995).

Céline et Laurent Tripoz, pl. de la Mairie, 71000 Loché-Mâcon, Tel. 03.85.35.66.09, Fax 03.85.35.64.23, E-Mail celine-laurent.tripoz@libertysurf.fr
n. V.

VEUVE AMBAL Carte noire*

○ k. A. 150 000 5à8€

Burgund besitzt ebenfalls seine Schaumwein-Witwen. Es trifft sehr wohl zu, dass Marie Ambal, eine echte Witwe, diese Firma 1898 gründete. Vor ein paar Jahren wurde sie von einem Mitglied der Familie Piffaut erworben. Diese Carte noire ist aus Pinot (60 %) sowie Chardonnay hergestellt worden. Schwungvolle Bläschen, eine leicht ins Rosarote gehende gelbe Farbe und ein üppiger Duft, der einen recht braven Geschmack ankündigt.

SA Veuve Ambal, BP 1, 71150 Rully, Tel. 03.85.87.15.05, Fax 03.85.87.30.15, E-Mail vveambal@aol.com n. V.

DOM. DES VIGNES DES DEMOISELLES 1999*

○ 0,35 ha 3 600 8à11€

Zu einem Kir, der wirklich *«royal»* ist! Wurde der Vater dieses Winzers nicht einst von dem besagten Domherrn getauft, der damals Pfarrer in Nolay war? Dieser von Vitteaut-Alberti in Rully hergestellte 99er ist aus der Verbindung von Pinot noir (70 %) und Aligoté (30 %) hervorgegangen. Auf dem blassen Gold ist der Schaum gut verteilt. Dieser Crémant erfreut den Geruchssinn: Haselnüsse, geröstetes Brot, ein wenig blumig. Im Geschmack, den grüne Früchte unterstützen, zeigt er sich lebhaft und frisch.

Gabriel Demangeot et Fils, rue de Berfey, 21340 Change, Tel. 03.85.91.11.10, Fax 03.85.91.16.83 n. V.

L. VITTEAUT-ALBERTI 1999**

○ 8,5 ha 50 000 5à8€

Diese vor fünfzig Jahren gegründete Firma, die in Familienbesitz geblieben ist, rechtfertigt hier ihr Ansehen. Ihr **98er Blanc de Blancs Brut** wurde von unserer Jury sehr geschätzt und erhält zwei Sterne, ebenso wie dieser Crémant, der von den Rebsorten Pinot (40 %), Chardonnay (40 %) und Aligoté stammt und einem Lieblingswein ganz nahe kommt. Sein üppiger, cremiger Schaum lädt dazu ein, ausgewählte Aromen (Weißdorn, Geißblatt, exotische Früchte) zu genießen. Exotische Überladenheit im Geschmack, der von einer echten, ausgewogenen, nachhaltigen Persönlichkeit zeugt.

Gérard Vitteaut-Alberti, 20, rue du Pont-d'Arrot, 71150 Rully, Tel. 03.85.87.23.97, Fax 03.85.87.16.24
n. V.

Chablis

Trotz einer uralten Berühmtheit, die zur Folge hatte, dass der Chablis in der ganzen Welt mit den einfallsreichsten Methoden nachgeahmt wird, wäre sein Anbaugebiet fast verschwunden: Zwei verheerende Spätfröste in den Jahren 1957 und 1961 kamen zu den Problemen der mühseligen Winzerarbeit an den steinigen Steilhängen hinzu und führten dazu, dass der Weinbau nach und nach aufgegeben wurde. Der Preis für die Grand-cru-Lagen sank auf ein lächerlich niedriges Niveau, so dass die damaligen Käufer gut beraten waren. Die Erfindung neuer Schutzmaßnahmen gegen den Frost und die Mechanisierung verhalfen diesem Weinbaugebiet zu neuem Leben.

Der Anbaubereich der Appellation umfasst 6 834 ha auf dem Gebiet der Gemeinde Chablis und von neunzehn Nachbargemeinden; davon sind gegenwärtig über 4 274 ha bestockt. 2000 erreichte die Produktionsmenge 255 921,58 hl. Die Weinberge reichen die Steilhänge der Hügel hinunter, die auf beiden Ufern den Serein, einen kleinen Nebenfluss der Yonne, säumen. Eine südsüdöstliche Lage begünstigt in diesen Breiten eine gute Reifung der Trauben, aber in einigen besonders günstig gelegenen Weinbergen kann man ebenso «verkehrt herum» wie «richtig» angepflanzte Rebzeilen finden. Der Boden besteht aus Mergel der Juraformation (Kimmeridge- und Portland-Stufen). Er eignet sich wunderbar für den Anbau von weißen Traubensorten, wie bereits die Zisterziensermönche der ganz nahen Abtei Pontigny erkannten, die hier im 12. Jh. vermutlich Chardonnay, auch Beaunois genannt, anpflanzten. Übrigens bringt diese Rebsorte hier stärker als in anderen Anbaugebieten ihre Feinheit und ihre Eleganz zum Ausdruck, die hervorragend zu Meeresfrüchten, Weinbergschnecken und Wurstgerichten passen. Die Premiers crus und Grands crus sind es wert, dass man sie mit erlesenen Gerichten kombiniert: Fisch, feine Fleisch- und Wurstwaren, Geflügel oder weißes Fleisch, die man übrigens auch mit dem Wein selbst zubereiten kann.

Petit Chablis

Diese Appellation bildet die unterste Stufe der burgundischen Hierarchie im Gebiet von Chablis. 2000 erzeugte sie 33 023 hl. Der Petit Chablis ist in aromatischer Hinsicht weniger komplex und besitzt einen etwas höheren Säuregehalt, der ihm eine gewisse Herbheit verleiht. Früher trank man ihn als offenen Karaffenwein, im ersten Jahr nach der Lese, während er heute auf Flaschen abgefüllt wird. Der «kleine Chablis» wurde ein Opfer seines Namens, so dass er Mühe hatte, sich zu entfalten, aber heute scheint ihm der Verbraucher seine abwertende Bezeichnung nicht mehr übel zu nehmen.

DOM. BILLAUD-SIMON 1999★

☐ 0,3 ha 2 400 5à8€

Ein bezauberndes Etikett schmückt die Flaschen dieses erstklassigen Guts, dem ein guter 99er gelungen ist. Blassgelb im Anblick, zitronenartig in der Nase: Er sieht das Leben auf eine lebhafte, fleischige Weise. Er ist schlicht und direkt, perfekt zu Meeresfrüchten.

Dom. Billaud-Simon, 1, quai de Reugny, BP 46, 89800 Chablis, Tel. 03.86.42.10.33, Fax 03.86.42.48.77

☑ Y Mo–Fr 9h–18h; 15. Aug. bis 1. Sept. geschlossen

PASCAL BOUCHARD 2000★

☐ 3 ha 24 000 5à8€

Ein Gelb wie bei einem Aquarell, ein klein wenig entwickelt. Wirklich zum Ausdruck kommt er im Mund, was die Hauptsache ist. Im Rückaroma drängen sich Heckenrosen und Rosen dicht aneinander. Jugendlichkeit, Kraft und Charakter, Originalität. Ja, nicht alle haben so etwas. Probieren Sie ihn zu rohem Fisch.

Pascal Bouchard, 5 bis, rue Porte-Noël, 89800 Chablis, Tel. 03.86.42.18.64, Fax 03.86.42.48.11, E-Mail pascal.bouchard@wanadoo.fr

☑ Y tägl. 10h–12h30 14h–19h; Jan. geschlossen

DOM. CHEVALLIER 1999★

☐ 0,75 ha 2 400 5à8€

Die «gezielte Schädlingsbekämpfung» ist die rationale Landwirtschaft mit integriertem Pflanzenschutz! Man versucht sie hier zu praktizieren.

Gebiet von Chablis

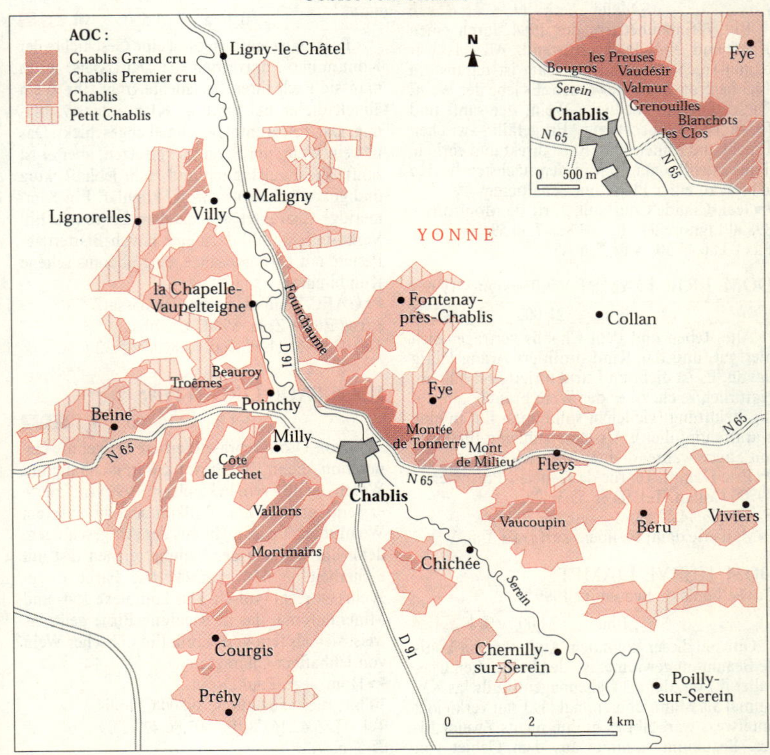

1999, ein Jahr für lagerfähige Weine? Bestimmt nicht, bis auf Ausnahmen. Aber warum sollte man ein unmittelbares Vergnügen verschmähen? Dieser strahlend goldgrüne Chardonnay trägt dem Pflanzlichen und Mineralischen zu gleichen Teilen Rechnung. Im Geschmack zeigt er sich sanft, mit guter Säure.
Dom. Chevallier, 6, rue de l'Ecole, 89290 Montallery-Venoy, Tel. 03.86.40.27.04, Fax 03.86.40.27.05 n. V.

DOM. JEAN COLLET ET FILS 1999*

0,9 ha 7 300 5à8€

Keinerlei Extravaganz, aber ein gut getroffenes Erzeugnis von goldgelber Farbe, mit einem originellen, frischen Duft (Stachelbeere). Ansprache mit Zitrusfrüchten und Feuerstein im Stil der Appellation. Im richtigen Ton. Lebhaftigkeit beherrscht diesen sehr angenehmen Wein, der ein Dutzend Weinbergschnecken aus ihrem Haus hervorlocken wird.
Dom. Jean Collet et Fils, 15, av. de la Liberté, 89800 Chablis, Tel. 03.86.42.11.93, Fax 03.86.42.47.43, E-Mail collet.chablis@wanadoo.fr Mo–Sa 9h–12h 14h–17h30; Aug. geschlossen
Gilles Collet

DOM. JEAN-CLAUDE COURTAULT 1999*

5,6 ha 5 100 5à8€

Ein Weinbaubetrieb, der 1984 durch einen Kauf und eine Pacht entstand. All das war damals recht bescheiden. Heute ist daraus ein 14,3 ha großes Gut geworden. Es lebe der Wein! Dieser überaus niedliche Wein, der sanft und frisch ist, schmeckt gut. Er gefällt: zwischen Frucht und Mineralität. Er ist direkt und ehrlich. Trinken sollte man ihn in den nächsten beiden Jahren zu einer Platte mit Schaltieren.
Jean-Claude Courtault, 1, rte de Montfort, 89800 Lignorelles, Tel. 03.86.47.50.59, Fax 03.86.47.50.74 n. V.

DOM. ERIC DAMPT Vieilles vignes 1999

3 ha 21 000 5à8€

Alte Reben und Petit Chablis vertragen sich hier gut, und das Kind profitiert zwangsläufig davon. Es ist dicht und strukturiert und hält an. Natürlich reich. Aber der Wein braucht ein wenig Belüftung (vielleicht sollte man ihn in eine Karaffe umfüllen). Als Unterstützung für Fisch mit Sauce während einer Mahlzeit.
Eric Dampt, 16, rue de l'Ancien-Presbytère, 89700 Collan, Tel. 03.86.55.36.28, Fax 03.86.54.49.89, E-Mail eric.dampt@libertysurf.fr n. V.

DOM. HERVE DAMPT Cuvée Louis de Beaumont 1999**

1 ha 7 000 5à8€

Obwohl dieser Wein dem Andenken an Louis de Beaumont gewidmet ist, den berühmten Chevalier d'Eon, der als Geheimagent Ludwigs XV. einmal als Mann und einmal als Frau verkleidet unterwegs war, gibt es in ihm nichts Zweideutiges. Beaumont stammte aus dem Gebiet von Tonnerre, deshalb auch der Name der Cuvée. Sie ist weißgolden und duftet nach Bienenwachs und Akazienblüten. Intensive Ansprache. Echter typischer Charakter in einem honigartig-blumigen Stil. «Fett», aber auch Feinheit, Subtilität und Länge: ein schöner Wein. Finalteilnehmer bei der Wahl zum Lieblingswein.
EARL Hervé Dampt, rue de Fleys, 89700 Collan, Tel. 03.86.55.29.55, Fax 03.86.54.49.89 n. V.

AGNES ET DIDIER DAUVISSAT 1999*

2,3 ha 2 000 5à8€

5 km nördlich von Beine finden Sie die Überreste einer galloromanischen Siedlung. Dann können Sie diesen Wein probieren, der in jeder Beziehung gut ist. Fällt er in das Gebiet der Önologie oder der Mineralogie? Diese Frage kann man sich stellen, so sehr erinnert er an Feuerstein. Im Geschmack ist er sehr angenehm und sehr dicht. Ein echter Petit Chablis.
EARL Agnès et Didier Dauvissat, chem. de Beauroy, 89800 Beine, Tel. 03.86.42.46.40, Fax 03.86.42.80.82 tägl. 9h–12h 14h–19h

RENE ET VINCENT DAUVISSAT 1999*

0,4 ha 3 500 5à8€

«Es ist ganz einfach, es ist eine Geschichte der Kontinuität», antworten die Dauvissats, wenn man sie nach ihrer Geschichte fragt. Ihr Wein ähnelt dieser Behauptung. Klar, intensiv, blumig. Das Telegramm ist schnell abgeschickt. Das ist kein Wein, um Berge zu versetzen, aber er ist sanft, leicht zugänglich und recht lebhaft, kurz und gut: sehr liebenswürdig. Populär. Ein Kimmeridge-Charakter wie aus dem Lehrbuch. Ein Verkoster empfahl dazu eine Lauch-Blätterteig-Pastete mit Estragonsauce, eine überaus seltene Kombination.
GAEC René et Vincent Dauvissat, 8, rue Emile-Zola, 89800 Chablis, Tel. 03.86.42.11.58, Fax 03.86.42.85.32

JEAN-PAUL DROIN 1999*

1,3 ha 10 000 8à11€

Benoît Droin repräsentiert die dreizehnte Generation, die in Chablis im Zusammenhang mit Weinbau und Wein bekannt ist. 1999 vinifizierte er seine erste Ernte. Willkommen in unserem Weinführer. Er ist nicht aus der Art geschlagen, denn die Wurzeln der Familie reichen fast mit Sicherheit bis 1547 zurück. Die Farbe dieses Weins ist recht typisch. Das komplexe Jod- und Mineralaroma, das in Richtung Birne geht, erweist sich als fein und subtil. Ein hübscher Wein von lebhaftem Charakter.
Dom. Jean-Paul Droin, 14 bis, rue Jean-Jaurès, 89800 Chablis, Tel. 03.86.42.16.78, Fax 03.86.42.42.09 n. V.

DOM. D'ELISE 1999*

☐ 7,02 ha 10 000 5à8€

Er entspricht der Norm und ist gut zu trinken, denn er lässt nicht das geringste Anzeichen für eine Entwicklung erkennen. Er hat eine helle Farbe, während sein Duft einen hübschen mineralischen Charakter zeigt. Jodartig, aber nicht sehr fruchtig: Er ist typisch. Zu trockenem Ziegenkäse.

Frédéric Prain, Côte de Léchet, 89800 Milly, Tel. 03.86.42.40.82, Fax 03.86.42.44.76

n. V.

DOM. FELIX 1999

☐ 1,31 ha 11 000 5à8€

Hervé Félix, ehemals Beamter des Raumordnungsamts, hat 1987 den Familienbetrieb übernommen. Er präsentiert hier einen in seinem Jahrgang guten Petit Chablis von kräftiger goldener Farbe, der mit Zitrusfrüchten beginnt und im Duft den Beginn einer leichten Entwicklung (Honig, getrocknete Früchte) erkennen lässt. Der Geschmack hingegen bietet eine große aromatische Frische. Ausgewogen und elegant.

Dom. Hervé Félix, 17, rue de Paris, 89530 Saint-Bris-le-Vineux, Tel. 03.86.53.33.87, Fax 03.86.53.61.64, E-Mail felix@caves-particulieres.com

Mo–Sa 9h–11h30 14h–18h30

DOM. FOURREY ET FILS 2000*

☐ 0,5 ha 3 400 5à8€

In Chablis-Wein zubereiteter Schinken kann in ein paar Monaten diesen Wein anregen und ihm sehr viele Reize verleihen. Ein im Tank vinifizierter Wein, strohgolden, nach frischen Früchten duftend, vollkommen typisch für sein jugendliches Alter und seine Ausbauweise. Man findet darin Stoff, Fett, mit einem Wort: Wein.

Dom. Fourrey et Fils, 6, rue du Château, Milly, 89800 Chablis, Tel. 03.86.42.14.80, Fax 03.86.42.84.78 n. V.

MAISON JEAN-CLAUDE FROMONT 1999*

☐ k. A. 25 000 5à8€

Das «Schloss» von Ligny, das einst ein Weinhändler aus Bercy errichtete, gehört seit 1994 der Familie Fromont. Ein schönes Bürgerhaus im Stil von 1900. Dieser Petit Chablis hat den gleichen komfortablen, häuslichen, gut verheirateten Stil. Er zeigt eine ziemlich reiche Goldfarbe und umgibt sich mit verlockenden buttrigen Aromen. Mit runder, harmonischer Zurückhaltung verkörpert er durchaus seinen Jahrgang. Ein Verkoster schlug vor, ihn zu grünem Spargel auf einem Bett von Austernpilzen mit Haselnussöl zu servieren.

Maison Jean-Claude Fromont, Ch. de Ligny, 7, av. de Chablis, 89144 Ligny-le-Châtel, Tel. 03.86.98.20.40, Fax 03.86.47.40.72, E-Mail accueil@chateau-de-ligny.com

n. V.

DOM. HAMELIN 1999*

☐ 5,73 ha 44 000 5à8€

Wenn Sie einen Spaziergang zwischen den Weinbergen von Lignorelles unternehmen, können Sie einen alten Kalkofen entdecken. Danach besuchen Sie Thierry Hamelin und probieren diesen Petit Chablis. Seine Persönlichkeit wird der Zeit trotzen, zumindest in Maßen (ohne Probleme zwei bis drei Jahre), denn er ist klar und direkt, äußerst mineralisch und charaktervoll. Er lässt nicht kalt. Das ist die Art von Weinen, die man im Glas immer wieder kreisen lässt. Nicht sehr lang anhaltend und auch nicht sehr tief, aber er geht ohne Umwege auf sein Ziel los. Zu Schinken in Chablis-Sauce.

EARL Thierry Hamelin, 1, rue des Carillons, 89800 Lignorelles, Tel. 03.86.47.54.60, Fax 03.86.47.53.34

Mo, Di, Do–Sa 9h15–12h15 14h–18h; Aug. geschlossen

DOM. DES ILES 1999**

☐ 5,5 ha 45 000 5à8€

In der Nähe eines Lieblingsweins: Man kann ihn ohne Zögern wählen. Er ist wirklich gut gemacht und bringt die Persönlichkeit des Anbaugebiets zum Ausdruck. Die blassgelbe Farbe hat Glanz. Seine aromatische Konzentration ist beträchtlich, voller Feinheit und Frucht. Sein Stoff ist opulent. Dieser Petit Chablis hat alles von einem Chablis-Wein.

Gérard Tremblay, 12, rue de Poinchy, 89800 Chablis, Tel. 03.86.42.40.98, Fax 03.86.42.40.41

Mo–Fr 8h–12h 13h30–17h30; Sa n. V.; Aug. geschlossen

DOM. DE LA CONCIERGERIE 1999

☐ 0,4 ha 3 000 5à8€

Christian Adine ist im alten Pförtnerhaus des Schlosses von Courgis geboren worden und wohnt dort noch immer. Seit 25 Jahren ist er Winzer. Sein blassgelbgrüner 99er erscheint wohl ausgewogen, angenehm, klar, fruchtig und mineralisch und kann ein wenig in der Flasche reifen.

EARL Christian Adine, 2, allée du Château, 89800 Courgis, Tel. 03.86.41.40.28, Fax 03.86.41.45.75, E-Mail nicole.adine@free.fr n. V.

DOM. DE LA MOTTE 2000*

☐ 2 ha 10 000 5à8€

Beine bewahrt seine unter Denkmalschutz stehende Kirche aus dem 13. Jh. Nicht weit vom Dorf entfernt befindet sich der 15 ha große künstliche See, der es ermöglicht, den Frost durch Besprühen der Reben zu bekämpfen. Ganz offensichtlich ist dieser Wein im Stil der Appellation gehalten, in den Farben (weißgolden) ebenso wie in den Düften, die sich an der Luft entfalten: Geißblatt und Zitrusfrüchte. Der beste Empfang ist für den Geschmack reserviert, der sich mineralisch und relativ lang zeigt. Er hält sich mühelos zwei bis drei Jahre.

🔑 SCEA Dom. de La Motte,
41, rue du Ruisseau, 89800 Beine,
Tel. 03.86.42.43.71, Fax 03.86.42.49.63
☑ 𝐈 Mo, Di, Do–So 8h–12h 14h–18h
🔑 Michaut-Robin

DOM. DE L'ORME 1999

☐ 1,3 ha 10 000 5à8€

Strahlendes, klares Goldgelb: Das Auge wird verführt. Die zunächst recht schüchternen Aromen präzisieren sich nach und nach zum Pflanzlichen hin. Der Geschmack mit Noten von Terroir und Reife ist warm und anhaltend.
🔑 Dom. de L'Orme, 16, rue de Chablis,
89800 Lignorelles, Tel. 03.86.47.41.60,
Fax 03.86.47.56.66 ☑ 𝐈 n. V.

DOM. DES MALANDES 1999*

☐ 1,2 ha 10 200 5à8€

Ein Gut, dessen Liebeserklärungen für die letzten Jahrgänge in allen AOCs von Chablis man gar nicht mehr zählen kann. Hier stellt man einen schönen Farbauftakt und einen fröhlichen Duft fest, der blumig und danach kräftig ist. Die Ansprache ist füllig und reich. Er zeigt guten Anstand: mehr Chablis als Petit Chablis. Wird man sich darüber beklagen? Ein Fischgericht wird sich seiner annehmen.
🔑 Dom. des Malandes, 63, rue Auxerroise,
89800 Chablis, Tel. 03.86.42.41.37,
Fax 03.86.42.41.97,
E-Mail contact@domainedesmalandes.com
☑ 𝐈 n. V.
🔑 Marchive

DOM. DES MARRONNIERS 2000

☐ 2,5 ha k. A. 5à8€

Dieses Gut, das in der Ausgabe 1999 (für den 96er) eine Liebeserklärung erhielt, bietet eine schöne Aussicht auf die Weinberge von Chablis. Dieser im Duft ausdrucksvolle und im Geschmack lebhafte Wein lässt exotische Früchte, weiße Blüten und Pampelmuse zu Wort kommen. Er verdient, dass man ihn genießt, solange er frisch ist.
🔑 Bernard Légland, Grande-Rue de Chablis,
89800 Préhy, Tel. 03.86.41.42.70,
Fax 03.86.41.45.82
☑ 𝐈 tägl. 9h30–12h 13h30–19h; 15. Aug. bis 3. Sept. geschlossen

SYLVAIN MOSNIER 1999

☐ 0,75 ha 6 000 5à8€

Er ist recht entwickelt und sollte somit in nächster Zeit aufgemacht werden. Dieser Wein ist ölig, fruchtig und reif. Das erkennt man sogar an der Farbe und am Duft nach kandierten Früchten. Der Geschmack bietet eine füllige Ansprache und klingt mit einem lebhafteren Abgang aus.
🔑 Sylvain Mosnier, 4, rue Derrière-les-Murs,
89800 Beine, Tel. 03.86.42.43.96,
Fax 03.86.42.42.88 ☑ 𝐈 n. V.

DE OLIVEIRA LECESTRE 2000

☐ 6,95 ha 30 000 5à8€

Jacky Chatelain kam 1978 auf die Domaine Lucien De Oliveira, die heute etwa 40 Hektar umfasst, davon sieben Hektar in dieser Appellation. Er präsentiert hier einen sehr hellgelben Wein aus dem Jahr 2000, der im Geschmack sehr aromatisch und diskret ist, wobei er aber weiterhin durch Zitrusfrüchte bestimmt bleibt. Die Austern werden damit zufrieden sein.
🔑 GAEC De Oliveira Lecestre,
11, Grand-Rue, 89800 Fontenay-près-Chablis,
Tel. 03.86.42.40.78, Fax 03.86.42.83.72
☑ 𝐈 Mo–Sa 10h–12h 14h–19h; 15.–30. Aug. geschlossen
🔑 Jacky Chatelain

DOM. DE PISSE-LOUP 1999**

☐ 2,13 ha 10 000 5à8€

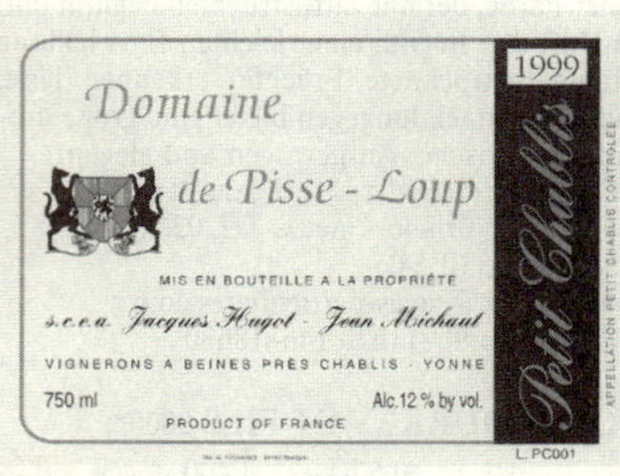

Comté-Käse, Lachstatar. Dieser Wein lässt einem das Wasser im Mund zusammenlaufen. Unsere Verkoster hatten tausend Ideen als Begleitung für ihn. Schließlich ist das der reinste Chardonnay! Dieser intensiv goldene 99er mit einem eleganten Bouquet mit blumigen Noten macht es sich auf einer mineralischen Unterlage bequem; es mangelt ihm nicht an Fett. «Wenn es nur an mir läge, würde er die Liebeserklärung erhalten», schrieb einer der Juroren. Wie Sie hier sehen, teilte die Oberjury seine Ansicht.
🔑 SCEA Jacques Hugot et Jean Michaut,
1, rue de la Poterne, 89800 Beine,
Tel. 03.80.97.04.67, Fax 03.80.97.04.67
☑ 𝐈 n. V.

DENIS POMMIER 1999*

☐ 3,5 ha 16 000 5à8€

Dieser Petit Chablis ist gar nicht so klein. Er entspricht dem, was man anderswo als Chablis-Villages oder Côte de Chablis bezeichnen würde. Er ist wirklich liebenswürdig. Sehr mild und maßvoll. Er hat eine blassgelbe Farbe, die ein Zeichen seiner Jugend ist. Sein an Ziegelstein erinnernder Duft, sein voller, frischer und zugleich weiniger Geschmack und seine Länge sind so, wie es sein muss.
🔑 Denis Pommier, 31, rue de Poinchy,
89800 Chablis, Tel. 03.86.42.83.04,
Fax 03.86.42.17.80,
E-Mail denis.pommier@liberty-surf.fr
☑ 𝐈 Mo–Sa 9h–12h 14h–20h; So n. V.;
24. Aug. bis 1. Sept. geschlossen

DOM. JACKY RENARD 1999

☐ 1,67 ha k. A. 5à8€

Ein Wein ohne Ungeduld, den man lagern kann. Er ist goldgelb mit strohgelben Reflexen und lässt sich von gedörrten Feigen und Rosinen versuchen. Da er sich mehr opulent als lebhaft zeigt, erahnt man fast überreife Trauben. Er ist somit kein Erzeugnis, das nach seiner Frische sucht, sondern ein recht imposanter Wein, der für eine «kreative Küche» bestimmt ist.

Jacky Renard, La Côte-de-Chaussan, 89530 Saint-Bris-le-Vineux, Tel. 03.86.53.38.58, Fax 03.86.53.33.50 ☑ Y n. V.

DOM. SAINTE-CLAIRE 1999★★

☐ k. A. k. A. 5à8€

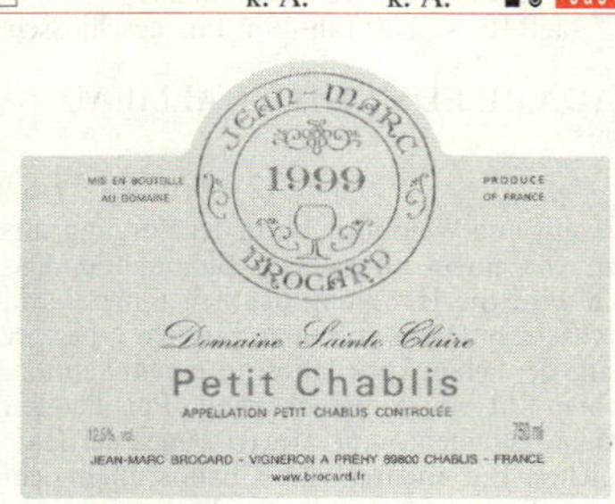

Wird der kleine Chablis groß? Überflüssig, er ist es bereits, ganz groß! Wahl zum Lieblingswein! Jean-Marc Brocard, seit 1975 der Marquis de Carabas des Chablis-Gebiets, ist eine sehr schöne Leistung gelungen. Jung, lebhaft und impulsiv. Dieser helle, blumige, leicht nach Unterholz duftende Wein kann mühelos mit der einheimischen Küche harmonieren oder, wie ein anderer Juror vorschlug, Scampi und Artischocken in Balsamicoessig begleiten!

Jean-Marc Brocard, 3, rte de Chablis, 89800 Préhy, Tel. 03.86.41.49.00, Fax 03.86.41.49.09, E-Mail brocard@brocard.fr ☑ Y n. V.

FRANCINE ET OLIVIER SAVARY 1999★

☐ 2,5 ha 20 000 8à11€

Unter einer sehr schönen goldgrünen Farbe wirkt er zuerst wie die alte Abtei Pontigny im Schutz ihrer Klausur: verschlossener, strenger Geruchseindruck mit einem Hauch von aromatischen Kräutern. Der Heilkräutergarten jedes Klosters. Der frische, leckere Geschmack hingegen hat weder ein Keuschheits- noch ein Armutsgelübde abgelegt!

Francine et Olivier Savary, 4, chem. des Hâtes, 89800 Maligny, Tel. 03.86.47.42.09, Fax 03.86.45.55.80 ☑ Y n. V.

SIMONNET-FEBVRE 1999★

☐ 1,2 ha 5 300 5à8€

Die 1840 gegründete Firma wird von Laurent Simonnet geführt. Für diesen Jahrgang schafft er ein «Fehlerlos» von Anfang bis Ende. Dieser Chardonnay, der sehr blass ist, wie die Wangen von Colette in ihrer Jugend, beginnt mit Früchten, geht zu Geißblatt über, attackiert unerschrocken, balanciert sich mit Honig aus und lässt uns zufrieden zurück. Ein 99er ohne Furcht und Tadel.

Simonnet-Febvre, 9, av. d'Oberwesel, BP 12, 89800 Chablis, Tel. 03.86.98.99.00, Fax 03.86.98.99.01, E-Mail simonnet@chablis.net ☑ Y Mo–Fr 8h–11h30 14h–18h; Sa, So n. V.

Simonnet

DOM. YVON VOCORET 1999★★

☐ 3 ha 7 900 5à8€

Schreiben Sie sich im Goldenen Buch des Guts ein, es wartet auf Sie. Wenn man Sie nur diesen Petit Chablis probieren lassen würde, wäre das auch schon viel! Er ist rund und sehr weinig und könnte die Chablis-Weine hofieren. Er hat eine schöne goldgelbe Farbe, ist mineralisch und fruchtig und zeigt sich sehr klar, füllig und fein zugleich, mit guter Länge.

Dom. Yvon Vocoret, 9, chem. de Beaune, 89800 Maligny, Tel. 03.86.47.51.60, Fax 03.86.47.57.47 ☑ Y Mo–Sa 8h–19h; So n. V.

Chablis

Der Chablis, von dem 171 309 hl im Jahre 2000 erzeugt wurden, verdankt dem Boden seine unnachahmlichen Qualitäten von Frische und Leichtigkeit. Kalte oder regenreiche Jahre bekommen ihm schlecht, weil sein Säuregehalt dann zu hoch wird. In warmen Jahren bewahrt er dagegen einen durstlöschenden Charakter, den die Weine der Côte d'Or, die ebenfalls aus der Rebsorte Chardonnay erzeugt werden, nicht besitzen. Man trinkt ihn jung (mit ein bis drei Jahren), aber er kann bis zu zehn Jahre und noch länger altern, wobei sein Bouquet an Komplexität und Reichtum gewinnt.

DOM. DES AIRELLES 1999

☐ 11 ha 5 000 5à8€

Die Kirche Saint-Martin in Chichée enthält eine interessante Statue der Jungfrau Maria mit dem Jesuskind aus dem 15. Jh. Thierry und Didier Robin ist dieser klassische Wein gelungen, der im April 2001 noch jung und lebhaft war, aber gut genug gebaut ist, um 2002 seine Versprechen zu halten. Sein dominierendes mineralisches Aroma vor einem blumigen Hintergrund ist geschmackvoll.

Dom. des Airelles, 40, Grande-Rue, 89800 Chichée, Tel. 03.86.42.80.49, Fax 03.86.42.85.40 ☑ Y n. V.

Jean Robin

DOM. BACHELIER Vieilles vignes 1999*

☐ 1 ha 6 283 8à11€

Die Berufung der Bacheliers für den Weinbau reicht bis 1833 zurück. Fünfzig Jahre alte Reben haben diesen Wein von strahlender Klarheit geliefert, die direkt von der Sonne zu stammen scheint, zu Früchten entfaltet, mit einigen mineralischen Noten. Ein 99er, der eine gute Haltung zeigt und mit «fehlerlos» bewertet wird, dazu mit einem ausgeprägten kandiert-pfeffrigen Stil: vielleicht die Auswirkung der alten Rebstöcke? In jedem Fall muss man ihn lagern.

Dom. Bachelier, 13, rue Saint-Etienne, 89800 Villy, Tel. 03.86.47.49.56, Fax 03.86.47.57.96 n. V.

DOM. BESSON 2000

☐ 5,9 ha 4 500 5à8€

Zeichne mir einen Chablis! Wir denken dabei an den *Kleinen Prinzen.* Die Farbe? Ohne Zögern die der Appellation. Die weißen Blüten und die Frische sind ebenfalls im Ton der Appellation gehalten. Unter einer schönen Lebhaftigkeit ist er sehr dicht, mit jener Bitternote, die uns wehmütig an die Kindheit erinnert. Ein poetischer Wein, prägnant. Und er wird – wie Sie sehen werden – zwei bis drei Jahre faltenlos altern.

EARL Dom. Alain Besson, rue de Valvan, 89800 Chablis, Tel. 03.86.42.19.53, Fax 03.86.42.49.46 n. V.

BLASONS DE BOURGOGNE 2000*

☐ 40 ha 250 000 5à8€

La Chablisienne vinifiziert über 1 100 Hektar. Diese Genossenschaft erweitert ihre Verbindungen. Ihr Name erscheint nicht auf dem Etikett. Abgesehen davon haben ihre Weine Schwung. Säure und «Fett» harmonieren bereits, was ein guter Eintritt ins Leben ist. Mineralische, honigartige und blumige Noten fehlen nicht. Er kann vier bis fünf Jahre leben. Eine andere Marke ist der **98er Laurent Dupaquis Le Millénium;** dieser Chablis erhält einen Stern.

La Chablisienne, 8, bd Pasteur, BP 14, 89800 Chablis, Tel. 03.86.42.89.89, Fax 03.86.42.89.90, E-Mail chab@chablisienne.com tägl. 9h–12h 14h–18h

PASCAL BOUCHARD Grande Réserve du Domaine Vieilles vignes 1998**

☐ 10 ha 80 000 8à11€

Von den alten Rebstöcken des eigenen Guts dieser Firma, die so häufig in unserem Weinführer vertreten ist und nicht zum ersten Mal eine Liebeserklärung erhält. Dieser acht Monate im Tank und vier Monate im Holzfass (30 % des Traubenguts) ausgebaute 98er ist nicht bloß sympathisch. Er besitzt sehr große Klasse. Er zeigt eine kräftige gelbe Farbe mit grünem Schimmer und kommt in der Nase deutlich zum Ausdruck: Früchte im Überfluss, ein wenig exotisch. In der Ansprache ist er frisch, danach buttrig und beeindruckt auch durch seine Komplexität und sein großes Potenzial.

Pascal Bouchard, 5 bis, rue Porte-Noël, 89800 Chablis, Tel. 03.86.42.18.64, Fax 03.86.42.48.11, E-Mail pascal.bouchard@wanadoo.fr tägl. 10h–12h30 14h–19h; Jan. geschlossen

MADAME EDMOND CHALMEAU 1999*

☐ 2 ha 12 000 5à8€

Honig und Weißdorn, wenn der Vorgang aufgeht, vor einem blassgelben Bühnenbild. Danach wird die Handlung deutlich mineralisch, durchsetzt mit weißen Blüten. Ein sehr typischer Wein, der seine Appellation in einem sanften, leichten Stil zum Ausdruck bringt. Puis l'action devient nettement minérale, parsemée de fleurs blanches. Ein anderer 99er Chablis unter dem Namen **Franck Chalmeau** (gleiche Telefonnummer, gleiche Adresse, gleicher Preis ab Gut mit 42 Francs) ähnelt dem Ersten wie ein Sohn.

Mme Edmond Chalmeau, 20, rue du Ruisseau, 89530 Chitry-le-Fort, Tel. 03.86.41.42.09, Fax 03.86.41.46.84 n. V.

DOM. DE CHANTEMERLE 1999**

☐ 11 ha 75 000 5à8€

Ein Gut, das sein ganzes Leben über seinem überaus berühmten Premier cru «Homme mort» verbringen kann, dem aber dieser bemerkenswerte Chablis gelungen ist: Mit einer hellen, grün funkelnden Farbe, frisch und mineralisch duftend, erzählt er uns von seinem Herkunftsgebiet. Im Geschmack? Was man von ihm erwartet. Man muss rasch dorthin fahren, denn sein Preis ist konkurrenzlos. Etikett in der Form eines Pergaments.

SCEA de Chantemerle, 27, rue du Serein, 89800 La Chapelle-Vaupelteigne, Tel. 03.86.42.18.95, Fax 03.86.42.81.60 n. V.

Francis Boudin

DOM. DES CHENEVIERES 1999**

☐ 7,5 ha 50 000 5à8€

Die Tremblays füllen die Seiten des Telefonbuchs im Gebiet von Chablis. Hier wird Bernard von Thierry Mothe unterstützt, einem weiteren Namen, der in dieser Gegend recht bekannt ist. Dieser 99er hat eine schöne, klare goldene Farbe. Besonders schätzen wird man den mineralischen Charakter des Bouquets (die Frische einer antiken Marmorstatue) und den Genuss, den er im Mund hervorruft. Ein seriöser, feiner und zugleich vornehmer Wein, der «taube» oder «schlafende» Weinbergschnecken aufwecken wird.

🔑 Bernard Tremblay, Dom. des Chenevières, 1, rue des Vignes, 89800 La Chapelle-Vaupelteigne, Tel. 03.86.42.41.00, Fax 03.86.42.48.08 ☑ 🍷 n. V.

DOM. CHRISTOPHE ET FILS 1999**

☐ 0,33 ha 1 500 🍾 5 à 8 €

Sein Name wurde genannt, als es um die Wahl zum Lieblingswein ging. Die Erscheinung ist nämlich diskret und geschmackvoll (helle Nuancen), das Bouquet blumig und mineralisch zugleich. Am Gaumen ist er so heiter wie der Fluss dieser Gegend, ruhig, ein wenig imposant, in jedem Fall interessant. Nicht übel für eine erste Vinifizierung! Merken Sie sich diesen Namen gut, denn sein **99er Chablis Vieilles vignes** erhält einen Stern, mit einem Schlusskommentar, der keinen Einwand duldet: «Ich liebe diesen Wein!»

🔑 Dom. Christophe et Fils, Ferme des Carrières, Fyé, 89800 Chablis, Tel. 03.86.55.23.10, Fax 03.86.55.23.10 ☑ 🍷 n. V.

LA CAVE DU CONNAISSEUR 1999*

☐ 7 ha 40 000 5 à 8 €

Bis dat qui cito dedit – doppelt gibt, wer schnell gibt. Dieser Wein hier handelt so. Er ist sehr lebhaft und sehr freimütig und jongliert mit Zitrusfrüchten und grünem Apfel. Strohgelb mit einem grünlichen Schimmer. Er scheint Garant für eine gute Entwicklung zu sein, denn er verfügt bereits über eine reiche aromatische Grundlage von gelben Früchten, weißen Blüten und Farnkraut. Diese junge Firma (1989) befindet sich in Kellern aus dem 12. und 13. Jh.

🔑 La Cave du Connaisseur, rue des Moulins, BP 78, 89800 Chablis, Tel. 03.86.42.87.15, Fax 03.86.42.49.84, E-Mail connaisseur@chablis.net ☑ 🍷 tägl. 10h–18h

DOM. BERNARD DEFAIX 1999**

☐ 12 ha 80 000 🍾🌡 8 à 11 €

Dieser 99er bietet uns hier in seinem Jahrgang nahezu die Perfektion. Blässe? Wir mögen das lieber als eine beschleunigte, übermäßige Extraktion. Der noch vertrauliche Duft ist an der Luft auf reizvolle Weise buttrig und mineralisch. Der Geschmack ist fein und elegant. Ein sauberer, für lange Zeit großartiger Wein!

🔑 Dom. Bernard Defaix, 17, rue du Château, Milly, 89800 Chablis, Tel. 03.86.42.40.75, Fax 03.86.42.40.28, E-Mail didier@bernard-defaix.com ☑ 🍷 n. V.

DOM. JOSEPH ET XAVIER GARNIER 1999**

☐ 2,5 ha 20 000 🍾 5 à 8 €

Ein Aperitifwein, den man für sich allein trinken kann. Er zeigt eine gute Lebhaftigkeit und schläft nicht im Glas. Trotz dieser turbulenten Seite bietet er die klassischen Noten des Chablis-Bouquets: Feuerstein, weiße Blüten, geröstete Mandeln. Er ist sehr regelmäßig und schon gefällig und kann bis zur Mitte des Jahrzehnts altern.

🔑 Dom. Garnier et Fils, chem. de Méré, 89144 Ligny-le-Châtel, Tel. 03.86.47.42.12, Fax 03.86.98.09.95, E-Mail domainegarnier@terre-net.fr ☑ 🍷 n. V.

DOM. DES GENEVES Vieilles vignes 1999*

☐ 0,6 ha 4 800 🍾🌡 5 à 8 €

Wir würden ihm fast einen Stern mehr zubilligen, so sehr macht er uns schöne Augen. Er ist blassgelb, leicht golden, wie es sich gehört. Grüner Apfel oder Zitrone? Auf jeden Fall ist er ein 99er, der im Geschmack eine tadellose Leistung abliefert. In Chablis-Wein zubereiteter Schinken scheint deutlich für diesen Wein geeignet zu sein, der viel Körper und Persönlichkeit besitzt.

🔑 EARL Dom. des Genèves, 3, rte des Fourneaux, 89800 Fleys, Tel. 03.86.42.10.15, Fax 03.86.42.47.34 ☑ 🍷 n. V.

🔑 Dominique Aufrère und Sohn

DOM. GRAND ROCHE 2000*

☐ 6,5 ha 40 000 🍾🌡 5 à 8 €

Chablis-typische Farbe. Öffnet die Aufrichtigkeit nicht die Tür zum Herzen? In der Nase stark durch reife Früchte bestimmt, zunächst blumig, dann mit leichter Überreife. Seine Lebhaftigkeit verbindet sich auf hübsche Weise mit einer geselligen Fülle, was seine lange Lebensdauer sicherstellt.

🔑 Erick Lavallée, Dom. Grand Roche, 6, rte de Chitry, 89530 Saint-Bris-le-Vineux, Tel. 03.86.53.84.07, Fax 03.86.53.88.36 ☑ 🍷 n. V.

THIERRY HAMELIN Vieilles vignes 1999***

☐ 1,2 ha 7 130 🍾🌡 8 à 11 €

Primus inter pares: Er gewinnt das Finale bei der Wahl zum Lieblingswein, während sein Bruder, der **99er Domaine Hamelin,** die so genannte «normale» Cuvée, auf den dritten Platz kommt. Thierry Hamelin, dessen Kellerei sich ein paar Kilometer westlich von Maligny befindet, verdient Ihre ganze Aufmerksamkeit. Was soll man über diese beiden Weine sagen? Der Erste, der schon recht farbintensiv ist, bietet das komplexeste Bouquet, das auf weiße Blüten, getrocknete Früchte und mineralische Noten setzt – Qualitäten, die man in einem reichen und zugleich frischen Geschmack wiederfindet. Ein charaktervoller Wein, den man für eine sorgfältig zubereitete Küche reservieren sollte. Und was ist

mit dem Zweiten? Er erscheint strahlend mit einer typischen goldgrünen Farbe. Seine Geschmacksmerkmale machen ihn zu einem sehr großen Botschafter der Chablis-Weine.
⊶ Dom. Thierry Hamelin, 1, imp. de la Grappe, 89800 Lignorelles, Tel. 03.86.47.52.79, Fax 03.86.47.53.41 ☑ Ⲧ n. V.

DOM. DES HERITIERES 1999

☐ 4,5 ha 36 000 ▮🌡 8à11€

Nach der allgemeinen Beurteilung ist er großzügig genug, dass Sie ihn zusammen mit Ihren Freunden zu einem Kalbsbraten mit Morcheln einladen. Denn auch wenn er nicht typisch ist (man findet keine mineralische Note darin), so ist er doch subtil, ausgewogen, fleischig und nachhaltig genug, um einen guten Gast abzugeben.
⊶ Olivier Tricon, 15, rue de Chichée, 89800 Chablis, Tel. 03.86.42.10.37, Fax 03.86.42.49.13

DOM. DES ILES 1999*

☐ 16 ha 125 000 ▮🌡 5à8€

Ein gutes Auge, eine gute Nase und rüstig zu Fuß – erlaubt ihm das eine Reise zu den Antillen? Offen gesagt, er ist kein sehr exotischer Wein; er entspricht eher dem Chablis-Kanon des Mineralischen. Ein kräftiger Wein, den man in ein bis zwei Jahren aufmachen kann.
⊶ Gérard Tremblay, 12, rue de Poinchy, 89800 Chablis, Tel. 03.86.42.40.98, Fax 03.86.42.40.41
☑ Ⲧ Mo–Fr 8h–12h 13h30–17h30; Sa n. V.; Aug. geschlossen

PIERRE JANNY 1999*

☐ k. A. 10 000 ▮🌡 8à11€

Von Lyon bis Chablis widmet sich dieser Weinhändler aus dem Mâconnais, der die Jungweine selbst ausbaut, den Weinen Burgunds und des Beaujolais. Auch wenn er sich hier weit von seinem Hauptsitz entfernt befindet, hat er den richtigen Riecher und weiß, wie er uns am Genuss eines 99ers teilhaben lassen kann, der von Anfang bis Ende sehr präsent ist und dessen Feuersteinaroma den Abschluss belebt. Mehr strahlend als farbintensiv, zu Zitrusfrüchten entfaltet, hinterlässt er im Geschmack eine vollauf befriedigende Empfindung. Eine Flasche, die zwei bis drei Jahre lagern kann.
⊶ Sté Pierre Janny, La Condemine, Cidex 1556, 71260 Péronne, Tel. 03.85.23.96.20, Fax 03.85.36.96.58, E-Mail pierre-janny@wanadoo.fr

DOM. DE LA MEULIERE 1999**

☐ 8 ha 36 000 ▮🌡 5à8€

Ein paar Lockerungsübungen, und er wird perfekt sein. Nicht später als im Jahre 2002. Er ist goldgrün und steuert geradewegs auf sein Ziel zu: eine sehr direkte Fruchtigkeit und subtile mineralische Noten. Gute Säure, hübsche Ausgewogenheit. Die Kaudalien sind vorhanden, über einer frischen, reifen Frucht.
⊶ Chantal et Claude Laroche, Dom. de La Meulière, 18, rte de Mont-de-Milieu, 89800 Fleys, Tel. 03.86.42.13.56, Fax 03.86.42.19.32 ☑ Ⲧ n. V.

DOM. DE LA MOTTE

Vieilles vignes 1999*

☐ 1,3 ha 10 000 ▮🌡 8à11€

Epoisses-Käse könnte diesen Wein mögen, der genau so chardonniert, wie es sein muss, ohne das Terroir auszulöschen, das ihn hervorgebracht hat (mineralische Note von der Nase bis zum Schlussgeschmack). Seine Frische erweckt Lust, ihn zu trinken.
⊶ SCEA Dom. de La Motte, 41, rue du Ruisseau, 89800 Beine, Tel. 03.86.42.43.71, Fax 03.86.42.49.63
☑ Ⲧ Mo, Di, Do–So 8h–12h 14h–18h
⊶ Michaut-Robin

DOM. LAROCHE Saint-Martin 1999*

☐ 61,57 ha 3 000 ▮🌡 11à15€

Michel Laroche, Händler und Erzeuger, gehört zu den Persönlichkeiten von Chablis. Er hat drei Weine von seinen eigenen Gütern vorgestellt, die alle drei in dieser AOC mit einem Stern ausgewählt wurden. Der **99er Château de Chemilly** als normale Cuvée und seine Cuvée **Vieilles vignes** (Preisgruppe: 50 bis 69 F), wobei die Erste recht typisch und die Zweite mineralisch ist, mit Heckenrosennoten, reicher und weniger bodentypisch im zweiten Fall. Dieser Saint-Martin hat eine weißgoldene Farbe, die ein grüner Schimmer durchzieht, und ist subtil und anhaltend in seinen Aromen, gut vinifiziert und ganz im Stil seiner Appellation.
⊶ Michel Laroche, 22, rue Louis-Bro, BP 33, 89800 Chablis, Tel. 03.86.42.89.28, Fax 03.86.42.89.29, E-Mail info@michellaroche.com ☑ Ⲧ n. V.

LES CAVES DE LA VERVELLE 1999**

☐ 0,4 ha 2 700 ▮◖▮🌡 8à11€

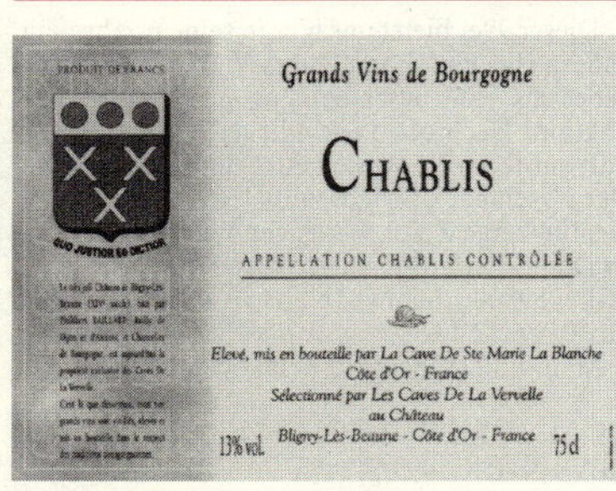

Eine Glanzleistung: Die Genossenschaftswinzer von Bligny-lès-Beaune, Propheten im Chablis-Gebiet, belegen auf dem Siegerpodest den zweiten Platz! Dieser harmonische, sehr offene 99er ist die Schönheit in Person. Ein leichter Holzton bringt seine seidige Reinheit zur Geltung. Reichhaltigkeit reimt sich hier auf Feinheit, mit sehr kräftigen weißen Blüten. Ideal zu gegrilltem Lachs mit Dillsauce.

🗝 Ch. de Bligny-lès-Beaune, Caves de la Vervelle, le Château, 21200 Bligny-lès-Beaune, Tel. 03.80.21.47.38, Fax 03.80.21.40.27
☑ 🍷 tägl. 8h–12h 14h–18h

DOM. DE L'EGLANTIERE 1999

☐ 50 ha 270 000 8à11€

Jean Durup, im Hinblick auf die Weinbaugebiete im Chablis-Gebiet eine wichtige Persönlichkeit, war eine treibende Kraft bei ihrer Erweiterung. Er besitzt 170 Hektar und präsentiert hier einen recht typischen Wein: gelbgrün, wie es sich gehört, nach Zitrusfrüchten, weißen Blüten und Feuerstein duftend. Der Geschmack ist weniger lebhaft als einschmeichelnd.
🗝 SA Jean Durup Père et Fils, 4, Grande-Rue, 89800 Maligny, Tel. 03.86.47.44.49, Fax 03.86.47.55.49, E-Mail durup@club-internet.fr ☑ 🍷 n. V.

DOM. LONG-DEPAQUIT 1999*

☐ 22 ha 150 000 8à11€

Dieser Wein von einem Weinberg, der früher der Zisterzienserabtei Pontigny gehörte, stammt deutlich von einem Boden der Kimmeridge-Stufe. Hier zeigt die klare, strahlende blassgelbe Farbe einen goldenen Schimmer. Der Geruchseindruck weist darauf hin, dass man ein paar Monate warten muss, bis sich die kräftigen mineralischen Noten und die Lebhaftigkeit vereinigen. Die Ausgewogenheit im Geschmack verspricht dann drei bis vier glückliche Jahre.
🗝 Ch. Long-Depaquit, 45, rue Auxerroise, 89800 Chablis, Tel. 03.86.42.11.13, Fax 03.86.42.81.89, E-Mail longdepaquit@wanadoo.fr
☑ 🍷 Mo–Sa 9h–12h30 13h–18h
🗝 Albert Bichot

DOM. DES MALANDES
Cuvée Tour du Roy Vieilles vignes 1999*

☐ 1,5 ha 9 000 8à11€

Dieses Gut, das in den letzten Jahren mehrere Liebeserklärungen erhielt, gehört im Chablis-Gebiet zu den «sicheren Werten». Diesmal ist die Farbe recht blass, aber strahlend. In der Nase entfaltet dieser 99er Früchte und mineralische Noten. Im Mund zeigt er gute Proportionen. Es handelt sich hier um einen sehr gelungenen und recht typischen *«Dorfwein»*. Für seinen **99er Chablis** ohne Cuvéenamen (Preisgruppe: 30 bis 49 F) erhält das Gut eine lobende Erwähnung.
🗝 Dom. des Malandes, 63, rue Auxerroise, 89800 Chablis, Tel. 03.86.42.41.37, Fax 03.86.42.41.97, E-Mail contact@domainedesmalandes.com
☑ 🍷 n. V.
🗝 Marchive

DOM. LOUIS MOREAU 1999**

☐ 24 ha 60 000 8à11€

Dieses Gut in Familienbesitz entstand 1970; es umfasst heute 40 Hektar und exportiert 85 % seiner Produktion. Sein Chablis präsentiert sich mit Glanz und Gloria; er ist prächtig und ausdrucksstark. Die Zukunft hält ihm alle Türen offen. Er ist schon auf den ersten Blick liebenswürdig und beruhigt hinsichtlich des Abschlusses. Er zeigt eine gewisse Nervigkeit, verbleibt aber von Anfang bis Ende in einer Harmonie mit typischem Charakter.
🗝 Louis Moreau, 10, Grande-Rue, 89800 Beine, Tel. 03.86.42.87.20, Fax 03.86.42.45.59, E-Mail domaine.louismoreau@wanadoo.fr
☑ 🍷 Mo–Fr 8h–12h 13h30–18h; Sa, So n. V.

DE OLIVEIRA LECESTRE 2000*

☐ 26,75 ha 80 000 5à8€

Die Andouillette ist bald fertig. Ein 2000er, der genau der richtige Wein dazu ist. Eine traumhafte Farbe, ein draufgängerisches Bouquet, das sich nicht verstellt. Der reiche Körper von mittlerer Länge versucht ebenfalls nicht, von etwas anderem zu reden. Aber er ist vornehm und sollte in den kommenden zwei Jahren getrunken werden.
🗝 GAEC De Oliveira Lecestre, 11, Grand-Rue, 89800 Fontenay-près-Chablis, Tel. 03.86.42.40.78, Fax 03.86.42.83.72
☑ 🍷 Mo–Sa 10h–12h 14h–19h; 15.–30. Aug. geschlossen
🗝 Jacky Chatelain

DOM. ALAIN PAUTRE 1999*

☐ 10 ha 40 000 5à8€

Ein Hauch von Originalität, der uns nicht missfällt. Denn man muss – wie Delacroix sagte – tiefgründig sein, damit man in der Kunst Erfolg hat, und seine alten Gewohnheiten aufgeben. Dieser Wein ist nicht der Erstbeste und befindet sich in einer Aromenpalette von ziemlich unreifen exotischen Früchten. Pampelmuse. Das Ganze wird somit beständig durch eine lebhafte Note belebt, die sich danach von Orangen und Minze anregen lässt. Originell, wie wir schon sagten. Ideal, um Kenner zu begeistern.
🗝 Alain Pautré, SCEA de Ronsien, 23, rue de Chablis, 89800 Lignorelles, Tel. 03.86.47.43.04, Fax 03.86.47.46.54
☑ 🍷 n. V.

DOM. DE PERDRYCOURT
Cuvée Prestige 1999*

☐ 1 ha 8 000 8à11€

Das 1987 geschaffene Gut wird von zwei Frauen, Arlette Courty und ihrer Tochter Virginie, gemeinsam geleitet. Das Auge, die Nase, der Mund – alle sind wohlauf, wie man auf einer Postkarte schreibt. Die fruchtige Frische schadet in keiner Weise der Ausgewogenheit des Körpers. Ein vollständiger Durchgang, beständig darauf bedacht, den Charakter der Appellation zu achten (Blüten, weißfleischige Früchte, mineralische Note und *pale green gold*, wie ein britischer Verkoster schrieb).
🗝 EARL Arlette et Virginie Courty, Dom. de Perdrycourt, 9, voie Romaine, 89230 Montigny-la-Resle, Tel. 03.86.41.82.07, Fax 03.86.41.87.89, E-Mail domainecourty@wanadoo.fr
☑ 🍷 tägl. 8h–20h

DOM. DE PISSE-LOUP 1999*

☐ 2,1 ha 2 000 5 à 8 €

Romuald Hugot ist ein hübscher hellgoldener Wein gelungen. Der erste Geruchseindruck ist zu reifen Trauben und Feuerstein entfaltet. Dann machen sich Akazienblüten und Zitrusfrüchte in einem frischen, ausgewogenen Umfeld bemerkbar. Zu allen gegrillten Fischen.

Romuald Hugot, 30, rte Nationale, 89800 Beine, Tel. 03.86.42.85.11, Fax 03.86.42.85.11 n. V.

REGNARD 1998*

☐ 15 ha 100 000 11 à 15 €

Eine Firma in Chablis, die 1984 von Patrick de Ladoucette übernommen wurde. Dieser blassgoldene, golden schimmernde Wein hält die gesamte Verkostung über an blumigen und mineralischen Noten fest. Er ist lebhaft und ausgewogen und wahrt den typischen Chablis-Charakter.

Régnard, 28, bd Tacussel, 89800 Chablis, Tel. 03.86.42.10.45, Fax 03.86.42.48.67 n. V.

FRANCINE ET OLIVIER SAVARY
Sélection Vieilles vignes 1999*

☐ 1 ha 8 000 8 à 11 €

Wenn Sie nicht seit ein paar Jahren hierher kommen würden, könnten Sie jetzt den neuen Steinkeller mit Gewölben im «alten Stil» entdecken. Alles an diesem 99er ist diskret: die helle Farbe, der Duft nach gelben Früchten und Zitrusfrüchten. Sobald er in den Mund gelangt, ist es eine andere Geschichte. Ein von einer guten Säure getragener Wein, der viele Rücklagen besitzt und voll und ausgewogen ist. Sechs Monate im Holzfass haben das schöne mineralische Aroma des Chablis nicht überdeckt.

Francine et Olivier Savary, 4, chem. des Hâtes, 89800 Maligny, Tel. 03.86.47.42.09, Fax 03.86.45.55.80 n. V.

DOM. SEGUINOT-BORDET
Vieilles vignes 1999**

☐ 10,5 ha 3 000 8 à 11 €

Der Enkel hat das Gut des Großvaters 1998 übernommen. Nun, er weiß sich zu helfen. Sein 99er erscheint im Spitzenfeld unserer Verkostung. Seine goldene Farbe wird von einem Bouquet begleitet, in dem man Lindenblüten und Feuerstein riecht. Die für das Land der *Exogyra virgula* charakteristische Mineralität regt einen sanften und fülligen, konzentrierten und strahlenden Geschmack an. Der Winzer hat es verstanden, die natürliche Säure und die Reife der Trauben auszubalancieren. Ein Wein, der Weinbergschnecken verdient.

Roger Séguinot-Bordet, 4, rue de Méré, 89800 Maligny, Tel. 03.86.47.44.42, Fax 03.86.47.54.94, E-Mail jf.bordet@wanadoo.fr Mo–Fr 8h–18h; Sa 8h–12h; 15. Aug. bis 1. Sept. geschlossen

DOM. DE VAUDON 1999*

☐ 6,9 ha 36 000 11 à 15 €

Diese Firma in der rue d'Enfer in Beaune braucht man nicht mehr eigens vorzustellen. Sie besitzt 35 Hektar im Chablis-Gebiet. Dieser Wein stammt von ihren eigenen Gütern. Er ist hellgolden und besitzt einen sehr reinen, blumig-mineralischen Duft mit einem Hauch von Honig. Ausgewogen, recht fleischig und reich, von delikaten Aromen eingehüllt und mit schöner Länge. Er schmeckt bereits angenehm, kann aber lagern.

Joseph Drouhin, 7, rue d'Enfer, 21200 Beaune, Tel. 03.80.24.68.88, Fax 03.80.22.43.14, E-Mail maisondrouhin@drouhin.com n. V.

DOM. DE VAUROUX
Vieilles vignes 1999**

☐ 3 ha 25 000 8 à 11 €

Wenn er Schlittschuh laufen würde, hätte er tolle Noten für die Pflichtfiguren erhalten: goldene Farbe, Weißdorn und Pfirsich, mineralische Noten. In der Kür würde es ihm nicht an Haltung mangeln, mit einem Programm, das alle Schwierigkeiten enthält und sie vom Beginn bis zur Schlusspose übertrifft. Er ist rassig und lässt nur einen Hauch von Lebhaftigkeit vermissen; er vertritt seine Farben gut. Die «normale» Cuvée des **99er Chablis** (Preisgruppe: 30 bis 49 F) erhält eine einfache lobende Erwähnung.

SCEA Dom. de Vauroux, rte d'Avallon, BP 56, 89800 Chablis, Tel. 03.86.42.10.37, Fax 03.86.42.49.13 n. V.

DOM. VERRET 1999**

☐ 2,4 ha 12 000 8 à 11 €

Wenn der Duft dem Geschmack gerecht werden wird, hat man später einmal einen sehr schönen Wein in Händen. Seine Komplexität ist bereits bemerkenswert; sie deutet Pistazien und Zitronen an. Sein Stoff und seine Nachhaltigkeit stützen sich, damit er gut altern kann, auf eine liebenswürdige, aber entschlossene Säure. Wie sagte schon Rabelais: «Der morgendliche Sonnenaufgang ist keineswegs ein Glück, am Morgen zu trinken ist das Beste.» Und hier haben wir genau den Wein, den man vor dem Essen trinken kann, um sich eine Freude zu machen.

Dom. Verret, 7, rte de Champs, BP 4, 89530 Saint-Bris-le-Vineux, Tel. 03.86.53.31.81, Fax 03.86.53.89.61, E-Mail bruno.verret@wanadoo.fr n. V.

DOM. VOCORET ET FILS 1999*

☐ 28 ha 140 000 5 à 8 €

Die kristallklare Farbe verführt sofort. Dann überrascht der Duft durch seine sehr reifen Noten von exotischen Früchten; der Geschmack greift sie auf, lebhaft und freimütig, noch in der Entfaltung begriffen. In ein bis zwei Jahren kann man diese Flasche auf eine Weinkarte setzen, notierte ein Verkoster, der übrigens ein ausgezeichneter Weinfachhändler ist.

Dom. Vocoret et Fils, 40, rte d'Auxerre, 89800 Chablis, Tel. 03.86.42.12.53, Fax 03.86.42.10.39, E-Mail domainevocoret@wanadoo.fr n. V.

Chablis premier cru

Er stammt aus dreißig Reblagen, die nach ihrer Lage und der Qualität ihrer Erzeugnisse ausgewählt wurden (45 968 hl im Jahre 2000). Vom vorangehenden Wein unterscheidet er sich weniger durch einen höheren Reifegrad der Trauben als durch ein komplexeres und anhaltenderes Bouquet, in dem sich ein Aroma von Akazienblütenhonig mit einem Hauch von Jod und pflanzlichen Noten vermischt. Der Ertrag ist auf 50 hl pro Hektar begrenzt. Alle Winzer stimmen darin überein, dass er seine beste Qualität um das fünfte Jahr herum erreicht, wenn er ein Haselnussaroma annimmt. Die komplettesten Premiers crus sind die Weine aus den Einzellagen La Montée de Tonnerre, Fourchaume, Mont de Milieu, Forêt bzw. Butteaux und Côte de Léchet.

DOM. DES AIRELLES Vaucoupin 1999

☐ 1,2 ha 3 660 8 à 11 €

Er ist gut gemacht, aber zurückhaltend und zeigt eine kristallklare goldgelbe Farbe. Der Duft ist flüchtig, mit ein paar buttrigen Noten, die von Akazienblüten begleitet werden. Die Ansprache lässt uns an ein Wunder glauben, mit einer mineralisch-fruchtigen Dichte, die mit einem Hauch von Alkohol und Bitterkeit ausklingt. Thierry und Didier Robin haben 1996 die Weinberge ihres Vaters übernommen; im selben Jahr haben sie die Domaine des Airelles gegründet. Wir sind hier in Chichée, allerdings auf dem rechten Ufer.

Dom. des Airelles, 40, Grande-Rue, 89800 Chichée, Tel. 03.86.42.80.49, Fax 03.86.42.85.40 n. V.

Jean Robin

DOM. BARAT Vaillons 1999**

☐ 3 ha 15 000 11 à 15 €

Dieses Gut bietet uns einen breiten Überblick über die Premiers crus, denn wir führen **Les Fourneaux, Mont de Milieu** und **Côte de Léchet 1999** mit großem Wohlwollen an. Hinzu kommt Vaillons, dem die Jury einen Stern mehr und eine Liebeserklärung zuerkannt hat. Er ist sehr intensiv, voller Feinheit, mineralisch, wie es die Tradition haben will. Wir haben es hier wirklich mit einer der besten Einzellagen des linken Ufers (auf dem Boden von Milly) zu tun.

EARL Dom. Barat, 6, rue de Léchet, Milly, 89800 Chablis, Tel. 03.86.42.40.07, Fax 03.86.42.47.88 n. V.

DOM. BILLAUD-SIMON Fourchaume 1999***

☐ 0,25 ha 2 000 11 à 15 €

Er ist die Nummer eins der Verkostung, der einstimmig zum Lieblingswein gewählte Wein. Die gesamte Jury setzte ihn an die Spitze. Was soll man noch hinzufügen? Dieser mustergültige Fourchaume besitzt alle Qualitäten. Dieser Premier cru kommt noch weit vor vielen Grand-cru-Flaschen. Der **99er La Montée de Tonnerre** erhält zwei Sterne; **Les Vaillons** und **Mont de Milieu** erringen jeweils einen Stern.

Dom. Billaud-Simon, 1, quai de Reugny, BP 46, 89800 Chablis, Tel. 03.86.42.10.33, Fax 03.86.42.48.77

Mo–Fr 9h–18h; 15. Aug. bis 1. Sept. geschlossen

PASCAL BOUCHARD Beauroy 1999*

☐ k. A. 75 000 11 à 15 €

Der früher einmal sehr geschätzte, heutzutage etwas weniger bekannte Name Beauroy zeigt einen historischen Premier cru an. Dieser 99er ist goldfarben. Sein Duft ist recht entfaltet (reife Früchte); am Gaumen erweckt er einen guten Eindruck. Beachten Sie das Anhalten seines Geschmacks, das weit über das Gewohnte hinausgeht.

Pascal Bouchard, 5 bis, rue Porte-Noël, 89800 Chablis, Tel. 03.86.42.18.64, Fax 03.86.42.48.11, E-Mail pascal.bouchard@wanadoo.fr

tägl. 10h–12h30 14h–19h; Jan. geschlossen

DOM. DU Chardonnay Mont de Milieu 1999*

☐ 0,41 ha 2 400 11 à 15 €

Es erstaunt uns immer wieder, wie man es schafft, sich Domaine du Chardonnay zu nennen. Auf diesen Gedanken muss man erst einmal kommen! Ansonsten rechtfertigt dieser Mont de Milieu seinen Platz unter den großen Premiers crus. Eine grüne Nuance in seinem milden Gelb, im Duft an Zitrone und Steine erinnernd, Impulsivität schon in der Ansprache und «Fett», um die Säure abzurunden: Das Terroir kommt hier zu Wort, ohne vom Fass dominiert zu werden.

Dom. du Chardonnay, Moulin du Patis, 89800 Chablis, Tel. 03.86.42.48.03, Fax 03.86.42.16.49, E-Mail domaine.Chardonnay@free.fr
☑ Y n. V.

DOM. DU COLOMBIER
Fourchaume 1999**

☐ 2,3 ha 15 000 8 à 11 €

Fourchaume, die genaue Verlängerung des Grand-cru-Hangs nach Norden, ist vielleicht der Fürst unter den Premiers crus. Sein 99er, dessen blassgelbe Farbe von schönen grünen Reflexen unterstützt wird, entfaltet sich zu Feuerstein, mit mineralischem Charakter, der «steinig» wirkt. Ein im Tank und nicht im Holzfass ausgebauter Wein: Klarheit und Stärke führen zu einer eindrucksvollen Harmonie. Wir empfehlen Ihnen dazu Meerbarbenfilets. Der **99er Vaucoupin** erhält ebenfalls zwei Sterne.

Dom. du Colombier, Guy Mothe et ses Fils, 42, Grand-Rue, 89800 Fontenay-près-Chablis, Tel. 03.86.42.15.04, Fax 03.86.42.49.67
☑ Y n. V.

LA CAVE DU CONNAISSEUR
Montmains 1999*

☐ 0,9 ha 3 500 11 à 15 €

Warum sollte man es nicht wie König Heinrich IV. machen und diesen Montmains zu einem Suppenhuhn trinken? Ein anderer Verkoster schlug Kammmuschelnüsse mit Rahmsauce vor. Wirklich ein idealer Wein zu jeder Mahlzeit. Dieser 99er von kräftiger gelber Farbe strömt über von Aromen (Pampelmuse, geröstetes Brot) und Fülle im Geschmack.

La Cave du Connaisseur, rue des Moulins, BP 78, 89800 Chablis, Tel. 03.86.42.87.15, Fax 03.86.42.49.84, E-Mail connaisseur@chablis.net
☑ Y tägl. 10h–18h

DOM. DANIEL DAMPT
Les Vaillons 1999*

☐ 5 ha 25 000 11 à 15 €

«Wein aus Chablis und Beaune, ein Wein, nicht zu gelb im Ton.» So dichtete Henri d'Andely 1214 für seine berühmte *Schlacht der Weine*. Dieser wirklich nicht zu gelbe 99er hat ein etwas strenges mineralischs Aroma, hüllt sich aber sanft in weiße Blüten ein. Er dürfte sich bald entfalten. Perfekt, um den jodartigen Charakter von Meeresfisch zu kompensieren.

Dom. Daniel Dampt, 1, rue des Violettes, 89800 Milly-Chablis, Tel. 03.86.42.47.23, Fax 03.86.42.46.41, E-Mail domaine.dampt.defaix@wanadoo.fr
☑ Y n. V.

JEAN DAUVISSAT Montmains 1998**

☐ 1,22 ha 10 000 11 à 15 €

Von einem prächtigen Chablis-Wein sagte man früher: «In ihm steckt Liebe.» Das denkt man auch von diesem 98er Montmains, der sehr gut zu Flussfisch passen wird. Er ist hellgelb und hat keine Angst, in der Ferne umherzustreifen. Sein Bouquet ist nämlich ein wenig exotisch (vor allem Passionsfrucht) und auch sehr mineralisch. Der Geschmack setzt den Geruchseindruck fort, mit unendlich viel Frische und Charme.

Caves Jean Dauvissat, 3, rue de Chichée, 89800 Chablis, Tel. 03.86.42.14.62, Fax 03.86.42.45.54, E-Mail jean.dauvissat@terre-net.fr ☑ Y n. V.

RENE ET VINCENT DAUVISSAT
Vaillons 1999*

☐ 1,3 ha 11 000 11 à 15 €

Wenn Sie es eilig haben, sollten Sie den **99er Séchet** wählen, der eine lobende Erwähnung erhält und schon jetzt aufgemacht werden kann. Falls Sie ein wenig mehr Zeit haben, dann nehmen Sie diesen hier mit den Pilz- und Fruchtaromen. Seine elegante, ziemlich lebhafte, frische Struktur lässt die Merkmale der Appellation erkennen, die in zwei Jahren besser zum Ausdruck kommen dürften.

GAEC René et Vincent Dauvissat, 8, rue Emile-Zola, 89800 Chablis, Tel. 03.86.42.11.58, Fax 03.86.42.85.32

DOM. DANIEL-ETIENNE DEFAIX-AU VIEUX CHATEAU
Vaillon 1997**

☐ 3 ha 9 000 15 à 23 €

Ein seltenes Gut, das vier bis acht Jahre alte Weine verkauft. Es kokettiert damit, dass es uns einen 97er Vaillon probieren lässt. Ein schöner Jahrgang, der sich hier mit viel Reife ausdrückt. Seine leichten Noten von Honig und kandierter Orange verbinden sich mit Pilzaromen; der sehr mineralische Geschmack bringt einen schönen Bodengeschmack zum Ausdruck, der sich gut eingefügt hat. Der Wein hat sich perfekt entwickelt und kann von einer glücklichen Alterung profitieren, falls Sie der Versuchung widerstehen können.

Daniel-Etienne Defaix, Au Vieux-Château,14, rue Auxerroise, BP 50, 89800 Chablis, Tel. 03.86.42.42.05, Fax 03.86.42.48.56, E-Mail chateau@chablisdefaix.com
☑ Y tägl. 9h–12h 14h–18h; 1. Jan. bis 15. Febr. geschlossen

JEAN-PAUL DROIN Vaillons 1999**

☐ 4,8 ha 38 000 11 à 15 €

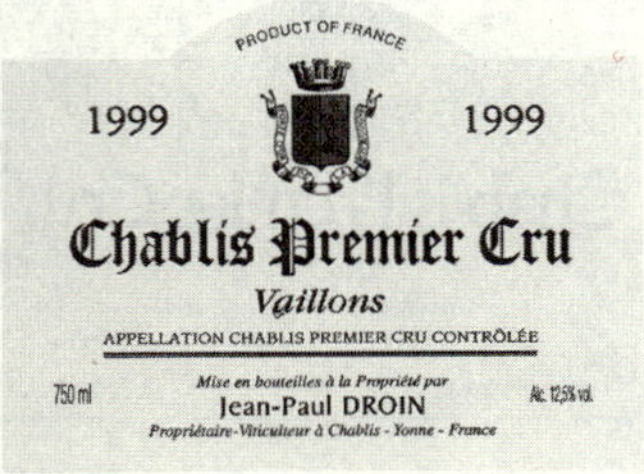

Dieses Gut, das schon früher eine Liebeserklärung für einen Montée de Tonnerre erhielt, macht keine halben Sachen. In diesem Jahrgang bekommen **Montmain, Montée de Tonnerre, Vaucoupin** und **Vosgros** jeweils einen Stern. Glauben Sie uns, das kommt selten vor. Dieser hier ist bei der Oberjury für die Lieblingsweine auf den dritten Platz gekommen. Er könnte übrigens als Werbeplakat für das Chablis-Gebiet dienen, so sehr vereint er in sich Qualitäten. Tank- und Fassausbau ergänzen sich gut. Er zeigt eine großartige Präsenz, in der Nase, aromatisch, konzentriert, aber elegant, ebenso wie im Mund, wo man die vorangegangenen Merkmale über einer sehr viel versprechenden Struktur wiederfindet.

⊶ Dom. Jean-Paul Droin,
14 bis, rue Jean-Jaurès, 89800 Chablis,
Tel. 03.86.42.16.78, Fax 03.86.42.42.09
☑ Y n. V.

JOSEPH DROUHIN Vaillons 1999**

☐ 2,2 ha 15 000 ▮ 15 à 23 €

Lesen Sie bei Jules Guyot (1868) nach: Er besang das «Weiß» der Weine aus Chablis! Dieser hier entspricht seiner Beschreibung. Pfirsich, Blüten und Honig bilden sein Bouquet. Seine klare, deutliche Ansprache führt zu einer Ausgewogenheit, die sich auf den Reichtum gründet, der durch eine schöne Säure ausgeglichen wird. Sein mineralischer Charakter wird wahrscheinlich in zwei bis drei Jahren oder noch später zum Vorschein kommen.

⊶ Joseph Drouhin, 7, rue d'Enfer, 21200 Beaune, Tel. 03.80.24.68.88, Fax 03.80.22.43.14,
E-Mail maisondrouhin@drouhin.com Y n. V.

GERARD DUPLESSIS
Montée de Tonnerre 1999**

☐ 1,2 ha 6 000 ▮ ⊕ 8 à 11 €

Wir lassen Ihnen die Wahl zwischen zwei Weinen: dem runden, untypischen, an kandierte Früchte erinnernden **98er Vaillon** (Preisgruppe: 70 bis 99 F), der einen Stern erhält, und diesem jüngeren Montée de Tonnerre. Er besitzt den klassischen grünen Glanz in seinem goldenen Licht, einen beachtlichen, sehr fesselnden Duft (Ginster und Zitrusfrüchte) und danach einen in der Ansprache sanften Geschmack, der im Laufe der Verkostung an Fülle gewinnt und in Schönheit mit einem leichten Holzton endet.

⊶ EARL Caves Duplessis, 5, quai de Reugny,
89800 Chablis, Tel. 03.86.42.10.35,
Fax 03.86.42.11.11 ☑ Y n. V.

DOM. D'ELISE Côte de Léchet 1999*

☐ 0,1 ha 700 ▮ ↓ 11 à 15 €

Dieser Côte de Léchet hat die «Arbeitsfarbe» und einen vornehmen Duft, einen typischen mineralischen Ausdruck. Ein strukturierter, lang anhaltender 99er, den man drei bis vier Jahre aufheben kann.

⊶ Frédéric Prain, Côte de Léchet, 89800 Milly,
Tel. 03.86.42.40.82, Fax 03.86.42.44.76
☑ Y n. V.

WILLIAM FEVRE Beauroy 1999**

☐ k. A. k. A. ▮ ⊕ ↓ 15 à 23 €

William Fèvre ist in Chablis eine richtige Institution und bleibt es auch unter der Kontrolle von J. Henriot. Dieser Wein macht seiner Marke Ehre. Er ist golden mit grünen Reflexen, wie es sein soll, blumig und dann mineralisch; er besitzt das gesamte verlangte «Fett» und klingt mit einer hübschen Röstnote aus. Der **99er Montée de Tonnerre** und der **99er Vignoble de Vaulorent Fourchaume** erhalten jeder einen Stern: gelungene Vereinigung von Wein und Holz.

⊶ Dom. William Fèvre, 21, av. d'Oberwesel,
89800 Chablis, Tel. 03.86.98.98.98,
Fax 03.86.98.98.99,
E-Mail france@williamfevre.com
☑ Y Mo–Sa 9h–12h 14h–18h

JEAN-CLAUDE FROMONT
Vaillons 1999

☐ k. A. 7 000 ▮ 8 à 11 €

Der Anblick ist fehlerlos, in einer recht hellen Tonalität. Die Nase erbebt unter den Aromen von Akazienblüten. Rund, zart und leicht: Vaillons reimt sich hier auf Papillon («Schmetterling»). Aber das ist auch ein seriöser Wein, der viel von sich offenbart.

⊶ Maison Jean-Claude Fromont,
Ch. de Ligny, 7, av. de Chablis,
89144 Ligny-le-Châtel, Tel. 03.86.98.20.40,
Fax 03.86.47.40.72,
E-Mail accueil@chateau-de-ligny.com
☑ Y n. V.

DOM. ALAIN GAUTHERON
Les Fourneaux 1999**

☐ 2,8 ha 20 000 ▮ 8 à 11 €

Eine kleine Einzellage in Fleys. Die Weinliebhaber stoßen gern auf sie, denn sie ist elitär. Klar und mineralisch, danach auf Kerne ausgerichtet. Ein konzentrierter, strukturierter Wein mit sehr frischem, mentholartigem Abgang. Schönes Crescendo. Das Terroir kommt in seiner ganzen Tiefe zum Vorschein. Sehr ehrlich, sehr verhalten: Nichts ragt über. Eine Liebeserklärung für all diese Tugenden. Zwei Sterne haben den **99er Vaucoupin** gekrönt; er hat ein anderes Etikett, auf dem das Haus des Winzers inmitten seiner Reben zu sehen ist.

⊶ Alain Gautheron, 18, rue des Prégirots,
89800 Fleys, Tel. 03.86.42.44.34,
Fax 03.86.42.44.50 ☑ Y n. V.

JEAN-PIERRE GROSSOT
Mont de Milieu 1999**

☐ 0,65 ha 5 000 ▮ ⊕ ↓ 11 à 15 €

Ein Stern belohnt den **99er Vaucoupin.** Der vollkommen ausgewogene Mont de Milieu hat einen zweifachen Ausbau im Holzfass und im Tank hinter sich. Er bietet einen feinen Holzton, der einen wunderbar typischen Charakter begleitet, in der Farbe ebenso wie im Duft und im Geschmack. Das, was man Eleganz nennen kann.

⊶ Corinne et Jean-Pierre Grossot, 4, rte de Mont-de-Milieu, 89800 Fleys, Tel. 03.86.42.44.64, Fax 03.86.42.13.31 ☑ Ῑ n. V.

DOM. HAMELIN Beauroy 1999★

☐ 3,89 ha 32 800 11 à 15 €

Zunächst ein blumiger Duft, danach ein in der Ansprache sanfter Geschmack, der in der Folge ein wenig lebhafter wird, aber ohne die geringste Heftigkeit. Eine leichte Bitternote im Abgang fehlt ebenfalls nicht. Auf der Fahrt dorthin sollten Sie Lignorelles und seinen mittelalterlichen Kalkofen besichtigen.

⊶ EARL Thierry Hamelin, 1, rue des Carillons, 89800 Lignorelles, Tel. 03.86.47.54.60, Fax 03.86.47.53.34 ☑ Ῑ Mo, Di, Do–Sa 9h15–12h15 14h–18h; Aug. geschlossen

DOM. DES ILES Côte de Léchet 1999★★

☐ 3 ha 24 000 8 à 11 €

Dieser goldbraune Côte de Léchet ist zwischen Poinchy und Milly entstanden, in einem bemerkenswerten Premier cru, der oft Wunder vollbringt. Dieser sehr aromatische, fleischige 99er besitzt einen wirklichen Willen. Da er gut gebaut ist, wäre es das Beste, wenn man ihn bis Mitte des beginnenden Jahrzehnts beiseite legte.

⊶ Gérard Tremblay, 12, rue de Poinchy, 89800 Chablis, Tel. 03.86.42.40.98, Fax 03.86.42.40.41 ☑ Ῑ Mo–Fr 8h–12h 13h30–17h30; Sa n. V.; Aug. geschlossen

LES DOMAINES LA CHABLISIENNE Mont de Milieu 1999★

☐ 6 ha 40 000 15 à 23 €

Der **99er Les Lys** ist ein ausgezeichneter Begleiter, wenn man warten kann. Der Mont de Milieu ebenfalls. Was man daran besonders schätzt? Seine traditionelle Farbe, seine Weißdorn-, Unterholz- und Feuersteindüfte. Stammte General Basile Gras, Erfinder des gleichnamigen Gewehrs, nicht aus dieser Gegend? Ein reicher, bodentypischer Wein, der an Moos und Flechten erinnert.

⊶ La Chablisienne, 8, bd Pasteur, BP 14, 89800 Chablis, Tel. 03.86.42.89.89, Fax 03.86.42.89.90, E-Mail chab@chablisienne.com ☑ Ῑ tägl. 9h–12h 14h–18h

DOM. DE LA CONCIERGERIE Butteaux 1999★

☐ 1,1 ha 8 000 8 à 11 €

Diese Einzellage erscheint nicht sehr häufig auf den Etiketten; sie ist relativ wenig bekannt. Dennoch breitet sie sich am gleichen Hang aus wie Forêt. Dieser blassfarbene 99er zeigt sich einschmeichelnd und rassig; er ist besonders typisch. Das Potenzial ist groß: Sie können diese Flasche ein bis zwei Jahre altern lassen.

⊶ EARL Christian Adine, 2, allée du Château, 89800 Courgis, Tel. 03.86.41.40.28, Fax 03.86.41.45.75, E-Mail nicole.adine@free.fr ☑ Ῑ n. V.

LAMBLIN ET FILS Fourchaumes 1999★★

☐ 3,5 ha 24 000 11 à 15 €

Der **99er Vaillon** kommt aus einem der besten Premiers crus; seine Einzellage thront in der Mitte des großen Hangs im Südwesten von Chablis. Die Familie Lamblin, die hier seit 1690 lebt, hat daraus einen mit einem Stern ausgezeichneten Wein herausgeholt, der Kraft besitzt. Dieser Fourchaumes wird Sie vollauf zufrieden stellen. Die kristallklare Farbe ist typisch, der Duft ebenfalls, ganz und gar auf die Frucht ausgerichtet; der mineralische Charakter, der dem eleganten Geschmack entspricht, hält an. Ein lagerfähiger Wein.

⊶ Lamblin et Fils, Maligny, 89800 Chablis, Tel. 03.86.98.22.00, Fax 03.86.47.50.12, E-Mail infovin@lamblin.com ☑ Ῑ Mo–Fr 8h–12h30 14h–17h; Sa 8h–12h30

DOM. DE LA TOUR Côte de Cuissy 1999★

☐ 0,18 ha 1 500 11 à 15 €

Was für ein Casting! Unterholz, Wildblumen, Butter- und Röstnoten in einer klaren, blassgoldenen Kulisse. Er ist sehr sanft, sympathisch und sogar vornehm, nicht sehr lebhaft, sondern recht diskret. Dieser Familienbetrieb wurde 1992 von Monsieur Fabrici übernommen und siedelte von Chitry-le-Fort nach Lignorelles über.

⊶ SCEA Dom. de La Tour, 3, rte de Montfort, 89800 Lignorelles, Tel. 03.86.47.55.68, Fax 03.86.47.55.86 ☑ Ῑ n. V.

⊶ Fabrici

DOM. LONG-DEPAQUIT Les Lys 1999

☐ 1,69 ha 12 000 15 à 23 €

Die Einzellage Les Lys, einst Teil des königlichen Guts, besitzt den Charme des Ancien Régime. Heute führt der aus Savoyen stammende Gérard Vullien auf bewundernswerte Weise die Bichot-Weingüter im Gebiet von Chablis. Deshalb hat dieser Wein ein «von», bleibt dabei aber Demokrat. Er hat eine leichte Goldfarbe und glänzt im Bouquet, wobei er von Orangenschale zu Honig übergeht. Am Gaumen dominiert ein voller und milder Geschmack.

⊶ Ch. Long-Depaquit, 45, rue Auxerroise, 89800 Chablis, Tel. 03.86.42.11.13, Fax 03.86.42.81.89, E-Mail longdepaquit@wanadoo.fr ☑ Ῑ Mo–Sa 9h–12h30 13h–18h

⊶ Albert Bichot

DOM. DES MALANDES Vau de Vey 1999★★

☐ 3,5 ha 29 800 8 à 11 €

Dieses Gut, das im letzten Jahr und bereits im Hachette-Weinführer 1990 eine Liebeserklärung erhielt, präsentiert einen Vau de Vey. Diese Einzellage in Beine (oder Beines, denn die Diskussion über die richtige Schreibweise ist noch nicht beendet) gehört zu denen, die als Jüngste in den Kreis der Premiers crus aufgenommen wurden. Düfte nach Knospen und frischen Früchten, helle Farbe. Im Geschmack, wo die Säure gut dosiert ist, erahnt man eine interessante Komplexität. Sehr gutes Anhalten des Aromas.

Dom. des Malandes, 63, rue Auxerroise, 89800 Chablis, Tel. 03.86.42.41.37, Fax 03.86.42.41.97, E-Mail contact@domainedesmalandes.com ☑ Y n. V.

Marchive

CH. DE MALIGNY

L'Homme mort 1999★★

☐ 5 ha 32 000 11 à 15 €

Es heißt, dass diese Einzellage L'Homme mort an einen englischen Soldaten erinnert, der im Hundertjährigen Krieg fiel. Dieser von den Weinliebhabern gesuchte Wein ist hier ein *must*. Die Familie Durup kann auf Château de Maligny die Lampen anzünden: Dieser 99er befindet sich im Umfeld der Lieblingsweine. Der lang anhaltende, ausgewogene Geschmack baut auf Mandeln und Honig.

SA Jean Durup Père et Fils, 4, Grande-Rue, 89800 Maligny, Tel. 03.86.47.44.49, Fax 03.86.47.55.49, E-Mail durup@club-internet.fr ☑ Y n. V.

DOM. JEAN-CLAUDE MARTIN

Beauregards 1999★

☐ k. A. 12 000 8 à 11 €

Eine Einzellage in Courgis, die die Côte de Cuissy nach Südwesten hin verlängert und vom Herzen des Anbaugebiets am weitesten entfernt ist. Dieser hellgelbe Wein bietet einen Geschmack von sehr schöner Harmonie (Fett, Feinheit, frische Früchte im Rückaroma). Man kann ihn zu einem Hartkäse genießen.

Jean-Claude Martin, 5, rue de Chante-Merle, 89800 Courgis, Tel. 03.86.41.40.33, Fax 03.86.41.47.10 ☑ Y Mo–Fr 9h–12h 14h–19h; Sa, So n. V.; 15.–31. Aug. geschlossen

J. MOREAU ET FILS Vaucoupin 1998★★

☐ 3 ha 24 000 8 à 11 €

Dieser Wein hält sich gut auf den Beinen. Schöner Glanz, das Bouquet zwischen Butter und Quitten aufgeteilt. Er hat eine sanfte, runde Ansprache mit Zitrusfrüchten (Pampelmuse) und frischen Haselnüssen. Ein Premier cru, der hinsichtlich Länge und Komplexität seinem Rang gerecht wird.

J. Moreau et Fils, La Croix Saint-Joseph, rte d'Auxerre, 89800 Chablis, Tel. 03.86.42.88.00, Fax 03.86.42.88.08, E-Mail moreau@jmoreau-fils.com

MOREAU-NAUDET ET FILS

Vaillons 1999★★

☐ 1,7 ha 9 000 11 à 15 €

«Chablis, Chablis, o Land, das ich bejuble ...» Wer sang das? Aristide Bruand, der dieses Lied auch komponierte. Dieser goldgelbe Wein könnte als Refrain dienen. Ein paar gut eingefügte pflanzliche Noten, eine gewisse Komplexität und ein recht dichter, sanfter Geschmack: Die Verkostung ist angenehm und schmückt sich mit einem mineralischen Touch.

GAEC Moreau-Naudet et Fils, 5, rue des Fossés, 89800 Chablis, Tel. 03.86.42.14.83, Fax 03.86.42.85.04 ☑ Y n. V.

DE OLIVEIRA LECESTRE

Côte de Fontenay Vieilles vignes 1999

☐ 0,5 ha 3 340 8 à 11 €

Diese Einzellage auf dem rechten Ufer, mit guter Ausrichtung nach Südosten, flirtet mit den großen Premiers crus. Bereiten Sie die Seezungenfilets vor, denn hier haben wir einen recht gelungenen Wein, der in zwei Jahren leicht zugänglich sein wird. Weißdornblüten und Lebhaftigkeit vereinen sich auf angenehme Weise.

GAEC De Oliveira Lecestre, 11, Grand-Rue, 89800 Fontenay-près-Chablis, Tel. 03.86.42.40.78, Fax 03.86.42.83.72 ☑ Y Mo–Sa 10h–12h 14h–19h; 15.–30. Aug. geschlossen

Jacky Chatelain

CHRISTIANE ET JEAN-CLAUDE OUDIN Vaucoupins 1999★

☐ 0,4 ha 3 200 11 à 15 €

Kristallklar mit grünen Reflexen: Er beherrscht seine Rolle auswendig. Mineralisch und jodartig: Er ist ozeanisch. Viel Fülle und pflanzliche Noten: Er leiht sich von niemandem seine Figur. Er ist er selbst, standfest. Dieser gefällige Wein weckt die Geschmacksknospen auf. Er könnte es jetzt mit Austern aufnehmen.

Dom. Oudin, 5, rue du Pont, 89800 Chichée, Tel. 03.86.42.44.29, Fax 03.86.42.10.59 ☑ Y n. V.

DOM. PINSON Vaugiraut 1999★

☐ 0,34 ha 2 900 11 à 15 €

Der **99er La Forêt** überquert die Messlatte; der **99er Montmain** erhält einen Stern, ebenso wie dieser Vaugiraut, dessen Lage sich auf dem linken Ufer in Chichée befindet. Sie nimmt eine recht bescheidene Fläche ein, ist aber qualitativ hochwertig, wie dieser 99er von vollkommener Klarheit bezeugt, mit köstlichen Aromen von getrockneten Aprikosen und kandiertem Engelwurz. Im Mund spielt er seine Tonleitern mit Unterholz- und Feuersteinnoten. Vollmundigkeit: sechs Monate im Holzfass und sechs Monate im Tank.

SCEA Dom. Pinson, 5, quai Voltaire, 89800 Chablis, Tel. 03.86.42.10.26, Fax 03.86.42.49.94, E-Mail contact@domaine-pinson.com ☑ Y n. V.

DENIS RACE Montmains 1999★

☐ 5,22 ha 24 500 8 à 11 €

Das Gut war unser Lieblingswein des Jahres 2000. Die Jurys haben den **99er Vaillon** und den **99er Mont de Milieu** auf den gleichen Rang wie diesen Wein hier gesetzt. Warum mag man diesen Montmains? Weil er Klasse hat: Zitronen- und Mineralnoten. Servieren sollte man ihn zu Ziegenkäse.

🔑 Denis Race, 5 A, rue de Chichée, 89800 Chablis, Tel. 03.86.42.45.87, Fax 03.86.42.81.23, E-Mail domaine@chablisrace.com ☑ Y n. V.

REGNARD Mont de Milieu 1998★

☐ 3 ha 25 000 ▮🌡 23 à 30 €

Die 1860 von Zéphyr Regnard gegründete Firma wurde 1984 von Baron Patrick de Ladoucette übernommen. Er präsentiert uns auf diese Weise einen Mont de Milieu, der – wie es sich Raymond Dumay wünschte – sich trocken, klar, duftig, lebhaft und leicht zeigt. Mit Reichtum als Zugabe! Ein gut vinifizierter 98er, der sich in Richtung reife Trauben und mineralische Noten entwickelt.

🔑 Régnard, 28, bd Tacussel, 89800 Chablis, Tel. 03.86.42.10.45, Fax 03.86.42.48.67 ☑ Y n. V.

DOM. GUY ROBIN ET FILS Montmains Vieilles vignes 1998★★

☐ 2 ha k. A. 🛢 8 à 11 €

Ein schöner Erfolg und viel Zukunft. Diese schlichten Worte fassen die Bewertungen für diesen 98er, einen so genannten «Vieilles vignes», zusammen. Ein stattlicher, voller Chardonnay, dessen Lebhaftigkeit etwas Spontanes und Aufrichtiges an sich hat. Der Duft ist wirklich komplex, die Farbe im richtigen Ton. Der **98er Mont de Milieu,** ebenfalls ein lagerfähiger Wein von großem Stil, erhält einen Stern.

🔑 Guy Robin et Fils, 13, rue Berthelot, 89800 Chablis, Tel. 03.86.42.12.63, Fax 03.86.42.49.57 ☑ Y tägl. 8h–19h

FRANCINE ET OLIVIER SAVARY Fourchaume 1999★

☐ 0,7 ha 5 600 ▮🌡 8 à 11 €

Ein aus schönen Steinen errichteter Gewölbekeller empfängt seit 1999 die Besucher des Guts. Dieser blassgoldene Fourchaume mit grünen Reflexen zeigt ein gutes Naturell. Zitrone, Pampelmuse und grüner Apfel begleiten eine mineralische Note. Wissen Sie, was ein Verkoster empfahl? Jungmakrelenfilet mit Kaviarsaft, zusammen mit eingelegten Tomaten serviert!

🔑 Francine et Olivier Savary, 4, chem. des Hâtes, 89800 Maligny, Tel. 03.86.47.42.09, Fax 03.86.45.55.80 ☑ Y n. V.

DANIEL SEGUINOT Fourchaume 1999★★

☐ 3,8 ha 7 000 ▮🌡 11 à 15 €

Sein Glanz lässt die relative Blässe vergessen, aber die Chablis-Weine müssen in ihrer Farbe vernünftig bleiben. Aprikose und Weinbergspfirsich, der Duft scheint gut aufgelegt zu sein. Am Gaumen feiern Zitrusfrüchte; die Säure hat nichts Übertriebenes an sich, bleibt aber spürbar. Stellen Sie sich ihn zu einem in Chablis-Wein zubereiteten Schinken vor und schließen Sie die Augen!

🔑 Daniel Seguinot, rte de Tonnerre, 89800 Maligny, Tel. 03.86.47.51.40, Fax 03.86.47.43.37 ☑ Y tägl. 9h–12h 14h–18h

DOM. SERVIN Les Forêts 1999★

☐ 0,37 ha 2 800 ▮ 8 à 11 €

Hellgelb. Er zeigt einen feinen Duft. Mit Vergnügen taucht man ein in diese tiefen «Wälder» mit langen, mineralischen Alleen und einem Duft nach Birnen. Die Frucht schlichtet einen friedlichen Streit zwischen Säure und Milde. Der Schlussgeschmack hat nichts Banales an sich.

🔑 SCE Dom. Servin, 20, av. d'Oberwesel, 89800 Chablis, Tel. 03.86.18.90.00, Fax 03.86.18.90.01, E-Mail servin@domaine-servin.fr ☑ Y Mo–Sa 8h–12h 13h30–17h30

SIMONNET-FEBVRE Vaillons 1999★

☐ 2,1 ha 17 000 ▮🌡 11 à 15 €

Dieser Händler, der früher Zar Nikolaus II. in Sankt Petersburg exklusiv belieferte, sollte diesen Wein dem neuen Kremlherrn vorschlagen, denn er könnte mit allem Gold der Welt auf dem Roten Platz erstrahlen. An der Luft pflanzliche und Quittenaromen, die der Körper mit Weißdorn vermengt. Hübsches Potenzial und typischer Charakter, die man in Chablis anstrebt, ohne dass dies immer gelingt.

🔑 Simonnet-Febvre, 9, av. d'Oberwesel, BP 12, 89800 Chablis, Tel. 03.86.98.99.00, Fax 03.86.98.99.01, E-Mail simonnet@chablis.net ☑ Y Mo–Fr 8h–11h30 14h–18h; Sa, So n. V.

DOM. DE VAUROUX Montée de Tonnerre 1999★

☐ 1,11 ha 9 000 ▮🌡 11 à 15 €

Das Gut besitzt die älteste aus Trockensteinen errichtete *cabotte* (die Bezeichnung kommt von der Côte-d'Or), eine Steinhütte, wo sich der Winzer unterstellen oder seine Geräte aufbewahren kann. Ihr Bild erscheint auf dem Etikett. Sein Montée de Tonnerre intensiviert sich! Dieser goldgrüne 99er, der nach Eukalyptus, Zitrone und Akazie duftet, erweist sich als sanft und jugendlich. Ein Wein, den man 2002 zum Vergnügen trinken kann. Vom gleichen Erzeuger erhält der **99er Domaine des Héritières Montmains** ebenfalls einen Stern.

🔑 SCEA Dom. de Vauroux, rte d'Avallon, BP 56, 89800 Chablis, Tel. 03.86.42.10.37, Fax 03.86.42.49.13 ☑ Y n. V.

🔑 Olivier Tricon

DOM. VOCORET ET FILS La Forêt 1999★★

☐ 4,7 ha 35 000 ▮🛢🌡 8 à 11 €

Wir empfehlen Ihnen den **99er Vaillon,** der genussvoll und viel versprechend ist, ebenso wie diesen hier, der von einer der besten Einzellagen des linken Serein-Ufers stammt. Er ist weißgolden und lässt uns an geröstete Mandeln und Butterbrot denken. Seine Eleganz und seine ausgezeichnete Haltung im Mund eignen sich für die besten kulinarischen Anlässe.

🔑 Dom. Vocoret et Fils, 40, rte d'Auxerre, 89800 Chablis, Tel. 03.86.42.12.53, Fax 03.86.42.10.39, E-Mail domainevocoret@wanadoo.fr ☑ Y n. V.

DOM. VRIGNAUD Fourchaume 1999*

☐ 5,4 ha 5 000 8 à 11 €

Dieses Gut verkaufte seine Produktion als Trauben. Seitdem Guillaume Vrignaud den Betrieb Anfang der 90er Jahre übernommen hat, vinifiziert und verkauft es seine Weine selbst. Sein Fourchaume besitzt eine gute Statur. Seine Aromen bringen mit einer Räuchernote die Überreife in Erinnerung. Er gleitet sehr angenehm durch den Mund, in einer Atmosphäre von Unterholz, Pilzen, kandierten Früchten und gerösteten Mandeln.

Dom. Vrignaud, 10, rue de Beauvoir, 89800 Fontenay-près-Chablis, Tel. 03.86.42.15.69, Fax 03.86.42.40.06, E-Mail guillaume.vrignaud@wanadoo.fr n. V.

Chablis grand cru

Der Chablis grand cru kommt von den besten Hängen am rechten Ufer, die in sieben Einzellagen unterteilt sind: Blanchot, Bougros, Les Clos, Grenouille, Preuses, Valmur und Vaudésir. Er besitzt alle Qualitäten der vorangehenden Chablis-Weine in erhöhtem Maße, weil sich seine Reben von einem Boden ernähren, der tonig-steinige Ablagerungen enthält. Bei gelungener Vinifizierung ist ein Chablis grand cru ein vollständiger Wein von großer aromatischer Nachhaltigkeit; der Boden verleiht ihm einen schneidenden Charakter, der ihn von seinen Rivalen aus dem Süden unterscheidet. Seine Alterungsfähigkeit ist verblüffend, denn er benötigt acht bis zehn Jahre, um mild und harmonisch zu werden und ein unvergessliches Bouquet zu erwerben, das an Feuerstein und bei Les Clos sogar an Schießpulver erinnert!

JEAN-CLAUDE BESSIN Valmur 1999

☐ 1,28 ha 5 000 15 à 23 €

Er ist im Anblick klar und bietet für einen 99er intensive Aromen, die an reife Früchte erinnern. Im Geschmack zeigt er den gleichen Charakter, ohne eine große Nachhaltigkeit zu beweisen. Valmur gilt als der romantischste der Grand-cru-Weine. Bestimmt aufgrund der großen Vielfalt seiner Empfindungen (die Höhe und die Ausrichtung sind sehr unterschiedlich).

Jean-Claude Bessin, 3, rue de la Planchotte, 89800 Chablis, Tel. 03.86.42.46.77, Fax 03.86.42.85.30 n. V.

DOM. BESSON Vaudésir 1999**

☐ 1,43 ha 1 200 15 à 23 €

Ein Wein mit starkem Potenzial, der jedoch für einen Grand cru, der geradewegs aus seiner Wiege geschlüpft ist, schon sehr entfaltet ist. Blassgelbe Farbe, grüner Apfel und Haselnuss, die auf einen liebenswürdigen Holzton hinweist. Im Abgang bringt er einen sehr mineralischen Charakter zum Ausdruck. Er spiegelt den Jahrgang und die Appellation in diesem Stil mit großzügigem Auftakt gut wider.

EARL Dom. Alain Besson, rue de Valvan, 89800 Chablis, Tel. 03.86.42.19.53, Fax 03.86.42.49.46 n. V.

DOM. BILLAUD-SIMON Les Preuses 1999*

☐ k. A. 2 500 23 à 30 €

Wie in der Ausgabe 1996 wählte die Jury Les Preuses aus (damals als 92er ein Lieblingswein). Im letzten Jahr war es Vaudésir (der als 98er ebenfalls eine Liebeserklärung erhielt). Heute haben wir in diesem Keller die Qual der Wahl. Sagen wir also, dass der **99er Vaudésir** lobend erwähnt wird, während der **99er Les Clos** einen Stern erhält und Ihnen sehr zusagen wird. Bleibt noch Les Preuses, dem Sie ebenfalls Ihre ganze Aufmerksamkeit schenken sollten: hartnäckig an frischen Früchten festhaltend, mit spürbaren mineralischen Noten, ein eleganter, viel versprechender Wein, der seine Stellung als Grand cru behauptet.

Dom. Billaud-Simon, 1, quai de Reugny, BP 46, 89800 Chablis, Tel. 03.86.42.10.33, Fax 03.86.42.48.77
Mo–Fr 9h–18h; 15. Aug. bis 1. Sept. geschlossen

JEAN-MARC BROCARD Vaudésir 1999

☐ k. A. k. A. 15 à 23 €

Jean-Marc Brocard, der oft bei den Spielen des AJ Auxerre dabei ist, bedient sich hier keiner Torschüsse, um das Spiel zu gewinnen. In einem altgoldenen Trikot spielt er in einem aromatischen Angriff von schöner Stärke weiße Blüten und getrocknete Früchte aus. Ein Spiel im Stadion Guy Roux, effizient und am Ende der Saison an Stärke gewinnend. Der Wein muss nämlich lagern. Und vergessen Sie nicht: Damit er zur Geltung kommt, braucht er ein gutes Begleitgericht, beispielsweise gekochten Fisch.

Jean-Marc Brocard, 3, rte de Chablis, 89800 Préhy, Tel. 03.86.41.49.00, Fax 03.86.41.49.09, E-Mail brocard@brocard.fr n. V.

DOM. JEAN COLLET ET FILS Valmur 1999*

☐ 0,51 ha 3 500 15 à 23 €

Schöne klassische Farbnuance. Sein Duft braucht lang, bis er sich entfaltet; er begnügt sich mit einem Hauch von Früchten und Mandeln. Dank eines gut eingefügten Holzfasses ist er delikat und sehr fein. In der Ansprache ist er intensiv und lebhaft, mit leicht honigartigem «Fett»; er balanciert zwischen einer frischen und einer alkoholischen Note. Er ist gut gemacht und sehr interessant.

🔑 Dom. Jean Collet et Fils, 15, av. de la Liberté, 89800 Chablis, Tel. 03.86.42.11.93, Fax 03.86.42.47.43, E-Mail collet.chablis@wanadoo.fr ☑ Y Mo–Sa 9h–12h 14h–17h30; Aug. geschlossen

DOM. DU COLOMBIER Bougros 1999**

☐ 1,2 ha k. A. 11 à 15 €

Diese Einzellage schließt den Grand-cru-Hang in Richtung Maligny ab. Unternehmungslustig, einhüllend, bisweilen robust: Er gerät nicht in Vergessenheit. Zu 100 % entspricht er dem Phantombild. Er hat einen unvergleichlichen typischen Charakter und kommt der Perfektion nahe. Im Auftakt diskret (blassgoldene Farbe), lässt er sehr rasch seine aromatischen und geschmacklichen Ambitionen erkennen, bis hin zu einem sehr schwungvollen Abgang (exotische Früchte, reife Früchte). Ein sehr großer Wein.

🔑 Dom. du Colombier, Guy Mothe et ses Fils, 42, Grand-Rue, 89800 Fontenay-près-Chablis, Tel. 03.86.42.15.04, Fax 03.86.42.49.67 ☑ Y n. V.

🔑 Brüder Mothe

RENE ET VINCENT DAUVISSAT Les Preuses 1999*

☐ 0,96 ha 6 000 15 à 23 €

«Les Preuses von Dauvissat», sagt man oft, wie man von der Venus von Milo oder von der Nike von Samothrake spricht. In der Vergangenheit gab es zahlreiche Liebeserklärungen. Hier haben wir den 99er mit Unterholz- und Trüffelaromen, der unter einem diskreten Holzton Reichtum und Umfang bietet. Man vertraut ihm für die Zukunft, so gut ist er gemacht. Beachten Sie auch den **99er Les Clos,** einen lebhaften, sehr mineralischen Wein, der ebenfalls einen Stern erhält und auch sehr jugendlich und zukunftsreich ist.

🔑 GAEC René et Vincent Dauvissat, 8, rue Emile-Zola, 89800 Chablis, Tel. 03.86.42.11.58, Fax 03.86.42.85.32

JEAN-PAUL DROIN Les Clos 1999***

☐ 1 ha 7 000 15 à 23 €

Sind alle gut und besser als nur gut, der **99er Grenouille** und der **99er Vaudésir,** die mit einem Stern ausgezeichnet wurden, und der **99er Blanchot,** der aufgrund seines Dufts und seines harmonischen Geschmacks ein echter Grand cru ist. Bei der Aufzählung der Liebeserklärungen, die dieses Gut erhalten hat, würde man nie ein Ende finden: für den 84er, 87er, 88er, 93er, 98er ... Dieses glanzvolle, absolut konkurrenzlose Gut beehrt uns mit seinem Les Clos, der von Anfang bis Ende prächtig ist, voller Subtilität und Eleganz, vollkommen typisch unter einer maßvollen Holznote. Die betörende Bewegtheit eines Grand cru, der so groß wie der Mount Everest ist. Alles ist perfekt.

🔑 Dom. Jean-Paul Droin, 14 bis, rue Jean-Jaurès, 89800 Chablis, Tel. 03.86.42.16.78, Fax 03.86.42.42.09 ☑ Y n. V.

JOSEPH DROUHIN Vaudésir 1999*

☐ 1,4 ha k. A. 30 à 38 €

Joseph Drouhin gehört zu den Firmen in Beaune, die sich seit langem für dieses Weinbaugebiet interessieren und dort Fuß gefasst haben. Sein Vaudésir reimt sich hier auf «ich wünsche mir»: ein Wein, den man mehrere Jahre in Ruhe lassen muss, bevor man das Optimale herausholt. Weißgolden, Vanille und Birne. Die Ausgewogenheit steht fest. Man schätzt seine Frische, seine aromatische Nachhaltigkeit und seinen gut kontrollierten Holzton. Trinken kann man ihn in drei Jahren. Zu einem Kapaun?

🔑 Joseph Drouhin, 7, rue d'Enfer, 21200 Beaune, Tel. 03.80.24.68.88, Fax 03.80.22.43.14, E-Mail maisondrouhin@drouhin.com Y n. V.

DOM. WILLIAM FEVRE Les Preuses 1999***

☐ 2,55 ha k. A. 30 à 38 €

CHABLIS GRAND CRU
LES PREUSES
APPELLATION CHABLIS GRAND CRU CONTRÔLÉE
Domaine
WILLIAM FEVRE
1999
CE VIN A ÉTÉ RÉCOLTÉ, ÉLEVÉ ET MIS EN BOUTEILLE PAR
WILLIAM FEVRE
CHABLIS - FRANCE
13% alc. vol.
PRODUIT DE FRANCE - PRODUCT OF FRANCE
750 ml

Das Weingut William Fèvre (das von der Familie Henriot aus der Champagne, Besitzer von Bouchard Père et Fils, erworben wurde) erweist sich wirklich als großer Herr, indem es uns einlädt, die sieben Grand-cru-Lagen im Jahrgang 1999 zu verkosten. Und sie wurden alle ausgewählt. Die Oberjury (sieben Verkoster) wählte diesen hier zum Lieblingswein (der 98er Les Preuses erhielt schon im letzten Jahr eine Liebeserklärung). Zurückhaltende goldene Farbe mit grünem Schimmer, frische Früchte in der Nase. Er erinnert in der reinsten Tradition an Pilze und Feuerstein. Zu einer großen Platte mit Krustentieren kann es nichts Besseres geben. Das Gut besitzt 15,5 % der Gesamtrebfläche dieses Grand cru. Der **99er Blanchot** (Preisgruppe: 150 bis 199 F) erhält zwei Sterne; sein typischer Charakter ist ebenfalls mustergültig.

🔑 Dom. William Fèvre, 21, av. d'Oberwesel, 89800 Chablis, Tel. 03.86.98.98.98, Fax 03.86.98.98.99, E-Mail france@williamfevre.com ☑ Y Mo–Sa 9h–12h 14h–18h

DOM. WILLIAM FEVRE Grenouilles 1999**

☐ 0,57 ha k. A. 30 à 38 €

Hier sind also die anderen Grands crus von Fèvre-Henriot, alles 99er, die sich auch in der gleichen Preisspanne befinden. Der ohne Stern lobend erwähnte **Bougros Côte Bouguerots** ist noch sehr holzbetont. Einen Stern erhalten **Les Clos** (bei dem das Fass nicht das Terroir überdeckt, das sich in einer mineralischen Note äußert) und **Valmur,** in dem man ebenfalls «einen Grand cru im Holz» findet; er ist blumig, frisch und rassig. Zwei Sterne werden dem **Vaudésir** zuerkannt: «ein sehr schöner, zarter Wein, in dem die Zitrusfrüchte von einer überaus wirkungsvollen Holznote unterstützt werden», ebenso wie schließlich diesem Wein hier, der blumig, mineralisch und zart holzig ist, gut ausgebaut und natürlich lagerfähig.

Dom. William Fèvre, 21, av. d'Oberwesel, 89800 Chablis, Tel. 03.86.98.98.98, Fax 03.86.98.98.99, E-Mail france@williamfevre.com
Mo–Sa 9h–12h 14h–18h

DOM. DES ILES Vaudésir 1999

0,63 ha 3 500 23 à 30 €

Ein 99er, der gern in einiger Zeit zurückschauen würde. Seine Jugend verleiht ihm nämlich eine etwas lebhafte Seite. Zweifellos wird sich dieses Temperament mit dem Alter verflüchtigen. Bei seinen Vorzügen stellt man außer seiner strahlenden Klarheit ein Bouquet mit Veilchen- und vor allem Weißdorn- und Lakritzedüften, einen gut gebauten Körper und eine unbestreitbare Präsenz fest.

Gérard Tremblay, 12, rue de Poinchy, 89800 Chablis, Tel. 03.86.42.40.98, Fax 03.86.42.40.41
Mo–Fr 8h–12h 13h30–17h30; Sa n. V.; Aug. geschlossen

LA CHABLISIENNE Les Preuses 1999*

3,9 ha 23 000 23 à 30 €

Jean-Luc Balacey (aus Viviers), der vor kurzem Nachfolger von Jacques Fèvre als Direktor der Genossenschaft geworden ist, präsentiert einen frischen, lebhaften, eleganten Les Preuses, der sich in Feinheit überbietet. Mandeln und Akazienblüten sind mit Leib und Seele dabei. Die Farbe ist tadellos, das Bouquet sehr Chablis-typisch: mineralisch und zitronenartig.

La Chablisienne, 8, bd Pasteur, BP 14, 89800 Chablis, Tel. 03.86.42.89.89, Fax 03.86.42.89.90, E-Mail chab@chablisienne.com
tägl. 9h–12h 14h–18h

L DE LAROCHE Les Bouguerots 1999*

k. A. k. A. 30 à 38 €

Wenn man das Etikett liest, fragt man sich zuerst, ob man nicht träumt. Les Bouguerots? Und dann denkt man nach und erkennt darin «Les Bougros», die zugegebenermaßen keine genau definierte Schreibung besitzen. Hier ein Wein, dessen Bouquet die Aufmerksamkeit auf sich zieht: Salbei und Geißblatt. Der im Geschmack sehr runde Wein attackiert forsch und ist nicht zwangsläufig für eine lange Lagerung bestimmt (drei bis vier Jahre).

Michel Laroche, 22, rue Louis-Bro, BP 33, 89800 Chablis, Tel. 03.86.42.89.28, Fax 03.86.42.89.29, E-Mail info@michellaroche.com n. V.

DOM. LONG-DEPAQUIT Moutonne Monopole 1998*

2,35 ha 15 000 23 à 30 €

Die Geschichte von La Moutonne, einer Chablis-Lage, die sich genau an der Grenze zwischen Les Preuses und Vaudésir befindet, braucht man nicht mehr zu erzählen. Aber wissen Sie, dass die Domaine Long-Depaquit (im Besitz der Firma Bichot) dieses Schmuckstück seit mehr als 200 Jahren besitzt? Ein königlicher Wein (beachten Sie: ein 98er) von leuchtend weißgoldener Farbe, die der Farbe der Chablis-Weine im letzten Jahrhundert entspricht. Ginster, Haselnuss und Menthol: Er hat einen fruchtbaren Duft. Der Pfirsichgeschmack ist eher weich als konzentriert, aber bezaubernd und zukunftsreich.

Dom. de La Moutonne, 45, rue Auxerroise, 89800 Chablis, Tel. 03.86.42.11.13, Fax 03.86.42.81.89, E-Mail longdepaquit@wanadoo.fr
Mo–Sa 9h–12h30 13h–18h
Albert Bichot

DOM. DES MALANDES Vaudésir 1999*

0,9 ha 6 300 15 à 23 €

Sein 92er Les Clos brachte ihm in der Ausgabe 1996 eine Liebeserklärung ein. Wir gehen das Thema an, wobei wir uns bereits in einem Punkt einig sind: Dieser Wein ist noch zu jung und kann sich nicht vollständig ausdrücken. Ansonsten zeigt er sich recht klar, mit Feuerstein, der sich mit Kiefernharz verbindet, und danach recht exotisch im Geschmack (Litschi, Mango). Im Augenblick lebhaft, gut gebaut.

Dom. des Malandes, 63, rue Auxerroise, 89800 Chablis, Tel. 03.86.42.41.37, Fax 03.86.42.41.97, E-Mail contact@domainedesmalandes.com
n. V.

MOREAU-NAUDET ET FILS Valmur 1999

0,6 ha 3 500 15 à 23 €

Alfred Naudet war in der Zeit zwischen den beiden Weltkriegen eine markante Persönlichkeit des INAO und einer der Urheber der Abgrenzung der Reblagen im Chablis-Gebiet. Stéphane ist sein Urenkel, nachdem eine Heirat 1950 die Familien Naudet und Moreau (60 Ar im Valmur, 15 Hektar insgesamt) vereinigte. Dieser 99er mit passablem Holzton hat goldene und blumige Aspekte und entwickelt sich in Richtung Honig und Bienenwachs. Er ist im Augenblick nicht sehr typisch und sollte drei bis vier Jahre altern.

GAEC Moreau-Naudet et Fils, 5, rue des Fossés, 89800 Chablis, Tel. 03.86.42.14.83, Fax 03.86.42.85.04
n. V.

DOM. PINSON Les Clos 1999**

2,57 ha 12 000 15 à 23 €

Les Clos soll die älteste Einzellage in Chablis sein, wo Wein angebaut wurde. Sie liefert häufig einen Wein von legendärer Festigkeit, der verdient, dass man ihn ein paar Jahre aufhebt. Mit diesem 99er haben wir die Bestätigung dafür.

Seine smaragdgrünen Reflexe harmonieren wunderbar mit seiner goldenen Farbe. Zitrusfrüchte und Vanille: ein diskretes Bouquet. Im Geschmack? Den Schlusspunkt setzt eine Quittennote. Was für ein schöner 99er, der genug Säure besitzt, um altern zu können, und eine großartige Konzentration und beginnende Reife zeigt!

⊶ SCEA Dom. Pinson, 5, quai Voltaire, 89800 Chablis, Tel. 03.86.42.10.26, Fax 03.86.42.49.94, E-Mail contact@domaine-pinson.com
☑ Y n. V.

DENIS RACE Blanchot 1999*

☐ 0,3 ha 1 873 8 à 11 €

Liebeserklärung im Hachette-Weinführer 1996 für seinen 93er Blanchots. Dieser Erzeuger bleibt der gleichen Einzellage treu, deren Wein sich hier mit einer klaren, funkelnden Goldfarbe präsentiert. Sein ausdrucksvolles, komplexes Bouquet lässt ein wenig an reife Früchte denken. Sein runder, gefälliger Geschmack ist recht mineralisch, mit einem Wort: Kimmeridge-typisch. Ein wenig mehr Lebhaftigkeit würde uns nicht missfallen. Aber Fisch mit Rahmsauce wird sich darüber freuen.

⊶ Denis Race, 5 A, rue de Chichée, 89800 Chablis, Tel. 03.86.42.45.87, Fax 03.86.42.81.23, E-Mail domaine@chablisrace.com ☑ Y n. V.

REGNARD Les Preuses 1998

☐ 0,4 ha 2 000 38 à 46 €

Golden mit grünen Reflexen: sehr Chablistypisch. Dieser Wein bietet einen intensiven Duft, in dem die Frucht mit mineralischen Gerüchen (Teernote) zusammentrifft. Die Ansprache ist großzügig; danach zeigt sich der Körper mehr eckig als schon fertig. Ein Note von Fruchtschale kommt im Abgang zum Vorschein.

⊶ Régnard, 28, bd Tacussel, 89800 Chablis, Tel. 03.86.42.10.45, Fax 03.86.42.48.67
☑ Y n. V.

DOM. SERVIN Blanchot 1999*

☐ 0,91 ha 4 000 15 à 23 €

Dem Grand cru in Begleitung dieses Guts einen Besuch abstatten ist in diesem Jahrgang ein Vergnügen. **Les Clos** (ein Stern) und **Bougros** (lobende Erwähnung) gehören zu den von unseren Verkostern berücksichtigten Weinen; man kann sie vertrauensvoll erwerben. Der Beste ist der blumige goldene Blanchot, in einem exotischen Stil, wie es heute erlaubt ist, sanft und gefällig. Er kann letzten Endes weit kommen. Er hat keine tolle Länge, aber er ist originell mit dieser in fremde Länder entführenden Fruchtigkeit.

⊶ SCE Dom. Servin, 20, av. d'Oberwesel, 89800 Chablis, Tel. 03.86.18.90.00, Fax 03.86.18.90.01, E-Mail servin@domaine-servin.fr
☑ Y Mo–Sa 8h–12h 13h30–17h30

DOM. SIMONNET Les Preuses 1999*

☐ 0,33 ha 700 23 à 30 €

Golden mit grünen Reflexen. Dieser 99er hat einen fein entwickelten Duft in einem buttrigen, vollreif fruchtigen Stil. Der Geschmack ist voll, reich und füllig, ziemlich stark an Toast erinnernd: Der Stoff ist gut gemeistert worden. Eine Flasche, die man schon jetzt und noch zwei bis drei Jahre lang trinken kann, zu Hummer auf amerikanische Art. Ein anderer Grand cru, der ebenfalls im Holzfass ausgebaut worden ist, der **99er Valmur,** wird lobend erwähnt: Das Holz dominiert noch, was die Beurteilung sehr schwer macht.

⊶ Simonnet-Febvre, 9, av. d'Oberwesel, BP 12, 89800 Chablis, Tel. 03.86.98.99.00, Fax 03.86.98.99.01, E-Mail simonnet@chablis.net
☑ Y Mo–Fr 8h–11h30 14h–18h; Sa, So n. V.

DOM. VOCORET ET FILS Les Clos 1999*

☐ 1,62 ha 10 000 15 à 23 €

Vocoret ist ein Name, den man unter den Handballern der Mannschaft von Dijon gut kennt. Ein Name, der auch unseren Lesern bekannt ist: Liebeserklärung im Hachette-Weinführer 1998 für seinen 95er Blanchots. Wir befinden uns hier in der Einzellage Les Clos und haben es mit einem Wein zu tun, der der Zukunft zugewandt ist: Er braucht eine drei- bis vierjährige Lagerung. Blumige (Geißblatt) und mineralische Nuancen in der Nase. Er enthüllt eine potenzielle Stärke, die sich entladen wird.

⊶ Dom. Vocoret et Fils, 40, rte d'Auxerre, 89800 Chablis, Tel. 03.86.42.12.53, Fax 03.86.42.10.39, E-Mail domainevocoret@wanadoo.fr
☑ Y n. V.

Irancy

Das kleine Anbaugebiet, das etwa 15 km südlich von Auxerre liegt, erlebte die Bestätigung seines guten Rufs und wurde zu einer kommunalen Appellation.

Die Weine aus Irancy haben sich bei den Rotweinen Ansehen erworben; zu verdanken ist dies César oder Romain, einer einheimischen Rebsorte, die vielleicht aus der Zeit der Gallier stammt. Diese recht launische Rebsorte ist zu allem fähig, zur schlechtesten Qualität ebenso wie zur besten. Wenn ihr Ertrag gering bis normal ist, verleiht sie dem Wein einen eigentümlichen Charakter und vor allem einen hohen Tanningehalt, der eine sehr lange Lagerung zulässt. Erzeugt César hingegen zu hohe Erträge, liefert er schwerlich erstklassige Weine. Aus diesem Grund ist seine Verwendung in den Cuvées auch nicht vorgeschrieben.

Die Rebsorte Pinot noir, die Hauptsorte der Appellation, bringt auf den Hügeln von Irancy einen erstklassigen Wein hervor, der sehr fruchtig ist und eine kräftige Farbe besitzt. Die Eigenschaften des Terroir sind vor allem mit der topografischen Lage des Anbaugebiets verbunden. Dieses nimmt vorwiegend die steilen Hänge ein, die einen Kessel bilden; darin liegt das Dorf. Übrigens reichte das Anbaugebiet früher in die beiden Nachbargemeinden Vincelotte und Cravant hinein, wo die Weine von der Côte de Palotte besonders berühmt waren. 2000 lag die Produktion bei 6 935 hl.

CAVES BIENVENU 1999*

■ 12 ha 72 000 8à11 €

Die Bienvenus sollen hier seit 2000 Jahren leben, wie sehr viele Winzer der AOC. Sie präsentieren einen Irancy ohne César, die alte Rebsorte, die hier eine ihrer letzten Legionen aufrechterhält und heute stark gefährdet ist. Dennoch trinkt man mit Genuss, wenn man diesen dunkelroten 99er mit dem sehr ausdrucksvollen Duft von kleinen roten Früchten probiert. Seine seidigen Tannine machen ihn zu einem ansprechenden Wein, der fein und wohl schmeckend ist.

EARL Caves Bienvenu, rue Soufflot, 89290 Irancy, Tel. 03.86.42.22.51, Fax 03.86.42.37.12 n. V.

BERNARD CANTIN
Elevé en fût de chêne 1998

■ 7,8 ha 25 000 5à8 €

Bernard Cantin ist hier seit vierzig Jahren. Dieser zu 100 % aus Pinot noir erzeugte Wein, der im Geschmack rund ist und einen angenehmen Holzton besitzt, spielt seine Karten recht glücklich aus. Er zeigt eine frische kirschrote Farbe und fährt in der Nase mit Sauerkirschen fort. Der noch vom Holz und von den Tanninen geprägte Geschmack erfordert ein wenig Lagerung.

Bernard Cantin, 35, chem. des Fossés, 89290 Irancy, Tel. 03.86.42.21.96, Fax 03.86.42.21.96 tägl. 8h–12h 13h30–20h

ANITA ET JEAN-PIERRE COLINOT 1999*

■ k. A. k. A. 8à11 €

Germain Soufflot, der Architekt des Pantheons in Paris, wurde ein paar Schritte von dieser Kellerei entfernt geboren. Somit interessieren wir uns für die Struktur dieses Irancy-Weins, der aus den besten Einzellagen wie Palotte, Mazelots und Les Cailles kommt. Ein traditioneller Wein von granatroter Farbe, mit tiefgründigen Tanninen und einer markanten Säure, die seine Zukunft garantieren. Vor zwei bis drei Jahren braucht man nichts zu erhoffen. Ein sortenreiner Pinot noir.

Anita et Jean-Pierre Colinot, 1, rue des Chariats, 89290 Irancy, Tel. 03.86.42.33.25, Fax 03.86.42.33.25 n. V.

ROGER DELALOGE 1999*

■ 3 ha 20 000 5à8 €

Er ist granatrot und bietet einen röstartigen, holzigen Geruch vor einem Hintergrund von kleinen Früchten. Eine insgesamt normale, recht frische Intensität des Aromas. Im Mund findet man die Fruchtigkeit der Nase wieder. Der Stoff ist füllig, der Wein interessant. Die Tannine geben sich recht herzlich. Lassen Sie ihn ein wenig altern. Zu 99,9 % Pinot noir, zu 0,1 % César.

Roger Delaloge, 1, ruelle du Milieu, 89290 Irancy, Tel. 03.86.42.20.94, Fax 03.86.42.33.40 n. V.

FRANCK GIVAUDIN 1999**

■ 5 ha 15 000 8à11 €

Franck Givaudin hat den Familienbetrieb 1998 übernommen. Er bewundert die herrlichen Landschaften des Morvan und der Puisaye und stellt hier einen gut vinifizierten Wein vor, der von beschränkten Erträgen stammt. Dieser 99er bringt das Terroir von Irancy zum Ausdruck, mit einer Träne César in einem Ozean von Pinot noir. Er hat eine mittelrubinrote Farbe, ist im gegenwärtigen Zustand nicht sehr aromatisch und verbindet die Frucht und die Tannine wunderbar. Empfohlen wird er zu Ente mit einer Sauce aus dem eigenen Blut.

Franck Givaudin, sentier de la Bergère, 89290 Irancy, Tel. 03.86.42.20.67, Fax 03.86.42.54.33 n. V.

DOM. GRAND ROCHE 1998*

■ 0,5 ha 2 600 5à8 €

Dieses junge Gut (es entstand 1987), das sich mitten im Anbaugebiet des Auxerrois befindet, präsentiert einen lebhaften Rotwein von dunkelrubinroter Farbe, der nicht mit Farbe geizt. Der Duft lässt allmählich Brombeeren und Heidelbeeren erkennen. Wenn die Nase alles in Schwarz sieht, so sieht der Mund das Leben durch eine rosarote Brille, mit einer alkoholischen Note und fast kandierten reifen Früchten. Die Ansprache ist solide, die Konzentration recht beachtlich. 100 % Pinot noir. «Kronfleisch mit Schalotten», meinte ein Verkoster; «kräftige Käse» ein anderer.

Dom. Grand Roche, rte de Chitry, 89530 Saint-Bris-le-Vineux, Tel. 03.86.53.84.07, Fax 03.86.53.88.36 n. V.

Erick Lavallée

DOM. HEIMBOURGER 1999

■ 2 ha 10 000 5à8 €

Olivier ist seit 1994 der Nachfolger von Pierre. Vom Vater auf den Sohn, wie fast überall hier, wo man in einer für unsere Zeit erstaunlichen Beständigkeit lebt. Dieser bläulich rote Irancy erinnert an schwarze Johannisbeere und

verbleibt auf dieser intensiven Note, die von der Knospe bis zur Beere reicht. Ein sortenreiner Pinot-noir-Wein mit schon verschmolzenen Tanninen, der somit trinkreif ist.
Heimbourger Père et Fils, 5, rue de la Porte-de-Cravant, 89800 Saint-Cyr-les-Colons, Tel. 03.86.41.40.88, Fax 03.86.41.48.33 n. V.

ROBERT MESLIN 1999*

k. A. 15 000 5à8€

Dieser hochrote 99er mit dem Himbeerduft kann sich stärker entfalten. Seine Tannine sind verschmolzen; seine Säure ist befriedigend, seine Gesamtharmonie sehr zufrieden stellend. Ein Wein, den man in seiner Jugend trinken, aber auch ein wenig altern lassen kann. Zu 100 % aus Pinot noir.
Robert Meslin, 35, rue Soufflot, 89290 Irancy, Tel. 03.86.42.31.43, Fax 03.86.42.51.28 n. V.

DOM. DES REMPARTS 1999

3 ha 20 000 8à11€

Man freut sich über das Vorhandensein von César (8 %) in diesem Verschnitt. Dieser granatrote 99er, der tanninreich und ein wenig streng, aber gut gebaut und strukturiert ist, präsentiert sich dementsprechend und gewinnt hinzu, wenn er zwei bis drei Jahre in der Flasche reift.
Dom. des Remparts, 6, rte de Champs, 89530 Saint-Bris-le-Vineux, Tel. 03.86.53.33.59, Fax 03.86.53.62.12 n. V.
Sorin

THIERRY RICHOUX
Elevage en fût 1999*

4 ha 20 000 8à11€

Das Rot ist kleidsam. Schwarze Früchte ergänzen die Landschaft. Er hat Stil und zeugt von einer gut gemachten Arbeit. Der Holzton bleibt fein; die Frucht intensiviert sich. Außerdem gibt es darin ein Potenzial. Unsere Verkoster billigen ihm fünf Lebensjahre zu und empfehlen, sofern es die Behörden zulassen, ihn zu Kalbsnieren zu servieren.
Thierry Richoux, 73, rue Soufflot, 89290 Irancy, Tel. 03.86.42.21.60, Fax 03.86.42.34.95 n. V.

DOM. SAINT-GERMAIN 1999*

6,5 ha 30 000 8à11€

Die Leidenschaft für den Wein ist bei Christophe Ferrari neueren Datums, aber sie ist überzeugend, wenn man diesem schönen Wein glauben darf. Dieser hellrote Wein, dessen Bouquet sich zwischen Lakritze und Zimt bewegt, entfaltet einen nicht sehr lang anhaltenden, aber wunderbar aromatischen Geschmack. Seine Tannine bestreiten den Abgang gegen den Strich, aber er ist spontan und getreu dem Jahrgang. Kaninchen in Senfsauce wird ihn mit Vergnügen begleiten. 100 % Pinot noir.
Christophe Ferrari, 7, chem. des Fossés, 89290 Irancy, Tel. 03.86.42.33.43, Fax 03.86.42.39.30 n. V.

HUBERT ET JEAN-PAUL TABIT
Haut Champreux 1999

1 ha 6 000 8à11€

Ein Irancy, der zu 100 % von der Rebsorte Pinot noir stammt. Seine hellrubinrote Farbe und seine Aromen von roten Johannisbeeren haben etwas Melodisches und Süffiges an sich. Nutzen Sie das aus. Wenn Sie hierher kommen, sollten Sie es nicht versäumen, auf dem Gut das Museum der Winzergeräte zu besichtigen, das 400 Werkzeuge für die Arbeit im Weinberg und die Weinbereitung versammelt. Anschauen.
Hubert et Jean-Paul Tabit, 2, rue Dorée, 89530 Saint-Bris-le-Vineux, Tel. 03.86.53.33.83, Fax 03.86.53.67.97, E-Mail tabit@wanadoo.fr Mo–Sa 8h–12h 14h–20h; So n. V.

Sauvignon de Saint-Bris AOVDQS

Dieser Wein von gehobener Qualität, der früher einmal als einfache Appellation eingestuft war, stammt – wie seine Bezeichnung bereits andeutet – von der Rebsorte Sauvignon. Er wird in den Gemeinden Saint-Bris-le-Vineux, Chitry und Irancy sowie in einem Teil der Gemeinden Quenne, Saint-Cyr-les-Colons und Cravant erzeugt. Seine Produktion ist vorwiegend auf die Anbauzonen der Kalksteinhochflächen begrenzt, wo er seine ganze aromatische Intensität erreicht. Im Gegensatz zu den Weinen, die im Loire-Tal oder im Gebiet von Sancerre von der gleichen Rebsorte erzeugt werden, durchläuft der Sauvignon de Saint-Bris zumeist eine malolaktische Gärung, was ihn aber nicht daran hindert, sehr duftig zu sein, und ihm eine gewisse Sanftheit verleiht. Diese zeigt sich am stärksten, wenn der Alkoholgehalt bei etwa 12° liegt. Saint-Bris dürfte sehr bald eine AOC werden.

PHILIPPE DEFRANCE 1999*

3,6 ha 8 000 5à8€

Die Engländer lieben den Sauvignon. Dieser hier dürfte den Ärmelkanal problemlos überqueren. Seine recht grünen Reflexe bringen ein «gutes pflanzliches» Bouquet zur Geltung, das aus Veilchen und Blättern von Schwarze-Johannisbeer-Sträuchern besteht. Er ist diskret, eher liebenswürdig als nervig und hinterlässt am Gaumen eine Empfindung von duftiger Frische.
Philippe Defrance, 5, rue du Four, 89530 Saint-Bris-le-Vineux, Tel. 03.86.53.39.04, Fax 03.86.53.66.46 n. V.

DOM. FELIX 1999

☐ 2,17 ha 20 000 5à8€

Die Félix arbeiten seit mindestens 1690 im Weinberg. Diese Rebstöcke sind über dreißig Jahre alt. Bekanntlich ist der Sauvignon keine Rebsorte mehr, die in Saint-Bris-le-Vineux vom Verschwinden bedroht ist. In den letzten Jahren wurde davon reichlich angepflanzt. Dieser Wein hier zeigt eine Farbe von mittlerer Intensität und einen Duft, der in Richtung reife Frucht geht. Seine Nachhaltigkeit ist nicht beträchtlich, aber er ist ein angenehmer Wein, den man ohne Gewissensbisse trinken kann.

Dom. Hervé Félix, 17, rue de Paris, 89530 Saint-Bris-le-Vineux, Tel. 03.86.53.33.87, Fax 03.86.53.61.64, E-Mail felix@caves-particulieres.com
☑ Y Mo–Sa 9h–11h30 14h–18h30

GHISLAINE ET JEAN-HUGUES GOISOT 1999***

☐ 5,43 ha 39 000 5à8€

Eine der ältesten Kellereien Burgunds, die bis ins 15. Jh. zurückreicht, hat diesen tollen 99er hervorgebracht, der alles nur erdenkliche Lob verdient. Feine Kümmelkräuter, leichter Currygeruch, frische Früchte: Er «sauvignoniert» unter einer sehr intensiven, hübschen Farbe. Frische und Reife führen im Mund einen begeisternden Dialog. Bemerkenswert für die Appellation. Aufmachen sollte man ihn 2002. Die **99er Cuvée du Corps de garde gourmand** (Preisgruppe: 50 bis 69 F) erhält einen Stern. Ihre leicht kandiert wirkenden Noten von exotischen Früchten haben erstaunt.

Ghislaine et Jean-Hugues Goisot, 30, rue Bienvenu-Martin, 89530 Saint-Bris-le-Vineux, Tel. 03.86.53.35.15, Fax 03.86.53.62.03 ☑ Y n. V.

DOM. GRAND ROCHE 2000

☐ 5 ha 35 000 5à8€

Erick Lavallée war Buchhalter. Ende der 80er Jahre entschied er sich für die Landwirtschaft und den Weinbau. Sein 2000er? Strohgolden oder rosagolden, je nachdem ... Der Duft? Schwarze-Johannisbeer-Knospe. Sein Geschmack, der einen Eindruck von Ausgewogenheit erweckt, ist sanft und wird durch eine schöne Säure belebt, die Zitrusnoten enthält. Lebensdauer: ein bis zwei Jahre. Servieren kann man ihn zu Krustentieren.

Erick Lavallée, Dom. Grand Roche, 6, rte de Chitry, 89530 Saint-Bris-le-Vineux, Tel. 03.86.53.84.07, Fax 03.86.53.88.36
☑ Y n. V.

J. MOREAU ET FILS 2000**

☐ 12 ha 115 200 3à5€

Die aus dem Loire-Tal eingeführte Sauvignon-Rebe hat sich in das Gebiet von Auxerre verliebt. Und dieser Wein ist ein Kind der Liebe! Er hat eine graugoldene Farbe und einen recht exotischen Duft, aber man findet darin auch Flieder und Rosen. Füllig, reich und voll, durch eine Zitronennote aufgeheitert, die eine jugendliche Wirkung hervorrufen sollte: «Ein Wein, an dem man wirklich Vergnügen haben kann», notierte einer unserer Verkoster. Diese Firma in Chablis hat ihre Persönlichkeit bewahrt, auch wenn sie jetzt zur Gruppe Vins J.-Cl. Boisset gehört.

J. Moreau et Fils, La Croix Saint-Joseph, rte d'Auxerre, 89800 Chablis, Tel. 03.86.42.88.00, Fax 03.86.42.88.08, E-Mail moreau@jmoreau-fils.com

DOM. JACKY RENARD 1999**

☐ 5,5 ha k. A. 5à8€

Man hat keinerlei Mühe, ihn mit weißem Fleisch zu kombinieren, so umgänglich ist er. Er hat eine intensive goldene Farbe und bietet sortentypische Aromen. Der Auftakt ist frisch und duftig; der Körper folgt bald darauf mit starker Konzentration. Bemerkenswert für den Jahrgang. Man kann ihn jetzt trinken (leichter Beginn einer Entwicklung), als Aperitif oder zu Fisch.

Jacky Renard, La Côte-de-Chaussan, 89530 Saint-Bris-le-Vineux, Tel. 03.86.53.38.58, Fax 03.86.53.33.50 ☑ Y n. V.

DOM. SAINTE CLAIRE 2000*

☐ k. A. k. A. 3à5€

Jean-Marie Brocard hat dieses Gut seit 1975 aufgebaut. Er präsentiert einen 2000er von extremer Jugendlichkeit, dessen Duft nach und nach zu blumigen und fruchtigen Noten erwacht und sich zu exotischen Nuancen hin entwickelt. Die Ansprache ist nicht aggressiv; der ausgewogene Geschmack bleibt diskret und elegant. Er dürfte diesen Herbst erwachen.

Jean-Marc Brocard, 3, rte de Chablis, 89800 Préhy, Tel. 03.86.41.49.00, Fax 03.86.41.49.09, E-Mail brocard@brocard.fr
☑ Y n. V.

DOM. SORIN DE FRANCE
La Cuvée 2000

☐ 13 ha 105 000 3à5€

Ein großes Gut mit 39 Hektar, davon dreizehn für diesen VDQS. Seine exotischen (Mango) und klassischeren Noten (Aprikose) bilden einen sehr kräftigen aromatischen Komplex. Dieser Charakter mildert sich im Geschmack ab und wird einfach und leicht. Die Farbe geht ins Goldene.

Dom. Sorin-Defrance, 11*bis*, rue de Paris, 89530 Saint-Bris-le-Vineux, Tel. 03.86.53.32.99, Fax 03.86.53.34.44 ☑ Y tägl. 8h–12h 14h–19h

Marsannay

Die Geografen streiten sich noch immer über die Nordgrenzen der Côte de Nuits, denn im letzten Jahrhundert bildete ein blühendes Weinbaugebiet, das aus den beiderseits von Dijon liegenden Gemeinden bestand, die Côte Dijonnaise. Mit Ausnahme einiger erhalten gebliebener Weinberge, wie etwa les Marcs d'Or und les Montreculs, hat die Urbanisierung den Weinbau heute auf den Süden Dijons beschränkt; selbst Chenôve kann nur noch mit Mühe seinen hübschen Hang mit Reben bestockt halten.

Marsannay und später Couchey haben noch vor rund 50 Jahren die Stadt Dijon mit Bourgogne grand ordinaire versorgt und 1935 die Gelegenheit verpasst, als kommunale Appellationen eingestuft zu werden. Nach und nach haben die Winzer diese Reblagen wieder mit Pinot noir bepflanzt; so entwickelte sich unter der örtlichen Bezeichnung «Bourgogne-Rosé von Marsannay» eine Roséwein-Tradition. Dann fand man wieder zu den Rot- und Weißweinen aus der Zeit vor der Reblausinvasion zurück, und nach mehr als 25 Jahren der Bemühungen und Anträge wurde die AOC Marsannay 1987 für alle drei Weinfarben anerkannt. Es gibt jedoch eine Besonderheit, eine weitere in Burgund: Der «Marsannay Rosé» (die beiden Begriffe gehören dabei untrennbar zusammen) darf in einem größeren Anbaubereich, nämlich auf den Kiesböden am Fuße des Hügels, erzeugt werden als der Marsannay (Rot- und Weißweine), der ausschließlich auf den Hang der drei Gemeinden Chenôve, Marsannay-la-Côte und Couchey beschränkt ist.

Die Rotweine sind fleischig und in ihrer Jugend etwas streng; sie müssen ein paar Jahre altern. Die Weißweine, die an der Côte de Nuits weniger häufig erzeugt werden, sind hier wegen ihrer Feinheit und ihrer Robustheit besonders gefragt. Allerdings finden Chardonnay, aber auch Pinot blanc in günstigen Mergelhorizonten ihr bevorzugtes Terroir.

Im Jahre 2000 erzeugte das Anbaugebiet 6 002 hl Rot- und Roséweine und 1 603 hl Weißweine. Gegenwärtig ist man dabei, die Hänge für den Weinbau zurückzuerobern.

DOM. CHARLES AUDOIN 1999*

◢ 2,5 ha 20 000 5 à 8 €

Dieser Rosé konkurrierte lange Zeit mit dem Tavel um die höchste Siegespalme. Wie schon H. W. Yoxall schrieb, zeigt er «eine entzückende Frivolität». Dieser 99er von blasser Farbe besitzt mineralische Noten, die gut zum Essen passen. Freigebiger Körper von mittlerer Länge. Der ganz durch rote Früchte bestimmte **rote 99er Les Favières** (Preisgruppe: 50 bis 69 F) hat die Eleganz der Pinot-noir-Traube und erhält eine lobende Erwähnung.

Dom. Charles Audoin, 7, rue de la Boulotte, 21160 Marsannay-la-Côte, Tel. 03.80.52.34.24, Fax 03.80.58.74.34 n. V.

DOM. BART Les Champs-Salomon 1998*

■ 1,4 ha 6 500 8 à 11 €

In einem reintönigen Rot bietet er einen Duft, der zu Brombeere, Leder und Pfeffer entfaltet ist. Diese Note hält auch in der Folge an, verbunden mit eingemachten roten Früchten. Ein recht schöner Wein, den man beiseite legen muss, damit er noch feiner wird.

Dom. Bart, 23, rue Moreau, 21160 Marsannay-la-Côte, Tel. 03.80.51.49.76, Fax 03.80.51.23.43 n. V.

REGIS BOUVIER Clos du Roy 1999

■ 2,07 ha 12 000 8 à 11 €

Der Clos du Roy befindet sich in Chenôve und ist glücklicherweise der Urbanisierung entgangen; er ist seit Jahrhunderten berühmt: Er ist eine der besten Reblagen der Appellation. Unter seiner Malvenfarbe erinnert dieser 99er hier auf zurückhaltende Weise an Brombeere, bevor er um verschmolzene Tannine herum ein gutes Volumen entfaltet. Der ebenfalls lobend erwähnte **rote 99er Longeroies Vieilles** ist recht jung, aber fähig, dass er in zwei bis drei Jahren Frucht und Eleganz entfaltet.

Régis Bouvier, 52, rue de Mazy, 21160 Marsannay-la-Côte, Tel. 03.80.51.33.93, Fax 03.80.58.75.07 n. V.

RENE BOUVIER Le Clos 1999**

□ 2,03 ha 10 000 11 à 15 €

Marsannay ist der einzige «dreifarbige» Wein in Burgund, denn er präsentiert sich in Rot, Rosé und Weiß. Dieser reizende goldene 99er hinterlässt Vanille- und Mentholeindrücke. Eine schöne Nervigkeit sowie eine anhaltende Aprikosennote sind an der bemerkenswerten Ausgewogenheit zwischen der Säure und der milden Vollmundigkeit der Struktur beteiligt. Merken Sie auch die Cuvée **Vieilles vignes 1999** (ein Stern) vor.

⊶ EARL René Bouvier, 2, rue Neuve,
21160 Marsannay-la-Côte, Tel. 03.80.52.21.37,
Fax 03.80.59.95.96
☑ 🍷 n. V.

MARC BROCOT Les Echézeaux 1999

■ 0,75 ha 5 100 ⏸ 8 à 11 €

Ein strahlend rubinroter Marsannay mit hübschem, fruchtig-blumigem Duft. Die roten Früchte entdeckt man auch im Mund von Anfang bis Ende. «Endlich ein Pinot», rief eine Verkosterin, die empfahl, man solle ein Jahr warten, bevor man diese Flasche zur sonntäglichen Mahlzeit auf den Tisch bringt.

⊶ Marc Brocot, 34, rue du Carré,
21160 Marsannay-la-Côte, Tel. 03.80.52.19.99,
Fax 03.80.59.84.39 ☑ 🍷 n. V.

DOM. PHILIPPE CHARLOPIN-PARIZOT En Montchenevoy 1998★★

■ k. A. k. A. ⏸ 11 à 15 €

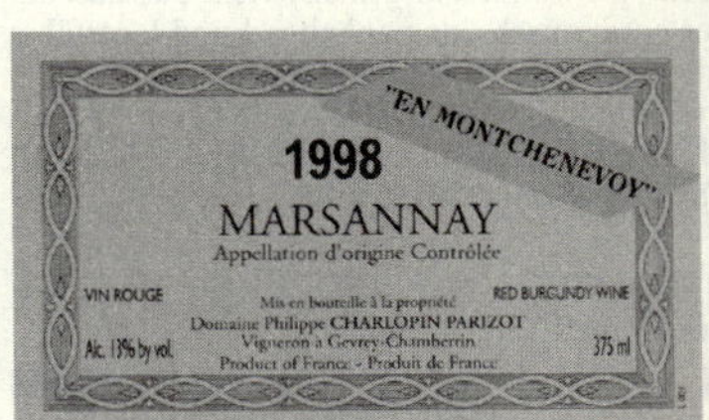

Philippe Charlopin, der schon in der Ausgabe 1998 für seinen 95er Rotwein eine Liebeserklärung erhielt, schafft dieses Jahr die gleiche Leis-

Côte de Nuits (nördlicher Abschnitt 1)

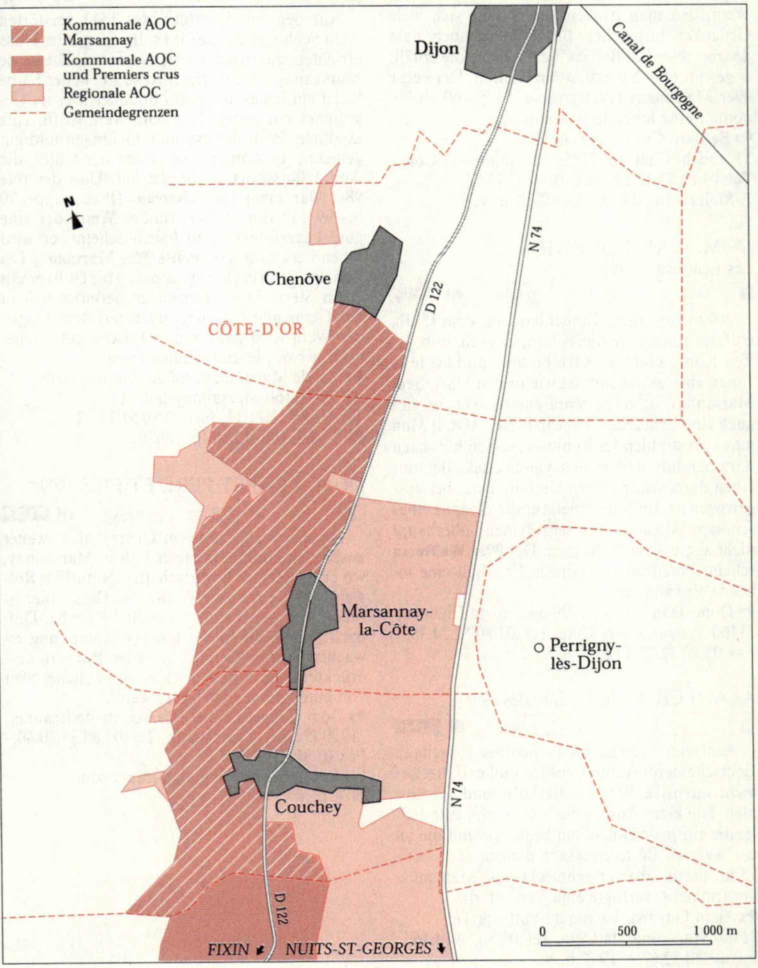

Kommunale AOC Marsannay
Kommunale AOC und Premiers crus
Regionale AOC
Gemeindegrenzen

Dijon
Canal de Bourgogne
N 74
D 122
Chenôve
CÔTE-D'OR
Marsannay-la-Côte
Perrigny-lès-Dijon
Couchey
FIXIN
NUITS-ST-GEORGES
0 500 1 000 m

tung mit diesem schönen, großen Wein, der bläulich rot glänzt. Die roten Früchte entfalten sich vor einem Hintergrund von Gewürzen. Ein Wein mit wunderbar gemeistertem Fassausbau, der harmonisch, lang anhaltend und lagerfähig ist. Was für Komplimente! Sie sind verdient.
Philippe Charlopin, 18, rte de Dijon, 21220 Gevrey-Chambertin, Tel. 03.80.51.81.18, Fax 03.80.51.81.18 n. V.

BERNARD COILLOT PERE ET FILS
Les Grasses Têtes 1999*

0,5 ha 5 000 11 à 15 €

André Coillot galt als Papst des Roséweins. Hier sind wir bei den Rot- und Weißweinen. Diese Einzellage befindet sich ganz oben auf dem Hügel. Dieser Pinot noir von kräftiger roter Farbe ist gut gebaut. Er ist lecker und recht sanft, bietet ein diskretes Vanillearoma und sorgt sich nicht zu sehr um seine Tannine. Ein Wein, den man trinken kann, ohne sich viele Gedanken zu machen. Beachten Sie auch, dass der **rote 99er Les Boivins** die gleiche Note erhält; er gewinnt noch hinzu, wenn er altert. Der **weiße 99er Marsannay** (Preisgruppe: 50 bis 69 F) bekommt eine lobende Erwähnung.
Bernard Coillot Père et Fils, 31, rue du Château, 21160 Marsannay-la-Côte, Tel. 03.80.52.17.59, Fax 03.80.52.12.75, E-Mail domcoil@aol.com n. V.

DOM. JEAN FOURNIER
Les Echezeaux 1999*

0,9 ha 6 000 8 à 11 €

200 m von einem Taubenhaus aus dem 13. Jh. entfernt finden Sie dieses Gut, das schon in der Zeit König Ludwigs XIII. bestand und heute in Japan ebenso bekannt ist wie in den USA. Sein Marsannay ist recht repräsentativ. (Ja, es gibt auch eine Echezeaux-Lage in dieser AOC!) Man mag sein strahlendes Rubinrot, seinen hübschen Kirschenduft und seinen Geschmack, der nur einen durchschnittlichen Umfang hat, aber ausgewogen ist. Im Mund bietet er die Eleganz eines schönen Abgangs mit sehr feinen, überhaupt nicht aggressiven Tanninen. Der **99er Weißwein** scheint Potenzial zu besitzen: Er erhält eine lobende Erwähnung.
Dom. Jean Fournier, 29-34, rue du Château, 21160 Marsannay-la-Côte, Tel. 03.80.52.24.38, Fax 03.80.52.77.40 n. V.

ALAIN GUYARD Les Etales 1998

1 ha 4 000 5 à 8 €

Achtzehn Monate im Eichenfass ausgebaut. Er erscheint im Anblick golden und entfaltet auf recht intensive Weise Unterholz- und Pilzaromen. Die klare Ansprache betont eine gute Fülle, die ein paar Holznoten begleiten und die an ein warmes Buttercroissant denken lässt. «Er kann altern, aber er schmeckt gut: Man muss ihn trinken», verfügte eine Verkosterin.
Alain Guyard, 10, rue du Puits-de-Têt, 21160 Marsannay-la-Côte, Tel. 03.80.52.14.46, Fax 03.80.52.67.36 n. V.

DOM. HUGUENOT PERE ET FILS
1999*

2,5 ha 20 000 5 à 8 €

Der Rosé machte früher den Ruhm von Marsannay aus. Die Tradition bleibt glücklicherweise bestehen. Dieser lebhaft lachsrote 99er, dessen frischer Duft leicht an rote Johannisbeere erinnert, erweist sich am Gaumen als angenehm, mit gutem, recht fülligem Geschmack. Der **rote 98er Marsannay Les Echezeaux** (Preisgruppe: 50 bis 69 F) ist sehr Vertrauen erweckend und erhält eine lobende Erwähnung.
Huguenot Père et Fils, 7, ruelle du Carron, 21160 Marsannay-la-Côte, Tel. 03.80.52.11.56, Fax 03.80.52.60.47, E-Mail domaine.huguenot@wanadoo.fr n. V.

CH. DE MARSANNAY 1999*

6,27 ha 30 000 5 à 8 €

Auf den Fundamenten des 1513 zerstörten alten Schlosses wurde im 18. Jh. ein großes Haus errichtet, das wieder den Namen Château de Marsannay erhielt. Dieser Rosé von heller Farbe bietet ein feines, blumiges Bouquet. Der im Geschmack ein wenig säuerliche Wein ist für eine ländliche Brotzeit bestimmt. Gelungen und gut gemacht. Er stammt von einem der Güter, die André Boisseaux gegründet hat. Und der **rote 98er Marsannay Les Echezeaux** (Preisgruppe: 70 bis 99 F)? Ein sanfter, runder Wein, der eine gute Lagerfähigkeit zu haben scheint; er wird lobend erwähnt. Der **weiße 98er Marsannay Les Champs Perdrix** (Preisgruppe: 50 bis 69 F) erhält einen Stern. Diese Einzellage befindet sich in der Gemeinde Couchey, oben auf dem Hügel; der Wein wird dank seiner Frische gut schmecken, wenn Sie diese Zeilen lesen.
Ch. de Marsannay, rte des Grands-Crus, BP 78, 21160 Marsannay-la-Côte, Tel. 03.80.51.71.11, Fax 03.80.51.71.12 tägl. 10h–12h 14h–18h30

DOM. TRAPET PERE ET FILS 1999*

0,3 ha k. A. 11 à 15 €

Da sich Jean Trapet in Gevrey nicht weiter ausbreiten konnte, fasste er Fuß in Marsannay, wo er 1,6 Hektar bewirtschaftet. Natürlich Rotwein sowie ein wenig Weißwein. Dieser hier ist schon sehr angenehm: jugendliche Farbe, Duft nach Rosen, die in der Morgendämmerung erwachen (wie es Roupnel in seinen Büchern ausdrückte) – ein sehr typischer, einheitlicher 99er von guter Rasse, der lagern kann.
Dom. Trapet Père et Fils, 53, rte de Beaune, 21220 Gevrey-Chambertin, Tel. 03.80.34.30.40, Fax 03.80.51.86.34, E-Mail message@domaine-trapet.com n. V.

Fixin

Nachdem Sie die Traubenpressen der Herzöge von Burgund in Chenôve besichtigt und anschließend den Marsannay probiert haben, stoßen Sie auf Fixin. Dies ist der erste Ort in einer Reihe von Gemeinden, die ihren Namen einer AOC geben, in der überwiegend Rotweine erzeugt werden (3 722 hl Rotwein und 100 hl Weißwein im Jahre 2000). Sie sind robust, kräftig gebaut und oft tanninreich und besitzen eine gute Lagerfähigkeit. Nach eigener Wahl können sie bei der Lese auch die Appellation Côte-de-Nuits-Villages in Anspruch nehmen.

Die Einzellagen Hervelets, Arvelets, Clos du Chapitre und Clos Napoléon, die alle als Premiers crus eingestuft sind, gehören zu den angesehensten; die bedeutendste Lage ist jedoch der Clos de la Perrière, der von vorzüglichen burgundischen Schriftstellern als «Ausnahmecuvée» bezeichnet und mit dem Chambertin verglichen wurde. Dieser Clos reicht ein kleines Stück in die Gemeinde Brochon hinein. Eine weitere bekannte Reblage ist Le Meix-Bas.

DOM. BART Hervelets 1998

■ 1er cru 1,42 ha 5 000 **11 à 15 €**

Er kündigt sich mit einer mittleren Stärke der Farbe an, balsamisch und röstartig in der Nase,

Côte de Nuits (nördlicher Abschnitt 2)

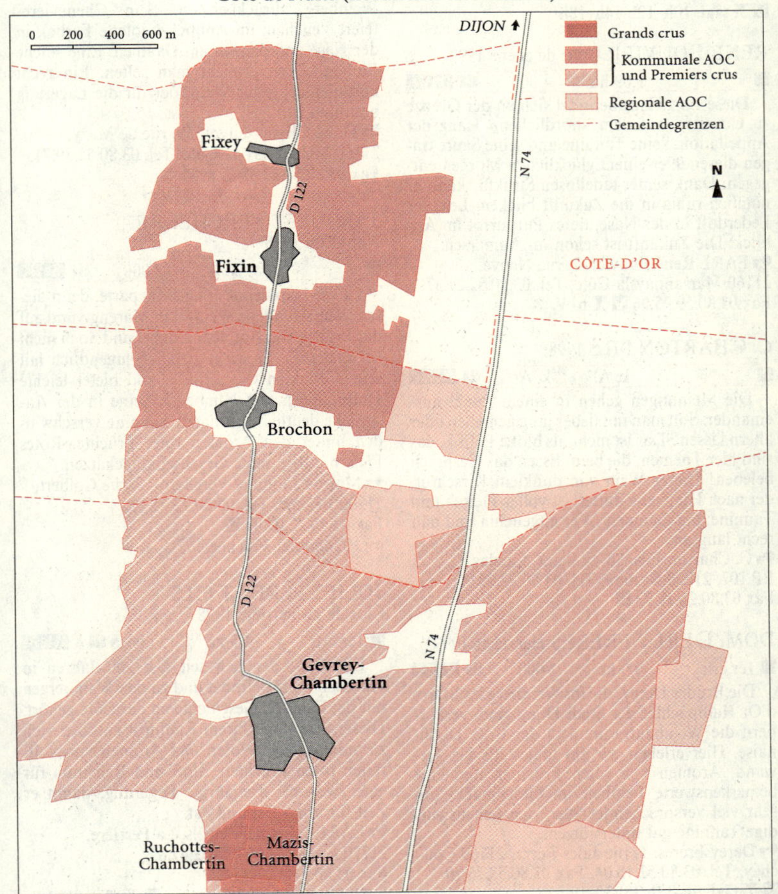

dann recht holzbetont im Mund nach einer zarten, sanften Ansprache. Ein Wein von evangelischer Schlichtheit, den man trinken kann, ohne sich groß den Kopf zu zerbrechen.
🔑 Dom. Bart, 23, rue Moreau, 21160 Marsannay-la-Côte, Tel. 03.80.51.49.76, Fax 03.80.51.23.43 ☑ Ⲧ n. V.

VINCENT ET DENIS BERTHAUT
Les Arvelets 1999*

■ 1er cru 1 ha 5 000 15 à 23 €

Der **99er Les Crais** (Preisgruppe: 70 bis 99 F) als Rotwein? Warum nicht? Er überspringt die Messlatte. Den Vorzug erhielt jedoch dieser Wein, der klar und reintönig ist, belebt durch Aromen von kandierten Früchten, sanft und frisch in der Ansprache, von mittlerer Nachhaltigkeit, aber mit sehr zuverlässigem Geschmack. Mehrere Liebeserklärungen haben dieses Gut in der Vergangenheit belohnt.
🔑 Vincent et Denis Berthaut, 9, rue Noisot, 21220 Fixin, Tel. 03.80.52.45.48, Fax 03.80.51.31.05, E-Mail denis.berthaut@wanadoo.fr ☑ Ⲧ tägl. 10h–12h 14h–18h

RENE BOUVIER Crais de chêne 1999

■ 1,09 ha 4 000 11 à 15 €

Diese Einzellage befindet sich an der Grenze zu Couchey, auf dem «nördlichen» Hang der Appellation. Seine Tannine und seine Säure tragen diesen 99er einem glücklichen Morgen entgegen. Dank seiner tadellosen Struktur kann er nämlich ruhig in die Zukunft blicken. Leichter Lederduft in der Nase, tiefes Purpurrot im Anblick: Die Zukunft ist schon im Anmarsch.
🔑 EARL René Bouvier, 2, rue Neuve, 21160 Marsannay-la-Côte, Tel. 03.80.52.21.37, Fax 03.80.59.95.96 ☑ Ⲧ n. V.

C. CHARTON FILS 1998*

■ k. A. k. A. 15 à 23 €

Die Meinungen gehen in einem Punkt auseinander: Soll man ihn lieber jung genießen oder altern lassen? Das ist mehr als bloße Politik, das sind hier Themen, die beim Essen das Gespräch beleben! Dieser Wein von dunklem Kirschrot, der nach Himbeere duftet, ist voller Fleisch und Tannine; am Gaumen ist er angenehm und hält recht lang an.
🔑 C. Charton Fils, 38, fg Saint-Nicolas, BP 107, 21200 Beaune, Tel. 03.80.22.00.05, Fax 03.80.24.19.73 ☑

DOM. DEREY FRERES Hervelets 1999*

■ 1er cru 0,9 ha 2 000 11 à 15 €

Die Brüder Derey, die im Weinberg les Marcs d'Or Halbpächter der Stadt Dijon sind, verkörpern die Weinbautradition in der Côte Dijonnaise. Hier erleben wir ein majestätisches Gewand, Aromen von roten Früchten und eine bemerkenswerte Feinheit im Geschmack. Ein sehr viel versprechender 99er, den liebenswürdige Tannine gut unterstützen.
🔑 Derey Frères, 1, rue Jules-Ferry, 21160 Couchey, Tel. 03.80.52.15.04, Fax 03.80.58.76.70 ☑ Ⲧ tägl. 9h–12h 13h30–19h

DOM. PIERRE GELIN 1998*

■ 2,2 ha 11 000 8 à 11 €

Achtzehn Monate im Holzfass bei diesem Wein, dessen Purpurrot ein wenig ins Bernsteinfarbene geht. Noten von Früchten (Trauben, gekochte Früchte) vermischen sich mit einem vanilleartigen Holzton. Fleischig, anhaltend, wunderschön vinifiziert – diese Flasche besitzt alles, um zu gefallen.
🔑 Dom. Pierre Gelin, 2, rue du Chapitre, 21220 Fixin, Tel. 03.80.52.45.24, Fax 03.80.51.47.80 ☑ Ⲧ Mo–Fr 9h–12h 14h–17h; Sa n. V.
🔑 Stéphen Gelin

DOM. OLIVIER GUYOT
Les Chenevières Vieilles vignes 1999

■ 1 ha 2 700 11 à 15 €

Indigo, sein Zugpferd, macht es ihm möglich, die Erdarbeiten im Weinberg «auf die alte Weise» durchzuführen: Olivier Guyot gehörte zu den Ersten in Burgund, die zum Pferd im Weinberg zurückkehrten. Sein Chenevières feiert Veilchen: im Anblick (violette Farbe), in der Nase und danach am Gaumen. Eine solche Einheitlichkeit erreicht man selten. Ein recht korpulenter, fester Wein, der für die Lagerung bestimmt ist.
🔑 Dom. Olivier Guyot, 39, rue de Mazy, 21160 Marsannay-la-Côte, Tel. 03.80.52.39.71, Fax 03.80.51.17.58 Ⲧ n. V.

JABOULET-VERCHERRE
Napoléon 1998

■ k. A. 12 000 15 à 23 €

Cuvée Napoléon? Eher Bonaparte, denn dieser recht gelungene Wein ist in Marengo und auf der Brücke von Arcole mit dabei und noch nicht in Austerlitz. Er wirkt ziemlich jugendlich mit seiner dunklen Granatfarbe und bietet leichte Duftnuancen von Himbeere. Seine in der Ansprache deutlich spürbaren Tannine verschwinden hinter den Aromen roter Früchte. Rotes Fleisch dürfte seine Gesellschaft schätzen.
🔑 Maison Jaboulet-Vercherre, 5, rue Colbert, 21200 Beaune, Tel. 03.80.22.25.22, Fax 03.80.22.03.94 ☑
🔑 P. Jaboulet-Vercherre

JOLIET PERE ET FILS
Clos de La Perrière 1998

■ 1er cru 4,5 ha 15 000 11 à 15 €

Ein Clos, der sich seit fast 200 Jahren in Familienbesitz befindet und zu den Weinbergen mit der längsten Geschichte an der Côte gehört. Dieser 98er von klarem Rubinrot entfaltet sich zu animalischen Noten und Aromen von vollreifen roten Früchten. Stoff und Reichtum für eine zwei- bis dreijährige Lagerung, damit er Zeit für seine Reifung hat.
🔑 EARL Joliet père et fils, La Perrière, 21220 Fixin, Tel. 03.80.52.47.85, Fax 03.80.51.99.90, E-Mail joliet@webiwine.com ☑ Ⲧ tägl. 8h–18h

ARMELLE ET JEAN-MICHEL MOLIN 1999*

■ 3 ha 7 000 ⅢI 8 à 11 €

Hier beschloss Claude Noisot seine letzten Tage, ein Kampfgefährte Napoleons, dem er ein Denkmal widmete, das von François Rude geschaffene *Erwachen des Kaisers.* Armelle und Jean-Michel Molin, die im Hachette-Weinführer 2000 für ihren 97er Les Hervelets mit einer Liebeserklärung ausgezeichnet wurden, erhalten hier eine gerechte Belohnung für ihren «Dorfwein», der eine herrliche Farbe, einen eroberungslustigen Duft und einen sympathischen Geschmack besitzt. Die Tannine belasten noch ein wenig in diesem Pubertätsstadium. Drei Jahre aufheben.

EARL Armelle et Jean-Michel Molin, 54, rte des Grands-Crus, 21220 Fixin, Tel. 03.80.52.21.28, Fax 03.80.59.96.99 ☑ Y n. V.

DOM. MONGEARD-MUGNERET 1998*

■ 1,2 ha 5 500 ⅢI 11 à 15 €

Der Fixin ist berühmt als «Winterwein», der nach Wild verlangt. Man ist hier deshalb nicht erstaunt, wenn ein leichter Eindruck von Wärme die Herzen erwärmt. Dieser 98er von ausgeprägtem Granatrot, den ein dominierendes Unterholzaroma prägt, ist aufgrund seiner roten Früchte und seines diskreten, gut eingefügten Holztons ziemlich typisch. Ausgewogen und harmonisch bis hin zu seinem hübschen Abgang. Ein Wein, den man recht jung trinken muss.

Dom. Mongeard-Mugneret, 14, rue de la Fontaine, 21700 Vosne-Romanée, Tel. 03.80.61.11.95, Fax 03.80.62.35.75, E-Mail mongeard@axnet.fr ☑ Y n. V.
Vincent Mongeard

GILLES VAILLARD Hervelets 1999

■ 1er cru 0,7 ha 1 200 ⅢI 11 à 15 €

Ein Rot von mittlerer Stärke, blumig und zur gleichen Zeit von roten Früchten bestimmt: ein «Fin-de-Siècle»-99er, der eine gewisse Bitterkeit im Geschmack durch einen echten, eleganten Schwung ausgleicht, der sich gut einfügt. Man muss ihn zwei bis drei Jahre aufheben, denn all das entwickelt sich erst.

Gilles Vaillard, 42, rte de Beaune, 21220 Gevrey-Chambertin, Tel. 03.80.51.80.30 ☑ Y n. V.

DOM. DU VIEUX COLLEGE 1998

■ 1,6 ha 4 000 ⅢI 8 à 11 €

Coq au vin als gelungener Vorschlag, zur nächsten Etappe überzugehen, die ganz Ihnen überlassen bleibt. Ein leicht verblichenes, ein wenig ins Bernsteinfarbene übergehendes Purpurrot. Dieser Wein, der nach Unterholz und ein wenig mineralisch riecht, präsentiert sich kräftig gebaut, stämmig und noch streng. Natürlich lagerfähig. Man darf diesen 98er nicht zu schnell aus seiner Wiege herausholen.

Jean-Pierre et Eric Guyard, 4, rue du Vieux-Collège, 21160 Marsannay-la-Côte, Tel. 03.80.52.12.43, Fax 03.80.52.95.85 ☑ Y n. V.

Gevrey-Chambertin

Nördlich von Gevrey werden in der Gemeinde Brochon drei kommunale Appellationen erzeugt: Fixin in einem kleinen Teil des Clos de la Perrière, Côtes-de-Nuits-Villages im nördlichen Teil (Reblagen Préau und Queue-de-Hareng) und Gevrey-Chambertin im südlichen Teil.

Die Gemeinde Gevrey-Chambertin ist hinsichtlich der Produktionsmenge die größte kommunale Appellation (19 034 hl im Jahre 2000) und besitzt gleichzeitig Reblagen, die zu den großartigsten Crus überhaupt gehören und 2000 zusammen weniger als 3 890 hl geliefert haben. Das Tal von Lavaux teilt die Gemeinde in zwei Hälften. Im Norden findet man u. a. die Einzellagen les Evocelles (auf dem Boden von Brochon), les Champeaux, la Combe aux Moines (wo die Mönche der Abtei Cluny wandelten, die im 13.Jh. die meisten Weinberge in Gevrey besaßen), les Cazetiers, Clos Saint-Jacques und les Varoilles. Im Süden gibt es weniger Crus, weil fast der gesamte Hang als Grand cru eingestuft ist. Hier kann man u. a. die Einzellagen Fonteny, Petite-Chapelle und Clos-Prieur nennen.

Die Weine dieser Appellation sind robust und kraftvoll, wenn sie vom Hang kommen, und elegant und fein am Fuße des Hangs. Bei dieser Gelegenheit sollte man auch dem irrigen Gerücht entgegentreten, wonach sich die Appellation Gevrey-Chambertin bis zur Eisenbahnstrecke Dijon–Beaune erstreckt, auf Anbauflächen, die es nicht verdienen würden. Diese Behauptung, mit der man die Klugheit der Winzer von Gevrey beleidigen würde, bietet uns die Möglichkeit, eine kurze Erklärung anzubringen: Der Hang war der Schauplatz zahlreicher geologischer Erscheinungen; einige seiner Böden bestehen aus einer Schicht, die teilweise von Gletschern der Eiszeit herantransportiert wurde. Das Erosionstal von Lavaux diente dabei als «Kanal»; zu seinen Füßen bildete sich ein riesiger Schwemmfächer, der aus dem gleichen oder einem ähnlichen Material wie der Hügel aufgebaut ist. In manchen Lagen sind diese Schichten einfach mächtiger und somit von der darunter liegenden Schicht weiter entfernt. Sie bestehen im Wesentlichen aus Kalksteinkies, der unterschiedlich stark entkohlensäuert ist, und liefern die eleganten, feinen Weine, von denen vorher die Rede war.

PIERRE ANDRE
Les Vignes d'Isabelle 1999*

■ 0,8 ha 3 500 ⫼ 38 à 46 €

Warum sollte das Mittelalter in Burgund alle Rechte besitzen? Les Vignes d'Isabelle sind eine Einzellage (am Rande der RN 74), die einer der Töchter von Gabriel Logier d'Ardhuy (La Reine Pédauque und Pierre André) gewidmet ist. Hier erleben wir einen Wein von hübscher dunkelkirschroter Farbe, der sein Bouquet mit konzentrierten Noten von Kirsche, Kirschwasser und Schokolade darbietet und sich in einer sich steigernden Ansprache entfaltet. Keinerlei Aggressivität, ungeachtet solider Tannine, und erneut Nuancen von knackigen Kirschen.

🔑 Pierre André, Ch. de Corton-André,
21420 Aloxe-Corton, Tel. 03.80.26.44.25,
Fax 03.80.26.43.57,
E-Mail pandre@axnet.fr Ⲩ tägl. 10h–18h

DOM. ARLAUD PERE ET FILS 1999*

■ 0,8 ha k. A. ⫼ 15 à 23 €

Tanninreich, aber nicht im Übermaß. Kräftig, aber nicht zu sehr. Unter einem satten Rubinrot entfaltet sich das aus Vanille, Moos und Unterholz bestehende Bouquet zu schwarzer Johannisbeere. Seine Tannine machen ihn zu einem harmonischen Wein, der Aussicht auf eine zehnjährige Lagerfähigkeit hat.

🔑 SCEA Dom. Arlaud Père et Fils,
43, rte des Grands-Crus, 21220 Morey-Saint-Denis, Tel. 03.80.34.32.65, Fax 03.80.58.52.09,
E-Mail cyprien.arlaud@wanadoo.fr ☑ Ⲩ n. V.

DOM. DES BEAUMONT
Les Cherbaudes 1999**

■ 1er cru 0,4 ha 2 400 ⫼ 23 à 30 €

Neben dem echten **99er Gevrey Vieilles vignes** (Preisgruppe: 100 bis 149 F) – «echt», weil die Reben über fünfzig Jahre alt sind, und «echt» auch, denn der Wein erhält einen Stern und wird in drei bis vier Jahren ein Stück Charolais-Rind lieben – schätzte die Jury diesen Premier cru: einen «echten» Wein zum Genießen. Die intensive, tiefe Farbe kündigt einen fruchtigen Duft (rote und schwarze Früchte) an, den feine Gewürze begleiten. Der bis zum Abgang elegante Geschmack ist gut gebaut. Wenn Sie junge Weine mögen, kann dieser hier gespicktes Fleisch begleiten. Wenn Sie ihn altern sehen wollen, heben Sie ihn acht bis zehn Jahre in einem guten Keller auf.

🔑 Dom. des Beaumont, 9, rue Ribordot,
21220 Morey-Saint-Denis, Tel. 03.80.51.87.89,
Fax 03.80.51.87.89 ☑ Ⲩ n. V.

JEAN-CLAUDE BOISSET 1998*

■ k. A. 45 000 ⫼ 15 à 23 €

In Gevrey-Chambertin hat Jean-Claude Boisset seine ersten Reben angepflanzt: in der Einzellage Bel-Air. Er kennt somit diese Gegend. Dieser «Dorfwein» ist der beste Beweis dafür. Er zeigt ein strahlendes Purpurrot und ist lebhaft und fein; er einigt sich mit Kirschen auf eine klassische Präsentation und besitzt eine gute Lagerfähigkeit. Coq au vin wird für ihn einen geschätzten Begleiter abgeben.

🔑 Jean-Claude Boisset, 5, quai Dumorey,
21700 Nuits-Saint-Georges, Tel. 03.80.62.62.61,
Fax 03.80.62.37.38

RENE BOUVIER 1999

■ 1,02 ha 4 000 ⫼ 15 à 23 €

Die Farbe wirkt recht dicht. Der Geruchseindruck bietet über einem ziemlich gedämpften Holzton animalische Noten sowie Frucht: ein «Dorfwein» voller Anmut. Wenn er die Kutte nimmt, erscheint er bestimmt ein wenig zisterziensisch, aber seine Wärme und seine Vollmundigkeit zeigen einen mitreißenden Schwung. Mariniertes Fleisch wird zu ihm passen, wenn Sie den Mut haben, sich die dafür notwendige Zeit (zwei bis fünf Jahre) zu gedulden.

🔑 EARL René Bouvier, 2, rue Neuve,
21160 Marsannay-la-Côte, Tel. 03.80.52.21.37,
Fax 03.80.59.95.96 ☑ Ⲩ n. V.

DOM. PHILIPPE CHARLOPIN
Vieilles vignes 1998***

■ k. A. k. A. ⫼ 23 à 30 €

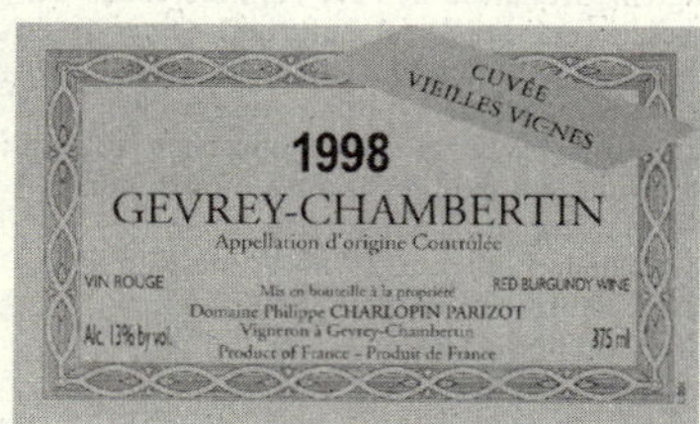

Philippe Charlopin hat für die Verkoster beim Gevrey-Chambertin zwei schöne Überraschungen bereitgehalten: Nehmen Sie diesen Wein hier, für den sich die Oberjury einstimmig aussprach und dabei der Ansicht war, er habe die «Vollkommenheit» erreicht. Er wirft sich in Schale: dunkle Granatfarbe mit hübschen violetten Reflexen. Das Fass heiratet die Pinot-noir-Traube gemäß einem sehr ausgewogenen Ehevertrag. Textur und Konzentration, alles an ihm ist prächtig. Der ehemalige Vorsitzende der Association du Roi Chambertin hat hier einen Wein erzeugt, der es mit einem Grand cru aufnimmt. Der **98er Gevrey La Justice,** ein Lagenwein, erhält zwei Sterne.

🔑 Philippe Charlopin, 18, rte de Dijon,
21220 Gevrey-Chambertin, Tel. 03.80.51.81.18,
Fax 03.80.51.81.18 Ⲩ n. V.

DOM. PIERRE DAMOY
Clos Tamisot 1999*

■ 1,45 ha 5 400 ⫼ 23 à 30 €

Der Tamisot bildet in gewisser Weise den Garten der Familie Damoy. In Gevrey lässt man dort, wo Reben gedeihen können, kein Gras wachsen. Ein Wein von der Farbe schwarzer Kirschen, der Noten von geröstetem Pfeffer, Heidelbeere und Kirschwasser mischt und schon

Côte de Nuits (mittlerer Abschnitt)

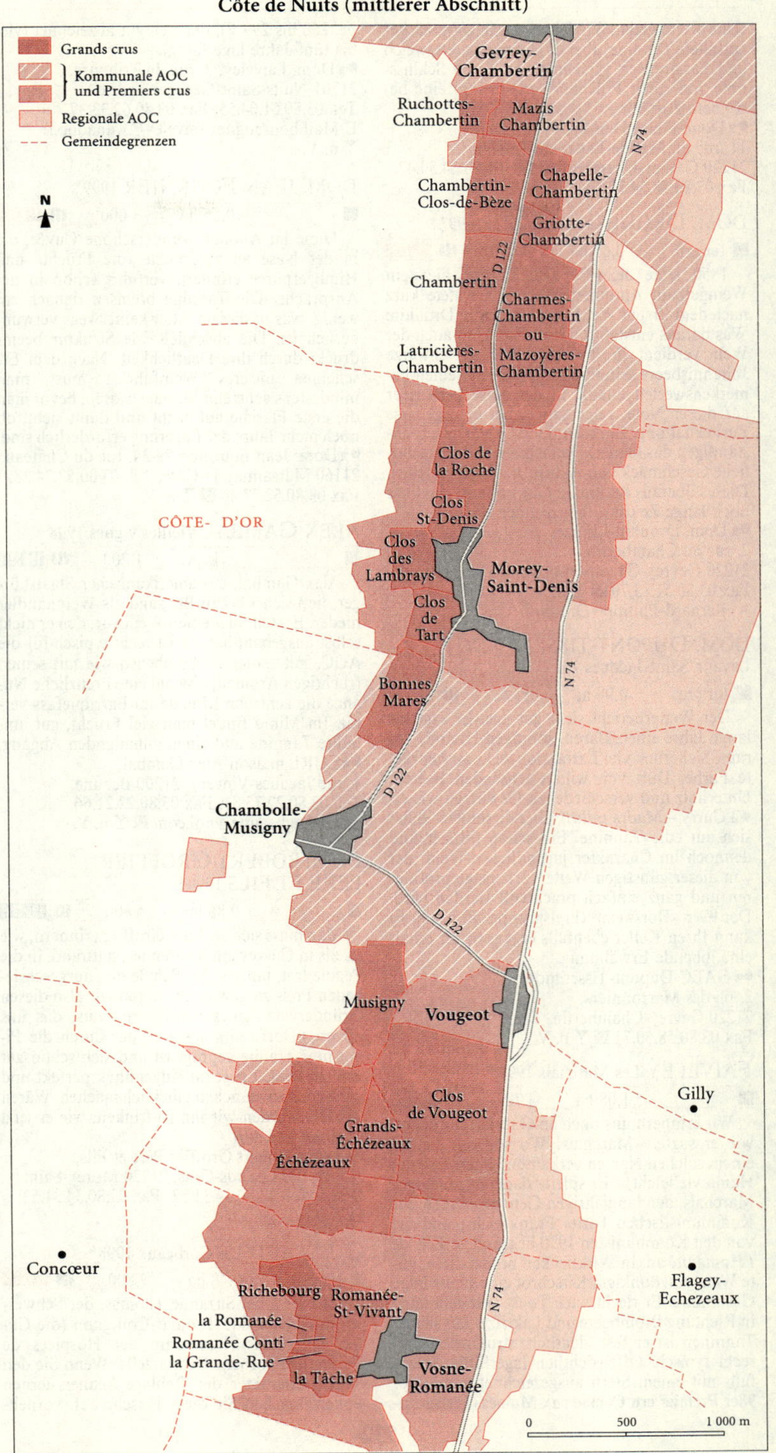
Grands crus
Kommunale AOC
und Premiers crus
Regionale AOC
Gemeindegrenzen
N
Gevrey-
Chambertin
Ruchottes-
Chambertin
Mazis
Chambertin
Chapelle-
Chambertin
Chambertin-
Clos-de-Bèze
Griotte-
Chambertin
Chambertin
Charmes-
Chambertin
ou
Mazoyères-
Chambertin
Latricières-
Chambertin
Clos de
la Roche
Clos
St-Denis
Clos
des
Lambrays
Morey-
Saint-Denis
Clos
de
Tart
Bonnes
Mares
CÔTE- D'OR
D 122
N 74
Chambolle-
Musigny
Musigny
Vougeot
Clos
de Vougeot
Grands-
Échézeaux
Échézeaux
Gilly
Concœur
Flagey-
Echezeaux
Richebourg
Romanée-
St-Vivant
la Romanée
Romanée Conti
la Grande-Rue
la Tâche
Vosne-
Romanée
0
500
1 000 m

seine Reife zeigt. Wir hätten zwar gern stärker entfaltete Tannine, aber das Ganze ist fett, weich und harmonisch verschmolzen. Seine Schlussnote von roten Früchten verleiht ihm eine besondere Zartheit.
⊶ Dom. Pierre Damoy,
11, rue du Mal-de-Lattre-de-Tassigny,
21220 Gevrey-Chambertin, Tel. 03.80.34.30.47,
Fax 03.80.58.54.79

DOM. DROUHIN-LAROZE 1999**

■ 1er cru 0,67 ha 3 000 15 à 23 €

1850 legte Jean-Baptiste Laroze hier ein Weingut an. Antoinette Laroze heiratete kurz nach dem Ersten Weltkrieg Alexandre Drouhin: Was daraus entstand, wissen Sie. Und auch der Wein verdient Ihr Interesse: Die an schwarze Johannisbeere erinnernde Farbe zeigt einen bemerkenswerten Glanz. In der Nase beharrt er auf dieser Note, zeigt dabei aber eine gewisse Zurückhaltung. Ein paar feine Gewürze vervollständigen das Ganze. Danach bleibt der jugendliche Geschmack von Anfang bis Ende tadellos. Dieses überaus berühmte Gut beweist, dass wir noch lange Zeit mit ihm rechnen düfen.
⊶ Dom. Drouhin-Laroze,
2, rue du Chambertin,
21220 Gevrey-Chambertin, Tel. 03.80.34.31.49,
Fax 03.80.51.83.70 ☑ Ῑ n. V.
⊶ Bernard-Philippe Drouhin

DOM. DUPONT-TISSERANDOT
Lavaux Saint-Jacques 1999*

■ 1er cru 0,98 ha k. A. 15 à 23 €

Der Wetterbericht sieht gut aus. Er sagt für lange Jahre einen klaren, sonnigen Himmel voraus. Sicherlich viel Extraktion (sehr ausgeprägte Farbe, Duft von wild wachsenden Beeren, Unterholz und verschiedenen Gewürzen wie etwa Curry – *Madra mild!*), aber dieser 99er stützt sich auf edle Tannine. Ein schon fülliger und dennoch im Charakter jugendlicher Wein, der von dieser günstigen Wettervorhersage profitieren und ganz einfach prachtvoll werden wird. Der **99er «Dorfwein»** (Preisgruppe: 70 bis 99 F) kann Ihren Keller ebenfalls ergänzen: Er erhält eine lobende Erwähnung.
⊶ GAEC Dupont-Tisserandot,
2, pl. des Marronniers,
21220 Gevrey-Chambertin, Tel. 03.80.34.10.50,
Fax 03.80.58.50.71 ☑ Ῑ n. V.

FAIVELEY Les Marchais 1998*

■ 1,08 ha 3 700 23 à 30 €

Wir erinnern uns noch an Gabriel Tortochot, wie er sagte: «Marchais! Wo soll ich sie bei einem solchen Namen verkaufen? Beim Fest der Huma vielleicht!» Er spielte dabei auf Georges Marchais, den langjährigen Generalsekretär der Kommunistischen Partei Frankreichs, und die von den Kommunisten 1930 begründete *Fête de l'Humanité* an. In Wirklichkeit besitzt dieser gute Wein von dunklem Kirschrot eine großzügige Gesinnung. Er riecht nach Toast und geht auch in Richtung Brombeere und Lakritze. Mit seinen Tanninen ist er fest, deutlich, strukturiert und recht typisch. Offensichtlich lagerfähig. Ebenfalls mit einem Stern ausgezeichnet wurde der **98er Premier cru Combe aux Moines** (Preisgruppe: 250 bis 299 F), der sich gut abzeichnet (vier bis fünf Jahre lagerfähig).
⊶ Dom. Faiveley, 8, rue du Tribourg,
21701 Nuits-Saint-Georges Cedex,
Tel. 03.80.61.04.55, Fax 03.80.62.33.37,
E-Mail bourgognes-faiveley@wanadoo.fr
Ῑ n. V.

DOM. JEAN FOURNIER 1999*

■ 0,55 ha 3 000 11 à 15 €

Diese im Anblick wunderschöne Cuvée, die in der Nase an zerdrückte rote Früchte und Himbeerpüree erinnert, verführt schon in der Ansprache. Die Tannine bremsen danach ein wenig, was in diesem Alter keineswegs verwunderlich ist. Die abschließende Struktur beeindruckt durch ihre Deutlichkeit. Nach dem Erscheinen unseres Weinführers muss man mindestens achtzehn Monate warten, bevor man die erste Flasche aufmacht und dann sieht, ob noch mehr Jahre der Lagerung erforderlich sind.
⊶ Dom. Jean Fournier, 29-34, rue du Château,
21160 Marsannay-la-Côte, Tel. 03.80.52.24.38,
Fax 03.80.52.77.40 ☑ Ῑ n. V.

ALEX GAMBAL Vieilles vignes 1998

■ k. A. 1 200 15 à 23 €

Alex Gambal, ein amerikanischer Staatsbürger, ließ sich 1997 in Burgund als Weinhändler nieder. Er stellt hier einen Wein vor, den er nicht selbst ausgebaut hat. Er ist recht typisch für die AOC, mit seiner Farbe ebenso wie mit seinen fruchtigen Aromen, obwohl eine brenzliche Nuance die achtzehn Monate im Barriquefass verrät. Im Mund findet man viel Frucht, gut umhüllte Tannine und einen anhaltenden Abgang.
⊶ EURL maison Alex Gambal,
4, rue Jacques-Vincent, 21200 Beaune,
Tel. 03.80.22.75.81, Fax 03.80.22.21.66,
E-Mail agbeaune@aol.com ☑ Ῑ n. V.

DOM. ROBERT GROFFIER PERE ET FILS 1999*

■ 0,85 ha 4 800 15 à 23 €

Man muss sich an Jules Groffier erinnern, wie er, als in Gevrey ein Radrennen stattfand, in die Pedale trat, um vor der Schule den ausgeschriebenen Preis zu gewinnen. Ehren wir also diesen Gründervater eines berühmten Guts, das uns diesen «Dorfwein» schenkt, der durch die Pinot-noir-Traube geprägt ist und sich schon gut trinken lässt. Er ist im Augenblick perfekt und wird noch so manchen glücklich machen. Wären wir Sie, würden wir ihn so trinken, wie er jetzt ist, jung und zart.
⊶ SARL Robert Groffier Père et Fils,
3-5, rte des Grands-Crus, 21220 Morey-Saint-Denis, Tel. 03.80.34.31.53, Fax 03.80.34.31.53
☑ Ῑ n. V.

GUILLARD Les Corbeaux 1998*

■ 1er cru 0,48 ha 2 800 15 à 23 €

Eine 1993 bei Suzanne Thomas, der Schwester von Madeleine Thomas-Collignon (die Cuvée des Mazis-Chambertin der Hospices de Beaune), erworbene Rebparzelle. Wenn Sie den echten Charakter der Reblage kennen lernen wollen, machen Sie diese Flasche auf: vorneh-

mes Rubinrot, mit einem weinigen und röstartigen Duft und einem sinnlichen, feinen Geschmack. Hier erleben Sie die weibliche Seite des Pinot noir, wenn die Rebsorte respektiert und nicht gedrängt wird. Der ebenfalls gut bewertete **98er Aux Corvées Vieilles vignes** (Preisgruppe: 70 bis 99 F), ein Dorfwein, ist ein guter Gesellschafter.
SC Guillard, 3, rue des Halles, 21220 Gevrey-Chambertin, Tel. 03.80.34.32.44 n. V.

JEAN-MICHEL GUILLON
Les Champonnets 1999*

■ 1er cru 1,1 ha 5 700 15 à 23 €

Das Gut ist zwanzig Jahre alt. Aber es ist lang her, seitdem es mündig ist. Sein **99er «Dorfwein» Vieilles vignes** (Preisgruppe: 70 bis 99 F) wird zwar sehr empfohlen, aber zu diesem hier rät die Jury mit noch mehr Nachdruck. Seine Farbe ist wild, mit einer ganz leichten violetten Nuance. In der Nase harmonieren rote Johannisbeere und Vanille. Schon wenn man den Wein an die Lippen führt, ist die Ansprache fleischig und sinnlich, mit einem gewissen Relief, wobei der Grundstoff hervorragend umhüllt ist.
Jean-Michel Guillon, 33, rte de Beaune, 21220 Gevrey-Chambertin, Tel. 03.80.51.83.98, Fax 03.80.51.85.59, E-Mail eurlguillon@aol.com n. V.

DOM. GUYON 1999**

■ 0,4 ha 2 900 15 à 23 €

Ein Beispiel für die kleinen Winzergüter, die außerhalb der Region nicht sehr bekannt und für unseren Weinführer wahre Glücksfälle sind, schon früher und auch jetzt noch. Behalten Sie dieses Gut im Auge: Von Appellation zu Appellation findet man es auf den Ehrenplätzen. Sein blauschwarzer Gevrey mit Noten von Heidelbeere und Himbeere, Früchtepüree, Weinreben und Gewürzen schafft es, alle Argumente zu seinen Gunsten zu nutzen. Ein nicht zu starker Holzton sowie ein Hauch von reifer Frucht und seidige Tannine bei einem 99er, den man vernünftigerweise altern lassen sollte.
EARL Dom. Guyon, 11-16, RN 74, 21700 Vosne-Romanée, Tel. 03.80.61.02.46, Fax 03.80.62.36.56 n. V.

DOM. ANTONIN GUYON 1998**

■ 2,4 ha 15 000 15 à 23 €

Ein Sortiertisch macht es möglich, die Trauben auszulesen, bevor man sie in die pneumatische Presse kippt, die in diesem Keller steht. Ein Gut, das man jedes Jahr in unserem Weinführer wiederfindet. Dunkles Purpurrot mit bläulichen Reflexen, reichlich Holz, aber er zeigt seine Qualitäten in einem entwickelten Duft von kandierten Früchten und Gewürzen. Die Ansprache ist klar. Danach entfaltet er sich mit sehr seidigen Tanninen. Der Abgang ist elegant.
Dom. Antonin Guyon, 21420 Savigny-lès-Beaune, Tel. 03.80.67.13.24, Fax 03.80.66.85.87, E-Mail vins@guyon-bourgogne.com n. V.

DOM. HARMAND-GEOFFROY
La Bossière 1999*

■ 1er cru 0,29 ha 2 000 23 à 30 €

Eine Reblage im Alleinbesitz der Familie Harmand-Geoffroy. Dieser Premier cru von kristallklarem Rubinrot ist gut vinifiziert. Schon in der Ansprache errichtet er eine kräftige Barriere aus Tanninen: Das Wildschwein, das ihn einmal begleiten wird, ist im Wald von Mantuan noch nicht geboren. Aber dieser Wein erweckt Vertrauen: durch sein dunkles Kirschrot, seinen zu roten Früchten entfalteten Duft und die Holz- und Gewürznoten. Jeweils einen Stern erhalten der **99er «Dorfwein» Clos Prieur** und der **99er Premier cru La Perrière** (beide in der Preisgruppe: 100 bis 149 F). Auch nicht vernachlässigen sollten Sie den **99er «Dorfwein»** (Preisgruppe: 70 bis 99 F; 30 000 Flaschen), der lagern muss, damit seine Tannine verschmelzen, bevor man ihn zu Coq au vin serviert.
Dom. Harmand-Geoffroy, 1, pl. des Lois, 21220 Gevrey-Chambertin, Tel. 03.80.34.10.65, Fax 03.80.34.13.72, E-Mail harmand-geoffroy@wanadoo.fr n. V.

DOM. HERESZTYN
Les Corbeaux 1999**

■ 1er cru 0,19 ha 1 100 23 à 30 €

In der Ausgabe 1999 erhielt das Gut für seinen 96er Perrière eine Liebeserklärung. Hier haben wir nun den Corbeaux. Ein Augenblick der persönlichen Anteilnahme sei hier gestattet: Diese Rebparzelle gehörte früher dem Verfasser dieser Zeilen (der sich ganz an die Texte der Degustationszettel hält, Anm. d. Red.). Dieser Wein von sehr reintöniger Farbe, der leicht von schwarzer Johannisbeere und Gewürzen erfüllt ist, macht Lust, ihn mit seinen treuen Freunden zu teilen. Eine hübsche Frucht, maßvolle Tannine, solides Potenzial – all das verrät eine schöne Herkunft (die Rebstöcke sind sechzig Jahre alt). Hinweisen wollen wir auch auf den sehr kräftig gebauten, eckigen **99er Premier cru Les Champonnets** mit stark extrahierten Tanninen. Ein Stil, der ihm einen Stern einbringt.
Dom. Heresztyn, 27, rue Richebourg, 21220 Gevrey-Chambertin, Tel. 03.80.34.13.99, Fax 03.80.34.13.99, E-Mail domaine.heresztyn@wanadoo.fr n. V.

DOM. HUMBERT FRERES
Craipillot 1999**

■ 1er cru 0,21 ha 1 100 23 à 30 €

Saint-Aignan, der Schutzheilige des Dorfs, wacht von der Höhe seines Kirchturms über einen Premier cru, der seiner Appellation gerecht wird. Ein Gevrey, wie man ihn mag, sehr farbintensiv, leicht an schwarze Johannisbeere erinnernd. Im Mund bietet er sich mit offenen Armen dar. Stärke und Eleganz, ein Reichtum, der sich von vollkommen zivilisierten Tanninen nährt, insgesamt eine schöne Fülle.
Dom. Humbert Frères, rue de Planteligone, 21220 Gevrey-Chambertin, Tel. 03.80.51.80.14, Fax 03.80.51.80.14 n. V.

DOM. LOUIS JADOT

Clos Saint-Jacques 1998**

■ 1er cru 1 ha 4 300 46 à 76 €

Von Mauern umgeben, mit einer kleinen Hauskapelle im Inneren – das ist einer der ältesten umfriedeten Weinberge Burgunds. Nur geschichtliche Zufälle erklären, warum er nicht unter den Grands crus vertreten ist, deren Niveau er besitzt. Wir haben hier das beste Beispiel dafür. Dieser dunkelgranatrote 99er ist von den Düften sehr reifer Kirschen erfüllt. Reich und komplex, deutlich vorhandenes «Fett», gut eingebundener, lang anhaltender Holzton vom Fass. Er lädt Sie zu einer schönen Jabobswallfahrt ein.

Maison Louis Jadot, 21, rue Eugène-Spuller, 21200 Beaune, Tel. 03.80.22.10.57, Fax 03.80.22.56.03, E-Mail contact@louisjadot.com ☑ Y n. V.

JANE ET SYLVAIN 1999

■ k. A. 2 500 11 à 15 €

Eines der seltenen Etikette, wenn nicht sogar das einzige in Burgund, auf dem nur die Vornamen der Erzeuger stehen. Wie Romeo und Julia liest man hier nur Jane und Sylvain. Ihr 99er ist ein wenig stark vom Röstgeruch geprägt, zeigt aber eine gute Farbe und ist im Geschmack tief und fett. Ein paar Jahre lagern. Jane gehört zur Familie Bernollin.

EARL Jane et Sylvain, 9, rue du Chêne, 21220 Gevrey-Chambertin, Tel. 03.90.34.16.83, Fax 03.80.34.16.83 ☑ Y n. V.

LIGNIER-MICHELOT 1999*

■ 0,5 ha 2 500 11 à 15 €

Wenn Nono, eine Figur aus einem Roman Gaston Roupnels, nach Gevrey zurückkäme, würde er sich bestimmt nicht lang bitten lassen, diese Flasche, die weder sehr intensiv noch sehr konzentriert ist, aber ein köstliches, ein wenig an kandierte Kirsche erinnerndes Bouquet besitzt, mit Freunden zu leeren. Der Geschmack ist dementsprechend, rund und verlockend, vor einer Kulisse vollreifer Trauben. In einem Jahr wird er reif sein. Dieser Wein hat dreizehn Monate in Holzfässern verbracht, von denen 30 % neu sind; der Ausbau ist gut gemeistert worden, denn alles befindet sich am richtigen Platz!

Dom. Lignier-Michelot, 11, rue Haute, 21220 Morey-Saint-Denis, Tel. 03.80.34.31.13, Fax 03.80.58.52.16 ☑ Y n. V.

DOM. MICHEL MAGNIEN ET FILS

Les Seuvrées Vieilles vignes 1999**

■ 1,26 ha 9 200 15 à 23 €

Dieses Gut erzeugt Grands crus, aber auch diesen bemerkenswerten «Dorfwein» von tiefer, jugendlicher Farbe. Der leicht rauchige Geruchseindruck (gut gemeisterter Holzton) bietet delikate Brombeer- und Schwarze-Johannisbeer-Nuancen. Der Geschmack spielt im selben Register: Das Fass begleitet mit Eleganz und Taktgefühl die Frucht; diese besteht aus einem reichhaltigen Stoff mit sehr lang anhaltenden Tanninen. In zwei bis drei Jahren wird dieser Wein seinen ganzen Charme offenbaren und dann in einem guten Keller zehn Jahre lang gut lagern.

EARL Michel Magnien et Fils, 4, rue Ribordot, 21220 Morey-Saint-Denis, Tel. 03.80.51.82.98, Fax 03.80.58.51.76 ☑ Y n. V.

DOM. MICHEL MAGNIEN ET FILS

Les Cazetiers 1999**

■ 1er cru 0,25 ha 1 800 23 à 30 €

Die Nr. 2 in der Bestenliste 2002, ein mitreißender Cazetiers. Von einer extrem dunklen Farbe umhüllt, ein zuerst zurückhaltender Wein, der dann in wilden Noten zum Ausdruck kommt, die Sauerkirsche, Brombeere und Gewürze begleiten. Im Mund explodiert er buchstäblich: Der erahnte Stoff ist deutlich vorhanden, von Tanninen ohne Rauheit umgeben. Im Stil samtig. Man bleibt entzückt über den Geschmack, der für diesen Premier cru so typisch ist.

EARL Michel Magnien et Fils, 4, rue Ribordot, 21220 Morey-Saint-Denis, Tel. 03.80.51.82.98, Fax 03.80.58.51.76 ☑ Y n. V.

DOM. MARCHAND FRERES

En Songe 1999*

■ 0,2 ha 1 200 15 à 23 €

«Im Traum ...» Ist das nicht der reizvollste Name für eine burgundische Einzellage? Er verdankt nichts dem Traum, sondern alles der harschen Realität früherer Zeiten: einem herrschaftlichen Besitz in der Nähe des Schlosses der Äbte von Cluny, einem Stück Land, das in ihrem Auftrag bestellt wurde. Doch heute befinden wir uns in einer Demokratie: Dieser überaus strahlende 99er verkörpert die demokratischen Werte des neuen Fasses und des Crème de cassis. Ein eckiger, solider Gevrey, der mit beiden Beinen fest auf der Erde steht.

Dom. Marchand Frères, 1, pl. du Monument, 21220 Gevrey-Chambertin, Tel. 03.80.62.10.97, Fax 03.80.62.11.01, E-Mail dmarc2000@aol.com ☑ Y Di–Sa 9h–12h 14h–19h

DOM. THIERRY MORTET 1999**

■ 3 ha 14 000 15 à 23 €

Nicht umsonst hat Gevrey den Namen Chambertin übernommen. Denn ein «Dorfwein» wie dieser hier kann die Hoffnung nähren, in die Augen der berühmtesten Crus zu schauen. Die Farbe? Das Technicolor Hollywoods in seiner

großen Zeit, wie ein Sonnenuntergang in einem langen Abspann. Was für schöne Erdbeeren in einem Duft voller Frische! Das Fleisch ist nicht schwach; der Umfang hat nichts Enges an sich. Servieren sollte man ihn in zwei bis drei Jahren.
🔑 Dom. Thierry Mortet,
16, pl. des Marronniers, 21220 Gevrey-Chambertin, Tel. 03.80.51.85.07,
Fax 03.80.34.16.80 ☑ Y n. V.

PIERRE NAIGEON Les Fontenys 1999*

■ 1er cru 0,09 ha 300 ⦀ 30 à 38 €

Das Schild befindet sich am Hotel Jobert de Chambertin in Gevrey. Unterstützt von Pascal Roblet, Winzer in Bligny-lès-Beaune, hat Pierre Naigeon die Nachfolge seines zu früh verschiedenen Vaters Jean-Pierre angetreten. Sein 99er Fontenys ist so leidenschaftlich wie ein Roman. Er hat eine sehr kräftige Farbe und preist die Jugend, ist aber gleichzeitig in jeder Beziehung viel versprechend. Erstklassige Weinigkeit und Ausgewogenheit der Tannine.
🔑 Pierre Naigeon, BP 59,
21220 Gevrey-Chambertin, Tel. 03.80.34.14.87,
Fax 03.80.58.51.18,
E-Mail naigeon@aol.com Y n. V.

GERARD QUIVY Les Corbeaux 1999

■ 1er cru 0,16 ha 1000 ⦀ 23 à 30 €

Der Corbeaux ist dieses Jahr sehr schwungvoll. Dieses Gut besitzt ein sehr schönes, altes Haus, das zwischen dem Rathaus und der Post steht. Dieser Wein von leichter, frühlingshafter Farbe, der bouquetreich ist (Kirsche, Himbeere), streift das Thema, wenn er in den Mund gelangt. Er hat eine feine Textur und schwirrt auf liebenswürdige Weise umher; seine Tannine können sich freizügig entfalten. Ein wenig aufheben.
🔑 Gérard Quivy, 7, rue Gaston-Roupnel,
21220 Gevrey-Chambertin, Tel. 03.80.34.31.02,
Fax 03.80.34.31.02
☑ Y Mo–Do, Sa, So 9h–12h 14h–18h30;
Jan. geschlossen

DOM. HENRI REBOURSEAU 1998*

■ 7,02 ha 14 511 ▮⦀⸸ 15 à 23 €

Vor nunmehr zwanzig Jahren hat Régis de Surrel die Nachfolge seines Großvaters angetreten, einer wichtigen Gestalt des Weinbaus und des Weins im Clos de Vougeot wie auch in Chambertin. Sein 98er hat eine kräftige Farbe, die klar und deutlich ist. Die frischen Kirschen vertragen sich darin recht gut mit der Vanille vom Fass. Der Gevrey-typische Wein ist gerade dabei, harmonisch zu verschmelzen, und lässt seine Aromen im Nachgeschmack lang anhalten. Die Art von Wein, die man gern zu Schinken nach der Art von Nuits sehen würde.
🔑 NSE Dom. Henri Rebourseau,
10, pl. du Monument, 21220 Gevrey-Chambertin, Tel. 03.80.51.88.94,
Fax 03.80.34.12.82,
E-Mail rebourseal@aol.com ☑ Y n. V.

DOM. HENRI RICHARD 1998

■ 2,07 ha k. A. ⦀ 11 à 15 €

Ein leicht ins Schwarze gehendes Kirschrot, schokoladig und sich zu schwarzer Johannisbeere oder Brombeere entfaltend, reif und animalisch. Ein gut dimensionierter Wein, der ziemlich strukturiert und viel versprechend ist. Seine Tannine erfordern eine Wartezeit.
🔑 SCE Henri Richard, 75, rte de Beaune,
21220 Gevrey-Chambertin, Tel. 03.80.34.35.81,
Fax 03.80.34.35.81
☑ Y Mo–Sa 9h–12h 14h–18h; So n. V.;
15.–31. Aug. geschlossen

CAVE PRIVEE D'ANTONIN RODET Les Estournelles Saint-Jacques 1998*

■ 1er cru k. A. 866 ⦀ 38 à 46 €

Das Wort haben die Terroirs! Jacky Rigaud, Weinschriftsteller in Gevrey-Chambertin, beginnt so sein Buch über die Weine der Gegend. Wenn man hier Weine probiert, ermisst man, in welchem Maße man sich auf diese Bibel beziehen muss. Dieser Estournelles zeigt ein klassisches Rubinrot, das ins Ziegelrote geht. Der Geruchseindruck bietet einen Bodencharakter und pflückt Kirschen in Alkohol. Samtigkeit und Fleisch im Geschmack. Ein gut gebauter 98er, den man schon jetzt genießen sollte.
🔑 Antonin Rodet, 71640 Mercurey,
Tel. 03.85.98.12.12, Fax 03.85.45.25.49,
E-Mail rodet@rodet.com
☑ Y Mo–Fr 9h–12h 14h–18h

GERARD SEGUIN Vieilles vignes 1998*

■ 1,25 ha 6 000 ⦀ 11 à 15 €

Ein ehemaliger Bürgermeister der Gemeinde befindet sich in dieser Familie, die tief in Gevrey verwurzelt ist. Ein beherztes, kleines Winzergut. Vanille und kandierte Früchte unter einer Farbe von mittlerer Stärke, ein Geschmack von schöner Nachhaltigkeit, mit genug Säure, radikalen Tanninen (politisch, versteht sich, für jeden interessanten Vorschlag offen), einer angemessenen Struktur und einer zufrieden stellenden Nachhaltigkeit. Typisch für die AOC in diesem Jahrgang.
🔑 Gérard Seguin, 11-15, rue de l'Aumônerie,
21220 Gevrey-Chambertin, Tel. 03.80.34.38.72,
Fax 03.80.34.17.41 ☑ Y n. V.

DOM. TAUPENOT-MERME Bel Air 1998*

■ 1er cru k. A. 2 700 ▮⦀ 23 à 30 €

Das treffend benannte Bel Air: eine Einzellage, die sich direkt oberhalb der Grands crus befindet, die große Armee von Rebstöcken überblickt und von Zeit zu Zeit den Mont Blanc sieht. Dieses Gut, das im Hachette-Weinführer 1992 eine Liebeserklärung für seinen 88er erhielt, präsentiert einen imposanten Wein, der mit seinen wunderbar «pinotierenden» Aromen eine faszinierende Höhe besitzt. Der typische Charakter und der Terroir-Charakter sind großartig. Eine Nordwand, die man in fünf bis zehn Jahren erklimmen kann, in Begleitung eines in Alufolie gegarten Kaninchens.

Jean Taupenot-Merme,
33, rte des Grands-Crus, 21220 Morey-Saint-Denis, Tel. 03.80.34.35.24, Fax 03.80.51.83.41,
E-Mail domainetaupenot-merme@wanadoo.fr
n. V.

DOM. TORTOCHOT Les Corvées 1998

0,86 ha 6 000 11 à 15 €

Lieber Leser, Sie sollten wissen, dass die rue de l'Eglise nicht zu der im 12. Jh. errichteten Kirche Saint-Aignan führt. Ein Bauwerk, das Sie besichtigen können, wenn Sie dieses Gut besuchen. Gaby, der vor ein paar Monaten von uns gegangen ist, um die Trauben im Himmel zu lesen, hinterlässt uns diesen von seiner Tochter Chantal vinifizierten Wein. Ein Wein voller Feinheit, rubinrot, nach Sauerkirsche und Erdbeere duftend. Ein diskreter, aber ehrlicher «Dorfwein», der sich ganz und gar roten Früchten widmet.

Dom. Tortochot, 12, rue de l'Eglise,
21220 Gevrey-Chambertin, Tel. 03.80.34.30.68,
Fax 03.80.34.18.80 n. V.
Chantal und Michel Tortochot

DOM. DES VAROILLES La Romanée 1998

1er cru k. A. k. A. 23 à 30 €

Das burgundische Weinbaugebiet ist sehr kompliziert, so dass man oft einen guten Führer braucht, um sich darin zurechtzufinden. Es gibt nämlich eine Romanée-Lage in Gevrey und noch weitere andernorts. Diese Reblage hier, die sich am Eingang des Tals von Lavaux auf der rechten Seite befindet, weist mitten unter den Reben eine hübsche «Vesperstube» auf (wo man die Geräte unterbrachte und Maronen rösten ließ). Dieser 98er, der im Anblick ein leichtes Ziegelrot zeigt und aufgrund seines Dufts nach schwarzen Früchten und feinen Gewürzen ausgezeichnet ist, erinnert uns daran, dass «die Burgunder Gedärme aus Seide haben», wie Curnonski es ausdrückte. Reichen diese tatsächlich seidigen Tannine aus, um einer langen Lagerung zu trotzen? Die Jury diskutierte darüber.

SCI Dom. des Varoilles,
rue de l'Ancien-Hôpital,
21220 Gevrey-Chambertin, Tel. 03.80.34.30.30,
Fax 03.80.51.88.99 n. V.

DOM. DU VIEUX COLLEGE Les Champeaux 1999

1er cru 0,3 ha 1 300 15 à 23 €

Ein Pinot noir, dessen Rubinrot ins Granatrote geht, mit einem diskreten Bouquet von Bigarreau-Kirsche und schwarzer Johannisbeere. Seine Persönlichkeit zeichnet sich ganz sanft über einem an Schwarze-Johannisbeer-Knospe erinnernden Eindruck ab: dichter Geschmack, animalischer Charakter – ein Wein, den man vier bis fünf Jahre aufheben kann.

Jean-Pierre et Eric Guyard,
4, rue du Vieux-Collège,
21160 Marsannay-la-Côte, Tel. 03.80.52.12.43,
Fax 03.80.52.95.85 n. V.

Chambertin

Bertin, ein Winzer in Gevrey, besaß eine Parzelle, die neben dem Clos de Bèze lag, und vertraute auf die Erfahrung der Mönche hinsichtlich der Qualität. Er pflanzte die gleichen Rebstöcke an und erhielt einen ähnlichen Wein. Dies war das *champ de Bertin*, das «Feld von Bertin», wovon sich der Name Chambertin ableitet. 1999 erzeugte die AOC 506 hl; 2000 waren es 495 hl.

DOM. HUBERT CAMUS 1998*

Gd cru 1,69 ha k. A. 30 à 38 €

Hubert Camus hat im burgundischen Weinbaugebiet viele Funktionen bei der Interessenvertretung der Berufsgruppen übernommen. Sein 98er Chambertin zeigt, dass er dem Camus-Stil treu bleibt: elegante, ziemlich leichte Weine, die ölig und seidig sind. Das ist nämlich die Beurteilung durch unsere Verkoster. Sogar das Rot seiner Farbe greift nicht zu rotvioletten Effekten und verbleibt in einem kirschroten Ton. Sein Duft lässt vor einem Hintergund von ein wenig Vanille und Lakritze an schwarze Johannisbeere denken.

SCEA Dom. Camus Père et Fils,
21, rue du Mal-de-Lattre-de-Tassigny,
21220 Gevrey-Chambertin, Tel. 03.80.34.30.64,
Fax 03.80.51.87.93 n. V.
Hubert Camus

PHILIPPE CHARLOPIN POUR MADAME BARON 1999*

Gd cru k. A. k. A. 46 à 76 €

Eine besondere Würdigung für das Etikett, das den Namen der Besitzerin, Jocelyne Baron, sowie den des Winzers trägt, der für diese Rebparzelle und diesen Wein verantwortlich ist, Philippe Charlopin. Das ist eine Information, wie wir sie gern öfter finden würden. Philippe Charlopin praktiziert eine Vinifizierung, die aus den Trauben ein Höchstmaß an Farbe und Aromen (blumige Noten, die den Toastgeruch ausgleichen) herauszieht. Der Geschmack dreht sich um sehr feine Tannine und klingt mit einer willkommenen Frische aus. Große Gesamtharmonie.

Philippe Charlopin-Baron, 18, rte de Dijon,
21220 Gevrey-Chambertin, Tel. 03.80.51.81.18,
Fax 03.80.51.81.27 n. V.

DOM. PIERRE DAMOY 1999**

Gd cru 0,47 ha 2 100 46 à 76 €

Julien Damoy, ein kleiner Lebensmittelhändler aus Yvetot, ging nach Paris und eröffnete dort eine Vielzahl von Lebensmittelgeschäften. Nachdem er damit ein Vermögen gemacht hatte, begeisterte er sich für den burgundischen Wein und gründete in Gevrey die Domaine du Tamisot. Sein 99er Chambertin ist ein herrliches Puzzle, dessen Einzelteile in zehn Jahren alle zusammenkommen werden. Die sehr dunkle Farbe zeugt von einer starken Extraktion, die man auch am Gaumen spürt. Heidelbeernuancen und ein rassiger Holzton. Man muss ihn mindestens fünf Jahre aufheben.

Dom. Pierre Damoy, 11, rue du Mal-de-Lattre-de-Tassigny, 21220 Gevrey-Chambertin, Tel. 03.80.34.30.47, Fax 03.80.58.54.79

CH. DE MARSANNAY 1998

■ Gd cru 0,09 ha 448 46 à 76 €

Lebhaftes Rubinrot, eine echte Sonne von Austerlitz! Sein Bouquet hat noch nicht die Kavallerie aufgeboten. Kirschwasser und Kakao als Vorhut. Säure in der Frische: Er attackiert forsch, gut unterstützt von seinen dichten Tanninen. Diese von der Gruppe Boisseaux (vor allem Château de Meursault) vorgestellte Flasche muss drei bis vier Jahre im Keller ruhen.

Ch. de Marsannay, rte des Grands-Crus, BP 78, 21160 Marsannay-la-Côte, Tel. 03.80.51.71.11, Fax 03.80.51.71.12 tägl. 10h–12h 14h–18h30

DOM. HENRI REBOURSEAU 1998*

■ Gd cru 0,79 ha 2 049 +76 €

Das Fleisch ist bisweilen schwach. Das ist hier nicht der Fall. Dieser fette Wein erscheint strukturiert mit festen Tanninen. Er ist in den drei Parametern konstant: Anblick, Duft und Geschmack. Um sich Gehör zu verschaffen, verzichtet er weder auf Eleganz noch auf Feinheit, wobei er jedoch weiß, dass seine Zukunft erst wirklich durch den Gehalt sichergestellt wird. Der Großvater von Jean de Surrel, der heute das 14 ha große Gut führt, war der Vorsitzende der Verbände des Chambertin und des Clos de Vougeot.

NSE Dom. Henri Rebourseau, 10, pl. du Monument, 21220 Gevrey-Chambertin, Tel. 03.80.51.88.94, Fax 03.80.34.12.82, E-Mail rebourseal@aol.com n. V.

DOM. LOUIS REMY 1999

■ Gd cru 0,35 ha 800 46 à 76 €

|93| 96 97 98 99

Das Gut, das sich seit 1820 im Besitz der Familie befindet, verfügt über zweistöckige Gewölbekeller aus dem 17. und 18. Jh. Er zeigt eine nachdrückliche granatrote Farbe und liefert wenige aromatische Botschaften. Die Extraktion des Mosts ist recht gelungen, in einem tanninreichen Rahmen. Ein im Werden begriffener guter Wein, der Qualitäten besitzt. Der Beweis dafür? Er wird hier lobend erwähnt, was sehr vielen anderen versagt geblieben ist!

Dom. Louis Remy, 1, pl. du Monument, 21220 Morey-Saint-Denis, Tel. 03.80.34.32.59, Fax 03.80.34.32.59 n. V.

DOM. ROSSIGNOL-TRAPET 1998*

■ Gd cru 1,6 ha 4 200 38 à 46 €

Dieser dunkelrubinrote 98er ist ein komplexer Wein. Er hat bereits die notwendige Etappe der Reifearomen von schwarzer Johannisbeere und Leder, Backpflaume und Wild erreicht. Aber seine Stärke im Geschmack, seine Säure und seine deutlich spürbaren Tannine weisen auf einen lagerfähigen Jahrgang hin, dessen «Fett» und Milde später zum Vorschein kommen werden. Wann wird das sein? In rund vier bis fünf Jahren.

Dom. Rossignol-Trapet, 3, rue de la Petite-Issue, 21220 Gevrey-Chambertin, Tel. 03.80.51.87.26, Fax 03.80.34.31.63, E-Mail info@rossignol-trapet.com n. V.

DOM. ARMAND ROUSSEAU PERE ET FILS 1999**

■ Gd cru 2,15 ha 10 600 46 à 76 €

Serena Sutcliffe sieht in Charles Rousseau «die farbigste und großzügigste Person Burgunds». Er ist nicht aus der Art geschlagen: Sein Vater Armand war in der ersten Hälfte des 20. Jh. die große Persönlichkeit in Gevrey. Sein Chambertin ähnelt wirklich diesem Winzer: die anziehende hochrote Farbe, das Bouquet, das sich von Leder, schwarzer Kirsche und an Süßholz erinnernden Gewürzen inspirieren lässt. Und ein Körper von der Anmut eines Erzengels! Respekt gegenüber dem Terroir, einer traditionellen Vinifizierung und einer unbedingten Überzeugung: «Man muss nicht versuchen, es anders zu machen», schrieb ein Verkoster. Beachten Sie, dass ihm von den sechs Juroren vier eine Liebeserklärung zuerkannten, doch dafür ist Einstimmigkeit erforderlich!

Dom. Armand Rousseau, 1, rue de l'Aumônerie, 21220 Gevrey-Chambertin, Tel. 03.80.34.30.55, Fax 03.80.58.50.25, E-Mail contact@domaine-rousseau.com

DOM. TRAPET PERE ET FILS 1999*

■ Gd cru k. A. k. A. 46 à 76 €

96 **98** 99

Gaston Roupnel sah im Chambertin ein «Wunder der Natur». Auf glückliche Weise von menschlicher Hand gelenkt – und die Trapets beherrschen ihr Metier. Zweifellos bereitet sich dieser äußerst konzentrierte 99er wie der Chevalier Bayard in seiner Rüstung auf gewaltige, noch weit entfernte Siege vor. Er ist fast schwarz und bietet schon ein Bouquet mit sehr ausgeprägten Fruchtaromen. Seine reifen und lang anhaltenden Tannine führten zu dem Urteil: «Endlich ein großer Chambertin, der im Werden begriffen ist.» Das ist der Vinifizierungsstil des Hauses.

Dom. Trapet Père et Fils, 53, rte de Beaune, 21220 Gevrey-Chambertin, Tel. 03.80.34.30.40, Fax 03.80.51.86.34, E-Mail message@domaine-trapet.com n. V.

Chambertin-Clos de Bèze

Im Jahre 630 pflanzten die Mönche der Abtei Bèze Reben in einer

Parzelle an, die einen besonders angesehenen Wein lieferte. Auf diesen Ursprung geht die Appellation zurück, die 15 ha umfasst. Die Weine dürfen auch den Namen «Chambertin» tragen. 2000 erreichte die Produktion 462 hl.

DOM. PIERRE DAMOY 1999*

■ Gd cru 5,36 ha 13 000 ⅡⅠ 46 à 76 €

Dieser Clos de Bèze hat in der Ausgabe 1997 für seinen 93er das rote Band erhalten: eine Liebeserklärung, die in Gevrey fast ebenso viel Vergnügen hervorruft wie die Aufnahme in die Ehrenlegion. Dieser sehr tiefe und sehr dunkle Wein von sattem Purpurrot bietet Aromen von Schwarze-Johannisbeer-Knospe und Backpflaume, die im Mund über verschmolzenen Tanninen mit leichtem Holzaroma anhalten. Diese 5 Hektar, 35 Ar und 96 Zentiar (die ehemalige Domaine Serre in Meursault) hat Julien Damoy um 1920 erworben.

Dom. Pierre Damoy,
11, rue du Mal-de-Lattre-de-Tassigny,
21220 Gevrey-Chambertin, Tel. 03.80.34.30.47,
Fax 03.80.58.54.79

DOM. DROUHIN-LAROZE 1999

■ Gd cru 1,5 ha 4 000 ⅡⅠ 46 à 76 €

Dieses sehr alte Gut, das im gleichen Jahr entstand, als Alexandre Dumas *Die schwarze Tulpe* veröffentlichte, stellt einen Wein vor, der in einiger Zeit angenehm zu trinken sein wird. Im Augenblick ist er noch ganz vom Holz geprägt, aber seine Offenheit und seine Struktur sind viel versprechend; ein paar Noten von roten Früchten schauen bereits unter dem Tanninpanzer hervor.

Dom. Drouhin-Laroze,
2, rue du Chambertin,
21220 Gevrey-Chambertin, Tel. 03.80.34.31.49,
Fax 03.80.51.83.70 ☑ Y n. V.

Bernard et Philippe Drouhin

DOM. GROFFIER PERE ET FILS 1999*

■ Gd cru k. A. 1 500 ⅡⅠ 46 à 76 €

93 95 96 97 (98) 99

Das Gut, das im letzten Jahr für seinen 98er eine Liebeserklärung erhielt, bleibt dieses Jahr ebenfalls nicht unbemerkt. Eine Intensität wie ein göttliches Feuer, man muss es zugeben. Ein keuscher Duft mit einer Himbeernote, die viel über seine Bestrebungen aussagt. Die Säure ist im richtigen Maße vorhanden und verbindet sich mit den Tanninen. Nicht zu viel Fass, Burlat-Kirsche im Rückaroma. In zwei, drei oder sogar vier Jahren wird alles gut eingebunden sein.

Dom. Robert et Serge Groffier,
3-5, rte des Grands-Crus, 21220 Morey-Saint-Denis, Tel. 03.80.34.31.53, Fax 03.80.34.31.53
☑ Y n. V.

Weitere Grands crus von Gevrey-Chambertin

Um die beiden vorgenannten Lagen herum gibt es eine Reihe von Crus, die zwar nicht ihre Qualität erreichen, aber im Stil ähnlich sind. Die Produktionsbedingungen sind etwas weniger streng, doch die Weine hier haben die gleichen Merkmale: Robustheit, Kraft und Fülle. Dank der dominierenden Lakritzenote kann man die Weine aus Gevrey in der Regel von denen der Nachbarappellationen unterscheiden. Die Grands crus im Einzelnen sind: les Latricières (rund 7 ha), les Charmes (31,613 ha), les Mazoyères, die sich auch Charmes nennen dürfen (umgekehrt ist das nicht möglich), les Mazis, die aus les Mazis-Haut (etwa 8 ha) und les Mazis-Bas (4,5925 ha) bestehen, les Ruchottes (der Name kommt von *«roichot»*, der Bezeichnung für einen Ort, an dem es *«roches»*, d. h. Felsen gibt), flächenmäßig ein sehr kleiner Grand cru, der aus les Ruchottes-du-Dessus (1,9195 ha) und les Ruchottes-du-Bas (1,2715 ha) besteht, les Griottes, wo angeblich wilde Kirschbäume wuchsen (5,4805 ha), und schließlich les Chapelles (5,387 ha), deren Name auf eine Kapelle zurückgeht, die im Jahre 1155 von den Mönchen der Abtei Bèze errichtet und während der Französischen Revolution abgerissen wurde.

Latricières-Chambertin

DOM. LOUIS REMY 1999*

■ Gd cru 0,6 ha 2 000 ▮ⅡⅠ 46 à 76 €

Lamartine veröffentlichte seine *Méditations poétiques* 1820, in dem Jahr, als dieses Gut in Morey-Saint-Denis entstand. Hier haben wir seinen Grand cru, der von der Nordseite stammt, direkt oberhalb des Clos de la Roche. Er zeigt ein schönes, kräftiges Violett und entwickelt sich zu Schwarze-Johannisbeer-Knospe. Ein klassischer Parcours, den er leichtfüßig nimmt. Für einen 99er hat er ein gewisses Etwas, eine recht runde Fülle und einen gut dosierten Holzton, der aber im Abgang noch zu spüren ist. In vier bis fünf Jahren wird er angenehm schmecken.

Dom. Louis Remy, 1, pl. du Monument,
21220 Morey-Saint-Denis, Tel. 03.80.34.32.59,
Fax 03.80.34.32.59 ☑ Y n. V.

DOM. ROSSIGNOL-TRAPET 1998

■ Gd cru 0,75 ha 2 600 30 à 38 €

Gevrey war das erste Dorf, das 1847 die Berechtigung erhielt, seinen Namen mit dem seiner Reblage Chambertin zu verbinden. Man muss das alte Gevrey besichtigen, bevor man zu den besten Gütern wie diesem hier fährt. Rubinrot + Kirsche + Seide = dieser 98er. Im Augenblick bleibt er hermetisch verschlossen, aber nichts hindert Sie daran, in ihn Hoffnung zu setzen. Die Wette des Pascal war heikler, denn auch wenn der Geschmack fest bleibt, besitzt er doch Tannine, die in fünf bis sechs Jahren äußerst seidig sein werden.

Dom. Rossignol-Trapet, 3, rue de la Petite-Issue, 21220 Gevrey-Chambertin, Tel. 03.80.51.87.26, Fax 03.80.34.31.63, E-Mail info@rossignol-trapet.com n. V.

DOM. TRAPET 1999*

■ Gd cru k. A. k. A. 46 à 76 €

Henry Miller bewahrte in seinem Büro in Big Sur ein Latricières-Etikett auf. Die damit verbundenen Gefühle schildert er in *Souvenir, souvenirs*. Bestimmt hätte er diesen Wein von tiefer Farbe geliebt. Kräftig und lecker, mit reifen Tanninen und ohne Aggressivität, ein Wein, den Wildschwein mit Sauce in drei bis vier Jahren in den siebten Himmel tragen wird. Man muss ihn dazu in eine Karaffe umfüllen. Wie der Leser bereits weiß, können Jean und Jean-Louis Trapet auf mehr als sieben Winzergenerationen zurückschauen und exportieren über 60 % von den rund 60 000 Flaschen, die sie jedes Jahr erzeugen.

Dom. Trapet Père et Fils, 53, rte de Beaune, 21220 Gevrey-Chambertin, Tel. 03.80.34.30.40, Fax 03.80.51.86.34, E-Mail message@domaine-trapet.com n. V.

Chapelle-Chambertin

DOM. PIERRE DAMOY 1999**

■ Gd cru 2,22 ha 7 200 46 à 76 €

Die besagte Kapelle, die 1155 errichtet und 1547 von dem nach Clamecy zurückgekehrten Bischof von Bethlehem wieder aufgebaut wurde, ist leider um 1830 verschwunden. Weiter vorhanden bleibt ein überaus liebenswerter und klarer Wein. Schwarze Kirschen im Anblick, schwarze Kirschen in der Nase – er hat nur eine Religion. Das Ganze ist das Ergebnis von gut entwickelten und gut vinifizierten Trauben: eher reich als arm, um genau zu sein, aber das verbietet nicht, dass er in fünf bis acht Jahren in den Himmel kommt.

Dom. Pierre Damoy, 11, rue du Mal-de-Lattre-de-Tassigny, 21220 Gevrey-Chambertin, Tel. 03.80.34.30.47, Fax 03.80.58.54.79

DOM. ROSSIGNOL-TRAPET 1998

■ Gd cru 0,54 ha 2 200 30 à 38 €

|92| |93| 97 98

Er entspricht dem, was man von einem Grand cru erwartet: ziemlich animalisch, aber maßvoll, mit Körper, einer schönen, voluminösen Frucht über einem Tanningerüst, das zwei bis drei Jahre Einkellerung sanfter machen werden. Ein Verkoster notierte: «Er ist rundum zufrieden.» Ein wenig ungehobelt für einen Grand cru, aber im Augenblick besagt das schon etwas!

Dom. Rossignol-Trapet, 3, rue de la Petite-Issue, 21220 Gevrey-Chambertin, Tel. 03.80.51.87.26, Fax 03.80.34.31.63, E-Mail info@rossignol-trapet.com n. V.

DOM. TRAPET PERE ET FILS 1999

■ Gd cru k. A. k. A. 46 à 76 €

91 |94| 95 96 **98** 99

Eine Kapelle? Ein Altar, zum Aufstellen des Allerheiligsten. Sehr dunkles Granatrot. Seine Röst- und Räucheraromen dringen beim ersten Riechen in die Nase ein und entwickeln sich kühn zu animalischen Gerüchen weiter. Hinter alledem erahnt man ein wenig Fruchtigkeit. Ein gut gebauter Wein, der unter dem Holzton Substanz besitzt.

Dom. Trapet Père et Fils, 53, rte de Beaune, 21220 Gevrey-Chambertin, Tel. 03.80.34.30.40, Fax 03.80.51.86.34, E-Mail message@domaine-trapet.com n. V.

Charmes-Chambertin

DOM. ARLAUD 1999*

■ Gd cru k. A. k. A. 23 à 30 €

Das Gut hat in diesem Grand cru Parzellen sowohl in Vollbesitz als auch in Halbpacht. Es bietet hier einen 99er, der sich gut präsentiert, im Anblick ebenso wie im Duft, wo sich ein eleganter Holzton und ein Korb reifer Früchte entfalten. Die Säure ist zwar im Abgang markant, aber die solide gebaute Grundlage durch die Tannine stellt eine gute Rücklage für die Lagerung dar.

SCEA Dom. Arlaud Père et Fils, 43, rte des Grands-Crus, 21220 Morey-Saint-Denis, Tel. 03.80.34.32.65, Fax 03.80.58.52.09, E-Mail cyprien.arlaud@wanadoo.fr n. V.

DOM. PHILIPPE CHARLOPIN 1999*

■ Gd cru k. A. k. A. 38 à 46 €

(85) **88** |89| **91 92 94** 95 |97| 99

Das präzise Porträt eines sehr viel versprechenden Grand cru. Eine tiefe, strahlende Farbe wie schwarze Kirschen, ein offenherziger Duft von reifen roten Früchten und Lakritze (hübscher Holzton). Danach enthüllt eine elegante Ansprache schönen Stoff. Die Folgeeindrücke spielen sich über spürbaren, aber verschmolze-

nen Tanninen ab, die eine reizvolle Nachhaltigkeit zeigen. Fünf Jahre aufheben, damit er eine glorreiche Reife erreicht.
Philippe Charlopin, 18, rte de Dijon, 21220 Gevrey-Chambertin, Tel. 03.80.51.81.18, Fax 03.80.51.81.18 n. V.

F. CHAUVENET 1998

■ Gd cru k. A. 3 000 46 à 76 €

Ein Charmes, dem es nicht an Charme mangelt. Purpur- oder granatrot mit seinen Reflexen und seinem Glanz. Er entfaltet sich mit einer gewissen Feinheit zu Sauerkirsche, bevor er zu den seriösen Sachen übergeht (Kern, Backpflaume). Er ist recht fein, mit einer leichten Fruchtigkeit (rote Früchte), und noch tanninreich. Was heißt, dass man ihn um 2005 trinken kann. Zu einem Omelett mit Trüffeln? Diese Firma gehört zur Familie der Vins Jean-Claude Boisset.
F. Chauvenet, 9, quai Fleury, 21700 Nuits-Saint-Georges, Tel. 03.80.62.61.43, Fax 03.80.62.37.38

DOM. DUJAC 1999*

■ Gd cru 0,78 ha 4 000 38 à 46 €

Dieser 99er mit dem ausdrucksvollen, fruchtbetonten, ein wenig balsamischen Duft ist recht repräsentativ für die Appellation (die Reben, die am Rande von Morey wachsen, stammten ursprünglich von einem Verkauf Alfred Jacquots im Jahre 1977). Er ist nicht extrem konzentriert, sondern zeigt sich wohl schmeckend, gestützt auf recht deutlich spürbare, aber relativ runde Tannine. Jacques Seysses, der dem Weinbau gegenüber den Belin-Biskuits den Vorzug gibt, hat sich vor kurzem zusammen mit seiner amerikanischen Ehefrau Rosalind ein Hobby zugelegt: die Domaine de Triennes in Nans-les-Pins (Vin de pays du Var).
Dom. Dujac, 7, rue de la Bussière, 21220 Morey-Saint-Denis, Tel. 03.80.34.01.00, Fax 03.80.34.01.09, E-Mail dujac@dujac.com
Seysses

DOM. DOMINIQUE GALLOIS 1999**

■ Gd cru 0,3 ha 1 800 30 à 38 €

96 97 98 **99**

Dominique Gallois, Restaurantbesitzer in Dijon, hat das Familiengut 1989 übernommen. Er hat gerade einem kalifornischen Forscher das Archivmaterial für eine phänomenale Arbeit über Gaston Roupnel zur Verfügung gestellt, gestützt auf die Papiere, die er auf seinem Dachboden gefunden hat. Aber wenden wir uns nun dem Keller zu. Ein prächtiger Charmes, der zu den schönsten Weinen der Chambertin-Dynastie gehört, die dieses Jahr unsere Gläser füllt. Er ist dunkel und klar, erinnert an kandierte Sauerkirschen und verbindet Reichtum, Stärke und Feinheit. «Auf dem Niveau eines Chambertin», schrieb einer der besten burgundischen Önologen auf seinen Zettel.
Dominique Gallois, 9, rue Mal-de-Lattre-de-Tassigny, 21220 Gevrey-Chambertin, Tel. 03.80.34.11.99, Fax 03.80.34.38.62 n. V.

DOM. HUMBERT FRERES 1999*

■ Gd cru 0,21 ha 1 100 38 à 46 €

|96| 98 99

Eine schöne Farbe von schwarzen Kirschen umhüllt ihn. In der Nase verbinden sich Kaffee, Leder, geröstetes Brot und Wildkirsche. Das Fass meldet sich zu Wort. Der Stoff ist vorhanden, recht konzentriert, kräftig und reichhaltig. Aufmachen sollte man ihn in drei bis vier Jahren.
Dom. Humbert Frères, rue de Planteligone, 21220 Gevrey-Chambertin, Tel. 03.80.51.80.14, Fax 03.80.51.80.14 n. V.

DOM. HENRI PERROT-MINOT 1998*

■ Gd cru 0,7 ha 4 000 30 à 38 €

Was man von ihm erwartet. Und Sie dürfen sogar noch Besseres erhoffen! Purpurrot gefärbt bis zum Granatroten hin. Das Bouquet ist noch vom Fass geprägt, gibt sich aber aufrichtig und zeigt die «Kern-Note» des Jahrgangs. Dieser füllige, warme, an Lakritze erinnernde 98er, der sehr lang anhält, muss offensichtlich sein Feuer dämpfen und später (in vier bis fünf Jahren) zum Kern der Sache kommen. Er ist jedoch seinem Thema gewachsen, so dass man ruhig bleiben kann.
Henri Perrot-Minot, 54, rte des Grands-Crus, 21220 Morey-Saint-Denis, Tel. 03.80.34.32.51, Fax 03.80.34.13.57 n. V.

CAVE PRIVEE D'ANTONIN RODET 1998*

■ Gd cru k. A. 608 46 à 76 €

Dieser «Privatkeller» wird später einmal gut schmecken, wenn man sich beeilt, ihn zu erwerben, denn davon weden wirklich nur wenige Flaschen produziert; hoffen wir, dass bei Erscheinen des Weinführers noch etwas davon übrig ist. Dieser Charmes setzt auf Freundlichkeit und Harmonie und hat damit Erfolg. Der Duft von roten Früchten (Kirsche) ist recht offenherzig. Der Geschmack zeigt eine gute Stärke und einen sehr achtbaren Umfang, gestützt auf ehrliche, noch ein wenig strenge Tannine. Im Anblick weist ein Rubinrot mit leicht bläulichen Reflexen an der Oberfläche auf die Jugend dieses Weins hin. Drei bis vier Jahre aufheben.
Antonin Rodet, 71640 Mercurey, Tel. 03.85.98.12.12, Fax 03.85.45.25.49, E-Mail rodet@rodet.com
Mo–Fr 9h–12h 14h–18h

DOM. TAUPENOT-MERME 1998*

■ Gd cru k. A. 6 900 38 à 46 €

96 97 98

«Feminin», wenn man seine Zimt-, Gewürz- und Wildaromen ausnimmt. Er strengt sich dabei an, mit der Begeisterung einer Jugend, die ins reife Alter kommt. Die Farbe ist großartig, theatralisch. Im Geschmack ein Vortrag, der Geröstetes und Lakritze beschwört, ohne übermäßiges Temperament, sondern auf Distanz bedacht.

Jean Taupenot-Merme, 33, rte des Grands-Crus, 21220 Morey-Saint-Denis, Tel. 03.80.34.35.24, Fax 03.80.51.83.41, E-Mail domainetaupenot-merme@wanadoo.fr n. V.

DOM. TORTOCHOT 1998

■ Gd cru 0,57 ha 2 000 30 à 38 €

91 |92| **93** |94| 95 96 98

Gedenken wir kurz Gaby Tortochot, der vor kurzem den himmlischen Weinberg hinaufgestiegen ist, um die Reben des Herrn zu verwalten, zusammen mit den alten Kameraden seiner Generation, die schon vor ihm von uns gegangen sind. Er hatte noch Zeit, diesen 98er in der Wiege zu probieren, sicherte dabei aber auch seine Nachfolge. Ein hübscher Wein von dunklem Rubinrot, der nach Unterholz und vollreifen Früchten duftet: Wir sind hier im klassischen Repertoire. Ein wenig strenge Tannine marschieren am Schluss, aber die Ansprache ist sanft, der Körper ölig. Entkorken sollte man ihn in zwei bis drei Jahren.

Dom. Tortochot, 12, rue de l'Eglise, 21220 Gevrey-Chambertin, Tel. 03.80.34.30.68, Fax 03.80.34.18.80 n. V.

Chantal Michel-Tortochot

Griotte-Chambertin

DOM. MARCHAND FRERES 1999

■ Gd cru 0,12 ha 900 30 à 38 €

Den Griotte findet man gar nicht so leicht. Die Produktion dieses Grand cru übersteigt insgesamt keine 10 000 Flaschen, die in die ganze Welt gehen. Hier sind es 900 Flaschen, die von drei glücklichen *Ouvrées* stammen. Dieser Wein von klarem Granatrot besitzt schon ein Reifebouquet (Leder, Backpflaume), das noch mit dem Fass (Zimt, geröstetes Brot) verbunden ist. Die Weinliebhaber wissen, dass die Weine der AOC Griotte von ihren Tanninen und nicht von ihrer Säure getragen werden. Ein 99er, den man mindestens fünf Jahre beiseite legen muss.

Dom. Marchand Frères, 1 pl. du Monument, 21220 Gevrey-Chambertin, Tel. 03.80.62.10.97, Fax 03.80.62.11.01, E-Mail dmarc2000@aol.com Di–Sa 9h–12h 14h–19h

DOM. PONSOT 1998**

■ Gd cru 1 ha 1 653 +76 €

Vater und Sohn Ponsot veranstalten auf dem Podium des Clos de Vougeot die schönen Abende des *Tastevin.* Spenden wir somit zu Ehren dieses Weins mit der herrlichen, sehr dichten Granatfarbe Beifall auf burgundische Art. Sein Duft ist sehr ehrlich und besonnen: Schwarze Früchte beginnen sich in Richtung Unterholz zu entwickeln. Schwarze Johannisbeere und Kirsche treffen mit Lakritze zusammen. «Grüner Wein, reiches Burgund», wie man früher sagte: hart, aber mit großer Zukunft und dennoch sehr fleischig. Seine aromatische Länge hat die Jury verführt. Kellern Sie diese Flasche ein. Machen Sie sie in drei Jahren auf; sie kann acht bis fünfzehn Jahre halten.

Dom. Ponsot, 21, rue de la Montagne, BP 11, 21220 Morey-Saint-Denis, Tel. 03.80.34.32.46, Fax 03.80.58.51.70, E-Mail info@domaine-ponsot.com

Mazis-Chambertin

DOM. PHILIPPE CHARLOPIN 1999*

■ Gd cru k. A. k. A. 46 à 76 €

Ein erstmals im Jahre 1420 erwähnter Name. Wenn man nicht fünf Jahrhunderte alt ist, wird man nicht ernst genommen, wenigstens nicht in Burgund! Dieser Wein ist noch vom Fass geprägt und muss seine Zeit im Fegefeuer ableisten, bevor er sich um 2010 herum bei Tisch zeigt. Wir sind hier nicht bei den Primeurweinen! Intensiv und konzentriert (Farbe), großzügig und offenherzig, frisch gepflückte schwarze Johannisbeeren (Bouquet). Im Geschmack ist er noch ein wenig streng, aber im Stande, sein Thema vollständig zu beherrschen, so deutlich vorhanden und viel versprechend ist der Stoff.

Philippe Charlopin, 18, rte de Dijon, 21220 Gevrey-Chambertin, Tel. 03.80.51.81.18, Fax 03.80.51.81.18 n. V.

FAIVELEY 1998

■ 1,2 ha 4 300 46 à 76 €

Die Domaine Faiveley besitzt Reben in Gevrey (das ehemalige Weingut Grésigny). Sie präsentiert einen purpurroten 98er mit kirschroten Reflexen, der recht aromatisch (Kirschwasser) ist, aber gerade erst erwacht. Diese Tonalität trifft man auch im Geschmack wieder, begleitet von Heidelbeer- und Schwarze-Johannisbeer-Noten. Die Tannine sind dicht, noch ein wenig zisterziensisch. Man muss zwei bis drei Jahre warten, damit sich dieser Wein der Welt öffnet.

Bourgognes Faiveley, 8, rue du Tribourg, 21701 Nuits-Saint-Georges, Tel. 03.80.61.04.55, Fax 03.80.62.33.37, E-Mail bourgognes.faiveley@wanadoo.fr

JEAN-MICHEL GUILLON 1999

■ Gd cru 0,16 ha 1 090 30 à 38 €

Wenn man durch Gevrey fährt und am Haus von Guillon vorbeikommt, sieht man an der Mauer unzählige Buchdeckel unseres Weinführers angebracht. Denn er ist darin mit Sternen überhäuft worden! Nach einem mit zwei Sternen ausgezeichneten 98er verdient sein 99er Mazis eine lobende Erwähnung. Er ist bläulich rot, klar und strahlend, mit gekochten Backpflaumen in der Nase. Er besitzt einen zufrieden stellenden Stoff, wobei das Holz ein wenig dominiert. Natürlich ist er noch nicht fertig und muss erst die Frucht zu Wort kommen lassen. Ansonsten überspringt er im Unterschied zu vielen die Messlatte.

🔑 Jean-Michel Guillon, 33, rte de Beaune, 21220 Gevrey-Chambertin, Tel. 03.80.51.83.98, Fax 03.80.51.85.59, E-Mail eurlguillon@aol.com ☑ 🍷 n. V.

DOM. HARMAND-GEOFFROY 1999*

■ Gd cru 0,7 ha 4 200 ◍ 30 à 38 €

Dieses 9 ha große Gut gehört zu den Schmuckstücken Burgunds. Auch wenn die Ansprache seines 99ers ein wenig zurückhaltend ist und der Wein noch nicht vollständig zur Entfaltung gelangt, ist dies mit Sicherheit ein Mazis von sehr guter Provenienz. Nichts Lebhafteres im Anblick. Der Geruchseindruck erinnert ziemlich stark an Röstung, aber die Frucht gewinnt rasch die Oberhand. Der ganze Wein ist im Mund präsent, klar und gehaltvoll. Man muss vier bis fünf Jahre warten, damit sich das «Fett» entfaltet, denn wir befinden uns hier deutlich über dem Durchschnitt.

🔑 Dom. Harmand-Geoffroy, 1, pl. des Lois, 21220 Gevrey-Chambertin, Tel. 03.80.34.10.65, Fax 03.80.34.13.72, E-Mail harmand-geoffroy@wanadoo.fr ☑ 🍷 n. V.

DOM. HENRI REBOURSEAU 1998

■ Gd cru 0,96 ha 3 042 ◍ 38 à 46 €

Wenn man die D 122 nimmt, ist Mazis-Chambertin der erste Grand cru, auf den man stößt, wenn man von Gevrey her kommt. Er hat hier einen Wein geliefert, der achtzehn Monate im Fass ausgebaut worden ist, was seine dichten Tannine nicht verbergen. Seine intensive Farbe und sein Duft, der mineralische Noten und leicht gekochte Früchte mit Holznoten verbindet, sind ein gutes Vorzeichen. Man muss abwarten, bis die Fülle und die harmonische Verschmolzenheit in zwei bis drei Jahren zum Vorschein kommen.

🔑 NSE Dom. Henri Rebourseau, 10, pl. du Monument, 21220 Gevrey-Chambertin, Tel. 03.80.51.88.94, Fax 03.80.34.12.82, E-Mail rebourseal@aol.com ☑ 🍷 n. V.

Mazoyères-Chambertin

DOM. HENRI PERROT-MINOT 1998**

■ Gd cru 0,8 ha 4 000 ◍ 30 à 38 €

Der früher ein wenig vernachlässigte Mazoyères kehrt in die Arena zurück, und das ist auch gut so. Dieser Wein hat weiß Gott Feuer. Er ist ungestüm und präsentiert sich in einem satten Violett. Er entfaltet die Primäraromen eines sehr jungen, holzbetonten Weins mit Himbeere oder Brombeere. Im Mund spürt man viel Wein, was den entscheidenden Unterschied ausmacht. Alles Übrige befindet sich auf einem sehr hohen Niveau.

🔑 Henri Perrot-Minot, 54, rte des Grands-Crus, 21220 Morey-Saint-Denis, Tel. 03.80.34.32.51, Fax 03.80.34.13.57 ☑ 🍷 n. V.

DOM. HENRI RICHARD 1999**

■ Gd cru 1,11 ha 5 500 ◍ 30 à 38 €

Gaston wäre zufrieden. Gaston Roupnel natürlich, der große burgundische Schriftsteller, der in Gevrey lebte und diese Rebparzelle 1938 an die Familie Richard verkaufte. Ja, Gaston wäre zufrieden, wenn er auf einem Degustationszettel lesen würde: «Ein Wein, der seiner Appellation Ehre macht.» Die Mazoyères-Weine sind auf dem Markt selten. Dieser hier zeigt den Stil des Jahrgangs 1999: ein sehr präsenter Wein voller Leben, der nicht sehr lang anhält und zwischen Erdbeere und wilderen Noten balanciert. Das Fass dominiert nicht und unterstützt klug die Frucht.

🔑 SCE Henri Richard, 75, rte de Beaune, 21220 Gevrey-Chambertin, Tel. 03.80.34.35.81, Fax 03.80.34.35.81 ☑ 🍷 Mo–Sa 9h–12h 14h–18h; So n. V.; 15.–31. Aug. geschlossen

Ruchottes-Chambertin

CH. DE MARSANNAY 1998

■ Gd cru 0,1 ha 448 ◍ 46 à 76 €

Das Etikett erinnert an das «Turnier des Baums Karls des Großen», das in Marsannay im Mittelalter erlebte, wie alle Spitzenkämpfer der damaligen Zeit aufeinander trafen. Dieser Ruchottes reiht sich ein in diese Tradition. Unter seiner Rüstung verschlossen, streng und unnachgiebig, greift er mit dem Schwert an. Seine Länge scheint ein Trumpf zu sein, denn es wird lang dauern, bis er den Beweis dafür antritt. Auf jeden Fall wirkt er vornehm.

🔑 Ch. de Marsannay, rte des Grands-Crus, BP 78, 21160 Marsannay-la-Côte, Tel. 03.80.51.71.11, Fax 03.80.51.71.12 ☑ 🍷 tägl. 10h–12h 14h–18h30

DOM. ARMAND ROUSSEAU Clos des Ruchottes 1999**

■ Gd cru 1,06 ha 6 400 ◍ 38 à 46 €

Dieser Weinberg im Alleinbesitz des Weinguts verdankt sein Portal und seine Mauern der Firma Thomas-Bassot, die ihn im 19. Jh. besaß. Er macht ein Drittel des Grand cru aus, das wunderbare Moste liefert. Wir haben es hier mit einem 99er zu tun, der das Rubinrot seiner Farbe meistern kann und in Richtung Unterholz, Pflanzliches und Pflaume geht. Festigkeit, Stärke und Nachhaltigkeit – das ist ein großer Wein, der Fleisch und Umfang besitzt. Trinken kann man ihn in vier bis fünf Jahren.

🔑 Dom. Armand Rousseau, 1, rue de l'Aumônerie, 21220 Gevrey-Chambertin, Tel. 03.80.34.30.55, Fax 03.80.58.50.25, E-Mail contact@domaine-rousseau.com

🔑 Ch. Rousseau

Morey-Saint-Denis

Mit etwas mehr als 100 ha ist Morey-Saint-Denis eine der kleinsten kommunalen Appellationen der Côte de Nuits. Man findet hier hervorragende Premiers crus sowie fünf Grands crus, die jeweils eine eigene AOC haben: Clos de Tart, Clos Saint-Denis, Bonnes-Mares (nur ein Teil davon liegt in Morey), Clos de la Roche und Clos des Lambray.

Die Appellation befindet sich zwischen Gevrey und Chambolle; man könnte auch sagen, dass ihre Weine (4 324 hl im Jahre 2000, davon 188 hl Weißwein) hinsichtlich ihrer Merkmale zwischen der Intensität der Gevrey-Weine und der Feinheit der Chambolle-Weine liegen. Am Freitag vor der Versteigerung der Hospices de Nuits (dritte Märzwoche) stellen die Winzer an einem «Dionysos-Stand» im Festsaal der Gemeinde der Öffentlichkeit ausschließlich ihre Morey-Saint-Denis-Weine vor.

DOM. PIERRE AMIOT ET FILS 1999*

■ 2 ha 4 500 ▮▮ 11 à 15 €

Didier hat 1993 die Nachfolge von Jean--Louis angetreten, wie Jean-Louis der Nachfolger von Pierre wurde. So machen es die Amiots wie viele Winzerfamilien, aus denen Dynastien geworden sind. Ihr «Pinot»-roter 99er wendet sich über einem leichten Holzton Kirschwasser und in Alkohol eingelegten Kirschen zu. Die natürlichen Tannine des Weins zeigen hier eine interessante Präsenz – Garant für eine lange Lebensdauer. Ein leichter Anflug von Wärme vor einem würzigen Hintergrund: zwei bis drei Jahre aufheben. Ebenso wie den **99er Premier cru Aux Charmes** (Preisgruppe: 100 bis 149 F), der eine lobende Erwähnung erhält.

Dom. Pierre Amiot et Fils, 27, Grande-Rue, 21220 Morey-Saint-Denis, Tel. 03.80.34.34.28, Fax 03.80.58.51.17 Y n. V.

DOM. ARLAUD PERE ET FILS Les Ruchots 1999*

■ 1er cru 0,7 ha k. A. ▮▮ 15 à 23 €

Diese Einzellage an der Grenze zu Chambolle bestätigt die Formel Gaston Roupnels: «Morey ist kein Rüpel.» Denn auch wenn man ihm Zeit lassen muss, damit er die Tannine und das Fass absorbiert, zeigt er sich schon freundlich. Dunkles Rubinrot: Die Gärdauer war lang genug, um diese Farbe herauszuziehen. Sehr schöne, üppige Tränen am Glas. Duft nach schwarzer Johannisbeere. Eine bezaubernde Harmonie. Weitere Morey-Weine sind der **99er «Dorfwein»** (Preisgruppe: 70 bis 99 F), der intensiv und konzentriert ist, und der **99er Premier cru Aux Chezeaux** (Preisgruppe: 100 bis 149 F); alle erhalten einen Stern.

SCEA Dom. Arlaud Père et Fils, 43, rte des Grands-Crus, 21220 Morey-Saint-Denis, Tel. 03.80.34.32.65, Fax 03.80.58.52.09, E-Mail cyprien.arlaud@wanadoo.fr ☑ Y n. V.

DOM. DES BEAUMONT 1999

■ 1 ha 6 000 ▮▮ 11 à 15 €

Ein 5 ha großes Gut, das 1991 entstand und bereits 60 % seiner Produktion exportiert. Dieser Wein bleibt im Rahmen eines «Dorfweins» und entfaltet recht pflanzliche Aromen, die sich zu Gewürzen und Tabak hin entwickeln. Recht deutlich spürbarer Holzton über einer Struktur, die sich auflösen muss. Ebenfalls lobend erwähnt wird der **rote 99er Premier cru** (Preisgruppe: 150 bis 199 F), der sich in seiner Stärke steigern dürfte und über einem dichten Holzton schon reich an Aromen ist (schwarze Johannisbeere, Erdbeere, Himbeere, Quitte ...).

Dom. des Beaumont, 9, rue Ribordot, 21220 Morey-Saint-Denis, Tel. 03.80.51.87.89, Fax 03.80.51.87.89 ☑ Y n. V.

REGIS BOUVIER En la Rue de Vergy 1999

■ 0,53 ha 3 000 ▮▮ 11 à 15 €

Wie ihr Name andeutet, befindet sich diese Einzellage am Weg zu den Hautes-Côtes, in Richtung des alten Schlosses von Vergy. Ein 99er, der seinen Jahrgang nicht verleugnen kann. Dunkles Kirschrot. In der Nase klar und deutlich: Er muss sich öffnen. Er zeigt eine mittlere Länge und ist stark auf die Frucht ausgerichtet. Und das ist nicht die verbotene Frucht.

Régis Bouvier, 52, rue de Mazy, 21160 Marsannay-la-Côte, Tel. 03.80.51.33.93, Fax 03.80.58.75.07 ☑ Y n. V.

DOM. PHILIPPE CHARLOPIN 1998**

■ k. A. k. A. ▮▮ 15 à 23 €

Sollte Philippe Charlopin der Marquis de Carabas werden? Man trifft überall in der Côte de Nuits auf ihn. Und das sind Begegnungen, über die man sich nicht beklagt! Dieser tiefrote 98er bietet einen rassigen Duft: geröstetes Brot und Lebkuchen mit einer Note frischer Trauben. Dann spielt er zwei verschiedene Halbzeiten: fleischiger, runder Beginn; danach machen sich die Tannine bemerkbar, ohne einer Eleganz zu schaden, die einen eleganten Holzton mit Kirschen in Alkohol verbindet. Ein prächtiger, traditioneller Wein.

Philippe Charlopin, 18, rte de Dijon, 21220 Gevrey-Chambertin, Tel. 03.80.51.81.18, Fax 03.80.51.81.18 ☑ Y n. V.

DOM. DROUHIN-LAROZE 1999*

■ 0,2 ha 1000 ▮▮ 15 à 23 €

Von den zwölf Hektar, die diese Familie besitzt, repräsentiert dieser Wein nur zwanzig Ar! So ist Burgund. Der Wein zeigt eine strahlende rubinrote Farbe mit einem Hauch von Mauve; die roten Früchte entwickeln sich über einer leichten Holznote. Der in der Ansprache lebhafte Geschmack füllt sich rasch mit «Fett» und wird fast ölig. «Schöne Vinifizierung», notierte

ein Verkoster, der zu einem der besten Weingüter der Côtes gehört.
⊶ Dom. Drouhin-Laroze, 2, rue du Chambertin, 21220 Gevrey-Chambertin, Tel. 03.80.34.31.49, Fax 03.80.51.83.70 Y n. V.
⊶ Bernard und Philippe Drouhin

DUFOULEUR PERE ET FILS
Monts-Luisants 1998*

■ 1er cru k. A. 3 100 23 à 30 €

Die Monts-Luisants befinden sich oben auf dem Hügel, wo die Blätter der Reben angeblich sogar in der Nacht leuchten. Diese Einzellage bringt Weiß- und Rotweine hervor. Hier die Pinot-noir-Version. Er bietet die typische Farbe des 98er Jahrgangs und entfaltet ein ausdrucksvolles Kirschwasser- und Moschusbouquet. Sein fleischiger Geschmack scheint von Rubens gemalt worden zu sein. Eine leicht alkoholische Note, aber sie fällt kaum auf.
⊶ Dufouleur Père et Fils, 15, rue Thurot, BP 27, 21700 Nuits-Saint-Georges, Tel. 03.80.61.21.21, Fax 03.80.61.10.65
☑ Y n. V.

DOM. JEAN FERY ET FILS 1998

■ 0,5 ha 3 000 11 à 15 €

Seine Visitenkarte: ein Rubinrot von mittlerer Stärke, aber mit schönen Reflexen. Die Einleitung: eine Mischung von Kirsche, Unterholz und Kakao. Ein sehr frisch und leicht gebliebener 98er, der die kommunale Appellation gut vertritt, weniger robust, als es das traditionelle Erscheinungsbild dieses Weins haben will, und auch zugänglicher.
⊶ Dom. Jean Fery et Fils, 21420 Echevronne, Tel. 03.80.21.59.60, Fax 03.80.21.59.59 Y n. V.

FORGEOT 1999**

■ k. A. k. A. 15 à 23 €

Eine Marke von Bouchard Père et Fils: einer der schönen Weine dieser Verkostung. Eine sehr klassische Vinifizierung bei diesem kräftig gebauten, an Lakritze erinnernden Wein, dessen Holzton und dessen Tannine sich gegenseitig gut verstärken. Kräftiges Granatrot, bouquetreich (zu Beginn Sauerkirsche, danach reife Früchte) – ein starkes Naturell. Man sollte ihn für einen vorzüglichen Braten beiseite legen.
⊶ Grands Vins Forgeot, 15, rue du Château, 21200 Beaune, Tel. 03.80.24.80.50

DOM. HERESZTYN Les Millandes 1999*

■ 1er cru 0,37 ha 1 800 38 à 46 €

Dieses Gut, das in der gleichen Einzellage (für einen 93er) in der Ausgabe 1996 eine Liebeserklärung erhielt, geizt nicht mit seinen Mitteln. Echte Intensität in der Nase und im Anblick. Im Hintergrund das Rotviolett der untergehenden Sonne. Aromen von Brombeere, schwarzer Johannisbeere und in Alkohol eingelegten Früchten. Was für eine Komplexität! Die Struktur ist robust genug für eine lange Lebensdauer, kräftig und gut gearbeitet. Sicherlich Extraktion, aber auch Vornehmheit.
⊶ Dom. Heresztyn, 27, rue Richebourg, 21220 Gevrey-Chambertin, Tel. 03.80.34.13.99, Fax 03.80.34.13.99, E-Mail domaine.heresztyn@wanadoo.fr
☑ Y n. V.

LIGNIER-MICHELOT
Aux Charmes 1999*

■ 1er cru 0,24 ha 1 300 15 à 23 €

«Es fehlt ihnen an nichts», schrieb Dr. Jules Lavalle (1855) im Kapitel über die Morey-Weine. Wenn man diesem Wein hier glauben darf, war die Beobachtung gerechtfertigt. Er zeigt ein für die Pinot-Traube typisches Rubinrot und besitzt einen sehr weinigen, recht wilden Duft, der schon entfaltet ist. Eleganz und Lebhaftigkeit teilen sich die Komplimente, die eine gute Konstitution hervorrief. Zu einer *gruotte* à la Vincenot (Wildschweingericht), wenn man von der Jagd ein Wildschwein mit nach Hause bringt. Weisen wir auch auf einen **99er En la Rue de Vergy** (Preisgruppe: 70 bis 99 F) hin, der einen Stern erhält.
⊶ Dom. Lignier-Michelot, 11, rue Haute, 21220 Morey-Saint-Denis, Tel. 03.80.34.31.13, Fax 03.80.58.52.16 ☑ Y n. V.

DOM. MICHEL MAGNIEN ET FILS
Le Très Girard 1999*

■ 0,49 ha 3 400 15 à 23 €

Dieser Lagenname ist ziemlich bekannt geworden durch ein Restaurant, das ihn auf sein Aushängeschild gesetzt hat. Dieser 99er von nicht sehr dichter Farbe bevölkert sein Bouquet mit Lakritze, Fell und Brombeere. Die Frucht bestätigt sich im Mund über einem gut eingebundenen Holzton. Ein Wein, der sich bald leicht trinken lässt, denn seine Tannine sind nicht zu robust, und der Geschmack ist vollkommen fleischig. Mögen kann man auch den **roten 99er «Dorfwein»**, der völlig zufrieden stellend und klassisch ist und zwei bis drei Jahre lagern muss.
⊶ EARL Michel Magnien et Fils, 4, rue Ribordot, 21220 Morey-Saint-Denis, Tel. 03.80.51.82.98, Fax 03.80.58.51.76
☑ Y n. V.

DOM. MICHEL NOELLAT ET FILS
1999*

■ 1,3 ha 3 600 15 à 23 €

Man muss immer auf seine Klassiker zurückgreifen. Rundheit, Fett und Volumen: der Dreisatz. Alkohol und Säure gleichen sich gegenseitig aus: der Zweisatz. Dieser Wein ist nicht sehr strukturiert, entspricht aber den gleichen klassischen Regeln. Nehmen Sie noch unter einem hübschen Rubinrot Humus und frische Früchte (Himbeere) über dem toastartigen Holzton hinzu.
⊶ SCEA Dom. Michel Noëllat et Fils, 5, rue de la Fontaine, 21700 Vosne-Romanée, Tel. 03.80.61.36.87, Fax 03.80.61.18.10
☑ Y n. V.

DOM. HERVE SIGAUT
Les Charrières 1999*

■ 1er cru k. A. 4 000 ⅡⅠ 15 à 23 €

Die Einzellage les Charrières, die vom Clos de la Roche durch die «Straße der Grands crus» getrennt ist, hat diesen 99er hervorgebracht, der Lakritze, Himbeere, Sauerkirsche, Kakao und Fell verbindet. Dieser Wein ist noch sehr weit davon entfernt, dass er uns alles offenbaren würde, aber er wird seine Versprechen halten. Im jetzigen Zustand sind es Fleisch und reife Frucht. Er wird zu einer Lammkeule passen.

Hervé Sigaut, 12, rue des Champs, 21220 Chambolle-Musigny, Tel. 03.80.62.80.28, Fax 03.80.62.84.40 ☑ Y n. V.

Clos de la Roche, Clos de Tart, Clos de Saint-Denis, Clos des Lambrays

Trotz seines Namens ist der Clos de la Roche kein Clos, d. h. ein von Steinmauern umgebener Weinberg. Er ist flächenmäßig der größte der vier Clos (rund 16 ha) und umfasst mehrere Reblagen; 1998 erzeugte er 486 hl, während es 700 hl im Jahre 1999 und 652 hl 2000 waren. Der etwa 6,5 ha große Clos Saint-Denis ist ebenfalls kein umfriedeter Weinberg und fasst auch mehrere Reblagen zusammen (270 hl). Diese beiden ziemlich stark zerstückelten Crus werden von mehreren Besitzern genutzt. Der Clos de Tart ist ganz von Mauern umgeben und befindet sich im Alleinbesitz (etwas mehr als 7 ha). Die Weine werden dort an Ort und Stelle vinifiziert und ausgebaut (220 hl); der zweistöckige Keller ist einen Besuch wert. Der Clos des Lambrays ist ebenfalls ein zusammenhängender Weinberg, vereint aber mehrere Parzellen und Reblagen: les Bouchots, les Larrêts oder Clos des Lambrays und le Meix-Rentier. Er ist nicht ganz 9 ha groß; 8,5 ha davon werden vom selben Besitzer bewirtschaftet. 1999 erzeugte er 383 hl; 2000 waren es 331 hl.

Clos de la Roche

DOM. ARLAUD 1999*

■ Gd cru k. A. k. A. ⅡⅠ 23 à 30 €

Als der aus dem Departement Ardèche stammende Soldat Joseph Arlaud durch Morey kam, verliebte er sich in Renée Amiot. Diesem Zufall der Geschichte ist es zu verdanken, dass dieses Gut und ihr Sohn Hervé geboren wurden. Der 99er besitzt eine sehr schöne Erscheinung. Neben eingemachten Heidelbeeren bietet sein Bouquet auch ein paar Röstnoten, bevor es sich zu Leder hin entwickelt. Körper, Säure und eine echte Grand-cru-Struktur, die auf ihrem Posten ist.

SCEA Dom. Arlaud Père et Fils, 43, rte des Grands-Crus, 21220 Morey-Saint-Denis, Tel. 03.80.34.32.65, Fax 03.80.58.52.09, E-Mail cyprien.arlaud@wanadoo.fr ☑ Y n. V.

DOM. DUJAC 1999*

■ Gd cru 1,95 ha 10 200 ⅡⅠ 46 à 76 €

Jacques Seysses besitzt dieses wunderschöne Gut seit 1968. Auf die Qualität des Traubenguts bedacht, zieht er die Reben und führt die Vinifikation so durch, dass er aus den Trauben das Beste herausholt. Der Clos de La Roche ist, heißt es oft, der robusteste der Grands crus von Morey. Dieser hier weicht nicht von seiner Appellation ab: Die Farbe ist tadellos, ein Purpurviolett. Der Duft – Himbeere, Brombeere, schwarze Johannisbeere und heller Tabak – zeigt sich auch wild und animalisch. Der Geschmack, der im Augenblick tanninreich ist und die notwendige Säure und gut erzogene, lang anhaltende Tannine besitzt, weist auf einen in fünf bis zehn Jahren großen Wein hin.

Dom. Dujac, 7, rue de la Bussière, 21220 Morey-Saint-Denis, Tel. 03.80.34.01.00, Fax 03.80.34.01.09, E-Mail dujac@dujac.com ☑

Jacques Seysses

DOM. PONSOT Cuvée vieilles vignes 1998

■ Gd cru 3,2 ha 6 779 ⅡⅠ +76 €

36 Länder teilen sich diese sehr kleine Produktion, die berühmt dafür ist, dass sie nach den natürlichsten Prinzipien hergestellt wird: Ausbau auf der Hefe, Flaschenabfüllung ohne Schönung oder Filtrierung «im letzten Mondviertel bei klarem Himmel», wie das Etikett angibt. Vater und Sohn, Stützen der Versammlungen der Confrérie des Chevaliers du Tastevin, präsentieren einen 98er, der so rot ist wie das Gewand des Großmeisters. Sein Bouquet ist recht wild, mit gekochten Früchten und Gewürzen. Der Geschmack ist zurückhaltend. Natürlich muss man ihn aufheben und dann hoffen.

Dom. Ponsot, 21, rue de la Montagne, BP 11, 21220 Morey-Saint-Denis, Tel. 03.80.34.32.46, Fax 03.80.58.51.70, E-Mail info@domaine-ponsot.com

POULET PERE ET FILS 1999

■ Gd cru k. A. k. A. 46 à 76 €

Ein mehr intensives als strahlendes Kirschrot. Der Geruchseindruck erinnert ein wenig an die Weine aus der «Neuen Welt»: Früchte in Alkohol, eine kräftige, nachdrückliche Tonalität. Er ist in der Ansprache klar und sauber und besitzt keine beträchtliche Struktur, aber seine frische Säure, seine diskrete Milde und sein Hauch von rassiger Eleganz bringen ihm genug Pluspunkte ein, dass er hier vertreten ist. Nennen wir es einen «femininen» Stil, aber man sollte bald einmal diese Klischees überdenken.

Poulet Père et Fils, 6, rue de Chaux, BP 4, 21700 Nuits-Saint-Georges, Tel. 03.80.62.43.02, Fax 03.80.61.28.08

Clos Saint-Denis

DOM. ARLAUD 1999

■ Gd cru k. A. k. A. 23 à 30 €

Das Gut, das im Hachette-Weinführer 1996 für seinen 92er eine Liebeserklärung erhielt, bietet uns hier kein *Remake* des Films *La Grande Illusion.* Im Gegenteil: Dieser Wein ist vom ersten Anblick mit bläulich roten Nuancen bis zum recht warmen Abgang überschwänglich. Seine animalischen Düfte und Aromen hüllen kräftige Aromen ein. Wenn er kein Grand cru wäre, würde man ihn eckig nennen: ein Bauernkönig, der seine Krone nicht einbüßt.

SCEA Dom. Arlaud Père et Fils, 43, rte des Grands-Crus, 21220 Morey-Saint-Denis, Tel. 03.80.34.32.65, Fax 03.80.58.52.09, E-Mail cyprien.arlaud@wanadoo.fr ☑ Y n. V.

DOM. PHILIPPE CHARLOPIN 1999*

■ Gd cru k. A. k. A. 38 à 46 €

Es heißt, dass dieser Clos der «Mozart der Côte de Nuits» sei. Das ist hier der Fall. Eine sanfte, zarte Partitur, die von einem dunklen Rot umhüllt wird und delikate Geruchsempfindungen sowie blumige und vanilleartige Akkorde bietet. Dieser sehr aromatische Wein aus Seide und Spitze entspricht perfekt der Vorstellung, die man sich von ihm macht.

Philippe Charlopin, 18, rte de Dijon, 21220 Gevrey-Chambertin, Tel. 03.80.51.81.18, Fax 03.80.51.81.18 Y n. V.

DOM. HERESZTYN 1999*

■ Gd cru 0,23 ha 1 400 46 à 76 €

Sein voller, tiefer Geschmack ergänzt eine purpurrote Farbe mit bläulich roten Tönen sowie einen Duft von in Alkohol eingelegten Kirschen. Im Mund stützt er sich auf einen guten Holzton, der ausgewogen und gefällig ist: Frucht und Tannine sind in diesem 99er vertreten, der sich mitten im Aufbau, im Werden befindet. Hat nicht sein älterer Bruder, der 97er, im Hachette-Weinführer 2000 eine Liebeserklärung erhalten?

Dom. Heresztyn, 27, rue Richebourg, 21220 Gevrey-Chambertin, Tel. 03.80.34.13.99, Fax 03.80.34.13.99, E-Mail domaine.heresztyn@wanadoo.fr ☑ Y n. V.

REINE PEDAUQUE 1999

■ Gd cru k. A. k. A. 46 à 76 €

Im Unterschied zu seinem enthaupteten Schutzheiligen trägt dieser Saint-Denis den Kopf fest auf den Schultern. Er steigt von den Hautes-Côtes herunter, von der Stiftskirche von Vergy: lebhaftes Granatrot. Er ist animalisch und wild, auf Gewürze ausgerichtet; danach zeigt er sich ziemlich beißend. Seine klare, wuchtige Ansprache lenkt die Debatte auf ein ziemlich fleischiges Gerüst.

Reine Pédauque, Le Village, 21420 Aloxe-Corton, Tel. 03.80.25.00.00, Fax 03.80.26.42.00, E-Mail rpedauque@axnet.fr Y n. V.

Clos de Tart

MOMMESSIN 1999**

■ Gd cru 7,53 ha 20 000 46 à 76 €

64 69 76 78 82 83 84 |85| 86 |88| |89| |90| |93| (95) 96 97 **98 99**

Die Hospitaliter von Brochon schenkten diesen Weinberg 1141 der Abtei Notre-Dame de Tart, einem Ableger von Cluny. Damals trug er noch nicht den Namen Clos de Tart, der wahrscheinlich im 15. Jh. entstand. Er wurde 1932 von der Familie Mommessin erworben und wird heute von Sylvain Pitiot geführt, der mehrere wichtige Bücher über den burgundischen Wein verfasst hat. Der 99er zeigt ein schönes Dunkelrot. Der sehr holzbetonte, empyreumatische Geruchseindruck lässt trotzdem Sauerkirsche und Himbeere erkennen. Der Geschmack bleibt im selben Register: freimütig und robust, sich über recht maßvollen Tanninen entwickelnd. Sein Abgang, in diesem Alter natürlich streng, hält lang an und ist viel versprechend: fünf bis acht Jahre.

Mommessin, Dom. du Clos de Tart, 7, rte des Grands-Crus, 21220 Morey-Saint-Denis, Tel. 03.80.34.30.91, Fax 03.80.24.60.01 ☑ Y n. V.

Clos des Lambrays

DOM. DES LAMBRAYS 1998**

■ Gd cru 8,66 ha 30 000 46 à 76 €

79 81 **82** 83 **85** 88 **89** |90| 92 |93| 94 **95** 96 97 **98**

Dieser Grand cru, der sich zwischen dem Clos de Tart und dem Clos Saint-Denis befindet, ist recht jung, denn er rührt von einer Mitte des 19. Jh. durchgeführten Zusammenlegung von Parzellen her. Der von Mauern umgebene Weinberg, der auf dem Hang bis ganz oben hinauf reicht, verdankt seine Wiedergeburt seinem Chefönologen Thierry Brouin, der hier seit 1980 tätig ist. Der granatrote 98er mit purpurvioletten Reflexen (worüber man sich nicht wundern wird) lässt die Spitze eines reichen, komplexen Dufts erkennen: Kirsche, Brombeere und Pflaume, ein wenig an Vanille erinnernd, wie es sich gehört. Er ist fruchtig und samtig, wobei die Frucht von einer eleganten Mokkanote begleitet wird, und kann einer mindestens fünf- bis achtjährigen Lagerung trotzen. «Seines Ranges würdig», wie ein begeisterter Verkoster schrieb.

Dom. des Lambrays, 31, rue Basse, 21220 Morey-Saint-Denis, Tel. 03.80.51.84.33, Fax 03.80.51.81.97 n. V.

Freund

Chambolle-Musigny

Der Name Musigny allein reicht schon aus, um in einem Orchester am Dirigentenpult zu stehen. Die Gemeinde ist trotz ihrer geringen Größe sehr angesehen und verdankt ihre Berühmtheit der Qualität ihrer Weine und dem guten Ruf ihrer Premiers crus, von denen der bekannteste die Einzellage les Amoureuses ist. «Die Verliebten» – was für ein verheißungsvoller Name! Aber Chambolle besitzt auch noch seine Reblagen les Charmes, les Chabiots, les Cras, les Fousselottes, les Groseilles, les Lavrottes ... Das kleine Dorf mit den schmalen Straßen und den uralten Bäumen beherbergt großartige Weinkeller (Domaine des Musigny). 2000 erreichte die erzeugte Produktionsmenge 6 793 hl, davon 2 385 hl, die als Premier cru eingestuft waren.

Die Weine von Chambolle sind elegant, subtil und feminin; sie vereinen die Kraft der Bonnes-Mares-Weine mit der Feinheit der Musigny-Weine. Es ist ein Übergangsgebiet innerhalb der Côte de Nuits.

DOM. ARLAUD PERE ET FILS 1999**

0,7 ha k. A. 11 à 15 €

Schwarz wie Tinte: Er ist ein Pinot noir. Ein wenig langsam im Kommen. Geduld! Danach was für eine Vielfalt! Gewürze, Vanille, schwarze Johannisbeere ... Sein Tannincharakter ist sehr ausgeprägt, aber das darunter liegende Potenzial besitzt einen außergewöhnlichen Reichtum. Ein Leckerbissen und ein großer Wein zum Lagern.

SCEA Dom. Arlaud Père et Fils, 43, rte des Grands-Crus, 21220 Morey-Saint-Denis, Tel. 03.80.34.32.65, Fax 03.80.58.52.09, E-Mail cyprien.arlaud@wanadoo.fr n. V.

ALBERT BICHOT 1998*

k. A. 10 000 23 à 30 €

«Außerdem muss noch das Auge verführt und umschmeichelt werden», liest man in einem alten Handbuch für Weinproben. Hier haben wir einen seltenen Vogel vor uns, dessen Farbton an die Kirschsorte Cœur de pigeon («Taubenherz») erinnert. Vanille und schwarze Johannisbeere – der Duft kennt seine Klassiker. Das Gerüst lässt an den Bau des Châteaus im Clos de Vougeot denken. Man muss deshalb warten, bis sich der Hintergrund abzeichnet. Mindestens zwei bis drei Jahre einkellern.

Maison Albert Bichot, 6 *bis*, bd Jacques-Copeau, 21200 Beaune, Tel. 03.80.24.37.37, Fax 03.80.24.37.38

SYLVAIN CATHIARD
Les Clos de l'Orme 1999*

0,43 ha 2 500 15 à 23 €

Eine sehr einheitliche Bewertung für diesen Wein, der vor zwei Jahren als 97er zum Lieblingswein gewählt wurde. Er strahlt mit bläulich roten Reflexen und bleibt im Augenblick ziemlich verschlossen, wobei er in erster Linie Anspielungen an seinen Ausbau im Holzfass macht. Trotzdem kam man überein, ihm tiefe Qualitäten zuzuerkennen, denn die Fruchtigkeit ist nicht fern, und die «Grundlage ist gut». Wir setzen auf ihn.

Sylvain Cathiard, 20, rue de la Goillotte, 21700 Vosne-Romanée, Tel. 03.80.62.36.01, Fax 03.80.61.18.21 n. V.

DOM. PHILIPPE CHARLOPIN-PARIZOT 1998**

k. A. k. A. 15 à 23 €

Eine wohl verdiente Liebeserklärung. Dieser einfache «Dorfwein» befindet sich bei weitem auf dem Niveau eines Premier cru. Sehr dunkle Granatfarbe mit bläulichen Reflexen. Begeisterndes Bouquet von Brombeere und schwarzer Johannisbeere als Auftakt für eine maßvolle, konstruktive Herangehensweise. Nichts stört die mustergültige Harmonie dieses Weins, der ganz einfach großartig ist, auch wenn – um genau zu sein – ein Verkoster (der ihm diese Liebeserklärung zuerkannte) darauf hinweis, dass der Abgang noch vom Fass dominiert wird. Bei einer vierjährigen Lagerung wird sich das geben.

⊶ Philippe Charlopin, 18, rte de Dijon, 21220 Gevrey-Chambertin, Tel. 03.80.51.81.18, Fax 03.80.51.81.18 ☑ Y n. V.

F. CHAUVENET 1998*

■ k. A. 9 000 ◖◗ 23 à 30 €

Françoise Chauvenet bleibt in Nuits-Saint-Georges berühmt. «Sie verkostet die Weine wie ein Mann», sagte man von ihr respektvoll. Das war im 19. Jh.; seitdem haben sich die Bedingungen für Frauen verändert. Sie hätte diesen Pinot noir mit der tadellosen Farbe gemocht. Klarheit des Bouquets (Schwarze-Johannisbeer-Knospe), Frische der Frucht (Brombeere), bezaubernde Tannine. Er ist zu einer langen Lagerung fähig und befindet sich auf dem Niveau eines Premier cru. Diese Firma gehört zu den Vins J.-Cl. Boisset.

⊶ F. Chauvenet, 9, quai Fleury, 21700 Nuits-Saint-Georges, Tel. 03.80.62.61.43, Fax 03.80.62.37.38

GUY COQUARD 1999

■ 1er cru 0,49 ha 3 200 ◖◗ 15 à 23 €

Ein guter Wein, um diese Appellation kennen zu lernen, denn seine Frucht, seine Rundheit und sein Fleisch sind typisch. Eine recht starke Konzentration geht einer leichten Härte am Schluss voraus, die die Jahre mildern werden. Dieser 99er von ziemlich mattem Dunkelrot beeindruckt durch sein Bouquet, in dem man auf Orangenschale und Weinbergspfirsich in Sirup stößt. Ein viel versprechender 99er, der sich zu einer gebratenen Taube entfalten kann.

⊶ Guy Coquard, 55, rte des Grands-Crus, 21220 Morey-Saint-Denis, Tel. 03.80.34.38.88, Fax 03.80.51.58.66 ☑ Y n. V.

HENRI FELETTIG 1999*

■ 2,6 ha 9 000 ◖◗ 11 à 15 €

Ein *Glamour*-Wein. Seine nicht sehr intensive Farbe, die aber eine Nuance «zurück zur Natur» enthält, ist die eines Kleids, wie man es in den auf Hochglanzpapier gedruckten Illustrierten sieht. Duft von Himbeere und Schwarze-Johannisbeer-Knospe, ganz im Stil des Faubourg Saint-Honoré. Einschmeichelnder, sanfter Geschmack: Man spürt darin eine Tanninunterstützung, die das Ende des Spiels anzeigt: Die Jugend hält nicht immer ewig lang an.

⊶ GAEC Henri Felettig, rue du Tilleul, 21220 Chambolle-Musigny, Tel. 03.80.62.85.09, Fax 03.80.62.86.41 ☑ Y n. V.

DOM. FOUGERAY DE BEAUCLAIR
Les Veroilles 1999**

■ 0,08 ha 500 ◖◗ 23 à 30 €

Ein sehr schöner, zurückhaltender 99er, der alle Übermäßigkeit vermeidet und ein gutes Beispiel für seine Appellation und seinen Jahrgang ist. Seine wunderbaren Primäraromen erwecken den Eindruck, als würde man den Wein direkt aus dem Fass heraus genießen. Eine Attacke wie diese hier führt zu den schönsten Siegen. Wie raffiniert von ihm, plötzlich die Tonart zu wechseln (von würzigen und pfeffrigen Noten und Kiefer zu schwarzer Johannisbeere oder Heidelbeere), um sich im Mund zu behaupten! Große Kunst und eine gesicherte Zukunft. Nicht weit von einer Liebeserklärung entfernt.

⊶ Dom. Fougeray de Beauclair, 44, rue de Mazy, 21160 Marsannay-la-Côte, Tel. 03.80.52.21.12, Fax 03.80.58.73.83, E-Mail fougeraydebeauclair@wanadoo.fr ☑ Y tägl. 8h–12h 14h–18h

ROBERT GROFFIER PERE ET FILS
Les Hauts-Doix 1999**

■ 1er cru 1 ha 4 500 ◖◗ 30 à 38 €

Dieses Gut flirtet immer mit dem Erfolg. Les Hauts-Doix, eine Nachbarlage von les Amoureuses, sind hier nicht weit von einer Liebeserklärung entfernt. Unter einer dichten, dunklen Farbe erwacht ein Bouquet, in dem Zimt und empyreumatische Noten zu schwarzer Johannisbeere führen. Ein fruchtbetonter Wein von fehlerloser Ausgewogenheit, der solide erscheint, als könne er mindestens ein Jahrhundert auf Sie warten. Der sehr Chambolle-typische **99er Premier cru Les Sentiers** ist in einem guten Holzfass ausgebaut worden; der Holzton ist präsent, ohne den Mund zu überfallen. Wir mögen ihn ebenso sehr.

⊶ SARL Robert Groffier Père et Fils, 3-5, rte des Grands-Crus, 21220 Morey-Saint-Denis, Tel. 03.80.34.31.53, Fax 03.80.34.31.53 ☑ Y n. V.

DOM. A.-F. GROS 1999*

■ 0,39 ha 2 600 ◖◗ 15 à 23 €

Ein Wein von gutem Charakter, männlich, stämmig und eckig. Auf seine Art auch ein Chambolle. Er stammt von mehreren Parzellen, die hier und da verstreut liegen: Fremières, Derrière le Four, Le Pas de Chat und Les Athets, falls Sie die Gegend gut kennen. Unter einem intensiven Rot machen sich recht unternehmungslustige Himbeernoten bemerkbar, danach der Geschmack, von dem oben die Rede war. Der Holzton ist nicht zu stark präsent. Er passt zu Wild oder zu einem Maroilles (fetter Weichkäse aus Kuhmilch).

⊶ Dom. A.-F. Gros, La Garelle, 21630 Pommard, Tel. 03.80.22.61.85, Fax 03.80.24.03.16, E-Mail gros.anne-françoise@wanadoo.fr ☑ Y n. V.

DOM. HERESZTYN 1999**

■ 0,37 ha 2 500 ◖◗ 15 à 23 €

Dieser Wein hat Zukunft. Tiefroter geht es nicht mehr! An der Grenze zu einem Tintenschwarz. Himbeere und Farnkraut streiten sich

um ein komplexes Bouquet. Im Geschmack ist er prächtig; er ist ein wenig schwerfällig, bleibt aber ruhmreich und eroberungslustig. Einem solchen Wein kann das unmöglich Erscheinende gelingen: dass er mit dem Kuhmilchkäse der Abtei La Pierre-qui-Vire und einem Schokoladenkuchen harmoniert. Brombeere und schwarze Johannisbeere von phänomenaler Konzentration und natürlich eine Liebeserklärung.

Dom. Heresztyn, 27, rue Richebourg, 21220 Gevrey-Chambertin, Tel. 03.80.34.13.99, Fax 03.80.34.13.99, E-Mail domaine.heresztyn@wanadoo.fr ☑ Y n. V.

LIGNIER-MICHELOT 1999*

■ 1,4 ha 3 500 11 à 15 €

Ein paar violette Reflexe in einem ziemlich dunklen Rot. Danach decken die Aromen die Karten auf: Der Eindruck ist besonders rassig, mit Tabak, Gewürzen und Brombeere. Dieser reiche, warme, gut gebaute 99er macht seinem Dorf Ehre.

Dom. Lignier-Michelot, 11, rue Haute, 21220 Morey-Saint-Denis, Tel. 03.80.34.31.13, Fax 03.80.58.52.16 ☑ Y n. V.

DOM. MACHARD DE GRAMONT

Les Nazoires 1998**

■ 0,25 ha 1 300 15 à 23 €

Noch kirschrot: ein Haute-Couture-Kleid. Der elegante Duft beginnt mit rauchigen Noten, bevor er sich zu blumigen Düften entfaltet, die ständig von Röstnuancen begleitet werden. Der Geschmack ist nicht sehr kräftig, spiegelt aber den delikaten Charakter der Weine aus dieser Gemeinde gut wider. Ein Wein voller Feinheit und Subtilität, den man bald trinken kann (in zwei bis fünf Jahren).

SCE Dom. Machard de Gramont, Le Clos, rue Pique, BP 105, 21703 Prémeaux-Prissey, Tel. 03.80.61.15.25, Fax 03.80.61.06.39 ☑ Y n. V.

JEAN-PAUL MAGNIEN

Les Sentiers 1999

■ 1er cru 0,41 ha 2 000 15 à 23 €

Auf den ersten Seiten der *Aristocrates,* eines Romans von Michel de Saint-Pierre, leeren die Zwillinge der Familie heimlich den alten Keller und trinken einen Chambolle-Musigny aus der Flasche. Es empfiehlt sich, diesen Wein hier respektvoller zu behandeln. Er verdient es. Mit seiner hellen, klaren Farbe, seinem Duft nach Erdbeere und Früchtekompott und seiner guten Ausgewogenheit, die auf Feinheit setzt, zeigt er eine gute Haltung.

Jean-Paul Magnien, 5, ruelle de l'Eglise, 21220 Morey-Saint-Denis, Tel. 03.80.51.83.10, Fax 03.80.58.53.27 ☑ Y n. V.

DOM. THIERRY MORTET

Les Beaux Bruns 1999

■ 1er cru 0,25 ha 1 500 23 à 30 €

Eine Einzellage im mittleren Teil der Appellation. Liebeserklärung im Hachette-Weinführer 1994, als das Gut der vorangegangenen Familie gehörte (für den 91er). Heller: Wir finden nicht zu unserem Platz. Eine gute Definition des Aromas im Chambolle-Typ. Am Gaumen werden die roten Früchte von einer Fülle und einer leichten Bitternote begleitet, die zwei bis fünf Jahre Lagerung ausradieren werden. Beim **99er «Dorfwein»** (Preisgruppe: 100 bis 149 F) ist Thierry Mortet ein Wein von guter Rasse gelungen, der Ausgewogenheit und Frische verbindet. Sein Bouquet von Brombeere, Heidelbeere, Gewürzen und feinen Holznoten bestätigt eine maßvolle Extraktion.

Dom. Thierry Mortet, 16, pl. des Marronniers, 21220 Gevrey-Chambertin, Tel. 03.80.51.85.07, Fax 03.80.34.16.80 ☑ Y n. V.

JACQUES-FREDERIC MUGNIER

Les Fuées 1998*

■ 1er cru 0,71 ha 2 000 30 à 38 €

Die Reblage les Fuées verlängert den Bonnes-Mares-Hang. Ins Purpurviolette gehendes Purpurrot: Dieser Wein hat ein melodisches Gemüt. Der Duft nach Schwarze-Johannisbeer-Knospen erinnert daran, dass sich die Familie Mugnier lange Zeit in Dijon durch die Herstellung von Likören auszeichnete. Wenn man den Wein im Glas schwenkt, macht sich eine komplexere Frucht bemerkbar. Der Geschmack ist sympathisch, behält aber noch gewisse Geheimnisse für sich. Das lässt Gutes vorhersehen. Weisen wir noch darauf hin, dass das Schloss von Chambolle-Musigny aus dem 18. Jh. stammt.

Jacques-Frédéric Mugnier, Ch. de Chambolle-Musigny, 21220 Chambolle-Musigny, Tel. 03.80.62.85.39, Fax 03.80.62.87.36 Y n. V.

DOM. MICHEL NOELLAT ET FILS

Les Feuillelottes 1999*

■ 1er cru 0,45 ha 1 200 23 à 30 €

Die Art von Flasche, auf die man sich stürzt, sobald man auf sie stößt. Purpurrot mit Tönen von Bigarreau-Kirschen, nach Farnkraut und Kakao duftend (leichter Hefegeruch). Der Wein ist lecker und blumig. Seine Nachhaltigkeit ist zufrieden stellend. Selbstverständlich muss man ein bis zwei Jahre warten, damit sich das Fass weniger stark zu Wort meldet.

SCEA Dom. Michel Noëllat et Fils, 5, rue de la Fontaine, 21700 Vosne-Romanée, Tel. 03.80.61.36.87, Fax 03.80.61.18.10 ☑ Y n. V.

LAURENT ROUMIER 1998*

■ 1,4 ha 5 000 15 à 23 €

«Wer guten Wein trinkt, sieht Gott»: Diese Maxime der Zisterziensermönche, die Nachbarn von Chambolle waren, griff Romain Rolland in seinem Roman *Colas Breugnon* auf. Sie lässt sich hier wunderbar anwenden. Ein 98er von funkelndem Rubinrot, der nach Sauerkirsche und Gewürznelke duftet. Schon beim ersten Kontakt im Mund fasst man Vertrauen. Tiefe und Nachhaltigkeit – alles ist hier vorhanden, zusammen mit viel Eleganz.

Dom. Laurent Roumier, rue de Vergy, 21220 Chambolle-Musigny, Tel. 03.80.62.83.60, Fax 03.80.62.84.10 ☑ Y n. V.

REMI SEGUIN 1998*

■ 0,51 ha k. A. 11 à 15 €

55 Jahre alte Rebstöcke, deren Trauben am 20. September 1998 geerntet wurden, haben diesen Wein geliefert, der den Regeln seiner AOC entspricht. Viel Blau in seiner granatroten Farbe: Das weist auf seine Jugendlichkeit hin. Ein fruchtiger, frischer Duft und ein voller Geschmack, in dem die Jury über den runden, verschmolzenen Tanninen von seidiger Länge einen Hauch von neuem Fass feststellte. Gut für die ersten zehn Jahre des Jahrhunderts.

Rémi Seguin, 19, rue de Cîteaux, 21640 Gilly-lès-Cîteaux, Tel. 03.80.62.89.61, Fax 03.80.62.80.92 n. V.

DOM. HERVE SIGNAUT
Les Sentiers Vieilles vignes 1999**

■ 1er cru k. A. 4 500 15 à 23 €

Einer der Verkoster hätte ihm gern eine Liebeserklärung zuerkannt. Wir haben somit einen Wein mit liebenswürdigem, umgänglichem Geschmack vor uns. Gutes, Schönes, Frucht ... Dieser dunkelrote 99er mit violetter Oberfläche ist sehr aromatisch: Früchte in Alkohol oder sogar Alkohol aus Früchten, die ein maßvoller Holzton bereichert. Die Reblage les Sentiers befindet sich in Richtung Morey, direkt unterhalb der Bonnes-Mares.

Hervé Sigaut, 12, rue des Champs, 21220 Chambolle-Musigny, Tel. 03.80.62.80.28, Fax 03.80.62.84.40 n. V.

DOM. ROBERT SIRUGUE
Les Mombies 1999*

■ 0,3 ha 1 650 15 à 23 €

25 % neue Fässer für diesen noch sehr jungen 99er. Er ist somit vom Holz geprägt, besitzt aber offensichtlich einen guten Stoff. Der kräftige, würzige Duft verbirgt weder die Walderdbeeren noch die Heidelbeeren. Ein Verkoster würde ihn gern «in drei bis vier Jahren zu einem pikanten Gericht wie einer Tagine» (nordafrikanisches Schmorragout) trinken.

Robert Sirugue, 3, av. du Monument, 21700 Vosne-Romanée, Tel. 03.80.61.00.64, Fax 03.80.61.27.57 n. V.

DOM. TAUPENOT-MERME 1998*

■ k. A. 5 000 15 à 23 €

Arm in Arm ziehen wir zur Lese, wie es in einem Lied heißt. Wir hätten die Trauben dieser Rebparzelle gern bis zum Gärkeller begleitet. Intensives Rubinrot, das recht warme Bouquet auf Unterholz und schwarze Früchte ausgerichtet. Ein 98er mit abgerundeten Tanninen und einem ziemlich lang anhaltenden Schlusseindruck. Zu Ente mit Trüffeln oder einem schlichten Filet mignon. Der **98er Premier cru La Combe d'Orveau** (Preisgruppe: 150 bis 199 F) muss warten, bis sich das Fass einfügt; er erhält eine lobende Erwähnung. Erinnert sei noch an die Liebeserklärung, die das Gut im Hachette-Weinführer 1990 für seinen 86er erhielt.

Jean Taupenot-Merme, 33, rte des Grands-Crus, 21220 Morey-Saint-Denis, Tel. 03.80.34.35.24, Fax 03.80.51.83.41, E-Mail domainetaupenot-merme@wanadoo.fr n. V.

HENRI DE VILLAMONT
Les Groseilles 1998**

■ 1er cru 0,67 ha 2 500 23 à 30 €

Die vor kurzem von der Schweizer Gruppe Schenk übernommene Firma erhielt in unserem Weinführer 1989 eine Liebeserklärung für ihren 85er. Purpur- bis granatrot mit zinnoberrotem Schimmer an der Oberfläche. Dieser Wein, an dem man lang riecht (schwarze Johannisbeere, Leder), hat wirklich Substanz. Er ist reich, solide und wohl schmeckend, wie man es nicht besser machen kann. Eine schöne Zukunft ist gesichert.

SA Henri de Villamont, rue du Dr-Guyot, 21420 Savigny-lès-Beaune, Tel. 03.80.24.70.07, Fax 03.80.22.54.31, E-Mail hdv@planetb.fr Mo, Mi–So 10h30–18h; 15. Nov. bis 15. März geschlossen

Bonnes-Mares

Diese Appellation, die 613 hl im Jahre 1999 und 559 hl im Jahre 2000 erzeugte, reicht entlang der Mauer des Clos de Tart in die Gemeinde Morey hinein, aber der größte Teil davon liegt in Chambolle. Dies ist der Inbegriff eines Grand cru. Die Weine von Bonnes-Mares sind voll, weinig und reich und haben eine gute Lagerfähigkeit; nach einer mehrjährigen Alterung passen sie gut zu Wildpfeffer oder Waldschnepfe.

JEAN-LUC AEGERTER 1999

■ Gd cru 0,12 ha 600 46 à 76 €

Ein Weinhändler hat nicht immer die Möglichkeit, sich ein Fass guten Bonnes-Mares zu sichern. Jean-Luc Aegerter, der im Hachette-Weinführer 1998 für den 95er eine Liebeserklärung erhielt, gelingt es häufig und erneut auch in diesem Jahr. Dunkles Purpurrot mit rosaroten Reflexen am Rand der Oberfläche. Der Geruchseindruck ist noch ein wenig «grün». Dieser Wein stützt sich auf eine solide, seriöse Grundlage, aber er ist noch zu jung, um ihn in seinem vollen Wert einschätzen zu können.

Jean-Luc Aegerter, 49, rue Henri-Challand, 21700 Nuits-Saint-Georges, Tel. 03.80.61.02.88, Fax 03.80.62.37.99 n. V.

DOM. ARLAUD 1999*

■ Gd cru 0,2 ha k. A. 30 à 38 €

91 92 (93) |95| |96| |97| 99

Ein 99er von glänzender scharlachroter Farbe, mit einem feinen, lang anhaltenden Duft, der vom Holz geprägt ist, aber rote Früchte erkennen lässt. Ein wenig Vollmundigkeit, eine recht spürbare Säure, ein Hauch von Bitterkeit im Abgang. Er ist tanninreich und streng, wie es sich in seinem Alter gehört. Im Hachette-Weinführer 1997 war er (als 93er) ein Lieblingswein. Eine 20 Ar große Parzelle, die Anfang der 40er Jahre der Familie Valby aus Morey abgekauft wurde.

SCEA Dom. Arlaud Père et Fils, 43, rte des Grands-Crus, 21220 Morey-Saint-Denis, Tel. 03.80.34.32.65, Fax 03.80.58.52.09, E-Mail cyprien.arlaud@wanadoo.fr ☑ Y n. V.

DOM. BART 1999**

■ Gd cru 1,01 ha 2 500 38 à 46 €

Fast drei Sterne. Der Beste. Hier haben wir den *charming grand cru,* von dem Terry Robards in seinem Weinwörterbuch spricht. Er zeigt ein samtiges und dennoch strahlendes Dunkelrot und lässt an Brombeere und in Alkohol eingelegte Früchte denken. Im Mund entlädt er sich voller Eleganz und Feinheit. Ein Wein, der sein Thema wirklich beherrscht und «lange Zeit sehr gut sein wird».

Dom. Bart, 23, rue Moreau, 21160 Marsannay-la-Côte, Tel. 03.80.51.49.76, Fax 03.80.51.23.43 ☑ Y n. V.

DOM. DROUHIN-LAROZE 1999**

■ Gd cru 1,5 ha 4 000 38 à 46 €

95 96 98 **99**

Schon 1921 begann Alexandre Drouhin, der das 1850 entstandene Gut erbte, in diesem Grand cru Parzellen zu erwerben. Sie befinden sich im mittleren Teil, wobei hier einige Rebstöcke von 1928 erhalten geblieben sind! Ein Wein der Haute-Couture, der mit seinem ins Purpurrote gehenden Rubinrot sehr jugendlich wirkt. Er ist noch ein wenig holzbetont, aber man spürt darin bereits Veilchen und Schwarzkirsche. Am Gaumen stellen seine Tannine noch den Rücken auf, aber er besitzt alles von einem Grand cru mit langer, schöner Lagerfähigkeit. Zitieren wir einen Verkoster: «Die Frucht ist deutlich vorhanden, für unsere Neugier und für unseren Genuss.»

Dom. Drouhin-Laroze, 2, rue du Chambertin, 21220 Gevrey-Chambertin, Tel. 03.80.34.31.49, Fax 03.80.51.83.70 ☑ Y n. V.

Bernard Philippe Drouhin

DOM. FOUGERAY DE BEAUCLAIR 1999*

■ Gd cru 1,6 ha 3 000 46 à 76 €

88 89 90 92 |93| |94| |95| 96 **97** 98 99

Für die Kenner: Es handelt sich um einen Bonnes-Mares der Familie Clair, dessen Parzelle sich in Morey-Saint-Denis befindet. Intensive Farbe von Schwarzkirschen. Dieser Wein hat keinen sehr ausladenden Duft, aber man nimmt leicht animalische Noten wahr. Er ist füllig, tanninreich und konzentriert, recht typisch für die Reblage in Richtung Morey. Konzentriert auf eine Frucht, die sich nur noch innerhalb von fünf bis sechs Jahren entfalten muss.

Dom. Fougeray de Beauclair, 44, rue de Mazy, 21160 Marsannay-la-Côte, Tel. 03.80.52.21.12, Fax 03.80.58.73.83, E-Mail fougeraydebeauclair@wanadoo.fr ☑ Y tägl. 8h–12h 14h–18h

ROBERT GROFFIER PERE ET FILS 1999**

■ Gd cru 0,98 ha k. A. 46 à 76 €

(93) 94 96 **97** **98** **99**

Diese fast einen Hektar große Parzelle, die 1933 von der Firma Peloux erworben wurde, ist seit langem Teil des Familienbesitzes. Ein rubinroter Schimmer durchdringt diesen purpur- bis granatroten Wein wie ein Kirchenfenster. Seine Aromen teilen sich zwischen Sauerkirsche und Rose auf und entfalten sich dann zu Traube. Die Ansprache ist über einem wunderbar ausgewogenen Stoff seidig. Stärke und Sanftheit, nicht schlecht! Der Wein hat im Hachette-Weinführer 1996 für seinen 93er eine Liebeserklärung erhalten.

SARL Robert Groffier Père et Fils, 3-5, rte des Grands-Crus, 21220 Morey-Saint-Denis, Tel. 03.80.34.31.53, Fax 03.80.34.31.53 ☑ Y n. V.

LAURENT ROUMIER 1999*

■ Gd cru 0,15 ha 600 46 à 76 €

Dieses kleine Gut, das vor zehn Jahren mit gepachteten Rebparzellen völlig neu aufgebaut wurde, würde man in Kalifornien als *boutique winery* bezeichnen. Die Weine werden hier in Handarbeit hergestellt. Der Inhalt von vier Gärbehältern ergibt hier einen karminroten Bonnes-Mares. Sein recht holzbetontes Bouquet erinnert an Mango und Gewürzpflanzen. Er ist genussvoll und großzügig, einschmeichelnd aufgrund der Feinheit seines anhaltenden Aromas und stützt sich auf eine Struktur, die der Frucht ihre Freiheit lässt, sich zu entfalten.

Dom. Laurent Roumier, rue de Vergy, 21220 Chambolle-Musigny, Tel. 03.80.62.83.60, Fax 03.80.62.84.10 ☑ Y n. V.

Vougeot

Das ist der kleinste Weinbauort an der Côte. Zieht man von seinen 80 ha die 50 ha des Clos de Vougeot sowie die Häuser und die Straßen ab, so bleiben für die Appellation Vougeot nur ein paar Hektar Reben übrig. Dazu gehören mehrere Premiers crus, von denen die bekanntesten der Clos Blanc (Weißweine) und der

Clos de la Perrière sind. Die erzeugte Menge belief sich 2000 auf 710 hl, von denen 163 hl Weißwein waren.

DOM. BERTAGNA

Clos de la Perrière Monopole 1998**

■ 1er cru 2,25 ha 8 500 15 à 23 €

Der Weinberg des alten Steinbruchs, der es den Mönchen von Cîteaux ermöglichte, das Schloss zu errichten und es mit Mauern zu umgeben. Diesen sehr feinen Wein kann man schon jetzt genießen oder ein paar Jahre altern lassen! Die sehr burgundische Farbe ist tief; der komplexe, ein wenig trüffelartige Duft bietet ein paar Noten von Himbeerkonfitüre. Der stark strukturierte Geschmack offenbart eine sehr harmonische Ausgewogenheit. Der Verwalter des Weinguts der Hospices de Beaune kommt von der Domaine Bertagna: Das zeigt, auf welchem Niveau wir hier sind.

Dom. Bertagna, 16, rue du Vieux-Château, 21640 Vougeot, Tel. 03.80.62.86.04, Fax 03.80.62.82.58 n. V.

CHRISTIAN CLERGET

Les Petits Vougeot 1998

■ 1er cru 0,47 ha 2 500 15 à 23 €

Wenn man den Weg hinaufgeht, der zum Schloss führt, befindet sich diese Reblage auf der rechten Seite. Das Gut, das einen bemerkenswerten 97er hatte, präsentiert jetzt seine 98er Version, die ein kräftiges Rubinrot zeigt. Ein schwer zugänglicher Wein, der sehr gut gemacht, aber hermetisch verschlossen ist. Seine ausgewogenen, eleganten Tannine und sein lang anhaltender Abgang erlauben eine günstige Prognose.

Christian Clerget, 10, ancienne RN 74, 21640 Vougeot, Tel. 03.80.62.87.37, Fax 03.80.62.84.37 n. V.

DOM. ROUX PERE ET FILS

Les Petits Vougeot 1998

■ 1er cru 1,2 ha 6 000 23 à 30 €

Das Gut baut eine große Parzelle in der AOC Vougeot an. Dieser achtzehn Monate im Holzfass (zu 30 % neue Fässer) ausgebaute Wein zeigt eine herrliche granatrote Farbe, die tief, strahlend und klar ist, kurz gesagt: viel versprechend. Schon beim ersten Riechen fällt der Holzton auf und bleibt bis zum Abgang erhalten. Man muss drei bis fünf Jahre warten, damit dieser 98er harmonisch verschmilzt, bevor man ihn in einem reifen Alter beurteilen kann. Er kann dann Wild oder Fleisch mit Sauce begleiten.

Dom. Roux Père et Fils, 21190 Saint-Aubin, Tel. 03.80.21.32.92, Fax 03.80.21.35.00 n. V.

Clos de Vougeot

Über diesen Clos ist eigentlich schon alles gesagt! Wie könnte man nicht wissen, dass sich über siebzig Besitzer seine 50 Hektar teilen? 1999 wurden 2 100 hl angemeldet; 2000 waren es 1 896 hl. Eine solche Anziehungskraft ist nicht zufällig: Der Grund dafür ist wohl, dass jedermann ein Stück davon haben will! Natürlich muss man zwischen den Weinen von «oben», denen von der «Mitte» und denen von «unten» unterscheiden; aber die Mönche der Abtei Cîteaux hatten ihren Ort trotzdem gut gewählt, als sie die Umfriedungsmauer für den Weinberg errichteten!

Der zu Beginn des 12. Jh. angelegte Clos erreichte sehr bald seine heutigen Ausmaße; die jetzt bestehende Umfassungsmauer entstand vor dem 15. Jh. Mehr noch als der umfriedete Weinberg selbst, dessen hauptsächliche Attraktivität sich nach den Flaschen bemisst, die ein paar Jahre nach ihrer Erzeugung abgefüllt werden, verdient es das im 12. und 16. Jh. errichtete Château, dass man hier ein wenig verweilt. Der älteste Teil besteht aus dem Lagerkeller, der heute für die Veranstaltungen der Confrérie des Chevaliers du Tastevin, der gegenwärtigen Besitzer des Gebäudes, genutzt wird, und aus dem Gärkeller, wo in jeder der vier Ecken eine wunderschöne historische Traubenpresse steht.

BERTRAND AMBROISE 1999*

■ Gd cru k. A. k. A. 46 à 76 €

Er besitzt eine Farbe, die ein perfekter Glanz belebt. Das Fass prägt noch den Geruchseindruck, der in diesem Stadium ein wenig entwickelt ist. Die Ansprache erweist sich als füllig und kräftig, der Körper als sehr konzentriert, wobei er aber gleichzeitig eine warmherzige Geselligkeit und eine Höflichkeit der Tannine bewahrt, die ihn in vier bis fünf Jahren zu einem Wein machen werden, den man zum Vergnügen trinkt.

Maison Bertrand Ambroise, rue de l'Eglise, 21700 Premeaux-Prissey, Tel. 03.80.62.30.19, Fax 03.80.62.38.69, E-Mail bertrand.ambroise@wanadoo.fr n. V.

PIERRE ANDRE 1998

■ Gd cru 1,09 ha 3 300 +76 €

Diese 1,09 ha große Parzelle stammt von der Erbengemeinschaft Ouvrard. Sie befindet sich oben im Clos, in der Nähe der Grands-Echézeaux, und wurde 1889 von den Liger-Belairs und danach 1933 von Pierre André erworben. Sie liefert einen dunkelrubinroten 98er mit kupferroten Reflexen, der Aromen von Fell und kandierten Früchten bietet. Der Wein besitzt Charme, eine im Geschmack süffige Frucht und einen direkten, wohl schmeckenden Ausdruck. Der länger lagerfähige **99er Reine Pédauque** (Preisgruppe: 250 bis 299 F) stützt sich auf ein gutes Tanninfundament, das nicht die große Feinheit als Reserve verbirgt.

Pierre André, Ch. de Corton-André, 21420 Aloxe-Corton, Tel. 03.80.26.44.25, Fax 03.80.26.43.57, E-Mail pandre@axnet.fr tägl. 10h–18h

CAPITAIN-GAGNEROT 1998

■ Gd cru 0,17 ha 900 38 à 46 €

Eine 17,12 Ar große Parzelle im oberen Bereich. Sie befindet sich seit dem Verkauf durch Léonce Bocquet im Jahre 1920 im Besitz der Familie Capitain. Dieser 98er ist nicht monumental, denn seine Farbe ist ziemlich hell und frisch, und sein Bouquet von Sauerkirsche und Himbeere ist sehr fein. Im Geschmack findet man die gleiche recht gefällige Haltung wieder. Vergessen Sie Wildgerichte und wählen Sie ein Geflügel.

Maison Capitain-Gagnerot, 38, rte de Dijon, 21550 Ladoix-Serrigny, Tel. 03.80.26.41.36, Fax 03.80.26.46.29 n. V.

DOM. PHILIPPE CHARLOPIN 1999*

■ Gd cru k. A. k. A. 38 à 46 €

Oberst Bisson befahl bekanntlich seinen Soldaten, vor dem Clos de Vougeot das Gewehr zu präsentieren. Ebenso können wir diesem recht männlichen, rassigen und fetten 99er zivile Ehren erweisen. Er zeigt einen leuchtenden Farbton; im ersten Geruchseindruck ist er ein wenig pflanzlich und entwickelt sich dann zu roten Früchten. Sicherlich Alkohol, denn man findet eine Note von Weichselschnaps. Seine gute Struktur und seine Länge garantieren ihm acht bis zehn Lebensjahre.

Philippe Charlopin, 18, rte de Dijon, 21220 Gevrey-Chambertin, Tel. 03.80.51.81.18, Fax 03.80.51.81.18 n. V.

DOM. HENRI CLERC ET FILS 1998*

■ Gd cru 0,3 ha 1 582 38 à 46 €

Diese Parzelle, die neben der RN 74 liegt, gehörte früher durch die Firma Piat der britischen Gruppe IDV. Strahlendes, sehr dunkles Granatrot mit goldbraunen Tönen. Dieser 98er hat typische Noten von Leder, Früchten in Alkohol und schwarzer Johannisbeere. Eine ganz leichte Wärme stört nicht die Ausgewogenheit eines echten Grand cru, den man außergewöhnlicherweise jetzt trinken (um seine Neugier zu stillen) oder fünf bis sechs Jahre aufheben kann.

Dom. Henri Clerc et Fils, pl. des Marronniers, 21190 Puligny-Montrachet, Tel. 03.80.21.32.74, Fax 03.80.21.39.60 tägl. 8h30–11h45 14h–17h45

DOM. DROUHIN-LAROZE 1999**

■ Gd cru 1 ha 3 000 38 à 46 €

83 86 |88| 89 91 93 94 **95 96 97** 98 **99**

Nach einer Liebeserklärung im Hachette-Weinführer 2000 für seinen 97er taucht er diesmal erneut im Spitzenfeld auf. Bernard und Philippe Drouhin erzeugen ihren Clos de Vougeot von einer Parzelle, die sich im oberen Teil befindet, in der Nähe des Châteaus. Er ist granatrot mit purpurvioletten Reflexen und besitzt einen Wildgeruch, den Unterholz bereichert. Seine Ansprache ist recht schwungvoll und reich an schwarzen Johannisbeeren. Der Mittelbereich des Geschmacks ist ein wenig zurückhaltend, vom Fass geprägt, aber die Tannine sind erstklassig. Ein Wein mit starkem Potenzial.

Dom. Drouhin-Laroze, 2, rue du Chambertin, 21220 Gevrey-Chambertin, Tel. 03.80.34.31.49, Fax 03.80.51.83.70 n. V.

FAIVELEY 1998**

■ Gd cru 1,28 ha 5 700 46 à 76 €

Drei Parzellen, die sich in den äußersten Ecken des Clos befinden, ermöglichen diese sehr gelungene Synthese, diesen herrlichen Wein. Dieser 98er von strahlender Farbe bietet alle klassischen Aromen: von Trüffel bis Leder und von Heidelbeere bis Pilze. Der fleischige, reiche Wein, der von einem gut dosierten Fass respektiert wird und noch tanninbetont ist, verdient Geduld. In fünf Jahren wird er zu einem kleinen Federwild seine beste Qualität liefern.

Bourgognes Faiveley, 8, rue du Tribourg, 21701 Nuits-Saint-Georges, Tel. 03.80.61.04.55, Fax 03.80.62.33.37, E-Mail bourgognes.faiveley@wanadoo.fr

DOM. FOREY PERE ET FILS 1999*

■ Gd cru 0,4 ha 1 570 30 à 38 €

Dunkelviolett, jung und stark vom neuen Fass geprägt, aber er besitzt schon Noten von roten Früchten. Man darf ihn unter keinem Vorwand vor vier bis fünf Jahren stören. Die Ansprache ist klar und deutlich, während die noch spürbaren Tannine im Schlussgeschmack für eine kleine Bitternote sorgen, wie sie sehr häufig vorkommt.

Dom. Forey Père et Fils, 2, rue Derrière-le-Four, 21700 Vosne-Romanée, Tel. 03.80.61.09.68, Fax 03.80.61.12.63 n. V.

CH. GENOT-BOULANGER 1998

■ Gd cru k. A. k. A. 30 à 38 €

Ein paar ziegelrote Reflexe in einem Granatrot, danach Aromen in einem typischen Register: Tiergeruch, Leder, reife und sogar kandierte Früchte. Im Geschmack ist er streng und introvertiert, wie es sich für einen jungen Grand cru gehört. Ein 98er mit langsamer Entwicklung, der noch vom Fass geprägt ist und fünf bis acht Jahre in einem guten Keller lagern muss.

🔑 SCEV Ch. Génot-Boulanger, 25, rue de Cîteaux, 21190 Meursault, Tel. 03.80.21.49.20, Fax 03.80.21.49.21, E-Mail genot.boulanger@wanadoo.fr
☑ Y n. V.
🔑 Mme Delaby

ALAIN HUDELOT-NOELLAT 1999*

■ Gd cru 0,69 ha 3 800 ⓘ 30 à 38 €

Dunkles Rubinrot mit bläulich rotem Schimmer: Seine Farbe ist sehr jugendlich. Sein Bouquet ist ebenfalls jugendlich und somit nicht sehr offenherzig, wobei es eine Vorliebe für schwarze Johannisbeere, Kakao und feinen Tabak hat. Seiner Frische im Geschmack mangelt es nicht an Nervigkeit, aber der Stoff ist reichhaltig; seine Weinigkeit, seine Fülle und die gute Vereinigung mit dem Holz weisen auf einen viel versprechenden Wein hin. Man kann ihn ab 2005 zu gedünsteter Rehnuss trinken.

🔑 Alain Hudelot-Noëllat, Ancienne rte Nationale, 21640 Chambolle-Musigny, Tel. 03.80.62.85.17, Fax 03.80.62.83.13
☑ Y n. V.

LOUIS JADOT 1999

■ Gd cru 2,2 ha 12 000 ⓘ 46 à 76 €

Die Besitzer der Firma Louis Jadot sind Amerikaner; die Familie Gagey führt den Betrieb mit sicherer Hand. Dieser sehr junge 99er ist nicht extrem mitteilsam. Seine Farbe ist angenehm; sein frischer, diskreter, leicht animalischer Geruchseindruck erinnert auch an Blätter vom Schwarze-Johannisbeer-Strauch. Die Ansprache ist rund, der Geschmack voll, aber die Tannine vom Fassholz müssen noch gebändigt werden. Vier bis sechs Jahre Lagerung.

🔑 Maison Louis Jadot, 21, rue Eugène-Spuller, 21200 Beaune, Tel. 03.80.22.10.57, Fax 03.80.22.56.03, E-Mail contact@louisjadot.com Y n. V.

CH. DE LA TOUR 1998**

■ Gd cru 5,4 ha k. A. ⓘ 46 à 76 €

85 86 87 |88| |89| 90 91 93 94 95 96 97 (98)

Der größte Besitzer innerhalb des Clos meldet sich nachdrücklich zurück: einstimmige Liebeserklärung der Oberjury. Dieser purpurrote Wein mit tiefschwarzen Reflexen interessiert schon beim ersten Kontakt. Sein balsamisch-fruchtiges Bouquet zeugt von einer gewissen Originalität. Seine Fülle ist außergewöhnlich: Der Geschmack stützt sich auf Tannine, die spürbar und zugleich verschmolzen sind; vor allem besitzt er eine Nachhaltigkeit, die Ihnen den Atem raubt. Dieser sehr schöne Wein besitzt den Gehalt, den man von einem Grand cru erwartet.

🔑 Ch. de La Tour, Clos de Vougeot, 21640 Vougeot, Tel. 03.80.62.86.13, Fax 03.80.62.82.72, E-Mail contact@chateaudelatour.com
☑ Y Di–So 10h30–18h30; 30. Nov. bis 1. April geschlossen
🔑 François Labet

LUPE-CHOLET 1998*

■ Gd cru 0,75 ha 3 800 ⓘ 46 à 76 €

Die Firma Lupé-Cholet gehört heute der Firma A. Bichot. Sie präsentiert einen 98er, der sich von den anderen Weinen durch die sehr dunkle, fast schwarze Rubinfarbe nicht unterscheidet. Er ist recht aromatisch und lässt an einen Waldspaziergang, an Unterholz nach dem Regen denken. Am Gaumen sind seine Tannine noch jung, aber sein Gerüst ist schön. Insgesamt zeigt er ein gutes Niveau. Man muss ihn vier bis fünf Jahre aufheben.

🔑 Lupé-Cholet, 17, av. du Gal-De-Gaulle, 21700 Nuits-Saint-Georges, Tel. 03.80.61.25.02, Fax 03.80.24.37.38

CH. DE MARSANNAY 1998**

■ Gd cru 0,21 ha 1 040 ⓘ 46 à 76 €

Ein paar Stimmen fehlten ihm zu einer Liebeserklärung. Dunkles Granatrot mit leicht bernsteinfarbenen Reflexen. Ein 98er mit sehr charakteristischen Trüffelaromen. Seine Säure und seine Tannine vertragen sich wunderbar über Empfindungen von Himbeere und Unterholz, die den großen Wein, den Grand cru, erkennen lassen. Beachtung fand er vor allem wegen seines typischen Charakters. Château de Marsannay ist mit Château de Meursault (Familie Boisseaux) verbunden.

🔑 Ch. de Marsannay, rte des Grands-Crus, BP 78, 21160 Marsannay-la-Côte, Tel. 03.80.51.71.11, Fax 03.80.51.71.12
☑ Y tägl. 10h–12h 14h–18h30

LOUIS MAX 1999

■ Gd cru k. A. 1 300 ⓘ +76 €

Dieser im Fass gut ausgebaute und sogar sehr holzbetonte 99er entscheidet sich für Granatrot. Aromen von Lakritze, schwarzem Tee und roten Beeren bilden seine Leibgarde. Er ist ziemlich fett und vor einem tanninreichen Hintergrund komplex; der würzige Abgang (Lakritze) ist mit schwarzer Johannisbeere und Brombeere verbunden. Wir sehen ihn in vier bis fünf Jahren bei Tisch mit einer Rehkeule.

🔑 Louis Max, 6, rue de Chaux, BP 4, 21700 Nuits-Saint-Georges, Tel. 03.80.62.43.01, Fax 03.80.62.43.16

DENIS MUGNERET ET FILS 1999*

■ Gd cru 0,72 ha 1 800 ⓘ 30 à 38 €

90 93 |94| 95 97 98 99

Die Parzelle, Eigentum der Liger-Belairs in Nuits-Saint-Georges, wird von diesem Gut seit 1969 in Halbpacht bewirtschaftet, wobei das Traubengut geteilt wird. Sie befindet sich an der

Mauer bei der rue de Morland, in Richtung Flagey, im mittleren Teil des Clos. Dieser granatrote 99er mit zinnoberroten Reflexen setzt auf schwarze Johannisbeere, aromatische Kräuter und Kirschwasser. Im Geschmack ist er recht jugendlich; er muss sich binden und bleibt zurückhaltend, obwohl er weinig, lang anhaltend und gut strukturiert ist. In fünf bis acht Jahren kann man ihn zu einem Stück Rindfleisch mit Rotweinsauce servieren.

Denis et Dominique Mugneret, 9, rue de la Fontaine, 21700 Vosne-Romanée, Tel. 03.80.61.00.97, Fax 03.80.61.24.54 n. V.

Liger-Belair

DOM. MICHEL NOELLAT ET FILS 1999*

Gd cru | k. A. | 2 000 | 38 à 46 €

Vermutlich würde man ihn nicht zu Hasenpfeffer, sondern eher zu rotem Fleisch trinken. Dennoch darf man bei diesem 99er nichts überstürzen. Im Augenblick ist er sehr verschlossen, mit Obstschnaps und gekochten Früchten. Die Feinheit und das Bouquet zeigen sich bestimmt erst in acht bis zehn Jahren. Eine gute Säure macht ihn zum Inbegriff eines Lagerweins. Und wenn Sie es ganz genau wissen wollen: Man findet darin einige Veilchennoten!

SCEA Dom. Michel Noëllat et Fils, 5, rue de la Fontaine, 21700 Vosne-Romanée, Tel. 03.80.61.36.87, Fax 03.80.61.18.10 n. V.

DOM. HENRI REBOURSEAU 1998*

Gd cru | 2,21 ha | 9 460 | 46 à 76 €

89 90 92 |93| 94 **95** 96 97 98

Dieser Winzer, der Enkel des ehemaligen Vorsitzenden des Verbands des Clos de Vougeot, hat das Glück, dass er mitten im Grand cru 2,21 Hektar hat. Seit 1915 im Besitz der Familie und nur vier Erbfolgen seit 1110! Ein 98er mit einer recht strahlenden Farbe von schwarzen Kirschen, dessen Trüffel- und Unterholzdüfte einen vollkommen klassischen Charakter besitzen. Er ist noch tanninreich und warm; er stützt sich auf eine solide Grundlage und dürfte in rund drei Jahren seine Ausgewogenheit finden.

NSE Dom. Henri Rebourseau, 10, pl. du Monument, 21220 Gevrey-Chambertin, Tel. 03.80.51.88.94, Fax 03.80.34.12.82, E-Mail rebourseal@aol.com n. V.

LAURENT ROUMIER 1999*

Gd cru | 0,6 ha | 900 | 30 à 38 €

Alexis Lichine merkte an, der Clos de Vougeot sei ein Wein, «der lange andauert, nachdem man ihn getrunken hat». Das gilt auch für diesen Wein hier mit der rubin- bis zinnoberroten Farbe; sein Bouquet hat etwas von Brombeersaft an sich. Diesen Wein von mittlerer Struktur, der aber fruchtig, wohl ausgewogen und wahrscheinlich in einem sehr guten Eichenfass ausgebaut worden ist, kann man in drei bis vier Jahren bestimmt mit Genuss trinken.

Dom. Laurent Roumier, rue de Vergy, 21220 Chambolle-Musigny, Tel. 03.80.62.83.60, Fax 03.80.62.84.10 n. V.

DOM. TORTOCHOT 1998

Gd cru | 0,21 ha | 900 | 38 à 46 €

Die 20,33 ha große Parzelle, die 1955 der Familie Grivelet-Cusset abgekauft wurde, verläuft – wie oft im Clos de Vougeot – lang gestreckt von Ost nach West. Dieser nachtrote 98er entfaltet sehr männliche, wilde Gerüche von Wild und Leder. Im Augenblick stützt er sich auf kräftige Tannine, aber seine Struktur macht ihn zu einem Wein von sehr langer Lagerfähigkeit. Man sollte ihn zwei Jahre aufheben und mit Interesse seine Entwicklung verfolgen.

Dom. Tortochot, 12, rue de l'Eglise, 21220 Gevrey-Chambertin, Tel. 03.80.34.30.68, Fax 03.80.34.18.80 n. V.

Chantal Michel Tortochot

Echézeaux und Grands-Echézeaux

Südlich des Clos de Vougeot erstreckt sich die Gemeinde Flagey-Echézeaux längs der Mauer des Weinbergs und wagt sich bis zum Hügel in das Weinbaugebiet vor. Der Marktflecken selbst liegt im Flachland, ebenso wie das Dorf Gilly (Reblage les Cîteaux), das sich gegenüber dem Clos de Vougeot befindet. Die Weinberge am Fuße des Hügels besitzen die Appellation Vosne-Romanée. Am Hang schließen sich zwei Grands crus an: Grands-Echézeaux und Echézeaux. Ersterer ist rund 9 ha groß, mit mehreren Reblagen, und erzeugte 2000 nur 314 hl, während der Letztgenannte über 30 Hektar bei einer Produktion von 1 363 hl umfasst.

Die Weine dieser beiden Crus, von denen die Grands-Echézeaux die angeseheneren darstellen, sind sehr «burgundisch»: robust, kräftig gebaut und voller Kraft, aber auch sehr teuer. Die Reblagen werden hauptsächlich von den Winzern aus Vosne und Flagey bewirtschaftet.

Echézeaux

JACQUES CACHEUX ET FILS 1999**

Gd cru | 1,07 ha | 4 500 | 38 à 46 €

Das Gut verwendet keine Insektizide in seinen Weinbergen und hat sich für die gezielte Schädlingsbekämpfung mit integriertem Pflanzenschutz entschieden. Ein bemerkenswerter, für seine AOC typischer Grand cru. Farbe von schwarzen Kirschen, Duft von Brombeere und schwarzer Johannisbeere vor einem Vanillehintergrund. Er bietet eine liebenswürdige Ansprache. Nichts missfällt, wenn man sich ihm nähert. Seine Tannine sind harmonisch und sehr gut eingefügt in einen ausgewogenen, lang anhaltenden Geschmack, in dem das Fass nicht fehlt, aber gut gemeistert ist. Fünf bis acht Jahre Lagerung. Herkunft: die Einzellagen En Orveaux und Cruots.

Jacques Cacheux et Fils,
58, Route Nationale, 21700 Vosne-Romanée,
Tel. 03.80.61.01.84, Fax 03.80.61.01.84,
E-Mail cacheux.j.et.fils@wanadoo.fr n. V.

DOM. FRANÇOIS CAPITAIN ET FILS 1999★★

Gd cru 0,32 ha 1 500 38 à 46 €

Jacques Puisais empfiehlt geschmorte Lammkeule mit Zwiebeln, damit der Echézeaux voll zur Geltung kommt. Man darf ihm aufs Wort glauben; dieser Wein macht es möglich, das Wagnis einzugehen. Er ist sehr farbintensiv und klassisch im Duft (schwarze Johannisbeere, Erdbeere, Backpflaume) und besitzt einen sehr diskreten Holzton, der seine beiden Charakterzüge betont: Eleganz und Stärke. Im Geschmack recht typisch und ausgezeichnet: ein großer Wein zum Lagern.

Maison Capitain-Gagnerot,
38, rte de Dijon, 21550 Ladoix-Serrigny,
Tel. 03.80.26.41.36, Fax 03.80.26.46.29
n. V.

DOM. PHILIPPE CHARLOPIN 1999

Gd cru k. A. k. A. 46 à 76 €

Philippe Charlopin kam oft nach Vosne, um sich von dem legendären Henri Jayer Ratschläge und Beurteilungen zu holen. Dieser Wein ist nicht ungeheuer gehaltvoll. In Folge spielt er seinen Charme und seine Zärtlichkeit aus, vor einer gut eingebundenen Vanillekulisse. Seine Farbe ist kräftig und kündigt das hübsche Bouquet an, das an Schlehe und danach an Brombeere erinnert. Man sollte ihn eher zu einem Cîteaux- als zu einem Epoisses-Käse trinken.

Philippe Charlopin, 18, rte de Dijon,
21220 Gevrey-Chambertin, Tel. 03.80.51.81.18,
Fax 03.80.51.81.18 n. V.

CHRISTIAN CLERGET 1998★★

Gd cru 1,1 ha 4 600 23 à 30 €

87 |89| |90| 91 92 93 |94| 95 97 **98**

1870 ließ sich die Familie Clerget 1 km von Château des Clos de Vougeot entfernt nieder. Dieser intensiv rubinrote 98er lässt in der Nase Noten von roter Johannisbeere erkennen. Er erwacht, aber seine Reife kommt erst noch. Eine Empfindung von Ausgewogenheit mildert die notwendige Säure; seine Tannine sind bereits seidig. Die Aromen kehren im richtigen Augenblick zurück.

Christian Clerget, 10, ancienne RN 74,
21640 Vougeot, Tel. 03.80.62.87.37,
Fax 03.80.62.84.37 n. V.

DOM. DUJAC 1999★

Gd cru 0,7 ha 3 600 46 à 76 €

114, 115, 123 und 667: eine 68,72 Ar große Rebparzelle in den Champs Traversins, 100 % Klone, denn Jacques Seysses steht dieser Revolution wohl gesinnt gegenüber, sobald man sie beherrscht. Das Ergebnis zeigt sich hier in einer klugerweise zurückhaltenden Farbe (bei der Extraktion hat man alle Übermäßigkeit vermieden), in einem etwas rauchigen, lakritzeartigen Duft mit blumigen Nuancen und in einem eher harmonischen als kräftigen Geschmack. In Flaschen abgefüllt Sinnlichkeit, wenn man zwei bis drei Jahre wartet.

Dom. Dujac, 7, rue de la Bussière,
21220 Morey-Saint-Denis, Tel. 03.80.34.01.00,
Fax 03.80.34.01.09, E-Mail dujac@dujac.com

Jacques Seysses

FAIVELEY 1998

Gd cru 0,86 ha 3 800 46 à 76 €

Dieser bläulich rote 98er verfügt über ein solides aromatisches Fundament, das Noten von wilden Rosen und Himbeeren enthält. Er ist noch rau, bietet eine freimütige Ansprache und verleiht seiner Entfaltung Fülle. Da aber der Einfluss des Fasses stark ist, sind ein paar Jahre Ausbau unverzichtbar. Herkunft: En Orveaux.

Bourgognes Faiveley, 8, rue du Tribourg,
21701 Nuits-Saint-Georges, Tel. 03.80.61.04.55,
Fax 03.80.62.33.37,
E-Mail bourgognes.faiveley@wanadoo.fr

DOM. FOREY PERE ET FILS 1999★

Gd cru 0,3 ha 1 580 30 à 38 €

Dieses Gut hat lange Zeit den Romanée-Wein des Kanonikus Liger-Bélair vinifiziert. Es stellt hier einen 99er vor, der sehr gute, jugendliche Farbtöne zeigt. Sein zuerst holzbetontes Bouquet erwacht zu schwarzer Johannisbeere und kandierter Kirsche. Eine recht starke Extraktion prägt den Geschmack. Man muss ihn deshalb mehrere Jahre im Keller vergessen, wo er groß werden wird.

Dom. Forey Père et Fils,
2, rue Derrière-le-Four, 21700 Vosne-Romanée,
Tel. 03.80.61.09.68, Fax 03.80.61.12.63
n. V.

DOM. A.-F. GROS 1999★★

Gd cru 0,26 ha 1 400 38 à 46 €

89 **90** 94 96 97 98 **99**

Hier haben wir die erste Ernte des Weinguts von François Parent, der die von seiner Familie übernommenen Reben mit denen von A.-F. Gros vereinigt hat. Dieser unverfälschte Grand cru von dunklem Granatrot erinnert an Brombeere und Heidelbeere. Seine Jugend wird in dichten Tanninen sowie Lakritze- und Mokkanoten erkennbar. Im Geschmack eine schöne Definition eines Weins von großer Lagerfähigkeit.

Dom. A.-F. Gros, La Garelle, 21630 Pommard, Tel. 03.80.22.61.85, Fax 03.80.24.03.16,
E-Mail gros.anne-françoise@wanadoo.fr
n. V.

DOM. GUYON 1999*

■ Gd cru k. A. 1 200 38 à 46 €

85 86 |88| |89| |90| 92 94 95 99

Dieser aus der Einzellage En Orveaux stammende 99er zeigt eine starke Extraktion der Farbstoffe: an schwarze Kirschen erinnernd. Sein Bouquet ist zunächst sehr blumig (Veilchen) und entlädt sich dann, wenn man den Wein im Glas schwenkt, in intensiveren Noten (Leder). Ebenso ist der erste Eindruck im Geschmack liebenswürdig und rund; dann kommen die Tannine mit Nachdruck und sehr dicht. Müssen wir überhaupt noch darauf hinweisen, dass man ihm alle Zeit lassen muss?

EARL Dom. Guyon, 11-16, RN 74, 21700 Vosne-Romanée, Tel. 03.80.61.02.46, Fax 03.80.62.36.56 n. V.

DOM. FRANÇOIS LAMARCHE 1999*

■ Gd cru 1,31 ha 6 700 38 à 46 €

Soll man ihn in zwei bis drei Jahren zum Vergnügen trinken oder in sechs bis sieben Jahren zu Tisch rufen? Das ist eine Frage, die Sie beschäftigen wird. Dieser runde, fette 99er von schönem Granatrot, der nach Schwarzkirsche duftet und eine Mokkanote enthält, kommt aus den Lagen les Cruots und les Champs Traversins. Seine Tannine sind noch spürbar, aber dank seines Volumens darf man auf seine kommende Gunst hoffen. Er hat die erforderlichen Dimensionen dafür. Federwild wird perfekt dazu passen.

Dom. François Lamarche, 9, rue des Communes, 21700 Vosne-Romanée, Tel. 03.80.61.07.94, Fax 03.80.61.24.31 n. V.

DOM. DE LA ROMANEE CONTI 1999***

■ Gd cru 4,67 ha 14 651 +76 €

Seine Verwandtschaft mit dem 90er springt einem förmlich in die Nase und danach in den Mund, aber er besitzt mehr Fett, Fleisch und Stärke, zeigt sich dabei aber sehr fein. Die sehr dunkle Farbe erinnert an schwarze Tulpen. Der überschwängliche, extrem reife Duft führt zu einem Geschmack von seltener Konzentration: die Pinot-noir-Traube in ihrer ganzen Stärke. Es handelt sich um die erste von zwei Lesen, die in den Parzellen des Guts entsprechend der Reife der Trauben vorgenommen wurden. Das etwas weniger konzentrierte Traubengut der zweiten Lese bringt einen Vosne-Romanée Premier cru hervor, dessen erster Jahrgang der 99er ist. Das Gut knüpft damit an eine Praxis an, die es in den 30er Jahren pflegte; der zweite Lesedurchgang erzeugte damals eine Cuvée «Duvault-Blochet» (der Name des Besitzers von La Romanée-Conti im 19. Jh.).

SC du Dom. de La Romanée-Conti, 1, rue Derrière-le-Four, 21700 Vosne-Romanée, Tel. 03.80.62.48.80, Fax 03.80.61.05.72

MONGEARD-MUGNERET 1999*

■ Gd cru 2,16 ha 10 500 30 à 38 €

Ein schönes, 25 ha großes Gut, das unsere Leser gut kennen. Wenn die Jury die Grands crus verkostet, kennt sie nur die Gemeinde, die aber mehrere Grands crus besitzt. Hier hat ein Verkoster den typischen Charakter eines Echézeaux erkannt. Dieser 99er, dessen schöne, echte Pinot-Farbe ohne Auswirkung der Extraktion zu Stande kommt, bietet vollreife Aromen von schwarzen Früchten, danach an der Luft blumige Düfte. Der elegante Geschmack vereinigt die Frucht und das Holz. Dieses dominiert noch (beachten Sie das Alter), aber ohne Unausgewogenheit. Fünf bis acht Jahre lagern.

Dom. Mongeard-Mugneret, 14, rue de la Fontaine, 21700 Vosne-Romanée, Tel. 03.80.61.11.95, Fax 03.80.62.35.75, E-Mail mongeard@axnet.fr n. V.

DENIS MUGNERET ET FILS 1999*

■ Gd cru 0,43 ha 1 800 30 à 38 €

97 98 99

Dieser granatrote Echézeaux mit violetten Reflexen, dessen sehr komplexes Bouquet einen leicht blumigen Hauch mit den klassischen Noten von roten Früchten und einem würzig-toastartigen Holzton verbindet, hält sich in vollkommener Ausgewogenheit. Er zeigt eine schöne, große Länge und stützt sich auf gut eingefügte Tannine, wobei der Holzton noch im Abgang dominiert. Vorzugsweise zu weißem Fleisch bestimmt, merkte die Jury an.

Denis et Dominique Mugneret, 9, rue de la Fontaine, 21700 Vosne-Romanée, Tel. 03.80.61.00.97, Fax 03.80.61.24.54 n. V.

DOM. DES PERDRIX 1998*

■ Gd cru 1,15 ha 4 553 46 à 76 €

Bertrand Devillard und seine Frau (Antonin Rodet) haben dieses Gut 1996 erworben. Dieser 98er, der hier vollkommen am richtigen Ort ist, braucht offensichtlich ein wenig Zeit, um sich zu entfalten und zu verfeinern. Er ist dunkelrubinrot und nimmt mit schwarzen und roten Johannisbeeren Gestalt an; das Fass zeigt sich nach der Deutlichkeit der Ansprache noch ein wenig streng. Die Länge seiner dichten Tannine mit Lakritzearoma ist viel versprechend.

B. et C. Devillard, Dom. des Perdrix, Ch. de Champ Renard, 71640 Mercurey, Tel. 03.85.98.12.12, Fax 03.85.45.25.49 n. V.

DOM. JACQUES PRIEUR 1998*

■ Gd cru 0,35 ha 1 150 46 à 76 €

Das große Gut, das in den burgundischen Appellationen oft mit Liebeserklärungen bedacht wurde, war mit diesem heiklen Jahrgang sehr erfolgreich. Er zeigt ein dunkles Violett, fast wie eine mondlose Nacht, und besitzt einen sehr jung gebliebenen Duft, der an Traubenmost, Kirsche, Brombeere und Heidelbeere sowie mit genug Zurückhaltung an das Fass erinnert. Er ist fruchtig, mit dichten, reifen Tanninen, die in ein Fleisch wie von Rubens eingehüllt sind, und hinterlässt einen runden

Geschmackseindruck. Schöne Textur. Man sollte ihn zwei bis fünf Jahre altern lassen.
🔑 Dom. Jacques Prieur, 6, rue des Santenots, 21190 Meursault, Tel. 03.80.21.23.85, Fax 03.80.21.29.19 ☑ 🍷 n. V.

DOM. FABRICE VIGOT 1999*

■ Gd cru 0,59 ha 1 200 ⓘ 46 à 76 €

90 91 92 93 |94| 96 97 99

Die runde und zugleich gut strukturierte Ansprache führt zu einem vollen, vornehmen Geschmack von hübscher Dichte. Wir haben es begriffen: Dieser Wein ist interessant, sogar komplex. Die Säure, die Tannine und der Alkohol haben deutliche Verbindungen untereinander, aber am Ende bleibt noch Wein im Mund übrig. Die Lebkuchen- und Zimtaromen dominieren über eine diskrete Note von eingemachten roten Früchten. Der Anblick ist normal in diesen Zeiten einer satten Farbe.
🔑 Dom. Fabrice Vigot, 20, rue de la Fontaine, 21700 Vosne-Romanée, Tel. 03.80.61.13.01, Fax 03.80.61.13.01 ☑ 🍷 n. V.

Grands-Echézeaux

JOSEPH DROUHIN 1998**

■ Gd cru 0,47 ha 2 100 ⓘ +76 €

Henri Vincenot? Das war sein bevorzugter Wein, und er besaß weiß Gott burgundische Geschmacksknospen! Rote Früchte und neues Fass beherrschen diesen 98er von recht dunkler, glänzender Farbe. Der in der Ansprache großzügige und freimütige Geschmack balanciert seine Aromen von reifen Früchten um feine, verschmolzene Tannine herum gut aus. Schöne Reichweite. Nach zwei bis drei Jahren Lagerung kann man ihn fünf Jahre lang servieren.
🔑 Joseph Drouhin, 7, rue d'Enfer, 21200 Beaune, Tel. 03.80.24.68.88, Fax 03.80.22.43.14, E-Mail maisondrouhin@drouhin.com 🍷 n. V.

DOM. F. MARTENOT 1998**

■ Gd cru k. A. 946 ⓘ 30 à 38 €

HDV Distribution gehört zu den Filialen der Schweizer Gruppe Schenk (Martenot, de Villamont). Ist dieser Echézeaux groß? Mit Sicherheit. Ein Wein, der beweist, dass der Weinhandel, der die Jungweine selbst ausbaut, Wunder bewirken kann. Klare Erscheinung, eindeutiger Duft (Kirsche, Lakritze, Vanille) und Geschmack von hinreißender Komplexität. Ein großer Wein mit starkem Potenzial. Der **99er** präsentiert sich sehr gut.
🔑 HDV Distribution, rue du Dr-Barolet, ZI Beaune-Vignolles, 21209 Beaune Cedex, Tel. 03.80.24.70.07, Fax 03.80.22.54.31, E-Mail hdv@planetb.fr 🍷 n. V.

DOM. MONGEARD-MUGNERET 1999*

■ Gd cru 0,9 ha 5 000 ⓘ 46 à 76 €

Sein älterer Bruder, der 91er, erhielt vier Jahre später eine Liebeserklärung. Der zeitliche Abstand wird geringer: Das ist ein wenig schade für die Verkostung, kommt aber der tatsächlichen Situation auf dem Markt näher. Dieser Wein von schöner, kräftiger Farbe, der bis jetzt recht holzbetont ist, überlässt roten Früchten das Wort. Strukturiert, aber rund, kräftig, aber harmonisch: Er ist gehaltvoll. «Jung zu Kalbsragout, älter zu einem Schmorbraten mit Karotten.» Der genießerische Verkoster, der diese Kombinationen empfahl, gehört zu denen, die im burgundischen Weinbau den Ton angeben.
🔑 Dom. Mongeard-Mugneret, 14, rue de la Fontaine, 21700 Vosne-Romanée, Tel. 03.80.61.11.95, Fax 03.80.62.35.75, E-Mail mongeard@axnet.fr ☑ 🍷 n. V.

Vosne-Romanée

Hier bleibt ebenfalls die burgundische Gepflogenheit gewahrt: Der Name Romanée ist bekannter als der von Vosne. Was für ein schönes Gespann! Ebenso wie Gevrey-Chambertin enthält diese Gemeinde eine Vielzahl von Grands crus; aber daneben gibt es noch berühmte Einzellagen wie les Suchots, les Beaux-Monts, les Malconsorts und viele weitere. 1999 erzeugte die Appellation Vosne-Romanée 5 030 hl; im Jahre 2000 waren es 6 860,76 hl.

DOM. CHARLES ALLEXANT ET FILS 1999*

■ 0,25 ha 1 500 ⓘ 11 à 15 €

Charles Allexant, Branntweinbrenner, kaufte hier 1957 seine erste Rebparzelle. Heute umfasst das Gut vierzehn Hektar. Sein Vosne von lebhafter, kräftiger Farbe hält sich gut auf den Beinen. Er scheint für das Geburtstagsessen von Obelix gemacht zu sein. Während der Verkostung gelangt man von Leder zu Kirschen in Alkohol. Der Geschmack ist klar, strukturiert und voll. Seine Eleganz und sein an Lakritze erinnernder Abgang hinterlassen nur gute Erinnerungen und versprechen eine große Zukunft.
🔑 SCE Dom. Charles Allexant et Fils, rue du Château, Cissey, 21190 Merceuil, Tel. 03.80.26.83.27, Fax 03.80.26.84.04 ☑ 🍷 Mo–Fr 8h–12h 13h30–18h; Sa, So n. V.

JACQUES CACHEUX ET FILS
Les Suchots 1999★★

■ 1er cru 0,43 ha 2 500 ⅢⅠ 30 à 38 €

Unter seiner samtigen granatroten, fast schwarzen Farbe ein Vosne mit noch verschlossenem Bouquet: ein wenig animalisch, Sauerkirsche an der Luft, Schwarze-Johannisbeer-Knospe. Er ist ein Beispiel für eine starke Extraktion (Kraft, Konzentration) und besitzt auch Volumen und «Fett», wobei das Ganze für einen tanninreichen Stoff ohne Härte sorgt. Ein spezieller Stil, aber auch Garantie für eine glückliche Alterung (fünf bis zehn Jahre oder noch länger).

🔑 Jacques Cacheux et Fils, 58, Route Nationale, 21700 Vosne-Romanée, Tel. 03.80.61.01.84, Fax 03.80.61.01.84, E-Mail cacheux.j.et.fils@wanadoo.fr ☑ Y n. V.

SYLVAIN CATHIARD
Aux Malconsorts 1999★

■ 1er cru 0,74 ha 4 800 ⅢⅠ 30 à 38 €

Lesen wir ganz einfach einen der Degustationszettel vor, der der allgemeinen Beurteilung entspricht: «Ein sehr feiner, sehr angenehmer Wein mit gut verschmolzenen Tanninen, schöne Länge im Geschmack, geschickt dosiertes neues Fass und Lust, mehr davon zu trinken.» Die Düfte von schwarzer Johannisbeere und Vanille entsprechen der sehr tiefen roten Farbe. Wir empfehlen auch den **99er En Orveaux** (Preisgruppe: 150 bis 199 F), der elegant, sehr bouquetreich und gehaltvoll ist.

🔑 Sylvain Cathiard, 20, rue de la Goillotte, 21700 Vosne-Romanée, Tel. 03.80.62.36.01, Fax 03.80.61.18.21 ☑ Y n. V.

CHRISTIAN CLERGET
Les Violettes 1998

■ 0,38 ha 2 000 ⅢⅠ 11 à 15 €

«Vornehm – er besitzt alle Feinheiten und Qualitäten seiner Rasse», notierte ein Verkoster. Er ist stattlich und robust, auf gute Tannine gestützt, und hüllt sich in eine sehr jugendliche Farbe, die ein anderer Juror als «burgundisches Rubinrot» bezeichnete. Man muss ihn zwei bis drei Jahre im Keller schlummern lassen und dann nachschauen, ober er noch weiter lagern sollte.

🔑 Christian Clerget, 10, ancienne RN 74, 21640 Vougeot, Tel. 03.80.62.87.37, Fax 03.80.62.84.37 ☑ Y n. V.

FRANÇOIS CONFURON-GINDRE
Les Chaumes Vieilles vignes 1999

■ 1er cru 0,37 ha 1 350 ⅢⅠ 15 à 23 €

Der **99er Les Beaumonts** wird bei diesem Erzeuger gleich bewertet wie dieser Chaumes von hübschem Rubinrot, mit einem mineralischen Duft, der sich nach und nach zu roten Früchten hin entwickelt. Der Eindruck am Gaumen dreht sich um gekochte Früchte und Tannine, die noch humaner werden müssen.

🔑 François Confuron-Gindre, 21700 Vosne-Romanée, Tel. 03.80.61.20.84, Fax 03.80.62.31.29 ☑ Y n. V.

DOM. FOUGERAY DE BEAUCLAIR
Les Damodes 1999★★

■ 0,2 ha 1000 ⅢⅠ 23 à 30 €

Vosne-Romanée ist durchaus die «Perle der Mitte». Als Beweis dafür mag dieser Wein dienen, der von der Einzellage les Damodes, an der Grenze zu Nuits-Saint-Georges, stammt. Seine Farbe ist sehr tief, mit purpurvioletten Reflexen. Der Duft ist ganz auf die Frucht ausgerichtet, fein und angenehm. Der kräftig gebaute Geschmack hinterlässt eine Empfindung von Himbeere. Ein schöner, «natürlicher» Wein, mit der leichten Bitternote der Tannine, die in zwei Jahren verschmelzen dürften.

🔑 Dom. Fougeray de Beauclair, 44, rue de Mazy, 21160 Marsannay-la-Côte, Tel. 03.80.52.21.12, Fax 03.80.58.73.83, E-Mail fougeraydebeauclair@wanadoo.fr ☑ Y tägl. 8h–12h 14h–18h

ALEX GAMBAL Les Suchots 1998★

■ 1er cru k. A. 900 ⅢⅠ 30 à 38 €

Der aus den USA stammende Alex Gambal hat sich 1997 in Beaune als Weinhändler niedergelassen. Seit 1999 stellt er selbst Weine her. Es handelt sich hier um einen 98er, der sich angenehm präsentiert: noch vom Fass bestimmt, aber zu Lebkuchen und Brombeere entfaltet. Sein recht strenger, kräftiger Stil legt eine gute Lagerung nahe, denn er ist ein im Werden begriffener Wein, der nicht alle seine Karten aufgedeckt hat.

🔑 EURL maison Alex Gambal, 4, rue Jacques-Vincent, 21200 Beaune, Tel. 03.80.22.75.81, Fax 03.80.22.21.66, E-Mail agbeaune@aol.com ☑ Y n. V.

BLANCHE ET HENRI GROS 1999

■ 0,49 ha 1 200 ⅢⅠ 15 à 23 €

Die Farbe des Jahrgangs umhüllt ihn. Der Duft seiner Jugend öffnet nicht sein Herz, denn der Holzton überdeckt die wenigen Noten von reifen Früchten und Veilchen. Der Geschmack gehört zu einer sehr modernen Welt, über einem schönen Tanninfundament, das noch vom Fass dominiert wird. Fünf bis zehn Jahre werden es der Pinot-Traube ermöglichen, besser zum Ausdruck zu kommen.

🔑 Henri Gros, 21220 Chambœuf, Tel. 03.80.51.81.20, Fax 03.80.49.71.75 ☑ Y n. V.

DOM. A.-F. GROS Aux Réas 1999★★

■ 1,65 ha 9 300 ⅢⅠ 15 à 23 €

Anne-Françoise Parent-Gros, die im letzten Jahr beim Richebourg eine Liebeserklärung erhielt, nutzt die Einzellage les Réas, die von der Familie Gros seit mehr als einem Jahrhundert bewirtschaftet wird. Dieser dunkelrote, am Rand purpurrote Wein bietet ein paar Anklänge an Unterholz und einige blumige Nuancen, bevor er den Gaumen erfüllt. Er ist konzentriert und sehr vollständig und besitzt über einem Himbeeraroma Feuer und Präsenz. Eine lange Lagerfähigkeit ist garantiert. Der **99er Clos de la Fontaine** erhält einen Stern.

Dom. A.-F. Gros, La Garelle, 21630 Pommard, Tel. 03.80.22.61.85, Fax 03.80.24.03.16, E-Mail gros.anne-françoise@wanadoo.fr
n. V.

MICHEL GROS

Clos des Réas Monopole 1999**

■ 1er cru 2,12 ha 13 000 30 à 38 €

Michel Gros bewirtschaftet diesen Weinberg seit 1978. Er hat hier einen **99er «Dorfwein»** von guter Haltung (Preisgruppe: 100 bis 149 F) und diesen Clos des Réas vorgestellt, der sich in ein dunkles Granatrot mit violetten Reflexen hüllt. Der Duft ist über einem Holzton ganz auf sehr reife schwarze Früchte, hellen Tabak und Lebkuchen ausgerichtet. Er bietet einen stark extrahierten Stoff, wie ihn auch die Ansprache und danach die Entwicklung über einer Struktur mit dichten, samtigen Tanninen zeigen. Man muss diesen Wein vier bis fünf Jahre aufheben, bevor man ihn zu einem Entenbraten mit Sauerkirschen serviert.

Dom. Michel Gros, 7, rue des Communes, 21700 Vosne-Romanée, Tel. 03.80.61.04.69, Fax 03.80.61.22.29 n. V.

DOM. GROS FRERE ET SŒUR 1999*

■ 3,72 ha 27 200 15 à 23 €

Ein hübscher, gut gearbeiteter Wein. Er kommt von einem der vielen Gros-Güter in Vosne-Romanée. Die intensive, strahlende Farbe ist purpurviolett. An der Luft kommen Gerüche von Unterholz und Buchsbaum zum Vorschein, von Brombeeren begleitet. Tiergeruch ist nicht fern. Die Tannine sind schon sehr umgänglich. Die Gesamtharmonie wird vom «Fett» und von der Länge beherrscht. Trinkreif, aber sein Leben wird noch lang dauern.

SCE Gros Frère et Sœur, 6, rue des Grands-Crus, 21700 Vosne-Romanée, Tel. 03.80.61.12.43, Fax 03.80.61.34.05 n. V.
Bernard Gros

DOM. GUYON

Les Charmes de Mazières 1999*

■ 0,2 ha 1 200 23 à 30 €

Liebeserklärung in den letzten beiden Jahren für den 97er und den 98er Les Orveaux: Dieses Gut gehört zu den Großen. Diese Sondercuvée ist eine Parzellenauslese. Der 99er präsentiert sich mit den klassischen Merkmalen, einem rötlichen und violetten Schwarz und Aromen von geröstetem Brot, die danach von der Frucht geprägt wurden. Das Fass gerät nicht in Vergessenheit, denn im Augenblick überdeckt es die Fülle und den Reichtum. Aber dieser Wein hat eine gesicherte Zukunft.

EARL Dom. Guyon, 11-16, RN 74, 21700 Vosne-Romanée, Tel. 03.80.61.02.46, Fax 03.80.62.36.56 n. V.

HUDELOT-NOELLAT

Les Malconsorts 1999**

■ 1er cru 0,14 ha 900 23 à 30 €

Wie könnte man sich nur das Vergnügen versagen, das uns dieser Wein bietet! Unter einem sehr intensiven Rubinrot, das fast schwarz erscheint, spielen die Aromen Ringelreihen: Veilchen und schwarze Johannisbeere, die sich an der Hand halten. Er besitzt einen perfekten, vollständigen Körper, dessen Ausgewogenheit dem Zauber der Emotion in keiner Weise schadet. Sind les Malconsorts nicht die nächsten Nachbarn von La Tâche? Beachten Sie auch den **99er Les Suchots,** der sehr gut ist; ein Stern belohnt seinen exquisiten aromatischen Ausdruck.

Alain Hudelot-Noëllat, Ancienne rte Nationale, 21640 Chambolle-Musigny, Tel. 03.80.62.85.17, Fax 03.80.62.83.13
n. V.

DOM. CHANTAL LESCURE

Les Suchots 1999*

■ 1er cru 0,4 ha 2 400 23 à 30 €

Dieser Suchots zeugt von einer sehr schönen Extraktion der Farbe (dunkles Kirschrot mit bläulich roten Nuancen) und der Aromen (Brombeere, Heidelbeere). Der Wein trägt noch den Stempel des Fasses mit Tabaknoten, mit denen sich die erwähnten schwarzen Früchte vermischen. Viel Potenzial und eine notwendige Lagerung. Wildschwein in seiner Jugend, danach Schnepfe.

Dom. Chantal Lescure, 34 A, rue Thurot, 21700 Nuits-Saint-Georges, Tel. 03.80.61.16.79, Fax 03.80.61.36.64, E-Mail contact@domaine-lescure.com
n. V.

BERTRAND MACHARD DE GRAMONT Aux Réas 1998

■ 0,53 ha 1 800 15 à 23 €

2001 zieht der Keller um. Dieser Wein muss noch reifen. Er bietet im Anblick eine ausgezeichnete Erscheinung. In der Nase recht warme Gewürz- und Schokoladennuancen. Danach macht sich im Mund der Reichtum der Struktur bemerkbar. Seine Tannine sind bereits stark umhüllt, während der Wein eine jugendliche Haltung bewahrt.

Bertrand Machard de Gramont, 13, rue de Vergy, 21700 Nuits-Saint-Georges, Tel. 03.80.61.16.96, Fax 03.80.61.16.96
n. V.

DOM. MONGEARD-MUGNERET

Les Orveaux 1999**

■ 1er cru 1,08 ha 7 000 23 à 30 €

Eine Einzellage in Flagey-Echézeaux, von der ein Teil als Grand cru (Echézeaux) eingestuft ist. Hier haben wir einen schönen, zukunftsreichen

Wein, der gut dem 99er Jahrgang entspricht. Rubinrote Reflexe innerhalb einer vollkommenen Klarheit, im Augenblick recht ausgeprägtes Vanillearoma, gute Ansprache, reicher Stoff, angeborene Eleganz. Wenn er im Abgang noch ein wenig lebhaft ist, sollten Sie ihm die Möglichkeit lassen, in einem guten Keller harmonisch zu verschmelzen und sich voll zu entfalten.
➡ Dom. Mongeard-Mugneret,
14, rue de la Fontaine, 21700 Vosne-Romanée,
Tel. 03.80.61.11.95, Fax 03.80.62.35.75,
E-Mail mongeard@axnet.fr ☑ Y n. V.

DENIS MUGNERET ET FILS 1999*

■ 1,5 ha 9 000 ⅠⅠ 15 à 23 €

Das kräftige Rubinrot erstrahlt mit seinem ganzen Glanz. Der Geruchseindruck ist zurückhaltender; er kündigt einen Geschmack an, der aufgrund seiner Noten von schwarzer Johannisbeere, Unterholz und roten Früchten delikat, aber gut strukturiert und noch jung ist. Das Niederwild, das ihn einmal begleitet, ist noch nicht geboren.
➡ Denis et Dominique Mugneret,
9, rue de la Fontaine, 21700 Vosne-Romanée,
Tel. 03.80.61.00.97, Fax 03.80.61.24.54
☑ Y n. V.

DOM. MICHEL NOELLAT ET FILS
Les Suchots 1999*

■ 1er cru 1,37 ha 3 900 ⅠⅠ 23 à 30 €

Wir mochten den **99er Les Beaux Monts** ebenso sehr wie diesen Suchots. Der 92er und der 93er wurden übrigens zu Lieblingsweinen gewählt. Eine schöne Erfolgstradition. Dieser 99er von der Farbe schwarzer Kirschen, mit Trüffel- und Kaffeenoten, bietet sehr dichte Tannine, die aber schon gut verschmolzen sind und lang anhalten: Der Kaffee kehrt im Nasen-Rachen-Raum zurück, unmittelbar vor den in Alkohol eingelegten Sauerkirschen. Stil «Altfrankreich». Man sollte ihn nicht vor fünf Jahren aufmachen und ihn dann zu einer Rehkeule servieren.
➡ SCEA Dom. Michel Noëllat et Fils,
5, rue de la Fontaine, 21700 Vosne-Romanée,
Tel. 03.80.61.36.87, Fax 03.80.61.18.10
☑ Y n. V.

DOM. DES PERDRIX 1998*

■ 1,05 ha 5 168 ⅠⅠ 30 à 38 €

Die 1996 von der Firma Antonin Rodet übernommene Domaine des Perdrix bietet einen 98er mit sehr dichter Farbe ohne das geringste Anzeichen einer Entwicklung. Der Geruchseindruck bleibt zurückhaltend, bis blumige Nuancen zum Vorschein kommen. Der runde, anhaltende Körper zeigt eine leichte Adstringenz der Tannine. Er strahlt dennoch aus und wird in vier bis fünf Jahren für lange Zeit volle Befriedigung schenken: Dann verdient er einen Kapaun.
➡ B. et C. Devillard, Dom. des Perdrix,
Ch. de Champ Renard, 71640 Mercurey,
Tel. 03.85.98.12.12, Fax 03.85.45.25.49
☑ Y n. V.

DOM. ROBERT SIRUGUE
Les Petits Monts 1999*

■ 0,6 ha 3 300 ⅠⅠ 23 à 30 €

Ein schöner, gut gebauter Wein von intensivem, strahlendem Rubinrot. Zwar dominiert in der Aromenpalette der Holzton, was ihn ein wenig monolithisch macht, aber man erkennt eine Schwarze-Johannisbeer-Note und eine sehr wirkungsvolle blumige Nuance. Der weite, volle Geschmack ist schon samtig, auch wenn ihn das Fass beherrscht. Nach einer vier- bis fünfjährigen Lagerung wird er harmonisch verschmelzen, ebenso wie beim **99er «Dorfwein»** (Preisgruppe: 100 bis 149 F), der wegen der schönen Reife seines Traubenguts lobend erwähnt wird.
➡ Robert Sirugue, 3, av. du Monument,
21700 Vosne-Romanée, Tel. 03.80.61.00.64,
Fax 03.80.61.27.57 ☑ Y n. V.

Richebourg, La Romanée, La Romanée-Conti, Romanée-Saint-Vivant, La Grande Rue, La Tâche

Alle sind Spitzenlagen, eine angesehener als die andere, so dass es sehr schwer fallen würde, die beste davon anzugeben! Sicherlich genießt der Romanée-Conti das größte Ansehen; in der Geschichte findet man viele Zeugnisse für die «erlesene Qualität» dieses Weins. Die berühmte Reblage la Romanée war bei den Mächtigen des Ancien Régime sehr begehrt: So etwa gelang es Madame Pompadour nicht, sich gegen den Fürsten Conti durchzusetzen, der den Weinberg 1760 erwerben konnte. Bis zum letzten Weltkrieg blieben die Reben in den Lagen Romanée-Conti und La Tâche ungepfropft und wurden gegen Rebläuse mit Schwefelkohlenstoff behandelt. Aber dann musste man die Rebstöcke ausreißen; die erste Lese von den neuen Gewächsen fand 1952 statt. Der Romanée-Conti, der in einem 1,8 ha großen Weinberg in Alleinbesitz erzeugt wird, bleibt einer der berühmtesten und teuersten Weine der Welt.

La Romanée umfasst eine Anbaufläche von 0,83 ha, Richebourg 8 ha, Romanée-Saint-Vivant 9,5 ha und La Tâche etwas mehr als 6 ha. Wie bei allen Grands crus liegen die Produktionsmengen je nach Jahrgang bei 20 bis 30 hl pro Hektar. 2000 erzeugten diese Grands crus zusammen nicht mehr als 920 hl, davon Richebourg 292 hl und Romanée-Saint-Vivant 284,48 hl. La Grande Rue wurde durch den Erlass vom 2. Juli 1992 als Grand cru anerkannt.

Richebourg

DOM. A.-F. GROS 1999**

■ Gd cru 0,6 ha 3 100 +76 €

89 90 **91** 92 |93| |94| (96) 97 **98 99**

Da dieses Gut schon viermal mit einer Liebeserklärung beim Richebourg ausgezeichnet wurde, gehört es zu den ganz Großen! Intensiv und weinig von der Farbe bis zum Bouquet, das an Kaffeebohnen erinnert. Ein homerischer Wein von beeindruckender Extraktion. Beachten Sie, dass die Grands crus nie allein verkauft werden, sondern nur in Begleitung. Diese Praxis war vor 200 Jahren beim Tokajer üblich.

Dom. A.-F. Gros, La Garelle, 21630 Pommard, Tel. 03.80.22.61.85, Fax 03.80.24.03.16, E-Mail gros.anne-francoise@wanadoo.fr
☑ Y n. V.

ALAIN HUDELOT-NOELLAT 1999***

■ Gd cru 0,28 ha 1 500 +76 €

Richebourg? Ein solcher Name füllt allein schon das Glas aus. Diese sieben *Ouvrées* haben einen prächtigen 99er geliefert, der von der Oberjury einstimmig zum Lieblingswein gewählt wurde. Rubinrot mit granatroter Nuance. Der tiefe, komplexe, sanfte Duft bietet gewürzte reife Früchte. Ein warmer Wein. Holzbetont, wie es sein muss (d. h. in vernünftigem Maße) und lang lagerfähig. Er hat ein breites Kreuz und ungeheuren Charme: mit einem Wort Größe.

Alain Hudelot-Noëllat, Ancienne rte Nationale, 21640 Chambolle-Musigny, Tel. 03.80.62.85.17, Fax 03.80.62.83.13
☑ Y n. V.

DENIS MUGNERET ET FILS 1999

■ Gd cru 0,52 ha 1 200 +76 €

|93| 94 95 96 97 98 99

Ein hermetisch verschlossener Wein von sagenhafter Strenge. Wirklich ein für das Wachkorps (d. h. die Lagerung) gebauter Körper. Jugendlich und auf sich selbst konzentriert – er versucht seine Stärke zu beherrschen. Denken Sie an ihn nicht vor mindestens fünf Jahren. Der 93er wurde zum Lieblingswein gewählt.

Denis et Dominique Mugneret, 9, rue de la Fontaine, 21700 Vosne-Romanée, Tel. 03.80.61.00.97, Fax 03.80.61.24.54
☑ Y n. V.

Romanée-Saint-Vivant

DOM. FOLLIN-ARBELET 1998

■ Gd cru 0,4 ha 900 +76 €

Poisot Erben – das ist die Latour-Linie von 1898. Die Rebparzelle ist einem Gut in Aloxe-Corton anvertraut worden. Für einen dichten Wein von dunklem Granatrot, mit einem leicht an Konfitüre erinnernden Charakter, tanninreich und mit einer geschätzten Lebenserwartung von fünf Jahren. Seine Robustheit legt Hasenpfeffer nahe.

Dom. Follin-Arbelet, Les Vercots, 21420 Aloxe-Corton, Tel. 03.80.26.46.73, Fax 03.80.26.43.32 ☑ Y n. V.

CH. DES GUETTES 1999*

■ Gd cru k. A. 600 +76 €

Ein hochroter 99er mit dunklen Tönen, dessen ein wenig verdecktes Bouquet Unterholz und Gewürze andeutet. Die Ansprache ist überzeugend, der Stoff interessant. Aber die sehr jungen Tannine sprechen im Augenblick nur die Sprache des neuen Fasses. Das jagt uns keine große Angst ein. Ein Romanée-Saint-Vivant ist erst nach fünf bis zehn Jahren wirklich «lebendig». Dieser hier verspricht künftiges Glück.

François Parent, Ch. des Guettes, 14 bis, rue Pierre-Joigneaux, 21200 Beaune, Tel. 03.80.22.61.85, Fax 03.80.24.03.16, E-Mail gros.anne.francoise@wanadoo.fr
☑ Y n. V.

ALAIN HUDELOT-NOELLAT 1999**

■ Gd cru 0,48 ha 2 500 +76 €

Das kommt selten vor. Ein und dasselbe Gut erhält in zwei Grands crus von Vosne-Romanée eine Liebeserklärung. Dieser Saint-Vivant (ein halber Hektar erlaubt es, die Dinge ruhig anzugehen) trägt das Krönungsgewand, satt in der Farbe, aber durch seinen Jahrgang geprägt. Seine Aromen haben etwas von einem Brunnen, der sehr tief in den Fels hineinreicht und stark auf Heidelbeere, schwarze Johannisbeere und Gewürze konzentriert ist. Dieser tanninreiche, aber samtige und sinnliche 99er ist noch sehr jung, aber er ist ein Wein, den man in seinem

Keller haben sollte. Trinken kann man ihn ab 2010.

Alain Hudelot-Noëllat, Ancienne rte Nationale, 21640 Chambolle-Musigny, Tel. 03.80.62.85.17, Fax 03.80.62.83.13
n. V.

DOM. DE LA ROMANEE-CONTI
1999★★★

■ Gd cru 5,28 ha 12 855 +76 €

67 72 73 75 76 78 |(79)| 80 81 |82| |87| |89| |91| |92| 95 97 98 99

Diesem Gut ist es zu verdanken, dass die alte Abtei Saint-Vivant de Vergy in den Hautes-Côtes de Nuits gerade wiederhergestellt wird. Was für ein herrlicher 99er! Noch ein wenig tanninreich zwar, aber vollmundig, füllig und schon fesselnd. Schon beim ersten Riechen nimmt man die optimale Reife des Traubenguts wahr. Die Jugendlichkeit des Weins wird von der bei diesem Grand cru gewohnten Strenge begleitet, lässt aber einen Jahrgang von außergewöhnlicher Stärke erkennen.

SC du Dom. de La Romanée-Conti, 1, rue Derrière-le-Four, 21700 Vosne-Romanée, Tel. 03.80.62.48.80, Fax 03.80.61.05.72

LOUIS LATOUR
Les Quatre Journaux 1998

■ Gd cru 0,76 ha 2 000 +76 €

Was für eine Geschichte! Dieser Heilige aus der Vendée musste «erleben», dass seine Reliquien wegen der Bedrohung durch die Wikinger auf Reisen gingen und unweit von hier landeten. 600 Jahre lang widmete sich das Kloster Saint-Vivant diesem Weinberg in seiner tiefsten Frömmigkeit. Seit 1889 ist er im Besitz von Latour: nur drei Besitzer in 1000 Jahren! Dieser 98er betont mehr die Feinheit als das Relief, obwohl die Tannine noch spürbar sind. Funkelndes Rubinrot, die Nase auf Tiergeruch ausgerichtet, mit einer fruchtigen Note. In drei bis fünf Jahren wird er zu einer Waldschnepfe passen.

Dom. Louis Latour, 18, rue des Tonneliers, 21204 Beaune, Tel. 03.80.24.81.00, Fax 03.80.22.36.21, E-Mail louislatour@louislatour.com n. V.

La Grande Rue

DOM. FRANÇOIS LAMARCHE 1999★

■ Gd cru 1,65 ha 7 000 46 à 76 €

|89| |(90)| |91| |92| |93| |94| 95 98 99

Diese Einzellage zwischen La Romanée-Conti und La Tâche besitzt alles von ihren berühmten Nachbarlagen. Sie befindet sich im Alleinbesitz der Domaine François Lamarche und bildet den Letzten der Grands crus, denn sie wurde erst 1992 anerkannt. Dieser Wein zeigt ein sehr dunkles Rubinrot von großer Intensität, wie es der Jahrgang will. Sein Bouquet überrascht nicht: rassig, würzig, lakritzeartig. Er ist immer ein wenig wild; die Weinliebhaber wissen es. Ebenso charakteristisch ist die kräftige, dickflüssige, reiche Vollmundigkeit. Seine Länge wurde von der Jury, die eine lange Lagerfähigkeit verspricht, sehr geschätzt.

Dom. François Lamarche, 9, rue des Communes, 21700 Vosne-Romanée, Tel. 03.80.61.07.94, Fax 03.80.61.24.31
n. V.

La Tâche

DOM. DE LA ROMANEE-CONTI
1999★★★

■ Gd cru 6,06 ha 16 640 +76 €

72 73 75 78 (79) |80| |81| |82| |87| |89| 91 92 (97) 98 (99)

Während der 98er erst in einer fernen Zukunft erwachen darf, kann man diesen 99er (12,5 bis 13° natürlicher Alkoholgehalt, sehr dicke Schale), der sich als einer der Champions des Jahres ankündigt, früher trinken. Er zielt richtig und trifft ins Schwarze. Was für eine Feinheit! Was für eine Länge! Was für eine Genauigkeit! Dieser Wein von strenger Harmonie erinnert auch an das Porträt Richelieus von Philippe de Champaigne: priesterliche Autorität, die nervige Hand auf das Stichblatt eines Degens gestützt, der auf Hermelin und Samt gebettet ist.

SC du Dom. de La Romanée-Conti, 1, rue Derrière-le-Four, 21700 Vosne-Romanée, Tel. 03.80.62.48.80, Fax 03.80.61.05.72

Nuits-Saint-Georges

Nuits-Saint-Georges, ein kleiner Marktflecken, der 5 000 Einwohner zählt, erzeugt im Unterschied zu seinen Nachbarn im Norden keine Grand-cru-Weine. Die Appellation reicht in die Gemeinde Prémeaux hinein, die südlich davon liegt. Auch hier sind die überaus zahlreichen Premiers crus zu Recht berühmt. In der südlichsten kommunalen Appellation der Côte de Nuits findet man einen anderen Weintyp mit sehr ausgeprägten Lagenmerkmalen; bei diesen Weinen zeigt sich zumeist ein höherer Tanningehalt, der eine lange Lagerfähigkeit garantiert.

Les Saint-Georges, eine Reblage, die angeblich schon im Jahre 1000 Rebstöcke trug, les Vaucrains mit robusten Weinen, les Cailles, eine Reblage, wo angeblich die gleichnamigen Wachteln gerne nisteten, les Champs-Perdrix und les Porets, nach den wilden Birnen benannt, die sich auch deutlich im Aroma der Weine bemerkbar machen, alle in der Gemeinde Nuits, sowie Clos de la Maréchale, Clos des Argillières, Clos des Porets, Clos des Forêts-Saint-Georges, Clos des Corvées und Clos de l'Arlot, alle auf dem Boden von Prémeaux, sind die bekanntesten dieser Premiers crus. 2000 brachten diese Weinberge 13 900 hl hervor, davon 251 hl Weißwein.

Nuits-Saint-Georges, die kleine «Weinhauptstadt» Burgunds, besitzt auch sein eigenes Hospiz mit Weinbergen und einer alljährlichen Versteigerung der Produktion, die am Sonntag vor Palmsonntag veranstaltet wird. Es ist Sitz von zahlreichen Weinhandelsfirmen und Likörherstellern, die den Cassis de Bourgogne (burgundischer Likör aus schwarzen Johannisbeeren) produzieren, sowie von Schaumweinproduzenten, die den Crémant de Bourgogne ins Leben riefen. Außerdem befindet sich hier der Verwaltungssitz der Confrérie des Chevaliers du Tastevin.

JEAN-CLAUDE BOISSET 1998

■ k. A. 25 000 🍷 15 à 23 €

«In meiner Wiege gab es keinen Weinberg», erzählt Jean-Claude Boisset, der 1961 bei null anfing und heute an der Spitze eines Wein- und Weinbauimperiums steht. Er präsentiert hier einen 98er, der einen guten Lagerwein abgeben dürfte. Sein animalisches Bouquet, das auch Schwarze-Johannisbeer-Knospen enthält, befindet sich auf der klassischen Linie. Ebenso entspricht diese ein wenig tanninreiche Jugendlichkeit der Tradition. Braten Sie die Poularde mit Morcheln nicht zu schnell!

🔑 Jean-Claude Boisset, 5, quai Dumorey, 21700 Nuits-Saint-Georges, Tel. 03.80.62.62.61, Fax 03.80.62.37.38

JACQUES CACHEUX ET FILS
Au bas de Combe 1999

■ 0,52 ha 3 800 🍷 15 à 23 €

Bas de Combe? Diese Einzellage in der Nähe von Vosne-Romanée liegt gar nicht so tief unten, wie der Name andeutet. Und das Tal der Serrée ist auch nicht ganz nah. Dieser dichte, tiefe Wein mit purpurvioletten Tönen wählt zuerst Heidelbeere als Gesprächsthema und redet dann über Gewürze. Im Mund nimmt er den Haupteingang. Die Textur der Tannine ist noch ein wenig fest, die Extraktion stärker als die Komplexität, aber nach einer drei- bis vierjährigen Lagerung wird alles gut gehen.

🔑 Jacques Cacheux et Fils, 58, Route Nationale, 21700 Vosne-Romanée, Tel. 03.80.61.01.84, Fax 03.80.61.01.84, E-Mail cacheux.j.et.fils@wanadoo.fr ☑ 🍷 n. V.

SYLVAIN CATHIARD Aux Murgers 1999

■ 1er cru 0,48 ha 2 800 🍷 23 à 30 €

Er bereitet uns unruhige Nächte, tanninreich und leidenschaftlich. Lebhaftes Rubinrot, sehr reich an Früchten, «pinotierend» in einem Maße, dass es fast schon verboten ist. Ein relativ leichter Wein, dessen Geschmack viel vernünftiger ist als der Duft, den ein Holzton prägt, der sich einfügen muss und eine drei- bis vierjährige Lagerung erfordert. Im Abgang ein Hauch von Kirschwasser.

🔑 Sylvain Cathiard, 20, rue de la Goillotte, 21700 Vosne-Romanée, Tel. 03.80.62.36.01, Fax 03.80.61.18.21 ☑ 🍷 n. V.

CHARTRON ET TREBUCHET 1998*

■ k. A. 2 300 🍷 30 à 38 €

Präsentiert von einer Persönlichkeit des burgundischen Weinbaus, ein Wein von recht leichter Farbe, die keine Kommentare hervorruft, mit einem diskreten Holzton, den schwarze Johannisbeere und Brombeere unterstützen. Die gleichen Beerenfrüchte findet man im Mund wieder. Wird sich dieser «Dorfwein» mit ein wenig Lagerung noch verfeinern und abrunden?

🔑 Chartron et Trébuchet, 13, Grande-Rue, 21190 Puligny-Montrachet, Tel. 03.80.21.32.85, Fax 03.80.21.36.35, E-Mail jmchartron@chartron-trebuchet.com ☑ 🍷 tägl. 10h–12h 14h–18h; Mitte Nov. bis März geschlossen

DOM. JEAN CHAUVENET
Les Vaucrains 1999**

■ 1er cru 0,41 ha 2 700 30 à 38 €

Jules Verne führte eine Flasche Nuits in die Handlung seines Romans *Reise um den Mond* ein. Dieser Wein lässt es nicht an Schneid fehlen und hätte ihn dazu anregen können. Er zeigt ein jugendliches Rotviolett und besitzt den Nuits-typischen Duft: frisches Fleisch, Unterholz und rote Früchte. Seine Fülle ist für morgen bestimmt, aber schon spürbar. Der Geschmack, in dem Himbeere dominiert, gibt nämlich sein Bestes, um den Frühling anzukündigen. Beachten Sie auch den lobend erwähnten **99er Rue de Chaux** (Preisgruppe: 150 bis 199 F), der viel frischer und rund ist, und den **99er Premier cru Les Perrières** von hoher Spannweite, der mit zwei Sternen bewertet wird. Was, glauben Sie, hat es mit dem **99er «Dorfwein»** (Preisgruppe: 100 bis 149 F) auf sich? Er ist fleischig und kräftig gebaut und erhält einen Stern.

SCE Dom. Jean Chauvenet, 3, rue de Gilly, 21700 Nuits-Saint-Georges, Tel. 03.80.61.00.72, Fax 03.80.61.12.87 ☑ Y n. V.

CHAUVENET-CHOPIN
Aux Thorey 1999*

■ 1er cru 0,52 ha 3 000 15 à 23 €

Liebeserklärung im letzten Jahr für einen 98er und schon in der Ausgabe 1995 (mit einem 91er) auf dem Siegerpodest. Dieser inspirierte Winzer präsentiert uns einen **99er «Dorfwein»** (Preisgruppe: 70 bis 99 F), der einen gelungenen Ausdruck bietet (ein Stern), und diesen Aux Thorey, einen Wein von einer Einzellage, die sich auf der rechten Seite befindet, wenn man das Tal der Serrée hinaufgeht. Seine Farbe ist dunkelrot mit violetter Oberfläche; sein Geruchseindruck ist zu Beginn ein wenig zurückhaltend und entspannt sich dann. Seine reifen Tannine befinden sich in Wartestellung, scheinen aber gut aufgelegt zu sein.

Chauvenet-Chopin, 97, rue Félix-Tisserand, 21700 Nuits-Saint-Georges, Tel. 03.80.61.28.11, Fax 03.80.61.20.02 ☑ Y n. V.

A. CHOPIN ET FILS Les Murgers 1999**

■ 1er cru 0,39 ha 2 300 15 à 23 €

Wenn ich Sie wäre, würde ich ihm Aufmerksamkeit schenken. Liebeserklärung im Hachette-Weinführer 1998 für den gleichen Wein als 95er und diesmal zwei Fingerbreit von derselben Auszeichnung entfernt. Kräftiges Rubinrot mit malvenfarbenen Tönen; an der Oberfläche zeigen sich deutliche Reflexe. Ein 99er von hinreißender Frische, der einschmeichelnd ist und nach Himbeere duftet. Er trinkt sich schon sehr gut, kann sich aber bei einer zweijährigen Lagerung noch entfalten. Sein Geschmack, den eine würzige Note bereichert, hält erstaunlich lang an. Die Herstellung tritt gegenüber dem Erzeugnis, so wie es ist, in den Hintergrund. Der **99er Bas de Combes** (Preisgruppe: 70 bis 99 F), ein «Dorfwein», erhält einen Stern.

Dom. A. Chopin et Fils, RN 74, 21700 Comblanchien, Tel. 03.80.62.92.60, Fax 03.80.62.70.78 ☑ Y n. V.

DOM. DU CLOS SAINT MARC
Clos des Argillières 1998*

■ 1er cru 1 ha k. A. 30 à 38 €

Die Reblage les Argillières befindet sich in Premeaux-Prissey. Dort liegt auch der Clos Saint-Marc mit seinem hübschen, kleinen Haus inmitten der Reben. Ein Wein mit sehr roten Wangen, einem Anis- und Lakritzebouquet und einem ziemlich tanninreichen Charakter. Alles ist jedoch gut umhüllt, entsprechend einer zufrieden stellenden Komplexität und einer sehr ordentlichen Länge. Ebenso gut können Sie seinen Zwillingsbruder wählen, den **98er Premier cru Clos Saint-Marc,** der ein Potenzial für eine lange Lagerung zeigt.

Bouchard Père et Fils, Ch. de Beaune, 21200 Beaune, Tel. 03.80.24.80.24, Fax 03.80.22.55.88, E-Mail france@bouchard-pereetfils.com Y n. V.

R. DUBOIS ET FILS 1998*

■ 3,3 ha 12 000 11 à 15 €

Régis Dubois hat die Leitung des Guts an die junge Generation, Raphaël und Béatrice, abgegeben, aber als Direktor der «Viti», der Fachoberschule für Weinbau, und dank seiner vielen Ämter genießt er noch immer den Ruf eines tüchtigen, geachteten Burgunders. Hier haben wir einen tanninreichen, dichten «Dorfwein» in der alten Tradition, den eine Weichselnote deutlich humanisiert. Kirschrot und mit feinem Holzton: Er passt zu einer Wildschweinterrine, aber nicht vor zwei bis drei Jahren.

Dom. R. Dubois et Fils, rte de Nuits-Saint-Georges, 21700 Premeaux-Prissey, Tel. 03.80.62.30.61, Fax 03.80.61.24.07, E-Mail rdubois@wanadoo.fr ☑ Y Mo–Fr 8h–11h30 14h–18h; Sa, So n. V.

DOM. GUY DUFOULEUR
Clos des Perrières 1998*

■ 1er cru 0,93 ha 6 000 23 à 30 €

Wenn man nach seinen Flaschen urteilt, hat der Bürgermeister von Nuits für seine Wiederwahl nichts zu befürchten. Der **98er Premier cru Les Poulettes** wird schon im ersten Wahlgang mit einem Stern gewählt. Bei diesem Perrières begleitet eine große Meisterschaft seine Intensität. Eine mineralische Note trägt zu seiner Originalität bei. Schwarze Johannisbeere spielt den Stimmungsmacher. Geschmackvolle Zurückhaltung, die mit Robustheit verbunden ist, Garant für eine lange Lebensdauer.

Dom. Guy Dufouleur, 18, rue Thurot, 21700 Nuits-Saint-Georges, Tel. 03.80.62.31.00, Fax 03.80.62.31.00 ☑ Y n. V.
Guy et Xavier Dufouleur

DOM. DUPONT-TISSERANDOT 1999

■ 0,29 ha 1 800 11 à 15 €

Dieser Wein von reintöniger, kräftiger Farbe bietet einen noch nicht sehr offenen Geruchseindruck: Sind es Knospen oder Blätter von schwarzen Johannisbeeren? Einig ist man sich über die Deutlichkeit und die Feinheit, mit der er den Mund durchläuft. Der Abgang ist recht ausdrucksstark. Entfaltungsdauer: zwei bis drei Jahre.

GAEC Dupont-Tisserandot, 2, pl. des Marronniers, 21220 Gevrey-Chambertin, Tel. 03.80.34.10.50, Fax 03.80.58.50.71 n. V.

FAIVELEY Les Porêts Saint-Georges 1998*

■ 1er cru 1,69 ha 7 000 30 à 38 €

Wer Faiveley sagt, meint Nuits-Saint-Georges, Tastevin und Co. Lobend erwähnt haben wir den **98er Premier cru Aux Chaignots** (Preisgruppe: 250 bis 299 F), der recht typisch, aber noch in Wartestellung ist, denn sein Stoff ist imposant. Dieser Wein hier wird rascher trinkreif sein. Die Oberfläche der klaren Farbe ist hell; der Duft ist ganz durch eingemachte Früchte bestimmt, aber frisch; der Geschmack ist in der Ansprache zart, geschmeidig und kräftig. Somit sagen wir ihm eine drei- bis achtjährige Lagerfähigkeit voraus.

Dom. Faiveley, 8, rue du Tribourg, 21701 Nuits-Saint-Georges Cedex, Tel. 03.80.61.04.55, Fax 03.80.62.33.37, E-Mail bourgognes-faiveley@wanadoo.fr n. V.

CAVEAU DES FLEURIERES
Vieilles vignes 1998

■ k. A. 900 15 à 23 €

Ausgeprägtes Rot, in der Nase und im Mund stark durch kleine rote Früchte bestimmt, auf nicht aggressive Tannine gestützt. Ein Wein, den man drei bis fünf Jahre aufheben muss, was in Burgund normal ist. Selbst und gerade für einen 98er.

Caveau des Fleurières, 50, rue du Gal-de-Gaulle, BP 63, 21702 Nuits-Saint-Georges, Tel. 03.80.61.10.30, Fax 03.80.61.35.76, E-Mail info@javouhey.net tägl. 9h–19h

PHILIPPE GAVIGNET
Les Chabœufs 1999*

■ 1er cru 1 ha 6 000 15 à 23 €

Ein Wein, den man langsam kommen lassen muss. Tiefes Granatrot, im Duft zwischen Burlat-Kirsche und Pfeffer. Er besitzt nicht das Fleisch eines Rubens, aber solche üppigen Schönheiten sind aus der Mode gekommen. Gute Haltung im Mund, recht anschmiegsam, in jedem Fall ohne irgendeine Aggressivität. Er ist harmonisch und für seinen Jahrgang typisch. Ebenfalls empfehlenswert in diesem Zusammenhang sind der **99er Premier cru Les Pruliers** und der **99er «Dorfwein» Les Argillats** (Preisgruppe: 70 bis 99 F), der schlichter, aber gelungen ist.

Dom. Philippe Gavignet, 36, rue Dr-Louis-Legrand, 21700 Nuits-Saint-Georges, Tel. 03.80.61.09.41, Fax 03.80.61.03.56 Mo–Fr 8h–12h 14h–18h; Sa, So n. V.

DOM. ANNE-MARIE GILLE
Les Brulées 1999

■ 1,21 ha 6 500 11 à 15 €

Ein Pergamentetikett mit aufgerollten Rändern. Man glaubt sich in die alte Zeit zurückversetzt. Die Farbe ist granatrot. Der Duft funktioniert gut: Heidelbeere und Pfeffer in heimlichem Einverständnis mit der Vanille des Fasses. Der Geschmack ist lebhaft und muss sich von der Präsenz der Tannine befreien, so dass man drei bis vier Jahre warten sollte.

Dom. Anne-Marie Gille, 34, RN 74, 21700 Comblanchien, Tel. 03.80.62.94.13, Fax 03.80.62.99.88, E-Mail gille@burgundywines.net n. V.

DOM. HENRI GOUGES
Clos des Porrets-Saint-Georges 1998**

■ 1er cru 3,5 ha 10 000 15 à 23 €

Der viel zu früh verstorbene Henri Gouges gehörte zu den Begründern der AOC. Man nannte ihn den «Gendarm von Burgund», so unnachgiebig war er hinsichtlich der Moral des Weins. Dieser seinem Andenken gewidmete Wein zeigt ein warmes Karminrot. Er ist perfekt gemeistert und demonstriert, wie ein großartiges Terroir entgegen der Mode einer übermäßigen Extraktion vinifiziert werden kann. Aufmachen kann man ihn in drei Jahren und dann zehn Jahre lang trinken!

Dom. Henri Gouges, 7, rue du Moulin, 21700 Nuits-Saint-Georges, Tel. 03.80.61.04.40, Fax 03.80.61.32.84

DOM. GUYON Les Herbues 1999**

■ 0,22 ha 1 600 15 à 23 €

Wir erinnern uns an die Taufe eines Mondkraters durch die Mannschaft von Apollo 15 am 25. Juli 1971 mit einer Flache Nuits. Dieser Wein hier hätte sich dafür geeignet: Er kommt aus einer Einzellage, die an Vosne-Romanée grenzt, und erhält eine Liebeserklärung. Er zeigt ein intensives Rubinrot mit zarten purpurvioletten Nuancen und bietet einen ersten Geruchseindruck, der ein wenig streng ist. An der Luft entwickelt sich dieser zu frischen Früchten und Gewürzen hin. Der sanfte Anspruch sorgt dafür, dass sich eine solide Konsistenz einstellt, obwohl die Textur allmählich seidig wird. Eine sehr belebende Lebhaftigkeit. Bemerkenswerte Länge mit einem gut eingebundenen Holzton. Ein «Dorfwein» von sehr großer Klasse.

EARL Dom. Guyon, 11-16, RN 74, 21700 Vosne-Romanée, Tel. 03.80.61.02.46, Fax 03.80.62.36.56 n. V.

ALAIN HUDELOT-NOELLAT
Les Murgers 1999

■ 1er cru 0,68 ha 4 500 23 à 30 €

Ein für die AOC typischer Wein. In der Farbe lebhaft, Leder und Unterholz, dann unter dem Einfluss des Holztons Terroir-typisch: Er besitzt das Potenzial eines Weins von langer Lagerfähigkeit, aber man muss seine Entwicklung überwachen.

Alain Hudelot-Noëllat, Ancienne rte Nationale, 21640 Chambolle-Musigny, Tel. 03.80.62.85.17, Fax 03.80.62.83.13 n. V.

DOM. DE L'ARLOT
Clos de l'Arlot 1998★★

□ 1er cru 1 ha 3 500 30 à 38 €

Axa Millésimes ist am Werk in diesem Weinberg, der sich in ihrem Alleinbesitz befindet. Er liegt in Premeaux und ist von der Route nationale aus gut zu sehen, neben einem Haus und einem Park, die zur Geschichte Burgunds gehören (Viénot). Er ist intensiv goldfarben mit tiefen gelbgrünen Reflexen und bietet gut verschmolzene Blüten- und Röstnoten. Dieser stattliche, fette und imposante Wein, der so monolithisch wie die Stützpfeiler des Kellers im Clos de Vougeot ist, muss ein bis zwei Jahre lagern, um seine ganze Komplexität zu entfalten. Ein Stern wird dem **98er Premier cru Clos des Forêts Saint-Georges** zuerkannt; man muss ihn zwei Jahre aufheben, bevor man ihn zu Geflügel in zarter Buttersauce servieren kann.

Dom. de L'Arlot, Premeaux, 21700 Nuits-Saint-Georges, Tel. 03.80.61.01.92, Fax 03.80.61.04.22 n. V.

Axa Millésimes

BERTRAND MACHARD DE GRAMONT
Les Hauts Pruliers 1998★

■ 0,58 ha 2 800 15 à 23 €

2001 zieht dieser Keller um! Vor oder nach der Imprimatur dieses Buchs? Lieber Leser, dieser Wein verdient, dass Sie sich telefonisch erkundigen. «Ein Glas Nuits sorgt für Ihre Gesundheit vor», sagt man beim Tastevin. Dieser Wein hier wird es Ihnen ermöglichen, sich davon zu überzeugen. Er ist nämlich sehr delikat: Feinheit, Ausgewogenheit, Zurückhaltung der Tannine, gut eingefügter Holzton, beständige Aromen vor einem Hintergrund von Sauerkirschen. Haben Sie schöne Träume!

Bertrand Machard de Gramont, 13, rue de Vergy, 21700 Nuits-Saint-Georges, Tel. 03.80.61.16.96, Fax 03.80.61.16.96 n. V.

DENIS MUGNERET ET FILS
Les Boudots 1999★

■ 1er cru 0,6 ha 2 400 15 à 23 €

Die ehrbare Compagnie des Veilleurs de Nuits könnte diesen 99er auswählen, um einen ihrer künftigen Abende zu verschönern. Er zeigt eine schöne Intensität der Farbe und bietet Tiergeruch und Leder über einer Lakritzenote, die von einem gut eingebundenen Holzton herrührt. Im Geschmack ist er leicht tanninbetont, erweckt aber dennoch einen Eindruck von Rundheit. Mittlere Länge. In der Ausgabe 1997 erhielt das Gut eine Liebeserklärung für seinen 94er Saint-Georges. Der **99er Les Saint-Georges** ist die Liebenswürdigkeit in Person und bekommt ebenfalls einen Stern.

Denis et Dominique Mugneret, 9, rue de la Fontaine, 21700 Vosne-Romanée, Tel. 03.80.61.00.97, Fax 03.80.61.24.54 n. V.

DOM. MICHEL NOELLAT ET FILS
1999★

■ 1,3 ha 3 000 15 à 23 €

«Kein Wein ist so irdisch», schrieb Curzio Malaparte in seinem Roman *Kaputt* über den Wein von Nuits. Ein Eindruck, den dieser «Dorfwein» von der Farbe der Nacht bestätigt. Sein intensiver, komplexer Duft muss sich nur noch entfalten. Nach einer klaren, weinigen Ansprache spürt man einen interessanten Stoff mit Lakritzearoma und die hohe Qualität. Man muss ihn unbedingt altern lassen (mindestens zwei Jahre).

SCEA Dom. Michel Noëllat et Fils, 5, rue de la Fontaine, 21700 Vosne-Romanée, Tel. 03.80.61.36.87, Fax 03.80.61.18.10 n. V.

DOM. DES PERDRIX 1998★

■ 1,16 ha 4 256 30 à 38 €

Das von Antonin Rodet übernommene Gut verwöhnt uns mit seiner Güte. Ist die Farbe *œil-de-perdrix*, d. h. blassrot, wie der Name des Guts anzudeuten scheint? Nein, dunkelkirschrot. Liebenswürdige Aromen spielen Ringelreihen. Der Geschmack besitzt Jugendlichkeit, «Fett», Nervigkeit und Ausgewogenheit. Natürlich darf man ihn nicht zu rasch trinken. Der **98er Premier cru Aux Perdrix** wird ebenfalls warm empfohlen. Er besitzt mehr Komplexität; er ist ein echter Premier cru.

B. et C. Devillard, Dom. des Perdrix, Ch. de Champ Renard, 71640 Mercurey, Tel. 03.85.98.12.12, Fax 03.85.45.25.49 n. V.

CH. DE PREMEAUX
Clos des Argillières 1999★

■ 1er cru 0,5 ha 2 500 15 à 23 €

Das Gut wurde 1933 vom Großvater des heutigen Besitzers gekauft. Hier haben wir einen achtzehn Monate im Eichenfass ausgebauten Wein, der mit seiner an schwarze Kirschen erinnernden Farbe rühmenswert erscheint. Leder, Brotrinde, kandierte Früchte – seine Aromen sind besonders pfiffig. Eine säuerliche Ansprache wird durch eine gute Struktur von sehr jungen Tanninen und danach durch eine schöne Frucht abgelöst, die er sich im Nasen-Rachen-Raum zurückholt. Der Rhythmus wird mit einem Eindruck von Fülle schneller.

Dom. du Ch. de Premeaux, 21700 Premeaux-Prissey, Tel. 03.80.62.30.64, Fax 03.80.62.39.28, E-Mail chateau.de.premeaux@wanadoo.fr ☑ Y n. V.

HENRI ET GILLES REMORIQUET
Rue de Chaux 1999*

■ 1er cru 0,4 ha 2 000 15 à 23 €

Er präsentiert sich gut und zeigt eine granatrote, fast schwarze Farbe. In der sehr konzentrierten aromatischen Kulisse findet man Komplexität. Schwarze Johannisbeere und Brombeere lösten eine Lakritzenote ab, in einem kräftigen, robusten, tanninreichen, aber ausgewogenen Umfeld. Ein typischer Wein, um genau zu sein. Das Gut, das im Hachette-Weinführer 1993 für seinen 90er Les Damodes eine Liebeserklärung erhielt, präsentiert auch einen **99er «Dorfwein» Les Allots**, der lobend erwähnt wird.

SCE Henri et Gilles Remoriquet, 25, rue de Charmois, 21700 Nuits-Saint-Georges, Tel. 03.80.61.24.84, Fax 03.80.61.36.63, E-Mail domaine.remoriquet@wanadoo.fr ☑ Y n. V.

DOM. ARMELLE ET BERNARD RION Les Murgers 1998

■ 1er cru 0,4 ha 2 000 15 à 23 €

Dieser 98er lässt sich mit einer Pinot-typischen Farbe nieder. Ganz der Familienonkel mit vielfältigen Aromen, die von Kaffee über Gewürze bis zu schwarzer Johannisbeere reichen. Schöne Haltung. Es mangelt ihm nur ein wenig an Konzentration, obwohl seine Struktur noch die Frucht verbirgt.

Dom. Armelle et Bernard Rion, 8, rte Nationale, 21700 Vosne-Romanée, Tel. 03.80.61.05.31, Fax 03.80.61.24.60, E-Mail rion@webiwine.com ☑ Y n. V.

DOM. DANIEL RION ET FILS
Vieilles vignes 1998*

■ 0,8 ha 5 000 15 à 23 €

Man klopft an die Tür. Wird er sich am Ende öffnen? Aber ja doch, das steht fest, aber drängeln Sie ihn nicht. Tiefrot mit überaus wirkungsvollen bläulichen Reflexen. Ein Wein, der Veilchen und Gewürze zelebriert und mit viel Kühnheit erfolgreich das Holz und die Frucht ausspielt. Abgesehen von seiner Frische kann er dank seiner Struktur herausragen.

Dom. Daniel Rion et Fils, RN 74, 21700 Premeaux, Tel. 03.80.62.31.28, Fax 03.80.61.13.41, E-Mail contact@domaine-daniel-rion.com ☑

CAVE PRIVEE D'ANTONIN RODET
Les Porêts 1998*

■ 1er cru k. A. 912 38 à 46 €

Eine in sehr kleiner Stückzahl erzeugte Cuvée Les Porêts, bei der wir es gern sähen, wenn ein paar Flaschen davon übrig bleiben würden! Die frische Farbe wirkt freundlich; der Geruchseindruck ist zurückhaltend, aber elegant (Kaffee-Mokka-Note). Dieser harmonische, aber konzentrierte und im Augenblick feste Wein dürfte sich in den nächsten vier bis fünf Jahren wunderbar entwickeln.

Antonin Rodet, 71640 Mercurey, Tel. 03.85.98.12.12, Fax 03.85.45.25.49, E-Mail rodet@rodet.com ☑ Y Mo–Fr 9h–12h 14h–18h

RENE TARDY Aux Argillats 1998*

■ 1er cru 0,39 ha 2 400 15 à 23 €

Das Gut liegt 50 m von der 1280 errichteten Kirche Saint-Symphorien entfernt. Aux Argillats gehören zu den Lagen von Nuits, die sich in Richtung Vosne-Romanée befinden, und lassen an ein etwas lehmiges Terroir denken, dessen Wein als streng gilt und erst später lächelt. Dieser hier hat seine jugendliche Farbe behalten und zeigt mit roten Früchten einen frühzeitig umgänglichen Charakter. Aber seine gute Säure rät dazu, dass man ihn drei Jahre aufhebt. Joël Tardys Bruder ist *Winemaker* in Oregon.

Dom. René Tardy et Fils, 32, rue Caumont-Bréon, 21700 Nuits-Saint-Georges, Tel. 03.80.61.20.50, Fax 03.80.61.36.96, E-Mail tardyrene@aol.com ☑ Y n. V.

Joël Tardy

PIERRE THIBERT
Rue de Chaux Vieille vigne 1999*

■ 1er cru 0,28 ha 1 650 15 à 23 €

Die Appellation ist in Form. Die gepachteten Rebparzellen in Familienbesitz erzeugen einen Premier cru, der sich der Lage gewachsen zeigt. Dunkelrubinrot – das versteht sich von selbst. Das delikate Bouquet zeigt eine vanille- und lakritzeartige Süße. Er besitzt guten Stoff. Die Tannine sind ein wenig beißend, aber das ist kein Drama, denn die Zeit wird sie besänftigen.

Pierre Thibert, 76, Grande-Rue, 21700 Corgoloin, Tel. 03.80.62.73.40, Fax 03.80.62.73.40 ☑ Y n. V.

DOM. JEAN-PIERRE TRUCHETET
1998

■ 1,63 ha 2 600 15 à 23 €

Leicht braune Reflexe in seiner Farbe zeigen den Beginn einer Entwicklung an. Das jagt uns keinen Schrecken ein; so sind die Dinge nun einmal. Der intensive Duft reicht von Sauerkirsche und kandierter Traube bis zu Schokolade. Der Geschmack ist im Grunde genommen von Anfang bis Ende gefällig und verbindet Kirsche und Holzton. Zwei bis drei Jahre lagern.

Jean-Pierre Truchetet, rue des Masers, 21700 Premeaux-Prissey, Tel. 03.80.61.07.22, Fax 03.80.61.34.35 ☑ Y Mo–Fr 9h–12h 14h–19h; 15.–31. Aug. geschlossen

Côte de Nuits-Villages

Hinter Premeaux wird das Weinbaugebiet schmäler, bis es in Corgoloin nur noch etwa 200 m breit ist; dies ist die schmalste Stelle der Côte. Der «Berg» wird niedriger; die Verwaltungsgrenze der Appellation Côte de Nuits-Villages, die früher als «feine Weine der Côte de Nuits» bezeichnet wurde, verläuft auf der Höhe des Clos des Langres, auf dem Boden von Corgoloin. Zwischen den beiden liegen zwei Gemeinden: Prissey, das mit Premeaux verbunden ist, und Comblanchien, berühmt für den Kalkstein, der in den Steinbrüchen gewonnen wird (und den man fälschlicherweise als Marmor bezeichnet). Beide haben einige Reblagen, die sich für eine kommunale Appellation eignen würden. Da aber die Anbauflächen der drei Gemeinden für eine eigene Appellation zu klein sind, hat man Brochon und Fixin einbezogen und die gemeinsame Appellation Côte de Nuits-Villages geschaffen. 2000 erzeugte sie 7 200 hl, davon 224 hl Weißwein. Man findet dort ausgezeichnete Weine zu erschwinglichen Preisen.

Côte de Nuits (südlicher Abschnitt)

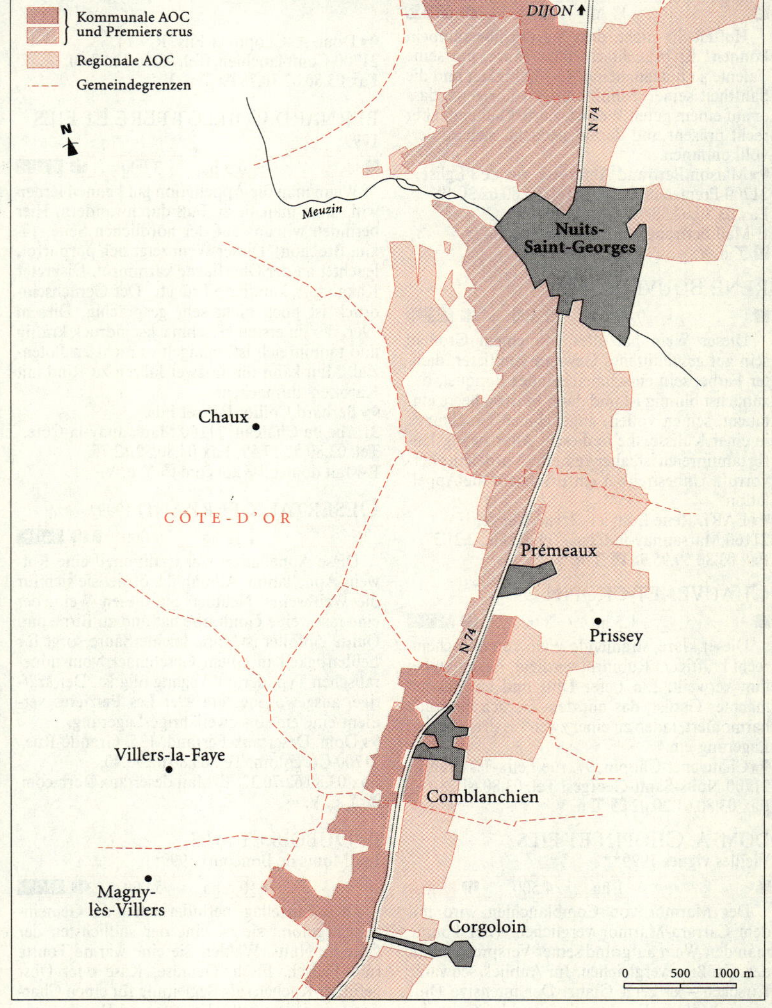

DOM. CHARLES ALLEXANT ET FILS
Aux Montagnes Cuvée Prestige 1999**

■ 1,85 ha 10 000 8 à 11 €

Aux Montagnes ist eine Einzellage in Comblanchien. Der «Marmorstein» ist nicht weit davon entfernt. Dennoch findet man keinerlei Mineralität in diesem Wein von schöner Herkunft, mit dem tiefen, blumigen Duft. Er ist sehr sinnlich: «Fett» und Fleisch umhüllen den Gaumen. Diese Flasche verdient, dass man sie in ihrem jetzigen Zustand trinkt, aber sie ist noch nicht am Ende.

SCE Dom. Charles Allexant et Fils, rue du Château, Cissey, 21190 Merceuil, Tel. 03.80.26.83.27, Fax 03.80.26.84.04 Mo–Fr 8h–12h 13h30–18h; Sa, So n. V.

BERTRAND AMBROISE 1999*

■ k. A. k. A. 11 à 15 €

Hoffen Sie nicht, dass Sie ihn überrumpeln können! Er braucht ein paar Jahre, um seine Talente zu nutzen. Seine Nachhaltigkeit und die Sanftheit seiner Tannine zeigen übrigens, dass er auf einem guten Weg ist. Zurückhaltend, aber recht präsent und darauf bedacht, sich zu vervollkommnen.

Maison Bertrand Ambroise, rue de l'Eglise, 21700 Premeaux-Prissey, Tel. 03.80.62.30.19, Fax 03.80.62.38.69, E-Mail bertrand.ambroise@wanadoo.fr n. V.

RENE BOUVIER 1999*

■ 0,49 ha 2 500 11 à 15 €

Dieser Wein hat alles von einem Großen: sein gut geschnittenes Gewand von tiefer, dichter Farbe, sein einschmeichelndes Bouquet, das zunächst blumig ist und dann in Brombeere eintaucht, seinen vollen, angenehmen Geschmack in einer Kulisse, die in diesem Alter zwangsläufig tanninreich ist, aber keinerlei Vorbehalte hervorruft. Unbestreitbar ein Erfolg für die Appellation.

EARL René Bouvier, 2, rue Neuve, 21160 Marsannay-la-Côte, Tel. 03.80.52.21.37, Fax 03.80.59.95.96 n. V.

CHAUVENET-CHOPIN 1999*

■ 1,5 ha 8 000 8 à 11 €

Dieser klare, strahlende Wein von hübschem, recht kräftigem Rubinrot verdient, dass man bei ihm verweilt: Ein tiefer Duft und ein gut gemachtes Gerüst, das mit dem Geruchseindruck harmoniert, laden zu einer zwei- bis dreijährigen Lagerung ein.

Chauvenet-Chopin, 97, rue Félix-Tisserand, 21700 Nuits-Saint-Georges, Tel. 03.80.61.28.11, Fax 03.80.61.20.02 n. V.

DOM. A. CHOPIN ET FILS
Vieilles vignes 1999**

■ 1 ha 4 500 8 à 11 €

Der Marmor von Comblanchien wird mit dem Carrara-Marmor verglichen. Hier könnte man den Wein aufgrund seiner Versprechen mit den Größten vergleichen. Im Anblick schwarze Kirschen – er zeigt Glanz. Der intensive Duft von gekochten Früchten ist ganz im Geist der Appellation gehalten. Nach einer sanften Ansprache erweist sich der Geschmack bis zu seinem tollen Abgang als füllig und solide. Wir empfehlen Ihnen, ein wenig zu warten (zwei bis drei Jahre), damit Sie seinen Charme genießen können.

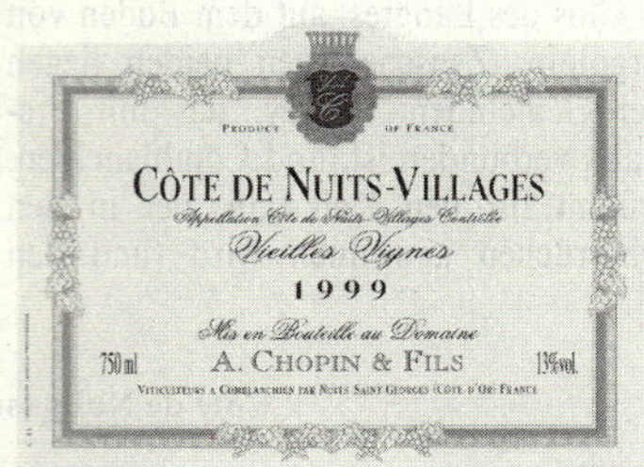

Dom. A. Chopin et Fils, RN 74, 21700 Comblanchien, Tel. 03.80.62.92.60, Fax 03.80.62.70.78 n. V.

BERNARD COILLOT PERE ET FILS
1999

■ 0,5 ha 3 000 11 à 15 €

Wenn man die Appellation gut kennen lernen will, muss man sie zu Fuß durchwandern. Hier befinden wir uns auf der nördlichen Seite (Fixin, Brochon). Dieser Wein zeigt sich purpurrot, leuchtet an der Oberfläche karminrot. Diskreter Kakaoduft, kandierte Früchte: Der Geruchseindruck ist noch nicht sehr gesprächig. Diesem 99er, der im ersten Geschmackseindruck kräftig und tanninreich ist, mangelt es nicht an Potenzial. Man kann ihn in zwei Jahren zu Rind mit Karotten aufmachen.

Bernard Coillot Père et Fils, 31, rue du Château, 21160 Marsannay-la-Côte, Tel. 03.80.52.17.59, Fax 03.80.52.12.75, E-Mail domcoil@aol.com n. V.

DESERTAUX-FERRAND 1999

□ 1,12 ha 9 000 8 à 11 €

Diese Appellation war traditionell eine Rotwein-Appellation. Allmählich öffnet sie sich für die Weißweine. Nehmen Sie diesen Wein, der eine fast weiße Goldfarbe hat und zu Birne und Quitte entfaltet ist. Eine leichte Säure sorgt für Lebhaftigkeit in einem Geschmack vom mineralischen Typ, der im Abgang ölig ist. Der kräftige, ausgewogene **rote 99er Les Perrières** verdient eine ein- bis zweijährige Lagerung.

Dom. Desertaux-Ferrand, 135, Grande-Rue, 21700 Corgoloin, Tel. 03.80.62.98.40, Fax 03.80.62.70.32, E-Mail desertaux@erb.com n. V.

R. DUBOIS ET FILS
Les Monts de Boncourt 1999*

□ 0,8 ha 5 000 8 à 11 €

Diese Einzellage befindet sich in der Gemeinde Corgoloin; sie ist eine der südlichsten der Côte de Nuits. Wählen Sie eine warme Tourte (mit Fleisch, Fisch, Gemüse, Käse oder Obst gefüllter Kuchen) als Begleitung für einen Chardonnay, der an gelbe Früchte und Honig sowie

einen Hauch von Vanille erinnert. Kein Bruch der Harmonie im Geschmack, eine Empfindung von Birne und die nötige Sanftheit. Trinken kann man ihn in den nächsten beiden Jahren.
Dom. R. Dubois et Fils, rte de Nuits-Saint-Georges, 21700 Premeaux-Prissey, Tel. 03.80.62.30.61, Fax 03.80.61.24.07, E-Mail rdubois@wanadoo.fr
Mo–Fr 8h–11h30 14h–18h; Sa, So n. V.

DOM. JEAN FERY ET FILS
Le Clos de Magny 1998*

k. A. 8 000 8 à 11 €

Dieser sehr typische Wein besitzt eine hochrote Farbe von schöner Transparenz. Moschus und Fell in der Nase, rote Früchte im Mund über gut ausbalancierten Tanninen. Er bereitet schon jetzt echtes Vergnügen.
Dom. Jean Fery et Fils, 21420 Echevronne, Tel. 03.80.21.59.60, Fax 03.80.21.59.59
n. V.

PHILIPPE GAVIGNET 1999**

0,5 ha 3 000 8 à 11 €

Lammkeule dürfte sich wunderbar mit diesem granatroten 99er vertragen, der eine leuchtende Oberfläche zeigt und nicht übermäßig holzbetont ist. Rundheit, Alkohol und ein guter Fruchtgeschmack – alles begeistert. Bei solchen Weinen kann sich die Appellation beruhigt zurücklehnen: Sein Preis-Leistungs-Verhältnis stellt ihre Zukunft sicher.
Dom. Philippe Gavignet, 36, rue Dr-Louis-Legrand, 21700 Nuits-Saint-Georges, Tel. 03.80.61.09.41, Fax 03.80.61.03.56
Mo–Fr 8h–12h 14h–18h; Sa, So n. V.

CHRISTIAN GROS Les Vignottes 1999*

0,6 ha k. A. 8 à 11 €

Noch vor kurzem gab man in dieser AOC selten den Namen einer Einzellage an. Das geschieht jetzt häufiger, um den Cuvées einen persönlicheren Charakter zu geben. Die Reblage Les Vignottes befindet sich in Premeaux, direkt unterhalb des Clos de la Maréchale. Klares Rubinrot, der Duft sehr entfaltet, der Geschmack gut komponiert. Dieser fruchtige Wein muss ein bis zwei Jahre warten, damit er Geflügel zufrieden stellen kann.
Christian Gros, rue de la Chaume, 21700 Premeaux-Prissey, Tel. 03.80.61.29.74, Fax 03.80.61.39.77 n. V.

GILLES JOURDAN 1999*

1,02 ha 4 000 8 à 11 €

Ein Winzer, der 1997 auf das Familiengut kam. Sein Wein gibt Auftrieb. Seine intensive purpurrote Farbe ist besonders anziehend. Das Bouquet wirkt duftig und blumig. Der Geschmack besitzt Frische in der Ansprache und eine liebenswürdige Rundheit, bewahrt aber eine leichte Frische. Perfekt zu Œufs en meurette (in Rotweinsauce pochierte verlorene Eier).
Gilles Jourdan, Grande-Rue, 21700 Corgoloin, Tel. 03.80.62.76.31, Fax 03.80.62.98.55
n. V.

DOM. LALEURE-PIOT
Les Bellevues 1999*

0,84 ha 5 700 8 à 11 €

Dieser Wein aus Comblanchien (von einer Einzellage oben auf dem Hang, die sich in der Nachbarschaft der Steinbrüche befindet) präsentiert sich mit einer dunklen Farbe ohne jegliche Entwicklungsnote. Ganz im Ton der Appellation bietet er einen reichen, sehr deutlichen Duft, der offenherzig und tief ist, und einen Geschmack mit schönen Tanninen, der auf frische und reife rote Früchte setzt. Gute Länge. Der zweite Stern ist nicht sehr fern.
Dom. Laleure-Piot, rue de Pralot, 21420 Pernand-Vergelesses, Tel. 03.80.21.52.37, Fax 03.80.21.59.48, E-Mail laleure.piot@wanadoo.fr
Mo–Fr 8h–12h 14h–18h; Sa, So n. V.

DOM. DE LA POULETTE 1999*

0,75 ha k. A. 11 à 15 €

Ein Gut, das seit sechs Generationen in der weiblichen Linie vererbt wird: Françoise Michaut-Audidier führt es heute. Wir erleben hier einen 99er, dessen gute Struktur eine Lagerung garantiert – wenn man ihn aufheben will. Ein Wein von kräftiger Goldfarbe, der im Mund eine schöne Fülle bietet. Er ist füllig und komplex und verkraftet seinen Holzton gut. Sehr angenehmer Abgang, der an Lakritzestange erinnert. Zu den berühmten Besuchern dieser Kellerei zählte Papst Johannes XXIII., der – damals apostolischer Nuntius – gekommen war, um Frankreichs Reben von der Höhe des Montagne de Beaune herab zu segnen.
Dom. de La Poulette, 103, Grande-Rue, 21700 Corgoloin, Tel. 03.80.62.98.02, Fax 03.45.25.43.23 n. V.
Frau F. Michaut-Audidier

DOM. HENRI NAUDIN-FERRAND
Vieilles vignes 1998***

1,55 ha 9 028 11 à 15 €

Gewisse Güter haben jedes Jahr große Erfolge. Dieses hier gehört dazu und hat bereits eine Vielzahl von Liebeserklärungen gesammelt. Unsere Glückwünsche, Claire Naudin! Ihr Wein mit den Röstnoten, der durch seine Farbe beeindruckt, besitzt im Geschmack ein gewaltiges Potenzial. Alles ist darin enthalten, gut gezeichnet und ausgewogen. Fähig, ein Wild zu beehren. Beachten Sie auch einen **roten 98er**

Clos de Magny (Preisgruppe: 50 bis 69 F), der einen Stern erhält.
🔑 Dom. Henri Naudin-Ferrand, rue du Meix-Grenot, 21700 Magny-lès-Villers, Tel. 03.80.62.91.50, Fax 03.80.62.91.77, E-Mail dnaudin@ipac.fr ☑ 𝐈 n. V.

CHARLES VIENOT
Cuvée Roi de Saxe 1998

■ k. A. 45 000 ⫿ 11 à 15 €

Der König von Sachsen beehrte einst die Familie Viénot mit seinen Bestellungen. Diese Cuvée ist ihm gewidmet. Ein granatroter 98er mit einem Bouquet von schwarzen Beeren, die mit süßen Gewürzen verbunden sind. Seine Ansprache ist frisch, der Mittelbereich des Geschmacks fleischig, sogar ölig – nach den Regeln der Etikette. Sein guter, tanninreicher Körper wird gern Wild begleiten.
🔑 Charles Viénot, 5, quai Dumorey, BP 102, 21703 Nuits-Saint-Georges, Tel. 03.80.62.61.41, Fax 03.80.62.37.38

Côte de Beaune

Ladoix

Drei Weiler, nämlich Serrigny, in der Nähe der Eisenbahnlinie, Ladoix, an der RN 74, und Buisson, am Ende der Côte de Nuits, bilden die Gemeinde Ladoix-Serrigny. Die kommunale Appellation heißt Ladoix. Der Weiler Buisson befindet sich genau dort, wo Côte de Nuits und Côte de Beaune geografisch zusammentreffen. Die Verwaltungsgrenze verläuft bis zur Gemeinde Corgoloin, doch der Hügel reicht ein wenig weiter, die Weinberge und der Wein ebenfalls. Auf der anderen Seite des Tals von Magny, das diese Trennung veranschaulicht, beginnt der Corton-Berg, der große Hänge mit Mergeleinschüssen besitzt und mit seinen Ost-, Süd- und Westlagen eines der schönsten Anbaugebiete der Côte ist.

Diese unterschiedlichen Lagen verleihen der Appellation Ladoix eine Vielfalt von Weintypen; hinzu kommt die Produktion von Weißweinen, für die sich die Mergelböden aus der Argovien-Stufe besser eignen. Das gilt beispielsweise für die Reblage les Gréchons, die sich auf denselben geologischen Stufen befindet wie der weiter südlich liegende Grand cru Corton-Charlemagne, aber eine weniger günstige Lage besitzt. Die Weine aus dieser Reblage sind sehr typisch. Die Appellation Ladoix, die 2000 3 861 hl Rotwein und 776 hl Weißwein erzeugte, ist nicht sehr bekannt, was schade ist!

Eine weitere Besonderheit: Obwohl die Weinbaukommission von Beaune im Jahre 1860 die Gemeinde günstig einstufte, besaß Ladoix keine Premiers crus. Dieses Versäumnis wurde 1978 vom INAO bereinigt: Die Reblagen la Corvée und le Clou d'Orge, deren Weine den gleichen Charakter wie die von der Côte de Nuits haben, les Mourottes (Basses und Hautes Mourottes), deren Stil etwas wild ist, und le Bois-Roussot, dessen Boden «Lavagestein» enthält, sind die wichtigsten dieser Premiers crus.

DOM. D'ARDHUY 1999*

■ 1er cru 1,5 ha 8 000 ⫿ 11 à 15 €

Lassen Sie bei diesem 99er das Prinzip der Vorsicht walten. Er muss harmonisch verschmelzen und wird in zwei bis drei Jahren seine beste Qualität erreichen. Vergessen Sie nicht, dass im Burgundischen *douâ* (wovon sich Ladoix ableitet) ein wieder zu Tage tretender Wasserlauf, eine Karstquelle, ist. Der Wein verschwindet hier gern ebenfalls und taucht dann am helllichten Tag wieder auf. Recht leuchtendes Dunkelrot, zwischen kleine rote Früchte und Röstgeruch aufgeteilt, fett und reich – er befindet sich mitten im Aufstieg.
🔑 Dom. d'Ardhuy, Clos des Langres, 21700 Corgoloin, Tel. 03.80.62.98.73, Fax 03.80.62.95.15, E-Mail domaine.ardhuy@wanadoo.fr
☑ 𝐈 Mo–Sa 10h–12h 14h–18h

BOISSEAUX-ESTIVANT 1998*

■ k. A. k. A. ⫿ 15 à 23 €

In seinem kirsch- bis granatroten Trikot pflegt er das Mannschaftsspiel. Er treibt die ganze Mannschaft vorwärts: gut motivierte Aromen und Tannine. Während seine Düfte recht sanft sind, entfalten sich seine Aromen im Geschmack kraftvoll über das ganze Feld. Er ist fleischig und scheint in der Lage zu sein, das Spiel zu gewinnen (die Konzentration ist großartig), aber bestimmt muss er noch in die Verlängerung gehen (zwei bis drei Jahre).
🔑 Boisseaux-Estivant, 38, fg Saint-Nicolas, BP 107, 21200 Beaune, Tel. 03.80.22.00.05, Fax 03.80.24.19.73

DOM. CACHAT-OCQUIDANT ET FILS Les Madonnes Vieilles vignes 1999*

■ 1,2 ha 5 200 ⫿ 11 à 15 €

Am Fuße des Corton-Hangs finden Sie dieses gute Weingut. Zwei «Dorfweine» erhalten in dieser AOC die gleiche Belohnung: ein **99er Rot-**

wein (Preisgruppe: 50 bis 69 F) ohne zusätzliche Bemerkung und dieser Les Madonnes mit der Farbe von Sauerkirschen. Recht wilder Geruchseindruck (Fell, Geröstetes), reicher, kräftiger Stoff, schöner Ausdruck des Terroir, unterstützt von gut zusammengestellten Tanninen. Die Fruchtigkeit fehlt auch nicht. Zwei bis drei Jahre Lagerung und dann eine interessante Zukunft.

Dom. Cachat-Ocquidant et Fils,
3, pl. du Souvenir, 21550 Ladoix-Serrigny,
Tel. 03.80.26.45.30, Fax 03.80.26.48.16
n. V.

CAPITAIN-GAGNEROT
La Micaude 1998*

1er cru 1,64 ha 9 000 11 à 15 €

Das in unseren Ausgaben 1990 und 1995 für seinen 86er und 93er mit Liebeserklärungen bedachte Gut benutzt seinen Micaude oft als Geheimwaffe. Auch diesmal wieder. Der granatrote Wein lässt nicht zu, dass das Fass den Himbeeren einen Maulkorb anlegt. Zweifellos muss man ihn für ein paar Jahre im Keller vergessen, denn sein Körper braucht Zärtlichkeit. Aber er ist gehaltvoll und gibt sich Mühe, den Wahlspruch der Firma in Ehren zu halten: «Loyalität macht meine Stärke aus.»

Maison Capitain-Gagnerot,
38, rte de Dijon, 21550 Ladoix-Serrigny,
Tel. 03.80.26.41.36, Fax 03.80.26.46.29
n. V.

DOM. CHAUDAT Côte de Beaune 1998*

0,15 ha 700 8 à 11 €

Eine so gute Flasche hinter einem Etikett in Pergamentform: Das ist eine burgundische Tradition! Dieser 98er von mittelstarker Farbe, mit hübschen Duftnuancen (vor allem Brombeere), absolviert einen vollständigen Parcours, sobald er in den Mund eindringt. Er überspringt alle Hindernisse und wirft keine Stange ab. Er ist vom Terroir und vom Jahrgang geprägt. Man sollte ihn sorgfältig beiseite legen oder auf der Stelle trinken, falls Sie junge Weine mögen. Sie haben die Wahl.

Côte de Beaune (nördlicher Abschnitt)

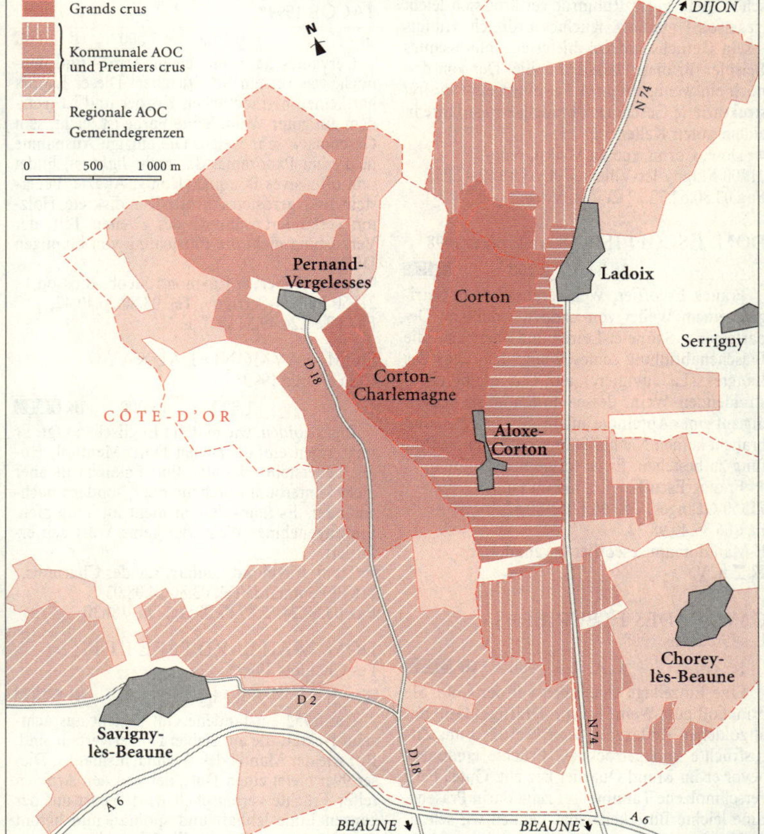

🔑 Dom. Odile Chaudat, 41, voie Romaine, 21700 Corgoloin, Tel. 03.80.62.92.31, Fax 03.80.62.92.31 ☑ 🍷 n. V.

CHEVALIER PERE ET FILS
Les Gréchons 1998*

☐ 1er cru 0,47 ha 2 500 ◖◗ 15 à 23 €

Sie trägt ein Kleid mit der aktuellen Farbe, das in Cendrillon angeboten wird. Ein Sonnenstrahl. Ihre Düfte? Der Fürst ist großzügig: Honig, Bienenwachs, Bittermandel. Reich genug, um mit der Kutsche zu fahren. Lebhaft und rund. Sie hat Einlass in den Palast erhalten. Diese Geschichte wird zweifellos sehr gut ausgehen.

🔑 SCE Chevalier Père et Fils, Buisson, 21550 Ladoix-Serrigny, Tel. 03.80.26.46.30, Fax 03.80.26.41.47 ☑ 🍷 n. V.

DOM. CORNU 1998

■ 0,96 ha 6 000 ◖◗ 11 à 15 €

Der 90er brachte diesem Winzer in der Ausgabe 1994 eine Liebeserklärung ein. Dieser Wein hier offenbart sich nicht leicht, aber der Stoff ist schön. Sein gutes Rubinrot verfärbt sich leicht ziegelrot. Unterholz, feuchtes Erdreich, Humus – sein Geruchseindruck bietet ein interessantes Beispiel für diese Aromenfamilie. Der von den noch ein wenig strengen Tanninen einwandfrei strukturierte Geschmack braucht einige Jahre in einem guten Keller.

🔑 Dom. Cornu, rue du Meix-Grenot, 21700 Magny-lès-Villers, Tel. 03.80.62.92.05, Fax 03.80.62.72.22 ☑ 🍷 n. V.

DOM. ESCOFFIER Les Vallozières 1998

☐ 0,26 ha 2 100 8 à 11 €

Franck Escoffier, Weinbergbesitzer in Serrigny, einem Weiler von Ladoix, wohnt im Departement Saône-et-Loire und vertraut die Flaschenabfüllung seines Weins dem Clos des Langres (La Juvinière) an. Das ergibt einen strahlenden Wein, dessen Fruchtigkeit beständig auf einer Apfelnote anhält. Er ist elegant und braucht keinen Nachhilfeunterricht, um die Prüfung zu bestehen. Er ist servierbereit.

🔑 Franck Escoffier, 16, rue du Parc, 71350 Géanges, Tel. 06.11.55.80.67, Fax 06.85.49.98.22, E-Mail domaine.escoffier@wanadoo.fr ☑ 🍷 n. V.

CAVEAU DES FLEURIERES
Les Gréchons 1998

☐ 1er cru k. A. 900 ◖◗ 15 à 23 €

Eine Einzellage ganz oben auf der Côte. Sie bringt oft gute Weine hervor. Kräftiges Gelb mit altgoldenen Reflexen. Dieser 98er lässt uns Zitrusfrüchte und getrocknete Früchte einatmen, bevor er im Mund Quartier bezieht. Gutes Fett, verschmolzene Tannine – er zeigt darin Präsenz. Eine leichte Bitterkeit – das kennen wir schon. Aufmachen kann man ihn dieses Jahr.

🔑 Caveau des Fleurières, 50, rue du Gal-de-Gaulle, BP 63, 21702 Nuits-Saint-Georges, Tel. 03.80.61.10.30, Fax 03.80.61.35.76, E-Mail info@javouhey.net ☑ 🍷 tägl. 9h–19h

🔑 Javouhey

FRANÇOIS GAY 1998**

■ 0,49 ha 3 000 ◖◗ 8 à 11 €

Liebeserklärung in unseren Ausgaben 1999 und 2000 (für den 95er und den 96er): Wir haben es hier mit einem Spezialisten auf seinem Gebiet zu tun. 45 Jahre alte Rebstöcke, Ausbau in Eichenfässern (25 % davon neu): purpurrot gefärbt, reich an roten und schwarzen Früchten. Der 98er huscht so schnell durch den Mund wie eine E-Mail zu Ihrem Computer. Sein Charme ist sehr fesselnd. Ein reichlich zufrieden stellender Körper, liebenswürdige, gesellige Tannine, Wiederkehr der Frucht. Man kann ihn drei bis vier Jahre aufheben, aber er schmeckt schon angenehm, wenn Sie junge Weine mögen.

🔑 EARL François Gay, 9, rue des Fiètres, 21200 Chorey-lès-Beaune, Tel. 03.80.22.69.58, Fax 03.80.24.71.42 ☑ 🍷 n. V.

DOM. ROBERT ET RAYMOND JACOB 1999*

☐ 0,7 ha 5 000 ◖◗ 8 à 11 €

Cervantes hatte nur einen Arm – und dennoch, was für ein Schriftsteller! Dieser Ladoix hat keinen beträchtlichen Körper und ist trotzdem ein guter Wein. Seine Farbe ist leicht, sein Geschmack sehr weich. Die einzige Ausnahme in diesem Panorama, das recht *light* ist, bildet sein offensives Bouquet (Honig, Akazie, Feuerstein und geröstetes Brot). Der diskrete Holzton verhindert während des zweiten Teils der Verkostung nicht die Entstehung von blumigen Düften.

🔑 Dom. Robert et Raymond Jacob, Buisson, 21550 Ladoix-Serrigny, Tel. 03.80.26.40.42, Fax 03.80.26.49.34 ☑ 🍷 n. V.

DOM. RAYMOND LAUNAY
Clou d'Orge 1999*

☐ 1,89 ha 15 000 ◖◗ 11 à 15 €

Light golden, wie man im Englischen sagt. Er zeigt einen einfallsreichen Duft: Menthol, Honig, Feuerstein – das alles findet man darin, aber nicht kunterbunt durcheinander, sondern nacheinander. Es mangelt ihm nicht an Trümpfen. Ein angenehmer Wein, der keine Wartezeit erfordert.

🔑 Dom. Raymond Launay, rue des Charmots, 21630 Pommard, Tel. 03.80.24.08.03, Fax 03.80.24.12.87 ☑ 🍷 tägl. 9h–18h30

DOM. MAILLARD PERE ET FILS
Les Chaillots 1999*

■ 0,5 ha k. A. ◖◗ 11 à 15 €

Das 1952 entstandene Gut besteht aus achtzehn Hektar, die auf sieben Dörfer verteilt sind. Rot wie der Mantel des Weihnachtsmanns. Dieser 99er bietet einen Duft, der von den Aromen reifer Früchte verhätschelt wird. Er ist auf der ganzen Linie lebhaft und spontan und betont den Geist seines Terroir. Ein Wein, den man ein wenig wegsperren und in ein bis zwei Jahren servieren sollte.

⊶ Dom. Maillard Père et Fils, 2, rue Joseph-Bard, 21200 Chorey-lès-Beaune, Tel. 03.80.22.10.67, Fax 03.80.24.00.42 ☑ Y n. V.

DOM. MICHEL MALLARD ET FILS Les Joyeuses 1998*

■ 1er cru 0,36 ha k. A. 11 à 15 €

Diese «Fröhlichen» haben Zeit, das Leben zu genießen. Sie sind recht verführerisch in ihrem kirschroten Kleid. Ihr Duft hinterlässt einen fruchtigen Eindruck. Der sehr kräftig gebaute Geschmack braucht drei bis vier Jahre Lagerung. Wir wollen Ihre Aufmerksamkeit auch auf den **roten 98er «Dorfwein» Le Clos Royer** lenken, der noch zurückhaltend ist und sich auf dem gleichen Niveau befindet (ein Stern).

⊶ EARL Dom. Michel Mallard et Fils, 43, rte de Dijon, 21550 Ladoix-Serrigny, Tel. 03.80.26.40.64, Fax 03.80.26.47.49 ☑ Y n. V.

CATHERINE ET CLAUDE MARECHAL Les Chaillots 1999*

■ k. A. 3 900 11 à 15 €

Granatrot mit bläulich rotem Schimmer, intensiv jugendlich. Ein Wein, den man erst nach dem Umfüllen in eine Karaffe servieren sollte. Seine Aromen bringen keinerlei Überraschung: Schwarze Johannisbeere und Verbranntes bilden nämlich die Kulisse. Eine klare, deutliche Ansprache führt zu einer erstklassigen, sehr dichten Struktur, deren Tannine sich abrunden müssen. Er besitzt anscheinend echtes Lagerpotenzial (drei bis vier Jahre).

⊶ EARL Catherine et Claude Maréchal, 6, rte de Chalon, 21200 Bligny-lès-Beaune, Tel. 03.80.21.44.37, Fax 03.80.26.85.01 ☑ Y n. V.

GHISLAINE ET BERNARD MARECHAL-CAILLOT Côte de Beaune 1999*

■ 1,81 ha 4 800 8 à 11 €

Bei ihm hat man rasch Gewissheit. Ein zartes Rot – er nimmt Sie von der Gefühlsseite her. Der Duft ist auch angenehm, ganz auf schwarze Früchte ausgerichtet, ohne die geringste Aggressivität des Holztons. Sanft, freimütig und fruchtig: ein Wein mit seidigen Tanninen. Er ist trinkreif und kann während der nächsten vier bis fünf Jahre serviert werden.

⊶ Bernard Maréchal-Caillot, 10, rte de Chalon, 21200 Bligny-lès-Beaune, Tel. 03.80.21.44.55, Fax 03.80.26.88.21 ☑ Y n. V.

DOM. MARTIN-DUFOUR 1999

■ 0,45 ha 3 200 8 à 11 €

Dieser Wein ist noch zu jung. Man muss ihm Zeit lassen, um sein Feuer zu dämpfen. Er besitzt nämlich eine Komplexität, die zu denken gibt. Tadellose Farbe, gut zwischen roten Früchten und Vanille eingestellter Duft, sehr knackiger Geschmack und sympathischer Abgang: Er dürfte nicht enttäuschen.

⊶ Dom. Martin-Dufour, 4a, rue des Moutots, 21200 Chorey-lès-Beaune, Tel. 03.80.22.18.39, Fax 03.80.22.18.39 ☑ Y n. V.

DOM. NUDANT Les Gréchons 1999*

□ 1er cru 0,6 ha 3 000 15 à 23 €

Der **rote 98er Premier cru Les Buis** (Preisgruppe: 70 bis 99 F) kann Sie in drei bis vier Jahren zufrieden stellen. Wenn man wählen muss, wird man jedoch diesem jungen, schwungvollen Chardonnay den Vorzug geben. Er ist strohgelb mit silbernen Reflexen, freigebig mit Aromen (Akazie, geröstetes Brot) und rührig im Geschmack. Seine Tannine sind geschmeidig; sein Fett ist vor allem im Abgang beachtlich. Ein Verkoster hatte einen originellen Vorschlag: Versuchen Sie ihn zu einem Mont-d'Or (Weichkäse aus Ziegen- oder Kuhmilch).

⊶ Dom. Nudant, 11, RN 74, 21550 Ladoix-Serrigny, Tel. 03.80.26.40.48, Fax 03.80.26.47.13, E-Mail domaine.nudant@wanadoo.fr ☑ Y n. V.

DOM. PARENT La Corvée 1998*

■ 1er cru k. A. 3 600 11 à 15 €

35 Jahre alte Reben, die parzellenweise angebaut werden, sechzehnmonatiger Ausbau im Eichenfass: Dieser 98er von entschlossenem, reintönigem Rot besitzt einen fein pfeffrigen Duft, den eine Erdbeernote schmückt. Der Geschmack weicht nicht von den klassischen Regeln ab, aber dieser sehr leckere Wein entfaltet sich; man kann ihn zwischen Ostern 2002 und Weihnachten 2007 trinken.

⊶ Dom. Parent, pl. de l'Eglise, 21630 Pommard, Tel. 03.80.22.15.08, Fax 03.80.24.19.33, E-Mail parent-pommard@axnet.fr ☑ Y n. V.

DOM. PRIN 1998**

■ 0,97 ha 3 000 11 à 15 €

Die seltene Perle. Ganz einfach der 98er «Dorfwein». Unsere Liebeserklärung begrüßt einen Wein von prächtiger Farbe, mit einem zurückhaltenden Duft von leicht kandierten roten Früchten. Er ist gut vinifiziert und gut ausgebaut worden. Der Inbegriff einer Flasche, die man gern in seinem Keller hätte: konzentriert, kräftig, aber nicht im Übermaß, tanninreich, aber ausgewogen. Sie hält sich vier bis fünf Jahre. Der **rote 98er Premier cru Les Joyeuses** kann Ihren Einkauf ergänzen. Er erhält einen Stern. Ebenfalls lagerfähig. Zwei sichere Werte.

Dom. Prin, 12, rue de Serrigny, Cidex 10, 21550 Ladoix-Serrigny, Tel. 03.80.26.40.63, Fax 03.80.26.46.16 n. V.

Aloxe-Corton

Wenn man die als Corton und Corton-Charlemagne eingestufte Rebfläche abzieht, nimmt die Appellation Aloxe-Corton eine geringe Fläche in der kleinsten Gemeinde der Côte de Beaune ein. 2000 erzeugte sie 5 826 hl Rotwein und 28,8 hl Weißwein. Die Premiers crus hier sind berühmt; les Maréchaudes, les Valozières und les Lolières (Grandes und Petites Lolières) sind die bekanntesten davon.

Die Gemeinde besitzt einen rührigen Weinhandel; mehrere Châteaus, deren wunderschöne Dächer mit glasierten Ziegeln gedeckt sind, verdienen einen bewundernden Blick. Die Familie Latour besitzt hier ein großartiges Weingut; dort muss man den Gärkeller aus dem letzten Jahrhundert besichtigen, der noch immer ein Vorbild für die burgundischen Vinifikationen bleibt.

DOM. CACHAT-OCQUIDANT ET FILS Les Maréchaudes 1999*

1er cru 0,15 ha 1 148 15 à 23 €

Die Reblage les Maréchaudes befindet sich ganz nahe bei Ladoix. Diese sehr alte Einzellage, die schon 1253 erwähnt wurde *(vinea en Mareschaut)*, war früher ein Moor. Die Reben gedeihen dort großartig und liefern gute Trauben. Der Duft ist hier fruchtig, die Farbe in ihrem Jahrgang gehalten. Der Geschmack ist füllig und vollständig und zeigt einen guten Aufbau. Was man in ein zwei bis drei Jahren einen leicht zu trinkenden Wein nennen wird.

Dom. Cachat-Ocquidant et Fils, 3, pl. du Souvenir, 21550 Ladoix-Serrigny, Tel. 03.80.26.45.30, Fax 03.80.26.48.16 n. V.

CAPITAIN-GAGNEROT 1998*

0,61 ha 3 000 15 à 23 €

Michel Capitain, ein feiner Verkoster, führt den 1802 entstandenen Familienbetrieb seit 1987. Er stellt hier einen Wein vor, den man nicht erst in hundert Jahren würdigen kann, sondern der einen schönen Stoff und reife Früchte über spürbaren, aber runden und feinen Tanninen besitzt, die sehr lang anhalten. Die maßvolle Säure garantiert eine mindestens fünfjährige Lagerung.

Maison Capitain-Gagnerot, 38, rte de Dijon, 21550 Ladoix-Serrigny, Tel. 03.80.26.41.36, Fax 03.80.26.46.29 n. V.

DOM. DUBOIS-CACHAT 1999

0,32 ha 1 500 11 à 15 €

Lebhaftes, kräftiges Granatrot. Ein 99er, der schon recht stark zu Noten von zerdrückten frischen Früchten und frischen Blüten entfaltet ist. Hinter noch sehr jungen Tanninen findet man «Fett» und Ausgewogenheit sowie einen dichten Stoff, der in drei Jahren besser zum Ausdruck kommen wird.

Jean-Pierre Dubois, 2, Grande-Rue, 21200 Chorey-lès-Beaune, Tel. 03.80.22.27.83, Fax 03.80.22.27.83 n. V.

P. DUBREUIL-FONTAINE PERE ET FILS 1999

k. A. k. A. 11 à 15 €

Zarte mittelrote Farbe, Röstgeruch mit Aromen von roten Früchten, Verschmolzenheit im Geschmack, gute Haltung mit Nachhaltigkeit – dieser Wein ist ziemlich vollendet. Nicht sehr lang anhaltend, aber der perfekte Begleiter, wenn man ein Rippenstück vom Charolais-Rind essen möchte.

Dom. Dubreuil-Fontaine Père et Fils, 21420 Pernand-Vergelesses, Tel. 03.80.21.55.43, Fax 03.80.21.51.69, E-Mail dubreuil.fontaine@wanadoo.fr n. V.

DUFOULEUR PERE ET FILS 1998**

k. A. 2 000 30 à 38 €

Tiefes, lebhaftes Rubinrot – man kann ihm nichts vormachen. Gemäß einem komplizierten Entwurf bietet er stückweise sehr reife Aromen, die von Früchten und Gewürzen herrühren. Die Ansprache ist ein einziges Lächeln, der Stoff fleischig, der Abgang ziemlich lang; die Tannine sind liebenswürdig. Geruchseindruck und Geschmack passen zusammen. Dieser Wein ist schon gefällig, besitzt aber Potenzial.

Dufouleur Père et Fils, 15, rue Thurot, BP 27, 21700 Nuits-Saint-Georges, Tel. 03.80.61.21.21, Fax 03.80.61.10.65 n. V.

DOM. LIONEL DUFOUR Les Valozières 1999*

1er cru 0,34 ha 2 800 46 à 76 €

Frucht und Fass bilden ein schönes Paar. Wünschen wir ihm ein gutes, glückliches Leben. Die Farbe ist rubinrot. Frische Früchte mit Vanillearoma: Der Duft ist sehr fein. Das ist ein einschmeichelnder Wein, den ein wenig der Alkohol trägt, rund, fruchtig und dennoch beißend, weil das Fass ziemlich deutlich zu spüren ist. Letzten Endes ein guter Stil.

SCI Lionel Dufour, 7, rte de Monthélie, 21190 Meursault, Tel. 03.80.21.67.02, Fax 03.87.69.71.13

DOM. FOLLIN-ARBELET Clos du Chapitre 1999*

1er cru 1 ha 5 000 15 à 23 €

Man möge uns vergeben, aber wir sind nicht im Stande, auf der Karte diesen Clos du Chapitre zu lokalisieren. Natürlich ist es möglich, aber wo? Kräftiges Granatrot, vanilleartig mit

gekochten Früchten und Brombeerkonfitüre – ein tanninreicher, weiniger Wein, der freie Hand hat, um sich in stärkerem Maße zu entfalten. Beachten Sie auch den **99er Premier cru Les Vercots,** einen modernen Wein, der einen Stern erhält und vielen gefallen wird.
⊶ Dom. Follin-Arbelet, Les Vercots,
21420 Aloxe-Corton, Tel. 03.80.26.46.73,
Fax 03.80.26.43.32 ☒ Y n. V.

FRANÇOIS GAY 1998*

■ 0,73 ha 4 500 ▮ 15 à 23 €

Kohärenz fasst diesen 98er von strahlendem Granatrot zusammen. Der Plot ist gut durchgeführt, von Anfang bis Ende. Steinobst und Backpflaume kündigen eine pfeffrige Sensibilität an. Die milde Ansprache belebt sich nach und nach und trifft hinter sehr deutlich spürbaren Tanninen auf den Wein. Im Abgang dominiert Sauerkirsche. All das dürfte in drei Jahren einen hübschen Tropfen ergeben.
⊶ EARL François Gay, 9, rue des Fiètres,
21200 Chorey-lès-Beaune, Tel. 03.80.22.69.58,
Fax 03.80.24.71.42 ☒ Y n. V.

CHRISTIAN GROS
Les Petites Lolières 1998

■ 1er cru 0,16 ha k. A. ◍ 11 à 15 €

Burgundisches Rubinton? Aber ja doch, das gibt es! Hier haben wir einen solchen Wein, mit einem diskreten Duft und danach einem gehaltvollen, recht kräftig gebauten Geschmack, dessen Ecken abgehobelt werden müssen. Der Holzton ist gut dosiert. Kontinuität. Man sollte ihn im Keller vergessen, damit er die heitere Fülle erwerben kann, die große Weine ausmacht.
⊶ Christian Gros, rue de la Chaume,
21700 Premeaux-Prissey, Tel. 03.80.61.29.74,
Fax 03.80.61.39.77 ☒ Y n. V.

DOM. GUYON Les Guerets 1999**

■ 1er cru 0,09 ha 690 ◍ 23 à 30 €

Der 96er war drei Jahre später Lieblingswein. Diese Einzellage, die sich an Pernand anlehnt, liefert einen farbintensiven Wein, der sehr entfaltet ist, zu kräftigen Aromen wie Leder, Gewürzen und Backpflaume. Der Geschmack ist eroberungslustig und reich; man findet darin eine Prise gemahlenen Pfeffer. Ein Hauch von Säure im Abgang zeigt, dass dieser 99er Lust hat, noch länger zu leben.
⊶ EARL Dom. Guyon, 11-16, RN 74,
21700 Vosne-Romanée, Tel. 03.80.61.02.46,
Fax 03.80.62.36.56 ☒ Y n. V.

DOM. ROBERT ET RAYMOND JACOB 1999

■ 1 ha 6 000 ◍ 11 à 15 €

Überaus zartes Johannisbeerrot, recht komplexer Duft, der frische kleine Früchte, Mandeln, Haselnüsse und Leder mischt, milder, seidiger, fast buttriger Geschmack, der mit einer Kirschnote ausklingt. Wir haben verstanden: Dieser Wein besitzt keine große Struktur, aber er ist angenehm, sogar elegant.
⊶ Dom. Robert et Raymond Jacob, Buisson,
21550 Ladoix-Serrigny, Tel. 03.80.26.40.42,
Fax 03.80.26.49.34 ☒ Y n. V.

DOM. DE LA GALOPIERE
Les Valozières 1999**

■ 1er cru 0,29 ha 1 500 ◍ 15 à 23 €

Er ist prächtig dekoriert und führt uns an der Nasenspitze zu Kirsche und Gewürzen. Der samtige, seidige Geschmack lädt dazu ein, sich die Zeit zu nehmen, darüber zu sprechen. Es handelt sich hier nämlich um eine sehr schöne Ausdrucksform der Pinot-Traube, um einen rassigen Wein.
⊶ Claire et Gabriel Fournier, 6, rue de l'Eglise,
21200 Bligny-lès-Beaune, Tel. 03.80.21.46.50,
Fax 03.80.21.49.93,
E-Mail c.g.fournier@wanadoo.fr ☒ Y n. V.

DOM. LALEURE-PIOT 1999*

■ 0,2 ha 1 300 ◍ 11 à 15 €

Keine Wolke am Himmel. Dieser 99er bietet einen tiefen Anblick: ein hübsches Rot wie Sauerkirsche. Der Geruchseindruck öffnet sich beim dritten Klingelzeichen zu Röstaromen und Früchten. Dieser männliche, stämmige Wein, der im Abgang warm ist, hat nicht umsonst den Namen Corton mit seinem Aloxe verbunden. Sein «Fett» behauptet sich mühelos.
⊶ Dom. Laleure-Piot, rue de Pralot,
21420 Pernand-Vergelesses, Tel. 03.80.21.52.37,
Fax 03.80.21.59.48,
E-Mail laleure.piot@wanadoo.fr
☒ Y Mo–Fr 8h–12h 14h–18h; Sa, So n. V.

DANIEL LARGEOT 1999*

■ 0,6 ha 4 000 ◍ 11 à 15 €

Wirkungsvolle bläuliche Farbe. Aber ja doch, das ist eine beim Pinot noir geschätzte Nuance. Erinnert ganz stark an Sauerkirsche, mit feinem Holzton. Der Wein läuft gut. Er ist sehr gehaltvoll und bietet ein wenig Kirschwasser. Das ist der Inbegriff eines Weins, den man zum Vergnügen trinkt und der sich, wie erwartet, bestimmt mit größeren und auch ehrgeizigeren Proportionen präsentieren wird.
⊶ Daniel Largeot, 5, rue des Brenôts,
21200 Chorey-lès-Beaune, Tel. 03.80.22.15.10,
Fax 03.80.22.60.62 ☒ Y n. V.

DOM. LOUIS LATOUR 1998*

■ 3,15 ha 15 000 ◍ 15 à 23 €

Louis Latour in Aloxe-Corton, das ist wie Ludwig XIV. in Versailles. Sein eigenes Gut umfasst heute 50 Hektar, von denen 28 als AOC Grand cru eingestuft sind. Dieser hellrubinrote 98er mit zinnoberroten Reflexen entfaltet sich an der Luft zu Trüffel- und Unterholzaromen. Im Mund gibt die Sauerkirsche gegenüber den spürbaren Tanninen keinen Zentimeter nach, in Erwartung der kostbaren Unterstützung durch die Zeit, die jedem Ding und jedem Wein gebietet.
⊶ Maison Latour, 18, rue des Tonneliers,
21200 Beaune, Tel. 03.80.24.81.00,
Fax 03.80.22.36.21,
E-Mail louislatour@louislatour.com Y n. V.

DOM. MAILLARD PERE ET FILS 1999*

■ 1 ha k. A. 🍷 11 à 15 €

Karmin- bis Purpurrot für die Farbe. Leder bis schwarze Johannisbeere und ein Hauch von Veilchen für den Duft. Das Ganze scheint gut gezeichnet. Ein wenig Röstaroma vom Fass natürlich. In der logischen Folge gibt es elegante Tannine und rote Früchte, eine zart entwickelte Struktur. Dieser Wein von gutem, typischem Charakter kann sich entfalten.

🔑 Dom. Maillard Père et Fils, 2, rue Joseph-Bard, 21200 Chorey-lès-Beaune, Tel. 03.80.22.10.67, Fax 03.80.24.00.42
☑ 🍷 n. V.

DOM. MICHEL MALLARD ET FILS Les Valozières 1998*

■ 1er cru 1,2 ha 7 500 🍷 15 à 23 €

Der 98er Valozières oder der lobend erwähnte **98er «Dorfwein»** (Preisgruppe: 70 bis 99 F)? Die beiden Weine finden eine Affinität mit den fünf Sinnen unserer Verkoster. Dieser Premier cru zeigt ein friedliches Rubinrot: eine schöne Einleitung. Der diskrete, angenehme, klare Geruchseindruck öffnet sich allmählich zu frisch gepflückten Kirschen. Dem Terroir gefällt es im Geschmack, der durch ein kräftiges Fleisch geprägt ist. Die Vollmundigkeit ist sehr eckig. Unbedingt altern lassen.

🔑 EARL Dom. Michel Mallard et Fils, 43, rte de Dijon, 21550 Ladoix-Serrigny, Tel. 03.80.26.40.64, Fax 03.80.26.47.49
☑ 🍷 n. V.

MORIN PERE ET FILS 1998*

■ k. A. 12 000 🍷 15 à 23 €

Er ist gut vinifiziert und macht Eindruck. Er zeigt ein lebhaftes und zugleich tiefes Rot und bietet ein noch diskretes Bouquet, in dem man vollreife rote Früchte und den Holzton vom Fass erahnt. Er hat eine runde Ansprache und erweist sich als solide und strukturiert, mit echter Konzentration. Sein Erwachen wird prächtig sein. Morin ist eine Firma, die von Vins Jean-Claude Boisset übernommen worden ist; ihre Keller von 1747 verdienen einen Besuch.

🔑 Morin Père et Fils, 9, quai Fleury, 21700 Nuits-Saint-Georges, Tel. 03.80.61.19.51, Fax 03.80.61.05.10
☑ 🍷 tägl. 9h–12h 14h–18h; im Sommer 9h–19h

DOM. NUDANT La Coutière 1998*

■ 1er cru 0,79 ha 4 500 🍷 15 à 23 €

Später nochmals probieren, wie man von einem schätzenswerten Wein sagt, der aber noch nicht aus seiner Wiege heraus ist. Er ist tiefrot und besitzt eine hübsche Aussteuer an Aromen: Leder, Lakritze, Heidelbeere, Feuerstein – die Truhe ist gut gefüllt. Sein Gerüst muss sich einer weiteren und offeneren Konstruktion anpassen, wobei seine Stärke einen Hauch von Menschlichkeit gewinnen muss. Das erscheint durchaus möglich. Eine andere schöne Flasche, die man unbesorgt wählen kann, ist der **98er Les Valozières** oder auch der von der Jury lobend erwähnte **98er Clos de la Boulotte:** Diese drei Weine verdienen eine Lagerung von zwei bis fünf Jahren.

🔑 Dom. Nudant, 11, RN 74, 21550 Ladoix-Serrigny, Tel. 03.80.26.40.48, Fax 03.80.26.47.13, E-Mail domaine.nudant@wanadoo.fr
☑ 🍷 n. V.

DOM. DU PAVILLON Clos des Maréchaudes 1998**

■ 1er cru 1,41 ha 8 800 🍷 23 à 30 €

Ein sehr schöner Wein. Die Farbe ist die des Kardinalspurpur. Der röstartige Geruchseindruck mit den Aromen von reifen Früchten ist sehr klar. Nach einer freimütigen Ansprache zeigt sich der Geschmack ausgewogen. Seine recht engen Tannine sind nicht aggressiv. Dieser strukturierte, aber rassige und lang anhaltende lagerfähige Wein wirkt stolz.

🔑 Dom. du Pavillon, 6*bis*, bd Jacques-Copeau, 21200 Beaune, Tel. 03.80.24.37.37, Fax 03.80.24.37.38

DOM. CHRISTIAN PERRIN Les Boutières 1999

■ 0,94 ha 5 776 🍷 11 à 15 €

Ein schönes, dunkles Rubinrot mit blauschwarzen Reflexen, ein diskreter Duft von Steinfrüchten und ein Geschmack, der sich bitten lässt, bevor er über recht deutlich spürbaren Tanninen kleine rote Früchte entfaltet. Er verdient, dass man ihn lang lagert.

🔑 Christian Perrin, 14, rue de Corton, 21550 Ladoix-Serrigny, Tel. 03.80.26.40.93, Fax 03.80.26.48.40
☑ 🍷 Mo–Sa 8h–12h 14h–18h

CH. PHILIPPE-LE-HARDI Les Brunettes et Planchots 1999

■ 2,14 ha 16 000 🍷 11 à 15 €

Eine Einzellage, die sich im Herzen des Anbaugebiets befindet. Rot, leicht ziegelrot verfärbt. Er bietet einen stufenweisen Duft: zuerst sehr fein, Leichtigkeit der Frucht, dann eine holzbetonte Empfindung, zum Schluss Himbeere oder Erdbeere. Im Geschmack: die Königin. Dieser 99er geht *crescendo*, d. h., er schwillt an, aber man muss die Zartheit seiner Empfindungen lieben.

🔑 Ch. de Santenay, BP 18, 21590 Santenay, Tel. 03.80.20.61.87, Fax 03.80.20.63.66
☑ 🍷 n. V.

ROGER ET JOEL REMY 1999*

■ k. A. k. A. 🍷 11 à 15 €

Dunkelrubinrot mit purpurroten Reflexen: ein wilder Wein, der sich bereithält, um zu springen. Sein Duft besagt schon alles. Der Geschmack bleibt dabei, mit einer zufrieden stellenden Säure, gezähmten Tanninen und einem säuerlichen Abgang. Das reicht für eine Lagerung von fünf bis zehn Jahren.

🔑 SCEA Roger et Joël Rémy, 4, rue du Paradis, 21200 Sainte-Marie-la-Blanche, Tel. 03.80.26.60.80, Fax 03.80.26.53.03
☑ 🍷 Mo–Sa 8h–12h 14h–18h

CAVE DE SAINTE-MARIE-LA-BLANCHE 1998

■ 0,25 ha 1 900 11 à 15 €

Sainte-Marie-la-Blanche, ein Dorf östlich von Beaune, hat diese Genossenschaft 1957 gegründet. Sein 98er ist farbintensiv und duftig: Kaffee, Frucht und Unterholz zeigen sich in der Nase, während der Eindruck im Mund wohl schmeckend ist, aber eine zisterziensische Strenge besitzt. Der Geschmack dürfte sich bis 2003 entfalten.

Cave de Sainte-Marie-la-Blanche, rte de Verdun, 21200 Sainte-Marie-la-Blanche, Tel. 03.80.26.60.60, Fax 03.80.26.54.47 Mo–Sa 8h–12h 14h–19h

Pernand-Vergelesses

Das an der Vereinigung von zwei Tälern ganz nach Süden liegende Dorf Pernand ist wahrscheinlich der am stärksten vom Weinbau geprägte Ort der Côte. Schmale Straßen, tiefe Weinkeller, Weinberge in Hanglage, großherzige Menschen und hochfeine Weine haben ihm einen soliden Ruf eingebracht, zu dem alte burgundische Familien in hohem Maße beigetragen haben. 2000 wurden hier 4 015 hl Rotwein erzeugt. Der angesehenste Premier cru davon ist zu Recht der sehr feine Ile des Vergelesses. Man erzeugt hier auch ausgezeichnete Weißweine (2 074 hl im Jahre 2000).

DOM. CACHAT-OCQUIDANT ET FILS 1999*

□ 0,22 ha 1 300 11 à 15 €

Strohgolden mit grünen Reflexen. Er zeigt einen sehr eleganten Duft von weißen Blüten und Hefebrot. Der ausgewogene, anhaltende Geschmack entfaltet sich mit identischen Noten. Der **rote 99er «Dorfwein»** (Preisgruppe: 50 bis 69 F) erhält die gleiche Note. Über einem Aroma von vollreifen Sauerkirschen besitzt er die notwendige Festigkeit und Stärke, um im Keller drei bis vier Jahre zu lagern.

Dom. Cachat-Ocquidant et Fils, 3, pl. du Souvenir, 21550 Ladoix-Serrigny, Tel. 03.80.26.45.30, Fax 03.80.26.48.16 n. V.

CHAMPY PERE ET CIE 1999*

□ k. A. 3 600 15 à 23 €

Eine goldene Farbe von einer strahlenden Intensität, die zu seinem Alter passt. Dieser Chardonnay besitzt einen blumigen Duft mit eleganter Note. Sein Holzton hat sich noch nicht eingefügt. Das wird noch kommen. Im Geschmack findet man Frische und eine hübsche Frucht innerhalb eines beachtlichen Volumens. Ein ausgewogener Wein, der Sympathie hervorruft.

Maison Champy, 5, rue du Grenier-à-Sel, 21200 Beaune, Tel. 03.80.25.09.99, Fax 03.80.25.09.95, E-Mail champyprost@aol.com n. V.

DOM. CHANDON DE BRIAILLES Ile des Vergelesses 1998*

■ 1er cru 4 ha 12 000 15 à 23 €

Ein französischer Garten, den dieses Schloss aus dem 18. Jh. beherrscht: Das Gut macht sich in Burgund einen guten Namen. Sein Ile des Vergelesses ist noch nicht entfaltet, besitzt aber Glanz, Feinheit und einen Hauch von Adstringenz, der ihm eine zwei- bis dreijährige Lagerung garantiert.

Dom. Chandon de Briailles, 1, rue Sœur-Goby, 21420 Savigny-lès-Beaune, Tel. 03.80.21.52.31, Fax 03.80.21.59.15 n. V.
de Nicolay

CHARTRON ET TREBUCHET 1999*

□ k. A. 9 000 15 à 23 €

Dieser zart golden getönte 99er lässt unter einem leichten Holzton freigebig Haselnuss- und Honigaromen erkennen. Fett und Volumen sind genau im richtigen Gleichgewicht: Der Geschmack hält, was der Geruchseindruck verspricht, und ergibt einen schönen «Dorfwein», den man zwischen 2002 und 2003 trinken kann.

Chartron et Trébuchet, 13, Grande-Rue, 21190 Puligny-Montrachet, Tel. 03.80.21.32.85, Fax 03.80.21.36.35, E-Mail jmchartron@chartron-trebuchet.com tägl. 10h–12h 14h–18h; Mitte Nov. bis März geschlossen

DOM. DENIS PERE ET FILS 1999*

■ 2 ha 6 000 8 à 11 €

Dunkelgranatrot mit bläulichen Reflexen: Dieser «Dorfwein» demonstriert seine Jugendlichkeit. Dennoch kommen in der Nase schon schwarze Johannisbeere und Brombeere zum Ausdruck. Danach beweist der Geschmack seine Robustheit, aber auch seinen genussvollen Charakter, denn die Tannine respektieren die Frucht, stellen aber gleichzeitig eine vier- bis fünfjährige Lebensdauer sicher. Der angenehm zu trinkende **rote 99er L'Ile des Vergelesses** (Preisgruppe: 70 bis 99 F) erhält eine lobende Erwähnung für seine Himbeeraromen und seine Frische im Geschmack, der vom Holz geprägt ist und sich bei der Alterung verbessern kann.

Dom. Denis Père et Fils, chem. des Vignes-Blanches, 21420 Pernand-Vergelesses, Tel. 03.80.21.50.91, Fax 03.80.26.10.32 n. V.

DOM. P. DUBREUIL-FONTAINE PERE ET FILS Clos Berthet 1999**

□ 1 ha 5 000 15 à 23 €

Dieser Clos Berthet (im Alleinbesitz der Familie) bietet unter einer intensiv goldenen Farbe sofort einen herzlichen Kontakt. Er geht schnurstracks vorwärts und verteilt vorbehaltlos alles,

was er besitzt: «Fett», Lebhaftigkeit und Frucht. Weisen wir außerdem auf den **weißen 99er «Dorfwein»** (Preisgruppe: 70 bis 99 F) hin, der lobend erwähnt wird und für eine gegrillte Andouillette bereit steht.
🔑 Dom. Dubreuil-Fontaine Père et Fils, 21420 Pernand-Vergelesses, Tel. 03.80.21.55.43, Fax 03.80.21.51.69, E-Mail dubreuil.fontaine@wanadoo.fr
☑ 🍷 n. V.

DUFOULEUR PERE ET FILS 1998★

☐ k. A. 900 🍾 15 à 23 €

Unter seiner leicht bernsteingelben Farbe von bemerkenswerter Klarheit lädt er uns zum Bäcker ein, so sehr erinnern seine Aromen an Hefebrot und warme Croissants. Die Ansprache ist klar, mit guter Ausgewogenheit. Seine vollmundige Milde bestätigt den Geruchseindruck. Eleganz kennzeichnet ihn.
🔑 Dufouleur Père et Fils, 15, rue Thurot, BP 27, 21700 Nuits-Saint-Georges, Tel. 03.80.61.21.21, Fax 03.80.61.10.65
☑ 🍷 n. V.

DOM. JEAN-JACQUES GIRARD
Les Belles Filles 1999★

☐ 0,35 ha 2 700 🍾 11 à 15 €

Wenn man «Die schönen Mädchen» heißt (dieser Lagenname ist authentisch), eröffnet das diesem Pernand die Gelegenheit, dass er Ihnen gefällt. Lebhafte goldene Farbe, Tendenz zu Haselnuss. Er braucht keinen hübschen Namen, um sich als einer der besten Weißweine zu erweisen. Wärme, eine Frucht, die sich noch zurückhält, aber bereit ist, zu verschmelzen, und die gerade richtige Säureunterstützung. Man kann ihn ein bis zwei Jahre aufheben.
🔑 Dom. Jean-Jacques Girard, 16, rue de Cîteaux, 21420 Savigny-lès-Beaune, Tel. 03.80.21.56.15, Fax 03.80.26.10.08
☑ 🍷 n. V.

DOM. DOMINIQUE GUYON
Les Vergelesses 1998★

■ 1er cru 0,58 ha 3 600 🍾 15 à 23 €

In ihm wohnt ein Schmetterling: leichte, noch fruchtige Struktur. Fleischig – das ist ein Schmetterling mit roten Flügeln, die ins Granatrote gehen, mit Aromen, die sich mitten in der Entwicklung befinden, und mit einem Geschmack, bei dem sich die Waagschale zur richtigen Seite hin senkt. Ein Wein, der in Finnland willkommen sein wird, denn die Familie Guyon erhält das finnische Konsulat in Dijon aufrecht. Der **weiße 99er «Dorfwein» Antonin Guyon** erhält eine lobende Erwähnung.
🔑 Dom. Dominique Guyon, 21420 Savigny-lès-Beaune, Tel. 03.80.67.13.24, Fax 03.80.66.85.87, E-Mail vins@guyon-bourgogne.com ☑ 🍷 n. V.

JACOB-FREREBEAU 1999★

■ 0,3 ha 2 000 🍾 5 à 8 €

Der Blick verliert sich in so vielen karminroten Reflexen, während der Duft geradewegs schwarze Früchte entfaltet und darin ein paar Himbeeren einstreut. Der Geschmack bietet unter einer jugendlichen Erscheinung ein Gerüst mit gut verteilten Tanninen. Der Wein wird seriös und verdient Vertrauen. Das Fleisch ist schön, aber man muss mindestens zwei Jahre warten.
🔑 Frédéric Jacob, 50, Grande-Rue, 21420 Changey-Echevronne, Tel. 03.80.21.55.58
☑ 🍷 n. V.

LES VILLAGES DE JAFFELIN 1998★

■ k. A. 12 000 🍾 11 à 15 €

Ein dunkles, tiefes Rot wie auf dem Gemälde eines niederländischen Meisters. Unterholz als Auftakt, danach die Komplexität von Kirschen und Pfingstrosen. Dieser Wein betritt diskret den Mund. Aber was für eine Entfaltung ins Animalische, sobald die Sache spannend wird! Ein Braten nach Großmutterart (mit sautierten Champignons, Röstkartoffeln, glasierten Zwiebeln und Speckstreifen) erscheint als Begleitgericht am ehesten angebracht zu sein.
🔑 Jaffelin, 2, rue Paradis, 21200 Beaune, Tel. 03.80.22.12.49, Fax 03.80.24.91.87

DOM. LALEURE-PIOT
Les Vergelesses 1999★

■ 1er cru 1,7 ha 12 000 🍾 11 à 15 €

Dieses Gut, das in der Ausgabe 1999 für seinen 96er eine Liebeserklärung erhielt, präsentiert dieses Jahr einen Vergelesses von strahlendem Kirschrot. Kerne, Pilze, Früchte in Alkohol – der Duft dreht sich um solche angenehmen Empfindungen. Im Geschmack ist die Frucht noch verhalten, zeigt aber ihr gutes Potenzial. Der **rote 99er L'Ile des Vergelesses** (Preisgruppe: 100 bis 149 F) bekommt einen Stern, ebenso wie der sehr schöne **weiße 99er Premier cru** (Preisgruppe: 70 bis 99 F), der schon trinkreif ist und zu Fisch mit Sauce passt.
🔑 Dom. Laleure-Piot, rue de Pralot, 21420 Pernand-Vergelesses, Tel. 03.80.21.52.37, Fax 03.80.21.59.48, E-Mail laleure.piot@wanadoo.fr
☑ 🍷 Mo–Fr 8h–12h 14h–18h; Sa, So n. V.

PIERRE MAREY ET FILS 1999★

☐ 2,45 ha 13 000 🍾 11 à 15 €

Die Farbe ist blass, leicht golden mit einem grünen Schimmer. Der noch diskrete Duft bietet weiße Blüten, buttrige Noten und Vanille. Im Geschmack zeigt sich der Wein nach einer schönen Ansprache nervig und danach ausgewogen, wobei er an Zitrusfrüchte erinnert. Er entfaltet sich elegant und anhaltend. Man kann ihn drei Jahre lang zu weißem Fleisch trinken.
🔑 EARL Pierre Marey et Fils, rue Jacques-Copeau, 21420 Pernand-Vergelesses, Tel. 03.80.21.51.71, Fax 03.80.26.10.48 ☑ 🍷 n. V.

DOM. PAVELOT En Caradeux 1999★

■ 1er cru 1,3 ha 7 000 🍾 8 à 11 €

«Wer Pernand sieht, ist noch nicht drin», sagt man in Burgund. Das auf seinem Hügel liegende Dorf ist nämlich schon von weitem zu sehen. Am Ziel jedoch ist man mit diesem granatroten Wein, der nach schwarzer Johannisbeere und Brombeere duftet. Im Mund ist die Konfitüre

von roten Früchten sehr schmackhaft! Man darf ihn nicht sofort trinken. Beachten Sie auch den **roten 98er Les Vergelesses** (Preisgruppe: 70 bis 99 F), der Ähnlichkeit mit den Burgundern von früher hat.
🔑 EARL Dom. Régis et Luc Pavelot, rue du Paulant, 21420 Pernand-Vergelesses, Tel. 03.80.26.13.65, Fax 03.80.26.13.65 ☑ 🍷 n. V.

JEAN-MARC PAVELOT
Les Vergelesses 1998*

■ 1er cru 0,6 ha 3 000 11 à 15 €

Dieser 98er Vergelesses ist bereit, zu Tisch zu gehen, aber eine Lagerung von zwei bis drei Jahren beunruhigt ihn nicht. Mit einer Farbe von reifen Kirschen und mit Sekundäraromen, die sich lang entwickeln, ist dies ein reicher, runder, dank seiner Tannine sanfter Wein. Recht holzbetont.
🔑 Jean-Marc Pavelot, 1, chem. des Guettottes, 21420 Savigny-lès-Beaune, Tel. 03.80.21.55.21, Fax 03.80.21.59.73 ☑ 🍷 n. V.

ALBERT PONNELLE
Les Vergelesses 1998*

■ 1er cru k. A. k. A. 15 à 23 €

Die Ansprache ist sanft und voller Liebenswürdigkeit. Doch ein paar Wolken am Himmel führen zu einem etwas strengen Geschmack. Daran ist nichts Erstaunliches. Tannine in diesem Alter müssen verschmelzen. Übrigens wird das der Fall sein, wenn Sie diese Zeilen lesen. Die helle Farbe ist verlockend. Seine Aromen drehen sich um Feige und Backpflaume.
🔑 Albert Ponnelle, Clos Saint-Nicolas, BP 107, 21200 Beaune, Tel. 03.80.22.00.05, Fax 03.80.24.19.73, E-Mail info@albert-ponnelle.com ☑ 🍷 n. V.

DOM. RAPET PERE ET FILS
Ile des Vergelesses 1999*

■ 1er cru 0,65 ha 3 000 15 à 23 €

In Pernand arbeitete Jacques Copeau mit einer Gruppe von Anhängern, den Copiaus, an der Dezentralisierung des Theaters in Frankreich. Die Domaine Rapet kannte die «Zeit der Copiaus» gut. Ihr roter Ile des Vergelesses besitzt ein zartes Blütenbouquet und einen fruchtbetonten Geschmack, der fleischig und verheißungsvoll ist. Ebenfalls einen Stern in dieser AOC erhalten der **weiße 98er «Dorfwein»** (Preisgruppe: 70 bis 99 F), der **weiße 99er Premier cru** (Preisgruppe: 100 bis 149 F) und der **rote Premier cru Les Vergelesses** (Preisgruppe: 70 bis 99 F). Eine hübsche Leistung.
🔑 Dom. Rapet Père et Fils, 21420 Pernand-Vergelesses, Tel. 03.80.21.59.94, Fax 03.80.21.54.01 ☑ 🍷 n. V.

DOM. ROLLIN PERE ET FILS 1999

□ 1,5 ha 9 000 11 à 15 €

Die goldene Farbe hat Glanz. Der Duft entfaltet sich zu Akazie und Weißdorn, den Noten der Chardonnay-Traube. Nach einer diskreten Ansprache öffnet sich der Geschmack nach und nach, bis zum Abgang, in dem Zitronenaromen dominieren. Fein, ausgewogen und elegant: ein insgesamt schöner Wein.
🔑 Rollin Père et Fils, rte des Vergelesses, 21420 Pernand-Vergelesses, Tel. 03.80.21.57.31, Fax 03.80.26.10.38 ☑ 🍷 n. V.

DOM. NICOLAS ROSSIGNOL 1999

■ 0,4 ha 2 200 8 à 11 €

Das intensive Purpurrot erscheint als gutes Vorzeichen. Noch diskrete Aromen. Danach ein konzentrierter, komplexer Geschmack, der sich gut entfaltet. Die Tannine sind noch ein wenig steif: Die Vermählung ist für morgen angesetzt. Dennoch nimmt man in Alkohol eingelegte Früchte wahr, was nicht reizlos ist.
🔑 Nicolas Rossignol, rue de Mont, 21190 Volnay, Tel. 03.80.21.62.43, Fax 03.80.21.27.61 ☑ 🍷 n. V.

CH. ROSSIGNOL-JEANNIARD
Les Fichots 1999**

■ 1er cru 1,05 ha 5 000 11 à 15 €

Ein schöner Wein von dunklem Granatrot, der einen guten Gesellschafter abgibt. Von seinem Duft geht ein Eindruck von Reife aus, zwischen schwarzer Johannisbeere und Kirsche. Der Geschmack ist vornehm. «Ein prächtiger, großzügiger Löwe mit anschmiegsamen Pfoten und stolzer Mähne.» Die Tannine sind nicht zu draufgängerisch. Diese Fülle muss sich noch steigern.
🔑 Ch. Rossignol-Jeanniard, rue de Mont, 21190 Volnay, Tel. 03.80.21.62.43, Fax 03.80.21.27.61 ☑ 🍷 n. V.

DOM. THIELY 1999

□ 0,6 ha 2 700 11 à 15 €

Ein Pergamentetikett mit eingerollten Rändern, wie es die burgundische Tradition früher verlangte. Für einen aromatischen Wein (Karamell, Vanille, Apfel), dessen deutlich spürbares «Fett» keinen Anspruch auf Vorherrschaft erhebt. Der Schlussgeschmack setzt die Frucht frei. Die Inneneinrichtung ist erstklassig.
🔑 Dom. Thiély, rue de Vergy, 21420 Pernand-Vergelesses, Tel. 03.80.21.54.86, Fax 03.80.26.11.92 ☑ 🍷 n. V.

Corton

Der «Corton-Berg» besteht in geologischer Hinsicht und somit im Hinblick auf die Böden und die Weintypen aus verschiedenen Stufen. Ganz oben ist er von Wald gekrönt, der auf hartem Kalkstein aus dem Rauracium (obere Oxford-Stufe) wächst. Der Arvogien-Mergel lässt auf mehreren zehn Metern helle Böden zu Tage treten, die für Weißweine günstig sind. Sie bedecken die kalkhaltige «Perlmuttplatte», die viele große Austernschalen enthält; auf ihr haben sich braune Böden entwickelt, die für die Erzeugung von Rotweinen günstig sind.

Der Name der jeweiligen Reblage wird mit der Appellation Corton verbunden, die für Weißweine verwendet werden darf, aber vor allem für Rotweine bekannt ist. Les Bressandes werden auf roten Böden erzeugt; sie vereinen die Feinheit, die ihnen der Boden verleiht, mit Stärke. Dagegen liefern die hellen Böden im oberen Bereich der Reblagen les Renardes, les Languettes und Clos du Roy kräftig gebaute Rotweine, die bei der Alterung wilde, animalische Noten annehmen. Diese Noten findet man auch in den Weinen aus der Lage les Mourottes in Ladoix. Der Corton ist der Produktionsmenge nach der größte Grand cru: 3 776 hl Rotwein und 138 hl Weißwein (2000).

BERTRAND AMBROISE
Le Rognet 1999**

■ Gd cru k. A. k. A. 46 à 76 €

Ein Wein, bei dem man das Ende nicht absieht. Er «cortoniert»! Nie verdunkelt sich das Rot in einem solchen Maße. Gehen wir über zu einem sehr zungenfertigen Holzfass, um Lakritze- und Fruchtnoten zu erfassen. Die Konzentration und die ein wenig arrogante Stärke sind die eines Grand cru. Aber die frische, samtige Vollmundigkeit, die von schwarzer Johannisbeere durchdrungen ist, und die Empfindung im Mund, der mit Samt ausgekleidet ist, bringen zusätzlich Vergnügen.

Maison Bertrand Ambroise, rue de l'Eglise, 21700 Premeaux-Prissey, Tel. 03.80.62.30.19, Fax 03.80.62.38.69, E-Mail bertrand.ambroise@wanadoo.fr

n. V.

ARNOUX PERE ET FILS Rognet 1999*

■ Gd cru 0,33 ha 1 500 23 à 30 €

82 83 |89| |90| |91| 92 **97** 98 99

Eine Parzelle, die 1984 der Firma Charles Viénot abgekauft wurde. Sie liefert diesen farbintensiven 99er, dessen ausgezeichneter Röstgeruch sich mit diskreten roten Früchten verbindet. Im Mund macht dieser Wein «Samtpfötchen». Aber seine Struktur, seine Konzentration und seine Frucht lassen einen Charakter erkennen, der entschlossen ist, zu überzeugen. Schöne Aussichten.

Arnoux Père et Fils, rue des Brenôts, 21200 Chorey-lès-Beaune, Tel. 03.80.22.57.98, Fax 03.80.22.16.85 n. V.

JEAN-CLAUDE BELLAND Grèves 1999

■ Gd cru 0,55 ha 3 200 23 à 30 €

Dieser Jahrgang feiert die zehnte Vinifizierung des Besitzers. Mehr schwarz als rot – er ist ... Wie soll man sagen? Stendhal'sch? Seine Aromen lassen an Trester denken, eine Empfindung, die sich in der darauf folgenden Phase fortsetzt, begleitet von Sauerkirsche und Himbeere. Der füllige Geschmack zeigt sich der Erscheinung gewachsen. Diese nicht sehr bekannte Einzellage befindet sich zwischen Bressandes und Perrières. Der **99er Perrières** hat kräftige, aber edle Tannine. Ein Hauch von Veilchen wurde von einem Önologen hervorgehoben, der seine komplexen, feinen Aromen mochte und empfahl, diese Flaschen zwischen 2003 und 2006 aufzumachen.

Jean-Claude Belland, 21590 Santenay, Tel. 03.80.20.61.90, Fax 03.80.20.65.60

n. V.

BONNEAU DU MARTRAY 1998*

■ Gd cru 1,5 ha 5 000 38 à 46 €

(80) 86 87 88 |89| |90| 91 92 |93| **94** 95 **96** 97 98

Eines der seltenen Güter, die nur Grands crus enthalten, in einer zusammenhängenden Parzelle: 9,5 Hektar im Corton-Charlemagne und 1,5 Hektar für diesen Corton. Ein lebhaftes Rot mit bläulich roten Reflexen: ein fester, strukturierter 98er. Sein Bouquet teilt sich zwischen Kirsche (Konfitüre) und Gewürzen (Vanille) auf. Er ist klar, strukturiert und füllig und zeigt einen leichten Foxgeschmack, was eine sehr schöne Flasche kennzeichnet.

Dom. Bonneau du Martray, 21420 Pernand-Vergelesses, Tel. 03.80.21.50.64, Fax 03.80.21.57.19

de la Morinière

DOM. HENRI ET GILLES BUISSON
Le Rognet-et-Corton 1998

■ Gd cru 0,32 ha 1 800 23 à 30 €

Hier haben wir ein perfektes Etikett, das den exakten Namen dieses Grand cru angibt. Der Wein dahinter ist deutlich ein 98er, ein schwieriger Jahrgang, der keine große Komplexität geboten hat: Der Holzton über Noten von schwarzer Johannisbeere ist sehr deutlich zu spüren, in der Nase ebenso wie im Mund. Dort macht sich eine starke Extraktion bemerkbar. In ein paar Jahren (fünf Jahre, acht Jahre?) wird sich alles abrunden.

Dom. Henri et Gilles Buisson, imp. du Clou, 21190 Saint-Romain, Tel. 03.80.21.27.91, Fax 03.80.21.64.87 n. V.

Gilles Buisson

DOM. CACHAT-OCQUIDANT ET FILS Clos des Vergennes 1999

■ Gd cru 1,42 ha 5 600 23 à 30 €

86 87 88 |90| 91 95 96 97 98 99

Die zwischen Le Rognet-et-Corton und Les Maréchaudes liegenden Vergennes sind eine aristokratische Reblage. Dieser Wein ist gut strukturiert, mit feinen Tanninen. Die Gewürze (Pfeffer und Süßholz) sind mit einer schönen Mischung von roten Früchten verbunden. Man muss ihn ganz hinten im Keller lang ruhen lassen.

Dom. Cachat-Ocquidant et Fils, 3, pl. du Souvenir, 21550 Ladoix-Serrigny, Tel. 03.80.26.45.30, Fax 03.80.26.48.16

n. V.

CAPITAIN-GAGNEROT
Les Renardes 1998

■ Gd cru 0,33 ha 1 500 30 à 38 €

82 83 85 86 88 (89) 90 91 92 96 97 98

Eine der Starcuvées dieses Guts in einem heiklen Jahrgang. Sie schmückt sich mit einem schönen burgundischen Rubinrot. Der Geruchseindruck ist sehr würzig, ziemlich frisch, nicht sehr intensiv, noch schwierig zu beurteilen. Der Geschmack ist vom Holz geprägt; er verbirgt noch das Terroir, das in drei bis vier Jahren besser zur Geltung kommen dürfte, denn die Struktur ist viel versprechend.

Maison Capitain-Gagnerot, 38, rte de Dijon, 21550 Ladoix-Serrigny, Tel. 03.80.26.41.36, Fax 03.80.26.46.29 n. V.

DOM. CHANDON DE BRIAILLES
Les Maréchaudes 1998*

■ Gd cru 0,32 ha 1 500 30 à 38 €

Ein begeisterndes Gut, das im 18. Jh. entstand. Die Menschen, die dort nacheinander wohnten, waren unaufhörlich mit dem Weinbau und der Kunst befasst. Der Wein aus dieser Einzellage in Ladoix tritt hier in einem nicht übermäßigen roten Dekor auf, das seine maßvolle, elegante Extraktion kennzeichnet. Der Duft könnte an einen französischen Garten denken lassen, der sorgfältig angelegt ist, mit Blumen und roten Früchten. Im Geschmack sind die Tannine spürbar, aber ohne Bitterkeit; der Holzton gibt sich zurückhaltend und respektiert die Struktur. Man sollte ihn drei Jahre aufheben und kann ihn dann fünf bis sieben Jahre lang servieren.

Dom. Chandon de Briailles, 1, rue Sœur-Goby, 21420 Savigny-lès-Beaune, Tel. 03.80.21.52.31, Fax 03.80.21.59.15 n. V.

de Nicolay

CH. CORTON GRANCEY 1998*

■ Gd cru 17 ha 36 000 30 à 38 €

Erworben wurde diese Burg 1890 von Louis Latour, einem der großen Weinhändler der Côte d'Or, der zu einem der größten Besitzer von Grand-cru-Lagen wurde. Die tiefe Farbe dieses 98ers zeigt ein paar Entwicklungsreflexe. Der Geruchseindruck lässt einen recht diskreten Holzton, aber noch wenig Frucht erkennen: Er ist verschlossen. Der Geschmack jedoch ist fein, gestützt auf Tannine, die allmählich verschmelzen, aber recht streng bleiben. Man sollte ihn in zwei Jahren öffnen, um nachzuschauen, wie er sich entwickelt hat: Er kann viel länger lagern. Der **98er Le Clos de la Vigne au Saint** hat die Jury inspiriert, die ihm eine lobende Erwähnung zuerkannte.

Dom. Louis Latour, 18, rue des Tonneliers, 21204 Beaune, Tel. 03.80.24.81.00, Fax 03.80.22.36.21, E-Mail louislatour@louislatour.com n. V.

JOSEPH DROUHIN Bressandes 1998*

■ Gd cru 0,25 ha 1 200 38 à 46 €

Bressandes in einem Renardes-Stil. Bei diesem 98er bewahrt das Rubinrot seine ganze Intensität. Erdbeere muss sich mit Unterholz einigen, das Animalische sich in eine pfeffrige Umgebung einfügen. Der Geschmack ist entfaltet; man findet darin das komplexe Aroma des Geruchseindrucks wieder, mit ein wenig mehr Frische, auf elegante Weise von feinen Tanninen begleitet. «Ein echter, schöner Corton, wie man ihn mag», notierte die Jury als bestmögliches Kompliment.

Joseph Drouhin, 7, rue d'Enfer, 21200 Beaune, Tel. 03.80.24.68.88, Fax 03.80.22.43.14, E-Mail maisondrouhin@drouhin.com n. V.

DUFOULEUR PERE ET FILS 1998

■ Gd cru k. A. 900 38 à 46 €

Seine wilden Aromen und seine schon entwickelten Noten von gekochten Früchten hindern ihn nicht daran, sich im Geschmack auf recht jugendliche Weise zu präsentieren. Er bietet eine schwungvolle Ansprache und versteht es, auf seine Tannine einzureden, um sie gefügig zu machen. Ein 98er, der ins Violette spielt und ein nicht unbedeutendes Potenzial besitzt (zwei bis fünf Jahre).

Dufouleur Père et Fils, 15, rue Thurot, BP 27, 21700 Nuits-Saint-Georges, Tel. 03.80.61.21.21, Fax 03.80.61.10.65 n. V.

DOM. DUPONT-TISSERANDOT
Le Rognet 1999*

■ Gd cru 0,32 ha 1 800 23 à 30 €

Dieser 99er hat solide Argumente! Schwarze Kirschen. Seine Aromen teilt er klug zwischen schwarze Johannisbeere und Kaffee, zwischen dem Wein und seinem Ausbau im Holzfass auf. Viel Gehalt und Charme für eine garantierte Lagerfähigkeit.

GAEC Dupont-Tisserandot, 2, pl. des Marronniers, 21220 Gevrey-Chambertin, Tel. 03.80.34.10.50, Fax 03.80.58.50.71 n. V.

CLOS DES CORTONS FAIVELEY 1998**

■ Gd cru 2,97 ha 12 800 46 à 76 €

85 86 88 89 |90| 91 92 |94| (95) **96 97 98**

Ein Urteil des Gerichts von Dijon entschied noch vor der Schaffung der AOC, dass diese Reblage den Namen seines Besitzers tragen dürfe, um eventuelle Verwechslungen zu vermeiden. Dieser 98er gereicht der Firma Faiveley sehr zur Ehre. Er zeigt ein tiefes Dunkelrot und besitzt ein Gerüst, wie man es früher herstellte. Der noch tanninreiche Geschmack, der es erlaubt, gelassen fünf bis zehn Jahre zu warten, bestätigt den Geruchseindruck mit dem erstklassigen Holzaroma. Liebeserklärung in der Ausgabe 1999 für den 95er.

Bourgognes Faiveley, 8, rue du Tribourg, 21701 Nuits-Saint-Georges, Tel. 03.80.61.04.55, Fax 03.80.62.33.37, E-Mail bourgognes.faiveley@wanadoo.fr

DOM. FOLLIN-ARBELET 1999

■ Gd cru 0,4 ha 2 000 ◫ 23 à 30 €

Ein 99er mit festen Absichten hinsichtlich der Aromen: Kirschkonfitüre, geröstetes Brot, Zimt. Sein Stil? Leichte Frische, Himbeere im Nasen-Rachen-Raum, umhüllte Tannine. Nichts stört die friedliche Atmosphäre. Man kann ihn unter diesen guten Voraussetzungen innerhalb von ein bis zwei Jahren trinken.

Dom. Follin-Arbelet, Les Vercots, 21420 Aloxe-Corton, Tel. 03.80.26.46.73, Fax 03.80.26.43.32 ☑ Y n. V.

DOM. ANNE-MARIE GILLE
Les Renardes 1999

■ Gd cru 0,16 ha 600 ◫ 23 à 30 €

Der tiefe, jugendliche Körper zeigt bläulich rote Reflexe. Unter einem vanilleartigen Holzton machen sich Erdbeere und Himbeere in der Nase diskret bemerkbar. Der Geschmack bietet ein gut mit der Frucht verbundenes Holzaroma in einer beachtlichen, aber nicht sehr starken Struktur. Zwei bis vier Jahre lagern.

Dom. Anne-Marie Gille, 34, RN 74, 21700 Comblanchien, Tel. 03.80.62.94.13, Fax 03.80.62.99.88, E-Mail gille@burgundywines.net ☑ Y n. V.

CHRISTIAN GROS Les Renardes 1998*

■ Gd cru 0,65 ha k. A. ◫ 23 à 30 €

Die Mutter von Christian Gros, die 1973 in den Betrieb eintrat, entstammt einer alten Winzerfamilie, denn das Gut bestand schon 1750. Hier haben wir einen Wein, der seine Reblage gut repräsentiert, denn er zeigt einen deutlichen Foxgeschmack, als wolle er ihren Namen «Die Füchsinnen» rechtfertigen! Er hat eine bläulich rote Farbe und ist sehr duftig (eingemachte Früchte, gekochte Backpflaume, Unterholz, Gewürze). Er muss zwar noch harmonisch werden, aber er hat die Mittel dazu: eine gute Vollmundigkeit mit Tanninen, die perfekt die Konzentration unterstützen können, wobei beide die Lagerfähigkeit erhöhen und in fünf bis sieben Jahren einen Genuss zu Entenragout mit brauner Sauce garantieren.

Christian Gros, rue de la Chaume, 21700 Premeaux-Prissey, Tel. 03.80.61.29.74, Fax 03.80.61.39.77 ☑ Y n. V.

DOM. ANTONIN GUYON
Bressandes 1998

■ Gd cru 0,86 ha 4 000 ◫ 30 à 38 €

Die intensive Farbe beginnt einen echten Dialog, den der zu roten Früchten entfaltete Duft trotz eines noch sehr ausgeprägten Holztons fortführt. Der ausgewogene Geschmack stützt seine Argumentation auf recht feine Tannine, um sich gut zu entwickeln, und auf eine befriedigende Länge mit Holz- und Röstaromen. In zwei Jahren dürfte er gefallen.

Dom. Antonin Guyon, 21420 Savigny-lès-Beaune, Tel. 03.80.67.13.24, Fax 03.80.66.85.87, E-Mail vins@guyon-bourgogne.com ☑ Y n. V.

DOM. MICHEL ET LAURENT JUILLOT Perrières 1999

■ Gd cru k. A. 5 000 ◫ 30 à 38 €

Dieser Corton Perrières entsteht in 240 m Höhe. Er wird in Fässern ausgebaut, von denen 30 % neu sind. Das Holz ist natürlich deutlich vorhanden und lässt wenig Platz für Kirschen (eine Kirschwassernote). Das Röst- und Toastaroma verleiht diesem Wein eine große Strenge; in drei bis vier Jahren muss er sich beweisen.

Dom. Michel et Laurent Juillot, 59, Grande-Rue, BP 10, 71640 Mercurey, Tel. 03.85.98.99.89, Fax 03.85.98.99.88, E-Mail infos@domaine.michel.juillot.fr ☑ Y n. V.

DOM. LALEURE-PIOT Le Rognet 1999*

■ Gd cru 0,33 ha 1 600 ◫ 23 à 30 €

Zwei 99er gleichauf: der **99er Bressandes** und dieser hier, ein Corton von großem klassischem Charakter, der konzentriert und lagerfähig ist. Er ist rotschwarz und lässt nicht zu, dass das Fass über Kirschwasser und Himbeere dominiert; getragen vom Umfang der Segelfläche und von der Unterstützung durch eine gute Säure, fährt er fernen Gestaden entgegen. Im letzten Jahr gehörte er (als 98er) zu unseren Lieblingsweinen.

Dom. Laleure-Piot, rue de Pralot, 21420 Pernand-Vergelesses, Tel. 03.80.21.52.37, Fax 03.80.21.59.48, E-Mail laleure.piot@wanadoo.fr ☑ Y Mo–Fr 8h–12h 14h–18h; Sa, So n. V.

Frédéric Laleure

DOM. MAILLARD PERE ET FILS
1999*

□ Gd cru 0,34 ha k. A. ◫ 23 à 30 €

97 98 99

Dieser weiße Corton, dessen Vorgänger im letzten Jahr zum Lieblingswein gewählt wurde, ist zu einem außergewöhnlichen Erfolg fähig. Der 99er, der eine gute Klarheit zeigt, entspricht ganz der Appellation sowie seinem Grand-cru-Rang. Haselnuss, Akazie und Feuerstein deuten schon jetzt seine aromatischen Komplexe an. Sein Temperament ist recht lebhaft, mit einer gut gebauten Struktur. Viel versprechend.

Dom. Maillard Père et Fils, 2, rue Joseph-Bard, 21200 Chorey-lès-Beaune, Tel. 03.80.22.10.67, Fax 03.80.24.00.42 ☑ Y n. V.

FRANÇOISE MALDANT
Renardes 1999*

■ Gd cru 0,33 ha 800 ◫ 23 à 30 €

«Wird einen guten Wein abgeben, wenn er seinen Holzton besänftigt hat.» Seine Farbe ist recht konzentriert: ein intensives Kirschrot. In einer Umgebung von Röstgerüchen zeigen sich ein paar animalische Noten. Seine liebenswürdigen Tannine, die einen recht runden Charakter besitzen, müssen verschmelzen. Innerhalb welcher Zeit? Zwischen drei und fünf Jahre, versicherten die Experten.

Françoise Maldant, 27, Grande-Rue, 21200 Chorey-lès-Beaune, Tel. 03.80.22.11.94, Fax 03.80.24.10.40 ☑ Y n. V.

DOM. MICHEL MALLARD ET FILS
Les Maréchaudes 1998★

■ Gd cru 0,31 ha 1 600 30 à 38 €

|93| |94| **96** 98

Eine sehr schwungvolle Ansprache auf roten Früchten und ein Gerüst, das von starken Tanninen unterstützt wird: Offensichtlich bereitet man sich auf eine lange Belagerung vor, fünf bis zehn Jahre. Eine dunkle Farbe wie der Sonnenuntergang und ein Duft nach Sauerkirschen mit Holznoten. Ein hübscher Wein, der seinen Rang verdient.

EARL Dom. Michel Mallard et Fils, 43, rte de Dijon, 21550 Ladoix-Serrigny, Tel. 03.80.26.40.64, Fax 03.80.26.47.49 n. V.

D. MEUNEVEAUX Chaumes 1999★★

■ Gd cru 0,3 ha 1 300 15 à 23 €

Man kann den Corton in- und auswendig kennen und trotzdem nicht wissen, wo sich die Reblage Chaumes befindet: Wenn Sie Aloxe verlassen und nach Pernand hinauf gehen, sehen Sie sie ganz links hinter der Vigne au Saint. Diese Einzellage zählt zwar nicht zu den bekanntesten, aber hier fällt ihr Wein durch seine Feinheit und Eleganz auf: der Corton in Spitzen? Nein: Er ist ein Wein, der schlanker wirkt, als er ist, denn seine Struktur ist prächtig. *«Pinotissime!»* Er ist intensiv granatrot und bietet einen leichten Rosenduft, der ihm sehr gut steht. Vier Jahre aufheben. Sehr interessanter Preis.

Didier Meuneveaux, 9, pl. des Brunettes, 21420 Aloxe-Corton, Tel. 03.80.26.42.33, Fax 03.80.26.48.60 n. V.

DOM. NUDANT Bressandes 1999

■ Gd cru 0,6 ha 2 500 30 à 38 €

Die Nudants sind hier seit 1747 ansässig und führen ein fast 13 ha großes Gut. Dieser Bressandes hat eine perfekte Farbe: ein intensives Granatrot. Der Duft entfaltet sich zu reifen roten Früchten; danach macht sich Mokka bemerkbar und weist auf einen sehr kräftigen Holzton hin. Der füllige Geschmack folgt im gleichen Stil nach: Das Holz muss sich innerhalb von drei bis vier Jahren besänftigen, bevor man diesen Wein in seinem wahren Wert beurteilen kann.

Dom. Nudant, 11, RN 74, 21550 Ladoix-Serrigny, Tel. 03.80.26.40.48, Fax 03.80.26.47.13, E-Mail domaine.nudant@wanadoo.fr n. V.

DOM. DU PAVILLON
Clos des Maréchaudes 1998★★

■ Gd cru 0,54 ha 3 000 46 à 76 €

Das 4 ha große Gut ist von einer Trockensteinmauer umgeben und bildet zusammen mit seinem Hauptgebäude und seinen Kellern ein schönes Ensemble. Seit 1994 gehört es der Firma Albert Bichot. Dieser Clos ist bezaubernd. Leuchtendes Rubinrot, ein etwas wilder Duft. Er entspricht der Definition des Schöpfers durch den hl. Bernhard: «Er ist die Länge, die Breite, die Höhe und die Tiefe.» Trinken sollte man ihn zu einem Filetstück von der Hirschkuh, und das nicht zu spät, denn man braucht solche jungen, kräftigen Weine, die dem erfahrenen Weinfreund bereits ein Glücksgefühl vermitteln. Aber man kann ihn auch acht bis zehn Jahre aufheben.

Dom. du Pavillon, 6*bis*, bd Jacques-Copeau, 21200 Beaune, Tel. 03.80.24.37.37, Fax 03.80.24.37.38

DOM. PRIN Bressandes 1998★

■ Gd cru 0,68 ha 3 300 30 à 38 €

Es heißt, dass die Bressandes-Weine von selbst in den Mund fließen: Das ist ein Wein, der als weich und süffig berühmt ist. Dieser 98er ist leicht entwickelt (Farbe), aber sein Geruchseindruck ist sehr verschlossen (Gewürze, schwarze Früchte). Im Mund ragt eine Kathedrale auf: eine leichte Adstringenz der Tannine, die nützlich ist, denn sie hält die Aromen am richtigen Platz. Ein ausdrucksvoller Corton, der für die 2010er Jahre vinifiziert worden ist. Eine wertvolle Investition!

Dom. Prin, 12, rue de Serrigny, Cidex 10, 21550 Ladoix-Serrigny, Tel. 03.80.26.40.63, Fax 03.80.26.46.16 n. V.

DOM. RAPET PERE ET FILS
Pougets 1999★

■ Gd cru k. A. 2 400 23 à 30 €

|93| 96 |97| **98** 99

Ein Stern für den **roten 99er Corton,** der sich auf sehr zufrieden stellende Weise entwickelt, und für diesen Pougets. Diese Reblage für weiße Trauben erlaubt es den Rotweinen, in der Regel viel Liebenswürdigkeit zu zeigen. Die Farbe ist fast schwarz; die Frucht kündigt sich schwarz an. Dieser sehr dichte Lagerwein bewahrt seine eigene Persönlichkeit. Im Augenblick ist er ein wenig tanninreich; man kann ihn unbesorgt lagern. Die Jugendzeit gibt es nur einmal (vier bis fünf Jahre), aber das Leben danach dauert noch lang (zehn bis zwölf Jahre).

Dom. Rapet Père et Fils, 21420 Pernand-Vergelesses, Tel. 03.80.21.59.94, Fax 03.80.21.54.01 n. V.

COMTE SENARD
Clos des Meix Monopole 1999★★

■ Gd cru 1,6 ha 7 000 23 à 30 €

88 89 90 93 96 |97| **99**

Dieses Gut eröffnete als eines der allerersten in Burgund 1999 einen Stammtisch und bietet von März bis November Essen mit Weinproben an. Melden Sie sich schon jetzt an! Diese Einzellage, ein Weinberg in Alleinbesitz, der ein Nachbar der Vigne au Saint ist, spielt hier voller Feinheit. Sein 99er von sehr kräftigem Rubinrot, mit einem diskreten Bouquet (Sauerkirsche), beweist vollkommene Offenheit. Gut verschmolzener Stoff, der über erstklassigen Tanninen eine sehr reife, sogar kandierte Frucht bietet. Seinen Höhepunkt erreicht er in vier bis sechs Jahren.

SCE du Dom. Comte Senard, 7, rempart Saint-Jean, 21200 Beaune, Tel. 03.80.24.21.65, Fax 03.80.24.21.44 n. V.

DOM. MICHEL VOARICK
Renardes 1999★★

■ Gd cru 0,5 ha 1 500 23 à 30 €

Pierre Voarick war lange Zeit Winzer der Hospices de Beaune (Cuvée Docteur Peste). Zusammen mit seinem Sohn Michel gründete er dieses Gut. Der **99er Languettes** von ausgezeichnetem Wuchs erhält einen Stern und verdient Ihr besonderes Interesse, wenn der Renardes nicht mehr verfügbar ist. Noch besser ist dieser tiefgranatrote 99er, der auf leisen Sohlen beginnt (frische Erdbeeren, Crème de cassis) und dann korpulent, entschlossen und sehr lang erhaltend erscheint. Man spürt den Willen zur Konzentration: Das Wort hat der Wein. Eine Flasche, die man vier Jahre aufheben muss.

SCEA Michel Voarick, 2, pl. du Chapitre, 21420 Aloxe-Corton, Tel. 03.80.26.40.44, Fax 03.80.26.41.22, E-Mail voarick.michel@aol.com ☑ n. V.

Corton-Charlemagne

Die Appellation Charlemagne, in der bis 1948 die Rebsorte Aligoté verwendet werden durfte, ist nicht im Gebrauch. Die Appellation Corton-Charlemagne machte 2000 2 432 hl aus, von denen der größte Teil in den Gemeinden Pernand-Vergelesses und Aloxe-Corton erzeugt wird. Die Weine dieser Appellation – der Name geht auf Karl den Großen zurück, der angeblich weiße Traubensorten anpflanzen ließ, um seinen Bart beim Trinken nicht zu beflecken – besitzen eine schöne goldgrüne Farbe und erreichen ihren vollen Charakter nach fünf bis zehn Jahren.

JEAN-LUC AEGERTER 1999

☐ Gd cru k. A. 2 400 38 à 46 €

Gut gebaut, im achtbaren Mittelfeld der Appellation (wobei die Beurteilung der Jury offensichtlich streng ist) – ein 99er, der Geduld erfordert. Eine gewisse Geduld, sollte man sagen: drei bis vier Jahre, denn er ist schon recht offen und entfaltet. Seine Nuancen? Weißgoldene Farbe und ein halb blumiges, halb vanilleartiges Bouquet. Er nimmt es mit einer Fischterrine auf.

Jean-Luc Aegerter, 49, rue Henri-Challand, 21700 Nuits-Saint-Georges, Tel. 03.80.61.02.88, Fax 03.80.62.37.99 ☑ n. V.

DOM. BONNEAU DU MARTRAY
1998★

☐ Gd cru 9,5 ha 54 000 46 à 76 €

79 83 |90| |91| |92| 93 95 96 97 98

Wenn man unter seinen Vorfahren die hl. Jeanne de Chantal hat, gehört man zur Geschichte Burgunds. Wenn man 9,5 ha Corton-Charlemagne besitzt, und das seit langer Zeit, gehört man zur Geschichte des burgundischen Weins. Kurz gesagt: Um diese Wiege haben sich alle guten Feen versammelt. Denn dieser blassgoldene 98er wird in fünf bis zehn Jahren aufwachen. Sein Duft lässt eine entstehende Komplexität mit Haselnuss, Kamille und grüner Zitrone erkennen. Der Geschmack zeigt sich hochfein, aber noch wenig vom «Fett» umhüllt. In der Vergangenheit gab es zwei Liebeserklärungen (für den 79er und den 83er).

Dom. Bonneau du Martray, 21420 Pernand-Vergelesses, Tel. 03.80.21.50.64, Fax 03.80.21.57.19 ☑

de La Morinière

PHILIPPE BOUCHARD 1999★

☐ Gd cru k. A. k. A. 46 à 76 €

Man möchte sagen, dass er die Ewigkeit vor sich hat: dieser weißgoldene 99er, der im Augenblick recht vanilleartig ist. Er ist ausgewogen und großzügig und ist so vinifiziert, dass er zweimal einen Hauch von Säure bietet: wenn man ihn in den Mund nimmt und im Abgang. Die Klarheit des Geschmacks ist ausgezeichnet. Sicherlich ewig lange Zeit, denn er braucht lang, um zu reifen, aber dennoch ist er kein bußfertiger Mönch: Allerdings ist sein Alkoholreichtum für ihn notwendig.

Philippe Bouchard, 21420 Aloxe-Corton, Tel. 03.80.25.00.00, Fax 03.80.26.42.00, E-Mail vinibeaune@bourgogne.net n. V.

DOM. BOUCHARD PERE ET FILS
1998★

☐ Gd cru 3,25 ha k. A. 46 à 76 €

Bouchard Père et Fils präsentiert einen goldgelben 98er, der noch zurückhaltend ist, aber ein großes Lagerpotenzial besitzt. Seine Toastnoten verbinden sich mit Weißdorn und Trüffel. Danach nuanciert ein recht dauerhafter mineralischer Charakter seinen warmen Geschmack. Stellen Sie sich dazu einen gegrillten Hummer bei einem Barbecue vor.

Bouchard Père et Fils, Ch. de Beaune, 21200 Beaune, Tel. 03.80.24.80.24, Fax 03.80.22.55.88, E-Mail france@bouchard-pereetfils.com n. V.

CHAMPY 1999★

☐ Gd cru k. A. 2 700 46 à 76 €

«Die einzige Art und Weise, ein Problem zu meistern, besteht darin, es einfach zu überleben», sagte Talleyrand. Zweifellos wird dieser 99er diesen klugen Rat beherzigen und innerhalb von zwei bis drei Jahren einen hübschen Wein abgeben. Er ist übrigens ebenso komplex wie der besagte Fürst von Bénévent: In einem Golden, das Smaragdgrün intensiviert, sondert

er gewissenhaft Mineral- und Zitrusnoten ab. Sein Geschmack ist recht ölig und lebhaft, mit weißfleischigen Früchten.
Maison Champy, 5, rue du Grenier-à-Sel, 21200 Beaune, Tel. 03.80.25.09.99, Fax 03.80.25.09.95, E-Mail champyprost@aol.com n. V.

MAURICE ET ANNE-MARIE CHAPUIS 1999

Gd cru 1 ha 4 000 23 à 30 €

Es ist begreiflich, dass sich die Söhne Karls des Großen um das väterliche Erbe zankten. Ein blassgelber 99er mit grauen Reflexen, mit einem recht offenen Bouquet (Akazie, Ananas ...) und einem hübschen, fülligen, gut gemachten Geschmack. Ein wenig Brotkrume, die notwendige Säure. In den nächsten fünf Jahren wird er weit vorankommen.
Maurice Chapuis, 21420 Aloxe-Corton, Tel. 03.80.26.40.99, Fax 03.80.26.40.89 n. V.

CHEVALIER PERE ET FILS 1998*

Gd cru 0,22 ha 1 200 38 à 46 €

Ein 1985 entstandenes Gut, das heute elf Hektar umfasst. Dieser 98er von funkelndem Gelb stützt sich auf einen Feuerstein- und Akazienduft, in einem Vanilleumfeld, das auf einen gut gemeisterten Ausbau im Holzfass zurückgeht. Sein Geschmack mit dem klaren, frischen Auftakt lässt danach grüne Zitrone erkennen.
SCE Chevalier Père et Fils, Buisson, 21550 Ladoix-Serrigny, Tel. 03.80.26.46.30, Fax 03.80.26.41.47 n. V.

DOM. DUBREUIL-FONTAINE PERE ET FILS 1999*

Gd cru 0,76 ha 3 800 30 à 38 €

Man muss dabei gewesen sein, wie er erzählte, dieser Pierre Dubreuil! Eine burgundische Gestalt, die jetzt im Himmel mit Vergnügen feststellt, dass sein 99er selbst auf einer kleinen Wolke schwebt. 35 % neue Holzfässer, Aufrühren des Hefesatzes – ein sehr reicher Wein mit einem gut durchgeführten Fassausbau. Schöne Farbe, Zimt- und Birnenduft. Er hält die gleiche Distanz zur Säure und zum Alkohol: Er ist lagerfähig, auch wenn ihn die Weinfreunde schon 2003 mit Genuss trinken können.
Dom. Dubreuil-Fontaine Père et Fils, 21420 Pernand-Vergelesses, Tel. 03.80.21.55.43, Fax 03.80.21.51.69, E-Mail dubreuil.fontaine@wanadoo.fr n. V.
Bernard Dubreuil

CH. GENOT-BOULANGER 1998*

Gd cru 0,29 ha 870 46 à 76 €

Seien wir geduldig. So endet die Verkostung. Zweifellos ist seine Farbe schon recht golden. Aber der Zitrusduft muss sich stärker öffnen und beispielsweise weiße Blüten einbeziehen. Dieser Wein, der im Geschmack recht leicht ist, besitzt einen würzig-mineralischen Sockel, der sein Potenzial in zwei Jahren nutzen muss. Er passt dann zu Languste.
SCEV Ch. Génot-Boulanger, 25, rue de Cîteaux, 21190 Meursault, Tel. 03.80.21.49.20, Fax 03.80.21.49.21, E-Mail genot.boulanger@wanadoo.fr n. V.
M. Delaby

DOM. ANTONIN GUYON 1999

Gd cru 0,55 ha 3 500 46 à 76 €

|92| |93| |94| 95 **96** 97 98 99

Klare, strahlende Goldfarbe. Durch die Haselnuss- und Vanillearomen, die sich mit ein paar blumigen Noten mischen, erinnert er an das Fass. Gerade genug Lebhaftigkeit, rund, aber kräftig und konzentriert: ein Charlemagne, der Sie zwanglos empfängt, auf amerikanische Weise. Sie können ihn in drei bis vier Jahren mit Genuss trinken, denn er wird rasch «reif».
Dom. Antonin Guyon, 21420 Savigny-lès-Beaune, Tel. 03.80.67.13.24, Fax 03.80.66.85.87, E-Mail vins@guyon-bourgogne.com n. V.

DOM. MICHEL JUILLOT 1999

Gd cru k. A. 3 000 46 à 76 €

Die Domherren von Saulieu sollten diese Schenkung Karls des Großen im Jahre 775 tausend Jahre bewahren. Wenn man daran denkt! Dieser 99er hat kein so langes Leben vor sich, aber man kann ihn vier bis fünf Jahre aufheben, denn er besitzt eine gute Säure. Goldgrün und blumig («Ylang-Ylang», schlug ein Verkoster vor); danach entwickelt er sich zu Apfel. Ausreichende Länge.
Dom. Michel et Laurent Juillot, 59, Grande-Rue, BP 10, 71640 Mercurey, Tel. 03.85.98.99.89, Fax 03.85.98.99.88, E-Mail infos@domaine.michel.juillot.fr n. V.

DOM. LALEURE-PIOT 1999*

Gd cru 0,31 ha 1 500 38 à 46 €

Er bestritt das «Finale» der Wahl zum Lieblingswein – das ist ein großartiger 99er. Er ist sich selbst genug, so sehr bringt sein Bau den Einfluss des Terroir und zugleich die Qualität der Vinifizierung zum Ausdruck. Perfekte Farbe, Düfte von Farnkraut, Eisenkraut und Haselnüssen. Er bietet eine kräftige Ansprache und zeigte eine mineralische Sensibilität und eine faszinierende Komplexität. Sehr große Lagerfähigkeit. Er passt zu Gänseleber, so opulent ist er.
Dom. Laleure-Piot, rue de Pralot, 21420 Pernand-Vergelesses, Tel. 03.80.21.52.37, Fax 03.80.21.59.48, E-Mail laleure.piot@wanadoo.fr Mo–Fr 8h–12h 14h–18h; Sa, So n. V.

LOUIS LATOUR 1998

Gd cru 9,65 ha 45 000 46 à 76 €

Der Gärkeller von Corton-Grancey ist eine der Hochburgen des Weinbergs. Was für eine Ehre, wenn man hier geboren und ausgebaut wird! Der Stil dieses 98ers ist leicht, aber keineswegs flüchtig, denn der Stoff ist schön. Von einem Gelbgrün umgeben, zitronenartiges und mineralisches Bouquet; er enthält noch einen diskreten Holzton. Dieser Hauch von Vanille

mildert ein recht lebhaftes Finale. Ein Wein, den man auf sich zukommen lassen muss: Mit dem Alter wird er an Größe gewinnen.
🔑 Dom. Louis Latour, 18, rue des Tonneliers, 21204 Beaune, Tel. 03.80.24.81.00, Fax 03.80.22.36.21, E-Mail louislatour@louislatour.com 🍷 n. V.

LOUIS LEQUIN 1999**

☐ Gd cru 0,8 ha 604 🛢 38 à 46 €

Die überbackenen Meeresfrüchte, die ihn begleiten werden, darf man erst in ein paar Jahren servieren, denn dieser sehr konzentrierte, feste, kräftige 99er ist noch überhaupt nicht entfaltet. Seine Farbe ist zwar intensiv, aber sein Duft erinnert an reifes Traubengut, und sein Holzton beschränkt sich auf gute Proportionen. Es liegt an ihm, sanfter zu werden und zu verschmelzen. Diese beiden *Ouvrées* waren nicht gerade unproduktiv.
🔑 Louis Lequin, 1, rue du Pasquier-du-Pont, 21590 Santenay, Tel. 03.80.20.63.82, Fax 03.80.20.67.14, E-Mail louis.lequin@wanadoo.fr ✉ 🍷 n. V.

DOM. MARATRAY-DUBREUIL 1999

☐ Gd cru 0,4 ha 2 000 🛢 23 à 30 €

Von den vierzehn Hektar des Guts sind 40 Ar für diesen Wein von leichter Goldfarbe bestimmt. Seine Aromen haben nichts in die Ferne Entführendes oder Exotisches an sich: Die Frucht ist durch Birne, Brotkrume und Feuerstein geprägt. Die Struktur kann keine Berge versetzen, zeigt sich aber angenehm, mit einer säuerlichen Frische, die diesen 99er zu einem Wein von mittlerer Lagerfähigkeit (drei bis fünf Jahre) macht.
🔑 Dom. Maratray-Dubreuil, 5, pl. du Souvenir, 21550 Ladoix-Serrigny, Tel. 03.80.26.41.09, Fax 03.80.26.49.07 ✉ 🍷 n. V.

PIERRE MAREY ET FILS 1999**

☐ Gd cru 0,9 ha 3 000 🛢 30 à 38 €

Fast ein Hektar in dem Grand cru. Eine Liebeserklärung in der Ausgabe 1994 (für den 91er). Dieser leicht strohgelbe 99er zeigt einen sehr klassischen, lang anhaltenden, komplexen Duft, der zwischen getrocknete Früchte, kandierte exotische Früchte und sehr reife Trauben aufgeteilt ist. Der Alkohol ist im Geschmack noch spürbar, in einer schönen Ausgewogenheit mit der Säure, was in diesem Alter nicht erstaunlich ist. Große Lagerfähigkeit.
🔑 EARL Pierre Marey et Fils, rue Jacques-Copeau, 21420 Pernand-Vergelesses, Tel. 03.80.21.51.71, Fax 03.80.26.10.48 ✉ 🍷 n. V.

DOM. DU PAVILLON 1999***

☐ Gd cru 1,09 ha 6 600 🛢 46 à 76 €

Lange vor den ruhmreichen Zeiten der Dumaines und der Loiseaus erhielt Saulieu von Karl dem Großen seinen «weißen» Corton-Weinberg. Dieser 99er, der einstimmig zum Lieblingswein gewählt wurde, ist wirklich kaiserlich. Reintönige, funkelnde Goldfarbe. Neben Anklängen an diskrete mineralische Noten, weiße Blüten und einen bezaubernden Holzton begleiten ihn Mandel- und Butteraromen. Am Gaumen harmonieren Intensität und Frische wunderbar bis hin zu einem rassigen Abgang. Ein anspruchsvoller Wein von edler Provenienz, der seinem Terroir entspricht. Die Domaine du Pavillon gehört der Firma A. Bichot.

🔑 Dom. du Pavillon, 6*bis*, bd Jacques-Copeau, 21200 Beaune, Tel. 03.80.24.37.37, Fax 03.80.24.37.38

DOM. RAPET PERE ET FILS 1999**

☐ Gd cru 2,5 ha 9 000 🛢 30 à 38 €

Er ist nicht umsonst ein Charlemagne! Das in ein hübsches Kleid gehüllte Bouquet erhebt Anspruch auf die Krone und die Salbung zum Herrscher, mit eleganten, vornehmen Pfirsich- und Pampelmusennoten. Am Gaumen verbindet sich damit Zimt, in einer recht fülligen, ausgewogenen Umgebung. Man braucht eine solche Flasche nicht allzu lang warten zu lassen (drei bis vier Jahre), denn sie brennt darauf, zu gefallen.
🔑 Dom. Rapet Père et Fils, 21420 Pernand-Vergelesses, Tel. 03.80.21.59.94, Fax 03.80.21.54.01 ✉ 🍷 n. V.

REINE PEDAUQUE 1999*

☐ Gd cru k. A. k. A. 🛢 46 à 76 €

Die Reine Pédauque ist von einer sagenhaften Figur inspiriert, die in den Kathedralen als Skulptur dargestellt ist und Karl dem Großen damit näher steht als uns. Sie erzeugt diesen Wein, dessen intensive Fruchtigkeit, schöne Lebhaftigkeit und allgemeine Harmonie den Erfolg erklären. Seine goldenen Reflexe sind recht ausgeprägt. Das Bouquet gibt sich mineralisch, mit einem Hang zu gelben Früchten. Man kann ihn in zwei Jahren und dann acht Jahre lang aufmachen – falls etwas davon übrig bleibt.
🔑 Reine Pédauque, Le Village, 21420 Aloxe-Corton, Tel. 03.80.25.00.00, Fax 03.80.26.42.00, E-Mail rpedauque@axnet.fr 🍷 n. V.

DOM. ROLLIN PERE ET FILS 1999

☐ Gd cru 0,4 ha 2 300 🛢 30 à 38 €

Alle Farben des Corton. Dann dominiert der an Toast erinnernde Holzton über die dennoch recht deutlich wahrnehmbaren Zitrusfrüchte. Die klare Struktur mit guter Säure erlaubt es dieser Flasche, dass sie einer vier- bis fünfjährigen Lagerung trotzt.

🔑 Rollin Père et Fils, rte des Vergelesses, 21420 Pernand-Vergelesses, Tel. 03.80.21.57.31, Fax 03.80.26.10.38 ☑ Ｙ n. V.

DOM. DES TERREGELESSES 1999*

☐ Gd cru 0,4 ha 1 500 ⫼ 38 à 46 €

Die Domaine Comte Sénard in einem anderen Licht, aber weiterhin im Besitz der gleichen Familie: Philippe Senard führt das Werk seines Vaters fort, insbesondere im «Großrat» des Tastevin. Sein Corton-Charlemagne aus feinem Gold bildet ein ziemlich empyreumatisches Bouquet, bevor er sich als lagerfähiger Wein präsentiert. Sein Reichtum wird von Brioche-Aromen und Geschmacksnoten getrockneter Aprikosen beherrscht. Eine kleine Bitternote geht auf seine jungen Tannine zurück, die drei bis fünf Jahre liebenswürdiger machen werden – falls Sie den Mut haben, so lang zu warten.

🔑 Dom. des Terregelesses, 7, rempart Saint-Jean, 21200 Beaune, Tel. 03.80.24.21.65, Fax 03.80.24.21.44 ☑ Ｙ n. V.

Savigny-lès-Beaune

Savigny ist ebenfalls ein richtiges Winzerdorf. Der Geist des Anbaugebiets bleibt hier gewahrt; die Confrérie de la Cousinerie de Bourgogne verkörpert burgundische Gastlichkeit. Die «Cousins» schwören, ihre Gäste «mit der Flasche auf dem Tisch und mit offener Herzlichkeit» zu empfangen.

Die Weine aus Savigny sind nicht nur «nahrhaft, theologisch und krankheitsvertreibend», sondern auch sanft, sehr fein und fruchtig, angenehm, wenn sie jung sind, aber sie altern auch gut. 2000 erzeugte die AOC 14 614 hl Rotwein und 1 848 hl Weißwein.

ARNOUX PERE ET FILS
Les Vergelesses 1999*

■ 1er cru 0,28 ha 1 400 ⫼ 11 à 15 €

Ein roter Löwendompteur, der auf dem Schemel seiner zwangsläufig ein wenig festen Tannine steht, wobei seine Stimme, mit schwarzer Johannisbeere und Himbeere, wie eine Peitsche knallt. Er ist kraftvoll, aufmerksam und sprungbereit. Gute Länge, fruchtiges Fleisch. Das ist eine schöne Nummer, die noch in der zweiten Hälfte des Jahrzehnts gefallen kann.

🔑 Arnoux Père et Fils, rue des Brenôts, 21200 Chorey-lès-Beaune, Tel. 03.80.22.57.98, Fax 03.80.22.16.85 ☑ Ｙ n. V.

DOM. BARBIER ET FILS
Les Fourches 1998*

■ 0,39 ha 2 400 ⫼ 15 à 23 €

Ein Gut, das mit der Familie des gegenwärtigen Großmeisters der Confrérie des Chevaliers du Tastevin verbunden ist, 1995 von Dufouleur Père et Fils gekauft. Diese «Fourches», eine Reblage in Richtung Pernand, haben in keiner Weise etwas mit einem Galgen («fourches patibulaires») gemeinsam. Ein Kleid aus dunkelgranatrotem Samt und ein ländliches Bouquet, das an Brombeere und Brombeersträucher erinnert. Hinter der Barriere der Tannine offenbart sich die Frucht. Ein lagerfähiger Wein, der Charakter besitzt.

🔑 Dom. Barbier et Fils, 15, rue Thurot, BP 27, 21700 Nuits-Saint-Georges, Tel. 03.80.61.21.21, Fax 03.80.61.10.65 ☑ Ｙ n. V.

🔑 Guy et Xavier Dufouleur

BOISSEAUX-ESTIVANT
Les Dentellières 1999*

☐ k. A. k. A. ⫼ 23 à 30 €

Wenn es gut ist, ist es gut. Sicherlich taucht dieser hübsche Name («Die Spitzenklöpplerinnen») auch im genauesten Weinatlas nicht unter den Einzellagen auf. *Se non e vero, e ben trovato.* Denn es handelt sich durchaus um eine feine Chardonnay-Spitze von blassem Zitronengelb mit grauem Schimmer. Das toastartige, fruchtige Bouquet ist harmonisch. Die Ansprache ist elegant, die Komplexität fesselnd, die Säure ausreichend. Drei bis vier Jahre in der Flasche, und er wird perfekt sein. Der **rote 98er Charton Fils** (Preisgruppe: 100 bis 149 F), eine andere Marke des gleichen Händlers, erhält einen Stern.

🔑 Boisseaux-Estivant, 38, fg Saint-Nicolas, BP 107, 21200 Beaune, Tel. 03.80.22.00.05, Fax 03.80.24.19.73

CHRISTOPHE BUISSON
Le Mouttier Amet 1999*

■ k. A. k. A. ⫼ 11 à 15 €

Christophe Buisson hat zwei Eisen im Feuer. Er ist Winzer, aber auch Motorrad-Rennfahrer des Club Val-de-Vergy, Sieger des *17. Enduro des Vignes* in Chablis im letzten April. Wenn man das weiß, begreift man besser, warum S. Peterhansel in seinen Keller hinabgestiegen ist. Muss man eigens sagen, dass sein Savigny nichts mit einer Yamaha 250 zu tun hat? Er ist Pinot-typisch, erinnert an schwarze Kirschen und besitzt die Anmut und die Eleganz dieses Dorfs.

🔑 Christophe Buisson, 21190 Saint-Romain, Tel. 03.80.21.63.92, Fax 03.80.21.67.03 ☑ Ｙ n. V.

DOM. CAMUS-BRUCHON
Aux Grands Liards Vieilles vignes 1999**

■ 0,52 ha 2 700 ⫼ 11 à 15 €

Auch wenn sich die Zeit nie aufholen lässt, kann es nützlich sein, in die Zeitdauer zu investieren: Das ist die Idee, die uns dieser 99er eingibt, dessen Rot an sehr reife Kirschen erinnert. Auf dem Zettel liest man: «Ausgeprägte Duftnuancen.» Mit einer Tendenz zu schwarzer Johannisbeere. Gute Ansprache, danach genug Sanftheit und ein sehr milder Abgang. Schon angenehm im Geschmack, aber für die Lagerung geeignet.

Lucien Camus-Bruchon, Les Cruottes, 16, rue de Chorey, 21420 Savigny-lès-Beaune, Tel. 03.80.21.51.08, Fax 03.80.26.10.21 n. V.

DENIS CARRE 1999*

■ k. A. k. A. 8 à 11 €

Das altbekannte Lied: warten, bis sich der Holzton einfügt. Eine Note von geröstetem Brot ist hier allgegenwärtig unter einer rubin- bis granatroten Farbe von schöner Intensität. Es gibt jedoch, im Stockwerk darunter, Volumen, erstklassige Tannine und eine vollauf zufrieden stellende Dauerhaftigkeit. Wie lange muss man ihn aufheben? Mindestens drei Jahre.

Denis Carré, rue du Puits-Bouret, 21190 Meloisey, Tel. 03.80.26.02.21, Fax 03.80.26.04.64 n. V.

DOM. CHANDON DE BRIAILLES Les Lavières 1998*

■ 1er cru 2,5 ha 11 000 15 à 23 €

Seine leichte Farbe, sein Irisduft und sein sanfter Beginn durchstreifen auf sehr schlichte Weise einen der schönsten Gärten Burgunds. Ein Besuch der Domaine Chandon de Briailles ermöglicht es, neben angenehmen Überraschungen im Keller ein «Lustschlösschen» von verfeinerter Eleganz und seine Kulisse kennen zu lernen. Die Atmosphäre erinnert an ein Stück von Marivaux. Dieses Gut arbeitet seit zehn Jahren mit biologischen Anbaumethoden.

Dom. Chandon de Briailles, 1, rue Sœur-Goby, 21420 Savigny-lès-Beaune, Tel. 03.80.21.52.31, Fax 03.80.21.59.15 n. V.

de Nicolay

RODOLPHE DEMOUGEOT Les Bourgeots 1999*

■ 0,75 ha 3 500 11 à 15 €

Rodolphe Demougeot erhielt 1998 eine Liebeserklärung für einen Wein der gleichen Einzellage (als 95er). Diese Bourgeots befinden sich gegenüber den Reblagen les Feuillets und les Narbantons. Dieser 99er erscheint wie ein Feinschmeckerwein mit seinem vollen, zylindrischen Geschmack, der beständig ist und einen sehr feinen Charakter zeigt. Die Farbe ist in einem epischen Stil abgehandelt, während sich das Bouquet für Veilchen entscheidet, bevor es in Richtung Edelhölzer geht.

Dom. Rodolphe Demougeot, 2, rue du Clos-de-Mazeray, 21190 Meursault, Tel. 03.80.21.28.99, Fax 03.80.21.29.18 n. V.

DOUDET-NAUDIN 1999**

■ 3 ha 15 000 11 à 15 €

Ein Stern für den **roten 99er Premier cru Les Peuillets,** der sehr mild ist. Der «Dorfwein» gibt sich etwas weniger sanft, erhält aber dennoch den Vorzug. Ein frappierender Duft von großer Komplexität, eine wuchtige, lebhafte Ansprache. Dieser kräftig gebaute Wein mit dem gut eingefügten Fass muss sich noch besänftigen; er wird sich mit der Zeit gut entwickeln.

Doudet-Naudin, 3, rue Henri-Cyrot, BP 1, 21420 Savigny-lès-Beaune, Tel. 03.80.21.51.74, Fax 03.80.21.50.69 n. V.

Yves Doudet

BERNARD DUBOIS ET FILS Clos des Guettes 1998*

■ 1er cru 0,81 ha 5 000 15 à 23 €

Sie haben die Wahl zwischen drei Flaschen von gleichwertiger Qualität: dem **roten 98er «Dorfwein» Les Ratausses** (Preisgruppe: 70 bis 99 F), dem **weißen 99er «Dorfwein» Les Ratausses** und diesem Premier cru. Ein leicht ziegelrot verfärbter Clos des Guettes, der nach Pfingstrose, Unterholz und kandierter Aprikose duftet, wenn man die Nase in seine letzten Winkel schiebt. Seine Frische und die Feinheit seiner Tannine kennzeichnen ihn ebenfalls. Dieser ausgewogene, verschmolzene 98er bietet eine schöne Harmonie für die kommenden zwei bis drei Jahre.

Dom. Bernard Dubois et Fils, 8, rue des Chobins, 21200 Chorey-lès-Beaune, Tel. 03.80.22.13.56, Fax 03.80.24.61.43 n. V.

PHILIPPE DUBREUIL-CORDIER 1999

□ 0,72 ha 2 400 8 à 11 €

Der Tisch diskutierte darüber und war im Hinblick auf sein Thema gespalten. Keine Debatte über die Farbe, die von allen als ausgezeichnet beurteilt wurde. Geröstete Haselnuss: Die Jury war sich einig über den aromatischen Reichtum. Aber im Geschmack? Nervig, sagte der eine. Und ein anderer: ein gutes Spiegelbild der Appellation und des Jahrgangs. Jedenfalls entdeckt man an ihm etwas von Lebkuchen aus Dijon, und alle stimmten darin überein, ihm für drei bis vier Jahre zu vertrauen. Liebeserklärung in der Ausgabe 1998 für den 95er Weißwein.

Philippe Dubreuil, 4, rue Péjot, 21420 Savigny-lès-Beaune, Tel. 03.80.21.53.73, Fax 03.80.26.11.46 n. V.

DOM. LOIS DUFOULEUR Les Planchots 1998*

■ 0,33 ha 2 097 11 à 15 €

Gestehen wir unsere Unkenntnis: Wir können diese Reblage nicht lokalisieren. Der Weinberg wurde 1997 von der SAFER erworben; hier ist seine zweite Flaschenabfüllung. Granatrot mit karminroten Reflexen, gut entfaltet zu Gewürzen (der Holzton) und kleinen schwarzen Früchten. Ein tanninreicher, körperreicher, anhaltender Wein. Er empfängt die Welt noch nicht mit offenen Armen.

Dom. Loïs Dufouleur, 8, bd Bretonnière, 21200 Beaune, Tel. 03.80.22.70.34, Fax 03.80.24.04.28 n. V.

MAURICE ECARD ET FILS Les Serpentières 1998*

■ 1er cru 2,5 ha 12 000 15 à 23 €

Ein holzbetonter Wein, aber – wie Ronsard schrieb – der «Erbe des Schweigens der Wälder». Wie auf dem Theater trägt er ein dunkelrotes Gewand. Seine Tannine sind spürbar, aber zivilisiert, in einem vollen Geschmack, der La-

gerfähigkeit verspricht. Seine Aromen variieren zwischen Humus, Holzrauch und ein wenig später Erdbeere und kleinen roten Früchten. Der **rote 98er Premier cru Les Narbantons** verdient ebenfalls Ihre Aufmerksamkeit. Das ist ein großer Wein. Der Boden der Rebzeilen wird hier umgepflügt; Unkrautvernichtungsmittel werden nicht verwendet.
🔑 Maurice Ecard et Fils, 11, rue Chanson-Maldant, 21420 Savigny-lès-Beaune, Tel. 03.80.21.50.61, Fax 03.80.26.11.05 ☑ 𝐓 n. V.

DOM. FOUGERAY DE BEAUCLAIR
Les Golardes 1998*

☐	0,26 ha	1 500	🛢 11 à 15 €

Wissen Sie, wo sich diese Golardes befinden? Zu Ihrer Rechten, wenn Sie in Richtung Bouilland hinaufgehen. Recht ausgeprägtes Gelb. In der Nase befindet er sich noch in einem schwebenden Zustand. Am Gaumen ein fetter, würziger, ein wenig warmer Wein mit fast fleischiger Ansprache. Der Zusammenschluss von Jean-Louis Fougeray, Evelyne Beauvais und Bernard Clair ergab Fougeray de Beauclair. Eine edle Herkunft muss sich einfach auszahlen!
🔑 Dom. Fougeray de Beauclair, 44, rue de Mazy, 21160 Marsannay-la-Côte, Tel. 03.80.52.21.12, Fax 03.80.58.73.83, E-Mail fougeraydebeauclair@wanadoo.fr
☑ 𝐓 tägl. 8h–12h 14h–18h

FRANÇOIS GAY 1998*

■	0,69 ha	4 200	🛢 11 à 15 €

Achtzehn Monate in Eichenfässern (25 % davon neu) für diesen strahlenden 98er, dessen Granatrot eine schöne Intensität zeigt. Der noch zurückhaltende Duft lässt Noten von schwarzen Früchten und Gewürzen erkennen. Der füllige Geschmack stützt sich auf hübsche Tannine von guter Länge. Eine Flasche, die man drei bis vier Jahre aufheben muss.
🔑 EARL François Gay, 9, rue des Fiètres, 21200 Chorey-lès-Beaune, Tel. 03.80.22.69.58, Fax 03.80.24.71.42 ☑ 𝐓 n. V.

MICHEL GAY Vergelesses 1999*

■ 1er cru	0,4 ha	2 200	🛢 11 à 15 €

Sicherlich zu jung, um alles ausdrücken zu können, was in ihm steckt. Aber seine dunkelrubinrote Farbe hat Glanz, sein Duft Möglichkeiten, die sich ausschöpfen lassen, und sein Geschmack ein echtes Potenzial, tanninreich und fruchtig, mit einer Reifenote anhaltend. Man muss diesem Wein Zeit lassen, um sich zu entfalten (mindestens zwei bis drei Jahre).
🔑 Michel Gay, 1b, rue des Brenôts, 21200 Chorey-lès-Beaune, Tel. 03.80.22.22.73, Fax 03.80.22.95.78 ☑ 𝐓 n. V.

CH. GENOT-BOULANGER
Aux Vergelesses 1998*

☐ 1er cru	0,2 ha	980	🛢 15 à 23 €

Ein gut ausbalancierter, solider Wein, der in seinem Jahrgang gelungen ist. Seine fruchtigen, ziemlich reifen Aromen treten mit einem maßvollen Holzton in den heiligen Stand der Ehe. Blasses Strohgelb, buttriger Geruchseindruck, aber dieser 98er zeigt deutlich den Beginn einer Entwicklung. Das Gut, das seit 1974 im Besitz der Familie Génot-Delaby ist, umfasst siebzehn weiße und sechzehn rote AOC-Weine. Nicht weniger!
🔑 SCEV Ch. Génot-Boulanger, 25, rue de Cîteaux, 21190 Meursault, Tel. 03.80.21.49.20, Fax 03.80.21.49.21, E-Mail genot.boulanger@wanadoo.fr
☑ 𝐓 n. V.

JEAN-MICHEL GIBOULOT 1999*

☐	1,3 ha	5 000	🛢 11 à 15 €

Keine Notwendigkeit für eine lange Vorstellung: Dieser Wein wird Vergnügen bereiten, so herzlich und einschmeichelnd ist er und so eine gute Haltung zeigt er im Geschmack. Man braucht kein Doktor in Önologie zu sein, um ihn zu begreifen, so leicht zugänglich ist er. Klare Goldfarbe. Er hat beim ersten Riechen wenig aromatische Stärke, deckt aber im zweiten Teil der Verkostung seine Trümpfe (blumige Noten) auf.
🔑 Jean-Michel Giboulot, 27, rue Gal-Leclerc, 21420 Savigny-lès-Beaune, Tel. 03.80.21.52.30, Fax 03.80.21.52.30 ☑ 𝐓 n. V.

DOM. PHILIPPE GIRARD
Les Lavières Vieilles vignes 1999*

■ 1er cru	0,34 ha	1 800	🛢 11 à 15 €

Notieren Sie auf Ihrer Tafel den **roten 99er Premier cru Les Narbantons** und den **roten 99er Premier cru Les Rouvrettes,** die eine Versetzung nach Beaune wert sind. Die Reblage les Lavières nimmt einen Großteil des Hangs ein, der in Richtung Pernand liegt. Die Extraktion ist hier recht vorangetrieben worden. Das Bouquet hingegen ist differenzierter, mit Aquarelltönen. Leicht blumig, fast in Richtung Weißdorn gehend, was bei Pinot noir nicht häufig vorkommt. Im Mund hält er einen guten Fruchtgeschmack bereit. Er besitzt Substanz und Stoff. Auch Rasse. Er klingt auf sehr angenehme Weise aus.
🔑 Dom. Philippe Girard, 37, rue Gal-Leclerc, 21420 Savigny-lès-Beaune, Tel. 03.80.21.57.97, Fax 03.80.26.14.84 ☑ 𝐓 n. V.

DOM. A.-F. GROS Clos des Guettes 1999*

■ 1er cru	0,66 ha	5 000	🛢 15 à 23 €

Dieser Clos des Guettes wurde 1995 erworben (Verkauf durch die Familie Pinoteau de Rodinger). Kompliment an Anne-Françoise Parent-Gros, die – gewissenhaft und fleißig – die Weine auf die gleiche Weise vinifiziert wie ihre Vorgänger; sie ist bei ihnen in eine gute Schule gegangen. Ihr granatroter Wein mit bläulich roten Reflexen und mit noch verschwiegenen Aromen (pflanzliche und vanilleartige Noten) erweist sich am Gaumen als sehr klar, mit gut eingefügten, harmonischen Tanninen.
🔑 Dom. A.-F. Gros, La Garelle, 21630 Pommard, Tel. 03.80.22.61.85, Fax 03.80.24.03.16, E-Mail gros.anne-françoise@wanadoo.fr
☑ 𝐓 n. V.
🔑 Anne-Françoise Parent-Gros

DOM. PIERRE GUILLEMOT
Aux Serpentières 1999*

■ 1er cru 1,7 ha 6 000 11 à 15 €

Wer nicht selbst mit angehört hat, wie Pierre Guillemot eine Weinprobe kommentiert, dem ist ein großes Erlebnis entgangen! Der 97er, der 91er und der 89er des Guts wurden zu Lieblingsweinen gewählt, was man darüber vielleicht vergisst. Der strahlend kirschrote 99er besteht die schriftliche wie auch die mündliche Prüfung mit Auszeichnung. Aber das Fass hilft ihm ein wenig, so dass man ein paar Jahre warten muss, bis dieser Wein allein zurechtkommen kann. Entenragout mit brauner Sauce wird seine letzten Augenblicke würdig begleiten, aber nicht vor vier bis fünf Jahren. Der im Geist des Savigny gehaltene **rote 99er cru Les Jarrons** erhält einen Stern.

SCE du Dom. Pierre Guillemot, 1, rue Boulanger-et-Vallée, 21420 Savigny-lès-Beaune, Tel. 03.80.21.50.40, Fax 03.80.21.59.98 n. V.

DOM. JEAN GUITON 1998*

■ 2,48 ha 4 500 8 à 11 €

Die Philosophie Jean Guitons (mit einem einzigen «t» geschrieben) ist eine bugundische. Sie stellt den Körper zufrieden. Eine Art von Hedonismus. Sie strebt nicht nach wahnsinnig viel Komplexität, sondern begnügt sich mit einer hellen Farbe, einem feinen, leichten Duft (Unterholz, frische Mandeln) und einem sehr sanften und schon angenehmen Geschmack. Eine Flasche, die leicht zu trinken ist, ohne dass sie es sich leicht machen würde.

Dom. Jean Guiton, 4, rte de Pommard, 21200 Bligny-lès-Beaune, Tel. 03.80.26.82.88, Fax 03.80.26.85.05, E-Mail guillaume-guiton@wanadoo.fr n. V.

DOM. GUYON Les Peuillets 1999**

■ 1er cru 0,25 ha 1 800 11 à 15 €

Als der Lieblingswein gewählt wurde, war er dafür im Gespräch. Er befindet sich in der Nähe einer solchen Auszeichnung. Sein Rot geht wirklich ins Schwarze; in der Nase bleibt er bei dieser Farbe: Brombeere, schwarze Johannisbeere, mit empyreumatischen Aromen verbunden. Das Fass und die Tannine des Weins brauchen Zeit, um sich einzufügen, aber die Extraktion ist solide, mit einer klaren, bewussten Ansprache. Ein 99er, der zu Haarwild passen wird.

EARL Dom. Guyon, 11-16, RN 74, 21700 Vosne-Romanée, Tel. 03.80.61.02.46, Fax 03.80.62.36.56 n. V.

DOM. LUCIEN JACOB Vergelesses 1999*

■ 1er cru 0,8 ha 4 000 11 à 15 €

Seit 1989 wird das Gut von Jean-Michel, Christine und Chantal Jacob geführt. Sie müssen sich um neunzehn Hektar Reben kümmern! Lucien Jacob hat sich dennoch nicht aufs Altenteil zurückgezogen: Er ist Mitglied des Conseil général (Vertretung des Departements) und war früher Abgeordneter der Côte d'Or. Dieser Vergelesses zeigt ein klares, demokratisches Rot. Sein Bouquet äußert sich über schwarze Johannisbeere und Brombeere. Die Frische gleicht einen recht festen Auftakt aus. Sicherlich lagerfähig, aber die Lagerung sollte vielleicht nicht länger als fünf Jahre dauern.

Dom. Lucien Jacob, 21420 Echevronne, Tel. 03.80.21.52.15, Fax 03.80.21.55.65, E-Mail lucien-jacob@wanadoo.fr n. V.

DOM. PATRICK JACOB-GIRARD
Aux Gravains 1998**

■ 1er cru 1,36 ha 6 000 11 à 15 €

Innerhalb von vier Generationen hat diese Winzerfamilie ihr Gut von vier auf mehr als acht Hektar vergrößert. Sie nimmt sich Zeit und lässt uns am Genuss eines herrlichen Weins teilhaben. Nichts als Wein, ausschließlich Wein. Tiefes Rubinrot, schon komplex, wenn man seinen Erdbeer-, Kirsch- und Gewürzaromen glauben darf. In der Ansprache ist er sympathisch. Danach gewinnt Erdbeere die Oberhand. Seine zu Beginn ein wenig strengen Tannine runden sich ab und lassen Trüffel zum Vorschein kommen. Eine angenehme Überraschung!

Dom. Jacob-Girard, 2, rue de Cîteaux, 21420 Savigny-lès-Beaune, Tel. 03.80.21.52.29, Fax 03.80.26.19.07 n. V.

DOM. DE LA GALOPIERE 1999*

■ 0,8 ha 3 500 8 à 11 €

Claire und Gabriel Fournier haben vor zwanzig Jahren die Mischkultur aufgegeben, um sich ausschließlich dem Weinbau zu widmen. Daran gibt es nichts auszusetzen, so schön ist dieser Wein. Der Anblick weist auf Rücklagen hin: Duft, Frucht. Leicht, ein wenig lebhaft, verschmolzen zu Kirschen in Alkohol (Kirschwasser). Ein ausgewogener, nicht zu holzbetonter 99er, dessen typischer Charakter offensichtlich ist.

Claire et Gabriel Fournier, 6, rue de l'Eglise, 21200 Bligny-lès-Beaune, Tel. 03.80.21.46.50, Fax 03.80.21.49.93, E-Mail c.g.fournier@wanadoo.fr n. V.

DANIEL LARGEOT 1999**

■ 0,6 ha 3 500 8 à 11 €

Dieser von der Jury einstimmig zum Lieblingswein gewählte «Dorfwein» zieht sich bemerkenswert geschickt aus der Affäre. Kirschrot mit granatroten Reflexen. In der Nase ist er noch nicht sehr gesprächig. Nur ein paar blumige und ein wenig vanilleartige Noten. Keine hochtrabende Ausdrucksweise und kein aufgesetzter Effekt: Er bietet eine sehr dauerhafte

Frucht, stimmt Rundheit und Umfang, Ausgewogenheit und Stärke in den gerade richtigen Anteilen aufeinander ab. Und das zu einem liebenswürdigen Preis.
🔑 Daniel Largeot, 5, rue des Brenôts, 21200 Chorey-lès-Beaune, Tel. 03.80.22.15.10, Fax 03.80.22.60.62 ☑ 🍷 n. V.

DOM. LES GUETTOTTES
Aux Clous 1999*

☐ 0,2 ha 1 500 ⏸ 11 à 15 €

Pierre Lebreuil trat 1964 in den Weinbaubetrieb seiner Mutter ein. Seit 1998 unterstützt ihn sein Sohn auf einem 7,5 ha großen Gut. Clous, eine Einzellage in der Nähe von Savigny-lès-Beaune, bedeutet im Altburgundischen «Clos». Ein holzbetonter, aber harmonisch verschmolzener Wein, der im Geschmack sanft und freundlich ist, mit einer blumig-rauchigen Feinheit. Ein Hauch von Bitterkeit im Abgang unterscheidet ihn nicht von den meisten ähnlichen Weinen. Es empfiehlt sich, dass man ihn in den nächsten drei Jahren trinkt.
🔑 Pierre Lebreuil, 17, rue Chanson-Maldant, Les Guettottes, 21420 Savigny-lès-Beaune, Tel. 03.80.21.52.95, Fax 03.80.26.10.82, E-Mail jean-baptiste.lebreuil@wanadoo.fr
☑ 🍷 tägl. 10h–11h30 14h–18h

DOM. MACHARD DE GRAMONT
Les Vergelesses 1999*

☐ 1er cru 0,2 ha 1 400 ⏸ 11 à 15 €

Man leckt sich dreimal über seine Lippen und sagt etwas Nettes über ihn – das ist es, was man vom Wein aus Savigny behauptet. Und fürwahr! Dieser weißgoldene Chardonnay riecht nach gutem Holz, bevor er seinen Weg bei der reifen Frucht sucht. Der gefällige, gut erzogene Geschmack ist ziemlich blumig. Es handelt sich um eine Rebparzelle, die früher Léonce Bocquet gehörte (ihm ist die Wiederherstellung des Châteaus des Clos de Vougeot zu verdanken). Liebeserklärung in der Ausgabe 2000 für den 96er.
🔑 SCE Dom. Machard de Gramont, Le Clos, rue Pique, BP 105, 21703 Prémeaux-Prissey, Tel. 03.80.61.15.25, Fax 03.80.61.06.39
☑ 🍷 n. V.

DOM. MAILLARD PERE ET FILS
1999*

■ 1,8 ha k. A. ⏸ 11 à 15 €

«Dem Boden von Savigny mangelt es nicht an Tiefe», sagte uns Camille Rodier. Dasselbe gilt für diesen 99er, der aufgrund seiner Farbe und seiner aromatischen Ansprache tief ist. Kleine rote Früchte und geröstetes Brot – er weiß, wie der Hase läuft. Der Eindruck ist gut und robust, mit Tanninen, die gegenüber der Frucht Respekt zeigen.
🔑 Dom. Maillard Père et Fils, 2, rue Joseph-Bard, 21200 Chorey-lès-Beaune, Tel. 03.80.22.10.67, Fax 03.80.24.00.42
☑ 🍷 n. V.

DOM. MICHEL MALLARD ET FILS
Les Serpentières 1998*

■ 1er cru 1,1 ha 6 000 ⏸ 11 à 15 €

Sie müssen nicht wissen, wo sich die Serpentières verstecken. Sagen wir: auf dem Hang in Richtung Pernand. Die Weine, die dort entstehen, gelten im Allgemeinen als die «femininsten». Davon kann man sich auch diesmal wieder überzeugen, dank dieses feinen, leichten Weins, der nach Sauerkirsche duftet. Vanille, Kaffee, Mokka und das Fass melden sich ebenfalls zu Wort, aber da es sich um einen lagerfähigen Wein handelt, sollte man sich nicht beunruhigen, ob sich später alles harmonisch vereinigt.
🔑 EARL Dom. Michel Mallard et Fils, 43, rte de Dijon, 21550 Ladoix-Serrigny, Tel. 03.80.26.40.64, Fax 03.80.26.47.49
☑ 🍷 n. V.

GHISLAINE ET BERNARD MARECHAL-CAILLOT 1999*

■ 2,22 ha 6 000 ⏸ 11 à 15 €

Viel «Fett», sogar im Anblick, aber ein Körper, der den Charakter der Rebsorte und des Terroir gut zum Ausdruck bringt. Der Duft bietet über einer Holznote rote Früchte; der nicht übermäßig tanninreiche Geschmack zeigt sich ausgewogen. Eine gewisse Schamhaftigkeit hindert ihn daran, im Augenblick mehr zu sagen, aber das kann nicht andauern. Das Finale spielt sich in einem Umfeld von in Alkohol eingelegten Früchten ab.
🔑 Bernard Maréchal-Caillot, 10, rte de Chalon, 21200 Bligny-lès-Beaune, Tel. 03.80.21.44.55, Fax 03.80.26.88.21
☑ 🍷 n. V.

OLIVIER PERE ET FILS
Les Peuillets 1999*

■ 1er cru 1 ha 4 000 ⏸ 11 à 15 €

Das Auge hat allen Grund, an sein Schicksal zu glauben. Eine tiefe, intensive, warme Farbe. Der Duft bestätigt den ersten Eindruck, indem er Aromen von Muskat und Backpflaume in Alkohol bietet. Der Geschmack ist ganz einfach lecker, großzügig und reich an Qualitäten. Ein Wein mit viel Bodencharakter, der eine gute Lagerfähigkeit besitzt. Man träumt von einem Putenbraten. Aber nicht beim nächsten Weihnachtsfest. Das wäre zu früh.
🔑 Olivier Père et Fils, 5, rue Gaudin, 21590 Santenay, Tel. 03.80.20.61.35, Fax 03.80.20.64.82, E-Mail antoine.olivier2@wanadoo.fr
☑ 🍷 n. V.

DOM. PARIGOT PERE ET FILS
Les Peuillets 1999*

■ 1er cru 0,21 ha 1 500 ⏸ 11 à 15 €

Diese Reblage in Richtung Beaune liefert einen 99er, der sich noch ein wenig versteckt und sich nicht sofort offenbart. Dasselbe gilt für die Menschen, so dass man manchmal lang braucht, um Freundschaft zu schließen. Ein fast schwarzes Kirschrot. Er hat keinen kräftigen Duft: ein Hauch von roter Johannisbeere, ein klein wenig Veilchen. Nach einer klaren Ansprache erweist sich der Geschmack aufgrund guter, lang an-

haltender Tannine als kräftig gebaut. Zwei bis drei Jahre lagern.
Dom. Parigot Père et Fils, rte de Pommard, 21190 Meloisey, Tel. 03.80.26.01.70, Fax 03.80.26.04.32 n. V.

PATRIARCHE PERE ET FILS 1998

■ k. A. 5 800 5 à 8 €

Wie sollte man diese Flasche verkosten, ohne an den sagenhaften «Keller des Jahres 2000» zu denken, wo André Boisseaux so viele schöne Flaschen eingeschlossen hatte, die schließlich mit großem Pomp in kleinen Schlücken getrunken wurden? Kurz gesagt: Dieser klassische purpurrote 98er mit den Düften von schwarzer Johannisbeere beschränkt sich darauf, ehrlich, schlicht und rein zu bleiben. Gerade das erregt Interesse. Zum Teufel mit der Komplexität, genießen wir unser Vergnügen!
Patriarche Père et Fils, 5, rue du Collège, 21200 Beaune, Tel. 03.80.24.53.01, Fax 03.80.24.53.03 tägl. 9h–12h 14h–18h

JEAN-MARC PAVELOT 1999★★

□ 0,75 ha 6 000 8 à 11 €

Liebeserklärung für den 85er und den 93er. Dieser inspirierte Winzer vereinigt in seinem Werk den Blick des Künstlers mit der tatkräftigen Hand des Erbauers: eine Berufung zum Architekten. Die Farbe dieses 99er gefällt, so nuancenreich ist ihre Anmut. Der Duft ist ökonomisch: nur Mineral. Am Gaumen muss sich die Säure verflüchtigen, aber man spürt noch immer diese mineralische Empfindung: polierter Marmor. Stilvoll, energisch und überzeugend. Vertrauen Sie auch dem **roten 98er Premier cru La Dominode,** der ein Phantombild der Appellation liefert (zwei Sterne), und dem **roten 98er Premier cru Aux Guettes** (Preisgruppe: jeweils 70 bis 99 F), der einen Stern erhält.
Jean-Marc Pavelot, 1, chem. des Guettottes, 21420 Savigny-lès-Beaune, Tel. 03.80.21.55.21, Fax 03.80.21.59.73 n. V.

GEORGES ET THIERRY PINTE 1998★

■ 1,13 ha 1 800 8 à 11 €

Als Begleitung für diesen «Dorfwein» wird man keine Marinade und auch keine zu scharfe Sauce wählen, sondern eher ein burgundisches Fleischfondue. Sanft und elegant, Kirsche vom Anfang (seine Farbe im Glas) bis zum Schluss (recht fruchtiger Schlussgeschmack). Er ist in der Ansprache lebhaft und danach friedlich, weinig und lang.
GAEC Georges et Thierry Pinte, 11, rue du Jarron, 21420 Savigny-lès-Beaune, Tel. 03.80.21.51.59, Fax 03.80.21.51.59 n. V.

DOM. DU PRIEURE Les Lavières 1999★

■ 1er cru 0,77 ha 4 000 11 à 15 €

Nach einer Liebeserklärung in der Ausgabe 1990 für einen 86er hat er sich dieses Jahr entschlossen, uns zu verführen. Wie soll man ihm widerstehen? Seine Farbe zeigt ein schönes Rubinrot. Fruchtessenz und Himbeere mit Vanillearoma prägen einen reichen und ganz angenehmen Geruchseindruck. Der Geschmack bietet angenehme, ein wenig fleischige Rundungen. Ein großer Augenblick. Denken wir dabei in erster Linie an Rinderfilet! Eine andere gute Flasche ist der **rote 98er «Dorfwein» Les Grands Picotins.**
Jean-Michel Maurice, Dom. du Prieuré, 23, rte de Beaune, 21420 Savigny-lès-Beaune, Tel. 03.80.21.54.27, Fax 03.80.21.59.77, E-Mail maurice.jean-michel@wanadoo.fr n. V.

DOM. RAPET PERE ET FILS 1999★

■ k. A. k. A. 11 à 15 €

Was für eine Flasche sollte man auf eine einsame Insel mitnehmen? Warum nicht diese hier? Aufmachen kann man sie in drei bis vier Jahren, wenn das erste Schiff in Sicht kommt! Ihre hübsche Farbe würde Sie ablenken. Ihr fruchtiger, mentholartiger Duft würde Ihnen beim Nachdenken Gesellschaft leisten. Ihre Fülle, ihre warme Stärke, ihr «Fett» und ihre Vornehmheit würden es Ihnen ermöglichen, zu träumen – von diesem Dorf, einem der schönsten der Côte.
Dom. Rapet Père et Fils, 21420 Pernand-Vergelesses, Tel. 03.80.21.59.94, Fax 03.80.21.54.01 n. V.

REINE PEDAUQUE 1999★

□ k. A. 3 000 11 à 15 €

So strahlend, so einschmeichelnd, so rund, so sanft ... Dennoch sollte man ihn ruhen lassen, denn er hat innere Qualitäten und verlangt nach keinem flüchtigen Leben. Unter dieser umgänglichen Erscheinung steckt nämlich ein reichhaltiger Stoff.
Reine Pédauque, Le Village, 21420 Aloxe-Corton, Tel. 03.80.25.00.00, Fax 03.80.26.42.00, E-Mail rpedauque@axnet.fr n. V.

SEGUIN-MANUEL Goudelettes 1999★★

□ 0,5 ha 2 600 11 à 15 €

Der Wein der Reblage les Lavières wurde in der Ausgabe 1999 (als 95er) zum Lieblingswein gewählt. Hier haben wir einen Goudelettes (am Hang in Richtung Bouilland). Reintönige Farbe mit goldenen Reflexen, zu weißen Blüten und Zitrusfrüchten entfaltetes Bouquet. Seine Alterung muss man überwachen, aber das «Fett» ist sehr dicht, der Holzton elegant und die Korpulenz reichhaltig. Hinweisen sollte man noch auf die zisterziensischen Keller aus dem 13. Jh., in denen die Weine ausgebaut wurden.
Dom. Seguin-Manuel, 15, rue Paul-Maldant, 21420 Savigny-lès-Beaune, Tel. 03.80.21.50.42, Fax 03.80.21.59.38, E-Mail seguin-manuel@worldonline.fr tägl. 8h–12h 14h–17h
Pierre Seguin

DOM. THIELY Côte de Beaune 1999★

■ k. A. 1 800 11 à 15 €

Das einzige Gut in dieser Auswahl, das auch die Bezeichnung «Côte de Beaune» verwendet. Das ist erlaubt, aber nicht sehr gebräuchlich. Allerdings wurde das Gut 1870 von den Vorfahren dieses Erzeugers geschaffen. Dieser lebhaft rote Savigny verbindet über den gewohnten Früchten (schwarze Johannisbeere, Kirsche) die Röst-

und Vanillearomen des Fasses mit denen des Weins. Der recht tanninreiche Geschmack bietet dennoch eine angenehme Harmonie. Der Abgang ist ein wenig lebhaft, was eine Jugendlichkeit anzeigt, die sich nur noch besänftigen muss. Zwei Jahre lagern.
Dom. Thiély, rue de Vergy, 21420 Pernand-Vergelesses, Tel. 03.80.21.54.86, Fax 03.80.26.11.92 n. V.

HENRI DE VILLAMONT
Clos des Guettes 1998**

■ 1er cru 1,91 ha 9 000 15 à 23 €

Diese burgundische Tochterfirma der Schweizer Gruppe Schenk hat als Sitz das alte, wunderschöne Gut von Léonce Bocquet in Savigny gewählt. Eine legendäre Gestalt des burgundischen Weinbaus. Henri de Villamont hingegen ist ein erfundener Name. Dieser Wein allerdings ist in keiner Weise imaginär. Er ragt heraus. Rot, ein wenig kupferfarben, aromatisch (schwarze Johannisbeere, Unterholz). Er ist kräftig und voller Saft und besitzt eine überaus bewunderte Konstitution.
SA Henri de Villamont, rue du Dr-Guyot, 21420 Savigny-lès-Beaune, Tel. 03.80.24.70.07, Fax 03.80.22.54.31, E-Mail hdv@planetb.fr
Mo, Mi–So 10h30–18h; 15. Nov. bis 15. März geschlossen

Chorey-lès-Beaune

Das in der Ebene gegenüber dem Schwemmfächer des Tals von Boulland gelegene Dorf besitzt einige Nachbarlagen von Savigny. 2000 erzeugte man dort 6 188 hl Rotwein der kommunalen Appellation und 227 hl Weißwein.

DOM. CHARLES ALLEXANT ET FILS
Les Beaumonts 1999*

■ 1,04 ha 4 500 8 à 11 €

1999 durfte man nicht nachlässig sein, wenn man einen so ausgezeichneten Pinot noir erzeugen wollte, der sehr sanft ist und den man ziemlich bald und ohne große Umstände trinken kann. Das bestätigt die Redewendung: «Der Chorey spricht nicht, er singt.» Tiefe Farbe, intensiver Duft von gekochten Früchten und ein wenig Kirschen in Alkohol im Mittelbereich des Geschmacks.
SCE Dom. Charles Allexant et Fils, rue du Château, Cissey, 21190 Merceuil, Tel. 03.80.26.83.27, Fax 03.80.26.84.04
Mo–Fr 8h–12h 13h30–18h; Sa, So n. V.

ARNOUX PERE ET FILS
Les Confrelins 1999*

■ 1,8 ha 9 600 11 à 15 €

Früher sprach man vom Wein aus Chorey als einem «medizinischen Wein»: Er unterstützte häufig die ein wenig blassen Cuvées der Nachbar-Crus. Diese Qualitäten bestätigen sich hier. Keinerlei Aggressivität, aber ein tanninreicher, robuster Körper. Dennoch gerät das Fleisch der Frucht nicht in Vergessenheit. Sehr schöner Anblick, leicht himbeeriges Bouquet. Eine Einzellage an der Grenze zur AOC Beaune.
Arnoux Père et Fils, rue des Brenôts, 21200 Chorey-lès-Beaune, Tel. 03.80.22.57.98, Fax 03.80.22.16.85 n. V.

DOM. BELIN-RAPET Les Bons Ores 1999

■ 0,25 ha 1 250 8 à 11 €

Die sehr klassische Farbe entspricht dem Bouquet, in dem rote Johannisbeere und Himbeere ihren angestammten Platz finden. Dieser gute Wein, der ausgewogen und frisch ist und durchschnittliche Tannine und einen diskreten Holzton besitzt, muss ein bis zwei Jahre altern, damit er Sie zufrieden stellen kann. Fügen wir noch an, dass dieses Gut 1983 entstand.
Dom. Belin-Rapet, imp. des Combottes, 21420 Pernand-Vergelesses, Tel. 03.80.22.77.51, Fax 03.80.22.76.59, E-Mail domaine.belin.rapet@wanadoo.fr
tägl. 8h–20h
Ludovic Belin

MAURICE CHAPUIS 1998**

□ 1 ha 4 500 8 à 11 €

Dieser Wein hätte in die Geschichte eingehen können, denn mehrere Juroren beurteilten ihn als einer Liebeserklärung würdig. Golden mit grünen Reflexen, recht offener Duft, blumig mit Noten von getrockneten Früchten. Er besitzt Frische, Rundheit und Frucht. Wir stellen uns den Genuss vor, den er zu einem Zanderfilet mit Zitrusfrüchten schenken würde.
Maurice Chapuis, 21420 Aloxe-Corton, Tel. 03.80.26.40.99, Fax 03.80.26.40.89
n. V.

JOSEPH DROUHIN 1998

■ k. A. k. A. 11 à 15 €

Unter seinem leicht kupferrot verfärbten Rubinrot entfaltet sich dieser Wein zu Mandeln und getrockneten Früchten, während der Körper freimütig und aufrichtig wirkt und im Mittelbereich des Geschmacks eine Empfindung von Kirsche bietet. Seine Tannine garantieren ihm eine gute Struktur: zwei Jahre lagern, damit sich der Abgang einfügt.
Joseph Drouhin, 7, rue d'Enfer, 21200 Beaune, Tel. 03.80.24.68.88, Fax 03.80.22.43.14, E-Mail maisondrouhin@drouhin.com n. V.

DOM. DUBOIS-CACHAT 1999*

■ 0,5 ha 2 000 8 à 11 €

Ein Wein für die Dichter. Aber er läuft Gefahr, dass er über unseren Köpfen schwebt, für die meisten von uns, denn es gibt nur 2 000 Flaschen. Unter seiner leichten Farbe zeigt er seinen Ausbau im Holzfass, wobei er kandierte Kirschen damit verbindet. Er ist stark verschmolzen und passt zu Brie de Meaux, Reblochon und Cîteaux.
Dom. Dubois-Cachat, 2, Grande-Rue, 21200 Chorey-lès-Beaune, Tel. 03.80.22.27.83, Fax 03.80.22.27.83 n. V.

XAVIER DUCLERT Les Beaumonts 1998

■ k. A. k. A. 11 à 15 €

Ein sehr originelles Etikett bringt einen Chorey von heller Farbe zur Geltung, der klar und strahlend ist und nach Unterholz und Leder riecht, als würde er gerade von der Jagd kommen. Die Tannine ziehen die Wache auf und müssen sich ein wenig mildern. Diese Einzellage befindet sich am Rand der AOC Savigny.

Xavier Duclert, 2 bis, pl. Carnot, 21200 Beaune, Tel. 03.80.22.74.77, Fax 03.80.22.74.77, E-Mail xavier.duclert@fnac.net
Di–Sa 10h–12h30 14h30–19h

FRANÇOIS GAY 1998*

■ 2,75 ha 15 000 8 à 11 €

Die Farbe ist ganz einfach großartig: ein tiefes, kräftiges Rubinrot mit bläulich roten Reflexen und sehr schönem Glanz. Der Duft mischt Heidelbeere, Brombeere, Lakritze und Vanille und zeigt viel Feinheit. Der Geschmack fährt im gleichen Register fort; er ist sehr jugendlich, überlegt und selbstsicher. In drei bis vier Jahren wird das bestimmt ein großer Wein sein.

EARL François Gay, 9, rue des Fiètres, 21200 Chorey-lès-Beaune, Tel. 03.80.22.69.58, Fax 03.80.24.71.42 n. V.

MICHEL GAY 1998

■ 3,6 ha 14 000 8 à 11 €

Ein Wein, den Lady Chatterley ihrem Liebhaber bei einem Picknick auf dem Lande hätte anbieten können. Er ist intensiv rot und reich an Düften nach Eukalyptus, warmer Brotrinde und Vanille. Frische Kirschen im fein pfeffrigen Geschmack. Er besitzt anschmiegsame Tannine, die eine zu dieser Figur von D. H. Lawrence passende Rustikalität begleiten.

Michel Gay, 1b, rue des Brenôts, 21200 Chorey-lès-Beaune, Tel. 03.80.22.22.73, Fax 03.80.22.95.78 n. V.

DOM. GUYON Les Bons Ores 1999**

■ 0,87 ha 6 400 11 à 15 €

Diese Einzellage ist von der AOC Aloxe-Corton nur durch die RN 74 getrennt. Die Guyons haben die Braugerste zu Gunsten der Reben und des Weins aufgegeben. Dieser 99er ist weniger hart und kräftiger als der im Hachette-Weinführer 2001 beschriebene Vorgänger. Er hat einen spontaneren, leicht warmen Charakter (Kirschwasser und Backpflaume am Gaumen), den eine gute Säure unterstützt. Er ist schon trinkreif.

EARL Dom. Guyon, 11-16, RN 74, 21700 Vosne-Romanée, Tel. 03.80.61.02.46, Fax 03.80.62.36.56 n. V.

DOM. LALEURE-PIOT
Les Champs longs 1999*

■ 1,92 ha 13 000 8 à 11 €

Er ist bei keiner Verfehlung ertappt worden: dieser großzügige, alkoholreiche Wein, der fleischig und fett, körperreich und rund zugleich ist. So viele Tugenden in einer einzigen Flasche! Hinzu kommt noch seine strahlende Farbe. Hingegen wenig Duft, vom Unterholz geprägt. Das Alter wird für ihn günstig sein (ein bis zwei Jahre Lagerung im Keller).

Dom. Laleure-Piot, rue de Pralot, 21420 Pernand-Vergelesses, Tel. 03.80.21.52.37, Fax 03.80.21.59.48, E-Mail laleure.piot@wanadoo.fr
Mo–Fr 8h–12h 14h–18h; Sa, So n. V.

DANIEL LARGEOT Les Beaumonts 1999*

■ 1,5 ha 8 000 8 à 11 €

Er besitzt die bläulich rote Farbe der Blätter der Rebstöcke nach der Lese. Seine Aromenpalette reicht von Tiergeruch über Röstung bis zu roten Früchten. Der Stoff ist verschmolzen, muss aber ein wenig sanfter werden. Ein wenig Säure ermöglicht es, ihn zwei bis drei Jahre aufzuheben, damit Sie seine optimale Qualität genießen können.

Daniel Largeot, 5, rue des Brenôts, 21200 Chorey-lès-Beaune, Tel. 03.80.22.15.10, Fax 03.80.22.60.62 n. V.

DOM. MAILLARD PERE ET FILS 1999

■ 6 ha k. A. 8 à 11 €

Eines der größten Güter von Chorey-lès-Beaune mit sieben «Dorfweinen». Dieser granatrote 99er, der sich nach und nach zu Reifearomen entfaltet, bietet den typischen Ausdruck der Pinot-noir-Traube in diesem Teil der Côte. Sanftheit der Tannine, maßvolle Säure, gute Extraktion der Frucht, Kirschwasser im Abgang: Harmonie.

Dom. Maillard Père et Fils, 2, rue Joseph-Bard, 21200 Chorey-lès-Beaune, Tel. 03.80.22.10.67, Fax 03.80.24.00.42
n. V.

ROGER ET JOEL REMY
Les Beaumonts 1999

■ 2 ha 12 000 5 à 8 €

Ein englischer Verkoster mochte diesen vollen, ausgewogenen Wein mit den Düften von Unterholz und *red berries* (er füllte seinen Zettel in Englisch aus) sehr. Die anderen Verkoster gestanden ihm die gleichen Merkmale von Aufrichtigkeit und typischem Charakter zu, die jedoch eine Lagerung von zwei bis drei Jahren verlangen, damit die noch rustikalen Tannine verschmelzen.

SCEA Roger et Joël Rémy, 4, rue du Paradis, 21200 Sainte-Marie-la-Blanche, Tel. 03.80.26.60.80, Fax 03.80.26.53.03
Mo–Sa 8h–12h 14h–18h

DOM. GEORGES ROY ET FILS 1999*

□ 0,38 ha 1 800 8 à 11 €

Liebenswürdig und genau – seine Gesamtharmonie fand allgemeinen Anklang. Sein lebhaftes Zitronengelb öffnet sich zu Düften, in denen man auch diese Frucht findet, verbunden mit Geißblatt. Eine Vanillenote vor dem großen Abflug in den Mund. Sein «Fett» und seine hübsch gezeichnete Frucht begleiten eine beachtliche Länge. Leicht zu trinken.

Dom. Georges Roy et Fils, 20, rue des Moutots, 21200 Chorey-lès-Beaune, Tel. 03.80.22.16.28, Fax 03.80.24.76.38 n. V.

Beaune

Flächenmäßig ist die AOC Beaune eine der größten Appellationen der Côte. Aber Beaune, eine rund 20 000 Einwohner zählende Stadt, ist auch und vor allem die Weinhauptstadt von Burgund. Sie ist Sitz zahlreicher Weinhandelsfirmen, ein sehr wichtiger Autobahn-Knotenpunkt und einer der bedeutendsten Fremdenverkehrsorte Frankreichs. Die Versteigerung der Weine der Hospices de Beaune ist zu einem Weltereignis geworden und stellt sicherlich eine der berühmtesten Auktionen für wohltätige Zwecke dar.

Die Weine, in erster Linie Rotweine, sind kraftvoll und sehr vornehm. Dank der geografischen Lage konnte ein großer Teil des Anbaugebiets als Premiers crus eingestuft werden; zu den angesehensten Einzellagen gehören les Bressandes, der Clos du Roy, les Grèves, les Teurons und les Champimonts. 2000 erzeugte die AOC 16 276 hl Rotwein und 2 020 hl Weißwein.

BERTRAND AMBROISE

Saint-Désiré 1999*

■ k. A. k. A. 11 à 15 €

Angenehm anzuschauen, mit dem nötigen Rotviolett und ein wenig Frucht in der Nase. Dieser tanninreiche, recht feste Saint-Désiré (oben am Hang, in Richtung Pommard) lässt sich ein wenig bitten. Seine geringe Säure reizt jedoch dazu, dass man ihn in den kommenden zwei bis drei Jahren trinkt.

Maison Bertrand Ambroise, rue de l'Eglise, 21700 Premeaux-Prissey, Tel. 03.80.62.30.19, Fax 03.80.62.38.69, E-Mail bertrand.ambroise@wanadoo.fr n. V.

ARNOUX PERE ET FILS

Les Cent Vignes 1999*

■ 1er cru 0,49 ha 2 500 15 à 23 €

Traditionelle Vinifizierung, vierzehn Monate Ausbau im Fass: Les Cent Vignes sind dieses Jahr in Form. Die Erscheinung ist hier wunderbar, der Geruchseindruck rauchig und duftig, voller guter Absichten. Die Länge ist nicht gerade die der Entfernung der Erde zum Mond, aber die Frucht ist am richtigen Ort, der ausgewogene Geschmack kräftig. Das Thema ist in seiner ganzen Komplexität gut abgehandelt.

Arnoux Père et Fils, rue des Brenôts, 21200 Chorey-lès-Beaune, Tel. 03.80.22.57.98, Fax 03.80.22.16.85 n. V.

BALLOT-MILLOT ET FILS

Epenottes 1999*

■ 1er cru 0,43 ha 2 500 15 à 23 €

Der Erzengel Michael, der auf dem Altarbild von Van der Weyden die Seelen wägt, hat keinen so roten Mantel. Er wird diesen Wein unter die glücklichen Auserwählten einreihen, so sehr preisen seine Aromen die Glückseligkeit, und so liebenswürdig ist seine Anmut. Er ist fest, ausgewogen und lang anhaltend, ohne Rauheit und nicht sehr säuerlich. Sollten Sie zögern: nicht mehr als zwei Jahre lagern.

Ballot-Millot et Fils, 9, rue de la Goutte-d'Or, BP 33, 21190 Meursault, Tel. 03.80.21.21.39, Fax 03.80.21.65.92 n. V.

GUILLEMETTE ET XAVIER BESSON

Les Champs Pimont 1999

■ 1er cru 0,72 ha 1 500 11 à 15 €

In einem Keller aus dem 17. Jh. wurde dieser Beaune Premier cru hergestellt. Schwarz mit granatroter Nuance, der Geruchseindruck ein wenig überreif. Dieser Wein scheint geeignet, die Liebhaber von Rundheit und Fett zu interessieren, aber er ist nicht frei von einer gewissen Lebhaftigkeit. Die reife Frucht erobert den Gaumen.

Dom. Guillemette et Xavier Besson, 9, rue des Bois-Chevaux, 71640 Givry, Tel. 03.85.44.42.44, Fax 03.85.44.42.44 n. V.

DOM. GABRIEL BILLARD

Les Epenottes 1999*

■ 1er cru 0,2 ha 900 11 à 15 €

Dieser Premier cru liegt in Richtung Pommard. Mireille Desmonet und Laurence Jobard waren mit ihrem Familienbetrieb schon in der Ausgabe 1992 vertreten. Dieser Wein mit der satinartigen Farbe, der in der Nase sehr würzig ist, bietet im Abgang einen Hauch von Pfingstrose. Sein Geschmack ist eher elegant als kräftig, aber klar und ehrlich. Nicht vor zwei Jahren aufmachen.

SCEA Dom. Gabriel Billard, imp. de la Commaraine, 21630 Pommard, Tel. 03.80.22.27.82, Fax 03.85.49.49.02 n. V.

DOM. GABRIEL BOUCHARD

Clos du Roi 1999*

■ 1er cru 0,65 ha 2 300 15 à 23 €

Dieses Gut, das in den Ausgaben 1991 und 1995 mit dem 88er und dem 91er Lieblingsweine hatte, präsentiert einen **roten 98er Premier cru Cent Vignes** (Preisgruppe: 70 bis 99 F), der die gleiche Bewertung wie dieser ziemlich königliche Clos du Roi erhält. Die Farbe des Krönungsmantels, Duft von Himbeeren, im Unterholz gepflückt. Der Wein ist füllig und rassig, noch ein wenig verschlossen, aber typisch für Beaune.

🔑 Dom. Gabriel Bouchard, 4, rue du Tribunal, 21200 Beaune, Tel. 03.80.22.68.63 ☑ Y n. V.
🔑 Alain Bouchard

DOM. BOUCHARD PERE ET FILS
Grèves Vigne de l'Enfant Jésus 1998*

■ 1er cru 4 ha k. A. 38 à 46 €

Zwei sehr schöne Weine sind von dieser Firma in Beaune vorgestellt worden, die in Zukunft von J. Henriot geleitet wird. Ein **weißer Premier cru Clos Saint-Landry** (Preisgruppe: 150 bis 199 F), der einen wunderbaren Zugang zum Paradies bietet, so sehr wird er von Mandel- und Honigdüften eingehüllt, mit einer sehr gelungenen Ausgewogenheit. Unmöglich ist auch, nicht vor dem wundertätigen Jesuskind von Beaune, zusammen mit dem von Prag, dem berühmtesten in Europa, in Entzücken zu geraten! Dieser ehemalige Weinberg der Karmeliterinnen befindet sich in der Reblage les Grèves. Durchscheinendes Rubinrot. Gegenüber Weihrauch oder Myrrhe bevorzugt der Duft Vanille und Mokka. Dieser Wein hat einen fruchtigen Geschmack, als hätte er heimlich den Finger in einen Konfitüretopf gesteckt! Das hängt mit seinem Alter zusammen.

🔑 Bouchard Père et Fils, Ch. de Beaune, 21200 Beaune, Tel. 03.80.24.80.24, Fax 03.80.22.55.88, E-Mail france@bouchard-pereetfils.com
Y n. V.

REYANE ET PASCAL BOULEY 1999**

■ 0,64 ha 3 600 8 à 11 €

Diese Reblage liefert einen sehr farbintensiven 99er ohne zu viele Aromen im Augenblick, aber Beaune-typisch vom Scheitel bis zur Sohle. Seine Rundheit, seine Fülle und sein typischer Charakter beeindrucken. Dennoch muss man sich damit abfinden, dass man ihn nicht sofort, sondern erst in zwei bis drei Jahren genießen kann.

🔑 Pascal Bouley, pl. de l'Eglise, 21190 Volnay, Tel. 03.80.21.61.69, Fax 03.80.21.66.44
☑ Y n. V.

DOM. CAUVARD
Clos de la Maladière 1998

□ 0,85 ha 4 000 11 à 15 €

Diesen klaren, strahlenden Wein kann man bald trinken, aber auch einkellern. Er ist angenehm, ausgewogen, recht fett und füllig. Es fehlt ihm nicht einmal die Honignote eines vierzehn Monate im Holzfass ausgebauten Chardonnay.

🔑 Dom. Cauvard, 34 bis, rue de Savigny, 21200 Beaune, Tel. 03.80.22.29.77, Fax 03.80.24.06.03, E-Mail domaine.cauvard@wanadoo.fr
☑ Y n. V.

CHAMPY PERE ET CIE
Champs-Pimont 1999

■ 1er cru 0,65 ha 3 600 23 à 30 €

Marcel Proust erinnert in einem seiner Werke an das Glücksgefühl, das man verspürt, wenn man einen Spaziergang durch Beaune macht. Dieser Spaziergang setzt sich in den Reblagen fort. Champs-Pimont, eine Nachbarlage von Montée Rouge, befindet sich in der Mitte der Appellation. Dieser 99er hat Klasse: eine herrliche Farbe, ein fruchtiges Bouquet vor einem Hintergrund von Leder, Kraft in der Ansprache, danach Länge über Tanninen, die man noch einige Zeit streicheln muss.

🔑 Maison Champy, 5, rue du Grenier-à-Sel, 21200 Beaune, Tel. 03.80.25.09.99, Fax 03.80.25.09.95, E-Mail champyprost@aol.com ☑ Y n. V.
🔑 Pierre Meurgey, Pierre Beuchet

DOM. CHANGARNIER
Les Bélissands 1999

■ 1er cru 0,45 ha 1 400 15 à 23 €

Bélissands? Wo ist das nun wieder! Sie finden die Lage nicht? Am Fuße des Hangs, wo die Weinberge anfangen, in Richtung Pommard zu schauen. Die Farbe dieses 99ers ist schön; der Duft erinnert an Unterholz. Im Geschmack dominieren die Tannine, aber Sauerkirsche bahnt sich einen Weg, was zu einer gewissen Rundheit führt. Nehmen Sie ihn so, wie er ist, und trinken Sie ihn in seiner Fruchtigkeit.

🔑 Dom. Changarnier pl. du Puits, 21190 Monthélie, Tel. 03.80.21.22.18, Fax 03.80.21.68.21, E-Mail changarnier@aol.com
☑ Y Mo–Sa 9h–12h 14h–19h

DOM. CHARACHE-BERGERET
Les Pirolles 1999*

■ 0,24 ha 1 500 11 à 15 €

René und Jacqueline Charache haben dieses Gut 1976 gegründet. Heute bewirtschaften ihre beiden Söhne zusammen mit ihnen die neunzehn Hektar, die sie in zwölf Appellationen besitzen. Dieser Wein kommt von einer Einzellage, die sich entlang der RN 74 befindet, wenn man in Richtung Chagny und Pommard fährt (auf der rechten Seite). Unter seiner glänzenden Farbe besitzt er ein sehr feines, komplexes Aroma: vor allem Kirschwasser mit einer mineralischen Note. Im Geschmack spricht die Pinot-noir-Traube in ihrer Muttersprache. Ein wenig aufheben.

🔑 Charache-Bergeret, 21200 Bouze-lès-Beaune, Tel. 03.80.26.00.86, Fax 03.80.26.00.86
☑ Y n. V.

DOM. DU CHATEAU DE MEURSAULT Cent-Vignes 1998

■ 1er cru 1,9 ha 9 000 23 à 30 €

Cent-Vignes: Der alte Name lautete Sanvigne (*Sinevineis*, schon 1295 erwähnt). Dort befindet sich ein galloromanischer Weiler in der Nähe des Marconnets-Brunnens. Dieser hellrote Wein mit leicht ziegelroten Tönen geht in Richtung gekochte Früchte, aber seine Frische besänftigt dabei seine Tannine.

🔑 Dom. du Château de Meursault, 21190 Meursault, Tel. 03.80.26.22.75, Fax 03.80.26.22.76 ☑ Y n. V.

CH. DE CITEAUX Teurons 1999

■ 1er cru 0,4 ha 2 800 11 à 15 €

Ein Erdhügel, eine kleine Erhebung. Daher rührt vielleicht der Name dieser Einzellage. Dieser Wein hingegen wirft kaum Fragen auf. Das

Musterbeispiel eines bestimmten Stils: Vinifizierung auf die alte Weise. Er entwickelt sich in der richtigen Richtung, aber die Woge der Ansprache brandet noch über das Riff der Tannine. Prächtiger Glanz und ein Bouquet mit eingebundenem Holzton, das an Schwarze-Johannisbeer-Knospe denken lässt. Drei bis vier Jahre lagern.

Dom. Philippe Bouzereau, Ch. de Cîteaux, 18-20, rue de Cîteaux, BP 25, 21190 Meursault, Tel. 03.80.21.20.32, Fax 03.80.21.64.34, E-Mail info@domaine.bouzereau.fr ☑ Y n. V.

DOM. HENRI CLERC ET FILS
Chaume Gaufriot 1998★

■ 0,3 ha 1 882 11 à 15 €

Seit 1965 führt Bernard Clerc dieses 22 ha große Gut, das im 17. Jh. gegründet wurde. Diese Einzellage befindet sich ganz oben in der Gemarkung, oberhalb der Montée Rouge, auf dem «Berg». Sie liefert einen «Dorfwein», dessen tiefgranatrote Farbe uns «wieder auf die Beine bringt». Schwarzer Tabak, Muskatnuss und diskretes Fassholz kommen in der Nase zum Ausdruck. Die Ansprache ist recht zart, der Abgang noch abrupt, mit nicht sehr festlichen Tanninen. Aussicht auf eine gute Entwicklung.

Dom. Henri Clerc et Fils, pl. des Marronniers, 21190 Puligny-Montrachet, Tel. 03.80.21.32.74, Fax 03.80.21.39.60
☑ Y tägl. 8h30–11h45 14h–17h45
Bernard Clerc

COUVENT DES CORDELIERS 1998

■ 1er cru k. A. 7 800 23 à 30 €

Unter seiner Farbe mit den leicht entwickelten Reflexen zeigt sich ein Bouquet, das halb aus Feige und halb aus Traube besteht. Das ist keine bloße Redensart! Im Geschmack setzt dieser sehr typische 98er auf die Feinheit. Ein Hauch von Kirsche, um die noch lebhaften Tannine zu besänftigen. Der Holzton muss sich ebenfalls einfügen. Ein Wein, der dem Andenken von André Boisseaux gewidmet ist. Boisseaux, dessen Geheimkeller im Jahre 2000 geöffnet wurde, gründete diese Schwesterfirma von Patriarche.

Caves du Couvent des Cordeliers, rue de l'Hôtel-Dieu, 21200 Beaune, Tel. 03.80.25.08.85, Fax 03.80.25.08.21
☑ Y tägl. 9h30–12h 14h–18h

YVES DARVIOT Clos des Mouches 1998

■ 1er cru 0,7 ha 3 800 15 à 23 €

Dieses Gut im Herzen von Beaune umfasst drei Hektar. Sein klassisch rubinroter Clos des Mouches ist nicht ohne Charme (Walderdbeere), obwohl die Tannine im Augenblick Posten beziehen und die Frucht überdecken. Eine bestimmt nur vorübergehende Strenge, die drei bis vier Jahre im Keller liebenswürdiger machen werden. Der **rote 98er Chaume-Gaufriot** (Preisgruppe: 70 bis 99 F), ein Dorfwein, erhält die gleiche Note. Zwei Jahre aufzuheben.

Yves Darviot, 2, pl. Morimont, 21200 Beaune, Tel. 03.80.24.74.87, Fax 03.80.22.02.89, E-Mail ydarviot@club-internet.fr ☑ Y n. V.

RODOLPHE DEMOUGEOT
Les Epenotes 1999★

■ k. A. 2 000 11 à 15 €

Intensives Purpurrot mit karminroten Reflexen. Dieser «Dorfwein» entfaltet sich mit großem Getöse. Seine Düfte erinnern ein wenig an Tabak und steigern sich dann zu roten Früchten. Diese Empfindung hält am Gaumen an. Gebaut wie ein gotischer Kleiderschrank: ein Wein, den man vier bis fünf Jahre aufheben muss.

Dom. Rodolphe Demougeot, 2, rue du Clos-de-Mazeray, 21190 Meursault, Tel. 03.80.21.28.99, Fax 03.80.21.29.18
☑ Y n. V.

DOUDET-NAUDIN Les Grèves 1999★

■ 1er cru 0,35 ha 2 431 15 à 23 €

Nicht sehr weit von einem Lieblingswein entfernt! Ein Verkoster war wählerisch, während ihn alle anderen perfekt fanden. Im Glas ein Cassis-Schwarz, in der Nase recht holzbetont. Dieser 99er kündigt sich im Geschmack als beachtlich an. Immer noch neues Fass, aber auch Sauerkirsch- und Lakritzearomen, ein sehr spürbarer Stoff und eine tiefe Intensität. 1999 hatte diese Firma 150 Kerzen auf ihrem Geburtstagskuchen.

Doudet-Naudin, 3, rue Henri-Cyrot, BP 1, 21420 Savigny-lès-Beaune, Tel. 03.80.21.51.74, Fax 03.80.21.50.69 ☑ Y n. V.

JOSEPH DROUHIN
Clos des Mouches 1998★★

■ 15 ha k. A. 30 à 38 €

Der Clos des Mouches dieses Erzeugers lässt nie kalt. Viermal eine Liebeserklärung für den 92er, den 91er, den 86er und den 85er – er läuft sozusagen außer Konkurrenz. Die in Beaune sehr bekannte Maria von Burgund dürfte ein so leuchtendes Rubinrot getragen haben. Ein sehr konzentriertes Bouquet (kandierte Kirsche) führt zu einer milden, überblendenden Ansprache, mit Fleisch, das fest, zart und sanft ist.

Joseph Drouhin, 7, rue d'Enfer, 21200 Beaune, Tel. 03.80.24.68.88, Fax 03.80.22.43.14, E-Mail maisondrouhin@drouhin.com Y n. V.

DOM. DUBOIS D'ORGEVAL 1998★★

■ k. A. 1 200 11 à 15 €

Noch jung und von guter Lagerfähigkeit – was kann man mehr verlangen? Einer der besten Weine der Auswahl. Ein tiefes Rubinrot, das ins Rotviolette geht, Kirsche und Heidelbeere als bevorzugte Düfte, ein traumhafter Körper, Präsenz! Und dazu diese an Gewürznelke und Muskatnuss erinnernden Tannine. Man kann ihn drei bis fünf Jahre und noch länger aufheben.

Dom. Dubois d'Orgeval, 3, rue Joseph-Bard, 21200 Chorey-lès-Beaune, Tel. 03.80.24.70.89, Fax 03.80.22.45.02 ☑ Y n. V.

DOM. LOIS DUFOULEUR
Le Clos du Roi 1999★

■ 1er cru 0,31 ha 2 086 15 à 23 €

Beim Rotwein wurden drei Einzellagen präsentiert, die alle drei mit einem Stern ausgewählt wurden. Der **99er Clos du Dessus des Marconnets** (Preisgruppe: 70 bis 99 F), der **99er Premier cru Les Cent Vignes** (Preisgruppe: 100 bis 149 F) und dieser Wein mit der schönen, strahlenden Farbe, der hier Anrecht darauf hat, namentlich aufgeführt zu werden, denn mehrere Verkoster setzten ihn in ihrer Bewertung recht hoch an. Man nimmt darin schwarze Johannisbeere und Walderdbeere wahr. Der Geschmack bleibt in diesem Stil, mit einem gut eingefügten Holzton. Seine beginnende Entwicklung führt dazu, dass man ihn im Laufe des Jahres trinken kann, hindert aber nicht an einer drei- bis vierjährigen Lagerung.

Dom. Loïs Dufouleur, 8, bd Bretonnière, 21200 Beaune, Tel. 03.80.22.70.34, Fax 03.80.24.04.28 ☑ Y n. V.

DUFOULEUR PERE ET FILS
Les Grèves 1998★

■ 1er cru k. A. 2 500 30 à 38 €

Ein lagerfähiger Wein für den Keller. Unter seiner schönen Pinot-Farbe hat er seinen Duft noch nicht sehr entfaltet, aber das wird kommen. Struktur und Stoff sind vorhanden, aber ein wenig wie ein Marmorblock, auf dem sein Bildhauer die künftige Form skizziert.

Dufouleur Père et Fils, 15, rue Thurot, BP 27, 21700 Nuits-Saint-Georges, Tel. 03.80.61.21.21, Fax 03.80.61.10.65 ☑ Y n. V.

CH. DES GUETTES
Les Boucherottes 1999★

■ 1er cru 0,3 ha 2 300 15 à 23 €

Die erste Ernte von François Parent, der die von seiner Familie erhaltenen Weinberge mit denen von Anne-Françoise Gros zusammengelegt hat. Ganz und gar nicht übel! Eine dunkle, fast schwarze Farbe bei diesem 99er mit dem sehr intensiven, fruchtigen Bouquet. Die Adstringenz ist normal, zumal sich Stärke und Fett einigen. Ein unerwartetes Etikett zum Ruhme der burgundischen Trüffel!

François Parent, Ch. des Guettes, 14 bis, rue Pierre-Joigneaux, 21200 Beaune, Tel. 03.80.22.61.85, Fax 03.80.24.03.16, E-Mail gros.anne.francoise@wanadoo.fr ☑ Y n. V.

DOMAINES JABOULET-VERCHERRE
Les Bressandes 1999

□ 1er cru 0,9 ha 6 415 15 à 23 €

In zwei bis drei Jahren zu einem Fisch mit Sauce. Weißgolden mit grünen Reflexen. Er besitzt einen noch wenig entfalteten Duft, aber eine gute Ausgewogenheit im Geschmack. «Fett» und Nervigkeit vereinigen sich mit Recht über einem Röstaroma, bei dem die Frucht nicht fehlt.

Maison Jaboulet-Vercherre, 5, rue Colbert, 21200 Beaune, Tel. 03.80.22.25.22, Fax 03.80.22.03.94 ☑

JEAN GAGNEROT Clos du Roi 1999

■ 1er cru k. A. 3 000 11 à 15 €

Die gleiche Telefonnummer wie La Reine Pédauque. Es handelt sich hier um einen Edelmann an ihrem Hof, in einem Gewand von kräftigem Purpurrot. Komplex, mit Toastgeruch. Er kann ebenso gut rote Johannisbeeren wie Pfingstrosen preisen. Mit einer kleinen rustikalen Seite, die nicht missfällt. Er ist gut gemacht und strukturiert. Er hält sich in seinem Jahrgang so gerade wie in seinen Schuhen.

Jean Gagnerot, 21420 Aloxe-Corton, Tel. 03.80.25.00.00, Fax 03.80.26.42.00, E-Mail vinibeaune@bourgogne.net Y n. V.

DOM. JESSIAUME PERE ET FILS
Cent-Vignes 1999

■ 1er cru 1,16 ha 7 200 15 à 23 €

Rotviolett – dieser Wein hat die Farbe der Gesichter an einem Markttag auf der place Madeleine. Der Duft erinnert an Himbeeren. Dem sanften, frischen Geschmack mangelt es nicht an Volumen. Der Abgang ist ein wenig warm, aber der Wein bleibt gut im Mund. Wir glauben an ihn. Höhepunkt in drei bis vier Jahren.

Dom. Jessiaume Père et Fils, 10, rue de la Gare, 21590 Santenay, Tel. 03.80.20.60.03, Fax 03.80.20.62.87 ☑ Y n. V.

DOM. PIERRE LABET
Clos des Monsnières 1999

□ 1 ha 5 000 15 à 23 €

Dieser recht kräftige goldgelbe «Dorfwein» besitzt den hübschesten Duft der Welt, mit Röstnoten, Nuancen reifer Früchte und einem Mentholhauch. Der Geschmack ist weniger komplex, passt aber zu einer Seezunge nach Müllerinart (in Mehl gewendet und in Butter gebraten). Der **rote 99er Premier cru Coucherias** zeigt sich in seiner ganzen Jugendlichkeit. Stärke in der Nase, Kraft im Geschmack, wo das Röstaroma noch für zwei bis drei Jahre dominiert. Mit der Zeit wird die Strenge den schon darunter wahrnehmbaren Früchten Platz machen.

Dom. Pierre Labet, Clos de Vougeot, 21640 Vougeot, Tel. 03.80.62.86.13, Fax 03.80.62.82.72, E-Mail contact@chateaudelatour.com ☑ Y Mo, Mi–So 10h30–19h; Nov. bis Ostern geschlossen

François Labet

DOM. DE LA CONFRERIE 1999

■ 0,7 ha 2 000 11 à 15 €

Im Laufe der Generationen ist dieses Gut entstanden, das erst 1991 den Namen «La Confrérie» angenommen hat. Dieser rubin- bis bläulich rote, leicht fruchtige «Dorfwein» lässt seine Jugend zu seinen Gunsten plädieren. Man muss es der Zeit überlassen, dass sie seine Tannine glättet.

⊶ EARL Jean Pauchard et Fils, Dom. de La Confrérie, rue Perraudin, 21340 Cirey-lès-Nolay, Tel. 03.80.21.89.23, Fax 03.80.21.70.27, E-Mail domj.pauchard@wanadoo.fr ☑ ♈ n. V.

DOM. DE LA CREA
Les Cent Vignes 1999★

■ 1er cru 0,5 ha 2 600 ⏸ 11 à 15 €

Cécile Chenu führt dieses Gut seit 1992. Sie stellt einen interessanten Wein vor, dessen Nase einen leichten Pinot-Charakter und gleichzeitig Terroir-typische Düfte entfaltet. Die Farbe ist völlig klassisch. Dieser 99er bietet in der Ansprache alles auf und demonstriert seine Stärke. Er ist sehr kräftig gebaut und schafft es, seine Tannine zu beherrschen, die sehr kooperativ geworden sind. Innerhalb von zwei Jahren erreicht er seinen Gipfel.

⊶ Cécile Chenu-Repolt, La cave de Pommard, 1, rte de Beaune, 21630 Pommard, Tel. 03.80.24.62.25, Fax 03.80.24.62.42, E-Mail cecile.chenu@wanadoo.fr ☑ ♈ tägl. 10h–18h

MICHEL LAHAYE
Les Bons Feuvres 1998★

■ 0,44 ha 1 200 ⏸ 11 à 15 €

Dieser ausgezeichnete «Dorfwein» von recht kräftigem Granatrot erinnert an Walnuss und süße Gewürze. Seine Ansprache? Solide und jugendlich. Das Ganze is gut gezeichnet und gut proportioniert, was die Fülle betrifft ebenso wie hinsichtlich der Harmonie. Er befindet sich noch in seiner Kindheitsphase und muss ein paar Jahre im Keller verbringen.

⊶ Michel Lahaye, pl. de l'Eglise, 21630 Pommard, Tel. 03.80.22.52.22 ☑ ♈ n. V.

DANIEL LARGEOT Les Grèves 1999★

■ 1er cru 0,6 ha 3 500 ⏸ 15 à 23 €

Mit Liebeserklärungen kennt er sich aus. Er hat eine solche in den Ausgaben 1998 und 1999 (für den 95er und den 96er) bekommen. Sein 99er bietet vom Grèves eine recht vollständige Version, auch wenn er im Augenblick nicht voll zum Ausdruck kommt. Die bläulich roten Reflexe gehören zum guten Ton; der feine Holzton überdeckt die Frucht nicht, denn die Tannine sind seidig. Schwarzkirsche im Nasen-Rachen-Raum, zusammen mit kandierten Noten. Man sollte ihn in seinem Keller haben.

⊶ Daniel Largeot, 5, rue des Brenôts, 21200 Chorey-lès-Beaune, Tel. 03.80.22.15.10, Fax 03.80.22.60.62 ☑ ♈ n. V.

CH. DE LA VELLE Cent vignes 1998★

■ 1er cru 0,24 ha 750 ⏸ 11 à 15 €

Seine letzte Wahl zum Lieblingswein? Im Hachette-Weinführer 1999 für einen 96er. Helles Granatrot, sehr Pinot-typischer Duft. Diese Cuvée ist im Geschmack ein abendfüllender Film, der lang dauert. Vom Vorspann bis zum letzten Kuss ist die Handlung leicht und gefällig, mit einer schönen Weinigkeit. «Das dürfte den Damen gefallen», notierte ein Juror auf seinem Zettel. Sie sind gewarnt, liebe Leserin! Auch nicht versäumen sollte man den **roten 98er Premier cru Les Marconnets** (Preisgruppe: 100 bis 149 F), der reich und viel versprechend ist und einen interessanten animalisch-röstartigen Geruchseindruck besitzt. Der **weiße 99er Les Marconnets** (Preisgruppe: 100 bis 149 F) wird in zwei Jahren sehr gut sein, ebenso wie der **99er Clos des Monsnières** (Preisgruppe: 70 bis 99 F). Alle erhalten einen Stern.

⊶ Bertrand Darviot, Ch. de La Velle, 17, rue de La Velle, 21190 Meursault, Tel. 03.80.21.22.83, Fax 03.80.21.65.60, E-Mail chateaudelavelle@infonie.fr ☑ ♈ n. V.

LYCEE VITICOLE DE BEAUNE
La Montée Rouge 1998★

■ 1er cru 0,8 ha 4 104 ⏸ 11 à 15 €

Respiciamus atque prospiciamus – das ist der Wahlspruch der Fachoberschule für Weinbau, die Generationen von Winzern ausgebildet hat: «Wir blicken nach vorne und zurück.» Dieser 98er von klarem Granatrot erweist sich schon beim ersten Riechen als komplex. Himbeere, aber auch Wacholder, Moos und Leder. Er ist seidig und hinterlässt einen Eindruck von köstlicher Rundheit. In seinem Schulheft liest man: «Wenn er sich anstrengt, wird er es noch besser machen.» Der passable **rote 99er Premier cru Perrières** wird lobend erwähnt.

⊶ Dom. du Lycée viticole de Beaune, 16, av. Charles-Jaffelin, 21200 Beaune, Tel. 03.80.26.35.81, Fax 03.80.22.76.69 ☑ ♈ Mo–Fr 8h–11h30 14h–17h; Sa 8h–11h30

DOM. MAILLARD PERE ET FILS
1999★

■ 1,4 ha k. A. ⏸ 11 à 15 €

Dieser 99er, den ein kräftiges, recht klares Rubinrot schmückt, bietet einen relativ diskreten Duft, der an Jugend und Traube denken lässt. «Süße Gewürze», wie man sagt. Die Ansprache ist frisch, danach holzbetont, in einem Umfeld von schwarzen Früchten. Die Grundlage ist seriös, das «Fett» genau an der richtigen Stelle. Ein offenherziger, viel versprechender, warmer Wein, den man schon jetzt genießen kann.

⊶ Dom. Maillard Père et Fils, 2, rue Joseph-Bard, 21200 Chorey-lès-Beaune, Tel. 03.80.22.10.67, Fax 03.80.24.00.42 ☑ ♈ n. V.

DOM. RENE MONNIER
Cent-Vignes 1999★★

■ 1er cru 1,7 ha 7 000 ⏸ 11 à 15 €

Geruchsmäßig begrüßt Sie dieser 99er zunächst in der intimen Atmosphäre eines diskreten Empfangs. Eine alte Flasche Johannisbeerlikör erwartet Sie. Das Auge erhält alles, was es sich wünscht: eine dunkelrote Flamme, die von bläulich roten Reflexen umgeben ist. Im Mund belebt sich das Bild, gewinnt an Umfang und entlädt seine Weinigkeit über feinsten Tanninen. Der **rote 99er Premier cru Toussaints** verdient warmes Lob und einen Stern.

⊶ Dom. René Monnier, 6, rue du Dr-Rolland, 21190 Meursault, Tel. 03.80.21.29.32, Fax 03.80.21.61.79 ☑ ♈ tägl. 8h–12h 14h–18h

⊶ Herr und Frau Bouillot

DOM. PARIGOT PERE ET FILS
Les Aigrots 1999★★

■ 1er cru 1,23 ha 8 000 11 à 15 €

Eine Einzellage in Richtung Pommard, auf der Höhe des Clos des Mouches. Dieser 99er besitzt ein sehr großes Potenzial. Man staunt über seine tiefrote Farbe. Wenn man die Nase darüber hält, erkennt man die reife Frucht. Sein Körper ist elegant, sanft und delikat und schmeckt nach Lakritze. Seine Tannine sind geglättet. Und dennoch Aussicht auf ein Gerüst! Zu einem Perlhuhn mit Kohl, falls wir Ihnen diesen Rat geben dürfen. Ebenso wie der **rote 99er Premier cru Grèves** (Preisgruppe: 100 bis 149 F), der sehr warm ist. Sein 87er erhielt in der Ausgabe 1990 eine Liebeserklärung.

Dom. Parigot Père et Fils, rte de Pommard, 21190 Meloisey, Tel. 03.80.26.01.70, Fax 03.80.26.04.32 ☑ Y n. V.

CH. PHILIPPE-LE-HARDI
Clos du Roi 1999

■ 1er cru 0,83 ha 6 200 11 à 15 €

Er besitzt die klare, deutliche Farbe des Jahrgangs (Dunkelrot mit violetten Reflexen). Der an schwarzen Früchten reiche Duft enthält Vanille- und Toastnoten. Er ist gut vinifiziert, wobei Eleganz angestrebt wurde, und enthüllt im Mund gute Tannine und Noten von Sauerkirsche und schwarzer Johannisbeere. Bei einer Lagerung von drei Jahren wird er noch ein wenig größer werden.

Ch. de Santenay, BP 18, 21590 Santenay, Tel. 03.80.20.61.87, Fax 03.80.20.63.66 ☑ Y n. V.

THIERRY PINQUIER-BROVELLI
Les Chaumes Gauffriot 1999★

■ 0,3 ha 1 600 8 à 11 €

Mit 73 Jahren arbeitet Thierry Pinquiers Vater immer noch gern in seinem Weinberg. Thierry führt das Gut seit 1994. Er hat einen Wein vorgestellt, den die Jury gern zu Entenbraten getrunken hätte! Dieser strahlend rubinrote 99er verbirgt nicht das Fass, in dem er ausgebaut worden ist, denn der erste Geruchseindruck ist röstartig. Aber «die allgemeine Komposition ist gut», resümierten die Verkoster. Drei Jahre aufheben.

Thierry Pinquier, 5, rue Pierre-Mouchoux, 21190 Meursault, Tel. 03.80.21.24.87, Fax 03.80.21.61.09 ☑ Y tägl. 8h–12h30 13h–19h

ALBERT PONNELLE Clos du Roi 1998★

■ 1er cru k. A. k. A. 23 à 30 €

Ist dieser Clos du Roi rustikal? Sagen wir demokratisch. Ein Bürgerkönig. Granatrot von mittlerer Intensität. Er besitzt einen zu gekochten Früchten entfalteten Duft. Sehr entfaltet sogar. Mehr Fett, und er würde einen etwas festen Abgang dominieren. Aber die Struktur und die Textur sind erstklassig. Und schwarze Johannisbeere bildet die Fermate!

Albert Ponnelle, Clos Saint-Nicolas, BP 107, 21200 Beaune, Tel. 03.80.22.00.05, Fax 03.80.24.19.73, E-Mail info@albert-ponnelle.com ☑ Y n. V.

Louis Ponnelle

DOM. JACQUES PRIEUR Grèves 1998★

■ 1er cru 1,7 ha 6 000 15 à 23 €

«Beaune macht Lust, hier krank zu werden», sagte Viollet le Duc, als er das Hôtel-Dieu (Krankenhaus) verließ. Dieser Wein ist voller Zuspruch. Man glaubt die rote Stoffdekoration in der großen *salle des Pôvres* zu sehen. Ein leichter Vanilleduft, dann eine Atmosphäre der Ausgewogenheit über einer schönen Fruchtigkeit. «Ich hätte ihn gern gemacht», gestand einer unserer Verkoster, der es nicht besser ausdrücken konnte. Er empfahl Haarwild dazu. Der lobend erwähnte **weiße 98er Les Champs Pimont** (Preisgruppe: 150 bis 199 F) muss noch lagern, denn der Holzton ist sehr (zu?) stark spürbar.

Dom. Jacques Prieur, 6, rue des Santenots, 21190 Meursault, Tel. 03.80.21.23.85, Fax 03.80.21.29.19 ☑ Y n. V.

DOM. RAPET PERE ET FILS
Grèves 1999

■ 1er cru 0,36 ha 2 000 15 à 23 €

Vincent Rapet arbeitet jetzt auf diesem sehr alten Gut in Familienbesitz mit, dessen Spuren man im 18. Jh. findet. Dieser 99er entstand vor seinem Eintritt in den Betrieb. Seine Farbe ist reizvoll, sein Bouquet von frischem Moos erfüllt. Seine Tannine bleiben ein wenig eckig, aber rote Johannisbeere im Rückaroma, die Nachhaltigkeit und der allgemeine Ausdruck machen ihn zu einem verheißungsvollen Wein.

Dom. Rapet Père et Fils, 21420 Pernand-Vergelesses, Tel. 03.80.21.59.94, Fax 03.80.21.54.01 ☑ Y n. V.

DOM. REBOURGEON-MURE
Les Vignes Franches 1999★

■ 1er cru 0,62 ha 3 000 11 à 15 €

Dieses Gut in Pommard soll bis ins 16. Jh. zurückreichen. Hier in Beaune sind die Rebstöcke altehrwürdig (siebzig Jahre). Intensives Granatrot mit purpurroten Reflexen als Ouvertüre. Der Duft ist sehr einschmeichelnd mit Obstkompott. Die Ansprache ist sanft, der Geschmack ausgewogen, mit Tanninen, die weder die schwarze Johannisbeere noch die Brombeere oder die Himbeere tilgen. Das Finale ist angenehm. Was man als «femininen» Wein bezeichnet. Man muss ihn zwei bis vier Jahre aufheben.

Daniel Rebourgeon-Mure, Grande-Rue, 21630 Pommard, Tel. 03.80.22.75.39, Fax 03.80.22.71.00 ☑ Y n. V.

ROGER ET JOEL REMY
Les Cent Vignes 1999

■ 1er cru k. A. k. A. 11 à 15 €

Er ist recht offen, in mehrfacher Weise. Vom Fass geprägt, aber fähig zu einer angemessenen Entwicklung, denn er hat Fülle, Umfang und Länge. Auch Charakter. Man muss warten, bis seine Tannine verschmelzen.

SCEA Roger et Joël Rémy, 4, rue du Paradis, 21200 Sainte-Marie-la-Blanche, Tel. 03.80.26.60.80, Fax 03.80.26.53.03 ☑ Y Mo–Sa 8h–12h 14h–18h

DOM. NICOLAS ROSSIGNOL 1999★★

■ 0,45 ha 2 500 8 à 11 €

Nicolas Rossignol übernahm die Leitung des Guts 1997 – und schon eine Liebeserklärung! Bestimmt wird zu Ehren dieses wirklich bemerkenswerten Weins die Glocke des Hôtel-Dieu geläutet. Er ist feuerrot und verführt dank schöner Fruchtnoten die Nase. Am Gaumen besitzt er alles, um zu gefallen: Feinheit, Eleganz, Gerüst und dazu noch einen vollkommen typischen Charakter. Und genau das ist es doch, wonach man immer häufiger sucht.

Nicolas Rossignol, rue de Mont, 21190 Volnay, Tel. 03.80.21.62.43, Fax 03.80.21.27.61 n. V.

DOM. ROSSIGNOL-FEVRIER PERE ET FILS Les Chardonnereux 1998★★

■ 0,46 ha 2 800 8 à 11 €

Eine der Einzellagen, die – was sehr nützlich ist – verhindern, dass die Urbanisierung Beaunes weiter auf die Weinberge übergreift, hier am Ortsausgang in Richtung Pommard. Ihr Wein besitzt alles von einem wunderbaren «Dorfwein». Er ist einschmeichelnd und lebt dennoch nicht auf Kosten des Konsumenten. Intensiv im Anblick, recht differenziert im Duft (Pfingstrose, Violette, schwarzer Pfeffer). Er ist weinig und füllig; sein Nachgeschmack zeigt eine große Sinnlichkeit. Wir erfinden hier nichts; so steht es auf den Zetteln der Verkoster geschrieben.

EARL Rossignol-Février, rue du Mont, 21190 Volnay, Tel. 03.80.21.64.23, Fax 03.80.21.67.74 n. V.

Frédéric Rossignol

DOM. ROSSIGNOL-TRAPET Teurons 1998★

■ 1er cru 1,2 ha 7 600 15 à 23 €

Rossignol: ein Fuß in der Côte de Beaune. Trapet: ein Fuß in der Côte de Nuits. Die beiden Winzerfamilien bringen diesen dunkelpurpurroten Teurons hervor. Ein paar Röstnoten, animalische Gerüche und danach vollreife Früchte kommen in der Nase zum Ausdruck. Die Tannine sind sehr präsent, aber angenehm umhüllt. Ein hübscher Wein von sehr schöner Länge, den man ein paar Jahre (vier bis sechs) altern lassen muss. Er wird noch besser werden.

Dom. Rossignol-Trapet, 3, rue de la Petite-Issue, 21220 Gevrey-Chambertin, Tel. 03.80.51.87.26, Fax 03.80.34.31.63, E-Mail info@rossignol-trapet.com n. V.

DOM. VOARICK Montée Rouge 1998

■ 0,92 ha 5 800 15 à 23 €

Das Gut wurde von Michel Picard gekauft. Er präsentiert hier einen klaren hellkirschroten Wein mit vagabundierendem Duft. Man gelangt von blumigen Aromen (Rose, Pfingstrose) zu stärker entwickelten, fruchtigen Noten. Diese Feinheit der Frucht und diese Blumigkeit erfüllen den Gaumen mit recht milden, samtigen Geschmacksnoten. Diese Flasche ist eine Ballerina: leicht, ätherisch, mit nicht sehr langen Schritten.

Emile Voarick, 71640 Saint-Martin-sous-Montaigu, Tel. 03.85.45.23.23, Fax 03.85.45.16.37 tägl. 8h–12h 14h–18h

Côte de Beaune

Die Appellation Côte de Beaune, die man nicht mit der Appellation Côte de Beaune-Villages verwechseln sollte, darf nur in einigen Reblagen des Hügels von Beaune erzeugt werden. 2000 meldete sie 890 hl Rotwein und 583 hl Weißwein an.

JOSEPH DROUHIN 1998★

■ k. A. k. A. 15 à 23 €

Er dürfte sich innerhalb von kurzer Zeit öffnen: Das Auge wird sofort durch den Glanz der kirschroten Farbe verführt. Der Duft kommt wenig zum Ausdruck und wartet darauf, dass zwölf Monate vergehen, um seine Sprache zu vervollkommnen. Der Geschmack dagegen ist ganz durch eingemachte kleine rote Früchte bestimmt, ausgewogen mit feinen Tanninen, die verschmelzen müssen. Ein Wein von Rang.

Joseph Drouhin, 7, rue d'Enfer, 21200 Beaune, Tel. 03.80.24.68.88, Fax 03.80.22.43.14, E-Mail maisondrouhin@drouhin.com n. V.

DOM. LOIS DUFOULEUR Les Longes 1999★

■ 0,75 ha 5 000 11 à 15 €

Ein 99er von schönem, kräftigem Rot, der Stil hat. Jugend und Frische im Bouquet, Feinheit und Rundheit am Gaumen – das ist ein Pinot, der sich auskennt. In einem ziemlich sanften Stil und mit einem Schwung, der ab der Mitte des Geschmackseindrucks leicht an Konfitüre erinnert.

Dom. Loïs Dufouleur, 8, bd Bretonnière, 21200 Beaune, Tel. 03.80.22.70.34, Fax 03.80.24.04.28 n. V.

EMMANUEL GIBOULOT
La Grande Châtelaine 1999*

□ 2,34 ha 3 000 8 à 11 €

Lebhaftigkeit in der goldenen Farbe eines zitronenartigen Weins, der sich großzügig anbietet, eines Weins, den man sich unter keinen Umständen entgehen lassen möchte. Eine Rundheit und eine Säureunterstützung, die genau bemessen sind, verleihen der Frucht ihren ganzen Charme. Ein klein wenig Haselnuss im Schlussgeschmack. Wenig Fülle, aber eine in ihrem Stil gelungene Flasche. Die gleiche Note für den **weißen 99er Les Pierres Blanches.**

Emmanuel Giboulot, Combertault, 21200 Beaune, Tel. 03.80.26.52.85, Fax 03.80.26.53.67 n. V.

DOM. CHANTAL LESCURE
Le Clos des Topes Bizot 1999*

■ 4,28 ha 3 000 8 à 11 €

Farbe von vollreifen Kirschen, eleganter Kirschduft – wir bleiben in der Familie. Dieser Wein aus Beaune (oben am Hang in Richtung Savigny) verfügt über alle Qualitäten, die verlangt sind, um sich gut zu entwickeln: Stoff, Konzentration, Gerüst. Im Abgang ein angenehmer Hauch von Lakritze.

Dom. Chantal Lescure, 34 A, rue Thurot, 21700 Nuits-Saint-Georges, Tel. 03.80.61.16.79, Fax 03.80.61.36.64, E-Mail contact@domaine-lescure.com n. V.

DOM. POULLEAU PERE ET FILS
Les Mondes Rondes 1999*

■ 3,2 ha 9 000 5 à 8 €

Wir empfehlen den **weißen 99er Grande Châtelaine** (ein Stern) und beim Weißwein diesen Mondes Rondes im gleichen Jahrgang. Wir befinden uns hier auf dem Gipfel der Montagne de Beaune. Ein Wein, den man sich zukommen lassen muss, der aber eine schöne Konzentration der Farbe und der Aromen (Unterholz, reife Frucht) besitzt und großzügig und kräftig ist, mit rustikalen Tanninen, die sich besänftigen werden.

Dom. Poulleau Père et Fils, rue du Pied-de-la-Vallée, 21190 Volnay, Tel. 03.80.21.26.52, Fax 03.80.21.64.03 n. V.

Pommard

Dies ist die im Ausland bekannteste burgundische Appellation – wahrscheinlich weil ihr Name so leicht auszusprechen ist! 1999 produzierte das Anbaugebiet 16 472 hl; 2000 waren es 14 753 hl. An die Stelle des Argovien-Mergels tritt weicher Kalkstein. Die hier erzeugten Weine sind robust und tanninreich und haben eine gute Lagerfähigkeit. Die besten Einzellagen sind als Premiers crus eingestuft, von denen les Rugiens und les Epenots die bekanntesten sind.

BALLOT-MILLOT ET FILS
Pézerolles 1999*

■ 1er cru 0,7 ha 2 700 15 à 23 €

Das turnusmäßig in wechselnden Orten stattfindende Fest Saint-Vincent 2001 verdankt viel diesem überaus selbstlosen Winzer, der sich trotzdem um seine Vinifizierungen kümmert. Dieser Pézerolles, der sich zwischen Purpur- und Granatrot bewegt, ist eine echte Versuchung. In der Nase genussvolle Noten von reifen Früchten. Im Mund ein vollständiger Durchgang mit soliden Argumenten. Selbst die leichte Bitterkeit im Abgang hat nichts Erstaunliches oder Unangenehmes an sich. Mindestens drei Jahre lagern.

Ballot-Millot et Fils, 9, rue de la Goutte-d'Or, BP 33, 21190 Meursault, Tel. 03.80.21.21.39, Fax 03.80.21.65.92 n. V.

ROGER BELLAND Les Cras 1999**

■ 0,98 ha 5 000 15 à 23 €

Farbe von sehr reifen Kirschen, die man am Baum hat hängen lassen. Dieser Cras (eine Lage direkt oberhalb der Premiers crus, in Richtung Volnay) lässt eine Maischegärung erahnen, die stark auf die Aromen (schwarze Früchte, Backpflaume) ausgerichtet war. Der Geschmack ist extrem fleischig und weinig. Die Tannine werden sich vermählen: Das Aufgebot hängt schon aus. Ein unbestreitbarer Erfolg und ein großes Lagerpotenzial (fünf bis zehn Jahre).

Dom. Roger Belland, 3, rue de la Chapelle, BP 13, 21590 Santenay, Tel. 03.80.20.60.95, Fax 03.80.20.63.93, E-Mail belland.roger@wanadoo.fr n. V.

DOM. GABRIEL BILLARD
Charmots 1998*

■ 1er cru 0,4 ha 1 800 15 à 23 €

Laurence Jobard und Mireille Desmonet sind im Weinberg erfolgreich. Sie haben schon in den Ausgaben 1993 und 2001 (für den 90er und den 97er) zwei Liebeserklärungen erhalten und beherrschen ihren Beruf im Schlaf. Dieser Wein von leichtem Rubinrot ist sehr fruchtig. Sein noch ungestümer, aber viel versprechender Geschmack bietet eine Zusammenstellung, bei der sich der Holzton mit Marmelade von roten Früchten und mit Schwarze-Johannisbeer-Blättern verbindet. Eine elegante Feinheit, die man in drei bis fünf Jahren nutzen kann.

SCEA Dom. Gabriel Billard, imp. de la Commaraine, 21630 Pommard, Tel. 03.80.22.27.82, Fax 03.85.49.49.02 n. V.

DOM. BILLARD-GONNET
Rugiens-Bas 1998*

■ 1er cru 0,25 ha 1 500 23 à 30 €

Ein echter «feiner Wein». Er hat eine lebhafte Farbe und lässt an Leder und Himbeere denken. Seine Tannine haben die Fäuste geballt, aber –

wie der hl. Bernhard sagte – «man muss der Zeit Zeit lassen». Dieses Gut besitzt Parzellen in acht Premiers crus der Appellation. Andere empfohlene Weine sind: der **98er Premier cru Clos de Verger,** ein Stern für eine Extraktion, die die Frucht zur Geltung bringt, und der von der Jury lobend erwähnte **98er Premier cru Chaponnières,** der sehr gut ausgebaut ist (beide in der Preisgruppe 100 bis 149 F).

Dom. Billard-Gonnet, rte d'Ivry, 21630 Pommard, Tel. 03.80.22.17.33, Fax 03.80.22.68.92 n. V.

ERIC BOIGELOT 1998*

■ 0,35 ha 2 200 15 à 23 €

Ein schönes, strahlendes Rot mit purpurroten Reflexen. Der Duft hat sich nicht zwischen Kirsche und schwarzen Früchten (Heidelbeere) entschieden – Aromen, zu denen animalische Noten hinzukommen. Dieser strukturierte 98er erfordert zwei bis drei Jahre Lagerung.

Eric Boigelot, 21, rue des Forges, 21190 Meursault, Tel. 03.80.21.65.85, Fax 03.80.21.66.01 n. V.

DOM. ALBERT BOILLOT
Les Chanlins-Bas 1999

■ 1er cru 0,25 ha 1 700 11 à 15 €

Sie können sich für den **99er Premier cru En Argillière** interessieren, der streng und lagerfähig ist, oder für diesen sehr repräsentativen Wein hier: Er besitzt Charakter, bietet ein schönes Stelldichein mit der Frucht und erfreut unter seiner zinnoberroten Farbe den Gaumen. Harmonisch, mit kleinen Gewürznoten und recht feinen Tanninen. Er ist gefällig und eignet sich ebenfalls für die Lagerung.

Côte de Beaune (Mitte und nördlicher Abschnitt)

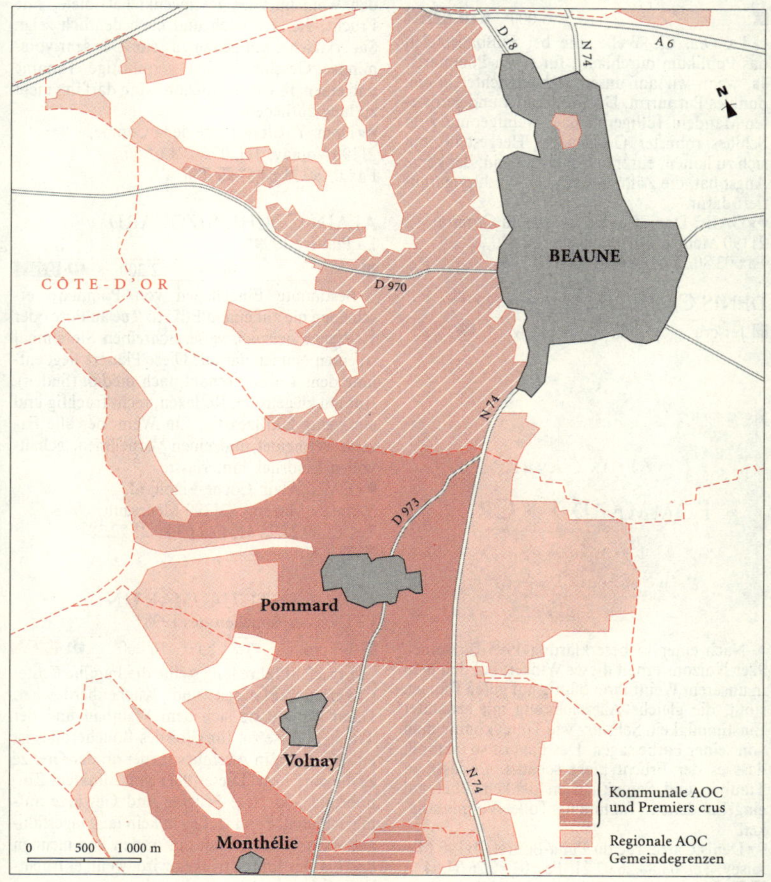

🔑 SCE du Dom. Albert Boillot, ruelle Saint-Etienne, 21190 Volnay, Tel. 03.80.21.61.21, Fax 03.80.21.61.21, E-Mail dom.albert.boillot@wanadoo.fr ☑ Y n. V.

MICHEL BOUZEREAU ET FILS Les Cras 1998*

■ 0,35 ha k. A. 15 à 23 €

«Ein Kind des Pommard», rief einer unserer Juroren. Dieser tiefgranatrote 98er ist schon recht entfaltet, in einem Register von frischen Früchten. Im Geschmack wird das Terroir stark betont, während alles harmoniert: die Kraft und die Eleganz, die Stärke und die Länge. Dieser Wein könnte zu Hähnchen in Pommard-Wein passen, dem alten Rivalen von Hähnchen in Chambertin-Wein.

🔑 Michel Bouzereau et Fils, 3, rue de la Planche-Meunière, 21190 Meursault, Tel. 03.80.21.20.74, Fax 03.80.21.66.41 ☑ Y n. V.

DOM. CAILLOT 1998**

■ 2 ha 5 000 15 à 23 €

La *Ola,* die Welle, die bei Fußballspielen das Publikum durchläuft, für einen Pommard? Ja, wenn wir auf unsere Schiedsrichter hören: dunkles Purpurrot, Duft von Leder und gerösteten Mandeln, fülliger, danach weiniger und zum Schluss robuster Geschmack. Hergestellt, um sich zu halten, ein traditioneller Wein, der keine Angst hat, die Zähne zu zeigen. Die Jury garantiert dafür.

🔑 GAEC Dom. Caillot, 14, rue du Cromin, 21190 Meursault, Tel. 03.80.21.21.70, Fax 03.80.21.69.58 ☑ Y n. V.

DENIS CARRE Les Charmots 1999**

■ 1er cru k. A. k. A. 15 à 23 €

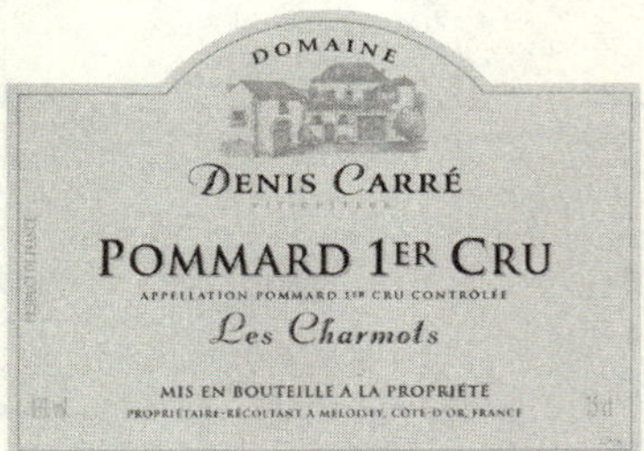

DOMAINE
DENIS CARRÉ
POMMARD 1ER CRU
APPELLATION POMMARD 1ER CRU CONTRÔLÉE
Les Charmots
MIS EN BOUTEILLE A LA PROPRIÉTÉ

Nach einer Liebeserklärung 1995 für seinen 92er Noizons erhält dieser Winzer, auf den man in unserem Weinführer häufig auf guten Rängen stößt, die gleiche Auszeichnung mit absoluter Einstimmigkeit. Schwarz wie Tinte, könnte man von seiner Farbe sagen. Das Fass ist so taktvoll, dass es der Frucht nicht schadet. Er lässt an Trauben und Sauerkirschen denken, über gut eingebundenen Tanninen. Tolle Vollmundigkeit.

🔑 Denis Carré, rue du Puits-Bouret, 21190 Meloisey, Tel. 03.80.26.02.21, Fax 03.80.26.04.64 ☑ Y n. V.

DOM. DU CHATEAU DE MEURSAULT Les Petits Noizons 1998*

■ 1,5 ha 7 000 23 à 30 €

Nichts lässt hier gleichgültig. Dieser dunkelrubinrote 98er kommt von einer sehr steinigen Lage oben auf dem Hang, die der Sonne geradewegs in die Augen schaut, wenn die Kirche zwölfmal zu Mittag läutet. Der sehr gelungene Duft zeigt Brombeer- und Feuersteinnoten. Der Wein behält diesen Charakter im Geschmack bei, während sich die Tannine intensivieren. Ein echter Pommard, der weinig und delikat ist und sich bestimmt lang lagern lässt.

🔑 Dom. du Château de Meursault, 21190 Meursault, Tel. 03.80.26.22.75, Fax 03.80.26.22.76 ☑ Y n. V.

DOM. Y. CLERGET Les Rugiens 1998*

■ 1er cru 0,85 ha 4 000 23 à 30 €

Dieser Rugiens präsentiert sich uns mit einer intensiven Farbe. Der erste Geruchseindruck bringt nichts, der zweite (nachdem man den Wein im Glas geschwenkt hat) bietet eine Frucht, die sich nach und nach deutlich zeigt: Sauerkirsche, um genau zu sein. Der sehr voluminöse Geschmack hat vernünftige Tannine und einen diskreten Holzton. Man darf ihn nicht zu lang aufheben.

🔑 Dom. Y. Clerget, rue de la Combe, 21190 Volnay, Tel. 03.80.21.61.56, Fax 03.80.21.64.57 ☑ Y n. V.

ALAIN COCHE-BIZOUARD La Platière 1999*

■ 0,36 ha 2 200 15 à 23 €

Bestimmte Einzellagen von Pommard erscheinen nie auf einem Etikett: Rue au Porc oder La Vache beispielsweise. Schreiben Sie einmal so einen Namen darauf! Diese Platière liegt entlang dem Tal und schaut nach *médiot* (Süden). Rot mit ziegelroten Reflexen, recht fruchtig und ein wenig lakritzeartig. Ein Wein, der alle Exzesse vermeidet und einen vornehmen, gehaltvollen Eindruck hinterlässt.

🔑 EARL Alain Coche-Bizouard, 5, rue de Mazeray, 21190 Meursault, Tel. 03.80.21.28.41, Fax 03.80.21.22.38 ☑ Y n. V.

DOM. COSTE-CAUMARTIN Le Clos des Boucherottes 1998*

■ 1er cru 1,81 ha 10 000 15 à 23 €

Etwa 200 Jahre lang stellte die Familie Coste-Caumartin Pfannen und Küchenherde her. Dann wandte sie sich dem Weinbau und der Traubenpresse zu. Ihr Clos des Boucherottes ist ein Weinberg in Alleinbesitz, der an der Grenze zu Beaune liegt. Dieser 98er von dunklem Zinnoberrot lässt rote Früchte und Gewürze aufmarschieren. Er ist vielleicht kein lang lagerfähiger Wein, so dass man ihn in den kommenden drei bis vier Jahren trinken wird, wenn er fruchtbetont, zart und samtig ist.

🔑 SCE du dom. Coste-Caumartin, rue du Parc, 21630 Pommard, Tel. 03.80.22.45.04, Fax 03.80.22.65.22, E-Mail coste.caumartin@wanadoo.fr ☑ Ÿ Mo–Sa 9h–12h 14h–19h; So n. V.
🔑 Jérôme Sordet

DOM. DE COURCEL Les Frémiers 1998*

■ 1er cru k. A. 2 000 ⏸ 23 à 30 €

Der 85er und der 88er dieses im 16. Jh. entstandenen Gutes haben Liebeserklärungen erhalten. Dieser 98er, dessen rote Farbe an Bigarreau Marmotte (die berühmte Kirschensorte des Auxerrois) erinnert, verbindet Vanille und rote Früchte und erreicht damit eine gewisse Komplexität. Er zeigt eine gute Lebhaftigkeit im Geschmack, wo die Tannine einen recht geselligen, viel versprechenden Charakter zeigen. Dieser noch robuste Wein kann mindestens zwei Jahre im Keller lagern. Der **98er Premier cru Grand Clos des Epenots** erhält eine lobende Erwähnung. Seine spürbaren Tannine sind elegant. Eine gute Lagerfähigkeit ist garantiert.
🔑 Dom. de Courcel, pl. de l'Eglise, 21630 Pommard, Tel. 03.80.22.10.64, Fax 03.80.24.98.73 ☑

DOM. CYROT-BUTHIAU
Les Arvelets 1999*

■ 1er cru 0,22 ha 1 100 ⏸ 15 à 23 €

Warten Sie auf einen guten Anlass, vielleicht sogar auf einen großen, bevor Sie diesen granatroten Wein mit purpurroten Reflexen aufmachen. Sein Bouquet lässt träumen: Moos, Unterholz, Brombeerlikör, Mokka ... Im Mund verbinden sich Erdbeere, Himbeere und eingemachte Sauerkirschen mit dem Holzton. Er entwickelt sich über festen Tanninen, die verschmelzen müssen. Dieser Wein kann gut acht bis zehn Jahre alt werden.
🔑 Dom. Cyrot-Buthiau, rte d'Autun, 21630 Pommard, Tel. 03.80.22.06.56, Fax 03.80.24.00.86, E-Mail cyrot.buthiau@wanadoo.fr ☑ Ÿ n. V.

VINCENT DANCER
Les Pézerolles 1999**

■ 1er cru 31 ha 1 500 ⏸ 15 à 23 €

Von Schwarze-Johannisbeer-Blättern zu Brombeere – eine schöne Entwicklung, wobei man noch Zeit hat, in diesem wilden Duft Tiergeruch wahrzunehmen. Er ist lecker und bezaubernd und verwöhnt den Gaumen mit seinen Wohltaten. Zweifellos gewinnt er damit seine Liebeserkärung, die den vierten Jahrgang eines jungen Winzers feiert.
🔑 Vincent Dancer, 23, rte de Santenay, 21190 Chassagne-Montrachet, Tel. 03.80.21.94.48, Fax 03.80.21.94.48, E-Mail vincentdancer@aol.com ☑ Ÿ n. V.

MARCEL DECHAUME 1999**

■ 0,6 ha 1 500 ⏸ 11 à 15 €

Diese Flasche könnte sich für den Titel der Miss Bourgogne bewerben: Ihre Farbe ist großartig. Ihren Duft von schwarzer Johannisbeere bereichern Unterholz und danach eine blumige Frische. Perfekte Körpermaße: Der Körper ist schlank und hoch gewachsen und bietet auch die notwendigen Rundungen. Wir stimmen für sie und wünschen ihr viel Glück bei der Wahl zur Miss France.
🔑 Marcel Dechaume, 9, rue du Château, 21200 Sainte-Marie-la-Blanche, Tel. 03.80.26.60.23, Fax 03.80.26.60.23 ☑ Ÿ n. V.

HENRI DELAGRANGE ET FILS
Les Vaumuriens Hauts 1999*

■ 0,62 ha 3 900 ⏸ 11 à 15 €

Eine Einzellage oberhalb von Les Rugiens, auf dem gleichen Hang gegenüber von Volnay. Sie zeigt sich hier besonders gut inspiriert. Zweifellos zeigt die Farbe für einen 99er eine durchschnittliche Intensität, aber sein schöner Duft reicht von animalischen Noten über Kirsche bis zu Pfeffer. Der Geschmack bietet eine gute Kontinuität und ist weich und angenehm. Man benötigt keinen besonderen Schlüsselbund, um hier Zugang zu finden. Er trinkt sich leicht.
🔑 Dom. Henri Delagrange et Fils, rue de la Cure, 21190 Volnay, Tel. 03.80.21.61.88, Fax 03.80.21.67.09 ☑ Ÿ n. V.

GERARD DOREAU 1999

■ 0,44 ha 3 000 ⏸ 11 à 15 €

Im Augenblick nicht sehr entwickelt. Er ist kristallklar. Sein Bouquet entfaltet sich zu roter Johannisbeere mit ein paar Gewürzen. Der Körper ist nicht kolossal, stützt sich aber auf eine gute Säurebasis und ein gut gebautes Gerüst. Seine Großzügigkeit spricht für ihn. Sie erweckt Lust, dass man ihn mehrere Jahre aufhebt.
🔑 Gérard Doreau, rue du Dessous, 21190 Monthélie, Tel. 03.80.21.27.89, Fax 03.80.21.62.19 ☑ Ÿ n. V.

CH. DE DRACY 1998

■ 0,4 ha 2 000 ⏸ 30 à 38 €

Château de Dracy, eine 1298 errichtete Wehrburg, wurde mehrmals wiederhergestellt, was aber seiner stolzen Erscheinung nicht geschadet hat. Der von uns verkostete Wein, den die Firma Bichot auf Flaschen abfüllt, besitzt eine schöne Purpurfarbe, aber sein erster Geruchseindruck ist verschlossen. An der Luft begleiten Düfte von schwarzer Johannisbeere den Mokkageruch des Barriquefasses. Der tanninreiche Geschmack lässt Stoff, ein Gerüst und Lakritzearomen erkennen. Das Urteil ist eindeutig: zwei bis drei Jahre altern lassen.

SCA Ch. de Dracy, 71490 Dracy-lès-Couches, Tel. 03.85.49.62.13 n. V.
Benoît de Charette

DOM. CHRISTINE ET JEAN-MARC DURAND 1999*

■ 1,1 ha 3 000 11 à 15 €

Ein Wein, der den Geschmack der Freiheit hat. Er steigt im Mund auf, in einer Ausgewogenheit zwischen Stärke und Feinheit. Die Tannine drängen sich in den Vordergrund, ohne jedoch aggressiv zu wirken. Seine Farbe bewegt sich zwischen Rubin- und Granatrot. Sein Bouquet schmückt er über einem Röstgeruch mit Brombeere und Veilchen. Man sollte sich dieses Vergnügen nicht versagen.

Dom. Christine et Jean-Marc Durand, 1, rue de l'Eglise, 21200 Bouze-lès-Beaune, Tel. 03.80.22.75.31, Fax 03.80.26.02.57 n. V.

CH. GENOT-BOULANGER Clos Blanc 1998*

■ 1er cru 0,32 ha 1 500 23 à 30 €

Lassen Sie sich nicht von dem Namen täuschen: Der Clos Blanc (eine Lage neben Les Epenots) ist ein Rotwein. Ausgeprägtes Purpurrot mit einer Farbnuance von schwarzer Kirsche. Er besitzt einen diskreten, aber sehr deutlichen Duft mit Holunder, Brombeere und erneut Schwarzkirsche. Im Mund bietet er einen leichten Bodengeschmack, der reichhaltig und tanninbetont ist. Eine zehnjährige Lagerung im Keller macht ihm keine Angst.

SCEV Ch. Génot-Boulanger, 25, rue de Cîteaux, 21190 Meursault, Tel. 03.80.21.49.20, Fax 03.80.21.49.21, E-Mail genot.boulanger@wanadoo.fr n. V.
M. Delaby

CH. DES GUETTES Les Pézerolles 1999*

■ 1er cru 0,3 ha 1 300 23 à 30 €

Eine kleine Parzelle direkt oberhalb der Epenots-Lage, die 5 Hektar, 91 Ar und 18 Zentiar umfasst. Dieser noch recht junge Wein von schöner Architektur setzt auf Feinheit und Eleganz, bevor er seinen Fall ausführlicher vorträgt. Während sein dunkles Granatrot klassisch bleibt, erregt das ein wenig balsamische Bouquet, das ins Würzige geht und an Wildbret («Hasenbauch», sagen die Spezialisten dazu) erinnert, bereits die Aufmerksamkeit. Der Körper muss noch perfekter werden, ist aber gut gebaut.

François Parent, Ch. des Guettes, 14 bis, rue Pierre-Joigneaux, 21200 Beaune, Tel. 03.80.22.61.85, Fax 03.80.24.03.16, E-Mail gros.anne.francoise@wanadoo.fr n. V.

HOSPICES DE BEAUNE Cuvée Dames de la Charité 1999**

■ 1er cru k. A. 600 15 à 23 €

Seines Etiketts würdig? Ja, bestimmt, denn unsere Verkoster, die es nicht kannten, sparten nicht mit Lob für diesen mustergültigen Wein. Intensiv und tief, elegant, von einem gut dosierten Holzton geprägt, schwarze Früchte mit einem Hauch von «Branntwein», sehr kräftig gebaut, sehr lang, sehr jung – dieser Wein besitzt eine schöne Lagerfähigkeit. Das Stückfass wurde für 48 540 Francs (7 400 Euro) verkauft. Das bedeutet 162 F die Flasche (teurer als der tatsächliche Preis!).

Les Caves des Hautes-Côtes, rte de Pommard, 21200 Beaune, Tel. 03.80.25.01.00, Fax 03.80.22.87.05, E-Mail vinchc@wanadoo.fr n. V.

DOM. HUBER-VERDEREAU 1999*

■ 0,4 ha 1 600 11 à 15 €

Funkelndes Granatrot: Dieser noch sehr junge 99er strahlt. Rasse und forsches Auftreten! Seine Aromen wählen Himbeere als Zielscheibe. Ein fetter, fleischiger, harmonischer Wein, der von einem starken Gerüst unterstützt wird. Es wäre das Klügste, ihn nicht zu früh zu stören.

Dom. Huber-Verdereau, rue de la Cave, 21190 Volnay, Tel. 03.80.22.51.50, Fax 03.80.22.48.32, E-Mail huber-verdereau@huber-verdereau.com n. V.

JEAN-LUC JOILLOT Les Rugiens 1999**

■ 0,5 ha 1 800 23 à 30 €

Les Rugiens, die Seele der Appellation schlechthin, werden hier durch eine Liebeserklärung geehrt, die besonders ihre Rassigkeit herausstellt. Es handelt sich hier also um Qualitätstradition, die Sie dazu anregen sollte, einen Ausflug dorthin zu unternehmen. Sehr intensives Purpurrot, Pfeffer und schwarze Johannisbeere, kräftig gebaut und fleischig – ein Monument, das innerhalb von vier bis fünf Jahren bestimmt unter Denkmalschutz stehen wird. Der **99er Les Noizons** (Preisgruppe: 100 bis 149 F), der bereits in der Ausgabe 1994 zum Lieblingswein gewählt wurde, erhält einen Stern, ebenso wie der **99er Premier cru Les Petits Epenots.**

Jean-Luc Joillot, rue Marey-Monge, 21630 Pommard, Tel. 03.80.24.20.26, Fax 03.80.24.67.54 n. V.

DOM. DE LA CREA 1999*

■ 0,5 ha 2 500 15 à 23 €

Klare zinnoberrote Farbe, Düfte von schwarzer Johannisbeere, Unterholz und Veilchen. Dieser Wein entwickelt sich gut am Gaumen, wo die Extraktion der Frucht gelungen ist. Der Holzton? Sehr delikat. Diesen leckeren, einschmeichelnden 99er kann man schon jetzt trinken oder ebenso gut fünf Jahre lang in einem guten Keller aufbewahren.

Cécile Chenu-Repolt, La cave de Pommard, 1, rte de Beaune, 21630 Pommard, Tel. 03.80.24.62.25, Fax 03.80.24.62.42, E-Mail cecile.chenu@wanadoo.fr ☑ Ῑ tägl. 10h–18h

DOM. DE LA GALOPIERE 1999★

■ 0,9 ha 5 000 ⅰⅱ 15 à 23 €

«Ein fruchtvoller Wein», wie Huysmans es ausdrückte. Unter seinem Rubinrot mit purpurroten Reflexen reagiert er großzügig auf die Rufe der Nase. Im Duft zeigen sich Veilchen (ein in der Côte de Nuits klassisches Aroma, das in der Côte de Beaune weniger häufig vorkommt) sowie Walderdbeere. Die roten Früchte dringen in einen gut gebauten, klaren Geschmack ein, der eine gute Säure besitzt. Laden Sie ihn in zehn Jahren vor; dann wird er immer noch in Hochform sein.

Claire et Gabriel Fournier, 6, rue de l'Eglise, 21200 Bligny-lès-Beaune, Tel. 03.80.21.46.50, Fax 03.80.21.49.93, E-Mail c.g.fournier@wanadoo.fr ☑ Ῑ n. V.

DOM. LAHAYE PERE ET FILS
Les Arvelets 1998★

■ 1er cru 0,52 ha 2 400 ⅰⅱ 15 à 23 €

Diese Einzellage erstreckt sich entlang dem Tal, das zu den Hautes-Côtes führt. Sie liefert einen Wein, der sich in Gesellschaft von Bœuf bourguignon (Rindsragout mit Rotweinsauce, Zwiebeln, Schalotten und Bauchspeck) wohl fühlen wird: ein unkomplizierter Wein. Schlichtes, durchscheinendes Rubinrot, ein klares Bouquet, das an eine «Heimkehr von der Jagd» denken lässt. Er verfügt über eine sehr feste Grundlage und bringt seine Rebsorte voll zum Ausdruck.

Lahaye Père et Fils, pl. de l'Eglise, 21630 Pommard, Tel. 03.80.24.10.47, Fax 03.80.24.07.65 ☑ Ῑ Mo–Sa 9h–12h 14h–18h

LOUIS LATOUR Epenots 1998★

■ 1er cru 0,41 ha 5 000 ⅰⅱ 23 à 30 €

In seinem Roman *Madame Bovary* bietet Flaubert seinen Figuren gern Pommard an. Ein Wein, der – wie er schrieb – «Freiheiten gibt». Das gilt auch für diesen hier: Er ist rubinrot und bietet eine Nase, die sich allmählich zu Tiergeruch und Unterholz öffnet. Der Inbegriff eines schönen Weins zum Lagern, der genug «Fett» enthält und für die Appellation recht repräsentativ ist. Dieser 98er bevorzugt die Eleganz.

Maison Latour, 18, rue des Tonneliers, 21200 Beaune, Tel. 03.80.24.81.00, Fax 03.80.22.36.21, E-Mail louislatour@louislatour.com Ῑ n. V.

LA TOUR BLONDEAU 1998★

■ k. A. k. A. ▮ⅰⅱ↓ 23 à 30 €

Dieser Wein von Bouchard Père et Fils bietet einen leicht ziegelrot getönten Anblick. Gute Duftnuancen führen zu Moschus und Pilzen. Im Geschmack ist Walnuss an der Reihe. Die Tannine sind fest; die Länge ist beachtlich. Letztlich ein 98er, der sich gut entwickelt und sich auf sehr natürliche Weise präsentiert.

Grands Vins Forgeot, 15, rue du Château, 21200 Beaune, Tel. 03.80.24.80.50

DOM. RAYMOND LAUNAY
Chaponnières 1998★

■ 1er cru 60 ha 2 500 ⅰⅱ 23 à 30 €

Raymond Launay, der diesem Gut seinen Namen gegeben hat, ist jetzt in die himmlischen Weinberge hinaufgestiegen. Dieser dunkelgranatrote Premier cru, dessen Bouquet eine starke Persönlichkeit zeigt (sehr konzentrierte schwarze Johannisbeeren und Backpflaumen), ruft tausend Komplimente hervor: ein fülliger, kompletter, weiniger, hochfeiner, zarter Wein. Von schöner Provenienz und mit Zukunft. Dennoch entwickelt er sich mit Kraft und Stärke. Merken Sie Wild dafür vor.

Dom. Raymond Launay, rue des Charmots, 21630 Pommard, Tel. 03.80.24.08.03, Fax 03.80.24.12.87 ☑ Ῑ tägl. 9h–18h30

LES CAVES DE LA VERVELLE 1999★

■ 0,85 ha 5 900 ⅰⅱ 15 à 23 €

Ein kräftiges Zinnoberrot und ein Duft, der in Richtung Schwarze-Johannisbeer-Knospe geht. Er muss sich ein wenig gedulden, die Zeit nämlich, damit sich seine Tannine verflüchtigen. Seine Ansprache ist freimütig, seine Säure ausreichend. Es handelt sich hier um das alte Gut des Schlosses von Bligny-lès-Beaune, das Winzer dieses Cru übernommen haben, nachdem es im Besitz von Suntory und GMF war.

Ch. de Bligny-lès-Beaune, Caves de la Vervelle, le Château, 21200 Bligny-lès-Beaune, Tel. 03.80.21.47.38, Fax 03.80.21.40.27 ☑ Ῑ tägl. 8h–12h 14h–18h

DOM. LEJEUNE 1998

■ 0,85 ha 1 800 ⅰⅱ 15 à 23 €

Wenn man Professor für Weinbau war, hat man keine Angst, auf seine eigene Weise zu praktizieren. Das Ergebnis ist diese originelle Vinifizierung (20 bis 25 Tage Gärung, Ganzbeeren und fortschreitende Kelterung des Traubenguts, danach jeden Tag Unterstoßen des Tresterhuts). Sie ergibt einen 98er, dessen Farbe sich sanft zu entwickeln beginnt und dessen Aromen sich um Walderdbeeren und Schwarze-Johannisbeer-Knospe drehen. Dieser recht alkoholreiche Wein dürfte sich in zwei Jahren entfalten.

Dom. Lejeune, pl. de l'Eglise, 21630 Pommard, Tel. 03.80.22.90.88, Fax 03.80.22.90.88, E-Mail domaine-lejeune@wanadoo.fr ☑ Ῑ n. V.

Familie Jullien de Pommerol

DOM. CHANTAL LESCURE
Les Bertins 1999

■ 1er cru 2 ha 3 000 ⅰⅱ 23 à 30 €

Diese Einzellage zwischen den Reblagen Poutures und Fremiers ist nicht sehr bekannt. Rot mit granatroter Oberfläche. Dieser Wein mit dem angenehmen, aber sehr deutlich spürbaren Holzton besitzt noch lebhafte Tannine. Er ist recht typisch; niemand hat Zweifel an seiner glücklichen Zukunft.

Dom. Chantal Lescure, 34 A, rue Thurot, 21700 Nuits-Saint-Georges, Tel. 03.80.61.16.79, Fax 03.80.61.36.64, E-Mail contact@domaine-lescure.com ☑ Y n. V.

DOM. MAILLARD PERE ET FILS
La Chanière 1999*

■ k. A. k. A. 15 à 23 €

Das Gut feiert dieses Jahr seinen 50. Geburtstag. Es wurde nämlich 1952 von Daniel Maillard gegründet. Dieser Wein straft das Image vom strengen, robusten Pommard Lügen. Ganz im Gegenteil zeigt er eine Sinnlichkeit, die voller Charme ist. Ein sehr hübscher Duft von roten Früchten unter einem intensiven Granatrot. Legen Sie ihn zwei bis drei Jahre beiseite.

Dom. Maillard, 2, rue Joseph-Bard, 21200 Chorey-lès-Beaune, Tel. 03.80.22.10.67, Fax 03.80.24.00.42 ☑ Y n. V.

CATHERINE ET CLAUDE MARECHAL La Chanière 1999**

■ 0,87 ha 3 000 15 à 23 €

Dieser prächtige, korpulente, kräftig gebaute Chanière, der zwischen la Petite Combe und la Grande Combe geboren wurde, schmückt sich mit einer eleganten Farbe von schwarzen Kirschen. Kerne und Kirschwasser – das intensive Bouquet ist entschlossen und verkündet während des gesamten Geschmacks eine vollkommene Vereinigung. Er ist schon trinkreif und kann ein bis zwei Jahre lagern.

EARL Catherine et Claude Maréchal, 6, rte de Chalon, 21200 Bligny-lès-Beaune, Tel. 03.80.21.44.37, Fax 03.80.26.85.01 ☑ Y n. V.

DOM. MOISSENET-BONNARD
Les Pézerolles 1999

■ 1er cru 0,26 ha 1 600 15 à 23 €

Alle Stücke des Puzzles sind noch nicht zusammengetragen, aber nach und nach setzt es sich zusammen. Dieser Wein von kräftigem, strahlendem Purpurrot bietet Aromen von undifferenzierten roten Früchten. Der Geschmack ist im Augenblick federleicht. Die hohe Säure bildet, wie es scheint, einen Trumpf, ebenso eine gute Tanninstruktur und eine angenehme Dauerhaftigkeit. Der ausgewogene **99er Premier cru Les Charmots** verbindet recht frische Früchte und milde Tannine; er wird ebenfalls lobend erwähnt. Beide sind lagerfähig.

Dom. Moissenet-Bonnard, rte d'Autun, 21630 Pommard, Tel. 03.80.24.62.34, Fax 03.80.22.30.04 Y n. V.

BERTRAND DE MONCENY
Vieille Racheuse 1999

■ k. A. 12 000 15 à 23 €

Gibt es diese Einzellage in irgendeinem alten Flurbuch? Jean-Pierre Nié kennt sich, wie man weiß, mit seinem Thema gut aus und ist einfallsreich. Sein purpurroter Wein, der nach Himbeere duftet, ist ein frisches, leicht verkäufliches Erzeugnis; er ist noch tanninreich, aber gehaltvoll. Im Keller altern lassen.

Cie des Vins d'Autrefois, abbaye Saint-Martin, 53, av. de l'Aigue, 21200 Beaune, Tel. 03.80.26.33.00, Fax 03.80.24.14.84, E-Mail mallet.b@cva-beaune.fr

Jean-Pierre Nié

DOM. RENE MONNIER
Les Vignots 1999*

■ 0,77 ha 4 000 11 à 15 €

Zu einem guten Epoisses-Käse wird dieser 99er wunderbar passen. Reichlich Extraktion und ein entschlossener, energischer Charakter. Er hat eine bläulich rote Farbe und einen maßvollen Duft mit einer Brombeernote. Er muss Liebenswürdigkeit erwerben, indem er im Laufe einer drei- bis vierjährigen Lagerung seine Tannine glättet und sein «Fett» entfaltet.

Dom. René Monnier, 6, rue du Dr-Rolland, 21190 Meursault, Tel. 03.80.21.29.32, Fax 03.80.21.61.79 ☑ Y tägl. 8h–12h 14h–18h

Herr und Frau Bouillot

DOM. DE MONTILLE Rugiens 1999

■ 1er cru 1,1 ha 5 000 46 à 76 €

Dieses Gut, das seit dem 17. Jh. im Besitz der gleichen Familie ist, hat einen kirschroten Rugiens mit glänzenden violetten Reflexen vorgestellt. Zerdrückte, überreife rote Früchte kommen in der Nase intensiv zum Ausdruck. Der Geschmack bietet eine klare Ansprache; danach entfalten sich die Tannine kraftvoll. Man muss dieser Flasche Zeit lassen, damit sie im Mund zur Frucht zurückfindet: fünf bis sechs Jahre einkellern.

Hubert de Montille, rue du Pied-de-la-Vallée, 21190 Volnay, Tel. 03.80.21.62.67, Fax 03.80.21.67.14 ☑

DOM. DES OBIERS Rugiens 1999*

■ 1er cru 0,45 ha 1 500 23 à 30 €

Dieser Rugiens von recht ausgeprägtem Pommard-Charakter lässt nichts aus. Weder den kirschroten Rand um seine recht dunkle granatrote Farbe noch dass er eine animalische Note und rote Früchte, Mokka und Unterholz in der tiefsten Tiefe eines komplexen Bouquets verbindet. Oder dass er den Reichtum seines Fleisches über ziemlich feinen Tanninen entfaltet. Das Potenzial scheint sehr groß zu sein: Die Zukunft gehört ihm.

Dom. des Obiers, 29, chem. rural, 21700 Nuits-Saint-Georges, Tel. 03.80.62.42.00, Fax 03.80.61.28.13, E-Mail nuicave@wanadoo.fr ☑ Y tägl. 10h–18h; Jan. geschlossen

DOM. PARENT Les Rugiens 1998*

■ 1er cru k. A. 1 500 30 à 38 €

Tiefes Rubinrot mit noch jugendlichem Feuer. Er sagt seine Lektion auf: recht wilde Düfte von Kirsche und Leder. Ein wenig streng zunächst, dann seidig: Er entlädt sich zu roten Früchten. Seine Tannine treten in den Hintergrund. Ein leicht zugänglicher Wein, den man in einem Jahr trinken kann. Der **99er Premier cru Les Arvelets** (Preisgruppe: 150 bis 199 F) erhält ebenfalls einen Stern; ihn darf man erst in drei, fünf oder zehn Jahren aufmachen.

🔑 Dom. Parent, pl. de l'Eglise, 21630 Pommard, Tel. 03.80.22.15.08, Fax 03.80.24.19.33, E-Mail parent-pommard@axnet.fr ☑ 𝐈 n. V.

DOM. PARIGOT PERE ET FILS
Les Vignots 1999★★

■ 0,5 ha 3 300 🛢 15 à 23 €

Dieses Gut hat sein Jahrzehnt nicht verpasst, denn es hat einen bemerkenswerten 99er erzeugt, nachdem es in der Ausgabe 1993 für einen 90er eine Liebeserklärung erhielt. Er ist kristallklar, purpurrot bis rotviolett und verkörpert den majestätischen, kräftigen, eroberungslustigen Pommard, der aber auch seine Feinheit demonstrieren kann. Eine aufwändige Vinifizierung für einen Wein von großer Klasse, den man zu Hasenpfeffer oder – falls kein Hase zur Hand ist – zu Kaninchenragout servieren kann. Wir empfehlen außerdem den **99er Premier cru Charmots** (ein Stern), dessen Aufrichtigkeit und Großzügigkeit sofort auffallen.

🔑 Dom. Parigot Père et Fils, rte de Pommard, 21190 Meloisey, Tel. 03.80.26.01.70, Fax 03.80.26.04.32 ☑ 𝐈 n. V.

VINCENT ET MARIE-CHRISTINE PERRIN 1999★

■ 0,5 ha 3 000 🛢 15 à 23 €

Der Koloss von Rhodos mit einem gewaltigen Gerüst, einer ausreichenden Säure und gut ausgeprägten Tanninen. Schließen Sie ihn mindestens fünf Jahre in Ihrem Keller ein. Er zeigt ein kräftiges Rubinrot und lässt an Moos denken, wenn man ihn der Geruchsprüfung unterzieht.

🔑 Vincent Perrin, 21190 Volnay, Tel. 03.80.21.62.18, Fax 03.80.21.68.09 ☑ 𝐈 n. V.

ALBERT PONNELLE 1999★

■ k. A. k. A. 🛢 23 à 30 €

Eine matte, sehr dunkle Farbe von schwarzen Kirschen. Dieser «Dorfwein» ist in der Nase nicht Aufsehen erregend, ohne besondere Aromen und noch verschlossen. Die Folgeeindrücke sind lebhafter, reichhaltig und kräftig; sie bestehen aus allen erwarteten positiven Elementen. Zwei Jahre ruhen lassen.

🔑 Albert Ponnelle, Clos Saint-Nicolas, BP 107, 21200 Beaune, Tel. 03.80.22.00.05, Fax 03.80.24.19.73, E-Mail info@albert-ponnelle.com ☑ 𝐈 n. V.

🔑 Louis Ponnelle

MICHEL REBOURGEON Rugiens 1998★

■ 1er cru 0,17 ha 964 🛢 15 à 23 €

Dieser Rugiens macht keine halben Sachen. Die sehr jugendliche Farbe, der saubere, ehrliche Duft, der in Richtung Kirsche und Unterholz geht, die geschmackliche Ausgewogenheit zwischen Säure und Tanninen – alles weist auf die Qualität des Ganzen hin, auf seine Eignung für eine erfolgreiche Lagerung. Denn dieser runde, robuste Wein ist weit davon entfernt, dass er schon alles erzählt hätte.

🔑 Michel Rebourgeon, pl. de l'Europe, 21630 Pommard, Tel. 03.80.22.22.83, Fax 03.80.22.90.64 ☑ 𝐈 n. V.

DOM. REBOURGEON-MURE 1998★

■ 1,52 ha 3 900 🛢 11 à 15 €

Die Rebourgeon-Mures, die seit dem 16. Jh. in Pommard leben, haben vier Weine vorgestellt, die alle mit einem Stern bewertet wurden. Drei davon entsprechen der gleichen Preisspanne (Preisgruppe: jeweils 100 bis 149 F): der **99er Premier cru Clos des Arvelets,** der **99er Premier cru Clos Micault** und der **99er Premier cru Grands Epenots,** alle aus demselben ausgezeichneten Jahrgang. Dieser hier, ein «Dorfwein», ist granatrot mit malvenfarbenen Reflexen, duftet nach Brombeerkonfitüre, verbunden mit süßen Gewürzen, und bietet eine bemerkenswerte Feinheit, Frische von Anfang bis Ende, wobei sich die Pinot-Traube und die Appellation gegenseitig verstärken, um ein wenig zu träumen. Zu einer Rehnuss.

🔑 Daniel Rebourgeon-Mure, Grande-Rue, 21630 Pommard, Tel. 03.80.22.75.39, Fax 03.80.22.71.00 ☑ 𝐈 n. V.

DOM. NICOLAS ROSSIGNOL 1999★

■ 0,35 ha 2 000 🛢 11 à 15 €

Warum verschließt Alfred Hitchcock in seinem Film *Berüchtigt* Staatsgeheimnisse in einer Flasche Pommard? Weniger Spannung findet man hier, denn die Erwartung ist friedlicher Natur. Dieser 99er von würziger Komplexität hält sich dennoch an ein gut ausgearbeitetes Drehbuch. Leicht strenge Empfindung aufgrund von Tanninen, die in dieser Phase der Handlung ein wenig lebhaft sind. Zwei bis drei Jahre Lagerung werden sie zu einem Happy End entwickeln.

🔑 Nicolas Rossignol, rue de Mont, 21190 Volnay, Tel. 03.80.21.62.43, Fax 03.80.21.27.61 ☑ 𝐈 n. V.

DOM. VINCENT SAUVESTRE
Clos de La Platière 1999★

■ 2 ha 14 000 🛢 23 à 30 €

Schlanke, süffige, ölige Tannine, wie es nicht besser geht. Dieser 99er, der sich klar und strahlend präsentiert, bevorzugt nämlich die Haltung im Geschmack, die Qualität des Empfangs. Sein Duft ist fein und ausreichend, mit der Eleganz der Frucht. Es handelt sich um einen Wein von langer Lagerfähigkeit.

🔑 Dom. Vincent Sauvestre, rte de Monthélie, 21190 Meursault, Tel. 03.80.21.22.45, Fax 03.80.21.28.05 ☑ 𝐈 n. V.

VAUCHER PERE ET FILS 1999★

■ k. A. k. A. 🛢 15 à 23 €

Bei den Comics gibt es eine Schule der klaren, reinen Linie: Genauigkeit und Einfachheit des Strichs. Dieser Pinot noir hat Ähnlichkeit mit dieser Schule. Klar und nach schwarzer Johannisbeere duftend, mit guter Säure und einer ausgezeichneten Länge, Lebhaftigkeit und Fülle zeigend. Er ist sehr klassisch und im Ton der Appellation gehalten. Eine alte Firma in Dijon, die von den Brüdern Cottin aus Nuits (Labouré-Roi) übernommen wurde.

🔑 Vaucher Père et Fils, rue Lavoisier, 21700 Nuits-Saint-Georges, Tel. 03.80.62.64.00, Fax 03.80.62.64.10 𝐈 n. V.

VAUDOISEY-CREUSEFOND
Charmots 1998

■ 1er cru 0,25 ha 1 500 15 à 23 €

Ein Seidenkleid in burgundischem Rot, ein ansprechender Duft, in dem rote Früchte, Unterholz und Fass zusammentreffen. Im Geschmack sind die Tannine noch jung, aber nicht aggressiv. Man findet darin Brombeere und schwarze Johannisbeere. Man kann voraussehen, dass er um 2004 oder 2005 herum trinkreif ist.

Vaudoisey-Creusefond, rte d'Autun, 21630 Pommard, Tel. 03.80.22.48.63, Fax 03.80.24.16.81 n. V.

JOSEPH VOILLOT 1999*

■ 2 ha 10 000 11 à 15 €

Guillaume Paradin schrieb vor 500 Jahren, die Pommard-Weine seien «die Blume unter den Weinen von Beaune» (gemeint war damit das Gebiet von Beaune). Dieser hier bestätigt den Ausspruch. Ein intensives Rot mit satinartigen Reflexen, ein empyreumatischer Geruchseindruck, den schwarze Johannisbeeren prägen. Er besitzt einen seidigen Geschmack. Knackige Frucht auf der Zunge. Er ist recht rund, so dass man ihn jung trinken kann, in zwei bis drei Jahren.

Dom. Joseph Voillot, pl. de l'Eglise, 21190 Volnay, Tel. 03.80.21.62.27, Fax 03.80.21.66.63, E-Mail joseph.voillot@mageos.com n. V.

Volnay

Das Dorf Volnay, das sich in die Mulde des Hügels schmiegt, erweckt den Eindruck einer burgundischen Postkartenidylle. Die Appellation ist zwar weniger bekannt als ihr Nachbar, hat aber keinen Grund, auf Pommard neidisch zu sein, denn die Weine hier sind voller Feinheit. Sie reichen von der Leichtigkeit der Reblage les Santenots, die sich in der Nachbargemeinde Meursault befindet, bis zur Robustheit und Kraft des Clos des Chênes oder von les Champans. Wir werden sie hier nicht alle aufzählen, weil wir Angst haben, einige davon zu vergessen! Der Clos des Soixante Ouvrées ist hier ebenfalls sehr bekannt und gibt uns Gelegenheit, die *ouvrée* zu definieren: Das sind 4,28 Ar, das grundlegende Flächenmaß für Rebland, nämlich die Fläche, die ein Mann im Mittelalter an einem Tag mit der Hacke bearbeiten konnte.

Viele Autoren des 19. Jh. haben den Wein von Volnay erwähnt. Wir erinnern an den Vicomte A. de Vergnette, der im Jahre 1845 auf dem Kongress der französischen Winzer seinen sachkundigen Vortrag folgendermaßen beschloss: «Die Weine von Volnay werden noch lange Zeit das sein, was sie im 14.Jahrhundert unter der Herrschaft unserer Herzöge waren, die hier die Weinberge von Caille-du-Roy (= «Cailleray», aus dem Caillerets geworden ist) besaßen: die besten Weine der Welt.» Weisen wir noch darauf hin, dass 1999 vom Volnay-Wein 11 362 hl erzeugt wurden; 2000 waren es 9 885 hl.

DOM. CHARLES ALLEXANT ET FILS
Le Village 1999*

■ 0,51 ha 3 000 11 à 15 €

«Eine gewisse subtile Rustikalität», notierte einer unserer Verkoster auf seinem Zettel. Wie ihr Name andeutet, befindet sich diese Reblage in unmittelbarer Umgebung des Dorfs. Recht helles Granatrot. Dieser Wein lässt an Schwarze-Johannisbeer-Blätter und gutes Daubenholz (das Eichenholz, aus dem die Fässer gemacht werden) denken. Veilchen lösen diese Eindrücke im Geschmack ab, mit einer Empfindung von besänftigter Milde. Eine leichte Alkoholnote belebt die an schwarze Kirschen erinnernde Farbe.

SCE Dom. Charles Allexant et Fils, rue du Château, Cissey, 21190 Merceuil, Tel. 03.80.26.83.27, Fax 03.80.26.84.04 Mo–Fr 8h–12h 13h30–18h; Sa, So n. V.

ROGER BELLAND Santenots 1999*

■ 1er cru 0,25 ha 1000 15 à 23 €

Die Reblage Santenots wirkt wie eine Ecke, die Volnay in die Gemeinde Meursault hineintreibt, also offensichtliches Rebland für Rotwein. Dieser in der Tradition stehende Wein wird gefallen. Schwarze Kirschen im Anblick, Kirschwasser in der Nase, Süßkirsche am Gaumen: Der gemeinsame Nenner ist nicht schwer zu finden. Schöne Textur, aber aufgrund des Holztons muss man ihn altern lassen.

Dom. Roger Belland, 3, rue de la Chapelle, BP 13, 21590 Santenay, Tel. 03.80.20.60.95, Fax 03.80.20.63.93, E-Mail belland.roger@wanadoo.fr n. V.

CHRISTIAN BELLANG
Clos des Chênes 1999*

■ 1er cru 0,7 ha 900 15 à 23 €

Christian Bellang hat den Weinberg seines Vaters 1974 übernommen. 1999 wurde sein Sohn in die Führung des Guts mit einbezogen. Sein Volnay? Farbe von mittlerer Intensität, aber wir bevorzugen diese Ehrlichkeit gegenüber den herkulischen Extraktionen. Das Röstaroma begleitet rote Johannisbeere, um die Hochzeit der Pinot-noir-Traube mit dem Fass zu feiern. Frisch in der Ansprache und warm im Abgang – der Wein setzt an zwei Roulettetischen gleichzeitig.

Eine (ebenfalls klassische) Verbindung mit Geflügel in Rahmsauce wird ihm behagen.
Dom. Christian Bellang et Fils, 2, rue de Mazeray, 21190 Meursault, Tel. 03.80.21.22.61, Fax 03.80.21.68.50
n. V.

ERIC BOIGELOT Les Santenots 1998*

■ 1er cru 0,16 ha 900 15 à 23 €

Schon im Zeitalter der Herzöge von Burgund war der Volnay an diplomatischen Unterhandlungen beteiligt. Dieser Wein ist nämlich besonders konziliant. Das gilt auch für diese Flasche. Das Rot und die Granatfarbe streiten sich nicht. Der Geruchseindruck fordert dazu auf, die Diskussion fortzuführen. Eine Note kandierter Früchte zeugt von der Reife des Weins. Säure und Tannine besiegeln zum Schluss ihren Freundschaftspakt.
Eric Boigelot, 21, rue des Forges, 21190 Meursault, Tel. 03.80.21.65.85, Fax 03.80.21.66.01 n. V.

DOM. BOUCHARD PERE ET FILS Clos des Chênes 1998*

■ 1er cru 0,85 ha k. A. 23 à 30 €

Er entspricht ganz der Vorstellung, die man sich heutzutage von einem Volnay macht. Der Clos des Chênes, der am Rande von Monthélie liegt, ist übrigens ein Nachbar des Cailleret, des Nonplusultra. Dieser tiefrote 98er, der sparsam duftet (ein Kirschkern, ein Hauch von Vanille), entwickelt im Mund konstruktive Argumente. Ein fester, strukturierter, tanninreicher Pinot noir. Er muss im Alter seine jugendliche Strenge verbessern.
Bouchard Père et Fils, Ch. de Beaune, 21200 Beaune, Tel. 03.80.24.80.24, Fax 03.80.22.55.88, E-Mail france@bouchard-pereetfils.com
n. V.

DOM. DENIS BOUSSEY Taillepieds 1999*

■ 1er cru 0,21 ha 1 200 15 à 23 €

Das Gut, das in der Ausgabe 2000 (für den 97er) unsere Liebeserklärung erhielt, präsentiert einen auf Argovien-Kalkstein erzeugten Premier cru, der sehr leicht ist und an Kreide erinnert. Die Reblage Taillepieds ist bekannt dafür, dass sie delikate Weine liefert. Das ist auch hier der Fall mit einer klaren, strahlenden Farbe und einem Duft nach frischen roten Früchten und Vanille (Holz). Aufgrund seiner Frische und Rundheit verdient er einen Pluspunkt.
Dom. Denis Boussey, 1, rue du Pied-de-la-Vallée, 21190 Monthélie, Tel. 03.80.21.21.23, Fax 03.80.21.62.46
Mo–Sa 8h–12h 13h30–18h30; 5.–25. Aug. geschlossen

DOM. FRANÇOIS BUFFET Champans 1998**

■ 1er cru 112 ha 2 200 15 à 23 €

Auch wenn er keine Liebeserklärung gewinnt, ist er nur wenig davon entfernt, denn er wurde für die Endausscheidung ausgewählt. Dieser legendäre Champans, dessen Granatrot eine mittlere Intensität besitzt und der danach eine glänzende Komplexität zeigt (schwarze Früchte, Leder, Tiergeruch), attackiert wie Roland in Roncevaux. «Fett» und Gerüst schmücken zusätzlich diesen hochwertigen 98er. Der **98er Clos des Chênes** erhält einen Stern. Diese beiden Weine müssen zwei bis drei Jahre im Keller lagern.
Dom. François Buffet, petite place de l'Eglise, 21190 Volnay, Tel. 03.80.21.62.74, Fax 03.80.21.65.82, E-Mail dfbuffet@aol.com
n. V.

DOM. FRANÇOIS CHARLES ET FILS Clos de la Cave 1999*

■ 0,4 ha 1 800 11 à 15 €

Das Gegenteil von einem Wein, der sich dem Erstbesten hingibt. Er hat ein tiefes, kräftiges Purpurrot und zeigt einen festen, recht komplexen Charakter. Mineralische Noten mischen sich mit reifen roten Früchten. Ein sehr geradliniger Wein, der in der Ansprache füllig ist und viel Stoff besitzt. Er bietet einen lang anhaltenden Abgang mit Himbeeraroma. Der Keller hier ist ein natürlicher Hohlraum, ein kleiner Krater, den Wasser durch Erosion gebildet hat.
EARL François Charles et Fils, 21190 Nantoux, Tel. 03.80.26.01.20, Fax 03.80.26.04.84 n. V.

HENRI DELAGRANGE ET FILS Vieilles vignes 1999*

■ 1,9 ha 10 000 11 à 15 €

25 % neue Fässer für den sechzehnmonatigen Ausbau in Eichenholz. Gebratenes junges Perlhuhn erscheint durchaus angebracht für diesen Wein, der einen fast vollkommenen typischen Charakter besitzt. Seine Farben reichen von Rubinrot bis Granatrot. Sein Bouquet geht von Vanille bis Brombeere. Sein Körper ist ein Volnay durch und durch: eine klare, sanfte Ansprache, keinerlei Rauheit, der Abgang voller Frucht. Ein leicht verkäuflicher Wein, der servierbereit ist.
Dom. Henri Delagrange et Fils, rue de la Cure, 21190 Volnay, Tel. 03.80.21.61.88, Fax 03.80.21.67.09
n. V.

DOUDET-NAUDIN 1999

■ 1,05 ha 1 798 15 à 23 €

Yves Doudet leitet die Geschicke dieser 1849 gegründeten Handelsfirma in Familienbesitz. Und was ist mit seinem «Dorfwein»? Zum einen eine helle Farbe. Der Duft «pinotiert» deutlich. Wenig Tanninstruktur, aber eine interessante Intensität des Aromas. Ein guter typischer Grundcharakter in einem leichten Stil.
Doudet-Naudin, 3, rue Henri-Cyrot, BP 1, 21420 Savigny-lès-Beaune, Tel. 03.80.21.51.74, Fax 03.80.21.50.69 n. V.
Yves Doudet

JEAN GAGNEROT 1999*

■ k. A. 2 500 15 à 23 €

Ein dunkelpurpurroter Volnay von guter Herkunft, der zwischen mineralischen Noten und ziemlich reifen roten Früchten balanciert. Die gleiche aromatische Linie findet man im

Geschmack, wo der Wein sehr präsent erscheint. Der Abgang ist auf den Tanninen ein wenig nervig, bietet aber eine sehr gefällige Weichselnote. Dieser 99er hält später einmal angenehme Überraschungen bereit.
Jean Gagnerot, 21420 Aloxe-Corton, Tel. 03.80.25.00.00, Fax 03.80.26.42.00, E-Mail vinibeaune@bourgogne.net n. V.

CH. GENOT-BOULANGER

Les Aussy 1998**

■ 1er cru 0,4 ha 1 650 15 à 23 €

Verabredung in zehn Jahren! Diese Einzellage in der Nähe des Cailleret veranlasst zum Schwärmen. Die gleiche Empfindung, die man verspürt, wenn man vor einer gotischen Kathedrale steht, die schlank und hoch aufragend dem Himmel zugewandt ist. Ein rotes Kirchenfenster, durch das die Sonne scheint. Er hat einen noch verschlossenen Geruchseindruck. Verborgener, aber vorhandener Reichtum. Kräftig und strukturiert, fein und elegant. Er ist im Stande, die Jahre 2000 bis 2010 zu überfliegen. Wildterrine oder Entenbraten.
SCEV Ch. Génot-Boulanger, 25, rue de Cîteaux, 21190 Meursault, Tel. 03.80.21.49.20, Fax 03.80.21.49.21, E-Mail genot.boulanger@wanadoo.fr n. V.
Frau Delaby

BERNARD ET LOUIS GLANTENAY

Les Santenots 1998*

■ 1er cru 0,67 ha 2 072 15 à 23 €

Die Kirche Saint-Cyr in Volnay stammt aus dem 14. Jh. und bietet einen schönen Altaraufsatz aus dem 16. Jh.: «Die Anbetung der Heiligen Drei Könige». Das Gut befindet sich seit Generationen in der Gemeinde Volnay. Es war einmal ein strahlend rubinroter Wein, der von Lederaromen und wilden Noten träumte. Nicht zu offen. Geboren wurde er 1988. Es war ein Glück, ihn heranwachsen zu sehen. Ein klein wenig von Kieferrinde mit harzigem Aroma. Säure und Vollmundigkeit. Innerhalb von zwei bis drei Jahren wird alle Welt diese Flasche aufmachen wollen.
SCE Bernard et Louis Glantenay, rue de Vaut, 21190 Volnay, Tel. 03.80.21.62.20, Fax 03.80.21.67.78, E-Mail glantenay@wailea9.com n. V.

JEAN GUITON Les Petits Poisots 1998**

■ 0,35 ha 2 000 11 à 15 €

Bossuet verehrte heimlich den Wein von Volnay und tauchte darin gern seine Feder ein, um seine Gebete zu schreiben. Dieser Wein von der Einzellage les Petits Poisots (entlang der RN 74 zwischen Pommard und Meursault) hätte in hohem Maße zu seiner Inspiration beitragen können. In der Tat, was für ein Wein! Was für eine Feinheit und was für ein Stil! Man glaubt Kirschen zu riechen und in ihr Fruchtfleisch zu beißen. Die Eleganz eines reinen, vollkommenen Rubinrots.
Dom. Jean Guiton, 4, rte de Pommard, 21200 Bligny-lès-Beaune, Tel. 03.80.26.82.88, Fax 03.80.26.85.05, E-Mail guillaume-guiton@wanadoo.fr n. V.

DOM. ANTONIN GUYON

Clos des Chênes 1998*

■ 1er cru 0,87 ha 4 800 23 à 30 €

Dieser dunkelpurpurrote Wein bietet ein schönes Beispiel für eine gelungene Vinifizierung mit erstklassigem Traubengut. Seine Aromen haben eine blumige Seite, die am Ende pfeffrig wird. Der Geschmack ist rund und enthält genug «Fett», um sich gut zu entwickeln. Das Ganze beschert eine Empfindung von Reichtum.
Dom. Antonin Guyon, 21420 Savigny-lès-Beaune, Tel. 03.80.67.13.24, Fax 03.80.66.85.87, E-Mail vins@guyon-bourgogne.com n. V.

JAFFELIN Santenots 1998*

■ 1er cru k. A. 1 200 23 à 30 €

«Sollte man in seiner Vinothek besitzen», notierte einer unserer Verkoster auf seinem Zettel. Die hochrote Farbe mit dunkler Nuance ist bezaubernd. In der Nase ein Duft von Rosen, Brombeere und Edelholz. Auch wenn ein leichter Anflug von Trockenheit seinen Abgang prägt, bringen ihm seine Eleganz und seine Vornehmheit Lob ein. Die Firma Jaffelin gehört J.-Cl. Boisset, wird aber weiterhin selbstständig in Beaune geführt.
Jaffelin, 2, rue Paradis, 21200 Beaune, Tel. 03.80.22.12.49, Fax 03.80.24.91.87

DOM. LA POUSSE D'OR

En Caillerets Clos des 60 Ouvrées Monopole 1998

■ 1er cru 2,39 ha k. A. 23 à 30 €

Patrick Landanger hat die Domaine de La Pousse d'Or übernommen; dieses Gut wurde von Gérard Potel angelegt, der vor allem diesen Clos des Caillerets herausstellte. Der 98er zeigt eine Farbe, die der Norm entspricht, mit ein paar ziegelroten Reflexen. Der Geruchseindruck bietet einen guten Holzton und entfaltet sich zu Komplexität. Obwohl dieser Wein nicht sehr lang anhält, erregt er den gesamten Mund auf harmonische Weise.
Dom. de La Pousse d'Or, rue de la Chapelle, 21190 Volnay, Tel. 03.80.21.61.33, Fax 03.80.21.29.97, E-Mail patrick@la-pousse-d'or.fr n. V.
Patrick Landanger

LES CAVES DE LA VERVELLE 1999

■ 1,65 ha 11 400 15 à 23 €

«Zwischen Pommard und Meursault», heißt es, «ist Volnay immer am höchsten.» In der Tat. Dieser 99er zeigt eine Farbe, die dem Jahrgang entspricht: rubinrot mit jugendlichen Reflexen. Ein fesselnder Duft mit Steinobst, Tinte (ein Aroma, das unsere britischen Freunde stets fasziniert) und Geräuchertem. Am Gaumen seidige Empfindungen, die verschmolzen sind. Die Säure stört nicht. Der holzbetonte Stil stört ebenfalls

nicht, denn dieser Wein hat ein Potenzial für gut fünf Jahre.
🔑 Ch. de Bligny-lès-Beaune, Caves de la Vervelle, le Château, 21200 Bligny-lès-Beaune, Tel. 03.80.21.47.38, Fax 03.80.21.40.27
☑ Ỵ tägl. 8h–12h 14h–18h

HUBERT DE MONTILLE Mitans 1999*

■ 1er cru 0,7 ha 4 500 ◖◗ 38 à 46 €

Ein historisches Gut. Sein Mitans, dessen rotviolette Farbe an die Dämmerung erinnert, wenn die Schatten der Nacht hereinbrechen, verführt durch seinen sehr feinen Duft, der an Heidelbeerpüree erinnert. Er besitzt eine warme Vollmundigkeit. Er hat alles, um auf Sie im Keller zu warten.
🔑 Hubert de Montille, rue du Pied-de-la-Vallée, 21190 Volnay, Tel. 03.80.21.62.67, Fax 03.80.21.67.14 ☑

DOM. ANNICK PARENT Fremiets 1998*

■ 1er cru 0,74 ha k. A. ◖◗ 15 à 23 €

Einer der Premiers crus in Richtung Pommard. Dieser Wein erweckt dank seines Volnay-typischen Charakters einen guten Eindruck. Perfekte Farbe, danach ein Bouquet, in dem Kirschwasser seine Rechte in Anspruch nimmt. Ein wirkungsvoller Holzton, der sich in zwei bis drei Jahren abmildern wird, so dass schwarze Kirschen das Volumen und die Konzentration durch ihre Anwesenheit beleben können.
🔑 Dom. Annick Parent, rue du Château-Gaillard, 21190 Monthélie, Tel. 03.80.21.21.98, Fax 03.80.21.21.98, E-Mail annick.parent@wanadoo.fr ☑ Ỵ n. V.

DOM. PARIGOT PERE ET FILS Les Echards 1999*

■ 0,72 ha 4 800 ◖◗ 11 à 15 €

Dieser Echards (eine Reblage, die sich direkt unterhalb der Lagen Champans und Roncerets befindet) ist dunkelrubinrot. Während ihre Aromen entschlossen sind (Backpflaume, kandierte Kirsche), ist die Konstitution zufrieden stellend: Das Fleisch ist fruchtig, der Körper energisch. Ein leicht absetzbares Erzeugnis, ein wenig «kommerziell», aber sollte es ein Fehler sein, wenn man gefällt?
🔑 Dom. Parigot Père et Fils, rte de Pommard, 21190 Meloisey, Tel. 03.80.26.01.70, Fax 03.80.26.04.32 ☑ Ỵ n. V.

DOM. PONSARD-CHEVALIER Cros Martin 1999

■ 0,39 ha 1000 ◖◗ 11 à 15 €

Eine schöne Farbe bei einem 99er, den jugendliche Reflexe schmücken. Das Bouquet wird nach Düften von reifen Früchten blumig. Aber auch wenn es im Geschmack weniger Komplexität gibt, ist das Ganze gut gearbeitet. Ein sehr deutlicher Abgang mit gut gemeisterten Tanninen.
🔑 Ponsard-Chevalier, 2, Les Tilles, 21590 Santenay, Tel. 03.80.20.60.87, Fax 03.80.20.61.10 ☑ Ỵ n. V.

DOM. POULLEAU PERE ET FILS 1999*

■ 1er cru 0,2 ha 900 ◖◗ 15 à 23 €

Ein Wein, der Ähnlichkeit mit der Ariane-Rakete auf ihrer Abschussrampe hat. Nach dem gelungenen Start wird er eine angenehme Befriedigung in den Orbit befördern. Eher klar als strahlend, in gleicher Entfernung zu Vanille und Kirsche. Er hat einen ausgeprägten Bodengeschmack, zeigt aber gleichzeitig eine bemerkenswerte Liebenswürdigkeit (insbesondere Milde der Tannine). Drei bis sechs Jahre lagern. Der **99er Volnay Cuvée Vieilles vignes** (Preisgruppe: 70 bis 99 F) wird in ein bis zwei Jahren trinkreif sein.
🔑 Dom. Poulleau Père et Fils, rue du Pied-de-la-Vallée, 21190 Volnay, Tel. 03.80.21.26.52, Fax 03.80.21.64.03 ☑ Ỵ n. V.

DOM. JACQUES PRIEUR Clos des Santenots 1998*

■ 1er cru 1,19 ha 2 000 ◖◗ 30 à 38 €

Im letzten Jahr zum Lieblingswein gewählt. Der darauf folgende Jahrgang erreicht diese Höhe nicht, taucht aber dennoch in einem ausgezeichneten Mittelfeld auf. Hinter einem Duft mit Mokkanoten erahnt man Himbeere. Säure und Tannine verstehen sich gut. Der Geschmack gibt sich sanft und zart. Er ist ganz nahe an seiner optimalen Qualität. Bekanntlich wurde dieses Gut von der Firma Antonin Rodet übernommen.
🔑 Dom. Jacques Prieur, 6, rue des Santenots, 21190 Meursault, Tel. 03.80.21.23.85, Fax 03.80.21.29.19 ☑ Ỵ n. V.

DOM. PRIEUR-BRUNET Santenots 1998*

■ 1er cru k. A. k. A. ◖◗ 23 à 30 €

Ein kräftiges Rubinrot mit aufgehelltem Glanz. Ein Wein mit einem sanften, tiefen Bouquet. Die Struktur entspricht dem, was man von einem Santenots erwartet: füllig, fleischig, weich und tief. Ein noch nicht genug entfalteter 98er, den man zwei bis drei Jahre aufheben muss.
🔑 Dom. Prieur-Brunet, rue de Narosse, 21590 Santenay, Tel. 03.80.20.60.56, Fax 03.80.20.64.31, E-Mail uny-prieur@prieursantenay.com ☑ Ỵ n. V.

DOM. REBOURGEON-MURE Caillerets 1999***

■ 1er cru 0,32 ha 1 800 ◖◗ 15 à 23 €

Bei der Prüfung wurde weiß Gott gestritten! Dieser Caillerets hat gewonnen. Eine wunderbare Alchimie mit purpurroten Nuancen und animalischen Noten: ein Wein mit gut eingefügtem Holzton, mit perfekter Ausgewogenheit zwischen Tanninen und Früchten, der sehr fein und komplex ist, mit einer herrlichen Länge und einer extremen Eleganz. Was ist das schönste Kompliment, das ein Verkoster machen kann? «Ein Wein, den ich gern hergestellt hätte.» Beachten Sie auch den **98er Santenots** (Preisgruppe: 70 bis 99 F): Dieser Wein von ausgezeichneter Harmonie erhält zwei Sterne.

🔑 Daniel Rebourgeon-Mure, Grande-Rue, 21630 Pommard, Tel. 03.80.22.75.39, Fax 03.80.22.71.00 ☑ Y n. V.

REINE PEDAUQUE Santenots 1999

■ 1er cru | k. A. | 4 200 | 15 à 23 €

Die Extraktion ist hier sehr kräftig. Die Farbe ist die von schwarzen Kirschen. Im Bouquet entdeckt man Gewürze mit Süßholznote. Der Charakter wirkt eher weinig als fruchtig. Die im Augenblick ein wenig rauen Tannine legen nahe, diesen Wein im Keller zu vergessen. Reine Pédauque erhielt in der Ausgabe 1992 eine Liebeserklärung für ihren 88er. Die «Königin» hat also in Volnay treue Untertanen.

🔑 Reine Pédauque, Le Village, 21420 Aloxe-Corton, Tel. 03.80.25.00.00, Fax 03.80.26.42.00, E-Mail rpedauque@axnet.fr Y n. V.

NICOLAS ROSSIGNOL Fremiets 1999

■ 1er cru | 0,17 ha | 800 | 15 à 23 €

Der hier seit 1997 ansässige Nicolas Rossignol hat eine gelungene Mikro-Cuvée hergestellt, die stark durch ihre Eleganz geprägt ist. Die Farbe ist schwarz mit granatroten Reflexen – es sei denn, man sieht es umgekehrt. Zerdrückte Früchte, schwarze Kirsche, der Röstgeruch vom Fass, der Abgang mit Kakao, die ausgewogene Struktur – alles trägt erneut dazu bei, diesen jungen Mann zu ermutigen.

🔑 Nicolas Rossignol, rue de Mont, 21190 Volnay, Tel. 03.80.21.62.43, Fax 03.80.21.27.61 ☑ Y n. V.

DOM. REGIS ROSSIGNOL-CHANGARNIER 1998*

■ 1er cru | 0,8 ha | 3 600 | 15 à 23 €

Ein hübscher, gut gemachter Wein in einer leichten Tonalität, dessen ein wenig bräunliche Farbe den Ton für den frischen, blumigen Ausdruck angibt. Dieser während der gesamten Konversation sehr aromatische Wein ist einschmeichelnd, trotz einer tanninreichen Note, die nach einer ein- bis zweijährigen Lagerung verschwinden wird; er zeigt sich lang anhaltend und überzeugend. Der **98er «Dorfwein»** (Preisgruppe: 70 bis 99 F) erhält die gleiche Note; er wird rascher trinkreif sein.

🔑 Régis Rossignol, rue d'Amour, 21190 Volnay, Tel. 03.80.21.61.59, Fax 03.80.21.61.59 ☑ Y n. V.

DOM. ROSSIGNOL-FEVRIER PERE ET FILS 1999*

■ | 1,37 ha | 5 000 | 11 à 15 €

Unser Lieblingswein in der Ausgabe 1993 (als 90er) erinnert auf seinem Etikett daran, dass er zu Füßen der Notre-Dame des Vignes groß geworden, gereift und gealtert ist. Dieser 99er wirkt in seinem purpurroten Gewand wie ein Kardinal; er ist fruchtig wie ein Kanonikus. Er ist in seiner Jugend streng und wird erst in etlicher Zeit vollständig zum Ausdruck kommen, denn seine Tannine bilden die Chorschranken des Klosters.

🔑 EARL Rossignol-Février, rue du Mont, 21190 Volnay, Tel. 03.80.21.64.23, Fax 03.80.21.67.74 ☑ Y n. V.

🔑 Frédéric Rossignol

CH. ROSSIGNOL-JEANNIARD Santenots 1999*

■ 1er cru | 1,5 ha | 7 000 | 15 à 23 €

Fett, rund und korpulent – man denkt dabei an Pantagruel. Seine Farbe besitzt eine beeindruckende Intensität. Wenn man ihn einige Male bittet, gewährt sein Duft eine gewisse Gunst (Heidelbeerkonfitüre). Das Glas empfängt zum Schluss eine große Konzentration, von der ein öliger Eindruck ausgeht. Geringe Säure: Man sollte nicht auf eine lange Lagerfähigkeit hoffen.

🔑 Ch. Rossignol-Jeanniard, rue de Mont, 21190 Volnay, Tel. 03.80.21.62.43, Fax 03.80.21.27.61 ☑ Y n. V.

CHRISTOPHE VAUDOISEY Clos des Chênes 1999*

■ 1er cru | k. A. | k. A. | 15 à 23 €

Sein granatrotes Dekor bildet einen schönen Bühnenvorhang. Er geht in dem Augenblick auf, wenn ein wenig wilde, würzige Düfte mit Gerüchen von Kakao und gekochter Backpflaume unentschieden spielen. Die folgenden Akte erleben, wie nacheinander die Struktur, die Konzentration, der Reichtum und die alkoholische Stärke mit dem Holzton als rotem Faden dominieren. Er gehört zu den «modernen» und nicht zu den «altmodischen» Weinen.

🔑 Christophe Vaudoisey, pl. de l'Eglise, 21190 Volnay, Tel. 03.80.21.20.14, Fax 03.80.21.27.80 ☑ Y n. V.

JOSEPH VOILLOT 1999**

■ | 2 ha | 12 000 | 11 à 15 €

Dunkel, intensiv, ziemlich aromatisch – er «pinotiert» deutlich. Seine Tannine haben einen guten Charakter, was sie relativ sanft macht. Das Ganze ist strukturiert. Der Wein ist das Ergebnis einer äußerst sicheren technologischen Vinifizierungsweise. Sein einschmeichelnder Charme führt zu der Empfehlung, ihn im kommenden Jahr zu trinken.

🔑 Dom. Joseph Voillot, pl. de l'Eglise, 21190 Volnay, Tel. 03.80.21.62.27, Fax 03.80.21.66.63, E-Mail joseph.voillot@mageos.com ☑ Y n. V.

Monthélie

Das Erosionstal von Saint-Romain trennt die Anbaugebiete für Rotweine von den Anbaugebieten für Weißweine; Monthélie befindet sich am Südhang dieses Tals. In diesem kleinen Dorf, das weniger bekannt ist als seine Nachbarn, haben die Weine eine ausgezeichnete Qualität. 2000 wurden 4 982 hl Rotwein und 575 hl Weißwein erzeugt.

DOM. GUY BOCARD Toisières 1999*

■ 0,12 ha 900 11 à 15 €

Wenn Sie die Gegend gut kennen, wissen Sie, dass sich diese Reblage unmittelbar vor Meursault befindet, nicht sehr weit von den Champs Fulliot entfernt. Das bläuliche Granatrot ist strahlend und klar. Der Wein hat einen lang anhaltenden, komplexen Duft (Leder, saure Drops, Früchte mit Vanillearoma). Die Ansprache ist sehr sanft und wird durch den reizvollen Mittelbereich des Geschmacks verstärkt. Diskrete Tannine ohne Adstringenz, was nicht schaden kann, belegen einen Fassausbau, der den Wein respektiert.

Guy Bocard, 4, rue de Mazeray, 21190 Meursault, Tel. 03.80.21.26.06, Fax 03.80.21.64.92 n. V.

JACQUES BOIGELOT
Les Champs-Fuillot 1998**

■ 1er cru 0,39 ha 2 800 11 à 15 €

Die Schreibweise der Reblage auf dem Etikett (Fuillot an Stelle von Fulliot) ist fragwürdig, der Wein hingegen erzielt im Diktat zehn von zehn möglichen Punkten. Lebhaftes Rot. Die Pinot-Traube buchstabiert jedes Aroma: schwarze Johannisbeere, Brombeere, Erdbeerkonfitüre, Röstgeruch. Danach im Mund so etwas wie Früchte in Alkohol. Ein sehr wohl schmeckender, angenehmer Wein, bei dem es nutzlos ist, wenn man ihn länger altern lässt, obwohl ihn die drei nächsten Jahre nicht beunruhigen können.

Jacques Boigelot, 21190 Monthélie, Tel. 03.80.21.22.81, Fax 03.80.21.66.01 n. V.

ERIC BOIGELOT Sur la Velle 1998*

■ 1er cru 0,25 ha 1 500 11 à 15 €

Erinnern Sie sich an *Der kleine Prinz:* «Die Zeit, die du für deine Rose verloren hast, sie macht deine Rose so wichtig.» Das wird auch bei diesem lagerfähigen Wein so sein, der noch von seiner maximalen Ausdrucksstärke entfernt ist. Und das wird keine vergeudete Zeit sein! Ein hübscher visueller Glanz mit kräftigen kirschroten Nuancen, der Geruchseindruck noch verschlossen, holzig und röstartig. Dieser 98er wird sehr harmonisch sein: Sein «Fett» und seine Länge spielen die Hauptrolle.

Eric Boigelot, 21, rue des Forges, 21190 Meursault, Tel. 03.80.21.65.85, Fax 03.80.21.66.01 n. V.

DOM. DENIS BOUSSEY
Les Hauts Brins 1999

■ 1,16 ha 6 000 8 à 11 €

Der Wein aus dieser Einzellage in Richtung Volnay erscheint hier in einem kräftigen Rot. Er hat eine interessante aromatische Intensität, die deutlich auf rote Früchte ausgerichtet ist, und eine sanfte, verschmolzene Textur mit eleganten Tanninen. Seine Gesamtharmonie erscheint gut. Zwei bis drei Jahre Lagerung werden ihm nicht missfallen. Der **99er Premier cru Les Champs Fulliot** (Preisgruppe: 70 bis 99 F), ebenfalls ein Rotwein, dürfte sich sehr gut entwickeln. Mindestens drei Jahre aufheben. Dieser Winzer hatte im Hachette-Weinführer 1996 mit einem weißen 93er einen Lieblingswein.

Dom. Denis Boussey, 1, rue du Pied-de-la-Vallée, 21190 Monthélie, Tel. 03.80.21.21.23, Fax 03.80.21.62.46 Mo–Sa 8h–12h 13h30–18h30; 5.–25. Aug. geschlossen

DOM. BOUZERAND-DUJARDIN 1999

□ 0,8 ha 3 300 8 à 11 €

Ein blassgoldener 99er mit einem Duft von Zitrusfrüchten und Honig, den ein Hauch von Butter begleitet. Das Fass erscheint im Mund gefällig, über einem runden Stoff, der genau die erforderliche Säure besitzt.

Dom. Bouzerand-Dujardin, pl. de l'Eglise, 21190 Monthélie, Tel. 03.80.21.20.08, Fax 03.80.21.28.16 n. V.

DOM. CHANGARNIER 1999*

□ 0,25 ha 1 800 11 à 15 €

Die Kirche von Monthélie gehört zum romanischen Stil von Cluny (12. Jh.). Sie regiert über diese AOC, die eher rot als weiß ist. Deshalb erhalten der **rote Premier cru Champs-Fulliot** (Preisgruppe: 70 bis 99 F) und der **rote 99er «Dorfwein»** (Preisgruppe: 50 bis 69 F) jeder eine lobende Erwähnung. Der weiße «Dorfwein» ist ganz goldgelb und geht in Richtung Birne und Minerale. Er ist kräftig und robust, besitzt eine gute Lebhaftigkeit und bewahrt im Geschmack seine Frucht. Er ist kräftig genug gebaut und konzentriert genug, um zwei bis drei Jahre zu halten, und kann einen Glattbutt mit Rahmsauce begleiten.

Dom. Changarnier, pl. du Puits, 21190 Monthélie, Tel. 03.80.21.22.18, Fax 03.80.21.68.21, E-Mail changarnier@aol.com Mo–Sa 9h–12h 14h–19h

RODOLPHE DEMOUGEOT
La Combe Danay 1999**

■ 0,3 ha 2 000 11 à 15 €

Das 1992 entstandene Gut umfasst heute sieben Hektar. Beraten von dem Önologen Kinigopoulos, baut es seine Weine zwölf Monate lang in Fässern aus, von denen ein Viertel neu sind. Es hat hier eine starke Extraktion der Farbstoffe vorgenommen. Die Nase wird von Früchten erfüllt, die ein leichter Holzton begleitet. Der erste Eindruck ist der richtige, denn er wird durch die gesamte Verkostung bestätigt. Der füllige Geschmack von sehr schöner Komplexität entwickelt sich über spürbaren, aber runden Tanninen, die ihm ein großes Lagerpotenzial garantieren.

🔑 Dom. Rodolphe Demougeot,
2, rue du Clos-de-Mazeray, 21190 Meursault,
Tel. 03.80.21.28.99, Fax 03.80.21.29.18
☑ 🍷 n. V.

PAUL GARAUDET Le Clos Gauthey 1999*

■ 1er cru 1,1 ha 5 000 ▮▮ 11 à 15 €

Granatrot, leicht an Toastgeruch erinnernd aufgrund eines recht maßvollen Holzfasses, von einer Note eingemachter Sauerkirschen begleitet. Er muss noch eine tüchtige Strecke zurücklegen, was in diesem Alter normal ist. Er besitzt eine solide, ausgewogene Konstitution, mit noch strengen Zügen, die sich abmildern werden. Seine Sekundäraromen (Schwarze-Johannisbeer-Knospe, kandierte Früchte) erwecken Vertrauen.

🔑 Paul Garaudet, imp. de l'Eglise,
21190 Monthélie, Tel. 03.80.21.28.78,
Fax 03.80.21.66.04 🍷 n. V.

GILBERT ET PHILIPPE GERMAIN 1999*

■ 2,5 ha 5 000 ▮▮ 8 à 11 €

Philippe Germain hat 1995 das 11 ha große Gut seiner Eltern übernommen. Der Sitz seines Betriebs befindet sich in Nantoux, einem hübschen Dorf, dessen Kirche aus dem 15. Jh. einen Glockenturm mit zweifachem Schrägdach besitzt. Man muss diesen Pinot noir von kräftigem, strahlendem Rubinrot probieren, der zwischen Röstgeruch und roten Früchten aufgeteilt und im Geschmack strukturiert und ausdrucksvoll ist und angenehm andauert. Kellern Sie ihn zwei bis drei Jahre ein, bevor Sie ihm Wild vorsetzen.

🔑 Philippe Germain, 21190 Nantoux,
Tel. 03.80.26.05.63, Fax 03.80.26.05.12
☑ 🍷 n. V.

LOUIS LATOUR 1998

□ k. A. 1000 ▮▮ 11 à 15 €

Die 1797 gegründete Firma Latour ließ sich 1867 in Beaune nieder. Diese zwölf Monate im Fass ausgebaute Cuvée zeigt eine sehr helle Farbe und verführt durch ihren intensiven Duft, in dem sich Noten von Blüten und Orangenschale mischen, begleitet von einem Holzton. Der Geschmack ist schlichter, aber deutlich, rund und reif.

🔑 Maison Louis Latour,
18, rue des Tonneliers, 21204 Beaune Cedex,
Tel. 03.80.24.81.10, Fax 03.80.22.36.21,
E-Mail louislatour@louislatour.com 🍷 n. V.

DOM. RENE MONNIER 1999**

■ 0,47 ha 2 000 ▮▮ 8 à 11 €

Dieser 99er erzählt uns keine Geschichten. Er ist übrigens der Beste, unser Lieblingswein! In ein dichtes, bläulich rotes Granatrot gehüllt, erinnert er an zerdrückte, sehr reife Erdbeeren, die ein eleganter Holzton begleitet. Nach einer sanften, vollen Ansprache entwickelt sich der stark strukturierte Geschmack mit zarten Tanninen und roten Früchten. Für einen «Dorfwein» ist das Niveau ausgezeichnet. Und dann macht man uns noch den Mund wässrig, indem man uns als kulinarische Entsprechung dazu Kaninchenkeulen mit Kohl empfiehlt!

🔑 Dom. René Monnier, 6, rue du Dr-Rolland,
21190 Meursault, Tel. 03.80.21.29.32,
Fax 03.80.21.61.79 ☑ 🍷 tägl. 8h–12h 14h–18h
🔑 Herr und Frau Bouillot

CH. DE MONTHELIE 1998**

■ 2 ha 7 750 ▮▮ 11 à 15 €

Schlossabfüllung – und es handelt sich um ein echtes Schloss aus dem 18. Jh.! Die Farbe ist anziehend. Das sehr feine Bouquet setzt auf Himbeere, die ein wenig Vanille und Zimt unterstützen. Die Tannine sind seidig. Das ist ein Leckerbissen; man bewundert seine Dichte. Für einen 98er wirklich sehr schön.

🔑 EARL Eric de Suremain,
rue du Pied-de-la-Vallée, 21190 Monthélie,
Tel. 03.80.21.23.32, Fax 03.80.21.66.37
☑ 🍷 n. V.

DOM. J. PARENT Clos Gauthey 1999*

■ 1er cru 1,13 ha 2 700 ▮▮ 11 à 15 €

Das Gut kann sich rühmen, dass es Thomas Jefferson als Kunden hatte. Dieser Clos Gauthey bietet als besondere Reize ein Haus aus dem 18. Jh. und einen Park von 1900, der von Reben umgeben ist. Letztere liefern einen Wein mit schwarzen Reflexen, der an Schlehe und Schwarze-Johannisbeer-Knospe erinnert. Volumen und Reichtum, viel Körper. Genossen haben wir auch den **roten 99er Premier cru Champs Fulliot,** den eine Wildschweinkeule zur Geltung bringen dürfte.

🔑 Chantal Parent, rue du Château-Gaillard,
21190 Monthélie, Tel. 03.80.21.21.98,
Fax 03.80.21.21.98,
E-Mail annick.parent@wanadoo.fr ☑ 🍷 n. V.

DOM. PINQUIER-BROVELLI 1999*

■ 1,2 ha 7 000 ▮▮ 8 à 11 €

Thierry Pinquiers Vater, der in der Gegend Weinbergarbeiter war, baute sein Gut mit eigenen Händen auf; in 45 Jahren Arbeit gelang es ihm, fünf Hektar zusammenzutragen. Sein 99er, der sich großartig präsentiert, besitzt Vanillearomen, die dabei sind, zu verschmelzen. Elegant und fein, fast mild und sehr behaglich im Mit-

telbereich des Geschmacks. Der Alkohol umschmeichelt ihn. Seine dichten Tannine sind delikat.
Thierry Pinquier, 5, rue Pierre-Mouchoux, 21190 Meursault, Tel. 03.80.21.24.87, Fax 03.80.21.61.09 ☑ Y tägl. 8h–12h30 13h–19h

VINCENT PONT Les Duresses 1999*

■ 1er cru 0,18 ha 1000 11 à 15 €

Vincent Pont kaufte seine ersten Rebparzellen 1979. Heute leitet er ein sechs Hektar großes Gut. Er baut seine Weine im Eichenfass aus. Monthélie hat auf seinem Boden das Ende der Reblage les Duresses, die sich zum größten Teil in Auxey befindet. Ein tiefes Rubinrot umhüllt diesen 99er. Der Duft verbindet Früchte in Alkohol mit einem toastartigen Holzton. Ein Verkoster entdeckte an ihm eine Anisnote. Der Geschmack besitzt Stoff und Körper, worüber man sich nicht beklagt, zumal seine Tannine bereits eine liebenswürdige Vertrautheit zeigen.
Vincent Pont, rue des Etoiles, 21190 Auxey-Duresses, Tel. 03.80.21.27.00, Fax 03.80.21.24.49 ☑ Y n. V.

DOM. JEAN-PIERRE ET LAURENT PRUNIER 1999

■ 0,41 ha 3 000 8 à 11 €

Ein 9 ha großes Gut und dieser auf einer 41 Ar großen Parzelle entstandene Monthélie, der im Holzfass ausgebaut wurde. Die Farbe ist granatrot mit blauen Reflexen. Man mag den blumigen Reichtum seines Bouquets, seine Sanftheit und das Fehlen von Adstringenz. Ein Hauch von Alkohol erwärmt ihn ein wenig.
Dom. Jean-Pierre et Laurent Prunier, rue Traversière, 21190 Auxey-Duresses, Tel. 03.80.21.27.51, Fax 03.80.21.27.51 ☑ Y n. V.

PRUNIER-DAMY Les Duresses 1999*

■ 1er cru 0,42 ha 2 500 11 à 15 €

Philippe Prunier stellt dieses Jahr einen freimütigen Wein vor, der sich steigert. Seine Farbe ist sehr jahrgangstypisch, sein Duft subtil und intensiv, von der Frucht und vom Holzton geprägt. Er ist robust und sanft; seine Struktur mit den eleganten Tanninen löscht den Pinot-Charakter nicht aus und erlaubt es, optimistisch in die Zukunft zu blicken. Der **rote 99er Clos de Ressi** (Preisgruppe: 50 bis 69 F), ein «Dorfwein», wird lobend erwähnt. Seine verschmolzenen Tannine reizen dazu, ihn in den nächsten zwei Jahren zu trinken.
Philippe Prunier-Damy, rue du Pont-Boillot, 21190 Auxey-Duresses, Tel. 03.80.21.60.38, Fax 03.80.21.26.64 ☑ Y n. V.

CAVE PRIVEE D'ANTONIN RODET 1998*

■ k. A. 1 170 15 à 23 €

Nadine Gublin, Kellermeisterin und Önologin dieser großen Firma in Mercurey, hat diesen 98er mit der tiefen, kräftigen Farbe hergestellt. Die schöne Komplexität der Aromen, bei denen Kirsche weit über die anderen dominiert, hat die Jury verführt. Im Mund entwickelt er sich mit noch sehr deutlich spürbaren Tanninen, die aber in keiner Weise seine Fülle, seine Ausgewogenheit und seine Nachhaltigkeit beeinträchtigen. Man kann ihn in zwei Jahren trinken und dann drei bis vier Jahre lang zu einem Hochrippenstück vom Rind servieren.
Antonin Rodet, 71640 Mercurey, Tel. 03.85.98.12.12, Fax 03.85.45.25.49, E-Mail rodet@rodet.com ☑ Y Mo–Fr 9h–12h 14h–18h

Auxey-Duresses

Auxey besitzt an den beiden Hängen Reblagen. Die roten Premiers crus les Duresses und le Val (Rotweine) sind sehr angesehen. An dem «Meursault»-Hang werden hervorragende Weißweine erzeugt, die ebenfalls sehr interessant sind, ohne dass sie jedoch den Ruhm der großen Appellationen hätten. 2000 erzeugte die Appellation 1 921 hl Weißwein und 4 572 hl Rotwein.

CORINNE ET PASCAL ARNAUD-PONT Le Reugne 1999*

□ 1er cru 0,43 ha 1 100 11 à 15 €

Pfirsich oder Birne? Auf jeden Fall fein fruchtig. Diese Reblage folgt auf les Duresses, wenn man den Hang hinuntergeht; sie ist ihnen deshalb sehr nahe. Dieser 99er besteht problemlos die schriftliche und die mündliche Prüfung. Er hat eine schöne, klare Goldfarbe und bietet allmählich Aromen, die in Richtung Frucht gehen. Er ist dicht und opulent und wird mühelos lebhafter, wobei ihn eine gute Nervigkeit unterstützt.
Pascal et Corinne Arnaud-Pont, 36, av. Théophile-Gautier, 75016 Paris, Tel. 01.42.24.74.80 ☑

JEAN-NOEL BAZIN 1998*

■ 0,5 ha 3 000 8 à 11 €

Die Farbe ist jugendlich, fröhlich und klar; Schwarze-Johannisbeer-Knospe zähmt das ein wenig wilde Bouquet. Zart, an Kirsche erinnernd, mit einem intensiven, ausgewogenen Geschmack, der für die Appellation charakteristisch ist. Dieser 98er zeigt echte Aufrichtigkeit.
Jean-Noël Bazin, Les Petits Vergers, 21340 La Rochepot, Tel. 03.80.21.75.49, Fax 03.80.21.83.71 ☑ Y n. V.

DOM. GUY BOCARD 1999*

■ 1er cru 0,19 ha 1 180 11 à 15 €

Drei Kilometer trennen Meursault und Auxey-Duresses, zwei Dörfer, deren beide Kirchen teilweise aus dem 15. Jh. stammen. Guy Bocard besitzt Weinberge in beiden AOCs. Dieser zwölf Monate im Eichenfass ausgebaute 99er, der eine purpurrote bis schwarze Farbe zeigt, sehr weinig ist, an schwarze Johannisbeere und Holunder erinnert und einen sehr konzentrierten Stoff besitzt, ist viel versprechend. Wahrscheinlich eine Flasche für Sammler.

⊶ Guy Bocard, 4, rue de Mazeray, 21190 Meursault, Tel. 03.80.21.26.06, Fax 03.80.21.64.92 ☑ Y n. V.

DENIS CARRE Bas des Duresses 1999*

■ 1er cru k. A. k. A. ◍ 11 à 15 €

Ein Musterbeispiel seiner Art. An schwarze Kirschen erinnernde Farbe von tiefer Intensität. Dieser nicht sehr entfaltete Wein stützt sich auf einen soliden, reichhaltigen Stoff. Er besitzt viel Charakter und versteckt sich noch, wobei er aber nicht den Kopf in den Sand steckt. Sein «Fett» ist bereits großzügig. Beachten Sie außerdem den **roten 99er «Dorfwein»** (Preisgruppe: 50 bis 69 F), der sehr angenehm und offenherzig ist und einen Stern erhält.

⊶ Denis Carré, rue du Puits-Bouret, 21190 Meloisey, Tel. 03.80.26.02.21, Fax 03.80.26.04.64 ☑ Y n. V.

LOUIS CHAVY 1998*

■ k. A. 36 000 ◍ 11 à 15 €

«Ach, wie artig man das ausdrücken kann!» Die Farbe glänzt. Dieser für seinen Jahrgang typische Wein lebt auf sehr offenherzige Weise seine jugendlichen Aromen aus. Die Nuancen, die er zeigt, sind pflanzlich und lakritzeartig. Ähnliche Empfindungen im Geschmack, wo sie zusammenwirken und viel Dichte und Konzentration verleihen.

⊶ Louis Chavy, Caveau la Vierge Romaine, pl. des Marronniers, 21190 Puligny-Montrachet, Tel. 03.80.26.33.00, Fax 03.80.24.14.84, E-Mail mallet.b@cva-beaune.fr ☑ Y tägl. 10h–18h; Nov. bis März geschlossen

CHRISTIAN CHOLET-PELLETIER 1999*

□ 0,25 ha 800 8 à 11 €

Temperament und Entschlossenheit bei diesem Wein, der weiß, was sein Ziel ist, und den Weg dorthin kennt. Unter dem leuchtenden Glanz seiner Farbe lässt er ein paar buttrige und vanilleartige Empfindungen sowie Zitrusfrüchte erkennen. Die Ansprache ist recht fleischig, der Körper gefällig und stattlich. Sie können ihn jetzt aufmachen, wenn Sie Lust dazu haben. Das Jahr 2000 brachte dem Gut eine Liebeserklärung für seinen 97er ein.

⊶ Christian Cholet, 21190 Corcelles-les-Arts, Tel. 03.80.21.47.76, Fax 03.80.21.47.76 ☑ Y tägl. 8h–12h 14h–18h

CH. DE CITEAUX Les Duresses 1999*

■ 1er cru 0,45 ha 3 000 ◍ 11 à 15 €

Die Burgunder schwächen alles ab. So sagen sie «Aussey» und vermeiden dadurch die Härte des «x». Ebenso bietet dieser Wein einen vollen, vollständigen, runden, großzügigen Geschmack. Die Tannine sind ein wenig rau, aber «auf raue Weise» gut. Das Finale klingt mit Fanfaren aus. Dieser dunkelgranatrote 99er Duresses, der leicht blumig duftet, lässt sich gut einkellern. Der **99er Domaine Boulard Les Duresses**, ebenfalls von Philippe Bouzereau angebaut, vinifiziert, ausgebaut und in Flaschen abgefüllt, erhält die gleiche Note.

⊶ Dom. Philippe Bouzereau, Ch. de Cîteaux, 18-20, rue de Cîteaux, BP 25, 21190 Meursault, Tel. 03.80.21.20.32, Fax 03.80.21.64.34, E-Mail info@domaine.bouzereau.fr ☑ Y n. V.

CLOS DU MOULIN AUX MOINES 1999

■ 2,5 ha 12 500 ◍ 8 à 11 €

Das Gut, das sich in einer wunderschön restaurierten alten Mühle der Abtei Cluny befindet, bietet Gästezimmer an. Dieser granatrote Wein entfaltet sich zu roten Früchten, die sich mit recht ausgeprägten Röst- und Holznoten verbinden. Der Geschmack greift den aromatischen Charakter des Geruchseindrucks auf und stützt sich auf ein hübsches Volumen. Seine Struktur und seine Nachhaltigkeit erlauben es ihm, zwei bis drei Jahre zu altern.

⊶ Emile Hanique, Dom. du Moulin aux Moines, 21190 Auxey-Duresses, Tel. 03.80.21.60.79, Fax 03.80.21.60.79 ☑ Y tägl. 9h–12h30 14h–19h

DOM. JEAN-PIERRE DICONNE Les Grands Champs 1999*

■ 1er cru 0,65 ha 3 500 ◍ 8 à 11 €

Jean-Pierre Diconne muss sein Dorf und seine Region lieben, denn er beschrieb uns seine Kirche aus dem 15. Jh. und forderte uns auf, nicht das Hôtel-Dieu von Beaune (8 km entfernt) und sein Polyptychon *Das Jüngste Gericht* (von Van der Weyden) zu versäumen. Seine Weine verdienen Ihr Interesse. Den mit einem Stern bewerteten **roten 99er Premier cru Les Duresses** (70 bis 99 F) sollten Sie einkellern, ebenso wie diesen Wein hier, der mit seiner dunkelroten Farbe (mit granatroten Reflexen) eine sehr schöne Erscheinung hat. Er ist zwar konzentriert und kräftig, zeigt aber dennoch eine hübsche Fruchtigkeit (schwarze Johannisbeere), so dass dieser Wein schon sehr gut schmecken, aber gleichzeitig lagerfähig sein kann.

⊶ Jean-Pierre Diconne, rue de la Velle, 21190 Auxey-Duresses, Tel. 03.80.21.25.60, Fax 03.80.21.26.80 ☑ Y n. V.

JEAN GAGNEROT 1998**

■ k. A. 4 000 ◍ 11 à 15 €

Einen besseren 98er kann man nicht erzielen. Ein Auxey in Reinform, sehr typisch. Er besitzt ein solides Potenzial. Alles ist intensiv, vom ersten Anblick bis zum *foudron* (in der burgundischen Mundart der Boden der Flasche). Bläulich roter Glanz, leidenschaftliche Farbe. Duft von Veilchen und Pfingstrosen. Himbeerkonfitüre über sehr feinen Tanninen. Tadellose Struktur.

⊶ Jean Gagnerot, 21420 Aloxe-Corton, Tel. 03.80.25.00.00, Fax 03.80.26.42.00, E-Mail vinibeaune@bourgogne.net Y n. V.

LES VILLAGES DE JAFFELIN 1998*

■ k. A. 7 000 ◍ 11 à 15 €

Helles Kirschrot. Ein animalischer, wilder Wein, der das ganze Glas ausfüllt. Die Belüftung jedoch führt zu süßen Gewürzen. Er ist eckig

und klingt mit einer beständigen Länge aus. Ausgezeichneter typischer Charakter. Jaffelin gehört zu Vins Jean-Claude Boisset, wird aber hinsichtlich Anbau und Weinherstellung eigenständig geführt.
⊶ Jaffelin, 2, rue Paradis, 21200 Beaune, Tel. 03.80.22.12.49, Fax 03.80.24.91.87

DOM. JESSIAUME PERE ET FILS
Les Ecusseaux 1999*

☐ 1er cru 0,32 ha 2 100 15 à 23 €

Dieser Weißwein, unser Lieblingswein in der Ausgabe 1994 (als 90er), bleibt der Einzellage treu, die sich sehr nahe bei der Lage Bas des Duresses am Fuße des Hangs befindet. Mit seiner blassgoldenen Farbe, eingehüllt von Weißdornduft, zieht er die Aufmerksamkeit auf sich. Das Holzfass ist nicht zu kräftig, denn hinter den Röstnoten kommt die Frucht zum Vorschein. Dieser gut gebaute 99er wird sich in zwei bis drei Jahren bei Tisch gut halten.
⊶ Dom. Jessiaume Père et Fils, 10, rue de la Gare, 21590 Santenay, Tel. 03.80.20.60.03, Fax 03.80.20.62.87 ☑ Y n. V.

HENRI LATOUR ET FILS 1999*

■ 3,17 ha 11 000 8 à 11 €

Ein Granatrot von schöner Intensität, zu roten Früchten und Unterholz entfaltet. Dieser «Dorfwein» stützt sich auf spürbare, aber seidige Tannine. Er ist lecker und elegant und schmeckt aufgrund des Eichenfasses nach Vanille. In den kommenden drei bis vier Jahren wird er sich gut entwickeln.
⊶ Henri Latour et Fils, rte de Beaune, 21190 Auxey-Duresses, Tel. 03.80.21.65.49, Fax 03.80.21.63.08 ☑ Y n. V.

CATHERINE ET CLAUDE MARECHAL 1999*

■ k. A. 5 400 11 à 15 €

Fast zwei Sterne für diesen intensiv rubinroten 99er mit violettem Rand, der sein ganzes Bouquet mit Sauerkirsch- und leicht an Mokka erinnernden Noten zu Ehren des Fasses zusammenstellt. Die Extraktion ist sehr kräftig und zeigt sich vor allem am Gaumen durch die Stärke und Konzentration der Tannine, die dabei sind, sich abzurunden. Drei bis vier Jahre aufheben, ohne dass man sich zu sehr beunruhigen müsste.
⊶ EARL Catherine et Claude Maréchal, 6, rte de Chalon, 21200 Bligny-lès-Beaune, Tel. 03.80.21.44.37, Fax 03.80.26.85.01 ☑ Y n. V.

DOM. JEAN PASCAL ET FILS 1999*

☐ 1,37 ha 5 400 11 à 15 €

Die goldene Farbe wirkt im Glas blass. Der stark entfaltete Duft umschmeichelt mit Aromen von Zitrusfrüchten und weißen Blüten. In diesem Wein von guter Länge findet man viel Frische und Frechheit. Man könnte ihn als Aperitif servieren.
⊶ SARL Dom. Jean Pascal et Fils, 20, Grande-Rue, 21190 Puligny-Montrachet, Tel. 03.80.21.34.57, Fax 03.80.21.90.25 ☑ Y n. V.

DOM. PIGUET-CHOUET
Les Boutonniers 1999

☐ 0,38 ha 1 200 8 à 11 €

Max und Anne-Marye Piguet-Chouet haben drei Söhne: Die Zukunft des Weinguts ist gesichert. Kennen Sie diese Einzellage, die letzte auf dem Boden von Auxey, wenn man in Richtung Meursault fährt? Was bedeutet, dass sie Freude an der Chardonnay-Rebe hat. Dieser zitronengelbe 99er hat keinen alltäglichen Duft. Ananas? Er ist fett und fein, hält jedoch nicht lang an; man sollte ihn jetzt trinken. Für die Weinliebhaber und -liebhaberinnen, die einen leicht überreifen Wein mit Sekundäraromen von Mirabelle genießen möchten.
⊶ Max et Anne-Marye Piguet-Chouet, rte de Beaune, 21190 Auxey-Duresses, Tel. 03.80.21.25.78, Fax 03.80.21.68.31 ☑ Y n. V.

PIGUET-GIRARDIN
Les Grands Champs 1998

■ 1er cru 5 ha 1 200 8 à 11 €

Die Grands Champs befinden sich unterhalb der Reblage le Val. Lebhafte Farbe, diskrete, leicht fruchtige Düfte. Dieser Wein ist sanft und ganz in seinem Jahrgang und seiner Kategorie gehalten.
⊶ SCE Piguet-Girardin, rue du Meix, 21190 Auxey-Duresses, Tel. 03.80.21.60.26, Fax 03.80.21.66.61 ☑ Y n. V.

VINCENT PONT 1999*

■ 1er cru 0,7 ha 1 800 11 à 15 €

Der **rote 99er «Dorfwein»** (Preisgruppe: 50 bis 69 F) ist lecker, vor dem Hintergrund vollreifer Trauben. Eine Stufe darüber befindet sich – was normal ist – der Premier cru. Er ist purpurrot und zeigt einen sehr jugendlichen Schwung; er erinnert an schwarze Johannisbeere und Sauerkirsche. Der Geschmack enthält das nötige Maß an Säure und Tanninen, um einen guten, soliden, lagerfähigen Wein abzugeben.
⊶ Vincent Pont, rue des Etoiles, 21190 Auxey-Duresses, Tel. 03.80.21.27.00, Fax 03.80.21.24.49 ☑ Y n. V.

DOM. JEAN-PIERRE ET LAURENT PRUNIER 1999

☐ 1,7 ha 5 000 8 à 11 €

Ein wenig Herbheit in einem Ozean der Frische. Vielleicht trügt der Schein, aber es steht fest, dass die leuchtende Farbe auf ein schönes Erzeugnis hinweist. Ein Duft von unbestreitbarer Komplexität: ofenfrische Croissants, Vanille und exotische Früchte. Sein Holzton ist disrekt und schon gut eingebunden. Leichte jugendliche Aggressivität: ein wenig Herbheit, wie wir schon anfangs sagten.
⊶ Dom. Jean-Pierre et Laurent Prunier, rue Traversière, 21190 Auxey-Duresses, Tel. 03.80.21.27.51, Fax 03.80.21.27.51 ☑ Y n. V.

PASCAL PRUNIER 1999*

■ 0,38 ha 2 400 8 à 11 €

In Auxey heißt jeder oder fast jeder Prunier. Und jeder davon macht guten Wein! Bekam Pascal Prunier nicht 1992 für einen 89er Premier cru eine Liebeserklärung? Dieser «Dorfwein» bietet einen konzentrierten und zugleich feinen Geschmack. Ein Wein, den man zum Vergnügen trinkt, für die Weinliebhaber, die gern in die Frucht beißen. Unter seinem Purpurrot mit granatroten Reflexen entfaltet er seinen ganzen Duft zu Kirschwasser und Früchten in Alkohol.

Dom. Pascal Prunier-Bonheur, 23, rue des Plantes, 21190 Meursault, Tel. 03.80.21.66.56, Fax 03.80.21.67.33, E-Mail pascal.prunier-bonheur@wanadoo.fr n. V.

PRUNIER-DAMY Clos du Val 1999*

■ 1er cru 0,16 ha 1000 11 à 15 €

In Auxey sind die Traubenpressen an die Stelle der Mühlen getreten, von denen früher viele entlang dem Fluss standen. Dieser kirschrote 99er geizt nicht mit Aromen, die eine starke Weinigkeit zeigen: animalische Nuancen, Leder bis hin zu kandierten Früchten. Trotz seiner imposanten Ansprache beweist er Sanftheit. Er ist tanninreich, macht einen Buckel und schnurrt behaglich. Zu Bœuf bourguignon?

Philippe Prunier-Damy, rue du Pont-Boillot, 21190 Auxey-Duresses, Tel. 03.80.21.60.38, Fax 03.80.21.26.64 n. V.

Côte de Beaune (Mitte und südlicher Abschnitt)

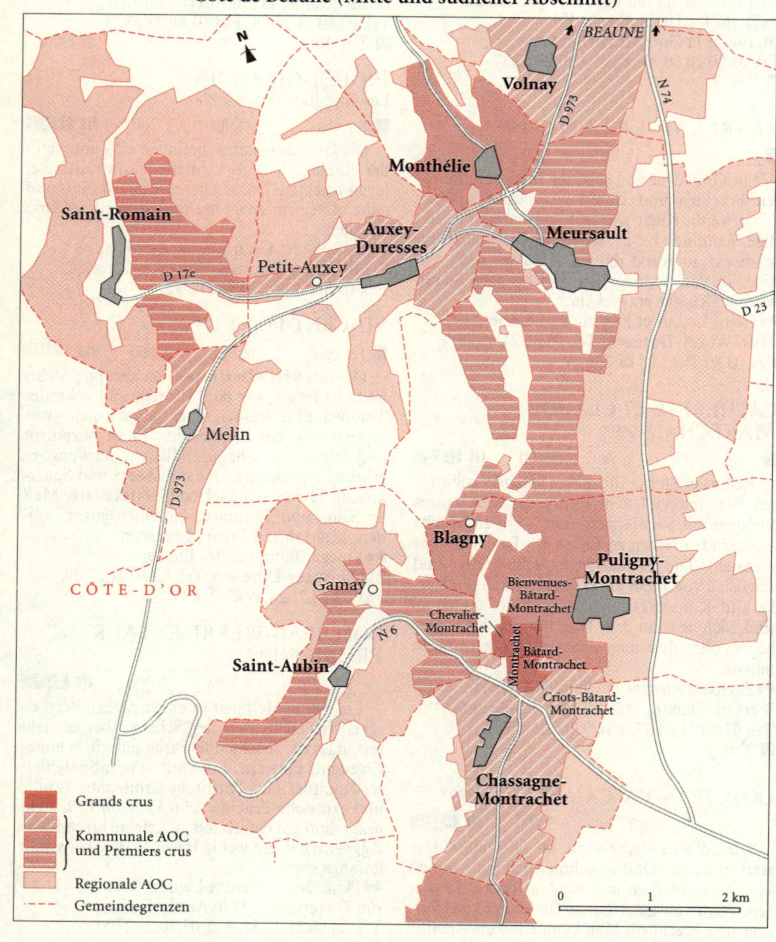

TAUPENOT Les Duresses 1998*

■ 1er cru 1,03 ha 1 389 11 à 15 €

Saint-Romain ist die Wiege der Familie Taupenot, die man auch in Morey antrifft. Dieser strahlend rubinrote 98er ist ein Duresses durch und durch. Ein Duft mit gutem Auftakt, der aber noch nicht alles gestanden hat. Im Mund kommt das Terroir auf klassische Weise mit einer kleinen Bitternote zum Ausdruck.

Pierre Taupenot, rue du Chevrotin, 21190 Saint-Romain, Tel. 03.80.21.24.37, Fax 03.80.21.68.42 n. V.

Saint-Romain

Das Anbaugebiet liegt in einem Übergangsbereich zwischen der Côte und den Hautes Côtes. Die Weine von Saint-Romain (4 113 hl), vor allem die Weißweine (2 098 hl im Jahre 2000), sind fruchtig und süffig; wenn man den Winzern glauben darf, sind sie immer bereit, mehr zu geben, als sie versprochen haben. Die Landschaft hier ist großartig und verdient einen kleinen Ausflug.

FRANÇOIS D'ALLAINES 1998*

□ k. A. 6 000 11 à 15 €

Wenn Roland Thevenin (der den Saint-Romain so sehr gepriesen hat) auf die Erde zurückkäme, würde er feststellen, dass seine Lieblingsappellation es weit gebracht hat! Hier haben wir nämlich einen goldfarbenen Chardonnay mit grünen Reflexen, der einen sehr forschen Auftritt hat. Er wurde zwölf Monate in Fässern (davon 10 % neue) auf der Hefe ausgebaut. Feuerstein und Akazie – der Geist des Terroir. Er ist lebhaft, hat Ausdauer und kann ein wenig altern. Grüne Zitrone und Zimt regen seinen Abgang an.

François d'Allaines, La Corvée du Paquier, 71150 Demigny, Tel. 03.85.49.90.16, Fax 03.85.49.90.19, E-Mail francois@dallaines.com n. V.

BERTRAND AMBROISE 1999**

□ k. A. k. A. 11 à 15 €

Ein Chardonnay von recht dichter kanariengelber Farbe, der sich an sein «Fett» anschmiegt wie Saint-Romain an seine steile Felswand. Sein Fass kommt in einem honigartigen Umfeld mit einer Weißdornnuance elegant zum Ausdruck. Er ist gut ausbalanciert und harmonisch und braucht sich keine Sorgen zu machen: In den nächsten beiden Jahren werden wir ihn freudig empfangen.

Maison Bertrand Ambroise, rue de l'Eglise, 21700 Premeaux-Prissey, Tel. 03.80.62.30.19, Fax 03.80.62.38.69, E-Mail bertrand.ambroise@wanadoo.fr n. V.

CHRISTOPHE BUISSON Sous le Château 1999*

□ k. A. k. A. 11 à 15 €

Während Ihnen der **rote 99er Sous le Château** (Preisgruppe: 50 bis 69 F) gefallen dürfte, denn er erhält eine lobende Erwähnung, liefern die gleiche Appellation und die gleiche Einzellage einen Weißwein, der sich zu einer schönen Komplexität der Aromen entwickelt. Im Abgang warm und fett, zeigt er Feinheit und Eleganz. Beständiger Zitronen- und Haselnussduft unter einer golden funkelnden Farbe voller Glanz.

Christophe Buisson, 21190 Saint-Romain, Tel. 03.80.21.63.92, Fax 03.80.21.67.03 n. V.

DOM. HENRI ET GILLES BUISSON Sous la Velle 1998*

□ 1,27 ha 9 000 8 à 11 €

Eine recht blasse Farbe voller guter Vorsätze. Sie übertreibt nicht, und das ist auch gut so. Ebenfalls charakteristisch ist der zitronenartige und mineralische Duft der Chardonnay-Trauben, die am Hang des Felsens angepflanzt sind. Der Geschmack bleibt dabei und ruft diese beiden Aromen als Zeugen an. Ein sehr belebender Wein, der Meeresfrüchte lieben dürfte.

Dom. Henri et Gilles Buisson, imp. du Clou, 21190 Saint-Romain, Tel. 03.80.21.27.91, Fax 03.80.21.64.87 n. V.

Gilles Buisson

DENIS CARRE Le Jarron 1999***

■ k. A. k. A. 8 à 11 €

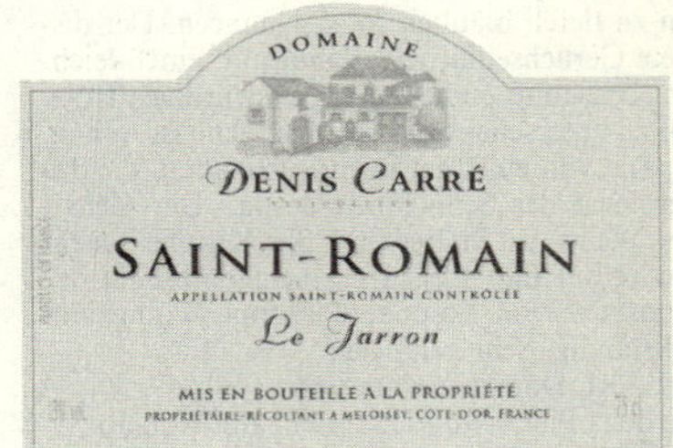

Denis Carré empfing schon im Hachette-Weinführer 1997 die Siegespalme für seinen roten 94er Jarron. Er wiederholt diese Leistung mit der 99er Version des gleichen Weins. Seine Farbe hält die Mitte zwischen Violett und Schwarz, sein Bouquet zwischen Veilchen und Brombeere. Seine Konzentration und seine Großzügigkeit im Geschmack machen ihn zu einem prächtigen, nicht sehr üblichen Saint-Romain. Zum Höhepunkt! Die Oberjury wählte ihn einstimmig zum Lieblingswein.

🔑 Denis Carré, rue du Puits-Bouret, 21190 Meloisey, Tel. 03.80.26.02.21, Fax 03.80.26.04.64 ☑ Ⲧ n. V.

CHAMPY PERE ET CIE 1999★★

☐ k. A. 2 400 🛢 15à23€

Bemerkenswert für seinen Jahrgang. Er ist der «Mann der Basis». Der, nach dem man sich richtet. Klare Goldfarbe, geröstetes Brot (ein gut herausgearbeiteter Holzton) und weiße Blüten, sanft und lebhaft, genügend Säure. Dieser tolle 99er schafft es sogar, einen Hauch von Bittermandel zu bieten, wenn man es nicht erwartet. Die altehrwürdige Firma in Beaune (1720 gegründet), die von der Familie Meurgey übernommen wurde, erzielt einen schönen Erfolg.

🔑 Maison Champy, 5, rue du Grenier-à-Sel, 21200 Beaune, Tel. 03.80.25.09.99, Fax 03.80.25.09.95, E-Mail champyprost@aol.com ☑ Ⲧ n. V.

🔑 Pierre Meurgey, Pierre Beuchet

DOM. DU CHATEAU DE PULIGNY-MONTRACHET 1999★

☐ 0,46 ha 3 000 🛢 11à15€

Goldgelbe Farbe. Er hat einen zu Vanillenoten, aber auch zu pflanzlichen Nuancen entfalteten Duft: frisches Gras, weiße Blüten. In der Ansprache beweisen Säure und Milde deutlich ein heimliches Einverständnis, während sich das «Fett» bemerkbar macht. Der buttrig-lakritzeartige Geschmack ist redselig. «Endlich Wein», liest man als Schlusskommentar aus der Feder eines unserer Juroren.

🔑 SCEA Dom. du Château de Puligny-Montrachet, 21190 Puligny-Montrachet, Tel. 03.80.21.39.14, Fax 03.80.21.39.07, E-Mail chateaupul@aol.com ☑ Ⲧ n. V.

GERMAIN PERE ET FILS
Sous le Château 1999★

■ 1,46 ha 5 000 🛢 8à11€

Eine schöne Intensivierung der Farben bis hin zu tiefen bläulich roten Nuancen. Der diskrete Geruchseindruck erlaubt nur, einen leichten Kirschduft und einen liebenswürdigen Holzton zu unterscheiden. Die Ansprache ist weinig, geprägt von einer gewissen Rustikalität, die das Verdienst der Schlichtheit besitzt. Der Gehalt des Weins ist interessant; die Kirsche taucht wieder auf und sorgt für eine Kontinuität der Eindrücke von Etappe zu Etappe. Füllig und vollständig. Sehr gelungen.

🔑 EARL Dom. Germain Père et Fils, rue de la Pierre-Ronde, 21190 Saint-Romain, Tel. 03.80.21.60.15, Fax 03.80.21.67.87 ☑ Ⲧ n. V.

DOM. DE LA CREA Sous Roche 1999★

■ 1 ha 6 000 🛢 8à11€

Es ist noch ein wenig zu früh, um ihn schon jetzt zu würdigen, aber er steht mit dem richtigen Fuß auf; die Jury schenkt ihm ihr Vertrauen. Er bietet einen dunkelkirschroten Anblick und lässt an die Radrennfahrer denken, die bis 500 m vor der Ziellinie im Feld bleiben. Weinigkeit, Gewürzaromen und Tannine, die die Ansprache zuriegeln, aber im Abgang umhüllt sind: Er ist vollkommen typisch für die AOC.

🔑 Cécile Chenu-Repolt, La cave de Pommard, 1, rte de Beaune, 21630 Pommard, Tel. 03.80.24.62.25, Fax 03.80.24.62.42, E-Mail cecile.chenu@wanadoo.fr ☑ Ⲧ tägl. 10h–18h

DOM. DES MARGOTIERES 1999

■ k. A. 3 000 🛢 8à11€

Monica und Gilles Buisson stehen gemeinsam auf ihrem Etikett, das mit kleinen Engeln geschmückt ist und vermerkt: «Der Wein, das liebenswerteste aller Getränke, stammt aus den Kindertagen der Welt.» Ein Wahlspruch, den die Geschichte sicherlich bestätigen kann, den sich der Weinliebhaber aber gern zu Eigen machen würde. Ihr kirschroter 99er riecht nach Himbeere und Brombeere. Mittlere Länge, gut eingefügter Holzton, aber dennoch recht tanninreich, mit einer passablen Säure. Ein angenehmer, leichter Wein.

🔑 Dom. des Margotières, 21190 Saint-Romain, Tel. 03.80.21.27.91, Fax 03.80.21.64.87

POULET PERE ET FILS 1998★★

☐ k. A. 1 800 23à30€

Dieser für die Endausscheidung ausgewählte Wein beginnt mit dem Wort «sehr». Man liest nämlich auf den Degustationszetteln: sehr elegant, sehr lang, sehr schöner Geschmack, sehr schöner Wein, sehr gut gemacht usw. Dieser 98er zeigt ein leicht milchiges Gelb und eine blumig-mineralische Frische; er ist bemerkenswert aufgrund seines «Fetts», ehrlich und ungekünstelt und gehört zur Klasse der VIPs. Eine Marke der Firma Louis Max.

🔑 Poulet Père et Fils, 6, rue de Chaux, BP 4, 21700 Nuits-Saint-Georges, Tel. 03.80.62.43.02, Fax 03.80.61.28.08

DOM. VINCENT PRUNIER 1999★

■ 0,82 ha 6 000 🛢 8à11€

«Wir wollen schauen, ja, ja, wir wollen schauen, ob der Wein gut ist!» Folgen wir dem Rat dieses burgundischen Lieds. Ja, er ist gut. Nicht zu viel Farbe, aber klar. Ein Duft nach frischer Sahne und roter Johannisbeere. Beide vertragen sich gut. Dieser Wein ist aufgrund seines aromatischen Charakters sehr präsent; er ist gefällig und schon trinkreif. Sie erinnern sich daran, dass Vincent Prunier keiner Winzerfamilie entstammt, sondern sich dafür entschieden hat, an der Fachoberschule in Beaune ein Diplom in Weinbau und Önologie zu machen, bevor er sich hier 1988 niederließ, mit 3,5 Hektar Reben. Heute regiert er über elf Hektar.

🔑 Vincent Prunier, rte de Beaune, 21190 Auxey-Duresses, Tel. 03.80.21.27.77, Fax 03.80.21.68.87 ☑ Ⲧ n. V.

PASCAL PRUNIER 1999

☐ 0,92 ha 6 000 🛢 8à11€

Der hl. Romain, der Bruder des hl. Lupicin, verbrachte sein Leben als Einsiedler in einer Höhle des Jura. Dieser Wein hätte ihn bestimmt aus seiner Abgeschiedenheit herausgeholt! Seine blassgelbe Erscheinung hätte ihn nämlich entzückt. Es gibt nichts Teuflisches in diesem Bouquet von Mandeln und Akazienblüten, in dem sich Pilze bemerkbar machen. Alles an dieser nie aggressiv werdenden Lebhaftigkeit, an diesem leichten Haselnussgeschmack ist engelhaft. Es empfiehlt sich, ihm Zeit zu lassen (ein bis zwei Jahre lagern).

Dom. Pascal Prunier-Bonheur,
23, rue des Plantes, 21190 Meursault,
Tel. 03.80.21.66.56, Fax 03.80.21.67.33,
E-Mail pascal.prunier-bonheur@wanadoo.fr
n. V.

PRUNIER-DAMY Sous le château 1999

■ 0,19 ha 1 200 8 à 11 €

Eine gute Schlichtheit. Was durchaus einem Wein mit unbeholfenem Charakter vorzuziehen ist. Zwischen Kirsch- und Purpurrot, das Bouquet im Entstehen begriffen. Er findet gerade die richtige Mitte zwischen Tanninen und Säure, mit einer leichten Fruchtigkeit und einem milden Holzton. Das Ganze muss sich noch entfalten, aber die Belüftung kann es ihm schon ermöglichen, dass er sich stärker offenbart.

Philippe Prunier-Damy, rue du Pont-Boillot,
21190 Auxey-Duresses, Tel. 03.80.21.60.38,
Fax 03.80.21.26.64 n. V.

PIERRE TAUPENOT
Côte de Beaune 1998

■ 2,36 ha 8 887 8 à 11 €

Seine Farbe nimmt ziegelrote Reflexe an – Kennzeichen für einen Wein, den man trinken sollte, ohne zu lang zu warten. Sein Duft geht hin und her, von Vanille über schwarze Johannisbeere bis zu Gewürzen. Weinig und sympathisch. Ein achtbarer, ausgewogener Wein.

Pierre Taupenot, rue du Chevrotin,
21190 Saint-Romain, Tel. 03.80.21.24.37,
Fax 03.80.21.68.42 n. V.

CHARLES VIENOT 1998**

□ k. A. 5 000 11 à 15 €

Charles Viénot, eine historische Gestalt der Côte, war früher die Stütze aller Feste. Die Firma befindet sich heute im Schoß von Vins J.-Cl. Boisset und bleibt aktiv. Man verweilt hier mit Vergnügen über dem flüssigen Gold seiner Farbe, über seinem Bouquet von Blüten und Zitrusfrüchten, über seinem weichen, vollen Geschmack, der nach Zander in Rahmsauce verlangt. Dieser 98er besitzt noch Reserven.

Charles Viénot, 5, quai Dumorey,
BP 102, 21703 Nuits-Saint-Georges,
Tel. 03.80.62.61.41, Fax 03.80.62.37.38

Meursault

Mit Meursault beginnt das Anbaugebiet der wirklich großen Weißweine. Mit einer Produktion von 19 716 hl im Jahre 2000 und weltberühmten Premiers crus: les Perrières, les Charmes, les Poruzots, les Genevrières, les Gouttes d'Or usw. Alle vereinen Feinheit mit Kraft, Geruch von Farnkraut mit dem Aroma gerösteter Mandeln, die Eignung, dass man sie jung trinken kann, mit der Fähigkeit, lang zu altern. Meursault ist wirklich die «Hauptstadt der burgundischen Weißweine». Weisen wir noch auf die kleine Rotweinproduktion hin (500 hl).

Die «kleinen Schlösser», die in Meursault erhalten geblieben sind, sind Zeugnisse eines alten Wohlstands und belegen das hohe Ansehen der hier erzeugten Weine. Die «Paulée», die auf die am Ende der Traubenlese gemeinsam eingenommene Mahlzeit zurückgeht, ist zu einer traditionellen Veranstaltung geworden, die am dritten Tag der «Trois Glorieuses» stattfindet.

FRANÇOIS D'ALLAINES 1998*

□ k. A. 1 650 23 à 30 €

Eine junge, 1990 gegründete Firma, die gemäß der Tradition des Weinhandels Trauben ankauft und ihre eigenen Cuvées herstellt. Hier haben wir einen Musketier, der sich duelliert! Er attackiert lebhaft; auch wenn er keinen sehr langen Arm besitzt, weiß er mit dem Degen umzugehen. Er trägt die goldene Uniform der Garde des Monseigneur de Chardonnay. Seine Nase öffnet sich zu Reifearomen (vor allem Birne). Er besitzt auch Wärme, worüber man sich nicht wundert, aber in einem guten Gleichgewicht mit der Säure. Man sollte ihn ein paar Jahreszeiten lang beiseite legen.

François d'Allaines, La Corvée du Paquier,
71150 Demigny, Tel. 03.85.49.90.16,
Fax 03.85.49.90.19,
E-Mail francois@dallaines.com n. V.

BALLOT-MILLOT ET FILS
Les Narvaux 1999*

□ 0,46 ha 2 100 15 à 23 €

Ein Wein, der in dem turnusmäßig in wechselnden Orten stattfindenden Fest Saint-Vincent Lust erwecken sollte, es wie 2001 zu machen und jedes Jahr nach Meursault zurückzukehren. Er zeigt nämlich keinerlei Angeberei und bringt in erster Linie die Feinheit, Frische und Ausgewogenheit der Reblage les Narvaux zum Ausdruck, die – wie jedermann weiß – eine Nachbarin der Genevrières-Lage ist. Er ist blassgolden und schon sehr geradlinig; seine Komplexität wird später kommen. Der ebenfalls mit einem Stern bewertete **99er Premier cru Charmes** (Preisgruppe: 150 bis 199 F) verfügt über das nötige Potenzial, um sich lang zu halten. Der 93er Premier cru Charmes wurde im Hachette-Weinführer 1996 mit einer Liebeserklärung geehrt.

Ballot-Millot et Fils,
9, rue de la Goutte-d'Or, BP 33,
21190 Meursault, Tel. 03.80.21.21.39,
Fax 03.80.21.65.92 n. V.

DOM. GUY BOCARD Les Narvaux 1998★

☐ 0,3 ha 1 800 15 à 23 €

Besichtigen wir den ganzen Keller und vergeben wir die guten Noten. Beispielsweise für den **98er «Dorfwein» Vieilles vignes** einen Stern und für den **99er Premier cru Charmes** eine lobende Erwähnung. Das Lob für gute Leistungen geht an diesen strohgelben Wein mit goldenen Reflexen, der einen leichten Auftakt mit Schwarze-Johannisbeer-Knospe bietet und im Geschmack lecker ist. Er muss sich nur noch entfalten. Liebeserklärung im Hachette-Weinführer 1997 für den Premier cru Charmes und in der Ausgabe 1995 für den 92er Les Grands Charrons.

Guy Bocard, 4, rue de Mazeray,
21190 Meursault, Tel. 03.80.21.26.06,
Fax 03.80.21.64.92 n. V.

BOUCHARD PERE ET FILS
Les Clous 1998

☐ 8,66 ha k. A. 23 à 30 €

Eine Einzellage weit oben am Hang, die am höchsten gelegene. Der Wein präsentiert sich hier mit einer strohgelben Farbe, die einen grünen Ton zeigt. Der interessante, blumige Duft beginnt sich erst zu entfalten. Sein Geschmack ist eher lang als breit, aber die Gesamtharmonie ist geglückt. Man stellt vor allem eine kleine persönliche Note fest, die die Aufmerksamkeit auf sich zieht.

Bouchard Père et Fils, Ch. de Beaune,
21200 Beaune, Tel. 03.80.24.80.24,
Fax 03.80.22.55.88,
E-Mail france@bouchard-pereetfils.com
n. V.

GILLES BOUTON
Blagny La Jeunelotte 1999★★

☐ 1er cru 0,44 ha 3 700 15 à 23 €

La Jeunelotte ist, wie man bestimmt weiß, ein Meursault-Blagny, der mit Puligny flirtet. Sie ruft hier Bewunderung hervor. Die Traubensorte wird nicht vom Holz überdeckt. Der Geschmack sagt nicht allzu viel, zeigt aber eine vollkommene Klarheit. Süßmandel und Zitrone spielen ihren Part. Ein ausgezeichneter Wein von mittellanger Lagerfähigkeit, der schon rund und sehr gut aufgelegt ist!

Gilles Bouton, Gamay, 21190 Saint-Aubin,
Tel. 03.80.21.32.63, Fax 03.80.21.90.74
n. V.

MICHEL BOUZEREAU ET FILS
Les Grands Charrons 1999★★

☐ k. A. 8 000 15 à 23 €

Dieses Gut ist unseren Lesern nicht unbekannt. Es erhielt übrigens in dieser AOC eine Liebeserklärung für einen 97er Premier cru Les Genevrières in unserem Weinführer 2000. Der **99er Premier cru Les Genevrières** (Preisgruppe: 150 bis 199 F) bekommt zwei Sterne. Doch den zweiten Platz auf dem Siegespodest erringt der Grands Charrons. Seine aromatische Feinheit (wobei Geißblatt dominiert), das strahlende Goldgrün der Farbe, die sofort sinnliche Ausgewogenheit über einer hübschen Fruchtigkeit, die richtige Dosierung des Holzes und die elegante Nachhaltigkeit – alles trägt dazu bei, ihn zu einem sehr großen Wein zu machen. Beachten Sie such den **99er Les Tessons,** der sein letztes Wörtchen noch nicht gesagt hat und einen Stern erhält.

Michel Bouzereau et Fils,
3, rue de la Planche-Meunière,
21190 Meursault, Tel. 03.80.21.20.74,
Fax 03.80.21.66.41 n. V.

DOM. HUBERT BOUZEREAU-GRUERE Charmes 1999★

☐ 1er cru 0,65 ha 2 000 23 à 30 €

Für eine Verkostung in vier bis fünf Jahren sollten Sie diesen Charmes wählen, der voller Seide und Spitzen, Geißblatt und getrockneter Früchte ist und verdient, dass er stärker verschmilzt und noch reift. Marie-Laure und Marie-Anne sichern an der Seite ihres Vaters Hubert Bouzereau die Nachfolge.

Hubert Bouzereau-Gruère,
22 a, rue de la Velle, 21190 Meursault,
Tel. 03.80.21.20.05, Fax 03.80.21.68.16
n. V.

JOSEPH DE BUCY Bouchères 1999★★

☐ 1er cru k. A. 1 160 23 à 30 €

Übernahme der Firma Jean Germain in Meursault im Jahre 1996 und Übersiedlung nach Beaune, in die Befestigungsanlagen der Stadt. Dieser 99er wurde unter den Besten eingestuft: Er hat eine klare weißgoldene Farbe und bietet schon beim ersten Riechen alles auf; Butter und Akazienblüten, Zitrusfrüchte und Honig sind während der gesamten Verkostung mit dabei. Sehr gut kontrollierter Holzton. Perfekt. Man sollte ihn für einen schönen Anlass aufheben.

Maison Joseph de Bucy,
34, rue Eugène-Spuller, 21200 Beaune,
Tel. 03.80.24.91.60, Fax 03.80.24.91.54,
E-Mail jodebucy@aol.com n. V.

DOM. CAILLOT Le Limozin 1998★

☐ 0,4 ha 2 500 15 à 23 €

Liebeserklärung im letzten Jahr für den 97er. Auch wenn der 98er nicht das große Los zieht, ist er doch eines großen Meursault-Weins würdig. Der Nachfolger zeigt eine strahlende hellgoldene Farbe und entfaltet sich mit Eleganz und Reichtum über einem kräftigen Stoff. Dieser 98er hat alles von einem 95er, mit einem schon ausgeprägten Charakter. Rahmsauce und Morcheln, damit der Koch darauf vorbereitet ist! Mit der gleichen Note wurde der **98er Clos du Cromin** bewertet. Hefebrot, Pfirsich, Butter und geröstetes Brot, rund und sehr fett. Er ist trinkreif.

GAEC Dom. Caillot, 14, rue du Cromin, 21190 Meursault, Tel. 03.80.21.21.70, Fax 03.80.21.69.58 n. V.

DOM. CHANGARNIER 1999

□ 0,26 ha 2 000 11 à 15 €

Zehn, fünfzehn Generationen, man weiß es nicht mehr so genau. Das ist auch nicht so wichtig, denn allein dieser 99er zählt. Funkelnde goldene Farbe, über den weißfleischigen Früchten ein wenig an Pilze erinnernd. Mittlerer typischer Charakter, aber unbestreitbarer Reichtum und eine gut kontrollierte Stärke. Man sollte ihn in ein bis zwei Jahren öffnen.

Dom. Changarnier pl. du Puits, 21190 Monthélie, Tel. 03.80.21.22.18, Fax 03.80.21.68.21, E-Mail changarnier@aol.com
Mo–Sa 9h–12h 14h–19h

DOM. DU CHATEAU DE PULIGNY-MONTRACHET 1999*

□ 0,73 ha 5 000 15 à 23 €

«Wahrheit gegenüber allem» – das ist der stolze Wahlspruch dieses Guts, das vor kurzem von der Französischen Bodenkreditanstalt erworben wurde. Ein sehr holzbetonter Wein, der im Anblick gefällt und einen Duft von recht begeisternder Komplexität bietet. Der freimütige, reichhaltige Geschmack lässt über Röstnoten weiße Früchte zu Wort kommen: Das Fass hat sich somit gut eingefügt.

SCEA Dom. du Château de Puligny-Montrachet, 21190 Puligny-Montrachet, Tel. 03.80.21.39.14, Fax 03.80.21.39.07, E-Mail chateaupul@aol.com n. V.

CH. DE CITEAUX Les Narvaux 1999*

□ 0,65 ha 4 000 15 à 23 €

Warme Goldfarbe mit grünem Schimmer. Der Duft ist recht entfaltet, mit Röstnoten, die durch Zitrusfrüchte ergänzt werden. Hier ist ein 99er, der – wenn er einmal harmonisch verschmolzen ist – sehr repräsentativ sein wird. Sein Reichtum, sein gut umhüllter Stoff und seine anhaltende Länge sind viel versprechend. An diesem Ort pflanzten die Mönche von Cîteaux 1098, im gleichen Jahr, als der Orden gegründet wurde, ihre ersten Reben an. Weisen wir außerdem auf den **99er Premier cru Perrières** (Preisgruppe: 150 bis 199 F) hin, der von der Jury lobend erwähnt wurde.

Dom. Philippe Bouzereau, Ch. de Cîteaux, 18-20, rue de Cîteaux, BP 25, 21190 Meursault, Tel. 03.80.21.20.32, Fax 03.80.21.64.34, E-Mail info@domaine.bouzereau.fr n. V.

ALAIN COCHE-BIZOUARD 1999*

■ 0,4 ha 2 400 8 à 11 €

Hier haben wir einen roten Meursault (sehr selten) mit einem sehr gut dosierten Holzton. Kurz gesagt: Er ist einschmeichelnd, so präsent ist die Frucht. In der Nase dominiert schwarze Johannisbeere über die Wild- und Röstnoten. Der Geschmack bestätigt den Geruchseindruck; er wird durch ausgezeichnete Tannine strukturiert. Ein begeisterter Verkoster empfahl, ihn zu gefüllten Wachteln mit Gänseleber zu servieren. Merken Sie sich auch den **weißen 98er Meursault Goutte d'Or** (Preisgruppe: 150 bis 199 F), einen von Thomas Jefferson bevorzugten Premier cru, der für seine leicht lakritzeartigen Geißblattaromen und seinen runden und zugleich lebhaften, fruchtbetonten Geschmack einen Stern erhält.

EARL Alain Coche-Bizouard, 5, rue de Mazeray, 21190 Meursault, Tel. 03.80.21.28.41, Fax 03.80.21.22.38
n. V.

VINCENT DANCER Perrières 1999**

□ 1er cru 0,29 ha 1 800 15 à 23 €

Vincent Dancer ist hier seit 1996 ansässig und seit dem 97er im Hachette-Weinführer vertreten. Hier erleben wir ihn mit zwei Sternen ausgezeichnet, mit diesem 99er, den man im Keller verhätscheln muss. Nicht zu lang: ein bis zwei Jahre. Denn er strömt über vor Unternehmungslust, von weißen Blüten bis zu grüner Zitrone. Unter einer klaren weißgoldenen Farbe, die die Regel achtet, hält ein «Fett», das lebhaft und subtil, (fast) ätherisch leicht ist, den Holzton an der Leine und beherrscht die Lage. Masthuhn aus der Bresse? Ja, wenn man gut darüber nachdenkt!

Vincent Dancer, 23, rte de Santenay, 21190 Chassagne-Montrachet, Tel. 03.80.21.94.48, Fax 03.80.21.94.48, E-Mail vincentdancer@aol.com n. V.

JOSEPH DROUHIN En Luraule 1999**

□ 0,45 ha k. A. 23 à 30 €

En Luraule, eine Einzellage zwischen les Gouttes d'Or und les Grands Charrons. Er ist klar und schillernd. Er duftet nach Mokka, Nougat und feinen Backwaren: In Meursault liebt man Hefebrot. Sein bezauberndes, ausgewogenes Fleisch mit dem feinen Holzton verführt. Ein Verkoster schrieb: «Ein Wein, der im Mund bleibt.»

Joseph Drouhin, 7, rue d'Enfer, 21200 Beaune, Tel. 03.80.24.68.88, Fax 03.80.22.43.14, E-Mail maisondrouhin@drouhin.com n. V.

DOM. EMILE JOBARD Les Tillets 1999*

☐ 0,36 ha 1 900 11 à 15 €

Diese blasse Goldfarbe, dieser erwachende Akazienduft und diese Rundheit haben eine Überzeugungskraft, die optimistisch macht – trotz einer leichten Abkapselung im Augenblick. Ein paar Jahre in einem guten Keller werden das Ganze verfeinern.

Dom. Emile Jobard, 1, rue de la Barre, 21190 Meursault, Tel. 03.80.21.26.43, Fax 03.80.21.60.91 ☑ Y n. V.

Jobard-Morey

DOM. DE LA GALOPIERE Les Chevalières 1999*

☐ 0,23 ha 1 500 15 à 23 €

Les Chevalières liegen in Richtung les Luchets, einer Einzellage, die durch ein Stück berühmt geworden wurde, das der Winzer – der Schauspieler Jean-Marc Roulot – verfasste und spielte. Sie präsentieren sich hier in einem schönen heraldischen Golden. Die Rebsorte, das Terroir und das Fass tragen noch ein Ritterturnier aus, aber der Wein hat genug «Fett», um die Stöße recht lang auszuhalten, ohne aus dem Sattel gehoben zu werden.

Claire et Gabriel Fournier, 6, rue de l'Eglise, 21200 Bligny-lès-Beaune, Tel. 03.80.21.46.50, Fax 03.80.21.49.93, E-Mail c.g.fournier@wanadoo.fr ☑ Y n. V.

SYLVAIN LANGOUREAU Blagny La Pièce sous le bois 1999*

☐ 1er cru 0,45 ha 3 600 15 à 23 €

Die Langoureaus kamen Ende des 19. Jh. nach Burgund. Der Leiter des Guts führt es seit 1988. Hier ist sein Meursault-Blagny. Er steht mit Puligny auf vertraulichem Fuße. Dieser blumig duftende weißgoldene 99er mit dem recht gedämpften Holzton ist einschmeichelnd, aber imposant in seiner Äußerung am Gaumen; vielleicht fehlt es ihm ein wenig an Biss, aber er hat ein ausgezeichnetes Qualitätsniveau.

Sylvain Langoureau, Hameau de Gamay, 21190 Saint-Aubin, Tel. 03.80.21.39.99, Fax 03.80.21.39.99 ☑ Y n. V.

LA P'TIOTE CAVE Bouchères 1998**

☐ 1er cru k. A. k. A. 23 à 30 €

Die Bouchères befinden sich mitten in der kommunalen Appellation, überdies in der besten Umgebung mit Goutte d'Or und Poruzot als Nachbarn. Dieser 98er besitzt eine sehr frische weißgoldene Farbe. Seine Honignoten enthalten eine Nuance geröstete Mandeln. Noch ein wenig zurückhaltend und streng. Ein Wein, den man aufheben muss, denn er ist sehr viel versprechend.

EARL La P'tiote Cave, 71150 Chassey-le-Camp, Tel. 03.85.87.15.21, Fax 03.85.87.28.08 ☑ Y tägl. 9h–12h 14h–18h

Mugnier Vater und Sohn

JEAN LATOUR-LABILLE ET FILS 1999*

■ 0,56 ha 3 000 8 à 11 €

Vincent Latour hat mit 23 Jahren 1998 dieses Gut übernommen. Dieser dunkelpurpurrote Wein, der unter so vielen Weißweinen ein wenig verloren wirkt, verteidigt forsch die Ehre der Rotweine. Milde in der Ansprache, ein strukturierter Körper, Stoff mit Aromen von Backpflaumen in Alkohol im Nasen-Rachen-Raum. Weisen wir auch auf den **roten 99er Premier cru Les Cras** (Preisgruppe: 70 bis 99 F) hin, der voluminös, sehr strukturiert und stark vom Fass geprägt ist, sowie auf den **weißen 99er Premier cru Perrières** (Preisgruppe: 150 bis 199 F), auf den man sich lang verlassen kann.

Jean Latour-Labille et Fils, 6, rue du 8-Mai, 21190 Meursault, Tel. 03.80.21.22.49, Fax 03.80.21.67.86 ☑ Y n. V.

Vincent Latour

OLIVIER LEFLAIVE Charmes 1998*

☐ 1er cru 1,2 ha 7 400 38 à 46 €

Reich, fett, kräftig ... Nein, er erregt wirklich kein Mitleid und will keine Almosen. Gold? Er hat genug davon in seiner Farbe. Fruchtige Aromen mit einem Hauch von Entwicklung. Die Folgeeindrücke sind die eines ausgeprägten, in seiner Opulenz typischen Chardonnay, der sich im Mund rücksichtslos behauptet. Ein großer Koch, der Mitglied der Jury war, schrieb: «Perfekt für die Gastronomie: Lassen Sie Bresse-Geflügel in Rahmsauce mit Morcheln kommen!» Ganz einfach.

Olivier Leflaive pl. du Monument, 21190 Puligny-Montrachet, Tel. 03.80.21.37.65, Fax 03.80.21.33.94, E-Mail leflaive-olivier@dial.oleane.com ☑ Y n. V.

DOM. MAILLARD PERE ET FILS 1999*

☐ 0,23 ha k. A. 15 à 23 €

Die Köchin sagt Ihnen: Es gibt Fischterrine. Suchen Sie nicht lang: Das hier ist die richtige Flasche dafür. Der Wein hat nicht den Umfang des Kolosseums, sondern einen feinen, leichten Körper, den der Friese am Parthenon. Schönheit kennt viele Gestalten! Säure und Milde bilden ein Paar. Die Farbe ist tadellos; der Duft besteht aus frischen, leicht gerösteten Haselnüssen. Das ist ein echter «Dorfwein».

Dom. Maillard Père et Fils, 2, rue Joseph-Bard, 21200 Chorey-lès-Beaune, Tel. 03.80.22.10.67, Fax 03.80.24.00.42 ☑ Y n. V.

DOM. MAROSLAVAC-LEGER Les Murgers 1999*

☐ 0,25 ha 1 700 15 à 23 €

Die Reblage les Murgers heißt in Wirklichkeit Murger de Monthélie: ganz nahe bei diesem Dorf. Bekanntlich bezeichnet das Wort *«murger»* Steinhaufen, die hier seit Jahrhunderten angehäuft worden sind. Dieser intensive, klare 99er mit dem diskreten Holzton und den noch wenig entfalteten Blütenaromen bietet einen Ge-

schmack, in dem die Frucht bis zur letzten Fermate bemerkenswert erhalten bleibt.
Dom. Maroslavac-Léger, 43, Grande-Rue, 21190 Puligny-Montrachet, Tel. 03.80.21.31.23, Fax 03.80.21.91.39, E-Mail maroslavac.leger@wanadoo.fr
n. V.

CH. DE MEURSAULT 1998

☐ 1er cru 5 ha 30 000 30 à 38 €

Ein Cherubim, mild und zart. Man muss ihn ein wenig betteln: hellgolden, holzbetont, vor einem Rösthintergrund einen Weißdornduft wagend – er ist sehr glatt, zeigt aber eine schöne Kohärenz, die Gewicht hat und zu weißem Fleisch mit Sauce führt.
Dom. du Château de Meursault, 21190 Meursault, Tel. 03.80.26.22.75, Fax 03.80.26.22.76 n. V.

DOM. MICHELOT MERE ET FILLE
Clos du Cromin 1999*

☐ 0,98 ha 1 500 15 à 23 €

Domaine Michelot Mère et Fille. Das neue Burgund überrascht uns unaufhörlich! Geneviève hat 1998 die Weinberge ihres Vaters übernommen, zusammen mit ihrer Tochter Véronique. Das Foto auf dem Etikett zeigt ihre Großmutter. Ebenfalls auf dem Etikett ist vermerkt, dass der Wein nicht filtriert worden ist. Eine starke Präsenz der lang anhaltenden Frucht, eine schöne Farbe und im Augenblick holzige Düfte. Ein guter 99er, der in den nächsten achtzehn Monaten reifen muss.
Dom. Michelot Mère et Fille, 24, rue de la Velle, 21190 Meursault, Tel. 03.80.21.68.99, Fax 03.80.21.27.65
n. V.

MOILLARD Clos du Cromin 1999*

☐ 1,6 ha 7 500 23 à 30 €

Eine stets frühzeitig reifende Reblage nahe bei Volnay-Santenot, deren Trauben in der Regel recht früh geerntet werden. Sie hat einen hellgoldenen 99er hervorgebracht, der nach Weißdorn und gerösteten Mandeln duftet, im Geschmack einschmeichelnd ist und eine achtbare Nachhaltigkeit zeigt. Nicht ungeheuer viel Relief, aber auf dem Niveau seiner Ansprüche: Es handelt sich um einen «Dorfwein».
Dom. Moillard, chem. rural 29, 2, rue François-Mignotte, 21700 Nuits-Saint-Georges, Tel. 03.80.62.42.22, Fax 03.80.61.28.13, E-Mail nuicave@wanadoo.fr
tägl. 10h–18h; Jan. geschlossen

BERTRAND DE MONCENY
Bellevue 1999*

☐ k. A. 12 000 23 à 30 €

Ein guter Meursault von klassischem Bau. Sehr klassisch: Zitronen- und Blütennoten, Nuancen von reifen Trauben, einschmeichelnde Ansprache, «Fett», aber nicht zu viel davon, eine klare Frucht und eine angenehme Milde. Bellevue scheint keine Reblage zu sein; Bertrand de Monceny ist eine Marke von J.-P. Nié.
Cie des Vins d'Autrefois, abbaye Saint-Martin, 53, av. de l'Aigue, 21200 Beaune, Tel. 03.80.26.33.00, Fax 03.80.24.14.84, E-Mail mallet.b@cva-beaune.fr
Jean-Pierre Nié

PIGUET-GIRARDIN Vieilles vignes 1999

☐ 2 ha k. A. 11 à 15 €

Ein 99er, der nicht übertreibt. Klares Blassgold, ohne auffallen zu wollen. Ein Wein, der nicht nach Extravaganz strebt. Duft von Haselnuss, Butter und Orangenfruchtfleisch. Er bestätigt sich auf positive Weise voller Sanftheit; er hat keine beträchtliche Struktur, aber wir befinden uns inmitten einer angenehmen Umgebung mit Mandelnoten.
SCE Piguet-Girardin, rue du Meix, 21190 Auxey-Duresses, Tel. 03.80.21.60.26, Fax 03.80.21.66.61 n. V.

CAVE PRIVEE D'ANTONIN RODET
Perrières 1998**

☐ 1er cru k. A. 608 38 à 46 €

Wahl zum Lieblingswein – ein Phänomen, dieser Wein! Ein wuchtiger, fast entwickelter Wein, bei dem sich der Perrières dem Terroir anpasst. Menthol, Feuerstein und Zitrone kündigen eine nachdrückliche Opulenz an, die aber beim Meursault nicht erschrecken kann. Die Oberjury stufte ihn als Nr. 1 ein.
Antonin Rodet, 71640 Mercurey, Tel. 03.85.98.12.12, Fax 03.85.45.25.49, E-Mail rodet@rodet.com
Mo–Fr 9h–12h 14h–18h

ROPITEAU 1999*

■ k. A. 6 000 11 à 15 €

Der rote Meursault, das ist so etwas wie ein seltener Vogel! Wenn er den Namen Ropiteau trägt, muss er keine Ausweispapiere vorzeigen. Die Familie Boisset ist so klug, dass sie Firmen, die sie übernimmt, in ihrem Erbe und ihrem Können erhalten kann. Das kommt nicht so häufig vor! Dieser zinnoberrote 99er zeigt sich dank seiner Wild- und Gewürznoten einschmeichelnd. Sofort eine gute Präsenz des gut texturierten Stoffs: Die Tannine rahmen die Frucht ein, ohne sie einzusperren. Schöne potenzielle Freigebigkeit. Ein Stern auch für den **weißen 98er Premier cru Perrières** (Preisgruppe: 150 bis 199 F), der nach geröstetem Brot und Aprikose duftet und füllig, fett und warm ist.

🔑 Ropiteau Frères, 13, rue du 11-Novembre, 21190 Meursault, Tel. 03.80.21.69.20, Fax 03.80.21.69.29
☑ Y tägl. 9h–19h; Mitte Nov. bis Ostern geschlossen

DE SOUSA-BOULEY Les Millerans 1999*

☐ 0,51 ha 1 800 ⅡⅠ 11 à 15 €

Diese Einzellage ganz unten im Dorf hat einen Wein geliefert, der für Klößchen oder Krebse bestimmt ist. Seine leichten grünen Reflexe umhüllen Duftnuancen, in denen die Pilze über einem dominierenden röstartigen Holzton nicht unbemerkt bleiben. Er hält lang an und ist recht lebhaft. Er erinnert an die nach Haselnüssen duftenden kleinen Wege, die Mireille besang.
🔑 Albert de Sousa-Bouley, 25, RN 74, 21190 Meursault, Tel. 03.80.21.22.79, Fax 03.80.21.66.76 ☑ Y tägl. 8h–20h

HENRI DE VILLAMONT 1999

☐ k. A. 12 000 ⅡⅠ 23 à 30 €

Ein sehr grün erscheinender Wein, der von einer burgundischen Filiale der Schweizer Gruppe Schenk präsentiert wird. Sein Pampelmusen- und Zitronenduft zeigt viel Schwung. Er ist fett und rund und besitzt eine gute Säure. Man kann ihn anscheinend unbesorgt lagern. Im Geschmack tendiert er zu Zitrusfrüchten.
🔑 SA Henri de Villamont, rue du Dr-Guyot, 21420 Savigny-lès-Beaune, Tel. 03.80.24.70.07, Fax 03.80.22.54.31, E-Mail hdv@planetb.fr
Y Mo, Mi–So 10h30–18h; 15. Nov. bis 15. März geschlossen

Blagny

Dieses einheitliche Anbaugebiet, das um den Weiler Blagny herum entstanden ist, liegt auf dem Boden der beiden Gemeinden Meursault und Puligny-Montrachet. Hier werden bemerkenswerte Rotweine erzeugt, die die Appellation Blagny tragen (256 hl im Jahre 2000); doch der größte Teil der Anbaufläche ist mit Chardonnay bepflanzt, der – je nachdem in welcher Gemeinde sich die Parzelle befindet – Meursault premier cru oder Puligny-Montrachet premier cru liefert.

DOM. HENRI CLERC ET FILS
Sous le Dos d'Ane 1998*

■ 1er cru 0,93 ha 3 906 ⅡⅠ 23 à 30 €

94 95 **96** 97 98

Dieses im 16. Jh. entstandene Gut belieferte mit seinem Traubengut den Weinhandel, bis 1965, dem Zeitpunkt, als sich Bernard Clerc dafür entschied, die Trauben selbst zu vinifizieren. Sein Wein, der über einem leicht malvenfarbenen Untergrund ein recht kräftiges Granatrot zeigt, kommt seinen aromatischen Aufgaben mit einer reizvollen Feinheit nach: Süßkirsche, Backpflaume, Buchsbaum, verwelktes Laub ... Seine Tannine bilden ein schönes Gerüst und erfordern eine mehrjährige Lagerung. Der «Eselsrücken» ist noch rau, so dass man ihn «abhobeln» muss. Sein Stoff ist viel versprechend (fünf bis sechs Jahre im Keller).
🔑 Dom. Henri Clerc et Fils, pl. des Marronniers, 21190 Puligny-Montrachet, Tel. 03.80.21.32.74, Fax 03.80.21.39.60
☑ Y tägl. 8h30–11h45 14h–17h45
🔑 Bernard Clerc

Puligny-Montrachet

Diese kleine, stille Gemeinde, die zwischen ihren beiden Nachbarn Meursault und Chassagne eingezwängt liegt, ist das Zentrum der Weißweine der Côte d'Or. Ihre Anbaufläche ist nur halb so groß wie die von Meursault und macht auch nur zwei Drittel der Rebfläche von Chassagne aus; doch über diesen scheinbar bescheidenen Status tröstet sie sich damit hinweg, dass sie die besten weißen Grands crus von Burgund besitzt, darunter den Montrachet, den sie sich mit Chassagne teilt.

Die geografische Lage dieser Grands crus ist – nach Angaben der Geologen der Universität Dijon – mit dem Zutagetreten eines Horizonts der Bath-Stufe verbunden, deren Boden ihnen mehr Feinheit, mehr Harmonie und größere aromatische Subtilität verleiht als den Weinen, die auf den benachbarten Mergelböden erzeugt werden. 2000 erzeugte die AOC 11 120 hl Weißwein und 258 hl Rotwein.

Die anderen *climats* und Premiers crus der Gemeinde verströmen häufig pflanzliche Gerüche mit Harz- oder Terpennoten, die ihnen viel Vornehmheit verleihen.

DOM. CHARLES ALLEXANT ET FILS
Les Meix 1999

☐ 0,41 ha 2 500 ⅡⅠ 15 à 23 €

Klar mit goldenen Reflexen. Er duftet nach Haselnuss und Flieder. Der Auftakt ist angenehm dank einer Feinheit, die sich in Frische hüllt. Säure? Kein Problem. Der Abgang? Ein wenig an Lakritze erinnernd. Diese Reblage befindet sich direkt oberhalb der Lage les Pucelles. Ein typischer Puligny, der eine sehr befriedigen-

de Note erhielte, wenn es sich um einen Aufsatz handeln würde.
SCE Dom. Charles Allexant et Fils, rue du Château, Cissey, 21190 Merceuil, Tel. 03.80.26.83.27, Fax 03.80.26.84.04
Mo–Fr 8h–12h 13h30–18h; Sa, So n. V.

MICHEL BOUZEREAU
Les Champs Gains 1999*

1er cru 0,3 ha k. A. 23 à 30 €

In mehr als 300 m Höhe auf dem Hang von Blagny. Die Reblage les Champs Gains ist der am höchsten gelegene Premier cru in der Umgebung des Montrachet. Die Physiognomie des Weins entspricht hier dem Phantombild der Appellation und der Einzellage. Er ist delikat und blumig und bemüht sich, mehr zu verführen als zu überzeugen. Seine Säure gibt ihm ein Relief. Zweifellos leicht, aber er hat Klasse.
Michel Bouzereau et Fils, 3, rue de la Planche-Meunière, 21190 Meursault, Tel. 03.80.21.20.74, Fax 03.80.21.66.41
n. V.

DOM. CAILLOT Les Pucelles 1998**

1er cru 0,22 ha 350 38 à 46 €

Schon in seinem 1831 erschienenen Buch wies Dr. Morelot auf die Vanilleempfindung der burgundischen Weine hin. Das gilt auch hier. Diese «Jungfrauen» sind in jeder Beziehung wunderbar, mehr schelmisch als schamhaft, aber sie können sich benehmen. Sie sind noch zu stark vom Röstaroma geprägt, um sie heute zu würdigen. Aber in zwei bis drei Jahren werden sie die heikelsten Geschmäcker zufrieden stellen. Denn der Wein darunter ist großartig. Ein verborgener Schatz!
GAEC Dom. Caillot, 14, rue du Cromin, 21190 Meursault, Tel. 03.80.21.21.70, Fax 03.80.21.69.58 n. V.

DOM. JEAN CHARTRON
Les Folatières 1999*

1er cru 0,5 ha 3 500 46 à 76 €

Zartheit oder Leichtigkeit? Das ist genau die Frage, die sich die Verkoster gestellt haben. Allerdings sind das nicht x-beliebige Leute. Einer von ihnen schrieb, ohne dass er Kenntnis davon hatte, auf seinen Zettel: «Kommt von oberhalb von Puligny.» Genau, es handelt sich um die Reblage les Folatières. Diskrete Farbe im richtigen Ton, Spuren von Haselnuss. Dieser 99er bereitet sich auf die Vermählung vor: weiße Blüten und weiße Früchte. Ein schöner Premier cru, eher mild als stürmisch. Ein anderer Vorschlag: der **99er Clos de la Pucelle** (gleiche Note).
Dom. Jean Chartron, 13, Grande-Rue, 21190 Puligny-Montrachet, Tel. 03.80.21.32.85, Fax 03.80.21.36.35
tägl. 10h–12h 14h–18h; Mitte Nov. bis März geschlossen

DOM. DU CHATEAU DE PULIGNY-MONTRACHET 1999*

1,5 ha 10 000 23 à 30 €

Wir erinnern uns an den Zeichner Sempé, der hier Weine probierte. Dieser Wein dürfte ihm gefallen, denn er lässt an morgendliche Düfte denken. Er ist intensiv gelb und konzentriert sich auch auf das Fass. Sein komplexes Aroma (Bienenwachs, Gewürznelke) zeigt sich deutlich. Das Urteil ist fast einstimmig: in zwei bis vier Jahren ein großer Wein.
SCEA Dom. du Château de Puligny-Montrachet, 21190 Puligny-Montrachet, Tel. 03.80.21.39.14, Fax 03.80.21.39.07, E-Mail chateaupul@aol.com n. V.

DOM. DUPONT-FAHN
Les Grands Champs 1999*

k. A. 1 200 11 à 15 €

Sie sehen die Reblage Clavaillon? Les Grands Champs befinden sich direkt daneben. Die goldene Farbe strahlt mit ihrem ganzen Glanz. Die Frische stellt sich beim ersten Riechen ein; danach folgen recht großzügige Zitrusnoten vor einem Vanillehintergrund. Was für ein «Fett» und was für ein Reichtum im Geschmack! Zu Fisch? Zweifellos, aber es muss ein großer Fisch sein!
Michel Dupont-Fahn, 21190 Monthélie, Tel. 03.80.21.26.78, Fax 03.80.21.21.22
n. V.

RAYMOND DUREUIL-JANTHIAL
Les Champs Gains 1999*

1er cru 0,19 ha 1 200 23 à 30 €

Die Heirat der einzigen Tochter eines Winzers aus Rully erlaubte es diesem in Puligny geborenen Erzeuger, mit einem Auge zur Côte de Beaune und mit dem anderen zur Côte Chalonnaise zu schielen. Dieser ölige und danach lebhafte Premier cru mit dem gut eingefügten Holzton zeigt eine gute Zusammenstellung, muss sich aber beim Ausbau verfeinern. Seine von Zitrusfrüchten begleiteten Toastnoten unter seiner leichten Goldfarbe erwecken einen sehr guten Eindruck.
Raymond Dureuil-Janthial, rue de la Buisserolle, 71150 Rully, Tel. 03.85.87.02.37, Fax 03.85.87.00.24
Mo–Sa 9h–12h 15h–19h; So n. V.

CH. GENOT-BOULANGER
Les Nosroyes 1998*

1,1 ha 4 900 15 à 23 €

Eine Reblage in der Nähe der Perrières-Lage. Aber wo auch immer der Ort liegt, an dem man sich gerade in Puligny befindet, man ist dem Paradies nahe. Goldgrün? Lindgrün. In der Nase entdeckt der Weinliebhaber Falschen Jasmin, Kiefernharz und sogar Feuerstein. Das Fassholz macht sich bemerkbar; man verspürt eine Empfindung von Jugendlichkeit. Wenn man ihn nicht zu lang lagern will, muss man ihn dekantieren.
SCEV Ch. Génot-Boulanger, 25, rue de Cîteaux, 21190 Meursault, Tel. 03.80.21.49.20, Fax 03.80.21.49.21, E-Mail genot.boulanger@wanadoo.fr
n. V.

DOM. HUBERT LAMY
Les Tremblots 1999*

☐ 0,9 ha 7 900 15 à 23 €

Die Reblage les Tremblots grenzt an Chassage an, direkt oder unterhalb der Bâtard-Lage oder nur sehr wenig davon entfernt! Schöner Glanz, Haselnussbutter in der Nase. Im Mund hält er mit einer guten Länge an. Die Vielfalt seiner Aromen macht ihn interessant, aber seine ruhige Seite und seine geringe Säure legen nahe, dass man ihn nicht länger als zwei bis drei Jahre aufhebt.

Dom. Hubert Lamy, Paradis, 21190 Saint-Aubin, Tel. 03.80.21.32.55, Fax 03.80.21.38.32 n. V.

SYLVAIN LANGOUREAU
La Garenne 1999**

☐ 1er cru 0,55 ha 4 400 15 à 23 €

Zwei sehr gute Weine: der **99er Premier cru Les Chalumaux** (ein Stern) und dieser noch bessere Wein. La Garenne? Man findet diese Reblage, wenn man in Richtung Blagny hinaufgeht. Ein goldfarbener Wein von Honig und Butter, den man Rotkäppchen mitgeben könnte. Er ist fett und rund und noch ein wenig vom Alkohol geprägt, aber die Reife der Trauben und die aromatische Komplexität haben reichlich, um die Zeit auszufüllen (zwei bis fünf Jahre Lagerung). Man kann ihn sogar zu Lachstatar servieren, ohne ihn dadurch zu erniedrigen.

Sylvain Langoureau, Hameau de Gamay, 21190 Saint-Aubin, Tel. 03.80.21.39.99, Fax 03.80.21.39.99 n. V.

DOM. LARUE Les Garennes 1999*

☐ 1er cru 0,59 ha 4 500 23 à 30 €

Dieser kristallklare Wein, den die berühmten grünen Reflexe durchzucken, erscheint reif, obwohl er ganz jung ist. Geißblatt und eine empyreumatische Note vermischen sich mit einem mineralischen Hauch. Der hochfeine und zugleich kräftige Geschmack ist schon fast trinkreif.

Dom. Larue, Gamay, 21190 Saint-Aubin, Tel. 03.80.21.30.74, Fax 03.80.21.91.36 n. V.

ROLAND MAROSLAVAC-LEGER
Les Combettes 1999

☐ 1er cru 0,16 ha 1000 23 à 30 €

Die Combettes haben hier einen ausgeprägten Haselnussduft und -geschmack. Dieser farbintensive Wein verführt den Gaumen mit einer kleinen Meursault-Note (das ist die Tür gegenüber). Der Alkohol unterstützt den Bau ein wenig. Der Stachel kommt in zwei Jahren.

Dom. Maroslavac-Léger, 43, Grande-Rue, 21190 Puligny-Montrachet, Tel. 03.80.21.31.23, Fax 03.80.21.91.39, E-Mail maroslavac.leger@wanadoo.fr n. V.

PROSPER MAUFOUX 1998*

☐ k. A. k. A. 23 à 30 €

Kräftige goldene Farbe mit grünen Reflexen. Ein 98er, der noch voller Saft und Kraft ist. Er zeigt einen «Anstieg», wie man früher sagte. Leichter Duft von Blütenhonig, Noten von gerösteten Mandeln – Sie werden den Geruchseindruck lieben. Der ein wenig strenge erste Geschmackseindruck entfaltet sich zu einer kräftig gebauten Struktur, die diesen strengen, dichten Charakter beibehält. In zwei bis drei Jahren wird er gut ausbalanciert und wahrscheinlich runder sein.

Prosper Maufoux, pl. du Jet-d'Eau, 21590 Santenay, Tel. 03.80.20.60.40, Fax 03.80.20.63.26, E-Mail prosper.maufoux@wanadoo.fr n. V.

DOM. BERNARD MILLOT 1999*

☐ 0,45 ha 1 500 11 à 15 €

Er zeigt ein recht blasses Strohgelb und verlangt danach, mit seinem klassischen grünen Schimmer fortzufahren. Der angenehm, wenn auch diskret fruchtige Duft (Mirabelle) lässt im Hintergrund blumige Noten erkennen. Der Geschmack bietet eine frische Ansprache, entfaltet die Aromen des Geruchseindrucks und hält auf dem «Fett» an. Ein recht typischer, hübscher Wein.

EARL Bernard Millot, 27, rue de Mazeray, 21190 Meursault, Tel. 03.80.21.20.91, Fax 03.80.21.62.50 n. V.

DOM. JEAN PASCAL ET FILS 1999*

☐ 3,3 ha 6 000 15 à 23 €

Eine blassgoldene Farbe, die graue Reflexe durchziehen, eine von Zitrone und Farnkraut erfüllte Frische: ein Wein mit elegantem Profil. Im Mund eine schlanke Silhouette, jedoch ohne Magerkeit. Die Frucht ist recht präsent. Er ist im Abgang zart und sehr lang anhaltend und schafft sich eine Zukunft. Ein «Dorfwein», der einen ausgezeichneten Gesellschafter abgeben wird.

SARL Dom. Jean Pascal et Fils, 20, Grande-Rue, 21190 Puligny-Montrachet, Tel. 03.80.21.34.57, Fax 03.80.21.90.25 n. V.

FERNAND ET LAURENT PILLOT
Noyers Brets 1999*

☐ 0,5 ha 3 400 15 à 23 €

Noyers Brets? Eine Reblage im Süden des Dorfs, zwischen Enseignères und Tremblots. Dieser intensiv goldgelbe 99er bietet einen viel versprechenden Duft voller Qualitäten. Der Geschmack erweckt einen guten Eindruck. Er hat alles, um gut zu altern. Er ist weich, weinig und reich, mit Mandelnoten, und macht Lust, sich ein Vergnügen zu bereiten. Man sollte lieber warten, zwischen zwei und fünf Jahren.

Fernand et Laurent Pillot, 13, rue des Champgains, 21190 Chassagne-Montrachet, Tel. 03.80.21.33.64, Fax 03.80.21.92.60, E-Mail lfpillot@club-internet.fr n. V.

REINE PEDAUQUE 1999

☐ k. A. 9 000 15 à 23 €

Dieser Wein wird befördert werden, wenn er älter ist. Denn man muss ihn auf sich zukommen lassen. Unter leichten Röstaromen «chardonniert» er deutlich. Er zeigt eine gewisse Opulenz, mit schönem Fleisch und gutem «Fett». Aber wie schon gesagt, er befindet sich in Wartestellung. Zwei Jahre? Fünf Jahre?

Reine Pédauque, Le Village, 21420 Aloxe-Corton, Tel. 03.80.25.00.00, Fax 03.80.26.42.00, E-Mail rpedauque@axnet.fr Y n. V.

CAVE PRIVEE D'ANTONIN RODET
Hameau de Blagny 1998

☐ 1er cru k. A. 718 46 à 76 €

Wir befinden uns hier in Blagny. Physisch. Ein öliger, seidiger, weicher Wein, den man in ein bis zwei Jahren trinken sollte, wenn er noch seinen etwas eigentümlichen, aber fesselnden Charme besitzt.

Antonin Rodet, 71640 Mercurey, Tel. 03.85.98.12.12, Fax 03.85.45.25.49, E-Mail rodet@rodet.com
Y Mo–Fr 9h–12h 14h–18h

ROPITEAU 1999*

☐ k. A. 10 000 15 à 23 €

Klar und sauber: Er ist sehr trocken. Gelb und grün, wie es die Tradition verlangt, sehr duftig (fruchtig und vanilleartig) – er bereitet sich auf noch bessere Tage vor. Mandel und Haselnuss bereichern einen runden, angenehmen Geschmack, der lang genug anhält, dass man darüber sprechen kann. Die Firma ist beim Weißwein eines der Schmuckstücke in der Familie der Vins Jean-Claude Boisset.

Ropiteau Frères, 13, rue du 11-Novembre, 21190 Meursault, Tel. 03.80.21.69.20, Fax 03.80.21.69.29
Y tägl. 9h–19h; Mitte Nov. bis Ostern geschlossen

DOM. ROUX PERE ET FILS
Les Enseignères 1999*

☐ 0,33 ha 2 300 23 à 30 €

«Der Charakter, das ist etwas, was bleibt», rät uns Euripides. Hier der eindeutige Beweis dafür. Dieser 99er besitzt eine schöne Ausgewogenheit in seinem Aufbau und eine allgemeine Harmonie. Er hat eine recht leichte Goldfarbe und stützt sein Bouquet auf Mandeln und sehr reife weißfleischige Früchte. Er kann sich gut entwickeln. Als 97er war dieser Wein unser Lieblingswein im Hachette-Weinführer 2000. Wie viele Burgunder hat sich diese unternehmungslustige Familie gerade im Languedoc angesiedelt.

Dom. Roux Père et Fils, 21190 Saint-Aubin, Tel. 03.80.21.32.92, Fax 03.80.21.35.00
Y n. V.

RENE TARDY ET FILS 1999*

☐ 0,39 ha 2 900 15 à 23 €

Joël Tardy leitet dieses Gut seit 1985. Er hat diese Parzelle zusammen mit 35 kleinen Kapitalgebern erworben, die alle Liebhaber guter Weine sind. Dieser hier muss ein paar Jahre lagern, um alles zu verwirklichen, was er verspricht. Im Augenblick befindet er sich ganz in einer jugendlichen Frische und hat die Jury verführt, mit Ausnahme eines Verkosters, der gern mehr Persönlichkeit gehabt hätte. Zwei bis drei Jahre warten und dann überprüfen, wie er sich entwickelt hat.

Dom. René Tardy et Fils, 32, rue Caumont-Bréon, 21700 Nuits-Saint-Georges, Tel. 03.80.61.20.50, Fax 03.80.61.36.96, E-Mail tardyrene@aol.com
Y n. V.

VAUCHER PERE ET FILS 1999*

☐ k. A. k. A. 23 à 30 €

Wenn möglich Kalbsbries zu diesem 99er mit der warmen, lebhaften Goldfarbe. Sein Bouquet spricht von geröstetem Brot und Fass; eine Komplexität, die sich mit Butter und Akazienblüte andeutet. Ein ausgewogener Bau im französischen Stil, bei einem vollen, abgerundeten und dennoch festen Wein, der vielleicht ein wenig entwickelt ist, dessen Nuancen man aber hoffnungsvoll erwartet. Dank seiner Säure kann man auf ihn setzen. Vaucher ist eine Firma, die von der Familie Cottin (Labouré-Roi in Nuits) erworben wurde.

Vaucher Père et Fils, rue Lavoisier, 21700 Nuits-Saint-Georges, Tel. 03.80.62.64.00, Fax 03.80.62.64.10 Y n. V.

Montrachet, Chevalier, Bâtard, Bienvenues Bâtard, Criots Bâtard

Die erstaunlichste Besonderheit dieser Grands crus war noch in jüngster Vergangenheit die Tatsache, dass man sich relativ lang gedulden musste, bevor sie die außergewöhnliche Qualität, die man von ihnen erwartete, in ihrer vollen Entfaltung offenbarten. Zehn Jahre gestand man dem «großen» Montrachet zu, um seine Reife zu erreichen, fünf Jahre dem Bâtard und seinen Nachbarlagen; nur der Chevalier-Montrachet schien sich rascher zu entfalten und mitzuteilen.

Doch seit einigen Jahren trifft man auf Montrachet Cuvées mit einem Bouquet von außergewöhnlicher Stärke und einem Geschmack, der so gehalten ist, dass man ihre Qualität sofort würdigen kann, ohne über die zukünftige Entwicklung Vermutungen anstellen zu müssen. Die Produktionsmenge ist dort ebenfalls sehr gering: 2000 machten die Grands crus des Montrachet zusammen 1 512,23 hl aus.

Montrachet

DOM. DE LA ROMANEE-CONTI
1999★★★

☐ Gd cru 0,67 ha 3 590 +76 €

83 86 (90) 91 93 97 98 (99)

Jasmin kann zufrieden sein. Es handelt sich dabei um das (aus der Franche-Comté stammende) Pferd von Sébastien Denis, mit dem er seit 1999 die Weinberge Romanée-Conti und Montrachet sowie einen Teil des Richebourg umpflügt. Denn dieser Jahrgang ist sehr gut gelungen. Obwohl die Trauben für diesen 99er sehr spät und bei extremer Reife geerntet wurden, bewahrt er seine Frische. Ein Schlüssel, um den Montrachet zu begreifen: 1998, ein Jahr mit Edelfäule, hat einen opulenten Wein voller Honig geliefert. Das Jahr darauf, in dem keine Edelfäule auftrat, hat einen Wein mit einem diskreteren Honigaroma hervorgebracht, der rigoros, fast streng ist und dennoch eine faszinierende Verführungskraft besitzt. Er erinnert nicht an die Rundungen barocker Schönheiten, sondern bietet eine klare, überaus geschmackvolle Linie. Ein Eindruck von Leichtigkeit begleitet eine betörende Dichte.

SC du Dom. de La Romanée-Conti, 1, rue Derrière-le-Four, 21700 Vosne-Romanée, Tel. 03.80.62.48.80, Fax 03.80.61.05.72

OLIVIER LEFLAIVE 1999★★

☐ Gd cru k. A. k. A. +76 €

«Das ist kein Wein, das ist ein Ereignis», sagte Frank M. Schoonmaker über den Montrachet. Dieser 99er mit der warmen Goldfarbe hat das Geschlecht der Engel. Weder männlich noch weiblich. Er ist fett und trocken, rundlich und schlank. Sein schon gut entfaltetes Aroma preist Pfirsich, Heckenrose und Mandarinenschale. Am Gaumen findet man viel Klarheit und Reinheit, die eine mineralische Empfindung begleitet, mit einem lang anhaltenden Abgang. In ein paar Jahren wird er sehr groß sein, und das für lange Zeit.

Olivier Leflaive, pl. du Monument, 21190 Puligny-Montrachet, Tel. 03.80.21.37.65, Fax 03.80.21.33.94, E-Mail leflaive-olivier@dial.oleane.com

☑ 🍷 n. V.

Chevalier-Montrachet

DOM. BOUCHARD PERE ET FILS
1998★★★

☐ Gd cru 2,54 ha k. A. +76 €

In Beaune werden Sie natürlich diese Firma besuchen, die seit 1995 dem Champagner-Haus Henriot gehört: Ihre Keller, die sich in den Schanzwerken der Festung aus dem 15. Jh. befinden, sind schön. Bouchard ist der größte Besitzer dieses Grand cru. Sein 98er mit der sehr klassischen Farbe bietet ein unternehmungslustiges Bouquet, das sie zu Ananas, Walnuss und sogar Rosenwasser mitnimmt. Die Folgeeindrücke bestätigen die komplexe Rassigkeit eines Chevalier, der seinen Rang hält, kräftig in der Ansprache, lebhaft und sehr elegant, aber auch unfähig, seine Opulenz zu verheimlichen.

Bouchard Père et Fils, Ch. de Beaune, 21200 Beaune, Tel. 03.80.24.80.24, Fax 03.80.22.55.88, E-Mail france@bouchard-pereetfils.com

🍷 n. V.

DOM. JEAN CHARTRON
Clos des Chevaliers 1999★

☐ Gd cru 0,55 ha 2 000 +76 €

91 92 93 94 95 96 97 98 99

Gärung und Ausbau in Holzfässern (davon 40 % neue) zwölf Monate lang: Dieser noch lebhafte 99er durchläuft wie jeder Jugendliche seine Pubertät. Doch seine Farbe weckt Vertrauen: Sie ist schon gut gezeichnet. Sein Bouquet entfaltet sich nach und nach zu vielfältigen Noten: Eisenkraut, Zitrone, Ingwer ... Dieser von seiner Säure getragene Wein lässt sich im Augenblick leicht trinken. Es empfiehlt sich, lieber

von seiner Bereitwilligkeit zu profitieren, ohne ihn zu lang aufzuheben (drei bis fünf Jahre).
🔑 Dom. Jean Chartron, 13, Grande-Rue, 21190 Puligny-Montrachet, Tel. 03.80.21.32.85, Fax 03.80.21.36.35
☑ Ɪ tägl. 10h–12h 14h–18h; Mitte Nov. bis Ostern geschlossen

LOUIS LATOUR Les Demoiselles 1998

☐ Gd cru 0,59 ha 2 400 ▮▮ +76 €

Die Reblage hat eine richtige Geschichte. Die besagten Fräulein sind Adèle und Julie Voillot; das ereignete sich Mitte des 19. Jh. Danach folgte eine Episode mit Léonce Bocquet; 1913 erwarben Louis Jadot und Louis Latour die Parzelle. Und was ist mit dem Wein? Diese Demoiselles tragen ein hübsches Kleid mit ausgeprägten Reflexen. Ihr Duft? Bienenwachs, wie im Kloster der Karmeliterinnen in Beaune. Sie verkörpern eine andere Epoche, die streng und reserviert war. Das ist nicht der aktuelle Zeitgeschmack, aber das gibt es immer noch! Werden sie sich vor zehn Jahren entfalten?
🔑 Dom. Louis Latour, 18, rue des Tonneliers, 21204 Beaune, Tel. 03.80.24.81.00, Fax 03.80.22.36.21, E-Mail louislatour@louislatour.com Ɪ n. V.

Bâtard-Montrachet

DOM. BACHELET-RAMONET PERE ET FILS 1999★★

☐ Gd cru 0,5 ha 1 500 ▮▮ 46 à 76 €

Komplex und harmonisch, sehr leuchtend – er verführt sofort. Weiße Blüten, warme Brioche, geröstetes Brot, Honig: Man glaubt Jean Lenoir, der aus dieser Gegend stammt, zu hören, wie er über den Duft des Chassagne-Weins spricht. Die Ansprache ist von vollkommener Geradlinigkeit, der Fasston diskret, das Rückaroma voller reifer Früchte, die Bitternote unerhofft. Seien Sie nicht ungeduldig. Man muss ihn lange im Keller ruhen lassen.
🔑 Dom. Bachelet-Ramonet Père et Fils, 11, rue du Parterre, 21190 Chassagne-Montrachet, Tel. 03.80.21.32.49, Fax 03.80.21.91.41 ☑ Ɪ n. V.

LOUIS LEQUIN 1999★★

☐ Gd cru 0,12 ha 810 ▮▮ 46 à 76 €

94 (96) 98 **99**

Einer Liebeserklärung nahe und Finalist. Das ist – wie man im Zeitalter des Goldenen Vlieses sagte – der «große Bastard» von Burgund, prächtig in seinem Hofgewand, das wie ein Kristall Reflexe wirft. Der Duft? Wahnsinnig großzügig und überaus vornehm (Mandel, Honig, Geißblatt), reich, dicht und fett: Er ist sehr gehaltvoll. Man stellt eine starke alkoholische Unterstützung fest, die aber nicht stört und beim Montrachet normal ist. Ein gewaltiges Potenzial. Die Parzelle, die in Richtung Chassagne liegt, wurde 1938 von Jean Lequin gekauft (die alte Domaine Lequin-Roussot nach der Erbteilung).
🔑 Louis Lequin, 1, rue du Pasquier-du-Pont, 21590 Santenay, Tel. 03.80.20.63.82, Fax 03.80.20.67.14, E-Mail louis.lequin@wanadoo.fr ☑ Ɪ n. V.

RENE LEQUIN-COLIN 1999★★

☐ Gd cru 0,12 ha 750 ▮▮ 46 à 76 €

Diese Parzelle, die das Ergebnis einer Halbierung infolge von Erbteilung ist und in Richtung Chassagne liegt, befindet sich seit 1938 im Besitz von Lequin. Sie hat einen prächtigen 99er geliefert. Die adrette Farbe zeigt vollkommene Klarheit. Akazienblüte und Haselnuss gleichen das Röstaroma seines Geruchseindrucks aus. Im Geschmack ist er die personifizierte Verführung, anschmiegsam und verschwenderisch mit den Gaben der Natur. Der Wein ist charaktervoll, verweigert jedoch jeden leichtfertigen Effekt. Mit der Zeit wird er größer werden. Erinnern wir an die Liebeserklärung, die der mit drei Sternen ausgezeichnete 98er im letzten Jahr erhielt.
🔑 EARL René Lequin-Colin, 10, rue de Lavau, 21590 Santenay, Tel. 03.80.20.66.71, Fax 03.80.20.66.70, E-Mail renelequin@aol.com ☑ Ɪ n. V.

VEUVE HENRI MORONI 1999★

☐ Gd cru 0,32 ha 1 800 ▮▮ 46 à 76 €

Die 1922 von Henri Moroni gegründete Handelsfirma wurde von Marc Domain und seiner Frau Jacqueline als Ergänzung zu ihren Weinbergen übernommen. Sie präsentiert einen recht intensiven goldbraunen Wein, dessen Duft sich an der Luft entfaltet (Honig und Toastgeruch). Der Charakter ist vorhanden und wird sich von Jahr zu Jahr deutlicher zeigen. Im Augenblick ist der Wein zurückhaltend, wobei die mineralische Note dominiert.
🔑 Veuve Henri Moroni, 1, rue de l'Abreuvoir, 21190 Puligny-Montrachet, Tel. 03.80.21.30.48, Fax 03.80.21.33.08, E-Mail veuve.moroni@wanadoo.fr ☑ Ɪ n. V.

Bienvenues-Bâtard-Montrachet

JEAN-CLAUDE BACHELET 1998★★

☐ Gd cru 0,09 ha k. A. ▮▮ 38 à 46 €

Eine 9 Ar und 42 Zentiar große Parzelle, die 1960 aus dem Besitz der Familie Dupaquier erworben wurde. Zum Ausdruck kommt sie hier in einem schönen, sehr kräftigen Goldgrün und Aromen von weißen Blüten, von denen Bitterorangenkonfitüre aufsteigt. Seine Säure bestimmt diesen Wein offensichtlich für eine lange Lagerung. Seine Feinheit? Ein sehr zarter Abgang, in dem die Verkoster inmitten der klassischen Merkmale dieses Grand cru mit Vergnügen Trüffel und Ambra entdeckten. Unbestreitbar ein großer Wein, der in zehn und noch mehr Jahren ganze Abhandlungen hervorrufen wird.

VINS FINS DE BOURGOGNE
BIENVENUES
BATARD
MONTRACHET
GRAND CRU
APPELLATION CONTRÔLÉE
MIS EN BOUTEILLE AU DOMAINE PAR
JEAN-CLAUDE BACHELET
PROPRIÉTAIRE-VITICULTEUR A 21190 SAINT-AUBIN, CÔTE-D'OR, FRANCE
13,5% vol.
PRODUCT OF FRANCE
150cl e

Jean-Claude Bachelet, rue de la Fontaine, 21190 Saint-Aubin, Tel. 03.80.21.31.01, Fax 03.80.21.97.71, E-Mail j.c-bachelet@aol.com ☑ Ῑ n. V.

DOM. BACHELET-RAMONET PERE ET FILS 1999*

☐ Gd cru 0,28 ha 500 46 à 76 €

Blassgolden: Er hat Glanz. Das Fass bleibt sehr deutlich spürbar, aber alles wird lebhafter rund um eine Welt, in der man wilde Rosen, Eisenkraut, Zitrone und weißfleischige Früchte findet. Der Geschmack hat eine ausgeprägte Säure, die von den aromatischen Merkmalen des Bouquets begleitet wird; er klingt mit buttrigen Noten aus, die geröstetes Brot bereichert. Fünf bis zehn Jahre aufheben. Ein Masthuhn aus der Bresse dürfte ihm zusagen.

Dom. Bachelet-Ramonet Père et Fils, 11, rue du Parterre, 21190 Chassagne-Montrachet, Tel. 03.80.21.32.49, Fax 03.80.21.91.41 ☑ Ῑ n. V.

CHARTRON ET TREBUCHET 1999**

☐ Gd cru k. A. 600 +76 €

Der Vorsitzende des Bureau interprofessionnel des vins de Bourgogne persönlich am Werk. Die Farbe ist blassgolden mit grünen Reflexen. Der Geruchseindruck verbirgt nicht seine sechzehn Monate in einem guten Holzfass, entfaltet sich aber nach und nach zu Heckenrosen, Lindenblüten und Honig. Seine Ausgewogenheit, seine Feinheit, die Diskretion der Holztannine und die Aromen von reifen Früchten (Zitrusfrüchte) hinterließen bei den Juroren Bewunderung vor so viel Eleganz. Acht bis fünfzehn Jahre Genuss.

Chartron et Trébuchet, 13, Grande-Rue, 21190 Puligny-Montrachet, Tel. 03.80.21.32.85, Fax 03.80.21.36.35, E-Mail jmchartron@chartron-trebuchet.com ☑ Ῑ tägl. 10h–12h 14h–18h; Mitte Nov. bis März geschlossen

DOM. HENRI CLERC ET FILS 1999**

☐ Gd cru 0,46 ha 1 646 46 à 76 €

Eine kleine Parzelle dieses Grand cru von den 22 Hektar dieses großen burgundischen Guts. Die sehr intensive goldene Farbe zeigt grüne Reflexe. Der Duft ist besonders aktiv und fesselnd; er besteht aus kandierten Früchten und Orangenblüten, aber auch aus Röstgeruch und rauchigen Noten. Der Wein hat eine dichte Textur und ist füllig, rund und komplett, vanilleartig aufgrund eines Holztons, der sich einfügen muss. Legen Sie ihn für einen Steinbutt in Rahmsauce beiseite.

Dom. Henri Clerc et Fils, pl. des Marronniers, 21190 Puligny-Montrachet, Tel. 03.80.21.32.74, Fax 03.80.21.39.60 ☑ Ῑ tägl. 8h30–11h45 14h–17h45

Bernard Clerc

DOM. GUILLEMARD-CLERC 1999*

☐ Gd cru k. A. k. A. 38 à 46 €

Ein gut gemachter Wein, der sehr lang anhält und robust ist. Der erste Geschmackseindruck ist frisch, der Mittelbereich des Geschmacks fleischig und der Schlussgeschmack ziemlich überzeugend. Honig und Akazienblüte sind am Bouquet beteiligt, verbunden mit Feuerstein. Seine goldene Farbe ist sehr kräftig. Aufmachen sollte man diese Flasche in den nächsten drei bis fünf Jahren.

Dom. Guillemard-Clerc, 19, rue Drouhin, 21190 Puligny-Montrachet, Tel. 03.80.21.34.22, Fax 03.80.21.94.84, E-Mail guillemard-clerc.domaine.wanadoo.fr ☑ Ῑ n. V.

Franck Guillemard

Criots-Bâtard-Montrachet

ROGER BELLAND 1999**

☐ Gd cru 0,64 ha 3 200 46 à 76 €

89 |94| |95| 96 **98**

Er war bei der Wahl zum Lieblingswein durch die Oberjury im Gespräch. Dieser strahlend goldgelbe Wein stammt von einer Parzelle, die 1982 dem Konsortium Marcilly abgekauft wurde. In der Nase riecht man das sehr reife Traubengut. Es hält einen Vortrag, der von Orangenblüten über ein paar mineralische Noten und das Vanillearoma des Fasses bis zu Lebkuchen reicht. Dieser junge, reiche Wein hat Zukunft. Im Augenblick ist er sanft und ölig.

Dom. Roger Belland, 3, rue de la Chapelle, BP 13, 21590 Santenay, Tel. 03.80.20.60.95, Fax 03.80.20.63.93, E-Mail belland.roger@wanadoo.fr ☑ Ῑ n. V.

Chassagne-Montrachet

Ein weiteres Erosionstal, das von Saint-Aubin, durch das die RN 6 verläuft, bildet annähernd die südliche Grenze der Anbauzone für Weißweine. Daran schließt sich die Anbauzone der Rotweine an; die Reblage les Ruchottes markiert das Ende. Clos Saint-Jean und Clos Morgeot, robuste, kraftvolle Weine, sind die angesehensten Chassagne-Weine. 2000 machten die Weißweine 8 803 hl und die Rotweine 6 282 hl aus.

DOM. GUY AMIOT ET FILS
Les Vergers 1998

☐ 1er cru 0,6 ha 3 000 23 à 30 €

Guy Amiot hat das 1920 entstandene Familiengut 1985 übernommen. Dieser Chardonnay von fünfzig Jahre alten Rebstöcken ist das Ergebnis einer strengen Massenselektion. Der vorwiegend mineralische Wein zeigt eine diskrete, aber sehr klare Farbe. Sein Duft kündigt seine Absichten an: der Glanz von Marmor und Feuerstein, um feine Haselnüsse bereichert. Die Ansprache erledigt die Sache im Eiltempo, mit weißen Früchten. Eine ausreichende Säure trägt ihn bis zu einer Lakritzenote. Man sollte ihn in nächster Zeit trinken.

GAEC Guy Amiot et Fils, 13, rue du Grand-Puits, 21190 Chassagne-Montrachet, Tel. 03.80.21.38.62, Fax 03.80.21.90.80, E-Mail domaine.amiotguyetfils@wanadoo.fr n. V.

DOM. BACHELET-RAMONET PERE ET FILS Caillerets 1999*

☐ 1er cru 0,45 ha 2 000 15 à 23 €

Bachelet und Ramonet, zwei im Dorf angesehene Familien. Und wenn sie zusammenarbeiten, ergibt das einen runden, fetten Wein. Unter seinem lebhaften Gelb riecht man mit Genuss Honig, weißfleischigen Pfirsich und Pampelmuse: ein schöner olfaktorischer Eindruck. Die Pampelmuse entdeckt man auch im Mund, wo sie die Geschmacksknospen reizt. Man sollte die Flasche nicht vor zwei Jahren aufmachen. Dasselbe gilt für den **weißen 99er Premier cru La Romanée,** einen wahren Genuss, während der **weiße 99er Premier cru La Grande Montagne** lobend erwähnt wird.

Dom. Bachelet-Ramonet Père et Fils, 11, rue du Parterre, 21190 Chassagne-Montrachet, Tel. 03.80.21.32.49, Fax 03.80.21.91.41 n. V.

DOM. BACHEY-LEGROS ET FILS
Morgeot 1999*

☐ 1er cru 1,92 ha 3 000 15 à 23 €

Dieses Gut in Santenay-le-Haut befindet sich in einem schönen, alten Haus. Möchten Sie es kennen lernen? Auf dem Etikett sieht man eine Zeichnung davon. Der **99er «Dorfwein»** (Preisgruppe: 70 bis 99 F), purpur- bis granatrot mit rosaroten Reflexen, wird lobend erwähnt wegen seines Weichseldufts und seines soliden Gerüsts, das noch die Liebenswürdigkeit des Ganzen verschleiert. Sie sollten ihn deshalb aufheben! Dieser Premier cru muss sich ebenfalls mindestens zwei Jahre gedulden. Er ist holzbetont, bewahrt aber die Frische der Frucht.

Christiane Bachey-Legros, 12, rue de la Charrière, 21590 Santenay, Tel. 03.80.20.64.14 n. V.

JEAN-CLAUDE BELLAND
Morgeot Clos Charreau 1999*

■ 1er cru 0,48 ha 2 500 15 à 23 €

Burgund könnte *Climats* heißen, wie der gleichnamige Roman von André Maurois. Der Clos Charreau ist nämlich eine der Einzellagen, die unter dem Namen Morgeot vereinigt sind. Eine Reblage in einer Reblage. Sie befindet sich entlang der Straße nach Santenay. Dieser sehr dunkle granatrote 99er ist im Hinblick auf seinen aromatischen Hintergrund schon ziemlich reichhaltig. Er ist Chassagne-typisch, konzentriert und ein wenig wild und erinnert später an Schlehe und Brombeere. Er hat noch nicht alle seine Probleme der Beziehungen mit den Tanninen geregelt. Geduld!

Jean-Claude Belland, 21590 Santenay, Tel. 03.80.20.61.90, Fax 03.80.20.65.60 n. V.

ROGER BELLAND
Morgeot Clos Pitois 1999*

■ 1er cru 1,71 ha 9 000 11 à 15 €

Unser Lieblingswein im letzten Jahr. Er versucht es noch einmal, mit einem Pinot noir, dessen sehr dunkle Granatfarbe an Bigarreau-Kirschen denken lässt und bläuliche Reflexe zeigt. Der Geruchseindruck ist großartig und erinnert an Pflaume und kandierte Früchte, mit einem klugen Holzton im Hintergrund. Das gefällt uns. Der Geschmack besitzt keine unendliche Länge, aber man findet darin ein Gerüst und gleichzeitig Sanftheit sowie eine große aromatische Qualität. Ein roter Chassagne, wie man ihn liebt. Der **weiße 99er Premier cru Clos Pitois** (Preisgruppe: 150 bis 199 F) wird ebenfalls einen guten Wein abgeben.

Dom. Roger Belland, 3, rue de la Chapelle, BP 13, 21590 Santenay, Tel. 03.80.20.60.95, Fax 03.80.20.63.93, E-Mail belland.roger@wanadoo.fr n. V.

JEAN BOUCHARD 1999*

■ k. A. 16 000 15 à 23 €

Dieser wunderschön für den Ball gekleidete Pinot balanciert zwischen Vanille und kleinen schwarzen Früchten, bevor er sich durchsetzt. Zweifellos adstringierend, aber voller sich ergänzender Qualitäten, mit einem beträchtlichen Potenzial. Die Zukunft wird ihm hold sein, zweifeln Sie nicht daran.

Jean Bouchard, BP 47, 21202 Beaune Cedex, Tel. 03.80.24.37.27, Fax 03.80.24.37.38

BOUCHARD AINE ET FILS
Morgeot 1999*

☐ 1er cru k. A. 2 000 30 à 38 €

Als Begleitung zu diesem Chardonnay, der nicht umsonst ein Morgeot ist, empfehlen wir Ihnen Hähnchenschnitzel. Er ist hell, fast durchsichtig und erwacht zu warmem Croissant und frischer Butter. Der Geschmack fügt eine mineralische Note und eine gewisse mit dem Fass verbundene Rundheit hinzu. Er ist ein guter

Wein, der ein wenig altern muss, aber bereits den Körper und den Geist befriedigen kann.
🔑 Bouchard Aîné et Fils, Hôtel du Conseiller-du-Roy, 4, bd Mal-Foch, 21200 Beaune, Tel. 03.80.24.24.00, Fax 03.80.24.64.12
☑ 🍷 tägl. 9h30–12h30 14h–18h30

GILLES BOUTON
Les Voillenots Dessous 1999

■ 0,86 ha 6 000 8 à 11 €

Erwarten Sie von diesem Wein nicht die Komplexität eines Films von Ingmar Bergman. Er ist schlicht, ehrlich, direkt und durchsichtig. Eine schöne Farbe ohne übermäßigen Glanz. Ein guter Beginn des Geruchseindrucks um getrocknete Früchte herum. Die Tannine vom Fass haben das Feld noch nicht vollständig geräumt, aber trotzdem ist der Wein recht verschmolzen. Im Mittelfeld der Appellation.
🔑 Gilles Bouton, Gamay, 21190 Saint-Aubin, Tel. 03.80.21.32.63, Fax 03.80.21.90.74
☑ 🍷 n. V.

DOM. HUBERT BOUZEREAU-GRUERE
Les Blanchots Dessous 1999

☐ 0,23 ha 1 500 15 à 23 €

Die Reblage ist ein Nachbar des Criots-Bâtard-Montrachet. Dieser Blanchots Dessous ist recht klar, intensiv im Anblick und deutlich aromatisch (Farnkraut, Hyazinthe). Er hat ein zartes Gemüt. Wenn man ihn trinkt, verspürt man Seelenfrieden.
🔑 Hubert Bouzereau-Gruère, 22 a, rue de la Velle, 21190 Meursault, Tel. 03.80.21.20.05, Fax 03.80.21.68.16
☑ 🍷 n. V.

CH. DE CITEAUX Les Pasquelles 1999

☐ 1er cru 0,15 ha 1000 23 à 30 €

Strohgelb bis golden. Er scheint direkt vom Bäcker zu kommen: Aromen von warmem Brot, Croissant und Brioche, die ein Tropfen Vanille dämpft. Am Gaumen zeugt ein leichter Biss von einer ausreichenden Säure, die das «Fett» und die Fülle begleitet. Dieser Wein kommt von einer Reblage in der Nähe des Puligny- und des Montrachet-Anbaugebiets, der nördlichsten der Appellation.
🔑 Dom. Philippe Bouzereau, Ch. de Cîteaux, 18-20, rue de Cîteaux, BP 25, 21190 Meursault, Tel. 03.80.21.20.32, Fax 03.80.21.64.34, E-Mail info@domaine.bouzereau.fr ☑ 🍷 n. V.

BERNARD COLIN ET FILS
Les Caillerets 1998**

☐ 1er cru k. A. k. A. 15 à 23 €

Acht Generationen gab es auf diesem acht Hektar großen Gut, wobei die letzte seit der Gründung der 5. Republik tätig ist. Dieser Winzer hat uns sein Können schon bewiesen. Dieses Jahr wird er einer Liebeserklärung für zwei Weine für würdig befunden. Eine seltene Leistung! Der **weiße 98er Premier cru Les Chenevottes** (Preisgruppe: 70 bis 99 F) erhält diese Auszeichnung ehrenhalber (3. Platz bei der Oberjury). Wir heften sie diesem Caillerets an die Brust: warme Goldfarbe, an Hefebrot erinnernd und frisch, schon komplex (Birne, getrocknete Früchte), mit einer perfekt gemeisterten Opulenz im Geschmack. Ohne Großspurigkeit. Ein Chardonnay im Reinzustand. Beachten Sie auch den **weißen 98er Premier cru Clos Saint-Jean** (Preisgruppe: 100 bis 149 F), der einen Stern erhält, ebenso wie den **weißen 98er «Dorfwein»** (Preisgruppe: 70 bis 99 F), der sehr typisch ist und einen großen Charakter besitzt; er ist trinkreif, kann aber ohne weiteres lagern.

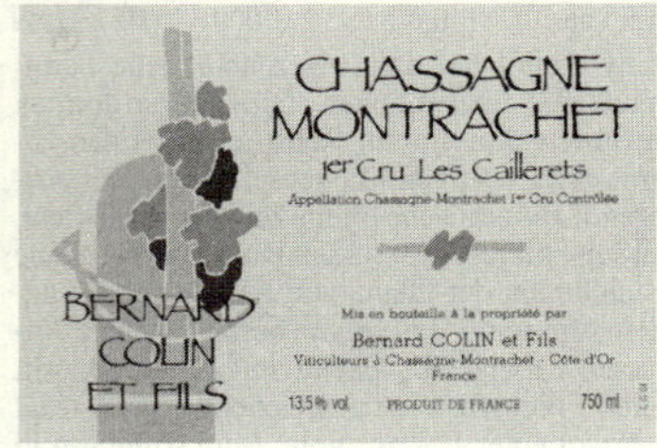

🔑 Bernard Colin et Fils, 22, rue Charles-Paquelin, 21190 Chassagne-Montrachet, Tel. 03.80.21.32.78, Fax 03.80.21.93.23
☑ 🍷 Mo–Sa 8h30–12h30 14h–19h; So n. V.

DOM. MARC COLIN ET FILS
Les Caillerets 1999*

☐ 1er cru 1 ha 6 500 23 à 30 €

Auf dem Gut sind lediglich ein paar Flaschen verfügbar. Sehr wenige. Es ist vernünftiger, bei einem Weinfachhändler danach zu suchen oder wenn Sie sich dem **roten 99er «Dorfwein»** (Preisgruppe: 70 bis 99 F) zuwenden, der lobend erwähnt wird. Dieser Caillerets ist besser. Ein Premier cru von lebhafter, warmer, strahlender Farbe, der seinen Platz und seinen Rang durchaus verdient. Zwar spielt das Fass nicht bloß den unbeteiligten Zuschauer, aber die mineralischen Noten machen sich bemerkbar. Frische zu Beginn des Geschmacks, zu einer delikaten Fruchtigkeit überblendend, die während der gesamten Überfahrt anhält. Das Meer ist ruhig; man gelangt mit einer hübschen Zitrusnote in einen sicheren Hafen. Schon süffig. Eine schöne Zukunft ist garantiert.
🔑 Marc Colin et Fils, hameau de Gamay, 21190 Saint-Aubin, Tel. 03.80.21.30.43, Fax 03.80.21.90.04 ☑

DEMESSEY Morgeot 1999

☐ 1er cru k. A. 2 400 30 à 38 €

Die Farbe ist die der AOC; der Duft versteckt sich noch hinter dem Fass. Der Geschmack hingegen enthüllt eine gute Säure, viel «Fett» und eine gewisse Zurückhaltung in einem Register von Zitrone und weißen Blüten. Unbedingt aufheben.
🔑 SARL Demessey, Ch. de Messey, 71700 Ozenay, Tel. 03.85.51.33.83, Fax 03.85.51.33.82, E-Mail vin@demessey.com
☑ 🍷 n. V.
🔑 Marc Dumont

DUPERRIER-ADAM Les Caillerets 1998*

■ 0,2 ha k. A. 15 à 23 €

Dieser leuchtend granatrote Wein neigt nicht sehr zum Reden: Sein Geruchseindruck ist der eines sehr jungen Pinot noir, den fünfzehn Monate im Holzfass respektiert haben. Er kommt im Mund zum Ausdruck. Sehr gute Konsistenz, zwischen Säureunterstützung und großzügigem Fleisch ausbalanciert. In fünf bis acht Jahren dürfte er einen schönen Tropfen abgeben.

SCA Duperrier-Adam, 3, pl. des Noyers, 21190 Chassagne-Montrachet, Tel. 03.80.21.31.10, Fax 03.80.21.31.10 Mo–Fr 9h–12h 14h–17h; Sa, So n. V.; Aug. geschlossen

ALEX GAMBAL La Maltroie 1998

□ 1er cru 0,16 ha 1 300 23 à 30 €

Wenn sich ein Amerikaner in Burgund verliebt und sich in Beaune als Weinhändler niederlässt, ergibt das einen Maltroie, der von vorne bis hinten voller Frische ist. Seine Farbe ist lebhaft, sein Geschmack ist jugendlich. Man wundert sich nicht darüber, in einer mineralischen Umgebung auf Aromen von geröstetem Brot und grünem Apfel zu treffen. Ein sehr kräftiger, aber feiner, delikater Wein, der zu Forelle passt.

EURL maison Alex Gambal, 4, rue Jacques-Vincent, 21200 Beaune, Tel. 03.80.22.75.81, Fax 03.80.22.21.66, E-Mail agbeaune@aol.com n. V.

VINCENT GIRARDIN
La Boudriotte 1999**

■ 1er cru 0,5 ha 3 000 15 à 23 €

Liebeserklärung in der Ausgabe 1993 für einen 90er Morgeot. Dieses Jahr verpasst dieser Winzer die gleiche Auszeichnung um Haaresbreite. Das heißt, dass sein Boudriotte ein vollkommener Erfolg ist. Samtige Farbe mit violettem Saum. Er entfaltet sich freigebig zu schwarzer Johannisbeere, ohne auf einige blumige Noten zu verzichten. Seine Textur ist dicht, aber ohne Härte. Seine Tannine umhüllen sie mit Taktgefühl. Recht spürbarer Holzton. Drei bis fünf Jahre lagern.

Caveau des Grands Crus, pl. de la Bascule, 21190 Chassagne-Montrachet, Tel. 03.80.21.96.06, Fax 03.80.21.96.23 tägl. 10h–13h 14h–18h
Vincent Girardin

DOM. VINCENT ET FRANÇOIS JOUARD La Maltroie 1998*

□ 1er cru 0,48 ha 3 000 15 à 23 €

Ein reizender goldfarbener Chardonnay mit grünen Reflexen. Früchte mit weißem Fruchtfleisch, weißen Blüten: Er stellt ein harmonisches, ausdrucksvolles Bouquet zusammen. Seine Eleganz schadet seiner Komplexität nicht. «Fett», Feinheit, sehr nachhaltige Aromen: Man kann ihm wirklich nichts vorwerfen bis auf eine mäßige Stärke. Man muss ihn zwei bis drei Jahre altern lassen. Eine schöne Zukunft haben auch der **weiße 99er Premier cru Morgeot** (ein Stern) und **der weiße 99er Premier cru Les Chaumées** (die höchste Reblage am Hang, gegenüber von Saint-Aubin), wobei Letzterer wegen seiner Geißblattdüfte und seiner Ausgewogenheit lobend erwähnt wird.

Dom. Vincent et François Jouard, 2, pl. de l'Eglise, 21190 Chassagne-Montrachet, Tel. 03.80.21.30.25, Fax 03.80.21.96.27 n. V.

GABRIEL JOUARD Les Baudines 1998

□ 1er cru 1,3 ha 3 000 11 à 15 €

Eine Familie, die seit sechs Generationen in Chassagne Weinberge besitzt und Weine erzeugt. Zugegebenermaßen hat niemand viel Lust, von solchen Weinbergen wegzugehen! Diese Reblage oben am Hang, in Richtung Santenay, liefert einen Chardonnay von kräftiger goldener, leicht bernsteingelber Farbe, der in einen etwas entwickelten Duft (Wachs, Zitrusfrüchte, Geräuchertes) mündet. Man kann ihn jetzt trinken, denn im Geschmack ist alles recht ausgewogen.

EARL Dom. Gabriel Jouard Père et Fils, 3, rue du Petit-Puits, 21190 Chassagne-Montrachet, Tel. 03.80.21.30.30, Fax 03.80.21.30.30 n. V.

LABOURE-ROI 1998

■ k. A. k. A. 11 à 15 €

Eine Firma, die von der Familie Cottin in Nuits-Saint-Georges übernommen wurde. Sie präsentiert einen «Dorfwein» von angenehm intensiver Farbe. Er ist im ersten Geruchseindruck leicht animalisch und entwickelt sich danach in Richtung Himbeerkonfitüre. Er bietet eine fruchtbetonte Ansprache (reife Kirschen), lässt dann seine Tannine die Situation dominieren und erscheint ein wenig streng. Dennoch räumen wir ihm nach einer drei- bis fünfjährigen Lagerung Erfolgschancen ein.

Labouré-Roi, rue Lavoisier, 21700 Nuits-Saint-Georges, Tel. 03.80.62.64.00, Fax 03.80.62.64.10 n. V.

CH. DE LA CHARRIERE
Clos Saint-Jean 1999

□ 1er cru 0,45 ha 2 400 15 à 23 €

Man muss ihn lagern, denn der Holzton hat sich noch nicht eingefügt, aber er scheint über alle Trümpfe zu verfügen, damit ihm das Alter Heiterkeit bringt. Die Säure ist gut; die Stärke fehlt nicht. Im Mund zeigt er bereits einen mineralisch-lakritzeartigen Ausdruck. Man darf ihn nicht vor zwei Jahren aufmachen. Ebenfalls lobend erwähnt wird der **rote 99er «Dorfwein» Les Champs de Morjot** (Preisgruppe: 50 bis 69 F), der im Duft voller schwarzer Früchte und im Geschmack reich und ausgewogen ist; er erfordert eine zwei- bis dreijährige Lagerung.

Dom. Yves Girardin, 1, rte des Maranges, 21590 Santenay, Tel. 03.80.20.64.36, Fax 03.80.20.66.32 n. V.

CH. DE LA MALTROYE
Clos du Château de la Maltroye Monopole 1999*

☐ 1er cru 1,18 ha 9 200 23 à 30 €

Sehr heller Farbton: Er legt keinen besonderen Wert auf die Farbe und gibt sich mit klassischen Akkorden zufrieden. Seine Aromen betonen vor einem blumigen Hintergrund Renette-Apfel. Die Fruchtigkeit verflüchtigt sich danach im Geschmack und macht vanille- und briocheartigen Empfindungen Platz. Die Säure bleibt spürbar, aber sie wird sich einfügen. Der Fisch (mit Rahmsauce) hat noch Zeit, zwei bis drei Jahre umherzuschwimmen. Der **rote 99er Premier cru Clos du Château de la Maltroye Monopole** und der **rote Premier cru La Boudriotte** (Preisgruppe: jeweils 150 bis 199 F) erhalten jeder einen Stern; beide sind lagerfähige Weine.

Ch. de La Maltroye, 16, rue de la Murée, 21190 Chassagne-Montrachet, Tel. 03.80.21.32.45, Fax 03.80.21.34.54 ☑ n. V.

Cournut

DOM. HUBERT LAMY 1999**

☐ 0,16 ha 1 350 23 à 30 €

Schöne Verabredungen: mit dem **roten 99er «Dorfwein» La Goujonne Vieilles vignes** (Preisgruppe: 70 bis 99 F), der stattlich und entschlossen ist und einen Stern erhält, und mit diesem anderen «Dorfwein», diesmal einem Weißwein. Die helle, strahlende Farbe findet einen Widerhall in einem ausdrucksvollen Bouquet von Mandeln und geröstetem Brot, das sich zu exotischen Früchten hin entwickelt. Fett, freimütig, nicht zu kräftig, aber konzentriert. Servieren kann man ihn in zwei bis drei Jahren.

Dom. Hubert Lamy, Paradis, 21190 Saint-Aubin, Tel. 03.80.21.32.55, Fax 03.80.21.38.32 ☑ n. V.

DOM. LARUE 1999*

☐ 0,3 ha 1 500 11 à 15 €

Dieser lyrische, recht lebhafte Chardonnay gehört nicht zum *Club der toten Dichter*. Er ist blassgelb und lässt sich von Akazienblüten und exotischen Früchten inspirieren. Er missbraucht das Fass nicht. Kräftig und sehr rund: Im Geschmack schlichtet er alle eventuellen Konflikte und findet friedliche, einvernehmliche Lösungen. Volumen, Offenherzigkeit, Frucht – ein Erfolg beim «Dorfwein».

Dom. Larue, Gamay, 21190 Saint-Aubin, Tel. 03.80.21.30.74, Fax 03.80.21.91.36 ☑ n. V.

OLIVIER LEFLAIVE Les Blanchots 1998*

☐ 1er cru 0,35 ha k. A. 38 à 46 €

Nur ein Weg trennt die Reblage les Blanchots und den Montrachet. Darauf legt man Wert. Übrigens wäre dieser Premier cru fast ein Grand cru geworden, wie les Criots. Die Weinliebhaber kennen diese kleinen Geheimnisse. Dieser 98er von sehr dichter goldgelber Farbe besitzt ein ausdrucksvolles Bouquet mit Haselnuss und Honig. Die Ansprache ist zwar lebhaft, aber die Folgeeindrücke sind angenehm, seidig und anhaltend, bis zu einer leicht bitteren Lakritzenote, die eine zwei- bis dreijährige Lagerung erlaubt. Dazu wird Fischterrine empfohlen.

Olivier Leflaive pl. du Monument, 21190 Puligny-Montrachet, Tel. 03.80.21.37.65, Fax 03.80.21.33.94, E-Mail leflaive-olivier@dial.oleane.com ☑ n. V.

LOUIS LEQUIN Morgeot 1999

■ 1er cru 0,13 ha 2 100 11 à 15 €

Louis Lequin war Hospiz-Winzer von Beaune. 1872 gründete er die zum Gut gehörende Firma. Die Eichenfässer hier kommen aus den Wäldern von Tronçais und Bertrenge. Dieser Wein bietet eine schöne Fülle. Seine Farbe ist bläulich granatrot, Kennzeichen der Jugendlichkeit; sein Bouquet von Veilchen ruft bei Ihnen den Eindruck hervor, als würden Sie einen Garten riechen. Hinzu kommen ein paar Himbeernuancen. Am Gaumen kommt die reife Frucht in einer ansteigenden, sehr aromatischen Ansprache zum Vorschein. Seine Tannine zeigen sich im Abgang; sie müssen verschmelzen (drei bis fünf Jahre Lagerung). Er dürfte wirklich eher zum Essen passen!

Louis Lequin, 1, rue du Pasquier-du-Pont, 21590 Santenay, Tel. 03.80.20.63.82, Fax 03.80.20.67.14, E-Mail louis.lequin@wanadoo.fr ☑ n. V.

RENE LEQUIN-COLIN
Les Vergers 1999**

☐ 1er cru 0,45 ha 3 700 15 à 23 €

Es gibt Weine, die uns mit dem Leben versöhnen. Dieser hier beispielsweise. Die Reblage les Vergers ist gar nicht weit vom Montrachet entfernt. Die Ähnlichkeit ist offenkundig. Gelb mit goldenen Reflexen, von schöner Frische im Anblick. Ein leicht röstartiger Chardonnay mit sehr reifen Aromen und einem erhabenen Geschmack. Ein Leckerbissen. Keinerlei Überschwänglichkeit, von nichts zu viel, gerade die richtigen Noten. Komplett, rassig, ebenso wie der **99er Premier cru Morgeot** (Preisgruppe: 70 bis 99 F), der süffig ist und an Himbeeren erinnert.

EARL René Lequin-Colin, 10, rue de Lavau, 21590 Santenay, Tel. 03.80.20.66.71, Fax 03.80.20.66.70, E-Mail renelequin@aol.com ☑ n. V.

DOM. DU DUC DE MAGENTA
Morgeot Clos de La Chapelle 1998**

☐ 1er cru 2,8 ha 12 000 46 à 76 €

«Ich bin hier, ich bleibe hier», scheint diese Flasche zu sagen, eine Tochter des Herzogs von Magenta, die vom Marschall de Mac-Mahon auf Château de Sully abstammt. Dieser Wein, der absolute Sieger bei der Wahl zum Lieblingswein, hüllt sich in ein strahlendes Goldgrün. Sein eleganter Duft mischt einen diskreten Holzton mit Birnen- und Pampelmusennoten. Der Geschmack ist ausdrucksvoll und lässt unter einem gut eingebundenen Fasston ein hübsches Terroir zu Wort kommen. Höhepunkt innerhalb von vier bis fünf Jahren: Diese Flasche hat ihren Marschallstab im Tornister.

Maison Louis Jadot, 21, rue Eugène-Spuller, 21200 Beaune, Tel. 03.80.22.10.57, Fax 03.80.22.56.03, E-Mail contact@louisjadot.com ☑ Ⲧ n. V.

MICHEL MOREY-COFFINET
Les Caillerets 1999*

☐ 1er cru 0,7 ha 4 500 23 à 30 €

Er erobert den Gaumen und pflanzt dort seine Fahne auf. Strahlendes, klares Goldgelb, das versteht sich von selbst. Die Aromen geben sich diskret, ohne aber ganz in den Hintergrund zu treten. Ein paar blumige Noten zwischen den gerösteten Mandeln. Eine kleine säuerliche Note verbindet sich über eleganten, fruchtigen Geschmacksnuancen mit viel Frische und Ausgewogenheit. Dieser Wein, den man zum Vergnügen trinkt, begrüßt den Eintritt eines der beiden Jungen, nämlich Thibault Morey, in den Betrieb. Notieren Sie auf Ihrer Tafel auch den **roten 99er «Dorfwein»** (Preisgruppe: 70 bis 99 F; ein Stern), den Sie im fruchtigen Glanz seines jugendlichen Alters genießen sollten.

Dom. Michel Morey-Coffinet, 6 pl. du Grand-Four, 21190 Chassagne-Montrachet, Tel. 03.80.21.31.71, Fax 03.80.21.90.81, E-Mail morey.coffinet@wanadoo.fr ☑ Ⲧ n. V.

PIGUET-GIRARDIN Morgeot 1999**

■ 1er cru 0,5 ha 2 000 11 à 15 €

Das Gut, das aus der Zusammenlegung der Weinbaubetriebe D. Piguet und A.-M. Girardin hervorgegangen ist, präsentiert hier einen Wein, der nach einem Osterlamm verlangt. Leicht bläuliches Granatrot, intensiv und reich im Anblick ebenso wie im Duft (Pflaume, Kirsche). Er ist leicht zugänglich. Seine kleine alkoholische Note wird sich abmildern. Lassen Sie ihm die Zeit dafür. Beachten Sie, dass er fantastisch lang anhält. Auf dem Niveau eines Premier cru.

SCE Piguet-Girardin, rue du Meix, 21190 Auxey-Duresses, Tel. 03.80.21.60.26, Fax 03.80.21.66.61 ☑ Ⲧ n. V.

FERNAND ET LAURENT PILLOT
Les Vergers 1999**

☐ 1er cru 0,91 ha 6 300 15 à 23 €

Ein paar Meter von hier entfernt befinden sich die berühmten Steinbrüche, wo der Stein von Chassagne gewonnen wird (Trocadéro, Bercy, Pyramide des Louvre). Dieser prächtige Chardonnay, eine perfekte Illustration der Appellation und des Jahrgangs, ist dennoch eher fruchtig als mineralisch. Seine sehr jugendliche Farbe, seine über dem Röstaroma sehr frischen Düfte, die Ananas und seine Ausgewogenheit zwischen «Fett» und Säure machen ihn zu einem Wein, den man innerhalb von zwei Jahren zu gegrilltem Wolfsbarsch trinken kann. Merken Sie sich auch den **weißen 99er «Dorfwein»** vor, der vor Freude perlt und recht blumig ist.

Fernand et Laurent Pillot, 13, rue des Champgains, 21190 Chassagne-Montrachet, Tel. 03.80.21.33.64, Fax 03.80.21.92.60, E-Mail lfpillot@club-internet.fr ☑ Ⲧ n. V.

DOM. VINCENT PRUNIER 1999**

■ 0,24 ha 1 765 11 à 15 €

Vincent Prunier begann 1988, mit dem Diplom für Weinbau und Önologie in der Tasche, selbst Wein anzubauen. Seitdem hat er seinen Weg gemacht. Sein Wein entspricht den modernen Regeln der Extraktion. Eine Farbe wie dunkelviolette Tinte, sehr kräftig für die Rebsorte, mit schönen Tränen am Glas. Ein 99er, der sich zu schwarzer Johannisbeere und Brombeere gut entfaltet hat. Reich und fleischig, mit einem Hauch von Lakritze – er besitzt alles, um zu gefallen. Seine Tannine sind verträglich.

Vincent Prunier, rte de Beaune, 21190 Auxey-Duresses, Tel. 03.80.21.27.77, Fax 03.80.21.68.87 ☑ Ⲧ n. V.

ANTONIN RODET 1998**

☐ k. A. 4 473 38 à 46 €

«Schnalzen: wenn man die Zunge mit einem trockenen Geräusch vom Gaumen löst, während der Wein, den man gerade probiert hat, noch im Nachgeschmack zu spüren ist.» Ja, man schnalzt mit der Zunge, wenn man diesen sehr repräsentativen 98er vor sich hat. Er ist strohgelb und mag exotische Düfte, macht aber gleichzeitig Zugeständnisse an den Röstgeruch des Fasses. Füllig und warm. Man muss ihn ein paar Jahre aufheben.

Antonin Rodet, 71640 Mercurey, Tel. 03.85.98.12.12, Fax 03.85.45.25.49, E-Mail rodet@rodet.com
☑ Ⲧ Mo–Fr 9h–12h 14h–18h

ROPITEAU Morgeot 1998

☐ 1er cru k. A. 3 000 23 à 30 €

«Koste es, was es wolle, ich muss davon kosten», liest man auf einem alten burgundischen Fayenceteller. Das denkt man auch angesichts dieses blassgoldenen Morgeot mit den leicht grauen Reflexen. Sehen wir ihn uns näher an. Haselnuss und Honig haben einen Freundschafts- und gegenseitigen Hilfspakt geschlossen. Es mangelt ihm ein wenig an Fülle, aber er gleicht diese Bescheidenheit durch einen seidigen Geschmack aus. Die Vornehmheit der Rebsorte in ihrer kostbarsten Wiege. Eine von den Vins J.-Cl. Boisset übernommene Firma.

Ropiteau Frères, 13, rue du 11-Novembre, 21190 Meursault, Tel. 03.80.21.69.20, Fax 03.80.21.69.29
☑ Ⲧ tägl. 9h–19h; Mitte Nov. bis Ostern geschlossen

DOM. ROUX PERE ET FILS
Les Macherelles 1999

☐ 1er cru 0,45 ha 3 200 23 à 30 €

Dieser Premier cru gehört zu den Reblagen, die sich im Norden des Dorfs befinden. Sehr helle Goldfarbe mit grünen Reflexen. Er zeigt einen klaren, attraktiven Duft. Wenn man dann Weißdorn und frische Butter einatmet, fühlt man sich optimistisch. Sein Geschmack ist strenger, weniger gesprächig, durch Lebhaftigkeit geprägt. Das Potenzial ist nicht unerheblich; in diesem Stadium lässt der Wein keinerlei Anzeichen von Müdigkeit erkennen. Vertrauen. Liebeserklärung im Hachette-Weinführer 1998 für einen 95er.

Dom. Roux Père et Fils, 21190 Saint-Aubin, Tel. 03.80.21.32.92, Fax 03.80.21.35.00
n. V.

Saint-Aubin

Saint-Aubin ist – topografisch gesehen – ebenfalls ein Nachbar der Hautes-Côtes; doch ein Teil der Gemeinde grenzt an Chassagne im Süden sowie an Puligny und Blagny im Osten. Die Reblage les Murgers des Dents de Chien, ein Premier cru von Saint-Aubin, liegt sogar nicht weit vom Chevalier-Montrachet und von les Caillerets entfernt. Zugegebenermaßen haben die Weine ebenfalls eine große Qualität. Das Anbaugebiet hat beim Rotwein (2 916 hl im Jahre 2000) einige Fortschritte gemacht, aber seine beste Qualität erreicht es beim Weißwein (4 822 hl).

BERTRAND AMBROISE
Murgers des Dents de Chien 1999*

☐ 1er cru k. A. k. A. 15 à 23 €

Murgers des Dents de Chien: Die *murgers* sind Steinhaufen, deren Steine im Laufe der Jahrhunderte aus dem Boden der Weinberge herausgeholt und aufgehäuft wurden, während es sich bei den «Hundezähnen» um schmale, lang gestreckte Parzellen handelt. Dieser 99er hält das richtige Gleichgewicht. Er ist eindeutig im Geschmack, kann der Säure und dem «Fett» Rechnung tragen und profitiert von seinem Charme. Er zeigt ein schönes Gelb und lässt uns am Vergnügen eines mineralisch-blumigen Dufts teilhaben. Man erkennt darin die Qualitäten eines Saint-Aubin. Terroir-Charakter im Höchstmaß.

Maison Bertrand Ambroise, rue de l'Eglise, 21700 Premeaux-Prissey, Tel. 03.80.62.30.19, Fax 03.80.62.38.69, E-Mail bertrand.ambroise@wanadoo.fr
n. V.

JEAN-NOEL BAZIN 1999

☐ 0,5 ha 3 000 11 à 15 €

Wie der hl. Romain wollte sich auch St. Aubin ein wenig zurückziehen und Abstand gewinnen. Er wollte sich Zeit lassen, um die Dinge in aller Ruhe zu überprüfen, oder «schauen, um nachzuschauen», wie man in der Côte sagt. Nun, in dieser Geisteshaltung haben wir hier einen «Dorfwein» voller guter Vorsätze, der im ersten Kontakt direkt ist (strohgelbe Farbe, kandierter Apfel) und einen schon ausgeprägten Körper besitzt. Mehr «Fett» als Konzentration. Diese noch jungen Reben werden mit der Zeit «hinzugewinnen».

Jean-Noël Bazin, Les Petits Vergers, 21340 La Rochepot, Tel. 03.80.21.75.49, Fax 03.80.21.83.71 n. V.

GILLES BOUTON Les Champlots 1999*

☐ 1er cru 0,13 ha 1000 8 à 11 €

Wenn man eine Liebeserklärung im Hachette-Weinführer erhalten hat (in der Ausgabe 1998 für einen 95er), gehört man bereits zu den *happy few*, zu einem geschätzten exklusiven Club. Geben wir es zu, vier Weine werden hier von der Jury aufgeführt: der **rote 99er Premier cru Les Champlots,** der **weiße 99er Premier cru Murgers des Dents de Chiens,** der **weiße 99er Premier cru En Remilly** und dieser hier, der sich aus dem Konflikt heraushält. Den Champlots findet man übrigens oft auf einem Ehrenplatz. Die Frische von Geißblatt bei einem Wein, der ein wenig streng ist, aber «explodieren» wird.

Gilles Bouton, Gamay, 21190 Saint-Aubin, Tel. 03.80.21.32.63, Fax 03.80.21.90.74
n. V.

DOM. DE BRULLY Les Cortons 1999*

☐ 1er cru 0,67 ha 4 500 15 à 23 €

Hier haben wir ihn wieder, unseren Lieblingswein des letzten Jahres (als 98er). Diesmal bietet die Einzellage les Cortons beim Weißwein einen 99er. Er ist ideal, um während eines Essens in einem Kreis von Kennern Stoff für die Unterhaltung zu liefern. Ein noch heimlicher großer Wein, der sich aber über Pfirsicharomen gut abzeichnet. Er ist gehaltvoll und bereits in Form. Empfohlen wird auch der **rote 99er Premier cru Les Frionnes** (Preisgruppe: 70 bis 99 F). Ein zukunftsreicher Wein, der sehr elegant und rund ist.

Dom. de Brully, 21190 Saint-Aubin, Tel. 03.80.21.32.92, Fax 03.80.21.35.00
n. V.
Roux

G. BRZEZINSKI
Murgers des Dents de Chiens 1999**

☐ 1er cru k. A. 1000 15 à 23 €

Er wurde für eine Liebeserklärung vorgeschlagen. Somit sitzt er zur Rechten des Siegers. Die Leser wissen, dass sich diese Einzellage ganz nahe bei der sagenhaften Familie des Montrachet befindet. Dieser 99er mit der genau bemessenen Goldfarbe besitzt einen gefälligen Duft: Apfel und getrocknete Früchte. Sehr schöne Ausgewogenheit, wobei sich die Frucht klugerweise im Hintergrund hält. Ein Premier cru,

der dieses Namens würdig ist, fein und rassig. Man sollte ihn nicht sofort trinken.
G. Brzezinski, rte d'Autun, 21630 Pommard, Tel. 03.80.22.23.99, Fax 03.80.22.28.33
Mo–Sa 8h–12h 14h–18h; 23. Dez. bis 6. Jan. geschlossen

DOM. JEAN CHARTRON
Les Murgers des Dents de Chien 1999

☐ 1er cru 0,55 ha 4 000 23 à 30 €

Zwölf Monate in Holzfässern (davon 40 % neue): Trotzdem ist das Ergebnis ein reicher, reifer Wein, der an der Oberfläche klar und strahlend ist und Zitrusfrüchte und gelbe Früchte entfaltet. Der Geschmack bestätigt seine Ausgewogenheit, die ziemlich deutlich in Richtung «Fett» geht, bestimmt aufgrund der Reife der Traube, wie die Jury vermutete. Diese Flasche hat Reserven.
Dom. Jean Chartron, 13, Grande-Rue, 21190 Puligny-Montrachet, Tel. 03.80.21.32.85, Fax 03.80.21.36.35
tägl. 10h–12h 14h–18h; Mitte Nov. bis Ostern geschlossen

CH. DE CHASSAGNE-MONTRACHET Le Charmois 1999*

☐ 1er cru 5,68 ha 31 000 15 à 23 €

Ein intensives Goldgrün: eine Farbe, wie man sie erträumt. Außer den übrigens harmonischen gerösteten Mandeln riecht man Mineralisches und weiße Blüten. Die Ansprache ist klar und entschlossen, die Säure gemeistert und gut umhüllt. Der Geschmack ist dem Geruchseindruck angemessen.
Ch. de Chassagne-Montrachet, 21190 Chassagne-Montrachet, Tel. 03.85.87.51.00, Fax 03.85.87.51.11
Michel Picard

DOM. DU CHATEAU DE PULIGNY-MONTRACHET
En Remilly 1999*

☐ 1er cru 1,34 ha 9 000 15 à 23 €

Diesem recht holzbetonten Wein mangelt es weder an Charme noch an Unverfälschtheit. Unter einer klassischen Farbe konkurrieren getrocknete Früchte und Feuerstein darum, präsent zu sein. Auf diskrete Weise honigartig und insgesamt überzeugend.
SCEA Dom. du Château de Puligny-Montrachet, 21190 Puligny-Montrachet, Tel. 03.80.21.39.14, Fax 03.80.21.39.07, E-Mail chateaupul@aol.com n. V.

FRANÇOISE ET DENIS CLAIR
Les Murgers des Dents de Chien 1999*

☐ 1er cru 0,88 ha k. A. 11 à 15 €

Im Holzfass vinifiziert (30 % neues Holz), wobei der Hefesatz bis zum Frühjahr aufgerührt wurde. Ein 99er von schöner, strahlender Goldfarbe, der angenehm duftet (leichter Holzton, geröstetes Brot, Haselnuss, Akazienblüte). Die anfängliche Frische hält im Geschmack an: gute Rasse. Ein für eine fünf- bis sechsjährige Lagerung hergestellter Wein.
Françoise et Denis Clair, 14, rue de la Chapelle, 21590 Santenay, Tel. 03.80.20.61.96, Fax 03.80.20.65.19 n. V.

BERNARD COLIN ET FILS
En Remilly 1998*

☐ 1er cru 0,4 ha k. A. 8 à 11 €

Dieser Remilly, der ein leichtes, aber gut geschnittenes Kleid trägt, ist ein schöner Blumenstrauß. Man nimmt darin auch reife Zitrusfrüchte wahr. Er ist lecker, sanft und voller Milde und gibt sich im Geschmack noch sehr jugendlich. Man kann ihn somit trinken, wenn man ein Vergnügen haben möchte. Am klügsten wäre es jedoch, ihm zu erlauben, dass er im Erwachsenenalter die gesamte Komplexität erwirbt, zu der er fähig ist.
Bernard Colin et Fils, 22, rue Charles-Paquelin, 21190 Chassagne-Montrachet, Tel. 03.80.21.32.78, Fax 03.80.21.93.23
Mo–Sa 8h30–12h30 14h–19h; So n. V.

DOM. MARC COLIN ET FILS
En Remilly 1999**

☐ 1er cru 2 ha 10 000 11 à 15 €

Besitzer im Montrachet, das bedeutet in Burgund so etwas wie einen Adelsbrief. «Ein hinsichtlich Bescheidenheit und Rechtschaffenheit vorbildlicher Winzer», las man über ihn. Michèle kam aus Saint-Aubin, als er sie heiratete. Sein Remilly (eine Nachbarlage des Chevalier-Montrachet) bringt ihm eine Liebeserklärung ein, so prächtig ist er. In hohem Maße auf dem Niveau eines Puligny oder Meursault Premier cru. Der Duft ist intensiv und komplex und verbindet Früchte und Blüten, Mandeln und Röstgeruch vom Fass. Der Geschmack ist nur Ausgewogenheit, der Abgang ausschließlich elegant. Empfohlen wird auch der **weiße 99er cru La Châtenière,** der einen Stern erhält, ebenso wie der **weiße 99er La Fontenotte.**
Marc Colin et Fils, Hameau de Gamay, 21190 Saint-Aubin, Tel. 03.80.21.30.43, Fax 03.80.21.90.04

COUVENT DES CORDELIERS 1998

☐ k. A. 4 900 11 à 15 €

Als wäre seine Farbe noch ganz unverbraucht, so lebhaft und schillernd erscheint sie. Feuerstein und Akazienblüte: Der Duft hält sich an die strengste Orthodoxie. Nützliche Wiederkehr der gleichen Aromen im Geschmack, daher

auch ein Eindruck von Einheitlichkeit, die es trotz einer gewissen Lebhaftigkeit in der Ansprache erlaubt, das Glas mit dem Gefühl zurückzustellen, seine Zeit nicht verschwendet zu haben.
Caves du Couvent des Cordeliers, rue de l'Hôtel-Dieu, 21200 Beaune, Tel. 03.80.25.08.85, Fax 03.80.25.08.21
tägl. 9h30–12h 14h–18h

DUPERRIER-ADAM
Sur le Sentier du Clou 1999*

1er cru 0,23 ha k. A. 8 à 11 €

Der Sentier du Clou? Im Altburgundischen war ein *clou* ein Clos, also ein Weinberg. Dieser sehr dunkelgranatrote Pinot noir bietet einen leicht an Eingemachtes erinnernden Duft. Er ist überschwänglich, sympathisch, aber kräftig und strukturiert. Seine Jugend lässt einen Aufenthalt von drei bis vier Jahren in einem guten Keller empfehlen.
SCA Duperrier-Adam, 3, pl. des Noyers, 21190 Chassagne-Montrachet, Tel. 03.80.21.31.10, Fax 03.80.21.31.10
Mo–Fr 9h–12h 14h–17h; Sa, So n. V.; Aug. geschlossen

ECHANSONNERIE DU GOUT'VINAGE
Les Murgers des Dents de Chien 1999

1er cru 1 ha 6 000 30 à 38 €

Eines der erstaunlichsten Etiketten des Anbaugebiets, präsentiert von der Echansonnerie de l'Ordre du Goût Vinage de France, die – auf dem Etikett – schreibt: «Geweiht der herausragenden Qualität der Weine zu Ehren der Menschen, die für ihn verantwortlich sind.» Sonderbar, sonderbar! Ansonsten ist der Wein sehr ordentlich. Seine goldgelbe Farbe, seine Düfte von gelb- (Aprikosen) und weißfleischigen Früchten (Pfirsich) und ein Stoff, der potenziell reichen Genuss scheidet, sprechen für ihn. Der **rote 99er Premier cru Murgers des Dents de Chien** verdient eine lobende Erwähnung.
Echansonnerie du Goût Vinage, rte de Moince, 57420 Louvigny, Tel. 03.87.69.79.69, Fax 03.87.69.71.13

CHRISTOPHE GUILLO
Les Murgers des Dents de Chien 1999*

1er cru 0,95 ha 6 000 8 à 11 €

Der **weiße 99er Les Murgers des Dents de Chien** und sein roter Zwillingsbruder erhalten die gleiche Note. Wir entscheiden uns letzten Endes für Letzteren, aufgrund seiner Sensibilität (Walderdbeere, Heidelbeere) und einer erstaunlichen Ausgewogenheit zwischen den noch festen Tanninen und der feinen Eleganz des Ganzen. Ein Wein, der von einem vorwiegend mit weißen Rebsorten bestockten Terroir kommt und für Œufs en meurette (pochierte verlorene Eier in Rotweinsauce) zu Beginn einer Mahlzeit bestimmt ist.
Christophe Guillo, Dom. des Meix, 21200 Combertault, Tel. 03.80.26.67.05, Fax 03.80.26.67.05 n. V.

LES VILLAGES DE JAFFELIN 1999*

k. A. 5 000 15 à 23 €

Der hl. Aubin, Pfarrer von Tincillac und Bischof von Angers, vollbrachte Wunder und war sehr beliebt. Dieser Chardonnay empfängt seine Gunst. Geröstetes Brot und frische Butter: Man könnte ihn fast zum Frühstück empfehlen. Seine Struktur ist im Geist des Terroir mineralisch. Jaffelin ist eine von Jean-Claude Boisset übernommene Firma, behält aber ihre Selbstständigkeit in der Führung der Geschäfte.
Jaffelin, 2, rue Paradis, 21200 Beaune, Tel. 03.80.22.12.49, Fax 03.80.24.91.87

MICHEL LAMANTHE 1999*

1er cru 0,7 ha 4 000 8 à 11 €

Die romanische Kirche von Saint-Aubin ist ein schönes Bauwerk, das auf das 10. Jh. zurückgeht. Eine tausendjährige Geschichte! Kirche und Wein haben diese Zeit gemeinsam durchlebt. Dieser blassgelbe 99er mit goldenen Reflexen bezeugt einen schönen Ausbau: Duft mit feinem Holzton, der blumige Nuancen entfaltet, kräftiger, runder Geschmack, von getrockneten Früchten erfüllt, mit einem mineralischen Hauch und von prächtiger Länge. Er verdient große Fischgerichte.
Michel Lamanthe, 21190 Saint-Aubin, Tel. 03.80.21.33.23, Fax 03.80.21.93.96
n. V.

DOM. HUBERT LAMY En Remilly 1999*

1er cru 1,1 ha 10 000 15 à 23 €

Einen Stern zuerkannt haben wir dem **weißen 99er Premier cru La Chatenière,** der einen sehr guten Charakter zeigt, und einem **weißen 99er «Dorfwein» La Princée** (Preisgruppe: 70 bis 99 F). Der En Remilly gewinnt leicht die Oberhand. Sehr fruchtig, sanft und einschmeichelnd, mustergültige goldgrüne Farbe und hübsches, blumiges Bouquet. Er ist trocken und mineralisch und hat ebenfalls einen sehr guten Charakter. Sie können ihn trinken, wenn Sie ungeduldig sind, oder ebenso gut aufheben.
Dom. Hubert Lamy, Paradis, 21190 Saint-Aubin, Tel. 03.80.21.32.55, Fax 03.80.21.38.32 n. V.
Olivier und Hubert Lamy

DOM. LAMY-PILLOT Les Argilliers 1999

0,54 ha 3 400 8 à 11 €

Dieser Argilliers von kräftiger, strahlender Farbe ist sehr fruchtig. Das Bouquet und die Geschmacksnoten erinnern an Trauben. Man findet in ihm somit alle Qualitäten eines jungen Weins, der im Werden begriffen ist. Bevorzugen Sie Chardonnay? Der **99er Les Pucelles** dürfte Sie zufrieden stellen. Er hat eine echte Persönlichkeit.
Dom. Lamy-Pillot, 31, rte de Santenay, 21190 Chassagne-Montrachet, Tel. 03.80.21.30.52, Fax 03.80.21.30.02, E-Mail lamy.pillot@wanadoo.fr n. V.

SYLVAIN LANGOUREAU
En Remilly 1999★

☐ 1er cru 1,4 ha 9 800 11 à 15 €

Seine Wahl zum Lieblingswein geht nicht auf die Zeiten Methusalems zurück; vielmehr war das in der Ausgabe 1999 für einen 96er der Fall. Sylvain Langoureau hat seitdem zusammen mit einem Kollegen aus dem Mâconnais einen Gewölbekeller errichtet. Dieser 99er hat darin gelagert. Blassgelb mit Tränen am Glas. Das ist ein klarer Premier cru, der voller Feinheit Pampelmuse ausspielt. Die gleiche Empfindung im Mund, verbunden mit Bittermandel. Ein noch sehr junger Wein, ein Marmorblock, der auf den Bildhauer wartet. In zwei bis drei Jahren wird daraus eine hübsche Statue entstehen. Der **weiße 99er Premier cru Les Frionnes** erhält die gleiche Note.

Sylvain Langoureau, Hameau de Gamay, 21190 Saint-Aubin, Tel. 03.80.21.39.99, Fax 03.80.21.39.99 n. V.

DOM. LARUE
Murgers des Dents de Chien 1999★★

☐ 1er cru 0,93 ha 6 900 11 à 15 €

Die Qualität dieses 99ers entspricht unserer Erwartung. Die goldene Farbe ist ein wenig sparsam, aber in der Nase entdeckt man Feinheit, während sich der Geschmack zwischen dem «Fett» und dem mineralischen Charakter als begeisternd erweist.

Dom. Larue, Gamay, 21190 Saint-Aubin, Tel. 03.80.21.30.74, Fax 03.80.21.91.36
n. V.

OLIVIER LEFLAIVE Le Charmois 1998★

☐ 1er cru 1,8 ha 10 000 15 à 23 €

Dieser sehr helle und sehr leuchtende 98er duftet nach Blumen und Geröstetem. Seine balsamischen Tendenzen führen ihn zu einem recht vollen, kräftig gebauten Geschmack. Dennoch handelt es sich hier um einen Wein, der bei einer langen Lagerung nichts gewinnt. Man muss ihn schon jetzt trinken. Olivier Leflaive, der früher die Domaine Leflaive mitverwaltete, hat sich selbstständig gemacht und betreibt neben dem Weinbau und dem Weinhandel auch einen traditionellen Gasthof.

Olivier Leflaive, pl. du Monument, 21190 Puligny-Montrachet, Tel. 03.80.21.37.65, Fax 03.80.21.33.94, E-Mail leflaive-olivier@dial.oleane.com
n. V.

DOM. MAROSLAVAC-LEGER
Les Murgers des Dents de Chien 1999★

☐ 1er cru 0,34 ha 2 100 15 à 23 €

Roland Maroslavac, Enkel eines jugoslawischen Auswanderers, der 1930 nach Frankreich kam, um hier Arbeit zu finden, und aus eigener Kraft sein Gut aufbaute, präsentiert uns hier einen Wein von guter Intensität (Farbe, blumigrauchiges Bouquet), der im Geschmack füllig ist und recht lang anhält. Es ist notwendig, dass man diesen sehr schönen Saint-Aubin ein paar Jahre im Keller lässt.

Dom. Maroslavac-Léger, 43, Grande-Rue, 21190 Puligny-Montrachet, Tel. 03.80.21.31.23, Fax 03.80.21.91.39, E-Mail maroslavac.leger@wanadoo.fr
n. V.

CH. PHILIPPE-LE-HARDI
En Vesvau 1999

☐ 0,94 ha 8 000 11 à 15 €

Ein sehr helles Strohgelb mit grünen Reflexen: Er trägt die Farben des «weißen» Burgunds. In der Nase kommen über einem hübschen Holzton weiße Blüten zu Wort. Der freimütige, ausgewogene, lebhafte Geschmack bleibt auf der Linie eines einschmeichelnden, eleganten Weins, der noch sehr jung ist.

Ch. de Santenay, BP 18, 21590 Santenay, Tel. 03.80.20.61.87, Fax 03.80.20.63.66
n. V.

BERNARD PRUDHON Les Castets 1999★

■ 1er cru 0,64 ha 1 500 8 à 11 €

Die Reblage les Castets findet man ganz nahe beim Dorf, neben einer Lage, deren amüsanten Namen (Derrière chez Edouard) niemand oder fast keiner in Anspruch nimmt. Dieser granatrote 99er mit rosaroten Reflexen flüstert voller Sanftheit rote Früchte und Vanille. Recht ausgeprägte Tannine weisen auf einen Wein mit eigenwilligem Charakter hin, der gut gemacht und für die Lagerung bestimmt ist, denn im Augenlick endet er ein wenig abrupt.

Bernard Prudhon, 21190 Saint-Aubin, Tel. 03.80.21.35.66

HENRI PRUDHON Les Frionnes 1999★

■ 1er cru 2 ha 12 000 8 à 11 €

Der **weiße 99er Premier cru Sur Gamay** ist interessant und wird lobend erwähnt; es ist immer lustig, wenn man seine Gäste mit einem solchen Etikett überrascht. Unserem Geschmack nach gelungener ist dieser Frionnes, der duftig (Kirsche) und samtig ist und eine seltene Feinheit zeigt.

Henri Prudhon et Fils, 21190 Saint-Aubin, Tel. 03.80.21.36.70, Fax 03.80.21.91.55
n. V.
Gérard Prudhon

DOM. ROUX PERE ET FILS
La Pucelle 1999★

☐ 2,5 ha 15 000 11 à 15 €

Eine große Familie, die gute Weine macht! Nach einer Liebeserklärung im Jahre 2000 für den 97er bietet diese Pucelle beim 99er recht ausgeprägte smaragdgrüne Reflexe. Pfirsich und Apfel begleiten in der Nase einen hübschen Holzton. Dieser dichte, effiziente, im Geschmack leicht balsamische Wein ist für einen recht baldigen Verbrauch bestimmt. Der **rote 99er Premier cru Les Frionnes** kann Sie trösten, falls der obige Wein schon ausverkauft sein sollte. Er erhält einen Stern und kann in Ihrem Keller drei bis fünf Jahre lagern.

Dom. Roux Père et Fils, 21190 Saint-Aubin, Tel. 03.80.21.32.92, Fax 03.80.21.35.00
n. V.

MICHEL SERVEAU En l'Ebaupin 1999*

■ 0,15 ha 1000 8 à 11 €

Diese Reblage, eine Nachbarlage von les Pucelles, befindet sich ganz am Ende des Hangs, der auf La Rochepot schaut. Sie liefert einen 99er von sehr kräftigem Granatrot, mit einem zunächst fruchtigen Duft (Kirsche), der danach intensiver wird. Im Geschmack ist er körperreich, schwer, fleischig, aber noch jung. Auch wenn seine Qualitäten außer Frage stehen, scheint eine Lagerung (zwei bis drei Jahre) unverzichtbar zu sein.

Michel Serveau, rte de Beaune, 21340 La Rochepot, Tel. 03.80.21.70.24, Fax 03.80.21.71.87 n. V.

GERARD THOMAS
Murgers des Dents de Chien 1998*

□ 1er cru 1,7 ha 10 800 8 à 11 €

Das Funkeln, der Glanz – alles ist vorhanden bei diesem Wein, der so lebhaft wie Feuerstein ist, umgeben von frischen Mandeln und Weißdorn und angenehm im Geschmack. Er bietet ausgezeichnete Perspektiven. Sie können sich auch an den **weißen 98er Premier cru La Chatenière** (ein Stern) halten oder – um die Farbe zu wechseln – an den **roten 99er Premier cru Les Frionnes,** der eine lobende Erwähnung erhält und zwei Jahre lagern muss.

Gérard Thomas, 21190 Saint-Aubin, Tel. 03.80.21.32.57, Fax 03.80.21.36.51 n. V.

Santenay

Das von der Montagne des Trois-Croix überragte Dorf Santenay ist dank einer «salzigen Quelle» mit dem lithiumhaltigsten Wasser Europas ein berühmter Heilquellenort geworden! Es ist somit ein vielseitiges Dorf, denn sein Anbaugebiet bringt auch exzellente Rotweine hervor. Les Gravières, la Comme und Beauregard sind die bekanntesten Reblagen. Ebenso wie in Chassagne bietet dieses Anbaugebiet die Besonderheit, dass die Reben oft im Cordon-de-Royat-Schnitt erzogen werden – ein nicht unbedeutender Qualitätsfaktor. Die beiden Appellationen Chassagne und Santenay reichen ein wenig in das Gebiet der Gemeinde Remigny im Departement Saône-et-Loire hinein, wo man auch die Appellationen Cheilly, Sampigny und Dezize-lès-Maranges findet, die jetzt unter der Appellation Maranges zusammengefasst sind. 2000 erzeugte AOC Santenay 1 937 hl Weißwein und 13 982 hl Rotwein.

DOM. ALEXANDRE
Les Champs Claude 1999**

■ 2,25 ha 2 000 8 à 11 €

Diese Einzellage gehört zu den paar Reblagen der Appellation, die sich auf dem Boden von Remigny im Departement Saône-et-Loire befinden. Die Gemeinde- und Departementsgrenzen haben offensichtlich kein Gespür in dieser Hinsicht. Bläulich rotes Rubinrot, schwarze Johannisbeere, Lakritze – alle melden sich als anwesend. Sein schöner Stoff, seine große Dauerhaftigkeit und seine bemerkenswerte Komplexität machen ihn zu einem Wein, der zu den besten gehört. Der **rote 99er Premier cru Gravières** ist rau, aber wenn er einmal aufwacht, werden Sie schon sehen. Ein Stern.

Dom. Alexandre Père et Fils, pl. de la Mairie, 71150 Remigny, Tel. 03.85.87.22.61, Fax 03.85.87.22.61, E-Mail domaine.alexandre@roonoo.net n. V.

DOM. BACHEY-LEGROS ET FILS
Clos des Hâtes 1999

■ 0,88 ha 3 500 8 à 11 €

Die typisch burgundische Bauweise dieses Guts ist sehr reizvoll. Das Gebäude erscheint auf dem Etikett dieses Weins, der recht repräsentativ für den Santenay von früher ist. Die granatrote Farbe ist sehr dunkel; seine Aromen von reifen Früchten schleichen sich auf Zehenspitzen in Ihre Nase. Sein kräftig gebauter, noch verschlossener Körper trägt eine Rüstung. Wird er sie eines Tages ausziehen? Ja, denn die Jury schlägt eine Lagerung von zwei bis vier Jahren vor.

Christiane Bachey-Legros, 12, rue de la Charrière, 21590 Santenay, Tel. 03.80.20.64.14 n. V.

DOM. BART En Bievau 1998*

■ 0,6 ha 3 200 11 à 15 €

Ein sehr intensives, klares Rot bis Dunkelrot. Der Duft ist noch jugendlich, wendet sich aber in einem Umfeld von Vanille Himbeere und Blumen zu. Dieser En Bievau ist ein ausgezeichneter «Dorfwein», der oft den Premiers crus ebenbürtig ist. Sein Geschmack ist gefällig, seine Struktur einwandfrei, seine Frucht entfaltet. Eine leichte Bitternote stört die erfahrenen Verkoster nicht.

Dom. Bart, 23, rue Moreau, 21160 Marsannay-la-Côte, Tel. 03.80.51.49.76, Fax 03.80.51.23.43 n. V.

JEAN-CLAUDE BELLAND
Clos des Gravières 1999

■ 1er cru 1,21 ha 7 400 11 à 15 €

«Das Weinbaugebiet von Santenay gehört zu denen, wo der Anbau mit größter Gewissenhaftigkeit vorgenommen wird», meinte Dr. Jules Lavalle Mitte des 19. Jh. Hier haben wir einen Wein, den man ein wenig betteln muss, der aber dann umgehend und prompt attackiert. Er wird von einer Lakritzenote unterstützt und ist leichter als die meisten seiner Artgenossen und zarter.

Jean-Claude Belland, 21590 Santenay, Tel. 03.80.20.61.90, Fax 03.80.20.65.60 n. V.

ROGER BELLAND Beauregard 1999**

■ 1er cru 3,22 ha 15 000 11 à 15 €

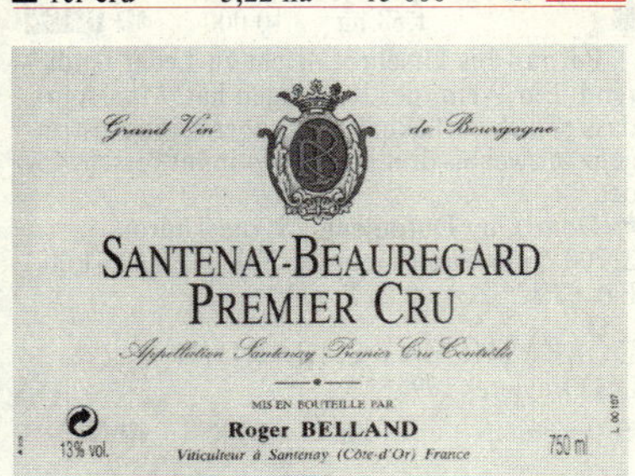

Unser Lieblingswein 1998 (ein 95er) kehrt hier mit einer Reblage zurück, die sich ebenso wie la Comme an der Seite des Hangs ausbreitet. Seine Farbe ist fast so schwarz wie Tinte, aber dennoch klar. Er besitzt das hübscheste Bouquet der Welt: Himbeere, geröstetes Brot, Lakritze. Rund und kräftig, ehrlich und konzentriert – das ist offensichtlich ein Wein zum Lagern. Ebenso empfehlen wir Ihnen den **roten 99er Premier cru Commes** und den **roten 99er Premier cru Gravières** sowie den **roten 99er «Dorfwein» Charmes.** Alle erhalten zwei Sterne und sollten für große Gerichte in zwei, drei oder vier Jahren aufgehoben werden.

Dom. Roger Belland, 3, rue de la Chapelle, BP 13, 21590 Santenay, Tel. 03.80.20.60.95, Fax 03.80.20.63.93, E-Mail belland.roger@wanadoo.fr ☑ Y n. V.

ALBERT BICHOT 1998*

■ k. A. 14 000 15 à 23 €

Er hat Ähnlichkeit mit einem Märchenschloss: Die Tannine bilden den Bergfried; die Mauer, die es umschließt, ist eher hoch aufragend als rund. Schon verstanden: Dieser recht typische 98er hat etwas von einer Festung. Man muss sich auf eine mehrjährige Belagerung einstellen. Pinot-typische Farbe, Pinot-typischer Duft.

Maison Albert Bichot, 6 *bis*, bd Jacques-Copeau, 21200 Beaune, Tel. 03.80.24.37.37, Fax 03.80.24.37.38

BOUCHARD PERE ET FILS
Passe-Temps 1998*

■ 1er cru k. A. k. A. 15 à 23 €

Passe-Temps – woher kommt dieser Name? Bestimmt musste man, meint M.-H. Landrieu-Lussigny, der Verfasser eines Werks über den Ursprung der Namen von Orten in der Côte, in dieser Rebparzelle viel Zeit verbringen, um die Reben gut anbauen zu können. Rubinrot von mittlerer Intensität. Dieser 98er bietet uns Erdbeere und Himbeere, um den Geruchssinn zu verwöhnen. Sein sehr voller, tanninreicher Geschmack zeigt einen guten Charakter. Er befindet sich jedoch im Warteraum.

Bouchard Père et Fils, Ch. de Beaune, 21200 Beaune, Tel. 03.80.24.80.24, Fax 03.80.22.55.88, E-Mail france@bouchard-pereetfils.com
Y n. V.

DOM. DE BRULLY
Grand Clos Rousseau 1999

■ 1er cru 0,6 ha 3 200 15 à 23 €

Es gibt Weine, die man für leicht hält, die aber mehr Komplexität bereithalten können. Die Farbe ist hier kräftig. Wenig Bouquet im Augenblick. Der Eindruck im Mund ist füllig und weich, trotz eines tanninreichen Geschmacks, der normalerweise verschmelzen sollte.

Dom. de Brully, 21190 Saint-Aubin, Tel. 03.80.21.32.92, Fax 03.80.21.35.00
☑ Y n. V.
Roux

DOM. CAPUANO-FERRERI ET FILS
Les Gravières 1999*

■ 1er cru k. A. k. A. 11 à 15 €

Dieser Premier cru versucht zu verführen. Er ist dunkelviolett und offenbart sich nicht auf Anhieb, aber dann ... Man riecht Kastanie, verbunden mit Schwarze-Johannisbeer-Knospe. Ein sehr guter Geschmack mit diesem originellen Touch.

Capuano-Ferreri et Fils, 1, rue de la Croix-Sorine, 21590 Santenay, Tel. 03.80.20.64.12, Fax 03.80.20.65.75
☑ Y n. V.

DOM. DU CHATEAU DE MERCEY
1998

■ 1,13 ha 5 000 11 à 15 €

Dieses 1603 entstandene Gut, das vor einigen Jahren von Antonin Rodet übernommen wurde, erzeugt einen dunkelkirschroten «Dorfwein» mit Aromen von Gewürzen (Muskatnuss) und roten Früchten, die eine Zeit der Belüftung erfordern. Nicht übermäßig tanninreich, recht robust. Er braucht eine zweijährige Lagerung.

Ch. de Mercey, 71150 Cheilly-lès-Maranges, Tel. 03.85.91.13.19, Fax 03.85.91.16.28
☑ Y n. V.

FRANÇOISE ET DENIS CLAIR
Clos Genet 1999***

■ 1,3 ha 6 000 8 à 11 €

Unter unseren Lieblingsweinen steht er an der Spitze. Befindet sich der Clos Genet nicht mitten im Dorf? Stellt er nicht oft die Synthese davon dar? Jedenfalls für einen Wein der kommunalen Appellation. Das ist ein berühmter «Dorfwein» mit einem bemerkenswerten Preis-Leistungs-Verhältnis. Er besitzt eine intensiv tiefe granatrote Farbe, einen ausdrucksvollen Duft (reife Früchte, Röstgeruch) und einen Geschmack von außergewöhnlicher Komplexität und wunderbarer Rundheit und klingt mit Kirschen in Alkohol aus. Ein Wein für große Weinliebhaber. Der **rote 99er «Dorfwein»** erhält einen Stern. Er hat Charakter und zeigt sich sehr harmonisch.

Françoise et Denis Clair,
14, rue de la Chapelle, 21590 Santenay,
Tel. 03.80.20.61.96, Fax 03.80.20.65.19
n. V.

MICHEL CLAIR Clos de Tavannes 1999*

1er cru 0,21 ha 1 200 8 à 11 €

Der bereits schöne **rote 99er «Dorfwein» Clos Genet** (ein Stern) gehört zu unseren Empfehlungen. Dieser Premier cru ist sehr gelungen. Der nicht sehr fruchtige Duft, der gerade dabei ist, komplex zu werden, beginnt sich zu zeigen. Dieser schwere Wein besitzt einen Reichtum, der nach ein paar Jahren Einkellerung verlangt. Er wird sie sehr gut vertragen und noch besser werden.

Dom. Michel Clair, 2, rue de Lavau,
21590 Santenay, Tel. 03.80.20.62.55,
Fax 03.80.20.65.37 n. V.

Y. ET C. CONTAT-GRANGE
Saint Jean de Narosse 1999*

1 ha 3 700 8 à 11 €

Saint-Jean-de-Narosse ist ein Weiler der AOC, der von steilen Hängen umgeben ist. Das Ergebnis ist ein granatroter Wein mit rubinroten Reflexen, der nach Sauerkirsche duftet. Die Extraktion der Farbstoffe und der Aromen ist stark vorangetrieben. Aber das Fundament scheint reichhaltig, tanninreich und kräftig gebaut zu sein, so dass er dazu in der Lage ist, die erste Hälfte des jetzigen Jahrzehnts zu überstehen. Der 93er wurde in der Ausgabe 1996 zu einem Lieblingswein gewählt.

EARL Yvon Contat-Grangé, Grande-Rue,
71150 Dezize-lès-Maranges, Tel. 03.85.91.15.87,
Fax 03.85.91.12.54 n. V.

JEAN-FRANÇOIS DICONNE
En Charron 1998

2,7 ha 4 000 8 à 11 €

Diese «dunkle Klarheit, die von den Sternen herabfällt», erhellt seine purpur- bis granatrote Farbe. Ein holzbetontes Bouquet, das mit einer wilden Erregung in Richtung Brombeere spielt. Ein großzügiger «Dorfwein» von solider Offenheit: «Fett», Umfang, Gerüst. Die Frucht ist recht präsent, aber die beißenden Tannine legen ihr einen Maulkorb an. Ein bis zwei Jahre reifen lassen.

Jean-François Diconne, rue du Bourg,
71150 Remigny, Tel. 03.85.87.20.01,
Fax 03.85.87.23.98 n. V.

DOM. GUY DUFOULEUR
Clos Genêts 1998

1,68 ha 10 000 11 à 15 €

Purpur- bis kirschrot, leicht zu Leder tendierend. Ein Wein, der Rücklagen hat. Man spürt, dass er sich zurückhält, dass aber seine Adstringenz in zwei bis drei Jahren bestimmt verschwindet.

Dom. Guy Dufouleur, 18, rue Thurot,
21700 Nuits-Saint-Georges, Tel. 03.80.62.31.00,
Fax 03.80.62.31.00 n. V.

DOM. VINCENT GIRARDIN
Les Gravières 1999***

1er cru 1 ha 5 500 11 à 15 €

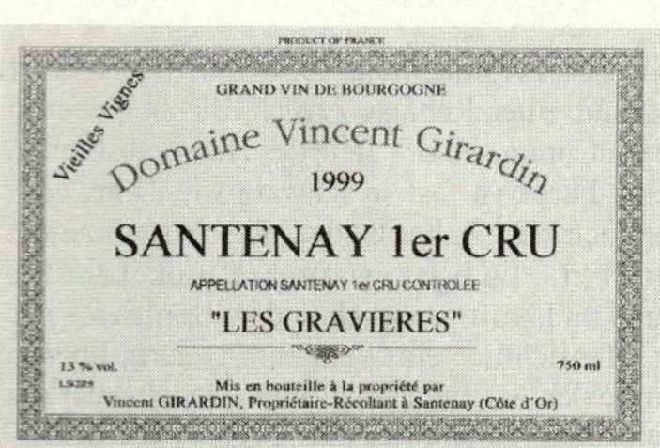

Der Plot ist gut ausgearbeitet. Man denkt an eine starke Extraktion (ein unglaubliches Granatrot bis Schwarz, kräftige Aromen von Pfingstrose und Birne, Konzentration usw.); danach kommt eine Note von Eleganz, ein Hauch von Vornehmheit. Wenn Sie an einem Chardonnay interessiert sind, nehmen Sie den **weißen 99er Premier cru Clos du Beauregard.** Frisch, mineralisch und geröstet.

Caveau des Grands Crus, pl. de la Bascule,
21190 Chassagne-Montrachet,
Tel. 03.80.21.96.06, Fax 03.80.21.96.23
tägl. 10h–13h 14h–18h
Vincent Girardin

DOM. DES HAUTES CORNIERES
1998**

6 ha 36 000 8 à 11 €

Unsere Verkoster haben sich gefragt, ob sie ihm eine Liebeserklärung zuerkennen sollten. Sie können somit diesem 98er, der eine echte Persönlichkeit zum Ausdruck bringt, Ihr ganzes Vertrauen schenken. Er ist strahlend purpurrot und widmet sich animalischen Gerüchen, ohne die frischen Früchte zu vernachlässigen. Anschmiegsame, gut verschmolzene Tannine und eine deutlich ausreichende Säure verleihen diesem eleganten Wein noch zusätzlich Nachhaltigkeit.

Ph. Chapelle et Fils,
Dom. des Hautes-Cornières, 21590 Santenay,
Tel. 03.80.20.60.09, Fax 03.80.20.61.01
Mo–Sa 9h–12h 14h–18h

DOM. LOUIS JADOT Clos de Malte 1998*

1,5 ha 5 400 15 à 23 €

Dieser Wein, der das Auge schon mit seiner strahlend goldgelben Farbe umschmeichelt, erweist sich als noch sehr jung, wobei das Eichenfass das Ganze beherrscht. Aber in der Nase macht sich eine rauchige Note bemerkbar; auf der Zunge zeigt sich ein Haselnussgeschmack. Der Eindruck am Gaumen ist ausgewogen, wobei Holznuancen den Mund vollständig einnehmen. Man muss mindestens ein Jahr warten, bevor man diese Flasche zu Räucherlachs serviert.

🔑 Maison Louis Jadot, 21, rue Eugène-Spuller, 21200 Beaune, Tel. 03.80.22.10.57, Fax 03.80.22.56.03, E-Mail contact@louisjadot.com ☑ Y n. V.

DOM. JESSIAUME PERE ET FILS
Gravières 1999*

□ 1er cru 0,54 ha 4 200 🍾 23 à 30 €

Er hat eine goldene Farbe und bietet einen wunderbaren Duft, in dem sich mineralische Noten und Anklänge an Zitrusfrüchte, zerquetschte Trauben und Honig vermischen. Füllig und fett, korpulent und großzügig – er kann altern. Der **rote 99er Premier cru Gravières** (Preisgruppe: 70 bis 99 F) kann ebenfalls Ihr Interesse verdienen. Er ist ein Wein von starker Konzentration, der eine schöne Zukunft verspricht. Ein Stern.

🔑 Dom. Jessiaume Père et Fils, 10, rue de la Gare, 21590 Santenay, Tel. 03.80.20.60.03, Fax 03.80.20.62.87 ☑ Y n. V.

GABRIEL JOUARD 1998*

■ 1,3 ha 2 500 🍾 8 à 11 €

Man darf den Holzton nicht fürchten, um ihn wirklich zu schätzen. Recht offen, bereit – er hat genau diesen Stil. Sein Geschmack weitet sich aus und wird füllig und fruchtig (schwarze Johannisbeere, Brombeere), während sich die Tannine noch deutlich zeigen. Aber es gibt darin

Côte de Beaune (südlicher Abschnitt)

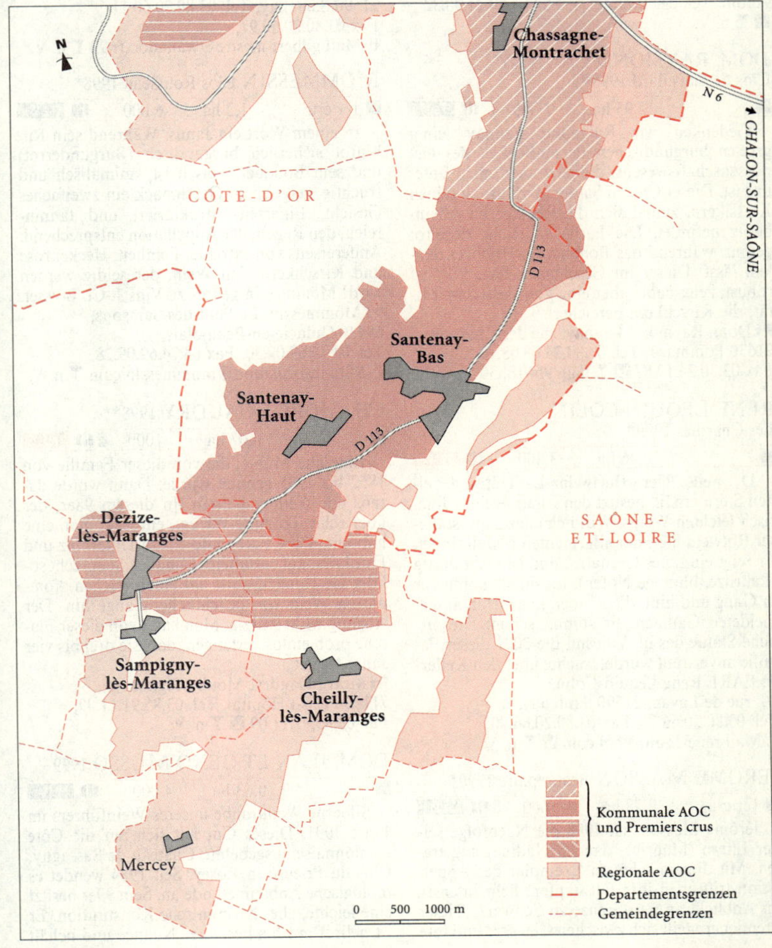

echte Qualitäten, die dafür sorgen, dass sich die Waagschale zu seinen Gunsten senkt, vorausgesetzt man trinkt ihn nicht zu früh.
⊶ EARL Dom. Gabriel Jouard Père et Fils, 3, rue du Petit-Puits, 21190 Chassagne-Montrachet, Tel. 03.80.21.30.30, Fax 03.80.21.30.30 ☑ Y n. V.

DOM. HUBERT LAMY
Clos des Hâtes Vieilles vignes 1999**

■ 0,7 ha 2 300 ⅠⅠ 11 à 15 €

Ein Wein, der im letzten Jahr als 98er zum Lieblingswein gewählt wurde. Wenden wir uns dem Nachfolger zu: Das Ergebnis ist fast ebenso gut. Nächtliche Farbe (Schwarz und Bläulich verschmolzen), recht holzbetont (hier muss man warten, bis sich der Holzton einfügt). Er legt hier einen pädagogischen Charakter an den Tag. Er erklärt und demonstriert gern und ist damit recht erfolgreich. Aber Sie müssen ihn, wie schon gesagt, im Keller ruhen lassen.
⊶ Dom. Hubert Lamy, Paradis, 21190 Saint-Aubin, Tel. 03.80.21.32.55, Fax 03.80.21.38.32 ☑ Y n. V.

DOM. RAYMOND LAUNAY
Clos de Gatsulard 1998

■ 2,95 ha 7 000 ⅠⅠ 11 à 15 €

Gedenken wir Raymond Launay, einer großen burgundischen Persönlichkeit des Genossenschaftswesens, die jetzt nicht mehr unter uns ist. Dieser Clos in Santenay zählte zu seinen Klassikern, zumal sich die Reblage im Alleinbesitz befindet. Die Farbe ist leicht ziegelrot getönt, während das Bouquet an Himbeer denken lässt. Dieser im Geschmack feste 98er ist robust, zeigt dabei aber eine gewisse Komplexität, die Kirschkern bereichert.
⊶ Dom. Raymond Launay, rue des Charmots, 21630 Pommard, Tel. 03.80.24.08.03, Fax 03.80.24.12.87 ☑ Y tägl. 9h–18h30

RENE LEQUIN-COLIN
Les Charmes 1999*

■ 0,46 ha 3 300 ⅠⅠ 8 à 11 €

Der **weiße 99er «Dorfwein» Les Hâtes,** der einen Stern erhält, besitzt den Charme eines ätherisch leichten Weins. Wirklich charmant ist dieser Rotwein hier, der allgemeinen Beifall findet. Er zeigt ein tiefes Granatrot und ist recht duftig (Lakritze, blumige Noten). Im Finale kommt er in Gang und hinterlässt einen angenehm ausgekleideten Gaumen. Es stimmt schon: Die örtliche Statue des hl. Vincent, die 2001 dieser Familie anvertraut wurde, wachte über den Keller!
⊶ EARL René Lequin-Colin, 10, rue de Lavau, 21590 Santenay, Tel. 03.80.20.66.71, Fax 03.80.20.66.70, E-Mail renelequin@aol.com ☑ Y n. V.

JEROME MASSON Beaurepaire 1999*

■ 1er cru 0,78 ha 600 ⅠⅠ 11 à 15 €

Jérôme Masson hat 1998 die Nachfolge seiner Eltern (Maurice, danach Nadine) angetreten. Mit diesem schönen Exemplar der Appellation tritt er in ihre Fußstapfen. Sehr intensiv im Anblick, an der Grenze zu Schwarz. Dieser Premier cru teilt sich zwischen Gewürze und rote Früchte auf, bevor er am Gaumen die erwarteten Empfindungen bietet. Den an Lakritze erinnernden, noch ein wenig tanninreichen Abgang werden zwei bis drei Jahre Lagerung liebenswürdiger machen.
⊶ Jérôme Masson, rue Haute, 21340 La Rochepot, Tel. 03.80.21.72.42, Fax 03.80.21.72.42 ☑ Y n. V.

MESTRE PERE ET FILS
Passe-Temps 1998

■ 1er cru 1,25 ha 3 500 ⅠⅠ 11 à 15 €

Was für ein Glücksgefühl, einen so angenehmen Passe-Temps zu haben! Von lebhafter Farbe, mit einem großzügigen Duft, der leicht an Eingemachtes (schwarze Johannisbeeren) erinnert. Er dauert so lang wie ein Tag ohne Wein. Sehr lang. Immer auf schwarze Johannisbeere ausgerichtet. Ein wenig monolithisch, aber die Stützpfeiler im Keller des Schlosses im Clos de Vougeot sind nun einmal so!
⊶ Mestre Père et Fils, 12, pl. du Jet-d'Eau, 21590 Santenay, Tel. 03.80.20.60.11, Fax 03.80.20.60.97, E-Mail gilbert-mestre@wanadoo.fr ☑ Y n. V.

MOMMESSIN Clos Rousseau 1998*

■ 1er cru 1,2 ha 6 000 ⅠⅠ 11 à 15 €

In einem Wort ein Janus. Während sein Rubinrot sicherlich burgundisch (Burgunderrot) und sein Bouquet typisch ist, animalisch und fruchtig, zeigt er im Geschmack ein zweifaches Gesicht. Einerseits strukturiert und tanninreich, den Regeln der Appellation entsprechend. Andererseits von extremer Feinheit, Heckenrose und Kirschkern. Ein Wein, der seidig werden wird! Mommessin gehört zu Vins J.-Cl. Boisset.
⊶ Mommessin, Le Pont-des-Samsons, 69430 Quincié-en-Beaujolais, Tel. 04.74.69.09.30, Fax 04.74.69.09.28, E-Mail information@mommessin.com Y n. V.

CH. MOROT-GAUDRY 1998**

■ 0,67 ha 1000 Ⅰ ⅠⅠ 8 à 11 €

Eine alte Mühle, die von dieser Familie von 1852 bis 1965 genutzt wurde. Dann wurde daraus ein Weinbaubetrieb. In diesem 98er, der über echte Trümpfe verfügt, entdeckt man eine hübsche, klare Farbe und ein zu Unterholz und Farnkraut gut entfaltetes Bouquet. Sein recht solider Geschmack weist auf einen reichen, komplexen Wein von beachtlicher Länge hin. Der Abgang wirkt würzig. Man kann von dieser Flasche problemlos verlangen, dass sie drei bis vier Jahre wartet.
⊶ Morot-Gaudry, Moulin Pignot, 71150 Paris-l'Hôpital, Tel. 03.85.91.11.09, Fax 03.85.91.11.09 ☑ Y n. V.

DOM. JEAN ET GENO MUSSO 1999

■ 0,63 ha 4 000 ⅠⅠ 8 à 11 €

Silberne Weintraube unseres Weinführers im Jahre 1991. Dieses Gut hat sich auf die Côte Chalonnaise ausgedehnt: Château de Sassagny, Clos du Prieuré in Rosey. Seit 1984 wendet es biologische Anbaumethode an. Sein 99er besitzt eine leichte, aber harmonische Konstitution. Er ist hellrot mit himbeerroter Nuance und behält

die Himbeertonalität während der ganzen Verkostung bei. Diese geschmackvolle Diskretion macht ihn zu etwas ziemlich Besonderem im Vergleich zu seinen Nachbarn.
Jean et Geno Musso, Le château, 71390 Sassagny, Tel. 03.85.96.18.61, Fax 03.85.96.18.62 n. V.

LUCIEN MUZARD ET FILS
Clos de Tavannes 1999★★

■ 1er cru 0,99 ha 3 000 11 à 15 €

Monsieur de Saulx-Tavannes, eine große Persönlichkeit der burgundischen Geschichte, hätte ihn zu einem Rippenstück vom Rind getrunken, bevor er in eine Schlacht zog. Es stimmt, dass dieser Wein Mut verleiht. Er zeigt ein kräftiges Rubinrot und geht in Richtung Aromen von Lakritze und schwarzer Johannisbeere. Ein wenig streng, zweifellos aufgrund seines Alters, aber mit einer Säure, die ihn in Hochform halten wird. Er war für eine Liebeserklärung im Gespräch. Lobend erwähnt wird außerdem der **rote 99er Premier cru Maladière.**
Lucien Muzard et Fils, 11 *bis*, rue de la Cour-Verreuil, 21590 Santenay, Tel. 03.80.20.61.85, Fax 03.80.20.66.02, E-Mail lucien-muzard-et-fils@wanadoo.fr n. V.

NICOLAS PERE ET FILS 1999★

■ 0,35 ha 2 000 8 à 11 €

Die Côte d'Or beginnt hier, zumindest wenn man von Süden her kommt. Dieser Pinot noir zeigt es deutlich, wobei er seine Fahne hochhält. Er besitzt leicht bernsteinfarbene Reflexe und bietet zunächst einen Geruch von Tinte, der dann an der Luft verschwindet und Zimt und frischen Mandeln Platz macht. Ausgewogen, kräftig gebaut und zugleich zart. Er stellt das Beispiel eines Pinot noir dar, den man in seiner Wiege respektiert hat, ohne die Extraktion zu weit voranzutreiben.
EARL du dom. Nicolas Père et Fils, 38, rte de Cirey, 21340 Nolay, Tel. 03.80.21.82.92, Fax 03.80.21.85.47 tägl. 9h–12h 13h30–19h

DOM. CLAUDE NOUVEAU
Les Charmes Dessus 1998★

■ 0,9 ha 5 500 8 à 11 €

Eine lobende Erwähnung für den **roten 98er Premier cru Grand Clos Rousseau** (Preisgruppe: 70 bis 99 F). Die Reblage les Charmes Dessus befindet sich nahe beim Clos Rousseau, in Richtung Maranges. Sie hat einen Pinot noir mit satinartiger Farbe hervorgebracht: ein leuchtendes Purpurrot. Sein Bouquet, das an Wildleder und leicht an rote Früchte erinnert, ist überhaupt noch nicht entfaltet, aber er besitzt schon eine hübsche Struktur, eine gute Tanninunterstützung und Tugenden für die Lagerung.
EARL Dom. Claude Nouveau, Marchezeuil, 21340 Change, Tel. 03.85.91.13.34, Fax 03.85.91.10.39 n. V.

OLIVIER PERE ET FILS Le Bievaux 1999

□ 3,5 ha 10 000 11 à 15 €

Goldgelb im Geist der 99er. Ein Chardonnay, dessen Bouquet an Feuerstein erinnert, mit einem Hauch von Weihrauch, der ihn interessant macht. Er ist recht typisch und benimmt sich im Mund wirklich seht gut.
Olivier Père et Fils, 5, rue Gaudin, 21590 Santenay, Tel. 03.80.20.61.35, Fax 03.80.20.64.82, E-Mail antoine.olivier2@wanadoo.fr n. V.

PIGUET-GIRARDIN Comme 1999★

■ 1er cru 1,4 ha 5 500 11 à 15 €

Im Spielcasino von Santenay würde dieser Wein seinen Einsatz verdoppeln, so sehr würde ihm sein Bouquet Glück bringen: eine Empfindung von Weinigkeit in einem Cocktail, in dem man Erdbeere, Vanille und Steine aus dem Weinberg wahrnimmt. Halten Sie ihn nicht für einen Vabanquespieler. Er beweist im Gegenteil Klugheit und fast Strenge, wobei er sich sehr konzentriert. Er hat Zeit (zwei Jahre).
SCE Piguet-Girardin, rue du Meix, 21190 Auxey-Duresses, Tel. 03.80.21.60.26, Fax 03.80.21.66.61 n. V.

DOM. PONSARD-CHEVALIER
Les Daumelles 1999★

□ 0,22 ha 1 600 8 à 11 €

Les Daumelles? Geben wir zu, dass wir es nicht wissen; wir können sie nicht im Atlas lokalisieren. Aber es gibt Tausende von Reblagen! Buttrig und haselnussig unter einer hellgelben Farbe. Ein Wein, der Frische und Stil zeigt, mit ein klein wenig Lebhaftigkeit, um in das Ganze Leben zu bringen.
Ponsard-Chevalier, 2, Les Tilles, 21590 Santenay, Tel. 03.80.20.60.87, Fax 03.80.20.61.10 n. V.

DOM. PRIEUR-BRUNET
Clos Rousseau 1999

□ 1er cru 0,25 ha 1 500 15 à 23 €

Von der Wassernympe zum Weingott! Auf diese Weise verfügt Santenay, ein Thermalbad, über zwei Trümpfe. Bacchus kommt hier in einem Weißwein zum Ausdruck. Auch wenn er nicht zu viel Struktur besitzt, ziehen dafür seine recht lebhafte, zitronenartige Frische und sein in der Ansprache sanfter, sehr angenehmer Geschmack, in dem Zitrusfrüchte dominieren, die Aufmerksamkeit auf sich.
Dom. Prieur-Brunet, rue de Narosse, 21590 Santenay, Tel. 03.80.20.60.56, Fax 03.80.20.64.31, E-Mail uny-prieur@prieursantenay.com n. V.

JEAN-CLAUDE REGNAUDOT
Grand Clos Rousseau 1999★

■ 1er cru 0,32 ha 2 100 8 à 11 €

Wenn das Alter seiner Leidenschaften einmal vorüber ist, kann er eine angesehene Persönlichkeit werden. Er ist vornehm gekleidet, reserviert einige Huldigungen seines Bouquets für Brombeere und zeigt noch kräftige Tannine. Lagern

Sie ihn unbesorgt und trinken Sie ihn in zwei bis drei Jahren zu Coq au vin.
Jean-Claude Regnaudot, Grande-Rue, 71150 Dezize-lès-Maranges, Tel. 03.85.91.15.95, Fax 03.85.91.16.45 n. V.

BERNARD REGNAUDOT 1999*

1 ha 3 000 8 à 11 €

Les Maranges liegen nicht weit entfernt. Dieser dunkelrote 99er besitzt eine kleine Nase: in Alkohol eingelegte Früchte. Der ausgewogene, warme Geschmack erfordert eine zweijährige Lagerung.
Bernard Regnaudot, rte de Nolay, 71150 Dezize-lès-Maranges, Tel. 03.85.91.14.90, Fax 03.85.91.14.90 n. V.

SORINE ET FILS Clos Rousseau 1998*

1er cru 0,4 ha 2 500 8 à 11 €

Eine Kellerei, die man blindlings auswählen kann. Unsere Jury hat drei Weine berücksichtigt: den **roten 99er Premier cru Beaurepaire,** den **weißen 98er «Dorfwein»** und diesen schönen Clos Rousseau, der halb blumig und halb fruchtig ist. Zu Beginn zeigt dieser Wein eine angenehme Sanftheit, danach eine solidere Entwicklung mit kräftigen Tanninen, die für Vollmundigkeit sorgen. Zweifellos wird das Ganze gut altern. Diese Auswandererfamilie, die eines Tages nach Paris kam, ist in dieser Gegend sehr alt (nehmen Sie nur die Reblagen Croix Sorine und Derrière chez Sorine).
Dom. Sorine et Fils, 4, rue Petit, Le Haut-Village, 21590 Santenay, Tel. 03.80.20.61.65, Fax 03.80.20.61.65 n. V.

DOM. DES VIGNES DES DEMOISELLES 1999*

1,07 ha 7 700 11 à 15 €

Liebeserklärung im letzten Jahr für seinen 98er. Hier der nächste Jahrgang. Er ist subtil und gut vinifiziert und bietet hinter bläulich roten Zügen einen sehr feinen, sogar delikaten Duft. Die Tannine besitzen den gleichen Charakter. Lebhaftigkeit bereichert das Bild entsprechend einer vollkommenen Ausgewogenheit. Und – *last but not least* – das Fass überdeckt den Wein nicht. Bravo!
Gabriel Demangeot et Fils, rue de Berfey, 21340 Change, Tel. 03.85.91.11.10, Fax 03.85.91.16.83 n. V.

JEAN-MARC VINCENT Les Gravières 1998*

1er cru 1,15 ha 1000 11 à 15 €

Das Etikett ist merkwürdig: Darauf ist die Flasche selbst dargestellt – ein richtiges Bild im Bild. Jean-Marc Vincent, der 1997 die Nachfolge seines 91 Jahre alten Großvaters antrat, präsentiert einen Premier cru, der sich sehr farbintensiv, interessant im Duft (Vanille, Muskatnuss, Lakritze) und sehr kräftig gebaut zeigt. Man muss ihn zwei Jahre in Ruhe lassen.
Jean-Marc Vincent, 3, rue Sainte-Agathe, 21590 Santenay, Tel. 03.80.20.67.37, Fax 03.80.20.67.37, E-Mail vincent.j@wanadoo.fr n. V.

Maranges

Das Anbaugebiet der Maranges-Weine, das sich im Departement Saône-et-Loire befindet (Chailly, Dezize, Sampigny), wurde 1989 zu einer einzigen AOC zusammengefasst, die sechs Premiers crus enthält. Es handelt sich um Rot- und Weißweine; die Rotweine haben dabei auch Anspruch auf die AOC Côte de Beaune-Villages und wurden früher unter dieser Appellation verkauft. Die Weine sind fruchtig, körperreich und kräftig gebaut und können fünf bis zehn Jahre altern. 2000 erzeugte dieses Anbaugebiet 9 122 hl als AOC Maranges eingestufte Weine, davon 232 hl Weißwein.

DOM. ALEXANDRE PERE ET FILS Les Clos Roussots 1999*

1er cru k. A. k. A. 8 à 11 €

Seine Farbe bewahrt ihre jugendliche Erscheinung vollständig, aber er geht mit großen, sicheren Schritten seiner Reife entgegen. Der Duft ist ebenfalls noch jugendlich, auf rote Früchte konzentriert. Dieser sehr gut gemachte Wein besitzt dank seines starken Gerüsts ein großes Lagerpotenzial.
Dom. Alexandre Père et Fils, pl. de la Mairie, 71150 Remigny, Tel. 03.85.87.22.61, Fax 03.85.87.22.61, E-Mail domaine.alexandre@roonoo.net n. V.

DOM. BACHELET Vieilles vignes 1998*

3,5 ha 18 000 5 à 8 €

Dieser Winzer, der in der Ausgabe 1998 für seinen roten 94er Fussière eine Liebeserklärung erhielt, stellt dieses Jahr seinen **weißen 99er Premier cru Fussière** (Preisgruppe: 50 bis 69 F) heraus. Er ist hell, rund und duftig und erhält die gleiche Note wie beim Pinot noir diese Cuvée Vieilles vignes. Dieser dunkelrubin- bis granatrote Wein bietet einen toastartigen Duft mit Bodengeruch. Gute Lockerungsübung im Mund. Diese Flasche wird topfit in den Keller hinuntersteigen, um dort ein wenig Patina anzusetzen.
Dom. Bernard Bachelet et Fils, rue des Maranges, 71150 Dezize-lès-Maranges, Tel. 03.85.91.16.11, Fax 03.85.91.16.48 n. V.

ROGER BELLAND La Fussière 1999*

1er cru 1 ha 5 500 8 à 11 €

Wie schon Catull sagte: *«Amat victoria curam.»* («Der Sieg liebt die Mühe.») Man ermisst mühelos die Mühen, die vom Weinberg bis zum Keller notwendig sind, um uns am Glück dieses Weins teilhaben zu lassen. Er zeigt eine entfaltete Mine, einen relativ braven Holzton (der sich aber noch einfügen muss, um den Schwung der Pinot-Traube freizusetzen) und eine verfei-

nerte Eleganz. Würzige Sauerkirschen bestimmen ihn während des ganzen Geschmacks.
Dom. Roger Belland, 3, rue de la Chapelle, BP 13, 21590 Santenay, Tel. 03.80.20.60.95, Fax 03.80.20.63.93, E-Mail belland.roger@wanadoo.fr n. V.

DANIEL BILLARD La Fussière 1999

■ 1er cru 1,17 ha k. A. 8à11€

Henri Vincenot schrieb schöne Zeilen über Les Maranges, die Heimat seiner Frau und seiner Schwiegereltern. Er kannte ihre geheime Seele und pries diese mit wunderbaren Worten. Wie dies auch dieser Wein tut, der spontan und in keiner Weise gekünstelt ist, mit ländlichen Brombeer- und Heidelbeeraromen und Tanninen, die kräftige Fäuste besitzen. Ein natürlicher Wein, den man ein bis zwei Jahre lagern muss.
Daniel Billard, rue de Borgy, 71150 Dezize-lès-Maranges, Tel. 03.85.91.15.60, Fax 03.85.91.10.59 n. V.

DOM. JEAN-FRANÇOIS BOUTHENET Sur le chêne 1999*

□ 0,37 ha 3 000 8à11€

Dieser 99er, der aufgrund seines sehr ausgeprägten Bodengeschmacks bemerkenswert ist, hat den Akzent der Maranges-Weine. Er ist einschmeichelnd im Geschmack, blumig und briocheartig, sanft bis hin zu einer Weichheit und zeigt ein sattes Goldgelb. Im Augenblick wenig Duft, aber das wird noch kommen.
Jean-François Bouthenet, Mercey, 71150 Cheilly-lès-Maranges, Tel. 03.85.91.14.29, Fax 03.85.91.18.24 n. V.

DOM. MARC BOUTHENET La Fussière 1999*

■ 1er cru 0,75 ha 4 500 8à11€

«Ich bin jung, das ist wahr, aber mit einer edlen Seele ...» Ein 99er nämlich, der seine Sache prompt durchführt, wobei er mit einer Erscheinung voller Farbe beginnt, sein Holzfass meistert und die Frucht zum Ausdruck kommen lässt, was bis zum angenehmen Schlussgeschmack einen guten Eindruck bewirkt. Erwähnt sei dabei noch eine anhaltende Himbeernote.
Dom. Marc Bouthenet, Mercey, 10-11, rue Saint-Louis, 71150 Cheilly-lès-Maranges, Tel. 03.85.91.16.51, Fax 03.85.91.13.52 n. V.

PIERRE BRESSON Les Meurées 1999

□ 0,2 ha 1000 8à11€

Eine Reblage auf dem Boden von Cheilly. Sie liefert hier einen Weißwein, der Noten von frischen Zitrusfrüchten bietet. Er präsentiert sich in einer sanften, leichten Tonalität, mit einem Wort: schlicht. Es empfiehlt sich, diese Flasche im kommenden Jahr aufzumachen.
Dom. Pierre Bresson, Le Pont, 71150 Cheilly-lès-Maranges, Tel. 03.85.91.15.58, Fax 03.85.91.17.37 n. V.

DOM. MAURICE CHARLEUX ET FILS Le Clos des Rois 1999*

■ 1er cru 0,3 ha 1 800 8à11€

Zwei Rotweine mit gleicher Bewertung: ein ausgewogener **99er Fussière** mit sehr schönem Potenzial und dieser Clos des Rois (eine Reblage in Sampigny, in der Nähe der Lagen les Loyères und Clos Roussots), der dunkelrubinrot ist und einen gut eingebundenen Holzton und einen tiefen Duft besitzt. Er verfügt über eine schöne, spürbare Struktur und zeigt einen Hauch von Kirschkern. Ein Premier cru von ausgezeichnetem, typischem Charakter. Maurice Charleux hat den Betrieb 1999 an seinen Sohn Vincent übergeben, der somit hier seine ersten Weine vorstellt.
EARL Maurice Charleux et Fils, Petite-Rue, 71150 Dezize-lès-Maranges, Tel. 03.85.91.15.15, Fax 03.85.91.11.81 n. V.

DOM. CHEVROT 1999

□ 0,7 ha 4 000 8à11€

Der **99er Rotwein** des Guts lässt ein paar Schwarze-Johannisbeer-Noten erkennen; der Geschmackseindruck jedoch ist noch verschlossen und lässt sich Zeit. Dieser Weißwein trägt ein Frühlingskleid und wenig Parfüm. Aber er zeigt sich sanft, mineralisch und fruchtig, sobald der Mund zum Fest eingeladen wird. Er hat zwar nicht dermaßen viel Stärke, besitzt aber Charme im Überfluss.
Catherine et Fernand Chevrot, Dom. Chevrot, 19, rte de Couches, 71150 Cheilly-lès-Maranges, Tel. 03.85.91.10.55, Fax 03.85.91.13.24, E-Mail domaine.chevrot@wanadoo.fr
Mo–Sa 9h–12h 14h–18h; So 9h–12h

Y. ET C. CONTAT-GRANGE 1999

■ 1,2 ha 4 000 5à8€

Rautenförmig und nicht gegenständlich – das ist eines der merkwürdigsten Etiketten der Region. Es hebt die Erscheinung des Weins hervor: ein prächtiges Haute-Couture-Kleid. Das Bouquet hingegen ist nicht sehr gesprächig. Ein sehr kräftiger 99er, der kein Mitleid erweckt. Glauben wir seinen Versprechungen, umso mehr als diese Kellerei im Hachette-Weinführer 1991 eine Liebeserklärung erhielt.
EARL Yvon Contat-Grangé, Grande-Rue, 71150 Dezize-lès-Maranges, Tel. 03.85.91.15.87, Fax 03.85.91.12.54 n. V.

MARINOT-VERDUN 1998

■ k. A. 4 500 8à11€

Man muss hier kein Elfmeterschießen ansetzen: Das Spiel ist schon am Anfang gewonnen. Dieser 98er befindet sich bereits in der Entwicklungsphase, denn seine Aromen belegen die Reife. Dieser an eingemachte Früchte erinnernde Stil verträgt sich mit einem leicht rustikalen Charakter, der nichts Unangenehmes an sich hat – weit gefehlt! Man kann ihn schon diesen Herbst zu Wildschweinpfeffer trinken.
Marinot-Verdun, Cave de Mazenay, 71510 Saint-Sernin-du-Plain, Tel. 03.85.49.67.19, Fax 03.85.45.57.21
Mo–Sa 8h–12h 13h30–18h

DOM. RENE MONNIER
Clos de la Fussière 1999

■ 1er cru 1,2 ha 5 000 🍾 8 à 11 €

Dieser Clos in Alleinbesitz, das Schlachtross unter den Premiers crus der AOC, liefert einen Wein, der noch nicht alles offenbart hat. Im Anblick schmückt sich sein Granatrot mit violetten, fast schwarzen Reflexen. Die Unterholzgerüche sind mit Vanille verbunden. Der lebhafte, tanninreiche Körper, dessen glückliche Alchimie sich gerade entwickelt, wird es ihm ermöglichen, lang zu leben.

Dom. René Monnier, 6, rue du Dr-Rolland, 21190 Meursault, Tel. 03.80.21.29.32, Fax 03.80.21.61.79 ☑ Y tägl. 8h–12h 14h–18h

Herr und Frau Bouillot

DOM. CLAUDE NOUVEAU 1998*

■ 1,1 ha 6 000 🍾 8 à 11 €

Dieser rote «Dorfwein» erschien uns schon auf den ersten Blick hin interessant. Wir haben dreimal daran gerochen: Unterholz, Moos und Erdbeere. Der noch junge Wein stützt sich auf sehr feine, anhaltende Tannine. Man kann ihn vier bis sechs Jahre lang trinken. Weisen wir außerdem auf einen **roten 98er Premier cru Fussière** hin – für den Fall, dass der erste Wein nicht mehr erhältlich sein sollte. Er besitzt die gleichen Reserven, erhält aber nur eine lobende Erwähnung, denn er ist ein Premier cru.

EARL Dom. Claude Nouveau, Marchezeuil, 21340 Change, Tel. 03.85.91.13.34, Fax 03.85.91.10.39 ☑ Y n. V.

DOM. PONSARD-CHEVALIER
Clos des Rois 1998*

■ 1er cru 0,34 ha 2 000 🍾 8 à 11 €

Dieser 98er verliert nicht eine Unze Farbe, erstaunt durch sein komplexes, fruchtiges Bouquet und liebkost die Zunge mit einem seidigen, ausgewogenen, lang anhaltenden Stoff. Guter typischer Charakter – trotz des Vorhandenseins von Tanninen, die übrigens gut strukturiert sind. Eine Flasche, die man vier bis fünf Jahre aufheben kann.

Ponsard-Chevalier, 2, Les Tilles, 21590 Santenay, Tel. 03.80.20.60.87, Fax 03.80.20.61.10 ☑ Y n. V.

BERNARD REGNAUDOT
Clos des Rois 1999*

■ 1er cru 1 ha 6 500 🍾 8 à 11 €

Das ist der Inbegriff des Weins, den man nicht zu früh aufwecken darf. Er muss sich öffnen, damit man ihn in seinem wahren Wert genießen kann. Auf dem Boden von Sampigny erzeugt, kann er nicht farbintensiver sein. Seine Tannine verleihen ihm eine pflanzliche Seite, die sich differenzieren wird. Auch die leichte Adstringenz ist nicht endgültig. Am Horizont zeichnet sich bereits Erdbeerkonfitüre ab.

Bernard Regnaudot, rte de Nolay, 71150 Dezize-lès-Maranges, Tel. 03.85.91.14.90, Fax 03.85.91.14.90 ☑ Y n. V.

JEAN-CLAUDE REGNAUDOT ET FILS Les Clos Roussots 1999*

■ 1er cru 0,52 ha 3 600 🍾 8 à 11 €

Das turnusmäßig in wechselnden Orten stattfindende Fest Saint-Vincent hat viel dazu beigetragen, die AOC Maranges bekannt zu machen, von der wir hier einen erstklassigen Premier cru haben. Dieser 99er, das Ergebnis einer starken Extraktion im Verlauf der Vinifizierung, besitzt eine imposante Struktur, die sich beim Ausbau verbessern wird. Sein Bouquet ist weinig und noch jugendlich. Seine granatrote Farbe zeigt einen schönen Glanz. Heben Sie ihn drei bis fünf Jahre auf, bevor Sie ihn mit Hasenpfeffer kombinieren.

Jean-Claude Regnaudot, Grande-Rue, 71150 Dezize-lès-Maranges, Tel. 03.85.91.15.95, Fax 03.85.91.16.45 ☑ Y n. V.

DOM. DES ROUGES-QUEUES 1999

■ 0,8 ha 2 800 🍾 8 à 11 €

Die Vanteys (sie stammt aus dem Wallis, er ist Burgunder) besitzen hier 65 Jahre alte Rebstöcke. Der Duft dieses Weins meldet nicht sofort anwesend, entfaltet sich aber schließlich zu feinen Gewürzen. Nach einer recht lebhaften Ansprache zeigen sich die Tannine. Der Stoff ist seriös und dürfte standhalten, denn der Geschmack erlebt eine gute Entwicklung auf der Frucht.

Jean-Yves Vantey, 10, rue Saint-Antoine, 71150 Sampigny-lès-Maranges, Tel. 03.85.91.18.69, Fax 03.85.91.18.69 ☑ Y n. V.

MICHEL SARRAZIN ET FILS
Côte de Beaune 1999*

■ 1,5 ha 8 000 🍾 8 à 11 €

Man schreibt kaum noch Maranges Côte de Beaune auf den Etiketten, aber hier hat man Recht damit. Außerdem ist der Name der burgundischen Weinhauptstadt offensichtlich gut für den Verkauf! Nach einer Liebeserklärung vor zwei Jahren für einen 97er Rotwein stellt dieser Winzer einen Wein vor, dessen pflanzlicher Auftakt in der Nase in der Appellation sehr häufig vorkommt. Kleine schwarze Früchte und Vanille sind ebenfalls vorhanden. Dieser an Lakritze erinnernde, tanninreiche 99er muss zwei bis drei Jahre im Keller verweilen.

Michel Sarrazin et Fils, Charnailles, 71640 Jambles, Tel. 03.85.44.30.57, Fax 03.85.44.31.22 ☑ Y n. V.

Côte de Beaune-Villages

Die Appellation Côte de Beaune-Villages – nicht zu verwechseln mit der Appellation Côte de Nuits-Villages, die einen eigenen Anbaubereich besitzt – ist selbst nicht auf ein bestimmtes Anbaugebiet festgelegt. Sie ist eine Ersatzappellation für alle Rotweine der kommunalen Appellationen der Côte de Beaune mit Ausnahme von Beaune, Aloxe-Corton, Pommard und Volnay. 2000 wurden 210 hl angemeldet.

DOM. GUY DIDIER 1999*

■ 0,91 ha 6 500 11 à 15 €

Viel Extraktion im Anblick. Das Bouquet entscheidet sich für Heidelbeere, nachdem es eine Versuchung durch Lakritze hinter sich hat. Die Ansprache ist solide, schwungvoll und recht fest, die Länge zufrieden stellend, wobei wieder schwarze Früchte auftauchen. Typisch für den Jahrgang 1999. Ein Wein, den man zwei bis drei Jahre aufheben und zu mariniertem Fleisch trinken kann.

Dom. Guy Didier, chem. rural n° 29, 21700 Nuits-Saint-Georges, Tel. 03.80.62.42.00, Fax 03.80.61.28.13, E-Mail nuicave@wanadoo.fr
☑ Y tägl. 10h–18h; Jan. geschlossen

Côte Chalonnaise

Bourgogne Côte Chalonnaise

Die neue AOC Bourgogne Côte Chalonnaise, die am 27. Februar 1990 geschaffen wurde, erstreckt sich auf 44 Gemeinden, die 2000 insgesamt 27 335 hl Rotwein und 8 990 hl Weißwein produzierten. Gemäß der bereits in den Hautes-Côtes angewendeten Praxis ergänzt eine Bewilligung, die an eine zweite Weinprobe gebunden ist, die überall vorgeschriebene erste Weinprobe.

Die zwischen Chagny und Saint-Gengoux-le-National (Departement Saône-et-Loire) gelegene Côte Chalonnaise besitzt einen eigenständigen Charakter, der zu Recht anerkannt worden ist.

CH. DE CARY POTET
Vieilles vignes 1999*

■ 2 ha 4 500 8 à 11 €

Dieses Gut, das seit 1750 im Besitz der Familie ist, hat die Französische Revolution durchgemacht und alle Regierungen erlebt. Das heißt, dieser 99er ist ausgewogen! Purpurrot und sehr aromatisch. Im Geschmack bewahrt er diese Note von Schwarze-Johannisbeer-Blättern. Sein Potenzial garantiert ihm ein glückliches Schicksal, was es ihm erlauben wird, sein tanninreiches, holzbetontes Temperament zu dämpfen.

Charles et Pierre du Besset, Ch. de Cary Potet, 71390 Buxy, Tel. 03.85.92.14.48, Fax 03.85.92.11.88 ☑ Y n. V.

DOM. CHAUMONT PERE ET FILS 1999*

■ 0,6 ha 3 100 5 à 8 €

Fast dreißig Jahre lang praktizierte dieses 9 ha große Gut biologischen Anbau. Jetzt geht es zur gezielten Schädlingsbekämpfung mittels integriertem Pflanzenschutz über. Hier ist sein Letztgeborener: reich an Farbstoffen, nicht sehr ausdrucksvoll während unserer olfaktorischen Befragung. Er erinnert an Tiergeruch und rote Früchte. Er besitzt eine große Fülle und ist rund und fruchtbetont, getragen von seiner Säure und einem guten Tanninreichtum. Das lässt eine schöne Zukunft vorhersagen. Als Begleitung dazu eignet sich Bœuf bourguignon.

Dom. Chaumont Père et Fils, Le Clos Saint-Georges, 71640 Saint-Jean-de-Vaux, Tel. 03.85.45.13.77, Fax 03.85.45.27.77, E-Mail didierchaumont@aol.com ☑ Y n. V.

DANIEL DAVANTURE ET FILS 1998*

■ 9,6 ha 6 000 5 à 8 €

Zwei Kilometer trennen dieses Gut von der Kirche aus dem 12. Jh. Man muss sie zurücklegen, um diesen guten Burgunder kennen zu lernen, der auf sich warten lassen kann. Er unterstützt seine Appellation gut und duftet nach dem Terroir, während er gleichzeitig über alle Maßen «cassisiert», d. h. an schwarze Johannisbeere erinnert. Seine rote Farbe zeigt sehr leichte bläulich rote Reflexe. Er bietet ein paar Aromen von gekochten Früchten und Trester. Ganz und gar ein Côte Chalonnaise. Damien und Eric Davanture haben sich 1996 mit Daniel zusammengeschlossen, der selbst der Nachfolger seines Vaters Louis war. Saint-Désert ist gar kein so verlassenes Dorf, wie der Name anzudeuten scheint!

Daniel Davanture et Fils, GAEC des Murgers, rue de La Montée, 71390 Saint-Désert, Tel. 03.85.47.90.42, Fax 03.85.47.99.88 ☑ Y n. V.

CAVE DES VIGNERONS DE GENOUILLY 1999*

□ 10 ha 20 000 3 à 5 €

Von den 65 Hektar, die diese Genossenschaftskellerei vereinigt, sind zehn für diesen leicht golden gefärbten Chardonnay bestimmt. Sein Duft verbindet mineralische Noten und geröstete Trockenfrüchte. Eine kleine exotische Nuance führt zu einem schönen «Fett», das ein wenig Säure belebt. Das Ganze hält recht lang an. Der **99er Rotwein** (Preisgruppe: 30 bis 49 F) besitzt Vollmundigkeit und Charakter und erhält einen Stern. Heben Sie ihn nach Möglichkeit zwei bis drei Jahre auf.

Cave des vignerons de Genouilly, 71460 Genouilly, Tel. 03.85.49.23.72, Fax 03.85.49.23.58
☑ Y Mo–Sa 8h–12h 14h–18h

DOM. MICHEL GOUBARD ET FILS
Mont-Avril 1999

■ 7 ha 50 000 5à8€

Mont-Avril gehört zu den seltenen Einzellagen, die sich an der Côte Chalonnaise einen Namen gemacht haben; zu verdanken ist dies der Familie Goubard, die dem Weinbau und dem Wein viel gegeben hat. Seine purpurroten Reflexe, seine zwischen Geräuchertem und kleinen roten Früchten aufgeteilten Aromen, seine sanfte Ansprache und seine fruchtige Lebhaftigkeit machen diesen 99er zu einem Wein, den man jetzt zu einem «ordinären» Gericht wie Andouille (geräucherte und dann gekochte Wurst aus Schweinefleisch) mit Bohnen oder Kalbfleisch mit Karotten trinken kann.

Dom. Michel Goubard et Fils, Bassevelle, 71390 Saint-Désert, Tel. 03.85.47.91.06, Fax 03.85.47.98.12
Mo–Fr 8h–19h; Sa, So n. V.

DOM. GOUFFIER
Clos de Petite Combe 1999

■ 0,55 ha 3 000 8à11€

Eine rubin- bis granatrote Farbe von guter Intensität, die keinerlei Bemühen um eine übertriebene Extraktion erkennen lässt: Er ist überaus maßvoll. Die Reinheit der Frucht (sowohl rot als auch schwarz, als hätte dieser Wein Stendhal gelesen) begleitet ein diskretes Vanillearoma. Im Geschmack ist er streng, freimütig und kräftig, versteht es aber dennoch, zur Spur einer einschmeichelnden Fruchtigkeit zurückzufinden. Er ist zwar nicht für die Langstrecken geboren, eignet sich aber für Mittelstrecken und wird innerhalb von ein bis zwei Jahren sehr gut schmecken.

Dom. Gouffier, 11, Grande-Rue, 71150 Fontaines, Tel. 03.85.91.49.66, Fax 03.85.91.46.98, E-Mail jerome.gouffier@wanadoo.fr n. V.

PIERRE D'HEILLY ET MARTINE HUBERDEAU 1999

■ 2 ha 15 300 5à8€

Ein Gut am Fuße des Mont-Avril, in der Gemeinde Moroges. Schon im 18. Jh. wies der Abbé Courtépée darauf hin, es gebe hier «einen kleinen, recht guten Kanton Reben namens Butte-Sèche, mit dem Gewächs von Dijon». Befinden wir uns hier? Auf jeden Fall haben wir hier einen gelungenen Wein: kirschrot, mit Himbeerduft, im Geschmack robust, mit der notwendigen Weinigkeit. Ein gut gebauter Wein, der problemlos drei bis vier Jahre überstehen wird. Seit 1978 wendet das Gut biologische Anbaumethoden an.

EARL d'Heilly-Huberdeau, Cercot, 71390 Moroges, Tel. 03.85.47.95.27, Fax 03.85.47.98.97 n. V.

DOM. FRANCE LECHENAULT 1999★★

□ 0,68 ha 2 000 5à8€

France Léchenault, der vor kurzem verschieden ist, war Senator und Bürgermeister von Bouzeron; seine Tochter Claudette ist politisch in seine Fußstapfen getreten. Dieser Chardonnay mit den leckeren Noten von Eisenkraut und frischen Mandeln ist unheimlich entgegenkommend. Durch und durch radikal. Seine opulente Fülle wird durch eine nützliche Säure abgemildert. Der **99er Rotwein** stützt sich auf eine sehr gute Grundlage und wird in ein bis zwei Jahren einen tollen Tropfen abgeben. Er erhält ebenfalls zwei Sterne.

Dom. France Léchenault, 11, rue des Dames, 71150 Bouzeron, Tel. 03.85.87.17.56, Fax 03.85.91.27.17

DOM. LES DAVIGNOLLES 1999★★

■ 3,5 ha 3 000 5à8€

Denis Vessot hat das Gut 1997 übernommen und besitzt hier 4,5 Hektar, die in erster Linie mit Pinot noir bestockt sind. Dieser zu Beginn noch feste 99er wird nach der Alterung angenehm sein. Die Farbe bietet eine gute Stärke. Schwarze Johannisbeere und Brombeere ergänzen einen vernünftigen Holzton. Ein Wein, der sich sehr gut abzeichnet. Gehaltvoll und körperreich, aber ohne Rohheit: Er ist bis hin zu seinem Abgang elegant.

Denis Vessot, Le Bourg, 71640 Barizey, Tel. 03.85.44.59.79, Fax 03.85.44.59.79
tägl. 8h–19h

DOM. MASSE PERE ET FILS
Les Vignes Devant 1999★★

□ 0,2 ha 1 500 5à8€

Er hat eine bezaubernde Seite, die ihm gut bekommt, so dass er hier zu den Besten gehört. Er hat eine sehr blasse Goldfarbe mit kupfergelben Reflexen und ist besonders aromatisch, von Zitronengras bis zu Haselnuss. Auch etwas Pilze, die man in einem sanften, öligen, einschmeichelnden Geschmack wiederfindet.

Dom. Masse Père et Fils, 71640 Barizey, Tel. 03.85.44.36.73 tägl. 8h–20h

DOM. MASSE PERE ET FILS 1999

■ 5 ha 8 000 5à8€

Kirschrot im Anblick, Kirschwasser in der Nase: Er variiert seine Aussagen nicht. Kräftig und weinig – im Mund hat er etwas zu sagen. Er hat erneut eine Verabredung mit der Kirsche (das sind wirklich zwei Unzertrennliche), wobei er aber gleichzeitig seine Tannine im Stil eines Pinot noir von der Côte Chalonnaise auffährt. Machen Sie ihn nicht sofort auf!

Dom. Masse Père et Fils, 71640 Barizey, Tel. 03.85.44.36.73 tägl. 8h–20h

DOM. MAZOYER
Sous Saint-Germain 1999

■ 5 ha 12 000 5à8€

«Er ist für Weinbergschnecken nach Winzerinart bestimmt», sagte uns die Jury, d. h. mit Schalotten und Knoblauch gebraten, durch Backteig gezogen und in einer kleinen Kasserolle frittiert. Dazu inspirierte sie dieser offenherzige, runde, fleischige Wein, der eine sehr dunkle Farbe mit strahlenden violetten Reflexen besitzt. Er ist würzig und einschmeichelnd, auch wenn er nicht sehr lang anhält.

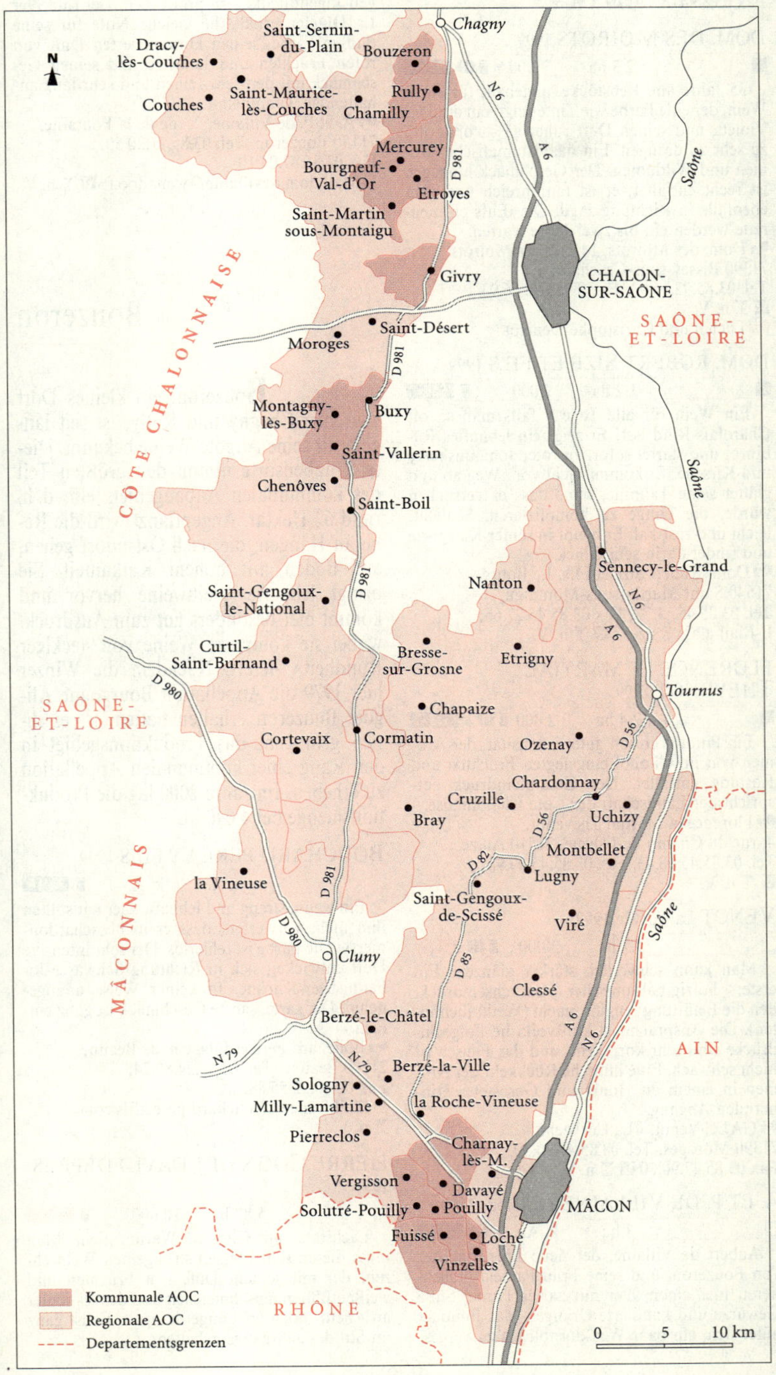
Chalonnais und Mâconnais
N
Chagny
Saint-Sernin-du-Plain
Dracy-lès-Couches
Bouzeron
Rully
Saint-Maurice-lès-Couches
Couches
Chamilly
Mercurey
Bourgneuf-Val-d'Or
Etroyes
Saint-Martin sous-Montaigu
Givry
CHALON-SUR-SAÔNE
N6
A6
D 981
Saône
CÔTE CHALONNAISE
SAÔNE-ET-LOIRE
Saint-Désert
Moroges
Montagny-lès-Buxy
Buxy
Saint-Vallerin
Chenôves
Saint-Boil
Sennecy-le-Grand
Nanton
Saint-Gengoux-le-National
Etrigny
Curtil-Saint-Burnand
Bresse-sur-Grosne
D 980
Tournus
Chapaize
Cormatin
Cortevaix
Ozenay
D 56
Chardonnay
Cruzille
Uchizy
Bray
Montbellet
D 82
Lugny
la Vineuse
Saint-Gengoux-de-Scissé
Viré
MÂCONNAIS
Cluny
D 85
Clessé
Berzé-le-Châtel
N 79
AIN
Berzé-la-Ville
Sologny
Milly-Lamartine
la Roche-Vineuse
Pierreclos
Charnay-lès-M.
Vergisson
Davayé
Solutré-Pouilly
Pouilly
MÂCON
Fuissé
Loché
Vinzelles
RHÔNE
Kommunale AOC
Regionale AOC
Departementsgrenzen
0
5
10 km

🗝 Dom. Mazoyer, imp. du Ruisseau, 71390 Saint-Désert, Tel. 03.85.47.95.28, Fax 03.85.47.98.91 ☑ Y n. V.

DOM. DES MOIROTS 1999

■ 2,3 ha 7 000 5 à 8 €

35 Jahre alte Rebstöcke, angebaut für einen Wein, der eine Farbe wie Tinte zeigt, ein dunkles Violett, und seinen Duft ruhen lässt, ohne ihn zu sehr zu drängen. Ein paar animalische Aromen und Wildnoten. Der Geschmack hingegen ist recht entfaltet; er ist tanninreich und geht ebenfalls in Richtung Jagd. Die Œufs en meurette werden ein bis zwei Jahre warten.

🗝 Dom. des Moirots, 14, rue des Moirots, 71390 Bissey-sous-Cruchaud, Tel. 03.85.92.16.93, Fax 03.85.92.16.93 ☑ Y n. V.

🗝 Lucien und Christophe Denizot

DOM. ROBERT SIZE ET FILS 1999

■ 1,2 ha 7 000 5 à 8 €

Ein Wein für alle Tage – falls man so oft Charolais-Rind isst! Er zeigt ein lebhaftes Rubinrot und startet sofort zu roter Johannisbeere und Kirsche. Er kommt nicht vom Weg ab und glättet seine Tannine, ohne dass er versuchen würde, die Dinge zu komplizieren. Schlicht, leicht und rustikal: Er bleibt in seiner Kategorie und findet darin sein Glück.

🗝 Dom. Robert Size et Fils, Le Bourg, 71640 Saint-Martin-sous-Montaigu, Tel. 03.85.45.11.72, Fax 03.85.45.27.66, E-Mail alain@size.fr ☑ Y n. V.

FLORENCE ET MARTIAL THEVENOT 1999

■ 2,4 ha 2 000 5 à 8 €

Ein Pinot noir von guter Intensität, der Aromen von in Alkohol eingelegten Früchten und Röstung entfaltet. Der Gesamteindruck entspricht der Landschaft der Côte Chalonnaise.

🗝 Florence et Martial Thévenot, 4, rue du Champ-de-l'Orme, 71510 Aluze, Tel. 03.85.45.18.43, Fax 03.85.45.09.98 ☑ Y n. V.

VENOT La Corvée 1999*

□ 0,7 ha 3 000 5 à 8 €

Man kann schwerlich stärker glänzen! Ein erster holzig-balsamischer Geruchseindruck, den die Belüftung religiös macht (Weihrauchnoten). Die Ansprache ist kraftvoll; die Folgeeindrücke sind sehr korpulent, und das Fleisch ist nicht schwach. Eine hübsche Rückkehr der Aromen in einem an Honig und Geröstetes erinnernden Abgang.

🗝 GAEC Venot, «La Corvée», 71390 Moroges, Tel. 03.85.47.90.20, Fax 03.85.47.90.20 ☑ Y n. V.

A. ET P. DE VILLAINE Les Clous 1999**

□ 3 ha k. A. +76 €

Aubert de Villaine, der neue Bürgermeister von Bouzeron, und seine Frau Pamela präsentieren hier einen 99er mit zarter Farbe. Süße Gewürze und kandierte Orange – das Bouquet hütet sich, ein paar Weißdornblüten zu vergessen. Man kann diesen Wein in den nächsten beiden Jahren trinken, um von seiner recht klugen Jugendlichkeit zu profitieren. Der **rote 99er La Digoine** erhält die gleiche Note für seine dunkle Farbe, seinen konzentrierten Duft von roten Früchten und Lakritze und seinen Geschmack mit den sehr feinen und sehr lang anhaltenden Tanninen.

🗝 A. et P. de Villaine, 2, rue de la Fontaine, 71150 Bouzeron, Tel. 03.85.91.20.50, Fax 03.85.87.04.10, E-Mail dom.devillaine@wanadoo.fr ☑ Y n. V.

Bouzeron

Bouzeron, ein kleines Dorf zwischen Chagny und Rully, ist seit langem für seine Aligoté-Weine bekannt. Diese Traubensorte nimmt den größten Teil des kommunalen Anbaugebiets ein, d. h. rund 62 Hektar. Angepflanzt wird die Rebe an Hängen, die nach Ostsüdost gehen, auf Böden mit hohem Kalkanteil. Sie bringt lebhafte Weißweine hervor und kommt hier besonders gut zum Ausdruck, wobei sie komplexe Weine von «eckiger Rundheit» liefert. Nachdem die Winzer hier 1979 die Appellation Bourgogne Aligoté Bouzeron erhalten hatten, ist es ihnen gelungen, das Produktionsgebiet in den Rang einer kommunalen Appellation zu erheben. Im Jahre 2000 lag die Produktionsmenge bei 4 040 hl.

BOUCHARD PERE ET FILS 1999

□ k. A. k. A. 8 à 11 €

Ein wenig streng und lebhaft, aber wir sollten ihm nicht vorwerfen, dass er nicht «chardonniert». Die Farbe ist fehlerlos. Der sehr intensive Duft entwickelt sich in Richtung Schwarze-Johannisbeer-Knospe. In keiner Weise unangenehm. Der zarte, sanfte Geschmack ist ganz einfach.

🗝 Bouchard Père et Fils, Ch. de Beaune, 21200 Beaune, Tel. 03.80.24.80.24, Fax 03.80.22.55.88, E-Mail france@bouchard-pereetfils.com Y n. V.

PIERRE COGNY ET DAVID DEPRES 1999**

□ 5,87 ha 10 000 5 à 8 €

Lachstatar mit Gurken? Warum nicht! Man muss diesen sehr blassen strohgelben Wein ehren, der mit seinem Duft von Früchten und weißen Blüten umschmeichelt und dem es weder an «Fett» noch an Länge mangelt. Er ist ganz im Stil des Jahrgangs gehalten.

🔑 Pierre Cogny et David Déprés, GAEC de La Vieille Fontaine, 71150 Bouzeron, Tel. 03.85.87.19.96, Fax 03.85.87.19.96
☑ Y n. V.

DOM. PATRICK GUILLOT 1999★★

☐ 1,52 ha 2 800 🍾🌡 5à8€

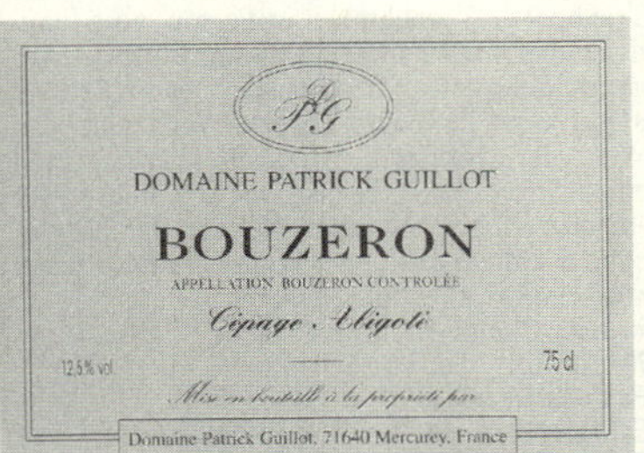

Die höchste Stufe auf dem Siegespodest für diesen betörenden Aligoté. Im Anblick zeigt er schöne grüne Reflexe. Im Duft zieht er geschickt mehrere Register und reicht von einer zitronenartigen Frische bis zu einer blumigen Empfindung. Die Oberjury erkannte ihm diese Liebeserklärung wegen seiner Tiefe, seines Reichtums und seiner Komplexität zu, die von der Lebhaftigkeit der AOC unterstützt wird.
🔑 Dom. Patrick Guillot, 9 A, rue de Vaugeailles, 71640 Mercurey, Tel. 03.85.45.27.40, Fax 03.85.45.28.57
☑ Y n. V.

DOM. DE LA RENARDE Les Cordères 1999★

☐ 1,7 ha 14 000 🍾🛢🌡 5à8€

«Ich bin stolz darauf, ein Burgunder zu sein!» Selbstverständlich kann man das singen, wenn man einen so gefälligen Wein trinkt. Dieser sehr blasse, fast nicht goldfarbene 99er bietet grünen Apfel und Feuerstein und danach eine runde Ansprache, auf die eine schwungvolle Lebhaftigkeit folgt.
🔑 André Delorme, Dom. de la Renarde, 2, rue de la République, 71150 Rully, Tel. 03.85.87.10.12, Fax 03.85.87.04.60, E-Mail andre-delorme@wanadoo.fr
☑ Y Mo–Fr 9h–12h 14h–19h; Sa bis 18h; Gruppen n. V.
🔑 J.-F. Delorme

LOUIS LATOUR 1999★

☐ k. A. 25 000 🍾🌡 5à8€

Es stimmt, dass wir hier einen seltenen Vogel vor uns haben. Dieser Wein, den man gern in den Mund nimmt, zeigt hier das schönste Goldgrün, erinnert im ersten Geruchseindruck an grünen Apfel und ist dann im Abgang zitronenartig.
🔑 Maison Latour, 18, rue des Tonneliers, 21200 Beaune, Tel. 03.80.24.81.00, Fax 03.80.22.36.21, E-Mail louislatour@louislatour.com Y n. V.

PAUL REITZ 1999

☐ k. A. 30 000 8à11€

Eine leichte Farbe mit grünen Reflexen. Der Geruchseindruck bleibt im Augenblick recht schüchtern. Aber der Wein marschiert geradewegs in den Mund. Seine Nervigkeit ist in keiner Weise erstaunlich für diese Rebsorte, die nichts Verschlafenes an sich hat.
🔑 Maison Paul Reitz, 124, Grande-Rue, 21700 Corgoloin, Tel. 03.80.62.93.07, Fax 03.80.62.96.83, E-Mail paul.reitz@telepost.fr ☑

A. ET P. DE VILLAINE 1999★★

☐ 10 ha 50 000 🍾🌡 5à8€

Aubert de Villaine, seit 1973 der Herr dieses Guts, teilt seine Zeit zwischen Vosne-Romanée, Bouzeron und der ganzen Welt auf. Er hat viel zur Anerkennung dieser Appellation beigetragen und bietet uns hier einen Wein von sehr klassischer Farbe, mit einem Bouquet von weißen Früchten und Zitrusfrüchten. Er ist eher komplex als konzentriert und stellt seine Zukunft mit einer bezaubernden Tonart sicher. Mit der Note der Ehrlichkeit. Eine Verkosterin empfahl, ihn schon in diesem Herbst zu einem Kuchen mit Roquefort-Käse und Walnüssen zu servieren. Wir werden glücklich, wenn wir wissen, was Sie über diese Kombination denken.
🔑 A. et P. de Villaine, 2, rue de la Fontaine, 71150 Bouzeron, Tel. 03.85.91.20.50, Fax 03.85.87.04.10, E-Mail dom.devillaine@wanadoo.fr ☑ Y n. V.

Rully

Die Côte Chalonnaise bzw. die Region von Mercurey bildet den Übergangsbereich zwischen dem Weinbaugebiet der Côte d'Or und dem des Mâconnais. Die Appellation Rully geht über die Grenzen der Gemeinde hinaus und reicht in die Gemeinde Chagny hinein, die ein kleines Zentrum der Gastronomie ist. Man erzeugt hier mehr Weißweine (12 579 hl) als Rotweine (6 303 hl im Jahre 2000). Diese Weine, die von Böden aus der oberen Juraformation stammen, sind liebenswürdig und haben zumeist eine gute Lagerfähigkeit. Einige als Premiers crus eingestufte Reblagen haben sich bereits einen guten Ruf erworben.

FRANÇOIS D'ALLAINES 1998★

☐ k. A. 9 000 🛢 11à15€

Dieser Weinhändler kauft Trauben an. Er vinifiziert sie selbst und – diesem 98er nach zu urteilen – mit glücklicher Hand. Dieser strahlend goldene Wein bietet noch flüchtige Aro-

men, die unter einem leichten Holzton an Zitrusfrüchte denken lassen. Die gleiche Empfindung setzt sich im Mund mit Zitronennoten fort. Ausgewogen und komplett: ein hübscher Tropfen.
François d'Allaines, La Corvée du Paquier, 71150 Demigny, Tel. 03.85.49.90.16, Fax 03.85.49.90.19, E-Mail francois@dallaines.com Y n. V.

DOM. CHRISTIAN BELLEVILLE
Les Cloux 1999*

☐ 1er cru 3,6 ha 6 000 8 à 11 €

Ein 1982 entstandenes, großes Gut (36 ha), dessen drei Weine ausgewählt worden sind: Der **weiße 99er «Dorfwein» Les Chauchoux** erhält eine lobende Erwähnung, der **99er Premier cru Rabourcé,** ebenfalls ein Weißwein, einen Stern. Der dritte weiße Musketier ist strahlend golden und duftet nach Akazienhonig: ein köstlicher Chardonnay. Eine kleine Bitternote im Hintergrund, ein würziger Geschmack und viele Trumpfkarten in seinem Spiel: «Fett», Rundheit, Sanftheit und vor allem Offenheit.
Dom. Christian Belleville, 1, rue des Bordes, 71150 Rully, Tel. 03.85.91.06.00, Fax 03.85.91.06.01, E-Mail domaine-belleville@wanadoo.fr Y n. V.

DOM. BERGER-RIVE En Rosey 1999*

■ 3,54 ha 10 000 5 à 8 €

En Rosey befindet sich auf der Hochfläche, die die Felsen von Agneux überragt. Bei diesem Wein ist die Farbe dicht und kräftig, wie bei dem expressionistischen Maler Chaim Soutine. Sein Bouquet? Vollreife schwarze Johannisbeeren. Aber er offenbart nicht alles: Diese tanninreiche Vollmundigkeit gehört einem männlichen Charakter. Dazu wird Hasenpfeffer empfohlen. Beachten Sie, dass der Name «Manoir de Mercey» auf dem Etikett dieses in mehreren Ausgaben unseres Weinführers vertretenen Weins erhalten bleibt.
Dom. Gérard Berger-Rive et Fils, Manoir de Mercey, 71150 Cheilly-lès-Maranges, Tel. 03.85.91.13.81, Fax 03.85.91.17.06 Y n. V.

BOUCHARD AINE ET FILS 1999*

☐ k. A. 65 000 5 à 8 €

Ein guter weißer Rully besitzt, wie Hubert Duyker schrieb, «die Glätte und die Frische von Marmor». So auch dieser hier, der einen vollkommen typischen Charakter hat. Blassgelb mit grünen Reflexen. Er ist recht entfaltet, zu getrockneten Früchten mit einer leichten Röstnote. Wenig Säure, angenehme Frische, fast mineralisch. Seinen Höhepunkt erreicht er innerhalb von ein bis zwei Jahren. Diese alte Firma in Beaune, die jetzt zur Boisset-Gruppe gehört, befindet sich in dem schönen Stadthaus Hôtel du Conseiller-du-Roy (an der Ringstraße hinter der Stadtmauer), das man besichtigen kann.
Bouchard Aîné et Fils, Hôtel du Conseiller-du-Roy, 4, bd Mal-Foch, 21200 Beaune, Tel. 03.80.24.24.00, Fax 03.80.24.64.12
Y tägl. 9h30–12h30 14h–18h30

JEAN-CLAUDE BRELIERE
Les Champs Cloux 1999**

■ 1er cru 0,78 ha 3 500 11 à 15 €

Liebeserklärung in den Ausgaben 1994 und 1995 für einen 91er und einen 92er. Dieser Winzer ist ein begeisterter Linguist. Während er mehrere Sprachen beherrscht, spricht sein Wein hingegen nur eine einzige: die der Pinot-noir-Traube. Die Vornehmheit in Person, vom bläulichen Rubinrot zu Beginn bis zur Fülle des Abgangs. Sehr zarter Geschmack. Der **weiße 99er «Dorfwein» La Barre** erweckt Vertrauen. Ein Wein, der deutlich die Messlatte überquert und einen Stern erhält, ebenso wie der **weiße 99er Premier cru Les Margotés.** Der von der Jury lobend erwähnte **rote 99er Premier cru Les Préaux** muss ein bis zwei Jahre lagern.
Jean-Claude Brelière, 1, pl. de l'Eglise, 71150 Rully, Tel. 03.85.91.22.01, Fax 03.85.87.20.64, E-Mail breliere.domaine@wanadoo.fr Y n. V.

DOM. MICHEL BRIDAY
Champs Cloux 1999*

■ 1er cru 0,6 ha 3 000 11 à 15 €

Das 11 ha große Gut präsentiert beim Rully einen **weißen 99er La Bergerie,** der wegen seines recht sanften Charakters lobend erwähnt wird und die Unterhaltung über simple Höflichkeitsfloskeln hinaus in Gang hält. Trinkreif. Beim roten Rully diesen Champs Cloux mit einer sehr jugendlichen Farbe, Aromen, die schwarze Früchte und getrocknete Früchte (Mandel, Haselnuss) mischen, und einem Geschmack mit umhüllten, lang anhaltenden Tanninen. Zwei bis drei Jahre aufheben.
Dom. Michel Briday, 31, Grande-Rue, 71150 Rully, Tel. 03.85.87.07.90, Fax 03.85.91.25.68, E-Mail stephane.briday@wanadoo.fr Y n. V.

LOUIS CHAVY 1999*

☐ k. A. 24 000 11 à 15 €

Einer unserer Verkoster bestimmt ihn für Froschschenkel. Dieser 99er ist nicht unbemerkt geblieben! Blass mit grünen Reflexen. Pampelmuse und grüne Zitrone: Er hat einen Ferienduft. Seine lebhafte, ein wenig nervige Frische begleitet Toastnoten. Er besitzt eine gewisse Persönlichkeit, die man in ein bis zwei Jahren entdecken kann.
Louis Chavy, Caveau la Vierge Romaine, pl. des Marronniers, 21190 Puligny-Montrachet, Tel. 03.80.26.33.00, Fax 03.80.24.14.84, E-Mail mallet.b@cva-beaune.fr Y tägl. 10h–18h; Nov. bis März geschlossen

JOSEPH DROUHIN 1999**

☐ k. A. k. A. 11 à 15 €

Die berühmte Firma in Beaune, die 1880 gegründet wurde, hat einen Fuß in der Côte Chalonnaise. Dieser strohgelbe Wein mit grünen Reflexen, den das neue Holzfass umgibt, besitzt Röstnoten, die aber nicht verhindern, dass er sich zur Frucht hin entwickelt. Sein kräftiger,

warmer, buttriger Geschmack besitzt eine recht ausgeprägte Säure, die ihm ein langes Leben bieten dürfte. Aufmachen sollte man ihn in zwei bis drei Jahren. Wenn Sie ein ständiger Leser unseres Weinführers sind, werden Sie sich daran erinnern, dass der 96er ein Lieblingswein war.
Joseph Drouhin, 7, rue d'Enfer,
21200 Beaune, Tel. 03.80.24.68.88,
Fax 03.80.22.43.14,
E-Mail maisondrouhin@drouhin.com Y n. V.

DUFOULEUR PERE ET FILS

Margotey Elevé en fût de chêne 1999**

☐ 1er cru k. A. 1 800 15 à 23 €

Der **weiße 99er Premier cru Meix Cadot,** der vom so genannten «Schlosshang» kommt, erhält eine lobende Erwähnung. Sein reicher, runder Körper ist zu Komplexität fähig, aber nur im Rahmen seiner Alterung, innerhalb von zwei bis drei Jahren. Dieser Margotey mit dem feinen Holzton, der eine lebhafte goldene Farbe mit grünen Reflexen besitzt, ist fett und zart, lang und wohl schmeckend zugleich.
Dufouleur Père et Fils, 15, rue Thurot,
BP 27, 21700 Nuits-Saint-Georges,
Tel. 03.80.61.21.21, Fax 03.80.61.10.65
Y n. V.

RAYMOND DUREUIL-JANTHIAL

1998*

■ 1,47 ha 8 000 11 à 15 €

Keller aus dem 19. Jh., die vollständig unterirdisch angelegt sind, beherbergen die Fässer, die einen **weißen 99er Rully** mit vielfältiger Aromenpalette (Menthol, Ananas, Röstgeruch) hervorgebracht haben. Die holzige Empfindung verschwindet in der Folge nicht und verleiht ihm seinen besonderen Stil, der mit einem gewissen mineralischen Charakter verbunden ist. Dieser rote Rully, der zwei Jahre lang im Holzfass ausgebaut worden ist, zeigt eine herrlich jugendliche Farbe. Er besitzt eine gute Ausgewogenheit, Frucht und Frische und wird sich bei Tisch gut halten.
Raymond Dureuil-Janthial,
rue de la Buisserolle, 71150 Rully,
Tel. 03.85.87.02.37, Fax 03.85.87.00.24
Y Mo–Sa 9h–12h 15h–19h; So n. V.

VINCENT DUREUIL-JANTHIAL

Le Meix Cadot 1999*

☐ 1er cru 0,44 ha 2 500 11 à 15 €

Dieser ehemalige Schüler der Fachoberschule für Weinbau in Beaune, der im letzten Jahr für einen 98er eine Liebeserklärung erhielt, hat sich hier 1994 niedergelassen. Das bedeutet, er hat rasch seinen Weg gemacht. Wir mochten den lobend erwähnten **weißen 99er Premier cru Les Margotés** sowie den **weißen 99er «Dorfwein»,** der einen Stern errang. Doch die Jury gab den Vorzug diesem recht goldfarbenen Meix Cadot, der an der Luft einige Pfirsichnoten bietet. Schöne Ausgewogenheit und Ehrlichkeit des Geschmacks: Im Mund hinterlässt er einen fruchtigen Eindruck.
Vincent Dureuil-Janthial,
rue de la Buisserolle, 71150 Rully,
Tel. 03.85.87.26.32, Fax 03.85.87.15.01,
E-Mail vincent.durueil@wanadoo.fr Y n. V.

DUVERNAY PERE ET FILS

Les Champs Cloux 1999**

■ 1er cru 3 ha 13 000 8 à 11 €

Das 1973 entstandene Gut in Familienbesitz wurde 1999 von den drei Söhnen übernommen. Was sollte man über ihren ersten Jahrgang sagen? Man kann einen angenehmen Augenblick mit dem **weißen 99er Premier cru Les Raclots** verbringen, der eine lobende Erwähnung erhält, aber alles in allem erregt dieser Pinot noir mehr Aufmerksamkeit. Unter einem schönen Rubinrot muss man die Nase erst drängen. Sie öffnet sich zu Pfingstrose und Gewürzen. Die Ansprache ist erregend, der Terroirgeschmack mineralisch; die Tannine sind ausgewogen, während der Stoff voll, reichhaltig und elegant ist. Ein echter Premier cru.
Dom. Duvernay, 4, rue de l'Hôpital,
71150 Rully, Tel. 03.85.87.04.69,
Fax 03.85.87.09.17 Y tägl. 8h–12h 13h30–19h

GUY FONTAINE ET JACKY VION

La Chaponnière 1998*

☐ 0,5 ha 2 900 8 à 11 €

«Fontaine, ich werde nicht von deinem Wasser, sondern von deinem Wein trinken.» Das sagt man gern zu Guy Fontaine, einem der Mitinhaber des Guts. Nehmen Sie diesen Wein: Er zeigt ein goldenes Weiß und enthüllt einen duftigen Reichtum, der honigartig ist und im Mund an Zitrusfrüchte erinnert. Mit ein wenig «Fett» und einer guten Lebhaftigkeit, im Abgang sauber und ehrlich, zieht er sich geschickt aus der Affäre. Der **rote 99er «Dorfwein» Bergerie** ist ein liebenswürdiger Wein, der Sie zu Œufs en meurette verführen dürfte. Er erhält die gleiche Note.
GAEC des Vignerons, rue du Bourg,
71150 Remigny, Tel. 03.85.87.03.35,
Fax 03.85.87.03.35 Y n. V.

DOM. DE LA CROIX JACQUELET

1998*

☐ 2,49 ha 16 276 11 à 15 €

Dieses Erzeugnis ist das Werk der Familie Faiveley in der Côte Chalonnaise. Es zeigt ein recht golden getöntes Gelb und verbindet in einem röstartigen Umfeld Pilze und exotische Früchte. Der Wein ist ziemlich säuerlich, aber insgesamt angenehm und ausgewogen und dürfte sich von Hechtklößchen verführen lassen.
Dom. de La Croix Jacquelet, SBEV,
71640 Mercurey, Tel. 03.85.45.12.23,
Fax 03.85.45.26.42
Y Mo–Fr 8h–12h 13h30–17h30; Sa, So n. V.

DOM. DE LA FOLIE

Clos de Bellecroix 1999*

■ 4,52 ha 11 300 8 à 11 €

Hier wurde die siebte Kunst geboren: Dieses Gut gehörte E.-J. Marey, dem Erfinder der Chronofotografie, die am Anfang des Kinofilms stand. Dieser Wein hingegen spielt uns nichts vor. Granatrot mit bläulichen Reflexen, ausdrucksvoll und recht offen (Veilchen, schwarze Johannisbeere). Er zeigt sich freimütig und leicht. Ein Wein für ein unverzügliches Vergnügen. Beachten sollte man, dass das Gut in der Vergangenheit mehrere Liebeserklärungen hatte.

Dom. de La Folie, 71150 Chagny, Tel. 03.85.87.18.59, Fax 03.85.87.03.53, E-Mail domaine.de.la.folie@wanadoo.fr
tägl. 9h–19h
Noël-Bouton

DOM. DE LA RENARDE Varot 1999

17,64 ha 55 000 8 à 11 €

Jean-François Delorme, eine markante Persönlichkeit von Rully, erhielt natürlich Liebeserklärungen in der AOC. Das letzte Mal im Hachette-Weinführer 1997 für die gleiche Reblage (als 94er). Seine 99er Version präsentiert sich vorteilhaft, mit klaren Zügen. Man findet darin blumige und mineralische Elemente. Der schlichte, leichte Wein, der auf Ungezwungenheit ausgerichtet ist, wird ohne große Umstände zu Tisch gehen.

André Delorme, Dom. de la Renarde, 2, rue de la République, 71150 Rully, Tel. 03.85.87.10.12, Fax 03.85.87.04.60, E-Mail andre-delorme@wanadoo.fr
Mo–Fr 9h–12h 14h–19h; Sa bis 18h; Gruppen n. V.
J.-F. Delorme

LES CAVES DE LA VERVELLE 1999**

1,2 ha 7 700 11 à 15 €

Die neue Mannschaft von Château de Bligny-lès-Beaune kann sich zu einer erstklassigen Produktion beglückwünschen. Dieser Rully ist mustergültig. Getrocknete Früchte, Feuerstein und Weißdorn bilden in der Nase ein echtes Trio von Freunden. Eine schöne Konzentration betont einen vollen, frischen Geschmack, der beachtliches «Fett» enthält. Dieser 99er besitzt viel Relief; sein typischer Charakter kann als Vorbild dienen.

Les caves de La Vervelle, Le Château, 21200 Bligny-lès-Beaune, Tel. 03.80.21.47.38, Fax 03.80.21.40.27 tägl. 8h–12h 14h–18h

LA VIEILLE FONTAINE Grésigny 1998

1er cru 0,55 ha 2 500 5 à 8 €

Dieser sehr strahlende goldgelbe Wein, der aus dem Bezirk Mont-Palais-Margotée kommt, bietet Zitrus- und Blütenaromen. Leicht, dann nervig, mit einer pflanzlichen Nuance. Er klingt mit einer exotischen Note aus.

Pierre Cogny et David Déprés, GAEC de La Vieille Fontaine, 71150 Bouzeron, Tel. 03.85.87.19.96, Fax 03.85.87.19.96
n. V.

DOM. DE L'ECETTE 1998*

2 ha 5 000 8 à 11 €

Ein purpurroter 98er mit einem breiten, tiefen Duft, über einem komplexen Aroma von Früchten, die man aber erst allmählich unterscheidet. Am Gaumen kehrt die Frucht zurück. Der Stoff ist schön; der Schwung und die Nachhaltigkeit sind besonders dynamisch. Ein bis zwei Jahre aufheben.

GAEC Jean et Vincent Daux, Dom. de L'Ecette, 21, rue de Geley, 71150 Rully, Tel. 03.85.91.21.52, Fax 03.85.91.24.33 n. V.

LE MANOIR MURISALTIEN 1998**

k. A. 15 000 11 à 15 €

Das Weingut von Château de Messey, das zwischen Tournus und Cluny liegt, umfasst siebzehn Hektar in dieser AOC. Marc Dumont hat auch das Manoir murisaltien in Meursault gekauft und riesige Keller entlang dem Clos de Mazeray errichtet. Während die Farbe dieses Rully hochrot ist, entsprechen sich Duft und Geschmack mit Kirschkern. Dieser schöne, sehr repräsentative Wein ist noch nicht auf seinem Höhepunkt. Vollständig zum Ausdruck kommen wird er erst in zwei bis drei Jahren.

Le Manoir murisaltien, 4, rue du Clos Mazeray, 21190 Meursault, Tel. 03.80.21.21.83, Fax 03.80.21.66.48 n. V.
Marc Dumont

DOM. ANDRE LHERITIER Clos Roch 1998*

0,4 ha k. A. 8 à 11 €

Dieser Wein besitzt Klasse. Er zeigt eine hellgoldene Farbe von beachtlicher Intensität und kommt gerade aus dem Wald zurück, wo er Pilze gepflückt hat, mit ihren Aromen und ihrem Geschmack im Korb. Zitrusfrüchte vermischen sich damit. Die Säure ist tadellos, die Ausgewogenheit gesichert. Dieser schon harmonische 98er wird sich mit der Zeit (zwei bis drei Jahre) noch verbessern.

André Lhéritier, 4, bd de la Liberté, 71150 Chagny, Tel. 03.85.87.00.09
tägl. 8h30–11h30 14h–19h

MUGNIER PERE ET FILS La Pucelle 1998*

1er cru k. A. k. A. 8 à 11 €

Diese «Jungfrau» ist zurückhaltend. Ein sommerliches Goldgelb: Ihr Kleid ist durchscheinend. Ihre Düfte erinnern an Haselnuss, Vanille und Mineralisches. Im Geschmack eine leicht blumige Seite, Länge und ein eher ruhiges als lebhaftes Temperament. Typisch für den Jahrgang 1998.

EARL La P'tiote Cave, 71150 Chassey-le-Camp, Tel. 03.85.87.15.21, Fax 03.85.87.28.08
tägl. 9h–12h 14h–18h

ALBERT PONNELLE 1998*

k. A. k. A. 11 à 15 €

Ponnelle ist ein in der Côte recht häufig vorkommender Name. Mehrere Weinhandelsfirmen heißen so. Man muss auf den Vornamen achten. Im vorliegenden Fall Albert. Die Farbe dieses Rully ist angenehm, das Bouquet verschmolzen (Zitrusfrüchte) und die Ansprache schwungvoll. Wird dieser 98er mit dem Alter ein wenig Fett hinzugewinnen? Man wünscht es ihm; seine Entwicklung erscheint viel versprechend.

Albert Ponnelle, Clos Saint-Nicolas, BP 107, 21200 Beaune, Tel. 03.80.22.00.05, Fax 03.80.24.19.73, E-Mail info@albert-ponnelle.com ☑ Y n. V.
Louis Ponnelle

CH. DE RULLY 1998

☐ 24,64 ha 113 112 11 à 15 €

Die Grafen de Ternay leben hier seit 800 Jahren. Man bewahrt hier das Weinglas eines Vorfahren auf, das drei Liter fasste. Antonin Rodet bewirtschaftet das Nachbargut. Ohne dass dieser blassgoldene Rully, der nach geröstetem Brot duftet und recht lebhaft ist, herrschaftlich wäre, hält er auf ehrliche Weise seine Mittelstellung.

Dom. du Ch. de Rully, 71640 Mercurey, Tel. 03.85.98.12.12, Fax 03.85.45.25.49
☑ Y n. V. mit Antonin Rodet
Comte R. de Ternay

DOM. DE RULLY SAINT-MICHEL Les Cloux 1999*

☐ 1er cru 1,5 ha 3 820 8 à 11 €

Dieses Weingut, das einst vom Finanzminister Napoleons III. (Château Saint-Michel in Rully, aus dem ein Ausbildungszentrum für das Hotelgewerbe geworden ist) erworben wurde, wird weiterhin von seiner Familie bewirtschaftet. Hier haben wir einen weißen Rully von hellem Strohgelb, der eine mentholartige Frische zeigt und dessen «Fett» sich mit Aprikose anreichert. Um das Vergnügen abwechslungsreich zu gestalten: Der samtige, zarte **rote 99er Premier cru Les Champs Cloux** ist ein Wein der gleichen Qualität.

Dom. de Rully Saint-Michel, rue du Château, 71150 Rully, Tel. 03.85.91.28.63, Fax 03.85.87.12.12
☑ Y tägl. 9h–18h
Frau de Bodard

DOM. SAINT-JACQUES La Fosse 1999*

■ 1er cru 0,98 ha 3 800 8 à 11 €

Dieses Gut, eine Station auf dem Jakobsweg nach Santiago de Compostela, besitzt Keller aus dem 13. Jh. und alte Traubenpressen, die in dem Gärkeller aus dem 18. Jh. zu sehen sind. Dieser Wein stammt von einer der Reblagen der Gruppe Marissou, Chapitre usw., die sich unterhalb des großen Hangs befinden. Er hüllt sich schon in ein Granatrot und lässt an geröstete Mandeln denken. Geruchseindruck und Geschmack sind vom Fass geprägt, aber Sauerkirsche fehlt nicht; der Stoff dürfte sich gut entwickeln. Noch tanninreich – das ist ein Schwert, das in seiner Scheide steckt. Wenn man es herausziehen kann (in fünf Jahren?), ist ein schöner Waffengang in Aussicht. Wahl zum Lieblingswein im Jahre 2000 für den 96er der gleichen Reblage.

Christophe-Jean Grandmougin, 11, rue Saint-Jacques, 71150 Rully, Tel. 03.85.87.23.79, Fax 03.85.87.17.34
☑ Y n. V.

ALBERT SOUNIT Cloux l'Ouvrier 1999*

☐ 1,1 ha 1 800 8 à 11 €

Goldschnitt, buttrig wie ein Butterbrot. Er macht durch eine sehr große Länge im Geschmack auf sich aufmerksam. Zweifellos hat er «Fett», Rundheit, die Gutmütigkeit eines kontaktfreudigen Weins. Aber die Nachhaltigkeit dominiert über alle anderen Vorzüge. Diese 1851 gegründete Firma ist seit ein paar Jahren im Besitz von K. Kjellerup, einem dänischen Importeur von burgundischen Weinen.

Albert Sounit, 5, pl. du Champ-de-Foire, 71150 Rully, Tel. 03.85.87.20.71, Fax 03.85.87.09.71, E-Mail albert-sounit@wanadoo.fr
☑ Y Mo–Fr 8h–12h 14h30–18h; Sa, So n. V.
K. Kjellerup

DOM. ROLAND SOUNIT Les Cailloux 1999*

☐ 0,5 ha 3 500 8 à 11 €

Dieser Winzer in Meursault besitzt 17 Hektar. Beim Rully präsentiert er einen **weißen 99er «Dorfwein» Les Crays,** der recht exotisch ist und eine lobende Erwähnung erhält, und diesen Cailloux. Die gute Intensität eines jungen Weins, aromatischer Auftakt mit reifen, fast exotischen Früchten – das ist eine angenehme Einführung. Leichte Überreife der Trauben? Diese gleiche reife Seite findet man nämlich auch im Mund. Dieser fette, kräftige 99er bleibt auf den Geschmacksknospen lang erhalten. Sein besonderer Stil kann beispielsweise zu Stopfleber passen.

SCEA Dom. Roland Sounit, rte de Monthélie, 21190 Meursault, Tel. 03.80.21.22.45, Fax 03.80.21.28.05

ERIC DE SUREMAIN Préaux 1998*

■ 1 ha 5 300 8 à 11 €

Ein Gut, das nach biodynamischen Prinzipien arbeitet. Seine Weine findet man auf allen Kontinenten. Dieser dunkelpurpurrote Rully bietet einen Duft, der nicht sehr offen ist, sich aber auf dem richtigen Weg befindet. Das Fass ist schon gut eingebunden. Kräftig gebaut und tanninreich, mit leichter Adstringenz. Ein durch seine Extraktion geprägter Wein mit einem eckigen Geschmack und einer kraftvollen Ansprache. Man muss ihn ein wenig lagern, damit er sanfter werden kann und sein tiefer liegendes Naturell offenbart.

EARL Eric de Suremain, rue du Pied-de-la-Vallée, 21190 Monthélie, Tel. 03.80.21.23.32, Fax 03.80.21.66.37
☑ Y n. V.

Mercurey

Mercurey, das 12 km nordwestlich von Chalon-sur-Saône liegt, am Rande der Straße von Chagny nach Cluny, grenzt im Süden an das Weinbaugebiet von Rully. Der Produktionsmenge nach ist es die größte kommunale Appellation der Côte Chalonnaise: 31 000 hl, davon 4 134 hl Weißwein im Jahre 2000. Ihre Anbaufläche erstreckt sich auf drei Gemeinden: Mercurey, Saint-Martin-sous-Montaigu und Bourgneuf-Val-d'Or.

Einige Reblagen tragen die Bezeichnung «Premier cru». Die Weine sind zumeist leicht und angenehm und haben eine gute Alterungsfähigkeit.

JEAN-LUC AEGERTER
Réserve personnelle 1998

■ k. A. 6 000 11 à 15 €

Dieser Weinhändler aus Nuits hat Labouré-Roi sowie Louis Roederer in der Champagne geleitet, bevor er die Firma Pierre Gruber übernahm und sich selbstständig machte. Wahl zum Lieblingswein im Hachette-Weinführer 1996: Er kennt die guten Adressen in Mercurey. Die granatrote Farbe und der Duft von kleinen roten Früchten sind einschmeichelnd. Dieser frische, konzentrierte Wein, der eine gute Säure besitzt, muss zwei bis drei Jahre lagern.

Jean-Luc Aegerter, 49, rue Henri-Challand, 21700 Nuits-Saint-Georges, Tel. 03.80.61.02.88, Fax 03.80.62.37.99 ☑ Y n. V.

DOM. BRINTET La Perrière 1999

■ 0,5 ha 3 000 8 à 11 €

Ein schönes, 13 ha großes Gut, das seit 1984 von Luc Brintet geführt wird. Unter seiner intensiven roten Farbe entscheidet sich dieser Wein für einen Kirschwasserduft und variiert nicht. Sein Geschmack, der so rund ist wie die Erdkugel, kann einige Punkte zu seinem Vorteil verzeichnen. Leicht holzbetont und fruchtig: Er ist ausgewogen.

Dom. Luc Brintet, Grande-Rue, 71640 Mercurey, Tel. 03.85.45.14.50, Fax 03.85.45.28.23 ☑ Y n. V.

DOM. CHANZY Les Carabys 1998

□ k. A. k. A. 8 à 11 €

Ein Reblagenname, der an das Lied *Compère Guilleri* denken lässt. Für einen leicht rauchigen Chardonnay mit Walnuss- und Mandelnoten, der einen etwas steifen Rücken hat – aber das ist sein Charakter, der auf 40 % neue Fässer zurückgeht. Die Frucht bestimmt den Abgang, während das Holz an seinem Platz bleibt. Sie können ihn in Bälde trinken.

Daniel Chanzy, 1, rue de la Fontaine, 71150 Bouzeron, Tel. 03.85.87.23.69, Fax 03.85.91.24.92, E-Mail daniel.chanzy@wanadoo.fr ☑ Y n. V.

JEAN-PIERRE CHARTON
Vieilles vignes 1999*

■ 2,5 ha 11 000 8 à 11 €

Sieben Hektar bilden dieses Gut, das die Handwerksgesellen der Gesellenbruderschaft schätzen muss, wenn man nach dem Text des Etiketts urteilt, das auf die schöne, meisterliche Zimmermannsarbeit des Dachfensters hinweist. Es liebt auch sein Gewerbe: Nehmen Sie diesen recht korpulenten Wein. Er ist leicht bläulich rot und setzt Aromen von schwarzer Johannisbeere, Lebkuchen und Haselnuss frei, die mühelos miteinander harmonieren. Sein Geschmack ist rundlich, ohne übermäßige Tannine oder eine Empfindung von Härte. Der Holzton ist richtig dosiert.

Jean-Pierre Charton, 29, Grande-Rue, 71640 Mercurey, Tel. 03.85.45.22.39, Fax 03.85.45.22.39 ☑ Y n. V.

DOM. DU CHATEAU DE MERCEY
1998**

■ 11 ha 15 000 11 à 15 €

Ein Gut, das von Antonin Rodet geführt wird. Brillant, stellt man fest. Die Farbe von schwarzen Kirschen – dieser Wein besitzt Vornehmheit. Finden Sie einmal einen Duft, der an Himbeerpüree, fast an Pfingstrose erinnert! Die Frucht führt zu würzigen, pfeffrigen Aromen. Die Tannine ziehen die Krallen ein. Ausgezeichnete Konzentration. Würdig der Appellation. Man kann ihn jetzt trinken.

Ch. de Mercey, 71150 Cheilly-lès-Maranges, Tel. 03.85.91.13.19, Fax 03.85.91.16.28 ☑ Y n. V.

DEMESSEY 1999

□ k. A. 4 500 11 à 15 €

Marc Dumont, Besitzer von Château de Messey, das zwischen Tournus und Cluny liegt, ist auch Weinhändler. Hier ist sein Mercurey. Die blassgoldene Farbe ist klar und strahlend. Schon beim ersten Riechen nimmt er uns mit auf die Reise, mit exotischen Noten (Ananas, Guave und Vanille). Recht rund und recht fett. Er ist solide und gibt, auch wenn er sich mit der Zeit verfeinern muss, schon jetzt einen Wein ab, den man zum Vergnügen trinkt. Nicht sehr tief, aber zu Vorspeisen passend.

SARL Demessey, Ch. de Messey, 71700 Ozenay, Tel. 03.85.51.33.83, Fax 03.85.51.33.82, E-Mail vin@demessey.com ☑ Y n. V.

DOUDET-NAUDIN 1999***

■ 0,8 ha 4 998 11 à 15 €

Das Gut wurde 1849 von dieser Familie aus Savigny-lès-Beaune gegründet. Dieses hübsche Dorf ist durch einen seiner Söhne berühmt, den Comte de La Loyère, der in der gleichen Epoche eine Neuerung einführte, indem er die Rebstöcke in Reihen anpflanzte. Hier haben wir einen tollen Wein. Samt. Kein anderes Wort kommt uns in den Sinn, um diesen funkelnden Lieblingswein zu beschreiben. Sehr konzentriertes Rot, leichter Holzton vor einem Hintergrund sehr reifer Früchte. Er bietet eine klare Ansprache. Dann liebkost er lang anhaltend den Gaumen, indem er ein «Pfauenrad schlägt», wobei alle Eindrücke im Mund miteinander verschmelzen. Sein Potenzial bestimmt ihn zu einer großen Zukunft. Eine kräftige, aber gelungene Extraktion.

Doudet-Naudin, 3, rue Henri-Cyrot, BP 1, 21420 Savigny-lès-Beaune, Tel. 03.80.21.51.74, Fax 03.80.21.50.69 n. V.

Yves Doudet

CH. D'ETROYES Champmartins 1999**

1er cru 0,25 ha 1 800 11 à 15 €

Dieser 99er erhält eine Liebeserklärung, ohne dass er sich zu überfordern scheint. Er besitzt eine kräftige Farbe und einen guten Duft (Mokka-Vanille und ein Hauch von Hefegebäck). Sein «Fett» beherrscht einen genussvollen Geschmack, in dem Haselnuss und Mandel ein Gespann bilden. Wirklich bemerkenswert und aus den übrigen Weinen herausragend. Beachten Sie, dass diese Appellation seit zwei Jahren keinen Lieblingswein hatte. Ein starkes Comeback! Der **rote 99er Premier cru Les Combins** hat einen Stern erhalten. Zwei bis drei Jahre aufheben.

F. Protheau et Fils, Ch. d'Etroyes, 71640 Mercurey, Tel. 03.85.98.99.10, Fax 03.85.98.99.00, E-Mail commercial@protheau.com Di–Sa 8h–12h 14h–18h

Familie Maurice Protheau

DOM. GOUFFIER
Clos de la Charmée 1999

0,88 ha 5 000 8 à 11 €

Ein 13 ha großes Gut, das 1850 entstand, und ein granat- bis bläulich roter Wein, der zu schwarzer Johannisbeere entfaltet und gut gebaut ist, mit feinen Tanninen. Dank seiner Sanftheit kann man ihn ohne lange Wartezeit trinken. Beachtenswert ist eine Tabaknote im Abgang.

Dom. Gouffier, 11, Grande-Rue, 71150 Fontaines, Tel. 03.85.91.49.66, Fax 03.85.91.46.98, E-Mail jerome.gouffier@wanadoo.fr n. V.

DOM. PATRICK GUILLOT
Clos des Montaigu 1999**

1er cru 0,81 ha 4 800 8 à 11 €

Eine Eisenhand in einem Samthandschuh, hieß es vom Mercurey. Dieser hier entspricht der Definition: viel Stoff, Stärke und sehr deutlich spürbare Tannine in einer liebenswürdigen, behaglichen Umgebung. Vanille- und Weichselaromen sorgen für eine gute Kontinuität zwischen Duft und Geschmack. Dieser Wein gehört zum Spitzenfeld.

Dom. Patrick Guillot, 9 A, rue de Vaugeailles, 71640 Mercurey, Tel. 03.85.45.27.40, Fax 03.85.45.28.57 n. V.

DOM. EMILE JUILLOT
Les Croichots 1999**

1er cru 0,64 ha 3 500 8 à 11 €

Das Anfang des Jahrhunderts entstandene Gut umfasst zwölf Hektar. Les Croichots stellen die perfekte Gleichung dar – oder zumindest fehlt nicht viel dazu. Die Frucht, das «Fett», die Frische – all das ordnet sich mit unendlich viel Glück an. Die Farbe ist sehr schön. Brombeere und Heidelbeere bilden ein gut entfaltetes Bouquet. Er ist vielleicht nicht lang lagerfähig, aber ein hübscher, anmutiger Wein. Liebeserklärung in unserem Weinführer 1997 für einen 93er. Notieren Sie in Ihrem Heft auch den **weißen 99er Premier cru La Cailloute,** der ein gutes Niveau besitzt, denn er erhält einen Stern.

EARL N. et J.-C. Theulot, Dom. Emile Juillot, clos Laurent, 71640 Mercurey, Tel. 03.85.45.13.87, Fax 03.85.45.28.07, E-Mail e.juillot.theulot@wanadoo.fr n. V.

DOM. MICHEL ET LAURENT JUILLOT Champs Martin 1998

k. A. 3 500 15 à 23 €

Diese steinige Reblage, entstanden aus Felsen, die zu feinen Teilchen zerfallen sind, ist berühmt für die Sanftheit und die Feinheit ihrer Weine. Dieser im Anblick helle und im Duft pflanzliche (frisches Gras im Frühling) Wein bietet einen Hauch von Säure über einem anhaltenden Aroma, in dem Zitruskonfitüre mit den gleichen pflanzlichen Noten harmoniert. Wenn Sie die *Hostellerie du Val d'Or* in Mercurey besuchen, bestellen Sie Jakobsmuscheln mit aufgeschlagener Butter.

Dom. Michel et Laurent Juillot, 59, Grande-Rue, BP 10, 71640 Mercurey, Tel. 03.85.98.99.89, Fax 03.85.98.99.88, E-Mail infos@domaine.michel.juillot.fr n. V.

DOM. DE LA CHARMEE 1998

k. A. 3 000 8 à 11 €

Von Cluny aus kann der Tourist die «Straße der Briganten» nehmen, die an die Aufstände von 1789 erinnert und über Péronne führt, wo sich der Sitz dieser Handelsfirma befindet. Sie stellt eine Mercurey-Cuvée vor. Ein wenig Strenge? Zweifellos, aber dieser Wein ist frisch in der Ansprache und lebhaft und fruchtig im Geschmack. Sein Bouquet lässt an zerdrückte kleine Früchte denken, vor allem Erdbeeren, bis zu

würzigen Empfindungen, die vom Ausbau im Holzfass herrühren. Seine Farbe zeigt ein reintöniges Rot.
Sté Pierre Janny, La Condemine, Cidex 1556, 71260 Péronne, Tel. 03.85.23.96.20, Fax 03.85.36.96.58, E-Mail pierre-janny@wanadoo.fr

DOM. DE LA CROIX JACQUELET
La Perrière 1998*

■ 1,26 ha 3 873 11 à 15 €

Dieses große Gut in Mercurey, das zu den Faiveley-Weingütern gehört, hat mehr als nur eine Liebeserklärung auf seiner Habenseite (für die Jahrgänge 1995, 1992 und 1991). Dieser hier ist hellrubinrot und erfreut sich an Himbeeraromen mit Vanilleduft. Am Gaumen geht Früchtepüree voller Lebhaftigkeit einer recht sanften, schon verschmolzenen Empfindung voraus, die nicht ohne Komplexität ist. Der Abgang bietet eine an Lakritze erinnernde Wärme. Behandeln Sie ihn nicht als lagerfähigen Wein. Der **weiße 98er «Dorfwein»** ohne Lagenname (Preisgruppe: 50 bis 69 F) erhält die gleiche Note.
Dom. de La Croix Jacquelet, SBEV, 71640 Mercurey, Tel. 03.85.45.12.23, Fax 03.85.45.26.42
Mo–Fr 8h–12h 13h30–17h30; Sa, So n. V.

DOM. LA MARCHE
Les Caudroyes 1999**

□ k. A. 4 500 46 à 76 €

Was versteckt sich hinter diesem Etikett in der Form eines Bühnenvorhangs? Der erste Akt ist klar und strahlend. Der zweite blumig und ein wenig röstartig. Der dritte lebhaft und rund. Der vierte honigartig im Rückaroma. Der fünfte fein und komplex. Diese Firma in Nuits kehrt ins Rampenlicht zurück.
Louis Max, 6, rue de Chaux, BP 4, 21700 Nuits-Saint-Georges, Tel. 03.80.62.43.01, Fax 03.80.62.43.16

DOM. DE LA RENARDE 1999

■ 3,01 ha 18 000 8 à 11 €

Ein Eindruck von Terroir vermischt sich hier mit der Anmut einer Vinifizierung, die der Feinheit den Vorzug gibt. Auf eine kräftige Extraktion der Farbe folgen eingemachte Früchte. Fülle und Länge: Die Pinot-noir-Traube fühlt sich am Gaumen wie zu Hause. Kurz gesagt: ein hübscher Mercurey.
André Delorme, Dom. de la Renarde, 2, rue de la République, 71150 Rully, Tel. 03.85.87.10.12, Fax 03.85.87.04.60, E-Mail andre-delorme@wanadoo.fr
Mo–Sa 9h–12h 14h–19h; Sa bis 18h, Gruppen n. V.

DOM. DE L'EUROPE
Le Nectar d'Icare 1999*

■ 1 ha 4 000 5 à 8 €

Chantal Côte, eine belgische Kunstmalerin, begegnete Paul Cinquin, einem Winzer in Mercurey. Das Ergebnis waren die Domaine de l'Europe und ein etwas fantastisches Etikett, das Sie in einer Montgolfiere, in einem Zeppelin, mitnimmt! Für einen Mercurey mit strahlender kirschroter Farbe und einem empyreumatischen Geruchseindruck. Frisch, jung, sehr jugendlich und von guter Anlage – sogar im Hinblick auf den Preis.
Chantal Côte et Guy Cinquin, Dom. de l'Europe, 5 pl. du Bourgneuf, 71640 Mercurey, Tel. 06.08.04.28.12, Fax 06.85.45.23.82, E-Mail cote-cinquin@wanadoo.fr n. V.

DOM. LEVERT-BARAULT 1999*

■ 6,56 ha 44 000 8 à 11 €

Das fast acht Hektar große Gut gehört Michel Picard, der andernorts Weinhändler ist. Hier erleben wir seinen Mercurey. Malvenfarbene Reflexe beleben sein kräftiges Rubinrot. Brombeere, Heidelbeere und Unterholz schmücken sein Bouquet. Während der Auftakt im Geschmack diskret ist, erweisen sich die Folgeeindrücke als fleischig, samtig und delikat.
Dom. Levert-Barault, rue de Mercurey, 71640 Mercurey, Tel. 03.85.87.51.00, Fax 03.85.87.51.11
Michel Picard

DOM. LORENZON
Les Champs Martin Cuvée Carline 1999***

■ 1er cru 0,5 ha 1 200 15 à 23 €

Unter den besten Erzeugern des Jahres. Eine Cuvée von alten Rebstöcken, die ohne Schönung oder Filtrierung hergestellt worden ist, zwölf Monate in Holzfässern ausgebaut, von denen die Hälfte neu sind. Dieser Wein von sehr intensivem, fast schwarzem Purpurrot bietet ein deutliches, ausdrucksstarkes Bouquet mit ein wenig kandierten Früchten. Recht fest und von schöner Lagerfähigkeit: Er ist großartig gemacht. Der gleiche **Premier cru** (Preisgruppe: 70 bis 99 F), diesmal von jüngeren Reben erzeugt und ohne Cuvée-Name, erhält zwei Sterne, ebenso wie der **99er «Dorfwein»**.
Dom. Bruno Lorenzon, 14, rue du Reu, 71640 Mercurey, Tel. 03.85.45.13.51, Fax 03.85.45.15.52 n. V.

MAISON FRANÇOIS MARTENOT
Chaponne 1999*

■ k. A. 26 000 8 à 11 €

Ein sehr klassisches Erzeugnis, auch wenn die Extraktion zu einer modernen Vinifizierung gehört. Das sieht man: dunkle, tiefe Farbe. Das riecht man: Aromen von kleinen schwarzen Früchten. Das schmeckt man: Die Frucht und die Tannine bilden ein komplexes Ensemble. Für die Lagerung bestimmt.

⊶ HDV Distribution, rue du Dr-Barolet, ZI Beaune-Vignolles, 21209 Beaune Cedex, Tel. 03.80.24.70.07, Fax 03.80.22.54.31, E-Mail hdv@planetb.fr Y n. V.

DOM. DU MEIX-FOULOT

Clos du château de Montaigu 1998*

■ 1er cru 1,92 ha 9 000 ■ⅢⅢ 11 à 15 €

Heinrich IV. ließ die mittelalterliche Festung Montaigu schleifen. Glücklicherweise bewahrt der umgebende Weinberg das Andenken an diese Burg (der Clos befindet sich in Alleinbesitz). Dieser lebhafte, recht einheitliche purpurrote 98er verfügt im Augenblick über eine recht enge Aromenpalette. Der Stoff jedoch, dem es nicht an Reichtum mangelt, besitzt das notwendige «Fett». Der noch ein wenig strenge, nicht ausreichend verschmolzene Wein hat genug Ressourcen, um sich sehr gut zu entwickeln.

⊶ Dom. du Meix-Foulot, 71640 Mercurey, Tel. 03.85.45.13.92, Fax 03.85.45.28.10 ☑ Y n. V.

⊶ Paul de Launay

DOM. L. MENAND PERE ET FILS

Clos des Combins 1999*

■ 1er cru 3 ha 15 000 ⅢⅢ 8 à 11 €

Der **weiße 99er Premier cru Clos des Combins** erhält eine lobende Erwähnung: Er scheint recht gut aufgelegt zu sein. Der rote Premier cru hat eine Farbe, die wie dunkelpurpurrote Tinte erscheint. In der Nase entdeckt man überreife Früchte und Vanille sowie den Röstgeruch vom Fass. Gute Ansprache im Geschmack, danach eine Entfaltung feiner Tannine, die eine nützliche Rolle spielen, um das Ganze zu glätten. Aufheben, aber nicht zu lang.

⊶ Dom. L. Menand Père et Fils, Chamerose, 71640 Mercurey, Tel. 03.85.45.19.19, Fax 03.85.45.10.23 ☑ Y n. V.

DOM. VINCENT MEUNIER

Clos des Fourneaux 1999*

■ 1er cru 1,3 ha 3 200 ■ⅢⅢ 8 à 11 €

Der Clos des Fourneaux gehört zu den besten Reblagen der Appellation. Hier ein Wein wie eine Galionsfigur, von schönem Granatrot und mit noch recht verhaltenem Duft, der sich im Register der Feinheit und der Eleganz entwickeln dürfte. Seine Weichheit, die Sanftheit der Frucht und seine schon glatten Tannine zeichnen eine richtig proportionierte, feine Silhouette. Die Zeit wird ihm helfen, dass er sich voll entfaltet.

⊶ Vincent Meunier, EARL du Gai Logis, rue des Milandes, 71640 Mellecey, Tel. 03.85.45.15.73 ☑ Y n. V.

MUGNIER PERE ET FILS

Clos des Hayes 1998

■ k. A. k. A. ⅢⅢ 8 à 11 €

Ohne Zögern: schwarze Johannisbeere. Von vorn bis hinten schwarze Johannisbeere. Auf der ganzen Linie schwarze Johannisbeere. Kanonikus Kir, der Verfechter des berühmten gleichnamigen Aperitifs, hätte diesen Wein gewählt, der leicht, ziemlich strukturiert, ein wenig adstringierend und recht elegant ist.

⊶ EARL La P'tiote Cave, 71150 Chassey-le-Camp, Tel. 03.85.87.15.21, Fax 03.85.87.28.08 ☑ Y tägl. 9h–12h 14h–18h

LOUIS PICAMELOT 1998

■ 1er cru 1 ha 1 800 ⅢⅢ 11 à 15 €

Ein Mercurey, vorgestellt von einer Firma aus Rully. Dunkles Kirschrot: Die Farbe wirkt theatralisch. Animalische Noten und Leder bevölkern das Bouquet, das eine große Intensität besitzt. Zum Vorschein kommen auch ein paar Noten von Verbranntem. Die Rundheit im Geschmack wird von ein wenig Säure begleitet, die recht nützlich für ihn ist. Typisch und viel versprechend.

⊶ Louis Picamelot, 12, pl. de la Croix-Blanche, BP 2, 71150 Rully, Tel. 03.85.87.13.60, Fax 03.85.87.63.81 ☑ Y n. V.

PICARD PERE ET FILS

Les Croichots 1999*

■ 1er cru 0,51 ha 2 500 ⅢⅢ 11 à 15 €

Ist Aluze, das auf einem Felsvorsprung errichtet ist, das alte Alesia, wie diejenigen behaupteten, die die galloromanische Siedlung zu Tage förderten? Die Archäologen streiten noch immer darüber. Wie dem auch sei – dort befindet sich dieses Weingut. Sein Mercurey? Gute Extraktion, aber mit Mäßigung. Die Farbe ist granatrot. Der angenehm fruchtige Duft (Kirsche) entfaltet sich auf delikate Weise. Dieser Premier cru verführt sofort. Ein wenig lebhaft, aber lecker und gefällig. Er steht schon zum Essen bereit. Der Stoff ist füllig; die Tannine sind friedlich.

⊶ GAEC du dom. des Vignes sous Les Ouches, Au bourg, 71510 Aluze, Tel. 03.85.45.16.34, Fax 03.85.45.15.91 ☑ Y n. V.

OLIVIER RAQUILLET

Les Vellées 1999**

■ 1er cru 0,85 ha 6 500 ⅢⅢ 8 à 11 €

Olivier Raquillet leitet das Familiengut seit 1998. Er erzielt hier zwei Siege, denn die Beziehung zwischen dem Wein und seinem Fass findet hier einen begeisternden Ausdruck, der die Qualität des Ausbaus belegt. Das Rot von Sauerkirschen mit blauen Reflexen. Dieser 99er entfaltet sich sanft zu schwarzer Johannisbeere. Im Mund hält er in einer Atmosphäre von diskreter Feinheit an. Er erfordert eine ein- bis zweijährige Lagerung, aber dann ist der Erfolg garantiert. Wenn Sie die Möglichkeit dafür haben, merken Sie auch den völlig überzeugenden **roten 99er «Dorfwein»** (ein Stern) vor.

⊶ Olivier Raquillet, Chamirey, 71640 Mercurey, Tel. 03.85.45.18.38 ☑ Y n. V.

CAVE DE SAINTE-MARIE-LA-BLANCHE 1999*

■ 1 ha 5 900 8 à 11 €

Oft hängt es an fast nichts. Dieses kleine Etwas, das Sie erzittern lässt. Man findet es in diesem Wein, der in seiner Farbe an vollreife Kirschen erinnert, nach roter Johannisbeere und Walderdbeere duftet und weinig, kräftig gebaut, lang anhaltend und verschmolzen ist! Natürlich sehr jung, noch nicht «vermählt», aber mit einer wunderbaren Reserve und Ungestüm. Diese 1957 entstandene Genossenschaft vinifiziert 70 ha Reben.

Cave de Sainte-Marie-la-Blanche, rte de Verdun, 21200 Sainte-Marie-la-Blanche, Tel. 03.80.26.60.60, Fax 03.80.26.54.47 Mo–Sa 8h–12h 14h–19h

DOM. PATRICK SIZE

Vignes de Château-Beau 1999

■ 0,57 ha 3 500 8 à 11 €

«Der Burgunder, der den Namen eines Gottes trägt» – natürlich den Merkurs. Der hl. Vincent macht ein finsteres Gesicht, aber er ist großmütig. Der 99er Château-Beau (die südlichste Reblage der AOC, auf dem Boden von Saint-Martin-sous-Montaigu) besitzt eine bläulich rote Farbe. Der Duft nach Wildblumen ist frisch und jugendlich. Der recht untypische Geschmack ist paradox und sehr interessant: kandierte Veilchen, Erdbeerkonfitüre.

Dom. Patrick Size, imp. de l'Eglise, 71640 Saint-Martin-sous-Montaigu, Tel. 03.85.45.23.05, Fax 03.85.45.23.05, E-Mail patrick.size@libertysurf.fr n. V.

DOM. ROBERT SIZE ET FILS

Les Velley 1999

■ 1er cru 1,16 ha 7 000 11 à 15 €

Man war bemüht, ein dekoratives Etikett zusammenzustellen. Was soll man über die Farbe dieses Premier cru sagen? Sie ist strahlend und erinnert an schwarze Kirschen. Sein Bouquet trifft nach Röstgeruch rasch auf schwarze Johannisbeere. Guter Umfang, eine recht spürbare Säure und eine Tanninnote, das ist auch schon alles. Rustikal, aber ohne pejorative Nebenbedeutung. Zwei Jahre aufheben.

Dom. Robert Size et Fils, Le Bourg, 71640 Saint-Martin-sous-Montaigu, Tel. 03.85.45.11.72, Fax 03.85.45.27.66, E-Mail alain@size.fr n. V.

DOM. TREMEAUX PERE ET FILS

Les Croichots 1998

■ 1er cru 1,69 ha 3 000 8 à 11 €

Zwischen Purpurrot und Rubinrot: ein umgänglicher Wein. Sanft in der Ansprache, die Ecken abgerundet, entfaltet er Aromen von Kirschwasser. Er beginnt sich zu reifen roten Früchten zu öffnen. Er ist gut gebaut und kann schon zufrieden stellen.

Dom. Trémeaux Père et Fils, 10, rue Jamproyes, 71640 Mercurey, Tel. 03.85.45.23.03, Fax 03.85.45.23.03 n. V.

DOM. TUPINIER-BAUTISTA

En Sazenay 1999*

■ 1er cru 1,14 ha 7 000 8 à 11 €

Ein Wein, der seiner Identität gut entspricht. Die Farbe ruft keinen besonderen Kommentar hervor. Danach regieren frische Früchte. Ein recht zartes Temperament, eine kleine Bitternote – alles ist klassisch. Jacques Tupinier ist seit geraumer Zeit in Rente. Manuel (Manu für die engsten Freunde) ist verrückt nach Rugby, aber sein Pinot noir tritt keinen Freistoß.

Manuel Bautista, Touches, 71640 Mercurey, Tel. 03.85.45.26.38, Fax 03.85.45.27.99, E-Mail mcbautista@caramail.com n. V.

DOM. LAURENT VEROT

Vieilles vignes 1999**

■ 0,6 ha 4 000 8 à 11 €

Faber est suae quisque fortunae («Jeder ist seines Glückes Schmied»), versichert die lateinische Maxime. Dieser «Dorfwein» bittet niemanden anderen darum, seinen Fall zu vertreten. Er zeigt einen schönen Reichtum der Farbe und deutet Düfte von Früchten und Bodengeruch an. Im Geschmack ist er sehr seidig. Er bezeugt eine gewissenhafte, gelungene Vinifikation. Übrigens hat er ganz knapp eine Liebeserklärung verfehlt.

Laurent Verot, imp. des Petite-Chaumes, 71640 Germolles, Tel. 03.85.45.15.07 n. V.

Givry

Das 6 km südlich von Mercurey gelegene Givry ist ein kleiner, typisch burgundischer Marktflecken, der reich an historischen Bauwerken ist. Der rote Givry, der den größten Teil der Produktion ausmacht (10 314 hl im Jahre 2000), war angeblich der Lieblingswein von König Heinrich IV. Aber der Weißwein (2 154 hl 2000) ist ebenfalls interessant. Die Preise sind sehr erschwinglich. Die Appellation erstreckt sich in erster Linie auf die Gemeinde Givry, reicht aber ein wenig in das Gebiet von Jambles und Dracy-le-Fort hinein.

GUILLEMETTE ET XAVIER BESSON

Le Petit Prétan 1999

□ 0,4 ha 3 000 8 à 11 €

Hier können Sie das «Festival des Musicaves» (Ende Juni/Anfang Juli) mit einer Konzert-Weinprobe miterleben. Was soll man über diesen 99er sagen? Dieser Givry schindet Eindruck! Das «Fett» lässt sich mit bloßem Auge erkennen. Der Duft ist ein großer Verführer, halb blumig, halb röstartig. Im Mund entdeckt man eine liebenswürdige Frische von Zitronengras. Der Wein gewinnt dann seinen Schwung. Offensichtlich besitzt er ein solides Lagerpotenzial. Ein sicherer Wert. Vermerken Sie in Ihrem kleinen Heft auch den **roten 99er Petit Prétan** (Preisgruppe: 30 bis 49 F).

Dom. Guillemette et Xavier Besson, 9, rue des Bois-Chevaux, 71640 Givry, Tel. 03.85.44.42.44, Fax 03.85.44.42.44 n. V.

CHANUT FRERES 1999

■ k. A. 4 900 8 à 11 €

Die Farbe hält an einem rubinroten Ton fest. Der Duft ist recht komplex: schwarze Kirsche – er «pinotiert» perfekt. Tannine, «Fett», Rundheit, Frische und Nervigkeit vereinigen sich zu einem ausgewogenen Gesamteindruck. Im Schlussgeschmack eine leichte Empfindung von Trester.

Alliance des vins fins, Les Chers,
69840 Juliénas, Tel. 04.74.06.78.70,
Fax 04.74.06.78.71

DOM. CHOFFLET-VALDENAIRE
Les Galaffres 1999

□ 1 ha 6 000 8 à 11 €

Eine kleine Muskatellernote in einem sehr aromatischen Bouquet, das die Überreife der Trauben in Erinnerung ruft. Recht blasse Farbe. Die Haltung im Geschmack ruft keinerlei Vorbehalt hervor. Das ist ein zukunftsreicher Wein mit stark mineralischem Charakter, den man im Keller vergessen muss, denn er hat die Adoleszenz noch nicht hinter sich.

Dom. Chofflet-Valdenaire, Russilly,
71640 Givry, Tel. 03.85.44.34.78,
Fax 03.85.44.45.25 n. V.

DOM. DU CLOS SALOMON 1999**

■ 1er cru 6,8 ha 40 000 8 à 11 €

Ein Weinberg im Alleinbesitz einer Familie, die hier seit drei Jahrhunderten ansässig ist. Warten wir unbesorgt auf diesen Clos Salomon, eines der Spitzenerzeugnisse der Appellation. Bläulich rot und subtil. In der Nase bietet er Noten von feuchter Erde, Unterholz und roten Früchten, verbunden mit dem Röstaroma des Fasses. Sein Geschmack ist gut gemacht. Wie könnte man es besser ausdrücken? Das Ganze ist viel versprechend und auf einem hervorragenden Niveau. Man kann ihn drei bis vier Jahre lang trinken.

Dom. du Clos Salomon,
16, rue du Clos-Salomon, 71640 Givry,
Tel. 03.85.44.32.24, Fax 03.85.44.49.79
Mo–Sa 9h–19h
du Gardin-Perrotto

DANIEL DAVANTURE ET FILS 1999*

□ 0,18 ha 1 500 5 à 8 €

Acht Winzergenerationen, bevor die drei Söhne von Daniel Davanture 1996 die Fackel übernahmen. Dieser leicht goldene Wein bietet ein Bouquet von Hefebrot. Nach der Belüftung gewinnt er am Gaumen Körper, Fülle und Länge, während das Fass gut eingefügt ist. Viel Glück für diesen 99er, der Ressource hat und sein Terroir ehrlich repräsentiert.

Davanture, GAEC des Murgers,
rue de la Montée, 71390 Saint-Désert,
Tel. 03.85.47.90.42, Fax 03.85.47.95.57
n. V.

PROPRIETE DESVIGNES
Clos Charlé 1999

■ 1er cru 0,5 ha 3 500 8 à 11 €

Die Jahre mit einer 9 am Ende haben sich im 20. Jh. nicht als unwürdig erwiesen. Zeuge dafür ist dieser Clos Charlé, eines der Schmuckstücke der Appellation. Nicht viel Duft, aber ein Sommerkleid und ein über jeden Verdacht erhabener Geschmack. Ein stolzer, kompletter, Givry-typischer Wein mit schönem Potenzial.

Propriété Desvignes, 36, rue de Jambles,
Poncey, 71640 Givry, Tel. 03.85.44.37.81,
Fax 03.85.44.43.53 n. V.

DIDIER ERKER Les Bois Chevaux 1999*

■ 1,2 ha 5 000 5 à 8 €

Der Rotwein von Burgund war früher leuchtend rot. Dieser hier hat die Lektion behalten. Er trägt in seiner Kiepe einige Frucht- und Vanillearomen und feine, aber sehr deutlich spürbare Tannine, die einen runden, lang anhaltenden, sehr angenehmen Geschmack ergeben. Der **rote 99er Les Grands Prétans** erhält einen Stern. Elegant, zart und seidig: ein gelungener Wein.

Didier Erker, 7 bis, bd Saint-Martin,
71640 Givry, Tel. 03.85.44.39.62,
Fax 03.85.44.39.62, E-Mail Erker@givry.net
tägl. 8h–19h

DOM. DE LA FERTE La Servoisine 1998*

■ 0,67 ha 5 168 11 à 15 €

La Ferté ist eine ehemalige Zisterzienserabtei in der Nähe von Givry. Dieser 98er, dessen tiefe Farbe fast schwarz ist, bewältigt seinen Parcours. Solide, kräftig und vollmundig – er ist in seiner Jugend rustikal, verspricht aber eine lange Lagerfähigkeit. Der **rote 98er «Dorfwein»,** der füllig und fleischig ist und Stoff besitzt, erhält eine lobende Erwähnung. Zu Bœuf bourguignon.

Antonin Rodet, 71640 Mercurey,
Tel. 03.85.98.12.12, Fax 03.85.45.25.49,
E-Mail rodet@rodet.com
Mo–Fr 9h–12h 14h–18h

LA SAULERAIE
Clos Les Grandes Vignes 1999**

□ 0,16 ha 1 200 8 à 11 €

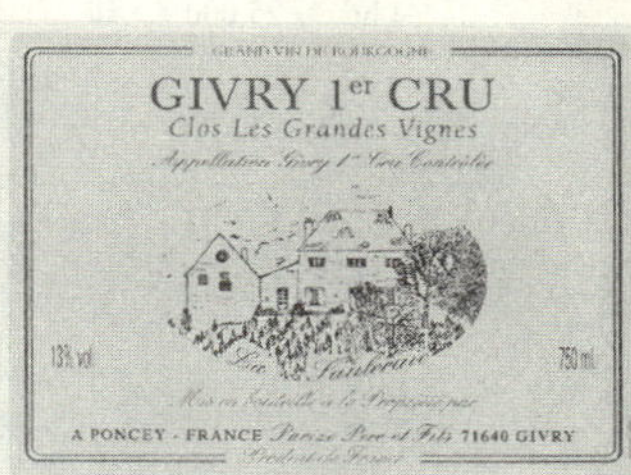

Man kann die Parizes, die seit 1980 auf diesem Gut leben, zu ihrer Leistung nur begrüßen. Liebeserklärung im Jahre 2000 für ihren Rotwein, Liebeserklärung dieses Jahr für ihren Weißwein. Und was für ein Wein das ist! Sein erster Geruchseindruck explodiert förmlich: buttrig, toastartig. Im Mund finden Sie alles, was notwendig ist, um glücklich zu sein. Unsere Juroren sparten nicht mit Lob für das «Fett», die Säure, die Beständigkeit, die Komplexität, die Früchte mit weißem Fruchtfleisch. Eine schöne Vinifizierungsübung! Merken Sie sich auch den **roten 99er Champ Nalot** und den **weißen 99er Champ Nalot.** Der Rotwein (zwei

Sterne) verführt durch seine tiefe Farbe, seinen Duft, der einen feinen Holzton und schwarze Früchte mischt, und seinen reichen, kräftigen, seidigen Geschmack. Der Weißwein (ein Stern) ist schon sehr gut, wird aber noch hinzugewinnen, wenn man ein bis zwei Jahre wartet.

Gérard et Laurent Parize,
18, rue des Faussillons, 71640 Givry,
Tel. 03.85.44.38.60, Fax 03.85.44.43.54,
E-Mail laurentparize@wanadoo.fr
tägl. 9h–19h; Gruppen n. V.

DOM. MASSE PERE ET FILS
Champ Lalot 1999

0,5 ha 3 500 8à11€

Seine Farbe lässt einige Anzeichen von Entwicklung erkennen. Sein Bouquet von gekochten Früchten bestätigt es. Die Ansprache jedoch ist genussvoll, die Weinigkeit angenehm, das Fundament recht tanninreich. Trinken kann man ihn 2002.

Dom. Masse Père et Fils, 71640 Barizey,
Tel. 03.85.44.36.73 tägl. 8h–20h

GERARD MOUTON Clos Jus 1998

1er cru 2 ha 11 000 8à11€

Dieser unterschiedlich beurteilte Clos Jus von klassischem Rubinrot erinnert an schwarze Johannisbeere und setzt ganz auf Feinheit. Das ist vielleicht kein legendärer Premier cru, aber ein Wein, den man mit Vergnügen trinken kann, mit Ausgewogenheit und Dauerhaftigkeit. Unsere Verkoster haben lang darüber diskutiert: In der kommunalen Appellation wäre seine Bewertung höher ausgefallen.

SCEA Gérard Mouton, 6, rue de l'Orcène,
Poncey, 71640 Givry, Tel. 03.85.44.37.99,
Fax 03.85.44.48.19 n. V.

MICHEL SARRAZIN
Champ Lalot 1999★★★

4 ha 25 000 8à11€

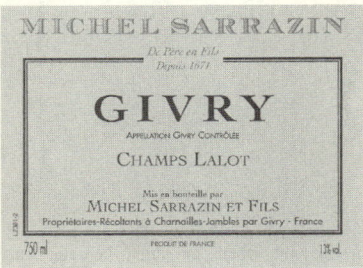

MICHEL SARRAZIN
De Père en Fils
Depuis 1671
GIVRY
Appellation Givry Contrôlée
Champs Lalot
Mis en bouteille par
Michel Sarrazin et Fils
Propriétaires-Récoltants à Charnailles-Jambles par Givry - France
750 ml PRODUIT DE FRANCE 13% vol.

Michel Sarrazin, der den Lesern des Hachette-Weinführers gut bekannt ist, steigt erneut auf die höchste Stufe des Siegerpodests. Er hat diesen Wein mit dem sehr deutlichen Holzton zwölf Monate im Fass ausgebaut: Man muss das von vornherein akzeptieren. Seine dunkle, tiefe Farbe entspricht den Regeln seiner Vinifizierung. Dahinter jedoch ist der Stoff großartig und das Bouquet schon komplex (Pfingstrose, Backpflaume). Der Geschmack bietet einen krönenden Abschluss: Er zeigt sich füllig und fleischig. Das Eichenholz erdrückt nie den Wein. Ein moderner Wein für erfahrene Weinliebhaber.

Michel Sarrazin et Fils, Charnailles,
71640 Jambles, Tel. 03.85.44.30.57,
Fax 03.85.44.31.22 n. V.

JEAN TATRAUX ET FILS 1999★

3,5 ha 10 000 5à8€

«Ich will, dass man ehrlich ist», verlangte Alceste. Angesichts dieses tiefgranatroten Weins, der nach schwarzer Johannisbeere und Brombeere duftet und in der Ansprache sanft und danach robust ist, hätte er nicht darauf bestehen müssen. Nicht zu viel Fülle, aber eine Note von Authentizität, die für seinen Fall besser plädiert als lange Vorträge.

EARL Jean Tatraux et Fils,
20, rue de Lorcène, 71640 Givry,
Tel. 03.85.44.36.89, Fax 03.85.44.59.43
n. V.

DOM. THENARD 1999★

2,22 ha 14 000 5à8€

Dieses Gut, das im sagenhaften Montrachet vertreten ist, gehört zur Geschichte des französischen Weins. Es war nämlich Baron Thénard, der mit Schwefelkohlenstoff das Mittel fand, um die Reblaus zu bekämpfen. Unter einer sehr blassen Farbe von vollkommener Klarheit mit grünen Reflexen bietet dieser Givry einen begeisternden Weißdorn- und Akazienduft. Der Geschmack ist schön, mit «Fett», das von einer guten Säure getragen wird. Er entlädt sich zu feinem Honig und mineralischen Noten. Der **rote 99er Clos Saint-Pierre** erhält eine lobende Erwähnung. Er ist «ein kleines Vergnügen im Vorübergehen», notierte die Jury.

Dom. Thénard, 7, rue de l'Hôtel-de-Ville,
71640 Givry, Tel. 03.85.44.31.36,
Fax 03.85.44.47.83 n. V.

DOM. VOARICK 1999

1,88 ha 13 600 8à11€

Blutrot – er zeigt sofort seine Entschlossenheit. Das Bouquet (Himbeere, Vanille) ist differenzierter, verlockend und voller Frische. Der Körper ist fleischig und schmeckt nach Lakritze. Ein gelungener Wein, der ein wenig altern kann.

Emile Voarick, 71640 Saint-Martin-sous-Montaigu, Tel. 03.85.45.23.23,
Fax 03.85.45.16.37 tägl. 8h–12h 14h–18h
Dom. Michel Picard

Montagny

Das ausschließlich Weißweine erzeugende Montagny, das südlichste Dorf der Region, kündigt bereits das Mâconnais an. Die Appellation darf in vier Gemeinden erzeugt werden: Montagny, Buxy, Saint-Vallerin und Jully-lès-Buxy. Die Einzellagen dürfen sich nur auf dem Gebiet von Montagny befinden. 2000 erreichte die erzeugte Menge 16 338 hl.

DOM. ARNOUX PERE ET FILS 1999*

☐ 0,2 ha 1 200 5 à 8 €

Er hat eine schöne und stattliche Erscheinung. Seine Farbe ist im richtigen Ton gehalten. Seine Aromen? Pampelmuse und grüne Zitrone über würzigen und mineralischen Noten. Er ist recht kräftig und konzentriert und passt zu einem Eingangsgericht.

Dom. Arnoux Père et Fils, 7, rue du Lavoir, 71390 Buxy, Tel. 03.85.92.11.06, Fax 03.85.92.19.28 n. V.

BOUCHARD PERE ET FILS 1999*

☐ 1er cru k. A. k. A. 8 à 11 €

Man begreift, dass der große Dichter André Frénaud den Wein von Montagny oft besang. Der Chardonnay zeigt sich hier gern lyrisch und leidenschaftlich, wie dieser sehr offene, großzügige, blumige 99er bezeugt. Er ist ein klein wenig honigartig und sehr fein und entwickelt sich zum Exotischen hin (Pampelmuse), ohne etwas von seiner Ehrlichkeit und seiner Eleganz einzubüßen.

Bouchard Père et Fils, Ch. de Beaune, 21200 Beaune, Tel. 03.80.24.80.24, Fax 03.80.22.55.88, E-Mail france@bouchard-pereetfils.com n. V.

LES VIGNERONS REUNIS A BUXY Les Chagnots 1999*

☐ 1er cru 5,3 ha 26 000 8 à 11 €

Die Genossenschaft vinifiziert 860 Hektar in der Côte Chalonnaise und im Mâconnais. Sie präsentiert einen 99er von mittlerer Intensität, der aber schon zur Frucht, Zitrusfrüchten entfaltet ist. Unter dem mineralischen Charakter entdeckt man ein kräftiges Gerüst, Umfang und Lebhaftigkeit. Ein Wein voller Biss, der recht trocken ist und ein bis zwei Jahre gut halten wird, um zu einer Platte mit Meeresfrüchten zu munden. Der **99er Premier cru La Buxynoise Cuvée spéciale,** der das Ergebnis einer Hülsenmaischung ist und zehn Monate im Fass verbracht hat, ist vom Holz nicht erdrückt worden. Sein «Fett» und seine Aromenpalette (Pfirsich, Quitte, exotische Früchte) lassen Gänseleber zu. Die Jury erkannte ihm einen Stern zu.

SICA Les Vignerons réunis à Buxy, rte de Chalon-sur-Saône, 71390 Buxy, Tel. 03.85.92.03.80, Fax 03.85.92.08.06

CH. DE CARY POTET Les Burnins 1999*

☐ 1er cru 1,5 ha 9 000 8 à 11 €

Dieses Gut, das sich in direkter Linie seit 1750 im Besitz der Familie befindet, liegt um ein reizvolles Château herum. Es wurde von Tim und Struppi in Gestalt ihres Schöpfers besucht. Gibt es nicht eine Flasche Burgunderwein in den alten Ausgaben von *Das schwarze Gold?* Kurz gesagt: Dieses Gold ist golden mit grünem Schimmer. Im Duft versteckt er sich, aber er bezaubert im Geschmack und bringt sein Terroir und seine Rasse in Erinnerung. Selbstverständlich zu allen Fischgerichten.

Charles et Pierre du Besset, Ch. de Cary Potet, 71390 Buxy, Tel. 03.85.92.14.48, Fax 03.85.92.11.88 n. V.

CHARTRON ET TREBUCHET 1999

☐ k. A. 9 000 11 à 15 €

Neun Monate in Fässern ausgebaut, von denen 20 % neu sind. Dieser von dem großen Weinhändler hergestellte Montagny besitzt alles, um zu gefallen. Seine Habenseite: eine klare hellgoldene Farbe mit grünen Reflexen, ein Bouquet, in dem sich Zitrusfrüchte, getrocknete Früchte, eine buttrige Nuance und eine leichte Holznote vermischen, und ein Geschmack voller Schlagkraft. Das alles macht Lust, ihn zu trinken! Er kann vorteilhaft zwei Jahre im Keller bleiben.

Chartron et Trébuchet, 13, Grande-Rue, 21190 Puligny-Montrachet, Tel. 03.80.21.32.85, Fax 03.80.21.36.35, E-Mail jmchartron@chartron-trebuchet.com tägl. 10h–12h 14h–18h; Mitte Nov. bis März geschlossen

CH. DE DAVENAY Clos Chaudron 1999

☐ 1er cru 4,42 ha 36 000 8 à 11 €

Diskrete, aber strahlende Farbe. Er besitzt den blumigen Duft der Jugend. Feuerstein schärft seinen leckeren, leicht lakritzeartigen Geschmack, der eine gute Säure enthält. Er ist sehr typisch und kann drei Jahre lang serviert werden. Es handelt sich um ein Gut, das von der Firma Picard in Chagny geführt wird.

Dom. du Château de Davenay, 71390 Buxy, Tel. 03.85.45.23.23, Fax 03.85.45.16.37

Michel Picard

DOM. DE LA GUICHE 1999*

☐ 4 ha 30 000 8 à 11 €

Ein kräftiges, strahlendes Golden mit grünen Reflexen, ein klarer, offener, recht blumiger Duft mit einem Hauch von kandierten Früchten und ein leicht buttriger Geschmack, der Blüten und grüne Zitrone verbindet, ausgewogen ist und ein gutes Potenzial besitzt. Man kann sich in den kommenden drei Jahren eine Kombination mit Geflügel in Rahmsauce vorstellen.

SICA Les Vignerons réunis à Buxy, rte de Chalon-sur-Saône, 71390 Buxy, Tel. 03.85.92.03.80, Fax 03.85.92.08.06

CH. DE LA SAULE Elevé en fût de chêne 1999*

☐ 1er cru 3 ha 20 000 11 à 15 €

Alain Roy, der das 17 ha große Gut führt, stellt sich vor: «Am 14. Juli geboren, habe ich alles von einem Feuerwerk.» Feuerwerk ist hier nicht das richtige Wort, denn sein strohgelber Montagny, zitronig und mineralisch, ist aufrichtig. Sehr ehrlich. Sein Geschmack ist rund und buttrig, zitronenartig und blumig (Weißdorn), wirkungsvoll und harmonisch. Eine gute Adresse in dieser Appellation.

Alain Roy, La Saule, 71390 Montagny, Tel. 03.85.92.11.83, Fax 03.85.92.08.12 n. V.

OLIVIER LEFLAIVE 1999*

☐ 1er cru 3 ha 18 000 ■ 11 à 15 €

Ananas und getrocknete Früchte, ein wenig Birne und eine Holznote – wir haben hier einen Wein, der zwischen den alten und den modernen balanciert. Er zeigt ein fehlerloses Goldgrün und greift wie in Valmy an. Männlich, lebhaftig, siegreich. Am Ende macht er mit einem mineralischen Anflug das V-Zeichen. Gute Arbeit, das steht fest.

Olivier Leflaive, pl. du Monument, 21190 Puligny-Montrachet, Tel. 03.80.21.37.65, Fax 03.80.21.33.94, E-Mail leflaive-olivier@dial.oleane.com

☒ Y n. V.

DOM. DES MOIROTS

Le Vieux Château 1999

☐ 1er cru 3,59 ha 13 500 ■ 8 à 11 €

Denizot – die Romane Henri Vincenots erweisen diesen sehr burgundischen Namen oft die Ehre. Ein blassgoldener 99er mit getrockneten weißen Früchten (Apfel, Birne), den seine Frucht, seine Fülle, seine Frische und seine allgemeine Ausgewogenheit prägen. Nur 20 % des Traubenguts sind elf Monate lang im Fass ausgebaut worden. Zu allen Fischen.

Dom. des Moirots, 14, rue des Moirots, 71390 Bissey-sous-Cruchaud, Tel. 03.85.92.16.93, Fax 03.85.92.16.93

☒ Y n. V.

Lucien und Christophe Denizot

JEAN-CLAUDE PIGNERET 1999*

☐ 1er cru 1,44 ha 1 100 ■ 5 à 8 €

Dieser nach Südsüdost gehende Weinberg gehört der Familie Pigneret seit 1700. Goldgelb, zuerst verwirrend, bevor er seine Fahrkarte in exotische Länder löst. Ein bezaubernder Wein, der seinen Stil zweifellos einem Chardonnay mit Muskatellergeschmack verdankt, der sechs Monate im Holzfass ausgebaut worden ist. Er fällt aus dem Rahmen. Um genau zu sein: Man mag ihn sehr, aber man muss wissen, womit man es zu tun hat.

Jean-Claude Pigneret, rue de la Pompe, 71390 Saint-Désert, Tel. 03.85.47.94.40

☒ Y n. V.

Mâconnais

Mâcon, Mâcon Supérieur und Mâcon-Villages

Die Appellationen Mâcon, Mâcon Supérieur oder Mâcon, gefolgt vom Namen des jeweiligen Herkunftsorts, werden für Rot-, Rosé- und Weißweine verwendet. Die Weißweine dürfen auch die Bezeichnungen Pinot-Chardonnay-Mâcon und Mâcon-Villages tragen. Der Anbaubereich ist relativ groß; da er von der Gegend von Tournus bis zum Rand von Mâcon reicht, kommt die Vielfalt der Reblagen in der Produktion durch eine große Mannigfaltigkeit zum Ausdruck.

Das Gebiet von Viré, Clessé, Lugny und Chardonnay, günstig für die Erzeugung leichter, angenehmer Weißweine, ist das bekannteste. Viele Winzer haben sich zu Genossenschaftskellereien zusammengeschlossen, um ihre Trauben zu vinifizieren und ihre Weine vertreiben zu lassen. Übrigens ist die Produktion in diesem Anbaugebiet gestiegen. 2000 erreichte die erzeugte Menge 250 037 hl, davon 50 202 hl Rotwein.

Mâcon

DOM. DU BICHERON 1999*

■ 1 ha 1 500 ■ 5 à 8 €

Dieses Gut, das nördlich von Mâcon in der Gemeinde Péronne liegt, befindet sich in Familienbesitz: achtzehn Hektar Reben, die vorwiegend mit Chardonnay bestockt sind. Nur ein Hektar ist für die Gamay-Rebe bestimmt, die einen tiefrubinroten Wein mit noch violetten Reflexen liefert. Der diskrete Duft ist würzig und fruchtig (rote Johannisbeere), während der Geschmack in der Ansprache sanft ist, mit einer guten Ausgewogenheit zwischen «Fett» und Tanninen. Er klingt mit einem säuerlichen Abgang aus, der sich im Herbst abrunden dürfte. Man kann ihn ein bis zwei Jahre lang trinken.

Daniel Rousset, Saint-Pierre-de-Lanques, 71260 Péronne, Tel. 03.85.36.94.53, Fax 03.85.36.99.80 ☒ Y n. V.

CAVE DE CHARNAY-LES-MACON

Charnay 2000**

■ 5,68 ha 40 000 ■ 5 à 8 €

Die Trauben von fast sechs Hektar werden mit der Hand gelesen und mittels Kohlensäuremaischung vinifiziert, um diesen Wein zu erhalten. Die Winzer der Kellerei von Charnay können auf diese klare und tiefe rubinrote Cuvée stolz sein. Der schöne aromatische Ausdruck von roten Früchten, vor allem Himbeere, bringt seinen Geschmacksreichtum und seine verschmolzenen, diskreten Tannine zur Geltung. Die große Offenherzigkeit dieses fruchtigen, sanften Weins wird man insbesondere zu ländlichen Mahlzeiten schätzen.

⊶ Cave de Charnay, En Condemine, 71850 Charnay-lès-Mâcon, Tel. 03.85.34.54.24, Fax 03.85.34.86.84 ☒ Ῑ n. V.

JEAN-MICHEL COMBIER

Serrières Sélection vieilles vignes 2000*

■ 0,8 ha 2 500 ▮ 5à8€

Der Gamay von den steilen Hängen von Serrières mit Sand- und Granitböden findet hier seinen richtigen Ausdruck, aber er muss sich mit der Zeit verfeinern. Die Farbe zeigt ein schönes, intensives Granatrot. Der noch verschlossene Geruchseindruck lässt klare Aromen von roten Früchten erkennen. Der Geschmack hingegen entfaltet sich bereits, mit einem schönen Stoff, spürbaren Tanninen, die aber ohne Aggressivität sind, und einem alkoholreichen Abgang. Man kann ihn innerhalb von ein bis zwei Jahren zu gegrilltem Fleisch trinken.

⊶ Jean-Michel Combier, Les Provenchères, 71960 Serrières, Tel. 03.85.35.75.80, Fax 03.85.35.79.67 ☒ Ῑ n. V.

DOM. CORDIER PERE ET FILS 1999*

□ 2,22 ha 14 000 ⫼ 8à11€

Ein weißer Mâcon, der all das Gute bestätigt, das wir jedes Jahr über dieses Gut sagen. Von seinem klaren, strahlenden Gold verströmen Aromen von frischen Früchten und Süßigkeiten mit einer leichten Note von Überreife. Die zwölf Monate im Fass spürt man noch, aber das «Fett» und die Gesamtausgewogenheit dieses Weins halten für uns innerhalb von zwei bis drei Jahren schöne Augenblicke bereit.

⊶ Dom. Cordier Père et Fils, 71960 Fuissé, Tel. 03.85.35.62.89, Fax 03.85.35.64.01 ☒ Ῑ n. V.

DOM. DES DEUX ROCHES

Pierreclos 1999**

■ 2 ha 12 000 ▮⫼ 5à8€

Das Gut gehört zu den großen Namen der Appellation. Es zeichnet sich dieses Jahr durch zwei bemerkenswerte 99er aus. Der **weiße 99er Mâcon** (Preisgruppe: 70 bis 99 F), den goldene Reflexe erhellen, fällt durch seine komplexe Aromenpalette auf: Honig, gelber Pfirsich, Orangenschale, Bergamotte und Röstgeruch. Der Geschmack lässt eine schöne Ausgewogenheit und eine beeindruckende Nachhaltigkeit erkennen. Die rote Mâcon Pierreclos hat die Debatten zwischen Anhängern und Gegnern des Ausbaus im kleinen Holzfass entfacht, aber die Jury wurde trotz alledem von diesem Wein mit der intensiven, tiefen kirschroten Farbe verführt. Der feine, ausdrucksvolle Duft erinnert an Gewürze, schwarze Johannisbeere und Brombeere mit einem Hauch von Vanille. Der Geschmack ist wohl ausgewogen und ziemlich reich und wird im Abgang vom Fass geprägt. Er muss ein Jahr altern, bevor er seinen vollen Charakter erreicht; dann kann man ihn zu einem schönen Entrecote vom Charolais-Rind servieren.

⊶ Dom. des Deux Roches, 71960 Davayé, Tel. 03.85.35.86.51, Fax 03.85.35.86.12 ☒ Ῑ n. V.

MARIE-ODILE FREROT ET DANIEL DYON 2000*

◪ 0,95 ha 1 700 ▮ 3à5€

Die Produktion von Roséweinen bleibt im Mâconnais sehr gering. Diese Cuvée aus Gamay-Trauben wird teilweise durch den Abstich des von nicht ausgepressten Trauben ablaufenden Mosts und teilweise durch direktes Pressen des Traubenguts hergestellt. Die Mischung beider Moste ergibt einen Wein von leichter lachsroter Farbe, der diskret nach frischen Früchten (Erdbeere und Mango) duftet. Der angenehme Geschmack klingt mit Zitronennoten aus. «Ein Wein gegen den Durst, frisch und süffig», fasste eine Verkosterin zusammen.

⊶ Marie-Odile Frérot et Daniel Dyon, Veneuze, 71240 Etrigny, Tel. 03.85.92.24.31, Fax 03.85.92.24.31 ☒ Ῑ n. V.

LES VIGNERONS D'IGE

La Berthelotte 2000*

■ 3 ha 25 000 ▮ 5à8€

Diese 1927 gegründete Winzergenossenschaft, die heute 280 Hektar vereinigt, zeichnet sich durch die Qualität ihrer Rotweine aus. Der **2000er Mâcon Igé** wird lobend erwähnt wegen seiner Ausgewogenheit zwischen Säure und Frucht und wegen seines auffälligen Abgangs, der ihn zu einem guten Wein zu Schweinernem macht. Diese Cuvée La Berthelotte, die sich in ein intensives, strahlendes Purpurrot hüllt, entfaltet einen offenherzigen Duft von reifen Früchten (Erdbeere, Himbeere), den mineralische Noten begleiten. Der von fruchtigen und blumigen Aromen (Pfingstrose) geprägte Geschmack ist ausgewogen und rassig. Eine schöne Arbeit in diesem schwierigen Jahrgang.

⊶ Cave coop. des vignerons d'Igé, 71960 Igé, Tel. 03.85.33.33.56, Fax 03.85.33.41.85, E-Mail lesvigneronsdige@lesvigneronsdige.com ☒ Ῑ Mo–Sa 8h–12h 14h–18h

CH. DE LA BRUYERE

Igé Vieilles vignes 1999*

■ 1,5 ha 5 042 ⫼ 5à8€

Rund neun Hektar umgeben dieses wunderschöne Schloss, das im 12 Jh. entstand und hinter den Hügeln von Igé liegt. Sein Mâcon, der eine schöne, intensive Granatfarbe zeigt, bietet einen besonders feinen Duft mit Aromen von kandierten Früchten, Vanille und geröstetem Brot. Der noch zurückhaltende Geschmack besitzt einen schönen Stoff, aber die Tannine sind noch ein wenig fest; das Holz vom Ausbau dominiert. Ein charaktervoller Wein, den man klugerweise ein bis zwei Jahre aufheben sollte.

⊶ Paul-Henry Borie, Ch. de La Bruyère, 71960 Igé, Tel. 03.85.33.30.72, Fax 03.85.33.40.65, E-Mail mph.borie@wanadoo.fr ☒ Ῑ tägl. 8h–12h 14h–19h

DOM. DE LA COMBE DE BRAY

Bray 1997**

■ 4,5 ha 10 000 ▮🌡 5à8€

Wenn Sie Cluny und seine Abtei hinter sich lassen, sollten Sie bis zu diesen wunderschönen

Hängen von Bray fahren, wo die Ton- und Kalksteinböden der Gamay-Rebe ein außerordentliches Alterungspotenzial mitgeben. Den Beweis dafür liefert dieser rote 97er Mâcon, den die Jury mit Lob überhäufte. Er hat eine dunkelrubinrote Farbe und zeigt schon einige strahlende gelbrote Reflexe. Der von der Entwicklung geprägte Geruchseindruck bietet ein Bouquet von Tertiäraromen, das aus Unterholz, animalischen Noten und Gewürzen besteht und von Anklängen an frische rote Früchte belebt wird. Der Geschmack ist ausgewogen und gut strukturiert, mit pfeffrigen Nuancen und Noten von Schwarze-Johannisbeer-Knospe. Die verschmolzenen Tannine verleihen ihm einen sehr seidigen Abgang. Ein großer Wein auf seinem Höhepunkt, den man zu einem gegrillten Rippenstück vom Charolais-Rind servieren kann.

🔑 Henri Lafarge, Dom. de La Combe,
71250 Bray, Tel. 03.85.50.02.18,
Fax 03.85.50.05.37 ☑ Ῑ n. V.

DOM. DE LA CROIX SENAILLET 2000*

□ 1,87 ha 15 000 8 à 11 €

Dieses Gut steht im Mâconnais gewohntermaßen im Mittelpunkt des Interesses. Diese Cuvée, die von jungen, auf Tonböden angepflanzten Reben stammt, zeigt ein schönes, blasses Goldgrün und bietet elegante Aromen von kleinen weißen Blüten und einen fruchtigen, vollen Geschmack, der eine gewisse Lebhaftigkeit besitzt. Sie kann Ihre Platten mit Meeresfrüchten begleiten.

🔑 Richard et Stéphane Martin, Dom. de La Croix Senaillet, En Coland, 71960 Davayé,
Tel. 03.85.35.82.83, Fax 03.85.35.87.22
☑ Ῑ n. V.

DOM. NICOLAS MAILLET Verzé 2000*

■ 0,25 ha 2 100 3 à 5 €

Nicolas Maillet, der 1999 die Genossenschaftskellerei verließ, geht unbeirrt seinen Weg weiter und erhält für seine zweite Ernte einen Stern. Die Trauben von sehr alten Rebstöcken (siebzig Jahre) wurden mit der Hand gelesen und mittels Kohlensäuremaischung vinifiziert. Das Ergebnis ist ein Wein von strahlend roter Farbe, mit intensiven Aromen (Banane, Melone, Erdbeere). Nach einer sanften Ansprache tauchen die fruchtigen Aromen wieder auf, in Begleitung von verschmolzenen Tanninen. Servieren sollte man ihn zu Wurstgerichten.

🔑 Dom. Nicolas Maillet, La Cure,
71960 Verzé, Tel. 03.85.33.46.76,
Fax 03.85.33.46.76 ☑ Ῑ n. V.

DOM. MATHIAS Chaintré 2000***

■ 0,3 ha 2 500 5 à 8 €

Béatrice und Gilles Mathias, junge Winzer, haben zehn Hektar Reben, die in erster Linie aus Chardonnay bestehen. Sie präsentieren einen Rotwein von der Gamay-Rebe, der laut der Oberjury der «Fahnenträger» der Appellation ist, so bemerkenswert ist sein typischer Charakter. Er besitzt eine kirschrote Farbe mit rubinroten Reflexen. Die Düfte von schwarzer Johannisbeere, frischer Kirsche und Himbeere sind eine Wonne. Der füllige, wohl ausgewogene Geschmack, der über schönen Stoff verfügt, klingt mit Noten von Sauerkirschen in Alkohol aus. Eine Flasche, die man zu Kaninchen mit Frühjahrsgemüse servieren kann.

🔑 Béatrice et Gilles Mathias, Dom. Mathias,
rue Saint-Vincent, 71570 Chaintré,
Tel. 03.85.27.00.50, Fax 03.85.27.00.52
☑ Ῑ n. V.

DOM. DE MONTERRAIN Serrières 2000

■ k. A. k. A. 5 à 8 €

Vielleicht haben Sie beim Fernsehsender France 2 eine Reportage über dieses Gut gesehen. Begünstigt von den Hügeln von Serrières und seinen Granitböden, haben seine Gamay-Reben einen klaren dunkelroten Wein hervorgebracht. Die intensiven Aromen erinnern an gekochte Früchte, schwarze Johannisbeere und Cassis-Konfitüre. Im Geschmack eine schöne Struktur und eine große Nachhaltigkeit der Aromen. Ein nicht sehr klassischer, aber angenehmer Mâcon, den man zu ausgereiftem Käse servieren sollte.

🔑 Patrick et Martine Ferret,
Dom. de Monterrain, 71960 Serrières,
Tel. 03.85.35.73.47, Fax 03.85.35.75.36
☑ Ῑ n. V.

PASCAL PAUGET 2000**

■ 0,75 ha 3 000 5 à 8 €

In der Nähe der wunderschönen Stadt Tournus ist Préty das einzige burgundische Weinbaugebiet, das auf dem linken Ufer der Saône angelegt ist. Diese Besonderheit hat diesem Wein Charakter verliehen. Er zeigt ein schönes, intensives Purpurrot, von dem ansprechende Düfte von roten Früchten (Himbeerpüree), Gewürzen und Vanille ausgehen. Während die Ansprache noch vom Holz geprägt wird, ist der Geschmack reich und ausgewogen; er lässt viel Vergnügen in zwei bis drei Jahren voraussagen. Beachten sollte man auch den **roten 99er Mâcon Tournus,** der für seinen Reichtum und seine aromatische Komplexität einen Stern erhält und schon jetzt getrunken werden kann.

🔑 Pascal Pauget, La Croisette, 71700 Tournus,
Tel. 03.85.32.53.15, Fax 03.85.51.72.67
☑ Ῑ n. V.

DOM. SAUMAIZE-MICHELIN Les Bruyères 1999***

■ 0,2 ha 1 500 5 à 8 €

Christine und Roger Saumaize, Spezialisten für Weißweine, zeigen uns hier, wozu sie bei den Rotweinen fähig sind. Sie besitzen zwanzig Ar mit Gamay-Reben, die auf Kieselböden angepflanzt sind, vinifizieren die Trauben mittels Kohlensäuremaischung und bauen den Wein zehn Monate im Eichenfass aus. Das Ergebnis ist außergewöhnlich. Ein Granatrot mit bläulich roten Reflexen umhüllt diese Cuvée, deren erster Geruchseindruck die Lagerung im Holzfass deutlich hervortreten lässt. Beim zweiten Riechen kann man Aromen von gekochten Früchten, Gewürzen (Muskatnuss) und Veilchen erkennen. Der Geschmack ist monumental: immenser Stoff, konzentrierte, aber verschmolzene Tannine und ein sehr lang anhaltender Abgang mit Kirsch- und Konfitürenoten. Meisterlich!

Dom. Roger et Christine Saumaize-Michelin, Le Martelet, 71960 Vergisson, Tel. 03.85.35.84.05, Fax 03.85.35.86.77
n. V.

DOM. SIMONIN Bussières 1999*

■ 0,28 ha 2 400 8à11€

Bussières, eine zauberhafte Weinbaugemeinde, gehört zum berühmten «Goldenen Dreieck» des roten Mâcon-Weins, das für seine Weine mit Terroir-Charakter bekannt ist. Von einem intensiven Pflaumenblau strömen Düfte von roten Steinfrüchten, Gewürzen (Zimt und Anis) und Feuerstein aus. Dieser in der Ansprache sanfte 99er hält sich jedoch im Mund gut, mit spürbaren Tanninen und einem würzigen Abgang, der ihn verlängert. «Ein unverfälschter Wein», erläuterte ein Verkoster.

Dom. Simonin, Le Bourg, 71960 Vergisson, Tel. 03.85.35.84.72, Fax 03.85.35.85.34
n. V.

DOM. DU TERROIR DE JOCELYN Bussières 2000

■ k. A. 3 000 3à5€

Einen Kilometer vom Geburtshaus Lamartines (der 1836 das Epos *Jocelyn* schrieb, in dem er die Herzensergüsse des Pfarrers von Bussières schildert) entfernt können Sie auf diesem Gut Halt machen, um sich verwöhnen zu lassen. Bitten Sie darum, dass Sie diesen Mâcon Bussières probieren dürfen, der unsere Jury durch seine granatrote Farbe mit violetten Reflexen, seinen diskreten Duft von säuerlichen roten Früchten (rote Johannisbeere, Süßkirsche) und seinen robusten, kräftigen Geschmack verführt hat.

EARL Daniel et Annie Martinot, Les Fuchats, 71960 Bussières, Tel. 03.85.36.65.05, Fax 03.85.36.65.05
n. V.

THORIN Commanderie des Sarments du Mâconnais 2000**

■ 12 ha 60 000 3à5€

Begrüßen wir hier die ausgeprägte Begabung für Vinifizierung und Ausbau dieses Weinhändlers aus Quincié-en-Beaujolais, der diese außergewöhnliche Cuvée zu einem überdies geringen Preis vorstellt! Sie zeigt ein strahlendes, tiefes Granatrot und bietet intensive, feine Aromen, die sich im Augenblick im Primärbereich bewegen: Pentanolnoten, Himbeere, Veilchen. Der Geschmack ist kräftig und großzügig; die Tannine sind seidig, mit einem an Lakritze erinnernden Abgang, der überhaupt nicht mehr aufhört. Ein schöner Wein, den man schon jetzt trinken sollte, damit man in den vollen Genuss seiner überaus gefälligen Aromen kommt.

Maison Thorin, Le Pont des Samsons, 69430 Quincié-en-Beaujolais, Tel. 04.74.69.09.30, Fax 04.74.69.09.29, E-Mail information@maisonthorin.com

CELINE ET LAURENT TRIPOZ 1999*

■ 0,4 ha 3 000 5à8€

1986 ließ sich Laurent Tripoz auf einem zehn Hektar großen Gut nieder. Eine Lese mit der Hand hat diesen lebhaft roten Wein mit den intensiven Aromen von roter Johannisbeere, zu Kompott verarbeiteten Früchten und Eukalyptus geliefert, der die Jury verführt hat. Der sehr feine Geschmack ergibt einen leichten, süffigen Wein, den man mit Vergnügen als Begleitung zu Wurstgerichten trinken wird.

Céline et Laurent Tripoz, pl. de la Mairie, 71000 Loché-Mâcon, Tel. 03.85.35.66.09, Fax 03.85.35.64.23, E-Mail celine-laurent.tripoz@libertysurf.fr
n. V.

DIDIER TRIPOZ Clos des Tournons 2000*

■ 2 ha 10 000 3à5€

Der Clos des Tournons wurde 1938 von Eugène Chevalier, einem Weinhändler, erworben. Die Trauben von diesem Weinberg wurden damals nur für die Herstellung von Schaumweinen verwendet. Als Didier Tripoz den Clos ab 1988 bewirtschaftete, entschloss er sich, die Trauben zu Stillweinen zu verarbeiten. Dieser 2000er von tiefem Rubinrot bietet einen sehr angenehmen Duft von in Alkohol eingelegten Früchten (Kirschen) und Gewürzen. Rote Früchte dominieren im Geschmack, in dem die Tannine nicht zu stark zu spüren sind; die Ausgewogenheit ist trotz eines ein wenig säuerlichen Abgangs gefällig. «Ein farbintensiver Wein, frisch und fruchtig, dustlöschend», kommentierte ein Verkoster. Zu Hausmannskost.

Didier Tripoz, 450, chem. des Tournons, 71850 Charnay-lès-Mâcon, Tel. 03.85.34.14.52, Fax 03.85.20.24.99, E-Mail didiertripoz@wanadoo.fr n. V.

Mâcon Supérieur

LES TEPPES MARIUS 2000

■ 3 ha 25 000 ▮ 5à8€

Diese Cuvée ist intensiv kirschrot und klar. Der Geruchseindruck entfaltet angenehme Düfte von roten Früchten und Traube mit einem Hauch von Banane. Nach einer leicht prickelnden, sehr frischen Ansprache offenbart der Geschmack einen Korb voll kleiner roter Früchte (schwarze und rote Johannisbeere, Himbeere) und geschmeidige Tannine. Man sollte diesen wohl schmeckenden Wein mit Genuss zu frischem Ziegenkäse trinken.

Collin-Bourisset Vins Fins, av. de la Gare, 71680 Crèches-sur-Saône, Tel. 03.85.36.57.25, Fax 03.85.37.15.38, E-Mail cbourisset@gofornet.com Y n. V.

LORON ET FILS 2000

■ k. A. k. A. ▮ 5à8€

Das rubinrot schimmernde Hellrot begleitet einen frischen Duft von Sauerkirsche und roter Johannisbeere. Dieser sehr ausgewogene Wein mit einer leichten, aber fruchtigen Struktur sollte im Laufe des Jahres zu Wurstgerichten getrunken werden.

Ets Loron et Fils, Pontanevaux, 71570 La Chapelle-de-Guinchay, Tel. 03.85.36.81.20, Fax 03.85.33.83.19, E-Mail vinloron@wanadoo.fr ☑

DOM. DES PIERRES ROUGES 1999*

□ 3 ha 2 000 ▮ 5à8€

Das Gut, das für seine Saint-Véran- und Beaujolais-Weine bekannter ist, präsentiert in dieser AOC einen Wein von vierzig Jahre alten Reben, die auf einem Ton- und Kalksteinboden angepflanzt sind. Er schmückt sich mit einem schönen, intensiven Rubinrot. Der Duft bietet Pentanolaromen und Noten von roten Früchten (Kirsche, Weichsel), die sich lang anhaltend im Mund fortsetzen. Ein schöner Ausdruck der Rebsorte Gamay. Servieren sollte man ihn zu gegrilltem rotem Fleisch.

Dom. des Pierres Rouges, La Place, 71570 Chasselas, Tel. 03.85.35.12.25, Fax 03.85.35.10.96 ☑ Y n. V.

Jullin

DOM. RONGIER 1999*

■ 1 ha 5 000 ▮ 5à8€

Dieser 99er stammt von den Granitböden der Gemeinde Clessé, die eher für ihre Weißweinproduktion bekannt ist. Mittels Kohlensäuremaischung vinifiziert, präsentiert er sich in einem schönen, kräftigen Granatrot. Der komplexe Geruchseindruck öffnet sich zu Noten von roten Früchten, Gewürzen und Veilchen. Der aromatische Geschmack, der gut gepolstert und strukturiert ist, zeigt sich harmonisch. Dieser angenehme Wein von typischem Charakter ist trinkreif, kann aber ein Jahr lagern.

EARL Claudius Rongier et Fils, rue du Mur, 71260 Clessé, Tel. 03.85.36.94.05, Fax 03.85.36.94.05 ☑ Y n. V.

Mâcon-Villages

JEAN BARONNAT 2000

□ k. A. k. A. ▮🌡 5à8€

Die Firma Baronnat, ein traditionelles Familienunternehmen, das Anfang des letzten Jahrhunderts entstand, präsentiert einen schönen 2000er Mâcon von lebhaftem, strahlendem Gelb. Die Jury mochte die Feinheit seiner Aromen von weißfleischigem Pfirsich und Honig, die man auch im Mund findet. Dieser ausgewogene, angenehme Wein wird nach ein paar Monaten Flaschenreifung an Harmonie gewinnen.

Maison Jean Baronnat, Les Bruyères, 491, rte de Lacenas, 69400 Gleizé, Tel. 04.74.68.59.20, Fax 04.74.62.19.21, E-Mail info@baronnat.com ☑ Y n. V.

FRANÇOIS BOURDON 1999

□ 0,64 ha 5 300 ▮ 5à8€

François Bourdon, der für den 97er eine Liebeserklärung erhielt, besitzt großartige Reblagen. Dieser klare blassgoldene 99er bietet einen angenehm fruchtigen Duft. Der aromatische Wein, der zart, sanft und mild ist, lässt sich gern mit schmackhaftem weißem Fleisch kombinieren.

François Bourdon, Pouilly, 71960 Solutré-Pouilly, Tel. 03.85.35.81.44, Fax 03.85.35.81.44 ☑ Y n. V.

DOM. DES BURDINES 2000*

□ 2,8 ha 20 000 ▮🌡 5à8€

Diese Handelsfirma wurde 1821 gegründet. Was soll man über ihren 2000er sagen? Die Farbe ist strahlend, mit goldgrünen Tönen. Der feine Duft ist durch blumige und mineralische Noten gekennzeichnet. Weißfleischige Früchte prägen die runde Ansprache; danach wird der Geschmack lebhafter und feiner. «Ein schöner, typischer Mâcon», fasste ein Verkoster zusammen.

Collin-Bourisset Vins Fins, av. de la Gare, 71680 Crèches-sur-Saône, Tel. 03.85.36.57.25, Fax 03.85.37.15.38, E-Mail cbourisset@gofornet.com Y n. V.

CHAMPY ET CIE

Uchizy Les Ravières 1999*

□ k. A. 4 000 ▮◍🌡 8à11€

Die Firma Champy, eine von Pierre Meurgey geleitete Handelsfirma in Beaune, stellt einen Wein von schöner Machart vor. Die klare, strahlende Farbe zeigt sich noch jugendlich. Der recht ausdrucksvolle Duft wählt rasch ein holziges Register mit Röst-, Rauch- und Vanillenoten. Nuancen von gelbfleischigem Pfirsich, Butter und Honig vervollständigen den Geruchseindruck. Im Mund ist die Vereinigung zwischen Wein und Holz ausbalanciert; der Toastgeschmack, der Nuancen von feinen Backwaren enthält, ist elegant. Man kann ihn innerhalb von ein bis zwei Jahren zu Fisch mit Rahmsauce trinken.

🔑 Maison Champy, 5, rue du Grenier-à-Sel, 21200 Beaune, Tel. 03.80.25.09.99, Fax 03.80.25.09.95, E-Mail champyprost@aol.com ☑ 🍷 n. V.

CAVE DE CHARNAY-LES-MACON
Charnay 2000

☐ 24,32 ha 30 000 🍾🌡 5à8€

Diese Genossenschaftskellerei von mittlerer Größe präsentiert einen gelungenen Charnay von strahlend strohgoldener Farbe. Die Aromen «chardonnieren» gut, wobei sie ein angenehmer Hauch von Fenchel würzt. Nach einer leicht prickelnden Ansprache setzt sich der Geschmack auf ebenso frische Weise mit Zitronen- und Röstnoten fort. «Fett» und Rundheit sind ebenfalls vorhanden. Ein guter Wein für einen recht reifen Ziegenkäse.

🔑 Cave de Charnay-lès-Mâcon, 71850 Charnay-lès-Mâcon, Tel. 03.85.34.54.24, Fax 03.85.34.86.84 ☑ 🍷 n. V.

DOM. CHENE La Roche Vineuse 1999*

☐ 7 ha 13 000 🍾 8à11€

Diese Winzer, Neulinge im Hachette-Weinführer, haben 1999 die Genossenschaft verlassen und sich auf das große Abenteuer eingelassen, ihre Weine selbst zu vinifizieren, auszubauen und zu verkaufen. Bei ihrem ersten Jahrgang waren sie erfolgreich. Dieser Wein von kräftigem Goldgrün, der nach Farnkraut und Feuerstein riecht und einen runden, ausgewogenen Geschmack besitzt, ist harmonisch. Er ist recht typisch und wird noch hinzugewinnen, wenn man ein paar Monate wartet.

🔑 Dom. Chêne, Ch. Chardon, 71960 Berzé-la-Ville, Tel. 03.85.37.65.30, Fax 03.85.37.75.39 ☑ 🍷 n. V.

DOM. CLOS GAILLARD Solutré 2000*

☐ 3,3 ha 4 000 🍾 5à8€

Diese auf dem Ton- und Kalksteinboden von Solutré entstande Cuvée bietet diskrete Düfte von getrockneten Früchten und weißen Blüten, die sich im Mund fortsetzen. Der Abgang hält mit fruchtigen Noten (Pfirsich, Aprikose, Zitrusfrüchte) lang an. Dieser gut gemachte goldgrüne Wein von schöner Klarheit verdient, dass man ihn ein bis zwei Jahre aufhebt, damit er seinen vollen Charakter erreicht.

🔑 EARL Gérald Favre, 71960 Solutré-Pouilly, Tel. 03.85.35.80.14, Fax 03.85.35.87.50, E-Mail gérald.favre@free.fr ☑ 🍷 n. V.

ANDRE DEPARDON
Les Condemines 2000*

☐ 0,75 ha 7 330 🍾🌡 5à8€

Der Mâcon-Villages von André Depardon stammt von einem steilen Terroir mit einem alten Kalksteinboden. Die Südwestlage lässt eine optimale Sonneneinstrahlung zu, die für eine gute Reifung der Trauben notwendig ist. Vom klaren Gelbgrün steigen deutliche Aromen von Honig und weißen Blüten auf, die eine schöne Mineralität unterstützt. Im Mund findet man den für das Terroir typischen mineralischen Charakter der Nase wieder. Dieser ehrliche und saubere Wein gibt einen Begleiter für Ihre gegrillten Fische ab.

🔑 André Depardon, 71570 Leynes, Tel. 04.74.06.10.10, Fax 04.74.66.13.77 ☑ 🍷 n. V.

DOM. ELOY 2000*

☐ 4 ha 5 000 🍾 5à8€

Jean-Yves Eloy präsentiert mit einer Erfahrung von mehr als zehn Jahren einen strahlend gelben Mâcon-Villages von guter aromatischer Intensität, bei dem mineralische und fruchtige Noten dominieren. Wenn man ihn in den Mund nimmt, bestätigt sich sein frühlingshafter Stil. Dieser leichte, ausgewogene Wein hinterlässt eine angenehme Empfindung von Frische. Er ist zum Aperitif bestimmt.

🔑 Jean-Yves Eloy, Le Plan, 71960 Fuissé, Tel. 03.85.35.67.03, Fax 03.85.35.67.07 ☑ 🍷 n. V.

DOM. FICHET Igé Vieilles vignes 1999

☐ 0,7 ha 7 000 🍾🛢🌡 5à8€

In Igé, einem für das Mâconnais typischen Dorf, befindet sich dieses 19 ha große Gut in Familienbesitz, das sich im Laufe der Zeit einen soliden Ruf erworben hat. Dieser 99er stammt von alten Chardonnay-Reben, die am Hang in halber Höhe auf Ton- und Kalksteinböden wachsen. Er hat eine blassgelbe Farbe mit grünen Reflexen und enthüllt viel Feinheit sowie schöne Zitrusfrüchte voller Leichtigkeit. Er ist recht präsent und frisch, mit fruchtigen Geschmacksnoten. Trinken kann man ihn im nächsten Frühjahr zu Ziegenkäse.

🔑 Dom. Fichet, Le Martoret, 71960 Igé, Tel. 03.85.33.30.46, Fax 03.85.33.44.45, E-Mail olivier.fichet@wanadoo.fr ☑ 🍷 n. V.

DOM. DE FUSSIACUS Fuissé 2000**

☐ 3 ha 23 000 🍾🌡 5à8€

Trotz seiner diversen Verpflichtungen im Verband bleibt Jean-Paul Paquet ein ausgezeichneter Winzer, der an seinem Terroir hängt und es zum Ausdruck bringen kann. Als Beweis dafür diese bemerkenswerte Cuvée, die nur begeisterte Kommentare erntete: intensive strohgelbe Farbe, komplexe Aromen von reifen Früchten, Korinthen, Zitrusfrüchten und Haselnuss. Der Geschmack verführt durch seine Feinheit und seinen Reichtum (großzügiges «Fett»). Der konzentrierte, kräftige Abgang bestätigt, dass dieser sehr hübsche Wein ein gutes Alterungspotenzial besitzt.

🔑 Jean-Paul Paquet, 71960 Fuissé, Tel. 03.85.27.01.06, Fax 03.85.27.01.07, E-Mail fussiacus@wanadoo.fr ☑ 🍷 n. V.

DOM. DES GERBEAUX Solutré 2000*

☐ 0,4 ha 3 600 🍾 5à8€

Mit einer traditionellen Vinifizierung, die das Traubengut respektiert, hat Jean-Michel Drouin einen charaktervollen Wein hergestellt, der Röst- und Fruchtaromen entfaltet. Dieser im Mund recht deutlich spürbare Solutré ist ausgewogen und bewahrt eine schöne Lebhaftigkeit, die ihm eine Zukunft verspricht. Eine Flasche, die man unbesorgt erwerben kann.

Jean-Michel Drouin, Les Gerbeaux, 71960 Solutré-Pouilly, Tel. 03.85.35.80.17, Fax 03.85.35.87.12 n. V.

DOM. GONON 1999**

☐ 40 ha 3 700 5à8€

Vergisson ist ein zauberhafter kleiner Marktflecken, der zwischen den beiden berühmten Felsen (Solutré und Vergisson) liegt. Hinter einem noch frischen, funkelnden Goldgrün bietet der Geruchseindruck eine Entladung von Aromen von Honig, hellem Tabak und Zitrusfrüchten. Der Geschmack ist füllig und mineralisch, mit einer säuerlichen Note, die den Wein gut aufweckt. Man kann diesen für seine Appellation und seinen Jahrgang typischen Wein schon in diesem Herbst zu Ziegenkäse trinken.

Dom. Gonon, 71960 Vergisson, Tel. 03.85.37.78.42, Fax 03.85.37.77.14, E-Mail jfgonon@domaine-gonon.com n. V.

CAVE DES GRANDS CRUS BLANCS
Loché 2000*

☐ 16,4 ha 50 000 5à8€

Diese Genossenschaft vinifiziert das Traubengut von etwa 130 ha Reben, die sich in Vinzelles und den umgebenden Gemeinden befinden. Sein 2000er Mâcon-Loché, der im Glas ein klares Gelb zeigt, bietet einen feinen, komplexen Duft von Süßigkeiten (Zuckerwatte) und kandierten Früchten, mit einer kleinen blumigen Note. Der Geschmack ist freigebig und strukturiert. Er hat eine mittlere Nachhaltigkeit und beweist im Abgang Frische. Der **2000er Mâcon-Vinzelles** wird wegen seines typischen, fruchtigen Charakters lobend erwähnt.

Cave des Grands Crus blancs, 71680 Vinzelles, Tel. 03.85.35.61.88, Fax 03.85.35.60.43 n. V.

DOM. MARC GREFFET
Solutré-Pouilly 1999*

☐ 0,8 ha 5 000 5à8€

Dieser Wein, der von den seltenen Lehmböden von Solutré stammt, wird in großen Holzfässern vinifiziert. Seinem leichten, klaren Gold entweichen sehr delikate Aromen von weißfleischigem Pfirsich und Birne. Ausdrucksvoll und ausgewogen, mit einer guten, sehr aromatischen Struktur. Er besitzt einen Säuregehalt, der auf eine schöne Zukunft hinweist.

Marc Greffet, 71960 Solutré-Pouilly, Tel. 03.85.35.83.82, Fax 03.85.35.84.24 n. V.

DOM. GUEUGNON-REMOND 1999

☐ 0,8 ha 4 000 5à8€

Der kleine Familienbetrieb, der 1997 von der Tochter und vom Schwiegersohn der früheren Besitzer übernommen wurde, verfügt über neun Hektar. Dieser blassgelbe Mâcon-Villages, der ein wenig streng wirkt, entfaltet einen Duft, der an weiße Blüten, Honig und Haselnuss erinnert. Seine klare Ansprache und seine gute Ausgewogenheit machen ihn zu einem für die Appellation typischen Wein. Man kann ihn schon jetzt als Aperitif trinken.

Dom. Gueugnon-Remond, chem. de la Cave, 71850 Charnay-lès-Mâcon, Tel. 03.85.29.23.88, Fax 03.85.20.20.72 n. V.

DOM. LACHARME ET FILS
La Roche-Vineuse Vieilles vignes Elevé en fût de chêne 1999**

☐ 1,7 ha 8 000 5à8€

Das in La Roche-Vineuse gelegene Gut in Familienbesitz hat diese Cuvée zwölf Monate in Fässern ausgebaut, deren Eichenholz aus dem Wald von Tronçay kommt. Das Ergebnis ist bemerkenswert. Dieser zitronengelbe Wein mit grünen Reflexen bezaubert durch seine komplexe Aromenpalette: kandierte Früchte, Honig, gerösteter Kaffee. Sein in der Ansprache sanfter Wein entwickelt sich mit viel «Fett» und hält mit Anklängen an Röstung lang an. Der schöne Weine wird sich bei einer zwei- bis dreijährigen Lagerung noch verbessern.

Dom. Lacharme et Fils, Le Pied du Mont, 71960 La Roche-Vineuse, Tel. 03.85.36.61.80, Fax 03.85.37.77.02 n. V.

DOM. DE LA DENANTE 2000**

☐ 1,5 ha 8 000 5à8€

Die Jury wurde erobert von diesem blassgelben Wein, der komplexe, elegante Düfte von frischen Früchten und saftigem Gras bietet. Der harmonische Geschmack besitzt eine große Feinheit und klingt mit Noten von kandierter Orangenschale und Honig aus. Man kann ihn schon jetzt genießen.

Robert Martin, Les Peiguins, 71960 Davayé, Tel. 03.85.35.82.88, Fax 03.85.35.86.71 n. V.

DOM. DE LA GARENNE Azé 1999**

☐ 3 ha 30 000 5à8€

DOMAINE DE LA GARENNE
GRAND VIN DE BOURGOGNE
MÂCON-AZÉ
APPELLATION MACON-AZÉ CONTROLÉE
PRODUIT DE FRANCE
1999
750 ml
mise en bouteille à la propriété
Alc. 12,5%
By Vol.
PERINET et RENOUD-GRAPPIN propriétaires récoltants 71260 AZÉ

Dieses Gut befindet sich in der Nähe der prähistorischen Höhlen von Azé. Nachdem es 1986 in einen Keller und einen Weinberg investierte, die vorher nicht bestanden, stellt es einen bemerkenswerten Wein von klarem Goldgrün mit funkelnden Reflexen vor. Der Duft ist einschmeichelnd; er besteht aus blumigen und fruchtigen Noten (Traube, Birne) sowie einigen angenehmen Unterholznuancen. Der Geschmack ist fein und harmonisch und zeigt eine schöne Länge. Ein charaktervoller Wein, den man zwei Jahre aufheben kann, bevor man ihn zu leicht gereiftem Ziegenkäse serviert.

🔑 Périnet et Renoud-Grappin, Dom. de La Garenne, rte de Péronne, 71260 Azé, Tel. 04.74.55.06.08, Fax 04.74.55.10.08
☑ 🍷 n. V.

DOM. DE LALANDE
Chânes Les Serreudières 1999★★

☐ 1,5 ha 5 000 ■ 5à8€

Dominique Cornin hat die Jury mit diesem Wein von intensiver Topasfarbe begeistert. Der einschmeichelnde Duft stellt eine komplexe Aromenpalette zusammen: Pampelmuse, Orangenmarmelade, saure Drops, Geißblatt- und Zimtnoten. Der recht sanfte Geschmack zeigt sich kräftig und reich an Aromen, wie etwa Geleefrüchte und Pfirsich in Sirup. Der mentholartige Abgang beschließt die Verkostung. Ein Wein von großer Ausdrucksstärke, den man schon jetzt trinken kann, der aber einige Jahre Lagerung verträgt.

🔑 Dominique Cornin, chem. du Roy-de-Croix, 71570 Chaintré, Tel. 03.85.37.43.58, Fax 03.85.37.43.58, E-Mail dominique.cornin@fnac.net ☑ 🍷 n. V.

DOM. MICHEL LAPIERRE
Solutré-Pouilly 1999★

☐ 0,6 ha 3 000 ■🌡 5à8€

Diese Cuvée, die auf einem tonigen Kalksteinboden am Fuße des majestätischen Solutré-Felsens entstanden ist, hüllt sich in ein sehr schönes, blasses Gold. Der entfaltete Duft verbindet Pfirsich, Zitrone und Akazienblüte. Der runde, lebhafte Geschmack besitzt zahlreiche Trümpfe, vor allem einen säuerlichen, fruchtigen Abgang. Ein gut gemachter Wein, der trinkreif ist.

🔑 Dom. Michel Lapierre, 71960 Solutré-Pouilly, Tel. 03.85.35.80.45, Fax 03.85.35.87.61 ☑ 🍷 n. V.

DOM. LAROCHETTE-MANCIAT
Charnay Chuffailles 2000

☐ 0,55 ha 4 800 ■🌡 5à8€

Ein paar Reflexe funkeln in der Farbe dieses blassen, kristallklaren Weins. Er ist zurückhaltend und braucht ein paar Minuten Belüftung, um blumige Noten freizugeben. Der Körper hingegen ist füllig und ausgewogen und besitzt eine schöne Länge. Man kann ihn im Laufe des Jahres zu einer Andouillette (Gekrösewürstchen) trinken.

🔑 Dom. Larochette-Manciat, rue du Lavoir, 71570 Chaintré, Tel. 03.85.35.61.50, Fax 03.85.35.67.06, E-Mail o.larochette@club-internet.fr ☑ 🍷 n. V.

DOM. DE LA SARAZINIERE
Bussières Cuvée Claude Seigneuret Vieilles vignes 1999★

☐ 1 ha 6 000 🛢 5à8€

Üblicherweise macht Philippe Trébignaud mit Rotweinen auf sich aufmerksam; dieses Jahr erreicht er mit dieser weißen Cuvée, dass wir ihn empfehlen. Nach der traditionellen burgundischen Methode (Vinifizierung und Ausbau im bis zu sechsmal verwendeten Eichenfass) hergestellt, präsentiert sie sich mit einer strahlenden Goldfarbe. Der wilde Duft wird mit Butter- und Vanillenoten von großer Klasse zugänglicher. Der Geschmack mit dem feinen Holzton ist ausgewogen und besitzt einen echten aromatischen Reichtum (Röstaroma, Zitrusfrüchte). Eine sehr schöne Arbeit, bei der die Trauben und das Fass in vollkommener Harmonie zusammenleben. Man kann ihn schon diesen Herbst zu einem Wolfsbarsch in Salzkruste trinken.

🔑 Philippe Trébignaud, Dom. de La Sarazinière, 71960 Bussières, Tel. 03.85.37.76.04, Fax 03.85.37.76.23, E-Mail philippe.trebignaud@wanadoo.fr
☑ 🍷 n. V.

CH. DE LA TOUR PENET 2000

☐ k. A. k. A. ■ 5à8€

Ein blasser, strahlender Wein mit mineralischem (Feuerstein) und pflanzlichem Duft (frisch gemähtes Gras): Seine Erscheinung ist diskret. Der Geschmack entlädt sich dank muskatellerartigen Aromen, die ihm Rundheit und Harmonie verleihen. Servieren sollte man ihn am Beginn einer Mahlzeit zu Wurstgerichten.

🔑 Jacques Charlet, 71570 La Chapelle-de-Guinchay, Tel. 03.85.36.82.41, Fax 03.85.33.83.19

DOM. DE LA TOUR VAYON
Pierreclos 1999★

☐ 0,6 ha 5 429 ■🌡 5à8€

Es ist gar nicht so einfach, im Mâconnais sein Weingut anlegen zu wollen, und trotzdem hat es Jean-Marie Pidault getan. Er begann 1995 mit nichts und bewirtschaftet heute über sechs Hektar, aber erst seit 1999 vinifiziert er seine Trauben selbst. Und sein erster Jahrgang ist ein Erfolg. Diese angenehm goldgrüne Cuvée bietet nämlich einen recht intensiven Duft von blumigfruchtigem Typ. Im Mund zeigt sie Rundheit, Körper und einen schönen Abgang mit Relief. Fortsetzung folgt.

🔑 Jean-Marie Pidault, La Condemine, 71960 Pierreclos, Tel. 03.85.35.71.78, Fax 03.85.34.78.03 ☑ 🍷 n. V.

CAVE DE LUGNY
Chardonnay Réserve du Millénaire 2000

☐ 5 ha 60 000 ■🌡 5à8€

Diese Genossenschaft, die ihren Sitz im Herzen des Mâconnais hat, vinifiziert über 1 400 Hektar. Dank einer modernen Ausrüstung und eines außergewöhnlichen Empfangs trägt sie zum Ansehen der Weine dieser Region bei, wie etwa dieser blassgelben Cuvée mit grünen Reflexen. Die Nase öffnet sich zu Noten von gekochten Früchten (Birne in Sirup) und getrockneten Früchten mit einer mineralischen Note. Ein lebhafter, geschmeidiger, großzügiger Geschmack vervollständigt dieses Bild eines gelungenen Mâcon-Villages.

🔑 SCV Cave de Lugny, rue des Charmes, 71260 Lugny, Tel. 03.85.33.22.85, Fax 03.85.33.26.46, E-Mail commercial@cave-lugny.com
☑ 🍷 n. V.

DOM. NICOLAS MAILLET Verzé 2000

☐ 0,5 ha 5 000 5à8€

Nicolas Maillet, der sich hier vor kurzem niedergelassen hat, baut seine Weine in einem wunderschönen Gewölbekeller aus. Sein zweiter Jahrgang, der eine sehr leichte blassgoldene Farbe besitzt, enthüllt einen noch jugendlichen, sehr frischen, viel versprechenden Duft (Noten von Früchten und weißen Blüten). Der Geschmack bestätigt diesen jugendlichen Charakter. Ein Wein, der verdient, dass man ihn ein knappes Jahr aufhebt.

Dom. Nicolas Maillet, La Cure, 71960 Verzé, Tel. 03.85.33.46.76, Fax 03.85.33.46.76 n. V.

DOM. DES MAILLETTES Davayé 2000*

☐ 1,4 ha 12 000 5à8€

Dieser auf einem lehmig-schluffigen Boden erzeugte Mâcon-Davayé, der leicht und frisch ist, entfaltet einen blumigen Duft (Rose und Akazie), den eine Gewürznote (Zimt) unterstützt. Im Geschmack ist er kraftvoll und rund und verführt durch seine säuerliche Ansprache. Er ist noch sehr jung und muss eine ein- bis zweijährige Lagerung durchlaufen, die es ihm erlauben wird, eine größere Harmonie zu erwerben.

Guy Saumaize, Les Maillettes, 71960 Davayé, Tel. 03.85.35.82.65, Fax 03.85.35.86.69 n. V.

DOM. MANCIAT-PONCET
Charnay Les Chênes 1999*

☐ 5,9 ha 45 000 5à8€

Claude Manciat, der dieses Familiengut seit 1952 leitet, also lange Erfahrung hat, stellt einen gefälligen, fröhlichen Wein vor. Die weißgoldene Farbe ist fast kristallklar. Dieser 99er entfaltet sich zu Nuancen von Trockenfrüchten (Haselnuss) und Holznoten. Nach einer fast prickelnden Ansprache zeigt sich der Geschmack ausgewogen, mit einem von Zitrusfrüchten bestimmten Abgang, der ihm Frische verleiht.

Dom. Manciat-Poncet, 65, chem. des Gérards, Levigny, 71850 Charnay-lès-Mâcon, Tel. 03.85.34.18.77, Fax 03.85.29.17.59 n. V.

DOM. MICHEL
Clessé Vieilles vignes 1999**

☐ 1 ha 7 000 8à11€

Dieses Gut erzeugt Weine, die für den Ton- und Kalksteinboden von Clessé repräsentativ sind. Die Jury war besonders empfänglich für die aromatische Ausdrucksstärke dieses Mâcon-Villages, der Noten von weißfleischigen Früchten, Akazienblüten und Unterholz verbindet. Der füllige, kräftige Geschmack hinterlässt eine Empfindung von reifen Früchten. Dieser charaktervolle Wein wird mit Gänseleber völlig harmonieren.

Dom. René Michel et ses Fils, Cray, 71260 Clessé, Tel. 03.85.36.94.27, Fax 03.85.36.99.63 n. V.

DOM. RENE PERRATON Loché 1999*

☐ 1,85 ha 17 000 5à8€

Diese Cuvée von über fünfzig Jahre alten Reben, die auf lehmig-schluffigen Böden angepflanzt sind, demonstriert uns die hervorragende Qualität der Arbeit auf diesem Gut. Feine, delikate Düfte von Früchten, die von würzigen Nuancen begleitet werden, gehen von diesem strahlend goldfarbenen Wein aus. Er besitzt Körper und Länge: Die Ausgewogenheit im Geschmack ist ausgezeichnet. Sein leicht pfeffriger Abgang ist angenehm und amüsant.

Dom. René Perraton, rue du Paradis, 71570 Chaintré, Tel. 03.85.35.63.36, Fax 03.85.35.67.45 n. V.

CAVE DE PRISSE-SOLOGNY-VERZE 2000*

☐ 227,36 ha 100 000 5à8€

Im Herzen des Lamartine'schen Tals können Sie, während Sie gleichzeitig die herrliche Landschaft bewundern, einen Halt im Degustationskeller dieser Erzeugervereinigung machen und diese in großer Stückzahl erzeugte Cuvée probieren. Seine hellgelbe Farbe ist klar; sein eleganter Duft erinnert an Honig und vollreife Früchte; sein stattlicher, kräftiger Geschmack hinterlässt angenehme Empfindungen. Das ist ein hübscher, sehr feiner Wein, den wir zu Ziegenkäse empfehlen.

Cave de Prissé-Sologny-Verzé, 71960 Prissé, Tel. 03.85.37.88.06, Fax 03.85.37.61.76, E-Mail cave.prisse@wanadoo.fr n. V.

RIJCKAERT
Montbellet En Pottes Vieilles vignes 1999*

☐ 0,59 ha 4 200 11à15€

Jean Rijckaert ist Belgier. Er ließ sich 1998 im Mâconnais und im Jura nieder; seine Handelsfirma fängt bereits jetzt an, schöne Cuvées zu präsentieren, wie ewa diesen Montbellet, der von zehn Jahre alten Reben stammt (was für «alte Reben» wenig ist, Anm. d. R.). Er liefert einen strahlend goldgrünen Wein. Der feine, komplexe Duft stützt sich auf Vanille- und Röstnoten, die ein für Montbellet typischer mineralischer Charakter unterstützt. Nach einer sanften, nervigen Ansprache macht sich die Struktur auf noch imposante Weise bemerkbar, aber in drei bis vier Jahren dürfte sie für eine schöne Dichte sorgen .

SARL Rijckaert, En Correaux, 71570 Leynes, Tel. 03.85.35.15.09, Fax 03.85.35.15.09, E-Mail jeanrijckaert@aol.com n. V.

DOM. DU ROURE DE PAULIN
Fuissé 2000**

☐ 0,6 ha 5 000 5à8€

Diese Cuvée des heiß erwarteten Jahrgangs 2000, die von einer 60 Ar großen Parzelle mit Ton- und Kalksteinböden stammt, enttäuscht nicht: Ihr feiner, ehrlicher Duft von weißen Blüten und Gewürzen, ihre klare, volle Ansprache, ihr lang anhaltender Abgang und ihr ausgeprägter Charakter ergeben eine würdige Repräsentantin der Appellation.

⊶ Dom. du Roure de Paulin, 71960 Fuissé, Tel. 03.85.35.65.48, Fax 03.85.35.68.50 ☑ Y n. V.

DOM. SAINT-DENIS Chardonnay 1999**

☐ 1,8 ha 14 000 8 à 11 €

«Mein Beruf ist es, die natürliche Umgebung, die der Böden ebenso wie die biologische, ständig zu beobachten. Wenn man sie achtet und ihr Gleichgewicht begreift, ist das ein Garant dafür, dass man Weine mit Terroir-Charakter erhält.» So spricht Hubert Laferrère, der einzige unabhängige Winzer in Lugny. Und um seine Worte deutlich zu veranschaulichen, hat er zwei schöne 99er Cuvées hergestellt: Diese hier erhielt von der Jury den Vorzug wegen ihrer Zartheit und Feinheit. Ihre Düfte erinnern an einen Brautstrauß: Akazienblüten, Geißblatt, Lilien. Der sehr subtile Geschmack ist ausgewogen und mild. Der **Mâcon-Villages Lugny** (Preisgruppe: 30 bis 49 F; zwei Sterne) hat eine intensive goldgelbe Farbe und bietet sich entladende Aromen von reifen Trauben und Muskateller; sein Geschmack ist rund und füllig.
⊶ Hubert Laferrère, rte de Péronne, 71260 Lugny, Tel. 03.85.33.24.33, Fax 03.85.33.25.02, E-Mail saintdenis@free.fr ☑ Y n. V.

RAPHAEL ET GERARD SALLET Chardonnay 1999*

☐ 0,54 ha 4 800 5 à 8 €

Dieses Weingut in der Nähe von Tournus gehört zu den bedeutendsten Erzeugern der Appellation. Raphaël Sallet und sein Vater Gérard, die 12 Hektar bewirtschaften, versuchen den typischen Charakter ihres Terroir in Form von schönen Cuvées zum Ausdruck zu bringen. Dieser blassgoldene 99er mit anisfarbenen Reflexen besitzt einen hübschen Duft, der sich aus mineralischen Noten, Zitrusfrüchten und sauren Drops zusammensetzt und sehr frisch ist. Der runde, feine Geschmack lässt einen erstklassigen Stoff und einen schillernden Abgang erkennen. Einen Stern erhalten auch der **2000er Mâcon Uchizy** mit dem recht typischen Duft, der sich aber noch im Geschmack entfalten muss, und der im Holzfass ausgebaute **99er Clos des Ravières.**
⊶ EARL Raphaël et Gérard Sallet, rte de Chardonnay, 71700 Uchizy, Tel. 03.85.40.50.45, Fax 03.85.40.58.05 ☑ Y n. V.

DOM. SAUMAIZE-MICHELIN Les Sertaux 1999*

☐ 1 ha 4 500 5 à 8 €

Christine und Roger Saumaize haben es verstanden, den Ausbau im Holzfass zu dosieren, was bei einem Mâcon nicht so leicht ist. Den Holzton spürt man in den Röst- und Vanillearomen der Nase, aber der Geschmack ist rund und gut ausbalanciert und klingt mit einem sehr frischen, zitronenartigen Abgang aus. Diesen voluminösen Wein kann man schon genießen, aber er gewinnt hinzu, wenn Sie ihn drei bis vier Jahre ganz hinten in Ihrem Keller aufbewahren.
⊶ Roger et Christine Saumaize, Dom. Saumaize-Michelin, Le Martelet, 71960 Vergisson, Tel. 03.85.35.84.05, Fax 03.85.35.86.77 ☑ Y n. V.

SEVE Solutré 2000*

☐ 1 ha 5 000 5 à 8 €

Ein typischer Wein mit sehr schönen Aromen, in denen sich weiße Blüten und mineralische Noten verbinden. Nach einer guten Ansprache bringt der einschmeichelnde Geschmack mit dem erfrischenden Abgang die ganze Feinheit der Traubensorte zum Ausdruck.
⊶ Jean-Pierre Sève, Le Bourg, 71960 Solutré-Pouilly, Tel. 03.85.35.80.19, Fax 03.85.35.80.58, E-Mail domaine.jean-pierre-seve@libertysurf.fr ☑ Y n. V.

DOM. SIMONIN Vergisson 1999**

☐ 0,2 ha 1 600 8 à 11 €

Dieses Gut hat auf den Ton- und Kalksteinböden von Vergisson einen intensiv goldfarbenen Wein erzeugt, der ein komplexes Bouquet von reifen Früchten (Pfirsich, Birne) und Vanille entfaltet. Ausgewogenheit, Eleganz und Nachhaltigkeit sind die wichtigsten Reize dieses Weins, der noch sehr viele andere besitzt. Ein 99er, den man in seiner Jugend als Begleiter zu gegrilltem Fisch schätzen kann.
⊶ Dom. Simonin, Le Bourg, 71960 Vergisson, Tel. 03.85.35.84.72, Fax 03.85.35.85.34 ☑ Y n. V.

DOM. THIBERT PERE ET FILS Prissé En Chailloux 2000**

☐ 1,3 ha 9 800 5 à 8 €

Diesem Gut, das in der Vergangenheit mehrere Liebeserklärungen erhielt, sind hier zwei großartige Cuvées gelungen: ein **2000er Mâcon-Fuissé** mit Zitronen- und Mandarinenaromen und einem eleganten, viel versprechenden Geschmack, und dieser Mâcon-Prissé, der die höchste Auszeichnung bekommt, so sehr haben seine Zartheit und seine Großzügigkeit die Jury begeistert. Von einem schönen Goldgrün, das blass und funkelnd ist, gehen intensive Blütenaromen von Geißblatt aus. Seine Reinheit und sein Reichtum, den eine angenehme säuerliche Note gut ausbalanciert, hinterlassen einen frischen Geschmackseindruck. Im Abgang fordern einige Zitrusnoten den Weinfreund auf, diesen Wein in zwei Jahren zu einem großen Fisch zu trinken.

GAEC Dom. Thibert Père et Fils, Le Bourg, 71960 Fuissé, Tel. 03.85.35.61.79, Fax 03.85.35.66.21, E-Mail domthibe@club-internet.fr n. V.

DOM. DES VALANGES Davayé 2000

☐ 0,5 ha 4 500 5à8€

Eine elegante Cuvée in einem hübschen Blassgelb, die von blumigen und fruchtigen Düften erfüllt ist und durch ihren sehr delikaten Abgang von Zitrusfrüchten verführen kann. Ein Wein wie «Spitze», den man zu gegrilltem Fischfilet genießen sollte.

Michel Paquet, Dom. des Valanges, 71960 Davayé, Tel. 03.85.35.85.03, Fax 03.85.35.86.67, E-Mail domaine-des-valanges@wanadoo.fr n. V.

Viré-Clessé

Viré-Clessé, eine neue kommunale Appellation, die am 4. November 1998 entstand, hat solide Ambitionen bei den Weißweinen. Die Abgrenzung bezieht sich auf 552 ha, von denen gegenwärtig 401,6 Hektar bestockt sind; 2000 haben sie 13 016 hl erzeugt. Die Bezeichnungen Mâcon-Viré und Mâcon-Clessé werden 2002 verschwinden.

DOM. ANDRE BONHOMME Vieilles vignes 1999

☐ 2 ha 10 000 8à11€

André Bonhomme, einer der Gründerväter dieser neuen Appellation, präsentiert hier zusammen mit seinem Sohn eine schöne Cuvée. Dieser Wein von 68 Jahre alten Reben vereint Feinheit und Reichtum, wie seine blassgoldene Farbe und seine diskreten Holzaromen zeigen. Der harmonische Geschmack ist ausgewogen und delikat, hat aber seinen Höhepunkt noch nicht erreicht. Aufmachen kann man ihn in ein bis zwei Jahren, wobei schöne Emotionen in Aussicht sind.

Dom. André Bonhomme, Cidex 2108, 71260 Viré, Tel. 03.85.33.11.86, Fax 03.85.33.93.51 n. V.

DOM. DES CHAZELLES Vieilles vignes 1999★

☐ 1,8 ha 6 000 8à11€

Josette und Jean-Noël Chaland bewirtschaften seit 1967 ein hübsches, 6,3 ha großes Gut in Viré. 1990 beschlossen sie, die Genossenschaftskellerei zu verlassen, um das Abenteuer der Vinifizierung auf dem Gut allein zu wagen. Und sie waren erfolgreich damit. Ihre Cuvée Vieilles vignes (von Rebstöcken, die im Durchschnitt siebzig Jahre alt sind) ist rund und angenehm, nicht ohne eine gewisse Fülle, und bietet im Abgang eine schöne, säuerliche Nachhaltigkeit. Die Aromen verbinden Noten von weißen Blüten (Akazie) und Früchten (Pfirsich). Servieren kann man diese Cuvée von großer Klasse zu einem Flussfisch, wie etwa einem Hecht in zarter Buttersauce.

Jean-Noël Chaland, En Jean-Large, 71260 Viré, Tel. 03.85.33.11.18, Fax 03.85.33.15.58 Mo–Sa 8h–19h

LAURENT HUET 1999

☐ 0,8 ha 2 500 5à8€

Im Herzen des malerischen Marktfleckens Clessé vinifiziert und baut Laurent Huet seine Weine aus, die er auf traditionelle Weise ohne Zusatz von Reinzuchthefen herstellt. Er leitet einen winzigen Betrieb (12 ha) und pflegt seine Terroirs, damit sie Cuvées von großem Reichtum liefern, wie etwa diese hier. Die Farbe zeigt ein kräftiges Goldgelb. Der Duft ist reich an reifen Früchten und Honig. Der Geschmack erfüllt den Gaumen mit kräftigen Aromen. Man kann ihn schon diesen Herbst als Aperitif trinken.

Laurent Huet, La Croix de Fer, 71260 Clessé, Tel. 03.85.36.96.99, Fax 03.85.36.98.87 n. V.

DOM. RENE MICHEL ET FILS Vieilles vignes 1999★

☐ 10 ha 70 000 8à11€

Das Weingut entstand 1604, wie der Schlussstein über der Tür belegt; es ist auf dem Etikett abgebildet. Die drei Brüder Michel haben von ihrem Vater René die Leidenschaft für die Arbeit im Weinberg und die Achtung vor dem Terroir mitbekommen; sie verwenden keinen Kunstdünger. Traubenlese mit der Hand, kein Zusatz von Reinzuchthefe, keine Chaptalisation (Trockenzuckerung), langsame Gärung auf der Feinhefe im Tank. Diese Cuvée Vieilles vignes (von im Durchschnitt sechzig Jahre alten Reben) hat das Interesse der Jury erregt, die sie als reich und füllig beschrieb, mit Noten von getrockneten Früchten. Ein Wein von großer Vornehmheit, der in vier bis fünf Jahren seinen vollen Charakter erreichen wird.

Dom. René Michel et ses Fils, Cray, 71260 Clessé, Tel. 03.85.36.94.27, Fax 03.85.36.99.63 n. V.

DOM. SAINTE BARBE L'Epinet 2000

☐ 0,54 ha 4 500 8à11€

Jean-Marie Chaland, der die Winzergeneration des Mâconnais des 21. Jh. repräsentiert, hat sein Gut am 1. Januar 2000 gegründet und schafft mit seinem ersten Jahrgang die Leistung, in unserem Weinführer lobend erwähnt zu werden. Über einer schönen gelben Farbe, die lebhaft und strahlend ist, machen sich auf diskrete Weise Aromen von Zitronengras, Weißdorn und weißen Früchten bemerkbar. Der Geschmack ist sehr rund und füllig und wird von einer prickelnden Note belebt, die ihm eine große Frische verleiht. Ein wohl schmeckender Wein, den man zu einer Andouillette servieren kann.

🔑 Jean-Marie Chaland, En Chapotin,
71260 Viré, Tel. 06.74.64.25.85,
Fax 06.85.33.15.58
☑ 🍷 Mo–Sa 8h–12h 13h30–19h

CAVE DE VIRE Cuvée spéciale 2000

☐ 100 ha 80 000 5 à 8 €

«Man nimmt immer wieder dasselbe.» Nämlich diese «Sondercuvée», die in der letztjährigen Ausgabe beim Jahrgang 1999 mit zwei Sternen belohnt wurde. Es lässt sich nicht bezweifeln, dass die Anstrengungen, die die Winzer der Genossenschaftskellerei von Viré unternommen haben, insbesondere auf dem Gebiet des Anbaus, sich jetzt auszahlen. Weiße Blüten (Geißblatt, Weißdorn) prägen den ersten Geruchseindruck, während an der Luft eine Note von Brotkrume und Hefebrot zum Vorschein kommt. Der Geschmack bleibt auf der gleichen Linie mit einer frischen Ansprache, die sich in Aromen von Geleefrüchten und Birne in Sirup fortsetzt und mit Menthol- und Anisnoten ausklingt. Schöne Komplexität. Er ist schon jetzt trinkreif.

🔑 SCA Cave de Viré, En Vercheron, 71260 Viré, Tel. 03.85.32.25.50, Fax 03.85.32.25.55,
E-Mail cavedevire@wanadoo.fr
☑ 🍷 tägl. 8h–12h 14h–18h (Fr bis 17h)

Pouilly-Fuissé

Die Umrisse der Felsen von Solutré und Vergisson ragen wie der Bug von zwei Schiffen gen Himmel. Zu ihren Füßen erstreckt sich das angesehenste Anbaugebiet des Mâconnais, das der Appellation Pouilly-Fuissé, auf dem Boden der Gemeinden Fuissé, Solutré-Pouilly, Vergisson und Chaintré. 2000 erreichte die erzeugte Menge 44 831 hl.

Die Weine von Pouilly haben eine sehr große Bekanntheit gewonnen, insbesondere im Ausland; ihre Preise konkurrierten schon immer mit denen der Chablis-Weine. Sie sind lebhaft, kraftvoll und duftig. Wenn sie im Eichenfass ausgebaut werden, erwerben sie bei der Alterung charakteristische Aromen von gerösteter Mandel und Haselnuss.

AUVIGUE Vieilles vignes 1999*

☐ 1,25 ha 10 000 11 à 15 €

Die Fima Auvigue, ein traditionelles Familienunternehmen, präsentiert rassige Weine mit typischem Charakter; zu verdanken ist dies einer gewissenhaften Auswahl der Trauben, die Jean-Pierre und Michel Auvigue vornehmen. Die Cuvée Vieilles vignes, die in der letztjährigen Ausgabe als 98er eine Liebeserklärung erhielt, bietet im darauf folgenden Jahrgang eine hübsche blassgoldene Farbe und einen diskreten, holzbetonten Duft, der aufgrund seiner Röstungsnoten besonders angenehm ist. Der Geschmack ist vanilleartig und sehr rund und klingt mit einer schönen, säuerlichen Ausgewogenheit aus. Die ebenfalls von der Jury ausgewählte Cuvée **Les Chailloux 1999** wird im nächsten Herbst trinkreif sein.

🔑 Vins Auvigue, Le Moulin-du-Pont,
71850 Charnay-lès-Mâcon, Tel. 03.85.34.17.36,
Fax 03.85.34.75.88,
E-Mail vins.auvigue@wanadoo.fr ☑ 🍷 n. V.

ANDRE AUVIGUE La Frairie 1999**

☐ k. A. 3 500 11 à 15 €

Hier haben wir einen charaktervollen Pouilly-Fuissé, der gut vinifiziert worden ist. Der teilweise Ausbau in großen Holzfässern hat die Qualität der Trauben von schöner Provenienz herausgestellt. Seine Aromen von weißen Blüten und Zitrone, die für die Chardonnay-Traube typisch sind, entwickeln sich zu Röstnoten hin. Sein noch diskreter Geschmack ist wohl ausgewogen, mit Noten von Pfingstrosen und verblühten Rosen. Ein Wein von ausgezeichneter Machart.

🔑 André Auvigue, 71960 Solutré-Pouilly,
Tel. 03.85.35.80.80, Fax 03.85.34.75.89
☑ 🍷 n. V.

CH. DE BEAUREGARD La Maréchaude 1999***

☐ 1,2 ha 8 000 15 à 23 €

Château de Beauregard, das abgeschieden auf der für den Weinbau genutzten Hochfläche von Fuissé liegt, erhebt sich stolz gegenüber den Felsen von Solutré und Vergisson. Frédéric-Marc Burrier, der das Gut seit 1999 leitet, hat es verstanden, die fabelhaften Terroirs von Pouilly-Fuissé (19 ha) zu nutzen, insbesondere durch Umpflügen des Bodens. Er erntet dieses Jahr allgemeinen Applaus. Dieser 99er verführt sofort durch sein strahlendes Goldgrün und die große Feinheit seiner blumigen (Veilchen), vanilleartigen, buttrigen und fruchtigen (getrocknete Aprikose) Aromen. Man findet die gleiche Komplexität in einem reichen, fülligen Geschmack wieder, der röstartig ist und Mokkanoten enthält. «Ein Geschmack von beeindruckender Ausgewogenheit und Eleganz», begeisterte sich ein Verkoster. Genießen sollte man ihn zu einer Poularde aus der Bresse mit Rahmsauce. Der **99er Pouilly-Fuissé** des Châteaus (Preisgruppe: 70 bis 99 F) hat die Jury durch

seine röstartig-empyreumatische Seite verführt; er erhält einen Stern.
Joseph Burrier, Ch. de Beauregard, 71960 Fuissé, Tel. 03.85.35.60.76, Fax 03.85.35.66.04, E-Mail joseph.burrier@mageos.com n. V.
F.-M. Burrier

FRANÇOIS BOURDON
Le Clos Cuvée réservée 1999

0,53 ha 1000 8 à 11 €

François Bourdon, der seit 1995 ein über 13 ha großes Gut führt, praktiziert eine traditionelle Vinifizierung mit ziemlich langer Gärung und danach einen zehnmonatigen Ausbau auf der Hefe. Dieser funkelnd gelbe Wein bietet einen entfalteten blumig-fruchtigen Duft. Der füllige, runde Geschmack besitzt viel «Fett», bewahrt aber eine gewisse Nervigkeit. Genießen Sie ihn innerhalb von ein bis zwei Jahren zu Fisch mit Rahmsauce.
François Bourdon, Pouilly, 71960 Solutré-Pouilly, Tel. 03.85.35.81.44, Fax 03.85.35.81.44 n. V.

DOM. MICHEL CHEVEAU 1999*

4 ha 1 500 8 à 11 €

Dieses Familiengut mitten im Weiler Pouilly besitzt elf Hektar. Jetzt vinifiziert der 23-jährige Nicolas die Weine, und das Wenigste, was man sagen kann, ist, dass ihm sein Einstand perfekt gelungen ist, denn er präsentiert zwei Cuvées von schöner Machart. Die Cuvée **Vieilles vignes 1999** kann wegen ihrer Röst- und Vanillenoten lobend erwähnt werden, bleibt aber noch zurückhaltend. Dieser Wein hingegen zeigt hier seinen ganzen Glanz und bietet eine funkelnde blassgelbe Farbe, mineralische (Feuerstein) und röstartige Gerüche und einen harmonischen Geschmack. Die kleinen Ziegenkäse aus dem Mâconnais freuen sich schon im Voraus darauf.
Dom. Michel Cheveau, Pouilly, 71960 Solutré-Pouilly, Tel. 03.85.35.81.50, Fax 03.85.35.87.88 n. V.

DOM. CORDIER PERE ET FILS
Vers Cras 1999**

0,3 ha 2 000 23 à 30 €

Die Domaine Cordier ist heute eines der herausragenden Güter des Mâconnais. Sie stellt hier erneut mehrere hübsche Cuvées vor. Der **99er Vers Pouilly** und der **99er Les vignes blanches** (Preisgruppe: 100 bis 149 F) werden wegen ihrer Fülle und ihres Stoffs lobend erwähnt, brauchen aber noch ein wenig Zeit, um ihren sehr deutlich spürbaren Holzton zu verdauen. Die Cuvée Vers Cras hingegen geht siegreich mit einer einmütigen Liebeserklärung hervor. Nach einem fünfzehnmonatigen Ausbau in Stückfässern zeigt sie eine strahlende goldgelbe Farbe. Der Duft entfaltet sich zu Noten von getrockneten Früchten (Haselnuss, Mandel in karamelisiertem Zucker) und geröstetem Brot. Die Ausgewogenheit im Geschmack, der von außergewöhnlicher Rundheit ist, macht diesen Wein sehr angenehm; die Stärke seiner Geschmacksnoten (Orangenschale, Bergamotte und Honig) macht ihn zu einem vornehmen Herrn der Appellation.
Dom. Cordier Père et Fils, 71960 Fuissé, Tel. 03.85.35.62.89, Fax 03.85.35.64.01 n. V.

PIERRE DUPOND 2000

k. A. k. A. 11 à 15 €

Pierre Dupond, eine auf Beaujolais-Weine spezialisierte Handelsfirma, präsentiert diesen Pouilly-Fuissé, der die Aufmerksamkeit der Jury erregt hat. Dieser 2000er mit grünen Reflexen hat durch seine Röst- und Butteraromen und seine bemerkenswerte Ausgewogenheit im Geschmack verführt. Diese Flasche wird noch besser, wenn man sie ein bis zwei Jahre einkellert.
Pierre Dupond, 235, rue de Thizy, 69653 Villefranche-sur-Saône, Tel. 04.74.65.24.32, Fax 04.74.68.04.14, E-Mail p.dupond@seldon.fr

CH. FUISSE Les Brûlés 1999**

1,8 ha 4 000 15 à 23 €

Die Reblage les Brûlés, im Alleinbesitz von Château Fuissé, verdankt ihren Namen («die Verbrannten») ihrer Ausrichtung ganz nach Süden, was eine außergewöhnliche Reife der Trauben ermöglicht. Jean-Jacques Vincent, ein herausragender Weinmacher, brachte dies danach gut zur Geltung. Dieser strahlend goldgrüne 99er hat einen komplexen, feinen Duft mit vanilleartigen Holznuancen, die von Noten reifer Trauben und süßer Gewürze unterstützt werden. Im Geschmack zeichnet er sich durch eine vollkommene Ausgewogenheit und eine kluge Dosierung des Holztons aus. Schöne Länge. Einer der Verkoster schlug vor, ihn zu Seewolf in Salzkruste zu trinken. Ein Stern für die berühmte Cuvée **Vieilles vignes 1999,** die im Augenblick zurückhaltend ist, der es aber an nichts fehlt, um Ihnen in ein bis zwei Jahren zu gefallen.
SC Ch. de Fuissé, 71960 Fuissé, Tel. 03.85.35.61.44, Fax 03.85.35.67.34, E-Mail jean-jacques.vincent@wanadoo.fr n. V.
Jean-Jacques Vincent

DOM. DE FUSSIACUS
Vieilles vignes 1999*

2,5 ha 10 000 11 à 15 €

Seinen Namen hat das angesehene Gut von einem römischen Grundherrn, der vermutlich das Dorf Fuissé gründete. Dieser 99er Vieilles vignes, der eine hellgelbe Farbe mit funkelnden Reflexen besitzt, ist durch einen leichten Holzton geprägt und entfaltet blumige und fruchtige Aromen. Der sehr zarte Geschmack klingt lang anhaltend mit einer willkommenen säuerlichen

Note aus. Servieren Sie ihn zu angedünsteten Jakobsmuscheln.
Jean-Paul Paquet, 71960 Fuissé, Tel. 03.85.27.01.06, Fax 03.85.27.01.07, E-Mail fussiacus@wanadoo.fr n. V.

DOM. DES GERBEAUX
Cuvée Prestige Très vieilles vignes 1999*

☐ 0,4 ha 2 800 11 à 15 €

Béatrice und Jean-Michel Drouin, die brillant die Geschicke dieses Guts leiten, sind entschiedene Verfechter der Appellation, so dass sich die treuen Leser unseres Weinführers nicht wundern werden, wenn sie dieses Jahr erneut drei Cuvées ausgewählt finden. Diese hier verführt durch ihre leichte blassgelbe Farbe, die Subtilität ihrer Aromenpalette (weiße Blüten, Weißdorn, getrocknete Früchte und geröstetes Brot) und durch ihre Ausgewogenheit zwischen Holz und Wein; sie ist ein leckerer Wein, der sich aber vier bis fünf Jahre halten kann. Der ebenso elegante **2000er Terroir de Pouilly et Fuissé** (Preisgruppe: 50 bis 69 F), der im Augenblick noch zurückhaltend ist, besitzt ein schönes Potenzial, was vor allem seinem Reichtum im Geschmack zu verdanken ist. Der **2000er Terroir de Solutré** (Preisgruppe: 50 bis 69 F) kommt bereits mit exotischen Noten (Pampelmuse, Ananas) und einem sehr frischen, säuerlichen Geschmack intensiv zum Ausdruck.
Jean-Michel Drouin, Les Gerbeaux, 71960 Solutré-Pouilly, Tel. 03.85.35.80.17, Fax 03.85.35.87.12 n. V.

YVES GIROUX Cuvée Chêne 1999*

☐ 1 ha 3 500 11 à 15 €

Sehr delikat, mit Noten von Lindenblüte, Honig und Unterholz. Dieser intensiv goldfarbene Wein mit dem kräftigen, runden, lang anhaltenden Geschmack kann in Ihrem Keller vorteilhaft ein paar Jahre lagern, bevor er Sie vollauf befriedigt. «Kann in einem Jahr getrunken werden oder fünfzehn Jahre lagern», schloss ein Verkoster ab.
Dom. Yves Giroux, Les Molards, 71960 Fuissé, Tel. 03.85.35.63.64, Fax 03.85.32.90.08 n. V.

DOM. JEAN GOYON 1999*

☐ 2 ha 5 000 8 à 11 €

Am Fuße des Solutré-Felsens hat Jean Goyon einen delikaten Wein erzeugt, der von vierzig Jahre alten Reben stammt. Darin dominieren Aromen von weißen Blüten, die für die Rebsorte Chardonnay charakteristisch sind, wenn sie auf einem tonigen Kalksteinboden angepflanzt wird. Aufgrund seiner Frische sollte man ihn schon jetzt trinken.
Jean Goyon, Au Bourg, 71960 Solutré-Pouilly, Tel. 03.85.35.81.15, Fax 03.85.35.87.03 n. V.

MME RENE GUERIN La Roche 2000

☐ 0,18 ha 1 200 11 à 15 €

Dieser intensiv goldgelbe Pouilly-Fuissé zeigt, obwohl er trocken ist, Merkmale von Überreife. Die kräftigen Fruchtaromen erinnern an kandierte Früchte. Die Ansprache ist freimütig; der runde, füllige Geschmack wird von einer schönen Frische belebt, die auf einen gut angepassten Säuregehalt zurückgeht. Die Aromen im Nasen-Rachen-Raum sind exotisch und honigartig. Ein Wein, den man schon in diesem Herbst zu Gänseleber servieren kann.
Mme René Guérin, Le Martelet, 71960 Vergisson, Tel. 03.85.35.84.39 n. V.

LA CROIX-PARDON 1999**

☐ 6 ha 40 000 11 à 15 €

La Croix-Pardon, ein Kreuz, das im 19. Jh. errichtet wurde, damit es über die Appellation Pouilly-Fuissé wachen sollte, hat seinen Schutz anscheinend dieser Cuvée gewährt. In ein bernsteingelb getöntes Golden gehüllt, verströmt sie Düfte von großer Stärke, in der sich kandierte Früchte, Bohnerwachs und Honig mischen. Sie ist im Geschmack rund und voll und bietet buttrige und honigartige Aromen. «Ein reicher, genussvoller Wein», meinte ein Verkoster am Ende.
Joseph Burrier, Ch. de Beauregard, 71960 Fuissé, Tel. 03.85.35.60.76, Fax 03.85.35.66.04, E-Mail joseph.burrier@mageos.com n. V.
F.-M. Burrier

DOM. DE LALANDE Clos Reyssié 1999*

☐ k. A. 3 500 11 à 15 €

Der Clos Reyssié, der (auf dem Boden der Gemeinde Chaintré) an dem wunderschönen Osthang liegt, liefert Weine von großer Eleganz. Diese Cuvée wurde ein Jahr lang im Eichenfass vinifiziert und ausgebaut, wobei der Hefesatz wiederholt aufgerührt wurde. Sie schmückt sich mit einer delikaten blassgoldenen Farbe, die besonders strahlend ist. Das Bouquet von exotischen Früchten bindet den Holzton mit seinen recht intensiven Röstnoten vollkommen ein. Der runde Geschmack von schöner Länge, der in der Ansprache an Zitrone erinnert, klingt mit Noten von Haselnuss und gerösteten Mandeln aus. Servieren Sie ihn als Aperitif.
Dominique Cornin, chem. du Roy-de-Croix, 71570 Chaintré, Tel. 03.85.37.43.58, Fax 03.85.37.43.58, E-Mail dominique.cornin@fnac.net n. V.

DOM. LAROCHETTE-MANCIAT
Grande Réserve 1999**

☐ 0,5 ha 2 000 15 à 23 €

Marie-Pierre und Olivier Larochette, die mitten in dem Dorf Chaintré wohnen, haben ihren Keller 1999 erbaut. Hier können Sie diese Cuvée probieren, die unsere Verkoster angeregt hat. Ihrem kräftigen Goldgelb entweichen tausend Gerüche: reife Früchte, Honig, Butter und Lebkuchen. Was für ein Genuss! Der Geschmack bleibt dahinter nicht zurück, mit einer klaren Ansprache, Noten von kandierten Zitrusfrüchten und einem lakritzeartigen Abgang, der ihm eine schöne Frische verleiht. Die Cuvée **Les Petites Bruyères 1999** (Preisgruppe: 70 bis 99 F) erhält einen Stern, so verführerisch sind ihr blumiger Duft, ihre deutliche Ansprache und ihr runder, sanfter Geschmack. Lobend erwähnen wollen wir noch die Cuvée **Vieilles vignes 1999** (Preisgruppe: 70 bis 99 F).

Dom. Larochette-Manciat, rue du Lavoir, 71570 Chaintré, Tel. 03.85.35.61.50, Fax 03.85.35.67.06, E-Mail o.larochette@club-internet.fr n. V.
O. und M.-P. Larochette

DOM. LA SOUFRANDISE
Levrouté Vieilles vignes 1999*

1 ha 6 000 15 à 23 €

Diese leuchtend safrangelbe Cuvée bietet ein Festival der Aromen: reife weißfleischige Früchte (Birne), Süßigkeiten (Karamell, kandierte Orangenschale), weiße Blüten (Geißblatt). Die Struktur im Mund ist voll und ausgewogen und besteht aus fruchtigen Geschmacksnoten: Ananas, getrocknete Aprikose. Eine schöne Leistung von Françoise und Nicolas Melin, die für diesen Wein ihre Lese bis zum 5. Oktober 1999 hinausgezögert haben. Genießen kann man außerdem im nächsten Herbst die Cuvée **Vieilles vignes 1999** (Preisgruppe: 70 bis 99 F), die vor allem wegen der Feinheit ihrer Aromen (Honig und Gewürze) lobend erwähnt wird.
Françoise et Nicolas Melin, EARL Dom. La Soufrandise, 71960 Fuissé, Tel. 03.85.35.64.04, Fax 03.85.35.65.57 n. V.

DOM. MANCIAT-PONCET
Les Crays 1999*

4,5 ha 15 000 11 à 15 €

Das heute elf Hektar umfassende Gut wird seit 1870 vom Vater auf den Sohn weitergegeben. Dieser Pouilly-Fuissé hat die Aufmerksamkeit der Jury auf sich gezogen, denn er ist ausgewogen und viel versprechend. Er zeigt eine hübsche blassgelbe Farbe mit grünen Reflexen und einen intensiven Duft von weißen Blüten. Sein Geschmack ist füllig und komplex, mit einer schönen Nachhaltigkeit der Aromen. Mit der Zeit kann sich diese Flasche voll entfalten.
Dom. Manciat-Poncet, 65, chem. des Gérards, Levigny, 71850 Charnay-lès-Mâcon, Tel. 03.85.34.18.77, Fax 03.85.29.17.59 n. V.
Claude Manciat

PROSPER MAUFOUX 1999

k. A. k. A. 15 à 23 €

Die Handelsfirma Prosper Maufoux, die sich in Santenay befindet, besitzt großartige Keller aus dem 18. Jh. Eine blassgoldene Farbe kleidet diesen Pouilly-Fuissé mit dem angenehmen Duft von weißen Blüten und Honig. Nach einer guten Ansprache im Geschmack bietet dieser Wein Stärke und «Fett». Im Abgang besteht die Aromenpalette aus Zitronennoten, die ihm eine schöne Frische bescheren.
Prosper Maufoux, pl. du Jet-d'Eau, 21590 Santenay, Tel. 03.80.20.60.40, Fax 03.80.20.63.26, E-Mail prosper.maufoux@wanadoo.fr
n. V.

PATRIARCHE PERE ET FILS 1999*

k. A. 35 000 15 à 23 €

Die Firma Patriarche ist die größte Handelsfirma mit Sitz in Beaune; sie befindet sich in der Nähe der berühmten Hospices de Beaune. Sie hat diese Cuvée von hübscher blassgelber Farbe ausgewählt. Der Geruchseindruck bleibt diskret, aber der feine, elegante Geschmack offenbart fruchtige Aromen, die für die Chardonnay-Traube typisch sind. Ein großer Klassiker!
Patriarche Père et Fils, 5, rue du Collège, 21200 Beaune, Tel. 03.80.24.53.01, Fax 03.80.24.53.03 tägl. 9h–12h 14h–18h

MARCEL PERRET
Cuvée Vieilles vignes 2000*

4 ha 2 500 8 à 11 €

Marcel Perret, der hier seit 1977 lebt, hat einen 2000er in der Tradition des Terroir hergestellt, in dem die Chardonnay-Rebe vollständig zur Entfaltung kommt. Der intensive Duft besteht aus weißen Blüten (Akazie); er ist ein wenig mineralisch und wird durch Lakritzenoten belebt. Nach einer klaren Ansprache entdeckt man einen vollen, anhaltenden Geschmack, den Aromen von Zitronenkuchen betonen. Dieser für den Jahrgang charakteristische Wein lässt sich schon trinken, gewinnt aber noch hinzu, wenn man ihn in vier bis sechs Jahren versucht.
Marcel Perret, Le Haut de Pouilly, 71960 Solutré-Pouilly, Tel. 03.85.35.81.64, Fax 03.85.35.81.64 n. V.

CH. DES RONTETS Pierrefolle 1999

0,69 ha 5 099 11 à 15 €

Dieses junge frankoitalienische Paar, das sich hier 1995 niederließ, bestätigt sein Können, indem es eine strahlende, tiefe goldene Cuvée präsentiert. Der Geruchseindruck war am Tage der Verkostung noch zurückhaltend, aber es mangelt ihm trotzdem nicht an Komplexität, mit Aromen von Akazienblüte, gerösteter Haselnuss und reifen Früchten. Im Mund erweist sich die Ansprache als reich und dicht und lässt eine schöne Ausgewogenheit zwischen «Fett» und Säure erkennen. Pfirsich- und Aprikosennoten verlängern das Vergnügen.
Claire et Fabio Gazeau-Montrasi, Ch. des Rontets, 71960 Fuissé, Tel. 03.85.32.90.18, Fax 03.85.35.66.80, E-Mail chateaurontets@compuserve.com
n. V.

DOM. SAUMAIZE-MICHELIN
Vigne blanche 1999**

2 ha 12 000 8 à 11 €

«Respekt gegenüber dem Terroir und der Pflanze» – das ist das Credo von Christine und Roger Saumaize, die ein 8,5 ha großes Gut in

der wunderschönen Gemeinde Vergisson bewirtschaften. Sie sollten nichts anders machen, denn wie so oft halten sie für uns schöne Gefühle bereit. Dieser im Anblick intensiv goldgrüne Wein bezaubert sofort durch ein ausdrucksvolles, verfeinertes Bouquet, das aus tausend blumigen und fruchtigen Gerüchen besteht, unterstützt von Röstnoten. Der elegante, anhaltende Geschmack hat eine sehr sanfte Ansprache und ist in reichem Maße aromatisch (Birne, Zitrusfrüchte, Vanille). Große Kunst!
Dom. Roger et Christine Saumaize-Michelin, Le Martelet, 71960 Vergisson, Tel. 03.85.35.84.05, Fax 03.85.35.86.77
n. V.

DOM. SIMONIN Vieilles vignes 1999**

☐ 2 ha k. A. 11 à 15 €

Dieser Wein mit echtem Potenzial stammt von alten Reben, die in einer herrlichen Lage wachsen. Er ist noch sehr jung, lässt aber trotzdem in der Nase eine große Komplexität erkennen, mit Röstnoten, die sich mit Mokka mischen und auf delikate Weise durch eine Prise Anis gewürzt werden. Der Geschmack ist elegant und ausgewogen, mit einem schönen aromatischen Ausdruck (Honig und Butter). Die schon harmonische Vereinigung von Fass und Wein lässt eine glückliche Zukunft vorhersehen. Vier bis fünf Jahre aufheben.
Dom. Simonin, Le Bourg, 71960 Vergisson, Tel. 03.85.35.84.72, Fax 03.85.35.85.34
n. V.

DOM. THIBERT PERE ET FILS
Vignes de la Côte 1999*

☐ 0,15 ha 1 400 11 à 15 €

Mit dem ersten Jahrgang dieser Cuvée, einer Auswahl nach dem Terroir, hat die Domaine Thibert die Jury zufrieden gestellt. Sie stammt von durchschnittlich 55 Jahre alten Reben, deren Trauben am 9. Oktober 1999 mit der Hand gelesen wurden, und wurde siebzehn Monate lang im Holzfass ausgebaut. Sie zeichnet sich durch ihre Fülle und ihre Komplexität aus. Ihr leuchtendes Goldgrün geht einer aromatischen Abfolge voraus, in der sich fruchtige Noten (Birne), weiße Blüten, Vanille und Feuerstein mischen. Der Geschmack mit seiner zarten Ansprache ist gut ausbalanciert und klingt mit säuerlichen Noten aus, die ihm eine große Frische verleihen. Er passt in zwei bis drei Jahren zu einem schönen Hummer.
GAEC Dom. Thibert Père et Fils, Le Bourg, 71960 Fuissé, Tel. 03.85.35.61.79, Fax 03.85.35.66.21, E-Mail domthibe@club-internet.fr n. V.

DOM. TRANCHAND 1999*

☐ 1,2 ha 8 000 11 à 15 €

Gegründet wurde die Firma Collin-Bourisset 1821 in Crèches-sur-Saône, einem Grenzort zwischen dem Mâconnais und dem Beaujolais. Edward Steeves, ein Amerikaner, der sich in Frankreich, seine Kultur und vor allem seine Weine verliebte, leitet sie voller Begeisterung. Dieser Wein hier, der eine schöne goldgelbe Farbe zeigt, wird Sie sofort durch seinen intensiven Blütenduft verführen, den eine Holznote unterstreicht. Die Ansprache ist fein und angenehm; der Holzton bleibt der rote Faden des Geschmacks und begünstigt eine gute Länge. Man muss ihn für ein paar Jahre im Keller vergessen, bevor man ihn zu Lachs im Teigmantel servieren kann.
Collin-Bourisset Vins Fins, av. de la Gare, 71680 Crèches-sur-Saône, Tel. 03.85.36.57.25, Fax 03.85.37.15.38, E-Mail cbourisset@gofornet.com n. V.

DOM. DES TROIS TILLEULS 2000**

☐ 5 ha 30 000 11 à 15 €

90 % der Produktion dieses Händlers, der einen ausgezeichneten Ruf genießt, sind für den Export bestimmt. Somit können sich diejenigen, die diesen Wein aus dem mythischen Jahrgang 2000 probieren werden, als «Glückskinder» betrachten. Seine goldgrüne Farbe ist besonders strahlend. Das Bouquet von weißen Blüten bindet das Holz mit seinen Vanille- und Mokkanuancen vollkommen mit ein. Die Ansprache ist klar und deutlich, noch vom Fass dominiert, aber der Wein besitzt einen derartigen Stoff, dass er keine Schwierigkeiten haben wird, sich darüber zu erheben. Man sollte ihn vier bis sechs Jahre aufheben und dann zu weißem Fleisch genießen.
Paul Beaudet, rue Paul-Beaudet, 71570 Pontanevaux, Tel. 03.85.36.72.76, Fax 03.85.36.72.02, E-Mail paulbeaudet@compuserve.com
Mo–Fr 8h–12h 13h30–17h30; Aug. geschlossen

VESSIGAUD Vieilles vignes 1999**

☐ 3 ha 20 000 11 à 15 €

Dieser Pouilly-Fuissé, für den die Trauben mit der Hand gelesen wurden, besitzt eine schöne strohgelbe Farbe, die strahlend und klar ist. In der Nase vereinigen sich weiße Blüten mit pflanzlichen Noten. Die kräftige Ansprache, der füllige, reiche Geschmack und der ein wenig warme Abgang machen ihn zu einem Wein, der sein Terroir zum Ausdruck bringt. Dieses liegt im Herzen der Appellation, dort, wo die unseren Lesern gut bekannte Domaine Vessigaud ihren Sitz hat. Ein Wein, den man zu den feinsten Fischgerichten empfehlen kann.
Dom. Vessigaud Père et Fils, hameau de Pouilly, 71960 Solutré-Pouilly, Tel. 03.85.35.81.18, Fax 03.85.35.84.29
Mo–Sa 8h30–12h 13h30–19h

DOM. DES VIEILLES PIERRES
Vieilles vignes Les Crays 1999**

☐ 0,67 ha 2 630 11 à 15 €

Jean-Jacques Litaud, der im letzten Jahr eine Liebeserklärung erhielt, versteht sich darauf, die Sinne zu betören, indem er prächtige Cuvées anbietet, die von sehr alten Reben (im Durchschnitt neunzig Jahre) stammen. Zuerst entdeckt man eine leuchtende Farbe: blassgolden mit grünen Reflexen. Danach ist es ein ganzes Bouquet, das Sie verzaubert: getrocknete Früchte, Vanille, weiße Blüten. Im Geschmack wird die Ausgewogenheit im Augenblick durch die Anwesenheit des noch nicht gut eingebundenen Holzes gestört. Aber dieser Wein zeigt schon eine schö-

ne Struktur aus «Fett» und Säure. Vergessen Sie ihn für vier bis fünf Jahre im Keller.
Jean-Jacques Litaud, Les Nembrets, 71960 Vergisson, Tel. 03.85.35.85.69, Fax 03.85.35.86.26, E-Mail jean-jacques.litaud@wanadoo.fr
n. V.

CH. VITALLIS Vieilles vignes 2000*

2 ha 12 000 11 à 15 €

Dieses Château befindet sich im Herzen von Fuissé, einem hübschen Marktflecken des Mâconnais, und ist seit 1835 im Besitz der Familie Dutron. Dieser 2000er, der aufgrund seiner goldenen Farbe mit grünen Reflexen typisch ist, enthüllt sehr frische Zitronenaromen, die von Eisenkrautnoten begleitet werden. Der Geschmack ist fett und ausgewogen, wenn auch im Abgang ein wenig beißend. «Ein Schlemmerwein», meinte ein Verkoster zum Schluss. Dazu passen Languste, Tiefseegarnelen oder Fischterrine in ein bis zwei Jahren und dann bis mindestens 2006.
EARL Denis Dutron, 71960 Fuissé, Tel. 03.85.35.64.42, Fax 03.85.35.66.47
n. V.

Pouilly Loché und Pouilly Vinzelles

Diese kleinen Appellationen, die viel weniger bekannt sind als die Nachbarappellation, befinden sich auf dem Boden der Gemeinden Loché und Vinzelles. Sie erzeugen Weine, deren Charakter der Gleiche ist wie beim Pouilly-Fuissé, die aber vielleicht etwas weniger Körper besitzen. 2000 erreichte die erzeugte Menge 1 880 hl in der AOC Loché und 2 959 hl in der AOC Vinzelles; es handelt sich ausschließlich um Weißweine.

Pouilly Loché

DOM. CORDIER PERE ET FILS 1999**

0,5 ha 2 500 11 à 15 €

Der Domaine Cordier ist mit ihrem goldgelben 99er unbestritten eine Heldentat gelungen. Ein Wein von bemerkenswerter aromatischer Komplexität: Kaffee, Haselnuss und Vanillenoten. Im Mund ist die Präsenz des Fasses deutlich, aber gut dosiert und verleiht ihm eine schöne Ausgewogenheit und eine große Länge. Man kann ihn aufheben und zu großen Anlässen servieren.
Dom. Cordier Père et Fils, 71960 Fuissé, Tel. 03.85.35.62.89, Fax 03.85.35.64.01
n. V.

ALAIN DELAYE 1999

0,99 ha 7 800 8 à 11 €

Das Gut, das den achteckigen Glockenturm der romanischen Kirche von Loché überragt, klammert sich inmitten von Reben an den Hang, auf dem der Pouilly Loché entsteht. Diese Cuvée, für die das Traubengut mit der Hand gelesen wurde, ist teilweise im Edelstahltank und teilweise im Holzfass ausgebaut worden, bevor sie zusammengestellt wurde, damit sie sich Ihnen mit einer hübschen, hellen, grün funkelnden Farbe präsentiert. Ihr Geruchseindruck ist noch verschlossen, aber der Geschmack wird zitronenartig und lebhaft, mit einer schönen Länge. Ideal als Begleitung zu einem Ziegenkäse aus dem Mâconnais.
Alain Delaye, Les Mûres, 71000 Loché-Mâcon, Tel. 03.85.35.61.63, Fax 03.85.35.61.63 n. V.

DOM. GIROUX Au Bûcher 1999*

1,2 ha 6 000 8 à 11 €

Das Gut erstreckt sich gegenüber den Felsen von Solutré und Vergisson auf sieben Hektar, die sich an den Hängen von Fuissé und Loché befinden. Monique und Yves Giroux, die es seit 1973 führen, stellen Weine mit Terroir-Charakter her, wie etwa diesen sehr viel versprechenden 99er, der eine blasse goldgrüne Farbe besitzt. Der noch diskrete Geruchseindruck öffnet sich zu mineralischen Noten von Feuerstein, die eine große Eleganz haben. Der Geschmack, der mit seinen Röstaromen recht fett wirkt, klingt mit sehr frischen säuerlichen Noten aus.
Dom. Yves Giroux, Les Molards, 71960 Fuissé, Tel. 03.85.35.63.64, Fax 03.85.32.90.08 n. V.

CAVE DES GRANDS CRUS BLANCS 1999**

14,35 ha 50 000 8 à 11 €

Die Cave des Grands Crus blancs befindet sich an der Kreuzung von Straßen, die reich an touristischen Sehenswürdigkeiten sind; sie vinifiziert 130 Hektar und konnte dieses Jahr erneut einen Wein von großer Klasse erzeugen. Goldgelbe Farbe, blumiger Duft, ausgewogener, kräftiger, sehr stilvoller Geschmack – dieser Wein entspricht ganz dem Typ der AOC. Bei Erscheinen des Hachette-Weinführers dürfte er perfekt sein. Die Cuvée **Les Mûres 1999** erhält einen Stern.
Cave des Grands Crus blancs, 71680 Vinzelles, Tel. 03.85.35.61.88, Fax 03.85.35.60.43 n. V.

DOM. SAINT-PHILIBERT Clos des Rocs 1998*

2,4 ha 2 500 8 à 11 €

Dieses wunderschöne Gut in Familienbesitz, das im Herzen des Dorfs Loché liegt, wurde 1999 dank des Einfallsreichtums und der Hartnäckigkeit von Philippe Bérard um das «Vigneroscope» bereichert, ein Museum, das die Geschichte des Weinbaus und des Weins nachzeichnet und einen Umweg wert ist. Nach dem Ende der Besichtigung haben Sie vielleicht die Möglichkeit, diesen Clos des Rocs zu probieren, der sehr frisch, zitronenartig und einschmeichelnd ist. Oder Sie verlangen dann den **99er Pouilly Loché**, der aufgrund seiner großen Feinheit und Eleganz eine lobende Erwähnung erhalten hat.

Philippe Bérard, Dom. Saint-Philibert, 71000 Loché-Mâcon, Tel. 04.78.43.24.96, Fax 04.78.35.90.87, E-Mail berard-loche@wanadoo.fr n. V.

CELINE ET LAURENT TRIPOZ 1999**

☐ 0,2 ha 1 500 8 à 11 €

Nachdem Sie den malerischen Marktflecken Loché und seine hübsche, kleine romanische Kirche besichtigt haben, können Sie Céline und Laurent Tripoz einen Besuch abstatten, die Ihnen den bestmöglichen Empfang bereiten werden. Dieses enthusiastische junge Paar besitzt heute ein 10 ha großes Gut, das es gewissenhaft bestellt, um Weine von großer Qualität bieten zu können. Der Anblick dieses 99ers ist verführerisch, ebenso wie der Duft, in dem Frucht den Röstgeruch begleitet. Der sehr runde, füllige Geschmack wird von einem Holzton unterstützt, der eine schöne Eleganz zeigt. Ein sehr gut ausgebauter Wein.

Céline et Laurent Tripoz, pl. de la Mairie, 71000 Loché-Mâcon, Tel. 03.85.35.66.09, Fax 03.85.35.64.23, E-Mail celine-laurent.tripoz@libertysurf.fr n. V.

Pouilly Vinzelles

DOM. DE FUSSIACUS 2000**

☐ 0,35 ha 2 600 8 à 11 €

Der schon im letzten Jahr für einen 99er Saint-Véran mit einer Liebeserklärung ausgezeichnete Jean-Paul Paquet wiederholt seine Leistung mit einem Pouilly Vinzelles. Diese Cuvée, die von dreißig Jahre alten Rebstöcken stammt, wurde sechs Monate lang im großen Holzfass vinifiziert und ausgebaut. Die Jury sparte nicht mit Lob für diesen 2000er: intensiv und konzentriert im Duft, mit Noten von Korinthen und kandierten Zitrusfrüchten, die ein Hauch von Vanille würzt. Der sanfte, füllige und zugleich großzügige Geschmack zeigt sich ausgewogen und besitzt einen idealen zitronenartigen Abgang, der in ein paar Jahren (drei bis fünf Jahre) einen hinreißend guten Tropfen abgeben wird.

Jean-Paul Paquet, 71960 Fuissé, Tel. 03.85.27.01.06, Fax 03.85.27.01.07, E-Mail fussiacus@wanadoo.fr n. V.

CAVE DES GRANDS CRUS BLANCS 1999*

☐ 16,46 ha 100 000 8 à 11 €

Diese strahlend goldene Cuvée bietet einen reichen, komplexen Duft. Das Ganze ist fruchtig: Aprikosen und Williams-Christbirne mit Anisnoten. Der voluminöse, runde Geschmack erweist sich als sehr angenehm und endet in einem exotischen Bouquet. Zweifellos passt diese Cuvée zur berühmten *«choucroute maison»* (Sauerkraut nach Art des Hauses), serviert von dem Küchenchef, der im Probierkeller der Cave des Grands Crus blancs seine Kunst zelebriert.

Cave des Grands Crus blancs, 71680 Vinzelles, Tel. 03.85.35.61.88, Fax 03.85.35.60.43 n. V.

DOM. MATHIAS 1999*

☐ 1 ha 8 000 8 à 11 €

Von vierzig Jahre alten Reben, die auf einem Ton- und Kalksteinboden angepflanzt sind, ist mit großer Sorgfalt diese Cuvée erzeugt worden. Sie fesselt mit ihrer Aromenpalette, die Pfirsich, Aprikose und Pampelmuse mischt. Der Geschmack zeigt sich sehr klar, mit einem zitronenartigen Abgang. Ein Wein, den man bei Erscheinen des Weinführers trinken kann: zu nichts anderem als zum Vergnügen.

Béatrice et Gilles Mathias, Dom. Mathias, rue Saint-Vincent, 71570 Chaintré, Tel. 03.85.27.00.50, Fax 03.85.27.00.52 n. V.

DOM. DES PERELLES 1999*

☐ 0,6 ha 2 000 8 à 11 €

Die vom Ton- und Kalksteinboden des Terroir geprägten Weine Jean-Marc Thiberts sind gut gebaut und brauchen immer ein wenig Zeit, um sich abzurunden. Dieser hier besitzt eine schöne blassgoldene Farbe, die fast kristallklar ist. Der recht intensive Duft ist blumig, mit leichten Röstnoten, die auf den achtmonatigen Ausbau im Holzfass zurückgehen. Die Ansprache im Mund ist delikat; danach entfaltet sich der Geschmack zu Aromen von Renette und Akazienblüte. «Ein durstlöschender Wein», fasste einer der Verkoster zusammen.

Jean-Marc Thibert, Les Pérelles, 71680 Crèches-sur-Saône, Tel. 03.85.37.14.56, Fax 03.85.37.46.02 n. V.

DOM. RENE PERRATON
Les Buchardières 2000

☐ 0,26 ha 2 000 5 à 8 €

Von diesem Gut hat man eine unverbaubare Aussicht auf das Tal der Saône und die ersten Hügel des Beaujolais, aber die Parzelle, von der diese Cuvée stammt, befindet sich auf der anderen Seite des Dorfs Chaintré, in der angrenzenden Gemeinde Vinzelles. Dieser Wein von Trauben, die mit der Hand gelesen wurden, präsentiert sich mit einer lebhaften goldenen Farbe und Noten von geröstetem Brot, Honig und frischer Mandel. Er ist im Geschmack angenehm und besitzt eine schöne Ausgewogenheit und eine elegante Nachhaltigkeit der Aromen: Pampelmuse und exotische Früchte. Servieren Sie ihn zu Hecht in zarter Buttersauce.

Dom. René Perraton, rue du Paradis, 71570 Chaintré, Tel. 03.85.35.63.36, Fax 03.85.35.67.45 ☑ Y n. V.

DOM. THIBERT PERE ET FILS 1999*

☐ 1,1 ha 4 000 8 à 11 €

Nicht zufrieden damit, dass sie eine Liebeserklärung für ihren Mâcon-Villages erhält, gönnt sich die Domaine Thibert auch einen sehr ehrenvollen Platz beim Pouilly Vinzelles. Diese Cuvée stammt von 45 Jahre alten Reben, die auf einem Mergelhang angepflanzt sind, und von Trauben, die am 22. September gelesen worden sind; vinifiziert und ausgebaut worden ist sie neun Monate lang im großen Holzfass. Das Ergebnis hat «Charakter», wie es eine Verkosterin ausdrückte. Die Noten von geröstetem Brot konkurrieren mit Vanille- und Brioche-Aromen. Der Geschmack ist sanft, großzügig und wohl ausgewogen und klingt mit einem zitronenartigen Eindruck von schöner Frische aus. Warten Sie drei bis fünf Jahre, bevor Sie diesen Wein zu Froschschenkeln servieren.

GAEC Dom. Thibert Père et Fils, Le Bourg, 71960 Fuissé, Tel. 03.85.35.61.79, Fax 03.85.35.66.21, E-Mail domthibe@club-internet.fr ☑ Y n. V.

CH. DE VINZELLES 1998*

☐ k. A. k. A. 5 à 8 €

Eine der letzten Handelsfirmen in Familienbesitz im Mâconnais. Begrüßen wir hier ihr langes Bestehen, das bestimmt nicht unbeteiligt an ihrem Können ist, auf dem Gebiet des Ankaufs von Trauben ebenso wie beim Ausbau. Die Farbe dieses 98ers ist ein klares Gelb; der intensive Duft entfaltet Noten von getrockneter Aprikose und Lindenblüte. Der füllige, sanfte, runde Geschmack bietet Aromen von Geröstetem, Weißdorn und frischer Mandel. Der zitronenartige Abgang lässt schöne Empfindungen in zwei bis drei Jahren voraussagen.

Ets Loron et Fils, Pontanevaux, 71570 La Chapelle-de-Guinchay, Tel. 03.85.36.81.20, Fax 03.85.33.83.19, E-Mail vinloron@wanadoo.fr

Saint-Véran

Die AOC Saint-Véran ist Weißweinen vorbehalten, die in acht Gemeinden im Departement Saône-et-Loire erzeugt werden dürfen; sie wurde 1971 anerkannt. Die hier erzeugten Weine (40 247 hl im Jahre 2000) kann man in der Rangordnung zwischen den Pouilly und die Mâcon-Weine mit Dorfnamen stellen. Sie sind leicht, elegant und fruchtig und passen hervorragend zu den Eröffnungsgerichten einer Mahlzeit.

Die Appellation, deren Weine vorwiegend auf Kalksteinböden erzeugt werden, bildet die Südgrenze des Mâconnais.

DOM. ACERBIS 1999*

☐ k. A. k. A. 5 à 8 €

Vorgestellt wird er von Pierre Janny, einer kleinen Handelsfirma im Mâconnais, ein recht typischer Saint-Véran, der einen angenehmen Marzipanduft bietet. Im Geschmack erweist er sich als ausgewogen und seidig, mit einem honig- und zitronenartigen Abgang. Ein ausdrucksstarker Wein zu einem kleinen Preis.

Sté Pierre Janny, La Condemine, Cidex 1556, 71260 Péronne, Tel. 03.85.23.96.20, Fax 03.85.36.96.58, E-Mail pierre-janny@wanadoo.fr

AUVIGUE Les Chênes 1999

☐ 0,6 ha 5 000 5 à 8 €

Die Firma Auvigue hat für diese Cuvée Les Chênes Moste von guter Herkunft ausgewählt, die sie dann vier Monate lang in zwei bis vier Jahre alten Stückfässern ausgebaut hat. Intensive Aromen von kandierten Früchten, Birne in Sirup und Lebkuchen gehen von einem strahlenden Goldgelb aus. Erst im Mund entdeckten die Verkoster den Holzton, aber auch eine schöne Struktur, die ein vanilleartiger Abgang verlängert. Zu weißem Fleisch mit Rahmsauce.

Vins Auvigue, Le Moulin du pont, 71850 Charnay-lès-Mâcon, Tel. 03.85.34.17.36, Fax 03.85.34.75.88, E-Mail vins.auvigue@wanadoo.fr ☑ Y n. V.

CAVE DE CHAINTRE 2000**

☐ 17,88 ha 60 000 5 à 8 €

Diese Genossenschaftskellerei, die sich auf den Überresten einer galloromanischen *villa* befindet, präsentiert einen bemerkenswerten Wein. Noten von kandierten Früchten, Geißblatt und Mandel betonen den intensiven, komplexen Duft. Der sehr rassige Geschmack, der reich, füllig und strukturiert ist, klingt mit einem Hauch von Überreife aus. Man muss ihn ein bis zwei Jahre aufheben, bevor man ihn zu einer Fischterrine trinkt.

Cave de Chaintré, 71570 Chaintré,
Tel. 03.85.35.61.61, Fax 03.85.35.61.48
n. V.

DOM. DU CHALET POUILLY 1999

☐ 3 ha 6 000 5 à 8 €

Eine schöne strahlend blassgoldene Farbe, ein komplexer, intensiver Duft von Mango und kandierten Früchten, die durch Holz- und Blütennoten belebt werden. Die recht freimütige Ansprache bietet Noten von frischer Butter. Der Stoff ist rund und einschmeichelnd, während der Abgang vom Holz bestimmt bleibt. Dieser gut strukturierte Wein muss noch ein Jahr lang sein Fass verdauen.

B. Léger-Plumet, Dom. du Chalet Pouilly,
Les Gerbeaux, 71960 Solutré-Pouilly,
Tel. 03.85.35.80.07, Fax 03.85.35.85.95
n. V.

DOM. CORDIER PERE ET FILS
Les Crais 1999★★★

☐ 0,25 ha 1 200 15 à 23 €

Drei zu Lieblingsweinen gewählte Weine in ein und derselben Ausgabe des Hachette-Weinführers, davon zwei beim Saint-Véran – das ist die Siegerliste der Domaine Cordier, die im Mâconnais zu einem Gut wird, an dem man nicht vorbeikommt. Wenn Sie die Hänge auf den Anhöhen von Fuissé durchwandern, gelangen Sie zu dem Probierkeller. Dort werden Roger Cordier und sein Sohn Christophe Sie empfangen, und vielleicht haben Sie das Glück, diese in kleiner Stückzahl erzeugte Cuvée zu probieren, die unsere Jury entzückt hat. Dieser 99er von sehr intensiver Goldfarbe entfaltet einen kräftigen Duft, Aromen von reifen Früchten (Pfirsich, Aprikose), Wachs und Honig, die von den Vanille- und Röstnoten des Fasses gut unterstützt werden. Der Geschmack geht *crescendo:* Die sanfte Ansprache wird kräftig und reichhaltig; der Holzeinfluss ist tief verankert. Ein «Ungeheuer». Der ebenfalls mit einer Liebeserklärung ausgezeichnete **99er Le clos à la Côte** (Preisgruppe: 70 bis 99 F) kam bei der Jury auf den zweiten Platz. Er ist der kleine Bruder der obigen Cuvée und zeichnet sich durch seine leichte goldgrüne Farbe und seinen frischen Zitronenduft aus. Der Geschmack ist ausgewogen und fein und klingt mit Noten von frischen Zitrusfrüchten aus. Zart wie Spitze!

Dom. Cordier Père et Fils, 71960 Fuissé,
Tel. 03.85.35.62.89, Fax 03.85.35.64.01 n. V.

DOM. CORSIN Tirage précoce 2000★

☐ 2,5 ha 20 000 5 à 8 €

Eines der herausragenden Weingüter der Appellation. Am 11. September mit der Hand gelesen, vinifiziert, ausgebaut und dann sechs Monate nach der Lese auf Flaschen abgefüllt, gibt sich dieser Wein schon völlig hin. Er hat eine feine blassgelbe Farbe und zeigt Aromen von feinen Backwaren, weißen Blüten und Zitrusfrüchten. Der in der Ansprache leicht prickelnde Geschmack erweist sich als rund und ausgewogen. «Ein kugelrunder Wein, der als Aperitif munden wird», kommentierte ein Juror.

Dom. Corsin, Les Plantés, 71960 Davayé,
Tel. 03.85.35.83.69, Fax 03.85.35.86.64
n. V.

DOM. DES DEUX ROCHES
Les Terres noires 1999★★

☐ 3 ha 20 000 8 à 11 €

Dieser Weinbaubetrieb in Familienbesitz hat 35 ha Reben im Mâconnais, aber auch ein Gut im Languedoc, in der Nähe von Limoux. Er ist an die Ehrungen durch unseren Weinführer gewöhnt und zeichnet sich dieses Jahr erneut aus, nämlich mit dieser Cuvée von leuchtender bernsteingelber Farbe. Der diskrete, leicht holzbetonte Geruchseindruck führt zu einem großzügigen, runden Geschmack, der eine schöne Länge besitzt, aber gleichzeitig Frische bewahrt. Da diese Flasche noch unter dem Einfluss des Holzfasses steht, muss man sie ein bis zwei Jahre einkellern, bevor sie ihre Reife erreicht. Sie passt zu einem «großen» Fisch.

Dom. des Deux Roches, 71960 Davayé,
Tel. 03.85.35.86.51, Fax 03.85.35.86.12
n. V.

JOSEPH DROUHIN 1999★

☐ k. A. 21 000 8 à 11 €

Eine strahlende goldene Farbe, Düfte von weißfleischigen Früchten (Birne) und weißen Blüten (Akazie, Geißblatt), die sich in einem sehr ausgewogenen, sehr feinen Geschmack wiederfinden: All das ergibt einen überaus gelungenen Wein. Besonders schätzte die Jury seine allgemeine Ausgewogenheit. Allerdings wurde dieser Saint-Véran Joseph Drouhin, einer angesehenen Firma der Côte d'Or, vorgestellt.

Joseph Drouhin, 7, rue d'Enfer, 21200 Beaune, Tel. 03.80.24.68.88, Fax 03.80.22.43.14,
E-Mail maisondrouhin@drouhin.com n. V.

PIERRE DUPOND 2000★

☐ k. A. k. A. 8 à 11 €

Dieser Saint-Véran von kristallklarer Erscheinung, der von einem guten Händler aus dem Beaujolais präsentiert wird, besitzt dank seiner frischen Aromen von weißfleischigen Früchten und Wiesenblumen viel Präsenz. Nach einer lebhaften Ansprache entfaltet sich der Geschmack harmonisch und klingt mit Zitrusnoten aus. Servieren Sie ihn gekühlt zu einer deftigen Brotzeit.

Pierre Dupond, 235, rue de Thizy,
69653 Villefranche-sur-Saône,
Tel. 04.74.65.24.32, Fax 04.74.68.04.14,
E-Mail p.dupond@seldon.fr

DOM. MARC GREFFET 1999*

☐ 0,6 ha 5 000 5 à 8 €

Am Fuße des Solutré-Felsens befindet sich ein Museum für Vorgeschichte, das man nicht versäumen sollte. Diesen funkelnden zitronengelben Wein sollte man ebenfalls erforschen. Der Duft verbindet sehr angenehme Noten von frischen Mandeln und Vanille. Der Geschmack ist erfrischend und ausgewogen. Der Kalksteinboden zeigt sich sehr deutlich in diesem 99er, der ein Jahr lang im Eichenfass ausgebaut worden ist. Er ist schon gefällig und kann eine ein- bis zweijährige Alterung verkraften.

Marc Greffet, 71960 Solutré-Pouilly, Tel. 03.85.35.83.82, Fax 03.85.35.84.24
n. V.

DOM. GUEUGNON-REMOND 2000*

☐ 0,92 ha 7 990 5 à 8 €

1997 haben Véronique, die Tochter, und Jean-Christophe, der Schwiegersohn, den Familienbetrieb übernommen. Und seitdem haben sie unaufhörlich gearbeitet, um aus ihrem Terroir das «Mark», d. h. die Quintessenz, herauszuholen. Diese Cuvée von zwanzig Jahre alten Reben bietet eine Aromenpalette, die von weißen Blüten beherrscht wird. Im Geschmack ist sie sehr klar und ausgewogen und klingt mit einer angenehmen Muskatellernote aus. «Ein Wein mit Terroir-Charakter, sehr viel versprechend», hob eine Verkosterin hervor. Der Wein kann kleine Bratfische aus der Saône begleiten.

Dom. Gueugnon-Remond, chem. de la Cave, 71850 Charnay-lès-Mâcon, Tel. 03.85.29.23.88, Fax 03.85.20.20.72
n. V.
Remond

DOM. DE LA CROIX SENAILLET Les Rochats 1999**

☐ 2,5 ha 6 000 8 à 11 €

Das Gut, das heute 22 Hektar umfasst, wurde 1991 von den beiden Söhnen, Richard und Stéphane Martin, übernommen. Nach umfangreichen Renovierungsarbeiten und einer Erweiterung der Keller entschlossen sie sich, die Trauben von ihren alten Reben, die an den besten Hängen von Davayé wachsen, getrennt zu vinifizieren. Das Ergebnis erweist sich als sehr überzeugend, wenn man nach diesem Wein urteilt, der ein funkelndes Goldgelb hat. Er bietet zwar einen noch diskreten Duft von weißen Blüten und getrockneten Früchten, aber im Geschmack zeigt er sich kräftig und rund. Die **99er Cuvée La Grande Bruyère** verdient ebenfalls zwei Sterne: Ihre delikaten Aromen verbinden weiße Blüten mit einer angenehmen pflanzlichen Note von Farnkraut. Der Geschmack ist offenherzig und füllig und klingt mit Zitronenaromen aus. Der lobend erwähnte **99er Saint-Véran,** eine Cuvée von verschiedenen Terroirs, ist klassischer gebaut; er kann als Aperitif dienen.

Richard et Stéphane Martin, Dom. de La Croix Senaillet, En Coland, 71960 Davayé, Tel. 03.85.35.82.83, Fax 03.85.35.87.22 n. V.

DOM. DE LA DENANTE 2000*

☐ 5,5 ha 30 000 5 à 8 €

Robert Martin, der in seinen Vinifizierungs- und Ausbaumethoden sehr traditionell ist, wird Sie in seinem Probierkeller mit einem Lächeln empfangen. Er wohnt seit zwanzig Jahren in Davayé und präsentiert stets solide, charaktervolle Weine. Dieser hier zeigt eine intensive goldgrüne Farbe und besitzt einen komplexen Duft von reifen Früchten (Quitte) und Zitronengras, den eine Mentholnote erfrischt. Der angenehme, frische, fast säuerliche Geschmack ist strukturiert und korpulent. Zwei bis drei Jahre lagern.

Robert Martin, Les Peiguins, 71960 Davayé, Tel. 03.85.35.82.88, Fax 03.85.35.86.71
n. V.

DOM. DE LA FEUILLARDE Vieilles vignes 1999

☐ 1,5 ha 8 000 8 à 11 €

Sechzig Jahre alte Reben holen aus einem Ton- und Kalksteinboden diese passable Saint-Véran-Cuvée heraus, die im Augenblick noch zurückhaltend ist. In zwei bis vier Jahren wird das ein interessanter Wein zu gegrilltem Fisch sein.

Lucien Thomas, Dom. de La Feuillarde, 71960 Prissé, Tel. 03.85.34.54.45, Fax 03.85.34.31.50, E-Mail contact@domaine-feuillarde.com
tägl. 8h–12h 13h–19h

DOM. DE LALANDE 1999*

☐ 0,5 ha 4 000 5 à 8 €

Dominique Cornin, der sein Gut am Fuße der Hänge von Chaintré hat, strengt seinen Verstand an, um sein Terroir optimal zu nutzen, insbesondere durch Umpflügen des Bodens und kontrollierte Begrünung zwischen den Rebstöcken. Dieser sehr gelungene Saint-Véran bezeugt eine gute Vinifizierungs- und Ausbaumethode. Er ist strahlend blassgelb mit grünen Reflexen. Der komplexe Duft bietet Noten von frischen Früchten (Williams-Christbirne, Mirabelle) und getrockneten Früchten (Rosine, Haselnuss), die ein sehr angenehmer Hauch von Zimt würzt. Der sanfte, füllige Geschmack ist rund, wohl ausgewogen und beständig fruchtig (Zitrusfrüchte). Ein gefälliger Wein, den man in ein bis zwei Jahren trinken kann.

Dominique Cornin, chem. du Roy-de-Croix, 71570 Chaintré, Tel. 03.85.37.43.58, Fax 03.85.37.43.58, E-Mail dominique.cornin@fnac.net n. V.

DOM. LA MAISON Les Condemines Vieilles vignes 1999**

☐ 6 ha 9 000 5 à 8 €

Zeichnet sich Jean Chagny zu Ehren seines Vaters Georges, des Mitbegründers der Appellation Saint-Véran vor genau dreißig Jahren, durch diese bemerkenswerte Cuvée aus? Dieser Wein hat eine goldene Farbe, die einige grüne Reflexe zeigt, und bietet vor einem Hintergrund von Zimt und Rosinen einen schönen Duft von kandierten Früchten. Die gleichen Aromen findet man in einem stattlichen, strukturierten Geschmack wieder. Der zitronenartige Abgang

verleiht ihm eine schöne Frische. Der ideale Begleiter zu Weinbergschnecken.
Jean Chagny, Au bourg, 71570 Leynes, Tel. 03.85.35.10.16, Fax 03.85.35.12.09, E-Mail domaine.la.maison@free.fr ☑ Ỵ n. V.

DOM. L'ERMITE DE SAINT-VERAN
Jully Vieilles vignes 1999*

☐ 0,71 ha 4 200 5à8€

Im äußersten Süden der Appellation werden Sie auf dem Gipfel eines Hügels das wunderschöne Dorf Saint-Vérand (mit einem «d» geschrieben) entdecken. In dieser Gemeinde besitzt Gérard Martin 71 Ar sehr alte Reben (im Durchschnitt siebzig Jahre), die er perfekt erhält, um diese Cuvée anzubieten. Ihre schöne goldgrüne Farbe ist lebhaft und strahlend. Der hochfeine Blütenduft (Geißblatt und Akazie) kündigt einen lebhaften und zugleich runden Geschmack an. Ein sehr frischer, typischer Wein. Man sollte ihn zwei bis drei Jahre aufheben, bevor man ihn zu einer Andouillette serviert.
Gérard Martin, Les Truges, 71570 Saint-Vérand, Tel. 03.85.36.51.09, Fax 03.85.37.47.89 ☑ Ỵ n. V.

CH. DE LEYNES Vieilles vignes 1999**

☐ 1,5 ha 10 000 8à11€

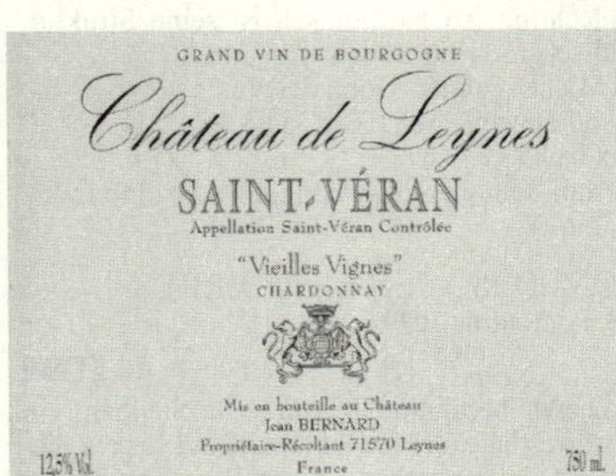

GRAND VIN DE BOURGOGNE
Château de Leynes
SAINT-VÉRAN
Appellation Saint-Véran Contrôlée
"Vieilles Vignes"
CHARDONNAY
Mis en bouteille au Château
Jean BERNARD
Propriétaire-Récoltant 71570 Leynes
France
12,5% Vol.
750 ml

Ein uralter Park, eine echtes Mâconnais-Haus mit umlaufender Galerie und eine Winzerfamilie, die seit Anfang des 18. Jh. Wein anbaut: Jean Bernard stellt als würdiger Erbe Weine von hohem Niveau her, wie etwa diesen hier, der den Gaumen der Verkoster erfreut hat. Die intensive Farbe ist leuchtend golden. Der Geruchseindruck ist ein Bouquet von Aromen, die an ein Frühstück denken lassen: Butter, geröstetes Brot, Kaffee, Vanille. Lebhaftigkeit und Rundheit sind die beiden Hauptmerkmale des Geschmacks, der mit erfrischenden Noten ausklingt. Ein unbestreitbarer Erfolg.
Jean Bernard, Ch. de Leynes, 71570 Leynes, Tel. 03.85.35.11.59, Fax 03.85.35.13.94, E-Mail bernard-leynes@caramail.com ☑ Ỵ n. V.

DOM. DES MAILLETTES
En Pommard 2000*

☐ 0,8 ha 6 500 5à8€

Guy Saumaize, Erbe einer Winzerfamilie, die seit nunmehr über einem Jahrhundert in dieser Region lebt, ist auch Rebschulgärtner, und seine Spezialität ist, woran Sie nicht zweifeln werden, die Chardonnay-Rebe. Die leichte Farbe seines Saint-Véran En Pommard lässt einen gefälligen Wein voraussagen. Der Duft bestätigt diesen ersten Eindruck durch seine Aromen von weißen Blüten, Feuerstein und Zitrone. Diesem im Geschmack runden, sanften 2000er mangelt es nicht an Persönlichkeit; er wird Ihre Naschhaftigkeit befriedigen.
Guy Saumaize, Les Maillettes, 71960 Davayé, Tel. 03.85.35.82.65, Fax 03.85.35.86.69 ☑ Ỵ n. V.

DOM. DES PERELLES 2000*

☐ 0,5 ha 4 200 5à8€

Jean-Marc Thibert, der das Gut seit 1976 leitet, präsentiert diesen strahlend goldgrünen Wein, dessen typischer Duft von weißen Blüten und Zitrone durch Holz- und Vanillenoten verstärkt wird. Nach einer frischen, sanften Ansprache balanciert sich der Geschmack über einer noch starken Lebhaftigkeit aus und klingt mit anhaltenden Röstnoten aus. Dieser solide gebaute 2000er dürfte sich in den kommenden zwei bis vier Jahren gut entwickeln.
Jean-Marc Thibert, Les Pérelles, 71680 Crèches-sur-Saône, Tel. 03.85.37.14.56, Fax 03.85.37.46.02 ☑ Ỵ n. V.

DOM. DES PONCETYS Tradition 1999*

☐ 1,4 ha 11 100 5à8€

Die Familie Guigue de Maind schenkte das Gut 1872 dem Bischof von Autun. Von 1905 bis 1963 gehört es dem Departement Saône-et-Loire, das es wiederum dem Staat überließ, um die Fachoberschule für Weinbau zu gründen, aus der zahlreiche Winzer der Gegend hervorgegangen sind. Diese Cuvée Tradition zeigt ein schönes, blasses Goldgrün. Der Duft von mittlerer Intensität entfaltet Noten von weißen Blüten, während sich der runde, frische Geschmack zu einem delikaten, mineralischen Abgang hin entwickelt. Im gleichen Jahrgang hat die **Cuvée Prestige** (Preisgruppe: 50 bis 69 F) ebenfalls einen Stern erhalten, aber sie muss ein paar Jahre eingekellert werden, denn im Augenblick ist das Holz noch zu deutlich zu spüren.
Lycée viticole de Mâcon-Davayé, Dom. des Poncetys, 71960 Davayé, Tel. 03.85.33.56.20, Fax 03.85.35.86.34, E-Mail legta.macon@wanadoo.fr ☑ Ỵ Mo–Sa 9h–12h 14h–17h30

CAVE DE PRISSE-SOLOGNY-VERZE
Dernière cuvée du millénaire 1999*

☐ 176,09 ha 25 000 5à8€

Die Winzer der drei Genossenschaftskellereien des Mâconnais (Prissé, Sologny und Verzé) haben sich zusammengeschlossen und vereinigen auf diese Weise 900 ha Reben. Sie präsentieren diese intensiv goldene Cuvée, die einen klaren, sehr ausdrucksvollen Duft von Vanille, Butter, Aprikose und Ananas bietet. Nach einer lebhaften Ansprache stellt sich eine schöne Ausgewogenheit zwischen dem «Fett» und der Säure ein, bis hin zu einem in reichem Maße fruchtigen Abgang.
Cave de Prissé-Sologny-Verzé, 71960 Prissé, Tel. 03.85.37.88.06, Fax 03.85.37.61.76, E-Mail cave.prisse@wanadoo.fr ☑ Ỵ n. V.

PASCAL RENOUD-GRAPPIN 1999

☐ 1,6 ha 1 164 5 à 8 €

Pascal Renoud-Grappin ist ein junger Winzer, der sich hier 1996 niederließ, nachdem er sich durch die Arbeit bei erfahrenen Winzern der Region praktische Erfahrung gesammelt hatte. Er präsentiert eine Cuvée von klarer weißgoldener Farbe, die ein aus Zitrus- und Trockenfrüchten bestehendes Bouquet und einen säuerlichen, frischen Geschmack entfaltet. «Ein leckerer Wein, der zu Meeresfrüchten passen dürfte», riet uns ein Verkoster.

Pascal Renoud-Grappin, Les Plantes, 71960 Davayé, Tel. 03.85.35.81.35
Mo–Sa 8h–20h

DOM. SAUMAIZE-MICHELIN
Les vieilles vignes 1999*

☐ 0,7 ha 5 000 8 à 11 €

60 % der Produktion dieses Guts werden in zahlreiche Länder des Erdballs exportiert, bis nach Neuseeland. Von einem hübschen, intensiven Goldgelb gehen Rauch- und Haselnussnoten aus, vermischt mit intensiven Vanille-, Röst- und Butteraromen, die auf den zehnmonatigen Ausbau im Holzfass zurückgehen. Der in der Ansprache zarte, runde Geschmack stützt sich auf einen Sockel mit großzügigem Holzton, der sich nur noch einfügen muss. Ein großer Wein, der ein bis zwei Jahre reifen muss.

Dom. Roger et Christine Saumaize-Michelin, Le Martelet, 71960 Vergisson, Tel. 03.85.35.84.05, Fax 03.85.35.86.77
n. V.

JEAN-LUC TISSIER Les Crais 2000

☐ 2,2 ha 8 000 5 à 8 €

Jean-Luc Tissier, ein begeisterter Winzer, der neun Hektar Reben besitzt, war mit dem symbolträchtigen Jahrgang 2000 erfolgreich. Seine Cuvée Les Crais, die von einem tonigen Kalksteinboden stammt, hüllt sich in ein schönes Goldgelb. Ihr Bouquet von reifen Früchten (Birne) geht einem runden, weinigen Geschmack voraus, in dem kandierte Früchte das Stichwort für Zitrusfrüchte geben. Seinen vollen Charakter erreicht dieser Wein im Herbst.

Jean-Luc Tissier, Les Pasquiers, 71570 Leynes, Tel. 03.85.35.10.31, Fax 03.85.35.13.04 n. V.
Roger Tissier

DOM. DES VALANGES
Cuvée hors Classe 1999**

☐ k. A. 12 000 11 à 15 €

Dieses Gut sammelt die Liebeserklärungen. Geführt wird es von Michel Paquet, einem leidenschaftlichen Winzer, der außerdem der Vorsitzende der Erzeugervereinigung von Saint-Véran ist. Die «Spitzenklassen-Cuvée», die von den ältesten Rebstöcken des Guts stammt, trägt ihren Namen zu Recht. Sie ist neun Monate lang zu einem Teil im Holzfass und zum anderen Teil im Tank ausgebaut worden. Das intensive, strahlende Goldgrün weist auf einen großen Wein hin. Der angenehm intensive Duft mit Blüten und Aprikose bestätigt diesen ausgezeichneten Eindruck. Der Geschmack ist die Perfektion schlechthin, so harmonisch ist seine Struktur, und so großartig ist sein Abgang.

Michel Paquet, Dom. des Valanges, 71960 Davayé, Tel. 03.85.35.85.03, Fax 03.85.35.86.67, E-Mail domaine-des-valanges@wanadoo.fr
n. V.

DOM. DES VIEILLES PIERRES
Les Pommards 1999

☐ 1,3 ha 5 600 8 à 11 €

Dieses berühmte Terroir, ein Steilhang in Nordwestlage, der in Richtung Davayé geht, liefert – wie versprochen – einen Wein von großer Reinheit, der aber noch diskret ist. Die Nase öffnet sich zu mineralischen und blumigen Noten (Geißblatt); darauf folgt ein frischer Geschmack, der ebenfalls einen stark mineralischen Charakter zum Ausdruck bringt. Der noch zurückhaltende Wein wird noch besser, wenn er ganz hinten in Ihrem Keller friedlich ruht, bevor er einen Hummer begleitet.

Jean-Jacques Litaud, Les Nembrets, 71960 Vergisson, Tel. 03.85.35.85.69, Fax 03.85.35.86.26, E-Mail jean-jacques.litaud@wanadoo.fr
n. V.

CHAMPAGNE

Der Champagner, der Wein der Könige und Fürsten, der zu einem Wein für alle festlichen Anlässe geworden ist, umgibt sich mit dem Ruhm und dem Prestige, französische Eleganz und Verführungskunst in die ganze Welt zu tragen. Seinen glänzenden Ruf verdankt er ebenso seiner Geschichte wie seinen besonderen Eigenschaften, so dass er für viele nicht der Wein aus der Champagne, sondern *der* Champagner ist. Aber ganz so einfach ist es auch wieder nicht!

Die Champagne, die nicht einmal 200 km nordöstlich von Paris liegt, bildet nämlich den abgegrenzten Anbaubereich von drei kontrollierten Herkunftsbezeichnungen: Champagne, Coteaux Champenois und Rosé des Riceys, wobei die beiden letztgenannten AOCs eine spezielle Anbaufläche haben und nur etwa 100 000 Flaschen erzeugen. Diese Anbauzone, das nördlichste Weinbaugebiet Frankreichs, erstreckt sich in erster Linie auf die Departements Marne und Aube und reicht noch ein wenig in die Departements Aisne, Seine-et-Marne und Haute-Marne hinein. Das gesamte Anbaugebiet umfasst über 34 000 ha, von denen 31 458 ha tatsächlich bestockt sind.

Reims und Epernay, die auf verschiedenen Seiten der Marne liegen, teilen sich die Rolle der Hauptstadt des Champagners. Die alte Stadt Reims besitzt außerdem die Anziehungskraft ihrer Bauwerke und Museen und lockt zahlreiche Besucher an, die dort auch die erstaunliche Welt der bisweilen sehr alten Weinkeller der «großen Häuser» entdecken können.

Eine einheitliche hügelige Landschaft bestimmt das gesamte Weinbaugebiet, in dem man dennoch traditionell vier Hauptregionen unterscheidet: die Montagne de Reims mit sandigen Böden, wo manche Reblagen nach Norden gehen; die Côte des Blancs, die sich vor den Toren von Epernay befindet und ein relativ gleichmäßiges Klima hat; das Marne-Tal (21 652 hl), das eine Verlängerung des Weinbaugebiets der Aisne (2 804 ha bestockt) darstellt und zwischen Kreidefelsen verläuft, deren Hänge auf beiden Ufern mit Reben bepflanzt sind (obwohl man es annehmen könnte, schwankt die Qualität der Produktion hier kaum, gleichgültig ob die Reblagen nach Norden oder nach Süden ausgerichtet sind); schließlich das Weinbaugebiet der Aube (6 649 hl) im äußersten Südosten des Anbaubereichs, das von den anderen Anbaugebieten durch eine 75 km breite Zone getrennt ist, in der kein Wein angebaut wird. Es liegt zwar höher und ist den Frühjahrsfrösten stärker ausgesetzt, erzeugt aber dennoch erstklassige Weine. Dort befindet sich die einzige kommunale Appellation: Rosé des Riceys. Die Anbaufläche im Departement Haute-Marne macht 68 ha aus, die im Departement Seine-et-Marne 47 ha.

Das Zurückweichen des Meers vor etwa 70 Millionen Jahren und danach die durch Erdstöße verursachten tief reichenden Veränderungen haben einen Kreidesockel geformt, dessen Wasserdurchlässigkeit und Reichtum an Mineralstoffen den Weinen der Champagne ihre Feinheit verleihen. An der Oberfläche bedeckt diesen Sockel eine tonige Kalksteinschicht auf fast 60 % der gegenwärtig bepflanzten Reblagen. Im Departement Aube hat die Zusammensetzung der Böden Ähnlichkeit mit den Böden im benachbarten Burgund (Mergel).

Zwar erschwert der Frost – in solchen Breiten gibt es im Frühjahr häufig Fröste – eine regelmäßige Produktion, doch die klimatischen Unterschiede werden gemildert, weil es große bewaldete Massive gibt. Diese sorgen für einen Ausgleich zwischen der Milde des atlantischen Klimas und der Strenge des kontinentalen Klimas, indem sie eine relativ hohe Feuchtigkeit aufrechterhalten. Die Tatsache, dass es hier nicht zu heiß wird, ist ebenfalls für die Feinheit der Weine entscheidend. Die Wahl der

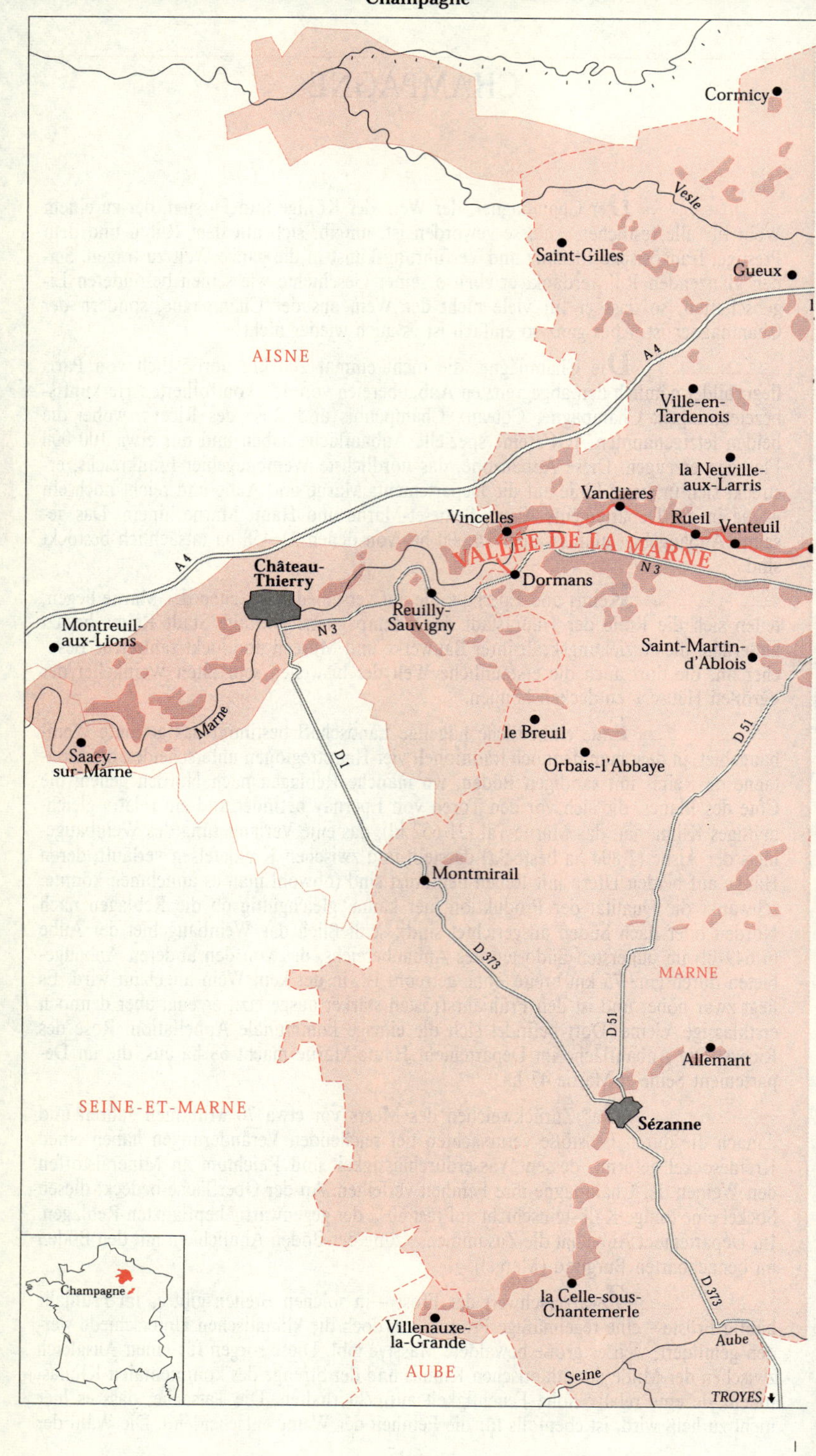

Cormicy
Vesle
Saint-Gilles
Gueux
AISNE
A 4
Ville-en-Tardenois
la Neuville-aux-Larris
Vandières
Vincelles
Rueil
Venteuil
VALLÉE DE LA MARNE
N 3
Château-Thierry
Dormans
Reuilly-Sauvigny
N 3
A 4
Montreuil-aux-Lions
Saint-Martin-d'Ablois
Marne
le Breuil
D 51
Saacy-sur-Marne
Orbais-l'Abbaye
D 1
Montmirail
D 373
MARNE
D 51
Allemant
SEINE-ET-MARNE
Sézanne
Champagne
la Celle-sous-Chantemerle
D 373
Villenaux-la-Grande
Aube
AUBE
Seine
TROYES

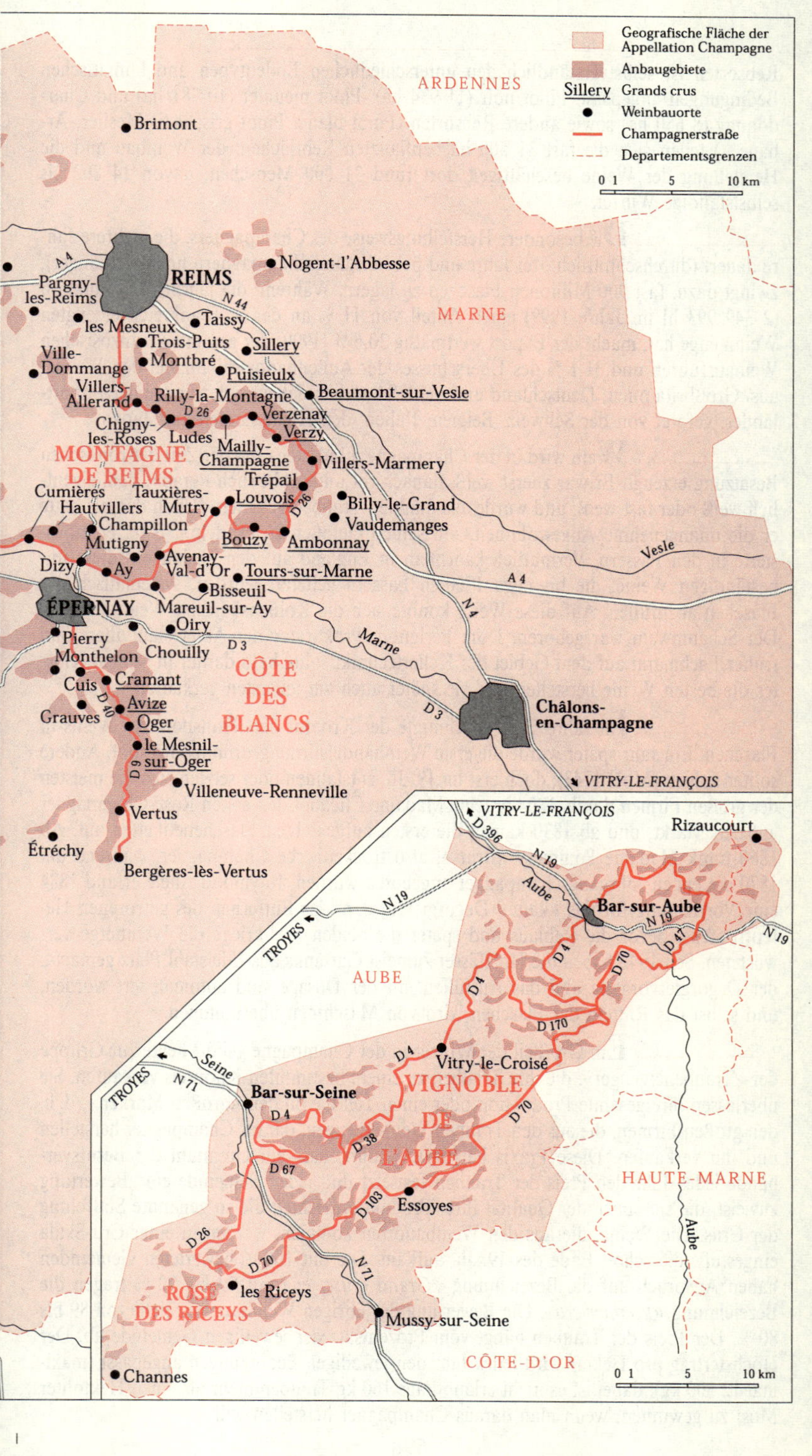

Geografische Fläche der Appellation Champagne
Anbaugebiete
Sillery Grands crus
Weinbauorte
Champagnerstraße
Departementsgrenzen
0 1 5 10 km
ARDENNES
MARNE
Brimont
Nogent-l'Abbesse
REIMS
A 4
N 44
Pargny-les-Reims
les Mesneux
Taissy
Trois-Puits
Sillery
Ville-Dommange
Montbré
Puisieulx
Villers-Allerand
Rilly-la-Montagne
Beaumont-sur-Vesle
D 26
Verzenay
Chigny-les-Roses
Ludes
Verzy
Mailly-Champagne
MONTAGNE DE REIMS
Villers-Marmery
Trépail
Cumières
Tauxières-Mutry
Louvois
D 26
Billy-le-Grand
Hautvillers
Vaudemanges
Champillon
Bouzy
Ambonnay
Mutigny
Vesle
Dizy
Avenay-Val-d'Or
Ay
Tours-sur-Marne
A 4
ÉPERNAY
Bisseuil
N 4
Mareuil-sur-Ay
Oiry
Marne
Pierry
Chouilly
D 3
Monthelon
CÔTE DES BLANCS
Cuis
Cramant
D 40
Avize
D 3
Châlons-en-Champagne
Grauves
Oger
le Mesnil-sur-Oger
D 9
Villeneuve-Renneville
VITRY-LE-FRANÇOIS
Vertus
Étréchy
Bergères-lès-Vertus
VITRY-LE-FRANÇOIS
D 396
Rizaucourt
N 19
Aube
N 19
Bar-sur-Aube
N 19
TROYES
N 19
D 47
D 4
D 70
AUBE
D 4
D 170
D 4
Vitry-le-Croisé
TROYES
Seine
N 71
VIGNOBLE DE L'AUBE
Bar-sur-Seine
D 70
D 4
D 38
HAUTE-MARNE
D 67
Essoyes
D 103
Aube
D 26
D 70
N 71
ROSÉ DES RICEYS
les Riceys
Mussy-sur-Seine
CÔTE-D'OR
Channes
0 1 5 10 km

Rebsorten ist selbstverständlich den unterschiedlichen Bodentypen und klimatischen Bedingungen angepasst. Pinot noir (11 934 ha), Pinot meunier (10 781 ha) und Chardonnay (8 650 ha) sowie andere Rebsorten (Pinot blanc, Pinot gris, Petit Meslier, Arbane ...) teilen sich die fast 31 500 ha bepflanzten Rebflächen; der Weinbau und die Herstellung der Weine beschäftigen dort rund 31 000 Menschen, davon 14 802 als selbstständige Winzer.

Die besondere Herstellungsweise des Champagners, die mehrere Jahre dauert (durchschnittlich drei Jahre und bei Jahrgangschampagnern noch viel länger), zwingt dazu, fast 900 Millionen Flaschen zu lagern. Während die jährliche Produktion (2 349 993 hl im Jahre 1999) einen Anteil von 11 % an der in Frankreich erzeugten Weinmenge hat, macht der Export wertmäßig 30,6 % (1999) der gesamten französischen Weinausfuhren und 31,1 % des Überschusses der Außenhandelsbilanz bei den Weinen aus. Großbritannien, Deutschland und die USA stehen dabei an der Spitze der Importländer, gefolgt von der Schweiz, Belgien, Italien, den Niederlanden und Japan.

Wein wird in der Champagne mindestens seit der Zeit der römischen Besatzung erzeugt. Er war zuerst weiß, danach rot und schließlich «grau», d. h. eigentlich weiß oder fast weiß, und wurde aus dunklen Trauben gekeltert. Schon damals hatte er die unangenehme Angewohnheit, «in seinen Gefäßen zu brodeln», d. h., er moussierte in den Fässern. Vermutlich kam man in England auf den Gedanken, diese unbeständigen Weine, die bis etwa 1700 in Fässern geliefert wurden, systematisch auf Flaschen abzufüllen. Auf diese Weise konnte sich die Kohlensäure im Wein auflösen: Der Schaumwein war geboren. Dom Pérignon, Prokurator der Abtei Hautvillers und früher Fachmann auf dem Gebiet der Kellertechnik, sollte bald darauf in seinem Kloster die besten Weine herstellen und sie später auch am teuersten verkaufen.

Im Jahre 1728 genehmigte der Kronrat den Transport des Weins in Flaschen. Ein Jahr später wurde die erste Weinhandelsfirma gegründet: Ruinart. Andere sollten folgen (Moët 1743); doch erst im 19. Jh. entstanden oder setzten sich die meisten der großen Firmen durch. 1804 brachte Madame Clicquot den ersten Rosé-Champagner auf den Markt, und ab 1830 kamen die ersten aufgeklebten Flaschenetiketten auf. Ab 1860 trank Madame Pommery «Bruts», also trockenherbe Champagner, während um 1870 die ersten Jahrgangschampagner angeboten wurden. Raymond Abelé erfand 1884 eine Vorrichtung für das «kalte» Degorgieren, d. h. das Entfernen des gefrorenen Hefepfropfens, bevor die Reblaus und später die beiden Weltkriege die Weinberge verwüsteten. Seit 1945 haben die Holzfässer zumeist Gärtanks aus Edelstahl Platz gemacht; der Degorgiervorgang und das Auffüllen mit der Dosage sind automatisiert worden, und selbst das Rütteln der Flaschen wird von Maschinen übernommen.

Ein Großteil der Winzer in der Champagne gehört heute zur Gruppe der «Traubenerzeuger», die ihre Trauben zu einem bestimmten Kilopreis verkaufen. Sie überlassen ihre gesamte Produktion oder einen Teil davon den «großen Marken», d. h. den großen Firmen, die aus den Trauben Wein erzeugen, daraus Champagner herstellen und ihn verkaufen. Diese Praxis hat dazu geführt, dass ein Gremium der Berufsverbände jedes Jahr den Preis der Trauben festsetzt und jeder Gemeinde eine Bewertung zuweist, die sich nach der Qualität ihrer Produktion richtet: die so genannte Staffelung der Crus. Die Weine, die aus den Weinbauorten kommen, werden in einer Cru-Skala eingestuft, die schon Ende des 19. Jh. aufkam. Die mit 100 % bewerteten Gemeinden haben Anspruch auf die Bezeichnung *«Grand cru»;* jene mit 99 bis 90 % tragen die Bezeichnung *«Premier cru».* Die Bewertung der übrigen Weinbauorte reicht von 89 bis 80 %. Der Preis der Trauben hängt vom Prozentsatz der jeweiligen Gemeinde ab. Der Höchstertrag pro Hektar wird jedes Jahr den jeweiligen Bedingungen angepasst (maximal 12 500 kg); dabei ist es nicht erlaubt, aus 160 kg Trauben mehr als einen Hektoliter Most zu gewinnen, wenn man daraus Champagner herstellen will.

Champagne

Der einzigartige Charakter des Champagners wird schon bei der Traubenlese sichtbar. Die Verwendung von Erntemaschinen ist untersagt; alle Trauben müssen mit der Hand gepflückt werden, denn es ist sehr wichtig, dass die Beeren in einwandfreiem Zustand zu dem Ort kommen, wo sie gekeltert werden. Aus diesem Grund verwendet man hier kleine Körbe an Stelle von Kiepen, damit die Trauben nicht zerquetscht werden. Außerdem musste man mitten in den Weinbergen verstreut liegende Kelterstationen für die Trauben einrichten, um den Transportweg zu verkürzen. Und warum diese ganze Sorgfalt? Da der Champagner ein Weißwein ist, der zum größten Teil von roten Trauben, den Pinot-Sorten, erzeugt wird, darf der farblose Saft nicht mit der Außenseite der Beerenschale in Berührung kommen und sich auf diese Weise verfärben.

Die Trauben müssen unverzüglich gekeltert werden, damit man den Saft aus den einzelnen Schichten der Traubenbeeren nacheinander und jeweils für sich allein erhält. Das erklärt die eigentümliche Form der traditionellen Traubenpressen in der Champagne: Man häuft die Trauben darin auf einer großen Fläche auf, aber nicht sehr hoch, damit die Beeren nicht beschädigt werden und der Saft leichter abfließen kann. Das Traubengut wird nie entrappt.

Das Keltern ist streng geregelt. Es gibt 2 000 Kelterzentren, die alle eine Genehmigung benötigen, damit sie Trauben pressen dürfen. Aus 4 000 kg Trauben dürfen nur 25,5 hl Most gewonnen werden. Diese Menge bezeichnet man als *«Marc»*. Der Vorgang des Kelterns ist unterteilt in die *«Cuvée»* (20,5 hl) und die *«Taille»* (5 hl). Man kann die Trauben noch stärker pressen, aber dann erhält man einen wertlosen Saft, der keine Herkunftsbezeichnung besitzt, den so genannten «Nachdruck» oder «Scheitermost». Je öfter man presst, desto geringer wird die Qualität. Die Moste werden mit Lastwagen zur Kellerei transportiert und dort wie alle Weißweine auf ganz klassische Weise und mit großer Sorgfalt vinifiziert.

Am Ende des Winters stellt der Kellermeister die Cuvée zusammen. Er probiert zu diesem Zweck die vorhandenen Weine und mischt sie in unterschiedlichen Anteilen, so dass der Gesamteindruck harmonisch ist und mit der gleich bleibenden Geschmacksrichtung der Marke übereinstimmt. Wenn er einen Champagner ohne Jahrgangsbezeichnung herstellt, greift er auf die «Reserveweine» zurück, die in den Jahren vorher erzeugt worden sind. In der Champagne ist es gesetzlich erlaubt, dem Weißwein ein wenig Rotwein beizumischen, um einen rosa Farbton zu erhalten (was ansonsten in ganz Frankreich untersagt ist). Einige Rosé-Champagner werden jedoch durch Abstechen des Weins nach kurzer Maischung erzeugt.

Danach beginnt die eigentliche Herstellung des Champagners. Bei der Vinifizierung geht es darum, einen Stillwein in einen Schaumwein umzuwandeln. Ein «Tiragelikör», der aus Hefe, alten Weinen und Zucker besteht, wird dem Wein zugesetzt; dann füllt man ihn auf Flaschen ab: Das ist die *«Tirage»*. Die Hefepilze wandeln den Zucker in Alkohol um; dabei wird Kohlensäure frei, die sich im Wein auflöst. Diese zweite Gärung in der Flasche geht langsam und bei niedriger Temperatur (11 °C) vor sich; sie vollzieht sich in den berühmten Kellern der Champagne. Nach einer langen Reifung auf der Hefe, die für die Feinheit der Bläschen und die aromatischen Eigenschaften der Weine unverzichtbar ist, werden die Flaschen degorgiert, d. h. von den Ablagerungen gereinigt, die sich im Verlauf der zweiten Gärung gebildet haben.

Jede Flasche wird in eines der berühmten Rüttelpulte gesteckt, wo man den Hefesatz dazu bringt, dass er im Flaschenhals zum Korken hin gleitet, indem man die Flasche bewegt. Zwei bis drei Monate lang werden die Flaschen gerüttelt und dabei immer stärker geneigt, mit dem Hals nach unten, bis der Wein schließlich vollkommen klar ist. Um das Depot zu entfernen, vereist man dann den Flaschenhals durch Eintauchen in eine Gefrierlösung und löst den Korken. Dadurch wird der Depotpfropfen herausgeschleudert. Die fehlende Weinmenge wird danach durch einen mehr oder weniger gesüßten Wein ersetzt: die *«Dosage»*. Wenn man reinen Wein hinzufügt, erhält man einen hundertprozentigen Brut (Brut Sauvage bei Piper-Heidsieck, Ultra-Brut bei Laurent Perrier und die so genannten Champagner ohne Dosage, heute als «brut nature» bezeichnet). Gibt man sehr wenig Versanddosage (1 %), so ist der Champagner herbtrocken («brut»); 2 bis 5 % ergeben trockene («sec»), 5 bis 8 % halbtrockene («demi-sec») und 8 bis 15 % süße («doux») Champagner. Die Flaschen werden dann mit einem Korken und einem Drahtkorb verschlossen, damit die Mischung einen homogenen Charakter gewinnt, und lagern noch einige Zeit, bis der Hefegeschmack verschwindet. Danach erhalten sie ihre Ausstattung (Etikett usw.) und werden ausgeliefert. Ab diesem Zeitpunkt ist der Champagner trinkreif; man kann ihn in seiner besten Qualität genießen. Wenn man ihn zu lang altern lässt, kann ihm das nur schaden. Die seriösen Champagner-Firmen rühmen sich deshalb, dass sie den Wein erst in den Handel bringen, wenn er seinen Höhepunkt erreicht hat.

Ausgezeichnete Grundweine guter Herkunft, die vom Beginn der Kelterung stammen, viele Reserveweine (für die Champagner ohne Jahrgangsbezeichnung), das Talent des Schöpfers der Cuvée und eine unaufdringliche, auf ein Mindestmaß beschränkte Dosage, die man kaum wahrnimmt, vereinigen sich somit während einer langen Reifung des Champagners auf seiner Hefe und bringen Weine von bester Qualität hervor. Doch sehr selten wird der Käufer über alle diese Kriterien genau informiert.

Was kann man tatsächlich auf dem Etikett eines Champagners lesen? Die Marke und den Namen des Herstellers, die Dosage (brut, trocken usw.), den Jahrgang bzw. das Fehlen einer solchen Angabe, die Bezeichnung «Blanc de Blancs», wenn die Cuvée nur aus weißen Trauben hergestellt worden ist, und falls es möglich ist – aber das ist selten der Fall – die Herkunftsgemeinde der Trauben und manchmal noch die Bewertung der Traubenqualität in Form von «Grand cru» für die siebzehn Weinbauorte, die Anspruch auf diese Einstufung haben, oder «Premier cru» für die 41 anderen Gemeinden. Der berufsmäßige Status des Erzeugers ist eine vorgeschriebene Angabe, die in kleinen Schriftzeichen in codierter Form auf dem Etikett erscheint: NM = *négociant-manipulant* (Weinhändler und Selbstvermarkter, Hauptmarke einer Champagner-Handelsfirma), RM = *récoltant-manipulant* (Erzeuger und Selbstvermarkter, selbstständiger Winzer), CM = *coopérative de manipulation* (Winzergenossenschaft, die ihren Champagner selbst vermarktet), MA = *marque d'acheteur* (Käufermarke, d. h. Nebenmarke einer Champagner-Firma), RC = *récoltant-coopérateur* (Erzeuger, der Mitglied einer Winzergenossenschaft ist), SR = *société de récoltants* (Erzeugervereinigung, Marke einer Winzervereinigung), ND = *négociant-distributeur* (Weinhändler, der einen Champagner vertreibt).

Was kann man aus alledem ableiten? Dass die Erzeuger und Weinhändler der Champagne bewusst eine Markenpolitik gewählt haben, dass der Käufer einen Moët et Chandon, einen Bollinger oder einen Taittinger verlangt, weil er den Geschmack bevorzugt, der mit dieser oder jener Marke fest verbunden ist. Diese Schlussfolgerung gilt für alle Champagner, die von Handelsfirmen, Winzergenossenschaften und Nebenmarken stammen, aber sie trifft nicht auf die selbstständigen Winzer zu, die ihren Champagner selbst vermarkten; denn diese Erzeuger dürfen Champagner nur aus Trauben ihrer eigenen Weinberge herstellen, die sich in der Regel innerhalb einer einzigen Gemeinde befinden. Diese Champagner werden als «Monocru» (d. h. aus einem einzigen Cru stammend) bezeichnet; zumeist erscheint der Name dieses Cru auf dem Etikett.

Obwohl nur eine einzige Appellation «Champagne» besteht, gibt es eine sehr große Zahl verschiedener Champagner; deren unterschiedliche organoleptischen Merkmale können alle möglichen Verwendungszwecke erfüllen und jeden Verbrauchergeschmack befriedigen. So kann der Champagner ein «Blanc de Blancs», d. h. ein Weißwein aus weißen Trauben, oder ein «Blanc de Noirs», also ein Weißwein aus dunklen Trauben (der Rebsorten Pinot meunier, Pinot noir oder beider Rebsorten), sein oder aus einem Verschnitt von Blanc-de-Blancs- und Blanc-de-Noirs-Weinen in allen erdenklichen Mischverhältnissen hergestellt worden sein. Er kann aus einem einzigen oder aus mehreren Anbaugebieten stammen, aus einer als Grand cru eingestuften Gemeinde, einem Premier-cru-Ort oder aus Weinbauorten mit geringerem Ansehen. Er kann ein Jahrgangschampagner oder ein Champagner ohne Jahrgangsangabe sein (wobei die jahrgangslosen Champagner aus jungen Weinen zusammengestellt sein oder in unterschiedlichem Maße auf Reserveweine zurückgreifen können); bisweilen ist das Ergebnis auch ein Verschnitt mehrerer großer Jahrgänge, die für Jahrgangschampagner verwendet werden. Er kann ohne Dosage oder unterschiedlich stark «dosiert» sein. Er kann kurze oder lange Zeit auf seiner Hefe gereift sein, vor unterschiedlich langer Zeit degorgiert worden sein, weiß oder rosé sein (wobei man den Rosé-Champagner entweder durch Mischen von Weiß- und Rotwein oder durch eine kurze Maischegärung erhält). Die meisten dieser Merkmale lassen sich miteinander kombinieren, so dass es eine unbegrenzte Zahl von Champagnern gibt. Gleichgültig, um was für einen Typ es sich auch immer handelt, wird man sich darin einig sein, dass vermutlich jener Champagner am besten schmeckt, der am längsten auf seiner Hefe gereift ist (fünf bis zehn Jahre) und innerhalb der ersten sechs Monate nach dem Degorgieren getrunken wird.

Angesichts der obigen Tatsachen kann man sich besser erklären, warum die Preisspanne der Flaschen acht Kategorien umfasst und dass es Spitzenchampagner und Sondercuvées gibt. Leider steht auch fest, dass bei den großen Marken, d. h. den Marken der großen Firmen, die billigsten Champagner auch diejenigen sind, die am uninteressantesten sind. Dagegen äußert sich der große Preisunterschied, der die mittlere Preiskategorie (Jahrgangschampagner) von der höchsten trennt, nicht immer unbedingt in einem Qualitätssprung.

Champagner trinkt man mit einer Temperatur von 7 bis 9 °C, eisgekühlt die Blanc de Blancs und die jungen Champagner, weniger stark gekühlt die Jahrgangschampagner und die weinig schmeckenden Champagner. Außer der klassischen Flasche mit 75 cl Inhalt wird der Champagner in Viertel- und Halbflaschen angeboten; außerdem gibt es größere Flaschen: «Magnum» (Fassungsvermögen von zwei Flaschen), «Jeroboam» (vier Flaschen), «Methusalem» (acht Flaschen), «Salmanasar» (zwölf Flaschen) ... Die Flasche wird gleichmäßig herabgekühlt, indem man sie in einen Champagnerkübel stellt, der Wasser und Eis enthält. Wenn man sie entkorken will, muss man den gesamten Verschluss (Metallfolie und Drahtkorb) entfernen. Sobald man merkt, dass der Innendruck den Korken heraustreibt, lässt man ihn zusammen mit dem Drahtkorb und der Folie kommen. Sollte der Korken festsitzen, so hält man ihn mit einer Hand fest, während man mit der anderen die Flasche dreht. Der Korken wird langsam herausgedreht, ohne dass es ein lautes Geräusch gibt und der Druck abrupt vermindert wird.

Champagner darf man nicht in Schalen servieren. Vielmehr nimmt man Kristallgläser, die schmal und schlank sind; außerdem muss man sie abtrocknen und darf sie nicht durch Eiswürfel vorkühlen. Sie dürfen auch keine Rückstände von Reinigungsmitteln enthalten, weil diese die Bläschen und den Schaum zerstören würden. Man kann Champagner ebenso gut als Aperitif wie zu Eingangsgerichten oder zu magerem Fisch trinken. Die weinig schmeckenden Champagner, vorwiegend Blanc-de-Noirs-Weine, und die großen Jahrgänge werden häufig zu Fleisch mit Saucen serviert. Zum Nachtisch und zu Süßspeisen trinkt man eher einen halbtrockenen als einen herben Champagner, weil der Zucker die Empfindlichkeit des Gaumens gegenüber Säure zu stark erhöht.

Die letzten Jahrgänge: 1982, ein großer Jahrgang mit vollständigen Weinen; 1983, geradlinige, schnörkellose Weine; 1984 ist kein Jahr für Jahrgangschampagner, reden wir also nicht weiter darüber; 1985, große Weine; 1986, von durchschnittlicher Qualität, selten Jahrgangschampagner; 1987, ein Jahr, das schlechte Erinnerungen hinterlassen hat;

1988, 1989 und 1990, drei sehr schöne Jahrgänge, die man genießen kann; 1991, ein schwaches Jahr, von dem es kaum Jahrgangschampagner gibt; 1992, 1993 und 1994, durchschnittliche Jahrgänge, wobei einige große Firmen 92er oder 93er Jahrgangschampagner herausbringen; 1995, der beste Jahrgang seit 1990; 1996, ein großer Jahrgang (der im Januar 2000 ein Jahrgangschampagner sein wird).

AGRAPART ET FILS Blanc de Blancs

○ 6 ha 20 000 11 à 15 €

Ein Weinbaubetrieb, der mit seinen Blanc-de-Blancs-Champagnern regelmäßig in unserem Weinführer vertreten ist. Das ist nicht erstaunlich, denn die Agraparts sind seit mehr als einem Jahrhundert Winzer in der Côte des Blancs. Sie bauen 9,6 ha Reben an und sind stolz darauf, dass sie «die Rückkehr des Betriebes zum Pferd» melden können. Die Jahrgänge 1996 und 1997 vereinigen sich zu diesem Blanc de Blancs, der im Holzfass ausgebaut worden ist. Er ist sehr jugendlich und bietet noch Gärungsaromen (Brotkrume). Im Geschmack verbindet er Gewürze und Lakritze. Das Gut erhält eine weitere lobende Empfehlung für zwei andere Blanc de Blancs den **Réserve,** der von den Jahrgängen 1995 und 1996 stammt und wegen seiner Frische und Ausgewogenheit ausgewählt worden ist, und den **93er Jahrgangschampagner** (Preisgruppe: 100 bis 149 F), der an Hefebrot erinnert und imposant ist. (RM)

EARL Agrapart et Fils, 57, av. Jean-Jaurès, 51190 Avize, tél. 03.26.57.51.38, Fax 03.26.57.05.06, E-Mail champagne.agrapart@wanadoo.fr
☑ Y n. V.

GILLES ALLAIT 1996*

○ 0,2 ha 1 500 11 à 15 €

Gilles Allait hat einen 3,5 ha großen Weinberg in Passy-Grigny, in der Nähe von Dormans. Wenn er Chardonnay-Weine herstellt, baut er sie sechs Monate lang im Holzfass aus. Sein 96er ist ein Verschnitt von Chardonnay und Pinot zu gleichen Teilen. Er hat sehr schnell seinen Höhepunkt erreicht. Seine Feinheit, sein Gerüst und seine Stärke bestimmen ihn für weißes Fleisch. Die **Cuvée Tradition,** die Pinot meunier huldigt, begleitet von 5 % Chardonnay, wird aufgrund ihres harmonischen Reichtums lobend erwähnt. (RC)

Gilles Allait, 2, rue du Château, 51700 Passy-Grigny, Tel. 03.26.52.92.19, Fax 03.26.52.97.22 ☑ Y n. V.

JEAN-ANTOINE ARISTON Carte blanche

○ 1,5 ha 15 000 11 à 15 €

Das Dorf Brouillet liegt westlich von Reims. Jean-Antoine Ariston hat hier 1962 die Nachfolge eines ganzen Winzergeschlechts angetreten. Er hat 1975 seinen Champagner erstmals auf den Markt gebracht und verfügt über 6,5 ha Reben. Seine Carte blanche entsteht aus 60 % Chardonnay sowie 40 % Pinot noir, wobei die Trauben 1998 geerntet wurden. Der Geruchseindruck ist diskret und fein. Im Geschmack sorgen Zitrusaromen für Frische. (RM)

Jean-Antoine Ariston, 4, rue Haute, 51170 Brouillet, Tel. 03.26.97.47.02, Fax 03.26.97.49.75, E-Mail champagne.ariston@wanadoo.fr
☑ Y tägl. 8h–12h 14h–18h

ARISTON FILS 1995

○ 2 ha 7 000 15 à 23 €

Die Aristons bauten schon 1794 Wein an. Rémi übernahm den Betrieb 1964 und wird jetzt von seinem Sohn Paul-Vincent unterstützt. Das neun Hektar große Gut bietet Gästezimmer an. Sein 95er hat eine kräftige gelbe Farbe und erscheint im Anblick stark entwickelt. Dieses Merkmal spürt man weniger im Geschmack, an dem man seine Fülle und Ausgewogenheit schätzt. (RM)

Rémi Ariston, 4 et 8, Grande-Rue, 51170 Brouillet, Tel. 03.26.97.43.46, Fax 03.26.97.49.34, E-Mail champagne.ariston.fils@wanadoo.fr
☑ Y Mo–Sa 9h–12h 13h30–18h; So 10h–12h 15h–17h; 3. Aug.-Woche geschlossen

MICHEL ARNOULD ET FILS Tradition*

○ Gd cru 6 ha 40 000 11 à 15 €

Michel Arnould hat sich hier vor vierzig Jahren niedergelassen. Er hatte das Glück, dass er Rebparzellen in Verzenay besaß, einem schönen Dorf der Montagne de Reims, das als Grand cru eingestuft ist und dessen Weine viel Charakter haben. Heute baut er zwölf Hektar an. Sein Tradition, ein Blanc de Noirs (100 % Pinot noir), der Trauben der Jahre 1996 und 1997 verwendet, ist entwickelt, füllig und ausgewogen. Schöne Reife. (RM)

Michel Arnould et Fils, 28, rue de Mailly, 51360 Verzenay, Tel. 03.26.49.40.06, Fax 03.26.49.44.61, E-Mail michelarnould@wanadoo.fr ☑ Y n. V.

NICOLAS FRANÇOIS AUBRY Sablé rosé 1996

◐ 1er cru 10 ha 2 500 15 à 23 €

Die Aubrys sind seit der Französischen Revolution Winzer. Sie bewirtschaften in der Montagne de Reims einen für die Region großen Weinberg (16 ha) und stellen originelle Champagner her. Dieser Sablé ist ein durch Keltern der Trauben erzeugter Rosé-Champagner, der mit geringerem Kohlensäuredruck abgefüllt worden ist. Die beiden Pinot-Sorten spielen hier die Hauptrolle, unterstützt von 20 % Chardonnay (1996 geerntet). Seine Farbe ist rosa bis orangerot, sein komplexer Duft, der fruchtig, buttrig und vanilleartig ist, kündigt einen sanften, klaren Geschmack an. Man kann ihn zu Käse und Lachs servieren. (RM)

SCEV Champagne L. Aubry Fils, 4-6, Grande-Rue, 51390 Jouy-lès-Reims, Tel. 03.26.49.20.07, Fax 03.26.49.75.27
☑ Y n. V.

AUTREAU DE CHAMPILLON
Les Perles de La Dhuy 1996*

○ 9,7 ha 10 000 15 à 23 €

Die Autréaus widmen sich seit 1670 dem Weinbau. Sie haben ihren Champagner 1953 auf den Markt gebracht und bewirtschaften 27 Hektar am Südhang der Montagne de Reims, zwischen Aÿ und Hautvillers. Diese sehr weiße Cuvée verwendet nur 10 % Pinot noir. Sein Duft ist intensiv und blumig; der stark strukturierte Geschmack bietet eine interessante Länge. (NM)

SARL Vignobles Champenois, 15, rue René-Baudet, 51160 Champillon, Tel. 03.26.59.46.00, Fax 03.26.59.44.85 Mo–Fr 9h–12h 14h–18h; Sa, So n. V.; 16.–20. Aug. geschlossen

Eric Autréau

AUTREAU-LASNOT**

1 ha 4 500 11 à 15 €

Dieser 1932 entstandene Weinbaubetrieb besitzt zehn Hektar Reben in Venteuil und Châtillon, Gemeinden auf dem rechten Ufer der Marne. Sein recht dunkler Rosé-Champagner stammt von den drei Rebsorten der Champagne. Er verführt durch seine wilde, komplexe Fruchtigkeit (Brombeere und kleine rote Früchte, säuerliche Note) und seine Nervigkeit, die seine Frische sicherstellt. Die **97er Cuvée Prestige,** je zur Hälfte aus dunklen und weißen Trauben erzeugt, erhält für ihre Jugendlichkeit, ihre Frische und ihre Ausgewogenheit einen Stern. Eine lobende Erwähnung für die **Carte d'or,** die ihre hefebrotähnlichen und empyreumatischen Noten den drei Rebsorten der Champagne verdankt, wobei die Trauben von 1995 bis 1997 geerntet wurden. (RM)

Champagne Autréau-Lasnot, 6, rue du Château, 51480 Venteuil, Tel. 03.26.58.49.35, Fax 03.26.58.65.44 n. V.

Gérard Autréau

AYALA Blanc de Blancs 1996

○ k. A. k. A. 23 à 30 €

Die Firma Ayala, die 85 ha Weinberge besitzt, wurde im Zweiten Kaiserreich gegründet. Sie präsentiert einen (lobend erwähnten) **96er Brut,** der mehr «dunkel» als weiß und sehr fein ist, und im gleichen Jahrgang diesen Blanc de Blancs, der von kristallklarer goldgrüner Farbe ist und einen sehr jugendlichen Zitrusduft und ein gutes Potenzial besitzt. (NM)

Champagne Ayala, 2, bd du Nord, BP 6, 51160 Aÿ, Tel. 03.26.55.15.44, Fax 03.26.51.09.04 n. V.

Ducellier

BAGNOST PERE ET FILS
Cuvée de réserve

○ 1,25 ha 10 000 11 à 15 €

Dieser bescheidene Familienbetrieb (8 ha), der 1889 entstand und rund um Pierry, südlich von Epernay, liegt, zeichnete sich in der letztjährigen Ausgabe des Hachette-Weinführers durch einen zum Lieblingswein gewählten Champagner aus. Dieses Jahr finden wir ihn mit drei lobend erwähnten Weinen wieder: mit dieser Cuvée de réserve, die von den drei Rebsorten der Champagne erzeugt worden ist, wobei die Trauben von 1998 stammen; sie ist sehr jugendlich und hat einen intensiven, samtigen Duft und einen nervigen, spitzen Geschmack. Sowie mit dem **Rosé-Champagner,** der wegen seiner Feinheit und seiner fruchtigen Weinigkeit berücksichtigt wurde, und mit dem **93er Blanc de Blancs,** der wegen seines mineralischen Charakters ausgewählt wurde. (RM)

Champagne Bagnost Père et Fils, 30, rue du Gal-de-Gaulle, 51530 Pierry, Tel. 03.26.54.04.22, Fax 03.26.55.27.17 Mo–Sa 9h–12h 14h–18h

CHRISTIAN BANNIERE*

Gd cru 0,5 ha 2 000 11 à 15 €

Christian Bannière hat seinen Champagner 1948 auf den Markt gebracht. Er besitzt nur ein paar Hektar, aber es ist nicht unwichtig, wo sie sich befinden: nämlich in Bouzy, einer Gemeinde am Südhang der Montagne de Reims, die als Grand cru eingestuft und für ihren Pinot noir berühmt ist. Diese Rebsorte beherrscht mit 80 % den Verschnitt des Brut Rosé-Champagners und wird durch Chardonnay ergänzt. Duft und Geschmack bieten komplexe, kräftige, warme Aromen (Kirsche, Himbeere, Blüten, danach Honig und Quitte). Der gleichermaßen zusammengestellte **Tradition grand cru** ist lebhaft, männlich und würzig. (RM)

Christian Bannière, 5, rue Yvonnet, 51150 Bouzy, Tel. 03.26.57.08.15, Fax 03.26.59.35.02 n. V.

PAUL BARA Grand Rosé de Bouzy*

Gd cru 11,05 ha 10 000 15 à 23 €

Das Weingut wurde um 1833 angelegt und nach 1860 erweitert. Heute umfasst es elf Hektar in Bouzy, einer als Grand cru eingestuften Gemeinde. So ist es auch nicht erstaunlich, dass Pinot noir, die hier regierende Rebsorte, in den Zusammenstellungen des Guts dominiert. Der Grand Rosé ist deshalb sehr «dunkel» (88 % Pinot noir) und enthält nur 12 % Chardonnay. Seine Aromenpalette mischt Mandel, Honig, Zitrusfrüchte und rote Früchte. Man bezeichnete ihn als «feminin». Er passt als Aperitif ebenso wie zum Essen. Eine lobende Erwähnung auch für den **97er Spécial Club Grand cru** (Preisgruppe: 150 bis 199 F), der von Pinot noir (70 %) und Chardonnay (30 %) stammt und eine frische, blumige Leichtigkeit besitzt. (RM)

Champagne Paul Bara, 4, rue Yvonnet, 51150 Bouzy, Tel. 03.26.57.00.50, Fax 03.26.57.81.24 n. V.

BARDOUX PERE ET FILS Réserve

○ 3 ha 3 060 15 à 23 €

Pierre Bardoux wurde 1684 in Villedommange (Montagne de Reims) geboren: Mit ihm begann ein Winzergeschlecht. Jules und Prudent Bardoux brachten ihren Champagner 1929 auf den Markt. 1973 übernahm Pascal Bardoux das Familiengut, das nur vier Hektar umfasst. Sein Réserve wurde aus 1993, 1994 und 1995 geernteten Trauben erzeugt und enthält zwei Drittel dunkle und einen Drittel weiße Trauben. Er ist ein Wein zum Essen, der komplex, honigartig und lang anhaltend ist und eine merkliche Dosage besitzt. Ebenfalls lobend erwähnt wurden der **Rosé-Champagner** und die **93er Cuvée Prudent Bardoux Premier cru,** zwei Champagner, bei denen Chardonnay fast gleichgewichtig vertreten ist wie Pinot meunier: der Erste wegen seiner Ausgewogenheit und Länge, der Zweite wegen seiner sehr reifen, entwickelten Fruchtigkeit. (RM)

🔑 Pascal Bardoux, 5-7, rue Saint-Vincent, 51390 Villedommange, Tel. 03.26.49.25.35, Fax 03.26.49.23.15, E-Mail contact@champagne-bardoux.com
☑ 🍸 n. V.

E. BARNAUT Blanc de Noirs

○ Gd cru 2,5 ha 20 000 11 à 15 €

Philippe Secondé hat den Familienbetrieb 1987 übernommen. Sein Champagner trägt den Namen seines Vorfahren, der das heute vierzehn Hektar große Gut 1874 gründete. Seinen Sitz hat das Weingut in Bouzy, so dass man nicht überrascht ist, wenn es hier mit einem Blanc de Noirs von der Rebsorte Pinot noir vertreten ist. Dieser Champagner von Trauben der 97er Lese, zu denen Reserveweine hinzugekommen sind, hat eine klare Ansprache und zeigt sich lang anhaltend und ausgewogen. Seine Aromen? Intensiv und angenehm, mit weißfleischigen Früchten, Quitte und Kern. (RM)

🔑 Champagne Edmond Barnaut, 2, rue Gambetta, BP 19, 51150 Bouzy, Tel. 03.26.57.01.54, Fax 03.26.57.09.97, E-Mail contact@champagne-barnaut.com
☑ 🍸 n. V.
🔑 Philippe Secondé

BARON ALBERT Tradition

○ k. A. 150 000 11 à 15 €

Die Familie baut seit 1677 in Charly-sur-Marne Wein an, aber erst 1946 begann sie, in Gestalt von Albert Baron, Champagner herzustellen. Heute besitzt sie dreißig Hektar. Die von Claude Baron vinifizierten Weine durchlaufen keine malolaktische Gärung. Die Cuvée Tradition kombiniert 90 % Pinot meunier und 10 % Chardonnay von 1996 und 1997. Sie ist schlicht und blumig und zeigt eine gute Ausgewogenheit. (NM)

🔑 Champagne Baron Albert, 1, rue des Chaillots, Grand-Porteron, 02310 Charly-sur-Marne, Tel. 03.23.82.02.65, Fax 03.23.82.02.44, E-Mail champagnebaronalbert@wanadoo.fr
☑ 🍸 n. V.

BARON-FUENTE 1995*

○ k. A. 50 000 11 à 15 €

Die Champagner-Firma Baron-Fuenté entstand in den 60er Jahren durch die Heirat von Dolores Fuenté mit Gabriel Baron, dem Erben einer Winzerfamilie, die bis ins 17. Jh. zurückreicht. Sie hat gerade ihre Gärkeller renoviert. Sein je zur Hälfte aus weißen und dunklen Trauben (20 % Pinot meunier) hergestellte 95er erhielt mit seinem sehr feinen Zitrusduft und seinem runden, empyreumatischen Geschmack von der Jury den Vorzug. Aber zwei andere Cuvées verdienen eine lobende Erwähnung: aufgrund seiner Rundheit und Ausgewogenheit der **Esprit de Baron-Fuenté** (Preisgruppe: 100 bis 149 F; der neue Name der Cuvée Prestige), der von den drei Rebsorten der Champagne stammt, und wegen seiner Originalität und Länge der **Tradition,** der 75 % Pinot meunier und 25 % Chardonnay verbindet. (NM)

🔑 Champagne Baron-Fuenté, 21, av. Fernand-Drouet, 02310 Charly-sur-Marne, Tel. 03.23.82.01.97, Fax 03.23.82.12.00, E-Mail champagne.baron-fuente@wanadoo.fr
☑ 🍸 n. V.

BAUCHET PERE ET FILS Sélection

○ 1er cru k. A. 65 000 11 à 15 €

Der Betrieb in Bisseuil, den die Brüder Bauchet gründeten, besitzt große Weinberge (36 ha) in der Côte des Blancs und im Departement Aube. Sein je zur Hälfte aus dunklen und weißen Trauben erzeugter Sélection verlockt durch seinen ausdrucksvollen, feinen, komplexen Duft, der Fruchtigkeit und Süßigkeiten mischt. Der Geschmack bleibt ein wenig dahinter zurück. Eine lobende Erwähnung erhält auch der **95er Premier cru,** der zufrieden stellend ist. Mit seinen Hefebrot- und Honigaromen ist er stärker von den Chardonnay geprägt, der im Verschnitt einen Anteil von 70 % hat. (RM)

🔑 Sté Bauchet Frères, rue de la Crayère, 51150 Bisseuil, Tel. 03.26.58.92.12, Fax 03.26.58.94.74, E-Mail bauchet.champagne@wanadoo.fr
☑ 🍸 n. V.

BAUGET-JOUETTE Blanc de Blancs 1994*

○ k. A. k. A. 30 à 38 €

Die Baugets, die seit 1822 Winzer sind, haben ihre Marke 1973 geschaffen und bewirtschaften 14,5 Hektar. Sie präsentieren einen seltenen (und teuren) 94er. Von diesem Jahrgang gibt es nicht sehr viele Champagner, denn die Natur zeigte sich feindselig gegenüber diesem Jahr. Dieser hier ist ein schöner Erfolg: Er ist fruchtig, röstartig und blumig und erweist sich im Geschmack als kräftig. Man kann ihn zu Gänseleber servieren. Ein **Rosé-Champagner** (Preisgruppe: 150 bis 199 F), der 60 % Chardonnay und 40 % Pinot meunier (darunter 14 % Rotwein) kombiniert, erhält außerdem eine lobende Erwähnung. Während er im Geruchseindruck sehr diskret ist, zeigt er sich im Geschmack ausgewogen und fein. (NM)

🔑 Champagne Bauget-Jouette, 1, rue Champfleury, 51200 Epernay, Tel. 03.26.54.44.05, Fax 03.26.55.37.99, E-Mail champagne.bauget@wanadoo.fr
🍸 n. V.

BAUSER Blanc de Noirs

○ k. A. 44 000 11 à 15 €

Das Gut (heute 12 ha) wurde 1963 angelegt; der erste Champagner kam 1975 auf den Markt. Seinen Sitz hat es in Les Riceys, dem Anbaugebiet für Pinot noir im Departement Aube. Zwei Blanc-de-Noirs-Champagner von dieser Rebsorte sind ausgewählt worden. Dieser hier, der aus 1997 geernteten Trauben erzeugt wurde, ist zum Aperitif berufen: Rote Früchte und Zitrone verleihen ihm Lebhaftigkeit und Frische. Der **95er Jahrgangschampagner** (Preisgruppe: 150 bis 199 F), der dem obigen Wein sehr ähnlich ist, hat die gleiche Note erhalten. (RM)

EARL René Bauser, rte de Tonnerre, 10340 Les Riceys, Tel. 03.25.29.32.92, Fax 03.25.29.96.29, E-Mail champagne-bauser@worldonline.fr
n. V.

ANDRE BEAUFORT Demi-sec**

○ Gd cru 1,6 ha 1000 38 à 46 €

Jacques Beaufort führt sein Gut mit biologischen Anbaumethoden. Er gibt auf den Etiketten an, wann der Wein degorgiert worden ist. Der halbtrockene Champagner, den er vorgestellt hat, wird Epoche machen, denn erstmals seit Bestehen des Hachette-Weinführers hat ein Champagner dieses Typs genug Begeisterung hervorgerufen, dass er für eine Liebeserklärung vorgeschlagen wurde – es fehlte ihm dazu nur eine Stimme. Er verbindet 80 % Pinot noir und 20 % Chardonnay und besitzt alle Qualitäten der Komplexität und Harmonie eines Brut. Seinem Schöpfer ist es gelungen, Schwere, ein Schlaffwerden aufgrund des Zuckers und ein Ersticken der für alle Champagner unverzichtbaren Säure – Fehler, die bei halbtrockenen Champagnern sehr häufig auftreten – zu vermeiden. Eine brillante Stilübung. Ein Wein, der Gänseleber verdient. (NM)

Jacques Beaufort, 1, rue de Vaudemanges, 51150 Ambonnay, Tel. 03.26.57.01.50, Fax 03.26.52.83.50 n. V.

HERBERT BEAUFORT
Blanc de Blancs Cuvée du Mélomane*

○ Gd cru 3 ha 14 000 15 à 23 €

Im 18. Jh. waren die Beauforts Winzer. Schon Anfang des 20. Jh. verkaufte Marcellin seine Champagner. Mit Herbert, der ihm seinen Namen gab, erlebte das Gut in den 30er Jahren einen Aufschwung. Heute bewirtschaften Henry und Hugues Beaufort fast siebzehn Hektar Reben, davon dreizehn, die als Grand cru eingestuft sind. Diese Cuvée du Mélomane ist in Bouzy entstanden, einer Gemeinde, die für ihre Pinot-noir-Trauben berühmt ist, stammt aber dennoch von Chardonnay-Trauben, die 1997 und 1998 geerntet wurden. Ein als «seriös» beurteilter Blanc de Blancs. Seine Trümpfe: seine Aromenpalette, die aus blumigen Noten und Trockenfrüchten (Haselnuss) besteht, und seine Ausgewogenheit. (RM)

Champagne Beaufort, 32, rue de Tours-sur-Marne, 51150 Bouzy, Tel. 03.26.57.01.34, Fax 03.26.57.09.08
n. V.

Henry et Hugues Beaufort

BEAUMET

k. A. k. A. 15 à 23 €

Die 1879 gegründete Firma Beaumet wurde 1977 von Jacques Trouillard gekauft; sie verfügt über 121 ha Weinberge. Sie präsentiert einen Rosé de Noirs (30 % Pinot meunier), der fein, mineralisch, fruchtig (Kirsche) und ausgewogen ist. (NM)

Champagne Beaumet, Ch. Malakoff, 3, rue Malakoff, 51207 Epernay Cedex, Tel. 03.26.59.50.10, Fax 03.26.54.78.52, E-Mail chateau.malakoff@wanadoo.fr

J. Trouillard

BEAUMONT DES CRAYERES
Grand Prestige*

○ 10 ha 33 000 11 à 15 €

Diese 1955 gegründete Erzeugervereinigung umfasst über 200 Winzer und vinifiziert die Produktion von 75 ha Weinbergen, die stark zerstückelt sind. Ihre Cuvée Grand Prestige entsteht durch die Kombination der drei Rebsorten der Champagne (40 % Chardonnay, 40 % Pinot noir, 20 % Pinot meunier). Seine Aromen von grünem Apfel und Zitrusfrüchten kündigen einen lebhaften Zitronengeschmack an, der frisch und ausgewogen ist.

Champagne Beaumont des Crayères, BP 1030, 51318 Epernay Cedex, Tel. 03.26.55.29.40, Fax 03.26.54.26.30, E-Mail champagne-beaumont@wanadoo.fr
tägl. 10h–12h 14h–18h; Weihnachten bis Ostern Sa, So geschlossen

FRANÇOISE BEDEL Blanc de Noirs

○ 3,4 ha 20 275 11 à 15 €

Diese Winzerin hat 1976 das Familiengut übernommen, das sich auf beiden Ufern der Marne befindet, in der Gegend von Château-Thierry. Sie führt es seit 1998 nach biodynamischen Prinzipien. Die Rebsorte Pinot meunier, die in hohem Maße die Bestockung des Guts dominiert, hat diesen Blanc de Noirs hervorgebracht, der von 1996 geernteten Trauben sowie Reserveweinen des Jahres 1995 stammt. Er wird aufgrund seines ausdrucksvollen, komplexen Dufts von Unterholz und getrockneten Früchten und aufgrund seines opulenten, gut entfalteten Geschmacks lobend erwähnt. (RM)

Champagne Françoise Bédel, 71, Grande-Rue, 02310 Crouttes-sur-Marne, Tel. 03.23.82.15.80, Fax 03.23.82.11.49, E-Mail chFbedel@quid-info.fr n. V.

L. BENARD-PITOIS

1er cru k. A. k. A. 15 à 23 €

Raoul Bénard hat das 1938 von seinem Großvater geschaffene Gut 1991 übernommen. Er besitzt zehn Hektar (zwei Grands crus und vier Premiers crus). Sein Rosé-Champagner Premier cru vereint 56 % Pinot noir und 34 % Chardonnay, 1996 geerntet, und 10 % Rotwein. Man entdeckt darin Erdbeere und rote Johannisbeere mit einer rauchigen Note. Der Geschmack ist sanft und frisch. Servieren kann man ihn als Aperitif oder zu einem Eingangsgericht. (RM)

Champagne L. Bénard-Pitois, 23, rue Duval, 51160 Mareuil-sur-Ay, Tel. 03.26.52.60.28, Fax 03.26.52.60.12 n. V.

BERECHE ET FILS Reflet d'Antan

○ 1er cru 0,3 ha 1000 15 à 23 €

Der acht Hektar große Weinbaubetrieb, der in der Montagne de Reims liegt, verwendet Eichenfässer und baut seine Champagner in der Flasche aus. Dieser hier hat die Verkoster gespalten, die nur in einem Punkt übereinstimmten: seiner Originalität. In der Nase entdeckt man Kiefernrinde und kandierte Früchte, im Geschmack eine intensive Fruchtigkeit und Nervigkeit. Die Reaktionen: einerseits Ratlosigkeit, andererseits Begeisterung. (RM)

Champagne Berèche et Fils, Le Craon-de-Ludes, BP 18, 51500 Ludes, Tel. 03.26.61.13.28, Fax 03.26.61.14.14 ☑ Y n. V.

CH. BERTHELOT Carte noire*

○ Gd cru 2,05 ha k. A. 11 à 15 €

Ein kleines Gut, das seit 1982 von Christian Berthelot bewirtschaftet wird und sich in Avize, einer als Grand cru eingestuften Gemeinde, befindet. Wir sind hier in der Côte des Blancs, weshalb die beiden ausgewählten Champagner von der Chardonnay-Rebe stammen. Dieser hier, der aus 1998 geernteten Trauben erzeugt worden ist und Stärke, Feinheit und Eleganz verbindet, und der von der Jury lobend erwähnte **Blanc de Blancs Grand cru,** der 1996 und 1997 geerntete Trauben verwendet und weich und lang anhaltend ist und wegen der Dosage ein wenig schwer wirkt. (RM)

Christian Berthelot, 32, rue Ernest-Valle, 51190 Avize, Tel. 03.26.57.58.99, Fax 03.26.51.87.26 ☑ Y n. V.

PAUL BERTHELOT Blason d'or

○ k. A. k. A. 11 à 15 €

Diese 1884 gegründete Firma in Dizy, in der Nähe von Epernay, besitzt 22 ha Weinberge. Ihr je zur Hälfte aus dunklen und weißen Trauben erzeugter Blason d'or verbindet in der Nase kandierte Früchte und frische Butter mit einem Hauch von Röstgeruch. Der frische, nervige Geschmack ist durch Haselnuss geprägt. Die **2000er Cuvée Prestige** (Preisgruppe: 100 bis 149 F) stammt von Trauben der 95er Lese und kombiniert 70 % Chardonnay und 30 % Pinot noir und erinnert an frische Zitrusfrüchte. Sie erhält die gleiche Note. (NM)

SARL Paul Berthelot,
889, av. du Gal-Leclerc, 51530 Dizy,
Tel. 03.26.55.23.83, Fax 03.26.54.36.31
☑ Y n. V.

BILLECART-SALMON
Blanc de Blancs 1995*

○ k. A. 15 000 46 à 76 €

Diese 1818 in Mareuil-sur-Ay gegründete Firma war schon im 19. Jh. bekannt, in den USA ebenso wie in der russischen Aristokratie oder am Hof der bayerischen Könige. Sie ist in Familienbesitz geblieben und ist weiterhin auf Spitzenerzeugnisse ausgerichtet. Bei diesem 95er haben ein Vorklären durch Kälte und eine Gärung bei 13 °C die ganze Subtilität der Chardonnay-Traube bewahrt. Aber auch ihren Reichtum, ihre Komplexität und ihre Eleganz. Ein großer Blanc de Blancs, der ausgewogen ist und lang anhält. Einen Stern erhält auch die **89er Grande Cuvée** (Preisgruppe: über 500 F), ein schöner Jahrgangschampagner, der sich sehr schnell entwickelt hat. Eine Kombination von 60 % Pinot noir und 40 % Chardonnay. Kräftige goldene Farbe, perfekte Ansprache, Röstaroma, Eleganz und Komplexität: Dieser Champagner hat seinen Höhepunkt erreicht. Man schlug vor, ihn zu Zander im Teigmantel zu servieren. Eine lobende Erwähnung zum Schluss noch für die **95er Cuvée Nicolas François Billecart** (Preisgruppe: 300 bis 499 F), der bis auf den Jahrgang den gleichen Verschnitt verwendet wie der vorangegangene Champagner: Stärke, Feinheit und Eleganz. (NM)

Champagne Billecart-Salmon,
40, rue Carnot, 51160 Mareuil-sur-Ay,
Tel. 03.26.52.60.22, Fax 03.26.52.64.88,
E-Mail billecart@champagne-billecart.fr
☑ Y n. V.

BINET 1992**

○ k. A. k. A. 23 à 30 €

Die 1849 von Léon Binet gegründete Firma wechselte nach dem Zweiten Weltkrieg mehrmals den Besitzer, bevor sie 2000 zu der Gruppe Prin kam. Ihr 92er (drei Viertel dunkle und ein Viertel weiße Trauben) hat die Verkoster durch seine kräftigen Aromen, die pfeffrig und zugleich zitronenartig sind, und durch die blumige Feinheit seiner Geschmacksnoten verführt. Lobend erwähnte die Jury außerdem den **Brut Elite** (Preisgruppe: 100 bis 149 F), der 60 % Pinot-Trauben mit 40 % Chardonnay verbindet. Ein leichter, sehr frischer Champagner. (NM)

Champagne Binet, 31, rue de Reims,
51500 Rilly-la-Montagne, Tel. 03.26.88.05.00,
Fax 03.26.88.05.05,
E-Mail info@champagne-binet.com ☑ Y n. V.

CH. DE BLIGNY Chardonnay

○ 5,1 ha 51 000 11 à 15 €

Eine ungewöhnliche Bezeichnung auf den Champagner-Etiketten: Hier haben wir das eine der beiden «Schlösser» der Champagne. Es befindet sich im Departement Aube und gehört jetzt der Champagner-Firma G.-H. Martel & Co. Nachdem es vorübergehend in unserem Weinführer nicht vertreten war, kehrt seine Produktion mit einem Blanc de Blancs zurück, der von 1995 und 1996 geernteten Trauben stammt. Dieser Wein zeichnet sich durch seine Rundheit und seine Milde aus, Merkmale, die eine geschickte Dosage verstärkt. Der **95er Blanc de Blancs** (Preisgruppe: 100 bis 149 F) erhält ebenfalls eine lobende Erwähnung, denn er ist gut entwickelt und besitzt Rundheit und Großzügigkeit. (RM)

Ch. de Bligny, 10200 Bligny,
Tel. 03.25.27.40.11, Fax 03.25.27.04.52
☑ Y Mo–Fr 9h–12h 14h–17h30
Rapeneau

H. BLIN ET CIE 1995*

○ 5 ha 40 000 15 à 23 €

Diese Erzeugervereinigung wurde 1947 von Henri Blin gegründet. Sie umfasst heute etwa hundert Mitglieder und vinifiziert die Produktion von 120 Hektar. Dieser 95er ist das Ergebnis von weißen und dunklen Trauben zu gleichen Teilen (darunter 30 % Pinot meunier). Er erinnert an Biskuits und ist sanft und füllig. Der **Tradition,** bis auf 6 % fast ein Blanc de Noirs, ist stark von der Rebsorte Pinot meunier (77 % des Verschnitts) geprägt. Er ist im Duft würzig und lässt den Beginn einer Entwicklung und viel Rundheit erkennen. (CM)

SC Champagne H. Blin et Cie, 5, rue de Verdun, 51700 Vincelles, Tel. 03.26.58.20.04, Fax 03.26.58.29.67, E-Mail contact@champagne-blin.com ☑ Ⲧ n. V.

R. BLIN ET FILS Sélection**

○ k. A. k. A. 11 à 15 €

Gilles und Madeleine Blin bauen elf Hektar Reben auf dem Massiv von Saint-Thierry an, nordwestlich von Reims. Ein Ort, der zur Geschichte des Champagners gehört: Dort wurde eine Abtei gegründet, deren Weine frühzeitig berühmt waren. Dieser Champagner, der von 90 % Pinot noir und 10 % Chardonnay stammt, hat verführt. Seine sehr kräftige goldene Farbe zeigt einen rosaroten Schimmer. Ein Champagner zum Essen, der die kräftigsten Gerichte begleiten kann. Zwei andere Cuvées erhalten einen Stern: der **Grande Tradition,** dessen Zusammenstellung die Anteile des obigen Champagners umkehrt (90 % Chardonnay und 10 % Pinot noir) und der im Duft komplex und empyreumatisch ist und im Mund sehr lang anhält, mit Aromen von kandierten Früchten und Himbeere, sowie der **Carte blanche,** ein Blanc de Noirs, der Pinot meunier (80 %) bevorzugt und rund, strukturiert und vollständig ist. (RM)

R. Blin et Fils, 11, rue du Point-du-Jour, 51140 Trigny, Tel. 03.26.03.10.97, Fax 03.26.03.19.63, E-Mail contact@champagne-blin-et-fils.fr ☑ Ⲧ n. V.

TH. BLONDEL Blanc de Blancs 1996*

○ 1er cru 4 ha k. A. 11 à 15 €

Das 1904 von dem Urgroßvater, einem Notar Rilly-la-Montagne, gegründete Firma wurde in eine Handelsfirma in Familienbesitz umgewandelt, die seit 1985 ihren eigenen Champagner herstellt. Sie besitzt 9,5 Hektar in der Montagne de Reims. Mit drei Cuvées, die jeweils einen Stern erhalten, schafft es eine schöne Leistung. Dieser 96er Blanc de Blancs bietet eine frische Pfirsichfruchtigkeit; er ist strukturiert und lang anhaltend. Der **95er Blanc de Blancs Premier cru Vieux millésime** (Preisgruppe: 100 bis 149 F) zeigt eine sanfte Ansprache mit Feinheit und Eleganz. Der **Carte d'or** (Preisgruppe: 70 bis 99 F), der einem Verschnitt von Pinot noir (70 %) und Chardonnay (30 %) entstammt, wobei die Trauben 1996 und 1997 geerntet wurden, hat eine lebhafte Ansprache und ist gut gebaut (NM)

Th. Blondel, Dom. des Monts-Fournois, BP 12, 51500 Ludes, Tel. 03.26.03.43.92, Fax 03.26.03.44.10 ☑ Ⲧ n. V.

BOIZEL Réserve

○ k. A. 400 000 15 à 23 €

Die 1834 von Auguste Boizel gegründete Firma wurde 1994 mit der Gruppe BCI verbunden, aus der 1994 BCC geworden ist, aber sie wird weiterhin von einer Nachfahrin der Gründer geführt, Evelyne Roques-Boizel. Drei ihrer Champagner werden dieses Jahr lobend erwähnt: dieser Brut Réserve, eine eher «dunkle» Cuvée (55 % Pinot noir und 15 % meunier), die in der Nase Haselnuss und blumige Noten mischt und im Geschmack nervig und kurz ist, der **Rosé-Champagner**, der bis auf 10 % fast ein Blanc de Noirs (50 % Pinot noir, davon 8 % als Rotwein vinifiziert, und 40 % Pinot meunier) ist und im Anblick blassrosa und im Geschmack leicht erscheint, und der **Blanc de Blancs** (bei Boizel ein «sicherer Wert»), ein junger Wein, der fein und mineralisch ist. (NM)

Champagne Boizel, 46, av. de Champagne, 51200 Epernay, Tel. 03.26.55.21.51, Fax 03.26.54.31.83, E-Mail evboizel@boisel.fr

Gruppe Boizel-Chanoine

BOLLINGER Grande Année 1992**

○ k. A. k. A. 46 à 76 €

Diese berühmte, 1829 gegründete Firma ist im Besitz der Familie geblieben, denn Ghislain de Montgolfier, der sie seit 1994 leitet, stammt von den Gründern ab. Sie stützt sich auf ein riesiges Weingut (rund 150 ha), das fast zwei Drittel ihres Bedarfs befriedigt, und erzeugt charaktervolle Weine. Grande Année ist die Cuvée mit Jahrgangsbezeichnung. Wie bei den übrigen Weinen der Firma stellt Pinot noir hier den Hauptanteil: Ergänzt durch Chardonnay, macht er zwei Drittel der Cuvée aus. Die Grundweine werden im Holzfass ausgebaut. Der 92er bietet eine komplexe, sanfte Aromenpalette, in der sich Unterholz mit Vanille- und Butternoten vermischt. Der Geschmack ist frisch und zeigt eine sehr schöne Ausgewogenheit. Ein Champagner von großer Ausdrucksstärke, der kräftig ist und die Verkoster von Poularde mit Pifferlingen träumen ließ. Eine Liebeserklärung drängte sich auf. (NM)

Bollinger, 16, rue Jules-Lobet, 51160 Aÿ, Tel. 03.26.53.33.66, Fax 03.26.54.85.59

BOLLINGER R.D. Extra brut 1988**

○ k. A. k. A. 46 à 76 €

Ein Champagner von 72 % Pinot noir und 28 % Chardonnay, der im Holzfass vergoren und ausgebaut wurde, lang auf seiner Hefe reifte und vor kurzem degorgiert wurde (*RD* = «récemment dégorgé»), um seine Frische zu bewahren.

Nach einer Liebeserklärung im letzten Jahr erweist er sich nicht als unwürdig. Der vom Ausbau herrührende leichte Holzton begleitet die Verkostung eines kräftigen, eckigen Champagners, der vollständig ist und seinen Höhepunkt erreicht hat. Eigenschaften von Stärke und Reife findet man auch in der **Spécial Cuvée** (Preisgruppe: 150 bis 199 F; ein Stern), die von den drei Rebsorten der Champagne (60 % Pinot noir, 15 % Pinot meunier, 25 % Chardonnay) stammt. (NM)

🔑 Bollinger, 16, rue Jules-Lobet, 51160 Aÿ, Tel. 03.26.53.33.66, Fax 03.26.54.85.59

BONNAIRE Blanc de Blancs**

○ Gd cru 9 ha k. A. 11 à 15 €

Dieser Weinbaubetrieb hat seinen Sitz in Cramant, einer für seine Chardonnay-Trauben berühmten Gemeinde. Er wurde 1932 von Fernand Bouquemont geschaffen und bleibt im Besitz seiner Nachkommen, die 13,5 Hektar in der Côte des Blancs und 8,5 Hektar im Marne-Tal haben. Sein buttriger, röstartiger Blanc de Blancs, der in Richtung Karamell geht und im Geschmack kräftig und fruchtig ist, wurde wegen seines typischen Charakters sehr geschätzt. Der **96er Blanc de Blancs Grand cru Cuvée Prestige** (Preisgruppe: 100 bis 149 F) wird lobend erwähnt. Er stammt von Chardonnay-Trauben aus Cramant, die ihm Rückgrat, Stärke und Cremigkeit verleihen. (RM)

🔑 Jean-Louis Bonnaire, 120, rue d'Epernay, 51530 Cramant, Tel. 03.26.57.07.31, Fax 03.26.57.59.17
☑ 🍷 Mo–Fr 9h–12h 14h–17h; Sa, So n. V.; Aug. geschlossen

BONNET-PONSON*

◐ k. A. k. A. 11 à 15 €

Diese Winzerfamilie, die sich 1835 in Chamery, in der Montagne de Reims, niederließ, bewirtschaftet zehn Hektar. Die drei Rebsorten der Champagne (60 % Pinot, 10 % Pinot meunier, 30 % Chardonnay), wobei die Trauben von 1996 bis 1999 geerntet wurden, und ein wenig Rotwein aus Chamery vereinigen sich zu diesem kupferroten Rosé-Champagner, der im Geschmack leicht, aber ausgewogen ist. Die **96er Cuvée Jules Bonnet** (Preisgruppe: 100 bis 149 F) ist ein Blanc de Noirs, der ausschließlich von der Rebsorte Pinot noir erzeugt und im Holzfass mit Aufrühren des Hefesatzes vinifiziert worden ist. Für ihre Ausgewogenheit, ihre runde Ansprache und ihre Feinheit erhält sie ebenfalls einen Stern. (RM)

🔑 Thierry Bonnet, 20, rue du Sourd, 51500 Chamery, Tel. 03.26.97.65.40, Fax 03.26.97.67.11, E-Mail champagne.bonnet.ponson@wanadoo.fr
☑ 🍷 n. V.

FRANCK BONVILLE Blanc de Blancs Sélection

○ Gd cru 15 ha 100 000 11 à 15 €

Franck Bonville, Winzer in Avize in der Côte des Blancs, hat seine ersten Champagner 1945 hergestellt. Der Weinbaubetrieb, der heute von Gilles Bonville geführt wird, verfügt über 15 ha Weinberge. Sein Blanc de Blancs Sélection ohne Jahrgangsangabe vereint Trauben der Jahre 1996, 1997 und 1998. Er ist voller Jugendlichkeit, rund und buttrig und passt zu gekochtem Fisch mit hellem Fleisch. Der (lobend erwähnte) **93er Blanc de Blancs Grand cru** mit Aromen von Honig und kandierten Früchten ist ausgewogen und noch immer frisch. (RM)

🔑 Champagne Franck Bonville, 9, rue Pasteur, 51190 Avize, Tel. 03.26.57.52.30, Fax 03.26.57.59.90, E-Mail franck-bonville@wanadoo.fr ☑ 🍷 n. V.

BOUCHE PERE ET FILS Cuvée réservée

○ k. A. 300 000 15 à 23 €

Diese 1945 gegründete Firma in Familienbesitz nutzt 35 ha Weinberge, die über viele Crus zerstreut sind. Die je zur Hälfte aus weißen und dunklen Trauben (20 % Pinot meunier) hergestellte Cuvée réservée enthält 20 % Reserveweine. Sie duftet nach gewürzten gekochten Früchten – Aromen, die man in einem fülligen Geschmack wiederfindet. (NM)

🔑 Champagne Bouché Père et Fils, 10, rue Charles-de-Gaulle, 51530 Pierry, Tel. 03.26.54.12.44, Fax 03.26.55.07.02
☑ 🍷 n. V.

RAYMOND BOULARD Réserve*

○ k. A. 35 000 15 à 23 €

Die Boulards, die seit 1792 Winzer sind, haben ihre Firma 1952 gegründet. Sie besitzen zehn Hektar Reben in der Montagne de Reims und im Tal der Marne. Alle ausgewählten Champagner erhalten einen Stern. Diese Cuvée Réserve, die von den drei Rebsorten der Champagne (Pinot meunier 45 %, Pinot noir 35 %, Chardonnay 20 %) stammt und Trauben von vier Jahren (1998, 1997, 1996 und 1995) enthält, ist ausgewogen, frisch und füllig und verbindet Akazienblüte, Mirabelle und weißfleischige Früchte. Der je zur Hälfte aus weißen und dunklen Trauben erzeugte **96er Jahrgangschampagner** verbindet Zitronen-, Mineral- und Karamellaromen. Er zeigt, wie die meisten Champagner dieses Jahrgangs, eine große Lebhaftigkeit. Der **Rosé-Champagner,** ein Rosé de Noirs, der von den beiden Pinot-Sorten stammt, wobei die Trauben 1997 geerntet und kurz vermaischt wurden, verleiht mit seinen Noten von Erdbeerkonfitüre einen Eindruck von Reichtum. Er ist schmackhaft und weinig und bleibt dennoch elegant. (NM)

🔑 Champagne Raymond Boulard, 1, rue du Tambour, 51480 La Neuville-aux-Larris, Tel. 03.26.58.12.08, Fax 03.26.61.54.92, E-Mail info@champagne-boulard.fr ☑ 🍷 n. V.

JEAN-PAUL BOULONNAIS Tradition*

○ 1er cru 5 ha 15 000 11 à 15 €

Die Boulonnais, seit fünf Generationen Winzer, haben ein fünf Hektar großes Weingut aufgebaut. Sie wohnen in Vertus, im Süden der Côte des Blancs. Ihr sehr «heller» Tradition (80 % Chardonnay sowie 20 % Pinot noir) ist blumig und würzig; in der Nase zeigt er eine sanfte Ansprache und lässt seine Frische erkennen. Der **Rosé-Champagner** (100 % Pinot noir) ist nicht überaus lang anhaltend, erweist sich

aber als kräftig, in der Nase ebenso wie im Mund, und recht rund. (NM)
Jean-Paul Boulonnais, 14, rue de l'Abbaye, 51130 Vertus, Tel. 03.26.52.23.41, Fax 03.26.52.27.55 n. V.

R. BOURDELOIS 1995*

○ k. A. 12 000 15 à 23 €

Dieser Erzeuger, der seine Champagner selbst vermarktet, wohnt in Dizy, einer Gemeinde, die gegenüber von Epernay im Tal der Marne liegt. Sein 95er Jahrgangschampagner enthält ebenso viele weiße wie dunkle Trauben (davon 15 % Pinot meunier). Der Duft mischt Zitrusfrüchte und geröstetes Brot. Nach einer deutlichen Ansprache zeigt sich der Geschmack rund, mit einem Hefebrotaroma. (RM)
Raymond Bourdelois, 737, av. du Gal-Leclerc, 51530 Dizy, Tel. 03.26.55.23.34, Fax 03.26.55.29.81 n. V.

BOURGEOIS-BOULONNAIS Blanc de Blancs

○ 1er cru 5 ha k. A. 11 à 15 €

Vertus ist eine Gemeinde im Süden der Côte des Blancs, die als Premier cru eingestuft ist. Alain Bourgeois bewirtschaftet dort 5,5 Hektar. Er präsentiert einen klassischen Blanc de Blancs mit einem diskreten Geruchseindruck und einem weinig-honigartigen Geschmack, der recht kräftig gebaut ist. (RM)
Champagne Bourgeois-Boulonnais, 8, rue de l'Abbaye, 51130 Vertus, Tel. 03.26.52.26.73, Fax 03.26.52.06.55 n. V.

BOUTILLEZ-GUER Tradition**

○ 2 ha 12 000 11 à 15 €

Das Dorf Villers-Marmery, das sich in der Montagne de Reims befindet, ist heute für seine Chardonnay-Trauben berühmt. Die Vorfahren der Boutillez bauten dort schon vor fünf Jahrhunderten Wein an. Ihre sehr «helle» Cuvée Tradition (80 % Chardonnay, 20 % Pinot noir) war nicht weit von einer Liebeserklärung entfernt. Sie verführt durch ihre blumigen und honigartigen Aromen, ihren bemerkenswert ausgewogenen Geschmack und ihre Länge. «Ein perfekter Wein», schrieb ein Verkoster. (RM)
Champagne Boutillez-Guer, 38, rue Pasteur, 51380 Villers-Marmery, Tel. 03.26.97.91.38, Fax 03.26.97.94.95 n. V.
Marc Boutillez

G. BOUTILLEZ-VIGNON Blanc de Blancs*

○ 1er cru 1 ha 2 500 11 à 15 €

Hier haben wir die anderen Boutillez von Villers-Marmery, wo sie seit 1524 wohnen. Sie bauen hier 5 ha Reben an und haben 1976 ihren Champagner auf den Markt gebracht. Ihr Blanc de Blancs ohne Jahrgangsbezeichnung stammt von Trauben der Jahre 1997 und 1998. Er ist lebhaft, blumig und nachhaltig und verführt durch seine Eleganz. (RM)
G. Boutillez-Vignon, 26, rue Pasteur, 51380 Villers-Marmery, Tel. 03.26.97.95.87, Fax 03.26.97.97.23
Mo–Fr 8h–12h 14h–18h; Sa, So n. V.; 15. Aug. bis 5. Sept. geschlossen

LAURENT BOUY*

○ Gd cru 1,2 ha 9 600 11 à 15 €

Laurent Bouy, Erbe einer Winzerfamilie, bewirtschaftet seit 1977 ein 4,5 ha großes Weingut in Verzy, einer als Grand cru eingestuften Gemeinde der Montagne de Reims. Er präsentiert eine je zur Hälfte aus dunklen und weißen Trauben hergestellte Cuvée, die Weine von 1993 bis 1996 vereint. Ihre Aromen sind kräftig und reich. Der Geschmack fällt durch seine Ausgewogenheit und seine Länge auf. Ein charaktervoller Champagner. (RM)
Laurent Bouy, 7, rue de l'Ancienne-Eglise, 51380 Verzy, Tel. 03.26.97.93.23 n. V.

BRATEAU-MOREAUX*

○ 4,75 ha 25 742 8 à 11 €

Vier Winzergenerationen waren notwendig, bis diese Marke 1990 zur Welt kam. Die Weinberge umfassen 5,5 Hektar in Leuvrigny, einer Gemeinde im Tal der Marne, die angeblich die besten Pinot-meunier-Trauben hervorbringt. Ausschließlich diese Rebsorte, wobei die Trauben 1998 geerntet wurden, bildet den Blanc de Noirs, der einen sehr guten Eindruck erweckt. Ein runder, sanfter Champagner, der blumig und sehr fruchtig ist. (RM)
Dominique Brateau, 12, rue Douchy, 51700 Leuvrigny, Tel. 03.26.58.00.99, Fax 03.26.52.83.61 n. V.

BRETON FILS Prestige*

○ 17 ha 10 000 15 à 23 €

Anfang der 50er Jahre brachte Ange Breton seine erste Cuvée auf den Markt: 500 Flaschen. Im Winter grub er einen Keller in den Kreidefelsen unter seinem Gut. Heute umfasst der Weinbaubetrieb siebzehn Hektar: nicht nur im Gebiet von Sézanne, südlich von Congy, sondern auch im Tal der Marne. Das Gut wird von seinen Söhnen geführt: Yann im Weinberg und Johann im Keller. Drei ihrer Champagner wurden ausgewählt. Alle lassen eine großzügige Dosage erkennen, bleiben aber ausgewogen. Den Vorzug gab die Jury ihrer Cuvée Prestige (60 % Chardonnay und je 20 % Pinot noir und Pinot meunier), die eine zitronenartige Frische bewahrt und mit Noten von Mirabelle und weißen Blüten eine schöne Feinheit beweist. Lobend erwähnt wurden in der Preisgruppe darunter der **Rosé-Champagner,** der von den drei Rebsorten der Champagne stammt und an Erdbeere erinnert, und der sanfte, jugendliche **Blanc de Blancs Grande Réserve** mit Zitrusaromen. (RM)
SCEV Breton Fils, 12, rue Courte-Pilate, 51270 Congy, Tel. 03.26.59.31.03, Fax 03.26.59.30.60
tägl. 8h–12h15 13h30–18h
Ange Breton

BRICE Verzenay*

○ Gd cru k. A. k. A. 15 à 23 €

Auch wenn die von Jean-Paul Brice geleitete Handelsfirma erst in neuerer Zeit gegründet wurde (1994), leben die Brices seit dem 17. Jh. in Bouzy. Champagner aus einem einzigen Cru bilden ihre Spezialität. Dieser hier, der aus Verzenay stammt, kombiniert 90 % Pinot noir mit 10 % Chardonnay, wobei 98er Weine durch Reserveweine ergänzt worden sind. Er bietet in der Nase weiße Blüten und Brotteig und zeigt eine lebhafte Ansprache im Mund, mit langen empyreumatischen Geschmacksnoten. (NM)

Jean-Paul Brice, 3, rue Yvonnet,
51150 Bouzy, Tel. 03.26.52.06.60,
Fax 03.26.57.05.07,
E-Mail champagnebrice@wanadoo.fr
n. V.

BRICOUT Cuvée Arthur Bricout

○ Gd cru k. A. k. A. 23 à 30 €

Die 1820 gegründete Firma Koch wurde gegen Ende des 19. Jh. zu Bricout et Koch; 1990 nahm sie dann den Namen Bricout an. Seit 1998 gehört sie zur Gruppe Delbeck. Die Sondercuvée Arthur Bricout enthält 70 % Chardonnay und 30 % Pinot noir. In der Nase kündigen eine Schicht Butter und kandierte Früchte einen fülligen, komplexen Geschmack an. Ein Champagner, der zu Fisch mit Sauce passt. (NM)

SA Champagne Bricout et Koch,
59, rte de Cramant, 51190 Avize,
Tel. 03.26.53.30.00, Fax 03.26.57.59.26
n. V.

BROCHET-HERVIEUX*

◐ 1er cru k. A. k. A. 11 à 15 €

Dieser Weinbaubetrieb in Ecueil, einem Dorf in der Nähe von Reims, besitzt sechzehn Hektar. Seit Ende des Zweiten Weltkrieges verkauft er Champagner. Er präsentiert einen Rosé-Champagner Premier cru, der sehr geschätzt wurde. Es handelt sich dabei fast um einen Blanc de Noirs (5 % Chardonnay). Er ist im Anblick blassrosa und mischt in der Nase kandierte Früchte, Toastnoten und geröstetes Brot. Der Geschmack setzt den Geruchseindruck fort und zeigt eine zufrieden stellende Ausgewogenheit. Der **95er Premier cru** kombiniert 85 % dunkle Trauben und 15 % Chardonnay. Der weinige, intensive, kandiert wirkende Wein, der aber sein Alter deutlich zeigt, erhält eine lobende Erwähnung. (RM)

Brochet-Hervieux,
12, rue de Villers-aux-Nœuds, 51500 Ecueil,
Tel. 03.26.49.77.44, Fax 03.26.49.77.17
n. V.

ANDRE BROCHOT Cuvée*

○ 1 ha k. A. 11 à 15 €

Der Weinbaubetrieb, der südlich von Epernay liegt, stellt seit 1949 Champagner her. Er präsentiert einen Blanc de Noirs, der von der Rebsorte Pinot meunier stammt. Seine Farbe zwinkert einem förmlich zu, d. h., sie zeigt hübsche rosarote Reflexe. Sein Duft bietet Früchte in Hülle und Fülle; sein Geschmack ist lebhaft, füllig und lang anhaltend. (RM)

Francis Brochot, 21, rue de Champagne,
51530 Vinay, Tel. 03.26.59.91.39,
Fax 03.26.59.91.39 n. V.

BRUGNON*

○ 5 ha 20 000 11 à 15 €

Alain Brugnon repräsentiert die dritte Generation auf dem Gut. Sein Großvater Maurice begann mit der Herstellung von Champagner. Der Betrieb besitzt Weinberge rund um Ecueil (südwestlich von Reims) und Rilly-la-Montagne sowie im Marne-Tal. Sein jahrgangsloser Brut wird von dunklen Trauben (50 % Pinot noir, 30 % Pinot meunier) beherrscht, die 1997, 1998 und 1999 geerntet wurden. Er ist intensiv und reich, mit Apfelaromen in der Nase wie auch im Mund. Die gleiche Note für den **96er Jahrgangschampagner** (Preisgruppe: 100 bis 149 F), der zwei Drittel weiße und ein Drittel dunkle Trauben vereint. Er ist blumig und fein, aufgrund seiner Zitronennote für seinen Jahrgang repräsentativ, sehr frisch und lebhaft. Ein jugendlicher Champagner, den man als Aperitif trinken kann. Eine lobende Erwähnung erhält der **Sélection** (Preisgruppe: 70 bis 99 F), in der Komposition mit dem vorangegangenen Champagner identisch und auch im Stil ähnlich. (RM)

EARL Champagne Brugnon, 1, rue Brûlée,
51500 Ecueil, Tel. 03.26.49.25.95,
Fax 03.26.49.76.56, E-Mail brugnon@cder.fr
n. V.

EDOUARD BRUN ET CIE 1996**

○ k. A. 27 000 15 à 23 €

Eine Firma, die 1898 von Edouard Brun gegründet wurde, der sich 1939 mit Edmond Lefèvre zusammenschloss, und heute von seiner Tochter geführt wird. Die alkoholische Gärung wird im Holzfass, die malolaktische Gärung im Tank durchgeführt. Der 96er Jahrgangschampagner, der mineralisch, jod- und zitronenartig ist, zeigt in einem Geschmack mit Zitrusaromen eine schöne Lebhaftigkeit. Die **Réserve Premier cru** (Preisgruppe: 70 bis 99 F) hat einen Stern erhalten. Sie enthält zweimal mehr dunkle als weiße Trauben und kombiniert die Ernten 1996 bis 1998. Sie ist ein Champagner, der rund und zur gleichen Zeit nervig ist.

Edouard Brun et Cie, 14, rue Marcel-Mailly,
BP 11, 51160 Aÿ, Tel. 03.26.55.20.11,
Fax 03.26.51.94.29
Mo–Fr 8h30–12h 14h–18h; Sa, So n. V.

CHRISTIAN BUSIN Réserve

○ Gd cru 0,5 ha 5 000 11 à 15 €

Christian Busin bewirtschaftet sechs Hektar Reben, die sich in den Nachbargemeinden Verzenay und Verzy, zwei Grands crus der Montagne de Reims, befinden. In diesem Champagner vereinigen sich 80 % Pinot noir und 20 % Chardonnay. Sein Bouquet ist diskret (weiße Blüten); sein runder, sanfter Geschmack bietet fleischige kleine Früchte. (RM)

Christian Busin, 4, rue d'Uzès,
51360 Verzenay, Tel. 03.26.49.40.94,
Fax 03.26.49.44.19, E-Mail lucbusin@aol.com
n. V.

JACQUES BUSIN Réserve 1995**

○ Gd cru 2 ha 10 000 11 à 15 €

Jacques Busin, der in der Montagne de Reims wohnt, genießt das seltene Privileg, dass er Parzellen in vier Grands crus besitzt: Verzy, Verzenay, Ambonnay und Sillery, was es ihm ermöglicht, originelle Kombinationen zu kreieren. Mit diesem je zur Hälfte aus dunklen und weißen Trauben erzeugten Champagner hat er die Jury erobert. Dieser komplexe, feine Champagner verbindet getrocknete Früchte sowie röstartige, hefebrotähnliche und leicht animalische Noten. Es gibt auch noch Flaschen von der **2000er Cuvée Grand cru** (Preisgruppe: 100 bis 149 F), die 75 % Pinot noir mit 25 % Chardonnay kombiniert. Sie hat sich gegenüber dem Vorjahr verbessert erhält zwei Sterne. Sie ist komplex, mit einer sehr lang anhaltenden Ansprache, und hat ihren Höhepunkt erreicht. Eine lobende Erwähnung bekommt das Gut für den **Carte d'or Grand cru** (Preisgruppe: 70 bis 99 F), einen Verschnitt von 60 % Pinot noir und 40 % Chardonnay, wobei die Trauben 1997 und 1998 geerntet wurden. Der Duft erinnert an getrocknete Früchte, während eine große Nervigkeit die Aprikosenaromen im Geschmack hervorhebt. (RM)

Jacques Busin, 17, rue Thiers,
51360 Verzenay, Tel. 03.26.49.40.36,
Fax 03.26.49.81.11,
E-Mail jacques-busin@wanadoo.fr ☑ Y n. V.

GUY CADEL

◐ 6 ha 5 000 11 à 15 €

Die Cadels, die schon im vorletzten Jahrhundert Winzer waren, sind seit 1960 Erzeuger, die ihren Chamapagner selbst vermarkten. Sie bewirtschaften zehn Hektar Reben. Ihr Rosé-Champagner verbindet Pinot meunier (60 %) und Chardonnay der Jahre 1997 und 1998. Ein leichter, gefälliger Champagner, dessen Ausgewogenheit durch eine tadellose Dosage betont wird. (RM)

Champagne Guy Cadel, 13, rue Jean-Jaurès,
51530 Mardeuil, Tel. 03.26.55.24.59,
Fax 03.26.55.25.83,
E-Mail guycadel@terre-net.fr ☑ Y n. V.
M.Thiebault

CANARD-DUCHENE
Charles VII Grande Cuvée***

○ k. A. k. A. 23 à 30 €

Diese 1868 gegründete Firma hat ihren Ursprung in der Heirat Victor Canards, eines Tischlers und Küfers, mit Léonie Duchêne, einer Winzertochter, im Jahre 1860. Nachdem sie 1978 von Veuve-Clicquot geschluckt wurde, befindet sie sich jetzt im Schoß von LVMH. Die Cuvée Charles VII, die von 44 % Pinot noir, 42 % Chardonnay und 14 % Pinot meunier stammt, bildet den Spitzenchampagner von Canard-Duchêne. Sie hat nur Lob geerntet. Die Verkoster betonten ihre Feinheit, ihre Länge und die Komplexität ihrer Aromenpalette, in der sich Röst- und Räuchernoten, Haselnuss, Honig und Hefebrot verbinden. Eine ausgezeichnete Sondercuvée zu einem erschwinglichen Preis. Der **Blanc de Noirs Cuvée Charles VII** verdient eine lobende Erwähnung, ebenso wie der **Brut ohne Jahrgangsbezeichnung** (Preisgruppe: 100 bis 149 F), der 80 % Pinot mit 20 % Chardonnay kombiniert. (NM)

Canard-Duchêne, 1, rue Edmond-Canard,
51500 Ludes, Tel. 03.26.61.11.60,
Fax 03.26.40.60.17,
E-Mail info@canard-duchene.fr
☑ Y Di–Sa 11h–13h 14h30–17h;
15. Okt. bis 1. April geschlossen

JEAN-YVES DE CARLINI 1997*

○ Gd cru 2 ha 3 500 15 à 23 €

Eine 1955 von R. de Carlini gegründete Firma, der Jean-Yves de Carlini 1984 seinen Vornamen gegeben hat. Ihr 97er – ein merkwürdiger Jahrgang – besteht zu gleichen Teilen aus Chardonnay und Pinot noir. Der Duft wie auch der Geschmack bieten Merkmale, die an kandierte Früchte, Honig und Fett denken lassen. Vom gleichen Erzeuger wurde der **Réserve** (Preisgruppe: 70 bis 99 F) lobend erwähnt. Je zur Hälfte aus weißen und dunklen Trauben hergestellt, aber auch aus mehreren Jahrgängen (1999 sowie 1998, 1997 und 1996). Ein Champagner für den Nachmittag. (RM)

Jean-Yves de Carlini, 13, rue de Mailly,
51360 Verzenay, Tel. 03.26.49.43.91,
Fax 03.26.49.46.46 ☑ Y n. V.

CASTELLANE Croix rouge 1991

○ 12 ha 100 000 15 à 23 €

Diese 1895 gegründete Firma in Epernay hebt sich von der Landschaft durch einen Bergfried ab, der den Sitz des Unternehmens überragt; errichtet wurde er 1904 nach den Plänen von Auguste Marius Toudoire, dem Pariser Architekten des Bahnhofs von Lyon. Ihr Gründer, der Vicomte Florens de Castellane, der für seine Feste in der Zeit der Belle Epoque berühmt war, wählte als Markenzeichen das Andreaskreuz, das alle Etiketten schmückt. Dieser von weißen Trauben (80 % Chardonnay) dominierte

91er Jahrgangschampagner ist nicht überaus lang, aber mit seinen Röst-, Blüten- und Zitronenaromen mangelt es ihm nicht an Anmut. Die ebenfalls lobend erwähnte **90er Cuvée Commodore** (Preisgruppe: 150 bis 199 F) verdient mit ihrer Aromenpalette, die Röstnoten und sehr reife Früchte (Apfel, Pfirsich, Birne) mischt, dass sie hier vertreten ist. (NM)

Champagne de Castellane,
57, rue de Verdun, BP 136, 51204 Epernay Cedex, Tel. 03.26.51.19.19, Fax 03.26.54.24.81,
E-Mail info@castellane.com
tägl. 10h–12h 14h–18h; 23. Dez. bis 3. März geschlossen

CATTIER 1995*

○ 1er cru 18 ha 40 000 15 à 23 €

Die Cattiers besitzen seit zweieinhalb Jahrhunderten Weinberge und begannen schon 1920 mit der Herstellung von Champagner. Ihre immer noch unabhängige Firma besitzt achtzehn Hektar Premiers crus in der Montagne de Reims. Die drei Rebsorten der Champagne (40 % Pinot meunier, 30 % Pinot noir und 30 % Chardonnay) sind an dieser Cuvée beteiligt, die durch den Reichtum ihrer Zitrusaromen und die Feinheit ihres Abgangs verführt. Lobend erwähnt wurden der **Brut Premier cru** (Preisgruppe: 70 bis 99 F), der von dunklen Trauben dominiert wird (20 % Chardonnay), und der berühmte **Clos du Moulin Premier cru** (Preisgruppe: 150 bis 199 F), der je zur Hälfte aus dunklen und weißen Trauben erzeugt worden ist. Beim Ersten ist die Dosage spürbar, während beim Zweiten die Lebhaftigkeit erfreut. (NM)

Cattier, 6-11, rue Dom-Pérignon,
51500 Chigny-les-Roses, Tel. 03.26.03.42.11,
Fax 03.26.03.43.13,
E-Mail jeancatt@cattier.com
Mo–Fr 9h–11h 14h–17h; Gruppen n. V.

CLAUDE CAZALS Carte blanche

○ 3 ha 20 000 11 à 15 €

Ernest Cazals legte sein Gut an. Ein Jahrhundert später bewirtschaftet Claude Cazals neun Hektar Weinberge in der Côte des Blancs. Seine Cuvée Carte blanche ist nichts anderes als ein Blanc de Blancs, der von 1997 gelesenen Trauben stammt, unterstützt durch Trauben von 1995 und 1996. Sie verbindet Lebhaftigkeit, Frische und Sanftheit. Die **Cuvée vive Grand cru Extra brut** ist ebenfalls ein Blanc de Blancs, der keine Dosage enthält: ein heikles Unterfangen. Sie ist fein und lang anhaltend und verdient eine lobende Erwähnung. (RC)

Champagne Claude Cazals,
28, rue du Grand-Mont, 51190 Le Mesnil-sur-Oger, Tel. 03.26.57.52.26, Fax 03.26.57.78.43
n. V.

CHARLES DE CAZANOVE Demi-sec Tradition Père et Fils*

○ k. A. k. A. 11 à 15 €

Diese unauffällige, aber große Firma in Familienbesitz, die 1811 in Avize gegründet wurde und heute ihren Sitz in Epernay hat, ist unauffällig geblieben. Besonders erfolgreich war sie mit ihrem halbtrockenen Champagner, einer Kategorie, die beim Champagner selten befriedigend ausfällt. Dieser Wein, der 50 % Pinot noir, 20 % Pinot meunier und 30 % Chardonnay enthält, verwendet nur die zuerst gekelterten und besten Moste. Der Duft ist diskret und fein (Ginsterblüte), der Geschmack füllig und ausgewogen. Das ist der Champagner, den man zum Nachtisch braucht. Als Aperitif können Sie den **Rosé-Champagner Tradition Père et Fils** (Preisgruppe: 100 bis 149 F) wählen, der von 95 % Chardonnay und 5 % Rotwein aus Pinot-noir-Trauben erzeugt worden ist. Er verbindet Frische und Rundheit und bietet hübsche Aromen von roten Früchten und Wildbeere. (NM)

Charles de Cazanove, 1, rue des Cotelles,
51200 Epernay, Tel. 03.26.59.57.40,
Fax 03.26.54.16.38
Lombard

CHANOINE Tsarine 1995*

○ k. A. k. A. 15 à 23 €

Die Firma Brüder Chanoine wurde 1730 gegründet, ein Jahr nach Ruinart, dem ältesten Champagner-Haus. Sie ersteht heute wieder aus ihrer Asche und verfügt über supermoderne Keller in Reims. Russland war im 19. Jh. der Hauptabsatzmarkt von Chanoine, daher auch der Name «Zarin» dieser Cuvée. Dieser Champagner macht dem großen Jahrgang 1995 Ehre. Sein leicht honigartiger Duft ist zurückhaltend; im Mund macht er sich deutlich bemerkbar und zeigt Komplexität und Eleganz. Ihm gelingt eine seltene Verbindung von kandierter Frucht und Frische. Ein anderer Champagner wurde lobend erwähnt: der **Grande Réserve** (Preisgruppe: 70 bis 99 F), der sich lauter zu Wort meldet. (NM)

Champagne Chanoine Frères, allée du Vignoble, 51100 Reims, Tel. 03.26.36.61.60,
Fax 03.26.36.66.62,
E-Mail chanoine-freres@wanadoo.fr

JACQUES CHAPUT 1999

○ 9 ha 90 000 8 à 11 €

Das zwölf Hektar große Gut befindet sich in Arrentières im Departement Aube. Das schwarze Etikett prangt auf einem Champagner, der fast ein Blanc de Noirs ist (10 % Chardonnay) und Aromen von weißen Blüten sowie Geschmacksnoten von kandieren Früchten bietet. Das gelbe Etikett trägt die Bezeichnung **Blanc de Blancs 1995** (Preisgruppe: 70 bis 99 F): ein lebhafter Wein, der sich ideal als Aperitif eignet und ebenfalls eine lobende Erwähnung verdient. (NM)

Champagne Jacques Chaput, La Haie-Vignée, 10200 Arrentières, Tel. 03.25.27.00.14,
Fax 03.25.27.01.75 n. V.

ROLAND CHARDIN Cuvée Prestige 1996

○ 1 ha 5 000 11 à 15 €

Ein 1980 entstandener Weinbaubetrieb in Avirey-Lingey (Departement Aube), der 6,5 ha Reben besitzt. Dieser Brut Prestige ist das Ergebnis von 85 % Chardonnay und 15 % Pinot noir. Man entdeckt darin weißfleischige Früchte, grünen Apfel und Zitrone. Der Geschmack ist sanft und flüchtig. (RM)

Roland Chardin, 25, rue de l'Eglise,
10340 Avirey-Lingey, Tel. 03.25.29.33.90,
Fax 03.25.29.14.01 n. V.

CHARDONNET ET FILS
Blanc de Blancs**

○ 1 ha 4 000 11 à 15 €

Die Chardonnets, die ihren Champagner 1970 auf den Markt gebracht haben, bewirtschaften vier Hektar Reben in der Côte des Blancs und im Marne-Tal. Sie präsentieren einen klassischen Blanc de Blancs mit Aromen von Mandeln und geröstetem Brot. Dieser reiche, runde Wein hat seinen Höhepunkt erreicht. Die Cuvée **Tradition** (70 % Chardonnay und 30 % Pinot noir aus den Jahren 1995 bis 1997) verdient aufgrund ihrer zitronenartigen Nervigkeit und ihrer Länge eine lobende Erwähnung. (RM)

Michel et Lionel Chardonnet, 7, rue de l'Abattoir, 51190 Avize, Tel. 03.26.57.91.73, Fax 03.26.57.84.46 n. V.

GUY CHARLEMAGNE Brut extra**

○ 6 ha 50 000 11 à 15 €

Feine Bläschen im Strohgelb. Chardonnay (60 %), kombiniert mit Pinot noir, bietet hier einen kräftigen, ausgewogenen Wein. «Die Aromenpalette im Nasen-Rachen-Raum ist interessant: vollreifer weißer Pfirsich, Quitte, Birne – ich mag ihn sehr», notierte einer unserer Verkoster. Der **96er Mesnillésime Blanc de Blancs** (Preisgruppe: 100 bis 149 F) erhält eine lobende Erwähnung; er ist ein ätherisch leichter, sehr blumiger Champagner. (SR)

Guy Charlemagne, 4, rue de La Brèche-d'Oger, 51190 Le Mesnil-sur-Oger, Tel. 03.26.57.52.98, Fax 03.26.57.97.81 n. V.

CHARLIER ET FILS Carte noire*

○ 14 ha 50 000 11 à 15 €

Das vierzehn Hektar große Weingut liegt im Tal der Marne. Bei den Charliers steht das Holzfass hoch im Kurs, denn man verkostet sogar ihre Weine «in einem großen Fass». Übrigens werden sie im Holzfass ausgebaut. Bei der Cuvée Carte noire steht Pinot meunier (die hier angebaute Rebsorte) im Mittelpunkt (75 %), während Pinot noir und Chardonnay als Nebensorten verwendet werden. Sie ist ein runder, ausgewogener, angenehmer Champagner. Der **Prestige rosé** erhält ebenfalls einen Stern: Er ist ein Rosé de Noirs (80 % Pinot noir, 20 % Pinot meunier). Gekochte Früchte (Sauerkirsche und Quitte) tragen zu seiner Rundheit bei. (RM)

Champagne Charlier et Fils, 4, rue des Pervenches, Aux Foudres de Chêne, 51700 Montigny-sous-Châtillon, Tel. 03.26.58.35.18, Fax 03.26.58.02.31, E-Mail champagne.charlier@wanadoo.fr n. V.

J. CHARPENTIER Réserve*

○ 3,5 ha 35 000 11 à 15 €

Die Charpentiers stellen seit 1954 Champagner her. Sie bewirtschaften zwölf Hektar Weinberge auf dem rechten Ufer der Marne. Ihr Réserve ist ein Blanc de Noirs (80 % Pinot meunier). Während sein Geruchseindruck unauffällig ist, macht der Geschmack durch seine würzige, füllige Seite auf sich aufmerksam. (RM)

Jacky Charpentier, 88, rue de Reuil, 51700 Villers-sous-Châtillon, Tel. 03.26.58.05.78, Fax 03.26.58.36.59 n. V.

CHARTOGNE-TAILLET
Cuvée Fiacre Taillet*

○ k. A. 2 500 15 à 23 €

Philippe Chartogne wohnt in Merfy, einem Dorf in der Nähe von Saint-Thierry, einer der Wiegen des Champagne-Weinbaugebiets. Er stammt von Winzern ab, die sehr interessante Hefte hinterlassen haben, die ein Jahrhundert Weinbautätigkeit (1750–1850) abdecken. Sein Gut umfasst elf Hektar. Diese Cuvée aus Chardonnay (60 %) und Pinot noir (40 %), die 1996 geerntet wurden, macht nur teilweise eine malolaktische Gärung durch. In der Nase zeigen sich getrocknete Früchte und Röstgeruch. Im Geschmack tragen Noten von säuerlichen roten Früchten zu seiner Ausgewogenheit bei. Ein hübscher Champagner zum Aperitif. (RM)

Philippe Chartogne-Taillet, 37-39, Grande-Rue, 51220 Merfy, Tel. 03.26.03.10.17, Fax 03.26.03.19.15, E-Mail chartogne.taillet@wanadoo.fr n. V.

CHASSENAY D'ARCE Cuvée Privilège*

○ k. A. 110 000 11 à 15 €

Die Marke einer großen Genossenschaft im Departement Aube, die 1956 gegründet wurde und die Trauben von 310 Hektar vinifiziert. Die Cuvée Privilège entsteht aus 40 % Chardonnay und 60 % Pinot noir. Die weißen Blüten sind sehr deutlich zu spüren, der Honig ebenso. Die Länge im Geschmack ist beachtlich. Der **Rosé-Champagner** verdient ebenfalls eine lobende Erwähnung. Ein hoher Anteil Pinot noir (85 %) verleiht ihm Weichheit und Rundheit. (CM)

Champagne Chassenay d'Arce, 10110 Ville-sur-Arce, Tel. 03.25.38.30.70, Fax 03.25.38.79.17, E-Mail champagne-chassenay-darce @wanadoo.fr n. V.

GUY DE CHASSEY 1993*

○ Gd cru 0,5 ha 3 000 15 à 23 €

Ein Familienbetrieb in Louvois, einer als Grand cru eingestuften Gemeinde. Dieser Wein ist das Ergebnis eines klassischen Verschnitts von Pinot noir und Chardonnay im Verhältnis 60:40. Er bietet Zitrusaromen und zeigt sich lebhaft, kräftig und lang anhaltend. Lobend erwähnt wird der Champagner **Nicolas d'Olivet Cuvée réservée** (Preisgruppe: 70 bis 99 F), ein Grand cru vom gleichen Erzeuger, der die gleiche Zusammenstellung verwendet, aber von 1995 gelesenen Trauben stammt. Ein gutes Niveau, bei dem die Lebhaftigkeit herausgestellt wurde. (RM)

Champagne Guy de Chassey, 1, pl. de la Demi-Lune, 51150 Louvois, Tel. 03.26.57.04.45, Fax 03.26.57.82.08, E-Mail mo.de.chassey@wanadoo.fr tägl. 9h–12h30 14h–18h30

CHAUDRON ET FILS

◐ k. A. k. A. 11 à 15 €

Seitdem sich die Familie Chaudron 1820 in Verzenay niederließ, hat sie diese als Grand cru eingestufte Gemeinde nicht mehr verlassen. Sie stellt einen Brut ohne Jahrgangsbezeichnung vor, der 70 % Pinot noir mit 30 % Chardonnay verbindet. Zitrusfrüchte, exotische Früchte und Haselnuss gehen einem komplexen, weinigen Geschmack voraus. (NM)

Champagne Chaudron, 2, rue de Beaumont, 51360 Verzenay, Tel. 03.26.50.08.68, Fax 03.26.50.08.71, E-Mail champagnechaudron@wanadoo.fr
n. V.

A. CHAUVET Cachet rouge 1990*

○ k. A. k. A. 15 à 23 €

Die Firma A. Chauvet übt ihre Aktivitäten seit 1848 in Tours-sur-Marne aus. Aus dem riesigen Angebot der vorgestellten Champagner preist dieser 90er Cachet rouge die Ausdrucksstärke der Pinot-noir-Traube. Er ist zehn Jahre im Keller gereift und überraschte die Verkoster durch seine große Jugendlichkeit. Einen Stern erhält auch der **Grand Rosé,** der in erster Linie auf Chardonnay basiert und seine Farbe durch einen Rotwein aus Bouzy gewinnt; er wurde mit geringerem Kohlensäuredruck abgefüllt. Er vereint auf glückliche Weise Feinheit und Stärke.

Champagne Chauvet, 41, av. de Champagne, 51150 Tours-sur-Marne, Tel. 03.26.58.92.37, Fax 03.26.58.96.31
n. V.
Familie Paillard-Chauvet

MARC CHAUVET

○ 7 ha 60 000 11 à 15 €

Dieser Betrieb brachte 1964 seinen Champagner auf den Markt, doch schon die zwei vorangegangenen Generationen widmeten sich dem Weinbau. Er besitzt zwölf Hektar Weinberge. Sein Brut ohne Jahrgangsbezeichnung entsteht aus den drei Rebsorten der Champagne zu gleichen Teilen und durchläuft teilweise eine malolaktische Gärung. Im Geschmack imponiert er durch die Feinheit seiner Akazienaromen. (RM)

Champagne Marc Chauvet, 3, rue de la Liberté, 51500 Rilly-la-Montagne, Tel. 03.26.03.42.71, Fax 03.26.03.42.38, E-Mail chauvet@eder.fr n. V.

HENRI CHAUVET ET FILS Blanc de Noirs*

○ 5 ha 30 000 11 à 15 €

Henri Chauvet war Rebschulgärtner und Winzer zu Beginn des 20. Jh., zu einer Zeit, als er auch seine ersten Weine vinifizierte. Seine Nachfolger, René, Henri und heute Damien, bewirtschaften ein acht Hektar großes Gut in der Nähe von Rilly-la-Montagne (Montagne de Reims). Dieser Blanc de Noirs mit dem diskreten, aber klaren Duft zeigt eine feste Ansprache; seine Ausgewogenheit verführt. Zwei Champagner verdienen eine lobende Erwähnung: der geradlinge, zitronenartige **96er Blanc de Blancs** und der **Réserve,** der seine Ausgewogenheit mit einer Kombination von Pinot noir (60 %) und Chardonnay erreicht. (RM)

Damien Chauvet, 6, rue de la Liberté, 51500 Rilly-la-Montagne, Tel. 03.26.03.42.69, Fax 03.26.03.45.14, E-Mail contact@champagne-chauvet.com
n. V.

ANDRE CHEMIN**

◐ 1er cru 0,5 ha k. A. 11 à 15 €

André Chemin brachte 1948 seinen Champagner auf den Markt; 1971 folgte ihm sein Sohn nach. Sein Enkel Sébastien führt heute ein 6,5 ha großes Gut, das sich in der Montagne de Reims befindet. Sein Rosé-Champagner ist ein Rosé de Noirs, der zu 100 % aus Pinot noir besteht. Die Verkoster zeichneten ihn aus, denn er besitzt eine seltene Qualität: rund zu sein, ohne schwer zu wirken, und frisch zu sein, ohne dass er zu viel Säure besäße! Der sehr «dunkle» **Tradition Premier cru** (nur 15 % Chardonnay) wird wegen seines runden Geschmacks und seines harmonischen Abgangs lobend erwähnt. (RM)

Champagne André Chemin, 3, rue de Châtillon, 51500 Sacy, Tel. 03.26.49.22.42, Fax 03.26.49.74.89, E-Mail sebastian.chemin@wanadoo.fr
n. V.
Jean-Luc Chemin

ARNAUD DE CHEURLIN*

◐ 0,5 ha k. A. 11 à 15 €

Diese Marke besteht seit 1981. Das sechs Hektar große Gut liegt in Celles-sur-Ource, in der Nähe von Bar-sur-Aube. Sein Rosé-Champagner, der nur von Pinot noir erzeugt worden ist, hat eine kurze Maischegärung durchlaufen. Er wählt nicht die Subtilität, sondern bevorzugt die Fülle und die Reichhaltigkeit; seine an Konfitüre erinnernde Fruchtigkeit mit Brioche-Noten bestimmt ihn zum Essen. Ein Stern auch für den **Réserve,** der von Pinot noir (75 %, ergänzt durch Chardonnay) dominiert wird; an ihm schätzten die Verkoster die Ansprache und die gute Beschaffenheit. (RM)

Arnaud de Cheurlin, 58, Grande-Rue, 10110 Celles-sur-Ource, Tel. 03.25.38.53.90, Fax 03.25.38.58.07 n. V.
Eisentrager

RICHARD CHEURLIN Brut H 1996*

○ 0,7 ha 4 000 11 à 15 €

Ein anderer Cheurlin in Celles-sur-Ource im Departement Aube. Er hat seinen 1978 gegründeten Betrieb weiter ausgebaut, so dass er heute 8,3 Hektar umfasst. Mit seinem Brut H, der 70 % Pinot noir und 30 % Chardonnay kombiniert, bestätigt sich der gute Ruf des Jahrgangs 1996. Man genießt nämlich die Frische, Länge und Feinheit dieses Champagners, der getrocknete Früchte und weiße Blüten verbindet. Ein harmonischer Wein, der offensichtlich sehr jung ist. Die **97er Cuvée Jeanne** (Preisgruppe: 100 bis 149 F) wird lobend erwähnt. Sie ist nervig und mischt in ihrer Aromenpalette Zitrone und Pampelmuse (RM)

🔑 Richard Cheurlin, 16, rue des Huguenots, 10110 Celles-sur-Ource, Tel. 03.25.38.55.04, Fax 03.25.38.58.33 ☑ Ϫ n. V.

CHEURLIN DANGIN Cuvée spéciale

○ 3 ha 8 000 ▮ 11 à 15 €

Es gibt ein ganzes Cheurlin-Geschlecht in Celles-sur-Ource in der Côte des Bars (Aube), aber die Champagnermarke Cheurlin-Dangin kam erst 1960 auf den Markt. Diese Sondercuvée von 96er und 97er Weinen greift auf ebenso viel Pinot noir wie Chardonnay zurück, wird aber von der Stärke der dunklen Trauben beherrscht, die ihre Fruchtigkeit und ihre Rundheit durchsetzen. (RM)

🔑 Champagne Cheurlin-Dangin, 17, Grande-Rue, BP 2, 10110 Celles-sur-Ource, Tel. 03.25.38.50.26, Fax 03.25.38.58.51 ☑ Ϫ n. V.

CHEURLIN ET FILS Prestige

○ k. A. 55 000 ▮ 11 à 15 €

Diese 1960 entstandene Firma verfügt über einen großen Weinberg (25 ha) auf den Hängen der Côte des Bars. Ihre Cuvée Prestige entsteht aus 70 % Pinot noir und 30 % Chardonnay, die 1998 geerntet wurden. Ihr intensives Bouquet lässt an kandierte kleine Früchte und Honig denken; im Mund kommen Zimt- und Zitrusnoten zum Vorschein. (NM)

🔑 Champagne Cheurlin et Fils, 13, rue de la Gare, 10250 Gyé-sur-Seine, Tel. 03.25.38.20.27, Fax 03.25.38.24.01, E-Mail champcheurlin@aol.fr ☑ Ϫ Mo–Sa 9h–12h 14h–18h

GASTON CHIQUET Tradition

○ 1er cru 13 ha 115 000 ▮ 🌡 11 à 15 €

Nicolas Chiquet arbeitete in der Zeit König Ludwigs XV. im Weinberg. Schon 1919 stellten Fernand und Gaston Chiquet ihren Champagner her. Der Zweite schuf 1935 seine Marke. Sein Sohn Claude und seine Enkel führen heute das Gut, das seinen Sitz in Dizy hat, in der Nähe von Epernay; sie verfügen über 22,5 Hektar. Die drei Rebsorten der Champagne (45 % Pinot meunier, 20 % Pinot noir, 35 % Chardonnay), wobei die Trauben 1996 und vor allem 1997 geerntet wurden, wirken in diesem freimütigen, äußerst lebhaften Tradition zusammen, der nur einen Fehler hat: seine Jugend. Eine lobende Erwähnung erhält auch der **Grand cru Blanc de Blancs d'Aÿ** (Preisgruppe: 100 bis 149 F), eine Kuriosität, denn bekanntlich ist die Gemeinde Aÿ, Nachbarin von Dizy, für ihre Pinot-noir-Trauben berühmt. Hergestellt aus 1997 geernteten Trauben, verbindet diese gut ausbalancierte Cuvée in ihrer Aromenpalette Birnen mit Noten von kandierten Früchten und Krokant. (RM)

🔑 Gaston Chiquet, 912, av. du Gal-Leclerc, 51530 Dizy, Tel. 03.26.55.22.02, Fax 03.26.51.83.81, E-Mail info@gaston-chiquet.com ☑ Ϫ n. V.

CHARLES CLEMENT Gustave Belon★★★

○ 175 ha k. A. 11 à 15 €

Charles Clément war einer der Gründer der Genossenschaft von Colombé-le-Sec, einem Dorf im Departement Aube in der Nähe des anderen, mit einem «y» geschriebenen Colombey, wo General de Gaulle bestattet ist. Die 1956 mit achtzehn Mitgliedern entstandene Kellerei vereinigt heute 102 und verfügt über 175 ha Reben. Seit 1980 stellt sie ihre eigenen Cuvées her – meisterlich, wenn man nach den ausgezeichneten Ergebnissen in diesem Jahr urteilt. Nehmen Sie diese hier, die bis auf 2 % fast ein Blanc de Blancs ist: Der komplexe Duft verbindet Intensität und Feinheit, während der strukturierte, lebhafte Geschmack mit Hefebrotaromen und einem Hauch von exotischen Früchten einen Eindruck von Harmonie hinterlässt. Perfektes Zusammenspiel. Der **91er Jahrgangschampagner,** der je zur Hälfte aus dunklen und weißen Trauben erzeugt worden ist, bietet einen ausdrucksvollen Duft, der Zitrusfrüchte und kandierte Früchte vereint, und einen frischen Geschmack; hätte er nicht eine leichte Bitternote im Abgang enthüllt, hätte er zwei Sterne erhalten. Der **Brut ohne Jahrgangsangabe** (dunkelblaues Etikett), ein Verschnitt der drei Rebsorten der Champagne, verführt durch seine empyreumatischen und kandierten Aromen und seine sehr schöne Ausgewogenheit; er bekommt ebenfalls einen Stern. (CM)

🔑 SCV Champagne Charles Clément, rue Saint-Antoine, 10200 Colombé-le-Sec, Tel. 03.25.92.50.71, Fax 03.25.92.50.79, E-Mail champagne-charles-clement@wanadoo.fr ☑ Ϫ Mo–Sa 8h–12h 13h30–17h30

CLEMENT ET FILS

◕ 6 ha 3 500 ▮ 11 à 15 €

Dieser 1950 vom Großvater geschaffene Weinbaubetrieb umfasst sechs Hektar bei Congy, zwischen der Côte des Blancs und den Hängen im Gebiet von Sézanne. Er präsentiert einen Rosé-Champagner, der auf Pinot meunier (75 %) und Chardonnay basiert und mit seinem komplexen Duft und seinem frischen Abgang auffällt. (RM)

🔑 GAEC Champagne Clément et Fils, 15, rue des Prés, 51270 Congy, Tel. 03.26.59.31.19, Fax 03.26.59.22.63 ☑ Ϫ n. V.

CLERAMBAULT Cuvée Tradition★

○ 140 ha 120 000 ▮ 🌡 11 à 15 €

Diese 1951 gegründete Erzeugervereinigung im Departement Aube nutzt 140 ha Weinberge. Ihre Cuvée Tradition, ein Blanc de Noirs von den beiden Pinot-Sorten, bietet hübsche Blütenaromen. Sie ist ausgewogen, aber die Dosage ist spürbar. Der **92er Blanc de Blancs** (Preisgruppe:

100 bis 149 F) ist zwar ein wenig flüchtig, erhält aber eine lobende Erwähnung für seine Aromenpalette, die aus weißen Blüten und Honignoten besteht. (CM)

Champagne Clérambault, 122, Grande-Rue, 10250 Neuville-sur-Seine, Tel. 03.25.38.38.60, Fax 03.25.38.24.36, E-Mail champagne-clerambault@wanadoo.fr
Mo–Sa 8h–12h 14h–18h

JOEL CLOSSON*

0,5 ha 4 000 11 à 15 €

Seit nunmehr 400 Jahren wohnen die Clossons in Saulchery, im Tal der Marne, aber die Champagnerherstellung begann erst 1984 mit Joël Closson. Dieser besitzt fünf Hektar Reben. Sein aus 97er und 98er Weinen erzeugter Rosé-Champagner wird in hohem Maße von den dunklen Trauben beherrscht (90 % des Verschnitts, davon 60 % Pinot meunier). Seine Farbe geht auf die Beimischung von 20 % Rotweinen zurück. Man schätzt seine frische Fruchtigkeit, seine sanfte Ansprache und seine gute Länge. Die weiße **Cuvée Prestige,** die in der Zusammenstellung und im Alter der Weine identisch ist, wird wegen ihrer direkten, zitronenartigen Feinheit lobend erwähnt. (RM)

Joël Closson, 155, rte Nationale, 02310 Saulchery, Tel. 03.23.70.17.34, Fax 03.23.70.15.24
Mo–Sa 8h–12h 14h–18h

PAUL CLOUET*

Gd cru 3 ha k. A. 11 à 15 €

Die Clouets bewirtschaften ein Weingut in der Gemeinde Bouzy, die für ihren Rotwein von der Pinot-noir-Traube berühmt ist. Eine Rebsorte, die stark vertreten ist in diesem Grand cru, der nur auf 30 % Chardonnay zurückgreift. Ein Champagner, der aufgrund seines robusten, lang anhaltenden Charakters seinem Ursprung vollkommen entspricht. Der **Rosé-Champagner** und die **Cuvée Prestige Grand cru** (Preisgruppe: 100 bis 149 F) werden beide lobend erwähnt, der Erste wegen seiner Fruchtigkeit und seiner Ausgewogenheit, die Zweite wegen ihrer nervigen Stärke. (RM)

Paul Clouet, 10, rue Jeanne-d'Arc, 51150 Bouzy, Tel. 03.26.57.07.31, Fax 03.26.52.64.65, E-Mail champagne-paul-clouet@wanadoo.fr
tägl. 10h–12h 14h–17h

MICHEL COCTEAUX Réserve*

2 ha 12 000 11 à 15 €

Dieser 9,5 ha große Weinbaubetrieb in der Montagne de Reims entstand 1965. Sein Réserve ist ein Blanc de Blancs. Er besitzt alle Merkmale davon: die Zitrusaromen, die Honignoten und eine ausgewogene Frische. (RM)

Michel Cocteaux, 12, rue du Château, 51260 Montgenost, Tel. 03.26.80.49.09, Fax 03.26.80.44.60 n. V.

COLLARD-CHARDELLE 1986**

k. A. 6 000 15 à 23 €

Der im Marne-Tal gelegene Weinbaubetrieb ist ein Jahrhundert alt, aber jede Generation ändert die Champagnermarke; er umfasst heute rund acht Hektar. Er präsentiert einen 86er, der sich so gut entwickelt hat, dass er der Oberjury für eine Liebeserklärung vorgeschlagen wurde und diese Auszeichnung nur knapp verfehlte. Pinot meunier (70 %) spielt darin die wichtigste Rolle, begleitet von ein wenig Pinot noir (10 %) und Chardonnay (20 %). Man begrüßte seine Eleganz und die Komplexität seiner Aromenpalette, aus der neben Honig- und Fruchtnuancen empyreumatische Noten (Röstung) hervortreten. Zwei andere Cuvées erhalten jede einen Stern: die **96er Cuvée Prestige** und die **Cuvée Prestige ohne Jahrgangsbezeichnung,** die Weine von 1996 und 1997 kombiniert. Die Erste erinnert an Vanille und Zitrone und ist lebhaft und kräftig, während die Zweite weinig und stärker entwickelt ist. (RM)

EARL Collard-Chardelle, 68, rue de Reuil, 51700 Villers-sous-Châtillon, Tel. 03.26.58.00.50, Fax 03.26.58.34.76
n. V.

COLLARD-PICARD Cuvée Prestige

2 ha 6 000 15 à 23 €

Olivier Collard, der einer alten Winzerfamilie entstammt, hat den Familienbetrieb 1996 teilweise übernommen und bewirtschaftet etwa sechs Hektar Reben. Seine je zur Hälfte aus dunklen und weißen Trauben erzeugte Cuvée Prestige stammt hauptsächlich von 98er Weinen, unterstützt durch 97er und in geringerem Maße 96er Weine. Sie lässt eine schöne Feinheit, Aromen von Zitrusfrüchten und geröstetem Brot und eine großzügige Dosage erkennen. Die gleiche Note erhält die **96er Cuvée Prestige,** eine Kombination vom selben Typ, die wegen ihrer Stärke und Länge ausgewählt worden ist. (RM)

Champagne Collard-Picard, 61, rue du Château, 51700 Villers-sous-Châtillon, Tel. 03.26.52.36.93, Fax 03.26.58.34.76, E-Mail champcp51@aol.com n. V.

RAOUL COLLET*

15 ha k. A. 11 à 15 €

Diese Erzeugervereinigung war die Erste, die 1921 in der Champagne gegründet wurde. Die Weinberge der Mitglieder erstrecken sich auf 600 Hektar. Dieser Rosé-Champagner stammt ausschließlich von der Rebsorte Pinot noir. Er kündigt sich mit einer lachsroten, leicht orangeroten Farbe und einem Duft an, der schwarze Johannisbeere und Weißdorn verbindet. Im Geschmack kommen Aromen von kandierten roten Früchten und Hefebrotnoten zum Vorschein. Der **93er Carte d'or** (Preisgruppe: 100 bis 149 F) erhält die gleiche Note. Er ist im Geruchseindruck frisch und am Gaumen füllig, ausgewogen und lang. (CM)

Champagne Raoul Collet, 14, bd Pasteur, 51160 Aÿ, Tel. 03.26.55.15.88, Fax 03.26.54.02.40 n. V.

CHARLES COLLIN**

○ k. A. 100 000 11 à 15 €

Die 1952 entstandene Erzeugervereinigung umfasst heute 150 Winzer und vinifiziert das Traubengut von 250 ha Reben. Sie stellt etwa 900 000 Flaschen pro Jahr her. Ihr Brut ohne Jahrgangsbezeichnung, der in erster Linie von 1998 geernteten Trauben sowie ein wenig von 97er Weinen stammt, wird von der Rebsorte Pinot noir (85 %) dominiert, durch Chardonnay ergänzt. Dieser Champagner wurde sehr geschätzt wegen seiner reichen Aromenpalette, die Aprikose, Pfirsich, Kirsche und andere Steinfrüchte mischt, seiner Feinheit, seiner Harmonie und seiner Länge. Der **90er Jahrgangschampagner** (Preisgruppe: 100 bis 149 F) enthält ein wenig mehr Chardonnay (30 %). Er ist entwickelt, ohne dass er deswegen seine Frische eingebüßt hätte, und erhält eine lobende Erwähnung. (CM)

Champagne Charles Collin,
27, rue des Pressoirs, BP 1, 10360 Fontette,
Tel. 03.25.38.31.00, Fax 03.25.29.68.64,
E-Mail champagne-charles-collin@wanadoo.fr
n. V.

DANIEL COLLIN Tradition*

○ 2 ha 22 000 11 à 15 €

Ein Weinbaubetrieb im Südwesten des Departements Marne, in der Nähe der Sümpfe von Saint-Gond. Er wurde 1959 von Daniel Collin aufgebaut und später von seinem Sohn Hervé übernommen, der vier Hektar anbaut. Dieser Tradition ist ein Verschnitt von 1997 und 1998 geernteten Trauben. Es handelt sich um einen Blanc de Noirs (60 % Pinot meunier und 40 % Pinot noir); seine Farbe zieht den Blick auf sich: Sie wird durch rosarote Reflexe belebt. Seine Aromenpalette verbindet Apfel, Birne und Quitte, in der Nase ebenso wie im Mund. Vom gleichen Gut verdient ein Champagner, der von Trauben der Jahre 1996 und 1997 stammt, eine lobende Erwähnung: der **Rosé-Champagner,** ein Verschnitt vom gleichen Typ wie die obige Cuvée, ein sanfter, großzügiger Wein, den man zum Essen trinken kann. (RM)

Daniel Collin, 3, rue Caye, 51270 Baye,
Tel. 03.26.52.80.50, Fax 03.26.52.33.62
n. V.

COMTE DE NOIRON Cœur de Cuvée*

○ k. A. 50 000 15 à 23 €

Von den zahlreichen Marken der Familie Rapeneau-G.H. Martel zeigt sich diese sehr «dunkle» Cuvée (80 % Pinot-Trauben, darunter 30 % Pinot meunier, der Jahre 1997 und 1998) blumig, frisch und lang anhaltend, mit merklicher Dosage. (NM)

Champagne Maxim's, 17, rue des Créneaux,
51100 Reims, Tel. 03.26.82.70.67,
Fax 03.26.82.19.12 n. V.
Rapeneau

JACQUES COPINET Blanc de Blancs Sélection**

○ 6 ha 5 000 11 à 15 €

Das ab 1975 von Jacques Copinet angelegte Weingut, das im Gebiet von Sézanne liegt, erstreckt sich auf sieben Hektar. Die Chardonnay-Trauben, die diese Cuvée ergeben, wurden 1995, 1996 und 1997 geerntet. Der Champagner ist jung, mineralisch, sehr fein und äußerst lang anhaltend. Die **Cuvée Marie Etienne** (Preisgruppe: 100 bis 149 F), die Trauben der gleichen Jahrgänge kombiniert, ist ein weiterer Blanc de Blancs. Ihr delikater Duft, der Lindenblüte und Vanille verbindet, und seine schöne Ausgewogenheit bringen ihr einen Stern ein. (RM)

Jacques Copinet, 11, rue de l'Ormeau,
51260 Montgenost, Tel. 03.26.80.49.14,
Fax 03.26.80.44.61,
E-Mail champagne.copinet@wanadoo.fr
n. V.

CORDEUIL PERE ET FILS 1995*

○ k. A. 5 000 11 à 15 €

Das Weingut (7,5 ha) ist alt, aber der Champagner kam erst 1974 auf den Markt. Dieser 96er – ein schöner Jahrgang – enthält 75 % Pinot noir und 25 % Chardonnay. Die malolaktische Gärung wurde nur teilweise durchgeführt. Die Farbe ist jugendlich, der Geruchseindruck kandiert, während im Geschmack die Säure zur Festigkeit der Ansprache beiträgt. Insgesamt ein wohl ausgewogener Wein. (RM)

Champagne Cordeuil, 2, rue de Fontette,
10360 Noë-les-Mallets, Tel. 03.25.29.65.37,
Fax 03.25.29.65.37 tägl. 8h30–12h 14h–19h

COUCHE PERE ET FILS*

○ 5 ha 39 800 8 à 11 €

Dieser Weinbaubetrieb im Departement Aube entstand 1972; er umfasst acht Hektar Reben. Die neue Generation führt das Gut seit 1996. Sein Brut ohne Jahrgangsbezeichnung kombiniert 30 % Chardonnay mit 70 % Pinot noir, die 1997 und 1998 geerntet wurden. In der Nase mischt er exotische Früchte und Honig; im Mund beweist er eine schöne Frische. (RM)

EARL Champagne Couche, 29, Grande-Rue, 10110 Buxeuil, Tel. 03.25.38.53.96,
Fax 03.25.38.41.69 n. V.

ROGER COULON Prestige Ch. de Vallier*

○ 0,5 ha 5 000 15 à 23 €

Das Weingut in der Nähe von Reims wurde 1806 angelegt; die Familie Coulon zählt acht Generationen Winzer. Heute umfasst es neun Hektar. Diese Cuvée Prestige verbindet 20 % Pinot noir, zwei Jahre im Holzfass ausgebaut, und 80 % Chardonnay. Die Weine stammen von den Ernten 1991 und 1992. Der Duft ist weinig, komplex und kräftig; der deutlich spürbare Geschmack lässt an kleine rote Früchte denken. «Ein Champagner für den Herbst», um den Schlusskommentar eines Jurymitglieds aufzugreifen. (RM)

🔑 Eric Coulon, 12, rue de la Vigne-du-Roi, 51390 Vrigny, Tel. 03.26.03.61.65, Fax 03.26.03.43.68, E-Mail champagne.coulon.roger@wanadoo.fr ☑ 🍷 n. V.

ALAIN COUVREUR
Blanc de Blancs Cuvée de réserve*

○ k. A. k. A. 11 à 15 €

Ein 5,5 ha großes Weingut in Prouilly, westlich von Reims. Sein Blanc de Blancs Cuvée de réserve stammt von Chardonnay-Trauben des Jahres 1990. Er ist fett, cremig und reich und scheint am Ende seiner Entwicklung angelangt zu sein. Man kann ihn zu Fleisch mit Sauce servieren. (RM)

🔑 Alain Couvreur, 18, Grande-Rue, 51140 Prouilly, Tel. 03.26.48.58.95, Fax 03.26.48.26.29 ☑ 🍷 n. V.

DOMINIQUE CRETE ET FILS Réserve

○ 4 ha 30 000 11 à 15 €

Die neue Generation, die von Dominique Crété repräsentiert wird, hat 1984 die Leitung des Guts übernommen. Daher diese Marke, die den Namen «Roland Crété et Fils» abgelöst hat. Die Weinberge umfassen sieben Hektar in Moussy. Dieser Réserve ist das Ergebnis von 80 % Pinot meunier und 20 % Chardonnay. Man entdeckt darin weiße Blüten, Apfel und Zitrone, Qualitäten von Klarheit und eine gute Schlichtheit. (RM)

🔑 Dominique Crété, 63, rte Nationale, 51530 Moussy, Tel. 03.26.54.52.10, Fax 03.26.52.79.93 ☑ 🍷 n. V.

LYCEE AGRICOLE DE CREZANCY
Cuvée Euphrasie Guynemer 1995

○ 0,8 ha 2 000 11 à 15 €

Die Schüler der Fachoberschule für Landwirtschaft in Crézancy (Aisne) verfügen für ihre praktische Arbeit über einen fast drei Hektar großen Weinberg. Die Cuvée Euphrasie-Guynemer ist ein Verschnitt von 40 % Pinot meunier und 60 % Chardonnay. Ihr Blüten- und Unterholzduft geht rauchigen, an Eingemachtes erinnernden Geschmacksnoten und einer angenehmen Weinigkeit voraus, die ihn zum Essen bestimmen. (RM)

🔑 Lycée agricole et viticole de Crézancy, rue de Paris, 02650 Crézancy, Tel. 03.23.71.50.70, Fax 03.23.71.50.71 ☑ 🍷 n. V.

COMTE AUDOIN DE DAMPIERRE
Cuvée des Ambassadeurs

○ k. A. 100 000 15 à 23 €

Diese Cuvée des Ambassadeurs, die je zur Hälfte aus dunklen und weißen Trauben erzeugt worden ist, stammt aus Premiers crus. Die Diplomaten werden ihn als Aperitif trinken, denn der Wein ist im Geschmack leicht, während der Duft überaus ausdrucksvoll ist und weiße Blüten und eine Mentholnote verbindet. Der ebenfalls lobend erwähnte **-95er Grand Vintage** (Preisgruppe: 150 bis 199 F), der 60 % Pinot noir und 40 % Chardonnay kombiniert, ist großzügig. (MA)

🔑 Comte Audoin de Dampierre, 3, pl. Boisseau, 51140 Chenay, Tel. 03.26.03.11.13, Fax 03.26.03.18.05, E-Mail champagne.dampierre@wanadoo.fr ☑ 🍷 n. V.

PAUL DANGIN ET FILS
Cuvée du Cinquantenaire 1996**

○ 2 ha 10 000 11 à 15 €

Anfang des 20. Jh. bestellte Joseph Dangin den Weinberg seiner Vorfahren, der vermutlich früher der Abtei Mores gehörte, die im 12. Jh. vom hl. Bernhard von Clairvaux gegründet worden war. Diese Cuvée feiert das fünfzigjährige Bestehen der 1947 von Paul Dangin geschaffenen Marke. Seine Söhne und Enkel bewirtschaften ein dreißig Hektar großes Gut. Sie präsentieren einen sehr «hellen» 96er Jahrgangschampagner (90 % Chardonnay), der durch seine Zitrusaromen, seine Ausgewogenheit und seine Länge die Aufmerksamkeit auf sich zieht. (RM)

🔑 SCEV Paul Dangin et Fils, 11, rue du Pont, 10110 Celles-sur-Ource, Tel. 03.25.38.50.27, Fax 03.25.38.58.08, E-Mail c.dangin@champagne-dangin.com ☑ 🍷 n. V.

DAUTEL-CADOT Cuvée Prestige

○ k. A. k. A. 11 à 15 €

René Dautel, der Erbe mehrerer Generationen von Winzern, brachte seinen Champagner 1971 auf den Markt. Er wohnt im Departement Aube und bewirtschaftet ein Weingut, das über acht Hektar umfasst. Seine Cuvée Prestige greift zu gleichen Teilen auf Pinot noir und Chardonnay zurück, wobei die Trauben 1994 geerntet wurden. Ihr Geruchseindruck ist komplex, ihr Geschmack ausgewogen, von Zitrusfrüchten geprägt. Die ebenfalls lobend erwähnte Cuvée **Carte blanche** ist ein Blanc de Blancs, der von Trauben des Jahres 1995 stammt: ein Champagner, der durch seine Lebhaftigkeit und seine Haselnussaromen bezaubert. (RM)

🔑 Dautel-Cadot, 10, rue Saint-Vincent, 10110 Loches-sur-Ource, Tel. 03.25.29.61.12, Fax 03.25.29.72.16 ☑ 🍷 n. V.

🔑 René Dautel

PH. DAVIAUX-QUINET
Blanc de Blancs 1996**

○ Gd cru 0,35 ha 2 700 11 à 15 €

Eine junge Marke, die 1988 von Philippe Daviaux-Quinet, einem Winzersohn, geschaffen wurde. Das Gut umfasst knapp vier Hektar bei Chouilly, einer Gemeinde in der Nähe von Epernay, die als Grand cru eingestuft ist. Allmählich findet man 96er, einen Jahrgang, der zu einer schönen Langlebigkeit berufen ist, wie dieser Blanc de Blancs mit der lebhaften Ansprache, der ausgewogen ist und eine schöne Länge zeigt, perfekt illustriert. Ein sehr viel versprechender Champagner. (RM)

🔑 Philippe Daviaux-Quinet, 4, rue de la Noue-Coutard, 51530 Chouilly, Tel. 03.26.54.44.03, Fax 03.26.54.74.81 ☑ 🍷 n. V.

JACQUES DEFRANCE**

○ 10 ha 50 000 11 à 15 €

Dieser Weinbaubetrieb im Departement Aube, der ab 1900 angelegt wurde, umfasst zehn Hektar Reben; er erzeugt Champagner und Rosé des Riceys. Die Marke wurde 1973 geschaffen. Dieser Brut ohne Jahrgangsbezeichnung ist fast ein Blanc de Noirs aus Pinot noir; ein Hauch von Chardonnay (10 %) macht ihn leichter. Die Verkoster waren empfänglich für seinen intensiven Duft, seine Fülle, seine Rundheit und seine Länge. Der **Rosé-Champagner** erhält einen Stern für seine intensiven Aromen von roten Früchten und Pampelmuse. (RM)

Jacques Defrance, 28, rue de la Plante, 10340 Les Riceys, Tel. 03.25.29.32.20, Fax 03.25.29.77.83 Y n. V.

DEHOURS Confidentielle

○ k. A. 2 000 11 à 15 €

Eine 1930 von Ludovic Dehours gegründete Firma, die von seinen Nachkommen geführt wird. Diese Cuvée Confidentielle enthält 60 % Pinot noir und 30 % Chardonnay (10 % Reserveweine). Sie ist frisch, schlicht und gut gebaut und besitzt eine liebenswürdige Dosage. (NM)

Champagne Dehours et Fils, 2, rue de la Chapelle, Cerseuil, 51700 Mareuil-le-Port, Tel. 03.26.52.71.75, Fax 03.26.52.73.83, E-Mail champagne-dehours@wanadoo.fr Y n. V.

DELAHAIE*

○ k. A. 20 000 11 à 15 €

Dieser Brut ohne Jahrgangsbezeichnung, der von 1996 und 1997 geernteten Trauben stammt, kombiniert Pinot meunier (60 %), Pinot noir und Chardonnay (jeweils 20 %). Er ist blumig, hefebrotähnlich und sehr ausgewogen. Die **Cuvée Sublime** (Preisgruppe: 100 bis 149 F) erhält ebenfalls einen Stern. Sie ist vom Chardonnay (85 %) geprägt und verdankt diesen ihre Quitten- und Honigaromen und dem Alter ihre Rundheit. (NM)

Brochet, 22, rue des Rocherets, 51200 Epernay, Tel. 03.26.54.08.74, Fax 03.26.54.34.45, E-Mail champagne.delahaie@wanadoo.fr Y n. V.

DELAMOTTE Blanc de Blancs**

○ k. A. k. A. 23 à 30 €

Die 1760 gegründete Firma Delamotte zählt zu den ältesten Champagnerhäusern. Sie gehört jetzt Laurent-Perrier, ebenso wie Salon, das seinen Sitz im Nachbargebäude in Le Mesnil-sur-Oger (Côte des Blancs) hat. Die Chardonnay-Trauben, die diesen Champagner ergeben, sind 1996 und 1997 geerntet worden. Sie verleihen diesem mustergültigen Wein Feinheit, Reichtum, Komplexität und Länge. (NM)

Champagne Delamotte, 5, rue de la Brèche-d'Oger, 51190 Le Mesnil-sur-Oger, Tel. 03.26.57.51.65, Fax 03.26.57.79.29

ANDRE DELAUNOIS Carte d'or

○ 7,6 ha 18 000 11 à 15 €

Edmond Delaunois, Winzer, wurde schon in den 20er Jahren ein Erzeuger, der seinen Champagner selbst vermarktete. Die dritte und die vierte Generation führen die Familientradition fort. Ihr Weingut umfasst 7,6 Hektar in der Montagne de Reims. Dieser Carte d'or stammt von den drei Rebsorten der Champagne zu gleichen Teilen (je 25 %), wobei die Trauben 1997 und 1998 geerntet wurden, unterstützt durch 25 % Reserveweine. Mit seinen Aromen kandierter Früchte ist er schon entwickelt, aber dennoch frisch geblieben. Die Aperitifstunde eignet sich für ihn. (RM)

SCE André Delaunois, 17, rue Roger-Salengro, B.P. 42, 51500 Rilly-la-Montagne, Tel. 03.26.03.42.87, Fax 03.26.03.45.40, E-Mail champagne.a.delaunois@wanadoo.fr Y n. V.

DELAVENNE PERE ET FILS Cuvée 3ᵉ Millénaire 1995*

○ Gd cru 0,96 ha 10 000 15 à 23 €

Dieser Familienbetrieb entstand 1920. Die Nachkommen des Gründers führen ein acht Hektar großes Gut. Ihre Cuvée 3ᵉ Millénaire, ein 95er, verbindet 60 % Pinot noir mit 40 % Chardonnay. Ihr komplexer Geruchseindruck lässt den Beginn einer Entwicklung erkennen, während der Geschmack durch seine Ausgewogenheit die Aufmerksamkeit erregt. Der **Rosé-Champagner** (Preisgruppe: 70 bis 99 F), ein Verschnitt von Pinot noir (50 %) und Chardonnay (35 %), verdankt seine Farbe der Beimischung von Bouzy-Rotwein (15 %). Wegen seiner Frische, die er Trauben der Ernten 1997 und 1998 verdankt, verdient er eine lobende Erwähnung. (RM)

Delavenne Père et Fils, 6, rue de Tours, 51150 Bouzy, Tel. 03.26.57.02.04, Fax 03.26.58.82.93 Y Di–Sa 10h–12h 14h–17h

DELBECK Bouzy*

○ Gd cru k. A. k. A. 23 à 30 €

Die Firma Delbeck rühmt sich, den französischen Hof während der Julimonarchie beliefert zu haben. Nach dem letzten Weltkrieg wechselte sie mehrmals den Besitzer. Die Jury zeichnete drei Champagner aus, die alle aus einer anderen als Grand cru eingestuften Gemeinde kommen. 70 % Pinot noir und 30 % Chardonnay aus Bouzy sind in dieser Cuvée mit dem reifen Duft kombiniert, die im Geschmack komplex und ausgewogen ist. Ein frischer, feiner, blumiger **Blanc de Blancs Grand cru de Cramant** erhielt die gleiche Note. Knapp eine Stufe darunter, aber nicht weit von einem Stern entfernt, lässt der **Grand cru d'Aÿ** (80 % Pinot noir und 20 % Chardonnay) eine auffällige Dosage erkennen. Wegen seiner Aromen von Milchkaramell und frischer Mandel wurde er lobend erwähnt. (NM)

Champagne Delbeck, 39, rue du Gal-Sarrail, B.P. 77, 51053 Reims Cedex, Tel. 03.26.77.58.00, Fax 03.26.77.58.01, E-Mail info@delbeck.com
Martin de La Giraudière

DELOUVIN NOWACK Carte d'or

○ 5 ha 30 000 11 à 15 €

Die Delouvins, die seit dem 16. Jh. Winzer in Vandières sind, im Tal der Marne, begannen um 1930 damit, ihren Wein selbst auf Flaschen abzufüllen. Ihr Carte d'or ist ein Blanc de Noirs aus Pinot-meunier-Trauben, die 1997 und 1998 geerntet wurden. Man entdeckt darin Stärke, rote Früchte und getrocknete Aprikose. Dieser Wein scheint bereits seine optimale Qualität erreicht zu haben. Der **95er Extra Sélection** verbindet Chardonnay und Pinot meunier zu gleichen Teilen. Er ist dem vorangegangenen Champagner ähnlich, auch wenn seine Dosage spürbar ist, und erhält die gleiche Note. (RM)

Champagne Delouvin-Nowack, 29, rue Principale, 51700 Vandières, Tel. 03.26.58.02.70, Fax 03.26.57.10.11
n. V.
Bertrand Delouvin

YVES DELOZANNE Tradition

○ 7,5 ha 15 000 11 à 15 €

Die Delozannes, die seit fünf Generationen Winzer sind, lieferten ihre Trauben lange Zeit an den Handel; vor etwa dreißig Jahren wurden sie Selbstvermarkter. Sie bewirtschaften 8,5 Hektar. Ihr Tradition ist fast ein Blanc de Noirs von der Rebsorte Pinot meunier (90 %). Er ist entwickelt und enthält eine großzügige Dosage. (RM)

Yves Delozanne, 67, rue de Savigny, 51170 Serzy-et-Prin, Tel. 03.26.97.40.18, Fax 03.26.97.49.14 n. V.

SERGE DEMIERE Réserve**

○ Gd cru 1,5 ha 15 000 11 à 15 €

Serge Demière wohnt in Ambonnay, einer als Grand cru eingestuften Gemeinde, und bewirtschaftet sechs Hektar auf der Montagne de Reims. Seine Cuvée Réserve, ein Verschnitt von 60 % Pinot noir und 40 % Chardonnay der 97er Ernte, ist im Holzfass ausgebaut worden. Sie hat die Juroren verführt, einige von ihnen in einem Maße, dass sie ihr eine Liebeserklärung zuerkennen wollten. Ihre kräftigen empyreumatischen Aromen (geröstetes Brot) wurden sehr geschätzt. Außerdem entdeckt man darin Noten einer Entwicklung. Der füllige, ausgewogene Geschmack lässt eine großzügige Dosage erkennen. Der **Tradition Premier cru,** der ein wenig «dunkler» ist als der vorangegangene Champagner (70 % Pinot noir), stammt von 1998 geernteten Trauben. Seine Ausgewogenheit, seine Frische und seine Länge bringen ihm einen Stern ein. (RM)

Serge Demière, 7, rue de la Commanderie, 51150 Ambonnay, Tel. 03.26.57.07.79, Fax 03.26.57.82.15 n. V.

DEMILLY DE BAERE
Brut 0 Cuvée Carte d'or

○ 4 ha 2 000 11 à 15 €

Gérard Demilly entstammt einer alten Winzerfamilie, die seit 1624 in Bligny lebt; er ist hier seit 1975 tätig und bewirtschaftet vier Hektar in der Côte des Bars (Aube). Sein Weinberg enthält originellerweise ein wenig Pinot blanc, eine in der Champagne seltene Rebsorte. Tatsächlich findet diese Traube mit 10 % Eingang in den komplizierten Verschnitt seines Brut 0 (ohne Dosage), in dem sich die klassischeren Rebsorten Chardonnay (20 %), Pinot meunier (5 %) und Pinot noir (65 %) vereinigen; die letztgenannte Traubensorte ist sehr präsent in diesem weinigen Champagner, dessen Fruchtigkeit an Kompott erinnert. Er passt zum Essen. (NM)

Gérard Demilly, rue du Château, 10200 Bligny, Tel. 03.25.27.44.81, Fax 03.25.27.45.02, E-Mail champagne-demilly@barsuraube.net
tägl. 10h–18h

MICHEL DERVIN Cuvée MD*

○ 3 ha 24 133 11 à 15 €

Eine 1983 in Cuchery (Montagne de Reims) gegründete Firma. Ihre Cuvée MD ist ein Blanc de Noirs (80 % Pinot meunier), der keine malolaktische Gärung durchlaufen hat. Ihr Duft ist ausdrucksvoll, ihre Ansprache freimütig und ihr Geschmack harmonisch verschmolzen. (NM)

Michel Dervin, rte de Belval, 51480 Cuchery, Tel. 03.26.58.15.22, Fax 03.26.58.11.12, E-Mail dervin.michel@wanadoo.fr n. V.

DESBORDES-AMIAUD Tradition*

○ 1er cru k. A. 20 000 11 à 15 €

Dieser Weinbaubetrieb der Montagne de Reims, in der Nähe der «Stadt der Heiligen», besitzt neun Hektar Reben und wird seit 1935 von Frauen geführt. Dieser Champagner, der von den drei Rebsorten der Champagne stammt, durchläuft keine malolaktische Gärung. Das erklärt seine große Frische. Man genießt die Feinheit seiner empyreumatischen Aromen, die aus Röstnoten bestehen. (RM)

Marie-Christine Desbordes, 2, rue de Villers-aux-Nœuds, 51500 Ecueil, Tel. 03.26.49.77.58, Fax 03.26.49.27.34
n. V.

A. DESMOULINS ET CIE*

k. A. k. A. 15 à 23 €

Diese Handelsfirma ist seit ihrer Gründung durch Albert Desmoulins im Jahre 1908 in Familienbesitz geblieben. Sie präsentiert einen kupferroten Rosé-Champagner mit Aromen von roten Früchten und Schwarze-Johannisbeer-Blättern. Der weiche, fette Geschmack ist nicht übermäßig lang, aber es fehlt ihm nicht an Anmut. Die eher weiße als «dunkle» **Cuvée Prestige** enthüllt eine aufdringliche Dosage, erhält aber wegen ihrer Feinheit und ihrer Länge eine lobende Erwähnung. (NM)

Champagne A. Desmoulins et Cie, 44, av. Foch, B.P. 10, 51201 Epernay Cedex, Tel. 03.26.54.24.24, Fax 03.26.54.26.15
n. V.

PAUL DETHUNE*

○ Gd cru 6 ha 27 000 11 à 15 €

Die Familie Dethune, die seit 1620 in Ambonnay wohnt, hat das Glück, dass sie sieben Hektar in einer als Grand cru eingestuften Gemeinde besitzt. Sie ist stolz auf ihre Winzerwurzeln, ihre «mit der Hand gegrabenen» Keller und die großen Holzfässer, die sich im Gärkeller aufreihen. Im Holzfass sind auch die Weine ausgebaut worden, die diese Cuvée ergeben; sie vereint 70 % Pinot noir und 30 % Chardonnay (darunter 30 % Reserveweine). Sie ist komplex, mit Biskuit- und Röstnoten, und wohl ausgewogen. Der **Rosé-Champagner Grand cru** (Preisgruppe: 100 bis 149 F), der 80 % Pinot noir und 20 % Chardonnay enthält, wird wegen seiner intensiven Fruchtigkeit lobend erwähnt. (RM)

Paul Déthune, 2, rue du Moulin, 51150 Ambonnay, Tel. 03.26.57.01.88, Fax 03.26.57.09.31

Mo–Sa 9h–12h 14h–17h; 2.–15. Jan. geschlossen

DEUTZ William Deutz 1995*

○ k. A. 850 000 46 à 76 €

Die 1838 gegründete Firma wird seit 1973 von Roederer kontrolliert. Drei ihrer Champagner werden lobend erwähnt: **Le Classic** (Preisgruppe: 150 bis 199 F), ein Verschnitt der drei Rebsorten der Champagne zu gleichen Teilen, der 1995 bis 1997 geerntete Trauben enthält und im Duft unauffällig, aber ausgewogen und elegant ist, der **95er Blanc de Blancs** (Preisgruppe: 300 bis 499 F), der sehr jung geblieben ist, und der **95er Amour de Deutz**, ein Blanc de Blancs mit klarer Ansprache, Aromen von Bienenwachs und geröstetem Brot und merklicher Dosage. Der Stern geht an die 95er Cuvée William Deutz (35 % Chardonnay und 65 % Pinot), die für ihren Jahrgang typisch ist und lang anhält. Ein Verkoster schrieb über sie: «Was man von einer Sondercuvée erwartet.» (NM)

Champagne Deutz, 16, rue Jeanson, 51160 Aÿ, Tel. 03.26.56.94.00, Fax 03.26.56.94.10 n. V.

DIDIER-DESTREZ 3e Millénaire*

○ 1,5 ha 3 000 11 à 15 €

Jean Didier wohnt in Saint-Martin d'Ablois, ein paar Kilometer südwestlich von Epernay, und bewirtschaftet fünf Hektar Reben. 1971 hat er die Nachfolge seines Vaters übernommen, der die Marke 1974 begründete. Seine Cuvée 3e Millénaire geht aus der Kombination von Pinot noir und Chardonnay zu gleichen Teilen hervor: Sie ist harmonisch und erinnert an Blüten und Hefebrot. Eine lobende Erwähnung erhält die **Cuvée Prestige** (Preisgruppe: 100 bis 149 F), die von der Chardonnay-Rebe (60 % des Verschnitts) beherrscht wird; sie bietet einen sehr feinen Duft von Trockenblumen und ist im Geschmack von geröstetem Brot geprägt. (RM)

Jean Didier, 48, rte de Vinay, 51530 Saint-Martin-d'Ablois, Tel. 03.26.59.90.25, Fax 03.26.59.91.63

n. V.

DOM BASLE

Réserve Cuvée Raisins et Passions

○ Gd cru 0,25 ha 2 000 11 à 15 €

Damien Lallement hat das Glück, dass er Weinberge in den Grands crus Verzenay und Verzy (Montagne de Reims) besitzt. Dieser Réserve ist ein «Monocru» aus Verzy, der aus 1995 gelesenen Trauben besteht. Er enthält 80 % Pinot noir und 20 % Chardonnay. Es handelt sich um einen charaktervollen Champagner mit Pflaumenfruchtigkeit (Reneklode), der füllig und nervig ist. Beim **Brut**, einer Zusammenstellung mit identischen Anteilen der gleichen Rebsorten, aber von Trauben der Jahre 1996 und 1998, die aus Verzenay und Verzy stammen, bringt seine Fruchtigkeit vorzugsweise Trockenfrüchte sowie Brioche-Noten zum Ausdruck. Er wird wegen seiner Leichtigkeit und Länge lobend erwähnt. (RM)

Champagne Lallement-Deville, 28, rue Irénée-Gass, BP 29, 51380 Verzy, Tel. 03.26.97.95.90, Fax 03.26.97.98.25

n. V.

Damien Lallement

DOQUET-JEANMAIRE*

1er cru 7 ha 3 000 11 à 15 €

Dieser Rosé-Champagner, eine Kombination von Rotweinen aus Vertus sowie Chardonnay von der Côte des Blancs, ist ein Aperitifwein. Seine Dosage ist perfekt; seine Aromen von roten Früchten und Wildbeeren haben die Jury bezaubert. Er ist gut gebaut und kann ein bis zwei Jahre lagern. (SR)

Doquet-Jeanmaire, 44, chem. du Moulin de la Cense-Bizet, 51130 Vertus, Tel. 03.26.52.16.50, Fax 03.26.59.36.71, E-Mail doquet.jeanmaire@wanadoo.fr

n. V.

DIDIER DOUE Prestige*

○ 0,5 ha k. A. 11 à 15 €

Didier Doué hat seinen Weinberg ab 1973 angelegt, dann seinen Keller eingerichtet und schließlich 1980 seinen Champagner auf den Markt gebracht. Er hat sein Gut in Montgueux, einer für Chardonnay günstigen «Enklave» im Weinbaugebiet des Departements Aube, in dem eher die roten Traubensorten gedeihen. Diese Rebsorte findet, ergänzt durch Pinot noir, mit 70 % Eingang in seine Cuvée Prestige, einen feinen Champagner mit Aromen von Honig und getrockneten Früchten, der im Geschmack ausgewogen und lang anhaltend ist. (RM)

Didier Doué, chem. des Vignes, 10300 Montgueux, Tel. 03.25.79.44.33, Fax 03.25.79.40.04 n. V.

ETIENNE DOUE Cuvée Prestige 1995

○ 0,5 ha k. A. 15 à 23 €

Der 4,5 ha große Weinbaubetrieb befindet sich in Montgueux, nicht weit von Troyes entfernt. Der Champagner kam 1977 auf den Markt. Die Cuvée Prestige ist ein Blanc de Blancs, obwohl diese Information auf dem Etikett nicht erscheint. Sie ist ein lebhafter 95er mit klarer Ansprache und merklicher Dosage. (RM)

🔑 Etienne Doué, 11, rte de Troyes, 10300 Montgueux, Tel. 03.25.74.84.41, Fax 03.25.79.00.47 ☑ 🍷 n. V.

DOURDON-VIEILLARD Grande Réserve★★

○ 1,5 ha 8 000 11 à 15 €

Ein Erzeuger und Selbstvermarkter, der 9,5 ha Weinberge im Tal der Marne bewirtschaftet. Diese Cuvée Grande Réserve wird von Chardonnay (60 %) dominiert, von den beiden Pinot-Sorten zu gleichen Teilen ergänzt; sie bietet Aromen von geröstetem Brot und offenbart im Geschmack eine vollkommene Ausgewogenheit. Der Brut **Vieilles vignes** (Preisgruppe: 100 bis 149 F) ist ein Blanc de Noirs, der von den Rebsorten Pinot meunier (70 %) und Pinot noir (30 %) stammt, wobei die Trauben 1997 geerntet wurden. Wegen seiner Deutlichkeit und seiner Länge wird er lobend erwähnt. (RM)

🔑 Dourdon-Vieillard, 7, rue du Château, 51480 Reuil, Tel. 03.26.58.06.38, Fax 03.26.58.35.13, E-Mail dourdonvieillard@aol.com ☑ 🍷 n. V.

R. DOYARD ET FILS Œil-de-perdrix, Collection de l'An I 1996

◐ 1er cru 7 ha 3 500 15 à 23 €

Die Doyards, die im Süden der Côte des Blancs wohnen, besitzen sieben Hektar Reben. Seit 1927 vermarkten sie ihren Champagner selbst. Maurice Doyard, der am Anfang der Familienlinie steht, war Mitbegründer des *Comité interprofessionnel des vins de Champagne*. Der Œil-de-perdrix ist ein weißer Champagner mit rosaroten Reflexen. Er enthält ein Drittel Chardonnay, im Barriquefass vinifiziert, und zwei Drittel Pinot noir. Es handelt sich dabei um einen strukturierten, leicht holzbetonten Champagner zum Essen, der reich an vielfältigen Aromen ist (gekochte Früchte, Honig, Butter- und Hefebrotnoten). Der **95er Blanc de Blancs Premier cru** (Preisgruppe: 150 bis 199 F) enthält 25 % Weine, die im Eichenfass vinifiziert wurden. Er bietet getrocknete Früchte; seine Ausgewogenheit bevorzugt den Reichtum und die Stärke. Er erhält eine lobende Erwähnung. (RM)

🔑 Champagne Robert Doyard et Fils, 61, av. de Bammental, 51130 Vertus, Tel. 03.26.52.14.74, Fax 03.26.52.24.02, E-Mail champagne.doyard@wanadoo.fr ☑ 🍷 Mo–Fr 8h–12h 13h30–18h; Aug. geschlossen

DOYARD-MAHE Cuvée Blanc de Blancs Carte d'or

○ 1er cru k. A. k. A. 11 à 15 €

Philippe Doyard, der Enkel Maurice Doyards, bewirtschaftet sechs Hektar in Vertus (Côte des Blancs). Zwei seiner Weine, Premiers crus, werden lobend erwähnt: die Cuvée Carte d'or, die aus 1995 bis 1998 geernteten Chardonnay-Trauben besteht und eine im Anblick prächtige Farbe, einen Zitrusduft und einen lebhaften Geschmack besitzt, und der **Rosé-Champagner**, der rund und sanft ist und sich aus 88 % Chardonnay und 12 % Rotwein, sechs Monate im Holzfass ausgebaut, zusammensetzt. (RM)

🔑 Philippe Doyard-Mahé, Moulin d'Argensole, 51130 Vertus, Tel. 03.26.52.23.85, Fax 03.26.59.36.69 ☑ 🍷 Mo–Sa 10h–12h 14h–18h

DRAPPIER Grande Sendrée 1995★

○ k. A. 69 800 23 à 30 €

Louis Drappier ließ sich 1808 in Urville, in der Côte des Bars, nieder. Seine Nachkommen bewirtschaften ein dreißig Hektar großes Gut und sind stolz auf ihre Keller aus dem 12. Jh., die den Zisterziensern von Clairvaux zugeschrieben werden. Sie rühmen sich, von General de Gaulle besucht worden zu sein, der ihr Nachbar geworden war. Ihre Sondercuvée Grande Sendrée kombiniert 55 % Pinot noir mit 45 % Chardonnay. Ihre Zitrus- und Lebkuchenaromen hebt eine mustergültige Dosage hervor. Sie ist gut ausbalanciert und erreicht ihren Höhepunkt. Der **95er Blanc de Blancs Signature** (Preisgruppe: 100 bis 149 F) zeigt ebenfalls eine gute Ausgewogenheit; er wird lobend erwähnt. Die Liebhaber alter Champagner werden sich schließlich noch die **79er Cuvée Carte d'or** (Preisgruppe: 200 bis 249 F) merken, die sehr «dunkel» (90 % Pinot) und stark verschmolzen ist und rasch getrunken werden sollte. (NM)

🔑 Champagne Drappier, Grande-Rue, 10200 Urville, Tel. 03.25.27.40.15, Fax 03.25.27.41.19, E-Mail info@champagne-drappier.com ☑ 🍷 n. V.

DRIANT-VALENTIN Grande Réserve Extra brut★★

○ 1er cru 1 ha 6 000 11 à 15 €

Jacques Driant, der hier seit 1972 tätig ist, repräsentiert die vierte Generation auf diesem 5,5 ha großen Gut in Grauves, einer Gemeinde in der Nähe von Avize, die als Premier cru eingestuft ist. Seine Cuvée Grande Réserve geht aus einer Kombination von 80 % Chardonnay und 20 % Pinot noir hervor, die 1993 und 1995 geerntet wurden. Das Fehlen einer Dosage ist ihm gut bekommen, denn die Verkoster betonten seine ausgezeichnete Beschaffenheit, seine Feinheit und seine schönen Aromen kandierter Zitrusfrüchte. Der **93er Premier cru** (Preisgruppe: 100 bis 149 F), der von den gleichen Rebensorten wie der vorangehende Champagner und im selben Verhältnis zusammengestellt worden ist, wird wegen seiner Harmonie und seiner Frische lobend erwähnt. (RM)

🔑 Jacques Driant, 4, imp. de la Ferme, 51190 Grauves, Tel. 03.26.59.72.26, Fax 03.26.59.76.55 ☑ 🍷 n. V.

GERARD DUBOIS Tradition★

○ 6 ha 6 000 11 à 15 €

Gérard Dubois, der 1970 in den von seinem Großvater 1920 geschaffenen Familienbetrieb eintrat, bewirtschaftet sechs Hektar Reben. Sein Tradition stammt von den drei Rebsorten der Champagne (darunter 30 % Chardonnay), wobei die Trauben 1996 und 1997 geerntet wurden: ein guter Brut ohne Jahrgangsbezeichnung, mit Aromen von weißen Blüten sowie einem Hauch von Süßigkeiten, im Geschmack ausgewogen, frisch und säuerlich. Der **Blanc de Blancs Réser-**

ve, ein Champagner ohne Angabe des Jahrgangs, obwohl er von Trauben des Jahrgangs 1995 stammt, verbindet weiße Blüten mit Vanille- und Honignoten und zeigt Frische. Er wird lobend erwähnt. (RM)
Gérard Dubois, 67, rue Ernest-Vallé, 51190 Avize, Tel. 03.26.57.58.60, Fax 03.26.57.41.94, E-Mail gerardhdubois@wanadoo.fr n. V.

HERVE DUBOIS
Blanc de Blancs Réserve*

○ Gd cru 2 ha 5 000 11 à 15 €

Hervé Dubois wohnt in Avize, einer als Grand cru eingestuften Gemeinde der Côte des Blancs; er ist hier seit 1980 tätig und besitzt 4,4 Hektar Reben. Seine Grands crus, der **95er Blanc de Blancs** und dieser Réserve, ebenfalls ein ausschließlich aus Chardonnay-Trauben erzeugter Champagner, erhalten jeder einen Stern. Zwei sehr ähnliche Champagner, die jung, fruchtig und elegant sind. (RM)
Hervé Dubois, 67, rue Ernest-Vallé, 51190 Avize, Tel. 03.26.57.52.45, Fax 03.26.57.99.26 n. V.

ROBERT DUFOUR ET FILS Tradition

○ k. A. k. A. 11 à 15 €

Dieser auf einem vierzehn Hektar großen Weingut im Departement Aube erzeugte Tradition ist ein Blanc de Noirs aus Pinot-noir-Trauben. Seine Aromenpalette verbindet weißfleischige Früchte und Honignoten. Der Geschmack ist ausgewogen und zeigt eine gute Länge. (RM)
EARL Robert Dufour, 4, rue de la Croix-Malot, 10110 Landreville, Tel. 03.25.29.66.19, Fax 03.25.38.56.50 n. V.

J. DUMANGIN FILS

◕ 1er cru 5,2 ha 2 700 15 à 23 €

Der 5,5 ha große Weinbaubetrieb befindet sich in Chigny-les-Roses, einer als Premier cru eingestuften Gemeinde der Montagne de Reims. Dieser je zur Hälfte aus dunklen und weißen Trauben erzeugte Rosé-Champagner ist fruchtig, körperreich und lang anhaltend. Er hat bestimmt seinen Höhepunkt erreicht. (RM)
Jacky Dumangin Fils, 3, rue de Rilly, 51500 Chigny-les-Roses, Tel. 03.26.03.46.34, Fax 03.26.03.45.61, E-Mail info@champagne-dumangin.fr n. V.

DUMENIL*

○ 1er cru 6,5 ha 41 000 11 à 15 €

Das Weingut wurde 1905 angelegt; der Champagner wurde 1925 von den Rebeyrolles auf den Markt gebracht. Diese Familie leitet noch immer Champagne Duménil. Die Weinberge umfassen 10,6 Hektar rund um Chigny-les-Roses (Montagne de Reims). Die drei Rebsorten der Champagne wirken gleichgewichtig in diesem Brut ohne Jahrgangsbezeichnung zusammen, der von 1996 und 1997 geernteten Trauben stammt: ein strukturierter Champagner mit Pampelmusenaromen und einem frischen Abgang. Die je zur Hälfte aus dunklen und weißen Trauben erzeugte **Cuvée Prestige** (Preisgruppe: 100 bis 149 F) verbindet frische und getrocknete Früchte. Sie ist sanft und delikat und hält lang an. (RM)
Duménil, rue des Vignes, 51500 Chigny-les-Roses, Tel. 03.26.03.44.48, Fax 03.26.03.45.25, E-Mail info@champagne-dumenil.com n. V.
Rebeyrolle

DANIEL DUMONT
Cuvée d'excellence 1995

○ 0,6 ha 5 000 15 à 23 €

Daniel Dumont, der hier seit 1962 arbeitet, hat das Weingut seiner Eltern vergrößert, indem er einen Weinbaubetrieb übernahm. Er hat zehn Hektar Weinberge in der Montagne de Reims. Die Dumonts sind auch Rebschulgärtner. Er präsentiert einen 95er Jahrgangschampagner, der von 70 % Chardonnay stammt, ergänzt durch Pinot noir. Er duftet nach Zitrone und Geröstetem und bietet im Geschmack eine lebhafte Ansprache, bevor er sich mit einer frischen Note verabschiedet. (RM)
Daniel Dumont, 11, rue Gambetta, 51500 Rilly-la-Montagne, Tel. 03.26.03.40.67, Fax 03.26.03.44.82 n. V.

R. DUMONT ET FILS 1996*

○ 2 ha 9 700 15 à 23 €

Seit zwei Jahrhunderten sind die Dumonts Winzer in Champignol-lez-Mondeville (Aube). Sie bewirtschaften 22 ha Weinberge und stellen einen 96er vor, der von Pinot noir (60 %) und Chardonnay (40 %) stammt: ein angesehener Jahrgang, der lagerfähig ist. Er hält seine Versprechen und ist voller Frische, mit einer schönen Ausgewogenheit. Der anhaltende Abgang verbindet kandierte Früchte und Lebhaftigkeit. (RM)
R. Dumont et Fils, 10200 Champignol-les-Mondeville, Tel. 03.25.27.45.95, Fax 03.25.27.45.97 n. V.

DUVAL-LEROY
Fleur de Champagne Rosé de saignée**

◕ k. A. 75 000 15 à 23 €

Die 1859 gegründete Handelsfirma Duval-Leroy ist die größte Champagner-Firma der Côte des Blancs. Sie besitzt 150 Hektar eigene Weinberge. Seit 1959 führt Carol Duval mit Erfolg die Firma. Drei ihrer «Fleurs de Champagne» wurden ausgewählt. Auch wenn die Blancs de Blancs (und die «hellen» Cuvées, die mindestens 75 % Chardonnay enthalten) die Spezialität des Hauses bilden, umgibt ihren Rosé-Champagner (zu 100 % aus Pinot-noir-Trauben mit Maischung erzeugt) ein schmeichelhafter, berechtigter Ruf. Dieses Jahr hätten ihm mehrere Mitglieder der Jury gern eine Liebeserklärung zuerkannt. Er ist sehr blass, wie man es sich in der Champagne wünscht, seine Fruchtigkeit fein und verlockend. Man findet darin Rundheit, Komplexität und Frische; die Dosage ist perfekt. Duval-Leroy erhält außerdem eine lobende Erwähnung für einen **Blanc de Noirs** (60 % Pinot noir), der kräftig gebaut, ausgewogen, sanft und frisch ist, und für einen **95er Extra-brut,** der mit

seinen 80 % Chardonnay und 20 % Pinot noir für die Produktion repräsentativer ist und an dem man seine Geradlinigkeit, seinen Bau und seine Länge schätzt. Ein Verkoster würde ihn gern zu kleinem Federwild servieren. (NM)
Champagne Duval-Leroy,
69, av. de Bammental, B.P. 37, 51130 Vertus,
Tel. 03.26.52.10.75, Fax 03.26.52.37.10,
E-Mail champagne@duval-leroy.com
n. V.
Carol Duval

CHARLES ELLNER Réserve

○ k. A. 250 000 11 à 15 €

Charles-Emile Ellner war schon vor dem Ersten Weltkrieg ein Erzeuger, der seinen Champagner selbst vermarktete. Sein Sohn Pierre vergrößerte das Gut und steigerte den Absatz. 1972 nahm der Betrieb den Status eines Händlers an, aber die Firma blieb in Familienbesitz. Sie besitzt 54 ha Weinberge in allen Regionen der Champagne, die sich aber zu einem großen Teil rund um Epernay befinden. Diese aus 1995 und 1996 geernteten Trauben erzeugte Cuvée Réserve wird leicht von Chardonnay dominiert (60 % gegenüber 40 % Pinot noir). Sie wirkt blumig, lebhaft und ausgewogen. (NM)
Champagne Charles Ellner,
6, rue Côte-Legris, 51200 Epernay,
Tel. 03.26.55.60.25, Fax 03.26.51.54.00,
E-Mail info@champagne-ellner.com n. V.

ESTERLIN Cuvée Elzévia

○ k. A. 25 000 15 à 23 €

Diese 1948 gegründete Erzeugervereinigung in Epernay verfügt über 120 ha Weinberge. Ihre Cuvée Elzévia ist ein Blanc de Blancs von 1996, der keine malolaktische Gärung durchlaufen hat, was für einen von Natur aus sehr sauren Wein merkwürdig ist. Das erklärt die zitronenartige Nervigkeit, die von den Verkostern in diesem Champagner voller Jugendlichkeit entdeckt wurde. (CM)
Champagne Esterlin, 25, av. de Champagne,
BP 342, 51334 Epernay Cedex,
Tel. 03.26.59.71.52, Fax 03.26.59.77.72,
E-Mail contact@champagne-esterlin.fr
n. V.

CHRISTIAN ETIENNE Tradition

○ 6 ha 10 000 11 à 15 €

Dieser 1978 entstandene Familienbetrieb besitzt neun Hektar Reben im Departement Aube. Seine sehr «dunkle» Cuvée Tradition (90 % Pinot noir), die von 1995, 1996 und 1997 geernteten Trauben stammt, ist frisch, sogar nervig und erinnert an grünen Apfel und Zitrusfrüchte. Sie wird zu Krustentieren passen. Die Cuvée **Prestige** verbindet 70 % Chardonnay mit 30 % Pinot noir, wobei die Trauben 1996 gelesen wurden. Sie verdient wegen ihrer Frische, Eleganz und Feinheit eine lobende Erwähnung. (RM)
Christian Etienne, rue de la Fontaine,
10200 Meurville, Tel. 03.25.27.46.66,
Fax 03.25.27.45.84 n. V.

JEAN-MARIE ETIENNE*

○ 1er cru 3,6 ha 26 000 11 à 15 €

Die Etiennes leben in Cumières, einer Gemeinde in der Nähe von Epernay, die als Premier cru eingestuft ist; sie sind seit vier Generationen Winzer. Jean-Marie Etienne hat seine Marke 1958 geschaffen; seine Söhne Daniel und Pascal haben seine Nachfolge angetreten. Sie waren sehr erfolgreich mit diesem Brut, der von Trauben der Jahre 1993, 1995 und 1996 stammt. Er ist mit 50 % Pinot meunier und 30 % Pinot noir ein sehr «dunkler» Champagner, der fruchtig, ausgewogen und jugendlich wirkt. Einen Stern erhält auch die **Cuvée spéciale** (55 % Chardonnay, 45 % Pinot), die Feige und Quitte verbindet und eine gute Länge zeigt. (RM)
Etienne, 33, rue Louis-Dupont,
51480 Cumières, Tel. 03.26.51.66.62,
Fax 03.26.55.04.65 n. V.

FRANÇOIS FAGOT**

◐ 0,7 ha 7 500 11 à 15 €

François Fagot bewirtschaftet ein sieben Hektar großes Weingut in der Montagne de Reims. Sein Rosé-Champagner von 1996 und 1997 geernteten Trauben wurde durch Maischung erzielt; es handelt sich somit um einen Rosé de Noirs (80 % Pinot noir). Er hat die Jury begeistert, die ihn voll, rund, strukturiert, warm, kräftig und ausgewogen fand: alles Adjektive, die ihm eine Liebeserklärung einbrachten. Der mit 10 % Chardonnay sehr «dunkle» **95er Jahrgangschampagner** (Preisgruppe: 100 bis 149 F) ist in der Ansprache lebhaft und im Abgang fest; er wurde lobend erwähnt. (NM)
SARL François Fagot, 26, rue Gambetta,
51500 Rilly-la-Montagne, Tel. 03.26.03.42.56,
Fax 03.26.03.41.19, E-Mail fagott@wanadoo.fr
n. V.

FALLET-DART Grande Sélection

○ 10 ha 50 922 11 à 15 €

Das Abenteuer der Fallet-Darts begann 1610. Nach fünfzehn Generationen im Dienste des Weins bauen sie heute 16,5 ha Reben im Departement Aisne an. Diese Cuvée ist ein Blanc de Noirs von den beiden Pinot-Sorten, wobei die Trauben 1996 und 1997 geerntet wurden. Man entdeckt darin Erdbeere und Himbeere. Früchte zeigen sich auch in dem **Rosé-Champagner,** der die gleiche Note erhält. (RM)
Fallet-Dart, Drachy,
2, rue des Clos-du-Mont, 02310 Charly-sur-Marne, Tel. 03.23.82.01.73, Fax 03.23.82.19.15
n. V.

FANIEL-FILAINE

○ k. A. 30 000 11 à 15 €

Die Faniels sind seit 1696 Winzer. Sie haben sich mit den Filaines verbunden und bewirtschaften heute 5,5 Hektar im Tal der Marne. Ihr Brut ohne Jahrgangsbezeichnung ist ein Blanc de Noirs, der stark von Pinot meunier (80 %) geprägt ist; diese Rebsorte verleiht ihm eine leichte Ausgewogenheit und blumige Aromen. Der **Réserve** (30 % Chardonnay und 70 % Pinot) und der **Blanc de Blancs Cuvée Eugénie** (Preisgruppe: 100 bis 149 F) verdienen ebenfalls eine lobende Erwähnung; sie zeichnen sich durch ihre Frische und Sanftheit aus. (NM)

Faniel-Filaine, 77, rue Paul-Douce, 51480 Damery, Tel. 03.26.58.62.67, Fax 03.26.58.03.26 n. V.

SERGE FAYE Tradition*

○ 1er cru 3 ha k. A. 11 à 15 €

Der vier Hektar große Weinbaubetrieb in Louvois (Südhang der Montagne de Reims), den Robert Faÿe 1952 aufbaute, wird seit 1984 von seinem Sohn Serge geführt. Sein Tradition von Trauben der Ernten 1997 und 1998 besteht aus 80 % Pinot noir und 20 % Chardonnay. Er duftet nach rosa Grapefruit und zeigt sich einschmeichelnd und weich; seine Dosage ist deutlich zu spüren. Der aus 1996 und 1997 geernteten Trauben erzeugte **Réserve Premier cru** (Preisgruppe: 100 bis 149 F) enthält mehr Chardonnay (40 %). Er wird wegen seiner Lebhaftigkeit und seiner Jugendlichkeit lobend erwähnt. (RM)

Serge Faÿe, 2 *bis*, rue André-Le-Nôtre, 51150 Louvois, Tel. 03.26.57.81.66, Fax 03.26.59.45.12 n. V.

M. FERAT ET FILS Cuvée Prestige 1995

○ 1er cru k. A. k. A. 15 à 23 €

Pascal Férat, der in Vertus wohnt, im Süden der Côte des Blancs, bewirtschaftet diesen zwei Hektar großen Betrieb seit 1976. Ausgewählt wird er mit einem 95er Jahrgangschampagner, der fast ein Blanc de Blancs (6 % Pinot noir) ist. Der eher diskrete Geruchseindruck weckt die Aufmerksamkeit; die Ansprache ist rund, der Geschmack ausgewogen. (RM)

Pascal Férat, rte de la Cense-Bizet, 51130 Vertus, Tel. 03.26.52.25.22, Fax 03.26.52.23.82 n. V.

NICOLAS FEUILLATTE
Cuvée spéciale 1996**

○ 1er cru k. A. k. A. 15 à 23 €

Zwei erstklassige Champagner unter der Make dieses großen Vinifizierungszentrums in Chouilly, das die Trauben von 2 130 Hektar verarbeitet. Besondere Aufmerksamkeit verdient diese Cuvée spéciale, die 40 % Pinot noir, 40 % Chardonnay und 20 % Pinot meunier vereint. Die Verkoster wurden von der Komplexität, Stärke und Nachhaltigkeit ihrer Aromen erobert, unter denen sie Pampelmuse, weiße Blüten und reife Früchte feststellten. Der **96er Rosé-Champagner** erhält eine lobende Erwähnung. Der sehr «dunkle» Wein (90 % Pinot) ist fruchtig und mentholartig, mit ein paar Tanninen. (CM)

Champagne Nicolas Feuillatte, B.P. 210, Chouilly, 51210 Montmirail, Tel. 03.26.59.55.50, Fax 03.26.59.55.82 n. V.

JEAN-MARIE FEVRIER
Cuvée Sélection**

○ 2,3 ha k. A. 11 à 15 €

Jean-Marie Février bewirtschaftet zusammen mit seinen beiden Söhnen zwölf Hektar im Departement Aube. Seine Cuvée Sélection ist ein Blanc de Noirs von der Rebsorte Pinot noir, der blumig und im Geschmack bemerkenswert ausgewogen ist. Er kann sich beim Essen behaupten. (NM)

SA Champagne Jean-Marie Février, 5, rue des Vignes, 10250 Gyé-sur-Seine, Tel. 03.25.38.23.93, Fax 03.25.29.94.58 n. V.

BERNARD FIGUET Cuvée de réserve**

○ 4 ha 30 000 11 à 15 €

Bernard Figuet, Erbe eines 1930 entstandenen Weinguts, wurde nach dem Krieg Selbstvermarkter. Unterstützt von seinem Sohn Eric, bewirtschaftet er 10,5 Hektar im Tal der Marne in Saulchery (in der Nähe von Charly-sur-Marne). Seine Cuvée de réserve ist das Ergebnis eines klassischen Verschnitts: Sie ist je zur Hälfte aus dunklen und weißen Trauben erzeugt worden und erhält 30 % Pinot meunier. Die Verkoster wurden durch ihre elegante, blumige Nervigkeit und durch ihre ausgewogene Frische im Geschmack verführt. Eine Liebeserklärung war nicht weit entfernt. (RM)

EARL Bernard et Eric Figuet, 144, rte Nationale, 02310 Saulchery, Tel. 03.23.70.16.32, Fax 03.23.70.17.22 n. V.

ALEXANDRE FILAINE Cuvée spéciale

○ 0,5 ha k. A. 11 à 15 €

Die Filaines widmen sich in Damery (Marne-Tal) seit fünf Jahrhunderten dem Weinbau. Sie stellen eine Cuvée spéciale vor, die zwei Drittel dunkle und ein Drittel weiße Trauben kombiniert. Die sehr jungen Grundweine (1998) sind im Holzfass ohne technische Tricks vinifiziert worden. Dieser Champagner ist interessant und würzig. «Ein durchdachter, sorgfältig hergestellter Wein», schloss ein Mitglied der Jury. Probieren. (RM)

Fabrice Gass, 17, rue Poincaré, 51480 Damery, Tel. 03.26.58.88.39 n. V.

FLEURY PERE ET FILS 1995

○ 3 ha k. A. 23 à 30 €

Eine 1929 entstandene Marke im Departement Aube, die über ein Ende des vorletzten Jahrhunderts angelegtes Weingut verfügt. Heute bewirtschaftet Jean-Pierre Fleury dreizehn Hektar nach biodynamischen Prinzipien. Sollte der Einfluss der Gestirne für seinen 93er günstig gewesen sein? Dieser heikle Jahrgang wurde im vergangenen Jahr mit einer Liebeserklärung ausgezeichnet. Der 95er, der das Ergebnis eines identischen Verschnitts ist (80 % Pinot noir, 20 % Chardonnay), begnügt sich mit einer lobenden

Erwähnung für seine Rundheit und seine Struktur. (NM)
🔑 Champagne Fleury, 43, Grande-Rue, 10250 Courteron, Tel. 03.25.38.20.28, Fax 03.25.38.24.65 ☑ 🍷 n. V.

G. FLUTEAU Carte blanche*

○ 2 ha 18 000 11 à 15 €

Eine kleine Handelsfirma im Departement Aube, die 1935 gegründet wurde und acht Hektar Reben nutzt. Ihre Cuvée Carte blanche ist ein Blanc de Noirs von der Rebsorte Pinot noir; sie stammt zu zwei Dritteln von 1998 geernteten Trauben sowie von der 97er Lese. Sie ist intensiv, in der Nase ebenso wie im Mund, und bietet eine Fruchtigkeit von roten Früchten; für ihr Alter erscheint sie merkwürdig weit entwickelt. Die **97er Cuvée Prestige,** ein Blanc de Blancs, ist reich und frisch. Sie wird lobend erwähnt. (NM)
🔑 SARL Hérard et Fluteau, 5, rue de la Nation, 10250 Gyé-sur-Seine, Tel. 03.25.38.20.02, Fax 03.25.38.24.84, E-Mail champagne.fluteau@wanadoo.fr
☑ 🍷 Mo–Sa 9h–12h 14h–18h

FORGET-BRIMONT

○ 1er cru k. A. 100 000 11 à 15 €

Louis Forget war zu Beginn des 20. Jh. Winzer; Eugène Forget stellte als Erster Champagner her. Heute bewirtschaftet Michel Forget zehn Hektar Reben. Die Firma hat ihren Sitz in der Montagne de Reims. Pinot noir (60 %), Pinot meunier (25 %) und Chardonnay (15 %) garantieren diesem Wein Fruchtigkeit, Gerüst und Frische. (NM)
🔑 Forget-Brimont, rte de Louvois, 51500 Ludes, Tel. 03.26.61.10.45, Fax 03.26.61.11.58
☑ 🍷 Mo–Fr 8h–12h 13h–18h; Sa n. V.; Aug. geschlossen
🔑 Michel Forget

FORGET-CHEMIN*

◐ 1er cru 6 ha 5 000 11 à 15 €

Thierry Forget hat die Nachfolge von drei Winzergenerationen angetreten; er bewirtschaftet ein zwölf Hektar großes Weingut in der Montagne de Reims. Sein von dunklen Trauben (75 %, davon 50 % Pinot noir) dominierter Rosé-Champagner ohne Jahrgangsbezeichnung erhält seine Farbe von 17 % Rotwein. Trauben der Jahre 1996, 1997 und 1998 wurden verwendet, um einen Champagner zu liefern, der Aromen von roten Früchten (Kirsche) und eine schöne Ansprache besitzt und kräftig und lang anhaltend ist. Die gleiche Note erhielt der zu gleichen Teilen aus dunklen und weißen Trauben erzeugte **96er Spécial Club** (Preisgruppe: 100 bis 149 F) für seine lebhaften, an Hefebrot erinnernden Noten und seine Rundheit. Er kann einen gegrillten Hummer begleiten. (RM)
🔑 Champagne Forget-Chemin, 15, rue Victor-Hugo, 51500 Ludes, Tel. 03.26.61.12.17, Fax 03.26.61.14.51, E-Mail champagne.forget-chemin@voila.fr
☑ 🍷 n. V.

FOURNAISE-THIBAUT 1995*

○ 1 ha 5 000 11 à 15 €

Daniel Fournaise bewirtschaftet drei Hektar in Châtillon-sur-Marne. Sein je zur Hälfte aus dunklen und weißen Trauben erzeugter 95er Jahrgangschampagner bietet einen honigartigen Geschmack von schöner Ausgewogenheit. Er hat seinen Höhepunkt erreicht. Einen Stern auch für den **Rosé-Champagner,** der von 1997 und 1998 gelesenen Trauben stammt und alles der Rebsorte Pinot meunier verdankt. Er hat eine imposante Struktur und eine merkliche Dosage und bevorzugt die Stärke: ein Rosé zum Essen. (RM)
🔑 Daniel Fournaise, 2, rue des Boucheries, 51700 Châtillon-sur-Marne, Tel. 03.26.58.06.44, Fax 03.26.51.60.91 ☑ 🍷 n. V.

TH. FOURNIER Cuvée de réserve

○ 6 ha 50 000 11 à 15 €

Thierry Fournier hat 1983 den Familienbetrieb übernommen, der sich in Festigny befindet, auf dem linken Ufer der Marne. Sein Réserve stammt zu drei Vierteln von dunklen Trauben (davon ein Viertel Pinot noir), die 1997 und 1998 geerntet wurden. Die Aromenpalette mischt Aprikose und getrocknete Früchte. Ein trotz seiner Jugend ausgewogener Champagner. (RM)
🔑 Thierry Fournier, 8, rue du Moulin, Meuville, 51700 Festigny, Tel. 03.26.58.04.23, Fax 03.26.58.09.91, E-Mail thierry.fournier7@wanadoo.fr
☑ 🍷 n. V.

PHILIPPE FOURRIER Réserve**

○ 2 ha k. A. 11 à 15 €

Ein Champagner aus dem Departement Aube, der 60 % Pinot noir mit 40 % Chardonnay verbindet. Es handelt sich unbestreitbar um einen Wein zum Essen, der dicht und gut gebaut ist und sich überzeugend entwickelt. Er hat eine strahlende blassgoldene Farbe, ist in seinen fruchtigen, leicht honigartigen Aromen sauber und ehrlich und klingt mit einer frischen Zitrusnote aus. (SR)
🔑 Champagne Philippe Fourrier, rte de Bar-sur-Aube, 10200 Baroville, Tel. 03.25.27.13.44, Fax 03.25.27.12.49, E-Mail champagne.fourrier@wanadoo.fr
☑ 🍷 n. V.

FRANÇOIS-BROSSOLETTE Tradition

○ 8 ha 28 900 11 à 15 €

Die Brossolettes bewirtschaften ein zwölf Hektar großes Weingut in Polisy im Departement Aube. Ihre Cuvée Tradition enthält 75 % Pinot und 25 % Chardonnay; sie stammt von 1997 und 1998 gelesenen Trauben. Ihre Intensität ist groß, ihre Ansprache lebhaft; danach gewinnt die Dosage die Oberhand. Lobend erwähnen muss man auch den **Blanc de Blancs,** der von den Ernten 1996, 1997 und 1998 stammt; er ist ein in der Ansprache sanfter und im Abgang frischer, lang anhaltender Champagner. (RM)
🔑 François-Brossolette, 42, Grande-Rue, 10110 Polisy, Tel. 03.25.38.57.17, Fax 03.25.38.51.56 ☑ 🍷 n. V.

RENE FRESNE Cuvée d'Argent

○ 2 ha 16 000 11 à 15 €

Der 1921 entstandene Weinbaubetrieb in der Montagne de Reims wurde 1969 von Bruno Fresne übernommen. Die Weinberge umfassen über acht Hektar. Dieser je zur Hälfte aus dunklen und weißen Trauben erzeugte Wein stammt von 1996 und 1997 geernteten Trauben. Er ist blumig und zitronenartig; seine Ausgewogenheit bestimmt ihn zur Aperitifstunde. (RM)

Champagne René Fresne, 20, rue du Franc-Mousset, 51500 Sermiers, Tel. 03.26.97.60.38 n. V.

FRESNET-BAUDOT

Gd cru 0,5 ha 1000 11 à 15 €

Die Fresnets haben Weinberge in Verzy, Mailly-Champagne und Sillery, drei als Grand cru eingestuften Gemeinden. In ihrem Rosé-Champagner ohne Jahrgangsbezeichnung spielt Chardonnay die Hauptrolle (60 %); seine Farbe erhält er durch einen Rotwein aus Sillery, dessen Anbaugebiet früher berühmt war. Die blasse Zwiebelschalenfarbe kündigt Aromen von Sauerkirsche und roten Früchten an. (RM)

Fresnet-Baudot, 9, rte de Puisieulx, 51500 Sillery, Tel. 03.26.49.11.74, Fax 03.26.49.10.72, E-Mail courrier@champagne-fresnet-baudot.fr n. V.

FRESNET-JUILLET Sélection

○ 1 ha 10 000 11 à 15 €

Gérard Fresnet, der in Verzy (Montagne de Reims) wohnt, hat seine Marke 1954 eingeführt und seinen Keller gegraben. Sein Sohn Vincent, der den Betrieb 1999 übernommen hat, besitzt neun Hektar Reben. Sein Sélection, ein Blanc de Noirs, stammt von 1996, 1997 und 1998 geernteten Pinot-noir-Trauben. Sein feiner, aber diskreter Duft kündigt einen leichten Geschmack an. (NM)

Champagne Fresnet-Juillet, 10, rue de Beaumont, 51380 Verzy, Tel. 03.26.97.93.40, Fax 03.26.97.92.55, E-Mail fresnet.juillet@wanadoo.fr Mo–Sa 9h–12h 14h–17h

MICHEL FURDYNA Prestige 1996*

○ 1 ha 5 900 11 à 15 €

Michel Furdyna, der hier seit 1974 tätig ist, bewirtschaftet ein acht Hektar großes Weingut im Departement Aube. Er präsentiert einen je zur Hälfte aus dunklen und weißen Trauben erzeugten 96er Jahrgangschampagner, der fein, ausgewogen, fruchtig (Zitrusfrüchte, weiße Früchte) und jugendlich ist. Seine von der Jury lobend erwähnte Cuvée **Carte blanche** enthält viel Pinot noir (80 %) und zwei weiße Traubensorten: Chardonnay und Pinot blanc (was gesetzlich erlaubt ist)! Der Geruchseindruck ist komplex; der Geschmack besitzt trotz einer merklichen Dosage eine gute Ausgewogenheit. (RM)

Champagne Michel Furdyna, 13, rue du Trot, 10110 Celles-sur-Ource, Tel. 03.25.38.54.20, Fax 03.25.38.25.63, E-Mail champagne.furdyna@wanadoo.fr n. V.

G. DE BARFONTARC Extra Quality

○ 90 ha 150 000 11 à 15 €

Eine Genossenschaft in der Côte des Bars (Aube). Ein paar Kilometer entfernt kann man die königlichen Kristallglasfabriken der Champagne in Bayel und die Abtei Clairvaux besichtigen. Die 1964 gegründete Kellerei verkauft ihre Champagner unter der Marke G. de Barfontarc. Dieser Extra Quality kombiniert Pinot meunier (45 %), Pinot noir (40 %) und Chardonnay, die 1997 und 1998 geerntet wurden. Er ist ehrlich und klar; dank einer guten Dosage zeigt er genug Lebhaftigkeit. Der ebenfalls lobend erwähnte **96er Exception,** der je zur Hälfte aus dunklen und weißen Trauben erzeugt worden ist, erscheint leicht entwickelt mit seiner Aromenpalette, in der man animalische Noten, Leder, Mokka und Akazie entdeckt. (CM)

Champagne G. de Barfontarc, rte de Bar-sur-Aube, 10200 Baroville, Tel. 03.25.27.07.09, Fax 03.25.27.23.00, E-Mail g.de.barfontarc@wanadoo.fr Mo–Sa 8h30–12h 14h–16h30

GABRIEL-PAGIN ET FILS Carte d'or

○ 7,69 ha k. A. 11 à 15 €

Dieser 1946 entstandene Familienbetrieb in der Nähe von Mareuil-sur-Ay besitzt 9,6 ha Reben. Sein Carte d'or ist ein Blanc de Noirs aus Pinot-noir-Trauben. Sein dominierender Charakterzug ist die Stärke und nicht die Feinheit. Seine intensive Fruchtigkeit erinnert an Pfirsich, Aprikose und Quitte. Die zu gleichen Teilen aus dunklen und weißen Trauben erzeugte Cuvée **Prestige Roger Gabriel** (Preisgruppe: 100 bis 149 F) bietet einen hübschen Duft, der Weißdorn mit Zitronen- und Hefebrotnoten verbindet, und einen leichten Geschmack; sie erhält die gleiche Note. (RM)

Pascal Gabriel, 4, rue des Remparts, 51160 Avenay-Val-d'Or, Tel. 03.26.52.31.03, Fax 03.26.58.87.20 n. V.

LUC GAIDOZ Grande Réserve*

○ k. A. 1000 15 à 23 €

Luc Gaidoz, der hier seit 1983 tätig ist, lebt in Ludes, in der Montagne de Reims. Seine Cuvée Grande Réserve, die zu drei Vierteln aus dunklen Trauben (50 % Pinot meunier) zusammengestellt worden ist, stammt von den Ernten 1992 und 1993. Ihre Aromen erinnern an Zitrusfrüchte. Mit ihrem runden, kräftigen, lang anhaltenden Geschmack ist sie ein Champagner zum Essen. Der von der Jury lobend erwähnte **Tradition** (Preisgruppe: 70 bis 99 F) ist stark von der Rebsorte Pinot meunier geprägt (80 %, ergänzt durch Pinot noir und Chardonnay zu gleichen Teilen). Er stammt von 1997 und 1998 geernteten Trauben; er hat sich rasch entwickelt und erscheint opulent und sanft. Man sollte ihn nicht länger aufheben. (RM)

Luc Gaidoz, 4, rue Gambetta, 51500 Ludes, Tel. 03.26.61.13.73, E-Mail lgaidoz@wanadoo.fr n. V.

GAIDOZ-FORGET Réserve*

○ k. A. 3 000 15 à 23 €

Diese von einem Winzer der Montagne de Reims präsentierte Cuvée Réserve, die von der 92er und 93er Ernte stammt, enthält 75 % dunkle Trauben (50 % Pinot meunier). Aufmerksamkeit erregt sie durch ihre Aromen, die Akazienhonig und Hefebrot verbinden. (RM)

Gaidoz-Forget, 1, rue Carnot, 51500 Ludes, Tel. 03.26.61.13.03, Fax 03.26.61.11.65 n. V.

GAILLARD-GIROT

○ 3,5 ha 25 000 11 à 15 €

Der 3,5 ha große Weinbaubetrieb in Mardeuil, in der Nähe von Epernay, stellt einen Brut ohne Jahrgangsbezeichnung vor, der von 1997 gelesenen Trauben stammt. Der sehr «dunkle» Champagner (85 % Pinot, davon 78 % Pinot meunier) ist fruchtig, im Duft ebenso wie im Geschmack. Der Geruchseindruck erinnert an Birne, während sich im Mund Dattel, Aprikose und Apfel bemerkbar machen. (RM)

Gaillard-Girot, 43, rue Victor-Hugo, 51530 Mardeuil, Tel. 03.26.51.64.59, Fax 03.26.51.70.59, E-Mail champagne-gaillard-girot@wanadoo.fr n. V.

GARDET Charles Gardet 1995

○ k. A. 32 000 23 à 30 €

Dieser Jahrgangschampagner ehrt Charles Gardet, der 1895 seine Handelsfirma gründete, die heute ihren Sitz in Chigny-les-Roses hat, in der Montagne de Reims. Er kombiniert zwei Drittel weiße Trauben und ein Drittel dunkle Trauben (die beiden Pinot-Sorten zu gleichen Teilen). Sein Duft, der geröstetes Brot und Kakao verbindet, zeugt von seiner Entwicklung, während der harmonische Geschmack jung und frisch geblieben ist. (NM)

Gardet, 13, rue Georges-Legros, 51500 Chigny-les-Roses, Tel. 03.26.03.42.03, Fax 03.26.03.43.95, E-Mail info@champagne-gardet.com n. V.

BERNARD GAUCHER Carte d'or

○ 8 ha 65 000 11 à 15 €

Der 1972 entstandene Betrieb besitzt zwölf Hektar Weinberge in Arconville, im Departement Aube. Sein Carte d'or wird von dunklen Trauben (80 %) dominiert und stammt von der 97er Lese, unterstützt durch Reserveweine des Jahrgangs 1996. Man entdeckt darin Zitronenaromen, die frisch und harmonisch sind. (RM)

Bernard Gaucher, Grande-Rue, 10200 Arconville, Tel. 03.25.27.87.31, Fax 03.25.27.85.84 n. V.

GAUDINAT-BOIVIN 1996*

○ 0,2 ha 1 600 11 à 15 €

Dieser 96er Jahrgangschampagner, der Chardonnay und Pinot meunier zu gleichen Teilen verbindet, kommt aus dem Tal der Marne. Sein ausdrucksvoller Duft wirkt kandiert und geröstet; sein frischer Geschmack ist lang anhaltend und ausgewogen. (RM)

Gaudinat-Boivin, 6, rue des Vignes, Mesnil-le-Huttier, 51700 Festigny, Tel. 03.26.58.01.52, Fax 03.26.58.97.47 n. V.

SERGE GAUDRILLER*

○ Gd cru 6 ha k. A. 11 à 15 €

Dieser Brut ohne Jahrgangsbezeichnung kommt aus Louvois, einer Gemeinde am Südhang der Montagne de Reims, die als Grand cru eingestuft ist. Er kombiniert 70 % Pinot noir und 30 % Chardonnay von 1996. Sein Duft ist ausdrucksstark und angenehm. Im Mund folgt auf eine lebhafte Ansprache ein Eindruck von Rundheit und Ausgewogenheit. (RM)

Serge Gaudriller, 2, pl. de la Demi-Lune, 51150 Louvois, Tel. 03.26.57.03.59, Fax 03.26.57.03.59 n. V.

GAUTHEROT*

◕ k. A. 4 000 11 à 15 €

Die beiden Großväter François Gautherots wagten sich schon 1935 an die Herstellung von Champagner. Der Weinbaubetrieb im Departement Aube, der heute zwölf Hektar umfasst, rühmt sich, die französische Marine zu seinen Kunden zu zählen. Sein Rosé-Champagner aus 1998 geernteten Pinot-noir-Trauben ist von roten Früchten erfüllt, insbesondere von Kirsche. Ein weiniger, kräftiger Champagner. (RM)

François Gautherot, 29, Grande-Rue, 10110 Celles-sur-Ource, Tel. 03.25.38.50.03, Fax 03.25.38.58.14, E-Mail gautherot@champagne-gautherot.com n. V.

GAUTHIER 1993*

○ k. A. 81 000 15 à 23 €

Eine 1858 von Charles-Alexandre Gauthier gegründete Firma, die ein Jahrhundert später von Gaston Burtin (Marne et Champagne) gekauft wurde. Ihr 93er Jahrgangschampagner, der je zur Hälfte aus dunklen und weißen Trauben erzeugt wurde, ist blumig und frisch und zeigt eine unauffällige Ausgewogenheit. (NM)

Marne et Champagne, 22, rue Maurice-Cerveaux, 51200 Epernay, Tel. 03.26.78.50.50, Fax 03.26.78.50.99, E-Mail info@m-c-d.fr

MICHEL GENET Brut-Esprit*

○ Gd cru 2,5 ha 26 000 11 à 15 €

Das Etikett trägt den Namen des Gründers des Betriebs, den heute seine Söhne Vincent und Antoine führen. Das Weingut ist in erster Linie mit Chardonnay bestockt, der Rebsorte, die diesen Brut-Esprit hervorgebracht hat. Wir finden diese Cuvée auch dieses Jahr wieder in unserem Weinführer. Mit ihrer goldgrünen Farbe, ihrem Duft von Zitrusfrüchten und weißen Blüten und ihrem feinen, eleganten Geschmack, der Haselnussnoten enthält, ist sie ein schulmäßiger Blanc de Blancs. Die Cuvée **Grande Réserve Blanc de Blancs Grand cru 1996** (Preisgruppe: 100 bis 149 F) entfaltet sich im gleichen Stil. Muss man sie vielleicht ein Jahr aufheben? (RM)

🔑 Michel Genet, 22, rue des Partelaines, 51530 Chouilly, Tel. 03.26.55.40.51, Fax 03.26.59.16.92, E-Mail champagne.genet.michel@wanadoo.fr ☑ 🍷 n. V.

PIERRE GERBAIS L'Originale

○ 0,5 ha 3 000 ■ 🌡 23 à 30 €

Diese Firma, die fast vierzehn Hektar Weinberge im Departement Aube besitzt, präsentiert eine treffend benannte Cuvée, denn dieser Blanc de Blancs – eine Information, die nicht auf dem Etikett erscheint – stammt nicht von der Rebsorte Chardonnay, sondern von Pinot blanc: Das ist der einzige derartige Champagner, der im Hachette-Weinführer erscheint. Die Farbe ist intensiv goldgelb; der entwickelte, mineralische Duft geht in Richtung Leder und Tiergeruch; der Geschmack erscheint gut ausbalanciert. Die Verkoster meinten zum Schluss: «Untypisch. Eine sympathische Kuriosität.» (NM)

🔑 Pierre Gerbais, 13, rue du Pont, BP 17, 10110 Celles-sur-Ource, Tel. 03.25.38.51.29, Fax 03.25.38.55.17 ☑ 🍷 tägl. 9h–12h 14h–18h

PIERRE GIMONNET ET FILS
Chardonnay Spécial Club 1996*

○ 1er cru k. A. 19 600 ■ 🌡 15 à 23 €

Die Gimonnets bauen seit 1750 in Cuis Wein an und verarbeiten seit 1935 ihre Trauben selbst. Ihr Weingut, das sich ausschließlich in der Côte des Blancs befindet, ist allein mit Chardonnay bestockt. Es teilt sich in Grands crus (12 ha) rund um Chouilly und Cramant und in Premiers crus (Cuis) auf. Der Grundwein für den 96er Spécial Club ist nicht chaptalisiert worden. Im Geruch ist dieser Champagner mineralisch und blumig; im Geschmack machen sich weiße Pfirsiche und blühender Wein auf harmonische Weise bemerkbar. Der **95er Millésime de Collection** wird wegen seiner Eleganz und Feinheit lobend erwähnt. (RM)

🔑 Pierre Gimonnet et Fils, 1, rue de la République, 51530 Cuis, Tel. 03.26.59.78.70, Fax 03.26.59.79.84 ☑ 🍷 Mo–Fr 8h30–12h 14h–18h; Sa n. V.; 15.–31. Aug. geschlossen

GIMONNET-GONET
Blanc de Blancs Cuvée Prestige*

○ 1 ha 5 000 11 à 15 €

Gimonnet und Gonet: zwei in der Côte des Blancs gut bekannte Familien. Der Betrieb besitzt 9,2 Hektar Weinberge, die überwiegend mit Chardonnay bestockt sind. Zwei Bruts ohne Jahrgangsbezeichnung, die von Trauben der 97er Lese stammen, bringen ihm die Erwähnung in unserem Weinführer ein. Der gelungenere Champagner ist diese Cuvée Prestige, ein Blanc de Blancs, der im Duft wie auch im Geschmack durch seine leichte, frische Harmonie verführt. Der von der Jury lobend erwähnte **Tradition,** der je zur Hälfte aus dunklen und weißen Trauben erzeugt worden ist, wird wegen seines Lindenblüten- und Weißdorndufts, seiner klaren Ansprache und seiner Präsenz im Geschmack ausgewählt. (RM)

🔑 Gimonnet-Gonet, 166, rue du Gal-de-Gaulle, 51530 Cramant, Tel. 03.26.57.51.44, Fax 03.26.58.00.03 ☑ 🍷 Mo–Fr 8h–12h 13h30–19h; Sa, So n. V.; 7.–25. Aug. geschlossen

GIMONNET-OGER Grande Réserve

○ k. A. 10 000 ■ 11 à 15 €

Eine goldgrüne Farbe und ein Duft, der Nerv und Präsenz besitzt. Dieser Eindruck von Frische setzt sich in einem Geschmack fort, der an frisches Gras und Farnkraut erinnert. Eine insgesamt angenehme Lebhaftigkeit. (RM)

🔑 Jean-Luc Gimonnet, 7, rue Jean-Mermoz, 51530 Cuis, Tel. 03.26.59.86.50, Fax 03.26.59.86.51, E-Mail champagne.gimonnet-oger@wanadoo.fr ☑ 🍷 n. V.

BERNARD GIRARDIN
Cuvée de réserve*

○ 1 ha 5 000 ■ 11 à 15 €

Sandrine Britès, die in Mancy, hinter der Côte des Blancs, wohnt, hat vor zehn Jahren den von ihrem Vater 1970 gegründeten Weinbaubetrieb übernommen. Die Cuvée de réserve, die aus 60 % Chardonnay, 30 % Pinot meunier und 10 % Pinot noir des Jahres 1995 besteht, lässt einen brioche- und röstartigen Duft und einen runden, vollen, ausgewogenen, frischen Geschmack erkennen. Die **Cuvée BG** kombiniert die drei Rebsorten in identischen Anteilen, stammt aber aus anderen Jahrgängen (1997 und Reserveweine von 1996 und 1995); sie zeigt einen an Hefebrot erinnernden Duft, eine schöne Präsenz im Mund und die Rundheit eines reifen Weins. Sie wird lobend erwähnt. (RM)

🔑 Sandrine Britès-Girardin, Champagne Bernard-Girardin, 14, Grande-Rue, 51530 Mancy, Tel. 03.26.59.70.78, Fax 03.26.51.55.45, E-Mail sandrine.brites@wanadoo.fr ☑ 🍷 n. V.

PAUL GOBILLARD Blanc de Blancs

○ Gd cru k. A. 8 000 ■ ⦀ 🌡 15 à 23 €

Paul Gobillard, der im Zweiten Kaiserreich Winzer in Pierry war, hat der Marke seinen Namen hinterlassen. 1941 wählte das Haus den Status eines Händlers. Die Firma präsentiert einen Blanc de Blancs von großer Provenienz: Chouilly, Cramant sowie ein wenig Le Mesnil-sur-Oger, Chardonnay-Trauben, die 1995, 1996 und 1997 geerntet wurden. Ein sanfter, reicher, weiniger, komplexer, eleganter Champagner. (NM)

🔑 Paul Gobillard, Ch. de Pierry, BP 1, 51530 Pierry, Tel. 03.26.54.05.11, Fax 03.26.54.46.03 ☑ 🍷 n. V.

J.-M. GOBILLARD ET FILS
Blanc de Blancs**

○ 1er cru 2,5 ha 20 000 ■ 🌡 11 à 15 €

Der Probierkeller dieser 1955 gegründeten Firma befindet sich gegenüber der Abtei Hautvillers, die Dom Pérignon berühmt gemacht hatte. Ihre Weinberge umfassen 25 Hektar. Nach einer Liebeserklärung im letzten Jahr hat die

Jury diesem frischen, fruchtigen, runden, ausgewogenen Blanc de Blancs zwei Sterne gegeben. Er kombiniert Weine von 1997 und 1998. Die Cuvée **Privilège des Moines** (Preisgruppe: 100 bis 149 F) erhält einen Stern. Sie verbindet 70 % Chardonnay mit 30 % Pinot noir, wobei die Trauben 1995 und vor allem 1996 gelesen wurden. Der Grundwein wird im Stückfass vergoren und ausgebaut, mit Aufrühren des Hefesatzes ein Jahr lang. Das Ergebnis ist ein charaktervoller Champagner. Seine Aromenpalette verbindet mit den klassischen weißen Blüten Kakao, einen vanilleartigen Holzton, schwarze Johannisbeere und fast mentholartige Nuancen. (NM)

Champagne J.-M. Gobillard et Fils,
38, rue de l'Eglise, BP 8, 51160 Hautvillers,
Tel. 03.26.51.00.24, Fax 03.26.51.00.18,
E-Mail champagne-gobillard@wanadoo.fr
n. V.

GODME PERE ET FILS Réserve*

○ 1er cru 6 ha 50 000 11 à 15 €

Ein 11,5 ha großes Gut in besonders guter Lage in den Grands crus Verzenay, Verzy und Beaumont-sur-Vesle und in den Premiers crus Villers-Marmery und Villedommange. Seine je zur Hälfte aus dunklen und weißen Trauben erzeugte Cuvée Réserve kündigt sich mit einem intensiven Röstgeruch an, der einem ausgewogenen, komplexen, leicht entwickelten Geschmack vorausgeht. Der lobend erwähnte **Carte noire** (Preisgruppe: 100 bis 149 F), ein Grand cru, der Pinot noir (70 %) und Chardonnay kombiniert, lenkt durch seine Struktur, seine Ausgewogenheit und seine Länge die Aufmerksamkeit auf sich. (RM)

Champagne Godmé Père et Fils,
10, rue de Verzy, 51360 Verzenay,
Tel. 03.26.49.48.70, Fax 03.26.49.45.30
n. V.

PAUL GOERG Chardonnay 1996

○ 1er cru k. A. 102 000 15 à 23 €

Diese 1950 gegründete Erzeugervereinigung in Vertus (Côte des Blancs) hat etwa hundert Mitglieder und vinifiziert die Produktion von 120 Hektar. Die Marke wurde 1985 eingeführt. Der 96er Blanc de Blancs, der ausgewogen, fein, blumig und lang anhaltend ist, hat knapp einen Stern verfehlt. Die ebenfalls lobend erwähnte **95er Cuvée du Centenaire** (Preisgruppe: 150 bis 199 F) lässt Anzeichen einer Entwicklung erkennen, verdient aber wegen ihrer buttrigen und röstartigen Aromen und wegen ihrer Eleganz, dass sie hier vorgestellt worden ist. (CM)

Champagne Paul Goerg,
4, pl. du Mont-Chenil, 51130 Vertus,
Tel. 03.26.52.15.31, Fax 03.26.52.23.96,
E-Mail champagne-goerg@wanadoo.fr
n. V.

FRANÇOIS GONET
Blanc de Blancs Réserve 1995

○ 2 ha 10 000 11 à 15 €

In der Côte des Blancs gibt es viele Gonets, so dass der Vorname von Bedeutung ist. François Gonet stellt seinen Champagner seit dreißig Jahren her und hat seine Weinberge auf das Marne-Tal ausgedehnt. Sein Blanc de Blancs Réserve stammt von 1995 geernteten Chardonnay-Trauben. In der Nase wie auch im Mund zeigen sich kräftige Aromen von weißen Früchten. Der Geschmack ist frisch und jugendlich. (RM)

François Gonet, 5, rue du Stade,
51190 Le Mesnil-sur-Oger, Tel. 03.26.57.53.71,
Fax 03.26.57.93.66 n. V.

MICHEL GONET Blanc de Blancs*

○ Gd cru 30 ha 100 000 11 à 15 €

Sechs Winzergenerationen sind Michel Gonet vorausgegangen, der 40 Hektar in der Côte des Blancs, aber auch im Gebiet von Sézanne, in Vinchy und im Departement Aube, in Montgueux und in Fravaux (Pinot noir) anbaut – ganz zu schweigen von seinen Weinbergen im Bordelais. Dieser Blanc de Blancs Grand cru geht aus der Kombination von Chardonnay-Trauben aus Oger und Le Mesnil-sur-Oger hervor, die 1997, 1998 und 1999 geerntet wurden. Sein Duft von getrockneten Früchten und weißem Pfirsich kündigt einen feinen, delikaten, frischen, intensiven Geschmack an. (RM)

SCEV Michel Gonet et Fils,
196, av. Jean-Jaurès, 51190 Avize,
Tel. 03.26.57.50.56, Fax 03.26.57.91.98,
E-Mail vinsgonet@wanadoo.fr n. V.

PHILIPPE GONET Blanc de Blancs**

○ 3 ha 10 000 15 à 23 €

Ein weiterer Gonet der Côte des Blancs, dessen Weingut etwa zwanzig Hektar umfasst. Sein Blanc de Blancs vereint Weine von 1996 und 1997. Er ist korpulent, rund und füllig und passt zu Fisch mit Sauce. Der **96er Blanc de Blancs Spécial Club** erhält einen Stern für seine Eleganz, zu der die für diesen Jahrgang eigentümliche Lebhaftigkeit beiträgt. (RM)

Champagne Philippe Gonet,
1, rue de la Brèche-d'Oger,
51190 Le Mesnil-sur-Oger, Tel. 03.26.57.53.47,
Fax 03.26.57.51.03,
E-Mail philippe.gonet@wanadoo.fr n. V.

GONET-MEDEVILLE An 2000

○ 0,5 ha 1000 15 à 23 €

Die Allianz zwischen Bordelais und Champagne! Dieses junge Gut ist 2000 durch die Heirat von Xavier Gonet (die Gonets von der Côte des Blancs) und Julie Médeville (die Médevilles von den Châteaus Gilette und Les Justices im Sauternes-Gebiet) entstanden. Der acht Hektar große Betrieb befindet sich in Bisseuil, unweit von Mareuil-sur-Ay. Weine von 1995 und 1996 bilden diesen sehr «hellen» Brut ohne Jahrgangsbezeichnung (90 % Chardonnay). Ein Champagner, der grüne Zitrone mit empyreumatischen Noten verbindet, frisch ist und ebenfalls eine große Jugendlichkeit besitzt. (RM)

Xavier Gonet, 1, chem. de la Cavotte,
51150 Bisseuil, Tel. 03.26.57.75.60,
Fax 03.56.76.28.43 n. V.

GONET SULCOVA*

◐ 1 ha k. A. 15 à 23 €

Eine weitere durch Heirat entstandene Marke. Der Weinbaubetrieb besitzt fünfzehn Hektar Weinberge. Dieser Rosé-Champagner ist ein

Rosé de Noirs, der von 1996 und 1997 geernteten Pinot-noir-Trauben stammt. Seine Farbe ist ein wenig hochrot und schon entwickelt; Brombeere, Walderdbeere und eine animalische Note gehen einem kräftigen, strukturierten Geschmack voraus. Eine lobende Erwähnung erhält auch die Cuvée **Vincent Gonet** (Preisgruppe: 70 bis 99 F), ein Verschnitt von 60 % Pinot noir und 40 % Chardonnay der Jahre 1996 bis 1998. Sie ist ein reicher, kräftiger, lang anhaltender Champagner zum Essen. (RM)

SCEV Beauregard, 13, rue Henri-Martin, 51200 Epernay, Tel. 03.26.54.37.63, Fax 03.26.54.87.73, E-Mail gonet-sulcova@wanadoo.fr n. V.

Vincent Gonet

GOSSET Grand Millésime 1996**

○ k. A. 200 000 46 à 76 €

Eine berühmte Marke, geschaffen von einer sehr alten Familie in Aÿ, die sie 1993 an Béatrice Cointreau verkaufte. Diese Cuvée besteht aus 62 % Chardonnay und 38 % Pinot noir; der Wein hat keine malolaktische Gärung durchlaufen. Man entdeckt darin elegante würzige, vanilleartige und holzige Aromen sowie im Geschmack kandierte Zitronenschale. Der **Grand Rosé** (Preisgruppe: 200 bis 249 F) kombiniert 56 % Chardonnay mit 35 % Pinot noir und erhält seine Farbe durch 9 % Rotwein aus Grands crus. Er wird wegen seiner Rundheit und seiner Nachhaltigkeit lobend erwähnt. (NM)

Champagne Gosset, 69, rue Jules-Blondeau, BP 7, 51160 Aÿ, Tel. 03.26.56.99.53, Fax 03.26.51.55.88, E-Mail info@champagne-gosset.com n. V.

GOSSET-BRABANT

1er cru 0,5 ha 3 000 11 à 15 €

Der 1930 entstandene Weinbaubetrieb umfasst 7,5 Hektar. Er befindet sich in der Gemeinde Aÿ, die als Grand cru eingestuft und für ihre Pinot-noir-Trauben berühmt ist. Diese Rebsorte dominiert auch in der Zusammenstellung dieses Rosé-Champagners (nur 20 % Chardonnay), wobei die Trauben 1997 und 1998 gelesen wurden; 12 % Rotwein aus Aÿ geben ihm Farbe. Der Duft entfaltet Noten von roten Früchten (insbesondere Walderdbeere), die man in einem sanften, frischen Geschmack wiederfindet. Die ebenfalls lobend erwähnte **Cuvée de réserve Grand cru d'Aÿ** (Preisgruppe: 100 bis 149 F) verbindet Weine der Jahre 1996 und 1997. In der Nase und im Mund bietet sie rote Früchte. (RM)

Gosset-Brabant, 23, bd du Mal-de-Lattre-de-Tassigny, 51160 Aÿ, Tel. 03.26.55.17.42, Fax 03.26.54.31.33, E-Mail gosset-brabant@wanadoo.fr n. V.

GOUSSARD ET DAUPHIN Prestige*

○ 2 ha 5 800 11 à 15 €

Didier Goussard, ein Önologe, tat sich 1989 mit seinem Schwager zusammen, um Champagner herzustellen. Das Gut umfasst sieben Hektar Reben. Auch wenn es sich in der Nähe von Les Riceys befindet, das für seine Pinot-noir-Trauben bekannt ist, dominiert Chardonnay (60 %) in dieser Cuvée Prestige. Dieses Jahr kombiniert sie Weine von 1995, 1996 und 1997. Seine Palette verbindet Aromen von Blüten und weißfleischigen Früchten; ihr Geschmack ist nervig, aber ausgewogen.

Goussard et Dauphin, GAEC du Val de Sarce, 2, chem. Saint-Vincent, 10340 Avirey-Lingey, Tel. 03.25.29.30.03, Fax 03.25.29.85.96, E-Mail goussard.dauphin@wanadoo.fr n. V.

GOUTORBE Cuvée traditionnelle*

○ k. A. 4 000 11 à 15 €

René Goutorbe lebt in der berühmten Gemeinde Aÿ, die als Grand cru eingestuft ist, und leitet ein 18 ha großes Gut. Wir treffen hier wieder auf seine Cuvée traditionnelle, die dieses Jahr alles der Rebsorte Pinot noir verdankt. Sie ist strukturiert, ausgewogen und honigartig und wird zu gekochtem Fisch passen. Der **95er Grand cru** erhält eine lobende Erwähnung; er gibt den dunklen Trauben den Vorzug. Man findet darin weiße Blüten und Hefebrotnoten. Ein leichter Champagner zum Aperitif. Hervorheben sollte man die Dosage, die bei den beiden Cuvées deutlich zu spüren ist. (RM)

René Goutorbe, 11, rue Jeanson, 51160 Aÿ, Tel. 03.26.55.19.47 n. V.

ALFRED GRATIEN 1991*

○ k. A. 30 000 38 à 46 €

Die 1864 von Alfred Gratien gegründete Firma wird noch immer von seinen Nachkommen geführt: Alain und Gérard Seydoux. Die Jaegers, die für den Keller verantwortlich sind, lösen einander in dieser Funktion seit drei Generationen ab. Das zeigt den Respekt, der hier gegenüber der Tradition bekundet wird und der sich auch darin zeigt, dass man an bestimmten Methoden festhält, wie etwa dem Ausbau in *pièces champenoises* (kleine Fässer mit 205 hl) und der Tirage in der Flasche. Dieser 91er Jahrgangschampagner, der von den drei Rebsorten der Champagne stammt, hat seinen Höhepunkt erreicht. Er entfaltet Honig- und Bienenwachsaromen und zeigt sich rund, sogar mild. Sein nicht sehr säuerlicher Charakter scheint ihn als Begleiter für Nachspeisen zu bestimmen. Die ebenfalls von den drei Rebsorten der Champagne erzeugte **96er Cuvée Paradis** (Preisgruppe: 300 bis 499 F) verdankt viel der Chardonnay-Traube (61 %). Sie ist in der Ansprache sanft und hält lang an; sie erhält eine lobende Erwähnung. (NM)

Champagne Alfred Gratien, 30, rue Maurice-Cerveaux, BP 3, 51201 Epernay Cedex, Tel. 03.26.54.38.20, Fax 03.26.54.53.44, E-Mail contact@alfredgratien.com n. V.

GRUET 1996

○ k. A. 33 438 11 à 15 €

Claude Gruets Vorfahren bauten schon zur Zeit des Sonnenkönigs in der Côte des Bars Wein an. Das Familiengut umfasst heute zehn Hektar. Pinot noir, ergänzt durch Chardonnay, trägt zwei Drittel zu diesem 96er Jahrgangschampagner bei, der frisch, aromatisch und ausgewogen ist. Der von den gleichen Rebsorten

erzeugte und mit den gleichen Anteilen zusammengestellte **95er Jahrgangschampagner** entfaltet in der Nase und im Mund Butter-, Hefebrot- und Honignoten. Er erhält die gleiche Note. (NM)
SARL Champagne Gruet, 48, Grande-Rue, 10110 Buxeuil, Tel. 03.25.38.54.94, Fax 03.25.38.51.84, E-Mail champagne-gruet@wanadoo.fr
Mo–Fr 8h30–12h 14h–18h; Sa, So n. V.; in der Woche vom 15. Aug. geschlossen

MAURICE GRUMIER Tradition

6 ha k. A. 11 à 15 €

Ein 7,5 ha großes Gut in Familienbesitz in Venteuil, im Marne-Tal. Die Marke Maurice Grumier kam 1945 auf den Markt, aber der Betrieb hatte schon vorher unter einer anderen Marke Champagner hergestellt. Seit 1968 wird das Gut von Guy Grumier geführt, der jetzt von Fabien unterstützt wird. Ihr Tradition ist ein Blanc de Noirs von den beiden Pinot-Sorten (80 % Pinot meunier), erzeugt aus 1997 und 1998 geernteten Trauben. Mit seinen Birnen- und Apfelaromen wirkt er schlicht und ausgewogen. Der **Réserve,** der von den drei Rebsorten der Champagne zu gleichen Teilen stammt (Trauben von 1996 und 1997), wird wegen seiner fruchtigen Frische lobend erwähnt. (RM)
Guy Grumier, 13, rte d'Arty, 51480 Venteuil, Tel. 03.26.58.48.10, Fax 03.26.58.66.08 n. V.

RENE GUE Blanc de Blancs Carte d'or*

0,6 ha 5 000 11 à 15 €

Dieses 1954 entstandene Gut in der Nähe von Epernay besitzt 6,5 ha Weinberge. Sein Blanc de Blancs ohne Jahrgangsbezeichnung stammt von 1996 geernteten Trauben. Er zieht die Aufmerksamkeit durch seinen komplexen Duft auf sich, der Honig- und Karamellnoten bietet. Im Geschmack ist er fest und lang und enthüllt Biskuitaromen. (RM)
Philippe Gué, 2, rue de Monthelon, 51530 Chouilly, Tel. 03.26.54.50.32, Fax 03.26.54.01.45 n. V.

P. GUERRE ET FILS Tradition

8,5 ha k. A. 11 à 15 €

Die Guerres, seit mehreren Generationen Winzer, wohnen im Marne-Tal auf dem rechten Ufer und vermarkten ihren Champagner seit den 50er Jahren selbst. Sie besitzen Weinberge, die auf acht Terroirs verteilt sind. Ihre Cuvée Tradition ist ein klassischer Verschnitt von 60 % Pinots und 40 % Chardonnay, wobei die Trauben 1996, 1997 und 1998 geerntet wurden. Sie ist frisch, jugendlich und recht elegant. (RM)
Michel Guerre, 3, rue de Champagne, 51480 Venteuil, Tel. 03.26.58.62.72, Fax 03.26.58.64.06 tägl. 9h–11h30 14h–17h

ROMAIN GUISTEL Réserve

1 ha 10 000 11 à 15 €

Das fünf Hektar große Gut im Marne-Tal präsentiert einen Brut ohne Jahrgangsbezeichnung, der von 97er und 98er Trauben stammt. Ein Blanc de Noirs, der von der Rebsorte Pinot meunier (70 %) beherrscht wird. Nach einem leicht entwickelten Duft, der an Hefebrot und Honig erinnert, entdeckt man einen harmonischen Geschmack mit Noten von eingemachten Früchten. (NM)
Champagne Romain Guistel, 1, rue des Remparts-de-l'Ouest, 51480 Damery, Tel. 03.26.58.40.40 n. V.

HAMM Sélection*

k. A. 40 000 11 à 15 €

Henri Hamm stellte seinen Champagner schon 1910 selbst her und gründete 1930 seine Handelsfirma. Seine Nachkommen sorgen für den guten Fortgang der Geschäfte in Aÿ. Diese Cuvée Sélection ist eine Kombination, die von den dunklen Trauben dominiert wird (je 40 % Pinot noir und Pinot meunier). Die Weine haben keine malolaktische Gärung durchlaufen. Dieser Champagner lässt Birnen- und Zitrusaromen erkennen, die man in einem runden, seidigen Geschmack wiederfindet. (NM)
Champagne Hamm, 16, rue N.-Philipponnat, 51160 Aÿ, Tel. 03.26.55.44.19, Fax 03.26.51.98.68
Mo–Fr 9h–12h 14h–18h; Sa, So n. V.

HARLIN Grand Rosé

1,8 ha 15 000 15 à 23 €

«Firma C. Harlin et Cie, 1848 gegründet», liest man auf dem Etikett dieses Händlers aus Tours-sur-Marne. Dieser zwiebelschalenfarbene Rosé-Champagner erinnert in der Nase wie auch im Mund an kleine rote Früchte, voller Rundheit und Feinheit. Der ebenfalls lobend erwähnte **Grand Chardonnay** ist ein Blanc de Blancs, der sich entwickelt als impulsiv, honigartig und vor allem würzig. (NM)
Harlin, 41, av. de Champagne, 51150 Tours-sur-Marne, Tel. 03.26.51.88.95, Fax 03.26.58.96.31 n. V.

HARLIN PERE ET FILS Prestige 1995**

2 ha 1 500 11 à 15 €

Dieses Gut in Mareuil-le-Port (Marne-Tal) umfasst acht Hektar Reben. Sein 95er Prestige, der 40 % Chardonnay mit 60 % Pinot noir kombiniert, bringt alle Qualitäten dieses ausgezeichneten Jahrgangs zum Ausdruck. Sein Duft von kandierten Früchten mit Vanillearoma ist fein; der Geschmack ist ebenso kräftig wie ausgewogen. Der **Grand cru,** der von 97er Weinen stammt und Pinot noir und Chardonnay im gleichen Verhältnis wie beim obigen Champagner verbindet, ist in der Ansprache lebhaft und danach verschmolzen. Er erhält eine lobende Erwähnung. (RM)
Harlin Père et Fils, 8, rue de la Fontaine, 51700 Port-à-Binson, Tel. 03.26.58.34.38, Fax 03.26.58.63.78
Mo–Sa 9h–12h 14h–18h

JEAN-NOEL HATON Cuvée Prestige**

k. A. k. A. 15 à 23 €

Die 1928 gegründete Firma hat ihren Sitz in Damery (Marne-Tal). Sie besitzt dreizehn Hektar Weinberge. Ihre je zur Hälfte aus dunklen und weißen Trauben erzeugte Cuvée Prestige zeigt einen überschwänglichen Duft von kandierter Quitte, geröstetem Brot und Hefebrot. Im

Geschmack offenbart sich eine mentholartige, pfeffrige Fruchtigkeit. Eine lobende Erwähnung erhält auch der **Rosé-Champagner** (Preisgruppe: 70 bis 99 F), der zu drei Vierteln von dunklen Trauben stammt (50 % Pinot meunier). Ein Champagner mit Aromen von roten und schwarzen Früchten sowie einer kräftigenden Lebhaftigkeit. (NM)

🔑 Jean-Noël Haton, 5, rue Jean-Mermoz, 51480 Damery, Tel. 03.26.58.40.45, Fax 03.26.58.63.55 ☑ Y n. V.

LUDOVIC HATTE Réserve

○ 7 ha 10 000 ▮ 11 à 15 €

Ein Familienbetrieb mit sieben Hektar Weinbergen in vier Grands crus der Montagne de Reims. Seine Cuvée Réserve enthält 80 % schwarze Trauben und stammt aus den Jahren 1995 und 1996. Sie ist in der Ansprache lebhaft und erinnert in der Nase und im Mund an Hefebrot. Ein geradliniger Champagner. (RM)

🔑 Ludovic Hatté, 3, rue Thiers, 51360 Verzenay, Tel. 03.26.49.43.94, Fax 03.26.49.81.96 ☑ Y n. V.

MARC HEBRART Prestige 1995**

○ 1er cru 1 ha 5 000 ▮ 15 à 23 €

Marc Hébrard, der den Betrieb 1963 aufbaute, wird seit 1983 von seinem Sohn Jean-Paul unterstützt. Das stark zerstückelte Weingut enthält 65 Parzellen, die auf sechs Dörfer verteilt sind. Dieser 95er Jahrgangschampagner ist eine klassische Cuvée, die 60 % Pinot noir mit 40 % Chardonnay kombiniert, wobei die Rebsorten in einem komplexen Duft, der auf reiche Weise fruchtig, buttrig und hefebrotartig ist, ihren Stempel hinterlassen. Ein so intensiver, so eleganter und so lang anhaltender Champagner, dass ein Verkoster vorschlug, ihn zum Lieblingswein zu wählen. («Ich kaufe ihn», schrieb er zum Schluss auf seinem Zettel.) Seine Nervigkeit wirkt sich eher zu seinen Gunsten aus. (RM)

🔑 Marc Hébrart, 18-20, rue du Pont, 51160 Mareuil-sur-Ay, Tel. 03.26.52.60.75, Fax 03.26.52.92.64 ☑ Y n. V.

HEIDSIECK & CO MONOPOLE Diamant bleu 1995*

○ k. A. 30 000 30 à 38 €

Diese 1785 von Florens Louis Heidsieck gegründete Firma genoss schon vor dem Ersten Weltkrieg großes Ansehen, zumal sie mehrere europäische Königshäuser belieferte. So etwa gehörte Zar Nikolaus II. zu ihren Kunden. Im 20. Jh. wechselte das Unternehmen mehrmals den Besitzer: Nachdem es 1923 von Edouard Mignot übernommen worden war, der dem Namen die Bezeichnung «Monopole» hinzufügte, kam es 1972 in den Besitz von Mumm, das damals Seagram gehörte, und wurde schließlich 1996 an Vranken verkauft. Diamant bleu ist eine Spitzencuvée mit Jahrgangsbezeichnung, die je zur Hälfte aus dunklen und weißen Trauben erzeugt wird. Der 95er, der kräftig und lang anhaltend ist und an Brioche und Butter erinnert, hat seinen Höhepunkt erreicht. Lobend erwähnt wurden der **Blue Top** (Preisgruppe: 100 bis 149 F), ein klassischer Brut ohne Jahrgangsbezeichnung, der von den drei Rebsorten der Champagne stammt (80 % Pinot), und der **96er Gold** (Preisgruppe: 100 bis 149 F), ein Verschnitt von 60 % Pinot noir und 40 % Chardonnay, ein nerviger Champagner mit einer Bitternote im Abgang. (NM)

🔑 Heidsieck & Co Monopole, 17, av. de Champagne, 51200 Epernay, Tel. 03.26.59.50.50, Fax 03.26.52.19.65 ☑

🔑 P.-F. Vranken

D. HENRIET-BAZIN 1993*

○ Gd cru 3 ha 10 000 ▮ 11 à 15 €

Dieses Gut ist über hundert Jahre alt. Es hat den Vorteil, dass es einen dunklen Grand cru, Verzenay, und einen ausgezeichneten weißen Premier cru, Villers-Marmery, nutzen kann. Seine Weinberge umfassen 7,5 Hektar. Es präsentiert einen 93er, einen selten Jahrgang, der 70 % Pinot noir und 30 % Chardonnay kombiniert. In der Nase und im Mund bietet dieser Champagner eine Apfel- und Zitronenfruchtigkeit. Nach einer klaren Ansprache zeigt der Geschmack Intensität und Länge. (RM)

🔑 D. Henriet-Bazin, 9 *bis*, rue Dom-Pérignon, 51380 Villers-Marmery, Tel. 03.26.97.96.81, Fax 03.26.97.97.30 ☑ Y n. V.

HENRIOT Cuvée des Enchanteleurs 1988*

○ 103 ha 50 000 ▮ 🌡 46 à 76 €

Der Champagner verdankt den Witwen bestimmt viel: Appoline Henriot hatte ihren Ehemann verloren, als sie 1808 ihre Firma gründete. Diese wird heute von Joseph Henriot geleitet, der trotz seiner Aktivitäten in Burgund seine ganze Aufmerksamkeit auf sie verwendet. Die Cuvée des Enchanteleurs ist eine Sondercuvée, die leicht von den weißen Trauben dominiert wird (56 % Chardonnay, 44 % Pinot noir). Der 88er zeigt zwar entwickelte Aromen (neben Röstaromen kommen Unterholz und animalische Noten zum Vorschein), bewahrt aber eine Haltung, die die Bewunderung der Jury hervorgerufen hat. Der Geschmack ist nämlich für einen dreizehn Jahre alten Champagner sehr frisch. Die gleiche Note erhält der **95er Jahrgangschampagner** (Preisgruppe: 150 bis 199 F), der fast zu gleichen Teilen aus dunklen und weißen Trauben erzeugt worden ist (47 % Chardonnay, 53 % Pinot noir); er hat die Verkoster durch seine Ausgewogenheit und seine Frische erfreut. (NM)

🔑 Champagne Henriot, 3, pl. des Droits-de-l'Homme, B.P. 457, 51066 Reims, Tel. 03.26.89.53.00, Fax 03.26.89.53.10 Y n. V.

PAUL HERARD Cuvée Paul

○ 1,5 ha 12 000 ▮ 11 à 15 €

Diese Cuvée ehrt den Gründer dieser Firma im Departement Aube, die 1925 von Paul Hérard geschaffen und heute von seinen Nachkommen geführt wird und über elf Hektar Weinberge in der Côte des Bars verfügt. Es handelt sich um eine klassische Zusammenstellung (60 % Chardonnay und 40 % Pinot noir, 1997 geerntet). Ein charaktervoller Champagner, der frisch und lang anhaltend ist und dessen empyreumatische Seite in Rauchnoten zum Ausdruck kommt. Der ebenfalls lobend erwähnte **Blanc de**

Noirs, der von der 98er und 99er Traubenlese stammt, erregt die Aufmerksamkeit durch seine klare Ansprache und seine sehr lebhafte Ausgewogenheit mit einer Bitternote.
🔑 Champagne Paul Hérard, 33, Grande-Rue, 10250 Neuville-sur-Seine, Tel. 03.25.38.20.14, Fax 03.25.38.25.05 ☑ Y n. V.

DIDIER HERBERT

○ 1er cru 4 ha 40 000 11 à 15 €

Didier Herbert wählte den Status eines Händlers. Er bewirtschaftet ein sieben Hektar großes Weingut in Rilly-la-Montagne, der Gemeinde, in der er auch die zusätzlich benötigten Trauben ankauft. Seinen Brut stellt er von den drei Rebsorten der Champagne zu gleichen Teilen her, wobei die Trauben 1996, 1997 und 1998 geerntet wurden. Dieser komplexe Champagner, der blumige und mineralische Noten mischt, verführt auch durch seine Länge: Man kann ihn zu einer Poularde trinken. Der ebenfalls lobend erwähnte **96er Platinium Premier cru** (Preisgruppe: 100 bis 149 F) verbindet 60 % Chardonnay mit 40 % Pinot noir. Er mischt Zitrusfrüchte mit Röst- und Pfeffernoten und hat nur einen Fehler: seine Jugendlichkeit. (NM)
🔑 Didier Herbert, 32, rue de Reims, 51500 Rilly-la-Montagne, Tel. 03.26.03.41.53, Fax 03.26.03.44.64, E-Mail champagne-herbert@terre-net.fr ☑ Y n. V.

STEPHANE HERBERT

○ k. A. k. A. 15 à 23 €

Stéphane Herbert hat sein Gut in der Montagne de Reims. Er präsentiert einen Brut ohne Jahrgangsbezeichnung mit einem intensiven, fruchtigen Duft und einem runden, honigartigen Geschmack, der ausgewogen ist und lang anhält. Das Ganze prägt ein Hauch von Entwicklung. (RM)
🔑 Stéphane Herbert, 11, rue Roger Salengro, 51500 Rilly-la-Montagne, Tel. 03.26.03.49.93, Fax 03.26.02.01.39 Y n. V.

M. HOSTOMME Blanc de Blancs

○ Gd cru 6 ha 50 000 11 à 15 €

Diese Handelsfirma nutzt zehn Hektar Weinberge in sehr guter Lage in der Gemeinde Chouilly, die als Grand cru eingestuft ist und sich dem Anbau von Chardonnay widmet. Sie erhält zwei lobende Erwähnungen für Champagner, die man zum Aperitif trinkt. Dieser Champagner ohne Jahrgangsbezeichnung kombiniert Weine von 1997 und 1998. Er ist im Duft und im Geschmack honigartig und verführt durch seine Feinheit. Der **95er Blanc de Blancs Grand cru** (Preisgruppe: 100 bis 149 F) ist ausdrucksvoll und ausgewogen und hält ziemlich lang an. (NM)
🔑 M. Hostomme et Fils, 5, rue de l'Allée, 51530 Chouilly, Tel. 03.26.55.40.79, Fax 03.26.55.08.55, E-Mail champagne.hostomme@wanadoo.fr ☑ Y n. V.

HUGUENOT-TASSIN Cuvée Tradition

○ k. A. 25 000 11 à 15 €

Dieser Erzeuger, der seinen Champagner selbst vermarktet, bewirtschaftet ein sechs Hektar großes Gut, dessen Rebsatz wegen seiner Originalität einen besonderen Hinweis verdient: Chardonnay, Pinot blanc und Pinot noir (50 % alte Reben). Die beiden letztgenannten Rebsorten sind gleichgewichtig an der Cuvée Tradition beteiligt (jeweils 45 % sowie 10 % Chardonnay), deren unaufdringlich blumiges Bouquet Litschi und Zitrusfrüchte begleiten. Der ausgewogene Geschmack verheimlicht nicht eine leichte Dosage. (RM)
🔑 Benoît Huguenot, 4, rue du Val-Lune, 10110 Celles-sur-Ource, Tel. 03.25.38.54.49, Fax 03.25.38.50.40 ☑ Y n. V.

IVERNEL Prestige*

○ k. A. 50 000 15 à 23 €

Philipponnat, Gosset, Ivernel: drei Familien, die in Aÿ schon im 15. Jh. bekannt waren. Die Vorfahren Gustave Ivernels, des Gründers dieser Marke im Jahre 1890, lieferten schon in der Renaissancezeit Weine an den französischen Königshof. 1989 wurde die Champagner-Firma Ivernel von Gosset übernommen. Ihre Cuvée Prestige ist sehr «dunkel» (30 % Chardonnay, 55 % Pinot noir, 15 % Pinot meunier). Sie ist frisch, rund und gut gebaut. (NM)
🔑 Champagne Ivernel, B.P. 15, 51160 Aÿ, Tel. 03.26.55.21.10, Fax 03.26.51.55.88 ☑ Y n. V.

ROBERT JACOB 1996*

○ 4 ha 7 000 11 à 15 €

Ein 1960 von Robert Jacob geschaffener Betrieb, den 1970 sein Sohn Daniel übernahm. Die sechs Hektar Weinberge erstrecken sich auf vier Gemeinden im Barrois (Departement Aube). Zwei der Champagner des Guts erhalten jeweils einen Stern. Dieser 96er Jahrgangschampagner, der aus zwei Dritteln Chardonnay und einem Drittel Pinot noir besteht, kündigt sich mit einem ziemlich diskreten, leicht röstartigen Geruchseindruck an. Er ist lebhaft und sehr jugendlich. Die gleiche Note erhält die Cuvée **Prestige**, ein Blanc de Blancs aus 96er Trauben. Man entdeckt darin exotische Früchte und Biskuitnoten sowie ebenfalls eine extreme Jugendlichkeit. (RM)
🔑 Champagne R. Jacob, 14, rue de Morres, 10110 Merrey-sur-Arce, Tel. 03.25.29.83.74, Fax 03.25.29.34.86 ☑ Y n. V.
🔑 Daniel Jacob

JACQUART
Blanc de Blancs Mosaïque 1996**

○ k. A. k. A. 23 à 30 €

Diese 1962 gegründete große Vereinigung von Genossenschaften hat 850 Mitglieder und vinifiziert die Trauben von 1000 Hektar. Sie stellt einen 96er Blanc de Blancs vor, der für seine Rebsorte und seinen Jahrgang repräsentativ ist, d. h. lebhaft in der Ansprache, frisch, fein, ausgewogen und nachhaltig. Ein Stern für den **92er Tradition** (Preisgruppe: 100 bis 149 F), der je zur Hälfte aus dunklen und weißen Trauben erzeugt wurde und sehr fruchtig ist, mit entwickeltem Duft, und eine lobende Erwähnung für den **Brut de nominée** (Preisgruppe: 200 bis 249 F), einen Champagner ohne Jahrgangsbezeichnung, der zu gleichen Teilen aus dunklen und weißen Trauben besteht und zitronenartig und säuerlich ist. (CM)

SA Jacquart, 6, rue de Mars, 51100 Reims, Tel. 03.26.07.88.40, Fax 03.26.07.12.07, E-Mail jacquart@ebc.net

ANDRE JACQUART ET FILS Blanc de Blancs 1996**

○ Gd cru 1,5 ha 10 000 15 à 23 €

Michel Jacquart baute 1,8 ha Reben an; sein Sohn André und seine Enkel Chantal und Pierre vergrößerten das Gut in einem Maße, dass die dritte Generation jetzt knapp zwanzig Hektar hat. Das Gut befindet sich in der Côte des Blancs. Es präsentiert einen schönen 96er, der nicht, wie manche Champagner, durch die natürliche Säure des Jahrgangs beeinträchtigt wird; dennoch zeigt er eine große Frische. Sein klarer Duft erinnert an weiße Blüten (Weißdorn); sein Geschmack ist fein und lang anhaltend. (RM)

André Jacquart et Fils, 23, rue des Zalieux, 51190 Le Mesnil-sur-Oger, Tel. 03.26.57.52.29, Fax 03.26.57.78.14, E-Mail info@champagne.a.jacquart-et-fils.com n. V.

YVES JACQUES Tradition Réserve

○ 10 ha 5 000 11 à 15 €

Die Familie Jacques ließ sich 1932 in Baye nieder, im Gebiet von Sézanne. Ihre Weinberge umfassen zehn Hektar in Baye, Sézanne, Troissy und Argançon (im Departement Aube). Der Tradition Réserve ist ein Verschnitt von 75 % Pinot (davon 50 % Pinot meunier) und 25 % Chardonnay, die von den Traubenlesen 1993 bis 1995 stammen. Mit seinen Aromen von Pampelmuse und reifen Früchten zeigt er eine gewisse Komplexität. Man darf ihn nicht länger aufheben. Der **Sélection Réserve,** der von 1994 bis 1996 geernteten Trauben stammt, ist ein Blanc de Blancs in einem vanilleartig-fruchtigen Stil, der frisch ist und einen Hauch von Bitterkeit enthält. Er wird lobend erwähnt. (RM)

Champagne Yves Jacques, 1, rue de Montpertuis, 51270 Baye, Tel. 03.26.52.80.77, Fax 03.26.52.80.77 tägl. 8h–19h

JACQUESSON ET FILS Perfection*

○ k. A. k. A. 23 à 30 €

Eine der ältesten Firmen der Champagne, 1788 in Châlons gegründet. Sie erlebte eine Zeit großen Wohlstands, denn 1867 lieferte sie eine Million Flaschen aus, aber kurz darauf kam der Niedergang, und sie wäre fast verschwunden. Seit 1974 wird sie von der Familie Chiquet in Dizy weitergeführt. 62 % Pinot (40 % Pinot meunier, 22 % Pinot noir) und 38 % Chardonnay ergeben den Grundwein dieser Cuvée, von der ein Drittel im Holzfass ausgebaut wird. Es handelt sich dabei um Trauben von Premiers crus und Grands crus, die 1995 bis 1997 geerntet wurden. Dieser Champagner hinterlässt einen Eindruck von Ausgewogenheit und Leichtigkeit. (NM)

Champagne Jacquesson et Fils, 68, rue du Colonel-Fabien, 51530 Dizy, Tel. 03.26.55.68.11, Fax 03.26.51.06.25, E-Mail champagne.jacquesson@wanadoo.fr n. V.

JACQUINET-DUMEZ*

◐ 1er cru 1 ha k. A. 11 à 15 €

Als Nachfolger von Henri Dumez und Jean-Guy Jacquinet repräsentiert Olivier Dumez die dritte Generation von Selbstvermarktern auf diesem Gut in der Nähe von Reims. Er besitzt sieben Hektar, die ausschließlich als Premier cru eingestuft sind. Sein Rosé-Champagner stammt nur von Pinot-Trauben (65 % Pinot noir, 25 % Pinot meunier und 10 % Rotweine der Coteaux Champenois). Er ist sehr blass und mischt in der Nase Himbeere und schwarze Johannisbeere; in einem sanften, reifen Geschmack kommen Honignoten zum Vorschein. Einen Stern erhält auch die **96er Cuvée l'Excellence** (Preisgruppe: 100 bis 149 F), die zu gleichen Teilen aus weißen und dunklen Trauben (Pinot noir) erzeugt worden ist; sie ist recht reif, mit empyreumatischen Noten und gut strukturiert, und wird einen ausgezeichneten Aperitif abgeben. (RM)

Jacquinet-Dumez, 26, rue de Reims, 51370 Les Mesneux, Tel. 03.26.36.25.25, Fax 03.26.36.58.92, E-Mail jacquinet-dumez@aol.com n. V.

JAEGER-LIGNEUL Sélection

○ k. A. k. A. 11 à 15 €

Ein Familienbetrieb in Reuil, im Marne-Tal. Sein Sélection ist ein Blanc de Noirs in erster Linie von der Rebsorte Pinot meunier, der an Zitronen erinnert und sanft und rund ist. (RM)

Jaeger-Ligneul, 2 bis, Grande-Rue, 51480 Reuil, Tel. 03.26.58.02.68, Fax 03.26.58.02.68 n. V.

PIERRE JAMAIN Cuvée Caroline*

○ 1 ha 7 700 11 à 15 €

Der 1962 von Pierre Jamain geschaffene Betrieb wurde 1985 von seiner Tochter Elisabeth übernommen. Die Weinberge befinden sich im äußersten Süden des Departements Marne, an den Grenzen zur Aube. Obwohl das Etikett es nicht angibt, ist die Cuvée Caroline ein Blanc de Blancs, der von 1997 gelesenen Trauben stammt. Sie ist ein ausgewogener Champagner mit Aromen von Trockenfrüchten und weißen Früchten, der eine große Jugendlichkeit zeigt. Servieren kann man ihn als Aperitif. (RM)

EARL Pierre Jamain, 1, rue des Tuileries, 51260 La Celle-sur-Chantemerle, Tel. 03.26.80.21.64, Fax 03.26.80.29.32 n. V.

E. JAMART ET CIE

◐ k. A. 5 000 11 à 15 €

Eine 1934 von Emilien Jamart gegründete Firma, die seine Nachkommen leiten. Ihren Sitz hat sie in Saint-Martin-d'Ablois, südlich von Epernay. Ihr Rosé-Champagner, der ausschließlich von 1997 und 1998 geernteten

Pinot-meunier-Trauben stammt, zeigt eine kräftige Farbe. Ausgewählt worden ist er wegen seiner Ausgewogenheit und seiner Aromen von Himbeere und roter Johannisbeere. Die Cuvée **Réserve** wurde ebenfalls lobend erwähnt. Sie ist ein Verschnitt von 80 % Pinot meunier und 20 % Chardonnay, der von den Traubenlesen 1997 und 1998 stammt, und bietet einen lebhaften, blumigen Charakter. Zwei Champagner zum Aperitif. (NM)

E. Jamart et Cie, 13, rue Marcel-Soyeux, 51530 Saint-Martin-d'Ablois, Tel. 03.26.59.92.78, Fax 03.26.59.95.23, E-Mail champagne.jamart@wanadoo.fr
Y Mo–Sa 9h–12h 14h–18h; So n. V., 15.–31. Aug. geschlossen
J.-Michel Oudart

JANISSON-BARADON ET FILS
Collection du Millénaire 1996*

○ 1 ha 5 148 15 à 23 €

1922 stellten Georges Baradon und sein Schwiegersohn ihren ersten Champagner her. Den kontinuierlichen Fortgang sicherten Michel Janisson und danach sein Sohn Richard und sein Enkel Cyril. Diese 96er Cuvée verbindet 30 % Pinot noir mit 70 % Chardonnay. Sie mischt Karamell und gekochte Früchte und zeigt sich im Geschmack kräftig. (RM)

SCEV Janisson-Baradon, 65, rue Chaude-Ruelle et 2, rue des Vignerons, 51200 Epernay, Tel. 03.26.54.45.85, Fax 03.26.54.25.54, E-Mail info@champagne-janisson.com
Y n. V.
M. und C. Janisson

RENE JARDIN
Blanc de Blancs Vieilles vignes Cuvée Louis René**

○ Gd cru 2 ha 16 000 15 à 23 €

René Jardin brachte seinen Champagner bereits 1889 auf den Markt. Seine Nachfolger vergrößerten den Betrieb. Sie besitzen jetzt 22 Hektar in vielen Terroirs, was es ihnen ermöglicht, die drei Rebsorten der Champagne zur Geltung zu bringen: Bouzy und Les Riceys, die Côte des Blancs und das Tals der Marne. Die Cuvée Louis René hat knapp eine Liebeserklärung verfehlt. Sie stammt von vierzig Jahre alten Chardonnay-Rebstöcken, wobei die Trauben 1993 und 1995 geerntet wurden. Sie verführt durch ihren intensiven, komplexen Duft mit gefälligen Hefebrotnoten – Empfindungen, die man in einem weinigen Geschmack wiederfindet. Der **Rosé-Champagner** (Preisgruppe: 70 bis 99 F) ist ein Rosé de Noirs (Pinot-noir-Trauben von 1997 und 1998), dem Rotwein von alten Reben seine Farbe gibt. In der Nase Unterholz, kräftig und sanft. Er erhält eine lobende Erwähnung.

SCEV Champagne René Jardin, 3, rue Charpentier-Laurain, 51190 Le Mesnil-sur-Oger, Tel. 03.26.57.50.26, Fax 03.26.57.98.22, E-Mail contact@champagne-jardin.fr
Y n. V.

JEANMAIRE Cuvée Blanc de Blancs

○ k. A. 80 000 15 à 23 €

Die 1933 von André Jeanmaire gegründete Firma wurde 1981 von den Trouillards übernommen, die auch Oudinot und Beaumet besitzen. Drei Marken, die sich stark ähneln und die 121 Hektar Weinberge des Trouillard-Weinguts nutzen. Der Blanc de Blancs ist eine Spezialität von Jeanmaire. Dieser hier ist nervig und frisch und ist durch die Feinheit seiner Zitrus- und Honigaromen und durch seine große Jugendlichkeit gekennzeichnet. (NM)

Champagne Jeanmaire, 3, rue Malakoff, 51207 Epernay, Tel. 03.26.59.50.10, Fax 03.26.54.78.52, E-Mail champagne.jeanmaire@wanadoo.fr
J. Trouillard

RENE JOLLY Blanc de Noirs

○ k. A. k. A. 11 à 15 €

Die Jollys, die ein zehn Hektar großes Gut führen, leben seit 1737 im Departement Aube. René Jolly, der Schöpfer der Marke, besorgt noch immer, mit 87 Jahren, das Rütteln der Flaschen von Hand. Das Gut hat diesen Blanc de Noirs vorgestellt, der ausschließlich von der Rebsorte Pinot noir stammt. Dieser in der Ansprache frische Champagner gefällt aufgrund seiner honigartigen Rundheit. Der aus Pinot noir und Chardonnay zusammengestellte **Rosé-Champagner** wird wegen seiner Aromen von Himbeere und schwarzer Johannisbeere und wegen seiner Lebhaftigkeit lobend erwähnt. (RM)

Hervé Jolly, 10, rue de la Gare, 10110 Landreville, Tel. 03.25.38.50.91, Fax 03.25.38.30.51 Y n. V.

BERTRAND JOREZ Prestige*

○ 1er cru k. A. k. A. 11 à 15 €

40 % Chardonnay und 43 % Pinot meunier, ergänzt durch Pinot noir, von der 96er Lese: Der frische, blumige Duft kündigt voller Feinheit einen harmonischen, ausgewogenen Geschmack an. Ein Champagner, den man zu Fisch mit weißem Fleisch oder als Aperitif servieren kann. (RC)

EARL Bertrand Jorez, 13, rue de Reims, 51500 Ludes, Tel. 03.26.61.14.05, Fax 03.26.61.14.96 Y n. V.

JEAN JOSSELIN Blanc de Blancs 1996

○ 0,84 ha 1 876 15 à 23 €

Jean-Pierre Josselin führt die Winzertradition einer Familie fort, die seit dem Zweiten Kaiserreich im Departement Aube lebt, und ist hier seit 1980 tätig. Das Gut erstreckt sich auf zehn Hektar unweit von Les Riceys. Sein 96er Blanc de Blancs wird wegen seines mineralisch-röstartigen Geruchs und wegen seiner deutlichen Ansprache lobend erwähnt. Die gleiche Note erhält der **Tradition** (Preisgruppe: 70 bis 99 F), ein Verschnitt von Pinot noir (60 %) und Chardonnay (40 %), die 1998 geerntet wurden: ein empyreumatischer, fruchtiger Champagner, der weich schmeckt. (RM)

Jean-Pierre Josselin, 14, rue des Vannes, 10250 Gyé-sur-Seine, Tel. 03.25.38.25.00, Fax 03.25.38.25.00 Y n. V.

KRUG 1988**

○ k. A. k. A. 🍾 +76 €

Die 1843 gegründete Firma Krug hat von Anfang an auf Spitzenqualität gesetzt. Auch wenn sie 1999 von der nebulösen Gruppe LVMH geschluckt wurde, behält die Gründerfamilie die Leitung und bleibt allein für die klugen Zusammenstellungen verantwortlich, die ihr Ansehen ausgemacht haben. Die Erfolgsliste spiegelt diese Ansprüche wider: fünf mit zwei Sternen bewertete Champagner (siehe auch unten), eine Liebeserklärung hier wie auch dort: zwei kostbare und teure Cuvées (alle liegen in der höchsten Preisspanne). Dieser 88er, eine Kombination von 50 % Pinot noir, 18 % Pinot meunier und 32 % Chardonnay, bezauberte die Oberjury durch ihre Stärke, Harmonie und Länge. Seine Farbe wirkt für den Jahrgang extrem jugendlich. Der Ausbau im Holzfass ist genial durchgeführt worden. Eine Liebeserklärung für diese herrliche Langlebigkeit. (NM)

Krug Vins fins de Champagne,
5, rue Coquebert, B.P. 22, 51100 Reims,
Tel. 03.26.84.44.20, Fax 03.26.84.44.49,
E-Mail krug@krug.fr ☑ Ῐ n. V.

KRUG**

◐ k. A. k. A. 🍾 +76 €

Wie im letzten Jahr erhält der Rosé-Champagner eine Liebeserklärung, aber die Regeln des Hachette-Weinführers verbieten es, dass mehr als ein Etikett pro Erzeuger in ein und derselben Appellation abgebildet wird. Der Rosé gehört nicht zur Krug-Tradition, aber mit solchen Cuvées wird er, wetten wir, im Angebot der großen Firma in Reims seinen festen Platz finden. Um es zu vereinfachen: Es heißt, dass er aus einer Grande Cuvée entsteht, die durch Rotwein vom Krug-Weinberg in Aÿ «eingefärbt» wird. Das verleiht ihm viel Farbe. Holzton und Fruchtigkeit verbinden sich zu einem komplexen Duft. Im Geschmack laden Aromen kandierter Zitrusfrüchte, eine weinige Seite, eine schöne Fülle und eine vollkommene Harmonie dazu ein, diesen Champagner während einer Mahlzeit zu trinken. Die drei nachfolgenden Weine erhalten ebenfalls zwei Sterne. Die **Grande Cuvée** (ein Verschnitt von alten Reserveweinen, der von den dunklen Trauben dominiert wird: 45 bis 55 % Pinot noir, 15 bis 20 % Pinot meunier, 25 bis 30 % Chardonnay) ist in einem entwickelten Stil gehalten und bietet Aromen von weißen Blüten und Honig und einen komplexen, lang anhaltenden, sanften Geschmack. Der **88er Clos du Mesnil** ist der Archetyp eines holzbetonten Blanc de Blancs; er hat den dritten Stern knapp verfehlt. Der **81er Collection,** der zu gleichen Teilen aus weißen und dunklen Trauben (davon 19 % Pinot meunier) erzeugt wird, ist der schönste und am besten erhaltene Champagner aus diesem schwierigen Jahrgang. Ein aufgrund seiner Röstaromen ausdrucksvoller Wein, der sanft und ausgewogen ist. «Im Schlussgeschmack Meursault», notierte ein Verkoster. (NM)

Krug Vins fins de Champagne,
5, rue Coquebert, B.P. 22, 51100 Reims,
Tel. 03.26.84.44.20, Fax 03.26.84.44.49,
E-Mail krug@krug.fr ☑ Ῐ n. V.

MICHEL LABBE ET FILS Prestige

○ 1 ha 5 000 🍾 15 à 23 €

Die Familie Labbé, die seit Ende des 19. Jh. in der Montagne de Reims ansässig ist, bewirtschaftet etwa zehn Hektar. Ihr je zur Hälfte aus dunklen und weißen Trauben erzeugter Brut Prestige hat durch seinen hübschen Röstgeruch mit den Mokkanoten und durch seinen lebhaften Zitronengeschmack die Aufmerksamkeit auf sich gezogen. (RM)

Champagne Michel Labbé et Fils,
5, chem. du Hasat, 51500 Chamery,
Tel. 03.26.97.65.45, Fax 03.26.97.67.42
☑ Ῐ n. V.

Didier Labbé

LACROIX Grande Réserve*

○ k. A. 15 000 🍾 11 à 15 €

Dieser Weinbaubetrieb im Marne-Tal stellt seit 1974 Champagner her. Er besitzt elf Hektar Weinberge. Die Vinifizierung geschieht gewissenhaft; das Rütteln der Flaschen wird mit der Hand durchgeführt. Der Keller enthält große Holzfässer. Die zu drei Vierteln aus dunklen Trauben (darunter 25 % Pinot meunier) erzeugte Spitzencuvée Grande Réserve ist in der Nase wie auch im Mund blumig (weiße Blüten und vor allem Veilchen). Der noch stärker durch die dunklen Trauben (70 % Pinot meunier, 20 % Pinot noir sowie 10 % Chardonnay, 1996 und 1997 geerntet) geprägte **Tradition** wird wegen seiner Aromen (Trockenfrüchte, rote Früchte) und seiner Ausgewogenheit lobend erwähnt. (RM)

Champagne Jean Lacroix,
14, rue des Genêts,
51700 Montigny-sous-Châtillon,
Tel. 03.26.58.35.17, Fax 03.26.58.36.39
☑ Ῐ Mo–Sa 9h–12h 14h–17h; So n. V.;
10.–31. Aug. geschlossen

LACROIX-TRIAULAIRE ET FILS
Prestige 1996*

○ k. A. 3 700 🍾 11 à 15 €

François Lacroix, der 1972 in den Betrieb eintrat, besitzt 7,3 Hektar Weinberge im Departement Aube. Dunkle und weiße Trauben vereinigen sich zu dieser eleganten, feinen Cuvée, die für den Jahrgang recht repräsentativ ist. Ihre Aromen sind rauchig und geröstet; der Geschmack zeigt eine gewisse Festigkeit. (RM)

Lacroix-Triaulaire, 4, rue de La Motte,
10110 Merrey-sur-Arce, Tel. 03.25.29.83.59
☑ Ῐ n. V.

CHARLES LAFITTE Grande Cuvée*

○ k. A. 1 600 000 11 à 15 €

Eine Cognac-Marke, die nach dem Kauf der Firma Charles Lafitte durch Vranken 1983 zu einer Champagner-Marke wurde. Die reichhaltige Grande Cuvée ist trotzdem sehr beachtlich. Sie verwendet zu deutlich gleichen Teilen die drei Rebsorten der Champagne (40 % Chardonnay sowie je 30 % Pinot noir und Pinot meunier). Sie ist im Geruchseindruck diskret und erweist sich im Geschmack als lang anhaltend, mit merklicher Dosage. Die Sondercuvée **Orgueil de France 1996** (Preisgruppe: 100 bis 149 F), die je zur Hälfte aus dunklen und weißen Trauben erzeugt worden ist, erhält die gleiche Note. Aufgrund ihrer Lebhaftigkeit, Eleganz und Fülle ist sie eine gute Illustration ihres Jahrgangs. Ein Stern auch für den **96er Jahrgangschampagner** (Preisgruppe: 100 bis 149 F), der von allen drei Rebsorten der Champagne stammt und Ähnlichkeit mit dem vorangegangenen hat. (NM)

Charles Lafitte, Champ Rouen, 51150 Tours-sur-Marne, Tel. 03.26.59.50.50, Fax 03.26.52.19.65

P. F. Vranken

BENOIT LAHAYE*

Gd cru 0,6 ha 2 000 11 à 15 €

Benoît Lahaye, der hier Anfang der 90er Jahre begann, hat das Familiengut (4,5 ha) übernommen, das sich glücklicherweise in Bouzy befindet, einer als Grand cru eingestuften Gemeinde. Von 1998 und 1999 geernteten Trauben hat er durch eine kurze Maischung der Pinot-noir-Trauben einen Rosé-Champagner erzielt. Die Weine durchlaufen keine malolaktische Gärung; die Hälfte davon wird sechs Monate lang im Holzfass ausgebaut. Das Ergebnis? Ein fröhlicher, jugendlicher Champagner mit bläulich roten Farbtönen. Veilchen und Himbeere tragen zu seiner delikaten Harmonie bei. (RM)

Benoît Lahaye, 33, rue Jeanne-d'Arc, 51150 Bouzy, Tel. 03.26.57.03.05, Fax 03.26.52.79.94, E-Mail lahaye.benoit@wanadoo.fr n. V.

LAHAYE-WAROQUIER Prestige*

○ Gd cru 0,5 ha 2 000 15 à 23 €

Eine andere Marke von Benoît Lahaye (siehe oben), der diese 1950 von Lucien Waroquier geschaffene Marke übernommen hat. Ein Blanc de Noirs der Jahre 1996 und 1997, mit einem Bouquet, das an geröstete Mandel, Haselnuss und Unterholz erinnert. Frisch, ausgewogen und im Geschmack lang anhaltend – das ist der richtige Champagner für reichhaltige Mahlzeiten. (RM)

Benoît Lahaye, 33, rue Jeanne-d'Arc, 51150 Bouzy, Tel. 03.26.57.03.05, Fax 03.26.52.79.94, E-Mail lahaye.benoit@wanadoo.fr n. V.

JEAN-JACQUES LAMOUREUX Réserve

○ 5 ha 25 000 11 à 15 €

Jean-Jacques Lamoureux hat seinen ersten Champagner 1985 hergestellt. Er besitzt 7,5 Hektar Reben rund um Les Riceys, eine Gemeinde, die für ihren Pinot noir gut bekannt ist. Diese Rebsorte bestimmt auch den Verschnitt für seinen Brut Réserve: 80 %, ergänzt durch Chardonnay, wobei die Trauben von der 99er Lese stammen. Ein lebhafter, leichter Champagner mit diskret animalischem Geruch. (RM)

Jean-Jacques Lamoureux, 27 *bis*, rue du Gal-de-Gaulle, 10340 Les Riceys, Tel. 03.25.29.11.55, Fax 03.25.29.69.22 n. V.

VINCENT LAMOUREUX*

0,5 ha 1 500 11 à 15 €

Die anderen Lamoureux in Les Riceys machen seit 1988 Champagner. Sie präsentieren einen Rosé-Champagner der 96er Ernte. Ein kräftig gefärbter Rosé von ziegelroter Farbe, der alles der Rebsorte Pinot noir verdankt. Seine Fruchtigkeit mit den Noten von kandierter Pampelmuse, die man ebenso im Duft wie im Geschmack findet, wurde sehr geschätzt.

Vincent Lamoureux, 2, rue du Sénateur-Lesaché, 10340 Les Riceys, Tel. 03.25.29.39.32, Fax 03.25.29.80.30 n. V.

LANCELOT-GOUSSARD Cuvée Brio 1995*

○ 0,7 ha 4 400 15 à 23 €

Claude Lancelot ist der Erbe von drei Winzergenerationen. Er stellt Champagner unter zwei Marken her: Lancelot-Goussard und Lancelot Fils. Der Betrieb umfasst knapp fünf Hektar. Auch wenn er seinen Sitz an der Côte des Blancs hat, vergessen die ausgewählten Cuvées nicht den Pinot noir. Diese Rebsorte macht, ergänzt durch Chardonnay, 40 % der Cuvée Brio aus: eine überaus klassische Zusammenstellung. Der stark von reifen Früchten geprägte Champagner wirkt weinig und weich, sogar konfitüreähnlich. Eine lobende Erwähnung erhält der **Rosé-Champagner Tradition Saint-Jean Lancelot Fils** (Preisgruppe: 70 bis 99 F), zu 100 % ein Pinot noir, der im Anblick, aber auch – könnte man sagen – in der Nase und im Mund sehr «rot» ist. Man sollte ihn für die Liebhaber dieses Typs von Rosé-Champagner reservieren. (RM)

Lancelot-Goussard, 30, rue Ernest-Vallé, 51190 Avize, Tel. 03.26.57.94.68, Fax 03.26.57.79.02 n. V.

Claude Lancelot

P. LANCELOT-ROYER Blanc de Blancs Cuvée de réserve R.R.*

○ 2 ha 12 000 11 à 15 €

Cramant liegt im Herzen der Côte des Blancs. Die Lancelots haben in diesem Dorf eine lange Geschichte, denn sie leben hier schon seit elf Generationen! Ursprünglich Winzer, wurden sie 1930 zu Erzeugern, die ihren Wein selbst vermarkteten. Ihr Weingut umfasst 4,5 Hektar. Diese Cuvée entsteht aus der Kombination von einem Drittel 97er Weine und zwei Dritteln 98er Weine. Ihre Aromenpalette (Quitte, Honig, Butter, Litschi, Unterholz, Röstaroma) macht sie zu einem typischen Blanc de Blancs. «Ein großer Champagner zum Aperitif», schrieb ein Verkoster. Einen Stern erhält auch der **96er Blanc de**

Blancs (Preisgruppe: 100 bis 149 F), der für den Jahrgang merkwürdig sanft ist und durch eine sehr geschickte Dosage ausbalanciert wird.
🔑 EARL P. Lancelot-Royer,
540, rue du Gal-de-Gaulle, 51530 Cramant,
Tel. 03.26.57.51.41, Fax 03.26.57.12.25,
E-Mail champagne.lancelot.royer@cder.fr
☑ 𝕐 n. V.

LANSON Noble Cuvée 1989*

○ k. A. k. A. 46 à 76 €

Eine der ältesten Champagner-Firmen. 1760, als sie entstand, trug sie den Namen ihres Gründers: François Delamotte, Ratsherr und Magistratsbeamter von Reims. 1856 nahm sie den Namen Lanson an, der einem Teilhaber der Delamottes gehörte. Die Firma wurde 1991 verkauft, aber der Kellermeister Jean-Paul Gandon übt noch immer treu seinen Posten aus. Er lehnt die malolaktische Gärung ab. Die Noble Cuvée ist ein hochwertiger Champagner des angesehenen Jahrgangs 1989, das Ergebnis einer klassischen Zusammenstellung (60 % Chardonnay, 40 % Pinot noir). Man muss ihn trinken, denn er hat seinen Höhepunkt erreicht. Einen Höhepunkt, auf dem kandierte Aprikose und Honig, Komplexität und Fülle zusammentreffen. Der **95er Gold Label** (Preisgruppe: 150 bis 199 F) wird lobend erwähnt. Die dunklen und die weißen Trauben sind darin fast gleich vertreten (53 % Pinot noir, 47 % Chardonnay). Dieser buttrige, empyreumatische Champagner besitzt die ganze Großzügigkeit des Jahrgangs. Der ebenfalls lobend erwähnte **Rose Label** (Preisgruppe: 150 bis 199 F), der von allen drei Rebsorten der Champagne stammt (53 % Pinot noir, 32 % Chardonnay, 15 % Pinot meunier), ist lebhaft und ausgewogen. (NM)
🔑 Lanson, 12, bd Lundy, 51100 Reims,
Tel. 03.26.78.50.50, Fax 03.26.78.53.88
☑ 𝕐 n. V.

P. LARDENNOIS Sélection*

○ 0,3 ha 1000 🍾 15 à 23 €

P. Lardennois wohnt in Verzy, in der Montagne de Reims. Seine Cuvée Sélection verbindet zwei Drittel Pinot noir und ein Drittel Chardonnay der Jahre 1992 bis 1994. Es handelt sich um einen reichen Champagner, der seinen Höhepunkt erreicht hat. Sein kräftiger, empyreumatischer, fülliger, komplexer Charakter macht ihn zu einem Wein, den man zum Essen trinkt. (RM)
🔑 Champagne P. Lardennois, 33, rue Carnot,
51380 Verzy, Tel. 03.26.97.91.23,
Fax 03.26.97.97.69 ☑ 𝕐 n. V.

DE L'ARGENTAINE Tradition

○ 40 ha 360 000 🍾🌡 11 à 15 €

Eine Marke der Weinbaugenossenschaft Union, die ihren Sitz in Vandières im Marne-Tal hat. Dieser von Traubengut der Jahre 1995, 1996, 1997 erzeugte Tradition kombiniert die drei Rebsorten der Champagne, wobei die dunklen Trauben dominieren (70 % Pinot meunier, 20 % Pinot noir). Er ist zitronenartig und blumig und wird aufgrund seiner Eleganz lobend erwähnt. (CM)
🔑 Coopérative vinicole L'Union, Cidex
318, 51700 Vandières, Tel. 03.26.58.68.68,
Fax 03.26.58.68.69,
E-Mail delargentaine@wanadoo.fr ☑ 𝕐 n. V.

GUY LARMANDIER
Cramant Blanc de Blancs**

○ Gd cru 4 ha 30 000 🍾🌡 11 à 15 €

Jules Larmandier, der im Weinberg ebenso begabt ist wie im Keller, gehörte zu den ersten Winzern der Côte des Blancs, die ihre Champagner selbst vermarkteten. Seine Nachkommen, darunter Guy Larmandier, haben sich über das Anbaugebiet verstreut. Der Weinbaubetrieb (9 ha) wird heute von Colette Larmandier und ihrem Sohn François geführt. Dieser Cramant ohne Jahrgangsbezeichnung verführt durch sein typisches Bouquet, das eine große blumige Feinheit besitzt, und durch die ideale Ausgewogenheit seines sehr frischen Geschmacks. Ein mustergültiger Chardonnay. Der **96er Cramant Cuvée Prestige Grand cru** (Preisgruppe: 100 bis 149 F) wird lobend erwähnt. Der Duft ist kräftig, blumig mit jenem Hauch von grünem Apfel, den man in den Champagnern dieses Jahrgangs oft findet. Der recht deutliche Geschmack hingegen erscheint delikat und sehr zart. (RM)
🔑 EARL Champagne Guy Larmandier,
30, rue du Gal-Koenig, 51130 Vertus,
Tel. 03.26.52.12.41, Fax 03.26.52.19.38
☑ 𝕐 n. V.

LARMANDIER-BERNIER
Blanc de Blancs Vieilles vignes de Cramant Extra brut**

○ Gd cru k. A. k. A. 🍾🌡 15 à 23 €

Eine Marke, die durch die Heirat von Philippe Larmandier mit Elisabeth Bernier entstand. Nach dem frühzeitigen Tod ihres Manns führte Elisabeth Larmandier den Betrieb souverän weiter. Ihr Sohn Pierre erhält die Marke auf einem hohen Qualitätsniveau aufrecht. Das Gut, das sich rühmt, eine unauffällige Dosage vorzunehmen, hat einen Champagner präsentiert, der keine Dosage enthält und ebenso bemerkenswert ist wie der letzte Jahrgang. Einen 96er Extra-brut erfolgreich herzustellen ist ein Kraftakt, der nur dank sehr alter Rebstöcke (fünfzig Jahre) möglich ist. Dieser hier ist fröhlich, blumig, fein, lang anhaltend und klar und vor allem von vollkommener Ausgewogenheit. Der **95er Blanc de Blancs Premier cru Spécial Club** erhält für seine Aromenpalette, die mineralische Noten und getrocknete und kandierte Früchte mischt, und seine gute Länge eine lobende Erwähnung. (RM)
🔑 Champagne Larmandier-Bernier,
43, rue du 28-Août, 51130 Vertus,
Tel. 03.26.52.13.24, Fax 03.26.52.21.00,
E-Mail larmandier@terre-net.fr ☑ 𝕐 n. V.

LARMANDIER PERE ET FILS
Blanc de Blancs Perlé de Larmandier 1997*

○ 1er cru k. A. k. A. 🍾🌡 15 à 23 €

Die Marke des berühmten Jules Larmandier, die von Françoise Gimonnet, einer geborenen Larmandier, und ihren Kindern Olivier und Didier übernommen wurde. Der Perlé, ein mit geringerem Kohlensäuredruck abgefüllter Blanc de Blancs, war Jules Larmandiers Schlachtross. 70 % Weine aus Cramant und Chouilly, zwei Grands crus, bilden zusammen mit 30 % Wein aus Cuis, alle aus dem Jahrgang 1997, diesen feinen, extrem jugendlich wirkenden Perlé mit den Aromen frischer Früchte. Zwei andere Champagner erhalten ebenfalls einen Stern, beides Blancs de Blancs: Der Erste, der **96er Spécial Club** (Preisgruppe: 150 bis 199 F), ist röstartig, blumig und lebhaft, während der **Premier cru** (Preisgruppe: 70 bis 99 F) eine ausgewogene, lang anhaltende, leichte Kombination der Jahrgänge 1993, 1997 und 1998 ist, die ausgezeichnet zum Aperitif passt. (RM)

Larmandier Père et Fils,
1, rue de la République, 51530 Cuis,
Tel. 03.26.57.52.19, Fax 03.26.59.79.84
Mo–Fr 8h30–12h 14h–18h; Sa n. V.; Aug. geschlossen
Familie Gimonnet-Larmandier

P. LASSALLE-HANIN Cuvée de réserve

○ 9 ha 30 000 11 à 15 €

Der Anfang der 50er Jahre entstandene Weinbaubetrieb besitzt neun Hektar Weinberge in Chigny-les-Roses, in der Montagne de Reims. Seine Cuvée de réserve stammt von allen drei Rebsorten der Champagne, von 1998 geernteten Trauben, die durch 20 % Reserveweine unterstützt werden. Sein unaufdringlicher Duft, der an Birnen- und Pfirsichkompott erinnert, und sein liebenswürdiger Geschmack, der sich nicht zu stark äußert, bringen ihm eine lobende Erwähnung ein. (RM)

Champagne P. Lassalle-Hanin,
2, rue des Vignes, 51500 Chigny-les-Roses,
Tel. 03.26.03.40.96, Fax 03.26.03.42.10
n. V.

CH. DE L'AUCHE Tradition**

○ k. A. 200 000 11 à 15 €

Die Genossenschaft von Janvry vinifiziert das Traubengut von 122 Hektar. Sie verwendet zwei Marken: Prestige des Sacres (siehe unter diesem Namen) und Château de l'Auche. Diese Cuvée Tradition, ein Blanc de Noirs von den beiden Pinot-Sorten (90 % Pinot meunier) der Jahre 1996 bis 1999, hat wegen ihres eleganten, ätherisch leichten, verschmolzenen Dufts und ihres harmonischen, sehr fruchtigen Geschmacks Begeisterung hervorgerufen. Sie hat eine Liebeserklärung knapp verfehlt. Die **Cuvée Sélection,** eine identische Zusammenstellung, die aber frühere Jahrgänge (1995 bis 1998) verwendet, erhält einen Stern. Im Stil dem vorangegangenen Champagner ähnlich, bietet sie Aromen von weißen Blüten und zeigt eine schöne Länge. (CM)

Coop. vinicole de Germigny-Janvry-Rosnay, rue de Germigny, 51390 Janvry,
Tel. 03.26.03.63.40, Fax 03.26.03.66.93
n. V.

PAUL LAURENT
Cuvée du Fondateur Réserve

○ 10 ha 100 000 11 à 15 €

Präsentiert wird dieser Champagner von einer Handelsfirma in Bethon, einer Gemeinde im Süden des Departements Marne, an der Grenze zu Seine-et-Marne. Er stammt zu 70 % von Pinot noir, ergänzt durch 30 % Chardonnay, von 1999 geernteten Trauben. Ausgewogen, mit Nervigkeit, weißfleischige Früchte in der Nase wie auch im Mund. Einen Verkoster reizte er zu dem Vorschlag, ihn zu einer gegrillten Goldbrasse und Zucchini-Auflauf zu trinken. (NM)

Paul Laurent, 4, rue des Pressoirs, 51260 Béthon, Tel. 03.26.81.91.11, Fax 03.26.81.91.22,
E-Mail champagnepaullaurent@wanadoo.fr
tägl. 9h–12h 14h–18h; 31. Juli bis 30. Aug. geschlossen

LAURENT-PERRIER
Grand Siècle Lumière du millénaire 1990**

○ k. A. k. A. +76 €

Diese während des Kaiserreichs gegründete Firma hieß 1812 Pierlot, danach Leroy-Pierlot. 1881 nahm sie nach der Heirat von Eugène Laurent mit Mathilde-Emilie Perrier den Namen Laurent-Perrier an. Sie florierte vor dem Ersten Weltkrieg und wurde durch den Krieg schwer in Mitleidenschaft gezogen. Fast wäre sie verschwunden, bevor sie 1938 von Marie-Louise de Nonancourt übernommen wurde. Ihr Sohn Bernard hat daraus eines der großen Champagner-Häuser gemacht. Nach einer Liebeserklärung im letzten Jahr zeigt diese Spitzencuvée, die je zur Hälfte aus dunklen und weißen Trauben erzeugt worden ist, alle Merkmale ihres Jahrgangs: Stärke, Opulenz, Sanftheit, aber auch Harmonie und Komplexität. (NM)

Champagne Laurent-Perrier,
Dom. de Tours-sur-Marne, 51150 Tours-sur-Marne, Tel. 03.26.58.91.22, Fax 03.26.58.77.29
n. V.

ALBERT LE BRUN Vieille France*

◐ k. A. 30 000 15 à 23 €

Die 1860 in Avize gegründete Firma, die 1963 nach Châlons-sur-Marne (heute Châlons-en-Champagne) umzog, wechselte in den letzten Jahren mehrmals den Besitzer. Eine vom 18. Jh. inspirierte Flasche enthält diesen kupferroten Rosé-Champagner, der nach Kirsche, Himbeere und Walderdbeere duftet. Im Geschmack ist dieser Champagner voll und fruchtig. (NM)

SCV Albert Le Brun, 93, av. de Paris,
51000 Châlons-en-Champagne,
Tel. 03.26.68.18.68, Fax 03.26.21.53.31
n. V.
Patrick Raulet

PAUL LEBRUN
Blanc de Blancs Grande Réserve 1996*

○ 5 ha 50 000 11 à 15 €

2000 feierte diese von Henri Lebrun gegründete Firma, die ihren Sitz in Cramant in der Côte des Blancs hat, ihren 100. Geburtstag. Sie hat ihren familiären Charakter bewahrt. Sie besitzt 16,5 ha Weinberge, die für Chardonnay bestimmt sind – die Rebsorte, die auch die drei ausgewählten Cuvées hervorgebracht hat. Dieser für die Rebsorte sehr charakteristische und für den Jahrgang repräsentative 96er bietet einen angenehm feinen Duft, der aus weißen Blüten und Biskuitnoten besteht. Er ist nervig und frisch. Der **93er Blanc de Blancs,** der ebenfalls eine gute Beschaffenheit zeigt (auch ein Stern),

ist lang anhaltend, frisch und sehr mineralisch. Der **96er Blanc de Blancs Cuvée Prestige** (Preisgruppe: 100 bis 149 F) schließlich wird wegen seines lebhaften Vanillearomas und seiner Geschmacksnoten von Akazienblütenhonig lobend erwähnt. (NM)
SA Champagne Vignier-Lebrun,
35, rue Nestor-Gaunel, 51530 Cramant,
Tel. 03.26.57.54.88, Fax 03.26.57.90.02
n. V.
M. P. Vignier

LE BRUN DE NEUVILLE
Cuvée Sélection

○ k. A. 70 000 11 à 15 €

Eine 1963 gegründete Erzeugervereinigung, deren Mitglieder 145 Hektar Reben besitzen. Chardonnay ist in all ihren Produktionen stark vertreten. Er macht deshalb in dieser Cuvée einen Anteil von 80 % und wird hier von Pinot noir ergänzt. Die Trauben stammen von der 97er Lese. Der Champagner ist mineralisch und lebhaft und hält lang an. Lobend erwähnt hat die Jury auch den **92er Jahrgangschampagner** (Preisgruppe: 100 bis 149 F), bis auf 5 % fast ein Blanc de Blancs, der honigartig ist und eine kräftige Dosage enthält, und die **Cuvée Chardonnay,** die von 1997 gelesenen Trauben stammt, röstartig und im Geschmack sehr kräftig ist und ebenfalls eine spürbare Dosage aufweist. (CM)
Champagne Le Brun de Neuville,
rte de Chantemerle, 51260 Bethon,
Tel. 03.26.80.48.43, Fax 03.26.80.43.28,
E-Mail lebrundeneuville@wanadoo.fr
n. V.

LE BRUN-SERVENAY
Cuvée Club Trésor 1994**

○ Gd cru 0,8 ha 4 000 15 à 23 €

Dieser Weinbaubetrieb in Avize, in der Côte des Blancs, stellt seit 1945 Champagner her. Er verfügt über acht Hektar Weinberg und hat das Glück, dass er sehr alte Rebstöcke besitzt. So etwa sind diese hier, die den 94er geliefert haben, achtzig Jahre alt! Dieser Champagner kombiniert 80 % Chardonnay, 10 % Pinot noir und 10 % Pinot meunier. Der Wein, der nicht chaptalisiert worden ist, hat keine malolaktische Gärung durchlaufen. Der 94er, ein heikler Jahrgang, ist hier unübertrefflich mit seinem Akazien- und Haselnussduft und seinem Geschmack, der Honig- und Zitronenaromen bietet. Eine lobende Erwähnung erhält der **Brut réserve** (Preisgruppe: 70 bis 99 F), der von allen drei Rebsorten der Champagne stammt (50 % Chardonnay sowie je 25 % Pinot noir und Pinot meunier der Jahrgänge 1994 bis 1997) und blumig und leicht ist. (RM)
EARL Le Brun-Servenay,
14, pl. Léon-Bourgeois, 51190 Avize,
Tel. 03.26.57.52.75, Fax 03.26.57.02.71
n. V.

LECLAIRE-THIEFAINE
Blanc de Blancs Cuvée Sainte-Apolline*

○ Gd cru 1 ha 5 000 11 à 15 €

Dieser Erzeuger in Avize (Côte des Blancs), der seinen Champagner selbst vermarktet, bewirtschaftet fast vier Hektar. Die Rebstöcke sind 35 Jahre alt. Die hl. Apollonia, die Schutzheilige der Zahnärzte, hat dieser Cuvée ihren Schutz gewährt: einem angenehm feinen Blanc de Blancs, der blumig, ausgewogen und nachhaltig ist. Unter der Marke Leclaire-Gaspard präsentiert der gleiche Erzeuger einen Blanc de Blancs **Carte d'or Grand cru 1990,** einen ausgewogenen Wein, der trotz seines Alters von elf Jahren kräftig und frisch ist. (RM)
Dom. des Champagnes Leclaire, 22-24,
rue Pasteur, 51190 Avize, Tel. 03.26.57.55.66,
Fax 03.26.55.34.98,
E-Mail
champagne.leclaire.thiefaine@wanadoo.fr
n. V.

LECLERC BRIANT Divine 1990**

○ 1,5 ha 10 000 30 à 38 €

1664 baute ein Leclerc in Aÿ Wein an. 1872 verkaufte Louis Leclerc seine erste Flasche. Heute bewirtschaftet Pascal Leclerc-Briant zwischen der Montagne de Reims und dem Marne-Tal dreißig Hektar Reben, die er mit agrobiologischen Methoden anbaut und auf biodynamische Prinzipien umstellt. Der Weinbaubetrieb ist zu einem kleinen Touristenzentrum geworden, wo der Besucher sich neben anderen Aktivitäten auch bergsteigerische Fähigkeiten aneignen kann, indem er sich in die dreißig Meter tiefen Keller abseilen lässt! Aber man kann hier auch Champagner machen, wie dieser 90er Divine beweist, der zu gleichen Teilen aus dunklen und weißen Trauben erzeugt worden ist. Ein für seinen Jahrgang typischer Wein, der kräftig und korpulent ist. Er schmeckt nach Quitten und wirkt so alt, wie er ist. Zwei andere Cuvées erhalten jede einen Stern: der **96er Rosé de Noirs Rubis extra-brut** (Preisgruppe: 150 bis 199 F), der sehr farbintensiv, fruchtig (Kirsche), füllig und kräftig ist und eine kurz gebratene, innen blutige Keule begleiten kann, und der **Blanc de Noirs Les Crayères Collection Les Authentiques** (Preisgruppe: 150 bis 199 F), ein Champagner aus 95er und 96er Trauben aus einem als Premier cru eingestuften Clos, der fein und lang ist und eine schöne Ausgewogenheit besitzt. (NM)
Champagne Leclerc-Briant,
67, rue Chaude-Ruelle, B.P. 108,
51204 Epernay Cedex, Tel. 03.26.54.45.33,
Fax 03.26.54.49.59,
E-Mail pascal.leclercbriant@wanadoo.fr
Mo–Fr 9h–11h30 13h30–17h30;
Sa, So n. V.; 5.–25. Aug. geschlossen
Pascal Leclerc-Briant

LECLERC-MONDET 1995**

○ 1 ha 9 000 11 à 15 €

Ein von Henri Leclerc Anfang der 50er Jahre im Marne-Tal angelegtes Gut. Heute führen seine Enkel den Betrieb. Sie haben einen 95er vorgestellt, der zu gleichen Teilen aus weißen und dunklen Trauben (darunter 20 % Pinot meunier) erzeugt worden ist. Diese Cuvée wurde von den Verkostern geschätzt, die in ihr viel Feinheit und Eleganz, Honig- und Zitrusaromen sowie eine schöne Nachhaltigkeit fanden. (RM)

🔑 Champagne Leclerc-Mondet, 5, rue Beethoven, 02850 Trélou-sur-Marne, Tel. 03.23.70.26.40, Fax 03.23.70.10.59 ☑ Y n. V.

LEGOUGE-COPIN**

◐ 0,8 ha 2 000 11 à 15 €

Ein in den 30er Jahren im Marne-Tal aufgebautes Gut. 1962 brachte Serge Copin seinen Champagner auf den Markt. Der Betrieb wurde von seiner ältesten Tochter Jocelyne, verheiratete Legouge, übernommen. Daher auch dieser neue Name, der 1992 auftauchte. Pinot noir findet, ergänzt durch Chardonnay, mit 75 % Eingang in den Verschnitt dieses Rosé-Champagners, der von 95er und 97er Weinen stammt. Die Komplimente wurden laut: «Schöne Feinheit, Vornehmheit» oder «Ein runder, würziger, sehr kräftiger Champagner». Der Brut **Tradition,** ein Blanc de Noirs (70 % Pinot meunier) von 1996 und 1998, wird wegen seiner Fülle und seiner empyreumatischen Aromen lobend erwähnt. (RM)

🔑 Champagne Legouge-Copin, 6, rue de l'Abbé-Bernard, 51700 Verneuil, Tel. 03.26.52.96.89, Fax 03.26.51.85.62 ☑ Y n. V.

ERIC LEGRAND Cuvée Bulle de Folie**

○ 0,4 ha 4 200 15 à 23 €

Ein sieben Hektar großer Weinbaubetrieb im Departement Aube, der 1982 entstand. Diese Bulle de Folie steigt zart auf, in einer blassgoldenen Farbe mit grünen Reflexen: Es handelt sich um einen Blanc de Blancs, obwohl diese Angabe nicht auf dem Etikett erscheint. Die Weine stammen von der 97er Lese. Ein Champagner, an dem die Verkoster seine Ausgewogenheit, seine Lebhaftigkeit und seine Aromenpalette schätzten, die Früchte, Honig und Butter vereint. Ein Stern für den **Réserve** (Preisgruppe: 70 bis 99 F), der je zur Hälfte aus dunklen und weißen Trauben erzeugt worden ist, wobei die 1997 und 1998 gelesenen Trauben vollreif waren; er ist rund und weinig und erinnert an Lakritze und Honig: ein Champagner zum Essen (weißes Fleisch). Eine lobende Erwähnung erhält die Cuvée **Prestige** (Preisgruppe: 70 bis 99 F), die von den Traubenlesen 1997 und 1998 stammt und Chardonnay bevorzugt (70 %). Ihre Feinheit macht sie eher zu einem Champagner für den Aperitif. (RM)

🔑 Eric Legrand, 39, Grande-Rue, 10110 Celles-sur-Ource, Tel. 03.25.38.55.07, Fax 03.25.38.56.84, E-Mail champagne.legrand.fr ☑ Y Mo, Di, Do–Sa 9h–12h30 14h–18h; 15. Aug. bis 5. Sept. geschlossen

R. ET L. LEGRAS Blanc de Blancs Cuvée Saint-Vincent 1990**

○ Gd cru 10 ha 60 000 23 à 30 €

Die Legras leben seit zwei Jahrhunderten in Chouilly, in der Côte des Blancs. Sie besitzen rund um die Gemeinde vierzehn Hektar Weinberge, die fast ausschließlich mit Chardonnay bestockt sind. Ihre Cuvée Saint-Vincent, die von den ältesten Rebstöcken des Guts stammt, erhielt nur Komplimente: «ausgezeichnet, ein großer Wein, ein Wein für Kenner, ein charaktervoller Wein ...» Seine Stärken? Ausgewogenheit, Feinheit, Länge. Sie kann Fisch mit Sauce begleiten, ebenso wie der **92er Blanc de Blancs Grand cru Cuvée Présidence** (Preisgruppe: 100 bis 149 F; ein Stern): ein eleganter Champagner mit Zitrus- und Vanillearomen. Der **Blanc de Blancs ohne Jahrgangsbezeichnung** (Preisgruppe: 100 bis 149 F), der von 1995 und 1996 geernteten Trauben stammt, hält weniger lang an als die vorangegangenen Champagner, ist aber ausgewogen und cremig; er wurde von der Jury lobend erwähnt. (NM)

🔑 Champagne R. et L. Legras, 10, rue des Partelaines, 51530 Chouilly, Tel. 03.26.54.50.79, Fax 03.26.54.88.74, E-Mail champagne-r.l.legras@wanadoo.fr ☑ Y n. V.

LELARGE-PUGEOT Cuvée Prestige**

○ 0,5 ha 4 000 11 à 15 €

Dominique Lelarge ist der Erbe einer Winzerfamilie, die bis 1850 zurückreicht, und ist hier seit 1990 tätig. Sein Gut befindet sich in Vrigny, westlich von Reims. Die drei Rebsorten der Champagne (60 % Chardonnay sowie die beiden Pinot-Sorten zu gleichen Teilen, wobei die Trauben 1996 gelesen wurden) wirken in dieser Cuvée mit dem ausdrucksvollen, fruchtig-hefebrotähnlichen Duft, der lebhaften Ansprache und der großen Länge zusammen: Seine Zukunft ist gesichert. (RM)

🔑 Dominique Lelarge, 30, rue Saint-Vincent, 51390 Vrigny, Tel. 03.26.03.69.43, Fax 03.26.03.68.93, E-Mail champagnelelarge-pugeot@wanadoo.fr ☑ Y Mo–Sa 9h–12h 14h–18h

PATRICE LEMAIRE 1996*

○ k. A. 2 000 11 à 15 €

Patrice Lemaire hat den in den 20er Jahren entstandenen Familienbetrieb, der auf dem linken Ufer der Marne liegt, 1988 übernommen. Dieser 96er ist ein Blanc de Blancs, auch wenn das Etikett es nicht angibt. Er ist kräftig und verbindet im Duft zu Kompott verarbeitete Früchte und mineralische Noten; er ist besonders lebhaft. (RM)

🔑 Patrice Lemaire, 9, rue Croix-Saint-Jean, 51480 Boursault, Tel. 03.26.58.40.58, Fax 03.26.52.30.67 ☑ Y n. V.

PHILIPPE LEMAIRE Dame de Louis*

○ 3 ha k. A. 8 à 11 €

Philippe Lemaire stellt seit 1992 Champagner her. Er bewirtschaftet ein Weingut auf dem linken Ufer der Marne. Zwei seiner Champagner, die im Edelstahltank und im Holzfass ausgebaut wurden, erhalten einen Stern: diese Dame de Louis, eine sehr «dunkle» Cuvée (50 % Pinot meunier, 30 % Pinot noir), die wegen ihrer Sanftheit, ihrer Rundheit und ihrer Aromen von weißen Früchten (Birne) geschätzt wurde, und der **95er Jahrgangschampagner** (Preisgruppe: 70 bis 99 F), ein Blanc de Blancs (was auf dem Etikett nicht angegeben ist), der im Duft Weißdorn und buttrige Noten mischt und sanft in der Ansprache und wohl ausgewogen ist. (RM)

🔑 Philippe Lemaire, 4, rue de La Liberté, 51480 Œuilly, Tel. 03.26.58.30.82, Fax 03.26.52.92.44 ☑ Y n. V.

R.C. LEMAIRE Chardonnay 1996**

○ 1er cru 0,5 ha 3 000 30 à 38 €

Der Champagner R. C. Lemaire wurde 1945 eingeführt. Gilles Tournant, der den Betrieb seit 1975 leitet, bewirtschaftet elf Hektar Reben im Marne-Tal. Im Keller verwendet er seine ganz persönlichen Methoden: Er greift nicht auf die malolaktische Gärung zurück und vinifiziert und baut die Jahrgangsweine im Fass aus (acht Monate). Man ist deshalb nicht erstaunt, dass ein 96er Chardonnay, der seine «Malo» nicht durchlaufen hat, zu jung ist und lagern muss. Er verdient es mit seiner guten Struktur und seinen frühlingshaften Aromen von grünem Apfel und Zitrone. Der **Sélect Réserve** (Preisgruppe: 70 bis 99 F), ein Blanc de Noirs von der Rebsorte Pinot meunier (im Tank ausgebaut), erhält eine lobende Erwähnung. Er ist ein blumiger Champagner, der sehr frisch bleibt, was angesichts 1996 und 1997 geernteten Pinot-meunier-Trauben bemerkenswert ist. (RM)

🔑 Gilles Tournant, rue de la Glacière, 51700 Villers-sous-Châtillon, Tel. 03.26.58.36.79, Fax 03.26.58.39.28, E-Mail tournant@clubinternet.fr ☑ Y n. V.

LEMAIRE-RASSELET Cuvée Tradition**

○ 9,2 ha 15 000 11 à 15 €

Der Champagner Lemaire-Rasselet kam 1946 auf den Markt. Das Gut (über neun Hektar) erstreckt sich auf dem linken Ufer der Marne. Hier haben wir einen von Françoise Lemaire hergestellten sehr schönen Brut ohne Jahrgangsbezeichnung, der von der 96er und 97er Ernte stammt und fast alles den dunklen Trauben (90 %, davon 75 % Pinot meunier) verdankt. Die Verkoster mochten seinen ausdrucksvollen Apfel- und Karamellduft und seinen verschmolzenen, ausgewogenen Charakter. Der ebenfalls sehr verführerische **95er Jahrgangschampagner** erhält einen Stern. Er stammt von den drei Rebsorten der Champagne zu gleichen Teilen und bietet einen angenehmen Duft nach Nougat und kandierten Früchten, ist aber gleichzeitig im Geschmack recht nervig. (RM)

🔑 SCEV Lemaire-Rasselet, 5, rue de la Croix-Saint-Jean, 51480 Boursault, Tel. 03.26.58.44.85, Fax 03.26.58.09.47 ☑ Y n. V.

A. R. LENOBLE Réserve*

○ Gd cru 7 ha 220 000 15 à 23 €

Eine 1941 von dem Makler A. R. Grasser gegründete Firma, die von seinen Nachkommen geleitet wird und über achtzehn Hektar Weinberge verfügt. Diese Cuvée Réserve stammt zu fast gleichen Teilen von allen drei Rebsorten der Champagne (40 % Chardonnay), wobei die Trauben 1998 geerntet wurden. Ihr Duft ist fruchtig, ihre Ansprache frisch, mit einem Hauch von Herbheit. Der **95er Blanc de Blancs Grand cru** erhält ebenfalls einen Stern: Er verbindet im Geschmack Frische und Sanftheit, während sein Hefebrotduft verführt. (NM)

🔑 Champagne Lenoble, 35, rue Paul-Douce, 51480 Damery, Tel. 03.26.58.42.60, Fax 03.26.58.65.57, E-Mail champagne.lenoble@wanadoo.fr ☑ Y n. V.
🔑 Malassagne

LIEBART-REGNIER**

○ 8 ha 46 000 11 à 15 €

Dieser Weinbaubetrieb besitzt acht Hektar Reben im Marne-Tal, um Baslieux-sous-Châtillon und Vauciennes herum. Sein sehr «dunkler» Brut ohne Jahrgangsbezeichnung (50 % Pinot meunier und 40 % Pinot noir aus den Jahren 1997 und 1998) hat einige Verkoster begeistert, die ihm durchaus eine Liebeserklärung zuerkannt hätten. Sein Bouquet von roten und weißen Früchten und seine an Pfirsich und Aprikose erinnernden Geschmacksnoten machen ihn zu einem vollen, ausgezeichneten Wein. Die **96er Cuvée Excelia** (Preisgruppe: 100 bis 149 F) ist ein klassischer Verschnitt von Pinot noir (70 %) und Chardonnay. Sie ist in der Ansprache nervig und verführt durch ihre Ausgewogenheit und ihre Frische, die ihr einen Stern einbringen. (RM)

🔑 Liébart-Régnier, 6, rue Saint-Vincent, 51700 Baslieux-sous-Châtillon, Tel. 03.26.58.11.60, Fax 03.26.52.34.60, E-Mail liebart-regnier@wanadoo.fr ☑ Y n. V.
🔑 Laurent Liébart

LILBERT-FILS Blanc de Blancs Perle*

○ Gd cru k. A. 2 000 11 à 15 €

Dieser selbstständige Erzeuger, ein Spezialist für Blanc de Blancs, bewirtschaftet ein Gut in Cramant, einer als Grand cru eingestuften Gemeinde. Seine Cuvée Perle stammt zur Hälfte von 95er Weinen, die mit Weinen der Jahre 1991 bis 1994 kombiniert wurden. Ein Champagner, der nach exotischen Früchten duftet, mit verschmolzenen Röst- und Vanillenoten. Der **Blanc de Blancs Grand cru ohne Jahrgangsbezeichnung,** der von den Traubenlesen 1996 und 1997 stammt, wird aufgrund seiner «Aperitifqualitäten» von Frische und Harmonie lobend erwähnt. (RM)

🔑 Georges Lilbert, 223, rue du Moutier BP 14, 51530 Cramant, Tel. 03.26.57.50.16, Fax 03.26.58.93.86 ☑ Y n. V.

BERNARD LONCLAS Blanc de Blancs*

○ 3 ha 2 500 11 à 15 €

Bernard Lonclas ist stolz darauf, dass er 1979 seinen Weinberg angelegt und seinen Champagner auf den Markt gebracht hat. Sein 5,7 ha großes Gut liegt am Südostrand der Appellation, denn Bassuet befindet sich in der Nähe von Vitry-le-François. Dieser Blanc de Blancs ist dennoch sehr gelungen. Er stammt von Trauben der Jahre 1997 und 1998 und hat seinen Höhepunkt erreicht. Ein runder, weiniger, typischer Champagner, der viel Charakter zeigt. (RM)

🔑 Bernard Lonclas, chemin de Travent, 51300 Bassuet, Tel. 03.26.73.98.20 ☑ Y n. V.

GERARD LORIOT Sélection

○ 1 ha 8 000 ▮ 11 à 15 €

Gérard Loriot, der hier seit 1981 tätig ist, führt die Tradition einer Winzerfamilie fort, die bis in die Zeit des Zweiten Kaiserreichs zurückreicht. Er bewirtschaftet fünf Hektar Reben auf dem linken Ufer der Marne. Seine je zur Hälfte aus dunklen und weißen Trauben erzeugte Cuvée Sélection stammt aus den Jahren 1995 und 1996. Sie ist ein kräftiger, lang anhaltender, entwickelter Champagner. (RM)

Gérard Loriot, rue Saint-Vincent, Le Mesnil-le-Huttier, 51700 Festigny, Tel. 03.26.58.35.32, Fax 03.26.51.93.71 ☑ Y n. V.

MICHEL LORIOT Carte d'or

○ 4 ha 35 000 11 à 15 €

Die Loriots, die im Marne-Tal wohnen, stellen seit 1931 Champagner her. Michel Loriot, der 1977 in den Betrieb eintrat, hat seine eigene Marke geschaffen. Er bewirtschaftet etwas mehr als sechs Hektar. Diese Cuvée Carte d'or ist ein Blanc de Noirs aus Pinot-meunier-Trauben, die 1997 und 1998 geerntet wurden. Er ist blumig und zitronenartig und lässt einen fülligen Geschmack mit merklicher Dosage erkennen. Eine lobende Erwähnung erhält auch der **Rosé-Champagner** (Preisgruppe: 100 bis 149 F): ein Rosé de Noirs (85 % Pinot meunier), für den die Trauben aus den gleichen Jahrgängen wie für die obige Cuvée kommen. Er ist ausgewogen und lang anhaltend und kann weißes Fleisch begleiten. (RM)

Michel Loriot, 13, rue de Bel-Air, 51700 Festigny, Tel. 03.26.58.34.01, Fax 03.26.58.03.98, E-Mail info@champagne-michelloriot.com ☑ Y n. V.

JOSEPH LORIOT-PAGEL Blanc de Blancs 1996

○ 1 ha 5 000 ▮ 15 à 23 €

Eine Marke, die durch die Vereinigung von zwei Familien entstanden ist: der Loriots, die Weinberge in vier Crus im Marne-Tal haben, und der Pagels, die Reben in Avize und Cramant (Côte des Blancs) besitzen. Der Betrieb verfügt über fast acht Hektar. Er wird für zwei Champagner lobend erwähnt: den runden, leichten 96er Blanc de Blancs mit spürbarer Dosage und die Cuvée **Carte d'or** (Preisgruppe: 70 bis 99 F), die sehr «dunkel» ist (65 % Pinot meunier, 22 % Pinot noir) und aus den Jahren 1996 bis 1998 stammt. Letztere erinnert in der Nase an weiße Blüten, während der Geschmack Anzeichen einer Entwicklung erkennen lässt. (RM)

Joseph Loriot, 33, rue de la République, 51700 Festigny, Tel. 03.26.58.33.53, Fax 03.26.58.05.37 ☑ Y n. V.

YVES LOUVET Cuvée de sélection**

○ 4,5 ha 20 000 ▮ 11 à 15 €

Yves Louvet wohnt in Tauxières, am Südhang der Montagne de Reims, und bewirtschaftet 6,5 ha Weinberge. Pinot noir dominiert die zwei ausgewählten Champagner, denn die Rebsorte ist in ihrer Zusammenstellung mit 75 % vertreten und wird durch Chardonnay ergänzt. Die Cuvée de sélection stammt von 1997 geernteten Trauben. Auf ihren unaufdringlichen Duft nach frischer Butter und Honig folgt ein klarer, balsamischer Duft, der sehr einschmeichelnd ist. Der **93er Jahrgangschampagner** erhält einen Stern. Ein lang anhaltender Champagner, der an Honig und Konfitüre erinnert und weder sein Alter noch seine Dosage verheimlicht. (RM)

Yves Louvet, 21, rue du Poncet, 51150 Tauxières, Tel. 03.26.57.03.27, Fax 03.26.57.67.77 ☑ Y n. V.

LOYAUX-GORET Cuvée du Millénaire*

○ 6,43 ha 2 000 ▮ 11 à 15 €

Dieses 6,5 ha große Gut bei Passy-sur-Marne (Aisne) wurde 1958 angelegt. Diese sehr «dunkle» Cuvée (80 % Pinot, davon 50 % Pinot meunier) stammt von 1990 und 1996 geernteten Trauben. Sie ist fein und harmonisch. Ihre Eleganz, die von ihrer Leichtigkeit herrührt, überdeckt ihre Entwicklung nur teilweise. (RM)

Loyaux-Goret, 4, rue des Sites, 51480 Vauciennes, Tel. 03.26.58.62.87, Fax 03.26.58.67.34 ☑ Y n. V.

PHILIPPE DE LOZEY 1996**

○ k. A. 6 200 ▮ 23 à 30 €

Die Firma im Departement Aube, die von Daniel und Philippe Cheurlin geführt wird, hat sich dieses Jahr mit einem großen Jahrgang, dem 96er, ausgezeichnet: mit einer Cuvée, die je zur Hälfte aus dunklen und weißen Trauben (Pinot noir und Chardonnay) erzeugt worden ist. Ein diskret an Zitrone erinnernder Duft geht fast verstohlen einem herrlichen Geschmack voraus, der klar, sauber, lebhaft, füllig, harmonisch und elegant ist. Ein echter 96er! (NM)

Champagne Philippe de Lozey, 72, Grande-Rue, B.P. 3, 10110 Celles-sur-Ource, Tel. 03.25.38.51.34, Fax 03.25.38.54.80, E-Mail de.lozey@wanadoo.fr ☑ Y n. V.

Ph. Cheurlin

LUCAS CARTON*

○ k. A. 100 000 ▮ 15 à 23 €

P. F. Vranken hat 1998 diese Marke eintragen lassen, die den Namen eines großen Pariser Restaurants trägt, das 1839 eröffnet wurde. 70 % Chardonnay und 30 % Pinot noir verleihen diesem Champagner mit dem diskreten, frischen, leichten Duft Eleganz. (NM)

Lucas Carton, Ch. des Castaignes, 51270 Montmort-Lucy, Tel. 03.26.59.80.00, Fax 03.26.59.80.08

P.F. Vranken

M. MAILLART Blanc de Blancs 1993*

○ 0,5 ha 3 300 15 à 23 €

Ein Dorf ganz in der Nähe von Reims, eine Winzerfamilie, die bis 1720 zurückreicht und ihren Namen auf ein Etikett schreibt, das 1965 entstand, und ein 8,4 ha großes Weingut. All das bringt uns einen Blanc de Blancs, der blumig (weiße Blüten), strukturiert, ausgewogen und frisch ist. (RM)

Michel Maillart, 13, rue de Villers, 51500 Ecueil, Tel. 03.26.49.77.89, Fax 03.26.49.24.79, E-Mail m.maillart@free.fr
n. V.

MAILLY GRAND CRU La Terre 1996

○ Gd cru k. A. 25 000 23 à 30 €

Diese 1929 gegründete Genossenschaft vinifiziert die Produktion von siebzig Hektar Reben. Sie nimmt in zweifacher Hinsicht in der Champagne einen einzigartigen Platz ein: Sie ist den Winzern vorbehalten, die Parzellen in der Gemeinde Mailly besitzen; außerdem tragen ihre Weine den Namen der Gemeinde. Diese liegt in der Montagne de Reims und ist als Grand cru eingestuft. Pinot noir, ergänzt durch Chardonnay, ist mit 75 % an der Zusammenstellung der beiden lobend erwähnten Champagner beteiligt: dieses empyreumatischen, zitronenartigen 96ers, der sanft und rund ist, und der **88er Cuvée Les Echansons** (Preisgruppe: 300 bis 499 F), eines Spitzenchampagners, der offensichtlich entwickelt ist, aber Freimütigkeit, Sanftheit und Rundheit besitzt. (CM)

Champagne Mailly Grand Cru, 28, rue de la Libération, 51500 Mailly-Champagne, Tel. 03.26.49.41.10, Fax 03.26.49.42.27, E-Mail contact@champagne-mailly.com
n. V.

HENRI MANDOIS
Victor Mandois 1996**

○ 4 ha 30 000 15 à 23 €

Victor Mandois, den diese Cuvée ehrt, stellte 1930 die ersten Champagner her. Die in Familienbesitz gebliebene Firma verfügt über dreißig Hektar Weinberge, die über mehrere Gemeinden verstreut liegen. Dieser sehr «helle» 96er Jahrgangschampagner (70 % Chardonnay) kündigt sich mit einem leichten, blumigen Bouquet an. Am Gaumen hingegen betonen Honig und Zitrusfrüchte nach einer lebhaften Ansprache den Körper dieses Champagners, den man zum Essen trinkt. Einen Stern erhalten die **Cuvée de réserve** (Preisgruppe: 70 bis 99 F), ein Brut ohne Jahrgangsbezeichnung, der von allen drei Rebsorten der Champagne stammt und gut gebaut und fein ist, und der **Rosé-Champagner Premier cru** (Preisgruppe: 70 bis 99 F), der von den beiden Pinot-Sorten durch Maischung erzeugt worden ist; er ist sehr farbintensiv, fett und als Begleiter für eine Mahlzeit bestimmt. (NM)

Champagne Henri Mandois, 66, rue du Gal-de-Gaulle, 51530 Pierry, Tel. 03.26.54.03.18, Fax 03.26.51.53.66
n. V.

MANSARD

○ 1er cru k. A. 60 000 11 à 15 €

Die Familie Rapeneau entfaltet eine intensive Tätigkeit in der Champagne. Mansard ist eine ihrer Marken. Die Zusammenstellung dieser Cuvée ist klassisch: 40 % Pinot noir und 60 % Chardonnay von der Lese 1997. Der Champagner ist ebenfalls klassisch: honigartig, frisch, aber mit merklicher Dosage. (NM)

Champagne Mansard-Baillet, 14, rue Chaude-Ruelle, 51200 Epernay, Tel. 03.26.54.18.55, Fax 03.26.51.99.50
Mo–Fr 8h–11h30 13h30–17h
Rapeneau

DIDIER MARC*

3,5 ha 2 000 11 à 15 €

Champagne Didier Marc: eine junge Marke und sehr alte Winzerwurzeln, die bis ins 17. Jh. zurückreichen. Ein Rosé de Noirs (85 % Pinot meunier) von 1998 und 1997, mit einer blassen Farbe und einem Bouquet, das näher bei Apfel als bei roten Früchten liegt. Sein Geschmack ist weinig; die Fruchtigkeit von Apfel und weißen Früchten verbindet sich mit der von schwarzer Johannisbeere, was einen sehr angenehmen Gesamteindruck ergibt. (RM)

Didier Marc, 11, rue Dom-Pérignon, 51480 Fleury-la-Rivière, Tel. 03.26.58.60.69, Fax 03.26.52.84.20, E-Mail champagnedidiermarc@orenka.com
tägl. 8h–12h 14h–19h; 15.–31. Aug. geschlossen

PATRICE MARC Ultima Forsan*

○ 0,15 ha 1 500 11 à 15 €

Patrice Marc bewirtschaftet hier seit 1975 drei Hektar Reben in Fleury-la-Rivière. Man kann bei ihm eine Traubenpresse sehen, die von 1889 bis 1991 in Betrieb war! *Ultima forsan* («die letzte vielleicht»): ein Name mit epikureischem Charme, der zu dieser reichen Cuvée passt, die ziemlich «dunkel» ist (40 % Pinot noir, 20 % Pinot meunier und 40 % Chardonnay, wobei die Trauben zu einem Drittel aus dem Jahr 1996 und zu zwei Dritteln von 1997 stammen). Sie wird den Liebhabern entwickelter Champagner sehr gefallen: Mehrere Juroren sähen sie gern bei einer Mahlzeit; sie schätzten ihre goldene Farbe und ihren Duft, in dem sie verschiedene Trockenfrüchte, Mirabelle und verblühte Blumen entdeckten, und beschrieben einen zarten, aber gut gebauten Geschmack. Ein Champagner zum Essen, den man bald trinken muss. (RM)

Patrice Marc, 1, rue du Creux-Chemin, 51480 Fleury-la-Rivière, Tel. 03.26.58.46.88, Fax 03.26.59.48.21, E-Mail contact@champagne-marc.com
n. V.

A. MARGAINE
Blanc de Blancs Spécial Club 1996*

○ 0,7 ha 5 000 15 à 23 €

Ein 1910 von Gaston Margaine geschaffenes Gut, das seine Erben, André, Bernard und Arnaud, nacheinander weiter ausbauten. Der Weinberg umfasst 6,5 Hektar. Die Gemeinde Villers-Marmery, die in der Montagne de Reims

liegt, ist für ihre Chardonnay-Trauben berühmt. Sie verleihen diesem blumigen, ausgewogenen, frischen Champagner viel Eleganz. Die **Cuvée traditionnelle Premier cru** (Preisgruppe: 70 bis 99 F), die von 1998 geernteten Trauben stammt, ist sehr «hell» (87 % Chardonnay). Sie ist dem vorangegangenen Champagner ähnlich, hält aber weniger lang an; sie wird lobend erwähnt. (RM)
Champagne A. Margaine,
3, av. de Champagne, 51380 Villers-Marmery,
Tel. 03.26.97.92.13, Fax 03.26.97.97.45
n. V.

MARGUET-BONNERAVE

Gd cru 2 ha 16 000 11 à 15 €

Christian Marguet besitzt ein dreizehn Hektar großes Gut in äußerst guter Lage in den drei Grands crus der Montagne de Reims: Ambonnay, Bouzy und Mailly. Der Grundwein seines Rosé-Champagners ohne Jahrgangsbezeichnung vereinigt 80 % Pinot noir mit 20 % Chardonnay der Ernten 1996 bis 1998. Ein Rotwein aus Ambonnay sorgt für die Farbe. Ein kräftiger, nachhaltiger, charaktervoller Champagner, der zum Essen passt. (RM)
Marguet-Bonnerave, 14, rue de Bouzy,
51150 Ambonnay, Tel. 03.26.57.01.08,
Fax 03.26.57.09.98,
E-Mail info@champagne-bonnerave.com
n. V.

MARIE STUART Cuvée de la Reine**

k. A. k. A. 15 à 23 €

Eine 1867 geschaffene Marke, die mehrmals verkauft wurde, bevor Alain Thiénot sie übernahm. Diese Sondercuvée stellt die Chardonnay-Traube in den Mittelpunkt, die 90 % des Verschnitts ausmacht und von Pinot noir ergänzt wird. Sie ist komplex, mit Lebkuchenaromen und Biskuitnoten, kräftig, rund, sanft und harmonisch. Die Komplimente für sie waren einmütig. (NM)
Champagne Marie-Stuart,
8, pl. de la République, 51100 Reims,
Tel. 03.26.77.50.50, Fax 03.26.77.50.59,
E-Mail marie.stuart@wanadoo.fr
Thiénot

MARTEAUX-GUYARD Réserve

13 ha 30 000 11 à 15 €

Joël Marteaux bewirtschaftet das Familiengut: dreizehn Hektar Reben im Marne-Tal, in der Nähe von Château-Thierry. Er brachte seinen Champagner 1978 auf den Markt. Seine Cuvée Réserve, die vorwiegend aus Pinot-Trauben (80 %, davon 45 % Pinot meunier) erzeugt worden ist, stammt aus dem Jahr 1997. Sie ist blumig, nervig und jugendlich. (RM)
Joël Marteaux, 63, Grande-Rue, 02400 Bonneil, Tel. 03.23.82.90.04, Fax 03.23.82.05.69,
E-Mail
champagnemarteauxguyard@hotmail.fr
tägl. 8h–12h 13h–19h

G. H. MARTEL & C° Prestige*

30 ha 300 000 15 à 23 €

Die 1869 gegründete Firma G. H. Martel kam Ende der 1970er Jahre in den Besitz der Familie Rapeneau. Mit 80 Hektar Weinbergen ist sie das Zugpferd einer Gruppe, die viele Marken umfasst. Diese Spitzencuvée ist das Ergebnis eines Verschnitts von 70 % Pinot noir und 30 % Chardonnay der Jahre 1996 und 1997. Sie ist füllig und frisch. Lachs in Blätterteig wird zu ihr passen. Der **Rosé-Champagner,** ein Brut aus Trauben der Jahre 1997 und 1998, verbindet 30 % Chardonnay, 55 % Pinot noir sowie 15 % Rotwein aus Bouzy, der ihm Farbe verleiht. Er wird wegen seines Dufts nach Gewürzen, Haselnuss und Vanille und wegen seines runden, frischen Geschmacks lobend erwähnt. (NM)
Champagne G.H. Martel,
69, av. de Champagne, BP 1011,
51318 Epernay Cedex, Tel. 03.26.51.06.33,
Fax 03.26.54.41.52
Rapeneau

P. LOUIS MARTIN Bouzy 1996*

Gd cru 1,5 ha 7 000 11 à 15 €

Ein Champagner von einem Erzeuger, der Selbstvermarkter ist, aber eine Marke, die von der Familie Rapeneau kontrolliert wird. Paul-Louis Martin wohnt in Bouzy, einer Gemeinde der Montagne de Reims, die als Grand cru eingestuft ist. Er wird mit zwei Champagnern ausgewählt, in denen die dunklen Trauben überwiegen; in jeder Cuvée sind es 70 % Pinot noir und 30 % Chardonnay, ein klassischer Verschnitt. Der 96er Jahrgangschampagner ist in der Ansprache lebhaft, kräftig, frisch und sehr jugendlich. Einen Stern erhält auch der **Brut ohne Jahrgangsbezeichnung,** der von 1996 und 1997 gelesenen Trauben stammt und elegant, frisch und wohl ausgewogen ist. (RM)
Champagne Paul-Louis Martin,
3, rue d'Ambonnay, BP 4, 51150 Bouzy,
Tel. 03.26.57.01.27, Fax 03.26.57.83.25
Rapeneau

MARX-BARBIER ET FILS

6 ha k. A. 11 à 15 €

Ein guter Brut ohne Jahrgangsbezeichnung, der mit seiner Kombination von 25 % Chardonnay, 40 % Pinot meunier und 35 % Pinot noir des Jahres 1998 klassisch ist. Nach einem eleganten Zitrusduft mangelt es seinem fülligen, honigartigen Geschmack nicht an Frische. (RM)
Champagne Marx-Barbier et Fils,
1, rue du Château, 51480 Venteuil,
Tel. 03.26.58.48.39, Fax 03.26.58.67.06,
E-Mail marx-barbieretfils@wanadoo.fr
n. V.

D. MASSIN Cuvée de réserve

0,3 ha 3 000 11 à 15 €

Dominique Massin, der ein elf Hektar großes Gut im Departement Aube führt, hat seinen Champagner 1975 auf den Markt gebracht. Er präsentiert einen Rosé de Noirs (100 % Pinot noir von 1998). Dieser Wein, der im Duft intensiver ist als im Geschmack, hat seinen Höhepunkt erreicht. Der ebenfalls lobend erwähnte

96er Jahrgangschampagner (Preisgruppe: 100 bis 149 F) kombiniert Pinot noir (60 %) und Chardonnay. Das Bouquet ist lebhaft, von Zitrusfrüchten bestimmt, der Geschmack für den Jahrgang rund, sehr jugendlich und nachhaltig. (RM)

Dominique Massin, rue Coulon, 10110 Ville-sur-Arce, Tel. 03.25.38.74.97, Fax 03.25.38.77.51 n. V.

THIERRY MASSIN Sélection*

○ k. A. 49 000 11 à 15 €

Ein zehn Hektar großes Weingut im Departement Aube, das Thierry Massin und seine Schwester Dominique bewirtschaften, und ein 1977 eingeführter Champagner. Die Cuvée Sélection stammt von Trauben der 98er Lese, ergänzt durch 96er und 97er Weine. Sie ist ein Blanc de Noirs (Pinot noir), der blumig, buttrig, lakritzeartig, rund und ausgewogen ist. Die aus Trauben der gleichen Jahrgänge erzeugte Cuvée **Réserve** ist sehr «dunkel» (85 % Pinot noir). Sie erhält für ihre Aromen von weißen Früchten, ihre Lebhaftigkeit und ihre Länge ebenfalls einen Stern. Die Cuvée **Prestige,** ein klassischer Verschnitt (70 % Pinot noir, 30 % Chardonnay) der Jahre 1996 und 1997 ist ein recht leichter Champagner mit einem Birnen- und Honigbouquet; sie wird lobend erwähnt. (RM)

Thierry Massin, 6, rte des Deux-Bar, 10110 Ville-sur-Arce, Tel. 03.25.38.74.01, Fax 03.25.38.79.10, E-Mail champagne.thierry.massin@wanadoo.fr Mo–Fr 9h–12h 13h30–18h30; Sa, So n. V.

REMY MASSIN ET FILS Cuvée Tradition

○ 9,5 ha 79 000 11 à 15 €

Ein 20 Hektar großes Gut im Departement Aube. Rémy Massins Sohn Sylvère ist 1981 in den Betrieb eingetreten. Diese Cuvée Tradition von Trauben der Jahre 1997 und 1998 verdankt alles der Rebsorte Pinot noir. Sie ist im Duft stärker entwickelt als im Geschmack und hält nicht übermäßig lang an, lenkt aber durch ihre Eleganz die Aufmerksamkeit auf sich. Die je zur Hälfte aus dunklen und weißen Trauben der Jahre 1996 und 1998 erzeugte Cuvée **Prestige** ist voller Jugendlichkeit und Lebhaftigkeit, fest und frisch. Sie wird lobend erwähnt. (RM)

Champagne Rémy Massin et Fils, 34, Grande-Rue, 10110 Ville-sur-Arce, Tel. 03.25.38.74.09, Fax 03.25.38.77.67, E-Mail remy.massin.fils@wanadoo.fr Mo–Fr 10h–12h 14h–18h; Sa, So n. V.

SERGE MATHIEU Cuvée Prestige**

○ 4 ha 25 000 11 à 15 €

1970 übernahm Serge Mathieu den Weinbaubetrieb als Erbe vieler Winzergenerationen, aber er entschied sich dafür, seinen Champagner selbst herzustellen. Er bewirtschaftet elf Hektar in der Nähe von Les Riceys, im Departement Aube. Seine Cuvée Prestige ist ein klassischer Verschnitt von 70 % Pinot noir und 30 % Chardonnay, wobei die Trauben 1996 und 1997 geerntet wurden. Sie ist blumig, ausgewogen und würzig, im Duft ebenso wie im Geschmack. Die Cuvée **Select Tête de cuvée** (Preisgruppe: 100 bis 149 F) wird lobend erwähnt; sie ist zu gleichen Teilen aus dunklen und weißen Trauben erzeugt worden und stammt aus den zwei sehr guten Jahren 1995 und 1996. Man findet darin Honig- und Zitrusaromen mit mineralischem Anklang und einen jugendlichen Charakter. (RM)

Champagne Serge Mathieu, 6, rue des Vignes, 10340 Avirey-Lingey, Tel. 03.25.29.32.58, Fax 03.25.29.11.57, E-Mail champagne.mathieu@wanadoo.fr n. V.

MATHIEU-PRINCET Blanc de Blancs*

○ 1 ha 8 000 15 à 23 €

Ein acht Hektar großer Weinbaubetrieb, der 1960 entstand und in der Nähe von Avize (Côte des Blancs) liegt. Den Lesern unseres Weinführers wurde er im letzten Jahr durch zwei Jahrgangschampagner bekannt: einen prächtigen 95er und einen sehr gelungenen 93er. Hier haben wir einen Champagner von Trauben des Jahres 1994, der aber kein Jahrgangschampagner ist. Es handelt sich um einen kräftigen, recht vollen, lang anhaltenden Blanc de Blancs. Er hat Charakter. (RM)

SARL champagne Mathieu-Princet, 16, rue Bruyère, 51190 Grauves, Tel. 03.26.59.73.72, Fax 03.26.59.77.75 n. V.

PASCAL MAZET

○ 2 ha k. A. 11 à 15 €

Pascal Mazet hat sein Gut in der Montagne de Reims. Seine sorgfältigen Vinifizierungen greifen auf große und kleine Eichenfässer zurück, insbesondere für die Lagerung seiner Reserveweine. Sein Brut ohne Jahrgangsbezeichnung entsteht aus einem für die Region traditionellen Verschnitt: 30 % weiße und 70 % dunkle Trauben, wobei jedoch Pinot meunier eine große Rolle spielt (50 %). Mit seinen Aromen von weißen Blüten bietet dieser Wein alles, was man von diesem Champagner-Typ erwartet. (RM)

Pascal Mazet, 8, rue des Carrières, 51500 Chigny-les-Roses, Tel. 03.26.03.41.13, Fax 03.26.03.41.74, E-Mail champagne.mazet@free.fr n. V.

GUY MEA

○ 1er cru 4 ha k. A. 11 à 15 €

Ein Weinbaubetrieb am Südhang der Montagne de Reims. Dieser Brut ohne Jahrgangsbezeichnung stammt von der Lese 1998. Eine Kombination von zwei Dritteln Pinot noir und einem Drittel Chardonnay. Er ist ausgewogen, jugendlich und frisch. (RM)

SCE La Voie des Loups, Chez Guy Méa, 1, rue de l'Eglise, 51150 Louvois, Tel. 03.26.57.03.42, Fax 03.26.57.66.44 n. V.

MERCIER 1995

○ k. A. k. A. 15 à 23 €

Eugène Mercier, der diese Firma 1858 gründete, spielte eine beachtliche Rolle bei einer gewissen Demokratisierung des Champagners. Er konnte die Ausweitung seines Unternehmens mit einem großen Gespür für Öffentlichkeitsarbeit inszenieren. Man denke nur an die riesigen Keller in Epernay, die eine richtige Touristenattraktion darstellen. Seit 1970 wird die Firma von Moët et Chandon kontrolliert. Dieser 95er ist das Ergebnis eines Verschnitts von 15 % Pinot meunier sowie Pinot noir und Chardonnay, die zu fast gleichen Teilen vertreten sind. Man findet darin den Stil des Hauses: weinig, fett, füllig und harmonisch verschmolzen. Für kräftige Mahlzeiten. (NM)

Champagne Mercier, 75, av. de Champagne, 51200 Epernay, Tel. 03.26.51.22.00, Fax 03.26.54.84.23 n. V.

DE MERIC 1993**

○ k. A. k. A. 15 à 23 €

Die 1960 von Christian Besserat gegründete Firma hat sechzig alte Eichenfässer beibehalten. Dieser 93er Jahrgangschampagner, ein sehr klassischer Verschnitt von 70 % Pinot noir und 30 % Chardonnay, ist im Holzfass ausgebaut worden. Seine Aromen von Honig und kandierter Aprikose, seine Weinigkeit und vor allem seine Nachhaltigkeit wurden einmütig begrüßt. (NM)

SA Christian Besserat Père et Fils, Champagne de Meric, 17, rue Gambetta, 51160 Aÿ, Tel. 03.26.55.20.72, Fax 03.26.55.69.23 n. V.

J.B. MICHEL Blanc de Blancs Vieilli en tonneau de chêne*

○ 1 ha 7 000 11 à 15 €

Bruno Michel besitzt in Pierry, südlich von Epernay, dreizehn Hektar Reben, deren Durchschnittsalter mehr als dreißig Jahre beträgt. Die Vinifizierung ist klug durchdacht; der Keller enthält hundert Eichenfässer (mit 225 l Fassungsvermögen). Dieser «im Eichenfass vinifizierte» Champagner ist trotzdem nicht holzbetont – im Gegenteil: Dank des Fasses konnte er Komplexität und Verschmolzenheit erwerben. Der Geschmack ist weich und ausgewogen. Zum Aperitif oder zu Eingangsgerichten. (RM)

Bruno Michel, 4, allée de la Vieille-Ferme, 51530 Pierry, Tel. 03.26.55.10.54, Fax 03.26.54.75.77, E-Mail champagne.j.b.michel@cder.fr n. V.

PAUL MICHEL Chardonnay Carte blanche

○ 1er cru 10 ha k. A. 11 à 15 €

Dieses Gut der Côte des Blancs hat achtzehn Hektar Weinberge. Es präsentiert einen halbtrockenen Blanc de Blancs, der von 1997 geernteten Trauben stammt. Ein empyreumatisch und zitronenartig duftender Champagner, der frisch und vor allem sehr jugendlich ist. (RM)

SARL champagne Paul Michel, 20, Grande-Rue, 51530 Cuis, Tel. 03.23.59.79.77, Fax 03.26.59.72.12 Mo–Fr 9h–12h 14h–17h; Aug. geschlossen

Philippe und Denis Michel

GUY MICHEL ET FILS*

○ k. A. 93 716 11 à 15 €

Die Marke ist zwar jüngeren Datums, aber die Michels sind seit 150 Jahren Winzer in Pierry. Ihre Weinberge umfassen über zwanzig Hektar. Eine weitere Cuvée, die 70 % dunkle und 30 % weiße Trauben enthält, aber sie wird von Pinot meunier (50 %) dominiert. Sie stammt von der Traubenlese 1998. Ihr komplexes Bouquet und ihr strukturierter, frischer, lang anhaltender Geschmack bringen ihr einen Stern ein. Die gleiche Note erhält der **Blanc de Blancs** (Preisgruppe: 100 bis 149 F) mit dem sehr schönen, intensiven Duft, der an Hefebrot erinnert, der klaren Ansprache und dem nachhaltigen Geschmack. Man kann ihn als verfeinerten Aperitif servieren. (RM)

SCEV champagne Guy Michel et Fils, 54, rue Léon-Bourgeois, BP 25, 51530 Pierry, Tel. 03.26.54.67.12 n. V.

CHARLES MIGNON Grande Réserve*

○ 1er cru k. A. k. A. 11 à 15 €

Diese junge Firma (1995) in Epernay erhält einen Stern für ihren Brut Grande Réserve, der jugendlich, elegant, frisch und nervig, aber gleichzeitig sehr ausgewogen ist, und eine lobende Erwähnung für ihren **Blanc de Blancs Premier cru ohne Jahrgangsbezeichnung** (Preisgruppe: 100 bis 149 F), der empyreumatisch, blumig, würzig und weich ist. (NM)

Charles Mignon, 1, av. de Champagne, 51200 Epernay, Tel. 03.26.58.33.33, Fax 03.26.51.54.10, E-Mail bruno.mignon@champagne-mignon.fr n. V.

PIERRE MIGNON Brut Prestige*

○ 4 ha k. A. 11 à 15 €

Das 1970 in Le Breuil angelegte Familiengut umfasst heute zwölf Hektar Reben. Diese Sondercuvée kombiniert 65 % Pinot meunier mit 20 % Chardonnay und 15 % Pinot noir. Sie ist blassgolden mit strohgelben Reflexen und verbindet reife Früchte (Quitte) und Apfel, Fülle und Frische. Die **90er Cuvée Madame** missfällt ebenfalls in keiner Weise; sie erhält die gleiche Note. (NM)

Pierre Mignon, 5, rue des Grappes-d'Or, 51210 Le Breuil, Tel. 03.26.59.22.03, Fax 03.26.59.26.74, E-Mail p.mignon@lemel.fr n. V.

MIGNON ET PIERREL Cuvée florale**

○ 1er cru k. A. k. A. 15 à 23 €

Diese junge Firma (1990) verkauft ihre Champagner in sehr ungewöhnlichen Flaschen: Das Glas ist vollständig mit einer Plastikfolie von grüner, blauer oder rosa Farbe überzogen. Die Zusammenstellung dieses Brut ohne Jahrgangsbezeichnung hingegen ist klassisch: 60 % Chardonnay und 40 % Pinot noir. Der Duft erinnert an Hefebrot; die Ansprache ist frisch, während die exotische Fruchtigkeit lang anhält. Die **95er Cuvée florale Premier cru** (Preisgruppe: 150 bis 199 F), ein Blanc de Blancs, was das Etikett nicht angibt, erhält einen Stern. Sie ist blumig und honigartig; danach prägen Zitrus-

früchte einen lebhaften Abgang. Eine lobende Erwähnung schließlich bekommt der Brut ohne Jahrgangsbezeichnung **Marquis de La Fayette Cuvée Prestige** (Preisgruppe: 70 bis 99 F). Er ist ein sehr «dunkler» Champagner (90 % Pinot noir), der leicht ist und Noten von grünem Apfel und Menthol bietet. (NM)
SA Pierrel et Associés,
26, rue Henri-Dunant, 51200 Epernay,
Tel. 03.26.51.00.90, Fax 03.26.51.69.40,
E-Mail champagne@pierrel.fr n. V.

JEAN MILAN
Blanc de Blancs Cuvée spéciale*

○ Gd cru k. A. k. A. 11 à 15 €

Die 1864 gegründete Firma wird von einem Nachkommen des Gründers geführt. Sie besitzt sechs Hektar Reben. Da sie sich in der Côte des Blancs befindet, widmet sie sich dem Chardonnay. Zwei ihrer Blanc-de-Blancs-Champagner, jeweils Grands crus, wurden ausgewählt. Diese Sondercuvée, ein Brut aus den Jahren 1996 und 1997, erhielt von der Jury den Vorzug. Sie ist im Geruchseindruck unauffällig und zeigt sich lebhaft in der Ansprache, ausgewogen, jugendlich und frisch. (NM)
Champagne Milan, 6, rue d'Avize,
51190 Oger, Tel. 03.26.57.50.09,
Fax 03.26.57.78.47,
E-Mail info@champagne-milan.com
Mo–Sa 10h–12h30 14h–18h; So n. V.
Henry-Pol Milan

MOET ET CHANDON
Brut impérial 1995*

○ k. A. k. A. 30 à 38 €

Eine der ältesten, berühmtesten und größten Firmen der Champagne, 1743 von Claude Moët gegründet. Dank ihrer gekrönten Kunden genoss sie schon in ihrer Anfangszeit hohes Ansehen; ab den 1960er Jahren erlebte sie eine beeindruckende Expansion und bildet heute die Stütze der Gruppe LVMH in der Champagne. Die Zusammenstellung des 95er Brut impérial enthält ebenso viel Pinot noir wie Chardonnay sowie ein wenig Pinot meunier. Der Geruchseindruck wirkt leicht kandiert; der Geschmack ist reich und kräftig. (NM)
Champagne Moët et Chandon,
20, av. de Champagne, 51200 Epernay,
Tel. 03.26.51.20.00, Fax 03.26.54.84.23
tägl. 9h30–11h30 14h–16h30;
Gruppen n. V.

MOET ET CHANDON
Dom Pérignon 1993*

○ k. A. k. A. +76 €

Wussten Sie, dass die prestigereiche Marke von Moët et Chandon, die dem berühmten Champagner-Mönch gewidmet ist, anfangs der Champagner-Firma Mercier gehörte (die seit 1970 von Moët kontrolliert wird)? Francine Durand-Mercier, die Enkeltochter von Eugène, bekam sie anlässlich ihrer Heirat mit Paul Chandon als Geschenk. Ihre Einführung durch Moët et Chandon im Jahre 1936 während der Jungfernfahrt des Passagierschiffs *Normandie* nach New York war ein klarer Erfolg. Der erste Jahrgang war der 1921er, bestimmt der Größte des Jahrhunderts in der Champagne. Dom Pérignon kombiniert weiße und dunkle Trauben zu fast gleichen Anteilen, die aber je nach Jahrgang wechseln. Dunkle und weiße Trauben von edler Herkunft: Erstere kommen aus Chouilly, Avize, Le Mesnil und Oger, Letztere aus Bouzy, Verzenay, Mailly, Aý und Ambonnay, wobei noch ein paar Trauben – aus symbolischen Gründen – aus Hautvillers stammen. Der 93er, ein bescheidener Jahrgang, ist hier trotzdem sehr gelungen. Er duftet nach Mandel, erscheint in der Ansprache klar, ist ausgewogen und hält mit Zitrusnoten lang an. (NM)
Champagne Moët et Chandon,
20, av. de Champagne, 51200 Epernay,
Tel. 03.26.51.20.00, Fax 03.26.54.84.23
tägl. 9h30–11h30 14h–16h30;
Gruppen n. V.

PIERRE MONCUIT
Blanc de Blancs 1995*

○ Gd cru 12 ha 25 000 15 à 23 €

Ein Weinbaubetrieb im Herzen der Côte des Blancs, in Le Mesnil-sur-Oger (als Grand cru eingestuft), der auf Blanc de Blancs Grand cru spezialisiert ist. Das Weingut wurde 1889 angelegt, die erste Cuvée 1928 hergestellt. Der 95er wurde überaus geschätzt. Sein an Konfitüre erinnernder Duft, der auf Quitte ausgerichtet ist, und sein ausgewogener, lakritzeartiger Geschmack lassen einen Champagner auf seinem Höhepunkt erkennen. Die **95er Cuvée Nicole Moncuit Vieilles vignes** (Preisgruppe: 150 bis 199 F), die von achtzig Jahre alten Rebstöcken stammt, wird wegen ihrer Eleganz und Feinheit lobend erwähnt. Die gleiche Note erhält die **Cuvée de réserve** (Preisgruppe: 70 bis 99 F), die eine milde Ansprache und einen geradlinigen, ausgewogenen Geschmack besitzt. (RM)
Champagne Pierre Moncuit,
11, rue Persault-Maheu, 51190 Le Mesnil-sur-Oger, Tel. 03.26.57.52.65, Fax 03.26.57.97.89
n. V.

MONDET Tradition*

○ 4 ha 12 000 11 à 15 €

Ein 1928 entstandenes Weingut, dessen Weinberg unweit der Abtei Hautvillers 10,5 Hektar umfasst. Die Cuvée Tradition stammt von 80 % Pinot noir und 20 % Chardonnay; zwei Drittel der Trauben wurden 1996 geerntet, der Rest 1995. Die Weine sind im Holzfass ausgebaut worden. Ein Champagner mit Aromen von geröstetem Hefebrot, der eine schöne Fülle besitzt und im Geschmack weich ist. (NM)
Champagne Mondet, 2, rue Dom-Pérignon,
51480 Cormoyeux, Tel. 03.26.58.64.15,
Fax 03.26.58.44.00 n. V.
Francis Mondet

ERNEST MONMARTHE
70e anniversaire 1995*

○ 1er cru k. A. 10 000 15 à 23 €

Ein paar Eckdaten markieren die Geschichte dieses Guts: 1737 ließen sich die Monmarthes in der Montagne de Reims nieder; 1930 brachte Ernest Monmarthe seine ersten Champagner auf den Markt; 1990 trat Jean-Guy in den Betrieb ein, der siebzehn Hektar Weinberge rund um die als Premier cru eingestufte Gemeinde seiner Vorfahren umfasst. Die Cuvée Ernest Monmarthe feiert den 70. Geburtstag des Hauses und übernimmt das Etikett aus der Anfangszeit. Zu gleichen Teilen aus weißen und dunklen Trauben (25 % Pinot meunier) erzeugt, entfaltet sie ein intensives Bouquet von Honig und kandierten Früchten und zeichnet sich durch ihre Stärke und Ausgewogenheit aus. Ein anderer, lobend erwähnter Premier cru ist die Cuvée **Grande Réserve** (Preisgruppe: 70 bis 99 F), die ebenfalls je zur Hälfte aus weißen und dunklen Trauben (der Jahre 1994 bis 1996) hergestellt wurde; sie ist ein sehr weicher Rosé-Champagner. (RM)

Jean-Guy Monmarthe, 38, rue Victor-Hugo, 51500 Ludes, Tel. 03.26.61.10.99, Fax 03.26.61.12.67, E-Mail champagne-monmarthe@wanadoo.fr
☑ Y n. V.

MONTAUDON*

○ 100 ha 800 000 11 à 15 €

Eine 1891 geschaffene Marke, die über 35 Hektar Weinberge verfügt. Ihr Brut ohne Jahrgangsbezeichnung stammt zu drei Vierteln von dunklen Trauben (darunter 25 % Pinot meunier) und zu einem Viertel von weißen Trauben, die von 1996 bis 1998 geerntet wurden. Eine klassische Zusammenstellung für einen klassischen Champagner, der rund und ausgewogen ist und eine gute Länge besitzt. (NM)

Champagne Montaudon, 6, rue Ponsardin, 51100 Reims, Tel. 03.26.86.70.80, Fax 03.26.86.70.87 ☑

DANIEL MOREAU
Carte noire Blanc de Noirs**

○ 2,5 ha 20 000 11 à 15 €

Dieser 1875 entstandene Familienbetrieb stellt seit 1978 Champagner her. Sein Weinberg umfasst 4,5 Hektar. Da sich Daniel Moreau im Marne-Tal befindet, ist er ein Meister der Rebsorte Pinot meunier (siehe Coteaux Champenois). Sein Blanc de Noirs von Trauben der Jahre 1996 und 1997, der offensichtlich von dieser Rebsorte stammt, ist ausgewogen, füllig und harmonisch. Der **Carte d'or** ist ein Blanc de Blancs; seine Komplexität, seine Rundheit, seine Weinigkeit, seine Ausgewogenheit und seine Länge bringen ihm einen Stern ein. Ein zum Essen bestimmter Champagner. (RM)

Daniel Moreau, 5, rue du Moulin, 51700 Vandières, Tel. 03.26.58.01.64, Fax 03.26.58.15.64 ☑ Y n. V.

MOREL PERE ET FILS

◐ 3 ha 4 000 11 à 15 €

Lange Zeit erzeugten die Morels nur Rosé des Riceys; seit 1997 bietet Pascal Morel auch Champagner an, darunter diesen Rosé-Champagner, der durch Maischung der Trauben hergestellt wird und somit zwangsläufig von Pinot-Trauben stammt (im vorliegenden Fall handelt es sich um Pinot-noir-Trauben, die eine kurze Maischegärung durchlaufen haben). Rote Früchte harmonieren mit der Rundheit, die einen ausgewogenen, frischen Geschmack begleitet. (RM)

Pascal Morel Père et Fils, 93, rue du Gal-de-Gaulle, 10340 Les Riceys, Tel. 03.25.29.10.88, Fax 03.25.29.66.72
☑ Y n. V.

MORIZE PERE ET FILS Réserve*

○ 11 ha 45 545 11 à 15 €

Der elf Hektar große Weinbaubetrieb in Les Riceys im Departement Aube präsentiert mit dieser Cuvée Réserve einen sehr «dunklen» Champagner (85 % Pinot noir), der von 1996 geernteten Trauben stammt, ergänzt durch die Jahrgänge 1994 und 1995. Dieser ausgewogene Wein besitzt als Hauptqualitäten Frische und Nachhaltigkeit. Der von der Jury lobend erwähnte **96er Jahrgangschampagner** (Preisgruppe: 100 bis 149 F) ist sehr «hell» (85 % Chardonnay). Er erregt die Aufmerksamkeit durch sein komplexes Bouquet (Zitrusfrüchte, Pfeffer, Tabak und Leder), das sich im Mund fortsetzt. (RM)

Morize Père et Fils, 122, rue du Gal-de-Gaulle, 10340 Les Riceys, Tel. 03.25.29.30.02, Fax 03.25.38.20.22
☑ Y n. V.

PIERRE MORLET 1996

○ 1er cru 1,5 ha 13 000 11 à 15 €

Pierre Morlet ist Winzer und Händler in Avenay-Val-d'Or. Für die Herstellung dieses 96er Jahrgangschampagners hat er 62 % Pinot noir und 38 % Chardonnay kombiniert, wobei die Trauben von seinen Reben in Aÿ (Grand cru) sowie Avenay-Val-d'Or und Mutigny (zwei Premiers crus). Der Most wird im Eichenfass vergoren. Das Ergebnis ist ein feiner, eleganter Champagner mit Zitrusaromen; eine Bitternote im Abgang verrät seine extreme Jugendlichkeit. (NM)

Champagne Pierre Morlet, 7, rue Paulin-Paris, 51160 Avenay-Val-d'Or, Tel. 03.26.52.32.32, Fax 03.26.59.77.13
☑ Y n. V.

CORINNE MOUTARD Tradition*

○ k. A. 20 000 11 à 15 €

Ein sechs Hektar großer Familienbetrieb im Departement Aube. Corinne Moutard verkauft seit 1998 Champagner unter ihrem eigenen Namen. Ihre Cuvée Tradition ist, wie schon der Name andeutet, eine traditionelle Zusammenstellung von 70 % Pinot (darunter 10 % Pinot meunier) und 30 % Chardonnay. Sie bietet einen diskreten, aber feinen Duft, eine klare Ansprache und einen ausgewogenen Geschmack. Der **Rosé-Champagner,** ein Rosé de Noirs, erhält für seinen Duft, der Kompottnoten und getrocknete Früchte verbindet, und für seinen empyreumatisch-fruchtigen Geschmack ebenfalls einen Stern. (NM)

Corinne Moutard, 51, Grande-Rue, 10110 Polisy, Tel. 03.25.38.52.47, Fax 03.25.29.37.46 ☑ Y n. V.

JEAN MOUTARDIER Carte d'or*

○ 23 ha 210 000 11 à 15 €

Auch wenn dieses 23 Hektar große Gut, das in den 20er Jahren entstand, am Westrand des Weinbaugebiets liegt, im Tal des Surmelin (näher bei Montmirail als bei Epernay), ist es doch regelmäßig in unserem Weinführer vertreten. Sein Rebsatz bevorzugt Pinot meunier, den die Firma zu ihrer Spezialität gemacht hat. Diese Cuvée Carte d'or würdigt somit die besagte Rebsorte, die 90 % des Verschnitts ausmacht, ergänzt durch 10 % Chardonnay. Einige Grundweine sind Reserveweine, die im Holzfass reifen. Das Ergebnis ist ein Champagner mit einem intensiven Bouquet, der entwickelt ist und im Geschmack lang anhält. (NM)

Champagne Jean Moutardier, 51210 Le Breuil, Tel. 03.26.59.21.09, Fax 03.26.59.21.25, E-Mail moutard@ebc.net n. V.

MOUTARD PERE ET FILS Extra-brut

○ 3,5 ha 20 000 15 à 23 €

Die Moutards machen seit 1927 Champagner. François Moutard interessiert sich für die seltenen Rebsorten der Champagne und bietet einen sortenrein von der Arbanne-Rebe erzeugten Champagner an! Mit diesem Extra-brut bleibt er in einem klassischeren Stil, denn diese Cuvée besteht zu gleichen Teilen aus weißen und dunklen Trauben (Pinot noir). Ein Champagner ohne Dosage, der diskret blumig duftet und dessen lebhafte Ansprache für einen klaren, sauberen Geschmack sorgt. (NM)

Champagne Moutard-Diligent, 6, rue des Ponts, 10110 Buxeuil, Tel. 03.25.38.50.73, Fax 03.25.38.57.72, E-Mail champagne.moutard@wanadoo.fr n. V.

Y. MOUZON LECLERE Carte d'or

○ 1er cru k. A. 1 800 11 à 15 €

Obwohl die Marke auf das Jahr 1959 zurückgeht, stellte dieser Betrieb schon vor dem Krieg Champagner her. Er befindet sich in der Montagne de Reims und besitzt dort fast zehn Hektar Weinberge. Diese Cuvée, die keine malolaktische Gärung durchläuft, enthält 80 % Chardonnay und 20 % Pinot noir (aus den Jahren 1994 und 1995). Sein Bouquet ist fruchtig, sein Geschmack auf liebenswürdige Weise nervig. (RM)

Yvon Mouzon, 1, rue Haute-des-Carrières, 51380 Verzy, Tel. 03.26.97.91.19, Fax 03.26.97.97.89 n. V.

PH. MOUZON-LEROUX Grande Réserve

○ Gd cru k. A. 80 000 11 à 15 €

Philippe Mouzon bewirtschaftet zehn Hektar Reben bei Verzy, einer als Grand cru eingestuften Gemeinde der Montagne de Reims. Unter der Marke Mouzon-Leroux erhält er zwei lobende Erwähnungen für Champagner, deren Zusammenstellung sich dadurch unterscheidet, dass Pinot noir und Chardonnay im umgekehrten Verhältnis darin vertreten sind. Diese Cuvée Grande Réserve wird von den dunklen Trauben (80 %) dominiert; sie stammt zu 58 % aus dem Jahr 1997, ergänzt durch Reserveweine von 1993 bis 1996. Sie zeigt sich weinig und ausgewogen, mit deutlicher Dosage. Der **95er Grand cru** hingegen wird zu 80 % aus Chardonnay erzeugt. Sein diskretes Blütenbouquet steht im Gegensatz zu seinem runden und dennoch nervigen Geschmack. Der ebenfalls lobend erwähnte **R. Mouzon-Juillet Grand cru ohne Jahrgangsbezeichnung** (Preisgruppe: 100 bis 149 F) enthält zwei Drittel Chardonnay und ein Drittel Pinot noir der Jahre 1990 (30 %) und 1991 (70 %). Dieser intensive, honigartige, sehr entwickelte Champagner zum Essen kann rotes Fleisch begleiten. (RM)

EARL Mouzon-Leroux, 16, rue Basse-des-Carrières, 51380 Verzy, Tel. 03.26.97.96.68, Fax 03.26.97.97.67 n. V.

G.H. MUMM ET CIE Cordon rouge*

○ 750 ha 5 000 000 15 à 23 €

Die berühmte Firma in Reims, die 1827 von zwei Deutschen gegründet wurde, exportierte schon vor dem Ersten Weltkrieg drei Millionen Flaschen. Diese Erfolge verhinderten jedoch nicht, dass sie eine bewegte Geschichte hatte. Seit 1969 ist die Firma von amerikanischen Kapitalgebern abhängig (wobei Allied Domecq ihr gegenwärtiger Besitzer ist). Diese Cuvée, eine Hommage an die Ehrenlegion, gibt es seit 1875. Sie besteht zu 70 % aus dunklen Trauben (45 % Pinot noir und 25 % Pinot meunier) und enthält 10 % Reserveweine. Dieser Cordon rouge ist keiner kleinen Zahl vorbehalten. Er ist frisch und zugleich rund und dürfte Millionen Liebhaber finden. Die gleiche Note erhält der **96er Jahrgangschampagner** (Preisgruppe: 150 bis 199 F), der ebenfalls von dunklen Trauben (62 %) bestimmt wird, die aber aus Grands crus stammen. Er ist kräftig, lang anhaltend und sicherlich sehr jung. Der **Mumm de Cramant** (Preisgruppe: 250 bis 299 F), Blanc de Blancs Grand cru, der mit geringerem Kohlensäuredruck abgefüllt worden ist, bekommt für seine Eleganz und seine komplexe, feine Aromenpalette, Blüten und Hefebrot, ebenfalls einen Stern. (NM)

G.-H. Mumm et Cie, 29, rue du Champ-de-Mars, 51100 Reims, Tel. 03.26.49.59.69, Fax 03.26.40.46.13, E-Mail mumm@mumm.fr n. V.

Allied Domecq

NAPOLEON 1991

○ k. A. k. A. 23 à 30 €

Die Marke Napoléon befindet sich im Alleinbesitz der Firma Prieur; gegründet wurde sie 1825 in Vertus. Kurioserweise soll sie geschaffen worden sein, um mit einem beziehungsreichen Namen den russischen Markt zu erobern! Bei Champagne Napoléon reifen alle Jahrgangschampagner einige Zeit. Deshalb präsentiert die Firma einen 91er, der zu gleichen Teilen aus dunklen und weißen Trauben erzeugt worden ist; er ist entwickelt und lang anhaltend und zeigt eine spürbare Dosage. (NM)

Champagne Napoléon, 2, rue de Villers-aux-Bois, 51130 Vertus, Tel. 03.26.52.11.74, Fax 03.26.52.29.10 n. V.

Ch. und A. Prieur

CHARLES ORBAN Cuvée spéciale 2000**

○ 1 ha 6 000 15 à 23 €

Champagne Charles Orban ist eine der Marken der Firma Rapeneau. Diese Cuvée kommt ausschließlich von einem neun Hektar großen Gut, das seinen Sitz in Troissy (Marne-Tal) hat, daher auch der Status als Récoltant-Manipulant. Die Rebsorte Chardonnay dominiert in hohem Maße (80 %) in der Zusammenstellung dieser Cuvée; ergänzt wird sie durch Pinot noir, wobei die Trauben 1996 und 1997 geerntet wurden. Das ergibt einen äußerst angenehmen Champagner, aufgrund seines feinen, lebhaften Bouquets, das aus Butter- und Röstnoten sowie weißfleischigen Früchten besteht, ebenso wie aufgrund seines ausgewogenen, frischen, nachhaltigen Geschmacks. (RM)

Champagne Charles Orban, 44, rte de Paris, 51700 Troissy, Tel. 03.26.52.70.05, Fax 03.26.52.74.66

Mo–Fr 10h–12h 14h–18h

Rapeneau

CUVEE ORPALE Blanc de Blancs 1990

○ Gd cru k. A. 25 000 30 à 38 €

Die Union Champagne, die ihren Sitz in Avize in der Côte des Blancs hat, vereinigt zehn Genossenschaften (rund 1000 Hektar Reben). Die Champagner, die sie herstellt, werden von großen Firmen oder unter eigenen Marken verkauft: Saint Gall (siehe unter diesem Namen) und Orpale. Diese Cuvée Orpale ist eine Spitzencuvée. Die Verkoster erkannten an diesem Champagner zwei wesentliche Qualitäten: die, dass er «sehr 1990» ist, also opulent, weich und leicht entwickelt, und die, dass er «sehr Blanc de Blancs» ist, d. h. die Feinheit und die Aromenpalette zeigt, die für die Rebsorte typisch sind: geröstetes Brot, buttrige Noten, Haselnuss. (CM)

Union Champagne, 7, rue Pasteur, 51190 Avize, Tel. 03.26.57.94.22, Fax 03.26.57.57.98, E-Mail info@de-saint-gall.com n. V.

OUDINOT Cuvée Brut*

○ k. A. 700 000 15 à 23 €

Die 1889 in Avize gegründete Firma wurde 1981 von Jacques Trouillard übernommen, der 121 Hektar Weinberge und die Marken Jeanmaire und Beaumet besitzt. Die drei Rebsorten der Champagne zu fast gleichen Teilen bilden diesen Brut ohne Jahrgangsbezeichnung, der lebhaft und fein ist und seinen Platz als Aperitif finden wird. (NM)

Champagne Oudinot, ch. Malakoff, 3, rue Malakoff, 51207 Epernay, Tel. 03.26.59.50.10, Fax 03.26.54.78.52, E-Mail chateau.malakoff@wanadoo.fr

M. und J. Trouillard

BRUNO PAILLARD 1995*

○ k. A. k. A. 23 à 30 €

Eine der jüngsten Firmen der Champagne, 1981 von Bruno Paillard gegründet. Ihre Cuvées sind hochwertige Champagner, die zu drei Vierteln ins Ausland exportiert werden; einen Großteil ihrer Kundschaft machen Weinfachhandlungen und Restaurants aus. Dieser 95er Brut, der zu zwei Dritteln aus dunklen Trauben besteht (45 % Pinot noir, 19 % Pinot meunier, 36 % Chardonnay), erinnert an Hefebrot und ist fett und lang anhaltend. Ebenso erfolgreich ist die **Première Cuvée** (Preisgruppe: 100 bis 149 F), die ebenfalls die drei Rebsorten der Champagne vereint, mit ähnlichen Anteilen wie beim 95er Jahrgangschampagner (45 % Pinot noir, 22 % Pinot meunier, 33 % Chardonnay); sie ist ein fruchtiger, runder, harmonischer Champagner von idealer Ausgewogenheit. Einen Stern erhält auch der **Rosé-Champagner Première Cuvée** (Preisgruppe: 150 bis 199 F), der von Pinot noir (85 % sowie 15 % Chardonnay), dominiert wird; er erscheint im Glas zart rosa und ist im Geschmack lebhaft und kräftig. Ein sehr jugendlicher Champagner. Mit Ausnahme des Rosé-Champagners reifen die Champagner von Bruno Paillard teilweise im Holzfass, die hier lobend erwähnte Cuvée **NPU (Nec plus ultra) 1990** (Preisgruppe: 300 bis 499 F) sogar vollständig. (NM)

Champagne Bruno Paillard, av. de Champagne, 51100 Reims, Tel. 03.26.36.20.22, Fax 03.26.36.57.72, E-Mail brunopaillard@aol.com n. V.

AMAZONE DE PALMER

○ k. A. k. A. 23 à 30 €

Palmer, anfangs ein Erzeuger von Grand-cru-Champagnern, hat sich später auch für bescheidenere Reblagen geöffnet. Die Sondercuvée Amazone, das Ergebnis einer klassischen Zusammenstellung, denn sie ist je zur Hälfte aus dunklen und weißen Trauben erzeugt worden, ist der einzige Champagner, der sich in einer ovalen Flasche befindet. Dieser kräftige, weinige, honigartige Wein wird den Liebhabern entwickelter Champagner gefallen und seinen Platz beim Essen finden, zu Fleisch. Der ebenfalls lobend erwähnte **Brut ohne Jahrgangsbezeichnung** (Preisgruppe: 70 bis 99 F) stammt zu zwei Dritteln von der Chardonnay-Traube (62 %) und zu einem Drittel von den beiden Pinot-Sorten. Er ist ausgewogen, durch Zitrusfrüchte geprägt, und wird als Aperitif munden. (CM)

Champagne Palmer et C°, 67, rue Jacquart, 51100 Reims, Tel. 03.26.07.35.07, Fax 03.26.07.45.24 n. V.

PANNIER 1996*

○ k. A. 18 386 15 à 23 €

Ihren Namen hat diese Kellerei von Eugène Pannier, dem Gründer einer Firma, die an seinen Sohn überging. 1971 wurde die Marke von den Traubenlieferanten übernommen, die in einer Genossenschaft (COVAMA) zusammengeschlossen sind. Diese hat ihren Sitz in Château-Thierry, im Marne-Tal (Aisne), dem Ort, in dem der Dichter Jean de la Fontaine geboren wurde. Die Kellerei vinifiziert 600 Hektar. Ihr 96er Jahrgangschampagner, der von den drei Rebsorten der Champagne stammt, wurde sehr gut aufgenommen: Man lobte seine Ausgewogenheit, seine Frische und seine Länge. Der ebenfalls von den drei Rebsorten, aber vorwiegend aus Pinot meunier erzeugte **Rosé-Champagner** verdient eine lobende Erwähnung: Er zeigt eine intensive rosa, fast rote Farbe und ist kräftig gebaut, weinig und weich. (CM)

⊶ SCVM COVAMA, 25, rue Roger-Catillon, B.P. 55, 02403 Château-Thierry Cedex, Tel. 03.23.69.51.30, Fax 03.23.69.51.31, E-Mail chppannier@aol.com ☑ Ⲧ n. V.

PAQUES ET FILS
Chardonnay Cuvée Aurore**

○ 1er cru 0,25 ha 2 000 15 à 23 €

Ein zehn Hektar großes Gut in der Montagne de Reims, rund um Rilly, eine als Premier cru eingestufte Gemeinde; geschaffen wurde es 1905 vom Urgroßvater der heutigen Besitzer. Es überrascht mit zwei Cuvées von sehr schöner Beschaffenheit. Diese Cuvée Aurore ist ein Blanc de Blancs, der aus zwei großen Jahren, 1995 und 1996, stammt. Die Verkoster schätzten in hohem Maße ihre Frische und ihre Feinheit und sagten ihr eine große Zukunft voraus. Als Aperitif oder zu Fisch und Krustentieren. Der **95er Carte rouge** (Preisgruppe: 70 bis 99 F) erhält einen Stern. Dieser fruchtige, honigartige, rauchige Champagner zeichnet sich durch seine Stärke und seinen Charakter aus. (RM)

⊶ Paques et Fils, 1, rue Valmy, 51500 Rilly-la-Montagne, Tel. 03.26.03.42.53, Fax 03.26.03.40.29, E-Mail phil.paques@wanadoo.fr ☑ Ⲧ n. V.

DENIS PATOUX Carte d'or**

○ k. A. k. A. 11 à 15 €

Die Familie von Denis Patoux baut seit 1900 Wein an, aber erst sein Großvater begann 1945 mit dem Verkauf von Champagner. Der Betrieb, der in Vandières (Marne-Tal) liegt, umfasst heute acht Hektar Weinberge, die sich auf dem rechten Ufer des Flusses befinden. Diese Cuvée Carte d'or ist in aller Schlichtheit durch die Deutlichkeit ihres lebhaften, fruchtigen Bouquets und durch ihren frischen, ebenfalls fruchtigen Geschmack (weißer Pfirsich) aufgefallen, der ausgewogen ist und sehr lang andauert. Dieser ausgezeichnete Champagner ist der richtige Aperitif oder zu Fisch angebracht. Der würzige, nervige, lang anhaltende **Brut ohne Jahrgangsbezeichnung** erhält einen Stern. (RM)

⊶ Denis Patoux, 1, rue Bailly, 51700 Vandières, Tel. 03.26.58.36.34, Fax 03.26.59.16.10 ☑ Ⲧ n. V.

PEHU-SIMONET Sélection**

○ Gd cru 2 ha 17 000 11 à 15 €

Die Marke Péhu-Simonet entstand 1978 durch die Verbindung von zwei Familien. Der Weinbaubetrieb umfasst heute fünf Hektar Reben in Verzenay, einer Gemeinde der Montagne de Reims, die auf der Cru-Skala mit 100 % eingestuft ist. Die drei ausgewählten Champagner sind übrigens alle Grands crus. «Es gibt ihn wirklich» und «Dieser Wein gefällt mir», schrieben zwei Verkoster im Hinblick auf diese Cuvée Sélection, die zu drei Viertel aus Pinot noir besteht, ergänzt durch Chardonnay, wobei Trauben der 98er Lese mit Weinen der Jahre 1994 bis 1997 kombiniert wurden. Ein fleischiger, voller, gut gebauter, lang anhaltender Wein, den man zum Essen trinkt, zu rotem Fleisch. Der **Rosé-Champagner Cuvée spéciale** enthält 80 % Pinot noir (darunter auch Rotwein) und 20 % Chardonnay der Traubenlesen 1994 bis 1997. Seine schöne Präsenz, seine Ausgewogenheit und seine Länge bringen ihm einen Stern ein. Die **93er Cuvée Junior** (Preisgruppe: 100 bis 149 F) verdient eine lobende Erwähnung; sie ist ein je zur Hälfte aus dunklen und weißen Trauben erzeugter Champagner, der reif und füllig ist und zu Kompott verarbeitete Früchte mit Hefebrotnoten mischt. (RM)

⊶ Pehu-Simonet, 7, rue de la Gare, B.P. 22, 51360 Verzenay, Tel. 03.26.49.43.20, Fax 03.26.49.45.06 ☑ Ⲧ n. V.

JEAN-MICHEL PELLETIER
Tradition**

○ 2,5 ha 22 000 11 à 15 €

Ein Brut ohne Jahrgangsbezeichnung, der die Jahrgänge 1996, 1997 und 1998 kombiniert und einen Pinot-meunier-Anteil von 90 % hat. Jean-Michel Pelletier, einem ausgebildeten Önologen, ist ein Wein gelungen, der ganz durch Blüten und Früchte bestimmt ist, rund und komplex, mit ein wenig Dosage, aber ausgewogen und angenehm. (RC)

⊶ Jean-Michel Pelletier, 22, rue Bruslard, 51700 Passy-Grigny, Tel. 03.26.52.65.86, Fax 03.26.52.65.86 ☑ Ⲧ n. V.

JEAN PERNET Tradition

○ 6 ha 30 000 11 à 15 €

Diese Firma besitzt 15,5 Hektar und verkauft seit 1947 Champagner. Ihr Brut Tradition verbindet 60 % Pinot (davon 10 % Pinot meunier) und 40 % Chardonnay der Jahre 1997 und 1998. Sein Bouquet ist intensiv und honigartig, sein Geschmack frisch und leicht. Eine lobende Erwähnung erhält auch der **Réserve Chardonnay Grand cru,** der von Trauben der Jahre 1996 und 1997 stammt; er ist ein wenig flüchtig, aber rund und ausgewogen. (NM)

⊶ Champagne Jean Pernet, 6, rue de la Brèche-d'Oger, 51190 Le Mesnil-sur-Oger, Tel. 03.26.57.54.24, Fax 03.26.57.96.98 ☑ Ⲧ n. V.

PERNET-LEBRUN*

◕ k. A. 2 000 11 à 15 €

Fünf Generationen von Winzern haben einander auf diesem Weingut bei Mancy abgelöst. Die Grundcuvée für diesen Rosé-Champagner überlässt die Hauptrolle der Rebsorte Pinot meunier (58 % sowie 12 % Pinot noir und 30 % Chardonnay); die Trauben dafür wurden 1998 gelesen. Dieser lachsrote Champagner mit orangeroten Tönen enthüllt Honig- und Him-

beeraromen; der Geschmack ist ausgewogen. Die gleiche Note erhält die **95er Cuvée Authentick** (Preisgruppe: 100 bis 149 F), die aus den drei Rebsorten der Champagne zu gleichen Teilen zusammengestellt ist; sie ist rauchig, nervig und leicht. Die je zur Hälfte aus dunklen (Pinot meunier) und weißen Trauben der 97er Lese erzeugte **Cuvée d'argent-Sol** (Preisgruppe: 70 bis 99 F) wird wegen ihrer Ausgewogenheit und Länge lobend erwähnt. (RM)
Pernet-Lebrun, Ancien-Moulin,
51530 Mancy, Tel. 03.26.59.71.63,
Fax 03.26.57.10.42 n. V.

JOSEPH PERRIER Cuvée royale*

○ k. A. 500 000 15 à 23 €

Eine der beiden 1825 von Joseph Perrier in Châlons-en-Champagne gegründeten Firmen. 1888 wurde sie an Paul Pithois verkauft, kam dann kurzzeitig in den Besitz von Laurent-Perrier und wurde schließlich von Alain Thiénot übernommen. Die Cuvée royale ohne Angabe des Jahrgangs nutzt ebenfalls alle drei Rebsorten der Champagne. Sie ist ausgewogen, zeigt eine schöne Feinheit und lässt Zitronennoten erkennen, in der Nase ebenso wie im Mund. In der Preisspanne darüber werden zwei andere Champagner lobend erwähnt: der **Rosé-Champagner Cuvée royale,** der von dunklen Trauben (75 % Pinot noir gegenüber 25 % Chardonnay) dominiert wird und sehr ausgewogen und von sauren Drops geprägt ist, und die zu fast gleichen Teilen aus dunklen (55 % Pinot noir) und weißen Trauben erzeugte **95er Cuvée royale,** die ebenfalls harmonisch ist. (NM)
SA Champagne Joseph Perrier,
69, av. de Paris, B.P. 31,
51000 Châlons-en-Champagne,
Tel. 03.26.68.29.51, Fax 03.26.70.57.16
n. V.

DANIEL PERRIN Cuvée Prestige

○ 1,5 ha 10 000 11 à 15 €

Zwei Brüder arbeiten in diesem Weinbaubetrieb im Departement Aube, der seit 1957 seine eigenen Champagner herstellt. Ihre Cuvée Prestige stammt zu zwei Dritteln von dunklen (Pinot noir) und zu einem Drittel von weißen Trauben des Jahres 1998. Aufmerksamkeit erregt sie durch ihren Duft mit der fleischigen Fruchtigkeit und durch ihren von Zitronennoten geprägten Geschmack mit der spürbaren Dosage. (RM)
EARL Champagne Daniel Perrin,
10200 Urville, Tel. 03.25.27.40.36,
Fax 03.25.27.74.57 n. V.

PERSEVAL-FARGE Cuvée Jean-Baptiste

○ 1er cru 2 ha 2 000 15 à 23 €

Isabelle und Benoist Perseval bewirtschaften vier Hektar Reben in fünf Parzellen rund um Chamery, ein Dorf der Montagne de Reims. Ihre Cuvée Jean-Baptiste, eine klassische Zusammenstellung von 60 % Chardonnay und 40 % Pinot (davon 10 % Pinot meunier) der Jahre 1993 bis 1995, verbindet in der Nase Hefebrotnoten und Mandeln. Der leichte Geschmack erinnert an Zitrusfrüchte. (RM)
Isabelle et Benoist Perseval,
12, rue du Voisin, 51500 Chamery,
Tel. 03.26.97.64.70, Fax 03.26.97.67.67,
E-Mail champagne.perseval-farge@wanadoo.fr
n. V.

PERTOIS-MORISET Blanc de Blancs 1995

○ Gd cru 12 ha 30 000 15 à 23 €

Dominique Pertois bewirtschaftet achtzehn Hektar Weinberge. Sein Gut hat er in Le Mesnil-sur-Oger, einer als Grand cru eingestuften Gemeinde im Herzen der Côte des Blancs. Er präsentiert einen Blanc de Blancs, der im Duft durch Honig- und Mokkanoten geprägt ist, was ein Zeichen von Entwicklung ist. Der geradlinige Geschmack zeigt die für den Jahrgang eigentümliche Lebhaftigkeit. (RM)
Dominique Pertois,
13, av. de la République, 51190 Le Mesnil-sur-Oger, Tel. 03.26.57.52.14, Fax 03.26.57.78.98
Mo–Sa 8h–12h 14h–18h; Aug. geschlossen

PIERRE PETERS
Blanc de Blancs Cuvée de réserve

○ Gd cru 10 ha 100 000 11 à 15 €

Dieser Erzeuger, der einer in Le Mesnil-sur-Oger sehr bekannten Familie entstammt, hat einen 17,5 ha großen Weinberg mit Chardonnay-Reben. Zwei seiner Blanc-de-Blancs-Champagner werden lobend erwähnt: zwei sehr unterschiedliche Cuvées. Diese Cuvée de réserve verbindet in der Nase Butter, Karamell und Honig und bietet einen weichen Geschmack mit merklicher Dosage. Der **Extra brut** hingegen ist frisch. Der Duft erinnert an Haselnuss; der Geschmack, der eine schöne Länge besitzt, klingt mit Zitrusfrüchten aus. (RM)
Champagne Pierre Peters,
26, rue des Lombards, 51190 Le Mesnil-sur-Oger, Tel. 03.26.57.50.32, Fax 03.26.57.97.71
n. V.
F. Peters

PETITJEAN-PIENNE Blanc de Blancs*

○ Gd cru 1,75 ha 8 800 11 à 15 €

Diese Familie lebt seit vier Generationen in Cramant, in der Côte des Blancs. Sie bewirtschaftet ein Weingut rund um das Dorf Avize, eine am Rande gelegene Gemeinde, die ebenfalls als Grand cru eingestuft ist. Sie präsentiert einen Blanc de Blancs, der blumig, im Duft ebenso wie im Geschmack, füllig und entwickelt ist.
Petitjean-Pienne, 4, allée des Bouleaux,
51530 Cramant, Tel. 03.26.57.58.26,
Fax 03.26.59.34.09,
E-Mail petitjean-pienne@wanadoo.fr
n. V.

MAURICE PHILIPPART Prestige 1990*

○ 6 ha 11 236 15 à 23 €

Nicaise – ein für die Champagne durchaus typischer Name – baute schon 1827 Wein an; Maurice, der zwischen den beiden Weltkriegen Winzer war, hinterließ seinen Namen dem Champagner, den Paul ab 1956 verkaufte; Franck, der den Betrieb 1993 übernahm, bewirtschaftet sechs Hektar Reben. Das Gut hat seinen

Sitz in Chigny, in der Montagne de Reims. Dieser 90er Jahrgangschampagner, ein Verschnitt von 40 % Pinot noir und 60 % Chardonnay, ist recht typisch für den Jahrgang, d. h. reich, sanft, füllig und lang anhaltend, mit entwickelten Aromen, bei denen sehr reife Früchte hervortreten. Man könnte sich diese Flasche als Begleitung zu einer gespickten Poularde vorstellen. (RM)
Maurice Philippart, 16, rue de Rilly, 51500 Chigny-les-Roses, Tel. 03.26.03.42.44, Fax 03.26.03.46.05, E-Mail franck.philippart1@libertysurf.fr Mo–Fr 9h–11h30 14h–18h; Sa n. V.
Franck Philippart

PHILIPPONNAT Clos des Goisses 1990**

○ 5,5 ha k. A. 46 à 76 €

Das Firmenemblem, ein Wappen mit rotem und goldenem Schachbrettmuster, geht auf das Jahr 1697 zurück; die Philipponnat besaßen schon damals Weinberge, aber mit der Herstellung von Champagner begannen sie erst im Zweiten Kaiserreich. Die Firma wurde 1910 von Auguste und Pierre Philipponnat gegründet. Sie besitzt siebzehn Hektar und gehört seit 1997 Boizel-Chanoine. Der berühmte Clos des Goisses, ein von Mauern umgebener, 5,5 ha großer Weinberg in steiler Südlage, wurde 1935 erworben. Er erzeugt ausschließlich Jahrgangschampagner. Dieser 90er stammt zu 70 % von Pinot noir und zu 30 % von Chardonnay und hat keine malolaktische Gärung durchlaufen. Er hat bei mehreren Verkostern Begeisterung ausgelöst – «Prächtig», fasste ein Mitglied der Jury zusammen – und wurde für eine Liebeserklärung vorgeschlagen. Ein meisterlicher Wein, der füllig und strukturiert ist und sehr lang anhält, mit Haselnuss- und Mandelaromen. Der **91er Blanc de Blancs Sublime Réserve** (Preisgruppe: 150 bis 199 F) erreicht glanzvoll seinen Höhepunkt; die Dosage macht ihn ein wenig schwer. Er wird lobend erwähnt. (NM)
SA Champagne Philipponnat, 13, rue du Pont, 51160 Mareuil-sur-Ay, Tel. 03.26.56.93.00, Fax 03.26.56.93.18, E-Mail info@champagnephilipponnat.com n. V.

PIERREL Cuvée Arabesque*

○ k. A. k. A. 15 à 23 €

Pierrel ist eine Marke einer Firma, die auch die Champagner Mignon et Pierrel (siehe unter diesem Namen) und Marquis de la Fayette herstellt. Diese Cuvée Arabesque stammt ausschließlich von Chardonnay-Trauben, auch wenn die Angabe «Blanc de Blancs» auf dem schmucklosen, rautenförmigen Etikett nicht erscheint. «Komplex, rund, ausgewogen und lang – sie wird bei Empfängen ihren Platz beim Essen haben», meinte ein Verkoster. Zwei andere Champagner, beides Premiers crus, wurden lobend erwähnt: der **Brut ohne Jahrgangsbezeichnung,** eine Kombination von 60 % Chardonnay und 40 % Pinot noir, der nur kurz anhält, aber ausgewogen ist, und die **95er Grande Cuvée** (Preisgruppe: 150 bis 199 F), die bis auf 5 % ein Blanc de Blancs ist, lebhaft und lang anhaltend, mit Zitrusnoten. (NM)
SA Pierrel et Associés, 26, rue Henri-Dunant, 51200 Epernay, Tel. 03.26.51.00.90, Fax 03.26.51.69.40, E-Mail champagne@pierrel.fr n. V.

PIERSON-CUVELIER
Prestige Carte d'or*

○ Gd cru 2,5 ha 5 000 11 à 15 €

Der Weinberg ist hundert Jahre alt; die ersten Flaschen wurden 1928 hergestellt, aber die Marke wurde erst fünfzig Jahre später geschaffen. Das Gut liegt in Louvois, einer in der Cru-Skala mit 100 % eingestuften Gemeinde der Montagne de Reims. Die zwei ausgewählten Champagner sind somit Grands crus. Den Vorzug erhielt diese Cuvée Prestige Carte d'or, ein Blanc de Noirs, der von 1994 bis 1996 geernteten Trauben stammt; sie ist kräftig, reich, konfitüreartig, kräftig gebaut und lang und passt zu weißem Fleisch. Der lobend erwähnte **Rosé-Champagner,** der von Trauben der Jahre 1995 bis 1997 stammt, ist eine Kombination von Roséwein, nach kurzer Maischung abgezogen, Rotwein aus Bouzy, der aus dem gleichen Gärbehälter stammt, und Blanc-de-Noirs-Weinen. Er hat eine satte Farbe und ist kräftig und lang; er ist für Mahlzeiten bestimmt. (RM)
François Pierson-Cuvelier, 4, rue de Verzy, 51150 Louvois, Tel. 03.26.57.03.72, Fax 03.26.51.83.84 n. V.

PIPER-HEIDSIECK 1995*

○ k. A. k. A. 23 à 30 €

Diese Firma ist einer der drei Zweige, die aus der Teilung der 1785 von Florens Louis Heidsieck gegründeten Firma im Jahre 1835 hervorgingen. Seit 1990 gehört sie Rémy Cointreau – ebenso wie Charles Heidsieck. Dieser 95er wird von den beiden «edlen» Rebsorten der Champagne erzeugt, Pinot noir und Chardonnay. Es handelt sich um einen Champagner mit «Charakter», wie es ein Verkoster ausdrückte, der ihn schätzte («Liebhabern vorbehalten») und seine Eleganz, seine Intensität und seine Feinheit hervorhob. (NM)
Piper-Heidsieck, 51, bd Henry-Vasnier, 51100 Reims, Tel. 03.26.84.43.00, Fax 03.26.84.43.49 n. V.

PLOYEZ-JACQUEMART 1995*

○ 1,4 ha 14 000 38 à 46 €

Der Weinbaubetrieb reicht bis 1860 zurück; die Handelsfirma, die im Besitz der Familie geblieben ist, wurde 1930 gegründet. Sie hat ihren Sitz in der Montagne de Reims. Dieser 95er Jahrgangschampagner, das Ergebnis einer klassischen Zusammenstellung (40 % Pinot noir, 60 % Chardonnay), ist blumig, ausgewogen und frisch. (NM)
Champagne Ployez-Jacquemart, 8, rue Astoin, 51500 Ludes, Tel. 03.26.61.11.87, Fax 03.26.61.12.20 n. V.

POL ROGER Blanc de Blancs 1995*

○ k. A. k. A. 38 à 46 €

Eine 1849 von Pol Roger gegründete Firma. Anfang des 20. Jh. wurde der Vorname «Pol» dem Familiennamen eingegliedert; es gab somit

Maurice Pol-Roger, Georges Pol-Roger, Jacques Pol-Roger und schließlich Christian Pol-Roger, der die Firma zusammen mit seinem Cousin Christian de Billy leitet. Dieser 95er, eine Kombination von 60 % Pinot noir und 40 % Chardonnay, ist ein stattlicher, runder, voller Champagner, der perfekt ausbalanciert ist. (NM)

SA Pol Roger, 1, rue Henri-Lelarge, 51200 Epernay, Tel. 03.26.59.58.00, Fax 03.26.55.25.70, E-Mail polroger@abc.net
Y n. V.

POMMERY Louise 1989★★

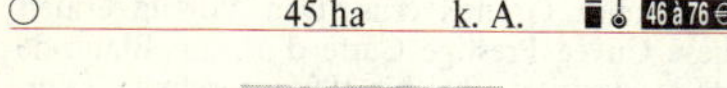

○ 45 ha k. A. 46 à 76 €

Die Gruppe LVMH kontrolliert seit 1990 Pommery und seine 300 Hektar Weinberge. Am Anfang dieser Marke steht die Firma Dubois-Gosset, die 1836 von Narcisse Greno übernommen wurde, der sich mit Louis-Alexandre Pommery zusammentat. Aber die Galionsfigur der Firma Pommery war Louise, die Ehefrau des Letztgenannten, die es verstand, die Firma nach dem Tod ihres Gemahls im Jahre 1858 auszubauen. Sie erfand den «brut» Champagner und erwarb Weinberge von hoher Qualität. Diese Cuvée Louise (früher Louise Pommery) ist eine Spitzencuvée. Dieser 89er, eine würdige Hommage an diese große Witwe der Champagne, machte die Verkoster glücklich. Was man ihren Degustationszetteln ansieht: «köstlich, cremig, sinnlich, warm, wohl schmeckend, Hefebrot, Mandel, Trockenfrüchte, glänzender Abgang ...» Die Oberjury urteilte einstimmig: Die Liebeserklärung drängte sich auf. (NM)

Pommery, 5, pl. du Gal-Gouraud, B.P. 87, 51100 Reims, Tel. 03.26.61.63.98, Fax 03.26.61.63.98 Y n. V.
LVMH

VIRGILE PORTIER
Blanc de Blancs Cuvée Madeleine

○ 1 ha 2 000 15 à 23 €

Der von Virgile Portier 1924 geschaffene Weinbaubetrieb besitzt acht Hektar Reben. Die Vinifizierung wird im Holzfass durchgeführt; die Weine durchlaufen keine malolaktische Gärung. Dieser Blanc de Blancs ohne Jahrgangsbezeichnung stammt von Trauben des Jahres 1995. Der deutlich spürbare Duft mit leichtem Holzton lässt buttrige Noten und Zitrusnuancen erkennen. Der Geschmack ist reich. Dieser Champagner hat seinen Höhepunkt erreicht. (RM)

SARL Virgile Portier, 21, rte Nationale, 51360 Beaumont-sur-Vesle, Tel. 03.26.03.90.15, Fax 03.26.03.99.31
Y Mo–Sa 8h–12h 14h–19h; So n. V.

ROGER POUILLON ET FILS
Fleur de Mareuil 50ème Anniversaire★

○ 1er cru 0,5 ha 3 000 15 à 23 €

Der 1947 von Roger Pouillon gegründete Weinbaubetrieb verfügt über 6,5 Hektar Weinberge, die nicht nur in Mareuil-sur-Ay, sondern in mehreren Teilen des Champagne-Anbaugebiets liegen. Hier hält man seit langem an der Vinifizierung im Holzfass fest; bevor sich Fabrice, der Enkel des Gründers, 1998 seinem Vater anschloss, arbeitete er im Gebiet von Sauternes und in Burgund. Diese Fleur de Mareuil, die je zur Hälfte aus dunklen und weißen Trauben (1996 und 1997 gelesen) erzeugt wurde, ist somit im Fass mit Aufrühren des Hefesatzes hergestellt worden. Ihre komplexe Aromenpalette verbindet Vanillenuancen, leichte Holznoten und getrocknete Früchte. Die gleichen Aromen erscheinen ein wenig entwickelt im Geschmack. (RM)

Roger Pouillon et Fils, 3, rue de la Couple, 51160 Mareuil-sur-Aÿ, Tel. 03.26.52.60.08, Fax 03.26.59.49.83, E-Mail contact@champagne-pouillon.com
Y n. V.

PRESTIGE DES SACRES
Réserve spéciale★

○ k. A. 150 000 11 à 15 €

Die 1961 gegründete Winzergenossenschaft von Germigny-Janvry-Rosnay verkauft seit 1970 Flaschen. Ihre beiden Marken sind Château de l'Auche und Prestige des Sacres. In dieser Cuvée, die von Trauben der Jahre 1995 bis 1998 stammt, wirken die drei Rebsorten der Champagne zusammen. Ihr Bouquet von Früchten, Gewürzen und Honig geht einer deutlichen Ansprache und einem fülligen Geschmack mit Hefebrotaroma voraus. Unter der gleichen Marke verdient der **Blanc de Blancs Nectar de Saint-Rémi,** der aus 1993 und 1994 gelesenen Trauben erzeugt worden ist, eine lobende Erwähnung wegen seines Dufts von getrockneten Früchten und milden Gewürzen und wegen seines anhaltenden Geschmacks mit den Aromen wild wachsender Früchte. (CM)

Coop. vinicole de Germigny-Janvry-Rosnay, rue de Germigny, 51390 Janvry, Tel. 03.26.03.63.40, Fax 03.26.03.66.93
Y n. V.

YANNICK PREVOTEAU
La Perle des Treilles

○ 0,6 ha 4 000 15 à 23 €

Fünf Generationen haben einander auf diesem 9,5 Hektar großen Weingut abgelöst. Die Marke entstand 1970. Die Champagner Yannick Prévoteau durchlaufen keine malolaktische Gärung. Diese «Perle des Treilles» stammt von 60 % Pinot noir und 40 % Chardonnay. Ihr Bouquet ist fruchtig (Apfel und Birne), ihr Geschmack ausgewogen, honigartig und lang anhaltend. (RM)

Yannick Prévoteau, 4 *bis*, av. de Champagne, 51480 Damery, Tel. 03.26.58.41.65, Fax 03.26.58.61.05
Y tägl. 8h–12h 13h–19h

ACHILLE PRINCIER Grand Art 1995*

○ k. A. 10 000 ■ 30 à 38 €

Eine 1955 entstandene Handelsfirma in Epernay mit weitem Betätigungsfeld. Diese altmodische Flasche «Grand Art» ist auch auf altmodische Weise verschlossen, d. h. gemäß der königlichen Anordnung von 1735 mit einem Bindfaden verschnürt (als Ersatz für den Drahtkorb). Die je zur Hälfte aus dunklen und weißen Trauben erzeugte Cuvée kombiniert die Trauben von zwei weißen Grands crus und drei roten Grands crus. Ihr elegantes, intensives Bouquet von Akazienblütenhonig kündigt einen runden, fetten Geschmack an, der für einen 95er relativ stark entwickelt ist. (NM)

Achille Princier, 9, rue Jean-Chandon-Moët, 51207 Epernay, Tel. 03.26.54.04.06, Fax 03.26.59.16.90 ☑ Y tägl. 10h–19h

J.-Cl. Hébert

PRIN PERE ET FILS
Blanc de Blancs 1995*

○ k. A. k. A. ■ 23 à 30 €

Die Familie Prin widmet sich dieser Handelsfirma in Avize (Côte des Blancs). Dieser Blanc de Blancs aus dem großen Jahrgang 1995 ist in der Nase rauchig und bietet im Mund eine nervige Ansprache. Der Wein ist ausgewogen und strukturiert und hat eine gute Länge. (NM)

Champagne Prin Père et Fils, 28, rue Ernest-Valle, 51190 Avize, Tel. 03.26.53.54.55, Fax 03.26.53.54.56 ☑ Y n. V.

DIDIER RAIMOND Tradition**

○ 1,5 ha 10 500 ■ 11 à 15 €

Dieser Familienbetrieb vergrößerte sich ab den 80er Jahren und siedelte sich 1994 in Epernay an; er verfügt über 5,4 Hektar Weinberge. Die beiden Jahre 1997 und 1998 lieferten die Trauben für die drei ausgewählten Champagner. Nach einer Liebeserklärung in der letzten Ausgabe beeindruckt diese Cuvée Tradition erneut ebenso sehr. Sie besteht zu zwei Dritteln aus weißen und zu einem Drittel aus dunklen Trauben (davon 10 % Pinot meunier) und ist elegant, lebhaft, rund und ausgewogen. Der **Rosé-Champagner** stammt zu 90 % von der Rebsorte Chardonnay und zu 10 % von den beiden Pinot-Sorten. Er hat eine kupfer- oder ziegelrote Farbe und bietet eine leichte, frische Fruchtigkeit von roten Früchten. Er ist vornehm, aber leicht «überdosiert» und erhält einen Stern. Der lobend erwähnte **Blanc de Blancs Cuvée sublime** ist elegant, holzbetont, komplex und nervig. (RM)

Didier Raimond, 39, rue des Petits-Prés, 51200 Epernay, Tel. 03.26.54.39.05, Fax 03.26.54.51.70, E-Mail champagnedidier.raimond@wanadoo.fr ☑ Y n. V.

CUVEE DU REDEMPTEUR
Blanc de Blancs

○ 0,5 ha k. A. ■ 11 à 15 €

Diese Cuvée ist eine Hommage seiner Nachfolger an Edmond Dubois, der wegen seiner Rolle bei den Aufständen der Champagne-Winzer im Jahre 1911 den Beinamen «Der Erlöser» trug. Heute bauen die Dubois sieben Hektar rund um Venteuil (Marne-Tal) an. Dieser Blanc de Blancs wurde im Holzfass ausgebaut. Er ist füllig und ausgewogen, auch wenn er eine spürbare Dosage enthält. (RM)

EARL du Rédempteur Dubois Père et Fils, rte d'Arty, 51480 Venteuil, Tel. 03.26.58.48.37, Fax 03.26.58.63.46

☑ Y Mo–Fr 8h–12h 14h–17h30; Sa, So n. V.

Claude Dubois

PASCAL REDON Cuvée du Hordon**

○ 1er cru 0,3 ha 3 000 ■ 15 à 23 €

Dieser junge Weinbaubetrieb von 4,3 Hektar schafft eine stolze Leistung mit drei ausgewählten Champagnern, von denen zwei mit zwei Sternen ausgezeichnet wurden. Die je zur Hälfte aus dunklen und weißen Trauben erzeugte Cuvée du Hordon bietet einen gewinnenden Duft mit Brioche- und Lebkuchennoten. Der Geschmack ist lebhaft und jugendlich und besitzt eine gute Nachhaltigkeit. Der ebenso bemerkenswerte **95er Jahrgangschampagner,** der bis auf 5 % fast ein Blanc de Blancs ist, verbindet im Bouquet kandierte Früchte und geröstetes Brot und verführt durch seine Stärke und seine Ausgewogenheit. In der Preisgruppe darunter erhält die Cuvée **Tradition** einen Stern: eine Kombination von 80 % Chardonnay und 20 % Pinot noir, blumig (weiße Blüten), fein, nervig und ausgewogen, ideal zu Fisch. (RM)

Pascal Redon, 2, rue de la Mairie, 51380 Trépail, Tel. 03.26.57.06.02, Fax 03.26.58.66.54 ☑ Y n. V.

BERNARD REMY Prestige*

○ 2 ha 7 000 ■ 11 à 15 €

Der sieben Hektar große Weinbaubetrieb war recht erfolgreich mit seiner Cuvée Prestige, die aus 60 % weißen und 40 % dunklen Trauben (darunter 10 % Pinot meunier) besteht. Die Grundweine stammen aus den Jahren 1996 und 1997. Ein blumiger, an Hefebrot erinnernder Champagner, der in der Ansprache lebhaft ist, eine reizvolle Nachhaltigkeit zeigt und eine spürbare Dosage enthält. Einen Stern erhält auch der **Rosé-Champagner** von dunklen Trauben der Jahre 1997 und 1998; er besitzt ein Himbeerbouquet und bietet im Abgang frische rote Früchte. (RM)

Bernard Rémy, 19, rue des Auges, 51120 Allemant, Tel. 03.26.80.60.34, Fax 03.26.80.37.18 ☑ Y n. V.

Françoise Rémy

MARC RIGOLOT Blanc de Blancs 1992**

○ 2 ha 9 233 ■ 15 à 23 €

Dieser Winzer bewirtschaftet ein vier Hektar großes Weingut unweit von Epernay. Sein 92er Blanc de Blancs, ein seltener Jahrgang, wurde wegen seines entwickelten Butter- und Honigdufts und seines lang anhaltenden Hefebrotgeschmacks sehr geschätzt. (RM)

Champagne Marc Rigolot, 54, rue Julien-Ducos, 51530 Saint-Martin-d'Ablois, Tel. 03.26.59.95.52, Fax 03.26.59.94.95, E-Mail champagne.rm@wanadoo.fr ☑ Y n. V.

BERTRAND ROBERT
Cuvée Séduction 1995*

○ k. A. 3 000 15 à 23 €

André Robert ist Erzeuger in Le Mesnil-sur-Oger, einer als Grand cru eingestuften Gemeinde im Herzen der Côte des Blancs. Seine Cuvée «Verführung» verdient ihren Namen zu Recht. Sie entsteht aus 75 % Chardonnay von Le Mesnil-sur-Oger und aus 25 % Pinot noir von Vertus. Diese Weine werden im Eichenfass vergoren. Sein Bouquet, das aus Honig, geröstetem Brot und blumigen Noten (Veilchen) besteht, ist lebhaft; der feine, leicht holzbetonte Geschmack erscheint verschlossen und zeigt eine schöne Länge. (RM)

Champagne André Robert, 15, rue de l'Orme, B.P. 5, 51190 Le Mesnil-sur-Oger, Tel. 03.26.57.59.41, Fax 03.26.57.54.90 Mo–Fr 9h–12h 14h–19h; Sa, So n. V.

Bertrand Robert

ERIC RODEZ Blanc de Blancs

○ 6,12 ha k. A. 11 à 15 €

Eric Rodez bewirtschaftet etwas mehr als sechs Hektar im Gebiet von Ambonnay, einer als Grand cru eingestuften Gemeinde der Montagne de Reims. Er wendet differenzierte Vinifizierungsmethoden an, indem er eine teilweise malolaktische Gärung und eine alkoholische Gärung im Holzfass nutzt, so dass er Cuvées von schöner Komplexität herstellen kann. Sein frischer, blumiger, lang anhaltender Blanc de Blancs ist durch Jugendlichkeit geprägt. Die ebenfalls lobend erwähnte **Cuvée des Crayères** erntet die gleichen Komplimente wie im letzten Jahr: Sie ist weich, ausdrucksvoll und komplex, auch wenn die Dosage zum Vorschein kommt. (RM)

Eric Rodez, 4, rue d'Isse, 51150 Ambonnay, Tel. 03.26.57.04.93, Fax 03.26.57.02.15, E-Mail e.rodez@champagne-rodez.fr n. V.

LOUIS ROEDERER Brut Premier**

○ k. A. k. A. 23 à 30 €

Am Anfang dieses angesehenen Champagner-Hauses steht eine 1760 unter dem Namen Dubois Père et Fils. Louis Roederer gab ihr, nachdem er sie 1833 geerbt hatte, seinen Namen und machte ein Vermögen, indem er die Verkäufe auf dem russischen und dem amerikanischen Markt steigerte. Sein Sohn setzte sein Werk fort, indem er für Zar Alexander II. 1876 die berühmte Cuvée Cristal kreierte. Die Firma, die noch immer im Besitz der Familie ist, verfügt über ein riesiges Weingut mit 200 Hektar Reben, die auf drei Regionen der Champagne verteilt sind. Dieser Brut Premier besteht zu zwei Dritteln aus dunklen Trauben (56 % Pinot noir und 10 % Pinot meunier) und zu einem Drittel aus Chardonnay-Trauben. Die im Holzfass gereiften Reserveweine machen 10 % der Cuvée aus. Er ist ein frischer Champagner, der Gewürz-, Butter-, Zitronen- und Haselnussnoten mischt. (NM)

Champagne Louis Roederer, 21, bd Lundy, 51100 Reims, Tel. 03.26.40.42.11, Fax 03.26.47.66.51, E-Mail com@champagne-roederer.com

ROGGE CERESER Cuvée de réserve*

○ k. A. 1 919 11 à 15 €

Das 6,5 ha große Gut in Passy-Grigny, nicht weit vom Marne-Tal entfernt, stellt seinen Champagner seit 1997 her. Wir treffen hier wieder auf seine Cuvée de réserve, die fast ein Blanc de Noirs ist, aber sie enthält dieses Jahr 7 % Chardonnay neben den 93 % Pinot (davon 78 % Pinot meunier); die Trauben stammen von 1999. Ihr blumiges Bouquet (weiße Blüten, Rose) und ihr empyreumatischer Geschmack machen sie zu einem klassischen Brut ohne Jahrgangsbezeichnung. (RM)

SCEV Rogge Cereser, 1, imp. des Bergeries, 51700 Passy Grigny, Tel. 03.26.52.96.05, Fax 03.26.52.07.73 n. V.

JACQUES ROUSSEAUX
Cuvée de réserve*

○ Gd cru 1 ha 10 400 11 à 15 €

Dieses acht Hektar große Familiengut befindet sich in Verzenay (Grand cru der Montagne de Reims). Seine Cuvée de réserve wird zu zwei Dritteln aus dunklen Trauben und zu einem Drittel aus weißen Trauben erzeugt und kombiniert Weine der 98er Lese mit Reserveweinen der Jahre 1995 bis 1997. Sie ist in der Nase honigartig und samtig und im Mund rund und weich. Die gleiche Note erhält die **Cuvée Montgolfière,** ein weiterer Grand cru. Sie ist ein zu gleichen Teilen aus dunklen und weißen Trauben des Jahres 1998 hergestellter Champagner mit Aromen von kandierten Früchten, der reich und lang ist. (RM)

Jacques Rousseaux, 5, rue de Puisieulx, 51360 Verzenay, Tel. 03.26.49.42.73, Fax 03.26.49.40.72, E-Mail champagne.jacques.rousseaux@cder.fr n. V.

ROUSSEAUX-BATTEUX

◐ 0,25 ha 2 000 11 à 15 €

Dieser Weinbaubetrieb in Verzenay (als Grand cru eingestuft) besitzt über drei Hektar Reben. Er präsentiert einen Rosé de Noirs, der von Trauben der Jahre 1997 und 1998 stammt. Sein nach Kirschen und Kirschwasser duftender Champagner wirkt im Geschmack weich und honigartig, mit merklicher Dosage. (RM)

Rousseaux-Batteux, 17, rue de Mailly, 51360 Verzenay, Tel. 03.26.49.81.81, Fax 03.26.49.48.49 n. V.

ROUSSEAUX-FRESNET Prestige

○ Gd cru 0,15 ha 1 500 15 à 23 €

Jean-Brice Rousseaux-Fresnet, der in Verzenay (Montagne de Reims) wohnt, führt die Tradition mehrerer Generationen von Erzeugern fort. Er bewirtschaftet 3,5 Hektar Reben. Seine Cuvée Prestige, die sehr «dunkel» ist (90 % Pinot noir), bietet einen diskreten Geruchseindruck. Sie ist lebhaft und frisch, obwohl ihre Dosage spürbar ist. (RM)

🔑 Jean-Brice Rousseaux-Fresnet,
21, rue Chanzy, BP 12, 51360 Verzenay,
Tel. 03.26.49.45.66, Fax 03.26.49.40.09
☑ 🍷 n. V.

ROYER PERE ET FILS

◐ 1 ha 6 000 🍾 11 à 15 €

Der 1960 entstandene Weinbaubetrieb besitzt 21 Hektar in der Côte des Bars (Aube). Sein Rosé-Champagner, ein Brut von 1998 gelesenen Trauben, geht ganz auf die Rebsorte Pinot noir zurück. Man entdeckt darin Kirschwasser- und Kirscharomen. Der Geschmack fällt durch seine Stärke auf: ein Champagner zum Essen. (RM)

🔑 Champagne Royer Père et Fils,
120, Grande-Rue, 10110 Landreville,
Tel. 03.25.38.52.16, Fax 03.25.38.37.17,
E-Mail champagne.royer@wanadoo.fr
☑ 🍷 n. V.

RUELLE-PERTOIS
Blanc de Blancs Cuvée de réserve

○ 1er cru 2,5 ha 10 000 🍾 11 à 15 €

Dieser Familienbetrieb in Moussy, südwestlich von Epernay, verfügt über sechs Hektar Weinberge. Sein Blanc de Blancs aus Weinen von 1997 und 1998 mischt im Duft Apfel und Mandel. Trotz seiner Jugend erweist er sich als sanft. Einigen Verkostern fiel seine Dosage auf. (RM)

🔑 Michel Ruelle-Pertois,
11, rue de Champagne, 51530 Moussy,
Tel. 03.26.54.05.12, Fax 03.26.52.87.58
☑ 🍷 Mo–Fr 8h30–12h 13h30–19h; Sa, So n. V.; 7.–31. Aug. geschlossen
🔑 Michel Ruelle

DOM. RUINART 1988***

◐ k. A. k. A. 🍾 +76 €

Die älteste Firma der Champagne wurde 1729 von Nicolas Ruinart gegründet, einem Neffen von Dom Ruinart, der ein Zeitgenosse Dom Pérignons war. 1963 wurde sie von Moët et Chandon geschluckt, einem Teil der späteren Gruppe LVMH. Die Verkoster bleiben dabei: Sie hatten dem 86er Dom Ruinart Rosé eine Liebeserklärung zuerkannt und verleihen dem 88er die gleiche Auszeichnung. Für viele ist ein «alter» Rosé-Champagner ein Unsinn. Dieser hier ist dreizehn Jahre alt und hat trotzdem die Verkoster erobert, die «die Samtigkeit, die Harmonie, die Komplexität, die Ausgewogenheit, die Länge, die Lebhaftigkeit, den gereiften Wein, die gute Ansprache, die gute Entwicklung» beschworen. Wahl zum Lieblingswein somit. Während der Dom Ruinart Rosé von rund 80 % Chardonnay und 20 % Pinot noir stammt, wird der weiße Dom Ruinart ausschließlich aus Chardonnay erzeugt. Der **weiße 93er Dom Ruinart** erhält für seinen blumige Intensität und seine extreme Feinheit einen Stern, aber der 93er ist ein Jahrgang, der sich rascher entwickelt als der 98er! (NM)

🔑 Champagne Ruinart, 4, rue des Crayères, BP 85, 51053 Reims Cedex, Tel. 03.26.77.51.51, Fax 03.26.82.88.43 ☑ 🍷 n. V.

RENE RUTAT Grande Réserve

○ 1er cru k. A. 10 000 🍾 11 à 15 €

René Rutat, Erbe eines Familienguts, begann 1960 mit der Herstellung von Champagner. Sein Sohn Michel übernahm den Betrieb 1985. Die Weinberge umfassen sechs Hektar, verteilt auf 27 Parzellen rund um Vertus, in der Côte des Blancs. Die Rutat-Champagner sind übrigens immer Blancs de Blancs, auch wenn das Etikett es nicht vermerkt. Dieser hier kombiniert die Jahre 1996 (70 %) und 1997 (30 %). Er ist frisch und jugendlich und besitzt eine gute Stärke und eine beachtliche Nachhaltigkeit. (RM)

🔑 Champagne René Rutat,
av. du Gal-de-Gaulle, 51130 Vertus,
Tel. 03.26.52.14.79, Fax 03.26.52.97.36,
E-Mail champagne.rutat@terre-net.fr
☑ 🍷 n. V.

LOUIS DE SACY Cuvée Tentation 1985*

○ Gd cru 3 ha 10 000 🍾 🛢 🌡 15 à 23 €

Die Sacys sind seit 1633 in Verzy ansässig. Alain Sacy, Erbe von zwölf Winzergenerationen, besitzt ein 25 ha großes Gut. Die Parzellen befinden sich nicht nur in der Montagne de Reims, sondern auch im Marne-Tal und in der Côte des Blancs. Dieser 85er Jahrgangschampagner ist ein Blanc de Noirs (20 % Pinot meunier). Er ist voll, rund, ehrlich und lang. Zwar ist die Dosage spürbar, aber er lässt keinerlei Anzeichen einer Alterung erkennen. Der **Brut Grand cru ohne Jahrgangsbezeichnung** (Preisgruppe: 70 bis 99 F) stammt von der 97er Lese: eine klassische Zusammenstellung von 40 % weißen und 60 % dunklen Trauben (davon 20 % Pinot meunier). Er ist fruchtig und intensiv und befindet sich gerade in der Entwicklung. (NM)

🔑 Champagne Louis de Sacy,
6, rue de Verzenay, B.P. 2, 51380 Verzy,
Tel. 03.26.97.91.13, Fax 03.26.97.94.25,
E-Mail contact@champagne-louis-de-sacy.fr
☑ 🍷 Mo–Fr 8h–12h 14h–18h

SAINT-CHAMANT Blanc de Blancs 1993*

○ k. A. 16 007 🍾 15 à 23 €

Christian Coquillette bewirtschaftet 11,5 Hektar Reben in der Côte des Blancs. Seine Champagner verdanken alles der Chardonnay-Rebe. Dieser 93er betont mit seinen Aromen von Röstung und kandierten Früchten und mit seinem sicherlich kurzen, aber runden und «zivilisierten» Geschmack sein Alter nicht. Im Unterschied zum lobend erwähnten **92er Brut intégral,** der einfach, klar und nervig ist. Er wird den Liebhabern von Champagnern ohne Dosage gefallen. (RM)

🔑 Christian Coquillette, Champagne Saint-Chamant, 50, av. Paul-Chandon, 51200 Epernay, Tel. 03.26.54.38.09, Fax 03.26.54.96.55 ☑ 🍷 n. V.

DE SAINT-GALL Blanc de Blancs

○ 1er cru k. A. 100 000 15 à 23 €

Eine Marke der Union Champagne in Avize, eines großen Vinifizierungszentrums, das für große und kleine Firmen arbeitet. Ihre Weine, die von der Chardonnay-Rebe stammen, haben einen sehr guten Ruf. Dieser Brut ohne Jahrgangsbezeichnung mit den Aromen von reifen kleinen Früchten ist im Geschmack fest und frisch. Der lebhafte, elegante, leichte **Blanc de Blancs 95 Premier cru** erhält die gleiche Note. (CM)

Union Champagne, 7, rue Pasteur, 51190 Avize, Tel. 03.26.57.94.22, Fax 03.26.57.57.98, E-Mail info@de-saint-gall.com n. V.

SALMON 1996*

○ 6,5 ha 6 900 15 à 23 €

Dieser Familienbetrieb im Tal des Ardres stellt seit 1958 Champagner her. Er präsentiert einen 96er, einen ausgezeichneten Jahrgang, zusammengestellt aus 70 % Pinot meunier und 30 % Chardonnay. Der delikate Duft mischt kandierte, mineralische und buttrige Noten. Nach einer sanften Ansprache gewinnt die Lebhaftigkeit die Oberhand und begleitet den lang anhaltenden Abgang. (RM)

EARL Champagne Salmon, 21-23, rue du Capitaine-Chesnais, 51170 Chaumuzy, Tel. 03.26.61.82.36, Fax 03.26.61.80.24 n. V.

DENIS SALOMON Réserve**

○ 1,2 ha 9 326 11 à 15 €

Der 1974 entstandene Weinbaubetrieb besitzt Weinberge auf dem rechten Ufer der Marne. Mit drei ausgewählten Champagnern gelingt ihm eine gute Leistung. Am besten ist diese Cuvée Réserve, eine Kombination von 70 % Pinot meunier und 30 % Chardonnay der Jahre 1997 und 1998. Ihre intensiven Aromen von kandierten Früchten und der kräftig gebaute, anhaltende Geschmack ergeben einen bemerkenswerten Gesamteindruck. Die **Cuvée Prestige,** ein Blanc de Noirs (30 % Pinot meunier) von Trauben des Jahres 1998, erhält für seine Aromenpalette, die aus Blüten- und Zitrusnoten besteht, und für seine Lebhaftigkeit einen Stern. Die **Cuvée Elégance** ist ein Blanc de Blancs von 94er und 95er Trauben; sie bietet einen speziellen Stil, der durch Komplexität und Rundheit bestimmt ist. Sie wird lobend erwähnt. (RM)

Denis Salomon, 5, rue Principale, 51700 Vandières, Tel. 03.26.58.05.77, Fax 03.26.58.00.25, E-Mail denis.salomon@wanadoo.fr n. V.

SALON Blanc de Blancs 1990*

○ k. A. 45 000 +76 €

Der 90er folgt auf den 88er, als 33. Jahrgang, der von dieser ganz besonderen Firma hergestellt wird, die nur Jahrgangschampagner erzeugt. Es handelt sich immer um Blancs de Blancs, die von Trauben aus Le Mesnil-sur-Oger, einer als Grand cru eingestuften Gemeinde, stammen. Dieser 90er von goldgelber Farbe hat einige Verkoster durch seinen entwickelten Reichtum erstaunt, der jedoch für den Jahrgang eigentümlich ist. Alle hingegen haben einen großen Blanc de Blancs begrüßt, der großzügig und kräftig ist, für feine Mahlzeiten bestimmt. (NM)

Champagne Salon, 5, rue de la Brèche-d'Oger, 51190 Le Mesnil-sur-Oger, Tel. 03.26.57.51.65, Fax 03.26.57.79.29 n. V.

SANGER Blanc de Blancs*

○ Gd cru k. A. k. A. 11 à 15 €

Die Produktion der Fachoberschule für Weinbau der Champagne, die sich in Avize befindet, einer als Grand cru eingestuften Gemeinde der Côte des Blancs, wird seit 1952 unter der Marke Sanger verkauft. Wie im letzten Jahr hat der Blanc de Blancs ohne Jahrgangsbezeichnung den Vorzug erhalten. Ein Champagner, der nach weißen Blüten duftet und im Geschmack sanft ist. Der **95er Blanc de Blancs,** ebenfalls ein Grand cru, der kräftig, rund und reich ist, mit großzügiger Dosage, erhält eine lobende Erwähnung, ebenso wie der **96er Jahrgangschampagner.** Letzterer kombiniert zwei Drittel dunkle Trauben mit einem Drittel weißen Trauben; er verbindet in der Nase Zitrusfrüchte und Brioche-Noten und zeigt sich im Geschmack füllig und ausgewogen. Die beiden Jahrgangschampagner befinden sich eine Preisgruppe darüber. (CM)

Coopérative des Anciens Elèves du lycée viticole d'Avize, 51190 Avize, Tel. 03.26.57.79.79, Fax 03.26.57.78.58 Mo–Fr 8h–12h 14h–18h

CAMILLE SAVES 1996**

○ Gd cru 4,3 ha 15 030 15 à 23 €

Hervé Savès trat 1982 die Nachfolge von Camille an. Er bewirtschaftet neun Hektar, davon 7,5 Hektar in Grand-cru-Gemeinden und der Rest in Premiers crus. Das Weingut entstand 1894 durch die Heirat von Eugène Savès, einem Diplomlandwirt, mit Anaïs Jolicœur, Tochter eines Winzers aus Bouzy. Es hat einen bemerkenswerten 96er geliefert, der 75 % Pinot noir mit Chardonnay kombiniert. Wie alle Champagner, die dieser Erzeuger herstellt, hat er keine malolaktische Gärung durchlaufen. Seine Farbe schillert, d. h. sie zeigt einen rosa Reflex; sein Duft ist honigartig und fruchtig, während sein von roten Früchten geprägter Geschmack eine schöne Frische beweist. Eine lobende Erwähnung erhält die **Cuvée de réserve Grand cru,** die 60 % Chardonnay mit Pinot noir vereint, wobei die Trauben aus dem Jahr 1996 durch 95er Reserveweine ergänzt werden, die in Champagne-Stückfässern lagern. Sie ist fruchtig und rauchig, ausgewogen und rund. (RM)

Camille Savès, 4, rue de Condé, 51150 Bouzy, Tel. 03.26.57.00.33, Fax 03.26.57.03.83 Mo–Sa 8h–12h30 13h30–19h

Hervé Savès

FRANÇOIS SECONDE
Blanc de Blancs 1996**

○ Gd cru 0,7 ha 2 500 15 à 23 €

François Secondé, der fünf Hektar Reben besitzt, gehört zu den seltenen selbstständigen Erzeugern in Sillery, einer als Grand cru eingestuften Gemeinde. Sein 96er Blanc de Blancs, der im Duft komplex und elegant wirkt, ist im Geschmack frisch, ausgewogen und nachhaltig. Der **Rosé-Champagner** (Preisgruppe: 70 bis 99 F), ebenfalls ein Grand cru, verdankt alles der Rebsorte Pinot noir. Er stammt von Trauben der 99er Lese und kündigt sich mit einer lachsroten Farbe und intensiven Aromen roter Früchte an. Er ist sehr ausgewogen und verbindet Rundheit, Lebhaftigkeit und Frische. Diese schönen Qualitäten bringen ihm einen Stern ein. Die Cuvée **Clavier,** in der 70 % Chardonnay und 30 % Pinot noir eine harmonische Melodie komponieren, ist zum Aperitif bestimmt. Sie erhält eine lobende Erwähnung. (RM)

François Secondé, 6, rue des Galipes, 51500 Sillery, Tel. 03.26.49.16.67, Fax 03.26.49.11.55, E-Mail francoisseconde@wanadoo.fr
n. V.

CRISTIAN SENEZ Carte verte*

○ 15 ha 120 000 11 à 15 €

Cristian Senez, der hier seit 1973 tätig ist, bewirtschaftet dreißig Hektar Reben im Departement Aube. 1985 wählte er den Status eines Händlers. Er präsentiert einen zu gleichen Teilen aus dunklen und weißen Trauben erzeugten Champagner, der keine malolaktische Gärung durchlaufen hat und Trauben der 98er Lese in Anspruch nimmt, unterstützt durch Reserveweine von 1997. Während der Geruchseindruck diskret bleibt, überrascht der Geschmack auf angenehme Weise durch seine Mandel- und Nougataromen. (NM)

Champagne Cristian Senez, 6, Grande-Rue, 10360 Fontette, Tel. 03.25.29.60.62, Fax 03.25.29.64.63, E-Mail champagne.senez@wanadoo.fr
n. V.

SERVEAUX FILS 1996*

○ 1 ha 3 500 15 à 23 €

Pascal Serveaux, der im Marne-Tal wohnt, hat 1993 den von seinem Vater 1956 aufgebauten Betrieb übernommen. Das regelmäßig erweiterte Gut erstreckt sich heute auf 11,6 Hektar. Dieser 96er Jahrgangschampagner ist aus 40 % Pinot noir und 60 % Chardonnay erzeugt worden. Man findet darin Quitte, Erdbeere und Zitrone, Ausgewogenheit und Frische. Der **Blanc de Blancs** (Preisgruppe: 70 bis 99 F) stammt von Trauben der Jahre 1996 und 1997. Frisch, elegant und fein, mit Noten von Zitronen und exotischen Früchten. Er ist ein sehr jugendlicher Champagner, den man aufheben kann. Er wird lobend erwähnt. (RM)

Pascal Serveaux, 2, rue de Champagne, 02850 Passy-sur-Marne, Tel. 03.23.70.35.65, Fax 03.23.70.15.99, E-Mail serveauxp@aol.com
n. V.

SIMART-MOREAU
Cuvée des Crayères 1996

○ Gd cru 0,4 ha 3 000 11 à 15 €

Der Mitte der 70er Jahre entstandene Weinbaubetrieb in Chouilly besitzt vier Hektar Reben. Dieser Blanc de Blancs Cuvée des Crayères ist seine herausragende Cuvée. Er bietet einen unaufdringlichen Duft und zeigt im Geschmack eine große Frische. Er ist ausgewogen und hält lang an. Einige Verkoster waren der Meinung, dass die merkliche Dosage seine extreme Jugend kompensieren dürfte. (RM)

Pascal Simart, 9, rue du Moulin, 51530 Chouilly, Tel. 03.26.55.42.06, Fax 03.26.57.53.66, E-Mail simart.moreau@wanadoo.fr n. V.

A. SOUTIRAN-PELLETIER
Blanc de Noirs

○ k. A. k. A. 23 à 30 €

Dieser 1970 angelegte Weinbaubetrieb befindet sich in Ambonnay, einer als Grand cru eingestuften Gemeinde der Montagne de Reims. Er besitzt 7,3 Hektar Weinberge und ergänzt seinen Bedarf durch Ankäufe von Trauben, die auf 12,5 Hektar erzeugt werden. Dieser Blanc de Noirs stammt von 1995, 1996 und 1998 geernteten Pinot-noir-Trauben. Seine goldgelbe Farbe zeigt seine Reife, ebenso wie die Tertiäraromen, die zu den Düften kandierter Früchte hinzukommen. (NM)

Soutiran-Pelletier, 12, rue Saint-Vincent, 51150 Ambonnay, Tel. 03.26.57.07.87, Fax 03.26.57.81.74, E-Mail alain.soutiran@wanadoo.fr
Mo–Sa 9h–12h 14h–18h

STEPHANE ET FILS Carte blanche*

○ 6,5 ha 15 000 11 à 15 €

Xavier Foin wohnt in Boursault, auf dem linken Ufer der Marne, und bewirtschaftet ein 6,5 Hektar großes Gut, das sein Urgroßvater Auguste, ein Weinbergarbeiter, in den ersten Jahren des 20. Jh. geduldig aufgebaut hatte. Seine Cuvée Carte blanche ist praktisch ein Blanc de Noirs (bis auf 5 % Chardonnay). Die beiden Pinot-Sorten sind darin zu gleichen Teilen vertreten; die Trauben wurden 1997 und 1998 geerntet. In der Nase lässt dieser Champagner an weiße Früchte denken. Trotz einer spürbaren Dosage zeigt er am Gaumen eine gewisse Nervigkeit. (RM)

EARL Stéphane et Fils, 1, pl. Berry, 51480 Boursault, Tel. 03.26.58.40.81, Fax 03.26.51.03.79, E-Mail champ.stephane@wanadoo.fr
n. V.
Xavier Foin

SUGOT-FENEUIL Cuvée 2000 bulles 1995

○ Gd cru 1 ha 5 000 15 à 23 €

Vier Generationen haben einander auf diesem Gut in Cramant abgelöst, einer als Grand cru eingestuften Gemeinde der Côte des Blancs. Der Weinberg umfasst heute zehn Hektar. Dieser 95er Blanc de Blancs lenkt durch seinen Duft mit den reichen Aromen, die an geröstetes Brot oder Brioche erinnern, die Aufmerksamkeit auf sich. Zitronennoten prägen den nervigen, lang anhaltenden Geschmack. (RM)

🔑 Champagne Sugot-Feneuil, 40, imp. de la Mairie, 51530 Cramant, Tel. 03.26.57.53.54, Fax 03.26.57.17.01 ☑ Y n. V.

TAITTINGER Prestige*

◑ k. A. k. A. 23 à 30 €

Taittinger hat seinen Ursprung in einer Firma, die 1734 von Jacques Fourneaux, einem Händler für Weine aus der Champagne, gegründet wurde. Etwa zwei Jahrhunderte später wurde sie von der Familie Taittinger übernommen, die sie immer noch leitet. Sie verfügt über ein riesiges Gut mit eigenen Weinbergen (260 ha). Pinot noir dominiert in ihrem Rosé-Champagner Prestige; ergänzt durch Chardonnay, macht die Rebsorte 72 % der Cuvée aus (wovon 13 % als Rotwein vinifiziert wurden, um Farbe zu verleihen). Dieser lachsrote Champagner ist fruchtig, ausgewogen, lebhaft und lang. Der zu gleichen Teilen aus dunklen und weißen Trauben erzeugte **96er Brut** erhält eine lobende Erwähnung für seinen hübschen Duft, der von weißen Blüten beherrscht wird, und seine weinige Stärke. Er ist noch sehr jugendlich und kann ein bis zwei Jahre im Keller gelagert werden, wo er Sterne gewinnen wird. (NM)

🔑 Taittinger, 9, pl. Saint-Nicaise, 51100 Reims, Tel. 03.26.85.45.35, Fax 03.26.85.17.46 Y n. V.

TAITTINGER Blanc de Blancs Comtes de Champagne 1995*

○ k. A. 502 300 +76 €

Die berühmte Spitzencuvée von Taittinger, die erstmals 1957 auf den Markt kam und sich in einer bauchigen Flasche befindet, die Ähnlichkeit mit den Flaschen des 18. Jh. hat, ist ein Blanc-de-Blancs-Jahrgangschampagner, der Liebeserklärungen gewohnt ist. Sein Name spielt auf die Grafen an, die im Mittelalter über die Provinz herrschten, bis sie 1284 zu Frankreich kam. Sie trägt das Siegel von Thibaud IV., der den Beinamen «der Sänger» trug und einer der berühmtesten *Trouvères* (Minnesänger) der damaligen Zeit war. Der Champagner stammt von den besten Crus der Côte des Blancs. Ein kleiner Teil der Cuvée (6 %) wird in neuen Eichenfässern vinifiziert. Das klare Blassgelb mit feinen Bläschen spiegelt seine Rebsorte wider; der angenehme, zwar buttrige Duft erinnert auch an Brotkrume und Wachs. Der in der Ansprache lebhafte Geschmack erscheint delikat, leicht zitronig und vanilleartig und enthält – nach Meinung einiger Verkoster – eine spürbare Dosage. (NM)

🔑 Taittinger, 9, pl. Saint-Nicaise, 51100 Reims, Tel. 03.26.85.45.35, Fax 03.26.85.17.46 Y n. V.

TARLANT Brut Zéro

○ k. A. 15 000 ▮🌡 11 à 15 €

Pierre Tarlant war in der Zeit König Ludwigs XIV. Winzer im Departement Aisne. Ein Jahrhundert später, kurz vor der Französischen Revolution, siedelte sich die Familie im Marne-Tal in Œuilly an, einer Gemeinde, in der sie noch immer lebt. Im 19. Jh. versorgten die Tarlants die Nachtlokale in Paris mit Rot- und Weißwein. Seit Ende der 1920er Jahre stellen sie ihren Champagner her. Die elfte Generation – Jean-Mary, unterstützt von seinem Sohn Benoît – bewirtschaftet dreizehn Hektar. Ihr Brut Zéro, ein Champagner ohne Dosage, greift zu gleichen Teilen auf die drei Rebsorten der Champagne zurück und kombiniert den Jahrgang 1996 mit Weinen von 1994 und 1995. Er ist entwickelt, aber ausgewogen. Die ebenfalls lobend erwähnte **Cuvée Louis** (Preisgruppe: 150 bis 199 F), die je zur Hälfte aus dunklen und weißen Trauben erzeugt worden ist, kombiniert die Jahre 1993 und 1994 und ist im Holzfass vinifiziert worden. Sie ist ein sehr zarter, würziger Wein mit Holzton, der zu gegrilltem Wolfsbarsch mit Fenchelgemüse passt. (RM)

🔑 Champagne Tarlant, 51480 Œuilly, Tel. 03.26.58.30.60, Fax 03.26.58.37.31, E-Mail champagne@tarlant.com ☑ Y n. V.

J. DE TELMONT Blanc de Blancs 1996

○ 5 ha k. A. ▮🌡 11 à 15 €

Die in Damery (Marne-Tal) wohnende Familie Lhopital widmet sich seit langer Zeit dem Weinbau und hat ein 32 Hektar großes Weingut aufgebaut. Ihr 96er Blanc de Blancs stammt von Trauben von der Côte des Blancs, aus dem Gebiet von Sézanne und aus dem Marne-Tal. Er ist ein blumiger, zitroniger, leichter Champagner, den man zum Aperitif trinkt. Der ebenfalls lobend erwähnte **93er Blanc de Blancs Grand Couronnement,** der Trauben von edler Herkunft verwendet (Le Mesnil, Avize und Chouilly), bietet einen frischen Duft und einen strukturierten, harmonischen Geschmack. (NM)

🔑 Champagne J. de Telmont, 1, av. de Champagne, 51480 Damery, Tel. 03.26.58.40.33, Fax 03.26.58.63.93, E-Mail telmont@wanadoo.fr ☑ Y n. V.

JACKY THERREY Cuvée François 1996*

○ 1 ha 5 000 11 à 15 €

Jacky Therrey stellte seine ersten Cuvées 1965 her. Er hat im Departement Aube ein Weingut, dessen Reben sich im ausgezeichneten Terroir von Montgueux (das für seine Chardonnay-Trauben bekannt ist) und in Celles-sur-Ource befinden. Wir stoßen wieder auf seine Cuvée François, diesmal als 96er. Mit seinem Duft nach Mandeln und geröstetem Brot und mit seiner nervigen Eleganz ist dieser Blanc de Blancs sehr gelungen und besitzt ein schönes Potenzial. Wie im letzten Jahr erhält der **Rosé-Champagner** ebenfalls einen Stern. Er stammt von 1998 geernteten Pinot-noir-Trauben und ist genussvoll und frisch. Ein Korb Himbeeren, Erdbeeren und schwarze Johannisbeeren, in der Nase ebenso wie im Mund. (RM)

🔑 Jacky Therrey, 8, rte de Montgueux, La Grange-au-Rez, 10300 Montgueux, Tel. 03.25.70.30.87, Fax 03.25.70.30.84 ☑ Y n. V.

ALAIN THIENOT Grande Cuvée 1995*

○ k. A. k. A. ▮🌡 38 à 46 €

Alain Thiénot entfaltet eine enorme Aktivität: in der Champagne mit seiner eigenen Marke sowie den Champagner-Marken Marie Stuart und Joseph Perrier und im Bordelais mit drei Châteaus. Diese Grande Cuvée stammt zu 60 % von Chardonnay und zu 40 % von Pinot noir. In der Nase wie auch im Mund ruft sie eine Empfindung von sehr reifer Fruchtigkeit hervor: Sie hat ihren Höhepunkt erreicht. Eine lobende Erwähnung erhält der **96er Rosé-Champagner** (Preisgruppe: 150 bis 199 F), der auf alle drei Rebsorten der Champagne zurückgreift. Die für den Jahrgang 1996 eigentümliche Lebhaftigkeit verträgt sich gut mit der intensiven Fruchtigkeit dieses Weins. (NM)

Alain Thiénot, 4, rue Joseph-Cugnot, 51500 Taissy, Tel. 03.26.77.50.10, Fax 03.26.77.50.19, E-Mail vignobles.alain-thienot@alain-thienot.fr
n. V.

MICHEL TIXIER Réserve grande année*

0,6 ha 4 000 11 à 15 €

Michel Tixier, der seit 1962 sein Gut in der Montagne de Reims hat, bewirtschaftet 4,4 Hektar Reben. Sein Rosé de Noirs verführt durch seinen sehr fruchtigen Charakter und seine aromatische Komplexität, im Duft ebenso wie im Geschmack. Er ist weich, frisch und nachhaltig und zeigt eine schöne Harmonie. (RM)

Champagne Michel Tixier, 8, rue des Vignes, 51500 Chigny-les-Roses, Tel. 03.26.03.42.61, Fax 03.26.03.41.80
n. V.

G. TRIBAUT Blanc de Blancs*

k. A. 5 084 11 à 15 €

Das Gut liegt 300 m von der Abtei Hautvillers entfernt, in der Dom Pérignon als Mönch lebte. Seinen Sitz hat es in der rue d'Eguisheim (benannt nach dem elsässischen Weinort, der sich rühmt, die Wiege des elsässischen Weins zu sein, und in dem man seinerseits eine rue d'Hautvillers findet). Die ab 1935 angelegten Weinberge breiten sich an den Hängen der Marne aus und umfassen heute zwölf Hektar. Der Weinbaubetrieb stellt seinen Champagner seit 1976 her. Dieser hier, eine Kombination der 97er Lese und von Reserveweinen, ist ein Blanc de Blancs, der aufgrund seiner Aromen von Haselnuss und frischer Butter und aufgrund seines ausgewogenen Geschmacks voller Eleganz typisch und sehr verführerisch ist. (RM)

Champagne G. Tribaut, 88, rue d'Eguisheim, B.P. 5, 51160 Hautvillers, Tel. 03.26.59.40.57, Fax 03.26.59.43.74, E-Mail champagne.tribaut@wanadoo.fr
tägl. 9h–12h 14h–18h30

TRIBAUT-SCHLŒSSER Grande Réserve*

10,01 ha 40 000 11 à 15 €

Die 1929 gegründete Firma verfügt über dreißig Hektar Reben. Dieser Rosé de Noirs, der von 1997 und 1998 geernteten Trauben stammt, ist ein Champagner «so zart wie Spitze», der aufgrund seiner Sanftheit, seiner Frische, seiner Eleganz und seiner großen Feinheit einmütige Zustimmung gefunden hat. (NM)

Tribaut-Schlœsser, 21, rue Saint-Vincent, 51480 Romery, Tel. 03.26.58.64.21, Fax 03.26.58.44.08 n. V.

TRICHET-DIDIER Réserve

1er cru 2 ha 18 000 11 à 15 €

Dieser kleine Weinbaubetrieb (2,8 ha) befindet sich in Trois-Puits, einem Dorf ganz in der Nähe von Reims. Die Reben wurden Anfang der 50er Jahre von den Großeltern Pierre Trichets angepflanzt, der 1998 Händler wurde. Diese Cuvée besteht überwiegend aus Pinot (79 %, davon 60 % Pinot meunier), wobei die Trauben in seinen eigenen Weinbergen 1997 gelesen wurden. Ein im Geschmack leichter Champagner, der aber durch sein feines, elegantes, blumiges Bouquet fesselt. (NM)

SARL Pierre Trichet, 11, rue du Petit-Trois-Puits, 51500 Trois-Puits, Tel. 03.26.82.64.10, Fax 03.26.97.80.99
tägl. 8h–12h 13h30–20h

ALFRED TRITANT*

Gd cru 3,37 ha 3 000 11 à 15 €

«Ein 3,37 ha großes Gut», erzählte uns der Erzeuger mit äußerster Genauigkeit. Allerdings ist in Bouzy, einer als Grand cru eingestuften Gemeinde der Montagne de Reims, jeder Zentiar Gold wert! 33 700 gut genutzte Zentiar, denn sie bringen uns drei Champagner, die jeder mit einem Stern benotet wurden. Alle sind Grands crus; Pinot noir, die in Bouzy vorherrschende Rebsorte, stellt den Hauptanteil. Dieser Rosé-Champagner kombiniert 70 % Pinot mit 30 % Chardonnay der Jahre 1995 bis 1998. Er ist sehr blass und wirkt aufgrund seiner Sanftheit und Leichtigkeit angenehm; es fehlt ihm auch nicht an Länge. Eine fast identische Zusammenstellung (65 % Pinot), aber mit Trauben der Jahre 1996 bis 1998, liegt der weißen **Cuvée Prestige** zu Grunde, die rund, weinig und ausgewogen ist. Der **95er Jahrgangschampagner** (Preisgruppe: 100 bis 149 F) schließlich, der von den gleichen Rebsorten im selben Verhältnis wie bei der obigen Cuvée stammt, bietet einen blumigen Duft mit einem Hauch von Butter und einen kräftigen, lang anhaltenden Geschmack. (RM)

Alfred Tritant, 23, rue de Tours, 51150 Bouzy, Tel. 03.26.57.01.16, Fax 03.26.58.49.56, E-Mail champagne-tritant@wanadoo.fr
Mo–Fr 9h–12h 14h–18h; Sa, So n. V.

JEAN-CLAUDE VALLOIS Blanc de Blancs 1995**

4 ha 23 185 11 à 15 €

Jean-Claude Vallois baut sechs Hektar Reben in Cuis an, unweit von Epernay. Sein 95er Blanc de Blancs bringt alle Qualitäten dieses ausgezeichneten Jahrgangs zum Ausdruck. Sein Geruchseindruck ist äußerst buttrig und honigartig; sein sehr ausgewogener Geschmack verbindet kandierte Früchte, Wachs und geröstetes Brot. Einen Stern erhält auch noch der **Blanc de Blancs Assemblage noble,** eine Kombination der Jahre 1996 und 1997. Ein Champagner mit einem intensiven blumig-zitronenartigen Bouquet und einer lebhaften Ansprache – eine Lebhaftigkeit, die im Geschmack anhaltende Zitrusaromen unterstützt. (RM)

🔑 Jean-Claude Vallois, 4, rte des Caves, 51530 Cuis, Tel. 03.26.59.78.46, Fax 03.26.58.16.73 ☑ 🍷 n. V.

VARNIER-FANNIERE
Cuvée Saint-Denis*

○ Gd cru 0,6 ha 5 000 🍾 15 à 23 €

Ein Fannière baute 1860 in Avize Wein an. In den 50er Jahren entschloss sich Jean Fannière, seinen eigenen Champagner zu erzeugen. Der Weinbaubetrieb (4 ha), der von seinem Schwiegersohn Guy Varnier übernommen wurde und seit 1989 von seinem Enkel Denis geleitet wird, hat sich in der Côte des Blancs in Richtung Oger und Cramant (Grands crus) ausgebreitet. Sein aus Trauben der Jahre 1996, 1998 und 1999 erzeugter Blanc de Blancs hält nicht übermäßig lang an, verführt aber durch seine Frische, seine Rundheit und seine Eleganz. (RM)

🔑 Champagne Varnier-Fannière, 23, rempart du Midi, 51190 Avize, Tel. 03.26.57.53.36, Fax 03.26.57.17.07, E-Mail contact@varnier-fanniere.com ☑ 🍷 n. V.

🔑 Denis Varnier

F. VAUVERSIN Blanc de Blancs*

○ Gd cru k. A. 7 000 🍾 11 à 15 €

Sie sind seit 1640 Winzer und verkaufen ihre Weine seit 1930 selbst. Ihr Gut (3 ha) liegt im Herzen der Côte des Blancs, weshalb dieser Champagner alles der Rebsorte Chardonnay verdankt. Mit seinem Biskuit- und Butterbouquet, seinem strukturierten, weichen, runden Geschmack und seinem vollen Reichtum fehlt es ihm nicht an Verführungskraft. (RM)

🔑 Champagne Vauversin, 9 *bis*, rue de Flavigny, 51190 Oger, Tel. 03.26.57.51.01, Fax 03.26.51.64.44, E-Mail bruno.vauversin@wanadoo.fr ☑ 🍷 n. V.

VAZART-COQUART ET FILS
Blanc de Blancs Grand Bouquet 1995**

○ Gd cru 11 ha 10 000 🍾🌡 15 à 23 €

Ein elf Hektar großes Gut, das Louis und Jacques Vazart in den 50er Jahren aufgebaut haben. Der Betrieb befindet sich in Chouilly, in der Nähe von Epernay. Erneut ein 95er (ein großer Jahrgang), der seine Versprechen hält. Seine Aromen sind zur gleichen Zeit kräftig und fein, komplex und elegant. Der Geschmack, der eine schöne Lebhaftigkeit besitzt und sehr nachhaltig ist, zeigt eine scheinbar ewig andauernde Jugendlichkeit. (RM)

🔑 Champagne Vazart-Coquart, 6, rue des Partelaines, 51530 Chouilly, Tel. 03.26.55.40.04, Fax 03.26.55.15.94, E-Mail vazart@cder.fr ☑ 🍷 n. V.

DE VENOGE Brut sélect Cordon bleu**

○ k. A. k. A. 🍾🌡 15 à 23 €

Ein Schweizer, Henri-Marc de Venoge, steht am Beginn dieser berühmten, 1837 gegründeten Firma, die 1988 von BBC übernommen wurde. Das Haus war ein Vorreiter auf dem Gebiet der Etiketten; die Marke Cordon bleu bezieht sich auf das Abzeichen des Ordens des Heiligen Geistes, das die Mitglieder des Hochadels schmückte, und wurde 1864 eingetragen. De Venoge zeichnet sich glanzvoll mit drei bemerkenswerten Champagnern aus, von denen dieser Sélect Cordon bleu eine Liebeserklärung erhielt. Er kombiniert 75 % Pinot (darunter 25 % Pinot meunier) mit 25 % Chardonnay und begeisterte die Verkoster durch die Frische seiner Aromen von weißen Früchten und durch seine Fruchtigkeit von reifen Äpfeln und Birnen, die von Hefebrotnoten begleitet wird. Seine Rassigkeit, seine Harmonie, seine Stärke und seine Feinheit ziehen die Aufmerksamkeit auf sich. Der **95er Jahrgangschampagner** (Preisgruppe: 150 bis 199 F), der noch «dunkler» ist (85 % Pinot, darunter 15 % Pinot meunier), glänzt durch seine Ausgewogenheit, seine Stärke und seine Länge. Der **93er Grand Vin des Princes** (Preisgruppe: 300 bis 499 F), ein Blanc de Blancs, bezaubert durch seinen Duft von gerösteten Mandeln und durch seine komplexe Frische. (NM)

🔑 Champagne de Venoge, 46, av. de Champagne, 51200 Epernay, Tel. 03.26.53.34.34, Fax 03.26.53.34.35 ☑

J.-L. VERGNON
Blanc de Blancs Extra brut**

○ Gd cru k. A. 45 000 🍾🌡 11 à 15 €

Dieser 1950 entstandene Weinbaubetrieb in Le Mesnil-sur-Oger, einer als Grand cru eingestuften Gemeinde der Côte des Blancs, besitzt über fünf Hektar Weinberge. Man wird sich deshalb nicht wundern, dass der Blanc de Blancs seine Spezialität ist. In seinen Cuvées Extrabrut (ohne Dosage), die im Hachette-Weinführer oft auf einem guten Platz vertreten sind, darf sich die Rebsorte Chardonnay allein behaupten. Diese Cuvée hier, die Trauben der Jahre 1996 und 1997 verwendet, bietet die gesamte Frische und Feinheit kleiner weißer Blüten, einen kräftigen Geschmack und eine schöne Ausgewogenheit. (RM)

🔑 SCEV J.-L. Vergnon, 1, Grande-Rue, 51190 Le Mesnil-sur-Oger, Tel. 03.26.57.53.86, Fax 03.26.52.07.06 ☑ 🍷 Mo–Fr 8h–12h 14h–18h; Sa, So n. V.

GEORGES VESSELLE*

○ Gd cru 10 ha 90 000 🍾🌡 15 à 23 €

Die Vesselles sind in Bouzy tief verwurzelt; Georges war in dieser Gemeinde der Montagne de Reims 25 Jahre lang Bürgermeister. Er hat ein kleines Weingut geerbt, das seit dem 16. Jh. vom Vater auf den Sohn weitergegeben worden war, und seine Anbaufläche auf 17,5 Hektar erweitert. Er produziert ein großes Angebot von

Champagnern, bei denen Pinot noir, die Hauptrebsorte dieses Grand cru, in hohem Maße dominiert (im Allgemeinen mit 90 %). Zwei Cuvées wurden gleich bewertet und erhielten jede einen Stern. Dieser Brut, ein Grand cru, stammt von Trauben jüngerer Jahrgänge, 1997 und 1998. Er ist sehr fruchtig und hält lang an. Die Cuvée **Juline** (Preisgruppe: 150 bis 199 F), die stets aus älteren Jahrgängen erzeugt wird, verwendet hier Trauben von 1988, 1989 und 1990. Sie ist stärker entwickelt, erinnert an Geleefrüchte und erweist sich als stattlich, voll und reif. (NM)

Georges Vesselle, 16, rue des Postes, 51150 Bouzy, Tel. 03.26.57.00.15, Fax 03.26.57.09.20, E-Mail contact@champagne-vesselle.fr
Mo–Fr 9h–12h 14h–17h

MAURICE VESSELLE*

Gd cru k. A. k. A. 15 à 23 €

Maurice Vesselle gehört zur Dynastie der Vesselles von Bouzy. Er besitzt 8,5 ha Weinberge in Bouzy und Tours-sur-Marne, zwei Grands crus. Seine Weine durchlaufen keine malolaktische Gärung. Vermutlich aus diesem Grund ist sein Rosé-Champagner, der von der Lese 1991 stammt, nicht gealtert, sondern hat an Komplexität gewonnen. Dieser Champagner, das Ergebnis einer kurzen Maischegärung von Pinot-noir-Trauben, verführt durch seine Aromen von kandierten roten Früchten, seine Harmonie und seine Länge. Der **85er Grand cru** (Preisgruppe: 150 bis 199 F) bevorzugt Pinot noir (85 % der Assemblage). Er wirkt ebenfalls nicht alt. Er ist im Geruchseindruck diskret, aber konzentriert und verdient eine lobende Erwähnung. (RM)

Maurice Vesselle, 2, rue Yvonnet, 51150 Bouzy, Tel. 03.26.57.00.81, Fax 03.26.57.83.08 n. V.

VEUVE A. DEVAUX Cuvée D*

200 ha 30 000 23 à 30 €

Eine 1846 gegründete Firma, die 1986 von der Union Auboise übernommen wurde: 800 Winzer und 1 400 Hektar Reben. Die Cuvée D, die zu zwei Dritteln von Pinot noir hergestellt und durch Chardonnay vervollständigt wird, stammt von der Ernte 1995, unterstützt durch Reserveweine der Jahre 1992 bis 1994, die im großen Holzfass gereift sind. Sein Duft von weißen Blüten ist zwar leicht entwickelt, aber sein Zitrusgeschmack ist lebhaft. Die gleichen Rebsorten im selben Verhältnis findet man auch in der Cuvée **Grande Réserve** (Preisgruppe: 100 bis 149 F), aber die Trauben stammen aus den Jahren 1993, 1995 und 1996. Dieser Champagner verdient wegen seines fruchtig-mineralischen Dufts und seiner guten Ausgewogenheit eine lobende Erwähnung. (CM)

Union Auboise des prod. de vin de Champagne, Dom. de Villeneuve, 10110 Bar-sur-Seine, Tel. 03.25.38.30.65, Fax 03.25.29.73.21, E-Mail info@champagne-devaux.fr n. V.

VEUVE CLICQUOT PONSARDIN
La Grande Dame 1990*

k. A. k. A. +76 €

Die berühmte, 1772 gegründete Firma wurde ab 1805 von einer erst 27-jährigen Witwe geführt (was für die damalige Zeit revolutionär war). Diese verstand es, sich mit bemerkenswerten Mitarbeitern zu umgeben, wie etwa Edouard Werlé, der 1821 ihr Teilhaber wurde. Die Nachkommen des Letzteren bauten das Unternehmen bis 1987 weiter aus, dem Jahr, als die Gruppe LVMH die Kontrolle über die Firma übernahm. Der Rosé-Champagner ist die Spezialität dieses Hauses, das ihn als erste Firma verkaufte. Die Spitzencuvée des Hauses, La Grande Dame Rosé, enthält 39 % Chardonnay und 61 % Pinot noir, darunter 15 % Rotwein aus Bouzy. Sie hat eine rosa bis orangerote Farbe, duftet nach Honig und zeigt den entwickelten Charakter, der für die 90er eigentümlich ist, bleibt dabei aber lebhaft und frisch. Zwei weitere Cuvées erhalten einen Stern: der **95er Rosé Réserve** (Preisgruppe: 200 bis 249 F), der stärker durch Pinot geprägt ist (64 % Pinot noir, davon 15 % Rotwein aus Bouzy, 8 % Pinot meunier, 28 % Chardonnay) und an Blüten, Hefebrot und Honig erinnert, und der **95er Vintage Réserve** (Preisgruppe: 200 bis 249 F), der zwei Drittel dunkle und ein Drittel weiße Trauben kombiniert und reif, intensiv und lagerfähig ist. (NM)

Veuve Clicquot-Ponsardin, 12, rue du Temple, 51100 Reims, Tel. 03.26.89.54.40, Fax 03.26.40.60.17
n. V.

VEUVE DOUSSOT 1996**

18,3 ha 6 800 11 à 15 €

Die Familie Joly bewirtschaftet achtzehn Hektar Reben im Departement Aube und verkauft seit 1973 ihren eigenen Champagner. Ihr 96er Jahrgangschampagner hat großen Eindruck hinterlassen, weil er die Versprechen dieses schönen Jahrgangs hält. Sein sehr feiner Duft ist durch weiße Blüten geprägt, während sein fülliger, reicher und vollkommen ausgewogener Geschmack Zitrusfrüchte, Aprikose und Honignoten mischt. Einen Stern erhält der **Rosé-Champagner,** der zu 100 % aus Pinot noir besteht und Quitte, Birne und rote Früchte verbindet; seine Dosage bestimmt ihn für Nachspeisen. (RM)

Joly, 1, rue de Chatet, 10360 Noé-les-Mallets, Tel. 03.25.29.60.61, Fax 03.25.29.11.78
n. V.

VEUVE FOURNY ET FILS
Cuvée du Clos Faubourg Notre Dame 1996*

1er cru 0,12 ha 1 200 30 à 38 €

Die Familie baut seit dem Zweiten Kaiserreich Wein an und erzeugt seit den 1930er Jahren selbst Weine. Seinen Sitz hat das Gut in der Côte des Blancs. Nach dem Tod ihres Manns im Jahre 1979 leitet Monique Fourny den Betrieb; sie wird heute von ihren beiden Söhnen unterstützt. Dieser Clos Faubourg Notre Dame ist ein echter umfriedeter Weinberg, der ausschließlich mit alten Chardonnay-Rebstöcken (fünfzig Jahre) bepflanzt ist. Der Wein wird neun Monate

in drei Jahre alten Barriquefässern ausgebaut, wobei der Hefesatz aufgerührt wird, und geschönt, aber nicht filtriert. Kräftig, robust, wild, frisch und zugleich entwickelt – dieser Champagner zeigt einen ausgeprägten Charakter, der einen nicht erfahrenen Weinfreund beunruhigen kann. Er ist ein Champagner zum Essen, den man zu großen Gerichten mit weißem Fleisch servieren kann. (NM)
Champagne Veuve Fourny et Fils,
2-5, rue du Mesnil, 51130 Vertus,
Tel. 03.26.52.16.30, Fax 03.26.52.20.13,
E-Mail info@champagne-veuve-fourny.com
tägl. 9h–12h 14h30–18h

VEUVE MAITRE-GEOFFROY
Carte d'or Sélection 1996*

○ 1er cru 2 ha 8 000 11 à 15 €

Thierry Maître wohnt in Cumières, einer als Premier cru eingestuften Gemeinde des Marne-Tals, und bewirtschaftet 9,5 Hektar Reben. Er hat das Etikett seines Urgroßvaters übernommen, der die Marke 1878 schuf. Chardonnay (60 %) und Pinot noir (40 %) vereinigen sich in diesem 96er Jahrgangschampagner, der an Blüten, Hefebrot und Butter erinnert. Er ist ausgewogen und zeigt eine angenehme Leichtigkeit: ein hübscher Champagner zum Aperitif. (RM)
Veuve Maître-Geoffroy,
116, rue Gaston-Poittevin, 51480 Cumières,
Tel. 03.26.55.29.87, Fax 03.26.51.85.77,
E-Mail thierry.maitre@worldonline.fr
n. V.

MARCEL VEZIEN*

○ 10 ha 80 000 11 à 15 €

Vier Generationen im Dienste des Weins: Armand Vézien setzte sich für die Bekämpfung der Reblaus ein; Henri erweiterte das Weingut; Marcel brachte 1978 seine Marke heraus; Jean-Pierre führt heute den Betrieb, vierzehn Hektar im Departement Aube. Drei Champagner wurden ausgewählt. Den Vorzug erhielt der Brut ohne Jahrgangsbezeichnung, der fast ein Blanc de Noirs ist (bis auf 5 % Chardonnay) und von Trauben der Jahre 1998 und 1999 stammt. Seine beiden Hauptqualitäten sind Fruchtigkeit und Frische, die von der Dosage unterstützt wird. Der von der Rebsorte Pinot (80 %) dominierte **Sélection,** der von 97er und 98er Traubengut stammt, ist ausgewogen, blumig und leicht. Er wird lobend erwähnt, ebenso wie die **94er Cuvée Armand Vézien** (Preisgruppe: 100 bis 149 F), die wegen ihrer blumigen Feinheit ausgewählt wurde. (NM)
SCEV Champagne Marcel Vézien et Fils,
68, Grande-Rue, 10110 Celles-sur-Ource,
Tel. 03.25.38.50.22, Fax 03.25.38.56.09
Mo–Fr 8h30–18h; Sa, So n. V.

FLORENT VIARD Blanc de Blancs*

○ 1er cru 0,75 ha 6 000 11 à 15 €

Dieses 1994 entstandene Familiengut in Vertus, in der Côte des Blancs, umfasst zwei Hektar, von denen 1,7 Hektar für die Rebsorte Chardonnay bestimmt sind. Dieser Blanc de Blancs stammt von den Traubenlesen 1994 bis 1997. Blüten und Mandel kommen im Duft zum Ausdruck; er ist in der Ansprache lebhaft und würzig und bietet im Abgang Mentholnoten, die eine schöne Feinheit besitzen. Der **96er Premier cru** wird lobend erwähnt. Er ist ein Blanc de Blancs, der aufgrund seiner Frische und einer gewissen Rundheit gefällt. (RM)
Champagne Florent Viard,
3, rue du Donjon, 51130 Vertus,
Tel. 03.26.51.60.82 n. V.

VIARD ROGUE Cuvée Prestige 1995

○ 1 ha 2 000 11 à 15 €

Das 1973 entstandene Gut in Familienbesitz verfügt über sechs Hektar Weinberge, die sich in der Côte des Blancs befinden. Bis auf 5 % ist dieser 95er Jahrgangschampagner ein Blanc de Blancs. Der Geruchseindruck zeigt entwickelte Merkmale, aber der Geschmack hat seine Frische bewahrt und beweist eine gute Ausgewogenheit. (RM)
Champagne Viard Rogué,
33, rue du 28-août-1944, 51130 Vertus,
Tel. 03.26.52.16.76, Fax 03.26.59.36.66
n. V.

VILMART Cœur de cuvée 1993**

○ 0,4 ha 4 000 30 à 38 €

Das 1890 von Désiré Vilmart geschaffene Gut in der Montagne de Reims wird heute von Laurent Champs, seinem Urenkel, geführt. Seine Weinberge umfassen elf Hektar in Premier-cru-Lagen. Die Weine für Jahrgangschampagner werden in Eichenfässern mit 225 l Fassungsvermögen vergoren, die Reserveweine im großen Holzfass. Der 93er Cœur de cuvée, der von weißen Trauben (80 %) dominiert wird, stammt von fünfzig Jahre alten Rebstöcken. Sein komplexer Geruchseindruck verbindet Tabak, Lakritze, Gewürze und Aprikose; sein honigartiger Geschmack ist rund und lebhaft zugleich. Ein Champagner für Fisch mit Sauce. Der lobend erwähnte **Grand Cellier** (Preisgruppe: 100 bis 149 F) kombiniert 75 % Chardonnay mit Pinot noir und stammt von 97er und 98er Traubengut. Sein komplexer Geruchseindruck lässt Holz- und Röstnoten erkennen, die man in einem fülligen Geschmack wiederfindet, verbunden mit grünem Apfel. (RM)
Champagne Vilmart et Cie,
5, rue des Gravières, 51500 Rilly-la-Montagne,
Tel. 03.26.03.40.01, Fax 03.26.03.46.57,
E-Mail laurent.champs@champagnevilmart.fr
n. V.
Laurent Champs

VOIRIN-DESMOULINS
Cuvée Prestige 1994**

○ Gd cru 3 ha 5 000 15 à 23 €

Dieser Weinbaubetrieb in Chouilly, in der Nähe von Epernay, besitzt neun Hektar Reben. Seine 94er Cuvée Prestige, die 70 % Chardonnay mit Pinot noir kombiniert, ist in einem sehr verrufenen Jahrgang bemerkenswert gelungen. 1999 verkostet, wurde sie als «jugendlich, lebhaft und frisch» beurteilt. Sie hat sich sehr gut entwickelt. Seine Aromen haben an Komplexität hinzugewonnen: Sie sind buttrig, honigartig und rauchig. Man findet diese rauchige Note, mit Quitte und kandierten Früchten verbunden, in einem Geschmack wieder, der in der Ansprache sanft, rund und sehr nachhaltig ist. Ein

charaktervoller Champagner, der für einen Aperitif für Kenner oder für Eingangsgerichte bestimmt ist. (RM)
SCEV Voirin-Desmoulins,
24, rue des Partelaines, 51530 Chouilly,
Tel. 03.26.54.50.30, Fax 03.26.52.87.87
n. V.

VRANKEN Demoiselle Cuvée 21 1995**

○ k. A. 20 000 46 à 76 €

Paul Vranken hat sich innerhalb weniger Jahre einen beneidenswerten Platz im Weinbereich geschaffen. Die Champagner-Firma Vranken wurde 1976 gegründet; die Cuvée Demoiselle, eine Sondercuvée, die sich in einer elegant geformten Jugendstilflasche befindet, wurde 1985 geschaffen. Die «Demoiselles» werden mit Sternen überhäuft. Insbesondere diese Cuvée 21, die Spitzencuvée der Demoiselles, die nur Lob erntet. Sie ist ein Blanc de Blancs (das Etikett gibt das nicht an). Man bewundert ihren komplexen Duft von exotischer Fruchtigkeit und ihren Geschmack, der nicht nur ausgewogen, sondern auch harmonisch, elegant, jugendlich, fröhlich und lang ist. Ein Champagner, der «sehr Champagner-typisch» ist. Zwei andere, nicht ganz so teure Cuvées erhalten jede einen Stern. Die **Grande cuvée** (Preisgruppe: 100 bis 149 F) kombiniert 60 % Chardonnay und 40 % Pinot (darunter 10 % Pinot meunier). Sie wird durch die Hauptrebsorte geprägt, mit Noten von Zitrusfrüchten und weißen Blüten, und ist frisch, komplex und nachhaltig. Der mit 80 % Chardonnay noch «hellere» **96er Premier cru Tête de cuvée** (Preisgruppe: 150 bis 199 F) ist leicht und honigartig und zum Aperitif bestimmt. (NM)
Vranken, 42, av. de Champagne,
51200 Epernay, Tel. 03.26.59.50.50,
Fax 03.26.52.19.65
Mo–Fr 9h30–16h30; Sa 10h–16h; So u. Gruppen n. V.
P.-F. Vranken

WARIS-LARMANDIER
Blanc de Blancs Cuvée Empreinte*

○ Gd cru 0,22 ha 2 500 15 à 23 €

Ein junger Weinbaubetrieb, denn das Gut wurde 1984 angelegt und der Champagner 1991 auf den Markt gebracht. Er präsentiert zwei Blanc-de-Blancs-Champagner, die sich stark ähneln und sehr gelungen sind und von Trauben des Jahres 1998 stammen: diese Cuvée Empreinte und die Cuvée **Collection** (Letztere in einer Flasche mit Siebdruck). Beide sind jugendlich und lebhaft, erinnern an Zitronen und Vanille und haben eine schöne Eleganz. Zwei Champagner zum Aperitif. (RM)
Waris-Larmandier, 608, rempart du Nord,
51190 Avize, Tel. 03.26.57.79.05,
Fax 03.26.52.79.52 n. V.

Coteaux Champenois

Die Stillweine der Champagne wurden 1974 als AOC eingestuft und nahmen den Namen «Coteaux Champenois» an. Es handelt sich um rote Stillweine, seltener um Roséweine. Die Weißweine trinkt man respektvoll und aus historischer Neugier, wobei man daran denken sollte, dass sie Relikte aus alten Zeiten vor der Erfindung des Champagners sind. Wie der Champagner können sie von dunklen Trauben stammen und als Weißwein vinifiziert sein (Blanc de Noirs), aus weißen Trauben (Blanc de Blancs) oder auch aus einem Verschnitt davon hergestellt werden.

Der bekannteste rote Coteau Champenois trägt den Namen der berühmten Gemeinde Bouzy (für Pinot-noir-Trauben als Grand cru eingestuft). In dieser Gemeinde kann man einen der beiden merkwürdigsten Weinberge der Welt bewundern (der andere befindet sich in Aÿ): Ein riesiges Schild weist auf «alte französische Rebstöcke aus der Zeit vor der Reblaus», d. h. ungepfropfte Reben, hin. Man könnte sie nicht von anderen Rebstöcken unterscheiden, wenn sie nicht in einer uralten, ansonsten überall aufgegebenen Anbauweise («in Haufen») erzogen werden würden. Alle Arbeiten werden auf handwerkliche Weise ausgeführt, mit Hilfe von alten Geräten. Am Leben erhält das Haus Bollinger dieses Schmuckstück, das für die Erzeugung des seltensten und teuersten Champagners bestimmt ist.

Die Coteaux Champenois trinkt man jung, die Weißweine mit einer Temperatur von 7 bis 8 °C, und zwar zu Gerichten, die zu sehr trockenen Weinen passen, die Rotweine, die man in herausragenden Jahrgängen altern lassen kann, mit einer Temperatur von 9 bis 10 °C zu leichten Gerichten (weißes Fleisch und Austern).

HERBERT BEAUFORT Bouzy 1996

■ 3 ha 8 500 15 à 23 €

Die Pinot-noir-Trauben werden rund zwei Wochen vergoren und gemaischt; danach lagert der Wein ein Jahr im Tank, bevor er zwei Jahre lang im Holzfass ausgebaut wird. Das ergibt einen sehr farbintensiven, fruchtigen Coteaux mit leichtem Holzton, der eine große Sanftheit besitzt.

Champagne Beaufort,
32, rue de Tours-sur-Marne, 51150 Bouzy,
Tel. 03.26.57.01.34, Fax 03.26.57.09.08
n. V.
Henry et Hugues Beaufort

CHARLES DE CAZANOVE 1993

k. A. k. A. 11 à 15 €

Diese 1811 entstandene Firma in Familienbesitz trägt den Namen ihres Gründers. Dieser interessante Wein wurde ausschließlich von der Rebsorte Pinot meunier vinifiziert und – wie es sein muss – im Holzfass ausgebaut, in Champagne-Stückfässern. Dieser 93er von strahlendem, leicht entwickeltem Rubinrot verrät sein Alter. Seine Tannine sind gut verschmolzen; die Ausgewogenheit ist erreicht, der Höhepunkt ebenfalls.

Charles de Cazanove, 1, rue des Cotelles,
51200 Epernay, Tel. 03.26.59.57.40,
Fax 03.26.54.16.38
Lombard

PAUL CLOUET Bouzy

k. A. k. A. 11 à 15 €

Ein rubinroter Wein, ein entwickelter Pinot-Duft, danach eine milde Ansprache, eine Samtigkeit von roten Früchten und verschmolzene Tannine. Rotes Fleisch und leichter Käse werden sich in seiner Gesellschaft wohl fühlen.

Paul Clouet, 10, rue Jeanne-d'Arc,
51150 Bouzy, Tel. 03.26.57.07.31,
Fax 03.26.52.64.65,
E-Mail champagne-paul-clouet@wanadoo.fr
tägl. 10h–12h 14h–17h

DOYARD-MAHE Vertus

0,6 ha k. A. 11 à 15 €

Die Mühle von Argensole erzeugte Anfang des 20. Jh. elektrischen Strom, der Nähmaschinen versorgte, um Strohmanschetten zum Schutz der Flaschen anzufertigen. Ein Jahrhundert später präsentiert sie diesen Wein von 1995 und 1996 geernteten Pinot-noir-Trauben, der lange im Barriquefass ausgebaut wurde. Das tiefe Granatrot kündigt Aromen von roten Früchten und einen kräftigen Geschmack an, der darauf warten muss, dass die Tannine verschmelzen.

Philippe Doyard-Mahé,
Moulin d'Argensole, 51130 Vertus,
Tel. 03.26.52.23.85, Fax 03.26.59.36.69
Mo–Sa 10h–12h 14h–18h

GATINOIS Aÿ 1997**

0,2 ha 2 000 15 à 23 €

Liebeserklärungen für die Coteaux Champenois sind selten. Hier ist eine sehr warmherzige für einen Wein aus Pinot-noir-Trauben, der aus der Reblage Chauffour in Aÿ stammt. Die Trauben dieser alten Pinot-Rebstöcke (45 Jahre) werden entrappt und dann langsam vergoren. Der Wein wird drei Jahre im Holzfass ausgebaut. Er ist dunkelpurpurrot und zeigt sich in einem gut strukturierten Geschmack füllig und aufgrund seiner pfeffrigen und röstartigen, aber auch fruchtigen Aromen bemerkenswert. Besonders geeignet ist er für Ente.

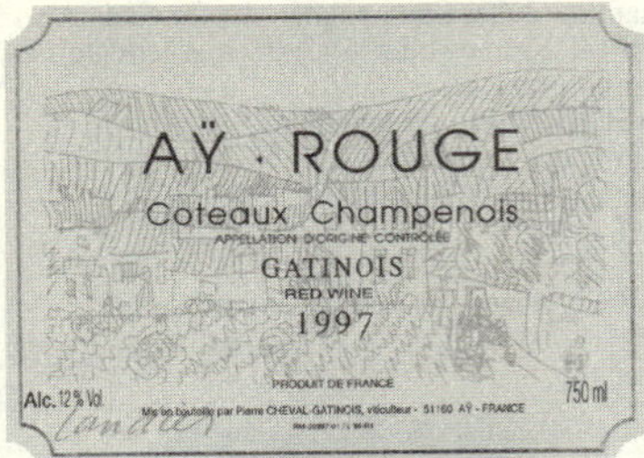

Champagne Gatinois, 7, rue Marcel-Mailly,
51160 Aÿ, Tel. 03.26.55.14.26,
Fax 03.26.52.75.99,
E-Mail champ-gatinois@hexanet.fr n. V.
P. Cheval-Gatinois

J.-M. GOBILLARD ET FILS Hautvillers*

0,6 ha 2 000 11 à 15 €

Ein Rotwein aus der Gemeinde, in der Dom Pérignon von 1668 bis 1715 lebte. Die Pinot-noir-Trauben dieses Hautvillers werden entrappt. Der Hefesatz wird aufgerührt; danach wird der Wein im Holzfass ausgebaut. Der Jahrgang ist nicht angegeben, aber er stammt von der 99er Lese. Fruchtig, mit leichtem Holzton, an Vanille erinnernd und rund. Er passt zu gegrilltem Fleisch.

Champagne J.-M. Gobillard et Fils,
38, rue de l'Eglise, BP 8, 51160 Hautvillers,
Tel. 03.26.51.00.24, Fax 03.26.51.00.18,
E-Mail champagne-gobillard@wanadoo.fr
n. V.

VINCENT LAMOUREUX 1998*

0,5 ha 1 500 8 à 11 €

Ein roter Coteaux Champenois aus Les Riceys, einem Dorf, das für seine Pinot-noir-Trauben und für seinen gleichnamigen Rosé berühmt ist. Dieser Wein, der ebenfalls von der Rebsorte Pinot noir stammt, ist nicht sehr farbintensiv: «rosarot», schrieb ein Verkoster. Der Duft ist blumig, lebhaft und leicht holzig, was für einen drei Monate im Holzfass ausgebauten Wein normal erscheint. Die Ausdrücke «weich, sehr sanft, geschmeidig, süffig» drängen sich auf, um zu beschreiben, wie er den Mund durchläuft.

Vincent Lamoureux,
2, rue du Sénateur-Lesaché, 10340 Les Riceys,
Tel. 03.25.29.39.32, Fax 03.25.29.80.30
n. V.

DANIEL MOREAU 1999***

0,2 ha 500 8 à 11 €

Ein tadelloses Rubinrot. Ein komplexes Bouquet von Kirsche, schwarzer Johannisbeere und Lakritze. Ein Geschmack von großer Feinheit, der rund, verschmolzen und ausgewogen ist, mit delikater Harmonie – der schönste Coteaux Champenois in unserem Weinführer, der zu 100 % von der Rebsorte Pinot meunier stammt. Ebenso außergewöhnlich ist, dass seine Trauben 1999 gelesen wurden, in einem Jahr mit geringem Ansehen. Daniel Moreau, der seit 1978 Weine herstellt, beweist hier sein Können.

🔑 Daniel Moreau, 5, rue du Moulin, 51700 Vandières, Tel. 03.26.58.01.64, Fax 03.26.58.15.64 ☑ ⊤ n. V.

PIERRE PAILLARD Bouzy 1997

■ 1 ha 5 733 11 à 15 €

Ein roter Bouzy, der zwangsläufig zu 100 % von Pinot-noir-Trauben stammt. Ein Coteaux, der «pinotiert» (Kirschwasser) und so alt ist, wie er aussieht. Er ist leicht und kann einen Brie de Meaux begleiten.

🔑 Pierre Paillard, 2, rue du XXe Siècle, 51150 Bouzy, Tel. 03.26.57.08.04, Fax 03.26.57.83.03, E-Mail benoit.paillard@wanadoo.fr ☑ ⊤ Mo–Sa 9h30–11h30 14h–17h; 10.–31. Aug. geschlossen

ROGER POUILLON ET FILS Vieilles vignes

■ 0,3 ha k. A. 11 à 15 €

Ein Wein aus Pinot-noir-Trauben, der eine achttägige Kaltmaischung durchlaufen hat und achtzehn Monate im Holzfass ausgebaut worden ist. Er ist intensiv granatrot mit ziegelrotem Ton. In der Nase zeigt er sich fruchtig und holzbetont, während seine füllige, kräftige Struktur im Geschmack weder die Adstringenz noch die Entwicklung verheimlicht.

🔑 Roger Pouillon et Fils, 3, rue de la Couple, 51160 Mareuil-sur-Aÿ, Tel. 03.26.52.60.08, Fax 03.26.59.49.83, E-Mail contact@champagne-pouillon.com ☑ ⊤ n. V.

PATRICK SOUTIRAN Ambonnay 1996

■ 0,5 ha 1000 11 à 15 €

Ambonnay, ein mittelalterlicher Marktflecken, besitzt eine Kirche, Saint-Réole, die aus dem 12. Jh. stammt. In diesem Dorf, das überwiegend vom Weinbau lebt, übt die Familie Soutiran seit fünf Generationen den Beruf des Winzers aus. Ihr 96er hat eine kräftige Farbe von sehr schöner Erscheinung. Während das Bouquet von roten Früchten eine mittlere Stärke zeigt, erweist sich der kräftige Geschmack noch als sehr jugendlich und braucht ein bis zwei Jahre, um zu verschmelzen. Er passt dann zu einem Hähnchen – natürlich in rotem Ambonnay-Wein zubereitet.

🔑 Patrick Soutiran, 3, rue des Crayères, 51150 Ambonnay, Tel. 03.26.57.08.18, Fax 03.26.57.81.87, E-Mail patrick.soutiran@wanadoo.fr ☑ ⊤ n. V.

EMMANUEL TASSIN Les Fioles 1998*

■ 0,25 ha 700 8 à 11 €

Der 96er Coteaux Champenois von Emmanuel Tassin erhielt eine Liebeserklärung. Der 98er ist ein schwierigerer Jahrgang; er ist dennoch gut gelungen. Dieser Wein, der eine gute Woche vergoren und gemaischt wurde, ist nicht filtriert, aber geschönt und danach fünfzehn Monate lang im Barriquefass ausgebaut worden, wobei 25 % der Fässer neu waren. Seine Farbe ist intensiv. Sein kräftiges Bouquet erinnert an rote Früchte und Holz. Im Geschmack umkleiden verschmolzene Tannine eine Fruchtigkeit von guter Länge.

🔑 Emmanuel Tassin, 104, Grande-Rue, 10110 Celles-sur-Ource, Tel. 03.25.38.59.44, Fax 03.25.29.94.59 ☑ ⊤ n. V.

B. VESSELLE Bouzy

■ 1,5 ha 15 000 11 à 15 €

Bruno Vesselle, der Sohn von Georges Vesselle, stellt seit 1994 seine eigene Marke unter seinem Namen her. Sein Bouzy ist auf subtile Weise vinifiziert worden, nachdem das Traubengut zu 70 % entrappt und gekeltert wurde; der Wein ist zwei Jahre im Holzfass ausgebaut worden. Er besitzt eine hellrote Farbe, kündigt sich mit einem Duft an, der «pinotiert» (Kirsche) und sich dann in einem ausgewogenen Geschmack entfaltet, dessen verschmolzene Tannine die Fruchtigkeit unterstützen.

🔑 Georges Vesselle, 16, rue des Postes, 51150 Bouzy, Tel. 03.26.57.00.15, Fax 03.26.57.09.20, E-Mail contact@champagne-vesselle.fr ⊤ Mo–Fr 9h–12h 14h–17h

MAURICE VESSELLE Bouzy 1992

■ k. A. k. A. 11 à 15 €

Die Pinot-noir-Trauben wurden nicht entrappt; auf das manuelle Unterstoßen des Tresterhuts folgte ein zweijähriger Ausbau im Holzfass. Dieser am 19. April 2001 verkostete 92er kann sein Alter nicht verbergen. Er ist dennoch interessant: Der Geruchseindruck erinnert an Backpflaume und kandierte Früchte; der Geschmack ist weich und noch angenehm, aber die Qualität wird bestimmt bald nachlassen.

🔑 Maurice Vesselle, 2, rue Yvonnet, 51150 Bouzy, Tel. 03.26.57.00.81, Fax 03.26.57.83.08 ⊤ n. V.

Rosé des Riceys

Die drei Riceys-Dörfer (Haut, Haute-Rive und Bas Riceys) liegen im äußersten Süden des Departements Aube, nicht weit von Bar-sur-Seine entfernt. Die Gemeinde Les Riceys besitzt drei Appellationen: Champagne, Coteaux Champenois und Rosé des Riceys. Der letztgenannte Wein ist ein Stillwein von großer Seltenheit und hervorragender Qualität, einer der besten Roséweine Frankreichs. Schon Ludwig XIV. trank ihn: Nach Versailles brachten ihn angeblich die Maurer, die die Fundamente des Schlosses errichteten, die *«Canats»*, die aus Les Riceys stammten.

Dieser Roséwein wird durch eine kurze Maischegärung von Pinot-noir-Trauben hergestellt, deren natürlicher Alkoholgehalt nicht niedriger als 10° sein darf. Die Maischegärung muss durch «Abstechen» des Gärbehälters genau in dem Augenblick unterbrochen werden, wenn der «Ricey-Geschmack» zum Vorschein kommt, weil dieser ansonsten wieder verschwindet. Nur die Roséweine, die durch diesen eigentümlichen Geschmack geprägt sind, kommen in den Genuss der Appellation. Ist der Rosé des Riceys im Gärtank ausgebaut worden, trinkt man ihn jung mit einer Temperatur von 8 bis 9 °C: Wenn er dagegen in Holzfässern gereift ist, kann man ihn drei bis zehn Jahre lang lagern; man serviert ihn dann mit 10 bis 12 °C während einer Mahlzeit. Als junger Wein passt er zum Aperitif oder zum Auftakt einer Mahlzeit.

BAUSER 1999*

1 ha 5 500 11 à 15 €

Die beiden Söhne René Bausers haben sich ihrem Vater auf dem 1963 entstandenen Weingut angeschlossen. Ihr Rosé des Riceys ist ein sehr schöner Wein von kräftiger Farbe. Seine Düfte von Himbeere, Kirschkern und Gewürzen weisen auf die Komplexität des Geschmacks hin, der zwar noch tanninreich ist, sich aber als ausgewogen erweist.

EARL René Bauser, rte de Tonnerre,
10340 Les Riceys, Tel. 03.25.29.32.92,
Fax 03.25.29.96.29,
E-Mail champagne-bauser@worldonline.fr
n. V.

ALEXANDRE BONNET 1997*

6 ha 14 675 15 à 23 €

Diese berühmte Firma in Les Riceys wurde in die Gruppe BCC eingegliedert, deren Direktor seit 1998 Ph. Baijot ist. Dieser 97er, der dieser Transaktion vorausging, ist folglich noch ein Erzeugnis der Familie Bonnet. Er zeigt deutlich sein Alter, in seiner Farbe mit den ziegelroten Reflexen ebenso wie in seinen entwickelten Düften, wobei ein leicht animalischer Hauch die Erdbeer- und Schwarze-Johannisbeer-Noten begleitet. Der Geschmack ist fruchtig, pfeffrig, ausgewogen und lang.

SA vignobles Alexandre Bonnet,
138, rue du Gal-de-Gaulle, 10340 Les Riceys,
Tel. 03.25.29.30.93, Fax 03.25.29.38.65,
E-Mail info@alexandrebonnet.com n. V.

GUY DE FOREZ 1998*

1 ha 9 300 11 à 15 €

Ein Betrieb, der 8,5 Hektar Reben besitzt und jedes Jahr einen Hektar Pinot noir für die Herstellung von Rosé des Riceys bestimmt. Dieser hier ist 72 Stunden im Tank vergoren und danach drei Monate im Holzfass ausgebaut worden. Sein dunkles Kirschrot mit ziegelroten Reflexen fällt auf, sein Duft von verblühten Rosen und eingemachten roten Früchten ebenfalls. Seine würzige Lebhaftigkeit ist harmonisch.

SCEA du Val du Lel, rte de Tonnerre,
10340 Les Riceys, Tel. 03.25.29.98.73,
Fax 03.25.38.23.01
Mo–Sa 9h–12h 14h–19h; 15.–31. Aug. geschlossen
Sylvie Wenner

JEAN-JACQUES LAMOUREUX 1998

0,5 ha 2 500 11 à 15 €

Les Riceys, ein altes Dorf, enthält sehr alte Häuser, die seinen Reiz ausmachen. Das Haus, das diesen Wein hervorgebracht hat, stammt aus dem 18. Jh. Dieser klare Rosé von hellem Ziegelrot, der ein Ricey-typisches fruchtig-vanilleartiges Bouquet bietet, besitzt einen leichten Geschmack mit seidigen Tanninen. Er passt zu jedem gegrillten Fleisch.

Jean-Jacques Lamoureux,
27 *bis*, rue du Gal-de-Gaulle, 10340 Les Riceys,
Tel. 03.25.29.11.55, Fax 03.25.29.69.22
n. V.

VINCENT LAMOUREUX 1999

0,5 ha 2 000 11 à 15 €

Seine Farbe ist intensiv: ein dunkles Rosarot oder ein sehr helles Rot. Sein Duft zeigt eine extreme Jugendlichkeit: Daran gibt es nichts Erstaunliches, denn die Pinot-noir-Trauben wurden 1999 gelesen. Ein Holzton (der auf die drei Monate im Holzfass zurückgeht) kommt in einem Geschmack zum Vorschein, den fruchtige Noten begleiten. Ein Wein von großer Frische.

Vincent Lamoureux,
2, rue du Sénateur-Lesaché, 10340 Les Riceys,
Tel. 03.25.29.39.32, Fax 03.25.29.80.30
n. V.

MOREL PERE ET FILS 1998

k. A. 10 000 11 à 15 €

Alte Gewölbekeller nehmen die ausgelesenen Trauben aus, deren Most in Eichenfässern ausgebaut wird. Dieser klare, strahlende Wein von fast kirschroter Farbe entfaltet Düfte von roten Früchten und Gewürzen. Verschmolzene Tannine, eine gute Ausgewogenheit und eine befriedigende Länge erlauben es, dass man diese Flasche zu einer Geflügelterrine serviert.

Pascal Morel Père et Fils,
93, rue du Gal-de-Gaulle, 10340 Les Riceys,
Tel. 03.25.29.10.88, Fax 03.25.29.66.72
n. V.

PASCAL WALCZAK 1999**

0,25 ha 1 500 11 à 15 €

Die Liebeserklärung war nicht weit entfernt. Ein Verkoster schrieb: «Der beste verkostete Rosé des Riceys.» Ein anderer: «zauberhaft, herrlich.» Tatsächlich ist dieser 99er sehr Riceys-typisch. Seine Farbe ist intensiv. Sein feines, komplexes Bouquet mischt Vanille- und Röstnoten mit Waldfrüchten. Sein fruchtiger, frischer Geschmack erweist sich als verschmolzen, ausgewogen und harmonisch. Ein echter Genießerwein.

Pascal Walczak, Parc Saint-Vincent,
10340 Les Riceys, Tel. 03.25.29.39.85,
Fax 03.25.29.62.05
Mo–Sa 8h–12h 13h30–19h

JURA, SAVOIE UND LE BUGEY

Jura

Dieses Weinbaugebiet bildet das Gegenstück zu Oberburgund, das auf der anderen Seite des Saône-Tals liegt; es nimmt die Hänge ein, die von der untersten Hochfläche des Jura zur Ebene hin abfallen, und erstreckt sich als in nordsüdlicher Richtung verlaufendes Band quer durch das gesamte Departement, von Salins-les-Bains bis zum Gebiet von Saint-Amour. Die Hänge liegen viel verstreuter und unregelmäßiger als die Rebhänge der Côte d'Or und verteilen sich auf Lagen aller Ausrichtungen, aber die Reben wachsen hier, in einer Höhe zwischen 250 und 400 m, keineswegs nur in den günstigsten Lagen. Das Anbaugebiet umfasst rund 1 828 ha, auf denen 1999, in einem Jahr mit reicher Ernte, etwa 110 758 hl Wein erzeugt wurden.

Die deutlich kontinentalen Merkmale des Klimas werden durch die vorwiegende Westausrichtung und die speziellen Eigenheiten des Jurareliefs verstärkt, insbesondere durch das Vorhandensein von so genannten *«reculées«*, d. h. Tälern mit steilen Wänden und steilem Talschluss. Die Winter sind sehr streng, die Sommer sehr wechselhaft, aber oft gibt es viele warme Tage. Die Traubenlese wird über einen ziemlich langen Zeitraum hinweg durchgeführt und zieht sich manchmal bis zum November hin, weil die Rebsorten zu unterschiedlichen Zeitpunkten reifen. Die Böden stammen überwiegend aus der Trias- und der Liasformation, insbesondere im nördlichen Teil; darüber befindet sich, vor allem im Süden des Departements, Kalkstein. Die einheimischen Rebsorten haben sich perfekt an diese Tonböden angepasst und können Weine von bemerkenswerter, eigentümlicher Qualität erzeugen. Sie benötigen jedoch eine Erziehungsart, bei der die Trauben hoch genug über dem Boden wachsen, damit ihnen die herbstliche Feuchtigkeit nicht schadet. Dieser Rebschnitt wird «en courgées» genannt und verwendet lange, gebogene Fruchtruten, wie man sie auch im Mâconnais mit seinen ähnlichen Böden findet. Der Weinbau ist hier sehr alt; wenn man den Schriften von Plinius glauben darf, reicht er mindestens bis zum Beginn der christlichen Zeitrechnung zurück. Verbürgt ist auch, dass das Weinbaugebiet des Jura, das ganz besonders von König Heinrich IV. geschätzt wurde, sich schon im Mittelalter großer Popularität erfreute.

Die zauberhafte alte und sehr friedliche Stadt Arbois ist der Hauptort des Anbaugebiets. Man hält hier das Andenken an Pasteur wach, der in Arbois seine Jugend verbrachte und später oft hierher zurückkehrte. Mit Hilfe des familieneigenen Weinbergs führte er dort seine wissenschaftlichen Untersuchungen zur Gärung durch, die für die Önologie sehr wichtig waren und u. a. zur Entdeckung der «Pasteurisierung» führen sollten.

Einheimische Rebsorten werden neben anderen Rebsorten angebaut, die aus Burgund stammen. Eine von ihnen, Poulsard (oder Ploussard), wächst vorzugsweise auf den untersten Stufen der Juraberge. Angebaut wurde sie anscheinend nur im Revermont, einem geografischen Gebiet, das auch das Anbaugebiet des Bugey umfasst, wo die Rebsorte Mècle heißt. Diese sehr hübsche Traubensorte mit großen, länglichen Beeren, die köstlich duften und eine dünne Schale mit wenig Farbstoffen besitzen, enthält wenig Tannine. Sie ist somit die typische Rebsorte für Roséweine, die hier in Wirklichkeit zumeist wie Rotweine vinifiziert werden. Trousseau, eine weitere einheimische Rebsorte, ist hingegen reich an Farb- und Gerbstoffen; sie liefert die klassischen Rotweine, die für die Jura-Appellationen sehr charakteristisch sind. Die aus Burgund stammende Pinot-noir-Traube wird bei der Rotweinherstellung oft in kleinen Mengen mit Trousseau verschnitten. Außerdem spielt sie in Zukunft eine wichtige Rolle bei der Erzeugung von Weißweinen aus roten Trauben, die mit Weißweinen aus weißen Trauben verschnitten werden, um daraus hochwertige Schaumweine herzustellen. Die Chardonnay-Rebe gedeiht ähnlich wie in Burgund ausgezeichnet auf den Tonböden, wo sie den Weißweinen ihr unvergleichliches Bouquet verleiht. Savagnin, eine einheimische weiße Traubensorte, wird auf den undankbarsten Mergelböden angebaut und liefert den großartigen *«Vin jaune»*, der nach einem besonderen, fünf bis sechs Jahre dauernden Ausbau in nicht bis ganz oben gefüllten Fässern zu einem Wein von sehr großer Klasse heranreift. Der Strohwein gehört ebenfalls zu den großen Spezialitäten des Jura.

Besonders geeignet zu sein scheint die Region für die Produktion eines Typs von ausgezeichneten Schaumweinen, die – wie bereits erwähnt – aus einem Verschnitt von Blanc-de-Noirs-Weinen (Pinot noir) und Blanc-de-Blancs-Weinen (Chardonnay) hervorgehen. Diese Schaumweine haben eine hohe Qualität, seitdem die Winzer begriffen haben, dass man sie aus Trauben herstellen muss, deren Reifegrad die notwendige Frische sicherstellt.

Die Weiß- und Rotweine sind im Stil klassisch, aber man versucht – wie es scheint, wegen der Attraktivität des Vin jaune – ihnen einen sehr entwickelten, fast oxidierten Charakter zu verleihen. Vor einem halben Jahrhundert gab es sogar Rotweine, die über hundert Jahre alt waren; doch jetzt ist man wieder zu einer normaleren Entwicklung zurückgekehrt.

Der Rosé ist eigentlich ein nicht sehr farbintensiver Rotwein, der wenig Gerbsäure enthält und häufig mehr Ähnlichkeit mit den Rotweinen als den Roséweinen anderer Weinbaugebiete hat. Daher kann er auch ein wenig altern. Er passt sehr gut zu recht leichten Gerichten, während die echten Rotweine – insbesondere die aus Trousseau-Trauben – zu kräftigeren Gerichten getrunken werden sollten. Den Weißwein trinkt man zu den Gerichten, für die man üblicherweise Weißweine wählt, zu hellem Fleisch und Fisch; wenn er älter ist, verträgt er sich gut mit Comtékäse. Der «gelbe» Wein passt ausgezeichnet zu Comté, aber auch zu Roquefort sowie zu einigen Gerichten, die sich nur schwer mit Weinen kombinieren lassen, wie etwa zu Ente mit Orangenscheiben oder Gerichten mit amerikanischer Sauce.

Arbois

Die bekannteste Jura-Appellation gilt für alle Weintypen, die auf dem Boden von zwölf Gemeinden des Arbois-Gebiets, d. h. etwa 849 ha, erzeugt werden. 2000 erreichte die Produktion 42 236 hl, wovon 23 340 hl Rot- und Roséweine, 18 354 hl Weißweine oder Vins jaunes, 352 hl Strohweine und 190 hl Schaumweine waren. Hinweisen muss man auf die Bedeutung des Triasmergels in dieser Anbauzone und auf die ganz besondere Qualität der «Roséweine» von der Poulsard-Rebe, die von diesen Böden stammen.

FRUITIERE VINICOLE D'ARBOIS
Poulsard 1998

55 ha 200 000 5à8€

Die 1906 gegründete Fruitière vinicole (Winzergenossenschaft) von Arbois, die heute 128 Mitglieder umfasst und drei Probierräume in Arbois und einen in Arc-et-Senans (wo man die königlichen Salinen nicht versäumen sollte, die 1775 von Claude Nicolas Ledoux errichtet

wurden, der von einer idealen Stadt träumte) besitzt, zerreißt sich förmlich, um Sie zu empfangen. Zu ihrem Angebot gehört dieser Arbois-Rosé, der von der Poulsard-Rebe stammt. Dieser Wein fühlt sich wohl in seiner zwiebelschalenfarbenen Haut; im Geruchseindruck präsentiert er sich duftig und fruchtig. Er zeigt eine gewisse Festigkeit und sollte noch lagern, damit er liebenswürdiger wird. Die aromatische Grundlage von Waldfrüchten erweist sich schon jetzt als interessant.
Fruitière vinicole d'Arbois,
2, rue des Fossés, 39600 Arbois,
Tel. 03.84.66.11.67, Fax 03.84.37.48.80
n. V.

LUCIEN AVIET
Cuvée des Géologues 1999★

■ 0,6 ha k. A. 8 à 11 €

Die berühmte «Cuvée der Geologen» von einem Winzer, der eine starke Persönlichkeit besitzt. Jeder, der den Jura mag, kennt ihn unter dem Namen Bacchus; doch in Zukunft arbeitet er mit seinem Sohn Vincent zusammen. Auch wenn dieser Wein den Spezialisten für den Aufbau der Erde gewidmet ist, haben ihn die Verkostungsexperten peinlich genau abgehorcht; sie dürften hier ein Gebiet vorfinden, auf dem sie sich mit den Geologen verständigen können. Denn es ist ein in jeder Hinsicht interessanter Wein. Er bietet rote Früchte und pflanzliche Noten im Geruchseindruck und entfaltet im Mund viel Lebhaftigkeit, woraus eine gewisse Frische hervorgeht. Aber es gibt darin auch Alkohol, und zum Schluss ist die Ausgewogenheit vorhanden, begleitet von viel Frucht. Ein schöner, technisch gut gemeisterter Wein, der die grundlegenden Werte des Terroir nicht verleugnet.
Lucien Aviet et Fils, Caveau de Bacchus,
39600 Montigny-lès-Arsures, Tel. 03.84.66.11.02
n. V.

PAUL BENOIT Pupillin Chardonnay 1999★

□ 3 ha 20 000 5 à 8 €

Ein intensiver, feiner Geruchseindruck. Blumig, mit einem Hauch von Frische (Menthol und Anis), geht er in Richtung Fruchtigkeit. Viel Harmonie im Geschmack, wo der Körper füllig und aromatisch ist. Der Abgang ist leicht und hinterlässt ein wenig eine Empfindung von Durst, aber was für eine schöne Rundheit! Man riecht schon jetzt den Kalbsbraten mit Schalotten, der ihn zur Geltung bringen wird. Man kann ihn jedoch auch als Aperitif servieren.
Paul Benoit, rue du Chardonnay, La Chenevière, 39600 Pupillin, Tel. 03.84.37.43.72,
Fax 03.84.66.24.61 tägl. 9h–19h

COLETTE ET CLAUDE BULABOIS
1997★★

□ 2,2 ha 3 000 8 à 11 €

35 % der Anbaufläche des Guts sind für die Rebsorte Savagnin bestimmt. Colette und Claude Bulabois beherrschen sie ganz offensichtlich, so bemerkenswert ist dieser 97er. Im Geruchseindruck ist er kräftig und typisch und zeigt sich komplex, wobei er uns von Holznoten mit buttrigen Nuancen und von Geröstetem zu getrockneten Früchten führt. Im Geschmack Rundheit, aber keine Schwere. Er ist leicht holzbetont und erweist sich als konzentriert, mit großem aromatischem Reichtum. Die Entwicklung unter der florähnlichen Hefeschicht bringt ihn perfekt zum Ausdruck. Er hat eine gute Lagerfähigkeit, aber man kann ihn trotzdem schon jetzt trinken, beispielsweise zu einer gerösteten Brotscheibe mit Pilzen. Die **rote 99er Cuvée Vieilles vignes** (Preisgruppe: 30 bis 49 F), die zwölf Monate im Holzfass ausgebaut worden ist, kombiniert Ploussard, Pinot noir und Trousseau. Im Geruchseindruck ziemlich pinottypisch, ist sie ein leicht zu trinkender Wein, der eine lobende Erwähnung erhält.
Claude et Colette Bulabois, 1, Petite-Rue,
39600 Villette-lès-Arbois, Tel. 03.84.66.01.93
tägl. 17h–19h30

JOSEPH DORBON Ploussard 1999★★

■ 0,35 ha 1 600 5 à 8 €

Mit 3 ha Reben ist Joseph Dorbon seit 1996 selbstständig. Dieser Ploussard, der Ende August 2000 abgefüllt wurde, ist im Geruchseindruck sehr angenehm mit seinen Erdbeer- und Sauerkirschnuancen. Er ist noch lebhaft und besitzt eine gute Struktur mit reichhaltigen Tanninen, die einen guten Aufbau zeigt. Bei einem solchen Gerüst könnte man fast glauben, dass man es mit einem Trousseau zu tun hat. Die Aromen von roten Früchten, Unterholz, Gewürzen und Menthol sind elegant. Ein schöner, guter Wein, der nur noch auf ein Reh oder ein Rebhuhn wartet. Der sortenreine **98er Chardon-**

nay Cuvée Vieilles vignes ist 24 Monate im Eichenfass gereift, ohne dass er abgestochen oder aufgefüllt worden wäre. Lobend erwähnt wird er wegen seines Dufts nach gekochten Früchten, Trockenfrüchten und «ofenfrischen Biskuits». Trinken sollte man ihn zu Morcheln in Rahmsauce.

🔑 Joseph Dorbon, pl. de la Liberté, 39600 Vadans, Tel. 03.84.37.47.93, Fax 03.84.37.47.93
☑ 🍷 tägl. 10h–19h

DANIEL DUGOIS Chardonnay 1998★

□ 1 ha 4 000 ▮▮ 5à8€

Bei Daniel Dugois sehen Sie auf allen Etiketten König Heinrich IV. prangen. Seit 1973 führt dieser Winzer erfolgreich seinen 6 ha großen Weinbaubetrieb. Hier ist sein Weißwein, der ausschließlich aus Chardonnay-Trauben erzeugt worden ist und sich in seiner hellgoldenen Haut wohl fühlt. In der Nase fruchtige Aromen mit einem sehr reizvollen Vanillehintergrund. Im Mund spürt man den Körper mit ein wenig Säure, so dass er noch weit vorausblicken kann. Sein **roter 99er Trousseau,** der ebenfalls einen Stern erhält, zeigt sich im Geruchseindruck animalisch und im Geschmack ausgewogen, wobei sich die Tannine bereits als angenehm erweisen. Er ist schon trinkreif, kann aber ein paar Jahre lagern.

🔑 Daniel Dugois, 4, rue de la Mirode, 39600 Les Arsures, Tel. 03.84.66.03.41, Fax 03.84.37.44.59 ☑ 🍷 n. V.

DOM. FORET
Instant Flora Trousseau 1999★

■ 1 ha 3 000 ▮ 11à15€

Das Leben ist eine Abfolge von Augenblicken. Die Domaine Forêt lädt uns zum «Augenblick Flora» ein, in Begleitung der Rebsorte Trousseau. Der Geruchseindruck zeigt eine schöne Stärke, auch wenn er sich noch weiter entfalten kann. Kiefernharz ist darin sehr deutlich wahrzunehmen. Rundheit und Weichheit sind die ersten Eindrücke im Mund. Der weinige Charakter ist im Abgang ausgeprägt. Er kann schon jetzt Grillgerichte oder Wild begleiten. Zwei Drittel Chardonnay-Trauben sind schon bei der Lese mit Savagnin kombiniert worden; der Wein ist zehn Monate im Fass gereift und hat sich zu einem schönen **trockenen Arbois 1998** (Preisgruppe: 50 bis 69 F) entwickelt, der einen komplexen Duft (Haselnuss, Walnuss, Mandel) und eine viel versprechende Frische besitzt. Er hat eine lobende Erwähnung erhalten.

🔑 Dom. Foret, 13, rue de la Faïencerie, 39600 Arbois, Tel. 03.84.66.23.01, Fax 03.84.66.10.98 ☑ 🍷 n. V.

RAPHAEL FUMEY ET ADELINE CHATELAIN Ploussard 1999★★

■ 0,6 ha 3 000 ▮ 5à8€

Allein dem Anblick nach ist das der Inbegriff des Poulsard, nach dem man sucht. Diese rubinrote Farbe ist bezaubernd! Der Geruchseindruck folgt sehr deutlich mit roten Früchten, Gewürzen und Quittenbrot. Nach einem solchen Auftakt könnte man durch den Geschmack enttäuscht werden. In keiner Weise: Dieser 99er besitzt Eleganz, ein anhaltendes Aroma von gekochten roten Früchten und eine bemerkenswerte Harmonie. Wenn man heikel sein will, kann man sagen, dass es ihm nur ein wenig an Säure mangelt, was ihn sehr weich macht, aber wir sind hier nahe an der Perfektion. Der **98er Pinot noir** dieses Guts, der ganz von kleinen roten Früchten geprägt ist, zeigt sich harmonisch und weich, kann aber auch ein paar Jahre halten. Er bekommt einen Stern.

🔑 EARL Raphaël Fumey et Adeline Chatelain, 39600 Montigny-lès-Arsures, Tel. 03.84.66.27.84, Fax 03.84.66.27.84
☑ 🍷 tägl. 10h–18h

RAPHAEL FUMEY ET ADELINE CHATELAIN
Méthode traditionnelle Chardonnay 1998

○ 0,5 ha 3 000 ▮ 5à8€

Im Glas sprudelt er fast über, so stark moussiert er. Der Geruchseindruck ist angenehm, das Richtige, um den Verkoster nicht zu schockieren, mit Äpfeln und reifen Birnen. Der freimütige, lebhafte Geschmack enttäuscht nicht. Ein leicht zu trinkender, guter Wein, der genussfertig ist und bei den unterschiedlichsten Gelegenheiten zufrieden stellen kann.

🔑 EARL Raphaël Fumey et Adeline Chatelain, 39600 Montigny-lès-Arsures, Tel. 03.84.66.27.84, Fax 03.84.66.27.84
☑ 🍷 tägl. 10h–18h

MICHEL GAHIER
Trousseau Grands Vergers 1999★

■ 1 ha 4 000 ▮▮ 8à11€

Michel Gahier, ein junger Winzer, leitet das Gut seit 1990. Er stellt zwei Cuvées auf Trousseau-Basis her, darunter diesen Grands Vergers mit dem vornehmen, anhaltenden Duft, der sich in Richtung Gewürze und Fruchtigkeit entwickelt. Dieser 99er besitzt Körper: Im Augenblick beherrschen ihn die spürbaren Tannine und der Holzton. Aber er ist ein schöner Wein, dem die technische Meisterschaft anzumerken ist. In drei bis fünf Jahren wird er ein wenig mehr erzählen. Der **98er Chardonnay** (Preisgruppe: 30 bis 49 F), der ebenfalls einen Stern erhält, ist 24 Monate im Fass ausgebaut worden und hat eine sehr reizvolle goldgelbe Farbe. Haselnuss und ein Hauch von Honig begleiten einen voluminösen Geschmack, der angenehm lang anhält. Gutes Preis-Leistungs-Verhältnis.

🔑 Michel Gahier, pl. de l'Eglise, 39600 Montigny-lès-Arsures, Tel. 03.84.66.17.63, Fax 03.84.66.17.63
☑ 🍷 n. V.

DOM. AMELIE GUILLOT
Poulsard Vieilles vignes Rouge Tradition 1999★★

■ 1,5 ha 2 500 ▮ 8à11€

Eine junge Frau und alte Rebstöcke: eine zukunftsreiche Verbindung. Die Farbe ist leicht, mit gelbroten Reflexen: sehr typisch für einen Poulsard. Der Geruchseindruck ist ebenfalls durch die Rebsorte geprägt. Im Geschmack kommt ein gewisser Tanninreichtum zum Ausdruck, aber voller Sanftheit und Harmonie. Der Wein ist somit eine schöne Ausdrucksform der

Poulsard-Traube, die eine tadellose Beherrschung der Vinifizierung noch verstärkt. Ein Önologiestudium zahlt sich aus.
Amélie Guillot, 1, rue du Coin-des-Côtes, 39600 Molamboz, Tel. 03.84.66.04.00, Fax 03.84.66.04.00, E-Mail amelie.guillot@wanadoo.fr ☑ Y tägl. 14h–20h

LA CAVE DE LA REINE JEANNE
Poulsard 1999*

◪ 5 ha 30 000 ▮ 5à8€

1977 haben Bénédicte und Stéphane Tissot in wunderschönen Kellern in Arbois diesen Weinhandel gegründet. Die Firma kauft keine Weine auf, sondern Trauben, was es Stéphane Tissot erlaubt, die Erzeugnisse durch seine Handschrift als Weinmacher zu prägen. Dieser sortenreine Poulsard ist hellrubinrot. Johannisbeergelee und Erdbeerkonfitüre springen einem förmlich in die Nase. Eine leichte Säuerlichkeit im Geschmack sorgt für Frische. Die Frucht ist deutlich zu spüren, so dass man einen Fehler machen würde, wenn man sie sich entgehen ließe: Man muss diesen 99er jetzt trinken, damit man ihn optimal genießen kann, beispielsweise zu einer Terrine. Die gleiche Note erhält der sortenreine **weiße 99er Arbois Chardonnay,** dessen Verschnitt zu 60 % aus im Holzfass vergorenem Wein und zu 40 % aus im Tank ausgebautem Wein besteht. Er ist blumig und zitronenartig, mit Vanillenote, bevor er sich zu buttrigen Noten und zu Nuancen von reifen Äpfeln hin entwickelt.
Le Cellier des Tiercelines, 54, Grande-Rue, 39600 Arbois, Tel. 03.84.66.25.79, Fax 03.84.66.25.08 ☑
Bénédicte und Stéphane Tissot

DOM. DE LA PINTE Trousseau 1998**

■ 1 ha 3 500 ⦶ 8à11€

Wenn Sie das Gut besuchen, haben Sie Gelegenheit, die 1955 von Roger Martin errichteten Keller zu besichtigen. Sie sind 70 m lang, drei an der Zahl, wobei einer diesen roten Arbois, einen sortenreinen Trousseau, enthält. Die Farbe ist kräftig; auch wenn der Geruchseindruck nicht sehr intensiv ist, bietet er eine große Eleganz mit Noten von Kirsche in Branntwein über einem Vanillearoma. Im Geschmack zeigt sich eine schöne Harmonie, wobei die Fruchtigkeit dominiert, begleitet von einem gut eingefügten Holzton. Ein dennoch recht eigenwilliger Wein aufgrund einer frühzeitigen Reifung, die ihm fast einen burgundischen Anstrich zu verleihen scheint. Die Verkoster haben sich für Tournedos mit Pilzen als Begleitung entschieden, aber ein Perlhuhn dürfte ihm ebenfalls nicht missfallen.
Dom. de La Pinte, rte de Lyon, 39600 Arbois, Tel. 03.84.66.06.47, Fax 03.84.66.24.58 ☑ Y Mo–Sa 9h–12h 13h30–18h; So n. V.

DOM. DE LA RENARDIERE
Pupillin Ploussard 1999**

■ 2,2 ha 14 000 ▮⦶ 5à8€

Bei harten Schicksalsschlägen beweisen manche Winzer eine außerordentliche Solidarität. Jean-Michel Petit konnte sie feststellen, als er vor ein paar Jahren Opfer eines schweren Unfalls wurde. Sein Wein ist sehr gesellig. Das ist eine Möglichkeit zu zeigen, wie viel freundschaftliche Unterstützung er erfahren hat. Dieser im Geruchseindruck elegante, sogar rassige Wein ist gefällig, genau wie es auch sein muss. Er besitzt Struktur und Stoff, aber auch reife, sanfte Tannine. Rote Früchte und Gewürze bieten uns ein intensives aromatisches Vergnügen in vollkommener Harmonie. In seiner Farbe steht er einem Rosé näher; er ist ein ganz und gar repräsentativer Poulsard und dürfte Maßstäbe setzen.
Jean-Michel Petit, rue du Chardonnay, 39600 Pupillin, Tel. 03.84.66.25.10, Fax 03.84.66.25.70, E-Mail renardiere@libertysurf.fr ☑ Y Mo–Sa 10h–12h 14h–19h

DOM. DE LA TOURNELLE
Chardonnay 1999**

□ 2 ha 9 000 ⦶ 8à11€

Seit zehn Jahren lebt Pascal Clairet vom Weinbau. Das muss gefeiert werden. Der kräftige, entwickelte Duft dieses Arbois bietet schon viel Komplexität und Eleganz. Honig, Karamell und buttrige Noten sind ausgeprägt. Die sehr schöne geschmackliche Struktur zeigt sich in einer vollkommenen Ausgewogenheit zwischen Säure, Rundheit und Alkohol. Was für eine Ausdruckskraft! Man gelangt von blumigen Düften zu Butter- und Honignoten. Dieser konzentrierte, typische Wein bewahrt Frische und Feinheit. Man kann ihn zu Fisch mit Rahmsauce trinken. Der **99er Poulsard Vieilles vignes** gibt einen guten Begleiter für eine Terrine ab, die man gemeinsam mit Freunden isst; er hat eine lobende Erwähnung erhalten.
Pascal Clairet, 5, Petite-Place, 39600 Arbois, Tel. 03.84.66.25.76, Fax 03.84.66.27.15 ☑ Y Mo–Sa 10h–12h30 14h30–19h

DOM. LIGIER PERE ET FILS
Trousseau 1999**

■ 0,7 ha 4 000 ▮⦶ 5à8€

Die Ligiers nehmen an vielen Weinmessen teil; Sie werden sie dort bestimmt treffen. Bitten Sie sie, dass Sie diesen roten Arbois probieren dürfen, einen sortenreinen Trousseau, der von handgelesenen Trauben stammt. Der Geruchseindruck ist intensiv und würzig, mit leichtem Holzton. Vollreife rote Früchte kommen in einem schönen Geschmack zum Ausdruck, der körperreich und ausgewogen ist. Man kann ihn schon jetzt zu gebratenem Entenbrustfilet trinken, mit Honig bestrichen und mit Pfifferlingen als Begleitung, aber dieser 99er kann auch drei bis fünf Jahre lagern.
Dom. Ligier Père et Fils, 7, rte de Poligny, 39380 Mont-sous-Vaudrey, Tel. 03.84.71.74.75, Fax 03.84.81.59.82, E-Mail ligier@netcourrier.com ☑ Y n. V.

DOM. LIGIER PERE ET FILS
Poulsard 1999***

■ 1 ha 6 000 ▮ 5à8€

Liebe Weinfreunde, es handelt sich hier um eine Investition, die Sie nicht bereuen werden. Dieser Poulsard ist wunderbar. Alles an ihm ist schön, angefangen bei seiner rubinroten Farbe mit den gelbroten Reflexen. Der Duft ist wild, «männlich»: Er ist würzig und kräftig und zeigt eine außergewöhnliche Ausdrucksstärke. Der Geschmack wird seidiger, mit einer reizvollen Fleischigkeit, die man sich mit Genuss munden lässt. Herrliche Ausgewogenheit. Erdbeere, Kirsche in Branntwein, Wildaroma. Er ist poulsardtypisch, erinnert aber auch ein wenig an einen Trousseau. Als hätte ihm der in der Nähe wachsende Trousseau-Rebstock seine Männlichkeit mitgegeben. Ein Rehbraten mit Preiselbeeren – alles ist bereit für ein unvergessliches Festessen.

🔑 Dom. Ligier Père et Fils, 7, rte de Poligny, 39380 Mont-sous-Vaudrey, Tel. 03.84.71.74.75, Fax 03.84.81.59.82, E-Mail ligier@netcourrier.com ☒ Y n. V.

FREDERIC LORNET Chardonnay 1999*

□ 1,2 ha 7 000 ⬮ 5 à 8 €

Frédéric Lornet, der in den Gemäuern einer ehemaligen Abtei wohnt, führt dieses Gut seit 1981. Im letzten Jahr hat er für einen 98er Trousseau des Dames eine Liebeserklärung erhalten. Der **99er Trousseau des Dames** (Preisgruppe: 50 bis 69 F) besitzt einen schönen, gut gearbeiteten Körper, der aber zum Zeitpunkt der Verkostung noch vom Ausbau im großen Holzfass geprägt war; das brachte ihm eine lobende Erwähnung ein. Dieser Arbois Chardonnay bietet im Duft eine schöne Stärke und eine gewisse Komplexität: eine mineralische Note, Bittermandel und ein wenig Röstgeruch. Im Mund dominiert zwar die Säure ganz leicht, aber das verleiht diesem 99er eine angenehme Empfindung von Frische. Der Geschmack ist fruchtig, das Rückaroma besonders angenehm. Obwohl der Wein zum Zeitpunkt der Verkostung noch ein wenig jung war, ist er viel versprechend. Man hat vorgeschlagen, ihn schon 2002 zu Dreikönigskuchen und dann noch fünf Jahre lang zu trinken.

🔑 Frédéric Lornet, L'Abbaye, 39600 Montigny-lès-Arsures, Tel. 03.84.37.44.95, Fax 03.84.37.40.17 ☒ Y n. V.

DOM. MARTIN FAUDOT Pinot 1999

■ 0,8 ha 3 000 ▮⬮ 5 à 8 €

Michel Faudot und Jean-Pierre Martin vinifizieren die Pinot-noir-Trauben getrennt, um daraus eine besondere Cuvée herzustellen. Dieser 99er, der eine recht helle Farbe zeigt, bietet in der Nase einen schönen Ausdruck von roten Früchten, die ein Hauch von Holz begleitet. Die Tanninempfindung wird durch eine ziemlich leichte, aber ausgewogene Struktur hervorgehoben. Ein wenig lagern. Der sechs Monate im Tank ausgebaute sortenreine **99er Arbois Chardonnay** (Preisgruppe: 50 bis 69 F) erhält die gleiche Bewertung. Er strahlt hellgolden und duftet nach getrockneten Früchten und Blumen; der Geschmack entfaltet Zitrus- und Pfirsichnoten.

🔑 Dom. Martin-Faudot, 1, rue Bardenet, 39600 Mesnay, Tel. 03.84.66.29.97, Fax 03.84.66.29.84, E-Mail info@domaine-martin.fr ☒ Y n. V.

JEAN-FRANÇOIS NEVERS 1996*

□ 1 ha 3 000 ⬮ 8 à 11 €

In einer kleinen Straße in Arbois, in der Nähe des Musée de la Vigne et du Vin (Château Pecauld), übt Jean-François Nevers den Winzerberuf aus und führt einen traditionellen Familienbetrieb. Dieser 96er ist altgolden. Im Geruchseindruck ist er schon entwickelt und zieht uns mit Gewürzen und Vanille an, ohne dass er eine leicht mineralische Note vergessen würde. Der Geschmack ist reich, aber ebenfalls bereits sehr entwickelt. Ein sehr schöner Wein, den man ohne weitere Lagerung trinken muss.

🔑 Jean-François Nevers, 4, rue du Collège, 39600 Arbois, Tel. 03.84.66.01.73, Fax 03.84.37.49.68 ☒ Y n. V.

PIERRE OVERNOY Pupillin Poulsard 1998*

■ 1,5 ha k. A. 8 à 11 €

Pierre Overnoy ist weit über den Jura hinaus bekannt. Er begann hier 1968 und war ein Verfechter des biologischen Landbaus, lang bevor das zu einer Modeerscheinung wurde; er ist ein leidenschaftlicher Winzer und ein Purist. Beispielsweise hat er zutiefst eine Abscheu vor SO_2. Und wenn sein roter Poulsard nicht sehr klar ist, weiß man, dass das nicht zwangsläufig ein Fehler des Winzers war. Der kräftige, lang anhaltende, elegante Duft vereint vollreife Erdbeeren, Quittenbrot und Johannisbeergelee. Der Geschmack folgt dem Geruchseindruck in aromatischer Hinsicht; man spürt die gut verschmolzenen Tannine und die schöne Ausgewogenheit. Trinkreif. Für die unbedingten Anhänger von «Bioweinen» und für den Rest! Der **weiße trockene 99er Arbois Pupillin** (Preisgruppe: 70 bis 99 F) erhält die gleiche Note. Er ist goldfarben, alkoholreich und im Geschmack voluminös und kann sich gegenüber allen gewürzten Gerichten behaupten.

🔑 Pierre Overnoy, rue du Ploussard, 39600 Pupillin, Tel. 03.84.66.14.60, Fax 03.84.66.14.60 ☒ Y n. V.

DESIRE PETIT ET FILS Vin de paille 1997***

□ 0,84 ha 3 700 ⬮ 15 à 23 €

Ein Drittel Poulsard, ein Drittel Chardonnay und ein Drittel Savagnin bilden die perfekte Gleichung für diesen 97er, der von zwei Brüdern, Gérard und Marcel Petit, erzeugt wird. Dieser bernsteinfarbene Strohwein konnte dank des Talents seiner Hersteller das Beste herausholen, was in jeder der drei Rebsorten steckt. Er ist im Geruchseindruck kräftig und rassig und bietet Honig-, Dattel- und Quittenbrotdüfte, die einen überwältigen. Sehr reich und intensiv aromatisch: Das ist ein likörartiger Wein von erhabener Ausgewogenheit, der lebhafte Säure und fülliges «Fleisch» vereint, eine Harmonie, die ihn zu einem schulmäßigen Wein macht. Und alle Verkoster sagten übereinstimmend, dass man ihn mindestens fünfzig Jahre aufheben kann!

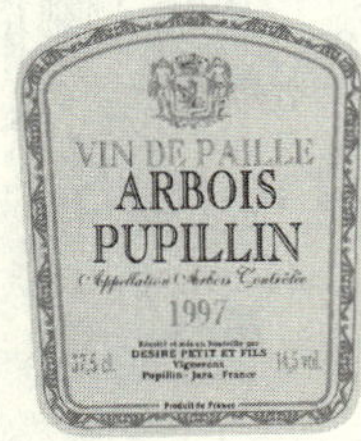

Dom. Désiré Petit, rue du Ploussard, 39600 Pupillin, Tel. 03.84.66.01.20, Fax 03.84.66.26.59 n. V.
Gérard und Marcel Petit

MARCEL POUX Vin jaune 1987

k. A. 5 000 15 à 23 €

Marcel Poux ist die Marke für die Cuvées der Firma Henri Maire, die für die Gastronomie reserviert sind. Die Farbe dieses Vin jaune ist sehr bernsteingelb. Dieser im Geruchseindruck noch ein wenig verschlossene 87er zeigt sich im Geschmack weich. Er ist in aromatischer Hinsicht schlicht, aber dennoch fein und elegant. Man kann ihn schon jetzt trinken.
Marcel Poux, SARL Gevin, 39600 Arbois, Tel. 03.84.66.12.34, Fax 03.84.37.42.42

PRE-LEVERON Chardonnay Vieilles vignes 1999

1 ha 6 000 8 à 11 €

Die SARL Rijckaert, ein Erzeuger im Mâconnais und Weinhändler, präsentiert diesen weißen Arbois, der sich im Geruchseindruck mit sehr guter Stärke im Bereich vollreifer weißer Früchte bewegt. Der warme 99er, der aber trotzdem eine gute Säure besitzt, zeigt einen starken aromatischen Ausdruck. Wählen Sie Klößchen zu diesem Wein, den man trinken muss, ohne ihn zu lang aufzuheben.
SARL Rijckaert, Correaux, 71570 Leynes, Tel. 03.85.35.15.09, Fax 03.85.35.15.09, E-Mail jeanrijckaert@aol.com n. V.
Dominique Horbach

JACQUES PUFFENEY Les Bérangères Trousseau 1999★

0,8 ha 4 500 11 à 15 €

Trousseau-Trauben machen nur 5 % der Bestockung des Jura-Weinbaugebiets aus, aber Montigny-lès-Arsures ist der Hauptort dieser Rebsorte. Selbstverständlich baut Jacques Puffeney ein wenig davon an. Die Farbe dieses Bérengères ist sehr rot, mit ausgeprägten violetten Tönen. Der recht aromatische Duft ist ein Konzentrat aus Brombeerkonfitüre, Schwarze-Johannisbeer-Knospen und Heidelbeermarmelade. Der Geschmack ist reich und kräftig. Dieser fast «burgundisch» wirkende Wein wurde als äußerst angenehm beurteilt, ohne dass er jedoch stark vom Terroir beeinflusst wäre.
Jacques Puffeney, quartier Saint-Laurent, 39600 Montigny-lès-Arsures, Tel. 03.84.66.10.89, Fax 03.84.66.10.89 n. V.

FRUITIERE VINICOLE DE PUPILLIN Pupillin Pinot noir 1999

3 ha 10 000 5 à 8 €

In Pupillin darf man den Namen der Gemeinde an die Appellation Arbois anhängen. Das ist ein Hinweis darauf, dass die allgemeine Bekanntheit gewürdigt wird, zu der die Fruitière vinicole seit 1906, dem Jahr ihrer Gründung, beiträgt. Dieser Rotwein bietet einen intensiven, ein wenig grasigen Duft. Der pflanzliche Charakter tritt im Geschmack zusammen mit würzigen Noten hervor. Man sollte ihn ein paar Jahre aufheben.
Fruitière vinicole de Pupillin, 39600 Pupillin, Tel. 03.84.66.12.88, Fax 03.84.37.47.16 n. V.

DOM. ROLET PERE ET FILS Vin jaune 1994

6 ha 10 000 23 à 30 €

Als Désiré Rolet das Gut 1946 anlegte, glaubte er vermutlich nicht, dass er selbst und danach seine Kinder daraus den zweitgrößten Weinbaubetrieb im Jura machen würden, mit 61 Hektar, die sich auf die AOCs Arbois, Côtes du Jura und L'Étoile verteilen. Dieser Vin jaune ist kräftig, ziemlich lebhaft und recht typisch. Der Gesamteindruck ist repräsentativ, aber man muss unbedingt mindestens fünf Jahre warten, bevor man ihn trinkt.
Dom. Rolet Père et Fils, rte de Dole, 39600 Arbois, Tel. 03.84.66.00.05, Fax 03.84.37.47.41, E-Mail rolet@wanadoo.fr n. V.

ROLET PERE ET FILS Trousseau 1999★★

6 ha 30 000 8 à 11 €

Liebe belgische, schweizerische und japanische Freunde, einige Flaschen der Familie Rolet haben Ihre Landesgrenzen überschritten, zum größten Vergnügen Ihrer Landsleute. Die anderen sollten wissen, dass dieser sortenreine Trousseau Mut hat. Er besitzt sogar eine herrliche granatrote Farbe. Im Geruchseindruck ist er rassig und hat sich für schwarze Johannisbeeren entschieden, um zu verführen. Er ist weich und füllt den Mund trotzdem gut aus. Man spürt Stoff und etwas «Fleisch». Rote Früchte, vor allem reife Kirschen, entfalten sich. Ein Wein, der die Weinliebhaber mit der ganzen Unverfälschtheit und dem erwünschten Reichtum begeistern kann. Es wäre vernünftiger, wenn man ihn zwei Jahre aufheben würde.
Dom. Rolet Père et Fils, rte de Dole, 39600 Arbois, Tel. 03.84.66.00.05, Fax 03.84.37.47.41, E-Mail rolet@wanadoo.fr n. V.

DOM. DE SAINT-PIERRE
Cuvée Renaud 1997

□ 3,65 ha 10 000 5 à 8 €

Auf diesem Gut erzeugt man nur Weißweine, was im Jura ziemlich selten ist. Der Betrieb stellt zwar einen sortenreinen Chardonnay her, vinifiziert aber auch einen Verschnittwein, der aus Chardonnay und Savagnin besteht, wie etwa diesen goldgelben 97er. Er ist im Geruchseindruck intensiv und setzt angenehme Honignoten frei. Der Geschmack ist lebhaft und würzig. Man kann ihn probieren, nachdem man die romanische Kirche oder den Turm aus der Feudalzeit besichtigt hat, die sich neben dem Gut befinden. Kombinieren sollte man ihn mit einem Lammcurry.

EARL Hubert et Renaud Moyne, Dom. de Saint-Pierre, 39600 Mathenay, Tel. 03.84.37.56.80, Fax 03.84.37.56.80
n. V.

DOM. DU SORBIEF 1998***

◪ k. A. 35 000 11 à 15 €

Die Firma Henri Maire ist seit 1963 Besitzer dieses Guts. Von den 66 Hektar mit Poulsard- und Trousseau-Reben, die auf rotem Mergel wachsen, liefern ein paar Hektar einen Roséwein, der zwölf Tage vergoren wird. Unter einer Farbe, die an «Fasanengefieder» erinnert, ist dieser 98er im Geruchseindruck sehr fruchtig: rote Johannisbeere, Quittengelee und Erdbeere. Der Geschmack beeindruckt durch Komplexität und Reichtum. Er ist warm und füllig und hinterlässt einen bemerkenswert harmonischen Eindruck. Die Präsenz der Aromen ist prächtig: Sauerkirsche, Walderdbeere und Zimt hören nicht mehr auf. Rasch, eine Waldschnepfe dazu!

SCV des domaines Henri Maire, 39600 Arbois, Tel. 03.84.66.12.34, Fax 03.84.66.42.42, E-Mail info@henri-maire.fr n. V.

ANDRE ET MIREILLE TISSOT
Vin jaune 1993*

□ 2 ha 7 000 23 à 30 €

Der Weinbaubetrieb wendet sich entschieden umweltschonenden Praktiken zu. Deshalb hat man auf dem Gut auch mit einer Umstellung auf biologischen Weinbau begonnen. Dieser Vin jaune ist sieben Jahre im Fass ausgebaut worden, berichtete man uns (die Mindestvorschrift sind sechs Jahre und drei Monate); das verleiht dem Geruchseindruck eine schöne Stärke mit einem hübschen Holzton. Im Geschmack ist er elegant, wobei der Körper in angenehmer Harmonie zum Ausdruck kommt. Der Abgang ist noch ein wenig lebhaft, aber es handelt sich um einen sehr jungen Wein. Eine schöne Leistung für einen Jahrgang, der als schwierig gilt.

André et Mireille Tissot, 39600 Montigny-lès-Arsures, Tel. 03.84.66.08.27, Fax 03.84.66.25.08 n. V.
André und Stéphane Tissot

ANDRE ET MIREILLE TISSOT
Trousseau 1999***

■ 4 ha 20 000 8 à 11 €

Lese mit der Hand Ende September mit strengem Aussortieren der Trauben, einmonatige Gärung, drei Monate Ausbau im Tank und danach ein Jahr im Fass. Das ist die stark verkürzte Geschichte dieses Trousseau. Aber schauen wir uns das Ergebnis an: ein Granatrot mit zartem ziegelrotem Ton, ein rassiger Duft, der mit Tiergeruch beginnt, mit einigen Schwarze-Johannisbeer-Noten fortfährt und mit einem leichten Röstgeruch endet. Im Geschmack viel Stoff: Er ist fett und gehaltvoll und zeigt eine angenehme Weichheit. Seine Ausgewogenheit und seine Harmonie siedeln ihn im Feinschmeckerbereich und zugleich innerhalb der Komplexität an. Ein sehr schöner Wein, der noch einigen Jahren trotzen kann. Rotes Fleisch oder Wild – er kann die Gastronomie der französischen Provinzen zur Geltung bringen.

André et Mireille Tissot, 39600 Montigny-lès-Arsures, Tel. 03.84.66.08.27, Fax 03.84.66.25.08 n. V.
André und Stéphane Tissot

JEAN-LOUIS TISSOT Vin jaune 1993**

□ 2 ha 2 000 15 à 23 €

Jean-Louis Tissot hat die Fruitière vinicole von Arbois 1976 verlassen, um seinen Wein selbst herzustellen und zu vermarkten. Sein Vin jaune ist im Geruchseindruck intensiv, mit getrockneten Früchten als Credo. Der kräftige, reiche, komplexe Geschmack bietet viel Stärke und einen sehr langen Abgang. Ein harmonischer Wein, der ein Bemühen um Perfektion verrät. Würdig der traditionellen Gänseleber. Ein Verkoster schlägt vor, ihn mit Froschschenkeln zu verbinden.

Jean-Louis Tissot, Vauxelles, 39600 Montigny-lès-Arsures, Tel. 03.84.66.13.08, Fax 03.84.66.08.09
n. V.

JEAN-LOUIS TISSOT Trousseau 1999*

■ 2 ha 8 000 8 à 11 €

Was für ein schönes Kirschrot! Ein sympathischer, fruchtiger Duft, der mit Konfitüre oder Gewürzen flirtet. Die Struktur ist ausgewogen, die Fruchtigkeit vornehm. Er ist gut gebaut und sehr gefällig. Ein schöner Ausdruck der Trousseau-Traube, sehr gesellig. Der Inbegriff eines Weins, den man zusammen mit Freunden trinkt.

🔑 Jean-Louis Tissot, Vauxelles, 39600 Montigny-lès-Arsures, Tel. 03.84.66.13.08, Fax 03.84.66.08.09 ☑ 🍷 n. V.

DOM. TREUVEY
Pinot noir Chantemerle 1999*

■ 0,5 ha 2 000 5 à 8 €

Jean-Louis Treuvey übernahm im Herbst 1998 die Nachfolge seines Vaters. Diese erste Pinot-noir-Ernte zeigt einen intensiven Gewürz- und Vanilleduft. Die Ansprache ist fest und reich. Der Holzton kommt auf harmonische Weise in einer ausgewogenen Struktur zum Ausdruck. Dieser großzügige, schon jetzt gefällige Wein kann ein paar Jahre altern.

🔑 Jean-Louis Treuvey, 20, Petite rue, 39600 Villette-lès-Arbois, Tel. 03.84.66.14.51, Fax 03.84.66.14.51 ☑ 🍷 n. V.

🔑 Gérard Treuvey

Château-Chalon

Der angesehenste Wein aus dem Jura, der auf einer Anbaufläche von 45 ha erzeugt wird, ist ausschließlich *Vin jaune*, der berühmte Wein mit der als «Schleier» bezeichneten dünnen Hefeschicht, der nach strengen Vorschriften hergestellt wird. Die Trauben werden in einer bemerkenswerten Reblage geerntet, auf schwarzem Liasmergel; überragt wird sie von steilen Felsen, auf denen sich das alte Dorf erhebt. Die Produktionsmenge ist beschränkt, aber 2000 erreichte sie 1 717 hl. Sechs Jahre und drei Monate nach der Lese gelangen die Weine in den Verkauf. Anmerken muss man noch, dass die Erzeuger selbst aus Sorge um die Qualität für die Weinlesen 1974, 1980 und 1984 die Zulassung zur AOC ablehnten.

DOM. BERTHET-BONDET 1994

□ 4 ha 8 000 🛢 23 à 30 €

Fast die Hälfte der Anbaufläche dieses Guts ist für den Château-Chalon bestimmt. Vielleicht haben Sie die Möglichkeit, diesen 94er auf dem sehr schönen Gut Jean Berthet-Bondets zu probieren, das im Dorf selbst liegt. Die Farbe ist ein kräftiges Golden. Der Geruchseindruck ist zwar ziemlich schlicht, aber er hat sich vollkommen entfaltet und besitzt eine gute Stärke. Innerhalb eines ausgewogenen Geschmacks kommen ein paar Walnussnoten zum Vorschein. Man muss diesem sehr jugendlichen Wein unbedingt die Zeit lassen, zu reifen, d. h. mindestens drei Jahre.

🔑 Dom. Berthet-Bondet, 39210 Château-Chalon, Tel. 03.84.44.60.48, Fax 03.84.44.61.13, E-Mail domaine.berthet.bondet@wanadoo.fr ☑ 🍷 n. V.

BLONDEAU ET FILS 1986*

□ 3 ha 3 000 🛢 23 à 30 €

Ein 86er Château-Chalon, das wird zu einer Seltenheit! Er hat eine helle, leicht kupferrote Farbe. Der komplexe, ein wenig kandiert wirkende Geruchseindruck benötigt eine Belüftung. Der Geschmack hat die Verkoster entzweit: Einer von ihnen erwartete mehr Persönlichkeit, die anderen stellen eine gute Entwicklung fest. Alle sind sich darin einig, dass man diesen Wein schon genießen kann, dass er aber noch ein ausgezeichnetes Lagerpotenzial besitzt.

🔑 Dom. Blondeau et Fils, 39210 Menétru-le-Vignoble, Tel. 03.84.85.21.02, Fax 03.84.44.90.56, E-Mail blondeau@blondeau-vignerons.com ☑ 🍷 n. V.

MARCEL CABELIER 1993*

□ 3 ha 3 000 🛢 23 à 30 €

Dieser Weinhändler, der sich 1986 der Gruppe der Grands Chais de France anschloss, stellt einen 93er vor, der eine schöne goldgelbe Farbe besitzt, geschmückt mit hübschen grünen Reflexen. Der entfaltete Duft bewegt sich im Bereich von getrockneten Früchten, Walnuss und Röstgeruch. Im Mund entfalten sich die Aromen schlichter, aber sie sind recht deutlich zu spüren und begleiten eine gute Ausgewogenheit. Man sollte ihn mindestens zwei Jahre aufheben.

🔑 Cie des Grands Vins du Jura, rte de Champagnole, 39570 Crançot, Tel. 03.84.87.61.30, Fax 03.84.48.21.36, E-Mail jura@grandschais.fr ☑ 🍷 tägl. 8h–12h 13h–18h

RESERVE CATHERINE DE RYE 1985*

□ k. A. 10 000 🛢 30 à 38 €

Nirgendwo anders werden Sie so große Lagerbestände von Château-Chalon finden. Die berühmte Handelsfirma, die Weinberge in Château-Chalon besitzt, ist nämlich der größte Erzeuger in dieser Appellation, was es ihr erlaubt, einen schon nicht mehr ganz jungen Jahrgang vorzustellen. Seine schöne Kupferfarbe ist sehr intensiv. Beim Geruchseindruck würde man fast glauben, einen Strohwein vor sich zu haben, so sehr dominiert die Note von getrockneten Früchten, gerösteten Walnüssen und Lebkuchen. Die gleiche Aromenpalette findet man im Geschmack wieder, zusammen mit einer Säure, die typisch für Vins jaunes ist. Man kann diesen schon entwickelten 85er trinken, obwohl ihm seine Struktur noch ein paar schöne Jahre ermöglicht.

🔑 SCV des domaines Henri Maire, 39600 Arbois, Tel. 03.84.66.12.34, Fax 03.84.66.42.42, E-Mail info@henri-maire.fr ☑ 🍷 n. V.

JEAN-MARIE COURBET 1994

☐ 2 ha 2 000 23 à 30 €

Jean-Marie Courbet finden Sie in Nevy-sur-Seille, einem kleinen Dorf, das sich in einem kleinen Tal befindet, an der Straße, die zur Abtei Baume-les-Messieurs führt. Die Farbe seines Château-Chalon ist hellgolden und zeigt einige grüne Reflexe. Der ein wenig schüchterne Duft bietet hübsche Walnussnoten über einem Röstaroma, das man in einem feinen, nachhaltigen Geschmack wieder findet: Die Persönlichkeit des Vin jaune ist recht deutlich zu spüren.

Jean-Marie Courbet, rue du Moulin, 39210 Nevy-sur-Seille, Tel. 03.84.85.28.70, Fax 03.84.44.68.88 n. V.

J. ET B. DURAND-PERRON 1993

☐ k. A. 1 500 23 à 30 €

Jacques Durand wird Sie sicherlich daran erinnern: Den Château-Chalon trinkt man, wie alle Vins jaunes, leicht temperiert, d. h. bei einer Temperatur von etwa 15 °C. Dieser 93er hat eine schöne Goldfarbe. Walnuss, Haselnuss, Curry und ein Hauch von Röstgeruch bilden einen hübschen Duft. Der harmonische, ausgewogene Wein besitzt keine sehr große Struktur, aber die Entfaltung seiner Aromen macht ihn äußerst sympathisch.

Jacques et Barbara Durand-Perron, 9, rue des Roches, 39210 Voiteur, Tel. 03.84.44.66.80, Fax 03.84.44.62.75 n. V.

PHILIPPE PELTIER 1994

☐ 2 ha 1 400 23 à 30 €

Ein 8 ha großes Gut, das 1938 von Pierre Peltier wieder aufgebaut wurde und seit 1990 von Philippe geleitet wird. Ein Viertel der Anbaufläche ist für diese Appellation bestimmt. Die Farbe des 94ers ist schon recht betont. Der Geruchseindruck beginnt mit frischer Walnuss und Geröstetem. Er ist zwar nicht sehr komplex, aber dennoch schätzt man an ihm seine fruchtige Seite. Um diesen Wein voll genießen zu können, muss man warten, bis er reift.

Philippe Peltier, Caveau du Terroir, 39210 Ménétru-le-Vignoble, Tel. 03.84.44.90.79 n. V.

DESIRE PETIT ET FILS 1994*

☐ 0,26 ha 1 400 23 à 30 €

Winzer aus Arbois im Lande des Château-Chalon. Gérard und Marcel Petit besitzen nur 26 Ar in der Appellation, aber sie hängen daran! Dieser Château-Chalon hat einen verdammt guten Geruchseindruck! Walnuss und Haselnuss verstärken sich über einem Röstaroma, das die Verkoster sehr geschätzt haben. Der Geschmack ist ausgewogen und hat eine gute Länge. Dieser für die Appellation recht typische Wein dürfte sich innerhalb von zwei bis fünf Jahren entfalten.

Gérard et Marcel Petit, rue du Ploussard, 39600 Pupillin, Tel. 03.84.66.01.20, Fax 03.84.66.26.59 n. V.

FRUITIERE VINICOLE DE VOITEUR 1990*

☐ 15 ha 40 000 23 à 30 €

Vom Dorf Château-Chalon erkennt man deutlich die Fruitière vinicole von Voiteur, an der Straße nach Nevy-sur-Seille. In ihren Kellern ist dieser 90er groß geworden. Der Geruchseindruck ist ansprechend und nachhaltig, von Walnuss und Röstung bestimmt, während sich der Geschmack ausgewogen und kräftig zeigt. Die aromatische Entfaltung von Walnuss, Haselnuss und Geröstetem ist prächtig, vor allem im Rückaroma. Wenn man ein wenig wartet, erhält man bestimmt einen noch größeren Genuss, aber es ist schon sicher, dass man sich damit ein Vergnügen bereitet.

Fruitière vinicole de Voiteur, 60, rue de Nevy-sur-Seille, 39210 Voiteur, Tel. 03.84.85.21.29, Fax 03.84.85.27.67, E-Mail voiteur@fruitiere-vinicole-voiteur.fr n. V.

Côtes du Jura

Die Appellation umfasst die gesamte Anbauzone für Qualitätsweine. Die im Ertrag stehende Rebfläche macht 619 ha aus; 2000 lieferte sie 30 687 hl (20 621 hl Weißweine und Vins jaunes, 8 040 hl Rotweine, 720 hl Strohweine und 1 306 hl Schaumweine).

CH. D'ARLAY Corail 1996

◪ 7 ha 25 000 8 à 11 €

Der Stammbaum dieses Guts ist einer der vornehmsten in Frankreich, denn er weist Fürsten auf, die ab 560 Herrscher in Spanien, England und Frankreich waren. Alain de Laguiche leitet es heute. Dieser Corail wird durch eine Maischegärung von fünf Traubensorten hergestellt: Pinot, Trousseau, Poulsard, Chardonnay und Savagnin. Das ergibt einen Rosé mit kirschroten Reflexen. Der Geruchseindruck erinnert an Unterholz mit Nuancen von Sauerkirsche, aber auch Kakao und Zimt. Nach einer frischen Ansprache zeigt sich der Geschmack am Ende recht rund; unterstützt wird er von Tanninen, die sich abgemildert haben, aber noch zu spüren sind. Dieser 96er ist trinkreif und passt zu exotischer Küche oder gegrilltem Fisch.

Alain de Laguiche, Ch. d'Arlay, rte de Saint-Germain, 39140 Arlay, Tel. 03.84.85.04.22, Fax 03.84.48.17.96, E-Mail chateau@arlay.com Mo–Sa 8h–12h 14h–18h

BERNARD BADOZ Vin jaune 1993*

☐ 1,5 ha 3 000 23 à 30 €

Bernard Badoz hat es verstanden, diese seltene Perle von einem Vin jaune bei der «Percée» herauszustellen, die erstmals 1997 in Poligny

veranstaltet wurde. Bei diesem 93er herrscht Zurückhaltung, im Geruchseindruck ebenso wie im Geschmack. Dennoch ist er sehr ausgewogen und elegant. Ein Hecht in zarter Buttersauce wird begeistert sein, seine Bekanntschaft zu machen.
Bernard Badoz, 15, rue du Collège, 39800 Poligny, Tel. 03.84.37.11.85, Fax 03.84.37.11.18 tägl. 8h–19h

BERNARD BADOZ Trousseau 1999★

1 ha 6 000 8 à 11 €

Bernard Badoz erzeugt mehrere Rotweine, darunter sortenreine Poulsards oder Verschnitte von Trousseau und Poulsard. Der sortenreine Trousseau hat keine Angst, sich zu präsentieren: Seine zinnoberrote Farbe führt uns stolz vor unsere Augen. Ein schöner Duft von roten Früchten mit einem leicht animalischen Hauch, im Geschmack Struktur: Der Gesamteindruck bleibt sehr günstig. Als Feinschmeckerkombination wird Wildschwein vorgeschlagen.
Bernard Badoz, 15, rue du Collège, 39800 Poligny, Tel. 03.84.37.11.85, Fax 03.84.37.11.18 tägl. 8h–19h

BAUD PERE ET FILS Chardonnay 1999★

5 ha 15 000 5 à 8 €

Alain und Jean-Michel Baud weisen darauf hin, dass sich der Vorfahr, der das Gut gründete, hier 1642 niederließ. Auf Triasmergel des Jura haben sie einen sortenreinen Côtes du Jura Chardonnay erzeugt, der mit Blüten-, Zitrus- und Haselnussnoten angenehm duftet. Der Geschmack zeigt eine gute Ausgewogenheit. Eine leichte Säure unterstützt eine ansprechende Fruchtigkeit, die als Aperitif gut zur Geltung kommt.
Dom. Baud Père et Fils, rte de Voiteur, 39210 Le Vernois, Tel. 03.84.25.31.41, Fax 03.84.25.30.09 n. V.

BERNARD FRERES
Chardonnay Aux grandes Vignes 1997★★★

1 ha 2 880 5 à 8 €

In Gevingey feierte man den Vin jaune 2001 während der berühmten «Percée». Hier haben wir einen sortenreinen Chardonnay, der überaus geschätzt wurde. Einen 97er, der sowohl im Tank als auch im Fass ausgebaut worden ist. Der kräftige, rassige Duft bietet komplexe Nuancen von Geröstetem und Geräuchertem. Der im Geschmack fette Côtes du Jura zeigt eine schöne Ausgewogenheit, mit der erforderlichen Säure, um für die notwendige Frische zu sorgen und eine delikate Fruchtigkeit zu unterstützen. Ein prächtiger Wein, der im Süden des Revermont entstanden ist, in einem als Weinbaugebiet wenig bekannten Abschnitt, der aber reich an Begabungen ist.
Bernard Frères, 15, rue Principale, 39570 Gevingey, Tel. 03.84.47.33.99 n. V.

DOM. BERTHET-BONDET
Tradition 1998★

4 ha 10 000 8 à 11 €

Jean Berthet-Bondet, Erzeuger von Château-Chalon, verwendet die Savagnin-Traube auch für seinen Côtes du Jura und verschneidet sie dann mit Chardonnay. Der Geruchseindruck dieses 98ers ist frisch und recht präsent. Er beginnt mit Sellerie- und Schickoreenoten und entfaltet sich danach zu Honig, Butter und Apfel. Ein typischer, aber temperamentvoller Wein, dem man ein wenig Zeit lassen muss, damit er vollständig zum Ausdruck kommen kann. Dann erlebt man, ob er als Schwergewichtsboxer oder als Leichtathlet hervortritt. In beiden Fällen wird er zweifellos eine Harmonie und einen echten typischen Charakter bestätigen. Servieren sollte man ihn zu Nüssen von Jakobsmuscheln mit Sahnesauce oder zu Morbier (mild aromatischer Weichkäse aus Kuhmilch).
Dom. Berthet-Bondet, 39210 Château-Chalon, Tel. 03.84.44.60.48, Fax 03.84.44.61.13, E-Mail domaine.berthet.bondet@wanadoo.fr n. V.

DOM. BERTHET-BONDET
Tradition 1999★

0,5 ha 3 500 5 à 8 €

Die drei roten Traubensorten der AOC Côtes du Jura sind in diesem Verschnitt vertreten. Ein Kirschrot, das dem Auge gefällt, und ein Geruchseindruck von schöner Stärke, der sich im Bereich von roter Johannisbeere, Schwarzer-Johannisbeer-Knospe und Gewürzen bewegt. Frucht im Geschmack und sanfte, aber deutlich spürbare Tannine. Ein Verkoster bezeichnete ihn als Wein gegen den Durst. Seine Fruchtigkeit macht ihn in jedem Fall zu einem idealen Begleiter für Grillgerichte.
Dom. Berthet-Bondet, 39210 Château-Chalon, Tel. 03.84.44.60.48, Fax 03.84.44.61.13, E-Mail domaine.berthet.bondet@wanadoo.fr n. V.

DOM. LUC ET SYLVIE BOILLEY
Vin jaune 1992

k. A. k. A. 15 à 23 €

Bei diesem «gelben» Côtes du Jura, der von einem Ton- und Kalksteinboden stammt, findet man einen recht diskreten ersten Geruchseindruck, der sich danach zu Menthol- und Röstnoten entfaltet. Der Geschmack ist leicht, weich und sehr harmonisch: Dieser Wein ist für diejenigen bestimmt, die zum ersten Mal einen Vin jaune verkosten möchten, denn er ist in aromatischer Hinsicht überhaupt nicht heftig und scheint sehr gut gebaut zu sein. Warum sollte man ihn nicht zu einer Kalbsblanquette probieren?
Dom. Luc et Sylvie Boilley, rte de Domblans, 39210 Saint-Germain-le-Arlay, Tel. 03.84.44.97.33, Fax 03.84.37.71.21 n. V.

PHILIPPE BUTIN Vin jaune 1994★★★

☐ 0,7 ha 1 600 23 à 30 €

1994
COTES DU JURA
Appellation Côtes du Jura Contrôlée
VIN JAUNE

Philippe Butin führt den Familienbetrieb seit 1981. Er ist zwar Erzeuger von Château-Chalon, stellt aber auch einen weiteren Vin jaune in der Appellation Côtes du Jura her. Dieser beim ersten Riechen zurückhaltende 94er zeigt sich danach im Duft recht typisch aufgrund seiner Walnuss- und Gewürznoten. Der Geschmack ist kräftig und wird durch eine schöne Lebhaftigkeit geprägt, die Garant für eine gute Lagerfähigkeit ist. Walnuss und ein Hauch von Zitrone weisen darauf hin. Der Wein ist noch nicht trinkreif, aber sein Charakter als «gelber Wein im alten Stil» hat die Jury wirklich bewegt, die darin ein Zeugnis für künftige Generationen sieht. Als Begleitung sollten Sie Hähnchen mit Morcheln oder einen großlaibigen Comté (Hartkäse aus Kuhmilch) wählen.

🔑 Philippe Butin, 21, rue de la Combe, 39210 Lavigny, Tel. 03.84.25.36.26, Fax 03.84.25.39.18 ☑ 🍷 tägl. 8h–19h

CAVEAU DES BYARDS
Chardonnay 1998★★★

☐ k. A. 12 000 5 à 8 €

«Ich kaufe», meinte ein Verkoster, nicht ohne dass er vorher mit kraftvollem Lob diesen sehr schönen Wein beschrieben hätte. Der Geruchseindruck bietet viel Feinheit und Eleganz, auch wenn er zunächst zurückhaltend ist. Die Schwarze-Johannisbeer-Knospen und das Röstaroma sind sehr angenehm. Eine schöne Ansprache setzt sich mit einer Säuerlichkeit fort, die für Frische sorgt und die Frucht unterstützt. Der Wein hält nicht sehr lang an, aber die säuerliche Note ist so gefällig, dass man dem Charme einer fast vollkommenen Harmonie erliegt. Servieren kann man ihn zu zart angedünsteten Jakobsmuscheln.

🔑 Caveau des Byards, 39210 Le Vernois, Tel. 03.84.25.33.52, Fax 03.84.25.38.02 ☑ 🍷 n. V.

MARCEL CABELIER
Grande tradition 1996★★

☐ 1 ha 8 500 5 à 8 €

Die Compagnie des Grands Vins du Jura, eine Filiale der Gruppe der Grands Chais de France, besitzt zwei Verkaufsstellen, die eine in Crançot, die andere in der Maison des Vignerons in Lons-le-Saunier, der Präfektur des Jura. Gold in der Flasche, das verspricht dieser Wein, der zu 70 % von Chardonnay- und zu 30 % von Savagnin-Trauben stammt und drei Jahre in Stückfässern ausgebaut worden ist. Der intensive, typische Duft bietet eine große Frische. Die ausgezeichnete blumige Ansprache wird von einer fleischigen Struktur unterstützt. Der volle Geschmack zeigt eine schöne Nachhaltigkeit der Aromen mit Haselnuss- und Gewürznoten. Dieser harmonische Verschnitt bringt das Terroir des Jura gut zum Ausdruck. Er kann schon jetzt ein Kalbsschnitzel begleiten, wobei Sie die Bratensauce mit diesem Wein ablöschen sollten, wie ein Verkoster empfiehlt. Der **99er Trousseau** des gleichen Weinhändlers erwies sich als süffig – erstaunlich für diese Rebsorte, nicht wahr? Er erhält eine lobende Erwähnung.

🔑 Cie des Grands Vins du Jura, rte de Champagnole, 39570 Crançot, Tel. 03.84.87.61.30, Fax 03.84.48.21.36, E-Mail jura@grandschais.fr ☑ 🍷 tägl. 8h–12h 13h–18h

DANIEL ET PASCAL CHALANDARD
1999★

■ 0,5 ha 2 000 5 à 8 €

Daniel Chalandard arbeitete zunächst als Chemiker, bevor er mit dem Weinbau begann, aber das ist schon mehr als dreißig Jahre her. Er praktiziert umweltschonende Anbaumethoden und hat einen sortenrein aus Trousseau-Trauben hergestellten Wein präsentiert, der spaltet: Einige finden ihn in aromatischer Hinsicht bemerkenswert, während andere der Ansicht sind, dass diese Explosion von Aromen nicht sehr typisch ist und dass es ihm jenseits der kräftigen Eindrücke ein wenig an Tiefe mangelt. Hingegen sind sich alle einig in dem Urteil, ein Reh würde gut zu diesem 99er mit dem starken Temperament passen.

🔑 GAEC du Vieux Pressoir, rte de Voiteur, BP 30, 39210 Le Vernois, Tel. 03.84.25.31.15, Fax 03.84.25.37.62 ☑ 🍷 n. V.

DANIEL ET PASCAL CHALANDARD
Cuvée Axel 1998★★★

☐ 4 ha 15 000 5 à 8 €

70 % Chardonnay und 30 % Savagnin – diese 24 Monate im Holzfass ausgebaute Cuvée hat die Jury einhellig verführt. Der klare, strahlende strohgelbe 98er hinterlässt an der Innenwand des Glases schöne Tränen. Keinerlei Trauer bei den Verkostern, denn der Duft, der sich zu Haselnuss, Mandel, Mineralen und getrockneten Morcheln entfaltet, schickt uns sofort ins Paradies der Gerüche. Eine kräftige, aber ausgewo-

gene Struktur kennzeichnet diesen Wein von überraschender Länge. Das Rückaroma, das ganz vom Mineralischen geprägt ist, lässt an einen Château-Chalon denken. Kräftig gebaut und typisch, ein erstklassiger Wein, der nach Gerichten mit Rahmsauce verlangt. Außerdem ist er trinkreif!

🔑 GAEC du Vieux Pressoir, rte de Voiteur, BP 30, 39210 Le Vernois, Tel. 03.84.25.31.15, Fax 03.84.25.37.62 ☑ Y n. V.

DENIS ET MARIE CHEVASSU
Pinot noir 1999*

■ 0,5 ha 2 500 ▮ 5 à 8 €

Wein und Käse vertragen sich immer gut. Hier wird man überzeugt davon, denn noch immer wird in diesem Betrieb Milch produziert, die dazu dient, den berühmten Comté-Käse herzustellen. Die Kombination passt übrigens sehr gut bei diesem Rotwein von kräftiger Farbe. Man muss anmerken, dass er ausschließlich von der Pinot-noir-Rebe stammt, was man auch im Geruchseindruck mit einer ausgeprägten Weichsel- und Brombeernote erkennt. Ein im Geschmack leckerer Wein.

🔑 Denis Chevassu, Granges Bernard, 39210 Menétru-le-Vignoble, Tel. 03.84.85.23.67, Fax 03.84.85.23.67 ☑ Y n. V.

ELISABETH ET BERNARD CLERC
Cuvée du pré Cottin 1999*

□ 1,5 ha 3 000 ◖◗ 5 à 8 €

Dieser Verschnittwein, in dem Chardonnay einen größeren Anteil als Savagnin hat, ist zwei Jahre im Holzfass gereift. Er entfaltet sich zu einer delikaten Palette, die an Honig und weiße Blüten erinnert. Der Geschmack ist auf diskrete Weise typisch und gut strukturiert. Dieser 99er könnte 2002 ein Selleriepüree (eine oft problematische Kombination) oder einen mit Lauch gefüllten Gemüsekuchen begleiten.

🔑 Elisabeth Clerc, rue de Recanoz, 39230 Mantry, Tel. 03.84.85.58.37 ☑ Y n. V.

JEAN-MARIE COURBET
Trousseau 1999***

■ k. A. 3 500 ▮ 5 à 8 €

Der Vorsitzende der Weinbaugesellschaft des Jura kann stolz sein auf diese Leistung auf seinem Gut in Nevy-sur-Seille. Frische und Eleganz sind die Hauptqualitäten dieses sortenreinen Trousseau, der zeit seines Lebens kein Holzfass gesehen hat. Fünfzehn Monate Ausbau im Tank waren notwendig. Er ist ein im Geruchseindruck (rote Früchte) kräftiger und im Geschmack sehr runder Wein. Sauerkirsche, Gewürze, Brombeere und sogar Holunder sind recht deutlich wahrzunehmen. Ein außergewöhnlicher Wein, der ausgewählte Gerichte verlangt: Federwild wird dazu empfohlen.

🔑 Jean-Marie Courbet, rue du Moulin, 39210 Nevy-sur-Seille, Tel. 03.84.85.28.70, Fax 03.84.44.68.88 ☑ Y n. V.

DOM. VICTOR CREDOZ Pinot 1999*

■ 0,6 ha 2 500 ◖◗ 5 à 8 €

Daniel und Jean-Claude Credoz bewirtschaften das 1859 entstandene Gut, das 3 km von Château-Chalon entfernt liegt und heute 10,5 Hektar umfasst. Dieser sortenreine Pinot noir, der in Fässern mit 228 l Fassungsvermögen («burgundische» Stückfässer) ausgebaut worden ist, zeigt mit seinen gelbroten Reflexen schon im Anblick eine gewisse Entwicklung. Nach Erdbeerkonfitüre im Duft gibt er sich im Geschmack kräftig, aber entwickelt. Ein schöner, trinkreifer Wein, der zu Tournedos mit Pilzen passt.

🔑 Dom. Victor Credoz, 39210 Menétru-le-Vignoble, Tel. 06.80.43.17.44, Fax 06.84.44.62.41 ☑ Y tägl. 8h–12h 13h–19h

DOM. GRAND FRERES
Vin de paille 1997*

□ 1 ha 5 000 ◖◗ 15 à 23 €

Emmanuel, der Sohn eines der Brüder Grand, ist gerade in die GAEC zurückgekehrt; er hat Dominique ersetzt, der das Gut verlassen hat. Diese gut organisierte Mannschaft stellt einen im Anblick sehr intensiven Strohwein vor, der aber dennoch hübsche bernsteingelbe Reflexe bietet. Der Duft ist sehr reich und voller Feinheit. Schale von Bitterorangen gesellt sich zu Menthol und Zimt. Auch wenn sich dieser 97er heute im Geschmack nicht mitteilsam zeigt, ist er doch für eine zehn- bis fünfzehnjährige Lagerung gut gerüstet.

🔑 Dom. Grand Frères, rue du Savagnin, 39230 Passenans, Tel. 03.84.85.28.88, Fax 03.84.44.67.47 ☑ Y tägl. 9h–12h 14h–18h; im Jan. u. Febr. Sa, So geschlossen

DOM. GRAND FRERES 1999**

■ 2,5 ha 13 000 ▮ 5 à 8 €

Bei dem Streben nach einem recht soliden Stil hat dieser Verschnittwein aus jeder der Jura-Rebsorten das Beste herausgeholt. Die Farbe ist kräftig, der Geruchseindruck ein wenig entwickelt, mit Noten von roten Früchten, Gewürzen, Unterholz und Pilzen. Die Ansprache im Geschmack ist freimütig; die Tannine sind recht deutlich zu spüren, während die Aromenpalette entfaltet erscheint. Seine Struktur macht diesen Côtes du Jura für eine gute Alterung geeignet; seinen Höhepunkt dürfte er in fünf Jahren erreichen.

🔑 Dom. Grand Frères, rue du Savagnin, 39230 Passenans, Tel. 03.84.85.28.88, Fax 03.84.44.67.47 ☑ Y tägl. 9h–12h 14h–18h; im Jan. u. Febr. Sa, So geschlossen

CH. GREA Vin de paille 1997*

☐ 0,5 ha 800 15 à 23 €

Ein hauptsächlich von weißen Traubensorten erzeugter Strohwein, der keine Angst hat, sich zu präsentieren: Seine schöne Bernsteinfarbe macht ihn zum geborenen Verführer. Der Geruchseindruck zeigt eine Holznote, enthüllt aber reizvolle Karamell- und Quittenbrotnoten. Im wohl ausgewogenen Geschmack kommen über einem sehr schönen Aroma von kandierten Früchten und Birne Volumen und Länge zum Vorschein. Für das kommende Jahrzehnt. Ein **97er Weißwein** (Preisgruppe: 30 bis 49 F), der 80 % Chardonnay mit Savagnin kombiniert und kräftig und nachhaltig ist, erhält eine lobende Erwähnung: Er erweist sich als ebenso herzlich wie sein Hersteller, der Gästezimmer im Château Gréa besitzt, dessen Ursprünge ins 17. Jh. zurückreichen.

Nicolas Caire, Ch. Gréa, 39190 Rotalier, Tel. 06.81.83.67.80, Fax 06.84.25.05.47 n. V.

CAVEAU DES JACOBINS
Savagnin 1996*

☐ 1,9 ha 13 300 11 à 15 €

Diese 1907 gegründete Winzergenossenschaft hat ihren Sitz in der ehemaligen Jakobinerkirche, die im 13. Jh. errichtet wurde. Ihr sortenreiner 96er Savagnin ist gut vinifiziert worden und durchläuft eine interessante Entwicklung: Er duftet nach Äpfeln und zeigt sich im Geschmack ebenfalls sehr typisch, mit Aromen von getrockneten Früchten und Walnüssen, die im Rückaroma aufsteigen. Stärke und die notwendige Säure: Im Herzen ist er ein echter Jura-Wein. Die Liebhaber von «liebenswürdigen, leichten, kleinen Weinen» sollten die Finger davon lassen.

Caveau des Jacobins, rue Nicolas-Appert, 39800 Poligny, Tel. 03.84.37.01.37, Fax 03.84.37.30.47, E-Mail caveaudesjacobins@free.fr tägl. 9h30–12h 14h–18h30

CLAUDE JOLY Le Monceau 1998

☐ 1 ha 4 000 8 à 11 €

Seit dem neuen Jahrtausend hat sich Cédric innerhalb einer EARL Claude Joly angeschlossen. Diese Cuvée Monceau hat noch keine Lust, sich der Nase zu offenbaren. Man muss sich einige Zeit gedulden, bis sie sich öffnet. Obwohl im Verschnitt Savagnin-Trauben vertreten sind, treten sie im Geschmack nicht besonders stark hervor. Dennoch handelt es sich um einen gut vinifizierten Wein, der lagern muss.

EARL Claude et Cédric Joly, chem. des Pataratte, 39190 Rotalier, Tel. 03.84.25.04.14, Fax 03.84.25.14.48 n. V.

ALAIN LABET
Fleur de Marne La Bardette 1997**

☐ 0,6 ha 1 200 11 à 15 €

Man kann eine für den Jura typischere Seele finden, aber dieser Wein hinterlässt bei Ihnen tiefe Ergriffenheit. Die Farbe ist blassgelb, strahlend und klar. Der Geruchseindruck bewegt sich zwischen Lakritze und Röstaroma und verweilt dann auf frischen Zitrus- und Aprikosennoten von kräftiger, aber eleganter Frische. Weichheit und «Fett» im Geschmack, aber dank eines lebhaften Abgangs keinerlei Schwere. Nachhaltigkeit und ein gut eingefügter Holzton.

Alain Labet, pl. du Village, 39190 Rotalier, Tel. 03.84.25.11.13, Fax 03.84.25.06.75 n. V.

DOM. LABET
Chardonnay Les Varrons 1998***

☐ 0,4 ha 2 400 8 à 11 €

Nichts als Chardonnay, achtzehn Monate im Fass ausgebaut, bestimmt mit viel Begeisterung und Professionalität, um zu einem so ansprechenden Ergebnis zu gelangen. Die Toast- und Butternote macht den Geruchseindruck dieses Côtes du Jura außergewöhnlich. Dieser sehr angenehme Holzton findet sich auch in einem fülligen, sehr harmonischen Geschmack wieder. Man kann ihn trinken oder aufheben – ein Wein, der zahlreiche Möglichkeiten der Kombination mit Speisen bietet.

Alain Labet, pl. du Village, 39190 Rotalier, Tel. 03.84.25.11.13, Fax 03.84.25.06.75 n. V.

FREDERIC LAMBERT
Chardonnay 1998*

☐ 0,75 ha 2 000 5 à 8 €

Frédéric Lambert erwarb seine erste Rebparzelle 1993. Er unternimmt alles, um das selbst gesteckte Ziel zu erreichen: seine gesamte Produktion in Flaschen zu verkaufen. Wetten wir, dass dies mit einem Wein wie diesem hier durchaus möglich ist! Die Farbe ist altgolden. Der komplexe Geruchseindruck bietet einen oxidativen Zug, der ihm einen gewissen typischen Charakter verleiht. Dieser im Geschmack rassige 98er, was für die AOC charakteristisch ist, wirkt kräftig und gleichzeitig gefällig. Er lässt sich gut trinken, kann aber mühelos noch fünf Jahre lagern. Ein **roter 99er Côtes du Jura,** der sortenrein von Trousseau-Trauben erzeugt worden ist, hat für seinen animalischen Geruchseindruck, seinen fruchtigen Duft und seine gute Struktur eine lobende Erwähnung erhalten.

Frédéric Lambert, Pont du bourg, 39230 Le Chateley, Tel. 03.84.85.53.98, Fax 03.84.25.97.83 n. V.

LA VIGNIERE Vin de paille 1997*

☐ k. A. 10 000 15 à 23 €

Die große Firma von Arbois, zugleich der größte Weinbergbesitzer im Jura, mit ihrer Lieblingsproduktion: Der Geruchseindruck entfaltet sich zu Gewürzen und Quitte. Der in der Ansprache runde Geschmack zeigt ein schönes Volumen, Ausgewogenheit und Länge in seinem seidigen Abgang. Es empfiehlt sich, ein wenig zu warten, bevor man diesen 97er zu Gänseleber oder als Aperitif trinkt.

Henri Maire SA, Dom. de Boichailles, 39600 Arbois, Tel. 03.84.66.12.34, Fax 03.84.66.42.42, E-Mail info@henri-maire.fr n. V.

DOM. MOREL THIBAUT Tradition 1998

☐ 2 ha 6 000 5à8€

Die Keller des Guts befinden sich im Stadtzentrum von Poligny, der Hauptstadt der Grafschaft, in der Nähe der Molkereischule. Dieser Côtes du Jura ist die Frucht eines Verschnitts von Chardonnay und Savagnin zu fast gleichen Teilen. Der Geruchseindruck ist intensiv und frisch. Dieser sich entwickelnde Wein zeigt sich noch sehr lebhaft und muss lagern. «Ein Sportler beim Aufbautraining», notierte ein Verkoster.

Dom. Morel-Thibaut, 8, rue Coittier, 39800 Poligny, Tel. 03.84.37.07.61, Fax 03.84.37.07.61
Mo–Sa 15h–19h; So 10h–12h

DOM. PIGNIER Trousseau 1999*

■ 0,65 ha 3 000 5à8€

Das Gut, dessen Weinberg früher einem Kloster gehörte, ist seit dem 18. Jh. im Besitz der Familie. Bekanntlich war Rouget de Lisle, der 1792 die *Marseillaise* komponierte, Winzer im Dorf Montaigu. Der gleiche Wein war im Jahrgang vorher als bemerkenswert beurteilt worden. Dieser 99er braucht noch ein wenig Zeit, um sich auszudrücken. Dennoch geruht er seine Nasenspitze zu zeigen, einen ziemlich fruchtigen Geruchseindruck. Im Geschmack ist er strukturiert, durch den Ausbau im Holzfass geprägt. Er ist ein gut gemachter Wein, den man zu rotem Fleisch servieren kann.

Dom. Pignier, Cellier des Chartreux, 39570 Montaigu, Tel. 03.84.24.24.30, Fax 03.84.47.46.00
Mo–Sa 8h–12h 13h30–19h; So 8h–12h

AUGUSTE PIROU Vin de paille 1997*

☐ k. A. 11 000 11à15€

Henri-Michel Maire, Sohn des berühmten Henri Maire, ist der Geschäftsführer dieser Firma. Zu der Stärke des Dufts kommt bei diesem Strohwein eine echte Komplexität hinzu. Tabak, Zimt und Leder, danach schließlich kandiert wirkende Aromen. Schöner Stoff im Geschmack, in dem man die schon in der Nase festgestellte Präsenz der Aromen wieder findet. Ein ausgewogener Wein, der etwa fünfzehn Jahre lang lagern kann.

Auguste Pirou, Les Caves Royales, 39600 Arbois, Tel. 03.84.66.42.70, Fax 03.84.66.42.71, E-Mail info@auguste-pirou.fr

XAVIER REVERCHON Saint Savin 1998

☐ 0,7 ha 5 000 5à8€

Im Herzen von Poligny, unweit der aus dem 11. Jh stammenden Kirche Mouthier-le-Vieillard, führt Xavier Reverchon die Winzertradition der Familie fort. Ein sehr gefälliger Geruchseindruck empfängt uns in diesem weißen Côtes du Jura: Nugat und Honig – was für eine Nascherei! Im Geschmack bleibt ein wenig Lebhaftigkeit vorhanden, aber der Gesamteindruck ist angenehm. Er kann großzügig ein Gericht mit Sauce begleiten.

Xavier Reverchon, EARL de Chantemerle, 2, rue de Clos, 39800 Poligny, Tel. 03.84.37.02.58, Fax 03.84.37.00.58
n. V.

PIERRE RICHARD Poulsard 1999

■ 0,5 ha 2 000 5à8€

1919 kaufte Pierre Richards Großvater das Gut. Wir erinnern uns daran, dass sein 96er Strohwein im letzten Jahr eine Liebeserklärung erhielt. Innerhalb einer breiten Palette von Jura-Weinen, die der Betrieb erzeugt, zeigt dieser Côtes du Jura, ein sortenreiner Poulsard, eine schöne lachsrote Farbe. Der Geruchseindruck ist röstartig und wird dann deutlich animalisch. Der Geschmack besitzt zwar viel Fülle, ist aber weich und klingt mit einer recht angenehmen Kirschnote aus. Man sollte ihn gekühlt zu Grillgerichten trinken.

Dom. Pierre Richard, 39210 Le Vernois, Tel. 03.84.25.33.27, Fax 03.84.25.36.13
n. V.

JEAN RIJCKAERT
Chardonnay Les Sarres 1999

☐ 1,5 ha 14 000 5à8€

Dieser Côtes du Jura, der in Les Planches, in der Nähe von Arbois, hergestellt wird, ist das Produkt eines Erzeugers, der auch im Departement Saône-et-Loire vertreten ist. Der Duft ist blumig und fruchtig, aber auch leicht holzbetont. Der Geschmack, der durch die Rebsorte (Chardonnay) stärker als durch das Terroir geprägt wird, ist sehr klar, lebhaft und fruchtig. Ohne dass dieser Wein sehr «juratypisch» wäre, bleibt er angenehm und wird einen schönen Begleiter zu gegrilltem Fisch abgeben.

SARL Rijckaert, Correaux, 71570 Leynes, Tel. 03.85.35.15.09, Fax 03.85.35.15.09, E-Mail jeanrijckaert@aol.com n. V.

DOM. DE SAVAGNY Chardonnay 1998*

☐ 2 ha 6 000 5à8€

«Eine altgoldene Farbe! Was für eine Aussicht auf Reichtum», sagte sich der Verkoster, als er seine Nase in das Glas steckte, um die Bestätigung für den Erfolg zu erhalten. Ja, dieser Côtes du Jura ist kräftig, würzig und komplex. Er ist rund und rassig und besitzt dennoch jene gute Säure, die die Struktur unterstützt. Der lange Abgang bietet über einem Aroma von reifen Früchten eine angenehme Frische. Falls das Kalbsbries nicht verrückt macht, wird es für einen Augenblick des Genusses sorgen, wenn man das Gericht zusammen mit diesem schönen, sehr typischen Wein serviert.

Claude Rousselot-Pailley, 140, rue Neuve, 39210 Lavigny, Tel. 03.84.25.38.38, Fax 03.84.25.31.25 n. V.

JEAN TRESY ET FILS Poulsard 1999**

■ 0,6 ha 3 000 5à8€

«Wer sich leidenschaftlich für die Vergangenheit interessiert, braucht nicht nach Passenas zu kommen. Nicht das kleinste Bauwerk steht hier unter Denkmalschutz. Aber wenn es darum geht, zu essen oder zu trinken, schaut es ganz anders aus. Machen Sie hier Halt, Sie sind in

Passenans am richtigen Ort.» Sagen wir es ganz deutlich. Passenans ist trotzdem ein zauberhaftes Dorf. Aber es stimmt, dass der Weinbau mit diesem sortenreinen Poulsard geehrt wird. In Passenans oder anderswo wird dieser 99er seinen zugleich würzigen und pflanzlichen Duft entfalten, der sich in Richtung Kirschen entwickelt. Die Fülle bestätigt sich im Geschmack, aber auch eine sehr große aromatische Qualität. Eine sehr schöne Ausdrucksform der Rotweine des Jura. Innerhalb von zwei bis drei Jahren wird er optimal sein.

🔑 Jean Trésy et Fils, rte des Longevernes, 39230 Passenans, Tel. 03.84.85.22.40, Fax 03.84.44.99.73, E-Mail tresy.vin@wanadoo.fr ☑ Ῑ n. V.

FRUITIERE VINICOLE DE VOITEUR
Cuvée Prestige 1997★★

□ 2 ha 12 000 8 à 11 €

«Fruitière» ist in der Franche-Comté die Bezeichnung für eine Genossenschaft. Diese hier vinifiziert 75 Hektar. Die Cuvée Prestige besteht zu 80 % aus Chardonnay und zu 20 % aus Savagnin. Angenehme fruchtige Düfte steigen in unsere Nase; zu ihnen gesellen sich rasch Walnuss- und Gewürznoten. Der Geschmack ist fest und wird von der angemessenen Säure unterstützt. Stärke und eine Aromenpalette, die sich entfalten wird: ein typischer, genussvoller Wein, dessen Zusammenstellung perfekt gelungen ist.

🔑 Fruitière vinicole de Voiteur, 60, rue de Nevy-sur-Seille, 39210 Voiteur, Tel. 03.84.85.21.29, Fax 03.84.85.27.67, E-Mail voiteur@fruitiere-vinicole-voiteur.fr ☑ Ῑ n. V.

Crémant du Jura

Die durch Erlass vom 9. Oktober 1995 anerkannte AOC Crémant du Jura gilt für Schaumweine, die gemäß den strengen Vorschriften der Crémants hergestellt werden. Verwendet werden dafür Trauben, die innerhalb des Produktionsgebiets der AOC Côtes du Jura geerntet werden. Als rote Traubensorten zugelassen sind Poulsard (oder Ploussard), Pinot noir (hier Gros noirien genannt), Pinot gris und Trousseau, als weiße Traubensorten Savagnin (örtlich als Naturé bezeichnet) und Chardonnay (als Melon d'Arbois oder Gamay blanc bezeichnet). 2000 wurden 14 985 hl als Crémant angemeldet.

FRUITIERE VINICOLE D'ARBOIS
1998★

○ 30 ha 150 000 5 à 8 €

Wenn man eine Genossenschaft mit 108 Mitgliedern führt, muss man u. a. auf Ausgewogenheit achten. Der Crémant dieser recht bekannten Winzergenossenschaft ist unter Beachtung der unverzichtbaren Ausgewogenheit hergestellt worden. Der Duft ist ziemlich feminin, mit Nuancen von weißen Blüten, Zitrusfrüchten und Quitte gehalten. Der fruchtige, aromatische Geschmack beweist eine gute Länge.

🔑 Fruitière vinicole d'Arbois, 2, rue des Fossés, 39600 Arbois, Tel. 03.84.66.11.67, Fax 03.84.37.48.80 ☑ Ῑ n. V.

CAVEAU DES BYARDS 1998

○ k. A. 16 000 5 à 8 €

Eine schöne Präsentation: feiner Schaum von schöner Beständigkeit. Der recht diskrete Duft kommt in Noten von Zitrone und grünem Apfel zum Ausdruck. Der Wein entfaltet sich im Mund, ohne zu große Rundheit oder Nervigkeit. Er ist ein Crémant von guter Beschaffenheit.

🔑 Caveau des Byards, 39210 Le Vernois, Tel. 03.84.25.33.52, Fax 03.84.25.38.02 ☑ Ῑ n. V.

MARCEL CABELIER 1998★

○ 60 ha 300 000 5 à 8 €

Die Compagnie des Grands Vins du Jura ist der Hauptproduzent der Appellation. Ihr Crémant du Jura wird aus Chardonnay-Trauben hergestellt. Die Bläschen sind nicht sehr klein, aber sie verlieren keine Zeit, um im Glas nach oben zu steigen. Frische Trauben, Apfel, Zitrone und ein blumiger Hauch: ein sympathischer Duft. Der Geschmack entfaltet sich angenehm auf der gleichen aromatischen Basis. Ein schöner Aperitifwein.

🔑 Cie des Grands Vins du Jura, rte de Champagnole, 39570 Crançot, Tel. 03.84.87.61.30, Fax 03.84.48.21.36, E-Mail jura@grandschais.fr ☑ Ῑ tägl. 8h–12h 13h–18h

DANIEL ET PASCAL CHALANDARD
1999★

○ 1,5 ha 4 000 5 à 8 €

Chardonnay und Pinot noir ergeben diesen Crémant. Schöne Bläschen, die sich gleichmäßig entwickeln, durchsetzen eine sehr blasse gelbe Farbe. Der im Geruchseindruck nicht sehr ausladende Wein kommt am besten im Geschmack zum Ausdruck. Mit einer schönen, von der Frische geprägten Entwicklung hinterlässt er im Vorübergehen einige Frucht- und Briochenoten. Er ist zum Aperitif geschaffen.

🔑 GAEC du Vieux Pressoir, rte de Voiteur, BP 30, 39210 Le Vernois, Tel. 03.84.25.31.15, Fax 03.84.25.37.62 ☑ Ῑ n. V.

DENIS CHEVASSU 1999★★

○ k. A. 2 000 ▮ 5à8€

In der Familie Chevassu mag man den Weinbau, obwohl sich der Betrieb auch dem Ausbau zugewendet hat. Diese Bläschen hier beweisen es. Ein Schaum von schöner Beständigkeit in einem Blassgelb mit bronzefarbenen Reflexen kündigt einen ersten Duft an, der beim ersten Riechen üppig, reich und komplex ist. Zunächst ist er pflanzlich und entwickelt sich dann zu Zitrusnoten hin, hauptsächlich Zitronen. Der Geschmack ist gefällig, mit einem recht nachhaltigen Abgang von grünem Apfel. Ausgezeichnete Gesamtharmonie.

Denis Chevassu, Granges Bernard, 39210 Menétru-le-Vignoble, Tel. 03.84.85.23.67, Fax 03.84.85.23.67 ☑ Y n. V.

DOM. VICTOR CREDOZ 1999★

○ 2 ha 7 000 ▮ 5à8€

Das 1859 von Victor Credoz geschaffene, über 10 ha große Gut wird heute von Daniel und Jean-Claude Credoz bewirtschaftet. Feiner Schaum mit schöner, beständiger Schaumkrone. Recht blumig, im Geruchseindruck ebenso wie im Geschmack: ein sehr runder Crémant. Ein Brut für Weintrinker, die Anhänger von süßen Schaumweinen sind.

Dom. Victor Credoz, 39210 Menétru-le-Vignoble, Tel. 06.80.43.17.44, Fax 06.84.44.62.41 ☑ Y tägl. 8h–12h 13h–19h

DOM. GRAND FRERES Prestige

○ 3 ha 25 000 8à11€

Im letzten Haus des Dorfes Passenans, auf der linken Seite, in Richtung Frontenay, wird dieser Crémant hergestellt, ein Blanc de Blancs, dessen sehr feiner Schaum im Glas gut aufsteigt. Der feine Duft bietet Hefe- und Apfelnoten, die ihn sehr frisch erscheinen lassen. Dieser noch zurückhaltende Wein ist im Geschmack recht ausgewogen.

Dom. Grand Frères, rue du Savagnin, 39230 Passenans, Tel. 03.84.85.28.88, Fax 03.84.44.67.47
☑ Y tägl. 9h–12h 14h–18h; im Jan. u. Febr. Sa, So geschlossen

CAVEAU DES JACOBINS

○ 2,3 ha 21 148 5à8€

Das Jakobinerkonvent wurde 1271 von Alix de Méranie den Dominikanern aus Poligny geschenkt. In einer zu einer Kellerei umfunktionierten Kirche wurden achtzig Jahre lang Weine hergestellt. Auch wenn jedermann ein Konvent zu verschenken hat, so kann doch jeder seine Freunde diesen Crémant probieren lassen, der vor Jugendlichkeit prickelt. Der Duft ist blumig und entfaltet sich nach dem Auftakt.

Caveau des Jacobins, rue Nicolas-Appert, 39800 Poligny, Tel. 03.84.37.01.37, Fax 03.84.37.30.47, E-Mail caveaudesjacobins@free.fr ☑ Y tägl. 9h30–12h 14h–18h30

DOM. DE LA TOURNELLE 1999★

○ 0,5 ha 3 000 ▮ 🌡 8à11€

Pascal Clairet hat ein Gespür für Empfänge und Veranstaltungen. Beispielsweise bietet er an, das Fest der Musik auf seinem Gut mit Wurst, Käse und natürlich mit Wein und Musik zu feiern. Dieser ganz und gar im gleichen Geist gehaltene Crémant verbirgt nicht seine Begeisterung: Die Bläschen drängen sich förmlich. Grüner Apfel dominiert im Geruchseindruck; die Frucht tritt auch im Geschmack hervor, unterstützt von einer recht deutlich spürbaren Säure. Ein Wein von großer Frische, den man für sich allein trinken kann und der für gute Laune sorgt.

Pascal Clairet, 5, Petite-Place, 39600 Arbois, Tel. 03.84.66.25.76, Fax 03.84.66.27.15
☑ Y Mo–Sa 10h–12h30 14h30–19h

DOM. LIGIER PERE ET FILS 1998

○ 0,6 ha 4 000 ▮ 5à8€

Ein eiliger Crémant. Sein Schaum ist intensiv und entwickelt sich rasch innerhalb einer blassgoldenen Farbe mit rosaroten Reflexen. Er ist im Geruchseindruck deutlich und im Geschmack lebhaft, ohne dass er aggressiv wäre. Wie es sich gehört. Mit einer hübschen Fruchtigkeit, die ihn zu einem angenehmen Aperitif macht.

Dom. Ligier Père et Fils, 7, rte de Poligny, 39380 Mont-sous-Vaudrey, Tel. 03.84.71.74.75, Fax 03.84.81.59.82, E-Mail ligier@netcourrier.com ☑ Y n. V.

FREDERIC LORNET★

○ 1 ha 6 600 ▮ 🌡 5à8€

Feiner, gleichmäßiger Schaum. Der Duft ist intensiv und sehr angenehm: Nach einer ersten Zitrusnote entfalten sich großzügige Aromen von Birne und reifen Früchten. Sehr feine Bläschen prickeln in einem frischen, fruchtigen Geschmack, der sich recht lang fortsetzt. Ideal zu einer Crème brûlée.

Frédéric Lornet, L'Abbaye, 39600 Montigny-lès-Arsures, Tel. 03.84.37.44.95, Fax 03.84.37.40.17
☑ Y n. V.

DOM. DE MONTBOURGEAU★

○ 2 ha 13 000 ▮ 🌡 5à8€

Nicole Deriaux, die Tochter von Jean Gros, gehört zu jenen, die der Meinung sind, dass die Appellation Crémant du Jura die Ansicht bekräftigt hat, in L'Etoile seien die Schaumweine die Könige. Man gibt ihr Recht, wenn man diesen viel versprechenden Duft von Zitrusfrüchten und vollreifen Birnen riecht. Der Geschmack, der die gleiche aromatische Qualität besitzt, entfaltet sich klar und ausgewogen. Eine Harmonie und Feinheit, die geeignet sind, um diesen Crémant für die Feste im Frühjahr zu reservieren.

Jean Gros, Dom. de Montbourgeau, 39570 L'Etoile, Tel. 03.84.47.32.96, Fax 03.84.24.41.44 ☑ Y n. V.

DESIRE PETIT 1999

◕ 0,63 ha 5 600 5à8€

Dieser Rosé-Crémant, der von Pinot-noir-Trauben stammt, entwickelt einen kräftigen, anhaltenden Schaum. In seinem Himbeerrot riecht man ihn ganz leicht. Im Geschmack ist er fruchtig, mit recht deutlicher Dosage, was zu einem relativ süßen Abgang führt. Servieren sollte man ihn zum Dessert.

Gérard et Marcel Petit, rue du Ploussard, 39600 Pupillin, Tel. 03.84.66.01.20, Fax 03.84.66.26.59 n. V.

FRUITIERE VINICOLE DE PUPILLIN 1999

○ 2 ha 18 000 5à8€

Relativ junge Rebstöcke tragen zur Herstellung dieses Crémant bei. Eine vernünftige Wahl, denn die Schaumweine sind in dieser Hinsicht nicht so anspruchsvoll wie die Stillweine. In seinem Blassgelb moussiert er anhaltend. Zitrone und exotische Früchte kommen in der Nase zum Vorschein. Eine weniger starke Dosage hätte diesen Wein bestimmt etwas frischer gemacht; dennoch ist er sehr komplex.

Fruitière vinicole de Pupillin, 39600 Pupillin, Tel. 03.84.66.12.88, Fax 03.84.37.47.16 n. V.

XAVIER REVERCHON 1998*

○ 1 ha 9 600 5à8€

Chardonnay und ein wenig Pinot noir, und schon schäumt es! In seinem leicht rosa schimmernden Gelb steigen die Bläschen nach Herzenslust auf. Im Geruchseindruck säuerliche Nuancen mit Zitrone, Apfel und Traube. Er ist klar, fein und deutlich. Im Geschmack ist er durch Feinheit geprägt, mit einer guten Struktur, in der die Säure am rechten Platz ist. Ein Crémant von großer Klasse, den man zu spontanen Anlässen trinken kann.

Xavier Reverchon, EARL de Chantemerle, 2, rue de Clos, 39800 Poligny, Tel. 03.84.37.02.58, Fax 03.84.37.00.58 n. V.

JACQUES TISSOT 1998*

○ 2,5 ha 12 000 5à8€

Die Bläschen steigen auf, aber sie sind überhaupt nicht beständig. Er entfaltet jedoch einen hübschen Duft zwischen Brotkruste und Renetten. Der Geschmack, der Stoff enthält, setzt nicht auf Frische und Jugendlichkeit, zeigt aber eine sehr schöne Ausgewogenheit und eine echte Reife. Man sollte diesen Crémant in diesem Winter eher während einer Mahlzeit als zum Aperitif trinken.

Jacques Tissot, 39, rue de Courcelles, 39600 Arbois, Tel. 03.84.66.14.27, Fax 03.84.66.24.88 n. V.

JEAN-YVES VAPILLON 1998

○ 0,5 ha 3 500 5à8€

Jean-Yves Vapillon empfängt Sie in Lons-le-Saunier, an der Straße nach Macornay. Sein Crémant stammt von Chardonnay-Trauben. Die Bläschen steigen aus einem Goldgelb auf. Nach einem fruchtigen, leicht mentholartigen Duft zeigt der Geschmack Zitrusnoten, während der Abgang an Orangenblüten denken lässt.

Jean-Yves Vapillon, 120, rte de Macornay, 39000 Lons-le-Saunier, Tel. 03.84.47.45.65, Fax 03.84.43.21.88 Di–Sa 14h–18h30

L'Etoile

Seinen Namen verdankt das Dorf Fossilien, nämlich Segmenten der Stiele von Seelilien; dabei handelt es sich um blumenförmige Stachelhäuter, die wie kleine fünfarmige Sterne aussehen. 2000 erzeugte sein 76 ha großes Anbaugebiet 3 000 hl Weiß-, Schaum-, Strohweine und Vins jaunes.

DOM. GENELETTI Vin de paille 1997**

□ 0,4 ha 1 900 15à23€

Viel Chardonnay, ein wenig Savagnin und ein Hauch von Poulsard: Das ist die Mischung, für die sich Michel Geneletti und sein Sohn bei der Herstellung dieses Weins entschieden haben. Er zeigt eine an Lebkuchen erinnernde Farbe und hat auch den Duft davon. Schon in der Ansprache spürt man einen sehr großen Strohwein: solide Struktur, aromatischer Reichtum, vor allem mit gedörrten Datteln, sehr schöne Harmonie. Ein Apfelkuchen, mit Zimt bestreut, wird lebhaft dazu empfohlen.

Dom. Michel Geneletti et Fils, 373, rue de l'Eglise, 39570 L'Etoile, Tel. 03.84.47.46.25, Fax 03.84.47.38.18 n. V.

CH. DE L'ETOILE Vin jaune 1993**

□ 5 ha 10 500 23à30€

Unter einer patinierten Goldfarbe verbirgt sich ein Wein mit angenehmem Auftakt. Der Geruchseindruck ist weinig, brioche- und honigartig. Der harmonische Geschmack bietet eine schöne Struktur. Grüne Walnüsse und Zitronengras teilen sich eine achtbare Länge. Ein bemerkenswertes Exemplar des Jahrgangs 1993, das trinkreif ist, aber noch lagern kann. Erinnert sei auch daran, dass dieses Gut viele Liebeserklärungen erhalten hat.

Vandelle et Fils, Ch. de L'Etoile, 994, rue Bouillod, 39570 L'Etoile, Tel. 03.84.47.33.07, Fax 03.84.24.93.52 n. V.

DOM. DE MONTBOURGEAU 1997**

□ k. A. 2 000 11à15€

Diese Savagnin-Cuvée wird auf der Domaine de Montbourgeau seit 1993 erzeugt; das ermöglicht dieser sehr eigenwilligen Rebsorte, in einem Register zum Ausdruck zu kommen, das sich ein wenig von dem des Vin jaune unterscheidet. Es sind sogar vier Jahre Ausbau im

Tank und danach im Eichenfass notwendig, um einen goldenen Wein zu erhalten, der im Geruchseindruck reich und klar ist. Angesichts von mineralischen Noten, aber auch Nuancen von frisch gemähtem Heu und grüner Walnuss mangelt es ihm nicht an Komplexität. Im Geschmack ist die Säure im Gleichgewicht mit dem Alkohol; das gute aromatische Niveau bestätigt sich. Dieser typische, sehr elegante Wein kann mühelos Geflügel mit Sauce oder eine Blanquette begleiten.

⊶ Jean Gros, Dom. de Montbourgeau, 39570 L'Etoile, Tel. 03.84.47.32.96, Fax 03.84.24.41.44 ☑ Ƴ n. V.

DOM. DE MONTBOURGEAU

Vin jaune 1994★★

☐ 1 ha 2 000 ⅡⅠ 23 à 30 €

Jean Gros erzeugt seit 1985 Vin jaune auf blauen und grauen Mergelböden. Dieser hier wird seit ein paar Jahren im Eichenfass vinifiziert. Er ist im Geruchseindruck hinsichtlich seines «gelben» Charakters noch recht zurückhaltend und öffnet sich allmählich zu Noten von grüner Walnuss. Der noch sehr frische Geschmack ist durch eine kräftige Zitronennote geprägt. Offensichtlich sollte man ihn etwa zehn Jahre beiseite legen; dann wird man einen Wein von großer Vornehmheit wiederfinden.

⊶ Jean Gros, Dom. de Montbourgeau, 39570 L'Etoile, Tel. 03.84.47.32.96, Fax 03.84.24.41.44 ☑ Ƴ n. V.

DOM. DE MONTBOURGEAU

Vin de paille 1997★★

☐ k. A. 2 000 ⅡⅠ 15 à 23 €

Jean Gros hat seiner Tochter Nicole Deriaux sein ganzes Können auf dem Gebiet des Strohweins weitergegeben. Unsere Wahl zum Lieblingswein im letzten Jahr bewegt die Jury weiterhin, diesmal mit einem Wein aus einem anderen Jahrgang, der nach Orangenschale duftet. Im Geschmack findet man viel Rosinen, mit einem würzigen Abschluss und einem Hauch von Honig. Ausgewogenheit und Länge. Zweifellos ist das eine hübsche Flasche, die für einen Strohwein sehr typisch ist. Zusammen mit einem Orangenkuchen werden Sie damit Ihre Gäste glücklich machen.

⊶ Jean Gros, Dom. de Montbourgeau, 39570 L'Etoile, Tel. 03.84.47.32.96, Fax 03.84.24.41.44 ☑ Ƴ n. V.

CH. DE PERSANGES

Vin de paille 1997★★★

☐ 0,5 ha 2 000 ⅡⅠ 11 à 15 €

Im Weinbaubetrieb von Arnaud Lionel-Marie d'Arc und seiner Frau Isabelle sind bestimmte Arbeiten im Weinberg den Jungen mit «spezieller Erziehung» vorbehalten. In der Schule des Strohweins könnte man hier das Werk eines Meisters erkennen. Dieser 97er mit seiner an Haferstroh erinnernden Farbe bietet einen sehr hübschen Duft von kandierter Orange, Aprikose und Rosinen. Der Übergang von der Nase in den Mund vollzieht sich ganz harmonisch mit einem großartigen aromatischen Reichtum. Aprikose dominiert, aber die kandierte Orangenschale ist immer gegenwärtig. Keinerlei pappig süße Empfindung im Schlussgeschmack, wobei die Ausgewogenheit auf prächtige Weise zum Vorschein kommt. Gleichgültig, ob man diesen sehr schönen edelsüßen Wein nun sofort trinkt oder noch aufhebt, er macht unaufhörlich von sich reden.

⊶ Ch. de Persanges, rte de Saint-Didier, 39570 L'Etoile, Tel. 03.84.47.46.56, Fax 03.84.47.46.56
☑ Ƴ Di–Sa 9h30–12h 14h30–19h
⊶ Lionel-Marie d'Arc

Savoie (Savoyen)

Das Weinbaugebiet, das in den beiden Departements Savoie und Haute-Savoie liegt und vom Genfer See bis zum Tal der Isère reicht, nimmt die günstigen unteren Hänge der Alpen ein. Es wird beständig größer (fast 1 800 ha) und erzeugt durchschnittlich 130 000 hl. Das savoyische Anbaugebiet bildet ein kompliziertes Mosaik, das durch die Form der Täler bestimmt wird, in denen mehr oder weniger große Rebinseln entstanden sind. Die geografische Vielfalt spiegelt sich in den klimatischen Unterschieden wider, die durch die Oberflächengestalt verstärkt bzw. durch die Nähe des Genfer Sees und des Lac du Bourget gemildert werden.

Vin de Savoie und Roussette de Savoie sind die regionalen Appellationen, die in allen Anbauzonen Verwendung finden; diesen Bezeichnungen darf die Angabe einer Reblage folgen, aber sie gelten dann nur für Stillweine, bei den Roussette-Weinen ausschließlich für Weißweine. Die Weine aus den Gebieten Crépy und Seyssel haben jeweils Anspruch auf ihre eigene Appellation.

Wegen der starken Aufsplitterung des Weinbaugebiets werden recht viele Rebsorten angebaut, doch in Wirklichkeit werden einige davon in nur sehr geringer Zahl angepflanzt, insbesondere Pinot und Chardonnay. Vier weiße und zwei dunkle Traubensorten sind die hauptsächlich angebauten Rebsorten, die auch originelle, eigentümliche Weine erzeugen. Die nach der Reblausinvasion aus dem benachbarten Beaujolais eingeführte Gamay-Traube liefert frische, leichte Weine, die man im Jahr nach der Lese trinken sollte. Die Mondeuse-Rebe, eine hochwertige einheimische Rebsorte, bringt kräftig gebaute Rotweine hervor; vor der Reblauskrise war sie die wichtigste Rebsorte Savoyens. Es wäre zu wünschen, dass sie wieder ihren alten Platz einnehmen würde; denn ihre Weine haben eine schöne Qualität und besitzen viel Charakter. Jacquère ist die am weitesten verbreitete weiße Traubensorte; sie liefert frische, leichte Weißweine, die man jung trinkt. Altesse ist eine sehr feine Rebsorte, die für Savoyen typisch ist; die von ihr erzeugten Weißweine werden unter dem Namen Roussette de Savoie verkauft. Die Rebsorte Roussanne schließlich, die hier Bergeron genannt wird, erzeugt ebenfalls Weißweine von hoher Qualität, vor allem in Chignin mit dem Chignin-Bergeron. Die Chasselas-Rebe schließlich, die an den Ufern des Genfer Sees wächst, wird im obersavoyischen Teil der AOC verwendet.

Crépy

Wie am gesamten Ufer des Genfer Sees wird die Chasselas-Rebe auch im Weinbaugebiet von Crépy (80 ha) angebaut, wo sie die einzige Rebsorte ist. Sie liefert rund 4 800 hl von einem leichten Wein. Diese kleine Region hat die AOC 1948 erhalten.

DOM. LE CHALET 2000*

☐ 2 ha 13 000 5à8€

Schöne goldgelbe Farbe, sehr komplex im Geruchseindruck, der insgesamt durch Gewürze geprägt ist, wobei man auch Pfirsich und getrocknete Früchte entdeckt. Dieser Wein verlangt eine aufmerksame Verkostung. Sein Geschmack zeigt Stärke und «Fett». Ein Wein mit interessantem Potenzial, der vor allem savoyische Käsespezialitäten begleiten kann.

Jacques Métral, Dom. Le Chalet, 74140 Loisin, Tel. 04.50.94.10.60, Fax 04.50.94.18.39
Mo–Sa 9h–12h 14h–19h

Vin de Savoie

Die Weinberge, die Anspruch auf die Appellation Vin de Savoie verleihen, befinden sich zumeist auf alten Gletschermoränen oder auf Geröll. Zusammen mit der geografischen Zerstückelung führt dies zu einer Vielfalt, die oft noch durch den Zusatz des örtlichen Lagennamens zum Namen der regionalen Appellation verdeutlicht wird. Am Ufer des Genfer Sees erzeugt die Chasselas-Rebe in Marin, Ripaille und Marignan – ähnlich wie am schweizerischen Ufer – leichte Weißweine, die man jung trinken sollte; sie werden häufig als spritzige Weine hergestellt. Die übrigen Anbauzonen verwenden andere Rebsorten und produzieren je nach Eignung des Bodens Weiß- oder Rotweine. Von Norden nach Süden findet man so Ayze, am Ufer der Arve, mit Perl- oder Schaumweinen, danach am Ufer des Lac du Bourget (und im Süden der Appellation Seyssel) die Chautagne, deren Rotweine vor allem einen sehr eigenwilligen Charakter besitzen. Südlich von Chambéry werden am Fuße des Mont Granier frische Weißweine erzeugt, wie etwa der Apremont und der Cru les Abymes; das letztgenannte Anbaugebiet ist auf einem Bergrutsch entstanden, der im Jahre 1248 Tausende von Todesopfern forderte. Gegenüber hat das von der Urbanisierung bedrängte Monterminod Weinberge bewahrt, die bemerkenswerte Weine liefern. Auf dieses kleine Anbaugebiet folgen das von Saint-Jeoire-Prieuré, auf der anderen Seite von Challes-les-Eaux, und danach das von Chignin, dessen Bergeron zu Recht einen guten Ruf hat. Die Isère weiter flussaufwärts liegen auf dem rechten Ufer die Crus Montmélian, Arbin, Cruet und Saint-Jean-de-la-Porte, die die Südosthänge einnehmen.

Die Savoie-Weine werden in geringen Mengen erzeugt, erreichen aber fast 130 000 hl. Sie werden in einer stark touristisch geprägten Region vorzugsweise in ihrer Jugend vor Ort getrunken, wobei die Nachfrage das Angebot bisweilen übersteigt. Die Weißweine passen gut zu Süßwasserfischen oder Meeresfrüchten; die sehr gefälligen Rotweine von der Gamay-Rebe harmonieren mit vielen Gerichten. Schade ist es jedoch, wenn man die aus Mondeuse-Trauben erzeugten Rotweine jung trinkt, weil sie mehrere Jahre brauchen, um sich zu entwickeln und weicher zu werden. Es sind Weine von hohem Niveau, die zu kräftigen Gerichten passen, wie etwa zu Wild, dem ausgezeichneten savoyischen Tomme-Magerkäse und dem berühmten Reblochon.

Savoie (Savoyen)

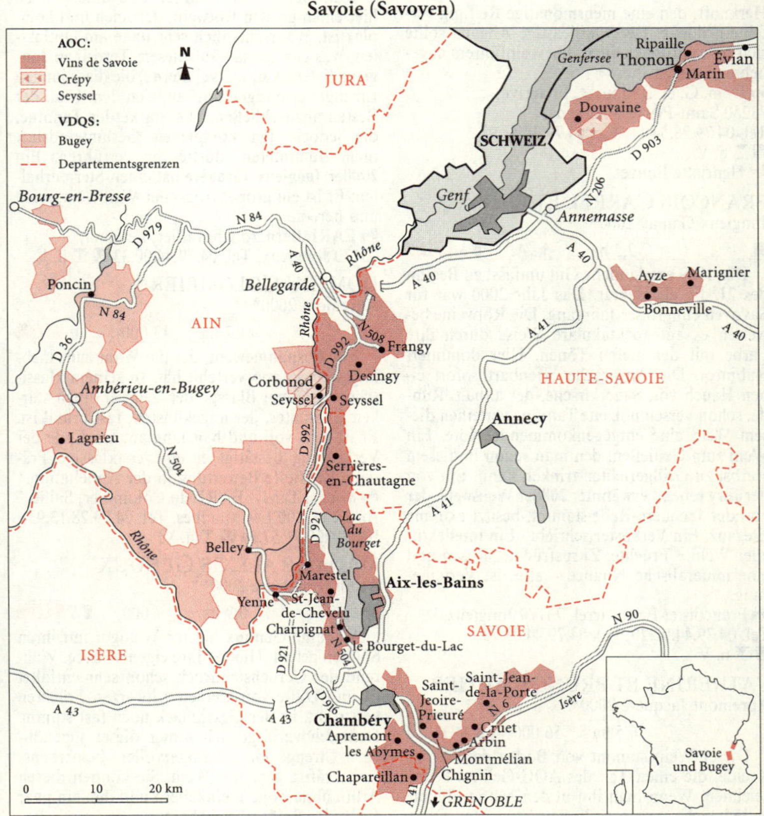

BLARD ET FILS
Apremont Cuvée Thomas Vieilles vignes 2000*

☐ 0,6 ha 5 000 5 à 8 €

Das Gut erzeugt Abymes und Apremont. Dieses Jahr bietet der Apremont, der von vierzig Jahre alten Reben stammt, einen sehr subtilen Duft mit charakteristischen Nuancen weißer Blüten. Die ganze Leichtigkeit der Weine von der Jacquère-Traube findet sich im Geschmack, der ganz leicht zitronenartig ist, auch wenn der Abgang durch eine mineralischere Note geprägt ist. Dieser gut gemachte 2000er kann Fisch mit Sauce begleiten.

EARL Blard et Fils, Le Darbé, 73800 Les Marches, Tel. 04.79.28.16.64, Fax 04.79.28.01.35
☑ Y n. V.

DOM. G. ET G. BOUVET
Le Beau Chêne Pinot noir 2000*

■ 2,94 ha 90 000 5 à 8 €

Pinot noir ist das Arbeitspferd der Domaine Bouvet. Dieser Wein, der sechs Monate lang im Fass ausgebaut worden ist, bleibt im Duft innerhalb eines lakritzeartigen Gesamteindrucks durch den Sortencharakter der Traube geprägt. Der sehr fleischige Geschmack zeigt eine gelungene Ausgewogenheit zwischen Frucht und Holzton. Ein strukturierter Wein von guter Herkunft, den eine mehrmonatige Reifung verfeinern dürfte. Der vanilleartige Abgang sollte sich bis zum Erscheinen des Weinführers angenehm einfügen.

Dom. G. et G. Bouvet, Fréterive, 73250 Saint-Pierre-d'Albigny, Tel. 04.79.28.54.11, Fax 04.79.28.51.97
☑ Y n. V.
Henriette Bouvet

FRANÇOIS CARREL ET FILS
Jongieux Gamay 2000*

■ 2,5 ha k. A. 3 à 5 €

Das 1949 entstandene Gut umfasst zu Beginn des 21. Jh. elf Hektar. Das Jahr 2000 war für Savoyen ein großer Jahrgang. Die Rotweine beweisen es auf spektakuläre Weise durch ihre Farbe mit den tiefen Tönen. Hier dominiert Rubinrot. Die Ansprache offenbart sofort einen Hauch von Sauerkirsche, der anhält. Runde, schon verschmolzene Tannine verleihen diesem Wein eine entgegenkommende Note. Ein Wein zum Genießen, den man schon in diesem Herbst zu Grillgerichten trinken kann. Ein von der Jury lobend erwähnter **2000er Weißwein,** der von der Jacquère-Rebe stammt, besitzt extreme Eleganz. Ein Verkoster schrieb: «Ein intellektueller Wein.» Früchte, Zitrusfrüchte, Rosen und eine mineralische Nuance – alles ist Verfeinerung.

François et Eric Carrel, 73170 Jongieux, Tel. 04.79.44.02.20, Fax 04.79.44.03.73
☑ Y n. V.

CATHERINE ET BRUNO CARTIER
Apremont Jacquère 2000*

☐ 6,5 ha 56 000 3 à 5 €

Dieser Wein stammt von Böden der oberen Kreide, die einen Teil des AOC-Gebiets kennzeichnen. Wenn man ihn in den Mund nimmt, entlädt sich sein mineralischer Charakter. Er ist sehr rund, sogar kräftig und lässt Raum für die Fruchtaromen, die für eine gute Reifung typisch sind. Eine Flasche, die sich ein paar Jahre hält.

Bruno Cartier, Saint-Vit, 73190 Apremont, Tel. 04.79.28.20.05, Fax 04.79.71.64.75
☑ Y n. V.

MICHEL ET MIREILLE CARTIER
Apremont Jacquère 2000*

☐ 2,2 ha 150 000 5 à 8 €

Der Wein des Vorsitzenden des Regionalverbands für die savoyischen Weine. An diesem 2000er ist alles gelungen: Sein blumiger Duft wird von Weißdorn und Lindenblüten beherrscht. Sein leichtes Perlen verschwindet rasch; dahinter kommt eine schöne Ausgewogenheit zum Ausdruck, die von einem leichten, angenehmen Bitterton unterstützt wird. Ein hübscher Wein, der die feinsten Gerichte begleiten kann.

Michel et Mireille Cartier, EARL du Château, rue du Puits, 38530 Chapareillan, Tel. 04.76.45.21.26, Fax 04.76.45.21.67
☑ Y tägl. 8h–12h 14h–18h

BERNARD ET CHANTAL CHEVALLIER Jongieux Gamay 2000**

■ 2,73 ha 8 000 3 à 5 €

Jean-Pierre und Chantal Chevallier bieten hier einen großen Rotwein, der reich und komplex ist. Wahrscheinlich sehr nahe am Optimalen, was ein Gamay auf diesem Terroir in Jongieux liefern kann. Zwei Sterne, die diese jungen Erzeuger ermutigen dürften, sich dem Club der Besten anzuschließen. Die Stärke der Tannine, die jedoch den komplexen Gesamteindruck nicht dominieren, dürfte Sie verführen. Ein **2000er Jongieux Jacquère** hat einen Stern erhalten: Er ist ein großer trockener Weißwein, reich und beredt.

EARL Bernard Chevallier, Le Haut, 73170 Jongieux, Tel. 04.79.44.00.33 ☑ Y n. V.

DOM. DU COLOMBIER
Apremont 2000***

☐ 1,2 ha 13 000 5 à 8 €

Ein Ausnahmewein, der die Wahl zum Lieblingswein knapp verfehlt hat. In seinem klassischen, schönen Blassgolden zeigt er einen starken Charakter, der ungekünstelt, fast brutal ist. Er ist sehr voll und hält lang an; am Ende der Verkostung bestätigt er eine erstklassige Präsenz. Die beste Bewertung in der Appellation.

Michel Tardy, EARL du Colombier, Saint-André, 73800 Les Marches, Tel. 04.79.28.13.93, Fax 04.79.71.57.64 ☑ Y n. V.

MADAME ALEXIS GENOUX
Arbin Mondeuse 2000**

■ 0,9 ha 7 000 5 à 8 €

Madame Genoux hat ihr Weingut mit ihren Söhnen geteilt. Hier ist ihre eigene Cuvée. Während der Geruchseindruck schon sehr entfaltet ist und Düfte von kleinen schwarzen Früchten verströmt, ist der Geschmack noch fast stumm. Dennoch verbirgt sich hinter dieser jugendlichen Strenge ein charaktervoller, bemerkenswert kräftig gebauter Wein. Sie können diesen Arbin ohne Zögern einkellern und ihm ein paar Jahre der Reifung gewähren.

🔑 Mme Alexis Genoux,
335, chem. des Moulins, 73800 Arbin,
Tel. 04.79.84.24.30 ☑ Y tägl. 8h–12h 14h–18h

ANDRE GENOUX
Arbin Mondeuse Cuvée Comte Rouge 1999**

■ 0,5 ha 4 000 (I) 5à8€

Ein 99er mit einem köstlich vanilleartigen Duft, den Noten von roten Früchten auffrischen. Er stammt von einer kleinen Parzelle mit vierzig Jahre alten Rebstöcken. Der Geschmack erscheint harmonisch verschmolzen und enthüllt diskrete, aber deutlich spürbare Tannine. Ein insgesamt kultivierter, samtiger Wein, der erfolgreich rotes Fleisch begleiten kann.

🔑 André Genoux, 450, chem. des Moulins,
73800 Arbin, Tel. 04.79.65.24.32 ☑ Y n. V.

CHARLES GONNET Chignin 2000

□ 6 ha 60 000 5à8€

Trauen Sie nicht der hellen Farbe, die nur durch ein paar silbergrüne Reflexe aufgeheitert wird, denn dieser Wein entführt Sie sofort zu einer fröhlichen Sarabande, in der sich gelbe Früchte, weiße Blüten und andere Noten von Haselnuss mischen. Ein gelungener Wein, dessen Verkostung durch einen leicht bitter-sauren Geschmack geprägt bleibt, der sich aber bis zum Erscheinen des Weinführers sicherlich abrunden wird.

🔑 Charles Gonnet, Chef-lieu, 73800 Chignin,
Tel. 04.79.28.09.89, Fax 04.79.71.55.91,
E-Mail charles.gonnet@wanadoo.fr ☑ Y n. V.

JEAN-PIERRE ET PHILIPPE GRISARD
Saint-Jean-de-la-Porte Mondeuse 1999

■ 1,2 ha 8 000 (I) 5à8€

Es ist keine geringe Leistung, wenn man in unserer Auswahl mit einem 99er Jahrgang vertreten ist. Unsere Jury schätzte diesen Wein mit den purpurroten Reflexen, der eine von roten Früchten dominierte Aromenpalette besitzt. Die Struktur entlädt sich im Mund, unterstützt von kraftvollen Tanninen, die noch ein wenig Zeit brauchen, um sich zu besänftigen.

🔑 Jean-Pierre et Philippe Grisard, Chef-lieu,
73250 Fréterive, Tel. 04.79.28.54.09,
Fax 04.79.71.41.36
☑ Y Mo–Sa 8h–12h 13h30–18h30

EDMOND JACQUIN ET FILS
Mondeuse 2000

■ 2 ha 15 000 5à8€

Ein schöner Rotwein mit purpur- und rubinroten Tönen. Die recht typischen Aromen von schwarzer Johannisbeere leiten eine sehr lang anhaltende Verkostung ein, bei der eine körperreiche Empfindung dominiert. Der seidige Charakter der Tannine und ihre Nachhaltigkeit zeigen eine gute Extraktion. Ein klassischer, sehr harmonischer Wein von der Mondeuse-Traube, den Sie mit Vergnügen Ihren Freunden vorsetzen werden.

🔑 Edmond Jacquin et Fils, Le Haut,
73170 Jongieux, Tel. 04.79.44.02.35,
Fax 04.79.44.03.05 ☑ Y n. V.

DOM. LA COMBE DES GRAND'VIGNES Chignin 2000

□ 5 ha 20 000 5à8€

Keinerlei Überraschung in diesem Weißwein mit der schönen goldgrünen Farbe. Er ist intensiv und offen im Geruchseindruck, in dem blumige Noten dominieren, und bietet sich im Geschmack ungehemmt dar: Nach einer klaren, frischen Ansprache entfalten sich angenehm zitronenartige Aromen.

🔑 Denis et Didier Berthollier, Dom. La Combe des Grand'Vignes, Le Viviers, 73800 Chignin,
Tel. 04.79.28.11.75, Fax 04.79.28.16.22,
E-Mail berthollier@chignin.com ☑ Y n. V.

LES ROCAILLES
Apremont Jacquère 2000**

□ 7 ha 120 000 5à8€

Unsere Jury hat diesen sehr komplexen Wein besonders geschätzt. Unterstützt wird er durch das Vorhandensein von ein wenig Restzucker, der sich jedoch gut einfügt. In seinem schönen Goldgrün verströmt er Düfte von Veilchen und weißen Blüten. Der Geschmack mit den Aromen von reifen Früchten bringt den Reichtum des Traubenguts zum Ausdruck und klingt mit ein paar mineralischen Noten aus, Kennzeichen eines manchmal zurückhaltenden, aber subtilen Terroir. Man kann ihn sehr erfolgreich mit Süßwasserfischen kombinieren.

🔑 Pierre Boniface, Les Rocailles, Saint-André,
73800 Les Marches, Tel. 04.79.28.14.50,
Fax 04.79.28.16.82, E-Mail pierre.boniface@wanadoo.fr
☑ Y Mo–Fr 8h30–12h 14h–18h

DOM. DE L'IDYLLE Cruet Jacquère 2000

□ 8 ha 40 000 3à5€

Die Brüder Tiollier, die am Fuße der Hänge von Cruet wohnen, erzeugen bei den Weiß- wie auch den Rotweinen sorgfältig vinifizierte Weine. Das Können und die Beherrschung der Technologie scheinen in diesem impulsiven Weißwein mit den frühlingshaften Düften durch. Er ist durch eine Vinifizierung bei niedriger Temperatur geprägt: sauber und typisch, recht repräsentativ für seine Appellation.

🔑 Ph. et F. Tiollier, Dom. de l'Idylle, Saint-Laurent, 73800 Cruet, Tel. 04.79.84.30.58,
Fax 04.79.65.26.26 ☑ Y n. V.

DOM. MICHEL MAGNE
Apremont Tête de cuvée 2000**

□ 1,2 ha 7 000 5à8€

Ein Apremont aus einer Reblage, die durch den Bergrutsch des Mont Granier im Jahre 1248 entstanden ist. Der sehr gute Jahrgang 2000 hat ihm Fülle und Komplexität verliehen. Unsere Jury mochte seine Noten von exotischen Früchten. Im Geschmack dominiert Mango. Dieser gut strukturierte, runde Wein bewahrt trotzdem eine bemerkenswerte Ausgewogenheit, für die ein Hauch von Frische sorgt, die von einem leicht zitronenartigen Abgang herrührt.

🔑 Michel Magne, Saint-André, 38530 Chapareillan, Tel. 04.79.28.07.91, Fax 04.79.28.17.96
☑ Y Mo–Sa 14h–18h

M. ET X. MILLION-ROUSSEAU
Jongieux Jacquère 2000**

☐ 1,5 ha 11 000 3à5€

Michel Millon bearbeitet den kleinen Hang von Monthoux, der zum Cru Jongieux gehört; er vinifiziert vor allem ausgezeichnete Weißweine. Der sehr günstige Jahrgang 2000 ermöglichte es ihm, diesen bemerkenswerten trockenen Wein von der Jacquère-Traube hervorzubringen. Auch hier ist die Aromenpalette unendlich vielfältig. Lakritzenoten finden sich neben ätherischeren Nuancen von Buchsbaum und weißen Blüten. Der Geschmack ist eine Wonne aus Früchten, unterstützt durch eine lange Nachhaltigkeit. Ein seltener, kostbarer Jacquère-Wein.

🔑 M. et X. Million-Rousseau, Monthoux, 73170 Saint-Jean-de-Chevelu, Tel. 04.79.36.83.93, Fax 04.79.36.83.93 ☑ Y Mo–Sa 8h–12h 14h–19h

DOM. MARC PORTAZ Abymes 2000*

☐ 1 ha 8 000 5à8€

Die Jury stellte fest, dass seine Farbe ein etwas ausgeprägteres Gelb zeigt, als es durchschnittlich der Fall ist. Der reiche, füllige Geschmack von bemerkenswerter Länge bietet eine Aromenpalette, in der Zitrusfrüchte dominieren. Vater und Sohn Portaz nutzen einen sehr günstigen Jahrgang, der hier eine seiner schönsten Ausdrucksformen gefunden hat.

🔑 EARL Dom. Marc Portaz, allée du Colombier, 38530 Chapareillan, Tel. 04.76.45.23.51, Fax 04.76.45.57.60 ☑ Y n. V.

ANDRE ET MICHEL QUENARD
Chignin Mondeuse Vieilles vignes Coteau de Torméry 2000***

■ 1,38 ha 10 000 5à8€

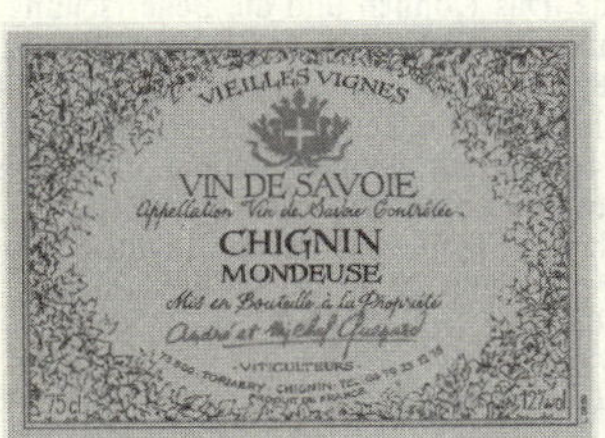

Einstimmige Wahl zum Lieblingswein für diesen schönen Mondeuse-Wein, der nach kleinen roten Früchten mit Lakritzenote duftet. Der Geschmack lässt eine außergewöhnliche Komplexität der Aromen erkennen, bei denen sich Brombeeren und Heidelbeeren mischen, im Abgang von Kakao umhüllt. Seine seidigen, stattlichen Tannine verleihen ihm eine seltene Länge. Ein schon sehr zivilisierter Wein, der nach ein paar Jahren Lagerung noch stärker zum Ausdruck kommt.

🔑 André et Michel Quénard, Torméry, 73800 Chignin, Tel. 04.79.28.12.75, Fax 04.79.28.09.60 ☑ Y n. V.

ANDRE ET MICHEL QUENARD
Chignin Bergeron Les Terrasses Coteau de Torméry 2000**

☐ 3 ha 13 000 8à11€

Man wird nicht erstaunt darüber sein, dass Marc Veyrat, einer der einfallsreichsten französischen Gastronomen, der aber auch in Savoyen gebürtig ist, eine Vorliebe für dieses Gut hat: eine Liebeserklärung für einen Mondeuse-Wein und die Glückwünsche der Jury für diesen bemerkenswerten Chignin Bergeron, der von in mehreren Durchgängen ausgelesenen Trauben stammt. Eine langsame Gärung machte es möglich, einen schon sehr komplexen, entfalteten Wein herzustellen. Trotz der Alkoholstärke, die sich entwickelt, bewahrt er eine gute Ausgewogenheit, die die Qualität der Extraktion beweist. Kaufen kann man ihn, wenn unser Weinführer erscheint; danach sollte man ihn sich einige Jahre entwickeln lassen.

🔑 André et Michel Quénard, Torméry, 73800 Chignin, Tel. 04.79.28.12.75, Fax 04.79.28.09.60 ☑ Y n. V.

DOM. J.-PIERRE ET J.-FRANÇOIS QUENARD
Chignin Bergeron Vieilles vignes 2000*

☐ 1 ha 7 000 5à8€

Das Gut, das zu Füßen der Türme des alten Schlosses von Chignin liegt, wird von Jean-François Quénard geführt, der in Dijon sein Diplom in Önologie gemacht hat. Drei vorgestellte Weine, die alle berücksichtigt wurden. Ein schöner Erfolg für diesen Bergeron mit den sehr fruchtigen Aromen. Der sehr klare Geschmack hinterlässt rasch einen Eindruck von Rundheit, unterstützt von der Qualität des Traubenguts, das in mehreren Durchgängen geerntet wurde. Dieser Wein bewahrt eine angenehme Frische, die ihm eine elegante Harmonie verleiht. Eine erstklassige Flasche, die man unbesorgt einkellern kann. Eine andere weiße Cuvée von der Jacquère-Traube, der **2000er Anne de la Biguerne**, ein fülliger, komplexer, lang anhaltender Wein, erhält ebenfalls einen Stern.

🔑 Dom. J.-Pierre et J.-François Quénard, Caveau de la Tour Villard, Le Villard, 73800 Chignin, Tel. 04.79.28.08.29, Fax 04.79.28.18.92 ☑ Y n. V.

DOM. J.-PIERRE ET J.-FRANÇOIS QUENARD Mondeuse 2000**

■ 0,3 ha 2 500 5à8€

Die Winzer haben in diese in geringer Zahl erzeugten Cuvée die ganze Liebe ihrer schönen Arbeit gesteckt. Dieses Jahr ging eine «Grünlese» der Traubenlese voraus. Der Wein, der eine optimale Reife besitzt, entlädt seine Pracht im Duft ebenso wie im Geschmack. Fülle, Länge und Komplexität des Bouquets machen diese Flasche zu einem raren Erzeugnis. Man kann ihn ohne Zögern einkellern, wenn der Weinführer erscheint.

🔑 Dom. J.-Pierre et J.-François Quénard, Caveau de la Tour Villard, Le Villard, 73800 Chignin, Tel. 04.79.28.08.29, Fax 04.79.28.18.92 ☑ Y n. V.

LES FILS DE RENE QUENARD
Chignin 2000★★

■ 1 ha 8 000 5 à 8 €

Die Brüder Quénard kümmern sich besonders um ihre Parzelle mit Pinot noir. Auch dieses Jahr stellt sich der Erfolg wieder ein. In Aussicht ist ein Wein mit wildem Duft, dessen sehr ausgeprägte Noten von Tiergeruch den Auftakt für einen sehr fleischigen Eindruck im Geschmack bilden. Stärke und Feinheit vereinen sich bis zum schwungvollen Abgang. Ein wenig Zeit wird nötig sein, damit dieser Wein seinen Vortrag abschließt.

Les Fils de René Quénard, Les Tours, cidex 4707, 73800 Chignin, Tel. 04.79.28.01.15, Fax 04.79.28.18.98 n. V.

PHILIPPE RAVIER
Chignin Bergeron 2000★

□ 3,6 ha k. A. 5 à 8 €

Die Rebstöcke von Philippe Ravier, die an den Hängen von Francin wachsen, nehmen eine der besten Lagen der Appellation ein. Dieser Wein verleugnet seinen Ursprung nicht, denn die Verkostung ist durch einen Eindruck von Stärke geprägt, im Duft ebenso wie im Geschmack. Sie können ihn klugerweise ein paar Jahre im Keller reifen lassen.

Philippe Ravier, Léché, 73800 Myans, Tel. 04.79.28.17.75, Fax 04.79.28.17.75
n. V.

CLAUDE TARDY Abymes 2000★

□ 3,1 ha 10 000 3 à 5 €

Claude Tardy hat sein Gut auf den Anhöhen der einzigen Gemeinde des Departements, die zum Anbaugebiet des Vin de Savoie gehört, nämlich Chapareillan. Er hat einen sehr hübschen Wein erzeugt. Sehr aufmerksam verfuhr er beim Traubengut, so dass ihm ein Wein gelungen ist, der im Geschmack Lebhaftigkeit und Länge verbindet. Blumige Nuancen, bei denen Lindenblüten dominieren, gehen einem sanften Geschmack voller Frische voraus, mit einem Bouquet von Zitrusfrüchten, das typisch für einen guten Abymes ist, wenn er von alten Rebstöcken (sechzig Jahre) hergestellt wird.

Claude Tardy, Saint-Marcel, 38530 Chapareillan, Tel. 04.76.45.24.97 n. V.

GILBERT TARDY Apremont 2000★

□ 1 ha 9 000 3 à 5 €

Ein überaus klassischer Apremont, der zum Zeitpunkt der Verkostung noch jugendlich war. Dank seiner traditionellen Vinifizierung kann er die Merkmale seines Terroir kraftvoll zum Ausdruck bringen. Der Duft ist blumig; der Geschmack muss noch harmonisch verschmelzen. Im Herbst 2001 ist er trinkreif.

Gilbert Tardy, La Plantée, 73190 Apremont, Tel. 04.79.28.23.78, Fax 04.79.28.23.78
n. V.

LES FILS DE CHARLES TROSSET
Arbin Mondeuse 2000★

■ 4 ha k. A. 5 à 8 €

Die Brüder Trosset sind Stammgäste im Hachette-Weinführer. Dieses Jahr stellen sie erneut einen Arbin mit einem stark entfalteten Duft vor, der eine tiefrote Farbe besitzt. Ein Festival von gewürzten roten Früchten, Mentholnoten und sogar Unterholzgerüchen begleitet uns während der Verkostung. Der Geschmack wird von hübschen Tanninen mit Lakritzearoma unterstützt, die ihm eine hervorragende Ausgewogenheit verleihen.

SCEA Les Fils de Charles Trosset, chem. des Moulins, 73800 Arbin, Tel. 04.79.84.30.99, Fax 04.79.84.30.99
n. V.

DOM. VIALLET
Apremont Jacquère Vieilles vignes 2000

□ 8 ha 40 000 3 à 5 €

Das 1966 entstandene, 18 ha große Gut wird seit 1983 von Pierre Viallet geleitet. Unsere Jury legte Wert darauf, diesen Apremont von schöner blassgoldener Farbe, der einen diskreten Charme zeigt, lobend zu erwähnen. Der Geruchseindruck mischt Entwicklungsnoten mit Nuancen von weißen Früchten. Der sehr angenehme Geschmack bietet eine Abfolge von Empfindungen, die auf Rundheit setzen. Ein für den Jahrgang fast zu braver Wein, der bei niedriger Temperatur auf seiner Hefe vinifiziert worden ist.

GAEC Dom. Viallet, rte de Myans, 73190 Apremont, Tel. 04.79.28.33.29, Fax 04.79.28.20.68, E-Mail viallet@aol.com
Mo–Sa 8h–12h 14h–18h

JEAN VULLIEN ET FILS
Chignin Bergeron 2000★

□ 1,8 ha 14 000 5 à 8 €

Die Vulliens haben mehrere Jahre in die Hänge von Montmélian investiert. Das hat sich gelohnt, denn das Ergebnis wird den Erwartungen gerecht, wenn man nach diesem Chignin Bergeron mit den delikaten Pfirsich- und Aprikosenaromen urteilt. Der klare, deutliche Geschmack hält angenehm lang an, unterstützt von echter Lebhaftigkeit. Ein gefälliger Wein, in dem Feinheit und Eleganz dominieren. Er sollte gegrillten Fisch und weißes Fleisch begleiten. Ein **2000er Saint-Jean-de-la-Porte Mondeuse** erhält ebenfalls einen Stern. Dieser Cru erlebt gerade eine Wiedergeburt und verspricht eine großartige Reblage zu sein.

EARL Jean Vullien et Fils, La Grande Roue, 73250 Fréterive, Tel. 04.79.28.61.58, Fax 04.79.28.69.37, E-Mail domaine.jean.vullien.et.fils@wanadoo.fr
Mo–Sa 8h30–12h 14h–18h30

Roussette de Savoie

Roussette de Savoie, (seit dem neuen Erlass vom 18. März 1998) ausschließlich von der Rebsorte Altesse erzeugt, findet man vor allem in Frangy, am Ufer der Usses, in Monthoux und in Marestel, am Ufer des Lac du Bourget. Die Unsitte, dass man die Roussette-Weine aus diesem Cru jung serviert, kann man nur beklagen, denn sie passen wunderbar zu Fischgerichten oder hellem Fleisch, wenn sie sich mit dem Alter entfaltet haben. Außerdem trinkt man sie zum einheimischen Beaufortkäse.

DOM. G. BLANC ET FILS 2000

☐ 0,6 ha 5 800 5à8€

Die Blancs, Vater und Sohn, verstehen es, aus dem aufsässigen Abymes-Anbaugebiet das «Mark» herauszuholen, und erhalten dieses Jahr die Anerkennung unserer Juroren für ihren Roussette de Savoie. Dieser Wein, der voller Diskretion, aber subtil ist, offenbart sich zum Schluss ohne zu große Zurückhaltung: Der zunächst lebhafte Geschmack, der danach von Frucht- und Mandelaromen unterstützt wird, zeigt sich voll und harmonisch. Trinkreif.

Dom. Gilbert Blanc et Fils, 73, chem. de Revaison, 73190 Saint-Baldoph, Tel. 04.79.28.36.90, Fax 04.79.28.36.90 Mo, Mi–Sa 9h–12h 15h–19h

GILBERT BOUCHEZ 2000**

☐ 1 ha 8 000 5à8€

Gilbert Bouchez war nicht immer Vollerwerbswinzer, aber seine Liebe zu den Weinen konnte er nie verleugnen. Er ist bereits Besitzer eines Sterns für seine 99er Cuvée und fügt ihm dieses Jahr einen zweiten hinzu. Der Duft ist tiefgründig, durch Trüffel- und Vanillenoten geprägt. Der füllige, runde Geschmack bietet einen Abgang, der durch reife Früchte gekennzeichnet ist. Ein großer Wein, den man bei Erscheinen des Weinführers einkellern sollte. Er dürfte auf elegante Weise Soufflés begleiten, savoyische und auch andere.

Gilbert Bouchez, Saint-Laurent, 73800 Cruet, Tel. 04.79.84.30.91, Fax 04.79.84.30.50 n. V.

JEAN-PIERRE ET PHILIPPE GRISARD 1999*

☐ 1,24 ha 10 000 5à8€

Die Grisards, Winzer und Besitzer einer Rebschule, wohnen in Fréterive. Die Gemeinde in der Nachbarschaft von Saint-Pierre d'Albigny besitzt Schloss Miolans, in dem der Marquis de Sade 1772 eingesperrt war. Dieser Wein bietet Aromen von reifen Früchten und Gewürzen. Sein Geschmack zeigt eine klare, lebhafte Ansprache, die sehr angenehm ist. Am Ende der Verkostung nimmt man eine Aprikosen- und Birnennote wahr. Ein hübscher Wein, den man zu Fisch mit Sauce servieren kann.

Jean-Pierre et Philippe Grisard, Chef-lieu, 73250 Fréterive, Tel. 04.79.28.54.09, Fax 04.79.71.41.36 Mo–Sa 8h–12h 13h30–18h30

EDMOND JACQUIN ET FILS Marestel 1999*

☐ 1,5 ha 12 000 5à8€

Die Jacquins gehören zu den Winzerfamilien, deren Namen mit der Entwicklung von Erzeugnissen mit Bodencharakter verbunden bleibt. So auch bei diesem Wein mit dem bezaubernden Charme, der unbestreitbar für die Lagerung geschaffen ist. Er ist sehr kräftig, bewahrt aber trotzdem eine echte, unbestimmbare Sanftheit.

Edmond Jacquin et Fils, Le Haut, 73170 Jongieux, Tel. 04.79.44.02.35, Fax 04.79.44.03.05 n. V.

LA CAVE DU PRIEURE Marestel 2000*

☐ 2 ha 14 000 5à8€

Die Barlets, eine weitere große Winzerfamilie, deren Kellerei sich in einem alten Pfarrhaus aus dem 14. Jh. befindet, bieten hier einen Wein von einer Reblage, die die einheimischen Winzer zurückerobert haben. Auf einen leicht verschlossenen Geruchseindruck, den Honig prägt, folgt ein ausgewogener Geschmack voller Feinheit, der von einer Säurestruktur, Garant für eine lange Lebensdauer, unterstützt wird. Man sollte ihn bei Erscheinen des Weinführers einkellern und kann ihn ohne Eile trinken: Der Genuss ist garantiert.

Raymond Barlet et Fils, La Cave du Prieuré, 73170 Jongieux, Tel. 04.79.44.02.22, Fax 04.79.44.03.07 n. V.

DOM. LA COMBE DES GRAND VIGNES Baron Decouz 2000*

☐ 0,36 ha 2 500 5à8€

Didier Bertollier ist im Jahre 2000 im Betrieb zu seinem Bruder Denis hinzugekommen. Diese jungen Winzer haben sich daran gemacht, die erstklassigen Hänge der Combe de Savoie wieder zu nutzen. Unsere Jury hat in diesem Wein das nahezu vollkommene Profil der Roussette de Savoie gefunden: entfalteter Duft, der Blumen und Früchte mischt, das Ganze durch eine Prise Gewürze aufgelockert; klarer, frischer, sehr ausgewogener Geschmack. Ein schöner Erfolg für ein Erzeugnis, das von noch jungen Rebstöcken (sechs Jahre alt) kommt. Bei Erscheinen unseres Weinführers wird dieser Wein alles von einem großen Wein an sich haben, wenn er obendrein den Restzucker verdaut hat.

Denis et Didier Berthollier, Dom. La Combe des Grand'Vignes, Le Viviers, 73800 Chignin, Tel. 04.79.28.11.75, Fax 04.79.28.16.22, E-Mail berthollier@chignin.com n. V.

JEAN PERRIER ET FILS Haute Sélection 1998*

☐ k. A. 4 200 5à8€

Die Firma Perrier expandiert weiter; 2000 hat sie klimatisierte Lagerräume mit 2000 m² Fläche geschaffen. Bei der großen Bandbreite von savoyischen Weinen, die dieser Weinhändler vorstellt, geschieht es nicht selten, dass ein Wein in unserem Weinführer ausgewählt wird. Dieses Jahr hat die Jury diesen Roussette-Wein geschätzt, der stark durch Bienenwachs geprägt ist. Der seidige Geschmack wird von der harmonisch verschmolzenen Säure unterstützt. Ein sehr schönes Beispiel für die Entwicklung bei diesem Weintyp, dessen gesamte Möglichkeiten man in Savoyen noch nicht erkannt hat.

Jean Perrier et Fils, Saint-André, 73800 Les Marches, Tel. 04.79.28.11.45, Fax 04.79.28.09.91, E-Mail vperrier@vins-perrier.com Mo–Fr 8h–12h 14h–18h

Gilbert Perrier

ETIENNE SAINT-GERMAIN 2000**

☐ 0,7 ha 4 000 5à8€

Etienne Saint-Germain, der sein Gut seit 1997 auf der Combe de Savoie hat, feiert mit diesem 2000er sein Debüt in unserem Weinführer. Unsere Jury wurde verführt vom Reichtum seiner Aromenpalette, die Nuancen getrockneter Früchte beherrschen. Der füllige Geschmack zeigt eine große Stärke. Ein Wein mit schöner Länge und guter Struktur, unterstützt von einer bemerkenswerten Säure, die Garant für seine Reifung ist.

Etienne Saint-Germain, rte du col du Frêne, 73250 Saint-Pierre-d'Albigny, Tel. 04.79.28.61.68, Fax 04.79.28.61.68
Mo–Sa 17h–19h (nur im Sommer)

JEAN VULLIEN ET FILS 2000**

☐ 1,8 ha 15 000 5à8€

Jean, David und Olivier Vullien stellen eine Roussette de Savoie von großer Klasse her. Ihr tiefer Duft, in dem sich Noten von frischer Butter, Haselnuss und sogar Mandel vermischen, bildet die Einleitung zu einem sehr reichen Geschmack von langer Nachhaltigkeit. Ein sehr großer Botschafter seiner AOC, den Sie mit Vergnügen am Eingang einer feinen Mahlzeit, einschließlich Aperitif, servieren können.

EARL Jean Vullien et Fils, La Grande Roue, 73250 Fréterive, Tel. 04.79.28.61.58, Fax 04.79.28.69.37, E-Mail domaine.jean.vullien.et.fils@wanadoo.fr
Mo–Sa 8h30–12h 14h–18h30

Seyssel

Die Stillweine dieser AOC werden ausschließlich von der Rebsorte Altesse erzeugt. Die Trauben der wenigen Molette-Rebstöcke, die noch in Seyssel wachsen, finden – zusammen mit Altesse – Eingang in die Schaumweine der AOC; in den Verkauf gelangen sie drei Jahre nach ihrer zweiten Gärung. Die einheimischen Rebsorten verleihen den Weinen von Seyssel ein besonderes Bouquet, in dem man vor allem Veilchen erkennt, und eine spezielle Feinheit. Das Anbaugebiet der Appellation umfasst rund 75 ha.

LA TACCONNIERE 2000*

☐ 12 ha 80 000 3à5€

Die Domaine Mollex, die seit fünf Generationen mit Weinbau befasst ist, besitzt die größten Weinberge der AOC und umfasst 25 Hektar. Sie werden verführt von der aromatischen Komplexität dieser Cuvée aus Altesse-Trauben, deren Duft geröstete Mandeln und Iris dominieren. Der Geschmack ist eine zarte, warmherzige Einladung: keinerlei Unebenheit in diesem runden, kräftigen Wein, der am Ende der Verkostung eine große Feinheit zum Ausdruck bringt, die von etwas Restzucker unterstützt wird.

Dom. Maison Mollex, Corbonod, 01420 Seyssel, Tel. 04.50.56.12.20, Fax 04.50.56.17.29 n. V.

MAISON MOLLEX
Méthode traditionnelle 1997*

○ 3 ha 30 000 5à8€

Unsere Jury wurde verzaubert von diesem Seyssel, der mittels einer langen Reifung auf der Hefe hergestellt worden ist. Seine blumigen Aromen, die von äußerster Feinheit sind, werden die Liebhaber von Schaumweinen zufrieden stellen. Der Geschmack lässt eine Empfindung von angenehmer, sehr harmonisch eingebundener Frische erkennen. Eine hübsche Flasche, die man zwanglos als Aperitif servieren kann.

Dom. Maison Mollex, Corbonod, 01420 Seyssel, Tel. 04.50.56.12.20, Fax 04.50.56.17.29 n. V.

Bugey

Bugey AOVDQS

Das Weinbaugebiet des Bugey im Departement Ain nimmt die unteren Hänge der Juraberge ein, im äußersten Süden des Revermont, von Bourg-en-Bresse bis Ambérieu-en-Bugey, außerdem die Hänge, die von Seyssel bis Lagnieu zum rechten Ufer der Rhône hin abfallen. Früher einmal war es groß, doch heute ist es stark geschrumpft und zerstückelt.

Zumeist sind die Weinberge auf dem Kalksteingeröll ziemlich steiler

Hänge angelegt. Der Rebsortenbestand zeigt, dass hier mehrere Regionen aufeinander treffen: Bei den roten Traubensorten wird der Poulsard aus dem Jura – auf den Verschnitt der Schaumweine von Cerdon beschränkt – neben der savoyischen Mondeuse-Rebe und den burgundischen Rebsorten Pinot noir und Gamay angebaut; ebenso konkurrieren bei den weißen Traubensorten Jacquère und Altesse mit Chardonnay (als Hauptrebe) und Aligoté, nicht zu vergessen Molette, die einzige wirklich einheimische Rebsorte.

BANCET L'unique 1999*

■ 1,5 ha 12 000 5à8€

Die Brüder Duport bieten hier einen nicht vermerkten Verschnitt von Pinot- und Mondeuse-Trauben. Der Wein ist das Ergebnis einer traditionellen Vinifizierung im offenen Gärbehälter mit Untertauschen des Tresterhuts. Eine Cuvée mit einem ausdrucksvollen Duft, in dem sich Gerüche von Leder und gekochten Früchten vermischen. Sie ist ein schon bemerkenswert entwickelter Wein, dessen Tannine sich bis zum Erscheinen des Weinführers besänftigt haben dürften.

Maison Duport, Le Lavoir, 01680 Groslée, Tel. 04.74.39.74.33, Fax 04.74.39.74.33
n. V.

CELLIER DE BEL AIR
Milvendre Chardonnay 1999**

□ 1 ha 9 000 5à8€

Dieser Weinberg, der seit 25 Jahren im Besitz der Familie Riboud ist, nimmt die sonnenbeschienenen Hänge der Montagne du Grand Colombier im Departement Ain ein. Dieser im Eichenfass vergorene und ausgebaute 99er zeigt im Geschmack eine große Harmonie, Kennzeichen einer gelungenen Vereinigung. Ein schön gefälliger Wein, bei dem es aber schade wäre, ihn nicht aufzuheben, denn er scheint sich noch entfalten zu können. Ein im Tank ausgebauter **2000er Chardonnay** hat einen Stern erhalten. Aufmachen sollte man ihn zu Meeresfrüchten.

Michelle Férier, Dom. du Cellier de Bel-Air, 01350 Culoz, Tel. 04.79.87.04.20, Fax 04.79.87.18.23, E-Mail domainebelair@free.fr tägl. 9h–12h 15h–19h

CHRISTIAN BOLLIET
Cerdon Méthode ancestrale Cuvée spéciale 2000*

◐ 0,44 ha 4 400 5à8€

Christian Bolliet bleibt uns erhalten und stellt jedes Jahr eine Cuvée vor, die ausschließlich von der Rebsorte Poulsard stammt. Während seine rosa Farbe noch diskret bleibt, wird er, sobald man ihn in den Mund nimmt, füllig und fast weich. Man muss sich die Zeit nehmen, die Haselnussdüfte, die eine harmonische Verkostung begleiten, in sich eindringen zu lassen.

Christian Bolliet, Hameau de Bôches, 01450 Saint-Alban, Tel. 04.74.37.37.21, Fax 04.74.37.37.69 n. V.

BONNARD FILS
Montagnieu Mondeuse 1999**

■ 0,65 ha 4 000 5à8€

Die Brüder Bonnard, die hier seit 1987 Wein anbauen, haben zwei Bugey-Weine vorgestellt: einen eleganten, öligen **99er Roussette,** der «den Gaumen sanft liebkost» (ein Stern) und Fisch in zarter Buttersauce mag. Und diesen Mondeuse-Wein, der im Holzfass ausgebaut worden ist. Obwohl das Traubengut unbestreitbar einer solchen Fassreifung gewachsen war, stellte unsere Jury den Einfluss des Ausbaus fest. Dennoch haben wir es mit einem strukturierten Wein mit offenkundigem Lagerpotenzial zu tun. Er ist das Ergebnis einer Önologie, die im Dienste des Traubenguts steht, und hat nach dem teilweisen Entrappen eine lange Maischegärung durchlaufen. Dieser Wein muss ein paar Jahre im Keller lagern, bevor er ein Wildragout begleiten kann.

GAEC Bonnard Fils, Crept, 01470 Seillonnaz, Tel. 04.74.36.14.50, Fax 04.74.36.14.50
Mo–Sa 8h–12h 14h–19h

LE CAVEAU BUGISTE
Chardonnay 2000*

□ 6 ha 35 000 5à8€

Das Gut, das sich in Vongnes, einem hübschen, blumengeschmückten Dorf des Bugey, befindet, kann Sie in seinem umfangreichen Museum mit Winzergeräten empfangen. Dort erleben Sie auch Werkzeuge aus Stein und eine Tonbildschau. Der hervorragende Empfang wird noch durch eine Palette von erstklassigen Erzeugnissen gesteigert. Diese 2000er Cuvée kann durch ihre elegante Persönlichkeit Ihre Aufmerksamkeit erregen. Ein leichter, leckerer Wein, der bei Erscheinen des Weinführers trinkreif ist.

Le Caveau Bugiste, 01350 Vongnes, Tel. 04.79.87.92.32, Fax 04.79.87.91.11
tägl. 9h–12h 14h–19h

P. CHARLIN Montagnieu 1999***

○ 2,5 ha 23 000 5à8€

Ein zweifacher Erfolg für Patrick Charlin. Obwohl die Reblagen in Savoyen oder im Bugey selten sind, wo die Pinot-noir-Rebe ihren Ausdruck entfalten kann, ist Patrick Charlin ein **roter 99er Bugey** gelungen, der einen Stern erhält. Besser noch: Für diesen Schaumwein mit der feinen, aus anhaltenden Bläschen bestehenden Schaumkrone bekommt er eine einstimmige Liebeserklärung. Der Geschmack ist von selte-

ner Feinheit und hinterlässt einen Eindruck von extremer Sanftheit, Komplexität und Länge. Ein echter Glücksmoment, den man gemeinsam mit Freunden genießen sollte. Als Aperitif wärmstens empfohlen.
🔑 Patrick Charlin, Le Richenard, 01680 Groslée, Tel. 04.74.39.73.54, Fax 04.74.39.75.16
☑ 🍷 n. V.

CLOS DE LA BIERLE
Méthode traditionnelle 1999

○ 0,5 ha 5 000 8à11€

Ein Neuankömmling im Hachette-Weinführer: Thierry Troccon, der hier seit 1985 tätig ist, hat sich auf Schaumweine spezialisiert. Dieser hier ist sehr typisch für die Produktion des Bugey. Alles an diesem Erzeugnis ist ätherisch. Sie finden darin eine Sinfonie von blumigen Aromen. Seine Gesamtharmonie, die voller Feinheit ist, verleiht diesem Wein unbedingten Charme.
🔑 Thierry Troccon, Leymiat, 01450 Poncin, Tel. 04.74.37.25.55, Fax 04.74.37.28.82, E-Mail labierle@aol.com ☑ 🍷 tägl. 9h–19h

DUCOLOMB Mondeuse 2000★★

■ 0,85 ha 8 000 3à5€

Pierre Ducolomb hält Einzug in unseren Weinführer. Seine Gemeinde Lhuis besteht teilweise aus einem ausgezeichneten Terroir, in dem die Rotweine gut ausfallen. Unverfälschtheit, ein Wein mit Bodencharakter – das sind die aus dem Herzen kommenden Rufe, die unsere Juroren am Ende ihrer Verkostung ausstießen. Sie werden eine sehr reiche Aromenpalette entdecken, die von vollreifen roten Früchten bis zu sortentypischen Gewürznoten reicht. Im Mund herrscht ein fröhlicher Tumult, bei dem Tannine, Säure und «Fett» ihre perfekte Ordnung noch nicht gefunden haben. Zweifellos wird bei Erscheinen des Weinführers alles in Ordnung sein. Beeilen Sie sich nicht, diese Flasche zu entkorken.
🔑 Pierre Ducolomb, 01680 Lhuis, Tel. 04.74.39.82.58, Fax 04.74.39.82.58
☑ 🍷 n. V.

MARJORIE GUINET ET BERNARD RONDEAU
Cerdon Méthode ancestrale 2000★★

◑ 2 ha 15 000 5à8€

VIN DU BUGEY
Cerdon
Méthode Ancestrale
8% Vol.
75 cl
Elaboré par
Marjorie Guinet et Bernard Rondeau
Viticulteurs à "Cornelle"
F 01640 Boyeux-Saint-Jérôme

Marjorie und Bernard Rondeau, die hier seit 1998 wohnen, haben sich auf die Herstellung der Weine von Cerdon spezialisiert. Im Hachette-Weinführer 2000 waren sie erstmals mit zwei Sternen vertreten; in der Ausgabe 2001 haben sie ihre erste Liebeserklärung erhalten. *Bis repetita* im Weinführer 2002 für diese Cuvée, die unsere Jury verzaubert hat. Wir müssen hier diesem Erfolg die ihm gebührende Anerkennung erweisen. Dieser aromatische Schaumwein, ein in Frankreich sehr seltener Weintyp, drängt sich als Aperitif auf, der sehr dem Zeitgeschmack entspricht. In technischer Hinsicht tadellos, mischt dieser hübsche Wein auf harmonische Weise kleine rote Früchte und eine subtile Ausgewogenheit zwischen Zucker und Säure. Ein bemerkenswerter Wein zum Genießen. Erinnert sei noch daran, dass der Cerdon nur 8 Vol.-% Alkohol besitzt.
🔑 Marjorie Guinet et Bernard Rondeau, Cornelle, 01640 Boyeux-Saint-Jérôme, Tel. 04.74.37.12.34, Fax 04.74.37.12.34
☑ 🍷 n. V.

FRANCK PEILLOT
Roussette de Montagnieu 2000★

□ 1,25 ha 10 000 🍾 8à11€

Franck Peillot entstammt einer Familie, die seit 1900 Wein anbaut; 1995 hat er das Gut übernommen. Wie sein Vater Jean hängt er an der Rebsorte Altesse, dem Schmuckstück der Appellation, und bemüht sich, ihr Potenzial auszuschöpfen. Die Mission ist erfüllt mit dieser Cuvée, die von fünfzig Jahre alten Rebstöcken stammt. Ihr Duft, den Noten von exotischen Früchten und Zitrusfrüchten beherrschen, geht einem klaren, frischen Geschmack voraus. Der Wein erscheint danach sehr komplex, mit einer schönen Ausgewogenheit zwischen Alkohol und Säure. Ungekünstelt, lebendig und sehr elegant. Er kann angedünstete Gänseleber begleiten. Der ebenfalls sehr gelungene **rote 2000er Bugey Mondeuse** (Preisgruppe: 30 bis 49 F) muss lagern, bis seine Tannine verschmelzen, bevor man ihn zu einem Coq au vin, mit Mondeuse-Wein zubereitet, servieren kann.
🔑 Franck Peillot, Au village, 01470 Montagnieu, Tel. 04.74.36.71.56, Fax 04.74.36.14.12
☑ 🍷 n. V.

JEAN-PIERRE TISSOT 2000★

■ 1,14 ha 10 900 🍾🌡 3à5€

Begrüßen wir das Debüt Jean-Pierre Tissots und seines Sohns Thierry in unserem Weinführer; Letzterer kam 2001 hinzu, nachdem er eine solide Ingenieursausbildung hinter sich hatte. Das Gespann hat den Ehrgeiz, einen der Hänge von Vaux-en-Bugey wieder zu nutzen. Der Wein stammt von Traubengut, dessen Beeren unversehrt gelesen und ungekeltert in den Gärbehälter gefüllt wurden. Er macht sofort durch die Stärke seiner satten Farbe auf sich aufmerksam. Sein Duft, der stark von roten Früchten geprägt wird, bildet den Auftakt zu einem sehr ansprechenden, klaren, warmen, wohl ausgewogenen Geschmack. Seine Struktur, die sich auf schon verschmolzene Tannine stützt, garantiert ihm bei Erscheinen des Weinführers ein «Fehlerlos».
🔑 Jean-Pierre Tissot, quai du Buizin, 01150 Vaux-en-Bugey, Tel. 04.74.35.80.55, E-Mail thierrytissot@hotmail.com ☑ 🍷 n. V.

LANGUEDOC UND ROUSSILLON

Ein Mosaik von Weinbaugebieten, das sich zwischen dem Südrand des Zentralmassivs und den östlichen Regionen der Pyrenäen erstreckt, und eine breite Palette von Weinen, die man in vier an der Mittelmeerküste liegenden Departements findet: Gard, Hérault, Aude und Pyrénées-Orientales. Es handelt sich dabei um einen großen Kessel, bestehend aus Hügeln mit manchmal steilen Hängen, die bis zum Meer reichen und vier aufeinander folgende Zonen bilden. Die am höchsten gelegene Zone ist Bergland, das vorwiegend alte Böden des Zentralmassivs aufweist. Die zweite, das

Languedoc

AOC:
Blanquette und Crémant de Limoux
Fitou
Minervois
Saint-Chinian
Faugères
Clairette du Languedoc
Clairette de Bellegarde
Corbières
Costières de Nîmes
Coteaux du Languedoc :
1 Quatourze
2 la Clape
3 Picpoul de Pinet
4 Cabrières
5 Saint-Saturnin
6 Montpeyroux
7 Saint-Georges-d'Orques
8 Pic-Saint-Loup
9 Saint-Drézéry
10 Coteaux de la Méjanelle
11 Coteaux de Vérargues
12 Coteaux de Saint-Christol
Vins doux naturels :
A Muscat de Lunel
B Muscat de Mireval
C Muscat de Frontignan
D Muscat de Saint-Jean-de-Minervois
Cabardès
A.O.V.D.Q.S. :
Côtes de la Malepère
Departementsgrenzen
Weinbauorte
0 10 20 km

Gebiet der Soubergues und der Garrigue, ist der älteste Teil des Anbaugebiets. Die dritte Zone, eine recht gut geschützte Aufschüttungsebene, enthält einige nicht sehr hohe Hügel (200 m). Die vierte ist die Küstenzone, die von niedrig gelegenen Stränden und Lagunen gebildet wird; die Bautätigkeit in jüngster Zeit hat sie zu einem der sich am schnellsten entwickelnden Urlaubsgebiete Europas gemacht. Auch hier ist die Einführung des Weinbaus wahrscheinlich den Griechen zu verdanken, die schon im 8. Jh. v. Chr. in der Nähe ihrer Anlegestellen und Handelsstützpunkte Reben anpflanzten. Mit den Römern breitete sich das Weinbaugebiet rasch aus und entwickelte sich sogar zu einer Konkurrenz für den römischen Weinbau, so dass Kaiser Domitianus im Jahre 92 anordnete, die Hälfte der Rebstöcke auszureißen! Der Weinbau blieb danach 200 Jahre lang auf Gallia Narbonensis beschränkt. Im Jahre 270 ermöglichte Probus einen Neubeginn für den Weinbau im Languedoc-Roussillon, indem er die Befehle aus dem Jahre

Languedoc

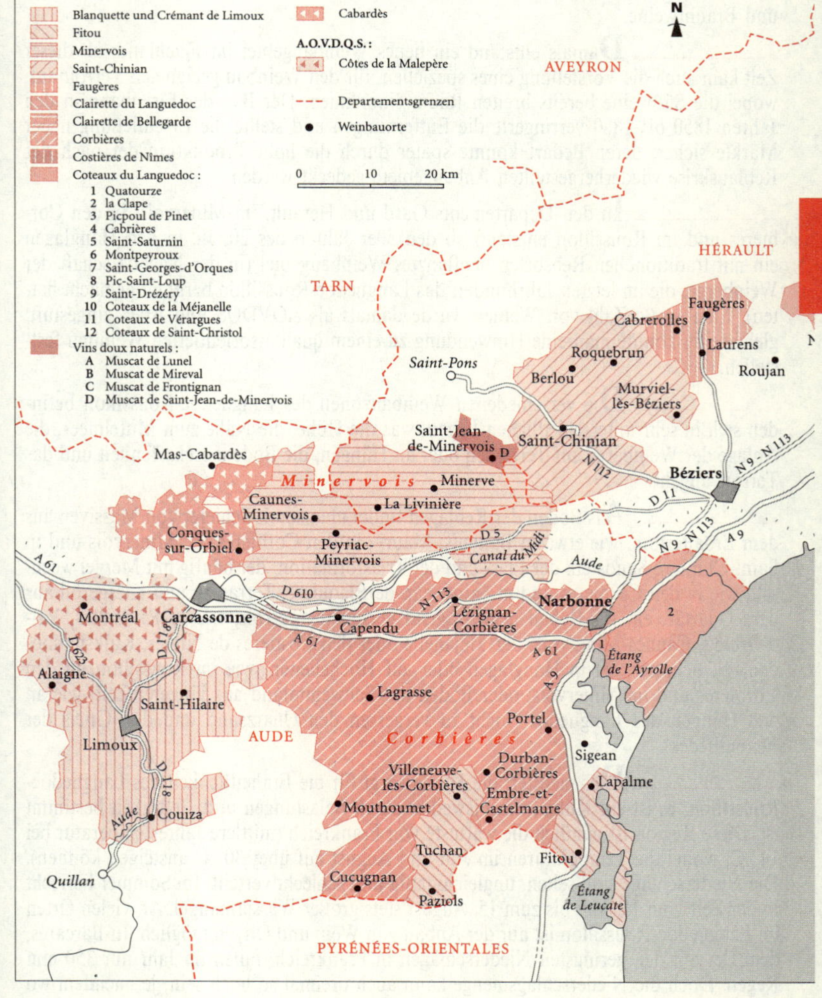

92 wieder aufhob. Das Weinbaugebiet bestand unter den Westgoten fort, verkümmerte dann aber, als die Sarazenen in diese Region einfielen. Zu Beginn des 9. Jh. erlebte der Weinbau eine Wiedergeburt, bei der die Kirche dank ihrer Klöster und Abteien eine wichtige Rolle spielte. Die Reben wurden damals in erster Linie an den Hängen angepflanzt, während man im Flachland ausschließlich Nutzpflanzen für die Ernährung anbaute.

Der Handel mit Wein weitete sich vor allem im 14. und 15. Jh. aus. Damals kamen auch neue Vinifizierungsmethoden auf, während sich die Zahl der Weinbaubetriebe vervielfachte. Im 16. und 17. Jh. breitete sich auch die Herstellung von Branntweinen aus.

Im 17. und 18. Jh. kam es in dieser Region zu einem wirtschaftlichen Aufschwung durch den Bau des Hafens von Sète, die Eröffnung des Deux-Mers-Kanals, die Wiederinstandsetzung der Römerstraße und die Entstehung der Tuch- und Seidenmanufakturen. Dieser Aufschwung gab auch dem Weinbau neuen Auftrieb. Dank der Erleichterungen durch die neuen Transportwege verstärkte sich die Ausfuhr der Weine und Branntweine.

Damals entstand ein neues Weinbaugebiet im Flachland; ab dieser Zeit kam auch die Vorstellung eines speziellen, für den Weinbau geeigneten *Terroir* auf, wobei die Süßweine bereits breiten Raum einnahmen. Der Bau der Eisenbahn in den Jahren 1850 bis 1880 verringerte die Entfernungen und stellte die Erschließung neuer Märkte sicher; deren Bedarf konnte später durch die hohe Produktion der nach der Reblauskrise wiederhergestellten Anbaugebiete gedeckt werden.

In den Departements Gard und Hérault, im Minervois, in den Corbières und im Roussillon entstand ab den 50er Jahren des 20. Jh. in den Hanglagen ein mit traditionellen Rebsorten bepflanztes Weinbaugebiet (in der Nachbarschaft der Weinberge, die im letzten Jahrhundert das Languedoc-Roussillon berühmt gemacht hatten). Eine große Zahl von Weinen wurde damals als AOVDQS und AOC eingestuft; gleichzeitig konnte man eine Hinwendung zu einem qualitätsorientierten Weinbau feststellen.

Die verschiedenen Weinbauzonen des Languedoc-Roussillon befinden sich in sehr unterschiedlichen Lagen, was die Höhe, die Nähe zum Mittelmeer, die Anlage der Weinberge auf Terrassen oder an Hängen, die Bodenbeschaffenheit und das Terroir angeht.

Als Böden der Reblagen findet man somit Schiefer von Massiven aus dem Erdaltertum, wie etwa in Banyuls, Maury, in den Corbières, im Minervois und in Saint-Chinian; Sandstein der Lias- und der Triasformation, der häufig mit Mergel wechselt, wie in den Corbières und in Saint-Jean-de-Blaquière; Terrassen und Kiesgeröll aus dem Quartär, ein für Reben hervorragend geeignetes Terroir, wie in Rivesaltes, Val-d'Orbieu, Caunes-Minervois, der Méjanelle oder den Costières de Nîmes; Kalksteinböden mit Schotter, oft in Hanglagen oder auf Hochebenen, wie im Roussillon, in den Corbières und im Minervois; oder Böden mit Schwemmland aus jüngerer Zeit, wie an den Hängen des Languedoc (nicht zu vergessen den Quarzsand und den Gneis der Fenouillèdes).

Das mediterrane Klima sorgt für die Einheitlichkeit des Languedoc-Roussillon; es ist ein Klima, das bisweilen durch Belastungen und Heftigkeit bestimmt ist. Diese Region ist nämlich die wärmste von Frankreich (mittlere Jahrestemperatur bei 14 °C, wobei die Temperaturen im Juli und August auf über 30 °C ansteigen können). Die Niederschläge sind selten, ungleichmäßig und schlecht verteilt. Im Sommer herrscht in der Zeit vom 15. Mai bis zum 15. August stets großer Wassermangel. An vielen Orten im Languedoc-Roussillon ist nur der Anbau von Wein und Oliven möglich. In Barcarès, dem Ort mit den geringsten Niederschlägen in Frankreich, fallen im Jahr nur 350 mm Regen. Doch die Niederschlagsmenge kann auch dreimal so hoch sein, je nachdem wo man sich befindet (400 mm an der Küste, 1 200 mm in den Gebirgsmassiven). Die Winde verstärken die Trockenheit des Klimas zusätzlich, wenn sie vom Land her wehen (wie etwa Mistral, Cers, Tramontane); die vom Meer her wehenden Winde mildern hingegen die Auswirkungen der Hitze und führen eine für die Reben günstige Feuchtigkeit mit sich.

Das Gewässernetz ist besonders dicht; es gibt rund zwanzig Flüsse, die sich nach Gewitterregen oft in reißende Ströme verwandeln und dann wieder in manchen Dürreperioden häufig austrocknen. Sie haben vom Rhône-Tal bis zur Têt im Departement Pyrénées-Orientales zur Entstehung der Oberflächengestalt und der Reblagen beigetragen.

Böden und Klima bieten im Languedoc-Roussillon sehr günstige Voraussetzungen für den Weinbau; das erklärt auch, dass hier fast 40 % der französischen Weinproduktion erzeugt werden, davon pro Jahr rund 2 700 000 hl, die als AOC, und 150 000 hl, die als AOVDQS eingestuft sind.

Die AOC-Weine setzen sich zusammen aus 423 000 hl Vins doux naturels, die zum größten Teil im Departement Pyrénées-Orientales erzeugt werden, während der Rest aus dem Departement Hérault kommt (siehe dazu das betreffende Kapitel), 66 000 hl Schaumwein im Departement Aude, 2 270 000 hl Rotwein und 150 000 hl Weißwein.

Im Anbaugebiet für Tafelweine lassen sich seit 1950 Veränderungen bei der Bestockung beobachten: ein sehr starker Rückgang der Aramon-Rebe, einer im 19. Jh. angepflanzten Traubensorte für leichte Tafelweine, zu Gunsten der traditionellen Rebsorten des Languedoc-Roussillon (Carignan, Cinsault, Grenache noir, Syrah und Mourvèdre) und eine Neuanpflanzung anderer Rebsorten, die mehr Aroma besitzen (Cabernet Sauvignon, Cabernet franc, Merlot und Chardonnay).

Die im Anbaugebiet für Qualitätsweine angepflanzten Rebsorten sind vor allem Carignan, der aufgrund seiner Robustheit über 50 % der Bestockung ausmacht und dem Wein Struktur, Stabilität und Farbe verleiht; Grenache, eine für Durchrieseln anfällige Rebsorte, die dem Wein seine Wärme gibt und am Bouquet beteiligt ist, aber während der Alterung leicht oxidiert; Syrah, eine erstklassige Rebsorte, die ihre Gerbstoffe einbringt und ein Aroma verleiht, das sich mit der Zeit entfaltet; Mourvèdre, der gut altert und elegante Weine liefert, die nicht oxidationsanfällig sind; und schließlich Cinsault, der auf armen Böden einen weichen Wein von angenehmer Fruchtigkeit hervorbringt und vor allem für den Verschnitt der Roséweine verwendet wird.

Die weißen Stillweine werden hauptsächlich von der Rebsorte Grenache blanc sowie Picpoul, Bourboulenc, Macabeu und Clairette erzeugt, wobei die letztgenannte Rebsorte dem Wein eine gewisse Wärme verleiht, aber ziemlich schnell maderisiert, d. h. sich infolge von Oxidation verfärbt und einen Madeira-Geruch annimmt. Seit kurzem bereichern Marsanne, Roussanne und Vermentino diese Produktion. Für die Schaumweine verwendet man Mauzac, Chardonnay und Chenin.

Languedoc

Blanquette de Limoux und Blanquette Méthode ancestrale

Die Mönche der Abtei Saint-Hilaire, unweit von Limoux, die entdeckten, dass ihre Weine wieder zu gären begannen, waren die ersten Erzeuger von Blanquette de Limoux. Drei Rebsorten werden für die Herstellung dieses Schaumweins verwendet: Mauzac (90 % Mindestanteil), Chenin und Chardonnay; die beiden Letztgenannten sind an die Stelle der Clairette-Rebe getreten und verleihen dem Blanquette-Schaumwein Säure und aromatische Feinheit.

Blanquette de Limoux wird nach der traditionellen Methode (Flaschengärung) hergestellt und kommt in den Geschmacksrichtungen «brut» (herbtrocken), «demi-sec» (halbtrocken) und «doux» (süß) auf den Markt.

Eine eigene AOC ist Blanquette Méthode ancestrale, die auch weiterhin nur in geringer Menge erzeugt wird. Das Herstellungsprinzip beruht darauf, dass die Gärung in der Flasche abgeschlossen wird. Heute machen es die modernen Vinifizierungsmethoden möglich, einen nicht sehr alkoholreichen, süßen Wein zu produzieren, der ausschließlich von der Rebsorte Mauzac stammt.

AIMERY
Méthode ancestrale Suave et Fruitée Demi-sec

○ 500 ha 150 000 5à8€

Die Genossenschaftskellerei zeichnet sich regelmäßig bei der Herstellung der Blanquette Méthode ancestrale aus – Ergebnis einer Tradition, eines Könnens und einer Technologie, die sich entwickeln konnten, ohne ihren Ursprung zu verleugnen. Der Duft besteht aus Apfelkompott und Honig sowie einem Hauch von Rosen. Diese im Geschmack sehr süße Cuvée erinnerte einige an eine Schale Cidre, was sie als Begleitung zu Crêpes und Äpfeln bestimmt.

Aimery-Sieur d'Arques, av. de Carcassonne, BP 30, 11303 Limoux Cedex,
Tel. 04.68.74.63.00, Fax 04.68.74.63.12,
E-Mail servico@sieurdarques.com Y r.-v.

AIMERY Brut Tête de cuvée★★

○ 500 ha 150 000 5à8€

Was für eine gewaltige Entwicklung seit der Zeit, als eine alte Maischepumpe, die mitten auf dem Hof stand, das Lesegut der Genossenschaftsmitglieder aufnahm! Heute ist die technische Ausrüstung vorbildlich. Und das Ergebnis? Eine schöne blassgelbe Farbe mit grünen Reflexen, feines, impulsives Moussieren. Akazienblüten dominieren im Duft. Der danach zarte Geschmack, den Brioche-Aromen bereichern, klingt mit einer mineralischen Note von schöner Frische aus.

Aimery-Sieur d'Arques, av. de Carcassonne, BP 30, 11303 Limoux Cedex,
Tel. 04.68.74.63.00, Fax 04.68.74.63.12,
E-Mail servico@sieurdarques.com Y n. V.

CLUB DES SOMMELIERS Brut★

○ 500 ha 150 000 5à8€

Es stand außer Frage, dass man für die Sommeliers etwas Mittelmäßiges herstellen würde. Ein gelungenes Erzeugnis! Eine sehr typische Blanquette de Limoux, geprägt von der Rebsorte Mauzac, die in dieser Cuvée mit 90 % vertreten ist. Der aromatische Ausdruck ist intensiv, wobei in klassischer Weise grüner Apfel dominiert. Der füllige, großzügige Geschmack erhält Unterstützung durch empyreumatische Noten. Der insgesamt typische, gefällige und harmonische Wein ist trinkreif.

Aimery-Sieur d'Arques, av. de Carcassonne, BP 30, 11303 Limoux Cedex,
Tel. 04.68.74.63.00, Fax 04.68.74.63.12,
E-Mail servico@sieurdarques.com Y n. V.

DOM. COLLIN
Brut Cuvée Jean-Philippe 1999★★

○ 20 ha 60 000 3à5€

Die Cuvée Jean-Philippe, die den Lesern unseres Weinführers gut bekannt ist, ehrt das fachliche Können des Önologen und die Gewissenhaftigkeit von Monsieur Rosier, dem Kellermeister. Feines Moussieren innerhalb eines

lebhaften Gelbs mit grünen Reflexen. Röstnoten verbinden sich mit fruchtigen Düften von frischen Zitrusfrüchten. Der dementsprechend füllige Geschmack wurde wegen seiner herrlichen Ausgewogenheit herausgestellt.
🔑 Dom. Collin-Rosier, rue Farman, 11300 Limoux, Tel. 04.68.31.48.38, Fax 04.68.31.34.16 ☑ 🍷 n. V.

GUINOT Brut Cuvée réservée*

○ 9 ha 40 000 5 à 8 €

Die Familie besitzt drei Güter, von denen sich eines an der Stelle eines galloromanischen *oppidum* befindet. Und auch wenn die Firma Guinot jetzt im Internet vertreten ist, haben sich doch bei der Herstellung ihrer Weine das traditionelle Rütteln der Flaschen mit der Hand und das manuell durchgeführte Degorgieren mit herausschießendem Hefepfropfen beibehalten. Die angenehme Farbe mit darauf tanzenden Reflexen lässt Aprikosen und Pfirsiche erkennen, die sich zu Honignoten hin entwickeln. Der ausgewogene, aromatische, harmonische, komplexe Geschmack bietet einen überaus gelungenen lebhaften, frischen Abgang.
🔑 Maison Guinot, 3, av. Chemin-de-Ronde, 11304 Limoux, Tel. 04.68.31.01.33, Fax 04.68.31.60.05, E-Mail guinot@blanquette.fr ☑ 🍷 Mo–Fr 9h–12h 14h–18h

ROBERT Brut Cinquantenaire 1998*

○ 6 ha 22 100 8 à 11 €

Die Roberts haben einen echten Familienbetrieb. Und auch wenn das Gut, das von einer wunderschönen Landschaft umgeben ist, zum Entspannen reizt, geht die Arbeit immer vor, wobei jeder seinen eigenen Verantwortungsbereich hat. Diese «Fünzigjährige» hat eine Verjüngungskur hinter sich: feine Bläschen, anhaltende Schaumkrone, blassgelbe Farbe mit goldenen Reflexen, intensive, komplexe Noten von Pfirsich und grünem Apfel, schöne Ausgewogenheit im Geschmack mit einem Hauch von Pampelmuse. Ein bemerkenswert frischer Schaumwein, der wunderbar mundet, wenn man ihn vor einer festlichen Mahlzeit trinkt.
🔑 GFA Robert, Dom. de Fourn, 11300 Pieusse, Tel. 04.68.31.15.03, Fax 04.68.31.77.65 ☑ 🍷 n. V.

TAILHAN-CAVAILLES 1999**

○ 4 ha 20 000 5 à 8 €

Als sich Alain Cavaillès 1999 hier niederließ, übernahm er die Weinberge von Monsieur Tailhan und stellte bei ihm seinen Wein her, wobei er ihrer beider Namen verband. Ab 2001 wacht er in seiner eigenen, nagelneuen Kellerei über sein Traubengut. Er wurde schon im letzten Jahr ausgewählt und zeichnet sich erneut mit dieser 99er Cuvée aus, deren intensive, komplexe Aromen sich von Röstgeruch zu Pfirsich und Honig hin entwickeln. Im Geschmack begleitet echte Lebhaftigkeit eine gute Ausgewogenheit und Zitrusnoten im Abgang.
🔑 Alain Cavaillès, 11300 Magrie, Tel. 04.68.31.66.14, Fax 04.68.31.11.01, E-Mail cavailles.alain@wanadoo.fr ☑ 🍷 n. V.

Crémant de Limoux

Der Crémant de Limoux wurde zwar erst durch den Erlass vom 21. August 1990 anerkannt, ist aber deswegen keineswegs ein weniger bewährter Schaumwein. Die Herstellungsbedingungen für Blanquette de Limoux waren nämlich sehr streng und denen für den Crémant sehr ähnlich, so dass man im Limouxin keine Probleme damit hatte, sich in diese Elitegruppe einzureihen.

Schon seit ein paar Jahren reiften in den Lagern der Kellereien Cuvées, die aus einer subtilen Verbindung zwischen der Persönlichkeit und dem typischen Charakter der Mauzac-Traube, der Eleganz und Rundheit der Chardonnay-Traube und der Jugendlichkeit und Frische der Chenin-Traube hervorgegangen waren.

AIMERY Cuvée brut*

○ 500 ha 150 000 5 à 8 €

Hier erleben wir eine neue Facette des Könnens der jungen Mannschaft von Sieur d'Arques. Jedes Jahr veranstaltet diese eine Versteigerung unter dem Vorsitz der größten Köche der französischen Edelgastronomie; aus deren Erlös können die Kirchtürme restauriert werden. Diese Veranstaltung trägt den Namen «Toques et Clochers», «Kochmützen und Kirchtürme» (siehe auch unter diesem Namen). Dieser hellgoldene Wein hat die Jury durch seine Aromen verführt, die Pfirsich und Birne mischen. Nach einer klaren, angenehmen Ansprache erweist sich das Ganze als harmonisch, voll und nervig. Ein echter Genuss.
🔑 Aimery-Sieur d'Arques, av. de Carcassonne, BP 30, 11303 Limoux Cedex, Tel. 04.68.74.63.00, Fax 04.68.74.63.12, E-Mail servico@sieurdarques.com 🍷 n. V.
🔑 Vignerons du Sieur d'Arques

GUINOT Impérial du Millénaire*

○ 1,3 ha 5 000 11 à 15 €

Die Firma Guinot, die seit dem 16. Jh. im Gebiet von Limoux ansässig ist, gehört zur Weinbaugeschichte der Blanquette und des Crémant. Diese Sondercuvée kombiniert die Jahrgänge 1997 und 1998 und ist im Holzfass ausgebaut worden. Die blassgoldene Farbe wird durch die Feinheit des nervigen Moussierens intensiviert. Die feine, angenehme Nase bietet einen delikaten fruchtig-blumigen Duft. Der frische Geschmack verführt bis hin zum schönen Abgang, der an Passionsfrucht erinnert.
🔑 Maison Guinot, 3, av. Chemin-de-Ronde, 11304 Limoux, Tel. 04.68.31.01.33, Fax 04.68.31.60.05, E-Mail guinot@blanquette.fr ☑ 🍷 Mo–Fr 9h–12h 14h–18h

J. LAURENS
Cuvée Domaine Tête de cuvée 1999**

○ 10 ha 23 501 8 à 11 €

Der aus der Champagne stammende Michel Dervin ließ sich 1983 im Gebiet von Limoux nieder. Dank einer guten Beherrschung der Technik und großer Strenge bei der Auswahl des Traubenguts ist ihm eine bemerkenswerte Cuvée gelungen. Die ansprechende Farbe reizt dazu, den Wein zu probieren. Der reiche, komplexe Geschmack verführt durch seine Harmonie ebenso wie durch seinen frischen, kraftvollen Abgang.
SARL Dervin, rte de La Digne-d'Amont, 11300 La Digne d'Aval, Tel. 04.68.31.54.54, Fax 04.68.31.61.61, E-Mail dervin.michel@wanadoo.fr ☑ Y n. V.

MICHEL OLIVIER Tête de cuvée 1999*

○ 6 ha 28 000 5 à 8 €

Diese ursprünglich auf die Champagne zurückgehende Firma, die in unserem Weinführer häufig vertreten ist, bleibt ihren Gewohnheiten treu mit dieser fein moussierenden Cuvée. Die anhaltende Schaumkrone, die blassgelbe Farbe mit grünen Reflexen und die schöne Aromenpalette von gelben Blüten und Zitrusfrüchten haben die Jury verführt. Die Ansprache ist lebhaft, kräftig und elegant. Ein recht ausgewogener Wein, den man im Freundeskreis schon zum Aperitif genießen kann.
Dom. Collin-Rosier, rue Farman, 11300 Limoux, Tel. 04.68.31.48.38, Fax 04.68.31.34.16 ☑ Y n. V.

SIEUR D'ARQUES 1998*

○ 500 ha 150 000 8 à 11 €

Alain Gayda, Önologe des größten Weinproduzenten im Gebiet von Limoux und Vorsitzender der französischen Önologen, versteht es, andere an seinem Können teilhaben zu lassen. Deshalb erstaunt es auch nicht, dass man jedes Mal zu Beginn des Kapitels wieder auf die Kellerei Sieur d'Arques stößt. Die Röstnoten, die ein betörendes Moussieren begleitet, rufen dazu auf, einen fülligen Wein von schöner Ausgewogenheit zu probieren, in dem sich das «Fett» mit dem Röstaroma vereinigt. Zum Aperitif.
Aimery-Sieur d'Arques, av. de Carcassonne, BP 30, 11303 Limoux Cedex, Tel. 04.68.74.63.00, Fax 04.68.74.63.12, E-Mail servico@sieurdarques.com Y n. V.

Limoux

Die 1938 anerkannte Appellation «Limoux nature», ein Stillwein, war in Wirklichkeit der Grundwein, der für die Herstellung der Appellation Blanquette de Limoux bestimmt war. Alle Handelshäuser verkauften ein wenig von diesem Wein.

Zu ihrem großen Bedauern musste diese AOC 1981 erleben, dass man ihr die Verwendung der Bezeichnung «nature» untersagte; sie wurde somit zu Limoux. Der Limoux blieb ein reinsortiger Mauzac, aber seine Produktion ging langsam zurück, weil die Grundweine für Blanquette de Limoux damals aus Chenin, Chardonnay und Mauzac erzeugt wurden.

Die Appellation entstand neu, als bei der Ernte 1992 erstmals die Rebsorten Chenin und Chardonnay hinzugenommen wurden; die Verwendung von Mauzac bleibt jedoch vorgeschrieben. Eine Besonderheit besteht darin, dass die Gärung und der Ausbau bis zum 1. Mai im Eichenfass vorgenommen werden müssen. Die tatkräftige Mannschaft der Limoux-Genossenschaft sieht somit ihre Anstrengungen belohnt.

DOM. BEGUDE 1999

□ 8 ha 24 000 11 à 15 €

Die Domaine des Comtes Méditerranéens, die seit kurzem in der Region vertreten ist und ihren Sitz in La Livinière im Minervois hat, stellt diesen Wein der Domaine Bégude vor. Ihr zweiter Jahrgang ist ein ausschließlich mittels biologischem Anbau erzeugtes Produkt. Wetten wir darauf, dass wir in den nächsten Ausgaben wieder darauf zu sprechen kommen? Im feinen, diskreten Bouquet entdeckt man weiße Blüten, aber auch Quitten- und Pfirsichnoten. Dieser entschlossene, holzbetonte Limoux besitzt einen leicht tanninhaltigen Abgang: Ein wenig Geduld ist erforderlich, bevor man ihn genießen kann.
Dom. Bégude, 11300 Cepie, Tel. 04.68.91.42.63, Fax 04.68.91.62.15, E-Mail framboissier@compuserve.com

DOM. DE L'AIGLE Les Aigles 1999**

□ 4 ha 35 000 11 à 15 €

Jean-Louis Denois, ein reisender Önologe, hat sich entschlossen, sich in erster Linie der AOC Limoux zu widmen. Dieser im Terroir Haute-Vallée erzeugte 99er ist ein schöner Erfolg. Er schmückt sich mit einer klaren blassgelben Farbe und bietet ein feines, angenehmes Bouquet, in dem sich Kastanie bemerkbar macht. Im Geschmack zeigt er sich gut ausbalanciert, mit Noten, die an Haselnüsse und frühmorgendliche Mentholfrische erinnern.
Dom. de L'Aigle, 11300 Roquetaillade, Tel. 04.68.31.39.12, Fax 04.68.31.39.14 ☑ Y n. V.
Jean-Louis Denois

TOQUES ET CLOCHERS
Terroir Haute Vallée Elevé en fût de chêne 1999***

□ 50 ha 35 000 11 à 15 €

Die Kellerei Sieur d'Arques hat sich darauf spezialisiert, ihre Trauben nach Reblagen zu vinifizieren, und bringt vier Cuvées hervor: Terroir d'Autan, Terroir océanique, Terroir méditerranéen und diese Cuvée vom Terroir Haute-

Vallée, die in unserem Weinführer sicherlich am häufigsten ausgezeichnet wird. Die fast schon bergige Lage, die ein raues Klima besitzt, ist das bevorzugte Anbaugebiet der Chardonnay-Rebe. Eine satte strohgelbe Farbe, ein kräftiges Bouquet von Gewürzen, das ein Hauch von Akazienblüten verstärkt, und ein fülliger, harmonischer Geschmack haben die Verkoster begeistert. Dieser Wein, der zu Fisch mit Sauce und gegrillten Garnelen empfohlen wird, ist bereits groß und wird es noch mindestens bis 2003 bleiben.

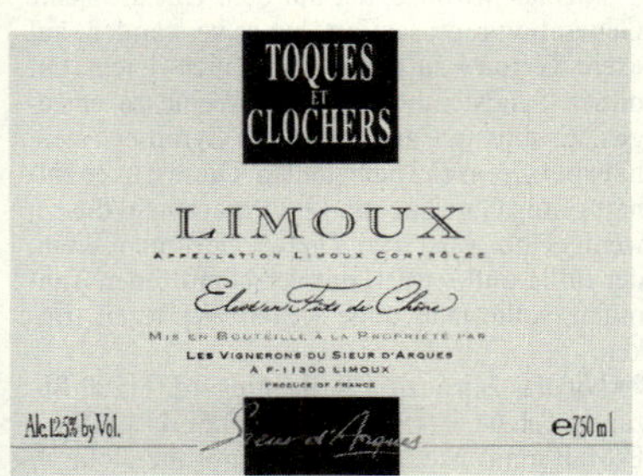

Aimery-Sieur d'Arques, av. de Carcassonne, BP 30, 11303 Limoux Cedex, Tel. 04.68.74.63.00, Fax 04.68.74.63.12, E-Mail servico@sieurdarques.com ☑ Y n. V.
Vignerons du Sieur d'Arques

TOQUES ET CLOCHERS
Autan Elevé en fût de chêne 1999

☐ 50 ha 35 000 11 à 15 €

Das Terroir Autan, das sich im Herzen der Appellation befindet, ist das Limoux-typischste der vier Anbaugebiete; es verbindet die Feinheit und die Frische der Cuvée **Terroir océanique** mit einem fülligeren Charakter, der die Cuvée **Terroir méditerranéen** kennzeichnet. Es handelt sich hier um einen Wein von blassgelber Farbe, der nach weißen Blüten duftet, vermischt mit Röstnoten. Der angenehme, füllige, wohl ausgewogene Geschmack feiert lang anhaltend die schöne Vereinigung des Weins mit dem Holzton der Barriquefässer.
Aimery-Sieur d'Arques, av. de Carcassonne, BP 30, 11303 Limoux Cedex, Tel. 04.68.74.63.00, Fax 04.68.74.63.12, E-Mail servico@sieurdarques.com ☑ Y n. V.

Clairette de Bellegarde

Clairette de Bellegarde, 1949 als AOC anerkannt, wird im südöstlichen Teil der Costières de Nîmes erzeugt, in einem kleinen Anbaugebiet zwischen Beaucaire und Saint-Gilles und zwischen Arles und Nîmes. Im Jahre 2000 wurden auf steinigen roten Böden 1 695 hl von einem Wein produziert, der ein eigentümliches Bouquet besitzt.

MAS CARLOT Cuvée Tradition 2000*

☐ 7 ha 35 000 3 à 5 €

1998 übernahm die Önologin Nathalie Blanc-Mares das Gut, das ihr Vater Paul-Antoine Blanc 1986 gekauft hatte. Über den Costières-Weinen vernachlässigt sie nicht diese AOC. Dieser Wein ist sehr charakteristisch für die einzige Rebsorte, von der er stammt: Dem hellen Strohgelb entspricht ein komplexer Duft von reifem Pfirsich und Orangenblüte, vermischt mit Aromen von feinen Backwaren. Der füllige, runde Geschmack dieses alkoholreichen Weißweins vergisst nicht die recht typische leichte Bitternote im Abgang.
Nathalie Blanc-Mares, Mas Carlot, rte de Redessan, ch. Paul Blanc, 30127 Bellegarde, Tel. 04.66.01.11.83, Fax 04.66.01.62.74 ☑ Y Mo–Fr 8h–12h 14h–17h; Sa, So n. V.

Clairette du Languedoc

Die Rebflächen (112 ha) liegen in acht Gemeinden im mittleren Tal des Hérault; im Jahre 2000 haben sie 4 344 hl erzeugt. Durch eine Vinifizierung bei niedriger Temperatur und minimaler Oxidation erhält man einen generösen Weißwein von intensiver gelber Farbe. Er kann trocken, halbtrocken oder lieblich sein. Wenn er altert, erwirbt er einen Rancio-Geschmack, den manche Weinliebhaber mögen. Er passt gut zu Bourride sétoise, einem provenzalischen Fischeintopf, und Seeteufel auf amerikanische Art.

LA CLAIRETTE D'ADISSAN 2000

☐ 12,5 ha 50 000 5 à 8 €

Adissan, die Wiege der Clairette du Languedoc. Lassen Sie sich bezaubern von der blassgoldenen Farbe und den reifen (Birne, Quitte) und kandierten Früchten (Zitrone) über einem Duft nach geröstetem Brot. Der Umfang, die Fülle und die Nervigkeit und gleichzeitig die Samtigkeit des Geschmacks sind sehr gelungen.
Cave coop. La Clairette d'Adissan, 34230 Adissan, Tel. 04.67.25.01.07, Fax 04.67.25.37.76, E-Mail clairette.adissan@wanadoo.fr ☑ Y Mo–Sa 9h–12h 15h–18h

Corbières

Die seit 1951 als VDQS eingestuften Corbières-Weine wurden 1985 zur AOC erhoben. Die Appellation umfasst 14 377 Hektar in 87 Gemeinden und erzeugte 2000 etwa 656 000 hl (7 % Weiß- und Roséweine, 93 % Rotwein). Es sind generöse Weine, denn sie haben einen Alkoholgehalt zwischen 11 und 13°. Erzeugt werden sie aus einem Rebsortenverschnitt, bei dem Carignan einen Höchstanteil von 60 % haben darf.

Die Corbières bilden eine typische Weinbauregion, in der es kaum andere Anbaumöglichkeiten gibt. Beim Klima herrscht der mediterrane Einfluss vor, aber im Westen macht sich auch eine ozeanische Strömung bemerkbar. Die zerklüftete Oberflächengestalt kapselt die Reblagen voneinander ab. Dies und die extreme Vielfalt der Böden, auf denen vor allem Carignan angepflanzt ist, führen heute dazu, dass man über die besonderen Eigenheiten der Terroirs der AOC nachdenkt.

CH. AIGUILLOUX
Cuvée des Trois Seigneurs 1999

■ 5,65 ha 30 000 8 à 11 €

Die «Cuvée der drei Herren», so benannt, weil sich das Gut dort befindet, wo die ehemaligen Grafschaften Narbonne, Durban und Lézignan zusammentreffen, besteht aus den drei Hauptrebsorten der Corbières: Carignan (55 %), Grenache (25 %) und Syrah (20 %), mit der Hand gelesen, mittels Ganzbeerenmaischung vinifiziert und zwölf Monate im Holzfass ausgebaut. Schöne Stärke des Aromas, in Alkohol eingelegte Früchte, überreife Erdbeeren, frisches Gras; gute Ansprache, Relief, Frische und verschmolzene Tannine: harmonischer Gesamteindruck.

Marthe et François Lemarié, Ch. Aiguilloux, 11200 Thézan-des-Corbières, Tel. 04.68.43.32.71, Fax 04.68.43.30.66, E-Mail aiguilloux@wanadoo.fr
tägl. 10h–12h 14h–18h

CH. DES AUZINES
Cuvée des Hautes Terres 1999

■ 2 ha 6 000 8 à 11 €

Les Auzines, eine Lage in der Nähe von Lagrasse, die vom Alaric überragt wird und selbst die Schlucht des Alsou überragt, sich aber bereits auf einer 270 m hohen Kuppe befindet. Trotz dieser scheinbar geringen Höhe ist die Carignan-Rebe nicht im Stande, ihren vollen Charakter zum Ausdruck zu bringen; aus diesem Grund bleibt sie von der Cuvée des Hautes Terres ausgespart. Diese bietet einen klaren, sauberen, intensiven Duft und einen angenehmen, vollen, jugendlichen Geschmack und kann altern.

Yves Jalliet, Ch. des Auzines, 11220 Lagrasse, Tel. 04.68.43.12.05, Fax 04.68.43.16.67
tägl. 9h–19h

CH. BEAUREGARD MIROUZE
Cuvée Prestige 1999

■ 1,28 ha 6 000 11 à 15 €

Nicolas Mirouze, der auf dem Gut die siebte Generation repräsentiert, hat es verstanden, auf «sein Terroir» zu hören. Es ist nicht leicht, auf diesen Sandsteinböden große Weine zu erzeugen. Er musste Carignan durch Syrah ersetzen, hat aber Grenache beibehalten. Diese Cuvée enthält genug Garrigue- und Pfefferaromen, die ein wenig Holz verstärkt. Diesen eleganten Wein, der füllig und fett ist, mit verschmolzenen Tanninen, sollte man ohne weitere Wartezeit trinken.

Nicolas Mirouze, Ch. Beauregard, 11200 Bizanet, Tel. 04.68.45.19.35, Fax 04.68.45.10.07, E-Mail nmirouze@beauregard-mirouze.com
n. V.

CH. BEL-EVEQUE 1998

■ 11 ha 30 300 5 à 8 €

Wenn man Schauspieler ist, muss man eine gewisse Persönlichkeit beweisen. Pierre Richard hat keinen Mangel daran, ebenso wenig wie der Wein, den er präsentiert. Sein Château Bel-Evêque schmückt sich mit einer tiefen, kräftigen Farbe, die fast schwarze, aber überaus glänzende Reflexe besitzt. Der Geruchseindruck ist gefällig und deutlich, kandiert und reif wirkend, «interessant». Dieser warme, konzentrierte Wein, der im Mund eine schöne Länge zeigt, bietet einen angenehmen Abgang, der fast ein wenig zu markant ist, ihm aber Relief und echte Persönlichkeit verleiht.

SCEA Pierre Richard, Ch. Bel-Evêque, 11430 Gruissan, Tel. 04.68.75.00.48, Fax 04.68.49.09.23
Di–Sa 10h–13h 15h–18h

CH. BERTRAND 2000*

◪ 1 ha 6 500 3 à 5 €

«Vom Rebstock bis zur Flasche» – diese Formel könnte den Beruf des Winzers definieren. Roger Bertrand ist wieder Winzer geworden, um einen alten Traum seines Vaters zu verwirklichen. Er war hier doppelt erfolgreich und präsentiert einen recht kräftigen, aber auch nervigen Rosé, der eine gewisse Dichte zeigt, mit einer angenehmen, fruchtigen Stärke des Aromas, sowie einen **roten 98er Domaine de Longueroche Cuvée réservée** (Preisgruppe: 30 bis 49 F).

Dom. de Longueroche, 11200 Saint-André-de-Roquelongue, Tel. 04.68.41.48.26, Fax 04.68.32.22.43, E-Mail domaine.de.longueroche@wanadoo.fr n. V.
Roger Bertrand

CASTELMAURE Cuvée n° 3 1999*

■ 10 ha 25 000 15 à 23 €

Eine Nummer, um eine Cuvée zu bezeichnen. Ziemlich anachronistisch in dieser Umgebung, die aus Felsen und Steinen, glühend heißer Garrigue, blendend heller Sonne, steilen Reblagen und Winzern mit eigentümlichem Tonfall besteht und wo sich seit dem Altertum nichts verändert zu haben scheint. Bei der Verkostung reihen sich die einzelnen Wörter aneinander: glänzend, rubinrot, holzbetont, Vanille, reife Früchte, toastartige, danach würzige Aromen, gute Präsenz, Harmonie, Ausgewogenheit, dichte Tannine, Fülle und Länge ... Er ist schon jetzt reizvoll und besitzt trotzdem ein großes Potenzial.

SCV Castelmaure, 4, rte des Cannelles, 11360 Embres-et-Castelmaure, Tel. 04.68.45.91.83, Fax 04.68.45.83.56, E-Mail castelmaure@wanadoo.fr
Mo–Fr 9h–12h 14h–18h

DOM. DES CHANDELLES 1998*

■ 4 ha 10 000 11 à 15 €

Ein ganz und gar folgerichtiger Lebensweg, geben Sie es zu: Man ist Brite, arbeitet als Wirtschaftsprüfer und verliebt sich dann in den Wein, so dass man in Frankreich eine Ausbildung in Önologie und Weinbau absolviert, Rebparzellen im Departement Aude kauft, die Carignan-Reben in dieser westlichen Anbauzone der Corbières vermeidet, sich modern und zweckmäßig ausrüstet, den Ausbau im Holzfass aber nicht umgeht und schließlich den Weinliebhabern einen 98er bietet, der pfeffrig duftet, harmonisch und sehr fein ist und eine große Länge besitzt.

Dom. des Chandelles, 4, chem. des Pins, 11800 Floure, Tel. 04.68.79.00.10, Fax 04.68.79.21.92 n. V.
P. und S. Munday

BLANC DE BLANCS DES DEMOISELLES 2000**

□ k. A. 30 000 3 à 5 €

Diese Demoiselle will ihr Alter nicht verraten und erneuert sich mit jedem Jahrgang: Sie trägt ein sehr schönes Kleid, schmeichelt dem Auge und verlockt dann mit ihrem zurückhaltenden Duft, der weiße Blüten enthält und echte Persönlichkeit zeigt. Ihr fleischiger Geschmack ist von exquisiter Milde; er bietet Ausgewogenheit, Rundheit und Frische und hält hingebungsvoll an. Lassen Sie sich verführen!

SCV Cellier des Demoiselles, 5, rue de la Cave, 11220 Saint-Laurent-de-la-Cabrerisse, Tel. 04.68.44.02.73, Fax 04.68.44.07.05
Mo–Sa 8h–12h 14h–18h

DOM. DOHIN LE ROY Cuvée la Bruyère 1999

■ 6,25 ha 30 000 8 à 11 €

Obwohl sein Name nicht darauf hindeutet, blickt Roquefort-des-Corbières auf das Mittelmeer. 1999 erhielt dieses am Meer gelegene Terroir nicht seine gewohnte Belohnung; lediglich diese Cuvée la Bruyère mit dem hohen Mourvèdre-Anteil zeichnet sich aus. Auch wenn sie nur von mittlerer Stärke ist, mangelt es ihr nicht an Persönlichkeit. Sie ist im Geschmack würzig, überreif, weich, füllig und rund und besitzt sehr feine Tannine, die eine Lakritzenote begleitet. Schöner Einklang zwischen Holzton und Wein.

SCEA des Airelles, 21, av. des Plages, 11540 Roquefort-des-Corbières, Tel. 04.68.48.23.88, Fax 04.68.48.23.88
n. V.

CH. ETANG DES COLOMBES Bicentenaire Vieilles vignes 1999**

■ 17 ha 90 000 5 à 8 €

Henri Gualco hat zu seiner Heiterkeit als Winzer zurückgefunden; alles ist durchdacht und hat zum Ziel, einen guten Corbières zu verwirklichen und den Verkoster zufrieden zu stellen. Diese Cuvée, die von der Grenache-Traube dominiert und durch die Rebsorte Syrah sowie ein wenig Mourvèdre ergänzt wird, stammt von mit der Hand gelesenen Trauben. Acht Monate im Holzfass haben genügt, um ihr den letzten Schliff zu verleihen: Ihr schöner aromatischer Ausdruck ist vornehm, leicht «Garrigue-artig». Wenn man sie trinkt, enthüllt sie nach einer öligen und dennoch robusten Ansprache Charakter und Persönlichkeit. Sie ist auf harmonische Weise ausgewogen, durch einen Hauch von Frische belebt, und bietet einen würzigen Abgang.

Henri Gualco, Ch. Etang des Colombes, 11200 Cruscades, Tel. 04.68.27.00.03, Fax 04.68.27.24.63, E-Mail christophe.gualco@wanadoo.fr tägl. 8h–12h 14h–19h

DOM. DE FONTSAINTE Réserve la Demoiselle 1999*

■ 8 ha 41 000 5 à 8 €

Bruno Laboucarié hat alles von einem perfekten Winzer. Er besitzt das erfahrene Auge, um den Reben die beste Behandlung angedeihen zu lassen, und besitzt den feinen Gaumen eines Verkosters, um die Trauben zu vinifizieren und den Wein als guter Kellermeister auszubauen. So zeichnet sich die Réserve la Demoiselle in einem sehr heiklen Jahrgang durch einen vielfältigen aromatischen Ausdruck mit Vanille, Konfitüre aus roten Früchten und Noten von Röstkaffee aus. Der klare, weiche Geschmack, der einen gut gemeisterten Holzton zeigt, vergißt auch nicht ein wenig Frische, harmonische Tannine und vor allem eine sehr lange Nachhaltigkeit.

SEP Laboucarié, Dom. de Fontsainte, 11200 Boutenac, Tel. 04.68.27.07.63, Fax 04.68.27.62.01
Mo–Sa 10h–12h 14h–18h

CH. GAUBERT Cuvée Philharmonie 1998

■ 3 ha 10 000 8 à 11 €

Dieser Wein ist im äußersten Westen der Corbières entstanden, erzeugt aus Syrah- und Grenache-Trauben und in einem ganz neuen Keller langsam bei kontrollierter Gärtemperatur bereitet. Er wurde drei Monate im Tank und danach neun Monate im Holzfass ausgebaut. Man sagte von ihm, er rieche nach Garrigue, vor allem nach Thymian, er sei mild, angenehm und ein

wenig würzig und zeige in seinem Abgang Charakter. Zu Rehrücken mit Kirschen.
Gilles Cavayé, EARL dom. Gaubert, 11220 Arquettes-en-Val, Tel. 04.68.24.04.49

DOM. DU GRAND CRES

Cuvée majeure 1998**

■ 12 ha 3 000 11 à 15 €

Der Wein von Pascaline und Hervé Leferrer möchte, dass man mit ihm Geduld hat: Er muss reifen, bevor man ihn trinkt. Er verdient, dass man ihn dekantiert, damit er Aromen mit leicht pflanzlicher Tendenz verströmt. Diese Empfindung findet man auch im Geschmack, intensiviert durch einen klaren, sauberen Holzton, mit einer sehr schönen Harmonie zwischen Alkohol und Tanninen.
Hervé et Pascaline Leferrer, Dom. du Grand Crès, 40, av. de la Mer, 11200 Ferrals-les-Corbières, Tel. 04.68.43.69.08, Fax 04.68.43.58.99 ☑ Y n. V.

CH. HAUTERIVE LE HAUT 2000*

□ 1 ha 6 500 3 à 5 €

Die Familie Reulet errichtete ihren Keller inmitten von Geröllböden aus dem Miozän, die für das Terroir von Boutenac typisch sind, dort, wo sich ihr sehr altes Gut in Familienbesitz (17. Jh.) befindet. Die alten Grenache-Rebstöcke und ein wenig Maccabéo bringen einen sehr schönen Weißwein ein: Aromen mit diskreten pflanzlichen Nuancen, harmonische Ausgewogenheit des Geschmacks und sehr lange Nachhaltigkeit.
SCEA Reulet, Ch. Hauterive-le-Haut, 11200 Boutenac, Tel. 04.68.27.62.00, Fax 04.68.27.62.00 ☑ Y n. V.

CH. HAUTERIVE LE VIEUX 1999*

■ 3 ha 1 338 5 à 8 €

Dieses Gut, ein ehemaliger Pachthof von Fontfroide, wurde wahrscheinlich im 11. Jh. zu einem Weingut. Es präsentiert einen auf traditionelle Weise hergestellten Corbières: zur Hälfte Carignan und zu gleichen Teilen Grenache noir und Syrah, lange Ganzbeerenmaischung, Ausbau ausschließlich im Tank, Flaschenabfüllung am Ende des zweiten Winters. Das Ergebnis spricht für sich: Dieser Wein, der eine mehr als nur kräftige Farbe zeigt, verströmt Aromen von kandierten Früchten und Kakao. Er ist gefällig, voll und rund und besitzt Tannine mit ausgeprägtem Charakter, die sich nach ein paar Monaten in der Flasche besänftigen dürften.
André Cambriel, Ch. Hauterive-le-Vieux, 65, av. Saint-Marc, 11200 Ornaisons, Tel. 04.68.27.43.08, Fax 04.68.27.43.08
☑ Y Mo–Sa 9h–12h15 16h30–19h30; im Winter n. V.

CH. HAUT-GLEON 1999*

■ 20 ha 35 000 8 à 11 €

Wenn man von Narbonne her kommt, bildet Château Haut-Gléon, im Anbaugebiet von Durban, die Pforte zu den oberen Corbières. Hier dominiert noch die Carignan-Rebe (60 %); Grenache noir und Syrah ergänzen sie. Eine maßvolle Produktionsmenge, eine Lese mit der Hand, ein leistungsfähiger Keller und acht Monate im Holzfass liefern einen Corbières von sehr schöner Konzentration, mit einem intensiven, komplexen Duft (Vanille, geröstetes Brot). Dieser Wein entwickelt eine große Stärke. Er ist fleischig und ein wenig warm und stützt sich auf ein großzügiges Tanningerüst.
Ch. Haut-Gléon, Villesèque-des-Corbières, 11360 Durban, Tel. 04.68.48.85.95, Fax 04.68.48.46.20, E-Mail chateauhautgleon@wanadoo.fr ☑ Y tägl. 9h–12h 13h30–17h
Duhamel

CH. LA BASTIDE Optimée 1999*

■ 10 ha 20 000 8 à 11 €

Ich bin ein Corbières, weil ich nach Süden schaue, auch wenn ich im Norden die ersten Terrassen des Minervois sehe. Ich bin ein Corbières trotz meines hohen Syrah-Anteils, den Grenache noir bereichert. Ich bin ein Corbières aufgrund meiner bläulich rot schimmernden Granatfarbe, aufgrund meiner Aromen von Gewürzen und Geröstetem mit einem diskreten Holzton und einem leicht animalischen Anflug und aufgrund meiner reichhaltigen Geschmacksempfindungen. Ich bin angenehm und füllig, bestehe aus feinen, seidigen Tanninen und besitze eine ausgezeichnete Gesamtharmonie. Trinken soll man mich im Laufe des Jahres.
Ch. La Bastide, 11200 Escales, Tel. 04.68.27.08.47, Fax 04.68.27.26.81
☑ Y n. V.
Guilhem Durand

CH. LA DOMEQUE 1998*

■ 8,25 ha 55 000 5 à 8 €

Hier wurde in der Karolingerzeit eine Kapelle errichtet, doch seinen Namen trägt dieses Gut erst seit dem 16. Jh. Dieser Wein von tiefer, lebendiger Farbe mit schwarzen Reflexen bietet einen feinen, diskreten, aber eleganten Duft von reifen schwarzen Früchten. Ein wenig Entwicklung verleiht ihm eine gute Patina. Der fast fragile Geschmack, der leicht vom Holzton dominiert wird, erweist sich als sehr harmonisch, glatt und samtig und besitzt eine gute Länge, die ein Hauch von Tanninen ein wenig verstärkt.
Frédéric Roger, 19, av. E.-Babou, BP 90, 11200 Lézignan-Corbières, Tel. 04.68.27.84.50, Fax 04.68.27.84.51
☑ Y Mo–Fr 9h–12h 14h–18h; Sa, So n. V.

CH. LA PUJADE

Cuvée Charlemagne 1999*

■ 4 ha 20 000 5 à 8 €

Dieser Corbières fällt durch seine Zusammenstellung, die Mourvèdre (60 %), Trauben von alten Carignan-Reben (20 %), Syrah und Grenache kombiniert, und durch seinen Ausbau im Holzfass (fünfzehn Monate) auf. Der Wein ist originell: Er zeigt ein intensives, dunkles Granatrot mit purpurroten Reflexen und besitzt einen sehr kräftigen Duft, der zuerst holzbetont, danach vanilleartig und zum Schluss röstartig ist. Der klare, kräftige Geschmack, der füllig, voll, fett und rund ist, bietet Aromen von getrockneten Früchten, die sehr lang anhalten. Er ist bereits interessant und dennoch viel versprechend.

Ch. La Pujade, 11200 Ferrals-les-Corbières, Tel. 04.68.43.55.65, Fax 04.68.43.56.16, E-Mail chateaupujade@aol.com ☑ Y n. V.
Mennesson

CH. DE LASTOURS Apparences 2000★★

☐ k. A. 5 000 8 à 11 €

Über Château de Lastours lässt sich sehr viel schreiben ... Hinsichtlich seiner Geschichte geht sein Ursprung auf die Römerzeit in unmittelbarer Umgebung der Via Domitia zurück. Im Hinblick auf die Menschen sind Behinderte unmittelbar an der Arbeit im Weinberg beteiligt. Unter sportlichem Gesichtspunkt bildet es eine Station bei der Rallye Paris–Dakar und besitzt Versuchsstrecken. Was den Weingenuss betrifft, präsentiert es uns einen Wein mit Pfingstrosen-, Birnen- und Kirschwasseraromen, die man auf vollendete Weise innerhalb der geschmacklichen Ausgewogenheit wiederfindet, von ein wenig Kohlensäure harmonisch begleitet. Das Geheimnis dieses Erfolgs: ein wenig Muscat à petits grains in einem Verschnitt von Bourboulenc und Grenache blanc.

Centre d'Aide par le Travail, Ch. de Lastours, 11490 Portel-des-Corbières, Tel. 04.68.48.29.17, Fax 04.68.48.29.14, E-Mail portel.chateaudelastours@wanadoo.fr ☑ Y n. V.

DOM. LAS VALS 1999

■ 5 ha 5 000 23 à 30 €

Direkt neben den «weißen» Reben von Château de la Baronne gelegen, ist dies ein Gut, das an den Osthängen des Alaric ausschließlich mit roten Rebsorten bestockt ist: Es heißt Las Vals. Paul und Jean Lignères konnten diese vorwiegend aus Mourvèdre erzeugte Cuvée schon von ihrer ersten Lese an zähmen. Der ziemlich verschlossene Gewürzeindruck ist bereits würzig. Der warme, großzügige Geschmack stützt sich auf deutlich spürbare, aber nicht aggressive Tannine. In ein paar Monaten kann man den Wein empfehlen.

Suzette Lignères, Ch. La Baronne, 11700 Fontcouverte, Tel. 04.68.43.90.20, Fax 04.68.43.96.73, E-Mail chateaulabaronne@net-up.com ☑ Y n. V.

CH. LA VOULTE-GASPARETS Cuvée réservée 1999★

■ 22 ha 120 000 8 à 11 €

Patrick Reverdy, Château La Voulte-Gasparets, seine Weinberge, sein Keller, sein Wein: Wie soll man sie vorstellen? Alles ist bereits wiederholt gesagt worden; lesen Sie in den früheren Ausgaben des Hachette-Weinführers nach! Nur der Genuss, der mit diesem 99er erneuert wird, lässt sich beschreiben: schöne purpurrote, leicht ins Ziegelrote spielende Farbe, kräftige, feine Aromen mit boden- und sogar lagentypischen Noten, der gleiche Eindruck im Geschmack, der sich als kräftig gebaut, voll, großzügig und vollständig erweist. Seine Tannine mit Zukunftsgarantie sorgen dafür, dass er sehr lang anhält.

Patrick Reverdy, Ch. La Voulte-Gasparets, 11200 Boutenac, Tel. 04.68.27.07.86, Fax 04.68.27.41.33, E-Mail chateau-la-voulte-gasparets@wanadoo.fr ☑ Y tägl. 9h–12h 14h–18h

CH. LES OLLIEUX 2000★

◪ 3,24 ha 11 000 5 à 8 €

Geboren bin ich an den Südhängen des «Pinada», im Herzen des Anbaugebiets von Boutenac, erzeugt von Grenache-, Cinsault-, Syrah- und ein paar Carignan-Stöcken. Man hat mich in den Gärbehälter gefüllt und ohne Pressen ablaufen lassen, damit ich mich in einen Rosé verwandle. Heute stehe ich mitten in meiner Jugend; ich bin angenehm und fruchtig, mit einem Hauch von sauren Drops. Ein wenig Kohlensäure verleiht mir Relief und einen sehr lebhaften und jugendlichen Charakter.

François-Xavier Surbezy, Ch. Les Ollieux, 11200 Montséret, Tel. 04.68.43.32.61, Fax 04.68.43.30.78, E-Mail ollieux@free.fr ☑ Y Mo–Fr 8h30–20h; Sa, So 10h–20h

CH. LES PALAIS Cuvée Randolin 1999★

■ 10 ha 45 000 8 à 11 €

Glauben Sie nicht, dass Xavier de Volontat auf seinem Besitz lebt. Das Terroir bleibt dasselbe, aber die Anpflanzungen mit Syrah und Grenache werden älter; die Qualität der Trauben profitiert davon. Der Keller entwickelt sich zu einem «traditionellen Modernismus». Hier haben wir einen 99er Randolin, der kräftig duftet, mit sanften Vanillearomen. Der konzentrierte Geschmack bietet stets so gute Tannine und die charakteristische Kakaonote.

Ch. Les Palais, 11220 Saint-Laurent-de-la-Cabrerisse, Tel. 04.68.44.01.63, Fax 04.68.44.07.42 ☑ Y Mo–Sa 9h–12h 14h–19h; So n. V.
X. de Volontat

CH. DE L'HORTE Grande Réserve 1999★★★

■ 3 ha 9 500 11 à 15 €

Wir befinden uns hier am Nordrand der Corbières, dort, wo sich die aus Sandstein bestehenden und mit Kiefern bewachsenen *pech* erheben. An ihren Hängen breiten sich die Reben von Château de L'Horte aus. Dort treffen Sie auf Jean-Pierre Biard, der unverkennbar südfranzösisch ist, und Johanna, die zwischen dem nordfranzösischen Tonfall und der Sprechweise des Midi schwankt. Ihr Wein hingegen bleibt vollkommen typisch für die Corbières. Ein tiefes, dichtes Rubinrot, kräftige Mokka- und Kaffeearomen, eine sehr schöne Rundheit in der Ansprache, Harmonie, Ausgewogenheit, reife Frucht und Fülle: ein Wein, der Substanz, Charakter und – als Krönung des Ganzen – einen milden, fast nicht mehr enden wollenden Abgang besitzt.

Jean-Pierre Biard et Johanna Van der Spek, Ch. de L'Horte, 11700 Montbrun-des-Corbières, Tel. 04.68.43.91.70, Fax 04.68.43.95.36, E-Mail horte@wanadoo.fr
n. V.

CH. DE LUC
Cuvée des Murets Elevé en fût de chêne 1999

10 ha 50 000 5 à 8 €

Château de Luc, ehemals im Besitz des Herrn von Saint-Geniès, der unter König Ludwig XIII. Gouverneur von Narbonne war, beherbergt die Eichenfässer für die Cuvée des Murets, deren Trauben Louis Fabre 1999 erntete. Diese hier ist intensiv rot und zeichnet sich durch den würzigen Holzton, eine leicht animalische Note und einen Hauch von Entwicklung aus, das Ganze auf elegante Weise vermischt. Nach einer schlichten Ansprache zeigt der Eindruck im Mund eine gute Dichte und eine Rückkehr der subtilen Geruchsnoten. Er klingt mit ein paar Tanninen aus, die verschmelzen müssen.

Louis Fabre, rue du Château, 11200 Luc-sur-Orbieu, Tel. 04.68.27.10.80, Fax 04.68.27.38.19, E-Mail chateau.luc@aol.com n. V.

CH. MAYLANDIE Cuvée Prestige 1998

2,5 ha 13 000 5 à 8 €

Dieses Gut, das an der Straße der Abteien und der Katharer-Burgen liegt, bietet den Liebhabern von alten Bauwerken, aber auch von Corbières-Weinen Ferienunterkünfte. Hier haben wir einen 98er, der in der Blüte seiner Jahre steht: Er ist dunkel, aber lebhaft und bietet einen intensiven Duft, der ohne Entwicklungsanzeichen sehr fruchtig, aber auch kandiert wirkt und in dem man Backpflaumennoten und mineralische Nuancen findet. Seine starke Konzentration, seine noch zu jungen Tannine und sein noch abgehackter Abgang schaden der Fülle des Geschmacks nicht. Ein Wein, den man zwölf bis achtzehn Jahre lang im Keller «vergessen» muss, denn er ist sehr viel versprechend.

Maymil, Ch. Maylandie, 11200 Ferrals-les-Corbières, Tel. 04.68.43.66.50, Fax 04.68.43.69.42, E-Mail maymil@infonie.fr
tägl. 9h–20h

CH. MERVILLE 1999*

6 ha 35 000 8 à 11 €

François und Jacques Lurton, die aus dem Bordelais stammen, führen beim Corbières Neuerungen ein. Obwohl sie keine Erzeuger sind, übernehmen sie das ganze Jahr über die Verantwortung dafür, einen Teil der Ernte des Guts zu vinifizieren, auszubauen und auf Flaschen abzufüllen. Sie schränken zwar den Anteil der Carignan-Traube ein, bewahren aber die Originalität und den typischen Charakter des Terroir. Davon zeugen hier die Lakritze-, Tabak-, Gewürz- und Vanillearomen, vielfältige Geschmacksnoten, die das Fass bei einem ziemlich weichen, fleischigen Wein bekräftigt, der eine gewisse Frische zeigt. Dieser leicht zugängliche 99er sorgt für Genuss. Als Begleitung dazu kann man gefüllte Wachteln oder flambierte Schnepfen wählen.

Jacques et François Lurton, Dom. de Poumeyrade, 33870 Vayres, Tel. 05.57.74.72.74, Fax 05.57.74.70.73, E-Mail jflurton@jflurton.com

CH. MEUNIER SAINT-LOUIS
A Capella 1999***

5 ha 34 000 8 à 11 €

Beim Jahrgang 1999 zählte das Auge des Winzers mehr als die landwirtschaftlichen Warnungen vor den Raubzügen des Bekreuzten Traubenwicklers. Philippe Pasquier-Meunier gehört zu denen, die aufmerksam beobachteten, und lieferte so Martine, der Kellermeisterin, sehr schöne Trauben für seine Cuvée A Capella, die schon 1998 beim vorangegangenen Jahrgang ausgewählt wurde. Wir finden sie hier mit einem ähnlichen Profil wieder: satte, tiefe, nuancenreiche Farbe zwischen bläulichem Rot und Schwarz, kräftiger und vor allem eleganter Duft, der Blüten, rote Früchte, Vanille und Pfeffer vereint. Der Geschmackseindruck kündigt sich klar und angenehm an. Die seidigen Tannine, die sich mit bereits entfalteten Aromen vermischen, überziehen den Gaumen. Der Perfektion sehr nahe.

Ph. Pasquier-Meunier, Ch. Meunier Saint-Louis, 11200 Boutenac, Tel. 04.68.27.09.69, Fax 04.68.27.53.34 n. V.

CH. PECH-LATT Alix 1998*

3 ha 12 000 23 à 30 €

Ein schon im Jahre 800 erwähntes Nebengebäude der Benediktinerabtei Lagrasse, die im 8. Jh. gegründet wurde. Das Weingut stützt sich auf die Kalksteinablagerungen vom Unterhang des Alaric. Diese Cuvée mit den kräftigen Weichselnoten und den eleganten Tanninen ist das Ergebnis einer strengen Auslese von Grenache- (25 %), Syrah- (30 %), Mourvèdre- (5 %) und Carignan-Trauben (40 %) sowie einer langen Gärung und eines zwölfmonatigen Ausbaus im Barriquefass.

SC Ch. Pech-Latt, 11220 Lagrasse, Tel. 04.68.43.11.40, Fax 04.68.58.11.41
Mo–Fr 8h–12h 13h30–17h30; Sa, So n. V.

CH. PRIEURE BORDE-ROUGE
Cuvée Signature 1999*

4,3 ha 25 000 5 à 8 €

Natacha und Alain Quenehen sind noch immer in ihr Gut so verliebt und von ihrem Winzerberuf begeistert, und die Reben reagieren auf ihren Enthusiasmus. Noch ein 99er, der zu den Besten zählt: ein hinlänglich ausdrucksvoller, vielfältiger Duft nach Tee, Kirsche und Himbeere, ein runder, voller Geschmack, dessen Wärme durch schöne Tannine vollkommen ausgeglichen wird, ein perfekter Abgang. Es wurde vorgeschlagen, ihn zu einem schmalen Streifen Entenfleisch mit Gewürzen zu servieren.

🔑SCEA Devillers-Quenehen, Ch. Prieuré Borde-Rouge, 11220 Lagrasse, Tel. 04.68.43.12.55, Fax 04.68.43.12.51, E-Mail quenehen@aol.com ☑ Ƴ tägl. 9h–18h

SEIGNEUR DE QUERIBUS 1999*

■ 25 ha 6 000 ▮ 5à8€

Am Fuße der Katharer-Zitadellen gibt es immer noch «Perfecti» (Vollkommene); diese Reinen achten das Terroir, indem sie Rebstöcke und Rebsorten auswählen, zeigen mit einer manuellen Lese Hochachtung vor den Trauben, respektieren das Lesegut durch eine Ganzbeerenmaischung und «verbessern» den Wein nicht durch einen Ausbau im Holzfass. Diese Genossenschaft präsentiert einen sehr aromatischen 99er (Veilchen, zerdrückte Erdbeeren und Thymiannoten), der sehr süffig ist, fruchtig, ganz leicht mentholartig, mit spürbaren, aber geschmeidigen Tanninen.

🔑Vignerons du château de Quéribus, 11350 Cucugnan, Tel. 04.68.45.41.61, Fax 04.68.45.02.25 ☑ Ƴ tägl. 10h–12h 14h–19h

ROQUE SESTIERE Carte blanche 1999**

■ 3 ha 6 200 ◖◗ 5à8€

Roque Sestière, der im Hachette-Weinführer 2000 beim weißen Corbières für seinen Vieilles vignes ausgezeichnet wurde, tut sich auch beim Rotwein hervor. Roland Lagarde hat als meisterlicher Winzer und nicht mehr als Lehrer einen famosen 99er erzeugt. Sehr pädagogisch konnte er die Unverfälschtheit der Carignan-Traube mit der Eleganz der Syrah-Rebe verbinden; ihre Erziehung im Holzfass hat ihren sekundären Charakter verliehen. Die Verkostung wiegt durchaus die von größeren Gewächsen auf. Er darf ohne Minderwertigkeitskomplex seine Aufnahme in die Akademie der großen Corbières-Weine beantragen.

🔑EARL Roland Lagarde, rue des Etangs, 11200 Luc-sur-Orbieu, Tel. 04.68.27.18.00, Fax 04.68.27.18.00 ☑ Ƴ n. V.

ROSEE D'OCTOBRE 2000*

◪ 4 ha 5 000 ▮🌡 3à5€

Die oberen Corbières, Quéribus, Cucugnan – ein einmaliges Terroir, von dem ein origineller Rosé kommt. Der Erfolg beim Jahrgang 2000 liegt bei den Winzern von Padern und Montgaillard, dank dieses frischen, liebenswürdigen, eleganten, ausgewogenen Weins, der aufgrund seiner Aromen von roten Früchten gefällt.

🔑Les Terroirs du Vertige, 11350 Padern, Tel. 04.68.45.41.76, Fax 04.68.45.02.55 ☑ Ƴ n. V.

DOM. ROUIRE-SEGUR 2000**

◪ 5 ha 7 000 3à5€

Geneviève Bourdel, eine Winzerin mit Leib und Seele, hegt und pflegt jedes Jahr ihr Traubengut, um ihren Rosé zu erhalten; beim 2000er war sie sehr erfolgreich. Das Rezept ist immer dasselbe: eine Dominanz der Syrah-Traube, ein Fundament aus Grenache-Trauben und ein wenig Cinsault. Das Ergebnis: kristallklare Farbe, intensive Aromenpalette, die sich von zarten Blüten zu kleinen Früchten entwickelt, frische Ansprache, aber mit Rundheit und Verschmolzenheit. Harmonischer, sehr subtiler Gesamteindruck.

🔑Geneviève Bourdel, Dom. Rouïre-Ségur, 11220 Ribaute, Tel. 04.68.27.19.76, Fax 04.68.27.62.51 ☑ Ƴ n. V.

CH. SAINT-JAMES Prieuré 1999**

■ 2,9 ha 20 000 ◖◗ 5à8€

Henri Gualco stellte Château Saint-James vollständig wieder her, bevor er es seinem Sohn Christophe anvertraute. Dieses gute Terroir aus Schutt und Ablagerungen vom Unterhang, das zwischen Garrigue und Orbieu liegt, wurde unter Berücksichtigung seines mehr oder weniger steinigen Charakters oben mit Grenache, darunter mit Syrah und schließlich mit Mourvèdre bepflanzt. Es blieb Christophe überlassen, diese neuen Reben reden zu lassen. Dieser 99er kündigt sich sanft und freimütig an, mit reifer Fruchtigkeit und einer diskreten Vanillenote. Ein Wein zum Genießen.

🔑Christophe Gualco, Ch. Saint-James, 11200 Nevian, Tel. 04.68.27.00.03 ☑ Ƴ n. V.

SEXTANT SEDUCTION 1998*

■ k. A. 11 000 ▮◖◗ 11à15€

Manchmal findet man einen Wein, der seinem Winzer ähnelt, aber viel seltener erlebt man, dass er die Charakterzüge des Kellermeisters einer Genossenschaftskellerei annimmt. Und trotzdem – der Sextant ist Alain Cros: starke, solide, direkte, großzügige Persönlichkeit. Der Wein ist ein wenig streng, erscheint aber fehlerlos und bietet uns interessante, komplexe Entwicklungsaromen von reifen Früchten und schwarzer Olive.

🔑Vignerons du Mont Tenarel d'Octaviana, 53, rue de la Coopérative, 11200 Ornaisons, Tel. 04.68.27.09.76, Fax 04.68.27.58.15 ☑ Ƴ Mo–Fr 8h–12h 14h–18h; Sa 8h–12h

TERRA VINEA 1999*

■ 5 ha 20 000 ◖◗ 8à11€

Diese Cuvée genießt die beste Behandlung durch den Hausherrn, den Önologen Luc Mazot. Vorbildliche Auswahl der Reben, möglichst langes Abwarten des Lesetermins, Ganztraubenvinifizierung und frühzeitiges Umfüllen in Fässer. 80 m tief unter der Erde in den alten Stollen des Gipsabbaus (aus denen Terra Vinea geworden ist) umhätschelt, hat sie durch ihren aromatischen Duft verführt, der würzig, warm, fast empyreumatisch ist. Ihr Geschmack mit den Vanillenoten enthüllt einen runden, vollen, körperreichen Wein von schöner Länge, mit einem Anflug von Veilchen.

🔑Caves Rocbère, 11490 Portel-des-Corbières, Tel. 04.68.48.28.05, Fax 04.68.48.45.92 ☑ Ƴ tägl. 9h–12h 14h–19h

CH. DU VIEUX PARC La Sélection 1999*

■ 10 ha 50 000 ◖◗ 8à11€

Louis Panis, ein natürlicher Mensch, der die Natur und den Sport liebt, begeistert sich ebenso für seinen Winzerberuf. Hier haben wir einen perfekten 99er mit einem Brombeerduft, den eine auf sanfte Weise animalische Note und –

wie immer – ein Hauch von Unterholz begleiten. Seinen schönen Stoff mit den verschmolzenen Tanninen erfüllt ein frischer Hauch von Garrigue, der ihm viel Eleganz und Leichtigkeit gibt. Zu Lammbraten.

Louis Panis, Ch. du Vieux Parc, av. des Vignerons, 11200 Conilhac-Corbières, Tel. 04.68.27.47.44, Fax 04.68.27.38.29 n. V.

LE BLANC DU DOMAINE DE VILLEMAJOU Vinifié en barrique 2000*

□ 7 ha 40 000 5 à 8 €

Ein gutes Terroir lässt sich nicht verleugnen. Gérard Bertrand, der in den vorangegangenen Ausgaben beim Rot- oder Roséwein ausgezeichnet wurde, hat sich dafür entschieden, dieses Jahr beim Weißwein anzutreten, aber mit seiner Spezialität: Ausbau im Holzfass. Helles Strohgelb, das klar und lebhaft ist. Kräftiger, origineller Duft, der für einen gut dosierten, angenehmen, toastartigen Holzton charakteristisch ist. Frischer, komplexer Geschmack mit Aromen, die dies perfekt weiterführen. Man kann ihn jetzt trinken, aber in zwei bis drei Jahren wird er bestimmt reizvoll sein.

Dom. Gérard Bertrand, 11200 Saint-André-de-Roquelongue, Tel. 04.68.42.68.68, Fax 04.68.45.11.73 n. V.

CH. DE VILLENOUVETTE Cuvée Marcel Barsalou 1998***

■ 4 ha 14 000 8 à 11 €

PRODUCT OF FRANCE
1998
CHATEAU DE VILLENOUVETTE
Cuvée Marcel Barsalou
CORBIÈRES
APPELLATION CORBIÈRES CONTRÔLÉE
MIS EN BOUTEILLE AU CHATEAU PAR
S.C.E.A. VIGNOBLES DE VILLENOUVETTE
A 11200 NÉVIAN - FRANCE
13%vol
75cl

Eine ehemalige Abtei diente im letzten Jahrhundert als Fundament für Château de Villenouvette, das von dem Baumeister Charles Garnier (Pariser Oper) errichtet wurde. Das Weinbaugebiet, das es umgibt, schöpft seine Kraft aus einem sehr steinigen, filtrierenden Boden, wo die Wurzeln die geringsten Spuren von Feuchtigkeit ausfindig machen müssen, um sich zu ernähren. Die Folge ist eine starke Konzentration. Eric Barsalou blieb es überlassen, schöne Syrah-Trauben mit perfekten Carignan-Trauben zu kombinieren. Ein bemerkenswerter Ausbau im Holzfass verschafft uns diesen außergewöhnlichen, komplexen 98er. Schwarze Früchte, gekochtes Obst und Unterholz kommen noch besser zum Ausdruck, wenn der Wein in eine Karaffe umgefüllt wird. Die Verkostung enthüllt verschmolzene Tannine, «Fett» und Rundheit. Ein harmonischer, rassiger Corbières von großer Länge.

Vignerons de La Méditerranée, ZI Plaisance,12, rue du Rec-de-Veyret, BP 414, 11104 Narbonne Cedex, Tel. 04.68.42.75.00, Fax 04.68.42.75.01, E-Mail rhirtz@listel.fr n. V.

SCEA Vignobles Villenouvette

Costières de Nîmes

Eine Anbaufläche von 25 000 ha wurde als AOC eingestuft; davon sind gegenwärtig 12 000 ha bestockt. Die Rot-, Rosé- und Weißweine werden in einem Anbaugebiet erzeugt, das sich an den sonnenreichen Hängen von Hügeln mit Geröllböden befindet, innerhalb eines Vierecks, dessen Eckpunkte Meynes, Vauvert, Saint-Gilles und Beaucaire bilden, südöstlich von Nîmes und nördlich der Camargue gelegen. Im Jahre 2000 wurden 237 218 hl als Appellation Costières de Nîmes zugelassen (67 % Rot-, 30 % Rosé- und 3 % Weißweine); erzeugt werden sie auf dem Boden von 24 Gemeinden. Die Roséweine trinkt man zu Fleisch- und Wurstgerichten aus den Cevennen; die Weißweine passen sehr gut zu Muscheln und Fischen aus dem Mittelmeer, während die warmen, körperreichen Rotweine Grillgerichte bevorzugen. Eine Weinbruderschaft, der *Ordre de la Boisson de la Stricte Observance des Costières de Nîmes*, hat eine 1703 begründete Tradition wieder aufgenommen. Eine «Weinstraße» führt von Nîmes aus durch dieses Gebiet.

CH. AMPHOUX 2000*

■ k. A. 17 000 5 à 8 €

Das 30 ha große Gut, das seit 1997 von Alain Giran bewirtschaftet wird, widmet sich dieser AOC. Diese Cuvée schmückt sich mit einer dunklen, glänzenden Farbe. Die Vielfalt seiner Aromen zog die Aufmerksamkeit der Verkoster auf sich: Unterholz, Veilchen und Gewürze (Pfeffer). Der Geschmack lässt «Fett» und Fülle sowie deutlich spürbare, aber seidige Tannine erkennen. Der lakritzeartige Abgang hält lang an. Dieser hübsche Wein besitzt Substanz.

EARL Alain Giran, Ch. Amphoux, rue de La Chicanette, 30640 Beauvoisin, Tel. 04.66.01.92.57, Fax 04.66.01.97.73

DOM. DES ARMASSONS 2000

■ k. A. 200 000 3à5€

Dieser von der Genossenschaft hergestellte Wein von sehr tiefem, bläulichem Schwarz bietet einen noch verschlossenen Geruchseindruck, in dem dennoch rote Früchte, schwarze Johannisbeere und Gewürze zu erkennen sind. Ebenso müssen im Geschmack die strengen Tannine sanfter werden, damit sie besser zum Ausdruck kommen. Das Potenzial steht fest.

SCA Les Vignerons de Jonquières, 20, rue de Nîmes, 30300 Jonquières-Saint-Vincent, Tel. 04.66.74.50.07, Fax 04.66.74.49.40, E-Mail cave.jonquieres@wanadoo.fr n. V.

CH. DES AVEYLANS 2000*

■ 3,2 ha 22 000 3à5€

Beim Jahrgang 2000 wurde Syrah (70 %) mit Grenache kombiniert; die auf Geröll (Sandstein) angepflanzten Reben haben einen schönen Wein von tiefer Farbe mit purpurroten Reflexen geliefert. Seine Jugendlichkeit ist viel versprechend. Er ist im Geruchseindruck noch verschlossen (Aromen von Trester) und stützt sich auf eine ausgewogene Struktur, in der kräftige, noch strenge Tannine dominieren. Ein Jahr aufheben. Erinnern wir an die Liebeserklärung für den 97er im Hachette-Weinführer 1999.

EARL Hubert Sendra, Dom. des Aveylans, 30127 Bellegarde, Tel. 04.66.70.10.28, Fax 04.66.01.02.26 n. V.

DOM. BARBE-CAILLETTE
Délice de Jovis 2000*

10,5 ha 8 000 3à5€

Zwei Frauen, die eine Professorin für Literaturwissenschaft, die andere Hebamme, fassten den Beschluss, dieses Weingut unter dem Schutz Jupiters aufzubauen. Hier ist ihre erste Produktion, die sehr ermutigend ist. Der 2000er hat eine schöne, lebhafte rosa Farbe und zeigt einen intensiven, eleganten Duft von Rosen und danach Früchten (Erdbeeere). Im Mund nimmt man saure Drops wahr. Ein leichtes Prickeln belebt die sehr sanfte, feine Ausgewogenheit.

SCEA Barbe-Caillette, Mas Jovis, chem. de Barbe-Caillette, 30600 Vauvert, Tel. 04.66.51.34.97, Fax 04.66.51.39.21, E-Mail pascal.pelorce@wanadoo.fr tägl. 11h–17h

CH. BEAUBOIS Cuvée Elégance 2000*

■ 5 ha 15 000 5à8€

Die Eltern führen das sehr schöne, 53 ha große Gut, das nördlich der Lagune von Scamendre liegt; der Sohn François arbeitet im Weinberg, die Frau Fanny vinifiziert die Trauben. Wie so oft beim 2000er ist die Farbe dunkel: purpurrot mit bläulich roten Reflexen. Die Struktur ist elegant (wie schon der Name der Cuvée herausstellt). Die deutlich spürbaren Tannine werden sich mit der Zeit verfeinern.

SCEA Ch. Beaubois, 30640 Franquevaux, Tel. 04.66.73.30.59, Fax 04.66.73.33.02, E-Mail fannyboyer@chateau-beaubois.com tägl. 8h–12h 14h–18h

Boyer

LOUIS BERNARD 2000*

■ k. A. 200 000 3à5€

Dieser Weinhändler aus Orange ist in der AOC stark vertreten. Sein Markenwein ist gefällig mit seiner purpurroten Farbe. Sein Duft nach Trester erinnert an die Lese. Der runde, füllige Geschmack über sanften Tanninen macht ihn zu einem leicht zu trinkenden Wein.

Les Domaines Bernard, rte de Sérignan, 84100 Orange, Tel. 04.90.11.86.86, Fax 04.90.34.87.30, E-Mail sagon@domaines-bernard.fr

CH. PAUL BLANC 2000*

□ 1 ha 3 000 5à8€

Paul Blanc baute dieses Gut 1989 auf. Seine Tochter, eine ausgebildete Önologin, führt es seit 1998. Ausschließlich von Roussanne-Reben, die auf roten Geröllböden wachsen, hat sie diesen sehr schönen goldgelben Wein erzeugt, der einige grüne Reflexe zeigt. Hinter dem noch sehr deutlichen Holzton entdeckt man die große Komplexität der Aromen: Vanille, Ananas, vollreifer Pfirsich, kandierte Zitrone. Im Mund dominieren Fülle und Öligkeit; ein wenig Säure, die dem Geschmack Leichtigkeit verleiht, ist ein Garant für eine lange Lebensdauer. Man muss ihn mindestens ein bis zwei Jahre lagern.

Nathalie Blanc-Mares, Mas Carlot, rte de Redessan, ch. Paul Blanc, 30127 Bellegarde, Tel. 04.66.01.11.83, Fax 04.66.01.62.74 Mo–Fr 8h–12h 14h–17h; Sa, So n. V.

Paul Blanc

CH. BOLCHET Tradition 2000***

■ 3,8 ha 26 000 5à8€

Ein Aufsehen erregender Einstand in unserem Weinführer für dieses Gut: Die beiden Rotweine stritten sich um die Wahl zum Lieblingswein. Die **rote 2000er Cuvée Prestige** erhält zwei Sterne; Syrah (75 %) macht dabei den Unterschied aus, indem sie die Aromen wie auch die imposante Struktur beherrscht. Den Sieg trägt schließlich die Cuvée Tradition (50 % Syrah) davon mit ihrer intensiven Farbe, die schwarze Reflexe zeigt, und ihrem komplexen, sehr entfalteten Duft von Waldfrüchten und Crème de cassis (Schwarze-Johannisbeer-Likör), während sich im Nasen-Rachen-Raum die Düfte von Gewürzen und roten Früchten mischen. Die Ansprache ist füllig, der ausgewogene Geschmack unaufdringlich. Die Tannine sind großartig, kraftvoll und jung, aber edel und sehr viel versprechend. Der Abgang erweist sich als

sehr lang und harmonisch. Ein in diesem alles in allem nicht ganz leichten Jahrgang 2000 besonders gelungener Wein.
Béatrice Becamel, Ch. Bolchet, 30132 Caissargues, Tel. 04.66.38.05.65, Fax 04.66.29.14.79 Mo–Fr 8h30–12h 14h–19h

MAS DES BRESSADES
Cuvée Tradition 2000*

5 ha 30 000 3à5€

Auf einem Boden mit Geröll der Rhône hat Cyril Marès einen mittels Saignée-Verfahren hergestellten Rosé erzeugt, der eine helle Farbe und intensive, angenehme Aromen bietet, dominiert von kleinen roten Früchten (rote Johannisbeere, Himbeere). Man genießt seine Rundheit im Geschmack und seine schöne Struktur.
Cyril Marès, Mas des Bressades, Le Grand-Plagnol, 30129 Manduel, Tel. 04.66.01.66.00, Fax 04.66.01.80.20 n. V.

CH. CADENETTE 2000*

24 ha 25 000 3à5€

Seit 1962 führen die Diderons dieses Gut, das am Rande der Camargue liegt. In ein Kleid mit strahlenden kirschroten Reflexen gehüllt, bietet ihr Wein eine intensive und zugleich delikate Fruchtigkeit, die Himbeere, schwarze Johannisbeere und Erdbeerbonbons vereint. Der säuerliche Geschmack ist von fruchtigen Noten erfüllt, die in einem warmen Abgang anhalten. Vom gleichen Erzeuger erhält der **2000er Rosé Domaine de La Guillaumette** (Preisgruppe: weniger als 20 F) dieselbe Note. Er ist fruchtig, füllig und weich.
Pierre Dideron, La Cadenette, 30600 Vestric-et-Candiac, Tel. 04.66.88.21.76, Fax 04.66.88.20.59, E-Mail chbommel@club-internet.fr n. V.

DOM. DE CAMPAGNOL 2000*

6 ha 41 000 5à8€

Das Auge wird durch die schöne purpurrote Farbe verführt. Eine animalische Note, typisch für einen Wein aus Syrah-Trauben in seiner Jugend, macht rasch komplexen Aromen von roten Früchten und Veilchen Platz. Der Geschmack ist ausgewogen, seidig und weich in der Ansprache. Dieser Wein bietet ein schlichtes Vergnügen, ohne dass man ihn lagern müsste.
Marc Jacquet, Dom. de Campagnol, quartier Grès, 30540 Milhaud, Tel. 04.66.74.20.44, Fax 04.66.74.18.29, E-Mail domaine.campagnol@wanadoo.fr n. V.

MAS CARLOT Cuvée Tradition 2000*

7,5 ha 50 000 3à5€

Zwei Cuvées haben die Verkoster gleichermaßen verführt: der **weiße 2000er Les Jeunes vignes de Carlot** mit Pfirsichschalenaromen, die sich mit einer Zitronennote verbinden, und dieser purpurrote, schwarz funkelnde Wein, dessen Geruchseindruck noch verschlossen ist, obwohl man darin Veilchen und Gewürze (Zimt) wahrnimmt. Der füllige Geschmack mit den dichten Tanninen, der eine gute Länge besitzt, verspricht eine schöne Zukunft.
Nathalie Blanc-Mares, Mas Carlot, rte de Redessan, ch. Paul Blanc, 30127 Bellegarde, Tel. 04.66.01.11.83, Fax 04.66.01.62.74 Mo–Fr 8h–12h 14h–17h; Sa, So n. V.
Paul Blanc

CH. GRANDE CASSAGNE 2000*

10 ha 80 000 3à5€

1887 kaufte Hippolyte Dardé, Weinhändler in Paris, dieses Gut. Die Nachkommen haben alle Krisen des Languedoc durchlitten, aber auch all seine Erfolge erlebt. Zwei Cuvées sind sehr gelungen. Diese hier, in ein strahlendes Purpurrot gehüllt, bietet einen kräftigen Duft nach Garrigue und gekochten Früchten. Die deutlich spürbaren Tannine unterstützen eine ausgewogene Struktur bis zu einem warmen Abgang. Der ganz durch weiße Blüten und Früchte bestimmte **2000er Rosé** stützt sich auf eine gute Säure, die mit seiner Rundheit und Fülle harmoniert.
Dardé Fils, La Grande Cassagne, 30800 Saint-Gilles, Tel. 04.66.87.32.90, Fax 04.66.87.32.90 n. V.

CH. GUIOT 2000*

35 ha 230 000 3à5€

Das Gut, das sich an einem der Jakobswege nach Santiago de Compostela befindet, kam 1977 in den Besitz der Familie Cornut. Neben einem sehr gelungenen **2000er Rosé** trägt dieser Wein eine für den Jahrgang charakteristische hochrote Farbe. Der Geruchseindruck ist noch verschlossen, aber man beginnt darin rote Früchte und eine leichte Rauchigkeit zu unterscheiden. Nach einer runden Ansprache zeigt sich der Geschmack gut strukturiert, mit dominierenden Tanninen, die Garanten für eine gute Lagerfähigkeit sind.
GFA Ch. Guiot, Dom. de Guiot, 30800 Saint-Gilles, Tel. 04.66.73.30.86, Fax 04.66.73.32.09 n. V.
Cornut

HAUT MOULIN D'EOLE 2000*

6 ha 40 000 5à8€

Die 1928 gegründete Genossenschaft hat ihren Sitz in der Nähe einer Mühle, die seit 200 Jahren über das Weinbaugebiet wacht. Diese Cuvée vereint 80 % Syrah mit Grenache. Sie zeigt eine schöne tiefrote Farbe. In der Nase nimmt man frische, angenehme Aromen wahr, bei denen pflanzliche Gerüche, rote Früchte und Trester dominieren. Nach einer klaren Ansprache wird der Geschmack durch verschmolzene Tannine ausbalanciert, die es möglich machen, dass man diesen Wein innerhalb eines Jahres genießt.
SCA Les Vignerons de Beauvoisin, av. de la Gare, 30640 Beauvoisin, Tel. 04.66.01.37.14, Fax 04.66.01.85.73, E-Mail vignerons.beauvoisin@costieres.com Mo–Sa 9h–12h 14h30–19h

DOM. DU HAUT PLATEAU 2000*

3 ha 20 000 3à5€

Dieser Wein entspricht der ganz nahen Camargue. Seine Farbe, ein bläuliches Schwarz, ist so tief wie das Meer. Er ist ungestüm, lebhaft

und nervig – wie die Pferde, die auf dem Etikett zu sehen sind. Seine Beständigkeit im Mund und seine Länge erwecken eine Empfindung von Fülle.
Denis Fournier, Dom. du Haut-Plateau, 30129 Manduel, Tel. 04.66.20.31.78, Fax 04.66.20.20.53, E-Mail FDenis2501@aol.com n. V.

CH. LA COURBADE 2000*

k. A. 170 000 3à5€

Die Farbe ist tief, mit dunklen Purpurtönen. In der Nase dominieren rote Früchte und Veilchen; im Nasen-Rachen-Raum machen sich Pfeffer und Lakritze bemerkbar. Noch zu junge, ungestüme Tannine verleihen diesem körperreichen, warmen Wein eine solide Struktur. Der vom selben Händler präsentierte **rote 2000er Domaine de La Figueirasse** erhält die gleiche Note.
Les Domaines Bernard, rte de Sérignan, 84100 Orange, Tel. 04.90.11.86.86, Fax 04.90.34.87.30, E-Mail sagon@domaines-bernard.fr
Boucoiran

CH. LAMARGUE 2000*

15 ha 90 000 5à8€

Ein Geröll- und Tonboden, der mit Grenache blanc (65 %), Roussanne (25 %) und Rolle bepflanzt ist, hat diesen sehr hellen Wein mit glänzenden Reflexen hervorgebracht. Der blumige Duft, der auch an Pfirsichschale erinnert und eine sehr angenehme Zitronennote enthält, bietet viel Frische. Seine schöne Ausgewogenheit im Geschmack ergibt einen Wein, den man in diesem Winter zu Fisch und Krustentieren angenehm trinken kann.
SCI du Dom. de Lamargue, rte de Vauvert, 30800 Saint-Gilles, Tel. 04.66.87.31.89, Fax 04.66.87.41.87, E-Mail domaine.de.lamargue@wanadoo.fr n. V.
C. Bonomi

CH. DE L'AMARINE
Cuvée des Bernis 2000*

4 ha 25 000 5à8€

Grenache blanc (90 %) und Roussanne, die auf *«gress»* (Sandsteingeröll) angepflanzt sind, haben diesen sehr angenehmen Wein hervorgebracht, der eine hellgelbe Farbe zeigt und im Mund Aromen von getrockneter Aprikose und Trockenfrüchten bietet. Der runde, füllige Geschmack mit einer lebhaften Note im Abgang erweist sich als ausgewogen.
SCA Ch. de L'Amarine, Ch. de Campuget, 30129 Manduel, Tel. 04.66.20.20.15, Fax 04.66.20.60.57, E-Mail campuget@wanadoo.fr Mo–Sa 10h–12h 14h–18h
Familie Dalle

DOM. DE LA PATIENCE 2000*

2 ha 4 000 3à5€

Ein gelungenes Debüt in unserem Weinführer für dieses Gut, dessen Name zu Besonnenheit einlädt. Es präsentiert einen Rosé von lebhafter Farbe, mit einem hübschen, intensiven Duft, der blumig (Rose) und danach fruchtig (Erdbeere) ist und eine Pentanolnote enthält. Der Geschmack ist fleischig und sanft, ohne beißende Säure. Ein harmonischer, gefälliger Wein, der weißes Fleisch begleiten kann.
EARL dom. de La Patience, chem. des Marguerites, 30320 Bezouce, Tel. 04.66.37.40.99, Fax 04.66.37.40.99 Do–Sa 9h–12h 14h–18h30
Christophe Aguilar

DOM. DE L'ARBRE SACRE 2000*

21,6 ha 170 000 -3€

Eine bläulich rote Purpurfarbe und rote Früchte, die in der Nase deutlich wahrzunehmen sind: Der Auftakt fordert dazu auf, die Verkostung fortzusetzen. Nach einer runden Ansprache kommen erstklassige, umhüllte Tannine zum Vorschein. Der Abgang ist warm.
La Compagnie rhodanienne, chemin Neuf, 30210 Castillon-du-Gard, Tel. 04.66.37.49.50, Fax 04.66.37.49.51 n. V.

CH. LA TOUR DE BERAUD 2000*

12 ha 66 660 -3€

Ein uralter Leuchtturm, der sich auf dem Gut erhebt, hat diesem Wein seinen Namen gegeben. Die Farbe ist so schwarz wie Tinte. Der komplexe, kräftige Geruchseindruck verströmt Düfte von Unterholz, Veilchen und schwarzer Johannisbeere und entwickelt sich dann zu animalischen Noten hin. Die Struktur stützt sich bis zu einem warmen Abgang auf recht feste Tannine. Eine gelungene Zusammenstellung.
François Collard, Ch. des Mourgues du Grès, 30300 Beaucaire, Tel. 04.66.59.46.10, Fax 04.66.59.34.21 Mo–Fr 9h–12h 14h–18h; Sa n. V.

CH. DE LA TUILERIE
Vieilles vignes 2000*

3,7 ha 26 000 8à11€

20 % Grenache-Trauben von vierzig Jahre alten Reben, der Rest Syrah-Trauben von 25 Jahre alten Rebstöcken: Diese Cuvée von guter Provenienz, von der 30 % in Barriquefässern ausgebaut wurden (man muss unbedingt den neuen Keller mit seinen 600 Fässern sehen), zeigt eine granatrote Farbe mit braunen Reflexen. Die Eleganz der komplexen Aromen (leichter Holzton, Röstgeruch, süße Gewürze) begeistert die Nase. Die Gewürze (Pfeffer) findet man lang anhaltend im Mund wieder, innerhalb eines warmen Geschmacks, den sanfte Tannine tragen. Man kann ihn unverzüglich zu rotem Fleisch trinken.
Chantal et Pierre-Yves Comte, Ch. de La Tuilerie, rte de Saint-Gilles, 30900 Nîmes, Tel. 04.66.70.07.52, Fax 04.66.70.04.36, E-Mail vins@chateautuilerie.com n. V.

MAS CORINNE 2000*

2,5 ha 20 000 -3€

Syrah-Trauben von einem Geröllboden, der sich auf Ton befindet, haben diesen granatroten Wein mit hübschen violetten Reflexen geliefert. Der Duft ist angenehm und komplex (Veilchen, süße Fruchtigkeit, Röst- und Vanillenoten). Man entdeckt eine elegante Struktur mit deutlich spürbaren Tanninen. Gelungene Vinifizierung und Ausbauarbeit.

La Compagnie rhodanienne, chemin Neuf, 30210 Castillon-du-Gard, Tel. 04.66.37.49.50, Fax 04.66.37.49.51 n. V.
A. Dalmas

CH. MOURGUES DU GRES

Terre d'Argence 2000**

5 ha 30 000 5à8€

Einer der Stars der AOC und wunderbare Cuvées, die unserer Verkostung unterbreitet worden sind. Diese hier hat eine tiefe Farbe und siegt beim Rotwein über die Cuvée **Les Galets roulés 2000,** die dennoch einen Stern erhält. Der Duft konzentriert sich auf animalische Noten, mit Anflügen von roten Früchten und Unterholz, die eine schöne Komplexität zeigen. Die Festigkeit der recht deutlich spürbaren Tannine überdeckt nicht den Eindruck von allgemeiner Harmonie, wobei Eleganz, Großzügigkeit und Länge miteinander konkurrieren. Beim Weißwein haben der **2000er Terre d'Argence** und der **2000er Les Galets dorés** jeweils zwei Sterne erhalten, ebenso wie die Roséweine, die sehr klassische Cuvée **Les Galets roses 2000,** die für die exotische oder stark gewürzte Küche bestimmt ist, und die im Holzfass ausgebaute Cuvée **Capitelles des Mourgues,** die Früchte zum Ausdruck kommen lässt, mit genug «Fett», um Gerichte mit Sauce zu begleiten.

François Collard, Ch. des Mourgues du Grès, 30300 Beaucaire, Tel. 04.66.59.46.10, Fax 04.66.59.34.21
Mo–Fr 9h–12h 14h–18h; Sa n. V.

CH. DE NAGES

Cuvée Joseph Torrès 2000*

5,5 ha 28 000 11à15€

Nach zehn Jahren Weinbauerfahrung in den USA ist Michel Gassier zurückgekommen und hat 1999 die Nachfolge seines Vaters angetreten. Er kombiniert in diesem Wein von schönem Goldgelb 95 % Roussanne mit Grenache. Der Geruchseindruck verströmt schwere Honig- und Bienenwachsdüfte. Der stattliche, volle Geschmack bietet im Rückaroma verbrannte Noten. Der Abgang ist lang und angenehm. Ein hervorragend gemeisterter Ausbau im Barriquefass, der noch Überraschungen in ein bis zwei Jahren bereithalten wird.

Vignobles Michel Gassier, Ch. de Nages, 30132 Caissargues, Tel. 04.66.38.44.30, Fax 04.66.38.44.21, E-Mail m.gassier@chateau-denages.com n. V.

DOM. DU PERE GUILLOT 2000**

1,5 ha 13 300 -3€

Le Père Guillot ist ein Morgon-Weingut im Beaujolais. 1995 fasste es im Departement Gard Fuß und feiert hier seinen Einstand in unserem Weinführer. Dieser Wein besitzt eine hübsche zart rosa Farbe. Der Geruchseindruck, intensiv, fein und angenehm, bietet Aromen von Früchten, die man in ausgeprägter Weise im Mund wiederfindet. Der elegante, gut ausbalancierte Wein, mit ein wenig Säure, die für Frische sorgt, kann ohne weitere Lagerung getrunken werden.

Dom. du Père Guillot, rte du Pont-des-Tourradons, 30740 Le Cailar, Tel. 04.66.88.69.60, Fax 04.66.88.69.61, E-Mail laurent.guillot3@wanadoo.fr n. V.
GFA du Grand Bourry

PREFERENCE 2000*

k. A. 20 000 -3€

Grenache und Syrah sind in diesem Verschnittwein zu gleichen Teilen vertreten. Die Farbe ist sehr dunkel. Die Aromen mischen rote Früchte, kandierte Früchte und frisches Leder. Die Struktur des lagerfähigen Weins kann eine zu starke Dominanz der Tannine vermeiden.

SCA Costières et Soleil, rue Emile-Bilhau, 30510 Générac, Tel. 04.66.01.31.31, Fax 04.66.01.38.85
Mo–Sa 10h–12h30 15h30–19h

CH. DE RATY 2000*

10,8 ha 80 000 3à5€

Eines der ältesten Châteaus der Costières de Nîmes, vinifiziert von der Genossenschaft von Générac. Dieser 2000er hat eine sehr dunkle Farbe und einen Duft, dessen Veilchen- und Fruchtaromen noch zurückhaltend sind, sich aber mit der Zeit entfalten müssen. Die Ansprache ist klar und rund; die Tannine sind erstklassig, sehr deutlich spürbar, ohne dass sie austrocknend wären. Angenehmer Abgang.

SCA Costières et Soleil, rue Emile-Bilhau, 30510 Générac, Tel. 04.66.01.31.31, Fax 04.66.01.38.85
Mo–Sa 10h–12h30 15h30–19h

DOM. SAINT-ANTOINE

Cuvée réservée 2000*

11 ha 5 000 3à5€

Hinter einer sehr dunklen, fast schwarzen Farbe erscheint der Geruchseindruck noch diskret, während man die Aromen im Mund besser wahrnimmt. Bei einer mehrjährigen Reifung wird der Wein seine strenge Struktur, in der noch die Gerbsäure dominiert, besänftigen. Der **2000er Rosé** (ein Stern) ist hingegen schon sehr angenehm; er ist frisch, lebhaft, lang und genussvoll und kann zu Fisch serviert werden.

Jean-Louis Emmanuel, Dom. Saint-Antoine, 30800 Saint-Gilles, Tel. 04.66.01.87.29, Fax 04.66.01.87.29 n. V.

CH. SAINT-CYRGUES 2000**

k. A. 7 000 5à8€

Ein Wein von harmonischer blassgoldener Farbe, mit Pfirsichschalenaromen, der im Geschmack gut ausbalanciert ist und eine für den Jahrgang interessante Frische besitzt. Der **rote 2000er** dieses Châteaus erhält einen Stern. Rote Früchte und Beeren (schwarze Johannisbeere, Heidelbeere) teilen sich ein Bouquet, in dem eine würzige Note zum Vorschein kommt. Trotz kräftiger Tannine ist er füllig und rund. Ein Wein, in dem die Syrah-Traube dominiert, stark geprägt von ihrem Terroir.

SCEA de Mercurio, Ch. Saint-Cyrgues, 30800 Saint-Gilles, Tel. 04.66.87.31.72, Fax 04.66.87.70.76, E-Mail g.demercurio@free.fr n. V.

DOM. SAINT-ETIENNE 2000*

■ 12 ha 5 000 🍷🌡 3à5€

Dieses Gut, das an der Grenze der Appellationen Costières de Nîmes und Côtes du Rhône liegt und den Lesern unseres Weinführers gut bekannt ist, präsentiert die beiden AOCs. Diese schöne Costières-Cuvée, die sonnig wirkt, vereint in der Nase Veilchen und Trüffel. Der Mund wird innerhalb eines harmonischen, weichen Geschmacks von Aromen frischer Früchte ausgekleidet. Trinken kann man ihn am Jahresende.

Michel Coullomb, Dom. Saint-Etienne, fg du Pont, 30490 Montfrin, Tel. 04.66.57.50.20, Fax 04.66.57.22.78 ☑ Y n. V.

CH. SILEX 2000**

■ 16 ha 53 000 🍷 5à8€

Das 1999 von der Domaine Saint-Bénézet erworbene Gut profitiert vom Können seines Leiters. Dieser sehr schöne Wein von purpurvioletter Farbe, mit kompexen Aromen von roten Früchten und Pfeffer sowie einer pflanzlichen Note, zeigt sich in der Ansprache rund und füllig. Die Verkostung setzt sich auf angenehme Weise mit erstklassigen, samtigen Tanninen fort. Seine Ausgewogenheit sichert ihm eine zwei- bis dreijährige Alterungsfähigkeit.

SCEA Saint-Bénézet, Dom. Saint-Bénézet, 30800 Saint-Gilles, Tel. 06.16.57.32.02, Fax 06.66.70.05.11 ☑ Y Mo–Sa 8h–19h

Bosse-Platière

CH. VESSIERE 2000*

■ 20 ha 180 000 🍷🌡 5à8€

Auf den *«gress»* (Sandsteingeröll) der Costières haben 80 % Syrah-Trauben von 25 Jahre alten Rebstöcken und 20 % Grenache-Trauben von achtzehn Jahre alten Rebstöcken diesen intensiv roten Wein ergeben. Der Geruchseindruck ist noch schüchtern, mit sehr diskreten Aromen von gekochten Früchten. Im Nasen-Rachen-Raum erweist sich der Duft als komplexer, mit pflanzlichen Noten und roten Früchten. Die Ansprache ist rund, die Struktur solide, wofür noch junge Tannine sorgen, und der Abgang warm.

Philippe Teulon, Ch. Vessière, 30800 Saint-Gilles, Tel. 04.66.73.30.66, Fax 04.66.73.33.04, E-Mail chateau.vessiere@pol.fr ☑ Y n. V.

Coteaux du Languedoc

Insgesamt 168 Gemeinden, davon fünf im Departement Aude, neunzehn im Departement Gard und die übrigen im Departement Hérault, bilden ein Weinbaugebiet, dessen Reblagen über das ganze Languedoc verstreut sind, in der Zone der Hügel und der Garrigue (immergrüne Strauchheide), die sich von Narbonne bis Nîmes erstreckt. Diese in erster Linie auf Rot- und Roséweine spezialisierten Terroirs erzeugen die AOC Coteaux du Languedoc, eine seit 1985 bestehende allgemeine Appellation, der bei Rot- und Roséweinen elf spezielle Bezeichnungen hinzugefügt werden dürfen: La Clape und Quatourze (im Departement Aude), Cabrières, Montpeyroux, Saint-Saturnin, Pic-Saint-Loup, Saint-Georges-d'Orques, Coteaux de la Méjanelle, Saint-Drézéry, Saint-Christol und Coteaux de Vérargues (im Hérault). Beim Weißwein sind zwei Zusätze möglich: La Clape und Picpoul de Pinet.

Alle stammen von Weinen, die in den vergangenen Jahrhunderten angesehen waren. Die Coteaux du Languedoc erzeugen 62 552 hl Weißwein und 449 182 hl Rot- und Roséwein auf einer Anbaufläche von 9 900 ha (im Jahre 2000).

ABBAYE DES MONGES La Clape 2000*

■ 2 ha 13 000 🍷🌡 3à5€

An diesem Ort wurde Anfang des 12. Jh. eine Zisterzienserinnenabtei gegründet. Die Weinbautradition wurde bis zu diesem 2000er aufrechterhalten, der einen Stern für den **Weißwein** erhält, ebenso wie für diesen Rotwein, der eine schöne Purpurfarbe mit purpurvioletten Reflexen besitzt. Er verströmt Aromen von Geröstetem und roten Früchten sowie eine animalische Note. Seine Tannine, die spürbar sind, ohne aufdringlich zu wirken, und seine Wärme legen nahe, ihn zu einem Lammbraten mit Kräutern zu servieren.

Paul de Chefdebien, 45, rue Parerie, 11100 Narbonne, Tel. 04.68.42.36.27, Fax 04.68.41.53.07, E-Mail dechefdebien-marco@wanadoo.fr ☑ Y n. V.

ABBAYE DE VALMAGNE
Cuvée de Turenne 1999*

■ 15 ha 24 000 🍷🌡 8à11€

Die Tradition lebt fort in diesem Oratorium, das dem Weinbau und dem Wein geweiht ist: eine der letzten Zisterzienserabteien, die diese Berufung zum Weinbau in Ehren halten, sich aber jetzt in weltlichen Händen befinden. Die Farbe dieses 99ers ist ein dichtes, tiefes Rot. Der fruchtig-würzige Duft nach Garrigue mit einem diskreten Holzton kündigt einen fülligen, fetten Geschmack an, der über einen schönen, lang anhaltend konzentrierten Stoff verfügt. Probieren Sie danach den **weißen 2000er Abbaye de Valmagne** (Preisgruppe: 30 bis 49 F), der ganz durch Blüten und Früchte bestimmt ist und von den diplomierten Verkostern lobend erwähnt wurde.

Philippe d'Allaines, Abbaye de Valmagne, 34560 Villeveyrac, Tel. 04.67.78.06.09, Fax 04.67.78.02.50 ☑ Y n. V.

ARNAUD DE NEFFIEZ
Elevé en fût de chêne 1999*

■ 5 ha 10 000 8 à 11 €

Die Vermählung von Arnaud de Neffiez und **Catherine de Saint-Juéry** (Preisgruppe: 30 bis 49 F; lobend erwähnt) ist auf Dauerhaftigkeit angelegt. Das ist eine erfreuliche Beständigkeit. Für die Hochzeitszeremonie zeigen beide ein tiefes Granatrot und einen Geruchseindruck von reifen Früchten, der bei Neffiez ein wenig verschlossen ist, mit feinem Holzton, geröstet, kakaoartig und würzig, während er bei der Ehefrau Juéry offenherziger ist, röstartig und blumig. Die Stärke der Tannine des erstgenannten Weins steht der samtigen Eleganz des Zweiten entgegen, aber Harmonie und Länge im Geschmack bringen sie einander nahe.

Cave coop. de Neffiès, av. de la Gare, 34320 Neffiès, Tel. 04.67.24.61.98, Fax 04.67.24.62.12 ☑

DOM. HONORE AUDRAN
Cuvée Terroir 1999***

■ 1 ha 4 000 8 à 11 €

In einer wilden, zauberhaften Landschaft, deren warme rote Farben das Herz schneller schlagen lassen, führt Luc Biscarlet die Winzerpassion seines Vaters fort. Ein Wein wie dieser hier wird Sie in den Stand der Gnade versetzen: An dieser Cuvée Terroir gibt es nichts auszusetzen. Ihre dunkle, fast schwarze Purpurfarbe wird Sie in Rätsel und Träume eintauchen, die noch grandioser werden, wenn Sie Ihre Nase darüber halten: Lakritze vermischt sich mit Garrigue, Trüffel und dem Einmachtopf. Dieser Wein, der schon, wenn man ihn in den Mund nimmt, kräftig und reich schmeckt, zeigt eine schöne Länge. Ein großer Charakter – die Frucht eines sehr gut durchgeführten Ausbaus.

GAEC Luc Biscarlet Père et Fils, 8, chem. du Moulin, 34700 Le Bosc, Tel. 04.67.44.73.44, Fax 04.67.44.73.44
☑ Ῑ n. V.

CH. BELLES EAUX
Elevé en fût de chêne 1998

■ 5,6 ha 30 000 5 à 8 €

Belles Eaux, seit 1824 ein «Weinschloss», präsentiert einen purpurroten 98er, der durch seinen komplexen, einschmeichelnden Duft von roten Früchten, von der Sonne verwöhnt, Geröstetem und Gewürzen verführt. Der zurückhaltende Geschmack lässt noch strenge Tannine erkennen; sie brauchen eine Lagerung von drei bis vier Jahren.

Ch. Belles Eaux, 34720 Caux, Tel. 04.67.09.30.95, Fax 04.67.09.30.95
☑ Ῑ Mo–Fr 10h–12h 16h–18h

DOM. BELLES PIERRES
Les Clauzes de Jo 1998*

■ 3 ha 8 000 8 à 11 €

In diesem von den Römern gegründeten Dorf besitzt Damien Coste seinen Weinberg, auf den er seine ganze Aufmerksamkeit verwendet. Dieser 98er ehrt seinen Vater. Er zeigt eine noch recht deutlich präsente Farbe und bietet in der Nase empyreumatische und fruchtige Noten. Der harmonische, ausgewogene Geschmack verbindet Stärke und Leichtigkeit. Er hat Charakter und lässt sich nicht von seinem zwölfmonatigen Ausbau im Holzfass beherrschen.

Damien Coste, 24, rue des Clauzes, 34570 Murviel-lès-Montpellier, Tel. 04.67.47.30.43, Fax 04.67.47.30.43
☑ Ῑ n. V.

CH. BERANGER Picpoul de Pinet 2000*

□ 40 ha 300 000 3 à 5 €

Sie werden das Vergnügen haben, in dieser Kellerei Station zu machen, in der Sie an einer muschelförmigen Theke ihre Picpoul-de-Pinet-Weine probieren können. Alle drei wurden von der Jury ausgewählt: die **2000er Cuvée Hugues de Beauvignac** und die **99er Cuvée Prestige** (Preisgruppe: 30 bis 49 F), die zehn Monate im Fass gereift ist (beide wurden lobend erwähnt), sowie diese 2000er Cuvée, die Letzte des Jahrtausends. Ihre Farbe ist blass mit grünen Tönen; ihr frischer Duft mischt Zitrusfrüchte (Zitrone, Pampelmuse) mit Anis. Neben der Rundheit ist das Säurerückgrat vorhanden. Ein großer Klassiker.

Cave Les Costières de Pomérols, 34810 Pomérols, Tel. 04.67.77.01.59, Fax 04.67.77.77.21, E-Mail pomerols@mnet.fr ☑ Ῑ n. V.

MAS BRUGUIERE
Pic Saint-Loup La Grenadière 1999*

■ 3,5 ha 18 000 11 à 15 €

Seit mehr als 25 Jahren gehört Mas Bruguière zu den Gütern, die in diesem schönen Landstrich des Languedoc eine treibende Kraft waren. Seine Weine stellen «sichere Werte» dar. So ist der lobend erwähnte **rote 2000er L'Arbouse** (Preisgruppe: 30 bis 49 F) trotz seiner Jugend schon sehr verführerisch. Sie werden nicht unempfänglich sein für die herrliche, tiefe Purpurfarbe der Cuvée La Grenadière, für die Komplexität ihrer Aromen (Geräuchertes, Garrigue, reife Früchte, Unterholz) und für ihren großzügigen und zugleich strukturierten Geschmack. Eine sehr harmonische Cuvée, die mit hochfeinen Noten von hellem Tabak ausklingt.

Guilhem Bruguière, 34270 Valflaunès, Tel. 04.67.55.20.97, Fax 04.67.55.20.97
☑ Ῑ n. V.

MAS BRUNET Elevé en fût de chêne 1999

□ 0,9 ha 7 300 5 à 8 €

Dieser 99er von schönem Goldgelb bietet einen intensiven, zart holzbetonten Duft, den Zitrus- und Röstnoten unterstreichen. Der lebhafte, runde, sanfte Geschmack, der eine beachtliche Länge besitzt, wird Ihnen überaus dankbar dafür sein, wenn Sie bereit sind, sich ein oder sogar zwei Jahre zu gedulden.

GAEC du Dom. de Brunet, Mas Brunet, rte de Saint-Jean-de-Buèges, 34380 Causse-de-la-Selle, Tel. 04.67.73.10.57, Fax 04.67.73.12.89
☑ Ῑ n. V.
M. Coulet

LES VIGNERONS DE CABRIERES

Cabrières Fulcran Cabanon 2000**

■ 15 ha 40 000 ▮ 5 à 8 €

Drei Cuvées, präsentiert von den Winzern von Cabrières, die die Möglichkeiten ihrer Terroirs immer besser ausschöpfen und beispielsweise diesen Fulcran Cabanon erzeugen, vom Typ her ein Tenor, der seine ganze Jugendlichkeit ausstrahlt: Gekleidet in ein tiefes Rot, das mit violetten Posamenten verziert ist, ist er in der Nase schon ausdrucksvoll und bietet viele rote Früchte, Muskatnuss, Kakao und Mentholnoten. Der Geschmack enttäuscht in keiner Weise; er ist voller Rundheit, Fülle, Ausgewogenheit und Länge. Seine Tannine versprechen, dass er in zwei Jahren seinen vollen Charakter entfaltet. Ebenfalls Beachtung (jeweils ein Stern) fanden der **Château Cabrières Terres des Guilhem** (Preisgruppe: 70 bis 99 F), der einen subtilen Holzton zeigt, und der **im Eichenfass ausgebaute Prieuré Saint-Martin des Crozes,** der noch ein wenig verschlossen ist; beide verlangen von Ihnen, dass Sie drei bis fünf Jahre warten, bevor Sie die Flaschen aufmachen.

Cave des Vignerons de Cabrières, 34800 Cabrières, Tel. 04.67.88.91.60, Fax 04.67.88.00.15, E-Mail sca.cabrieres@wanadoo.fr ☑ Ῑ Mo–Sa 9h–12h 14h–18h

MAS CAL DEMOURA

Pierre d'Alipe 1999*

■ 4,4 ha 19 000 ▮ 11 à 15 €

Cal Demoura bedeutet im Okzitanischen «man muss bleiben». Auf dem Boden, das versteht sich von selbst. Jean-Pierre Jullien präsentiert erneut exquisite Cuvées. Der **im Holzfass ausgebaute 99er L'Infidèle** (Preisgruppe: 150 bis 199 F), den die Jury lobend erwähnte, verspricht in den kommenden Jahren eine wunderbare Entfaltung. Dieser Pierre d'Alipe ist im Augenblick leutseliger: Seine tiefe Farbe erinnert an Brombeeren. Der Duft bietet mit ihren Anklängen an Trockenblumen, Gewürze und rote Früchte eine hübsche Komplexität. Feinheit, Rundheit und dichte Tannine kennzeichnen die Ausgewogenheit im Geschmack. Dieser schon entfaltete Wein hat keinen Mangel an Konzentration und kann rund fünf Jahre lagern. Merken Sie sich auch den eleganten, typischen **2000er Rosé,** der einen Stern erhalten hat.

Jean-Pierre Jullien, Mas Cal Demoura, 34725 Jonquières, Tel. 04.67.88.61.51, Fax 04.67.88.61.51 Ῑ n. V.

CH. DE CAPITOUL

La Clape Les Rocailles 2000*

◪ 3 ha 10 000 ▮ 5 à 8 €

Capitoul, früher im Besitz der Domherren der Kathedrale Saint-Just von Narbonne, präsentiert diese Cuvée Rocailles, die im letzten Jahr in ihrer weißen Version von der Oberjury zum Lieblingswein gewählt wurde. Sie zeigt eine lachsrosa Farbe, duftet nach exotischen Früchten, die auf köstliche Weise geröstet sind, und entfaltet einen Geschmack, der rundum ausgewogen wirkt, lecker ist und sehr lang anhält. Der **weiße 2000er** hat gefallen; er wird dieses Jahr lobend erwähnt.

Ch. de Capitoul, rte de Gruissan, 11100 Narbonne, Tel. 04.68.49.23.30, Fax 04.68.49.55.71, E-Mail chateau.capitoul@wanadoo.fr ☑ Ῑ tägl. 8h–20h

Charles Mock

DOM. DE CASSAGNOLE 2000*

◪ 1 ha 2 500 ▮ 3 à 5 €

In Assas, 2 km vom Schloss und von seinen mittelalterlichen Befestigungsanlagen entfernt, dehnt sich das Weingut Cassagnole aus. Während der **99er Rotwein** lobend erwähnt wurde, hat der Rosé durch seine Milde und seine Zartheit verführt: Er ist ziemlich hell, besitzt einen frischen, fruchtigen Duft (Erdbeere, Zitrusfrüchte) und entwickelt sich zu einem weichen, ausgewogenen Geschmack, der ohne Umschweife ansprechend ist. Ein Leckerbissen.

Jean-Marie Sabatier, Dom. de Cassagnole, chem. de Bellevue, 34820 Assas, Tel. 04.67.55.30.02, Fax 04.67.55.30.02 ☑ Ῑ n. V.

CH. DE CAZENEUVE

Pic Saint-Loup Le Roc des Mates 2000***

■ 3 ha 15 000 ▮▮ 11 à 15 €

Der Vorsitzende des Verbands des Pic Saint-Loup hat es verstanden, einen steinigen, von Garrigue (Strauchheide) umgebenen Weinberg optimal zu nutzen. Während die **2000er Cuvée Le Sang du Calvaire** (Preisgruppe: 100 bis 149 F) zwei Sterne erhält, wird das Terroir des Pic Saint-Loup mit dieser Cuvée Le Roc des Mates gepriesen. Hier vinifiziert der Winzer Trauben von großer Qualität, die äußerst reif sind und eine rätselhaft tiefe Purpurfarbe liefern. Der Wein entfaltet danach ein reiches, kräftiges Bouquet, in dem sich zu Kompott verarbeitete kleine schwarze Früchte, schwarze Olive und Mandeln, Süßholz und verschiedene andere Gewürze vereinigen. Die Fülle, die Harmonie der Aromen und der Tannine und das lange Anhalten im Geschmack machen Lust, ihn allein zum Vergnügen zu trinken. Wer die Geduld aufbringt, ihn zwei bis fünf Jahre aufzuheben, wird belohnt werden.

André Leenhardt, Ch. de Cazeneuve, 34270 Lauret, Tel. 04.67.59.07.49, Fax 04.67.59.06.91 ☑ Ῑ n. V.

DOM. CHARTREUSE DE MOUGERES

Clos de l'Abbaye Elevé en fût de chêne 1999*

■ 2 ha 10 000 ▮▮ 5 à 8 €

Klöster sind, wie durchaus bekannt ist, günstig für die Meditation. Oh, der 99er Clos de l'Abbaye der Kartäuserinnen von Mougères hat die göttliche Gnade erlangt! Man liebt das tiefe Rubinrote der Farbe und seine purpurviolette Nuance; man wird von dem blumigen und mineralischen, röstartigen und würzigen Duft verführt, bevor man sich von einem fröhlichen, lang anhaltenden Geschmack umgarnen lässt, der voller Fülle, Rundheit und Eleganz ist.

Sareh Bonne Terre, rte de Béziers, 34120 Tourbes, Tel. 04.67.98.40.01, Fax 04.67.98.46.39, E-Mail nicolas.lebecq@libertysurf.fr ☑ Ῑ Di, Do–Sa 9h–12h 14h–17h

MAS DES CHIMERES 1999*

■ 3 ha 19 000 🍷 8 à 11 €

Wenn das Leben, die Liebe und ihre Schimären die Neigung haben, Sie im Labyrinth der verlorenen Herzen zu vergessen, machen Sie Halt bei Dardém, um seinen Wein zu probieren, der so dunkel ist wie Ebenholz, mit einem Aroma, das zur gleichen Zeit mineralisch, röstartig und blumig wie die Garrigue ist, im Geschmack großartig gebaut, elegant, fein und sehr lang anhaltend. Der Holzton neigt noch dazu, sich aufzudrängen; Sie brauchen noch zwei bis drei Jahre, um ihn zu zähmen.

Guilhem Dardé, Mas des Chimères, 34800 Octon, Tel. 04.67.96.22.70, Fax 04.67.88.07.00 ☑ Y n. V.

CLOS MARIE Pic Saint-Loup Simon 1998*

■ 3 ha 14 000 5 à 8 €

1998 ließ Merkmale von großer Konzentration erkennen, insbesondere dann, wenn man die Reben streng beschnitt und eine «Grünlese» durchführte und lächerlich geringe Erträge erhielt. Dieser Clos ist das unmittelbare Ergebnis solcher guter Bräuche. Die Farbe ist dunkel; der reiche, komplexe Duft bringt die Garrigue, die Röstung, schwarze Johannisbeeren, in Alkohol eingelegte Früchte und Gewürze (ein Hauch von Süßholz) zum Ausdruck. Die Dichte des Stoffs im Mund und die noch dichten Tannine, die voller Harmonie sind, erlauben es, eine vier- bis fünfjährige Lagerung ins Auge zu fassen, bevor man ihn trinkt.

Christophe Peyrus, Clos Marie, 34270 Lauret, Tel. 04.67.59.06.96, Fax 04.67.59.08.56 ☑ Y n. V.

DOM. PHILIPPE COMBES 1998**

■ 1,75 ha 5 000 11 à 15 €

Ein Winzer, der nach einigen Jahren der Abwesenheit glanzvoll zurückkehrt, nämlich mit diesem bemerkenswerten Wein, der ein tiefes, kräftiges Rubinrot zeigt und reiche, komplexe Aromen von roten Früchten und Gewürzen besitzt, verstärkt durch ein wenig Leder und Unterholz. Die klare Ansprache bildet den Auftakt zu einem Geschmack, der in seinem Stoff konzentriert ist und aufgrund seiner Struktur aus deutlich spürbaren Tanninen, die aber von einer guten Extraktion herrühren, kräftig wirkt.

Philippe Combes, 32, av. de Lodève, 34725 Saint-André-de-Sangonis, Tel. 04.67.25.24.21, Fax 04.67.57.28.20 ☑ Y tägl. 9h30–19h

CH. CONDAMINE BERTRAND Elixir 2000**

■ 2 ha k. A. 15 à 23 €

Das Gut, seit 1792 in Familienbesitz, umfasst 52 Hektar. Beim Jahrgang 2000 hat seine Cuvée Elixir eine dunkle Farbe mit schwarzen Reflexen. Der Geruchseindruck nötigt Bewunderung ab: Er ist intensiv und komplex und entlädt sich in Düften von kandierten Früchten, Gewürzen und Unterholz sowie in Brioche- und Röstnoten. Der Auftakt im Mund ist klar und füllig; der Geschmack ist dank seidiger, lang anhaltender Tannine stark strukturiert.

Bertrand Jany, Ch. Condamine Bertrand, 34230 Paulhan, Tel. 04.67.25.27.96, Fax 04.67.25.07.55, E-Mail chateau.condamine-ber@free.fr ☑ Y Mo–Sa 10h–12h 14h–18h

DOM. COSTE ROUGE 2000*

■ 18,46 ha 35 000 5 à 8 €

Die Auslese nach Parzellen schöpft natürlich vom Traubengut den «Rahm» ab, ermöglicht aber Gabian die Herstellung dieser intensiv roten Cuvée mit den fein ziselierten violetten Reflexen, deren üppiger Duft an rote und schwarze Früchte, Garrigue und Gewürze erinnert. Sie zeigt eine klare Ansprache und bietet einen angenehm strukturierten Geschmack von guter Dichte, der recht lang anhält. Ein Jahr alt – sie hat schon alles von einer Großen.

Cave coopérative La Carignano, 13, rte de Pouzolles, 34320 Gabian, Tel. 04.67.24.65.64, Fax 04.67.24.80.98, E-Mail stephane.pouyet@libertysurf.fr ☑ Y n. V.

COURSAC Elevé en fût de chêne 1999*

■ 0,35 ha 1 600 5 à 8 €

In seinem strahlenden Purpurrot wirkt er recht hübsch; er kann nicht verleugnen, dass er im Eichenfass gereift ist. In der Nase verbinden sich die Holznoten mit Röst- und Gewürzaromen. Die Präsenz der Tannine beherrscht den Geschmack, aber das «Fett» reicht aus, um die Gerbsäure auszugleichen. Ein Wein, dessen Eleganz die Jury herausgestellt hat. Ab Frühjahr 2002 kann man ihm Entenmagret anbieten.

SCA Les Vignerons de Carnas, 30260 Carnas, Tel. 04.66.77.30.76, Fax 04.66.77.14.20 ☑ Y Mo–Sa 8h–12h 14h–18h

CH. CREYSSELS Picpoul de Pinet 2000

□ 2,5 ha 7 500 5 à 8 €

Dieses Gut, ein Landhaus aus dem 16. Jh., liegt 500 m von Via Domitia entfernt, ganz nahe bei der Lagune von Thau. Diesen Wein reiht man ohne jegliches Zögern in die Familie Picpoul de Pinet ein, so golden ist seine Farbe und so sehr erinnern seine Aromen an Zitrusfrüchte (Zitrone, Pampelmuse). Der von der Lebhaftigkeit dominierte Geschmack entwickelt dennoch eine angenehme Wärme, die zu seiner Ausgewogenheit beiträgt. Er passt sehr gut zu Austern. Der **im Holzfass ausgebaute 2000er Weißwein** wird in ein bis zwei Jahren eher gegrillten Fisch oder weißes Fleisch bevorzugen.

J. et M. Benau, Dom. de Creyssels, 34140 Mèze, Tel. 04.67.43.80.82, Fax 04.67.18.82.06 ☑ Y Di–So 10h–12h 16h–18h30

DOM. DEVOIS DU CLAUS Pic Saint-Loup 1999*

■ 1,9 ha 8 300 8 à 11 €

Devois du Claus macht seine ersten Schritte als Privatkellerei und ist erstmals im Hachette-Weinführer vertreten. Es hat seine Sache beachtlich gut gemacht, wie dieser 99er von dunkler Farbe belegt, dessen typischer Duft an sehr reife, eingemachte Früchte erinnert. Der runde und

zugleich konzentrierte Geschmack hält lang an und ist angenehm ausgewogen.
🔑 Dom. Devois du Claus, 38, imp. du Porche, 34270 Saint-Mathieu-de-Tréviers, Tel. 06.75.37.19.58, Fax 06.67.55.06.86 ☑ Y n. V.
🔑 André Gely

DOM. DURAND-CAMILLO 1999**

■ 3 ha 9 000 5 à 8 €

Ein kostbares Erzeugnis, das jedes Jahr eine aufmerksame Behandlung erfährt, wie dieser 99er belegt, dessen rote Farbe mit violetten Reflexen gesprenkelt ist. Seine Aromenpalette, in der sich geschickte Röstnoten bemerkbar machen, bietet leckere Düfte von Kirsche in Alkohol, eingemachten Früchten und Gewürzen. Der Geschmack ist rund, fleischig und ausgewogen und hält auf harmonische Weise lang an; unterstützt wird er von hübschen, noch dichten Tanninen. Geduld!
🔑 Armand Durand, 26, av. de Fontès, 34720 Caux, Tel. 04.67.09.32.46, Fax 04.67.09.32.46, E-Mail durand.armand@wanadoo.fr ☑ Y n. V.

ERMITAGE DU PIC SAINT-LOUP
Pic Saint-Loup Cuvée Sainte-Agnès 1999

■ 6 ha 30 000 8 à 11 €

An dieser Flasche mögen wir das schöne Wappen mit den drei Fischen, aber selbstverständlich auch den Wein: seine purpurviolett funkelnde Farbe, seinen subtilen Duft nach Gewürzen (Curry) und roten Früchten, seine im Mund milde, angenehme Textur. Eine saubere, genussvolle Cuvée.
🔑 Ravaille, GAEC Ermitage du Pic Saint-Loup, Cazevieille, 34270 Saint-Mathieu-de-Tréviers, Tel. 04.67.55.20.15, Fax 04.67.55.23.49 ☑ Y n. V.

DOM. FELINES JOURDAN
Picpoul de Pinet 2000*

□ 30 ha 100 000 3 à 5 €

Hier haben wir einen sehr hübschen Picpoul de Pinet, der seine Herkunft deutlich zeigt. Seine Farbe ist hell mit goldenen Reflexen. In der Nase treffen fruchtige Noten mit Aromen von weißen Blüten und Honig zusammen. Die geschmackliche Ausgewogenheit verbindet Fülle mit dem für das Terroir charakteristischen Säurerückgrat. Das «Fett» im Abgang weist darauf hin, dass die Trauben in vollreifem Zustand gelesen wurden.
🔑 GAEC du Relais Jourdan, Dom. Félines Jourdan, 34140 Mèze, Tel. 04.67.43.69.29, Fax 04.67.43.69.29, E-Mail felines-jourdan@free.fr ☑ Y n. V.

DOM. FERRI ARNAUD
La Clape Cuvée Romain Elevé en fût de chêne 1999**

■ 1,5 ha 6 500 11 à 15 €

Zwischen Felsen und Meer, in Fleury-d'Aude, kommt das steinige, sonnenreiche Terroir von La Clape mit diesem Wein wunderbar zum Ausdruck: dunkle, ins Purpurviolette spielende Farbe, intensives Bouquet von Röstgeruch, Holzton, Trüffel und Veilchen. Im Geschmack ist er fett und kräftig gebaut, mit einer schönen Stärke, die ein wohl dosierter Ausbau im Holzfass steigert. Es ist verständlich, dass dieser 99er die Wahl zum Lieblingswein nur knapp verfehlt hat. Ebenfalls nicht enttäuscht sein werden Sie vom **99er La Clape** (Preisgruppe: 50 bis 69 F), einem klassischen Wein, den die Jury lobend erwähnt hat.
🔑 EARL Ferri Arnaud, av. de l'Hérault, 11560 Fleury-d'Aude, Tel. 04.68.33.62.43, Fax 04.68.33.74.38 ☑ Y tägl. 9h30–13h 15h–20h
🔑 Richard Ferri

CH. DE FLAUGERGUES
La Méjanelle Cuvée fût de chêne 1998*

■ 6,5 ha 28 000 11 à 15 €

Flaugergues ist das älteste unter den «Lustschlösschen» von Montpellier. Ein historisches Bauwerk, dessen Schloss und Gärten für Besucher offen stehen. Die Weine und das typische Terroir mit Geröllböden sind ebenfalls einen Umweg wert. Der **weiße 2000er Sommelière** (Preisgruppe: 50 bis 69 F) wird lobend erwähnt. Diese Cuvée ist auf zarte Weise im Eichenfass ausgebaut worden. Mit ihrer schönen granatroten Farbe, ihren Aromen von gekochten Früchten und Gewürzen, ihrem recht runden Geschmack und ihren immer noch spürbaren Tanninen hat sie noch die ganze Zukunft vor sich.
🔑 Henri de Colbert, Ch. de Flaugergues, 1744, av. Albert-Einstein, 34000 Montpellier, Tel. 04.99.52.66.34, Fax 04.99.52.66.44, E-Mail colbert@flaugergues.com ☑ Y n. V.

CH. FONDOUCE Réserve 2000*

■ 7,5 ha 11 000 3 à 5 €

Der sehr alte Ursprung von Fondouce ist mit dem Neuanfang des Weinbaus im Languedoc sicher nicht unvereinbar. Die 2000er Réserve bestätigt dies durch ihre rote Farbe, die ein violetter Schimmer ziert, durch ihren Duft, der an eingemachte Früchte (Sauerkirsche, Backpflaume) denken lässt, auf köstliche Weise von Gewürzen betont, und durch ihren zart jugendlichen Geschmack, der voll ist und lang anhält, verbunden mit einem überraschend tanninreichen Gerüst. Ebenfalls probieren sollte man den lobend erwähnten **2000er Fondouce.**
🔑 Jean-Claude Magnien, Ch. Fondouce, rte de Roujan, 34120 Pézenas, Tel. 04.67.76.06.03, Fax 04.67.76.46.39, E-Mail sicla@wanadoo.fr ☑ Y Mo–Fr 10h–12h 15h–19h

FOULAQUIER
Pic Saint-Loup L'Orphée 2000**

■ 2 ha 10 000 5 à 8 €

Ein großer Auftritt in unserem Weinführer für dieses 8 ha große Gut, das im Herzen des Gebiets von Pic Saint-Loup liegt. Mas Foulaquier profitiert von Anlagen, die vor kurzem eingerichtet wurden und es erlauben, die erstklassigen, mit der Hand gelesenen Trauben optimal zu verarbeiten. Die purpurrote Farbe verrät die Tiefe dieses Weins. Ein intensives, komplexes Bouquet, das kleine rosa Beeren und Eukalyptus verbindet, bildet den verlockenden

Auftakt, den der Geschmack bestätigt. Schlemmer und Feinschmecker, die durch die Fülle, das «Fett», den aromatischen Reichtum und die seidige Struktur der dennoch spürbaren Tannine zufrieden gestellt werden, können diesen Wein ein bis zwei Jahre in ihrem Keller altern lassen.
SCEA du dom. Foulaquier, Mas Foulaquier, 34270 Claret, Tel. 04.67.59.96.94, Fax 04.67.59.96.94, E-Mail mas.foulaquier@free.fr n. V.
Pierre und Maïté Jequier

MAS DE FOURNEL
Pic Saint-Loup Cuvée classique 1999*

3 ha 5 000 5 à 8 €

Dieser Stern bezeugt die konstante Qualität von Mas de Fournel, das im letzten Jahr mit der Cuvée Pierre einen Lieblingswein hatte. Der verkostete Wein zeigt ein schönes, tiefes Rot und einen Geruchseindruck von guter Stärke, der mit seinen Düften von schwarzer Johannisbeere, schwarzer Olive, Lakritze und Kakao eine aufreizende Aromenpalette bietet. Die Milde ist im Geschmack allgegenwärtig; sie unterstreicht eine einschmeichelnde Ausgewogenheit und eine beachtliche Länge.
Gérard Jeanjean, SCEA Mas de Fournel, 34270 Valflaunès, Tel. 04.67.55.22.12, Fax 04.67.55.22.12 tägl. 9h–18h

DOM. GALTIER Kermès 1998*

2 ha 7 000 5 à 8 €

1995 nahm Lise Carbonne die Geschicke des Guts in ihre Hände; sie war sehr erfolgreich damit, wie dieser 98er bezeugt. Die Farbe ist kräftig, purpurrot bis in die kleinsten Reflexe hinein. Der reiche, elegante Geruchseindruck lässt Düfte von vollreifen roten Früchten erkennen, vor einem Hintergrund von Röst-, Gewürz-, Kakao- und Mokkanoten, die von der Feinheit des Holztons zeugen. Der Geschmack ist rund und ölig, mit einer subtilen Ausgewogenheit, und zeigt eine beachtliche Länge.
Lise Carbonne, Dom. Galtier, lieu-dit Mas-Maury, 34490 Murviel-lès-Béziers, Tel. 04.67.37.85.14, Fax 04.67.37.97.43 tägl. 10h–12h 15h–18h30

MAS GRANIER Les Grès 1999**

2 ha 5 000 8 à 11 €

Nach dem Weißwein, der im letzten Jahr zwei Sterne erhielt, ist jetzt der Rotwein an der Reihe. Das Terroir Aspères hält immer wieder Überraschungen bereit. Die Brüder Granier bemühen sich, es zu nutzen. Die Jury hatte eine Schwäche für diesen Wein: zunächst wegen seiner herrlichen, tiefen Purpurfarbe und seiner reichen Aromenpalette, bei der Kaffee-, Fruchtkonfitüre-, Pfeffer- und Wachsnoten zusammentreffen. Danach folgt der Geschmack, der den Erwartungen gerecht wird und Großzügigkeit, einen konzentrierten, eleganten Stoff und eine schöne Länge zeigt. Einer der Verkoster gab zu, dass er Lust hatte, ihn zu trinken ...
EARL Granier, Mas Montel, 30250 Aspères, Tel. 04.66.80.01.21, Fax 04.66.80.01.87, E-Mail montel@wanadoo.fr
Mo–Sa 9h–12h 14h–19h

DOM. DE GRANOUPIAC 1999*

3,65 ha 19 500 5 à 8 €

Wenn man von Montpellier zum Larzac hinauffährt, entdeckt man die breiten Kalksteinterrassen von Granoupiac. Auch dieses Jahr gibt es schöne Lorbeeren für das Gut: Es erhält einen Stern für seine **im Barriquefass ausgebaute 99er Cuvée Les Cresses** (Preisgruppe: 50 bis 69 F) und für diesen Wein mit der tiefen Farbe, in dem sich Noten von Rauch, gekochten Früchten und Gewürzen zu einer hübschen Stärke des Aromas vereinigen. Dank seiner Rundheit und seiner seidigen Tannine kann er Stärke und Feinheit zugleich zeigen. Ein sicherer Wert.
Claude Flavard, Dom. de Granoupiac, 34725 Saint-André-de-Sangonis, Tel. 04.67.57.58.28, Fax 04.67.57.95.83, E-Mail cflavard@infonie.fr n. V.

CH. GRES SAINT-PAUL Antonin 1999**

11,25 ha 48 000 11 à 15 €

Nach einer Liebeserklärung im letzten Jahr bestätigt Grès Saint-Paul, dass seine Weine zu den Großen gehören. Der 99er war dennoch kein sehr leichter Jahrgang, aber das Terroir mit den Geröllböden und das Können des Winzers haben die Oberhand behalten. Die dichte, an Heidelbeeren erinnernde Farbe eröffnet den Reigen. Danach schleichen sich komplexe Düfte ein: Gewürze, sehr reife rote Früchte, Schokolade. Der Geschmack entspricht den Erwartungen: dichte, elegante Tannine, schöne Großzügigkeit. Seine Konzentration und seine aromatische Stärke versprechen ihm eine großartige Entwicklung.
Ch. Grès Saint-Paul, rte de Restinclières, 34400 Lunel, Tel. 04.67.71.27.90, Fax 04.67.71.73.76, E-Mail contact@gres-saint-paul.com Mo–Sa 10h–12h 15h–19h
Servière

DOM. GUINAND
Saint-Christol Cuvée fût de chêne 1998*

2 ha 10 000 8 à 11 €

Das Gut, das seit dem Ende des 19. Jh. im Besitz der Familie ist, bietet eine Cuvée von großer Ausdrucksstärke, die man schon jetzt mit Genuss trinken kann. Der Ausbau im Eichenfass ergänzt auf harmonische Weise Garrigue- und Fruchtaromen. Der Appetit wird von einem runden, weichen Geschmack mit süßen Gewürzen aufrechterhalten, der sehr harmonisch ausklingt.
Dom. Guinand, 36, rue de l'Epargne, 34400 Saint-Christol, Tel. 04.67.86.85.55, Fax 04.67.86.07.59
Mo–Sa 10h–12h 15h–18h

MAS HAUT-BUIS Coste Cavre 1999

k. A. 7 000 15 à 23 €

Den Talkessel von Navacelles, den man vom Rand der Hochfläche des Larzac aus sehen kann, verdient zu Recht seine beiden Sterne im Guide bleu, denn er steht schon unter Landschaftsschutz. Versäumen Sie danach nicht, Olivier Jeantet zu besuchen, dessen Keller sich auf den Larac-Kalksteinplateaus befinden. Er macht keine halben Sachen und stellt wunderbar

konzentrierte Cuvées her wie diese hier, die man in rund fünf Jahren erneut verkosten sollte. Dieser rote 99er mit schwarzen Reflexen besitzt einen viel versprechenden Duft, der sich noch von den dominierenden Holznoten befreien muss. Im Mund erscheint der Stoff rassig, aber das Potenzial ist von einer schüchternen Jugendlichkeit befangen. Haut-Buis? Ein später einmal großer Wein, den Sie in Ihrem Keller reifen lassen müssen. Dasselbe gilt für den lobend erwähnten **99er Les Carlines** (Preisgruppe: 50 bis 69 F).
Olivier Jeantet, 34520 La Vacquerie, Tel. 04.67.44.12.13, Fax 04.67.44.12.13
n. V.

CH. HAUT-CHRISTIN 1999*

4 ha 25 000 5à8€

In der östlichsten Region der Coteaux du Languedoc, im Herzen des Sommières-Gebiets, hat sich der Charakter dieses Weins herausgebildet. Dieser 99er, der aufgrund seiner granatroten Farbe intensiv erscheint, entfaltet Aromen von Leder und Röstung sowie Kirschen in Alkohol, wobei letzteres Aroma am Ende der Verkostung wieder auftaucht. Der schon reife Stoff kleidet den Mund gut aus. Der ohne Stern lobend erwähnte **2000er Rosé** hat durch seine blumigen Noten verführt.
André et Marie-France Mahuziès, rte d'Aubais, 30250 Junas, Tel. 04.66.80.95.90, Fax 04.66.80.95.90, E-Mail mahuzies@aol.com
Mo–Sa 9h–12h 14h–18h; Gruppen u. So n. V.

LES COTEAUX DES HAUTES GARRIGUES
Pic Saint-Loup Hameau des Biranques 1999*

7 ha 10 000 3à5€

Diese Cuvée kommt von einem steinigen Terroir, wo Syrah und Grenache ungehemmt zum Ausdruck kommen können. Sie begeistert das Auge durch ihre granatrote Farbe mit jugendlichen Reflexen. Rote Früchte und Gewürze vermischen sich und bieten einen Duft von guter Stärke. Die mineralischen und empyreumatischen Noten und die milden Tannine erwecken den Eindruck, als würde man zu den Ursprüngen zurückkehren und eine Reise ins Herz des Weinbergs machen.
Cave coop. des coteaux des Hautes Garrigues, 198, rte du Pic Saint-Loup, 34380 Saint-Martin-de-Londres, Tel. 04.67.55.00.12, Fax 04.67.55.78.54 n. V.

DOM. HORTALA
La Clape Tradition 1999*

4,5 ha 26 000 5à8€

1999 hat Jean-Marie Hortala den Anbau auf diesem Weingut in Familienbesitz übernommen, in einer Landschaft, die aus Stein, Garrigue, Sonne und Wind besteht. Das Ergebnis zeigt sich in einem Stern für den **roten 99er Les Hauts de Bouisset** (Preisgruppe: 50 bis 69 F) und für diese Cuvée, die sich in ein elegantes Purpurrot hüllt. Garrigue, Lakritze und Menthol prägen den Duft. Der Geschmack beweist nach einer seidigen Ansprache mit seinen deutlich spürbaren Tanninen Charakter. Dieser Wein besitzt noch Zukunft.
Jean-Marie Hortala, 20, rue Diderot, 11560 Fleury-d'Aude, Tel. 04.68.33.37.74, Fax 04.68.33.37.75, E-Mail vins-hortala@wanadoo.fr n. V.

CH. DES HOSPITALIERS 2000*

1,2 ha 5 000 3à5€

Im 12. Jh. rodeten die Malteserritter einige Morgen Wald, um Wein anzubauen. Sollte diese Cuvée von ihnen beseelt sein? Sie ist im Anblick hellgelb und strahlend und belohnt Sie mit einem intensiven, feinen Duft von kleinen weißen Früchten und Zitrusfrüchten, bevor sie einen harmonischen Geschmack von schöner Ausgewogenheit zwischen «Fett» und Lebhaftigkeit zeigt, der sich in seiner ganzen Länge sanft hinzieht. Probieren sollte man auch den **2000er Rosé Cuvée Prestige** (ein Stern), der im Mund rote Früchte, Feige und schwarze Johannisbeere und in der Nase Ginster und Mandarine bietet.
Martin-Pierrat, rond-point du Gal-Chaffard, 34400 Saint-Christol, Tel. 04.67.86.01.15, Fax 04.67.86.00.19, E-Mail serge.martin-pierrat@wanadoo.fr tägl. 8h–20h

CH. ICARD Saint-Georges d'Orques 2000**

k. A. 7 000 5à8€

1999 machte Laurent Icard die Leinen los und ließ sich, weit entfernt von der Genossenschaft, auf das Abenteuer einer Privatkellerei ein: ein Wagnis, das mit zwei Sternen belohnt wird. Diese Cuvée, deren schöne dunkelrote Farbe von violetten Reflexen übersät ist, zeigt Leder-, Veilchen- und Garrigue-Aromen. Sie bietet eine klare Ansprache und lässt über deutlich spürbaren, wenn auch samtigen Tanninen einen kräftigen Stoff erkennen. Der Geschmack hält an.
Laurent Icard, rte de Saint-Georges-d'Orques, 34570 Pignan, Tel. 06.82.43.54.66, Fax 06.67.75.31.63, E-Mail laurent.icard@wanadoo.fr
Mi, Fr, Sa 9h–12h 15h–19h

CUVEE JACQUES ARNAL
Elevé en fût de chêne 1999**

3,5 ha 20 000 8à11€

Wir befinden uns hier am Jakobsweg, den die Pilger auf ihrer Wallfahrt nach Santiago de Compostela nahmen. Daher auch der Name der **weißen Cuvée Saint-Jacques 2000**, die unseren Lesern bereits bekannt ist und dieses Jahr einen Stern erhalten hat. Neben ihr hat die Cuvée Jacques Arnal hinter ihren sehr schönen purpurroten bis bläulich roten Reflexen und ihrem Duft nach gekochten roten Früchten und Gewürzen sehr viel zu erzählen. Der füllige Geschmack ist mit seinen verschmolzenen Tanninen recht entfaltet. Die feinen Holznoten, die in keiner Weise aufdringlich sind, zeugen von einem gut gemeisterten Ausbau im Eichenfass. Den neuen Barriquekeller, der im letzten Jahr errichtet wurde, können Sie besichtigen.
SCA vignerons de Saint-Félix, 21, av. Marcelin-Albert, 34725 Saint-Félix-de-Lodez, Tel. 04.67.96.60.61, Fax 04.67.88.61.77
n. V.

DOM. JORDY Elevé en fût de chêne 1999*

■ 3 ha 4 500 ◖◗ 5à8€

In Loiras, einige Kilometer südlich von Lodève, fasziniert die Landschaft mit der roten Erde den Wanderer. Und dennoch gibt es in dieser Region auch Schiefer. Solche Böden haben diesen 99er hervorgebracht, dessen granatrote Farbe leicht violette Reflexe zeigt. Der Geruchseindruck bietet feine animalische Noten, schwarze Früchte und süße Gewürze. Die Ansprache ist rund und warm; danach verstärken die noch ein wenig jungen Tannine die Intensität des Geschmacks. Dieser Wein verdient, dass man ihn eine Stunde vor dem Servieren aufmacht.

Frédéric Jordy, Loiras, 9, rte de Salelles, 34700 Le Bosc, Tel. 04.67.44.70.30, Fax 04.67.44.76.54, E-Mail frederic.jordy@wanadoo.fr ☑ Ⲧ Mo–Sa 8h–20h

MAS DE LA BARBEN
Cuvée Les Lauzières 1999*

■ 3 ha 12 000 8à11€

Die Hermanns haben 1999 dieses 60 ha große Gut erworben, das sich vor den Toren von Nîmes befindet, auf sehr steinigen Ton- und Kalkböden befindet. Diese Cuvée von kräftiger rubinroter Farbe lässt im Duft an einen schönen Korb roter Früchte mit einer Lakritzenote denken. Ihr fülliger, weicher Geschmack, ihr umhüllter Stoff und ihre gute Länge verleihen ihm einen recht mediterranen Anstrich.

Mas de La Barben, rte de Sauve, 30900 Nîmes, Tel. 04.66.81.15.88, Fax 04.66.63.80.43, E-Mail marcel.hermann@wanadoo.fr
☑ Ⲧ Mo–Sa 10h–12h 14h–19h
Marcel Hermann

DOM. DE LA COSTE
Saint-Christol Cuvée sélectionnée Elevé en fût de chêne 1999*

■ 10 ha 7 110 ◖◗ 5à8€

Der Weinberg liegt auf den ausgeprägtesten Villafranchien-Hügeln des Gebiets von Saint-Christol: Die Arbeit im Familienverband erhält hier ihre ganze Bedeutung. Schon jetzt – und dies für einige Jahre – können Sie die Intensität der purpurroten Farbe und der fruchtigen, vanilleartigen und mineralischen Noten schätzen, die dieser im Eichenfass ausgebauten Cuvée einen einschmeichelnden Charakter verleihen; sie werden noch lang anhalten. Der Erfolg dieses Winzers äußert sich auch in der **roten 99er Cuvée Domaine de La Coste** (Preisgruppe: 30 bis 49 F), die lobend erwähnt wird, und im **2000er Rosé** (Preisgruppe: 20 bis 29 F; ein Stern), der mit einer fuchsienroten Farbe recht reizvoll und aufgrund seiner sehr feinen Fruchtigkeit und seiner ätherisch leichten Ausgewogenheit lecker erscheint.

Luc et Elisabeth Moynier, Dom. de La Coste, 34400 Saint-Christol, Tel. 04.67.86.02.10, Fax 04.67.86.07.71
☑ Ⲧ Mo–Sa 9h–12h 14h–19h

DOM. LA CROIX CHAPTAL
Cuvée Charles Elevé en fût de chêne 1999**

■ 3,5 ha 16 000 ◖◗ 8à11€

Was für ein großartiger Einstand im Hachette-Weinführer für dieses Gut, das seit 1999 von Charles Pacaud geführt wird. Aus den Geröll- und Kiesterrassen zwischen dem Larzac und dem Mittelmeer schöpft dieser Wein seinen typischen Charakter: eine tiefe Farbe, Aromen von Gewürzen, reifen Früchten und Unterholz. Im Mund ist alles Seidigkeit, «Fett» und Fülle. Samtigkeit, ohne die Stärke zu vergessen. Hachette setzt auf diesen Winzer.

Pacaud-Chaptal, Cambous, chem. de Bages, 34725 Saint-André-de-Sangonis, Tel. 06.82.16.77.82, Fax 06.67.16.09.36, E-Mail lacroixchaptal@wanadoo.fr Ⲧ n. V.
Charles Pacaud

CH. DE LA DEVEZE MONNIER 2000

□ 1,8 ha 2 600 ◖◗ 8à11€

La Devèze Monnier hat seine Reben auf den Ausläufern der Cevennen; diese bieten Sonne und Kühle, damit sich die Trauben entwickeln, die diesen Wein hervorgebracht haben. Ein Band von gelben und grünen Reflexen schmückt das blasse Gelb. Dieser 2000er, den ein eleganter Duft nach Blüten und Pfirsich und ein runder und delikater, fülliger und milder, lang anhaltender und harmonischer Geschmack kennzeichnen, wird eine königliche Goldbrasse schätzen.

Damais, GAEC du Dom. de la Devèze, 34190 Montoulieu, Tel. 04.67.73.70.21, Fax 04.67.73.32.40, E-Mail domaine@deveze.com ☑ Ⲧ n. V.

CH. DE LANCYRE
Pic Saint-Loup Grande Cuvée 1999*

□ 1,5 ha 4 000 ◖◗ 11à15€

Lancyre präsentiert jedes Jahr seinen Weißwein: strahlend golden bis bernsteingelb. Der intensive Duft, der verfeinert, röstartig, karamellisiert, blumig und würzig wirkt, vereint kandierte Zitrusfrüchte, exotische Früchte und Honig. Der Geschmack ist füllig und seidig, reich und konzentriert, verführerisch aufgrund von so viel Länge und Sanftheit. Jedes Jahr wird auch die **rote 99er Grande Cuvée** ausgewählt: dunkle Farbe, intensiver Duft von schwarzen Früchten und Geräuchertem, recht kräftiger, strukturierter Geschmack, der noch zwei bis drei Jahre braucht, um seinen Höhepunkt zu erreichen.

GAEC de Lancyre, Lancyre, 34270 Valflaunès, Tel. 04.67.55.22.28, Fax 04.67.55.23.84
☑ Ⲧ n. V.
Valentine Durand

CH. DE LA NEGLY La Côte 2000*

■ 18,37 ha 95 000 ◖◗ 5à8€

Schöne Weine im Jahrgang 2000 auf La Négly: Die **weiße Cuvée Brise Marine** wird lobend erwähnt; der **Rosé Cuvée Les Embruns** (aber ja doch: Wie der Name «Gischt» andeutet, liegt der Weinberg am Rande des Meers!) erhält einen Stern, ebenso wie diese «Côte», die an den zum Lieblingswein gewählten 98er erinnert. Sie ist dunkelrot und verströmt Düfte von Geröstetem und gekochten roten Früchten mit einer hochfeinen Mentholnote. Im Geschmack ist sie kräftig gebaut und großzügig und bietet solide Tannine. Es ist somit nicht nötig, dass Sie sich beeilen, sie zu trinken.

SCEA Ch. de La Négly, 11560 Fleury-d'Aude, Tel. 04.68.32.36.28, Fax 04.68.32.10.69, E-Mail lanegly@wanadoo.fr ☑ Y n. V.

Jean Paux-Rosset

CH. LANGLADE Prestige 1999

■ 2,5 ha 6 000 5à8€

1999 war der Jahrgang der Sanftheit. Diese Regel bestätigt sich auf Château Langlade, wo Sie einen Wein von kräftiger roter Farbe probieren können, der recht intensiv nach schwarzer Johannisbeere, Kaffee, Leder und geröstetem Brot duftet und deutlich spürbare Tannine sowie einen noch nicht abgemilderten Holzton besitzt. Geduld!

Ch. Langlade, chem. des Aires, 30980 Langlade, Tel. 04.66.81.30.22, Fax 04.67.59.14.50, E-Mail chateau.langlade@freesbee.fr ☑ Y n. V.

Cadène Frères

DOM. DE LA PROSE
Saint-Georges d'Orques Grande Cuvée 1999★★

■ 2 ha 4 200 15à23€

La Prose macht in schönster Tradition weiter. Trotz der Launen des Jahrgangs hat das Terroir von Saint-Georges d'Orques zusammen mit dem Können der Mortillets diesen Wein hervorgebracht, dessen tiefe Farbe an Brombeeren erinnert und der komplexe Aromen von Gewürzen, zu Kompott verarbeiteten Früchten und Geräuchertem bietet. Neben dem «Fett» strukturieren solide und zugleich feine Tannine den Geschmack. Dieser 99er wurde ein wenig zu jung verkostet, bedauerte die Jury, die überzeugt ist, dass er eine große Zukunft vor sich hat.

de Mortillet, Dom. de La Prose, 34570 Pignan, Tel. 04.67.03.08.30, Fax 04.67.03.48.70 ☑ Y n. V.

CH. LA ROQUE
Pic Saint-Loup Cupa Numismae 1999★★

■ 15 ha 55 000 8à11€

Fast zwanzig Jahre beharrliche Anstrengungen erlauben es La Roque, uns hervorragend vinifizierte Weine zu garantieren, wie dieser 99er belegt. Sein intensives Rot ist violett gemustert; kräftige Düfte von schwarzer Johannisbeere, Vanille und Geröstetem begleitet ein Hauch von Garrigue. Rund, füllig, voluminös, wunderbar ausgewogen, mit feinen Tanninen, die eine Öligkeit einhüllt: Er ist bemerkenswert.

Jack Boutin, Ch. La Roque, 34270 Fontanès, Tel. 04.67.55.34.47, Fax 04.67.55.10.18 ☑ Y Mo–Sa 10h–12h 14h–18h

CH. LA SAUVAGEONNE
Cuvée Prestige 2000★

■ 5,5 ha 20 000 5à8€

La Sauvageonne – das ist eine Sorte von Carmen der rundlichen Ausläufer des Larzac – ist wie immer dunkel gewandet und duftet nach Garrigue und Unterholz. Sie erweist sich auf köstliche Weise als fleischig, schon wenn Sie den Wein in den Mund nehmen, als sinnlich gebaut und äußerst lang anhaltend: eine wirkliche verbotene Frucht.

EARL Gaëtan Poncé et Fils, Ch. La Sauvageonne, rte de Saint-Privat, 34700 Saint-Jean-de-la-Blaquière, Tel. 04.67.44.71.74, Fax 04.67.44.71.02 ☑ Y tägl. 8h–12h 14h–19h

CH. DE LASCAUX Blanc classique 2000★

□ k. A. 27 000 5à8€

Dieser 2000er zeigt ein sehr blasses Gelb, das grüne Reflexe zieren, und einen intensiven, eleganten Lebkuchen- und Blütenduft. Im Geschmack bietet er eine klare, lebhafte Ansprache, die füllig und lang anhaltend, exquisit und harmonisch ist.

Jean-Benoît Cavalier, Ch. de Lascaux, 34270 Vacquières, Tel. 04.67.59.00.08, Fax 04.67.59.06.06, E-Mail j.bcavalier@wanadoo.fr ☑ Y n. V.

MAS DE LA SERANNE
Le Clos des Immortelles 1999★

■ 0,8 ha 6 375 8à11€

Dieser Wein hüllt sich in ein leichtes Rot, das mit ein paar braunen Reflexen durchsetzt ist, und duftet fruchtig, mit einem feinen Holzton. Im Geschmack, der eine gute Nachhaltigkeit bietet, zeigt er sich rund, sanft und mild. Der strahlende **2000er Rosé** (Preisgruppe: 20 bis 29 F), der ganz voller eingemachter, gewürzter Erdbeeren und Himbeeren ist und in einem genussvollen Geschmack rund und fett wirkt, hat die Aufmerksamkeit der Jury erregt.

Venture, Mas de La Seranne, 34150 Aniane, Tel. 04.67.57.37.99, Fax 04.67.57.37.99, E-Mail mas.seranne@wanadoo.fr ☑ Y n. V.

DOM. DES LAURIERS
Picpoul de Pinet 2000★

□ 10 ha 15 000 5à8€

Auf Geröll mit rotem Erdreich, in Castelnau-de-Guers, entsteht dieser Weißwein von blasser Farbe mit grünen Reflexen. Die Jury hat seine Aromen von überreifen Früchten und seinen warmen, fülligen Geschmack hervorgehoben. Die Bitternote, die man im Abgang findet, ist nicht ungewöhnlich bei einem Picpoul de Pinet, der es mit dem Jodgeschmack der Bozigues-Austern aufnehmen kann.

Dom. des Lauriers, 15, rte de Pézenas, 34120 Castelnau-de-Guers, Tel. 04.67.98.18.20, Fax 04.67.98.96.49, E-Mail cabral.marc@wanadoo.fr ☑ Y n. V.

CH. LA VERNEDE
Elevé en fût de chêne 1999★

■ 2,5 ha 14 500 8à11€

Die Hänge von La Vernède, die apathisch der mediterranen Glut ausgesetzt sind, zeichnen sich mit dieser im Stückfass ausgebauten Cuvée aus, die sich mit einem dunklen Rot schmückt und nach sehr reifen, karamellisierten, gewürzten roten Früchten duftet. Die Tannine sind verschmolzen und geschmeidig, aber dennoch spürbar und unterstützen einen mehr als nachhaltigen Geschmack. Beachten sollte man auch den lobend erwähnten **99er Tradition.**

🔑 Jean-Marc Ribet, Ch. La Vernède, 34440 Nissan-lez-Enserune, Tel. 04.67.37.00.30, Fax 04.67.37.60.11

☑ 🍷 Mo–Sa 10h–13h 15h–19h

L'AYAL Montpeyroux 1999

■ 3,8 ha 13 000 ▮🌡 5à8€

Die Winde trugen hier den Winzern von Montpeyroux den Namen dieser Cuvée zu: Der Ayal ist im Okzitanischen der Wind, der von Südosten weht. Dieser Wein, der eine schöne rubinrote Farbe und einen diskreten, feinen, milden Duft von stark kandierten Früchten besitzt, entwickelt im Geschmack eine gewisse Harmonie, die von einer wilden Brombeerfruchtigkeit geprägt wird. Man kann ihn schon jetzt genießen.

🔑 Cave de Montpeyroux, 5, pl. François-Villon, 34150 Montpeyroux, Tel. 04.67.96.61.08, Fax 04.67.88.60.91, E-Mail cave.montpeyroux@wordonline.fr

☑ 🍷 n. V.

CH. DE L'ENGARRAN
Saint-Georges d'Orques Cuvée Quetton Saint-Georges 1999*

■ 3,5 ha 16 000 ⬮ 11à15€

Kaum aus seinem Fass heraus, und schon haben wir den Quetton in unseren Gläsern: Die Jugend steckt im Aussehen, aber auch in den Tanninen, die sich in den Vordergrund schieben. Die Aromen zeigen ebenfalls ihren Charakter: Gewürze, Lorbeer, Kakao. Die Jury ist überzeugt davon, dass dieser Wein für die Zukunft noch schönere Überraschungen verspricht. Lassen Sie sich deshalb Zeit; Sie können in Ruhe den **2000er Rosé** (Preisgruppe: 30 bis 49 F) genießen, der wegen seiner Feinheit und Fruchtigkeit lobend erwähnt wurde. Wenn Sie Gelegenheit haben, in diesem wunderschönen Schloss aus dem 18. Jh. während der «Tage des Patrimoniums» Station zu machen, werden Sie dem Zauber des Orts erliegen.

🔑 SCEA du Ch. de L'Engarran, 34880 Laverune, Tel. 04.67.47.00.02, Fax 04.67.27.87.89, E-Mail lengarran@wanadoo.fr

☑ 🍷 tägl. 10h–19h

🔑 Grill

LES BARONS
Picpoul de Pinet Guillaume de Guerse 2000**

□ 12 ha 60 000 ▮ 5à8€

Ist es die Vielfalt der Lagen der Besitzungen, die diesem sehr schönen Weißwein seine Komplexität verleiht? Oder sind es vielleicht die Böden, die alle kalkhaltig sind und von Meer- oder Flussablagerungen herrühren? Wie dem auch sei, der Piquepoul bringt dieses Terroir wunderbar zur Geltung: eine recht lebhafte goldgelbe Farbe, einen charaktervollen Duft, den Früchte aus dem Obstgarten, Zitrusfrüchte und süße Gewürze beherrschen. Der Geschmack ist konzentriert, rund und recht nervig, typisch für seine Appellation. Im Abgang lässt er eine leichte, bewegende Bitternote erkennen. Meeresfrüchte oder Ziegenkäse – das ist der wahre Genuss. Der Picpoul **Les Sautarochs 2000** (Preisgruppe: 20 bis 29 F) hat eine lobende Erwähnung erhalten; zu ihm passen Austern.

🔑 Cave coop. de Castelnau-de-Guers, 26, rte de Florensac, 34120 Castelnau-de-Guers, Tel. 04.67.98.13.55, Fax 04.67.98.86.55

☑ 🍷 n. V.

LES COTEAUX DU PIC
Pic Saint-Loup Sélection 2000*

■ 40 ha 60 000 ▮ 5à8€

Die Winzer des Pic repräsentieren ein Anbaugebiet mehrerer Gemeinden, die sich in der Umgebung des Pic Saint-Loup befinden, eines 638 m hohen Berges, den Sie in zwei Stunden erklimmen können. Dank einer Parzellenauswahl können in dieser tieffarbenen Cuvée mit purpurvioletten Reflexen ein solcher Reichtum und eine solche Vielfalt zum Ausdruck kommen. Aromen, bei denen sich Gewürze, Olive und Garrigue harmonisch verbinden, werden auf harmonische Weise durch eine kräftige Textur aus deutlich spürbaren Tanninen ergänzt, die verdienen, dass man zwei bis drei Jahre wartet.

🔑 SCA Les Coteaux du Pic, 34270 Saint-Mathieu-de-Tréviers, Tel. 04.67.55.81.19, Fax 04.67.55.81.20, E-Mail cave@coteaux-du-pic.com ☑ 🍷 n. V.

DOM. LES FERRAGERES
Pic Saint-Loup 1999*

■ 30 ha 25 750 ▮🌡 5à8€

Die Domaine Les Ferragères, die sich im Herzen des Weinbaugebiets des Pic Saint-Loup befindet und schon im letzten Jahr in unserem Weinführer vertreten war, präsentiert einen Wein, der bereits jetzt seine besten Qualitäten zeigt: Eine traditionelle Vinifizierung verleiht ihm eine schöne purpurrote Farbe mit leichten bläulich roten Reflexen und hat die gelungene Vereinigung von schweren fruchtigen Aromen und wilden Garrigue-Gerüchen ermöglicht. Der Zauber hält im Geschmack an, in dem sich die Fruchtigkeit von Kirsche und süße Gewürze vermischen, unterstützt von eleganten Tanninen.

🔑 SA Bessière, 40, rue du Port, 34140 Mèze, Tel. 04.67.18.40.40, Fax 04.67.43.77.03

LES HAUTS DE LUNES
Elevé en fût de chêne 1998**

■ 5 ha k. A. ⬮ 11à15€

Aus einem Kalkplateau, das man auch «Wüste von Aumela» nennt, haben die Jeanjeans die Quintessenz des Terroir herausgeholt. Eine tiefe, intensive Farbe umhüllt diesen Wein. Danach zeichnet sich in der Nase eine Aromenpalette ab: Röst- und Vanillenoten und ein diskreter, eleganter Holzton. Dank eines konzentrierten Stoffs, kräftiger Tannine und einer langen aromatischen Nachhaltigkeit im Geschmack kann dieser Wein unbesorgt altern.

🔑 Philippe et Frédéric Jeanjean, Mas de Lunès, 34230 Cabrials, Tel. 04.67.88.41.34, Fax 04.67.88.41.33

CH. LE THOU 2000★

■ 2,9 ha 15 000 🍷 11à15€

Im Schutz eines altehrwürdigen Bergfrieds schlummert in der Stille des Kellers diese purpurrote 2000er Cuvée mit violetten Reflexen, deren komplexer Geruchseindruck menthol- und lakritzeartige, rauchige und röstartige, fruchtige und würzige Noten verströmt. Der Geschmack ist genussvoll, füllig und sanft, weich und konzentriert zugleich, mit schon verfeinerten Tanninen, die aber auf eine gute Lagerfähigkeit hinweisen.

🔑 SCEA de Ferrier de Montal, Ch. Le Thou, 34410 Sauvian, Tel. 04.67.32.16.42, Fax 04.67.32.16.42 ☑ 𝐓 n. V.

CH. L'EUZIERE

Pic Saint-Loup Cuvée Les Escarboucles 1999★

■ 12 ha 16 000 🍷 8à11€

Diese Cuvée verbindet auf harmonische Weise das Terroir mit einem gut gemeisterten Ausbau. Der samtig granatrote Wein, der für den Pic Saint-Loup typisch gebaut ist, entfaltet Garrigue- und Mandeldüfte, während der runde, würzige Geschmack eine gute Ausgewogenheit besitzt, die es erlaubt, ihn schon jetzt mit Genuss zu trinken. «Hammelragout mit Steinpilzen und schwarzen Oliven könnte ihn begleiten», erzählte man uns.

🔑 Michel et Marcelle Causse, ancien chem. d'Anduze, 34270 Fontanès, Tel. 04.67.55.21.41, Fax 04.67.55.21.41 ☑ 𝐓 n. V.

DOM. DE L'HORTUS

Pic Saint-Loup 1998★

■ 17,8 ha 80 000 🍷 15à23€

Die Reben der Domaine de L'Hortus, die am Fuße des Pic Saint-Loup wachsen, wirken wie ein Schmuckstück, das in die Garrigue eingebettet ist. Und tatsächlich findet man Lorbeer, Thymian und schwarze Oliven in diesem eleganten Wein mit der schmelzigen Fruchtigkeit, den seidigen Tanninen, der rassigen Ausgewogenheit und der schönen Länge. Dieser 99er, der auf der Linie der vorangegangenen Jahrgänge liegt, wird sich zwei bis drei Jahre gut halten.

🔑 Jean Orliac, Dom. de L'Hortus, 34270 Valflaunès, Tel. 04.67.55.31.20, Fax 04.67.55.38.03 ☑ 𝐓 n. V.

CH. DE L'HOSPITALET

La Clape Summum 2000

☐ 8 ha 26 000 🍷 8à11€

An diesem Ort, im Herzen von La Clape, können Sie eine Nacht schlafen, eine mediterrane Mahlzeit einnehmen und in den verschiedenen Museen und im riesigen Barriquekeller umherwandern. Von dort kommt dieser sehr goldfarbene Weißwein. Die Jury mochte die Persönlichkeit seiner Aromen, die von einem Röstgeruch bis zu einem Holzton und von reifen bis zu getrockneten Früchten reichen. Der Geschmack besitzt vielleicht nicht die Stärke des Dufts, aber er ist recht präsent und kann es mit einer Bourride (provenzalische Fischsuppe mit Kartoffeln, Gemüse und Knoblauchmayonnaise) vom Seeteufel aufnehmen.

🔑 Dom. de L'Hospitalet, 11100 Narbonne, Tel. 04.68.45.27.10, Fax 04.68.45.27.17, E-Mail info@domaine.hospitalet.com ☑ 𝐓 n. V.

L'ORMARINE

Picpoul de Pinet Cuvée Prestige Cuvée des Œnologues 2000★

☐ 30 ha 20 000 🍾 3à5€

Die Kellerei von Pinet: eine unumgängliche Station in diesem kleinen Dorf, das weniger als 10 km von der Lagune von Thau entfernt liegt. Dieser Wein, der eine blassgelbe Farbe und einen Zitrusduft mit einer Mentholnote besitzt, spiegelt den typischen Charakter der AOC gut wider. Seine Ausgewogenheit, seine Lebhaftigkeit und seine aromatische Frische im Geschmack machen ihn zum Begleiter für Schaltiere.

🔑 Cave de L'Ormarine, 1, av. du Picpoul, 34850 Pinet, Tel. 04.67.77.03.10, Fax 04.67.77.76.23, E-Mail ormarine@mnet.fr ☑ 𝐓 n. V.

CH. DE MARMORIERES

La Clape 2000★

◪ 2 ha 6 000 🍾 5à8€

Marmorières zählt sieben Winzergenerationen, besitzt also eine solide Tradition, die sich im Laufe der Jahrgänge fortsetzt und sich dieses Jahr mit diesem blassen, zart lachsrosa Rosé bestätigt. Er entfaltet Zitrusfrüchte, weiße Blüten, Honig und Eukalyptus und ist in einem anhaltenden Geschmack auf lebhafte und feine Weise ausbalanciert. Für Ihre kulinarischen Anlässe im Winter sollten Sie sich auch den **im Eichenfass ausgebauten roten 99er** (Preisgruppe: 50 bis 69 F) merken, den die Jury lobend erwähnte.

🔑 de Woillemont, SCEA de Marmorières, 11110 Vinassan, Tel. 04.68.45.23.64, Fax 04.68.45.59.39 ☑ 𝐓 n. V.

CH. MAZERS 1999★

■ 10 ha 12 000 🍷 5à8€

Wir waren gewohnt, in der Genossenschaftskellerei von Fontès ausgezeichnete Roséweine zu verkosten, darunter den **Prieuré Saint-Hippolyte** (Preisgruppe: 20 bis 29 F), der erneut einen Stern erhält. Der 99er Château Mazers vervollständigt das Angebot. Dieser Neuling, der eine intensive purpurrote, zart bläuliche Farbe besitzt, duftet nach Früchten in Alkohol, gedörrten Feigen und Gewürzen und lässt danach einen sanften, klaren Geschmack erkennen, der einen feinen Holzton enthält.

🔑 Cave coop. La Fontesole, bd Jules-Ferry, 34320 Fontès, Tel. 04.67.25.14.25, Fax 04.67.25.30.66, E-Mail la.fontesole@libertysurf.fr ☑ 𝐓 Mo–Sa 8h–12h 14h–18h

CH. MIRE L'ETANG

La Clape Cuvée des ducs de Fleury Elevé en fût de chêne 1999★

■ 9 ha 7 000 🍾🍷 11à15€

Der Weinberg von Mire L'Etang breitet sich in terrassierter Form am Ostrand des La-Clape-Massivs aus. Er schaut bewundernd auf die

Strandseen und das Mittelmeer. Das Klima mit seiner Meeresgischt trägt zum typischen Charakter dieses Terroir bei, von dem der lobend erwähnte **2000er Rosé Cuvée Corail** (Preisgruppe: 30 bis 49 F) und dieser 99er Rotwein stammen. Die tiefe Farbe lässt leichte braune Reflexe erkennen. Der Geruchseindruck beginnt mit schöner Stärke und bietet dann Noten von Gewürzen, Geröstetem, schwarzer Johannisbeere und Unterholz. Darauf folgt ein großzügiger, recht kräftig gebauter Geschmack, der über milden Tanninen lang anhält. Der Ausbau im Holzfass ist diskret und gut gemeistert. Ein weiterer ausgewählter Wein ist der **weiße 2000er** (Preisgruppe: 30 bis 49 F).

Ch. Mire L'Etang, 11560 Fleury-d'Aude, Tel. 04.68.33.62.84, Fax 04.68.33.99.30
n. V.

Chamayrac

CH. DE MONTPEZAT
La Pharaonne 1999

■ 1 ha k. A. 11 à 15 €

Die Ursprünge von Montpezat gehen auf das 16. Jh. zurück. Das Schloss wurde im 19. Jh., während einer Blütezeit, ausgebaut. Heute gelingen hier Weine wie dieser dunkelrote 99er, der in reichem Maße violett funkelt. Der angenehm holzbetonte Geruchseindruck bietet Gerüche von Verbranntem, Gewürzen und überreifen Früchten. Im Geschmack balancieren sich Rundheit, Stoff und Struktur recht gut aus.

Christophe Blanc, Ch. de Montpezat, rte de Roujan, 34120 Pézenas, Tel. 04.67.98.10.84, Fax 04.67.98.98.78, E-Mail contact@chateau-montpezat.com
tägl. 10h–12h 14h–19h; im Winter n. V.

DOM. DE MORIN-LANGARAN
Picpoul de Pinet 2000*

□ 6,58 ha 21 000 3 à 5 €

Eine schöne Station an der Straße, die von Mèze nach Pinet führt. Sie werden hier einen recht typischen Picpoul de Pinet (weißes Etikett) kennen lernen. Zunächst seine helle Farbe mit grünen Reflexen, dann seinen frischen und zugleich reifen Duft von Zitrusfrüchten und exotischen Früchten. Zum Schluss bietet sein Geschmack Wärme und eine Lebhaftigkeit, die Ihre Geschmacksknospen reizen wird. Daneben finden Sie im Probierkeller die von der Jury lobend erwähnte Cuvée **Saint-Jean des Sources 2000.**

Albert Morin, Dom. Morin-Langaran, 34140 Mèze, Tel. 04.67.43.71.76, Fax 04.67.43.33.60 n. V.

MORTIES
Pic Saint-Loup Jamais content 1999***

■ 3 ha 6 000 11 à 15 €

Der 99er ist der sechste auf Mortiès erzeugte Jahrgang. Er ist der Jahrgang der höchsten Krönung. Und dies dank der Cuvée «Nie zufrieden», die ein intensives Rot zeigt, umgeben von violetten Reflexen, und einen reichen Duft von guter Stärke bietet, der uns nach Herzenslust mit Röst-, Lakritze-, Gewürz-, Frucht- und Mentholnoten sowie Veilchen und Garrigue-Düften verwöhnt. Die Stärke bestätigt sich im Geschmack, der auf eine klare Ansprache folgt; er enthüllt einen sehr konzentrierten, fülligen Stoff und spürbare, aber seidige Tannine. Der Abgang scheint sich endlos fortzusetzen. Die Hauptcuvée **Le Mortiès 1999** (Preisgruppe: 50 bis 69 F), die noch ein wenig verschlossen ist, erhält eine lobende Erwähnung.

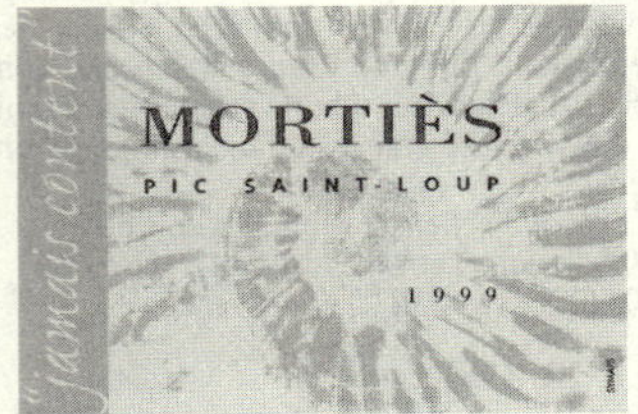

GAEC du mas de Mortiès, 34270 Saint-Jean-de-Cuculles, Tel. 04.67.55.11.12, Fax 04.67.55.11.12 n. V.

Jorcin-Duchemin

MAS MOURIES Amarante 2000*

■ 2 ha 9 000 8 à 11 €

Mas Mouriès, das im Gebiet der Terres de Sommières liegt, hat einen Wein präsentiert, den das Ungestüm seiner Jugend prägt: eine purpurrote Farbe mit violetten Reflexen, Aromen von roten Früchten und Schokolade, ein noch heftiger Geschmack, dessen Tannine sich mit der Zeit abrunden werden. Dank der hübschen Nachhaltigkeit der Aromen kann man auf seine Zukunft setzen.

Eric Bouet, Mas Mouriès, 30260 Vic-le-Fesq, Tel. 04.66.77.87.13, Fax 04.66.77.87.13
n. V.

DOM. DU NOUVEAU MONDE 1998*

■ 10 ha 30 000 8 à 11 €

Dieses Gut bestätigt die Qualitätsentscheidung, die es vor recht vielen Jahren getroffen hat, wenn man nach diesem großartig ausgebauten 98er urteilt, der eine tiefgranatrote Farbe und einen noch ein wenig verschlossenen, würzig-fruchtigen Duft besitzt. Der Geschmack spiegelt eine echte Reife wider. Er ist füllig, sanft, sehr hübsch strukturiert und ausgewogen und zeigt eine beachtliche Länge. Die **im Eichenfass ausgebaute 98er Cuvée Le Nouveau Monde** (Preisgruppe: 70 bis 99 F), deren Jugend noch keineswegs vorüber ist, erhält eine lobende Erwähnung.

Any et Jacques Gauch, Dom. Le Nouveau Monde, 34350 Vendres, Tel. 04.67.37.33.68, Fax 04.67.37.58.15 n. V.

NOVI 1998**

■ 12,45 ha 5 000 15 à 23 €

Mas de Novi, im 11.Jh. ein für den Weinbau genutztes Gehöft der Abtei Valmagne, hat sich vor kurzem mit einem wunderschönen Lagerkeller ausgerüstet, in dem diese Cuvée reifen musste. Die noch jugendliche Farbe zeigt ein tiefes Purpurrot. In der Nase treffen warme Vanillearomen mit Noten von reifen Früchten und Gewürzen zusammen. Der Geschmack ist fleischig, der Stoff reichhaltig, was diesen Wein zu einem bemerkenswerten Höhepunkt führen dürfte. Schöne Vereinigung zwischen dem Terroir und dem gut gemeisterten Holzton.

SA Saint-Jean du Noviciat, Mas de Novi, 34530 Montagnac, Tel. 04.67.24.07.32, Fax 04.67.24.07.32 tägl. 8h–12h 13h–19h

CH. DU PARC Elevé en fût de chêne 2000*

■ k. A. 6 000 11 à 15 €

Nachdem Arnaud l'Epine sein Rüstzeug auf Château des Ollieux erwarb, kehrte er auf das Familiengut zurück, auf dem er agrobiologische Methoden anwendet. Er hat gut daran getan, wie diese intensiv rote Cuvée zeigt, die nach reifen Früchten, Backpflaume und Lorbeer duftet, mit zart holzigen und würzigen Noten. Am Gaumen entdeckt man spürbare Tannine, die aber abgemildert sind, sehr lang anhalten und sich auf einen schönen Stoff stützen. Man kann ihn schon jetzt und in den kommenden drei bis vier Jahren trinken.

Arnaud L'Epine, Ch. du Parc, rte de Caux, 34120 Pézenas, Tel. 04.67.98.01.59, Fax 04.67.98.01.59, E-Mail lep1959@aol.com n. V.

CH. PECH-CELEYRAN
La Clape Tradition 1999

■ 40 ha 200 000 5 à 8 €

Wenn man auf der Suche nach berühmten ehemaligen Besitzern in der Zeit zurückgehen wollte, würde man auf einen Elternteil von Henri Toulouse-Lautrec stoßen. Seit vier Generationen gehört Pech-Céleyran den Saint-Exupérys. Und was ist mit diesem 99er? Außer seiner eleganten Farbe mit braunen Reflexen hat die Originalität seiner Aromen die Aufmerksamkeit der Juy erregt: Garriguenoten und ein Hauch von Menthol. Der Geschmack ist ausgewogen, ohne jede Unmäßigkeit, mit einem lakritzeartigen Abgang. Weniger konzentriert als der 98er, bedingt durch den Jahrgang.

Jacques de Saint-Exupéry, Ch. Pech-Céleyran, 11110 Salles-d'Aude, Tel. 04.68.33.50.04, Fax 04.68.33.36.12, E-Mail saint-exupery@pech-celeyran.com tägl. 9h–19h30

CH. PECH REDON
La Clape L'Epervier Elevé en fût de chêne 1999*

■ k. A. 40 000 8 à 11 €

Die wunderschöne Stelle, wo sich dieses Gut befindet, erreichen Sie, wenn Sie die kurvenreiche, malerische Straße nehmen, die sich zum Gipfel des Pech-Redon hinaufwindet. Die klimatischen Voraussetzungen des Jahrgangs 1999 waren schwieriger als diejenigen, die bei der Entstehung des 98ers herrschten. Trotz allem macht der 99er seine Sache sehr gut: Hinter dem Granatrot entdeckt man Aromen von Gewürzen, roten Früchten und Leder. Dem Geschmack mangelt es nicht an Rundheit und Seidigkeit. Er ist recht sympathisch.

Christophe Bousquet, Ch. Pech Redon, rte de Gruissan, 11100 Narbonne, Tel. 04.68.90.41.22, Fax 04.68.65.11.48, E-Mail bousquet@terre-net.fr Mo–Sa 9h–12h 14h–19h

CH. DE PINET Picpoul de Pinet 2000*

□ k. A. 20 000 5 à 8 €

Ein von Frauen erzeugter Wein. Die Verkostung platziert ihn deutlich in der Familie der Picpoul-de-Pinet-Weine, wie die blasse Farbe mit goldenen Reflexen und die Zitrusaromen beweisen, bei denen sich Mandarine mit Zitrone mischt. Der Geschmack ist fein, gut ausbalanciert und voller Eleganz. Ein Wein, der natürlich zu Schaltieren bestimmt ist, aber auch einen delikaten gegrillten Wolfsbarsch begleiten kann.

Simonne Arnaud-Gaujal, Ch. de Pinet, 34850 Pinet, Tel. 04.68.32.16.67, Fax 04.68.32.16.39 tägl. 10h–13h 15h–19h; Jan. geschlossen

DOM. PUECH Cuvée spéciale 1999*

■ 2 ha 5 700 8 à 11 €

Ein paar Kilometer nördlich von Montpellier liegt der Weinberg der Domaine Puech. Neben der von der Jury lobend erwähnten **99er Cuvée des Grands-Devois** (Preisgruppe: 20 bis 29 F) präsentiert sich dieser Wein mit einer strahlenden, tiefen Farbe. Seine aromatische Stärke, bei der sich rote Früchte mit Gewürzen mischen, fiel auf. Im Geschmack ist er reich, warm und samtig und lässt es nicht an Feinheit fehlen. Er kann noch lagern.

GAEC Dom. Puech, 25, rue du Four, 34980 Saint-Clément-de-Rivière, Tel. 04.67.84.12.31, Fax 04.67.66.63.16, E-Mail domaine.puech@hotmail.com n. V.

CH. PUECH-HAUT
Saint-Drézéry Tête de cuvée 1999**

■ 30 ha 72 000 15 à 23 €

Es ist überflüssig, Puech-Haut noch vorzustellen; die Sammlung von hohen Auszeichnungen spricht für sich. Die Siegespalme 2002 bestätigt sein Können. Beginnen wir mit der roten 99er Spitzencuvée, die eine Liebeserklärung erhielt: satte rote, fast schwarze Farbe, die ins bläulich Rote geht; sehr ausdrucksvoller Duft, der an Röstgeruch, schwarze Früchte, Trockenfrüchte und Gewürze erinnert, mit einem Holzton, der sich noch einfügen muss; kräftiger, rassiger, harmonischer, lang anhaltender Geschmack, bei dem die deutlich vorhandene Struktur eine zehnjährige Lagerung erwägen lässt. Danach wählen wir den **roten 99er Prestige** (Preisgruppe: 100 bis 149 F) und den **2000er Rosé** (Preisgruppe: 70 bis 99 F), die beide lobend erwähnt wurden, dann die **weiße 99er Tête de**

cuvée (Preisgruppe: 100 bis 149 F) und den **roten 99er Clos du Pic** (Preisgruppe: 200 bis 249 F), für die Matthieu Bru verantwortlich zeichnet und die einen bzw. zwei Sterne erhalten.
SCEA Ch. Puech-Haut, 2250, rte de Teyran, 34160 Saint-Drézéry, Tel. 04.67.86.93.70, Fax 04.67.86.94.07, E-Mail chateau.puech-haut@wanadoo.fr ☑ Y n. V.
Gérard Bru

CH. RICARDELLE La Clape 2000*

■ 16,5 ha 90 000 5à8€

Vor den Toren von Narbonne, in Richtung des bezaubernden Hafens Gruissan, befindet sich der Weinberg von Ricardelle. Hier haben wir einen Wein, den die Jugend nicht durcheinander bringt: Die purpurrote Farbe ist ziemlich leicht; der Duft entfaltet vorbehaltlos Noten von schwarzer Johannisbeere, Garrigue und Leder. Den leicht zugänglichen, harmonischen Geschmack kann man schon jetzt würdigen.
Ch. Ricardelle, rte de Gruissan, 11100 Narbonne, Tel. 04.68.65.21.00, Fax 04.68.32.58.36, E-Mail ricardelle@wanadoo.fr
☑ Y tägl. 9h–18h
Pellegrini

CH. RIVIERE LE HAUT La Clape Clos des Myrtes 2000*

□ 1 ha 5 300 8à11€

Château Rivière le Haut, das gegenüber den Strandseen liegt, besitzt ideale Bedingungen, um Weißweine von großer Ausdrucksstärke zu erhalten. Die Zartheit der Farbe und die Feinheit des Geruchseindrucks, Düfte von kleinen weißen Blüten sowie Garrigue- und Anisgerüche, werden vorteilhaft von einem rassigen Geschmack unterstützt, der für La Clape typisch ist. Rundheit, Nervigkeit und Volumen, die mit würzigen Noten ausklingen, nötigen dazu, ihn mit gegrillter Goldbrasse und Krustentieren zu kombinieren.
Josiane Segondy, Ch. Rivière le Haut, 11560 Fleury-d'Aude, Tel. 04.68.33.61.33, Fax 04.68.33.90.32, E-Mail rivierelehaut@wanadoo.fr ☑ Y Mo–Fr 9h–12h 14h–17h

DOM. DU ROC BLANC Picpoul de Pinet 2000**

□ 10 ha 37 000 3à5€

Ein sehr hübscher Weißwein, der von einem Terroir mit roten Tonböden kommt. Sobald man den Wein serviert, entfaltet er sich: eine blasse Farbe mit grünen Reflexen, Aromen von exotischen Früchten und Pampelmuse. Im Mund ist die Ansprache klar und lebhaft. Danach kommen die Rundheit und das «Fett» zum Ausdruck, ohne das recht typische Säurerückgrat zu überdecken. Ein treuer und delikater Begleiter zu Bouzigues-Austern, ebenso wie die Cuvée **Les Terres Rouges 2000** (Preisgruppe: 20 bis 29 F), die von der Jury lobend erwähnt wurde.
Cave coopérative de Montagnac, 15, rte d'Aumes, 34530 Montagnac, Tel. 04.67.24.03.74, Fax 04.67.24.14.78 Y n. V.

ROUCAILLAT 1999

□ 3,5 ha 14 000 8à11€

Auf Comberousse lassen die Weißweine, wenn man Gelegenheit hat, sie nach drei bis vier Jahren zu verkosten, noch die Anzeichen einer Jugendlichkeit erkennen, die ewig anzuhalten scheint. Bestimmt aus diesem Grund erfordert der 99er – blassgelbe bis goldene Farbe, mentholartiger, karamellisiert wirkender Duft von Zitrusfrüchten, weißfleischigen Früchten und kleinen Blüten, im Geschmack fett, ausgewogen und anhaltend – eine zwei- bis dreijährige Ruhezeit in Ihrem Keller, bevor er Ihnen seinen vollen Charakter offenbart.
Alain Reder, Comberousse, rte de Gignac, 34660 Cournonterral, Tel. 04.67.85.05.18, Fax 04.67.85.05.18 ☑ Y n. V.

CH. ROUMANIERES Cuvée Tradition 1999*

■ 3,5 ha 20 000 8à11€

Früher machten die Pilger auf dem Jakobsweg nach Santiago de Compostela auf Roumanières Rast. Wir stellen uns vor, dass sie damals viele Flaschen tranken. Heute machen es sich hier die Feriengäste behaglich, wobei sie beispielsweise diesen delikaten, verteufelt fruchtigen und ausgewogenen Wein trinken, der sehr warm und mild ist und eine gute Länge zeigt. Oder sie trinken die lobend erwähnte **rote 99er Cuvée Les Garrics** (Preisgruppe: 70 bis 99 F), die sehr jugendlich ist und sich noch in ihr Holzaroma einmummelt, oder den mit einem Stern ausgezeichneten **Rosé Cuvée Tradition** (Preisgruppe: 30 bis 49 F), der für diejenigen bestimmt ist, die Frische mögen.
Robert et Catherine Gravegeal, EARL Ch. Roumanières, 34160 Garrigues, Tel. 04.67.86.91.71, Fax 04.67.86.82.00, E-Mail roumanieres@net-up.com
☑ Y Di–Sa 9h–12h 15h–19h

DOM. SAINT-ANDRIEU Montpeyroux Exception 1998*

■ 1,5 ha 1 800 15à23€

Ein Gut in Familienbesitz, das sich in den für Montpeyroux typischen Lagen befindet. Dort wird alles getan, von der Pflege des Weinbergs bis zur Lese mit der Hand, um das Traubengut zu achten und die Quintessenz davon herauszuziehen. Die Cuvée Exception, die eine strahlende Granatfarbe besitzt, kommt voller Feinheit und Eleganz zur Entfaltung und verbindet kleine rote Früchte und Schwarze-Johannisbeer-Knospen, in der Nase ebenso wie im Mund. Sanftheit vereinigt sich mit süßen Gewürzen und verleiht diesem Leckerbissen, der bereits trinkreif ist, die Schlussnote.
Renée-Marie et Charles Giner, 1, chem. des Faysses, 34150 Montpeyroux, Tel. 04.67.96.61.37, Fax 04.67.96.63.20 Y n. V.

CLOS SAINTE-CAMELLE 1998*

■ 3,5 ha 10 000 5à8€

1998 war für Catherine Do das erste Jahr in der AOC. Ein schöner Jahrgang hat in Verbindung mit dem Können der Winzerin, die ihr Terroir nutzt, einen Wein geliefert, der uns unaufhörlich überrascht hat. Die dichte, strahlende Farbe bleibt noch jugendlich. Die mineralischen Noten und die vollreifen Früchte harmonieren mit der Rundheit und der Fülle des Geschmacks. Die dichten Tannine können sogar noch reifen. Der **2000er Rosé** hat sich durch seine Feinheit und seine Persönlichkeit ausgezeichnet; die Jury hat ihm einen Stern zuerkannt.

EARL dom. de Campaucels, rte de Saint-Pons-de-Mauchiens, 34530 Montagnac, Tel. 04.67.24.19.16, Fax 04.67.24.12.64, E-Mail campaucels.domaine@mageos.com ☑ Y n. V.

Catherine Do

CLOS SAINTE-PAULINE
La Vertu 1999★★

□ 4 ha 10 000 8 à 11 €

Rolle, Grenache und Clairette duften intensiv, die eine Traubensorte nach Zitrusfrüchten, die andere nach Geräuchertem und die dritte nach Buchsbaum, und vereinigen sich dann im Geschmack zu einer vollkommenen Harmonie, die füllig und mild, lebhaft und sanft, lang anhaltend und warm ist. «Anglerragout vom Aal», empfahl ein Juror, «Ente mit Oliven», riet sein Nachbar.

Alexandre Pagès, rte d'Usclas, 34230 Paulhan, Tel. 04.67.25.29.42, Fax 04.67.25.29.42 ☑ Y n. V.

CH. SAINT-JEAN 1998

■ 4 ha 32 000 8 à 11 €

In La Blaquière stößt man, zwischen den kleinen Schluchten mit purpurrotem Erdreich zerstreut, auf einige dunkle Schieferböden, die hübsche, gepflegte Cuvées hervorbringen, wie etwa diesen Château Saint-Jean. Er zeigt eine mittlere Intensität, ganz voller Früchte und Gewürze, Sanftheit und Rundheit, und bietet eine schöne Ausgewogenheit und eine gute Länge.

SCAV Les vignerons de Saint-Jean-de-la-Blaquière, 1, rte de Lodève, 34700 Saint-Jean-de-la-Blaquière, Tel. 04.67.44.90.40, Fax 04.67.44.90.42 ☑ Y n. V.

CH. SAINT-JEAN DE BUEGES 1999

■ 5 ha 15 000 8 à 11 €

Wenn man in Saint-Jean-de-Buèges ankommt, einem ganz kleinen, mittelalterlich wirkenden Dorf, ist das einer der unvergesslichsten Augenblicke unserer Reisen im Languedoc. In diesem Terroir ist die Seele des Weins ihre Feinheit. Eine strahlende granatrote Farbe, ein recht ausdrucksvoller Duft von roten Früchten und Gewürzen und ein zurückhaltender, aber hochfeiner Geschmack kennzeichnen diesen fesselnden Wein.

Cave des Coteaux de Buèges, rte des Graves, 34380 Saint-Jean-de-Buèges, Tel. 04.67.73.13.73, Fax 04.67.73.12.38 ☑ Y n. V.

DOM. SAINT-JEAN DE L'ARBOUSIER 2000

■ 5,5 ha 40 000 5 à 8 €

Wir befinden uns hier auf einem ehemaligen Besitz der Tempelritter (1235). Der Weinberg schmiegt sich in die Garrigue, knapp 5 km von Castries entfernt, das wegen seines großartigen Schlosses berühmt ist. Die Jury hat hier zwei Weine ausgewählt: den **weißen 2000er** und diesen Rotwein, der aus dem gleichen Jahrgang stammt. Er ist schon trinkreif: purpurrote Farbe, feines, diskretes Bouquet von Gewürzen und roten Früchten, Weichheit und Verschmolzenheit im Geschmack. Wählen Sie die Weihnachtszeit, um diesen Keller zu besuchen, dann erwartet Sie dort eine große Krippe mit achtzig Krippenfiguren.

EARL Saint-Jean-de-l'Arbousier, Dom. Saint-Jean-de-l'Arbousier, 34160 Castries, Tel. 04.67.87.04.13, Fax 04.67.70.15.18, E-Mail dom-stjean.de.larbousier@club-internet.f ☑ Y n. V.

Viguier

CH. SAINT-MARTIN-DE-LA-GARRIGUE 2000

□ 5,35 ha 40 000 5 à 8 €

Dieses Jahr präsentiert uns Saint-Martin-de-la-Garrigue den 2000er, den ein schönes Blassgelb kleidet, umgeben von den goldenen Reflexen der Reife. Der Duft erinnert über Butter- und Röstnoten an Zitrusfrüchte und kleine weiße Blüten. Der klare, weiche Geschmack mit einer umhüllenden Empfindung am Gaumen ist auf liebenswürdige Weise ausgewogen und in seinem Abgang warm.

SCEA Saint-Martin de la Garrigue, Dom. Saint-Martin de la Garrigue, 34530 Montagnac, Tel. 04.67.24.00.40, Fax 04.67.24.16.15, E-Mail jezabalia@stmartingarrigue.com ☑ Y Mo–Fr 8h–12h 13h–17h; Sa, So n. V.

Umberto Guida

DOM. DES SAUVAIRE 2000★

■ 1,7 ha 11 000 3 à 5 €

Hervé Sauvaire, der im letzten Jahr schon mit seinem ersten Jahrgang entdeckt wurde, hält seine Versprechen: Beim granatroten 2000er finden wir die Noten von roten Früchten und Gewürzen wieder, die letztes Jahr verführten. Der Geschmack ist rund, gut ausbalanciert und schon reif. Ein genussvoller Wein für ein unmittelbares Vergnügen.

Hervé Sauvaire, Mas de Reilhe, 30260 Crespian,Tél. 04.66.77.89.71, Fax 04.66.77.89.71, E-Mail herve.sauvaire@terre-net.fr ☑ Y n. V.

SEIGNEUR DES DEUX VIERGES
Elevé en fût de chêne 1999★★★

■ 13,8 ha 38 000 8 à 11 €

Die Winzer von Saint-Saturnin erreichen den Gipfel ihrer Meisterschaft mit dieser Cuvée, in der das Terroir regiert, als wäre es der Herr, und bei der es der Kellermeister verstanden hat, die Quintessenz davon herauszuziehen. Unterstützt von einer fast schwarzen Purpurfarbe, entfaltet sich ein Festival von Gewürzen und Lakritze. Der «Herr der zwei Jungfrauen» kommt am

Gaumen vollständig zum Ausdruck, mit einer Stärke, einer Öligkeit und einem Stoff, den manche «männlich» nennen werden und der bestimmt rassig ist. Man kann ihn trinken oder aufheben; hier gibt es für jeden Geschmack etwas. Hinweisen muss man noch auf den **weißen 2000er Le Seigneur des Deux Vierges** (Preisgruppe: 30 bis 49 F), der für seine Feinheit und seine Ausgewogenheit einen Stern erhält.

Les Vins de Saint-Saturnin, rte d'Arboras, 34725 Saint-Saturnin-de-Lucian, Tel. 04.67.96.61.52, Fax 04.67.88.60.13 n. V.

DOM. SOUYRIS 2000*

4 ha 15 000 8 à 11 €

Die Domaine Souyris, die sich zwischen dem Larzac und dem Mittelmeer befindet, hat mit diesem 2000er einen schönen Auftritt im Hachette-Weinführer. Hinter seinem tiefen Purpurrot bietet dieser Wein hübsche Aromen von roten Früchten und Garrigue. Besonders verführt haben die Jury aber sein seidiger Geschmack, seine Ausgewogenheit und seine Feinheit. Ein schon sehr stark verschmolzener Wein, der trinkreif ist.

Guilhem Souyris, 301, chem. de la Roque, 34725 Saint-Félix-de-Lodez, Tel. 04.67.96.68.70, Fax 04.67.96.68.70 tägl. 8h–20h

CH. DE TARAILHAN La Clape 1999

2 ha 5 000 5 à 8 €

Ein kleine Musikpartitur auf dem Etikett: Schon die Präsentation ist bezaubernd. Die Verkostung bestätigt dies: überaus strahlende Granatfarbe, Garrigue- und Weichselaromen. Die Ansprache im Geschmack ist voll; danach zeigen sich die noch ein wenig ungestümen Tannine. Sie müssen sich ein paar Monate lang in der Flasche besänftigen.

Jean-Yves Duret, SCEA dom. du château de Tarailhan, 11560 Fleury-d'Aude, Tel. 04.68.33.91.88, Fax 04.68.33.91.81, E-Mail tarailhan@wanadoo.fr n. V.
François Duret

DOM. DE TERRE MEGERE
Les Dolomies 1999*

3 ha 15 000 5 à 8 €

Michel Moreau kennt sein Terroir gut: rote Garrigue, die sich im Herzen der Grès de Montpellier befindet. Und er kann es zum Sprechen bringen. Der von der Jury lobend erwähnte **weiße 2000er Galopine** ist ein guter Zeuge dafür, ebenso wie diese 99er Cuvée Dolomies mit ihrer dichten Farbe und ihren Aromen von Leder, Lorbeer und sehr reifen Früchten. Sie ist im Geschmack füllig und samtig und wird noch weiter an Ausdrucksstärke gewinnen, wenn Sie sie dekantieren. Im Abgang entfaltet sie sich zu Lakritze und seidigen, traumhaften Tanninen.

Michel Moreau, Dom. de Terre Mégère, Cœur de Village, 34660 Cournonsec, Tel. 04.67.85.42.85, Fax 04.67.85.25.12, E-Mail terremegere@wanadoo.fr
Mo–Fr 15h–19h; Sa 9h–12h30

DOM. LES THERONS
Saint-Saturnin Cuvée Sélection 1999**

4 ha 20 000 5 à 8 €

Dieser Winzer, dessen Gut sich in zwei Lagen der Appellation befindet, sieht seinen **99er Montpeyroux Château Mandagot Grande Réserve** (Preisgruppe: 50 bis 69 F) mit einem Stern bedacht. Dieser Wein hier kann dank eines geduldigen Ausbaus seine Komplexität in Form von Brombeere, schwarzer Johannisbeere und rauchigen Düften zum Ausdruck bringen. Der Umfang, die Ausgewogenheit und die sehr feine Tanninstruktur machen ihn zu einem sehr eleganten Wein, den man schon jetzt würdigen kann.

Jean-François Vallat, Dom. Les Thérons, 34150 Montpeyroux, Tel. 04.67.96.64.06, Fax 04.67.96.67.63 n. V.

RESERVE VERMEIL
Vermeil du Crès 2000*

4,6 ha 12 500 3 à 5 €

Zwei Minuten von der Küste entfernt verbringen die Syrah- (in der Mehrzahl) und Grenache-Trauben ihre Jugend an Kieshängen. Man wählt die besten Trauben aus und erhält reizvolle Cuvées, insbesondere diese 2000er Réserve, die eine dunkle, in ein bläuliches Rot gehende Purpurfarbe besitzt, nach schwarzer Johannisbeere, Kirsche, Lakritze und Gewürzen duftet und rund, weich, ausgewogen und recht beständig ist. Denken Sie auch daran, in Ihrem Kellerbuch den **im Holzfass ausgebauten Vermeil du Crès** (Preisgruppe: 30 bis 49 F) zu notieren, der sich noch entwickelt und nur lobend erwähnt wird, sowie den mit einem Stern ausgezeichneten **Rosé Marine,** der schon fein und trinkreif ist.

SCAV les Vignerons de Sérignan, av. Roger-Audoux, 34410 Sérignan, Tel. 04.67.32.23.26, Fax 04.67.32.59.66
Mo–Sa 9h–12h 15h–18h

DOM. DES VIGNES HAUTES
Pic Saint-Loup 1999*

3 ha 10 000 8 à 11 €

Eine gute Regelmäßigkeit bei diesem Pic Saint-Loup aus Corconne. Er erhielt bereits einen Stern für den vorangegangenen Jahrgang und zeichnet sich dieses Jahr mit seinem **2000er Rosé Domaine du Tourtourel** (Preisgruppe: 30 bis 49 F), der lobend erwähnt wird, und mit dieser Cuvée aus, die noch in ihrer Jugendphase steckt. Sie zeigt ein schönes Lagerpotenzial: eine dunkle bläulich rote Farbe, Aromen, die sich während der Verkostung intensivieren (rote Früchte, Röstgeruch, Menthol), und ein kräftiger Ge-

schmack, dessen Gerüst Holztannine verstärken.
⊶SCA La Gravette, 30260 Corconne, Tel. 04.66.77.32.75, Fax 04.66.77.13.56, E-Mail lagravette@wanadoo.fr
☑ Y tägl. 8h–12h 14h–18h; Gruppen n. V.

CH. DE VIRES
La Clape Cuvée Prestige Elevé en fût de chêne 1999

■ 2 ha 4 500 ⅢⅠ 5à8€

Zwei Weine von Vires wurden dieses Jahr als gelungen beurteilt: der **weiße 2000er Carte Or** (Preisgruppe: 20 bis 29 F), der recht fruchtig ist, und dieser 99er Rotwein von dunkler Farbe. Beim ersten Riechen kommen die Holznoten zum Vorschein. Danach folgen Sauerkirsche und Gewürze. Der noch jugendliche, vom Holzfass geprägte Geschmack bietet dichte Tannine und verdient ein wenig Wartezeit, damit er an Rundheit gewinnt.
⊶GFA du Dom. de Vires, rte de Narbonne-Plage, 11100 Narbonne, Tel. 04.68.45.30.80, Fax 04.68.45.25.22
☑ Y tägl. 9h–12h 14h–19h

DOM. ZUMBAUM-TOMASI
Pic Saint-Loup Clos Maginiai 1999★★

■ 4,35 ha 13 300 ▮ⅢⅠ 11à15€

Dieses Gut an der Straße der Glasmacher, das sich vor kurzem auf biologischen Anbau umgestellt hat, begeisterte uns im letzten Jahr mit seinem 98er. Sie betrachten zuerst die dunkle Farbe, die mit ihren violetten Reflexen fast verschwiegen ist. Dann gelangt ein ganzer Strauß von Aromen in Ihre Nase: Gewürze, Geräuchertes, Vanille. Danach macht sich der Geschmack bemerkbar: fett, kräftig, aber stark verschmolzen. Vergessen Sie diesen Wein zwei bis drei Jahre lang in einem guten Keller. Weisen wir auf das originelle Etikett hin: ein Aquarell auf einer Postkarte.
⊶Zumbaum-Tomasi, rue Cagarel, 34270 Claret, Tel. 04.67.02.82.84, Fax 04.67.02.82.84
☑ Y n. V.

Faugères

Die Weine von Faugères sind ebenso wie die benachbarten Saint-Chianian-Weine seit 1982 als AOC eingestuft. Das Anbaugebiet umfasst sieben Gemeinden, die nördlich von Pézenas und Béziers und südlich von Bédarieux liegen, und erzeugte im Jahre 2000 auf einer Rebfläche von 1 866 hl etwa 83 490 hl. Die Weinberge sind auf relativ hohen Hügeln (250 m) mit sehr steilen Hängen angelegt, auf den ersten Ausläufern der Cevennen, deren Böden aus nicht sehr fruchtbarem Schiefer bestehen. Der Faugères ist ein schwerer Wein von recht intensivem Purpurrot, dessen Aromen an Garrigue und rote Früchte erinnern.

ABBAYE SILVA PLANA
Songe de l'abbé 1999★

■ 7 ha 26 000 ⅢⅠ 8à11€

Ein kluger Rebsatz (15 % Carignan, 42 % Syrah, 36 % Grenache, 7 % Mourvèdre), eine strenge Auslese der Trauben, eine perfekt gemeisterte Vinifizierung und Ausbauweise und ein wunderbares Terroir machen es möglich, diese sehr schöne Cuvée hervorzubringen. Die dunkelrote Farbe, der mineralische Duft, der sich zu Gewürzen hin entwickelt, der Geschmack mit den Noten von überreifen Früchten und der an Vanille erinnernde Abgang verleihen diesem Wein Eleganz und eine gute Ausgewogenheit. Er ist harmonisch. Trinkreif.
⊶SCEA Bouchard-Guy, 3, rue de Fraisse, 34290 Alignan-du-Vent, Tel. 04.67.24.91.67, Fax 04.67.24.94.21 ☑ Y n. V.

CH. DES ADOUZES
Elevé et vieilli en fût de chêne 1999★

■ 5 ha 12 000 ⅢⅠ 5à8€

Das Gut wurde seit mehreren Generationen in der unmittelbaren Nähe einer Kapelle aus dem 11. Jh. aufgebaut. Dieser Wein von purpurroter Farbe besitzt diskrete Düfte von Veilchen und süßen Gewürzen. Die runden, feinen Tannine befinden sich in einem guten Gleichgewicht mit der Fruchtigkeit. Ein Genießerwein. Der **2000er Rosé** hat ebenfalls einen Stern erhalten.
⊶Jean-Claude Estève, Tras du Castel, 34320 Roquessels, Tel. 04.67.90.24.11, Fax 04.67.90.12.74 ☑ Y n. V.

CH. ANGLADE Comète 1998★

■ 5 ha 10 000 ▮ⅢⅠ🌡 11à15€

Eine klassische Zusammenstellung von Syrah (35 %), Grenache (60 %) und Mourvèdre bei diesem Wein, der eine intensive, satte Farbe zeigt. Sein interessanter, großzügiger Geruchseindruck bietet Düfte von roten Früchten, die sich mit Kaffeenoten mischen. Der Geschmack, den deutlich spürbare Tannine unterstützen, setzt sich in einem Abgang mit Vanillearoma fort. Ein sehr gut komponierter Wein, der lagern muss.
⊶Marie Rigaud, Ch. Anglade, 34600 Caussiniojouls, Tel. 05.59.84.16.23, Fax 05.59.84.16.23, E-Mail chateau.anglade@wanadoo.fr ☑ Y n. V.

CH. CAUSSINIOJOULS 1999★★

■ 20 ha 30 000 ⅢⅠ 8à11€

Die Winzer der Genossenschaftskellerei von Faugères haben es verstanden, Spitzentechnologie mit einer strengen Auslese der Trauben zu verbinden: bei diesem Wein, der der Oberjury präsentiert wurde, ebenso wie beim **Mas Olivier** (Preisgruppe: 30 bis 49 F), der ebenfalls zwei Sterne erhält. Caussiniojouls, der eine sehr schöne tiefrote Farbe besitzt und dank einer schönen

Feinheit aromatisch wirkt, durch rote Früchte und Gewürze geprägt, bietet einen sehr großen Genuss. Der Geschmack ist sanft, mit Röstnoten und verschmolzenen Tanninen, die den großartigen typischen Charakter der Schieferböden von Faugères erkennen lassen. Er passt ausgezeichnet zu einem Entenmagret.
Cave Coop. Faugères, Mas Olivier,
34600 Faugères, Tel. 04.67.95.08.80,
Fax 04.67.95.14.67, E-Mail lescrus.faugeres @free.fr ☑ Ϫ tägl. 9h–12h 14h–19h

CH. CHENAIE Les Douves 1999*

■ 4 ha 16 000 8 à 11 €

Die Familie Chabbert hat den Bergfried und den zweiten Teil des auf das 11. Jh. zurückgehenden Schlosses erworben, um sie zu restaurieren. Eine Cuvée von sehr dunkler Farbe, mit violetten Tönen. Der intensive Duft verbindet Röst- und Vanillenoten. Der Geschmack lässt einen recht guten Stoff und kraftvolle Tannine erkennen. Ein noch jugendlicher Wein.
EARL André Chabbert et Fils, Ch. Chenaie,
34600 Caussiniojouls, Tel. 04.67.95.48.10,
Fax 04.67.95.44.98 ☑ Ϫ n. V.

CH. DES ESTANILLES 1999**

■ 5 ha 30 000 15 à 23 €

Einmal mehr gibt es eine Liebeserklärung für dieses Gut, auf dem man einen Keller mit 200 Barriquefässern bewundern kann. Die Farbe dieses 99ers ist prächtig, dunkel und tief. Der sehr feine Kakaoduft ist durch Gewürze und Röstnoten geprägt. Nach einer sanften, fruchtigen Ansprache entwickelt sich der konzentrierte Geschmack, der ein schönes Volumen besitzt, voller Fülle. Seidige Tannine begleiten den lang anhaltenden Abgang. Majestätische Harmonie.
Michel Louison, Ch. des Estanilles,
34480 Cabrerolles, Tel. 04.67.90.29.25,
Fax 04.67.90.10.99 ☑ Ϫ n. V.

DOM. DE FENOUILLET 1999*

■ 3 ha 8 000 5 à 8 €

Die Firma Jeanjean hat ihren Sitz in Saint-Félix-de-Lodez, bestellt aber einen Weinberg in Faugères und vinifiziert ihre Weine in der Kellerei von Laurens. Diese Cuvée, die stark von ihrem Terroir geprägt wird, stammt von Trauben, die in einem Zustand von leichter Überreife mit der Hand gelesen wurden. Die Farbe ist purpurrot. Der sehr intensive Duft bringt Aromen von roten Früchten und Vanillenoten zum Vorschein. Im Geschmack hinterlassen die deutlich spürbaren Tannine einen lang anhaltenden, milden Schlusseindruck.
Jeanjean, BP 1, 34725 Saint-Félix-de-Lodez,
Tel. 04.67.88.80.00, Fax 04.67.96.65.67

DOM. DU FRAISSE 1999**

■ 13 ha 65 000 5 à 8 €

Zwanzig Jahre alte Rebstöcke und ein zwölfmonatiger Ausbau für diese Cuvée, die einen für Schiefer typischen Duft (Feuerstein, empyreumatische Noten) bietet. Die Ausgewogenheit und die Gesamtharmonie erscheinen sehr reizvoll. Dieser schon angenehme Wein zeigt Charakter und einen schönen Stoff, der sich in den kommenden Jahren verfeinern dürfte.
Jacques Pons, 1 bis, rue du Chemin-de-Ronde, 34480 Autignac, Tel. 04.67.90.23.40,
Fax 04.67.90.10.20, E-Mail jacques.pons6 @wanadoo.fr ☑ Ϫ n. V.

CH. GREZAN
Cuvée Arnaud Lubac 1999**

■ 11 ha 40 000 5 à 8 €

Ein Schloss, dessen Fundamente auf das 12. Jh. zurückgehen (eine Komturei der Tempelritter) und dem es mit seinen Bauten aus dem 19. Jh. und seiner Trompe-l'œil-Mauer nicht an Reizen fehlt. Der Wein hingegen ist echt. Er besitzt ein sehr schönes Potenzial, wie die intensive Farbe, die Aromen von gekochten Früchten mit Mentholnoten und die seidigen Tannine zeigen. Volumen, «Fett» und Eleganz: ein sehr hübscher Faugères, den man aufheben muss, damit er seinen Reichtum entfalten kann. Man kann ihn auch während einer Mahlzeit im mediterranen Restaurant des Châteaus trinken. Einen Stern hat die Jury der Cuvée **Les Schistes dorés 1998** (Preisgruppe: 100 bis 149 F) zuerkannt, die man zwei Jahre lagern sollte.
Ch. Grézan, RD 909, 34480 Laurens,
Tel. 04.67.90.27.46, Fax 04.67.90.29.01,
E-Mail chateau-grezan@wanadoo.fr
☑ Ϫ Mo–Sa 9h30–12h 14h–18h30

CH. HAUT LIGNIERES 2000*

◪ 2 ha 7 000 5 à 8 €

Wollen Sie sich eine Freude bereiten? Probieren Sie diesen Wein von perfektem Mauve, mit einem komplexen, intensiven Duft von Blumen (Jasmin) und frischen Früchten (Himbeere). Der runde Geschmack dreht sich um eine gute Ausgewogenheit. Man kann ihn als Aperitif oder zu gegrilltem Fisch trinken. Ein Vergnügen können Sie sich auch gönnen, wenn Sie auf dem Gut diesen Rosé und zugleich die wunderschöne Landschaft der Cevennen entdecken, die seine Geburt miterlebte.
Elke Kreutzfeld, lieu-dit Bel-Air, 34600 Faugères, Tel. 04.67.95.38.27, Fax 04.67.95.78.51
☑ Ϫ n. V.

CH. DE LA LIQUIERE Cistus 1999*

■ 6 ha 21 000 11 à 15 €

Ein Gut in Familienbesitz, das seit vielen Generationen besteht und sein Terroir und seine Umwelt achtet. Ein echter Faugères von intensiver Farbe, erzeugt aus 40 % Syrah sowie – zu gleichen Teilen – Carignan, Grenache und Mourvèdre. Der Geruchseindruck ist zwar noch verschlossen, aber die Präsenz im Mund lässt

eine günstige Alterung voraussagen. Trinken Sie diesen Wein zu einem Languedoc-Gericht: Ente mit grünen Tafeloliven, in Öl eingelegt.
Ch. de La Liquière, 34480 Cabrerolles, Tel. 04.67.90.29.20, Fax 04.67.90.10.00, E-Mail bvidal@terre-net.fr Y n. V.
Vidal-Dumoulin

DOM. DE LA REYNARDIERE 1999*

■ 6 ha 6 000 5 à 8 €

Das schwarze Etikett wird es dem Leser ermöglichen, die von unseren Verkostern ausgewählte Cuvée wieder zu erkennen. Sie hat eine tiefrote Farbe. Die Aromen erinnern an vollreife rote Früchte, begleitet von Leder- und Röstnoten. Die Stärke des Weins entspricht den dichten Tanninen. Man kann sie trinken oder zwei bis drei Jahre aufheben.
SCEA Dom. de La Reynardière, 7, cours Jean-Moulin, 34480 Saint-Geniès-de-Fontedit, Tel. 04.67.36.25.75, Fax 04.67.36.15.80
Y Mo–Sa 10h–12h 14h–19h
Mège-Pons

MOULIN DE CIFFRE 1999*

■ 6 ha 25 000 8 à 11 €

Sie sind nicht in Faugères geboren, haben aber das Terroir und die Menschen sehr schnell begriffen: Die Lésineaus haben Talent. Diese sonnige, reiche Cuvée besitzt eine intensive rote Farbe. In dem ein wenig verschlossenen Geruchseindruck dominieren Rauch- und Gewürznoten. Nach einer guten Ansprache bietet der Geschmack Tannine, die noch verschmelzen müssen: Seine Ausgewogenheit verspricht in ein paar Monaten einen schönen Wein.
Lésineau, SARL Ch. Moulin de Ciffre, 34480 Autignac, Tel. 04.67.90.11.45, Fax 04.67.90.12.05, E-Mail info@moulindeciffre.com Y n. V.

DOM. OLLIER-TAILLEFER
Grande Réserve 1999**

■ 6 ha 30 000 5 à 8 €

Dank seines Schieferbodens und seiner ausgezeichneten Lage hat dieses Gut die besten Voraussetzungen, den typischen Charakter der AOC zum Ausdruck zu bringen. Für die Cuvée **Castel Fossibus 1999** lobend erwähnt, stellt es hier einen Wein vor, der sich Zeit lässt, sich zu entfalten. Sein an Röstung und Wild erinnernder Geruchseindruck, seine volle, konzentrierte Ansprache und danach die Entfaltung der recht geradlinigen Tannine sind alles Hinweise auf ein bemerkenswertes Potenzial.
Dom. Ollier-Taillefer, rte de Gabian, 34320 Fos, Tel. 04.67.90.24.59, Fax 04.67.90.12.15 Y n. V.
Alain Ollier

DOM. DES PRES-LASSES 1999*

■ 3 ha 5 000 8 à 11 €

Die erste Lese und bereits ausgewählt: Diese beiden Winzer, die man im Auge behalten sollte, haben es sofort verstanden, das Terroir und die fünf Rebsorten des Faugères-Gebiets zu beherrschen. Der noch verschlossene Geruchseindruck öffnet sich langsam zu Fruchtnoten; der Geschmack bietet Tannine, die noch Zeit brauchen, damit man das Ganze genießen kann. Die delikaten Düfte fordern dazu auf, sich zu gedulden. Der ebenso teure **2000er Rosé** wurde von der Jury lobend erwähnt.
Feigel et Ribeton, 5, rue de L'Amour, 34480 Autignac, Tel. 04.67.90.21.19, Fax 04.67.90.21.19 Y n. V.

DOM. DU ROUGE GORGE 1999

■ k. A. 50 000 3 à 5 €

Schon im Alter von fünfzehn Jahren arbeitete Alain Borda im Weinberg. 1982 legte er hier sein Gut an. Ein angenehmer Faugères mit Noten von kandierten Früchten und einem sehr weichen, eleganten Geschmack. Ein sehr geselliger Wein. Der **2000er Rosé** wurde wegen seiner Fruchtigkeit und Harmonie lobend erwähnt.
Alain Borda, Dom. Les Affanies, 34480 Magalas, Tel. 04.67.36.22.86, Fax 04.67.36.61.24, E-Mail borda@terre.net.fr
Y tägl. 8h–12h 14h–18h

DOM. DE SAUVEPLAINE
Cuvée Anne Sophie Elevée en fût de chêne 1998*

■ 35 ha 200 000 5 à 8 €

40 % Carignan befinden sich in dieser überaus gelungenen Cuvée der Genossenschaftskellerei: Ihre kräftige Purpurfarbe umhüllt einen Duft von vollreifen roten Früchten und Kakao. Die kräftigen und zugleich vornehmen Tannine bringen empyreumatische Noten zum Vorschein. Ein Wein, der sich mitten in seiner Entwicklung befindet und sehr schöne Zukunftsaussichten hat.
SCAV Les Coteaux de Laurens, chem. de Murelle, 34480 Laurens, Tel. 04.67.94.48.73, Fax 04.67.90.25.47 Y n. V.

Fitou

Die Appellation Fitou, die älteste Rotwein-AOC des Languedoc-Roussillon (1948), befindet sich in der mediterranen Zone der Corbières; sie erstreckt sich auf neun Gemeinden, die auch die Vins doux naturels Rivesaltes und Muscat Rivesaltes erzeugen dürfen. Die Produktion lag 2000 bei 112 000 hl. Der Fitou ist ein Wein von schöner dunkelrubinroter Farbe, der einen Mindestalkoholgehalt von 12° aufweist und mindestens neun Monate im Fass reift.

DOM. BERTRAND-BERGE

Cuvée Jean Sirven 1999★★★

■ 2 ha 2 000 23 à 30 €

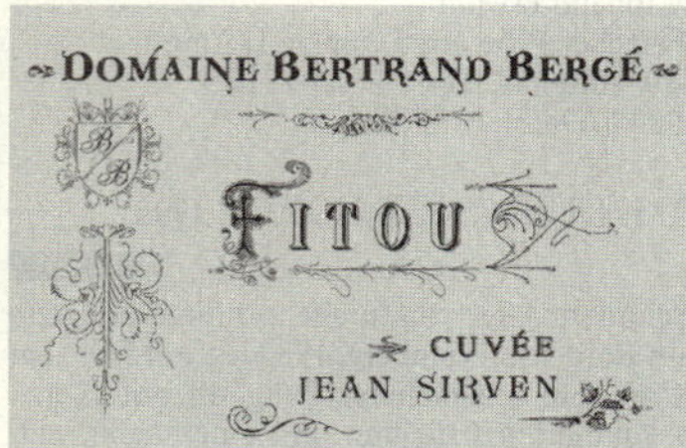

Diese Spitzencuvée, die aus den drei Rebsorten Grenache, Carignan und Syrah zusammengestellt worden ist und einen subtilen Holzton besitzt, ist ein prächtiger Wein mit einer sehr kräftigen Purpurfarbe und Düften, die Gewürze, Lorbeer und rote Früchte vereinigen. Der bemerkenswert voluminöse und ausgewogene Geschmack lässt bereits eine schöne Verschmolzenheit von Wein und Holz erkennen. Solide Tannine mit Lakritzearoma verstärken die Frucht und begleiten sie lang anhaltend.

Dom. Bertrand-Bergé, av. du Roussillon, 11350 Paziols, Tel. 04.68.45.41.73, Fax 04.68.45.41.73 ☑ Y tägl. 8h–12h 13h30–19h

DOM. DE LA ROCHELIERRE

Cuvée Privilège Elevé en fût de chêne 1999★★★

■ k. A. 10 000 8 à 11 €

Abgesehen vom Plateau bildet das Weinbaugebiet der Gemeinde Fitou zusammen mit der ausgedörrten Landschaft Kalksteinhügel, in Form von steinigen Weinbergen, wo sich die als *«capitelles»* bezeichneten runden Hütten aus Trockensteinen befinden, die Rebstöcke enthalten. Dort ist dieser rubinrote Wein entstanden, eine subtile Vereinigung von reifen Früchten und Düften der Garrigue. Er ist harmonisch und gleitet über samtige Tannine, die von einer fleischigen Frucht und einer sehr angenehmen Röstnote ausgeglichen werden. Trinken sollte man ihn zu Wild.

Jean-Marie Fabre, Dom. de La Rochelière, 17, rue du Vigné, 11510 Fitou, Tel. 04.68.45.70.52, Fax 04.68.45.70.52 ☑ Y n. V.

LE MARITIME

Elevé en fût de chêne 1999★

■ 2 ha 8 000 8 à 11 €

Leucate verdankt seinen Namen den griechischen Seeleuten, die es wegen der weißen Klippen (*leukos* bedeutet im Griechischen «weiß»), die vom Meer aus gut zu sehen waren, so nannten. Le Maritime präsentiert sich mit dieser Cuvée, die einen hohen Mourvèdre-Anteil enthält, eine purpurrote Farbe zeigt und intensiv nach reifen Früchten und Wildbret duftet. Die Ansprache ist klar, mild und rauchig; die Frucht wird im «Fleisch» des Weins spürbar. Außerdem entdeckt man eine samtige Gerbsäure. Der Gesamteindruck ist sehr harmonisch.

Les vignerons du Cap Leucate, 2, av. F.-Vals, 11370 Leucate, Tel. 04.68.40.01.31, Fax 04.68.40.08.90 ☑ Y n. V.

DOM. LERYS Elevé en fût de chêne 1999

■ k. A. 10 000 5 à 8 €

Vom maritimen Kalkstein bis zum Schiefer von Villeneuve – man muss sich Zeit lassen können, um hier auf Entdeckungsreise zu gehen. Die kurvenreiche Straße fügt sich in die wilde Schönheit der Landschaft ein. Aber es ist den Umweg wert, auf dem Gut Station zu machen oder sich dort länger aufzuhalten. Die Meisterung des Barriqueausbaus ist perfekt bei dieser Cuvée von tiefer Farbe. Die Kirschdüfte mischen sich mit Leder und Wildbret. Die Ausgewogenheit zwischen Frucht und Gerbsäure über einer Röstnote lässt eine schöne Zukunft vorhersagen.

Dom. Lerys, 11360 Villeneuve-les-Corbières, Tel. 04.68.45.95.47, Fax 04.68.45.86.11, E-Mail domlerys@aol.com ☑ Y tägl. 10h–20h

Izard

DOM. LES MILLE VIGNES

Les Vendangeurs de la Violette 1999★

■ 1 ha 4 000 30 à 38 €

Jacques Guérins Leidenschaft sind die fünf Hektar Reben, die er hegt und pflegt, die Lese, die ein Fest bleibt, eine Schwäche für eine lange Maischung und für die Mourvèdre-Traube, nicht zu vergessen das Können. Diese Cuvée verführt: Die rote Farbe ist tief und ansprechend. Der noch wilde Duft entfaltet sich zu Brombeere und schwarzer Johannisbeere. Die Überraschung kommt mit der Feinheit des Geschmacks rund um eine fleischige Empfindung von Kirsche. Samtige Tannine strukturieren einen eleganten, aber kräftigen Wein mit würzigem Abgang. Gute Lagerfähigkeit.

J. et G. Guérin, Dom. Les Mille Vignes, 24, av. Saint-Pancrace, 11480 La Palme, Tel. 04.68.48.57.14, Fax 04.68.48.57.14 ☑ Y n. V.

CH. DE NOUVELLES

Cuvée Vieilles vignes 1999

■ 12 ha 20 000 8 à 11 €

Wenn man zu Daurat-Fort fährt, einem für seine Fitou-Weine berühmten Gut, ist die Überraschung groß, dass man sich jenseits des Passes Col d'Extrême nach einer Irrfahrt auf diesem Weingut, einem der geschichtsträchtigsten der Region, wiederfindet. Das Rubinrot dieses 99ers ist strahlend. Der Geruchseindruck verbindet Früchte und Lakritze, die man im Mund wieder entdeckt. Noch spürbare Tannine und ein großzügiger Abgang warten auf Wildschweinpfeffer.

EARL R. Daurat-Fort, Ch. de Nouvelles, 11350 Tuchan, Tel. 04.68.45.40.03, Fax 04.68.45.49.21 ☑ Y n. V.

CH. DE SEGURE 1999★★

■ 20 ha 60 000 ⫴ 5à8€

Es fällt schwer, aus dem bemerkenswerten Angebot, das die Genossenschaftskellerei von Tuchan dank ihrer Produktion von 44 000 hl Fitou-Wein präsentiert, eine Auswahl zu treffen. Aufmerksamkeit erregt haben ein **98er Baron La Tour** und der **99er Seigneur de Dom Neuve.** Den Sieg trägt der Château de Ségure davon. Er schmückt sich mit einer tiefen Farbe und Düften nach Honigblüten der Garrigue und schwarzer Johannisbeere und bietet einen stattlichen, vollen, fruchtig-lakritzeartigen Geschmack mit verschmolzenen Tanninen. Das Ganze wirkt sehr frisch und ist schon lecker.

Les Producteurs du Mont Tauch, 11350 Tuchan, Tel. 04.68.45.29.64, Fax 04.68.45.45.29, E-Mail contact@mont-tauch.com
tägl. 9h–12h 14h–18h

CH. DU SEIGNEUR D'ARSE 1999★

■ 30 ha 50 000 5à8€

Nach den schrecklichen Überschwemmungen von November 1999 hat sich das Leben wieder normalisiert. Dank der allgemeinen Großzügigkeit wird die Kellerei wieder aufgebaut. Der in ein purpurrotes Gewand gekleidete Seigneur d'Arse äußert sich in Form von sehr frischen, wohl schmeckenden roten Früchten über einer Gerbsäure, die schon mild und lakritzeartig wirkt. Ein schöner Abgang bei einem bereits trinkreifen Wein, der aber auch lagern kann.

Les Maîtres Vignerons de Cascastel, Grand-Rue, 11360 Cascastel, Tel. 04.68.45.91.74, Fax 04.68.45.82.70 n. V.

DOM. DU TAUCH

Elevé en fût de chêne 1999★★

■ 28 ha 150 000 ⫴ 3à5€

Der Domaine du Tauch, eine weitere Cuvée der Kellerei von Tuchan, die in ihrer Konzeption eine klassischere Seite abdeckt, lässt dennoch einen schönen Ausdruck des Terroir der Hautes Corbières erkennen. Die Rubinfarbe glänzt; die Düfte erinnern an kleine Früchte mit einer Garriguenote. Die seidigen Tannine strukturieren einen schönen, aromatischen Wein, der rund und füllig ist und einen empyreumatischen Abgang zeigt. Es fehlt nur noch das Wild, das ihn begleiten kann. Weisen wir auf die **99er Cuvée spéciale sélection de Villeneuve** hin, die eine lobende Erwähnung erhält: Es handelt sich um einen Wein mit «Terroir-Charakter», der aus der Fusion der Kellerei von Villeneuve mit der von Tuchan hervorgegangen ist. Sie stammt somit von den Schieferhängen der Hautes Corbières. Man sollte sie erst in zwei Jahren aufmachen und dann dekantieren.

Les Producteurs du Mont Tauch, 11350 Tuchan, Tel. 04.68.45.29.64, Fax 04.68.45.45.29, E-Mail contact@mont-tauch.com tägl. 9h–12h 14h–18h

Minervois

Der Minervois, ein AOC-Wein, wird in 61 Gemeinden erzeugt, von denen sich 45 im Departement Aude und 16 im Departement Hérault befinden. Dieses ziemlich kalkhaltige Gebiet mit sanften Hügeln, das mit der Rückseite nach Süden hin liegt und durch die Montagne Noire vor kalten Winden geschützt wird, bringt Weiß-, Rosé- und Rotweine hervor; Letzterer macht 95 % aus. Auf einer Anbaufläche von 4 560 ha wurden 2000 insgesamt 225 855 hl erzeugt.

Durch das Weinbaugebiet des Minervois führen zauberhafte Routen; eine ausgeschilderte Strecke bildet die «Weinstraße», an der zahlreiche Probierkeller liegen. Ein in der Geschichte des Languedoc bedeutsamer Ort (die alte Stadt Minerve, wo sich ein entscheidendes Kapitel der Katharertragödie abspielte), viele kleine romanische Kapellen und die reizvollen Kirchen von Rieux und Caune sind die Hauptattraktionen für Touristen, die in diese Gegend reisen. Die Compagnons du Minervois, die örtliche Weinbruderschaft, haben ihren Sitz in Olonzac.

Die Gemeinde La Livinière gehört nunmehr zu einer Appellation Minervois-La Livinière, die fünf Gemeinden umfasst. 2000 erzeugte diese AOC 8 930 hl Rotwein.

ABBAYE DE THOLOMIES 1999★

■ 15 ha 30 000 8à11€

Ein Keller, der sich in den Gewölben der tausend Jahre alten Abtei befindet und eine perfekte Zusammenstellung aus 40 % Carignan sowie zu gleichen Teilen Syrah, Grenache und Mourvèdre. Diese Cuvée weckt die Sinne. Die purpurviolette Farbe ist so erregend, dass man sich beeilt, die himmlischen Düfte einzuatmen: Rose, Zistrose und Myrrhe. Der fleischige, füllige, runde Geschmack verwöhnt den Verkoster.

Lucien Rogé, Abbaye de Tholomiès, 34210 La Livinière, Tel. 04.68.78.10.21, Fax 04.68.78.36.04 n. V.

CH. DE BEAUFORT 1999★

■ 10 ha 30 000 ⫴ 11à15€

Jérôme Portal, der das Gut seit 1998 leitet, hat die Herausforderung angenommen, seinen Keller auf das Potenzial des Weinbergs einzustellen. Der Erfolg kam sofort mit diesem prächtig wirkenden 99er, der eine rubinrote Farbe und einen tiefen Duft zeigt. Die spürbaren Tannine verschmelzen auf liebenswürdige Weise, so dass die Noten von roten Früchten zur Geltung kommen können. Dieser Minervois ist kräftig und rassig: Sein anhaltendes Vanillearoma kennzeichnet einen großartig ausgebauten Wein. Lagern.

SCEA Ch. de Beaufort, Dom. d'Artix, 34210 Beaufort, Tel. 04.68.91.28.28,. Fax 04.68.91.38.38, E-Mail contact@chateau-de-beaufort.com n. V.

Jérôme Portal

CH. BONHOMME Les Alaternes 1999

2,5 ha 6 000 11 à 15 €

Dieser «Erzeuger-» oder «Höhenwein», wie man hier gern hervorhebt, stammt ausschließlich von sechzig Jahre alten Carignan-Reben. Er überrascht durch seine Ansprache, die ganz von Frucht und süßer Vanille erfüllt ist. Er ist weich, elegant und warm im Abgang und passt zur Nouvelle cuisine.

SCE Ch. Bonhomme, Dom. de Bonhomme, 11800 Aigues-Vives, Tel. 04.68.79.28.47, Fax 04.68.79.28.48 n. V.

DOM. BORIE DE MAUREL Cuvée Sylla 1999***

3,2 ha 11 000 15 à 23 €

In Félines-Minervois kann man die frühesten Spuren von Feuerstein-Pfeilspitzen aus der Jungsteinzeit sehen. Dieses Gebiet, das reich an viele Jahrtausende altem Können ist, erlebt seit zwanzig Jahren eine echte Qualitätsrevolution, die freiwillig von Menschen wie Michel Escande betrieben wird, der hier seine sechste Liebeserklärung erhält. Diese Cuvée, die ausschließlich von Syrah-Trauben stammt, angepflanzt auf einem tonigen Kalksteinboden, braucht man nicht mehr eigens vorzustellen. Immer wieder derselbe Reichtum in ihrer dunklen Farbe. Immer wieder die gleiche betörende Intensität, bei der Trüffel, Veilchen, Mokka und Kakao als Verbündete im Glas rotieren. Der harmonische, voluminöse Geschmack, der an Lakritze erinnert, ist gut umhüllt. Der Wein könnte einen Wasservogel begleiten.

GAEC Michel Escande, rue de la Sallele, 34210 Félines-Minervois, Tel. 04.68.91.68.58, Fax 04.68.91.63.92 n. V.

DOM. CHABBERT-FAUZAN 2000*

2 ha 2 000 5 à 8 €

Das Gut liegt auf den Kalksteinanhöhen des Weilers Fauzan. Während der **rote Clos La Coquille** dieses Jahr lobend erwähnt wird, hat der intensiv farbene Roséwein des Guts von der Jury den Vorzug erhalten. Er ist fein und blumig zugleich und findet einen Ausgleich zwischen Lebhaftigkeit und Fülle, so dass er voller Eleganz langsam über den Gaumen gleitet. Ein typischer Verschnittrosé.

Gérard Chabbert, Fauzan, 34210 Cesseras, Tel. 04.68.91.23.64, Fax 04.68.91.31.17 n. V.

CH. COUPE ROSES 1999**

6 ha 3 000 5 à 8 €

Am Ortseingang von La Caunette, einem kleinen, in den Fels gebauten Dorf, in dem man noch ein befestigtes Tor aus dem 13. Jh. bewundern kann, befindet sich eine originelle Kellerei, die einen Weißwein allein von Roussanne-Reben erzeugt, die auf Schieferböden angepflanzt sind. Dieser Wein, der in der Nase eine schöne mentholartige Ausdrucksstärke zeigt, lädt die Geschmacksknospen, die auf angenehme Weise zwischen honigartiger Süße und mineralischer Stärke jonglieren, zum Fest ein. Dieser 99er hat seine Reife erreicht und bleibt im Abgang vollkommen ausgewogen.

Frissant Le Calvez, Ch. Coupe Roses, 34210 La Caunette, Tel. 04.68.91.21.95, Fax 04.68.91.11.73, E-Mail couperoses@wanadoo.fr Mo–Fr 8h30–12h30 14h–18h

DOM. CROS Les Aspres 1999***

1,5 ha 5 000 15 à 23 €

Die Oberjury hat sich entschieden: Pierre Cros fehlt bei diesem außergewöhnlichen Wein ein Glas zur höchsten Auszeichnung. Seine Cuvée Les Aspres, zu 100 % aus Syrah erzeugt, zeigt mit ihrer rubinroten Farbe eine schöne Erscheinung. Gewürze, Kaffee, rote Früchte und Vanille bezaubern. Der vollkommen ausgewogene Geschmack entwickelt sich über Tanninen von großer Fülle. Die Kaudalien prägen das Schlussbild des Abgangs und laufen eine Ehrenrunde.

Pierre Cros, 20, rue du Minervois, 11800 Badens, Tel. 04.68.79.21.82, Fax 04.68.79.24.03 n. V.

CH. DU DONJON Cuvée Prestige Elevé en fût de chêne 1999**

10 ha 50 000 5 à 8 €

Das Minervois ist reich an Überresten, die in die Vorgeschichte zurückreichen, und verdient auch wegen seiner Bauwerke und seiner Landschaft einen Besuch, bei dem sich Kultur und Vergnügen verbinden. Dieses schöne, 50 ha große Gut, von dem ein Teil auf das 15. Jh. zurückgeht, ist an diesem Lebensstil beteiligt, unter anderem mit diesem zwölf Monate im Eichenfass ausgebauten Wein. Seine an Sauerkirschen erinnernde, lebhaft funkelnde Farbe verführt. Die Ansprache ist rund, begleitet von Gewürz-, Himbeer- und Schwarze-Johannisbeer-Noten. Der ausgewogene Körper mit dem Vanillearoma bietet einen bemerkenswerten Abgang.

Jean Panis, Ch. du Donjon, 11600 Bagnoles, Tel. 04.68.77.18.33, Fax 04.68.72.21.17, E-Mail jean.panis@wanadoo.fr n. V.

YVES GASTOU 1998

■ 2 ha 8 000 5à8€

Das hübsche Dorf Villalier enthält die Ruinen eines Bischofspalais. Hier sehen wir ein Etikett, das die Handschrift des Winzers trägt, für einen Wein der Haute Couture mit kräftiger Textur, zu 90 % aus Syrah-Trauben erzeugt, die mit Grenache kombiniert wurden. Seidige Aromen von Leder und gekochten Früchten reihen sich bis zum Abgang aneinander. Trinken sollte man ihn zu Ente mit Oliven.

Yves Gastou, Dom. des Grandes-Marquises, 11600 Villalier, Tel. 04.68.77.19.89, Fax 04.68.77.58.94, E-Mail yves.gastou@wanadoo.fr n. V.

CH. LA GRAVE Privilège 1999*

■ k. A. 12 000 8à11€

Unter dem Banner des Châteaus sind Eltern, Kinder und Schwiegersöhne vereint. Dieses für die Appellation typische Gut wurde vom Hachette-Weinführer geehrt, als es für seinen zum Lieblingswein gewählten weißen «Expression 1997» die Bronzene Weintraube erhielt. Es hisst dieses Jahr eine granatrote Flagge mit bezaubernden Veilchen- und Vanillearomen. Die soliden Tannine unterstützen die kraftvolle Ansprache und stellen die Harmonie des kräftigen, warmen Baus sicher: ein Wein, der sich auf die vier roten Traubensorten der AOC gründet, wobei Syrah (60 %) dominiert, angepflanzt auf Kiesböden.

Jean-Pierre et Jean-François Orosquette, Ch. La Grave, 11800 Badens, Tel. 04.68.79.16.00, E-Mail chateaulagrave@wanadoo.fr

Mo–Fr 9h–12h 14h–19h; Sa, So n. V.

DOM. LA PRADE MARI Chant de l'Olivier 1999**

■ k. A. 12 000 8à11€

In diesem Garrigue-Anbaugebiet, wo alles aus Licht und Tönen besteht, erzielt der Winzer, der hören und warten kann, eine herausragende Qualität. Als Beweis dafür dient dieser prächtige Wein, der den erodierten Hängen abgerungen worden ist: rubinrot mit Aromen von schwarzer Johannisbeere und Kakao. Seine fleischigen Tannine, die sich auf eine lebhafte, kräftige Struktur stützen, entfalten sich bis zu einem Abgang, in dem Wärme gleichbedeutend mit Fülle ist.

Vignerons de La Méditerranée, ZI Plaisance,12, rue du Rec-de-Veyret, BP 414, 11104 Narbonne Cedex, Tel. 04.68.42.75.00, Fax 04.68.42.75.01, E-Mail rhirtz@listel.fr n. V.

DOM. LASSERRE Clot de L'Oulo 1998*

■ 3 ha 20 000 8à11€

Die Reblage Clot de l'Oulo ist mit Mourvèdre und Grenache bestockt. Die beiden Rebsorten ergänzen sich und reichen einander herzlich «eine eiserne Hand in einem Samthandschuh». Die Struktur entwickelt sich nämlich voller Milde, während die Düfte von schwarzer Johannisbeere auf Pfeffer und Vanille treffen. Dieser Wein besitzt alles, um im Keller harmonisch zu verschmelzen. Auf Flaschen abgefüllt wurde er von der Kellerei von Pouzols-Minervois – eine Angabe, die Sie auch auf dem Etikett finden.

Vignerons de La Méditerranée, ZI Plaisance,12, rue du Rec-de-Veyret, BP 414, 11104 Narbonne Cedex, Tel. 04.68.42.75.00, Fax 04.68.42.75.01, E-Mail rhirtz@listel.fr n. V.

LAURAN CABARET 2000*

□ 6 ha 30 000 3à5€

Der Verschnitt von Macabeu (80 %), Grenache (10 %) und Marsanne, mittels Hülsenmaischung vinifiziert, wird so manchen erstaunen. Der Wein funkelt in seiner goldenen Farbe, während milde Akazienblütendüfte anlocken. Der aufgrund seiner Honignoten verführerische Geschmack verbindet Konzentration, Eleganz und einen warmen Abgang. Trinkreif.

Cellier Lauran Cabaret, 11800 Laure-Minervois, Tel. 04.68.78.12.12, Fax 04.68.78.17.34

Mo–Sa 8h–12h 14h–18h; Juli u. Aug. auch So

DOM. LE CAZAL Le Pas de Zarat 1999***

■ 3 ha 15 000 8à11€

Zarat war ein furchtloser Schäfer, der sich mit seiner Herde auf die steilen Hänge des in La Caunette gelegenen Guts wagte. Zu seinem Gedächtnis haben die Besitzer Pierre und Claude Derroja diese ausdrucksstarke Cuvée so getauft, die granatrote Töne zeigt und von hochfeinen Garrigue-Düften erfüllt ist, vermischt mit kandierten süßen Früchten. Der großzügige Geschmack ist ausgewogen und stützt sich auf Tannine, die an Kakao und Zimt erinnern. Der Abgang verflüchtigt sich langsam mit einem Aroma von hellem Tabak.

Vignerons de La Méditerranée, ZI Plaisance,12, rue du Rec-de-Veyret, BP 414, 11104 Narbonne Cedex, Tel. 04.68.42.75.00, Fax 04.68.42.75.01, E-Mail rhirtz@listel.fr n. V.

P. und C. Derroja

CLOS L'ESQUIROL 1999*

■ k. A. 10 000 5à8€

Unser okzitanisches «Eichhörnchen» (*esquirol*), das immer zuverlässig in unserem Weinführer auftaucht, kommt mit ebenso viel Sanftheit und Feinheit wie in den anderen Jahren aus seinem Kiefernwald heraus. Dieser unbedingte Anhänger von roten Früchten und gekochten Früchten, der ausschließlich aus Syrah-Trauben erzeugt worden ist, erregt Bewunderung hinsichtlich seiner Ausgewogenheit und seiner Akrobatik, die er voller Sanftmut im Mund vollführt. Sie können ihn im Keller zähmen oder schon jetzt genießen.

Coop. La Siranaise, 34210 Siran, Tel. 04.68.91.42.17, Fax 04.68.91.58.41

n. V.

DOM. LIGNON Les Vignes d'Antan 1998

■ 3 ha 15 000 8à11€

Aber wo sind die «Reben von früher»? Hier natürlich, an steilen, sehr steinigen Hängen, die einen dichten Wein liefern. Er entfaltet sich zu reifen Früchten, die sich mit öligen Röstnoten mischen. Dieser großzügige 98er bietet zum Schluss der Verkostung ein Veilchenbouquet. Aufheben.

Vignerons de La Méditerranée, ZI Plaisance,12, rue du Rec-de-Veyret, BP 414, 11104 Narbonne Cedex, Tel. 04.68.42.75.00, Fax 04.68.42.75.01, E-Mail rhirtz@listel.fr n. V.

Rémi Lignon

CH. MALVES-BOUSQUET Cuvée Jordan le Noir 1998*

■ k. A. 15 000 5à8€

Malves ist ein hübsches Dorf, das von den vier Türmen seines Schlosses aus dem 16. Jh. überragt wird. Ein großer Teil der einst herrschaftlichen Ländereien gehört heute diesem Gut. Dieser Wein, der zu 70 % aus Syrah und zu 30 % aus Grenache erzeugt worden ist, wobei die Reben auf einem tonigen Kalksteinboden wachsen, hüllt sich in ein Rubinrot. Er ist sehr ausdrucksvoll aufgrund seiner Noten von gekochten Früchten und seiner Vanillenuancen und bietet einen reichen, ausgewogenen Geschmack. Der Abgang ist einschmeichelnd.

SCEA Christian et Jean-Louis Bousquet, Ch. de Malves, 11600 Malves-Minervois, Tel. 04.68.72.25.32, Fax 04.68.77.18.82 n. V.

CH. DE MERINVILLE 1999

■ 1 ha 5 500 5à8€

Wenn Sie nach Rieux kommen, sollten Sie es nicht versäumen, die wunderschöne siebeneckige Kirche zu besichtigen und diesen Wein zu probieren, der sich auf das Dreieck Gewürze, Holz und Früchte gründet, erzeugt aus Syrah (70 %), Grenache (20 %) und Carignan. Seine gut gebauten Tannine, die im Mund rund wirken, begleiten einen milden Abgang mit Vanillearoma. Man kann ihn trinken oder lagern.

SCV les vignerons Mérinvillois, 41, av. Joseph-Garcia, BP 41, 11160 Rieux-Minervois, Tel. 04.68.78.10.22, Fax 04.68.78.13.03, E-Mail cellier-de-merinville@wanadoo.fr n. V.

MOULIN DES NONNES 2000*

□ 10 ha 10 000 5à8€

Azille, ein Weinbaudorf, das 4 km von Olonzac entfernt liegt, besitzt noch immer seine Kirche aus dem 14. Jh. Dieses 100 ha große Gut hat einen sehr gelungenen Weißwein hervorgebracht, der neun Monate im Holzfass ausgebaut wurde. Er präsentiert sich auf glänzende Weise mit seiner grün funkelnden Farbe und komplexen Aromen von weißen Blüten. Er ist alkoholreich, aber dennoch lebhaft im Geschmack; Litschi, Vanille und Muskatelleraroma vereinigen sich zu einer milden Harmonie und öffnen zum Schluss ein wenig die Pforten zum Paradies.

Frères Andrieu, Ch. La Rèze, 11700 Azille, Tel. 04.68.78.10.19

DOM. PICCININI 2000**

◪ 1 ha 6 000 5à8€

Abschüssige Gassen, eine schöne Kirche mit romanischer Apsis und eine Wallfahrtsstätte – La Livinière mangelt es nicht an Attraktionen. Außerdem ist es ein großartiges Weinbaugebiet, das dieser Erzeuger gut nutzt. Sein **2000er Weißwein** hat zwar sehr viel Lob geerntet, aber die bessere Note erhält der fuchsienrote Rosé, der zu 100 % aus Syrah-Trauben besteht. Er ist im Anblick strahlend und intensiv und zeigt eine seltene Komplexität der Aromen. Ein Früchtekorb und ein Strauß weißer Blüten entzücken die Nase und machen den Weg frei für einen sehr kräftigen Geschmack. Konzentrierte, warme Zitrusaromen beleben einen bemerkenswerten Abgang. Ideal zu Grillgerichten.

Jean-Christophe Piccinini, rte des Meulières, 34210 La Livinière, Tel. 04.68.91.44.32 n. V.

CH. PIQUE-PERLOU La Sellerie 1998**

■ k. A. k. A. 23à30€

Dieses Gut am Rande des Canal du Midi vernachlässigt nicht die Tugenden der alten Carignan-Rebe, die mit 56 % Syrah kombiniert wird. Die 24 Monate im Fass ausgebaute Cuvée ist bemerkenswert. Sie ist purpurrot und erinnert in der Nase an Leder. Der von harmonischen Tanninen gut umgürtete Geschmack ist warm und kräftig, mit reichen Aromen von Mokka, schwarzen Früchten und Vanille. Der Abgang hält lang an.

Serge Serris, 12, av. des Ecoles, 11200 Roubia, Tel. 04.68.43.22.46, Fax 04.68.43.22.46 n. V.

CH. PLO DU ROY Le Balcon du Diable 1999***

■ 9,6 ha 32 000 5à8€

Nicht weit entfernt von den Windkraftanlagen von Sallèles weht der Wind des Erfolgs: Hier kommt die Cuvée Balcon du Diable in den Himmel! Sechzehn Monate Ausbau im Eichenfass haben ihre purpurrote Farbe und ihr Bouquet geformt. Dieser in keiner Weise düstere Wein verströmt Gewürze, Garrigue-Düfte und kandierte Früchte. Er ist samtig und stützt sich auf seinen vollkommenen ausgewogenen Stoff mit dem Vanillearoma. Seinen Parcours beschließt er mit einem großartigen, lang anhaltenden Abgang. Am Spieß gebratenes Wild wird perfekt

dazu passen. Wenn Sie die Jagd nicht lieben, wählen Sie ein pikantes Gewürz.
M. et Mme Franck Benazeth,
8, chem. de Bel-Mati, 11160 Villeneuve,
Tel. 04.68.26.13.64, Fax 04.68.26.13.64

DOM. DU ROC Cuvée Tradition 1999*

2,5 ha 12 000 5 à 8 €

Dieser dunkelrote 99er, ein sortenreiner Syrah-Wein, ist so solide wie der Felsen, nach dem das Gut benannt ist, aber innerlich zart und reich an Aromen. Schwarze Johannisbeere, Zimt und in Alkohol eingelegte Früchte führen auf einer kräftigen, körperreichen Struktur einen fröhlichen Tanz auf. Dieser typische Wein ist sehr gelungen. Sein Erzeuger, ein Neuankömmling, hat bereits seinen Platz unter den großen Namen Ihres Kellers. Versäumen Sie in Pépieux nicht die Zeugnisse aus der Jungsteinzeit.
Alain Vies, 15, chem. de Rieux, 11700 Pépieux, Tel. 04.68.91.52.14, Fax 04.68.91.66.26, E-Mail avies@club-internet.fr n. V.

DOM. SICARD
Cuvée la Cour de Jean 1998*

3 ha 20 000 8 à 11 €

Jean Sicard, ein erfahrener Winzer und Imker, besitzt dieses Gut in Aigues-Vives. Die Ränder seiner Rebparzellen lockert er durch Bienenkörbe auf. Dieser purpurviolette 98er startet dank seines Bouquets von Gewürzen und gekochten Früchten zu einem majestätischen Ausflug. Er ist konzentriert, fleischig und ausgewogen und sammelt zum Schluss Veilchen und Eukalyptus. Trinkreif.
Vignerons de La Méditerranée,
ZI Plaisance,12, rue du Rec-de-Veyret,
BP 414, 11104 Narbonne Cedex,
Tel. 04.68.42.75.00, Fax 04.68.42.75.01,
E-Mail rhirtz@listel.fr n. V.
Jean Sicard

CH. VILLERAMBERT JULIEN 1999

10 ha 42 000 11 à 15 €

Das Gut befindet sich in einem Terroir, in dem sich Schiefer, Mergel und toniger Kalkstein vermengen. Die gleiche Originalität findet man in diesem kirschroten Wein wieder, der 40 % Grenache mit Syrah verbindet. Dieser 99er entwickelt sich voller Intensität zwischen vanilleartiger Süße und fruchtiger Frische. Er ist elegant und warm. Man kann ihn jetzt trinken.
Marcel Julien, Ch. Villerambert Julien,
11160 Caunes-Minervois, Tel. 04.68.78.00.01,
Fax 04.68.78.05.34
Mo–Fr 9h–11h30 13h–18h30; Sa, So n. V.

CH. DE VILLERAMBERT MOUREAU
1999

5 ha 16 000 5 à 8 €

Ein riesiges Gut von 120 Hektar, das von drei Brüdern geführt wird. Sie kombinieren Syrah und 10 % Mourvèdre, die auf einem Schieferboden angepflanzt sind, in diesem eleganten Wein, bei dem die aromatische Komplexität (Gewürze und Veilchen) mit einem mineralischen, seidigen, aber strukturierten Bau harmoniert. Im Augenblick ist er gut, später einmal ideal.
Marceau Moureau et Fils,
Ch. de Villerambert, 11160 Caunes-Minervois,
Tel. 04.68.77.16.40, Fax 04.68.77.08.14
Mo–Fr 14h–19h

CH. DE VIOLET
Cuvée Vieilles vignes Elevé en fût de chêne
1999

k. A. 7 000 8 à 11 €

In diesem Schloss aus dem 11. Jh., das an der Stelle einer römischen *villa* (Landgut) errichtet wurde, befindet sich ein Keller, in dem altehrwürdige Fuder neben modernstem Gerät stehen. Diese Cuvée trägt ihren Namen zu Recht, denn sie verbindet 20 % Carignan-Trauben von sechzig Jahre alten Rebstöcken mit 10 % Grenache-Trauben von vierzig Jahre alten Reben und mit 70 % Mourvèdre-Trauben von dreißigjährigen Stöcken. Sie ist rubinrot mit violetten Reflexen und bietet über einem Röst- und Vanillearoma eine schöne Ausgewogenheit. «Die Tannine dieses sehr jugendlichen Weins müssen sich noch die Hörner abstoßen», meinte ein Verkoster zum Schluss.
Faussié, Ch. de Violet, 11160 Peyriac-Minervois, Tel. 04.68.78.10.42,
Fax 04.68.78.30.01, E-Mail chateau-de-violet@wanadoo.fr
tägl. 9h–12h30 14h30–19h

DOM. VORDY MAYRANNE
Cuvée des René 1999*

2 ha 5 000 8 à 11 €

Dieses Gut, das 2 km von der Katharerstadt Minerve entfernt liegt, zelebriert in Mayranne die Familienverehrung, indem es die beiden Großväter mit einem Wein ehrt, der Mourvèdre und Grenache zu gleichen Teilen vereint. Seine purpurrote Farbe und seine Schar von gekochten und reifen Früchten verführen sofort. Dieser warme, elegante 99er bietet eine schöne Ausgewogenheit mit Vanillearoma; zahlreiche Tannine bewegen sich anmutig im Mund bis zu einem säuerlichen Abgang.
Didier Vordy, Mayranne, 34210 Minerve,
Tel. 04.68.91.80.39, Fax 04.68.91.80.39
n. V.

Minervois la Livinière

GRAND TERROIR
Elevé en fût de chêne 1999**

20 ha 20 000 5 à 8 €

Weinfreunde aufgepasst: Wir haben hier einen Wein von einem «großen Terroir», das für die Appellation typisch ist. Die Ganzbeerenmaischung macht sich schon im Auftakt aufgrund ihrer Konzentration von gekochten Früchten und ihrer vanilleartigen Fülle bemerkbar. Der Geschmack zeigt sich harmonisch, kräftig und ausgewogen. Seine Tannine, die unisono spielen, garantieren eine sichere Lagerung, aber auch für die Ungeduldigen ein unmittelbares Vergnügen.

🔑 Cave coop. de La Livinière, rte de Notre-Dame, 34210 La Livinière, Tel. 04.68.91.42.67, Fax 04.68.91.51.77 ☑ 🍷 n. V.

DOM. LA COMBE BLANCHE
La Galine 1999*

■ 6 ha 28 000 8 à 11 €

Wenn man Guy Vanlancker nach den Namen von Persönlichkeiten fragt, die seinen Keller besucht haben, antwortet er: «Kunden!» Dieser Wein überrascht durch die Scherze, die schwarze Johannisbeere und Kirsche in der Nase treiben. Man findet sie wieder in Begleitung von Vanille, wobei sie sich zwischen Stärke und Feinheit bewegen. Die Tanninstruktur muss reifen: Sie ist für eine schöne Lagerung geeignet.

🔑 Guy Vanlancker, rue de La Taillanderie, 34210 La Livinière, Tel. 04.68.91.44.82, Fax 04.68.91.44.82 ☑ 🍷 n. V.

CLOS DE L'ESCANDIL 1999**

■ 5 ha 15 000 15 à 23 €

In der Verschwiegenheit des Clos zwanzig Monate im Holzfass ausgebaut, haben wir hier einen Wein, der sich im Glas frei macht. Vanille tritt zwar in der Nase hervor, weiß sich aber in einem sanften, opulenten, seidigen Geschmack zugunsten roter Früchte zurückzuziehen, die auf delikate Weise miteinander verschmolzen sind. Gewürze und Backpflaume schließen das Werk mit einem warmen, glanzvollen Finale ab.

🔑 Gilles Chabbert, Dom. des Aires Hautes, 34210 Siran, Tel. 04.68.91.54.40, Fax 04.68.91.54.40, E-Mail gilles.chabbert@wanadoo.fr ☑ 🍷 n. V.

LE VIALA 1999***

■ 3 ha 11 000 30 à 38 €

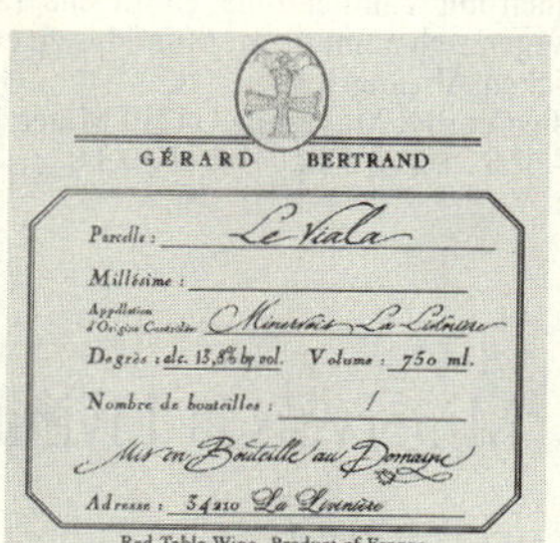

Le Viala befindet sich in 120 m Höhe. Auf diesem außergewöhnlichen Ton- und Kalksteinboden erzielt man einen herrlichen purpurroten Wein, der intensiv und komplex ist: Zum Auftakt, der von strahlender Frische ist, spielt er voller Harmonie eine konzentrierte Partitur, in der Waldfrüchte, schwarze Johannisbeere und Vanille über verschmolzenen, aber spürbaren Tanninen vibrieren. Er ist füllig, kräftig und körperreich und frönt einem begeisternden Geschmack, der nach einer Zugabe verlangt.

🔑 Dom. Gérard Bertrand, 34200 La Livinière, Tel. 04.68.91.49.20 ☑ 🍷 n. V.

CH. SAINTE-EULALIE
La Cantilène 1999*

■ 14 ha 30 000 8 à 11 €

Von Sainte-Eulalie aus kann man die Bergkette der Pyrenäen erkennen. Das Château präsentiert einen Wein von vornehmer Provenienz, in dem der zart röstartige Holzton auf Unterholznoten trifft. Der in der Ansprache feste Geschmack entwickelt sich voller Sanftheit über süßen, aber wuchtigen Tanninen. Das Finale erreicht den Gipfel der Eleganz.

🔑 Isabelle Coustal, Ch. Sainte-Eulalie, 34210 La Livinière, Tel. 04.68.91.42.72, Fax 04.68.91.66.09, E-Mail icoustal@club-internet.fr ☑ 🍷 n. V.

Saint-Chinian

Der seit 1945 als VDQS eingestufte Saint-Chinian wurde 1982 ein AOC-Wein. Diese Appellation umfasst zwanzig Gemeinden mit 2 977 ha Rebfläche und erzeugt 143 636 hl Rot- und Roséweine (im Jahre 2000). Das Anbaugebiet liegt nordwestlich von Béziers im Departement Hérault; es nimmt Hügel ein, die 100 bis 200 m hoch aufragen, und ist zum Meer hin ausgerichtet. Die Böden bestehen insbesondere im nördlichen Teil aus Schiefer und im Süden aus Kalksteingeröll. Der Wein hier ist seit sehr langer Zeit berühmt; er war schon im 14. Jh. in aller Munde. In Saint-Chinian selbst wurde ein «Haus der Weine» eingerichtet.

CH. DES ALBIERES 1998**

■ 60 ha 15 000 8 à 11 €

Die Kellerei von Berlou, die stets zuverlässig in unserem Weinführer vertreten ist, hat einen **weißen 2000er Berloup Schisteil** (Preisgruppe: 30 bis 49 F) vorgestellt, der eine lobende Erwähnung erhält, außerdem diesen sehr Terroir-typischen Wein, der sich durch seine umhüllte Ansprache und seine sanften, eleganten Tannine auszeichnet. Die Verkostung endet in einem schmelzigen, warmen Abgang mit Noten von roten Früchten und Lakritze. Ein gut gebauter Wein.

🔑 Les Coteaux du Rieu Berlou, av. des Vignerons, 34360 Berlou, Tel. 04.67.89.58.58, Fax 04.67.89.59.21, E-Mail cve.berloup@wanadoo.fr ☑ 🍷 n. V.

CANET VALETTE
Le Vin Maghani 1998**

■ 8 ha 18 000 15 à 23 €

Hochachtung vor der Natur, eine sehr lange traditionelle Vinifizierung, wobei der Tresterhut mit den Füßen untergestampft wird, ein gutes

Terroir und eine gute Extraktion ermöglichen dieser Cuvée Maghani einmal eine gute Bewertung. Der komplexe Duft nach Trüffel, schwarzer Olive, Gewürzen und Veilchen ist sehr angenehm. Im Geschmack findet dieser Wein die gerade richtige Ausgewogenheit zwischen Rundheit, Tanninen und Alkohol und klingt mit einer Note von sehr lang andauernden schwarzen Früchten aus. Er verspricht schöne Zukunftsaussichten.
Marc Valette, Dom. Canet-Valette, rte de Causses-et-Veyran, 34460 Cessenon-sur-Orb, Tel. 04.67.89.51.83, Fax 04.67.89.37.50, E-Mail earl-canet-valette@wanadoo.fr
n. V.

DOM. CARRIERE-AUDIER
Cuvée Aurélie 1999**

■ 3,4 ha 7 000 3à5€

Mit Jérôme arbeitet jetzt die fünfte Winzergeneration auf diesem Gut. Dank eines hohen Anteils an Mourvèdre-Trauben bietet diese Cuvée hübsche mineralische Noten sowie Nuancen von Dörrfeigen, Trockenblumen und süßen Gewürzen. Mit ihrem wunderbaren Duft ist sie ein «Schieferwein», wie man ihn mag, wobei die Grenache-Traube für Charme und Sanftheit sorgt. Er ist trinkreif.
Dom. Carrière-Audier, Le Village, 34390 Vieussan, Tel. 04.67.97.77.71, Fax 04.67.97.34.14 n. V.
Max Audier

CH. CAZAL VIEL Cuvée L'Antenne 1999

■ 18 ha 45 000 11à15€

Das Gut wurde 1202 den Mönchen der Abtei Fontcaude angeboten, die es bis 1789 bewirtschafteten. Seit der Französischen Revolution hat es unaufhörlich Wein erzeugt, diesmal unter der Schirmherrschaft der Familie Miquel. Zwei Cuvées haben die Aufmerksamkeit der Verkoster erregt: der **99er Vieilles vignes** (Preisgruppe: 50 bis 69 F) und L'Antenne. Die Kommentare sind einander sehr ähnlich, aber die Zweite, die im Barriquefass ausgebaut wurde, verzeichnet einen leichten Pluspunkt. Ihr harmonischer Geschmack, der ganz von roten Früchten bestimmt wird, lässt fast verschmolzene Tannine erkennen. Dank seiner Feinheit und seiner Eleganz kann man diesen Wein unverzüglich genießen.
Ch. Cazal-Viel, Hameau Cazal-Viel, 34460 Cessenon-sur-Orb, Tel. 04.67.89.63.15, Fax 04.67.89.65.17
Mo–Fr 9h–12h30 14h–18h; Sa, So n. V.
Henri Miquel

CLOS BAGATELLE
La Gloire de mon Père 1999*

■ 3 ha 12 600 15à23€

Im Jahre 1643 ließ sich diese Familie hier nieder, machte das Land urbar, pflanzte Reben an und gab in der weiblichen Linie echtes Können weiter. Dieses außergewöhnliche Terroir liefert große Weine, und dieses berühmte Gut versteht es, die Reblage zu nutzen, wie dieser 99er beweist. Auf den intensiven Duft von grauem Pfeffer und eingemachten Himbeeren folgt ein dichter, korpulenter Geschmack. Der Eindruck am Gaumen ist noch sehr stark vom Eichenholz geprägt, aber das Ganze zeigt eine gute Nachhaltigkeit. In zwei bis drei Jahren kann man ihn zu Kalbsragout mit Oliven trinken. Die **2000er Cuvée Mathieu et Marie de Val Donnadieu** (Preisgruppe: 30 bis 49 F) ist nicht weit von einem zweiten Stern entfernt, denn ihre Jugend bietet Düfte von eingemachten schwarzen Früchten und Tapenade (Würzpaste aus Anschovis, schwarzen Oliven und Kapern sowie Olivenöl und Zitronensaft) und eine animalische Note, die nach einer einjährigen Lagerung einen aufmerksamen Gaumen verdienen.
Simon, Clos Bagatelle, 34360 Saint-Chinian, Tel. 04.67.93.61.63, Fax 04.67.93.68.84, E-Mail closbagatelle@libertysurf.fr n. V.

DOM. COMPS Cuvée des Gleizettes 1999

■ 4 ha 10 000 5à8€

Ein diskreter Duft mit Gewürznoten, bei denen Vanille dominiert; ein liebenswürdiger Geschmack, in dem die roten Früchte nicht fehlen, auch wenn seine Struktur nicht «ernorm» ist.
SCEA Martin-Comps, 23, rue Paul-Riquet, 34620 Puisserguier, Tel. 04.67.93.73.15
tägl. 9h–18h
Pierre Comps

CH. COUJAN Cuvée Bois Joli 1999

■ 2 ha 6 450 8à11€

Eine lange Maischung für diesen dichten, fetten, tanninreichen Wein, der in ein bis zwei Jahren besondere Aufmerksamkeit verdient. Er hat alles von einem guten Saint-Chinian: Gewürze und schwarzer Pfeffer um einen fülligen, noch festen Stoff herum. Die Zeit wird es ihm ermöglichen, zu reifen und sich zu entfalten.
F. Guy et S. Peyre, Ch. Coujan, 34490 Murviel-lès-Béziers, Tel. 04.67.37.80.00, Fax 04.67.37.86.23, E-Mail coujan@mnet.fr
Mo–Sa 9h–12h 14h–19h; So n. V.

DOM. DESLINES Cuvée LC 1999*

■ 3 ha 20 000 5à8€

Die Informatik war nicht seine Leidenschaft. Erzeuger von Saint-Chinian-Weinen in Babeau-Bouldoux, das klingt poetischer. Sein Weinberg, der auf Schieferböden angelegt und mit siebzig Jahre alten Grenache-Rebstöcken bepflanzt ist, erbringt hier ein sehr schönes Ergebnis. Die komplexen Aromen bieten Noten von Früchten in Alkohol, Garrigue, Thymian, Unterholz und Gewürznelken. Man genießt die Rundheit und die Weichheit des Geschmacks, in dem die Tannine zurückhaltend sind. Dieser Wein hat eine interessante aromatische Eleganz.
Line Cauquil, Dom. Deslines, 34360 Babeau-Bouldoux, Tel. 04.67.38.19.95, Fax 04.67.38.19.95, E-Mail deslines@net courrier.com n. V.

DOM. DE GABELAS
Cuvée Juliette Elevé en fût de chêne 1999*

■ 2,2 ha 5 000 8à11€

Ein Gut, das oft von Frauen geführt wird. Pierrette Cravero, seit 1972 die Besitzerin, stellt gekonnt Weine von großer Ausdrucksstärke her. Die Cuvée Juliette mit Aromen von eingemachten Himbeeren und Harz rührt von einem hohen Syrah-Anteil (90 %) her. Sie beginnt ihr Poten-

zial zu entfalten. Im Geschmack steht die Ansprache im Kontrast zu einem konzentrierten Stoff, der voller Rundheit ist. Dieser für den Jahrgang recht typische Wein verträgt sich sehr gut mit Grillgerichten vom Languedoc-Lamm.
🔑 Pierrette Cravero, Dom. de Gabelas, 34310 Cruzy, Tel. 04.67.93.84.29, Fax 04.67.93.84.29 ☑ Ⲧ n. V.

DOM. DES JOUGLA Signature 1999*

■ 3 ha 18 600 🛢 5 à 8 €

Diese Cuvée Signature enthüllt uns die Geheimnisse der Familie Jougla, die diese Weinberge seit dem 16. Jh. bestellt. Der sehr komplexe Duft (Pfeffer, Lorbeer, kandierte Früchte) wird von einer herrlichen purpurvioletten Farbe hervorgehoben, die eine schöne Weinigkeit zeigt. Nach einer klaren Ansprache bemerkt man in einem fleischigen Geschmack von Anfang an eine starke Präsenz der Tannine. Ein recht typischer Wein.
🔑 Alain Jougla, 34360 Prades-sur-Vernazobre, Tel. 04.67.38.06.02, Fax 04.67.38.17.74 ☑ Ⲧ n. V.

CH. LA DOURNIE 2000*

◪ 3 ha 12 000 ▮ 5 à 8 €

Ein Rosé von schöner Frische, den ein zartes Rosarot mit purpurvioletten Reflexen schmückt. Seine Düfte von Blumen (Rosen) und roten Früchten werden durch einen frischen, lakritzeartigen Geschmack, der eine sehr feine Ausgewogenheit besitzt, zur Geltung gebracht. Ein echter Genuss! Ein **im Eichenfass ausgebauter roter 98er Château Etienne La Dournie** (Preisgruppe: 50 bis 69 F) erhält eine lobende Erwähnung.
🔑 EARL Ch. La Dournie, rte de Saint-Pons, 34360 Saint-Chinian, Tel. 04.67.38.19.43, Fax 04.67.38.00.37 ☑ Ⲧ n. V.
🔑 Etienne

DOM. LA MADURA 1999**

■ 8 ha 8 000 🛢 15 à 23 €

Cyril Bourgne hat sich hier zusammen mit seiner Frau Nadia 1998 niedergelassen, nachdem er neun Jahre in einem der besten Crus des Bordelais arbeitete. Wenn man Erfahrung hat, begreift man sehr schnell, welche Rolle das außergewöhnliche Terroir von Saint-Chinian spielt. Alles an diesem Wein ist großartig und delikat: der Glanz der Farbe, die Eleganz der Aromen von roten Früchten und rauchigen Noten. Der Geschmack ist dicht, mit Kirschnuancen und seidigen Tanninen. Dieser 99er würde es verdienen, dass man ihn ein wenig altern lässt. Ein sehr viel versprechendes Gut.
🔑 Nadia et Cyril Bourgne, 61, av. Raoul-Bayon, 34360 Saint-Chinian, Tel. 04.67.38.17.85, Fax 04.67.38.17.85, E-Mail lamadura@wanadoo.fr ☑ Ⲧ n. V.

DOM. DU LANDEYRAN
Cuvée Emilia 1999

■ k. A. 6 000 ▮🌡 5 à 8 €

In einer großartigen Landschaft, auf einem Schieferboden, konnte Michel Soulier – der 1993 in sich eine Leidenschaft für den Weinbau entdeckte, nachdem er zwanzig Jahre lang in einer Bank gearbeitet hatte – diesen Wein mit Garrigue-Düften erzeugen. Wenn man den Wein im Glas schwenkt, sind die Aromen von reifen roten Früchten perfekt ausgeprägt. Der reiche, dichte Geschmack mit einer Tanninnote ist Garant für die lange Lebensdauer dieses verheißungsvollen Weins.
🔑 Dom. du Landeyran, rue de la Vernière, 34490 Saint-Nazaire-de-Ladarez, Tel. 04.67.89.67.63, Fax 04.67.89.67.63, E-Mail domainedulandeyran@free.fr ☑ Ⲧ n. V.

DOM. MARQUISE DES MURES
Cuvée Les Sagnes 1999**

■ 10 ha 17 000 ▮🛢 8 à 11 €

Ein herrlicher Wein von einem Schieferboden des Dorfs Roquebrun. Die Oberjury erlag dem Charme dieses Weins, der Feinheit, Eleganz und typischen Charakter verbindet. Carignan-Trauben von hundert Jahre alten Rebstöcken, Grenache und Syrah ergänzen sich in dieser Cuvée und gleichen sich aus. Der rauchige Geruchseindruck (kräftige empyreumatische Noten) lässt blumige Noten (Veilchen, Rosen) durchscheinen, die für einen Rotwein originell sind. Nach einer klaren Ansprache zeigt sich der Geschmack füllig, ausgewogen und harmonisch. Vom gleichen Gut erhält die **99er Cuvée Réserve des Marquises** (Preisgruppe: 70 bis 99 F) einen Stern. Was für wunderbare Weine!
🔑 Jean-Jacques Mailhac, GAEC Dom. des Marquises, 34460 Roquebrun, Tel. 04.67.89.55.63, Fax 04.67.89.55.63 ☑ Ⲧ n. V.

MAS CHAMPART
Clos de La Simonette 1999**

■ 1,3 ha k. A. 🛢 15 à 23 €

Isabelle und Mathieu Champart wurden 1988 von dieser wunderschönen Region verführt und pflanzten in terrassierter Form in aufgegebenen Lagen Reben an. Ihre Weiß- und Rotweine wurden gut benotet: Dieser Clos de la Simonette mit kräftiger purpurroter Farbe bietet einen köstlichen, reichen Duft von reifen Früchten, Garrigue und Rosmarin vor einem Hintergrund aus Gewürzen (Süßholz). Der Ausbau wurde sehr gut gemeistert; alles bestätigt sich im Geschmack, in dem man Tannine entdeckt, die sehr mild bleiben. Dieser schon bemerkenswerte 99er kann trotzdem großartig altern. Die **rote 99er Cuvée Causse du Bousquet** (Preisgruppe: 50 bis 69 F) erhält eine lobende Erwähnung, ebenso wie der **weiße 99er Coteaux du Languedoc.** Erinnern wir an die Liebeserklärung im letzten Jahr.

EARL Champart, Bramefan, rte de Villespassans, 34360 Saint-Chinian, Tel. 04.67.38.20.09, Fax 04.67.38.20.09, E-Mail mas.champart@libertysurf.fr ☑ Y n. V.

CH. MAUREL FONSALADE

Cuvée La Fonsalade Vieilles vignes 1998*

■ 1,5 ha 6 800 11 à 15 €

Diese strenge Auslese von alten Reben, die von den typischsten Saint-Chinian-Lagen stammen, belegt das Streben nach Qualität auf diesem Gut. Diese Cuvée bietet in ihrem Karminrot mit purpurvioletten Reflexen eine sehr schöne Erscheinung. Der ausdrucksvolle Duft entfaltet sich zu Früchten und Gewürzkräutern. Die Ansprache ist voll, kräftig und füllig, der Geschmack sehr gut strukturiert. Ein insgesamt schöner Wein voller Schwung. Die Cuvée **Felix Culpa 1997** (Preisgruppe: 100 bis 149 F) lagert dreißig Monate im Barriquefass; sie erhält eine lobende Erwähnung.

Philippe et Thérèse Maurel, Ch. Maurel Fonsalade, 34490 Causses-et-Veyran, Tel. 04.67.89.57.90, Fax 04.67.89.72.04 ☑ Y n. V.

CH. MILHAU-LACUGUE

Les Truffières 1998*

■ 1 ha 7 000 11 à 15 €

Dieses Familiengut entstand auf dem Boden eines alten Pachtguts der Johanniter, 3 km von der Abtei Fontcaude entfernt. Dieser Truffières kombiniert 47 % Syrah, 48 % Grenache, 4 % Carignan und 1 % Cinsault. Die Komplexität des Geruchseindrucks beruht auf Noten von Gewürzen, roten Früchten und Garrigue. Dieser sehr schöne Wein, der von erstklassigem Traubengut stammt, wird bei einem festlichen Essen einen fröhlichen Tischgenossen abgeben. Der **weiße 2000er Coteaux du Languedoc** (Preisgruppe: 30 bis 49 F) des Guts hat ebenfalls einen Stern erhalten.

Ch. Milhau-Lacugue, Dom. de Milhau, rte de Cazedarnes, 34620 Puisserguier, Tel. 04.67.93.64.79, Fax 04.67.93.51.93 ☑ Y Mo–Fr 9h30–12h 13h30–17h; Sa, So n. V.

Lacugue

DOM. NAVARRE

Le Laouzil Terroir de schistes 2000*

■ 4 ha 10 000 5 à 8 €

Es war zu früh, um diesen Wein zu verkosten und ihn in seinem wahren Wert einzuschätzen, aber er zeigt dennoch eine schöne Haltung, insbesondere im Geschmack, wo man einen echten typischen Charakter spürt. Das Terroir von Roquebrun enttäuscht nie: Dieser 2000er unterstreicht seine Originalität durch Thymian- und Garrigue-Noten und einen mentholartigen Abgang und verrät eine vernünftige Extraktion. Servieren sollte man ihn in drei bis fünf Jahren zu Coq au vin oder zu einer am Spieß gebratenen Wildschweinkeule.

Thierry Navarre, av. de Balaussan, 34460 Roquebrun, Tel. 04.67.89.53.58, Fax 04.67.89.70.88 ☑ Y n. V.

DOM. DES PRADELS

Elevé en foudre de chêne 1999**

■ 3,3 ha 16 000 5 à 8 €

Fast am Ende der Welt, inmitten von Steineichen, baut die Familie Quartironi auf einem Schieferboden liebevoll ihre Reben an. Eine schöne Granatfarbe kleidet diesen bemerkenswerten Wein. Der Duft bietet blumige (Rose) und würzige Noten. Nach einer klaren Ansprache schenkt der Geschmack großen Genuss, mit einem eleganten Stoff, der sich auf feine Tannine stützt. Ein sehr harmonischer Wein.

Roger Quartironi, Dom. des Pradels, hameau le Priou, 34360 Pierrerue, Tel. 04.67.38.01.53, Fax 04.67.38.01.53 ☑ Y n. V.

CH. DU PRIEURE DES MOURGUES

Grande Réserve 1998**

■ 2 ha 9 000 11 à 15 €

Das 40 ha große Gut konnte in diesem schwierigen Jahrgang aus seinem Terroir das Beste herausholen. Der Duft ist von feiner Stärke und verbindet Lakritze-, Weichsel- und Garrigue-Aromen. Der füllige, lang anhaltende Geschmack zeigt eine schöne Ausgewogenheit. Das Ganze dürfte sich in den kommenden Monaten entfalten und dann sehr gut zu einem Stück Rindfleisch passen. Die **rote 99er Hauptcuvée** (Preisgruppe: 30 bis 49 F) hat für ihren eleganten Holzton und die Komplexität ihrer Aromen einen Stern erhalten.

SARL Vignobles Roger, Ch. du Prieuré des Mour-
gues, 34360 Pierrerue, Tel. 04.67.38.18.19, Fax 04.67.38.27.29, E-Mail prieure.des.mourgues@wanadoo.fr ☑ Y n. V.

PRIEURE SAINT-ANDRE

Cuvée Andréus 1999

■ 2 ha 3 000 8 à 11 €

Der Probierkeller ist im Gewölbe einer Schäferei aus dem 16. Jh. eingerichtet. Die Cuvée Andréus bietet eine dichte rote Farbe und Aromen von Brombeere, kandierter Kirsche und Unterholz. Die Ansprache ist reichhaltig; die Tannine sind verschmolzen. Ein einschmeichelnder Wein, den man schon jetzt trinken kann.

Michel Claparède, Prieuré Saint-André, 34460 Roquebrun, Tel. 04.67.89.70.82, Fax 04.67.89.71.41 ☑ Y tägl. 10h–12h30 15h–18h30

DOM. RIMBERT Le Mas au Schiste 1999*

■ 8,5 ha 30 000 8 à 11 €

Die alten Rebstöcke von Berlou, die auf Schiefer wachsen, haben Jean-Marie Rimbert 1996 verführt. Die Geheimnisse dieses Terroir enthüllen sich in dieser Cuvée. Carignan (40 %), Syrah (25 %), Grenache (20 %) und Mourvèdre (15 %) bilden diesen schönen dunkelroten Wein, der intensiv duftet: sehr rauchig und röstartig, mit Feuerstein und Sauerkirsche, die eine blumige Note begleiten. Der ausgewogene, runde Geschmack bietet einen harmonischen Abgang. Ein Vergnügen, an dem man schon jetzt teilhaben kann.

🔑 Jean-Marie Rimbert, 4, av. des Mimosas, 34360 Berlou, Tel. 04.67.89.73.98, Fax 04.67.89.73.98 ☑ Y n. V.

LES VINS DE ROQUEBRUN
Cuvée Roches noires 2000

■ 25 ha 130 000 ▮ 8 à 11 €

Das Dorf Roquebrun gehört zum Naturpark Haut-Languedoc und besitzt einen mediterranen Garten, der für Botaniker hoch interessant ist. Die Genossenschaft vinifiziert die Trauben von 480 Hektar. Die Jugend des vorgestellten 2000er hat es den Verkostern nicht erlaubt, ihre Kommentare zu vertiefen: Bemerkt haben sie die Originalität des kräftigen Geschmacks. Dieser Wein wird seine schönen Versprechen in zwei bis drei Jahren einlösen. Man muss ihn in eine Karaffe umfüllen.

🔑 Cave Les Vins de Roquebrun, av. des Orangers, 34460 Roquebrun, Tel. 04.67.89.64.35, Fax 04.67.89.57.93, E-Mail info@cave.roquebrun.fr ☑ Y n. V.

DOM. DU SACRE-CŒUR
Cuvée Jean Madoré 1998★★

■ 2 ha 1 500 ⓪ 11 à 15 €

Er hat Charisma, Persönlichkeit, Wärme und Großzügigkeit. Ein Wein, der dem Schwiegervater entspricht, den diese Cuvée ehrt. Sie illustriert die Meisterschaft des Winzers, der es versteht, dass sich ein Wein über sein Terroir und seine Wurzeln ausdrückt. Die strenge Auslese von Carignan-, Grenache- und Syrah-Trauben und ein achtzehnmonatiger Ausbau im Barriquefass geben diesem 98er ein Lagerpotenzial. Man muss ihn in der Karaffe zu Federwild servieren.

🔑 GAEC du Sacré-Cœur, 34360 Assignan, Tel. 04.67.38.17.97, Fax 04.67.38.24.52 ☑ Y tägl. 8h30–12h30 14h–18h30

🔑 Marc und Luc Cabaret

DOM. SORTEILHO 2000★

■ 30 ha 160 000 ▮ 5 à 8 €

Jugend ist kein Fehler. Dieser am 15. September 2000 geborene Wein hat nach sechs Monaten im Tank an der Verkostung am 10. April 2001 teilgenommen. Trotzdem dominiert die Stärke des Terroir. Der komplexe, würzig-blumige Duft macht einem frischen, dichten Geschmack mit Noten von Kirschkonfitüre Platz. Die Tannine sind spürbar, dürften aber im Herbst verschmolzen sein.

🔑 Cave des Vignerons de Saint-Chinian, rte de Sorteilho, 34360 Saint-Chinian, Tel. 04.67.38.28.41, Fax 04.67.38.28.43 ☑ Y n. V.

DOM. DES SOULIE 2000★

■ 10 ha 50 000 ▮🌡 3 à 5 €

Dieser traditionell vinifizierte 2000er, der von einem tonigen Kalksteinboden kommt und seit 1968 mit biologischen Anbaumethoden erzeugt wird, ist ein sehr hübscher Wein. Er ist fein und elegant und zeigt im Geschmack eine schöne Reife und eine gewisse Großzügigkeit. Die Eukalyptus- und Mentholnoten verleihen ihm Frische. Ein einschmeichelnder, jugendlicher Wein. Er wird sehr gut zu einer Lammkeule passen.

🔑 Aurore et Rémy Soulié, Dom. des Soulié, Carriera de la Teuliera, 34360 Assignan, Tel. 04.67.38.11.78, Fax 04.67.38.19.31 ☑ Y n. V.

DOM. DU TABATAU
Lo Tabataïre 1999★★

■ 2,5 ha 6 500 ▮⓪ 8 à 11 €

Bruno Gracia hat alles aufgegeben, um sich zusammen mit seinem Bruder Jean-Paul selbstständig zu machen. Er verwirklicht seinen Traum, den er schon immer hatte: «Winzer zu werden.» Seine Leidenschaft offenbart sich in dieser Cuvée von tiefer Farbe, deren intensiver, komplexer Duft an Kirsche, Gewürze (schwarzer Pfeffer) und kandierte Früchte erinnert. Der Wein kleidet den Mund mit eleganten Geschmacksnoten aus. Die Ausgewogenheit und die Nachhaltigkeit überraschen auf angenehme Weise. Dieser Wein, die Frucht eines sorgfältigen Ausbaus, passt sehr gut zu einer Spezialität des Languedoc.

🔑 Bruno et Jean-Paul Gracia, rue des Anciens-Combattants, 34360 Assignan, Tel. 04.67.38.19.60, Fax 04.67.38.19.54 ☑ Y n. V.

CH. TENDON
Cuvée des Hirondelles 1999★★

■ 3,5 ha 16 000 ▮🌡 5 à 8 €

1988 haben Jacques und Gisèle Belot auf den tonigen Kalksteinböden von Saint-Chinian Garrigue-Land gerodet und Steine zerkleinert. Karine und Lionel übernehmen jetzt das Zepter. Diese intensiv rote Cuvée des Hirondelles wird in der Nase von reifen roten Früchten, Gewürzen und Garrigue-Noten beherrscht. Sie ist ein Wein, der eine klare Ansprache und deutlich spürbare Tannine besitzt. Die Ausgewogenheit und die Länge im Geschmack sind viel versprechend. Dem **98er Château Belot L'Argilière** (Preisgruppe: 50 bis 69 F) wurde ein Stern zuerkannt.

🔑 Gisèle et Jacques Belot, rte de Cazedarne, 34360 Saint-Chinian, Tel. 04.67.38.28.48, Fax 04.67.38.28.43

DOM. DE TRIANON 1999★★

■ 9 ha 40 000 ▮🌡 5 à 8 €

«Winzer und Leidenschaft» – zwei Begriffe, die Bruno Peyre, der Önologe, in der Kellerei von Saint-Chinian aufleben lässt. Hier haben wir einen sehr hübschen Wein, dessen Aromenpalette für Schieferböden typisch ist (empyreumatische Noten, Lakritze, Konfitüre ...). Verschmolzene Tannine folgen auf eine weiche, runde Ansprache und strukturieren den Geschmack, wobei sie der Frucht ihre ganze Anmut geben. Dieser Wein, der zu Wild empfohlen wird, kann zwei bis drei Jahre lagern.

🔑 Vignerons et Passions, BP 1, 34725 Saint-Félix-de-Lodez, Tel. 04.67.88.80.39, Fax 04.67.88.86.39 Y n. V.

🔑 Winzergenossenschaft Saint-Chinian

CH. VEYRAN

Cuvée Henri Elevé en fût de chêne 1999**

■ 4,75 ha 13 000 15 à 23 €

Es reicht nicht aus, von diesem Wein zu sagen, dass er kräftig, rund und angenehm ist. Der typische Charakter des tonig-kalkigen Terroir von Saint-Chinian ist im Geschmack durch Tannine, Wärme und Ausgewogenheit geprägt. Eingemachte schwarze Früchte (Heidelbeere) und Garrigue halten im Mund mindestens acht Sekunden lang an. Ein gutes Jahr dürfte diesen Wein noch reizvoller machen. Er kann gegrillte Nieren oder eine Schnepfe begleiten.

Gérard Antoine, Ch. Veyran, 34490 Causses-et-Veyran, Tel. 04.67.89.65.77, Fax 04.67.89.65.77 n. V.

CH. VIRANEL

Elevé en fût de chêne 1999**

■ 2 ha 10 000 8 à 11 €

Dieses Château ist – hätten Sie es gewusst? – seit 1550 im Besitz der gleichen Familie! Ist das der Rekord in unserem Weinführer? Es heißt, dass der Jahrgang 1999 schwierig war – aber nicht für Château Viranel, das diesen Wein mit den balsamischen Gerüchen präsentiert, die sich mit Gewürznelken mischen und in denen man originelle Wachsnoten erahnt. Diese Eindrücke bestätigen sich im Mund, wo die Struktur sehr fein ist, mit verschmolzenen, spürbaren Tanninen. Trinken sollte man diesen bereits bemerkenswerten Wein zu sehr typischen Gerichten, beispielsweise zu Federwild.

GFA de Viranel, 34460 Cessenon, Tel. 04.90.55.85.82, Fax 04.90.55.88.97 n. V.

Bergasse-Milhé

Cabardès

Die Weine der Côtes de Cabardès und der Côtes de l'Orbiel kommen von Weinbergen, die nördlich von Carcassonne und westlich des Minervois liegen. Das Anbaugebiet umfasst 514 Hektar in achtzehn Gemeinden; 2000 erzeugte es 28 978 hl Rot- und Roséweine, die mediterrane und atlantische Rebsorten kombinieren. Diese AOC-Weine unterscheiden sich recht deutlich von den übrigen Weinen des Languedoc-Roussillon; die Reben wachsen nämlich im westlichsten Gebiet und unterliegen somit stärker dem ozeanischen Einfluss.

LES CELLIERS DU CABARDES

2000**

◪ 2,07 ha 3 500 5 à 8 €

Erzeugt worden ist dieser Wein mit Hilfe von Reben, die rund um das wunderschöne Dorf Aragon wachsen, im Herzen der Appellation, wo der Wanderer eingeladen wird, auf zahlreichen Wegen prächtige *capitelles* zu entdecken, von den Bauern aus Trockensteinen errichtete Hütten, die zum Unterstellen bei schlechtem Wetter und zur Aufbewahrung von landwirtschaftlichen Geräten dienten, Überbleibsel aus einer Zeit, als der Ackerbau den gesamten Raum einnahm. Dieser Rosé mit der zarten Farbe überrascht durch die Stärke und die Eleganz seines Geruchseindrucks, der nacheinander an Blütenblätter von Rosen und kandierte Früchte erinnert. Weich und großzügig, von einer leichten Lebhaftigkeit begleitet. Ein Wein, den man zum Vergnügen trinkt.

SCV Les Celliers du Cabardès, rte de Fraïse, 11600 Aragon, Tel. 04.68.24.90.64, Fax 04.68.24.87.09 n. V.

DOM. DE CABROL

Cuvée Vent d'Est 1999***

■ 6 ha 19 000 5 à 8 €

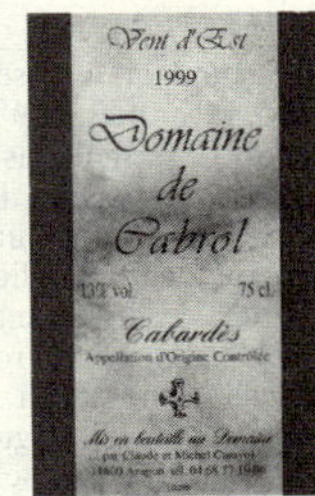

Einmal mehr beweist uns Claude Carayol, dass man sehr große Weine erhalten kann, wenn man Können besitzt und es riskiert, Trauben in vollkommen reifem Zustand zu lesen. Dies ist die perfekte Demonstration der Stärke der Appellation, wenn der Mensch – auf einem großen Terroir – seinen Weinberg führen und achten kann. An diesem 99er werden Sie die schöne, tiefe Farbe und den sehr konzentrierten Duft von überreifen schwarzen Früchten bewundern. Diese großzügige, komplexe Cuvée verführt auch durch ihre sehr große Länge.

Claude et Michel Carayol, Dom. de Cabrol, 11600 Aragon, Tel. 04.68.77.19.06, Fax 04.68.77.54.90 tägl. 11h–12h 14h–19h

CH. JOUCLARY

Elevé en fût de chêne 1999*

■ k. A. 18 130 5 à 8 €

Das Weingut entstand im 16. Jh. Robert Gianesini, der es seit 1969 besitzt, wird von seinem Sohn unterstützt, der seit vier Jahrgängen bei der Vinifizierung viel Talent zeigt. Eine schöne, dunkle Farbe mit purpurvioletten Reflexen und ein Duft von reifen Früchten, der von Vanille- und Gewürznoten verstärkt wird, kündigen eine klare Ansprache und eine kräftige Tanninstruk-

tur an. Dieser viel versprechende Wein muss noch harmonisch verschmelzen.
EARL Gianesini, Ch. Jouclary, 11600 Conques-sur-Orbiel, Tel. 04.68.77.10.02, Fax 04.68.77.00.21 Sa 11h–19h

CH. DE PENNAUTIER
L'Esprit de Pennautier 1999**

10 ha 26 000 15à23€

Das Gut mit einer Fläche von 200 Hektar hat die gesamte Geschichte des Languedoc durchlebt; zu seinen berühmten Gästen zählte Molière. Dieser 99er ist das Ergebnis einer besonders strengen Auslese, gefolgt von einem achtzehnmonatigen Ausbau im Barriquefass. Er ist kräftig und intensiv, mit einer vollen, großzügigen Ansprache. Der sehr feine Holzton begleitet auf angenehme Weise die Verkostung. Ein sehr schöner Wein, den man lagern können muss. Hinweisen sollte man noch auf den von der Jury lobend erwähnten **2000er Rosé Château de Pennautier.**
SCEA Ch. de Pennautier, 11610 Pennautier, Tel. 04.68.72.65.29, Fax 04.68.72.65.84, E-Mail contact@Vignobles-Lorgeril.com n. V.
N. de Lorgeril

CH. VENTENAC Traditionnel 1999*

40 ha 200 000 3à5€

Professionalität und Gewissenhaftigkeit kennzeichnen die Arbeit dieses Winzers, der seinen Weinberg auf den ersten Ausläufern des Zentralmassivs hat, auf einem Boden mit weißem Kalkstein. Sein Wein schmückt sich mit einem tiefen Purpurrot, das jugendliche Reflexe zeigt. Er ist im Geruchseindruck fein und delikat, mit Düften nach Garrigue und roten Früchten, und in der Ansprache weich und bietet einen großzügigen Geschmack mit guten Tanninen. Ein trinkreifer Wein von sehr schöner Harmonie.
SARL Vignobles Alain Maurel, 1, pl. du Château, 11610 Ventenac-Cabardès, Tel. 04.68.24.93.42, Fax 04.68.24.81.16, E-Mail alain-maurel@wanadoo.fr Mo–Sa 8h–12h 14h–18h

Côtes de la Malepère AOVDQS

In 31 Gemeinden des Departements Aude werden von dieser AOVDQS durchschnittlich 40 000 hl erzeugt. Das Anbaugebiet liegt im Nordwesten der Hauts-de-Corbières, die es gegen Luftströmungen aus dem Mittelmeerraum abschirmen, und ist somit dem Einfluss des Atlantiks ausgesetzt. Diese Rot- und Roséweine, die körperreich und fruchtig sind, werden nicht aus Carignan hergestellt, sondern enthalten neben Grenache und Syrah vorwiegend die Bordeaux-Rebsorten Cabernet Sauvignon, Cabernet franc und Merlot.

DOM. DE FOUCAULD 2000**

k. A. 8 000 3à5€

Die Kellerei von Arzens zeichnet sich dieses Jahr mit ihrem kräftigen Rosé aus; er ist das Ergebnis einer Spitzentechnologie und wird mehr als nur einen Weinliebhaber durch seine aromatische Stärke entzücken. Himbeere, schwarze Johannisbeere, Honig und Gewürze tanzen eine lebhafte, fröhliche Quadrille. Dieser großzügige Wein entwickelt sich im Geschmack elegant und anhaltend. Er ist der Botschafter des Sommers und wird einen idealen Begleiter für Ihre herbstlichen Salate und Grillgerichte abgeben.
Cave La Malepère, av. des Vignerons, 11290 Arzens, Tel. 04.68.76.71.71, Fax 04.68.76.71.72, E-Mail oeno@cavelamalepere.com Mo–Fr 8h–12h 14h–18h

DOM. DE LASSALLE 1998*

1,5 ha 5 000 5à8€

Kaum gegründet und schon im Hachette-Weinführer vertreten – die Winzer von Rouffiac können stolz sein auf diesen Wein von ihrem Gut, der eine klare, kräftige Farbe besitzt und in dem ein komplexer Duft von überreifen Früchten mit dem pikanten Aroma von Pfeffer und Koriander spielt. Er ist füllig, gut ausgebaut und mit Sicherheit gehaltvoll und fügt voller Eleganz einen Hauch von Vanille hinzu. Sein ausgewogener, warmer Abgang garantiert vollkommene Stabilität im Keller und im Mund.
Cave coop. de Rouffiac d'Aude, 5, av. des Carrassiers, 11250 Rouffiac d'Aude, Tel. 04.68.26.81.73, Fax 04.68.26.89.00

DOM. LE FORT
Elevé en fût de chêne 1998**

3 ha 20 000 5à8€

Dieser junge Winzer baut seine Reben hervorragend an den Hängen an, die diese Cuvée von verführerischem Granatrot hervorgebracht haben. Der Ausbau im Eichenfass unterstützt perfekt einen fleischigen, wuchtigen Wein mit einer schönen Komplexität von gekochten Früchten und Gewürzen. Der Geschmack ist füllig, ausgewogen und vanilleartig; seine spürbaren Tannine sind die Trümpfe für eine lange Lagerung. Die Zeit arbeitet für ihn.
Marc Pagès, Dom. Le Fort, 11290 Montréal-de-l'Aude, Tel. 04.68.76.20.11, Fax 04.68.76.20.11 n. V.

DOM. DE MATIBAT
Elevé en fût de chêne 1999*

5,4 ha 10 000 5à8€

Zwölf Monate Ausbau im Eichenfass haben ihm Stärke und Charakter verliehen. Dennoch vereinigen sich Schokolade, Vanille und Röstaroma voller Milde zu einem Gesamteindruck, der auf Frische ausgerichtet ist. Dieser ausgewogene, feine Wein, der einen sanften, fruchtigen

Abgang besitzt, gleitet langsam über gut erzogene Tannine. Er kann lagern.

Jean-Claude Turetti, Dom. de Matibat, 11300 Saint-Martin-de-Villeréglan, Tel. 04.68.31.15.52, Fax 04.68.31.04.29
n. V.

CH. MONTCLAR 1999***

■ 20 ha 26 000 5à8€

Auch wenn der Château Montclar bei der Prüfung am besten abschneidet, haben sich der **2000er Rosé Domaine de Majou** und der **2000er Rosé Domaine de Fournery** nicht als unwürdig erwiesen. Dieser Wein hinterlässt einen Eindruck von Unterholz, Himbeere und Quitte. Man sparte nicht mit Lob für seine Stärke und die Wärme seiner konzentrierten, harmonischen Tannine. Die vanilleartig-fruchtige Feinheit löst eine schöne Schlussovation aus. Man kann ihn aufmachen oder einkellern.

Cave du Razès, 11240 Routier, Tel. 04.68.69.02.71, Fax 04.68.69.00.49, E-Mail cavedurazes@wanadoo.fr
Mo–Fr 8h–12h 14h–18h

Roussillon

Der Weinbau im Roussillon geht auf das 7. Jh. v.Chr. zurück, als hier griechische Seeleute, angelockt von den Bodenschätzen der katalanischen Küste, die ersten Reben anpflanzten. Das Weinbaugebiet weitete sich im Mittelalter aus; die süßen Weine dieser Region genossen schon frühzeitig einen guten Ruf. Nach der Reblausinvasion wurden diese südlichsten Hänge der französischen Weinbaugebiete wieder in großer Zahl neu bestockt.

Das Weinbaugebiet des Roussillon, ein natürliches Amphitheater, das dem Mittelmeer zugewandt ist, wird von drei Gebirgsmassiven begrenzt: den Corbières im Norden, dem Caniguou im Westen und den Albères im Süden, die gleichzeitig die Grenze zu Spanien bilden. Têt, Tech und Agly sind die Flüsse, die hier eine terrassenförmige Landschaft geformt haben; ihre ausgewaschenen Geröllböden sind günstig für hochwertige Weine, insbesondere Vins doux naturels (siehe dazu das betreffende Kapitel). Man findet hier auch Böden anderen Ursprungs, mit schwarzem und braunem Schiefer, Quarzsand, Ton und Kalkstein sowie Hügel mit Gesteinsschutt aus dem Pliozän.

Das Weinbaugebiet des Roussillon hat ein besonders sonnenreiches Klima mit milden Temperaturen im Winter und heißen Sommern. Die Niederschlagsmenge (350 bis 600 mm) ist über das Jahr schlecht verteilt; auch die Gewitterregen sind für die Reben kaum von Nutzen. Im Sommer gibt es eine Dürreperiode; deren Auswirkungen verstärkt oft die Tramontane, ein Nordwind, der die Reifung der Trauben fördert.

Die Reben werden im Gobelet-Schnitt erzogen, bei einer Pflanzdichte von 4 000 Stöcken pro Hektar. Die Anbaumethoden sind traditionell geblieben und oft nur in geringem Maße mechanisiert. Die technischen Anlagen in den Kellereien werden modernisiert, wobei mehr Rebsorten und neue Vinifizierungsmethoden Verwendung finden. Nach einer strengen Kontrolle des Reifegrads transportiert man das Traubengut in Bütten oder kleinen Körben, ohne die Trauben zu zerquetschen. Ein Teil der Trauben wird mittels *macération carbonique* (Kohlensäuremaischung) verarbeitet. Die Temperaturen beim Gärvorgang werden immer besser kontrolliert, um die Feinheit des Aromas zu bewahren: Tradition und technischer Fortschritt gehen hier Hand in Hand.

Côtes du Roussillon und Côtes du Roussillon-Villages

Die Weine dieser Appellationen kommen aus den besten Reblagen der Region. Das rund 8 800 ha große Weinbaugebiet erzeugte 2000 insgesamt 390 000 hl. Die Côtes du Roussillon-Villages befinden sich im nördlichen Teil des Departements Pyrénées-Orientales; vier Gemeinden dürfen die Appellation zusammen mit dem Ortsnamen verwenden: Caramany, Lesquerde, Latour-de-France und Tautavel. Kiesterrassen, Quarzsand und Schiefer verleihen den Weinen eine qualitative Reichhaltigkeit und Vielfalt, die die Winzer gut nutzen konnten.

Die Weißweine werden vorwiegend aus den Rebsorten Macabeu, Malvoisie du Roussillon und Grenache blanc, aber auch aus Marsanne, Roussanne und Rolle erzeugt; hergestellt werden sie durch unmittelbares Pressen der Trauben. Sie sind mediterran, mit einem feinen Blütenaroma (blühender Wein). Besonders gut passen sie zu Meeresfrüchten, Fischen und Krustentieren.

Roussillon

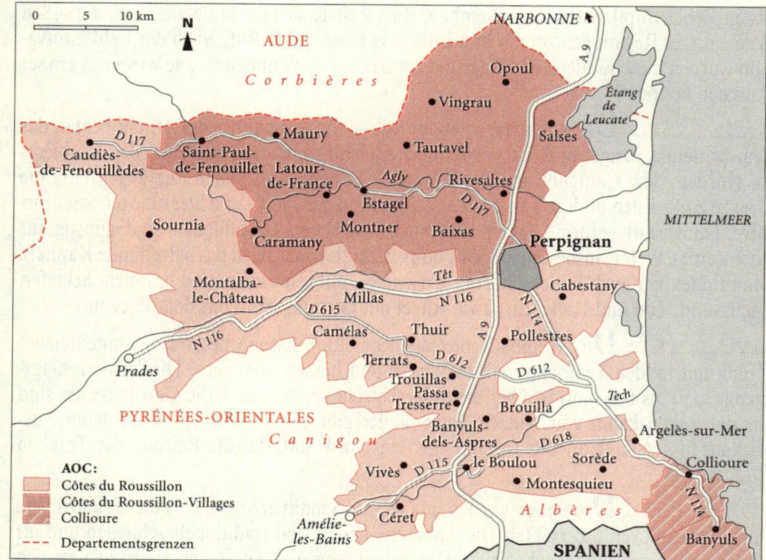

Die Rosé- und Rotweine werden jeweils aus mehreren Rebsorten erzeugt: Carignan noir (Höchstanteil 60 %), Grenache noir, Lladonner Pelut, Cinsaut als Hauptsorten sowie Syrah, Mourvèdre und Macabeu (20 % Höchstanteil in Rotweinen) als Nebensorten. Vorgeschrieben ist dabei die Verwendung von zwei Haupt- und einer Nebensorte. Alle Rebsorten (mit Ausnahme von Syrah) werden im kurzen Rebschnitt erzogen, wobei zwei Augen angeschnitten werden. Oft wird ein Teil des Traubenguts mittels Kohlensäuremaischung vinifiziert, insbesondere die Carignan-Trauben, die bei dieser Methode hervorragende Ergebnisse liefern. Die Roséweine müssen nach kurzer Maischegärung abgestochen werden, ohne dass die Trauben gepresst werden (sog. *saignée*-Verfahren).

Die Roséweine sind fruchtig, körperreich und nervig; die Rotweine sind fruchtig und würzig und besitzen einen Alkoholgehalt von etwa 12°. Die Côtes du Roussillon-Villages sind körperreicher und warm; einige von ihnen kann man jung trinken, während sich andere länger halten und dann ein intensives, komplexes Bouquet entfalten. Wegen ihrer recht individuellen und vielfältigen organoleptischen Eigenschaften kann man sie mit den unterschiedlichsten Gerichten kombinieren.

Côtes du Roussillon

DOM. ALQUIER
Elevé en fût de chêne 1998**

■ 1,5 ha 2 500 8à11€

Man muss sich Zeit nehmen und von Saint-Jean und den Tech und das wilde Vallespir-Tal entlang bis zum Col d'Ares hinaufsteigen, um eine wunderbare Aussicht auf das Canigou-Massiv zu genießen. Das Terroir der Albères prägt diesen 98er, den unter einer tiefen Farbe Düfte von Veilchen und wild wachsender Minze dominieren. Dieser präsente, reiche, robuste Wein ist auch fett und samtig, erfüllt von der Frische des Unterholzes. Sein Abgang mit schwarzer Johannisbeere ist überaus angenehm.
Pierre Alquier, Dom. Alquier, 66490 Saint-Jean-Pla-de-Corts, Tel. 04.68.83.20.66, Fax 04.68.83.55.45 n. V.

ARNAUD DE VILLENEUVE
Vieilles vignes 2000

k. A. 40 000 5à8€

Der neue regionale Vorsitzende der Önologen zeichnet für zwei schöne Erzeugnisse verantwortlich: einen **roten 2000er A. de Villeneuve Vieilles vignes,** der lobend erwähnt wurde, und diesen Rosé von himbeerroter Farbe, der sich entfalten muss, damit er über erstaunlichen Gewürznoten Erdbeere und rote Johannisbeere ausbreitet. Er ist füllig und präsent und erweist sich aufgrund seiner reifen Früchte als unbedingt mediterran. Ein Roséwein zum Essen.
Les Vignobles du Rivesaltais, 1, rue de la Roussillonnaise, 66602 Rivesaltes-Salses, Tel. 04.68.64.06.63, Fax 04.68.64.64.69, E-Mail vignobles.rivesaltais@wanadoo.fr
n. V.

CH. DE BLANES 1999**

□ 4 ha 10 000 3à5€

Der im Süden gut abgestützte Weinberg fällt in Form von kleinen Terrassen sanft vom Col de la Dona bis zum Dorf ab, das sich unbekümmert auf dem Geröll ausbreitet, am Rande des Hochwasserbetts der Têt. Dieser blassgoldene Wein kommt in einem kräftigen Duft von gelben Blüten, Mispelfrucht und exotischen Früchten zur Entfaltung. Der leckere Geschmack ist ganz durch reife Früchte bestimmt, gut gebaut und präsent, mit einer sehr frischen und hoch geschätzten Bitternote im Abgang.
Les Vignerons de Pézilla, 66370 Pézilla-la-Rivière, Tel. 04.68.92.00.09, Fax 04.68.92.49.91
n. V.

DOM. JOSEPH BORY 1999

■ 5,4 ha 2 500 5à8€

Bages liegt im Herzen der maritimen Aspres. Das stets betriebsame Dorf rühmt sich seiner Weinbauaktivitäten, zu denen viele Privatkellereien beitragen, darunter die von Joseph Bory. Dieser 99er kündigt sich mit einer purpurroten Farbe an, hinter der sich wilde Ledergerüche und ein pfeffriger Hauch von schwarzer Johannisbeere bemerkbar machen. Der Wein ist extraktreich, wobei sich Früchte, «Fett» und Tannine um den Geschmack streiten. Er muss harmonisch verschmelzen, bevor er sich für Wild oder rotes Fleisch anbietet.
Mme Andrée Verdeille, Dom. Joseph Bory, 6, av. Jean-Jaurès, 66670 Bages, Tel. 04.68.21.71.07, Fax 04.68.21.71.07
Mo–Sa 9h–12h 15h–18h

DOM. BOUDAU Cuvée du Clos 2000*

■ 2 ha 7 000 5à8€

Ein schönes Einvernehmen verbindet Pierre und Véronique Boudau, dem Bruder und Schwester noch die Synergie von Fachwissen und Können hinzufügen. Die Jugend dieses Weins kommt in einem kräftigen bläulichen Rot zum Ausdruck. Der sehr intensive Duft ist auf zerquetschte rote Früchte konzentriert, mit einer schwereren Note von Kernen. Der Geschmack ist reich, von der Frucht geprägt; das Ganze ist füllig und großzügig. Die spürbaren Tannine lassen eine gute Beschaffenheit erkennen. In

zwei bis drei Jahren dürfte die Harmonie zum Vorschein kommen.
🔑 Dom. Véronique et Pierre Boudau, 6, rue Marceau, 66600 Rivesaltes, Tel. 04.68.64.45.37, Fax 04.68.64.46.26
☑ 🍷 Mo–Sa 10h–12h 15h–19h (Juni bis Sept.)

CH. DE CORNEILLA 1998*

■ 14 ha 85 000 5 à 8 €

Ein geschichtsträchtiges Schloss und eine Firma, die hier seit Jahrhunderten ansässig und dank ihrer Olympioniken (Fecht- und Reitsport) weltbekannt ist. Der **rote 98er Domaine Jonquères d'Oriola,** der sehr geschätzt wurde, erhält eine lobende Erwähnung. Dieser Château de Corneilla zeigt eine strahlende granatrote Farbe und bietet einen Duft von reifer Kirsche, schwarzer Johannisbeere und Früchten in Alkohol. Er ist weich und überrascht durch seine Frische und seine Nervigkeit, mit einer Note von säuerlichen Früchten, sowie durch die Verschmolzenheit der Tannine. Dank seines sehr würzigen Abgangs kann er katalanische Wurstgerichte und Escalivade (Gemüsegericht aus Tomaten, Auberginen, roten, grünen und gelben Paprikaschoten, Gurken, Zwiebeln, Schalotten und Schnittlauch sowie Gewürzen, gebraten und in Essig mariniert) begleiten.
🔑 EARL Jonquères d'Oriola, Ch. de Corneilla, 66200 Corneilla-del-Vercol, Tel. 04.68.22.73.22, Fax 04.68.22.43.99, E-Mail chateaudecorneilla @hotmail.com ☑ 🍷 n. V.

DOM BRIAL 1999*

■ k. A. 20 000 3 à 5 €

Die Welthauptstadt des Muscat zu sein genügt nicht; das ganze Können der bewährten Mannschaft der Genossenschaftskellerei von Baixas war notwendig, damit sie sich auch einen beneidenswerten Platz in der Elite der Weindörfer erwerben konnte. Der Wein zögert zwischen Purpur- und Granatrot, roten Früchten und Unterholz mit Veilchennoten. Im Geschmack ist die Ausrichtung klar: Es handelt sich um einen weichen, süffigen, bemerkenswert verschmolzenen Wein mit einem würzigen Abgang über seidigen Tanninen.
🔑 Cave des Vignerons de Baixas, 14, av. Mal-Joffre, 66390 Baixas, Tel. 04.68.64.22.37, Fax 04.68.64.26.70, E-Mail baixas@smi-telecom.fr ☑ 🍷 n. V.

DOM. FERRER RIBIERE Cana 1999**

■ 4 ha 12 000 15 à 23 €

Der Zusammenschluss von Denis Ferrer und Bruno Ribière hält mehr als je zuvor am Streben nach Qualität fest. Weinbau mit integriertem Pflanzenschutz, Auswahl der Parzellen, Auslese der Trauben, lange Maischung und Beherrschung des Ausbaus im Holzfass bringen uns diesen strahlend granatroten Cana ein, der durch kandierte Früchte, Leder und Unterholz geprägt ist. Im Geschmack zeigt sich dieser 99er füllig, solide und kräftig. Röstaroma und Frucht setzen auf eine sehr feine Gerbsäure. Ein voller, angenehmer Wein von schöner Lagerfähigkeit.
🔑 Dom. Denis et Bruno Ferrer Ribière, SCEA des Flo, 20, rue du Colombier, 66300 Terrats, Tel. 04.68.53.24.45, Fax 04.68.53.10.79
☑ 🍷 n. V.

DOM. GARDIES Vieilles vignes 1999*

□ 2 ha k. A. 8 à 11 €

Das Weinbaugebiet von Vingrau, das im Kalkstein-Talkessel der hinteren Corbières eingeschlossen ist, bietet im Herbst das Schauspiel eines großartigen «Patchwork», das man oben vom Pas de l'Escalette bewundern kann. Dieser blassgelbe Wein muss Sauerstoff ziehen, damit er sich zu überreifen und exotischen Früchten entfalten kann. Der fette, füllige Geschmack bietet einen zart holzigen Anflug, der in einem sehr frischen Abgang der Pampelmuse Vanillenoten hinzufügt.
🔑 Dom. Gardiés, 66600 Vingrau, Tel. 04.68.64.61.16, Fax 04.68.64.69.36
☑ 🍷 n. V.

JEAN D'ESTAVEL Prestige 1998

■ k. A. 25 000 3 à 5 €

Die ganze Kunst des Weinhandels beruht auf der Zusammenstellung und dem Ausbau. Die gute Kenntnis der Terroirs bei diesem Winzer und Weinhändler ist ein erheblicher Vorzug, wie diese Cuvée beweist, die von Schiefer- und Kalksteinböden kommt. Die rote Farbe ist tief. Die Entwicklung macht sich bemerkbar und kommt in Noten von Wildbret und reifen Früchten zum Ausdruck. Der Ausbau verleiht diesem Wein eine schöne Verschmolzenheit über einer frischen, sehr würzigen Ausgewogenheit. Eine schon trinkreife Flasche, die man zu weißem Fleisch oder Wurstgerichten servieren kann.
🔑 SA Destavel, 7 *bis*, av. du Canigou, 66000 Perpignan, Tel. 04.68.68.36.00, Fax 04.68.54.03.54 ☑
🔑 M. G. Baissas

LE CELLIER DE LA BARNEDE 2000*

◪ 3 ha 4 500 5 à 8 €

Die «Kellerei der Handwerker des Weins» demonstriert uns eine schöne Beherrschung der Technik, nämlich mit diesem hochroten Rosé (60 % Syrah), in dem zu den Pentanolnoten Rosenduft hinzukommt. In einem weichen, frischen, ausgewogenen Geschmack macht Banane einem fruchtigen Abgang Platz.
🔑 SCV Les Producteurs de La Barnède, 5, av. du 8-Mai-1945, 66670 Bages, Tel. 04.68.21.60.30, Fax 04.68.37.50.13
☑ 🍷 n. V.

LA CASENOVE
Cuvée Commandant François Jaubert 1998*

■ 20 ha 18 000 15 à 23 €

In Trouillas soll Arnaud de Villeneuve das Prinzip der Herstellung der Vins doux naturels entdeckt haben, das darin besteht, dass man die Gärung unterbricht, indem man Weingeist hinzufügt. Aber es ist auch ein Ort, an dem trockene Weine zur Geltung kommen können. So etwa diese Cuvée von tiefer Farbe, die stark durch die Extraktion geprägt ist und bei der sich überreife Früchte, pfeffrige Düfte und wildere Unterholz-

noten mischen. Der Wein besitzt eine große Fülle und füllt den Mund mit seiner großzügigen Fruchtigkeit aus.
Ch. La Casenove, 66300 Trouillas, Tel. 04.68.21.66.33, Fax 04.68.21.77.81 Mo–Sa 10h–12h 16h–20h
Montes

DOM. LAFAGE 2000

■ 8 ha 42 000 5 à 8 €

Auf diesem Weingut, das auf den Höhenlinien der letzten für den Weinbau genutzten Ausläufer der Aspres angelegt ist, eignet sich die Kühle der Schieferböden sehr gut für die Syrah-Rebe. Dieser 2000er von intensivem Granatrot lässt noch schwere Röst- und Feuersteingerüche erkennen. Gewürze und Röstaroma, die reichhaltig und deutlich zu spüren sind, vertragen sich gut mit einem strukturierten Abgang. Dieser Wein, der noch durch die jugendliche Frucht bestimmt ist, eignet sich für eine gute Lagerung.
SCEA Dom. Lafage, mas Llaro, rte de Canet, 66100 Perpignan, Tel. 04.68.67.12.47, Fax 04.68.62.10.99, E-Mail enofool@aol.com n. V.

DOM. DE LA MADELEINE 2000**

■ k. A. 3 000 5 à 8 €

Auf der steinigen Terrasse der Têt scheinen die Gebäude des Besitzes und sein Park von Zeit zu Zeit eifersüchtig über das Weingut zu wachen. Dieser Wein, dessen schönes Rubinrot bläulich rote Reflexe zeigt, überrascht durch seine Aromen von kandierten Kirschen und Geißblatt. Die Frucht findet man im Mund wieder; sie ist fleischig und sorgt auch für eine leicht säuerliche, sehr frische Note. Noch spürbare Tannine garantieren dieser Flasche eine schöne Zukunft. Man kann sie zu Wild servieren.
Dom. de La Madeleine, chem. de Charlemagne, 66000 Perpignan, Tel. 04.68.50.02.17, Fax 04.68.50.02.17 Mi, Sa 9h–13h
Georges Assens

DOM. DE L'AURIS 1999*

■ 7 ha 32 200 5 à 8 €

Nach Tarérach kommt man nicht zufällig! Umso besser, denn man muss die wilde Schönheit des Hochplateaus, auf dem sich die Macchia der durch Verwitterung entstandenen ruinenartig aussehenden Granitoberfläche anpasst, bewahren und sie sich verdienen. Eine Augenweide vor dem Hintergrund des Canigou. Diese von den Winzern von Tarérach hergestellte Cuvée wird in Perpignan vermarktet. Die rote Farbe ist kräftig und liebenswürdig. Die Syrah-Traube präsentiert sich in Form von Veilchen, schwarzer Johannisbeere und Kirschstielen. Diese Aromenpalette kündigt einen fruchtbetonten Geschmack mit einem Hauch von Lakritze an. Der elegante Wein ist trinkreif.
Méditerroirs, 264, chem. du Pas-de-la-Paille, BP 52114, 66012 Perpignan Cedex, Tel. 04.68.55.88.40, Fax 04.68.55.87.67, E-Mail mediterroirs@caramail.com n. V.

DOM. DU MAS BECHA 1999*

■ 3 ha 4 300 5 à 8 €

Der Weiler Nyls versucht der Urbanisierung Widerstand zu leisten und ist dank des Mas Bécha seit 1997 zu einer erstklassigen Adresse für Weine geworden, dort, wo vorher nur offener Wein produziert wurde. Ein Beweis dafür ist dieser Wein, dessen intensive Farbe an Burlat-Kirschen erinnert, während die Düfte mehr an Geröstetes, Wildbret und Gewürze denken lassen. Die Gerbsäure, die im Mund weich wirkt, ist fein und samtig. Dieser aromatische, liebenswürdige 99er mit röstartigem Abgang ist trinkreif. Beachten sollte man auch einen lobend erwähnten **2000er Rosé** (Preisgruppe: 20 bis 29 F), der einen schönen Aufbau zeigt.
Dom. Mas Bécha, 1, av. de Pollestres, 66300 Nyls-Ponteilla, Tel. 04.68.54.52.80, Fax 04.68.55.31.89 n. V.
Perez

DOM. DU MAS CREMAT
Elevé en fût de chêne 1999***

■ 3 ha 12 000 11 à 15 €

Schwierige Wahl zwischen einem **nicht im Holzfass ausgebauten 99er** (Preisgruppe: 30 bis 49 F), der stark durch reife Frucht bestimmt ist, an Kirschen und Pfeffer erinnert, füllig und fein ist und eine gute Lagerfähgkeit und ein ausgezeichnetes Preis-Leistungs-Verhältnis besitzt (ebenfalls drei Sterne), und diesem fassgereiften 99er, der einen hohen Mourvèdre-Anteil hat und im Anblick noch schwer wirkt. Die Frucht schlummert auf der Vanille und erwacht dann im Geschmack. Die Harmonie zwischen Wein und Holz ist vollkommen: die Stärke des einen und die Feinheit des anderen. All das ergibt einen soliden Wein mit samtigen Tanninen, der großartig und verheißungsvoll ist.
Jeannin-Mongeard, Dom. du Mas Cremat, 66600 Espira-de-l'Agly, Tel. 04.68.38.92.06, Fax 04.68.38.92.23 n. V.

MAS D'EN BADIE 1998*

■ k. A. 8 000 5 à 8 €

Das Anbaugebiet profitiert vom Schutz der letzten vor den Ausläufern des Canigou und der Pyrenäen kommenden Hügel, die für den Weinbau genutzt werden. Dort bietet sich windgeschützt im Herbst ein Fest der Farben dar. Die Jugendlichkeit dieses Weins lässt sich an seiner Farbe ablesen, die zwischen Purpur- und Granatrot liegt. Der Duft zögert zwischen Unterholz, Wildbret und überreifen Früchten. Eine Note von Röstkaffee begleitet in einem weichen, samtigen Geschmack seidige Tannine. Der Anklang an Wildbret eignet sich wunderbar für eine ganze Reihe von Wildgerichten mit Sauce.
Vignerons de La Méditerranée, ZI Plaisance,12, rue du Rec-de-Veyret, BP 414, 11104 Narbonne Cedex, Tel. 04.68.42.75.00, Fax 04.68.42.75.01, E-Mail rhirtz@listel.fr n. V.

DOM. DU MAS ROUS
Cuvée élevée en fût de chêne 1998***

■ 9 ha 53 000 5à8€

Das prächtige Terroir der Albères, wo die Reben vor der Bodenspekulation geschützt werden müssen, hat sich erneut zu Wort gemeldet. Es stimmt, dass die Umgebung, zwischen den Ausläufern der Pyrenäen und dem Mittelmeer, wunderschön ist. Die Farbe dieses 98ers ist tief und steht im Einklang mit kleinen roten Früchten vor einem Hintergrund von Gewürzen und Röstgeruch. Aber es ist der Geschmack, der begeistert, mit seidigen Tanninen und einem pfeffrigen Kirscharoma: ein voller, samtiger Eindruck, in dem die für die Albères typische mineralische Note hervortritt. Ein herrlicher Wein. Die **98er Cuvée Prestige** (Preisgruppe: 50 bis 69 F) erhält einen Stern.

José Pujol, Dom. du Mas Rous,
66740 Montesquieu-des-Albères,
Tel. 04.68.89.64.91, Fax 04.68.89.80.88
n. V.

CH. MIRAFLORS Cuvée Vilarnau 1998*

■ 10 ha 5 000 5à8€

Zwischen Stadt und Meer scheint der Turm, der die alte königliche Schäferei überragt, über die Weinberge und die archäologischen Ausgrabungen der antiken Stadt Vilarnau zu wachen. Das Dreigespann Syrah, Carignan und Grenache kleidet sich hier granatrot und lässt Unterholz, kandierte Früchte und den Beginn eines Wildbretgeruchs erkennen. Der Ausbau bringt eine Röst- und Gewürznote mit ein, die von der reifen Frucht begleitet wird. Das Ganze ist verschmolzen, harmonisch und wohl ausgewogen. Man kann den Wein jetzt zu rotem Fleisch und Käse servieren.

SA Cibaud-Ch. Miraflors et Belloch,
rte de Canet, 66000 Perpignan,
Tel. 04.68.34.03.05, Fax 04.68.51.31.70,
E-Mail vins.cibaud@wanadoo.fr
Mo–Sa 9h–13h 15h–19h

CH. MOSSE Coume d'Abeille 1999***

■ 5,2 ha 15 000 5à8€

Sainte-Colombe, ein Schmuckstück der Aspres, beherbergt auch die Keller der Familie Mossé, deren Können, die verschiedene Terroirs zum Ausdruck zu bringen, allgemein anerkannt ist; sie sind wahre Schatzkammern an Vins doux naturels. Diese Kompetenz zeigt sich in einer Cuvée **Temporis 1999** (Preisgruppe: 50 bis 69 F), die einen Stern erhält, und in diesem Coume d'Abeille, der eine tiefrote Farbe besitzt und wilde, komplexe Moschus-, Buchsbaum- und Veilchendüfte bietet. Dieser reiche, großzügige, strukturierte Wein, der sehr Syrah-typisch ist (Veilchen, Brombeere und schwarze Johannisbeere), versteht es, samtig und fleischig zu bleiben. Er schmeckt schon gut und kann noch lagern.

Jacques Mossé, Ch. Mossé,
BP 8, 66300 Ste-Colombe-de-la-Commanderie,
Tel. 04.68.53.08.89, Fax 04.68.53.35.13,
E-Mail chateau.mosse@worldonline.fr
n. V.

DOM. DE NIDOLERES
La Pierroune 1999

■ 3 ha 4 000 8à11€

Gegenüber den Albères mit ihrer wilden Schönheit breiten sich die Weinberge auf den Terrassen des Techs aus, am Ausgang des Vallespir-Tals, das für seine Frühkirschen und seine Mimosen berühmt ist. Durch das Purpurrot dringt ein zunächst schüchterner Duft von roten Früchten, Gewürzen und Leder. Reife Kirschen findet man auch in der Ansprache, vor kräftigen Tanninen und einer Holznote, die zu Grillgerichten und gebratenem Geflügel passen wird.

Pierre Escudié, Dom. de Nidolères,
66300 Tresserre, Tel. 04.68.83.15.14,
Fax 04.68.83.31.26 n. V.

DOM. PAGES HURE 1999

■ 11 ha 33 600 5à8€

Der passionierte Jean-Louis Pagès hat bei der Übernahme des Familienweinguts, das auf eine zweihundertjährige Geschichte zurückschauen kann, den Kurs geändert; er hat 1991 mit dem Direktverkauf begonnen und es mit Bescheidenheit und Begeisterung geschafft, seinen Traum zu verwirklichen. Das Granatrot dieses 99ers ist klar. Intensive Düfte von Kirsche, Brombeere und Schwarze-Johannisbeer-Knospe empfangen einen. Der Geschmack ist dementsprechend, mit säuerlichen roten Früchten in einem harmonischen verschmolzenen, frischen Eindruck, der weich, aber spürbar ist. Ein trinkreifer Wein.

SCEA Pagès Huré, 2, allée des Moines,
66740 Saint-Génis-des-Fontaines,
Tel. 04.68.89.82.62, Fax 04.68.89.82.62
n. V.
Jean-Louis Pagès

DOM. PIQUEMAL
Elevé en fût de chêne 1999**

■ 4 ha 27 000 5à8€

Das Problem bei den Piquemals ist die Auswahl. Ein tolles Angebot mit einem **nicht fassgereiften 99er**, der fruchtbetont ist, und einem **weißen 2000er Les Terres grillées** (Preisgruppe: 50 bis 69 F); beide erhalten einen Stern. Dieser im Eichenfass ausgebaute 99er zeigt eine schöne Erscheinung und bietet einen intensiven Duft, in dem Kirsche und Brombeere durch Vanille abgemildert werden. Er hat die Jury durch seine Fülle und die solide Vereinigung von extraktreichem Traubengut und erstklassigem Holzton erobert. Gewürze und gepfefferte Kirschen beschließen den Abgang dieses Weins, den man zu Wild und rotem Fleisch genießen sollte.

🔑 Dom. Pierre et Franck Piquemal,
1, rue Pierre-Lefranc, 66600 Espira-de-l'Agly,
Tel. 04.68.64.09.14, Fax 04.68.38.52.94,
E-Mail contact@domaine-piquemal.com
☑ Y n. V.

CH. PLANERES La Romanie 1999★★★

■ 3,5 ha 10 000 11 à 15 €

Ein klug konzipierter neuer Keller und eine Behangausdünnung durch «Grünlese», so dass es nicht erstaunt, wenn sich hier Qualität einstellt. Der ausgezeichnete **rote 99er Château Planères** (30 bis 49 F; zwei Sterne) überlässt den ersten Platz dem Romanie, dessen tiefes Rot sich mit fruchtigen Düften von Kirsche und roten Früchten vor einem Gewürzhintergrund verbindet. Der Geschmack ist füllig und ganz durch reife Fruchtigkeit bestimmt; vor einem Abgang, der stark an Geröstetes erinnert, umhüllt das Fleisch von Kirschen schöne, samtige Tannine.

🔑 Vignobles Jaubert-Noury, Ch. Planères,
66300 Saint-Jean-Lasseille, Tel. 04.68.21.74.50,
Fax 04.68.21.87.25, E-Mail contact@chateau-planeres.com ☑ Y n. V.

CH. PLANERES La Romanie 1999

☐ 3 ha 8 000 11 à 15 €

Tourbat oder Malvoisie du Roussillon ist eine seltene Rebsorte. Früher einmal berühmt, wurde sie aufgegeben, bevor sie in einigen Weinbaubetrieben, wie etwa diesem hier, wieder zu Ehren kam. Die Farbe ist blassgolden. Honigartige Ginsternoten vereinen sich mit der Frucht. Im fülligen, reichen Geschmack umgeben sich Aprikose und Quitte mit Vanille. Das Ganze bleibt frisch und hat eine bemerkenswerte Länge.

🔑 Vignobles Jaubert-Noury, Ch. Planères,
66300 Saint-Jean-Lasseille, Tel. 04.68.21.74.50,
Fax 04.68.21.87.25, E-Mail contact@chateau-planeres.com ☑ Y n. V.

PUJOL La Montadella 1999★

■ 1,8 ha 10 000 8 à 11 €

Jean-Luc Pujol, der nach ein paar Jahren, in denen er sich für die Weine des Roussillon einsetzte, wieder ganztägig auf seinem Weingut arbeitet, stellt sich einer neuen Herausforderung und geht auf biologischen Anbau über. Diese im Anblick dunkle Cuvée auf Carignan-Basis zieht die Aufmerksamkeit durch die Frische von kleinen roten Früchten auf sich: Brombeere und schwarze Johannisbeere. Die noch großzügige Gerbsäure, die spürbar und durch ihre Jugend geprägt ist, findet ein Gleichgewicht mit dem «Fett» und der Frucht. Ein sehr schöner, traditioneller Wein, der reifen muss und in ein bis zwei Jahren zu Grillgerichten passt.

🔑 Jean-Luc Pujol, EARL La Rourède,
Dom. La Rourède, 66300 Fourques,
Tel. 04.68.38.84.44, Fax 04.68.38.88.86,
E-Mail vins-pujol@wanadoo.fr
☑ Y Mo–Sa 9h–12h 15h–18h30

CH. DE REY 1998

■ 10 ha 6 000 5 à 8 €

Das schmale, hohe Château de Dorf Potersen, das die Lagune von Canet überragt, markiert stolz das Ende der steinigen Terrasse. Bei einem solchen sehr warmen Terroir ist es nicht erstaunlich, dass man in diesem schon gut ausgebauten Wein eine dunkle Farbe und einen von Steinobstschnaps geprägten Duft findet. Im Geschmack ist er füllig und harmonisch verschmolzen, wobei sich über röstartigen Tanninen Backpflaume breit macht.

🔑 Philippe et Cathy Sisqueille, EARL
Ch. de Rey, 66140 Canet-en-Roussillon,
Tel. 04.68.73.86.27, Fax 04.68.73.15.03,
E-Mail chateau-de-rey@libertysurf.fr
☑ Y Mo–Fr 9h–12h 14h–18h

CH. ROMBEAU
Pierre de La Fabrègue Cuvée élevée en fût de chêne 1998★

■ k. A. 15 000 5 à 8 €

In Zukunft können Sie auf dem Weingut Rombeau Weine probieren, essen oder sogar tafeln und auch schlafen. Das ist nach solchen Festmahlen oft weiser. Der urwüchsige Hausherr wird Ihnen diesen tiefroten 98er mit den schweren Düften von reifen Trauben, Unterholz und Leder servieren. Sie werden verführt werden durch die Ausgewogenheit eines strukturierten Weins mit feinem Holzton, in dem die fleischige Frucht im Abgang einer angenehmen Lakritzenote Platz macht.

🔑 P.-H. de La Fabrègue, Dom. de Rombeau,
66600 Rivesaltes, Tel. 04.68.64.35.35,
Fax 04.68.64.64.66
☑ Y tägl. 8h–19h30, Gruppen n. V.

DOM. ROZES 1999★★

■ 8,1 ha 19 000 5 à 8 €

Nach einem stürmischen Lauf fließt der Agly in Espira zwischen dem Weiß der Kalksteinhügel, dem rötlichen Ockergelb der Tonböden und dem Aschschwarz der schieferhaltigen Mergelböden. Von ihnen kommt dieser Côtes du Roussillon von tiefer Farbe, der vom Duft roter Früchte, von Gewürzen und der Weinigkeit der Trauben beherrscht wird. Der spürbare, fruchtbetonte Geschmack ist dank der Seidigkeit der Tannine sehr fein. Ein ausgewogener, heiterer Wein, den man schon mit Genuss trinken kann.

🔑 SCEA Tarquin – Dom. Rozès,
3, rue de Lorraine, 66600 Espira-de-l'Agly,
Tel. 04.68.38.52.11, Fax 04.68.38.51.38,
E-Mail rozes.domaine@wanadoo.fr ☑ Y n. V.
🔑 Antoine Rozès

DOM. SAINTE-BARBE
Elevé en fût de chêne 1998★

■ 3 ha 6 000 5 à 8 €

Robert Tricoire ist begeisternd und begeistert. Sein Weinberg wirkt wie ein Garten. Was für ein Vergnügen, wenn man mit ihm diskutiert, über den «alten Hund» ebenso wie über die «Tassergal-Schildkröte» der paläontologischen Fundstätte von Le Serrat-d'en-Vaquer, wo sich der Weinberg befindet. Die Farbe dieses 98ers ist tief; die Entwicklung macht sich kaum bemerk-

bar. Es folgt ein warmherziger Empfang der reifen Frucht: Kirschen in Alkohol, Brombeere, vom Holzton umhüllt. Der reiche, kräftige Holzton harmoniert bestens mit einer reifen Frucht, die sich zwischen kandierter Kirsche und Backpflaume bewegt. Die Tannine sind verschmolzen: Dieser Wein ist trinkreif.
🔑 Vignerons et Passions, BP 1, 34725 Saint-Félix-de-Lodez, Tel. 04.67.88.80.39, Fax 04.67.88.86.39 ☑ Y n. V.

DOM. SALVAT Taïchac 2000★★

□ 11 ha 20 000 5 à 8 €

Wenn man in die Fenouillèdes kommt, entdeckt man die prächtige Kulisse des Hinterlands, das schon in der Römerzeit geschätzt wurde, wie in Tattius Acum, aus dem Taïchac geworden ist, wo die sechste Generation der Salvats erwartet wird. Die Kühle des hoch gelegenen Terroir erkennt man an der klaren, strahlenden Farbe dieses 2000ers; man kann sie auch in den Blüten- und Zitrusnoten des Dufts genießen. Der frische, lebhafte, blumige, harmonisch verschmolzene Wein ist präsent, stolz auf den leicht bitteren Hauch, der den Abgang belebt. Beachten sollte man auch einen schönen **roten 99er Salvat,** der eine lobende Erwähnung erhält.
🔑 Dom. J.-Ph. Salvat, 8, av. Jean-Moulin, 66220 Saint-Paul-de-Fenouillet, Tel. 04.68.59.29.00, Fax 04.68.59.20.44, E-Mail salvat.jp@wanadoo.fr ☑ Y n. V.

DOM. SARDA-MALET
Terroir Mailloles 1998★★

■ 4 ha 8 000 15 à 23 €

Die Leidenschaft ist hier weiblich. Mit Klasse und Charme präsentiert Suzy Malet einen **roten 98er Réserve** (Preisgruppe: 50 bis 69 F), der einen Stern erhält, und diesen noch jugendlichen Terroir Mailloles von tiefer Farbe. Eine Jugendlichkeit, die der Duft bestätigt, der abgesehen vom Holzton immer noch fruchtbetont ist. Gewürze und Röstaroma kommen dann mit großzügigen, gut gebauten Tanninen. Der Wein eignet sich für die Lagerung. Servieren sollte man ihn zu einem Rippenstück oder einem Tournedos (dicke Lendenschnitte) vom Rind.
🔑 Dom. Sarda-Malet, Mas Saint-Michel, chem. de Sainte-Barbe, 66000 Perpignan, Tel. 04.68.56.72.38, Fax 04.68.56.47.60 ☑ Y n. V.
🔑 Suzy Malet

CH. DE SAU Cuvée réservée 1996

■ 3 ha 10 000 5 à 8 €

Ein gewagtes Unterfangen, einen 96er zur Verkostung anzubieten. Aber Hervé Passama, der auf diesem Gut seit fünfzehn Jahren tätig ist und einer über ein Jahrhundert lang hier ansässigen Familie entstammt, hat gelernt, mit seinen Terroirs zurechtzukommen und die Vinifizierung den Ansprüchen der Rebsorten anzupassen. Die Farbe ist kräftig; eine ziegelrote Verfärbung kommt zum Vorschein. Nach einem ersten Wildbretgeruch entfalten sich Gewürze und die überraschende Fruchtigkeit von Kirsche. Die Entwicklung rundet einen Wein mit soliden Tanninen ab, bevor er mit einem röstartigen Abgang ausklingt, der nach Grillgerichten verlangt.
🔑 Hervé Passama, Ch. de Saü, 66300 Thuir, Tel. 04.68.53.21.74, Fax 04.68.53.29.07, E-Mail chateaudesau@aol.com ☑ Y n. V.

DOM. DU VIEUX CHENE
Lou Ginesta 2000★

■ 6 ha 8 000 5 à 8 €

Vom Gut aus ist die Aussicht wunderschön; die Gegend hier ist bemerkenswert. Hinzunehmen muss man noch eine günstige Lage, zehn Minuten von der Stadt entfernt an der Einmündung des Agly-Tals, und vor allem eine beneidenswerte Palette von Terroirs. Das Granatrot dieses 2000ers ist lebhaft und intensiv; in der Nase nähert sich über rote Früchte und schwarze Johannisbeere hinaus eine wilde Note dem Geruch von Leder. Im Mund ist der Wein verschmolzen und samtig; er ist fruchtbetont und zugleich durch die mineralische Note der Schieferböden bestimmt. Sehr feine, leicht an Geröstetes erinnernde Tannine sorgen für den Abgang. Beachten sollte man auch einen **weißen 99er Haut Valoir** (Preisgruppe: 70 bis 99 F), der eine lobende Erwähnung erhält.
🔑 Dom. du Vieux Chêne, Mas Kilo, 66600 Espira-de-l'Agly, Tel. 04.68.38.92.01, Fax 04.68.38.95.79 ☑ Y n. V.
🔑 Denis Sarda

Côtes du Roussillon-Villages

CH. AYMERICH
Cuvée Augustin Aymerich de Beaufort 1998★★

■ 6 ha 8 000 8 à 11 €

Die mit 60 % dominierende Syrah-Traube und der Schieferboden sind sehr wahrscheinlich die Ursache für die große Ausdrucksstärke dieses perfekt im Barriquefass ausgebauten Weins. Die Aromen von wild wachsenden roten Beeren vermischen sich um Tannine herum, die lakritzeartig und zugleich fleischig schmecken, mit würzigen Noten. Am Schluss des Geschmackseindrucks kommen diskrete, elegante Holznoten zum Vorschein.
🔑 Ch. Aymerich, 52, av. Dr-Torreilles, 66310 Estagel, Tel. 04.68.29.45.45, Fax 04.68.29.10.35, E-Mail aymerich-grauvins@wanadoo.fr ☑ Y n. V.
🔑 Grau-Aymerich

CH. DE BELESTA Schiste 1999

■ 1,5 ha 5 898 5 à 8 €

Die Winzer von Bélesta gehörten zu den Ersten, die eine Auswahl der Terroirs praktizierten. Diese Cuvée, die von Weinbergen auf Schieferböden stammt, ist ein perfektes Beispiel dafür. Gekennzeichnet ist sie durch die Rundheit ihrer Tannine und durch fruchtige und würzige Noten, die bis zum Schlussgeschmack zum Ausdruck kommen.

SCV Les Vignerons de Cassagnes-Bélesta, 66720 Cassagnes, Tel. 04.68.84.51.93, Fax 04.68.84.53.82 ☑ Ү tägl. 10h–12h 15h–18h

DOM. REGIS BOUCABEILLE 1999★★

■ 8 ha 13 000 8 à 11 €

Dieser unermüdliche Spezialist für europäischen Handel bewirtschaftet erfolgreich ein kleines Weingut im Roussillon. Dieser Jahrgang begünstigte die Milde der fruchtigen Noten und der vollreifen Tannine. Feinheit, Komplexität und Länge sind vorhanden.

Régis Boucabeille, 146, rte Nationale, 66550 Corneilla-la-Rivière, Tel. 04.68.57.22.02, Fax 04.68.57.11.63, E-Mail EARL-boucabeille@yahoo.com ☑ Ү n. V.

CH. DE CALADROY

Elevé en fût de chêne 1998★★★

■ 2 ha 6 000 8 à 11 €

Dieses Château, das im letzten Jahr für seine 98er Cuvée Les Schistes eine Liebeserklärung erhielt, präsentiert eine andere Cuvée aus dem gleichen Jahrgang, die im Eichenfass ausgebaut wurde. Der Einfluss des Holzes, der in der Ansprache dominiert, macht nach und nach der Ausdrucksstärke von Noten roter Beeren Platz, wobei man Tannine von großer Feinheit entdeckt, die innerhalb einer sehr schönen, anhaltenden Harmonie von Vanille und «Fleisch» umhüllt sind.

SCEA ch. de Caladroy, 66720 Bélesta, Tel. 04.68.57.10.25, Fax 04.68.57.27.76, E-Mail chateau.caladroy@wanadoo.fr ☑ Ү Mo–Fr 8h–12h 13h30–17h30

LES VIGNERONS DE CARAMANY

Caramany Elevé en fût de chêne 1998★

■ 25 ha 72 000 8 à 11 €

Diese im Eichenfass ausgebaute Cuvée zeigt ein anderes Gesicht der Appellation, indem sie entwickelte Noten und Aromen von Gewürzen und geröstetem Toastbrot bietet. Der Einfluss des Fasses passt sich harmonisch den Tanninen an, dominiert aber im Schlussgeschmack.

SCV de Caramany, 66720 Caramany, Tel. 04.68.84.51.80, Fax 04.68.84.50.84 ☑ Ү n. V.

DOM. DE CASTELL

Vieilli en fût de chêne 1998★

■ 4,58 ha 3 000 5 à 8 €

Der Weinberg breitet sich am Fuße des Hügels Força Réal auf Schieferböden aus. Eine verführerische kirschrote Farbe mit granatroten Reflexen und ein Duft mit würzigen und rauchigen Aromen, die im Geschmack fruchtigen Noten Platz machen. Das noch dominierende Tanningerüst verrät die starke Konzentration dieses Weins, der zu einer schönen Zukunft berufen ist.

SCV Cellier Castell Réal, 152, rte Nationale, 66550 Corneilla-la-Rivière, Tel. 04.68.57.38.93, Fax 04.68.57.23.36 ☑ Ү n. V.

VIGNERONS CATALANS

Haute Coutume Schistes de Trémoine 1998

■ 5 ha 20 000 8 à 11 €

Haute Coutume, ein neuer Name für die Spitzencuvées der «katalanischen Winzer», bezeichnet hier einen Wein, der von Weinbergen mit Schieferböden im berühmten Terroir von Rasiguères stammt. Der Ausbau im neuen Holzfass beherrscht noch die organoleptischen Eindrücke, die sich nach einer guten Lagerung im Keller entfalten werden.

Vignerons Catalans, 1870, av. Julien-Panchot, 66011 Perpignan Cedex, Tel. 04.68.85.04.51, Fax 04.68.55.25.62, E-Mail vignerons.catalans@wanadoo.fr Ү n. V.

LES VIGNERONS DES COTES D'AGLY

Mont d'Estagel Elevé en fût de chêne 1998★

■ 3 ha 6 500 11 à 15 €

Eine Cuvée, die hauptsächlich aus Syrah und Mourvèdre (jeweils 45 %) erzeugt wurde, ergänzt durch Carignan. Die granatrot funkelnde Farbe weist auf eine kräftige Struktur hin, die von Holznoten eingehüllt wird. Ein paar Anklänge an vollreife rote Früchte, Garrigue und Gewürze zeigen sich im Mund, rund um eine körperreiche Ausgewogenheit. Aufheben.

Les Vignerons des Côtes d'Agly, Cave coopérative, 66310 Estagel, Tel. 04.68.29.00.45, Fax 04.68.29.19.80, E-Mail agly@little-france.com ☑ Ү Mo–Fr 8h–12h 14h–18h

CH. CUCHOUS Caramany 1998★★

■ 2 ha 6 600 5 à 8 €

Das Château stellt nach und nach seinen Weinberg auf Gneisböden wieder her, die die Appellation Côtes du Roussillon-Villages Caramany in ihrer besten Ausdrucksform kennzeichnen. Man schätzt die Feinheit der Fruchtigkeit, die würzigen Noten und das delikate Fleisch der Trauben, die sicherlich den leckeren Geschmacksempfindungen zu Grunde liegen.

SCV Les Vignerons de Cassagnes-Bélesta, 66720 Cassagnes, Tel. 04.68.84.51.93, Fax 04.68.84.53.82 ☑ Ү tägl. 10h–12h 15h–18h

CH. DONA BAISSAS

Cuvée Vieille vigne Elevé en fût de chêne 1998★★

■ 2 ha 45 000 5 à 8 €

Ein 98er, der mit seinen schönen Aromen von kandierten Früchten und Leder und mit seinen empyreumatischen Noten Anzeichen einer Entwicklung erkennen lässt. Das Rubinrot, das schon leuchtend rote Töne zeigt, umhüllt sehr milde Tannine, die im Geschmack eine verführerische Harmonie garantieren.

Cellier de La Dona, 48, rue du Dr-Torreille, 66310 Estagel, Tel. 04.68.29.10.50, Fax 04.68.29.02.29 ☑ Ү n. V.

DOM. FONTANEL
Tautavel Prieuré Vieilli en fût de chêne 1999★★★

■ k. A. k. A. 8 à 11 €

Genau wie der 98er, der im letzten Jahr zum Lieblingswein gewählt wurde, verbindet diese Cuvée Stärke, Eleganz und bodentypischen Charakter. Eine granatrote Farbe umhüllt Aromen von Steinfrüchten, während im Mund ein Duo aus Brombeere und schwarzer Johannisbeere spielt. Das Fleisch der Tannine mit den Lakritzenoten hinterlässt einen Eindruck von Großzügigkeit und Fülle. Die **klassische Cuvée 1999** (Preisgruppe: 30 bis 49 F) erhält zwei Sterne. Sie ist nicht im Holzfass ausgebaut worden und bietet schöne Noten von zerquetschten roten Früchten.

Dom. Fontanel, 25, av. Jean-Jaurès, 66720 Tautavel, Tel. 04.68.29.04.71, Fax 04.68.29.19.44 tägl. 10h–13h 14h–19h

Fontanel

LES HAUTS DE FORCA REAL 1999★★★

■ k. A. 15 000 15 à 23 €

Ein Weinberg an den ausgedörrten Schieferhängen des Hügels Força Réal, bestockt mit Syrah- und Mourvèdre-Reben, die niedrige Erträge liefern. Ein Bouquet von Aromen reifer Früchte und blühender Garrigue begleitet kräftige, fleischige, nach Lakritze schmeckende Tannine vor einem Hintergrund von Röstnoten. Komplexität, Eleganz und Stärke vereinigen sich hier zu einer perfekten Partitur.

J.-P. Henriquès, Dom. Força Réal, Mas de la Garrigue, 66170 Millas, Tel. 04.68.85.06.07, Fax 04.68.85.49.00, E-Mail domaine@força-real.com n. V.

DOM. GARDIES Tautavel 1999★★★

■ k. A. 20 000 8 à 11 €

Kann man bei diesem Gut in jedem Jahrgang von einer Ausnahmecuvée sprechen? Dieser 99er bildet bestimmt keine Ausnahme von der Regel. Er hüllt sich in ein schönes Purpurrot, von dem Aromen roter Beeren und anhaltende Schwarze-Johannisbeer-Noten ausgehen. Im Mund bilden die Zartheit des Holztons und die Großzügigkeit des «Fleisches» nach der Stärke der Tannine eine großartige Geschmackssinfonie.

Dom. Gardiés, 66600 Vingrau, Tel. 04.68.64.61.16, Fax 04.68.64.69.36 n. V.

DOM. GARDIES Les Millères 1999★★★

■ 10 ha 25 000 5 à 8 €

Der Kalksteinboden für das Gerüst, die Syrah-Traube für die Farbe und das Können eines großen Winzers, um all diese Noten in Musik zu verwandeln. Ein kräftiges Granatrot umhüllt Aromen, die an sonnige Garrigue und vollreife rote Beeren denken lassen. Ein paar kandierte Früchte und fleischige Tannine lassen begreifen, dass sich Stärke und genussvoller Geschmack vereinigen können.

Dom. Gardiés, 66600 Vingrau, Tel. 04.68.64.61.16, Fax 04.68.64.69.36 n. V.

CH. DE JAU Talon rouge 1998★

■ 4 ha 13 000 15 à 23 €

Ein sehr modernes Etikett für diese Cuvée, deren Schöpfer jetzt auch in Chile Weine erzeugt. Dieser «Talon rouge» betont im Geschmack die Frucht und die Samtigkeit: Trinken kann man ihn zu gegrillten Koteletts, vor Ort serviert. Ein schönes Rubinrot, das ins Granatrote spielt, umhüllt Noten von vollreifen Kirschen, die sich im Mund ebenso wie in der Nase entfalten.

Ch. de Jau, 66600 Cases-de-Pène, Tel. 04.68.38.90.10, Fax 04.68.38.91.33, E-Mail daure@wanadoo.fr n. V.

Familie Dauré

JEAN D'ESTAVEL
Elevé en fût de chêne 1998★

■ k. A. 10 000 5 à 8 €

Schöne Reife bei diesem 98er, in dem im Geschmack alles verschmolzen erscheint: Noten von gekochten Früchten, süße Gewürze, Leder und Röstaroma im Abgang. Die Holznoten harmonieren vollkommen mit der Feinheit der Tannine.

SA Destavel, 7 *bis*, av. du Canigou, 66000 Perpignan, Tel. 04.68.68.36.00, Fax 04.68.54.03.54

M.G. Baissas

DOM. JOLIETTE
Cuvée Romain Mercier Elevé en fût de chêne 1999★

■ 4 ha 12 000 8 à 11 €

Der Weinberg schmiegt sich in die Kiefernwälder der Ausläufer der Corbières ein, von wo aus er die Lagune von Leucate und das Mittelmeer überragt. Die Aromen von wild wachsenden Beeren, Garrigue und Rosmarin kommen in diesem 99er schon beim ersten Riechen zum Vorschein. Das Gerüst erweist sich im Mund als solide, wobei sich die vollreifen Tannine und die gut umhüllten Holznoten innerhalb einer eleganten Öligkeit bemerkbar machen.

A. et Ph. Mercier, Dom. Joliette, rte de Vingrau, 66600 Espira-de-l'Agly, Tel. 04.68.64.50.60, Fax 04.68.64.18.82 n. V.

CH. LES PINS 1998**

■ k. A. 140 000 8 à 11 €

Château Les Pins ist eine Hochburg des Weinbaus und zugleich der Name von bestimmten Cuvées, die von der Genossenschaftskellerei von Baixas hergestellt werden. Schöne, tiefe rubinrote Farbe, fruchtige Aromen, die durch balsamische Noten verstärkt werden, elegante, fleischige, nach Vanille schmeckende Tannine mit ein paar Holznoten, die sich in die Stärke gut eingefügt haben. All das sollte man zum berühmten Fraginat von Baixas (geschmortes Fleisch) genießen.

Cave des Vignerons de Baixas, 14, av. Mal-Joffre, 66390 Baixas, Tel. 04.68.64.22.37, Fax 04.68.64.26.70, E-Mail baixas@smi-telecom.fr n. V.

CAVE DE LESQUERDE

Lesquerde Les Arènes de Granit 1999*

■ 3,3 ha 7 500 5 à 8 €

Der Quarzsandboden verleiht den Weinen zarte Tannine und eine sehr runde Harmonie. Die Aromen von Gewürzen, die im Geschmack vorzugsweise pfeffrig sind, spielen mit gut überdeckten rauchigen Noten. Diese weiche, fleischige Cuvée erreicht rasch eine gute Reife.

SCV Lesquerde, rue du Grand-Capitoul, 66220 Lesquerde, Tel. 04.68.59.02.62, Fax 04.68.59.08.17
Mo–Sa 8h–12h 14h–18h

CH. MONTNER 1999*

■ 85 ha 50 000 5 à 8 €

Ein Weinberg, wo der Schiefer in Hanglage dominiert und bei diesem Wein für die Eleganz der Geschmacksempfindungen sorgt. In einem strahlenden Rubinrot entdeckt man einen Korb vollreifer roter Früchte. Verführung und anhaltende Länge findet man im Schlussgeschmack wieder.

Les Vignerons des Côtes d'Agly, Cave coopérative, 66310 Estagel, Tel. 04.68.29.00.45, Fax 04.68.29.19.80, E-Mail agly@little-france.com Mo–Fr 8h–12h 14h–18h

LES VIGNERONS DE PEZILLA 1999

■ 35 ha 12 000 3 à 5 €

Strahlendes, tiefes Rubinrot, Aromen von leicht gerösteten roten Früchten. Im Mund verschmilzt die Tanninstruktur nach und nach mit der Großzügigkeit der Geschmacksempfindungen.

Les Vignerons de Pézilla, 66370 Pézilla-la-Rivière, Tel. 04.68.92.00.09, Fax 04.68.92.49.91
n. V.

DOM. PIQUEMAL

Les Terres Grillées 1999*

■ 3 ha 18 000 8 à 11 €

Diese «gerösteten Böden» eignen sich perfekt für die Grenache-Traube, deren Ausdruck von großer Reife sich mit den verbrannten Noten des Ausbaus im Holzfass verbindet. Kirschrote Reflexe in der Farbe enthüllen eine Harmonie aus wild wachsenden roten Beeren, um ein Tanningerüst herum, das es diesem Wein erlaubt, ein langes Leben in der Flasche ins Auge zu fassen.

Dom. Pierre et Franck Piquemal, 1, rue Pierre-Lefranc, 66600 Espira-de-l'Agly, Tel. 04.68.64.09.14, Fax 04.68.38.52.94, E-Mail contact@domaine-piquemal.com
n. V.

LES VIGNERONS DE PLANEZES-RASIGUERES

Cuvée Moura Lympany Elevé en fût de chêne 1998***

■ 8 ha 25 000 5 à 8 €

Ein «Harmoniewein», der die Auswirkungen des Schieferbodens, eines klugen Rebsatzes und Holznoten vereint, die gerade im richtigen Maße die Eleganz der Empfindungen unterstreichen. Wild wachsende rote Beeren, Vanillenuancen, die Feinheit der Tannine, Öligkeit und anhaltende Länge spielen eine Partitur ohne die geringste falsche Note.

Les Vignerons de Planèzes-Rasiguères, 5, rte de Caramany, 66720 Rasiguères, Tel. 04.68.29.11.82, Fax 04.68.29.16.45
n. V.

ROC DU GOUVERNEUR 1999

■ k. A. 30 000 5 à 8 €

Ein Gerüst wie ein Fels, um das herum sich Aromen roter Früchte entfalten. Ein schönes, recht helles Rubinrot, von dem deutliche, frische Aromen aufsteigen. Ein hübscher Wein zu Grillgerichten, als Vorspiel zum Eintritt in das Land der Katalanen über die sagenumwobene Burg Sales.

Les Vignobles du Rivesaltais, 1, rue de la Roussillonnaise, 66602 Rivesaltes-Salses, Tel. 04.68.64.06.63, Fax 04.68.64.64.69, E-Mail vignobles.rivesaltais@wanadoo.fr
n. V.

DOM. DU ROUVRE Les Feches 1998***

■ 1 ha 1 500 11 à 15 €

Ein Wein, der solide wie eine Eiche (im Katalanischen *Rouvre* genannt) ist, mit kräftigen und zugleich delikaten Tanninen, die leicht nach Vanille schmecken und mit großzügigem Fleisch umhüllt sind. Die rubinrote Farbe mit den leuchtend roten Reflexen weist auf die gute Reife dieser Cuvée hin, in der sich nacheinander Noten von Gewürzen, reifen Früchten und Unterholz zeigen. Ein idealer Begleiter zu einem Wildgericht.

🔑 GFA Domaines du Château Royal, Los Parès, 66550 Corneilla-la-Rivière, Tel. 04.68.57.22.02, Fax 04.68.57.11.63 ☑ Y n. V.
🔑 Pouderoux

LES VIGNERONS DE SAINT-PAUL

Cuvée Monedariae Elevé en fût de chêne 1998*

■ 75,44 ha 6 000 5à8€

Carignan, Grenache und Syrah zu gleichen Teilen vereinigen sich in dieser im Eichenfass ausgebauten Cuvée. Eine schöne rubin- bis kirschrote Farbe mit leuchtend roten Reflexen umgibt diesen Wein mit den Aromen von geröstetem Brot, orientalischen Gewürzen und mit Vanille gewürzten roten Früchten. Das holzbetonte Gerüst mit den eleganten Tanninen, das eine fleischige Hülle umgibt, verleiht dieser Cuvée Rundheit und Fülle zugleich.
🔑 SCV Les Vignerons de Saint-Paul, 17, av. Jean-Moulin, 66220 Saint-Paul-de-Fenouillet, Tel. 04.68.59.02.39, Fax 04.68.59.07.97 ☑ Y n. V.

DOM. DES SCHISTES Tradition 1999**

■ 10 ha 30 000 5à8€

Jacques und Nadine Sire stellen zwei Cuvées her: die eine im Holzfass ausgebaut (mit Namen Les Terrasses) und diese hier, «Tradition» genannt. Die rubin- bis kirschrote Farbe zeigt noch purpurviolette Reflexe. Die Kirsch- und Pfeffernoten im Geschmack harmonieren gut mit der Jugendlichkeit dieses Weins. Diesen körperreichen und zugleich samtigen Wein kann man schon jetzt genießen, aber er besitzt auch eine echte Lagerfähigkeit.
🔑 Jacques Sire, 1, av. Jean-Lurçat, 66310 Estagel, Tel. 04.68.29.11.25, Fax 04.68.29.47.17 ☑ Y n. V.

LES MAITRES VIGNERONS DE TAUTAVEL

Tautavel Vieilli en fût de chêne 1999**

■ 58 ha 25 000 5à8€

Die Kellerei, die nur ein paar Schritte vom Museum für Vorgeschichte entfernt liegt, bietet regelmäßig Cuvées von schöner Ausdrucksstärke. Dieser im Eichenfass gereifte 99er schmückt sich mit rubin- und granatroten Reflexen. Die Aromen vollreifer roter Beeren werden durch ein paar Holznoten verstärkt, die sich mit einem fleischigen Tanningerüst vereinigen. Zwei Sterne auch für die im Tank ausgebaute Cuvée **Tautavel 1999.** Rote Früchte und zarte Tannine kennzeichnen sie.
🔑 Les Maîtres Vignerons de Tautavel, 24, av. Jean-Badia, 66720 Tautavel, Tel. 04.68.29.12.03, Fax 04.68.29.41.81, E-Mail vignerons.tautavel@wanadoo.fr ☑ Y tägl. 8h–12h 14h–18h; Gruppen n. V.

DOM. DU VIEUX CHENE

Terres Nègres Altes Elevé en fût de chêne 1999

■ 5 ha 4 000 8à11€

Terres Nègres Altes bedeutet im Katalanischen «hoch gelegene schwarze Böden», eine Anspielung darauf, dass der Weinberg auf einem Hang mit schwarzen Schieferböden liegt. Die Aromen von schwarzer Johannisbeere und Garrigue werden im Geschmack von balsamischen Noten abgelöst, die von dem Ausbau im Eichenfass herrühren. Ein tiefes Rubinrot umhüllt füllige, milde Tannine.
🔑 Dom. du Vieux Chêne, Mas Kilo, 66600 Espira-de-l'Agly, Tel. 04.68.38.92.01, Fax 04.68.38.95.79 ☑ Y n. V.
🔑 Denis Sarda

Collioure

Es handelt sich um eine ganz kleine Appellation; gegenwärtig erzeugen 430 ha 15 928 hl. Das Anbaugebiet ist dasselbe wie das der Appellation Banyuls: die vier Gemeinden Collioure, Port-Vendres, Banyuls-sur-Mer und Cerbère.

Hauptsächlich werden hier Grenache noir, Carignan und Mourvèdre angebaut; als zusätzliche Rebsorten verwendet man Syrah und Cinsaut. Erzeugt werden ausschließlich Rot- und Roséweine; die Trauben dafür werden zu Beginn der Lese geerntet, bevor man die Trauben für die Banyuls-Weine liest. Die geringen Erträge ergeben recht farbintensive Weine, die ziemlich warm und körperreich sind und Aromen von vollreifen roten Früchten bieten. Die Roséweine sind aromatisch, reich und dennoch nervig.

ABBAYE DE VALBONNE 1999*

■ 43 ha 165 900 11à15€

Dominierende Noten reifer Früchte lassen an das Ende der Traubenlese denken; sie vermischen sich mit Geschmacksempfindungen, die durch die Milde der Tannine geprägt sind. Einige Zimtnoten begleiten eine Harmonie, die warm und mild zugleich ist.
🔑 Cellier des Templiers, rte du Mas-Reig, 66650 Banyuls-sur-Mer, Tel. 04.68.98.36.70, Fax 04.68.98.36.91 ☑ Y tägl. 10h–19h30

CH. DES ABELLES 1999***

■ 24 ha 106 700 11à15€

Eine Cuvée, die mit ihren großzügigen Empfindungen und ihrer anhaltenden Fruchtigkeit den Archetypus des Collioure-Weins repräsentiert. Eine kirschrote Farbe mit leuchtend roten Reflexen umhüllt ihn. Aromen von schwarzer Johannisbeere und Brombeere mischen sich mit Noten süßer Gewürze, die lang anhalten. Tannine machen sich in einem Geschmack bemerkbar, in dem die Feinheit nie der Stärke Platz macht. Eine perfekte Verfeinerung ist es, wenn Sie ihn zu ein paar jungen Rebhühnern servie-

ren, zubereitet auf katalanische Art (mit gegrillten Tomaten auf Artischockenböden).
🔑 Cellier des Templiers, rte du Mas-Reig, 66650 Banyuls-sur-Mer, Tel. 04.68.98.36.70, Fax 04.68.98.36.91 ☑ Y tägl. 10h–19h30

DOM. DE BAILLAURY 1999*

■ k. A. k. A. 🍷🌡 11 à 15 €

Baillaury bedeutet im Katalanischen «goldenes Tal». Ein Reichtum, zu dem dieses Weingut beiträgt. Ein 99er in voller Jugend, den man mit seinen Noten von wild wachsenden Beeren und Gewürzen (Pfeffer) schon jetzt trinken kann. Im Mund macht die Rundheit das Feld frei für diese Aromensinfonie.
🔑 La Cave de L'Abbé Rous, 56, av. Charles-de-Gaulle, 66650 Banyuls-sur-Mer, Tel. 04.68.88.72.72, Fax 04.68.88.30.57

DOM. CAMPI 1999*

■ 30 ha 33 400 🍷🌡 11 à 15 €

Ein hoher Anteil Syrah-Trauben verleiht diesem Wein eine Farbe mit purpurroten Reflexen. Schwarze Johannisbeere und Brombeere entfalten sich in der Nase ebenso wie im Mund zusammen mit ein paar pfeffrigen Noten. Tannine, die kräftig und zugleich fein sind, dominieren im Abgang, dürften aber mit der Zeit sanfter werden.
🔑 Cellier des Templiers, rte du Mas-Reig, 66650 Banyuls-sur-Mer, Tel. 04.68.98.36.70, Fax 04.68.98.36.91 ☑ Y tägl. 10h–19h30

DOM. DE LA CASA BLANCA 1999

■ 2 ha 7 000 🍷🛢🌡 8 à 11 €

Ein 99er, hergestellt von einer alten, traditionellen Kellerei, die sich auf den Anhöhen des Dorfs Banyuls-sur-Mer befindet. Die Noten von roten Beeren und Garrigue hüllen sich in ein Rubinrot mit granatroten Reflexen. Ein paar würzige Anklänge im Geschmack begleiten ein noch männlich wirkendes Tanningerüst.
🔑 Dom. de La Casa Blanca, rte des Mas, 66650 Banyuls-sur-Mer, Tel. 04.68.88.12.85, Fax 04.68.88.04.08 ☑ Y n. V.
🔑 Soufflet und Escapa

DOM. DE LA MARQUISE Réserve 1999

■ 1 ha 2 500 🍷🌡 8 à 11 €

Schönes, strahlendes Rubinrot. Aromen von roten Beeren, die sich vor allem im Geschmack entfalten, wo sich Großzügigkeit, Stärke und Reife vereinigen. Ein paar Noten von gekochten Früchten im Abgang lassen den Einfluss der überreifen Grenache-Trauben erkennen. Der **2000er Rosé de l'Arquette** (Preisgruppe: 30 bis 49 F) erhält eine lobende Erwähnung. Die leicht lachsroten Reflexe kündigen einige Gewürznoten an, die sich mit den im Abgang dominierenden Eindrücken von vollreifen Früchten verbinden. Dieser warme, kräftige Rosé wird die feurigen Geschmacksnoten bestimmter mediterraner Gerichte mildern.
🔑 Jacques Py, Dom. de La Marquise, 17, rue Pasteur, 66190 Collioure, Tel. 04.68.98.01.38, Fax 04.68.82.51.77
☑ Y n. V.

DOM. LA TOUR VIEILLE
Puig Oriol 1999***

■ 2 ha 9 660 🍷🌡 11 à 15 €

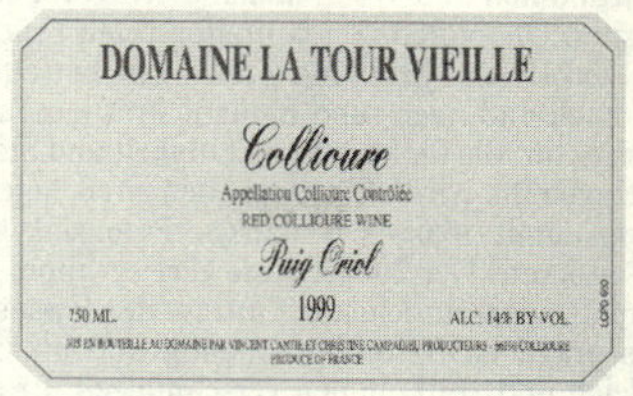

Vincent und Christine Cantié bieten uns erneut eine wunderbar gelungene Cuvée mit diesem 99er, der auf der Linie des ebenfalls zum Lieblingswein gewählten 97ers liegt. Die kirschrote Farbe funkelt mit noch purpurvioletten Reflexen; der Geruchseindruck verströmt schwarze Johannisbeere und Gewürznelke. Tannine von wohl schmeckender Milde und ein fleischiger Eindruck im Abgang begleiten anhaltende Fruchtnoten. Zwei Sterne für den **2000er Rosé des Roches** des Guts (Preisgruppe: 50 bis 69 F). Er hat eine hoch rote Farbe mit strahlenden Reflexen und mischt wild wachsende rote Beeren und Gewürze. Mit seiner Stärke, seiner Öligkeit und seiner eleganten Fruchtigkeit passt er zu einem *«suquet»* (katalanische Fisch- und Kartoffelsuppe) aus Mittelmeerfischen.
🔑 Dom. La Tour Vieille, 3, av. du Mirador, 66190 Collioure, Tel. 04.68.82.44.82, Fax 04.68.82.38.42 ☑ Y n. V.
🔑 Cantié und Campadieu

L'ETOILE Vieilli en montagne 1999*

■ 10 ha 13 000 🍷🌡 8 à 11 €

Schon vollreife Aromen und in ihrem Gefolge Gewürze, frisch gemähtes Heu und Lakritze. Eine rubinrote Farbe, die ein paar leicht ziegelrote Reflexe zeigt, Noten von gerösteten Früchten um ein Gerüst herum, in dem die Gerbsäure dominiert.
🔑 Sté coopérative L'Etoile, 26, av. du Puig-del-Mas, 66650 Banyuls-sur-Mer, Tel. 04.68.88.00.10, Fax 04.68.88.15.10
☑ Y Mo–Fr 8h–12h 14h–18h

DOM. DU MAS BLANC Junquets 1998*

■ 1 ha 4 000 15 à 23 €

Jean-Michel Parcé geht beharrlich auf den sagenumwobenen Wegen seines Vaters, des berühmten Doktor Parcé, weiter, insbesondere mit dieser Cuvée Junquets, deren Aromen sich nach und nach in ihrer purpurroten Hülle entfalten. Noten von schwarzer Johannisbeere und Brombeere erinnern an vollreife Syrah-Trauben. Die Ausgewogenheit, in der das Gerüst solide und zugleich ölig ist, lässt für diesen Wein eine schöne Zukunft vorhersagen.
🔑 SCA Parcé et Fils, 9, av. du Gal-de-Gaulle, 66650 Banyuls-sur-Mer, Tel. 04.68.88.32.12, Fax 04.68.88.72.24
☑ Y Mo–Fr 9h–12h 14h–18h

MAS CORNET 1998★★

■ k. A. 7 884 11 à 15 €

Die Cave de l'Abbé Rous erzeugt Cuvées, die Gastronomen und Weinfachhändlern vorbehalten sind. Die Noten von vollreifen roten Früchten, geröstetem Brot und Gewürzen entfalten sich nach und nach rund um eine kräftige Tanninstruktur, die im Mund von Öligkeit und Stärke eingehüllt wird. Ein 98er, den man lagern muss, damit man sein ganzes Potenzial genießen kann. Der **2000er Rosé** (Preisgruppe: 50 bis 69 F), den ein leichter Einfluss des Fassausbaus prägt, ist freimütig, fruchtig und blumig zugleich und vollkommen verschmolzen. Er erhält einen Stern.

La Cave de L'Abbé Rous, 56, av. Charles-de-Gaulle, 66650 Banyuls-sur-Mer, Tel. 04.68.88.72.72, Fax 04.68.88.30.57

LES CLOS DE PAULILLES 2000★

◪ 18 ha 95 000 5 à 8 €

Ein Rosé, in den die Syrah-Traube ihre ganze Vornehmheit mit einbringt, mit seiner fast rubinroten Farbe, intensiven Noten von roten Früchten und Anklängen an Veilchen. Öligkeit und würzige Empfindungen sorgen für einen wohl schmeckenden Abgang.

Les Clos de Paulilles, Baie de Paulilles, 66660 Port-Vendres, Tel. 04.68.38.90.10, Fax 04.68.38.91.33, E-Mail daure@wanadoo.fr ☑ ⲧ tägl. 10h–23h; 1. Okt. bis 1. Mai geschlossen

Familie Dauré

DOM. PIETRI-GERAUD 2000

◪ 1 ha 4 000 5 à 8 €

Laetitia Piétri-Géraud geht erfolgreich den Weg, den ihre Mutter Maguy vorgezeichnet hat; diese stellte das Weingut nach und nach wieder her. Ein paar fuchsienrote Reflexe in der Farbe gehen den Düften von roten Früchten in Sirup voraus, begleitet von einigen Lebkuchennoten. Eine harmonische Ausgewogenheit beherrscht die Geschmacksempfindungen um Pentanolnoten herum.

Maguy et Laetitia Piétri-Géraud, 22, rue Pasteur, 66190 Collioure, Tel. 04.68.82.07.42, Fax 04.68.98.02.58 ☑ ⲧ tägl. 10h–12h30 15h30–18h30; während der Schulferien So, Mo geschlossen

DOM. DU ROUMANI 1999

■ 30 ha 159 820 11 à 15 €

Die Cuvées des Cellier des Templiers kann man während eines bemerkenswerten Rundgangs in der großen Kellerei probieren. Dieser 99er von purpurroter Farbe enthüllt Röstnoten und flirtet mit den Aromen der Banyuls-Weine. Erstklassige Tannine sorgen für eine harmonische Geschmacksempfindung.

Cellier des Templiers, rte du Mas-Reig, 66650 Banyuls-sur-Mer, Tel. 04.68.98.36.70, Fax 04.68.98.36.91 ☑ ⲧ tägl. 10h–19h30

CELLIER DES TEMPLIERS

Cuvée Saint-Michel 1999★★

■ k. A. 142 300 8 à 11 €

Eine Cuvée, die stark vom Schieferboden geprägt ist, der den Tanninen der Grenache-Traube Eleganz und Sanftheit verleiht. Eine schöne Farbe mit rubinroten Reflexen umhüllt Aromen von kandierten frischen Früchten. Großzügigkeit und fleischige Empfindungen geben diesem kräftigen, anhaltenden Wein verführerische Geschmacksnoten.

Cellier des Templiers, rte du Mas-Reig, 66650 Banyuls-sur-Mer, Tel. 04.68.98.36.70, Fax 04.68.98.36.91 ☑ ⲧ tägl. 10h–19h30

DOM. DU TRAGINER

Cuvée Al Ribéral 1999★★

■ 2 ha 4 000 15 à 23 €

Der *traginer* war der Führer des Maultiers, das früher das Lesegut über die Terrassen von Banyuls transportierte. Diese Cuvée, das Ergebnis von biologischem Anbau, bietet einen echten Korb voll roter Früchte, verstärkt durch Noten orientalischer Gewürze. Das Rubinrot umgibt Geschmacksempfindungen, die gleichzeitig die Eleganz der Tannine, Fülle und Stärke und ein paar Röstnoten zum Vorschein bringen.

Dom. du Traginer, 56, av. du Puig-del-Mas, 66650 Banyuls-sur-Mer, Tel. 04.68.88.15.11, Fax 04.68.88.31.48 ☑ ⲧ n. V.

J.-F. Deu

DOM. VIAL-MAGNERES

Les Espérades 1999

■ 1,25 ha 7 000 11 à 15 €

Bernard Sapéras, Wissenschaftler, aber auch Winzer, ist ein entschiedener Verteidiger der terrassierten Landschaft der Weinberge von Banyuls, wo es 6 000 km niedrige Mauern aus Schiefergestein gibt. Diese Cuvée wurde acht Monate im Barriquefass ausgebaut. Die purpurvioletten Reflexe der Farbe kündigen die ganze Frische dieses Weins an, der im Mund Aromen von roten Früchten und Gewürzen bietet, innerhalb einer harmonischen Ausgewogenheit zwischen Gerüst und Großzügigkeit.

Dom. Vial-Magnères, Clos Saint-André, 14, rue Edouard-Herriot, 66650 Banyuls-sur-Mer, Tel. 04.68.88.31.04, Fax 04.68.55.01.06, E-Mail al.tragou@wanadoo.fr ☑ ⲧ n. V.

M. und B. Sapéras

PROVENCE UND KORSIKA

Provence

Die Provence, das ist für einen jeden ein Urlaubsgebiet, wo «immer die Sonne scheint» und wo sich die Menschen mit dem singenden Tonfall die Zeit nehmen zu leben! Für die Winzer ist sie ebenfalls ein sonnenreiches Land, denn die Sonne scheint dort 3 000 Stunden im Jahr. Regenfälle sind hier selten, aber heftig, die Winde stürmisch, und die Oberflächengestalt ist zerklüftet. Die ionischen Phokäer, die um 600 v. Chr. bei Massilia, dem heutigen Marseille, an Land gingen, waren nicht erstaunt, dass sie hier wie in ihrer Heimat Reben vorfanden, und trugen zu ihrer Verbreitung bei. Ihrem Beispiel folgten später die Römer, danach die Mönche und der Adel bis hin zum «Winzerkönig» René von Anjou, Graf der Provence.

Eleonore von Provence, die Gemahlin des englischen Königs Heinrich III., konnte den Provence-Weinen zu großem Ansehen verhelfen, ganz wie ihre Schwiegermutter, Eleonore von Aquitanien, dies für die Weine aus der Gascogne getan hatte. In der Folgezeit wurden sie vom internationalen Handel ein wenig vernachlässigt, weil sie an den großen Verkehrsachsen nicht zu finden waren. In den letzten Jahrzehnten brachte sie der Aufschwung des Fremdenverkehrs zu neuen Ehren, insbesondere die Roséweine, wirklich fröhliche Weine, die das Sinnbild unbeschwerter Sommerferien sind und sehr gut zu provenzalischen Gerichten passen.

Die Anbauflächen des Weinbaugebiets sind häufig zerstückelt, was auch erklärt, warum fast die Hälfte der Produktion in Genossenschaftskellereien erzeugt wird; im Departement Var gibt es nicht weniger als hundert davon. Aber die Weingüter, die zum größten Teil ihre Weine selbst abfüllen, spielen noch immer eine wichtige Rolle; ihre tatkräftige Mitwirkung am Verkauf und an der Werbung ist für die ganze Region von Wert. Die jährliche Produktion erreicht 2 bis 3 Mio. hl, davon rund 1 Million in den acht AOCs. Allein im Departement Var hat der Wein, der 51 % der Anbaufläche einnimmt, noch immer einen Anteil von 45 % am landwirtschaftlichen Bruttosozialprodukt.

Ähnlich wie in den anderen südfranzösischen Weinbaugebieten gibt es sehr viele Rebsorten; die Appellation Côtes de Provence lässt dreizehn davon zu. Und dies, obgleich die Muscat-Sorten, die vor der Reblauskrise der Stolz sehr vieler provenzalischer Anbaugebiete waren, heute verschwunden sind. Die Reben werden zumeist im niedrigen Gobelet-Schnitt erzogen; doch immer häufiger werden sie an Drähten aufgebunden. Die Rosé- und Weißweine (Letztere sind seltener, aber oft erstaunlich) trinkt man in der Regel jung; vielleicht könnte man diese Gewohnheit überdenken, wenn die Weine in der Flasche weniger schnell reif würden als unter den dortigen klimatischen Bedingungen. Das gilt ebenso für viele Rotweine, wenn sie leicht sind. Doch die körperreicheren Weine altern in allen Appellationen sehr gut.

Das winzig kleine Anbaugebiet Palette, das vor den Toren von Aix-en-Provence liegt, umfasst den alten Weinberg des guten Königs René. Hier werden Weiß-, Rosé- und Rotweine erzeugt.

Da man auf einigen Weingütern immer noch Provenzalisch spricht, sollten Sie wissen, dass *avis* «Trieb», *tine* «Gärbehälter» und *crotte* «Keller» bedeutet! Vielleicht wird man Ihnen auch erzählen, dass eine der Rebsorten *pecou-touar* (= verdrehter Schwanz) oder auch *ginou d'agasso* (= Pferdefuß) heißt, wegen der eigenartigen Form des Stiels ihrer Trauben...

Côtes de Provence

Diese Appellation, deren Produktion sehr hoch ist (fast 960 662 hl im Jahre 2000), nimmt ein gutes Drittel des Departements Var ein; sie setzt sich im Departement Bouches-du-Rhône bis vor die Tore Marseilles fort und besitzt außerdem eine Enklave im Departement Alpes-Maritimes. Insgesamt umfasst die Rebfläche über 19 000 ha. Drei Terroirs kennzeichnen die AOC: das kieselhaltige Massif des Maures im Südosten, an das sich im Norden ein Gürtel aus rotem Sandstein anschließt, der von Toulon bis Saint-Raphaël reicht, und noch weiter nördlich eine gewaltige Masse aus Kalksteinhügeln und -hochflächen, die schon die Alpen ankündigen. Verständlicherweise bieten die Weine, die von vielen verschiedenen Rebsorten mit unterschiedlichen Anteilen erzeugt werden und von ebenso unterschiedlichen Böden und Lagen stammen, neben einer auf den Sonnenreichtum zurückgehenden Ähnlichkeit Unterschiede, die gerade ihren besonderen Reiz ausmachen... Ein Zauber, dem vermutlich schon der Phokäer Protis verfiel, als ihm 600 Jahre vor unserer Zeitrechnung Gyptis, die Tochter des Königs, als Zeichen ihrer Liebe einen Becher davon reichte!

Zu den Weißweinen von der Küste, die zart, aber nicht fad sind, passen fangfrische Fische und Meeresfrüchte, während die etwas weiter nördlich erzeugten Weine, die ein wenig «eckiger» sind, den Geschmack von Krebsen auf amerikanische Art oder von pikanten Käsesorten mildern können. Die Rosés, die zart oder nervig sind, bilden – je nach Lust und Laune – die besten Begleiter für die kräftigen Aromen von Pistou, einer Gemüsesuppe mit spezieller Würzpaste, Anchoïade (Sardellenpaste mit Knoblauch), Aïoli (Knoblauchmayonnaise), Bouillabaisse sowie auch von Fischen und Meeresfrüchten mit Jodgeschmack (Meerbarbe, Seeigel, Meerscheide). Bei den Rotweinen schließlich passen die zarten (die man gekühlt trinken sollte) zu Keule und Braten, aber auch zu kaltem Potaufeu mit Salat. Einige körperreiche Rotweine, die kraftvoll und alkoholreich sind, kann man zu Wildpfeffer, Schmorgerichten oder Schnepfen trinken. Ein Tip noch für diejenigen, die ungewöhnlichen Kombinationen nicht abgeneigt sind: Gekühlter Rosé und Pilze, Rotwein und Ragout aus Krustentieren, Weißwein und Lammschmorbraten (in Weißwein geschmort) bescheren angenehme Überraschungen.

CH. DES ANGLADES 2000*

□ 2 ha 5 000 ■ 5à8€

Das Jahr 2000 markiert den Kauf dieses aufgegebenen Guts, seine Renovierung und einen beim Weißwein interessanten Jahrgang. Dieser blassgelbe Weine bietet hochfeine Aromen von Zitrusfrüchten (Pampelmuse), die sich in Richtung Lindenblüten und Weißdorn entwickeln. Die fruchtige Milde hält im Mund voller Zartheit an. Der **2000er Rosé** verdient ebenfalls einen Stern: Er duftet nach Pfirsich und sauren Drops und verdankt der Grenache-Traube seine warme Rundheit.

SCEA ch. des Anglades, 143, rue Marylou, 83130 La Garde, Tel. 04.94.21.34.66, Fax 04.94.21.34.66

Gautier

DOM. DES ASPRAS Cuvée traditionnelle 2000*

◪ 3 ha 20 000 ■ 5à8€

Correns, das abseits der großen Verkehrsachsen liegt, ist ein Dorf, das darauf bedacht ist, seine Umwelt zu schützen; es macht für sich geltend, dass es das erste «Bio-Dorf» in Frankreich ist. Aspras passt sich in diese Philosophie ein. Sein von alten Rebstöcken stammender Rosé hinterlässt ein blumig-fruchtiges Aroma, das

man in einem eleganten Geschmack wiederfindet. Die **weiße 2000er Cuvée traditionnelle** erhält ebenfalls einen Stern.
Lisa Latz, SCEA Dom. des Aspras, 83570 Correns, Tel. 04.94.59.59.70, Fax 04.94.59.53.92, E-Mail mlatz@aspras.com
n. V.

CH. BARBANAU 2000*

6 ha 30 000 5 à 8 €

Dieses originelle Terroir, das einige Kilometer von Cassis entfernt unterhalb der Sainte-Baume liegt, profitiert von der Nähe des Meeres und den Auswirkungen einer Höhe von 300 m. Diese Lage hat einen Wein hervorgebracht, der aufgrund seiner fruchtigen und zugleich blumigen Aromen komplex ist. Der runde Geschmack wird auf reizvolle Weise durch das richtige Maß an Lebhaftigkeit ausgeglichen.
GAEC Ch. Barbanau, Hameau de Roquefort, 13830 Roquefort-la-Bédoule, Tel. 04.42.73.14.60, Fax 04.42.73.17.85, E-Mail barbanau@aol.com
Mo–Sa 10h–12h 15h–18h

CH. BARON GASSIER 2000*

25 ha 133 333 -3 €

Im Hintergrund die Montagne Sainte-Victoire, im Vordergrund die Rebflächen und in der Mitte des Aquarells das Gut. Dieses bezaubernde Etikett kündigt einen Rosé mit lohfarbenen Reflexen und einem hübschen fruchtigen Duft (rote und gelbe Früchte) an. Der füllige, ausgewogene, lebhafte, komplexe Geschmack ist sehr angenehm. Wenn Sie eine Bouillabaisse servieren, sollten Sie nicht zögern.
Antony Gassier, Ch. Baron Georges, 13114 Puyloubier, Tel. 04.42.66.31.38, Fax 04.94.72.11.89 n. V.

CH. BASTIDIERE 2000**

3 ha 15 000 5 à 8 €

Das 10 ha große Gut, das 1997 entstand, exportiert 50 % seiner Produktion nach Deutschland. Dieser Rosé von hellem Lachsrot bietet eine echte aromatische Harmonie, die von Noten kandierter Orangen und getrockneter Aprikosen dominiert wird. Der Geschmack hinterlässt angenehme Empfindungen, die an Pfirsich und Orange erinnern, bevor er sich zu einem frischeren Abgang hin entwickelt.
Dr Thomas Flensberg, Ch. Bastidière, 83390 Cuers, Tel. 04.94.13.51.28, Fax 04.94.13.51.29 n. V.

DOM. DE BELOUVE 2000**

2,72 ha k. A. 5 à 8 €

Bélouvé? Der Ausdruck bedeutet im Provenzalischen «schöne Traube». Und die Trauben waren erstklassig auf den Domaines Bunan, die als Erzeuger eher für ihre Bandol-Weine bekannt sind. Dieser Wein bietet frühlingshafte Aromen von roten und schwarzen Früchten. Es mangelt ihm weder an Stärke noch an Charakter. Er ist noch jugendlich und gefällt aufgrund seiner Intensität, aber seine Tanninstruktur verspricht ihm eine schöne Zukunft.
Domaines Bunan, Moulin des Costes, 83740 La Cadière-d'Azur, Tel. 04.94.98.58.98, Fax 04.94.98.60.05, E-Mail bunan@bunan.com
n. V.

CH. DE BERNE Cuvée spéciale 2000**

k. A. 30 000 8 à 11 €

Das ganze Jahr über bietet Château de Berne kulturelle Veranstaltungen an, die mit Weinproben verbunden sind. Sie können so diese gepflegte Cuvée probieren, die sechs Monate im Fass gereift ist. Sie ist noch zurückhaltend und wird in einem Jahr viel Vergnügen bereiten, denn unter ihrer blassen Farbe ist sie gut gebaut, ausgewogen und harmonisch.
Ch. de Berne, Flayosc, 83510 Lorgues, Tel. 04.94.60.43.60, Fax 04.94.60.43.58, E-Mail vins@chateauberne.com
tägl. 10h–18h

BASTIDE DES BERTRANDS
Vieilles vignes 2000*

9,4 ha 62 400 5 à 8 €

Vor mehr als dreißig Jahren wurde dieses riesige Gut (90 ha) mitten in einer im Perm entstandenen Senke angelegt. Damals gab es hier nur Felsen und Wälder. Die ältesten Rebstöcke haben jetzt diese blasse, aber leuchtende Cuvée mit den hübschen hochroten Reflexen hervorgebracht. Ihre leicht säuerliche Fruchtigkeit hinterlässt einen Eindruck von Frische und Harmonie.
Dom. des Bertrands, rte de Saint-Tropez, 83340 Le Cannet-des-Maures, Tel. 04.94.99.79.00, Fax 04.94.99.79.09, E-Mail info@bertrands.fr
Mo–Sa 8h–12h 13h–17h
Marotzki

MAS DES BORRELS 2000*

k. A. 21 000 5 à 8 €

Ein sehr delikater, ausgewogener Rosé aus der Provence. Er besitzt eine blasse, fast graue Farbe und entfaltet fruchtige Aromen. Auch wenn er feminin wirkt, ist sein Abgang schwer. Der **2000er Weißwein,** der aromatisch und frisch ist, verdient eine lobende Erwähnung.
GAEC Garnier, 3e Borrels, 83400 Hyères, Tel. 04.94.65.68.20, Fax 04.94.65.68.20
tägl. 9h–12h 15h–19h

MAS DE CADENET 2000**

28,5 ha 100 000 5 à 8 €

Das Gut, das seit 1813 im Besitz der Familie Négrel ist, zeigt eine originelle Ausstellung von Dinosauriereiern. Die Keller sind ebenfalls sehr interessant. Man kann dort diesen Rosé probieren, der am Finale vor der Oberjury teilnahm. Er hat eine blasse Farbe und entfaltet intensive Aromen von Früchten und einen leckeren, feinen Geschmack. Der fünfzehn Monate im Fass ausgebaute **rote 99er Mas Négrel Cadenet** (Preisgruppe: 70 bis 99 F) ist verführerisch, so dicht sind seine Tannine und so freigebig kommen in ihm Leder, rote Früchte und Rauch zum Ausdruck. Er erhält einen Stern.

🔑 Guy Négrel, Mas de Cadenet, 13530 Trets,
Tel. 04.42.29.21.59, Fax 04.42.61.32.09,
E-Mail mas-de-cadenet@wanadoo.fr
☑ Y Mo–Sa 9h–12h 14h–19h

CH. CANNET 1998*

■ 7,3 ha 18 000 🍾 5à8€

Dieses während der Französischen Revolution aufgeteilte Gut wurde von Colberts Nachkommen Parzelle um Parzelle wiederhergestellt. Heute umfasst es wieder 41 Hektar und präsentiert einen tiefen 98er mit gezügeltem Charakter. Der im Geschmack fette, füllige, harmonische Wein eignet sich schon jetzt zum Verkosten.

🔑 Domaines de Colbert, RN 7,
83340 Le Cannet-des-Maures,
Tel. 04.94.60.77.66, Fax 04.94.60.95.59
☑ Y Mo–Fr 9h–12h 13h30–18h

CH. DU CARRUBIER 2000*

■ 2 ha 10 600 🍾 5à8€

An der Straße von Cabasson nach Brégançon breitet sich Château du Carrubier mit seinen 25 Hektar auf einem kieseligen Terroir aus, nicht weit vom Meer entfernt. Dieser strahlende Wein entfaltet sich zu Aromen von roten Früchten und Veilchen. Der recht konzentrierte Geschmack wird von sanften Tanninen unterstützt, die zu seiner Eleganz beitragen. Ein trinkreifer Wein, den man auch zwei bis drei Jahre in seiner Entwicklung verfolgen kann.

🔑 SC du Dom. du Carrubier,
rte de Brégançon,
83250 La Londe-les-Maures,
Tel. 04.94.66.82.82, Fax 04.94.35.00.01
☑ Y Mo–Fr 8h–12h 13h–17h

Provence

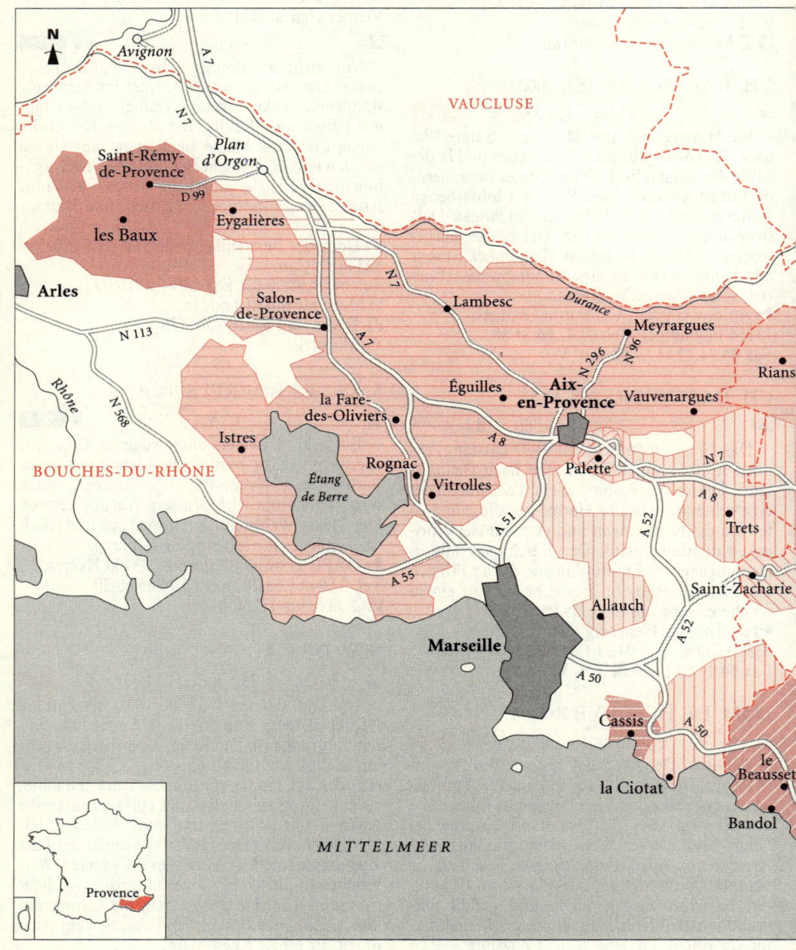

CH. DE CHAUSSE 1998*

■ 6,96 ha 30 000 8 à 11 €

In den 90er Jahren wurde dieses Gut von Grund auf neu angelegt, von den Anpflanzungen bis zum Keller, und zwar an den Hängen, die über der Bucht von La Croix Valmer aufragen. Die Syrah- und Cabernet-Sauvignon-Rebstöcke sind zwar noch jung, aber sie werden zu niedrigen Erträgen erzogen, so dass sie einen farbintensiven Rotwein erzeugen können, der kräftig und tanninreich ist. Die Aromen, die beim ersten Riechen sicherlich zurückhaltend sind, entfalten sich an der Luft.

Ch. de Chausse, 83420 La Croix-Valmer, Tel. 04.94.79.60.57, Fax 04.94.79.59.19, E-Mail chausse2@wanadoo.fr n. V.

Y. Schelcher

CŒUR DE TERRE FORTE 2000*

13 ha 75 000 5 à 8 €

Diese Firma verteilt sich auf das Anbaugebiet von Bandol, westlich von Toulon, und das der Côtes de Provence im Osten. Die Aufmerksamkeit der Jury erregte sie dank eines sehr fruchtigen Rosés mit Erdbeer-, Himbeer- und Banannennoten. Dieser Wein hält im Mund sehr lang an und besitzt eine gute Ausgewogenheit zwischen Rundheit und Frische.

SAS Gérard Duffort, Le Rouve, BP 41, 83330 Le Beausset, Tel. 04.94.98.71.31, Fax 04.94.90.44.87

Mo–Fr 9h–12h 14h–18h (im Sommer auch Sa)

COMMANDERIE DE PEYRASSOL
Cuvée Eperon d'or 1998*

■ k. A. k. A. 5 à 8 €

Nachdem das Gut bis 1311 den Tempelrittern und danach dem Malteserorden gehörte, befindet es sich seit 1789 im Besitz der Familie Rigord. Seit nunmehr 25 Jahren führt Françoise Rigord das Weingut. Ihr 98er verdient, dekantiert zu werden, damit er sein Bouquet deutlich zeigt. Hinter einer rubinrot funkelnden Farbe wird der saubere Stoff von einem soliden Gerüst unterstützt, das dazu einlädt, diesen Wein ein bis zwei Jahre zu lagern.

Rigord, Ch. Commanderie-de-Peyrassol, 83340 Flassans, Tel. 04.94.69.71.02, Fax 04.94.59.69.23, E-Mail peyrassol@caves-particulieres.com Mo–Fr 8h–12h 14h–18h

COSTE BRULADE
Réserve 3ème millénaire 2000*

50 ha 40 000 5 à 8 €

Diese Cuvée, eine Auslese von Grenache- (80 %) und Syrah-Trauben, zeigt eine blasse Farbe mit purpurvioletten Reflexen. In der Nase verbinden sich Aromen von Früchten (Aprikose, Pfirsich) und Pentanolnoten, während der fleischige Geschmack einen Eindruck von Ausgewogenheit und Nachhaltigkeit hinterlässt.

Cellier Saint-Sidoine, rue de la Libération, 83390 Puget-Ville, Tel. 04.98.01.80.50, Fax 04.98.01.80.59, E-Mail courrier@provence-sidoine.com Mo–Sa 9h–12h 14h–18h

CH. COUSSIN SAINTE VICTOIRE
1999**

■ 10 ha 60 000 8 à 11 €

Dieses Gebiet, Schauplatz der römischen Schlachten, die der Feldherr Marius 102 v. Chr. gegen die Barbaren führte, erlebte im 17. Jh., wie Château Coussin Sainte Victoire errichtet wurde. Der 99er bietet in seinem intensiven Purpurrot ein Bouquet, das reich ist an Noten von Leder, geröstetem Brot, schwarzer Johannisbeere und Pfeffer. Der Geschmack ist zwar noch streng, aber der kräftige, solide gebaute Körper ist ein gutes Vorzeichen. Dieser Wein muss sich nur noch nach einer dreijährigen Lagerung entfalten. Der **2000er Rosé** von lachsroter Farbe erhält für seine Harmonie einen Stern.

Famille Elie Sumeire, Ch. Coussin Sainte-Victoire, 13530 Trets, Tel. 04.42.61.20.00, Fax 04.42.61.20.01, E-Mail sumeire@chateaux-elie-sumeire.fr n. V.

DOM. DE CUREBEASSE 2000*

□ 2,18 ha 5 000 8 à 11 €

Die Domaine de Curebéasse, die sich auf einem Boden vulkanischen Ursprungs befindet, erschien unter diesem Namen schon im 17. Jh. auf den Landkarten. Dieser aus Rolle-Trauben erzeugte Wein erweist sich als strukturiert und bietet einen lang anhaltenden, ausdrucksvollen Abgang. Eine Flasche, die man zu Fisch und Meeresfrüchten trinken sollte. Wild passt zu dem **roten 99er Roches noires,** der sechs Monate im Holzfass ausgebaut wurde und einen Stern erhält. Der Duft entwickelt sich von Steinfrüchten zu empyreumatischen Noten hin, während der Geschmack fleischig ist.

Paquette, Dom. de Curebéasse, rte de Bagnols-en-Forêt, 83600 Fréjus, Tel. 04.94.40.87.90, Fax 04.94.40.75.18, E-Mail curebeasse@infonie.fr n. V.

CH. DEFFENDS Cuvée première 2000*

■ 2 ha 13 300 5 à 8 €

Dieses originelle Terroir zwischen Kies, sandig-tonigen Anschwemmungen und Schiefer von den Maures bringt Rotweine hervor, die immer einschmeichelnd erscheinen, selbst wenn sie jung sind. Das gilt auch für den 2000er mit intensiven Aromen roter Früchte. Er ist rund und hat verschmolzene Tannine. Der ebenfalls mit einem Stern bewertete **2000er Rosé Cuvée première** zeigt sich ebenso verführerisch.

EARL Denise Vergès, Ch. Deffends, 83660 Carnoules, Tel. 04.94.28.33.12, Fax 04.94.28.33.12 tägl. 8h–12h 13h–19h

CH. ESCARAVATIERS 1998*

■ 1,8 ha 5 000 5 à 8 €

Dass man hier Überreste der römischen neunten Legion zu Tage förderte, beweist das hohe Alter des Weinbaus auf diesem Gut. Dieser 98er, der sich in ein intensives Rubinrot hüllt, ist in der Nase recht fruchtig. Sobald der mit den Tanninen verbundene Eindruck von Festigkeit vorüber ist, kommt im Mund eine umgänglichere Ausgewogenheit zum Vorschein. Der **2000er Weißwein** verdient ebenfalls einen Stern: Er zeigt einen feinen Holzton und offenbart eine Harmonie, die mit einer sorgfältigen Vinifizierung und einem ebenso gewissenhaften Ausbau verbunden ist.

SCEA Domaines B.-M. Costamagna, Dom. des Escaravatiers, 83480 Puget-sur-Argens, Tel. 04.94.19.88.22, Fax 04.94.45.59.83, E-Mail costam@wanadoo.fr n. V.

CH. D'ESCLANS Cuvée spéciale 1998**

■ 3 ha 13 836 8 à 11 €

Ein wenig Fassreifung bei dieser Sondercuvée, die ein sehr schönes, strahlendes Granatrot zeigt. Der recht deutlich zu spürende Holzton erfordert eine einjährige Lagerung, denn der Stoff ist reichhaltig, ausgewogen und fruchtig. Der lange Abgang kommt zum Reiz dieses charaktervollen Weins hinzu, den man zu einem Gericht mit Sauce servieren sollte.

Lars Torstensson, Ch. d'Esclans, rte de Callas, 83920 La Motte, Tel. 04.94.60.40.40, Fax 04.94.70.28.61, E-Mail vin@rabiega.com tägl. 9h–12h 14h–18h; Gruppen n. V.

V. und S. Sprit

DOM. DES FERAUD 2000*

11,4 ha 53 000 3 à 5 €

Die Feinheit eines sandigen Bodens, der Nuancenreichtum origineller Rebsorten wie Tiouren und eine Beschränkung der Erträge liegen diesem fülligen, fruchtigen Rosé zu Grunde, der vor allem an Zitrone erinnert. Sein seidiger Ge-

schmack setzt sich lang anhaltend fort. Ein von einer Frau, Nathalie Millo, hergestellter Wein.
Dom. des Féraud, rte de La Garde-Freinet, 83550 Vidauban, Tel. 04.94.73.03.12, Fax 04.94.73.08.58 n. V.
M. Fournier

CH. DES FERRAGES
Cuvée Roumery 2000*

4,5 ha 20 000 5à8€

Dieses 40 ha große Gut, das von der RN 7 zwischen Aix und Saint-Maximin gut zu sehen ist, gehört seit 1912 der gleichen Familie. José Garcia ist für die Vinifizierung verantwortlich und erzielt schöne Erfolge, wie sein ausdrucksvoller **weißer 2000er Tradition Prestige,** der mit einem Stern benotet wurde, und dieser ganz leicht lachsrote Rosé belegen. Er ist äußerst fruchtig (Pfirsich, kleine rote Früchte) und beweist durch seine geschmackliche Harmonie eine perfekt gemeisterte Vinifikation.
José Garcia, Ch. des Ferrages, RN 7, 83470 Pourcieux, Tel. 04.94.59.45.53, Fax 04.94.59.72.49 n. V.

CH. FONT DU BROC 2000**

4 ha 18 000 8à11€

1988 entblößte ein Brand die gesamten Restanques (mit Trockensteinmauern abgestützte Hangterrassen, die von Büschen geschützt werden) von Les Arcs-sur-Argens. Damals wurde auf diesen Böden ein Weinberg angelegt. Dieses Gut hatte die Jury schon in früheren Ausgaben durch seine Rotweine verführt. Der **99er Weißwein** (Preisgruppe: 70 bis 99 F) verdient hier zwar einen Stern, aber noch einmütigere Zustimmung findet der 2000er Rosé. Er ist blass und funkelnd und bietet einen Früchtekorb. Im Mund entfaltet er sich elegant und lang anhaltend zu einer Farandole von Früchten, die mineralische Noten enthalten.
Sylvain Massa, Ch. Font du Broc, 83460 Les Arcs-sur-Argens, Tel. 04.94.47.48.20, Fax 04.94.47.50.46 tägl. 10h–13h 15h–19h

CH. DU GALOUPET 2000

Cru clas. 8 ha 35 000 8à11€

Es fällt schwer, unempfänglich zu bleiben für den Reiz dieses ein wenig barocken Schlosses, das von Palmen umgeben ist und eine einmalige Aussicht auf Porquerolles und die Halbinsel Giens bietet. Von seinem Weinberg stammt dieser zitronengelbe Wein, der blumig und voller Frische ist.
Ch. du Galoupet, Saint-Nicolas, 83250 La Londe-les-Maures, Tel. 04.94.66.40.07, Fax 04.94.66.42.40, E-Mail galoupet@club-internet.fr n. V.
S. Shivdasani

CH. DES GARCINIERES
Cuvée traditionnelle 2000*

8 ha 40 000 5à8€

Ein wunderschönes, vierstöckiges Landhaus, eine Allee mit uralten Platanen und eine Kapelle, die der hl. Philomena geweiht ist: Dieses Gut, das seit fünf Jahrhunderten Weinbau und Forstwirtschaft betreibt, liegt nur 6 km von Saint-Tropez entfernt. Sein 20 ha großer Weinberg hat einen blassen Rosé hervorgebracht, der rund und fett ist, mit sehr schönen Pfirsich- und Zitrusaromen.
Famille Valentin, Ch. des Garcinières, 83310 Cogolin, Tel. 04.94.56.02.85, Fax 04.94.56.07.42, E-Mail info@chateau-garcinieres.com
tägl. 9h–13h 14h–18h (Winter); 9h–13h 16h–20h (Sommer)

DOM. GAVOTY Cuvée Clarendon 2000*

3 ha 20 000 5à8€

Das Etikett ist eine Hommage an Bernard Gavoty, den Musikkritiker, der unter dem Pseudonym Clarendon schrieb. Dieser Wein, der in recht geringer Menge produziert wird, stammt von Grenache- und Cinsaut-Trauben. Er ist sehr blass und bietet einen fruchtigen Duft mit Zitrusfrüchten und Pfirsich. Der Geschmack entfaltet sich dank einer guten Ausgewogenheit lang anhaltend. Die **weiße 2000er Cuvée Clarendon** erhält für ihren ätherisch leichten Charakter, der frisch, ausdrucksvoll und großzügig ist, ebenfalls einen Stern.
Pierre et Roselyne Gavoty, Le Grand Campdumy, 83340 Cabasse, Tel. 04.94.69.72.39, Fax 04.94.59.64.04, E-Mail domaine.gavoty@wanadoo.fr
n. V.

CH. GRAND'BOISE 2000*

6,97 ha 26 000 5à8€

1879 wurden drei Güter vereinigt, um Grand'Boise zu schaffen. Der Weinbau drängte bald den Anbau von Lavendel, die Zucht von Seidenraupen und die Forstwirtschaft in den Hintergrund. Das Weingut umfasst heute in einer Höhe zwischen 300 und 600 m am Nordhang der Sainte-Baume über 42 Hektar. Einige Rebstöcke sind fast hundert Jahre alt. Diese Besonderheiten begünstigen die Ausdrucksstärke dieses blumigen, feinen Roséweins. Der Geschmack findet gerade die richtige Ausgewogenheit zwischen Rundheit und Lebhaftigkeit.
SCEA La Grenobloise, Ch. Grand'Boisé, rte de Grisole, 13530 Trets, Tel. 04.42.29.22.95, Fax 04.42.61.38.71, E-Mail contact@grandboise.com
tägl. 8h30–12h 14h–18h

HERMITAGE SAINT-MARTIN 2000*

4 ha 13 000 8à11€

1999 erwarb Guillaume Fayard, der auf Château Sainte-Marguerite an der Seite seines Vaters arbeitet, dieses 13 ha große Weingut, dessen mittelalterliche Anfänge mit den Mönchen von Saint-Victor verbunden sind. Dieser Wein trägt in seiner bläulich roten Farbe und seiner fruchtbetonten Aromenpalette noch die Spuren der Jugend. Dennoch beweist er aufgrund seiner Tanninstruktur Reife. Ein dichter Wein, der schon jetzt angenehm ist.
Guillaume Fayard, Ch. Hermitage Saint-Martin, BP 1, 83250 La-Londe-les-Maures, Tel. 04.94.00.44.44, Fax 04.94.00.44.45
Mo–Sa 9h–12h30 14h–17h30

DOM. DE JACOURETTE
Cuvée Geneviève Elevé en fût de chêne 1998★★

■ 0,5 ha 2 400 8 à 11 €

Hélène Dragon war erst 25 Jahre alt, als sie 1997 das 7 ha große Familiengut übernahm. Sie wartete den richtigen Zeitpunkt ab, bevor sie dem Hachette-Weinführer ihren 98er präsentierte, denn dieser Jahrgang entfaltet heute alle seine Trümpfe: Seine komplexe Aromenpalette beginnt sich zu Noten von Gewürzen, Wildbret und schwarzen Früchten zu öffnen; sein Geschmack erreicht eine harmonische Ausgewogenheit zwischen Rundheit und Tanninen. Ein schöner Wein, der noch ein bis zwei Jahre altern kann.

Dom. de Jacourette, rte de Trets, 83910 Pourrières, Tel. 04.94.78.54.60, Fax 04.94.78.42.07, E-Mail hdragon@club-internet.fr
☑ Ⲧ Di–Sa 9h30–12h 15h–18h30 (Juli u. Aug.)
Hélène Dragon

CH. DE JASSON Cuvée Eléonore 2000★★

◪ 10,1 ha 71 000 8 à 11 €

1990 übernahmen Benjamin de Fresne, ein Pariser Gastronom, und seine Frau Marie-Andrée dieses fast 16 ha große Gut. Ihre Gewissenhaftigkeit, ihre Leidenschaft und die Tatsache, dass sie sich um jedes Detail kümmern, bringen ihnen in diesem Jahrgang 2000 zwei Liebeserklärungen ein. Dieser Rosé hat allgemeinen Beifall gefunden, aufgrund der Intensität seiner Zitrus- und Fliederaromen ebenso wie aufgrund seines komplexen, lang anhaltenden Geschmacks. Die im Tank ausgebaute **weiße 2000er Cuvée Jeanne** erfuhr die gleiche Wertschätzung. Dieser sehr feine Wein mit Noten von Pampelmusen, exotischen Früchten und Blüten besitzt einen ausgewogenen Stoff. Sein frischer, anhaltender Abgang hat bei der Jury Begeisterung hervorgerufen.

Benjamin de Fresne, Ch. de Jasson, RD 88, 83250 La Londe-les-Maures, Tel. 04.94.66.81.52, Fax 04.94.05.24.84, E-Mail chateau.de.jasson@wanadoo.fr
☑ Ⲧ tägl. 9h30–12h30 14h30–19h

LA BASTIDE DU CURE 2000★

◪ 9,46 ha 20 000 3 à 5 €

Dank Giono und Pagnol kann man die Provence mühelos schätzen. Entdecken Sie in diesem aromatischen, ausgewogenen, erfrischenden Wein die Aromen der Rebe wieder. Ein gut gebauter Wein, den man zum Vergnügen trinkt.

Coop. Vinicole La Vidaubanaise, 89, chem. Sainte-Anne, BP 24, 83550 Vidauban, Tel. 04.94.73.00.12, Fax 04.94.73.54.67
☑ Ⲧ n. V.

DOM. DE LA BASTIDE NEUVE 2000★★

□ 1,13 ha 6 500 8 à 11 €

Eine blasse Farbe mit ausgeprägten grünen Reflexen. Ein Konzentrat exotischer Früchte (Pfirsich, Zitrusfrüchte, Passionsfrucht). Ein voluminöser Geschmack mit ansprechender Harmonie. Hier haben wir einen aus Rolle-Trauben erzeugten Wein von schöner Ausdrucksstärke. Der sehr gelungene **2000er Rosé Perles de Rosé** (Preisgruppe: 30 bis 49 F) balanciert sich zwischen Rundheit und Lebhaftigkeit aus, um die Naschhaftigkeit der Verkoster zu befriedigen.

SCEA Dom. de La Bastide Neuve, 83340 Le Cannet-des-Maures, Tel. 04.94.50.09.80, Fax 04.94.50.09.99, E-Mail dmebastideneuve@compuserve.com
☑ Ⲧ Mo–Fr 8h–12h 13h–17h30
Hugo Wiestner

DOM. DE L'ABBAYE 2000★★

◪ 2,5 ha 12 500 8 à 11 €

Die Abtei Le Thoronet ist ein Meisterwerk der romanischen Baukunst des 12. Jh. Man sollte hier einen Halt einlegen und meditieren. Danach kann man auf dem Gut einen runden, fülligen Rosé mit Aromen von getrockneten Früchten und Steinfrüchten probieren. Dieser Wein, der in der Finalentscheidung der Oberjury vertreten war, wird an Ihrer Tafel einen Ehrenplatz einnehmen.

Franc Petit, Dom. de l'Abbaye, 83340 Le Thoronet, Tel. 04.94.73.87.36, Fax 04.94.60.11.62 ☑ Ⲧ tägl. 9h–19h

DOM. DE LA BOUVERIE 2000★★

◪ 34 ha 60 000 5 à 8 €

Auf dem Boden des alten Marktfleckens Roquebrune-sur-Argens, der die Argens-Ebene überblickt, baut dieses Gut 32 ha Reben an. Sein in ein schillerndes Lachsrot gehüllter Rosé besitzt eine reiche Aromenpalette, in der sich Blumen (Rosen) und Früchte (Pfirsich, Aprikose) vermischen. Die elegante Struktur umgibt sich mit einem sehr runden Stoff und schiebt den Abgang weit hinaus. Ein Rosé, wie man ihn mag. Der im Holzfass ausgebaute **2000er Weißwein** (Preisgruppe: 30 bis 49 F) erhält einen Stern: Er ist noch vom Holz geprägt, aber trotzdem fein und ausgewogen.

Jean Laponche, 83520 Roquebrune-sur-Argens, Tel. 04.94.44.00.81, Fax 04.94.44.04.73
☑ Ⲧ Mo–Sa 9h30–12h 14h30–19h

DOM. DE LA COURTADE 1999★

□ 3,5 ha 11 000 15 à 23 €

Das 30 ha große Weingut auf der Insel Porquerolles trägt zum Schutz des Nationalparks vor Bränden bei, denn die Reben bilden einen ausgezeichneten Schutzwall gegen die Flammen. Richard Auther praktiziert hier biologischen Anbau. Die Rolle-Traube kommt in dieser goldgelben Cuvée sehr gut zum Ausdruck. Der Duft, der sich zuerst zu Veilchen und Narzissen entfaltet, geht danach in Richtung Früchte. Der runde Wein, den gerade das richtige Maß an Lebhaftigkeit ausgleicht, hält innerhalb einer blumigen Aromenpalette an. Trinken sollte man ihn zu Geflügel oder als Begleitung zu Frischkäse.

Dom. de La Courtade, 83400 Ile-de-Porquerolles, Tel. 04.94.58.31.44, Fax 04.94.58.34.12, E-Mail la-courtade@terre-net.fr n. V.
H. Vidal

CELLIER DE LA CRAU
Cuvée des Vieux Ceps 1999★

14 ha 5 000 3à5€

Eine Auslese von Syrah-Trauben und ein gut durchgeführter Ausbau haben es dieser Genossenschaft des großen Toulon ermöglicht, einen Rotwein mit Gewürz- und Holzaromen zu erzeugen, der gefällig und ausgewogen ist. Diese Cuvée ist trinkreif.

Cellier de La Crau, 35, av. de Toulon, 83260 La Crau, Tel. 04.94.66.73.03, Fax 04.94.66.17.63 n. V.

DOM. DE LA CRESSONNIERE
Cuvée Mataro 1999★★

1,25 ha 6 500 8à11€

Das 1639 entstandene Gut in den Maures, auf dem heute ausschließlich Wein angebaut wird, widmete sich lange Zeit der Zucht von Seidenraupen, einer Tätigkeit, die seit dem 19. Jh. nicht mehr ausgeübt wird. Die ältesten Anpflanzungen bestehen aus Syrah, einer Rebsorte, die in diesem fachgemäß vinifizierten und im Holzfass ausgebauten Verschnitt dominiert. Dieser Wein, eine elegante Vereinigung zwischen Aromen von reifen Früchten und Vanille, besitzt Umfang, Rundheit und eine Struktur, die den Abgang lang ausdehnt. Dennoch bewahrt er einen jugendlichen Geschmack, der dazu einlädt, ihn drei bis fünf Jahre aufzuheben.

GFA Dom. de La Cressonnière, RN 97, 83790 Pignans, Tel. 04.94.48.81.22, Fax 04.94.48.81.25, E-Mail cressonniere@wanadoo.fr Mo–Sa 10h–12h 15h–18h
Depeursinge

CH. DE LA DEIDIERE
Cuvée du Pigeonnier 1999★

8,33 ha 50 000 5à8€

Dieses ehemalige Jagdschlösschen, das ein bemerkenswertes Taubenhaus aus dem 18. Jh. besitzt, ist von 80 ha Reben umgeben. Seine dunkelgranatrote Cuvée enthüllt recht ausgeprägte Fruchtaromen, darunter Kirsche, Himbeere und schwarze Johannisbeere. In diesem Korb macht sich ein Hauch von Veilchen bemerkbar. Der zarte, frische Geschmack bewahrt die aromatische Harmonie. Ein schlichtes Vergnügen, das eine Platte mit Wurstgerichten vervollständigen wird. Der **weiße 2000er Château de l'Aumerade Cuvée Sully** erhält ebenfalls einen Stern.

SCEA des Dom. Fabre, Ch. de l'Aumerade, 83390 Pierrefeu, Tel. 04.94.28.20.31, Fax 04.94.48.23.09, E-Mail hefabre@wanadoo.fr Mo–Sa 8h–12h 13h30–17h30, Gruppen n. V.

MAS DE LA GERADE 2000

3,5 ha 12 000 5à8€

Die Farbe ist strahlend. Die Aromen sind deutlich wahrzunehmen: Saure Drops, grüne Zitrone, Pfirsich und andere Früchte teilen sich die Palette. Der frische, ausgewogene Geschmack setzt diese Empfindungen fort.

EARL de La Gérade, 1300, chem. des Tourraches, 83260 La Crau, Tel. 04.94.66.13.88, Fax 04.94.66.73.52, E-Mail lagerade@aol.com Mo–Sa 9h–12h
B. Henry

DOM. DE LA GISCLE
Moulin de l'Isle 2000★★

3 ha 15 000 5à8€

Bevor die Reben auf diesem Boden ab dem 16. Jh. ihre ganze Bedeutung gewannen, gab es hier eine Getreidemühle und danach eine Seidenraupenzucht. Das Etikett erinnert an die ehemaligen Aktivitäten dieses Guts. Dieser einmütig geschätzte Rosé mit den leicht gelbroten Reflexen hat keinen Mangel an Persönlichkeit. Er bietet Aromen von Aprikose und Rosinen. Sein korpulenter, öliger Geschmack entfaltet sich bis zu einem lang anhaltenden Abgang. Ein Verkoster schlug vor, diesen Wein zu einem Schokoladendessert zu servieren.

EARL Dom. de La Giscle, hameau de l'Amirauté, rte de Collobrières, 83310 Cogolin, Tel. 04.94.43.21.26, Fax 04.94.43.37.53 Mo–Sa 9h–12h30 14h–19h; So 9h–12h30
Audemard

CH. LA GORDONNE 2000★

120 ha 800 000 3à5€

Das Ratsmitglied de Gourdon erwarb das Gut 1650 und gab ihm seinen Namen. Seit 1941 wird das 188 ha große Weingut von den Domaines Listel kontrolliert. Dieser Rosé von reintöniger Farbe bietet freigebig Pentanolnoten und Aromen roter Früchte. Der füllige, kräftige Geschmack zeigt einen lang anhaltenden Abgang.

Domaines Listel, Ch. La Gordonne, 83390 Pierrefeu-du-Var, Tel. 04.94.28.20.35, Fax 04.94.28.20.35, E-Mail njulian@listel.fr Mo–Fr 8h–12h 13h–18h; Sa, So n. V.

DOM. DE LA GUINGUETTE 2000*

9,7 ha 50 000 3à5€

Düfte von Pfirsich und sauren Drops verleihen diesem fuchsienroten Rosé Fröhlichkeit. Der ebenso aromatische Geschmack entfaltet bis zu einem leicht säuerlichen Abgang viel Frische.

Les vignerons du Baou, rue Raoul-Blanc, 83470 Pourcieux, Tel. 04.94.78.03.06, Fax 04.94.78.05.50 n. V.

Tarabelli

DOM. DE LA JEANNETTE 2000**

1,4 ha 15 500 5à8€

Dieses Gut mit dem sehr provenzalischen Charme, das am Eingang des kleinen Borrels-Tals liegt, ist von 25 ha Reben umgeben. Sein im Anblick blasser, diskreter Wein entfaltet sehr deutliche Aromen, die an gelbe Blüten, Pfirsich und grüne Mandeln erinnern. Im Geschmack ist er ebenso freimütig und zeigt Haltung und Länge. Der **2000er Weißwein** erhält einen Stern: Er ist aromatisch und frisch. Trinkreif.

SCIR Dom. de La Jeannette, 566, rte des Borrels, 83400 Hyères-les-Palmiers, Tel. 04.94.65.68.30, Fax 04.94.12.76.07 n. V.

Limon

DOM. DE LA LAUZADE 2000**

26 ha 140 000 5à8€

Die Gemeindearchive von Le Luc erinnern daran, dass die Römer hier die erste römische *villa* (Landgut) in der Region errichteten: die *villa* Lauza. Das Gut besitzt heute 70 ha Reben und zählt zu den seltenen Erzeugern, die in unserem Weinführer mehrere Liebeserklärungen erhalten haben. Es stellt hier einen reintönigen Rosé von fuchsienroter Farbe vor. Aromen von frischen Früchten, Kirsche und Blutorange strömen in die Nase; danach entfaltet sich der Geschmack voller Rundheit und Stärke um eine gute Struktur herum. Der nicht im Holzfass ausgebaute **rote 2000er** ist ein gut verschmolzener, aromatischer Wein, den man schon heute genießen kann. Er erhält einen Stern.

SARL Dom. de La Lauzade, rte de Toulon, 83340 Le Luc, Tel. 04.94.60.72.51, Fax 04.94.60.96.26, E-Mail lauzade.abouvier@wanadoo.fr n. V.

CH. LA MARTINETTE
Cuvée Prestige 1999**

2 ha 5 000 8à11€

Diese Auslese stammt von den ältesten Syrah-Rebstöcken des Guts. Von der Rebsorte hat sie Gewürz- und Blütenaromen geerbt; von ihrer Lagerung im Holzfass behält sie ein vanille- und röstartiges Aroma. Der Geschmack ist reich, kräftig, ausgewogen und verheißungsvoll.

Ch. La Martinette, 4005, chem. de la Martinette, 83510 Lorgues, Tel. 04.94.73.84.93, Fax 04.94.73.88.34 n. V.

Tarby-Liégeon

DOM. DE LA NAVARRE
Cuvée Les Roches 1999*

4,5 ha 25 000 8à11€

Seinen Namen verdankt das Gut der Familie Navarre, die es im 18. Jh. besaß. Heute wird es von den Mönchen des Ordens des hl. Don Bosco, des Gründers der Kongregation der Salesianer, geführt. Eine neunmonatige Lagerung im Holzfass hat den Ausbau dieses Weins abgeschlossen, der eine leichte Farbe zeigt und im Duft recht zurückhaltend ist. Der Geschmack hinterlässt einen angenehmen Eindruck von Weichheit und Ausgewogenheit, mit einer guten Nachhaltigkeit des Aromas. Diese Cuvée kann man schon jetzt servieren.

Fondation La Navarre, Cave du domaine, 3451, chem. de la Navarre, 83260 La Crau, Tel. 04.94.66.04.08, Fax 04.94.35.10.66 n. V.

CLOS LA NEUVE Prestige 2000*

1 ha 4 000 5à8€

Die Mergel- und Sandsteinböden des Guts, die am Fuße der Monts Auréliens nach Norden liegen, bekommen der Rolle-Traube gut, einer Rebsorte, die viel Ähnlichkeit mit dem Vermentino auf Korsika oder in Italien hat. Das Ergebnis ist ein Wein von sehr blasser Farbe, dessen Duft intensiv an Blumen erinnert. Der Geschmack verführt durch seine Feinheit und seine Ausgewogenheit.

Fabienne Joly, Dom. de La Neuve, 83910 Pourrières, Tel. 04.94.59.86.03, Fax 04.94.59.86.42 tägl. 9h–12h 14h–19h

DOM. DE L'ANGUEIROUN 2000*

k. A. 30 000 5à8€

Das Gut, ein ehemaliges Jagdrevier, besitzt einen 35 ha großen Weinberg, der von Hängen umrahmt wird. Es stellt einen Rosé vor, der in der Nase komplex ist: blumig und fast mineralisch. Er ist rund und warm und lässt im Abgang eine gewisse Lebhaftigkeit und eine leichte Bitterkeit erkennen. Der **2000er Weißwein** unter dem gleichen Etikett ist ebenfalls sehr gelungen.

Eric Dumon, 1077, chem. de l'Angueiroun, 83230 Bormes-les-Mimosas, Tel. 04.94.71.11.39, Fax 04.94.71.75.51, E-Mail angueiroun@libertysurf.fr Mo–Sa 8h–12h 14h–18h

DOM. DE L'ANTICAILLE 2000***

2,3 ha 15 000 5à8€

Dieses 35 ha große Gut fügt sich vor dem Hintergrund der Montagne Sainte-Victoire in die Landschaft ein, die Cézanne so sehr am Herzen lag. Es präsentiert einen ausdrucksvollen Rosé von strahlender, blasser Farbe. Der Geruchseindruck ist zwar noch zurückhaltend, bietet aber eine feine Palette von exotischen Düften und roten Früchten. Der leckere, ausgewogene Geschmack erweist sich als fleischig und anhaltend. Was für eine Freigebigkeit!

Martine Féraud-Paillet, Dom. de L'Anticaille, 13530 Trets, Tel. 04.42.27.42.53, Fax 04.42.29.22.64

n. V.

LES MAITRES VIGNERONS DE LA PRESQU'ILE DE SAINT-TROPEZ
Carte noire 2000**

7 ha 40 000 5 à 8 €

Dieser 2000er hat durch seine Feinheit und Harmonie und einen Hauch von Früchten und Frühlingsblumen, die Ihrer Tafel eine fröhliche Note verleihen werden, die Aufmerksamkeit der Jury erregt. Der **2000er Rosé Carte noire** und der **2000er Rotwein Carte noire** haben ebenfalls verführt und erhalten einen Stern.

Les Maîtres vignerons de La Presqu'île de Saint-Tropez, 83580 Gassin, Tel. 04.94.56.32.04, Fax 04.94.43.42.57

Mo–Sa 9h–12h 15h–19h

CH. L'ARNAUDE 2000*

10 ha 30 000 5 à 8 €

Hauptsächlich von Grenache- und Cinsaut-Reben erzeugt, die auf Kalksteinböden wachsen, bietet dieser Rosé intensive Fruchtaromen, die von mineralischen Noten begleitet werden. Er wirkt zunächst lebhaft und zeigt bald danach viel Rundheit und Fülle, bevor er mit einer Zitrusnote ausklingt. Dieser ausgewogene Wein besitzt Persönlichkeit.

Ch. L'Arnaude, rte de Vidauban, 83510 Lorgues, Tel. 04.94.73.70.67, Fax 04.94.67.61.69

Mo–Sa 9h30–12h 15h–18h; So 10h–12h

H.J. Knapp

DOM. DE LA ROUILLERE
Grande Réserve 2000*

3 ha 13 000 5 à 8 €

Auf den ersten Blick erscheint dieser Rosé zurückhaltend, aber er offenbart einen erstklassigen Geschmack. Er ist in der Ansprache sanft und steigert sich dann zu fruchtigen Noten. Die zwölf Monate im Holzfass ausgebaute **rote 98er Cuvée Grande Réserve** (Preisgruppe: 70 bis 99 F) wird wegen ihrer Struktur lobend erwähnt. Man kann sie ein Jahr lang im Keller aufheben.

Dom. de La Rouillère, rte de Ramatuelle, 83580 Gassin, Tel. 04.94.55.72.60, Fax 04.94.55.72.61, E-Mail contact@domainedelarouillere.com

Mo–Fr 8h–12h 14h–17h30

Letartre

DOM. DE LA SAUVEUSE 2000*

0,74 ha 5 200 5 à 8 €

Auf seine 60 ha Reben gestützt, hat dieses Gut einen harmonischen Wein erzeugt. Die blasse Farbe mit grünen Reflexen lädt dazu ein, einen an Hefebrot und Geröstetes erinnernden Duft zu entdecken. Die klare Ansprache macht einem schmelzigen Stoff Platz, der bis zum Abgang voll wirkt. Alles trägt zum Erfolg dieses in kleiner Menge produzierten Weins bei.

SCEA Dom. de La Sauveuse, Grand-Chemin-Vieux, 83390 Puget-Ville, Tel. 04.94.28.59.60, Fax 04.94.28.52.48, E-Mail sauveuse@wanadoo.fr

Mo–Fr 8h–12h 13h–18h

Salinas

DOM. LA TOUR DES VIDAUX
Cuvée Farnoux 1999*

3 ha 8 000 8 à 11 €

Der Keller befindet sich in der Mitte eines Amphitheaters aus Reben, die hier die Korkeichen auf die Restanques mit ihren für die Maures typischen Schieferböden zurückdrängen. Das Gut verfügt außerdem über einen Stammtisch und veranstaltet Kunstausstellungen. In der Mehrzahl Syrah-Trauben, unterstützt durch Grenache-Trauben, haben diesen tiefroten Wein hervorgebracht, der sehr reich an Gewürzen und Röstaromen ist. Der reiche, volle Geschmack lässt maßvolle Holznoten erkennen, die einen perfekt gemeisterten Ausbau verraten.

V. P. Weindel, Dom. La Tour-des-Vidaux, quartier Les Vidaux, 83390 Pierrefeu-du-Var, Tel. 04.94.48.24.01, Fax 04.94.48.24.02, E-Mail tourdesvidaux@wanadoo.fr

Mo–Sa 8h30–12h 14h30–18h30

DOM. LA TOURRAQUE 2000**

3 ha 13 000 5 à 8 €

Das Gut hat seine 45 ha Reben in einer als besonders sehenswert eingestuften Gegend. Dieser für seinen Jahrgang und seine Appellation typische Rosé, der ebenso bemerkenswert ist wie die Umgebung, wo er entstanden ist, entfaltet ein komplexes Bouquet: weiße Blüten, Zitrusfrüchte, mineralische Note. Sein Geschmack ist rund; zu seinem Charme kommt ein lang anhaltender Abgang hinzu. Ein Ziegenkäse als Begleitung, und der Genuss ist vollkommen!

GAEC Brun-Craveris, Dom. La Tourraque, 83350 Ramatuelle, Tel. 04.94.79.25.95, Fax 04.94.79.16.08

Mo–Sa 9h–12h 14h–18h

CH. DES LAUNES Cuvée spéciale 2000**

2,5 ha 10 000 5 à 8 €

Château des Launes, ein hübsches, 25 ha großes Gut inmitten der Wälder der Maures, erscheint wie ein heiterer Hafen an der Straße, die zum Golf von Saint-Tropez führt. Es erzeugt ausgezeichnete Weine, die in unserem Weinführer regelmäßig vertreten sind. Dieser sehr blasse Rosé entfaltet blumige Aromen und zeigt im Geschmack echte Präsenz. Der **2000er Weißwein** (Preisgruppe: 50 bis 69 F), der von der Rebsorte Rolle stammt, ist ganz durch Zitrusfrüchte geprägt. Er ist ausgewogen und erhält einen Stern.

🔑 Hans-Y. et Brigitte Handtmann, Ch. des Launes, RD 558 vers le Luc, 83680 La Garde-Freinet, Tel. 04.94.60.01.95, Fax 04.94.60.01.43 ☑ Ι n. V.

LE GRAND CROS
L'Esprit de Provence 2000**

◪ 5 ha 25 000 5à8€

Das Gut, dessen Hauptgebäude aus dem 17. Jh. stammt, spiegelt in diesem Rosé mit dem diskreten, sehr feinen Blütenduft den Geist der Provence wider. Die Jury schätzte die Stärke und Harmonie des Geschmacks, der auf Aromen von weißen Blüten setzt.

🔑 EARL Dom. du Grand Cros, 83660 Carnoules, Tel. 04.98.01.80.08, Fax 04.98.01.80.09, E-Mail info@grandcros.fr ☑ Ι n. V.

🔑 J.-H. Faulkner

CH. LE MAS 2000*

□ 0,75 ha 4 000 5à8€

Das Gut feierte 2000 sein hundertjähriges Bestehen. Der 2000er feiert diesen Geburtstag auf würdige Weise. Dieser Wein verdankt dem Ton- und Schieferboden seine Stärke und Großzügigkeit, während ihm die Rebsorten Rolle und Clairette eine elegante Aromenpalette verleihen. Er ist gut vinifiziert und schmeckt frisch. Er enttäuscht nicht.

🔑 SCEA Ch. Le Mas, quartier La Tuilerie, 83390 Puget-Ville, Tel. 04.94.48.30.21, Fax 04.94.48.30.21, E-Mail lemasaudibert@free.fr ☑ Ι n. V.

CH. LES MESCLANCES
Cuvée Saint-Honorat 1999*

■ 2 ha 3 000 5à8€

Auf Schieferböden aus dem Erdaltertum hat das 25 ha große Gut diese Cuvée von gut durchdachter Zusammenstellung erzeugt: Cabernet und Sauvignon, Syrah und Mourvèdre zu gleichen Teilen. Unter einer tiefen Farbe mit bläulich roten Reflexen bietet sie eine Duftpalette, die zwischen der Frucht und dem Holz des Ausbaus ausgeglichen ist. Ihr strukturierter Geschmack ist noch von den Tanninen geprägt, dürfte aber im Laufe einer mindestens zweijährigen Lagerung harmonisch verschmelzen.

🔑 Xavier de Villeneuve-Bargemon, Les Mesclances, 83260 La Crau, Tel. 04.94.66.75.07, Fax 04.94.35.10.03, E-Mail mesclances@yahoo.fr ☑ Ι n. V.

DOM. DE L'ESPARRON
Cuvée Laurent Vieilli en barrique 1999

■ 2 ha 9 000 3à5€

Das 40 ha große Gut befindet sich am Fuße der Maures. Das «Dorf der Schildkröten» liegt nur ein paar Kilometer entfernt. Dieser Rotwein ist acht Monate lang im Holzfass gereift, was in Vanillearomen zum Ausdruck kommt, in der Nase ebenso wie im Geschmack. Er ist wohl ausgewogen, aber noch streng und verdient etwas Geduld, damit er sich stärker entfaltet.

🔑 EARL Migliore, Dom. de l'Esparron, 83590 Gonfaron, Tel. 04.94.78.32.23, Fax 04.94.78.24.85 ☑ Ι tägl. 8h–12h 13h30–19h30

CH. LES VALENTINES 1999*

■ 3,5 ha 20 000 8à11€

Ein neun Monate langer Ausbau im Barriquefass für einen Teil der Cuvée hat diesen Wein geprägt, der zwei bis drei Jahre in einem guten Keller bleiben muss, bevor er ein provenzalisches Schmorgericht begleitet. Die intensive, dunkle Farbe ist prächtig. Der hochfeine Duft erinnert an Unterholz, getrocknete Früchte und den Röstgeruch vom Fass. Der Geschmack zieht das gleiche Register; unterstützt wird er von sehr deutlich spürbaren, viel versprechenden Tanninen.

🔑 SCEA Pons-Massenot, Ch. Les Valentines Lieu-dit Les Jassons, 83250 La-Londe-les-Maures, Tel. 04.94.15.95.50, Fax 04.94.15.95.55, E-Mail gilles.pons@wanadoo.fr ☑ Ι Mo–Sa 9h–19h

🔑 Gilles Pons

CH. MAIME 2000*

◪ 6,12 ha 39 000 5à8€

Eine Sainte-Maïme (der provenzalische Name für Saint-Maxime) geweihte Kapelle hat diesem 17 ha großen Gut ihren Namen gegeben. Eine vor kurzem vorgenommene Renovierung hat dem Gut neues Leben eingehaucht; in diesem alten Weiler baute man früher Reben, Oliven und Maulbeerbäume für die Seidenraupenzucht an. Dieser blasse, fast durchsichtige Rosé bietet delikate Aromen von frischen Früchten: Pfirsich, Birne und Erdbeere. Der Geschmack greift voller Feinheit die gleiche Aromenpalette auf.

🔑 SCEA Ch. Maïme, quartier de La Maïme, 83460 Les Arcs-sur-Argens, Tel. 04.94.47.41.66, Fax 04.94.47.42.08, E-Mail maime@terre-net.fr ☑ Ι Mo–Sa 10h–12h30 15h–19h

🔑 Sibran et Garcia

MANON 2000**

◪ k. A. 66 000 5à8€

Dieser Rosé aus Grenache- (70 %) und Syrah-Trauben hat eine kräftige Farbe mit fuchsienroten Tönen. Die Duftpalette ist eine gelungene Vereinigung von fruchtigen und blumigen Aromen. Der im Geschmack solide Wein ist voll und lebhaft zugleich. Er verdient, dass man ihn zu schönen Gerichten serviert.

🔑 Cellier Val de Durance, Le Grand Jardin, 84360 Lauris, Tel. 04.90.08.26.36, Fax 04.90.08.28.27

CH. MAROUINE 1999

■ k. A. 20 000 5à8€

Die Reben dieses alten provenzalischen Gehöfts überragen auf den Restanques, wo sie angepflanzt sind, das Tal; umgeben sind sie von Olivenbäumen und Quellen. Carignan und Mourvèdre haben einen bläulich roten Wein hervorgebracht, der noch schüchtern ist, dem aber dank einer guten Extraktion die Zukunft gehört. Lassen wir diesem 99er Zeit, damit er sich innerhalb einer mindestens zweijährigen Lagerung entfalten kann.

🔑 Marie-Odile Marty, Ch. Marouïne, 83390 Puget-Ville, Tel. 04.94.48.35.74, Fax 04.94.48.37.61 ☑ Ι Mo–Sa 9h–19h

DOM. DE MAUVAN 2000*

◪ 3 ha 20 000 5à8€

Dieses Jahr hat der Rosé von Gaëlle Mauvan die Jury erneut verführt. Der von einem der Verkoster als «Fräuleinwein» bezeichnete Wein ist fein, elegant und beredt. Die Empfindungen sind klar und ausgewogen. Der **2000er Weißwein** wird wegen seines zurückhaltenden blumigen Charakters lobend erwähnt.

Gaëlle Maclou, Dom. de Mauvan, RN 7, 13114 Puyloubier, Tel. 04.42.29.38.33, Fax 04.42.29.38.33 n. V.

CH. MINUTY Cuvée de l'Oratoire 2000*

☐ Cru clas. 7 ha 45 000 8à11€

Als Saint-Tropez noch ein kleines Fischerdorf war, erstreckte sich Minuty auf 2 000 ha. Dieses schöne Gut, das heute 65 ha einnimmt, verdient Ihre Aufmerksamkeit wegen seiner Gebäude, aber auch wegen seiner Weine. Diese Cuvée, bei der jetzt Rolle dominiert, bleibt ein sicherer Wert. Der 2000er von leicht grauer Farbe enthüllt elegante Blüten- und Aprikosenaromen. Sein kräftiger Geschmack ist fein und anhaltend.

Matton-Farnet, Ch. Minuty, 83580 Gassin, Tel. 04.94.56.12.09, Fax 04.94.56.18.38 Mo–Sa h–12h 14h–18h

DOM. DE MONT REDON Cuvée Louis Joseph 2000*

■ 1,5 ha 10 000 5à8€

Dieser Wein, der im Anblick wie auch in der Nase sehr intensiv ist, zeigt seine ganze Jugendlichkeit in der Frische seiner Aromen von roten Früchten, reifen roten Johannisbeeren und Sauerkirschen. Im Geschmack ist er voll und seidig, denn seine Tannine sind zwar jung, aber gut umhüllt. Er ist bereits verführerisch, lässt sich aber trotzdem gut lagern. Der **2000er Rosé Cuvée Colombe** ist ebenfalls sehr gelungen.

Michel Torné, SCEA Dom. Mont Redon, 2496, rte de Pierrefeu, 83260 La Crau, Tel. 04.94.66.73.86, Fax 04.94.57.82.12, E-Mail mont.redon@libertysurf.fr n. V.

CH. MOURESSE Grande Cuvée 1998**

■ 2,5 ha 5 000 8à11€

Die sandigen Böden der Ebene von Vidauban verleihen diesem aus Cabernet-Sauvignon- und Syrah-Trauben erzeugten Wein eine große Feinheit. Er hat eine klare Farbe und bietet Frucht- und Holzaromen; um eine solide Struktur herum entfaltet er einen komplexen Stoff. Auch wenn er reich und schon reif ist, kann er ein paar Jahre im Keller lagern. Der **2000er Weißwein** (Preisgruppe: 20 bis 29 F) erhält für seinen fülligen, lang anhaltenden Geschmack ebenfalls zwei Sterne.

Sophie et Patrick Horst, 3353, chem. de Pied-de-Banc, 83550 Vidauban, Tel. 04.94.73.12.38, Fax 04.94.73.57.04, E-Mail info@chateau-mouresse.com Mo–Sa 8h–12h 15h–19h

Michel Horst

CH. DE PAMPELONNE 2000**

◪ 22 ha 100 000 5à8€

Dieser in ein blasses Rosa gehüllte Wein erfüllt die Nase mit Wohlgeruch, so intensiv sind die Aromen von exotischen Früchten. Der Geschmack hinterlässt dank seiner Fülle eine angenehme Empfindung. Feinheit ist das Leitmotiv der Verkostung. Der ebenso bemerkenswerte **2000er Weißwein Prestige** (Preisgruppe: 50 bis 69 F) bietet in der Nase blumige Düfte sowie einen Geschmack, der zunächst leicht und danach im Abgang warm ist.

Ch. de Pampelonne, 83350 Ramatuelle, Tel. 04.94.56.32.04, Fax 04.94.43.42.37 n. V.

Pascaud

CH. PANSARD 2000*

◪ 5 ha 30 000 5à8€

François de Canson, der Sohn der Besitzer, übernimmt die Leitung des Guts mit diesem wohl schmeckenden 2000er, der ein blasses Rosa mit himbeerroten Reflexen zeigt. Der intensive Duft setzt auf Walderdbeeren, während sich der runde, sanfte Geschmack harmonisch und lang anhaltend zeigt.

Cave des vignerons Londais, quartier Pansard, 83250 La-Londe-les-Maures, Tel. 04.94.66.80.23, Fax 04.94.05.20.10 n. V.

de Canson

DOM. DE PARIS 2000*

◪ 35 ha 100 000 5à8€

Die Jury schätzte die Frucht, Frische und Rundheit des gut vinifizierten und gut ausgebauten Roséweins.

Les vins Jean-Jacques Bréban, av. de La Burlière, BP 47, 83171 Brignoles, Tel. 04.94.69.37.55, Fax 04.94.69.03.37, E-Mail vins_breban@hotmail.com

DOM. PINCHINAT 2000**

◪ 3 ha 20 000 5à8€

Seit 1990 werden auf dem Gut biologische Anbaumethoden angewendet. Dieser lachsrote Wein fällt durch die Feinheit seines Ausdrucks auf. Die Frucht entfaltet sich in der Nase ebenso wie im Mund, wo sie sich in einem seidigen, lang anhaltenden Stoff bemerkbar macht. Dieser ausgewogene Wein kann eine mediterrane Küche begleiten.

Alain de Welle, Dom. Pinchinat, 83910 Pourrières, Tel. 04.42.29.29.92, Fax 04.42.29.29.92 n. V.

POMARIN Elevé en fût de chêne 1998*

■ 10 ha 28 000 5à8€

Das Dorf Plan-de-la-Tour, das etwa zehn Kilometer von der Küste entfernt am Fuße des Mauren-Massivs liegt, besitzt eine tatkräftige Genossenschaft, die nahezu alle seine Winzer umfasst. Dieser originelle Verschnitt von Syrah und Mourvèdre ergibt einen ausdrucksstarken Wein mit Aromen von Wildbret und kandierten Früchten. Er ist korpulent und bleibt in den nächsten beiden Jahren angenehm zu trinken.

🔑 Les Fouleurs de Saint-Pons, 83120 Plan-de-la-Tour, Tel. 04.94.43.70.60, Fax 04.94.43.00.55 ☑ Y n. V.

CH. DE POURCIEUX 2000*

◪ 8 ha 53 000 ▮🌡 5à8€

Château de Pourcieux und seine französischen Gärten sind in das Verzeichnis der unter Denkmalschutz stehenden Kulturdenkmäler aufgenommen worden. Sie befinden sich seit 1760 im Besitz der Familie des Marquis d'Espagnet. Zwei Weine wurden von der Jury als sehr gelungen beurteilt. Dieser bodentypische Rosé von reintönigem Rosarot bietet fruchtige und pfeffrige Aromen sowie einen frischen Stoff, was ihn zu einem guten Begleiter für pikante Gerichte macht. Der sanftere, zart duftige **2000er Weißwein** ist trinkreif, ebenso wie der **2000er Rotwein Grand Millésime.**

🔑 Michel d'Espagnet, Ch. de Pourcieux, 83470 Pourcieux, Tel. 04.94.59.78.90, Fax 04.94.59.32.46, E-Mail pourcieux@terre-net.fr
☑ Y Mo–Fr 9h–12h 14h–18h

DOM. POUVEREL 2000*

◪ 10 ha 60 000 ▮🌡 8à11€

In der Genossenschaftskellerei der Winzer der Halbinsel Saint-Tropez finden Sie diesen Wein von leichter Farbe, der in der Nase sehr blumig duftet. Rosen und weiße Blüten werden auf angenehme Weise durch eine Pfirsichnuance bereichert. Der ausgewogene Geschmack hält mit sehr deutlich spürbaren Aromen an. Trinken sollte man ihn zu exotischen Gerichten.

🔑 Dom. Pouverel, 83390 Cuers, Tel. 04.94.56.32.04, Fax 04.94.43.42.57
🔑 Massel

CH. DU PUGET Cuvée de Chavette 1999*

■ 3 ha 3 600 ▮🌡 5à8€

Das 31 ha große, auf Ton- und Kalksteinböden angelegte Weingut breitet sich um ein 1640 errichtetes Gebäude herum aus. Dieser Wein, überwiegend aus Syrah-Trauben erzeugt, die durch Grenache ergänzt werden, zeigt eine lebhafte, leichte Farbe. Er vereint Frische, Sanftheit und Ausgewogenheit. Er duftet blumig und ist trinkreif.

🔑 SCEA Ch. du Puget, rue du Mas de Clappier, 83390 Puget-Ville, Tel. 04.94.48.31.15, Fax 04.94.33.58.55
☑ Y Di, Sa 9h–13h 15h30–18h30
🔑 Grimaud

CH. DE RASQUE 2000*

□ 5 ha 25 000 ▮🌡 11à15€

Im Glas lässt dieser Wein eine strahlende, blasse Farbe erkennen, die durch grüne Reflexe belebt wird. Er ist in der Nase verschwiegen und wird im Mund redseliger. Dann entdeckt man in einem frischen, ausgewogenen Stoff Aromen von grüner Zitrone und Pampelmuse.

🔑 Ch. Rasque, rte de Draguignan, 83460 Taradeau, Tel. 04.94.99.52.20, Fax 04.94.99.52.21 ☑ Y n. V.
🔑 Biancone

CH. REAL D'OR 2000**

◪ 2,5 ha 12 000 ▮🌡 5à8€

Château Real d'Or baut seine Reben am Fuße der Maures ab, zwischen Kastanien- und Eichenwäldern. Dieser bemerkenswerte blassrosa Wein mit bläulich roten Reflexen bietet Noten von reifer Aprikose, roten Früchten, Pfeffer und Minze, die sich im Mund fortsetzen. Dank seiner erstklassigen Struktur kann man ihn beim Essen vom Aperitif bis zum Käse trinken. Der im Tank ausgebaute **2000er Weißwein** ist zurückhaltender, verdient aber eine lobende Erwähnung.

🔑 SCEA Ch. Réal d'Or, rte des Mayons, 83590 Gonfaron, Tel. 04.94.60.00.56, Fax 04.94.60.01.05, E-Mail realdor@free.fr
☑ Y tägl. 10h–13h 15h–19h30

CH. REILLANNE Cuvée Prestige 2000*

◪ 5 ha 30 000 ▮🌡 5à8€

Das mitten in der Ebene von Le Cannet-des-Maures liegende Château Reillanne ist ein von uralten Pinien umgebenes Weingut. Dieser sehr blasse Rosé, der intensiv blumig ist, entfaltet sich voller Feinheit. Eine Pfeffernote unterstützt den Geschmack und betont seine angenehme Frische.

🔑 Comte G. de Chevron-Villette, Ch. Reillanne, rte de Saint-Tropez, 83340 Le Cannet-des-Maures, Tel. 04.94.50.11.70, Fax 04.94.47.92.06
☑ Y Mo–Fr 8h–12h 14h–17h

CH. REQUIER Cuvée spéciale 1998*

■ 11 ha 14 472 ⓘ 8à11€

Château Réquier besitzt eine reiche natürliche und kulturelle Umgebung: Cabasse ist nämlich berühmt für seine Megalithen, seine Überreste aus galloromanischer Zeit und die «roten Felsen», die entlang der Issole aufragen. Das 50 ha Reben umfassende Gut präsentiert einen strahlenden Wein, an dem man nach einem zweijährigen Ausbau die Eleganz und die Struktur aus umhüllten Tanninen schätzt. Dieser fruchtige, im Geschmack lang anhaltende 98er kann noch lagern,

🔑 Ch. Réquier, La Plaine, 83340 Cabasse, Tel. 04.94.80.25.72, Fax 04.94.80.22.01
☑ Y Mo–Fr 8h30–17h; Sa, So n. V.

RESERVE DES VINTIMILLE 2000*

◪ 4 ha 40 000 ▮🌡 3à5€

Diese Genossenschaftskellerei befindet sich in dem fruchtbaren Tal, das Le Luc umgibt, ein altes Städtchen, das seine vergangene Bedeutung seiner Lage an der alten Via Aurelia verdankte, die von Fréjus nach Aix-en-Provence führte. Der Erfolg dieser Réserve rührt von seinem runden, ausgewogenen Geschmack her. Sie hat eine helle, leuchtende Farbe und bietet feine Aromen in einem blumigen Register.

🔑 Les Vignerons du Luc, rue de l'Ormeau, 83340 Le Luc-en-Provence, Tel. 04.94.60.70.25, Fax 04.94.60.81.03 ☑ Y n. V.

DOM. RICHEAUME

Cuvée Tradition 1999★★

■ 8 ha 20 000 ⏀ 11à15€

Es war ein langer Weg, seitdem Henning Hoesch ein winziges Gut übernahm und dort eine Philosophie «zurück zur Natur» anwandte. Seine Reben werden heute biologisch angebaut. Dieser 99er hat mit seiner kräftigen Farbe eine schöne Erscheinung. Nach einem intensiven, feinen Duft entfaltet er einen kräftig gebauten, aber zarten Geschmack, der sich voller Eleganz entwickelt. Ein Wein mit schönen Zukunftsaussichten.

🔑 SCEA Henning Hoesch, Dom. Richeaume, 13114 Puyloubier, Tel. 04.42.66.31.27, Fax 04.42.66.30.59 ☑ Y n. V.

RIMAURESQ 2000★★★

□ Cru clas. 4 ha 23 000 🌡 8à11€

Dieses Anfang des 20. Jh. entstandene Gut wurde 1989 von einer schottischen Familie übernommen. Auf Schieferböden mit der Montagne de Notre-Dame des Anges im Hintergrund nimmt sein Weinberg 36 Hektar ein. Ein sorgfältiger Anbau und eine perfekte Beherrschung der Technik haben die Erzeugung dieses ausgewogenen Weins geleitet, der voller Eleganz in intensiven Aromen von Zitrusfrüchten und exotischen Aromen zum Ausdruck kommt. Fülle und Länge machen ihn zu einem erstklassigen Wein. Der **99er Rotwein** erhält zwei Sterne; er ist reich und fein zugleich und recht typisch.

🔑 SA Dom. de Rimauresq, rte de Notre-Dame-des-Anges, 83790 Pignans, Tel. 04.94.48.80.45, Fax 04.94.33.22.31, E-Mail pierreduffort@wanadoo.fr ☑ Y Mo–Sa 8h–12h 13h30–17h30

🔑 Wemyss

CAVE DE ROUSSET

Rouge Terres 1999★★

■ 4,3 ha 30 000 🌡 3à5€

Dieser Wein von schöner, tiefer Farbe zeigt sich zunächst reserviert; danach kommen rote Früchte zum Vorschein. Die Tannine fügen sich in einen fleischigen Stoff ein und unterstützen einen lang anhaltenden Abgang. Dieser 99er, der den Mund gut ausfüllt, besitzt alle Vorzüge, um schon jetzt und in den nächsten zwei bis drei Jahren rotes Fleisch zu begleiten.

🔑 Cave de Rousset, quartier Saint-Joseph, 13790 Rousset, Tel. 04.42.29.00.09, Fax 04.42.29.08.63 ☑ Y n. V.

CH. DE ROUX 2000

□ 4 ha 13 000 🌡 5à8€

Dieses Gut im Gebiet des alten Dorfs Le Cannet-des-Maures präsentiert mit einem originellen, in einem naiven Stil gestalteten Etikett einen sauberen, ehrlichen Wein, der zwischen Rundheit und Lebhaftigkeit vollkommen ausbalanciert ist.

🔑 Jean-Guy Cupillard-Ch. de Roux, rte de la Garde-Freinet, 83340 Le Cannet-des-Maures, Tel. 04.94.60.73.10, Fax 04.94.60.89.79 ☑ Y tägl. 10h–18h

🔑 J.-G. Cupillard

DOM. SAINT-ANDRE DE FIGUIERE

Grande Cuvée Vieilles vignes 2000★★

◪ 2 ha 13 000 🌡 8à11€

Ausschließlich Trauben von 35 Jahre alten Rebstöcken ergeben diese von den Rebsorten Cinsaut, Grenache und Mourvèdre, angebaut auf Schieferböden, erzeugte Cuvée. Unter seiner blassen Farbe mit lachsroten Reflexen entfaltet dieser Rosé freigebig Aromen von Blüten und Früchten. Nach einer frischen, zart duftenden Ansprache zeigt der Geschmack bis zu einem lang anhaltenden, bemerkenswerten Abgang Rundheit und Komplexität.

🔑 Dom. Saint-André de Figuière, BP 47, 83250 La Londe-les-Maures, Tel. 04.94.00.44.70, Fax 04.94.35.04.46 ☑ Y Mo–Sa 9h–12h 14h–18h

🔑 Alain Combard

CH. SAINTE-BEATRICE

Cuvée Vaussière 1998★★

■ 8 ha k. A. ⏀ 5à8€

Das vor zwanzig Jahren entstandene Gut besitzt einen Weinberg, der später auf den Kalksteinböden der Trias-Hochfläche angelegt wurde. Eine kluge Zusammenstellung von Syrah, Grenache und Cabernet Sauvignon hat diesen komplexen Wein hervorgebracht. Die fruchtigen und empyreumatischen Aromen verbinden sich mit einem diskreten, gut eingefügten Holzton. Diesen 98er, der seine Reife erreicht hat, kann man schon jetzt trinken.

🔑 Ch. Sainte-Béatrice, 415, chem. des Peiroux, BP 112, 83510 Lorgues, Tel. 04.94.67.62.36, Fax 04.94.73.72.70 ☑ Y n. V.

🔑 J. Novaretti

DOM. SAINTE-CROIX

Clos Manuelle 1999★

■ 8 ha 10 000 ⏀ 5à8€

Zwei Brüder, Jacques und Christian Pélépol, führen das 70 ha große Gut. Diese im Holzfass ausgebaute Cuvée enthüllt eine deutlich wahrnehmbare Frucht, die zu ihrer Harmonie beiträgt. Der weiche, ausgewogene Geschmack klingt angenehm aus.

🔑 SCEA Pélépol Père et Fils, Dom. Sainte-Croix, 83570 Carcès, Tel. 04.94.04.56.51, Fax 04.94.04.38.10 ☑ Y tägl. 9h–12h 15h–19h

CH. SAINTE-MARGUERITE
Cuvée Symphonie Or 1999**

☐ Cru clas. 1 ha 4 000 15 à 23 €

Brigitte und Jean-Pierre Fayard haben dieses Gut 1977 der Fondation de France abgekauft. Der Weinberg wurde 1929 von Monsieur Chevillon, einem Konzertpianisten, angelegt. Die Cuvée Symphonie Or trägt ihren Namen zu Recht: Sie ist ganz goldgelb. Sie besitzt einen verführerischen blumig-honigartigen Duft sowie einen komplexen Geschmack. Diesem harmonischen Wein mangelt es nicht an Persönlichkeit. Die **rote 99er Cuvée Symphonie Pourpre** erhält einen Stern. Sie wurde zwölf Monate im Holzfass ausgebaut und ist reich und strukturiert, aber ihr gut eingefügter Holzton erlaubt es, sie schon diesen Winter zu Wild zu servieren.

Jean-Pierre Fayard, Ch. Sainte-Marguerite, BP 1, 83250 La Londe-les-Maures, Tel. 04.94.00.44.44, Fax 04.94.00.44.45
☑ Y Mo–Fr 9h–12h30 14h–17h30

DOM. DE SAINTE MARIE
Cuvée de la Roche Blanche 2000*

2,4 ha 16 000 5 à 8 €

Während der Name des Guts an die Jungfrau Maria erinnert, die 1884 erschien, um eine Choleraepidemie aufzuhalten, bezieht sich der Name dieser Cuvée darauf, dass an den Hängen Quarzblöcke zu Tage treten. Dieser blasse Rosé auf Grenache- und Syrah-Basis entfaltet fruchtige Pfirsicharomen, die man in einem fülligen, lang anhaltenden Geschmack wiederfindet. Die **weiße 2000er Cuvée de la Roche Blanche** erhält eine lobende Erwähnung.

SA Dom. de Sainte-Marie, rte du Dom, RN 98, Vallée de La Mole, 83230 Bormes-les-Mimosas, Tel. 04.94.49.57.15, Fax 04.94.49.58.57
☑ Y Mo–Sa 9h–13h 14h–19h

CH. SAINTE-ROSELINE
Cuvée Prieuré 1999**

■ Cru clas. 5 ha 24 500 11 à 15 €

Das Gut ist eine historisch interessante Stätte, denn in einer Kapelle enthält es das Grab der hl. Roseline; es hat die größten Künstler empfangen. Seine Berufung zum Weinbau ist sehr alt. Dieser 99er, eine Auslese von den ältesten Rebstöcken, die auf Ton- und Kalksteinböden angepflanzt sind, lässt noch Holz-, Räucher- und Röstnoten erkennen. Sein konzentrierter Stoff strukturiert sich um reichhaltige, reife Tannine herum. Ein lagerfähiger Wein.

SCEA Ch. Sainte-Roseline, 83460 Les Arcs, Tel. 04.94.99.50.30, Fax 04.94.47.53.06, E-Mail chateau.sainte.roseline@wanadoo.fr
☑ Y tägl. 9h–12h30 14h–18h30

DOM. DU SAINT-ESPRIT
Grande Cuvée 2000*

☐ 12 ha 5 000 5 à 8 €

Dieser Wein, ein Verschnitt von Rolle und Sémillon zu gleichen Teilen, angebaut auf Ton- und Kalksteinböden, erfüllt das Glas mit einer satten, golden funkelnden Farbe. Seine diskreten Aromen tragen zu seinem eleganten Ausdruck bei: Der Holzton gesellt sich ohne jegliche Aggressivität zur Frucht. Trinkreif.

Crocé Spinelli, rte des Nouradons, BP 31, 83460 Les Arcs-sur-Argens, Tel. 04.94.47.45.05, Fax 04.94.73.30.73
☑ Y n. V.

CH. DE SAINT-JULIEN D'AILLE
Cuvée des Rimbauds 1998**

■ 5 ha k. A. 8 à 11 €

Dieses riesige Gut (170 ha) auf dem rechten Ufer des Argens stellt einen intensiv rubinroten Côtes de Provence vor. Er entfaltet Aromen von roten Früchten, die ihm eine für einen 98er erstaunlich jugendliche Erscheinung verleihen. Gut eingebundene Holznoten ergänzen seine reichhaltige Aromenpalette. Im Mund verraten die Rundheit sowie sanfte, verschmolzene Tannine hingegen seine Reife. Ein angenehmer Wein, den man schon trinken kann.

Ch. de Sainṭ-Julien d'Aille, 5480, rte de la Garde Freinet, 83550 Vidauban, Tel. 04.94.73.02.89, Fax 04.94.73.61.31
☑ Y n. V.
B. Fleury

DOM. DE SAINT-MARC
Cuvée Epicure 1999**

■ 1,2 ha 8 000 8 à 11 €

Das in den 70er Jahren von einem Pariser geschaffene und 1988 von einem Japaner erworbene Gut hat gerade erneut seinen Besitzer gewechselt. Es liegt im Herzen des Massivs der Maures, auf Glimmerschieferböden, und umfasst sechs Hektar. Die Cuvée Epicure kleidet sich dunkel. Ein großzügiger, ausgewogener Wein, bei dem es sich empfiehlt, ihn noch zwei Jahre aufzuheben. Die noch von ihrem einjährigen Ausbau im Holzfass geprägte **rote 99er Cuvée Grande Réserve Domini** verdient, dass man sie länger lagert; dennoch ist sie sehr gelungen. Merken Sie sich auch den **2000er Rosé Grande Réserve Domini,** der einen Stern erhält.

SCEA dom. Ch. Saint-Marc, chem. de Saint-Marc et des Crottes, 83310 Cogolin, Tel. 04.94.54.69.92, Fax 04.94.54.01.41 ☑ Y n. V.

CH. DE SAINT-MARTIN 2000*

☐ Cru clas. 5 ha 15 000 5 à 8 €

Die Gegend von Saint-Martin war schon in galloromanischer Zeit bewohnt; danach errichteten die Mönche von Lérins hier im 13. Jh. ein Priorat mit Weingut. Seit nunmehr zwei Jahrhunderten gehört das Gut der gleichen Familie und wird in der weiblichen Linie vererbt. Dieser blassgelbe 2000er erfreut das Auge. Sein ausdrucksvoller Duft, in dem Zitrusfrüchte (Zitrone, Pampelmuse) dominieren, kündigt einen frischen, ausgewogenen Geschmack von guter Länge an.

Adeline de Barry, Ch. de Saint-Martin, rte des Arcs, 83460 Taradeau, Tel. 04.94.73.02.01, Fax 04.94.73.12.36
☑ Y n. V.
Frau de Gasquet

CH. SAINT-PIERRE
Cuvée du Prieuré 1999*

■ 2 ha 10 000 5à8€

Renovierungsarbeiten im Keller haben Überreste dieses Priorats, dessen Ursprünge auf das 11. Jh. zurückgehen, ans Tageslicht gebracht. Diese granatrote Cuvée zeigt Holznoten und einen animalischen Anflug. Der volle Geschmack besitzt feine Tannine, die eine Empfindung von Stärke hinterlassen. Ein für eine zwei- bis dreijährige Lagerung geeigneter Wein, den man zu Wild trinken kann. Der **2000er Rosé Cuvée Marie** verdient eine lobende Erwähnung.
Jean-Philippe Victor, Ch. Saint-Pierre, Les Quatre-Chemins, 83460 Les Arcs, Tel. 04.94.47.41.47, Fax 04.94.73.34.73
n. V.

SAINT-ROCH-LES-VIGNES 2000*

◪ 60 ha 200 000 5à8€

Dieser blasse Rosé von der Farbe von Rosenblütenblättern, der von den Winzern der Halbinsel Saint-Tropez für die Genossenschaft von Cuers abgefüllt wird, entfaltet sich zu Blumen und Früchten. Sein wohl ausgewogener Geschmack entwickelt sich voller Rundheit.
Cave de Saint-Roch-les-Vignes, rte de Nice, 83390 Cuers, Tel. 04.94.28.60.60
Mo, Di, Do, Fr 9h–12h 14h–18h

DOM. DE SAINT-SER
Hauts de Sainte-Victoire 1999**

■ 2 ha 6 600 11à15€

Der Weinberg nimmt die höchste Lage am Hang der Montagne de Sainte-Victoire ein. Dieser Wein mit dem würzigen, vanilleartigen Duft verführt durch die Harmonie seiner Aromen. Im Geschmack ist er rund und weich und gewinnt dann im Verlauf der Verkostung dank samtiger Tannine an Fülle, bevor er einen frischen Abgang bietet.
Dom. de Saint-Ser, RD 17, 13114 Puyloubier, Tel. 04.42.66.30.81, Fax 04.42.66.37.51, E-Mail saintser@europost.org
tägl. 10h–12h 14h–18h; Gruppen n. V.
Pierlot

CAVE DE SAINT-TROPEZ
Cuvée Paul Signac 2000

□ 3 ha 13 000 5à8€

Paul Signac, der als Anführer der pointillistischen oder neoimpressionistischen Bewegung gilt, ließ sich in Saint-Tropez nieder. Dieses Jahr wird er zweifach geehrt, durch eine Retrospektive in Paris und durch diese Cuvée. Sie strahlt mit zitronengelben Reflexen und bietet einen blumigen Duft, der sich in Richtung kandierte Noten entwickelt. Seine Frische im Geschmack ist angenehm. Servieren sollte man ihn als Aperitif oder zu einem Brathähnchen.
La Cave de Saint-Tropez, SCAV Est, av. Paul-Roussel, 83990 Saint-Tropez, Tel. 04.94.97.01.60, Fax 04.94.97.70.24, E-Mail lacavesttropez@aol.com n. V.

DOM. SILVY Cuvée Mathilde 2000*

◪ 1 ha 6 666 5à8€

Pourrières liegt an der Grenze der Departements Var und Bouches-du-Rhône. Das Gut bevorzugte die Rebsorte Syrah bei der Produktion dieses reintönigen Roséweins, der an Pentanolaromen erinnert und zusätzlich Noten von roten Früchten enthält. Dank einer guten Ausgewogenheit zwischen Alkohol und Säure ist der Geschmackseindruck harmonisch. Der Abgang hinterlässt einen anhaltenden fruchtigen Nachgeschmack.
Cathy et Alain Silvy, 5, rue de Galiniers, 83910 Pourrières, Tel. 04.94.78.49.60, Fax 04.94.78.51.16 n. V.

DOM. SIOUVETTE
Cuvée Marcel Galfard 2000**

◪ 6,5 ha 45 000 5à8€

An den Grenzen des Massivs der Maures nutzt dieses Gut sein Terroir mit Ton- und Schieferböden gut. Sein Rosé hat eine helle Farbe mit himbeerroten Reflexen und duftet nach Zitrusfrüchten und Walderdbeere. Mit seinen milden und zugleich lebhaften Geschmacksnoten erfrischt er den Gaumen. Ein hübscher Wein, den man schon jetzt trinken kann.
Sylvaine Sauron, Dom. Siouvette, 83310 La Mole, Tel. 04.94.49.57.13, Fax 04.94.49.59.12
tägl. 9h–12h30 14h–19h

CH. TERREBONNE 2000**

◪ 25 ha 30 000 3à5€

Das Gut gehörte dem Musikwissenschaftler Bernard Gavoty. Es wurde 1997 von Michel und Nathalie Mercier übernommen und zeichnet sich durch einen blassen Rosé aus, dessen aromatische Harmonie sich voll verwirklicht: Zitrusfrüchte, exotische Früchte. Der überaus wohl schmeckende **2000er Weißwein** ist ebenso bemerkenswert. Er ist ausdrucksstark und voller Lebendigkeit. Trinken sollte man ihn zu einem Fischgericht.
Dom. de Terrebonne, rte de Cabasse, 83340 Flassans, Tel. 04.94.59.68.65, Fax 04.94.69.74.35 tägl. 9h–19h
Mercier

DOM. DES THERMES 2000*

◪ 3 ha 22 000 3à5€

Überreste römischer Thermen wurden auf dem Boden dieses Guts entdeckt, das für seinen ersten auf dem Gut vinifizierten Jahrgang, den 98er, eine Liebeserklärung erhielt und im Hachette-Weinführer 2000 mit der Bronzenen Weintraube ausgezeichnet wurde. Es hat einen Rosé erzeugt, der mit seiner blassen Farbe elegant wirkt. Dieser neue Jahrgang besitzt zwar nicht die Üppigkeit des 98ers, bietet aber ein deutlich wahrnehmbares Bouquet von Zitrusfrüchten. Er hinterlässt einen Eindruck von angenehmer Leichtigkeit.
EARL Michel Robert, Dom. des Thermes, RN 7, 83340 Le Cannet-des-Maures, Tel. 04.94.60.73.15, Fax 04.94.60.73.15
tägl. 8h–19h30

DOM. DU VAL DE GILLY
Cuvée Alexandre Castellan 2000★

◪ 1 ha 6 000 ▮ 5 à 8 €

Alexandre Castellan gründete dieses Gut 1884. Nach und nach drängte der Weinbau die Anpflanzungen von Olivenbäumen zurück, insbesondere nach den Frösten des schrecklichen Winters 1956. Dieser 2000er ist ein klassischer Rosé, der auf traditionelle Weise vinifiziert worden ist. Er hat eine lachsrote Farbe und ist nicht üppig, schafft aber eine schöne Harmonie zwischen Rundheit und Frische, die bis zu einem fruchtigen Abgang andauert.

SARL Dom. du Val de Gilly, 83310 Grimaud, Tel. 04.94.43.21.25, Fax 04.94.43.26.27
Mo–Sa 9h–12h 14h–19h30; Jan. u. Febr. morgens geschlossen
Castellan

CH. VANNIERES 1999★

■ 6 ha 18 000 11 à 15 €

Dieses Château erzeugt in erster Linie Bandol-Weine, aber sein Côtes de Provence ist ein Stammgast in unserem Weinführer. Dieser tiefrubinrote 99er hinterlässt eine Empfindung von animalischen und holzigen Noten, mit einem Hauch von Vanille im Abgang. Er ist kräftig gebaut und entfaltet sich über spürbaren, noch jungen Tanninen, die ihm in den nächsten fünf Jahren eine schöne Entwicklung garantieren.

Ch. Vannières, 83740 La Cadière-d'Azur, Tel. 04.94.90.08.08, Fax 04.94.90.15.98, E-Mail info@chateauvannieres.com
Mo–Sa 8h–12h 14h–18h
Eric Boisseaux

CH. DE VAUCOULEURS
Cuvée du Château 1999★★

■ 4 ha 50 000 8 à 11 €

Das 25 ha große Gut liegt am Rand der RN 7 und ist von uralten Pinien umgeben. Sein 99er präsentiert sich in einer blassen Farbe, bevor er ein ausdrucksvolles Bouquet bietet: Lakritze und ein Hauch von Tiergeruch. Er ist ausgewogen, mit seidigen Tanninen, und entfaltet «Fett» und einen lang anhaltenden Abgang, der würzige Noten und Lederaromen mischt. Der **2000er Rosé Cuvée du Château** (Preisgruppe: 30 bis 49 F) verdient einen Stern.

P. Le Bigot, Ch. de Vaucouleurs, RN 7, 83480 Puget-sur-Argens, Tel. 04.94.45.20.27, Fax 04.94.45.20.27
Di–Sa 10h–12h 15h–18h; 1 Woche im Jan. und 2 Wochen im Nov. geschlossen

CH. VEREZ 2000★★

◪ 21 ha 20 000 5 à 8 €

Nadine und Serge Rosinoer, die dieses Gut seit 1994 führen, exportieren 50 % ihrer Produktion nach Deutschland und Japan. Mit seiner bonbonrosa Farbe wird dieser Wein die Weinliebhaber bestimmt verführen. Seine köstliche Aromenpalette bietet saure Drops und frische Früchte, in der Nase ebenso wie am Gaumen. Harmonie, Intensität und Konsistenz: Es mangelt ihm nicht an Trümpfen. Ein unverfälschter Rosé.

Ch. Vérez, 5192, chem. de la Verrerie-Neuve-Le Grand Pré, 83550 Vidauban, Tel. 04.94.73.69.90, Fax 04.94.73.55.84, E-Mail verez@wanadoo.fr
n. V.

Cassis

Zwischen Felsen eingebettet, liegt Cassis, in das man nur über relativ hohe Pässe von Toulon oder Marseille aus gelangt, am Fuße der höchsten Steilküste von Frankreich. Es gibt hier kleine Buchten, Sardellen und einen Springbrunnen (Fontaine des Quatre Nations), der den Ort, wenn man ihren Einwohnern glauben will, angeblich bemerkenswerter machte als Paris... Aber auch ein Weinbaugebiet, um das sich schon im 11. Jh. die mächtigen Abteien stritten und den Papst als Schiedsrichter anriefen. Das Anbaugebiet nimmt heute rund 177 ha ein, von denen 129 ha mit weißen Traubensorten bestockt sind. Erzeugt werden Rot- und Roséweine, aber vor allem Weißweine (insgesamt 7 515 hl im Jahre 2000). Von Letzteren behauptete Mistral, sie dufteten nach Rosmarin, Erika und Myrte. Suchen Sie hier nicht nach großen Cuvées; man trinkt sie je nach Typ zu Bouillabaisse, zu gebratenem Fisch und zu Muscheln.

DOM. DU BAGNOL
Marquis de Fesques 2000

□ 4 ha k. A. 5 à 8 €

Dieses Gut baut seine Reben in der Umgebung des zauberhaften Dorfs Cassis an. Michelle Génovési leitet es seit 1997. Suchen Sie in dieser Cuvée nicht nach Extravaganz: In aller Schlichtheit bietet dieser blassgelbe Wein mit den goldenen Tönen seine Aromen dar, wobei er ihnen noch Feinheit, Eleganz und Frische hinzufügt.

Génovési, Dom. du Bagnol, 12, av. de Provence, 13260 Cassis, Tel. 04.42.01.78.05, Fax 04.42.01.11.22
Mo–Fr 9h–12h 14h30–18h

CH. DE FONTCREUSE Cuvée F 2000★★

☐ 14 ha 70 000 5 à 8 €

Dieses aus dem 18. Jh. stammende Château, das zu den besten «Weinschlössern» der Provence gehört und mehrere Jahre hintereinander Liebeserklärungen erhielt, hätte mit dieser Cuvée fast wieder die höchste Auszeichnung erreicht. Ihr aromatischer Ausdruck, der intensiv, reichhaltig und einschmeichelnd ist, verbindet sich mit einem voluminösen, gut gebauten Geschmack. Diesen 2000er können Sie zum Essen trinken, als Begleiter zu Lachs mit Sauerampfer. Der duftige, großzügige **2000er Rosé** erhält einen Stern.

SA J.-F. Brando, Ch. de Fontcreuse, 13, rte Pierre-Imbert, 13260 Cassis, Tel. 04.42.01.71.09, Fax 04.42.01.32.64, E-Mail fontcreuse@wanadoo.fr
Mo–Sa 8h–12h 14h–18h

DOM. LA FERME BLANCHE 2000

☐ 22 ha 120 000 8 à 11 €

Das Gut gelangte im 18. Jh. in den Besitz der Familie Garnier. Das Etikett des Weins trägt ihr Wappen: die Sonne des Königs, die gräfliche Krone, drei Weizenähren und einen Ölbaumzweig. Auch wenn dieser Wein keine sehr große Länge zeigt, besitzt er doch Rundheit und komplexe Aromen, die sich im blumigen (Akazie, Ginster) und fruchtigen Register (Quitte, Geleefrüchte) bewegen.

Dom. de La Ferme Blanche, R.D. 559, 13260 Cassis, Tel. 04.42.01.00.74, Fax 04.42.01.73.94 tägl. 9h–19h
F. Paret

DOM. DU PATERNEL 2000★

◪ 6,5 ha 38 000 8 à 11 €

32 Hektar bilden dieses 1951 von Pierre Cathinaud aufgebaute Weingut. Jean-Pierre Santini, der es seit 1962 führt, reserviert seine Produktion für Privatkunden und die Gastronomie. Dieser 2000er besitzt eine zwischen Pentanolnoten und buttrigen Nuancen ausgewogene Aromenpalette. Er verführt durch seinen samtigen Geschmack, seine Weichheit und seine Nachhaltigkeit. Ein Wein mit beredtem Mund.

Jean-Pierre Santini, Dom. du Paternel, 11, rte Pierre-Imbert, 13260 Cassis, Tel. 04.42.01.76.50, Fax 04.42.01.09.54
Mo–Sa 10h–12h 14h–18h

CLOS VAL BRUYERE 1999★★

☐ 7,5 ha 30 000 8 à 11 €

Château Barbanau besitzt 7,5 ha Reben in der Appellation Cassis und erzeugt auch Côtes de Provence. Dieser 99er hat sich gut entwickelt und beschert aufgrund seiner Persönlichkeit echtes Vergnügen. Er ist frisch und aromatisch und erfüllt den Gaumen freimütig und lang anhaltend mit einem Stoff, der an Zitrusfrüchte (reife Zitronen), weißfleischige Früchte (Pfirsich) und getrocknete Früchte sowie einen Hauch von Blumen erinnert. Einer der seltenen Weine, die man mit Spargel kombinieren kann.

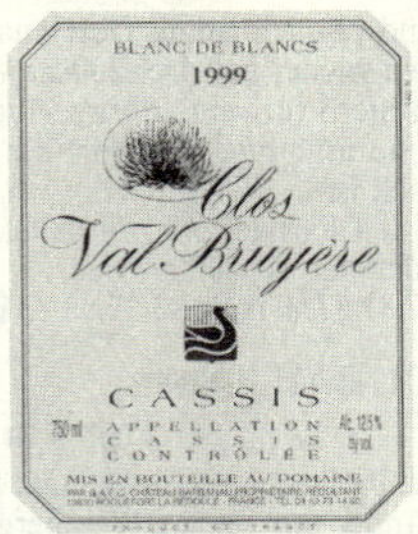

GAEC Ch. Barbanau, Hameau de Roquefort, 13830 Roquefort-la-Bédoule, Tel. 04.42.73.14.60, Fax 04.42.73.17.85, E-Mail barbanau@aol.com
Mo–Sa 10h–12h 15h–18h
Cerciello

Bellet

Nur wenige Glückliche kennen dieses winzige Weinbaugebiet (39 ha), das auf den Anhöhen von Nizza liegt. Es erzeugt nur eine beschränkte Menge (1 133 hl im Jahre 2000) von Weinen, die außerhalb von Nizza fast nicht zu finden sind. Es sind originelle, aromatische Weißweine, die von den Rebsorten Rolle, einer erstklassigen Traube, und Chardonnay (der in diesen Breiten gedeiht, wenn er hoch genug in Nordlagen angebaut wird) erzeugt werden, seidige, frische Roséweine und prächtige Rotweine, denen zwei einheimische Rebsorten, Fuella und Braquet, einen wirklich originellen Charakter verleihen. Sie passen hervorragend zur reichhaltigen, sehr eigenständigen Küche von Nizza: Mangoldkuchen, Gemüseauflauf, Estoficada (Seehechtragout), Kutteln sowie Soca (Fladen aus Kichererbsmehl), Pissaladière (Zwiebelpizza mit Sardellenpüree und schwarzen Oliven) oder Poutine (frittierte Fischbrut).

CH. DE BELLET 2000★★

◪ k. A. k. A. 11 à 15 €

In den 60er Jahren stellten Rose de Bellet und ihr Gemahl, ein Oberst der Kavallerie, das Gut wieder her, das von den Beschränkungen des Krieges stark in Mitleidenschaft gezogen worden war. Ihr jüngster Sohn, Ghislain de Charnacé, übernahm 1970 die Leitung. Er stellt heute einen typischen Rosé von blasser Farbe vor. Der Geruchseindruck ist durch Ginsterblüten und vollreife Erdbeeren geprägt. Der in der Anspra-

che klare und danach runde Geschmack greift diese Aromen wieder auf. Der **2000er Weißwein** erhält einen Stern für seine duftige Jugendlichkeit und seine umhüllte Struktur, die fett und zugleich frisch ist.
Ghislain de Charnacé, Ch. de Bellet, 440, chem. de Saquier, 06200 Nice, Tel. 04.93.37.81.57, Fax 04.93.37.93.83

CLOT DOU BAILE 1998*

2,8 ha 8 000 11 à 15 €

Clot Dou Baile nutzte ein damals brachliegendes Gelände, um seinen Weinberg anzulegen. Von diesem Puddingstein-Boden stammt ein Wein von nicht sehr kräftiger Farbe mit bernsteinfarbenen Reflexen, der für den Jahrgang charakteristisch ist. Dieser mineralisch-empyreumatische 98er erreicht eine Harmonie zwischen Fülle und Frische. Man kann ihn schon jetzt genießen. Der lobend erwähnte **2000er Weißwein** besitzt einen fröhlichen, runden Charakter mit einem Aroma von reifen Früchten (Ananas, weißfleischiger Pfirsich).
SCEA Clot Dou Baile, 277-305, chem. de Saquier, 06200 Nice, Tel. 04.93.29.85.87, Fax 04.93.29.85.87
n. V.

COLLET DE BOVIS 2000

2 ha 1000 8 à 11 €

Die Domaine du Fogolar empfing im Rahmen des Festivals «Kunst und Wein» Künstler wie Max Charvolen, Marcel Alocco und Manuela Cordenos. Das Jahr 2000 inspirierte sie zu einem typischen Rosé von lachsroter Farbe, dessen Aromen und Geschmacksnoten an Aprikosen-, Erdbeer- und Quittenkonfitüre erinnern. Dieser Wein ist wohl ausgewogen, sanft und klar.
Jean Spizzo, Dom. du Fogolar, 370, chem. de Crémat, 06200 Nice, Tel. 04.93.37.82.52, Fax 04.93.37.82.52, E-Mail fogolar@vin-de-bellet.com
tägl. 8h30–12h 14h–19h

CH. DE CREMAT 1999**

4 ha 15 000 15 à 23 €

Château de Crémat ist eng mit der Geschichte der Wiedergeburt des Weinbaugebiets von Bellet verbunden. Was für eine Tiefe findet man in diesem 99er! Hinter einer dunklen Farbe enthüllt dieser Wein an der Luft einen reichen Duft, der eine vielfältige Aromenpalette bietet: schwarze Früchte, geräucherte schwarze Oliven, Röstnoten. Der Geschmack, der sich auf feine, elegante Tannine stützt, intensiviert sich. Sein konzentrierter Stoff muss nur noch im Rahmen einer zwei- bis zehnjährigen Alterung reifen.
SCEA Ch. de Crémat, 442, chem. de Crémat, 06200 Nice, Tel. 04.92.15.12.15, Fax 04.92.15.12.13
Mo–Sa 8h–12h 14h–18h
Pisoni

LES COTEAUX DE BELLET 2000*

2,75 ha 10 000 11 à 15 €

Dieser Zusammenschluss von vier Erzeugern, deren 96er eine Liebeserklärung erhielt, präsentiert einen hauptsächlich aus Rolle-Trauben hergestellten 2000er. Er ist fast durchsichtig und bewegt sich im blumigen Register, mit einem leichten Holzton. Der *frizzante* Geschmack geht in Richtung eines Stoffs, der von Aromen überreifer Früchte (Birne, Quitte) erfüllt ist, bevor er im Abgang zur Lebhaftigkeit zurückkehrt. Ein eleganter Bellet. Der lobend erwähnte **2000er Rosé** besitzt eine kristallklare Farbe und eine mineralische Frische mit gefälligen Pentanolaromen.
SCEA Les Coteaux de Bellet, 325, chem. de Saquier, 06200 Nice, Tel. 04.93.29.92.99, Fax 04.93.18.10.99
n. V.
Hélène Calviera

MASSA 2000**

0,2 ha 1000 15 à 23 €

Ein Weißwein, der in einer sehr geringen Menge erzeugt wird, aber sehr schön ist. Während der an Bienenwachs und Geleefrüchte erinnernde Duft noch ein wenig schüchtern ist, erweist sich der Geschmack als dicht und konsistent. Er entfaltet sich lang anhaltend voller «Fett» bis zu einem milden Abgang. Ein Bellet, den man zu bläulich marmoriertem Edelpilzkäse trinken kann.
GAEC Massa, 425, chem. de Crémat, 06200 Nice, Tel. 04.93.37.80.02, Fax 04.92.15.10.13 n. V.

CLOS SAINT-VINCENT 1999*

2 ha 2 500 15 à 23 €

Folle noire, die Traube der Grafschaft Nizza, verdankt ihren Namen (*Fuella* in der Mundart von Nizza) ihren Produktionsschwankungen. Sie ist mit 90 % an diesem lebhaft roten Wein mit den malvenfarbenen Reflexen beteiligt. Er zeigt einen kräftigen, komplexen Duft: An der Luft entfalten sich Buchsbaum, rote Früchte und Röstgeruch. Der Mund zeigt einen ausdrucksvollen Stoff, der noch von den Tanninen geprägt ist. Eine mindestens dreijährige Lagerung wird es ermöglichen, dass das Ganze verschmilzt. Der ebenfalls sehr gelungene **2000er Rosé** (Preisgruppe: 70 bis 99 F) bringt den typischen Charakter einer anderen Rebsorte von Nizza, der Braquet-Traube, voller Sanftheit, Ausgewogenheit und Fruchtigkeit zum Ausdruck.
Joseph Sergi et Roland Sicardi, Collet des Fourniers, Saint-Romans-de-Bellet, 06200 Nice, Tel. 04.92.15.12.69, Fax 04.92.15.12.69, E-Mail clos.st.vincent@wanadoo.fr n. V.

Bandol

Ein edler Wein, der übrigens nicht in Bandol selbst, sondern auf den sonnenverbrannten Terrassen der umliegenden Dörfer auf einer Anbaufläche von 1 419 ha erzeugt wird. Der Bandol (54 652 hl im Jahre 2000) ist ein Weiß-, Rosé- oder Rotwein; Letzterer ist dank der Mourvèdre-Rebe, deren Anteil über 50 % beträgt, kraftvoll und tanninreich. Als alkoholreicher Wein passt er hervorragend zu Wild und rotem Fleisch, wobei er sein feines, an Pfeffer, Zimt, Vanille und schwarze Kirschen erinnerndes Aroma einbringt. Er verträgt sehr gut eine lange Lagerung.

DOM. DES BAGUIERS
Cuvée Gaston Jourdan 1998★★

■ 0,9 ha 3 300 8 à 11 €

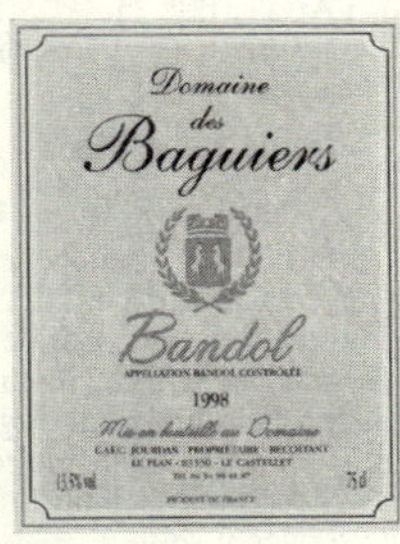

Diese Cuvée ehrt einen Vorfahren der Familie, der 1969 die erste Flaschenabfüllung vornahm. Dreißig Jahre sind seitdem vergangen; eine Liebeserklärung feiert die Gewissenhaftigkeit, mit der dieser tiefe, ausdrucksstarke 98er erzeugt worden ist. Der komplexe Geruchseindruck verbindet die süßesten Düfte (schwarze Johannisbeere, Brombeere, Gewürze) mit wilderen Aromen (mineralische und animalische Noten, Leder). Der Geschmack lässt einen konzentrierten Stoff erkennen, unterstützt von kräftigen Tanninen, die es wert sind, dass sie im Verlauf einer mindestens fünfjährigen Lagerung miteinander verschmelzen.

GAEC Jourdan, Dom. des Baguiers, 227, rue Micocouliers, 83330 Le Castellet, Tel. 04.94.90.41.87, Fax 04.94.90.41.87 ☑ Y n. V.

DOM. BARTHES 2000

□ 2,6 ha 13 000 8 à 11 €

Das Gut hat einen Weißwein erzeugt, der zwischen angenehmer Lebhaftigkeit und einer runden Struktur ausbalanciert ist. Dieser feine Wein, der blumig und fruchtig (Birne) ist, kann Muscheln oder gegrillten Fisch mit Olivenöl begleiten.

Monique Barthès, chem. du Val-d'Arenc, 83330 Le Beausset, Tel. 04.94.98.60.06, Fax 04.94.98.65.31 ☑ Y n. V.

CH. DES BAUMELLES 1999★★

■ 2,5 ha 10 000 8 à 11 €

Das Schloss aus dem 15. Jh., das von seinen Türmen flankiert ist, zeichnet sich hinter einer Biegung ab, wenn man auf der Straße von Bandol nach Saint-Cyr fährt. Sein 40 ha großes Gut hat einen schillernden Wein hervorgebracht, dessen Farbe jugendlich bleibt. Dieser 98er, der in der Nase zu reifen Früchten entfaltet ist, entwickelt sich im Nasen-Rachen-Raum zu angenehm pfeffrigen Aromen hin. Sein runder, reifer Stoff umhüllt feine Tannine, so dass ein harmonischer Gesamteindruck entsteht. Vier bis fünf Jahre aufheben.

EARL Bronzo, 367, rte des Oratoires, 83330 Sainte-Anne-du-Castellet, Tel. 04.94.32.63.20, Fax 04.94.32.74.34, E-Mail bastide.blanche@libertysurf.fr Y n. V.

GFA des Baumelles

DOM. DU CAGUELOUP
Vieilles vignes 1999★

■ 3,7 ha 15 000 11 à 15 €

Richard Prébost, der in unserem Weinführer mit seinen Weiß- und Roséweinen wiederholt vertreten war, stellt hier einen roten Bandol vor, der von alten Rebstöcken stammt. Dieser 99er entfaltet fruchtige, würzige und mentholartige Aromen. Im Mund setzt sich die Aromenpalette auf wohl schmeckende Weise fort. Dank seiner Tanninstruktur besitzt dieser Wein eine gute Lagerfähigkeit, so dass er eine bessere Verschmolzenheit erwerben kann. Der **2000er Rosé 2000** (Preisgruppe: 50 bis 69 F) erhält ebenfalls einen Stern. Er hat eine blasse lachsrote Farbe und ist reich und anhaltend.

SCEA Dom. de Cagueloup, quartier Cagueloup, 83270 Saint-Cyr-sur-Mer, Tel. 04.94.26.15.70, Fax 04.94.26.54.09 ☑ Y n. V.

DOM. CASTELL-REYNOARD 1998★★★

■ 1 ha 4 500 8 à 11 €

Dieses Ende des 19. Jh. entstandene Gut liegt 2 km von La Cadière-d'Azur entfernt. Es stellt einen tieffarbenen Wein vor, dessen komplexes Bouquet sich in einem fruchtigen (schwarze Johannisbeere, Brombeere), würzigen, mineralischen und sogar blumigen Register (wilde Minze, Rosmarin) bewegt. Am Gaumen ist der konzentrierte Stoff von Aromen kandierter Kirschen erfüllt, während die dichten Tannine für eine Lakritzenote sorgen. Dieser reiche Wein beweist eine außergewöhnliche Länge. Mit einem solchen Potenzial kann man ihn mehrere Jahre lang in seiner Entwicklung verfolgen.

🔑 Alexandre Castell, Dom. Castell-Reynoard, quartier Thouron, 83740 La Cadière-d'Azur, Tel. 04.94.90.10.16, Fax 04.94.90.10.16
☑ 𝐘 n. V.

CH. DE CASTILLON 1999

■ 1,5 ha 5 000 8 à 11 €

Dieser achtzehn Monate im Eichenfass ausgebaute Wein ist noch vom Holz geprägt. Dennoch lässt er sanfte Aromen von roten Früchten und in Alkohol eingelegten Kirschen erkennen. Er zeigt einen körperreichen, würzigen Charakter und verdient Geduld, damit er im Keller harmonisch verschmelzen kann.

🔑 René de Saqui de Sannes, Dom. de Castillon, 408, rte des Oratoires, 83330 Sainte-Anne-du-Castellet, Tel. 04.94.32.66.74, Fax 04.94.32.67.36
☑ 𝐘 Di–Sa 10h–12h 14h–18h

DUPERE-BARRERA India 1998

■ k. A. 3 000 11 à 15 €

Eine Handelsfirma, die in neuerer Zeit in der Provence entstanden ist. Ihr rubinroter Bandol ist ansprechend aufgrund seiner Aromen von Kirschwasser, Unterholz, schwarzer Johannisbeere und Erdbeere. Der ein wenig zurückhaltende Geschmack ist dennoch sanft und stützt sich auf spürbare Tannine.

🔑 Emmanuelle Dupéré Barrera, 122, rue Dakar, 83100 Toulon, Tel. 04.94.31.10.48, Fax 04.94.31.10.48, E-Mail vinsduperebarrera@hotmail.com
☑ 𝐘 n. V.

DOM. DE FONT-VIVE 2000

☐ 0,08 ha 400 8 à 11 €

Dieser Wein zeigt eine helle Farbe mit zart grünen Tönen und entfaltet sich im Mund dank Zitrusaromen (Zitrone, Pampelmuse) voller Frische. Seine angenehme Stärke dürfte ihm eine gute Entwicklung sichern.

🔑 Philippe Dray, Dom. de Font-Vive, 83330 Le Beausset, Tel. 04.94.98.60.06, Fax 04.94.98.65.31 ☑ 𝐘 n. V.

DOM. DE FREGATE 1999★

■ 2,5 ha 6 000 8 à 11 €

Der in den Fels gegrabene Keller des Guts wurde 1971 errichtet. Er hat diesen Wein mit den Aromen von roten Früchten und süßen Gewürzen (Vanille, Süßholz) aufgenommen. Die Struktur, die für den Jahrgang gut gebaut ist, besitzt feine Tannine, die schon eine Verkostung erlauben. Aber fünf bis sechs Jahre Lagerung werden dem Wein seine aromatische Fülle verleihen.

🔑 Dom. de Frégate, rte de Bandol, 83270 Saint-Cyr-sur-Mer, Tel. 04.94.32.57.57, Fax 04.94.32.24.22, E-Mail domainedefregate@wanadoo.fr
☑ 𝐘 Mo–Sa 9h–12h 14h–17h30

CH. JEAN-PIERRE GAUSSEN 1999★

■ 4 ha 20 000 11 à 15 €

Dieser jugendliche, aber konzentrierte rote Bandol, der für die Rebsorte Mourvèdre typisch ist, besitzt Frucht, reife Tannine und echte Stärke. Wer fünf Jahre warten kann, den wird er belohnen; die Kombination mit Lammrücken und aromatischen Kräutern dürfte dazu munden.

🔑 Jean-Pierre Gaussen, La Noblesse, 1585, chem. de l'Argile, B.P. 23, 83740 La Cadière-d'Azur, Tel. 04.94.98.75.54, Fax 04.94.98.65.34 ☑ 𝐘 n. V.

DOM. DU GROS'NORE 1999★

■ 9 ha 37 000 11 à 15 €

Man muss diesem Wein Zeit lassen, damit er seine komplexen Aromen entfaltet. Im Nasen-Rachen-Raum vermischen sich bereits rote Früchte und Röstaromen. Der Geschmack ist viel versprechend, fleischig und elegant. Ein Wein, den man vier bis fünf Jahre aufheben und dann zu einem Wildschwein-Schmorbraten oder einer Rehkeule servieren sollte.

🔑 Pascal Alain, Dom. du Gros'Noré, 675, chem. de l'Argile, 83740 La Cadière-d'Azur, Tel. 04.94.90.08.50, Fax 04.94.98.20.65
☑ 𝐘 tägl. 10h–19h30

LA BASTIDE BLANCHE 2000

◪ 18 ha 95 000 8 à 11 €

Die Rotweine dieses Guts werden im Hachette-Weinführer regelmäßig berücksichtigt, aber beim 2000er ist ein Rosé an der Reihe, sich auszuzeichnen. Er hat eine blasse, leicht ziegelrote Farbe und lässt in der Nase Aprikosenaromen erkennen, während er den Mund mit einem ausbalancierten Stoff ausfüllt.

🔑 EARL Bronzo, 367, rte des Oratoires, 83330 Sainte-Anne-du-Castellet, Tel. 04.94.32.63.20, Fax 04.94.32.74.34, E-Mail bastide.blanche@libertysurf.fr
☑ 𝐘 n. V.

DOM. DE LA BEGUDE 2000

◪ 4,5 ha 7 500 8 à 11 €

Guillaume Tari, der von der Bordeaux-Schule her kommt, ist auch Weinbergbesitzer in der AOC Côtes de Provence. Sein Bandol-Rosé stammt von Reben, die in mehr als 400 m Höhe über dem Meer auf Restanques (Terrassen) an-

gebaut werden. Er hat die für den Jahrgang charakteristische Wärme, besitzt aber genug Stoff und Aromen, um diese Wärme einzubinden.
🔑 Guillaume Tari, SCEA du Dom. de La Bégude, 83330 Le Camp-du-Castellet, Tel. 04.42.08.92.34, Fax 04.42.08.27.02, E-Mail domaines.tari@wanadoo.fr ☑ 𝕐 n. V.

LES VIGNERONS DE LA CADIERENNE 2000

◪ 245,45 ha 500 000 5 à 8 €

La Cadière, ein malerisches Dorf, ist das Zentrum der Appellation. Zwei Genossenschaften sind hier aktiv. Diese hier umfasst nahezu 400 Mitglieder, von denen einige im Nachbardorf Le Castellet wohnen. Sie präsentiert einen recht vollen, ausgewogenen Wein, der farbintensiv, aber im aromatischen Ausdruck schüchterner ist.
🔑 SCV La Cadiérenne, quartier Le Vallon, 83740 La Cadière-d'Azur, Tel. 04.94.90.11.06, Fax 04.94.90.18.73, E-Mail cadierenne@wanadoo.fr ☑ 𝕐 n. V.

DOM. LAFRAN-VEYROLLES 1999*

■ 1,2 ha 5 600 15 à 23 €

Seinen Namen verdankt dieses Gut aus dem 17. Jh. den Steineichen, die in dieser Reblage von La Cadière wuchsen. Es stellt einen runden 99er mit Leder-, Lakritze- und Fruchtnoten vor. Dieser aufgrund seiner feinen, dichten Tannine seidig wirkende Wein setzt sich im Geschmack angenehm fort; er bietet sich zum unverzüglichen Genuss oder zu einer Wiederentdeckung in ein paar Jahren an. Der **2000er Rosé** (Preisgruppe: 70 bis 99 F) ist ebenfalls sehr gelungen: Er ist fruchtbetont und zeigt viel Frische.
🔑 Mme Jouve-Férec, Dom. Lafran-Veyrolles, 2115, rte de l'Argile, 83740 La Cadière-d'Azur, Tel. 04.94.90.13.37, Fax 04.94.90.11.18 ☑ 𝕐 n. V.

DOM. DE LA LAIDIERE 2000**

◪ 12 ha 55 000 11 à 15 €

Die Flasche trägt auf ihrem Etikett das Wappen von Evenos: einen silbernen Berg mit goldenem Kreuz auf blauem Untergrund. Dieser Rosé von strahlender Farbe schärft durch seine Intensität und Frische die Sinne. Seine Zitrusaromen zeigen sich von Anfang bis Ende der Verkostung. Der ausdrucksvolle Geschmack ist auch fein und hält lang an. Ein Erfolg für dieses windgepeitschte Gebiet.
🔑 SCEA Estienne, Dom. de La Laidière, 426, chem. de Font-Vive, 83330 Sainte-Anne-d'Evenos, Tel. 04.94.90.35.29, Fax 04.94.90.38.05, E-Mail freddy-estienne@laidiere.com ☑ 𝕐 Mo–Fr 9h30–12h 14h–18h; Sa n. V.

DOM. DE LA RAGLE 1998**

■ 1 ha 5 000 5 à 8 €

Dieser von der Handelsfirma Les Vins Bréban erzeugte rote Bandol bietet komplexe Aromen, unter denen man kandierte Kirsche und Schokolade erkennt. Er ist zwar noch geradlinig und fest, zeigt aber eine wilde Rundheit und eine große Fülle mit erstklassigen Tanninen. Er verdient, dass man ihn ein paar Jahre im Keller ruhen lässt. Der **2000er Bandol-Rosé Domaine de La Nartette** (Preisgruppe: 50 bis 69 F) wurde von der Jury lobend erwähnt. Er ist ein typischer Wein, der diskret und elegant ist und von einem gut geschützten Weinberg kommt, der oberhalb des Hafens La Madrague in Saint-Cyr-lès-Lecques liegt und sich im Besitz des Conservatoire du Littoral befindet.
🔑 Cave de La Roque, quartier Vallon, BP 26, 83740 La Cadière-d'Azur, Tel. 04.94.90.10.39, Fax 04.94.90.08.11 𝕐 n. V.

CH. LA ROUVIERE 2000*

◪ 3 ha 15 000 8 à 11 €

Château La Rouvière, das den Brüdern Bunan gehört, befindet sich in Le Castellet, aber die Weine werden in der Moulin des Costes in La Cadière vinifiziert. Dort ist dieser Rosé von zarter Farbe entstanden, der reich an Fruchtaromen ist. Er zeichnet sich durch seine Feinheit und seine Ausgewogenheit zwischen Lebhaftigkeit und Rundheit aus. Der **rote 99er Moulin des Costes** (Preisgruppe: 70 bis 99 F) wird lobend erwähnt. Auch wenn er bereits eine komplexe Aromenpalette (Garrigue, rote Früchte, Vanille) entfaltet, verdient er eine Alterung, damit er die Mourvèdre-Traube ganz zum Ausdruck bringen kann.
🔑 Domaines Bunan, Moulin des Costes, 83740 La Cadière-d'Azur, Tel. 04.94.98.58.98, Fax 04.94.98.60.05, E-Mail bunan@bunan.com ☑ 𝕐 n. V.

DOM. LA SUFFRENE Cuvée Les Lauves 1999*

■ 2 ha 10 500 11 à 15 €

Das 1996 entstandene Gut umfasst 42 ha. Die Cuvée Les Lauves ist im Jahrgang 1999 ebenso gelungen wie im Vorjahr. In einem ausgewogenen, freimütigen Stoff spürt man hübsche Tannine. Die Aromen von Gewürzen und roten Früchten kommen offenherzig zum Ausdruck und bereiten unmittelbares Vergnügen. Trotzdem kann dieser gut gebaute Wein, der noch jugendlich ist, wie seine bläulich roten Nuancen beweisen, noch lagern.
🔑 Cédric Gravier, Dom. La Suffrene, 1066, chem. de Cuges, 83740 La Cadière-d'Azur, Tel. 04.94.90.09.23, Fax 04.94.90.02.21 ☑ 𝕐 Mo–Sa 8h30–12h 14h–18h30

DOM. DE LA TOUR DU BON 1999**

■ 7 ha 26 000 11 à 15 €

Er hat mit einer Liebeserklärung geflirtet: So großzügig ist seine Bandol-typische Ausdruckskraft, und so gut haben sich seine dichten Tannine in einen runden, fetten Geschmack eingefügt. Könnte sein schwerer Abgang das Vergnügen schmälern? In keiner Weise, denn er bewahrt von Anfang bis Ende seine Ausgewogenheit. Seinen Höhepunkt wird er erst in fünf Jahren erreichen, wenn sich der Geruchseindruck geöffnet hat. Der ebenso bemerkenswerte **2000er Rosé** (Preisgruppe: 50 bis 69 F), der von Cinsaut- und Mourvèdre-Trauben stammt, bewegt sich im blumigen und fruchtigen Register; er ist fein und wohl schmeckend.

Dom. de La Tour du Bon, SCEA Saint-Vincent, 83330 Le Brûlat, Tel. 04.98.03.66.22, Fax 04.98.03.66.26, E-Mail tourdubon@aol.com n. V.

Hocquard

DOM. DE LA VIVONNE 2000

4,43 ha 29 000 8 à 11 €

Vor den Toren des Dorfs Le Castellet baut dieses Gut 25 ha Reben an. Dieser aufgrund seines Verschnitts von Mourvèdre (60 %) und Grenache (40 %) Bandol-typische Rosé präsentiert sich in einer blassen Farbe mit leicht orangerotem Schimmer. Er ist rund und ausgewogen und liegt auf der Linie des Jahrgangs. Der **rote 99er Bandol** (Preisgruppe: 70 bis 99 F), der im Holzfass ausgebaut wurde, wird ebenfalls lobend erwähnt. Er besitzt ein gutes Entwicklungspotenzial.

Walter Gilpin, Dom. de La Vivonne, 3345, montée du Château, 83330 Le Castellet, Tel. 04.94.98.70.09, Fax 04.94.90.59.98, E-Mail infos@vivonne.com n. V.

LE GALANTIN 2000

12 ha 50 000 5 à 8 €

Das 25 ha große Gut exportiert 30 % seiner Produktion in die USA und nach Deutschland. Sein Wein hat eine sehr blasse orangerote Farbe und offenbart sich nach und nach, bis er einen intensiveren Ausdruck gewinnt. Er wird dann süffig, lang und gut ausbalanciert.

EARL Pascal, Dom. Le Galantin, 690, chem. Le Galantin, 83330 Le Plan-du-Castellet, Tel. 04.94.98.75.94, Fax 04.94.90.29.55 n. V.

DOM. LES LUQUETTES 2000*

k. A. 32 600 5 à 8 €

Das 12 ha große Gut besitzt eine Herde von vierzig Schafen, die zur natürlichen Düngung des Weinbergs beitragen. Der Jahrgang 2000 kommt in einem hübschen Wein zum Ausdruck, der sich zu Zitrusfrüchten entfaltet hat und rund und fett ist. Die Aromen halten am Gaumen lang an. Der lobend erwähnte **98er Rotwein** (Preisgruppe: 50 bis 69 F) ist noch vom Holz geprägt, aber darunter nimmt man eine Fruchtigkeit und eine elegante Struktur wahr.

SCEA Le Lys, 20, chem. des Luquettes, 83740 La Cadière-d'Azur, Tel. 04.94.90.02.59, Fax 04.94.98.31.95, E-Mail lesluquettes@libertysurf.fr tägl. 8h–20h

DOM. DE L'HERMITAGE 2000*

□ 2 ha 8 000 8 à 11 €

König Ludwig XV. trank gern den Wein von Le Rouve. Die Methoden und die Rebsorten haben sich zwar weiterentwickelt, aber das Terroir ist unverändert geblieben. Dieser Bandol veranschaulicht das. Er zeigt eine schöne Ausgewogenheit und entfaltet seine Aromen innerhalb eines lebhaften, leichten Stoffs. Er passt zu Ziegenkäse und Fisch oder kann auch allein genossen werden.

SAS Gérard Duffort, Le Rouve, BP 41, 83330 Le Beausset, Tel. 04.94.98.71.31, Fax 04.94.90.44.87 Mo–Fr 9h–12h 14h–18h (im Sommer auch Sa)

DOM. DE L'OLIVETTE 1999*

■ 14 ha 60 000 11 à 15 €

Als das Gut 1972 übernommen wurde, umfasste es nur drei Hektar Reben. Heute erstreckt es sich auf 55 Hektar, die sich nördlich der Dörfer La Cadière-d'Azur und Le Castellet befinden. Sein 99er verführt durch seinen komplexen Duft, in dem sich Fruchtigkeit mit Rauch- und Röstaromen verbindet. Im Mund umhüllt der sanfte, fette Stoff die Tanninstruktur; der von einem achtzehnmonatigen Ausbau im Fass herrührende Holzton kommt im Abgang zum Vorschein, aber der typische Charakter des Bandol bleibt gewahrt. Ein Wein zum Einkellern. Der **2000er Rosé** (Preisgruppe: 50 bis 69 F) erhält für seine Fröhlichkeit und seinen aromatischen Charakter einen Stern.

SCEA Dumoutier, Dom. de L'Olivette, 83330 Le Castellet, Tel. 04.94.98.58.85, Fax 04.94.32.68.43, E-Mail info@domaine-olivette.com

DOM. DU PEY-NEUF 2000*

10 ha 53 333 8 à 11 €

Das Anfang des 19. Jh. gegründete Gut in Familienbesitz umfasst heute 36 ha. Es präsentiert einen Rosé, dessen blasse Farbe mit lachsroten Reflexen einen Eindruck von Milde erweckt. Die fruchtigen und blumigen Aromen tragen zu seinem eleganten, feinen Charakter bei. Der ebenfalls sehr gelungene **weiße 2000er Bandol** bietet die Düfte der Antillen (Pampelmuse, Mango, Zitrone), bevor er sich mit Lebhaftigkeit und Fülle fortsetzt.

Guy Arnaud, Dom. du Pey-Neuf, 367, rte de Sainte-Anne, 83740 La Cadière-d'Azur, Tel. 04.94.90.14.55, Fax 04.94.26.13.89 n. V.

CH. DE PIBARNON 1999

■ 20 ha 100 000 15 à 23 €

Die Besonderheit des Terroir von Pibarnon beruht auf einem Boden aus der Trias, der reich an Kalk und Spurenelementen ist. Die Reben schöpfen daraus ihre Vorräte und ihren Charakter. Dieser Wein von intensiver Farbe mit bläulich roten Reflexen entfaltet fruchtige Aromen, die ein wenig Lakritze und eine Holznote enthalten. Der weiche, warme Geschmack besitzt verschmolzene Tannine. Denken Sie an keine lange Lagerung; Sie können ihn unverzüglich zu gefüllter Taube genießen.

Eric de Saint-Victor,
410, chem. de la Croix-des-Signaux,
83740 La Cadière-d'Azur, Tel. 04.94.90.12.73,
Fax 04.94.90.12.98,
E-Mail pibarnon@wanadoo.fr n. V.

CH. ROMASSAN-DOMAINES OTT

Cœur de Grain 2000

30 ha 140 000 11 à 15 €

Château Romassan ist eines der drei Schmuckstücke der Familie Ott, die in die Provence «emigrierte», als Frankreich das Elsass verlor. Auf seinem Boden ist ein sehr blasser Wein mit diskretem Zitrusduft entstanden. Sein ausgewogener Geschmack bevorzugt die Frische und lädt dazu ein, dass man ihn im Laufe des Jahres trinkt.

SA Dom. Ott, Ch. Romassan,
601, rte des Mourvèdres, 83330 Le Castellet,
Tel. 04.94.98.71.91, Fax 04.94.98.65.44,
E-Mail domaineott@wanadoo.fr n. V.

CH. SAINTE ANNE 1999*

6 ha 20 000 11 à 15 €

Die Familie des Marquis Dutheil de La Rochère ließ sich in Sainte-Anne d'Evenos während der Französischen Revolution nieder. Noch heute wird die Vinifizierung in den alten Kellergewölben aus dem 18. Jh. durchgeführt. Mit seiner kräftigen, violett funkelnden Farbe erweckt der 99er einen Eindruck von Komplexität, Intensität und Strukturiertheit. Das Erbe des Fassausbaus ist noch spürbar, dürfte sich aber während der Lagerung einfügen.

Dutheil de La Rochère, Ch. Sainte-Anne,
83330 Sainte-Anne-d'Evenos,
Tel. 04.94.90.35.40, Fax 04.94.90.34.20
Mo–Sa 9h–12h 14h–19h

DOM. DE SOUVIOU 1999**

21 ha 38 266 11 à 15 €

Das Gut, das auch Ölivenöl produziert, hat gerade den Besitzer gewechselt. Der 99er, der von der alten Mannschaft vinifiziert wurde, bildet eine schöne Stabübergabe. Er hat eine granatrote Farbe mit purpurroten Reflexen und ist beim ersten Riechen noch von den Holzaromen geprägt, lässt aber auch Frucht erkennen. Die für den Jahrgang charakteristischen Tannine sind ein wenig streng, aber der von Brombeer- und Himbeernoten durchdrungene Stoff umhüllt sie gut. Dieser Wein belegt einen gut gemeisterten Ausbau; man kann ihn fünf bis zehn Jahre lang aufheben.

SCEA Dom. de Souviou, RN 8,
83330 Le Beausset, Tel. 04.94.90.57.63,
Fax 04.94.96.62.74,
E-Mail contact@souviou.com n. V.

DOM. TEMPIER 2000

10 ha 48 000 11 à 15 €

Mourvèdre ist die Lieblingstraube der Familie Peyraud. Er beherrscht den Verschnitt dieses blassfarbenen Roséweins. Der Duft nach Zitrusfrüchten und Weinbergspfirsich entfaltet sich an der Luft, aber der Geschmack setzt sich harmonisch und ausgewogen mit Noten kandierter Früchte fort.

SA Peyraud, Dom. Tempier,
Le Plan-du-Castellet, 83330 Le Castellet,
Tel. 04.94.98.70.21, Fax 04.94.90.21.65
n. V.

Palette

Ein ganz kleines Weinbaugebiet vor den Toren von Aix, das den ehemaligen Weinberg des guten Königs René umfasst. Weiß-, Rosé- und Rotweine werden auf rund 40 Hektar regelmäßig erzeugt (1 848 hl im Jahre 2000). Zumeist findet man darin nach einer guten Reifung (denn der Rotwein ist lange lagerfähig) einen Duft nach Veilchen und Kiefernholz.

CH. CREMADE 1998*

4,19 ha 12 900 11 à 15 €

Emile Zola hat sich ebenso wie Cézanne mehrmals auf Château Crémade aufgehalten. Der Schriftsteller soll hier die Handlung von *La Faute de l'abbé Mouret* angesiedelt haben. Heute wie gestern bleibt der Hauptdarsteller auf diesem Kalksteinboden die Weinrebe. Sie hat diesen rubinroten Wein hervorgebracht, dessen komplexer, reicher Duft an Lakritze, Vanille und rote Früchte erinnert. Der füllige Geschmack stützt sich auf großzügige Tannine, die ein gutes Vorzeichen für die Zukunft sind. Der ebenfalls im Holzfass ausgebaute **weiße 2000er Palette** verdient wegen seines liebenswürdigen Charakters und seiner viel versprechenden Ausgewogenheit einen Stern.

SCEA Dom. de La Crémade,
rte de Langesse, 13100 Le Tholonet,
Tel. 04.42.66.76.80, Fax 04.42.66.76.81
n. V.

DOM. DU GRAND COTE 1998*

10,45 ha 55 000 5 à 8 €

Dieser von der Genossenschaftskellerei von Rousset erzeugte Wein bietet Aromen von großer Milde, die an Gewürze und Vanille denken lassen. Der Geschmack stützt sich auf deutlich spürbare Tannine und entfaltet sich voller Rundheit, bis er anschmiegsam wird. Erfüllt ist er von Aromen roter Früchte. Dieser einschmeichelnde 98er ist schon trinkreif, besitzt aber ein gutes Potenzial, um zwei bis drei Jahre zu altern.

🔑 Cave de Rousset, quartier Saint-Joseph, 13790 Rousset, Tel. 04.42.29.00.09, Fax 04.42.29.08.63 ☑ Y n. V.

CH. SIMONE 1998*

☐ k. A. 31 000 ⅠⅠ 15à23€

Château Simone ist ein alter Familienbesitz, dessen Weinberg Hänge einnimmt, die ganz nach Norden gehen. Das Gut umfasst 100 Hektar und bestimmt rund 20 % seiner Fläche für eine vielfältige Bestockung. Die Weine reifen in alten Kellern, die im 16. Jh. von den Karmelitermönchen errichtet wurden. Der 98er strahlt mit goldgelben Reflexen und bietet in einer reichhaltigen Palette Aromen von weißen Trüffeln, Honig und Vanille. Am Gaumen fügen sich blumige und röstartige Geschmacksnoten in einen fleischigen Stoff ein, der strukturiert ist und lang anhält. Eine für die Lagerung geeignete Flasche. Der **99er Rosé** verdient eine lobende Erwähnung für seine ansprechende Erscheinung und seine Haltung im Mund. Er ist ein Wein zum Essen.

🔑 René Rougier, Ch. Simone, 13590 Meyreuil, Tel. 04.42.66.92.58, Fax 04.42.66.80.77 ☑

Coteaux d'Aix-en-Provence

Die AOC Coteaux d'Aix-en-Provence, die zwischen der Durance im Norden und dem Mittelmeer im Süden, zwischen der Rhône-Ebene im Westen und den kristallinen Triasböden der Provence im Osten liegt, gehört zum westlichen Teil des Kalksteinbereichs der Provence. Die Oberflächengestalt wird durch eine Abfolge von Hügelketten geformt, die parallel zur Meeresküste verlaufen und im Naturzustand mit Buschwald, Garrigue (immergrüne Strauchheide) oder Nadelwald bedeckt sind: der Hügelkette der Nerthe unweit von der Lagune von Berre und der Hügelkette der Costes, die sich im Norden in den Alpilles fortsetzt.

Dazwischen erstrecken sich unterschiedlich große Becken mit Ablagerungen (Becken des Arc, der Touloubre und der unteren Durance), wo der Wein angebaut wird, entweder auf Mergelkalk, der steinige Böden mit lehmig-schluffiger Matrix bildet, oder auf Molassen und Sandstein mit sehr sandigen oder steinigen Sand- und Siltböden. 3 910 ha haben 2000 insgesamt 210 463 hl erzeugt, davon 9 229 hl Weißwein. Die Produktion der Roséweine hat sich in jüngster Zeit erhöht. Grenache und Cinsaut stellen noch immer die Grundlage der Bestockung dar, wobei die Grenache-Rebe dominiert; Syrah und Cabernet Sauvignon befinden sich auf dem Vormarsch und treten allmählich an die Stelle von Carignan.

Die Roséweine sind leicht, fruchtig und angenehm; sie haben in hohem Maße von der Verbesserung der Vinifizierungsmethoden profitiert. Man sollte sie jung trinken, zu provenzalischen Gerichten wie Ratatouille (Gemüseeintopf), mit gehackten Pilzen und Schinken gefüllten Artischocken, gegrilltem Fisch mit Fenchel oder Aïoli (Knoblauchmayonnaise).

Die Rotweine sind ausgewogen, manchmal rustikal. Sie profitieren von günstigen Boden- und Klimabedingungen. Wenn sie jung und fruchtig sind und sanfte Tannine besitzen, kann man sie zu gebratenem Fleisch und überbackenen Gerichten trinken. Ihren vollen Charakter erreichen sie nach einer zwei- bis dreijährigen Reifung und passen dann zu Fleischgerichten mit Sauce und zu Wild. Sie verdienen es, dass man sich auf die Suche nach ihnen begibt (und sie wiederentdeckt).

Die Weißweinproduktion ist beschränkt. Der Nordteil des Anbaugebiets ist günstiger für ihre Erzeugung, bei der die Rundheit der Rebsorte Grenache blanc mit der Feinheit der Rebsorten Clairette, Rolle und Bourboulenc kombiniert wird.

CH. BARBEBELLE Cuvée Madeleine 2000

☐ 3 ha 15 000 ▮ 5à8€

Die Gemeinde Rognes ist bekannt für ihren brüchigen ockerfarbenen Stein, der verwendet wird, um das historische Zentrum von Aix wiederherzustellen. Sie enthält auch dieses Château aus dem 17. Jh., dessen Wein – wie ein Verkoster notierte – von der Sauvignon-Traube geprägt ist. Diese Rebsorte hat tatsächlich einen Anteil von 50 % am Verschnitt. Das Ergebnis ist ein sehr fruchtiger (Rhabarber, Zitrusfrüchte) und frischer 2000er.

🔑 Brice Herbeau, Ch. Barbebelle, RD 543, 13840 Rognes, Tel. 04.42.50.22.12, Fax 04.42.50.10.20 ☑ Y tägl. 9h–12h 14h–18h

CH. BAS Pierres du Sud 2000**

◪ 5 ha 16 000 ▮ 5à8€

Philippe Pouchin ist der Mann des Roséweins, der den Ausdruck der Trauben zu respektieren weiß und die Technik meistern kann. Er hat einen klaren, vollen 2000er erzeugt, der eine fruchtige Harmonie mit Himbeere und roter Johannisbeere liefert. Der **2000er Rosé Cuvée du**

Temple (Preisgruppe: 50 bis 69 F) ist ebenso bemerkenswert, aufgrund seines Ausbaus im Barriquefass wie auch wegen seiner Präsenz im Geschmack. Die **weiße 2000er Cuvée Pierres du Sud** schließlich, die nicht im Holzfass ausgebaut wurde, ist ein fetter, runder Wein, der nach Ananas duftet. Sie erhält ebenfalls zwei Sterne.
EARL Georges de Blanquet, Ch. Bas, 13116 Vernègues, Tel. 04.90.59.13.16, Fax 04.90.59.44.35, E-Mail chateaubas@wanadoo.fr n. V.

CH. BEAUFERAN
Etiquette noire Elevé en fût de chêne 1998*

15 ha 10 000 8à11€

Der Name Château Beauféran erscheint 1989 auf den Etiketten, aber das Gut in Familienbesitz reicht mehr als ein Jahrhundert zurück. Die intensive Farbe des 98ers verrät deutlich die lange Vergärung der Trauben und die zwölfmonatige Reifung im großen Holzfass. Dieser Wein wird den Liebhabern von vanilleartigen, leicht verbrannt wirkenden Holznoten gefallen. Der Geschmack wird von sehr deutlich spürbaren, aber umhüllten Tanninen unterstützt, die Aromen kandierter Früchte durchdringen. Einkellern. Die lobend erwähnte **98er Cuvée Tradition** (Preisgruppe: 30 bis 49 F; rotes Etikett), die nicht im Holzfass gereift ist, zeigt bereits eine animalische und pfeffrige Seite; sie verdient eine Lagerung von zwei Jahren.
Ch. Beauferan, 870, chem. de la Degaye, 13880 Velaux, Tel. 04.42.74.73.94, Fax 04.42.87.42.96, E-Mail chateaubeauferan@freesurf.fr Mo–Fr 9h–12h 14h–18h; Sa 9h–12h30
Sauvage-Veysset

CH. DE BEAUPRE
Collection du Château 1998**

3 ha k. A. 8à11€

40 Hektar umgeben dieses Landhaus aus dem 18. Jh. und seinen Park. In seinem Keller ist eine schöne Sammlung von Weinen entstanden, darunter der **weiße 2000er Collection du Château,** der drei Monate im Holzfass ausgebaut und mit einem Stern benotet wurde, und dieser imposante rote 98er. Obwohl er zu 90 % von Cabernet-Trauben stammt, ist er in keiner Weise monolithisch. Er ist kräftig und weich zugleich und beweist eine gute Meisterung des zwölfmonatigen Ausbaus im Holzfass. Er hinterlässt eine Erinnerung an Aromen von roten Früchten, Gewürzen und Menthol. Merken Sie sich auch die **rote klassische Cuvée 1998** (Preisgruppe: 30 bis 49 F), die nicht im Fass gereift ist. Die Jury erkannte ihr eine lobende Erwähnung zu.
Christian Double, Ch. de Beaupré, 13760 Saint-Cannat, Tel. 04.42.57.33.59, Fax 04.42.57.27.90 n. V.

CH. DE CALAVON 1999*

10 ha 10 600 5à8€

Dieser alte Weinberg liegt auf dem Gebiet, das früher den Fürsten von Oranien gehörte, in Lambesc, dem zweiten Hauptort der Provence. 70 % Carignan und 30 % Grenache ergeben einen Wein mit starkem südlichem Charakter. Schönes Traubengut, das lang vermaischt wurde, hat einen Rotwein hervorgebracht, der im Anblick dicht und mit seinen Anklängen an schwarze Früchte (schwarze Johannisbeere), Blüten und Gewürze harmonisch wirkt. Die gelungene Ausgewogenheit erlaubt eine zwei- bis dreijährige Lagerung, bevor man diese Flasche zu einem provenzalischen Schmorgericht serviert.
Michel Audibert, Ch. de Calavon, BP 4, 13410 Lambesc, Tel. 04.42.21.64.19, Fax 04.42.21.56.84, E-Mail chateaudecalavon@club-internet.fr Mo–Sa 9h–12h 15h30–18h

CH. CALISSANNE Cuvée Prestige 1999*

8 ha 30 000 5à8€

Wenn Sie nach Calissanne reisen, werden Sie von der Rätselhaftigkeit des Orts und zugleich von der Harmonie des aus dem 17. Jh. stammenden Schlosses verführt. Auf diesem Gut, das mit mediterranen Baumarten übersät ist und ein natürliches Schutzgebiet für Rebhühner und Wildschweine bildet, formen die Garrigue und die Reben ein prächtiges Terroir, das die Sonne noch zusätzlich steigert. Dieser dunkelgranatrote Wein überträgt die Landschaft in eine Aromenpalette von schwarzer Johannisbeere, dunklem Tabak und Kakao. Er ist gut gebaut; man kann ihn schon jetzt genießen oder zwei bis drei Jahre aufheben. Die **rote 2000er Cuvée du Château** wird lobend erwähnt, ebenso wie der **weiße 2000er Clos Victoire** (Preisgruppe: 70 bis 99 F), eine Kuriosität (500 Flaschen), die zu 75 % von Clairette-Trauben stammt und ein wenig Zeit braucht, um harmonisch zu werden.
Ch. Calissanne, RD 10, 13680 Lançon-de-Provence, Tel. 04.90.42.63.03, Fax 04.90.42.40.00, E-Mail calissan@club-internet.fr
Compass und AXA

DOM. CAMAISSETTE 2000

2,5 ha 13 300 5à8€

Dieses 23 ha große Gut, das am Rande der Via Aurelia liegt, hat seinen Mittelpunkt in einem Haus, das für die ländliche provenzalische Bauweise im 17. Jh. typisch ist. Dennoch scheint sein Rosé entschieden der Moderne zugewandt zu sein. Die Pentanolaromen (saure Drops) nimmt man sofort wahr, während sich der Geschmack auf eine ausgeprägte Lebhaftigkeit stützt.
Michelle Nasles, Dom. de Camaïssette, 13510 Eguilles, Tel. 04.42.92.57.55, Fax 04.42.28.21.26, E-Mail michelle.nasles@wanadoo.fr Mo–Sa 9h30–12h 14h30–18h30

COMMANDERIE DE LA BARGEMONE Cuvée Tournebride 1998*

2 ha 6 000 5à8€

Die im 13. Jh. errichtete Komturei war ein Rückzugsort der Tempelritter nach ihrer Rückkehr aus dem Heiligen Land. Nachdem sie Monsieur Bargemon gehört hatte, dem sie ihren Namen verdankt, wurde sie 1968 Besitz von Jean-Pierre Rozan. Dreißig Jahre später stellt dieser einen Wein vor, der beim Riechen an Lakritze und Erdöl erinnert. Der gut strukturierte, konzentrierte Geschmack überlässt die Hauptrolle Veilchenaromen. Ein schon angenehmer 98er, der sich aber für eine dreijährige Lagerung eignet.

Jean-Pierre Rozan, SCMM DEP Agricole, La Bargemone, RN 7, 13760 Saint-Cannat, Tel. 04.42.57.22.44, Fax 04.42.57.26.39
n. V.

DOM. D'EOLE Cuvée Léa 1999**

5 ha 13 000 11 à 15 €

Das Weingut setzt seine 1997 begonnene Umstellung auf biologischen Anbau fort; die Erträge werden auf einem niedrigen Niveau von 23 hl/ha gehalten, was den Reichtum dieses Weins erklärt, der zu gleichen Teilen aus Grenache und Syrah erzeugt worden ist. Dieser 99er, dessen dunkle Purpurfarbe violette Reflexe beleben, bietet Aromen von Kakao, Tabak, Gewürzen und Backpflaume und zeigt danach einen fülligen Stoff, unterstützt von seidigen Tanninen, die eine wechselseitige Durchdringung von Holz und Wein zum Ausdruck bringen. Im lang anhaltenden Abgang klingen Backpflaumennoten nach. Der **2000er Rosé** des Guts (Preisgruppe: 30 bis 49 F) enthält in seinem Verschnitt nicht weniger als sechs Rebsorten; die Jury erkannte ihm wegen seiner Ausgewogenheit und seiner wohl schmeckenden Birnen- und Ananasnoten einen Stern zu.

EARL Dom. d'Eole, rte de Mouries, D 24, 13810 Eygalières, Tel. 04.90.95.93.70, Fax 04.90.95.99.85, E-Mail domaine@domainedeole.com
Mo–Fr 8h30–12h30 13h30–17h30; Sa, So n. V.
C. Raimont

CH. DES GAVELLES 2000

11 ha 25 000 5 à 8 €

Gavelles sind im Provenzalischen Weinreben. Das fast 27 ha große Gut baut seit dem 17. Jh. Wein an. Zu Füßen des Castelas, des alten Wohnsitzes der Erzbischöfe von Aix, wurde ein Gehöft mit schönen Gewölben errichtet. Der 2000er Rosé von kräftiger Farbe bietet seine fruchtige Palette lang anhaltend dar, im Geruch ebenso wie im Rückaroma im Nasen-Rachen-Raum. Sein «Fett» hinterlässt am Gaumen einen Eindruck von Öligkeit.

Ch. des Gavelles, 165, chem. de Maliverny, 13540 Puyricard, Tel. 04.42.92.06.83, Fax 04.42.92.24.12, E-Mail mail@chateaudesgavelles.com
Mo–Sa 9h30–12h30 15h–19h; So 9h30–12h30
De Roany

DOM. DES GLAUGES 1999

8 ha 40 000 5 à 8 €

Zwischen Crau und den Alpilles hat dieses Gut seine 42 ha Reben in einem schönen kleinen Tal. Im März 2000 wurde eine neue Gesellschaftsform gegründet, die seine geplante Umstrukturierung weiterführt. Der rubinrote 99er räumt der Syrah-Traube die Hauptrolle (60 %) ein und bringt animalische Noten zum Vorschein, die von Aromen roter Früchte begleitet werden. Er ist ausgewogen und trinkreif.

SAS Glauges des Alpilles, voie d'Aureille, BP 17, 13430 Eyguières, Tel. 04.90.59.81.45, Fax 04.90.57.83.19, E-Mail glauges@wanadoo.fr n. V.

CH. GRAND SEUIL 1999*

5 ha 17 000 11 à 15 €

Château du Seuil (12. und 17. Jh.), das mit seinem Gut an den Abhängen der Trévaresse liegt, zeugt von einer Epoche, als die Notabeln des Parlaments von Aix für ihre Sommerresidenz gern wieder eine heitere Ländlichkeit hatten: das Blätterdach von großen Zedern, die Kühle von Wasserbecken und Anpflanzungen von Oliven- und Mandelbäumen sowie Reben. Heute schätzt die Jury seine Weine. Dieser Rotwein besitzt einen eleganten Duft von Gewürzen, Blumen und roten Früchten. Er ist nicht zu kräftig und besitzt seidige Tannine, die ihn schon zu einem Vergnügen machen. Der elf Monate im Holzfass ausgebaute **weiße 2000er Château Grand Seuil** verdient ebenfalls einen Stern; er hinterlässt eine milde Erinnerung an Vanille- und Mandelaromen. Der **2000er Rosé Château du Seuil** (Preisgruppe: 30 bis 49 F) schließlich wird lobend erwähnt.

Philippe et Janine Carreau-Gaschereau, Ch. du Seuil, 13540 Puyricard, Tel. 04.42.92.15.00, Fax 04.42.28.05.00
tägl. 9h–12h 14h–18h

CH. LA BOUGERELLE 1999*

2 ha 5 000 5 à 8 €

Der Weinberg wurde im 18. Jh. angelegt, als sich hier Monseigneur de Vintimille einen Besitz errichten ließ. Das Gut ist seit langem mit der Familie Granier verbunden und umfasst heute 25 Hektar. In erster Linie Cabernet, kombiniert mit 25 % Syrah, ergibt diesen sehr intensiven Wein, dessen eleganter, komplexer Duft an Blüten, rote Früchte und Backpflaume erinnert und zusätzlich Gewürz- und Mentholnoten enthält. Der Geschmack bewegt sich zwischen Frische und Stärke, mit einer animalischen Note; die seidigen, aber noch spürbaren Tannine lassen ein gutes Potenzial erahnen.

EARL Ch. La Bougerelle, 1360, rte de Berre, Les Granettes, 13090 Aix-en-Provence, Tel. 04.42.20.18.95, Fax 04.42.20.18.95
Mo–Sa 10h–19h (im Sommer 9h–19h)
Granier

DOM. LA CADENIERE 2000*

3,45 ha 26 600 3 à 5 €

Unweit des mittelalterlichen Dorfs Lançon-de-Provence und seines Schlosses hat dieses Gut seine Rebfläche auf 56 Hektar vergrößert, seitdem 1985 die ersten Rebparzellen am Fuße der Alpilles erworben wurden. Sein Rosé hat die Aufmerksamkeit der Jury durch seine Sanftheit und seine Frische erregt. Er ist stark durch Pentalnoten geprägt, ergänzt durch eine fruchtige, leicht mentholartige Entwicklung.

Tobias Frères, Dom. la Cadenière, 13680 Lançon-de-Provence, Tel. 04.90.42.82.56, Fax 04.90.42.82.56
Di–Sa 8h30–11h30 14h30–19h

CH. DE LA GAUDE 1999

■ 8 ha 10 000 5à8€

Der Film *Das Schloss meiner Mutter* nach der gleichnamigen Autobiografie von Marcel Pagnol wurde in diesem Landhaus aus dem 18. Jh. gedreht, dessen Gebäude und Gärten unter Denkmalschutz stehen. Dieser rubinrote 99er mit bläulichen Reflexen hat einen umgänglichen Charakter, dank seines geschmeidigen, von roten Früchten durchdrungenen Stoffs, der dazu einlädt, ihn bei einer Mahlzeit im Freien zu trinken.

Audibert-Beaufour, Ch. de La Gaude, rte des Pinchinats, 13100 Aix-en-Provence, Tel. 04.42.21.64.19, Fax 04.42.21.56.84 n. V.

Beaufour

DOM. DE LA REALTIERE
Cuvée José 1999

■ 3,05 ha 6 300 8à11€

Jean-Louis Michelland, seit 1994 Besitzer dieses Guts nach einer langen Karriere als Agronom im Südpazifik, arbeitet an der Umstellung seiner acht Hektar Reben auf biologischen Anbau. Sein 99er muss sich noch drei bis vier Jahre lang verfeinern, denn seine sehr deutlich spürbaren Tannine überdecken im Augenblick die aromatische Stärke der Trauben. Aber hinter den Aromen von Kakao, Backpflaume und Früchtekompott erahnt man bereits einen tiefen Respekt vor dem Stoff.

Jean-Louis Michelland, Dom. de La Réaltière, rte de Jouques, 83560 Rians, Tel. 04.94.80.32.56, Fax 04.94.80.55.70 n. V.

LE MAGISTRAL DES VIGNERONS
1999

■ 50 ha 120 000 5à8€

Die Kellerei von Berre ging 1998 aus der Vereinigung von drei Genossenschaften hervor. Diese Cuvée von gepflegter Erscheinung zeigt eine dunkle Farbe. Sie ist die kluge Frucht eines gut gemeisterten zehnmonatigen Ausbaus im Barriquefass.

Les Vignerons de Mistral, av. de Sylvanes, 13130 Berre l'Etang, Tel. 04.42.85.40.11, Fax 04.42.74.12.55 Mo–Sa 9h–12h 14h–18h

DOM. LES TOULONS
Cuvée Sanlaurey 1998*

■ 2 ha 5 333 5à8€

Dieses Gut, dessen Hauptgebäude von 1667 stammt, wurde auf den Ruinen einer riesigen römischen *villa* errichtet, wo bereits Wein angebaut wurde. Es umfasst 22 Hektar und hat einen aufgrund seiner Zusammenstellung untypischen 98er erzeugt: 70 % Cabernet und 30 % Syrah. Aromen von Röstung und schwarzen Früchten gehen von diesem intensiv roten Wein aus. Der konzentrierte Geschmack stützt sich auf runde Tannine, die eine Verkostung in zwei Jahren zulassen. Der auf Syrah und Grenache basierende **2000er Rosé Domaine Les Toulons** (Preisgruppe: 20 bis 29 F) wird lobend erwähnt.

Denis Alibert, Dom. Les Toulons, 83560 Rians, Tel. 04.94.80.37.88, Fax 04.94.80.57.57 n. V.

DOM. L'OPPIDUM DES CAUVINS
2000*

■ 12 ha 25 000 3à5€

Das 56 ha große Gut, das an der Stelle eines römischen *oppidum* im Trévaresse-Massiv liegt, sieht sich für zwei seiner Weine mit einem Stern belohnt. Dieser hier ist im Anblick intensiv und hat von seinem zwölfmonatigen Ausbau im Holzfass einen komplexen Duft mitbekommen, der von Kaffee beherrscht wird. Die Tannine, die von der Cabernet-Traube und gleichzeitig vom Holz herrühren, machen sich in einem warmen, ausgewogenen Stoff mit Aromen von reifen schwarzen Früchten bemerkbar. Der nicht fassgereifte **2000er Weißwein** erhält die gleiche Note: Er ist blass mit grünen Reflexen und bietet einen Blütenduft und danach einen Geschmack von großer Feinheit, mit Noten exotischer Früchte. Ein Wein, den man mit Mittelmeerfischen kombinieren kann.

Rémy Ravaute, Dom. l'Oppidum des Cauvins, 13840 Rognes, Tel. 04.42.50.13.85, Fax 04.42.50.29.40 n. V.

DOM. DU MAS BLEU 2000

□ 0,8 ha 4 000 5à8€

Mas Bleu präsentiert einen Wein, der von der Sauvignon-Traube dominiert wird. Deren feine, blumige Aromen machen seinen ganzen Charme aus. Veilchenaromen bereichern somit einen sehr runden Geschmack.

EARL du Mas Bleu, 6, av. de la Côte Bleue, 13180 Gignac-la-Nerthe, Tel. 04.42.30.41.40, Fax 04.42.30.32.53 n. V.

Marie-Claire Rougon

CH. MONTAURONE Cuvée réservée 2000

◪ 40 ha 300 000 3à5€

Das Erdbeben im Jahre 1907 zerstörte das Schloss aus dem 18. Jh. vollständig. Das Gebäude wurde wiedererrichtet; ein halbes Jahrhundert lang kümmerte sich eine Frau hartnäckig um den Weinberg. Das Gut, das heute 82 Hektar umfasst, stellt einen modernen Wein vor, der aber das Terroir achtet; er stammt zu 40 % von der Grenache-Traube sowie zu gleichen Teilen von den Rebsorten Syrah, Cabernet Sauvignon und Cinsaut. Die Aromen verbleiben zwar auf roten Früchten, ohne die Komplexität der Traubensorten darzubieten, aber man spürt sofort die Rundheit, die auf die Grenache-Rebe zurückgeht.

Pierre Decamps, Ch. Montaurone, 13760 Saint-Cannat, Tel. 04.42.57.20.04, Fax 04.42.57.32.80 n. V.

DOM. DES OULLIERES
Réserve Louis Charles 1999**

■ 15 ha 15 000 8à11€

Die Jahre folgen aufeinander und ähneln sich manchmal. Diese Cuvée, die im Jahrgang 1998 bemerkenswert war, ist es ebenso beim 99er. Dieser gut gebaute Wein schafft es, dass sich Barrique und Trauben gegenseitig durchdringen. In seinem komplexen Stoff, den seidige Tannine unterstützen, treten gekochte Backpflaumen und Früchtekompott hervor. Gutes Lagerpotenzial. Beachten Sie auch den Stern, der dem **weißen 99er Dame des Ouillères** (Preisgruppe: 100 bis 149 F) zuerkannt wurde; er stammt sortenrein von der Vermentino-Traube und ist zehn Monate im Fass gereift.

Les Treilles de Cézanne, RN 7, 13410 Lambesc, Tel. 04.42.92.83.39, Fax 04.42.92.70.83, E-Mail contact@oullieres.com ☑ Y n. V.

CH. PIGOUDET Cuvée La Chapelle 2000*

☐ 2 ha 6 000 5 à 8 €

Château Pigoudet exportiert 60 % seiner Produktion nach Großbritannien und Deutschland. Während der **98er Grand rouge** (Preisgruppe: 70 bis 99 F), der fünfzehn Monate im Holzfass ausgebaut wurde, eine lobende Erwähnung verdient, hat dieser je zur Hälfte aus Rolle- und Sauvignon-Trauben erzeugte Wein durch seinen bodentypischen Ausdruck stärker verführt. Er ist fett und frisch zugleich und zeigt im Geschmack Länge und Eleganz.

SCA Ch. Pigoudet, rte de Jouques, 83560 Rians, Tel. 04.94.80.31.78, Fax 04.94.80.54.25 ☑ Y n. V.

Schmidt-Rabe

CH. PONT-ROYAL Grande Cuvée 1998

■ k. A. 6 600 5 à 8 €

Die Noten von wild wachsenden Brombeeren tragen zum kräftigen, strengen Charakter dieses Weins bei. Der Geschmack zeigt aufgrund seines Gerüsts, seiner Stärke und seines Abgangs bereits Qualitäten. Ein Wein, den man in zwei Jahren erneut probieren sollte.

Sylvette Jauffret, Ch. Pont-Royal, 13370 Mallemort, Tel. 04.90.57.40.15, Fax 04.90.59.12.28, E-Mail chateau-pont-royal@mnet.fr ☑ Y Di–Sa 9h–12h 15h–18h30

CH. REVELETTE 2000

☐ 4 ha 16 000 5 à 8 €

Das im Norden der Appellation liegende Weingut verwendet biologische Anbaumethoden. Sein Wein lässt die Lebhaftigkeit von Ugni blanc erkennen, einer Traubensorte, die im Verschnitt stark vertreten ist. Dennoch vernachlässigt er nicht den Einfluss der Rolle-Traube, die in einem delikaten, blumigen Charakter zum Ausdruck kommt, und besitzt «Fett», für das die Sauvignon-Traube sorgt.

Ch. Revelette, 13490 Jouques, Tel. 04.42.63.75.43, Fax 04.42.67.62.04 ☑ Y n. V.

LES VIGNERONS DU ROY RENE 2000

◪ 25 ha 50 000 -3 €

Die Genossenschaft von Lambesc hat sich 1998 mit der von Saint-Cannat vereinigt und ist zu einem der größten Erzeuger der AOC geworden. Drei ihrer Weine werden in dieser Auswahl lobend erwähnt: der **2000er Rosé d'un Roy Prestige** (Preisgruppe: 20 bis 29 F), die **rote 999er Cuvée Jules Reynaud** (Preisgruppe: 30 bis 49 F), die nach dem Gründer der Genossenschaft benannt ist, und dieser andere Rosé, der von den Rebsorten Grenache (70 %) und Cinsaut stammt. Er ist sehr typisch und ausdrucksvoll und zeigt eine gute Ausgewogenheit zwischen Lebhaftigkeit und Alkohol.

Les Vignerons du Roy René, RN 7, 13410 Lambesc, Tel. 04.42.57.00.20, Fax 04.42.92.91.52 ☑ Y n. V.

MAS SAINTE-BERTHE 2000**

☐ 4 ha 25 000 5 à 8 €

Geneviève Rolland und ihre Kinder haben im Jahre 2000 dieses 37 ha große Gut übernommen. Muss man den Önologen Christian Nief, dessen Arbeit in unserem Weinführer regelmäßig gewürdigt wird, noch eigens vorstellen? Sein 2000er ist ein ausdrucksvoller Wein, dessen Noten gleichzeitig pflanzlich, blumig (weiße Blüten) und fruchtig (Pampelmuse, grüne Zitrone) sind. Der Geschmack hinterlässt eine Empfindung von Zartheit und hält erstaunlich lang an.

GFA Mas Sainte Berthe, 13520 Les-Baux-de-Provence, Tel. 04.90.54.39.01, Fax 04.90.54.46.17 ☑ Y n. V.

DOM. SAINT-HILAIRE 2000

☐ 3 ha 12 000 5 à 8 €

Dieses Gut, das sich zunächst dem Obstbau und dem Gemüseanbau widmete, wandte sich 1973 entschieden dem Weinbau zu und vergrößerte sich nach und nach, so dass es heute 57 Hektar umfasst. Dieser zart pflanzliche und leicht blumige Wein trägt deutlich den Stempel der Clairette-Traube (70 %), besitzt aber eine gute Säuregrundlage von der Traubensorte Ugni blanc. Trinken sollte man ihn zu einer Bouillabaisse.

Yves Lapierre, Dom. Saint-Hilaire, 13111 Coudoux, Tel. 04.42.52.02.40, Fax 04.42.52.05.45, E-Mail st.hilaire@wanadoo.fr ☑ Y Mo–Sa 9h–12h 15h–18h30; Gruppen n. V.

DOM. DE SAINT JULIEN LES VIGNES Cuvée du Château 2000*

◪ 12 ha 32 000 5 à 8 €

3 km entfernt von den Ruinen des Château des Grimaldi, das ab 1657 erbaut wurde, nach einem so ehrgeizigen Plan, dass der Bau fünfzig Jahre eingestellt werden musste, umfasst dieses Gut 150 Hektar. Es präsentiert einen Rosé zum Essen, der sehr rund und warm ist. Er ist ein sonniger Wein, der aufgrund seiner ätherisch leichten Fruchtaromen, zwischen Erdbeere und Himbeere, elegant wirkt. Die **weiße 2000er Cuvée du Château** wird lobend erwähnt.

Famille Reggio, SCEA ch. Saint-Julien, rte du Seuil, 13540 Puyricard, Tel. 04.42.92.10.02, Fax 04.42.92.10.74, E-Mail puyricard.st.julien@mageos.com ☑ Y n. V.

CH. DE VAUCLAIRE
Vieilli en fût de chêne 2000*

□ k. A. k. A. 5 à 8 €

Von diesem Gut, das seit 1774 in Familienbesitz ist, kommt ein origineller Weißwein, ein sortenreiner Rolle-Wein, der sieben Monate im Holzfass gereift ist. Der sehr vanilleartige erste Geruchseindruck macht Mandeln, Litschi und Banane Platz. Der Geschmack besitzt «Fett» und Eleganz, selbst wenn das Holz noch dominiert. Ein 2000er, den man lagern muss, damit sein Stoff Zeit hat, sich vollständig zu entfalten, und sich der Holzton einfügen kann.

Uldaric Sallier, Ch. de Vauclaire,
13650 Meyrargues, Tel. 04.42.57.50.14,
Fax 04.42.63.47.16
Mo–Sa 9h–12h 14h–18h

CH. VIGNELAURE 1998**

■ 18 ha 90 000 11 à 15 €

Vignelaure wurde Mitte der 60er Jahre von Georges Brunet geschaffen, der daraus schon bald ein herausragendes Gut machte. Dreißig Jahre später wurde es von David O'Brien gekauft und exportiert heute 80 % seiner Produktion nach Europa, in die USA oder nach Japan. Dieser gut ausgebaute 98er macht dem Gut Ehre. «Ein vornehmer, rassiger Wein», betonte ein Verkoster. In einer elegant holzbetonten Aromenpalette kommt ein Hauch von Lakritze zum Vorschein. Der Geschmack entfaltet sich voller Seidigkeit mit einem warmen Ausdruck. Diese Flasche kann noch lagern, damit man sie auf ihrem Höhepunkt genießt.

Ch. Vignelaure, rte de Jouques,
83560 Rians, Tel. 04.94.37.21.10,
Fax 04.94.80.53.39,
E-Mail david.obrien@wanadoo.fr
tägl. 9h30–12h30 14h–18h

CH. VIRANT Tradition 2000*

◪ k. A. 50 000 5 à 8 €

Ein für Oliven bestimmter Keller und eine Ölmühle machen die Originalität dieses Guts aus, das in 20 ha Salonenque- und Aglandau-Olivenbäume und 106 ha Reben aufgeteilt ist. Grenache, Syrah und Cabernet zu genau gleichen Teilen ergeben einen harmonischen Wein. Zu dem von der Grenache-Traube eingebrachten «Fett» kommt eine anhaltende Aromenpalette hinzu, die nacheinander der Syrah- und der Cabernet-Traube die Ehre erweist.

SCEA Ch. Virant,
13680 Lançon-de-Provence,
Tel. 04.90.42.44.47, Fax 04.90.42.54.81
tägl. 7h30–12h 14h–18h30
Robert Cheylan

Les Baux-de-Provence

Die Alpilles, die westlichste Hügelkette der provenzalischen Höhensättel, bilden ein von der Erosion abgetragenes Massiv mit malerischen, schräg abgeschnittenen Formen, das aus Kalkstein und Kalkmergel der Kreideformation besteht. Dieses Gebiet ist ein Paradies für Olivenbäume. Der Weinbau findet hier ebenfalls eine günstige Umgebung auf den für diese Region sehr typischen Gesteinsablagerungen. Der gebänderte Sandstein ist nicht sehr mächtig; die Korngröße, von der die Wasserversorgung des Boden abhängt, ist überdurchschnittlich. Dieser innerhalb der AOC Coteaux d'Aix-en-Provence gelegene Abschnitt zeichnet sich durch klimatische Bedingungen aus, die daraus eine Anbauzone mit früher Reife machen: selten von Frösten heimgesucht, warm und mit ausreichenden Niederschlägen (650 mm).

Strengere Produktionsvorschriften (niedrigerer Ertrag, höhere Pflanzdichte, eingeschränktere Rebschnittmethoden, mindestens zwölfmonatiger Ausbau bei den Rotweinen, mindestens 50 % *Saignée*-Verfahren, d. h. Abstich nach kurzer Maischung der nicht gepressten Trauben bei den Roséweinen) und eine besser festgelegte Bestockung, die auf den beiden Rebsorten Grenache und Syrah sowie ein wenig Mourvèdre beruht, sind die Grundlage für die Anerkennung dieser subregionalen Appellation im Jahre 1995. Sie ist Rot- (80 %) und Roséweinen vorbehalten und nutzt ein eigenständiges Anbaugebiet von 300 ha Größe, das rund um die Zitadelle von Les Baux-de-Provence liegt und im Jahre 2000 insgesamt 9 252 hl erzeugte, von denen 258 hl in Anspruch genommen wurden.

MAS DE GOURGONNIER
Réserve du Mas 1999*

■ 5 ha 20 000 8 à 11 €

Das Anfang des 18. Jh. errichtete Mas, das seit 1977 biologische Anbaumethoden anwendet, erzeugt nicht nur Wein, sondern auch Olivenöl. Sein 99er hat eine dunkle, fast schwarze Farbe, die auf seine imposante Struktur hinweist. Der Geruchseindruck ist zwar noch schüchtern, doch der Geschmack bietet eine freimütige Ansprache, bevor er sich dank spürbarer, aber feiner Tannine mit einer guten Ausgewogenheit fortsetzt. Dieser seriöse Wein verdient, dass man ihn vier bis fünf Jahre aufhebt.

Mme Nicolas Cartier et ses Fils,
Mas de Gourgonnier, 13890 Mouriès,
Tel. 04.90.47.50.45, Fax 04.90.47.51.36
tägl. 9h–12h 14h–18h; im Winter So geschlossen

LA STELE 1999

■ 5,5 ha 29 300 11 à 15 €

Auf dem Mas de La Dame werden die 58 ha Reben mit biologischen Methoden angebaut. So liefern Syrah (60 %) und Cabernet Sauvignon (40 %) einen tiefgranatroten Wein, dessen Reiz auf einem klaren Geschmack beruht. Die Tannine sind deutlich spürbar, aber verschmolzen genug, damit im Abgang die Frucht zum Vorschein kommt. Zwei bis drei Jahre altern lassen.

Mas de La Dame, RD 5, 13520 Les Baux-de-Provence, Tel. 04.90.54.32.24, Fax 04.90.54.40.67, E-Mail masdeladame@masdeladame.com tägl. 8h30–19h30

A. Poniatowski, C. Missoffe

CH. ROMANIN 1999★★

■ 31 ha 48 000 11 à 15 €

Das 57 ha große Gut, das biologisch-dynamische Anbaumethoden anwendet, wurde 1988 geschaffen, als sich Colette und Jean-Pierre Peyraud mit Jean-André Charial, dem Besitzer eines Esslokals in Les Baux-de-Provence, zusammentaten. Es präsentiert den – laut einem Verkoster – besten Rotwein des Jahrgangs 1999. Dieser von sehr reifen Trauben stammende Wein entfaltet nämlich kraftvoll eine Fülle von Aromen von Lakritze und schwarzen Früchten (schwarze Johannisbeere, Heidelbeere). Der volle Geschmack besitzt verschmolzene Tannine und einen eleganten, fruchtigen Abgang. Der **2000er Rosé** (Preisgruppe: 50 bis 69 F) verdient für seine fruchtig-blumigen Aromen und seinen runden und gleichzeitig frischen Geschmack eine lobende Erwähnung.

SCEA Ch. Romanin, 13210 Saint-Rémy-de-Provence, Tel. 04.90.92.45.87, Fax 04.90.92.24.36 n. V.

MAS SAINTE BERTHE

Cuvée Passe-Rose 2000★

◪ 9 ha 53 000 8 à 11 €

Ein hübscher Rosé, der reich ist an feinen, fruchtigen Düften, wie etwa von Nektarine oder schwarzer Johannisbeere. Im Mund verbindet sich schwarze Johannisbeere mit Himbeere zu einem eleganten, runden Geschmack, der lang anhält. Die **rote 99er Cuvée Louis David** ist aufgrund ihrer angenehmen Frische, ihrer Aromen von zerquetschten Trauben und ihres pfeffrigen Abgangs ebenfalls sehr gelungen: Sie verdient eine Alterung, damit sie Komplexität erwirbt. Die **rote 99er Cuvée Tradition** schließlich, die nicht im Holzfass ausgebaut worden ist, wird lobend erwähnt. Sie ist schlichter und kann schon jetzt getrunken werden.

GFA Mas Sainte-Berthe, 13520 Les Baux-de-Provence, Tel. 04.90.54.39.01, Fax 04.90.54.46.17 n. V.

Rolland

Coteaux Varois

Die Coteaux Varois werden mitten im Departement Var erzeugt, um Brignoles herum. Die Weine, die man jung trinken sollte, sind lecker, fröhlich und zart – ein Abbild dieses hübschen provenzalischen Städtchens, das einst die Sommerresidenz der Grafen der Provence war. Sie wurden durch einen Erlass vom 26. März 1993 als AOC anerkannt und umfassen 1 740 ha; Rosé-, Rot- und Weißweine teilen sich die 88 613 hl der AOC, die 2000 angemeldet wurden.

DOM. DES ALYSSES

Cuvée Angélique 1999★★

■ 7 ha 20 000 5 à 8 €

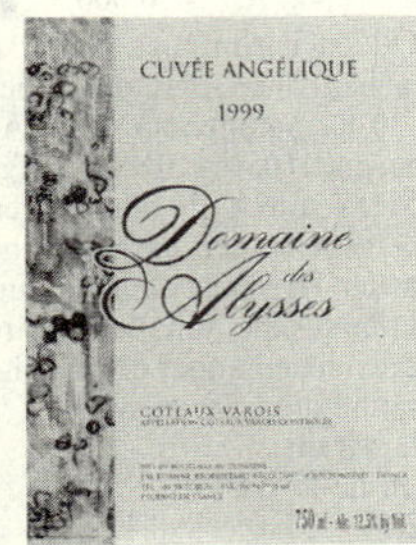

Ein fast triumphaler Einstand in unserem Weinführer für dieses Gut, das seit seiner Gründung im Jahre 1977 biologische Anbaumethoden anwendet. Dieser tieffarbenen Cuvée fehlt es nicht an Eleganz. Der Geruchseindruck lässt eine entstehende Komplexität erkennen mit ihren Aromen von reifen roten Früchten und mit ihren pfeffrigen und mineralischen Noten, die sich an der Luft entfalten. Der konzentrierte Geschmack besitzt genug Fleisch, um spürbare, aber feine Tannine zu umhüllen. Er ist ausdrucksvoll und weitet sich zu einem lang anhaltenden, leckeren Abgang aus. Ein Wein, den

man in den kommenden Jahren zu Ente mit Backpflaumen trinken sollte.
🔑 Dom. des Alysses, Le Bas Deffens, 83670 Pontevès, Tel. 04.94.77.10.36, Fax 04.94.77.11.64 Y tägl. 8h–19h

DOM. DES ANNIBALS 1998*

■ 4,77 ha 4 400 5à8€

Bernard und Nathalie Coquelle haben gerade dieses Gut übernommen, das biologische Anbaumethoden pflegt. In ihrem Probierkeller, der im 18. Jh. errichtet wurde, werden Sie diesen 98er entdecken, der noch von Alain Bellon erzeugt wurde. Der Wein entfaltet eine vielfältige, harmonische Aromenpalette: Rauch, Gewürze, Früchte, Menthol. Er ist umfangreich und stützt sich auf noch junge Tannine, die im Laufe einer zweijährigen Lagerung verschmelzen werden.
🔑 Nathalie Coquelle, SCEA Dom. des Annibals, rte de Bras, 83170 Brignoles, Tel. 04.94.69.30.36, Fax 04.94.69.50.70, E-Mail bernard.coquelle@wanadoo.fr
☑ Y tägl. 9h–19h

CH. DE CANCERILLES
Cuvée spéciale 1998

■ 1,5 ha 8 000 5à8€

Dieses Gut an den bewaldeten Hügeln von Montrieux gehörte einst den Mönchen der Kartause von Montrieux: Seine Keller sind ihr Erbe. Sie haben diesen Wein von satter roter Farbe aufgenommen, der zu Beginn der Verkostung durch Trüffel und Gewürze geprägt ist. Der in der Ansprache weiche Geschmack stützt sich auf markante Tannine, die einen fruchtigen Abgang unterstützen. Ein Wein, den man drei bis fünf Jahre aufheben kann.
🔑 Chantal et Serge Garcia, Ch. de Cancerilles, vallée du Gapeau, 83870 Signes, Tel. 04.94.90.83.93, Fax 04.94.90.83.93
☑ Y tägl. 10h–19h; Okt. bis März Mo geschlossen

CH. DES CHABERTS
Cuvée Prestige 2000***

◪ k. A. 13 000 5à8€

Eine prestigereiche Cuvée Prestige! Die schöne Ausgewogenheit zwischen Lebhaftigkeit und «Fett» bringt die aromatische Stärke zur Geltung: einen Korb mit Zitrusfrüchten, den man beim Riechen ebenso wie im Nasen-Rachen-Raum wahrnimmt. Ein Rosé zum Essen. Die **weiße 2000er Cuvée Prestige** glänzt mit zwei Sternen: Sie besitzt eine leuchtende Farbe und eine geschmeidige, runde Struktur und entfaltet ungehemmt ihre fruchtigen Düfte. Die für die Appellation typische **rote 99er Cuvée Prestige** erhält einen Stern; sie kann ein bis zwei Jahre lagern.
🔑 SCI Ch. des Chaberts, 83136 Garéoult, Tel. 04.94.04.92.05, Fax 04.94.04.00.97, E-Mail chaberts@wanadoo.fr
☑ Y Mo–Sa 9h–12h 14h–19h; So n. V.

DOM. DE CLAPIERS 2000*

□ 1,03 ha 6 500 5à8€

Das fast 50 ha große Gut entstand an der Stelle einer ehemaligen Genossenschaftskellerei. Es stellt einen Wein vor, der zu 75 % von der Rolle-Traube stammt und für die Appellation typisch ist. Dieser in der Nase blumige 2000er rundet sich im Geschmack auf großzügige Weise ab, wobei er seine aromatische Feinheit bewahrt. Sein Abgang ist dennoch aufgrund seiner warmen Anklänge verführerisch. Der (überwiegend aus Grenache-Trauben hergestellte) **2000er Rosé** ist ebenso harmonisch und voller Fröhlichkeit; er hat eine pfirsichrosa Farbe. Wegen seiner Ausgewogenheit und seiner frischen Aromen verdient er einen Stern.
🔑 Pierre Burel, Dom. de Clapiers, rte de Saint-Maximin, 83149 Bras, Tel. 04.94.69.95.46, Fax 04.94.69.99.36, E-Mail clapiers@wanadoo.fr
☑ Y Mo–Sa 9h–12h 14h–18h

DOM. DU DEFFENDS
Clos de la Truffière 1999

■ 6 ha 25 000 8à11€

Der am Rande der Monts Auréliens angelegte Clos de La Truffière hat einen Verschnitt von Syrah und Cabernet Sauvignon erzeugt. Der intensiv granatrote Wein mit bläulich roten Reflexen bringt seine Jugendlichkeit durch Aromen von schwarzer Johannisbeere und Schwarze-Johannisbeer-Knospen zum Ausdruck. Der angenehm weiche Geschmack besitzt deutlich spürbare Tannine; die leicht mentholartigen Gewürzaromen bilden einen frischen Abgang. Diese Flasche kann ein paar Jahre lagern.
🔑 J.-S. de Lanversin, Dom. du Deffends, 83470 Saint-Maximin, Tel. 04.94.78.03.91, Fax 04.94.59.42.69, E-Mail deffends@terre-net.fr
☑ Y tägl. 9h–12h 15h–18h

CH. DUVIVIER Les Mûriers 1999*

■ 3,5 ha 17 000 11à15€

Das 30 ha große Gut wendet seit bald zehn Jahren biologische Anbaumethoden an. Diese Cuvée ist ausschließlich in Holzfässern (je zur Hälfte im Barriquefass und im großen Fass) ausgebaut worden, was durch in einem zwar schönen, aber noch von intensiven Tanninen geprägten Stoff zum Ausdruck kommt. Das entstehende Bouquet erinnert an Birne und Vanille. Lassen Sie diesem Wein Zeit, sich zu verfeinern: Eine dreijährige Lagerung wird für ihn günstig sein.
🔑 SCEA Ch. Duvivier, La Genevrière, rte de Draguignan, 83670 Pontevès, Tel. 04.94.77.02.96, Fax 04.94.77.26.66, E-Mail antoine.kaufmann@delinat.com
☑ Y n. V.

DOM. FONTLADE
Cuvée Saint-Quinis 2000*

◪ 4 ha 7 000 5à8€

Fuoant-Lado oder «großer Springbrunnen». Frédéric Mistral zitierte diesen Namen in seinem *Trésor du Félibrige*. Fontlade war außerdem schon im frühen Mittelalter ein Posten an der Via Aurelia, wo Wegezoll erhoben wurde, danach ein Gut der Mönche von Saint-Victor. Heute zeichnet es sich durch seine Weine aus, wie etwa diesen harmonischen, blumigen 2000er, der die provenzalische Küche begleiten kann.

SCEA Baronne Philippe de Montremy, Dom. de Fontlade, 83170 Brignoles, Tel. 04.94.59.24.34, Fax 04.94.72.02.88 n. V.

DOM. DE GARBELLE 2000*

3 ha 10 000 3 à 5 €

Garéoult, eine alte landwirtschaftliche Kolonie der Römer, befindet sich heute mitten zwischen den Weinbergen im Tal der Issole. Dieses Gut hat hier einen sinnlichen, runden Rosé erzeugt, der eine zartrosa Farbe besitzt. Ein Hauch von Blüten, ein Anklang an Früchte – der aromatische Ausdruck ist fein. Der **99er Rotwein** (Preisgruppe: 30 bis 49 F) verdient eine lobende Erwähnung: Er ist im Holzfass ausgebaut worden und muss in Ihrem Keller noch ein wenig altern.

Gambini, Dom. de Garbelle, Vieux chemin de Brignoles, 83136 Garéoult, Tel. 04.94.04.86.30, Fax 04.94.04.86.30 tägl. 8h30–12h 14h–18h30

DOM. LA BASTIDE DES OLIVIERS 2000

k. A. 15 000 5 à 8 €

Patrick Mourlan, der einer Winzerfamilie entstammt, zeichnet 2000 für seine erste Vinifizierung verantwortlich. Sein kirschroter Wein mit bläulich roten Reflexen bietet eine jugendliche Lebhaftigkeit, lässt dabei aber schon jetzt Aromen von Früchten in Alkohol und animalische Noten erkennen. Die Tannine sind zwar noch spürbar, erlauben aber eine Verkostung in den nächsten beiden Jahren.

Patrick Mourlan, 1011, chem. Louis-Blériot, 83136 Garéoult, Tel. 04.94.04.03.11, Fax 04.94.04.03.11 n. V.

CH. LA CALISSE 2000**

1 ha 5 000 8 à 11 €

Auf diesem früher für die Seidenraupenzucht genutzten Gut, das sich danach auf Weinbau umstellte, erzeugt Patricia Ortelli nicht nur Wein, sondern auch Lavendel- und Olivenöl. Ihr leuchtender 2000er bietet eine elegante aromatische Entwicklungslinie in einem blumigen Register (Ginster, Nelken). Der klare Geschmack rundet sich ab, behält aber seine aromatische Frische bei. Der lobend erwähnte **2000er Rotwein** besitzt ein ausgewogenes Gerüst. Er erinnert an Veilchen und Lakritze und ist bereits gefällig.

Patricia Ortelli, Ch. La Calisse, 83670 Pontevès, Tel. 04.93.99.11.01, Fax 04.93.99.06.10 tägl. 9h–19h

CH. LAFOUX Cuvée Prestige 2000*

1 ha 3 000 5 à 8 €

Das Jahr 2000 markiert einen Neuanfang für dieses Gut, das den Besitzer und seinen Namen (die ehemalige Domaine du Boulon) gewechselt hat. Außerdem ist es ein Erfolgsjahr, denn der frische und zugleich fette **2000er Rosé** und dieser Weißwein erhalten einen Stern. Letzterer umschmeichelt die Sinne mit seinem wohl schmeckenden Stoff und seiner fruchtbetonten aromatischen Kontinuität.

SCEA Genevois, Ch. Lafoux, RN 7, 83170 Tourves, Tel. 04.94.78.77.86

DOM. DE LA GAYOLLE Syagria 1999*

0,5 ha 2 500 5 à 8 €

Auf dem Etikett dieses in kleiner Stückzahl erzeugten Weins ist eine Darstellung des Sarkophags in der Kapelle von La Gayolle (2. Jh.) zu sehen. Hier haben wir einen Coteaux Varois mit den Aromen von reifen roten Früchten, mit Vanille- und Gewürznuancen, die von einem zwölfmonatigen Ausbau im Holzfass herrühren. Der runde, fleischige Geschmack entwickelt sich mit seinen fruchtigen und holzigen Anklängen zu einem frischen Abgang hin. Ein für sein Terroir typischer, gut ausgebauter Wein, den man in zwei bis drei Jahren trinken kann.

Jacques Paul, RN 7, 83170 Brignoles, Tel. 04.94.59.10.88, Fax 04.94.72.04.34, E-Mail gayolle@wanadoo.fr n. V.

DOM. LA ROSE DES VENTS 2000**

8,5 ha 50 000 5 à 8 €

Jean-Louis Baude und sein Sohn Gilles arbeiten seit 1994 zusammen. Im Jahr 2000 schloss sich ihnen ein dritter Mitinhaber an, Thierry Josselin. Ihre «Windrose», die mit ihrer zarten Farbe delikat wirkt, ist voluminös und rund, von lang anhaltenden exotischen Aromen erfüllt. Dieser 2000er Coteaux Varois nahm an der Endausscheidung der Oberjury für die Lieblingsweine teil.

EARL Baude, Dom. La Rose des Vents, rte de Toulon, 83136 La Roquebrussanne, Tel. 04.94.86.99.28, Fax 04.94.86.91.75, E-Mail rose.des.vents@infonie.fr Di–Sa 9h–12h 14h–18h

LES ABEILLONS DE TOURTOUR 1999**

2,6 ha 16 000 8 à 11 €

Das Dorf Villecroze («hohle Stadt») verdankt seinen Namen wahrscheinlich den Höhlen, die sich in eine eindrucksvolle Felswand aus Tuffstein hineingefressen haben. Mit dem römischen Einfluss haben sich die Einflüsse der Mönche von Saint-Victor aus Marseille und danach der Tempelritter vereinigt. Das Weingut ist den Lesern unseres Weinführers gut bekannt, die sich an den zum Lieblingswein gewählten 97er erinnern. Der 99er ist ein dunkler Wein mit einem Bouquet, das wild (Leder, Tiergeruch) und zugleich delikat (rote Früchte, Gewürze) ist. Der fleischige Geschmack entfaltet sich voller Stärke und Charakter bis zu einem lang anhaltenden Abgang mit Gewürzen und zu Kompott verarbeiteten roten Früchten. Ein Genuss für heute wie auch für die nächsten drei Jahre.

SCEA Les Abeillons, 83690 Villecroze, Tel. 04.94.70.63.02, Fax 04.94.70.67.03 n. V.

Croquet

LES TERRES DE SAINT-LOUIS 2000★★

◪ 74,6 ha 347 000 -3 €

Diese Genossenschaftsvereinigung erhält zwei Auszeichnungen. Der **2000er Rosé Domaine Le Gavelier** verdient für seine tadellose Erscheinung und seinen strukturierten, warmen Geschmack einen Stern. Diese andere Rosé-Cuvée, die eine blassere Farbe zeigt, ist besonders duftig. Sie ist harmonisch und freigebig und bietet im Mund ihre Aromen anhaltend dar. Ausgezeichnetes Preis-Leistungs-Verhältnis.

Le Cellier de Saint-Louis, ZI Les Consacs, 83170 Brignoles, Tel. 04.94.37.21.00, Fax 04.94.59.14.84, E-Mail cellier-saintlouis@wanadoo.fr n. V.

DOM. DU LOOU 1998

■ 8 ha 26 000 5à8 €

Dieser angenehm rubinrote Wein entfaltet einen blumigen Duft, den Noten von Bittermandel und Menthol betonen. Der in der Ansprache füllige Geschmack stützt sich auf ein ausgewogenes Gerüst; er erinnert vorzugsweise an gekochte Früchte. Man kann ihn schon jetzt trinken.

SCEA Di Placido, dom. du Loou, 83136 La Roquebrussanne, Tel. 04.94.86.94.97, Fax 04.94.86.80.11 n. V.

CH. MIRAVAL 2000★★

□ 4 ha k. A. 5à8 €

Das Gut liegt in der Gemeinde Le Val, einem alten Dorf im Tal der Ribeirotte. Die in leicht überreifem Zustand gelesenen Rolle-Trauben kommen in einem Wein von reintöniger Farbe zum Ausdruck, dessen frischer Duft sich freigebig entfaltet. Der ausdrucksvolle, runde Geschmack hält mit fruchtigen Aromen lang an. Dieser einschmeichelnde Wein wird vom Aperitif bis zum Dessert angenehm schmecken.

SA Ch. Miraval, 83143 Le Val, Tel. 04.94.86.39.33, Fax 04.94.86.46.79 n. V.

DOM. DE RAMATUELLE 2000★

◪ 5 ha 35 000 3à5 €

Der Name Ramatuelle soll vom arabischen *Ramat Allah* («Wohltat Gottes») herrühren. Die Sarazenen nannten so den Ort, als sie sich hier im 7. und 8. Jh. niederließen. Wohltaten hat der Jahrgang 2000 auch diesem 30 ha großen Weingut erwiesen. Dieser ausdrucksvolle, reintönig rosarote Wein besitzt das ganze «Fett» und die gesamte Fruchtigkeit, die erforderlich sind. Mit einem Grillgericht und überbackenen Tomaten, grünen Bohnen und Zucchini wird er eine schöne Kombination abgeben. Der in seinem Naturell wildere **99er Rotwein** passt zu einem Schmorgericht; er wird lobend erwähnt.

Bruno Latil, Dom. de Ramatuelle, Les Gaëtans, 83170 Brignoles, Tel. 04.94.69.10.61, Fax 04.94.69.51.41 n. V.

CH. ROUTAS Pyramus 2000★

□ 4 ha 20 000 5à8 €

Diese Cuvée gehört zu einer Produktion, von der 75 % für den Export (vor allem in die USA, nach Großbritannien und Deutschland) bestimmt sind. Im Geschmack ist sie ausdrucksstärker als in der Nase; sie entfaltet sich voller Rundheit und bindet einen feinen Holzton harmonisch ein. Die **rote 99er Cuvée Infernet** ist dank eines gut gemeisterten Ausbaus im Holzfass ebenfalls sehr gelungen: Ihre Tannine werden sich im Laufe einer zweijährigen Lagerung am Ende verfeinern.

SARL Rouvière-Plane, 83149 Châteauvert, Tel. 04.94.69.93.92, Fax 04.94.69.93.61, E-Mail rouviere.plane@wanadoo.fr n. V.

DOM. DE SAINT-JEAN LE VIEUX 1999★

■ 3 ha 15 000 3à5 €

Das Gut liegt am Ortsausgang von Saint-Maximin in Richtung Bras. Der Marktflecken ist für seine Basilika mit kostbaren Kunstschätzen, darunter seiner monumentalen Orgel, und für sein Musikfestival bekannt. Dieser schon in der Ansprache sanfte Wein besitzt eine harmonische Struktur. Von seinem angenehmen Stoff gehen ein wenig animalische, rauchige und fruchtige Aromen aus. Ein trinkreifer 99er. Der lobend erwähnte **2000er Rosé,** der eine sehr blasse Farbe besitzt, erinnert vor einem warmen, runden Hintergrund an frische Früchte.

GAEC Dom. Saint-Jean-le-Vieux, rte de Bras, 83470 Saint-Maximin, Tel. 04.94.59.77.59, Fax 04.94.59.73.35 n. V.

CH. SAINT-JULIEN 2000

◪ 2 ha 13 000 5à8 €

Dieser Erzeuger nimmt seit zwei Jahren eine vollständige Renovierung seines Kellers vor; für die nächste Lese dürfte er fertig sein. Auch wenn dieser Rosé in der Farbe blass ist, bietet er großzügige Pentanolaromen und Muskatellernuancen. Seine Rundheit ist ausgeprägt.

EARL Dom. Saint-Julien, rte de Tourves, 83170 La Celle, Tel. 04.94.59.26.10, Fax 04.94.59.26.10 Mo–Sa 8h–12h 14h–18h

M. Garassin

DOM. DE VALCOLOMBE 1999★

■ 2 ha 13 460 5à8 €

Sie sollten nicht überrascht sein, dass ein elektrischer Zaun die Reben umgibt, wenn die Lese näher rückt. In diesem Gebiet des oberen Var sind die Wildschweine verrückt nach Weintrauben. Die Weine von Pierre und Marie Léonetti, zwei Ärzten, sind Klassiker in der Appellation. Dieser hier besitzt schöne Tannine, die sich in eine recht geschmeidige Struktur einfügen. Das Ganze ist duftig und sogar originell aufgrund seiner Garrigue-Noten und seiner mineralischen und fruchtigen Noten.

⊶ Dom. de Valcolombe, chem. des Espèces, 83690 Villecroze, Tel. 04.94.67.57.16, Fax 04.94.67.57.16
☒ Ι Mo, Mi, Do, Sa 10h–12h 15h–18h30
⊶ Léonetti

Korsika (Corse)

Ein Gebirge im Meer: die traditionelle Definition Korsikas, die ebenso weinmäßig zutrifft wie auch seine touristischen Reize herausstellt. Die Oberflächengestalt ist nämlich auf der gesamten Insel stark zerklüftet; sogar der Teil, der als östliche Ebene bezeichnet wird und den man auf dem europäischen Festland vermutlich Hügelkette nennen würde, ist alles andere als gleichförmig. Die auf diese Weise entstehende Vielzahl von Abhängen und Hügeln, die zumeist von der Sonne überflutet werden, aber aufgrund des Einflusses des Meeres und wegen der Niederschläge und der Pflanzendecke relativ feucht bleiben, erklärt auch, warum die Reben fast überall wachsen. Lediglich die Höhe setzt dem Weinbau Grenzen.

Die Oberflächengestalt und die klimatischen Unterschiede, die sie bewirkt, kennzeichnen zusammen mit drei hauptsächlichen Bodentypen die Weinproduktion, die zum Großteil aus Land- und Tafelweinen besteht. Der am weitesten verbreitete Boden hat sich aus Granitgestein gebildet; er ist fast im gesamten Süden und Westen der Insel vertreten. Im Nordosten trifft man auf Schieferböden, und zwischen diesen beiden Zonen gibt es ein kleines Gebiet mit Kalksteinböden.

Neben importierten Rebsorten findet man auf Korsika spezielle Rebsorten, die einen wirklich originellen Charakter besitzen, insbesondere die Niellucciο-Rebe, die sehr tanninreich ist und auf Kalkstein hervorragend gedeiht. Sciacarellu bietet mehr Fruchtigkeit und liefert Weine, die man eher jung trinkt. Bei den Weißweinen scheint die Rebsorte Malvasia (Vermentinu oder Malvoisie) im Stande zu sein, die besten Weine an der Mittelmeerküste hervorzubringen. 2000 umfassten die als AOC eingestuften Rebflächen 2 541 ha, die 110 044 hl hervorbrachten.

Ganz allgemein trinkt man die Weiß- und vor allem die Roséweine recht jung. Sie passen sehr gut zu allen Meeresfrüchten und zu den hervorragenden einheimischen Ziegenkäse sowie zu Brocciu (Frischkäse aus Schaf- oder Ziegenmilch). Die Rotweine schmecken je nach Alter und Stärke ihrer Tannine zu verschiedenen Fleischgerichten und selbstverständlich zu allen Sorten von Schafkäse.

Vins de Corse

Das Weinbaugebiet der Appellation Vins de Corse umfasst eine Anbaufläche von 1 954 ha. Die verschiedenen Rebsorten, deren jeweiliger Anteil von der Region und dem Weingut abhängt, führen zusammen mit der Vielfalt der Böden zu unterschiedlichen Noten, die in den meisten Fällen eine spezielle Angabe der Unterregion rechtfertigen, deren Name der Appellation hinzugefügt werden darf (Coteaux du Cap Corse, Calvi, Figari, Porto-Vecchio, Sartène). Diese Weine können nämlich auf ganz Korsika erzeugt werden, mit Ausnahme der Anbaufläche der beiden anderen Appellationen. Der größte Teil der 87 050 hl (im Jahre 2000) stammt von der Ostküste, wo es zahlreiche Genossenschaften gibt.

DOM. D'ALZIPRATU
Calvi Cuvée Fiumeseccu 1999

■ 5 ha 25 000 5à8€

Die Domaine d'Alzipratu baut rund um Zilia, im Departement Haute-Corse, 31 ha Reben an. Niellucciu und Sciacarellu vereinigen sich zu einem granatroten Wein, dessen Unterholzaromen sich in der Nase wie auch im Mund zeigen. Diese Cuvée ist trinkreif.

Pierre Acquaviva, 20214 Zilia,
Tel. 04.95.62.75.47, Fax 04.95.60.32.16
Mo–Sa 8h–12h 14h–19h

JEAN-BERNARDIN CASABIANCA
Centenaire du fondateur 1999*

■ 10 ha 65 000 3à5€

Die Familie Casabianca führt eines der größten Weingüter an der Ostküste (310 ha); die Bestockung ist hier somit sehr vielfältig. Diese «hundertjährige» Cuvée, die den Gründer des Guts ehrt, kündigt schon im Geruchseindruck ihre Stärke durch Aromen von roten Früchten und Gewürzen an. Im Mund zeigt sie viel Länge. Der klassische **rote 99er Vin de Corse** des Guts ist ebenfalls sehr gelungen und recht typisch für die Rebsorte Niellucciu. Er ist für die Alterung ebenso geeignet wie der erste Wein. Der **weiße 2000er Domaine Casabianca** erhält eine lobende Erwähnung.

Jean-Bernardin Casabianca, 20230 Bravone,
Tel. 04.95.38.81.91, Fax 04.95.38.81.91 n. V.

CASONE 2000**

◪ 40 ha 250 000 3à5€

Dieser Wein, eine hochwertige Cuvée der Genossenschaftskellerei Saint-Antoine in Ghisonaccia, war für die Wahl zum Lieblingswein 2002 im Gespräch. Er hat eine helle, strahlende rosa Farbe und verführt duch seine Duftpalette, die aus weißen Blüten und Aromen besteht, die der Macchia entlehnt sind, wie etwa Erika. Der Geschmack ist leicht, hält aber sehr lang an, so dass er einen Genuss garantiert. Ein Wein, den man zu einem korsischen Wurstgericht oder zu Krevetten servieren sollte. Er reicht auch allein schon aus.

Coop. de Saint-Antoine, 20240 Ghisonaccia,
Tel. 04.95.56.61.00, Fax 04.95.56.61.60
n. V.

CORSICAN 2000*

◪ 50 ha 100 000 -3€

Dieser Rosé, der zu 90 % von sorgfältig vinifizierten Sciacarellu-Trauben stammt, entfaltet sich zu eleganten fruchtigen und würzigen Noten. Die sortentypischen Merkmale kommen im Geschmack in Form einer recht ausgeprägten Lebhaftigkeit und einer gewissen Länge zum Vorschein. Ein Rosé, den man zu Lachstatar mit Sauerampfer servieren sollte. Der **rote 99er Corsican** ist ebenfalls sehr gelungen: Er hat eine rubinrote Farbe mit ein paar Reflexen, die auf die Entwicklung zurückgehen, und entfaltet Aromen von roten Früchten und animalische Nuancen. Er verdient, dass man ihn 2003 erneut probiert. Der **99er Terra Nostra** (Preisgruppe: 20 bis 29 F), eine andere Cuvée der Marana, ist ein sehr leichter Rotwein aus Niellucciu-Trauben. Die Jury erkannte ihm eine lobende Erwähnung zu.

SICA Uval, Rasignani, 20290 Borgo,
Tel. 04.95.58.44.00, Fax 04.95.38.38.10,
E-Mail uval.sica@wanadoo.fr
tägl. 9h–12h 15h–19h

CLOS CULOMBU
Calvi Cuvée Prestige 1999*

■ 10 ha 35 000 5à8€

Der stets freundliche Etienne Suzzoni verfügt über ein schönes Terroir mit Quarzsandböden. Sein Wein entfaltet sich voller Sanftheit mit lang anhaltenden Röst- und Vanillearomen. Der Verkoster nimmt eine große Ausdrucksstärke wahr. Beachten sollte man die Qualität des **weißen 2000er Vin de Corse Calvi** und des **2000er Rosé Vin de Corse Calvi,** die von der Jury lobend erwähnt wurden. Der eine ist noch ein wenig schüchtern, dürfte sich aber bald entfalten; der andere bietet bereits seine blumigen Aromen.

Etienne Suzzoni, Clos Culombu,
chem. San-Pedru, 20260 Lumio,
Tel. 04.95.60.70.68, Fax 04.95.60.63.46,
E-Mail culombu.suzzoni@wanadoo.fr
tägl. 9h–12h 15h–20h

DOM. FILIPPI 1999*

■ 30 ha 40 000 5à8€

Toussaint Filippi, der im letzten Jahr eine Liebeserklärung für einen 98er erhielt, besitzt einen Weinberg, der nicht weit entfernt vom Meer in Linguizzetta liegt. Syrah und Mourvèdre unterstützen Niellucciu und erzeugen zusammen einen kräftigen Wein, der in seinen Düften von roten Früchten, Leder und Kaffee sehr aromatisch ist. Der Geschmack nimmt die Röstnoten wieder auf, unterstützt durch eine gut verschmolzene Tanninstruktur. Der **2000er Rosé** erhält eine lobende Erwähnung für seinen Reichtum, der ihn dazu bestimmt, eine ganze Mahlzeit zu begleiten.

Toussaint Filippi, La Ruche Foncière,
Arena, 20215 Venzolasca, Tel. 04.95.58.40.80,
Fax 04.95.36.40.55,
E-Mail la-ruche-fonciere@wanadoo.fr
n. V.

DOM. DE LA FIGARELLA
Calvi Cuvée Prestige 2000

□ 4 ha 7 500 5à8€

Dieses Gut befindet sich in Calenzana, auf einem reichhaltigen Boden, der Wein, Honig und aromatische Pflanzen hervorbringt, und baut 34 ha Reben an. Sein Wein zeigt einen guten typischen Charakter. Mit seinen intensiven Zitrusaromen (Pampelmuse) und seinem lebhaften Geschmack kann er gegrillten Fisch begleiten.

Achille Acquaviva, dom. La Figarella,
rte de l'Aéroport, 20214 Calenzana,
Tel. 04.95.65.07.24, Fax 04.95.65.41.58
Mi, Sa 15h–18h

CLOS LANDRY Calvi 1999

■ 8 ha 32 000 5à8€

Das 1900 entstandene Gut liegt in der Nähe des Flughafens von Calvi und kann somit für den Weinliebhaber, der von auswärts kommt, eine erste Station bilden, um die korsischen Terroirs zu entdecken. Neben dem **weißen 2000er Vin de Cors Calvi** und dem **2000er Rosé** hat die Jury diesen recht leichten Rotwein mit den Aromen roter Früchte lobend erwähnt. Er ist im Geschmack knackig und verdient, dass man ihn bei einem Barbecue zu einem Entrecote trinkt.

Fabien et Cathy Paolini, Clos Landry, rte de l'Aéroport, 20260 Calvi, Tel. 04.95.65.04.25, Fax 04.95.65.37.56, E-Mail closlandry@wanadoo.fr

Mo–Sa 9h–12h 14h–19h; Dez. geschlossen

DOM. MAESTRACCI Calvi E Prove 1998★★

■ 6 ha 32 000 8à11€

Bei seiner Cuvée E Prove ist diesem Gut ein schönes Trio gelungen. Dieser im Holzfass ausgebaute Rotwein ist komplex und kräftig. Seine Aromen von roten Früchten, die eine animalische Nuance unterstreicht, hinterlassen einen lang anhaltenden Eindruck im Nasen-Rachen-Raum und fügen sich dabei in einen samtigen Geschmack ein. Reservieren sollte man ihn zu Wildgerichten. Der aus Sciacarellu-Trauben erzeugte **«graue» Vin de Corse Calvi 2000** erstaunt durch seine leicht würzige Seite in der Nase und durch seine Fröhlichkeit im Geschmack; er erhält einen Stern. Der lobend erwähnte **2000er Weißwein** bringt durch seine Zitrusnoten die Rebsorte Vermentinu gut zur Geltung. Unter dem Etikett **Calvi Clos Reginu Rosé 2000** (Preisgruppe: 30 bis 49 F) präsentiert Michel Raoust einen hübschen Rosé in der Tradition der «grauen Weine» von Calvi. Er erhält einen Stern und wird zu einer Tajine von korsischem Lamm (Schmorgericht) köstlich schmecken.

Michel Raoust, Clos Reginu, 20225 Feliceto, Tel. 04.95.61.72.11, Fax 04.95.61.80.16, E-Mail clos.reginu@wanadoo.fr

Mo–Sa 9h–12h 14h–19h30 (im Sommer)

DOM. DU MONT SAINT-JEAN 2000★★

◪ 27 ha 100 000 3à5€

Dieses Gut in Campo Quercio, auf dem Boden der Gemeinde Aléria, feiert dieses Jahr mit einem strahlenden Rosé aus Sciacarellu-Trauben sein Debüt in unserem Weinführer. Ein paar pfeffrige Noten zeigen sich in der Nase, während der mineralische, leicht salzige Geschmack eine bemerkenswerte aromatische Komplexität beweist. Ein origineller Wein, den man zu einem Teller Austern, Fisch oder als Aperitif probieren sollte. Der von der Jury lobend erwähnte **rote 99er Vin de Corse** erscheint viel versprechend.

SCA du Mont Saint-Jean, Campo Quercio, 20270 Aléria, Tel. 04.95.38.59.96, Fax 04.95.38.50.29, E-Mail roger.pouyau@wanadoo.fr

R. Pouyau

CLOS D'ORLEA 2000★★

◪ 30 ha 150 000 5à8€

François Orsucci wird es verstehen, Sie für die Insel, seine Region Aléria und die Veranstaltungen auf Korsika zu interessieren. Als guter Epikuräer lässt er Sie diesen Rosé probieren, der sich zu fruchtigen Aromen entfaltet, die im Mund lang anhalten, und ideal zu einem Eingangsgericht auf der Basis von frischem Gemüse passt. Um einfaches gegrilltes Fleisch zu begleiten, entfaltet der **rote 99er Clos d'Orléa** seine würzigen und pfeffrigen Noten und seinen samtigen Geschmack. Die Jury erkannte ihm einen Stern zu. Den lobend erwähnten **2000er Weißwein** schließlich kann man als Abschluss einer sympathischen Mahlzeit mit Käse kombinieren.

François Orsucci, SCEA Le Clos Léa, 20270 Aléria, Tel. 04.95.57.13.60, Fax 04.95.57.09.64

Mo–Fr 9h–12h 14h–19h

DOM. PERO-LONGO Sartène 2000

□ 2 ha 9 000 5à8€

Der «Löwe» von Rocapina (eine Formation von Granitblöcken), der sich nicht weit vom Gut

Corse (Korsika)

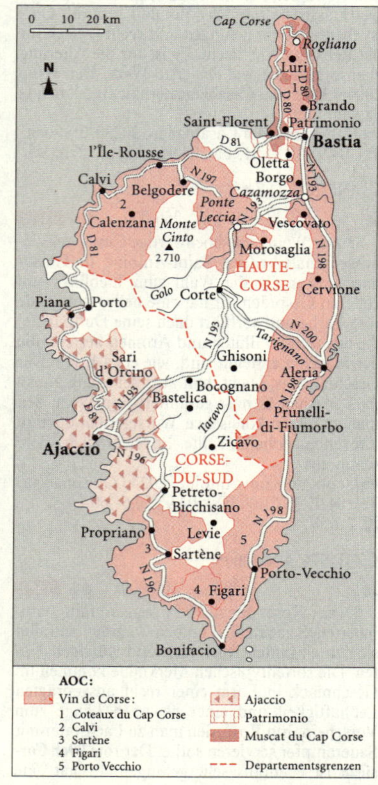

entfernt befindet, blickt dieses Jahr erneut wohlwollend auf Pierre Richarme. Dieser Erzeuger präsentiert einen hübschen Weißwein von heller Farbe, der in der Nase schüchtern, aber im Geschmack harmonisch ist. Der recht kräftige **Rosé** entfaltet großzügig Noten von roten Früchten. Zwei lobend erwähnte Weine, die man zu gegrilltem Fisch oder zu cremigem korsischem Schafkäse servieren sollte.

🔑 Pierre Richarme, lieu-dit Navara, rte de Bonifacio, 20100 Sartène, Tel. 04.95.77.10.74, Fax 04.95.77.10.74
☑ Y n. V.

DOM. DE PIANA 1999

■ 15 ha k. A. 5à8€

Drei lobende Erwähnungen belohnen die Produktion dieses Guts beim Rot-, Weiß- und Roséwein. Dieser 99er von kräftigem Rubinrot entfaltet Düfte von roten Früchten. Im Geschmack zeigt er Lebhaftigkeit und Länge. Der leicht goldfarbene **2000er Weißwein** bietet diskrete Zitronenaromen. Seine Ausgewogenheit und seine Länge machen ihn zu einem Wein zum Essen. Den **2000er Rosé** kann man als Aperitif trinken.

🔑 Ange Poli, Linguizzetta, 20230 San-Nicolao, Tel. 04.95.38.86.38, Fax 04.95.38.94.71
☑ Y n. V.

DOM. PIERETTI
Coteaux du Cap Corse Sélection Vieilles vignes 1999★★★

■ 2 ha 9 600 5à8€

Lina Pieretti gehört zu den wichtigsten Winzerinnen Korsikas. Unterstützt von ihrem Ehemann, leitet sie das Gut seit 1991, als sie in die Fußstapfen ihres Vaters trat. Dieser Wein stammt von alten Niellucciu- und Elegante-Rebstöcken, die in der Nähe der Straße nach Macinaggio angebaut werden. Er hat eine dunkle Rubinfarbe und kommt großzügig in Gewürzen und Früchten zum Ausdruck. Im Mund erinnern die Aromen an Frucht und eine Vanillenote, die dem Holz nichts, aber den Traubensorten alles verdankt. Man kann ihn schon jetzt probieren oder ein paar Jahre aufheben. Merken Sie sich vom selben Gut den sehr gelungenen **weißen 2000er Vin de Corse Coteaux du cap Corse:** einen Vermentinu, der aromatisch und lebhaft ist und lang anhält, bestimmt als Begleitung zu Klippenfisch in Salzkruste. Der in einem modernen Stil bereitete **2000er Rosé** verdient für seine anhaltenden Frucht- und Blütenaromen ebenfalls einen Stern.

🔑 Lina Pieretti Venturi, Santa-Severa, 20228 Luri, Tel. 04.95.35.01.03, Fax 04.95.35.01.03 ☑ Y n. V.

PRESTIGE DU PRESIDENT 2000

□ 2,5 ha 8 000 5à8€

Dieser Weißwein, der aufgrund seiner Zitronennoten recht typisch für die Vermentinu-Traube ist, bietet hinter einer blassen Farbe einen anhaltenden Geschmack. Er ist angenehm und passt gut zu Fisch oder gegrilltem weißem Fleisch. Der **rote 98er Vin de Corse Président Tradition** (Preisgruppe: 20 bis 29 F) verdient eine lobende Erwähnung, denn er zeigt im Mund eine Struktur und intensive Aromen von Gewürzen und rauchigem Unterholz. Er ist sehr entfaltet und ist trinkreif, als Begleiter zu gegrillten *figatelli* (geräucherte Würstchen aus Schweinefleisch, -fett und -leber mit Knoblauch).

🔑 Union de Vignerons de L'Ile de Beauté, Cave coop. d'Aléria, 20270 Aléria, Tel. 04.95.57.02.48, Fax 04.95.57.09.59
☑ Y n. V.

DOM. RENUCCI Calvi 2000★★★

◩ 2,3 ha 30 000 5à8€

Dieser teilweise mittels Saignée-Verfahren (Abstechen des Weins ohne Auspressen der Trauben) vinifizierte Wein stammt überwiegend von der Rebsorte Sciacarellu, ergänzt durch Niellucciu und Syrah. Er hat die Verkoster schon beim Anblick seines hellen Lachsrot und beim Riechen seiner Aromen von weißen Blüten (Akazie, Geißblatt) beeindruckt. Im Geschmack kommt die Ausgewogenheit zwischen einer lebhaften Ansprache und einem Stoff, der von Milde und anhaltenden Aromen weißfleischiger Früchte (Pfirsich und Nektarine) erfüllt ist, vollkommen zu Stande. Ein Wein, den man zum Aperitif oder auch als Begleitung zu einem leicht gewürzten Gericht oder einem milden Käse servieren kann. Der **weiße 2000er Vin de Corse Calvi** mit dem blumig-zitronenartigen Duft erhält eine lobende Erwähnung.

🔑 Bernard Renucci, 20225 Feliceto, Tel. 04.95.61.71.08, Fax 04.95.61.71.08
☑ Y Mo–Sa 10h–12h 16h–19h; Okt. bis April geschlossen

DOM. SAN'ARMETTO Sartène 2000★

□ 3 ha k. A. 3à5€

Vater und Sohn Seroin, früher Genossenschaftsmitglieder, die 1998 wieder zu einer privaten Kellerei zurückgefunden haben, präsentieren einen lebhaften, ausdrucksvollen Weißwein von der Rebsorte Vermentinu. Den Zitrusnoten, die man beim Riechen wahrnimmt, entspricht ein lang anhaltender, einschmeichelnder Geschmack, der ihn zum Aperitif bestimmt. Der **2000er Rosé Vin de Corse Sartène** erhält ebenfalls einen Stern: Er ist noch schüchtern, enthüllt aber dennoch rasch seinen erfrischenden, fruchtigen Charakter und seinen lang anhaltenden, sanften Geschmack.

EARL San Armetto, Les Cannes, 20113 Olmeto, Tel. 04.95.76.05.18, Fax 04.95.76.24.47 n. V.
Paul Gilles Serouin

DOM. DE SAN-MICHELE Sartène 2000

6 ha 35 000 5à8€

Dieser Rosé vom großen Gut San Michele, dessen Reben sich auf einem Granitboden ausbreiten, ist eher fruchtig als blumig: Er erinnert vorzugsweise an rote Früchte. Der lebhafte Wein wird die Geschmacksknospen beim Aperitif erfrischen.

EARL Dom. San-Michele, 24, rue Jean-Jaurès, 20100 Sartène, Tel. 04.95.77.06.38, Fax 04.95.77.00.60

SANT'ANTONE 2000*

40 ha 200 000 3à5€

Ein sehr aromatischer Rosé, der an Himbeere und Blüten der Macchia denken lässt. Man mag seinen runden, weichen Geschmack, der ihn zu Fisch mit Kräutern bestimmt. Der von Niellucciu- und Syrah-Trauben erzeugte **2000er Rotwein** ist ebenfalls sehr gelungen. Er ist fleischig und bietet Aromen roter Früchte, von denen er in den kommenden Monaten profitieren sollte.

Coop. de Saint-Antoine, 20240 Ghisonaccia, Tel. 04.95.56.61.00, Fax 04.95.56.61.60 n. V.

DOM. DE TANELLA
Figari Cuvée Alexandra 1999*

8 ha 35 000 8à11€

Die Domaine de Tanella befindet sich in der Gemeinde Figari, im äußersten Süden Korsikas, in einer sonnenüberfluteten Region, die beständig vom Wind liebkost (und manchmal gepeitscht) wird. Ihre Besitzer haben die Cuvée Alexandra bei der Geburt ihrer Tochter kreiert. Nielluccіu und Sciacarellu haben diesen dunkelkirschroten Wein hervorgebracht, dessen Geruchseindruck eine für die Kleinregion recht typische Mineral- und Jodnote bietet. Ein leichter Holzton bereichert die Aromenpalette. Ein schöner Rotwein, den man zu Wild servieren kann; seine Tannine werden eine Weinsauce unterstützen.

Jean-Baptiste de Peretti della Rocca, Dom. de Tanella, 20114 Figari, Tel. 04.95.70.46.23, Fax 04.95.70.54.40, E-Mail tanella@wanadoo.fr n. V.

TERRA NOSTRA Cuvée Corsica 1999**

k. A. 40 000 5à8€

Alain Mazoyer, Direktor der Kellerei Marana, setzte sich persönlich für die Herstellung dieses Weins ein, von dem nur 40 000 Flaschen erzeugt wurden (was für eine Genossenschaftskellerei wenig ist). Er zeigt ein tiefes Rubinrot und bietet Aromen von roten Früchten und Lakritze. Er ist äußerst kräftig und strukturiert, lässt einen eingebundenen Holzton erkennen und entfaltet sich voller Harmonie. Obwohl er würdig ist, dass er am Jahresende die festlichen Mahlzeiten begleitet, kann man ihn auch zwei bis drei Jahre im Keller aufbewahren.

Cave coop. de La Marana, Rasignani, 20290 Borgo, Tel. 04.95.58.44.00, Fax 04.95.38.38.10, E-Mail uval.sica@wanadoo.fr Mo–Sa 9h–12h 15h–19h

DOM. DE TORRACCIA
Porto-Vecchio 2000*

8 ha 25 000 5à8€

Dieser Wein zwischen reintönigem Rosa und Lachsrot verführt durch seinen zurückhaltend fruchtigen Duft, der aus Pfirsich und Kirsche besteht. Die gleichen Aromen zeigen sich in einem angenehm frischen Geschmack. Ein hübscher Wein, den man zu Lachs-Carpaccio mit Dill und Olivenöl (das dieses Gut ebenfalls produziert) trinken sollte. Der **weiße Vin de Corse Porto Vecchio** (Preisgruppe: 50 bis 69 F) verdient eine lobende Erwähnung: Er ist recht lebhaft, zeigt eine gute Nachhaltigkeit und kann als Aperitif getrunken werden. Der ebenfalls lobend erwähnte **rote 99er Oriu** (Preisgruppe: 70 bis 99 F) zeichnet sich durch einen würzigen Charakter aus, der von den Sciacarellu-Trauben herrührt, aus denen er teilweise zusammengestellt worden ist.

Christian Imbert, Dom. de Torraccia, Lecci, 20137 Porto-Vecchio, Tel. 04.95.71.43.50, Fax 04.95.71.50.03 tägl. 8h–12h 14h–18h

DOM. VICO 2000**

8,5 ha 30 000 5à8€

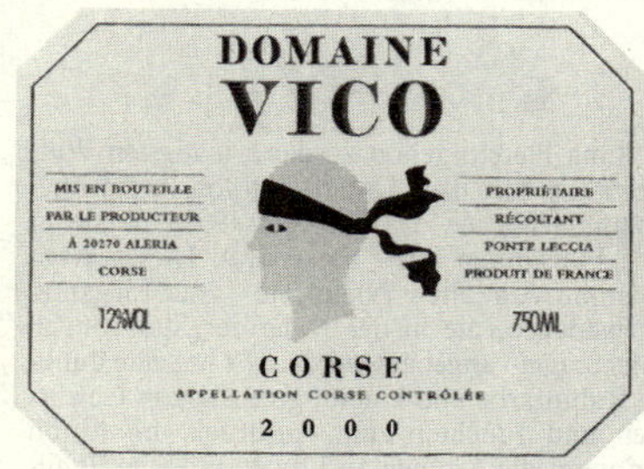

Die Domaine Vico ist das einzige Weingut im Zentrum der Insel, in Ponte-Leccia. Jean-Marc Venturi, der außerdem Direktor der Genossenschaftskellerei von Aléria ist, hat sich mit Yves Melleray, dem Önologen von Casinca, zusammengetan und in einer Kleinregion, die aufgrund der starken Fröste im Winter und der großen Hitze im Sommer heikel ist, diesen Weinberg angelegt. Das Wagnis ist geglückt, wenn man nach diesem klaren, ausdrucksvollen Weißwein mit den Aromen von weißen Blüten und Sommerfrüchten urteilt. Der füllige, milde Geschmack wird durch eine säuerliche Note ausgeglichen. Ein Wein, den man zu Fisch oder Hartkäse probieren sollte. Der **2000er Rosé Vin de Corse** des Guts ist übrigens sehr gelungen: Sein fülliger Geschmack und seine leicht weinige Seite begünstigen die Kombination mit pikanter Küche. Der **99er Rotwein** verdient ebenfalls einen Stern, denn er ist noch voll knackiger Frucht, wobei er dank seiner Struktur einige Zeit im Keller lagern kann.

Dom. Vico, 20218 Ponte-Leccia,
Tel. 04.95.47.61.35, Fax 04.95.36.50.26
☑ Y n. V.

Ajaccio

Die Rebflächen der Appellation Ajaccio nehmen 200 Hektar auf den Hügeln ein, die sich im Umkreis von einigen zehn Kilometern rund um den Hauptort des Departements Corse-du-Sud und seinen berühmten Golf erheben. Auf zumeist granithaltigen Böden wird hauptsächlich die Rebsorte Sciacarellu angebaut. Die Rotweine, die man altern lassen kann, stellen mit 60,5 % den Hauptteil der Produktion dar, die 2000 bei 6 558 hl lag.

DOM. COMTE ABBATUCCI
Cuvée Antoine Abbatucci 2000*

□ 7 ha 15 000 5à8€

Seit Ende 2000 wendet das Weingut Abbatucci biologische Anbaumethoden an und wendet sich biologisch-dynamischen Prinzipien zu. Jean-Charles Abbatucci, gegenwärtig der Vorsitzende der Appellation, beweist Regelmäßigkeit in der Pflege seiner Produktion, wie seine Weißweine und der **2000er Rosé,** die sehr gelungen sind, sowie der von der Jury lobend erwähnte **rote 99er Ajaccio Cuvée Antoine Abbatucci** belegen. Der weiße Ajaccio bringt in seinen Zitrusaromen und seinem fülligen Geschmack die Rebsorte Vermentinu zum Ausdruck. Er verdient, dass man ihn zu einem nicht stark gereiften Käse trinkt. Der sehr mineralische Rosé verführt durch seine Konsistenz und seine Länge.

Dom. Comte J.C. Abbatucci,
Lieu-dit Chiesale, 20140 Casalabriva,
Tel. 04.95.74.04.55, Fax 04.95.74.04.55,
E-Mail dom-abbatucci@infonie.fr
J.C. Abbatucci

CLOS D'ALZETO 1996*

■ 10 ha 30 000 5à8€

Ein 43 ha großes Gut, das eine Entdeckung wert ist: Es befindet sich im Appellationsgebiet ein wenig abgelegen und bietet die Originalität, dass es das am höchsten gelegene Weingut Korsikas ist (in 500 m Höhe). Von seinem Sohn unterstützt, präsentiert Pascal Albertini einen kräftigen, eleganten 96er, der das Ergebnis einer traditionellen Vinifikation ist. Dieser fünf Jahre alte Wein beweist das Potenzial der Weine der AOC Ajaccio. Der **weiße 2000er Ajaccio** mit den diskreten Aromen von weißen Blüten wird lobend erwähnt.

Pascal Albertini, Clos d'Alzeto, 20151 Sari d'Orcino, Tel. 04.95.52.24.67,
Fax 04.95.52.27.27 ☑ Y n. V.

CLOS CAPITORO 1999*

■ 35 ha 160 000 8à11€

Jacques Bianchetti ist seit Ende März 2001 der neue Bürgermeister von Cauro. Sein Gut nimmt einen Teil dieser Gemeinde sowie der Gemeinde Porticcio ein. Dieser aus Sciacarellu- und Grenache-Trauben erzeugte 99er ist reich an Pfefferaromen, vor einem Hintergrund von roten Früchten. Sein warmer Geschmack macht ihn zu einem perfekten Begleiter für Wachteln mit Weintrauben. Der Clos Capitoro zeichnet sich auch durch einen sehr gelungenen **2000er Ajaccio-Rosé** aus, der Gewürznoten bietet. Der frische, blumige **2000er Weißwein** verdient eine lobende Erwähnung.

Jacques Bianchetti, Clos Capitoro,
Pisciatella-Cauro, 20166 Porticcio,
Tel. 04.95.25.19.61, Fax 04.95.25.19.33,
E-Mail info@clos-capitoro.com ☑ Y n. V.

DOM. ALAIN COURREGES 1999*

■ 4,4 ha 8 000 5à8€

An der Straße nach Porto Polo werden Sie dieses 28 ha große Weingut entdecken. Alain Courrèges wird Ihnen dort diesen recht dunklen Wein vorstellen, dessen animalische Noten sich in der Nase wie auch im Mund intensiv entfalten, begleitet von Unterholz- und Lederaromen. Ein strukturierter Ajaccio, den man zu Wild mit Sauce trinken sollte.

Alain Courrèges, 20123 Cognocoli,
Tel. 04.95.24.35.54, Fax 04.95.24.38.07
☑ Y n. V.

CLOS ORNASCA 2000*

□ k. A. 5 250 5à8€

Laetitia Tola, eine in ihrer Appellation tatkräftige Winzerin, die von ihrem Vater Vincent unterstützt wird, beweist mit einem für die Vermentinu-Traube typischen Wein ihre Qualitäten als Weinmacherin. Dieser 2000er enthüllt nämlich einen Duft von Zitrusfrüchten, die sich mit ein paar Anisgerüchen verbinden, und setzt sich dann dauerhaft im Geschmack fort. Der **2000er Ajaccio-Rosé** ist ebenfalls sehr gelungen. Er entfaltet sich freigebig im blumigen Register, das für die Rebsorte Sciacarellu typisch ist, und kann als Aperitif ebenso wie zu gebratenem Fisch getrunken werden.

Laetitia Tola, Clos Ornasca,
Eccica Suarella, 20117 Cauro,
Tel. 04.95.25.09.07, Fax 04.95.25.96.05
☑ Y Mo–Sa 8h–18h; Gruppen n. V.

DOM. COMTE PERALDI 2000*

k. A. 54 000 5à8€

Das Ansehen der Domaine Comte Péraldi ist allgemein bekannt. Der 2000er Rosé und der **99er Rotwein,** die von einer ebenso dynamischen wie sympathischen Mannschaft erzeugt wurden, sind beide sehr gelungen. Beim Ersten wird man die aromatische Stärke und die große Rundheit im Geschmack feststellen, die ihn zu einem sehr eleganten Wein machen. Der rote Ajaccio von intensiver Farbe besitzt eine recht deutlich spürbare Struktur mit animalischen und vanilleartigen Nuancen. Dieser Wein, den man zum Vergnügen trinkt, kann in einem guten Keller lagern, damit er sich in ein bis zwei Jahren zu mariniertem rotem Fleisch oder einem exotischen Gericht offenbart.

Guy Tyrel de Poix, Dom. Peraldi, chem. du Stiletto, 20167 Mezzavia, Tel. 04.95.22.37.30, Fax 04.95.20.92.91 n. V.

DOM. DE PIETRELLA 1999

2 ha 9 000 5à8€

Für ihren ersten Auftritt in unserem Weinführer erhält die Domaine de Pietrella, die im Bezirk Eccica Suarella liegt, eine zweifache lobende Erwähnung für ihren **2000er Ajaccio-Rosé** von heller Farbe, mit den diskreten Aromen von roten Früchten, und für diesen aromatischen Rotwein, der voller Feinheit und Eleganz ist. Zwei Weine, die man zu einer schmackhaften sommerlichen Küche trinken sollte.

Toussaint Tirroloni, Dom. de Pietrella, 20117 Cauro, Tel. 04.95.25.19.19 n. V.

DOM. DE PRATAVONE 2000**

4 ha 17 000 3à5€

Die dritte Liebeserklärung für Isabelle Courrèges, eine Winzerin und Önologin. Dieser Rosé stammt von Sciacarellu-Reben, die auf einem Quarzsandboden angepflanzt sind. Er ist hell und reintönig und entfaltet sich zu Aromen roter Früchte (Erdbeere und Himbeere). Die gleiche Fruchtigkeit kommt im Mund schon bei der Ansprache zum Vorschein und setzt sich lang anhaltend fort, wobei sie einen Eindruck von sehr angenehmer Frische hinterlässt. Probieren sollte man auch den **roten 98er Ajaccio,** dem die Jury einen Stern zuerkannte: Er ist für die Appellation typisch und hält im Geschmack mit würzigen Noten an.

Jean et Isabelle Courrèges, Dom. de Pratavone, Pila-Canale, 20123 Cognocoli-Monticchi, Tel. 04.95.24.34.11, Fax 04.95.24.34.74 Mo–Sa 8h30–12h 15h30–19h30; außerhalb der Saison n. V.

Patrimonio

Die kleine Enklave (389 ha im Jahre 2000) mit Kalksteinböden, die sich vom Golf von Saint-Florent nach Osten und insbesondere nach Süden erstreckt, zeigt wirklich die Merkmale eines sehr einheitlichen Anbaugebiets. Wenn die Bestockung gut gewählt ist, kann man hier Weine von sehr hohem Niveau erhalten. Nielluciu bei den roten und Malvasia bei den weißen Traubensorten dürften sehr bald die ausschließlich verwendeten Rebsorten werden; sie liefern hier bereits Weine von ausgezeichneter Qualität, die im Charakter sehr typisch sind, vor allem prächtige Rotweine mit guter Alterungsfähigkeit. Die Produktion liegt bei 17 435 hl, wovon 3 040 hl Weißweine sind.

CLOS DE BERNARDI
Crème de tête 1999*

k. A. 18 000 5à8€

Jean-Laurent de Bernardi, gegenwärtig Vorsitzender der Appellation, vernachlässigt darüber nicht seine Reben und seinen Keller. So präsentiert er einen schon sehr offenherzigen Wein mit Lederdüften, der als 98er zum Lieblingswein gewählt wurde. Der lang anhaltende Geschmack erinnert an Wild und lässt eine glückliche Verbindung mit Wildgerichten (beispielsweise Wildschwein mit Sauce) vorhersagen. Diesen Wein kann man auch im nächsten Sommer genießen. Der **weiße 2000er Patrimonio** wird lobend erwähnt: Sein Geruchseindruck ist zwar diskret, aber sein Geschmack bringt die Vornehmheit der Rebsorte, von der er stammt, in Erinnerung.

Jean-Laurent de Bernardi, 20253 Patrimonio, Tel. 04.95.37.01.09, Fax 04.95.32.07.66 n. V.

DOM. DE CATARELLI 1999**

2 ha 9 000 8à11€

Sein Können und seine Kenntnis der Rebsorte und des Terroir haben es Laurent Le Stunff ermöglicht, diesen leicht ziegelroten Rotwein zu erzeugen, der von zum Mittelmeer hin abfallenden Rebparzellen stammt. Der Duft zeigt einen angenehmen mineralisch-jodartigen Charakter, der in der Appellation Patrimonio ziemlich selten ist. Im Geschmack dominiert die Feinheit über die Stärke, so verschmolzen erscheinen die Tannine. Der mineralische Eindruck bestätigt sich, auf subtile Weise mit den Aromen von roten Früchten vermischt. Ein Wein, den man zu einem mit Küchengarn in Form gebundenen Rinderfilet trinken sollte. Sie können diese Flasche zwei bis drei Jahre altern lassen, damit Sie den Wein in noch besserer Qualität wieder entdecken.

⊶ EARL Dom. de Catarelli, marine de Farinole, 20253 Patrimonio, Tel. 04.95.37.02.84, Fax 04.95.37.18.72 ☑ Y Mo–Sa 9h–12h 15h–18h
⊶ Laurent Le Stunff

DOM. GENTILE Sélection noble 1998**

■ 2 ha 8 000 11 à 15 €

Ein großer Wein, der in kleiner Menge präsentiert wird. Er stammt von einer Parzellenauswahl und ist dank eines gut gemeisterten Ausbaus im Holzfass für die Lagerung vinifiziert. Die Vornehmheit der Niellucciu-Traube kommt in der leicht ziegelroten Granatfarbe wie auch in den Aromen von roten Früchten zum Vorschein, die ein Hauch von Unterholz unterstreicht. Im Geschmack ist die Stärke vorhanden, aber die Tannine sind sanft und werden von einer unvergleichlichen aromatischen Länge begleitet. Da Vornehmheit nach etwas Edlem verlangt, sollten Sie diesen Wein zu Kapaun mit Gänseleber im Potaufeu servieren. Merken sollte man sich auch den **weißen 2000er Patrimonio** (Preisgruppe: 50 bis 69 F) mit den Ananas- und Zitrusaromen. Er ist sanft und lang anhaltend, typisch für die Vermentinu-Traube, und erhält eine lobende Erwähnung.

⊶ Dom. Gentile, Olzo, 20217 Saint-Florent, Tel. 04.95.37.01.54, Fax 04.95.37.16.69 ☑ Y Mo–Sa 9h–12h 14h30–18h30; außerhalb der Saison n. V.

DOM. GIACOMETTI Cru des Agriates 2000*

◪ 5,43 ha 20 000 5 à 8 €

Die Domaine Giacometti, die in der Agriates-Wüste liegt, präsentiert ihre Weine erstmals bei der Verkostung unseres Weinführers. Der Erfolg stellt sich ein: Der **weiße 2000er Patrimonio** und der **rote 99er Patrimonio** erhalten eine lobende Erwähnung, dieser Rosé einen Stern. Er hat eine intensive Farbe und besitzt einen fruchtigen Charakter, der an Erdbeere und schwarze Johannisbeere erinnert. Man kann ihn während einer Mahlzeit servieren, zu gegrilltem Fisch oder Couscous. Er ist schon trinkreif und kann auch das nächste Frühjahr abwarten.

⊶ Christian Giacometti, Casta, 20217 Saint-Florent, Tel. 04.95.37.00.72, Fax 04.95.37.19.49 ☑ Y n. V.

DOM. GIUDICELLI 2000**

◪ 0,8 ha 3 600 8 à 11 €

Ein sorgfältig gepflegter, 12 ha großer Weinberg, ein nagelneuer Keller und Vinifizierungsmethoden, die Tradition und modernen Fortschritt verbinden, haben es Michel Giudicelli ermöglicht, diesen strahlenden, reintönigen Rosé zu erzeugen, der für eine Liebeserklärung im Gespräch war. Durch seine Aromen von weißen Blüten und Kirsche lässt er an den Frühling denken. Dank seines kräftigen, frischen Geschmacks kann er bis zum Frühjahr im Keller ruhen.

⊶ Muriel Giudicelli, Paese Novu, 20213 Penta di Casinca, Tel. 04.95.36.45.10, Fax 04.95.36.45.10 ☑ Y n. V.

DOM. LAZZARINI 2000**

☐ 4 ha 10 000 3 à 5 €

Die Brüder Lazzarini sind außerordentlich warmherzige Menschen und gewissenhafte Winzer. Dank ihrer Erfahrung und ihrer Sorgfalt bei der Auslese der Trauben haben sie einen komplexen Wein von der Vermentinu-Rebe erzeugt, der sehr kräftig ist und mit Aromen exotischer Früchte lang anhält. Servieren Sie diesen 2000er zu Jakobsmuscheln. Der **2000er Patrimonio-Rosé** und der **99er Rotwein** (Preisgruppe: 30 bis 49 F), die von der Niellucciu-Traube stammen, erhalten einen Stern. Der Erste hat eine hellrosa Farbe und erinnert an Himbeere und Mango; der Zweite, der mit seiner rubinroten Farbe erlesen wirkt, besitzt höfliche Tannine.

⊶ GAEC de la Cave Lazzarini, rte de la Cathédrale, 20217 Saint-Florent, Tel. 04.95.37.13.17, Fax 04.95.37.13.17 ☑ Y n. V.

DOM. LECCIA 2000**

☐ 3 ha 16 000 8 à 11 €

Ein neuer Jahrgang und eine neuerliche Liebeserklärung beim Weißwein für die Domaine Leccia. Dieser Wein bietet eine Entladung von Aromen exotischer Früchte, die von Honig- und Mentholnoten begleitet werden. Im Geschmack entfaltet er sich ohne jegliche Aggressivität, sehr sanft und lang anhaltend. Als Begleitung dazu drängt sich gebratener Kapaun auf, mit Balagne-Olivenöl gewürzt.

🔑 Dom. Leccia, 20232 Poggio-d'Oletta,
Tel. 04.95.37.11.35, Fax 04.95.37.17.03
☑ 🍷 n. V.

DOM. LECCIA 1999**

■ 10 ha 40 000 🍾🌡 8 à 11 €

Die Nielluccìu-Traube, eine heikle Rebsorte, kommt hier mit Noten von roten Früchten und Gewürzen perfekt zur Geltung. Die von verschmolzenen Tanninen unterstützte Struktur wird von einer langen Entfaltung der Aromen begleitet. Es gibt Fülle in diesem Wein, der Wild oder Fleisch mit Sauce begleiten kann. Der **2000er Rosé Domaine Leccia** stammt von vollkommen reifen Niellucciu-Trauben. Er erinnert in der Nase mehr an Früchte als an Blüten und entfaltet einen fetten Geschmack, der nie schwer wird. Ein sehr gelungener Wein zum Essen, der würdig ist, einen nicht zu stark gereiften korsischen Käse zu begleiten.

🔑 Dom. Leccia, 20232 Poggio-d'Oletta,
Tel. 04.95.37.11.35, Fax 04.95.37.17.03
☑ 🍷 n. V.

CLOS MARFISI 2000*

□ 2,56 ha k. A. 🍾🌡 8 à 11 €

Der Clos Marfisi ist ein 11 ha großer Weinberg, der sorgfältig angebaut wird; ein Teil davon liegt an der Straße nach Nonza, westlich von Cap Corse. Von dieser hübschen Rebparzelle kommt ein blassgelber Weißwein mit strahlend grünen Reflexen. Der Geruchseindruck bietet ein Festival der Aromen, unter denen man für die Vermentinu-Traube typische Zitrusaromen (Zitrone und Pampelmuse) erkennt. Der **rote 99er Patrimonio** ist ebenfalls sehr gelungen. Die Rebsorte Niellucciu kommt darin in Röst- und Gewürzenoten zum Ausdruck. Ein Wein, den man zu gegrilltem Fleisch trinken sollte.

🔑 Toussaint Marfisi, Clos Marfisi,
av. Jules-Yentre, 20253 Patrimonio,
Tel. 04.95.37.01.16, Fax 04.95.37.06.37
☑ 🍷 Mo–Sa 9h–19h; 1. Dez. bis 31. März geschlossen

CLOS MONTEMAGNI
Cuvée Prestige du Menhir 2000**

□ 1 ha 5 000 🍾🌡 8 à 11 €

Dieser 2000er von heller Farbe mit grünen Reflexen erinnert in der Nase an Zitrusfrüchte, die ein für einen Weißwein ungewöhnlicher Hauch von sauren Drops begleitet. Der füllige, süße Geschmack prägt die Persönlichkeit dieses knackigen, anhaltenden Patrimonio. Er wird sich zu einem Salat aus Meeresfrüchten und Lachs entfalten oder die Geschmacksknospen beim Aperitif erregen. Der **rote 99er Patrimonio Prestige du Menhir** erhält einen Stern: Sein noch schüchterner Duft, der aber ein gutes Vorzeichen ist, und sein weicher, fruchtbetonter Geschmack, den animalische Noten begleiten, bestimmen ihn zu einer erfolgreichen Kombination mit gebratener Wachtel mit Kastanien.

🔑 SCEA Montemagni, 20253 Patrimonio,
Tel. 04.95.37.14.46, Fax 04.95.37.17.15
☑ 🍷 tägl. 8h–12h 14h–18h
🔑 L. Montemagni

DOM. LOUIS MONTEMAGNI 1999**

■ 20 ha 30 000 🍾🌡 5 à 8 €

Dieser dunkelgranatrote Wein, der sehr kräftig und harmonisch ist, war Anwärter auf eine Liebeserklärung. Sein ausdrucksvoller Duft verbindet Gewürze mit roten Früchten. Diese intensiven Aromen findet man im Geschmack wieder, unterstützt von einer fein gearbeiteten Struktur. Dieser Wein kann auf würdige Weise ein Hochrippenstück vom Rind begleiten. Ein paar Flaschen werden in Ihrem Keller perfekt altern. Den sehr gelungenen **2000er Patrimonio-Rosé** kann man unter die «grauen Weine» einreihen. Er entlädt sich in blumigen Aromen von Rosen und Apfelblüten. Die Sanftheit des Geschmacks macht ihn zu einem einschmeichelnden Wein, den man als Aperitif oder zu Feldsalat mit Sahnesauce trinken kann.

🔑 SCEA Montemagni, 20253 Patrimonio,
Tel. 04.95.37.14.46, Fax 04.95.37.17.15
☑ 🍷 tägl. 8h–12h 14h–18h

ORENGA DE GAFFORY 2000

◪ 13 ha 65 000 🍾🌡 8 à 11 €

Die Verkoster haben die helle Farbe und die milde und zugleich frische Struktur dieses Roséweins geschätzt, der auf angenehme Weise ein Grillgericht beim Barbecue begleiten kann. Der **rote 99er Patrimonio Cuvée des Gouverneurs** erhält ebenfalls eine lobende Erwähnung. Er ist noch vom Holz seines achtmonatigen Ausbaus geprägt und entfaltet Vanille- und Schokoladenaromen. Dank seiner Struktur kann er zwei bis drei Jahre im Keller lagern.

🔑 GFA Orenga de Gaffory, Morta-Majo,
20253 Patrimonio, Tel. 04.95.37.45.00,
Fax 04.95.37.14.25,
E-Mail orenga.de.gaffory@wanadoo.fr
☑ 🍷 n. V.

DOM. PASTRICCIOLA 2000

□ 1,45 ha 4 000 🍾🌡 5 à 8 €

An der wunderschönen Straße, die von Patrimonio nach Saint-Florent führt, präsentiert dieses Gut, das 1989 drei leidenschaftlich für die Umstrukturierung des Anbaugebiets eintretende Männer übernommen haben, einen strahlenden Weißwein mit diskreten, aber sehr feinen Aromen. Die Vermentinu-Traube zeigt sich in Form ihrer charakteristischen Zitrusnoten. Der **2000er Patrimonio-Rosé** wird ebenfalls lobend erwähnt. Er ist sehr leicht und ganz durch Rosenaromen bestimmt und kann einen Salat aus frischem Gemüse begleiten.

🔑 GAEC Pastricciola, rte de Saint-Florent,
20253 Patrimonio, Tel. 04.95.37.18.31,
Fax 04.95.37.08.83 ☑ 🍷 tägl. 9h–19h

DOM. ALISO ROSSI
Fleurs d'Amandiers 2000

□ 1 ha k. A. 🍾🌡 11 à 15 €

Von diesem strahlenden Wein gehen fruchtige und zitronenartige Düfte aus, die er von der Rebsorte Vermentinu geerbt hat. Der runde Geschmack lädt zu einer Verbindung mit Fisch an Sauce ein. Der **rote 99er Patrimonio** (Preisgruppe: 50 bis 69 F) erhält ebenfalls eine lobende Erwähnung; zwei bis drei Jahre Lagerung wer-

den es ihm erlauben, seinen holzbetonten Charakter einzubinden.
Dominique Rossi, Dom. Aliso Rossi, 20246 Santo-Pietro-di-Tenda, Tel. 04.95.37.15.96, Fax 04.95.37.18.05 n. V.

DOM. SAN QUILICO 2000*

1,65 ha 8 000 5 à 8 €

Die Domaine San Quilico ist ein 35 ha großes Gut in einem Stück, das sich in der Gemeinde Poggio d'Oletta befindet. Ihr weißer Patrimonio bietet einen Korb mit Zitrusfrüchten und exotischen Früchten – Aromen, die ein umfangreicher, weicher, lang anhaltender Geschmack wieder aufgreift. Der **2000er Rosé** ist ebenfalls sehr gelungen: Seine Aromenpalette bewegt sich im gleichen Register wie die des Weißweins, was selten ist. Somit kann er feine Backwaren begleiten. Der **rote 99er Patrimonio** schließlich wird wegen seiner angenehmen Struktur und seiner erfrischenden Kirscharomen lobend erwähnt.

EARL Dom. San Quilico, Morta Majo, 20253 Patrimonio, Tel. 04.95.37.45.00, Fax 04.95.37.14.25 n. V.

CLOS TEDDI 2000*

3 ha 8 700 5 à 8 €

Marie-Brigitte Poli-Juillard, eine junge Winzerin, hat ihren Einstand im Hachette-Weinführer. 1996 übernahm sie die Leitung des Guts in Familienbesitz, das in der Agriates-Wüste, in der Gemeinde Casta, liegt. Sie wird von ihrem Mann unterstützt und erhält für ihre zweite Vinifizierung zwei Auszeichnungen: dank eines ausdrucksvollen **2000er Weißweins,** der von der Jury lobend erwähnt wurde, und dieses ausgewogenen Roséweins. Er ist schon in der Ansprache erfrischend und bietet eine ganze Aromenpalette von Blüten und exotischen Früchten.
Marie-Brigitte Poli-Juillard, Hameau de Casta, sentier des Agriates, 20217 Saint-Florent, Tel. 04.95.37.24.07, Fax 04.95.37.24.07 n. V.

SÜDWESTFRANKREICH (SUD-OUEST)

Das Weinbaugebiet von Südwestfrankreich, das unter ein und demselben Namen so weit voneinander entfernte Appellationen wie Irouléguy, Bergerac oder Gaillac vereinigt, fasst die Weine, die man in Bordeaux «Weine aus dem Oberland» nannte, und das Anbaugebiet des Adour zusammen. Bis zum Bau der Eisenbahn unterstand der erstgenannte Bereich, der den Weinbaugebieten der Garonne und der Dordogne entspricht, der Weisungsbefugnis von Bordeaux. Dank seiner geografischen Lage und der königlichen Privilegien diktierte der «Hafen des Mondes» den Weinen aus Duras, Buzet, Fronton, Cahors, Gaillac und Bergerac sein Gesetz. Alle mussten warten, bis die Lese von Bordeaux vollständig an die Weinliebhaber jenseits des Ärmelkanals und an die holländischen Weinhändler verkauft war, bevor sie selbst verschifft wurden – sofern man sie nicht als «medizinischen» Wein verwendete, um einigen Clarets zu mehr Stärke zu verhelfen. Die Weine vom Fuß der Pyrenäen hingegen waren nicht von Bordeaux abhängig, mussten aber eine riskante Schiffsreise auf dem Adour hinter sich bringen, ehe sie Bayonne erreichten. Es ist verständlich, dass ihr Ruf unter diesen Bedingungen selten über die Grenzen ihrer unmittelbaren Nachbarschaft hinaus reichte.

Und dennoch sind diese Weinbaugebiete, die zu den Ältesten von Frankreich gehören, ein wahres Rebenmuseum der früher einmal angebauten Rebsorten. Nirgendwo anders findet man eine solche Vielfalt von Traubensorten. Die Bewohner

Sud-Ouest (Südwestfrankreich)

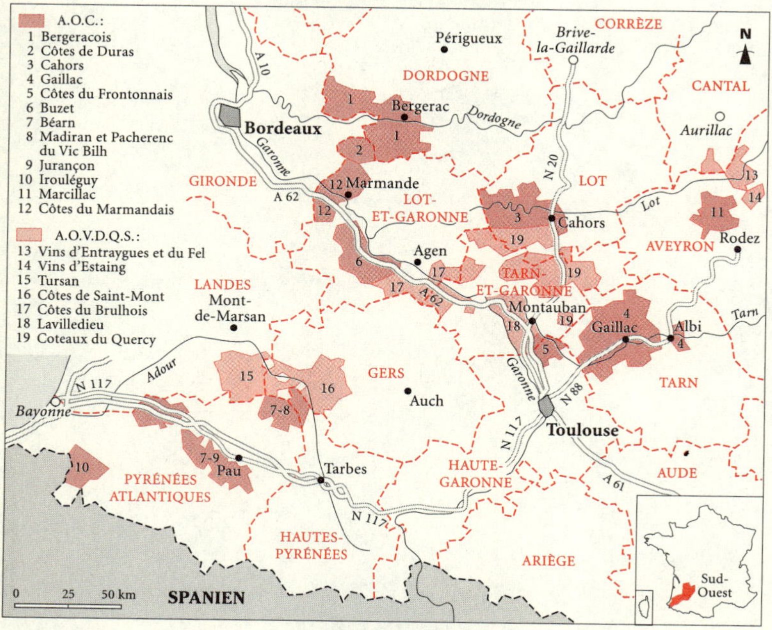

A.O.C.:
1 Bergeracois
2 Côtes de Duras
3 Cahors
4 Gaillac
5 Côtes du Frontonnais
6 Buzet
7 Béarn
8 Madiran et Pacherenc du Vic Bilh
9 Jurançon
10 Irouléguy
11 Marcillac
12 Côtes du Marmandais

A.O.V.D.Q.S.:
13 Vins d'Entraygues et du Fel
14 Vins d'Estaing
15 Tursan
16 Côtes de Saint-Mont
17 Côtes du Brulhois
18 Lavilledieu
19 Coteaux du Quercy

der Gascogne wollten schon immer ihren eigenen Wein haben. Wenn man ihren ausgeprägten Individualismus und ihren Hang zum Partikularismus kennt, wundert man sich auch nicht darüber, dass diese Anbaugebiete verstreut liegen und eine starke Persönlichkeit besitzen. Die Rebsorten Manseng, Tannat, Négrette, Duras, Len-de-l'el (Loin-de-l'œil), Mauzac, Fer Servadou, Arrufiac oder Baroque und Cot sowie Raffiat de Moncade mit seinem bezaubernden Namen stammen aus der frühesten Zeit des Weinbaus und verleihen diesen Weinen unnachahmliche Noten von Unverfälschtheit, Ehrlichkeit und typischem Charakter. All diese Appellationen verleugnen keineswegs die Bezeichnung «ländlicher» Wein, vielmehr bekennen sie sich im Gegenteil voller Stolz dazu und geben diesem Begriff seine ganze Würde. Über dem Weinbau hat man die anderen landwirtschaftlichen Bereiche nicht vernachlässigt, so dass man auf dem Markt die Weine neben den agrarischen Erzeugnissen findet, mit denen sie ganz natürlich harmonieren. Die einheimische Küche hat zu den Weinen «ihres» Landes ein sehr enges Verhältnis, was Südwestfrankreich zu einer besonders günstigen Region für die traditionelle Gastronomie macht.

All diese Weinbaugebiete befinden sich heute mitten in einer Renaissance, was der Initiative der Genossenschaften oder leidenschaftlicher Winzer zu verdanken ist. Große Anstrengungen, die Qualität zu verbessern, durch die Anbaumethoden oder die Forschung nach besser geeigneten Klonen ebenso wie durch die Vinifizierungstechniken, führen dazu, dass sich das Preis-Leistungs-Verhältnis bei diesen Weinen allmählich zu einem der besten in Frankreich entwickelt.

Cahors

Das Weinbaugebiet von Cahors (4 215 ha mit 254 960 hl im Jahre 2000), dessen Wurzeln in die galloromanische Zeit zurückreichen, ist eines der ältesten in Frankreich. Papst Johannes XXII., der in Avignon residierte, ließ Winzer aus Quercy kommen, um den Châteauneuf-du-Pape anzubauen. König Franz I. ließ in Fontainebleau eine Rebe aus Cahors anpflanzen. Die orthodoxe Kirche übernahm den Wein aus Cahors als Messwein, der Zarenhof als Prunkwein! Doch das Cahors-Weinbaugebiet ist gerade noch einmal davongekommen! Durch die Fröste des Jahres 1956 völlig vernichtet, ging das Anbaugebiet auf ein Prozent der ehemaligen Anbaufläche zurück. Nachdem man die Weinberge in den Flussschleifen des Lot-Tals mit traditionellen Edelreben – hauptsächlich mit der Rebsorte Auxerrois, die hier auch den Namen Cot bzw. Malbec trägt und 70 % des Rebsortenbestandes ausmacht, und ergänzt durch Tannat (weniger als 2 %) und Merlot (rund 20 %) – wiederbestockt hatte, hat es die Stellung zurückgewonnen, die ihm unter den Anbaugebieten für Qualitätsweine zusteht. Zudem erleben wir beherzte Versuche, die Weinberge auf den Kalksteinplateaus wie in alten Zeiten wiederherzustellen.

Die Cahors-Weine sind kraftvoll, robust und farbintensiv (der «*black wine*» der Engländer); unbestreitbar handelt es sich um lagerfähige Weine. Dennoch kann man einen Cahors jung trinken; er ist dann fleischig und aromatisch und zeigt eine gute Fruchtigkeit. Er sollte leicht gekühlt getrunken werden und passt beispielsweise zu Grillgerichten. Nach zwei bis drei Jahren, in denen er verschlossen und streng wird, erholt er sich wieder und entfaltet weitere zwei bis drei Jahre später seine gesamte Harmonie mit Aromen von Unterholz und Gewürzen. Aufgrund seiner Rundheit und seines fülligen Geschmacks ist er der ideale Begleiter für Trüffel (in der Asche gebraten), Steinpilze und Wild. Die Unterschiede beim Terroir und bei der Bestockung führen zu Weinen von unterschiedlicher Lagerfähigkeit, wobei der Trend gegenwärtig zu leichteren Weinen geht, die man früher trinken kann.

CH. ARMANDIERE 1999*

■ 3 ha 20 000 5à8€

Bernard Bouyssou verließ 1998 die Genossenschaft, um seinen eigenen Wein herzustellen.

Wie heißt sein Weinbaubetrieb? Armandière, zu Ehren seines Großvaters Armand, der die Genossenschaft Côtes d'Olt von Parnac gründete. Der erste Jahrgang wurde in unserem Weinführer gewürdigt. Der nachfolgende ist im gleichen Stil gehalten. Er besitzt eine bläulich rote Farbe und bietet eine schöne Erscheinung. Der noch verschlossene Geruchseindruck lässt eine gewisse Komplexität erahnen, die hier einen animalischen Geruch und dort fruchtige Noten zeigt, die sich in der Ansprache verstärken. Der volle Geschmack erweckt durch seine tanninbetonte Stärke einen Eindruck von Kraft und durch seine umhüllten Tannine einen Eindruck von Milde. Insgesamt wirkt er warm.

🔑 Bernard Bouyssou, Port de l'Angle, 46140 Parnac, Tel. 05.65.30.72.47, Fax 05.65.36.02.23, E-Mail armandiere@aol.com ☑ 🍷 tägl. 8h–20h

CH. DU BREL 1999*

■ 11,73 ha 91 700 5à8€

Eine dunkle Farbe mit purpurvioletten Tönen und ein hübscher, lebhafter, fruchtiger, recht pikanter Duft. Der Geschmack erscheint ausbalanciert zwischen Frische und Wärme und ist fett und gehaltvoll zugleich; das «Fleisch» ist fruchtig. Liebenswürdige Harmonie.

🔑 GAEC du Noble Cep, Le Brel, 46800 Fargues, Tel. 05.65.36.91.08, Fax 05.65.36.95.23 ☑ 🍷 n. V.

CH. DE CAIX 1999

■ 18 ha 56 000 8à11€

Der Weinberg des Prinzgemahls von Dänemark. Das Gut erzeugt seinen Wein seit 1993. Dieser 99er macht zwar nicht den bemerkenswerten vorhergehenden Jahrgang vergessen, besitzt aber den ganzen typischen Charakter, der erforderlich ist, damit er hier vertreten ist. Er zeigt eine schwarze Farbe mit violetten Reflexen. Der erste Geruchseindruck ist animalisch; danach kommen Holz-, Gewürz- und Röstnoten sowie diskrete schwarze Früchte zum Vorschein. Der Geschmack ist in der Ansprache sanft und weich; dann machen sich die Tannine bemerkbar. Man findet darin die Aromen der Nase, zusammen mit roten Früchten.

🔑 SCEA Prince Henrik, Ch. de Caïx, 46140 Luzech, Tel. 05.65.20.80.80, Fax 05.65.20.80.81, E-Mail vigouroux@g-vigouroux.fr ☑ 🍷 n. V.

DOM. DE CAUSE

Notre-Dame-des-Champs Elevé en fût de chêne 1999**

■ 1 ha 6 600 8à11€

Die Costes haben den Familienbetrieb 1994 übernommen; seinen ersten Auftritt im Hachette-Weinführer hatte das Gut mit dem 96er. Diese schon im letzten Jahr bemerkenswerte Cuvée ist sortenrein von Auxerrois erzeugt worden. Sie zeigt ein intensives, sattes Granatrot und bietet einen klaren, tiefen Duft, in dem man zunächst animalische und würzige Noten, danach Lakritze und in Alkohol eingelegte Früchte und schließlich mit Quercy-Trüffeln eine Nuance Bodengeruch wahrnimmt. Der runde Geschmack lässt einen fruchtigen, verschmolzenen Stoff erkennen. Die deutlich spürbaren Tannine sind erstklassig; der Holzton ist elegant. Ein echter Cahors-Wein.

🔑 Serge et Martine Costes, Cavagnac, 46700 Soturac, Tel. 05.65.36.41.96, Fax 05.65.36.41.95, E-Mail montalieu@infonie.fr ☑ 🍷 Mo–Sa 9h30–12h 14h–19h; So n. V.

CH. DU CEDRE Le Cèdre 1999***

■ 8 ha 38 000 23à30€

1988, 1989, 1991, 1993, 1995 ... In den zwölf Jahren, die das Gut in unserem Weinführer vertreten ist, verzeichnete es sieben Liebeserklärungen auf seiner Habenseite! Drei davon für diese Cuvée Le Cèdre, die zwanzig Monate im Barriquefass ausgebaut wurde und schon für die Jahrgänge 1996 und 1998 die gleiche Auszeichnung erhielt. Der 99er zeigt eine herrliche Farbe, die

Cahors

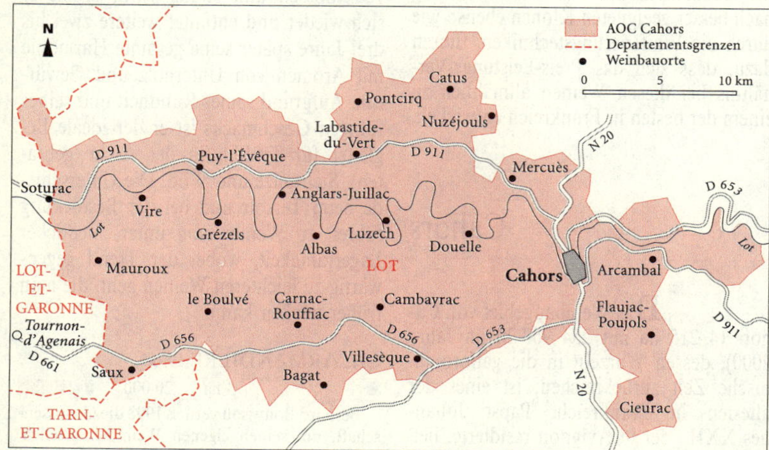

mit violetten und magentaroten Reflexen schillert. Der kräftige, rassige Duft enthält in reichem Maße schwarze Früchte und scharfe Gewürze, die ein reichhaltiger Holzton mit empyreumatischen Nuancen einhüllt. Der Geschmack lässt einen korpulenten, kräftig gebauten, fetten, körperreichen Wein mit einer dichten Tanninstruktur erkennen, die seidig und gut umhüllt ist. Ein edler Holzton sorgt im Abgang genau für die richtige Milde, damit die Aromen lang anhalten. Ein «Haute-Couture»-Wein. Die **99er Cuvée Le Prestige** (Preisgruppe: 70 bis 99 F) ist ebenfalls im Barriquefass ausgebaut worden; sie erhält zwei Sterne.

Verhaeghe, Bru, 46700 Vire-sur-Lot, Tel. 05.65.36.53.87, Fax 05.65.24.64.36 Mo–Sa 9h–12h 14h–18h

CH. DE CENAC Eulalie 1998★★

■ 1 ha 5 000 11 à 15 €

Eine zu 100 % von der Rebsorte Cot erzeugte Cuvée, die in diesem Jahrgang zum ersten Mal hergestellt wird. Die sehr intensive Farbe, ein Rot, das ins Schwarze spielt, zeigt hübsche purpurrote Reflexe. Der Geruchseindruck besitzt viel «Relief»; er entwickelt sich von roten und schwarzen Früchten zu Veilchen und Gewürzen, bevor er mit einem sanften Holzton ausklingt. Der reiche, dank einer soliden Struktur gut gebaute Geschmack hat ein schönes Volumen und bietet viele Frucht- und Holzaromen, die sich in einem warmen Abgang fortsetzen. Sehr harmonischer Gesamteindruck.

GAEC de Circofoul-Pelvillain, Circofoul, 46140 Albas, Tel. 05.65.20.13.13, Fax 05.65.30.75.67 n. V.

CH. DE CHAMBERT Orphée 1999★

■ 4 ha k. A. 15 à 23 €

Aus einer «Räuberburg» im 15. Jh. ist im 19. Jh. ein Schloss geworden. Das Weingut erlebte seine Wiedergeburt ab 1973. Seine Cuvée Orphée kündigt sich durch eine recht kräftige rote Farbe mit violetten Tönen an. Der feine, elegante Duft erinnert an ein Püree aus roten Früchten auf einem Buttertoast. Der Geschmack ist angenehm, rund, warm, gleichmäßig und einheitlich, mit einer Fruchtigkeit, die trotz eines kräftigen Holzeinflusses im Abgang recht präsent ist. Ein Wein, der für unmittelbaren Genuss sorgt.

Joël Delgoulet, Les Hauts Coteaux, 46700 Floressas, Tel. 05.65.31.95.75, Fax 05.65.31.93.56 tägl. 8h30–12h30 13h30–18h30

DOM. CHEVALIERS D'HOMS 1999★★

■ 2,35 ha 12 000 8 à 11 €

Auf dem ehemaligen Lehen der Quercy-Ritter ist dieser sortenreine Auxerrois-Wein entstanden, das Ergebnis eines 22-monatigen Ausbaus im Fass, ein Musterbeispiel an typischem Charakter, Qualität und Unverfälschtheit. Seiner Farbe, die so dunkel wie Tinte ist und bläulich rot funkelt, mangelt es nicht an Pracht. Sein Duft wird *crescendo* und spielt alle Noten: blumige, fruchtige, würzige, mineralische und animalische, ohne einen Hauch von Lakritze zu vergessen. Die Ansprache ist klar, der Geschmack konzentriert, das «Fleisch» dicht und fett, das Gerüst robust, aus festen Tanninen bestehend. Das ausgezeichnete Rückaroma sorgt für die Schlussnote.

SCEA Dom. d'Homs, Les Homs, 46800 Saux, Tel. 05.65.31.92.45, Fax 05.65.31.96.21 tägl. 8h30–19h30

CH. CROZE DE PYS 1999★

■ 10,5 ha 80 000 3 à 5 €

Die Familie Roche erwarb dieses Château 1966 und stellte das Weingut wieder her. Sie präsentiert zwei Cuvées, die dieselbe Note erhalten haben: die im Fass ausgebaute **99er Cuvée Prestige** und in der Preisgruppe darunter diese klassische Cuvée, die viel typischer ist. Die Farbe ist schön: ein intensives Rot. Der klare Geruchseindruck liefert vor einem Hintergrund von Lajaunie-Lakritzbonbons in verschwenderischer Fülle Düfte von roten und schwarzen Früchten. Die Frucht setzt sich in einem Geschmack von großer Frische fort, der eine vollkommen ausgewogene Struktur mit feinen Tanninen besitzt.

SCEA des Dom. Roche, Ch. Croze de Pys, 46700 Vire-sur-Lot, Tel. 05.65.21.30.13, Fax 05.65.30.83.76, E-Mail chateau-croze-de-pys@wanadoo.fr Mo–Fr 9h–12h 14h–19h

Jean Roche

CH. EUGENIE Cuvée réservée de l'Aïeul 1999★★

■ 8 ha 45 000 8 à 11 €

Der «Ahne» bewirtschaftete das Gut schon 1470, wie die Archive in Cahors belegen. Im 18. Jh. kauften die russischen Zaren Weine von hier. 1985 wurde der Jahrgang 1982 für die Leser

des ersten Hachette-Weinführers beschrieben. Hier nun der Adelsbrief. Der 99er erweist sich einer derartigen Vergangenheit würdig mit seiner intensiven Farbe, die so dicht ist, dass das Licht fast nicht hindurchdringt. In der Nase ist er recht ausdrucksvoll und liefert Düfte von kandierten oder in Alkohol eingelegten schwarzen Früchten, die ein Holzton mit Noten von Röstkaffee trägt. Im Mund bietet er schöne Empfindungen: mit fettem «Fleisch», kräftigen Frucht- und Röstaromen, Fülle und einer guten Struktur, die ihm Präsenz verleihen.
Ch. Eugénie, 46140 Albas,
Tel. 05.65.30.73.51, Fax 05.65.20.19.81
Mo–Sa 8h–12h 13h30–19h;
So u. Gruppen n. V.
Couture

DOM. DE FAGES
Cuvée VIe génération 1998★★

■ 0,7 ha 3 200 8 à 11 €

Dieser Wein mit der sehr dunklen Farbe, deren Reflexe schwarz wie Tinte sind, ist ein sortenreiner Auxerrois. Der noch ein wenig verschlossene, in reichem Maße holzbetonte Geruchseindruck lässt komplexe Aromen von sehr reifen roten und schwarzen Früchten, Lakritze und Gewürzen erkennen. Im Mund ist der Stoff schön, dicht und reichhaltig, mit einer hübschen Fülle, die die Tannine vollkommen umhüllt. Insgesamt ein schon harmonisch verschmolzener Wein, der angenehm und viel versprechend ist.
Jean Bel, Fages, 46140 Luzech,
Tel. 05.65.20.11.83, Fax 05.65.20.12.99,
E-Mail belfages@aol.com
tägl. 9h–12h30 14h–20h; Gruppen n. V.

DOM. DU GARINET
Elevé en fût de chêne 1998★★

■ 1,6 ha 7 000 8 à 11 €

Michael und Susan Spring haben sich 1994 in Le Boulvé niedergelassen. Ihr Cahors-Wein stammt ausschließlich von Cot-Trauben. Die Dominanz dieser für Cahors typischen Rebsorte kommt in einer dunkelroten Farbe zum Ausdruck. Der intensive, recht komplexe Duft mischt angenehm fruchtige Noten mit den Butter- und Röstgerüchen des Fasses. Der Geschmack ist ausgewogen, mit einem leckeren «Fleisch», einer angenehmen Frische, einer schönen Fülle und schon verschmolzenen Tanninen, die elegant die Aromen begleiten.
Michael et Susan Spring, Dom. du Garinet, 46800 Le Boulvé, Tel. 05.65.31.96.43,
Fax 05.65.31.96.43, E-Mail mike.spring @worldonline.fr
Mo–Sa 11h–18h30; So 14h–18h30

CH. DE GAUDOU Renaissance 1999★★

■ 3,52 ha 21 000 11 à 15 €

Das Weingut stammt von 1800. Schon vor dem Ersten Weltkrieg errang der Großvater auf dem Landwirtschaftswettbewerb Medaillen, und bereits in der ersten Ausgabe unseres Weinführers erhielt das Gut zwei Sterne. Heute verdienen zwei seiner Cuvées diese Note: die **99er Cuvée Château de Gaudou** (Preisgruppe: 30 bis 49 F), die ebenfalls im Fass ausgebaut worden ist, und diese unseren Lesern gut bekannte Cuvée Renaissance. Beide haben als Vorzüge eine dunkle, intensive Farbe und einen intensiven, ausdrucksvollen Duft, der reife Früchte mit Gewürzen mischt. Worin unterscheiden sie sich? In einem längeren Ausbau im Barriquefass bei dieser hier, deshalb auch ein vollständigerer Geschmackseindruck, eine solidere Struktur und ein Abgang mit einem reichen, lang anhaltenden Holzton, der sich noch einfügen muss.
Durou et Fils, Ch. de Gaudou, 46700 Vire-sur-Lot, Tel. 05.65.36.52.93, Fax 05.65.36.53.60
n. V.

CH. DE HAUTE-SERRE
Cuvée Prestige Géron Dadine de Haute-Serre 1999★★

■ k. A. 19 000 11 à 15 €

Georges Vigouroux vinifiziert viele Châteaus der Appellation. Das von Haute-Serre, das schon in den ersten Ausgaben des Hachette-Weinführers vertreten war und sehr gut bewertet wurde, bietet einen 99er, der aufgrund seines Potenzials, Ergebnis eines sorgfältigen Ausbaus im Holzfass, bemerkenswert ist. Seine dunkle Farbe weist auf eine gute Konzentration hin. In der Nase umhüllt der Holzton, der in Form von Vanille-, Gewürz- und Röstnoten sehr deutlich vorhanden ist, einen Kern von kandierten Früchten. Die klare Ansprache leitet einen stämmigen Geschmack ein, der sich fest auf noch strenge Tannine stützt. Dennoch überdeckt das Holz nicht vollständig das frische, aromatische «Fleisch». Ein Wein, den man aufheben muss, damit er sich verfeinern kann. Im gleichen Stil gehalten ist der **99er Château de Mercuès Cuvée Prestige** (Preisgruppe: 100 bis 149 F, ein Stern). Beide sind sortenreine Auxerrois-Weine.
GFA Georges Vigouroux,
Ch. de Haute-Serre, 46230 Cieurac,
Tel. 05.65.20.80.80, Fax 05.65.20.80.81,
E-Mail vigouroux@g-vigouroux.fr n. V.

IMPERNAL Vieilli en fût de chêne 1999★

■ k. A. 90 000 8 à 11 €

Die Genossenschaft Côtes d'Olt präsentiert zwei sehr gelungene Cuvées: den **99er Château Beauvillain-Monpezat** (Preisgruppe: 30 bis 49), der ebenso wie diese Cuvée Impernal im Fass ausgebaut worden ist. Im Glas zeigt sie ein intensives Purpurrot. Der noch intensive Duft bietet zunächst Früchte und Gewürze, danach Holzgerüche mit Kakaonuancen, das Ganze in eine milchige Note eingehüllt. Diese Aromen, die von einer schönen Tanninstruktur getragen werden, findet man in einem Geschmack wieder, der eine gewisse Fülle besitzt und recht dicht ist. Ein Wein von gutem Aufbau.
Côtes d'Olt, 46140 Parnac,
Tel. 05.65.30.71.86, Fax 05.65.30.35.28
n. V.

CH. LA CAMINADE
La Commandery 1999★★★

■ 5,12 ha 28 000 8 à 11 €

Diese als «Klassenbeste» eingestufte Cuvée hat die Jury verblüfft. Das war nicht das erste Mal: Hinsichtlich der Sterne und Liebeserklärungen gehört sie zu den Rekordhalterinnen der AOC (siehe die Jahrgänge 1987, 1990 und 1993). Die Farbe? Tief und schwarz: Sie scheint sich zu bewegen, so sehr wird sie durch Reflexe belebt. Fesselnd. Danach lässt man sich von den subtilen Düften eines Geruchseindrucks einhüllen, der von reifen Früchten überquillt und einen eleganten Holzton besitzt. Der Geschmack hinterlässt eine Empfindung von vollkommener Fülle, so kräftig, voluminös, rund und harmonisch zeigt sich der Wein im Mund, erfüllt von einer blumig-würzigen Kraft, die anhält und überaus wohl schmeckend ist!

Resses et Fils, SCEA Ch. La Caminade, 46140 Parnac, Tel. 05.65.30.73.05, Fax 05.65.20.17.04 n. V.

CH. LAGREZETTE
Le Pigeonnier 1998★★★

■ 2,7 ha 6 600 46 à 76 €

Ein echtes Renaissanceschloss mit einem Ehrenhof als Kulisse. Und für den Keller haben wir den Önologen Michel Rolland. Das ergibt Weine, die von einer langen Maischegärung und einem langen Ausbau im neuen Holzfass herrühren. Nehmen Sie etwa diesen 99er, einen sortenreinen Auxerrois, der 28 Monate im Barriquefass gereift ist und nach Superlativen verlangt! Die Farbe? Extrem dicht, schwarz mit purpurroten Reflexen. Der Duft? Reich, tief und konzentriert, mit einem zwar sehr deutlich spürbaren, aber gut gearbeiteten Holzton. Im Mund findet man eine imposante Struktur und Fülle, eine kräftige Vollmundigkeit und einen noch dominierenden Holzton, aber gut umhüllte Tannine: alles Merkmale eines großartigen, vollreifen Stoffs und einer guten Extraktion. Ein Wein von phänomenaler Lagerfähigkeit, der das Warten wert ist. Im gleichen Stil ist die achtzehn Monate im Barriquefass ausgebaute **98er Cuvée Dame d'honneur** (Preisgruppe: 150 bis 199 F) gehalten, die zwei Sterne erhält.

Alain-Dominique Perrin, SCEV Lagrezette, Dom. de Lagrezette, 46140 Caillac, Tel. 05.65.20.07.42, Fax 05.65.20.06.95 tägl. 10h–19h

CH. LAMARTINE
Cuvée particulière 1999★

■ 10 ha 60 000 8 à 11 €

Diese 1988 geschaffene Sondercuvée stützt sich auf eine gründliche Kenntnis des Terroir. Beim 96er erhielt sie eine Liebeserklärung. Der 99er besitzt eine lichtundurchlässige Farbe, die aufgrund ihrer Tiefe beeindruckt. Die sehr ausdrucksvolle Nase entfaltet Düfte von Blüten, Gewürzen und frischen Früchten, die ein Hauch von Menthol begleitet, das Ganze behutsam von Holz durchdrungen. Der Geschmack, der fest, «sehr muskulös», sogar «ein wenig draufgängerisch» ist, um die Ausdrücke eines Verkosters aufzugreifen, bleibt dennoch ausgewogen und mit Sicherheit viel versprechend. Die mit der gleichen Note ausgewählte **99er Hauptcuvée** (Preisgruppe: 30 bis 49 F) ist ebenfalls im Holzfass ausgebaut worden.

SCEA Ch. Lamartine, 46700 Soturac, Tel. 05.65.36.54.14, Fax 05.65.24.65.31 n. V.

Alain Gayraud

DOM. DE L'ANTENET 1999★

■ 4 ha 15 000 5 à 8 €

Ein Gut, das auf biologischen Anbau umgestellt hat. Sein Cahors-Wein zeigt eine leuchtende Farbe von intensivem Granatrot. Der Geruchseindruck ist zurückhaltend, lässt aber Gewürz-, Tabak- und Kakaodüfte erkennen. Der ausdrucksvollere Geschmack, der eine großzügigere Frucht besitzt, ist gut gebaut und stützt sich auf Tannine, die weitgehend verschmolzen sind. Ein schüchterner Wein mit gutem Gehalt.

Bessières, Dom. de L'Antenet, 46700 Puy-l'Evêque, Tel. 05.65.21.32.31 tägl. 8h–21h

CH. LA REYNE L'Excellence 1999★

■ 0,5 ha 2 600 11 à 15 €

Johan Vidal, der hier seit 1997 tätig ist, brüstet sich, in das traditionelle, 20 ha große Gut in Familienbesitz, auf dem sich fünf Generationen dem Weinbau gewidmet haben, einen frischen Wind von modernem Fortschritt gebracht zu haben. Noch bevor er seinen Platz im Betrieb einnahm, sprach er davon, die «Trauben zu beschneiden» (d. h. eine Grünlesedurchzuführen), um eine Spitzencuvée herzustellen – zum großen Ärger des Großvaters. Das Ergebnis? Eine intensive, dichte Farbe, deren Rot ins Schwarze geht. Ein reizvoller Duft, der vor einem Holzton mit süßer Vanillenote an schwarze Früchte, Veilchen und Gewürze erinnert. Und ein ziemlich überschwänglicher Geschmack, der konzentriert und voller Rundheit ist, mit «Fett» und angenehmen, erstklassigen Tanninen. Harmonischer Gesamteindruck.

SCEA Ch. La Reyne, Teyssèdre-Vidal, 46700 Leygues, Tel. 05.65.30.82.53, Fax 05.65.21.39.83

Mo–Sa 9h–12h 14h–18h

Jean-Claude und Johan Vidal

CH. LATUC
Prestige Vieilli en fût de chêne 1998★

■ 5 ha 20 000 ▮◖▮ 🌡 5à8€

Die Farbe zeigt ein schönes Kirschrot. Der intensive Duft ist in Holz-, Vanille- und Röstnoten eingehüllt, die noch die Frucht überdecken. Die weich wirkende Ansprache setzt sich in einem Geschmack fort, der keine zu starke Extraktion enthält und eine bescheidene Fülle besitzt, aber recht einschmeichelnd ist. Der Holzton bleibt deutlich zu spüren. Der Abgang hält mit einer Textur aus feinen Tanninen an.

EARL Ch. Latuc, Laborie, 46700 Mauroux, Tel. 05.65.36.58.63, Fax 05.65.24.61.57, E-Mail duns@latuc.com

☒ Ⲩ tägl. 11h–12h30 16h30–18h30

Colin Duns

CH. LES GRAUZILS Héritage 1998★★

■ 0,5 ha 2 500 ◖▮ 15à23€

Die «Domaine», aus der inzwischen ein «Château» geworden ist, war in unserem Weinführer schon in der ersten Ausgabe vertreten, mit einem 83er, der als bemerkenswert beurteilt wurde. Der 98er erweist sich nicht als unwürdig! Er stammt sortenrein von Cot-Trauben und zeigt eine intensive, fast schwarze Farbe mit noch bläulich roten Reflexen. Der sehr offene Geruchseindruck verbindet einen großzügigen Holzton (mit Noten von Vanille und geröstetem Brot) mit Veilchen, Lakritze und schwarzen Früchten. Der sehr konzentrierte, fette, füllige Geschmack wird aufgrund der dominierenden Tannine wuchtig und eckig; im Abgang behält der Holzton die Oberhand. Ein kräftiger, solider, breitschultriger Wein, der milder werden muss.

Philippe Pontié, Gamot, 46220 Prayssac, Tel. 05.65.30.62.44, Fax 05.65.22.46.09

☒ Ⲩ Mo–Sa 9h–12h 14h–19h

CH. LES IFS 1999★★

■ 8 ha 40 000 ▮ 🌡 5à8€

Das in seiner Qualität regelmäßige Gut hat dieses Jahr zwei bemerkenswerte Cuvées vorgestellt: die **im Fass ausgebaute 99er Cuvée Prestige** und diese hier, die nicht weit von einem Lieblingswein entfernt ist. Eine tiefe Farbe mit violetten Tönen und danach ein hübscher, frischer, in reichem Maße fruchtiger Duft, der aus roten Früchten, Pflaume und sogar getrockneter Aprikose besteht, laden dazu ein, die Verkostung fortzusetzen. Der Geschmack begeistert durch seine Ausgewogenheit. Er ist voll, recht fett, warm, fruchtig, kräftig und anhaltend. Sehr schöne Harmonie.

Buri et Fils, EARL La Laurière, 46220 Pescadoires, Tel. 05.65.22.44.53, Fax 05.65.30.68.52, E-Mail chateau.les.ifs@wanadoo.fr ☒ Ⲩ Mo–Sa 8h–12h 14h–19h

CH. LES RIGALETS
La Quintessence 1999★

■ 2 ha 9 500 ◖▮ 15à23€

Diese «Quintessenz» ist das Ergebnis einer sorgfältigen Vinifizierung im burgundischen Stil, mit Unterstoßen des Tresterhuts während der gesamten Maischegärung. Die Farbe ist so satt, dass sie schwarz erscheint. Die kräftige Nase wird zunächst von den Gerüchen eines röstartigen Holztons (Röstkaffee) überfallen; danach schmeicheln sich Noten von sehr reifen Früchten (Kirsche, Heidelbeere) ein, die sich mit Gewürzen vermischen. Nach einer seidigen Ansprache zeigt sich ein voluminöser Geschmack mit Aromen von Früchten und Gewürzen in Alkohol, unterstützt von einem recht eckigen Gerüst, das aus noch strengen Tanninen besteht. Ein seriöser Wein, der das Barriquefass «verdauen» muss. Die ebenfalls fünfzehn Monate im Holzfass ausgebaute **99er Cuvée Prestige** (Preisgruppe: 50 bis 69 F) hat eine lobende Erwähnung erhalten.

Bouloumié et Fils, Les Cambous, 46220 Prayssac, Tel. 05.65.30.61.69, Fax 05.65.30.60.46

☒ Ⲩ Mo–Sa 8h–19h; So n. V.

METAIRIE GRANDE DU THERON 1999★

■ 12 ha 80 000 ◖▮ 5à8€

Eine sehr anziehende, intensive Farbe: granatrot mit schwarzen Reflexen. Der typische Duft, der lecker und fruchtig ist, bietet die Frische eines Korbes voller Kirschen, Brombeeren und Heidelbeeren. Am Gaumen setzt sich dieser Eindruck mit einer weichen Ansprache, einem ausdrucksvollen, ebenfalls fruchtigen Geschmack, einer feinen Struktur, zartem «Fleisch» und feinen Tanninen fort. Insgesamt klar und zusammenhängend und vor allem sympathisch.

Barat Sigaud, Métairie Grande du Théron, 46220 Prayssac, Tel. 05.65.22.41.80, Fax 05.65.30.67.32 ☒ Ⲩ n. V.

DOM. DU PEYRIE 1999★★

■ 13 ha 30 000 ▮ 🌡 5à8€

Die anziehende Farbe erinnert an Burlat-Kirschen. Ein weiniger Geruchseindruck von starker Reife, in dem sich Wildgeruch mit Düften von sehr reifen oder eingemachten Früchten mischt. Dieser männliche Wein, der im Mund eine große Präsenz zeigt, lässt eine starke Extraktion erkennen, mit einem Körperreichtum, den eine intensive Weinigkeit und feste Tannine verstärken. Ein traditioneller Cahors-Wein.

EARL Dom. du Peyrie, 46700 Soturac, Tel. 05.65.36.57.15, Fax 05.65.36.57.15, E-Mail domaine.peyrie@wanadoo.fr

☒ Ⲩ Mo–Sa 8h30–12h 13h30–18h30

CH. PINERAIE
Vieilli en fût de chêne 1998★

■ 30 ha 150 000 ◖▮ 5à8€

Die Familie Burc, die sich 1861 in Puy-l'Evêque niederließ, baut seit fünf Generationen Wein an und ist im Hachette-Weinführer von Anfang an vertreten. Zwei ihrer Cahors-Weine sind berücksichtigt worden: der **98er L'Authentique** (Preisgruppe: 70 bis 99 F), eine achtzehn Monate im Barriquefass gereifte Cuvée, die sehr holzbetont ist, und dieser ein Jahr im Fass ausgebaute Wein, dem die Jury den Vorzug gab. Die Farbe ist jugendlich: kirschrot mit bläulich roten Reflexen. Aber Jugendlichkeit bedeutet hier nicht Zartheit: Die Nase hält männliche Gerüche bereit, die animalisch und würzig sind, verbunden mit Röstnoten. Der runde, kräftige Geschmack wird tanninreich; im Abgang prägt ihn ein vanilleartiger Holzton. Dieser Wein hat einen guten Gehalt, muss sich aber noch verfeinern.

Jean-Luc Burc, Ch. Pineraie, Leygues, 46700 Puy-l'Evêque, Tel. 05.65.30.82.07, Fax 05.65.21.39.65 n. V.

DOM. DU PRINCE
Elevé en fût de chêne 1998

■ 2 ha 12 000 5 à 8 €

Seinen Namen hat das Gut von dem Vorfahren von Didier und Bruno Jouves, dem die Dorfbewohner dafür, dass er dem König Wein geliefert hatte, bei seiner Rückkehr den Beinamen «lou Prince» gaben. Sein Cahors-Wein, ein sortenreiner Cot, erschien unseren Verkostern wie ein «Erdbeerpüree mit bläulich roten Reflexen». Der Duft zeigt eine gute Ausdrucksstärke und verbindet Früchte und Veilchen mit einer leichten Holznote. Der frische, sanfte, fruchtige Geschmack bringt seine Jugendlichkeit in Erinnerung. Eine maßvolle Extraktion reiht diesen angenehmen, harmonischen 98er in die Kategorie der leicht zu trinkenden Weine ein.

J. Jouves et Fils, Cournou, 46140 Saint-Vincent-Rive-d'Olt, Tel. 05.65.20.14.09, Fax 05.65.30.78.94 Mo–Sa 8h–12h 14h–19h

CLOS RESSEGUIER 1999*

■ 13,54 ha 30 000 3 à 5 €

Der Keller wurde Stein um Stein vom Großvater gebaut, dem Gründer des Guts, der das Baumaterial von zerfallenen Gebäuden in der Umgebung verwertete. Dieser Cahors entspricht nicht dem Bild von Männlichkeit, das man sich von den Weinen dieser Appellation macht: Er ist eher ein Zarter! Muss man ihn deswegen, wie es ein Verkoster nahe legte, den Damen empfehlen? Die aubergine Farbe ist reizvoll. Der sehr spürbare Duft mischt mit den Noten von roten Früchten ungewöhnlichere Nuancen von exotischen Früchten und Farnkraut. Die weiche Ansprache setzt sich in einem fruchtigen Geschmack fort, dessen Struktur eine maßvolle Extraktion erkennen lässt. Kurios, aber gut gemacht.

EARL Clos Rességuier, 46140 Sauzet, Tel. 05.65.36.90.03 Mo–Sa 9h–12h 15h–19h

CH. ROUQUETTE
Rêve d'Ange Vieilli en fût de chêne 1999**

■ 1,89 ha 1 800 11 à 15 €

Das 1898 entstandene Gut füllt seine Weine erst seit 1994 ab, aber es hat keine Zeit verschwendet: Nachdem es im Hachette-Weinführer 2000 mit einer lobenden Erwähnung vertreten war, erhält es seitdem jedes Jahr einen Stern! In dieser Ausgabe stoßen wir wieder auf die sehr gelungene **99er Cuvée d'Honneur,** die im Holzfass ausgebaut worden ist. Dieser «Engelstraum» wurde für die Wahl zum Lieblingswein vorgeschlagen. Die Farbe ist intensiv, ein dunkles Granatrot mit bläulich roten Reflexen. Der subtile Holzton des Geruchseindrucks harmoniert mit den Düften von reifen Früchten, Veilchen und frischem Pfeffer. Der weiche, fette Geschmack mit ausreichender Fülle bietet einen aromatischen Stoff auf einem Bett aus feinen Tanninen.

EARL Ch. Rouquette, Les Roques, 46140 Saint-Vincent-Rive-d'Olt, Tel. 05.65.30.76.40, Fax 05.65.30.52.99 n. V.

CH. SAINT DIDIER-PARNAC 1999**

■ 37 ha 260 000 5 à 8 €

Das Gut Franck Rigals, dem sich jetzt sein Sohn David, ein ausgebildeter Önologe, angeschlossen hat, ist den Lesern unseres Weinführers gut bekannt. Diese Cuvée, so getauft zu Ehren des hl. Didier, der als Bischof an diesem Ort lebte, ist bemerkenswert. Ihre Farbe, die das Licht nicht durchdringen lässt, deutet auf eine starke Konzentration hin. Der Duft mit dem ausgeprägten Holzton, der aber eine schöne Extraktion beweist, wechselt danach zu schwarzen Früchten und Gewürzen über, mit einer Note Tiergeruch im Hintergrund. Der kräftige, dichte, sehr muskulöse, überschwängliche Geschmack wird durch einen reichen Holzton verstärkt, der sich noch einfügen muss. Ein ganz besonderer Stil. Ein anderer Wein der gleichen Schöpfer, der sich davon stark unterscheidet und hier ebenfalls oft vertreten ist, hat einen Stern erhalten: Es handelt sich um den **99er Prieuré de Cénac**. Beide sind achtzehn Monate im Barriquefass ausgebaut worden.

SCEA Ch. Saint-Didier-Parnac, 46140 Parnac, Tel. 05.65.30.70.10, Fax 05.65.20.16.24 tägl. 9h–12h 14h–18h

DOM. DU THERON Cuvée Prestige 1999*

■ 5 ha 25 000 11 à 15 €

Ein Gut, das seit seinem ersten Jahrgang, dem 97er, in unserem Weinführer vertreten ist, und eine Cuvée Prestige, die immer ausgewählt wird. Die Farbe des 99ers ist intensiv granatrot. Der noch ein wenig verschlossene Geruchseindruck lässt unter Weihrauchnoten einige fruchtige und würzige Düfte erkennen. Die weiche, gefällige Ansprache setzt sich in einem frischen, runden Geschmack mit feinen Tanninen fort. Ein Wein mit einer mittleren, aber sehr angenehmen Struktur.

SCEA Dom. du Théron, Le Théron, 46220 Prayssac, Tel. 05.65.30.64.51, Fax 05.65.30.69.20, E-Mail domaine.theron @libertysurf.fr n. V.

Vic Pauwels

CH. TREILLES 1998*

■ 4 ha 13 000 5 à 8 €

Das Ende der 70er Jahre angelegte Weingut präsentiert einen 98er, der von den drei Cahors-Rebsorten stammt: Auxerrois (75 %), Merlot (20 %) und Tannat (5 %). Ein aufreizender Wein mit schönem Glanz, der violette Töne zeigt. Der ziemlich feine Duft verbindet rote Früchte mit einem zarten Holzton, der vanilleartig und buttrig ist. Der klare Geschmack bietet eine schöne

Ausgewogenheit sowie eine Struktur und einen Umfang, die ausreichend sind; der Abgang wirkt korpulent.
SARL Dom. de Quattre, 46800 Bagat-en-Quercy, Tel. 05.55.86.90.06 n. V.

CLOS TRIGUEDINA
Balmont de Cahors 1999*

■ k. A. k. A. 5 à 8 €

Der Clos Triguedina, der im letzten Jahr eine Liebeserklärung erhielt, stellt diesmal eine Sondercuvée vor, die achtzehn Monate im Barriquefass ausgebaut wurde. Oh, was für eine schöne kirschrote Farbe mit dunklen Reflexen! Und was für ein warmer, konzentrierter Duft mit Früchten und Lakritze! Der Geschmack? Er ist kräftig und lässt einen soliden, noch jugendlichen Stoff erkennen. Die Tannine, die den Gaumen überziehen, verdienen, dass sie milder werden. Die Vereinigung von Holz und Wein wird in zwei bis drei Jahren an Harmonie gewinnen, und das für lange Zeit.
Baldès et Fils, Clos Triguedina, 46700 Puy-l'Evêque, Tel. 05.65.21.30.81, Fax 05.65.21.39.28, E-Mail triguedina@crdi.fr
tägl. 9h–12h 14h–18h; Gruppen n. V.
Jean-Luc Baldès

CH. VINCENS Les Graves de Paul 1998*

■ 0,6 ha 3 000 11 à 15 €

Das Gut, das sich an den Hängen über dem Tal des Lot befindet, taucht in unserem Weinführer mit einem 98er wieder auf, dessen matte Farbe bläuliche Töne zeigt. Der recht intensive Duft bietet Noten von überreifen, sogar zu Kompott verarbeiteten Früchten, die von Rauchspiralen eingehüllt werden. Nach einer seidigen Ansprache entdeckt man einen dichten, sanften, leckeren Geschmack, dessen Süße an Konfitüre erinnert. Das Ganze entwickelt sich über erstklassigen Tanninen.
Michel Vincens, Ch. Vincens, 46140 Luzech, Tel. 05.65.30.74.78, Fax 05.65.30.15.83, E-Mail chateau.vincens@aol.com
Mo–Sa 9h–19h30

Coteaux du Quercy AOVDQS

Das Weinbaugebiet des Quercy, das zwischen Cahors und Gaillac liegt, ist vor recht kurzer Zeit wiederhergestellt worden. Aber wie in ganz Okzitanien wurden die Reben hier schon vor unserer Zeitrechnung angebaut. Der Weinbau erlebte jedoch mehrere Perioden des Rückgangs: im 1. Jh. infolge des Erlasses von Domitian, der jegliche Neuanpflanzung außerhalb Italiens untersagte, im 15. Jh. aufgrund der Vormachtstellung von Bordeaux und dann zu Beginn des 20. Jh. wegen der Bedeutung des Languedoc-Roussillon. Das Qualitätsstreben, das ab 1965 mit der Ersetzung der Hybriden einsetzte, führte 1976 zur Festlegung eines Vin de pays.

Nach und nach haben die Erzeuger die besten Rebsorten und die besten Böden herausgefunden. Diese qualitativen Fortschritte führten am 28. Dezember 1999 zur Erlangung der AOVDQS. Das abgegrenzte Anbaugebiet erstreckt sich auf 33 Gemeinden der Departements Lot und Tarn-et-Garonne.

Die Appellation ist Rot- und Roséweinen vorbehalten. Die Rotweine, die eine kräftige purpurrote Farbe besitzen, sind fleischig und großzügig, mit einer aromatischen Komplexität, für die der Verschnitt von Cabernet franc, der Hauptrebsorte, die 60 % erreichen darf, sowie Tannat, Cot, Gamay noir oder Merlot (jede dieser Rebsorten mit einem Höchstanteil von 20 %) sorgt. Die fruchtigen, lebhaften Roséweine stammen vom gleichen Rebsatz.

Die Produktion (rund 23 000 hl, die von knapp 500 Hektar kommen) sichern etwa dreißig Erzeuger, darunter drei Genossenschaftskellereien.

DOM. D'ARIES
Cuvée du Marquis des Vignes 2000

■ 14,04 ha 40 000 3 à 5 €

Etwa 15 km von der Aveyron-Schlucht entfernt breitet sich dieses 126 ha große Gut aus. Der intensive, klare Wein bringt beim Riechen deutlich schwarze Früchte zum Ausdruck und bietet dann im Mund Volumen und umhüllte Tannine. Einige Anzeichen von Entwicklung laden dazu ein, ihn schon jetzt zu trinken.
GAEC Belon et Fils, Dom. d'Ariès, 82240 Puylaroque, Tel. 05.63.64.92.52, Fax 05.63.31.27.49 n. V.

DOM. DE CAUQUELLE 1999*

■ 10 ha 20 000 3 à 5 €

Cabernet franc, auf einem tonigen Kalksteinboden angepflanzt, dominiert die Zusammenstellung dieses Weins. Er hat eine tiefe Farbe und begleitet seine fruchtigen und würzigen Aromen mit charakteristischen Paprikanoten. Im Geschmack ist er harmonisch und ausgewogen, braucht aber ein paar Jahre der Lagerung, um voll zur Entfaltung zu kommen.

GAEC de Cauquelle, Cauquelle, 46170 Flaugnac, Tel. 05.65.21.95.29, Fax 05.65.21.83.30 n. V.
Sirejol

DOM. DE GUILLAU 2000

2 ha 6 600 3à5€

Dieser Wein zeigt mit seiner klaren hellrosa Farbe, die orangerote Reflexe bietet, eine hübsche Erscheinung und entfaltet einen klaren, intensiven Duft, der Noten von Früchten, Zitrusfrüchten und sauren Drops aneinander reiht. Im Mund hält er recht lang an, mit Fülle und Ausgewogenheit. Trinken kann man ihn zu einer Paella, einer Platte mit Wurstgerichten oder Grillgerichten.

Jean-Claude Lartigue, Saint-Julien, 82270 Montalzat, Tel. 05.63.93.17.24, Fax 05.63.93.28.06, E-Mail jc.lartigue@world online.fr n. V.

JACQUES DE BRION 1999**

5,7 ha 38 000 3à5€

Diese Cuvée von intensiver bläulich roter Farbe entfaltet ansprechende Aromen, unter denen man Gewürze, Pflanzliches (Paprikaschote), rote Früchte (schwarze Johannisbeere) und in Alkohol eingelegte Früchte erkennt. Der Geschmack enthüllt zwar seine Tanninstruktur, bleibt aber harmonisch und aromatisch. Diesen schon jetzt ausgezeichneten Coteaux du Quercy kann man einige Jahre aufheben.

Cave de Lavilledieu-du-Temple, 82290 Lavilledieu-du-Temple, Tel. 05.63.31.60.05, Fax 05.63.31.69.11, E-Mail cave.lavilledieu@wanadoo.fr n. V.

DOM. DE LAFAGE 1999*

6 ha 40 000 5à8€

Unter einer intensiven, strahlenden bläulich roten Farbe zeigt sich ein einschmeichelnder Wein. Früchte und Gewürze verbinden sich zu einer Duftpalette, die eine Entwicklungsnote und pflanzliche Nuancen von Paprikaschote durchsetzen. Die gleichen Aromen kreisen im Mund um Tannine, die noch ein wenig fest, aber gewillt sind, mit der Zeit sanfter zu werden. Dieser 99er dürfte gut zu Rindfleisch passen.

Bernard Bouyssou, 82270 Montpezat-de-Quercy, Tel. 05.63.02.06.91, Fax 05.63.02.04.55 n. V.

DOM. DE LA GARDE Tradition 1999**

8 ha 20 000 5à8€

Dieser intensive bläulich rote 99er entfaltet Aromen von gekochten Früchten und Gewürzen, begleitet von einer pflanzlichen Note (Paprikaschote), die auf die Rebsorte Cabernet franc zurückgeht. Der harmonische Geschmack hält mit Noten von roten Früchten an. Ein Wein, dessen Verführungskraft mindestens zwei Jahre lang wirksam bleiben müsste. Die Jury hat außerdem der **im Eichenfass ausgebauten 99er Cuvée,** die über einem Holzton der Frucht die Hauptrolle zuweist, einen Stern zuerkannt.

Jean-Jacques Bousquet, Le Mazut, 46090 Labastide-Marnhac, Tel. 05.65.21.06.59, Fax 05.65.21.06.59 n. V.

DOM. SAINT-JULIEN 1999*

5 ha 10 000 3à5€

Castelnau-Montratier ist ein zauberhaftes Dorf, das auf einem vorgelagerten Berg liegt. Der Besucher hat dort das Vergnügen, alte Häuser mit Arkaden, einen Wachturm, die Überreste eines Schlosses und an seinem Nordausgang drei Windmühlen zu entdecken. Hier hat die Domaine Saint-Julien diesen Coteaux du Quercy erzeugt. Der recht strahlende Wein lässt in seiner bläulich roten Farbe die Anzeichen von Jugend erkennen. Der von der Rebsorte Cabernet franc geprägte Duft bietet fruchtige und pflanzliche Noten, die an Paprikaschote und frisch gemähtes Gras erinnern, während der füllige, frische Geschmack durch seine Anklänge an würzige Früchte bezaubert.

GAEC Saint-Julien, Au Gros, 46170 Castelnau-Montratier, Tel. 05.65.21.95.86, Fax 05.65.21.83.89 tägl. 9h–12h 14h–19h
Vignals

Gaillac

Wie die Überreste von in Montels hergestellten Amphoren beweisen, gehen die Ursprünge des Weinbaugebiets von Gaillac auf die Zeit der römischen Besatzung zurück. Im 13. Jh. erließ Raymond VII., Graf von Toulouse, für sein Gebiet eines der ersten Dekrete einer kontrollierten Herkunftsbezeichnung. Der okzitanische Dichter Auger Gaillard feierte bereits lange vor der Erfindung des Champagners den Perlwein von Gaillac. Das Anbaugebiet (3 100 ha) gliedert sich in die unteren Hanglagen, die oberen Hänge auf dem rechten Ufer des Tarn, die Ebene, die Anbauzone von Cunas und das Gebiet von Cordes, wobei im Jahre 2000 etwa 138 700 hl Rotweine und 45 850 hl Weißweine erzeugt wurden.

Die Kalksteinhügel eignen sich wunderbar für den Anbau der traditionellen weißen Traubensorten wie Mauzac, Len-de-l'el (Loin-de-l'œil), Ondenc, Sauvignon und Muscadelle. Die Anbauzonen mit Kiesböden sind den roten Traubensorten vorbehalten: Duras, Braucol oder Fer Servadou, Syrah, Gamay, Négrette, Cabernet und Merlot. Die Vielfalt der

Rebsorten erklärt die Bandbreite der Gaillac-Weine.

Bei den Weißweinen findet man trockene und perlende Weine, die frisch und aromatisch sind, sowie die lieblichen Weine von den Premières Côtes, die reich und sanft sind. Diese sehr stark durch die Mauzac-Rebe geprägten Weine haben den Gaillac berühmt gemacht. Der Gaillac-Schaumwein kann nach zwei Methoden hergestellt werden: nach einer «handwerklichen» Methode, die den von Natur aus in den Trauben vorhandenen Zucker ausnutzt, oder nach dem Champagner-Verfahren, das jetzt von der europäischen Gesetzgebung als «traditionelle Methode» (Flaschengärung) bezeichnet wird; die erstgenannte Methode liefert fruchtigere, charaktervolle Weine. Die Roséweine, deren Most sofort abgestochen wird, nachdem er von den frisch gepressten Trauben abgelaufen ist, sind leicht und süffig; die als lagerfähig bezeichneten Rotweine sind typisch und duftig.

MAS D'AUREL Cuvée Alexandra 1999★

■ 3 ha 20 000 5à8€

Während der **süße 2000er Gaillac Cuvée Clara** eine lobende Erwähnung verdient, hat dieser Rotwein von der Jury den Vorzug erhalten. Er hat eine klare kirschrote Farbe und erinnert an rote Früchte (schwarze Johannisbeere) mit ein paar Noten von Minzeblättern und Pfeffer. Der schlanke, fruchtige Geschmack zeigt Ausgewogenheit. Die Tannine machen sich in einem sehr aromatischen Abgang bemerkbar. Ein recht typischer Gaillac.

Mas d'Aurel, 81170 Donnazac, Tel. 05.63.56.06.39, Fax 05.63.56.09.21

Mo–Sa 8h–12h 14h–19h

Albert Ribot

DOM. DE BALAGES 2000

◪ 1 ha 5 000 5à8€

Die Domaine de Balagès liegt in der Gemeinde Lagrave, die für ihr Schloss bekannt ist, das auf einem Vorsprung über dem Tarn erbaut ist. Syrah und Duras treffen in diesem erdbeerroten Wein zusammen. Der weinige Duft erinnert an rote Früchte, während im Geschmack schon in der Ansprache ein frischer, mineralischer Eindruck zum Vorschein kommt. Der recht spürbare Alkohol unterstützt im Abgang die Frucht.

Claude Candia, Dom. de Balagès, 81150 Lagrave, Tel. 05.63.41.74.48, Fax 05.63.81.52.12

tägl. 9h–12h 14h–19h

DOM. BARREAU

Doux Caprice d'Automne 1999★★★

□ 5 ha 23 400 8à11€

Dieser Wein repräsentiert gut die neue Generation der Gaillac-Weine, die typischen Charakter und modernen Zeitgeschmack verbindet. Er hat eine sehr strahlende goldene Farbe und hinterlässt an der Innenseite des Glases üppige Trä-

Gaillac

nen, bevor er seine Aromen von förmlich gebratenen Traubenbeeren, Honig und kandierter Aprikose entfaltet. Im Mund besitzt der Stoff eine starke Konzentration und hinterlässt einen Eindruck von Reichhaltigkeit und Komplexität. Der Abgang ist aufgrund seiner Länge und seiner Frische ebenso beeindruckend.
Jean-Claude Barreau, Boissel, 81600 Gaillac, Tel. 05.63.57.57.51, Fax 05.63.57.66.37
☑ Y n. V.

BRUMES Doux 1999**

□ 0,42 ha 800 11 à 15 €

Die Domaine des Salesses (25 ha) präsentiert hier eine «okzitanische Träumerei in den Herbstwolken». Dieser ganz in Gold gekleidete Wein glänzt intensiv im Glas und lädt dazu ein, einen feinen, komplexen Geruchseindruck mit Düften von Quitte, kandierter Ananas, Honig und süßen Gewürzen zu entdecken. In einem fetten, fülligen, auf großzügige Weise aromatischen Geschmack balancieren sich die Geschmacksnoten perfekt aus. Das Ganze profitiert lang anhaltend von einer guten Alkoholunterstützung. Dieser schon harmonische Gaillac kann sich noch entwickeln.
Dom. Les Salesses, Sainte-Cécile-d'Avès, 81600 Gaillac, Tel. 05.63.57.26.89, Fax 05.63.57.26.89 ☑ Y tägl. 8h–12h 14h–19h
Litre

DOM. DES CAILLOUTIS 1999*

■ 4 ha 21 000 3 à 5 €

Bernard Fabre, ausgebildeter Önologe, hat dieses Weingut 1998 übernommen. Er stellt hier einen Wein von leichter, klarer Farbe vor, dessen reintöniger Duft stark durch rote und schwarze Früchte (schwarze Johannisbeere, Brombeere) geprägt ist. Der ausgewogene, süffige, fruchtige Geschmack, der eine weiche Ansprache bietet, klingt mit einem recht frischen Abgang aus. Ein schlichter, leckerer Wein, der trinkreif ist.
Dom. des Cailloutis, 81140 Andillac, Tel. 05.63.33.97.63, Fax 05.63.33.97.63, E-Mail bf@rouge-blanc.com ☑ Y n. V.
Bernard Fabre

DOM. DE CAUSSE MARINES
Mysterre 1993*

□ 0,25 ha 654 15 à 23 €

Auf der Domaine de Causse Marines pflegt man gekonnt das Rätselhafte und die Fantasie. Der **süße 99er Gaillac Délires d'Automne** (Preisgruppe: 150 bis 199 F) ist ebenso gelungen wie dieser trockene Weißwein, aber Letzterer zeigt aufgrund seines Stils, der einem Vin jaune nahe kommt, noch mehr Originalität. Er besitzt eine Bernsteinfarbe mit orangeroten Tönen und einen kräftigen Duft von oxidativem Typ (frische Walnüsse). Weitere Aromen stellen sich ein, wie etwa Pflaumen- und Tresterschnaps und Gewürze (Vanille, Zimt, Safran). Der Geschmack erstaunt, denn er entfaltet sich wie bei einem Branntwein zu Alkohol und Säure mit einer leichten Bitternote.
Patrice Lescarret, Dom. de Causse Marines, 81140 Vieux, Tel. 05.63.33.98.30, Fax 05.63.33.96.23, E-Mail causse-marines@infonie.fr ☑ Y n. V.

DOM. D'ESCAUSSES
La Vigne mythique 1999**

■ 1 ha 5 000 8 à 11 €

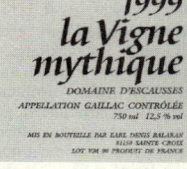

Die Wahl zum Lieblingswein war einstimmig bei diesem roten Gaillac, einem sortenreinen Fer Servadou. In seinem tiefen Kirschrot entfaltet er einen intensiven, eleganten Duft: Gerüche mit reichem Holzton, rote Früchte, Gewürze. Im Mund nimmt man einen voluminösen, fülligen Körper wahr, dessen solide Struktur gut umhüllt ist. Der Holzton fügt sich in das Ganze ein und verlängert den Abgang. Der typische Charakter bleibt perfekt gewahrt. Der mit einem Stern bedachte **süße 99er Gaillac Vendanges dorées** (Preisgruppe: 50 bis 69 F, die Flasche mit 50 cl Inhalt) ist ausdrucksvoll.
EARL Denis Balaran, Dom. d'Escausses, 81150 Sainte-Croix, Tel. 05.63.56.80.52, Fax 05.63.56.87.62, E-Mail jean-marc.balaran@wanadoo.fr
☑ Y Mo–Sa 9h–19h; So u. Gruppen n. V.

FASCINATION Sec 2000*

□ k. A. 30 000 5 à 8 €

Dieser Wein von blasser, kristallklarer Farbe bietet einen aromatischen Duft, der offenherzig und anhaltend ist: Er entfaltet hübsche Noten von Buchsbaum, weißen Blüten und Zitrusfrüchten (Zitrone). Der harmonische, runde, fruchtige Geschmack profitiert von einer angenehmen Frische, die mit den in der Nase wahrgenommenen Aromen harmoniert. Ein weißer Gaillac von gutem Aufbau.
Cave de Técou, Técou, 81600 Gaillac, Tel. 05.63.33.00.80, Fax 05.63.33.06.69, E-Mail passion@cavedetecou.fr ☑

DOM. DE GINESTE Grande Cuvée 1999*

■ 1 ha 4 000 11 à 15 €

Neue Besitzer führen dieses schon berühmte Gut. Sie präsentieren nicht nur einen **süßen 99er Gaillac Cuvée Moine Albert** (Preisgruppe: 100 bis 149 F), der von der Jury als sehr gelungen beurteilt wurde, sondern auch diesen dunkelroten Wein mit bläulich roten Reflexen. Der tiefe, noch schüchterne Geruchseindruck lässt einen röst- und mentholartigen Holzton erkennen, bevor er sich schwarzen Früchten und Gewürzen zuwendet. Der fette, konzentrierte Geschmack setzt auf deutlich spürbare, aber umhüllte Tannine; auch wenn der Holzton markant bleibt, trägt er zur guten Struktur dieses Weins bei.

Nach ein paar Jahren Lagerung wird sich dieser Gaillac verfeinern.
EARL Dom. de Gineste, 81600 Técou, Tel. 05.63.33.03.18, Fax 05.63.81.52.65, E-Mail domainedegineste@free.fr
tägl. 10h–19h
Mangeais, Delmotte

MAS DE GROUZE
Cuvée des Graves 1999*

■ 5 ha 25 000 3à5€

Dieser recht intensive rubinrote Wein verrät in der Nase den Beginn einer Entwicklung; er erinnert an leicht kandierte rote Früchte und Gewürze (Pfeffer). Der schon in der Ansprache weiche Geschmack ist rund und strukturiert, getragen von der Ausdrucksstärke der Aromen. Ein recht typischer Wein, bei dem es nicht notwendig ist, dass man ihn lagert.
Mas de Grouze, 81800 Rabastens, Tel. 05.63.33.80.70, Fax 05.63.33.79.48
Mo–Sa 8h–19h; So 10h–12h30
Alquier

DOM. DE LABARTHE
Doux Les Grains d'Or Elevé en fût de chêne 1999**

□ 3 ha 4 000 8à11€

Die 48 Hektar Reben haben schöne Ergebnisse erbracht. Der **rote 99er Gaillac Cuvée Guillaume** (Preisgruppe: 30 bis 49 F) und der **trockene 200er Weißwein Premières Côtes** (Preisgruppe: 20 bis 29 F) erhalten einen Stern. Geehrt wird hier dieser leckere liebliche Wein, der zu 100 % von der Rebsorte Len-de-l'el stammt. Er ist goldgelb und hinterlässt an der Innenseite des Glases üppige Tränen. Sein intensiver Duft beginnt mit einem kräftigen Holzton, der an balsamische Essenzen erinnert. Danach folgen frische Empfindungen von exotischen Früchten. Der schon in der Ansprache kräftige Geschmack entwickelt sich voller Lebhaftigkeit zu einer langen Aromenpalette, in der das Holzaroma einen gewichtigen Platz einnimmt. Der Abgang hinterlässt einen warmen, süßen Eindruck. (Flaschen mit 50 cl Inhalt.)
Jean-Paul Albert, Dom. de Labarthe, 81150 Castanet, Tel. 05.63.56.80.14, Fax 05.63.56.84.81, E-Mail jean.albert@wanadoo.fr n. V.

CH. LABASTIDE 1999*

■ 65 ha 250 000 5à8€

Dieser rote Gaillac zeigt ein gutes Potenzial, das man schon an seiner kräftigen Farbe mit den bläulich roten Reflexen erkennt. Der recht intensive Duft erinnert an ein Kompott aus schwarzen Früchten mit einer Note von grüner Paprikaschote. Der Geschmack, der eine klare Ansprache bietet, besitzt Umfang, «Fett» und Vollmundigkeit. Die Textur aus dichten Tanninen macht sich im Abgang noch stärker bemerkbar.
Cave de Labastide de Lévis, 81150 Marssac-sur-Tarn, Tel. 05.63.53.73.73, Fax 05.63.53.73.74
Mo–Sa 8h–12h 14h–18h

DOM. DE LA CHANADE
Elevé en fût de chêne 1999*

■ 1,5 ha 8 000 5à8€

Dank eines leidenschaftlichen Enkels, dem ein junger, schon erfahrener Önologe hilft, erwacht dieses Gut zu neuem Leben. Der Weinberg umfasst zwanzig Hektar. Dieser Wein von strahlender, intensiver Farbe entfaltet sich zu Röstaromen (geröstetes Brot, Kaffee), bevor er, wenn man ihn im Glas schwenkt, schwarze und rote Früchte enthüllt. Der großzügige, fette, recht aromatische Geschmack wird bis zu einem pfeffrigen Abgang von seidigen Tanninen unterstützt.
SCEA Dom. de La Chanade, La Chanade, 81170 Souel, Tel. 05.63.56.31.10, Fax 05.63.56.31.10 tägl. 9h–12h 14h–19h
Hollevoet

DOM. LA CROIX DES MARCHANDS
Fraicheur perlée 2000*

□ 5 ha 30 000 5à8€

Dieser blassgelbe Perlwein mit lebhafteren Farbtönen ist ein fröhlicher Wein, der zart blumig und fruchtig ist. Eine Pfeffernote würzt die Duftpalette. Der klare, angenehm aromatische Geschmack findet eine gute Ausgewogenheit zwischen Rundheit und Frische.
J.-M. et M.-J. Bezios, av. des Potiers, 81600 Montans, Tel. 05.63.57.19.71, Fax 05.63.57.48.56, E-Mail croixdesmarchands@wanadoo.fr Mo–Sa 9h–12h 13h30–19h; Gruppen n. V.

CH. LARROZE Sec 2000**

□ 5 ha 20 000 5à8€

Dieser Gaillac verführt durch seine Jugendlichkeit und seine Fröhlichkeit. Er zeigt eine helle Farbe mit grünen Tönen und entfaltet delikate Düfte, die einen blumigen Charakter mit einem Hauch von Honig sowie recht deutlichen Aromen von frischer Zitrone verbindet. Nach einer frischen Ansprache spürt man eine gute Ausgewogenheit der Geschmacksnoten. Der Geschmack harmoniert bis zu seinem Abgang von frischen Früchten mit dem Geruchseindruck.
Ch. Larroze, La Colombarié, 81140 Cahuzac-sur-Vère, Tel. 05.63.33.92.62, Fax 05.63.33.92.49
Mo–Sa 9h–12h 14h–18h

CH. LASTOURS
Cuvée spéciale Elevé en fût de chêne 1999**

■ 4 ha 17 000 8à11€

Hubert und Pierric de Faramond bewirtschaften ein 40 ha großes Gut. Ihr **trockener weißer 2000er Gaillac Les Graviers** (Preisgruppe: 30 bis 49 F) ist zwar gelungen, aber dieser intensiv rote Wein, der eine purpurrote Nuance zeigt, verführt durch seinen ausdrucksvollen Duft von Konfitüre aus roten Früchten und von Gewürzen. Der volle, runde Geschmack besitzt genug Frische, um die würzigen Aromen und die abschließende Ledernote aufzunehmen. Die verschmolzenen Tannine ergänzen diesen einschmeichelnden Gesamteindruck von guter Beständigkeit.

🔑 Hubert et Pierric de Faramond, Ch. Lastours, 81310 Lisle-sur-Tarn, Tel. 05.63.57.07.09, Fax 05.63.41.01.95
☑ Y Mo–Sa 8h–12h 13h30–18h

LE PAYSSEL 2000

◪ k. A. 5 000 3à5€

Ein blassrosa Wein mit grauen Reflexen umschmeichelt mit seinen blumigen und leicht mentholartigen Aromen die Sinne. Der saubere, in der Ansprache lebhafte Geschmack bleibt aufgrund seines belebenden Prickelns und seiner mineralisch-fruchtigen Aromen frisch. Leichtigkeit und Ausgewogenheit.

🔑 EARL Louis Brun et Fils, Vignoble Le Payssel, 81170 Frausseilles, Tel. 05.63.56.00.47, Fax 05.63.56.09.16, E-Mail lepayssel@free.fr
☑ Y Mo–Fr 9h–12h 14h–18h; Sa, So 16h–18h

DOM. DE LONG PECH 1999★★

■ 1,5 ha 5 600 5à8€

Dieser von den Rebsorten Braucol, Cabernet franc und Duras erzeugte Wein hat aufgrund seiner starken Extraktion und seines Potenzials verführt. Die intensive Farbe, ein tiefes, strahlendes Rubinrot, lädt dazu ein, einen ausdrucksvollen Duft zu erkunden: ein Korb vollreifer roter und schwarzer Früchte, in Alkohol eingelegte Kirschen und Gewürze. Der Geschmack bestätigt diese Konzentration durch einen fetten, reifen Stoff. Die Struktur ist füllig und besteht aus gut umhüllten Tanninen. Der Abgang ist die Kirsche auf der Sahnetorte! Beachten sollte man auch den **roten 98er Gaillac Cuvée Jean-Gabriel** (Preisgruppe: 50 bis 69 F), der im Holzfass ausgebaut und als sehr gelungen beurteilt worden ist.

🔑 GAEC Christian Bastide Père et Fils, Dom. de Long-Pech, Lapeyrière, 81310 Lisle-sur-Tarn, Tel. 05.63.33.37.22, Fax 05.63.40.42.06, E-Mail dom.longpech@wanadoo.fr ☑ Y Mo–Sa 9h–12h30 13h30–18h30

MANOIR DE L'EMMEILLE
Tradition 1999

■ 3 ha 30 000 5à8€

Zwei Cuvées dieses Guts verdienen eine lobende Erwähnung, der **trockene 2000er Gaillac** und dieser noch bläulich rote Wein. Der fruchtige Duft erinnert an Erdbeere und Himbeere, die von Gewürzen hervorgehoben werden. Der in der Ansprache weiche Geschmack wird lebhafter, mit einer zufrieden stellenden Ausgewogenheit. Der Abgang bietet eine gewisse Strenge, aber das Ganze bleibt gefällig.

🔑 EARL Manoir l'Emmeillé, 81140 Campagnac, Tel. 05.63.33.12.80, Fax 05.63.33.20.11
☑ Y Mo–Sa 9h–12h 14h–19h
🔑 Charles Poussou

CH. MARESQUE Cuvée Thomas 1999★★

■ 2 ha 11 000 8à11€

Béatrice Méhaye, die aus Pauillac stammt, und Lucas Schutte, ehemals Winzer in Burgund, haben dieses Gut im März 1999 auf zwölf Hektar angelegt. Ihr intensiv granatroter Gaillac bietet einen tiefen, konzentrierten Geruchseindruck mit Düften von schwarzen Früchten und Gewürzen, Lakritze und grüner Paprikaschote. Der kräftige, reich strukturierte Geschmack entwickelt sich über eleganten Tanninen. Der aromatische Ausdruck entfaltet sich in einem recht schwungvollen Abgang. Dieser Wein besitzt ein gutes Potenzial.

🔑 Béatrice Méhaye et Lucas Schutte, Maresque, 81600 Gaillac, Tel. 05.63.57.53.32, Fax 05.63.57.51.24, E-Mail lucas.schutte@wanadoo.fr ☑ Y n. V.

CH. MIRAMOND
Cuvée Antoine Elevé en fût de chêne 1999★★

■ 1,5 ha 3 600 5à8€

Château Miramond schafft eine schöne Leistung, dank eines im Tank ausgebauten **roten 99er Gaillac,** der einen Stern erhält, und dieser im Eichenfass gereiften Cuvée, die zu 60 % von Syrah und zu 40 % von Fer Servadou stammt. Eine granatrote Farbe mit dunklen Nuancen bildet den Auftakt der Verkostung. Der Duft entfaltet einen eleganten Holzton, Frucht und Gewürze sowie eine angenehme Empfindung von Lakritze und Menthol. Der ebenfalls aromatische Geschmack entwickelt sich mit Frische in vollkommener Ausgewogenheit.

🔑 Pascal Trouche, Mas de Graves, Saint-Laurent, 81600 Gaillac, Tel. 05.63.57.14.86, Fax 05.63.57.63.44, E-Mail ptrouche@online.fr
☑ Y Mo–Sa 10h–12h 16h–19h

CH. MONTELS
Doux Les Trois Chênes Elevé en fût de chêne 1999★★

□ 4 ha 4 200 8à11€

Len-de-l'el mit 85 % und Muscadelle mit 15 %, in kleinen Kisten geerntete Trauben, die in fünf bis sechs Durchgängen im Weinberg ausgelesen wurden. Das Ergebnis ist ein konzentrierter, aus Gold und Kupfer gearbeiteter Wein. Der Duft erinnert an mit Honig überzogenen Bratapfel, mit ein wenig Sternanis bestreut. Der füllige, fette Geschmack bestätigt die Aromenpalette, wobei er sie durch Aromen von Lindenblüte und exotischen Früchten ergänzt. Bis zum Abgang hinterlässt er einen Eindruck von Süße. Der **rote 98er Gaillac Cuvée des Trois Chênes** (Preisgruppe: 30 bis 49 F) erhält einen Stern.

🔑 Bruno Montels, Burgal, 81170 Souel, Tel. 05.63.56.01.28, Fax 05.63.56.15.46
☑ Y Mo–Sa 10h–12h30 14h–19h; So n. V.

DOM. DU MOULIN
Vieilles vignes Elevé en fût de chêne 1999*

■ 8 ha 32 000 5 à 8 €

Die tiefe dunkelrote Farbe weist auf die Qualität des Traubenguts hin. Der weinige, würzige Geruchseindruck ist noch nicht sehr offen, aber der runde Geschmack bietet eine reiche, strukturierte Fülle. Man spürt «Fett» und einen korpulenten Körper, dessen aromatische Ausdruckskraft sich bei der Lagerung entfalten dürfte. Der **im Holzfass ausgebaute trockene weiße Gaillac Vieilles vignes** wird lobend erwähnt.

GAEC Hirissou, chem. de Bastié, 81600 Gaillac, Tel. 05.63.57.20.52, Fax 05.63.57.66.67, E-Mail domainedumoulin@libertysurf.fr
Mo–Sa 9h30–12h 14h–19h

CH. PALVIE 1999*

■ 1 ha 8 000 8 à 11 €

Syrah und Braucol haben zwei sehr gelungene rote Gaillac-Weine hervorgebracht: den **im Holzfass ausgebauten 99er Château Palvié** (Preisgruppe: 70 bis 99 F) und diese im Tank ausgebaute Cuvée. Sie ist fast schwarz mit violetten Nuancen und entfaltet einen intensiven Duft, der an Konfitüre denken lässt. Der Geschmack bestätigt diese Konzentration und Überreife der Frucht: Er bietet «Fett», Stärke und bis zum Abgang eine starke Präsenz der Tannine.

Jérôme Bézios, 81140 Cahuzac-sur-Vère, Tel. 05.63.57.19.71, Fax 05.63.57.48.56

DOM. DES PARISES
Doux Loin de l'Œil 1999*

□ 1,5 ha 3 500 5 à 8 €

Jean Arnauds Weingut verändert sich: Der 21 ha große Weinberg ist vollständig erneuert worden; die Keller werden gerade neu eingerichtet. Das Ergebnis ist überzeugend, wie dieser strahlend bernsteingelbe Gaillac belegt, der großzügig Tränen hinterlässt. Sein intensiver Duft bietet getrocknete oder überreife Früchte, Lebkuchen und Quittenbrot. Der Geschmack erscheint dicht und fett, vom Alkohol getragen. Die in der Nase wahrgenommenen Aromen tauchen im Abgang wieder auf, wobei in Alkohol eingelegte Früchte dominieren.

SCEV Arnaud, rue de la Mairie, 81150 Lagrave, Tel. 05.63.41.78.63, Fax 05.63.41.78.63
n. V.
Jean Arnaud

PERLE D'AMOUR 2000*

□ k. A. 60 000 5 à 8 €

Die Cave de Labastide de Lévis wurde 1949 als erste Genossenschaft im Departement Tarn gegründet. Sie stellt hier einen klaren blassgelben Gaillac vor, der mit feinen Perlen übersät ist. Der intensive Duft bietet gleichzeitig Früchte (Birne, Aprikose, Litschi) und Blüten, mit einer leicht buttrigen Note. Im Mund ist der Wein leicht, weich und rund; er ist eine Duftperle, die sich mit einer Bitternote auflöst.

Cave de Labastide de Lévis, 81150 Marssac-sur-Tarn, Tel. 05.63.53.73.73, Fax 05.63.53.73.74
Mo–Sa 8h–12h 14h–18h

DOM. DE PIALENTOU
Les Gentilles Pierres Elevé en fût de chêne 1999*

■ 6,07 ha 6 000 8 à 11 €

Das zwölf Hektar große Gut wurde 1998 gekauft. Der Wein von kräftiger bläulich roter Farbe wirkt frisch aufgrund seiner Kirsch- und Erdbeeraromen vor dem balsamischen Hintergrund. Nach einer weichen Ansprache entwickelt sich der runde, leichte Geschmack über einer Textur aus feinen, leckeren Tanninen. Der Abgang hüllt sich in Aromen mit mildem Holzton.

SCEA du Pialentou, Dom. de Pialentou, 81600 Brens, Tel. 05.63.57.17.99, Fax 05.63.57.20.51, E-Mail domaine.pialentou@wanadoo.fr Mo–Sa 9h–12h 14h–19h
J. und K. Gervais

MAS PIGNOU
Doux Les Hauts de Laborie 2000*

□ 5 ha 27 000 5 à 8 €

Dieser an grünen Reflexen reiche Wein bietet dank seiner Mentholnoten einen recht intensiven, frischen Duft. Die Aromen sind blumig und zugleich fruchtig (Passionsfrucht). Der Geschmack umschmeichelt die Sinne mit seiner Ausgewogenheit und Sanftheit; er hält im blumigen Register angenehm an.

Jacques et Bernard Auque, Dom. du Mas Pignou, 81600 Gaillac, Tel. 05.63.33.18.52, Fax 05.63.33.11.58, E-Mail maspignou@free.fr
Mo–Sa 9h–12h 14h–19h; So n. V.

VIN D'AUTAN DE ROBERT PLAGEOLES ET FILS Doux 1999*

□ 3 ha 2 000 30 à 38 €

Dieser Wein von edler Herkunft verdankt seinen Charakter den Ondenc-Trauben, die sich durch Einschrumpfen am Rebstock konzentriert haben, und der erfolgreichen Ausbreitung der Edelfäule. Die goldgelbe Farbe kündigt einen kräftigen Duft an, der an Lebkuchen, Quittengelee und getrocknete Früchte erinnert. Der volle, konzentrierte Geschmack entfaltet großzügig seine Aromen und fließt wie Honig.

EARL Robert Plageoles et Fils, Dom. des Très-Cantous, 81140 Cahuzac-sur-Vère, Tel. 05.63.33.90.40, Fax 05.63.33.95.64
Mo–Sa 8h–12h 14h–19h; So n. V.

RAIMBAULT DES VIGNES 1999*

■ 30 ha 200 000 3 à 5 €

Dieser Wein mit der Farbe von Burlat-Kirschen vereint auf intensive Weise rote Früchte, Gewürze, Veilchen und Minze zu einem frischen Bouquet. Der schon in der Ansprache weiche Geschmack kommt um eine leichte, ausgewogene Struktur herum mit Frische zum Ausdruck. Ein Feinschmeckerwein.

Cave de Rabastens, 33, rte d'Albi, 81800 Rabastens, Tel. 05.63.33.73.80, Fax 05.63.33.85.82, E-Mail rabastens@vins-du-sud-ouest.com ☑ Ῑ tägl. 9h–12h30 14h30–19h

DOM. RENE RIEUX
Doux Concerto Elevé en fût de chêne 1999***

☐ 1,25 ha 2 000 11 à 15 €

Das 18,5 ha große Gut gehört dem CAT Boissel, einer Einrichtung, die Arbeitslose beschäftigt. Drei seiner Weine sind ausgewählt worden, darunter der **halbtrockene 98er Gaillac-Schaumwein Symphonie** (Preisgruppe: 30 bis 49 F), der zwei Sterne erhält, und der **im Eichenfass ausgebaute rote 99er Gaillac Concerto,** der lobend erwähnt wird. Verführt wurde die Jury von diesem lieblichen Wein, der eine kupfergoldene Farbe besitzt. In der Nase entladen sich weiße Blüten, Honig, Bratapfel und kandierte Orange, während der konzentrierte Geschmack seine Süße durch eine große Frische und eine anhaltende aromatische Stärke ausgleicht.

Dom. René Rieux, 1495, rte de Cordes, 81600 Gaillac, Tel. 05.63.57.29.29, Fax 05.63.57.51.71, E-Mail domaine.rene.rieux@wanadoo.fr
☑ Ῑ Mo–Sa 9h–12h 13h30–19h30
CAT Boissel

CH. RIVAT 1999*

■ 2 ha 5 000 5 à 8 €

Hinter dem recht deutlichen Rubinrot kommt ein ausgewogener, typischer Geschmack zum Vorschein. Der Duft bietet Noten von Sauerkirsche in Alkohol und Pfeffer sowie einen blumigen Anklang. Der Geschmack zeigt eine runde Fülle, für deren Ausgewogenheit der Alkohol und eine Textur aus Tanninen sorgen.

Ch. Rivat, Rivat, 81600 Senouillac, Tel. 06.09.88.08.15, Fax 06.63.81.29.20
☑ Ῑ n. V.
F. Santandrea

DOM. ROTIER Doux Renaissance 1999***

☐ 3,6 ha 17 200 11 à 15 €

Dieser süße Gaillac überlässt die Hauptrolle dem Len-de-l'el, der für Gaillac typischen Rebsorte. Er hat eine goldene, kupferrot schimmernde Farbe und entfaltet ein subtiles Bouquet mit Düften von Orange und kandierter Ananas, Mürbeteigkuchen mit karamellisierten Äpfeln, weißen Blüten und Honig. Der schon in der Ansprache intensive Geschmack bietet eine breite Aromenpalette in einer guten Ausgewogenheit zwischen Frische, «Fett» und likörartiger Süße. Der Abgang zieht sich lang hin. Vom gleichen Erzeuger wird der **rote 99er Gaillac Renaissance** (Preisgruppe: 50 bis 69 F) lobend erwähnt.

Dom. Rotier, Petit Nareye, 81600 Cadalen, Tel. 05.63.41.75.14, Fax 05.63.41.54.56, E-Mail rotier@terre-net.fr
☑ Ῑ Mo–Sa 8h–12h 14h–19h
Alain Rotier und Francis Marre

CH. DE SALETTES Doux 1999**

☐ 2 ha 8 000 5 à 8 €

Château de Salettes bietet neben hübschen Weinen eine Viersterneunterkunft und ein Essrestaurant. Sein süßer Gaillac verwendet Muscadelle-Trauben. Er ist ganz golden und reich an «Tränen». Mit seinen blumigen Blüten- und Rosennoten, die eine leichte Vanillenuance enthalten, erscheint er sofort fein und komplex. Der in der Ansprache lebhafte Geschmack bewahrt seine frische Linie, wobei er gleichzeitig viel Konzentration und Stärke zeigt. Er zeichnet sich durch seine aromatische Komplexität und die glückliche Vereinigung des Stoffs mit dem Holz aus.

SCEV Ch. de Salettes, 81140 Cahuzac-sur-Vère, Tel. 05.63.33.60.60, Fax 05.63.33.60.61, E-Mail chateau-de-salettes@wanadoo.fr
☑ Ῑ n. V.
Roger Le Net

BARON THOMIERES Sec 2000*

☐ k. A. 8 000 3 à 5 €

Dieser intensive blassgelbe Wein mit grünen Reflexen wirkt aufgrund seiner Zitronen- und Mentholnoten zunächst frisch und bevorzugt danach Obstkompott und Honig. Sein schon in der Ansprache freimütiger Geschmack, der weich und schlank ist, zeigt einen fruchtigen Charakter.

Laurent Thomières, La Raffinié, 81150 Castelnau-de-Lévis, Tel. 05.63.60.39.03, Fax 05.63.53.11.99
☑ Ῑ Mo–Do, Sa, So 15h–18h30

DOM. DE VAYSSETTE 1999*

■ 2 ha 14 600 5 à 8 €

Die Domaine de Vayssette umfasst 23 ha Reben. Ihr roter Gaillac ist das Ergebnis eines Verschnitts von Syrah, Duras, Braucol und Cabernet franc. Er ist hochrot mit purpurvioletten Tönen und entfaltet eine subtile Palette, die an kleine Früchte (schwarze Johannisbeere), Gewürze und Lakritze erinnert. Nach einer weichen Ansprache entwickelt sich der Geschmack zu einer guten Ausgewogenheit zwischen Lebhaftigkeit und Alkohol. Sein Gerüst ist dank verschmolzener Tannine gut gebaut. Merken Sie sich auch den sehr gelungenen **süßen 99er Gaillac** (Preisgruppe: 50 bis 69 F), der Mauzac und Muscadelle verbindet.

Dom. de Vayssette, rte de Caussade, 81600 Gaillac, Tel. 05.63.57.31.95, Fax 05.63.81.56.84 ☑ Ῑ n. V.

CH. VIGNE-LOURAC
Doux Vieilles vignes 1999★

☐ 6 ha 30 000 5 à 8 €

Dieser reiche, intensive Wein, dessen Strohgelb goldene Reflexe zeigt, vereint Honig, Konfitüre und Geleefrüchte. Sein runder, fülliger Geschmack bietet «Fett» und eine starke Konzentration. Im Nasen-Rachen-Raum halten die Aromen intensiv an. Ein Wein von großer Reife, der sich zum Lagern eignet.

Vignobles Philippe Gayrel, BP 4, 81600 Gaillac, Tel. 05.63.33.91.16, Fax 05.63.33.95.76

Buzet

Das Weinbaugebiet von Buzet, das seit dem Mittelalter zum Oberland von Bordeaux gerechnet wurde, steigt zwischen Agen und Marmande stufenförmig an. Der Weinbau geht auf die Klöster zurück und wurde später von den Bürgern von Agen weitergeführt. Nach der Reblauskrise geriet das Anbaugebiet fast in Vergessenheit, ehe es ab 1956 zum Symbol für das Wiederaufleben des Weinbaus im Oberland wurde. Zwei Männer, Jean Mermillo und Jean Combabessous, waren für diesen Neubeginn verantwortlich; ebenso viel verdankt diese neue Blüte der Genossenschaftskellerei der Vereinigten Erzeuger, die ihre gesamte Produktion in regelmäßig erneuerten Barriquefässern ausbaut. Das Anbaugebiet erstreckt sich heute zwischen Damazan und Saint-Colombe auf die unteren Hänge der Garonne; es versorgt die Fremdenverkehrsorte Nérac und Barbaste mit Wein.

Dank des Wechsels von *«boulbènes»* (Anschwemmungen von Sand und sehr feinem Silt), Kies- und tonigen Kalksteinböden kann man Weine erhalten, die vielfältig und typisch zugleich sind. Die Rotweine, die kraftvoll, tief, fleischig und seidig sind, nehmen es mit manchen Weinen aus den Nachbargebieten an der Gironde auf. Sie passen wunderbar zur einheimischen Küche: Magret (dünne Scheiben rosa gebratenes Brustfilet von Geflügel), Confit (in Schmalz eingelegtes Fleisch) und Kaninchen mit Backpflaumen. Der auf einer Anbaufläche von 1 916 ha erzeugte Buzet lieferte im Jahre 2000 rund 119 570 hl, davon 4 858 hl Weißwein, denn traditionell ist der Buzet ein Rotwein, wobei Weiß- und Roséweine die Palette dieser harmonischen Weine von purpur-, granat- und zinnoberroter Farbe ergänzen.

BARON D'ARDEUIL
Elevé en fût de chêne 2000★

☐ 10 ha 40 000 5 à 8 €

Dieser Wein von mittlerer Intensität, dessen strahlendes Blassgelb grüne Reflexe zeigt, bietet Aromen von exotischen Früchten, vermischt mit Holznoten. Der in der Ansprache nicht sehr lebhafte Geschmack entfaltet Noten von exotischen Früchten und Vanille. Ein wohl ausgewogener, runder, fetter Buzet, der trinkreif ist.

Les Vignerons de Buzet, BP 17, 47160 Buzet-sur-Baïse, Tel. 05.53.84.74.30, Fax 05.53.84.74.24, E-Mail buzet@vignerons-buzet.fr Mo–Sa 9h–12h 14h–18h

CH. DU BOUCHET 1999★★

■ 18 ha 84 075 5 à 8 €

Der kräftige und zugleich feine Duft entfaltet Noten von Paprikaschote und Gewürzen. Die milde, ausgewogene Ansprache hinterlässt sofort Schokoladennoten. Die stattliche, runde Tanninstruktur unterstützt den Geschmack bis zu einem langen Abgang. Dieser charaktervolle Wein, der schon in jungen Jahren angenehm ist, kann auf elegante Weise eine Kalbsblanquette begleiten.

Les Vignerons de Buzet, BP 17, 47160 Buzet-sur-Baïse, Tel. 05.53.84.74.30, Fax 05.53.84.74.24, E-Mail buzet@vignerons-buzet.fr Mo–Sa 9h–12h 14h–18h
Seava Padere

LES VIGNERONS DE BUZET
Grande Réserve 1998★★

■ 32 ha 96 320 23 à 30 €

Dieser Buzet ist unbestreitbar der viel versprechendste Wein der Auswahl. Der komplexe Duft entfaltet Aromen von reifen Früchten, die leicht verbrannte Noten unterstreichen. Im Mund sind die Tannine besonders kräftig und harmonisch; der Holzton, Erbe eines neunmonatigen Ausbaus im Holzfass, beginnt sich einzufügen, sorgt aber gleichzeitig für Ledernuancen. Dieser Wein lässt eine große Alterungsfähigkeit erhoffen. Die **rote 98er Cuvée Jean-Marie Hébrard** (Preisgruppe: 70 bis 99 F) erhält einen Stern. Sie ist noch vom Holz geprägt und bietet Rundheit und einen ausdrucksstarken Abgang. Ein schöner, dichter, kräftiger Wein, der lagern muss.

Les Vignerons de Buzet, BP 17,
47160 Buzet-sur-Baïse, Tel. 05.53.84.74.30,
Fax 05.53.84.74.24, E-Mail buzet@vignerons-buzet.fr Mo–Sa 9h–12h 14h–18h

CH. DE GACHE 1999**

18 ha 68 568 5à8€

Dieser 99er zeigt eine intensive rubinrote Farbe. Sein komplexer, kräftiger und zugleich feiner Duft bietet würzig-pfeffrige Noten und eine reife Fruchtigkeit. Der Geschmack hat Charakter und aromatische Länge. Die Wein- und Gewürzaromen werden von einer dichten Struktur gut unterstützt, die von «Fleisch» umhüllt ist. Dieser ausgewogene, wohl schmeckende Wein kann gegrilltes rotes Fleisch begleiten. Der nicht im Holzfass ausgebaute **98er Château de Bougigues** erhält einen Stern. In der Nase dominieren Aromen von schwarzer Johannisbeere. Er besitzt einen fülligen Geschmack, den leckere Tannine gut unterstützen. Trinken kann man ihn in zwei bis drei Jahren.

Les Vignerons de Buzet, BP 17,
47160 Buzet-sur-Baïse, Tel. 05.53.84.74.30,
Fax 05.53.84.74.24, E-Mail buzet@vignerons-buzet.fr Mo–Sa 9h–12h 14h–18h
J. de Royer

CH. DE GUEYZE 1998**

78 ha 173 536 8à11€

Mit seinen 78 ha Weinbergen in einem Stück gehört Château de Gueyze zu den Schmuckstücken der Produktion der Winzerkellerei von Buzet. Der feine, kräftige Holzton umhüllt die reife Frucht mit seinen Gewürz- und Röstnoten. Mentholnuancen und ein frischer Hauch von Eukalyptus begleiten diese Palette. Dichte, aber geschmeidige Tannine unterstützen diesen dichten, harmonischen Wein, der zu Wildschweinpfeffer passen wird.

Les Vignerons de Buzet, BP 17,
47160 Buzet-sur-Baïse, Tel. 05.53.84.74.30,
Fax 05.53.84.74.24, E-Mail buzet@vignerons-buzet.fr Mo–Sa 9h–12h 14h–18h
Sté Gueyze

DOM. DE LA CROIX 1999**

55 ha 142 015 5à8€

Dieser in der Nase elegante, blumige Wein besitzt einen reichen, fleischigen Geschmack, den deutlich spürbare Tannine strukturieren. Außerdem verfügt er über eine gute Säure und einen lang anhaltenden Abgang. Dieser klassische, wohl schmeckende Buzet zeigt eine ausgezeichnete Ausgewogenheit und kann eine ganze Mahlzeit begleiten. Die **rote 98er Cuvée Vieilles vignes** erhält einen Stern. Sie bietet einen von der Cabernet-Traube geprägten Duft von reifen Früchten und einen diskreten Holzton. Der Geschmack hinterlässt einen frischen, fruchtigen Eindruck. Dieser Wein ist trinkreif.

Les Vignerons de Buzet, BP 17,
47160 Buzet-sur-Baïse, Tel. 05.53.84.74.30,
Fax 05.53.84.74.24, E-Mail buzet@vignerons-buzet.fr Mo–Sa 9h–12h 14h–18h

CH. DE PADERE 1998**

45 ha 137 684 5à8€

Die Aromenpalette (rote Früchte, schwarze Johannisbeere und Brombeere) verführt sofort. Nach einer reichen, fruchtbetonten Ansprache zeigen sich im Mund dicht gedrängte, wohl schmeckende Tannine, die einen frischen Abgang unterstützen. Diesen ausgewogenen, eleganten Wein kann man drei bis vier Jahre aufheben. Er passt dann zu Entenconfit (im eigenen Fett eingelegtes Fleisch) oder einem Cassoulet (deftiger Eintopf aus angebratenem Fleisch mit Wurst, Bohnen, Knoblauch, Zwiebeln und anderen Gemüsen).

Les Vignerons de Buzet, BP 17,
47160 Buzet-sur-Baïse, Tel. 05.53.84.74.30,
Fax 05.53.84.74.24, E-Mail buzet@vignerons-buzet.fr Mo–Sa 9h–12h 14h–18h
Seava Padere

CH. SAUVAGNERES 1999**

0,6 ha 4 000 5à8€

Dieser granatrote Wein entfaltet Aromen von Harz und kleinen roten Früchten, die eine Holznote betont. Der in der Ansprache weiche Geschmack bietet frische, würzige Noten, bevor das Holz innerhalb eines von eckigen Tanninen strukturierten Stoffs seine Vanillenoten aneinander reiht. Ein Buzet, den man zwei bis drei Jahre aufheben und dann zu Entenspießchen servieren sollte.

Bernard Thérasse, Sauvagnères,
47310 Sainte-Colombe-en-Bruilhois,
Tel. 05.53.67.20.23, Fax 05.53.67.20.86,
E-Mail bernardtherasse@wanadoo.fr
n. V.

Côtes du Frontonnais

Der Côtes du Frontonnais, der Wein der Einwohner von Toulouse, kommt aus einem sehr alten Weinbaugebiet, das einst im Besitz der Ritter des Ordens des hl. Johannes vom Spital zu Jerusalem (Johanniterorden) war. Bei der Belagerung von Montauban widmeten sich König Ludwig XIII. und Kardinal Richelieu ausgiebig vergleichenden Weinproben ... Der Gründung der Winzergenossenschaften von Fronton und Villaudric ist es zu verdanken, dass das Anbaugebiet wiederhergestellt wurde. Mit der Négrette-Rebe, einer einheimischen Rebsorte, die man auch in der Appellation Gaillac findet, hat es eine originelle Bestockung bewahrt. Hinzu kommen Cot, Cabernet franc und Cabernet Sauvignon, Syrah, Gamay und Mauzac.

Das Anbaugebiet nimmt auf knapp 2 000 ha die drei Terrassen des Tarn ein, deren Böden aus *«boulbènes»* (Schwemmland aus Sand und feinem Silt), Kies oder rotem Kaolinit bestehen. Die Rotweine, die einen hohen Anteil an Cabernet, Gamay oder Syrah haben, sind leicht, fruchtig und aromatisch. Die Weine mit dem höchsten Négrette-Anteil sind kräftiger und tanninreich und besitzen einen starken Bodengeruch. Die Roséweine sind sauber und lebhaft und haben eine angenehme Fruchtigkeit. Im Jahre 2000 lag die Produktionsmenge bei 119 804 hl.

CH. BELLEVUE LA FORET 1999**

■ 75 ha 580 000 5à8€

Dieses große Gut (110 ha), das schon in der ersten Ausgabe des Hachette-Weinführers vertreten war, ermöglichte es dank der großen erzeugten Mengen einem breiten Publikum, den Côtes du Frontonnais kennen zu lernen. Quantität schließt Qualität nicht aus: Der **2000er Rosé** hat ebenso wie dieser Rotwein die Wahl zum Lieblingswein knapp verfehlt. Der Erste, ein geschmacklich hübscher Wein, zeichnet sich durch seine Fülle und seine Rundheit aus. Der Zweite, der sehr farbintensiv ist, besitzt einen tiefen Geruchseindruck, der schwere Düfte von Blumen, Gewürzen und schwarzen Früchten bietet. Der Geschmack fällt sofort auf. Er ist voll und harmonisch, ziemlich kräftig und noch aromatischer als der Duft und stützt sich auf feine Tannine. Schöne Vinifizierung.

Ch. Bellevue la Forêt, 4500, av. de Grisolles, 31620 Fronton, Tel. 05.34.27.91.91, Fax 05.61.82.43.21, E-Mail contact@chateaubellevuelaforet.com n. V.

Patrick Germain

CH. BOUISSEL Cuvée Or 1999*

■ 3 ha 21 000 5à8€

Dieses Gut, das sich auf einer alten Terrasse des Tarn befindet, begann in unserem Weinführer ganz oben, mit seinem ersten auf Flaschen abgefüllten Jahrgang, einem prächtigen 89er, der zum Lieblingswein gewählt wurde. Dieser 99er, der aus 50 % Négrette, 25 % Syrah sowie Cabernet franc und Cot zusammengestellt worden ist, wobei die Traubensorten getrennt vinifiziert worden sind, erreicht keinen solchen Gipfel: Bestimmt hätte er mehr Fülle haben können. Aber er ist ein gut gebauter, sympathischer Wein. Seine Trümpfe: eine reizvolle Farbe von dunklem Granatrot, ein tiefer, recht komplexer Duft, der sehr reife schwarze Früchte, Gewürze und Lakritze vereint, eine frische Ansprache, auf die ein genussvoller, seidiger, ausgewogener Geschmack folgt, der reich an Früchten ist.

EARL Pierre Selle, Ch. Bouissel, 82370 Campsas, Tel. 05.63.30.10.49, Fax 05.63.64.01.22

Mo–Sa 9h–12h15 14h–19h15 (Do nur nachm.); Gruppen n. V.

CH. CAHUZAC L'Authentique 1999**

■ 10 ha 80 000 5à8€

Bernard Ferrand hat uns an erstklassige Weine gewöhnt. So hat dieses Jahr der **2000er Rosé L'Authentique** einen Stern erhalten, während die rote Cuvée zwei Sterne bekam. Der intensive, klare, strahlende Rotwein bietet einen klaren, vollkommen typischen Duft, in dem man zusammen mit Veilchen Früchte und Gewürze findet. Die Ansprache ist frisch und seidig; der sanfte, ausgewogene Geschmack, der umfangreich genug ist, wird warm und aromatisch. Die Reife der Frucht wurde geschätzt. Der 96er erhielt eine Liebeserklärung.

EARL de Cahuzac, Les Peyronnets, 82170 Fabas, Tel. 05.63.64.10.18, Fax 05.63.67.36.97 n. V.

Ferran Vater und Sohn

CH. CLAMENS Cuvée Tradition 1999

■ 5,2 ha 31 200 3à5€

Das Gut (15,5 ha Reben), das seine Trauben erst seit 1998 in einer privaten Kellerei vinifiziert, hält seinen Einzug in unseren Weinführer mit zwei lobend erwähnten Weinen: einem **im Eichenfass gereiften 99er** mit hohem Cabernet-Anteil (90 %) und dieser Cuvée Tradition, die typischer ist (neben Cabernet Sauvignon und ein wenig Syrah 50 % Négrette). Sie erscheint im Glas purpurrot und bietet einen mittelstarken Duft, der zunächst animalisch und dann blumig und würzig ist, mit einigen Noten von reifen Früchten. Die weiche Ansprache bildet den Auftakt zu einem bescheidenen Geschmack, der dünnflüssig und leicht, aber im Abgang aromatisch ist.

Jean-Michel Bègue, 720, chem. du Tapas, lieu-dit Caillol, 31620 Fronton, Tel. 05.61.82.45.32, Fax 05.62.79.21.73

n. V.

CH. CLOS MIGNON Villaudric Sélection 1999**

■ 1,6 ha 13 000 3à5€

Olivier Muzart ist seit 2000 auf diesem Gut tätig, das sein Großvater 1952 kaufte. Dieser Wein (20 % Négrette, 40 % Cabernet Sauvignon, 40 % Syrah) zeigt eine intensive purpurrote Farbe mit purpurvioletten Tönen. Der Duft verrät eine schöne Reife; er ist tief und komplex und verbindet Tiergerüche, kandierte Früchte und Röstnoten, wobei das Ganze durch eine feine Pfingstrosennote verschönt wird. Nach einer weichen Ansprache erscheint der Geschmack ganz rund und mild. Er intensiviert sich und wird begleitet von Frucht- und Lakritzbonbon-Aromen, die schon verschmolzene Tannine unterstützen. Guter Gehalt.

EARL du Ch. Clos Mignon,
31620 Villeneuve-les-Bouloc,
Tel. 05.61.82.10.89, Fax 05.61.82.99.14,
E-Mail omuzart@aol.com ☑ Y n. V.
Olivier Muzart

COMTE DE NEGRET
Cuvée Excellence 1999*

■ k. A. 300 000 3à5€

Die Cave de Fronton ist in unserem Weinführer regelmäßig vertreten, vor allem mit der Marke Comte de Négret, die dieses Jahr mit zwei Cuvées ausgewählt wird, die beide sehr gelungen sind: mit der im Tank ausgebauten **roten klassischen Cuvée 1999** (500 000 Flaschen!) und der Cuvée Excellence. Letztere kündigt sich durch eine samtige Farbe von tiefem Rubinrot an. Der ebenso tiefe Duft, der von kleinen schwarzen Früchten erfüllt ist, hinterlässt einen Eindruck von Milde und Sanftheit. Auf die klare Ansprache folgt ein Geschmack mit einer mittleren, recht zarten Struktur. Der Abgang hingegen bietet eine noch dichte Textur. Das Ganze muss noch harmonischer werden.

Cave de Fronton, av. des Vignerons,
31620 Fronton, Tel. 05.62.79.97.79,
Fax 05.62.79.97.70
☑ Y Mo–Sa 8h–12h15 14h–19h

CH. COUTINEL 2000*

◪ 4,5 ha 35 000 3à5€

Das 44 ha große Gut, das im Hachette-Weinführer sehr oft vertreten ist, wird dieses Jahr für seinen (lobend erwähnten) **99er Rotwein,** der trinkreif ist, und diesen Rosé von heller lachsroter Farbe ausgewählt. Man mag seinen großzügigen Duft, der verschiedene Früchte und saure Drops vereint, und seinen ziemlich runden, aromatischen Geschmack, der zwischen Säure und Milde ausbalanciert ist. Ein Wein von gutem Aufbau.

Jean-Claude Arbeau, BP 1, 82370 Labastide-Saint-Pierre, Tel. 05.63.64.01.80,
Fax 05.63.30.11.42, E-Mail coutinel@wanadoo.fr ☑ Y n. V.

CH. DEVES 1999*

■ 11 ha 36 000 3à5€

Dieser aus einer langen Vermaischung hervorgegangene Wein stammt zur Hälfte von der Rebsorte Négrette und zu je einem Viertel von Cabernet- und Syrah-Trauben. Er hat eine dunkle, fast schwarze Farbe und bietet einen intensiven Duft, der blumig und fruchtig, mineralisch und würzig zugleich ist. Der Geschmack, den eine kräftige Struktur mit seidigen Tanninen unterstützt, zeigt ein schönes Volumen und eine Fülle vollreifer Früchte. Ein ziemlich lang anhaltender, warmer Abgang beschließt die Verkostung.

Sté André Abart et Fils, Ch. Devès,
31620 Castelnau-d'Estretefonds,
Tel. 05.61.35.14.97, Fax 05.61.35.14.97
☑ Y n. V.

DOM. FAOUQUET Villaudric 1999

■ 18 ha 20 000 3à5€

Das 30 ha große Gut, das seinen Namen von dem Spitznamen seines Urgroßvaters haben soll, befindet sich auf steinigen und sandigen Böden. Es taucht in unserem Weinführer mit einem rubinroten 99er wieder auf, der leicht ziegelrote Nuancen zeigt. Der mittelstarke Duft verbindet rote und schwarze Früchte und Gewürze. Nach einer weichen Ansprache entdeckt man einen runden, ziemlich großzügigen, warmen Geschmack, der im Abgang aromatischer ist. Ein zunächst schüchterner Wein, der zum Schluss gefällig ist.

Robert Beringuier, 42, chem. des Brugues,
31620 Bouloc, Tel. 05.61.82.06.66,
Fax 05.61.82.06.66 ☑ Y n. V.

CH. FERRAN 1999*

■ 25 ha 100 000 5à8€

Nicolas Gélis leitet zwei Weingüter, die den Lesern unseres Weinführers gut bekannt sind und deren Weine vom gleichen Önologen vinifiziert werden: Der lobend erwähnte **rote 99er Château Montauriol Cuvée Mons Aureolus** kann seinen Fassausbau nicht verbergen; den Vorzug hat der im Tank ausgebaute Château Ferran erhalten. Der Zweite kündigt sich durch eine klare, strahlende Farbe von intensivem Rot und einen Duft an, der zuerst animalisch ist und dann von Gewürzen dominiert wird. Im Mund fällt er durch seinen Umfang, seine kräftige Struktur und seine würzigen, schon verschmolzenen Tannine auf. Ein konzentrierter, aber ausgewogener Wein.

Nicolas Gélis, Ch. Ferran, 31620 Fronton,
Tel. 05.61.35.30.58, Fax 05.61.35.30.59,
E-Mail chateau.ferran@wanadoo.fr Y n. V.

CH. FONVIEILLE
Excellence Elevé en fûts de chêne neufs 1999

■ 1 ha 10 000 5à8€

Eine neue Marke beim Côtes du Frontonnais: Es handelt sich um einen Wein, den eine Handelsfirma in Montauban vorstellt. Dieser 99er, der von den Rebsorten Négrette (50 %), Cabernet Sauvignon, Syrah und Cot stammt, kündigt sich mit einer dichten Farbe an: granatrot mit schwarzen Reflexen. Der recht intensive Duft besteht aus blumigen, fruchtigen und pflanzlichen Nuancen, die ein leichter Holzton begleitet. Auf die weiche Ansprache folgt ein klarer Geschmack von guter Frische, mit feinen Tanninen. Das Holzaroma bleibt zurückhaltend. Ein harmonisches Ganzes.

SARL Aba, 149, av. Charles-de-Gaulle,
82000 Montauban, Tel. 05.63.20.23.15,
Fax 05.63.03.06.64

CH. JOLIET 1999**

■ 5 ha 30 000 5à8€

Ein Betrieb, der regelmäßig ausgewählt wird, für Weine, die von «gelungen» bis «bemerkenswert» und sogar außergewöhnlich reichen. Die Rebsorten Négrette, Cabernet Sauvignon und Cabernet franc sowie Syrah verhelfen uns zu dieser hübschen Cuvée von strahlendem Rubinrot. Der Duft zeichnet sich durch seine Frische und seinen komplexen aromatischen Ausdruck aus, mit einer Palette, die Steinfrüchte, kleine rote und schwarze Früchte (schwarze Johannisbeere) und Gewürze (Pfeffer) bietet. Nach einer milden Ansprache zeigt der ebenfalls aromatische Geschmack einen schönen Umfang, eine gute Struktur und genug «Fett». Ein harmonischer Wein.

François Daubert, Dom. de Joliet, 31620 Fronton, Tel. 05.61.82.46.02, Fax 05.61.82.34.56, E-Mail chateau.joliet@wanadoo.fr ☑ Ȳ n. V.

CH. LA COUTELIERE
Vieilli en fût de chêne 1999

■ 3,5 ha 20 000 5à8€

Zunächst eine schöne kirschrote Farbe, die ziemlich intensiv ist und kupferrote Nuancen zeigt. Dann ein warmer Duft, in dem Vanillenoten Blüten und Früchte einhüllen. Schließlich ein in der Ansprache milder Geschmack, der weich, recht frisch und leicht ist. Das ist das Porträt eines leicht zu trinkenden Weins.

Denis Bocquier, Entourettes, 31340 Villemur-sur-Tarn, Tel. 05.61.82.14.97, Fax 05.61.82.14.97 ☑

CH. LA PALME Privilège 1999

■ 37 ha 50 000 3à5€

Seit 1984 leitet Martine Ethuin dieses Gut, das ihre Eltern 1963 kauften. Sie präsentiert eine traditionelle Cuvée, in die die fünf Rebsorten der Appellation Eingang finden: Négrette (50 %), Cabernet, Syrah, Cot und Gamay. Dieser 99er, dessen Rubinrot leicht orangerot schimmert, bietet einen zunächst animalischen Geruch, der sich zu fast kandiert wirkenden schwarzen Früchten hin entwickelt, mit Gewürz- und Veilchennoten. Der ziemlich schlanke Geschmack verführt durch seine aromatische Intensivierung und eine gewisse Frische.

Ch. La Palme, 31340 Villemur-sur-Tarn, Tel. 05.61.09.02.82, Fax 05.61.09.27.01, E-Mail chateau.la.palme@wanadoo.fr ☑ Ȳ n. V.

Ethuin

LE ROC Cuvée Don Quichotte 1999**

■ 3 ha 15 000 5à8€

Le Roc sammelt seit zehn Jahren die Sterne; außerdem hat er drei Liebeserklärungen erhalten. Dieses Jahr werden beim Jahrgang 1999 erneut zwei Star-Cuvées von Frédéric Ribes ausgewählt: die **Cuvée réservée** (von der wir die Jahrgänge 1994 und 1995 nicht vergessen haben) und die Cuvée Don Quichotte. Letztere zeichnet sich durch eine große Intensität ihrer purpurroten Farbe aus. Ihr tiefer, dichter, komplexer Duft verbindet vollreife schwarze Früchte und in Alkohol eingelegte Kirschen und Gewürze mit einer Ledernote. Der Wein erscheint noch recht jugendlich, aber der Geschmack, der perfekt gebaut und sorgfältig mit einem Holzton dosiert ist und sich in Richtung Lakritzbonbons entwickelt, ist schon angenehm. Eine schöne Extraktion für eine schöne Zukunft.

Famille Ribes, Dom. Le Roc, 31620 Fronton, Tel. 05.61.82.93.90, Fax 05.61.82.72.38 ☑ Ȳ n. V.

CH. MARGUERITE 2000*

◪ 13,1 ha 104 500 3à5€

Das etwa 75 ha große Gut stellt seine Weine seit zehn Jahren in einer Privatkellerei her. Es präsentiert einen Rosé, der von den Rebsorten Négrette, Syrah und Cinsault stammt und als Vorlaufwein ohne Pressen und Maischung abgestochen worden ist. Der angenehme, intensive Duft bietet hübsche Gäraromen; er lässt an exotische Früchte und saure Drops denken. Der in der Ansprache milde Geschmack behält diese aromatische Note bei. Er ist ziemlich füllig, fett und harmonisch, auch wenn ihm im Abgang ein Hauch von Lebhaftigkeit abgeht. Ein einschmeichelnder, anschmiegsamer Wein.

SCEA Ch. Marguerite, 82370 Campsas, Tel. 05.63.64.08.21, Fax 05.63.64.08.21 ☑ Ȳ n. V.

CH. PLAISANCE
Thibaut de Plaisance Vieilli en fût de chêne 1999*

■ 2 ha 10 500 5à8€

Das Château, das über 24 ha Reben verfügt, wird in unserem Weinführer jedes Jahr erwähnt, seitdem es entstand (Jahrgang 1990). Diese Cuvée hat in der letztjährigen Ausgabe eine Liebeserklärung erhalten. Der 99er hat eine schöne purpurrote Farbe, die tief und strahlend ist. Der Duft ist reich an roten Früchten und Gewürzen, eingehüllt von rauchigen Noten sowie einem Hauch von Lakritzbonbons. Die Ansprache ist weich, der Geschmack rund und warm. Ein recht ausgeprägter Holzton macht sich zwar noch im Abgang bemerkbar, dürfte sich aber bald harmonisch einfügen. Der **2000er Rosé Château Plaisance** (in der Preisgruppe darunter) hat eine lobende Erwähnung erhalten.

EARL de Plaisance, pl. de la Mairie, 31340 Vacquiers, Tel. 05.61.84.97.41, Fax 05.61.84.11.26 ☑ Ȳ n. V.

Penavayre

DOM. DE SAINT-GUILHEM
Amadeus 1999*

■ 2 ha 5 000 5à8€

Ein im 19. Jh. entstandenes Gut, das danach verfiel, ehe es vor zehn Jahren ein junger Winzer übernahm. Wir treffen wieder auf seine Cuvée Amadeus, die eine tiefe, kräftige kirschrote Farbe schmückt. Der klare Duft verstärkt sich und mischt Früchte und Blüten mit Mentholnoten. Die Ansprache ist weich; der runde, körperreiche Geschmack mit der deutlichen Lakritzenote wird im Abgang strenger und warm. Dennoch stellt der Gesamteindruck zufrieden.

Philippe Laduguie, Dom. de Saint-Guilhem, 31620 Castelnau-d'Estretefonds, Tel. 05.61.82.12.09, Fax 05.61.82.65.59 Mo–Sa 8h30–19h30; So n. V.

CH. SAINT-LOUIS
L'Esprit Elevé en fût de chêne 1999*

0,4 ha 2 700 5à8€

Vor zehn Jahren kaufte Alain Mahmoudi dieses 25 ha große Gut. Die Renovierung der Keller trägt Früchte mit einer neuen, sehr gelungenen Cuvée, die zu 60 % von der Rebsorte Négrette und zu 40 % von Cabernet-Trauben stammt. Dieser 99er zeigt eine hübsche, recht intensive granatrote Farbe und einen offenherzigen, kräftigen Duft, der über einem Holzton überreife Früchte bietet, die wie eingemacht oder in Alkohol eingelegt wirken und durch Gewürze belebt werden. Die Ansprache ist freimütig, der Geschmack ist ausgewogen, mit reifen Tanninen und einem einschmeichelnden Holzaroma. Ein schon entwickelter Wein.

Alain Mahmoudi, 82370 Labastide-Saint-Pierre, Tel. 05.63.64.01.80, Fax 05.63.30.11.42, E-Mail saintlouis@wanadoo.fr n. V.

Lavilledieu AOVDQS

Im Norden des Gebiets von Fronton nimmt das kleine Weinbaugebiet von Lavilledieu auf den Terrassen des Tarn und der Garonne rund 150 Hektar ein und erzeugt dort Rot- und Roséweine. Die als AOVDQS eingestufte Produktion ist noch sehr gering. Négrette (30 %), Cabernet franc, Gamay, Syrah und Tannat sind die zugelassenen Rebsorten.

MAISTRE DES TEMPLIERS 1999

10 ha 40 000 3à5€

Dieser Wein kombiniert Négrette, Gamay, Syrah, Cabernet franc und Tannat, die von Boulbène-Böden kommen. Er hat eine strahlende Farbe und erinnert an rote Früchte, die von Unterholz- und Gewürznoten hervorgehoben werden. Nach einer frischen Ansprache entfaltet er um erstklassige Tannine herum eine leichte Korpulenz. Man sollte ihn trinken, solange er fruchtbetont ist. Ebenfalls lobend erwähnt wird die Cuvée **Chevaliers du Temple du Christ 1999,** ein weicher, fruchtig-würziger Lavilledieu.

Cave de Lavilledieu-du-Temple, 82290 Lavilledieu-du-Temple, Tel. 05.63.31.60.05, Fax 05.63.31.69.11, E-Mail cave.lavilledieu@wanadoo.fr n. V.

Côtes du Brulhois AOVDQS

Die Weine, die im November 1984 von Vins de pays in die Kategorie der AOVDQS hochgestuft wurden, werden beiderseits der Garonne um das Städtchen Layrac herum, in den Departements Lot-et-Garonne und Tarn-et-Garonne, auf einer Anbaufläche von rund 200 ha erzeugt. Es sind hauptsächlich Rotweine, die von den Bordeaux-Rebsorten und den einheimischen Rebsorten Tannat und Cot stammen. Der größte Teil wird von zwei Genossenschaftskellereien hergestellt.

CARRELOT DES AMANTS 2000

30 ha 80 000 3à5€

Die Kellerei der Brulhois-Winzer hat einen berühmten Besucher, den Sänger Francis Cabrel, der in Astaffort Erzeuger ist und seine Trauben zu ihr bringt. Diese himbeerrote Cuvée besingt rote Früchte (Kirsche), bevor sie eine angenehme Weichheit mit Kernnoten entfaltet. Der **rote 99er Parvis des Templiers,** den fruchtige Aromen und eine Note Tiergeruch kennzeichnen, wird ebenfalls lobend erwähnt.

Vignerons du Brulhois, 82340 Dunes, Tel. 05.63.39.91.92, Fax 05.63.39.82.83 n. V.

CH. GRAND CHENE
Prestige Elevé en fût de chêne 1999*

20 ha 40 000 5à8€

Ihren Namen verdankt diese Cuvée der Tatsache, dass am Eingang zum Gut eine 600 Jahre alte Eiche steht. Sie hat eine intensive Farbe und bietet Aromen von Früchten (Kirsche) und Gewürzen (Gewürznelke), die man in einem noch von den Tanninen geprägten Stoff wiederfindet. Sie verdient, dass sie im Laufe einer ein- bis zweijährigen Lagerung ausgewogener wird. Der lobend erwähnte **2000er Rosé Couleur Fruits** (Preisgruppe: 20 bis 29 F) ist ein trinkreifer Wein.

Cave de Donzac, Chaline, 82340 Donzac, Tel. 05.63.39.91.92, Fax 05.63.39.82.83 Di–Sa 9h–12h 14h–18h; Gruppen n. V.

Côtes du Marmandais

Die Côtes du Marmandais werden nicht weit entfernt vom Graves-Gebiet des Entre-Deux-Mers und vom Anbaugebiet von Duras und Buzet erzeugt. Hauptproduzenten sind die Genossenschaften von Beaupuy und Cocumont beiderseits der Garonne. Die Weißweine, die auf den Rebsorten Sémillon, Sauvignon, Muscadelle und Ugni blanc basieren, sind trocken, lebhaft und fruchtig. Die Rotweine, aus Bordeaux-Rebsorten sowie Abouriou, Syrah, Cot und Gamay hergestellt, sind duftig und zeigen eine angenehme Weichheit. Das Anbaugebiet nimmt rund 1 500 Hektar ein, die im Jahre 2000 neben 55 hl Weißwein 89 525 hl Rotwein hervorgebracht haben.

BARON COPESTAING
Elevé en fût de chêne 1999**

■ 70 ha 13 000 8à11€

Unbestreitbar der Beste der Auswahl. Seinen frischen, fruchtigen Duft betonen Röst- und Vanillenoten. Während in der Ansprache das Holz dominiert, entwickelt sich der Geschmack zu roten Früchten und Gewürzen hin; sanfte, verschmolzene Tannine schließen die Gesamtharmonie ab. Der **2000er Rosé Cuvée Marescot** (Preisgruppe: 20 bis 29 F) ist aufgrund seiner Palette von roten Früchten und seiner guten Ausgewogenheit sehr gelungen.

Cave de Cocumont, La Cure, 47250 Cocumont, Tel. 05.53.94.50.21, Fax 05.53.94.52.84, E-Mail cave-cocumont@wanadoo.fr n. V.

CH. DE BEAULIEU
Cuvée de l'Oratoire 1998*

■ 5 ha 6 000 11à15€

Dieser Wein besitzt eine Farbe von mittlerer Stärke mit leicht ziegelroten Nuancen. In der Nase wie im Mund dominiert der Holzton noch über die Fruchtigkeit. Die Ausgewogenheit zwischen dem Stoff und dem Fass dürfte sich in den kommenden zwei bis drei Jahren einstellen.

Robert et Agnès Schulte, Ch. de Beaulieu, 47180 Saint-Sauveur-de-Meilhan, Tel. 05.53.94.30.40, Fax 05.53.94.30.40, E-Mail chateaudebeaulieu.com

Mo–Fr 9h–18h; Sa, So n. V.

PRESTIGE DE BEAUPUY 1999*

■ 6 ha 40 000 5à8€

Der Ausbau im Fass dauerte zwölf Monate, ein Aufenthalt, der in einem Holzton zum Ausdruck kommt, der den Wein nicht dominiert, so dass sich die Aromen von roten Früchten entfalten können. Den gleichen Eindruck von Fruchtigkeit nimmt man schon in der Ansprache wahr. Dieser konzentrierte, kräftige Wein spiegelt eine gute Vinifizierungs- und Ausbauarbeit wider. Das Holz dürfte sich in den kommenden drei Jahren vollständig einfügen.

Les Vignerons de Beaupuy, Dupuy, 47200 Marmande, Tel. 05.53.76.05.10, Fax 05.53.64.63.90, E-Mail contact@cavedebeaupuy.com

Mo–Sa 8h30–12h 14h–18h30

J. L. Bagot

DOM. DES GEAIS 1999**

■ 3 ha 25 000 5à8€

Der reiche, komplexe Duft bietet rote Früchte und Brombeere. Der Wein erfüllt den Gaumen mit einem runden, weichen, ausgewogenen Stoff. Die Aromen entladen sich im Mittelbereich des Geschmacks und halten lang an. Die noch deutlich spürbaren Tannine dürften bei der Alterung verschmelzen. Der **rote 99er Domaine Saint-Martin** (Preisgruppe: 20 bis 29 F) erhält einen Stern für seine kräftige Struktur und seinen typischen Charakter. Der Wein wird nur in Großmärkten verkauft.

Vignobles Boissonneau, Cathélicq, 33190 Saint-Michel-de-Lapujade, Tel. 05.56.61.72.14, Fax 05.56.61.71.01

n. V.

LAFON FERRAN 2000*

□ 40 ha 60 000 3à5€

Er ist reintönig und mischt Passionsfrüchte und Birne mit einer Vanillenote. Während die Ansprache noch vom Holz geprägt ist, kommen die Früchte im weichen, fetten Mittelbereich des Geschmacks wieder zum Vorschein. Der ebenso gelungene **weiße 2000er Prieur Saint-Christophe** erinnert an Zitrusfrüchte und überreife Früchte.

Cave de Cocumont, La Cure, 47250 Cocumont, Tel. 05.53.94.50.21, Fax 05.53.94.52.84, E-Mail cave-cocumont@wanadoo.fr n. V.

LA TOUR D'ASPE
Vieilli en fût de chêne 1999*

■ 6 ha 40 000 5à8€

Ein Wein, der schon bei der Geruchsprüfung aufgrund seiner ausgeprägten Schwarze-Johannisbeer-Aromen, zu denen eine Holznote hinzukommt, viel versprechend ist. Nach einer weichen Ansprache strukturiert sich der Geschmack um ausgewogene Tannine herum und setzt sich mit Anklängen an Früchte fort. Schönes Potenzial.

Les Vignerons de Beaupuy, Dupuy, 47200 Marmande, Tel. 05.53.76.05.10, Fax 05.53.64.63.90, E-Mail contact@cavedebeaupuy.com

Mo–Sa 8h30–12h 14h–18h30

J. L. Bagot

CH. LESCOUR 1999*

■ 6 ha 40 000 5à8€

Die Verkoster schätzten sofort den Duft von reifen Früchten, den eine kleine würzige Note unterstreicht. Die Frucht, das «Leitmotiv» der Verkostung, fügt sich in einen strukturierten Geschmack ein, der voll, rund und lang anhaltend ist; die Zeit dürfte die Tannine verbessern. Der ebenfalls sehr gelungene **rote 99er Château de la Côte de France** bietet viel Fruchtigkeit und eine gewisse Frische. Eine zwei- bis dreijährige Lagerung dürfte es ihm ermöglichen, seine Tannine zu verschmelzen.

Les Vignerons de Beaupuy, Dupuy, 47200 Marmande, Tel. 05.53.76.05.10, Fax 05.53.64.63.90, E-Mail contact@cavede-beaupuy.com
Mo–Sa 8h30–12h 14h–18h30
J. L. Bagot

CH. SARRAZIERE 1999*

■ 75 ha 60 000 8à11€

Dieser einschmeichelnde Wein ist aufgrund seiner Weichheit und seiner Fruchtigkeit für den Jahrgang charakteristisch. Er hat eine leicht kirschrote Farbe und entfaltet einen nicht sehr kräftigen, aber eleganten Duft, der aus Blüten und roten Früchten besteht. Die Frucht zeigt sich im Mund während der gesamten Verkostung, innerhalb eines harmonischen Stoffs mit verschmolzenen Tanninen. Der warme Abgang hinterlässt einen Eindruck von Süße. Die **rote 99er Cuvée Mez Vinéa** (Preisgruppe: 20 bis 29 F) erhält ebenfalls einen Stern. Dank ihrer Fruchtigkeit und ihrer angenehmen Tannine ist sie ausgewogen und trinkreif.
Cave de Cocumont, La Cure, 47250 Cocumont, Tel. 05.53.94.50.21, Fax 05.53.94.52.84, E-Mail cave-cocumont@wanadoo.fr n. V.

TAP D'E PERBOS
Vieilli en fût de chêne 1999**

■ 70 ha 25 000 5à8€

Das besonders komplexe Bouquet besteht aus kräftigen Holznoten, Röstkaffee und Leder. Die Ausgewogenheit wird schon in der Ansprache sichtbar. Denn auch wenn die Tannine kräftig und reich sind und im Abgang eine leichte Bitternote zurücklassen, greifen sie nie den Gaumen an. Ein sehr viel versprechender Wein. Der mit einem Stern bedachte **rote 99er Château Jacquet** (Preisgruppe: 20 bis 29 F) lässt an frische Früchte, kandierte Früchte und Unterholz denken. Weich und typisch für sein Terroir.
Cave de Cocumont, La Cure, 47250 Cocumont, Tel. 05.53.94.50.21, Fax 05.53.94.52.84, E-Mail cave-cocumont@wanadoo.fr n. V.

TERSAC 1999*

■ 70 ha 40 000 5à8€

Dieser fast schwarze Côtes du Marmandais umschmeichelt die Nase mit seinen Holzaromen (Vanille, Röstgeruch), die sich mit den Noten von Leder, roten Früchten (schwarze Johannisbeere) und gekochten Früchten gut vereinigen. Der sanfte, reiche Stoff stützt sich auf feinkörnige Tannine. Der noch vom Holz dominierte Wein wird sich verfeinern und kann fünf bis zehn Jahre im Keller lagern. Der **rote 99er La Croix de Tucos** (Preisgruppe: 20 bis 29 F), der einen zwölfmonatigen Aufbau im Holzfass durchlaufen hat, erhält die gleiche Note. Er ist in der Nase durch schwarze Johannisbeere geprägt und füllt den Mund mit einer runden, fetten Empfindung aus, die nicht übermäßig tanninreich ist. Ein für sein Terroir typischer Wein.
Cave de Cocumont, La Cure, 47250 Cocumont, Tel. 05.53.94.50.21, Fax 05.53.94.52.84, E-Mail cave-cocumont@wanadoo.fr n. V.

Vins d'Estaing AOVDQS

Umgeben von den Kalksteinplateaus von Aubrac, den Cantal-Bergen und der Lévezou-Hochfläche, müsste man das Weinbaugebiet des Aveyron eigentlich zu den Anbaugebieten des Zentralmassivs rechnen. Diese kleinen Appellationen sind sehr alt; die Mönche von Conques legten die Weinberge im 9. Jh. an.

Die Weine von Estaing (7 ha) teilen sich auf in frische, nach schwarzer Johannisbeere und Himbeere duftende Rotweine, die auf den Rebsorten Fer und Gamay basieren, und sehr originelle Weißweine, Verschnitte von Chenin, Mauzac und Rousselou. Sie sind lebhaft und rau und riechen nach dem Terroir.

LES VIGNERONS D'OLT 2000*

□ 0,8 ha 3 500 3à5€

Die Genossenschaftskellerei hat Chenin- und Mauzac-Trauben vinifiziert, um einen klaren, strahlenden Wein zu erzeugen, der in der Nase fruchtige und blumige Noten bietet. Der Geschmack ist genussvoll und frisch, durchsetzt von feinen muskatellerartigen und mineralischen Nuancen. Eine Kombination mit lokalen Wurstgerichten oder Käse drängt sich auf.
Les Vignerons d'Olt, Z.A. La Fage, 12190 Estaing, Tel. 05.65.44.04.42, Fax 05.65.44.04.42 n. V.

Vins d'Entraygues et du Fel AOVDQS

Die Weißweine von Entraygues (9 ha), deren Trauben auf schmalen Banketten an Steilhängen angebaut werden, stammen ebenfalls von den Rebsorten Chenin und Mauzac, die auf Schieferböden wachsen; sie sind frisch und fruchtig zugleich. Sie passen wunderbar zu Bachforellen und zum milden Cantal-Käse. Die Rotweine aus dem Fel, die solide und bodenständig sind, sollte man zu Lamm von den Kalksteinplateaus und zu Eintopf aus der Auvergne trinken.

JEAN-MARC VIGUIER
Cuvée spéciale 1999

☐ 0,8 ha 4 000 5à8€

Mit etwas mehr als fünf Hektar ist Jean-Marc Viguier Stammgast in unserem Weinführer. Er präsentiert hier eine Cuvée, die ausschließlich aus Chenin besteht und blumig und fruchtig duftet. Der Geschmack entspricht den in der Nase wahrgenommenen Aromen, innerhalb einer ausgewogenen, angenehmen Entfaltung.

Jean-Marc Viguier, Les Buis, 12140 Entraygues, Tel. 05.65.44.50.45, Fax 05.65.48.62.72 Mo–Sa 8h–12h 14h–19h

Marcillac

In einem natürlichen Kessel, dem «Tälchen», das ein günstiges Mikroklima besitzt, verleiht die Rebsorte Mansoi (Fer Servadou) den Rotweinen von Marcillac einen sehr originellen Charakter, der durch eine tanninbetonte Rustikalität und Himbeeraromen bestimmt ist. 1990 wurden das Streben nach einem typischen Charakter und der Wunsch nach Eigenständigkeit durch die Erhebung zur AOC anerkannt. Das Anbaugebiet umfasst heute 146 ha und erzeugt 6 796 hl (2000) von einem Wein, den man aus allen anderen herauskennt.

DOM. DES COSTES ROUGES 1999

■ k. A. k. A. 3à5€

Die Domaine des Costes Rouges ist im Hachette-Weinführer noch wenig bekannt, aber sie zeichnet sich in diesem Jahrgang durch einen typischen Wein aus, der rote Früchte entfaltet. Die geschmackliche Ausgewogenheit ist harmonisch, der Holzton diskret. Man sollte ihn schon jetzt trinken, um die Frucht zu genießen.

Dom. des Costes Rouges, Combret, 12330 Nauviale, Tel. 05.65.72.83.85
Vinas Costes

DOM. DU CROS Lo Sang del Païs 1999*

■ 14 ha 60 000 3à5€

Lo Sang del Païs ist die Quintessenz der Fer-Servadou-Trauben, die auf Böden mit Kalksteingeröll und Rotlehm geerntet wurden. Er hat eine tiefe Farbe und entfaltet Kirsch- und Kakaoaromen; danach bietet er einen leckeren, ausgewogenen Geschmack, den Noten von reifen Früchten prägen. Der Holzton, der von einem dreimonatigen Ausbau im Holzfass herrührt, ist zurückhaltend. Der lobend erwähnte **99er Domaine du Cros Vieilles vignes** (Preisgruppe: 30 bis 49 F) ist achtzehn Monate im Fass ausgebaut worden: Er ist fruchtig und würzig.

Philippe Teulier, Dom. du Cros, 12390 Goutrens, Tel. 05.65.72.71.77, Fax 05.65.72.68.80 n. V.

JEAN-LUC MATHA Cuvée spéciale 1999*

■ 3 ha 12 000 5à8€

Dieser tiefe Wein bietet einen holzbetonten Geruchseindruck, der röstartig und fruchtig (rote und schwarze Früchte, Backpflaume) ist. Er schmeckt genussvoll und füllig und kann rotes Fleisch begleiten. Die **klassische Cuvée 1999** (Preisgruppe: 20 bis 29 F) verdient eine lobende Erwähnung: Sie ist fruchtig, würzig und weich; ausgebaut wurde sie im Tank.

Jean-Luc Matha, Bruejouls, 12330 Clairvaux, Tel. 05.65.72.63.29, Fax 05.65.72.70.43 n. V.

LES VIGNERONS DU VALLON 1999*

■ k. A. 130 000 3à5€

Die Genossenschaft vinifiziert die Trauben von 90 Hektar in der Appellation. Dieser 99er von recht intensiver Farbe bietet Gewürze und rote Früchte (Kirsche, Himbeere). Sein geschmeidiger Stoff macht ihn zu einem Wein, den man «auf seiner Frucht» trinken sollte. Die Vignerons du Vallon machen auch durch die **99er Cuvée réservée** (Preisgruppe: 30 bis 49 F), die wegen ihrer Fruchtigkeit lobend erwähnt wird, auf sich aufmerksam.

Les Vignerons du Vallon, RN 140, 12330 Valady, Tel. 05.65.72.70.21, Fax 05.65.72.68.39 n. V.

Côtes de Millau AOVDQS

Die Appellation AOVDQS Côtes de Millau wurde am 12. April 1994 anerkannt. Die Produktion liegt bei etwa 1 500 hl. Die Weine werden aus den Rebsorten Syrah und Gamay noir sowie zu einem kleineren Anteil aus Cabernet Sauvignon und Fer Servadou zusammengestellt.

DOM. DU VIEUX NOYER 1999

■ 3 ha 15 000 3à5€

Mit einer nicht sehr kräftigen Farbe zeichnet sich dieser 99er durch sein Bouquet aus, das zur gleichen Zeit aus Tabak, Schwarze-Johannisbeer-Blättern und einem Hauch von Brombeere besteht. Im Geschmack ist er sehr fein. Der **2000er Rosé** erscheint im Anblick zart und ist in der Nase (Rosen- und Bananennoten) wie auch im Mund lebhaft. Trinken sollte man ihn zu Wurstgerichten aus dem Departement Aveyron.

Dom. du Vieux Noyer, Boyne, 12640 Rivière-sur-Tarn, Tel. 05.65.62.64.57, Fax 05.65.62.64.57
Mo–Sa 10h–12h30 14h–19h
Carmen und Bernard Portalier

Béarn

Die Weine des Béarn dürfen in drei getrennten Anbaugebieten erzeugt werden. Die beiden Ersten fallen mit den Anbaugebieten des Jurançon- und des Madiran-Weins zusammen. Die ausschließlich auf das Béarn beschränkte Anbauzone umfasst die Gemeinden, die um Orthez und Salies-de-Béarn herum liegen. Das ist der Béarn-Wein von Bellocq. Diese AOC umfasst rund 211 ha; 2000 wurden 10 576 hl erzeugt, davon 67 hl Weißwein.

Das nach der Reblauskrise wiederhergestellte Weinbaugebiet nimmt die Hügel der Vorpyrenäen und die Kiesböden des Gave-Tals ein. Als rote Traubensorten werden Tannat, Cabernet Sauvignon und Cabernet franc (Bouchy) sowie die alten Sorten Manseng noir, Courbu rouge und Fer Servadou verwendet. Die Weine sind körperreich und generös und passen gut zu Garbure, einem einheimischen Suppeneintopf, und gebratener Ringeltaube. Die Roséweine von Béarn, die besten Weine dieser Appellation, sind lebhaft und delikat; sie besitzen das feine Aroma der Cabernet-Traube und eine gute geschmackliche Struktur.

BEAU VALLON 2000*

■ 20 ha 100 000 -3€

Der Duft kommt in Früchten und Gewürzen zum Ausdruck, während der Geschmack bereits einen schönen Umfang bietet. Zwei Jahre Lagerung werden genügen, damit er vollkommen harmonisch wird. Beachten sollte man auch den **2000er Domaine d'Oumprès** und den **2000er Domaine Larribère** (Preisgruppe: 20 bis 29 F), zwei lobend erwähnte Rosés.

Cave des producteurs de Jurançon, 53, av. Henri-IV, 64290 Gan, Tel. 05.59.21.57.03, Fax 05.59.21.72.06, E-Mail cave.gan@adour-bureau.fr
Mo–Sa 8h–12h30 13h30–19h

DOM. LAPEYRE 1999*

■ 3 ha 18 000 8à11€

Das Weingut Lapeyre, ein alter Bekannter in unserem Weinführer, präsentiert einen intensiv bläulich roten Béarn-Wein, der schwarze Früchte und Gewürze entfaltet. Der Geschmack ist strukturiert und kräftig und belegt ein gutes Potenzial, braucht aber Zeit, um sich zu verfeinern.

EARL Pascal Lapeyre, 52, av. des Pyrénées, 64270 Salies-de-Béarn, Tel. 05.59.38.10.02, Fax 05.59.38.03.98
Mo–Sa 9h–12h 14h30–19h30; Jan. geschlossen

Irouléguy

Als letzter Überrest eines einstmals großen baskischen Weinbaugebiets, dessen Spur man bis ins 11. Jh. zurückverfolgen kann, beweist der Irouléguy (ähnlich wie auf der spanischen Seite der Chacoli), dass die Winzer hier gewillt sind, die uralte Tradition der Mönche von Ronceveaux fortzuführen. Das Anbaugebiet erstreckt sich auf die Ausläufer der Pyrenäen in den Gemeinden Saint-Etienne-de-Baïgorry, Irouléguy und Anhaux; es umfasst etwa 205 ha und erzeugt 7 778 hl, darunter 858 hl Weißwein.

Die früher angebauten Rebsorten sind fast ganz verschwunden; an ihre Stelle sind bei den Rotweinen Cabernet Sauvignon, Cabernet franc und bei den Weißweinen Tannat und Courbu, Gros Manseng und Petit Manseng getreten. Fast die gesamte Produktion wird von der Winzergenossenschaft von Irouléguy hergestellt, aber es entstehen neue Weingüter. Der Rosé hat eine kirschrote Farbe; er ist lebhaft, bouquetreich und leicht. Man trinkt ihn zu Piperade (baskisches Omelett mit Paprikaschoten, Tomaten, Zwiebeln und Knoblauch sowie Fleisch- und Thunfischstücken) und Wurstgerichten. Der rote Irouléguy ist ein duftiger, bisweilen recht tanninreicher Wein, der zu Confit (in Schmalz eingelegtes Fleisch) passt.

DOM. ABOTIA 1999

■ 5,1 ha 24 000 5à8€

Dieser intensiv rote Irouléguy entfaltet in der Nase schwarze Früchte und Gewürze. Der Geschmack nimmt diese frischen, würzigen Noten auf, die ihn zu einem guten Begleiter für Ossauiraty, den örtlichen Schafkäse, machen.

Jean-Claude Errecart, Dom. Abotia, 64220 Ispoure, Tel. 05.59.37.03.99, Fax 05.59.37.23.57 n. V.

DOM. ARRETXEA Cuvée Haitza 1999*

■ 1,2 ha 6 000 11 à 15 €

Der Weinberg der Domaine Arretxea wird im biologischen Anbau kultiviert. Die Cuvée Haitza, ein lagerfähiger Wein, bietet Holznoten, die mit den Aromen von schwarzen und roten Früchten gut verbunden sind. Der fruchtige und zugleich würzige Geschmack besitzt einen stattlichen Stoff, den noch sehr deutlich spürbare Tannine unterstützen. Zwei bis drei Jahre aufheben.

Thérèse et Michel Riouspeyrous, Dom. Arretxea, 64220 Irouléguy, Tel. 05.59.37.33.67, Fax 05.59.37.33.67 n. V.

DOM. BRANA 1999

□ 11 ha 30 000 8 à 11 €

Die Domaine Brana verbindet bei ihren 22 ha Reben traditionelle und biologisch-dynamische Anbaumethoden. Sie stellt hier einen Weißwein mit angenehmen Blüten-, Frucht- und Honignoten vor. Eine mentholartige Frische verleiht ihm im Geschmack eine kräftigende Wirkung. Man kann ihn schon jetzt zu Fisch, Krustentieren oder einem Schafkäse trinken.

Jean et Adrienne Brana, 3 bis, av. du Jaï-Alaï, 64220 Saint-Jean-Pied-de-Port, Tel. 05.59.37.00.44, Fax 05.59.37.14.28, E-Mail brana.etienne@wanadoo.fr n. V.

DOM. ETXEGARAYA 1999*

■ 4 ha 16 000 5 à 8 €

Früchte (schwarze Johannisbeere) und Gewürze kennzeichnen diesen ausgewogenen, voluminösen Wein. Die Verkoster schätzten seinen deutlich spürbaren Stoff und seinen anhaltenden Abgang. Die **rote 99er Cuvée Lehengoa** verdient eine lobende Erwähnung; sie ist ebenso fruchtig und würzig.

Joseph et Marianne Hillau, Dom. Etxegaraya, 64430 Saint-Etienne-de-Baïgorry, Tel. 05.59.37.23.76, Fax 05.59.37.23.76, E-Mail etxegaraya@wanadoo.fr n. V.

DOM. LES TERRASSES DE L'ARRADOY 2000*

◪ 8,93 ha 23 000 5 à 8 €

Auf den für dieses Appellationsgebiet charakteristischen roten Sandsteinböden hat die Tannat-Traube zusammen mit den beiden Cabernet-Sorten einen fruchtigen Rosé hervorgebracht. Die in der Nase wahrnehmbaren Noten von sauren Drops kündigen einen leicht säuerlichen, frischen Geschmack an. Ein Wein, den man zu Fisch, Meeresfrüchten oder Bayonne-Schinken trinken kann.

Les Vignerons du Pays Basque, CD 15, 64430 Saint-Etienne-de-Baïgorry, Tel. 05.59.37.41.33, Fax 05.59.37.47.76, E-Mail irouleguy@hotmail.com n. V.

DOM. DE MIGNABERRY 1999*

■ 23,05 ha k. A. 8 à 11 €

Zwölf Monate Ausbau im Holzfass haben die Herstellung dieses dunklen Weins mit den Noten von Früchten (Sauerkirsche) und Gewürzen abgeschlossen. Der strukturierte Geschmack besitzt gut eingefügte Holzaromen. Man sollte ihn zwei bis drei Jahre einkellern. Die ebenfalls sehr gelungene **rote 99er Cuvée Omenaldi**, die im Eichenfass ausgebaut wurde, ist ganz von Gewürzen und schwarzen Früchten geprägt; sie verdient, dass man sie ein bis zwei Jahre aufhebt.

Les Vignerons du Pays Basque, CD 15, 64430 Saint-Etienne-de-Baïgorry, Tel. 05.59.37.41.33, Fax 05.59.37.47.76, E-Mail irouleguy@hotmail.com n. V.

Jurançon und Jurançon sec

Colette schrieb über ihn: «Als junges Mädchen machte ich die Bekanntschaft eines Prinzen, der feurig, herrisch und heimtückisch wie alle großen Verführer ist: des Jurançon.» Berühmt, seitdem man die Lippen des späteren Königs Heinrich IV. mit einem Tropfen davon bei der Taufe benetzt hatte, entwickelte sich der Jurançon zum Wein für die Zeremonien des französischen Herrscherhauses. Man findet hier die ersten Vorstellungen von einer geschützten Herkunftsbezeichnung, denn es war untersagt, ausländische Weine einzuführen und sogar Ideen einer speziellen Reblage und einer Klassifizierung, denn alle Parzellen wurden entsprechend ihrem Wert vom Parlament von Navarra in ein Register aufgenommen. Ähnlich wie die Weine von Béarn wurde der Jurançon, damals ein Weiß- oder Rotwein, bis Bayonne transportiert – um den Preis einer manchmal waghalsigen Fahrt mit dem Schiff auf dem Gave. Da ihn die Holländer und Amerikaner sehr schätzten, gelangte er zu Starruhm, der erst mit der Reblausinvasion ein Ende fand. Die Wiederherstellung des Anbaugebiets (heute 1013 ha) wurde mit den alten Anbaumethoden und Rebsorten durchgeführt; den Anstoß dazu gaben die Genossenschaftskellerei von Gan sowie einige Weingutbesitzer, die durchgehalten hatten.

Mehr als in anderen Weinbaugebieten ist hier der Jahrgang von entscheidender Bedeutung, insbesondere bei den lieblichen Jurançon-Weinen, die spät gelesene, überreife Trauben erfordern, die am Rebstock rosinenartig eingeschrumpft sind. Die traditionellen Traubensorten, ausschließlich weiße, sind Gros Manseng, Petit Manseng und Courbu. Die Reben werden in Hochkultur erzogen, damit sie den Bodenfrösten entgehen. Nicht selten zieht sich die Traubenlese bis zu den ersten Schneefällen hin.

Der trockene Jurançon, der 75 % der Produktion ausmacht, ist ein Blanc de Blancs, ein Weißwein aus weißen Trauben, der eine schöne helle Farbe mit grünlichen Reflexen besitzt, sehr aromatisch ist und Honignoten bietet. Er passt gut zu Forelle und Lachs aus dem Gave. Die lieblichen Jurançon-Weine besitzen eine schöne goldene Farbe und ein komplexes Aroma von exotischen Früchten (Ananas und Guave) und Gewürzen (wie etwa Muskatnuss und Zimt). Ihre Ausgewogenheit zwischen Säure und likörartiger Süße macht sie zu einem hervorragenden Begleiter für Gänseleber. Diese Weine können sehr lang altern und dann große Weine abgeben, die man zu einer ganzen Mahlzeit trinkt, vom Aperitif über Fischgerichte mit Sauce und Schafkäse aus dem Ossau-Tal bis zum Nachtisch. Die besten Jahrgänge: 1970, 1971, 1975, 1981, 1982, 1983, 1987, 1989, 1990, 1995. Im Jahre 2000 erreichte die Produktion 45 419 hl.

Jurançon

DOM. BELLEGARDE
Cuvée Thibault 1999★★★

☐ 5 ha 10 000 11 à 15 €

Dieses über 15 ha große Gut hat den am meisten geschätzten Jurançon dieser Auswahl erzeugt. Sein Wein zeichnet sich nämlich durch eine tiefgoldene Farbe mit orangeroten Reflexen aus. Der bemerkenswert dichte, komplexe Duft lässt an einen Korb *tutti frutti*, einen Strauß Blumen, einen Bund Gewürze und einen großen Löffel Honig denken ... Der volle, füllige Geschmack enthüllt innerhalb einer mustergültigen Ausgewogenheit seine große Edelsüße. Sein in reichem Maße aromatischer Stoff, den ein edler, wohl dosierter Holzton unterstreicht, setzt sich in einem prächtigen Abgang fort. Der im Tank ausgebaute **trockene 2000er Jurançon** (Preisgruppe: 30 bis 49 F) wurde mit einem Stern ausgewählt.

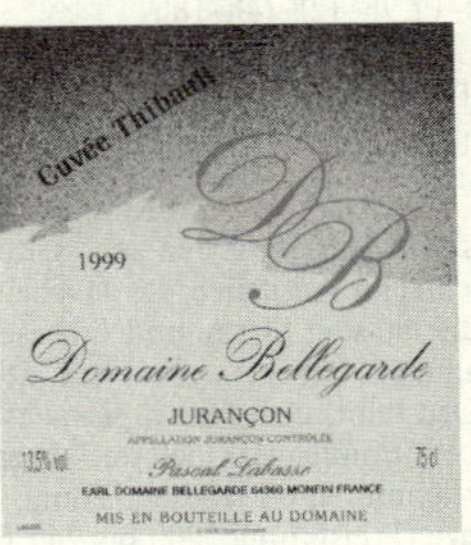

Pascal Labasse, quartier Coos, 64360 Monein, Tel. 05.59.21.33.17, Fax 05.59.21.44.40, E-Mail domaine.bellegarde@wanadoo.fr
☑ Y Mo–Sa 10h–12h 14h–18h30

DOM. BORDENAVE
Cuvée des Dames 1999★

☐ 10 ha k. A. 8 à 11 €

Während er mit seiner strahlenden blassgoldenen Farbe diskret erscheint, zeigt er in seiner frischen Palette von exotischen Früchten und kandierter Zitrone Intensität. Er bietet eine klare, milde Ansprache, bevor er einen fülligen Stoff entfaltet, der lebhaft und süß zugleich ist und dessen Zitrusaromen im Abgang andauern. Die **99er Cuvée Savin** (Preisgruppe: 100 bis 149 F) ist dank ihrer guten Ausgewogenheit und ihrer aromatischen Stärke ebenfalls sehr gelungen.

Gisèle Bordenave, quartier Ucha, 64360 Monein, Tel. 05.59.21.34.83, Fax 05.59.21.37.32 ☑ Y tägl. 9h–18h

BORDENAVE-COUSTARRET
Le Barou 1999★

☐ k. A. 1 500 11 à 15 €

Ein Wein von schöner Erscheinung mit goldenen Reflexen. Wenn man ihn im Glas schwenkt, nimmt man Aromen von Rauch, Blüten und weißen Früchten wahr. Die Ansprache leitet einen ausgewogenen, frischen Geschmack ein, der zart duftig ist.

Bordenave-Coustarret, quartier Baouch, 64290 Lasseube, Tel. 05.59.21.72.66, Fax 05.59.21.72.66
☑ Y Mo–Sa 10h–18h30; So n. V.

ETIENNE BRANA
Collection Royale Premières Neiges 2000★

☐ k. A. k. A. 8 à 11 €

Die beiden Manseng-Sorten vereinigen sich zu dieser strahlend hellgoldenen Cuvée. Der intensive Duft erinnert an Pfirsich, Aprikose, Birne und exotische Früchte, die eine Rosennote hervorhebt. Der klare, recht füllige Geschmack verführt durch seinen feinen, intensiven aromatischen Ausdruck.

Etienne Brana, 3 bis, av. du Jaï-Alaï, 64220 Saint-Jean-Pied-de-Port, Tel. 05.59.37.00.44, Fax 05.59.37.14.28, E-Mail brana-etienne@wanadoo.fr
Mo–Fr 9h–12h 14h–18h

DOM. BRU-BACHE

La Quintessence 1999**

k. A. k. A. 11 à 15 €

Dieses Gut gehört zu den sehr seltenen, die in den achtzehn Ausgaben des Hachette-Weinführers die meisten Sterne und Liebeserklärungen gesammelt haben, wobei sich der Neffe, Claude Loustalot, dem Onkel gewachsen zeigt. Die Cuvée L'Eminence erhielt im Jahrgang 1998 zwei Sterne und eine Liebeserklärung; der **99er L'Eminence** (Preisgruppe: 200 bis 249 F) ist bemerkenswert. Die Starrolle in dieser Ausgabe fällt jedoch der Cuvée La Quintessence zu. Sie zeigt mit ihren Reflexen aus reinem Gold einen schönen Glanz und enthüllt einen intensiven, eleganten Duft: Blütenhonig, Geleefrüchte, eine leichte Note von Zitrusschale, Gewürze und Holznuancen. Der zunächst frische Geschmack gewinnt nach und nach an Umfang und breitet seine Aromen bis zu einem säuerlichen Abgang aus. Das Ganze ist vollkommen verschmolzen.

Dom. Bru-Baché, rue Barada, 64360 Monein, Tel. 05.59.21.36.34, Fax 05.59.21.32.67
n. V.
Claude Loustalot

DOM. CAPDEVIELLE

Noblesse d'Automne 1999**

4,5 ha 12 000 8 à 11 €

Vor einem **trockenen 2000er Jurançon Brise Océane** (Preisgruppe: 30 bis 49 F), der sehr gelungen ist, platziert sich dieser klare, strahlende, intensiv goldene Wein. Der konzentrierte Duft erinnert an kandierte Früchte (oft exotische wie Nashi, die Chinesische Birne) und süße Gewürze. Die sanfte Ansprache kündigt einen weichen, warmen Geschmack an, dem es weder an Fülle noch an Aromen mangelt. Getrocknete Früchte und Lebkuchen würzen den Abgang. Ein origineller, gut hergestellter Wein.

Didier Capdevielle, quartier Coos, 64360 Monein, Tel. 05.59.21.30.25, Fax 05.59.21.30.25, E-Mail domaine.capdevielle@wanadoo.fr
Mo–Sa 8h30–12h 13h–19h; So n. V.

CLOS CASTET

Cuvée spéciale Vieilli en fût de chêne neuf 1999**

2 ha k. A. 11 à 15 €

Orangerote, fast aprikosenfarbene Nuancen, kräftige Aromen von Blumen (Geißblatt, Jasmin) und kandierte Früchte (Zitrusfrüchte und Korinthen), ein konzentrierter, runder, umfangreicher Geschmack mit Aromen von kandierter Orange. Wie ein Malzbonbon.

Alain Labourdette, Clos Castet, 64360 Cardesse, Tel. 05.59.21.33.09, Fax 05.59.21.28.22
tägl. 9h–12h 14h–19h

DOM. CAUHAPE

Noblesse du temps 1999**

4 ha 12 000 23 à 30 €

Henri Ramonteu ein Autodidakt? Das behauptete er jedenfalls, als er dieses Gut 1980 aufbaute. Seitdem sind seine Weine um die ganze Welt gereist, wobei sie von einem Erfolg zum anderen eilten. Eine strohgelbe bis goldene Farbe kleidet diesen intensiven Wein. Nach Holz- und Vanillenuancen kommen Aromen von Zitronatzitronenblüte, Akazienblüte und kandierter Aprikose zum Vorschein. Der kräftige Geschmack lässt durch sein «Fett» und seine Wärme die Konzentration des Stoffs erkennen, aber eine gute Frische balanciert das Ganze aus. Der aromatische Ausdruck findet in den abschließenden Gewürznoten eine Fermate. Ein charaktervoller Wein, der lagerfähig ist. Der Star unter den Jurançon-Weinen des Guts, der **99er Quintessence du Petit-Manseng** (Preisgruppe: über 500 F), erhält einen Stern; er kann im Laufe der Jahre nur noch größer werden.

Henri Ramonteu, Dom. Cauhapé, quartier Castet, 64360 Monein, Tel. 05.59.21.33.02, Fax 05.59.21.41.82, E-Mail domaine cauhape@wanadoo.fr n. V.

CLOS GASSIOT Elégance 1999*

3 ha 4 500 8 à 11 €

Reben wachsen hier seit dem 14. Jh.; das auf dem Etikett abgebildete Wappen zeigt ebenfalls das Alter dieser Familie. Dieser strahlend goldgelbe Wein hüllt sich in Blumen, Honig, kandierte Früchte und süße Gewürze. Er ist freimütig und zeigt eine angenehme Lebhaftigkeit. Die Ausgewogenheit bleibt bis zu einem lang anhaltenden, fruchtbetonten Abgang gewahrt.

Antoine Tavernier, rte de Pau, 64360 Abos, Tel. 05.59.60.10.22, Fax 05.59.71.58.92
n. V.

CLOS GUIROUILH Petit Cuyalàa 1999**

1,3 ha 1 600 30 à 38 €

Der **trockene 2000er Jurançon** (Preisgruppe: 30 bis 49 F) ist sehr gelungen. Dieser liebliche Jurançon ist bemerkenswert. Betrachten Sie seine Bernsteinfarbe. Atmen Sie seine Aromen von Überreife (Bienenwachs, eingemachte Früchte) ein, die eine großzügige, von einem 24-monatigen Ausbau im Fass herrührende Holznote unterstreicht. Genießen Sie seinen voluminösen, fetten Stoff. Auch wenn sich das Holz noch in die Konzentration der Frucht einfügen muss, ist das Ganze schon jetzt prächtig.

Jean Guirouilh, rte de Belair, 64290 Lasseube, Tel. 05.59.04.21.45, Fax 05.59.04.22.73

CH. JOLYS Epiphanie 1999**

1,8 ha 2 200 46 à 76 €

Château Jolys war zerfallen, als es 1959 gekauft wurde. Seit dem Anpflanzen der ersten Reben im Jahre 1964 hat sich das Weingut vergrößert und ist auf 36 Hektar angewachsen. Seine Cuvée Epiphanie von sattem Goldgelb besitzt bereits einen kräftigen, komplexen Duft: Die Aromen von reifen Früchten (Kastanie, Mispelfrucht), kandierten Früchten (Orangenschale, exotische Früchte) oder sogar gebratenen

Früchten werden von einer ausgeprägten Röstnote begleitet. Der füllige, fette Geschmack zeugt von der Rosinierung der Trauben. Dieser ausgewogene Wein bewahrt noch den Einfluss seines Fassausbaus, aber er dürfte sich gut entwickeln. Merken Sie sich auch den sehr gelungenen **99er Jurançon Vendanges** (Preisgruppe: 150 bis 199 F).

Sté des Domaines Latrille, Ch. Jolys, 64290 Gan, Tel. 05.59.21.72.79, Fax 05.59.21.55.61
Mo–Fr 8h30–12h 13h30–17h30

CAVE DES PRODUCTEURS DE JURANÇON Prestige 1999**

☐ 100 ha 100 000 8 à 11 €

Während der **99er Croix du Prince** (Preisgruppe: 50 bis 69 F) als sehr gelungen beurteilt wurde, fand diese Cuvée Prestige allgemeine Zustimmung. Denn die Genossenschaftskellerei der Jurançon-Erzeuger hat einen wirklich reintönigen und ungekünstelten lieblichen Wein erzielt. Dieser goldfarbene Wein mit intensiven Reflexen ruft in seiner Palette von saftigen gelben Pfirsichen und Mangos, zarten weißen Blüten und feiner Minze auf subtile Weise die Reife und die Frische der Trauben ins Gedächtnis. Der füllige Geschmack zeigt bis zu einem überraschend voluminösen und reichen Abgang eine vollkommene Ausgewogenheit. Ein Leckerbissen.

Cave des producteurs de Jurançon, 53, av. Henri-IV, 64290 Gan, Tel. 05.59.21.57.03, Fax 05.59.21.72.06, E-Mail cave.gan@adour-bureau.fr
Mo–Sa 8h–12h30 13h30–19h

DOM. LARREDYA Sélection des terrasses 1999**

☐ 2 ha 8 000 11 à 15 €

Dieser goldgelbe Wein mit sehr leichten grünen Reflexen entfaltet sich, wenn man ihn im Glas schwenkt, großzügig zu feinen, komplexen Pfirsich-, Mango- und Orangenaromen. Dem fülligen Geschmack mangelt es weder an Frische noch an «Fett». Der Abgang mag zwar noch zurückhaltend sein, aber das Ganze ist bereits angenehm und viel versprechend. Die **im Holzfass ausgebaute Cuvée Simon** (Preisgruppe: 150 bis 199 F) wurde als sehr gelungen beurteilt.

Jean-Marc Grussaute, La Chapelle-de-Rousse, 64110 Jurançon, Tel. 05.59.21.74.42, Fax 05.59.21.76.72 n. V.

DOM. LARROUDE Un Jour d'Automne 1999**

☐ 1 ha 1 500 15 à 23 €

Die Domaine Larroudé zeichnet sich beim Jahrgang 1999 glanzvoll aus. «An einem Herbsttag» ... wurde ein Wein von dichter altgoldener Farbe geboren, der an der Innenseite des Glases hübsche Tränen hinterlässt. Sein reichhaltiger Duft erinnert an Butter, Honig, Orangenschale, geröstete Mandeln und katalanische Creme, mit Zimt bestreut. Nach einer milden Ansprache entfaltet der Geschmack seine ganze Edelsüße und seine Aromen, um die Sinne mit einer warmen, reichen Empfindung zu betören.

Julien et Christiane Estoueigt, EARL du dom. Larroudé, 64360 Lucq-de-Béarn, Tel. 05.59.34.35.92, Fax 05.59.34.35.92
n. V.

DOM. DE MALARRODE Cuvée Prestige Vieilli en fût de chêne 1999*

☐ 2,5 ha 8 000 8 à 11 €

Ein klarer goldgelber Jurançon mit recht intensivem Duft nach Hefebrot, Honig und Butter, durchsetzt mit ein paar kandierten Früchten. Er wirkt bereits genussvoll. Nach einer vom «Fett» geprägten Ansprache entfaltet er einen fülligen, voluminösen Stoff, der noch ein wenig warm ist. Ein Band aus Honig breitet sich aus, begleitet von einem gut eingefügten Holzton und abschließenden Gewürznoten.

Gaston Mansanné, Dom. de Malarrode, 64360 Monein, Tel. 05.59.21.44.27, Fax 05.59.21.44.27 n. V.

DOM. DE MONTESQUIOU Grappe d'or 1999**

☐ 2 ha 7 500 8 à 11 €

Hinter einer strahlenden Goldfarbe entfalten sich Düfte von weißen Blüten, getrockneten Früchten, Vanille- und Harznoten und einem Hauch von weißer Trüffel. Der schon in der Ansprache weiche Geschmack ist gut gebaut, um das «Fett» und die Süße herum. Er behält die Originalität der Aromen von Blüten und süßen Früchten bei.

Gérard Bordenave-Montesquieu, quartier Haut-Ucha, 64360 Monein, Tel. 05.59.21.43.49, Fax 05.59.21.43.49, E-Mail info@domaine-de-montesquiou.com n. V.

DOM. DE NAYS-LABASSERE 1999**

☐ 4 ha 20 000 8 à 11 €

Seit fünf Jahren präsentiert die Domaine de Nays-Labassère (7 ha) einen bemerkenswerten Repräsentanten der Appellation. Er ist strohfarben mit strahlend grünen Reflexen und bietet einen Korb voll reifer, fast kandierter Früchte, durchdrungen von Noten aromatischer Pflanzen. Der umfangreiche Geschmack zeigt Noten von Geleefrüchten und süßen Gewürzen, wobei er aber eine erfrischende Lebhaftigkeit besitzt.

Philippe de Nays, La Chapelle-de-Rousse, 64110 Jurançon, Tel. 05.59.21.70.57, Fax 05.59.21.70.67 n. V.

CH. DE ROUSSE 1999*

☐ 2 ha 6 500 8 à 11 €

Château de Rousse, ein ehemaliges Jagdschlösschen König Heinrichs IV., besitzt heute 8 ha Reben. Sein Jurançon von ausgeprägtem Goldgelb weist durch die komplexen Aromen von Blüten, exotischen Früchten und Zimt über einem Geruch von Buttertoast auf die Reife des Traubenguts hin. Der dichte, füllige Geschmack erinnert an Geleefrüchte, besitzt aber bis zu seinem fruchtigen, säuerlichen Abgang viel Frische. Das Ganze hat Schwung.

Marc Labat, Ch. de Rousse, La Chapelle-de-Rousse, 64110 Jurançon, Tel. 05.59.21.75.08, Fax 05.59.21.76.54, E-Mail mlabat@nomade.fr
n. V.

CLOS THOU Cuvée Julie 1999*

☐ k. A. k. A. 11 à 15 €

Dieses Gut stellt zwei sehr gelungene Jurançon-Weine vor: den achtzehn Monate im Holzfass ausgebauten **99er Suprême de Thou** (Preisgruppe: 30 bis 49 F) und diese intensive, komplexe Cuvée. Sie erinnert beim ersten Riechen an weiße Blüten und Blütenblätter von Rosen und setzt sich dann in Honignoten und einem Korb exotischer Früchte fort. Nach einer weichen Ansprache unterstützt eine wachsende Lebhaftigkeit die Ausgewogenheit eines insgesamt fetten, stets aromatischen Weins.

Henri Lapouble-Laplace, chem. Larredya, 64110 Jurançon, Tel. 05.59.06.08.60, Fax 05.59.06.08.60
Mo–Sa 9h–12h 14h–18h

UROULAT 1999*

☐ 5 ha 20 000 11 à 15 €

Dieses großartige Terroir mit tonigen Kieselböden mag die Rebsorte Petit Manseng: Dort findet die Traube ihren schönsten Ausdruck unter der Oberaufsicht einer der größten Persönlichkeiten der AOC. Hinter einer tiefgelben Farbe mit orangeroten Nuancen zeichnet sich eine kräftige Palette ab, die noch von einem röstartigen Holzton dominiert wird, aber einige Früchte erkennen lässt. Der füllige Geschmack balanciert sich zwischen Frische und Süße aus. Er ist fruchtbetonter als der Duft, was ein Hinweis darauf ist, dass sich der Einfluss des Holzes im Laufe der Alterung einfügen wird.

Charles Hours, quartier Trouilh, 64360 Monein, Tel. 05.59.21.46.19, Fax 05.59.21.46.90
n. V.

DOM. VIGNAU LA JUSCLE 1998

☐ 3 ha 3 000 8 à 11 €

Dieses Weingut aus dem 17. Jh. blieb lange Zeit ungenutzt, bevor es Michel Valton 1987 übernahm. Sein Jurançon ist ein goldgelber Wein, der recht intensiv ist in seinen fruchtig-blumigen Anklängen, die ein Hauch von Honig und einige empyreumatische Noten unterstützen. Die lebhafte Ansprache weist auf die gute Säureunterstützung hin, die der genussvolle Geschmack besitzt. Der Umfang bleibt zwar bescheiden, aber die Aromenpalette hält lang an. Das Ganze beschert angenehme Empfindungen.

Michel Valton, Dom. Vignau-la-Juscle, 64290 Aubertin, Tel. 05.59.83.03.66, Fax 05.59.83.03.71 n. V.

Jurançon sec

CLOS BELLEVUE 2000

☐ 1 ha 6 000 3 à 5 €

Zwei Weine dieses Guts in Familienbesitz verdienen eine lobende Erwähnung: ein **lieblicher 99er Jurançon Cuvée traditionnelle** (Preisgruppe: 30 bis 49 F), der von der Rebsorte Gros Manseng stammt, und dieser trockene Jurançon von der gleichen Traubensorte. Die reintönige Farbe, ein kräftiges Gelb, umhüllt intensive, ziemlich feine Aromen, die blumig und zugleich leicht fruchtig sind. Die lebhafte Ansprache bildet den Auftakt zu einem frischen, noch fruchtigen Geschmack, der mit einer Bitternote ausklingt.

Jean Muchada, Clos Bellevue, chem. des Vignes, 64360 Cuqueron, Tel. 05.59.21.34.82, Fax 05.59.21.34.82
n. V.

DOM. DE CABARROUY 2000**

☐ 1 ha 7 000 5 à 8 €

Dieser intensive sattgelbe Wein bietet Aromen von sauren Drops, Pampelmuse und Blüten. Er ist schon in der Ansprache frisch und entfaltet einen runden, vollen Geschmack, der von der Frucht gut getragen wird. Er setzt sich in einer säuerlichen Ausgewogenheit fort. Der **99er Jurançon Cuvée Sainte-Catherine** (Preisgruppe: 50 bis 69 F, die Flasche mit 50 cl Inhalt), ein im Fass gereifter edelsüßer Wein, erhält einen Stern.

Dom. de Cabarrouy, 64290 Lasseube, Tel. 05.59.04.23.08, Fax 05.59.04.21.85
Mo–Sa 9h–12h30 14h–19h; So n. V.

DOM. CAUHAPE Noblesse 1999**

☐ 2 ha 8 000 15 à 23 €

Dieser trockene Jurançon, der sortenrein von der Petit-Manseng-Traube stammt, hat einen zehnmonatigen Ausbau im Holzfass mit Aufrühren des Hefesatzes hinter sich. Er zeigt jetzt eine intensive goldene Farbe mit orangeroten Reflexen. Der kräftige Duft erinnert an eine Konfitüre aus Orangenschalen mit Honig, mit Gewürz- und Vanillenoten. Im Mund entfaltet sich ein erstaunlich gut gebauter Stoff. Über einem empyreumatischen Aroma kommt eine komplexe Ausgewogenheit zwischen dem Alkohol und den Aromen zum Vorschein. Eine schöne Kreation.

Henri Ramonteu, Dom. Cauhapé, quartier Castet, 64360 Monein, Tel. 05.59.21.33.02, Fax 05.59.21.41.82, E-Mail domaine cauhape@wanadoo.fr n. V.

DOM. DU CINQUAU 1999*

☐ 1 ha 3 500 8 à 11 €

Dieser in ein verführerisches sattes Gelb gekleidete Jurançon entfaltet einen intensiven Geruchseindruck mit zunächst holzbetonten (Vanille und geröstetes Toastbrot) und danach fruchtigen und honigartigen Düften. Nach einer lebhaften Ansprache verstärkt sich der Geschmack und gewinnt an «Fett». Er ist recht aromatisch, wird aber noch von einem kräftigen Holzton mit empyreumatischen Noten geprägt. Beachten sollte man auch den **im Eichenfass ausgebauten lieblichen 99er Jurançon** (Preisgruppe: 70 bis 99 F), der sehr gelungen ist.

Pierre Saubot, Dom. du Cinquau, Cidex 43, 64230 Artiguelouve, Tel. 05.59.83.10.41, Fax 05.59.83.12.93 ☑ Ῑ n. V.

CLOS LAPEYRE
Cuvée Vitatge Vielh 1999***

☐ k. A. 15 000 8 à 11 €

Jean-Bernard Larrieu stellt im Augenblick seinen Weinberg auf agrobiologische Methoden um. Die trockenen Jurançon-Weine haben wirklich etwas Verführerisches an sich. Die **99er Cuvée Lapeyre** (Preisgruppe: 30 bis 49 F) ist bereits bemerkenswert; im Tank ausgebaut, bietet sie einen komplexen Duft von Blüten und exotischen Früchten und entfaltet danach einen runden, ausgewogenen Geschmack. Diese Cuvée Vitatge Vielh präsentiert sich in einem satten Gelb und hinterlässt kräftige Aromen von getrockneten und kandierten Früchten, Lebkuchen und Akazienblütenhonig. Sie ist in der Ansprache freimütig, richtig lebhaft und füllt den Gaumen mit fettem, strukturiertem Stoff aus. Zwischen einer gut dosierten Säure und einem anhaltenden Körperreichtum herrscht vollkommene Ausgewogenheit.

Jean-Bernard Larrieu, La Chapelle-de-Rousse, 64110 Jurançon, Tel. 05.59.21.50.80, Fax 05.59.21.51.83, E-Mail jean-bernard.larrieu@wanadoo.fr
☑ Ῑ Mo–Sa 9h–12h 14h–18h

DOM. NIGRI 2000**

☐ 3 ha 18 000 5 à 8 €

Jean-Louis Lacoste, der ein zehn Hektar großes Gut leitet, präsentiert hier einen Jurançon von strohgelber Farbe, die in ihrem Ausdruck sehr intensiv und voller Jugendlichkeit ist: In der Nase vereinigen sich Blüten und Früchte, begleitet von ein paar mineralischen Noten. Die klare, leicht prickelnde Ansprache leitet einen frischen, aromatischen Geschmack ein. Die Ausgewogenheit ist vollkommen, die Nachhaltigkeit lang und angenehm. Merken Sie sich auch den **lieblichen 99er Jurançon Réserve du domaine Nigri** (Preisgruppe: 70 bis 99 F), der einen Stern erhält.

Jean-Louis Lacoste, Dom. Nigri, Candeloup, 64360 Monein, Tel. 05.59.21.42.01, Fax 05.59.21.42.59
☑ Ῑ Mo–Sa 9h–12h 13h30–19h; So n. V.

PRIMO PALATUM Mythologia 1999

☐ 0,4 ha 1 200 30 à 38 €

Primo Palatum ist eine Handelsfirma, die ihre Jungweine selbst ausbaut; sie wurde 1996 von dem Önologen Xavier Copel gegründet. Dieser intensiv strohgelbe, golden schimmernde Jurançon besitzt einen warmen, konzentrierten Duft: Empyreumatische Noten gehen Aromen von kandierten, vorwiegend exotischen Früchten voraus. Die gleiche Konzentration spürt man in einem fetten, kräftigen, warmen Geschmack. Der Holzton ist noch markant, kann sich aber mit der Zeit einfügen.

Primo Palatum, 1, Cirette, 33190 Morizès, Tel. 05.56.71.39.39, Fax 05.56.71.39.40, E-Mail primo-palatum@wanadoo.fr ☑ Ῑ n. V.

CH. ROQUEHORT 2000**

☐ 18 ha 24 000 5 à 8 €

Während der **trockene 2000er Jurançon Grain Sauvage** (Preisgruppe: 20 bis 29 F), der im Tank ausgebaut wurde, eine lobende Erwähnung verdient, erhielt der Château Roquehort von der Jury den Vorzug. Er ist vollkommen klar, mit hübschen grünen Reflexen, und bietet eine intensive Palette, die reich an Früchten ist (Zitrusfrüchte, Birne, Litschi), begleitet von einer blumigen Ginsternote. Nach einer leicht prickelnden Ansprache bewahrt der Geschmack während der gesamten Verkostung seine Ausgewogenheit und entfaltet eine Fruchtigkeit, die ausgeprägter als in der Nase ist.

Cave des producteurs de Jurançon, 53, av. Henri-IV, 64290 Gan, Tel. 05.59.21.57.03, Fax 05.59.21.72.06, E-Mail cave.gan@adour-bureau.fr
☑ Ῑ Mo–Sa 8h–12h30 13h30–19h

DOM. DE SOUCH
Cuvée de Marie-Kattalyn 2000*

☐ 1,8 ha 4 800 8 à 11 €

Yvonne Hegoburu führt ihr 6,8 ha großes Weingut nach biologisch-dynamischen Prinzipien. Ihr trockener Jurançon, sattgelb mit grünen Reflexen, bietet zarte Düfte von weißen Blüten, exotischen Früchten und Gewürzen. Die klare Ansprache bildet den Auftakt zu einer schönen geschmacklichen Struktur. Der noch zurückhaltende Abgang lässt eine Bitternote erkennen. Der **liebliche 99er Jurançon Cuvée de Marie-Kattalyn** (Preisgruppe: 70 bis 99 F), der im Fass ausgebaut wurde, ist ebenfalls sehr gelungen.

Yvonne Hegoburu, Dom. de Souch, 64110 Laroin, Tel. 05.59.06.27.22, Fax 05.59.06.51.55 ☑ Ῑ n. V.

Madiran

Der Madiran, dessen Ursprünge auf die galloromanische Zeit zurückgehen, war lange Zeit der Wein der Pilger, die auf dem Jakobsweg nach Santiago de Compostela zogen. Die Gastronomie im Departement Gers und ihre Ableger in der Hauptstadt bieten diesen Pyrenäenwein an. Auf den 1 290 Hektar der Appellation, die 2000 angemeldet wurden, dominiert die Rebsorte Tannat; sie liefert einen sehr farbintensiven Wein, der in seiner Jugend herb ist und Primäraromen von Himbeere besitzt. Der Wein entfaltet sich erst nach einer langen Reifung. Als weitere Rebsorten kommen Cabernet Sauvignon und Cabernet franc (oder Bouchy) sowie Fer Servadou (oder Pinenc) hinzu. Die Reben werden in halbhoher Kultur erzogen. 2000 lag die Produktionsmenge bei 70 946 hl.

Der Wein von Madiran ist der Inbegriff eines «männlichen» Weins. Wenn er entsprechend vinifiziert wird, kann man ihn jung trunken, so dass man in den Genuss seiner Fruchtigkeit und seiner Weichheit kommt. Er passt zu Gänseconfit (in Schmalz eingelegtes Gänsefleisch) und Entenmagret (rosa gebratene Scheiben vom Brustfilet). Die traditionellen Madiran-Weine, die einen hohen Tannat-Anteil haben, vertragen den Ausbau im Holzfass sehr gut und müssen ein paar Jahre altern. Die alten Madirans sind sinnlich, fleischig und kräftig gebaut und bieten Aromen von geröstetem Brot; sie passen gut zu Wild und zu Schafkäse aus den Hochtälern.

CH. D'AYDIE Odé d'Aydie 1998*

■ 20 ha 100 000 8à11€

Der in seinem tiefen, strahlenden Schwarz elegant erscheinende Odé d'Aydie hinterlässt intensiv rauchige Aromen, Vanille- und Mentholdüfte und auch balsamische Noten, die nie die Frucht verbergen. Die gleiche Eleganz nimmt man im Mund wahr, in einer gelungenen Vereinigung zwischen Holz und Wein. Volumen, Samtigkeit und Struktur. Der **liebliche 99er Pacherenc du Vic-Bilh Château d'Aydie** ist ebenso gelungen.

GAEC Vignobles Laplace, 64330 Aydie, Tel. 05.59.04.08.00, Fax 05.59.04.08.08, E-Mail pierre.laplace@wanadoo.fr

☑ Y tägl. 9h–12h30 14h–20h

CH. BARREJAT Tradition 1999**

■ 12 ha 80 000 3à5€

Eine Cuvée Tradition im reinsten Madiran-Stil: 60 % Tannat, 25 % Cabernet franc und 15 % Cabernet Sauvignon. Sie ist granatrot mit zinnoberroten Reflexen und bietet in ihrer Entfaltung von kandierten Früchten (Brombeere, schwarze Johannisbeere), Unterholz und Humus einen feinen, sehr ausdrucksvollen Duft. Der harmonische Geschmack besitzt deutlich spürbare Tannine, die vom «Fett» umhüllt sind. Er ist aromatisch und hält lang an. Die **99er Cuvée des Vieux Ceps** (Preisgruppe: 30 bis 49 F), ebenfalls ein Madiran, der von ausgelesenen Trauben achtzig Jahre alter Rebstöcke stammt und im Eichenfass ausgebaut worden ist, erhält einen Stern. Merken Sie sich auch den **im Eichenfass gereiften lieblichen 99er Pacherenc du Vic-Bilh Cuvée de la Passion** (Preisgruppe: 30 bis 49 F), der sehr gelungen ist.

Denis Capmartin, Ch. Barréjat, 32400 Maumusson-Laguian, Tel. 05.62.69.74.92, Fax 05.62.69.77.54

☑ Y Mo–Sa 8h–12h 14h–19h

DOM. BERNET
Vieilli en fût de chêne 1999*

■ k. A. 20 000 5à8€

Intensität kennzeichnet diesen Wein, aufgrund seiner dunkelroten Farbe ebenso wie aufgrund seines warmen Dufts, der schwarze Früchte, Lakritze und Röstgeruch entfaltet. Der in der Ansprache seidige Geschmack wird stärker. Sein öliges «Fleisch» stützt sich auf eine gute Struktur mit einem recht spürbaren Holzton, bevor sich der Wein einem mentholartigen Abgang zuwendet.

Yves Doussau, Dom. Bernet, 32400 Viella, Tel. 05.62.69.71.99, Fax 05.62.69.75.08

☑ Y n. V.

DOM. BERTHOUMIEU
Cuvée Charles de Batz 1998**

■ 7,5 ha 45 000 8à11€

Didier Barré, ein Stammkunde unserer Liebeserklärungen, begeistert uns dieses Jahr erneut mit einem bemerkenswerten Madiran. Dieser Wein, der so schwarz wie Tinte ist und eine extreme Dichte zeigt, hinterlässt an der Innenseite des Glases lange Tränen. Der intensive, elegante Duft entfaltet über einem leichten Röstgeruch rote oder schwarze reife Früchte, Steinfrüchte, Kakao, Minze und Lakritze. Der Geschmack bestätigt die schöne Reife der Frucht: Die Vollmundigkeit ist zwar noch fest, aber man spürt schon «Fett» und eine seidige Textur. Dieser Madiran füllt den Gaumen gut aus und hält lang an. Die im vergangenen Jahr beim 98er Jahrgang ausgezeichnete **99er Cuvée Tradition** (Preisgruppe: 30 bis 49 F) erhält zwei Sterne. Der **liebliche 99er Pacherenc du Vic-Bilh Symphonie d'Automne** (Preisgruppe: 70 bis 99 F) ist sehr gelungen.

Didier Barré, 32400 Viella,
Tel. 05.62.69.74.05, Fax 05.62.69.80.64,
E-Mail barre.didier@wanadoo.fr
Mo–Sa 8h–12h 14h–19h; So n. V.

CH. BOUSCASSE Vieilles vignes 1999*

10 ha 60 000 15 à 23 €

Eine hübsche Liste guter Leistungen von Alain Brumont beim Jahrgang 1999. Diese Cuvée Vieilles vignes, deren Farbe so dunkel wie Tinte ist, verbindet die Gerüche eines edlen Holztons mit den Düften reifer schwarzer Früchte. Ihr konzentrierter, fülliger, fetter Geschmack stützt sich auf feste Tannine, die schon von der Öligkeit umhüllt sind und für einen lang anhaltenden Abgang sorgen. Ein schöner, gut erzogener Wein, der lagerfähig ist. Ebenso gelungen sind der **99er Château Montus,** der **99er Château Montus Cuvée Prestige** (Preisgruppe: 150 bis 199 F), der 99 % Tannat enthält, und der **99er Château Bouscassé** (Preisgruppe: 50 bis 69 F).

Alain Brumont, Ch. Bouscassé,
32400 Maumusson-Laguian,
Tel. 05.62.69.74.67, Fax 05.62.69.70.46
Mo–Sa 9h–12h 14h–19h

CANTE PEYRAGUT
Grande Réserve 1998**

100 ha 60 000 5 à 8 €

Dieser kräftige Wein von tiefschwarzer Farbe mit violetten Reflexen vereint Früchte, Gewürze und Röstnoten. Sein zunächst runder, fetter Geschmack besitzt ein solides Gerüst. Dank gut umhüllter Tannine ist das Ganze bemerkenswert ausgewogen. Ein reicher, vollständiger Wein, der noch drei bis fünf Jahre im Keller lagern kann. Die Plaimont-Erzeuger bestätigen ihren Erfolg durch zwei Madiran-Weine, die mit einem Stern belohnt werden: den **98er La Mothe Peyran** (Preisgruppe: 50 bis 69 F) und den **im Eichenfass gereiften 98er Arte Benedicte Vieilles vignes** (Preisgruppe: 70 bis 99 F).

Producteurs Plaimont, 32400 Saint-Mont,
Tel. 05.62.69.62.87, Fax 05.62.69.61.68
n. V.

DOM. CAPMARTIN
Cuvée du Couvent Elevé en fût de chêne neuf 1998**

2 ha 12 000 8 à 11 €

Neben ihrem **trockenen 2000er Pacherenc du Vic-Bilh** (Preisgruppe: 30 bis 49 F) und ihrem **edelsüßen 99er Pacherenc du Vic-Bilh Confidences du Couvent** (Preisgruppe: 70 bis 99 F), die hier lobend erwähnt werden, stellt die Domaine Capmartin zwei Madiran-Weine vor. Die **Cuvée Tradition** (Preisgruppe: 30 bis 49 F) ist zwar sehr gelungen, aber allgemeinen Beifall erntet die Cuvée du Couvent mit ihrer tiefen Farbe, die in violetten und bläulichen Tönen schillert. Der opulente Duft entfaltet über dem Geruch von geröstetem Brot schwarze Früchte und Kakao, Vanille und Lakritze. Der fetten, seidigen Ansprache entsprechen ein schönes Volumen und eine erstklassige Tanninstruktur. Das «Fleisch» ist wohl schmeckend; im Abgang entladen sich die Aromen.

Guy Capmartin, Le Couvent,
32400 Maumusson-Laguian,
Tel. 05.62.69.87.88, Fax 05.62.69.83.07
Mo–Sa 9h–12h30 14h–19h

CHAPELLE LENCLOS 1999*

6,5 ha 30 000 8 à 11 €

Die beiden von Patrick Ducournau vorgestellten Madiran-Cuvées sind sehr gelungen. ob es sich nun um den **99er Domaine Mouréou** (Preisgruppe: 30 bis 49 F) oder um den hier beschriebenen Chapelle Lenclos handelt. Der mit seiner tintenschwarzen Farbe intensive Wein gibt sich in der Nase zunächst zurückhaltend, lässt aber bald über einem zart holzigen und vanilleartigen Aroma reife schwarze Früchte erkennen. Der in der Ansprache fette Geschmack entwickelt sich zu einem kräftigen, konzentrierten Körper hin, der robust gebaut ist. Hübsche Tannine ergeben nämlich eine ziemlich dichte, aber umhüllte Textur und sorgen dafür, dass der Abgang anhält.

Patrick Ducournau, 32400 Maumusson-Laguian, Tel. 05.62.69.78.11, Fax 05.62.69.75.87
n. V.

COURTET LAPERRE
Grande Réserve Elevé en fût de chêne 1998**

120 ha 80 000 5 à 8 €

Schwarz mit rubinrotem und purpurviolettem Saum. Dieser Wein entfaltet sich großzügig zu animalischen Gerüchen, bevor er sich zu Düften von Früchten und Gewürzen hin entwickelt, die Röstnoten betonen. Er bringt sofort viel Reife und Komplexität zum Ausdruck. Im Mund überrascht er durch seine fast ölige Ansprache, gefolgt von einem kräftigen, warmen Stoff, den intensive Tannine unterstützen. Eine Flasche, die man mindestens acht Jahre im Keller altern lassen sollte.

Vignoble de Gascogne, 32400 Riscle,
Tel. 05.62.69.62.87, Fax 05.62.69.66.71
n. V.

CAVE DE CROUSEILLES

Carte d'or 1999**

■ 250 ha 700 000 5 à 8 €

Ein Wein, der mit seiner granatroten Farbe eine schöne Erscheinung zeigt. Der intensive, komplexe Duft bietet einen Korb roter Früchte, den Gewürze beleben. Die angenehm sanfte Ansprache kündigt einen aromatischen Geschmack an, der fett ist und gleichzeitig von umhüllten Tanninen strukturiert wird. Ein harmonischer, lang anhaltender Wein.

Cave de Crouseilles, 64350 Crouseilles, Tel. 05.59.68.10.93, Fax 05.59.68.14.33

n. V.

DOM. DAMIENS

Cuvée vieillie en fût de chêne 1998*

■ 2,5 ha 15 000 8 à 11 €

Kirschrote Töne hellen die intensive, strahlende Farbe dieses Weins auf. Der Duft, der sich intensiviert, beginnt mit Anklängen an Kirschwasser und bietet dann Gewürz- und Röstaromen. Im Mund besitzt er Vollmundigkeit und feste Tannine, wahrt aber gleichzeitig die Ausgewogenheit zwischen den Geschmacksnoten. Ein Madiran, den man aufheben sollte, bis er vollständig verschmolzen ist.

André et Pierre-Michel Beheity, Dom. Damiens, 64330 Aydie, Tel. 05.59.04.03.13, Fax 05.59.04.02.74

Mo–Fr 9h–12h30 14h30–19h; Sa, So n. V.

CH. DE DIUSSE Tradition 1999

■ 10,5 ha 55 000 5 à 8 €

Diusse, eine Einrichtung zur Beschäftigung von Arbeitslosen, ist sehr regelmäßig in seiner Weinproduktion. Dieser Madiran, dessen purpurrote Farbe glänzende Reflexe zeigt, wirkt aufgrund seiner Düfte von kandierten Früchten schon leicht entwickelt. Der ausgewogene Geschmack besitzt umhüllte Tannine und hält lang an.

Ch. de Diusse, 64330 Diusse, Tel. 05.59.04.02.83, Fax 05.59.04.05.77

n. V.

CLOS FARDET

Cuvée Moutoue Fardet 1998

■ 1,2 ha 4 000 8 à 11 €

Klares, strahlendes Rubinrot: ein rustikaler Madiran. In der Nase äußert sich der Holzton intensiv mit Röst- und Gewürznoten; die Früchte vermischen sich damit in Form von Kompottnuancen. Der in der Ansprache weiche Geschmack entwickelt sich über noch festen Tanninen, aber der Stoff ist frisch und aromatisch.

SCEA Moutoue Fardet, 3, chem. de Beller, 65700 Madiran, Tel. 05.62.31.91.37, Fax 05.62.31.91.37 n. V.

Savoret

CH. DE FITERE 1999

■ 5 ha 40 000 5 à 8 €

70 % Tannat und 30 % Cabernet Sauvignon ergeben diesen «munteren» Madiran. Der dunkle, granatrot schimmernde Wein öffnet sich zu einer Fülle von Aromen, die von pflanzlichen Noten bis zu reifen Früchten und Gewürzen reichen. Die Ansprache ist weich. Der intensive, würzige Geschmack bietet jedoch ein tanninbetontes Rückaroma, das vom Holz unterstützt wird.

René Castets, 32400 Cannet, Tel. 05.62.69.82.36, Fax 05.62.69.78.90

tägl. 9h–12h 14h–19h; im Winter Sa, So geschlossen

DOM. LABRANCHE LAFFONT

Vieilles vignes 1998*

■ 1,5 ha 9 000 11 à 15 €

Dieser dunkle, dichte, kräftige Madiran zeigt ein Aubergine mit schwarzen Reflexen. Sein tiefer Duft hinterlässt einen Eindruck von roten Früchten, die sich mit Lakritze, Harz und Gewürznelken vermischen. Der Geschmack verdankt seine Eleganz einem schönen aromatischen Ausdruck und einer gelungenen Ausgewogenheit. Das Ganze besitzt die notwendige Harmonie.

Christine Dupuy, 32400 Maumusson-Laguian, Tel. 05.62.69.74.90, Fax 05.62.69.76.03

n. V.

DOM. LAFFONT Hécate 1998**

■ 0,4 ha 2 000 11 à 15 €

Pierre Speyer präsentiert drei schöne Cuvées, darunter einen **in neuen Eichenfässern ausgebauten trockenen 99er Pacherenc du Vic-Bilh** (Preisgruppe: 50 bis 69 F) und zwei Madiran-Weine, die sehr gelungene **98er Cuvée Erigone** (Preisgruppe: 50 bis 69 F) und diese Cuvée Hécate, die ganz bestimmt schwarz und tief erscheint und purpurviolette Töne zeigt. Der reiche Geruchseindruck hüllt die Düfte von Früchten in Alkohol mit einem würzig-röstartigen Holzton ein. Der kräftige, füllige Geschmack besitzt viel «Fett»: Das Gerüst ist solide, aber sehr gut umhüllt. Die Ausgewogenheit verrät einen fast perfekten Ausbau.

Pierre Speyer, Dom. Laffont, 32400 Maumusson-Laguian, Tel. 05.62.69.75.23, Fax 05.62.69.80.27

n. V.

DOM. LAOUGUE 1999*

■ 2,4 ha 10 000 11 à 15 €

Doppelerfolg für Pierre Dabadie dank zweier sehr gelungener Cuvées: Die eine ist ein **lieblicher 99er Pacherenc du Vic-Bilh** (Preisgruppe: 50 bis 69 F), der sortenrein von Petit-Manseng-Trauben stammt, die andere ein Madiran. Dieser letztere Wein, der sehr dunkel ist, enthüllt nach und nach eine Palette von holzbetonten Gerüchen (Vanille, Geröstetes, Geräuchertes), die von ein paar Noten schwarzer Früchte begleitet werden. Der in der Ansprache fette, ölige Geschmack entwickelt sich voller Rundheit; sein konzentrierter Stoff umschließt einen ebenfalls aromatischen Kern aus Holz. Der Abgang stützt sich auf umhüllte Tannine. Ein ausgewogener Wein.

Pierre Dabadie, rte de Madiran, 32400 Viella, Tel. 05.62.69.90.05, Fax 05.62.69.71.41

tägl. 9h–12h 14h–18h

DOM. DU PEYROU 1998*

■ 0,3 ha 1 200 5 à 8 €

Tiefschwarz mit violetten Tönen. Dieser Wein bietet eine Palette, die zwischen Früchten und Holz ausgewogen ist: Man nimmt darin Noten von Gewürzen und eine leichte Röstung wahr. Samtigkeit in der Ansprache, eine Verbindung von Frische und «Fett» im Mittelbereich des Geschmacks und ein recht kräftiger Abgang, das sind die Merkmale, die den Erfolg dieses Madiran ausmachen.

Jacques Brumont, Dom. du Peyrou, 32400 Viella, Tel. 05.62.69.90.12, Fax 05.62.69.90.12 tägl. 8h–12h 14h–20h

Georges Brumont

CH. SAINT-BENAZIT 1998**

■ 24 ha 70 000 5 à 8 €

Bei der visuellen Prüfung stellt man anhand einer tiefroten Farbe mit violetten Reflexen eine schöne Konzentration des Stoffs fest. Auf den ersten Geruchseindruck, der an Mokka und Kaffee erinnert, folgen rote und schwarze Früchte in einer holzig-würzigen Umhüllung. Im Mund sind die Tannine noch zu spüren, aber der Stoff ist vorhanden; der schon lang anhaltende Abgang weist auf ein gutes Potenzial hin. Diese Kellerei zeichnet sich außerdem durch ihren **98er Château Laroche Vieilla** (Preisgruppe: 50 bis 69 F) aus, der sehr gelungen ist.

Vignoble de Gascogne, 32400 Riscle, Tel. 05.62.69.62.87, Fax 05.62.69.66.71 n. V.

DOM. TAILLEURGUET
Elevé en fût de chêne 1998*

■ 1 ha 5 000 5 à 8 €

Der Domaine Tailleurguet sind zwei Madiran-Weine gelungen, von denen der eine, ein **99er** (Preisgruppe: 20 bis 29 F), im Tank und der andere im Eichenfass ausgebaut wurde. Letzterer hat eine an Burlat-Kirschen erinnernde Farbe mit violetten Reflexen und entfaltet sich sanft zu Vanille- und Butternoten. Beim zweiten Riechen zeigen sich Kirschwassernoten, die von Gewürzen begleitet werden. Der Wein attackiert sanft und wird bald danach innerhalb eines schlanken, aber festen Körpers frisch und fruchtig, insbesondere im Abgang. Ausgewählt wurde auch, mit einem Stern, der **trockene 2000er Pacherenc du Vic-Bilh** (Preisgruppe: 20 bis 29 F).

EARL Tailleurguet, 32400 Maumusson-Laguian, Tel. 05.62.69.73.92, Fax 05.62.69.83.69 Mo–Sa 9h–13h 14h–19h

Bouby

Pacherenc du Vic-Bilh

Dieser im selben Anbaugebiet wie der Madiran erzeugte Weißwein stammt von einheimischen Rebsorten (Arrufiac, Manseng, Courbu) und Bordeaux-Rebsorten (Sauvignon, Sémillon). Diese Zusammenstellung verleiht ihm eine Aromenpalette von extremer Reichhaltigkeit. Je nach den klimatischen Bedingungen des Jahrgangs sind die Weine trocken und duftig (2 939 hl im Jahre 1999) oder lieblich und lebhaft (5 949 hl). Ihre Feinheit ist dann bemerkenswert; sie sind fett und kraftvoll und besitzen Aromen, die Mandeln, Haselnüsse und exotische Früchte vereinen. Sie geben ausgezeichnete Aperitifweine ab und passen, wenn sie lieblich sind, perfekt zu Gänseleber in der Terrine.

DOM. DU CRAMPILH Moelleux 1999**

□ 2 ha k. A. 8 à 11 €

Sie werden nicht nur den **99er Madiran Cuvée Baron** schätzen, einen sortenreinen Tannat, dem die Jury einen Stern zuerkannt hat, sondern auch diesen lieblichen Pacherenc, der ausschließlich aus Petit Manseng besteht. Er ist goldgelb mit grünen Reflexen und bietet einen intensiven, frischen Duft. Die Frucht (Ananas, Passionsfrucht) dominiert und vermischt sich harmonisch mit Vanillenoten. Der Geschmack, der eine warme Ansprache zeigt, entfaltet sich, voll, füllig und ebenfalls wohl ausgewogen, zu Toastnoten. Ein Wein von gutem Aufbau.

Alain Oulié, 64350 Aurions-Idernes, Tel. 05.59.04.00.63, Fax 05.59.04.04.97, E-Mail domaine-du-crampilh@epicuria.fr Mo–Sa 9h–12h 14h–19h

FOLIE DE ROI Moelleux 1999*

□ 20 ha 30 000 8 à 11 €

Die Cave de Crouseilles stellt drei sehr gelungene Pacherenc-du-Vic-Bilh-Weine vor: den **99er L'Automnal** und den **99er Grain de Givre** (Preisgruppe: 70 bis 99 F) sowie diesen goldfarbenen Folie de Roi mit den leicht grünen Reflexen. Der Duft hat eine gute Stärke und erscheint frisch aufgrund seiner dominierenden Fruchtaromen, wobei der Holzton zurückhaltend bleibt. Der Geschmack verbindet die gleiche fruchtige Frische mit den Vanillearomen zu einem einschmeichelnden Gesamteindruck.

Cave de Crouseilles, 64350 Crouseilles, Tel. 05.59.68.10.93, Fax 05.59.68.14.33 n. V.

CH. LAFFITTE-TESTON
Sec Cuvée Ericka Elevé en fût de chêne 2000*

□ 3 ha 20 000 5 à 8 €

Eine der interessantesten Kellereien, die man wegen ihrer Anlagen und der dort hergestellten Weine besichtigen sollte. Die Cuvée Ericka, deren Farbe an frisches Stroh erinnert und strahlende Reflexe zeigt, besitzt eine intensive Duftpalette, die aus exotischen Früchten, Honig, Butter und einem süßen Holzton besteht. Die Frische spürt man im Mund schon bei der Ansprache, begleitet von einer anhaltenden

Aromenentwicklung. Der **99er Madiran Vieilles vignes** (Preisgruppe: 50 bis 69 F) wurde als sehr gelungen beurteilt.
🔑 Jean-Marc Laffitte, 32400 Maumusson, Tel. 05.62.69.74.58, Fax 05.62.69.76.87
☑ Ῑ n. V.

CH. DE LA MOTTE Moelleux 1999★★

☐ 1 ha 3 000 8 à 11 €

Neben einem **trockenen 2000er Pacherenc du Vic-Bilh** (Preisgruppe: 30 bis 49 F), der schon sehr gelungen ist, präsentiert sich dieser liebliche Wein als kleines Schmuckstück. Die intensive, klare goldene Farbe leitet die Verkostung ein. Der kräftige, komplexe Duft erinnert an einen Auflauf aus überreifen Früchten: Birne, Quitten, Passionsfrüchte und Zitrusfrüchte, begleitet von hübschen Entwicklungsnoten. Nach einer recht fetten Ansprache ist der Geschmack vollkommen ausbalanciert zwischen Zucker, Alkohol und Säure. Die Verkoster wurden durch den stattlichen Umfang, die Stärke und die Süße dieses Weins verführt.
🔑 Ghislaine Arrat, La Motte, 64350 Lasserre, Tel. 05.59.68.16.98, Fax 05.59.68.26.83
☑ Ῑ n. V.

CH. MONTUS Sec 2000★★

☐ 3 ha 20 000 11 à 15 €

Alain Brumont besitzt eine schöne Palette von Pacherenc-du-Vic-Bilh-Weinen. Vor seinem **trockenen 2000er Château Bouscassé** (Preisgruppe: 30 bis 49 F), den die Jury lobend erwähnte, und seinem **süßen 2000er Vendémiaire** (Preisgruppe: 50 bis 69 F), der sehr gelungen ist, spielt dieser Château Montus die Hauptrolle. Er ist recht intensiv goldgelb und entfaltet einen feinen Duft, der vor einem Honighintergrund an einen Strauß weißer Blumen und einen Korb mit reifen Früchten (Birne, Ananas, Mango) denken lässt. Die Ansprache ist frisch, der Geschmack füllig und reich. Sein ausgewogener Stoff ist von anhaltenden fruchtigen und Brioche-artigen Aromen durchdrungen.
🔑 Alain Brumont, Ch. Bouscassé, 32400 Maumusson-Laguian, Tel. 05.62.69.74.67, Fax 05.62.69.70.46
☑ Ῑ Mo–Sa 9h–12h 14h–19h

DOM. DU MOULIE
Moelleux Elevé en fût de chêne 1999★

☐ 1 ha 3 000 8 à 11 €

Dieser hellgelbe Wein mit grünen Reflexen besitzt einen Duft von guter Stärke, der dank der dominierenden exotischen Früchte und Zitrusfrüchte angenehm frisch ist. Hinzu kommen ein Hauch von Minze und Holznoten. Der in der Ansprache klare Geschmack entfaltet sich bis zu einem Abgang mit Vanille- und Kokosnussnoten. Beachten sollte man auch den sehr gelungenen **99er Madiran Cuvée Chiffre** (Preisgruppe: 30 bis 49 F).
🔑 EARL Chiffre Charrier, Dom. du Moulié, 32400 Cannet, Tel. 05.62.69.77.73, Fax 05.62.69.83.66 ☑ Ῑ Mo–Sa 8h–19h
🔑 Charrier

PRESTIGE DU VIEUX PAYS
Moelleux 1999★

☐ 15 ha 100 000 8 à 11 €

Drei liebliche Weine, drei Erfolge: der **99er L'Or du Vieux Pays** (Preisgruppe: 50 bis 69 F), der **Saint-Martin Vendanges tardives de novembre 1999** (Preisgruppe: 70 bis 99 F) und dieser Prestige du Vieux Pays, der zu 50 % von Gros Manseng, zu 25 % von Petit Courbu, zu 5 % von Petit Manseng und zu 20 % von Arrufiac stammt. Dieser strahlend goldgelbe 99er ist ausdrucksstark und fein mit seinen Anklängen an kandierte Zitrone, Honig und Gewürze. Der deutliche, ausgewogene Geschmack zeigt eine angenehme Süße und anhaltende Aromen von kandierten Früchten.
🔑 Vignoble de Gascogne, 32400 Riscle, Tel. 05.62.69.62.87, Fax 05.62.69.66.71
☑ Ῑ n. V.

DOM. SERGENT
Sec Elevé en fût de chêne 2000★

☐ 0,3 ha 2 400 5 à 8 €

Hübsche Pacherenc-Weine wie diese beiden sehr gelungenen Cuvées: ein **im Eichenfass ausgebauter lieblicher 99er** (Preisgruppe: 50 bis 69 F) und diese in einem trockenen Stil bereitete Cuvée, deren Farbe an frisches Stroh erinnert. Der Wein besitzt einen klaren, intensiven Duft mit Noten von Blüten, weißen Früchten und Hefebrot. Der angenehm frische Stoff wahrt die Ausgewogenheit zwischen Frucht und Holz. Merken sollte man sich auch den **99er Madiran** des Guts.
🔑 EARL Dousseau, Dom. Sergent, 32400 Maumusson, Tel. 05.62.69.74.93, Fax 05.62.69.75.85
☑ Ῑ Mo–Sa 8h–12h30 14h–19h30

CH. DE VIELLA Moelleux 1999★★★

☐ 5 ha 24 000 8 à 11 €

Einstimmige Wahl zum Lieblingswein für diesen Pacherenc du Vic-Bilh, der zu 80 % aus Petit Manseng und zu 20 % aus Arrufiac besteht. Betrachten Sie sein mit goldenen Pailletten besticktes Kleid. Atmen Sie seine kräftige Duftpalette mit den Aromen von Überreife ein: Die kandierten, vorwiegend exotischen Früchte gleichen sich wunderbar mit den Entwicklungs- und Unterholznoten aus. Nach einer warmen Ansprache entfaltet der Geschmack seinen konzentrierten, fülligen, fetten Stoff. Die komplexen Aromen setzen sich anhaltend fort. Beach-

ten Sie auch den **im Eichenfass gereiften 99er Madiran,** der sehr gelungen ist.
🔑 Alain Bortolussi, Ch. de Viella, rte de Maumusson, 32400 Viella, Tel. 05.62.69.75.81, Fax 05.62.69.79.18
☑ Y Mo–Sa 8h–12h30 14h–19h

Tursan AOVDQS

Das Weinbaugebiet von Tursan, das einst im Besitz Eleonores von Aquitanien war, umfasst heute 460 ha mit einer durchschnittlichen Produktion von 20 000 hl. Es erzeugt Rot-, Rosé- und Weißweine (35 %). Am interessantesten sind die Weißweine, die von einer originellen Traubensorte stammen, der Baroque-Rebe. Der weiße Tursan ist trocken und nervig und bietet einen unnachahmlichen Duft; er passt zu Alse, Glasaal und gebratenem Fisch.

BARON DE BACHEN 1999

☐ 17 ha 19 000 11 à 15 €

Der Wein eines großen Küchenchefs, der 1968 den Zauber von Eugénie-les-Bains als Vermittler für seine verfeinerte Esskultur gewählt hatte. Dieser recht blasse, klare 99er hat einen siebenmonatigen Ausbau im Holzfass durchlaufen und die Erinnerung daran bewahrt: Röstnoten fügen sich in eine Palette ein, die aus Honig und exotischen Früchten besteht, ebenso wie der Geschmack, der noch vom Holz geprägt ist. Noch ein wenig aufheben.
🔑 Michel Guérard, Cie hôtelière et fermière d'Eugénie-les-Bains, 40800 Duhort-Bachen, Tel. 05.58.71.76.76, Fax 05.58.71.77.77
☑ Y n. V.
🔑 SCA Ch. de Bachen

CH. DE PERCHADE 2000*

■ 3,4 ha 29 000 5 à 8 €

Tannat, Cabernet franc und Cabernet Sauvignon, angepflanzt auf einem tonigen Kalksteinboden, haben diesen kräftigen und zugleich feinen Wein von guter Nachhaltigkeit hervorgebracht. Während der gesamten Verkostung zeigen sich Kirsch- und Lakritzenoten. Der **weiße 2000er Château de Perchade** verdient wegen seiner Aromenpalette von weißen Früchten und Feuerstein eine lobende Erwähnung.
🔑 EARL Dulucq, Château de Perchade, 40320 Payros-Cazautets, Tel. 05.58.44.50.68, Fax 05.58.44.57.75
☑ Y Mo–Sa 8h–13h 14h30–19h

LES VIGNERONS DE TURSAN
Haute carte 2000*

☐ 40 ha 70 000 3 à 5 €

Die Winzergenossenschaft von Tursan-Chalosse zeichnet sich beim Jahrgang 2000 durch drei Cuvées aus. Während der **2000er Rosé Haute Carte** lobend erwähnt wird, erhält sein weißes Alter Ego einen Stern. Er ist ein blassgelber Wein mit grünen Reflexen, dessen Duft Noten von weißen Früchten sowie mineralische Feuersteinnuancen entfaltet. Er wird durch eine gute Säure ausbalanciert und hält lang an; die Rebsorte Baroque, die ein Drittel seines Verschnitts bildet, bringt er gut zum Ausdruck. Beachten sollte man auch den **roten 2000er Tursan Paysage** (Preisgruppe: weniger als 20 F), einen runden Wein mit Sauerkirscharomen.
🔑 Les Vignerons de Tursan, 40320 Geaune, Tel. 05.58.44.51.25, Fax 05.58.44.40.22, E-Mail tursan.vin@wanadoo.fr ☑ Y n. V.

Côtes de Saint-Mont AOVDQS

Die Côtes de Saint-Mont, die Verlängerung des Weinbaugebiets von Madiran, sind die Jüngste der Pyrenäen-Appellationen von Weinen gehobener Qualität (1981). Das Anbaugebiet umfasst rund 1000 ha, die durchschnittlich 60 000 hl erzeugen. Die rote Hauptrebsorte ist hier ebenfalls Tannat, während als weiße Rebsorten Clairette, Arrufiac, Courbu sowie Gros und Petit Manseng angebaut werden. Für den größten Teil der Produktion ist die tatkräftige Vereinigung der Genossenschaftskellereien Plaimont verantwortlich. Die Rotweine sind farbintensiv und körperreich; sie werden schnell rund und gefällig. Man trinkt sie zu Grillgerichten und gascognischer Garbure, einem ländlichen Suppeneintopf. Die Roséweine sind fein und besitzen ein angenehm fruchtiges Aroma. Die Weißweine haben einen ausgeprägten Bodengeruch und sind trocken und nervig.

LE PASSE AUTHENTIQUE 2000*

☐ 30 ha 200 000 5 à 8 €

Gros Manseng, der den Hauptanteil bildet, vereinigt sich mit Petit Courbu und Arrufiac zu einer in keiner Weise traditionalistischen Cuvée. Die goldene Farbe ist recht strahlend. Der Duft bietet Blüten- und Zitrusnoten. Der feine, fruchtige Geschmack hinterlässt einen angenehmen Eindruck von Frische.

🔑 Vignoble de Gascogne, 32400 Riscle,
Tel. 05.62.69.62.87, Fax 05.62.69.66.71
☑ Y n. V.

DOM. DE MAOURIES 2000

◩ 1,5 ha 12 666 🍾 3 à 5 €

Dieser Wein mit der hübschen Farbe bietet Noten von roten und schwarzen Früchten: schwarze und rote Johannisbeere und Himbeere. Sein Geschmack wird von einer guten Säure unterstützt, so dass er lokale Wurstgerichte begleiten kann.

🔑 GAEC Dufau Père et Fils,
Dom. de Maouriès, 32400 Labarthète,
Tel. 05.62.69.63.84, Fax 05.62.69.65.49,
E-Mail domaine.maouries@wanadoo.fr
☑ Y n. V.

CH. DE SABAZAN 1999**

■ 16 ha 35 000 🛢 11 à 15 €

Liebeserklärung für diesen intensiven roten Wein mit dem ansprechenden Duft von schwarzen Früchten und Gewürzen. Der Holzton hat sich vollkommen in einen kräftigen, robust gebauten, fülligen Geschmack eingefügt, der sich bis zu einem lakritzeartigen Abgang fortsetzt. Dieser vollständige Wein hält sich mindestens drei Jahre lang auf harmonische Weise. Beachten sollte man auch den **roten 98er Château de Sabazan,** der einen Stern erhält, ebenso wie den **99er Esprit des vignes** (Preisgruppe: 50 bis 69 F), ein Rotwein, der von alten Rebstöcken stammt und im Holzfass ausgebaut worden ist. Der im Holzfass gereifte **weiße 2000er Les Hauts de Bergelle** (Preisgruppe: 30 bis 49 F) erhält eine lobende Erwähnung.

🔑 Producteurs Plaimont, 32400 Saint-Mont,
Tel. 05.62.69.62.87, Fax 05.62.69.61.68
☑ Y n. V.

CH. SAINT-GO 1999**

■ 38 ha 180 000 🛢 8 à 11 €

Dieser dunkle Wein bietet schöne Noten von schwarzen Früchten, Leder, Kaffee und Gewürzen. Im Mund verschmilzt der Holzton mit einem fleischigen Stoff, den seidige Tannine unterstützen. Ein paar Jahre Lagerung können diese Cuvée, die man mit rotem Fleisch, Entenmagret (rosa gebratenes Brustfilet) oder Wild kombinieren kann, nur noch großartiger machen. Die sehr gelungene **rote 98er Cuvée Le Faître** dürfte ihren Holzton bald einbinden. Der **rote 98er Monastère de Saint-Mont** wird lobend erwähnt.

🔑 Vignoble de Gascogne, 32400 Riscle,
Tel. 05.62.69.62.87, Fax 05.62.69.66.71
☑ Y n. V.

Die Weine der Dordogne

Das Weinbaugebiet der Dordogne bildet die natürliche Fortsetzung des Anbaugebiets von Libourne, von dem es nur durch eine Verwaltungsgrenze getrennt ist. Das Anbaugebiet des Périgord, in dem die klassischen Gironde-Rebsorten angebaut werden, ist durch eine sehr vielfältige Produktion und eine Vielzahl von Appellationen charakterisiert. Es breitet sich an den Hängen der beiden Ufer der Dordogne aus.

Die regionale Appellation Bergerac umfasst Weiß-, Rosé- und Rotweine. Die Côtes de Bergerac sind liebliche Weißweine mit einem feinen Bouquet und kräftig gebaute, runde Rotweine, die man zu Geflügel und Fleischgerichten mit Sauce trinkt. Die Appellation Saussignac steht für ausgezeichnete liebliche Weißweine, die eine ideale Ausgewogenheit zwischen Lebhaftigkeit und Süße besitzen; sie sind Aperitifweine, die im Charakter zwischen dem Bergerac und dem Monbazillac stehen. Montravel, unweit von Castillon gelegen, ist das Weinbaugebiet von Montaigne; die Produktion dort verteilt sich auf den trockenen weißen Montravel, dem die Sauvignon-Rebe einen sehr typischen Charakter verleiht, und auf Côtes de Montravel und Haut-Montravel, liebliche Weine, die elegant und rassig sind und ausgezeichnete Dessertweine abgeben. Der Pécharmant ist ein Rotwein, der auf den Hügeln des Bergerac-Gebiets erzeugt wird; die eisenreichen Böden dort verleihen ihm einen sehr typischen Bodengeschmack. Er ist ein lagerfähiger Wein mit einem feinen, subtilen Bouquet, der zu den klassischen Gerichten der Périgord-Küche passt. Der Rosette ist ein lieblicher Weißwein, der von den gleichen Rebsorten wie die Bordeaux-Weine stammt und in einer kleinen Anbauzone auf dem rechten Ufer der Dordogne rund um Bergerac erzeugt wird.

Der seit dem 14. Jh. bekannte Monbazillac ist einer der berühmtesten «edelsüßen» Weine. Sein Anbaugebiet liegt auf tonigen Kalksteinböden nach Norden. Das Mikroklima, das hier herrscht, ist besonders günstig für die Entwicklung einer speziellen Form des Botrytis-Pilzes, der Edelfäule. Die Monbazillac-Weine haben eine goldene Farbe und ein Aroma von Wildblumen und Honig. Da sie im Geschmack sehr lang anhalten, kann man sie als Aperitif oder zu Gänseleber, Roquefort und Schokoladendesserts trinken. Sie sind fett und kraftvoll und reifen bei der Alterung zu großen Süßweinen, die einen «Bratengeschmack» annehmen.

Bergerac

Die Weine können in 90 Gemeinden des Arrondissements Bergerac erzeugt werden; das Anbaugebiet umfasst 6 447 ha für Rot- und Roséweine und 3 375 ha für Weißweine. Der frische, fruchtige Rosé stammt häufig von der Cabernet-Rebe; der aromatische, weiche Rotwein ist ein Verschnitt der traditionellen Rebsorten. Im Jahre 2000 erreichte ihre Produktion 195 056 hl Weißweine und 383 047 hl Rot- und Roséweine.

CH. BEYLAT 1999

■ k. A. 6 000 ▮ 5à8€

Dieser 99er sollte jetzt getrunken werden. Man kann dann seinen hübschen Duft von kandierten Früchten und seinen zarten, süffigen Geschmack genießen, der stark durch rote Früchte geprägt ist. Ein Klassiker der Appellation.

EARL les vignobles Beylat, Larroque, 24240 Thénac, Tel. 05.53.58.43.71, Fax 05.53.24.55.33 ☑ Y n. V.

CH. BRIAND 2000*

■ 0,75 ha 6 500 ▮ 5à8€

Dieser Weinbaubetrieb, ein altes Nebengebäude des Schlosses von Bridoire, verfügt über fünfzehn Hektar. Die Hälfte der Weinberge entfällt auf die roten Traubensorten. Diese Cuvée bietet einen recht animalischen Geruch, der typisch für Merlot-Trauben von guter Reife ist. Der Geschmack ist konzentriert und fruchtig, mit vollreifen Tanninen, die Schokoladennoten zeigen. Der **im Eichenfass gereifte rote 99er Château Briand** (Preisgruppe: 50 bis 69 F), der lobend erwähnt wird, ist noch stark vom Holz geprägt. Der **trockene weiße 2000er Château Briand** erhält für seine Noten von Zitrusfrüchten und exotischen Früchten ebenfalls eine lobende Erwähnung. Er ist ein Klassiker.

Gilbert et Kathy Rondonnier, Les Nicots, 24240 Ribagnac, Tel. 05.53.58.23.50, Fax 05.53.24.94.63 ☑ Y n. V.

CH. BUISSON DE FLOGNY 2000*

■ 3 ha 15 000 ▮ 5à8€

Ein «schwarzer» Wein: Die Farbe ist dunkel, mit violetten Reflexen. In der Nase ist er sehr fruchtig und erinnert an reife oder gekochte Früchte. Nach einer etwas frischen Ansprache entwickelt er sich zu vollen, umhüllten Tanninen hin. Der noch strenge Abgang dürfte mit der Zeit an Liebenswürdigkeit gewinnen.

Marc Bighetti de Flogny, Le Buisson, 24610 Saint-Méard-de-Gurçon, Tel. 05.53.81.00.87, Fax 05.53.80.61.39, E-Mail flogny@aol.com ☑ Y n. V.

SCEA Ch. Saint-Méard

CASANOVA 2000*

■ k. A. 20 000 ▮ 5à8€

Diese von der 1999 gegründeten Handelsfirma der Familie de Conti (siehe Moulin des Dames) vorgestellte Cuvée Casanova setzt, als sei sie es ihrem Namen schuldig, mit ihrem angenehmen fruchtigen Duft und ihrem runden Geschmack, der reife, viel versprechende Tannine enthält, auf Verführung. Die **trockene weiße 99er Cuvée Casanova,** die von der Jury lobend erwähnt wird, ist mit ihrem fruchtigen und röstartigen Duft ebenso einschmeichelnd. Am Gaumen ist sie stark vom Holz geprägt.

SARL La Julienne, 24500 Saint-Julien-d'Eymet, Tel. 05.53.57.12.43, Fax 05.53.58.89.49 ☑ Y n. V.

CH. FAYOLLE-LUZAC

Cuvée Caroline Elevé en fût de chêne 1998

■ 11 ha 8 000 5à8€

Dieser hier seit 1998 tätige Winzer feiert seinen Einstand im Hachette-Weinführer mit seinem ersten Jahrgang. Der Geruchseindruck lässt aufgrund der dominierenden Holz- und Vanillenoten eine lange Reifung im Holzfass (zwölf Monate) erkennen. Im Mund ist der Wein kräftig und dicht. Man spürt das Vorhandensein von vanilleartigen Tanninen, die in der Ansprache gut verschmolzen, im Abgang aber strenger sind.

SCEA ch. Fayolle, Fayolle, 33220 Fougueyrolles, Tel. 05.53.73.51.68, Fax 05.53.73.51.69, E-Mail ch.fayolle.luzac@wanadoo.fr ☑ Y n. V.

CH. JONC-BLANC Cuvée Symphonie 2000

■ 12 ha 24 000 ▮ 5à8€

Jonc Blanc liefert trotz seines Namens einen Rotwein: hübsche purpurrote Farbe, pfefferiger, vanilleartiger Duft, stark von reifen Cabernet-Trauben geprägt, runder, fruchtiger, konzentrierter, ausgewogener Geschmack, der lang anhält. Ein gut gemachter Wein, der schon trinkreif ist, sich aber für eine zwei- bis dreijährige Lagerung eignet. Das ist der erste Jahrgang dieser Winzer, die sich hier 2000 niederließen.

SCEA I. Carles et F. Pascal, Le Jonc Blanc, 24230 Vélines, Tel. 05.53.74.18.97, Fax 05.53.74.18.97, E-Mail joncblanc@hotmail.com ☑ Y n. V.

CH. LA GRANDE PLEYSSADE
Vieilli en fût de chêne 2000

■ 23 ha 66 000 3à5€

Die hohen Investitionen, die seit zehn Jahren in den Betrieb getätigt wurden, beginnen mit dieser Cuvée ihre Früchte zu tragen. Der klare, elegante Duft bietet Sauerkirsch- und Vanillenoten. Der füllige Geschmack, der einen gewissen Umfang besitzt, zeigt einen lang anhaltenden Abgang, den ein wenig strenge Tannine prägen. Ein Wein, der in zwei bis drei Jahren angenehm schmecken wird.

SCEA La Grande Pleyssade, 24240 Mescoulès, Tel. 05.53.73.21.79, Fax 05.53.24.27.61, E-Mail lagrandepleyssade@comp.serve.com ☑ Y n. V.

Laumond

CH. LAMOTHE BELAIR 1999

■ 10 ha 40 000 3à5€

Das Porträt eines Genießerweins: ein kräftiger Duft, der schwarze Johannisbeere, Sauerkirsche und andere rote Früchte mischt, und ein Geschmack mit runden, ziemlich stark verschmolzenen Tanninen und eleganten, fruchtigen Aromen. All das lädt dazu ein, diese Flasche jetzt zu öffnen, aber sie kann zwei bis drei Jahre altern.

GAEC Jean Puyol et Fils, Ch. Barberousse, 33330 Saint-Emilion, Tel. 05.57.24.74.24, Fax 05.57.24.62.77 ☑ Y n. V.

CH. L'ANCIENNE CITADELLE 1999

■ 5 ha 4 000 5à8€

Der Name bezieht sich auf einen Bergfried, den Überrest einer Burg, die im Hundertjährigen Krieg zu den mächtigsten Festungen gehörte. Einige Kilometer von diesem Ort entfernt fand übrigens die entscheidende Schlacht statt, die im Jahre 1453 den großen mittelalterlichen Konflikt beendete. Der Weinberg windet sich den Hang entlang und besitzt eine Südlage. Er hat einen sympathischen roten Bergerac geliefert, mit einem Duft, den rote Früchte mit einem Hauch von Haselnuss und Vanille beherrschen. Dieser im Geschmack leckere, leichte Wein bietet sanfte Tannine und eine schöne Ausgewogenheit. Trinken sollte man ihn jung, wenn er fruchtbetont ist.

Jean-Luc Favretto, La Petite Rivière, 24230 Montcaret, Tel. 05.53.57.59.29, Fax 05.53.57.59.29 ☑ Y tägl. 9h–12h 14h–17h

DOM. DE L'ANCIENNE CURE
L'Extase 1999*

■ k. A. 7 000 15à23€

Um die Ekstase zu erreichen, empfiehlt es sich, vier bis fünf Jahre zu warten ... Der intensive, komplexe Duft entfaltet Kaffee-, Mokka- und Sauerkirschnoten. Der sanfte und zugleich kräftige Geschmack lässt recht markante Tannine erkennen. Man findet darin Mokkaaromen wieder, die von Vanille- und Heidelbeernuancen begleitet werden. Es handelt sich um einen breitschultrigen Wein, der gut ausbalanciert und sehr viel versprechend ist. Die **trockene weiße 99er Cuvée Abbaye** (Preisgruppe: 70 bis 99 F) verdient für ihre Ausgewogenheit, ihre Harmonie und

Gebiet von Bergerac

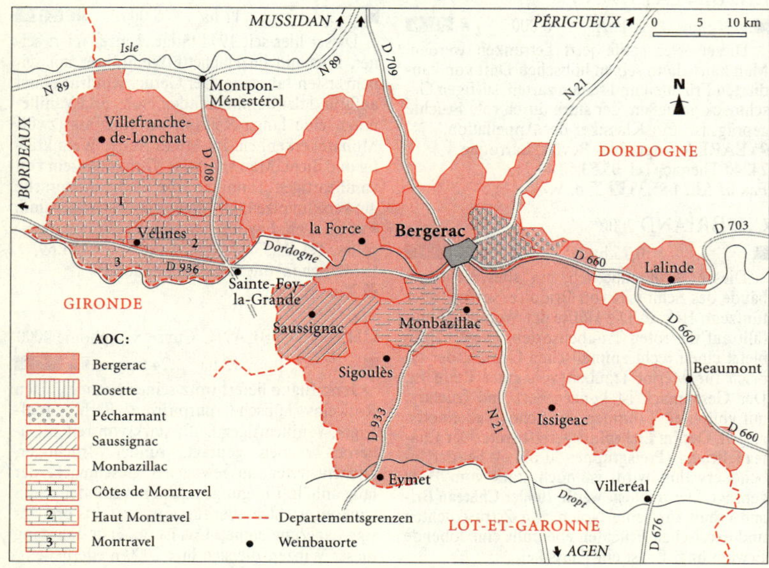

ihre blumigen Noten, die an Geißblatt erinnern, ebenfalls einen Stern.
Christian Roche, Ancienne Cure, 24560 Colombier, Tel. 05.53.58.27.90, Fax 05.53.24.83.95, E-Mail anciennecure@wanadoo.fr ▼ n. V.

CH. LA RAYRE 2000

■ 7 ha 20 000 3à5€

Das 18,5 ha große Gut wurde 1999 von der Familie Vesselle übernommen, die schon im Jahr darauf zwei lobende Erwähnungen erhält. Sein roter Bergerac stammt überwiegend von Cabernet-Trauben (40 % Cabernet franc, 40 % Cabernet Sauvignon), Rebsorten, die in der Nase mit Pfeffer- und Paprikaaromen dominieren. Der weiche, harmonisch verschmolzene Geschmack ist einschmeichelnd. Ein Wein, der nicht den Ehrgeiz hat, den Jahren zu trotzen. Der **trockene 2000er Bergerac** mit den Zitrusaromen (Zitrone) verführt durch seine Frische und Lebhaftigkeit.
EARL Ch. La Rayre, La Rayre, 24560 Colombier, Tel. 05.53.58.32.17, Fax 05.53.24.55.58, E-Mail vincent.vesselle@wanadoo.fr ▼ n. V.
V. Vesselle

CH. LA SALAGRE 2000*

■ 21,4 ha k. A. 3à5€

Die dunkle Farbe geht ins Violette. Der recht offene Duft ist sehr ansprechend mit seinen Noten von Kirsche, Erdbeere und schwarzer Johannisbeere. Der in der Ansprache weiche Geschmack verführt durch seine Fruchtigkeit, die bis zum Abgang überschwänglich ist. Ein liebenswürdiger, süffiger Wein.
SCEA vignoble Rocher Cap de Rive, La Salagre, 24240 Pomport, Tel. 05.53.24.01.29, Fax 05.53.61.39.50 n. V.

CLOS LA SELMONIE 1999

■ k. A. 5 000 5à8€

Merlot (50 %) und die beiden Cabernet-Sorten balancieren sich in diesem Bergerac aus, der eine gut gemeisterte Vinifizierung bezeugt. Erstere Rebsorte dominiert in der Nase mit ein wenig animalischen Noten. Der tanninreiche Stoff ist kräftig und elegant, der Abgang anhaltend. Lobend erwähnt hat die Jury außerdem den **lieblichen 2000er Côtes de Bergerac,** der aufgrund seiner Lebhaftigkeit erfrischend ist.
Christian Beigner, Les Colombes, 24240 Mescoulès, Tel. 05.53.58.43.40, Fax 05.53.58.49.81 ▼ n. V.

CH. LA TILLERAIE 2000

■ 4,12 ha 28 000 5à8€

Château La Tilleraie, das im Anbaugebiet für Pécharmant liegt, erzeugt auch interessante Bergerac-Weine. Dieser hier bietet einen eher zurückhaltenden Duft von Paprikaschote und roten Früchten. Der Geschmack ist reich und wohl ausgewogen, mit schwarzer Johannisbeere und Himbeere im Nachgeschmack. Dank eines ein wenig lebhaften Abgangs könnte dieser Wein Weinkäse mit Schimmelrinde vom Camembert-Typ begleiten. Der ebenfalls lobend erwähnte **2000er Rosé** hat aufgrund seiner leicht bitteren Tanninnote Ähnlichkeit mit einem Clairet. Er besitzt genug Charakter, um Wurstgerichte zu begleiten.
SARL Ch. La Tilleraie, 24100 Pécharmant, Tel. 05.53.57.86.42, Fax 05.53.57.86.42 ▼ n. V.
B. Fauconnier

LA TOUR SAINT-VIVIEN 1999

■ 3 ha k. A. 3à5€

Die 1935 gegründete Genossenschaft erhält drei lobende Erwähnungen in den drei Farben. Dieser rote Bergerac von strahlendem Rubinrot vereint in der Nase kleine rote Früchte, Vanille und Lakritze. Der fruchtbetonte Geschmack, der tanninreich ist und im Abgang lang anhält, ist angenehm. Die Jury mochte auch den fruchtigen, leicht perlenden **2000er Rosé** und einen **98er Côtes de Montravel Chevalier de Saint-Avit** (Preisgruppe: 30 bis 49 F), der recht lieblich und fruchtig schmeckt.
Les viticulteurs réunis de Saint-Vivien-et-Bonneville, 24230 Saint-Vivien, Tel. 05.53.27.52.22, Fax 05.53.22.61.12 ▼ n. V.

CH. LAULERIE
Vieilli en fût de chêne 1999**

■ k. A. 120 000 5à8€

Dieser im Hachette-Weinführer regelmäßig und oft auf den besten Rängen (erinnert sei an die herrlichen 93er und 94er) vertretene Bergerac ist ein großer Klassiker. Der 99er bietet einen stark gerösteten Duft mit intensiven Noten kleiner schwarzer Früchte. Im Mund genießt man das «Fett» und die Länge mit einem gut eingefügten Holzton. Ein besonders ausgewogener, harmonischer Wein.
Vignobles Dubard, Le Gouyat, 24610 Saint-Méard-de-Gurçon, Tel. 05.53.82.48.31, Fax 05.53.82.47.64, E-Mail vignoblesdubard@wanadoo.fr ▼ tägl. 8h–12h30 14h–19h

CH. LE CASTELLOT
Cuvée Prestige Elevé en fût de chêne 1999*

■ 12 ha 12 000 8à11€

Das 55 ha große Gut ist aus einer Komturei der Tempelritter entstanden. Jean-René Ley erbte es 1964 von seinen Eltern und erweiterte es. Beim Rotwein treffen wir wieder auf seine Cuvée Prestige. Der entfaltete Duft bietet Noten von roten Früchten, die ein paar Holznoten begleiten. Im Mund ist die Struktur dicht, mit einem gut eingefügten Holzton. Dieser sehr viel versprechende Wein wird innerhalb von zwei bis drei Jahren vollständig zum Ausdruck kommen. Der **weiße 99er Bergerac Cuvée Prestige** (Preisgruppe: 30 bis 49 F) wurde wegen seiner Aromen von Früchten, die ein delikater Holzton begleitet, lobend erwähnt. Der elegante, harmonisch verschmolzene, runde, nicht zu lebhafte Geschmack reserviert diese Flasche zu Fisch mit Sauce.
GAF Ley, Dom. des Templiers, 24230 Saint-Michel-de-Montaigne, Tel. 05.53.58.68.15, Fax 05.53.58.79.99 ▼ n. V.

CH. LE PAYRAL Cuvée Emilien 2000*

■ 1 ha 7 000 8à11€

Diese Cuvée kann ihren Barriqueausbau nicht verbergen. Die Farbe ist dunkel und sehr reich. In der Nase dominiert der Holzton, der Noten von roter Paprikaschote und Schwarze-Johannisbeer-Knospe Platz macht, wenn man den Wein im Glas schwenkt. Der füllige Geschmack enthüllt viel Frucht, aber auch deutlich spürbare Tannine. Man sollte ihn mindestens fünf Jahre aufheben.

Thierry Daulhiac, Le Bourg, 24240 Razac-de-Saussignac, Tel. 05.53.22.38.07, Fax 05.53.27.99.81 n. V.

DOM. LES BRANDEAUX
Elevé en fût de chêne 1999

■ 2,1 ha 6 200 5à8€

Der im Holzfass ausgebaute Bergerac zieht durch eine kräftige granatrote Farbe den Blick auf sich. Der recht feine Duft bietet Holz- und Vanillenoten, aber auch Aromen von Lakritze, Kaffee und roten Früchten. Nach einer klaren, angenehmen Ansprache entwickelt sich der recht volle und runde Geschmack über Tanninen, die ein wenig vom Holz dominiert werden, was ihm im Abgang einen strengen Charakter verleiht. Die im Tank ausgebaute **99er Hauptcuvée** (Preisgruppe: 20 bis 29 F) des Guts ist gefällig und harmonisch, mit einer Aromenpalette von echter Schlichtheit. Sie erhält die gleiche Note.

GAEC Piazzetta, Les Brandeaux, 24240 Puyguilhem, Tel. 05.53.58.41.50, Fax 05.53.58.41.50 n. V.

CH. LES MERLES 2000

■ 58 ha 100 000 5à8€

Ein großes Gut (72 ha) für große Produktionsmengen eines gut gemachten Bergerac: Sein hübscher Duft bringt in eine ansprechende Fruchtigkeit einen Hauch von Röstgeruch ein. Der konzentrierte Geschmack lässt samtige Tannine erkennen und klingt mit würzigen Noten lang anhaltend aus. Dieser Wein kann drei bis vier Jahre altern.

J. et A. Lajonie, GAEC Les Merles, 24520 Mouleydier, Tel. 05.53.63.43.70, Fax 05.53.58.06.46 tägl. 9h–12h 14h–18h

CH. MAYNE GRAND PEY 2000

■ 15 ha 90 000 3à5€

Das recht tiefe Granatrot weist sofort auf einen konzentrierten Wein hin. Der mittelstarke Duft wird von roten Früchten beherrscht. Der Geschmack bestätigt den optischen Eindruck: Er bietet eine schöne Fülle, Frucht und Dichte, auch wenn der Abgang noch ein wenig streng ist.

Domaine de Sansac, Les Lèves, 33220 Sainte-Foy-la-Grande, Tel. 05.57.56.02.02, Fax 05.57.56.02.22, E-Mail franckdelmas@wanadoo.fr n. V.

L'INSPIRATION DES MIAUDOUX
1999*

■ 2 ha 8 000 8à11€

Ein schöner Aufstieg für Gérard Cuisset, der das Gut 1991 kaufte, nachdem er es 1986 gepachtet hatte. Seine Produktion wird im Hachette-Weinführer regelmäßig gelobt, beim Bergerac ebenso wie beim Saussignac. Der Jahrgang 1999 bringt ihm dreimal je einen Stern ein. Diese rote Sondercuvée verbindet in der Nase Röstnoten, die für den Ausbau im Barriquefass charakteristisch sind, und gekochte rote Früchte. Nach einer runden Ansprache zeigt der Geschmack mit den deutlich spürbaren Tanninen eine schöne Länge. Der Holzton braucht noch zwei bis drei Jahre, um sich einzufügen. Der **im Eichenfass ausgebaute Château Miaudoux** (Preisgruppe: 30 bis 49 F), ebenfalls ein roter Bergerac, lässt eine geschmeidigere Struktur und im Abgang einen Hauch von Säure erkennen. Der **Saussignac Réserve** (Preisgruppe: 100 bis 149 F) bietet ein gutes Alterungspotenzial, aber der Holzton muss sich noch integrieren.

Gérard Cuisset, Les Miaudoux, 24240 Saussignac, Tel. 05.53.27.92.31, Fax 05.53.27.96.60, E-Mail gerard.cuisset@terre-net.fr n. V.

MIRAGE DU JONCAL 1999**

■ 1,5 ha 2 860 11à15€

Trotz der Probleme des Jahres 1999 ist diese Cuvée, die ein sehr grafisch gestaltetes dreieckiges Etikett schmückt, ein perfekter Nachfolger für den 98er, der ebenfalls zwei Sterne erhielt. Seine sehr komplexe Aromenpalette zeigt röst- und toastartige Holznoten, die von seinem achtzehnmonatigen Ausbau im Holzfass herrühren, aber auch Fruchtigkeit, Wildgeruch und Lakritze. Schon in der Ansprache füllt der Wein den Mund gut aus. Das Holz hat sich vollkommen in die Frucht eingefügt. Fünf Jahre aufheben.

SCEA Le Joncal, Clos Le Joncal, 24500 Saint-Julien-d'Eymet, Tel. 05.53.61.84.73, Fax 05.53.61.84.73, E-Mail roland.tatard@infonie.fr n. V.
J. Fonmarty

CH. MONDESIR 2000

■ 10 ha 66 000 3à5€

Die dunkle, fast schwarze Farbe ist recht charakteristisch für den Jahrgang. Der ein wenig verschlossene Geruchseindruck wird von reifen Früchten dominiert. Der Geschmack ist angenehm mit seiner klaren Ansprache und seinen Tanninen, die zweifellos nur eine mittlere Konzentration besitzen, aber verschmolzen sind und nach Schokolade schmecken. Und was ist mit dem Abgang? Zwar ein wenig streng, aber das ist hier eine Jugendsünde.

Closerie d'Estiac, Les Lèves, 33320 Sainte-Foy-la-Grande, Tel. 05.57.56.02.02, Fax 05.57.56.02.22 Di–Sa 9h30–12h30 15h30–18h

CH. MONESTIER LA TOUR 2000

■ 5,71 ha 48 000 🍷 5à8€

Das Schloss, dessen Ursprünge ins 13. Jh. zurückreichen, soll von König Heinrich IV. besucht worden sein. Es ist wunderschön restauriert worden. Sein roter Bergerac, der achtzehn Monate im Holzfass ausgebaut worden ist, bietet einen zunächst diskreten Duft, der sich zu Fruchtnoten entfaltet. Im Mund sind die Tannine zwar zu stark zu spüren, aber der Stoff ist sehr konzentriert. Das Ganze muss sich drei bis vier Jahre entwickeln. Lobend erwähnte die Jury auch den **trockenen 2000er Bergerac Clos de Monestier** (Preisgruppe: 20 bis 29 F), einen recht ausgewogenen Wein mit ausgeprägten Sauvignon-Aromen.

SCEA Monestier La Tour, 24240 Monestier, Tel. 05.53.61.87.87, Fax 05.53.61.71.09
☑ Y n. V.
Haseth Moller

CH. MOULIN CARESSE
Elevé en fût de chêne 1999**

■ 4,5 ha 28 000 🍷 5à8€

Sylvie und Jean-François Deffarge bewirtschaften 23 Hektar Reben. Sie haben uns mit ausgezeichneten Cuvées bekannt gemacht, sei es beim Bergerac oder beim Montravel. Diese hier kann ihr Ansehen nur noch erhöhen: Ihr Geruchseindruck, der Toast- und Röstnoten mit Düften roter Früchte mischt, ist überaus elegant; der runde, füllige Geschmack lässt über einem gut eingefügten Holzton viel Stoff erkennen. Ein sehr konzentrierter, lieblicher Wein, der einen gut gemeisterten Ausbau im Holzfass belegt. Das alles bringt eine Liebeserklärung ein, genau wie im letzten Jahr in der gleichen AOC! Der **99er Côtes de Bergerac Cuvée Prestige de Moulin Caresse** (Preisgruppe: 70 bis 99 F) erhält einen Stern. Er ist achtzehn Monate im Barriquefass ausgebaut worden und wird trotz sehr angenehmer Schwarze-Johannisbeer-Noten vom Holzton dominiert. Der **im Eichenfass gereifte 99er Montravel** (Preisgruppe: 30 bis 49 F), der im Abgang stark vom Holz geprägt ist, erhält eine lobende Erwähnung.

EARL Sylvie et Jean-François Deffarge-Danger, Couin, 24230 Saint-Antoine-de-Breuilh, Tel. 05.53.27.55.58, Fax 05.53.27.07.39, E-Mail moulin-caresse@libertysurf.fr
☑ Y Mo–Fr 9h–12h 15h–19h; Sa, So n. V.

MOULIN DES DAMES 2000**

■ 8 ha 35 000 🍷 15à23€

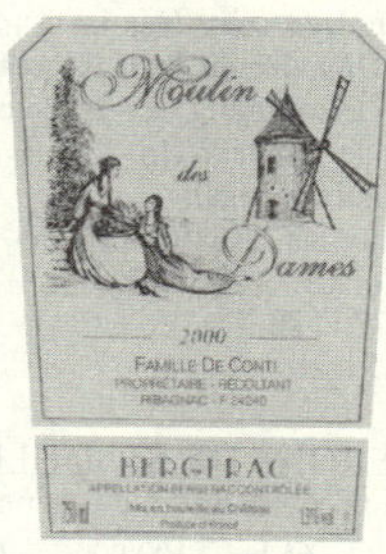

Die Familie de Conti ist durch zwei Weine, die im Hachette-Weinführer oft auf den besten Plätzen vertreten sind, sogar über die französischen Grenzen hinaus bekannt geworden: die Cuvée Moulin des Dames und den Château Tour des Gendres, die beide im Holzfass ausgebaut werden. Die Erstere, die unsere Jury durch ihre Konzentration begeistert hat, ist zum Lieblingswein gewählt worden. Im Augenblick dominiert der Holzton, aber die Zukunftsaussichten sind überaus viel versprechend! Die **99er Cuvée La Gloire de mon père** (Preisgruppe: 50 bis 69 F) vom gleichen Gut, die in den letzten zehn Jahren bemerkenswerte Weine hervorgebracht hat (darunter mit dem 96er einen Lieblingswein), verdient zwei Sterne dank ihrer vollen, dichten, festen Tanninstruktur. Diesen Wein, den Inbegriff eines lagerfähigen Weins, muss man mindestens fünf Jahre aufheben.

SCEA de Conti, Tour des Gendres, 24240 Ribagnac, Tel. 05.53.57.12.43, Fax 05.53.58.89.49 ☑ Y n. V.

CLOS DU PECH BESSOU 2000*

■ 2,74 ha k. A. 3à5€

Das Gut verkauft seinen Wein erst seit 1995 in Flaschen. Sein Bergerac, der nach schwarzer Johannisbeere und Kirsche duftet, ist überwiegend aus Cabernet-Trauben erzeugt worden. Der Geschmack überrascht auf angenehme Weise durch seine Rundheit und seine Ausgewogenheit und bietet ein hübsches Rückaroma von Früchten (schwarze Johannisbeere, Erdbeere). Man kann ihn schon jetzt trinken, um seine Frucht zu genießen, oder zwei bis drei Jahre aufheben, um ihn dann zu Kaninchenpfeffer zu servieren.

GAEC Thomassin, La Ferrière, 24560 Plaisance, Tel. 05.53.24.53.00
☑ Y Mo–Sa 9h–12h 13h30–18h

CH. RUINE DE BELAIR
Cuvée Merlot 2000**

■ 5 ha 15 000 5à8€

Die Vignobles Rigal (30 ha) sind in den Departements Dordogne und Gironde gleichermaßen vertreten; sie erzeugen Bordeaux- und Bergerac-Weine. Der 2000er zeigt eine dunkle, schwarze Farbe, die eine schöne Reife belegt. Der kräftige Duft wird von den Röstnoten des Holzes dominiert. Der Geschmack intensiviert sich; dort machen sich die Tannine bemerkbar. Dieser noch ein wenig vom Barriquefass geprägte Wein wird in drei bis vier Jahren harmonisch verschmolzen sein. Der im Tank ausgebaute **2000er Domaine du Petit Négreaud** erhält eine lobende Erwähnung. Er ist leichter und fruchtiger als der obige Wein.

EARL Vignobles Rigal, Dom. du Cantonnet, 24240 Razac-de-Saussignac, Tel. 05.53.27.88.63, Fax 05.53.23.77.11 n. V.

Jean-Paul Rigal

LES VIGNERONS DE SIGOULES
Haute Tradition Vieilli en fût de chêne 2000*

65 ha 100 000 5à8€

Diese Genossenschaft vinifiziert 1 250 ha Reben. Sie präsentiert eine Cuvée, die über den Großhandel vertrieben wird. Der sehr ausdrucksvolle Duft wird von Karamellnoten beherrscht. Der Geschmack bestätigt diesen Eindruck mit einer fleischigen Ansprache, runden, dichten Tanninen und einem gefälligen Holzton (obwohl sich der Abgang noch ein wenig streng zeigt). Von der gleichen Kellerei hat die Jury den **roten 2000er Foncaussade** (Preisgruppe: 20 bis 29 F) lobend erwähnt: einen Wein von mittlerer Konzentration, der aber gut ausbalanciert ist.

Cave Montravel Sigoulès, 24240 Sigoulès, Tel. 05.53.61.55.00, Fax 05.53.61.55.10 Mo–Sa 9h–12h30 14h–18h30

CH. TOUR D'ARFON
Cuvée Prestige Vieilli en fût de chêne 1999

0,75 ha 6 600 5à8€

Dieser Erzeuger, der seit 1998 auf dem 15 ha großen Gut tätig ist, wird wie im letzten Jahr lobend erwähnt. In der Nase ist sein 99er stark von roten Früchten mit Röstnoten geprägt. Der sehr harmonisch verschmolzene, fast dünnflüssige Geschmack lädt dazu ein, diese Flasche rasch zu trinken. Die **klassische Cuvée 1999** (Preisgruppe: 20 bis 29 F), die nicht im Holzfass ausgebaut wurde und ebenfalls sehr weich und rund ist, hat die gleiche Note erhalten.

H. et F. Ferté, La Tour d'Arfon, 24240 Monestier, Tel. 05.53.73.36.49, Fax 05.53.73.36.49 n. V.

CH. DU TUQUET DE BERGERAC
1998

3 ha 4 600 3à5€

Michel und Agnès Dameron haben sich 1998 auf diesem kleinen Gut (6,5 ha) niedergelassen und uns ihren ersten Jahrgang vorgestellt. Die granatrote Farbe zieht den Blick auf sich. Der recht fruchtige Duft mischt rote Früchte und Backpflaume. In der Ansprache entdeckt man gefällige Fruchtnoten wieder; die Verkostung klingt mit einer warmen Note aus.

Michel et Agnès Dameron, Le Tuquet, 24100 Bergerac, Tel. 05.53.57.59.01, Fax 05.53.57.59.01 tägl. 10h–18h

CH. VEYRINES Cuvée Tradition 2000

2 ha 10 000 3à5€

Eric Lascombes, der hier seit 1996 tätig ist, hatte seinen Einstand im Hachette-Weinführer in der letztjährigen Ausgabe mit einer im Eichenfass gereiften Cuvée. Dieses Jahr überspringt seine klassische Cuvée die Messlatte. In der Nase? Stärke, ein weiniger, fruchtiger Charakter. Im Mund? Sicherlich sehr deutlich spürbare Tannine, aber viel Weichheit und Rundheit. Ein schon angenehmer Wein, der zwei bis drei Jahre altern kann.

Eric Lascombes, Veyrines, 24240 Ribagnac, Tel. 05.53.73.01.34, Fax 05.53.73.01.34 n. V.

Bergerac rosé

DOM. DU BOIS DE POURQUIE 2000*

1,5 ha 10 000 5à8€

Die Qualität dieses Guts macht unaufhörlich Fortschritte. Die Farbe dieses Rosé ähnelt der eines Clairet. Die ein wenig Sauvignon-artigen Aromen von schwarzer Johannisbeere verraten das Vorhandensein von Cabernet-Trauben. Im Mund entdeckt man die gleichen Schwarze-Johannisbeer-Aromen sowie Veilchen, Buchsbaum, eine leicht süße Note und ein wenig Kohlensäure. Ein gut vinifizierter, moderner Rosé mit Frucht und Körper. Der **99er Rotwein Révélation,** eine neue Cuvée, erscheint sehr viel versprechend, obwohl er noch ein wenig vom Holz dominiert wird. Er erhält eine lobende Erwähnung.

Marlène et Alain Mayet, Le Bois de Pourquié, 24560 Conne-de-Labarde, Tel. 05.53.58.25.58, Fax 05.53.61.34.59 n. V.

CH. FONTAINE DES GRIVES 2000

1,3 ha 2 500 3à5€

Die Farbe ist für einen Rosé recht kräftig. Die Rebsorte Cabernet Sauvignon kommt in der Nase durch ihre ein wenig pflanzlichen Noten von schwarzer Johannisbeere und Ginster zum Ausdruck. Der Geschmack ist aufgrund eines hohen Zuckergehalts sehr rund, aber die Lebhaftigkeit bleibt erhalten und gleicht die Süße aus. Zum Aperitif und für die Freunde süßerer Roséweine.

Mario Zorzetto, Ch. Fontaine des Grives, 24240 Thénac, Tel. 05.53.58.46.73, Fax 05.53.24.18.49 n. V.

DOM. LES GRAVES 2000

0,5 ha 1 350 3à5€

Die Liebhaber von zarten Roséweinen werden dieses Erzeugnis schätzen. Die Farbe zeigt ein hübsches Blassrosa. Der Duft ist angenehm und blumig. Im Mund entdeckt man anhaltende Veilchennoten. Gute Ausgewogenheit zwischen der Säure und der Süße. Ein Wein zum Aperitif oder am Anfang einer Mahlzeit.

🔑 Bernard Barse, Dom. Les Graves, 24240 Gageac-Rouillac, Tel. 05.53.24.01.11, Fax 05.53.24.01.11 ☑ 🍷 n. V.

LES JARDINS DE CYRANO
Larmandie 2000**

◪ 1 ha 6 000 3à5€

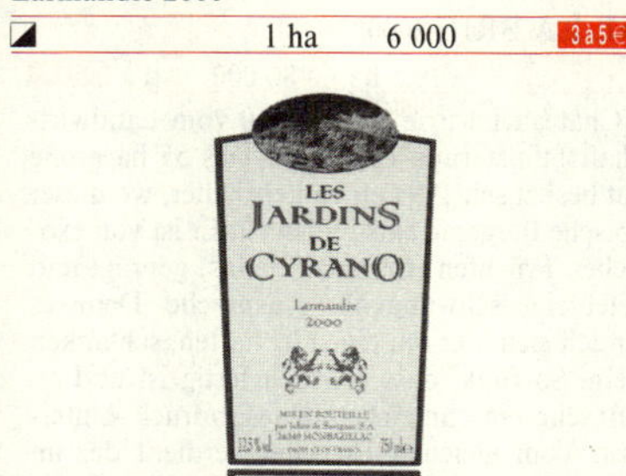

Ein Händlerwein ist einstimmig zum Lieblingswein gewählt worden. Ein sehr blasser Rosé. Der Duft ist intensiv, mit Noten von Buchsbaum und Rosenblütenblättern. Im Geschmack ist die Fruchtigkeit sehr elegant. Er ist völlig trocken und besitzt eine große aromatische Nachhaltigkeit. Er ist sehr angenehm, sollte aber rasch getrunken werden. Die **trockene weiße 2000er Cuvée Quatre Vents** hat die Jury wegen ihrer Aromen von reifen Früchten und Muskatellertrauben lobend erwähnt.

🔑 SARL Pascal Bonnac, 48, rue Joseph-Pères, 33110 Le Bouscat, Tel. 05.57.22.87.87, Fax 05.57.22.87.86

DOM. DU PETIT PARIS
Cuvée Tradition 2000

◪ 3 ha 13 000 3à5€

Die lachsrote Farbe entwickelt sich zum Ziegelroten hin. In der Nase vermischen sich Aromen von Trockenblumen und Früchten. Der Geschmack ist gefällig und bietet «Fett» und Aromen zerquetschter Erdbeeren. Dank des Vorhandenseins von ein wenig Restzucker ist er harmonisch. Ein Wein gegen den Durst.

🔑 EARL Dom. du Petit Paris, RN 21, 24240 Monbazillac, Tel. 05.53.58.30.41, Fax 05.53.58.30.27, E-Mail petit-paris@wanadoo.fr
☑ 🍷 tägl. 8h–20h; Gruppen n. V.

CH. TOUR MONTBRUN 2000

◪ 0,85 ha 6 000 3à5€

Das Gut befindet sich an der Stelle der alten Zitadelle von Montravel. Die lebhafte, intensive Farbe dieses 2000ers zieht den Blick auf sich. Der Duft bietet Aromen von Früchten, vor allem von Birne. Diese sehr angenehme Fruchtigkeit tritt im Mund mit Apfel- und Birnennoten deutlich hervor. Sympathisch als Aperitif.

🔑 Philippe Poivey, Montravel, 24230 Montcaret, Tel. 05.53.58.66.93, Fax 05.53.58.66.93, E-Mail philippe.poivey@wanadoo.fr ☑ 🍷 n. V.

Bergerac sec

Die Vielfalt der Böden (Kalkstein, Kies, Ton, Schwemmsand und feiner Silt) führt zu unterschiedlichen Aromen. In ihrer Jugend sind die Weine fruchtig und elegant und haben einen Hauch von Nervigkeit. Wenn sie im Holzfass ausgebaut worden sind, müssen sie ein bis zwei Jahre altern, damit sie den Ausdruck des Terroir gewinnen.

CALISTA 2000

☐ 0,68 ha 2 100 15à23€

Unter den Weinen von Château de la Colline haben diese beiden Bergerac-Weine die Aufmerksamkeit der Verkoster auf sich gezogen. Die Cuvée Calista hat in ihrer Duftpalette die Erinnerung an ihren achtzehnmonatigen Ausbau im Barriquefass bewahrt: Holznoten verbinden sich mit dem blumigen Register. Im Geschmack ist das Holz innerhalb eines frisch wirkenden Stoffs noch ausgeprägt. Zwei bis drei Jahre Lagerung werden es diesem Wein ermöglichen, sich zu verfeinern. Die **klassische Cuvée 2000** (Preisgruppe: 30 bis 49 F) wird ebenfalls lobend erwähnt: Sie bietet Aromen von kandierten Früchten.

🔑 Charles Martin, Ch. de la Colline, 24240 Thénac, Tel. 05.53.61.87.87, Fax 05.53.61.71.09, E-Mail la.colline.office@wanadoo.fr ☑ 🍷 n. V.

CH. CAPULLE 2000

☐ 1,16 ha 2 400 -3€

Dieser trockene Bergerac von grünweißer Farbe erinnert dank seiner typischen, sehr blumigen Aromen an Sauvignon-Trauben. Im Mund ist er schon in der Ansprache frisch und entfaltet danach eine wohl schmeckende Frucht. Ein klassischer Wein? Sicherlich und überdies gefällig.

🔑 Jean-Paul Migot, Ch. Capulle, 24240 Thénac, Tel. 05.53.58.42.67, Fax 05.53.58.39.50
☑ 🍷 n. V.

DOM. DU CASTELLAT 2000

☐ 6 ha 53 600 3à5€

Bringen Sie ihn schon jetzt zu Meeresfrüchten, ein paar Weinbergschnecken oder sogar einem Cabécou (kleiner Weichkäse) auf den Tisch: Dieser Wein wird sich sehr darüber freuen. Sein Duft von reifen Früchten harmoniert mit einem recht fetten, wohl ausgewogenen Geschmack, den ein lebhafter Abgang auffrischt. Ein Klassiker.

🔑 Jean-Luc Lescure, Le Castellat, 24240 Razac-de-Saussignac, Tel. 05.53.27.08.83, Fax 05.53.27.08.83 ☑ 🍷 Mo–Sa 9h–19h

DOM. DE COMBET 2000

☐ 2 ha 8 000 ■ 🌡 3à5€

Die Domaine de Combet (30 ha) hat einen Ausbau auf der Hefe gewählt, um diesen fleischigen Wein herzustellen. Er hat eine hellgelbe Farbe und bietet recht zurückhaltende, aber feine Aromen von kandierten Früchten. Der Geschmack zeigt eine gute Ausgewogenheit und hinterlässt eine frische, fruchtige Empfindung.

EARL de Combet, 24240 Monbazillac, Tel. 05.53.58.33.47, Fax 05.53.58.33.47, E-Mail combet@oreka.com
☑ Y n. V.

CH. DES GANFARDS 2000

☐ 5 ha 18 000 ■ 🌡 5à8€

Hinter einer strahlenden blassgelben Farbe zeichnet sich ein intensiver, komplexer Duft ab, der an reife Früchte erinnert. Dieser schon in der Ansprache harmonische Bergerac hinterlässt bis zum Abgang eine Empfindung von Frische. Er kann Fisch und Meeresfrüchte begleiten.

GAEC des Ganfards Haute-Fonrousse, 24240 Saussignac, Tel. 05.53.58.30.28, Fax 05.53.58.30.28, E-Mail geraud.vins@wanadoo.fr ☑ Y Mo–Sa 8h–12h 14h–19h
Serge und Jean-Claude Géraud

CH. HAUT-FONGRIVE 2000*

☐ 4,23 ha 30 000 ■ 🌡 3à5€

Ende der 80er Jahre restaurierte ein englisches Ehepaar, verführt von diesem Château und der Aussicht, die es über die Hänge von Thénac bot, die Gebäude hervorragend. Zehn Jahre später wurden Sylvie und Werner Wichelhaus ihrereits davon bezaubert, in einem Maße, dass sie das 15 ha große Gut kauften. Ihnen ist hier ein Wein von strahlend grünweißer Farbe gelungen. Der komplexe, delikate Duft wird von blumigen Noten dominiert. Der Geschmack bietet einen fruchtigen, runden, gut ausbalancierten Stoff. Der Wein ist für gekochten Fisch und weißes Fleisch bestimmt.

Sylvie et Werner Wichelhaus, Château Haut-Fongrive, 24240 Thénac, Tel. 05.53.58.56.29, Fax 05.53.24.17.75, E-Mail hautfongrive@worldonline.fr
☑ Y n. V.

JULIEN DE SAVIGNAC 2000*

☐ 4 ha 25 000 ■ 🌡 5à8€

Die Sauvignon-Traube, die 60 % des Verschnitts ausmacht, kommt in der Nase durch blumige Aromen und Zitrusnoten deutlich zum Ausdruck. Im Geschmack besitzt dieser Wein über einer angenehmen Frische «Fett», Feinheit und Länge. Ideal als Aperitif oder zu Eingangsgerichten. Der **2000er Rosé** vom gleichen Erzeuger ist sehr gelungen: Er ist fruchtig und fleischig und kann den Anfang einer Mahlzeit begleiten. Der lobend erwähnte **rote 99er Bergerac** ist dank seines runden Geschmacks schon trinkreif.

Julien de Savignac, av. de la Libération, 24260 Le Bugue, Tel. 05.53.07.10.31, Fax 05.53.07.16.41, E-Mail julien.de.savignac@wanadoo.fr
☑ Y Di–So 8h45–12h15 14h45–19h15

CH. LA BRIE 2000*

☐ 10,5 ha 80 000 ■ 🌡 3à5€

Château La Brie wurde 1960 vom Landwirtschaftsministerium erworben. Das 55 ha große Gut besitzt seit 1994 einen Lehrkeller, wo dieser typische Bergerac entstanden ist. Er ist von exotischen Früchten (Litschi, Ananas) geprägt und bietet eine schwungvolle Ansprache. Denn es handelt sich hier um einen lebhaften, schlanken Wein. So flink, dass er rasch fertig ist und einen sehr einschmeichelnden Eindruck hinterlässt. Vom gleichen Erzeuger verdient der im Eichenfass ausgebaute **98er Monbazillac Cuvée Prestige** (Preisgruppe: 100 bis 149 F) eine lobende Erwähnung.

Ch. La Brie, Lycée viticole, Dom. de La Brie, 24240 Monbazillac, Tel. 05.53.74.42.42, Fax 05.53.58.24.08, E-Mail expl.lpa.bergerac@educagri.fr
☑ Y Mo–Sa 10h–12h 13h30–17h30; Jan. geschlossen

PRESTIGE DE LA GRAPPE DE GURSON Hyacinthe 2000

☐ 12 ha 60 000 ■ 🌡 3à5€

Es fällt schwer, diese Genossenschaft zu besichtigen, ohne dass man die ein paar Schritte entfernte romanische Kirche von Carsac entdeckt, die im 12. Jh. erbaut wurde. Die Grappe de Gurson hat dank dieses Bergerac, der seine Blumigkeit von der Sauvignon-Traube geerbt hat, das Interesse der Verkoster erregt. Die Blumenaromen werden im Mund wieder aufgenommen, wobei die ausgewogene, anhaltende Lebhaftigkeit den Geschmack unterstützt.

La Grappe de Gurson, Le bourg, 24610 Carsac-de-Gurson, Tel. 05.53.82.81.50, Fax 05.53.82.81.60, E-Mail grappe.gurson@wanadoo.fr ☑ Y n. V.

CH. DE LA JAUBERTIE 2000*

☐ 25 ha 160 000 ■ 🌡 5à8€

Auf La Jaubertie zögert man nicht, die Lese nachts durchzuführen, um frischere Trauben zu ernten, die ihre Aromen stärker zum Vorschein bringen. Das Ergebnis wird den aufgewendeten Anstrengungen gerecht. Dieser von der Rebsorte Sauvignon (60 %) geprägte Bergerac besitzt einen runden Stoff, «Fett» und eine beachtliche Länge. Der mit den gleichen Ansprüchen erzeugte **2000er Bergerac-Rosé** verdient wegen seiner Frische, seiner Weichheit und seiner Schwarze-Johannisbeer-Aromen ebenfalls einen Stern.

SA Ryman, Ch. de La Jaubertie, 24560 Colombier, Tel. 05.53.58.32.11, Fax 05.53.57.46.22, E-Mail jaubertie@wanadoo.fr ☑ Y n. V.

DOM. LA TUILIERE 2000

☐ 1,5 ha 9 300 3à5€

«Ziegelei»? An dieser Stelle befand sich Anfang des 20. Jh. eine Ziegelfabrik, aber ihre Besitzer wandten sich dem Weinbau zu. Das Gut umfasst heute 26 Hektar. Dieser ausschließlich von Sauvignon-Trauben erzeugte trockene Bergerac wird durch gelbgrüne Reflexe belebt. Sein von Zitrusfrüchten geprägter Duft bringt die sortentypischen Merkmale zum Ausdruck. Die Fruchtigkeit ist in einem ausgewogenen, lang anhaltenden Geschmack ebenso deutlich zu spüren. Kombinieren kann man ihn mit allen Fischgerichten.

SCEA Moulin de Sanxet, Belingard-Bas, 24240 Pomport, Tel. 05.53.58.30.79, Fax 05.53.61.71.84

Mo–Fr 9h–19h; Sa, So 14h–19h

M.-C. Larrue

CH. MALFOURAT 2000**

☐ 3 ha 20 000 3à5€

Eine gewissenhafte Vinifizierung und ein gut gemeisterter Ausbau auf der Feinhefe sind die Schlüssel zum Erfolg dieses trockenen Bergerac. Der blassgelbe Wein mit grünen Reflexen lässt durch intensive Aromen von Zitrusfrüchten und exotischen Früchten, die eine leichte Räuchernote begleitet, den Einfluss der Sauvignon-Traube erkennen. Der Geschmack hat eine frische, gefällige Ansprache und entfaltet einen fülligen Stoff, der nach frischen Früchten schmeckt. Der Gesamteindruck ist harmonisch. Man kann ihn als Aperitif wie auch zu Eingangsgerichten genießen.

EARL Vignobles Chabrol, Malfourat, 24240 Monbazillac, Tel. 05.53.58.30.63, Fax 05.53.73.86.89, E-Mail patchabrol@wanadoo.fr n. V.

MOULINS DE BOISSE 2000

☐ 0,79 ha 3 000 3à5€

Ein paar Kilometer vom mittelalterlichen Dorf Issigeac entfernt nimmt das Weingut Moulins de Boisse einen Kalksteinhügel ein, der günstig für die Sémillon-Trauben ist, die diesen Wein ergeben. Der strohgelbe 2000er mit grünem Rand besitzt einen intensiv blumigen Duft, der nur eine leicht mineralische Note enthält. Der prickelnde Geschmack lässt eine gewisse Seidigkeit erkennen. Er bietet Aromen von exotischen Früchten und klingt dann mit einer Bitternote aus.

Bernard Molle, Cap del Bourg, 24560 Boisse, Tel. 05.53.24.12.01, Fax 05.53.24.12.01, E-Mail moulins.de.boisse@wanadoo.fr

n. V.

CH. REPENTY 2000*

☐ 4 ha 30 000 3à5€

Die Palette der für diesen trockenen Bergerac vinifizierten Traubensorten räumt der Muscadelle-Traube, einer zu Unrecht ein wenig in Vergessenheit geratenen Rebsorte, den meisten Platz ein. Der Geruchseindruck täuscht nicht mit seinen intensiven, delikaten muskatellerartigen Aromen, während der fruchtige Geschmack eine Empfindung von Rundheit und Ausgewogenheit hinterlässt. Ein Wein, den man seiner Originalität wegen probieren sollte.

Jean-Pierre Roulet, Repenty, 24240 Monestier, Tel. 05.53.58.41.96, Fax 05.53.58.41.96

n. V.

SEIGNEURS DE BERGERAC 2000*

☐ k. A. k. A. -3€

«Seigneurs de Bergerac» ist eine Marke, die sich in allen drei Weinfarben präsentiert. Der Jahrgang 2000 zeichnet sich beim Weißwein aus. Dieser Wein, der ein verführerisches Gelbgrün zeigt, entfaltet komplexe Aromen von kandierten Früchten. Sein seidiger, aromatischer Geschmack ist durch seine Feinheit und seine gute Länge gekennzeichnet.

SA Yvon Mau, BP 1, 33193 Gironde-sur-Dropt Cedex, Tel. 05.56.61.54.54, Fax 05.56.71.10.45

DOM. DU SIORAC 2000

☐ 3,85 ha 10 000 3à5€

Von den Rebsorten Sauvignon (Hauptanteil) und Sémillon ist ein blassgelber Wein mit grünen Reflexen erzeugt worden, der dank seiner Aromen von schwarzer Johannisbeere sehr fruchtig ist. Die Ansprache lässt «Fett» erkennen, Hinweis auf einen Ausbau auf der Hefe; danach behält der Geschmack den fruchtigen Charakter bei. Ein ausgewogener Bergerac, den man ein bis zwei Jahre aufheben kann.

Dom. du Siorac, 24500 Saint-Aubin-de-Cadelech, Tel. 05.53.74.52.90, Fax 05.53.58.35.32

Mo–Sa 9h–12h 15h–18h

Landat Fils

Côtes de Bergerac

Diese Bezeichnung legt kein Anbaugebiet fest, sondern strengere Bedingungen für die Traubenlese, die es ermöglichen sollen, gehaltvolle, kräftig gebaute Weine zu erhalten. Sie sind wegen ihrer Konzentration und ihrer längeren Alterungsfähigkeit begehrt.

CH. CAILLAVEL
Elevé en fût de chêne 1998**

■ 4 ha 5 000 5à8€

Dieser 98er zeigt eine dunkle, tiefe Farbe. Stärke ist der Leitfaden der Verkostung. Stärke des Dufts, in dem sich Röst-, Vanille-, Frucht- (schwarze Johannisbeere, Erdbeere) und Lakritzenuancen harmonisch vereinen. Stärke der Ansprache, in der zumeist der Holzton dominiert, und des Geschmacks, in dem ein prächtiger, gut verschmolzener Stoff mit deutlich spürbaren, aber feinen Tanninen auffällt, die sich innerhalb von vier bis fünf Jahren verfeinern dürften. Außerdem hat Château Caillavel einen Stern für seinen **98er Monbazillac** (Preisgruppe:

50 bis 69 F) erhalten, der Honig mit dem Vanillearoma vom Barriquefass verbindet.
GAEC Ch. Caillavel, 24240 Pomport, Tel. 05.53.58.43.30, Fax 05.53.58.20.31
Y Mo–Sa 8h–19h
Lacoste und Sohn

CH. COMBRILLAC 1999★

■ 3,41 ha 10 000 11 à 15 €

Ein etwa 17 ha großes Gut, das 1998 übernommen wurde. Sein 99er, Ergebnis eines sechzehnmonatigen Ausbaus im Holzfass, hält sich zunächst zurück, bevor er ein komplexes Bouquet von schwarzen Früchten, Gewürzen und Vanille bietet. Der Geschmack ist sehr reich und kräftig, scheint aber vom Holz dominiert zu werden. Der noch strenge Abgang dürfte innerhalb von ein bis zwei Jahren sanfter werden.
GFA de Combrillac, Gravillac, 24130 Prigonrieux, Tel. 05.53.57.63.61, Fax 05.53.58.08.12

DOM. DE GRIMARDY

Elevé en fût de chêne 1999

■ 0,65 ha 5 200 8 à 11 €

Marielle und Marcel Establet haben das 12 ha große Gut 1998 übernommen. Ihre Weine sind sofort im Hachette-Weinführer berücksichtigt worden. Dieser 99er verbindet in der Nase die für Cabernet Sauvignon (40 % des Verschnitts) typischen roten Früchte und die animalischen Noten der Merlot-Traube (60 %). Der Geschmack vereint Frische und Rundheit. Er imponiert nicht durch seine Struktur, sondern umschmeichelt mit seinem süffigen, genussvollen Charakter. Eine Flasche, die man jung genießen sollte und zu einer Pastete im Teigmantel aufmachen kann.
Marcel et Marielle Establet, Dom. de Grimardy, 24230 Montazeau, Tel. 05.53.57.96.78, Fax 05.53.61.97.16, E-Mail m.establet@libertysurf.fr
Y n. V.

CH. LA BARDE-LES TENDOUX

Vieilli en fût de chêne 1999

■ 7,5 ha 9 000 11 à 15 €

Der in der letzten Ausgabe vorgestellte 98er ist ein mustergültiger Jahrgang, der noch altern kann. Dieser weniger strukturierte 99er kann rascher getrunken werden. Beim ersten Riechen zeigen sich Früchte; danach kommt eine Holznote zum Vorschein. Die Ansprache ist lebhaft, aber frei von jeglicher Aggressivität. Am Gaumen findet man wenig Volumen, aber schon recht runde Tannine. Der Abgang bietet verführerische Aromen von Gewürzen und gekochten Backpflaumen.
SARL de Labarde, Ch. La Barde, 24560 Saint-Cernin-de-Labarde, Tel. 05.53.57.63.61, Fax 05.53.58.08.12
Y n. V.

DOM. DE LA COMBE

Elevé en fût de chêne 1999★

■ 0,45 ha 3 200 8 à 11 €

Dieser dreizehn Monate im Barriquefass ausgebaute 99er bleibt zunächst ein wenig zurückhaltend und bietet danach in einem hübschen, diskreten Holzton, der gut eingefügt ist, Noten von Früchten. Die Ansprache überrascht durch ihre Stärke. Mokkanuancen verbinden sich mit Aromen von schwarzer Johannisbeere und Heidelbeere, bevor im Abgang eine Vanillenote auftaucht. Ein recht hübscher, harmonisch verschmolzener Wein, den man in zwei bis drei Jahren mit Genuss trinken kann. Der **2000er Rosé** des Guts hat für seine Frische und seine Aromen von schwarzen Früchten die gleiche Note erhalten.
Sylvie et Claude Sergenton, Dom. de La Combe, 24240 Razac-de-Saussignac, Tel. 05.53.27.86.51, Fax 05.53.27.99.87
Y n. V.

CH. LA GRANDE BORIE

Cuvée CL 1998★

■ 1 ha 2 000 11 à 15 €

Claude Lafaye leitet das 30 ha große Weingut seit zehn Jahren. Er präsentiert eine hochwertige Cuvée, das Ergebnis einer strengen Auslese im Weinberg und einer Reifung im Holzfass. Der zunächst röst- und toastartige Geruchseindruck entwickelt sich zu schwarzen Früchten (Brombeere, schwarze Johannisbeere) hin; dann kommt eine würzige Note zum Vorschein. In der Ansprache dominiert die Frucht über das Holz. Der füllige, runde, fleischige Geschmack wird im Abgang tanninreich: eine schöne Extraktion des Stoffs, der sich verfeinern muss.
Claude Lafaye, La Grande Borie, 24520 Saint-Nexans, Tel. 05.53.24.33.21, Fax 05.53.27.97.74, E-Mail cllafaye@wanadoo.fr Y tägl. 9h–12h 14h–19h30

CH. DE LA NOBLE

La Noblesse du Château 1999★★★

■ 3 ha 3 000 11 à 15 €

Fabien Charron, der auf dem Familiengut 1997 hinzugekommen ist, hat sofort sein Können bewiesen, indem er im letzten Jahr für einen Bergerac einen Stern erhielt. Bei diesem 99er sagt seine tiefe Farbe, so dunkel wie Tinte, genug über seine Konzentration aus. In der Nase verbündet sich die sehr reife Frucht mit feinen Röstnoten, wobei Gewürze und schokoladige Nuancen die Komplexität des Dufts verstärken. Der Geschmack lässt eine außergewöhnliche Tanninstruktur mit einem deutlich spürbaren Holzton erkennen, der sich aber zurückhält. Ein lagerfähiger Wein, der sicherlich zwanzig Jahre hält: Diese «Noblesse» verdient ihren Namen. Der **2000er Rosé** (Preisgruppe: 20 bis 29 F) des Guts, der zwar weit von einem solchen Gipfel entfernt ist, aber seine Rolle in einem klassischen, liebenswürdigen Repertoire gut spielt, hat für seinen zarten, fruchtigen Charakter eine lobende Erwähnung erhalten.

Fabien Charron, La Noble, 24240 Puyguilhem, Tel. 05.53.58.81.93, Fax 05.53.58.81.93

n. V.

CH. LA ROBERTIE

La Robertie Haute Elevé en fût de chêne 1999*

■ 0,5 ha 1 700 5à8€

Das 1736 entstandene Gut, das über zweieinhalb Jahrhunderte im Besitz der gleichen Familie geblieben ist, wurde 1998 von den Souliers übernommen, die den Gärkeller vor kurzem renoviert haben. Der Weinberg umfasst zwanzig Hektar. Diese Cuvée Robertie Haute, die sortenrein von Merlot-Trauben erzeugt worden ist, wird zunächst vom Holzton dominiert, aber die Nase lässt rasch Düfte von vollreifen roten Früchten erkennen. Der Geschmack zeigt einen schönen Stoff und Vollmundigkeit. Die Aromen verbinden gerösteten Kakao, Vanille und Himbeere. Ein schon harmonischer Wein, der noch besser wird, wenn man ihn fünf Jahre aufhebt. Man kann ihn dann zu einer Rindsgrillade servieren. Außerdem erhält das Gut eine lobende Erwähnung für den **99er Monbazillac Vendanges de Brumaire** (Preisgruppe: 50 bis 69 F), dessen Restzucker sich noch nicht aufgelöst hat. Er braucht ein wenig Zeit, um harmonisch zu werden.

SARL Ch. La Robertie, La Robertie, 24240 Rouffignac-de-Sigoulès, Tel. 05.53.61.35.44, Fax 05.53.58.53.07, E-Mail chateau.larobertie@wanadoo.fr

tägl. 9h–20h

J.-D. B. Soulier

CH. LES MARNIERES

Cuvée la Côte fleurie 1999*

■ 1,1 ha 1 700 15à23€

Warum trägt das Gut den Namen «die Mergelgruben»? Weil man früher von diesen Hängen den Mergel gewann, der dazu diente, die kalkarmen Böden im Flachland zu verbessern. Alain und Christophe Geneste bewirtschaften dieses 23 ha große Gut seit 1990. Diese hochwertige Cuvée, die von einer Parzelle mit dem zauberhaften Namen «blumiger Hang» stammt, wurde mit Sternen überhäuft (der 97er erhielt eine Liebeserklärung). Der Jahrgang 1999 zwang zu einer strengen Auslese des Traubenguts, daher auch dieses Jahr die geringe erzeugte Menge. Der komplexe Duft bietet schöne fruchtige Nuancen von Himbeere. Der reiche, füllige, volle Geschmack ist gut strukturiert, mit Schokoladen-, Gewürz- und Zimtnoten. Ein schon harmonischer, sehr viel versprechender Wein. Eine andere Cuvée, der **im Eichenfass ausgebaute 99er Château Les Marnières** (Preisgruppe: 30 bis 49 F), hat eine lobende Erwähnung erhalten. Seine Tannine sind noch ein wenig fest.

Alain et Christophe Geneste, GAEC des Brandines, 24520 Saint-Nexans, Tel. 05.53.58.31.65, Fax 05.53.73.20.34, E-Mail christophe.geneste@wanadoo.fr

n. V.

MALLEVIEILLE

Elevé en fût de chêne 1998

■ 3 ha 12 000 8à11€

Die Farbe ist dicht und tief. Der zunächst würzige Duft lässt fruchtige Noten (Heidelbeere und Himbeere) erkennen. Der Geschmack hat seine vollständige Harmonie nicht erreicht, denn die umhüllten Tannine müssen noch verschmelzen. Ein gelungener Wein, den man aufheben muss.

Vignobles Biau, La Mallevieille, 24130 Monfaucon, Tel. 05.53.24.64.66, Fax 05.53.58.69.91, E-Mail chateaudelamallevieille@wanadoo.fr tägl. 9h–12h 14h–19h

LADY MASBUREL 1999**

■ 8 ha 13 500 8à11€

Das Weingut von Château Masburel wurde 1740 von einem Ersten Konsul von Sainte-Foy-la-Grande gegründet. Es umfasst heute 23 Hektar; 1997 wurde es von Olivia und Neil Donnan übernommen, die den Ehrgeiz besitzen, ihm seinen einstigen Glanz zurückzugeben. Den Weg dazu schlagen sie mit zwei lagerfähigen Weinen ein, die jeder zwei Sterne erringen. Diese Lady Masburel zeigt einen komplexen Duft, in dem die Opulenz der Früchte die Wärme der Vanille hemmt. Nach einer majestätischen Ansprache entdeckt man ein Festival der Aromen, in dem Röst- und Ledernoten eine schöne Fruchtigkeit bis zu einem würzigen, sehr runden Abgang begleiten. Der ebenfalls im Barriquefass (vierzehn Monate lang) ausgebaute **99er Château Masburel** (Preisgruppe: 100 bis 149 F) wirkt ein wenig fester und wilder. Alles, was nötig ist, um Reh mit brauner Pfeffersauce zu begleiten.

SARL Ch. Masburel, Fougueyrolles, 33220 Sainte-Foy-la-Grande, Tel. 05.53.24.77.73, Fax 05.53.24.27.30, E-Mail chateau.masburel@accesinter.com

Mo–Fr 9h–12h 14h–18h; Nov. bis März geschlossen

Olivia Donnan

L'EXCELLENCE DU CH. TOURS DES VERDOTS

Les Verdots selon David Fourtout 1999*

■ 2,8 ha 9 800 15à23€

Vater und Sohn Fourtout, die ein Gut mit 30 ha Reben führen, erzeugen Cuvées, die im Hachette-Weinführer regelmäßig ausgewählt werden. Diese hier erscheint diskret im Duft, in dem man dennoch einen hübschen Holzton und Noten von Waldfrüchten entdeckt. Im Mund kommt die Frucht zum Ausdruck: Frische Früchte sorgen in der Ansprache für eine genussvolle Note und dominieren erneut im Abgang über das Fass. Die Tannine besitzen eine bemerkenswerte Sanftheit. Ein sehr harmonischer Wein, dessen Charme man unverzüglich genießen kann. Der **2000er Clos des Verdots** (Preisgruppe: 30 bis 49 F) hat eine lobende Erwähnung erhalten. Die Zusammenstellung unterscheidet sich vom obigen Wein (80 % Merlot und 20 % Cabernet franc, während der Excellence 60 % Cabernet Sauvignon und 40 % Merlot enthält); der Ausbau wurde im Tank durchgeführt. Dank seines runden, fleischigen, weichen Geschmacks ist er ein sehr einschmeichelnder Wein.

GAEC Fourtout et Fils, Les Verdots, 24560 Conne-de-Labarde, Tel. 05.53.58.34.31, Fax 05.53.57.82.00, E-Mail fourtout@terre-net.fr Mo–Sa 9h30–12h30 14h–19h

Côtes de Bergerac moelleux

Verwendet werden die gleichen Rebsorten wie bei den trockenen Weißweinen. Da aber die Trauben in überreifem Zustand gelesen werden, kann man daraus diese lieblichen Weine herstellen, die wegen ihrer Aromen von kandierten Früchten und wegen ihrer Weichheit begehrt sind.

CH. BELLE FILLE La Belle Inconnue 2000

☐ 0,5 ha 10 000 5 à 8 €

François de Conti ließ sich 1999 auf einem Gut aus dem 18. Jh. nieder, dessen Weinberg sehr alt ist. Hier seine erste Produktion. Mit Röst-, Haselnuss- und Mandelnoten ist der Geruchseindruck stark vom Fass geprägt. Der zur gleichen Zeit runde, lebhafte und weiche Geschmack lässt die gleiche Dominanz des Holztons erkennen. Ein Wein, den man zwei Jahre aufheben muss, damit sich das Holz einfügen und die Frucht besser zum Ausdruck kommen kann.

EARL François de Conti, Les Eymaries, 24240 Thénac, Tel. 05.53.24.52.11, Fax 05.53.24.56.29
Mo–Sa 9h–12h 14h–18h; 15. Jan. bis 15. Febr. geschlossen

LES VIGNERONS DE SIGOULES
Haute Tradition 2000*

☐ 10 ha 10 000 5 à 8 €

Die Lese wurde wie bei edelsüßen Weinen in mehreren Durchgängen durchgeführt. Das Ergebnis? Eine sehr gelungene Cuvée in einem besonders heiklen Jahrgang. Die Aromen von Honig und kandierten Früchten sind in der Nase deutlich wahrzunehmen. Nach einer frischen Ansprache entfaltet sich der Geschmack mit viel Rundheit und «Fett». Der anhaltende Abgang ist durch eine Bitternote geprägt. Der **trockene 2000er Bergerac Haute Tradition** wurde wegen seiner harmonischen Ausgewogenheit zwischen Fruchtigkeit und Holzton lobend erwähnt. Eine lobende Erwähnung wegen ihrer Frische und ihrer Harmonie verdient in der gleichen AOC auch die reiche Cuvée **Perle de Diane 2000** (100 000 Flaschen), die einen großen klassischen Charakter besitzt.

Cave Montravel Sigoulès, 24240 Sigoulès, Tel. 05.53.61.55.00, Fax 05.53.61.55.10
Mo–Sa 9h–12h30 14h–18h30

Monbazillac

Das 2 500 ha große Monbazillac-Weinbaugebiet erzeugt reiche Weine, die von edelfaulen Trauben stammen. Der tonige Kalkboden verleiht ihnen intensive Aromen sowie eine komplexe, kräftige Struktur. 2000 wurden 45 597 hl angemeldet.

CH. BELINGARD
Blanche de Bosredon 1999**

☐ 5 ha 5 000 15 à 23 €

Dieses Château, das im letzten Jahr bei den Côtes de Bergerac einen Lieblingswein hatte, fasst die ganzen Reize dieser reichen, schönen Region zusammen. Dieser zwanzig Monate lang im Barriquefass vinifizierte und ausgebaute Monbazillac bietet einen schon gut eingefügten Holzton. In der Nase dominieren die Mandarinen- und Aprikosenaromen über die Vanille und den Röstgeruch. Der fette Geschmack überlässt die Hauptrolle den Noten von kandierten Früchten, Honig und Backpflaume. Mag der Zuckergehalt auch hoch sein, der frische Abgang verhindert jegliche Empfindung von Schwere. Ein harmonischer Wein, der zwei bis drei Jahre lagern muss. Einen Stern erkannte die Jury dem **roten 2000er Bergerac Château Belingard Grande Réserve** (Preisgruppe: 30 bis 49 F) zu, dessen Struktur besonders harmonisch ist, ebenso der **klassischen Cuvée von Château Belingard** (Preisgruppe: 30 bis 49 F), ebenfalls ein roter Bergerac.

SCEA Comte de Bosredon, Belingard, 24240 Pomport, Tel. 05.53.58.28.03, Fax 05.53.58.38.39, E-Mail laurent.debosredon@wanadoo.fr n. V.

CLOS DES CABANES
Chant d'Arômes 1998

☐ 0,8 ha 2 700 8 à 11 €

Anne und Georges Lafont trafen eine Lebensentscheidung, als sie sich auf diesem über zehn Hektar großen Gut auf Weinbau umstellten. Ihre erste Ernte äußert sich in einem Wein, der nach Geröstetem und leicht nach Früchten duftet. Der Geschmack hat eine runde Ansprache und lässt Substanz erkennen, aber das Holz überdeckt noch diesen Reichtum. Man muss ein

bis zwei Jahre warten, damit man diesen Monbazillac voll würdigen kann. (Flaschen mit 50 cl Inhalt.)
🔑 EARL des Vignobles Lafont, Clos des Cabanes, 24100 Saint-Laurent-des-Vignes, Tel. 05.53.24.85.03, Fax 05.53.24.85.03
☑ 🍷 Mo–Sa 8h–12h 14h–18h; April geschlossen
🔑 Georges Lafont

CH. FONMOURGUES

Elevé en barrique 1998*

☐ 5 ha 4 000 ⦀ 11 à 15 €

Dieser im ersten Eindruck ein wenig schüchterne Wein entfaltet sich an der Luft zu Leder- und Haselnussaromen. Im Mund bietet er in guter Ausgewogenheit Noten von Zitrusfrüchten, kandierten Früchten, diskreter Vanille und Lakritze. Dank der Lebhaftigkeit, die man während der gesamten Verkostung spürt, kann er vier bis fünf Jahre lang harmonisch altern. Der **im Barriquefass ausgebaute rote 98er Côtes de Bergerac** (Preisgruppe: 30 bis 49 F) wird lobend erwähnt. Er besitzt einen fülligen Stoff, muss aber noch seine Holznote einfügen.
🔑 Dominique Vidal, Ch. Fonmourgues, 24240 Monbazillac, Tel. 05.53.63.02.79, Fax 05.53.27.20.32 ☑ 🍷 n. V.

GRANDE MAISON

Cuvée du Château 1999*

☐ 11 ha 3 500 ⦀ 15 à 23 €

1999? Ein *Annus horribilis,* erklärte Thierry Desprès, der auf seinen zwanzig Hektar biologischen Anbau praktiziert. Und er fügte noch hinzu, dass er die Trauben aussortieren musste: Fünfzehn Rebstöcke waren notwendig, um eine Flasche zu erzeugen, d. h. ein Hektar pro Barriquefass. Aber damit er beruhigt ist: Das Ergebnis ist beachtlich! Dieser aromatische, feine Monbazillac, der von der Frucht geprägt ist, besitzt «Fett» und einen guten Zuckergehalt. Das Bratenaroma und die Aromen von kandierten Früchten entfalten sich lang anhaltend in einem Abgang, der eine Empfindung von großer Süße hinterlässt. Dieser ausgewogene Wein verdient, dass man ihn in den kommenden vier Jahren trinkt.
🔑 SARL Desprès et Fils, Grande Maison, 24240 Monbazillac, Tel. 05.53.58.26.17, Fax 05.53.24.97.36, E-Mail grandemaison@aquinet.tm.fr ☑ 🍷 n. V.

DOM. DU HAUT-MONTLONG

Elevé en fût 1998

☐ 1 ha 3 000 ⦀ 11 à 15 €

Der Duft von mittlerer Ausdrucksstärke erinnert an Pfirsich und Quitte – ein fruchtiger Charakter, den der Geschmack wieder aufgreift. Der Abgang trägt jedoch den Stempel des Holzes und hinterlässt einen Eindruck von Strenge. Die Zeit wird für Abhilfe sorgen. Ebenfalls lobend erwähnt wird der **trockene 2000er Bergerac** (Preisgruppe: 20 bis 29 F) von der Jury, die seinen Sauvignon-typischen Duft von Blumen und Zitrusfrüchten und seinen harmonischen, lang anhaltenden Geschmack schätzte.
🔑 Alain et Josy Sergenton et leurs enfants, Dom. du Haut-Montlong, 24240 Pomport, Tel. 05.53.58.81.60, Fax 05.53.58.09.42, E-Mail sergenton-haut-montlong@wanadoo.fr
☑ 🍷 Mo–Fr 9h–12h 13h30–20h; Sa, So n. V.

CH. LADESVIGNES

Automne Elevé en fût de chêne 1999*

☐ 5 ha 5 000 ⦀ 11 à 15 €

Kandierte Früchte, Bienenwachs, geröstetes Brot und Vanille bilden die Hauptaromen eines komplexen Geruchseindrucks. Der schon in der Ansprache weiche Geschmack entfaltet viel Rundheit, Knackigkeit und eine Süße, die von der Lebhaftigkeit des Abgangs ausgeglichen wird. Dieser reife Wein kann vier bis fünf Jahre im Keller ruhen. Lobend erwähnt worden sind vom gleichen Château der **rote 98er Côtes de Bergerac Le Petrocore** (Preisgruppe: 50 bis 69 F) und der **trockene 99er Bergerac** (Preisgruppe: 30 bis 49 F).
🔑 Ch. Ladesvignes, 24240 Pomport, Tel. 05.53.58.30.67, Fax 05.53.58.22.64, E-Mail chateauladesvignes@wanadoo.fr
☑ 🍷 n. V.
🔑 Monbouché

RESERVE LAJONIE

Vieilli en fût de chêne 1999*

☐ 32 ha 25 000 ⦀ 11 à 15 €

Ein ausgewogener Monbazillac mit blumigem, fruchtigem (Aprikose, Quitten und Orange) und vanilleartigem Duft. Im Mund dominiert die Frucht innerhalb eines runden, kräftigen Stoffs. Der Holzton hat sich gut eingefügt; der Abgang ist frisch, mit einem Nachgeschmack von Honig. Der **trockene 2000er Bergerac Château Pintouquet** (Preisgruppe: 30 bis 49 F) wird für seine Aromen von Zitrusfrüchten und exotischen Früchten lobend erwähnt. Er ist in der Ansprache lebhaft und danach im Mittelbereich des Geschmacks füllig und kann Austern gut begleiten.
🔑 SCEA Lajonie D.A.J., Saint-Christophe, 24100 Bergerac, Tel. 05.53.57.17.96, Fax 05.53.58.06.46 ☑ 🍷 n. V.

DOM. DE LA LANDE

Souvenir de Vendanges 1999

☐ 3 ha 4 000 ⦀ 11 à 15 €

Dieser junge Winzer hat den Familienbetrieb 1999 übernommen. Er präsentiert hier einen Monbazillac mit Aromen von kandierten Früchten, der noch vom Holz des Ausbaus dominiert wird. Dieser recht fette Wein besitzt viel Frische und Eleganz, so dass man ihn als Aperitif trinken kann. Der **rote 2000er Bergerac** (Preisgruppe: 20 bis 29 F) verdient eine lobende Erwähnung.
🔑 Fabrice Camus, Dom. de La Lande, 24240 Monbazillac, Tel. 06.08.56.92.36, Fax 06.53.24.27.61 ☑ 🍷 n. V.

CH. MONTDOYEN

Cuvée La Part des Anges 1999**

☐ 2 ha 2 000 11 à 15 €

Das früher unter der Marke Château du Puch bekannte Château Montdoyen stellt ein hübsches Angebot von Weinen vor. Dieser Monbazillac trägt den Stempel der Edelfäule in seiner Palette von kandierten Aromen, Bratengerüchen und Noten reifer Früchte. Der runde, vornehme Geschmack hinterlässt einen lang anhaltenden Eindruck von Röst- und Aprikosenaromen. Ein reicher, harmonischer Wein. Der **rote 99er Bergerac Cuvée La Part des Anges** und der **trockene 99er Bergerac La Part des Anges** (Preisgruppe: 30 bis 49 F) sind zwei von der Jury lobend erwähnte Weine. Der Erste bietet Stoff, der noch vom Eichenholz dominiert wird; der Zweite ist bereit, schon jetzt seine fruchtigen Aromen und seinen feinen Holzton zu entfalten.

SARL des Vignobles J.-P. Hembise, Ch. Le Puch, 24240 Monbazillac, Tel. 05.53.58.85.85, Fax 05.53.61.67.78, E-Mail chateaumontdoyen@wanadoo.fr ☑ Y Mo–Fr 8h–12h 14h–18h; Sa, So n. V.

DOM. DE PECOULA

Cuvée Prestige Vinifié en fût de chêne 1999**

☐ 17 ha 6 900 11 à 15 €

Viel Stärke und Komplexität in der Nase. Die Palette der Düfte bleibt zwar leicht vom Holz geprägt, bietet aber auch angenehme Aromen von Honig, kandierten Früchten und Quitte. Der Stoff füllt den Mund gut aus und hinterlässt eine sehr milde, fruchtige Empfindung. Der Holzton versteht es, sich zurückhaltend zu geben. Man muss zwei bis drei Jahre warten, bevor man diese Flasche aufmacht, aber ihr Lagerpotenzial ist großartig.

GAEC de Pécoula, 24240 Pomport, Tel. 05.53.58.46.48, Fax 05.53.58.82.02 ☑ Y n. V.

GFA Labaye

DOM. DU PETIT MARSALET

Cuvée Tradition Elevé en fût de chêne 1999*

☐ 2,5 ha 1 500 11 à 15 €

Diese Spitzencuvée des Guts bietet einen intensiven Duft mit Anklängen an getrocknete Früchte, Aprikose und Haselnuss. Auch wenn der Geschmack in der Ansprache rund ist, gewinnt er an Lebhaftigkeit, während er sich entfaltet, bevor er mit einem anhaltenden Finale von kandierten Früchten ausklingt. Ein dennoch sehr fetter Wein, den man lagern kann.

Marie-Thérèse Cathal, Le Marsalet, 24100 Saint-Laurent-des-Vignes, Tel. 05.53.57.53.36, Fax 05.53.57.53.36 ☑ Y n. V.

CH. POULVERE Cuvée Millénium 1999

☐ 6 ha k. A. 8 à 11 €

Château Poulvère (86 ha) hat einen warmen Wein mit Bratenaromen erzeugt. Der im Geruchseindruck zarte Holzton macht sich in der Ansprache bemerkbar; danach bietet der Geschmack kandierte Früchte. Der Abgang zeigt eine gewisse Frische. Dieser Monbazillac verdient, dass man sich geduldet, die Zeit nämlich, die notwendig ist, bis sich der Holzton einfügt.

GFA de Poulvère et Barses, Poulvère, 24240 Monbazillac, Tel. 05.53.58.30.25, Fax 05.53.58.35.87, E-Mail poulvere@caves-particulieres.com ☑ Y Mo–Sa 9h–12h 14h–19h

Borderie

CH. DE SANXET

Millénium Elevé en fût de chêne 1999

☐ 6,36 ha 9 000 8 à 11 €

Château de Sanxet befindet sich an der Stelle einer Burg, die im Jahre 1000 errichtet und im 15. Jh. zu einem Wohngebäude umgewandelt wurde. Diese Cuvée bildet einen für die Appellation typischen Wein, der leicht und rund ist. Der Duft verbindet voller Zurückhaltung getrocknete und kandierte Früchte. Der in der Ansprache weiche Geschmack entfaltet sich dünnflüssig bis zu einem etwas frischen Abgang.

Bertrand de Passemar, Ch. de Sanxet, 24240 Pomport, Tel. 05.53.58.37.46, Fax 05.53.58.37.46 ☑ Y n. V.

CH. THEULET

Antoine Alard Elevé en fût de chêne 1998**

☐ 2,5 ha 4 000 15 à 23 €

Der feine Duft bietet Aromen von weißen Blüten und kandierten Früchten mit Mandel- und Röstnoten. Der fette, weiche Geschmack greift die Noten von gerösteten Mandeln wieder auf, bevor er zur Frucht und zu kandierten Aprikosen zurückkehrt. Ein Eindruck von extremer Süße tritt bei der Verkostung dieses schon jetzt trinkreifen Weins hervor. Probieren sollte man auch den **roten 2000er Bergerac** (Preisgruppe: 30 bis 49 F), den die Jury lobend erwähnt hat. Er wurde im Tank ausgebaut und ist fruchtig und leicht.

SCEA Alard, Le Theulet, 24240 Monbazillac, Tel. 05.53.57.30.43, Fax 05.53.58.88.28 ☑ Y Mo–Sa 8h–12h 14h–18h

CH. TIRECUL LA GRAVIERE

Cuvée Madame 1998***

☐ 9,16 ha 10 000 +76 €

Über die Cuvée Madame de Bruno Bilancini ist alles gesagt. Jetzt geht es nur noch darum, sie zu verkosten und dabei auf seine Sinne zu achten. Dem Auge schmeichelt eine schöne goldgelbe Farbe. Intensive Aromen von weißen Blüten, kandierten Früchten und Aprikose dringen in die Nase ein. Der Gaumen wird von viel Reichtum und Rundheit verzaubert. Der Holzton hat sich vielleicht noch nicht vollständig eingefügt, aber die Harmonie ist bereits großartig. Dieser aufgrund seiner Stärke und Feinheit bemerkenswerte Wein kann zehn bis zwanzig Jahre altern. (Flaschen mit 50 cl Inhalt.)

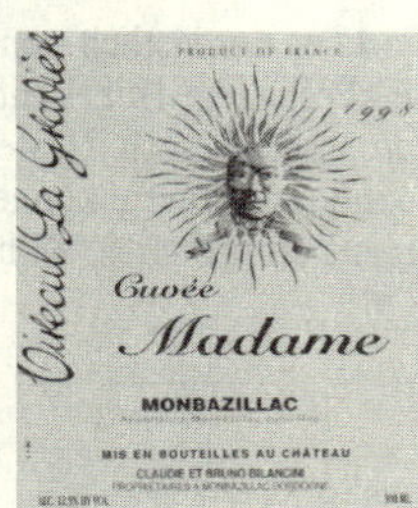

Claudie et Bruno Bilancini, Ch. Tirecul la Gravière, 24240 Monbazillac, Tel. 05.53.57.44.75, Fax 05.53.24.85.01, E-Mail bruno.bilancini@free.fr n. V.

Montravel

Das Montravel-Anbaugebiet, das sich von Port-Sainte-Foy und Ponchapt bis Saint-Michel-de-Montaigne an den Hängen erstreckt, erzeugte im Jahre 2000 auf einer Rebfläche von 378 ha 13 964 hl trockene und liebliche Weißweine, die sich stets durch ihre Eleganz auszeichnen. Beim Haut-Montravel erreichte die Produktion 2 239 hl, während der Côtes de Montravel 3 267 hl lieferte.

CH. BONIERES
La Dame de Bonières 2000*

☐ 1,3 ha 4 500 11 à 15 €

Ein Montravel, der im diametralen Gegensatz zum klassischen Sauvignon-Wein steht. Die Nase zeigt einen feinen Toastgeruch mit viel «Fett» und Fülle. Die gleichen Empfindungen dominieren im Mund mit einem sehr deutlich spürbaren Holzton. Dieser Wein dürfte noch besser werden, wenn er ein bis zwei Jahre altert. Der **rote 99er Bergerac Cuvée Cœur de vendanges** besitzt Aromen von reifen Früchten sowie feine, elegante Tannine. Dieser harmonische Wein, der einer lobenden Erwähnung als würdig beurteilt wurde, hat ein großes Lagerpotenzial.

SCEA Vignobles André Bodin, Ch. Bonières, 33220 Fougueyrolles, Tel. 05.53.24.15.16, Fax 05.53.24.17.77, E-Mail stevalentin@free.fr n. V.

CH. DAUZAN LA VERGNE
Sec Elevé en fût de chêne 1999*

☐ 2 ha 18 000 8 à 11 €

Ein 200 ha großes Gut, das schon im 13. Jh. bekannt war. Hier haben wir einen Montravel, der einen langen Ausbau im Barriquefass hinter sich hat. Der Duft ist besonders toastartig, mit viel Feinheit und Eleganz. Im Mund genießt man einen schönen Stoff mit einem Abgang, den «Fett» und Frucht kennzeichnen. Dieser noch vom Holz geprägte Wein gewinnt bei der Alterung. Der **99er Haut-Montravel** (Preisgruppe: 70 bis 99 F) wurde ebenfalls im Holzfass ausgebaut, zeigt aber eine schöne, frische, lebhafte Ansprache und eine hüsche Fruchtigkeit im Geschmack.

SNC Ch. Pique-Sègue, Ponchapt, 33220 Port-Sainte-Foy, Tel. 05.53.58.52.52, Fax 05.53.63.44.97, E-Mail chateau-piquesegue@wanadoo.fr n. V.

Philip und Marianne Mallard

CH. LE RAZ Sec 2000

☐ 2,6 ha 19 300 3 à 5 €

Eine feine Winzerarbeit mit Rebstöcken, deren Laub ausgelichtet und deren Behang ausgedünnt wurde, sowie zweckmäßige Investitionen in einen prächtigen, klimatisierten Keller machen den Erfolg dieser Produktion aus. Der intensive Duft erinnert an Zitrusfrüchte. Die Ansprache ist lebhaft und kohlensäurereich, entwickelt sich aber zu einer tadellosen Ausgewogenheit der Säure hin. Die Jury schätzte auch den **2000er Bergerac-Rosé** mit dem komplexen Duft von roten Früchten und schwarzer Johannisbeere. Die Lebhaftigkeit im Mund wird durch ein wenig Kohlensäure verstärkt. Ein sympathischer Wein, der zu einem Barbecue passt.

Vignobles Barde, Le Raz, 24610 Saint-Méard-de-Gurçon, Tel. 05.53.82.48.41, Fax 05.53.80.07.47
Mo–Fr 8h30–12h30 14h–19h; Sa n. V.

Côtes de Montravel

DOM. DE LA ROCHE MAROT 1999

☐ 0,16 ha 1 200 8 à 11 €

Die in der Nase deutlich wahrnehmbaren kandierten Früchte belegen die Wirkung der Edelfäule. Der Geschmack ist füllig und reich an diesen kandierten Aromen sowie Aprikosennoten. Die Ausgewogenheit zwischen der Lebhaftigkeit und dem «Fett» macht diesen 99er zu einem angenehmen Aperitif. Bei dem ebenfalls lobend erwähnten **2000er Montravel** (Preisgruppe: 20 bis 29 F) haben die Verkoster seine Sauvignon-typische Note und seinen runden Stoff hervorgehoben.

Yves et Daniel Boyer, GAEC de La Roche Marot, 24230 Lamothe-Montravel, Tel. 05.53.58.52.05, Fax 05.53.58.52.05
n. V.

Michel Boyer

Haut-Montravel

DUC DE MEZIERE 1999

□ 3 ha 7 000 5à8€

Mit der Hand gelesene, sorgfältig aussortierte Trauben und ein siebenmonatiger Ausbau im Barriquefass liegen der Entstehung eines schlichten, ansprechenden Weins zugrunde. Der Duft entfaltet kandierte Früchte und Aprikose, vermischt mit Holznoten, während der Geschmack, der in der Ansprache frisch ist und vereinzelte Vanillenoten enthält, «Fett» besitzt, aber keineswegs im Übermaß.

Union de viticulteurs de Port-Sainte-Foy, 78, rte de Bordeaux, 33220 Port-Sainte-Foy, Tel. 05.53.27.40.70, Fax 05.53.27.40.71, E-Mail cavevitipsf@wanadoo.fr
Mo–Sa 9h–12h 14h–18h

CH. LE BONDIEU
Cuvée Gabriel Elevé en fût de chêne 1999*

□ 1 ha 1 500 8à11€

Dieser Haut-Montravel hat Ähnlichkeit mit einem edelsüßen Wein. Sein kräftiger Duft bietet einen Korb kandierter Früchte, die diskrete Holznoten hervorheben. Auf die klare, lebhafte Ansprache folgt ein fruchtiger, reicher und konzentrierter, fast öliger Stoff. Diesen harmonischen Wein kann man drei bis fünf Jahre lang aufheben. (Flaschen mit 50 cl Inhalt.)

EARL d'Adrina, Le Bondieu, 24230 Saint-Antoine-de-Breuilh, Tel. 05.53.58.30.83, Fax 05.53.24.38.21 n. V.
Didier Feytout

CH. PUY-SERVAIN Terrement 1999*

□ 1,5 ha 3 600 15à23€

Nach einer Liebeserklärung im letzten Jahr ein Stern für einen schwierigen Jahrgang. Das Ansehen der Weine von Puy-Servain ist allgemein bekannt. Bei dieser Cuvée ist der Geruchseindruck noch ein wenig verschlossen, aber durch seine Aromen kandierter Früchte lässt er bereits Konzentration erkennen. Der runde, fette Geschmack wird von einem Hauch von Frische ausgeglichen, während der Abgang eine schöne Rückkehr zur Frucht bietet. Der im Eichenfass ausgebaute **99er Montravel Cuvée Marjolaine** (Preisgruppe: 50 bis 69 F) erhält dank seines vollreifen Stoffs, den ein feiner Holzton unterstreicht, ebenfalls einen Stern.

SCEA Puy-Servain, Calabre, 33220 Port-Sainte-Foy, Tel. 05.53.24.77.27, Fax 05.53.58.37.43 n. V.
Hecquet

Pécharmant

Der nordöstlich von Bergerac liegende «Pech», ein Hügel mit 400 ha Reben, liefert ausschließlich Rotweine, die sehr reich sind und altern können. Der 2000er Jahrgang erbrachte 19 784 hl.

CH. BEAUPORTAIL 1999

■ 4 ha 20 000 8à11€

Beauportail ist ein Weingut, das aus dem 18. Jh. stammt. Heute befindet es sich am Ortseingang von Bergerac und besitzt 10 ha Weinberge. Sein 99er bietet einen kräftigen Duft, der aus Vanille, Gewürzen und Früchten besteht. Im Mund werden die recht runden Tannine von Röstnoten begleitet. Obwohl sie im Abgang noch dominieren, überdecken sie die Frucht nicht und strukturieren das Ganze gut.

La Truffière Beauportail, rte des Cabernets, 24100 Bergerac, Tel. 05.53.24.85.16, Fax 05.53.61.28.63, E-Mail fabrice.feytout@wanadoo.fr n. V.
F. Feytout

CH. CHAMPAREL 1999

■ 6,62 ha 45 000 5à8€

Auf dem Gipfel des Pécharmant-Hügels baut Château Champarel über acht Hektar Reben an. Es stellt hier einen Wein von kräftiger Farbe vor, der im Geruchseindruck noch schüchtern ist, aber Gewürz- und Vanillenoten erkennen lässt. Der tanninreiche Stoff ist gehaltvoll und kräftig. Im Mund zeigen sich Noten von Früchten und Leder sowie Aromen von Überreife bis zu einem noch etwas strengen Abgang. Dieser Wein verdient eine Alterung, damit er sich entfaltet.

Françoise Bouché, Pécharmant, 24100 Bergerac, Tel. 05.53.57.34.76, Fax 05.53.73.24.18
n. V.

CH. CORBIAC 1999*

■ 13,5 ha 80 000 11à15€

Reben sollen in Corbiac schon im Mittelalter angepflanzt worden sein. Doch auf Château Corbiac lässt sich die Weinbautätigkeit dank der Kontobücher des Guts mit Sicherheit auf das Jahr 1755 datieren. Der 99er ist ein Wein mit fruchtigem Duft, den Schokoladennoten betonen. Sein runder, aber kräftiger Geschmack besitzt solide Tannine, die noch den Abgang prägen. Heben Sie ihn fünf bis sechs Jahre auf, dann wird er bestimmt reizvoll sein.

Bruno de Corbiac, Ch. de Corbiac, 24100 Bergerac, Tel. 05.53.57.20.75, Fax 05.53.57.89.98, E-Mail corbiac@corbiac.com n. V.

DOM. DES COSTES 1999

■ 10 ha 30 000 8 à 11 €

Nicole Dournel bewirtschaftet zwölf Hektar Reben. In einem Jahrgang, der aufgrund der klimatischen Bedingungen schwierig war, hat sie einen reichen Wein erzeugt, der sich innerhalb von zwei bis drei Jahren entfalten dürfte. Man nimmt schon empyreumatische Noten in der Nase und Aromen von reifen Früchten im Mund wahr. Im Augenblick beherrscht das Holz zwar den Geschmack, aber der Stoff ist opulent.

Nicole Dournel, Les Costes, 24100 Bergerac, Tel. 05.53.57.64.49, Fax 05.53.61.69.08

n. V.

Lacroix

DOM. DU HAUT PECHARMANT

Cuvée Nicolas Elevé en fût de chêne 1998★★

■ 1,5 ha 6 200 11 à 15 €

Michel Roches widmet jedem seiner Enkelkinder eine Cuvée. Wünschen wir ihm eine große Nachkommenschaft, damit er uns noch andere Weine bieten kann, die ebenso bemerkenswert wie dieser hier sind. Beim ersten Riechen fallen Noten von roten Früchten (schwarze Johannisbeere und Himbeere) auf, bevor sie einem feinen, vanilleartigen Holzton Platz machen. Im Mund besteht eine harmonische Ausgewogenheit zwischen der Stärke der Tannine und dem Stoff mit den fruchtigen Aromen. Die Tannine dürften im Laufe der kommenden acht bis zehn Jahre verschmelzen. Die **99er Cuvée Veuve Roches** (Preisgruppe: 50 bis 69 F) erhält aufgrund ihres Potenzials eine lobende Erwähnung; diese Flasche verdient, dass man sie in zehn Jahren wieder probiert.

Michel et Didier Roches, Dom. du Haut-Pécharmant, 24100 Bergerac, Tel. 05.53.57.29.50, Fax 05.53.24.28.05

Mo–Sa 8h–12h 14h–19h

CH. HUGON 1998

■ 1,18 ha 3 000 5 à 8 €

Château Hugon ist ein kleines Weingut mit etwas mehr als vier Hektar. Der Ertrag wird dank einer «Grünlese» (mit Behangausdünnung) begrenzt; die Trauben werden ausschließlich mit der Hand gelesen. Dieser Pécharmant bietet einen intensiven Duft von roten Früchten, mit dem ein diskreter vanilleartiger Holzton verschmilzt. Der Geschmack zeigt eine milde Ansprache, bevor er sich steigert, unterstützt von soliden Tanninen und einem spürbaren Holzton. Dieser gefällige Wein braucht eine vier- bis fünfjährige Alterung.

Bernard Cousy, Haut-Pécharmant, 24100 Bergerac, Tel. 05.53.63.28.44

tägl. 9h–12h 14h–18h

DOM. LA METAIRIE 1998

■ 6 ha 29 350 8 à 11 €

Dieser Pécharmant bringt durch seine ausgeprägten Toastnoten seinen zwölfmonatigen Ausbau im Holzfass in Erinnerung. Wenn man ihn im Glas schwenkt, zeigen sich Aromen von roten Früchten. Die seidige Ansprache bildet den Auftakt zu einem weichen, leichten Geschmack. Der ebenfalls lobend erwähnte **98er Côtes de Bergerac Château Fonfrède** ist ein süffiger, fruchtiger Wein, den man schon jetzt trinken kann.

SARL Dom. La Métairie en Pécharmant, Pommier, 24380 Creyssensac-et-Pissot, Tel. 05.53.80.09.85, Fax 05.53.80.14.72

n. V.

CH. LA TILLERAIE

Vieilli en fût de chêne 1999★★

■ 6 ha 30 000 5 à 8 €

Château La Tilleraie kehrt mit Nachdruck in die Auswahl unseres Weinführers zurück, mit einer meisterlichen Leistung und einer einstimmigen Wahl zum Lieblingswein. Der Duft dieses Pécharmant ist besonders elegant und entfaltet Röstnoten und würzige Aromen, die an Pfeffer und Zimt erinnern. In einem konzentrierten Geschmack, den dichte, feinkörnige Tannine unterstützen, dominiert die Frucht. Die Ausgewogenheit zwischen den Tanninen, der Frucht und der Säure ist perfekt. Da der zwölfmonatige Ausbau gut gemeistert wurde, nimmt das Holz den angemessenen Platz ein. Dieser Wein ist jung angenehm, kann aber vier bis fünf Jahre altern.

SARL Ch. La Tilleraie, 24100 Pécharmant, Tel. 05.53.57.86.42, Fax 05.53.57.86.42

n. V.

B. Fauconnier

CH. METAIRIE HAUTE 1999★

■ 3 ha 20 000 5 à 8 €

Die Handelsfirma Producta besitzt eine breite Palette von Weinen, von denen drei Cuvées ausgewählt wurden. Dieser Château Métairie Haute ist mit seinem sehr feinen Holzton und seinem Geschmack, der gut umhüllte Tannine enthält, ein gut gemachter Pécharmant, den man schon jetzt trinken kann. Der lobend erwähnte **99er Château Hautes-Fargues** entfaltet Früchte (Kirschen in Alkohol) und Gewürze; seine noch strengen Tannine dürften im Laufe der kommenden drei Jahre an Rundheit gewinnen. Der **98er Monbazillac Château Les Marquises** schließlich erhält eine lobende Erwähnung für die Feinheit seiner Aromen.

Producta SA, 21, cours Xavier-Arnozan, 33082 Bordeaux Cedex, Tel. 05.57.81.18.18, Fax 05.56.81.22.12, E-Mail producta@producta.com n. V.

CH. DU ROOY 1999*

■ 1,2 ha 6 600 5 à 8 €

Château du Rooy bietet einen weiten Rundblick über Bergerac und das Tal der Dordogne. Es gehört zu den seltenen Weinbaubetrieben, die sowohl Pécharmant als auch Rosette erzeugen. Bei diesem 99er entfaltet die komplexe Aromenpalette Backpflaumennoten, Aromen von Überreife und einen leicht röstartigen Holzton. Der Verkoster nimmt im Mund Nuancen von Schokolade und Vanille wahr, aber beeindruckt wird er vor allem von der Tanninstruktur. Ein Pécharmant, den man mindestens drei Jahre einkellern sollte. Der **2000er Rosette** wird wegen seiner blumigen und mineralischen Aromen lobend erwähnt. Er ist frisch, ohne übermäßige Süße, und gibt einen Dessertwein ab.

Gilles Gérault, Rosette, 24100 Bergerac,
Tel. 05.53.24.13.68, Fax 05.53.73.87.65
n. V.

CH. TERRE VIEILLE
Vieilli en fût de chêne 1999

■ 7 ha 35 000 8 à 11 €

Mitten zwischen den Reben haben die Besitzer dieses Châteaus Faustkeile, Schaber und Spitzen entdeckt, die aus der Vorzeit stammen. Etwa 3 000 Steinwerkzeuge sind heute auf dem Gut ausgestellt. Vom gleichen Weinberg stammt dieser Pécharmant, der noch in hohem Maße von Holz- und Röstaromen dominiert wird. Dank der spürbaren reifen Früchte ist er in der Ansprache gefällig; er besitzt einen guten Stoff und verdient, dass man ihn in ein paar Jahren wieder probiert, wenn sich das Holz eingefügt hat.

Gérôme et Dolorès Morand-Monteil,
Ch. Terre-Vieille, 24520 Saint-Sauveur-de-Bergerac, Tel. 05.53.57.35.07,
Fax 05.53.61.91.77, E-Mail gerome-morand-monteil@wanadoo.fr Mo–Sa 9h–19h

CH. DE TIREGAND 1998

■ 35 ha 97 000 8 à 11 €

Dieses Herrenhaus, das von Edward Tyrgan, dem natürlichen Sohn des englischen Königs Heinrich III., errichtet wurde, besitzt einen französischen Garten und ein 42 ha großes Weingut. Sein Pécharmant, der vanilleartig und leicht animalisch riecht, bietet auch Aromen von roten Früchten (Sauerkirsche). Er ist in der Ansprache weich und entfaltet im Mund eine reife Fruchtigkeit, die Vanillenoten unterstreichen, bevor er mit einer etwas strengen Nuance ausklingt.

Comtesse F. de Saint-Exupéry,
Ch. de Tiregand, 24100 Creysse,
Tel. 05.53.23.21.08, Fax 05.53.22.58.49,
E-Mail chateautiregand@club-internet.fr
n. V.

Rosette

In einem natürlichen Amphitheater von Hügeln, die nördlich der Stadt Bergerac aufragen, und auf einem tonigen Kiesboden ist Rosette die am meisten verkannte und unscheinbarste Appellation der Region, mit 1 085 hl, die 2000 erzeugt wurden.

CH. MONTPLAISIR 2000

□ 0,6 ha 3 300 3 à 5 €

Das fast neun Hektar große Gut wurde bis Mitte der 90er Jahre in großem Umfang umstrukturiert. Sein blumiger Rosette mit Noten von Rosen und weißen Blüten überrascht durch seine Lebhaftigkeit im Geschmack, aber seine ätherisch zarte Struktur und sein gute aromatische Nachhaltigkeit verführen.

J.L. Blanc, Montplaisir, 24130 Prigonrieux,
Tel. 05.53.58.91.86, Fax 05.53.24.68.17,
E-Mail blanco@wanadoo.fr n. V.

Saussignac

Dieses Weinbaugebiet, das im 16. Jh. von Pantagruel, einer von dem Dichter François Rabelais erfundenen Figur, gerühmt wurde und inmitten einer wunderschönen Landschaft aus Hochebenen und Hügeln liegt, bringt große liebliche und edelsüße Weine hervor. 2000 erreichte die Produktion 2 154 hl.

CH. GRINOU
Vinifié en fût de chêne 1998**

□ 2 ha 1 200 15 à 23 €

Eine mengenmäßig bescheidene, aber bemerkenswerte Produktion. Der ausdrucksvolle Duft ist eine subtile Mischung aus Früchten, kandiertem Apfel und Karamell. Der in der Ansprache leicht vanilleartige Geschmack stützt sich auf eine solide Struktur, umhüllt von einem fleischigen Stoff, dessen Aromen lang anhalten. Zwei rote Bergerac-Weine des Guts, die zwölf Monate lang im Holzfass ausgebaut worden sind, der **rote 99er Grand vin** (Preisgruppe: 50 bis 69 F) und die **99er Réserve** (Preisgruppe: 30 bis 49 F), werden lobend erwähnt. Sie verdienen, dass man sie zwei bis drei Jahre lagert.

Catherine et Guy Cuisset, Ch. Grinou, 24240 Monestier, Tel. 05.53.58.46.63, Fax 05.53.61.05.66 n. V.

CH. LA MAURIGNE
Cuvée La Maurigne 1998*

2,2 ha 4 000 8 à 11 €

Die Gérardins, seit 1997 Besitzer das Guts, bewirtschaften 5,5 ha Reben. Ihr 98er ist durch feine, komplexe Aromen gekennzeichnet, die reich an kandierten Früchten sind. Der ölige, sanfte Geschmack wird durch eine gute Säure ausbalanciert und dauert lang an. (Flaschen mit 50 cl Inhalt.) Der **99er Saussignac 99** und der **rote 99er Côtes de Bergerac Cuvée La Maurigne** (Preisgruppe: 30 bis 49 F) verdienen eine lobende Erwähnung.

Chantal et Patrick Gérardin, La Maurigne, 24240 Razac-de-Saussignac, Tel. 05.53.27.25.45, Fax 05.53.27.25.45 tägl. 9h–19h

CH. LE CHABRIER Cuvée Eléna 1998*

2,38 ha 1 900 15 à 23 €

Pierre Carle ist gerade dabei, seine zwanzig Hektar Reben auf biologischen Anbau umzustellen. Sein Saussignac ist durch einen komplexen Duft von kandierten, überreifen Früchten und durch einen fetten, runden Geschmack gekennzeichnet. Das Holz ist gut umhüllt. Diesen Wein kann man schon jetzt trinken, aber auch ein paar Jahre aufheben. Der **rote 99er Côtes de Bergerac Cuvée Gros Caillou** sowie der **trockene 99er Bergerac Cuvée Il était une fois ...** (beide in der Preisgruppe 30 bis 49 F) erhalten einen Stern. Sie verdienen, dass man sich zwei bis drei Jahre geduldet, damit sich der Einfluss des Holzes einfügt.

Pierre Carle, Ch. Le Chabrier, 24240 Razac-de-Saussignac, Tel. 05.53.27.92.73, Fax 05.53.23.39.03, E-Mail chateau.le.chabrier@wanadoo.fr
n. V.

CH. PETITE BORIE 2000*

4 ha 26 000 5 à 8 €

Dieser Saussignac vom lieblichen Typ erinnert durch seine Buchsbaumnoten an die Sauvignon-Traube. Im Mund folgen Zitrusfrüchte (Pampelmuse) in einer guten Ausgewogenheit zwischen Lebhaftigkeit und fruchtigem Stoff nach. Ein Wein, der ideal als Aperitif ist. Der ebenfalls sehr gelungene **99er Château Court Les Mûts** (Preisgruppe: 70 bis 99 F), der achtzehn Monate im Holzfass ausgebaut wurde, ist ein edelsüßer Wein mit Aromen von Aprikosen und kandierten Früchten, die mit dem Holz verschmolzen sind. Er verdient, dass man ihn zwei bis drei Jahre aufhebt.

Vignobles Pierre Sadoux, Ch. Court-Les-Mûts, 24240 Razac-de-Saussignac, Tel. 05.53.27.92.17, Fax 05.53.23.77.21
Mo–Fr 9h–11h30 14h–17h30; Sa n. V.
P. J. Sadoux

CH. TOURMENTINE 1999*

1 ha 2 500 11 à 15 €

Jean-Marie Huré ließ sich 1986 im Gebiet von Bergerac nieder. Sein Saussignac besitzt einen sehr fruchtigen Duft, in dem Quitte und kandierte Aprikose dominieren. Die gleichen Aromen findet man auch im Mund, innerhalb einer runden, fleischigen Struktur. Der Abgang hält an, bewahrt aber eine gewisse Strenge. (Flaschen mit 50 cl Inhalt.) Der **im Eichenfass ausgebaute rote 99er Bergerac** (Preisgruppe: 30 bis 49 F) ist ebenfalls sehr gelungen, denn er verbindet harmonisch das Holz und die Frucht.

Jean-Marie Huré, Tourmentine, 24240 Monestier, Tel. 05.53.58.41.41, Fax 05.53.63.40.52
Mo–Sa 9h–12h 14h–18h

CH. DES VIGIERS Marguerite Vigier 1999

2 ha 2 400 11 à 15 €

Wenn man den Wein im Glas schwenkt, enthüllt der Duft, der beim ersten Riechen ziemlich schüchtern ist, Schokoladen- und Mentholnoten und danach Aromen von Bitterorange und kandierten Früchten. Der Geschmack ist ausdrucksvoller mit seinen Anklängen an Gebratenes und Fruchtiges. Er zeigt eine ansprechende Ausgewogenheit zwischen «Fett» und Lebhaftigkeit. Ein sympathischer Aperitifwein. (Flaschen mit 50 cl Inhalt.)

SCEA La Font du Roc, Ch. des Vigiers, 24240 Monestier, Tel. 05.53.61.50.30, Fax 05.53.61.50.31, E-Mail vigiers@calvanet
n. V.
Petersson

CLOS D'YVIGNE
Vendanges tardives 1999**

3 ha 3 200 23 à 30 €

Mehrere Liebeserklärungen haben dieses Gut in unseren vorangegangenen Ausgaben belohnt. Der 99er ist trotz der schwierigen Wetterverhältnisse bemerkenswert. Der Duft zeigt eine große Komplexität und vereint kandierte Früchte, Bratengeruch, Aprikose, einen Hauch von Wachs und einen leichten Holzton. Im Mund dominiert die Empfindung von «Fett», Rundheit und Stärke; die Holz- und Vanillenoten verschmelzen mit einem lang anhaltenden Stoff. (Flaschen mit 50 cl Inhalt.) Eine lobende Erwähnung erkannte die Jury dem **roten 99er Côtes de Bergerac Le Petit Prince** (Preisgruppe: 30 bis 49 F) zu, der im Holzfass ausgebaut wurde.

Patricia Atkinson, SCEA Clos d'Yvigne, Le Bourg, 24240 Gageac-Rouillac, Tel. 05.53.22.94.40, Fax 05.53.23.47.67, E-Mail patricia.atkinson@wanadoo.fr
n. V.

Côtes de Duras

Die Côtes de Duras kommen aus einem fast 2 000 ha großen Weinbaugebiet, das die natürliche Fortsetzung der Hochebene des Entre-Deux-Mers darstellt. Nach der Aufhebung des Edikts von Nantes ließen sich die aus der Gascogne ausgewanderten Hugenotten angeblich den Wein von Duras bis in ihr holländisches Exil nachschicken; die Rebzeilen, die sie für sich reservierten, ließen sie mit einer Tulpe markieren.

Auf Hügeln, die von der Dourdèze und ihren Nebenflüssen zerschnitten werden, wachsen auf tonigen Kalk- und Boulbènes-Böden natürlich die Bordeaux-Rebsorten. Bei den weißen Rebsorten werden Sémillon, Sauvignon und Muscadelle verwendet, bei den roten Cabernet franc, Cabernet Sauvignon, Merlot und Malbec. Zusätzlich findet man hier Chenin, Ondenc und Ugni blanc. Das Ansehen von Duras beruht auf seinen Weißweinen (46 136 hl im Jahre 2000): sanften lieblichen Weinen, aber vor allem trockenen Weißweinen aus Sauvignon-Trauben, die wirklich gut ausfallen. Diese Weine, die rassig und nervig sind und ein eigentümliches Bouquet besitzen, passen wunderbar zu Meeresfrüchten und Meeresfischen. Die Rotweine (73 133 hl), die oft nach Rebsorten getrennt vinifiziert werden, sind fleischig und rund und haben eine schöne Farbe.

DOM. DES ALLEGRETS
Vinifié et élevé en fût de chêne 1999★★

☐ 0,5 ha 1 700 5à8€

Der kräftige, komplexe Duft mischt Früchte und Holz. Der Geschmack bietet viel Stoff und dürfte den Einfluss des Holzfasses bald einbinden. Der **im Eichenfass gereifte liebliche 99er Côtes de Duras Cuvée Breignes d'Or Vieilles vignes** (Preisgruppe: 100 bis 149 F) wurde von der Jury als sehr gelungen beurteilt. Er ist ein fetter Wein, der Aromen von Honig und getrockneten Früchten sowie eine leichte Holznote entfaltet.

SCEA Francis et Monique Blanchard, Dom. des Allégrets, 47120 Villeneuve-de-Duras, Tel. 05.53.94.74.56, Fax 05.53.94.74.56 ☑ Y tägl. 10h–12h 14h–19h

DOM. AMBLARD Sauvignon 2000★

☐ 10 ha 74 000 3à5€

Das Gut hat sich seit seinem Erwerb im Jahre 1936 stetig vergrößert und umfasst jetzt 130 Hektar. Die Sauvignon-Traube kommt in diesem Wein mit Zitrus- und Pampelmusenaromen zum Ausdruck, die von Aromen saurer Drops ergänzt werden. Der fruchtige, weiche Geschmack bietet eine gute Ausgewogenheit und einen angenehmen Abgang.

Guy Pauvert, SCEA Dom. Amblard, 47120 Saint-Sernin-de-Duras, Tel. 05.53.94.77.92, Fax 05.53.94.27.12 ☑ Y Mo–Sa 8h–12h30 14h–19h

HAUTS DE BERTICOT
Elevé en fût de chêne 1999★

■ 9 ha 60 000 5à8€

Reife Früchte und Vanillenoten bilden einen angenehmen Duft; eine klare, milde Ansprache, sanfte, verschmolzene Tannine und ein komplexer Abgang ergeben einen leckeren Geschmack. Zwei weitere Cuvées, der **rote 99er Duc de Berticot** und die **im Eichenfass gereifte 99er Grande Réserve,** erhalten ebenfalls einen Stern.

SCA Vignerons Landerrouat-Duras, Berticot, 47120 Duras, Tel. 05.53.83.75.47, Fax 05.53.83.82.40 ☑ Y n. V.

BERTICOT Les Estivales 2000★

☐ 3 ha 20 000 5à8€

Aus dem Angebot von Berticot schätzte die Jury diesen trockenen Weißwein wegen seiner komplexen Aromen von Passionsfrucht, weißem Pfirsich und Aprikose. Es handelt sich um einen weichen, fetten Côtes de Duras, der einen lang anhaltenden Abgang besitzt und den man schon jetzt trinken kann.

SCA Vignerons Landerrouat-Duras, Berticot, 47120 Duras, Tel. 05.53.83.75.47, Fax 05.53.83.82.40 ☑ Y n. V.

CH. DES BRUYERES Sauvignon 2000★

☐ 0,88 ha 5 800 5à8€

Der holländische Familienname der Besitzer bedeutet im Französischen «Bruyères», daher auch die Bezeichnung des Châteaus, das ein über acht Hektar großes Weingut besitzt. Der Jahrgang 2000 hat ihnen einen sympathischen Wein mit einem kräftigen Sauvignon-Duft geliefert, der mit animalischen Noten verbunden ist. Der in der Ansprache weiche Geschmack entwickelt sich zu fruchtigen, ein wenig wilden Aromen hin.

Piet et Annelies Heide, Ch. des Bruyères, 47120 Loubès-Bernac, Tel. 05.53.94.22.61, Fax 05.53.94.22.61, E-Mail piet.heide@wanadoo.fr ☑ Y n. V.

DOM. DES COURS Sauvignon 2000★

☐ 5 ha 20 000 3à5€

Der Côtes de Duras der Domaine des Cours ist für seinen intensiven Duft nach Buchsbaum, Schwarze-Johannisbeer-Knospe und Ginster berühmt. Dieser 2000er bildet keine Ausnahme. Im Geschmack ist er durch einen geschmeidigen, öligen Stoff gekennzeichnet, der die wilden Aromen der Sauvignon-Traube wieder auf-

nimmt. Der Abgang zeigt Komplexität und Länge.
🔑 EARL Lusoli, Dom. des Cours, 47120 Sainte-Colombe-de-Duras, Tel. 05.53.83.74.35, Fax 05.53.83.63.18 ☑ 🍷 n. V.

DOM. DE FERRANT
Elevé en fût de chêne 1998★

■ 1 ha 3 000 🛢 5à8€

Dieser Wein besitzt mit seiner purpurroten Farbe eine schöne Erscheinung. Die anfänglichen Aromen erinnern an leicht kandierte Früchte und Sauerkirsche; danach kommt der gut eingebundene Holzton zum Vorschein. Der in der Ansprache weiche Geschmack findet ein Gleichgewicht zwischen Frucht und Eichenholz, obwohl der Abgang streng ist. Ein gefälliger Wein, den die Zeit verfeinern wird.
🔑 SCEA Dom. de Ferrant, 47120 Esclottes, Tel. 05.53.83.73.46, Fax 05.53.83.82.80 ☑ 🍷 Mo–Sa 8h–12h30 14h–19h

DOM. DU GRAND MAYNE
Sauvignon fût de chêne 2000★★

□ 1,2 ha 10 000 🛢 5à8€

Andrew Gordon bewirtschaftet 33,5 ha Reben. Jedes Jahr lädt er seine britischen Kunden zu einem Traubenlese-Weekend ein. Die so im Jahre 2000 geernteten Sauvignon-Trauben haben einen Wein hervorgebracht, der mit reifen Früchten, Ananas und Passionsfrucht ausdrucksstark ist, wobei feine Holznoten den Duft unterstreichen. Die lebhafte Ansprache lässt die sortentypischen Aromen in perfekter Reife erkennen, vermischt mit einem Hauch von Vanille. Der Mittelbereich des Geschmacks ist komplex, der Abgang besonders lang anhaltend, mit einem leichten Holzton. So sieht das Ergebnis einer echten Meisterung des Traubenguts und des Ausbaus aus. Die **klassische Cuvée 2000** (Preisgruppe: 20 bis 29 F), die nicht im Holzfass ausgebaut worden ist, erhält für ihre fruchtig-blumigen Aromen und die Frische ihrer Ausgewogenheit zwei Sterne.
🔑 SARL Andrew Gordon, Le Grand Mayne, 47120 Villeneuve-de-Duras, Tel. 05.53.94.74.17, Fax 05.53.94.77.02, E-Mail agordon@terre-net.fr ☑ 🍷 n. V.

DOM. DU GRAND MAYNE
Elevé en fût de chêne 1999★★★

■ 3,22 ha 28 000 🛢 5à8€

Dieser Wein wäre fast zum Lieblingswein gewählt worden. Übertroffen wurde er nur von dem trockenen weißen Côtes de Duras. Sein intensiver Duft überlässt die Hauptrolle der schwarzen Johannisbeere. Die weiche, runde Ansprache kündigt im Geschmack einen großen Umfang an, den schon verschmolzene Tannine unterstützen. Die Ausgewogenheit ist harmonisch; das Aroma hält beachtlich lang an. Die **rote klassische Cuvée 2000** (Preisgruppe: 20 bis 29 F) ist bemerkenswert, so sehr unterstützen umhüllte Tannine einen fruchtigen, runden Stoff.
🔑 SARL Andrew Gordon, Le Grand Mayne, 47120 Villeneuve-de-Duras, Tel. 05.53.94.74.17, Fax 05.53.94.77.02, E-Mail agordon@terre-net.fr ☑ 🍷 n. V.

DOM. DE LA CHENERAIE
Prestige 1999

■ 1,5 ha 12 000 🍾 3à5€

Dieser Wein von leichter Farbe bietet eine angenehme Duftpalette von roten Früchten. Er hinterlässt im Mund einen Eindruck von Weichheit mit den gleichen fruchtigen Aromen. Dank seiner ätherisch zarten, ausgewogenen Struktur ist er trinkreif.
🔑 Alain Mariotto, La Grand-Font, 47120 Esclottes, Tel. 05.53.83.76.52, Fax 05.53.89.03.06 ☑ 🍷 n. V.

CH. LA MOULIERE
Sauvignon Grande Réserve 2000★★

□ 10 ha 60 000 🍾 3à5€

Dieser Wein, der mit seinen Anklängen an vollreife Zitrusfrüchte intensiv und fein ist, bevorzugt die Frucht bis hin zu seinem strukturierten, harmonischen Stoff, der im Abgang lang anhält. Die **rote klassische Cuvée 1999** von Château La Moulière erhält einen Stern. Sie ist schon jetzt weich, fruchtig und süffig.
🔑 Blancheton Frères, La Moulière, 47120 Duras, Tel. 05.53.83.70.19, Fax 05.53.83.07.30, E-Mail blancheton@chateau-la-mouliere.com ☑ 🍷 n. V.

CH. LA PETITE BERTRANDE
Grande Cuvée Vieilli en fût de chêne 1999★★

■ 3 ha 10 000 🛢 8à11€

Originell ist dieser Côtes de Duras aufgrund seines würzigen, mentholartigen Dufts, der die Verwendung von Malbec-Trauben im Verschnitt verrät (20 %). Er entwickelt sich zu klassischeren Holznoten. Nach einer kräftigen Ansprache wird sein strukturierter Geschmack rund und fleischig, obwohl ein Holzton dem Abgang eine leichte Strenge verleiht. Dieser Wein besitzt genug Stoff, um im Laufe der kommenden drei Jahre feiner zu werden. Die **klassische Cuvée 1999** (Preisgruppe: 30 bis 49 F) erhält einen Stern: Sie zeigt einen Duft von reifen Früchten (Pfirsich und Nektarine) und einen leckeren, süffigen Geschmack.

🔑 Jean-François Thierry, Vignoble Les Guignards, 47120 Saint-Astier-de-Duras, Tel. 05.53.94.74.03, Fax 05.53.94.75.27, E-Mail vguignards@aol.com
☑ Ϫ Mo–Sa 10h–12h30 16h–19h
🔑 Alain Tingaud

DOM. DE LA SOLLE
Cuvée Fernand Elevé en fût de chêne 1999*

■ 0,4 ha 2 400 ◨ 8à11€

Jocelyne und Roger Visonneau, die aus dem Gebiet von Nantes stammen, haben sich 1994 in Südwestfrankreich niedergelassen. Sie führen jetzt ein 9,5 ha großes Gut. Ihr 99er, der in der Nase in reichem Maße fruchtig und holzbetont ist, besitzt eine gute Struktur. Die Tannine müssen nur noch verschmelzen und sich im Laufe der Jahre umhüllen, damit ein insgesamt schöner Wein entsteht.

🔑 EARL Visonneau, Boussinet, 47120 Saint-Jean-de-Duras, Tel. 05.53.83.07.09, Fax 05.53.20.10.54 ☑ Ϫ Mo–Sa 14h–19h

DOM. DE LAULAN Sauvignon 2000**

□ 12 ha 60 000 ▮🌡 3à5€

Gilbert Geoffroy, eine echte Persönlichkeit, die mit der Geschichte ihrer Region verbunden ist, stellt eine treibende Kraft für diese Appellation dar. Seine Cuvées haben im Laufe unserer Ausgaben viele Sterne erhalten. Dieser Wein verströmt kräftige Düfte von schwarzer Johannisbeere und Ginster, die den Einfluss der Sauvignon-Traube verraten. Er ist in der Ansprache klar und lebhaft und zeigt im Geschmack über einem Zitrusaroma Beständigkeit dank seiner Komplexität und seiner Ausgewogenheit. Der **liebliche 99er Côtes de Duras** (Preisgruppe: 70 bis 99 F) wurde dank seiner harmonischen Duftpalette von kandierten Früchten, Honig, Backpflaume und Vanille als sehr gelungen beurteilt. Die Zeit wird es ihm ermöglichen, den holzbetonten Charakter einzubinden, den man im Mund spürt.

🔑 EARL Geoffroy, Dom. de Laulan, 47120 Duras, Tel. 05.53.83.73.69, Fax 05.53.83.81.54, E-Mail domaine.laulan@wanadoo.fr ☑ Ϫ Mo–Sa 8h–12h 14h–18h

CH. LES SAVIGNATTES Sauvignon 2000

□ 6,2 ha 30 000 ▮🌡 3à5€

Buchsbaum und Ginster kennzeichnen den Duft dieses klassischen, recht Sauvignon-typischen Weins. Der weiche, fette Geschmack bietet fruchtige Aromen und eine Note von Frische. Eine Flasche, die man beim Essen schon zum Aperitif servieren und die Fisch und Krustentiere begleiten kann.

🔑 Maurice Dreux, Les Savignattes, 47120 Esclottes, Tel. 05.53.83.72.84, Fax 05.53.83.82.97, E-Mail bernadettedreux@wanadoo.fr
☑ Ϫ Mo–Fr 9h–12h 15h–19h; Sa 9h–12h

DOM. DU PETIT MALROME
Elevé en fût de chêne 1999**

■ 1,5 ha 8 000 ◨ 5à8€

Seit dem Jahr 2000 haben Geneviève und Alain Lescaut ihr gesamtes, 18,7 ha großes Gut auf biologischen Anbau umgestellt. Ihre Produktion bleibt beim Côtes de Duras ein sicherer Wert, wie dieser fruchtige, konzentrierte Wein belegt. Die Himbeeraromen verschmelzen angenehm mit den Holznoten. Der schon in der Ansprache runde Geschmack behält diese fruchtige Linie bei; die Gesamtharmonie verführt, auch wenn das Holz im Abgang für eine gewisse Strenge sorgt. Der ideale Begleiter zu rotem Fleisch. Der **im Eichenfass ausgebaute 99er Côtes de Duras** wurde als sehr gelungen beurteilt. Dem Duft von kandierten Früchten, Quitte und Vanille entspricht ein konzentrierter Geschmack, der noch ein wenig vom Holz geprägt ist.

🔑 EARL Geneviève et Alain Lescaut, 47120 Saint-Jean-de-Duras, Tel. 05.53.89.01.44, Fax 05.53.89.01.44 ☑ Ϫ Mo–Sa 11h–19h

DOM. DU VIEUX BOURG
Sauvignon 2000*

□ 3 ha 22 000 ▮🌡 3à5€

Dieser Erzeuger mit 30 ha Weinbergen hat seinen Sitz im alten Dorf Pardaillan, das eine Burgruine aus dem 12. Jh. bewahrt. Er präsentiert einen erstklassigen trockenen Wein, den man zu gekochtem Fisch trinken kann. Der Duft bietet eine reife, kräftige Fruchtigkeit, die man in einem ausgewogenen, vollen Geschmack wiederfindet.

🔑 Bernard Bireaud, Dom. du Vieux Bourg, 47120 Pardaillan, Tel. 05.53.83.02.18, Fax 05.53.83.02.37, E-Mail vieux-bourg2@wanadoo.fr ☑ Ϫ n. V.

TAL DER LOIRE UND MITTELFRANKREICH

Vereint durch einen Fluss, der königlich genannt wird und diese Bezeichnung allein schon aufgrund seines majestätischen Charakters rechtfertigen würde, selbst wenn die französischen Könige nicht mit Vorliebe ihre Residenzen an seinen Ufern errichtet hätten, sind die vielfältigen Landschaften der Loire in ein einzigartiges Licht getaucht, eine zarte Vereinigung von Himmel und Wasser, die hier den «Garten von Frankreich» erblühen lässt. Und in diesem Garten ist natürlich auch die Weinrebe vertreten. Von den Ausläufern des Zentralmassivs bis zur Mündung der Loire durchsetzen Weinberge die Landschaft entlang dem Strom und zehn seiner Nebenflüsse. Das riesige Gesamtgebiet wird unter dem Namen «Tal der Loire und Mittelfrankreich» zusammengefasst; es reicht über das eigentliche Loire-Tal hinaus, das seinen zentralen Teil bildet. Deshalb gibt es hier einen vielfältigen Fremdenverkehr, der von der Kultur, der Küche oder den Weinen angelockt wird. Die Straßen, die den Fluss auf den Uferdämmen begleiten, und die anderen Straßen, die ein wenig abseits davon verlaufen und durch Weinberge und Wälder hindurchführen, sind Routen für unvergessliche Entdeckungsreisen.

Garten Frankreichs, königliche Residenz, Land der Künste und der Literatur, Wiege der Renaissance – diese Region ist der Ausgewogenheit, der Harmonie und der Eleganz geweiht. Die Loire, noch eben ein schmaler, gewundener Wasserlauf, bald schon ein lebhafter, rauschender Fluss, bald darauf ein imposanter und majestätischer Strom, ist das einigende Band. Aber dennoch sollte man auch auf die Unterschiede achten, vor allem wenn es sich um die Weine handelt.

Von Roanne bzw. Saint-Pourçain bis Nantes bzw. Saint-Nazaire nehmen die Reben die Hänge am Ufer ein und setzen sich dabei über die jeweilige Beschaffenheit der Böden, die klimatischen Unterschiede und die von Menschen entwickelten Traditionen hinweg. Auf einer Länge von fast 1000 km stehen über 50 000 ha Reben im Ertrag, mit großen Schwankungen bei der Produktion. 1999 machte die erzeugte Menge der AOC-Weine 2 743 582 hl aus, d. h. 9,63 % der französischen Weinproduktion. Gemeinsam sind den Weinen aus diesem riesigen Gebiet die Frische und die Zartheit ihrer Aromen, die vor allem auf die nördliche Lage der meisten Anbaugebiete zurückzuführen sind.

Trotz alledem wäre es ein wenig kühn, all diese Weine mit ein und demselben Wort beschreiben zu wollen; denn obwohl man die Anbaugebiete als nördlich bezeichnet, liegen einige davon auf einem Breitengrad, auf dem im Rhône-Tal der Einfluss des mediterranen Klimas spürbar wird. Mâcon befindet sich auf demselben Breitengrad wie Saint-Pourçain, Roanne auf demselben wie Villefranche-sur-Saône. Somit beeinflusst hier die Oberflächengestalt das Klima und beschränkt die Auswirkungen der Luftströmungen: Die atlantischen Luftmassen strömen von Westen nach Osten in den Korridor, den die Loire bildet, und werden dann allmählich schwächer, wenn sie auf die Hügel von Saumur und der Touraine treffen.

Die Weinbaugebiete, die richtige Einheiten bilden, sind somit die Region von Nantes, das Anjou und die Touraine. Aber es kommen noch die Anbaugebiete des Haut-Poitou, des Berry, der Côtes d'Auvergne und der Côtes Roannaises hinzu; am besten fasst man sie zu einem großen Gebiet zusammen, wobei «Tal der Loire» der nahe liegendste Oberbegriff ist, sowohl in geografischer Hinsicht wie auch im Hinblick auf die erzeugten Weintypen. Aus Gründen der Übersichtlichkeit erscheint es deshalb notwendig, vier große Regionen festzulegen: die drei zuerst genannten sowie Mittelfrankreich.

Im unteren Tal der Loire liegen der Anbaubereich des Muscadet und ein Teil des Anjou auf dem Armorikanischen Gebirge, das aus Schiefer, Gneis und anderen Sediment- oder Eruptivgesteinen des Erdaltertums besteht. Die Böden, die sich auf diesen Formationen entwickelt haben, sind sehr günstig für den Anbau von Reben, und die hier erzeugten Weine sind von hervorragender Qualität. Dieses immer noch als Region von Nantes bezeichnete erste Weinbaugebiet, das westlichste des Loire-Tals, zeigt eine nicht sehr ausgeprägte Oberflächengestalt, denn das harte Felsgestein des Armorikanischen Gebirges wird unvermittelt von kleinen Flüssen durchschnitten. Die schroffen Täler haben nicht zugelassen, dass Hänge entstanden sind, auf denen man Reben anbauen könnte; die Reben wachsen deshalb auf den Hügelkuppen der Hochebene. Das Klima ist ozeanisch und das ganze Jahr über ziemlich einheitlich, weil der Einfluss des Meeres die jahreszeitlichen Schwankungen abmildert. Die Winter sind nicht sehr streng, die Sommer warm und oft feucht; die Sonneneinstrahlung ist gut. Dennoch können die Frühjahrsfröste bisweilen die Produktion beeinträchtigen.

Das Anjou, eine Übergangslandschaft zwischen der Region von Nantes und der Touraine, umfasst aus historischen Gründen das Gebiet von Saumur. Dieses Weinbaugebiet gehört nahezu ganz zum Departement Maine-et-Loire; doch geografisch sollte man das Saumurois eher der westlichen Touraine zurechnen, mit der es mehr Ähnlichkeit hat, hinsichtlich der Böden ebenso wie beim Klima. Die Ablagerungsschichten aus dem Pariser Becken bedecken überdies von Brissac-Quincié bis Doué-la-Fontaine als Transgression (Meeresvorstoß) die paläozoischen Formationen des Armorikanischen Gebirges. Das Anjou lässt sich in mehrere Untergebiete aufteilen: die Coteaux de la Loire (als Fortsetzung der Region von Nantes) mit nicht sehr steilen Hängen in Nordlage, wo die Reben den Rand der Hochebene einnehmen, die Coteaux

Tal der Loire

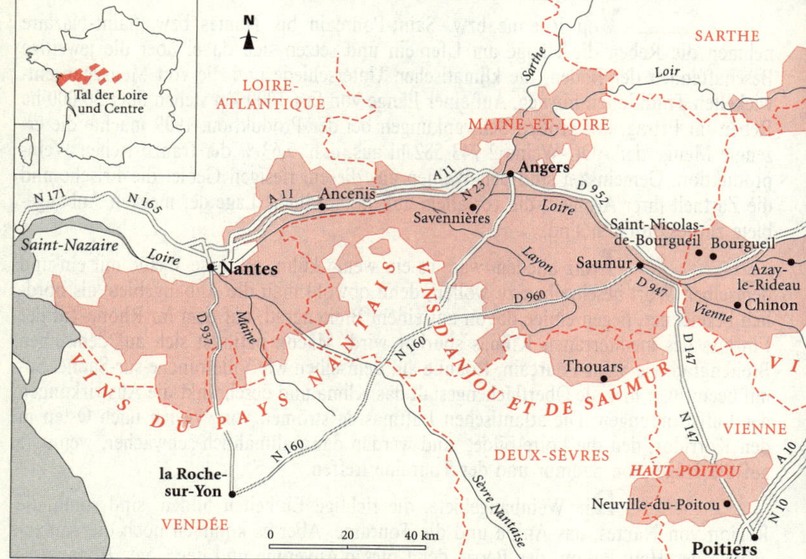

du Layon mit Schieferhängen, die Coteaux de l'Aubance und die Übergangszone zwischen dem Anjou und der Touraine, in der sich das Anbaugebiet der Roséweine entwickelt hat.

Das Gebiet von Saumur ist im Wesentlichen durch Kreidetuff gekennzeichnet, auf dem die Rebstöcke wachsen. Darunter wetteifern die Weinflaschen mit Zuchtchampignons um die besten Plätze in den leicht zu grabenden Stollen und Kellern. Die etwas höheren Hügel halten die Westwinde ab und begünstigen die Entstehung eines Klimas, das halb ozeanisch und halb kontinental ist. Gegenüber dem Gebiet von Saumur findet man auf dem rechten Ufer der Loire das Weinbaugebiet von Saint-Nicolas-de-Bourgueil, auf dem Hang von Tours gelegen. Weiter östlich, hinter Tours, aber noch auf dem gleichen Hang, teilt sich das Anbaugebiet von Vouvray mit Chinon – als Verlängerung des Gebiets von Saumur auf den Hängen der Vienne – das Ansehen der Touraine-Weine. Azay-le-Rideau, Montlouis, Amboise, Mesland und die Coteaux du Cher vervollständigen die Reihe der Namen, die man sich in diesem reichen Garten Frankreichs merken muss, wobei man nicht mehr weiß, ob man wegen der Weine, der Schlösser oder der Ziegenkäse (Sainte-Maure, Selles-sur-Cher, Valençay) dorthin reisen soll. Aber warum nicht wegen all dieser Köstlichkeiten zugleich? Die kleinen Weinbaugebiete der Coteaux du Loir, des Gebiets von Orléans, von Cheverny und Valençay und der Coteaux du Giennois kann man der dritten natürlichen Einheit zurechnen, nämlich der Touraine.

Die Weinbaugebiete des Berry (bzw. Mittelfrankreichs) bilden eine vierte Region, die von den drei anderen unabhängig ist und sich hinsichtlich der Böden – vorwiegend aus der Juraformation stammend und bei Sancerre und Pouilly-sur-Loire denen von Chablis ähnlich – ebenso wie hinsichtlich des semikontinentalen Klimas mit kalten Wintern und warmen Sommern unterscheidet. Um die Darstellung einfach zu halten, nehmen wir zu dieser vierten Region noch Saint-Pourçain, die Côtes Roannaises und das Forez hinzu, obwohl die Böden (Urgestein des Zentralmassivs) und das Klima (semikontinental bis kontinental) verschieden sind.

Wenn wir uns speziell dem Weinbau zuwenden, wählen wir dieselbe geografische Vorgehensweise. Der Muscadet ist dabei durch eine einzige Rebsorte (Me-

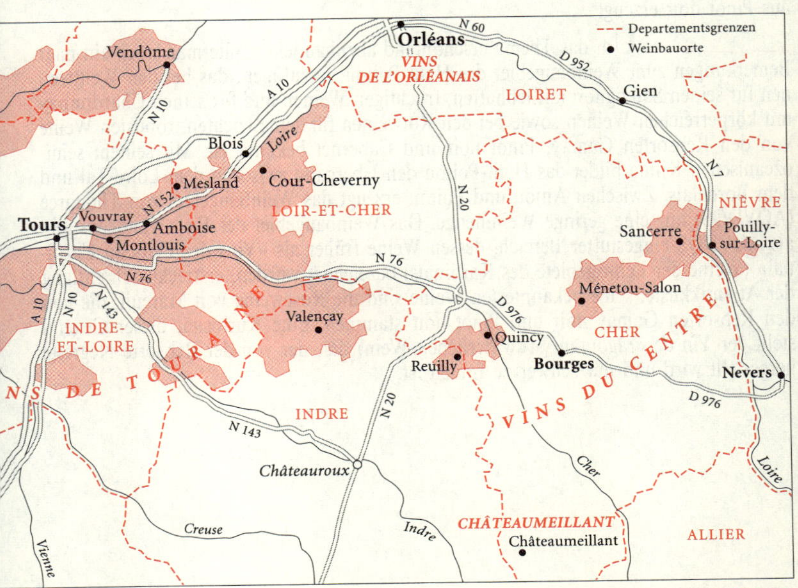

Wenn wir uns speziell dem Weinbau zuwenden, wählen wir dieselbe geografische Vorgehensweise. Der Muscadet ist dabei durch eine einzige Rebsorte (Melon) bestimmt, die einen «einzigen» Wein, einen unersetzlichen trockenen Weißwein, hervorbringt. Die Rebsorte Folle blanche erzeugt in dieser Region einen anderen trockenen Weißwein, der von geringerer Qualität ist, den Gros-Plant. Das Gebiet von Ancenis ist von der Rebsorte Gamay noir «kolonisiert» worden.

Im Anjou ist die Rebsorte Chenin oder Pineau de la Loire bei den Weißweinen die hauptsächlich verwendete Rebsorte; in jüngster Zeit hat man Chardonnay und Sauvignon hinzugenommen. Die Chenin-Rebe erzeugt große edelsüße oder liebliche Weine sowie – entsprechend der Veränderung des Geschmacks – hervorragende trockene Weine und Schaumweine. Als rote Rebsorte, die früher einmal sehr weit verbreitet war, sei Grolleau noir genannt. Er liefert traditionell halbtrockene Roséweine. Cabernet franc, früher «Breton» genannt, und Cabernet Sauvignon erzeugen feine, körperreiche Rotweine, die eine gute Alterungsfähigkeit besitzen. Ähnlich wie die Menschen spiegeln auch die Weine die «Milde des Anjou» wider oder tragen dazu bei: Zu einer Lebhaftigkeit, die auf eine kräftige Säure zurückzuführen ist, kommt häufig ein süßer Geschmack hinzu, der von dem Vorhandensein von Restzucker herrührt. Die Weine werden in großer Zahl erzeugt, mit einer etwas verwirrenden Vielfalt.

Im Westen der Touraine sind die Hauptrebsorten die Chenin-Rebe im Gebiet von Saumur, in Vouvray und Montlouis oder in den Coteaux du Loir, Cabernet franc in Chinon, Bourgueil und im Saumur-Gebiet sowie die Grolleau-Rebe in Azay-le-Rideau. Gamay noir beim Rotwein und Sauvignon beim Weißwein bringen im östlichen Teil der Region fruchtige, ansprechende Weine hervor. Der Vollständigkeit halber seien noch die Rebsorten Pineau d'Aunis, eine in den Coteaux du Loir wachsende Rebe mit pfeffriger Note, und Gris meunier im Gebiet von Orléans genannt.

Im mittelfranzösischen Weinbaugebiet ist Sauvignon (beim Weißwein) die wichtigste Rebsorte in Sancerre, Reuilly, Quincy und Menetou-Salon sowie in Pouilly, wo er auch Blanc-Fumé genannt wird. Er teilt sich dort das Anbaugebiet mit einigen noch übrig gebliebenen Weinbergen, die mit der Chasselas-Rebe bestockt sind und nervige, trockene Weißweine liefern. Beim Rotwein spürt man die Nachbarschaft zu Burgund, denn in Sancerre und Menetou-Salon weden die Rotweine aus Pinot noir erzeugt.

Um das Thema erschöpfend abzuhandeln, sollte man noch ein paar Bemerkungen zum Weinbaugebiet des Haut-Poitou hinzufügen, das bei den Weißweinen für seinen Sauvignon mit lebhaften, fruchtigen Weinen und für seinen Chardonnay mit körperreichen Weinen sowie bei den Rotweinen für seine leichten, robusten Weine von den Rebsorten Gamay, Pinot noir und Cabernet bekannt ist. Mit seinem semiozeanischen Klima bildet das Haut-Poitou den Übergang zwischen dem Loire-Tal und dem Bordelais. Zwischen Anjou und Poitou erzeugt das Weinbaugebiet von Thouarcé (AOVDQS) nur eine geringe Weinmenge. Das Weinbaugebiet der Fiefs Vendéens, ein als AOVDQS eingestufter Bereich, dessen Weine früher als «Vins des Fiefs du Cardinal» (Weine der Lehnsgebiete des Kardinals) bezeichnet wurden, erstreckt sich entlang der Atlantikküste; seine bekanntesten Weine sind die Roséweine von Mareuil, die von den Rebsorten Gamay noir und Pinot noir stammen. Eine Kuriosität dieser Gegend stellt der *Vin de «ragoutant»* («widerliche» Wein) dar, der von der Rebsorte Négrette hergestellt wird und nur schwer zu finden ist.

Tal der Loire

Tal der Loire

Rosé de Loire

Es handelt sich um Weine einer regionalen Appellation, die seit 1974 als AOC eingestuft ist. Sie dürfen innerhalb der Grenzen der regionalen Appellationen Anjou, Saumur und Touraine erzeugt werden. Hergestellt werden diese trockenen Roséweine aus den Rebsorten Cabernet franc, Cabernet Sauvignon, Gamay noir à jus blanc, Pineau d'Aunis und Grolleau. 2000 lag die Produktionsmenge bei 65 000 hl.

DOM. DES BONNES GAGNES 2000

1 ha 5 000 3à5€

1020 wurde das Orgigné den Mönchen der Abtei Le Ronceray in Angers als Lehen überlassen, damit sie dort Reben anpflanzten. Die ausgeprägte Farbe mit roten Reflexen zeugte zweifellos von einer Gärung, die einige Zeit dauerte. Der Geruchseindruck ist dicht und führt zu einem strukturierten Geschmack, der danach gut ausbalanciert ist.

Jean-Marc Héry, Orgigné, 49320 Saint-Saturnin-sur-Loire, Tel. 02.41.91.22.76, Fax 02.41.91.21.58 Mo–Sa 9h–12h30 14h–19h30; So n. V.

DOM. CHUPIN Croix de la Varenne 2000*

8,23 ha 70 000 -3€

Das etwa 70 ha große Gut hat sich in den 70er Jahren hauptsächlich auf die Erzeugung von Roséweinen ausgerichtet und seitdem die Produktion ausgeweitet. Die Farbe dieses 2000ers ist ein frühlingshaftes, ein wenig blasses Rosa. Der recht deutlich wahrnehmbare Geruchseindruck entfaltet komplexe Aromen von großer Feinheit. Im Mund sorgt er ebenfalls für diese Feinheit der Geschmacksnoten, die für einen Rosé de Loire sehr charakteristisch ist.

SCEA Dom. Chupin, 8, rue de l'Eglise, 49380 Champ-sur-Layon, Tel. 02.41.78.86.54, Fax 02.41.78.61.73 n. V.

Guy Saget

DOM. DU FRESCHE 2000*

0,5 ha 2 900 3à5€

Ein Wein von angenehmer rosa Farbe mit orangeroten Reflexen. Der sehr intensive Geruchseindruck zeigt fruchtige Nuancen. Die Ansprache ist lebhaft, ohne Aggressivität; die Entwicklung im Geschmack bereitet sehr viel Vergnügen. Die Ausgewogenheit zwischen Nase und Mund ist bemerkenswert.

EARL Boré, Dom. du Fresche, 49620 La Pommeraye, Tel. 02.41.77.74.63, Fax 02.41.77.79.39 n. V.

LA GUIGNIERE 2000*

0,35 ha 2 000 -3€

Alles lässt an Lebhaftigkeit denken: das sehr reine Rosa der Farbe, der überaus ausdrucksvolle Duft, in dem sich pflanzliche Noten mit der Frucht verbinden. Der Geschmack von interessanter, gut ausgewogener Komplexität sorgt für eine harmonische, seidige Empfindung, die sehr angenehm ist. Ein schöner Erfolg, um diese Appellation zu würdigen.

Laurent Blouin, Les Hardières, 49750 Saint-Lambert-du-Lattay, Tel. 02.41.78.30.83, Fax 02.41.78.30.83 n. V.

VIGNOBLE DE L'ARCISON 2000*

2 ha 5 000 3à5€

Das Gut, das am Anfang ein landwirtschaftlicher Betrieb war, hat sich heute auf den Weinbau spezialisiert. Sein in einer alten Scheune eingerichteter Gärkeller zeigt die runde Form, die für die Tierhaltungsbetriebe im Gebiet von Cholet typisch ist. Die Farbe dieses 2000ers schillert in einem sehr ausdrucksvollen, hübschen Rosarot, das ins Kupferfarbene spielt. Der noch diskrete Geruchseindruck lässt, wenn man den Wein im Glas schwenkt, delikate fruchtige Noten erkennen. Der Geschmack ist angenehm, rund, ohne eine übermäßige Struktur, aber anhaltend.

Damien Reulier, Le Mesnil, 49380 Thouarcé, Tel. 02.41.54.16.81, Fax 02.41.54.31.12, E-Mail damien.reulier@wanadoo.fr n. V.

CH. DE LA ROCHE BOUSSEAU 2000

n.c. n.c. 3à5€

Dieser Wein zeigt einige orangerote Reflexe, die seine Farbe nur betonen; in der Nase meldet sich die Frucht zu Wort. Der Geschmack hätte mehr ausdrücken können, aber er ist frisch und leicht.

François Regnard, Dom. de La Petite-Roche, 49310 Trémont, Tel. 02.41.59.43.03, Fax 02.41.59.69.43 n. V.

CH. DE LA VIAUDIERE 1999

7 ha 2 800 -3 €

Dieses Gut, das seit vier Jahrhunderten der Familie Gélineau gehört, wird vom Vater auf den Sohn vererbt. Es präsentiert einen Rosé in einem anmutigen Frühlingskleid, das schöne goldene Reflexe zeigt. Der Duft ist interessant, zuerst lebhaft, danach fruchtig. Der Geschmack, der durch eine sehr harmonische Süße geprägt ist und aus fruchtigen und blumigen Noten besteht, erweist sich als vollkommen ausgewogen und bietet eine schöne Nachhaltigkeit.

EARL Vignoble Gélineau,
Ch. de La Viaudière, 49380 Champ-sur-Layon,
Tel. 02.41.78.86.27, Fax 02.41.78.60.45,
E-Mail gelineau@wanadoo.fr n. V.

LA VIGNE NOIRE 2000*

2,49 ha 2 000 -3 €

Nathalie und Guillaume Cauty führen das Gut erst seit ein paar Monaten. Sie erhalten einen Stern für diesen Rosé, in dem der lachsrote Farbton der Cabernet-Traube dominiert. Diese kommt auch im Geruch zum Vorschein, in dem sich blumige Noten zeigen und sich in einer sehr interessanten Harmonie des Geschmacks verlängern.

Nathalie et Guillaume Cauty,
La Vigne noire, 79290 Bouillé-Saint-Paul,
Tel. 05.49.96.83.19, Fax 05.49.68.45.03
Mo–Sa 8h–19h30

LE CLOS DES MOTELES 2000

1,76 ha 4 000 3à5 €

Dieser Weinbaubetrieb liegt in Sainte-Verge, einer kleinen Gemeinde in der Umgebung von Thouars, im Süden des Anjou-Weinbaugebiets, etwa 30 km von Saumur entfernt. Der auf einem Kiesboden angelegte Weinberg hat einen Rosé von schönem, kräftigem Rosarot hervorgebracht. Wenn man den Wein im Glas schwenkt, entfaltet sich die Fruchtigkeit, die sich im Mund mit einem lebhaften, frischen Abgang fortsetzt. Ganz im Stil der Appellation gehalten.

GAEC Le Clos des Motèles Basset-Baron,
42, rue de la Garde, 79100 Sainte-Verge,
Tel. 05.49.66.05.37, Fax 05.49.66.37.14
n. V.

LE LOGIS DU PRIEURE 2000**

4 ha 5 000 3à5 €

Der Layon, der in der Zeit König Ludwigs XVI. kanalisiert wurde, war einige Zeit lang für Schiffe befahrbar und diente als Transportweg für die Kohle und den Wein; Concourson-sur-Layon war der Ausgangshafen des Kanals. Heute laden die Uferböschungen zu angenehmen Spaziergängen ein. Der Farbton dieses Roséweins, der eine schöne Erscheinung ganz im Stil der Appellation zeigt, ist reintönig und klar. Der Duft entfaltet hübsche Aromen von frischen roten Früchten: schwarze und rote Johannisbeeren. Der Geschmack enttäuscht nicht; er ist voll, sehr harmonisch und wohl ausgewogen. Ein Wein, der seiner Appellation Ehre macht.

SCEA Jousset et Fils, Le Logis du Prieuré,
49700 Concourson-sur-Layon,
Tel. 02.41.59.11.22, Fax 02.41.59.38.18,
E-Mail logis.prieure@groupesirius.com
Mo–Sa 8h–12h 14h–19h

LES VIGNES DE L'ALMA 2000*

k. A. 7 000 3à5 €

Das kleine Gut (10 ha) liegt auf einer Hochfläche, von der man eine herrliche Aussicht auf Saint-Florent-le-Vieil und das Tal der Loire hat. Die sehr kräftige Farbe dieses Roséweins geht ins leuchtend Rote. Der intensive Geruchseindruck entfaltet blumige Aromen; der füllige, lebhafte, opulente, anhaltende Geschmack setzt diese recht angenehme Empfindung fort. Man sollte ihn unverzüglich trinken!

Roland Chevalier, L'Alma,
49410 Saint-Florent-le-Vieil,
Tel. 02.41.72.71.09, Fax 02.41.72.63.77
Mo–Sa 8h30–12h30 14h–19h

DOM. DE L'ETE 2000

2,5 ha 22 000 3à5 €

Der Name des Guts soll ins 17. Jh. zurückreichen; handschriftliche Aufzeichnungen von 1650 erwähnen ihn bereits. Im 21. Jh. hat es diesen Rosé von heller Farbe erzeugt, dessen Lachsrosa durch Reflexe aufgehellt wird. Die sehr feinen Aromen sind in der Nase diskret; wenn man das Glas schwenkt, dominiert der Gärungscharakter. Auch wenn die Ansprache im Mund lebhaft ist, bleibt der Geschmack harmonisch. Ein sehr subtiler Rosé.

Dom. de l'Eté, 49700 Concourson-sur-Layon, Tel. 02.41.59.11.63, Fax 02.41.59.95.16,
E-Mail domedelete@wanadoo.fr n. V.
Catherine Nolot

DOM. DES MATINES 2000

3 ha 5 000 3à5 €

Das Gut, das sich seit vier Generationen im Besitz der gleichen Familie befindet, präsentiert einen Wein von fuchsienroter Farbe. Die bläuliche Nuance verleiht ihm eine interessante Erscheinung, die sich in einem ausdrucksvollen Geruch fortsetzt. Er ist ein Rosé von recht ausgeprägter, wohl ausgewogener Persönlichkeit.

Dom. des Matines, 31, rue de la Mairie,
49700 Brossay, Tel. 02.41.52.25.36,
Fax 02.41.52.25.50 n. V.
Etchegaray

CH. MONTBENAULT 2000

◪ 1,8 ha 10 000 ▮🌡 3à5€

Dieser Rosé zeigt eine Farbe mit orangeroten Nuancen; seine Klarheit hebt diesen sehr frühlingshaften Ton hervor. Der erste Geruchseindruck, der recht deutlich ist, verbindet rote Früchte mit blumigen Noten. Die Grolleau-Traube dominiert im Verschnitt und verleiht dem Wein eine Geschmacksstruktur, die sich bei der Belüftung entfaltet.

Yves et Marie-Paule Leduc,
Ch. Montbenault, 49380 Faye-d'Anjou,
Tel. 02.41.78.31.14, Fax 02.41.78.60.29
Mo–Sa 9h–12h 14h–19h

CH. DE MONTGUERET 2000

◪ 12,3 ha 70 000 3à5€

1987 erlagen André Lacheteau und seine Frau den Reizen des Anjou und dieses Châteaus, das im Baustil der Zeit Napoleons III. errichtet wurde und Tuffstein, Schiefer und Ziegel auf harmonische Weise vereint. Eine Farbe von der Zartheit einer Pfingstrose umhüllt diesen Wein mit dem sehr kräftigen Duft von Früchten (Himbeere) und Blumen. Die frische, fröhliche Ansprache setzt sich in einem sanften Geschmack fort.

SCEA Ch. de Montguéret, Le bourg,
49560 Nueil-sur-Layon, Tel. 02.41.59.59.19,
Fax 02.41.59.59.02 n. V.
Lacheteau

CH. DE PASSAVANT 2000*

◪ 6 ha 27 000 ▮🌡 3à5€

Passavant-sur-Layon ist ein reizvolles Dorf an den Ufern eines Sees, den der Layon bildet, der oberhalb davon entspringt. Château de Passavant, ein großes Gut (60 ha), hat einen soliden Ruf. Es erzeugt einen Wein von schönem, ausgeprägtem Rosa, das ins Rote geht. Während er im ersten Geruchseindruck noch verschlossen ist, kommen fruchtige Noten zur Entfaltung, wenn man das Glas schwenkt. Die Ansprache ist rund, weich und ausgewogen; im Abgang findet man die fruchtigen Noten wieder, die man beim Riechen wahrgenommen hat. Im Gesamteindruck nachhaltig und harmonisch.

SCEA David-Lecomte, Ch. de Passavant,
rte de Tancoigne, 49560 Passavant-sur-Layon,
Tel. 02.41.59.53.96, Fax 02.41.59.57.91,
E-Mail passavant@wanadoo.fr n. V.

DOM. DE SAINTE-ANNE 2000*

◪ 5 ha 10 000 ▮🌡 3à5€

Sechs Generationen haben einander auf dem Gut abgelöst. Sein eigentümliches Terroir hat diesen Wein hervorgebracht, der ein tiefes Rosa mit lachsrosa Nuancen zeigt und seine Appellation gut repräsentiert. Gärungsaromen mischen sich im Geruch mit sortentypischen Aromen. Der sanfte, angenehme, wohl ausgewogene Geschmack bietet eine feine Nachhaltigkeit des Aromas.

EARL Brault, Dom. de Sainte-Anne,
49320 Brissac-Quincé, Tel. 02.41.91.24.58,
Fax 02.41.91.25.87
Mo–Fr 9h–12h 14h–19h; Sa 9h–12h 14h–18h

DOM. DES TRAHAN

Le Logis de Preuil 2000

◪ 1,3 ha 8 000 ▮🌡 3à5€

Von den sechzig Hektar des Guts, das im Süden des Anjou-Weinbaugebiets liegt, im Departement Deux-Sèvres, ist etwas mehr als ein Hektar mit einem Kies vom Argenton für diesen Wein von kräftiger, sehr reintöniger Farbe mit lachsroten Reflexen bestimmt. In der Nase dominiert die Fruchtigkeit mit ausgeprägten Nuancen von frischen roten Früchten. Im Geschmack findet man eine gute Frische, Volumen und einen ausdrucksvollen Abgang, der ganz im Stil der Appellation gehalten ist.

EARL Les Magnolias des Trahan,
26, rue du Moulin, 79290 Cersay,
Tel. 05.49.96.80.38, Fax 05.49.96.37.23
n. V.

DOM. DES TROIS MONTS 2000*

◪ 10 ha 50 000 ▮🌡 3à5€

Die Guéneaus sind seit vier Generationen Winzer. Das Gut der «Drei Berge» verdankt seinen Namen den drei Hügeln, die die Gemeinde Trémont bilden. Seinen sehr blassen Rosé schmücken funkelnde Reflexe. Kleine Noten von frischen roten Früchten kommen auf zurückhaltende Weise in der Nase zum Vorschein. Der leichte, angenehme Geschmack sorgt für einen Eindruck von allgemeiner Harmonie.

SCEA Hubert Guéneau et Fils,
1, rue Saint-Fiacre, 49310 Trémont,
Tel. 02.41.59.45.21, Fax 02.41.59.69.90
n. V.

DOM. DU VIEUX PRESSOIR 2000*

◪ k. A. 4 500 ▮🌡 3à5€

Dieser im Gebiet von Saumur gut bekannte Weinbaubetrieb sät zwischen den Rebzeilen Grünpflanzen an. Er erzielt mittels Saignée-Verfahren (Abstich nach kurzer Maischung) einen überaus verführerischen Rosé. Die Verkoster schätzten sofort die anziehende, fröhliche, klare Farbe, in der ein leichtes Perlen das Rosarot zum Funkeln bringt. Die Cabernet-franc-Traube kommt wunderbar zum Ausdruck und verbindet Früchte und Blumen. Der Geschmack bestätigt die Geruchseindrücke.

EARL B. et J. Albert,
205, rue du Château-d'Oiré, 49260 Vaudelnay,
Tel. 02.41.52.21.78, Fax 02.41.38.85.83
n. V.

Crémant de Loire

Auch hier darf die regionale Appellation für Schaumweine verwendet werden, die innerhalb der Grenzen der Appellationen Anjou, Saumur, Touraine und Cherverny erzeugt werden. Die traditionelle Methode der Flaschengärung liefert wunderbare Ergebnisse; die durchschnittliche Produktion dieser Festtagsweine liegt bei 38 000 hl. Zahlreiche Rebsorten finden dafür Verwendung: u. a. Chenin bzw. Pineau de Loire, Cabernet Sauvignon und Cabernet franc, Pinot noir und Chardonnay. Der größte Teil der Produktion besteht zwar aus Weißweinen, aber man findet auch einige Roséweine.

DOM. DE BABLUT 1997★★

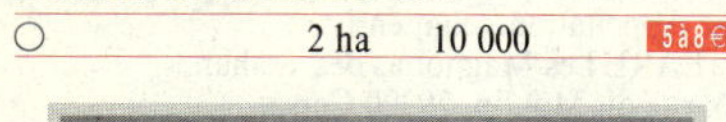

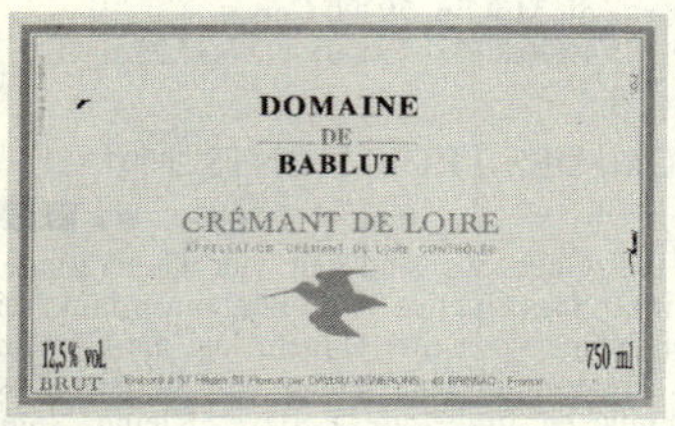

Die Daviaus sind seit 1546 Winzer, d. h., man weiß hier, was ein schöner Wein ist. Das Terroir ist ebenfalls ungewöhnlich: Es liegt dort, wo der Kalkstein des Pariser Beckens auf den Schiefer des Armorikanischen Massivs trifft. In einer alten Mühle aus dem 12. Jh. können Sie einen der schönsten Weine der Verkostung kennen lernen. Feine Bläschen steigen in hübschen Schnüren in einem blassen Gelb mit grünen Reflexen auf. Die komplexe Aromenpalette verbindet weißfleischige Früchte (Pfirsich) und Pampelmuse und entfaltet sich im Mund auf bemerkenswerte Weise. Man sollte ihn bald trinken.

🔑 SCEA Daviau, Dom. de Bablut, 49320 Brissac-Quincé, Tel. 02.41.91.22.59, Fax 02.41.91.24.77, E-Mail daviau@refsa.fr
☒ Y Mo–Sa 8h30–12h 14h–18h30

BARONNIE D'AIGNAN 1997★

○ 2 ha 16 000 5à8€

Ein Crémant, der durch seine goldgelbe Farbe verführt. Seine feinen, anhaltenden Bläschen bilden eine regelmäßige Schaumkrone. Im Geschmack überrascht er durch seine Cremigkeit und seine Frische.

🔑 Confrérie des Vignerons de Oisly-Thésée, 41700 Oisly, Tel. 02.54.79.75.20, Fax 02.54.79.75.29
☒ Y Mo–Sa 9h–12h 14h–17h30

DOM. DES BAUMARD
Cuvée Millésimée 1997

○ 5 ha k. A. 8à11€

Die Baumards erzeugten schon 1634 in Rochefort Weine. Seinen Erfolg verdankt das Gut Jean Baumard und danach seinem Sohn Florent. Feine Bläschen begleiten leicht blumige Aromen. Diese Nuancen entdeckt man mit Vergnügen in einem cremigen, anhaltenden Geschmack wieder.

🔑 Florent Baumard, SCEA Dom. des Baumard, 8, rue de l'Abbaye, 49190 Rochefort-sur-Loire, Tel. 02.41.78.70.03, Fax 02.41.78.83.82 ☒ Y n. V.

BERGER FRERES

○ 1,8 ha 7 000 5à8€

Montlouis ist eine der Wiegen der Schaum- und Perlweine. Der Crémant der Firma Berger bietet einen komplexen Duft, in dem sich Röstgeruch mit milchigen Noten mischt, und danach ein kräftiges Moussieren, gefolgt von einer milden Lebhaftigkeit, die ihn zu einem guten Begleiter für Feste macht.

🔑 Berger Frères, 70, rue de Chenonceaux, 37270 Saint-Martin-le-Beau, Tel. 02.47.50.67.36, Fax 02.47.50.21.13
☒ Y n. V.

DOM. DES BESSONS★

○ 0,5 ha 3 000 5à8€

Ein schöner Wein mit ausgeprägter Struktur, der einen sehr feinen, üppigen Schaum und einen sehr eleganten, blumigen Duft bietet. Er ist in der Ansprache recht lebhaft und offenbart einen lang anhaltenden Abgang mit Lindenblütenaromen.

🔑 François Péquin, Dom. des Bessons, 113, rue de Blois, 37530 Limeray, Tel. 02.47.30.09.10, Fax 02.47.30.02.25
☒ Y Mo–Sa 9h–19h

DOM. DE BRIZE

○ 3 ha 16 000 5à8€

Das Familiengut, das seit dem 18. Jh. vom Vater auf den Sohn weitergegeben worden ist, wird von der fünften Generation geführt: Marc und Luc Delhumeau. Sie waren mit ihrem Crémant erfolgreich: Er ist angenehm im Anblick, mit hübschen goldenen Reflexen, die ins Grüne spielen, und bietet eine komplexe Aromenpalette, die aus fruchtigen und leicht röstartigen Nuancen besteht. Der füllige, frische, anhaltende Geschmack klingt mit einer etwas säuerlichen Note aus.

🔑 SCEA Marc et Luc Delhumeau, Dom. de Brizé, 49540 Martigné-Briand, Tel. 02.41.59.43.35, Fax 02.41.59.66.90, E-Mail delhumeau.scea@free.fr ☒ Y n. V.
🔑 Luc und Line Delhumeau

PAUL BUISSE

○ k. A. 10 000 5à8€

Dieser Weinhändler aus der Touraine präsentiert einen Crémant mit einer anhaltenden Schaumkrone und fein würzigen Aromen. Ein sanfter, ausgewogener Wein mit harmonischem Abgang.

🔑 SA Paul Buisse, 69, rte de Vierzon, 41402 Montrichard Cedex, Tel. 02.54.32.00.01, Fax 02.54.32.09.78, E-Mail contact@paul-buisse.com
☒ Y Mo–Do 8h–12h 14h–18h; Fr 8h–12h 14h–17h

FRANÇOIS CAZIN 1997

○ 1 ha 5 000 5à8€

Dieser noch jugendliche Crémant mit hübschen blassgelben Reflexen und Noten von Lindenblüte und weißem Pfirsich bietet ein feines, anhaltendes Moussieren. Er dürfte sich gut entwickeln.

François Cazin, Le Petit Chambord, 41700 Cheverny, Tel. 02.54.79.93.75, Fax 02.54.79.27.89 ☑ Y n. V.

DE CHANCENY Blanc de Blancs 1995*

○ 23 ha 100 000 5à8€

Das Angebot der Weine, die die Vignerons de La Noëlle, eine große regionale Erzeugervereinigung, präsentieren, ist sehr groß. Dieser Schaumwein zeigt in einem blassen Gelb feine, üppige Bläschen. Der noch unauffällige Geruchseindruck lässt vorzugsweise blumige Nuancen erkennen. Dem fruchtigen, ausgewogenen Geschmack mangelt es nicht an Feinheit. Ein eleganter Wein, den man – wie vorgeschlagen wurde – zu einem Mandarinensorbet servieren sollte.

Les Vignerons de La Noëlle, bd des Alliés, BP 155, 44150 Ancenis, Tel. 02.40.98.92.72, Fax 02.40.98.96.70, E-Mail vignerons-noelle@cana.fr ☑ Y n. V.

CHESNEAU ET FILS 1999

○ 0,75 ha 6 700 5à8€

Eine Verkostung, die Feinheit in allen Formen variiert: Bläschen, die auf feine Weise diesen blassgelben Wein mit den subtilen grünen Reflexen zieren, delikate Aromen und ein angenehmer Geschmack. Ein Wein zum Aperitif.

EARL Chesneau et Fils, 26, rue Sainte-Neomoise, 41120 Sambin, Tel. 02.54.20.20.15, Fax 02.54.33.21.91 ☑ Y n. V.

DELAUNAY PERE ET FILS 1999*

○ 3 ha 29 000 5à8€

Das Gut gehört seit vier Generationen der gleichen Familie. Die Jury fand seinen blassgelben Crémant mit dem feinen, anhaltenden Moussieren sehr gelungen. Leichte Hefebrot- und Honignoten entfalten sich in einem wohl ausgewogenen, harmonischen Wein. Ein Verkoster empfahl ihn als Begleitung für eine ganze Mahlzeit.

Dom. Delaunay Père et Fils, Daudet, 49570 Montjean-sur-Loire, Tel. 02.41.39.08.39, Fax 02.41.39.00.20, E-Mail delaunay.anjou@wanadoo.fr ☑ Y n. V.

DOM. DUBOIS*

◐ 1 ha 5 000 5à8€

Unter der Hochfläche von Saint-Cyr befinden sich besonders große Steinbrüche für Kreidetuff. Diese Gemeinde allein soll rund 180 km Stollen enthalten, die oft als Keller dienen. Dieser Rosé-Crémant bringt dem Auge sehr viel Vergnügen. Feine Bläschen und eine gute Beständigkeit beleben das blasse Rosa. In der Nase dominiert die Cabernet-Rebe; die Fruchtigkeit ist deutlich wahrzunehmen. Diese Düfte leiten einen frischen, leckeren, ausgewogenen, harmonischen Geschmack ein.

Dom. Michel et Jean-Claude Dubois, 8, rte de Chacé, 49260 Saint-Cyr-en-Bourg, Tel. 02.41.51.61.32, Fax 02.41.51.95.29 ☑ Y n. V.

XAVIER FRISSANT

○ k. A. 5 000 5à8€

Xavier Frissant, der im Hachette-Weinführer 2000 eine Liebeserklärung erhielt, präsentiert einen Crémant von schöner, blumiger Intensität, der einen erfrischenden Abgang besitzt.

Xavier Frissant, 1, chem. Neuf, 37530 Mosnes, Tel. 02.47.57.23.18, Fax 02.47.57.23.25, E-Mail xavierfrissant@wanadoo.fr ☑ Y Mo–Sa 8h–12h30 14h–19h; So n. V.

DOM. DE GAGNEBERT 1997

○ k. A. 12 000 5à8€

Das Gut umfasst sechzig Hektar in einer Gemeinde, in der man schon im 12. Jh. den Schiefer des Untergrunds nutzte. Übrigens werden die Besucher in einem Keller aus Schiefer empfangen. Man kann dort diesen typischen Crémant verkosten, dessen schönes Blassgelb grüne Reflexe zeigt. Während der Geruchseindruck diskret bleibt, ist die Ansprache lebhaft; schöne Noten von roter Johannisbeere und Honig bilden einen bemerkenswerten Auftakt. Harmonischer Gesamteindruck.

Daniel et Jean-Yves Moron, Dom. de Gagnebert, 2, chem. de la Naurivet, 49610 Juigné-sur-Loire, Tel. 02.41.91.92.86, Fax 02.41.91.95.50 ☑ Y Mo–Sa 9h–12h 15h–19h

FRANCIS ET PATRICK HUGUET

○ 1 ha 4 500 5à8€

Ein Sand- und Kieselboden hat diesen harmonischen Crémant von goldgelber Farbe hervorgebracht, der eine gute moussierende Ansprache bietet. Im Geschmack verschmilzt er auf angenehme Weise und bietet Hefebrotnoten.

GAEC Huguet, 12, rue de la Franchetière, 41350 Saint-Claude-de-Diray, Tel. 02.54.20.57.36, Fax 02.54.20.58.57 ☑ Y n. V.

DOM. DE LA BESNERIE*

○ 0,6 ha 3 950 5à8€

Dieser Crémant mit Aromen von frischem Hefebrot, Zitrone und weißen Blüten und mit dem ausgewogenen Abgang wird Ihre Abende verzaubern.

François Pironneau, 41, rte de Mesland, 41150 Monteaux, Tel. 02.54.70.23.75, Fax 02.54.70.21.89 ☑ Y n. V.

DOM. DE LA DESOUCHERIE

○ 1 ha 9 000 8à11€

Bei diesem Crémant mit der schönen blassen Farbe erstaunt der Geruchseindruck durch seine Zartheit, seine fruchtige Seite und seine Zurückhaltung. Im Geschmack wird seine Schüchternheit durch seine Feinheit und Länge weitgehend kompensiert.

Christian Tessier, Dom. de La Désoucherie, 41700 Cour-Cheverny, Tel. 02.54.79.90.08, Fax 02.54.79.22.48, E-Mail christian.tessier@waika9.com
n. V.

MLLE LADUBAY

○ k. A. 100 000 5à8€

Diese Handelsfirma, die heute von der dritten Generation der Monmousseaus geleitet wird, hat ihren Sitz in Saint-Hilaire-Saint-Florent, einer Gemeinde, die an einem vollständig mit Kellern durchlöcherten Hang am linken Ufer des Thoue liegt. Sie stellt einen Crémant vor, der durch ein feines Moussieren und eine strahlende blassgelbe Farbe mit grünen Reflexen verführt. Der ein wenig diskrete Geruchseindruck bietet Aromen von weißen Früchten. Der frische, runde, großzügige Geschmack hinterlässt einen sehr harmonischen Eindruck. Man sollte ihn rasch trinken.

Bouvet-Ladubay, 1, rue de l'Abbaye, 49400 Saint-Hilaire-Saint-Florent, Tel. 02.41.83.83.83, Fax 02.41.50.24.32, E-Mail bouvet-ladubay@saumur.net
tägl. 8h30–12h 14h–18h

CH. DE LA DURANDIERE 1999*

○ 3,3 ha 18 600 5à8€

Der Besuch der Altstadt von Montreuil-Bellay wird Sie begeistern; mit seinen Gassen und seinen alten Häusern hat der Ort sein früheres Antlitz bewahrt. 600 m von dem wunderschönen Schloss entfernt liegt dieses Gut, das eine angenehme Ergänzung für Ihren Spaziergang darstellen wird. Es erzeugt einen Crémant mit feinem Schaum und einer hübschen goldenen Farbe, die grüne Reflexe zeigt. Das hochfeine Bouquet verbindet Noten von frischen und kandierten Früchten, die wir gern zu unserem noch größeren Vergnügen im Geschmack wiederfinden. Ein gut vinifizierter, harmonischer Wein.

SCEA Bodet-Lhériau, Ch. de La Durandière, 51, rue des Fusillés, 49260 Montreuil-Bellay, Tel. 02.41.40.35.30, Fax 02.41.40.35.31, E-Mail durandiere.chateau@libertysurf.fr
Mo–Fr 8h–19h; Sa, So n. V.
Hubert und Antoine Bodet

JOSE MARTEAU*

○ 3,5 ha 30 000 5à8€

Die Jury schätzte diesen blassgoldenen Crémant mit den grünen Reflexen, der fruchtig, blumig und sehr sanft ist. Diese Sanftheit ist für das Loire-Tal nicht sehr charakteristisch. Dieser Wein wird stärker durch die Chardonnay- als durch die Chenin-Traube geprägt, obwohl er aus beiden Sorten besteht.

José Marteau, La Rouerie, 41400 Thenay, Tel. 02.54.32.50.51, Fax 02.54.32.18.52
Mo–Sa 8h–12h15 14h–19h; So 8h–12h15

DOM. MICHAUD**

○ 1,6 ha 12 000 5à8€

Ein prächtiger Wein, bei dem das Können der Winzer beim Verschneiden von wesentlicher Bedeutung war. Die feine Schaumkrone verleiht diesem Crémant in Verbindung mit den grünen Reflexen einer blassgoldenen Farbe eine echt königliche Vornehmheit. Als Ergänzung zu Chardonnay und Chenin ergeben Pinot und Cabernet franc einen deutlichen, anhaltenden Geschmack: Der Abgang ist so lang wie der Strom der Loire. Ein ungetrübtes Glücksgefühl hat die Jury mit der Zunge schnalzen lassen.

EARL Michaud, Les Martinières, 41140 Noyers-sur-Cher, Tel. 02.54.32.47.23, Fax 02.54.75.39.19 n. V.

DOM. MOREAU

○ 0,5 ha 2 000 5à8€

Grüne Reflexe in einer Schaumkrone aus feinen Bläschen verleihen diesem Crémant einen sehr behaglichen Anblick. Der Duft bietet einen Hauch von Vanille. Ein starkes Moussieren prägt die Verkostung.

Catherine Moreau, Fleuray, 37530 Cangey, Tel. 02.47.30.18.82, Fax 02.47.30.02.79
n. V.

DOM. DE NERLEUX*

○ 6 ha 20 000 5à8€

Das Gut in Familienbesitz wird seit sieben Generationen vom Vater an den Sohn vererbt. Es liegt auf dem Tuff, der immer noch in einem ganz nahen Steinbruch gewonnen wird. Sein blassgelber Crémant, den sehr feine Bläschen beleben, entfaltet einen blumig-fruchtigen Duft. Der harmonische, ausgewogene, lange Geschmack hinterlässt eine Empfindung von Frische, die für die Appellation charakteristisch ist.

SCEA Régis Neau, 4, rue de la Paleine, 49260 Saint-Cyr-en-Bourg, Tel. 02.41.51.61.04, Fax 02.41.51.65.34, E-Mail rneau@terre-net.fr
Mo–Fr 8h–12h 14–18h; Sa 8h–12h

DOM. DU PETIT CLOCHER 1998*

○ 12 ha 12 000 5à8€

Das Gut bewirtschaftet gegenwärtig 54 Hektar und erzeugt regelmäßig schöne Weine wie diesen sehr hübschen Crémant mit den anhaltenden, feinen Bläschen und den leicht blumigen und würzigen Aromen. Dieser Brut, der im Geschmack frisch, aromatisch und sanft ist, löscht auf angenehme Weise den Durst. Ideal als Aperitif.

A. et J.-N. Denis, GAEC du Petit Clocher, 3, rue du Layon, 49560 Cléré-sur-Layon, Tel. 02.41.59.54.51, Fax 02.41.59.59.70
n. V.

CH. PIEGUE 1998**

○ 1 ha 7 000 5à8€

Château de Piéguë wurde 1840 von Monsieur Monon, einem Notar, errichtet. Seinem Sohn sind die ersten Pinienanpflanzungen zu verdanken, die dem Gut einen mediterranen Anstrich geben. Die Weinberge umfassen heute 25 Hektar. Dieser großartige 98er Crémant fand einmütige Zustimmung. Eine schöne Schaumkrone aus feinen, glänzenden Bläschen umhüllt diesen Wein, der im Duft eine erstaunliche Frische bietet. Er entfaltet komplexe Aromen von weißfleischigen Früchten (Apfel-Birne), die der Geschmack nicht verleugnet.

Ch. Piéguë, Piéguë, 49190 Rochefort-sur-Loire, Tel. 02.41.78.71.26, Fax 02.41.78.75.03, E-Mail chateaupiegue@groupesirius.com
Mo–Sa 9h–12h 14h–18h
Van der Hecht

DOM. RICHOU 1998

○ 2 ha 10 000 8à11€

In der Familiengeschichte der Richous gibt es eine Urkunde von 1550, die einen gewissen Maurice Joyau, Winzer und Lieferant des französischen Königs, erwähnt. Ein schöner Schaum aus feinen Bläschen krönt das Goldgelb dieses Crémant, der den Blick auf sich zieht. Dieser Wein duftet nach vollreifen, sogar zu Kompott verarbeiteten Früchten und enthüllt dann am Gaumen Noten von kandierten Früchten. Schöner Gesamteindruck.

GAEC D. et D. Richou, Chauvigné, 49610 Mozé-sur-Louet, Tel. 02.41.78.72.13, Fax 02.41.78.76.05 n. V.

DOM. DE RIS 1998

○ 2 ha 8 000 8à11€

Das Gut, eine ehemalige Seigneurie, wurde erst Ende des 19. Jh. mit Reben bestockt. Es präsentiert einen weichen, ausgewogenen, aromatischen Crémant mit feinem Schaum, der die Liebhaber umgänglicher Aperitifweine durch seine Samtigkeit und Harmonie entzücken wird.

Dom. de Ris, 37290 Bossay-sur-Claise, Tel. 02.47.94.64.43, Fax 02.47.94.68.46
Mo–Fr 17h30–19h; Sa 10h–12h 14h–19h
Gilbert Sabadie

DOM. DE SAINTE-ANNE 1999*

○ 2 ha 10 000 5à8€

Das riesige Gut, das seit sechs Generationen vom Vater auf den Sohn vererbt wird, liegt auf einer der höchsten Kuppen mit tonigem Kalksteinboden von Saint-Saturnin-sur-Loire. Von diesem Terroir stammt ein für die Appellation typischer Crémant, der in einem schönen Blassgelb einen kräftigen, delikaten Schaum zeigt. Der noch ein wenig verschlossene Geruchseindruck lässt Aromen mit Röstnuancen erkennen. Der elegante Geschmack bietet einen lang anhaltenden, leicht säuerlichen Abgang.

Dom. de Sainte-Anne, EARL Brault, 49320 Brissac-Quincé, Tel. 02.41.91.24.58, Fax 02.41.91.25.87
Mo–Fr 9h–12h 14h–19h; Sa 18h

CAVE DES VIGNERONS DE SAUMUR Cuvée de La Chevalerie 1998

◐ k. A. 60 000 5à8€

Diese Genossenschaft, die ihre Modernisierungsbestrebungen fortsetzt, verfügt seit 2000 über einen neuen Keller – die fünfte Etappe nach den Vinifizierungskellern von 1957, 1968, 1978 und 1991. Der Stollen, in dem die Weine gelagert werden, ist etwa 10 km lang. Die vorgestellte Cuvée zeigt ein leichtes, zartes Blassrosa, aus dem feine, anhaltende Bläschen aufsteigen. Der sehr fruchtige Duft entfaltet Nuancen von Walderdbeere. Im Geschmack begleitet eine unaufdringliche Frische die Fruchtigkeit innerhalb einer gut ausbalancierten Struktur.

Cave des Vignerons de Saumur, rte de Saumoussay, 49260 Saint-Cyr-en-Bourg, Tel. 02.41.53.06.06, Fax 02.41.53.06.10, E-Mail bernardjacob@vignerondesaumur.com
Mo–Sa 9h–12h 14h–18h

DANIEL TEVENOT 1998

○ 0,72 ha 6 000 5à8€

Dieser Crémant zeichnet sich durch seinen cremigen, deutlich spürbaren Schaum und seine sehr blasse gelbe Farbe aus. Der Geruchseindruck erweist sich als diskret, aber man entdeckt darin Hefebrotnoten. Der Geschmack besitzt eine sehr gelungene Ausgewogenheit und erinnert an weiße Früchte.

Daniel Tévenot, 4, rue du Moulin-à-Vent, Madon, 41120 Candé-sur-Beuvron, Tel. 02.54.79.44.24, Fax 02.54.79.44.24
n. V.

Region Nantes

Die römischen Legionen brachten die Reben vor 2000 Jahren in die Region von Nantes, d. h. in das Gebiet zwischen Bretagne, Vendée, Loire und Atlantik. Nach einem schrecklichen Winter im Jahre 1709, als das Meer entlang den Küsten zufror, war das gesamte Weinbaugebiet vernichtet. Es wurde danach in erster

Linie mit Gewächsen der Rebsorte Melon wiederhergestellt, die aus Burgund stammte.

Der Anbaubereich für die Weine der Region Nantes umfasst heute 16 000 ha und erstreckt sich in geografischer Hinsicht südlich und östlich von Nantes, wobei er ein wenig über die Grenzen des Departements Loire-Atlantique hinausgeht, in Richtung Vendée und Maine-et-Lore. Die Reben werden an sonnenreichen Hängen angebaut, die dem Einfluss der ozeanischen Luftströmungen ausgesetzt sind. Die ziemlich leichten, steinigen Böden bestehen aus alten Schichten, die mit Eruptivgestein vermengt sind. Das Weinbaugebiet der Region Nantes erzeugt 968 000 hl in den vier AOCs, Muscadet, Muscadet des Coteaux de la Loire, Muscadet de Sèvre-et-Maine und Muscadet Côtes de Grand-Lieu, sowie die als AOVDQS eingestuften Weine Gros-Plant du Pays Nantais, Coteaux d'Ancenis und Fiefs Vendéens.

Die Muscadet-AOCs und Gros-Plant du Pays Nantais

Der Muscadet ist ein trockener Weißwein, der seit 1936 eine AOC besitzt. Erzeugt wird er von einer einzigen Rebsorte, der Melon-Rebe. Die Anbaufläche umfasst 13 042 ha. Nach ihrer geografischen Lage unterscheidet man vier Appellationen, die 2000 eine Produktionsmenge von 762 211 hl hervorbrachten: Muscadet de Sèvre-et-Maine, der allein schon 9 359 ha und 528 325 hl ausmacht, Muscadet Côtes de Grand-Lieu (320 ha mit 18 416 hl), Muscadet des Coteaux de la Loire (284 ha, 14 993 hl) und Muscadet (3 077 ha mit 200 477 hl).

Der Gros-Plant du Pays Nantais, der 1954 als AOVDQS eingestuft wurde, ist ebenfalls ein Weißwein. Er stammt von einer anderen Rebsorte, Folle Blanche, und wird auf einer Fläche von etwa 2 213 ha angebaut, bei einer Produktionsmenge von 162 868 hl im Jahre 2000.

Pays Nantais

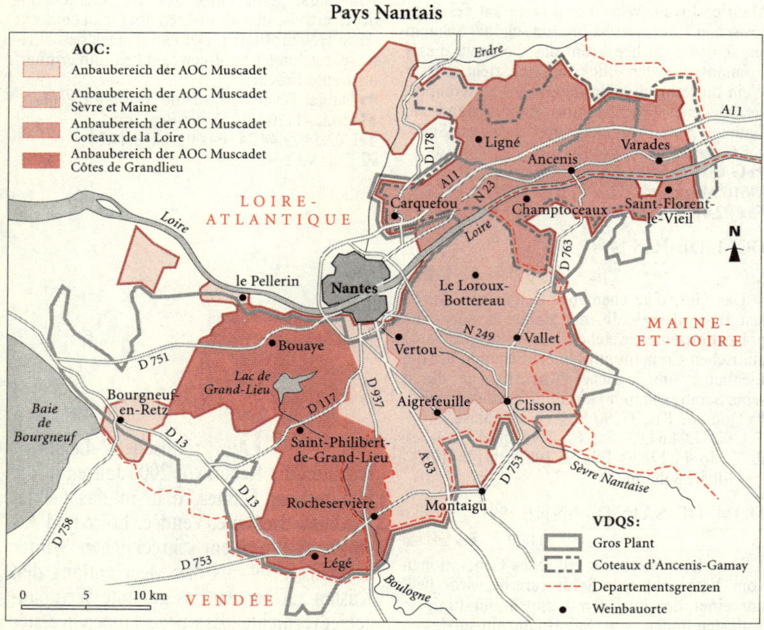

Die Flaschenabfüllung direkt von der Hefe ist in der Region Nantes ein traditionelles Verfahren, das einer genau festgelegten, 1994 verschärften gesetzlichen Regelung unterliegt. Um in den Genuss der Bezeichnung *«sur lie»* (auf der Hefe) zu kommen, dürfen die Weine nur einen Winter lang im Tank oder im Fass gereift sein und müssen sich zum Zeitpunkt der Flaschenabfüllung noch auf ihrer Hefe und in ihrem Gärkeller befinden. Die Flaschenabfüllung darf nur in bestimmten Zeiträumen vorgenommen werden, keinesfalls vor dem 1. März; der Verkauf ist erst ab dem dritten Donnerstag im März erlaubt. Diese Methode ermöglicht es, die Frische, die Feinheit und das Bouquet der Weine zu betonen. Von Natur aus ist der Muscadet ein trockener Wein, der aber nicht grasig ist und ein entfaltetes Bouquet besitzt. Er ist ein Wein für alle Gelegenheiten. Er passt hervorragend zu Fisch, Muscheln und Meeresfrüchten und gibt außerdem einen ausgezeichneten Aperitif ab. Man sollte ihn gekühlt, aber nicht eiskalt servieren (mit 8 bis 9 °C). Der Gros-Plant ist der ideale Wein zu Austern.

Muscadet des Coteaux de la Loire sur lie

DOM. DU CHAMP CHAPRON 2000*

☐ 20 ha 55 000 -3€

Dieses Gut klammert sich an felsige Hänge oberhalb des Pont Trubert, der Übergangsstelle zwischen der Bretagne und dem Anjou, wo Margarete die Lahme 1420 von Herzog Johann V. gefangen genommen wurde. Sein Wein zeigt einen ausdrucksvollen, sanften Duft, der zunächst blumig ist und sich dann in Richtung exotische Früchte entwickelt. Er ist typisch und frisch und offenbart im Geschmack unter der Feinheit seines mineralischen Charakters viel Stärke. Der ideale Begleiter für einen Fisch aus der Loire (Alse, Zander).

EARL Suteau-Ollivier, Le Champ Chapron, 44450 Barbechat, Tel. 02.40.03.65.27, Fax 02.40.33.34.43, E-Mail suteau.ollivier@wanadoo.fr n. V.

DOM. DES GALLOIRES
Cuvée de Sélection 2000*

☐ 1,25 ha 9 000 3à5€

Von dem alten Landsitz La Galloire sind nur eine Kapelle und ein paar Überreste von Mauern übrig geblieben, auf denen der heutige Keller errichtet ist. Dieser liefert einen Wein mit einem intensiven, sanften Weißdornduft. Sein verschmolzener, mineralischer Stoff verleiht ihm im Geschmack eine sehr gute Harmonie. Das Gut bietet außerdem einen **roten 2000 Coteau d'Ancenis Gamay Cuvée de sélection,** der wegen seines runden Geschmacks mit verschmolzenen Tanninen, bei dem die Aromen von roten Früchten von einer lakritzeartigen, würzigen Note unterstützt werden, eine lobende Erwähnung erhält.

GAEC des Galloires, Dom. des Galloires, 49530 Drain, Tel. 02.40.98.20.10, Fax 02.40.98.22.06 n. V.

DOM. DU HAUT FRESNE 2000

☐ 12 ha 15 000 3à5€

Dieses Gut an sehr steilen Hängen am linken Ufer der Loire erzeugt einen charaktervollen Wein, der ziemlich mineralisch ist und durch seine recht prickelnde Ansprache gefällt. Hinweisen muss man auch auf einen **roten 2000 Coteaux d'Ancenis Gamay** von kräftiger Farbe, der nach schwarzen Früchten duftet und im Geschmack würzig, kräftig, reich und lang anhaltend ist, und einen **2000er Rosé Coteaux d'Ancenis Gamay** (Preisgruppe: weniger als 20 F), der fett und frisch ist.

Renou Frères, Dom. du Haut Fresne, 49530 Drain, Tel. 02.40.98.26.79, Fax 02.40.98.26.79 n. V.

CH. DE LA VARENNE 2000

☐ 4 ha 29 792 -3€

Das Château, das sich an einer steilen Böschung entlang der Loire erhebt, liefert einen Wein, der nach exotischen Früchten, Blumen und Anis duftet. Er ist in der Ansprache lebhaft, erinnert an das Terroir und zeigt eine zufrieden stellende Rundheit und Länge. Ein gut gemachter Wein.

Pascal Pauvert, Le Marais, 49270 La Varenne, Tel. 02.40.98.55.58

CH. MESLIERE 2000**

☐ 7,5 ha 20 000 5à8€

Das Château, das eine wunderschöne Lage oberhalb der Loire hat, wo mit den Pierres Meslières Zeugnisse der Megalithkultur stehen, erhielt bereits im Hachette-Weinführer 2000 eine Liebeserklärung. Dieser sehr blasse Muscadet mit dem Weißdornduft bietet eine frische Ansprache und entfaltet dann einen verschmolzenen Geschmack mit recht deutlichem mineralischem Charakter, der für die Coteaux de la Loire sehr typisch ist. Dieser verleiht ihm einen ausgeprägten Terroir-Charakter. Man kann ihn Weihnachten aufmachen und einige Monate lang trinken.

Jean-Claude Toublanc, Les Pierres Meslières, 44150 Saint-Géréon, Tel. 02.40.83.23.95, Fax 02.40.83.23.95 n. V.

Muscadet Sèvre-et-Maine

CLOS DES ALLEES Sur lie 2000

5 ha 25 000 3à5€

Die Landschaft von Le Landreau ist auf reizvolle Weise mit Mühlen durchsetzt, von denen die bekanntesten die von Le Pé Pucelle sind. Pierre Luneau-Papin, der 50 % seiner Produktion exportiert, bietet eine interessante Palette von Muscadets an, von den Coteaux de la Loire ebenso wie von Sèvre-et-Maine. Diesem hier mangelt es zwar an Länge, aber man sollte ihn sich wegen seiner blassgelben Erscheinung mit grünen Reflexen und wegen seines intensiven, feinen, mineralischen Dufts merken.

Pierre Luneau-Papin, Dom. Pierre de La Grange, 44430 Le Landreau, Tel. 02.40.06.45.27, Fax 02.40.06.46.62 n. V.

L'ORIGINAL DE BEDOUET Sur lie 1999*

2 ha 8 000 5à8€

Michel Bedouet, der sich auf 18 ha Reben stützt, hat eine vierzig Mitglieder umfassende Erzeugervereinigung des Anbaugebiets von Nantes mit gemeinsamen Produktionsmitteln in die Wege geleitet. Sein blasser Wein, der aus dem malerischen Winzerdorf Le Pé-de-Sèvre kommt, bietet einen feinen Duft mit blumigen und buttrigen Noten. Er ist im Geschmack, reich, jodartig und nachhaltig, recht typisch für einen «Sur lie» und zeigt viel Eleganz.

Michel Bedouet, Le Pé-de-Sèvre, 44330 Le Pallet, Tel. 02.40.80.97.30, Fax 02.40.80.40.68, E-Mail michel@bedouet-vigneron.com n. V.

DOM. DE BEGROLLES Sur lie 2000*

11 ha k. A. -3€

Das Dorf Bégrolles liegt westlich von dem Marktflecken La Haye-Fouassière, nicht weit von der prähistorischen Stätte der Cavernes, am Rand der Sèvre, entfernt. Jean-Pierre Méchineau erzeugt dort einen klaren Wein, der noch verschlossen, aber viel versprechend ist. Er ist in der Nase mineralisch und im Geschmack intensiv und reich und zeigt einen ausgeprägten, aber nicht aufdringlichen Terroir-Charakter.

Jean-Pierre Méchineau, Bégrolles, 44690 La Haye-Fouassière, Tel. 02.40.54.80.95, Fax 02.40.54.80.95 n. V.

DOM. DU BOIS-JOLY Sur lie Harmonie 2000*

4,5 ha 30 000 3à5€

Diese rassige Cuvée mit mineralischem Duft, der von einem für die Region charakteristischen Gabbro- und Glimmerschieferboden stammt, entfaltet nach einer schönen Ansprache einen stattlichen Geschmack, den Aromen von Zitrusfrüchten und weißfleischigen Früchten erfüllen. Sie verdient, dass man sie zwei bis drei Jahre aufhebt.

Henri et Laurent Bouchaud, Le Bois-Joly, 44330 Le Pallet, Tel. 02.40.80.40.83, Fax 02.40.80.45.85 Mo–Sa 10h–12h30 13h30–19h

DOM. DU BOIS MALINGE Sur lie 2000**

9 ha 50 000 3à5€

Saint-Julien-de-Concelles, das in seinem Nordteil, entlang der Loire, durch den Anbau von Gemüse bestimmt ist, bleibt im Süden, am Hang, ein Weinbaudorf. Es hat einen schönen Wein hervorgebracht, der im Duft und im Geschmack fein und komplex ist. Dieser ausdrucksvolle, mineralische, leicht säuerliche Muscadet Sèvre-et-Maine, der bemerkenswert gut vinifiziert worden ist, wird in ein paar Monaten zeigen, was in ihm steckt. Zwei Sterne wurden auch dem **2000er Gros-Plant du Pays Nantais sur lie Château de La Jousselinière** (Preisgruppe: weniger als 20 F) zuerkannt. Mit seinen angenehmen Aromen von weißen Blüten kann er ein paar Jahre lagern.

GAEC de La Jousselinière, La Jousselinière, 44450 Saint-Julien-de-Concelles, Tel. 02.40.54.11.08, Fax 02.40.54.19.90

J.-Gilbert Chon

DOM. BONNETEAU-GUESSELIN Sur lie 2000*

2 ha k. A. 5à8€

Dieses Gut fürchtet nicht, die Gepflogenheiten beim Muscadet zu erschüttern, wenn es auf seine Flaschen ein eidottergelbes Etikett klebt. Sein Wein jedoch ist traditionell: In der Nase wie auch im Mund zeigt er Weißdornaromen und mineralische Noten. Er ist lebhaft und frisch und besitzt außerdem eine gute Länge.

Olivier Bonneteau-Guesselin, La Juiverie, 44690 La Haye-Fouassière, Tel. 02.40.54.80.38, Fax 02.40.36.91.17 tägl. 9h–19h

DOM. GILBERT BOSSARD Sur lie 1999*

5 ha k. A. 5à8€

Gilbert Bossard, dessen Familie seit fast fünf Jahrhunderten in La Chapelle-Heulin Wein anbaut, besitzt 50 ha Weinberge. Er präsentiert einen Wein mit entfalteten Aromen von getrockneten Früchten, die eine Ginsternote unterstützt.

Dieser füllige, reiche, noch lebhafte 99er ist jetzt trinkreif.
🔑 Gilbert Bossard, La Basse-Ville, 44330 La Chapelle-Heulin, Tel. 02.40.06.74.33, Fax 02.40.06.77.48
☒ Y Mo–Sa 8h–12h30 14h–19h

DOM. GILLES BOUFFARD Sur lie 2000

☐ 1,7 ha 13 300 3à5€

Die Produktion dieses Anjou-Guts ist nicht riesengroß, aber erstklassig. Dieser hellgoldene Wein mit grünen Reflexen ist sicherlich noch jung – eine Jugendlichkeit, die man in seinem diskreten aromatischen Ausdruck spürt: mineralisch und blumig. Er besitzt jedoch einen reichen Stoff, der eine elegante Lebhaftigkeit und eine säuerliche Fruchtigkeit aufweist. Er verdient eine Lagerung von einem Jahr.
🔑 Gilles Bouffard, La Brosse, 49230 Saint-Crespin-sur-Moine, Tel. 02.41.70.43.42
☒ Y n. V.

CLOS DES BOURGUIGNONS Sur lie 1999*

☐ 3 ha 15 000 5à8€

Nach den furchtbaren Frösten von 1709 war dieser Clos eine der ersten Parzellen, die von Winzern, die aus Burgund kamen, mit der Rebsorte Melon wieder bepflanzt wurden. Sein Name ehrt diese Burgunder. Dieser goldene Wein bietet einen Duft von Zitrusfrüchten und reifen weißen Früchten und reichert sich danach mit mineralischen und röstartigen Noten an. Er ist recht deutlich in der Ansprache, fest und ausgewogen und mündet in einen lang anhaltenden Abgang, der an grünen Apfel erinnert.
🔑 SCEA J.Y. Sécher et Associés, Dom. de La Loge, 44330 Vallet, Tel. 02.40.33.97.08, Fax 02.40.33.91.99, E-Mail jysecher@multimania.com
☒ Y Mo–Fr 9h–12h 14h30–19h; Sa, So n. V.

BOURLINGUET Sur lie 2000*

☐ 28 ha 200 000 -3€

Mit seinem Fantasienamen und seinem amüsanten Etikett, das einen Hochseefischer darstellt, zeigt dieser von einem großen Händler erzeugte Muscadet Sèvre-et-Maine einen recht typischen Charakter. Er ist fruchtig (Zitrone, grüner Apfel) und in der Ansprache lebhaft und besitzt eine schöne Ausgewogenheit.
🔑 Donatien-Bahuaud, La Loge, BP 1, 44330 La Chapelle-Heulin, Tel. 02.40.06.70.05, Fax 02.40.06.77.11 ☒

CH. BRAIRON Sur lie 2000**

☐ 1,3 ha 9 150 3à5€

Die Keller dieses Guts im Westteil des AOC-Gebiets erwachen seit etwa zehn Jahren unter der Aufsicht von Serge Méchineau zu neuem Leben. Der Weinberg hat einen Muscadet von großer Klasse erzeugt, den ein leichter Kranz von Perlen schmückt. Er ist sehr aromatisch (frische Früchte), fett und rund. Typisch für die Appellation. Er wird zu einem feinen Fisch passen (Zander oder Petersfisch beispielsweise).
🔑 Serge Méchineau, Le Châtelier, 44690 Château-Thébaud, Tel. 02.40.06.51.21, Fax 02.40.06.57.76, E-Mail serge.mechineau@free.fr ☒ Y n. V.

ANDRE-MICHEL BREGEON Sur lie 1997**

☐ 7,5 ha 27 000 5à8€

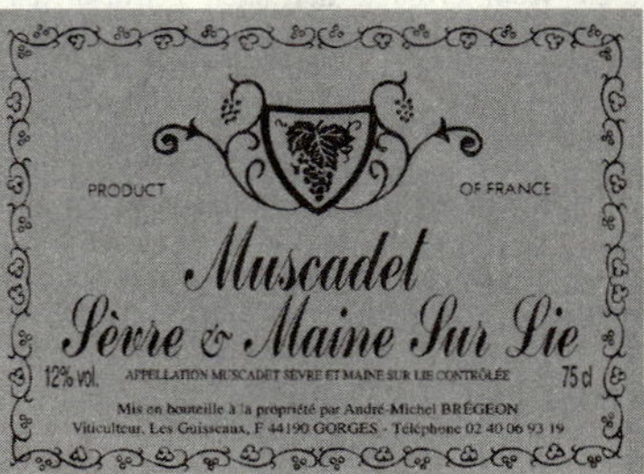

André-Michel Brégeon ist für seine Muscadets Sèvre-et-Maine gut bekannt (unser Weinführer würdigte seinen 93er). Er präsentiert hier einen 97er, der nach getrockneten Früchten und Hefebrot duftet. Dieser große Wein, der im Geschmack klar und kräftig ist und leicht an Lakritze erinnert, zeigt eine Bitternote, die eine Reifung in der Flasche rechtfertigt: Ein Verkoster kündigte seinen Höhepunkt für 2010 an!
🔑 André-Michel Brégeon, 5, Les Guisseaux, 44190 Gorges, Tel. 02.40.06.93.19, Fax 02.40.06.95.91 ☒ Y Mo–Sa 10h–19h

CH. DE BRIACE Sur lie 2000*

☐ 10 ha 60 000 3à5€

Die private Fachoberschule für Weinbau von Briacé, die sich westlich von Le Landreau in einem vom Mittelalter inspirierten Château befindet, ist im Hachette-Weinführer mit beachtlicher Regelmäßigkeit vertreten. Sein 2000er Muscadet Sèvre-et-Maine bildet keine Ausnahme von der Regel. Er ist elegant und mineralisch und bietet in der Nase eine ausgezeichnete Rückkehr der Aromen, die Blumen und Bodengeruch mischen. Im Geschmack ist er reich und rund und lässt auch viel Stärke erkennen. Ein erstaunlicher **99er Muscadet Sèvre-et-Maine** (Preisgruppe: 30 bis 49 F) wurde ebenfalls ausgewählt (ohne Stern): Er ist das Ergebnis einer Hülsenmaischung und hat eine Lagerung im Eichenfass durchlaufen.
🔑 Ch. de Briacé, Lycée agricole de Briacé, 44430 Le Landreau, Tel. 02.40.06.43.33, Fax 02.40.06.46.15 ☒ Y n. V.

CLOS DES BRIORDS Sur lie 2000**

☐ 3 ha 15 000 3à5€

Die Verkoster haben sich dabei nicht getäuscht. Dieser kräftige, reiche Wein ruft sofort alte Rebstöcke (siebzig Jahre) in Erinnerung. Diese haben ihm eine Terroir-Note verliehen, die seinen Duft von frischen Früchten (Zitrone, Pampelmuse) und seinen voluminösen Geschmack wunderbar unterstützt. Ideal als Begleitung zu Fisch.

🔑 Marc Ollivier, La Pépière,
44690 Maisdon-sur-Sèvre, Tel. 02.40.03.81.19,
Fax 02.40.06.69.85 ☑ Y n. V.

DOM. DU BROCHET Sur lie 2000★★

☐ 10,8 ha 20 000 🍾🌡 3 à 5 €

Brochet ist eine Reblage im Westen des Marktfleckens Vallet. Dieses Gut hat einen klaren Wein erzeugt, der nach getrockneten Früchten, Mandel und weißen Blüten duftet. Im Geschmack ist er weich, mit einer sehr aromatischen Entwicklung, die dem Geruchseindruck entspricht und durch eine pfeffrige Note gewürzt wird. Es fehlt ihm weder an Frische noch an «Fett». Große Persönlichkeit und ein schöner Ausdruck des Terroir.

🔑 Charles Fleurance-Hallereau, Le Brochet,
44330 Vallet, Tel. 02.40.33.97.19 ☑ Y n. V.

DOM. DES CANTREAUX Sur lie 2000★

☐ 2,2 ha 13 000 🍾🌡 3 à 5 €

Dieser Wein stammt von sechzig Jahre alten Reben, die an einem Hang mit Glimmerschieferboden wachsen. Birnen- und Mandelnoten bereichern seinen Jasminduft. Der recht typische, füllige Geschmack zeigt im Abgang dank eines leichten Prickelns Frische.

🔑 Patrice Marchais, Les Cantreaux,
44430 Le Loroux-Bottereau, Tel. 02.40.33.84.20,
Fax 02.51.71.90.36 ☑ Y n. V.

CARDINAL RICHARD Sur lie 2000★

☐ 3 ha 20 000 🍾🌡 5 à 8 €

Er trägt den Namen eines Pariser Kardinals, der einst Besitzer von Château du Cléray war. Sein Duft ist zwar unauffällig, lässt aber Aromen von getrockneten Früchten, Birne und Ginster erkennen. Der Geschmack besitzt Sanftheit und Frische mit einer würzigen Note. Dieser schon sehr angenehme Wein mit Terroir-Charakter wird gern ein paar Monate warten.

🔑 SA Sauvion et Fils, Ch. du Cléray,
44330 Vallet, Tel. 02.40.36.22.55,
Fax 02.40.36.34.62, E-Mail sauvion44@aol.com
☑ Y n. V.

DOM. DU CENSY
Sur lie Vinifié en fût de chêne 1998★★

☐ 0,2 ha 1000 🛢 3 à 5 €

Dieser im Eichenfass ausgebaute Wein, der von einer mit fünfzig Jahre alten Reben bestockten Parzelle stammt, ist ein seltenes Erzeugnis. Schade, denn er verführt umso mehr dank seines Blüten- und Honigdufts – Vorbote für einen fülligen Geschmack, in dem sich Frucht und Fass auf angenehme Weise ausgleichen. Servieren kann man ihn beispielsweise zu einer Scheibe Thunfisch mit Dill.

🔑 François Rivière, Le Gast,
44690 Maisdon-sur-Sèvre, Tel. 02.40.03.86.28,
Fax 02.40.33.56.91 ☑ Y n. V.

CH. DE CHASSELOIR
Sur lie Comte Leloup de Chasseloir Cuvée des Ceps Centenaires 2000★

☐ 3 ha 20 000 🍾🌡 5 à 8 €

Bei Chasseloir erscheint alles riesig, vom Keller mit den Rabelais-Figuren, der das Traubengut von 20 Hektar aufnimmt, bis zum Namen dieses Weins. Und dennoch gibt es die namentlich erwähnten hundert Jahre alten Rebstöcke wirklich. Sie haben einen Wein hervorgebracht, der eine meisterliche Stärke der Aromen besitzt und an getrocknete Früchte und weiße Blüten erinnert. Sein komplexer, reicher Geschmack klingt mit einer Zitronennote aus.

🔑 Bernard Chéreau, 2, imp. Port de la Ramée,
44120 Vertou, Tel. 02.40.54.81.15,
Fax 02.40.03.19.36,
E-Mail bernard.chereau@wanadoo.fr
☑ Y Mo–Sa 9h–18h

VIGNOBLE DU CHATEAU DES ROIS
Sur lie 1996★★

☐ 6 ha 30 000 🍾🌡 3 à 5 €

Gilbert Ganichaud wohnt in Mouzillon, 200 m von der galloromanischen Brücke entfernt, die über die Sanguèze führt, und baut 27 ha Reben an. Das Etikett dieses Château des Rois trägt die Krone eines Barons. Aber was effektiv zählt: Der Wein ist wirklich königlich dank seines imposanten Dufts, der sich von Korinthen, Enzian und Orangenblüte zu einer mineralischen Note hin entwickelt. Dieser charaktervolle Sèvre-et-Maine, der im Geschmack klar, sauber und elegant ist, kann durchaus Jakobsmuscheln begleiten.

🔑 Gilbert Ganichaud et Fils, 9, rte d'Ancenis,
44330 Mouzillon, Tel. 02.40.33.93.40,
Fax 02.40.36.38.79, E-Mail oviti@aol.com
☑ Y Mo–Fr 8h–12h 14h–18h

DOM. DES CHAUSSELIERES
Sur lie Elevé en fût de chêne 1999

☐ 0,33 ha 2 400 🛢 5 à 8 €

Eine kleine Produktion bei diesem charaktervollen Wein, der erst in ein bis zwei Jahren seinen vollen Charakter erreichen wird. Er ist vom Fass geprägt und entfaltet einen Duft von getrockneten Früchten, Pfirsich und Aprikose, sogar von Bauernrum. Im Geschmack ist er kräftig und schwer; er hat seine gesamte Fülle noch nicht gewonnen.

🔑 Jean Bosseau, Dom. des Chausselières,
12, rue des Vignes, 44330 Le Pallet,
Tel. 02.40.80.40.12, Fax 02.40.80.46.42
☑ Y n. V.

PHILIPPE CHENARD

Cuvée des Buttays 2000**

☐ k. A. 20 000 3à5€

Dieser blassgoldene Wein, den ein Weinbaubetrieb an den Hängen der Sanguèze, nordöstlich von Le Pallet, erzeugt hat, zeigt sich sehr subtil, in der Nase ebenso wie im Mund. Seine feinen mineralischen und kandierten Noten, die man in einem strukturierten, lang anhaltenden Stoff wahrnimmt, können durchaus Fisch mit Sauce begleiten.

EARL Philippe Chénard, La Boisselière, 44330 Le Pallet, Tel. 02.40.80.98.17, Fax 02.40.80.44.38 n. V.

DOM. DU COLOMBIER

Sur lie Cuvée des deux colombes 2000**

☐ 3 ha 20 000 3à5€

Tillières, an den Grenzen der Mauges und des Pays Nantais gelegen, hat jetzt die ersten Muscadet-Reben erhalten. 600 m von der Guillou-Mühle entfernt baut Jean-Yves Brétaudeau 27 Hektar auf, wobei er auf gezielte Schädlingsbekämpfung mit integriertem Pflanzenschutz setzt. Dieser im Hachette-Weinführer 2000 mit einer Liebeserklärung ausgezeichnete Sèvre-et-Maine bestätigt das Können seines Erzeugers. Sein offenherziger, ausdrucksvoller Duft von weißen und gelben Blüten und danach von reifen Früchten kündigt einen reichen, konzentrierten Geschmack an. Der Stoff und das «Fett» sind deutlich wahrzunehmen. Dieser Wein kann bestimmte Nachspeisen begleiten. Vom gleichen Gut hat ein **Gros-Plant du Pays Nantais sur lie** (Preisgruppe: weniger als 20 F), der intensiv blumig ist und im Abgang durch eine Zitronennote belebt wird, einen Stern erhalten.

Jean-Yves Brétaudeau, Le Colombier, 49230 Tillières, Tel. 02.41.70.45.96, Fax 02.41.70.36.17, E-Mail bretodo@free.fr n. V.

DOM. BRUNO CORMERAIS

Sur lie Cuvée Chambaudière 2000*

☐ 4 ha 17 000 3à5€

Wenn man den Wanderweg durch das Tal der Maine nimmt, kann man die Keller des Weinguts Cormerais entdecken. Dieser Wein, der von einem Silt- und Granitboden in Clisson kommt, bietet eine leicht gelbe Farbe und einen Duft von kandierten Früchten. Er ist recht kräftig gebaut und ziemlich blumig und lässt im Geschmack eine Mentholnote erkennen.

EARL Bruno et Marie-Françoise Cormerais, La Chambaudière, 44190 Saint-Lumine-de-Clisson, Tel. 02.40.03.85.84, Fax 02.40.06.68.74 n. V.

GILDAS CORMERAIS

Sur lie Prestige Vieilles vignes 2000*

☐ 2 ha 10 000 3à5€

Die sechzig Jahre alten Rebstöcke dieses Guts, die an den kieseligen Tonhängen der Maine zwischen Saint-Fiacre und Maisdon wachsen, haben einen klaren, reichen, kräftigen Wein hervorgebracht. Dieser im Duft und im Geschmack fruchtige 2000er besitzt Geschmeidigkeit und Frische, so dass man ihn mit Fisch in Sauce kombinieren kann.

Dom. Gildas Cormerais, 17, La Bretonnière, 44690 Maisdon-sur-Sèvre, Tel. 02.40.36.90.13, Fax 02.40.36.99.95 Mo–Sa 9h–19h

COLLECTION PRIVEE DES FRERES COUILLAUD 1997

☐ k. A. 8 000 8à11€

Die Brüder Couillaud bauen 67 ha Reben rund um Schloss La Ragotière an. Das Gebäude, das während der Französischen Revolution abbrannte, wurde zu Beginn des 19. Jh. vollständig wieder aufgebaut. Angesichts des Reichtums und der Konzentration ihres 97ers haben sich diese Winzer für einen achtzehnmonatigen Ausbau auf der Hefe entschieden. Das Ergebnis ist ein Wein, der nach vollreifen Birnen duftet und nach Lakritze schmeckt. Seine ätherisch leichte Struktur lädt dazu, ihn schon jetzt zu trinken. Der ebenfalls lobend erwähnte **2000er Muscadet Sèvre-et-Maine sur lie Château de La Ragotière** (Preisgruppe: 30 bis 49 F) ist ein aromatischer Wein, der an exotische Früchte denken lässt.

Les Frères Couillaud, GAEC de La Grande Ragotière, La Regrippière, 44330 Vallet, Tel. 02.40.33.60.56, Fax 02.40.33.61.89, E-Mail frères.couillaud@wanadoo.fr n. V.

MICHEL DELHOMMEAU

Sur lie Cuvée Harmonie 2000*

☐ 4 ha 20 000 3à5€

Dieser Wein enfaltet einen ausgewogenen, ausdrucksvollen Duft. Er ist im Geschmack lebhaft und gut strukturiert und zeigt einen ausgeprägten Terroir-Charakter.

Michel Delhommeau, La Huperie, 44690 Monnières, Tel. 02.40.54.60.37, Fax 02.40.54.64.51 n. V.

DONATIEN-BAHUAUD

Cuvée des Aigles 2000*

☐ 28 ha 200 000 -3€

Diese Cuvée, die sich mit einem recht würdevollen grünen Etikett im Empire-Stil präsentiert und zur Hälfte für den Export bestimmt ist, entfaltet einen intensiven, feinen Zitronen- und sogar Kirschduft. Der weiche, runde Geschmack verbindet Reichtum und Lebhaftigkeit.

Donatien-Bahuaud, La Loge, BP 1, 44330 La Chapelle-Heulin, Tel. 02.40.06.70.05, Fax 02.40.06.77.11

SELECTION CHRISTIAN GAUTHIER

Sur lie 2000**

☐ 4 ha 14 000 3à5€

Auf einem Granitboden im äußersten Süden des AOC-Gebiets erzeugt, macht dieser Wein durch einen bemerkenswerten mineralischen Duft auf sich aufmerksam. Nach einer schönen Ansprache im Geschmack erweist er sich als frisch, fruchtig und lang anhaltend. Man kann ihn schon trinken oder gut ein Jahr im Keller aufheben.

Christian Gauthier, 19, La Mainguionnière, 44190 Saint-Hilaire-de-Clisson, Tel. 02.40.54.42.91, Fax 02.40.54.25.83 n. V.

CH. DES GAUTRONNIERES
Sur lie 2000

☐ 8 ha 59 565 -3€

Dieser Weinbaubetrieb zwischen La Chapelle-Heulin und Le Pallet, der sich seit sieben Generationen im Besitz der Familie befindet, hat einen sehr trockenen Wein erzeugt, dessen grün getönte Farbe den Weißdorn- und Zitronenduft angemessen ankündigt. Eine ausgeprägte Bitterkeit im Geschmack fordert dazu auf, dass man ihn ein paar Monate lagert, aber für einen Kir eignet er sich schon sehr gut.

Claude Fleurance, Ch. des Gautronnières, 44330 La Chapelle-Heulin, Tel. 02.40.06.74.06
n. V.

CH. DES GRANDES NOELLES
Sur lie 2000*

☐ 4 ha 20 000 5à8€

Die Familie Poiron hat mehr als nur ein Eisen im Feuer: Außer ihren 36 ha Weinbergen besitzt sie eine Rebschule. Dieser Wein von grüner und goldener Farbe entfaltet einen kräftigen Duft von frischen Früchten. Im Geschmack ist er sehr gefällig, aromatisch und harmonisch. Man kann ihn zu Meeresfrüchten oder einem Ziegenhartkäse trinken.

SA Henri Poiron et Fils, Les Quatre-Routes, 44690 Maisdon-sur-Sèvre, Tel. 02.40.54.60.58, Fax 02.40.54.62.05, E-Mail poiron.henri@online.fr
Mo–Fr 9h–12h30 14h–18h; Sa 9h–12h30 14h–17h

DOM. DES GRANDES VIGNES
Sur lie 2000***

☐ 4 ha k. A. 5à8€

Ein über fünfzehn Hektar großes Weingut auf einem Sandboden. Der Terroir-Charakter ist deutlich vorhanden. Mit seinem intensiven Feuersteingeruch und seinen Aromen von weißen Früchten, die von würzigen und mineralischen Noten belebt werden, ist dieser Wein für die Appellation vollkommen typisch. Er entfaltet sich voller Sanftheit, wobei ihn bis zu einem lang anhaltenden Abgang stets eine gute Frische unterstützt. Er kann mühelos zwei bis drei Jahre lagern.

Hermine, Daniel et Lionel Métaireau, Coursay, 44690 Monnières, Tel. 02.40.54.60.08, Fax 02.40.54.65.73, E-Mail earl.metaireau@free.fr
Mo–Sa 9h–12h 14h–19h; 15.–31. Aug. geschlossen

GRAND FIEF DE LA CLAVELIERE
Sur lie 1999*

☐ 1 ha 6 000 3à5€

Diese sehr klare Cuvée kommt von sandigen Böden in der Nähe der Maine. Sie entfaltet einen ausdrucksvollen Duft von reifen Früchten und danach einen fülligen, runden Geschmack, der in einem fetten Abgang endet. Dieser Wein ist schon trinkreif, kann aber zwei bis drei Jahre lagern.

Louis Chatellier et Fils, La Clavelière, 44190 Saint-Lumine-de-Clisson, Tel. 02.40.03.80.24, Fax 02.40.06.69.02
tägl. 9h30–19h

GRAND FIEF DE LA CORMERAIE
Sur lie Grande réserve du Commandeur 2000**

☐ 2,5 ha 16 000 5à8€

Die Weine von Véronique Günther-Chéreau sind große Klassiker des Weinbaugebiets von Nantes. Dieser hier kommt von einer ehemaligen Komturei, die sich zwischen Gorges, Monnières und Maisdon befand und nach der Französischen Revolution abgerissen wurde. Das Weingut umfasst fünf Hektar. Dieser sehr typische Sèvre-et-Maine verführt durch seinen Duft, der fruchtig und blumig zugleich ist, und danach durch seinen reichen, lang anhaltenden, gut strukturierten Geschmack. Der **2000er Château du Coing de Saint-Fiacre** (ein Stern), der von Rebstöcken stammt, die direkt am Zusammenfluss von Sèvre und Maine angepflanzt sind, zeigt sich aromatisch und fruchtig, in der Nase ebenso wie im Mund.

Véronique Günther-Chéreau, Ch. du Coing, 44690 Saint-Fiacre-sur-Maine, Tel. 02.40.54.85.24, Fax 02.40.54.80.21
n. V.

GRAND FIEF DE L'AUDIGERE
Sur lie 2000*

☐ 46 ha 200 000 5à8€

Dieses ehemalige herrschaftliche Anwesen ist heute ein großes Weingut (46 ha), dessen Grund sich südwestlich von Vallet erstreckt. Sein blasser Wein mit dem feinen Duft entfaltet einen gefälligen Geschmack, der reich, fruchtig und gut ausbalanciert ist.

Jean Aubron, L'Audigère, 44330 Vallet, Tel. 02.40.33.91.91, Fax 02.40.33.91.31

ALAIN ET FRANÇOISE GRIPON
Sur lie Vieilles vignes 2000*

☐ 3 ha 4 000 3à5€

Das Gut bewahrt noch Spuren von einem Anwesen aus der Feudalzeit, dem es seinen Namen verdankt. Es baut 18 ha Reben an. Sein perlender Wein entfaltet einen intensiven, verschmolzenen Duft, der aus Honig und Rosen besteht. Er ist zu Beginn des Geschmackseindrucks frisch, zeigt eine sehr runde Ausgewogenheit und bietet Aromen von Zitrone, Lindenblüte und Feuerstein. Insgesamt sehr elegant.

Françoise et Alain Gripon, Manoir de la Mottrie, La Levraudière, 44330 La Chapelle-Heulin, Tel. 02.40.06.76.38, Fax 02.40.06.76.38, E-Mail agri.pont@wanadoo.fr n. V.

PHILIPPE GUERIN
Elevé en fût de chêne 1999

☐ 0,5 ha 2 600 5à8€

1795: Wenn dieses Jahr auf dem Etikett erscheint, bezeichnet es die Gründung des Guts der Familie Guérin, das seitdem vom Vater an den Sohn vererbt worden ist. Das Fass, das sehr präsent ist, hat diesem Wein Vanille-, Wachs- und Karamellnoten mitgegeben, ohne seinen Terroir-Charakter auszulöschen. Dieser 99er ist der würdige Begleiter für weißes Fleisch mit Rahmsauce.

Philippe Guérin, Les Pellerins, 44330 Vallet, Tel. 02.40.36.37.34, Fax 02.40.36.40.73 n. V.

DOM. GUITONNIERE Sur lie 2000

☐ 15 ha 15 000 3à5€

Das jetzt von Thierry Beauquin geführte Gut in Familienbesitz hat einen leicht perlenden Wein erzeugt, der in der Nase noch ein wenig verschlossen ist, aber im Mund gut zum Ausdruck kommt. Ein wenig Kohlensäure verleiht seinem recht runden Geschmack Frische und Schwung.

EARL Beauquin et Fils, La Guitonnière, 44330 Vallet, Tel. 02.40.36.33.03 n. V.

CH. DU HALLAY Sur lie 2000*

☐ 9 ha 65 000 5à8€

Von den 35 Hektar des Guts machen die Reben neun Hektar aus. Château du Hallay wurde gegen Endes des Zweiten Weltkriegs zerstört. Dennoch findet man es auf dem originellen Etikett dieses Weins wieder. Er hat eine strohgelbe Farbe und entfaltet komplexe Aromen, die vorwiegend fruchtig sind (Ananas, weißer Pfirsich, getrocknete Früchte), begleitet von ein paar Hefebrotnoten. Im Geschmack ist er reich, zart und wohl ausgewogen und klingt mit einer Bitternote aus, die in ein paar Monaten verschwinden dürfte.

SCEA Dominique Richard, La Cognardière, 44330 Le Pallet, Tel. 02.40.80.42.30, Fax 02.40.80.44.37 n. V.

Marie Richard

HAUTE-COUR DE LA DEBAUDIERE
Sur lie 2000*

☐ 12 ha 105 000 3à5€

Die auf den Gabbro-Böden der Sanguèze-Hänge angepflanzten Reben haben einen schönen Muscadet mit hochfeinem Zitrusduft hervorgebracht. Dieser impulsive Wein, der schon gut ausbalanciert und bereits in der Ansprache im Mund sehr präsent ist, muss noch reifen. Sein Stoff, der sich gerade entwickelt, kann sich dann voll entfalten.

Chantal et Yves Goislot, La Débaudière, 44330 Vallet, Tel. 02.40.36.30.73, Fax 02.40.36.20.23, E-Mail ycgoislot@aol.fr n. V.

DOM. DE LA BAZILLIERE
Sur lie Prestige de La Bazillière 2000*

☐ 2 ha 17 000 3à5€

La Bazillière, das an den Südhängen von Le Landreau liegt, oberhalb des Baches Gueubert, der die Sümpfe von Goulaine speist, baut 16 ha Reben an. Das Gut stellt einen Wein mit Terroir-Charakter vor, der einen fülligen, aromatischen Geschmack besitzt. Diesem lebhaften, frischen, sanften 2000er mangelt es nicht an Länge.

Jean-Michel Sauvêtre, La Bazillière, 44430 Le Landreau, Tel. 02.40.06.40.14, Fax 02.40.06.47.91 n. V.

DOM. DE LA BERNARDIERE
Sur lie 2000*

☐ 5 ha 12 000 -3€

Das Weingut umfasst heute fast 32 Hektar. Während der Französischen Revolution gehörte La Bernardière einem Reeder in Nantes, der seine Weine nach Brügge und Hamburg exportierte. Nordeuropa dürfte davon profitieren, wenn es diesen blumigen Muscadet Sèvre-et-Maine, den recht ausgeprägte Aromen von weißfleischigen Früchten begleiten, neu entdecken würde. Er ist im Geschmack kräftig, mit viel Stoff und einer säuerlichen Note, und wird sich gern ein paar Monate gedulden.

Dominique Coraleau, 14, rue des Châteaux, La Bernardière, 44330 La Chapelle-Heulin, Tel. 02.40.06.76.21, Fax 02.40.06.76.21 n. V.

CH. LA BERRIERE Sur lie 2000

☐ 28 ha 196 000 3à5€

Dieses hübsche kleine Schloss in neoklassizistischem Stil, das nach den Vendée-Aufständen wieder aufgebaut wurde, ist seit 1737 ein großer Erzeuger von Muscadet-Weinen. Seine dreißig Hektar Weinberge haben einen 2000er von blasser Farbe geliefert, der einen fein fruchtigen Duft bietet. Der gut gemachte Geschmack bewegt sich im gleichen aromatischen Register.

SCEA La Berrière, Ch. de La Berrière, 44450 Barbechat, Tel. 02.40.06.34.22, Fax 02.40.03.61.96 n. V.

de Bascher

DOM. DE LA BIGOTIERE Sur lie 2000*

☐ 10 ha 60 000 3à5€

Auf halbem Weg zwischen Sèvre und Maine gelegen, umfasst La Bigotière 19 Hektar. Das Gut hat einen Muscadet mit komplexem, reifem Duft erzeugt: Dieser erinnert zunächst an Milch und entwickelt sich an der Luft in Richtung frisch gemähtes Heu. Im Geschmack ist er fett, kräftig und recht typisch, aber ein wenig streng. Er muss ein paar Monate altern, dann wird er den perfekten Begleiter für Fisch mit Sauce abgeben.

EARL Pascal Batard, La Bigotière, 44690 Maisdon-sur-Sèvre, Tel. 02.40.06.67.02, Fax 02.40.33.56.79 n. V.

DOM. DE LA BLANCHETIERE
Sur lie 2000

☐ 21 ha 22 000 🍾🌡 3à5€

Ein Pergament von 1476 bezeugt es: Die Luneaus bauten schon im 16. Jh. auf La Blanchetière Wein an. Ihre Nachkommen haben einen feinen, perlenden, blumigen Wein ohne Aggressivität erzeugt. Merken sollte man sich auch ihren **2000er Gros-Plant du Pays Nantais sur lie,** mit einem intensiven, fruchtigen Duft und einem feinen Geschmack, dessen säuerliche Note zu seiner Eleganz beiträgt.

🔑 Christophe Luneau, Dom. de La Blanchetière, 44430 Le Loroux-Bottereau, Tel. 02.40.06.43.18, Fax 02.40.06.43.18

☑ Ῑ n. V.

CH. DE LA BOTINIERE Sur lie 2000

☐ 35 ha 260 000 🍾🌡 -3€

Das während der Französischen Revolution teilweise zerstörte Château de la Botinière bewahrt noch einige Bauteile aus dem 16. und 17. Jh. Es hat einen Wein mit einem originellen Duft von gelben Blüten erzeugt, der an einen Tonboden denken lässt. Auch wenn er im Geschmack nicht sehr lang ist, zeigt er sich doch aufgrund seiner Lebhaftigkeit und seiner Frucht gefällig.

🔑 SE Ch. de La Botinière, 44330 Vallet, Tel. 02.40.06.73.83, Fax 02.40.06.76.49

☑ Ῑ n. V.

🔑 Jean Beauquin

CH. DE LA BOURDINIERE
Sur lie Tradition 2000*

☐ 15 ha 70 000 🍾🌡 5à8€

Dieses schöne Château enthält einen Turm und Befestigungsmauern, die Pierre Landais, Schatzmeister von Herzog Franz II. und Verteidiger der bretonischen Unabhängigkeit im 15. Jh., errichten ließ. Sein Gut hat einen gut gebauten Wein von sehr harmonischem Gesamteindruck hervorgebracht. Der intensive, feine, fruchtige Duft kündigt einen aromatischen Geschmack an, der lebhaft und frisch ist.

🔑 Pierre et Chantal Lieubeau, La Croix de la Bourdinière, 44690 Château-Thébaud, Tel. 02.40.06.54.81, Fax 02.40.06.51.08, E-Mail lieubeau.vigneron@wanadoo.fr

☑ Ῑ n. V.

DOM. DE LA BRETONNIERE
Sur lie 2000*

☐ 4,5 ha 30 000 🍾🌡 3à5€

Dieser Wein ist eine Zusammenstellung verschiedener Terroirs des Guts, was zweifellos dazu beiträgt, dass er für die Appellation repräsentativ ist. Er ist mineralisch im Geruchseindruck, den Noten von Zitrone, weißen Blüten und Kaffee bereichern, und macht im Geschmack durch eine sanfte Ansprache und Länge auf sich aufmerksam. Da er im Abgang noch ein wenig streng ist, sollte man ihn ein paar Monate aufheben.

🔑 GAEC Charpentier-Fleurance, La Bretonnière, 44430 Le Landreau, Tel. 02.40.06.43.39, Fax 02.40.06.44.05 ☑ Ῑ n. V.

CH. DE LA CANTRIE Sur lie 2000*

☐ 14,58 ha 50 000 🍾🌡 3à5€

Die sehr alten Keller von La Cantrie zeigen den gesamten Sommer über Kunstausstellungen. Man kann dort auch diesen Wein kennen lernen, dessen Aromen von weißen und exotischen Früchten ein Hauch von Ginster betont. Im Geschmack ist er sehr reich und fett, sogar ein wenig schwer und klingt mit einer kleinen Bitternote aus, die eine gute Entwicklung vorhersagen lässt.

🔑 Laurent Bossis, 11, rue Beauregard, 44690 Saint-Fiacre-sur-Maine, Tel. 02.40.36.94.64, Fax 02.40.54.87.60

☑ Ῑ n. V.

DOM. DE LA CHAUVINIERE
Sur lie 2000

☐ 7 ha 40 000 🍾🌡 3à5€

Yves Huchet baut auf dem speziellen Granitboden von Château-Thébaud 37 ha Reben an. Sein wohl ausgewogener Wein entfaltet Aromen von Zitrusfrüchten und weißfleischigen Früchten. Außerdem besitzt er eine schöne Ansprache, auf die ein reicher, fruchtiger Stoff folgt.

🔑 Yves Huchet, La Chauvinière, 44690 Château-Thébaud, Tel. 02.40.06.51.90, Fax 02.40.06.57.13, E-Mail domaine-de-la-chauviniere@wanadoo.fr

☑ Ῑ n. V.

DOM. DE LA COGNARDIERE
Sur lie Bella Verte 2000

☐ k. A. 50 000 🍾🌡 3à5€

Diese Cuvée von der Domaine de La Cognardière präsentiert sich mit einem Etikett, das ebenso originell ist wie sein Name. Es handelt sich um einen typischen Muscadet, der im Anblick sehr blass ist. Sein blumiger Duft besitzt eine gute Stärke, während sein fetter Geschmack einen Eindruck von Ausgewogenheit hinterlässt. Ein trinkreifer Wein.

🔑 SARL Fabienne Richard de Tournay, La Cognardière, 44330 Le Pallet, Tel. 02.40.80.42.30, Fax 02.40.80.44.37

☑ Ῑ tägl. 8h–12h 14h–18h

CH. DE LA CORMERAIS Sur lie 2000

☐ 4,5 ha 30 000 🍾🌡 -3€

Diese Seigneurie gehörte Richard von der Bretagne, dem Bruder Herzog Johanns V. Das von einem 17 ha großen Weingut umgebene Schloss wird gerade renoviert. Sein in der Nase intensiv fruchtiger Wein verlängert diese aromatische Empfindung in einem vollen, ziemlich reichen Geschmack.

🔑 Thierry Besnard, La Cormerais, 44690 Monnières, Tel. 02.40.06.95.58, Fax 02.40.06.50.76 ☑ Ῑ n. V.

DOM. DE LA COUR DU CHATEAU DE LA POMMERAIE Sur lie 2000

☐ 15 ha 80 000 🍾🌡 3à5€

La Pommeraie, ein angesehenes Terroir von Vallet, ist in viele Parzellen aufgeteilt. Dieser noch ein wenig schüchterne Muscadet Sèvre-et-Maine erscheint dank seines auf elegante Weise

säuerlichen Geschmacks repräsentativ für den Jahrgang.
SARL Gilbert Chon, Le Bois Malinge, 44450 Saint-Julien-de-Concelles, Tel. 02.40.54.11.08, Fax 02.40.54.19.90
Albert Poilane

CH. DE LA FERTE Sur lie 1998*

☐ 2 ha 12 000 3à5€

Dieser Wein überrascht. Zwar dominiert der mineralische Charakter, aber sein Geruchseindruck lässt auch animalische und pflanzliche Noten erkennen. Der runde, ausgewogene Geschmack klingt mit einem kräftigen, fast aufdringlichen Abgang aus. «Erfahrenen Gaumen vorbehalten», warnte ein Verkoster. Der **2000er** verdient aufgrund seiner lang anhaltenden Zitrusaromen eine lobende Erwähnung.
Jérôme et Rémy Sécher, La Ferté, 44330 Vallet, Tel. 02.40.33.95.54, Fax 02.40.33.95.54 tägl. 9h–13h 14h–18h30

CLOS DE LA FEVRIE Sur lie 1999*

☐ 1 ha 6 000 3à5€

Vincent Caillé hat es sich zur Aufgabe gemacht, von seinen 36 ha Reben lagerfähige Weine zu erzeugen. Dennoch ist es nutzlos, wenn man diesen nach Hefebrot und Butter riechenden 99er noch länger warten lässt. Er ist im Geschmack recht kräftig und zeugt von einem gelungenen Ausbau auf der Hefe.
Vincent Caillé, EARL Le Fay-d'Homme, 2, rue du Fief-Seigneur, 44690 Monnières, Tel. 02.40.54.62.06, Fax 02.40.54.64.20, E-Mail lefaydhomme@wanadoo.fr n. V.

MANOIR DE LA FIRETIERE Sur lie 2000***

☐ 10 ha 70 000 3à5€

Dieses zwischen Le Loroux und La Chapelle-Heulin gelegene Manoir hat einen blassgelben Wein mit grünen Reflexen erzeugt, dessen blumiger Duft recht deutlich ist. Im Geschmack erweist sich dieser erstklassige Muscadet mit Terroir-Charakter als füllig, fett, reich und lang, wobei blumige Aromen dominieren.
Guillaume Charpentier, Les Noues, 44430 Le Loroux-Bottereau, Tel. 02.40.06.43.76, Fax 02.40.06.43.76 n. V.

DOM. DE LA FOLIETTE Sur lie Tradition Vinifié en fût de chêne 1999**

☐ 2 ha 9 000 5à8€

Die Domaine de La Foliette umfasst 32 Hektar. Ihr im Eichenfass vinifizierter Wein überrascht auf angenehme Weise durch die Komplexität und den Reichtum seiner Aromen, bei denen sich weiße Früchte, Zitrusfrüchte, Walnuss und Vanille sowie eine Röstnote vermischen. Im Mund enthüllt er eine schöne Harmonie zwischen Fass und Frucht, bevor er mit einer lebhaften Note ausklingt.
Dom. de La Foliette, 35, rue de la Fontaine, 44690 La Haye-Fouassière, Tel. 02.40.36.92.28, Fax 02.40.36.98.16, E-Mail domaine.de.la.foliette@wanadoo.fr n. V.

LE GRAND R DE LA GRANGE Sur lie 2000**

☐ 5 ha 30 000 5à8€

Es gibt zwei Domaines de La Grange, die jeweils von einem der Brüder Luneau geleitet werden; das «R» steht für das von Rémy: 30 Hektar. Dieser Grand R, ein Verschnitt der besten Gärbehälter des Jahres, entfaltet einen komplexen Duft von Blüten und weißen Früchten, den eine Anisnote würzt. Er ist im Geschmack gut ausbalanciert und trotz eines zitronenartigen Abgangs nicht sehr aggressiv und kann Zander in zarter Buttersauce begleiten. Einen Stern erkannte die Jury einem **2000er Gros-Plant du Pays Nantais sur lie Vieilles vignes** (Preisgruppe: 20 bis 29 F) zu: Der Duft von frischen Früchten entwickelt sich zu exotischen Nuancen hin, während der feine Geschmack in einen lang anhaltenden Zitronenabgang mündet.
Rémy Luneau, dom. R de La Grange, 44430 Le Landreau, Tel. 02.40.06.45.65, Fax 02.40.06.48.17, E-Mail domaine.r.delagrange@wanadoo.fr Mo–Sa 9h–12h 14h–18h

MANOIR DE LA GRELIERE Sur lie Vieilles vignes Réserve 2000***

☐ 30 ha 200 000 3à5€

Die ältesten Reben (zwischen fünfzig und hundert Jahren) dieses ehemaligen Guts der Herzöge der Bretagne haben einen intensiven, komplexen Wein hervorgebracht, der an Honig und Jasmin erinnert. Er ist im Geschmack füllig und entfaltet Birnen- und Quittenaromen. Dieser schöne Sèvre-et-Maine wird noch besser, wenn man ihn ein wenig aufhebt. Lobend erwähnt wird auch, aber ohne Stern, die **2000er Cuvée Sélection** des Guts, die rund und säuerlich ist; sie ist nicht auf der Hefe ausgebaut worden.
Branger et Fils, Manoir de la Grelière, 44120 Vertou, Tel. 02.40.05.71.55, Fax 02.40.31.29.39, E-Mail branger.vertou@wanadoo.fr n. V.

CH. DE LA GUIPIERE Sur lie Tradition 2000*

☐ 10 ha 60 000 3à5€

Auf halber Strecke zwischen Vallet und La Chapelle-Heulin baut dieses Gut dreißig Hektar an. Es hat einen recht typischen Wein erzeugt, der für die Appellation repräsentativ ist. Dieser in der Nase fruchtig-mineralische 2000er zeigt im Mund eine recht lebhafte Ansprache und ein ausgezeichnetes Gerüst.
GAEC Charpentier Père et Fils, La Guipière, 44330 Vallet, Tel. 02.40.36.23.30, Fax 02.40.36.38.14 Mo–Sa 9h–19h; So n. V.

LA FLEUR DU CLOS DE LA HAUTE CARIZIERE Sur lie 2000*

☐ 8 ha 50 000 3à5€

Dieser von einer Handelsfirma in Mouzillon vertriebene Wein wird in Wirklichkeit westlich von La Haye-Fouassière erzeugt. Sein sich förmlich entladender Duft erstaunt: Seine kräftigen Aprikosen- und Haselnussaromen erinnern eher an einen Sauvignon. Im Geschmack ist er reich

und rund und hat von einem sechsmonatigen Ausbau im Holzfass angenehme Holz- und Vanillenoten geerbt. Dieser untypische, aber gut gemachte Muscadet kann Fisch oder weißes Fleisch begleiten.
Vinival, La Sablette, 44330 Mouzillon, Tel. 02.40.36.66.00, Fax 02.40.36.26.83

DOM. DE LA LANDELLE
Sur lie Vieilles vignes 2000*

☐ 2,5 ha 10 000 3à5€

Niemand wird sich über die Feuersteinaromen wundern, die man in diesem Wein wahrnimmt. Dieser 2000er kommt nämlich von alten Reben, die auf den brüchigen Schieferböden von Le Loroux angepflanzt sind. Er ist delikat und harmonisch, von einer Röstnote unterstützt. Er besitzt Charakter und ruft sein Terroir deutlich in Erinnerung.
Michel Libeau, La Landelle, 44430 Le Loroux-Bottereau, Tel. 02.40.33.81.15, Fax 02.40.33.85.37, E-Mail domainelandelle@libertysurf.fr
n. V.

DOM. DE LA LOUVETRIE
Sur lie Hermine d'Or 1999**

☐ 7 ha 25 700 5à8€

Der Hachette-Weinführer hat oft auf dieses Gut hingewiesen, das sich auf einem ausgezeichneten Terroir an den Ufern der Sèvre befindet, direkt flussaufwärts von La Haye-Fouassière. Dieser recht typische Wein entfaltet einen feinen Duft mit Aromen von getrockneten und kandierten Früchten. Er ist ausgewogen und reich und zeigt im Geschmack viel Präsenz und Fülle. Man kann ihn unbesorgt ein bis zwei Jahre lagern. Zwei Sterne wurden auch dem **2000er Domaine de La Louvetrie Etiquette noire** (Preisgruppe: 50 bis 69 F) zuerkannt, der einen kräftigen Duft von reifen Früchten entfaltet. Dieser im Geschmack lang anhaltende ausgewogene Wein, der im Abgang eine Terroir-Note bietet, erweckt einen sehr fröhlichen Gesamteindruck. Man kann ihn auch aufheben.
Joseph Landron, Les Brandières, 44690 La Haye-Fouassière, Tel. 02.40.54.83.27, Fax 02.40.54.89.82 n. V.

LA MAISON VIEILLE Sur lie 2000

☐ 1,5 ha 8 000 3à5€

Le Pé, der Inbegriff eines für Touristen interessanten Orts mit dem ganzen Charme eines Winzerdorfs am Rande der Sèvre, ist den Umweg wert. Man entdeckt dort auch dieses 20 ha große Gut. Christophe Maillard stellt einen strohgelben Wein mit grünen Reflexen her, dessen Konstante eine angenehme Fruchtigkeit in der Nase wie auch im Mund ist. Sein **2000er Gros-Plant du Pays Nantais** (nur 1 000 Flaschen) verdient wegen seines durch frische Früchte bestimmten Charakters und wegen seines erfrischenden Perlens ebenfalls eine lobende Erwähnung.
Christophe Maillard, Le Pé-de-Sèvre, 44330 Le Pallet, Tel. 02.40.80.44.92 n. V.

DOM. LA MALONNIERE Sur lie 2000*

☐ 10 ha 60 000 3à5€

Die Vignerons de La Noëlle exportieren 40 % ihrer Produktion. Die Domaine de La Malonnière, die sich auf den Glimmerschieferböden von Loroux Bottereau befindet, hat einen blassgoldenen Wein mit strahlenden grünen Reflexen erzeugt. Der intensive Duft mischt weiße Früchte und weiße Blüten. Der aromatische Charakter ist im Mund ebenso deutlich zu spüren. Der Stoff ist frisch und füllig und zeugt von einer gelungenen Vinifizierung.
Les Vignerons de La Noëlle, bd des Alliés, BP 155, 44150 Ancenis, Tel. 02.40.98.92.72, Fax 02.40.98.96.70, E-Mail vignerons-noelle@cana.fr n. V.

LA MARQUISIERE Sur lie 2000*

☐ 20 ha 150 000 -3€

La Marquisière, eine Anfang 2001 geschaffene Handelsmarke, hält einen sehr gelungenen Einzug in unseren Weinführer. Dieser leicht mineralische Wein mit Aromen von Mandel und weißen Blüten zeigt sich im Geschmack frisch, lebhaft und anhaltend, ohne jegliche Aggressivität.
Les Caves Saint-Florent, Le Buisson, BP 2, 49410 Chapelle-Saint-Florent, Tel. 02.41.72.89.52, Fax 02.41.72.77.13
n. V.

DOM. LANDES DES CHABOISSIERES Sur lie 2000*

☐ 14,5 ha 52 000 5à8€

Die Heide der Chaboissières, jahrhundertelang nutzloses Weideland, hat jetzt einen edleren Verwendungszweck gefunden: 22 Hektar Reben, die mit gezielter Schädlingsbekämpfung kultiviert werden. Sie haben einen intensiv fruchtigen Wein geliefert. Dieser 2000er, der im Duft eher an Zitrusfrüchte und im Abgang vorwiegend an Passionsfrüchte erinnert, entfaltet sich voller Sanftheit.
Georges et Guy Desfossés, 44330 Vallet, Tel. 02.40.33.99.54, Fax 02.40.33.99.54
n. V.

DOM. DE LA PAPINIERE
Sur lie Sélection du Moulin 2000*

☐ 15,5 ha 9 000 3à5€

La Braudière liegt auf einem Hang, der von dem Bach Braudière zerschnitten wird. Das Gut hat einen Wein mit feinem, deutlichem, mineralisch-blumigem Duft erzeugt. Der recht runde Geschmack voller Frische entwickelt sich sanft zu einem fruchtigen Abgang hin.
GAEC Cousseau Frères, Dom. de La Papinière, 49230 Tillières, Tel. 02.41.70.46.31, Fax 02.41.58.61.51 n. V.

CH. LA PERRIERE Sur lie 2000

☐ 10 ha 25 000 3à5€

Dieses Gut bei Le Pallet (wo man nicht versäumen sollte, ein interessantes Weinbaumuseum zu besichtigen) stellt einen Muscadet vor, der nach kandierten Früchten duftet. Er ist im Geschmack lebhaft und ausgewogen. Ein trink-

reifer Wein, den man für Meeresfrüchte oder einen Fisch wählen kann.
🔑 Vincent Loiret, Ch. La Perrière, 44330 Le Pallet, Tel. 02.40.80.43.24, Fax 02.40.80.46.99 ☑ Y n. V.

CH. DE LA PINGOSSIERE
Sur lie 2000★★★

☐ 12 ha 40 000 5à8€

«Weder Eitelkeit noch Schwäche», verkündet das Etikett. «Schwäche» zeigt dieser Wein von Vallet keine: Er ist sehr klar, entfaltet einen einschmeichelnden Duft von Zitrusfrüchten und reifen Früchten und bezaubert danach durch seine klare Ansprache und seinen lakritzeartigen Schlussgeschmack. Dieser schöne Wein mit Terroir-Charakter kann ein paar Monate lagern.
🔑 Guilbaud-Moulin, 1, rue de la Planche, 44330 Mouzillon, Tel. 02.40.36.30.55, Fax 02.40.36.36.35 ☑ Y n. V.

DOM. DE LA ROCHE BLANCHE
Sur lie 2000★

☐ 13,35 ha 18 000 3à5€

35 Hektar an einem Hang mit Kiesel- und Tonböden haben einen Wein hervorgebracht, der in jeder Hinsicht typisch ist. Während sein Duft von frischen Äpfeln und Birnen noch ein wenig schüchtern ist, entfaltet sich sein reicher, fruchtiger, eleganter Geschmack lang anhaltend bis zu einer Bitternote am Schluss. Diesen 2000er kann man ein bis zwei Jahre aufheben.
🔑 EARL Lechat et Fils, 12, av. des Roses, 44330 Vallet, Tel. 02.40.33.94.77, Fax 02.40.36.44.31 ☑ Y n. V.

DOM. LA ROCHE RENARD
Sur lie 2000★★

☐ k. A. 40 000 3à5€

Seinem Namen verdankt dieses Gut einem eisenhaltigen Gestein, dem Ortstein, der früher den Beinamen *«renard»* trug. Es hat einen Wein erzeugt, der mit seinem grün funkelnden Strohgelb bemerkenswert ist. Der blumige Duft von mittlerer Stärke macht einem auf sehr diskrete Weise fruchtigen Geschmack Platz. Die erstklassige Struktur unterstützt den Abgang gut und garantiert eine glückliche Entwicklung.
🔑 Isabelle et Philippe Denis, Les Laures, 44330 Vallet, Tel. 02.40.36.63.65, Fax 02.40.36.23.96 ☑ Y Mo–Sa 10h–19h

LA SANCIVE Sur lie 2000

☐ k. A. 172 000 3à5€

Dieser Wein, der in zahlreichen Restaurants im Ausland serviert wird, kommt vom Vinifizierungszentrum einer der ältesten Handelsfirmen im Weinbaugebiet von Nantes. Er ist im Geschmack frisch und lebhaft, mit einem leichten Prickeln, und zeigt einen diskreten mineralischen Charakter und eine gute Fruchtigkeit. Ein anderer Wein, der **2000er Muscadet Sèvre-et-Maine sur lie Domaine du Landreau-Village** (Preisgruppe: 30 bis 49 F), der weich und einschmeichelnd ist, erhält eine lobende Erwähnung.
🔑 SA Les Vins Drouet Frères, 8, bd du Luxembourg, 44330 Vallet, Tel. 02.40.36.65.20, Fax 02.40.33.99.78, E-Mail drouetsa@club-internet.fr ☑ Y n. V.

DOM. DE LA THEBAUDIERE
Sur lie 2000

☐ 18,62 ha 10 500 -3€

Die Reben dieses Guts (fast 22 ha) sind auf der sehr angesehenen Kuppe angepflanzt, die direkt zum Herzstück der Goulaine-Sümpfe weist. Dieser Muscadet Sèvre-et-Maine stammt von einem Boden, der sich aus Sand und Eruptivgestein zusammensetzt, und setzt unter einer blassen Farbe feine, fruchtige Düfte frei. Sein reicher Geschmack ist ein gutes Vorzeichen.
🔑 EARL Philippe Pétard, La Thébaudière, 44430 Le Loroux-Bottereau, Tel. 02.40.33.81.81, Fax 02.40.33.81.81 ☑ Y n. V.

CH. LA TOUCHE Sur lie 2000★

☐ 10 ha 60 000 3à5€

La Touche, ein ehemaliger Grundbesitz, der der Familie de Goulaine gehörte, exportiert 40 % seiner Produktion nach Großbritannien und in die USA. Das Gut hat einen Sèvre-et-Maine mit Terroir-Charakter erzeugt, der deutlich mineralisch ist, in der Nase ebenso wie im Mund. Seine Ausgewogenheit und seine Feinheit bezeugen eine schöne Arbeit im Keller.
🔑 Boullault et Fils, La Touche, 44330 Vallet, Tel. 02.40.33.95.30, Fax 02.40.36.26.85, E-Mail boullault-fils@wanadoo.fr ☑ Y n. V.

LA TOUR DU FERRE Sur lie 2000

☐ 2 ha 15 000 3à5€

Le Ferré ist ein berühmtes Terroir von Vallet, das seit Jahrhunderten so heißt. Der Turm gehört zu dem zeitgenössischen Wohnhaus Philippe Douillards. Zwischen Tradition und modernem Fortschritt ist dieser strohgelbe Wein mit grünen Reflexen entstanden. Die im Geruch zunächst diskrete Fruchtigkeit findet ein stärkeres Echo in einem runden Geschmack.
🔑 Philippe Douillard, La Champinière, 44330 Vallet, Tel. 02.40.36.61.77, Fax 02.40.36.38.30, E-Mail fdouillard@terre-net.fr ☑ Y n. V.

DOM. DE LA TOURMALINE 2000★

☐ 4 ha 30 000 5à8€

Michel und Christophe Gadais sind gerade umgezogen: Ihre Keller findet man jetzt am westlichen Ortseingang des Marktfleckens

Saint-Fiacre. Ihr Wein bietet einen komplexen Duft von weißen Blüten und Frucht. Er ist in der Ansprache klar, im Geschmack weich und rund und klingt mit einer erfrischenden Note von grünem Apfel aus.
Gadais Père et Fils, La Grand'Maison, 44690 Saint-Fiacre, Tel. 02.40.54.81.23, Fax 02.40.36.70.25 n. V.

CH. LES AVENEAUX Sur lie 2000*

30 ha 180 000 3 à 5 €

Dieses 39 ha große Gut liegt zwischen La Chapelle-Heulin und der Sèvre. Bestimmt gehört es zu den ganz wenigen Gütern der Region, die einen kleinen Teil ihrer Produktion nach Russland verkaufen. Sein Sèvre-et-Maine entfaltet einen ausdrucksvollen Duft von weißen Blüten, den eine Kaffeenote belebt. In der Ansprache großzügig, im Geschmack rund und lang anhaltend. Er ist sehr erfrischend.
Charpentier Fils, Ch. Les Aveneaux, 44330 La Chapelle-Heulin, Tel. 02.40.06.74.40, Fax 02.40.06.77.72, E-Mail chateau-les-aveneaux@wanadoo.fr
n. V.

LES GRANDS PRESBYTERES Sur lie 2000

3 ha 20 000 5 à 8 €

Nelly Marzelleau feierte 2001 ihr zehnjähriges Jubiläum als Winzerin. Sie hat einen Muscadet Sèvre-et-Maine erzeugt, der nach Boden riecht und schon in der Ansprache füllig ist. Zwar lässt dieser 2000er einen etwas pflanzlichen Charakter erkennen, aber er besitzt auch einen schönen Stoff – Garant für eine günstige Zukunft.
Nelly Marzelleau, Les Grands Presbytères, 44690 Saint-Fiacre-sur-Maine, Tel. 02.40.54.80.73, Fax 02.40.36.70.78, E-Mail nelly.marzelleau@wanadoo.fr
Mo–Sa 8h–21h

DOM. LES JARDINS DE LA MENARDIERE Sur lie 2000

2 ha 10 000 3 à 5 €

Dieser Weinbaubetrieb befindet sich mitten in einem Dreieck, das Vallet, La Chapelle-Heulin und Le Pallet bilden. Er hat einen sehr zarten Wein hervorgebracht. Dieser 2000er zeigt eine lebhafte Farbe und liefert intensive Aromen von Blüten und rosa Grapefruit bis hin zu seinem runden Stoff.
Benoît et Florence Grenetier, La Ménardière, 44330 Vallet, Tel. 02.40.33.93.30 n. V.

LE SOLEIL NANTAIS Sur lie 2000**

25 ha 150 000 5 à 8 €

Dieser Wein, der in einer Spezialflasche mit einem Etikett in der Form eines bretonischen Hermelins präsentiert wird, ist eine Auswahl, die ein großer Händler der Region vorgenommen hat. Er ist sehr ausdrucksvoll und besitzt einen offenherzigen, an mineralischen Noten freigebigen Duft. Dank seines Perlens, seiner guten Ansprache und seines aromatischen Schlussgeschmacks hat er viel Verführungskraft.
Guilbaud Frères, Les Lilas, 44330 Mouzillon, Tel. 02.40.36.30.55, Fax 02.40.36.36.35, E-Mail guilbaud.muscadet@wanadoo.fr
n. V.

LES PRINTANIERES Sur lie 2000

18 ha 120 000 5 à 8 €

Les Printanières sind eine Marke eines großen Händlers der Region von Nantes. Dieser Wein bietet einen komplexen, diskreten, vorwiegend mineralischen Geruchseindruck. Im Mund entfaltet er sich stärker, mit einer schönen, recht lebhaften Ansprache und viel Frucht.
Barré Frères, Beau-Soleil, BP 10, 44190 Gorges, Tel. 02.40.06.90.70, Fax 02.40.06.96.52
Mo–Fr 8h–12h30 14h–18h
Guilbaud

DOM. DE L'HYVERNIERE Sur lie Collection Marine 2000*

17,5 ha 133 000 3 à 5 €

Das sehr moderne Vinifizierungszentrum von L'Hyvernière (mit einer Kapazität von 70 000 hl könnte es 10 % der gesamten Muscadet-Produktion verarbeiten!) hat mehrere Terroirs kombiniert, um diesen Wein zu erzeugen. Ein eleganter Blütenduft und ein fruchtiger Geschmack, der mit einem aromatischen Abgang ausklingt – das ist ein für den Jahrgang repräsentativer Muscadet.
SA Marcel Sautejeau, Dom. de L'Hyvernière, 44330 Le Pallet, Tel. 02.40.06.73.83, Fax 02.40.06.76.49

DOM. MARTIN-LUNEAU 2000

2 ha 12 000 3 à 5 €

Die Gemeinde Gorges breitet sich ebenso wie Clisson an beiden Ufern der Sèvre aus. Dieses 30 ha große Gut liegt nördlich vom Fluss. Sein sanfter, runder Geschmack entfaltet interessante aromatische Noten von geröstetem Kaffee in der Nase und getrockneten Früchten im Mund. Der Betrieb hat auch eine fruchtige, zarte **2000er Cuvée Tradition** erzeugt: ein idealer Wein zum Aperitif, der eine lobende Erwähnung verdient.
Martin-Luneau, Le Magasin, 44190 Gorges, Tel. 02.40.54.38.44, Fax 02.40.54.07.23
Mo–Sa 8h–12h30 14h–18h30

LOUIS METAIREAU Sur lie One 1995

6,5 ha 33 164 11 à 15 €

Es ist schwierig, jedes Jahr ein Meisterwerk zu produzieren, wie dies Louis Métaireau am 25. August 1989 mit seinem Wein gelang, der im letzten Jahr zum Lieblingswein gewählt wurde! Der 95er ist kein 89er. Dieser sehr mineralische, feine, runde Wein bewahrt im Abgang einen Hauch von Bitterkeit, der die Zukunft offen lässt. Ebenfalls lobend erwähnt wird von Louis Métaireau der **96er Muscadet Sèvre-et-Maine Grand Mouton Huissier** (Preisgruppe: 50 bis 69 F), wobei Grand Mouton das Terroir bezeichnet und Huissier für den Ministerialbeamten steht, der die Flaschenabfüllung von der Hefe bestätigt hat! Er ist fruchtig und mineralisch, mit einem schönen Mittelbereich des Geschmacks.

Les domaines Louis Métaireau G.I.E, La Févrie, 44690 Maisdon-sur-Sèvre, Tel. 02.40.54.81.92, Fax 02.40.54.87.83, E-Mail manelucemetaireau@hotmail.com Mo–Fr 9h–12h30 14h–18h; Sa, So n. V.

DOM. DES MORTIERS GOBIN
Sur lie 1999

1,3 ha 3 000 5à8€

Dieser goldgelbe Wein entfaltet einen komplexen, frischen Duft, der mineralische und jodartige Noten, Geißblatt und Zitrusfrüchte (grüne Zitrone und Pampelmuse) verbindet. Im Geschmack ist er lebhaft und trocken, so dass man ihn zu Krustentieren trinken kann. Zwei bis vier Jahre lagerfähig.

Robert Brosseau, 4, pl. de la Rairie, 44690 La Haye-Fouassière, Tel. 02.40.54.80.66 n. V.

DOM. DE MOTTE CHARETTE
Sur lie 2000***

8 ha 59 597 -3€

Dieses Gut am linken Ufer der Sèvre, zwischen Gorges und Monnières gelegen, hat einen Wein mit bläulichen Reflexen erzeugt. Er ist sehr ausgewogen und entfaltet lang anhaltende mineralische Aromen, die besonders ausdrucksvoll sind. Dieser typische 2000er mit Terroir-Charakter lässt eine schöne Winzerarbeit erkennen.

EARL Dom. de Motte Charette, La Simplerie, 44190 Gorges
Marie-Odile und Pierre Mabit

DOM. DU MOULIN Sur lie 2000**

6 ha 40 000 3à5€

Eingezwängt zwischen Sèvre und Maine, die kurz dahinter zusammentreffen, überragt die Mühle La Bourchinière die Weinberge dieses Guts. Die Reben haben einen sehr geradlinigen Wein hervorgebracht, dessen Duft an sehr gesunde Trauben erinnert. Dieser im Geschmack frische, leichte, fruchtige 2000er ist trinkreif.

Bernard Déramé, 2, rue du Courtil-Bochet, La Bourchinière, 44690 Saint-Fiacre-sur-Maine, Tel. 02.40.54.83.80, Fax 02.40.54.80.87, E-Mail derame@wanadoo.fr n. V.

DOM. DU MOULIN DAVID Sur lie 2000

3 ha 10 000 3à5€

Oberhalb der Sanguèze, die hier die Bretagne und das Anjou trennt, hat dieses Gut einen fruchtigen, runden Wein erzeugt. Er ist ein 2000er mit Terroir-Charakter, der einen Salat mit warmem Ziegenkäse gut begleiten kann.

Didier Blanlœil, Les Corbeillères, 44330 Vallet, Tel. 02.40.33.91.23, Fax 02.40.51.79.01 n. V.

ALAIN OLIVIER Cuvée spéciale 1997*

1,8 ha 2 600 5à8€

«Das ist ein kleines Glück – ein Gedicht», versicherte ein Verkoster angesichts dieses Weins, der nordwestlich von Vallet auf einem Gabbro-Boden erzeugt worden ist. Unter einem delikaten Blassgold mit grünen Reflexen entfaltet dieser 97er Weißdorn-, Mandel- und Röstaromen. Er ist im Geschmack recht deutlich und in seiner ganzen Länge angenehm.

EARL Alain Olivier, La Moucletière, 44330 Vallet, Tel. 02.40.36.24.69, Fax 02.40.36.24.69 n. V.

DOM. DU PARADIS Sur lie 2000*

13 ha 25 400 3à5€

Dieses «Paradies» liegt bei Monnières und besitzt eine elegant eingerichtete «Lourdes-Grotte» oberhalb der Sèvre. Es bringt einen Wein mit komplexen Aromen hervor: kandierte Früchte und Honig in der Nase, Haselnuss im Mund. Dieser in der Ansprache prickelnde 2000er entfaltet sich sanft, bietet aber im Abgang noch ein wenig Bitterkeit. Es lohnt sich, wenn man ihn ein paar Monate aufhebt.

Alain Caillé, 6, rue du Fief Seigneur, 44690 Monnières, Tel. 02.40.54.63.57, Fax 02.40.54.63.57 n. V.

STEPHANE ET VINCENT PERRAUD
Sur lie Sélection des Cognettes 2000**

2,8 ha 12 000 3à5€

Stéphane und Vincent Perraud bauen über 32 Hektar an. Sie haben gerade damit begonnen, «Rebstöcke zu vermieten», was es ihren Kunden erlaubt, einen Wein, den sie nach Ostern erhalten werden, ein Jahr im Voraus in seiner Entwicklung zu begleiten. Eine Herkunftsgarantie, die ihre Anhänger finden dürfte, wenn man nach diesem Wein mit dem intensiven Aprikosen-, Birnen- und Mandelduft urteilt. Dieser ausgewogene, lang anhaltende 2000er zeigt im Schlussgeschmack eine Note von Festigkeit, die auf eine gute Entwicklung hinweist.

Stéphane et Vincent Perraud, Bournigal, 44190 Clisson, Tel. 02.40.54.45.62, Fax 02.40.54.45.62
Mo–Sa 8h30–13h 14h–19h

CH. DU POYET
Sur lie Elevé en fût de chêne 1999*

0,7 ha 1 800 5à8€

Diese in sehr kleiner Stückzahl produzierte Sondercuvée kommt von einer einzigen Parzelle, die 1948 angepflanzt wurde. Neun Monate Lagerung im Fass haben ihr feine Vanillenoten beschert. Diese Aromen betonen den Wein, indem sie ihm am Ende des Geschmackseindrucks Milde verleihen. Dennoch büßt dieser Sèvre-et-Maine dank seiner Lebhaftigkeit in der Ansprache und seiner Sanftheit nichts von seinem typischen Charakter ein. Man kann ihn ebenso gut für sich allein oder als Begleitung zu einem gegrillten Fisch oder einem Kalbskotelett mit Rahmsauce trinken.

EARL Famille Bonneau, Le Poyet, 44330 La Chapelle-Heulin, Tel. 02.40.06.74.52, Fax 02.40.06.77.57, E-Mail chateau.dupoyet@wanadoo.fr
Mo–Sa 9h–12h30 14h–19h

PRESTIGE DE L'HERMITAGE
Sur lie 2000*

☐ 5 ha 33 000 ▮🌡 3à5€

L'Hermitage, das oberhalb der Maine an Hängen mit Gneis- und Glimmerschieferuntergrund liegt, ist für die Feinheit seiner Weine berühmt. Dieser hier bildet keine Ausnahme von der Regel: Er bietet einen Duft mit Nuancen von Lakritze und gerösteten Mandeln und danach einen fruchtig-mineralischen Geschmack, der in der Ansprache prickelt.

🔑 GAEC Moreau, La Petite Jaunaie, 44690 Château-Thébaud, Tel. 02.40.06.61.42, Fax 02.40.06.69.45 ☑ Ῑ Mo–Sa 8h–19h

CLOS DES RATELLES Sur lie 1999

☐ 1,5 ha 5 000 ▮🌡 3à5€

Der 30 ha große Clos, der unweit des «Hauses der Weine» von La Haye-Fouassière (an dessen Besuch der Tourist nicht vorbeikommt, wenn er sich für Weine interessiert) liegt, hat einen runden, frischen, säuerlichen Wein hervorgebracht, dessen Potenzial die Arbeit des Winzers deutlich herausgestellt hat.

🔑 Michel Ripoche, 8, rue de la Torrelle, 44690 La Haye-Fouassière, Tel. 02.40.36.91.95, Fax 02.40.36.73.19 ☑ Ῑ n. V.

DOM. DAMIEN RINEAU
Sur lie Fleur de Gabbro 2000*

☐ 3,3 ha 25 000 ▮🌡 5à8€

In der sehr komplizierten Geologie des Pays Nantais nimmt der Gabbro, ein sehr basisches Tiefengestein, einen besonderen Platz ein. Von einem solchen Boden haben wir hier ein gutes Erzeugnis, das wegen seines Apfel-, Weißdorn- und Bananenduftes interessant ist. Es ist im Geschmack rund und wohl ausgewogen und klingt mit einer lebhaften Zitronennote aus.

🔑 Damien Rineau, La Maison-Neuve, 44190 Gorges, Tel. 06.71.98.48.21, Fax 06.40.06.98.27 ☑ Ῑ n. V.

DOM. DES ROUAUDIERES
Sur lie 1997**

☐ 2 ha 2 000 ▮🌡 5à8€

Das Gut La Rouaudière, das sich oberhalb der Mäander der Sanguèze befindet, hat einen sehr schönen Wein mit komplexen Aromen von Zitrusfrüchten, Haselnuss und geröstetem Brot erzeugt. Dieser Muscadet mit der lebhaften, einschmeichelnden Ansprache entfaltet einen frischen, aromatischen Geschmack, in dem man die Noten des Geruchseindrucks wiederfindet. Der komplexe, füllige, nachhaltige Geschmack besitzt genug Ressourcen, um eine mehrjährige Lagerung zuzulassen.

🔑 Jacky Bordet, La Rouaudière, 44330 Mouzillon, Tel. 02.40.36.22.46, Fax 02.40.36.39.84 ☑ Ῑ n. V.

DOM. DE L'ABBAYE DE SAINTE-RADEGONDE Sur lie 2000*

☐ 18,5 ha 137 604 -3€

Von der während der Französischen Revolution zerstörten Abtei sind Keller erhalten geblieben, die ein Weinbau- und Weinmuseum enthalten. Dieser Sèvre-et-Maine fällt durch seinen ausdrucksvollen Duft auf, in dem ein latenter mineralischer Charakter Bananen- und Zitronenaromen unterstützt. Dieser originelle Wein, der auch im Geschmack sehr fruchtig und leicht salzig ist, bleibt für die Appellation repräsentativ.

🔑 SCEA Abbaye de Sainte-Radegonde, 44430 Le Loroux-Bottereau, Tel. 02.40.03.74.78, Fax 02.40.03.79.91

☑ Ῑ Mo–Fr 9h–12h 14h–18h; Sa, So n. V.

CH. DU SAUT DU LOUP Sur lie 2000*

☐ 2 ha 7 000 ▮🌡 -3€

Von dem 1900 abgebrannten Schloss bestehen nur mehr die Wirtschaftsgebäude und das Portal. Das Weingut hat einen Wein mit einem komplexen Duft von weißen Blüten und Zitrusfrüchten erzeugt. Dieser gut gemachte 2000er enthüllt im Geschmack eine gute Harmonie, «Fett», Frucht und einen Terroir-Charakter.

🔑 Dominique Bouchaud, Le Patis Vinet, 44120 Vertou, Tel. 02.40.06.15.37, Fax 02.40.06.15.37 ☑ Ῑ n. V.

DOM. YVES SAUVETRE Sur lie 2000*

☐ 7 ha 15 000 ▮🌡 3à5€

Dieser auf Schieferböden des Terroir von Le Loroux erzeugte Wein bietet einen komplexen, fruchtigen Duft. Nach einer klaren Ansprache erweist er sich als reich und voll, wobei er lang anhaltende Williams-Christbirnen-Aromen entfaltet.

🔑 Yves Sauvêtre et Fils, La Landelle, 90, rue de la Durandière, 44430 Le Loroux-Bottereau, Tel. 02.40.33.81.48, Fax 02.40.33.87.67 ☑ Ῑ n. V.

ANTOINE SUBILEAU
Sur lie Marie-Louise 2000

☐ 167 ha 1 160 000 ▮🌡 -3€

Für einen Wein, der in sehr großer Stückzahl vertrieben wird, ist dieser 2000er hier mehr als passabel. Er besitzt alles, was notwendig ist, an der richtigen Stelle: eine klare Farbe, einen zitronenartigen Duft und einen leicht säuerlichen Geschmack mit gefälliger Ansprache.

🔑 SA Antoine Subileau, 6, rue Saint-Vincent, 44330 Vallet, Tel. 02.40.36.69.70, Fax 02.40.36.63.99, E-Mail antoine-subileau@wanadoo.fr

DOM. DU VAL-FLEURI Sur lie 2000*

☐ 15 ha 60 000 ▮🌡 3à5€

Yves und Jacqueline Delaunay haben sich 1992 auf einem 27 ha großen Weingut niedergelassen. Dieser golden schimmernde Wein von einem Gneis- und Hornblenditboden zeigt sich im Geschmack kräftig, reich, fett und ausgewogen.

🔑 Yves et Jacqueline Delaunay, Le Val-Fleuri, 44430 Le Loroux-Bottereau, Tel. 02.40.33.86.84, Fax 02.40.33.88.99, E-Mail y.delaunay@infonie.fr ☑ Ῑ n. V.

DANIEL ET GERARD VINET
Sur lie 1997**

☐ k. A. k. A. 8à11€

Einige Parzellen des Weinguts La Quilla gehörten Charles Héron, einem der acht Winzer, die im Jahre 1926 die Appellation Muscadet schufen. Diese noch sehr lebhafte Cuvée richtet sich an erfahrene Gaumen. Solche Gaumen werden ihre Ausgewogenheit, ihren guten aromatischen Ausdruck (Zitrusfrüchte, getrocknete Früchte, ein Hauch von Lakritze) und ihre Länge schätzen.

Daniel et Gérard Vinet, La Quilla, 44690 La Haye-Fouassière, Tel. 02.40.54.88.96, Fax 02.40.54.89.84
Mo–Sa 8h–12h30 13h30–17h

Muscadet Côtes de Grand Lieu

DOM. DU FIEF GUERIN Sur lie 2000**

☐ 17 ha 115 000 3à5€

Unter einer grün funkelnden Farbe entfaltet dieser 2000er einen intensiven Duft von weißem Pfirsich. Er ist frisch, fein und aromatisch und enthüllt außerdem einen leicht salzigen Anflug, der für die Appellation typisch ist. Lobend erwähnt wird der **2000er Clos de La Sénaigerie,** der von Reben stammt, die direkt an den Ufern des Lac de Grand-Lieu angepflanzt sind.

Luc et Jérôme Choblet, 44830 Bouaye, Tel. 02.40.65.44.92, Fax 02.40.65.58.02
n. V.

L'ACHENEAU Sur lie 2000*

☐ 20 ha 120 000 3à5€

Der Acheneau fließt vom Lac de Grand-Lieu zur Loire oder umgekehrt, je nach Jahreszeit und Stand der Gezeiten. Er hat seinen Namen einem weichen, fleischigen, lang anhaltenden Muscadet gegeben, der durch seine Ausgewogenheit und seine Feinheit bezaubert. Im schönen Angebot der Vignerons de La Noëlle wird man sich auch den **roten 2000er Coteaux d'Ancenis Gamay La Pierre Couvretière** merken, der Aromen von reifen Früchten und Gewürzen bietet und eine lobende Erwähnung erhält.

Les Vignerons de La Noëlle, bd des Alliés, BP 155, 44150 Ancenis, Tel. 02.40.98.92.72, Fax 02.40.98.96.70, E-Mail vignerons-noelle@cana.fr n. V.

DOM. DE LA GUILLAUDIERE
Sur lie Vieilles vignes 2000*

☐ 3,6 ha 25 000 -3€

Obwohl Château des Gillières mitten im Sèvre-et-Maine-Gebiet liegt, hat es seine Aktivitäten auf die Côtes de Grand Lieu ausgeweitet. Nicht ohne Erfolg! Nach einem sehr fruchtigen Duft mit Noten von Honig und weißem Pfirsich entfaltet dieser Wein im Mund eine milde, zarte Ansprache und klingt dann mit einem lang anhaltenden Abgang aus.

SAS des Gillières, Ch. des Gillières, 44690 La Haye-Fouassière, Tel. 02.40.54.80.05, Fax 02.40.54.89.56 n. V.

DOM. DE LA PIERRE BLANCHE
Sur lie 2000

☐ 7,5 ha 10 600 -3€

Dieser Wein hat unbestreitbar eine Besonderheit: Er ist der einzige Muscadet aus der Vendée im Hachette-Weinführer 2002. Ansonsten machen ihn sein leichtes Perlen, sein frischer Duft und sein Geschmack mit der guten, milden Ansprache, der im Abgang lebhafter ist, zu einem sehr typischen Muscadet Côtes de Grand Lieu.

Gérard Epiard, La Pierre Blanche, 85660 Saint-Philbert-de-Bouaine, Tel. 02.51.41.93.42, Fax 02.51.41.91.71
n. V.

Gros-Plant AOVDQS

Der Gros-Plant du Pays Nantais ist ein trockener Weißwein, seit 1954 als AOVDQS eingestuft. Er stammt von einer einzigen Rebsorte: der Folle Blanche, einer Rebe, die aus dem Charente-Gebiet stammt und hier Gros-Plant heißt. Das Anbaugebiet umfasst 2 213 ha; die Produktionsmenge liegt bei 162 868 hl (2000). Ebenso wie der Muscadet kann der Gros-Plant direkt von der Hefe auf Flaschen abgezogen werden. Als trockener Weißwein passt er hervorragend zu Meeresfrüchten ganz allgemein und zu Muscheln im Besonderen. Man sollte ihn ebenfalls gekühlt, aber nicht eiskalt servieren (mit 8 bis 9 °C).

DOM. DES BEGAUDIERES
Sur lie 2000**

☐ 3,05 ha 5 000 3à5€

«Ein im Stil der Alten gemachter Wein», meinte ein Verkoster, was auch nicht verwunderlich ist, wenn man weiß, dass der Weinbau auf diesem Gut mindestens seit dem 17. Jh. belegt ist. Dieser Wein, der mit seinem Duft von weißen Blüten und mit seiner Feinheit im Geschmack recht typisch ist, wird den Traditionalisten gefallen.

GAEC Jauffrineau-Boulanger, Bonne-Fontaine, 44330 Vallet, Tel. 02.40.36.22.79, Fax 02.40.36.34.90 n. V.

DOM. DE BEL-AIR Sur lie 2000*

☐ 2 ha 4 000 -3€

Das Gut ganz in der Nähe des internationalen Flughafens Nantes-Atlantique erzeugt auf einem Sanduntergrund mit Kieselsteinen einen Gros-Plant, der von 35 Jahre alten Reben stammt, eine blasse Farbe zeigt und einen angenehmen Duft besitzt. Der Geschmack erweist sich als ausgewogen und sanft.

EARL Bouin-Jacquet, Dom. de Bel-Air, 44860 Saint-Aignan-de-Grand-Lieu, Tel. 02.51.70.80.80, Fax 02.51.70.80.79
Mo–Fr 14h–19h; Sa 9h–12h

DOM. DE BELLEVUE 2000**

☐ 2 ha 5 000 -3€

Jean-Yves Templier, der sein Gut an der Straße von Nantes nach Montaignu hat, kurz vor Aigrefeuille, präsentiert einen recht typischen Gros-Plant. Dieser Wein ist im Duft sehr klassisch mit seinen Weißdorn- und Zitrusnuancen und zeigt im Geschmack eine gute Struktur mit einem säuerlichen Abgang, der ihm Länge verleiht.

Jean-Yves Templier, Dom. de Bellevue, 44140 Aigrefeuille-sur-Maine, Tel. 02.40.03.86.90, Fax 02.40.03.86.90
tägl. 8h30–19h

DOM. GUY BOSSARD Sur lie 2000*

☐ 2,3 ha 9 000 3à5€

Guy Bossard hat sich 1972 für den biologischen Anbau und von 1992 bis 1996 für biodynamische Prinzipien entschieden. Heute schwenkt er die Fahne der Revolte gegen die gentechnisch veränderten Reben. Er erzeugt einen Gros-Plant mit einem intensiven, warmen Duft von reifen Früchten. Dieser angenehme Wein, der im Geschmack fruchtig und recht trocken ist, klingt lang anhaltend mit Zitronennoten aus.

Guy Bossard, La Bretonnière, 44430 Le Landreau, Tel. 02.40.06.40.91, Fax 02.40.06.46.79 n. V.

DOM. DE CHANTEGROLLE Prestige Sur lie 2000*

☐ 0,75 ha 7 000 3à5€

Dieser Gros-Plant, der von einem für Château-Thébaud eigentümlichen brüchigen Granitboden kommt, verströmt angenehm intensive Düfte von weißen Blüten. Er ist im Geschmack weich und rund, mit einem mineralischen Hauch, und lässt eine ausgezeichnete Nachhaltigkeit des Aromas erkennen.

Jean-Michel Poiron, Chantegrolle, 44690 Château-Thébaud, Tel. 02.40.06.56.42, Fax 02.40.06.58.02 n. V.

CLOS DES ROSIERS Sur lie 2000*

☐ 1,5 ha 2 000 -3€

Unser Weinführer wurde oft vom Gros-Plant von Les Rosiers verführt. Hinter einem schönen Perlen erweist sich der 2000er als weich, rund und fett, bleibt dabei aber sehr typisch. Schade, dass es sich um eine ganz kleine Produktion handelt.

Philippe Laure, Les Rosiers, 44330 Vallet, Tel. 02.40.33.91.83, Fax 02.40.36.39.28
n. V.

DOM. DU HAUT BOURG Sur lie 2000*

☐ 5 ha 8 000 -3€

Michel Choblet und sein Sohn Hervé sind für ihren Gros-Plant gut bekannt. Der 2000er ist ganz und gar repräsentativ für die Appellation mit seiner golden schimmernden Farbe, die ein leichtes Perlen belebt, seinem blumigen Duft, der mineralische Nuancen enthält, und seinem leicht säuerlichen Geschmack, der mit einem Zitronenabgang ausklingt.

Michel et Hervé Choblet, Dom. du Haut-Bourg, 44830 Bouaye, Tel. 02.40.65.47.69, Fax 02.40.32.64.01
n. V.

CH. DE LA BOITAUDIERE 2000*

☐ 4 ha 41 318 -3€

Nördlich von Landreau hat dieses große Gut einen klaren Gros-Plant mit sehr charakteristischen grünen Reflexen erzeugt. Sein Geruchseindruck ist zwar ein wenig verschlossen, aber sein Geschmack mit den Aromen von grünem Apfel zeigt eine gute Ausgewogenheit, bevor er mit mineralischen und säuerlichen Noten endet.

EARL ch. de La Boitaudière, La Boitaudière, 44430 Le Landreau, Tel. 02.40.06.42.69
Serge Sauvètre

LA CHATELIERE Sur lie 2000**

☐ 40 ha 400 000 -3€

Die Gemeinde Tillières liegt zwar im Departement Maine-et-Loire, gehört aber weinbaumäßig zum Gebiet von Nantes. Und die Weine, die hier entstehen, haben eine gute Provenienz, wie dieser recht typische Gros-Plant beweist, der sympathisch ist und im Geschmack lang anhält. Was die beiden Sterne bestätigen, die dem **2000er Muscadet Sèvre-et-Maine sur lie Cave de Val et Mont** der gleichen Firma zuerkannt wurden, der kräftig, ausgewogen und frisch ist und ganz dem Typ der Appellation entspricht, und der Stern, den der **2000er Gros-Plant Cave de La Perrière** erhielt, der ebenfalls sehr typisch, trocken und ehrlich ist und einen zitronenartigen Abgang bietet.

Rolandeau SA, La Frémonderie, BP 2, 49230 Tillières, Tel. 02.41.70.45.93, Fax 02.41.70.43.74, E-Mail rolandeau@free.fr

DOM. DE LA COGNARDIERE 2000

☐ 1,55 ha 6 000 3à5€

Dieses Gut zwischen Sèvre und Goulaine liefert einen grün funkelnden Gros-Plant mit einem typischen Duft, der im Geschmack klassische Aromen von grünem Apfel bietet, verstärkt durch eine säuerliche Note.

Jean-Claude et Pierre-Yves Nouet, 1, imp. des Pressoirs, La Cognardière, 44330 Le Pallet, Tel. 02.40.80.41.72, Fax 02.40.80.41.72
n. V.

CH. LA FORCHETIERE Sur lie 2000*

☐ 20 ha 40 000 -3€

Der Wein von diesem großen Gut, das im äußersten Süden des Departements Loire-Atlantique liegt, ist ein guter Botschafter des Gros-Plant. Sein entfalteter, ausdrucksvoller Duft von weißen Blüten kündigt sehr gut einen sanften, fröhlichen Geschmack mit der gerade richtigen Lebhaftigkeit an.

SCEA Champteloup La Forchetière, 44650 Corcoué-sur-Logne, Tel. 02.40.36.66.00, Fax 02.40.36.26.83

DOM. DE LA MOMENIERE Sur lie 2000**

☐ 5 ha 10 000 3à5€

Oberhalb des Bachs Gueubert, der die Gemeinde Le Landreau von der Gemeinde Vallet trennt, erzeugt das Gut La Momenière einen ausgewogenen Gros-Plant mit der gerade richtigen Säuerlichkeit, der für die Appellation recht repräsentativ ist. Es wäre interessant, einige Flaschen im Keller aufzuheben, denn die Jury ist der Meinung, dass er sich für eine kürzere Lagerung eignet.

EARL Joseph Audouin, Dom. de La Momenière, 44430 Le Landreau, Tel. 02.40.06.43.04, Fax 02.40.06.47.89 tägl. 9h–19h

DOM. DE LA ROCHERIE Sur lie 2000*

☐ 1,5 ha 5 000 -3€

Auch wenn das Weingut La Rocherie für ihn nur 6 % seiner Anbaufläche bestimmt, verdient dieser Gros-Plant, dass wir – nach einer Liebeserklärung im letzten Jahr – vor ihm den Hut ziehen. Unter einem sehr typischen Perlen entfaltet er einen blumigen Duft und einen sehr feinen, eher mineralischen Geschmack.

Daniel Gratas, La Rocherie, 44430 Le Landreau, Tel. 02.40.06.41.55, Fax 02.40.06.48.92 Mo–Sa 8h–20h

DOM. DE LA TOURLAUDIERE Sur lie 2000

☐ 1,6 ha 9 000 5à8€

Ob es nun sein Muscadet oder sein Gros-Plant ist, dieses Gut ist fast immer in unserem Weinführer vertreten (sogar mit einer Liebeserklärung vor zwei Jahren). Dieser Wein hier hat zwar keinen sehr intensiven Duft, aber er ist interessant aufgrund seines Geschmacks mit dem sehr typischen Terroir-Charakter.

EARL Petiteau-Gaubert, La Tourlaudière, 44330 Vallet, Tel. 02.40.36.24.86, Fax 02.40.36.29.72, E-Mail contact@tourlaudiere.com tägl. 9h30–12h30 14h–19h30

Familie Petiteau

DOM. DE L'AUBINERIE 2000*

☐ 1,5 ha 6 500 3à5€

Der Weinbau im Gebiet von Nantes verdankt viel der Sanguèze, deren Mäander ihm viele günstige Hänge eingebracht haben. Dieses Gut, das oberhalb einer solchen Flusswindung liegt, hat einen Gros-Plant von weißer Farbe geliefert, der in der Nase blumig und im lang anhaltenden, sehr lebhaften Geschmack fruchtig ist.

Jean-Marc Guérin, 26, La Barillère, 44330 Mouzillon, Tel. 02.40.36.37.06, Fax 02.40.36.37.06 n. V.

LE DEMI-BŒUF Sur lie 2000

☐ 4 ha 11 000 3à5€

Hinter dem rätselhaften Namen «Halbrind» (er erinnert an eine Mahlzeit, die die Aufständischen der Vendée 1793 aus Zeitgründen nicht mehr beenden konnten) entdeckt man einen recht typischen Gros-Plant mit duftigem Geruchseindruck und ausgewogenem Geschmack.

EARL Michel Malidain, Le Demi-Bœuf, 44310 La Limouzinière, Tel. 02.40.05.82.29, Fax 02.40.05.95.97 n. V.

DOM. LES COINS Sur lie 2000*

☐ k. A. 10 000 -3€

Ganz im Süden des Departements Loire-Atlantique gelten die Terroirs von Corcoué-sur-Logne als günstig für den Gros-Plant. Der Wein von Jean-Claude Malidain entfaltet einen Duft von geröstetem Brot, der ein wenig an einen Sauvignon erinnert, aber im Geschmack erweist er sich als vollkommen typisch, mit einem mineralischen, säuerlichen Abgang.

Jean-Claude Malidain, Le Petit Coin, 44650 Corcoué-sur-Logne, Tel. 02.40.05.95.95, Fax 02.40.05.80.99, E-Mail jeanclaude.malidain@free.fr n. V.

CH. DE L'OISELINIERE Sur lie 1999**

☐ 1,7 ha 2 000 3à5€

L'Oiselinière soll das erste Gut in der Region von Nantes gewesen sein, das schon 1635 mit der Rebsorte Melon de Bourgogne bestockt wurde. Seine Bauweise im italienischen Stil, die für Clisson typisch ist, sorgte dafür, dass es heute unter Denkmalschutz steht. Es ist vor allem für seinen Muscadet bekannt und erzeugt auch in kleiner Menge Gros-Plant. Dieser hier bietet einen Mineral- und Hefebrotgeruch. Im Geschmack ist er füllig und fett und enthüllt eine Säurestruktur, die ihm Frische verleiht, sowie eine gute Nachhaltigkeit der Aromen.

SC Aulanier, Ch. de L'Oiselinière, 44190 Gorges, Tel. 02.40.06.91.59, Fax 02.40.06.98.48, E-Mail oiseliniere@chateau-oiseliniere.com n. V.

DOM. DU PARC Sur lie 2000*

☐ 15 ha 90 000 -3€

Der Untergrund aus «grünem Fels» (Hornblendit) gilt als günstig für den Gros-Plant. Die auf diesem Gut angepflanzten Reben liefern einen Wein mit delikaten Aromen von weißen Blüten, der im Geschmack recht typisch und reich ist. Ebenfalls probierenswert ist im gleichen Jahrgang der **Muscadet Côtes de Grand Leu Domaine du Parc** (ein Stern), der typisch, reich, rund und ausgewogen ist; in der Nase wird er von mineralischen Noten dominiert, im Mund von Aromen grüner Früchte.

Pierre Dahéron, Le Parc, 44650 Corcoué-sur-Logne, Tel. 02.40.05.86.11, Fax 02.40.05.94.98 n. V.

DOM. DES PETITES COSSARDIERES
Sur lie 2000**

☐ 1,8 ha 8 000 -3€

Mangels Quantität bietet dieser Gros-Plant Qualität. Diesen perfekt hergestellten Wein, der ausgewogen, recht typisch und voller Frische ist, kann man zu Muscheln oder Austern oder auch für sich allein zum Vergnügen trinken.
Jean-Claude Couillaud, 17, rue de la Loire, 44430 Le Landreau, Tel. 02.40.06.42.81, Fax 02.40.06.49.14 n. V.

CH. DU ROCHER Sur lie 2000*

☐ 4 ha 41 290 -3€

Dieses schöne Gut aus dem 18. Jh. soll der erste Weinbaubetrieb der Gegend gewesen sein. Aber vermutlich stammt der Weinbau in dieser Gegend aus der Zeit der Römer! Sein Gros-Plant entfaltet einen komplexen Duft, der zuerst blumig ist und sich dann in Richtung Zitrusfrüchte entwickelt. Er ist weich und lang anhaltend und bestätigt im Geschmack seinen recht typischen Charakter.
Hervouet et Bes de Berc, Ch. du Rocher, 44310 Saint-Philbert-de-Grand-Lieu, Tel. 02.40.78.83.03

Fiefs Vendéens AOVDQS

Die Bezeichnung «Anciens Fiefs du Cardinal» (ehemalige Lehnsgüter des Kardinals) erinnert an die Vergangenheit dieser Weine, die Richelieu schätzte, nachdem sie im Mittelalter einen Neubeginn erlebt hatten – wie so oft auf Betreiben der Mönche. Die Bezeichnung AOVDQS wurde 1984 gewährt, was das nicht nachlassende Qualitätsstreben in diesem 449 ha großen Anbaugebiet bestätigte.

Von den Rebsorten Gamay, Cabernet und Pinot noir erzeugt die Region von Mareuil feine Rosé- und Rotweine, die duftig und fruchtig sind; Weißweine werden erst in geringer Menge produziert. Das nicht weit vom Meer entfernte Weinbaugebiet von Brem liefert trockene Weißweine aus den Rebsorten Chenin und Grolleau gris, aber auch Rosé- und Rotweine. In der Umgebung von Fontenay-le-Comte werden trockene Weißweine aus den Rebsorten Chenin, Colombard, Melon, Sauvignon hergestellt; Rosé- und Rotweine (aus Gamay und Cabernet) kommen aus den Gebieten von Pissotte und Vix. Man trinkt diese Weine jung, zu den Gerichten, mit denen man solche Weine üblicherweise kombiniert.

XAVIER COIRIER
Pissotte Sélection 2000*

◪ 10 ha 60 000 5à8€

Pinot noir, Gamay und Cabernet franc vereinigen sich zu diesem bonbonrosa Wein mit dem aromatischen Duft. Eine leichte Lebhaftigkeit lockert seinen ausdrucksvollen Geschmack mit den Aromen von roten Früchten (Kirsche, schwarze Johannisbeere, Himbeere) auf. Er kann Wurstgerichte gut begleiten.
Xavier Coirier, 15, rue des Gélinières, 85200 Pissotte, Tel. 02.51.69.40.98, Fax 02.51.69.74.15 n. V.

DOM. DES DAMES
Mareuil Les Agates 2000**

■ 4 ha 14 000 3à5€

Das Gut, das von Frauen geführt wird, hat Gamay noir, Cabernet franc und ein wenig Négrette kombiniert, um diesen rubinrot funkelnden Wein mit den Aromen von roten Früchten und Unterholz zu erzeugen. Er war zum Zeitpunkt der Verkostung recht tanninreich, so dass ihm ein paar Monate Lagerung gut tun. Der **weiße 2000er Mareuil Les Pierres Blanches** erhält für seine gute Ausgewogenheit und seine Nachhaltigkeit ebenfalls zwei Sterne. Lobend erwähnt wird schließlich noch ein wohl ausgewogener **2000er Mareuil-Rosé Les Aigues Marines.**
GAEC Vignoble Daniel Gentreau, Follet, 85320 Rosnay, Tel. 02.51.30.55.39, Fax 02.51.28.22.36
Mo–Sa 9h–12h30 14h30–19h30; 15. Sept. bis 15. Juni n. V.

DOM. DE LA CHAIGNEE Vix 2000*

■ 5 ha 30 000 5à8€

Das unweit des erstaunlichen, zu einem Nationalpark gehörenden Marais poitevin gelegene Gut (das außerdem weltweit zu den führenden Veredlern von Reben gehört) erzeugt einen rubinroten Wein mit fruchtigem Duft. Nach einer lebhaften Ansprache lässt der Geschmack eine animalische Note und einen ausgeprägten Tanninreichtum erkennen, der dazu auffordert, dass man sich noch ein paar Monate geduldet.
Vignobles Mercier Frères, La Chaignée, 85770 Vix, Tel. 02.51.00.65.14, Fax 02.51.00.67.60, E-Mail info@mercier-groupe.com n. V.

DOM. DE LA VIEILLE RIBOULERIE
Mareuil Cuvée des Moulins brûlés 2000*

■ 4 ha 8 000 5à8€

Ihren Namen («Cuvée der verbrannten Mühlen») verdankt diese Cuvée, wie man sich denken kann, einem «Kollateralschaden» der Vendée-Kriege. Sie hat eine himbeerrote Farbe und entfaltet einen intensiven Duft von Früchten aus dem Unterholz mit einer pfeffrigen Note. Im Geschmack zeigt sie sich wohl ausgewogen und ausreichend lang. Das Gut hat auch einen sehr gelungenen **weißen 2000er Mareuil** (ein Stern)

mit einer frischen Ansprache und Aromen vollreifer Äpfel erzeugt.
🔑 Hubert Macquigneau, Le Plessis, 85320 Rosnay, Tel. 02.51.30.59.54, Fax 02.51.28.21.80 ☑ 🍷 n. V.

DOM. DU LUX EN ROC Brem 2000

■ 2,5 ha 5 000 🍾 3à5€

Négrette und Gamay noir, durch ein wenig Cabernet Sauvignon unterstützt, ergeben gemeinsam diesen Wein, dessen Tiefrot eine bläulich rote Oberfläche zeigt. Im Geschmack ist er ausgewogen und offenbart einen rustikalen, sehr tanninreichen Charakter.
🔑 Jean-Pierre Richard, 5, imp. Richelieu, 85470 Brem-sur-Mer, Tel. 02.51.90.56.84 ☑ 🍷 n. V.

CH. MARIE DU FOU Mareuil 2000*

□ 3,73 ha 30 000 🍾 5à8€

Der weiße Mareuil ist ein nicht sehr bekannter Wein, was schade ist, wenn man nach diesem hier urteilt, der in den Kellern einer mittelalterlichen Festung im Holzfass ausgebaut worden ist. Während sein Geruchseindruck noch stark vom Holz geprägt ist, erweist sich sein Geschmack als fett und ausreichend lang und wird von einer leichten Säure belebt,
🔑 Jean et Jérémie Mourat, 5, rue de la Trémoille, 85320 Mareuil-sur-Lay, Tel. 02.51.97.20.10, Fax 02.51.97.21.58, E-Mail chateau.marie.du.fou@wanadoo.fr
☑ 🍷 Mo–Sa 8h–12h 14h–18h

CH. DE ROSNAY
Mareuil Vieilles vignes 2000**

◪ 16 ha 50 000 3à5€

Dieses kleine Château aus dem 19. Jh., das zwischen Yon und Lay liegt, hat einen Wein von leichtem Rosarot erzeugt, der Pinot noir und Gamay noir kombiniert. Er ist sehr aromatisch in der Nase (saure Drops) und entfaltet im Mund nach einer lebhaften Ansprache eine angenehme Note roter Früchte. Vom gleichen Gut erhalten der **weiße 2000er Mareuil Elégance** und der **rote 2000er Mareuil Prestige** beide je einen Stern, der erste für seine Pampelmusenaromen und seine Frische in der Ansprache, der zweite für seinen intensiven Duft von roten Früchten und für seine viel versprechenden Tannine.
🔑 Jard, 5, rue du Perrot, 85320 Rosnay, Tel. 02.51.30.59.06, Fax 02.51.28.21.01
☑ 🍷 n. V.

DOM. SAINT-NICOLAS
Brem Cuvée Prestige 2000**

◪ 5 ha 18 000 🍾 5à8€

Dieses große Gut, das am Rande der alten Salzgärten im Gebiet der Olonnes liegt, präsentiert einen bonbonrosa Wein, dessen fruchtigen Duft eine Ginsternote würzt. Er ist ausgewogen und fett und entfaltet einen angenehmen Himbeer- und Erdbeergeschmack. Hinweisen wollen wir außerdem auf die mit einem Stern bedachte **rote 99er Cuvée Prestige** (Preisgruppe: 50 bis 69 F), die sehr intensiv und tanninreich ist und die man ein bis zwei Jahre in Ruhe lassen sollte.
🔑 M.-J. Michon et Fils, 11, rue des Vallées, 85470 Brem-sur-Mer, Tel. 02.51.33.13.04, Fax 02.51.33.18.42, E-Mail caves.michon@cer85cernet.fr ☑ 🍷 n. V.

Coteaux d'Ancenis AOVDQS

Die Coteaux d'Ancenis sind seit 1954 als AOVDQS eingestuft. Erzeugt werden davon vier Typen, alles sortenreine Weine: Gamay (80 % der Gesamtproduktion), Cabernet, Chenin und Malvoisie. Die Anbaufläche beträgt 253,6 ha; die Produktionsmenge beträgt 16 556 hl, darunter etwa 200 hl Weißwein (im Jahre 2000).

DOM. DU BUISSON Gamay 2000

◪ 5 ha 49 600 🍾 -3€

An der Ostgrenze der Coteaux d'Ancenis, am Anjou-Rand des Weinbaugebiets von Nantes, erzeugt dieses Gut einen Rosé von der Rebsorte Gamay, der einen liebenswürdigen Duft von Mango und frischer Butter bietet und im Geschmack säuerlich ist, mit einer guten Nachhaltigkeit im Abgang. Ebenfalls lobend erwähnt wird ein **2000er Gros-Plant sur lie,** der weich und recht typisch ist.
🔑 EARL Dom. du Buisson, Le Buisson, 49410 La Chapelle-Saint-Florent, Tel. 02.41.72.89.52, Fax 02.41.72.77.13
☑ 🍷 n. V.

DOM. DES GENAUDIERES
Malvoisie 2000**

□ 1 ha 5 000 🍾 5à8€

Im großen Angebot der Domaine des Génaudières nimmt dieser Malvoisie-Wein sicherlich nur einen Randplatz ein. Aber er ist interessant aufgrund seines kräftigen Dufts von exotischen Früchten und Zitrusfrüchten und aufgrund seines runden, fetten, verschmolzenen Geschmacks, in dem man die im Geruch wahrgenommenen Aromen wiederfindet. Eine sehr schöne Flasche zum Aperitif oder zum Nachtisch.
🔑 EARL Athimon et ses Enfants, Dom. des Génaudières, 44850 Le Cellier, Tel. 02.40.25.40.27, Fax 02.40.25.35.61
☑ 🍷 Mo–Sa 8h30–12h30 14h–18h30

Anjou-Saumur

An der nördlichen Grenze der Weinbauzonen erstrecken sich die Weinbaugebiete von Anjou und Saumur in einer vom atlantischen Klima geprägten Region, mit nicht sehr zerklüfteter Oberflächengestalt und von vielen Flüssen durchzogen. Sie liegen im Departement Maine-et-Loire und greifen ein wenig auf den Norden der Departements Vienne und Deux-Sèvres über.

Die Reben werden schon von jeher auf den Hängen der Loire, des Layon, der Aubance, des Loir und des Thouet angebaut. Ende des 19. Jh. erreichte die bestockte Anbaufläche ihre größte Ausdehnung. In einem Bericht für das Landwirtschaftsministerium führte Dr. Guyot damals 31 000 ha im Departement Maine-et-Loire auf. Wie überall verwüstete die Reblaus auch hier die Weinberge. Die Wiederanpflanzung wurde zu Beginn des 20. Jh. durchgeführt; in den Jahren 1950 bis 1960 dehnte sich die Anbaufläche ein wenig aus, ging danach aber wieder zurück. Heute umfasst das Anbaugebiet rund 14 500 ha, die je nach Jahrgang zwischen 800 000 und 1 Million hl erzeugen.

Die Böden ergänzen selbstverständlich in hohem Maße die klimatischen Bedingungen und prägen gemeinsam mit ihnen den typischen Charakter der Weine dieser Region. Deutlich unterscheiden muss man deswegen zwischen den Weinen, die im «schwarzen Anjou», d. h. auf Böden aus Schiefer und anderem Urgestein des Armorikanischen Gebirges, erzeugt werden, und den Weinen, die im «weißen Anjou» oder im Saumurois produziert werden, d. h. auf Ablagerungen aus dem Pariser Becken, bei denen Kreidetuff dominiert. Die Flüsse spielten ebenfalls eine relativ wichtige Rolle für den Handel: Findet man nicht noch heute am Layon Hinweise auf kleine Verladehäfen? Die Pflanzdichte liegt bei 4 500 bis 5 000 Rebstöcken pro Hektar; der Rebschnitt, bei dem vorzugsweise der Gobelet- und der

Anjou und Saumur

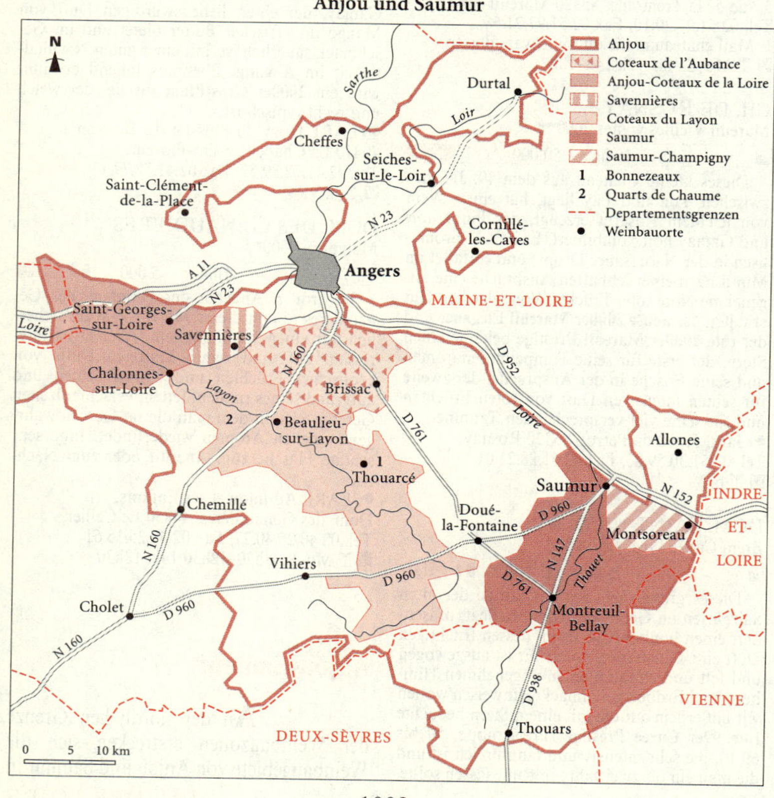

Eventail-Schnitt Anwendung fanden, hat sich zum Guyot-Schnitt hin entwickelt.

Das Ansehen des Anjou beruht auf den lieblichen Weiß- und Roséweinen, von denen die bekanntesten die Coteaux du Layon sind. Die Entwicklung geht jedoch jetzt in Richtung halbtrockene und trockene Weine und Erzeugung von Rotweinen. Im Gebiet von Saumur sind Letztere die am meisten geschätzten Weine, zusammen mit den Schaumweinen, deren Produktion vor allem dank der Appellationen Saumur-Mousseux und Crémant de Loire stark angestiegen ist.

Anjou

Das geografische Gebiet dieser regionalen Appellation, das insgesamt aus fast 200 Gemeinden besteht, umfasst alle anderen Appellationen. Man findet hier Weißweine (57 989 hl im Jahre 2000) sowie Rot- und Roséweine (255 358 hl). Für viele ist der Anjou-Wein zu Recht gleichbedeutend mit einem süßen oder lieblichen Weißwein. Als Rebsorte wird Chenin bzw. Pineau de la Loire verwendet, aber die Veränderung des Verbrauchergeschmacks hin zu trockenen Weinen hat die Erzeuger dazu gebracht, Chardonnay oder Sauvignon bis zu einem Höchstanteil von 20 % beizumischen. Die Rotweinproduktion ist gerade dabei, das Image der Region zu verändern; als Rebsorten finden dabei Cabernet franc und Cabernet Sauvignon Verwendung.

CH. DE BELLEVUE 2000

■ 3 ha 10 000 3 à 5 €

Das Château aus dem 19. Jh. wurde 1894 vom Großvater erworben. In seinem Park spielt sich alle Jahre im Juli das Fest der edelsüßen Anjou-Weine ab. Der Weinbaubetrieb (28 ha) wird von Monsieur Tijou und seinem Sohn geführt. Ihr Anjou, dessen Rot ins Schwarze geht und violette Reflexe zeigt, bietet Aromen von in Alkohol eingelegten Aromen. Der fruchtige Geschmack ist angenehm und im Abgang ein wenig herb. Ein gut gemachter Wein, bei dem es sich empfiehlt, ihn ein bis zwei Jahre aufzuheben.

EARL Tijou et Fils, Ch. de Bellevue, 49190 Saint-Aubin-de-Luigné, Tel. 02.41.78.33.11, Fax 02.41.78.67.84 n. V.

DOM. DE BRIZE 2000***

■ 3 ha 13 000 3 à 5 €

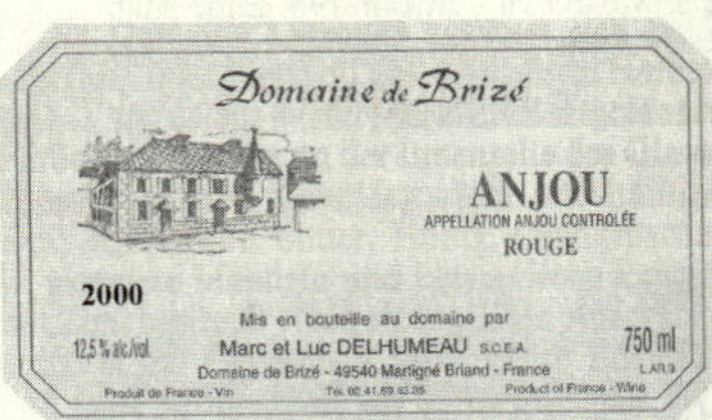

Das vierzig Hektar große Gut wird von Luc Delhumeau geführt, einem Önologen, der mit einer Önologin verheiratet ist. Die Schwester ist ebenfalls Önologin. Was sollte also erstaunlich daran sein, dass der Weinbaubetrieb im Laufe der Ausgaben unseres Weinführers mit Sternen überschüttet wurde? Dieser Wein ist somit ein Musterbeispiel für die Appellation. Alles an ihm verführt: sein lebhaftes Rubinrot, seine subtile Aromenpalette, in der sich rote Früchte, Blüten und Pentanolnoten vermischen, und sein voller und milder Geschmack, der eine Empfindung von reifen Früchten und Frische hinterlässt. Eine bemerkenswerte Ausgewogenheit, bei der sich Leichtigkeit und Reichtum, Zartheit und Intensität vereinigen.

SCEA Marc et Luc Delhumeau, Dom. de Brizé, 49540 Martigné-Briand, Tel. 02.41.59.43.35, Fax 02.41.59.66.90, E-Mail delhumeau.scea@free.fr n. V.

Luc und Line Delhumeau

DOM. DES CHESNAIES 2000*

■ k. A. 10 000 3 à 5 €

Kaum hat sich Olivier de Cenival auf diesem (1998 erworbenen) Gut eingerichtet, feiert er schon seinen Einstand in unserem Weinführer mit diesem intensiven schwarzen Anjou, der ebenso intensive Aromen von roten Früchten und Gewürzen bietet und einen sanften, fülligen, im Abgang leicht herben Geschmack besitzt. Reicher Stoff. Ein kräftiger Wein, der sich noch verfeinern muss: Man sollte ihn mindestens ein Jahr aufheben.

Olivier de Cenival, La Noue, 49190 Denée, Tel. 02.41.78.79.80, Fax 02.41.68.05.61, E-Mail odecenival@aol.com n. V.

DOM. DE CLAYOU 2000*

■ 2 ha 14 000 3 à 5 €

J.-B. Chauvin engagiert sich für die Vertretung der Winzer von Saint-Lambert-du-Lattay, der am stärksten durch Weinbau geprägten Gemeinde im Anjou. Sein roter Anjou ist durch seine Leichtigkeit und seine Ausgewogenheit recht repräsentativ für die Appellation. Er zeigt ein strahlendes Rubinrot und bietet fruchtige und rauchige Aromen, die von würzigen Noten begleitet werden. Der Geschmack ist sanft, delikat und frisch. Ein charaktervoller Wein, den man im Laufe des Jahres trinken oder mindestens zwei Jahre aufheben kann.

SCEA Jean-Bernard Chauvin, 18 *bis*, rue du Pont-Barré, 49750 Saint-Lambert-du-Lattay, Tel. 02.41.78.42.84, Fax 02.41.78.48.52 Mo–Sa 9h–12h 14h–19h; Ende Aug. geschlossen

CH. DU FRESNE
Chevalier Le Bascle 1999★★★

☐ 2,5 ha 6 600 5à8€

Der Chevalier François Le Bascle, im 17. Jh. der letzte Vertreter des Geschlechts, das als Erstes Besitzer von Château du Fresne war, hat seinen Namen dieser blassgelben Cuvée hinterlassen, die den Verkostern einmütig als Musterbeispiel des weißen Anjou-Weins erschien. Seine Aromen von weißfleischigen Früchten, reifen Früchten und weißen Blüten verraten ausgelesenes Traubengut, während der milde, füllige, delikate Geschmack die Empfindung hervorruft, als würde man in überreife Trauben von ganz goldener Farbe beißen. Dieser Wein wird einem Fisch mit Sauce Ehre machen.

Vignobles Robin-Bretault, Ch. du Fresne, 49380 Faye-d'Anjou, Tel. 02.41.54.30.88, Fax 02.41.54.17.52, E-Mail fresne@voila.fr n. V.

DOM. GAUDARD 2000★★

☐ 3,32 ha 10 000 5à8€

Pierre Aguilas ist seit vielen Jahren Vorsitzender des Weinbauverbands der Weine von Anjou-Saumur. Seine Funktionen führen nicht dazu, dass er darüber sein Gut vernachlässigt, wenn man nach seiner Produktion urteilt, die in unserem Weinführer seit der ersten Ausgabe regelmäßig (oft auf einem guten Platz) ausgewählt wird. Dieser Anjou von klarem Rubinrot ist bemerkenswert aufgrund seiner Ausgewogenheit, seiner Frische und seiner Fruchtigkeit, die den roten Faden der Verkostung bildet. Sein delikater Duft verbindet rote und schwarze Früchte. Die gleiche köstliche Empfindung von Fruchtigkeit findet man in einem leckeren Geschmack wieder. Hinter all diesen Reizen spürt man vollreifes Traubengut.

Pierre Aguilas, Dom. Gaudard, rte de Saint-Aubin, 49290 Chaudefonds-sur-Layon, Tel. 02.41.78.10.68, Fax 02.41.78.67.72 Mo–Sa 9h–12h 14h–19h

DOM. GROSSET Harmonie 1999★

■ k. A. 800 5à8€

Dieses Gut arbeitet auf «altmodische Weise», mit Umpflügen des Bodens und Auslichtung des Laubs der Rebstöcke. Seine Weine, insbesondere die edelsüßen Weine, haben einen eigenwilligen Charakter. Dieses Jahr stoßen wir auf einen roten Anjou. Dieser 99er zeigt in seinem Granatrot leicht orangerote Reflexe, Hinweis auf eine Entwicklung. Seine Aromen mischen fruchtige Nuancen mit Vanille- und Gewürznoten. Der ausgewogene Geschmack enthüllt seidige Tannine und nimmt im Abgang einen holzbetonten Charakter an.

Serge Grosset, 60, rue René-Gasnier, 49190 Rochefort-sur-Loire, Tel. 02.41.78.78.67, Fax 02.41.78.79.79 n. V.

DOM. DES HAUTES OUCHES 1999★★

☐ 1 ha 4 000 5à8€

Dieser 43 ha große Weinbaubetrieb befindet sich auf einem Kalksteinplateau, das einer Überschiebung des Pariser Beckens über den Sockel des Armorikanischen Massivs aus dem Erdaltertum entspricht. Einmal mehr präsentiert es einen bemerkenswerten Wein. Dieser gelbe, golden schimmernde 99er, der aus manuell ausgelesenen und im Barriquefass vinifizierten Trauben hergestellt worden ist, bietet intensive Aromen von Honig, weißen Blüten sowie getrockneten oder reifen Früchten. Der Geschmack ist kräftig und komplex. Probieren.

EARL Joël et Jean-Louis Lhumeau, 9, rue Saint-Vincent, Linières, 49700 Brigné-sur-Layon, Tel. 02.41.59.30.51, Fax 02.41.59.31.75 n. V.

DOM. DES IRIS 2000★

■ 12 ha 93 330 3à5€

Dieser Wein, den ein elegantes Etikett ziert, zeigt eine intensive rote Farbe und entfaltet in Alkohol eingelegte Früchte, rote Früchte und Röstaroma. Der kräftig gebaute, von einer schönen Tanninstruktur unterstützte Geschmack lässt es nicht an Anmut fehlen. Ein trinkreifer Wein, der sich aber auch für eine Lagerung von vier Jahren eignet.

Jack Petit, La Roche Coutant, 49540 Tigné, Tel. 02.41.40.22.50, Fax 02.41.40.22.60, E-Mail j.verdier@wanadoo.fr

DOM. DE LA BELLE ANGEVINE
Vieilles vignes Cuvée Or 1999★

☐ 0,25 ha 1000 5à8€

Die «Schöne Anjouerin» ist, worauf man uns eigens hinwies, die Heldin einer alten lokalen Sage. Das Gut, des 1993 angelegt wurde und sich an den Hängen des Layon befindet, wird von Florence Dufour geführt. Seine Weine sind im Hachette-Weinführer regelmäßig vertreten. Diese Cuvée Or von klarer blassgelber Farbe besitzt eine interessante Ausgewogenheit. Seine Zitrusaromen (Zitrone, Pampelmuse) und seine Lebhaftigkeit im Geschmack tragen zu einem Eindruck von Frische bei und legen nahe, ihn zu gegrilltem Fisch oder Meeresfrüchten zu servieren.

Florence Dufour, Dom. de La Belle Angevine, La Motte, 49750 Beaulieu-sur-Layon, Tel. 02.41.78.34.86, Fax 02.41.72.81.58, E-Mail fldufour@club-internet.fr n. V.

DOM. DE LA CROIX DES LOGES 2000*

■ 10 ha 10 000 3à5€

Dieses 40 ha große Gut, das in unserem Weinführer regelmäßig erwähnt wird, hat sich besonders beim Cabernet d'Anjou ausgezeichnet, wo es zwei Liebeserklärungen hintereinander erhielt. Seine Talente beschränken sich nicht auf den Rosé: Mit diesem 2000er zeigt es, dass es kräftige Rotweine mit starkem Potenzial (einem höheren Potenzial, als man es in dieser AOC erwartet) herstellen kann. Dieser Anjou von intensiver roter Farbe bietet Aromen von roten Früchten und Gewürzen. Er ist ausgewogen und besitzt einen reichen Geschmack mit ziemlich imposanter, aber verschmolzener Tanninstruktur. Man muss ihn mindestens ein Jahr lang aufheben.

SCEA Bonnin et Fils, Dom. de La Croix des Loges, 49540 Martigné-Briand, Tel. 02.41.59.43.58, Fax 02.41.59.41.11, E-Mail bonninlesloges@aol.com n. V.

DOM. LA GABETTERIE 2000

■ 2 ha 7 000 3à5€

Der 40 ha große Weinbaubetrieb, der einige Kilometer vom Weiler Bonnezeaux entfernt liegt, hat einen intensiv rubinroten Anjou präsentiert, dessen schöne Ausgewogenheit die Jury schätzte. Die Aromenpalette verbindet rote Früchte und in Alkohol eingelegte Früchte. Der Geschmack ist angenehm, wenn auch im Abgang leicht adstringierend. Ein trinkreifer Wein, den man aber ein bis zwei Jahre aufheben kann.

Vincent Reuiller, La Gabetterie, 49380 Faveraye-Machelles, Tel. 02.41.54.14.99, Fax 02.41.54.33.12 n. V.

DOM. DE LA GRETONNELLE 2000*

□ 1 ha 1000 3à5€

Ein überaus gelungener weißer Anjou, präsentiert von einem Gut, das im Norden des Departements Deux-Sèvres liegt. Seine Aromenpalette wird von Düften beherrscht, die mit der Vinifizierung und einer Gärung bei guter Temperatur zusammenhängen (saure Drops, Zitrusfrüchte) und zu denen andere Düfte hinzukommen, die von reifem Traubengut zeugen (weiße Blüten und reife Früchte). Der sehr ausgewogene Wein hinterlässt eine Empfindung von Frische, die für die Weißweine der Loire charakteristisch ist.

EARL Charruault-Schmale, Les Landes, 79290 Bouillé-Loretz, Tel. 05.49.67.04.49 n. V.

LES VIGNES DE L'ALMA 2000**

■ 3,5 ha 10 000 3à5€

Ein kleiner Weinbaubetrieb (10 ha), der auf einer Hochfläche im Westen des Departements Maine-et-Loire liegt. Vom Gut aus überblickt man das Loire-Tal und Saint-Florent-le-Vieil, ein altes Städtchen, das der Schauplatz entscheidender Episonden während der Vendée-Aufstände (1793 bis 1795) war. Diese «Reben der Alma» haben einen granatroten Wein geliefert, der viele Komplimente erhielt: Der Duft verbindet reife Früchte, Grenadine und Räucheraroma; der vollmundige, leckere Geschmack hinterlässt eine intensive Empfindung von roten Früchten, mit ein paar pflanzlichen Noten von Paprikaschote im Nasen-Rachen-Raum. Ein sehr schöner Repräsentant der Appellation.

Roland Chevalier, L'Alma, 49410 Saint-Florent-le-Vieil, Tel. 02.41.72.71.09, Fax 02.41.72.63.77 Mo–Sa 8h30–12h30 14h–19h

LES CAVES DE LA LOIRE Prestige 2000*

■ 13 ha 100 000 5à8€

Eine kräftige rote Farbe, intensive Aromen von roten und schwarzen Früchten, zu denen im Nasen-Rachen-Raum einige Paprikanoten hinzukommen, und im Abgang eine interessante Tanninstruktur: Das ist eine sehr gelungene, trinkreife Cuvée, die man aber ein bis zwei Jahre lagern kann.

Les Caves de La Loire, rte de Vauchrétien, 49320 Brissac-Quincé, Tel. 02.41.91.22.71, Fax 02.41.54.20.36, E-Mail loire-wines@vapl.fr n. V.

DOM. DU LANDREAU 1999*

■ 20 ha 100 000 5à8€

In Saint-Lambert-du-Lattay, einem berühmten Dorf der Coteaux du Layon, kann man im Sommer ein interessantes Museum des Weinbaus und des Anjou-Weins besichtigen. Die Domaine du Landreau verfügt über fünfzig Hektar Reben, von denen zwanzig für die Produktion des roten Anjou bestimmt sind. Dieser hier bietet einen Duft, der an animalische Fleisch- und Ledernoten denken lässt. Der Geschmack zeigt eine sehr schöne Struktur. Ein Wein, den man nach dem Belüften zu Wild servieren sollte.

Raymond Morin, Dom. du Landreau, 49750 Saint-Lambert-du-Lattay, Tel. 02.41.78.30.41, Fax 02.41.78.45.11, E-Mail rmorin@domaine-du-landreau.com Mo–Fr 8h–12h30 14h–19h; Sa 8h–12h30

VIGNOBLE DE L'ARCISON 2000

■ 3 ha 8 000 5à8€

Dieses 26 ha große Gut in der Gemeinde Thouarcé präsentiert einen schlichten, angenehmen, gut gemachten Wein. Die Farbe zeigt ein kräftiges Rot. Die Aromenpalette verbindet Paprikaschote, Gewürze und rote Früchte. Der Geschmack ist weich, leicht und frisch. Ein trinkreifer Wein, der aber auch eine kürzere Lagerung (ein bis zwei Jahre) verträgt.

Damien Reulier, Le Mesnil, 49380 Thouarcé, Tel. 02.41.54.16.81, Fax 02.41.54.31.12, E-Mail damien.reulier@wanadoo.fr n. V.

CH. DE LA ROULERIE Les Maronis 2000*

■ 4 ha 24 000 5à8€

Obwohl Château de La Roulerie am Fuße des Hangs von Chaume liegt, einer Hochburg der Erzeugung der großen edelsüßen Anjou-Weine, vernachlässigt es keineswegs die Rotweinproduktion. Dieser Anjou kündigt sich mit einer intensiven roten Farbe und mit einem kräftigen

Duft von roten Früchten an. Der füllige Geschmack bietet eine schöne Tanninstruktur und einen reichen Stoff, der feiner werden muss. Dieser Wein, der einem Anjou-Villages nahe kommt, muss mindestens ein Jahr lagern.
Vignobles Germain et Associés Loire, 49380 Thouarcé, Tel. 02.41.68.94.00, Fax 02.41.68.94.01, E-Mail loire@vgas.com n. V.

DOM. DE LA VILLAINE
Cuvée spéciale 1999*

☐ 0,5 ha 1 500 5à8€

Dieses in den 70er Jahren aus vielen kleinen Weinbaubetrieben geschaffene Gut umfasst heute 23 Hektar. Seine im Eichenfass vinifizierte und zwölf Monate lang ausgebaute Cuvée spéciale von klarem Blassgelb bietet fruchtige und blumige Aromen, die mit Holznoten verbunden sind. Der füllige, intensive, liebliche Geschmack wird im Augenblick im Abgang vom Holz dominiert. Ein zwar ein wenig untypischer Wein, der aber überaus gelungen ist.
GAEC des Villains, La Villaine, 49540 Martigné-Briand, Tel. 02.41.59.75.21, Fax 02.41.59.75.21 n. V.

LEDUC-FROUIN Cuvée Alexine 2000*

☐ 1 ha 3 000 5à8€

Das den Lesern unseres Weinführers wohl bekannte Gut wird heute von der jungen Generation geführt, die Antoine Leduc und seine Schwester Nathalie verkörpern. Ihre Cuvée Alexine brachte zum Zeitpunkt der Verkostung noch nicht ihr ganzes Potenzial zum Ausdruck. Aber ihre komplexe Aromenpalette, die vollreife Trauben, Zitrusfrüchte und reife Früchte verbindet, und ihr reicher und zugleich leichter Geschmack sind Hinweise, die nicht trügen! Ein viel versprechender Wein, der Ende 2001 eine Überraschung darstellen wird. Der **rote 2000er Anjou Domaine Leduc-Frouin La Seigneurie** hat eine lobende Erwähnung erhalten. Man kann ihn schon jetzt trinken oder ein paar Jahre aufheben.
SCEA Dom. Leduc-Frouin, Sousigné, 49540 Martigné-Briand, Tel. 02.41.59.42.83, Fax 02.41.59.47.90, E-Mail domaine-leduc-frouin@wanadoo.fr n. V.
Nathalie und Antoine Leduc

LE LOGIS DU PRIEURE
Le Gâte-Acier 2000*

☐ 0,5 ha 2 500 5à8€

Der in der Regierungszeit von König Ludwig XVI. kanalisierte Layon diente bis zur Französischen Revolution als Wasserstraße und machte es möglich, Wein und Kohle zu transportieren. An den Hängen, die diesen Fluss überragen, befindet sich der Weinbaubetrieb der Joussets. Seine Cuvée Gâte-Acier kann man schon jetzt trinken oder zwei bis drei Jahre aufheben. Sie ist gelb mit goldenen Reflexen und bietet intensive Aromen von weißen Früchten und Trockenfrüchten. Der liebliche und zugleich freimütige Geschmack klingt mit fruchtigen Noten sowie mit einem Hauch von Haselnuss aus. Eine gelungene Vereinigung von Stärke und Feinheit. Der **rote 2000er Anjou** des Guts (Preisgruppe: 20 bis 29 F) hat für seine komplexen Aromen (reife Früchte, Paprikaschote, animalische Noten) und seinen runden, harmonischen Geschmack die gleiche Note erhalten. Trinken sollte man ihn im Laufe des Jahres.
SCEA Jousset et Fils, Le Logis du Prieuré, 49700 Concourson-sur-Layon, Tel. 02.41.59.11.22, Fax 02.41.59.38.18, E-Mail logis.prieure@groupesirius.com Mo–Sa 8h–12h 14h–19h

DOM. LES GRANDES VIGNES
Varenne de Combre 2000**

☐ 1,65 ha 4 800 8à11€

Dieses Gut wird von drei Brüdern und Schwestern geleitet, die ihm innerhalb von wenigen Jahren einen soliden Ruf verschafft haben; im letzten Jahr präsentierte es einen bemerkenswerten Bonnezeaux. Hier ist ein trockener weißer Anjou, der von sorgfältig ausgelesenem Traubengut stammt. Er ist blassgelb mit goldgrünen Reflexen und bietet Aromen, die an solche von edelsüßen Weinen erinnern (kandierte oder konzentrierte Früchte, Walnuss, Quitte, gekochter Apfel), und einen Geschmack, der mild und frisch zugleich ist. Ende 2001 wird er seine optimale Qualität erreicht haben.
GAEC Vaillant, Dom. Les Grandes Vignes, La Roche Aubry, 49380 Thouarcé, Tel. 02.41.54.05.06, Fax 02.41.54.08.21, E-Mail gaecvaillant@wordonline.fr n. V.

LES TERRIADES 2000**

☐ 20 ha 150 000 -3€

Die 1951 gegründete Genossenschaft unweit des Schlosses von Brissac vereinigt rund 1 800 Hektar. Die Cuvée Les Terriades stellt eine Auswahl von getrennt vinifizierten Terroirs dar. Dieser weiße Anjou von klarem, blassem Gelb verführt durch seine Feinheit, seine Eleganz und seine Ausgewogenheit. Sein Geruchseindruck ist delikat; sein Geschmack hinterlässt einen sehr angenehmen Eindruck von Leichtigkeit. Ein Klassiker der Appellation, der Ende 2001 auf seinem Höhepunkt sein wird.
Les Caves de La Loire, rte de Vauchrétien, 49320 Brissac-Quincé, Tel. 02.41.91.22.71, Fax 02.41.54.20.36, E-Mail loire-wines@vapl.fr n. V.

DOM. DES MAURIERES 2000*

■ 0,75 ha 4 000 5à8€

Dieses traditionelle Gut, das für seine edelsüßen Weine bekannt ist (es bewirtschaftet sogar ein paar Parzellen im Quarts de Chaume), war mit seinem roten Anjou recht erfolgreich. Man findet darin eine intensive rubinrote Farbe, einen Duft von Schlehe, Lakritze und Gewürzen und einen angenehmen, im Abgang ein wenig strengen Geschmack. Ein Wein «im alten Stil», der ein wenig tanninreich ist und sich mit der Zeit verfeinern muss. Servieren kann man ihn Ende des Jahres.
EARL Moron, Dom. des Maurières, 8, rue de Perinelle, 49750 Saint-Lambert-du-Lattay, Tel. 02.41.78.30.21, Fax 02.41.78.40.26 n. V.

DOM. DE MIHOUDY 2000**

☐ 2 ha 5 000 ⅡⅠ 5à8€

Der etwa fünfzig Hektar große Familienbetrieb, der sich im Herzen des Anbaugebiets der Coteaux du Layon befindet, gehört zu den Weingütern, die zur Renaissance des Anjou-Weinbaugebiets beigetragen haben. Er erhält regelmäßig Sterne (oft sogar paarweise); in unserem Weinführer wurde er bei Erscheinen der Ausgabe 1997 mit der Bronzenen Weintraube ausgezeichnet. Sein weißer Anjou, der von manuell ausgelesenen und im Barriquefass vinifizierten Trauben hergestellt worden ist, zeigt eine blassgelbe Farbe mit grünen Reflexen. Der Duft verbindet exotische Früchte, Zitrusfrüchte und Bergamotte. Der Geschmack enthüllt einen reichen, frischen Geschmack; er klingt mit einer Note von getrockneten Früchten aus. Ein ausgewogener, delikater Wein. Die **rote 2000er Cuvée Les Tréjeots** erhält einen Stern: ein klarer, frischer, fruchtiger Wein, den man zu gegrilltem rotem Fleisch oder Niederwild servieren kann.

Cochard et Fils, Dom. de Mihoudy,
49540 Aubigné-sur-Layon, Tel. 02.41.59.46.52,
Fax 02.41.59.68.77 ☑ Ⲧ n. V.

CH. MONTBENAULT 2000*

■ 3 ha 10 000 Ⅰ↓ 5à8€

Dieser traditionelle Weinbaubetrieb des Anjou präsentiert einen Wein, der mit seinem tanninreichen Charakter im «alten Stil» gehalten ist. Er erscheint im Glas lebhaft rot und verbindet in der Nase reife Früchte mit pflanzlichen Noten (Paprikaschote). Der in der Ansprache angenehme Geschmack, der von reifen Früchten beherrscht wird, hinterlässt im Abgang einen herben Eindruck. Ende 2001 dürfte dieser Wein trinkreif sein.

Yves et Marie-Paule Leduc,
Ch. Montbenault, 49380 Faye-d'Anjou,
Tel. 02.41.78.31.14, Fax 02.41.78.60.29
☑ Ⲧ Mo–Sa 9h–12h 14h–19h

GILLES MUSSET ET SERGE ROULLIER 2000**

☐ 1 ha 6 000 Ⅰ 5à8€

Hinsichtlich der Erziehung der Reben, der Wahl des Lesetermins und der Sorgfalt der Vinifizierung setzt dieses Gut einen Maßstab für den Weinbau der Region. Dieser weiße Anjou ist ein erneuter Beweis für sein Können. Er ist intensiv und kräftig und bietet eine komplexe, delikate Aromenpalette, die weiße Früchte, Zitrusfrüchte, Zitrone und reife Früchte verbindet. Bemerkenswerte Ausgewogenheit. Die **rote 2000er Cuvée d'Automne** erhält ebenfalls zwei Sterne: Sie bietet ein Festival von zu Kompott verarbeiteten Früchten und Gewürzen.

Vignoble Musset-Roullier, Le Pélican,
49620 La Pommeraye, Tel. 02.41.39.05.71,
Fax 02.41.77.75.76,
E-Mail musset.roullier@wanadoo.fr ☑ Ⲧ n. V.

DOM. PERCHER 2000*

■ 3 ha 6 000 Ⅰ↓ 3à5€

Das Gut, das am Fuße der Hänge von Les Verchers-sur-Layon liegt, in dem kleinen Weiler Savonnières, liefert uns einen Anjou, der mit seinem lebhaften Rot, mit seinen leichten, delikaten Aromen von kleinen roten Früchten und Gewürzen und mit seinem angenehmen, frischen Geschmack nach vollreifen Himbeeren sehr gefällig ist. Diesen Wein kann man schon jetzt trinken oder ein bis zwei Jahre aufheben.

SCEA Dom. Percher, Savonnières,
49700 Les Verchers-sur-Layon,
Tel. 02.41.59.76.29, Fax 02.41.59.90.44
☑ Ⲧ Mo–Sa 8h–12h 14h–18h

DOM. DU PETIT CLOCHER
Elevé en fût de chêne 2000*

☐ 1 ha 4 000 ⅠⅡⅠ↓ 5à8€

In Cléré, an der Grenze des Departements Deux-Sèvres, im Süden des Anjou-Weinbaugebiets, entspringt der Layon. Die Denis bewirtschaften hier 54 ha Reben. Ihr im Holzfass ausgebauter weißer Anjou ist sehr repräsentativ für Chenin-Trauben, die bei guter Reife gelesen worden sind. Er trägt auch den Stempel seines Ausbaus. Seine Aromenpalette mischt nämlich frische Früchte, Zitrusfrüchte und weiße Blüten mit Vanille- und Räuchernoten. Ein eigenwilliger Wein, der seine Liebhaber finden wird. Der **rote 2000er Anjou** (60 000 Flaschen) ist ebenso gelungen: ein für die Appellation typischer Anjou mit seinen Aromen von roten Früchten und schwarzer Johannisbeere und mit seinem Geschmack, der einen Eindruck von Leichtigkeit und Frische hinterlässt.

A. et J.-N. Denis, GAEC du Petit Clocher,
3, rue du Layon, 49560 Cléré-sur-Layon,
Tel. 02.41.59.54.51, Fax 02.41.59.59.70
☑ Ⲧ n. V.

DOM. DES PETITES GROUAS 2000*

■ 2 ha 10 000 Ⅰ↓ 3à5€

Martigné-Briand, das sich am Oberlauf des Layon befindet, hat die Überreste eines Renaissanceschlosses bewahrt, das während der Aufstände in der Vendé niedergebrannt wurde. Die Domaine des Petites Grouas liegt auf einem Kalksteinplateau, das einer Überschiebung des Pariser Beckens über die Schieferböden des Armorikanischen Massivs entspricht. Sein gut gemachter roter Anjou besitzt eine schöne Struktur. In aromatischer Hinsicht findet man schwarze Johannisbeere. Diesem insgesamt angenehmen Wein wird es nicht an Liebhabern fehlen.

EARL Philippe Léger, Cornu,
49540 Martigné-Briand, Tel. 02.41.59.67.22,
Fax 02.41.59.69.32 ☑ Ⲧ n. V.

DOM. DES PETITS QUARTS 2000***

■ 1 ha 4 000 Ⅰ↓ 3à5€

Der «Champion des Bonnezeaux» (wir haben nicht vergessen, dass er dreimal hintereinander, als 95er, 96er und 97er, eine Liebeserklärung erhalten hat) zeigt hier, dass sich seine Talente nicht auf die edelsüßen Weine beschränken. Hier haben wir nämlich einen mustergültigen roten Anjou! Intensiv das Granatrot und intensiv der Duft, der eine beeindruckende Komplexität besitzt und rote und schwarze Früchte, Lakritze und rauchige Noten mischt. Der Geschmack? Delikat, mild und frisch zugleich.

«Ein vollkommener Wein», meinte ein Verkoster zum Schluss.
Godineau Père et Fils, Dom. des Petits Quarts, 49380 Faye-d'Anjou, Tel. 02.41.54.03.00, Fax 02.41.54.25.36 Mo–Sa 8h–12h 14h–18h

CH. DE PIMPEAN
Cuvée du Festival 2000*

13 ha 40 000 5à8 €

Château de Pimpéan wurde 1450 errichtet. Die Gewölbe seiner Kapelle sind mit prächtigen Malereien des 15. Jh. geschmückt. Am Sommerende findet hier ein Lyrik-Festival statt, daher auch der Name dieser Cuvée. Der intensiv rubinrote 2000er verbindet in der Nase reife oder in Alkohol eingelegte Früchte und Backpflaume. Der Geschmack ist reich, dicht und frisch. Ein charaktervoller Wein, der dennoch einen Eindruck von Leichtigkeit hervorruft und kräftig gebaut und gleichzeitig leicht zu trinken ist.
SCA Dom. de Pimpéan, 49320 Grézillé, Tel. 02.41.68.95.96, Fax 02.41.45.51.93, E-Mail maryset@pimpean.com tägl. 8h–12h 13h30–17h30
Gilles Tugendhat

DOM. DU PRIEURE 2000*

0,56 ha 4 000 3à5 €

Franck Brossaud ließ sich hier 2000 nieder, nachdem er eine Dissertation über die Auswirkungen des Terroir beim Weinbau verfasst hatte, in der er vor allem die Phenole als Bestandteile der Rotweine behandelte. Jetzt sind die praktischen Arbeiten an der Reihe! Hier haben wir bereits ein ermutigendes Ergebnis mit diesem ausgewogenen, fruchtigen, weichen Anjou. Er ist granatrot und bietet klassische Aromen von roten Früchten, die von einigen pflanzlichen Noten begleitet werden. Der angenehme, frische Geschmack hinterlässt einen Eindruck von reifen Früchten.
Franck Brossaud, 1 *bis*, pl. du Prieuré, 49610 Mozé-sur-Louet, Tel. 02.41.45.30.74, Fax 02.41.45.30.74 n. V.

CH. DE PUTILLE 2000

2,5 ha 10 000 3à5 €

Château de Putille und sein Besitzer Pascal Delaunay sind mit der Wiedergeburt der roten Anjou-Weine verbunden. Aber ihre Weißweine werden oft ebenfalls ausgewählt. Dieser hier hat die Verkoster überrascht, die ihn als für den Jahrgang entwickelt beurteilten – was auf den spätreifen Charakter der Lese zurückgeht. Seine Farbe zeigt ein intensives Gelb; sein Duft besteht aus Blüten und Zitrusfrüchten; sein Geschmack ist mild und nicht sehr säuerlich. Ein origineller Wein, der seinen Platz als Aperitif oder zu weißem Fleisch finden wird.
Pascal Delaunay, EARL Ch. de Putille, 49620 La Pommeraye, Tel. 02.41.39.02.91, Fax 02.41.39.03.45 Mo–Sa 8h30–12h30 14h–19h30

DOM. RICHOU Les Rogeries 1999**

4 ha 10 000 8à11 €

In der Familiengeschichte der Richous wird ein Maurice Joyau erwähnt, Weinlieferant des Königs im Jahre 1550. Die Familie zählt noch immer etwas im Anjou-Weinbaugebiet: Sie ist mit dem Neuanfang der Weine dieser Region verbunden. Nehmen Sie diese Cuvée, die auf einer Rhyolithader (verfestigte saure Vulkanasche) entstanden ist – ein originelles Terroir der Coteaux de l'Aubance. Sie ist intensiv gelb und lässt Aromen erkennen, die ausgelesenes Traubengut in Erinnerung rufen (Quitte, reife Früchte, weiße Blüten). Sein lieblicher Geschmack hinterlässt einen Eindruck von Feinheit. Ein herrlicher Wein, der kräftig und delikat zugleich ist.
GAEC D. et D. Richou, Chauvigné, 49610 Mozé-sur-Louet, Tel. 02.41.78.72.13, Fax 02.41.78.76.05 n. V.

MICHEL ROBINEAU 2000**

1 ha 4 000 3à5 €

Michel Robineau hat seinen Weinbaubetrieb 1990 geschaffen. Ihm gelingt alles, den Liebeserklärungen nach zu urteilen, die er auf seiner Habenseite verzeichnet. Dieser 2000er Anjou stellt mit seiner intensiven Granatfarbe, seinen kräftigen Aromen von reifen Früchten (schwarze Johannisbeere, Brombeere) und seinem konzentrierten, reichen Geschmack vollauf zufrieden. Sein Potenzial liegt über dem, das man für gewöhnlich in dieser Appellation findet. Ein bis zwei Jahre lagern.
Michel Robineau, 3, chem. du Moulin, Les Grandes Tailles, 49750 Saint-Lambert-du-Lattay, Tel. 02.41.78.34.67 n. V.

CH. DES ROCHETTES 2000**

10 ha 20 000 5à8 €

Das Lehen Les Rochettes, das schon im 15. Jh. mit Reben bestockt war, befand sich im Besitz Ludwigs XI. Mitten im Weinberg, am Hang eines Hügels errichtet, erhob sich früher eine Windmühle, um die herum während der Vendée-Aufstände heftige Gefechte stattfanden. Zwar ist das Gut für seine Coteaux du Layon berühmt, die wiederholt mit Liebeserklärungen ausgezeichnet wurden, aber auch der Rest der Produktion verdient, dass man sich damit beschäftigt. Nehmen Sie diesen roten Anjou, dessen Fruchtigkeit und Ausgewogenheit ihm zwei Sterne eingebracht haben. Die granatrote Farbe ist lebhaft; die delikaten Aromen erinnern an kleine rote Früchte, während der verschmolzene, angenehme Geschmack einen Eindruck von Frische mit Noten von reifen Früchten hinterlässt.
Jean Douet, Ch. des Rochettes, 49700 Concourson-sur-Layon, Tel. 02.41.59.11.51, Fax 02.41.59.37.73 n. V.

DOM. ROMPILLON 2000

0,6 ha 4 500 3à5 €

Das Gut im Anbaugebiet der Coteaux du Layon hat sich vor kurzem vergrößert und umfasst jetzt fünfzehn Hektar. Sein roter Anjou

verbindet Pentanolnoten mit Aromen roter Früchte. Er ist gut vinifiziert und so leicht, dass man ihn wie einen Rosé de Loire gekühlt trinken kann. Eine Flasche, die sich als Einführung in die Rotweine des Loire-Tals eignet.
Jean-Pierre Rompillon, L'Ollulière, 49750 Saint-Lambert-du-Lattay, Tel. 02.41.78.48.84, Fax 02.41.78.48.84
n. V.

DOM. DES SABLONNIERES
Cuvée des Vignes rouges 2000

■ 2 ha 4 000 5à8€

Doué-la-Fontaine ist auf die Rosenzucht spezialisiert, aber der Weinbau behauptet sich dort ebenfalls. Die Domaine des Sablonnières (16,5 ha) hat ihren Namen wahrscheinlich von dem besonderen Terroir, wo sie sich befindet, einer «Falun»-Bank (Biodetritus-reicher Kalksandstein). Sein Anjou von intensiver roter Farbe bietet interessante Aromen von roten Früchten und Geräuchertem. Vielleicht aufgrund einer starken Extraktion ist er im Abgang von strengen Tanninen sehr geprägt. Eine gute Rustikalität, die manche mögen.
EARL Pierre et Eliane Bébin, 387, rue Jean-Gaschet, 49700 Doué-la-Fontaine, Tel. 02.41.59.00.41, Fax 02.41.59.99.27, E-Mail lessablonnieres@wanadoo.fr n. V.

DOM. SAINT-ARNOUL 2000**

■ 4,17 ha 8 000 3à5€

Georges Poupard, der dieses Gut 1963 gründete, ist im Jahre 2000 in Rente gegangen. Sein ältester Sohn Alain, der sich ihm 1986 im Betrieb anschloss, hat sich gerade mit dem Önologen Xavier Maury zusammengetan, der früher für eines der Labors im Anjou-Weinbaugebiet verantwortlich war. Diese fruchtbare Zusammenarbeit hat einen Anjou hervorgebracht, der aus vollreifem, sehr gut vinifiziertem Traubengut hergestellt worden ist. Dieser 2000er hinterlässt einen Eindruck von Leichtigkeit, Fruchtigkeit und Ausgewogenheit, die ihn zu einem Wein machen, den man zum Vergnügen trinkt – sozusagen ein perfekter Repräsentant der Appellation.
GAEC Poupard et Maury, Dom. Saint-Arnoul, Sousigné, 49540 Martigné-Briand, Tel. 02.41.59.43.62, Fax 02.41.59.69.23, E-Mail saint-arnoul@wanadoo.fr n. V.

DOM. DES VARENNES 2000**

■ 4 ha 5 000 5à8€

Dieses 1930 entstandene, 16 ha große Gut, das sich im Anbaugebiet der Coteaux du Layon befindet, wird von Vater und Sohn Richard bewirtschaftet. Sein roter Anjou ist ebenso bemerkenswert wie der letzte Jahrgang. Der kirschrote Wein wurde mittels einer kurzen Maischung und traditionellem Umpumpen erzielt. Es gelingt ihm, leicht zu sein und gleichzeitig Charakter zu zeigen. Vom Duft, der an der Luft Noten frischer Früchte entfaltet, bis zum Abgang mit vollreifen Kirschen genießt man seine schöne aromatische Kontinuität. Harmonischer Gesamteindruck.
GAEC A. Richard, 11, rue des Varennes, 49750 Saint-Lambert-du-Lattay, Tel. 02.41.78.32.97, Fax 02.41.74.00.30
n. V.

DOM. VERDIER 2000*

■ 1 ha 7 000 3à5€

Der 22 ha große Familienbetrieb im Anbaugebiet der Coteaux du Layon hat einen kräftigen Wein erzeugt, der einen reichen, im Abgang ziemlich herben Stoff enthüllt: Er verrät vollreifes Traubengut und eine sehr kräftige Extraktion, die ihn für die Appellation ein wenig untypisch macht. Sein intensives Purpurrot zeigt schwarze Reflexe; seine Aromen verbinden pflanzliche Noten (Schwarze-Johannisbeer-Knospe) und Gewürznoten.
EARL Verdier Père et Fils, 7, rue des Varennes, 49750 Saint-Lambert-du-Lattay, Tel. 02.41.78.35.67, Fax 02.41.78.35.67
Mo–Sa 8h30–12h30 14h–18h30; So n. V.; 25. Aug. bis 3. Sept. geschlossen

MANOIR DE VERSILLE 2000*

■ 5 ha 20 000 3à5€

Versillé ist ein Dorf im Gebiet der Coteaux de l'Aubance, am Nordhang dieses Flusses, gegenüber dem Marktflecken Saint-Melaine. Der Landsitz ist streng und schön mit seinen beiden Hauptbauten, die im rechten Winkel zueinander errichtet und durch einen quadratischen Turm aus dem 16. Jh. miteinander verbunden sind. Die gleiche Strenge kennzeichnet seinen roten Anjou, der im Abgang ziemlich adstringierend ist. Aber seine tiefrote Farbe, seine Aromen von zu Kompott verarbeiteten Früchten und sein intensiver, fruchtiger Geschmack erwecken einen guten Eindruck. Eine Flasche, die man mindestens ein Jahr aufheben muss.
Francine Desmet, EARL du Manoir de Versillé, Versillé, 49320 Saint-Jean-des-Mauvrets, Tel. 02.41.45.22.00, Fax 02.41.45.22.00, E-Mail manoir.versille@wanadoo.fr n. V.

Anjou-Gamay

Ein Rotwein, der aus der Rebsorte Gamay noir erzeugt wird. Sie wächst hier auf den schieferhaltigsten Böden der Anbauzone. Wenn der Gamay gut vinifiziert worden ist, kann er einen ausgezeichneten offenen Karaffenwein abgeben. Einige Weinbaubetriebe haben sich auf diesen Typ spezialisiert, der keinen anderen Ehrgeiz hat, als dass er im ersten Jahr nach seiner Lese gefällt. 2000 wurden 16 642 hl erzeugt.

DOM. DES BONNES GAGNES 2000

■ 2 ha 6 000 3 à 5 €

Die Bonnes Gagnes wurden schon im 11. Jh. von den Mönchen mit Reben bestockt. Knapp zehn Jahrhunderte später haben sie einen Wein geliefert, der mit seinem rosarot schimmernden Rubinrot, seinen schlichten Aromen von vollreifen Trauben und Gewürzen und seinem fruchtigen, frischen Geschmack sehr angenehm ist. Ein charakteristischer Gamay, der eine ganze Mahlzeit begleiten kann.

Jean-Marc Héry, Orgigné, 49320 Saint-Saturnin-sur-Loire, Tel. 02.41.91.22.76, Fax 02.41.91.21.58 Mo–Sa 9h–12h30 14h–19h30; So n. V.

DOM. CHUPIN 2000**

■ 3,8 ha 30 000 3 à 5 €

Dieses riesige Anjou-Gut, das rund 80 ha Reben nutzt, stellt einen Gamay vor, der mit seinem bläulich rot schimmernden Granatrot, seinen schlichten, ausdrucksvollen Aromen von roten Früchten (Erdbeere), die mit Pentanolnoten (Banane ...) verbunden sind, und seinem frischen, delikaten, fruchtigen Geschmack für seine Rebsorte repräsentativ ist. Die Konzentration ist für den Jahrgang bemerkenswert.

SCEA Dom. Chupin, 8, rue de l'Eglise, 49380 Champ-sur-Layon, Tel. 02.41.78.86.54, Fax 02.41.78.61.73 n. V.

DOM. PIED FLOND 2000

■ 0,4 ha 3 500 3 à 5 €

Ein Weinbaubetrieb, der von einem alten Herrenhaus aus dem 15. Jh. beherrscht wird und danach von Mönchen und ab 1864 von der Familie Gourdon bewohnt wurde. Dieser schlichte, leichte, angenehme Wein hinterlässt eine Empfindung von kleinen roten Früchten und Frische. Trinken sollte man ihn im Laufe des Jahres.

EARL Franck Gourdon, Dom. de Pied Flond, 49540 Martigné-Briand, Tel. 02.41.59.92.36, Fax 02.41.59.92.36 n. V.

Anjou-Villages

Das Anbaugebiet der AOC Anjou-Villages ist gleichbedeutend mit einer Auswahl von Reblagen innerhalb der AOC Anjou: Nur früh reifende Lagen mit gesunden Böden, die eine gute Ausrichtung besitzen, wurden berücksichtigt. In erster Linie sind es Böden, die sich auf Schiefer entwickelt haben, ob dieser nun verwittert ist oder nicht. Die zehn Gemeinden, die das geografische Gebiet der 1998 anerkannten AOC Anjou-Villages-Brissac ausmachen, befinden sich auf einer Hochfläche mit einem Hang, der zur Loire hin sanft abfällt, im Norden durch diesen Fluss und im Süden von den schroffen Hängen des Layon begrenzt. Die Böden sind tief. Die Nähe der Loire, die extreme Temperaturunterschiede einschränkt, erklärt ebenfalls die Besonderheit des Terroir. Die Ernte 2000 brachte 13 800 hl hervor.

DOM. PATRICK BAUDOUIN 1999*

■ k. A. 5 000 8 à 11 €

Patrick Baudouin hat seine Buchhandlung in Belleville aufgegeben, um Winzer zu werden. Er begann 1990 nach einem Praktikum bei Pierre Aguilas; innerhalb von wenigen Jahren vergrößerte sich sein Weinbaubetrieb von zwei auf acht Hektar. Auch wenn er sich für den Coteaux du Layon begeistert, vernachlässigt er darüber nicht seine Cabernet-Reben. Sein 99er Anjou-Villages zeigt ein funkelndes, kräftiges Purpurrot. Seine Aromen von kleinen Früchten umschmeicheln die Nase. Eine reiche, großzügige Ansprache kündigt einen ausgewogenen, anhaltenden Geschmack an. In drei Jahren wird diese Flasche ihren Höhepunkt erreichen.

Patrick Baudouin, Prince, 49290 Chaudefonds-sur-Layon, Tel. 02.41.78.66.04, Fax 02.41.78.66.04, E-Mail contact@patrick-baudouin-layon.com n. V.

DOM. DES BLEUCES

Vignes rouges Vieilli en fût de chêne 1999*

■ 0,3 ha 2 000 5 à 8 €

Benoît Proffit, der dieses Gut 1994 übernahm, bemühte sich zuerst darum, den Weinberg zu verbessern. Diese «roten Reben», deren Traubengut eine kurze Lagerung im Holzfass (neun Monate) durchlaufen hat, haben einen 99er geliefert, der aufgrund seiner glänzenden rubinroten Farbe überaus anziehend wirkt. Der recht deutliche Duft verbindet Fruchtigkeit, Röstaroma und schwarze Früchte. Im sehr feinen Geschmack kommt ein leichter Holzton zum Vorschein. Der Abgang stützt sich auf seidige Tannine.

EARL Proffit-Longuet, Dom. des Bleuces, 49700 Concourson-sur-Layon, Tel. 02.41.59.11.74, Fax 02.41.59.97.64, E-Mail domainedesbleuces@coteaux-layon.com Mo–Sa 8h–12h 14h–17h45

Benoît Proffit

DOM. CHUPIN 1999

■ 4,31 ha 30 000 3 à 5 €

Dieses große Gut umfasst über 78 Hektar. Es gehört Guy Saget, der für seine Weinberge in der Region Pouilly wohl bekannt ist. Sein 99er bietet eine mittlere Struktur, aber er ist dennoch gefällig. Das Rubinrot ist nicht sehr tief, aber die Farbe ist schön. Schlehe, Walderdbeere, Lakritzenoten: Seine aromatische Seite wurde sehr geschätzt. Im Geschmack findet man Sanftheit und einen gut gemeisterten Stoff.

⊶ SCEA Dom. Chupin, 8, rue de l'Eglise, 49380 Champ-sur-Layon, Tel. 02.41.78.86.54, Fax 02.41.78.61.73 ☑ Y n. V.
⊶ SA Guy Saget

DOM. DE GATINES 1999**

■ 2,5 ha 12 000 5à8€

Die Domaine de Gatines, das sind 35 Hektar am Oberlauf des Layon. Die dritte Generation hat 1996 ihre Leitung übernommen. Hier findet man den französischen Meister im Rebschnitt, aber bisweilen kann das Gut auch das Siegerpodest beim Anjou-Villages erklimmen: Nehmen Sie etwa den zum Lieblingswein gewählten 95er. Dieser 99er liegt auf der gleichen Linie. Er erscheint im Glas sehr granatrot und lässt am Rand reichhaltige «Tränen» zurück, wenn man den Wein schwenkt. Der extrem dichte Duft wird von vollreifen schwarzen Früchten beherrscht. Der Geschmack ist großzügig, füllig und fett, mit kräftigen, aber seidigen Tanninen. Alles Merkmale, die von Trauben zeugen, die bei optimaler Reife gelesen wurden, und eine perfekte Extraktion belegen. Dieser bemerkenswerte Wein wird in ein paar Jahren noch besser zum Ausdruck kommen.

⊶ EARL Vignoble Dessèvre, Dom. de Gatines, 12, rue de la Boulaie, 49540 Tigné, Tel. 02.41.59.41.48, Fax 02.41.59.94.44 ☑ Y Mo–Sa 8h–12h30 14h–19h

DOM. DE LA CROIX DES LOGES

Les Grenuces 1999**

■ 1 ha 5 000 5à8€

Das Gut der Bonnins (40 ha) liegt ganz nahe beim Dorf, an der Straße nach Gennes. Der Sohn trat 1998 in den Betrieb ein; die lobenden Kommentare, die diese Cuvée hervorgerufen hat, werden ihn ermutigen. Dieser rubinrote Wein mit bläulichen Reflexen ist zunächst im Geruch diskret und öffnet sich dann, wenn man ihn im Glas schwenkt, zu einer komplexen Aromenpalette, in der rote Früchte und blumige Noten zusammentreffen, die an Iris und Pfingstrose erinnern. Diese Sanftheit findet man im Geschmack wieder, zusammen mit einer schönen Präsenz der Tannine und einem lang anhaltenden, anmutigen Abgang.

⊶ SCEA Bonnin et Fils, Dom. de La Croix des Loges, 49540 Martigné-Briand, Tel. 02.41.59.43.58, Fax 02.41.59.41.11, E-Mail bonninlesloges@aol.com ☑ Y n. V.

DOM. DE LA MOTTE

Cuvée fût de chêne 1999***

■ 0,5 ha 1000 8à11€

Das 1935 gegründete, 18 ha große Gut in Familienbesitz wurde 1995 von Gilles Sorin übernommen. Sein 99er wurde als so schön beurteilt, dass er auf die Liste für die möglichen Liebeserklärungen gesetzt wurde. Das ist der lagerfähige Wein schlechthin: Die kräftige granatrote Farbe mit violetten Reflexen ist recht tief. Der Geruchseindruck ist deutlich wahrzunehmen und besteht aus Fruchtigkeit, Gewürzen und Röstung. Der Geschmack ist sehr strukturiert, reich, sogar opulent. Zweifellos haben bei idealer Reife geerntete Trauben und eine dem angepasste Vinifizierung diesen prächtigen Wein hervorgebracht, der in zwei bis drei Jahren viel Vergnügen verschaffen wird.

⊶ Gilles Sorin, 35, av. d'Angers, 49190 Rochefort-sur-Loire, Tel. 02.41.78.72.96, Fax 02.41.78.75.49 ☑ Y Mo–Sa 8h30–18h30

CH. DE LA MULONNIERE 1998

■ 3 ha 8 000 5à8€

Château de La Mulonnière befindet sich am Rand des Layon, des Flusses, der das Gut durchfließt; es wurde 1876 von Charles Messe errichtet, einem ehemaligen Artillerieoffizier Napoleons III. Seine heutigen Besitzer haben es 1991 erworben. Ihr 98er schmückt sich mit einem Rubinrot, das granatrote Reflexe zeigt. Die Nase enthüllt pflanzliche, leicht holzige Nuancen. Der Geschmack ist im Augenblick ziemlich streng. Ein bis zwei Jahre aufheben.

⊶ SCEA B. Marchal-Grossat, Ch. de La Mulonnière, 49750 Beaulieu-sur-Layon, Tel. 02.41.78.47.52, Fax 02.41.78.63.63, E-Mail chateau@domaine-mulonniere.com ☑ Y n. V.

DOM. DU LANDREAU 1999**

■ 8 ha 15 000 5à8€

Dieser 1961 entstandene Weinbaubetrieb hat sich regelmäßig vergrößert, seitdem er auf den Verkauf an Privatkunden gesetzt hat. Heute umfasst er fünfzig Hektar. Sein 99er Anjou-Villages inspirierte sofort einen der Verkoster, der seine rubinrote Farbe «melodisch» fand! Der ebenso gefällige Duft bedient sich voller Eleganz roter Früchte. Der Geschmack lässt einen schönen, gut strukturierten Stoff erkennen und bietet einen einschmeichelnden Abgang. Ein noch etwas jugendlicher Wein, den die Ungeduldigen aber schon bei Erscheinen des Hachette-Weinführers aufmachen können.

⊶ Raymond Morin, Dom. du Landreau, 49750 Saint-Lambert-du-Lattay, Tel. 02.41.78.30.41, Fax 02.41.78.45.11, E-Mail rmorin@domaine-du-landreau.com ☑ Y Mo–Fr 8h–12h30 14h–19h; Sa 8h–12h30

DOM. DE LA VILLAINE

Les Rôtis Cuvée spéciale Elevé en fût de chêne 1999*

■ 0,5 ha 2 500 5à8€

Ein 23 ha großes Gut, das in den 70er Jahren entstand und 1997 von Jean-Paul Carré und Pascal Batail übernommen wurde. Ihre zwölf Monate im Holzfass gereifte Cuvée Les Rôtis zeigt ein Rubinrot mit strahlenden Reflexen. Der erste Geruchseindruck bietet eine feine, angenehme Fruchtigkeit, zu der gut eingefügte Röst- und Vanillenoten hinzukommen. Die Ansprache ist klar und füllig; der Abgang wird ein wenig durch die Tannine geprägt, die bei ein wenig Lagerung bestimmt verschmelzen werden.

⊶ GAEC des Villains, La Villaine, 49540 Martigné-Briand, Tel. 02.41.59.75.21, Fax 02.41.59.75.21 ☑ Y n. V.

DOM. LES GRANDES VIGNES 1999

■ 10 ha 62 000 5à8€

Dieses 50 ha große Gut befindet sich in Thouarcé, an den Hängen des Layon. Seine Weine werden in unserem Weinführer oft erwähnt. Dieser hier ist dunkelrubinrot mit karminroten Reflexen und bietet im Duft Aromen von überreifen Früchten. Der Geschmack ist nicht überaus lang; im Augenblick dominieren die Tannine über das «Fleisch», aber er besitzt genug Ausgewogenheit und Harmonie, um sich nach einer Zeit der Lagerung gut zu entwickeln.

GAEC Vaillant, Dom. Les Grandes Vignes, La Roche Aubry, 49380 Thouarcé, Tel. 02.41.54.05.06, Fax 02.41.54.08.21, E-Mail gaecvaillant@wordonline.fr ☑ Y n. V.

LUC ET FABRICE MARTIN 1999*

■ 1 ha 2 500 5à8€

Luc und Fabrice Martin, die auf dem Gut die vierte Generation repräsentieren, haben sich 1997 zu einer GAEC zusammengeschlossen. Ihr 99er bietet eine dichte purpurrote Farbe. Seine Aromen sind sehr fein. Die Ansprache enthüllt einen strukturierten, fülligen, kräftigen Geschmack, der mit schönen Tanninen anhält.

GAEC Luc et Fabrice Martin, 2 *bis*, rue du Stade, 49290 Chaudefonds-sur-Layon, Tel. 02.41.78.19.91, Fax 02.41.78.98.25 ☑ Y tägl. 8h–12h 14h–20h

CH. DES NOYERS 1999*

■ 8 ha 4 000 3à5€

Das Weingut (18,5 ha) wird von einem richtigen Schloss aus dem 16. Jh. beherrscht, das sich mit drei trockengelegten Wassergräben und wuchtigen Ecktürmen verteidigt. Es hat einen 99er geliefert, der aufgrund seiner intensiven, kräftigen Farbe mit der anmutigen Oberfläche sehr anziehend ist. Der sanfte, ziemlich komplexe Duft erinnert an ein Kompott aus roten Früchten. Der sanfte, ausgewogene Geschmack von schöner Nachhaltigkeit beschert viel Vergnügen.

SCA Ch. des Noyers, Les Noyers, 49540 Martigné-Briand, Tel. 02.41.54.03.71, Fax 02.41.54.27.63, E-Mail webmaster@chateaudesnoyers.fr ☑ Y n. V.

Besnard

DOM. OGEREAU 1999**

■ 8 ha 15 000 5à8€

Die Ergebnisse dieses Guts werden oft mit Ungeduld erwartet, denn der Weinmacher Vincent Ogereau hat in den letzten Jahren brillante Cuvées erzeugt, bei den edelsüßen Weinen ebenso wie bei den Rotweinen. So hat er in dieser AOC in den Ausgaben 2000 und 2001 zwei Liebeserklärungen hintereinander erhalten. Der 99er, der von einer sehr langen Maischegärung (ein Monat) herrührt, zeigt ein Purpurrot mit violettem Ton. Der Geruchseindruck hat sich zu roten Früchten entfaltet und enthält einen Holzton. Der Geschmack ist sehr angenehm, denn er ruft einen Eindruck von Sanftheit und Leichtigkeit hervor, ist aber gleichzeitig gut strukturiert und besitzt eine bemerkenswerte Nachhaltigkeit.

Vincent Ogereau, 44, rue de la Belle-Angevine, 49750 Saint-Lambert-du-Lattay, Tel. 02.41.78.30.53, Fax 02.41.78.43.55 ☑ Y n. V.

DOM. DU PETIT METRIS

Clos de Midion 1997**

■ 1,1 ha 5 000 5à8€

Alle Jahre wartet man auf dieses Gut beim Weißwein: Quarts de Chaume, Coteaux du Layon, Savennières ... Mit diesem 97er zeigt Petit Métris, dass er auch von der Cabernet-Traube schöne Weine erzeugen kann. Schon im Geruch demonstriert dieser hübsche granatrote Wein seinen Reichtum und seine Freigebigkeit, indem er in verschwenderischer Fülle schwarze Früchte bietet. Dieser Eindruck bestätigt sich im Geschmack, in dem man einen fülligen, voluminösen, stark verschmolzenen Stoff entdeckt. Das Geheimnis dahinter? Die optimale Reife der Trauben und vor allem eine perfekt gelungene Extraktion der edlen Bestandteile der Beeren. Diese Flasche ist schon jetzt den Umweg wert, aber man kann sie drei bis fünf Jahre aufheben.

GAEC Joseph Renou et Fils, Le Grand Beauvais, 49190 Saint-Aubin-de-Luigné, Tel. 02.41.78.33.33, Fax 02.41.78.67.77, E-Mail domaine.petit.metris@wanadoo.fr ☑ Y n. V.

DOM. DE PUTILLE 1999**

■ 0,85 ha 3 500 5à8€

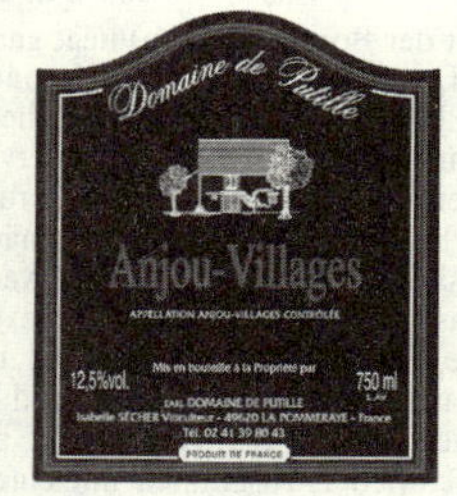

Die Domaine de Putille (13 ha) befindet sich im Herzen des Loire-Tals, 30 km von Angers entfernt. Die Leser des Hachette-Weinführers kennen sie gut, denn von den Rebsorten Chenin, Gamay und Cabernet präsentiert das Gut ein reiches Angebot an Anjou-Weinen, die von unseren Jurys regelmäßig ausgewählt werden. Dieser 99er, das Ergebnis einer langen Maischegärung, ist zweifellos der schönste Rotwein, der in unserer Verkostung vorgestellt wurde. Die intensive Farbe zeigt, wenn man den Wein im Glas schwenkt, eine strahlend granatrote Oberfläche. Dann prägen zu Kompott verarbeitete rote Früchte einen Duft von bemerkenswerter Feinheit, der elegant und komplex ist. Nach einer prächtigen Ansprache entdeckt man einen großartigen Stoff, eine runde, seidige, stattliche Struktur und eine sehr schöne Ausgewogenheit. Der Abgang will gar nicht mehr enden!

Isabelle Sécher, Dom. de Putille, 49620 La Pommeraye, Tel. 02.41.39.80.43, Fax 02.41.39.81.91 ☑ Y n. V.

DOM. JEAN-LOUIS ROBIN-DIOT
Le Haut du Cochet 1999★★

■ 2 ha 5 300 8à11€

Dieses Gut hat sich gerade mit einem unterirdischen Barriquekeller ausgerüstet. Im Holzfass wurde auch dieser bemerkenswerte Anjou-Villages ausgebaut. Dieser intensiv granatrote 99er zeigt Reflexe, die auf den Anfang einer Entwicklung hinweisen. Der Duft ist ein Potpourri von Blumen (Veilchen), getrockneten Früchten (Feige) und empyreumatischen Noten. Der gut verschmolzene Geschmack klingt mit seidigen Tanninen aus. Echte Harmonie.

Dom. Jean-Louis Robin-Diot, Les Hauts-Perrays, 49290 Chaudefonds-sur-Layon, Tel. 02.41.78.68.29, Fax 02.41.78.67.62 n. V.

MICHEL ROBINEAU 1999★

■ 0,8 ha 3 000 5à8€

Michel Robineau hat vor zehn Jahren ein Gut aufgebaut, das er optimal nutzen kann. Sein 99er besitzt eine sehr reintönige purpurrote Farbe mit reizvoller Oberfläche im Glas. Er ist beim ersten Riechen zurückhaltend und öffnet sich, wenn man ihn schwenkt, zu animalischen und würzigen Noten. Im Geschmack zeigt er eine sehr schöne Ausgewogenheit. Eine sehr leichte Adstringenz mildert sich im Verlauf der Verkostung und macht einer seidigen Harmonie Platz.

Michel Robineau, 3, chem. du Moulin, Les Grandes Tailles, 49750 Saint-Lambert-du-Lattay, Tel. 02.41.78.34.67 n. V.

DOM. ROBINEAU CHRISLOU 1999★

■ 0,7 ha 4 500 5à8€

Louis Robineau hat das Familiengut 1991 übernommen. Sein 99er schmückt sich mit einem Rubinrot, das funkelnde violette Reflexe zeigt. Der deutlich wahrnehmbare Duft entfaltet sehr sanfte Gewürznoten. Auf die sanfte Ansprache folgt ein recht kräftig gebauter Geschmack. Insgesamt Ausgewogenheit und Harmonie.

Louis Robineau, 14, rue Rabelais, 49750 Saint-Lambert-du-Lattay, Tel. 02.41.78.42.65, Fax 02.41.78.42.65 n. V.

SAUVEROY Cuvée antique 1999★

■ 5,5 ha 36 000 5à8€

Die 1947 entstandene Domaine Sauveroy erlebt seit fünfzehn Jahren eine rasante Entwicklung. Sie bemüht sich darum, eine Vinifizierung in Form von Mikrocuvées durchzuführen, was eine genaue Überwachung der Reife der Trauben voraussetzt. Diese sorgfältige Arbeit erlaubt es dem Gut, schöne Weine zu präsentieren, wie etwa diese Cuvée antique, von der der 96er eine Liebeserklärung erhielt. Mit seinem intensiven Rubinrot, das tief und glänzend ist, weckt dieser 99er, das Ergebnis einer langen Maischegärung, Vertrauen: Diese Erscheinung rührt von einer gut gemeisterten Extraktion her. Der sehr fruchtige, intensive, hochfeine Duft bestätigt diesen Eindruck: vollreife Trauben! Der Geschmack bietet eine große Nachhaltigkeit.

Pascal Cailleau, Dom. du Sauveroy, 49750 Saint-Lambert-du-Lattay, Tel. 02.41.78.30.59, Fax 02.41.78.46.43, E-Mail domainesauveroy@terre-net.fr n. V.

DOM. DES TROTTIERES 1999★

■ 4,57 ha 28 000 3à5€

Das große, 1905 entstandene Gut umfasst 80 ha Reben, die an den Hängen des Layon-Tals wachsen. 1985 wurde es von Monsieur und Madame Lamotte übernommen, die es modernisiert haben. Dieser 99er zeigt eine hochelegante Farbe zwischen Rubinrot und Purpurrot. Vollreife, sogar überreife Trauben prägen den Duft, den zu Kompott verarbeitete Früchte begleiten. Der Geschmack entwickelt sich über sehr deutlich spürbaren, aber öligen Tanninen.

Dom. des Trottières, Les Trottières, 49380 Thouarcé, Tel. 02.41.54.14.10, Fax 02.41.54.09.00, E-Mail lestrottieres@worldonline.fr n. V.

Anjou-Villages-Brissac

DOM. DE BABLUT 1999

■ k. A. 30 000 5à8€

Die Domaine de Bablut (80 ha) befindet sich seit 1546 im Besitz der gleichen Familie. Der Winzer, der auch die Weinberge von Château de Brissac bewirtschaftet, stellt das Gut auf biologischen Anbau um. Seit der ersten Ausgabe des Hachette-Weinführers ist das Gut, das alle Typen von Anjou-Weinen erzeugt, regelmäßig vertreten. Es taucht hier alle Jahre bei dieser AOC auf. Der 99er, der eine hübsche rote Farbe mit violetten Reflexen besitzt, enthüllt sehr einschmeichelnde fruchtig-blumige Aromen, die man mit viel Vergnügen im Geschmack wiederfindet. Er ist zwar nicht übermäßig lang, aber seine Frische macht ihn sehr angenehm. Schöne Harmonie.

SCEA Daviau, Dom. de Bablut, 49320 Brissac-Quincé, Tel. 02.41.91.22.59, Fax 02.41.91.24.77, E-Mail daviau@refsa.fr Mo–Sa 8h30–12h 14h–18h30

CH. DE BRISSAC 1999★

■ k. A. 40 000 5à8€

Das Gebäude – zwei spitze Rundtürme aus dem 15. Jh. umrahmen eine Fassade aus dem 17. Jh. – wurde als «neues, halb errichtetes Schloss in einem alten, halb zerstörten Schloss» beschrieben. Es bleibt im Besitz der Herzöge von Brissac, ebenso wie das Weingut, das in einem Jahr angelegt wurde, das sich unsere französischen Leser leicht einprägen können: 1515. Seine achtzig Hektar werden heute im biologischen Anbau bewirtschaftet. Wenn man ein Gut führt, das für die Appellation ein Wahrzeichen darstellt, wäre es schade, zu enttäuschen. Dieser 99er erfüllt seine Aufgabe mit einer granatroten, violett funkelnden Farbe, einem Duft, der schwarze Früchte und Unterholz mischt, und

einem ausgewogenen, vollen, runden, lang anhaltenden Geschmack. Der 96er erhielt eine Liebeserklärung.
SCEA Daviau, Dom. de Bablut,
49320 Brissac-Quincé, Tel. 02.41.91.22.59,
Fax 02.41.91.24.77, E-Mail daviau@refsa.fr
Mo–Sa 8h30–12h 14h–18h30
Duc de Brissac

DOM. DES CHARBOTIERES
Les Richoux 1999*

1,1 ha k. A. 8 à 11 €

Paul-Hervé Vintrou bewirtschaftet nach biodynamischen Anbauprinzipien fünf Hektar Chenin-Reben für die AOC Coteaux de l'Aubance und fünf Hektar Cabernet-Reben, wobei die Reben auf tonigem Schiefer angepflanzt sind. Auch wenn er nicht aus dem Anjou stammt, kennt er sich mit seinem Thema aus, denn er entstammt einer Familie von Weinhändlern und hat eine Ausbildung als Weinkellner absolviert. Womit soll man diesen 99er von kräftiger Farbe kombinieren? Der Geruchseindruck ist dicht und konzentriert und besteht aus schwarzen Früchten, die Röstnoten begleiten. Der Geschmack lässt ein prächtiges, sehr tanninreiches Gerüst erkennen – Garant für eine Alterung. Er verlangt nach rotem Fleisch, sogar nach Wild. Dieser Wein dürfte eine schöne Harmonie zeigen, sobald sich die Tannine besänftigt haben.
Paul-Hervé Vintrou, Clabeau,
49320 Saint-Jean-des-Mauvrets,
Tel. 02.41.91.22.87, Fax 02.41.66.23.09,
E-Mail contact@domainedescharbotieres.com
n. V.

DOM. DITTIERE 1999

1,5 ha 9 000 5 à 8 €

Die Domaine Dittière besteht seit einem Jahrhundert. Heute wird sie von zwei Brüdern, Joël und Bruno, bewirtschaftet. Der Weinberg liegt auf einem Kiessandboden, der für die Gemeinde Vauchrétien charakteristisch ist und ausdrucksvolle Weine hervorbringt. Die Weine des Guts, insbesondere die Rotweine, erscheinen regelmäßig im Hachette-Weinführer (ein 89er erhielt sogar eine Liebeserklärung). Dieser tiefrubinrote 99er bietet Aromen von roten Früchten, ein wenig zu Kompott verarbeitet, oder Backpflaume. Die gleichen fruchtigen Noten halten in einem lebhaften, leichten Geschmack an. Ein gut gemachter, harmonischer Wein.
Dom. Dittière, 1, chem. de la Grouas,
Vauchrétien, 49320 Brissac, Tel. 02.41.91.23.78,
Fax 02.41.54.28.00,
E-Mail domaine.dittiere@wanadoo.fr
n. V.

DOM. DE GAGNEBERT
Clos de Grésillon 1999*

5 ha 20 000 5 à 8 €

In Juigné wurde der Dachschiefer schon im 12. Jh. genutzt; alte Steinbrüche kann man hier unter freiem Himmel sehen. In einem Keller aus Schiefer können Sie auch diesen sehr gefälligen 99er probieren, der – wie es sich gehört – von einem Schieferboden kommt. Die Farbe ist intensiv: rubinrot mit bläulich roten Reflexen. Der feine, ausdrucksvolle Duft verbindet rote Früchte mit Vanille- und Röstnoten, die von einem einjährigen Ausbau im Holzfass herrühren. Im Geschmack intensivieren sich die Aromen bis zu einem Abgang, der von seidigen Tanninen unterstützt wird. Gute Struktur, schöne Harmonie.
Daniel et Jean-Yves Moron,
Dom. de Gagnebert, 2, chem. de la Naurivet,
49610 Juigné-sur-Loire, Tel. 02.41.91.92.86,
Fax 02.41.91.95.50
Mo–Sa 9h–12h 15h–19h

DOM. DE MONTGILET 1999**

5,92 ha 33 000 5 à 8 €

Das Gut (36 Hektar im Herzen der Hänge der Aubance) steht ebenso wie seine in graublauen Tönen gehaltenen Etiketten ganz im Zeichen des Schiefers. Es hat uns mit herrlichen edelsüßen Weinen bekannt gemacht, zeigt aber auch ausgezeichnete Leistungen beim Rotwein (ein 87er Anjou-Villages wurde im Hachette-Weinführer 1990 zum Lieblingswein gewählt). Dieser granatrote 99er mit kastanienbraunen Reflexen ist ein würdiger Vertreter der Appellation: aufgrund seiner konzentrierten Aromen, die schwarze Früchte mit einer pflanzlichen Note verbinden, und aufgrund seines fleischigen, opulenten Geschmacks mit den anhaltenden fruchtigen Noten. Genuss und Zukunft.
Victor et Vincent Lebreton,
Dom. de Montgilet, 49610 Juigné-sur-Loire,
Tel. 02.41.91.90.48, Fax 02.41.54.64.25,
E-Mail montgilet@terre-net.fr
Mo–Sa 9h–12h 14h–19h

DOM. RICHOU Les Vieilles vignes 1999*

4 ha 22 000 5 à 8 €

Eine Familie, die seit dem 16. Jh. Wein anbaut: Sie rühmt sich, dass sie eine Urkunde von 1550 entdeckt hat, die einen gewissen Maurice Joyau erwähnt, der Winzer war und den König mit Wein belieferte. Bei solchen Weinbauwurzeln ist es nicht erstaunlich, dass sie ein perfektes Können an den Tag legt, das diesen Betrieb zu einem «sicheren Wert» im Anjou macht. Einer der Weinbaubetriebe, die sich schon in der ersten Ausgabe unseres Weinführers auszeichneten. Seine im Anblick intensive, aber in der Nase diskrete Cuvée Vieilles vignes öffnet sich zu Röstnoten und schwarzen Früchten. Der Geschmack enthüllt einen opulenten Stoff, der sich nur noch verfeinern muss. Lagern.
GAEC D. et D. Richou, Chauvigné,
49610 Mozé-sur-Louet, Tel. 02.41.78.72.13,
Fax 02.41.78.76.05 n. V.

DOM. DE ROCHAMBEAU 1999**

2 ha 8 000 5 à 8 €

Das an einem Hang angelegte, 17 ha große Weingut überragt die Aubance. Es wird mit bio logischen Anbaumethoden bewirtschaftet. Sein 99er erweckt in allen Phasen der Verkostung eine Empfindung von Konzentration und Reichtum. Intensiv ist die granatrote Farbe, intensiv der Duft von schwarzen Früchten (schwarze Johannisbeere). Und der Geschmack? Sanft, aber strukturiert und ausgewogen. Er verführt durch seine Fruchtigkeit, die im Abgang lang andauert.

🔑 EARL Forest, Dom. de Rochambeau, 49610 Soulaines-sur-Aubance, Tel. 02.41.57.82.26, Fax 02.41.57.82.26, E-Mail rochambeau@wanadoo.fr ☑ Y n. V.

DOM. DES ROCHELLES
La Croix de Mission 1999★★

■ 5 ha 20 000 ▮🌡 8à11€

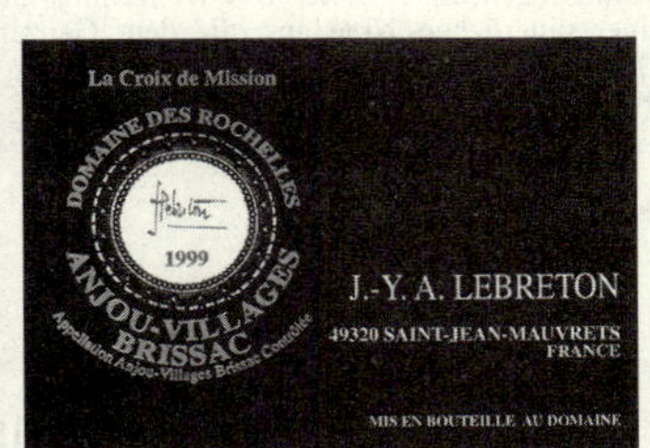

Jean-Yves Lebreton erzeugt Rotweine von großer Qualität, wie diese Cuvée bezeugt, die die Jury erobert hat. Die sehr kräftige Farbe ist tief und heiter zugleich. Der Geruchseindruck ist warm und kräftig, aber trotzdem elegant. Seine komplexe Aromenpalette verbindet vollreife rote Früchte und zu Kompott verarbeitete schwarze Früchte. Der füllige, strukturierte Geschmack setzt diese ersten Eindrücke fort und entfaltet sie. Man findet darin mit noch größerer Intensität die beim Riechen wahrgenommenen Aromen. Eine Flasche, die nicht in Vergessenheit gerät!

🔑 J.-Y. A. Lebreton, Dom. des Rochelles, 49320 Saint-Jean-des-Mauvrets, Tel. 02.41.91.92.07, Fax 02.41.54.62.63, E-Mail jy.a.lebreton@wanadoo.fr ☑ Y n. V.

DOM. DE SAINTE-ANNE 1999★

■ 3 ha 10 000 ▮🌡 5à8€

Dieses Gut, das sich auf einer der höchstentonigen Kalksteinkuppen von Saint-Saturnin-sur-Loire befindet, zeigt eine schöne Regelmäßigkeit in der Qualität, denn es ist im Hachette-Weinführer seit der ersten Ausgabe vertreten. Sein 99er Anjou-Villages-Brissac hüllt sich in ein hochelegantes Granatrot. Man muss ihn belüften, damit er bereit ist, fruchtige Noten zu liefern, die auf ein interessantes aromatisches Potenzial hinweisen. Die Ansprache ist fett, reich und wohl schmeckend, während der Abgang Noten von eingemachten schwarzen Früchten hinterlässt. Ein sehr attraktiver Wein.

🔑 Dom. de Sainte-Anne, EARL Brault, 49320 Brissac-Quincé, Tel. 02.41.91.24.58, Fax 02.41.91.25.87
☑ Y Mo–Fr 9h–12h 14h–19h; Sa 9h–12h 14h–18h

Rosé d'Anjou

Nachdem er im Export sehr erfolgreich war, verkauft sich dieser halbtrockene Wein heute nur noch schwer. Grolleau, die Hauptrebsorte, die früher im Gobelet-Schnitt erzogen wurde, erzeugte leichte Roséweine, die man *«rougets»* (leicht gerötet) nannte. Er wird heute zunehmend als leichter Rotwein vinifiziert (Tafel- oder Landwein).

DOM. DES BLEUCES 2000★

◪ 6,1 ha 50 000 ▮🌡 -3€

Ein 29 ha großes Gut, das 1994 von Benoît Proffit übernommen wurde. Sein Rosé von hübschem Rosarot mit orangeroten Tönen bietet elegante Aromen von kleinen roten Früchten und einen frischen, ausgewogenen, harmonischen Geschmack.

🔑 EARL Proffit-Longuet, Dom. des Bleuces, 49700 Concourson-sur-Layon, Tel. 02.41.59.11.74, Fax 02.41.59.97.64, E-Mail domainedesbleuces@coteaux-layon.com
Y Mo–Sa 8h–12h 14h–17h45

CH. DE CHAMPTELOUP 2000★

◪ 10 ha 60 000 ▮🌡 -3€

Diese Firma bewirtschaftet ein Weingut, das zu einem Drittel auf die Erzeugung von Roséweinen ausgerichtet ist. Dieser hier zeigt ein schönes Rosarot mit lachsroten Nuancen und bietet im Geruch intensive, delikate Düfte von roten Früchten. Der sanfte, elegante Geschmack entfaltet den aromatischen Reichtum des Anjou-Weins. Man kann ihn schon jetzt trinken.

🔑 SCEA Dom. de Champteloup, 49700 Brigné-sur-Layon, Tel. 02.41.59.65.10, Fax 02.41.59.63.60

CHANTAL FARDEAU
Rosé lumineux Demi-sec 2000★

◪ 0,62 ha 5 700 ▮ 5à8€

Das Gut liegt am Unterlauf des Layon, in der Nähe seiner Mündung in die Loire, zu Füßen der als *Corniche angevine* bezeichneten Panoramastraße D 751. Dieser «leuchtende Rosé» von schönem Lachsrosa ist im Geruchseindruck zurückhaltend, bietet aber einen delikaten, harmonischen, erfrischenden Geschmack.

🔑 Dom. Chantal Fardeau, Les Hauts Perrays, 49290 Chaudefonds-sur-Layon, Tel. 02.41.78.67.57, Fax 02.41.78.68.78
☑ Y n. V.

FLANERIE DE LOIRE 2000

◪ k. A. 300 000 ▮🌡 3à5€

Diese Handelsfirma zeichnete sich in der AOC mit einem sehr schönen 99er aus. Der darauf folgende Jahrgang ist bescheidener, bietet jedoch alles, was man von einem Rosé erwartet mit seiner blassen rosa bis lachsroten Farbe, seinen eleganten, fruchtig-blumigen Düften und seinem feinen, runden Geschmack mit den anhaltenden Aromen.

🔑 SA Lacheteau, ZI de La Saulaie, 49700 Doué-la-Fontaine, Tel. 02.41.59.26.26, Fax 02.41.59.01.94

DOM. DES HAUTES OUCHES 2000*

◪ 3 ha 7 000 ▮🌡 3à5€

Dieses florierende Familiengut besitzt 43 ha Reben. Es hat im Laufe der verschiedenen Ausgaben unseres Weinführers sein Können beim Rosé bewiesen (sogar eine Liebeserklärung für den 96er in dieser AOC). Dieser 2000er ist überaus angenehm mit seiner klaren, ziemlich kräftigen Farbe, seinen intensiven, eleganten Düften von roten Früchten und seinem sanften, ausgewogenen, fruchtigen Geschmack.

🔑 EARL Joël et Jean-Louis Lhumeau, 9, rue Saint-Vincent, Linières, 49700 Brigné-sur-Layon, Tel. 02.41.59.30.51, Fax 02.41.59.31.75 ☑ Y n. V.

DOM. LEDUC-FROUIN
La Seigneurie 2000**

◪ 7 ha 5 000 ▮🌡 3à5€

Die strahlende Farbe, ein Lachsrosa, verlockt. In der Nase tauchen intensive, elegante Zitrusaromen auf. Der runde, lebhafte, lang anhaltende Geschmack hinterlässt eine sehr angenehme säuerliche Note. Die Jury wurde erobert, und die «Seigneurie» wird königlich!

🔑 SCEA Dom. Leduc-Frouin, Sousigné, 49540 Martigné-Briand, Tel. 02.41.59.42.83, Fax 02.41.59.47.90, E-Mail domaine-leduc-frouin@wanadoo.fr ☑ Y n. V.

DOM. LE POINT DU JOUR 2000*

◪ 5 ha 30 000 ▮🌡 -3€

Dieser Rosé bietet einen sehr schönen Ausdruck: eine hübsche rosa Farbe mit lachsroten Reflexen, fruchtige und blumige Aromen (Veilchen), die sich im Mund elegant entfalten, und eine gute aromatische Nachhaltigkeit. Was will man mehr verlangen?

🔑 Réthoré, 51 *bis*, rue d'Anjou, 49540 Tigné, Tel. 02.41.59.65.10

DOM. DES MAURIERES 2000

◪ 1,57 ha 5 000 ▮🌡 5à8€

Das bei den Coteaux du Layon oft erwähnte Gut kann auch Roséweine erzeugen: Dieser hier ist typisch und besitzt eine rosa Farbe mit orangeroten Tönen und einen intensiven blumig-fruchtigen Duft. Die gleiche Fruchtigkeit findet man in einem ausgewogenen, samtigen Geschmack wieder.

🔑 EARL Moron, Dom. des Maurières, 8, rue de Perinelle, 49750 Saint-Lambert-du-Lattay, Tel. 02.41.78.30.21, Fax 02.41.78.40.26 ☑ Y n. V.

CH. DE MONTGUERET 2000*

◪ 10 ha 80 000 ▮🌡 3à5€

André und Dominique Lacheteau haben dieses große Gut 1987 gekauft. Sie präsentieren einen Rosé von schöner Ausdrucksstärke: Die lachsrosa Farbe ist klar; der Geruchseindruck bietet eine intensive Aromenpalette, die sich im Mund angenehm entfaltet. Der Wein klingt mit einer säuerlichen Note aus, die dem Ganzen Dynamik bringt.

🔑 SCEA Ch. de Montguéret, Le bourg, 49560 Nueil-sur-Layon, Tel. 02.41.59.59.19, Fax 02.41.59.59.02 ☑ Y n. V.

🔑 A. und D. Lacheteau

Cabernet d'Anjou

In dieser Appellation findet man halbtrockene Roséweine, die von den Rebsorten Cabernet franc und Cabernet Sauvignon stammen. Wenn sie duftig sind und wenn man sie gekühlt serviert, kann man sie ohne große Probleme mit Speisen kombinieren, mit Melone als Vorspeise oder mit einigen nicht zu süßen Nachspeisen. Bei der Alterung nehmen sie einen ziegelroten Farbton an und eignen sich dann als Aperitif. 2000 erreichte die Produktion 167 654 hl. Auf den *«faluns»* (miozäner Muschelkalksand) in der Gegend von Tigné und im Layon werden die angesehensten Weine erzeugt.

DOM. MICHEL BLOUIN 2000*

◪ 1,61 ha 8 000 ▮ 3à5€

Die sechste Generation der Blouins macht sich allmählich bemerkbar. Heute bewirtschaftet Michel Blouin dieses etwa 21 ha große Gut, auf dem er seit 1970 tätig ist. Sein im Glas ziemlich blasser Cabernet d'Anjou überrascht durch seine Intensität und seine säuerlichen Aromen. Der Geschmack bestätigt den Geruchseindruck: voller Rundheit und Feinheit und sehr aromatisch. Der Inbegriff eines Weins, den man zum Vergnügen trinkt.

🔑 Dom. Michel Blouin, 53, rue du Canal-de-Monsieur, 49190 Saint-Aubin-de-Luigné, Tel. 02.41.78.33.53, Fax 02.41.78.67.61 ☑ Y n. V.

DOM. BODINEAU 2000*

◪ 3 ha 3 000 ▮ 3à5€

Die Bodineaus, die seit 1850 Wein anbauen, präsentieren einen Cabernet d'Anjou, wie man ihn mag, von klarem, strahlendem Blassrosa, mit einer unkomplizierten, aber ausdrucksvollen Aromenpalette, die aus leichten Aromen roter Früchte besteht. Der Geschmack ist rund und ausgewogen. Ein schöner Wein.

Dom. Bodineau, Savonnières, 49700 Les Verchers-sur-Layon, Tel. 02.41.59.22.86, Fax 02.41.59.86.21 n. V.

DOM. DE CLAYOU 2000**

6 ha 50 000 3à5€

J.-B. Chauvin, Erbe einer soliden Weinbautradition, hat von Ton- und Schieferböden einen harmonischen Cabernet d'Anjou erzeugt, der eine große Feinheit zeigt. Das ins Orangerote spielende Rosa mit kupferfarbenen Reflexen, der intensive Duft von roten Früchten und der samtige Geschmack, der ebenfalls sehr fruchtig und angenehm nachhaltig ist, haben die Jury verführt.

SCEA Jean-Bernard Chauvin, 18 *bis*, rue du Pont-Barré, 49750 Saint-Lambert-du-Lattay, Tel. 02.41.78.42.84, Fax 02.41.78.48.52 Mo–Sa 9h–12h 14h–19h; Ende Aug. geschlossen

COTEAU SAINT-VINCENT 2000*

4 ha 10 000 3à5€

Dieser 19 ha große Familienbetrieb wurde 1992 von Michel Voisine übernommen, der seit 1999 von seinem Sohn Olivier, einem ausgebildeten Önologen, unterstützt wird. Ihr Cabernet d'Anjou ist recht ansprechend. Er erscheint im Glas blassrosa und ist zwar in der Nase noch zurückhaltend, aber der Geschmack lässt elegante, sehr fruchtige Aromen erkennen. Es fehlt ihm weder an Lebhaftigkeit noch an Nachhaltigkeit.

Michel et Olivier Voisine, Le Coteau Saint-Vincent, 49290 Chalonnes-sur-Loire, Tel. 02.41.78.18.26, Fax 02.41.78.18.26, E-Mail licheur@infonie.fr n. V.

DOM. DITTIERE 2000

6 ha 3 000 3à5€

Der 34 ha große Weinbaubetrieb, der sich mitten im Anbaugebiet des Anjou befindet, wird von Joël Dittière geführt, zu dem 1993 Bruno hinzugekommen ist; er macht regelmäßig Fortschritte. Ihr Cabernet d'Anjou verdient Aufmerksamkeit aufgrund seiner typischen Farbe und seines noch verschlossenen Geruchseindrucks, der aber einen interessanten aromatischen Ausdruck erahnen lässt. Der Geschmack ist angenehm und harmonisch.

Dom. Dittière, 1, chem. de la Grouas, Vauchrétien, 49320 Brissac, Tel. 02.41.91.23.78, Fax 02.41.54.28.00, E-Mail domaine.dittiere@wanadoo.fr n. V.

DOM. FARDEAU 2000*

1,29 ha 10 000 5à8€

Stéphanie Fardeau hat sich 1994 ihrem Vater in dem kleinen Familienbetrieb angeschlossen, dessen Keller sich auf den Anhöhen von Chaudefonds befindet. Dieser Cabernet d'Anjou ist mit seiner rosa bis orangeroten Farbe, seinen von roten Früchten dominierten Aromen und seinem delikaten, leicht säuerlichen Geschmack recht repräsentativ für die Appellation. Man kann ihn schon jetzt trinken.

Dom. Chantal Fardeau, Les Hauts Perrays, 49290 Chaudefonds-sur-Layon, Tel. 02.41.78.67.57, Fax 02.41.78.68.78 n. V.

DOM. DE GATINES 2000

3 ha 20 000 3à5€

Schon das Flurbuch von 1765 führte den Landsitz mit den Ländereien von Gâtines auf. Das Anwesen wurde zu einem Pfarrhaus, bevor es vom Großvater der heutigen Besitzer erworben wurde. Die Dessèvres achten besonders auf die Qualität ihres Cabernet d'Anjou, der in den letzten drei Ausgaben ausgewählt wurde. Der 2000er, der sich in ein hochelegantes Rosa mit orangeroten Tönen hüllt, wurde aufgrund seiner fruchtigen Merkmale, im Duft ebenso wie im Geschmack, erneut als recht repräsentativ für seine Appellation beurteilt. Er bietet eine schöne Ausgewogenheit.

EARL Vignoble Dessèvre, Dom. de Gatines, 12, rue de la Boulaie, 49540 Tigné, Tel. 02.41.59.41.48, Fax 02.41.59.94.44 Mo–Sa 8h–12h30 14h–19h

DOM. LA CROIX DES LOGES 2000**

8 ha 8 000 3à5€

Domaine de la Croix des Loges
PRODUCE OF FRANCE
2000
Cabernet d'Anjou
APPELLATION CABERNET D'ANJOU CONTRÔLÉE
11% vol.
750 ml
S.C.E.A. BONNIN ET FILS · 49540 MARTIGNÉ-BRIAND · FRANCE
MIS EN BOUTEILLE AU DOMAINE

Dieses Weingut in Martigné-Briand, das schon in der ersten Ausgabe unseres Weinführers vertreten war, erhält seine dritte Liebeserklärung für seinen Cabernet d'Anjou! Diese 2000er Cuvée, die auf der Linie des 97ers und des 98ers liegt, wurde einstimmig gewählt. Sie ist ein recht typischer Wein mit einem delikaten, leichten aromatischen Ausdruck, recht fruchtigen, säuerlichen Noten und einer ausgezeichneten Ausgewogenheit. Sehr schöne Gesamtharmonie.

SCEA Bonnin et Fils, Dom. de La Croix des Loges, 49540 Martigné-Briand, Tel. 02.41.59.43.58, Fax 02.41.59.41.11, E-Mail bonninlesloges@aol.com n. V.

DOM. DE L'ANGELIERE 2000*

3,5 ha 6 000 3à5€

Die Domaine de l'Angelière, die von der fünften Generation bewirtschaftet wird, erzeugt auf etwa vierzig Hektar zwölf AOCs. Dieser Cabernet d'Anjou, den ein Lachsrot mit sehr schönen Reflexen schmückt, bietet sehr angenehme Aromen von roten Früchten und einen weichen, wohl ausgewogenen Geschmack von bemerkenswerter Nachhaltigkeit.

🔑 GAEC Boret, Dom. de L'Angelière, 49380 Champ-sur-Layon, Tel. 02.41.78.85.09, Fax 02.41.78.67.10 ☑ 🍷 Mo–Sa 9h–19h

DOM. DE LA PETITE CROIX 2000*

◪ 7 ha 10 000 ▮🌡 3à5€

Das Gut erzeugt zwar einen der berühmtesten Cru des Anjou, den Bonnezeaux, aber seine gesamten Weine verdienen Beachtung. Dieser Cabernet d'Anjou verführt durch seine rosa bis orangerote Farbe und seine Aromen von roten Früchten. Der schon ausgewogene Geschmack hat seine volle Harmonie noch nicht erreicht. Er besitzt jedoch genug Stabilität, um sich zu verbessern. Einige Zeit lagern.

🔑 A. Denechère et F. Geffard, Dom. de la Petite Croix, 49380 Thouarcé, Tel. 02.41.54.06.99, Fax 02.41.54.30.05 ☑ 🍷 n. V.

DOM. DE L'ARBOUTE 2000

◪ 2 ha 8 500 ▮🌡 3à5€

Jules Massicot ließ sich 1955 auf diesem im 18. Jh. entstandenen Weingut nieder. Seit 1980 wird der Betrieb von Yves und seiner Frau geführt, die jetzt von ihrem Sohn Sébastien unterstützt werden. Dieser Cabernet von blassrosa Farbe bietet Noten von vollreifen Früchten, in der Nase ebenso wie im Mund, und einen harmonischen, delikaten Abgang. Seine schöne Gesamtausgewogenheit macht ihn zu einem «guten, kleinen Rosé», den man ganz zwanglos trinken kann.

🔑 Yves Massicot, L'Arboute, 49380 Faye-d'Anjou, Tel. 02.41.54.03.38, Fax 02.41.54.40.57 ☑ 🍷 n. V.

CH. DE LA ROCHE BOUSSEAU 2000

◪ 30 ha 100 000 ▮🌡 3à5€

Dieser rosarote Cabernet d'Anjou mit orangeroten Reflexen bietet für den Jahrgang einen schönen Ausdruck. Seine blumigen und fruchtigen Aromen sind im Geschmack mit einer erfrischenden säuerlichen Note verbunden. Ein Wein, den man zum Vergnügen trinkt.

🔑 François Regnard, Dom. de La Petite-Roche, 49310 Trémont, Tel. 02.41.59.43.03, Fax 02.41.59.69.43 🍷 n. V.

LE CLOS DES MOTELES 2000**

◪ 1,23 ha 4 000 ▮ 3à5€

Der etwa 18 ha große Familienbetrieb befindet sich in einer kleinen Gemeinde im Südteil des Anjou-Weinbaugebiets, in der Nähe von Thouars. Dieser Cabernet, der von einem Kiesboden kommt, hat mit seiner intensiven rosa, orangerot schimmernden Farbe und seinen delikaten Düften von roten Früchten und Blüten einmütige Zustimmung gefunden. Der bemerkenswert strukturierte Geschmack besitzt eine sehr angenehme Frische. Kleine rote Früchte, Pfirsich und Nektarine prägen den Geschmack bis zum Abgang. Ein prächtiger Rosé.

🔑 GAEC Le Clos des Motèles Basset-Baron, 42, rue de la Garde, 79100 Sainte-Verge, Tel. 05.49.66.05.37, Fax 05.49.66.37.14 ☑ 🍷 n. V.

LE LOGIS DE PREUIL 2000

◪ 1,8 ha 8 000 ▮🌡 3à5€

Das Logis du Preuil ist ein Gut, das erst seit einem Jahr gepachtet ist. Jean-Marc Trahan hat dort einen Wein von hübscher blasser, leicht orangeroter Farbe erzeugt. Die Aromenpalette hat noch einen pflanzlichen Charakter mit Efeunoten. Man findet darin auch weiße Blüten und Zitrusfrüchte. Der Geschmack mit einer deutlich spürbaren Fruchtigkeit zeigt eine schöne Harmonie.

🔑 EARL Les Magnolias des Trahan, 26, rue du Moulin, 79290 Cersay, Tel. 05.49.96.80.38, Fax 05.49.96.37.23 ☑ 🍷 n. V.

LE LOGIS DU PRIEURE 2000*

◪ 5 ha 5 000 ▮🌡 3à5€

Vincent Jousset, der 1982 auf das Gut kam, hat es verstanden, einem im Anjou schon allgemein anerkannten Weinbaubetrieb, der 1850 gegründet wurde und sich auf dreißig Hektar Reben stützt, seinen Stempel aufzudrücken. Sein sehr feiner und sehr frischer Cabernet d'Anjou erinnert an frische Früchte (Erdbeere) mit einem Hauch von Vanille. Ein Wein, den man zum Vergnügen trinkt und schon jetzt genießen kann.

🔑 SCEA Jousset et Fils, Le Logis du Prieuré, 49700 Concourson-sur-Layon, Tel. 02.41.59.11.22, Fax 02.41.59.38.18, E-Mail logis.prieure@groupesirius.com ☑ 🍷 Mo–Sa 8h–12h 14h–19h

LES GRANDS CAVEAUX DE FRANCE Demi-sec Cuvée Chopin 1998

◪ k. A. 2 400 ▮🌡 3à5€

Das 1991 gegründete Unternehmen verkauft im Einzelhandel Weine, die auf verschiedenen Gütern abgefüllt werden. Dieser Cabernet d'Anjou ist bestimmt ansprechend. Er verbindet ein schönes Blassrosa mit fruchtigen Noten und erweckt einen Eindruck von Leichtigkeit und Frische. Ein leckerer Wein.

🔑 Les Grands Caveaux de France, 5, La Grossinière, 79150 Saint-Maurice-la-Fougereuse, Tel. 05.49.65.94.77, Fax 05.49.80.31.87 ☑ 🍷 n. V.

🔑 Paul Froger

DENIS MARCHAIS L'Ame du Terroir 2000*

◪ 7 ha 40 000 ▮🌡 -3€

Dieser Cabernet d'Anjou wird von einer Firma vorgestellt, die ihren Sitz im Departement Loire-Atlantique hat, auf dem rechten Ufer der Sèvre, in der Nähe der prähistorischen Stätte Guérivière. Seine intensive rosa Farbe ist überaus anziehend. Seine kräftigen Aromen verbinden Frucht- und Hefebrotnoten mit sauren Drops. Eine recht ausgeprägte Lebhaftigkeit prägt den Geschmack; ein leicht säuerlicher Abgang beschließt die Verkostung auf angenehme Weise.

🔑 Vinival, La Sablette, 44330 Mouzillon, Tel. 02.40.36.66.00, Fax 02.40.36.26.83

DOM. MATIGNON 2000*

◪ 3 ha 10 000 🍷 3à5€

Am Horizont erkennt man die hohen Kamine des Schlosses von Martigné-Briand. Das von einem Großvater, der Küfer war, geerbte Gut umfasst jetzt 37 Hektar. Dieser Cabernet verführt durch eine schöne Erscheinung, feine, delikate Aromen und einen harmonischen, erfrischenden Geschmack. Seine Nachhaltigkeit macht Lust, ihn schon jetzt zu probieren.

EARL Yves Matignon, 21, av. du Château, 49540 Martigné-Briand, Tel. 02.41.59.43.71, Fax 02.41.59.92.34, E-Mail domaine.matignon@wanadoo.fr ☑ Y n. V.

DOM. DES PETITES GROUAS 2000**

◪ 1 ha 5 000 🍷 3à5€

Dieses aus vielen kleinen Parzellen gebildete Gut, das insgesamt 12,5 Hektar umfasst, wurde 1989 von Philippe Léger übernommen. Alles an diesem Cabernet d'Anjou spricht für ihn: seine intensvie rosa Farbe, seine sehr interessanten fruchtigen Aromen und sein ausgewogener, leichter, zarter Geschmack, der einen sehr schönen Gesamteindruck hinterlässt. Schade, dass es so wenig davon gibt!

EARL Philippe Léger, Cornu, 49540 Martigné-Briand, Tel. 02.41.59.67.22, Fax 02.41.59.69.32 ☑ Y n. V.

DOM. SAINT-ARNOUL 2000*

◪ 3,85 ha 15 000 🍷 -3€

Georges Poupard, der Gründer des Guts, ist 2000 in Rente gegangen. Der Betrieb (29 ha) wird jetzt von Alain Poupard und Xavier Maury, einem Önologen, geführt. Dieser Cabernet von sehr schöner rosa Farbe bietet elegante Aromen von roten Früchten, die sich in einem fülligen, angenehm nachhaltigen Geschmack entfalten.

GAEC Poupard et Maury, Dom. Saint-Arnoul, Sousigné, 49540 Martigné-Briand, Tel. 02.41.59.43.62, Fax 02.41.59.69.23, E-Mail saint-arnoul@wanadoo.fr ☑ Y n. V.

DOM. DES TROIS MONTS 2000*

◪ 10 ha 50 000 🍷 3à5€

Die Guénaus, die seit vier Generationen im Gebiet der Coteaux du Layon und des Anjou-Villages Winzer sind, waren recht erfolgreich mit ihrem Cabernet d'Anjou. Seine intensive rosa Farbe, seine fruchtigen und blumigen Aromen, sein lebhafter, runder, sehr gut ausbalancierter Geschmack und sein anhaltender Abgang mit Nuancen von Erdbeere und exotischen Früchten bilden einen sehr angenehmen Wein.

SCEA Hubert Guéneau et Fils, 1, rue Saint-Fiacre, 49310 Trémont, Tel. 02.41.59.45.21, Fax 02.41.59.69.90 ☑ Y n. V.

DOM. DES TROTTIERES 2000

◪ 25,59 ha 150 000 🍷 3à5€

Das 1905 entstandene Gut, das eine Fläche von 110 Hektar in einem Stück umfasst, bewirtschaftet heute 80 ha Reben an dem Hang, der das Layon-Tal säumt. Es wurde 1985 von Monsieur und Madame Lamotte gekauft und modernisiert. Ihr Cabernet d'Anjou von klarem Blassrosa bietet intensive Aromen von roten und schwarzen Früchten. Der lang anhaltende, frische, ausgewogene Geschmack klingt jedoch mit einem Hauch von Säure aus.

Dom. des Trottières, Les Trottières, 49380 Thouarcé, Tel. 02.41.54.14.10, Fax 02.41.54.09.00, E-Mail lestrottieres@worldonline.fr ☑ Y n. V.
Lamotte

DOM. DU VIGNEAU 2000

◪ 2 ha 3 000 🍷 3à5€

Ein Cabernet d'Anjou, der aufgrund seiner blassrosa Farbe, seiner in der Nase und im Mund fruchtigen Aromen und seines Reichtums recht repräsentativ für seine Appellation ist. Der leichte Geschmack ist erfrischend.

Patrick Robichon, pl. de l'Eglise, 49560 Passavant-sur-Layon, Tel. 02.41.59.51.04, Fax 02.41.59.51.04 ☑ Y n. V.

Coteaux de l'Aubance

Der kleine Fluss Aubance wird von Schieferhängen gesäumt, auf denen alte Chenin-Rebstöcke wachsen. Aus ihren Trauben wird ein lieblicher Weißwein erzeugt, dessen Qualität sich bei der Alterung verbessert. 2000 erreichte die Produktionsmenge 4 710 hl. Diese Appellation hat sich dafür entschieden, ihre Erträge streng zu begrenzen.

DOM. DE BABLUT Noble 1999***

☐ k. A. 7 500 15à23€

Die Daviaus bewirtschaften ihr Gut nach biodynamischen Prinzipien. Den Jahrgang 1999 haben sie optimal genutzt. Der Blick wird sofort durch die Bernsteinfarbe angezogen. Dann entfaltet sich eine großartige Aromenpalette: Zitrusfrüchte, kandierte Früchte mit leichtem Holzton. Der Geschmack beeindruckt durch seine Konzentration und seine Fülle. Wirklich nobel.

SCEA Daviau, Dom. de Bablut, 49320 Brissac-Quincé, Tel. 02.41.91.22.59, Fax 02.41.91.24.77, E-Mail daviau@refsa.fr ☑ Y Mo–Sa 8h30–12h 14h–18h30

DOM. DE BABLUT Grandpierre 1999***

☐ k. A. 4 000 11à15€

Was für ein Stoff! Bernsteingelbe Farbe, ein konzentrierter Duft von getrockneten und kandierten Früchten. Im Mund eine aromatische Entladung, Opulenz und vollkommene Ausgewogenheit. Zu was soll man ihn trinken? Zu Gerichten, zu denen edelsüße Weine passen, aber ebenso wie die Cuvée noble unten verdient dieser Wein, dass man ihn für sich allein genießt. Er ist trinkreif, aber für eine lange Lagerung

gerüstet. Die **99er Cuvée Sélection** (Preisgruppe: 50 bis 69 F) hat für ihren typischen Charakter und ihr Potenzial einen Stern erhalten.
🔑 SCEA Daviau, Dom. de Bablut, 49320 Brissac-Quincé, Tel. 02.41.91.22.59, Fax 02.41.91.24.77, E-Mail daviau@refsa.fr
☑ Ῑ Mo–Sa 8h30–12h 14h–18h30

DOM. DES CHARBOTIERES
Clos des Huttières 1999*

☐ 0,8 ha 1000 23 à 30 €

Paul-Hervé Vintrou, ein ehemaliger Weinkellner, ist vom Restaurant zum Keller und aus Südwestfrankreich ins Anjou übergewechselt. Auf seinem Land praktiziert er biodynamische Prinzipien. Die Farbe seines Clos des Huttières lässt an flüssiges Gold denken. Der noch ein wenig verschlossene Geruchseindruck lässt, wenn man den Wein im Glas schwenkt, Nuancen kandierter Früchte sowie getrocknete Früchte erkennen. Der konzentrierte, frische Geschmack ist typisch für die Appellation. Sehr schönes Potenzial.
🔑 Paul-Hervé Vintrou, Clabeau, 49320 Saint-Jean-des-Mauvrets, Tel. 02.41.91.22.87, Fax 02.41.66.23.09, E-Mail contact@domainedescharbotieres.com
☑ Ῑ n. V.

DOM. DES DEUX MOULINS
Cuvée Exception 1999**

☐ 3 ha 3 500 8 à 11 €

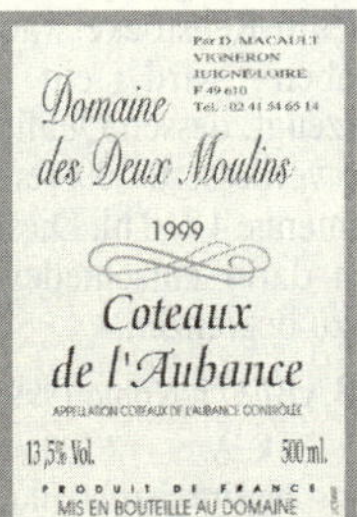

Mit dieser Cuvée Exception fängt D. Macault bei den Weinen dieser AOC gleich ganz oben an. Die intensive Goldfarbe weist sofort darauf hin, dass er alles überragt. Eine Empfindung von «Fett» und Konzentration beherrscht die Verkostung. Ein Bündnis zwischen Honig und kandierten Früchten bestimmt die elegante Aromenpalette. Die gleiche Frische findet man auch im Mund. Prachtvoll!
🔑 Dom. des Deux Moulins, 20, rte de Martigneau, 49610 Juigné-sur-Loire, Tel. 02.41.54.36.05, Fax 02.41.54.67.94, E-Mail les.deux.moulins@wanadoo.fr
☑ Ῑ n. V.

DOM. DE HAUTE PERCHE
Les Fontenelles 1999*

☐ 4 ha 4 000 8 à 11 €

Christian Papin hat die Domaine de Haute Perche nach der Übernahme beträchtlich vergrößert (heute 34 ha). Er hat sie in erster Linie mit Chenin und Cabernet bestockt. Dieser 99er hat eine satte goldene Farbe. Sein Duft bietet hübsche Noten von sehr reifen Früchten und Trockenfrüchten. Kandierte Nuancen findet man auch in einem kräftigen, reichen, fetten Geschmack wieder, der einen herrlichen, lebhaften, strukturierten Abgang hat.
🔑 EARL Agnès et Christian Papin, 9, chem. de la Godelière, 49610 Saint-Melaine-sur-Aubance, Tel. 02.41.57.75.65, Fax 02.41.57.75.42 ☑ Ῑ n. V.

DOM. DE MONTGILET
Les Trois Schistes 1999***

☐ 12,02 ha 8 726 11 à 15 €

Die schönen Etiketten des Guts bringen sein Terroir mit Schieferböden in Erinnerung. Seine Weine haben bereits vier Liebeserklärungen erhalten. Dieser hier erscheint erneut wie ein Musterbeispiel. Von sehr reifem Traubengut hergestellt, kündigt er sich mit einer goldgelben Farbe und konzentrierten Aromen an, bei denen sich exotische Früchte, kandierte Früchte und blumige Nuancen verbinden. Der Geschmack ist voluminös, komplex, frisch und sehr lang. Ein Verkoster schlug einen Feigenkuchen als Begleitung für diesen großen Süßwein vor. Der **99er Clos Prieur** (Preisgruppe: 150 bis 199 F) erhält zwei Sterne. Er ist reich und muss nur noch altern, aber er bietet schon sehr viel Genuss. (Flaschen mit 50 cl Inhalt.)
🔑 Victor et Vincent Lebreton, Dom. de Montgilet, 49610 Juigné-sur-Loire, Tel. 02.41.91.90.48, Fax 02.41.54.64.25, E-Mail montgilet@terre-net.fr
☑ Ῑ Mo–Sa 9h–12h 14h–19h

DOM. RICHOU
Les Trois Demoiselles 1999**

☐ 4 ha 5 000 15 à 23 €

Henri Richou und jetzt seine Söhne haben diesem Weinbaubetrieb und dem Anjou-Anbaugebiet zu Ansehen verholfen. Der 97er, der 96er und der 94er: bisher drei Liebeserklärungen für diese «Trois Demoiselles» von der Domaine Richou in unserem Weinführer (in den Ausgaben 2000, 1999 und 1996). Und was ist mit dem 99er? Die Verkoster schätzten seine strohgelbe Farbe und seine Aromen von konzentrierten Früchten (getrocknete, exotische und sehr reife Früchte). Der Geschmack, der eine beeindruckende Fülle zeigt, ruft eine Empfindung von «Fett» hervor: ein großer edelsüßer Wein, der sich nur noch entfalten muss.
🔑 Dom. Richou, Chauvigné, 49610 Mozé-sur-Louet, Tel. 02.41.78.72.13, Fax 02.41.78.76.05
☑ Ῑ n. V.

Anjou-Coteaux de la Loire

Diese Appellation ist Weißweinen vorbehalten, die aus der Rebsorte Pinot de la Loire erzeugt werden. Die Produktionsmenge ist recht gering (608 hl im Jahre 2000) im Verhältnis zur Anbaufläche, die ein Dutzend Gemeinden umfasst und ausschließlich auf den Schiefer- und Kalksteinböden von Montjean liegt. Wenn die Trauben ausgelesen werden und Überreife erreichen, zeichnen sich diese Weine gegenüber den Coteaux du Layon durch eine intensivere grüne Farbe aus. Es sind zumeist halbtrockene Weine. Auch in dieser Region stellt sich die Weinproduktion nach und nach auf die Erzeugung von Rotweinen um.

GILLES MUSSET ET SERGE ROULLIER 2000

☐ 2 ha 4 000 8 à 11 €

Das Gut bietet einen wunderschönen Blick auf die Kirche von Montjean-sur-Loire, die über dem Weinberg zu hängen scheint. Dieser blassgelbe Coteaux de la Loire entfaltet einen delikaten, leichten aromatischen Ausdruck, Noten von vollreifen Früchten (gekochter Apfel) und eine leichte Bitterkeit im Abgang. Sehr schöne Gesamtharmonie.

Vignoble Musset-Roullier, Le Pélican, 49620 La Pommeraye, Tel. 02.41.39.05.71, Fax 02.41.77.75.76, E-Mail musset.roullier@wanadoo.fr ☑ Y n. V.

CH. DE PUTILLE
Cuvée Pierre Carrée 1999★★

☐ k. A. 4 000 8 à 11 €

An der Straße, die nach Château de Putille führt, stößt man auf die Ruinen alter Kalköfen. Pascal Delaunay, ein Stammgast in unserem Weinführer, hat die Oberjury mit diesem bemerkenswerten Wein verführt, aufgrund seiner herrlichen intensiven Goldfarbe ebenso wie aufgrund seiner Aromen von konzentrierten Früchten (getrocknete und exotische Früchte). Der Geschmack erweckt einen Eindruck von «Fett»; zum größten Vergnügen findet man darin auch die sehr schöne Aromenpalette wieder. Ein Wein, der den sehr großen Weinen nahe kommt. Der zweite von diesem Gut vorgestellte Wein, ein **2000er Clos du Pirouet** (Preisgruppe: 30 bis 49 F), begeistert durch seine Leichtigkeit und seine Feinheit: strohgelbe Farbe mit goldenen Reflexen, Zartheit der Aromen von Quitte, Mandarine und exotischen Früchten (Mango). Der liebliche, fette Geschmack hinterlässt im Abgang eine Empfindung von leichter Säuerlichkeit, die die Noten von kandierten Früchten verstärkt. Eine schöne Gesamtharmonie, die einen Stern verdient.

EARL Ch. de Putille, 49620 La Pommeraye, Tel. 02.41.39.02.91, Fax 02.41.39.03.43
☑ Y Mo–Sa 8h30–12h30 14h–19h
Pascal Delaunay

Savennières

Es handelt sich um trockene Weißweine, die von der Rebsorte Chenin stammen und hauptsächlich in der Gemeinde Savennières erzeugt werden. Die Schiefer- und Rotsandsteinböden verleihen ihnen einen besonderen Charakter, was dazu führte, dass man sie lange Zeit als Crus der Coteaux de la Loire beschrieb; doch sie verdienen einen ganz eigenen Platz. Diese Appellation dürfte sich durchsetzen und weiterentwickeln. Ihre Weine sind kraftvoll und ein wenig nervig und passen wunderbar zu gekochtem Fisch. 2000 erreichte die Produktion des Savennières und seiner Crus Coulée-de-Serrant und Roche-aux-Moines 4 769 hl.

DOM. EMILE BENON
Clos du Grand Hamé Réserve 1999★★

☐ 5,5 ha 6 000 8 à 11 €

Dieser 13 ha große Weinbaubetrieb entstand vor zehn Jahren. Seit drei Jahren zeichnet er sich in unserem Weinführer besonders aus, wie die im letzten Jahr in dieser Appellation vergebene Liebeserklärung beweist. Dieser 99er hat ebenfalls viel Lob geerntet. Seine erstaunliche Aromenpalette, die komplex und durch Blütennoten geprägt ist, macht ihn einem edelsüßen Wein ähnlich. Der füllige, runde, sehr fruchtige, nachhaltige Geschmack bietet die bei Savennières-Weinen unbedingt erforderliche Bitternote. Sein mineralischer Charakter wird durch sein «Fett» und seine Fülle gut ausbalanciert. Ein großartiger Wein, der mit der Zeit an Relief gewinnen wird.

Dom. Emile Benon, rte de la Lande, Epiré, 49170 Savennières, Tel. 02.41.77.10.76, Fax 02.41.77.10.07, E-Mail earl.benon@wanadoo.fr
☑ Y Mo–Sa 8h–12h 14h30–19h; 15.–31. Aug. geschlossen

DOM. DU CLOSEL Les Vaults 2000★

☐ 6 ha 20 000 8 à 11 €

Die Cuvée des Vaults hat ihren Namen von dem herrschaftlichen Anwesen, von dem auch dieses Weingut herrührt. Der 1495 erwähnte Besitz, der schon damals Reben trug, gehörte u. a. den Walsh, den Grafen von Serrant (einer Reedersfamilie), danach einem Marquis de Las

Cases, dem Enkel des Kammerherrn Napoleons, dessen Nachkommen die heutigen Besitzer sind, die Mesdames de Jessey. Das Château hat sein Aussehen, das man jetzt von ihm kennt, im Zweiten Kaiserreich erhalten. Der Weinberg enthält mehrere Parzellen, die sich fächerförmig über die Hänge verteilen, die Savennières und das Tal der Loire überragen. Die Cuvée Les Vaults, die eine ansprechende blassgelbe Farbe besitzt, kündigt sich mit einem diskreten, aber eleganten Duft an. Im Geschmack ist sie füllig, delikat und komplex und zeigt eine sehr schöne Ausgewogenheit. Die gleiche Note erhält der **2000er Les Caillardières** (Preisgruppe: 70 bis 99 F), ein Wein von gelber Farbe mit grünen Reflexen, mit einem noch ein wenig verschlossenen Geruchseindruck, aber einem gefälligen Geschmack, der Lebhaftigkeit, Frische und Reichtum verbindet.

Mesdames de Jessey, Dom. du Closel, Ch. des Vaults, 49170 Savennières, Tel. 02.41.72.81.00, Fax 02.41.72.86.00, E-Mail closel@savennieres-closel.com
tägl. 9h–12h30 14h–19h

CLOS DE COULAINE 1999

☐ 4 ha 26 000 8 à 11 €

Der Winzer des Clos de Coulaine ist niemand anderer als Claude Papin, ein markanter Erzeuger beim Coteaux du Layon und beim roten Anjou-Wein, der in der Geologie der Terroirs des Anjou sehr bewandert ist. Seinen Sitz hat er in Château Pierre-Bise, das einen außergewöhnlichen Rundblick auf die Hänge des Layon bietet. Sein blassgelber 99er mit grünen Reflexen hat durch die Eleganz seiner fruchtig-blumigen Aromen, die man in einem klaren Geschmack wiederfindet, die Aufmerksamkeit auf sich gezogen. Seine Länge garantiert ein gewisses Potenzial.

Claude Papin, Ch. Pierre-Bise, 49750 Beaulieu-sur-Layon, Tel. 02.41.78.31.44, Fax 02.41.78.41.24 n. V.
F. Roussier

CH. D'EPIRE 2000*

☐ 6,5 ha 30 000 8 à 11 €

Hier baute man schon im Hochmittelalter Wein an. Das Gut ist seit dem 17. Jh. im Besitz der gleichen Familie geblieben. Während das Château von 1850 stammt, sind die Keller in einem romanischen Gebäude untergebracht, in der alten Gemeindekirche. Der Weinberg (elf Hektar, davon neun für diese AOC) befindet sich heute auf den Anhöhen der Appellation. Er hat einen Savennières geliefert, der aufgrund seiner Frische und seiner Bitterkeit typisch ist. Seine Farbe zeigt ein schönes blasses Gelb; sein kräftiger Duft bietet Aromen von vollreifen Früchten. Der klare, deutliche Geschmack mit einem mineralischen Anklang besitzt eine Struktur, die auf ein gutes Potenzial hinweist. Die **2000er Cuvée spéciale** hat ebenfalls einen Stern erhalten. Mit ihrer gelben Farbe mit den bronzenen Reflexen, ihren delikaten, einschmeichelnden Aromen und ihrem fetten, fülligen, im Abgang leicht mineralischen Geschmack ist sie ein leicht zugänglicher Klassiker. Man kann sie schon jetzt trinken oder ein paar Jahre aufheben.

SCEA Bizard-Litzow, Chais du château d'Epiré, 49170 Savennières, Tel. 02.41.77.15.01, Fax 02.41.77.16.23, E-Mail luc.bizard@wanadoo.fr
Mo–Sa 9h–12h 14h–18h30

NICOLAS JOLY 1999*

☐ k. A. 12 000 11 à 15 €

Der Name Nicolas Joly ist mit dem biodynamischen Anbau verknüpft, für den er in Frankreich ein Vorläufer war (er stellte sich bereits Anfang der 80er Jahre auf diese Anbauweise um) und den er auch weiterhin eifrig verteidigt. Mit seinen Aromen von reifen Pflaumen, die im Ofen gebacken worden sind, und von leicht teigigen Früchten (Birne, Vogelbeere, Mispelfrucht) hat sein Savennières sozusagen alle herbstlichen Düfte gespeichert. Der leichte, frische Geschmack besitzt eine schöne Harmonie.

Nicolas Joly, Ch. de La Roche-aux-Moines, 49170 Savennières, Tel. 02.41.72.22.32, Fax 02.41.72.28.68, E-Mail couleedeserrant@wanadoo.fr
Mo–Sa 8h30–12h 14h–18h

CH. LA FRANCHAIE 1999**

☐ 2 ha 10 000 8 à 11 €

Dieser rassige, trockene Wein erstaunt durch seinen aromatischen Reichtum: Blüten (Weißdorn, Ginster, Akazie, Linde) treffen dort auf reife und getrocknete Früchte sowie mineralische Noten, die für die Appellation typisch sind. Der warme Geschmack zeigt viel Charakter und eine schöne Ausgewogenheit. Er spiegelt die Chenin-Traube und den Schieferboden wider und lässt von der Milde des Lichts im Anjou träumen.

SCEA Ch. La Franchaie, Dom. de La Franchaie, 49170 La Possonnière, Tel. 02.41.39.18.16, Fax 02.41.39.18.17
n. V.
Chaillou

DOM. DE LA MONNAIE
L'enclos 1998**

☐ 2 ha 2 500 11 à 15 €

Eric Morgat leitet diesen fünf Hektar großen Betrieb seit 1995. Das Wohnhaus war früher einmal ein Zollhaus am Ufer der Loire, was auch den Namen des Guts erklärt. Dieser 98er ist recht repräsentativ für die Appellation. Das kräftige Gelb ist anziehend. Der intensive, komplexe Duft liefert Aromen von überreifen Früchten, die an die Aromen edelsüßer Weine denken lassen. Der Geschmack ist fett und sehr konzentriert, mit einer Bitternote im Abgang. Ein sehr schönes Potenzial bei einem Wein, der noch an Ausdrucksstärke gewinnen dürfte.

Eric Morgat, Dom. de la Monnaie, 49170 Savennières, Tel. 02.41.72.22.51, Fax 02.41.78.30.03 n. V.

CLOS LA ROYAUTE 1999*

☐ 6 ha 18 000 11 à 15 €

Die Familie Laffourcade besitzt die Domaine de l'Echarderie. Dieser goldgelbe 99er bietet intensive, komplexe Veilchen-, Geißblatt- und Honigaromen. Der runde, reiche, ausgewogene Geschmack verstärkt den Geruchseindruck, indem er Röstnoten und kandierte Früchte hinzufügt. Ein Wein, der sich bei der Alterung bestätigen wird.

Vignobles Laffourcade, Ch. de l'Echarderie, 49190 Rochefort-sur-Loire, Tel. 02.41.54.16.54, Fax 02.41.54.00.10, E-Mail laffourcade@wanadoo.fr n. V.

CLOS DU PAPILLON
Moelleux Cuvée d'Avant 1999

□ 1,2 ha 5 000 15 à 23 €

Das im 17. Jh. umgebaute Château de Chamboureau (15. Jh.) verdient Ihr Interesse, aufgrund seiner Architektur ebenso wie wegen seiner Weine, die man im Hachette-Weinführer seit der ersten Ausgabe findet. Der Clos du Papillon ist eine Parzelle, die ihren Namen («Schmetterling») ihrer Form verdankt. Der 99er zeigt eine kräftige gelbe Farbe. Der Geruchseindruck erregt Aufmerksamkeit durch seine Stärke und seine Düfte von kandierten und exotischen Früchten, die für vollreifes Traubengut charakteristisch sind. Der intensive, liebliche Geschmack hinterlässt dennoch einen Eindruck von Frische.

EARL Pierre Soulez, Ch. de Chamboureau, 49170 Savennières, Tel. 02.41.77.20.04, Fax 02.41.77.27.78 n. V.

CH. DE PLAISANCE Le Clos 1999*

□ 1,5 ha 3 000 11 à 15 €

Guy Rochais, der sein Gut mitten im Chaume-Anbaugebiet hat, ist recht erfolgreich bei den edelsüßen Weinen, mit denen er in unserem Weinführer regelmäßig vertreten ist. Er erweist sich aber deswegen keineswegs als unwürdig beim Savennières, wie dieser 99er belegt, ein Klassiker der Appellation mit seiner intensiven Goldfarbe, seinen delikaten, eleganten Honig- und Karamellaromen und seinem frischen, harmonischen Geschmack, der einen Eindruck von schöner Feinheit hinterlässt. Ein genussvoller Wein.

Guy Rochais, Ch. de Plaisance, 49190 Rochefort-sur-Loire, Tel. 02.41.78.33.01, Fax 02.41.78.67.52 n. V.

DOM. TAILLANDIER Demi-sec 1999*

□ 7 ha 7 000 8 à 11 €

Zwei Brüder, Eric und Marc Taillandier, haben einen Weinberg von Grund auf neu angelegt, an einem Hang mit voller Südlage am Ortseingang von Savennières. Ihr 99er, dessen strahlendes Gelb leicht golden schimmert, bietet einen delikaten, fruchtigen Duft, in dem kandierte Früchte und Honig hervortreten. Die gleiche aromatische Tonalität findet man im Geschmack wieder, den reife Früchte prägen. Ausgewogenheit, Harmonie und Länge treffen zusammen.

Dom. Eric Taillandier, Varennes, 49170 Savennières, Tel. 02.41.72.23.70, Fax 02.41.72.23.70, E-Mail 1TAILL4788@aol.com n. V.

CH. DE VARENNES 1999*

□ 7 ha 45 000 11 à 15 €

Dieser sieben Hektar große Weinberg gehört zu den Gütern im Anjou, die Bernard Germain übernommen hat, der auch Weinberge im Bordelais besitzt. Sein 99er bietet eine schöne Persönlichkeit. Die goldgelbe Farbe ist klar und strahlend; die Aromenpalette verbindet blumige Noten und getrocknete Früchte mit Röstnuancen und sehr feinen Holznoten. Der Geschmack ist füllig und elegant und besitzt eine gute Länge. Klasse und Zukunft.

Vignobles Germain et Associés Loire, 49380 Thouarcé, Tel. 02.41.68.94.00, Fax 02.41.68.94.01, E-Mail loire@vgas.com n. V.

Savennières Roche-aux-Moines, Savennières Coulée-de-Serrant

Diese beiden Reblagen lassen sich schwer voneinander trennen: Sie haben eine besondere Einstufung erhalten, weil sie sich in ihren Merkmalen und in ihrer Qualität so ähnlich sind. Das flächenmäßig kleinere Coulée de Serrant (6,85 ha) liegt beiderseits des Tals des Flüsschens Serrant. Der größte Teil davon befindet sich an Steilhängen, die nach Südwesten liegen. Diese Appellation, die sich im Alleinbesitz der Familie Joly befindet, hat aufgrund ihrer Qualität wie auch hinsichtlich ihres Preises das Ansehen der französischen Grands crus erreicht. Nach fünf bis zehn Jahren entfalten sich die Qualitäten ihrer Weine vollständig. Roche aux Moines gehört mehreren Besitzern und nimmt eine angemeldete Fläche von 19 ha, die nicht völlig bestockt ist und durchschnittlich 600 hl produziert. Es ist zwar weniger einheitlich als die obige Lage, aber man findet hier Cuvées, die ihr in nichts nachstehen.

Savennières Roche-aux-Moines

CH. DE CHAMBOUREAU
Cuvée d'Avant 1999*

☐ 5,36 ha 25 000 15 à 23 €

Roche-aux-Moines ist ein Felsvorsprung, der das Tal der Loire überragt. Château de Chamboureau belegt das Alter und das Ansehen seines Weinbergs. Seine Cuvée d'Avant zeigt eine schöne blassgoldene Farbe. Ihre Aromen mit den Blüten- und Honignuancen sind für vollreifes Traubengut charakteristisch. Der füllige, kräftige, warme Geschmack ist auch sehr lang. Ein Klassiker der Appellation.

EARL Pierre Soulez, Ch. de Chamboureau, 49170 Savennières, Tel. 02.41.77.20.04, Fax 02.41.77.27.78 n. V.

CH. DE CHAMBOUREAU
Chevalier Buhard Cuvée d'Avant Doux 1999***

☐ 0,35 ha 1 500 15 à 23 €

Dieser 99er Chevalier Buhard wurde in mehr als zweimal gebrauchten Barriquefässern vergoren und auf der Hefe ausgebaut. In ein goldgelbes Gewand gehüllt, trat er der Jury ohne Furcht und Tadel gegenüber und sorgte während der gesamten Verkostung für ungeheures Vergnügen! Die Nase enthüllt Entwicklungsaromen, die an Walnuss und kandierte Trauben denken lassen. Der Geschmack lässt einen Stoff von großer Klasse erkennen. Er ist lebhaft und lieblich zugleich und bietet die ganze Feinheit des Terroir. Er ist selten und großartig. (Flaschen mit 50 cl Inhalt.)

EARL Pierre Soulez, Ch. de Chamboureau, 49170 Savennières, Tel. 02.41.77.20.04, Fax 02.41.77.27.78 n. V.

NICOLAS JOLY Clos de la Bergerie 1999**

☐ k. A. 7 000 15 à 23 €

Laut Nicolas Joly ist die Biodynamik, die den Boden leben lässt, die beste Garantie für die Unverfälschtheit der Weine mit Terroir-Charakter. *«I don't want a good wine, I want a true wine»*, verkündet er für die anglofonen Weinliebhaber. Glücklicherweise sind die beiden Ziele nicht unvereinbar; seine Savennières-Weine werden in unserem Weinführer regelmäßig «gezogen». Diese Auslese vom Clos de la Bergerie hat etwas Überschwängliches an sich mit ihren schweren Aromen von in Alkohol eingelegten Früchten und Trockenfrüchten. Der Geschmack beschert eine Empfindung von Reichhaltigkeit und Frische zugleich. Ein charaktervoller Weg, der vom Gewohnten abweicht.

Nicolas Joly, Ch. de La Roche-aux-Moines, 49170 Savennières, Tel. 02.41.72.22.32, Fax 02.41.72.28.68, E-Mail couleedeserrant@wanadoo.fr
Mo–Sa 8h30–12h 14h–18h

Savennières Coulée-de-Serrant

NICOLAS JOLY 1999**

☐ k. A. 26 000 38 à 46 €

Dieses historische Gut wurde schon im 12. Jh. von den Zisterziensern genutzt, deren Beitrag zur europäischen Weinbaugeschichte bekannt ist. Heute genießt es dank Nicolas Joly weltweites Ansehen. Seine Coulée-de-Serrant-Weine sind in unserem Weinführer sehr oft vertreten, seit dem 76er in der ersten Ausgabe. Sie werden in Holzfässern vinifiziert, von denen sehr wenige neu sind, damit sie nicht den Wein überdecken. Der 91er und der 94er haben eine Liebeserklärung erhalten. Und der 99er? Dieser verschwiegene Wein ist nicht für Weintrinker gemacht, die es eilig haben. Seine rätselhaften Aromen erinnern an Edelholz, Walnuss und Unterholz. Der Geschmack ruft eine Empfindung von Frische hervor. Das Ganze erinnert an Herbsttage, die durch Milde, Klarsicht und Selbstbeobachtung bestimmt sind.

Nicolas Joly, Ch. de La Roche-aux-Moines, 49170 Savennières, Tel. 02.41.72.22.32, Fax 02.41.72.28.68, E-Mail couleedeserrant@wanadoo.fr
Mo–Sa 8h30–12h 14h–18h

Coteaux du Layon

An den Hängen von 25 Gemeinden, die an den Ufern des Layon liegen, erzeugt man von Nueil bis Chalonnes 50 249 hl (2000) halbtrockene, liebliche oder süße Weine. Als einzige Rebsorte wird Chenin verwendet. Mehrere Dörfer sind berühmt: Am bekanntesten ist Chaume (78 ha). Sechs weitere Namen dürfen der Appellation hinzugefügt werden: Rochefort-sur-Loire, Saint-Aubin-de-Luigné, Saint-Lambert-du-Lattay, Beaulieu-sur-Layon, Rablay-sur-Layon und Faye-d'Anjou. Es sind hochfeine Weine von goldgrüner Farbe in Concourson, eher gelbe und kraftvollere Weine flussabwärts. Sie bieten ein Aroma von Honig und Akazienblüten, das von überreifen Trauben herrührt. Ihre Alterungsfähigkeit ist erstaunlich.

DOM. DES BARRES Chaume 2000**

☐ 1,5 ha 2 300 8 à 11 €

Seit nunmehr zehn Jahren leitet Patrice Achard das Familiengut (25 ha). Er war wiederholt im Hachette-Weinführer vertreten, dank ausgezeichneter Weine, wie dieses 2000ers, der das Ergebnis von vier Auslesedurchgängen ist.

Das Streben nach überreifem Traubengut kommt zum Ausdruck in einer goldgelben Farbe und einer Aromenpalette, die für Edelfäule charakteristisch ist, mit Noten von Honig, weißen Blüten und konzentrierten Früchten. Der Geschmack vereint Stärke und Feinheit in einer schönen Harmonie.

🔑 Patrice Achard, Dom. des Barres, 49190 Saint-Aubin-de-Luigné, Tel. 02.41.78.98.24, Fax 02.41.78.68.37 ☑ Y n. V.

DOM. PATRICK BAUDOUIN

Grains nobles 1999★★

☐ 5 ha 9 000 30 à 38 €

Patrick Baudouin wohnt seit 1990 in Chaudefonds-sur-Layon, wo er zehn Hektar bewirtschaftet; es ist ihm gelungen, sich einen Namen zu machen, im Anbaugebiet ebenso wie im Ausland, wo er 80 % seiner Produktion absetzt. Er stellt echte edelsüße Weine her. Das gilt auch für diesen hier, der von Traubengut stammt, das einen potenziellen Alkoholgehalt von mehr als 17,5° aufwies, und sechzehn Monate im Barriquefass gereift ist. Die Farbe ist gelb bis orangerot; der Geruchseindruck mischt Kaffee und andere Röstaromen mit kandierter Banane und altem Rum. Der Geschmack, der ebenfalls eine schöne Komplexität besitzt, ist kräftig und konzentriert. Die ganze Ausdrucksstärke der Edelfäule.

🔑 Patrick Baudouin, Prince, 49290 Chaudefonds-sur-Layon, Tel. 02.41.78.66.04, Fax 02.41.78.66.04, E-Mail contact@patrick-baudouin-layon.com ☑ Y n. V.

CHARLES BEDUNEAU

Vieilles vignes 2000★

☐ 10 ha 3 500 5 à 8 €

Ein kleiner, 1958 entstandener Familienbetrieb (trotzdem 20 Hektar, von denen zehn edelsüße Weine hervorbringen). Diese Cuvée erweckt einen guten Eindruck, denn sie verbindet Reichtum und Frische. Sie hat eine leichte strohgelbe Farbe und bietet mit Zurückhaltung Düfte von reifen Früchten und weißen Blüten. Der delikate, liebliche Geschmack zeigt eine harmonische, lang anhaltende Harmonie. Ein viel versprechender Wein.

🔑 Dom. Charles Béduneau, 18, rue Rabelais, 49750 Saint-Lambert-du-Lattay, Tel. 02.41.78.30.86, Fax 02.41.74.01.46 ☑ Y n. V.

DOM. MICHEL BLOUIN

Saint-Aubin 2000

☐ 3,22 ha 8 000 5 à 8 €

Das Dorf Saint-Aubin-de-Luigné, die «Perle du Layon», bietet dem Besucher alte Häuser und mehrere Spazierwege. Der Betrieb von Michel Blouin liegt am Rande des Flusses; er umfasst heute etwas über 21 Hektar. Sein 2000er wird wegen seines Stoffs ausgewählt, der eine gute Qualität besitzt. Die Aromen verbinden sehr frische Früchte mit einer Jodnote. Der Abgang lässt eine Bitternote erkennen.

🔑 Dom. Michel Blouin, 53, rue du Canal-de-Monsieur, 49190 Saint-Aubin-de-Luigné, Tel. 02.41.78.33.53, Fax 02.41.78.67.61 ☑ Y n. V.

DOM. DES BOHUES

Cuvée des Martyrs 2000★★

☐ 0,8 ha 1 800 8 à 11 €

Denis Retailleau, der im letzten Jahr eine Liebeserklärung für einen 99er erhielt, war nicht weit entfernt, die gleiche Auszeichnung für diese Cuvée des Martyrs zu bekommen. Mit einer intensiven gelben Farbe, einem überschwänglichen Aprikosenduft und einem vollen, fetten, öligen Geschmack erweckt dieser Wein während der gesamten Verkostung einen Eindruck von Reichtum. Es empfiehlt sich, ihn für einige Jahre im Keller zu vergessen.

🔑 Denis Retailleau, Les Bohues, 49750 Saint-Lambert-du-Lattay, Tel. 02.41.78.33.92, Fax 02.41.78.34.11 ☑ Y n. V.

CH. DU BREUIL

Beaulieu Vieilles vignes 1999★

☐ 8 ha 2 500 11 à 15 €

Diese im Barriquefass vinifizierte Cuvée Vieilles vignes verdient ihren Namen wirklich, denn sie stammt von hundert Jahre alten Reben. Wir finden sie in unserem Weinführer zum dritten Mal hintereinander. Der goldgelbe 99er zeigt sich zunächst im Geruchseindruck zurückhaltend; erst wenn man ihn im Glas schwenkt, bequemt er sich, hochfeine Düfte von kandierten oder in Alkohol eingelegten Früchten zu liefern. Der reiche, kräftige Geschmack bietet eine komplexe Aromenpalette, in der sich Zitrone, Pampelmuse, Honig, Lindenblüte und Vanille mischen. Ein Wein, den man belüften muss und der dann durch seine Feinheit überraschen wird.

🔑 Ch. du Breuil, 49750 Beaulieu-sur-Layon, Tel. 02.41.78.32.54, Fax 02.41.78.30.03, E-Mail ch.breuil@wanadoo.fr ☑ Y n. V.

🔑 Morgat

CH. DE BROSSAY

Sélection de grains nobles 1999★★

☐ 3 ha 1 600 11 à 15 €

Château de Brossay, das am Oberlauf des Layon liegt, nicht weit von seiner Quelle entfernt, umfasst 36 Hektar. Diese schon im letzten Jahrgang bemerkenswerte Sélection de grains nobles wurde aus Trauben hergestellt, deren potenzieller Alkoholgehalt über 17,5° betrug. Sie hat eine strohgelbe Farbe und bietet an der Luft Aromen von reifen oder konzentrierten Früchten, die von Gewürzen begleitet werden. Der kräftige Geschmack wird im Augenblick von Holznoten beherrscht. Der lang anhaltende Abgang ruft einen Eindruck von großem Reichtum hervor. Ende des Jahres wird diese Flasche noch besser sein; sie dürfte sich ein bis zwei Jahre lang verbessern.

🔑 Raymond et Hubert Deffois, Ch. de Brossay, 49560 Cléré-sur-Layon, Tel. 02.41.59.59.95, Fax 02.41.59.58.81, E-Mail chateau.brossay@wanadoo.fr ☑ Y Mo–Sa 8h–12h30 14h–19h

DOM. CADY
Saint-Aubin Grains nobles Cuvée Volupté 1999★★

☐ 3 ha 2 600 11 à 15 €

Mit einem Sternenregen und mehr als nur einer Liebeserklärung auf der Habenseite ist die Domaine Cady (20 ha) bei den edelsüßen Weinen ein «sicherer Wert». Diese intensiv gelbe bis orangerote Cuvée Volupté verdient ihren Namen aufgrund des Eindrucks von extremer Süße, den sie am Gaumen hervorruft. Ihr Duft von Gewürzen und kandierten Früchten ist für die Edelfäule charakteristisch. Im Geschmack verleiht ihr die Aromenpalette, die Pfirsich- und Aprikosenkonfitüre mit Geleefrüchten verbindet, einen prächtigen Charakter. Mit den Jahren wird dieser Wein noch an Feinheit gewinnen. Der **2000er Coteau du Layon Les Varennes** (Preisgruppe: 50 bis 69 F) erhält einen Stern. Diese Cuvée kommt von einem nach Süden liegenden Hang, an dem grüner Schiefer aus dem frühen Erdaltertum zu Tage tritt. Sie ist gelb mit grünen Reflexen und enthüllt an der Luft komplexe Aromen (reife Pfirsiche und Aprikosen, kandierte Quitten, Honig und Gewürze); im Geschmack zeigt sie sich frisch und ausgewogen, mit einer Bitternote im Abgang. (Flaschen mit 50 cl Inhalt.)

Dom. Cady, Valette, 49190 Saint-Aubin-de-Luigné, Tel. 02.41.78.33.69, Fax 02.41.78.67.79, E-Mail cadyph@wanadoo.fr ☑ Y n. V.

DOM. PIERRE CHAUVIN
Rablay Vieilles vignes 1999★

☐ k. A. 2 500 8 à 11 €

Die Gemeinde Rablay-sur-Layon besitzt ein eigentümliches Terroir, das aus Sand- und Kiesschichten besteht, die stellenweise mehrere Meter mächtig sein können und auf dem Schiefersockel des Armorikanischen Massivs liegen. Diese Böden haben hier einen intensiv gelben 99er mit einem leichten, aber delikaten Duft hervorgebracht, in dem man reife Früchte, eingemachte weiße Früchte, Gewürze und Vanille entdeckt. Dieser harmonische, ausgewogene Wein, der mit einer Note kandierter Früchte ausklingt, setzt eher auf Eleganz als auf Stärke.

Dom. Pierre Chauvin, 45, Grande-Rue, 49750 Rablay-sur-Layon, Tel. 02.41.78.32.76, Fax 02.41.78.22.55, E-Mail domaine.pierrechauvin@wanadoo.fr ☑ Y n. V.

DOM. DE CLAYOU 2000★

☐ 7 ha 5 000 5 à 8 €

Saint-Lambert-du-Lattay ist die wichtigste Weinbaugemeinde des Anjou. Man kann dort übrigens ein Weinbau- und Weinmuseum besichtigen. Jean-Bernard Chauvin bewirtschaftet hier 21 Hektar. Zwei seiner Weine verdienen Beachtung: ein lobend erwähnter **99er Coteau du Layon Saint-Lambert** (Preisgruppe: 50 bis 69 F), der vom Typ her leicht und für seinen Jahrgang repräsentativ ist, aber ein gewisses Potenzial (fünf Jahre) besitzt und mit seinen Aromen von getrockneten Früchten und grünem Apfel und mit seinem frischen, ausgewogenen Geschmack angenehm wirkt, und dieser blassgelbe 2000er mit dem delikaten Duft von reifen Früchten und Honig und mit dem gefälligen Geschmack, in dem sich Lebhaftigkeit und lieblicher Charakter verbinden. Die Bitternote, die man im Abgang entdeckt, ist für den Jahrgang charakteristisch und dürfte verschwinden. Ein Wein, den man vor dem Servieren belüften muss.

SCEA Jean-Bernard Chauvin, 18 *bis*, rue du Pont-Barré, 49750 Saint-Lambert-du-Lattay, Tel. 02.41.78.42.84, Fax 02.41.78.48.52 ☑ Y Mo–Sa 9h–12h 14h–19h; Ende Aug. geschlossen

DOM. DU CLOS DES GOHARDS
Cuvée spéciale 2000★

☐ k. A. 6 000 5 à 8 €

Das 1924 entstandene Gut in Familienbesitz umfasst heute 34 Hektar. Sein 2000er Coteaux du Layon, der im Glas blassgelb erscheint, besitzt eine für den Jahrgang sehr schöne Harmonie, schrieben die Verkoster, die an ihm den feinen Duft von weißen Blüten und reifen Früchten und den ausdrucksvollen, delikaten Geschmack schätzten, in dem man die reifen Früchte wiederfindet.

EARL Michel et Mickaël Joselon, Les Oisonnières, 49380 Chavagnes-les-Eaux, Tel. 02.41.54.13.98, Fax 02.41.54.13.98 ☑ Y n. V.

DOM. DES CLOSSERONS
Faye Elevé en fûts de chêne 1999★★★

☐ 2,6 ha 4 000 15 à 23 €

Jean-Claude Leblanc, der das Gut 1956 anlegte, wird seit den 80er Jahren von seinen Söhnen Yannick und Dominique unterstützt. Der Betrieb, der fast 51 Hektar umfasst, gehört zu denen, die sich an die Wiedereroberung der Steilhänge gewagt haben, wo die Chenin-Rebe gedeiht. Mit Erfolg, wie die vielen Cuvées beweisen, die in den letzten Jahren im Hachette-Weinführer vertreten waren. Dieser 99er von schöner Bernsteinfarbe ist das Ergebnis von vier Auslesedurchgängen. Seine intensive und dennoch delikate Aromenpalette mischt konzentrierte Früchte, Quitte, Honig und Gewürze. Der füllige, reiche und zugleich frische Geschmack schlägt zum Schluss «ein Pfauenrad», bei dem im Mund alle Empfindungen verschmelzen. Die Jury wurde von ihm erobert.

EARL Jean-Claude Leblanc et Fils, Dom. des Closserons, 49380 Faye-d'Anjou, Tel. 02.41.54.30.78, Fax 02.41.54.12.02
n. V.

DOM. PHILIPPE DELESVAUX
Sélection de grains nobles 1999**

☐ 10 ha 6 000 23 à 30 €

Philippe Delesvaux, der sich hier 1978 niederließ, bewirtschaftet fünfzehn Hektar. Er liest die Beeren aus und gehört zu den Erzeugern, die an der Anerkennung der Bezeichnung «Sélection de grains nobles» für die edelsüßen Weine des Anjou mitgewirkt haben. Dieser hier ist im Barriquefass vinifiziert und achtzehn Monate ausgebaut worden. Er zeigt eine intensive strohgelbe Farbe und bietet komplexe Aromen von reifen oder konzentrierten Früchten. Im Geschmack ist er füllig und erweckt den Eindruck, als würde man in Korinthen beißen. Ein kräftiger Wein, der dennoch eine Empfindung von Leichtigkeit und Feinheit hinterlässt, wie sie für die großen Süßweine der Loire charakteristisch ist.

Philippe Delesvaux, Les Essards, La Haie-Longue, 49190 Saint-Aubin-de-Luigné, Tel. 02.41.78.18.71, Fax 02.41.78.68.06
n. V.

DOM. DHOMME 1999***

☐ 4 ha 1 700 11 à 15 €

Chalonnes-sur-Loire war in der Zeit des Ancien Régime ein rühriger Hafen: Von diesem Marktflecken an der Mündung des Layon in die Loire legten die Schiffe ab, die die besten Weine des Anjou nach Holland und in die holländischen Kolonien transportierten. Die Dhommés, die ein 1960 entstandenes, 18 ha großes Gut bewirtschaften, waren in der ersten Ausgabe unseres Weinführers vertreten. Sie kehren hier glanzvoll mit diesem strohgelben 99er zurück, der prächtig und für das Loire-Tal typisch ist. Er stammt von Trauben, die einen potenziellen Alkoholgehalt von mehr als 17° hatten. Alles an ihm gefällt, von seinem komplexen, delikaten Duft, der mineralische und blumige Noten, Nuancen von getrockneten Früchten (Korinthen, Aprikose) und Gewürzen verbindet, bis zu seinem Geschmack, der konzentriert und zugleich frisch ist. Ein großer Wein, der noch größer werden wird.

Dhommé, Le Petit Port-Girault, 49290 Chalonnes-sur-Loire, Tel. 02.41.78.24.27, Fax 02.41.74.94.91 n. V.

DOM. DULOQUET Cuvée prestige 2000*

☐ 3 ha 2 320 8 à 11 €

Der vom Großvater geschaffene und vom Vater modernisierte Betrieb wurde 1991 vom Enkel Hervé Duloquet übernommen, der sein Ansehen gefestigt hat. Auch wenn dieser Wein hier gegenüber einigen großen vorangegangenen Jahrgängen ein wenig abzufallen scheint, wird er trotzdem den Weinfreund nicht enttäuschen: Die gelbe Farbe entspricht seinem Typ; die Aromen sind durchaus vorhanden – Noten von reifen oder konzentrierten Früchten, die eine schöne Eleganz besitzen und die man in der Nase ebenso wie im Mund findet. Und der Geschmack bietet die erwartete Reichhaltigkeit und Fülle.

Hervé Duloquet, Les Mousseaux, 4, rte du Coteau, 49700 Les Verchers-sur-Layon, Tel. 02.41.59.17.62, Fax 02.41.59.37.53
n. V.

DOM. DES EPINAUDIERES
Saint-Lambert 2000*

☐ 1 ha 4 000 5 à 8 €

Ein schöner Aufstieg für Roger Fardeau, der seinen Weinberg zunächst (1966) gepachtet hatte. Vor zehn Jahren schloss sich ihm sein Sohn Paul an. Das Gut, das heute 21 Hektar umfasst, ist in unserem Weinführer regelmäßig vertreten. Dieser 2000er kündigt sich mit einer gelben bis orangeroten Farbe und einem Duft von getrockneten Früchten und Lindenblüte an. Der runde, reiche, harmonische Geschmack klingt mit Aprikosennoten aus. Ein sehr gelungener Wein, der Ende 2001 trinkreif ist.

SCEA Fardeau, Sainte-Foy, 49750 Saint-Lambert-du-Lattay, Tel. 02.41.78.35.68, Fax 02.41.78.35.50, E-Mail fardeau.paul@club-internet.fr
n. V.

DOM. DES FORGES
Saint-Aubin Cuvée des Forges 2000**

☐ 10 ha 3 000 8 à 11 €

Die erste Parzelle wurde 1890 erworben. Heute umfasst das Gut 38 Hektar; 1996 trat Stéphane Branchereau, der die fünfte Generation repräsentiert, in den Betrieb ein. Es hat in dieser Appellation drei Liebeserklärungen erhalten. Diese gelbe, grün schimmernde Cuvée des Forges bietet einschmeichelnde Aprikosen-, Honig- und Gewürzaromen. Der Geschmack ist ausgewogen und frisch und hält lang an. Ein typischer Wein, der einen zweifachen Eindruck hinterlässt: feine Eleganz und Charakter.

Vignoble Branchereau, Dom. des Forges, rte de la Hale-Longue, 49190 Saint-Aubin-de-Luigné, Tel. 02.41.78.33.56, Fax 02.41.78.67.51
n. V.

CH. DU FRESNE Clos des Cocus 1999*

☐ 1,15 ha 2 000 15 à 23 €

Diese Parzelle macht nur einen winzigen Teil eines riesigen Guts von 76 Hektar aus, aber ihr Name allein würde schon genügen, um es berühmt zu machen. Sie hat einen Wein geliefert, der es verdient, dass man ihn seiner eigentlichen Qualitäten wegen schätzt und nicht aufgrund

eines Namens, der in der Linie einer bestimmten Weintradition steht. Dieser strohgelbe 99er bietet delikate Aromen von reifen und kandierten Aromen, die von ein paar pflanzlichen Noten begleitet werden. Der ausgewogene, angenehme Geschmack knüpft im Abgang wieder an die kandierten Früchte an (Quitte, Aprikose).
Vignobles Robin-Bretault, Ch. du Fresne, 49380 Faye-d'Anjou, Tel. 02.41.54.30.88, Fax 02.41.54.17.52, E-Mail fresne@voila.fr
n. V.

DOM. DE GATINES Cuvée Juliette 1999*

□ 3 ha 1 500 11 à 15 €

Dieses 35 ha große Gut ist stolz auf seinen Titel als französischer Meister im Rebschnitt. Seine Cuvée Juliette wurde aus den Trauben eines vierten Auslesedurchgangs hergestellt, der am 16. November stattfand. Der Most hat einen potenziellen Alkoholgehalt von 20,6°. Intensiv ist seine gelbe Farbe, intensiv auch – aber dennoch delikat – sein Duft, in dem man neben Botrytisnoten mineralische Nuancen entdeckt. Der Geschmack verbindet Stärke, Eleganz und Harmonie.
EARL Vignoble Dessèvre, Dom. de Gatines, 12, rue de la Boulaie, 49540 Tigné, Tel. 02.41.59.41.48, Fax 02.41.59.94.44
Mo–Sa 8h–12h30 14h–19h

DOM. GAUDARD Saint-Aubin 2000*

□ 2 ha 3 500 8 à 11 €

Seit fast zehn Jahren engagiert sich Pierre Aguilas für die Belange des Anjou-Weinbaugebietes. Dieses Jahr sind zwei Coteaux du Layon in einem sehr unterschiedlichen Stil mit der gleichen Note ausgewählt worden. Dieser hier, ein Saint-Aubin, bringt auf allen Etappen der Verkostung den Reichtum des Traubenguts, aus dem er hergestellt worden ist, zum Ausdruck. Er ist im Glas strohgelb und verbindet in der Nase weiße Blüten, Aprikose, Honig und Orangenschale. Der ausgewogene Geschmack hinterlässt eine Empfindung von reifen Früchten und klingt mit einer liebenswürdigen Bitternote aus. Die Cuvée **Les Varennes 2000** (Preisgruppe: 30 bis 49 F), die eine hellgelbe Farbe mit strohgelben Reflexen hat, ist nicht sehr konzentriert, aber dafür mit ihren hochfeinen Aromen von weißen Blüten und Birne sehr delikat. Der Geschmack? Frische und Harmonie.
Pierre Aguilas, Dom. Gaudard, rte de Saint-Aubin, 49290 Chaudefonds-sur-Layon, Tel. 02.41.78.10.68, Fax 02.41.78.67.72
Mo–Sa 9h–12h 14h–19h

DOM. GROSSET
La Motte à Bory Rochefort 2000*

□ 1,6 ha 3 500 11 à 15 €

Dieses traditionelle Gut bleibt dem Umpflügen im Weinberg und der Vinifizierung im Barriquefass treu. Seine strohgelbe, grün funkelnde Cuvée La Motte à Bory ist ein delikater Wein. Ihr diskreter Geruchseindruck lässt dennoch eine komplexe Aromenpalette erkennen, in der Pfirsich, Quitte, Honig, Aprikose und Lindenblüte zusammentreffen. Die Quitten und den Honig findet man in einem frischen, ausgewogenen, leichten Geschmack wieder. Ein eleganter Wein, der eine gute Vorstellung von den edelsüßen Weinen im Loire-Tal vermittelt.
Serge Grosset, 60, rue René-Gasnier, 49190 Rochefort-sur-Loire, Tel. 02.41.78.78.67, Fax 02.41.78.79.79 n. V.

DOM. DE LA BERGERIE
Cuvée Fragrance 1999**

□ 2,5 ha 2 000 23 à 30 €

Das 34 ha große Gut, das für seine edelsüßen Weine berühmt ist und in unserem Weinführer, vor allem mit dieser Cuvée Fragrance, regelmäßig vertreten ist, führt im Weinberg grundlegende Arbeiten aus (kurzer Rebschnitt, Behangausdünnung, Beschränkung des Wuchses). Die Vinifizierung wird im Barriquefass vorgenommen. Bei diesem Wein, der einen Eindruck von extremer Stärke erweckt, hat sie fünfzehn Monate gedauert. Er überrascht durch den Reichtum seiner Aromenpalette, die exotische Früchte, kandierte Geleefrüchte, Honig und Gewürze verbindet. Dieser 99er hat noch Zeit, um sein gesamtes Potenzial zu entfalten. Er dürfte an Feinheit gewinnen und in ein paar Jahren wirklich prachtvoll sein. (Flaschen mit 50 cl Inhalt.)
Yves Guégniard, Dom. de La Bergerie, 49380 Champ-sur-Layon, Tel. 02.41.78.85.43, Fax 02.41.78.60.13, E-Mail domainede.la.bergerie@wanadoo.fr
Mo–Sa 9h–12h 14h–18h30

DOM. DE LA COUCHETIERE 2000

□ 1,8 ha 3 500 5 à 8 €

Dieser Familienbetrieb spezialisierte sich ab 1969 auf den Weinbau. Sein intensiv gelber 2000er mischt in der Nase weiße Blüten und reife Früchte. Der Geschmack ist ausgewogen, frisch und harmonisch. Ein schlichter, angenehmer, gut gemachter Coteaux du Layon, der schon Ende 2001 trinkreif ist.
GAEC Brault Père et Fils, Dom. de La Couchetière, 49380 Notre-Dame-d'Allençon, Tel. 02.41.54.30.26, Fax 02.41.54.40.98
Mo–Sa 8h30–12h30 14h–19h30

LA DUCQUERIE
Saint-Lambert Prestige 1999**

□ 5 ha 4 000 8 à 11 €

Im letzten Jahr erhielt das Gut eine Liebeserklärung für seinen weißen Anjou. Diese Cuvée wurde von Traubengut erzielt, das peinlich genau ausgelesen und im Barriquefass vinifiziert worden ist. Die intensive gelbe Farbe zeigt bernsteingelbe Reflexe. Der Duft liefert erst nach der Belüftung Aromen von weißen Blüten (Akazie), Zitrusfrüchten (Pampelmuse) und reifen Früchten. Der konzentrierte, intensive Geschmack klingt mit Noten von getrockneten Früchten aus. Ein insgesamt bemerkenswerter Wein. (Flaschen mit 50 cl Inhalt.)
EARL La Ducquerie, 2, chem. du Grand-Clos, 49750 Saint-Lambert du Lattay, Tel. 02.41.78.42.00, Fax 02.41.78.48.17 n. V.

DOM. DE L'ANGELIERE

Faye d'Anjou 1999*

☐ 3 ha 8 000 5 à 8 €

Das Gut, das sich seit sechs Generationen im Besitz der gleichen Familie befindet, umfasst heute 40 ha Reben. Die Parzelle, die diesen 99er hervorgebracht hat, nimmt den oberen Abschnitt eines ganz nach Süden liegenden Hangs ein, von dem aus man neun Kirchtürme sieht. Der Wein hinterlässt einen Eindruck von Eleganz und Feinheit. Seine Aromen von Zitrusfrüchten (Mandarine) und weißen Blüten sind charakteristisch für edelfaules Traubengut. Der leichte Geschmack ist sehr angenehm. Diesen delikaten Wein kann man schon jetzt genießen.

GAEC Boret, Dom. de L'Angelière, 49380 Champ-sur-Layon, Tel. 02.41.78.85.09, Fax 02.41.78.67.10 Mo–Sa 9h–19h

DOM. DE LA PETITE CROIX 2000**

☐ k. A. 4 000 8 à 11 €

Dieser Coteaux du Layon, der von ausgelesenem Traubengut stammt, hat eine Fülle von Komplimenten geerntet. Er hat eine intensive goldgelbe Farbe und bietet eine Aromenpalette, die mit Noten von Akazienblüte, zu Kompott verarbeiteten Früchten und Geleefrüchten charakteristisch für konzentriertes Traubengut ist. Der seidige, ja sogar sinnliche Geschmack klingt mit einer Bitternote aus, die bei der Reifung verschwinden wird.

A. Denechère et F. Geffard, Dom. de la Petite Croix, 49380 Thouarcé, Tel. 02.41.54.06.99, Fax 02.41.54.30.05 n. V.

DOM. DE LA ROCHE AIRAULT

Rochefort Vieilles vignes 1999*

☐ 1,5 ha 4 000 5 à 8 €

Das vierzehn Hektar große Gut liegt zu Füßen der Corniche angevine, die als Panoramastraße die Täler der Loire und des Layon überragt. Seine Cuvée Rochefort Vieilles vignes fand als 97er große Beachtung. Der 99er, gelb mit graugrünen Reflexen, ist in einem ziemlich leichten Stil sehr gelungen. Der Duft verbindet Pfirsich, Brombeere und Minze. Der Geschmack bleibt fruchtig, frisch und harmonisch; im Abgang zeigt er eine Bitternote. Ein Jahr aufheben.

Pascal Audio, La Roche Airault, 49190 Saint-Aubin-de-Luigné, Tel. 02.41.78.74.30, Fax 02.41.78.89.03 n. V.

DOM. DE LA ROCHE MOREAU

Chaume Sélection de Grains Nobles Cuvée Alexis 1999*

☐ k. A. k. A. 11 à 15 €

Vor der industriellen Revolution baute man in dieser Gegend Kohle ab. Von den Bergwerken sind Stollen übrig geblieben, von denen einer die alten Jahrgänge dieses 21 ha großen Guts beherbergt, das sich auf der kurvenreichen Corniche angevine befindet. Sein Chalet, in dem man die Weine probieren kann, bietet einen Rundblick über das Tal der Loire und die Hänge des Layon. Seine Weine sind den Umweg ebenfalls wert, wie etwa diese Cuvée Alexis, hergestellt aus Traubengut, das einen potenziellen Alkoholgehalt von mehr als 17,5° aufwies. Die Farbe ist goldgelb; die Aromen rühren von der Edelfäule her. Der reiche, kräftige, vollmundige Geschmack ist durch Honignoten geprägt. Man sollte ihn als Aperitif trinken. (Flaschen mit 50 cl Inhalt.)

André Davy, Dom. de La Roche Moreau, La Haie-Longue, 49190 Saint-Aubin-de-Luigné, Tel. 02.41.78.34.55, Fax 02.41.78.17.70, E-Mail davy.larochemoreau@wanadoo.fr n. V.

DOM. LEDUC-FROUIN

Le Grand Clos La Seigneurie 2000**

☐ 3 ha 2 000 8 à 11 €

Das 28 ha große Gut war eine Seigneurie. 1933 wurde es von der Familie Leduc-Frouin erworben, die es seit 1873 bewirtschaftete. Der Betrieb ist gerade an die neue Generation übergegangen. Hier haben wir einen charaktervollen Wein: Aus Traubengut erzeugt, das für den Jahrgang bemerkenswert war, hinterlässt er einen Eindruck von erstaunlicher Konzentration. Seine intensiven Aromen erinnern an getrocknete Früchte (Rosinen, Aprikose). Sein Geschmack ist kräftig, reich und lieblich. Eine bemerkenswerte Flasche, bei der es sich empfiehlt, sie noch aufzuheben.

SCEA Dom. Leduc-Frouin, Sousigné, 49540 Martigné-Briand, Tel. 02.41.59.42.83, Fax 02.41.59.47.90, E-Mail domaine-leduc-frouin@wanadoo.fr n. V.

DOM. LEROY Cuvée Divinité 2000

☐ 2 ha 3 000 8 à 11 €

Die aus dem 11. Jh. stammende Kirche von Aubigné-sur-Layon bewahrt interessante Trompe-l'œil-Fresken aus dem 18. Jh. Gegenüber von ihr finden Sie dieses sehr alte Gut, das schon 1612 entstand, während sein Weinberg bis 1840 zurückreicht. Sie können hier einen **2000er Coteaux du Layon Vieilles vignes** (Preisgruppe: 30 bis 49 F) probieren, der angenehm, schlicht und gut vinifiziert ist. Ein blassgelber Wein, der in der Nase Röstnoten und getrocknete Früchte (Aprikose) verbindet und im Geschmack leicht und frisch ist. Er hat eine lobende Erwähnung erhalten. Oder Sie können diese Cuvée Divinité versuchen, die reicher ist und im Barriquefass vinifiziert wurde. Eine weibliche «Gottheit», wenn man einem Mitglied der Jury glauben darf, das von ihrer blumigen Eleganz verführt wurde.

Jean-Michel Leroy, rue d'Anjou, 49540 Aubigné-sur-Layon, Tel. 02.41.59.61.00, Fax 02.41.59.96.47 n. V.

DOM. LES GRANDES VIGNES 2000**

☐ 5,72 ha 9 600 5 à 8 €

Das 50 ha große Gut wird von drei Brüdern und Schwestern bewirtschaftet. In den letzten Ausgaben unseres Weinführers stellten sie bemerkenswerte Cuvées vor, beim Bonnezeaux oder beim Coteaux du Layon. Dieser Wein hier, der im Holzfass ausgebaut wurde, hat zwei Arten von Kommentaren ausgelöst: Man muss ihn aufheben, hieß es im Chor. Hinter der jugendlichen Unvollkommenheit entdeckten die Verkoster ebenso einmütig eine große aromatische Komplexität mit Noten von getrockneten Früchten (Aprikose, Mandel) und Gewürzen. Alle empfanden einen Eindruck von Harmonie und erstaunlicher Feinheit. Diese bemerkenswerte Flasche dürfte sich schon Ende 2001 verbessert haben.

GAEC Vaillant, Dom. Les Grandes Vignes, La Roche Aubry, 49380 Thouarcé, Tel. 02.41.54.05.06, Fax 02.41.54.08.21, E-Mail gaecvaillant@wordonline.fr ☑ Y n. V.

DOM. OGEREAU

Saint-Lambert Clos des Bonnes Blanches 1999★★★

☐ 2 ha 5 000 15 à 23 €

Die Farbe ist goldgelb. Die intensiven, komplexen Aromen – Noten von getrockneten, reifen oder konzentrierten Früchten, Gewürzen und Honig – sind für überreifes Traubengut charakteristisch. Der opulente Geschmack ruft die großen Süßweinen eigentümliche Empfindung hervor, als würde man in Korinthen beißen. Diese Cuvée ist gerade mit Michel Desjoyeaux, dem Sieger des Vendée-Globe – des längsten (46 000 km) und härtesten Nonstop-Rennens für Alleinsegler –, um die ganze Welt gefahren. Wir wünschen ihr, dass sie noch weiter reist und in anderen Kontinenten bekannt wird, denn nachdem sie sich schon in den beiden letzten Jahren auf glänzende Weise auszeichnete, wurde sie als «Meisterin» der AOC beurteilt. Sie bestätigt das Können eines Winzers, der beim Anjou und beim Coteaux du Layon die Liebeserklärungen in den Anjou-Appellationen förmlich sammelt. (Flaschen mit 50 cl Inhalt.)

Vincent Ogereau, 44, rue de la Belle-Angevine, 49750 Saint-Lambert-du-Lattay, Tel. 02.41.78.30.53, Fax 02.41.78.43.55 ☑ Y n. V.

DOM. OGEREAU

Saint-Lambert Cuvée Prestige 1999★★★

☐ 6 ha 7 500 11 à 15 €

Hier haben wir in einem anderen Stil einen Coteaux du Layon, der das gleiche Niveau besitzt wie der obige Wein. Er wurde teilweise im Holzfass und teilweise im Tank ausgebaut und ist weniger kräftig, aber wunderbar fein und zart. Er ist strohgelb mit bernsteinfarbenen Reflexen und bietet Aromen von Überreife, bei denen getrocknete (Aprikose, Haselnuss) und reife Früchte hervortreten. Der sehr ausgewogene Geschmack hinterlässt trotz seines Reichtums einen Eindruck von Leichtigkeit.

Vincent Ogereau, 44, rue de la Belle-Angevine, 49750 Saint-Lambert-du-Lattay, Tel. 02.41.78.30.53, Fax 02.41.78.43.55 ☑ Y n. V.

DOM. DE PAIMPARE

Saint-Lambert 2000

☐ 4 ha 2 000 5 à 8 €

Michel Tessier, der seit 1990 in Saint-Lambert-du-Lattay wohnt, einer Hochburg der Coteaux du Layon, ist im Hachette-Weinführer regelmäßig vertreten. Natürlich besitzt dieser 2000er nicht den Reichtum der beiden 97er, die er vor zwei Jahren vorstellte. Man muss den feuchten Spätsommer des Jahres 2000 einberechnen. Das ergibt eine hellgelbe Farbe, einen ziemlich diskreten Geruchseindruck, der sich zu Noten von Zitrusblüten und reifen Früchten öffnet, und einen angenehmen, leichten, frischen Geschmack. Diesen schlichten, gut gemachten Wein kann man schon Ende des Jahres trinken.

SCEA Michel Tessier, 32, rue Rabelais, 49750 Saint-Lambert-du-Lattay, Tel. 02.41.78.43.18, Fax 02.41.78.41.73 ☑ Y n. V.

DOM. DES PETITS-QUARTS

Faye 2000★★

☐ 2,3 ha 3 300 8 à 11 €

Das Weingut wurde 1887 angelegt. Die Godineaus bedienen sich der biologischen Schädlingsbekämpfung (wobei die Insekten durch Sexuallockstoffe verwirrt werden). Ihre edelsüßen Weine besitzen eine regelmäßige Qualität, beim Coteaux du Layon ebenso wie beim Bonnezeaux, wie mehrere Liebeserklärungen in unserem Weinführer belegen. Nehmen Sie diesen intensiv goldenen 2000er mit den Aromen von Honig, Quitte und exotischen Früchten, dessen lieblicher, lang anhaltender Geschmack von vollreifen Birnen geprägt wird. Was für ein Reichtum und was für eine Feinheit!

Godineau Père et Fils, Dom. des Petits Quarts, 49380 Faye-d'Anjou, Tel. 02.41.54.03.00, Fax 02.41.54.25.36 ☑ Y Mo–Sa 8h–12h 14h–18h

DOM. DU PETIT-VAL 2000

☐ 2 ha 7 000 5 à 8 €

Vincent Goizil und die Domaine du Petit-Val waren in der ersten Ausgabe des Hachette-Weinführers vertreten. Seitdem hat sein Sohn den Betrieb übernommen (1988). Das Gut stellt sich weiterhin zuverlässig in unserem Weinführer ein, insbesondere mit seinen edelsüßen Weinen (von den 34 Hektar sind neunzehn für die Chenin-Rebe bestimmt). Sein 2000er ist recht repräsentativ für seine Appellation und seinen Jahrgang. Seine Farbe zeigt ein schönes Gelb; seine Aromen haben die erwünschte Intensität, während sein Geschmack reich und konzentriert erscheint. Er hat zwar seine Harmonie noch nicht gefunden, aber Ende des Jahres dürfte er sich verbessert haben.

EARL Denis Goizil, Dom. du Petit-Val, 49380 Chavagnes, Tel. 02.41.54.31.14, Fax 02.41.54.03.48 ☑ Y n. V.

CH. PIERRE-BISE
Rochefort Les Rayelles 2000**

☐ 3,57 ha 4 000 ▮ 11 à 15 €

Das 1910 entstandene Gut umfasst 53 Hektar. Es war schon in der ersten Ausgabe des Hachette-Weinführers vertreten und glänzt vor allem mit seinen edelsüßen Weinen, die ihm schon fünf Liebeserklärungen (beim Coteaux du Layon und dem Quarts-de-Chaume) eingebracht haben. Die Cuvée des Rayelles erhielt diese Auszeichnung als 99er und 97er. Der 2000er hatte zum Zeitpunkt der Verkostung seinen vollen Charakter noch nicht erreicht, aber die Jury fand darin alle Anzeichen für ein bemerkenswertes Potenzial: die Intensität seiner Farbe mit strohgoldenen Reflexen, die Komplexität seiner Aromenpalette, in der man getrocknete Aprikose, kandierte Früchte, Honig, Wachs und Geißblatt findet, und die Stärke des Geschmacks mit den Noten überreifer Trauben. Trinken kann man ihn Ende 2001. Der **2000er Coteaux du Layon Chaume,** der ganz durch konzentrierte Früchte bestimmt ist, muss ein Jahr warten; er erhält einen Stern. (Flaschen mit 50 cl Inhalt.)

Claude Papin, Ch. Pierre-Bise,
49750 Beaulieu-sur-Layon, Tel. 02.41.78.31.44,
Fax 02.41.78.41.24 ☑ Y n. V.

CH. DE PLAISANCE
Chaume Les Charmelles 1999**

☐ 4 ha 5 000 ▮ 11 à 15 €

Die erste Liebeserklärung unseres Weinführers in dieser AOC galt einem 70er Château de Plaisance. Dieses 30 ha große Gut liegt inmitten der Reben, die am Hang von Chaume wachsen, einer besonders günstigen Lage der Appellation. Seine Cuvée des Charmelles ist sehr typisch für die edelsüßen Weine der Region, denn sie vereint Feinheit mit Reichtum und Stärke. Ihre komplexen Aromen erinnern an weiße Blüten (Akazie), Zitrusfrüchte und reife Trauben. Der Geschmack verführt durch seine scheinbare Leichtigkeit, die große Frische, die sich entwickelt, und seinen langen Abgang, der eine erstaunliche Nachhaltigkeit besitzt. In der gleichen Appellation erhält der **99er Les Zerzilles** (Preisgruppe: 100 bis 149 F) eine lobende Erwähnung. Lassen Sie ihn ein bis zwei Jahre im Keller reifen.

Guy Rochais, Ch. de Plaisance,
49190 Rochefort-sur-Loire, Tel. 02.41.78.33.01,
Fax 02.41.78.67.52 ☑ Y n. V.

DOM. JEAN-LOUIS ROBIN-DIOT
Rochefort Cuvée Intégrale 1999**

☐ 3 ha k. A. ▮▮ 15 à 23 €

Jean-Louis Robin, der hier seit mehr als dreißig Jahren tätig ist, war jahrelang Vorsitzender des Verbands der Coteaux du Layon. Er gehört zu den Winzern, die hinter dem Neubeginn der Appellation stehen. Seine im Barriquefass vinifizierte und ausgebaute Cuvée Intégrale stammt von sechzig Jahre alten Rebstöcken. Sie wird noch von Aromen dominiert, die mit ihrem Ausbau im Holzfass zusammenhängen (Vanille, Räucher- und Röstgeruch), begleitet von den für überreifes Traubengut charakteristischen Nuancen (kandierte Früchte, Geleefrüchte, Quitte, Wachs, Lindenblüte). Der reiche und zugleich delikate Geschmack ist harmonisch. Herrliche Ausgewogenheit. (Flaschen mit 50 cl Inhalt.)

Dom. Jean-Louis Robin-Diot, Les Hauts-Perrays, 49290 Chaudefonds-sur-Layon,
Tel. 02.41.78.68.29, Fax 02.41.78.67.62
☑ Y n. V.

DOM. JEAN-LOUIS ROBIN-DIOT
La Pierre d'Ardenay 2000*

☐ k. A. 3 000 ▮ 8 à 11 €

Diese Auslese von alten Reben, die eine blassgelbe Farbe zeigt, verführt durch ihre Feinheit. Ihr subtiler, ätherisch leichter Duft erinnert an Rosen. Der leichte, weiche, verfeinerte Geschmack ist im Abgang durch angenehme Noten von reifen Früchten (Pfirsich, Birne, Pflaume) geprägt. Die gleiche Note hat Jean-Louis Robin für einen **im Holzfass ausgebauten 99er Clos du Cochet Rochefort** erhalten, der ebenfalls von alten Reben stammt. Dieser gelbe Wein mit goldenen Reflexen verbindet im Duft frische Früchte (Aprikose, Quitte), Honig und Lindenblüte mit Holznoten. Im Geschmack ist er köstlich, reich und frisch und hinterlässt einen Eindruck von Feinheit und Ausgewogenheit. Die Ungeduldigen können ihn schon aufmachen, aber er wird nichts einbüßen, wenn man ihn ein paar Jahre aufhebt.

Dom. Jean-Louis Robin-Diot, Les Hauts-Perrays, 49290 Chaudefonds-sur-Layon,
Tel. 02.41.78.68.29, Fax 02.41.78.67.62
☑ Y n. V.

MICHEL ROBINEAU
Saint-Lambert Sélection de grains nobles 1999**

☐ 2 ha 3 000 ▮▮ 11 à 15 €

Michel Robineau, der sich 1990 selbstständig machte, arbeitet gern im Weinberg (kurzer Rebschnitt, Reduzierung der Erträge, Lese mit der Hand). Deshalb werden seine Weine mit Ungeduld erwartet. Insbesondere dieser Saint-Lambert Sélection de grains nobles, von dem mehrere Jahrgänge mit Sternen überhäuft wurden (der 93er wurde zum Lieblingswein gewählt). Der 99er ist von Traubengut hergestellt worden, dessen potenzieller Alkoholgehalt über 17,5° betrug. Dieser potenzielle Reichtum liegt dem Eindruck von Intensität zu Grunde, der sich während der gesamten Verkostung entfaltet: Intensität der goldenen Farbe mit orangeroten Reflexen, für Edelfäule charakteristische Aromen und Stärke des Geschmacks, der von Fruchtnoten beherrscht wird. Dieser Coteaux du Layon kann über zwanzig Jahre alt werden.

Michel Robineau, 3, chem. du Moulin,
Les Grandes Tailles, 49750 Saint-Lambert-du-Lattay, Tel. 02.41.78.34.67 ☑ Y n. V.

CH. DES ROCHETTES
Sélection de Vieilles vignes 2000**

☐ 4 ha 10 000 ▮▮ 8 à 11 €

Drei vorgestellte Weine und insgesamt sieben Sterne! Château des Rochettes ist beispielhaft. Die beiden präsentierten Weine des Jahrgangs 2000 wurden als bemerkenswert beurteilt. Diese

Sélection Vieilles vignes hinterlässt einen Eindruck von reifen Früchten; sie beeindruckt durch ihre Stärke und die Komplexität ihrer Aromenpalette, die blumige Noten, konzentrierte Früchte und Gewürze verbindet. Der **2000er Moelleux** (Preisgruppe: 30 bis 49 F) ist leichter und zeigt eine schöne Ausgewogenheit. Er bezaubert durch die Feinheit seines Dufts, in dem sich Honig, weiße Früchte und Gewürze harmonisch vereinen.

Jean Douet, Ch. des Rochettes,
49700 Concourson-sur-Layon,
Tel. 02.41.59.11.51, Fax 02.41.59.37.73
n. V.

CH. DES ROCHETTES

Sélection de Grains Nobles Cuvée Folie 1999★★★

2 ha 2 000 15 à 23 €

Während der Französischen Revolution war dieses Weingut Schauplatz heftiger Gefechte zwischen den «Blauen», den Soldaten der Republik, und den royalistischen Aufständischen der Vendée. Zwei Jahrhunderte später wird hier ein – diesmal friedlicher – Kampf geführt, nämlich für die Förderung der Weine und für die ausgezeichnete Qualität der «Beerenauslese». Diese Cuvée Folie, die drei Liebeserklärungen auf ihrer Habenseite hat, hält das Ansehen dieses Weintyps hoch. Sie stammt von Traubengut, dessen potenzieller Alkoholgehalt 20° übertraf, und ist im Barriquefass vergoren und achtzehn Monate ausgebaut worden. Das Ergebnis? Ein aufgrund seiner Stärke überraschender Wein. Die strohgelbe Farbe wird von herrlichen goldenen Reflexen belebt. Der Duft, der aus Früchtekompott, Bergamotte und Karamell besteht, lädt zum Träumen ein. Der Geschmack ist opulent, der Abgang verblüffend. Ein Wein zum Dessert? Nein, er ist «ganz allein ein Dessert», wie ein Verkoster schrieb. Genießen Sie ihn lange und in aller Ruhe. (Flaschen mit 50 cl Inhalt.)

Jean Douet, Ch. des Rochettes,
49700 Concourson-sur-Layon,
Tel. 02.41.59.11.51, Fax 02.41.59.37.73
n. V.

DOM. ROMPILLON

Saint-Aubin Le Defay 1999★

2 ha 2 500 8 à 11 €

Das Weingut von Jean-Pierre Rompillon liegt an der für Touristen gedachten Straße, die sich zwischen Saint-Lambert-du-Lattay und Saint-Aubin-de-Luigné durch die Weinberge windet und am Fuße des berühmten Cru Quarts de Chaume vorbeiführt. Dieser in Saint-Aubin erzeugte 99er ist ein Klassiker seiner Appellation. Er hat eine klare strohgelbe Farbe und bietet delikate Düfte von reifen Früchten (Birne) und konzentrierten Früchten, die von ein paar Holznoten begleitet werden. Im Geschmack ist er ausgewogen, frisch und dicht und wird im Abgang von Holzaromen dominiert. Mindestens ein Jahr aufheben. Der Betrieb erhält außerdem eine lobende Erwähnung für einen **99er Saint-Lambert Clos des Foirières** (Preisgruppe: 30 bis 49 F). Ein Wein, den man belüften muss, damit er bereit ist, seine Düfte von weißen Blüten und reifen Früchten zu liefern. Er ist im Geschmack ziemlich leicht, frisch und harmonisch.

Jean-Pierre Rompillon, L'Ollulière,
49750 Saint-Lambert-du-Lattay,
Tel. 02.41.78.48.84, Fax 02.41.78.48.84
n. V.

SAUVEROY

Saint-Lambert Cuvée Nectar 1999★★

1,04 ha 4 100 11 à 15 €

Das 1947 entstandene Gut in Familienbesitz umfasst heute 27 Hektar. Dieser 99er zeigt alle Merkmale eines Weins, der von überreifem Traubengut hergestellt worden ist: eine intensive gelbe Farbe mit orangeroten Reflexen, delikate Aromen von getrockneten und konzentrierten Früchten sowie Gewürzen, einen Geschmack, der kräftig und elegant zugleich ist, und einen lang anhaltenden, intensiven Abgang bietet.

Pascal Cailleau, Dom. du Sauveroy,
49750 Saint-Lambert-du-Lattay,
Tel. 02.41.78.30.59, Fax 02.41.78.46.43,
E-Mail domainesauveroy@terre-net.fr
n. V.

CH. SOUCHERIE

Beaulieu Cuvée de La Tour 1998★

4 ha 2 500 11 à 15 €

Dieser 30 ha große Weinbaubetrieb bietet eine schöne Aussicht auf die Hänge des Layon und die Chaume-Hänge. Seine gelbe, golden schimmernde Cuvée de la Tour ist zwölf Monate im Barriquefass ausgebaut worden. Der Duft verbindet reife und getrocknete Früchte mit rauchigen und gerösteten Noten. Der angenehme Geschmack vereint Frucht- und Holznoten (Vanille, Kokosnuss); er bietet einen delikaten Abgang, den Honigaromen und kandierte Früchte prägen. (Flaschen mit 50 cl Inhalt.)

P.-Y. Tijou et Fils, Ch. Soucherie,
49750 Beaulieu-sur-Layon, Tel. 02.41.78.31.18,
Fax 02.41.78.48.29 n. V.

DOM. DES VARENNES

Saint-Lambert Cuvée des Varennes 1999★

1 ha 3 000 11 à 15 €

Das 1930 entstandene Gut nahm 1983 den Namen «Varennes» an. Der Ausdruck bezeichnet örtlich die steinigen Böden, die über dem Schiefersockel des Armorikanischen Massivs an der Oberfläche liegen. Die Cuvée des Varennes kündigt sich mit einer intensiven Farbe an, die orangerote Reflexe zeigt. An der Luft entfaltet sie sich zu Aromen, die an Zitrusfrüchte (Pampelmuse) und andere reife Früchte erinnern. Der ziemlich leichte, ausgewogene Geschmack ist ansprechend. Man kann diese Flasche fünf Jahre aufheben.

GAEC A. Richard, 11, rue des Varennes,
49750 Saint-Lambert-du-Lattay,
Tel. 02.41.78.32.97, Fax 02.41.74.00.30
n. V.

Bonnezeaux

Dies sei ein unnachahmlicher Dessertwein, behauptete Dr. Maisonneuve im Jahre 1925. Damals trank man die großen edelsüßen Weine in erster Linie zu Nachspeisen oder am Nachmittag im Freundeskreis. Heute dagegen genießt man diesen Grand cru eher als Aperitif. Der Bonnezeaux ist ein sehr duftiger Wein voller Kraft, der seine ganzen Qualitäten dem außergewöhnlichen Anbaugebiet verdankt: ganz nach Süden liegend, auf drei kleinen, steilen Schieferhängen oberhalb des Dorfs Thouarcé (La Montagne, Beauregard und Fesles).

Die Produktionsmenge erreichte 1 964 hl im Jahre 2000. Die Anbaufläche, die bestockt werden darf, umfasst 130 ha. Dank des guten Preis-Leistungs-Verhältnisses kann man diesen sehr lang lagerfähigen Wein bedenkenlos kaufen.

DOM. DES COQUERIES 1999

☐ 2 ha 5 000 11 à 15 €

Dieses traditionelle, 8,5 ha große Weingut wurde 1998 von Philippe Gilardeau übernommen, der sich in der Appellation ausgezeichnet hat (siehe Ausgabe 2000). Ein Bonnezeaux von gewinnendem Goldgrün. Der noch diskrete Geruchseindruck lässt Noten von weißen Früchten erkennen. Die Ansprache ist leicht und frisch. Schöne Gesamtharmonie.

EARL Philippe Gilardeau, Les Noues, 49380 Thouarcé, Tel. 02.41.54.39.11, Fax 02.41.54.38.84 n. V.

CH. DE FESLES 1999*

☐ 15 ha 18 000 30 à 38 €

Die erste Liebeserklärung unseres Weinführers in der Appellation (für einen 83er in der Ausgabe 1986) und eine weitere in der letzten Ausgabe (für den 98er). Das Château hat im letzten Jahrzehnt mehrmals den Besitzer gewechselt. Es war Eigentum der Boivins, ging im April 1991 an Gaston Lenôtre und wurde dann im Frühjahr 1996 an Bernard Germain verkauft. Dieser 99er ist im Glas intensiv und kräftig. Der delikate Duft geht in Richtung Mirabelle. Die gleichen hochfeinen Aromen findet man auch in einem voluminösen, aber ausgewogenen Geschmack, der frisch ist und eine schöne Nachhaltigkeit besitzt.

Vignobles Germain et Associés Loire, 49380 Thouarcé, Tel. 02.41.68.94.00, Fax 02.41.68.94.01, E-Mail loire@vgas.com n. V.

DOM. DES GAGNERIES
Les Hauts fleuris 1999**

☐ 4 ha 8 000 8 à 11 €

Das von der Familie Rousseau 1890 übernommene Gut befindet sich im Herzen der Appellation. Es hat den Lesern des Hachette-Weinführers bereits bemerkenswerte Jahrgänge präsentiert (96er, 95er, 90er, 89er), aber zum ersten Mal erhält es eine Liebeserklärung. Mit einem großartigen 99er, der gleichzeitig einen Eindruck von Konzentration und Frische hervorruft und durch seine aromatische Palette beeindruckt. Soll man ihn aufheben? Möglichst lange!

EARL Christian et Anne Rousseau, Dom. des Gagneries, 49380 Thouarcé, Tel. 02.41.54.00.71, Fax 02.41.54.02.62 n. V.

DOM. LA CROIX DES LOGES 1999*

☐ 1,5 ha 5 000 11 à 15 €

Dieser 40 ha große Weinbaubetrieb an der Straße nach Gennes, in der Nähe von Martigné, wird in unserem Weinführer regelmäßig ausgewählt. Dieser 99er hüllt sich in ein überaus anziehendes Strohgelb und überrascht durch die Intensität seiner Düfte, geprägt von Unterholznoten, die man in der Ansprache wiederfindet. Der Abgang lässt vollreife Trauben erkennen, die mit größter Sorgfalt ausgelesen worden sind. Eine Flasche, die man im Keller «vergessen» muss.

SCEA Bonnin et Fils, Dom. de La Croix des Loges, 49540 Martigné-Briand, Tel. 02.41.59.43.58, Fax 02.41.59.41.11, E-Mail bonninlesloges@aol.com n. V.

DOM. DE LA PETITE CROIX
Cuvée Prestige 2000*

☐ 3,5 ha 3 000 11 à 15 €

Diese Cuvée lässt ein sehr schönes Potenzial erkennen. Der erste Geruchseindruck erinnert an Lindenblüte; danach kommen Noten von Überreife zum Vorschein, die an getrocknete Aprikose denken lassen. Der Geschmack ist rund, kräftig und frisch. Dieser Wein wird sich in ein paar Jahren entfalten.

A. Denechère et F. Geffard, Dom. de la Petite Croix, 49380 Thouarcé, Tel. 02.41.54.06.99, Fax 02.41.54.30.05 n. V.

CH. LA VARIERE Les Melleresses 1999*

☐ 2,3 ha 6 000 15 à 23 €

Jacques Beaujeau ist der Erbe einer Winzerfamilie, die bis 1850 zurückreicht. Der Betrieb (95 ha, davon 2,3 ha beim Bonnezeaux) ist in Gebäuden aus dem 13. und 15. Jh. untergebracht. Dieser Melleresses kündigt sich mit einem Strohgelb ab, das schöne grüne Reflexe zeigt. Der Geruchseindruck, der Wachs und Aprikose verbindet, lässt den Beginn einer Entwicklung erkennen. Die Ansprache wirkt rund und fett, ohne voluminös zu sein. Die Aromen von Bratäpfeln, die im Abgang auftauchen, verleihen dem Geschmack einen genussvollen Charakter. (Flaschen mit 50 cl Inhalt.)

Ch. La Varière, 49320 Brissac,
Tel. 02.41.91.22.64, Fax 02.41.91.23.44,
E-Mail chateau.la.variere@wanadoo.fr
☑ Y n. V.

DOM. LES GRANDES VIGNES 1999*

☐ 2,1 ha 4 800 11 à 15 €

Dieser 99er verführt durch die Komplexität seiner Aromenpalette, in der man blumige, fruchtige und vanilleartige Noten findet. Der Geschmack enthüllt einen intensiven, reichen Stoff, hinterlässt aber gleichzeitig einen Eindruck von Eleganz und Feinheit. Diese Flasche kann man zehn Jahre lang aufheben.

GAEC Vaillant, Dom. Les Grandes Vignes,
La Roche Aubry, 49380 Thouarcé,
Tel. 02.41.54.05.06, Fax 02.41.54.08.21,
E-Mail gaecvaillant@wordonline.fr ☑ Y n. V.

DOM. DES PETITS QUARTS
Le Malabé 2000**

☐ 3 ha 3 300 11 à 15 €

Obwohl die Godineaus vor kurzem aus dem Gebiet der Appellation Bonnezeaux fortgezogen sind, vernachlässigen sie deswegen in keiner Weise ihren «Malabé». Man muss allerdings hinzufügen, dass ihr neues Wohnhaus in Faye d'Anjou, in der AOC Coteaux du Layon, nur 800 m von der alten Unterkunft entfernt ist. Dieser Wein ist ein Champion der Liebeserklärungen in der AOC, denn er hat – ohne dass wir uns geirrt hätten – vier davon erhalten (als 90er, 95er, 96er und 97er). Die Farbe des 2000ers ist ein kräftiges Gelb; die Aromen erinnern an exotische und kandierte Früchte. Der Geschmack hat alle Qualitäten von Rundheit, «Fett», Milde, Ausgewogenheit und Länge, die man von einem großen edelsüßen Wein erwartet. Bemerkenswerter Reichtum.

Godineau Père et Fils,
Dom. des Petits Quarts, 49380 Faye-d'Anjou,
Tel. 02.41.54.03.00, Fax 02.41.54.25.36
☑ Y Mo–Sa 8h–12h 14h–18h

DOM. RENE RENOU
Cuvée Zénith 1999**

☐ 8,36 ha k. A. 38 à 46 €

Der Bonnezeaux des Vorsitzenden des INAO. Auf seine Initiative wurde dieses Jahr der 50. Geburtstag der Appellation gefeiert. René Renou ist ein wagemutiger Mann; dieser etwa acht Hektar große Betrieb, den er 1995 übernommen hat, entspricht einer neuen Etappe auf dem Weg des Vorsitzenden des AOC-Verbands. Jahr für Jahr stoßen wir wieder auf seine Cuvée Zénith. Dieser strohgelbe, leicht bernsteinfarbene Wein bietet angenehm intensive Düfte, die blumig (weiße Blüten) und fruchtig (weißer Pfirsich) sind, und bevorzugt eher die Eleganz als die Opulenz. Die Ansprache ist weich, fein und vornehm; der lange Abgang lässt überreife Trauben erkennen, die perfekt ausgelesen worden sind.

René Renou, 1, pl. du Champ-de-Foire,
49380 Thouarcé, Tel. 02.41.54.11.33,
Fax 02.41.54.11.34,
E-Mail domaine.rene.renou@wanadoo.fr
☑ Y n. V.

DOM. DE TERREBRUNE
Séduction 1999*

☐ 2,3 ha 6 000 11 à 15 €

Der 45 ha große Betrieb erzeugt zwar sicherlich Rosé, aber wir erinnern uns daran, dass er im Hachette-Weinführer einen 92er Bonnezeaux präsentierte, der drei Sterne und eine Liebeserklärung erhielt. Der 99er muss Sauerstoff ziehen, denn er ist im Geruchseindruck zurückhaltend. Im Geschmack erscheint er viel ausdrucksvoller. Er ist kräftig, füllig und rassig und wird in ein paar Jahren sein gesamtes Potenzial offenbaren. (Flaschen mit 50 cl Inhalt.)

Dom. de Terrebrune, La Motte,
49380 Notre-Dame-d'Allençon,
Tel. 02.41.54.01.99, Fax 02.41.54.09.06,
E-Mail domaine-de-terrebrune@wanadoo.fr
☑ Y n. V.

Quarts de Chaume

Der Lehnsherr sicherte sich ein Viertel der Produktion: Er behielt den besten Teil, d. h. den Wein aus der besten Lage. Die Appellation, die 40 ha umfasst und 576 hl (2000) erzeugt, befindet sich auf der Kuppe eines Hügels, der ganz nach Süden liegt, rund um Chaume in der Gemeinde Rochefort-sur-Loire.

Die Rebstöcke sind zumeist alt. Das Zusammentreffen mehrerer Faktoren, das Alter der Rebstöcke, die Lage und die Fähigkeiten der Chenin-Rebe, führt zu oft geringen Produktionsmengen, die von großer Qualität sind. Bei der Ernte werden die Trauben ausgelesen. Die Weine sind lieblich, kraftvoll und nervig und haben eine gute Alterungsfähigkeit.

DOM. DES FORGES 1999*

☐ 1 ha 2 000 23 à 30 €

Dieser frische, komplexe Wein von schöner goldgelber Farbe, der eine ziemlich leichte Struktur zeigt, besitzt Aromen von getrockneten

Früchten und Honig und einen intensiven, delikaten, sehr harmonischen Geschmack.
Vignoble Branchereau, Dom. des Forges, rte de la Hale-Longue, 49190 Saint-Aubin-de-Luigné, Tel. 02.41.78.33.56, Fax 02.41.78.67.51 n. V.

DOM. DE LA BERGERIE 1999*

1,25 ha 2 500 23 à 30 €

Yves Guégniards Großmutter kaufte die Domaine de La Bergerie, um das Familiengut zu vergrößern. Seit 1979 leitet ihr Enkel den Betrieb. Dieser 99er zieht durch seine intensive gelbe, leicht goldene Farbe den Blick auf sich. Der Geschmack drückt Reichtum und Opulenz aus und ruft die Empfindung hervor, als würde man in vollreife Früchte beißen. Man kann ihn schon jetzt trinken oder jahrzehntelang einkellern.
Yves Guégniard, Dom. de La Bergerie, 49380 Champ-sur-Layon, Tel. 02.41.78.85.43, Fax 02.41.78.60.13, E-Mail domainede.la.bergerie@wanadoo.fr Mo–Sa 9h–12h 14h–18h30

DOM. DE LA POTERIE 1999

0,88 ha 800 30 à 38 €

Dieser blassgelbe Wein mit grünlichen Reflexen besitzt einen noch diskreten Geruchseindruck. Der Geschmack bietet eine schöne, fruchtige Ausgewogenheit, die im Augenblick von recht ausgeprägten Holznoten dominiert wird. Aufheben.
Guillaume Mordacq, La Chevalerie, 16, av. des Trois-Ponts, 49380 Thouarcé, Tel. 02.41.54.12.29, Fax 02.41.52.26.41 n. V.

CH. LA VARIERE Les Guerches 1998**

1,3 ha 3 000 30 à 38 €

Das Gut, das unweit vom Schloss von Brissac liegt und aus Gebäuden des 13. und 15. Jh. besteht, gehört seit 1850 ein und derselben Familie. Der Wein, den es präsentiert, hat eine goldgelbe Farbe; der Duft und der Geschmack offenbaren einen großen aromatischen Reichtum, der blumige und fruchtige Nuancen mit Holznoten verbindet, aber nicht aufdringlich wirkt. Ein 98er mit einem sehr schönen Potenzial, der viele Jahrzehnte im Keller schlummern kann. (Flaschen mit 50 cl Inhalt.)
Ch. La Varière, 49320 Brissac, Tel. 02.41.91.22.64, Fax 02.41.91.23.44, E-Mail chateau.la.variere@wanadoo.fr n. V.

CH. DE L'ECHARDERIE Clos Paradis 1999**

7 ha 16 000 23 à 30 €

L'Echarderie befindet sich im Herzen der AOC Quarts de Chaume. Die Gebäude des Guts sind die Nebengebäude eines Adelssitzes, der während der Vendée-Aufstände zerstört wurde. Die Reben wachsen auf diesem Boden seit dem Mittelalter. Die Farbe dieses 99ers ist wunderschön, der Stoff außergewöhnlich mit seinen Aromen von Honig und getrockneten Früchten. Der kräftige, vollmundige Geschmack bietet einen Abgang, den reife Früchte prägen. Ein großer edelsüßer Wein.

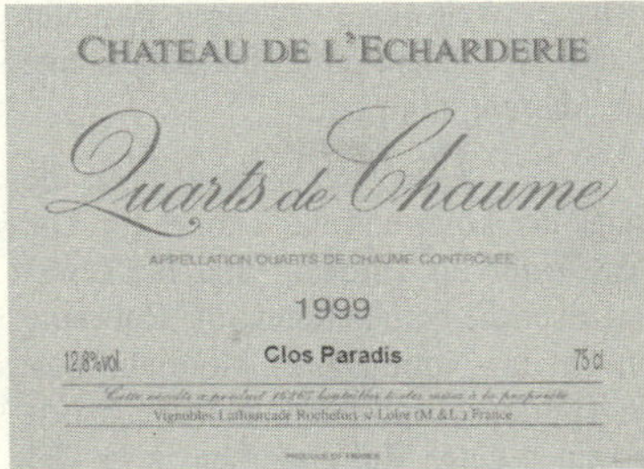

Vignobles Laffourcade, Ch. de l'Echarderie, 49190 Rochefort-sur-Loire, Tel. 02.41.54.16.54, Fax 02.41.54.00.10, E-Mail laffourcade@wanadoo.fr n. V.

CH. PIERRE-BISE 2000**

2,75 ha 3 000 23 à 30 €

Claude Papin trägt den Beinamen «Monsieur Terroir de l'Anjou», und wenn man ihm begegnet, und seien es auch nur ein paar Augenblicke, begreift man sehr schnell, warum. Der Stoff dieses Quarts de Chaume ist imposant. Die goldene Farbe ist sehr intensiv. Der diskrete Geruchseindruck entfaltet sich prächtig, wenn man den Wein im Glas schwenkt. Der reiche, opulente Geschmack bleibt ausgewogen und köstlich – was das Kennzeichen großer Süßweine ist.
Claude Papin, Ch. Pierre-Bise, 49750 Beaulieu-sur-Layon, Tel. 02.41.78.31.44, Fax 02.41.78.41.24 n. V.

CH. DE PLAISANCE 1999*

1,5 ha 3 000 23 à 30 €

Château de Plaisance, das einzige Gut inmitten der Reben, scheint der Wächter über dieses außergewöhnliche Gebiet, die Landzunge von Chaume, zu sein. Der Anblick dieses 99ers ist allein schon ein Vergnügen. Die Aromen, die beim Riechen noch diskret sind, enthüllen sich im Mund und reihen Noten von getrockneten und kandierten Früchten aneinander. Dieser Wein hinterlässt eine Empfindung von Feinheit und Harmonie.
Guy Rochais, Ch. de Plaisance, 49190 Rochefort-sur-Loire, Tel. 02.41.78.33.01, Fax 02.41.78.67.52 n. V.

Saumur

Der Anbaubereich (2 735 ha) erstreckt sich auf 36 Gemeinden. Von den gleichen Rebsorten wie in den Anjou-

Appellationen wurden im Jahre 2000 insgesamt 193 391 hl Rotweine und nervige, trockene Weißweine erzeugt, darunter 98 664 hl Schaumweine. Sie haben eine gute Alterungsfähigkeit.

Die Weinberge nehmen die Hänge der Loire und des Thouet ein. Die Weißweine von Turquant und Brézé waren früher die berühmtesten; die Rotweine von Le Puy-Notre-Dame, Montreuil-Bellay, Tourtenay und anderen Orten haben sich einen guten Ruf erworben. Aber viel bekannter ist die Appellation für Schaumweine, deren qualitative Entwicklung man besonders herausstellen sollte. Die Hersteller, die alle ihren Sitz in Saumur haben, besitzen in den Tuff gegrabene Keller, die man unbedingt besichtigen muss.

ACKERMAN Cuvée 1811 2000

○ k. A. 390 700 3à5€

Saint-Hilaire-Saint-Florent, das sich auf einem Hang ausbreitet, der seit dem Mittelalter ganz mit Kellern ausgehöhlt ist, hieß früher Saint-Hilaire-des-Grottes. Jean Ackerman, der Sohn eines Bankiers aus Anvers, hatte 1811 die Idee, diese Keller zu nutzen, um Weine nach der Methode von Dom Pérignon in Schaumweine umzuwandeln. Die Firma Ackerman ist heute der größte Produzent von Saumur-Schaumwein. Dieser hier zieht durch sein gutes Moussieren, das seine blassgelbe, grün funkelnde Farbe belebt, den Blick auf sich. Der intensive Duft ist typisch für die Cabernet-Traube. Der Geschmack zeichnet sich durch seine Rundheit und Eleganz aus.

🔑 Laurance Ackerman, BP 47, 49400 Saumur, Tel. 02.41.53.03.10, Fax 02.41.53.03.19
Y Di–Sa 9h–12h 14h–18h

CH. DE BEAUREGARD
Blanc de Blancs*

○ 4,52 ha 35 000 8à11€

Das im 19. Jh. wieder aufgebaute Château bewahrt einige Bauteile aus dem 17. Jh. und sogar Überreste aus dem 13. Jh., einer Zeit, als die riesige Stiftskirche errichtet wurde, die Le Puy-Notre-Dame überragt und im Mittelalter eine berühmte Wallfahrtsstätte war. Der aus 80 % Chardonnay und 20 % Chenin hergestellte Saumur-Schaumwein von Beauregard verlockt durch die Üppigkeit und Feinheit seiner Bläschen. Der Duft mischt exotische Früchte und blumige Noten. Der weiche Geschmack hat eine gute Länge und ist recht angenehm.

🔑 SCEA Alain Gourdon, Ch. de Beauregard, 4, rue Saint-Julien, 49260 Le Puy-Notre-Dame, Tel. 02.41.52.25.33, Fax 02.41.52.29.62
☑ Y n. V.

DOM. DU BOIS MIGNON 2000*

■ 14 ha 20 000 3à5€

Dieser Weinbaubetrieb im Departement Vienne, im Süden des Anbaugebiets, hat mehr als zwei Drittel seiner Rebfläche mit Cabernet bestockt. Man wird sich deshalb nicht wundern, wenn er mit einem roten Saumur ausgewählt wird. Auch wenn dieser Wein eine intensive Farbe besitzt, Rot mit violetten Reflexen, zeigt er sich in der Nase zunächst diskret und lässt an der Luft Noten von vollreifen Kirschen und Gewürznelken erkennen. Der im Abgang ein wenig tanninreiche Geschmack bleibt ausgewogen. Gute Gesamtharmonie.

🔑 SCEA Charier Barillot, Dom. du Bois Mignon, 86120 Saix, Tel. 05.49.22.94.59, Fax 05.49.22.94.51 ☑ Y n. V.

BOUVET LADUBAY Trésor 1999**

○ k. A. 60 000 11à15€

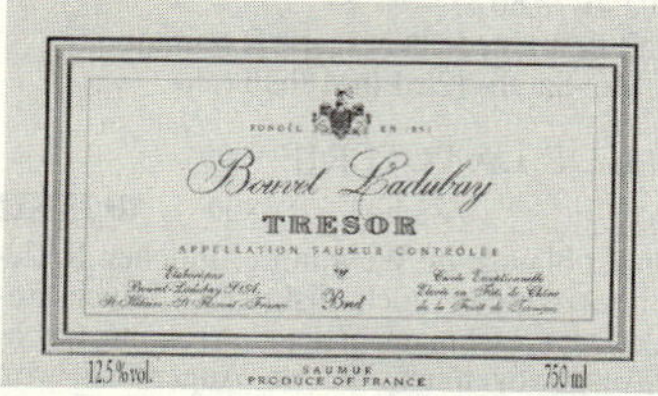

Bouvet-Ladubay wurde ähnlich wie andere Firmen in Saint-Hilaire-Saint-Florent um 1850 gegründet. Die mit einer Degustationsschule ausgestattete Firma ist berühmt. Diese Cuvée Trésor bringt ihr die dritte Liebeserklärung ein (die zwei zuvor gehen auf die Ausgaben 1992 und 1990 zurück). Der üppige Schaum in einem schönen, kräftigen Golden zieht sofort den Blick auf sich. Der Holzton dominiert zwar im Augenblick, trägt aber dazu bei, die geschmackliche Eleganz zu vollenden. Der füllige, seidige, sehr ausgewogene Geschmack lässt im Abgang eine vollkommene Vereinigung von Holz und Wein erkennen.

🔑 Bouvet-Ladubay, 1, rue de l'Abbaye, 49400 Saint-Hilaire-Saint-Florent, Tel. 02.41.83.83.83, Fax 02.41.50.24.32, E-Mail bouvet-ladubay@saumur.net
☑ Y tägl. 8h30–12h 14h–18h

DOM. DES CHAMPS FLEURIS 1999**

□ 4 ha 7 000 8à11€

Ein paar Kilometer von hier befindet sich die Abtei Fontevraud, wo Heinrich II., Elenore von Aquitanien und Richard Löwenherz ruhen. Der Weinberg liegt im Anbaugebiet Saumur-Champigny, aber die Gegend, vor allem die «Côte», auf dem sich das Gut befindet, war eine Hochburg der Erzeugung von Weißweinen, bevor das Gebiet von der Cabernet-Rebe kolonisiert wurde. Dieser blassgelbe 99er mit goldenen Reflexen, der von ausgelesenen Trauben hergestellt und ein Jahr lang im Barriquefass ausgebaut worden ist, entfaltet leichte, delikate Düfte von reifen Früchten, Blüten und Gewürzen. Der runde, vollmundige Geschmack klingt mit einer Holznote aus. Ein reicher, komplexer Wein, der

die Anstrengungen widerspiegelt, die die Winzer des Saumur-Gebiets unternommen haben, um interessante Weißweine anzubieten.
EARL Rétiveau-Rétif, 50-54, rue des Martyrs, 49730 Turquant, Tel. 02.41.38.10.92, Fax 02.41.51.75.33 n. V.

CH. DE CHAMPTELOUP Cuvée Prestige

○ 3 ha 4 000 3 à 5 €

Vertrieben wird dieser Saumur-Schaumwein, ein Brut, von einer Firma in Mouzillon, in der Region von Nantes, aber hergestellt wird er durchaus im Anjou. Feine, elegante, anhaltende Bläschen erregen die Aufmerksamkeit. Der Duft erscheint blumig und lebhaft zugleich. Die gleichen Merkmale findet man in einem ausgewogenen Geschmack wieder, der eine schöne Nachhaltigkeit beweist.
Vinival, La Sablette, 44330 Mouzillon, Tel. 02.40.36.66.00, Fax 02.40.36.26.83

DOM. DES CLOS MAURICE 2000*

■ 4 ha 20 000 3 à 5 €

Varrains, ein großes, für das Saumurois typisches Winzerdorf, ist zwar eine herausragende Gemeinde der AOC Saumur-Champigny, aber die weißen Rebsorten hier haben ebenfalls Anrecht darauf, dass man sie erwähnt, wie dieses Gut zeigt, das in den beiden Farben ausgewählt worden ist. Dieser rote Saumur, der ein strahlendes Rubinrot zeigt, trinkt sich wie eine Leckerei. Er ist zwar leicht, besitzt aber eine Sanftheit und eine Fruchtigkeit, die ihn liebenswert machen. Mit seinen Erdbeer-, Gewürze- und Minzedüften ist der Geruchseindruck sehr einschmeichelnd, ebenso wie der Geschmack, der eine Empfindung von frischen Früchten hinterlässt. Ein Wein, der eine ganze Mahlzeit im Freundeskreis begleiten kann. Der von der Jury lobend erwähnte **weiße 2000er** bietet die gleichen Qualitäten: Leichtigkeit, Aromen (Früchte und weiße Blüten), belebende Frische.
Maurice et Mickael Hardouin, 10, rue du Ruau, 49400 Varrains, Tel. 02.41.52.93.76, Fax 02.41.52.44.32 Mo–Sa 8h–12h 14h–18h

COMTE DE COLBERT Cuvée spéciale*

○ 1,97 ha 16 000 8 à 11 €

Umgeben von eindrucksvollen, in den Kreidetuff gegrabenen Burggräben, ein echtes Schloss, dessen Anfänge ins 11. Jh. zurückreichen und das für Besucher offen steht. Es ruft große Gestalten der französischen Geschichte in Erinnerung, wie etwa Diane de Poitiers (die Lieblingsmätresse Heinrichs IV., die Louis de Brézé geheiratet hatte) oder auch den Grand Condé (Louis, Fürst von Condé, einer Seitenlinie des Hauses Bourbon, der mit den Vorfahren der heutigen Besitzer, den Dreux-Brézés, 1682 das Schloss tauschte). Das (heute etwa dreißig Hektar große) Weingut ist in der Weinbautradition der Region verwurzelt. Sein Saumur-Schaumwein, der zu 60 % von der Chenin-Traube stammt, ergänzt durch Chardonnay und Cabernet zu gleichen Teilen, zieht durch seinen feinen Schaum und seine strahlende gelbe Farbe mit grünen Reflexen den Blick auf sich. Der delikate Duft bietet eine elegante Fruchtigkeit, die sich im Geschmack mit blumigen Nuancen vermischt. Ein frischer, runder, großzügiger Wein, der sehr einschmeichelnd ist.
Comte Bernard de Colbert, Ch. de Brézé, 49260 Brézé, Tel. 02.41.51.62.06, Fax 02.41.51.63.92 tägl. 10h–17h

DOM. ARMAND DAVID Vieilles vignes 2000**

■ 4 ha 20 000 5 à 8 €

Dieses 1932 entstandene, 15 ha große Gut, das sich auf den Böden der Juraformation von Vaudelnay befindet, wird von der dritten Generation bewirtschaftet. Es begrünt die Weinberge und vinifiziert die Weine in Höhlenkellern. Im Weinführer wurde es zuerst durch Schaumweine bekannt, und das auf brillante Weise (siehe die Liebeserklärungen in den Ausgaben 1995 und 1996). In den letzten Jahren setzt es auch auf Rot und bestätigt sein Können mit diesem 2000er. Er zeigt ein intensives Purpurrot mit schwarzen Reflexen und verbindet im Duft Sauerkirsche, schwarze Johannisbeere, Veilchen und Unterholz. Der ebenso komplexe Geschmack ist fleischig und füllig. Ein viel versprechender und bereits bemerkenswerter Saumur-Wein.
Dom. Armand David, Messemé, 49260 Vaudelnay, Tel. 02.41.52.20.84, Fax 02.41.38.28.51 tägl. 9h–19h

CH. D'ETERNES 1998**

■ 12 ha 8 500 11 à 15 €

Dieser Weinberg (heute 18 ha) gehörte im Mittelalter der Abtei Fontevraud, die nur 4 km entfernt lag. Er erzeugte, erzählte man uns, den Lieblingswein der Äbtissinnen. Fest steht, dass dieser intensiv rubinrote 98er mit einigen braunen Reflexen die Degustationsjury lebhaft verführt hat. Er ist achtzehn Monate im Barriquefass gereift und weicht ein wenig vom Typ der Appellation ab, erregt aber während der gesamten Verkostung durch seine bemerkenswerte Ausdrucksstärke die Aufmerksamkeit: Erdbeere, schwarze Johannisbeere, Gewürze und Räucheraroma fesseln den Geruchssinn und die Geschmacksknospen. Der weiche, runde, reiche Geschmack enthüllt einen Stoff, der für diesen heiklen Jahrgang erstaunlich ist. Eine Flasche, die Lust macht auf Wild und Entrecote mit Schalotten.

EARL Ch. d'Eternes, 86120 Saix, Tel. 05.49.22.34.77, Fax 05.49.22.34.77, E-Mail lea.sherina@libertysurf.fr ☑ Y n. V.
Marteling

LOUIS FOULON Tête de Cuvée 1997*

○ k. A. 110 000 5à8€

«Doué» kommt von einem gallischen Wort, das «Quelle» bedeutete. Daran hängte man – in eigentlich redundanter Weise – das Wort «Fontaine» an, um an die Erschließung einer Quelle im 18. Jh. zu erinnern. Diese Gemeinde, die dem Wasser geweiht zu sein scheint, ist auch eine kleine Weinstadt. Hier ist ein Saumur-Schaumwein, der durch sein gutes Moussieren, geprägt durch eine intensive, beständige Schaumkrone, den Blick auf sich zieht. Sein recht zurückhaltender Geruchseindruck ist angenehm leicht. Der elegante, wohl ausgewogene, lang anhaltende Geschmack stellt vollauf zufrieden.

SA Lacheteau, ZI de La Saulaie, 49700 Doué-la-Fontaine, Tel. 02.41.59.26.26, Fax 02.41.59.01.94

DOM. GUIBERTEAU
Cuvée de Printemps 2000**

■ 1 ha 7 300 5à8€

Ein in der Stadt aufgewachsener Winzer, der in die Fußstapfen seines Großvaters treten wollte. Er ließ sich 1996 auf dem Familiengut nieder und bewirtschaftet jetzt etwa zwölf Hektar in der Umgebung von Montreuil-Bellay. Die 2000er Cuvée de Printemps oder die **2000er Cuvée d'Automne?** Zwei verschiedene Stile, aber diese beiden Cuvées sind überaus interessant! Insgesamt gesehen erhält Erstere den Vorzug wegen ihrer fruchtigen Liebenswürdigkeit. Sie ist das Ergebnis einer achttägigen Maischegärung und zeigt eine intensive Granatfarbe und vielfältige Aromen, bei denen Orangenschale und Gewürze die roten Früchte ergänzen. Der Geschmack ist rund und fruchtig. Die zweite (ein Stern), Produkt einer langen Maischegärung (32 Tage) und eines noch längeren Ausbaus im Holzfass, lässt mehr Rauheit und einige pflanzliche Noten erkennen. Man sollte sie ein bis zwei Jahre aufheben.

EARL Guiberteau, 3, imp. du Cabernet, 49260 Saint-Just-sur-Dive, Tel. 02.41.38.78.94, Fax 02.41.38.78.94, E-Mail domaine.guiberteau@wanadoo.fr ☑ Y n. V.

DOM. DES GUYONS
Cuvée Vent du Nord 2000**

□ 0,66 ha 5 400 3à5€

Das zehn Hektar große Gut wurde von Franck Bimont übernommen, der mit diesem blassgelben, grün schimmernden Saumur einen bemerkenswerten Wein präsentierte. Die Jury schätzte die hochfeinen blumigen und fruchtigen Düfte dieses 2000ers und seinen frischen, leichten Geschmack, der eine sehr schöne Ausgewogenheit besitzt. Ein sehr einschmeichelnder Wein, der die feine Harmonie besitzt, die man bei den Weinen aus dem Loire-Tal gern antrifft.

Franck et Ingrid Bimont, 6, rue du Moulin, 49260 Le Puy-Notre-Dame, Tel. 02.41.52.21.15, Fax 02.41.52.21.15 ☑ Y n. V.

DOM. DES HAUTES VIGNES
Cuvée du Fief aux Moines 2000

■ 3 ha 20 000 5à8€

Der 1961 mit einem halben Hektar entstandene Weinbaubetrieb umfasst jetzt 45 Hektar. Er ist in unserem Weinführer sehr oft vertreten. Bezieht sich der Name seiner Cuvée du Fief aux Moines auf ein ehemaliges Priorat, das in Distré bestand und von dem man noch die Kirche mit dem romanischen Schiff sehen kann? Auf jeden Fall haben diese Reben einen typischen roten Saumur hervorgebracht, der eine intensive rubinrote Farbe hat und im Duft schwarze (Heidelbeere) und rote Früchte sowie Lakritze mischt. Der delikate, weiche Geschmack ist recht angenehm. Echte Schlichtheit. Ein guter Wein für das Jahresende, der ein bis zwei Jahre lagern kann.

SCA Fourrier et Fils, 22, rue de la Chapelle, 49400 Distré, Tel. 02.41.50.21.96, Fax 02.41.50.12.83, E-Mail a.fourrier@free.fr ☑ Y n. V.

CH. DU HUREAU 1999***

□ 2,5 ha 10 000 8à11€

Hier wird das Traubengut gewissenhaft ausgelesen: Es gibt bis zu fünf Durchgänge im Weinberg. Daran schließt sich ein einjähriger Ausbau im Barriquefass an. Das Ergebnis sind eine strahlend goldgelbe Farbe und überschwängliche Düfte, die an überreife Früchte und Konfitüre erinnern. Diese setzen sich in einem majestätischen, fetten Geschmack mit Noten von Kompott aus reifen Früchten und von Quittengelee fort. Ein komplexer, delikater weißer Saumur von herrlicher Ausgewogenheit.

Philippe et Georges Vatan, Ch. du Hureau, 49400 Dampierre-sur-Loire, Tel. 02.41.67.60.40, Fax 02.41.50.43.35, E-Mail philippe.vatan@wanadoo.fr ☑ Y Mo–Fr 9h–12h 14h–17h

DOM. JOULIN 2000*

□ 1 ha 1000 5à8€

Philippe Joulin, der sich hier 1994 niederließ, bewirtschaftet dreizehn Hektar. Chacé liegt im Anbaugebiet des Saumur-Champigny, aber das Gut ist mit seinen weißen Saumur-Weinen in unserem Weinführer bekannt geworden. Dieser strahlend blassgelbe 2000er verliert an der Luft seine Zurückhaltung und entfaltet Noten von weißen Blüten und gekochten Früchten (Apfel, Birne). Im Geschmack ist er reich und vollmundig. Man muss ihn mindestens ein Jahr aufheben, damit er sein Potenzial voll zum Ausdruck bringen kann.

Philippe Joulin, 58, rue Emile-Landais, 49400 Chacé, Tel. 02.41.52.41.84, Fax 02.41.52.41.84 ☑ Y n. V.

CLOS DE L'ABBAYE 1999

○ 1,3 ha 10 000 5à8€

Der aus Algerien stammende Henri Aupy erwarb 1964 diesen berühmten Clos, der seinen Namen der ehemaligen Abtei Asnières verdankt. Sein Sohn Jean-François hat sich ihm angeschlossen. Das Gut liegt am Hang; die Keller bestehen aus gewaltigen Stollen, die im Mittel-

alter in den Tuff gegraben wurden. Früher verwendete man sie für die Zucht von Champignons, bevor man ihre konstante, kühle Temperatur für Weine nutzte. Der Clos fand bei unseren Jurys bereits für seine Schaumweine Beachtung. Dieser hier bietet feine Bläschen und einen diskreten, aber feinen und recht komplexen Duft, dominiert von einer Fruchtigkeit, die sich im Geschmack bestätigt. Spürbare Dosage.
EARL Henri Aupy et Fils,
Clos de l'Abbaye, 49260 Le Puy-Notre-Dame,
Tel. 02.41.52.26.71, Fax 02.41.52.26.71,
E-Mail j.verdier@wanadoo.fr

DOM. DE LA BESSIERE 2000*

☐ k. A. 6 000 5 à 8 €

Thierry Dézé wohnt in Souzay-Champigny, das mit seinem von Stollen und Höhlenwohnungen durchlöcherten Tuffhang ein typisches Dorf des Saumurois ist. Sein 2000er Weißwein, der angenehm und leicht ist, hinterlässt einen Eindruck von delikater Frische und Fruchtigkeit. Ein Klassiker der Appellation.
Thierry Dézé, Dom. de La Bessière,
rte de Champigny, 49400 Souzay-Champigny,
Tel. 02.41.52.42.69, Fax 02.41.38.75.41
n. V.

CH. DE LA DURANDIERE
Vieilles vignes 2000*

■ 3,5 ha 20 000 5 à 8 €

Montreuil-Bellay verdient einen Umweg wegen seiner mittelalterlichen Stadtmauer, seiner befestigten Tore und seines wunderschönen Schlosses, das im 15. Jh. wieder aufgebaut wurde. Château de La Durandière und sein Park befinden sich an den Ufern des Thouet. Das Weingut (38 ha) hat einen Saumur von granatroter Farbe geliefert, mit einer diskreten Erdbeer- und Schwarze-Johannisbeer-Fruchtigkeit und einem weichen, harmonischen Geschmack. Dieser 2000er wird in ein paar Monaten vollständig zum Ausdruck kommen und kann fünf Jahre lang aufbewahrt werden. Wenn man den Winzern einen Besuch abstattet, sollte man nicht versäumen, eine Kuriosität des Guts zu bewundern: eine Kapelle, die unter einer Rebparzelle in den Hang gegraben ist.
SCEA Bodet-Lhériau, Ch. de La Durandière, 51, rue des Fusillés, 49260 Montreuil-Bellay, Tel. 02.41.40.35.30, Fax 02.41.40.35.31,
E-Mail durandiere.chateau@libertysurf.fr
Mo–Fr 8h–19h; Sa, So n. V.
Hubert und Antoine Bodet

DOM. DE LA FUYE 2000*

■ 4 ha 24 000 3 à 5 €

Das Wort *«fuye»* bezeichnet ein für das Anjou typisches Taubenhaus, das auf Säulen steht. Eine andere Kuriosität sind die Keller des Guts (3000 m² Stollen mit Gewölbe, die in den Tuff gegraben sind); sie wurden im 15. und 16. Jh. von der Stadt Thouars als Gefängnis genutzt. Heute enthalten sie einen granatroten, violett funkelnden Saumur mit Aromen von Früchten in Alkohol und Lakritze und mit einem fülligen, warmen Geschmack, der voller Schönheit mit anhaltenden Noten von Früchtekompott endet. Hinweisen sollte man noch darauf, dass dieses 23 ha große Gut biologische Anbaumethoden verwendet.
Philippe Elliau, 225, rue du Château,
Sanziers, 49260 Vaudelnay, Tel. 02.41.52.29.75,
Fax 02.41.38.87.31 n. V.

DOM. DE LA GUILLOTERIE 2000**

■ 15 ha 35 000 5 à 8 €

Dieses große Gut in Familienbesitz (50 ha) hat bei der Blindverkostung mit diesem Wein, den ein intensives Rot schmückt, glänzend abgeschnitten. Die komplexe Aromenpalette verbindet Gewürze, Unterholz und Lakritze mit den klassischen Aromen von roten Früchten, die man im Abgang wiederfindet. Ein ausgezeichneter Botschafter der Appellation. Der **weiße 2000er** ist mit seiner strahlend blassgelben Farbe, mit seinen Aromen von frischen Früchten und Blüten und mit seinem lebhaften Geschmack alles andere als übel (ein Stern). Er wird als Begleiter zu Meeresfrüchten munden, lässt sich aber auch für sich allein genießen.
SCEA Duveau Frères, 63, rue Foucault,
49260 Saint-Cyr-en-Bourg, Tel. 02.41.51.62.78,
Fax 02.41.51.63.14,
E-Mail dom.guilloterie@wanadoo.fr n. V.

DOM. LANGLOIS-CHATEAU
Vieilles vignes 2000***

☐ 3,5 ha 21 000 8 à 11 €

Dieses Gut in Familienbesitz widmete sich der Produktion von Schaumweinen, bevor es seine Erzeugung auf Stillweine ausdehnte. Mit Reben nicht nur im Anjou, sondern auch im Gebiet von Nantes und von Sancerre besitzt es jetzt echtes Format. Diese Cuvée Vieilles vignes ist von ausgelesenen Trauben erzeugt worden. Die Gärung ist im Barriquefass durchgeführt worden; der Ausbau, ebenfalls im Holzfass, hat ein Jahr gedauert, wobei der Hefesatz aufgerührt worden ist – ein in der Region eher neues Verfahren. Dieser 2000er, der auf der Linie des 94ers liegt (Liebeserklärung im Hachette-Weinführer), lässt einen großartigen Stoff erkennen und bietet die ganze Feinheit der großen Weine aus dem Loire-Tal. Servieren kann man ihn zu Geflügel oder Fisch mit Sauce. Vom gleichen Erzeuger hat der im Tank ausgebaute **2000er Rotwein** (Preisgruppe: 30 bis 49 F) für seine Aromen von zu Kompott verarbeiteten schwarzen Früchten und Gewürzen und für seinen vollmundigen, warmen Geschmack einen Stern erhalten.
Langlois-Chateau, 3, rue Léopold-Palustre,
49400 Saint-Hilaire-Saint-Florent,
Tel. 02.41.40.21.40, Fax 02.41.40.21.49,
E-Mail langlois.chateau@wanadoo.fr
tägl. 10h–12h30 14h30–18h30;
Jan. geschlossen

DOM. DE LA PALEINE 2000**

■ 4 ha 16 000 5 à 8 €

Das von den drei Turmspitzen seiner Stiftskirche überragte Puy-Notre-Dame liegt auf einer Anhöhe, die von Reben bedeckt ist. In geologischer Hinsicht handelt es sich um einen Hügel der Turon-Stufe. Joël Lévi hat sich hier 1991 niedergelassen. Dieser Wein besitzt eine Samtigkeit, wie sie viele Weine aufweisen, die von

Kalksteinböden stammen. Seine schöne Struktur stützt sich auf angenehm seidige Tannine. Seine reiche Aromenpalette verbindet frische Früchte, Gewürze und Räucheraroma. Ein Wein, der einen Eindruck von Ausgewogenheit und Harmonie hinterlässt. Der von der Jury lobend erwähnte **Schaumwein Méthode traditionnelle** dieses Erzeugers bietet eine anhaltende Schaumkrone, Aromen von reifen Früchten und gerösteten Trockenfrüchten und einen recht lebhaften, aber ausgewogenen Geschmack.

Joël Lévi, Dom. de La Paleine, 9, rue de la Paleine, 49260 Le Puy-Notre-Dame, Tel. 02.41.52.21.24, Fax 02.41.52.21.66 n. V.

DOM. LES MERIBELLES 2000★★

☐ 2 ha 5 000 3à5€

Das elf Hektar große Gut liegt auf der «Côte» von Saumur, einer Hochfläche über der Loire. Sein weißer Saumur ist gut gemacht, angenehm und delikat. Seine Aromen erinnern an frische Früchte, insbesondere Zitrusfrüchte, und weiße Blüten. Der Geschmack bietet in der Ansprache und im Abgang eine Empfindung von Frische. Ein leckerer Wein, den man im Laufe des Jahres trinken sollte.

Jean-Yves Dézé, 14, rue de la Bienboire, 49400 Souzay-Champigny, Tel. 02.41.67.46.64, Fax 02.41.67.73.77 n. V.

MANOIR DE LA TETE ROUGE

Bagatelle 2000★

☐ 0,5 ha 4 000 3à5€

Ein plastischer Name für diesen 15 ha großen Landsitz, den Guillaume Reynouard 1996 erworben hat und seit 1999 mit biologischen Anbaumethoden bewirtschaftet. Diese goldgelbe «Bagatelle» entfaltet intensive Düfte von gekochten Früchten. Der Geschmack ist vollmundig und reich. Ende 2001 dürfte dieser Wein angenehm überraschen.

Guillaume Reynouard, 3, pl. J.-Raimbault, 49260 Le Puy-Notre-Dame, Tel. 02.41.38.76.43, Fax 02.41.38.29.54, E-Mail guillaume-reynouard@free.fr n. V.

CH. DU MARCONNAY

La Favorite Vieilles vignes Elevé en fût de chêne 1999★★

☐ 0,3 ha 1 350 8à11€

Hervé Goumain übernahm das Familiengut 1997. Seine weiße «Favoritin» erregte auch das Interesse der Jury. Der Wein, der mittels Gärung im Barriquefass und dreizehnmonatigen Ausbaus im Holzfass hergestellt worden ist, wird im Augenblick vom Fass dominiert. Aber die Verkostung lässt einen für den Jahrgang bemerkenswerten Stoff erkennen und dürfte zur Entfaltung kommen, wenn sich der Holzton aufgelöst hat. Aufheben.

Hervé Goumain, Ch. du Marconnay, 49730 Parnay, Tel. 02.41.50.08.21, Fax 02.41.50.23.04, E-Mail marconnay@wanadoo.fr tägl. 10h–12h 14h–18h; 1. Okt. bis 31. März n. V.

DOMINIQUE MARTIN

Vieilles vignes 2000★★

■ 2 ha 5 000 5à8€

Das in der Nähe des Schlosses von Brézé gelegene Gut in Familienbesitz umfasst zwanzig Hektar. Sein in den Tuff gegrabener Keller enthält einen Wein, der gleichzeitig reich und delikat, strukturiert und seidig ist und sein Kalkstein-Terroir deutlich widerspiegelt. Der sehr schöne Abgang hinterlässt eine Empfindung von frischen Früchten. Eine trinkreife Flasche, die sich aber auch für eine fünfjährige Lagerung eignet.

Dominique Martin, 20, rue du Puits-Aubert, 49260 Brézé, Tel. 02.41.51.60.28, Fax 02.41.51.60.28, E-Mail martin-chantreau@wanadoo.fr n. V.

DOM. DES MATINES

Cuvée Vieilles vignes 2000★★

■ 20 ha 20 000 5à8€

Sein Ansehen verdankt dieser Familienbetrieb seinem «Familienoberhaupt», das den Keller in den Felsen gegraben hat. Dieser 2000er vermittelt ein beachtliches Bild von den roten Saumur-Weinen. Das Rubinrot ist intensiv; der Duft bietet kräftige Aromen von roten Früchten, während der runde, süffige, frische Geschmack den Eindruck erweckt, als würde man in frische Früchte beißen. Alles, was man für Grillgerichte und Geflügel braucht, aber ein Verkoster würde diesen leckeren Wein gern zu Erdbeeren trinken. Der **weiße 2000er Saumur** des Guts (Preisgruppe: 20 bis 29 F) hat einen Stern erhalten: Mit Zitrusaromen (Mandarine), die sich mit exotischen Früchten wie etwa Ananas vermischen, und einem leichten, delikaten, harmonischen Geschmack, der mit einer Zitronennote endet, hinterlässt er eine angenehme Empfindung von Frische.

Dom. des Matines, 31, rue de la Mairie, 49700 Brossay, Tel. 02.41.52.25.36, Fax 02.41.52.25.50 n. V.

CH. DE MONTGUERET 2000★

☐ 10 ha 70 000 3à5€

Ein sehr gut gemachter Wein, der für seine Appellation typisch ist. Er erscheint im Glas blassgelb und ist recht fruchtig, in der Nase ebenso wie im Mund. Der harmonische Geschmack klingt mit einer Note von Frische aus. Trinken sollte man ihn im Laufe des Jahres.

SCEA Ch. de Montguéret, Le bourg, 49560 Nueil-sur-Layon, Tel. 02.41.59.59.19, Fax 02.41.59.59.02 n. V.

A. et D. Lacheteau

LYCEE VITICOLE DE MONTREUIL-BELLAY

Cuvée des Hauts de Caterne 2000★

■ 2,75 ha 22 000 5à8€

Montreuil-Bellay ist nicht nur ein wunderschönes Zeugnis des Mittelalters. Mit seiner Fachoberschule für Weinbau, einer 1967 gegründeten öffentlichen Einrichtung, bildet es auch die Winzer von morgen aus. Der 2000er, der 40 % Cabernet Sauvignon und 60 % Cabernet franc kombiniert, bietet Noten von Schwarze-Johannisbeer-Knospe und Paprikaschote, die in dieser Appellation ein wenig überraschen. Man schätzt sein intensives Rubinrot und seine Präsenz im Geschmack. Ein noch etwas tanninreicher Wein, der mit der Zeit an Liebenswürdigkeit gewinnen wird.

Lycée prof. agricole de Montreuil-Bellay, rte de Méron, 49260 Montreuil-Bellay, Tel. 02.41.40.19.20, Fax 02.41.40.19.27 n. V.

DOM. DU MOULIN DE L'HORIZON 1999**

○ 1,5 ha 11 240 5à8€

Es gibt mehr als nur eine «Mühle am Horizont». Die besagte erhebt sich auf diesem Gut, das auf dem Hügel von Le Puy Notre-Dame liegt und das am höchsten gelegene im Loire-Tal ist (118 m). Deshalb ist es auch nicht erstaunlich, was das Unwetter im Dezember 1999 hier anrichtete. Es bleibt der Wein, der in diesem Jahr besonders gut gelungen ist. Üppige, anhaltende Bläschen beleben das blasse Gelb. Röst- und sogar Räuchernoten tragen zur Feinheit seines Geruchseindrucks bei; die Chenin-Traube (90 % des Verschnitts) verleiht dem Geschmack Klarheit und Geradlinigkeit. Ein langer Abgang beschließt die Verkostung auf angenehme Weise. Die **rote 2000er Cuvée Symphonie** (Preisgruppe: 20 bis 29 F) erhält einen Stern für ihre köstlichen Noten von reifen Kirschen. Sie ist ein leichter Wein, den man jung trinken sollte. Hinweisen sollte man noch darauf, dass der Betrieb rationale Landwirtschaft mit Begrünung der Weinberge betreibt.

Jacky Clée, 1, rue du Lys, Sanziers, 49260 Le Puy-Notre-Dame, Tel. 02.41.52.24.96, Fax 02.41.52.48.39 n. V.

NEMROD

○ 2 ha 5 000 5à8€

Das schon damals mit Reben bestockte «Lehen Les Rochettes», das im 18. Jh. in den Besitz der Familie Douet kam, gehörte im 15. Jh. zu den Ländereien König Ludwigs XI. Dieser Schaumwein zeigt in seinem Blassgelb schöne, feine Bläschen. Der Geruch enthüllt eine schon intensive Fruchtigkeit, die sich im Mund verstärkt. Gute Ausgewogenheit.

Jean Douet, Ch. des Rochettes, 49700 Concourson-sur-Layon, Tel. 02.41.59.11.51, Fax 02.41.59.37.73 n. V.

DOM. SAINT-JEAN 2000**

□ 2 ha 8 000 3à5€

Beim weißen Saumur kommt ein neuer Trend zum Vorschein: das Streben nach vollreifem Traubengut, das mit der Hand ausgelesen wird. Das Ergebnis ist hier ein stoffreicher Wein, der seine Stärke und Feinheit Ende 2001 zeigen wird. Er erscheint im Glas blassgelb und entfaltet intensive Düfte von überreifen Früchten. Im Geschmack erscheint er rund und vollmundig, bleibt dabei aber frisch. Ein sehr schöner Ausdruck des Loire-Tals.

Jean-Claude Anger, 16, rue des Martyrs, 49730 Turquant, Tel. 02.41.38.11.78, Fax 02.41.51.79.23 n. V.

DOM. DE SAINT-JUST 2000**

■ 7 ha 42 000 5à8€

Yves Lambert hat dieses 38 ha große Gut 1997 übernommen. Er hat sich in der Welt des Weins sofort durchgesetzt. Dieses Jahr beweist er sein Können mit diesem granatroten Wein mit schwarzen Reflexen. Der Duft gibt seine Geheimnisse nicht sofort preis, lässt aber eine schöne Komplexität mit Noten von reifen Früchten, Leder und Geräuchertem erkennen. Der kräftige, warme, harmonische Geschmack bietet einen intensiven, lang anhaltenden Abgang. Eine Flasche, die sich für eine mehrjährige Lagerung eignet. Der ebenso bemerkenswerte **weiße 2000er La Coulée de Saint-Cyr** (Preisgruppe: 70 bis 99 F), der aus sorgfältig ausgelesenem Traubengut hergestellt und im Barriquefass vinifiziert worden ist, entfaltet einschmeichelnde Düfte von weißen Blüten, exotischen Früchten und Vanille. Der Geschmack besitzt eine herrliche Ausgewogenheit und hinterlässt eine Empfindung von Frische. Bei Erscheinen des Hachette-Weinführers wird dieser Wein trinkreif sein.

Yves Lambert, Dom. de Saint-Just, 12, rue Prée, 49260 Saint-Just-sur-Dive, Tel. 02.41.51.62.01, Fax 02.41.67.94.51, E-Mail domainedesaint-just@wanadoo.fr Di–Sa 9h–12h 14h–18h

CAVE DES VIGNERONS DE SAUMUR La Croix verte 2000*

■ 6 ha 50 000 3à5€

Die 1957 gegründete Genossenschaftskellerei der Saumur-Winzer nimmt in der Region eine bedeutende Stellung ein: Sie vereinigt 300 Mitglieder und vinifiziert 1 400 ha Reben (30 % des Volumens jeder AOC). Die Weine lagern in 10 km langen Stollen, die in den Tuff gegraben wurden. Die Genossenschaft weitet die Vinifizierungen nach Reblagen aus. Diese Cuvée von der Lage La Croix verte ist somit eine Auswahl, die von *aubues* (tonig-schluffige Böden über einem Kreideuntergrund) stammt. Ihre Farbe ist purpurrot; ihr Geruchseindruck entfaltet sich an der Luft und bietet Düfte von roten Früchten und gekochten Früchten, während ihr Geschmack harmonisch, rund und sanft ist. Ein ziemlich reicher Wein, den man schon jetzt trinken oder bis zu fünf Jahre lagern kann. Der von der Jury lobend erwähnte **weiße 2000er Les Pouches** kommt von Magnesitböden. Der gut gemachte Wein ist aus reifen Trauben hergestellt worden und bietet Aromen von frischen Früchten und Zitrusfrüchten. Der Geschmack besitzt die für die Weißweine der Appellation typische Frische.

Cave des Vignerons de Saumur, rte de Saumoussay, 49260 Saint-Cyr-en-Bourg, Tel. 02.41.53.06.06, Fax 02.41.53.06.10, E-Mail bernardjacob@vignerondesaumur.com Mo–Sa 9h–12h 14h–18h

VEUVE AMIOT
Cuvée Elisabeth Amiot 1995*

○ k. A. 8 000 8à11€

Die 1884 gegründete Firma Veuve Amiot ist auf Schaumweine der Méthode traditionnelle spezialisiert. Ihre Cuvée Elisabeth Amiot (benannt nach der verdienten Witwe, der das Haus seine Existenz verdankt) erregt sofort durch ihre anhaltenden Bläschen die Neugier. In der Nase werden blumige Noten von Röst- und Lebkuchennuancen begleitet. Diese günstigen Eindrücke bestätigen sich im Geschmack, an dem man die Struktur, die Ausgewogenheit und die Honignoten schätzt, die die Komplexität erhöhen. **L'Esprit de Veuve Amiot** (Preisgruppe: 30 bis 49 F), die letzte von diesem Händler vorgestellte Cuvée, wurde aufgrund ihrer anmutigen Farbe mit den feinen Bläschen, ihres intensiven, fruchtig-blumigen Dufts und ihres komplexen, ebenfalls fruchtigen, lang anhaltenden Geschmacks lobend erwähnt.

Veuve Amiot, BP 67,
49426 Saint-Hilaire-Saint-Florent,
Tel. 02.41.83.14.14, Fax 02.41.50.17.66
tägl. 9h–18h; Nov. bis April geschlossen

DOM. DU VIEUX PRESSOIR 2000**

■ 10 ha 55 000 3à5€

Der 2000er, ein Verschnitt von Cabernet franc (70 %) und Cabernet Sauvignon, besitzt viel Charakter. Sein bemerkenswertes Traubenmaterial ist vom Erzeuger gut genutzt worden. Sein Purpurrot ist strahlend; sein delikater Duft mischt rote und schwarze Früchte. Der sanfte, frische Geschmack hinterlässt einen Eindruck von frischen Früchten.

EARL B. et J. Albert,
205, rue du Château-d'Oiré, 49260 Vaudelnay,
Tel. 02.41.52.21.78, Fax 02.41.38.85.83
n. V.
Bruno Albert

CH. DE VILLENEUVE
Les Cormiers 1999***

□ 2 ha 9 000 11à15€

Wenn Sie im Kapitel «Saumur-Champigny» in dieser Ausgabe nachschlagen, werden Sie einen sehr schönen Rotwein entdecken. Fast die gleiche Leistung schafft das Château mit dieser Cuvée Les Cormiers. Die in drei Lesedurchgängen geernteten Trauben hatten einen potenziellen Alkoholgehalt von 14,2°. Die Vinifizierung wurde vollständig im Barriquefass durchgeführt. Die komplexe, delikate Aromenpalette erinnert an Zitrusfrüchte, gekochte Früchte, reiche Früchte und weiße Blüten. Der Geschmack lässt einen außergewöhnlichen Stoff erkennen, der die für die Loire-Weine charakteristische Frische bewahrt hat.

SCA Chevallier, Ch. de Villeneuve,
3, rue Jean Brevet, 49400 Souzay-Champigny,
Tel. 02.41.51.14.04, Fax 02.41.50.58.24,
E-Mail
jpchevallier@chateau-de-villeneuve.com
Mo–Sa 9h–12h 14h–18h

Cabernet de Saumur

Obwohl die Appellation Cabernet de Saumur nur eine geringe Produktionsmenge (3 176 hl im Jahre 2000) ausmacht, behauptet sie aufgrund der Feinheit dieser Rebsorte, die auf Kalksteinböden angebaut und als Rosé vinifiziert wird, ihre Stellung gut.

BOURDIN 2000*

◪ 1 ha 3 000 3à5€

Dieser kleine Familienbetrieb (12 ha), in dem die neue Generation gerade die Leitung übernommen hat, präsentiert einen Rosé, der sofort durch sein zartes, klares Blassrosa verführt. Die intensiven Düfte erinnern an weiße Früchte und säuerliche Bonbons. Die gleiche aromatische Stärke findet man auch im Geschmack. Eine gute Nachhaltigkeit unterstützt die allgemeine Harmonie.

EARL Bourdin, 27, rue des Martyrs,
49730 Turquant, Tel. 02.41.38.11.83,
Fax 02.41.51.47.71
Mo–Sa 9h–12h 14h–19h

DOM. DES SANZAY 2000

◪ 0,54 ha 4 000 3à5€

Didier Sanzay, der das Familiengut seit 1991 leitet, hat einen Cabernet erzeugt, der mit seiner schönen blassrosa Farbe den Blick auf sich zieht. Der Geruch enthüllt intensive Aromen mit säuerlichen Noten, die man mit Vergnügen im Mund wiederfindet. Ein insgesamt harmonischer Wein.

Didier Sanzay, Dom. des Sanzay,
93, Grand-Rue, 49400 Varrains,
Tel. 02.41.52.91.30, Fax 02.41.52.45.93,
E-Mail didier-sanzay@domaine-sanzay.com
n. V.

Coteaux de Saumur

Die Coteaux de Saumur, die im Saumur-Gebiet das Gegenstück zu den Coteaux du Layon im Anjou bilden, waren früher einmal berühmt. Sie werden sortenrein von der Rebsorte Chenin erzeugt, die auf Kreidetuff angebaut wird. Die Produktion erreichte 110 hl im Jahre 2000.

L'ORMEOLE 1999*

□ 2 ha 2 000 11à15€

Das kleine Gut in Hanglage wurde im Januar 1998 gekauft. Dieser 99er bietet eine schöne, kräftige gelbe Farbe, intensive Aromen von sehr konzentrierten kandierten Früchten und einen

ausgewogenen Geschmack, den Noten vollreifer Früchte prägen. Trinkreif. Der 97er erhielt eine Liebeserklärung.
EARL Yves Drouineau, 3, rue Morains, 49400 Dampierre-sur-Loire, Tel. 02.41.51.14.02, Fax 02.41.50.32.00, E-Mail yves.drouineau@club-internet.fr
n. V.

Saumur-Champigny

Wenn Sie in den Dörfern des Saumur-Gebiets mit ihren schmalen Straßen umhergehen, werden Sie auch das Paradies der Tuffkeller betreten, die zahlreiche alte Flaschen enthalten. Dieses Weinbaugebiet hat sich zwar erst in jüngster Zeit vergrößert (1 300 ha), doch die Rotweine von Champigny sind seit mehreren Jahrhunderten bekannt. Sie werden in neun Gemeinden von der Rebsorte Cabernet franc bzw. Breton erzeugt und sind leichte, fruchtige, süffige Weine. Die Produktion lag 2000 bei 85 818 hl. Die Genossenschaftskellerei der Winzer von Saint-Cyr-en-Bourg ist an der Entwicklung des Anbaugebiets nicht ganz unbeteiligt.

DOM. DU BOIS MIGNON
Le Saut aux Loups 2000

3,5 ha 6 000 5 à 8 €

Das kleine Gut, das im Südteil der Appellation liegt, im Departement Vienne, hat gerade seinen 100. Geburtstag gefeiert. Mit einem «Kameradenwein», um den Ausdruck eines Verkosters aufzugreifen: angenehm, leicht und überschwänglich. Er lässt sich wie eine Leckerei trinken.
SCEA Charier Barillot, Dom. du Bois Mignon, 86120 Saix, Tel. 05.49.22.94.59, Fax 05.49.22.94.51 n. V.

DOM. DU BOIS MOZE PASQUIER
Vieilles vignes 2000*

0,5 ha 4 000 5 à 8 €

Ein kleines Gut (6 ha) in Familienbesitz, das 1955 entstand und 1994 von Patrick Pasquier übernommen wurde. Seine intensiv granatrote Cuvée Vieilles vignes bietet einen zurückhaltenden, aber klaren Duft und einen kräftigen, aber noch tanninreichen Geschmack. Sie besitzt ein interessantes Potenzial, muss jedoch lagern. Sie suchen einen Wein, den Sie im Laufe des Jahres trinken können? Halten Sie sich an die Hauptcuvée, den **2000er Clos du Bois Mozé.** Sie ist leichter und hinterlässt Eindrücke von frischen Früchten (Erdbeere, Kirsche, schwarze Johannisbeere). Sie hat eine lobende Erwähnung erhalten.
Patrick Pasquier, 9, rue du Bois-Mozé, 49400 Chacé, Tel. 02.41.52.42.50, Fax 02.41.52.59.73 n. V.

CH. DE CHAINTRES 2000*

17 ha 120 000 5 à 8 €

Das Dorf Chaintres, das im Herzen der Appellation liegt, ist mit seinen Tuffhäusern und seinen umfriedeten Weinbergen typisch für das Weinbaugebiet. Das Château ist ein Herrenhaus aus der Mitte des 17. Jh. Der Weinberg reicht mindestens ins 16. Jh. zurück. Sein 2000er verbindet Stärke und Feinheit. Er ist intensiv rubinrot und im Geruchseindruck noch verschlossen und bietet einen kräftig gebauten, leckeren Geschmack, der ein starkes Potenzial erahnen lässt. Man kann ihn schon Ende 2001 zu rotem Fleisch oder Wild servieren.
SA Dom. vinicole de Chaintres, 49400 Dampierre-sur-Loire, Tel. 02.41.52.90.54, Fax 02.41.52.99.92, E-Mail chaintres@wanadoo.fr
Mo–Fr 9h–12h 14h–18h; Sa, So n. V.
G. de Tigny

DOM. DES CHAMPS FLEURIS 1999*

3 ha 12 000 8 à 11 €

Hier haben wir einen der jungen Weinbaubetriebe, die durch ihre Arbeit und ihr Können der Appellation Glanz verliehen haben; er befindet sich an der «Côte» des Anbaugebiets Saumur-Champigny. Sein 99er zeichnet sich durch seine Sanftheit und Harmonie aus. Das dunkle Rubinrot zeigt leichte braune Reflexe, die den Beginn einer Entwicklung verraten. Der delikate Duft verbindet blumige Noten (Iris, Veilchen) und rote Früchte. Der Geschmack ist nicht übermäßig lang, verführt aber durch seinen Schmelz. Der Abgang bietet interessante Aromen von Lakritze und Bitterschokolade.
EARL Rétiveau-Rétif, 50-54, rue des Martyrs, 49730 Turquant, Tel. 02.41.38.10.92, Fax 02.41.51.75.33
n. V.

DOM. DES CLOSIERS 2000

12 ha 10 000 5 à 8 €

Parnay ist bei Ornithologen wegen seiner kleinen Insel in der Loire bekannt, die große Kolonien von Seevögeln beherbergt. Die Weinliebhaber hingegen werden ihre Schritte in die entgegengesetzte Richtung lenken. Der in den Kreidetuff gegrabene Keller der Domaine des Closiers befindet sich an dem schmalen Weg, der von Château de Tardé aus zum Gipfel des Hügels oberhalb der Weinberge hinaufführt. Das Gut präsentiert einen angenehmen, gut gemachten Wein, den während der gesamten Verkostung rote Früchte prägen. Eine schlichte Flasche, die man zwanglos entkorken kann.
EARL Elie Moirin, 8, rue Valbrun, 49730 Parnay, Tel. 02.41.38.12.32, Fax 02.41.38.11.14 n. V.

DOM. DES COUTURES 2000

■ 11 ha 10 000 5à8€

4 km von hier liegt die Abtei Fontevraud, die «Nekropole» der Plantagenets. Das Gut hat 1999 seinen Gärkeller renoviert. Sein letzter Jahrgang, der ein leichtes Rubinrot zeigt, bietet ohne große Umstände schlichte Aromen von roten Früchten und Paprikaschote. Sein Geschmack ist frisch und im Abgang sogar lebhaft. Der Inbegriff des leichten Weins, den man gekühlt trinken muss.

SCA Nicolas et Fils, rue des Martyrs, 49730 Turquant, Tel. 05.49.91.63.76, Fax 05.49.91.68.21, E-Mail marc-rene.nicolas@wanadoo.fr
Mo–Sa 8h–13h 14h–18h

YVES DROUINEAU Les Beaumiers 2000*

■ 16 ha 80 000 5à8€

Seit nunmehr zehn Jahren leitet Yves Drouineau ein 21 ha großes Gut, das in unserem Weinführer regelmäßig vertreten ist. Wir treffen hier wieder auf seine Cuvée Les Beaumiers, die von fünfzig Jahre alten Reben kommt und drei Viertel der Weinproduktion des Betriebs ausmacht. Sein intensives Granatrot und seine geschmackliche Fülle erwecken einen Eindruck von Reichtum und lassen ein sehr gutes Potenzial erahnen. Sein leicht tanninbetonter Abgang fordert dazu auf, ihn noch zu lagern.

EARL Yves Drouineau, 3, rue Morains, 49400 Dampierre-sur-Loire, Tel. 02.41.51.14.02, Fax 02.41.50.32.00, E-Mail yves.drouineau@club-internet.fr
n. V.

DOM. DUBOIS Cuvée d'automne 2000**

■ 2 ha 12 000 5à8€

Dieses Gut besitzt einen soliden Ruf im Anbaugebiet und hat uns mit mehr als nur einem bemerkenswerten Wein bekannt gemacht. Seine Cuvée d'automne lässt eine außergewöhnliche Struktur und Komplexität erkennen. Ihre Farbe ist intensiv granatrot; ihr Duft bietet Aromen von schwarzen Früchten und Unterholz, während ihr Gschmack lang, harmonisch und delikat ist. Die **2000er Cuvée de printemps** (ein Stern) ist im Augenblick mit ihren blumigen Noten (Veilchen, Iris) und ihren Nuancen von frischen Früchten überschwänglicher. Sie hinterlässt im Geschmack einen Eindruck von Frische und Leichtigkeit, der für die Appellation recht repräsentativ ist.

Dom. Michel et Jean-Claude Dubois, 8, rte de Chacé, 49260 Saint-Cyr-en-Bourg, Tel. 02.41.51.61.32, Fax 02.41.51.95.29
n. V.

DOM. FOUET
La Rouge et Noire Cuvée Vieilles vignes 1999***

■ 1 ha 5 000 8à11€

Patrice arbeitet im Weinberg, Julien im Keller. Der erste führt das Familiengut seit mehr als zwanzig Jahren; der zweite, sein Sohn, hat sich ihm 1995 angeschlossen. Ein leistungsfähiges Team, der Auswahl in unserem Weinführer nach zu urteilen: Alle Weine, die sie vorgestellt haben, sind berücksichtigt worden! «La Rouge et Noire», ein Jahr lang im Barriquefass ausgebaut, hat allgemeinen Beifall geerntet. Ihr intensives Granatrot, ihre komplexe Aromenpalette, die schwarze Früchte, Trockenfrüchte, Lakritze und aromatische Kräuter verbindet, und ihr kräftiger, warmer Geschmack haben Zustimmung gefunden. Die **2000er Cuvée Domaine** und die **2000er Cuvée de Printemps** (jeweils Preisgruppe: 30 bis 49 F), die beide im Tank ausgebaut wurden, erhalten jede einen Stern für ihre Ausgewogenheit und die Empfindung von frischen Früchten, die sie im Geschmack hinterlassen.

Fouet, 3, rue de la Judée, 49260 Saint-Cyr-en-Bourg, Tel. 02.41.51.60.52, Fax 02.41.67.01.79, E-Mail j-fouet@domaine-fouet.com
Mo–Sa 8h–12h 14h–18h

DOM. DES FROGERES
Cuvée Prestige 2000

■ 9 ha 30 400 5à8€

Das 13 ha große Gut hat sich 1988 auf biologischen Anbau umgestellt. Es pflegt auch biodynamische Prinzipien. Seine Cuvée Prestige zeigt in seinem Granatrot leicht braune Reflexe. Im Geruch mischt es reife Früchte und animalische Noten. Die gleiche Aromenpalette findet sich auch in einem sanften Geschmack wieder. Ein angenehmer Wein, den man recht bald trinken sollte.

Michel Joseph, 11 *bis*, rue de Champigny, 49400 Chacé, Tel. 02.41.52.95.25, Fax 02.41.52.95.25 n. V.

CH. DU HUREAU
Cuvée des Fevettes 2000***

■ 2 ha 10 000 11à15€

Philippe Vatan leitet den 20 ha großen Betrieb seit 1987. Sein erster Jahrgang bekam zwei Sterne. Innerhalb von fünfzehn Jahren erhielt er nicht weniger als sieben Liebeserklärungen: für den 89er, 94er, 95er, 96er, 97er, 99er und diesen 2000er. Wir stoßen hier wieder auf die Cuvée des Fevettes, die schon zum dritten Mal zum Lieblingswein gewählt wird (nach dem 96er und dem 99er). Sie kündigt sich mit einer sehr intensiven Farbe, Rubinrot mit schwarzen Tönen, und einer Palette komplexer Düfte an, unter denen man zu Kompott verarbeitete Früchte, schwarze Früchte, Gewürze und Tabak wahrnimmt. Der kräftige, delikate Geschmack hinterlässt einen Eindruck von Reichtum und Harmonie. Die stärker strukturierte und weniger

ausdrucksvolle **2000er Cuvée Lisagathe** dürfte Ende 2001 mitteilsamer sein.
Philippe et Georges Vatan, Ch. du Hureau, 49400 Dampierre-sur-Loire, Tel. 02.41.67.60.40, Fax 02.41.50.43.35, E-Mail philippe.vatan@wanadoo.fr
Mo–Fr 9h–12h 14h–17h

DOM. DE LA BESSIERE
Vieilles vignes 2000

■ 2 ha 5 000 5à8€

Mit seinem Kreidetuffplateau, das ein Labyrinth von Stollen und Höhlenwohnungen birgt, ist Souzay-Champigny ein für das Anjou-Weinbaugebiet charakteristisches Dorf. Thierry Dézé bewirtschaftet hier seit 1987 fünfzehn Hektar. Er präsentiert eine Cuvée, die aufgrund ihrer Leichtigkeit und Fruchtigkeit für die Appellation typisch ist. Die Farbe ist rubinrot; der Geruchseindruck bietet Düfte von roten Früchten mit ein paar pflanzlichen Noten. Der harmonische Geschmack ist weich, was aber eine gewisse Lebhaftigkeit nicht ausschließt. Trinken sollte man ihn im Laufe des Jahres.
Thierry Dézé, Dom. de La Bessière, rte de Champigny, 49400 Souzay-Champigny, Tel. 02.41.52.42.69, Fax 02.41.38.75.41
n. V.

DOM. LA BONNELIERE
Les Poyeux Prestige 2000

■ 2 ha 15 000 5à8€

Das 1995 umbenannte Gut hat seinen Namen von seinen Schöpfern, André Bonneau und seiner Frau, die es 1972 mit ein paar Hektar alten Rebstöcken anlegten. Ihre beiden Söhne haben sich ihnen im Betrieb angeschlossen, der heute 20 Hektar umfasst. Sie stellen einen Saumur-Champigny vor, der mit seinem intensiven Rubinrot, seinen Aromen von roten und schwarzen Früchten und seinem runden, ausgewogenen Geschmack recht typisch ist. Der Wein hinterlässt eine Empfindung von Fruchtigkeit und Feinheit.
EARL Bonneau et Fils, 45, rue du Bourg-Neuf, 49400 Varrains, Tel. 02.41.52.92.38, Fax 02.41.52.92.38

DOM. DE LA CUNE Charl'Anne 2000★★

■ 2,5 ha 15 000 5à8€

Ein 16 ha großes Gut, das im Herzen der Appellation liegt. Wir finden hier wieder seine Cuvée Charl'Anne, die von einem tonigen Kalksteinboden kommt und das Ergebnis einer 28-tägigen Maischegärung ist. Der 2000er ist ausgezeichnet: Die Farbe ist intensiv granatrot; der noch zurückhaltende Geruchseindruck lässt Noten von Unterholz, konzentrierten Früchten und Geleefrüchten erkennen; der Geschmack imponiert durch seine Stärke und sein Gerüst. Ihren Höhepunkt wird diese Flasche Ende 2001 erreichen.
Jean-Luc et Jean-Albert Mary, Chaintres, 49400 Dampierre-sur-Loire, Tel. 02.41.52.91.37, Fax 02.41.52.44.13 n. V.

DOM. DE LA GUILLOTERIE 2000★

■ 25 ha 50 000 5à8€

Mehrere Generationen haben einander auf diesem Familiengut abgelöst, das vor kurzem umfangreiche Arbeiten durchgeführt hat, um die Keller und den Empfangsraum einzurichten. Sein letzter Jahrgang hat eine intensive granatrote Farbe und ist lecker und komplex. Seine delikaten Aromen lassen an Früchte in Kompott, Blumen und Lakritze denken. Der weiche, runde, harmonische Geschmack klingt voller Schönheit mit anhaltenden Noten kleiner roter Früchte aus.
SCEA Duveau Frères, 63, rue Foucault, 49260 Saint-Cyr-en-Bourg, Tel. 02.41.51.62.78, Fax 02.41.51.63.14, E-Mail dom.guilloterie@wanadoo.fr n. V.

DOM. DE LA PERRUCHE
Clos de Chaumont 2000★

■ 4 ha 20 000 8à11€

Auf diesem traditionellen Gut sind fünf Winzergenerationen aufeinander gefolgt. Man hat dort große Anstrengungen unternommen, um das Wachstum der Reben zu kontrollieren, und erntet die Trauben zu einem späten Zeitpunkt (bei diesem Jahrgang um den 23. Oktober herum). Die granatrote Farbe dieser Cuvée und ihre Unterholz- und Lederaromen rufen sofort einen Eindruck von Stärke hervor. Tatsächlich enthüllt der Geschmack einen überraschenden Stoff, der sich noch verfeinern muss. Man muss sie ein bis zwei Jahre aufheben. Wenn man dieses Gut besucht, kann man eines der schönsten Dörfer im Anjou besuchen, mit seinem Schloss, in dessen Räumen die romantische Erinnerung an die Dame de Montsoreau schwebt, die von Alexandre Dumas beschworen wurde.
EARL Rouiller, 29, rue de La Maumenière, 49730 Montsoreau, Tel. 02.41.51.73.36, Fax 02.41.38.18.70
Mo–Sa 9h30–12h30 14h30–18h30

DOM. DE LA PETITE CHAPELLE 2000★

■ 7 ha 40 000 5à8€

Seit zehn Jahren bewirtschaftet Laurent Dézé 30 ha Reben. Sein für das Saumur-Gebiet typischer Keller ist in den Kreidetuff gegraben. Er enthält diesen intensiv granatroten Wein mit recht komplexen Aromen von reifen Früchten und Gewürzen, die von ein paar animalischen Noten begleitet werden. Der Geschmack ist angenehm und rund, bietet aber gleichzeitig im Abgang eine leichte Lebhaftigkeit. Ein gut gemachter, gefälliger Wein, der für den Kalksteinboden seiner AOC repräsentativ ist.
Laurent Dézé, 4, rue des Vignerons, 49400 Souzay-Champigny, Tel. 02.41.52.41.11, Fax 02.41.52.93.48 n. V.

LA SEIGNERE Clos de la Seignère 2000★★

■ 5,4 ha 22 000 5à8€

Der Clos de la Seignère macht schwungvoll weiter: Dieses Gut, das sich in einem Stück an einem Hang befindet und 1998 von Yves Drouineau erworben wurde, hat einen bemerkenswerten Wein geliefert, der das Ergebnis kleiner Er-

träge und einer rund dreißigtägigen Maischegärung ist. Sein reicher Geschmack erweckt eine Empfindung von Opulenz, während seine Tanninstruktur beeindruckend ist. Der Inbegriff eines lagerfähigen Weins. Fünf Jahre aufheben.
EARL Yves Drouineau, La Seignère, 3, rue Morains, 49400 Dampierre-sur-Loire, Tel. 02.41.51.14.02, Fax 02.41.50.32.00, E-Mail yves.drouineau@club-internet.fr
n. V.

DOM. LAVIGNE Les Aïeules 2000**

8 ha 49 000 5à8€

Diese Cuvée des Aïeules, die von tonigen Kalksteinböden stammt, ist ein kräftiger, aber schon verschmolzener, komplexer und subtiler Wein. Er schmeckt lecker und ruft den Eindruck hervor, als würde man in rote Früchte beißen. Alles, was man von einem Saumur-Champigny erwartet. Die **2000er Hauptcuvée** befindet sich fast auf demselben Niveau (ein Stern). Sie hinterlässt ebenfalls eine sehr angenehme fruchtige Empfindung.
Dom. Lavigne, 15, rue des Rogelins, 49400 Varrains, Tel. 02.41.52.92.57, Fax 02.41.52.40.87, E-Mail sca.lavigne-veron@wanadoo.fr
Mo–Sa 9h–12h 14h–18h

RENE-NOEL LEGRAND Les Terrages 2000*

2 ha 12 000 5à8€

Das 15 ha große Gut in der Weinbaugemeinde Varrains wird von einem Winzer geführt, der sich für Geologie begeistert. Dieser Jahrgang ist leichter als der 99er, aber ausgewogen, harmonisch und sehr angenehm. Mit seinem dunklen Rubinrot, seinen delikaten Aromen roter und schwarzer Früchte und seinem fülligen, eleganten, fruchtigen Geschmack bietet er einen frühlingshaften Charakter. Trinken sollte man ihn im Laufe des Jahres.
René-Noël Legrand, 13, rue des Rogelins, 49400 Varrains, Tel. 02.41.52.94.11, Fax 02.41.52.49.78 n. V.

DOM. DES MATINES 2000*

k. A. k. A. 5à8€

Das 50 ha große Gut, das im Herzen des Saumurois liegt, zwischen Saumur, Montreuil-Bellay und Doué-la-Fontaine, präsentiert einen dunkelrubinroten Wein, der von der Jury als «genussvoll» bezeichnet wurde. Mit seinen Düften von roten Früchten und Veilchen und mit seinem Geschmack, der ebenfalls fruchtig und harmonisch ist, bietet er genug, um den Gaumen zu begeistern.
Dom. des Matines, 31, rue de la Mairie, 49700 Brossay, Tel. 02.41.52.25.36, Fax 02.41.52.25.50 n. V.

DOM. DE NERLEUX Clos des Chatains 2000**

5 ha 20 000 8à11€

Der Name des Guts ist schon für das Jahr 1578 belegt: Es handelte sich um ein herrschaftliches Anwesen. Heute umfasst es 45 Hektar. Seine Cuvée vom Clos des Chatains überrascht durch ihren Reichtum, den man schon beim Anblick ihrer fast schwarzen Farbe erahnt. Der komplexe Geruchseindruck verbindet reife Früchte, Röstung und Vanille. Der ebenso komplexe Geschmack erscheint kräftig und zugleich harmonisch. Er klingt mit seidigen Tanninen aus; seine Nachhaltigkeit ist ungewöhnlich. Die Cuvée **Les Nerleux 2000** (Preisgruppe: 30 bis 49 F) bietet ebenfalls einen schönen Stoff mit Aromen frischer Früchte; sie hat einen Stern erhalten.
SCEA Régis Neau, 4, rue de la Paleine, 49260 Saint-Cyr-en-Bourg, Tel. 02.41.51.61.04, Fax 02.41.51.65.34, E-Mail rneau@terre-net.fr
Mo–Fr 8h–12h 14–18h; Sa 8h–12h

DOM. DES ROCHES NEUVES Terres Chaudes 2000**

6 ha 15 000 8à11€

Das 22 ha große Gut, das Thierry Germain 1992 übernommen hat, wendet biologische Anbaumethoden an. Seine zwölf Monate im Barriquefass ausgebaute Cuvée Terres Chaudes fand große Beachtung wegen ihres herrlichen Stoffs mit den Noten von Früchten in Kompott, Gewürzen und schwarzen Früchten. In ein bis zwei Jahren wird dieser Wein zeigen, was in ihm steckt. Die im Tank ausgebaute **2000er Hauptcuvée** (Preisgruppe: 30 bis 49 F) verführt durch ihre komplexen Aromen, bei denen man schwarze Früchte und Unterholz entdeckt. Sie erhält einen Stern.
Thierry Germain, 56, bd Saint-Vincent, 49400 Varrains, Tel. 02.41.52.94.02, Fax 02.41.52.49.30, E-Mail thierry-germain@wanadoo.fr n. V.

DOM. DES SABLES VERTS Cuvée des Sables verts 2000*

1 ha 8 000 8à11€

Das 15 ha große Gut wurde 1985 von Alain und Dominique Duveau erworben, die bei ihrer Bewirtschaftung eine gezielte Schädlingsbekämpfung und eine Begrünung der Weinberge einsetzten. Warum «grüne Sande»? Es handelt sich um eine Kalkbrekzienformation der oberen Turon-Stufe. Diese Cuvée von vierzig Jahre alten Reben erstaunt durch ihre Stärke. Nur dank einer gewissenhaften Arbeit im Weinberg konnte sie das Licht der Welt erblicken. Die Farbe und die Aromen von Unterholz, Gewürzen und konzentrierten Früchten erwecken sofort einen Eindruck von Reichtum. Sein ganzes Potenzial wird dieser lagerfähige Wein in zwei bis drei Jahren entfalten. Die **2000er Cuvée ligérienne** (Preisgruppe: 30 bis 49 F), die schlichter und leichter ist, kann man hingegen im Laufe des Jahres trinken; sie wird lobend erwähnt.
GAEC Dominique et Alain Duveau, 66, Grand-Rue, 49400 Varrains, Tel. 02.41.52.91.52, Fax 02.41.38.75.32
n. V.

DOM. SAINT-JEAN Les Vignolles 2000*

2 ha 16 000 5à8€

Fünf Generationen haben einander auf dem Gut abgelöst, das seit zehn Jahren Jean-Claude Anger führt. Es ist von fünf Hektar zu Beginn des 20. Jh. auf heute 23 Hektar angewachsen.

Die für die Appellation sehr repräsentative Cuvée Les Vignolles hinterlässt während der gesamten Verkostung einen Eindruck von frischen Früchten. Man kann sie ein paar Jahre aufheben. Die **klassische Cuvée 2000** (Preisgruppe: 20 bis 29 F) verbleibt mit mehr Leichtigkeit im selben Stil; sie erhält eine lobende Erwähnung.
Jean-Claude Anger, 16, rue des Martyrs, 49730 Turquant, Tel. 02.41.38.11.78, Fax 02.41.51.79.23 ☑ Y n. V.

DOM. SAINT-VINCENT
Les Adrialys 2000**

■ 4 ha 10 000 5à8€

Dank einer erstklassigen Arbeit im Weinberg und im Keller hat das Gut in den letzten Jahren beständig Fortschritte gemacht. Die Cuvée Les Adrialys, die als 91er eine Liebeserklärung erhielt, ist dieses Jahr bemerkenswert: Sie verbindet Intensität, Reichtum und Stärke mit Ausgewogenheit, Harmonie und Feinheit. Ihre Aromen? Rote und schwarze Früchte, aber auch Veilchen und Tabak. Die Cuvée **Les Trézeillières 2000** (60 000 Flaschen) ist leichter und erinnert an frische Früchte; sie erhält einen Stern.
EARL Patrick Vadé, Dom. Saint-Vincent, 49400 Saumur, Tel. 02.41.67.43.19, Fax 02.41.50.23.28, E-Mail pvade@st-vincent.com ☑ Y tägl. 9h–12h 14h–18h

DOM. DES SANZAY
Vieilles vignes 2000**

■ 2 ha 10 000 5à8€

Didier Sanzay, der die Leitung des Familienbetriebs (27 ha) seit nunmehr zehn Jahren innehat, hat seine Anstrengungen auf die Arbeit im Weinberg verlegt und die Produktion auf ein gutes Qualitätsniveau emporgehoben. Seine Cuvée Vieilles vignes verführt durch ihre kräftige Farbe, ein Granatrot mit schwarzen Tönen, ihre Aromen von konzentrierten Früchten und ihren samtigen Geschmack. «Großartiges Terroir» und «perfektes Traubengut», liest man auf den Degustationszetteln. Die leichtere, fruchtbetonte **2000er Hauptcuvée** verdient ebenfalls Interesse; sie hat einen Stern erhalten. Sie wird in einer viermal größeren Stückzahl erzeugt.
Didier Sanzay, Dom. des Sanzay, 93, Grand-Rue, 49400 Varrains, Tel. 02.41.52.91.30, Fax 02.41.52.45.93, E-Mail didier-sanzay@domaine-sanzay.com ☑ Y n. V.

CH. DE TARGE 2000*

■ 20 ha 120 000 5à8€

Das herrschaftliche Anwesen Targé kam über einen Sekretär König Ludwigs XIV. in den Besitz der Familie. Das Schloss wurde später entschieden republikanisch: Diente es nicht als Unterkunft für die beiden Gründerväter der 3. Republik, Léon Gambetta und Jules Ferry? Erwähnen muss man auch noch die Rolle, die bei der Umstrukturierung des Weinbaugebiets Fresnette Ferry und ihr Ehemann Edgar Pisani spielten, der als Wirtschaftsminister unter General de Gaulle in den 60er Jahren ein wichtiger Vertreter der europäischen Landwirtschaftspolitik war. Das Gut wird seit 1978 von ihrem Sohn Edouard Pisani-Ferry, einem Diplomlandwirt, geführt. Der Jahrgang 2000 hat einen strukturierten Wein geliefert, der mit den Jahren besser wird. Er ist intensiv rubinrot und bietet einen hochfeinen Duft, der rote und schwarze Früchte sowie Röstungsnoten verbindet, und einen fülligen, weichen, nachhaltigen Geschmack. Man findet in ihm Einprägsamkeit und Feinheit.
SCEA Edouard Pisani-Ferry, Ch. de Targé, 49730 Parnay, Tel. 02.41.38.11.50, Fax 02.41.38.16.19, E-Mail edouard@chateaudetarge.fr ☑ Y Mo–Sa 8h–12h30 13h30–18h; Sa vormittags n. V.

DOM. DU VAL BRUN
Vieilles vignes Les Folies 2000***

■ 3 ha 10 000 5à8€

Das Gut, das sich an der «Côte» des Weinbaugebiets befindet, ist in der Appellation zu einem Erzeuger geworden, an dem man nicht vorbeikommt. Hat es nicht mehrere Liebeserklärungen erhalten (für einen 85er und einen 89er)? Die Cuvée Les Folies, die eine intensive, fast schwarze Farbe zeigt, besitzt eine außergewöhnliche Klasse. Ihre delikate, komplexe Aromenpalette verbindet Blumen (Iris, Pfingstrose), Gewürze (Gewürznelke) und Lakritze. Der Geschmack? Stattlich, kräftig, majestätisch. Ein Wein, den man Ende 2001 mit Genuss trinken kann. Die **2000er Hauptcuvée** (ein Stern) ist leichter, aber trotzdem im Anblick fast ebenso intensiv. Sie hinterlässt im Geschmack eine Empfindung von frischen Früchten und Kakao.
Charruau et Fils, 74, rue Val Brun, 49730 Parnay, Tel. 02.41.38.11.85, Fax 02.41.38.16.22 ☑ Y n. V.

DOM. DES VARINELLES
Vieilles vignes 2000*

■ 3,5 ha 20 000 8à11€

Die 1850 entstandene Domaine des Varinelles (40 ha) verbindet die Tradition, für die der tief in den Tuff gegrabene Keller steht, erfolgreich mit dem modernen Fortschritt, den eine Reihe blitzender Edelstahltanks und eine perfekte Beherrschung der Vinifikation sicherstellen. Diese Cuvée Vieilles vignes, die wie die meisten Rotweine des Guts im Holzfass ausgebaut worden ist, zeigt viel Stoff. Sie ist im Augenblick noch streng, von ihren Tanninen verbarrikadiert, hält aber schöne Überraschungen bereit, sobald die Tannine liebenswürdiger geworden sind.
SCA Daheuiller et Fils, 28, rue du Ruau, 49400 Varrains, Tel. 02.41.52.90.94, Fax 02.41.52.94.63 ☑ Y Mo–Fr 8h–12h 14h–19h; Sa n. V.

CH. DE VARRAINS 2000***

■ 5 ha 30 000 11à15€

Die Langlois-Chateaus bewirtschaften mehrere Güter im Loire-Tal, wobei sie bei allen die gleiche hohe Qualität anstreben. Diese Cuvée, das Ergebnis einer strengen Auslese des Traubenguts und einer perfekt gemeisterten Vinifizierung, ist zu einem Drittel in neuen Fässern mit 500 l Fassungsvermögen ausgebaut worden. Sie zeigt ein intensives Granatrot und bietet

kräftige Aromen von reifen Früchten und Gewürzen sowie empyreumatische Noten. Der runde Geschmack verführt durch den besonders feinen Charakter seiner Tannine. Prächtig!
Langlois-Chateau, 3, rue Léopold-Palustre, 49400 Saint-Hilaire-Saint-Florent, Tel. 02.41.40.21.40, Fax 02.41.40.21.49, E-Mail langlois.chateau@wanadoo.fr
tägl. 10h–12h30 14h30–18h30; Jan. geschlossen

DOM. DU VIEUX BOURG
Vieilles vignes 2000*

k. A. 12 000 8 à 11 €

Dieser traditionelle Weinbaubetrieb zeichnet sich durch eine gewissenhafte Arbeit im Weinberg wie auch im Keller aus. Der 2000er war zum Zeitpunkt der Verkostung noch zurückhaltend, ließ aber dennoch aufgrund der Intensität seiner dunklen Granatfarbe, der Feinheit seiner Tannine und der Vollmundigkeit seines Geschmacks sein gutes Potenzial erahnen. Ein Wein, der im Werden begriffen ist, so dass man ihn einige Monate aufheben muss.
Dom. du Vieux Bourg, 30, Grand-Rue, 49400 Varrains, Tel. 02.41.52.91.89, Fax 02.41.52.42.43 n. V.

CH. DE VILLENEUVE 2000***

18 ha 80 000 8 à 11 €

Château de Villeneuve
SAUMUR CHAMPIGNY
APPELLATION SAUMUR CHAMPIGNY CONTROLEE
2000
12,5% vol. 750 ML

Château de Villeneuve: ein friedlicher Hafen, der das Tal der Loire überragt, und zugleich eine Hochburg des Weinbaugebiets von Saumur. Der Weinberg reicht ins 15. Jh. zurück, während das elegante, nüchterne Herrenhaus aus Tuff auf das 18. Jh. zurückgeht. Jean-Pierre Chevallier, ein ausgebildeter Önologe, hat das 25 ha große Gut, das seine Familie 1969 erwarb, 1985 übernommen. Er hat die alten Keller wiederhergestellt, in denen die Saumur-Champigny-Weine in Holzfässern mit 500 l Fassungsvermögen (hier als *tonnes* bezeichnet) reifen. Die Hauptcuvée des Jahrgangs 2000 ist hinreißend. Sie hat eine intensive, dunkle Granatfarbe und bietet viel versprechende Düfte (zu Kompott verarbeitete Früchte, Gewürze, Unterholz, Lakritze). Der Geschmack fällt durch sein Volumen und seinen außergewöhnlichen Abgang auf. Die Cuvée **Vieilles vignes 1999** (ein Stern), die vollständig im Holzfass gereift ist, muss ein paar Jahre lagern.
SCA Chevallier, Ch. de Villeneuve, 3, rue Jean Brevet, 49400 Souzay-Champigny, Tel. 02.41.51.14.04, Fax 02.41.50.58.24, E-Mail jpchevallier@chateau-de-villeneuve.com
Mo–Sa 9h–12h 14h–18h

Touraine

Die interessanten Sammlungen des Museums der Touraine-Weine in Tours zeugen von der Vergangenheit der Weinbau- und Weinkultur in dieser Gegend. Nicht umsonst schmücken viele Legenden aus dem Leben des hl. Martin, der um 380 Bischof von Tours war, die *Legenda aurea* mit Anspielungen auf den Weinbau und den Wein! In Bourgueil enthielten die Abtei und ihr berühmter Weinberg bereits um das Jahr 1000 die Rebsorte «Breton» oder Cabernet franc. Und wenn man die Geschichte weiterverfolgen will, so sollte bald darauf Rabelais erscheinen und wortreich und voller Lebensgenuss eine wunderbare Geschichte erzählen. Eine Geschichte, die entlang den Reiserouten von Mesland bis Bourgueil am rechten Ufer (über Vouvray, Tours, Luynes und Langeais) und von Chaumont bis Chinon am linken Ufer (über Amboise und Chenonceaux, das Tal des Cher, Saché, Azay-le-Rideau und den Wald von Chinon) fortlebt.

Das Weinbaugebiet der Touraine, das somit schon vor sehr langer Zeit berühmt war, erreichte Ende des 19. Jh. seine größte Ausdehnung. Seine Anbaufläche (rund 13 000 ha) bleibt gegenwärtig kleiner als vor der Reblauskrise; es verteilt sich hauptsächlich auf die Departements Indre-et-Loire und Loir-et-Cher und greift im Norden auf das Departement Sarthe über. Verkostungen alter Weine, beispielsweise der Jahrgänge 1921, 1893, 1874 oder sogar 1858, lassen in Vouvray, Bourgueil oder Chinon Merkmale erkennen, die denen der heutigen Weine ziemlich ähnlich sind. Das zeigt, dass trotz der Weiterentwicklung bei den Anbau- und Vinifizierungsmethoden der «Stil» der Touraine-Weine derselbe geblieben ist – vielleicht auch deshalb, weil jede der Appellationen ihre Weine nur von einer einzigen Rebsorte erzeugt. Das Klima spielt ebenfalls eine Rolle: Das Zusammenspiel von atlantischen und kontinentalen Einflüssen tritt im Charakter der Weine hervor. Die Hänge des Loir bilden dabei einen Schutzschirm gegen die Nordwinde. Außerdem bedingt die von Norden nach Süden erkennbare Abfolge von Flusstälern, die in Ost-West-Richtung verlaufen, nämlich der Täler des

Loir, der Loire, des Cher, des Indre, der Vienne und der Creuse, eine Vielzahl von Hängen, deren Tuffböden für den Weinbau günstig sind. Das Klima ist abwechslungsreich und sichert eine gesunde Feuchtigkeit. Im Boden der Täler mischt sich Ton mit Kalkstein und Sand, manchmal auch mit Feuerstein; an den Ufern der Loire und der Vienne kommt noch Kies hinzu.

Diese verschiedenen Merkmale finden sich somit in den Weinen wieder. Jedem Tal entspricht eine Appellation, deren Weine dank der unterschiedlichen klimatischen Bedingungen jedes Jahr einen eigenständigen Charakter besitzen. Die Kombination des Jahrgangs mit den natürlichen Voraussetzungen der Reblage ist von entscheidender Bedeutung.

Im Jahre 1989, einem warmen und trockenen Jahr, waren die Weine reich und voll und versprachen eine lange Lebensdauer. 1984, in einem Jahr mit später Blüte und schlechterem Wetter, fielen die Weißweine trockener und die Rotweine leichter aus; sie erreichen heute ihre volle Entfaltung. Auf diese Weise ist es möglich, eine Liste der bemerkenswerten Jahrgänge der letzten Jahrzehnte aufzustellen: 1959, 1961, 1964, 1969, 1970, 1976, 1981, 1982, 1983, 1985, 1986, 1988, 1989, 1990, 1995, 1996. Aber selbstverständlich muss man eine feinere Unterscheidung vornehmen zwischen den tanninreichen Rotweinen aus Chinon oder Bourgueil (die geschmeidiger sind, wenn sie von «unten» kommen, und kräftiger gebaut sind, wenn sie von den Hängen stammen) und den leichteren, zumeist als Primeur-Weine verkauften Weinen der Appellation Touraine (Gamay), zwischen den Roséweinen, die je nach Sonneneinstrahlung mehr oder weniger trocken ausfallen, ebenso zwischen den Weißweinen aus Azay-le-Rideau oder Amboise und denen aus Vouvray und Montlouis, deren Produktion von trockenen bis zu lieblichen Weinen reicht und auch Schaumweine beinhaltet. Die Herstellungs-

La Touraine

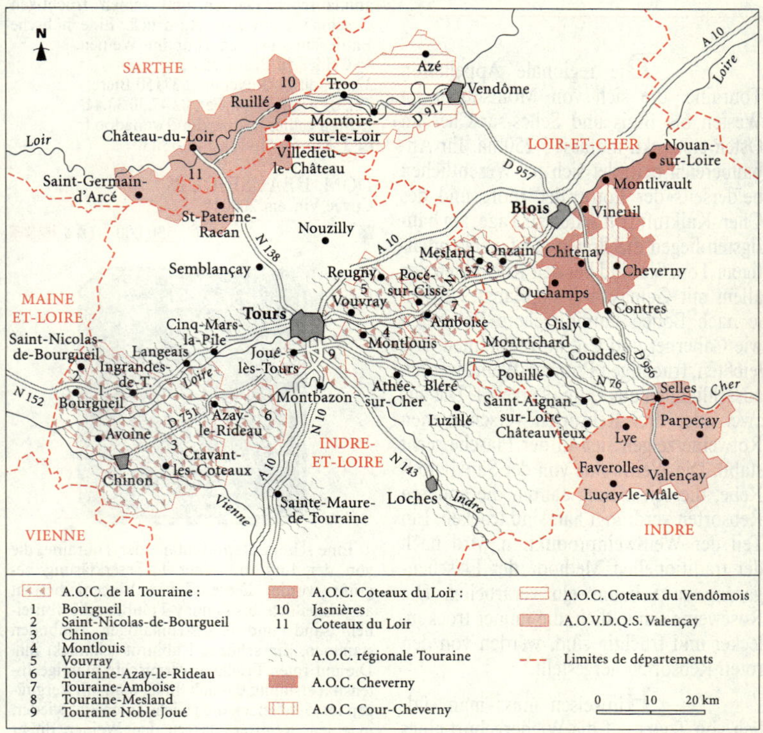

methoden der Weine sind ebenfalls von Bedeutung. Die Tuffkeller erlauben zwar eine hervorragende Reifung bei einer konstanten Temperatur von 12 °C, aber die Vinifizierung der Weißweine wird bei kontrollierter Temperatur durchgeführt. Der Gärvorgang dauert mehrere Wochen, bei den lieblichen Weinen sogar mehrere Monate. Die leichten Rotweine vom Touraine-Primeur-Typ sind hingegen das Ergebnis einer ziemlich kurzen Gärung, während die Gärdauer in Bourgueil und Chinon lang ist: zwei bis vier Wochen. Die Rotweine durchlaufen zwar eine malolaktische Gärung, aber die Weiß- und die Roséweine verdanken ihre Frische ganz im Gegenteil dem Vorhandensein der Äpfelsäure. Die Gesamtproduktion nähert sich in guten Jahren 700 000 hl, von denen 55 % über den Weinhandel vertrieben werden. Die Direktverkäufe machen 30 % aus, der Verkauf durch Genossenschaften 15 %.

Touraine

Die regionale Appellation Touraine, die sich von Montsoreau im Westen bis Blois und Selles-sur-Cher im Osten erstreckt, umfasst 5 250 ha. Ihr Anbaubereich befindet sich im Wesentlichen beiderseits der Loire, der Indre und des Cher. Kalktuff tritt selten zu Tage; am häufigsten liegen die Böden auf feuersteinhaltigem Ton. Sie sind bei den Rotweinen vor allem mit Gamay noir bepflanzt, zu dem je nach Boden tanninreichere Rebsorten wie Cabernet und Cot hinzukommen. Die leichten, fruchtigen Primeur-Weine werden ausschließlich aus Gamay erzeugt. Die aus zwei oder drei Rebsorten verschnittenen Rotweine zeigen sich in der Flasche recht stabil. Die Weißweine von der Sauvignon-Rebe, die seit vierzig Jahren die anderen Rebsorten verdrängt hat, sind trocken. Ein Teil der Weißweinproduktion wird nach der traditionellen Methode der Flaschengärung zu Schaumwein verarbeitet. Die Roséweine schließlich, die immer trocken, lecker und fruchtig sind, werden von den roten Rebsorten hergestellt.

Hinweisen muss man südlich von Tours auf die Wiedergeburt eines historischen Weinbaugebiets, das trockene Roséweine liefert. Dieser Wein gehört zur Appellation Touraine, aber früher hieß er «Noble joué» und wird auch heute wieder so bezeichnet. Verwendet werden die drei Pinot-Sorten Pinot gris (vorwiegend), Pinot meunier und Pinot noir.

JACKY ET PHILIPPE AUGIS
Méthode traditionnelle**

○ 2,5 ha 20 000 5 à 8 €

In der Sprache der Önologen heißt es «traditionelle Methode». Nun, die Tradition hat auch ihr Gutes, insbesondere mit diesem sehr blumigen Schaumwein, der eine hübsche, strahlende Farbe besitzt. Die Fruchtigkeit entfaltet sich im Abgang und lässt ansonsten für keinerlei Kritik Platz.

GAEC Jacky et Philippe Augis, Le Musa, rue des Vignes, 41130 Meusnes,
Tel. 02.54.71.01.89, Fax 02.54.71.74.15,
E-Mail paugis@net-up.com
Mo–Sa 8h–12h 14h–19h30; 15.–31. Aug. geschlossen

CELLIER DU BEAUJARDIN
Gamay 2000*

■ 30 ha 40 000 -3 €

Dieser volle, feste, sanfte Gamay bringt seine Rebsorte durch seine typische Farbe, seinen zart animalischen Geruch und seinen fruchtigen Geschmack gut zum Ausdruck. Eine hübsche Entdeckung bei den Touraine-Weinen.

Cellier du Beaujardin,
32, av. du 11-Novembre, 37150 Bléré,
Tel. 02.47.30.33.44, Fax 02.47.30.33.44,
E-Mail cellier.beaujardin@wanadoo.fr
Mo–Sa 8h–12h 14h–18h30

DOM. BEAUSEJOUR
Cuvée Vincent 2000**

■ 5 ha 30 000 3 à 5 €

Eine schöne Repräsentanz der Touraine, die von der Jury mit einer Liebeserklärung begrüßt wurde. Diese Cuvée Vincent besteht ausschließlich aus Gamay-Trauben, die von einem sand- und feuersteinhaltigen Tonboden stammen. Ein schönes Rubinrot schmückt ihn. Die mit roten Früchten vermischte blumige Intensität erstaunt; danach findet man mit Vergnügen im Geschmack die gleiche Intensität wieder, in einem Register, das zu den Weinen dieser

Appellation passt. Bei Erscheinen des Hachette-Weinführers wird er die Weinliebhaber und auch diejenigen erfreuen, die ihn neu entdecken.
GAEC Trotignon et Fils, Dom. Beauséjour, 10, rue des Bruyères, 41140 Noyers-sur-Cher, Tel. 02.54.75.06.73, Fax 02.54.75.06.73
tägl. 8h–12h 14h–19h

DOM. BEAUSEJOUR
L'Authentique Elevé en fût 1999**

■ 5 ha 5 000 5à8€

Eine weitere sehr schöne Cuvée, diesmal ein Verschnitt von Trauben, die von feuersteinhaltigen Tonböden der ersten Cher-Hänge stammen. Hier haben wir einen schönen Touraine-Wein von dunkler Farbe, mit ausgeprägten Lakritze- und Holzaromen. Er ist kräftig und ausgewogen und wird die Liebhaber von lagerfähigen Weinen verführen.
GAEC Trotignon et Fils, Dom. Beauséjour, 10, rue des Bruyères, 41140 Noyers-sur-Cher, Tel. 02.54.75.06.73, Fax 02.54.75.06.73
tägl. 8h–12h 14h–19h

DOM. DES CAILLOTS Tradition 1999*

■ 3 ha 20 000 3à5€

Was für ein Vergnügen, dass wir in dieser Flasche den Touraine-Wein unserer Vorfahren wiederfinden, die – weil sie ihr Terroir gut kannten – Cabernet franc und Côt anbauten, die wahren Rebsorten des schönen Cher-Tals! Dieser hier zeigt eine intensive rubinrote Farbe mit ziegelroten Reflexen und duftet über Noten von roten Früchten und Pfeffer nach Pfingstrose. Im Geschmack ist er harmonisch und fett, mit feiner, maßvoller Gerbsäure. Das ist ein Touraine-Wein, wie wir ihn gern öfter antreffen würden. Das Gut präsentiert einen **2000er Touraine Sauvignon,** der aufgrund seiner exotischen Noten und seiner angenehmen Struktur reizvoll ist. Er erhält eine lobende Erwähnung.
EARL Dominique Girault, Le Grand Mont, 41140 Noyers-sur-Cher, Tel. 02.54.32.27.07, Fax 02.54.75.27.87
Mo–Sa 8h30–12h 14h–19h; So n. V.

DOM. CHARBONNIER Sauvignon 2000*

□ 5 ha 6 000 -3€

Daniel, Michel und seit 2001 Stéphane haben am ersten Sonntag im Dezember auf dem Gut einen «Tag der offenen Tür». Das ist eine Gelegenheit, um diesen schönen Wein zu probieren und auch zu erwerben. Er bietet zusätzlich zu Buchsbaum- und Zitrusaromen eine sanfte, ausgewogene Ansprache mit einer Bitternote. Ein gefälliger, gut vinifizierter Touraine-Wein.
GAEC Charbonnier, 4, chem. de la Cossaie, 41110 Châteauvieux, Tel. 02.54.75.49.29, Fax 02.54.75.40.74 n. V.

CH. DE CHENONCEAU 1999*

□ 5 ha 26 000 5à8€

Das 1513 errichtete Schloss von Chenonceau, «auf dem Wasser und in der Luft erbaut», wie es Flaubert beschrieb, überspannt den Cher. Aber es ist nicht nur ein schönes Renaissancebauwerk, sondern auch ein Weinschloss. Dieser Wein hier wird an den Hängen der Touraine erzeugt, dort, wo Chenin, eine schwer zu zähmende Rebsorte, wunderbar gedeiht. Er besitzt einen honigartigen Duft und den Körper eines Epheben, die auch die anspruchsvollsten Puristen begeistern werden. Man sollte ihn sich schon jetzt reservieren lassen.
SA Chenonceau-Expansion, Ch. de Chenonceau, 37150 Chenonceaux, Tel. 02.47.23.44.07, Fax 02.47.23.89.91, E-Mail chateau.de.chenonceau@wanadoo.fr
tägl. 11h–18h; Nov. bis März geschlossen

DOM. DES CHEZELLES
Sauvignon 2000*

□ 10 ha 80 000 5à8€

Sie suchen in erster Linie nach einem ausdrucksvollen Wein? Alain Marcadet hat ihn für Sie erzeugt. Schwarze-Johannisbeer-Blätter, Buchsbaum und Pampelmuse überschlagen sich förmlich im Glas; danach füllt das «Fett» den Mund aus. Die pflanzlichen Noten im Abgang beeinträchtigen den schönen Gesamteindruck nicht. Wenn Sie einen Gamay-Wein in jugendlichem Stil wollen, werden Sie von dem **2000er Gamay** vom gleichen Gut (Preisgruppe: 20 bis 29 F) nicht enttäuscht sein; Sie können ihn schon diesen Herbst trinken. Er erhält einen Stern.
EARL Alain Marcadet, Le Grand Mont, 41140 Noyers-sur-Cher, Tel. 02.54.75.13.62, Fax 02.54.75.44.09
Mo–Sa 8h30–12h 14h–19h

LES VIGNERONS DES COTEAUX ROMANAIS
Sauvignon Cuvée Saint-Vincent 2000*

□ 50 ha 400 000 3à5€

Die Genossenschaftskellerei von Saint-Romain, die mit ihren Mitgliedern eine Qualitätspolitik verfolgt, bietet Ihrem Gaumen einen eleganten Wein, in dem Buchsbaum und Tabak aufeinander folgen. Der Geschmack zeigt eine schöne Ausgewogenheit und bietet einen Abgang, der im Augenblick ein wenig streng ist, aber für diesen Winter viel verspricht. Trinken Sie ihn zu Zander in zarter Buttersauce.
Les Vignerons des Coteaux Romanais, 50, rue Principale, 41140 Saint-Romain-sur-Cher, Tel. 02.54.71.70.74, Fax 02.54.71.41.75
Di–Sa 8h–12h 14h–18h

DOM. DE CRAY Sauvignon 2000*

□ 3,5 ha 31 000 3à5€

Ein hübsches Etikett, präsentiert von einem englischen Weinhändler, der mit einem Montlouis-Winzer zusammenarbeitet. Dieser Wein ist ebenso elegant mit seiner blassgoldenen Farbe, die grüne Reflexe zeigt. Die Nase entdeckt darin Anklänge an exotische Früchte und Hefebrot. Der zarte, süffige Geschmack verführt bis hin zum harmonischen Abgang.
Boutinot, SARL La Chapelle de Cray, rte de l'Aquarium, 37400 Lussault-sur-Loire, Tel. 02.47.57.17.74, Fax 02.47.57.11.97, E-Mail chapelledecray@wanadoo.fr n. V.

DOM. JOEL DELAUNAY
Sauvignon 2000*

☐ 7,5 ha 50 000 ▮🌡 5à8€

Joël Delaunays Sohn Thierry ist 1998 in den Betrieb eingetreten. Zusammen stellen sie einen sympathischen Wein vor. Die kräftigen Ginsteraromen und der erfrischende Geschmack schmälern die Originalität dieser Flasche nicht.

🔑 EARL Thierry et Joël Delaunay, 48, rue de la Tesnière, 41110 Pouillé, Tel. 02.54.71.45.69, Fax 02.54.71.55.97, E-Mail joeldelaunay@terre-net.fr
☑ Y Mo–Sa 9h–12h 14h–18h

VIGNOBLE DUBREUIL Sauvignon 2000

☐ 9,5 ha 3 000 ▮🌡 3à5€

Der Weinberg dieses Guts in Familienbesitz wurde in den Jahren 1965 bis 1970 erneuert: Die heute durchschnittlich 25 Jahre alten Sauvignon-Reben haben einen Wein geliefert, der mit Buchsbaumnoten eine schöne aromatische Intensität zeigt, während sein Geschmack Rundheit und Eleganz bietet. Ein durstlöschendes Erzeugnis. Nicht versäumen darf man – mitten im Dorf – die Kirche aus dem 11./12. Jh.

🔑 Rémi Dubreuil, La Touche, 41700 Couddes, Tel. 02.54.71.34.46, Fax 02.54.71.09.64
☑ Y n. V.

DOM. DE FLEURAY Sauvignon 2000**

☐ 1,52 ha 11 700 ▮🌡 -3€

Frittierte kleine Fische aus der Loire werden köstlich zu diesem Wein passen, der von zwanzig Jahre alten Sauvignon-Reben stammt. Die Jury war beeindruckt von der Eleganz dieses 2000ers mit dem ausdrucksvollen Duft, in dem reife Zitrone dominiert, und der bemerkenswerten aromatischen Nachhaltigkeit.

🔑 Dom. Cocteaux, Fleuray, 37530 Cangey, Tel. 02.47.30.01.44, Fax 02.47.30.05.09
☑ Y Mo–Fr 8h–18h30; Sa 8h–13h

CHANTAL ET PATRICK GIBAULT
2000**

◪ 2 ha 10 000 ▮🌡 3à5€

Meusnes ist stolz auf eine romanische Kirche aus dem 11. Jh. sowie das Feuersteinmuseum. Die Ufer des Cher sind nämlich reich an Feuerstein, mit dem die Armee bis 1840 beliefert wurde. Dieser Rosé ist unendlich friedlicher. Er hat eine schöne, lebhafte Farbe, reiht subtile Fruchtnoten aneinander und bringt beständig eine bemerkenswerte Komplexität zum Ausdruck, die bei einem Roséwein selten ist. Der Abgang ist lang, frisch und ausgewogen. Man lässt sich davon nachschenken. Der **2000er Sauvignon** erhält einen Stern: Mit seinen Aromen von exotischen Früchten und Pampelmuse erscheint er subtil; sein reifer Geschmack bietet eine süße Fruchtigkeit.

🔑 EARL Chantal et Patrick Gibault, 183, rue Gambetta, 41130 Meusnes, Tel. 02.54.71.02.63, Fax 02.54.71.58.92, E-Mail gibault.earl@wanadoo.fr
☑ Y Mo–Sa 8h–19h; So 10h–12h

DOM. DU HAUT CHESNEAU
Sauvignon 2000

☐ 6 ha 10 000 ▮🌡 3à5€

Das 17 ha große Gut am rechten Ufer des Cher wurde 1789 angelegt; es besitzt schöne Felsenkeller. Dieser strahlend blassgelbe Wein bietet eine pflanzliche Note, die seine Jugendlichkeit kennzeichnet. Er besitzt eine gute Ausgewogenheit zwischen «Fett» und Säure, aber dennoch eine hübsche Lebhaftigkeit, die zu Krustentieren passt.

🔑 Jean-Marc Villemaine, La Ramée, 41140 Thésée, Tel. 02.54.71.52.69, Fax 02.54.71.52.69 ☑ Y n. V.

DOM. DE LA BERGEONNIERE
Gamay 2000**

■ 2,3 ha 10 000 ▮🌡 3à5€

Alte Gamay-Reben, angepflanzt auf einem Feuersteinboden, haben diesen sehr hübschen Wein geliefert. Man spürt hier den Respekt gegenüber dem Traubengut und die Liebe zu gut gemachter Arbeit. Dieser Wein von schöner, strahlender Farbe entfaltet über einem mineralischen Aroma blumige Noten und lässt danach in einem erfrischenden Abgang kleine rote Früchte erkennen.

🔑 Jean-Claude Bodin, La Bergeonnière, 41140 Saint-Romain-sur-Cher, Tel. 02.54.71.70.43, Fax 02.54.71.72.92
☑ Y n. V.

DOM. DE LA BERGEONNIERE
Pinot noir 2000*

◪ 0,5 ha 4 000 ▮🌡 3à5€

Eine ganz kleine Cuvée von den fünfzehn Hektar, die Jean-Claude Bodin besitzt, aber eine interessante Produktion: Dieser «graue» Wein ist recht originell in einer Region, in der Gamay dominiert, denn er wird von der Rebsorte Pinot noir erzeugt, was ihm einen sehr ausdrucksvollen Duft verleiht. Danach fehlt ihm die Frische, die man an Roséweinen schätzt, aber warum nicht! Er kann es mit soliden Gerichten aufnehmen.

🔑 Jean-Claude Bodin, La Bergeonnière, 41140 Saint-Romain-sur-Cher, Tel. 02.54.71.70.43, Fax 02.54.71.72.92
☑ Y n. V.

DOM. DE LA BERGERIE
Cabernet 1999**

■ 4 ha 15 000 ▮🌡 3à5€

Ein klassischer, sehr harmonischer Wein von fuchsienroter Farbe, der von den feuersteinhaltigen Tonböden des Cher-Tals stammt. Dieser von seiner Rebsorte recht deutlich geprägte Touraine bietet Aromen von roter Johannisbeere und zeigt im Mund eine schöne, stattliche Erscheinung. Zweifellos wird er verführen. Der **2000er Touraine Sauvignon** besitzt eine blasse Farbe und entfaltet über einem Pampelmusenaroma Düfte von Schwarze-Johannisbeer-Knospe. Er schmeckt weich und kann alle Eingangsgerichte begleiten.

🔑 François Cartier, La Tesnière, 41110 Pouillé, Tel. 02.54.71.51.54, Fax 02.54.71.74.09
☑ Y Mo–Sa 8h–12h 14h–18h

DOM. DE LA CROIX BOUQUIE
Gamay 2000★★

■ 4 ha 15 000 5à8€

Ein Kieselboden über einem Tonuntergrund offenbart hier seine Affinität zur Rebsorte Gamay. Das schöne Kirschrot weist auf den Erfolg dieses Weins mit den subtilen Noten roter Früchte hin. Er ist voll und kräftig gebaut und wird in diesem Winter den idealen Begleiter für eine gebratene Keule abgeben.

Christian Girard, 1, chem. de la Chaussée, 41400 Thenay, Tel. 02.54.32.50.67, Fax 02.54.32.74.17 n. V.

DOM. DE LA CROIX BOUQUIE
Cuvée Prestige 1999★★

■ 1,5 ha 5 000 5à8€

Eine zu 75 % von der Rebsorte Côt (Malbec) sowie von Cabernet-Trauben erzeugte Cuvée Prestige von ansprechender granatroter Farbe, die eine würdige Repräsentantin dessen ist, was ein roter Touraine-Wein sein sollte. Die komplexen aromatischen Qualitäten kommen sofort zum Vorschein. Robust und kräftig. Ein lagerfähiger Wein, den man ein paar Jahre ruhen lassen, aber auch schon jetzt genießen kann.

Christian Girard, 1, chem. de la Chaussée, 41400 Thenay, Tel. 02.54.32.50.67, Fax 02.54.32.74.17 n. V.

DOM. DE LA GIRARDIERE
Sauvignon 2000★★

□ 5 ha 10 000 3à5€

Patrick Léger führt seit 1988 das von seinem Großvater aufgebaute Gut. Der von einem feuersteinhaltigen Tonboden stammende Sauvignon zeigt goldgrüne Reflexe, die wie bei einem Kristall funkeln. Die komplexen Aromen von Zitrusfrüchten und schwarzer Johannisbeere machen den Verkoster noch neugieriger. Die leicht prickelnde Ansprache und danach eine harmonische Entwicklung, die im Geschmack einen frischen Eindruck hinterlässt, machen ihn zu einem Wein, der einen intensiven Genuss beschert.

Patrick Léger, La Girardière, 41110 Saint-Aignan, Tel. 02.54.75.42.44, Fax 02.54.75.21.14 n. V.

DOM. DE LA GIRARDIERE
Méthode traditionnelle 1999★★

○ 0,45 ha 4 000 5à8€

Dieser Brut ist ein Blanc de Blancs, zusammengestellt aus 15 % Chardonnay und 85 % Chenin. Das Strohgelb ist strahlend; der recht fruchtige Duft setzt ganz auf Diskretion. Ausgewogen, ohne jegliche Aggressivität: ein harmonischer, gefälliger Touraine-Schaumwein, der voller Frische und Anmut ist.

Patrick Léger, La Girardière, 41110 Saint-Aignan, Tel. 02.54.75.42.44, Fax 02.54.75.21.14 n. V.

LA HERPINIERE Cabernet 1999★★★

■ 1,5 ha 8 500 5à8€

Die Weine werden in einem ehemaligen Steinbruch ausgebaut, der aus dem 15. Jh. stammt: ideale Bedingungen, die hier im Dienste eines gutes Weinmachers stehen. Dieser sechs Monate im Barriquefass ausgebaute Wein kombiniert Cabernet franc (70 %) und Cabernet Sauvignon, die von einem feuersteinhaltigen Tonboden kommen. Das Auge erfasst ein volles, strahlendes Rubinrot, während die Nase intensive Kirschnoten wahrnimmt. Der Geschmack ist kräftig, ebenfalls von roten Früchten bestimmt, und entwickelt sich danach zu einer soliden Tanninstruktur, die Garant für eine sichere Zukunft ist.

Christophe Verronneau, 16, La Vallée, 37190 Vallères, Tel. 02.47.45.92.38, Fax 02.47.45.92.39, E-Mail laherpiniere@aol.com
tägl. 10h–19h; Jan. geschlossen

DOM. DE LA RENNE Côt 1999★★

■ k. A. 6 800 3à5€

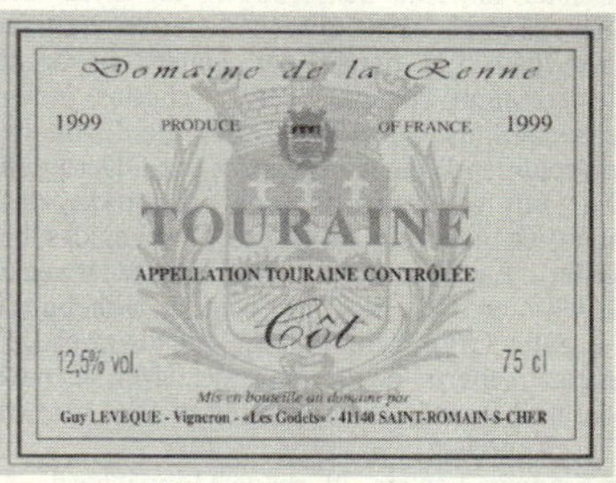

Diese Rebsorte, die vor vierzig Jahren ein Drittel des Cher-Tals bedeckte, lässt deutlich ihre Region erkennen. Die Weichsel- und Ledergerüche kündigen einen runden Geschmack an, der noch tanninreich ist, aber nicht zu sehr. Danach zeigt sich deutlich ein echtes Lagerpotenzial. Der Käufer kann diese Flasche schon in diesem Winter trinken oder sich dafür entscheiden, mit ihr Neujahr 2005 zu feiern.

Guy Lévêque, 1, chemin de la Forêt, 41140 Saint-Romain-sur-Cher, Tel. 02.54.71.72.79, Fax 02.54.71.35.07
n. V.

CH. DE LA ROCHE Sauvignon 2000★

□ 8 ha 60 000 5à8€

3 km vom Clos Lucé entfernt, wo Sie sich unbedingt die wunderbaren, von Leonardo da Vinci erfundenen «Maschinen» ansehen sollten, präsentiert dieses 75 ha große Gut einen **2000er Touraine Gamay,** der wegen seiner Rundheit und seiner Fruchtigkeit lobend erwähnt wird, und diesen hübschen Wein mit dem kräftigen Duft von Litschis und frischen Mangos. Auf die lebhafte Ansprache folgt ein ölig werdender Geschmack, was ihn zu einem würdigen Repräsentanten der Touraine macht.

SCA Dom. Chainier, Ch. de La Roche, 37530 Chargé, Tel. 02.47.30.73.07, Fax 02.47.30.73.09 n. V.

DOM. DE LA ROCHETTE
Sauvignon 2000★★

☐ 15 ha 75 000 3à5€

François Leclairs Weingut, das mitten zwischen den Loire-Schlössern liegt, befindet sich in erster Linie an den Hängen, die direkt den Cher säumen. Von diesen feuersteinhaltigen Tonböden, bei denen der Feuerstein dominiert, kommt ein 2000er von schöner, heller, grün schimmernder Farbe, der die Liebhaber von schönen Weinen begeistern wird. Der intensive Duft von reifer Orange führt dazu, dass man sich über die Fülle des Geschmacks begeistert. Ein Wein, der den Eindruck erweckt, als wäre er noch nicht auf seinem Höhepunkt. Ein guter Grund, die Flasche ein bis zwei Jahre einzukellern, bevor man sie dann, je nach Lust und Laune, zu Krustentieren oder weißem Fleisch serviert.

François Leclair, 79, rte de Montrichard, 41110 Pouillé, Tel. 02.54.71.44.02, Fax 02.54.71.10.94, E-Mail info@vin-rochette-leclair.com
☑ Y Mo–Fr 8h–11h30 14h–17h30; Sa, So n. V.

CAVES DE LA TOURANGELLE
Sauvignon 2000★

☐ k. A. k. A. 3à5€

Dieser weiße Touraine mit dem zurückhaltenden Duft und dem einfachen Geschmack, der aber keine Minderwertigkeitskomplexe besitzt, ist ein hübscher Erfolg. Ein durstlöschender Wein, den man mit Freunden zusammen trinken sollte.

Les caves de La Tourangelle, 26, rue de la Liberté, 41400 Saint-Georges-sur-Cher, Tel. 02.54.32.65.75, Fax 02.54.71.09.61

DOM. DE L'AUMONIER Gamay 2000★

■ 12,5 ha 40 000 3à5€

Thierry Chardon führt das 32 ha große Gut seit 1996. Dieser Wein, den eine dunkle Farbe schmückt, zeigt einen Duft mit fruchtigen und pfeffrigen Noten. Die ersten Eindrücke im Geschmack sind von Rundheit geprägt; dann kommt nach und nach ein Charakter von schwarzer Johannisbeere und Himbeere im gewünschten Stil zum Vorschein. Angenehmer Gesamteindruck. Der ebenso gut benotete **2000er Touraine Sauvignon** (100 000 Flaschen) bietet ein begeisterndes Bouquet von weißen Blüten, vermischt mit Schwarze-Johannisbeer-Knospe. Ein zarter, ausgewogener, aber auch erfrischender Wein, der recht repräsentativ ist.

Thierry Chardon, Villequemoy, 41110 Couffy, Tel. 02.54.75.21.83, Fax 02.54.75.21.56, E-Mail domaine-aumoniertchardon@wanadoo.fr
☑ Y n. V.

PRESTIGE DE LA VALLEE DES ROIS
Gamay 2000★

■ 6 ha 50 000 5à8€

Sieben Winzer gründeten diese Genossenschaft 1961; heute sind es 52. Dieses «Tal der Könige» verdient, dass man es noch einige Zeit aufhebt, damit die Tannine sanfter werden können. Dieser Wein, bei dessen Aromen die roten Früchte dominieren, ist vollauf gelungen.

Confrérie des Vignerons de Oisly et Thésée, Le Bourg, 41700 Oisly, Tel. 02.54.79.75.20, Fax 02.54.79.75.29 ☑ Y n. V.

DOM. LEVEQUE Cabernet 1999★

■ 4 ha 5 000 3à5€

Noyers-sur-Cher besitzt eine Kirche in dem für das Anjou des 13. Jh. typischen Stil. Das Weingut liegt am Rande der N 76. Hier haben wir einen roten Cabernet von schöner, intensiver Farbe, der lecker schmeckt und mit Noten von schwarzer Johannisbeere anhält. Man sollte diesen gefälligen Wein zu den Festen am Jahresende trinken.

Dom. Luc Lévêque, Le Grand Mont, 41140 Noyers-sur-Cher, Tel. 02.54.71.52.06, Fax 02.54.75.47.65
☑ Y Mo–Sa 8h30–12h 14h–18h30

CAVE PIERRE LOUET
Cuvée Prestige 1999★

■ 1,5 ha 9 000 3à5€

Südlich von Blois, zwischen der Loire und dem Cher, lässt Sie diese Winzerin an ihrer Leidenschaft teilhaben. Ihr 99er aus Cabernet-Trauben erinnert in seinem tiefen Granatrot an schwarze Johannisbeere. Er ist rund, nicht zu tanninreich und ausgewogen und wird den Freunden schlichter, in einem fruchtigen Stil gehaltener Weine gefallen.

Mme Jacqueline Louet, Cave Pierre Louet, Le Marchais, 41120 Monthou-sur-Bièvre, Tel. 02.54.44.01.56, Fax 02.54.44.01.18
☑ Y Mo–Fr 8h–12h 14h–18h; Sa, So n. V.

DOM. LOUET-ARCOURT 1999★

■ 5 ha 7 000 3à5€

In einem frischen, leichten Stil haben wir hier einen intensiv rubinroten Touraine-Wein mit sehr sympathischen Noten von kleinen roten Früchten. Er ist recht rund, mit einer ansprechenden Säuerlichkeit, und wird einen ausgezeichneten Begleiter für alle Gelegenheiten abgeben. Die ebenfalls sehr gelungene **99er Cuvée de Réserve Côt** ist reich und kräftig gebaut; sie ist für die Einkellerung bestimmt.

EARL Dom. Louet-Arcourt, 1, rue de la Paix, Labertaudière, 41120 Monthou-sur-Bièvre, Tel. 02.54.44.04.54, Fax 02.54.44.15.06 ☑ Y n. V.

LOUET GAUDEFROY Cabernet 1999**

■ 3 ha 9 500 3 à 5 €

Dieser Touraine von schönem, tiefem Granatrot hat die Jury aufgrund seines Entwicklungspotenzials begeistert. Die Unterholzgerüche entwickeln sich noch schüchtern, während sich im Mund ein Cocktail von roten Früchten entlädt. Er ist sehr ausgewogen, mit hübschen, seidigen Tanninen, und bietet einen anhaltenden Abgang. Ein Wein, den man rein zum Vergnügen trinkt. Die beiden Winzer präsentieren außerdem einen **2000er Touraine Sauvignon,** der lobend erwähnt wird.

GAEC Louet Gaudefroy, Les Sablons, 41140 Saint-Romain-sur-Cher, Tel. 02.54.71.72.83, Fax 02.54.71.46.53 tägl. 8h–19h

JEAN-CHRISTOPHE MANDARD Sauvignon 2000**

□ 3,56 ha 25 000 5 à 8 €

Jean-Christophe Mandard, die vierte Generation, die hier am linken Ufer des Cher-Tals Wein anbaut, hat es verstanden, diese schönen, feuersteinhaltigen Böden für seinen 2000er Sauvignon zu nutzen. Dieser hier bietet intensive Aromen von Zitrusfrüchten, die sich mit Buchsbaum mischen, und einen frischen, recht lebhaften Geschmack, der im Abgang wiederkehrt. Ein gefälliger, ausgewogener Wein. Der **99er Touraine Tradition** von den Rebsorten Cabernet franc und Côt erhält eine lobende Erwähnung. Seine Tannine müssen sich noch einfügen.

Jean-Christophe Mandard, Le Haut-Bagneux, 41110 Mareuil-sur-Cher, Tel. 02.54.75.19.73, Fax 02.54.75.16.70, E-Mail mandard.jc@wanadoo.fr n. V.

GUY MARDON L'Elégante 2000*

□ k. A. 8 000 5 à 8 €

Guy Mardon ließ sich hier 1961 nieder. 1995 kam Jean-Luc Mardon hinzu, um ihn zu unterstützen. Das nennt man Kontinuität. Hier haben wir einen Wein von schöner Reife, in dem Weißdorn und Akazienblüte sowie Noten von Blutorange zusammentreffen. Auf der Zunge spürt man viel Samtigkeit, zusammen mit einem Hauch von Kohlensäure, die den lang anhaltenden Abgang auffrischt. Typisch und gelungen.

Guy et Jean-Luc Mardon, Dom. du Pré Baron, 41700 Oisly, Tel. 02.54.79.52.87, Fax 02.54.79.00.45 Mo–Sa 9h–19h

DOM. JACKY MARTEAU Sauvignon 2000

□ 8,5 ha 55 000 5 à 8 €

In Pouillé haben Ausgrabungen ein galloromanisches Töpferdorf zu Tage gefördert. Jacky Marteau besitzt 24 Hektar. Das schöne Goldgelb bildet bei diesem Wein den Auftakt für delikate Pampelmusennoten, die sich mit Akazienblüte mischen. Der klare Geschmack, den ein – zum Zeitpunkt der Verkostung noch vorhandenes – leichtes Prickeln verstärkt, zeigt eine gute Länge.

Jacky Marteau, 36, rue de La Tesnière, 41110 Pouillé, Tel. 02.54.71.50.00, Fax 02.54.71.75.83 n. V.

DOM. MESLIAND La Pindorgerie 2000**

□ 0,8 ha 6 000 5 à 8 €

Limeray, das auf dem rechten Ufer der Loire liegt, nordöstlich von Amboise, ist ein interessanter Marktflecken, reich an Probierkellern. Rundwege für Wanderer machen es dort möglich, die Landschaft zu erkunden. Versäumen Sie diesen sehr guten Wein nicht. Sein frühlingshafter Duft mischt über einer Note von geröstetem Brot Falschen Jasmin und Honig. Danach erfüllen «Fett» und Rundheit den Mund auf sehr angenehme Weise bis hin zu einem lang anhaltenden Abgang. Man kann ihn als Aperitif oder zu Käse trinken.

Dom. Mesliand, 15 *bis*, rue d'Enfer, 37530 Limeray, Tel. 02.47.30.11.15, Fax 02.47.30.02.89 tägl. 8h–21h; Gruppen n. V.

DOM. MAX MEUNIER Brut***

○ k. A. 5 000 5 à 8 €

Das Gut, das sich am linken Ufer des Cher an den unteren Hängen befindet, entstand 1911. Auf fünfzehn Hektar gestützt, präsentiert es einen großartigen Wein für festliche Anlässe. Dieser Touraine-Schaumwein hat die Geschmacksknospen der Jury beharrlich erregt, dank einer frischen Ansprache, die in einem perfekten Gleichgewicht zur Fülle der fruchtigen Aromen steht, die man im Abgang wieder trifft. Er ist warm und sehr zart. Sie können ihn blind kaufen.

Corinne et Max Meunier, 6, rue Saint-Gennefort, 41110 Seigy, Tel. 02.54.75.04.33, Fax 02.54.75.39.69, E-Mail maxmeunier@aol.com n. V.

DOM. MICHAUD Gamay 2000**

■ 4 ha 22 000 3 à 5 €

Die Domaine Michaud ist im schönen Tal des Cher ein «sicherer Wert». Dieser 2000er Gamay ist bemerkenswert aufgrund seiner Struktur und seines leicht pfeffrigen Dufts. Die roten Früchte sind in diesem einschmeichelnden, delikaten Wein deutlich zu spüren. Die Cuvée **Ad Vitam 1999** (Preisgruppe: 30 bis 49 F) greift die Touraine-Tradition auf, Côt und Cabernet franc zu verschneiden. Sie hat eine tiefgranatrote Farbe. Rote Früchte (Kirsche) begleiten die gesamte Verkostung in einer schönen Ausgewogenheit, wobei die Tannine spürbar und zugleich fein sind. Die Cuvée erhält einen Stern.

EARL Michaud, Les Martinières, 41140 Noyers-sur-Cher, Tel. 02.54.32.47.23, Fax 02.54.75.39.19 n. V.

MONMOUSSEAU
Cuvée J. M. Brut Blanc de Blancs 1997**

○ 42 ha 404 535 5à8€

Die Kellerei Monmousseau, seit 1986 die Tochterfirma einer luxemburgischen Gruppe, konnte ihre lokale Kompetenz auf dem Gebiet der Schaumweine bewahren. Die feinen Bläschen dieser Cuvée steigen bis zum Rand des Glases auf. Die fruchtigen Nuancen wirken sofort wie richtige Körbe mit exotischen Früchten. Der Abgang ist ausgewogen und harmonisch. Ein echter Wein für Feste.

SA Monmousseau, BP 25, 71, rte de Vierzon, 41401 Montrichard Cedex 01, Tel. 02.54.71.66.66, Fax 02.54.32.56.09, E-Mail monmousseau@monmousseau.com
tägl. 10h–18h; Gruppen n. V.; 1. Nov. bis 31. März Sa, So geschlossen
Bernard Massard

CH. DE MONTFORT 1999*

□ 5,58 ha 10 000 3à5€

In diesem blassgelben 99er Weißwein von der Chenin-Rebe gibt es viel Zartheit. Sein sehr ausdrucksvoller Duft bevorzugt Honig; der Geschmack, in dem die Honignoten im Abgang zurückkehren, zeigt sich ausgewogen. Das steht nicht auf dem Etikett, aber mit seinen 5 g/l Restzucker entspricht dieser Wein der Definition von «zarttrocken».

SC Ch. de Montfort, Les Quarts, 37210 Chançay, Tel. 02.47.52.14.57, Fax 02.47.52.06.09 n. V.
SA Blanc Foussy

DOM. DE MONTIGNY Côt 1999*

■ 1 ha 5 500 3à5€

Seit 1998 hat dieser Familienbetrieb die Generation gewechselt. Hier haben wir die zweite Lese von Annabelle: Dieser dunkle Touraine-Wein, der sehr rund ist, ebenso wie sein Etikett, entfaltet feine Weichselaromen, die sich mit Ledergeruch vermischen. Er ist gut strukturiert und kräftig und wird die Liebhaber dieser alten, sehr originellen Rebsorte der Touraine begeistern.

Annabelle Michaud, Dom. de Montigny, 41700 Sassay, Tel. 02.54.79.60.82, Fax 02.54.79.07.51 n. V.

DOM. OCTAVIE Sauvignon 2000

□ 10,37 ha 50 000 5à8€

Octavie war der Name des ersten Besitzers dieses Weinguts; seine Nachkommen, Isabelle und ihr Mann Noë, haben heute fast 23 Hektar. Die modernen Einrichtungen des Betriebs haben das Wesen ihrer Weine nicht verändert. Dieser 2000er von blasser Farbe zeigt eine komplexe Intensität der Aromen, bei denen sich Zitrusfrüchte und Buchsbaum mischen. Der sanfte, einschmeichelnde Abgang ist warm.

Noë Rouballay, Dom. Octavie, Marcé, 41700 Oisly, Tel. 02.54.79.54.57, Fax 02.54.79.65.20, E-Mail octavie@netcourrier.com
Mo–Sa 9h–12h30 14h–18h30; So n. V.

JAMES PAGET Cuvée Tradition 1999*

■ 1,5 ha 8 000 5à8€

James Paget, der ausgezeichnete Roséweine der AOC Touraine-Azay-le-Rideau erzeugt, präsentiert hier einen sehr einschmeichelnden, ausgewogenen Touraine Tradition mit seidigen Tanninen. Seine diskreten Aromen und seine am Gaumen angenehme Leichtigkeit machen ihn zu einem Wein für weißes Fleisch.

EARL James Paget, 13, rue d'Armentières, 37190 Rivarennes, Tel. 02.47.95.54.02, Fax 02.47.95.45.90 n. V.

CAVES DU PERE AUGUSTE
Côt 1999**

■ 8 ha 20 500 3à5€

Diese Kellerei, die Robert Godeaus Vorfahren 1850 einen Kilometer von Château de Chenonceau errichteten, ist für den warmherzigen Empfang berühmt, den sie den Weinliebhabern bereitet. Verführt werden wird der Leser auch durch diesen Wein von kräftiger Farbe, der über einem Hauch von pfeffriger Frische Weichselaromen bietet. Er ist elegant, mit milden Tanninen, und wird bestimmt einen ausgezeichneten Botschafter der Touraine abgeben. Ein anderer Wein, der mit einem Stern ausgewählt wurde, ist der **2000er Gamay**; er ist gut strukturiert und wird bis zur 2002er Lese angenehm sein.

Robert Godeau, Caves du Père Auguste, 14, rue des Caves, 37150 Civray-de-Touraine, Tel. 02.47.23.93.04, Fax 02.47.23.99.58
Mo–Sa 9h–12h 14h–19h

DOM. DES QUATRE VENTS
Vieilles vignes 1999*

■ k. A. 15 000 5à8€

Ein recht hübscher Wein, der bei seiner Zusammenstellung auf die Originalrebsorten des Cher-Tals zurückgreift: Côt und Cabernet. Er besitzt eine schöne Ausgewogenheit und bietet einen kräftigen, leicht weinigen Duft und danach Aromen von roten Früchten in einem fleischigen, lang anhaltenden Geschmack.

José Marteau, La Rouerie, 41400 Thenay, Tel. 02.54.32.50.51, Fax 02.54.32.18.52
Mo–Sa 8h–12h15 14h–19h; So 8h–12h15

CH. DE QUINCAY 1999

■ 5 ha 8 000 5à8€

Das Château wurde 1830 errichtet. Dieser Touraine erscheint klar: eine hübsche Granatfarbe mit ziegelrotem Rand. Seine Pfingstrosen- und Wildbretaromen begleiten eine schöne Struktur, deren im Abgang noch sehr jugendliche Tannine sich bei einer ein- bis zweijährigen Lagerung noch entwickeln müssen. Der bereits in diesem Herbst trinkreife **2000er Touraine Sauvignon** (Preisgruppe: 20 bis 29 F) wird seiner angenehmen Ausgewogenheit und seiner blumigen Düfte wegen lobend erwähnt.

Cadart Père et Fils, Ch. de Quinçay, 41130 Meusnes, Tel. 02.54.71.00.11, Fax 02.54.71.77.72 n. V.

SEIGNEUR CLEMENT DU DOM. DE RIS 1999*

■ 2 ha 8 000 5à8€

Die Claise, ein kleiner Fluss, wird von schönen Hängen gesäumt, die bisweilen von Reben bedeckt sind. Man kann hier entlanggehen, um ihre Landschaft und ihre romanischen Kirchen kennen zu lernen, aber auch um Weingüter wie dieses hier zu entdecken. Dieser Touraine von leicht entwickelter Farbe, dessen Erdbeerduft sich mit Wildbretgeruch mischt, erweist sich als süffig und mit seiner Frische als recht typisch für die Weine aus dem Tal der Loire. Man kann ihn schon in diesem Winter trinken.

Dom. de Ris, 37290 Bossay-sur-Claise, Tel. 02.47.94.64.43, Fax 02.47.94.68.46 Mo–Fr 17h30–19h; Sa 10h–12h 14h–19h
Gilbert Sabadié

JEAN-FRANÇOIS ROY Côt 1999*

■ 1,5 ha k. A. 5à8€

Jean-François Roy, Winzer in der Appellation Valençay, baut auch, auf den Böden der AOC Touraine, die Côt-Rebe an, deren Wein er im Holzfass ausbaut. Dieser hier hat eine angenehme, lebhafte Farbe und lässt über einer schönen, ausgewogenen Struktur feine Vanillenoten erkennen. Der Holzton dominiert im Augenblick und macht ihn zu einem für die Appellation untypischen Wein, der aber für die erfahrenen Weinliebhaber äußerst interessant ist. Er besitzt genug Stoff, um drei bis vier Jahre altern zu können.

Jean-François Roy, 3, rue des Acacias, 36600 Lye, Tel. 02.54.41.00.39, Fax 02.54.41.06.89 n. V.

DOM. SAUVETE Privilège 1999*

■ 3 ha 10 000 5à8€

Zögern Sie nicht, ein «Privilegierter» zu werden, indem Sie diesen schönen granatroten Wein kaufen, der von 70 % Côt und 30 % Cabernet stammt und deutlich nach roten Früchten duftet. Die Geschmacksstruktur scheint im Augenblick von den Tanninen dominiert zu werden: Eine gewisse Zeit (vier bis fünf Jahre) der Alterung ist notwendig, damit man ihn voll würdigen kann.

Dom. Sauvète, chemin de La Bocagerie, 41400 Monthou-sur-Cher, Tel. 02.54.71.48.68, Fax 02.54.71.75.31
Mo–Sa 9h–12h 14h–19h

DOM. DES SEIGNEURS Pineau d'Aunis 2000*

◪ 2 ha 14 500 -3€

Laurent Avignon hat das Familiengut 1994 übernommen. Er präsentiert einen sehr eleganten Rosé mit grau schimmernder Farbe und Frühlingsduft. Hier kommt die Rebsorte Pineau d'Aunis auf zurückhaltende Weise zum Ausdruck, aber die Struktur und die Länge des Abgangs sind ausgezeichnet.

Dom. des Seigneurs, Les Tassins, 41110 Couffy, Tel. 02.54.75.01.01, Fax 02.54.75.39.31 n. V.

DOM. MICHEL VAUVY Sauvignon 2000

□ 4 ha 10 000 5à8€

Dieser golden erscheinende Wein, der einen Duft von schöner Komplexität besitzt, ermöglicht es den Uneingeweihten, den weißen Touraine-Wein kennen zu lernen, wobei Sie ihn mit marinierten Miesmuscheln kombinieren sollten.

Michel Vauvy, 81, rue Nationale, 41140 Noyers-sur-Cher, Tel. 02.54.75.26.57, Fax 02.54.75.26.57 n. V.

Touraine Noble-Joué

Dieses Weinbaugebiet, dessen Wein schon am Hofe Ludwigs XI. getrunken wurde, erreichte im 19. Jh. den Gipfel seines Ansehens. Von der Ausbreitung der Stadt Tours nach und nach aufgezehrt, wäre es beinahe verschwunden, aber heute ersteht es wieder auf Initiative von Winzern, die es wiederherstellen. Dieser «graue» Wein, d. h. ein sehr heller Rosé, der von den Rebsorten Pinot meunier, Pinot gris und Pinot noir stammt, hat heute durch seine Einstufung als AOC seinen historischen Platz zurückgewonnen.

REMI COSSON 2000

◪ 1,7 ha 5 000 3à5€

Dieser Rosé von blassrosa Farbe («Œil-deperdrix) überrascht durch seine intensiven Aromen von gekochter Konfitüre, die Wunder wirken. Im Geschmack dominiert Kirsche. Der Abgang ist ganz in dem frischen Typ gehalten, den man von dieser neuen Appellation erwarten darf.

Rémi Cosson, La Hardellière, 37320 Esvres-sur-Indre, Tel. 02.47.65.70.63 n. V.

ANTOINE DUPUY 2000

◪ 4 ha 15 000 3à5€

Die Farbe ist rosagrau. Der sehr feine und überaus zurückhaltende Duft und der recht frische Geschmack machen diese Flasche zu einem ausgezeichneten Wein für den Nachmittag. Der Abgang ist nicht übertrieben spitz.

EARL Antoine Dupuy, Le Vau, 37320 Esvres-sur-Indre, Tel. 02.47.26.44.46, Fax 02.47.65.78.86 n. V.

JEAN-JACQUES SARD 2000

◪ 3,8 ha 13 000 3à5€

Eine blassgraue Farbe und einschmeichelnde empyreumatische Aromen, die sehr deutlich zu spüren sind. Im Geschmack treffen Rundheit und Lebhaftigkeit auf harmonische Weise zusammen und hinterlassen einen Eindruck von natürlicher Eleganz. Ein hübsches Produkt, das man jetzt trinken kann.

Jean-Jacques Sard, La Chambrière, 37320 Esvres-sur-Indre, Tel. 02.47.26.42.89, Fax 02.47.26.57.59 n. V.

Touraine-Amboise

Das Weinbaugebiet der Appellation Touraine-Amboise (davon 150 bis 200 ha für den Touraine-Amboise) liegt zu beiden Seiten der Loire, über die das Schloss aus dem 15./16. Jh. wacht, nicht weit entfernt vom Landsitz Le Clos-Lucé, wo Leonardo da Vinci lebte und starb. Es erzeugt vor allem Rotweine (10 815 hl im Jahre 2000) von der Rebsorte Gamay, die mit Côt und Cabernet verschnitten wird. Es sind volle Weine mit leichten Tanninen; wenn Côt und Cabernet überwiegen, haben die Weine eine gewisse Alterungsfähigkeit. Dieselben Rebsorten liefern trockene Roséweine, die zart, fruchtig und recht typisch sind. Die Weißweine sind je nach Jahrgang trocken bis halbtrocken und besitzen eine gute Alterungsfähigkeit; die Produktion liegt bei 1 799 hl (2000).

DOM. DES BESSONS
Cuvée François Ier 1999*

1 ha 8 000 3à5€

Die Kirche von Limeray enthält eine schöne Steinfigur der hl. Magdalena aus dem 16. Jh., die Ihren Besuch verdient. Danach können Sie in der rue de Blois diesen gut gebauten Touraine-Amboise mit Gewürznoten kennen lernen, der in der Wahl der Zusammenstellung der drei Rebsorten eine perfekte Ausgewogenheit zeigt. Das Terroir ist recht präsent. Trinken kann man ihn jeden Sonntag.

François Péquin, Dom. des Bessons, 113, rue de Blois, 37530 Limeray, Tel. 02.47.30.09.10, Fax 02.47.30.02.25 Mo–Sa 9h–19h

GUY DURAND
Cuvée HM Moelleux 1999**

1 ha 1 200 8à11€

TOURAINE-AMBOISE
APPELLATION TOURAINE-AMBOISE CONTROLEE
Mis en bouteille à la propriété par
Guy DURAND, Viticulteur
11, rue du Chemin Neuf - 37530 MOSNES - France
Tél. 02 47 30 43 14 - Produce of france
12,5%vol 750ml
Cuvée Moelleuse 1999
A notre père et grand-père
Henri MASSON

Chenin ist bestimmt eine der Hauptrebsorten für Weißweine, wenn sie meisterlich geführt wird, wie es Guy Durand tut. Ein Ertrag wie bei einem Grand cru und geduldiges Warten auf eine optimale Reife haben es möglich gemacht, diese Cuvée herzustellen, die dem Gründer des Guts gewidmet ist. Von Birne gelangt man zu kandiertem Rhabarber. Ein prächtiger Wein von überreifem Traubengut, bei dem der anhaltende, an Honig erinnernde Abgang eine Überraschung darstellt.

Guy Durand, 11, Chemin-Neuf, 37530 Mosnes, Tel. 02.47.30.43.14, Fax 02.47.30.43.14 tägl. 8h–20h

DOM. DUTERTRE Clos du Pavillon 1999

4 ha 7 000 5à8€

Ein Gut, auf dem die Qualität stets Vorrang hat, was auch dieser trockene Weißwein mit dem intensiven mineralischen Aroma belegt. Dieser 99er war zum Zeitpunkt der Verkostung noch verschlossen, ließ aber dennoch im Abgang Honignoten erkennen, so dass man für Ende dieses Jahres seinen Höhepunkt voraussagen kann.

Dom. Dutertre, 20-21, rue d'Enfer, 37530 Limeray, Tel. 02.47.30.10.69, Fax 02.47.30.06.92 Mo–Sa 8h–12h30 14h–18h; So n. V.

DOM. DE LA PERDRIELLE 2000

1 ha 5 500 3à5€

Ein schönes Lachsrot, übersät mit feinen Bläschen, die von der Kohlensäure herrühren, die zum Zeitpunkt der Verkostung noch vorhanden war. Dieser durch kurze Maischung hergestellte Rosé wird die Liebhaber von Weinen mit ausgeprägten Gäraromen, wie etwa Banane, begeistern. Der anhaltende Abgang ist erfrischend.

EARL Gandon, Dom. de La Perdrielle, 24, Vallon de Vauriflé, 37530 Nazelles-Négron, Tel. 02.47.57.31.19, Fax 02.47.57.77.28, E-Mail vgandon@club-internet.fr Mo–Sa 9h–12h30 14h–19h; So n. V.

DOM. DE LA PREVOTE 2000**

10 ha 15 000 3à5€

Die Firma Bonnigal beweist bei der Zusammenstellung der in dieser Appellation angebauten roten Traubensorten großes Können. Die Farbe zeigt ein hübsches Lachsrosa. Der intensive Duft von roten Früchten, bei denen sich schwarze Johannisbeere und Erdbeere mischen, harmoniert perfekt mit der Eleganz und der Frische des Geschmacks.

Dom. de La Prévôté, GAEC Bonnigal, 17, rue d'Enfer, 37530 Limeray, Tel. 02.47.30.11.02, Fax 02.47.30.11.09 n. V.

DOM. DE LA RIVAUDIERE 2000*

1 ha 7 000 5à8€

Das Gut, das im letzten Jahr für einen roten 98er eine Liebeserklärung erhielt, präsentiert beim 2000er einen sehr hübschen Rosé von lachsrosa Farbe, der ganz durch rote Früchte bestimmt ist. Er ist sehr rund, ausgewogen und ein klein wenig warm und klingt mit einer sehr angenehmen Note von Frische aus.

🔑 EARL Perdriaux, 3, Les Glandiers, 37210 Vernou-sur-Brenne, Tel. 02.47.52.02.26, Fax 02.47.52.04.81 ☑ Ÿ n. V.

DOM. DE LA TONNELLERIE 1999*

☐ 1 ha 1000 3à5€

Ein ehemaliger Küfer um 1850 regte den Namen des Guts an, das seit 1996 ein Schild besitzt, das den Küfer und seine Dauben zeigt. Vincent Péquin, ein junger Winzer, der seinen Beruf liebt, hat einen sehr schönen goldfarbenen Weißwein erzeugt, der nach Honig duftet. Er ist geradlinig und für den Jahrgang 1999 sehr gelungen.

🔑 Vincent Péquin, 71, rue de Blois, 37530 Limeray, Tel. 02.47.30.13.52, Fax 02.47.30.06.23 ☑ Ÿ Mo–Sa 8h–20h

L'OREE DES FRESNES 1999

■ 1 ha 6 000 5à8€

Xavier Frissant führt das Gut seit 1990. Er kombiniert zu gleichen Teilen Côt und Cabernet franc von dreißig Jahre alten Reben, um diesen Wein herzustellen, der an den Feiertagen am Jahresende perfekt zu Wild passen wird. Eine kräftige Farbe und konzentrierte, anhaltende Aromen über seidigen Tanninen machen ihn zu einem Gast, den man unbedingt zu sich nach Hause zum Essen einladen sollte.

🔑 Xavier Frissant, 1, chem. Neuf, 37530 Mosnes, Tel. 02.47.57.23.18, Fax 02.47.57.23.25, E-Mail xavierfrissant@wanadoo.fr ☑ Ÿ tägl. 8h–12h30 14h–19h; So n. V.

DOM. MESLIAND

La Besaudière Cuvée François Ier 1999*

■ 0,54 ha 4 000 5à8€

Eine sechs Monate im Holzfass ausgebaute Cuvée François Ier, die sehr gut gelungen ist. Ihre komplexen Aromen verbinden rote Früchte und Lakritze. Die spürbaren Tannine haben sich in die Reichhaltigkeit und die Samtigkeit dieses Weins gut eingefügt. Der Respekt gegenüber den Reben und dem Traubengut ist nicht ganz unbeteiligt an diesem sehr schönen Ergebnis.

🔑 Dom. Mesliand, 15 *bis*, rue d'Enfer, 37530 Limeray, Tel. 02.47.30.11.15, Fax 02.47.30.02.89 ☑ Ÿ tägl. 8h–21h; Gruppen n. V.

ROLAND PLOU ET SES FILS 1999*

☐ 3 ha 10 000 3à5€

Der Familienbetrieb liegt 4 km vom Schloss von Amboise entfernt. Eine großartige Intensität der Aromen kennzeichnet seinen 99er Weißwein, der Wurstgerichte und Fisch begleiten kann. Der ausgewogene Abgang, der keine Lebhaftigkeit zeigt, wurde von den Verkostern sehr geschätzt.

🔑 EARL Plou et Fils, 26, rue du Gal-de-Gaulle, 37530 Chargé, Tel. 02.47.30.55.17, Fax 02.47.23.17.02, E-Mail rplou@terre-net.fr ☑ Ÿ tägl. 9h–13h 15h–19h30

VIGNOBLE DES QUATRE ROUES

1999

■ 1 ha 5 000 3à5€

Pocé-sur-Cisse, das 3 km von Amboise entfernt auf dem rechten Ufer der Loire liegt, besaß im 19. Jh. eine kunstgewerbliche Gießerei, von der man in der Kirche ein paar Erzeugnisse sehen kann. Hier haben wir einen hübschen Wein, mit dem man die Appellation kennen lernen kann, mit Unterholz- und Gewürzgerüchen, die am Gaumen wieder auftauchen. Die Tannine, die zum Zeitpunkt der Verkostung noch spürbar waren, dürften sich bald besänftigen.

🔑 Vignoble des Quatre Roues, 27, Fourchette, 37530 Pocé-sur-Cisse, Tel. 02.47.57.26.96, Fax 02.47.57.26.96 ☑ Ÿ n. V.

Touraine-Azay-le-Rideau

Die 150 Hektar, auf denen die Weine erzeugt werden, verteilen sich auf die beiden Ufer der Indre. Die Weine hier besitzen die Eleganz des Schlosses, das sich im Fluss spiegelt; von ihm haben sie auch ihren Namen. Die Hälfte sind Weißweine (955 hl im Jahre 2000); sie sind trocken bis zart und besonders fein und altern gut. Erzeugt werden sie von der Rebsorte Chenin blanc (oder Pineau de la Loire). Die Rebsorten Grolleau (60 % Mindestanteil am Verschnitt), Gamay und Côt sowie Cabernet (10 % Höchstanteil) liefern trockene, sehr leckere Roséweine (1 689 hl).

Die Rotweine haben die Appellation Touraine.

THIERRY BESARD 2000

◪ 0,47 ha 1 500 3à5€

Hier liefert Grolleau, die Rebsorte, die an den Ufern der Loire und der Indre wächst, diesen echten Rosé, der eine nachhaltige, vornehme Fruchtigkeit zeigt. Ein Wein gegen den Durst, den man zu Geflügel aus der Touraine, am Spieß gebraten, oder zu Rillettes (im eigenen Saft gegartes Fleisch) aus Tours servieren sollte.

🔑 Thierry Besard, 10, Les Priviers, 37130 Lignières-de-Touraine, Tel. 02.47.96.85.37, Fax 02.47.96.41.98 ☑ Ÿ n. V.

CH. DE LA ROCHE 1999*

☐ 1,74 ha 9 800 5à8€

Die Domaine de La Roche, ein wunderschöner Landsitz, der die Täler von Loire und Indre überragt, besitzt ein für den Anbau von Pineau de la Loire oder Chenin günstiges Mikroklima. Dieser nuancenreiche 99er wird Ihre Gerichte

mit weißem Fleisch aus der Touraine zur Geltung bringen.
Ch. de La Roche, La Roche, 37190 Cheillé, Tel. 02.47.45.46.05, Fax 02.47.45.29.60, E-Mail gentil.la-roche@wanadoo.fr
tägl. 9h–12h30 14h–19h

JAMES PAGET 2000*

2 ha 10 000 5à8€

Eine späte Lese und eine geschickte Kombination von Grolleau, Gamay und Côt: James Paget beherrscht die Arbeit des Winzers perfekt und präsentiert diesen delikaten Rosé mit den stark entfalteten blumigen Aromen, die nachhaltig und frisch sind.
EARL James Paget, 13, rue d'Armentières, 37190 Rivarennes, Tel. 02.47.95.54.02, Fax 02.47.95.45.90 n. V.

PASCAL PIBALEAU 2000

3 ha 10 000 5à8€

Pascal Pibaleau, der die vierte Generation von Winzern auf diesen Terroirs an den Ufern der Indre verkörpert, hat den Betrieb 1996 übernommen. Mit Hilfe seiner vierzig Jahre alten Grolleau-Reben konnte er einen leckeren Rosé von lebhaftem Rosarot liefern, der sehr zart ist und zu feinen Wurstgerichten wunderbar schmecken wird. Der ebenfalls lobend erwähnte **99er Weißwein** ist recht aromatisch.
EARL Pascal Pibaleau, 68, rte de Langeais, 37190 Azay-le-Rideau, Tel. 02.47.45.27.58, Fax 02.47.45.26.18, E-Mail pascal.pibaleau@wanadoo.fr
Mo–Sa 8h–12h30 13h30–19h

FRANÇOIS ROLLAND 1999*

1,07 ha 1000 3à5€

Die im 12. Jh. errichtete Kirche von Lignières-de-Touraine enthält Fresken aus dem 13. Jh. Nachdem Sie die Wandmalereien bewundert haben, sollten Sie sich von dieser Flasche in Versuchung bringen lassen. Sie muss ein paar Monate lagern, damit die Holznoten mit den sehr angenehmen Zitronennoten und dem Reichtum im Geschmack verschmelzen können. Ein schönes Beispiel für die Ausdrucksstärke des Terroir bei der Chenin-Traube.
Francis Rolland, 30, rue de Villandry, 37130 Lignières-de-Touraine, Tel. 02.47.96.83.55, Fax 02.47.96.69.08
n. V.

ERIC TOULME 2000*

1,86 ha 1 164 3à5€

In Azay-le-Rideau müssen Sie die D 57 nehmen, um nach Lignières-de-Touraine zu kommen. Eric Toulmé führt das 5,5 ha große Familiengut. Unter seinem strahlenden Krebsrot bietet dieser Rosé mit den deutlichen Himbeernoten im Geschmack sehr wirkungsvolle Nuancen von Biskuit und geröstetem Brot. Er gibt einen guten Begleiter für warme Grieben und andere Wurstgerichte ab.
EARL Eric Toulmé, 2, Les Carrés, 37130 Lignières-de-Touraine, Tel. 02.47.96.72.36, Fax 02.47.96.69.69
n. V.

Touraine-Mesland

Das Anbaugebiet der Appellation, das auf dem rechten Ufer der Loire liegt, nördlich von Chaumont und flussabwärts von Blois, umfasst 200 ha. 2000 wurden 6 199 hl erzeugt, davon 851 hl Weißwein. Die Böden bestehen aus feuersteinhaltigem Ton, der stellenweise von einer (miozänen) Sand- oder Lehmsandschicht bedeckt ist. Der größte Teil der Produktion sind Rotweine; wenn sie von der Gamay-Rebe stammen und mit Cabernet und Côt verschnitten werden, sind sie gut strukturiert und typisch. Wie die Roséweine sind auch die Weißweine (vorwiegend von der Rebsorte Chenin erzeugt) trocken.

DOM. D'ARTOIS 2000

10 ha 70 000 3à5€

Unter einem kräftigen Granatrot zeigt dieser Wein mit den Aromen gewürzter Früchte unbestreitbar Qualitäten, die die Flaschenreifung hervorheben wird. Die Gerbsäure macht sich bemerkbar, aber in Maßen. Der Abgang ist mild.
SCEA Dom. d'Artois, La Morandière, 41150 Mesland, Tel. 02.54.70.24.72, Fax 02.54.70.24.72 n. V.
J.L. Saget

CH. GAILLARD 2000**

5 ha 30 000 5à8€

Vincent Girault, ein Verfechter der Einstellung, dass man als Winzer das Terroir und die Reben respektieren muss, war überaus erfolgreich mit diesem 2000er Weißwein, der Quitten- und Humusaromen besitzt. Im Geschmack beweist er viel Charakter und Dynamik.
Ch. Gaillard, 41150 Mesland, Tel. 02.54.70.25.47, Fax 02.54.70.28.70
n. V.
Vincent Girault

CLOS DE LA BRIDERIE
Vieilles vignes 2000**

k. A. 48 000 5à8€

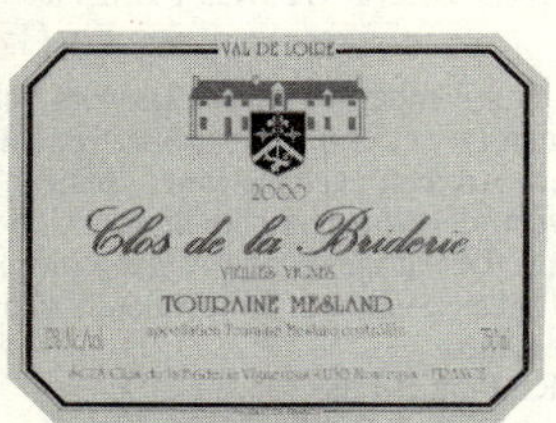

Hier ist Touraine-Mesland, den Sie bestimmt in allen großen, mit Sternen ausgezeichneten Restaurants der Gegend finden werden. Diese

Cuvée hat die Oberjury durch ihre extreme Einheitlichkeit verführt: satte Farbe, ein kräftiger, komplexer Duft, in dem sich reife Früchte, Gewürze und Röstaroma mischen, und im Geschmack eine Präsenz, die nicht mehr aufhört. Große Kunst, die unsere Verkoster mit einer «großen Liebeserklärung» ausgezeichnet haben. Beachten sollte man auch den hübschen **2000er Rosé** (ein Stern) mit den kraftvollen Pampelmusennoten.

J. et F. Girault, Clos de La Briderie, 41150 Monteaux, Tel. 02.54.70.28.89, Fax 02.54.70.28.70 n. V.

DOM. DE LUSQUENEAU 2000*

k. A. 13 600 3à5€

Schöner, klarer Anblick, gut strukturiert, voll, fest und frisch. Dieser Rosé entfaltet Noten reifer Früchte. Bei Erscheinen unseres Weinführers dürfte er eine Flasche abgeben, die sich angenehm trinken lässt.

SCEA Dom. de Lusqueneau, rue du Foyer, 41150 Mesland, Tel. 02.54.70.25.51, Fax 02.54.70.27.49

DOM. DE RABELAIS 2000

k. A. k. A. 3à5€

Ein kräftiger Rosé, der die bei diesem Weintyp erwartete Fruchtigkeit ein wenig überdeckt. Ein angenehmer Abgang beschließt die Verkostung dieses Weins mit der hübschen, hellen Farbe.

Chollet, 23, chem. de Rabelais, 41150 Onzain, Tel. 02.54.20.79.50, Fax 02.54.20.79.50 n. V.

DOM. DES TERRES NOIRES 2000

0,4 ha 2 000 3à5€

Die drei Brüder Rediguère gründeten 1993 auf dem rechten Ufer der Loire ihre GAEC. Ihr Rosé schmückt sich mit einem hübschen, kräftigen Rosa. Der intensive Duft von roten Früchten erinnert an den Frühling und seine morgendliche Frische, die man im Abgang wiederfindet, aber nicht im Übermaß. Ein Wein, den man zusammen mit Freunden trinken kann, um diese Appellation zu entdecken.

GAEC des Terres Noires, 81, rue de Meuves, 41150 Onzain, Tel. 02.54.20.72.87, Fax 02.54.20.85.12 tägl. 9h–19h

JACQUES VEUX 2000

1 ha 2 400 3à5€

Ein Rosé von der Gamay-Traube mit eleganten Grautönen. Er ist voll und fest und entfaltet bei der Verkostung einen sehr heiteren Eindruck. Ein hübscher Wein.

Jacques Veux, 3 *bis*, Château-Gaillard, 41150 Mesland, Tel. 02.54.70.26.27 tägl. 10h–19h

Bourgueil

Die 75 598 hl Rotweine (2000), die von der Rebsorte Cabernet franc oder Breton stammen und einen sehr ausgeprägten Charakter besitzen, werden im 1 250 ha großen Anbaubereich der AOC Bourgueil erzeugt; das Anbaugebiet liegt im Westen der Touraine, an den Grenzen zum Anjou, auf dem rechten Ufer der Loire. Sie sind rassig und haben elegante Tannine; nach einer langen Gärdauer haben sie eine sehr gute Alterungsfähigkeit, wenn sie von den gelben Tuffböden der Hänge stammen. Bei den besten Jahrgängen (1976, 1989 oder 1990 beispielsweise) kann ihre Reifung im Keller mehrere Jahrzehnte dauern. Süffiger und fruchtiger fallen sie aus, wenn sie von den Terrassen mit sandigen Kiesböden kommen. Einige hundert Hektoliter werden als trockene Roséweine vinifiziert. Hinweisen sollte man noch darauf, dass die Winzer, die Mitglieder der Genossenschaft von Restigné (ein Viertel des Bourgueil-Weins) sind, ihre Weine oft im eigenen Keller selbst ausbauen.

YANNICK AMIRAULT
Le Grand Clos 1999**

1,5 ha k. A. 8à11€

Welchen Wein soll man zuerst beschreiben? Den Grand Clos oder **La Coudraye** (Preisgruppe: 30 bis 49 F)? Zwei schöne Cuvées, die alle Freunde des Bourgueil-Weins zum Träumen bringen werden. Sie finden darin Konzentration, Reichhaltigkeit, Volumen und seidige Tannine. Der Grand Clos besitzt einen Brombeerduft mit ganz leichter Vanillenote und einen endlos anhaltenden Abgang. Die Harmonie ist erreicht. Der Coudraye stammt von jungen Rebstöcken, was seine Verdienste nicht schmälert – im Gegenteil. Bei der Verkostung stellt man lediglich eine Frische fest, die seinen Ursprung bestätigt. Zwei bemerkenswerte Weine, die für eine Liebeserklärung vorgeschlagen wurden und bei der Oberjury auf den dritten und vierten Platz kamen.

Yannick Amirault, 5, Pavillon du Grand Clos, 37140 Bourgueil, Tel. 02.47.97.78.07, Fax 02.47.97.94.78 n. V.

JEAN-MARIE AMIRAULT
Cuvée Prestige 1999*

2 ha 5 000 5à8€

Ein Wein, der bei einem Familienessen in entspannter Atmosphäre seine Rolle spielen kann. Diese sehr fruchtige Cuvée, bei der schwarze Johannisbeere dominiert, ist unkompliziert. Die geschmeidige, runde Tanninstruktur, die ausreicht, um ihr einen Körper zu verschaffen, ohne dass sie Anspruch auf eine Lagerfähigkeit erheben würde, endet in einer eleganten Note. Ein einschmeichelnder 99er, wie man ihn in Bourgueil bisweilen mag. Man kann ihn problemlos zum Essen servieren.

🔑 Jean-Marie Amirault, La Motte, 37140 Benais, Tel. 02.47.97.48.00, Fax 02.47.97.48.00, E-Mail jm.amirault.vins@wanadoo.fr ☑ 🍷 n. V.

HUBERT AUDEBERT
Vieilles vignes 1999*

■ 2 ha 12 000 5 à 8 €

Die Audeberts, die ein hübsches Gut von fast zehn Hektar auf den Sandböden von Restigné führen, halten recht viel auf Tradition. Die Weine hier sind in der Regel frisch und subtil. Das gilt auch für diesen hier, der gut gebaut ist, keine Rauheit zeigt und einen ausreichenden Umfang besitzt. Die Düfte erinnern an Unterholz und sorgen für einen ansprechenden Abgang. Diese Flasche kann ein bis zwei Jahre im Keller ruhen. Die **99er Cuvée Jolinet** ist stärker vom Sandboden geprägt. Sie erhält eine lobende Erwähnung und kann schon jetzt zum Essen serviert werden.

🔑 Hubert Audebert, 5, rue Croix-des-Pierres, 37140 Restigné, Tel. 02.47.97.42.10, Fax 02.47.97.77.53 ☑ 🍷 n. V.

VIGNOBLE AUGER 1999*

■ 20 ha 15 000 5 à 8 €

Mit seinen zwanzig Hektar ist das bereits ein schönes Weingut, das Christian Auger führt. Die Terroirs sind sehr vielfältig, aber Christian vereinigt sie zu einer einzigen Cuvée, die für die Appellation repräsentativ sein dürfte. Sie ist es durch ihren Geruchseindruck, der die Rebsorte Cabernet franc zum Ausdruck bringt, und durch ihren gut strukturierten, kraftvollen Geschmack, der aber gleichzeitig elegant und harmonisch ist. Ein schöner Wein, der die Fähigkeit zur Alterung besitzt.

🔑 Vignoble Auger, 58, rte de Bourgueil, 37140 Restigné, Tel. 02.47.97.41.37, Fax 02.47.97.49.78 ☑ 🍷 n. V.

CATHERINE ET PIERRE BRETON
Les Galichets 1999*

■ 3 ha 10 000 8 à 11 €

Drei Hektar für diese Cuvée Les Galichets, die im kontrollierten biologischen Anbau erzeugt wird. Der Ausbau geschieht im Eichenfass, was ihr im Duft und im Geschmack recht ausgeprägte Vanillearomen verliehen hat. Aber da der Ausbau gekonnt durchgeführt worden ist, hat er die Tannine, die man um eine recht präsente Fruchtigkeit herum spürt, abgerundet und reifen lassen.

🔑 Pierre et Catherine Breton, 8, rue du Peu-Muleau, Les Galichets, 37140 Restigné, Tel. 02.47.97.30.41, Fax 02.47.97.46.49, E-Mail catherinetpierre.breton@libertysurf.fr ☑ 🍷 n. V.

BRUNO ET ROSELYNE BRETON
Elevé en fût de bois 1999*

■ 3 ha 16 000 5 à 8 €

Die Sanftheit der Tannine hat die Verkoster bei dieser Cuvée erstaunt. Sie kommt von drei der insgesamt zwanzig Hektar, die Bruno und Roselyne Breton anbauen. Aus diesem Grund ist der Geschmack weich und sehr fruchtig. Das ist ein Genießerwein, den man unverzüglich trinken kann, beispielsweise zu Wurstgerichten, die er mit seiner Stärke nicht erdrücken wird.

🔑 Roselyne et Bruno Breton, EARL du Carroi, 45, rue Basse, 37140 Restigné, Tel. 02.47.97.31.35, Fax 02.47.97.49.00 ☑ 🍷 n. V.

DOM. DU CHENE ARRAULT
Cuvée Vieilles vignes 1999**

■ 1,33 ha 8 000 5 à 8 €

Eine Vereinigung der Betriebe der Großeltern väterlicher- und mütterlicherseits führte 1990 zur Bildung dieses hübschen, dreizehn Hektar großen Guts. Ein fruchtiger Duft, der auch an Unterholz erinnert, Tannine von mittlerer Stärke, die keine Aggressivität zeigen, und ein Abgang, der einen Eindruck von Gekochtem hinterlässt: Dieser hübsche Wein kann sich noch entwickeln, wenn man das will, aber die Jury mochte ihn bereits. Die **Cuvée du Chêne Arrault** hat eine lobende Erwähnung erhalten: Sie ist sanft, leicht und trinkreif.

🔑 Christophe Deschamps, 4, Le Chêne-Arrault, 37140 Benais, Tel. 02.47.97.46.71, Fax 02.47.97.82.90, E-Mail domaine.du.chene.arrault@wanadoo.fr ☑ 🍷 n. V.

SERGE DUBOIS Cuvée Prestige 1999*

■ 2,5 ha 15 000 5 à 8 €

Serge Dubois hat es verstanden, seinen Betrieb weiter auszubauen, seitdem er sich hier 1973 niederließ. Er begann mit zwei Hektar und führt heute ein schönes, 14 ha großes Weingut. Vor ganz kurzer Zeit hat er einen funktionellen Keller gebaut, in dem er in Zukunft bequem arbeiten kann. Diese Cuvée Prestige bietet einen stark entfalteten Duft, der nacheinander an Flieder, Rauch und Eichenholz erinnert. Die Tannine sind vorhanden, aber schon recht ausgehöhlt und vom Stoff umhüllt. Die Harmonie ist bereits tadellos, aber zwei bis drei Jahre Lagerung oder sogar noch mehr sind ihm nicht untersagt: Er wird noch an Komplexität hinzugewinnen.

🔑 Serge Dubois, 49, rue de Lossay, 37140 Restigné, Tel. 02.47.97.31.60, Fax 02.47.97.43.33, E-Mail serge.dubois9@wanadoo.fr ☑ 🍷 n. V.

LAURENT FAUVY 1999*

■ 3 ha 4 000 3 à 5 €

In Benais sind die Winzer verwöhnt: Wenn die Vinifizierung gut durchgeführt wird, besitzen die Weine hier eine gute Konstitution. Das gilt auch für diesen 99er mit seinem runden, fleischigen Geschmack, der eine gute Länge hat. Laurent Fauvy präsentiert im gleichen Stil eine **Cuvée Vieilles vignes** (Preisgruppe: 30 bis 49 F),

die ebenso gut benotet wurde. Zwei hübsche Weine, die ihren Weg machen dürften.
🔑 Laurent Fauvy, 14, rte de Saint-Gilles, 37140 Benais, Tel. 02.47.97.46.67, Fax 02.47.97.95.45 ☑ Ⲧ n. V.

DOM. DES FORGES
Cuvée Vieilles vignes 1999★

■ 4 ha 15 000 5à8€

Les Forges – das war der Ort, wo früher der Hufschmied arbeitete. Aus der Schmiede ist das Winzerhaus geworden, das von 18 ha Reben umgeben ist. Einer von Jean-Yves Billets Vorfahren führte Tagebuch und notierte 1846, er habe «einen erstklassigen Wein von sehr ordentlicher Menge» geerntet. Die Cuvée Vieilles vignes ist sicherlich erstklassig. Bei der Menge wollen wir diesem Winzer vertrauen, dass er seine Erträge mäßigt. In diesem Wein findet man in der Nase und im Mund viel Frucht, mit einem leichten Anklang an Kaffee und Rauch. Die Tannine sind am richtigen Platz, was ihm Rundheit und eine gute Ausgewogenheit verleiht. Der elegante Abgang hat einen Beigeschmack von «schmeckt nach mehr». Die **99er Cuvée des Bezards** erhält die gleiche Note: fast zwei Zwillingsweine.
🔑 Jean-Yves Billet, Dom. des Forges, pl. des Tilleuls, 37140 Restigné, Tel. 02.47.97.32.87, Fax 02.47.97.46.47, E-Mail J.Y.Billet@wanadoo.fr ☑ Ⲧ n. V.

DOM. DES GALLUCHES
Cuvée Tradition 1999★

■ 3 ha 12 000 5à8€

James Petit übernahm 1997 das Gut seines Onkels Jean Gambier, der sich inzwischen zurückgezogen hat, aber im Gebiet von Bourgueil eine Persönlichkeit geblieben ist. Die Weinberge umfassen eine Fläche von mehr als sechzehn Hektar auf der ersten Terrasse der Appellation. Der diskrete, ehrliche Geruchseindruck «bretoniert», denn er erinnert an die für Cabernet franc charakteristische Paprikaschote. Der Geschmack, der in reichem Maße über Lakritze-, Walnuss- und Tabakaromen verfügt, entlädt sich förmlich. Die Tannine könnten sich ein wenig abmildern: Das ist eine Arbeit von ein bis zwei Jahren Lagerung.
🔑 James Petit, La Petite Mairie, 37140 Restigné, Tel. 02.47.97.30.13 ☑ Ⲧ n. V.
🔑 Jean Gambier

DOM. DES GELERIES
Cuvée Prestige 1999

■ 1,5 ha 6 000 5à8€

Jeannine Rouzier-Meslet, eine mutige Frau, hat das Weingut ihres Ehemanns übernommen, als er in Rente ging. Sie wird heute von ihrem Sohn unterstützt. Vor kurzem hat sie den Regisseur und Fernsehjournalisten Pierre Tchernia empfangen; sicherlich haben sie, zwischen zwei Gläsern, die aktuelle Filmszene kommentiert. Ihre drei Monate im Eichencuvée ausgebaute Cuvée Prestige überrascht durch ihre starke Struktur. Man spürt darin kräftige Tannine, die verdienen würden, dass sie reifen. Die Frucht fehlt übrigens auch nicht. Ein Wein, bei dem man nichts riskiert, wenn man ihn ein wenig lagert.
🔑 Jeannine Rouzier-Meslet, 2, rue des Géléries, 37140 Bourgueil, Tel. 02.47.97.72.83, Fax 02.47.97.48.73 ☑ Ⲧ n. V.

DOM. DES GESLETS
Cuvée de Garde 1999★★

■ 2,1 ha 9 400 8à11€

Vincent Grégoire trat 1988 die Nachfolge seines Vaters an, unter dessen Leitung das Gut bereits einen guten Anfang genommen hatte. Er arbeitet viel mit großen Fässern und mit Barriques und ist auf die Beschaffenheit seiner Weine bedacht. Diese lagerfähige Cuvée ist bemerkenswert aufgrund ihres großen Reichtums und des Umfangs ihrer Tannine. Diese sind zwar deutlich vorhanden, aber stark abgeschwächt und mit dem Stoff verbunden. Ein 99er, den man unbedingt ein bis zwei Jahre einkellern muss.
🔑 EARL Vincent Grégoire, Dom. des Geslets, 37140 Bourgueil, Tel. 02.47.97.97.06, Fax 02.47.97.73.95, E-Mail domainedesgeslets@oreka.com ☑ Ⲧ tägl. 9h30–18h30

DOM. HUBERT Vieilles vignes 1999

■ 3 ha 15 000 5à8€

Dieser 99er stammt von alten Rebstöcken, die ein mehr als nur beachtliches Alter haben (fünfzig Jahre). Die Tannine sind im Augenblick ein wenig streng: Man muss diesem Wein unbedingt Zeit lassen. Er besitzt echtes Potenzial.
🔑 EARL Franck Caslot, La Hurolaie, 37140 Benais, Tel. 02.47.97.30.59, Fax 02.47.97.45.46 ☑ Ⲧ Mo–Sa 9h–12h 14h30–19h; So n. V.

DOM. DE LA CHANTELEUSERIE
Cuvée Vieilles vignes 1999★

■ 4 ha 10 000 5à8€

La Chanteleuserie – ein 20 ha großes Weingut in Familienbesitz, das auf das Jahr 1822 zurückgeht und wo schon immer die Lerchen sangen. Thierry Boucard behandelt sein Traubengut sorgfältig, mit Hilfe eines Tisches zum Aussortieren der Trauben, der es erlaubt, die pflanzlichen Verunreinigungen und die verdorbenen oder unreifen Beeren auszusondern. Das Ergebnis ist überzeugend: Der Duft ist sehr ausdrucksvoll, ganz durch rote Früchte und geröstetes Brot bestimmt. Die Tannine sind kräftig, bewahren aber Sanftheit und Eleganz. Dieser Wein hat eine gute Länge; er schmeckt schon jetzt angenehm, aber man kann ihn vorteilhaft im Keller reifen lassen. Eine zweite Cuvée, der **99er Beauvais,** der im selben Stil gehalten ist, muss zwei bis drei Jahre lagern.
🔑 Thierry Boucard, La Chanteleuserie, 37140 Benais, Tel. 02.47.97.30.20, Fax 02.47.97.46.73, E-Mail tboucard@terre-net.fr ☑ Ⲧ Mo–Sa 8h30–12h 14h–19h

DOM. DE LA CHEVALERIE
Cuvée des Busardières 1999★★★

■ k. A. 13 000 5à8€

DOMAINE DE LA CHEVALERIE
Bourgueil
APPELLATION CONTRÔLÉE
Cuvée des Busardières
12,5% Vol.
750 ml
MIS EN BOUTEILLES A LA PROPRIÉTÉ
PRODUCT OF FRANCE

Das Haus befindet sich zwar im unteren Teil der Appellation, aber die Weinberge (fast 32 ha in einem Stück) sind am Hang angelegt, dort, wo die großen Weine entstehen. Die in den gleichen Hang gegrabenen, tiefen Keller sind fast perfekte Räume für die Reifung. Pierre Caslot ist ein Meisterstück gelungen: Bereits der Duft lässt einen charaktervollen Wein erahnen. Er ruft einen Eindruck von sehr reifen, fast überreifen Früchten hervor, die eine Vanillenote begleitet. Die recht runden Tannine haben sich noch nicht vollständig besänftigt. Der Rest ist voll, reif, fett und lang. Ein toller Wein.

Pierre Caslot, Dom. de La Chevalerie, 37140 Restigné, Tel. 02.47.97.37.18, Fax 02.47.97.45.87
☑ Mo–Sa 9h–12h 14h–18h; So n. V.

DOM. DE LA CROIX MORTE 1999

■ 0,5 ha 3 000 5à8€

Fabrice Samson, ein junger Winzer, bewirtschaftet die drei Hektar Reben, die sein Vater und sein Großvater vor ihm anbauten, in der reinsten Bourgueil-Tradition weiter. Dieser sanfte, wohl ausgewogene 99er von guter Länge könnte aufgrund seiner Frische und Fruchtigkeit als Frühlingswein bezeichnet werden. Trinken sollte man ihn in einer schlichten, freundlichen Umgebung.

Fabrice Samson, La Croix-Morte, 37140 Restigné, Tel. 02.47.97.49.48, Fax 02.47.97.49.48 ☑ n. V.

DOM. DE LA LANDE
Cuvée Prestige 1999★

■ 2,5 ha 12 000 5à8€

Der Sohn trat 1997 in den Familienbetrieb ein, aber noch immer ist es die Tradition, die die Geschicke dieses schönen, 14 ha großen Weinguts leitet: Umpflügen der Rebzeilen, Traubenlese mit der Hand und Ausbau im großen Holzfass, aber keine neuen Fässer. Diese Cuvée Prestige zeigt, dass der Ausbau gut durchgeführt worden ist: Die Tannine sind schon abgerundet; die Aromen der Frucht haben sich erhalten. Zudem ist die Ausgewogenheit zwischen den Bestandteilen gelungen. Man kann wählen: jetzt trinken oder reifen lassen. Die **99er Cuvée des Graviers** der gleichen Winzer hat eine lobende Erwähnung erhalten.

Delaunay Père et Fils, Dom. de La Lande, 20, rte du Vignoble, 37140 Bourgueil, Tel. 02.47.97.80.73, Fax 02.47.97.95.65
☑ Mo–Sa 8h30–12h 14–18h

DOM. DE LA VERNELLERIE 1999★

■ 1 ha 3 000 5à8€

Das im 15. Jh. entstandene Gut besteht heute aus einem Haus und einem imposanten Gebäudetrakt, die sich inmitten von fünfzehn Hektar Reben befinden. Die vorgestellte Cuvée, die stark durch rote Früchte geprägt wird, bietet im Geschmack eine schöne Ansprache, auf die unaufdringliche Tannine folgen. Wir haben einen ganz und gar klassischen Wein vor uns.

Camille Petit, EARL Dom. de La Vernellerie, 37140 Benais, Tel. 02.47.97.31.18, Fax 02.47.97.31.18 ☑ n. V.

LE COUDRAY LA LANDE
Vieilles vignes 1999

■ 4 ha 18 000 5à8€

Das Gut wurde 1905 zerschlagen und dann 1980, als sich Jean-Paul Morin hier niederließ, wiederhergestellt. Wir erleben hier eine weitere Cuvée Vieilles vignes von schönem Aufbau: Der Duft ist entwickelt und von großer Feinheit; der Geschmack wird von gut abgerundeten Tanninen ausreichend unterstützt. Der Abgang hinterlässt einen Eindruck von Harmonie. Ein schon gut gereifter Wein.

Jean-Paul Morin, Le Coudray-la-Lande, 37140 Bourgueil, Tel. 02.47.97.76.92, Fax 02.47.97.98.20 ☑ n. V.

DOM. LES PINS Vieilles vignes 1999★

■ 2 ha 10 000 5à8€

Dieses Gut von stattlicher Größe (18 ha) gehört seit fünf Generationen der gleichen Familie. Ein Gebäude aus dem 16. Jh., das mitten zwischen den Reben steht, belegt sein hohes Alter. Es präsentiert seine Cuvée Vieilles vignes, die über schöne, seidige Tannine verfügt. Außerdem ist sie voll und rund und zeigt eine kleine animalische Note. Sie könnte sich noch entwickeln. Der **2000er Rosé** ist aufgrund seiner Fruchtigkeit und seiner Frische recht Bourgueil-typisch. Er erhält eine lobende Erwähnung.

Pitault-Landry et Fils, Dom. Les Pins, 1 et 8, rte du Vignoble, 37140 Bourgueil, Tel. 02.47.97.47.91, Fax 02.47.97.98.69
☑ n. V.

MICHEL ET JOELLE LORIEUX
Chevrette 1999

■ 2 ha 5 000 5à8€

Michel und Joëlle Lorieux haben von ihrem Großvater die Freude am Weinbau und am Wein geerbt. Heute erinnern sie sich auf ihrem zehn Hektar großen Gut, das am Fuße des Hangs liegt, an die Ratschläge ihres Großvaters und füllen erstklassige Weine ab, wie etwa diesen runden, weichen 99er, der fast keine Zeit mehr braucht, um sich beim Essen gut zu benehmen.

🔑 Michel et Joëlle Lorieux, Chevrette, 26, rte du Vignoble, 37140 Bourgueil, Tel. 02.47.97.85.86, Fax 02.47.97.85.86
☑ 🍷 n. V.

DOM. LAURENT MABILEAU 1999

■ 3,5 ha 25 000 5à8€

Ein Wein, der nichts einbüßen wird, wenn er ein wenig lagert. Er besitzt ein echtes Potenzial und verdient eine gute Entwicklung. Die recht deutlich spürbaren Tannine können an Liebenswürdigkeit gewinnen. Die Aromen in der Nase und im Mund werden sich nach einer zwei- bis dreijährigen Reifung in einem tiefen Keller offenbaren.

🔑 Dom. Laurent Mabileau, La Croix du Moulin-Neuf, 37140 Saint-Nicolas-de-Bourgueil, Tel. 02.47.97.74.75, Fax 02.47.97.99.81, E-Mail domaine@mabileau.fr
☑ 🍷 Mo–Sa 8h–12h 14h–19h

DOM. DES MAILLOCHES Cuvée Samuel 1999

■ 0,5 ha 3 000 5à8€

Samuel Demont arbeitet seit dem 1. Dezember mit seinem Vater zusammen. Er ist somit teilweise für den Ausbau dieser Cuvée verantwortlich gewesen, die übrigens seinen Vornamen trägt. Zwar ist sie aufgrund ihrer Ausgewogenheit und ihres eleganten Holztons gelungen, aber sie muss ein wenig lagern: Sie wird dabei an Harmonie gewinnen; das Holz wird sich weiter einfügen. Eine interessante Arbeit von Samuel.

🔑 J.-F. Demont, Les Mailloches, 37140 Restigné, Tel. 02.47.97.33.10, Fax 02.47.97.43.43, E-Mail infos@domaine-mailloches.fr
☑ 🍷 n. V.

HERVE MENARD Vieilles vignes 1999*

■ 0,5 ha k. A. 5à8€

1994 übernahm Hervé Ménard den Betrieb seines Großvaters und erweiterte ihn auf mehr als sieben Hektar. Seine Cuvée Vieilles vignes bietet sehr viele Argumente: ein intensiver Duft von roten Früchten, eine sehr gute Präsenz im Geschmack, mit einem Eindruck von sehr reifem, fast überreifem Traubengut. An den seidigen, lang anhaltenden Tanninen gibt es nichts auszusetzen. Sie ist ein für den Jahrgang typischer Wein, der nur noch leben muss.

🔑 Hervé Ménard, N°5 L'Echelle, 37140 Bourgueil, Tel. 02.47.97.72.65, Fax 02.47.97.72.65 ☑ 🍷 n. V.

CH. DE MINIERE Cuvée Rubis 1999

■ 7 ha 10 000 5à8€

Das im 17. Jh. aus dem schönen Kalktuff der Gegend errichtete Château de Minière, das mitten in einem sieben Hektar großen Weinberg steht, wird von Jean-Yves Billet verwaltet. Gemeinsam mit der Besitzerin Evelyne de Mascarel verbindet er modernen Fortschritt und Tradition und wird dabei von einem schönen Terroir unterstützt. Das Ergebnis ist ein hübscher Wein, in dem schwarze Johannisbeere den ersten Platz herausnimmt. Die Tannine sind vorhanden, aber das ist auch schon alles, und beeinträchtigen die Rundheit nicht. Der elegante Abgang endet mit einem Anklang an Lakritze. Ein heute gefälliger Wein.

🔑 Ch. de Minière, 37140 Ingrandes-de-Touraine, Tel. 02.47.97.32.87, Fax 02.47.97.46.47 🍷 n. V.
🔑 B. de Mascarel

DOMINIQUE MOREAU 1999

■ 1 ha 5 000 5à8€

In Restigné beginnt die Hochterrasse der Loire, die sich im Quartär bildete. Wir sind hier weit vom Hang entfernt, und die Böden sind sandig und kiesig. Erzeugt werden hier frische Weine mit ausgeprägter Frucht. Dieser hier hat noch nicht zu seiner Ausgewogenheit gefunden: Der Geruchseindruck zögert, sich zu entfalten; die Tannine nehmen noch einen bedeutenden Platz ein. Innerhalb eines Jahres wird sich das alles geben.

🔑 Dominique Moreau, L'Ouche Saint-André, 37140 Restigné, Tel. 02.47.97.31.93, Fax 02.47.96.83.30 ☑

DOM. REGIS MUREAU 1999**

■ 4 ha 15 000 5à8€

Mit seinen beeindruckenden Gebäuden, die komplett ausgerüstet sind, fällt das Gut von Régis Mureau auf, wenn man von Tours her tiefer in das Gebiet von Bourgueil vordringt. Ihm ist hier ein ausgewogener, voller, runder, fruchtiger Wein mit verschmolzenen Tanninen gelungen. Die Aromen entwickeln sich während der gesamten Verkostung: Zu Beginn animalisch, wenden sie sich roten Früchten zu und enden mit Gewürzen. Dieser 99er ist gut gemacht und wird seinen Weg machen. Die Cuvée **Domaine de La Gaucherie 1999** hat wegen ihrer Intensität im Geschmack einen Stern erhalten.

🔑 Régis Mureau, 16, rue d'Anjou, 37140 Ingrandes-de-Touraine, Tel. 02.47.96.97.60, Fax 02.47.96.93.43
☑ 🍷 Mo–Sa 8h–12h 14h–19h

NAU FRERES Vieilles vignes 1999*

■ 6 ha 4 000 5à8€

Der Betrieb der Brüder Nau gehörte früher zu den Höfen, die Mischkultur betrieben und natürlich Getreide, aber auch Obst und Gemüse produzierten, sofern es nicht Milch war. In den 70er Jahren stellten sie sich auf die Monokultur des Weinbaus um. Wer würde sich darüber beklagen? Niemand bei der Verkostung dieses 99ers, der sehr farbintensiv, fruchtig und voll ist, dessen Tannine aber noch reifen müssen. Ein oder zwei Jahre vielleicht.

🔑 GAEC Nau Frères, 52, rue de Touraine, 37140 Ingrandes-de-Touraine, Tel. 02.47.96.98.57, Fax 02.47.96.90.34
☑ 🍷 Mo–Sa 8h–19h

ALAIN OMASSON 1999*

■ 1 ha 1 500 5à8€

Saint-Patrice ist die erste Gemeinde in der Appellation, auf die man stößt, wenn man in das Gebiet von Bourgueil kommt, dort, wo sich die aus Kies und Sand bestehende Hochterrasse der Loire befindet. Alain Omasson bestellt hier einen kleinen Weinberg mit 4,5 Hektar. Klein, aber der Ursprung für schöne Cuvées wie diese hier, die deutlich für eine Lagerung bestimmt sind. Die Tannine sind jung und recht deutlich zu spüren, aber nicht aggressiv; sie müssen nur noch in den Hintergrund treten. Der Rest wird sich geben, zumal hier Stoff vorhanden ist.

⊶ Alain Omasson, 21, rue du Port-Véron, 37130 Saint-Patrice, Tel. 02.47.96.90.26, Fax 02.47.96.90.26 ☑ Ꭲ n. V.

BERNARD OMASSON 1999*

■ 2 ha 3 000 5à8€

Dieser 99er von dichter, fast purpurroter Farbe bietet einen noch verschlossenen Geruchseindruck, der aber «bretoniert» (man erkennt daran die Rebsorte Cabernet franc), und einen Geschmack mit einem soliden Gerüst und einem Abgang, der einen Eindruck von roten Früchten und Haselnüssen hinterlässt. Im fehlen nur noch ein paar Monate Keller.

⊶ Bernard Omasson, La Perrée, 54, rue de Touraine, 37140 Ingrandes-de-Touraine, Tel. 02.47.96.98.20 ☑ Ꭲ n. V.

DOM. DES OUCHES Clos Princé 1999**

■ 3,5 ha 12 000 5à8€

Der vor kurzem errichtete Gärkeller befindet sich neben sehr schönen Lagerkellern, in denen die Reifung der Weine gesichert ist. Wie beim 98er zeichnet sich die Cuvée Clos Princé aus. Sie besitzt eine großartige Beschaffenheit und bietet in der Nase einen Ausdruck von kleinen roten Früchten und im Mund Volumen mit einer dichten, umhüllten Tanninstruktur. Sein solider Charakter bestimmt diesen Wein zur Lagerung. Die Cuvée **Vieilles vignes 1999,** die vom Holz geprägt ist, erhält eine lobende Erwähnung.

⊶ Paul Gambier et Fils, 3, rue des Ouches, 37140 Ingrandes-de-Touraine, Tel. 02.47.96.98.77, Fax 02.47.96.93.08, E-Mail domaine.des.ouches@wanadoo.fr ☑ Ꭲ n. V.

ANNICK PENET 1999

■ 0,8 ha 2 500 5à8€

Annick Penet lebt schon eine halbe Ewigkeit auf seinem kleinen Weingut! Ein Gut, das von Generation zu Generation weitergegeben worden ist, seitdem der Bourgueil existiert, heißt es. Im Weinberg gibt es auch ein Stück, wo hundert Jahre alte Reben wachsen, die noch immer im Ertrag stehen. Die Arbeit, beim Boden, bei den Reben und beim Wein, geschieht auf sehr traditionelle Weise. Die Farbe dieses 99ers ist ein schönes, strahlendes Rubinrot. Der Geruchseindruck ist noch jugendlich mit Noten von roten Früchten und Unterholz. Der Geschmack bietet nach einer schönen Ansprache Rundheit, obwohl noch eine leichte Adstringenz vorhanden ist. Das ist ein Wein, den man trinken kann, der aber in einem Jahr liebenswürdiger sein wird.

⊶ Annick Penet, 29, rue Basse, 37140 Restigné, Tel. 02.47.97.33.68, Fax 02.47.97.88.47 ☑ Ꭲ n. V.

DOM. DES PERRIERES La Cuvée de Vénus 1999**

■ 3 ha 5 000 5à8€

Guy Delanoue repräsentiert die sechste Generation der gleichen Familie, die dieses sieben Hektar große Gut in der Nähe des Städtchens Bourgueil bewirtschaftet. Er empfängt gern Gäste und zählt die Besucher aller Arten nicht mehr: Schriftsteller, Schauspieler, Fernsehleute. Alle werden sich für diese Cuvée de Vénus begeistern. Ein Duft, der «bretoniert», ein Geschmack, in dem die Aromen von Thymian und Lorbeer mit denen von roten Früchten konkurrieren und die reifen Tannine gut abgerundet sind. Ein sehr ausgewogener Wein, den man sofort genießen sollte, damit er sein bemerkenswertes Bouquet nicht einbüßt. Die **Hauptcuvée** hat einen Stern erhalten.

⊶ Guy Delanoue, 10, rte du Vignoble, Les Perrières, 37140 Bourgueil, Tel. 02.47.97.82.29, Fax 02.47.97.48.20 ☑ Ꭲ tägl. 8h30–13h 14h–19h30; Jan. geschlossen

DOM. DU PETIT BONDIEU Cuvée des Couplets 1999**

■ k. A. 6 500 5à8€

Auf Petit Bondieu ist man zunächst einmal darauf bedacht, die Erträge in vernünftigen Grenzen zu halten, um erstklassige Weine zu erzielen. Zu diesem Zweck sät man Grünpflanzen zwischen den Rebzeilen ein, um das Ungestüm der Reben zu dämpfen. Ein natürliches Verfahren, das sich bereits bewährt hat. Und hier haben wir eine erneute Liebeserklärung für die Cuvée des Couplets. Das fast schwarze Purpurrot nähert sich der Farbe schwarzer Johannisbeeren. Der Duft von reifen Früchten ist intensiv. Der runde, großzügige Geschmack, in dem die Tannine in einem schönen Stoff zu spüren sind, will gar nicht mehr enden. Ein bemerkenswerter Wein, der seine Entfaltung noch vollenden kann. Die **99er Cuvée des Brunetières** macht mit ausgeprägten Eichenaromen ebenfalls auf sich aufmerksam. Sie erhält eine lobende Erwähnung. Ein Gut, das dieses Jahr vom Himmel verwöhnt wurde!

⊶ EARL Jean-Marc Pichet, Le Petit Bondieu, 30, rte de Tours, 37140 Restigné, Tel. 02.47.97.33.18, Fax 02.47.97.46.57, E-Mail jean-marcpichet@wanadoo.fr ☑ Ꭲ Mo–Sa 9h–12h 14h–19h

DOM. PONTONNIER
Cuvée Vieilles vignes 1999★

■ 1,3 ha 9 000 5à8€

Das nicht weit vom Hang entfernte Gut umfasst vierzehn Hektar Reben, die auf tonigen Kalksteinböden angepflanzt sind, und kommt in den Genuss einer guten Sonneneinstrahlung. Die Qualitäten dieser Cuvée Vieilles vignes sind offensichtlich. Der Duft ist beim ersten Riechen ziemlich blumig und entwickelt sich danach zu stärkeren Leder- und Trestergerüchen hin. Die eleganten, anhaltenden Tannine haben sich gut eingefügt. Die Tresternoten tauchen in einem anhaltenden Abgang erneut auf. Man riskiert nichts, wenn man diese Flasche einige Zeit aufhebt.

🔑 Dom. Pontonnier, 4, chem. de L'Epaisse, 37140 Saint-Nicolas-de-Bourgueil, Tel. 02.47.97.84.69, Fax 02.47.97.48.55
☑ Y n. V.

DOM. DES RAGUENIERES
Cuvée Clos de La Cure 1999

■ 1,1 ha 6 000 5à8€

Zwei Winzer führen das fast 19 ha große Gut, das auf einem Ton- und Kalksteinboden liegt. Eine Besichtigung der Tuffkeller ist reizvoll; die Besucher werden in einem geschmackvoll eingerichteten Probierraum voller Wärme empfangen. Dieser 99er eignet sich für eine kürzere Lagerung. In der Nase erinnern die Düfte an schwarze Johannisbeere; der Geschmack bietet eine fruchtige Ansprache und zeigt danach eine deutliche Präsenz der Tannine. Er ist ein Wein, der noch ein wenig Entwicklung braucht, die man ihm nicht verweigern sollte.

🔑 R. Viemont-D. Maître-Gadaix, Dom. des Raguenières, 11, rue du Machet-Benais, 37140 Bourgueil, Tel. 02.47.97.30.16, Fax 02.47.97.46.78
☑ Y n. V.

VIGNOBLE DES ROBINIERES 1999

■ 3 ha 7 000 5à8€

Die beiden Brüder Marchesseau arbeiten gemeinsam auf dem Weingut Robinières, das auf der Hochterrasse von Bourgueil liegt, deren Boden aus Ton und Kalkstein besteht. Dieser Wein besitzt ein gutes Potenzial. Er ist im Geruchseindruck noch verschlossen und im Geschmack tanninreich. Er muss reifen: Seine Tannine werden sich abrunden und dabei Reifungsaromen entfalten. Vertrauen Sie ihm mindestens drei Jahre.

🔑 EARL Marchesseau Fils, 16, rue de l'Humelaye, 37140 Bourgueil, Tel. 02.47.97.47.72, Fax 02.47.97.46.36
☑ Y Mo–Sa 9h–19h

DOM. DU ROCHOUARD 1999

■ 2 ha 4 000 5à8€

An der Grenze der beiden Appellationen Bourgueil und Saint-Nicolas umfasst dieses Gut sieben Hektar in der Gemeinde Bourgueil, angelegt auf Kiesböden, die frische, fruchtige Weine hervorbringen können. Das gilt auch für diesen hier, der zusätzlich Rundheit und Feinheit bietet. Er ist gelungen und und muss bald einen Platz bei Tisch finden.

🔑 GAEC Duveau-Coulon et Fils, 1, rue des Géléries, 37140 Bourgueil, Tel. 02.47.97.85.91, Fax 02.47.97.99.13
☑ Y tägl. 8h30–12h30 14h–19h

JEAN-MARIE ROUZIER
Cuvée Tradition 1999

■ 2 ha 9 000 5à8€

Jean-Marie Rouziers Vater stammt aus Chinon, seine Mutter aus Bourgueil, aber das ist ihm gleichgültig: Es geht immer um gute Cabernet-franc-Reben, aus denen man die «Quintessenz» herausholen muss. In Bourgueil hat er eine Cuvée Tradition erzeugt, die sich weich und fruchtig zeigt. Der Geruchseindruck besitzt eine gute Intensität und ist leicht holzig. Man kann ihn jetzt servieren.

🔑 Jean-Marie Rouzier, Les Géléries, 37140 Bourgueil, Tel. 02.47.97.74.83, Fax 02.47.97.48.73
☑ Y Mo–Sa 9h–12h30 14h–19h

DOM. THOUET-BOSSEAU
Cuvée Vieilles vignes 1999

■ 1,8 ha 7 000 5à8€

Jean-Baptiste Thouet-Bosseau führt ein kleines Weingut von sieben Hektar, das er von seinem Vater besitzt, und bewirtschaftet zusammen mit einem anderen Winzer die Reben des Clos de l'Abbaye. Es gibt für ihn also reichlich zu tun, aber er findet die Zeit, um hübsche Cuvées zu bereiten, wie diese Cuvée Vieilles vignes hier. Sie ist sanft, stützt sich auf eine kleine, interessante Struktur und bleibt ausgewogen. Animalische Gerüche dominieren in der Nase und im Mund. Es wäre eine gute Idee, sie ein Jahr lang in Ruhe zu lassen.

🔑 Jean-Baptiste Thouet-Bosseau, L'Humelaye, 13, rue de Santenay, 37140 Bourgueil, Tel. 02.47.97.73.51, Fax 02.47.97.44.65
☑ Y n. V.

Saint-Nicolas-de-Bourgueil

Auch wenn die Weinberge die gleichen Merkmale wie die im angrenzenden Anbaugebiet von Bourgueil aufweisen, besitzt die Gemeinde Saint-Nicolas-de-Bourgueil (eine schlichte Pfarrei, die sich im 18. Jh. von Bourgueil löste) ihre eigene Appellation.

Ihr Anbaugebiet befindet sich zu zwei Dritteln auf den Kiessandböden der Loire. Oberhalb davon wird der Hang durch den Wald vor den Nordwinden geschützt; der Tuff ist dort mit einer

Sandschicht bedeckt. Obwohl dies bei den Weinen, die ausschließlich vom Hang kommen, nicht der Fall ist, haben die Saint-Nicolas-de-Bourgueil-Weine, die oft Verschnittweine sind, den Ruf, dass sie leichter seien als die Bourgueil-Weine. 2000 brachten sie 56 409 hl hervor.

YANNICK AMIRAULT La Source 1999*

■ 2 ha 15 000 5à8€

Yannick Amirault, der sein Gut an der Grenze zwischen den beiden Appellationen Bourgueil und Saint-Nicolas hat, überrascht dieses Jahr mit einem Saint-Nicolas, der von jungen Reben stammt. Man könnte sofort an einen leichten, frischen Wein denken. Aber nicht doch: Er besitzt zwar Fruchtigkeit, aber er hat auch Stoff und Rundheit, und man findet darin eine Lagerfähigkeit. Diese Cuvée demonstriert die ganze Kunstfertigkeit seines Schöpfers, der einmal mehr beweist, dass die Meisterung der Erträge und eine sorgfältige Vinifizierung das Geheimnis der großen Weine bilden.

Yannick Amirault, 5, Pavillon du Grand Clos, 37140 Bourgueil, Tel. 02.47.97.78.07, Fax 02.47.97.94.78 ☑ Y n. V.

DOM. AUDEBERT ET FILS 1999

■ 8 ha 40 000 5à8€

Ein 21 ha großes Gut, dessen erste Rebparzellen sich an den Hang schmiegen. Seit 1996 ist der Sohn dafür verantwortlich. Hier haben wir somit eine seiner ersten Vinifizierungen, die sehr ermutigend ist. Der Geruchseindruck ist nicht sehr entfaltet; dennoch entdeckt man darin animalische Noten. Der Geschmack ist sanft, rund und ausgewogen. Dieser süffige Wein passt zu einer ganzen Mahlzeit im Familienkreis.

Dom. Audebert et Fils, av. Jean-Causeret, 37140 Bourgueil, Tel. 02.47.97.70.06, Fax 02.47.97.72.07, E-Mail audebert@micro-vidéo.fr ☑ Y Mo–Fr 8h30–12h 14h–18h; Sa, So n. V.

DOM. DES BERGEONNIERES Cuvée Rondeau 1999**

■ 1,5 ha 8 000 5à8€

Die Rebstöcke von Bergeonnières sind glücklich: Sie liegen ganz nach Süden, vor den Nordwinden durch den Hang geschützt, und tauchen ihre Wurzeln in warme, gut entwässerte Kiesböden. Sie erweisen sich dankbar dafür und haben diese Cuvée Rondeau geliefert, die ihrem Besitzer fast eine Liebeserklärung eingebracht hätte. Die Nase öffnet sich zu getrockneten Früchten und Sauerkirsche, während der reiche, kräftige Stoff lang anhaltend den Mund in Besitz nimmt. Die Tannine sind zurückhaltend und gut assimiliert. Ein bemerkenswerter Wein, dessen Lagerfähigkeit feststeht. Die **99er Hauptcuvée** des Guts hat einen Stern erhalten. Sie ist sehr typisch, harmonisch verschmolzen und gut gebaut und kann schon gefallen, aber auch noch ein bis zwei Jahre lagern.

André Delagouttière, Les Bergeonnières, 37140 Saint-Nicolas-de-Bourgueil, Tel. 02.47.97.75.87, Fax 02.47.97.48.47 ☑ Y n. V.

DOM. DU BOURG Cuvée Prestige 1999*

■ 2 ha 10 000 5à8€

Der Keller, der sich mitten in dem Marktflecken Saint-Nicolas befindet, ist sehr funktionell; Tradition trifft dort auf modernen Fortschritt. Edelstahltanks, eine Anlage für die Regulierung der Temperatur und Batterien von größeren Fässern und Barriques für die Reifung stehen hier nebeneinander. Ein geschmackvoll eingerichteter Probierraum empfängt den Besucher. Man verkostet dort gute Weine, darunter diese fruchtige, sehr süffige Cuvée Prestige. Man kann sie schon jetzt trinken. Die Cuvée **Les Graviers 1999,** die in größerer Stückzahl (70 000 Flaschen) verfügbar ist, wird als gelungen beurteilt.

EARL Jean-Paul Mabileau, 6, rue du Pressoir, 37140 Saint-Nicolas-de-Bourgueil, Tel. 02.47.97.82.02, Fax 02.47.97.70.92, E-Mail jean.paul.mabileau@wanadoo.fr Y n. V.

CAVE BRUNEAU DUPUY Vieilles vignes 1999*

■ 5 ha 30 000 5à8€

Bruneau Dupuy arbeitet jetzt gemeinsam mit seinem Sohn Sylvain auf diesem schönen Gut, von dessen fünfzehn Hektar Reben zwei Drittel ein beachtliches Alter haben und auf dem Hang mit tonigem Kalksteinboden angepflanzt sind. Bei einer solchen Lage ist es nicht erstaunlich, dass diesen Winzern gute Weine gelingen. Dieser hier ist weich und fruchtig und zeigt eine gute Ausgewogenheit seiner Bestandteile. Er ist gut gearbeitet und bereit, seine Rolle zu spielen.

EARL Bruneau-Dupuy, La Martellière, 37140 Saint-Nicolas-de-Bourgueil, Tel. 02.47.97.75.81, Fax 02.47.97.43.25, E-Mail cave-bruneau.dupuy@netcourrier.com ☑ Y n. V.

DOM. DU CLOS DE L'EPAISSE Cuvée des Clos Vieilles vignes 1999**

■ 2,3 ha 15 000 5à8€

Tonige Kalksteinböden am Hang haben diesen bemerkenswerten, lagerfähigen Saint-Nicolas hervorgebracht. Von dem sehr farbintensiven, fast purpurroten Wein steigen Düfte von vollreifen roten Früchten sowie eine leicht animalische Note auf. Man spürt sofort das zum richtigen Zeitpunkt gelesene Traubengut. Reichhaltigkeit im Geschmack und eine außergewöhnliche Stärke sowie Tannine, die breiten Raum einnehmen, ohne aufdringlich zu wirken: ein schöner Bau in vollkommener Ausgewogenheit. Heben Sie ihn sorgsam für Wild oder Fleisch mit Sauce auf.

Yvan Bruneau, 50, av. Saint-Vincent, 37140 Saint-Nicolas-de-Bourgueil, Tel. 02.47.97.90.67, Fax 02.47.97.49.45 ☑ Y n. V.

BERNARD DAVID Vieilles vignes 1999*

■ 3 ha 11 000 5à8€

Das 16 ha große Gut stellt eine Cuvée vor, die mittels Kohlensäuremaischung hergestellt worden ist. Sie bietet einen Duft von reifen Früchten, eine Ansprache, die leicht verschmolzen wirkt, und im Geschmack eine sanfte, zarte Abfolge von Eindrücken, die fast unendlich lang anhalten. Das ist ein erstklassiger Wein, der seinen Weg machen wird. Aber wenn man ihn schon heute zum Essen trinkt, würde er sich nicht als unwürdig erweisen.

Bernard David, La Gardière, 37140 Saint-Nicolas-de-Bourgueil, Tel. 02.47.97.81.51, Fax 02.47.97.95.05 n. V.

PATRICE DELARUE
Cuvée vieilles vignes 1999*

■ 0,5 ha 3 000 5à8€

Ein Wein, den man im Frühjahr trinken sollte, wenn die Erdbeeren und Himbeeren reifen, die ihm seinen Duft geben. Der Geschmack ist weich, frisch und rund und hat eine gute Länge. Die Tannine haben sich vollkommen eingefügt; die Ausgewogenheit ist erreicht. Eine hübsche Cuvée, die man mit Genuss trinken kann.

Patrice Delarue, La Perrée, 37140 Saint-Nicolas-de-Bourgueil, Tel. 02.47.97.94.74 n. V.

DOM. DES GRAVIERS 1999*

■ 2 ha 15 000 5à8€

«Die Herstellung des Weins ist eine Meisterleistung, die vom Winzer ständige Aufmerksamkeit erfordert», sagte Hubert David. Seine Frau, heute allein, erinnert an diesen Ausspruch und setzt mutig und erfolgreich das angefangene Werk fort. Zeuge dafür ist dieser für eine kürzere Lagerung geeignete Saint-Nicolas, der nach gerösteten Mandeln duftet und deutlich vorhandene Tannine besitzt, die nur noch reifen müssen. Er verfügt über Stoff. In zwei Jahren wird dieser Wein Überraschungen offenbaren.

EARL Hubert David, La Forcine, 37140 Saint-Nicolas-de-Bourgueil, Tel. 02.47.97.86.93, Fax 02.47.97.48.50 Mo–Sa 8h30–12h30 14h–19h

DOM. DU GROLLAY 1999**

■ 1,5 ha 10 000 3à5€

Ein Winzer, der auf das Erreichte stolz sein kann. Er begann 1977 mit einer kleinen Rebparzelle und führt heute ein zwölf Hektar großes Gut, das mit zwei Kellern und einem Probierraum ausgestattet ist. Der Charakter dieses lagerfähigen Weins kommt deutlich zum Ausdruck: Stärke, guter Stoff in Hülle und Fülle und gut gemachte Tannine. Er besitzt großartiges Potenzial, so dass man sich leicht vorstellen kann, wie er sich zehn Jahre lang entwickelt.

Jean Brecq, 1, Le Grollay, 37140 Saint-Nicolas-de-Bourgueil, Tel. 02.47.97.78.54, Fax 02.47.97.78.54 tägl. 9h–12h30 13h30–20h

DOM. GUY HERSARD
Vieilles vignes 1999*

■ 5 ha 20 000 5à8€

Das 9,5 ha große Gut stellt eine Cuvée vor, die aus dem unteren Teil der Appellation stammt, erzeugt auf Kiesböden, die Weine von leichtem, fruchtigem Typ liefern. Das gilt ganz und gar auch für diesen Wein mit seiner rubinroten Farbe, seinem frischen, ein wenig pfeffrigen Duft und seinem harmonisch gebauten Geschmack, der eine schöne aromatische Ausdrucksstärke hat und sich sehr sanft entwickelt. Er ist entgegenkommend und trinkreif.

Guy Hersard, 5-7, Le Fondis, 37140 Saint-Nicolas-de-Bourgueil, Tel. 02.47.97.76.13, Fax 02.47.97.92.06 n. V.

DOM. DE LA COTELLERAIE-VALLEE 1999*

■ 18 ha 80 000 5à8€

Nach einer Liebeserklärung im letzten Jahr für den 98er Les Mauguerets hat Claude Vallée für die beiden 99er Cuvées einen Stern erhalten: für den tanninreichen **Les Mauguerets,** der deutlich für eine Lagerung bestimmt ist, und für diese sehr dunkle Cuvée, die nach Paprikaschote und ein wenig nach Gewürzen riecht und einen runden, gehaltvollen Geschmack mit einem langen, leicht holzbetonten Abgang besitzt. Ein Wein, der sich noch entwickeln kann.

Gérald Vallée, La Cotelleraie, 37140 Saint-Nicolas-de-Bourgueil, Tel. 02.47.97.75.53, Fax 02.47.97.85.90, E-Mail gerald.vallee@fnac.net Mo–Sa 9h–18h30

VIGNOBLE DE LA JARNOTERIE
Cuvée M R 1999*

■ k. A. 90 000 5à8€

Eine purpurrote Farbe und Düfte von roten Früchten gehören zu den gewohnten Merkmalen des Saint-Nicolas-de-Bourgueil. Hier ist das ganz und gar nicht der Fall. Es handelt sich um eine etwas verschlossene Cuvée, die ihr Potenzial verbirgt. Der Geschmack ist rund und kräftig und hat eine schöne Länge, lässt aber den Verkoster durstig zurück. Man muss ihr unbedingt Zeit geben, um zu reifen, damit sie an Ausdrucksstärke gewinnt. Die gleiche Note erhält die **99er Cuvée Concerto,** die von fünfzig Jahre alten Reben stammt; sie ist dunkelrot und schon ausgewogen, mit spürbaren Tanninen, die es aber verstehen, hinter einer eleganten Struktur zurückzutreten. Man kann sie fünf Jahre lang trinken.

EARL Jean-Claude Mabileau et Didier Rezé, La Jarnoterie, 37140 Saint-Nicolas-de-Bourgueil, Tel. 02.47.97.75.49, Fax 02.47.97.79.98 n. V.

LES QUARTERONS 1999*

■ 1,36 ha 10 000 5à8€

Ein über hundert Jahre altes Weingut, das Thierry als Nachfolger seines Vaters Claude, einer Persönlichkeit im Gebiet von Saint-Nicolas, unaufhörlich verbessert hat. Die Jury war geteilter Meinung über diese Cuvée Les Quarterons: Die einen sahen in ihr einen kräftigen, ziemlich holzbetonten Wein; die anderen, die nur den Stoff und die Fruchtigkeit ins Auge fassten, sagten ihr eine große Zukunft voraus. Eine Frage der Schule. Aber alle bestätigten, sie sei ein Erfolg, der sich mit der Zeit entfalten werde. Die zwölf Monate im Holzfass ausgebaute **99er Cuvée Vieilles vignes** bleibt ebenfalls in diesem Holzton; sie hat eine lobende Erwähnung erhalten.

Thierry Amirault, Clos des Quarterons, 37140 Saint-Nicolas-de-Bourgueil, Tel. 02.47.97.75.25, Fax 02.47.97.97.97 n. V.

MICHEL ET JOELLE LORIEUX 1999

■ k. A. k. A. 5à8€

Wie es oft vorkommt, war es der Großvater, der die Berufung zum Winzer erweckte und Michel und Joëlle Lorieux half, sich hier einzurichten. Sie sind in Bourgueil gut verwurzelt und bewirtschaften einen Weinberg in Saint-Nicolas. Die Ansprache dieses 99ers ist kräftig und fett; die Folgeeindrücke sind reichhaltig und stützen sich auf feine Tannine. In der Nase und im Mund dominiert eine animalische Empfindung. Man muss ihn unbedingt altern lassen.

Michel et Joëlle Lorieux, Chevrette, 26, rte du Vignoble, 37140 Bourgueil, Tel. 02.47.97.85.86, Fax 02.47.97.85.86 n. V.

PASCAL LORIEUX
Les Mauguerets La Contrie 1999*

■ 3 ha 15 000 5à8€

Pascal und Alain Lorieux sind jeder für einen Weinberg verantwortlich, der eine in Saint-Nicolas und der andere in Chinon, aber sie nutzen gemeinsam ihre Geräte und Anlagen sowie die Verkaufsmöglichkeiten. Pascal, der in Saint-Nicolas tätig ist, bemüht sich sehr darum, die Umwelt zu schützen. Seine Cuvée Les Mauguerets La Contrie, die von zwölf Jahre alten Reben auf den Kiesböden der Hochfläche stammt, besitzt eine gute Ausgewogenheit. Der Geschmack ist füllig, reich und rund und bietet einen eleganten Abgang. Man spürt vollreifes Traubengut. Sehr viel spricht auch für die **99er Hauptcuvée,** die von dreißig Jahre alten Rebstöcken stammt, angepflanzt auf äolischem Sand; sie erhält die gleiche Bewertung und gewinnt noch hinzu, wenn sie altert.

EARL Pascal et Alain Lorieux, Le Bourg, 37140 Saint-Nicolas-de-Bourgueil, Tel. 02.47.97.92.93, Fax 02.47.97.47.88, E-Mail earl.lorieux@worldonline.fr n. V.

FREDERIC MABILEAU Eclipse 1999**

■ 1 ha 6 000 8à11€

Eclipse ist eine Cuvée, auf die man von Zeit zu Zeit im Hachette-Weinführer stößt und die immer viele Komplimente erntet. Dieses Jahr finden wir wieder ihren Reichtum und ihre Rundheit. Die Traubentannine haben sich gut abgemildert; die Holztannine kommen noch ein wenig zum Vorschein, werden sich aber rasch einfügen, so elegant sind sie. Das Ganze hat ein sehr gutes Niveau. Ein paar Jahre werden helfen, dass der Wein seine vollkommene Harmonie erreicht. Eine sehr schöne Komposition, bei der das Geschick des Winzers eine große Rolle gespielt hat. Frédéric Mabileau stellt auch die im Tank ausgebaute Cuvée **Les Rouillères 1999** (Preisgruppe: 30 bis 49 F) vor. Sie wird lobend erwähnt und präsentiert sich als leichter, sanfter Wein, der einen guten Ausdruck von roten Früchten bietet.

Frédéric Mabileau, 17, rue de la Treille, 37140 Saint-Nicolas-de-Bourgueil, Tel. 02.47.97.79.58, Fax 02.47.97.45.19, E-Mail mabileau-frederic@wanadoo.fr n. V.

JACQUES ET VINCENT MABILEAU
Cuvée Vieilles vignes 1999

■ 4 ha 18 000 5à8€

Sollte La Gardière zu lagerfähigem Wein berufen sein? Auf einen solchen Gedanken kann man bei der Verkostung dieser Cuvée Vieilles vignes kommen, deren «alte Reben» heute fünfzig Jahre alt sind. Dieser 99er, der ein gutes Potenzial besitzt und von deutlich vorhandenen Tanninen unterstützt wird, muss sich entwickeln. Treffen Sie ihn in zwei bis drei Jahren wieder.

EARL Jacques et Vincent Mabileau, La Gardière, 37140 Saint-Nicolas-de-Bourgueil, Tel. 02.47.97.75.85, Fax 02.47.97.98.03 n. V.

LYSIANE ET GUY MABILEAU 1999*

■ 1,5 ha 10 000 5à8€

Lysiane und Guy Mabileau präsentieren eine Cuvée, die ihr «Schlachtross» ist und – wetten wir darauf – erfolgreich sein wird. Eine hübsche Frucht in der Nase und im Mund. Der Geschmack, rund, voll, ohne aufdringliche Tannine und sehr harmonisch, bereitet schon jetzt Vergnügen. Eine andere Cuvée namens **Vieilles vignes 1999** erhält eine lobende Erwähnung; sie scheint wirklich zur Lagerung bestimmt zu sein.

GAEC Lysiane et Guy Mabileau, 17, rue du Vieux-Chêne, 37140 Saint-Nicolas-de-Bourgueil, Tel. 02.47.97.70.43, Fax 02.47.97.70.43 tägl. 9h–19h

DOM. OLIVIER
Cuvée du Mont des Olivier 1999*

■ 3 ha 19 000 5à8€

Auf dem «Berg der Ölivenbäume» erntet man Rebensaft! Dieser strahlend rubinrote Wein, der in einem runden Geschmack mit vorhandenen, aber schon stark erodierten Tanninen einen schönen Stoff besitzt, ist stark von roten Früchten geprägt. Ein leichter Anklang an Vanille bereichert den Abgang. Zwei bis drei Jahre auf-

heben, lautete eine Empfehlung der Jury. Die **99er Hauptcuvée** der Domaine Olivier (160 000 Flaschen) hat eine lobende Erwähnung erhalten.
EARL Dom. Olivier, La Forcine, 37140 Saint-Nicolas-de-Bourgueil, Tel. 02.47.97.75.32, Fax 02.47.97.48.18
n. V.

THIERRY PANTALEON
Haut de la Gardière 1999

■ 2 ha 12 000 5à8€

Auf den «Anhöhen der Gardière» gibt es tonige Kalksteinböden und vor allem eine günstige Lage. Das reicht aus, um Weine von großer Ausdrucksstärke zu erhalten. Dieser hier, der als leicht eingestuft wurde, ist sehr stark von roten Früchten geprägt. Er hat einen ziemlich runden Geschmack, läuft gut, bleibt aber im Abgang noch ein wenig hängen. Seine Entwicklung ist noch nicht abgeschlossen. In einem Jahr kann er eine Mahlzeit im Familienkreis begleiten.
Thierry Pantaléon, La Gardière, 37140 Saint-Nicolas-de-Bourgueil, Tel. 02.47.97.87.26, Fax 02.47.97.47.71
n. V.

LES CAVES DU PLESSIS
Sélection vieilles vignes 1999*

■ 3,3 ha 26 000 5à8€

Das Gut der Familie Renou, das auf der Hochfläche von Saint-Nicolas liegt, profitiert von einer guten Sonneneinstrahlung. Wenn Sie noch das Alter der Reben (sechzig Jahre) und das Können des Vaters Claude und des Sohns Stéphane hinzunehmen, erhalten Sie diesen kräftigen Wein mit dem tiefen, sehr einschmeichelnden Duft. Man muss ihn zwei Jahre lagern. Der **99er Réserve Stéphane** hat die gleiche Note erhalten: Er ist zehn Monate im Eichenfass ausgebaut worden und zeigt sich im Duft holzbetonter als im Geschmack, wo er auch schöne Überraschungen bereithält.
Claude Renou, 17, La Martellière, 37140 Saint-Nicolas-de-Bourgueil, Tel. 02.47.97.85.67, Fax 02.47.97.45.55
n. V.

DOM. PONTONNIER
Cuvée des Générations 1999*

■ 0,5 ha 4 500 8à11€

Die Winzer im Gebiet von Bourgueil verehren alle die Alten, die das Anbaugebiet angelegt und ihm sein Ansehen verschafft haben. Guy Pontonnier hat seine letzte Cuvée zu Ehren seiner Vorfahren «Cuvée der Generationen» genannt. In diesem Wein gibt es nicht nur Tradition, sondern auch ein wenig modernen Fortschritt. Von einem Önologen aufmerksam beobachtet, ist er sechs Monate im Fass gereift. Er bietet einen kräftigen, ausgewogenen, angenehm runden Geschmack, der sich mit der Zeit noch entfalten kann.
Dom. Pontonnier, 4, chem. de L'Epaisse, 37140 Saint-Nicolas-de-Bourgueil, Tel. 02.47.97.84.69, Fax 02.47.97.48.55
n. V.

DOM. CHRISTIAN PROVIN
Coteau 1999**

■ 7 ha 30 000 5à8€

Epaisse, eines der letzten Häuser, die sich an den Hang schmiegen, überragt die schöne Hochfläche von Saint-Nicolas. Die Böden, die aus Geröll vom Hang bestehen, reich an Ton sind und auf dem Kalktuff liegen, können robuste Weine hervorbringen. Dieser hier, fett und kräftig, mit soliden, aber schon abgerundeten Tanninen und harmonisch, ist schlechthin der Typ des lagerfähigen Saint-Nicolas. Die **99er Cuvée Vieilles vignes** kann sich noch entwickeln; sie erhält einen Stern. Die lobend erwähnte **99er Cuvée Prestige** (Preisgruppe: 50 bis 69 F) bietet eine gute Ausgewogenheit; man kann sie schon jetzt trinken. Die beiden letztgenannten Flaschen befinden sich in der Preisgruppe 50 bis 69 F.
Christian Provin, L'Epaisse, 37140 Saint-Nicolas-de-Bourgueil, Tel. 02.47.97.85.14, Fax 02.47.97.47.75 n. V.

DOM. DU ROCHOUARD 1999*

■ 2 ha 8 500 5à8€

Das Traubengut auslesen, das bedeutet, Blätter, Ranken, verkümmerte grüne Trauben und verdorbene Beeren zu entfernen, bevor man die Trauben in den Gärbehälter füllt. Das Aussortieren ist unverzichtbar, wenn man Qualität anstrebt. Auf Rochouard ist man seit langem darin «eingespielt». Diese strahlend rubinrote Cuvée entfaltet in der Nase Düfte von frischen roten Früchten, wobei Himbeere deutlich zu spüren ist. Der weiche Geschmack, den ein Hauch von Gewürzen belebt, hinterlässt einen Eindruck von großer Länge. Die allgemeine Ausgewogenheit ist erreicht. Dieser Wein schenkt jetzt sehr viel Befriedigung.
GAEC Duveau-Coulon et Fils, 1, rue des Géléries, 37140 Bourgueil, Tel. 02.47.97.85.91, Fax 02.47.97.99.13
tägl. 8h30–12h30 14h–19h

JOEL TALUAU Le Vau Jaumier 1999**

■ 3,5 ha 19 000 5à8€

Joël Taluau, der diesen schönen, 20 ha großen Betrieb aufgebaut hat, macht jetzt allmählich langsamer, ohne dass er um die Zukunft des Guts besorgt sein müsste, denn diese ist durch einen seiner Schwiegersöhne gesichert, der durch eine gute Schule gegangen ist. Le Vau Jaumier, eine der letzten Erwerbungen, nimmt fünf Hektar auf einem tonigen Kalksteinboden ein und besitzt eine großzügige Lage. Dieser Saint-Nicolas, der eine erstaunliche Sanftheit und Fruchtigkeit besitzt, ist überaus typisch für die Appellation. Er hat so sehr begeistert, dass er nur knapp eine Liebeserklärung verfehlt hat. Die als sehr gelungen beurteilte **99er Cuvée Vieilles vignes** (Preisgruppe: 50 bis 69 F) bietet zusätzliche Befriedigung für diesen Winzer, der bei der Qualität nie Kompromisse eingegangen ist, und für den Weinfreund, der ihre Fruchtigkeit schätzen wird.

EARL Taluau-Foltzenlogel, Chevrette, 37140 Saint-Nicolas-de-Bourgueil, Tel. 02.47.97.78.79, Fax 02.47.97.95.60, E-Mail joel.taluau@wanadoo.fr
Joël Taluau

DOM. DES VALLETTES 1999*

■ 14 ha 80 000 5à8€

Das Gut ist seit seiner Gründung immer im Besitz der Familie geblieben und in unserem Weinführer seit 1985 jedes Jahr vertreten. Es umfasst achtzehn Hektar und befindet sich im Herzen der Appellation, auf Kiesböden. Eine ziemlich kräftige Farbe, ein recht runder Geschmack, der von Traubengut mit guter Reife herrührt, und ein anhaltender Abgang verleihen diesem Wein Lagerqualitäten. Lassen Sie ihm die Zeit, dass er sich verfeinert. Probieren Sie ihn dann in einem Jahr, um zu schauen, wie er sich entwickelt hat, und danach können Sie ihn lange Zeit servieren. Es wird sich für Sie lohnen.

Francis Jamet, Dom. des Vallettes, 37140 Saint-Nicolas-de-Bourgueil, Tel. 02.41.52.05.99, Fax 02.41.52.87.52, E-Mail francis.jamet@les-vallettes.com
n. V.

Chinon

Die AOC Chinon (2 000 hl) wird rund um den mittelalterlichen Ort erzeugt, dem sie ihren Namen und ihr Zentrum verdankt, im Land von Gargantua und Pantagruel: auf den alten Kiesterrassen des Véron (im Dreieck, das der Zusammenfluss von Vienne und Loire bildet), auf den niedrigen Sandterrassen des Vienne-Tals (Cravant), an den Hängen auf beiden Seiten dieses Tals (Sazilly) und auf Kalksteinböden, den so genannten *«aubuis»* (Chinon). Die Rebsorte Cabernet franc, die hier Breton heißt, liefert 113 536 hl (2000) schöne Rotweine (mit jedoch einigen tausend Hektolitern trockenen Roséweinen), die es qualitativ mit den Bourgueil-Weinen aufnehmen können: rassig, mit eleganten Tanninen und lange lagerfähig. Einige außergewöhnliche Jahrgänge werden mehrere Jahrzehnte alt! Der nur in geringer Menge (1 892 hl im Jahre 2000) erzeugte, aber sehr originelle weiße Chinon ist ein eher trockener Wein, der aber je nach Jahrgang auch zart ausfallen kann.

G. ET M. ANGELLIAUME
Cuvée Vieilles vignes 1999*

■ 6 ha 35 000 5à8€

Eine alte Familie aus dem Gebiet von Chinon, die den Wein herstellt, wie man es früher machte, in den großartigen Kellern im Hang von Cravant. Ihre Cuvée Vieilles vignes ist sehr viel versprechend. Der Duft erinnert an Sauerkirsche und schwarze Johannisbeere. Die Ansprache dürfte eher an Kaffee und Gewürze denken lassen. Rasch ist der Stoff da, der teilweise von kräftigen Tanninen überdeckt wird. Der Inbegriff des lagerfähigen Weins, den man für spätere Überraschungen beiseite legen muss.

EARL Angelliaume, La Croix de Bois, 37500 Cravant-les-Coteaux, Tel. 02.47.93.06.35, Fax 02.47.98.35.19 n. V.

DOM. CLAUDE AUBERT
Cuvée Prestige 1999

■ 2,5 ha 14 000 3à5€

Dieser Wein kommt aus dem Tank mit gut abgerundeten Tanninen, die einen recht reichhaltigen Stoff erkennen lassen, wobei das Ganze einen sanften, gefälligen Geschmack von schöner Nachhaltigkeit ergibt. Man kann ihn schon jetzt servieren oder einige Jahre aufheben.

EARL Dom. Claude Aubert, 4, rue Malvault, 37500 Cravant-les-Coteaux, Tel. 02.47.93.33.73, Fax 02.47.98.34.70, E-Mail domaine.c.aubert@libertysurf.fr
tägl. 9h–12h30 14h–19h30; 1.–15. Juli geschlossen

DOM. DE BEAUSEJOUR 1999**

■ 27 ha 100 000 5à8€

Die Domaine de Beauséjour (30 ha Reben in einem Stück) entstand in den 70er Jahren, angelegt von Gérard Chauveau, der Architekt und Städteplaner war, bevor er Winzer wurde. Er präsentiert, wie es sich gehört, einen gut gebauten Wein mit zarter Ansprache, bei der Frucht sofort den besten Platz einnimmt und den gut verschmolzenen Tanninen nur begrenzten Raum lässt. Der sehr feine Abgang steht im Kontrast zum Duft mit den intensiven Aromen. Ein sehr schöner Wein, der sich unbeschadet entwickeln dürfte, den man aber schon in naher Zukunft mit Genuss trinken kann. Die **99er Cuvée Angelot** vom gleichen Erzeuger verdient zu Recht einen Stern.

Gérard et David Chauveau, Dom. de Beauséjour, 37220 Panzoult, Tel. 02.47.58.64.64, Fax 02.47.95.27.13, E-Mail dom.beausejour@wanadoo.fr
n. V.

DOM. DES BEGUINERIES
Vieilles vignes 1999*

■ 4 ha 20 000 5à8€

Jean-Christophe Pelletier hat sich 1995 auf einem kleinen Gut an den Ufern der Vienne niedergelassen. Allerdings hat er schon 1987 seine ersten Erfahrungen auf Château de Saint-Louand (siehe unter diesem Namen) gesammelt. Er ist jetzt weiter für dessen Keller verantwortlich, führt aber gleichzeitig sein eigenes, elf Hektar großes Gut. Seine Cuvée Vieilles vignes ist

gut gemacht: schöner, harmonischer Geschmack mit Stoff und nicht sehr aggressiven Tanninen. Der Holzton muss sich nur noch einfügen. Natürlich muss man ihn lagern.
Jean-Christophe Pelletier, Clos de la Rue Braie, Saint-Louand, 37500 Chinon, Tel. 06.08.92.88.17, Fax 06.47.93.37.16
n. V.

DOM. DE BEL AIR
La Croix Bossée 1999*

1 ha 4 000 11 à 15 €

Jean-Louis Loup bewirtschaftet seit 1997 die dreizehn Hektar seines Weinguts mit Hochachtung vor dem Terroir, indem er die verschiedenen Parzellen, die es bilden, getrennt vinifiziert. La Croix Bossée, das sind ein Hektar Reben, die am Hang nach Süden liegen. Die Rebsorte Cabernet franc bringt hier ihre ganze Stärke zum Ausdruck. In der Nase sind die roten Früchte und die Vanille sehr intensiv. Die Ansprache ist sanft und aromatisch, mit einer deutlichen Rückkehr der Vanille. Die kräftigen, aber gut gebauten Tannine verleihen diesem Chinon einen etwas untypischen Charakter und zwingen zu einer Reifung im Keller. Der **2000er Rosé Cuvée Pauline** vom gleichen Erzeuger (Preisgruppe: 20 bis 29 F) ist frisch und fruchtig und zeigt eine gute Harmonie; er wird lobend erwähnt.
Jean-Louis Loup, Dom. de Bel Air, 37500 Cravant-les-Coteaux, Tel. 02.47.98.42.75, Fax 02.47.93.98.30 n. V.

VINCENT BELLIVIER 1999*

1 ha 5 800 5 à 8 €

Ein kleines Gut (3,5 ha), das durch den Wald von Chinon gut vor den Nordwinden geschützt wird. Vincent Bellivier stellt die Weine fast genauso her, wie man es früher tat: kein Zusatz von Reinzuchthefe, keine Filtrierung. Die Weine entstehen auf möglichst natürliche Weise, was gute Ergebnisse erbringt. Zeuge dafür ist diese Cuvée, die aufgrund ihrer Aromen und ihrer Tanninstruktur typisch ist. In der Nase «bretoniert» sie in erstaunlichem Maße; im Mund besitzt sie noch den Geschmack von vollreifen Trauben. Ein hübscher Wein, den man für ein wenig später empfehlen kann. Die Cuvée **Noune de Noune 1999** ist wegen ihrer fruchtigen Qualitäten lobend erwähnt worden.
Vincent Bellivier, La Tourette 12, rue de la Tourette, 37420 Huismes, Tel. 02.47.95.54.26, Fax 02.47.95.54.26
n. V.

CHRISTIAN CHARBONNIER 1999**

2 ha 10 000 3 à 5 €

Einer der landwirtschaftlichen Betriebe, die früher Getreide erzeugten und sich in den 60er Jahren auf Weinbau umstellten, als die Genehmigung für neue Anpflanzungen erteilt wurde. Er verfügt jetzt über mehr als zwölf Hektar Reben auf tonigen Kieselböden. Es wäre schade, wenn es dieses Weingut nicht gäbe, diesem herrlichen 99er nach zu urteilen, der nach roten Früchten duftet und eine sehr schöne Struktur besitzt, die ein eleganter Abgang verlängert. Ein trinkreifer Wein, der aber auch lagerfähig ist.
EARL Christian Charbonnier, 2, rue Balzac, 37220 Crouzilles, Tel. 02.47.97.02.37, Fax 02.47.97.02.37
Mo–Sa 9h–12h 14h–19h

DOM. DANIEL CHAUVEAU
Cuvée Domaine 1999*

4 ha 20 000 5 à 8 €

Dieser fast zwölf Hektar große Weinbaubetrieb verteilt sich auf Reben in Hanglage und Reben auf Kiesböden. Die Cuvée Domaine stammt von über dreißig Jahre alten Rebstöcken, die am Hang wachsen. Sie verführt durch ihre Aromen und ihre harmonischen Tannine, ist rund und läuft gut, verbleibt dabei aber im typischen Charakter der Cabernet-Weine aus dieser Appellation. Man kann sie schon jetzt servieren.
Dom. Daniel Chauveau, Pallus, 37500 Cravant-les-Coteaux, Tel. 02.47.93.06.12, Fax 02.47.93.93.06, E-Mail domaine.daniel.chauveau@wanadoo.fr
n. V.

DOM. DES CLOS GODEAUX 2000*

4 ha 20 000 3 à 5 €

Philippe Brocourt besitzt ein schönes Weingut von siebzehn Hektar; die Reben nehmen die Hänge von Rivière ein, die sanft zur Vienne hin abfallen. Er wurde oft für seine Rotweine gelobt und zeichnet sich dieses Jahr mit einem Rosé aus, der eine frische Ansprache und einen seidigen, fruchtigen Körper besitzt. Der Abgang ist sehr leicht, wobei von überall Aromen von frischem Tabak und Weinbergspfirsich aufsteigen.
Philippe Brocourt, 3, chem. des Caves, 37500 Rivière, Tel. 02.47.93.34.49, Fax 02.47.93.97.40 n. V.

DOM. DU COLOMBIER
Cuvée Vieilles vignes 1999*

1,5 ha 7 000 5 à 8 €

Das Aufstellen eines Tisches zum Aussortieren des Traubenguts trägt zur Verbesserung der Qualität bei. Auf Yves Loiseaus Gut funktioniert eine solche Einrichtung seit langem und ermöglicht es, die pflanzlichen Teile zu entfernen, die nichts mit den Trauben zu tun haben. Diese Gewissenhaftigkeit bei der Vinifizierung spiegelt sich in dieser Cuvée wider, die stark von der Cabernet-Rebe geprägt ist, aber rund und gefällig bleibt. Rote Früchte beherrschen deutlich den Geruchseindruck. Die **99er Hauptcuvée** des Guts lässt ebenfalls einen starken Einfluss der Rebsorte erkennen; sie wird lobend erwähnt. Zum Schluss erhält Yves Loiseau noch einen Stern für den **weißen 2000er Clos du Centenaire,** einen sehr aromatischen Wein mit einem fetten, eleganten Geschmack.
EARL Loiseau-Jouvault, Dom. du Colombier, 37420 Beaumont-en-Véron, Tel. 02.47.58.43.07, Fax 02.47.58.93.99, E-Mail chinon.colombier@club-internet.fr
Mo–Sa 8h–12h 14h–19h

DOM. COTON 1999*

■ 13 ha 18 000 3 à 5 €

Ab den 60er Jahren begann Guy Coton damit, seinen Betrieb zu spezialisieren, der sich bis dahin der Mischkultur und der Viehzucht widmete. Seit zehn Jahren baut das Gut ausschließlich Wein an. Ein kluge Neuorientierung, wenn man nach diesem Wein urteilt, der eine große Fülle und recht sanfte Tannine besitzt und schon zu seinem Gleichgewicht gefunden hat. Diese angenehmen Empfindungen muss man jetzt genießen, denn dieser 99er ist nicht für die Alterung gemacht.

EARL Dom. Coton, La Perrière, 37220 Crouzilles, Tel. 02.47.58.55.10, Fax 02.47.58.55.69 ☑ Y n. V.

CH. DE COULAINE
Clos de Turpenay 1999*

■ 1,1 ha 4 500 8 à 11 €

Rabelais erinnert in seinem Bericht über den Pikrocholischen Krieg an dieses Gut. Man findet hier ein echtes Schloss (aus dem 15. Jh.) und ein Weingut (heute 12 ha), dessen Anfänge ins 13. Jh. zurückreichen. Seit zehn Jahren knüpft das Gut an die Weinbautradition an, die von der Reblauskrise unterbrochen wurde. Ein glanzvoller Neubeginn, denn dieser Clos de Turpenay, der im letzten Jahr eine Liebeserklärung erhielt, zeigt im Jahrgang darauf eine gute Ausgewogenheit. Der an kleine rote und schwarze Früchte erinnernde Duft und der in der Ansprache großzügige Geschmack, den reife Tannine unterstützen und der im Abgang durch schwarze Johannisbeere geprägt wird, ergeben einen Chinon, der den Jahren trotzen kann.

Etienne et Pascale de Bonnaventure, EARL Ch. de Coulaine, 37420 Beaumont-en-Véron, Tel. 02.47.98.44.51, Fax 02.47.93.49.15 ☑ Y n. V.

COULY-DUTHEIL Clos de l'Echo 1999*

■ 22 ha 80 000 11 à 15 €

Die Firma Couly feiert dieses Jahr ihr 80-jähriges Bestehen. Sie wird von Pierre und Jacques Couly geleitet, nimmt aber einen jugendlichen Zug an, indem sie in wachsendem Maße die nachfolgende Generation einbezieht, die Bertrand und Arnaud verkörpern. Der Clos de l'Echo, der Rabelais' Familie gehörte, präsentiert uns erneut einen Rotwein von sehr guter Beschaffenheit. Die Fruchtigkeit, der Stoff und die Tannine sind deutlich vorhanden, werden aber im Augenblick von einem allgegenwärtigen Holzton überdeckt. Wenn man ein paar Jahre wartet, wird das Ganze harmonisch verschmelzen.

SCA Couly-Dutheil Père et Fils, 12, rue Diderot, 37500 Chinon, Tel. 02.47.97.20.20, Fax 02.47.97.20.25, E-Mail webmaster@coulydutheil-chinon.com ☑ Y n. V.

JEAN-PIERRE CRESPIN
L'Arlequin 1999*

■ 1,4 ha 7 000 5 à 8 €

Erzeugt von kleinen Rebparzellen am Hang und fünfzehn Monate im Eichenfass ausgebaut: ein Wein, der für eine lange Lagerung hergestellt worden ist. Die Anlagen dafür hat er von seinem Stoff, seiner Ausgewogenheit und vor allem seinem recht deutlichen Holzton. Er muss sich unbedingt die Zeit nehmen, um seine Harmonie zu finden. Aber warum zum Teufel soll man ihn nur für Humanisten reservieren, wie es auf dem Etikett steht?

Jean-Pierre Crespin, 12, rue Grande, 37220 Tavant, Tel. 02.47.97.01.48, Fax 02.47.97.01.48, E-Mail jean-pierre.crespin@mageos.com ☑ Y n. V.

GFA Champ Martin

RENAUD DESBOURDES
Les Ribottées Cuvée de Printemps 1999*

■ 4 ha 4 500 5 à 8 €

Am Eingang des Guts zeugen vier Eichen, die über hundert Jahre alt sind, vom Alter des Orts. Renaud Desbourdes hat 1999 diesen etwa zwölf Hektar großen Familienbetrieb übernommen, nachdem er fünfzehn Jahre lang auf einem anderen Gut gearbeitet hatte. Er stellt eine fruchtbetonte Cuvée de Printemps vor. Die Ansprache ist klar; die Folgeeindrücke sind gut ausbalanciert und zeigen eine leichte Tanninstruktur. Eine Flasche, die man leicht gekühlt zu einem Grillgericht servieren kann. Die **im Holzfass gereifte 99er Réserve de la Marinière** ist lobend erwähnt worden. Sie ist solider, braucht aber ein wenig Entwicklung.

Renaud Desbourdes, La Marinière, 37220 Panzoult, Tel. 02.47.95.24.75, Fax 02.47.95.24.75 ☑ Y n. V.

DOM. DOZON 2000**

□ 0,6 ha 4 000 5 à 8 €

Ein 23 ha großes Gut auf einem tonigen Kalksteinboden: Das garantiert die Erzeugung von soliden Rotweinen, die sich im Allgemeinen für die Lagerung eignen. Aber in diesem Jahr erringt ein Weißwein die Siegespalme. Der sehr aromatische Geruchseindruck mischt Weißdorn-, Minze- und Litschidüfte. Die Minze findet man in einem frischen, zitronenartigen, lang anhaltenden Geschmack wieder. Dieser Wein passt gut zu gegrilltem Fisch.

Dom. Dozon, Le Rouilly, 37500 Ligré, Tel. 02.47.93.17.67, Fax 02.47.93.95.93, E-Mail dozon@terre-net.fr ☑ Y Mo–Sa 9h–12h 14h–18h

DOM. DES GELERIES
Cuvée Prestige 1999*

■ 2 ha 6 000 5 à 8 €

Jeannine Rouzier-Meslet, die in erster Linie Bourgueil-Weine erzeugt, bewirtschaftet ein kleines Gut, das sie von ihrem Mann hat. Ihre Cuvée Prestige ist verheißungsvoll und sehr aromatisch, im Duft ebenso wie im Geschmack. Auf die Ansprache, die sich auf animalische Aromen stützt, folgen sehr deutlich spürbare Tannine,

die ihre Entwicklung noch nicht abgeschlossen haben. Ein Wein, den man unbedingt für einige Zeit im Keller vergessen muss, damit sich seine schöne Struktur abrunden kann.
Jeannine Rouzier-Meslet,
2, rue des Géléries, 37140 Bourgueil,
Tel. 02.47.97.72.83, Fax 02.47.97.48.73
n. V.

GOURON ET FILS 2000

1 ha 5 000 3 à 5 €

Wenn man die am Hang gelegene Kellerei der Gourons verlässt, muss man sich die Zeit nehmen, die Weinberge von Cravant zu bewundern, die sich weiter unten auf den Kiesterrassen der Vienne ausbreiten. Bei dieser alten Familie aus Chinon, in der drei Winzergenerationen zusammenleben, kann man diesen Rosé entdecken, der wegen seiner überschwänglichen Fruchtigkeit geschätzt wurde. Auf die frische, nicht aufdringliche Ansprache folgt eine lange Präsenz im Mund. Ein hübscher Wein, den man in der Gartenlaube trinken sollte.
GAEC Gouron, La Croix de Bois,
37500 Cravant-les-Coteaux, Tel. 02.47.93.15.33,
Fax 02.47.93.96.73,
E-Mail info@domaine-gouron.com n. V.

VIGNOBLE GROSBOIS
Cuvée Printemps 1999

2 ha 18 000 3 à 5 €

Jacques Grosbois bewirtschaftet acht Hektar Reben in sehr guter Lage, auf den tonigen Kalksteinböden der Hänge von Panzoult nach Süden ausgerichtet. Er war mit zwei Cuvées erfolgreich. Diese hier, die so genannte «Frühlingscuvée», ist in der Ansprache sanft, ohne übermäßigen Reichtum an Stoff und Tanninen, was ihr einen gefälligen, süffigen Charakter verleiht, mit einem schönen aromatischen Ausdruck im Duft. Ein Genießerwein, der nicht lang auf dem Tisch stehen wird. Die ebenfalls lobend erwähnte **99er Cuvée Vieilles vignes** (Preisgruppe: 30 bis 49 F) ist warm und lagerfähig.
Jacques Grosbois, Le Pressoir, 37220 Panzoult, Tel. 02.47.58.66.87, Fax 02.47.95.26.52,
E-Mail vignoble.grosbois@wanadoo.fr
n. V.

DOM. HERAULT
Cuvée Vieilles vignes 1999*

2,63 ha 19 000 5 à 8 €

Der Keller allein schon ist es wert, dass man bei Eric und Elodie Hérault Station macht. Er stammt aus dem 13. Jh., wurde aber erst 1975 entdeckt und ist fast einen halben Hektar groß. Am Eingang empfängt Sie eine Palme, die von der Milde des Klimas in Chinon zeugt. Den Weinen mangelt es ebenfalls nicht an Reizen, wie etwa dieser Cuvée Vieilles vignes, die durch ihre Eleganz verführt. Der Geschmack ist rund und frisch und hat eine schöne Ausgewogenheit. Ein verführerischer Wein, der sich leicht trinkt.
EARL Hérault, Le Château, 37220 Panzoult, Tel. 02.47.58.56.11, Fax 02.47.58.69.47
n. V.

DOM. CHARLES JOGUET
Clos du Chêne Vert 1999***

2 ha 10 000 11 à 15 €

Charles Joguet ist 1997 in Rente gegangen, aber das Gut bevorzugt auch weiterhin – getreu seinem Geist – den Ausdruck der Terroirs. Der Clos du Chêne Vert, der im letzten Jahr als außergewöhnlich beurteilt wurde, sieht sich im darauf folgenden Jahrgang erneut mit drei Sternen bedacht und hat nur knapp eine Liebeserklärung verfehlt. Der intensive Duft liefert sofort einen schönen Anklang an reife Früchte oder Konfitüre und danach an Vanillenoten, die von einem leichten Holzton herrühren. Auf die weiche, fette Ansprache folgen sehr elegante, feinkörnige Tannine. Ein verheißungsvoller Chinon, den man aufheben muss, damit sich der noch dominierende Holzton einfügt.
SCEA Charles Joguet, La Dioterie,
37220 Sazilly, Tel. 02.47.58.55.53,
Fax 02.47.58.52.22,
E-Mail joguet@charlesjoguet.com n. V.

DOM. DE L'ABBAYE 1999*

20 ha 100 000 5 à 8 €

Die Domaine de Parilly, die am Anfang dieses großen Guts (50 Hektar in acht Gemeinden) steht und schon im 11. Jh. für ihre Reben berühmt war, wurde von Guillaume de Sainte-Maure, dem Herrn über diesen Grund, der Abtei Noyers zum Geschenk gemacht. Die Abtei verschwand, aber ihr Name bleibt mit dem Gut verbunden. Es befindet sich immer noch auf einem sehr guten Qualitätsniveau, wenn man nach den drei ausgewählten Chinon-Cuvées urteilt, die jede einen Stern erhalten. Die Hauptcuvée bietet einen verschlossenen Geruchseindruck, der dennoch Schwarze-Johannisbeer-Düfte erkennen lässt. Nach einer geschmeidigen, kräftigen Ansprache kehrt die gleiche Frucht kraftvoll zurück und entlädt sich. Die Tannine sind gut verschmolzen; der Abgang ist mild. In zwei Jahren wird dieser Wein seinen Höhepunkt erreichen. Der roten **99er Cuvée Vieilles vignes,** die im Holzfass ausgebaut wurde, mangelt es ebenfalls nicht an Ressourcen. Ebenfalls sehr gelungen ist der **2000er Rosé,** der frisch und fruchtig ist.
Michel Fontaine, Le Repos Saint-Martin,
37500 Chinon, Tel. 02.47.93.35.96,
Fax 02.47.98.36.76
tägl. 9h–12h 14h–18h30;
15. Nov. bis 15. März So geschlossen

MANOIR DE LA BELLONNIERE
Vieilles vignes 1999**

5 ha 15 000 5 à 8 €

Dieses wunderschöne Gebäude im typischen Baustil der Touraine, dessen Anfänge auf das 15. Jh zurückgehen, besitzt ein 25 ha großes Weingut, von dem sich ein Teil auf den Kiesterrassen der Vienne und der andere Teil (20 %) am Hang befindet. Seine Cuvée Vieilles vignes verführt durch ihren entfalteten Duft, der rote Früchte, Trockenfrüchte und Lakritze verbindet. Der Geschmack, der eine klare Ansprache bietet und mit feinkörnigen Tanninen gut ausgestattet ist, lässt einen eleganten Stoff erkennen. Ein seriöser Wein, der ein wenig im Keller ruhen muss.

⊶ Béatrice et Patrice Moreau, La Bellonnière, 37500 Cravant-les-Coteaux, Tel. 02.47.93.45.14, Fax 02.47.93.93.65 ☑ Y n. V.

CLOS DE LA GRILLE 1999

■ 2,5 ha k. A. ⫼ 5à8€

Das zwölf Hektar große Gut, das an einem Kalksteinhang liegt, präsentiert eine Cuvée, die von der Jury wegen ihrer Fruchtigkeit und Rundheit ausgewählt worden ist. Die Tannine sind verschmolzen und verleihen dem Ganzen eine Harmonie, die man sofort bemerkt.

⊶ Marie-Pierre Raffault, Les Loges, 37500 Chinon, Tel. 02.47.93.17.89, Fax 02.47.93.92.60, E-Mail marie-pierre.raffault@wanadoo.fr ☑ Y n. V.

CH. DE LA GRILLE 1999**

■ 27 ha 180 000 ⫼ 11à15€

Das Château aus dem 16. Jh. wurde im 19. Jh. von Gustave de Cougny renoviert, der damals Präsident der Französischen Archäologischen Gesellschaft war. Heute gehört es den Gossets, die seit vierzehn Generationen Winzer sind. Das Gut, das Tradition und moderne Methoden verbindet, präsentiert in einer eleganten Flasche, der Kopie einer Champagnerflasche aus dem 18. Jh., einen prächtigen Wein, der fünfzehn Monate im Holzfass ausgebaut worden ist. Der sehr ausdrucksvolle Duft, der deutlich an Zedernholz erinnert, gibt den Ton an. Der Rest ist dementsprechend: sanfte, voluminöse Ansprache, Ausgewogenheit und Länge – nichts fehlt. Eine Flasche von sehr großer Klasse (das Behältnis und der Inhalt), die ihren Weg machen wird.

⊶ Laurent et Sylvie Gosset, Ch. de La Grille, BP 205, 37502 Chinon Cedex, Tel. 02.47.93.01.95, Fax 02.47.93.45.91 ☑ Y n. V.

DOM. DE LA HAUTE OLIVE
Cuvée Vieilles vignes 1999

■ 4 ha 20 000 ⫼ 5à8€

Dunkles Rubinrot, Düfte von Himbeere und schwarzer Johannisbeere in der Nase ebenso wie im Mund, solide Tannine, die aber ohne Rustikalität sind, und ein Stoff, den man lang spürt: ein interessanter Wein, der aber zwei Jahre im Keller warten muss, bevor er bei Tisch erscheinen darf.

⊶ EARL Dom. de La Haute Olive, 38, rue de la Haute-Olive, 37500 Chinon, Tel. 02.47.93.04.08, Fax 02.47.93.99.28 ☑ Y n. V.

⊶ Yves Jaillais

BEATRICE ET PASCAL LAMBERT
Cuvée Marie 1999***

■ 2 ha 8 500 ⫼ 11à15€

Béatrice und Pascal Lambert besitzen auf ihrem über zehn Hektar großen Weingut am Fuße des Hangs von Cravant eine gute Vinifizierungsanlage. Sie messen der Reifung im Holzfass große Bedeutung bei und verfügen in ihrem Lagerkeller über Reihen von Eichenfässern, von denen 30 % neu sind. Hier haben wir einen Wein, der die ganze Aufmerksamkeit dieser beiden jungen Winzer genossen haben muss, denn er ist in jeder Hinsicht gelungen. Er hat eine intensive rote, fast violette Farbe und bietet einen sehr hübschen Duft von roten und schwarzen Früchten mit einer Nuance von Vanille. Der volle, reiche, tiefe Geschmack wird von schon entwickelten Tanninen unterstützt. Ein Holzton prägt den langen Abgang. Große Intensität, schöner Stoff und perfekt gemeisterter Ausbau: Alles trägt zu einer Liebeserklärung bei. Dieser Chinon verdient es eigentlich, noch zu lagern, aber werden Sie die Geduld dafür aufbringen?

⊶ Pascal Lambert, Les Chesnaies, 37500 Cravant-les-Coteaux, Tel. 02.47.93.13.79, Fax 02.47.93.40.97, E-Mail lambertchesnaies@aol.com ☑ Y n. V.

DOM. DE LA NOBLAIE 1999**

■ 11,3 ha 35 000 5à8€

La Noblaie liegt in Le Vau Breton, im Herzen des Chinon-Gebiets: in dem Tal, wo der «Breton» wächst – laut Rabelais, der so die Rebsorte Cabernet franc nannte. Die 1952 von Pierre Manzagol angelegte Domaine de la Noblaie wurde von seinem Schwiegersohn Pierre Billard übernommen. Dieser 99er bietet einen schönen Ausdruck des Terroir. Die Tannine sind sanft und elegant, mit einem Endruck von Stärke. Der Duft mit den ausgeprägten Aromen von roten Früchten ist für die Rebsorte typisch. Er kann, muss aber nicht ein wenig lagern. Ein Pluspunkt auch für den gelungenen **2000er Weißwein.**

⊶ SCEA Manzagol-Billard, Dom. de La Noblaie, Le Vau Breton, 37500 Ligré, Tel. 02.47.93.10.96, Fax 02.47.93.26.13 ☑ Y n. V.

DOM. DE LA PERRIERE
Vieilles vignes 1999**

■ 7,5 ha 40 000 ⫼ 5à8€

Der Weinberg von La Perrière, der sich seit sechs Jahrhunderten im Besitz der gleichen Familie befindet, ist auf den Kiesterrassen der Vienne angelegt. Er liefert sehr bouquetreife Weine, die oft eine feine Struktur besitzen. Dieser hier, der von vierzig Jahre alten Reben stammt, hat eine Liebeserklärung nur knapp verpasst. Sein Duft «bretoniert» unendlich lang. Der Geschmack mit Kaffee- und Lakritzenoten bietet einen reichen Stoff und maßvolle Tannine; er besitzt gute Entwicklungsreserven. Die **99er Grande cuvée** (Preisgruppe: 70 bis 99 F), die

ihren fünfzehnmonatigen Ausbau im Holzfass nicht verbergen kann, erhält eine lobende Erwähnung, während der **weiße 2000er Chinon Confidentiel** (Preisgruppe: 50 bis 69 F), der sehr holzbetont ist, einen Stern bekommt.
Christophe Baudry, Dom. de La Perrière, 37500 Cravant-les-Coteaux, Tel. 02.47.93.15.99, Fax 02.47.98.34.57 n. V.

VIGNOBLE DE LA POELERIE 2000*

k. A. 3 000 3à5€

François Caillé bewirtschaftet seit 1990 ein 19 ha großes Gut, das auf den alten Schwemmlandböden der Vienne angelegt ist. Sein Rosé beweist von Anfang an Ausgewogenheit. Der angenehme Duft sucht seinen Weg zwischen Früchten und Blüten. Die Ansprache ist klar und fruchtig, mit einer guten Fülle, die recht lang anhält. Ein zarter Wein, der sich leicht trinkt. Weisen wir noch auf die **rote 99er Cuvée Vieilles vignes** (Preisgruppe: 30 bis 49 F) hin, die von der Jury lobend erwähnt wurde. Mit ihrem sanften, fruchtigen Geschmack entspricht sie gut dem Typ des Chinon-Weins von einem Kiesboden.
François Caillé, Le Grand Marais, 37220 Panzoult, Tel. 02.47.95.26.37, Fax 02.47.58.56.67 n. V.

DOM. DE LA POTERNE 2000*

0,35 ha 2 000 5à8€

Ein hübscher, wohl ausgewogener Wein, der für einen Rosé ziemlich fleischig ist, mit Frucht und einem milden, lang anhaltenden Abgang. Er ist sehr gefällig und verwöhnt durch seine Frische und Spontaneität. Die tiefen Kiesböden eignen sich zweifellos für die Erzeugung solcher genussvollen Weine, aber die Hand des Winzers ist daran nicht unbeteiligt.
EARL Christian et Robert Delalande, Montet, 37220 L'Ile-Bouchard, Tel. 02.47.58.67.99, Fax 02.47.58.67.99 n. V.

DOM. DE LA ROCHE HONNEUR
Diamant Prestige 1999**

3 ha 10 000 5à8€

Das 15 ha große Gut, das zwischen Loire und Vienne auf unterschiedlichen Böden liegt, erzeugt Cuvées von vielfältigem Ausdruck. Diese hier, fünfzehn Monate im Holzfass ausgebaut, ist das Lieblingskind von Stéphane Mureau, und sie dankt es ihm. Ihr komplexer Geruchseindruck verbindet einen leichten Holzton mit Düften vollreifer roter Früchte. Die fette Ansprache macht rasch einem fleischigen, fülligen Stoff Platz, in dem man das Holzaroma wiederfindet. Seidige Tannine tragen zur bemerkenswerten Ausgewogenheit dieses Weins mit dem sicheren Lagerpotenzial bei. Nicht vernachlässigen sollte man den **2000er Rosé** des Guts (ein Stern), der reich und voll ist und eine schöne Frische besitzt.
Dom. de La Roche Honneur, 1, rue de la Berthelonnière, 37420 Savigny-en-Véron, Tel. 02.47.58.42.10, Fax 02.47.58.45.36, E-Mail domaine.de.roche.honneur@libertysurf.fr
n. V.
Stéphane Mureau

CAVES DE LA SALLE
Vieilles vignes 1999*

k. A. 10 000 5à8€

Das Wohnhaus und seine Wirtschaftsgebäude stammen aus dem 18. Jh., aber die Gebäude für den Weinbaubetrieb wurden 1988 errichtet. Rémi Desbourdes betreibt einige zusätzliche Tätigkeiten, wie etwa Camping auf dem Bauernhof und Zucht von Eseln. Aber seine Hauptleidenschaft bleibt der Weinbau. Nach einer Liebeserklärung im letzten Jahr wird er in diesem Jahr mit drei schönen Weinen ausgewählt: mit dieser Cuvée Vieilles vignes, die eine schöne Ausgewogenheit, sehr milde Tannine und deutliche Cabernet-Aromen besitzt und schon jetzt trinkreif ist, mit seinem **99er Fief de La Rougellerie** (ein Stern), der aufgrund seiner verschmolzenen Tannine und seiner Harmonie ebenso interessant ist, und schließlich mit einem (lobend erwähnten) **2000er Weißwein,** dessen Aromenpalette aus Pampelmuse und mineralischen Noten besteht.
Rémi Desbourdes, La Salle, 37220 Avon-les-Roches, Tel. 02.47.95.24.30, Fax 02.47.95.24.83
Mo–Sa 8h–12h 14h–18h

DOM. DE LA SEMELLERIE
Cuvée Déborah Vieilles vignes Elevé en fût de chêne 1999*

1 ha 5 000 5à8€

Mit *semellerie* bezeichnete man früher die besten Lagen eines Weinbergs. Das Gut hat den Namen beibehalten, zweifellos aufgrund seiner günstigen Lage. Es befindet sich auf dem höchsten Punkt der Gemeinde, geht nach Süden und besitzt kieselige Tonböden, die viele Steine enthalten. Diese Cuvée von fünfzig Jahre alten Reben bietet einen intensiven Duft, der von schwarzer Johannisbeere dominiert wird, mit ein paar Entwicklungs- und Röstnoten. Der Geschmack ist weich und rund und weist eine beachtliche Länge auf. Es bleiben noch die Tannine, die man reifen lassen muss.
Fabrice Delalande, La Semellerie, 37500 Cravant-les-Coteaux, Tel. 02.47.93.18.70, Fax 02.47.93.94.00 n. V.

DOM. DE LA TOUR
Cuvée Vieilles vignes 1999

6 ha k. A. 8à11€

Guy Jamets Weingut erstreckt sich auf vierzehn Hektar. Es liegt auf dem höchsten Punkt der Gemeinde und kommt in den Genuss einer großzügigen Sonneneinstrahlung. Dieser 99er, der zu guter Reife gelangt ist, zeigt einen runden Geschmack mit seidigen Tanninen. Der Abgang

hinterlässt einen Eindruck von Konfitüre und roten Früchten. Man muss seine Reize jetzt genießen. Ein sehr gefälliger Wein.
Guy Jamet, Dom. de La Tour,
25, rue de la Buissonière, 37420 Beaumont-en-Véron, Tel. 02.47.58.47.61, Fax 02.47.58.47.61
n. V.

DOM. DE LA TRANCHEE 1999

2 ha 5 000 5à8€

Die Weinberge der Gemeinde Beaumont sind überwiegend auf Ton- und Kalksteinböden angelegt, die direkt über dem Tuff liegen: warme, gut entwässerte Böden, auf denen die Reben gut gedeihen. Sie fühlen sich hier wohl und haben einen hübschen, schlichten, ausgewogenen Wein geliefert, der eine gute Nachhaltigkeit besitzt. Er passt zu vielen Gelegenheiten.
Pascal Gasné, 33, rue de la Tranchée,
37420 Beaumont-en-Véron, Tel. 02.47.58.91.78,
Fax 02.47.58.85.25,
E-Mail pascal.gasné@club-internet.fr
n. V.

LE LOGIS DE LA BOUCHARDIERE
Les Clos 1999**

6,3 ha 42 000 5à8€

Ein 45 ha großes Gut, das zu drei Vierteln an Hängen und zu einem Viertel auf der Kiesterrasse der Vienne angelegt ist. Von Ersteren, mit Ton- und Kieselböden, stammt diese Cuvée Les Clos, die in der Regel fleischige, tanninreiche Weine liefert, wie dieser 99er belegt. Man sollte jedoch noch darauf hinweisen, dass man ihn dank seiner sanften, eleganten Tannine schon jetzt servieren kann. Trotzdem eignet er sich für die Lagerung.
Serge et Bruno Sourdais, Le Logis de la Bouchardière, 37500 Cravant-les-Coteaux,
Tel. 02.47.93.04.27, Fax 02.47.93.38.52
n. V.

CH. DE LIGRE La Roche Saint-Paul 1999*

5 ha 25 000 5à8€

Das über 30 ha große Gut am linken Ufer der Vienne befindet sich seit drei Generationen im Besitz der Familie. Seine im Auftakt frische, klare Cuvée de la Roche Saint-Paul zeigt danach eine ansprechende Rundheit und darauf recht spürbare Tannine. Das ist ganz der Wein von Ligré: eine Struktur, die man nicht übersieht. Eine kleine Wartezeit könnte ihm bekommen. Pierre und Fabienne Ferrand haben außerdem für ihren **2000er Weißwein,** der aromatisch und elegant ist, eine lobende Erwähnung erhalten.
Pierre Ferrand, Ch. de Ligré, 37500 Ligré,
Tel. 02.47.93.16.70, Fax 02.47.93.43.29,
E-Mail pierre.ferrand4@wanadoo.fr
Mo–Sa 8h30–12h 14h–18h; Sa, So n. V.

DOM. DES MILLARGES
Elevé en fût 1999*

3 ha 12 600 5à8€

Das Weinbau- und Vinifizierungszentrum von Chinon, das mit der Fachoberschule für Landwirtschaft verbunden ist, stellt den Winzern der Region Empfehlungen zur Verfügung, die sie für die Wahl ihrer Gewächse brauchen, und erteilt önologische Ratschläge. Hier haben wir einen Wein aus einem sehr gut ausgerüsteten Keller, ein wenig vom Holzton dominiert, aber die Fruchtigkeit und der Stoff sind vorhanden. Da er noch sehr stark von den Tanninen geprägt ist, wird er mit der Zeit besser zum Ausdruck kommen. Das Zentrum hat außerdem eine lobende Erwähnung für einen **2000er Weißwein** erhalten, der eine elegante Ansprache und einen geschmeidigen Körper innerhalb einer schönen Gesamtausgewogenheit besitzt. Ein gefälliger Wein, den man schon jetzt servieren kann.
Centre viti-vinicole de Chinon,
Les Fontenils, 37500 Chinon,
Tel. 02.47.93.36.89, Fax 02.47.93.96.20
n. V.
Lycée agricole

DOM. DU MORILLY 2000

0,6 ha 4 500 3à5€

Die Chinon-Roséweine sind interessant wegen ihrer Struktur, die es ihnen erlaubt, beim Essen ihren Platz zu behaupten. Eine oft großzügige Fruchtigkeit reiht sie unter die erfrischenden Sommerweine ein, die sich für Eingangs- und Wurstgerichte eignen. Dieser hier ist aromatisch, frisch, leicht und gut ausbalanciert und würde gut zu einem exotischen Gericht passen, um die Schärfe der Gewürze zu mildern.
EARL André-Gabriel Dumont, Malvault,
37500 Cravant-les-Coteaux, Tel. 02.47.93.24.93,
Fax 02.47.93.45.05 n. V.

CLOS DE NEUILLY 1999*

k. A. 15 000 5à8€

Voluminöse Ansprache, feine Tannine, langer Abgang mit roten Früchten – es fehlt nicht an Komplimenten. Geteilter Meinung war die Jury jedoch hinsichtlich der Bestimmung dieses 99ers: Muss man ihn trinken oder altern lassen? Beide Optionen erscheinen möglich, je nach Geschmack. Diese Frage stellt sich nicht beim **2000er Rosé** mit dem Namen **Domaine du Carroi Portier** (Preisgruppe: 20 bis 29 F). Man kann ihn an den schönen Tagen im Nachsommer genießen und schon aufmachen, wenn unser Weinführer erscheint.
Dom. Spelty, Le Carroi Portier,
37500 Cravant-les-Coteaux, Tel. 02.47.93.08.38,
Fax 02.47.93.93.50, E-Mail spelty@free.fr
n. V.

J.-L. PAGE Cuvée Vieilles vignes 1999*

1,4 ha 5 000 5à8€

Nachdem Jean-Louis Page die Fachoberschule für Weinbau absolviert hatte, richtete er sich 1997 auf dem kleinen Gut ein, das ihm sein Großvater hinterlassen hatte. Hier erleben wir somit einen der ersten Weine, die dieser junge Winzer erzeugt hat. Er ist sehr gelungen aufgrund seines «bretonierenden» Geruchseindrucks und enthüllt recht abgerundete Tannine, reichlich Stoff und Stärke. Eine schöne Flasche zum Lagern.
Jean-Louis Page, 12, rte de Candes,
La Halbardière, 37420 Savigny-en-Véron,
Tel. 02.47.58.96.92, Fax 02.47.58.86.65
n. V.

JAMES PAGET Vieilles vignes 1999*

■ 1,5 ha 7 000 5à8€

James Paget, dessen Hauptaktivitäten das Gebiet von Azay-le-Rideau (wo er außerdem Funktionen im Berufsverband ausübt) zum Rahmen haben, bewirtschaftet ein kleines Gut (1,5 ha) in Chinon. Der vorwiegend kiesige Boden liefert «Frühlingsweine». Dieser hier passt in die besagte Kategorie: Er ist gut gemacht und weich und besitzt zurückhaltende Tannine und Aromen von roten Früchten. Er ist jetzt trinkreif.
EARL James Paget, 13, rue d'Armentières, 37190 Rivarennes, Tel. 02.47.95.54.02, Fax 02.47.95.45.90 n. V.

DOM. CHARLES PAIN
Cuvée Prestige 1999**

■ 10 ha 30 000 5à8€

Die Domaine Charles Pain umfasst 25 Hektar und erstreckt sich auf den drei östlichsten Gemeinden der Appellation. Ihre Cuvée Prestige bietet sehr viele Qualitäten: einen klaren Duft von vollreifen schwarzen Johannisbeeren und Himbeeren und einen Geschmack mit fleischiger Ansprache und feinen, dichten Tanninen. Dieser ausgewogene Chinon, der ein schönes Volumen besitzt, muss lagern. Die **99er Cuvée du Domaine** (Preisgruppe: 20 bis 29 F), die von den Kiessandterrassen der Vienne kommt, verführt durch ihre Düfte von roten Früchten und ihre glatten Tannine. Sie erhält einen Stern, während der weinige **2000er Rosé,** der nach kurzer Maischung abgestochen wurde, lobend (aber ohne Stern) erwähnt wird.
EARL Dom. Charles Pain, Chezelet, 37220 Panzoult, Tel. 02.47.93.06.14, Fax 02.47.93.04.43, E-Mail charles.pain@wanadoo.fr n. V.

DOM. DU PUY Vieilles vignes 1999

■ 6 ha 13 000 3à5€

Die von Alexis Delalande 1820 geschaffene Domaine du Puy hat fünf Generationen von Winzern gesehen. Heute umfasst sie 24 Hektar und wird von Patrick Delalande geführt, der im Geist der Vorfahren arbeitet und der Tradition treu bleibt. Sein 99er ist klar, rund und wohl ausgewogen, mit gefälligen Tanninen. Ein harmonischer Wein, aber vom leichten Typ, den man jetzt servieren muss, und zwar in einer schlichten, geselligen Atmosphäre.
Patrick Delalande, EARL du Puy, RN 11, Le Puy, 37500 Cravant-les-Coteaux, Tel. 02.47.98.42.31, Fax 02.47.93.39.79 n. V.

JEAN-MAURICE RAFFAULT 2000*

◪ 2 ha 13 000 3à5€

Ein Vorfahr Jean-Maurice Raffaults, der Tagelöhner Mathurin Bottreau, kaufte 1693 die erste Rebparzelle. Heute erstreckt sich das Gut auf 45 Hektar und verfügt über vielfältige Terroirs. Sie suchen eine Flasche für den sofortigen Genuss? Nehmen Sie diesen aromatischen, frischen Rosé. Hingegen muss sich die von der Jury lobend erwähnte **rote 99er Cuvée du Puy** (Preisgruppe: 50 bis 69 F) noch entwickeln, auch wenn sie bereits einen ausgewogenen Charakter erkennen lässt. Sie stammt von Ton- und Kalksteinhängen und ist das Ergebnis kleiner Erträge (im August wird der Behang ausgedünnt); fast zwölf Monate ist sie in neuen Holzfässern ausgebaut worden. Den Mund überfallen deshalb, was keine Überraschung ist, holzige und röstartige Empfindungen. Die im gleichen Jahrgang ebenfalls lobend erwähnte **rote Cuvée Clos d'Isoré** (Preisgruppe: 30 bis 49 F), die ein Jahr im Holzfass gereift ist, dürfte rascher trinkreif sein.
EARL Jean-Maurice Raffault, La Croix, 37420 Savigny-en-Véron, Tel. 02.47.58.42.50, Fax 02.47.58.83.73, E-Mail rodolphe.raffault@wanadoo.fr n. V.

DOM. DU RAFFAULT 1999*

■ 5 ha 30 000 5à8€

1997 ist Julien Raffault in die Fußstapfen seines allzu früh verstorbenen Vaters getreten. Er verdankt ihm dieses angesehene Gut (28 ha), das sich auf den Terrassen der Vienne befindet. Seine Hauptcuvée verführt sofort durch ihr dunkles Rubinrot. Der Holzton vom neuen Eichenfass, der in der Nase sehr deutlich wahrzunehmen ist, bleibt angenehm, überdeckt aber im Geschmack die Aromen der Cabernet-Traube. Die Tannine sind perfekt und vertragen sich mit der Lebhaftigkeit des Abgangs. Ein sehr gelungener Wein, den die Anhänger des echten Chinon altern lassen werden, damit er eine bessere Harmonie entwickelt. Die **99er Cuvée des Allets,** die in der Vergangenheit mehrere Liebeserklärungen erhielt (für den 92er und den 93er), bekommt für die gute Einbindung des Holzes und der Tannine einen Stern.
Julien Raffault, 23-25, rte de Candes, 37420 Savigny-en-Véron, Tel. 02.47.58.44.01, Fax 02.47.58.92.02 Mo–Sa 8h–19h; So 9h–12h

PHILIPPE RICHARD 1999*

■ 2 ha 5 000 5à8€

Ein sechs Hektar großes Gut und Keller, die der Vater und der Großvater in den Tuff gegraben haben. Sein 99er Chinon, der in der Nase ziemlich stark an Tiergeruch erinnert, entwickelt sich, wenn man den Wein im Glas schwenkt, in Richtung Himbeere. Der in der Ansprache sanfte Geschmack enthüllt eine schöne Struktur mit feinen, jedoch im Abgang ein wenig strengen Tanninen. Das Ergebnis eines gut gemeisterten Ausbaus. Ein Wein, bei dem es schade wäre, wenn man ihn zu früh trinken würde.
Philippe Richard, Le Sanguier, 37420 Huismes, Tel. 02.47.95.52.50, Fax 02.47.95.45.82 tägl. 9h–19h

DOM. DU RONCEE 1999**

■ 20 ha 100 000 5à8€

Die Domaine du Roncée ist ein altes Lehen, das im 12. Jh. der Burggrafschaft der Ile-Bouchard unterstand. Im 15. Jh. wurden die Reben mit Mauern umgeben und bildeten umfriedete Weinberge, deren Namen die verschiedenen Cuvées des Guts noch tragen. Die Hauptcuvée resultiert aus einem klugen Verschnitt der Terroirs. Dieser Wein hat die Jury stark beeindruckt. Alles an ihm ist Harmonie, Milde und

Eleganz. Stoff und Tannine sind miteinander verschmolzen; kein Bestandteil dominiert über den anderen. Dennoch besitzt diese Flasche noch Reserven für eine Entwicklung, die sie weit bringen wird. Vom gleichen Erzeuger erhält der **rote 99er Coteau des Chenanceaux** (Preisgruppe: 50 bis 69 F) einen Stern, aber er ist in einem ganz anderen Stil gehalten: Er ist ein strenger Wein, der sich abrunden muss.

Dom. du Roncée, La Morandière,
37220 Panzoult, Tel. 02.47.58.53.01,
Fax 02.47.58.64.06, E-Mail info@roncee.com
n. V.

DOM. DES ROUET
Cuvée des Battereaux Vieilles vignes 1999

■ 2,3 ha 10 000 5à8€

Dass die in unserem Weinführer oft erwähnte Cuvée des Battereaux hier erscheint, verdient sie aufgrund ihrer fast granatroten Farbe, ihrer Aromenpalette, die schwarze Johannisbeere, Kirsche und sogar Veilchen verbindet, und ihrer stattlichen Struktur, die einen gut durchgeführten Ausbau im Holzfass bezeugt. Man könnte sie schon jetzt servieren, aber eine kleine Entwicklung wird ihrer Harmonie bestimmt nicht schaden.

Dom. des Rouet, Chezelet,
37500 Cravant-les-Coteaux, Tel. 02.47.93.19.41,
Fax 02.47.93.96.58
Mo–Sa 9h–18h; So n. V.

CH. DE SAINT-LOUAND
Réserve de Trompegueux 1999*

■ 5,75 ha 25 000 5à8€

Das Gut, das heute 6,5 Hektar umfasst, wurde 1898 von Charles Walther gekauft, einem Chirurgen, der Präsident der Medizinischen Akademie war und es nicht versäumen durfte, seinen Rekonvaleszenten den Chinon-Wein zu empfehlen. Die auf tonigen Kalksteinböden angepflanzten Reben überragen die Vienne. Diese tiefrote Réserve de Trompegueux öffnet sich in der Nase zu Kirsche und Weichsel. Im Mund erinnert sie an Rauch, bevor die Tannine die Aromen und den Stoff überdecken, die man darunter erahnt. Ein viel versprechender Wein, dem man aber Zeit lassen muss, damit er sich vollständig entfaltet.

Bonnet-Walther, Saint-Louand,
37500 Chinon, Tel. 02.47.93.48.60,
Fax 02.47.98.48.54 n. V.

PIERRE SOURDAIS
Réserve Stanislas 1999*

■ 3,5 ha 20 000 5à8€

Ein – relativ unauffälliger – Aussichtsturm, der zu den Gebäuden des Guts gehört, ermöglicht es, das ganze Anbaugebiet von Cravant zu erfassen und sich die Lage jedes Terroir vor Augen zu führen. Eine glückliche Kombination von Weinen, die von Kiesel-, Ton- und Kiesböden kommen, mit anderen Weinen, die von alten Reben stammen, bildet diese Réserve Stanislas. Der fruchtigen, sanften Ansprache fehlt es nicht an Eleganz, aber die Tannine machen sich bemerkbar; sie sind die Garanten für eine gute Entwicklung.

Pierre Sourdais, Le Moulin à Tan,
37500 Cravant-les-Coteaux, Tel. 02.47.93.31.13,
Fax 02.47.98.30.48 n. V.

CH. DE VAUGAUDRY
Clos du Plessis-Gerbault 1999*

■ 1 ha k. A. 5à8€

Auch wenn das bestehende Château erst aus dem 19. Jh. stammt, erwähnte Rabelais den Ort schon in seinem Bericht über den Pikrocholischen Krieg. Das Gut liegt auf einer Terrasse, die am linken Ufer der Vienne in den Hang hineingeschnitten wurde, gegenüber der alten Festung von Chinon. Der ganz von Mauern umgebene Weinberg, der zwölf Hektar umfasst, besitzt ein günstiges Mikroklima. Der 99er ist stark von roten Früchten geprägt, in der Nase und auch in der Ansprache. Im Geschmack hingegen geben die Tannine und ein Holzaroma den Ton an. Ein zukunftsreicher Wein, der im Keller lang ruhen muss, damit er an Liebenswürdigkeit gewinnt.

SCEA Ch. de Vaugaudry, Vaugaudry,
37500 Chinon, Tel. 02.47.93.13.51,
Fax 02.47.93.23.08 n. V.
Belloy

Coteaux du Loir

Zusammen mit Jasnières das einzige Weinbaugebiet im Departement Sarthe, das auf den Hängen des Tals des Loir liegt. Es erlebt eine Wiedergeburt, nachdem es vor fünfundzwanzig Jahren fast verschwunden wäre. Die Reben sind auf feuersteinhaltigem Ton angepflanzt, der den Kalktuff bedeckt. Eine reizvolle Produktion mit 2 068 hl (2000) eines leichten, fruchtigen Rotweins (von der Rebsorte Pineau d'Aunis, verschnitten mit Cabernet, Gamay oder Côt) und Roséweins sowie 1 175 hl eines trockenen Weißweins (aus Chenin oder Pineau blanc de la Loire).

DOM. DE CEZIN 2000**

□ 4 ha 10 000 5à8€

Die Jury zögerte nicht, diesem schönen, im Anblick strahlenden Weißwein eine Liebeserklärung zuzuerkennen. Die aromatische Intensität überrascht und erstaunt dann durch ihre Komplexität: Mango, Orange, danach gelbfleischiger Pfirsich vor einem Hintergrund von Schwarze-Johannisbeer-Knospe. Die Ansprache ist klar; in einer schönen Kontinuität findet man die Aromen wieder, die man in der Nase wahrgenommen hat. Ein bemerkenswertes Produkt, das recht typisch ist und altern kann, ohne schwächer zu werden.

🔑 François Fresneau, rue de Cézin, 72340 Marçon, Tel. 02.43.44.13.70, Fax 02.43.44.13.70, E-Mail earl.francois.fresneau@wanadoo.fr ☑ 🍷 n. V.

BERNARD CROISARD 2000*

☐ 1,5 ha 7 000 5à8€

Das Gut besteht seit 200 Jahren und ist seitdem im Besitz der gleichen Familie geblieben. Bernard Croisard präsentiert einen blassgoldenen Wein, der mit einem intensiven, anhaltenden Duft von reifen Zitrusfrüchten in der schönsten Ausdrucksform einen Terroir-Charakter bietet. Danach erweckt der recht entfaltete Geschmack einen Eindruck von Jugendlichkeit. Diese Flasche muss im Keller reifen, bevor man sie voll würdigen kann.

🔑 Bernard Croisard, La Pommeraie, 72340 Chahaignes, Tel. 02.43.44.47.12 ☑ 🍷 n. V.

DOM. DE LA GAUDINIERE 1999*

■ 1,3 ha 6 000 3à5€

Ein schönes, helles Rubinrot und danach pfeffrige Aromen, die sich mit Leder verbinden, geben diesem Wein eine schöne Statur. Die im Mund deutlich spürbaren Tannine in einer geschmeidigen, für den Jahrgang 1999 typischen Struktur sind ein origineller Leckerbissen.

🔑 EARL C. et D. Cartereau, La Gaudinière, 72340 Lhomme, Tel. 02.43.44.55.38, Fax 02.43.44.55.38 ☑ 🍷 n. V.

LES MAISONS ROUGES
Pineau d'Aunis Vieilles vignes 1999*

■ 0,35 ha 1000 3à5€

Dieses junge Gut, das 1994 mit 50 Ar gegründet wurde, hat seitdem Parzellen mit alten Rebstöcken gekauft, wie diese sechzig Jahre alten Reben von der Sorte Pineau d'Aunis. Die Rebsorte hat sich an das Terroir des Loire-Tals gut angepasst. Dieser hellrubinrot erscheinende 99er lässt eine charakteristische, frische Pfeffernote erkennen; danach kleiden Tannine den Mund gut aus. Ein schönes Ergebnis.

🔑 Elisabeth et Benoît Jardin, Les Maisons Rouges, Les Chaudières, 72340 Ruillé-sur-Loir, Tel. 02.43.79.50.09, Fax 02.43.44.46.80, E-Mail benoit-jardin@libertysurf.fr ☑ 🍷 n. V.

Jasnières

Dies ist der Cru der Coteaux du Loir. Er befindet sich deutlich abgegrenzt auf einem einzigen Hang, der ganz nach Süden liegt und 4 km lang und nur einige hundert Meter breit ist. 2000 wurden 2 627 hl Weißwein ausschließlich von der Rebsorte Chenin oder Pineau de la Loire erzeugt, die in großen Jahrgängen erhabene Weine liefern kann. Curnonsky schrieb dazu: «Dreimal im Jahrhundert ist der Jasnières der beste Weißwein der Welt.» Er passt auf elegante Weise zu «Marmite sarthoise», einer einheimischen Spezialität, bei der er mit anderen Erzeugnissen dieses Gebiets kombiniert wird: mit fein geschnittenem Geflügel- und Hasenfleisch sowie gedünstetem Gemüse. Ein seltener Wein, den man unbedingt probieren sollte.

GASTON CARTEREAU 2000*

☐ 0,75 ha 4 000 5à8€

Ein stark entfalteter Duft mit balsamischen und mineralischen Gerüchen unter einer strahlenden Farbe mit strohgelben Reflexen. Dieser Wein von bemerkenswerter Ausgewogenheit ist recht Jasnières-typisch. Viel Harmonie. Trinkreif.

🔑 Gaston Cartereau, Bordebeurre, 72340 Lhomme, Tel. 02.43.44.48.66 ☑ 🍷 n. V.

DOM. DE CEZIN 2000**

☐ 2 ha 10 000 5à8€

Der im Hachette-Weinführer immer vertretene François Fresneau hat der Jury einen großen Wein vorgestellt, wie ihn nur großartige Terroirs hervorbringen können. Schöne strohgelbe Farbe. Ein bezaubernder 2000er mit Aprikosen- und Pfirsichnoten, der dann mit Pampelmusen- und Röstnoten männlicher wird. Man muss ihn einige Zeit aufheben, aber er begeistert bereits. Die Jury hat sich nicht geirrt: eine Liebeserklärung ohne Einwand!

François Fresneau, rue de Cézin, 72340 Marçon, Tel. 02.43.44.13.70, Fax 02.43.44.13.70, E-Mail earl.francois.fresneau@wanadoo.fr
☑ n. V.

DE RYCKE Cuvée Prestige 2000*

☐ 1,5 ha 6 000 5à8€

Dieses Paar von jungen Fachleuten, das seit zehn Jahren im Anbaugebiet von Jasnières lebt, hat es verstanden, die alten Reben seines Weinbergs perfekt zu meistern. Diese Cuvée Prestige verführt durch ihre Großzügigkeit und ihre delikaten Aromen; der Abgang ist sehr zart und mag die Jasnières-Puristen überraschen.

De Rycke, Le coteau de la Pointe, 72340 Marçon, Tel. 02.43.44.46.43, Fax 02.43.79.63.54 ☑ n. V.

DOM. DE LA GAUDINIERE 2000*

☐ 2 ha 8 000 5à8€

Ein würdiger Repräsentant für die kleine Produktion des Departements Sarthe. Der Wein präsentiert sich unverblümt und hat den Gaumen der Verkoster durch seine Präsenz und seine Heiterkeit erfreut. Er ist nervig, aber vollkommen ausgewogen und wird in vier bis fünf Jahren perfekt sein.

EARL C. et D. Cartereau, La Gaudinière, 72340 Lhomme, Tel. 02.43.44.55.38, Fax 02.43.44.55.38 ☑ n. V.

JEAN-JACQUES MAILLET 2000*

☐ 3 ha 10 000 5à8€

Sechs Hektar und dieser Wein, der von zwanzig Jahre alten Reben stammt, angepflanzt auf einem feuersteinhaltigen Tonboden. Ein schöner, probierenswerter Wein, bei dem sich die Intensität von Pampelmuse mit der von weißen Blüten um den Vorrang streitet, das Ganze vor einem mineralischen Hintergrund. Man sollte besser noch ein paar Monate warten, um die Ausgewogenheit und die Verschmolzenheit genießen zu können. Servieren kann man ihn zu Marmite sarthoise (Suppeneintopf).

Jean-Jacques Maillet, La Paquerie, 72340 Ruillé-sur-Loir, Tel. 02.43.44.47.45, Fax 02.43.44.35.30 ☑ n. V.

DOM. J. MARTELLIERE 2000*

☐ 1 ha 5 000 5à8€

Mit diesem 2000er Jasnières ist diesem in unserem Weinführer oft vertretenen Gut ein schöner Wein gelungen. Er besitzt viel Präsenz, im Duft ebenso wie im Geschmack; die pflanzlichen Noten im Auftakt verflüchtigen sich und machen einem angenehmen Finale Platz, das durch sein Terroir geprägt ist. Er ist der perfekte Begleiter für ein Géline-Huhn aus der Touraine.

SCEA du Dom. J. Martellière, 46, rue de Fosse, 41800 Montoire-sur-le-Loir, Tel. 02.54.85.16.91, Fax 02.54.85.16.91
☑ n. V.

DOM. DES MOLIERES 2000

☐ 7,4 ha 50 000 5à8€

René Renou hat sich auf Reblagen spezialisiert, in denen sich Chenin, die Rebsorte des Loire-Tals mit den vielen Facetten, einen unbestreitbaren Ruf erworben hat, insbesondere beim edelsüßen Wein. Hier ist es ein großer trockener Weißwein, der zum Zeitpunkt der Verkostung noch streng war, in der Flasche aber reifen dürfte.

René Renou, 1, pl. du Champ-de-Foire, 49380 Thouarcé, Tel. 02.41.54.11.33, Fax 02.41.54.11.34, E-Mail domaine.rene.renou@wanadoo.fr
n. V.

Montlouis

Die Loire im Norden, der Wald von Amboise im Osten und der Cher im Süden begrenzen das Anbaugebiet der Appellation (1000 ha, von denen 400 als AOC Montlouis eingestuft sind). Die stellenweise mit Sand bedeckten feuersteinhaltigen Tonböden sind mit Chenin blanc (oder Pineau de la Loire) bestockt und bringen trockene und süße Weine, Still- und Schaumweine hervor (16 480 hl im Jahre 2000). Die Ersteren gewinnen an Qualität, wenn sie in den Tuffkellern lange Zeit in der Flasche reifen; sie haben eine Alterungsfähigkeit von etwa zehn Jahren.

CLAUDE BOUREAU Les Maisonnettes Sec 1999

☐ 1 ha 2 600 5à8€

Claude Boureau, der seit 1969 ein kleines Gut von sieben Hektar führt, bezeichnet sich gern als «Winzerhandwerker». Er kümmert sich sorgfältig um seine Reben, bearbeitet den Boden, liest die Trauben gewissenhaft aus und lässt im Keller niemanden an seine Weine heran. Dieser Wein hier ist ein ziemlich sanfter, trockener Wein, der charakteristische Anisdüfte bietet. Leicht und schlicht. Er wird viele Anlässe akzeptieren.

Claude Boureau, 1, rue de la Résistance, 37270 Saint-Martin-le-Beau, Tel. 02.47.50.61.39
☑ n. V.

DOM. DES CHARDONNERETS Demi-sec 1998*

○ 1 ha k. A. 5à8€

Das Gut, das 2 km vom Aquarium der Touraine entfernt liegt, nimmt fast vierzehn Hektar an den Kieshängen ein, die sanft zum Cher hin abfallen. Es ist ein Stammgast in unserem Weinführer. Dieses Jahr präsentiert es einen halbtrockenen Schaumwein, dessen Duft sich noch nicht vollständig entfaltet, aber man erkennt darin eine gewisse Eleganz. Der sehr milde Geschmack besteht vor allem aus Honig, während der – äußerst Chenin-typische – Abgang zeigt, dass wir es mit einem deutlichen Terroir-Charakter zu tun haben. Das ist ein Wein, den man in seinem Keller haben muss, für eine Kombination mit einer nicht zu süßen Nachspeise. Der **99er Brut** des Guts (ovales Etikett) erhält eine lobende Erwähnung.

GAEC Daniel et Thierry Mosny, 6, rue des Vignes, 37270 Saint-Martin-le-Beau, Tel. 02.47.50.61.84, Fax 02.47.50.61.84
tägl. 8h–19h

FRANÇOIS CHIDAINE
Les Choisilles Sec 1999*

4 ha 12 000 8 à 11 €

Ein kräftiges Gelb mit grünen Reflexen: Die Farbe dieses trockenen Weins verführt sofort. Danach machen sich in der Nase kandierte Früchte bemerkbar. Der Auftakt des Geschmacks ist elegant, während der Schlussgeschmack eine sehr deutlich spürbare Struktur zeigt: ein gelungener Wein mit einer glücklichen Verbindung zwischen Frucht und Holzton. Er ist jetzt reizvoll und muss keine Angst vor der Alterung haben. François Chidaine, der einen schönen Weinbaubetrieb von 15 ha Reben auf den unteren Hängen der Loire nach den Prinzipien der Biodynamik führt, präsentiert einen weiteren trockenen Wein, den **99er Clos du Breuil** (Preisgruppe: 30 bis 49 F), der von schönem Traubengut stammt. Er wird lobend erwähnt. Erwähnen sollte man noch, dass François Chidaine am Kai der Loire einen Probierraum eröffnet hat, der für Besucher praktisch jeden Tag offen steht, von Ostern bis zur Lese und das restliche Jahr über nach Voranmeldung.

EARL François Chidaine, 5, Grande-Rue, 37270 Montlouis-sur-Loire, Tel. 02.47.45.19.14, Fax 02.47.45.19.08 n. V.

YVES CHIDAINE
Méthode traditionnelle Brut*

1 ha 8 000 5 à 8 €

Yves Chidaine hat lange Zeit die Geschicke des Verbands von Montlouis gelenkt. Gleichzeitig bewirtschaftete er ein sehr schönes Gut an den unteren Hängen der Loire. Eine ausgefüllte Karriere im Dienste der Appellation. Jetzt zieht er sich vollständig zurück und verkauft nur noch seine Vorräte. Man sollte diesen Schaumwein nutzen, der bestimmt von einem gut gewählten, gehaltvollen Grundwein stammt. Der Geschmack ist weich, aber ohne Dosage. Er ist ein etwas untypischer, aber attraktiver Wein; er wurde als «Leckerei» bezeichnet. Sicherlich hat er einige Zeit reifen müssen. Ein **halbtrockener Pétillant,** der schlicht, aber sympathisch ist, erhält eine lobende Erwähnung.

Yves Chidaine, 2, Grande-Rue, Husseau, 37270 Montlouis-sur-Loire, Tel. 02.47.50.83.72, Fax 02.47.45.02.16
Mo–Sa 8h–12h 14h–19h

FREDERIC COURTEMANCHE
Sec 1999*

1 ha 3 000 5 à 8 €

Frédéric Courtemanche bewirtschaftet sehr gewissenhaft ein kleines Weingut (5 ha): Umpflügen der Rebzeilen, Aussortieren des Traubenguts, Ausbau auf der Hefe. Das erbringt gute Ergebnisse, wie etwa diesen trockenen Montlouis, der sehr mineralisch ist und eine vollkommene Ausgewogenheit und eine im Geschmack erstaunliche Länge besitzt. In der Nase unterstreicht ein leichter Anklang an Birne, dass dieser reizvolle Wein die Geschmacksknospen erregen wird.

Frédéric Courtemanche, 12, rue d'Amboise, 37270 Saint-Martin-le-Beau, Tel. 02.47.50.60.89
n. V.

DELETANG Méthode traditionnelle Brut*

5,6 ha 50 000 5 à 8 €

Nach einer Liebeserklärung für einen Schaumwein Méthode traditionnelle im vergangenen Jahr zeichnet sich dieses Gut erneut beim gleichen Weintyp aus. Die 22 ha Reben, die an diesen sehr sonnigen Hängen des Cher-Tals angepflanzt sind, haben bestimmt etwas damit zu tun, aber man darf auch das Können des Erzeugers nicht vergessen. Dieser Wein mit dem feinen Schaum ist im Duft stark von der Chenin-Traube geprägt. Er ist lebhaft, ohne aggressiv zu wirken. Der Einfluss der Rebsorte wird erneut im Geschmack spürbar, der sich aber als sanft erweist. Dem Abgang fehlt es nicht an Eleganz.

EARL Deletang, 19, rue d'Amboise, 37270 Saint-Martin-le-Beau, Tel. 02.47.50.67.25, Fax 02.47.50.26.46, E-Mail deletang.olivier@wanadoo.fr n. V.

DANIEL FISSELLE 1999*

1 ha 2 000 5 à 8 €

Daniel Fisselle hat sein Gut 1972 gegründet und es im Laufe der Jahre erweitert. Heute nimmt es acht Hektar auf den oberen Hängen von Montlouis ein, dort, wo die Kieselböden einen Untergrund aus Kalkstein überlagern. Das sind warme, gut entwässerte Böden, die die Reifung der Trauben begünstigen. Sie haben viel getan für diesen halbtrockenen Wein mit dem kräftigen, eleganten Geschmack, der einen lang anhaltenden, zarten, fruchtigen Abgang bietet. Ein Wein, der seinen Charakter mit der Zeit noch entwickeln muss. Ein **trockener 99er Weißwein** (Preisgruppe: 20 bis 29 F) hat die gleiche Note erhalten. Man kann ihn schon jetzt trinken.

Daniel Fisselle, Les Caves du Verger, 74, rte de Saint-Aignan, 37270 Montlouis-sur-Loire, Tel. 02.47.50.93.59 n. V.

LA CHAPELLE DE CRAY
Méthode traditionnelle Brut

16 ha k. A. 5 à 8 €

Diese Firma ist aus dem Zusammenschluss eines Winzers aus Montlouis mit einem englischen Weinhändler entstanden. In der Wirtschaft von Montlouis wird sie bestimmt Gewicht haben. Sie reserviert bereits 15 Hektar ihres Weinguts für diese Méthode traditionnelle, einen Brut. Der frische, blumige Duft ist recht gewinnend. Der stark vom Moussieren geprägte Geschmack hinterlässt am Ende der Verkostung einen Eindruck von geglückter Harmonie. Ein schlichter Wein, den man zu allen Gelegenheiten servieren kann.

🔑 Boutinot, SARL La Chapelle de Cray, rte de l'Aquarium, 37400 Lussault-sur-Loire, Tel. 02.47.57.17.74, Fax 02.47.57.11.97, E-Mail chapelledecray@wanadoo.fr 🍷 n. V.

DOM. DE LA MILLETIERE

Méthode traditionnelle Demi-sec 1996

○ 2 ha 13 000 5à8€

Die Dardeaus, Winzer seit 1545, wissen bestimmt, worüber sie reden, wenn es in Montlouis um Traditionen geht, denn sie bearbeiten im Weinberg den Boden, lesen die Trauben mit der Hand, wobei sie die Beeren gewissenhaft aussortieren, und vergären die Moste im Barriquefass. Dieser Schaumwein trägt den Stempel davon: leichte Bläschen in einem Strohgelb, diskreter Duft von Blüten, ausgewogener, weicher Geschmack, der gut verschmolzen ist und lang anhält. Ein halbtrockener Wein, der sich vor einer Nachspeise nicht fürchten wird, sofern diese nicht zu süß ist.

🔑 Jean-Christophe Dardeau, 14, rue de la Miltière, 37270 Montlouis-sur-Loire, Tel. 06.85.20.30.98, Fax 02.47.50.82.60, E-Mail dardeau@club-internet.fr ☑ 🍷 Mo–Sa 9h–12h 14h–19h; So n. V.

DOM. DE LA TAILLE AUX LOUPS

Cuvée des Loups 1999*

□ 1 ha 1000 23à30€

Jacky Blot hat sein Gut 1989 geschaffen, indem er drei kleine Betriebe vereinigte, die keinen Nachfolger fanden, und schrittweise erweiterte. Heute umfasst es vierzehn Hektar, die der Clos de Venise im Gebiet von Vouvray ergänzt. Seine Weine werden im Barriquefass vergoren und ausgebaut. Dieser hier, ein Süßwein mit 80 g/l Restzucker, verkraftet dank der Dichte seines Stoffs den holzbetonten Charakter mühelos. Es handelt sich dabei um eine schöne Arbeit, aufgrund der Auslese des Traubenguts ebenso wie aufgrund der Vinifizierung, so dass sich Süße und Säure eng verbinden. Seine Länge ist viel versprechend. Die ebenfalls fassgereifte **Cuvée Remus** (Preisgruppe: 50 bis 69 F) hat die Aufmerksamkeit der Jury erregt, die ihr einen Stern zuerkannt hat. Sie zeigt einen leichten Holzton und eignet sich für eine kürzere Lagerung (mindestens drei Jahre). Die **Hauptcuvée** des Guts (Preisgruppe: 30 bis 49 F), die acht Monate im Holzfass ausgebaut wurde, wird lobend erwähnt.

🔑 Dom. de La Taille aux Loups, 8, rue des Aitres, 37270 Montlouis-sur-Loire, Tel. 02.47.45.11.11, Fax 02.47.45.11.14, E-Mail La-Taille-Aux-Loups@wanadoo.fr 🍷 tägl. 9h–19h; Nov. bis Febr. So geschlossen 🔑 Jacky Blot

DOM. DE L'ENTRE-CŒURS

Méthode traditionnelle Brut**

○ 2 ha 15 000 5à8€

Alain Lelarge hat ein 15 ha großes Gut auf einem feuersteinhaltigen Tonboden. Der bemerkenswerteste seiner Weine ist unbestreitbar dieser Brut-Schaumwein: ein etwas schüchterner Geruchseindruck, der Blüten erahnen lässt, ein sehr ausgewogener Geschmack mit einer schönen Rundheit und ein großartiger Abgang mit ebenfalls blumigen Noten. Eine Flasche von sehr gutem Niveau, die man mit ein bisschen Stolz als Aperitif servieren kann. Der **halbtrockene 99er** ist recht typisch, ausgewogen und nachhaltig; er erhält eine lobende Erwähnung.

🔑 Alain Lelarge, 10, rue d'Amboise, 37270 Saint-Martin-le-Beau, Tel. 02.47.50.61.70, Fax 02.47.50.68.92 ☑ 🍷 n. V.

CLAUDE LEVASSEUR Sec 1999*

□ 1,8 ha 8 200 5à8€

Schöne Vinifizierungskeller und dreizehn Hektar Reben auf den besten Hängen mit Kieselboden von Montlouis, in der Nähe der Loire gelegen, sind ein wahrer Glücksfall. Aber zusätzlich ist noch Können erforderlich. Claude Levasseur mangelt es nicht daran. Er präsentiert diesen trockenen Wein, der im Barriquefass vergoren und mit Aufrühren des Hefesatzes ausgebaut worden ist. Nach einer frischen Ansprache findet er sein Gleichgewicht und ruft einen Eindruck von Volumen und «Fett» hervor. Das Ganze ist deshalb gut strukturiert. «Ein echter Montlouis», meinte ein Mitglied der Jury. Man kann ihn schon jetzt servieren.

🔑 Claude Levasseur, 38, rue des Bouvineries, 37270 Montlouis-sur-Loire, Tel. 02.47.50.84.53, Fax 02.47.45.14.85 ☑ 🍷 n. V.

DOM. DES LIARDS

Vieilles vignes Moelleux 1999*

□ 2 ha 8 000 5à8€

Das Gut wurde 1959 von zwei Brüdern geschaffen, die die Leitung an die junge Generation übergeben; es verfügt über einen 19 ha großen Weinberg, der die besten Hänge des Cher-Tals einnimmt. Bei diesem heiklen Jahrgang fällt es mit einem lieblichen Wein auf, dessen Bouquet sich zu Aromen von reifen Trauben und Feige entfaltet. Der Geschmack ist rund und gleicht sich mit der Säure aus. Im Abgang bleibt ein Eindruck von Pfirsich und Birne zurück. Dieser Wein kann seinen Charakter noch entfalten.

🔑 Berger Frères, 70, rue de Chenonceaux, 37270 Saint-Martin-le-Beau, Tel. 02.47.50.67.36, Fax 02.47.50.21.13 ☑ 🍷 n. V.

DOM. DE L'OUCHE GAILLARD

Sec 1999

□ 1 ha 4 100 5à8€

Ein trockener Weißwein, der für ein Jahr, das die Dinge nicht einfach gemacht hat, gelungen ist! Aber Régis Dansault auf Ouche Gaillard meistert seine Vinifizierungen gut. Die recht helle Farbe ist strahlend; der Duft bietet leichte

Pfirsich- und Birnennoten, während der recht volle Geschmack, der eine gute Länge hat, durch eine leichte Note von Lebhaftigkeit betont wird. Man sollte ihn zu einem Ziegenkäse probieren. Zwei Schaumweine, eine **Méthode traditionnelle Brut** und eine **Méthode traditionnelle Demi-sec,** erhalten eine lobende Erwähnung.

SCEA Dansault-Baudeau,
94, av. George-Sand, 37700 La Ville-aux-Dames, Tel. 02.47.44.36.23, Fax 02.47.44.95.30
n. V.

CAVE DE MONTLOUIS-SUR-LOIRE
Cuvée réservée Méthode traditionnelle Brut★

○ k. A. k. A. 5 à 8 €

Diese Genossenschaftskellerei nimmt in der Wirtschaft der Appellation eine wichtige Stellung ein. Seit mehreren Jahren hat sie sich die Dienste eines Önologen gesichert und bringt Erzeugnisse von sehr gutem Niveau heraus, insbesondere Schaumweine. Ein Besuch dieser eindrucksvollen Kellerei, die in den Fels gegraben wurde, ist interessant. Der Empfang ist warmherzig. Diese Flasche ist 24 Monate auf den Lattengestellen gereift. Sie bietet einen Ausdruck des Terroir. Honig und Mandel in der Nase, reich und lang anhaltend im Mund – sie scheint gut gemacht zu sein.

Cave Coop. des Producteurs de Montlouis-sur-Loire, 2, rte de Saint-Aignan,
37270 Montlouis-sur-Loire, Tel. 02.47.50.80.98,
Fax 02.47.50.81.34,
E-Mail cave-montlouis@france-vin.com
tägl. 8h–12h 14h–18h

DOMINIQUE MOYER
Méthode traditionnelle Brut 1998

○ 3 ha 10 000 5 à 8 €

Die Familie Moyer empfängt die Besucher mit viel Aufmerksamkeit und Feingefühl in ihrem Haus aus dem 17. Jh., einem ehemaligen Jagdhaus des Herzogs von Choiseul. Die Weine hier haben ebenfalls ihre Eleganz, wie etwa dieser Schaumwein, der sich in einem Goldgelb mit Düften von reifen Früchten präsentiert. Der erste Geschmack ist voller Feinheit; der zweite hinterlässt einen Eindruck von Apfel. Ein hübscher Aperitifwein oder eine Begleitung zu weißem Fleisch.

Dominique Moyer,
2, rue de la Croix-des-Granges,
37270 Montlouis-sur-Loire, Tel. 02.47.50.94.83,
Fax 02.47.45.10.48 tägl. 9h–12h 14h–18h

CH. DE PINTRAY
Cuvée Tradition Sec 1999

□ 2 ha 3 500 5 à 8 €

Château de Pintray ist ein schönes Gebäude, das Gästezimmer anbietet. Man kann hier nicht nur den Park genießen, sondern auch den fast sieben Hektar großen Weinberg, der ihn umgibt und auf den feuersteinhaltigen Tonböden der Hänge von Lussault angelegt ist. Der Einfluss des Flusses, der Loire, ist nicht ganz unbeteiligt an der guten Reifung. Dieser von der Jury als «zart» bezeichnete trockene Wein, der reiche Düfte von reifen Früchten und Honig entfaltet, ist recht repräsentativ für die Appellation. Er ist bereits rund und kann schon jetzt serviert werden.

Marius Rault, Ch. de Pintray,
37400 Lussault-sur-Loire, Tel. 02.47.23.22.84,
Fax 02.47.57.64.27 n. V.

DOM. DE SAINT-JEROME
Moelleux 1999★

□ 4 ha 2 000 5 à 8 €

Es handelt sich um einen schönen, zehn Hektar großen Weinberg, der sich auf den Anhöhen von Montlouis befindet, nicht weit von der Loire entfernt, wo die kieseligen Tonböden für die Erzeugung von kräftigen Weinen günstig sind. Dieser hier ist gehaltvoll; man spürt das gut ausgelesene Traubengut. Die Ausgewogenheit zwischen Zucker und Säure ist bemerkenswert. Das ist ein Wein, der im Eichenfass gereift ist, denn übrig geblieben ist ein recht gut eingefügter Holzton, der angenehme exotische Noten nicht überdeckt. Servieren kann man ihn zu einem Ziegenkäse (Saint-Maure aus der Touraine).

EARL Jacky Supligeau,
Dom. de Saint-Jérôme, 7, quai Albert-Baillet,
37270 Montlouis-sur-Loire, Tel. 02.47.45.07.75,
Fax 02.47.45.07.75
tägl. 9h–19h30; So 9h–12h30;
Gruppen n. V.

J.-C. THIELLIN Sec 1999

□ 0,75 ha 2 500 5 à 8 €

Die Thiellins zählen zu den alten, seit langer Zeit in Montlouis lebenden Winzerfamilien, die die Appellation geschaffen haben. Dieser gut vinifizierte trockene Wein, der eher zart ist (7 g/l Restzucker), zeigt im Geschmack recht viel Präsenz. Er ist weich und delikat und reiht sich in die Tradition der trockenen Montlouis-Weine ein. Ein ehrlicher Wein, der in diesem Winter trinkreif ist.

Jean-Claude Thiellin,
46, rue des Bouvineries, 37270 Montlouis-sur-Loire, Tel. 02.47.45.12.21, Fax 02.47.45.08.69
Mo–Sa 9h–19h

Vouvray

Eine lange Reifung im Keller und in der Flasche offenbart alle Qualitäten der Vouvray-Weine. Diese Weißweine werden nördlich der Loire erzeugt, in einem 2 000 ha großen Anbaugebiet, das im Norden an die Autobahn A 10 stößt (der TGV fährt durch einen Tunnel vorbei) und vom breiten Tal der Brenne durchzogen wird. Die weiße Rebsorte der Touraine, Chenin blanc (oder Pineau de la Loire), liefert hier Stillweine von hohem Niveau, die eine intensive Farbe haben, sehr rassig sind und je nach Jahrgang trocken oder lieblich ausfallen, und sehr weinige Schaum- oder Perlweine. Während man Letztere ziemlich jung trinkt, eignen sich die Stillweine perfekt für eine lange Lagerung, die ihnen aromatische Komplexität verleiht. Fisch und (Ziegen-)Käse passen zu den Erstgenannten, feine Gerichte oder leichte Nachspeisen zu Letzteren, die auch einen ausgezeichneten Aperitif abgeben. 2000 wurden insgesamt 115 909 hl erzeugt.

AIGLE BLANC
Cuvée Abbé Baudoin 1999*

☐ 9 ha 6 500 8à11€

Das ist ein zarttrockener Wein, den Abbé Beaudoin nicht abgelehnt hätte. Dieser Geistliche leistete im 18. Jh. große Arbeit bei der Selektion der Rebsorte Chenin blanc in Vouvray und hinterließ seinen Namen einem berühmten Weinberg, der jetzt der Familie Poniatowski gehört. Er zeigt ein schönes, kräftiges Gelb und bietet Zitrus- und Haselnussdüfte. Der Geschmack ist ausgewogen und besitzt eine große Frische. Zu Wurstgerichten aus der Touraine wird dieser runde Wein wunderbar passen.

Philippe Edmond Poniatowski, clos Baudoin, vallée de Nouy, 37210 Vouvray, Tel. 02.47.52.71.02, Fax 02.47.52.60.94, E-Mail pep@magic.fr ☑ Ῑ n. V.

JEAN-CLAUDE ET DIDIER AUBERT
Moelleux 1999*

☐ 3 ha 10 000 5à8€

Ein gut ausgerüstetes Vater-Sohn-Gespann, das ein 21 ha großes Gut führt. Die Reben erstrecken sich auf die besten Hänge des Vallée Coquette. Sie überragen die Loire und profitieren von den günstigen Auswirkungen des Flusses, mit diesem schönen Moelleux, der 20 g/l Restzucker enthält, als Ergebnis. Eine schöne Gesamtstruktur erweckt einen Eindruck von Rundheit, die die Aromen gekochter Früchte unterstreichen. Ein Wein, der nur noch seinen Weg machen muss. Das Team macht auch mit einem ebenso gelungenen **trockenen 99er Vouvray** auf sich aufmerksam. Die Aromen von Quitte, Akazienblüte und sogar Apfel sind kräftig. Die überraschende lebhafte, freimütige Ansprache dominiert fast über die Ausgewogenheit und die Länge, die dennoch recht ausgeprägt sind.

Jean-Claude et Didier Aubert, 10, rue de la Vallée-Coquette, 37210 Vouvray, Tel. 02.47.52.71.03, Fax 02.47.52.68.38 ☑ Ῑ tägl. 8h30–12h30 14h–19h

DOM. DES AUBUISIERES Brut

○ 8 ha 60 000 5à8€

Bernard Fouquet stellt einen typischen Schaumwein der Méthode traditionnelle vor. Dieser Wein muss mehr als die vorgeschriebenen neun Monate in der Flasche gereift sein, denn sein entwickelter Charakter tritt deutlich hervor. Eine Herstellungsweise, die ihm Röstaromen und einen an Kaffee erinnernden Abgang eingebracht hat. Ein Aperitifwein, der vom Gewohnten abweicht.

Bernard Fouquet, Dom. des Aubuisières, 37210 Vouvray, Tel. 02.47.52.67.82, Fax 02.47.52.67.81, E-Mail info@vouvrayfouquet.com ☑ Ῑ n. V.

PASCAL BERTEAU ET VINCENT MABILLE Brut*

○ 17 ha k. A. 5à8€

Das Können Pascal Berteaus und Vincent Mabilles kommt in diesem Brut-Schaumwein zum Ausdruck, der von sieben Cuvées stammt und für das Gut recht repräsentativ ist. Dieser Vouvray erstaunt durch sein blumiges Aromenregister, in dem auch Haselnuss und kandierte Früchte zu erkennen sind. Die Ausgewogenheit im Geschmack verleiht ihm Eleganz. Ein Aperitif, der gefallen wird.

GAEC BM, Vaugondy, 37210 Vernou-sur-Brenne, Tel. 02.47.52.03.43, Fax 02.47.52.03.43 ☑ Ῑ n. V.

JEAN-PIERRE BOISTARD
Pétillant Demi-sec Cuvée Prestige 1996

○ 0,5 ha 3 500 5à8€

Ein schönes, zehn Hektar großes Gut, das er gut meistert, und eine günstige Lage auf den Hängen, die das Hochwasserbett der Loire überragen – das ermöglicht es Jean-Pierre Boistard, einen typischen halbtrockenen Vouvray zu erzeugen. Die Aromenpalette von getrockneten Früchten, bei denen Mandel dominiert, und die ausgewogene Struktur, die von einem wirklich lebhaften Stoff umhüllt wird, machen ihn zu einem Perlwein voller Fröhlichkeit, den man mit einem Pflaumen- oder Aprikosenkuchen kombinieren kann.

Jean-Pierre Boistard, 216, rue Neuve, 37210 Vernou-sur-Brenne, Tel. 02.47.52.18.73, Fax 02.47.52.19.95 ☑ Ῑ n. V.

DOM. BOURILLON-DORLEANS
Brut Cuvée Hélène Dorléans 1997*

○ k. A. 15 000 5à8€

Dieser junge Erzeuger, der schon im letzten Jahr mit seiner Méthode traditionnelle Hélène Dorléans auffiel, bringt sich erneut mit einem sehr gelungenen Schaumwein in gute Erinnerung. Der frische Duft mit Fruchtnuancen, mit denen sich eine empyreumatische Note vermischt, geht einem lang anhaltenden, reichen, sehr harmonischen Geschmack voraus. Eine leichte Rundheit macht ihn zu einem idealen Aperitif. Vom gleichen Erzeuger wird der **trockene 99er Vouvray Argilo** (Preisgruppe: 50 bis 69 F) wegen seiner guten Textur und seiner Geschmeidigkeit lobend erwähnt. Er hat zwar nicht den Charakter bestimmter Vorgänger, aber der Jahrgang rechtfertigt ihn, was ihm eine erholsame Note gibt.

Dom. Bourillon-Dorléans, 30 bis, rue de Vaufoynard, 37210 Rochecorbon, Tel. 02.47.52.83.07, Fax 02.47.52.83.07 ☑ Ῑ n. V.

MARC BREDIF Brut

○ k. A. 60 000 ■ 8à11€

Ein aufgrund seiner Ausgewogenheit erfrischender Wein, der durch das Vorhandensein von Apfel- und Birnenaromen überrascht. Er ist dafür geschaffen, vor einem Essen den Appetit anzuregen. Die Firma Brédif, die großartige Keller am Rande der Loire besitzt, hat eine lange Erfahrung bei Schaumweinen. Sie ist ein wenig so etwas wie eine Wegbereiterin auf diesem Gebiet, denn sie stellt seit 1893 Vouvray-Schaumweine her.

Marc Brédif, 87, quai de la Loire, 37210 Rochecorbon, Tel. 02.47.52.50.07, Fax 02.47.52.53.41, E-Mail bredif.loire@wanadoo.fr
Y Mo–Sa 9h–12h30 14h–18h30
de Ladoucette

YVES BREUSSIN Brut*

○ 3 ha 15 000 5à8€

Wenn Sie das Glück haben, bei einem Besuch auf Vaugondy von Yves Breussin empfangen zu werden, werden Sie viel über das Terroir des Vouvray und über das Leben der Menschen dort erfahren. Er spricht voller Wärme und Kenntnis darüber. Gleichzeitig können Sie seinen Schaumwein Méthode traditionnelle probieren. Einen Wein mit einem leichten, feinen Duft und einem weichen, sehr fruchtigen Geschmack, in dem sich Apfel und Pfirsich um die aromatische Vorrangstellung streiten. Er ist jung und fröhlich und lässt sich schon jetzt mit Genuss trinken. Der **halbtrockene Pétillant,** der eine gute Ausgewogenheit zwischen Zucker und Säure besitzt, wird lobend erwähnt.

GAEC Yves et Denis Breussin, Vaugondy, 37210 Vernou-sur-Brenne, Tel. 02.47.52.18.75, Fax 02.47.52.13.66 Y n. V.

VIGNOBLES BRISEBARRE Brut

○ 10 ha 20 000 5à8€

Philippe Brisebarre verkauft den größten Teil seiner Produktion, fast 80 %, ins Ausland. Sein Erfolg rührt von der regelmäßigen Qualität seiner Weine her. Dieser hier ist eine Méthode traditionnelle, deren fruchtiger Duft einen leichten Hauch von Blüten enthält, an Lindenblüte erinnernd. Der Schaumwein bietet einen Geschmack mit einer lebhaften Ansprache, dessen Ausgewogenheit sich aber schnell einstellt. Der sanfte Abgang erinnert an Pfirsich und Zitrusfrüchte.

Philippe Brisebarre, la Vallée-Chartier, 37210 Vouvray, Tel. 02.47.52.63.07, Fax 02.47.52.65.59
Y Mo–Sa 9h–19h; So n. V.

DOM. GEORGES BRUNET Brut 1997

○ 9 ha 10 000 5à8€

Das kleine Gut gehörte früher Château de Sens. Dieses schöne Gebäude über der Loire befindet sich heute im Besitz einer Computerfirma! Georges Brunet präsentiert einen Schaumwein mit Aromen von gekochten Früchten und geröstetem Brot. Ein weicher Geschmack, der dank eines schönen Stoffs fett und ziemlich rund ist, verleiht diesem Wein die Qualitäten eines guten Aperitifs.

Dom. Georges Brunet, 12, rue de la Croix-Mariotte, 37210 Vouvray, Tel. 02.47.52.60.36, Fax 02.47.52.75.38
Y n. V.

CLOS DE CHAILLEMONT Moelleux 1999***

□ 1,5 ha 5 000 8à11€

Dieser liebliche Vouvray ist prächtig: Dennoch ist 1999 ein als schwierig geltender Jahrgang. Auf einen sehr blumigen und honigartigen Duft folgt ein sehr ausgewogener, sehr runder Geschmack, in dem sich kandierte Früchte und erneut Honig vermischen. Auch wenn dieser 99er lagern kann, schmeckt er schon als Aperitif. Jean-François Delaleus **Pétillant Brut** (Preisgruppe: 30 bis 49 F) ist zwar lebhaft und noch jung, bietet aber gefällige Fruchtnoten, die ihm eine lobende Erwähnung einbringen.

Jean-François Delaleu, la Vallée-Chartier, 37210 Vouvray, Tel. 02.47.52.63.23, Fax 02.47.52.69.27 Y n. V.

DOM. CHAMPION Brut 1998

○ 3 ha 4 900 5à8€

Das Vallée de Cousse ist eines der malerischsten Täler des Gebiets von Vouvray, mit seinen Häuserreihen, die sich an den mit tiefen Kellern gespickten Hang schmiegen; in diesen Kellern werden einige der besten Weine der Appellation hergestellt. Hier ist in den Kellern dieses Vater-Sohn-Teams, das ein 13 ha großes Gut führt, ein Schaumwein der Méthode traditionnelle entstanden. Der Duft ist weit entfaltet und bringt Vanille- und Birnenaromen zum Vorschein. Der Geschmack überrascht durch seine Lebhaftigkeit, aber das ist hier nur Ausdruck einer gewissen Jugendlichkeit. Der Abgang ist elegant. Ein Schaumwein, der es verdient, dass er sich ein wenig entwickelt.

GAEC Champion, 57, Vallée-de-Cousse, 37210 Vernou-sur-Brenne, Tel. 02.47.52.02.38, Fax 02.47.52.05.69
Y Mo–Sa 8h–12h30 14h–19h

DOM. DU CLOS DES AUMONES Demi-Sec 1999

□ 1,5 ha 8 000 5à8€

«Vouvray hat den Namen, Rochecorbon das Gute», sagt man gern bei einer alten Flasche in den Kellern dieser Gemeinde, die ganz nahe bei Tours liegt und sich der Urbanisierung widersetzt. Die schönsten Hänge der Appellation befinden sich dort, und Philippe Gaultier weiß das. Er hat hier einen halbtrockenen Wein erhalten, mit einem stark entfalteten Duft, einem fruchtigen Geschmack und einer sehr beachtlichen Ausgewogenheit des Ganzen. Ein Wein, den Sie aufheben können, der aber schon jetzt seinen Platz beim Essen findet.

Philippe Gaultier, 10, rue Vaufoynard, 37210 Rochecorbon, Tel. 02.47.54.69.82, Fax 02.47.42.62.01 Y n. V.

CLOS DU PORTAIL Demi-sec 1999

□ 0,4 ha 2 600 ⫴ 8à11€

Die Champalous sind Stammgäste in unserem Weinführer, was ein Hinweis auf die Regelmäßigkeit ihrer Produktion ist. Beim 99er haben sie einen halbtrockenen Wein von schöner Beschaffenheit erzeugt, der von ihrem 19 ha großen Gut auf den Anhöhen von Vouvray kommt. Eine leichte Vanillenote vom neuen Holzfass lässt zu, dass der Wein seine Fruchtigkeit entfalten kann, die am Ende des Geschmacks lang anhält. Ebenfalls lobend erwähnt wird ein **Vouvray Brut,** der jung und frisch ist.

Didier et Catherine Champalou, 7, rue du Grand-Ormeau, 37210 Vouvray, Tel. 02.47.52.64.49, Fax 02.47.52.67.99
☑ Y n. V.

MICHEL DUBRAY Brut 1999

○ 1,2 ha 6 000 ▮ 5à8€

Michel Dubray führt seit mehr als zehn Jahren das kleine Gut La Rauderie (fast 8 ha), das auf den Anhöhen von Vernou liegt, auf Böden, die an der Oberfläche steinig und gleichzeitig in der Tiefe tonig und kühl sind. Er arbeitet auf sehr traditionelle Weise und präsentiert dieses Jahr einen Brut-Schaumwein, der mit seinen feinen, unaufhörlich aufsteigenden Bläschen eine hübsche Erscheinung zeigt. Der lebhafte Geschmack ruft einen Eindruck von Frische hervor.

Michel Dubray, 18, La Rauderie, 37210 Vernou-sur-Brenne, Tel. 02.47.52.04.22, Fax 02.47.52.04.22 ☑ Y n. V.

FRANÇOIS VILLON Brut

○ k. A. 70 000 ▮ 5à8€

Christian Dumange, der noch viele weitere Tätigkeiten ausübt, hat den Clos des Pentes in Rochecorbon übernommen, der siebzehn Hektar umfasst. Er besitzt Vinifizierungsanlagen für die Herstellung von Schaumweinen und hat sich auf diesen Weintyp spezialisiert. Dieser Brut mit den üppigen Bläschen und der hübschen goldgelben Farbe bietet einen weichen, ansprechenden Geschmack. Er ist ein erfrischender Wein.

Christian Dumange, Dom. François Villon, Les Maisons, 37210 Rochecorbon, Tel. 02.47.52.54.85, Fax 02.47.52.82.05

JEAN-PIERRE FRESLIER Brut Réserve*

○ 2,5 ha 15 000 ⫴ 5à8€

Nach einer Liebeserklärung im letzten Jahr für einen Schaumwein, den die Jury unter die Weine mit Terroir-Charakter einreihte, zeichnet sich Jean-Pierre Freslier hier mit einem Vouvray Brut aus, der sich sehr schön präsentiert: strahlende goldene Farbe, feine, leichte Bläschen. Der Duft bietet Aromen von geröstetem Brot, die man in einem sanften Geschmack wiederfindet. Der lang anhaltende Abgang verrät einen großen Reichtum des Traubenguts. Er ist ein Wein mit starker Persönlichkeit, der eine ganze Mahlzeit begleiten könnte. Der im Holzfass ausgebaute **Vouvray Pétillant Brut** verdient eine lobende Erwähnung.

Jean-Pierre Freslier, 92, rue de la Vallée-Coquette, 37210 Vouvray, Tel. 02.47.52.76.61, Fax 02.47.52.78.65
☑ Y Mo–Sa 8h–12h30 13h30–19h30

CLOS DU GAIMONT Sec 1999

□ 4 ha 9 000 ⫴ 5à8€

Der Clos du Gaimont zählt ebenso wie der Clos de Nouys zu den berühmtesten Weinbergen des Anbaugebiets. Dieser lebhafte trockene Wein besitzt eine kräftige Struktur und auffällige Aromen von braunem Tabak und Gewürzen. Auch wenn er im Augenblick kaum Überraschungen bereithält, wird er bestimmt in gereiftem Zustand ein charaktervoller Wein werden.

F. Chainier, Clos de Nouys, 46, rue de la Vallée de Nouys, 37210 Vouvray, Tel. 02.47.30.73.07, Fax 02.47.30.73.09

DOM. GANGNEUX Sec 1999

□ 1 ha 5 700 ⫴ 5à8€

Gérard Gangneux pflegt die Tradition: «Man zwingt die Natur nicht, man unterstützt sie und lenkt sie», wiederholt er gern. Sein trockener Vouvray ist recht typisch: ein vanilleartiger Geruch und ein gut gebauter Geschmack mit einem leichten Anklang an Blüten. Er ist ein eleganter Wein, den man schon jetzt trinken kann.

Gérard Gangneux, 1, rte de Monnaie, 37210 Vouvray, Tel. 02.47.52.60.93, Fax 02.47.52.67.66
☑ Y Mo–Sa 8h–12h 14h–19h

CH. GAUDRELLE Sec 1999**

□ 8 ha 23 000 ▮⫴↓ 5à8€

Ein vornehmes Landhaus, das sehr alt ist, denn es wurde schon im 16. Jh. in den Archiven des Departements erwähnt, und um das Gebäude herum ein vierzehn Hektar großer Weinberg in guter Lage – das ist etwas, um Alexandre Monmousseau, der dieses außergewöhnliche Gut führt, in Begeisterung zu versetzen. Sein trockener Vouvray hat die einmütige Zustimmung der Jury gefunden. Sein leichter Holzton erinnert vorzugsweise an Haselnuss. Die sehr runde Ansprache setzt sich übergangslos in einer bemerkenswerten Fülle und einem Abgang fort, in dem man das Terroir erahnt. Wenn man diesen Wein zu Jakobsmuscheln serviert, wird er viel Freude bereiten!

Ch. Gaudrelle, 87, rte de Monnaie, 37210 Vouvray, Tel. 02.47.52.67.50, Fax 02.47.52.67.98, E-Mail gaudrelle1@libertysurf.fr
☑ Y Mo–Fr 9h–12h 14h–17h30

DOM. SYLVAIN GAUDRON Demi-sec 1999*

□ k. A. 5 000 ▮⫴↓ 5à8€

1975 kaufte Sylvain Gaudron große Keller, die im 13. Jh. gegraben worden waren, um seine Vouvray-Schaumweine der Méthode traditionnelle herzustellen und seine Stillweine auszubauen. Sein Sohn Gilles präsentiert heute drei wirklich gute Weine. Dieser hier zeichnet sich durch seine Fruchtigkeit und seine Länge im Geschmack aus. Dank seiner allgemeinen Har-

monie und seiner leichten Lebhaftigkeit in der Ansprache kann er zahlreiche Gerichte begleiten. Der **96er Vouvray Brut Symphonie du Nouveau Monde** (Preisgruppe: 50 bis 69 F) ist ebenfalls sehr gelungen, während der **trockene 99er Vouvray** für seine Ausgewogenheit eine lobende Erwähnung verdient.
EARL Dom. Sylvain Gaudron,
59, rue Neuve, 37210 Vernou-sur-Brenne,
Tel. 02.47.52.12.27, Fax 02.47.52.05.05
n. V.
Gilles Gaudron

DOM. GENDRON
Brut Cuvée extra réserve 1997

○ 4 ha 7 200 5à8€

Philippe Gendron hat 1982 mit einer ganz kleinen Parzelle begonnen, wobei er sich zunächst mit den Geräten seines Vaters behalf. Er vergrößerte sich nach und nach und führt heute ein schönes Gut von 22 Hektar. Diese strahlend goldene Cuvée entwickelt im Glas diskrete Bläschen. Der angenehme, aber noch zurückhaltende Duft erinnert an exotische Früchte. Ein weicher Wein, den man als Aperitif trinken kann.
Philippe Gendron, EARL Dom. Gendron,
5, rue de la Fuye, 37210 Vouvray,
Fax 02.47.52.74.71
Mo–Sa 8h–12h 14h–20h

CHRISTIANE GREFFE
Brut Tête de Cuvée*

○ k. A. 18 000 5à8€

Christiane Greffe hat vor kurzem den Familienbetrieb übernommen, mit dem Ziel, die Qualität aufrechtzuerhalten, die immer die Stärke dieses kleinen Schaumweinproduzenten war. Sie präsentiert einen Schaumwein Tête de Cuvée, der die Spitzencuvée ihrer Produktion bildet. Der Duft entfaltet zur gleichen Zeit Blüten und weißfleischige Früchte. Nach einer etwas lebhaften Ansprache zeigt sich der Geschmack kräftig und rund, beweist dabei aber eine gewisse Eleganz. Ein ausgewogener Wein.
Christiane Greffe, 35, rue Neuve,
37210 Vernou-sur-Brenne, Tel. 02.47.52.12.24,
Fax 02.47.52.09.56,
E-Mail jac-savard@club-internet.fr
Mo–Fr 8h–12h 13h30–17h30
Jacques Savard

DOM. GUERTIN BRUNET
Moelleux Vieilles vignes 1999**

□ 1,5 ha 8 000 5à8€

Gérard Guertin trat 1978 die Nachfolge seines Schwiegervaters an. Er hat seinen Weinberg und seinen Keller unaufhörlich verbessert; heute führt er ein zwölf Hektar großes Gut. Der im Cellier de la Verrine eingerichtete Probierraum an der Route nationale, die nach Vouvray führt, erlaubt es ihm, seine Weine bekannt zu machen. Dieser hier bietet Duft von Honig und Akazienblüten, zu denen Vanille, Haselnuss und Aprikose hinzukommen und der durch seine Stärke überrascht. Der füllige, weiche Geschmack ruft einen Eindruck von deutlich überreifen Trauben, begleitet von Honig und Kaffeenoten. Volumen und Länge gehen miteinander einher. Man kann diesen Wein selbstverständlich einkellern, aber er ist bereits sehr gefällig.
Gérard Guertin ,
24, rue de la Croix-Mariotte, 37210 Vouvray,
Tel. 02.47.52.77.77, Fax 02.47.52.65.13
tägl. 10h–20h

DOM. DE LA BLOTIERE Brut 1998*

○ 3 ha 13 000 5à8€

Jean-Michel Fortineau wohnt in einem der traditionellen Touraine-Häuser, erbaut aus dem weißen Kreidetuff, der die Landschaft von Vouvray so hell macht. Umgeben von mehr als zehn Hektar Reben, überragt sein Haus oben auf dem Hügel die Hänge, die sanft zur Loire hin abfallen. Dieser Erzeuger präsentiert einen schönen Schaumwein Méthode traditionnelle, der sehr blumig ist, feine, anhaltende Bläschen entwickelt und eine lebhafte Ansprache besitzt. Das Ganze ist gut ausbalanciert. Ein Aperitif, der sich für Familientreffen gut eignet.
EARL Jean-Michel Fortineau, La Blotière,
37210 Vouvray, Tel. 02.47.52.74.24,
Fax 02.47.52.65.11 n. V.

DOM. DE LA CHATAIGNERAIE
Sec 1999*

□ 5 ha 9 000 5à8€

Benoît Gautier feiert dieses Jahr sein zwanzigjähriges Berufsjubiläum. Zu diesem Zweck eröffnet er einen Empfangs- und Probierraum. Man sollte lieber beeilen, die Weine zu probieren, die er auf den berühmten Hängen von Rochecorbon über der Loire erzeugt. Als Ersten sollte man diesen trockenen Vouvray versuchen, der eine strahlende Farbe besitzt. Er ist in reichem Maße mit «Fett» ausgestattet, das ihm Länge und eine insgesamt angenehme Sanftheit verleiht. Der Duft erinnert an Linden- und Akazienblüten. Eine leichte Lebhaftigkeit in der Ansprache fügt sich mühelos in den Körper ein. Ein schöner Wein, der nicht warten kann. Ausgewählt hat die Jury außerdem den **98er Vouvray de Gautier Brut,** der ohne Stern lobend erwähnt wird.
Benoît Gautier, Dom. de La Châtaigneraie,
37210 Rochecorbon, Tel. 02.47.52.84.63,
Fax 02.47.52.84.65,
E-Mail info@vouvraygautier.com n. V.

JEAN-PIERRE LAISEMENT
Blanc 1999*

□ 1 ha 4 000 5à8€

Jean-Pierre Laisement erntet heute auf diesem schönen, 13 ha großen Gut die Früchte der Arbeit von Generationen. Er hat seinen Beitrag zu den Gutsgebäuden geleistet, indem er einen großen Probierraum errichtete, um dessen Einrichtung und Ausschmückung er sich kümmerte. Insgesamt gute Voraussetzungen, um diesen halbtrockenen Weißwein mit 20 g/l Restzucker herzustellen. Wenn man ihn verkostet, überrascht die Ausgewogenheit, wobei keiner der Hauptbestandteile über die anderen dominiert. Dieser elegante Wein läuft ganz sanft durch den Mund. Die Quittenaromen sind sehr deutlich wahrzunehmen. Ein klassischer lieblicher Wein, der schon trinkreif ist.

Jean-Pierre Laisement,
15 et 22, Vallée-Coquette, 37210 Vouvray,
Tel. 02.47.52.74.47, Fax 02.47.52.65.03
tägl. 8h–12h30 13h30–19h; Gruppen n. V.

DOM DE LA MABILLIERE
Moelleux Les Hautbois 1999**

k. A. 2 000 11 à 15 €

Die gemäß den Prinzipien des biologischen Anbaus geführte Domaine de La Mabillière hat einen lieblichen Wein von großer Klasse erzeugt, der 50 g/l Restzucker enthält. Dieser sehr Vouvray-typische Wein wird von Quitte dominiert, bleibt aber fein und elegant. Die ausgewogene Struktur lässt eine schöne Zukunft vorhersagen.

Pierre Mabille, 16, rue Anatole-France,
37210 Vernou-sur-Brenne, Tel. 02.47.52.10.03,
Fax 02.47.52.14.98 n. V.

DOM. DE LA POULTIERE
Demi-sec 1999*

5 ha 3 200 5 à 8 €

Damien Pinon hat sich mit seinem Vater Michel zu einer GAEC zusammengeschlossen; gemeinsam führen sie dieses 17 ha große Gut. Michel Pinon, ein sehr guter Weinmacher, hat bestimmt diesen halbtrockenen Wein geprägt, der 30 g/l Restzucker enthält. Ein sehr hübscher Wein mit einer sanften, delikaten, fruchtigen Ansprache, bei dem sich Zucker und Säure vollkommen ausgleichen. Dank seiner Schlichtheit kann er beim Essen Geflügel, Kalbfleisch und Käse begleiten. Michel und Damien Pinon präsentieren auch einen **im Holzfass ausgebauten lieblichen 99er Vouvray**, der sehr gelungen ist.

GAEC Michel et Damien Pinon,
29, rte de Châteaurenault, 37210 Vernou-sur-Brenne, Tel. 02.47.52.15.16, Fax 02.47.52.07.07
Mo–Sa 9h–19h; So n. V.

DOM. DE LA ROCHE FLEURIE Brut*

3,5 ha 25 000 3 à 5 €

Michel Brunet hat klein begonnen, indem er eine Parzelle Reben und einen Keller pachtete. Durch hartnäckige Arbeit konnte er sich vergrößern und pflanzte, pachtete und kaufte weitere Reben. Heute besitzt er ein schönes, fast 13 ha großes Gut. Seine letzte Errungenschaft ist ein Raum, in dem er seine Kunden empfängt. Man verkostet dort gelungene Proben, darunter diesen hier vorgestellten Schaumwein, der einen sehr blumigen Duft und einen recht fetten, lang anhaltenden Geschmack von guter Harmonie besitzt.

Michel Brunet, 6, rue Roche-Fleurie,
37210 Chancay, Tel. 02.47.52.90.72
Mo–Sa 8h–12h 14h–19h; 15.–31. Aug. geschlossen

DOM. DE LA ROULETIERE Brut 1998

7 ha 60 000 5 à 8 €

Der 14 ha große Weinberg dieses Familienbetriebs befindet sich genau dort, wo die Abtei Marmoutier im 6. Jh. ihre ersten Reben anpflanzte. Ein weiterer Trumpf ist ein großartiger zweistöckiger Felsenkeller, in dem auch dieser Schaumwein mit der sanften Ansprache und dem ausgewogenen Geschmack entstanden ist. Die Aromen fehlen nicht und tragen zum gefälligen Gesamtcharakter bei. Ein klassischer Aperitifwein.

SCEA Gilet, 20, rue de la Mairie,
37210 Parçay-Meslay, Tel. 02.47.29.14.88,
Fax 02.47.29.08.50,
E-Mail scea.gilet@wanadoo.fr n. V.

DOM. DE LA TAILLE AUX LOUPS
Sec Clos de Venise 1999*

1 ha 5 000 8 à 11 €

Das Können Jacky Blots bei der Herstellung von Montlouis-Weinen ist bekannt, aber überraschenderweise können wir ihn hier beim Vouvray erleben, worüber alle Weinfreunde erfreut sein werden. Wetten wir, dass er darin ebenso erfolgreich sein wird? Für den Augenblick ist dieser trockene Weißwein in jeder Hinsicht gelungen. Mit Aromen von weißem Pfirsich und Zitronengras, rund, lang anhaltend, gut gemacht und gut abgeschlossen, hinterlässt er im Geschmack einen angenehmen Eindruck. Man kann ihn schon jetzt servieren, um kleine und große Anlässe zu feiern.

Dom. de La Taille aux Loups,
8, rue des Aitres, 37270 Montlouis-sur-Loire,
Tel. 02.47.45.11.11, Fax 02.47.45.11.14,
E-Mail La-Taille-Aux-Loups@wanadoo.fr
tägl. 9h–19h; Nov. bis Febr. So geschlossen
Jacky Blot

DOM. DES LAURIERS
Moelleux Grande réserve 1999**

1 ha 2 000 11 à 15 €

Eine schöne Abfolge von Winzern der gleichen Familie ging Laurent Kraft auf diesem Gut voraus, das sich heute auf dreizehn Hektar stützt. Hier haben wir den Beweis dafür, dass große liebliche Weine auch in einem schwierigen Jahr gelingen, wenn man es versteht, seine Parzellen richtig auszuwählen und die Trauben sorgfältig auszulesen. Der Duft erinnert in intensiver Weise an kandierte Früchte, während der Geschmack durch Aromen von kandierten Früchten auf Traubengut hinweist, das in hohem Maße von der Edelfäule befallen war. Ein zweifellos großer Vouvray-Wein mit Garantie für eine sehr gute Lagerung.

Laurent Kraft, 29, rue du Petit-Coteau,
37210 Vouvray, Tel. 02.47.52.61.82,
Fax 02.47.52.61.82, E-Mail lkraft@wanadoo.fr
tägl. 8h–19h

DOM. LE CAPITAINE 1999

5 ha 5 000 5 à 8 €

Die Brüder Le Capitaine, die in unserem Weinführer stets vertreten sind, präsentieren einen trockenen Wein, der trotz des Sommers 1999 gelungen ist. Sein Duft verführt durch seine mineralischen Noten und Akazienblüte; sein ausgewogener Geschmack enthüllt eine Rundheit, die durch eine leichte Lebhaftigkeit betont wird. Ein schöner Allzweckwein, den man ohne Zögern bei allen Gelegenheiten anbieten kann.

Dom. Le Capitaine, 23, rue du Cdt-Mathieu,
37210 Rochecorbon, Tel. 02.47.52.53.86,
Fax 02.47.52.85.23 n. V.

DOM. DES LOCQUETS Brut 1999*

○ 8 ha 20 000 ▮ 5à8€

Stéphane Deniau arbeitet heute mit seinem Sohn Michel zusammen. Gemeinsam haben sie zwölf Hektar in Parçay, genau dort, wo die Abtei Marmoutier einen der ersten Weinberge von Vouvray anlegte. Ihr Vouvray-Schaumwein, ein Brut, wird aufgrund seiner Gesamtausgewogenheit gefallen. Der Duft ist blumig, mit einer leichten Rauchnote; der lang anhaltende Geschmack erinnert im Abgang an Pfirsich, begleitet von Zitrusnuancen.

Michel Deniau, 27, rue des Locquets, 37210 Parçay-Meslay, Tel. 02.47.29.15.29, Fax 02.47.29.15.29 ☑ Y Mo–Sa 14h–20h

FRANCIS MABILLE Brut 1999*

○ 1,5 ha 13 650 ▮ 5à8€

Francis Mabille repräsentiert die vierte Generation auf diesem kleinen Familiengut, das etwa zwölf Hektar umfasst. Die stark erodierten Hänge des Vaugondy-Tals haben einen soliden Ruf als Rebland. Dieser Brut-Schaumwein kann seine Herkunft nicht verleugnen. Er ist gut gemacht, eher in einem schlichten Stil gehalten, und wird beim Trinken Spaß machen. Sanftheit und Frische könnte seine Devise sein.

Francis Mabille, 17, Vallée-de-Vaugondy, 37210 Vernou-sur-Brenne, Tel. 02.47.52.01.87, Fax 02.47.52.19.41 ☑ Y n. V.

MARC ET LAURENT MAILLET
Moelleux Coulée d'Or Réserve 1999**

☐ 1,75 ha 1 800 8à11€

Die Brüder Maillet haben mit La Caillerie ein fast 19 ha großes Gut. Die steinigen, gut ausgerichteten Hänge des Vallée Coquette, die Balzac im *Illustre Godissart* beschrieb, sind für die Erzeugung von lieblichen Weinen günstig, sofern das Traubengut sorgfältig ausgelesen wird. Diese Cuvée Coulée d'Or bietet bemerkenswerte aromatische Qualitäten (Honig und kandierte Früchte). Alle ihre Bestandteile sind ein Herz und eine Seele, in vollkommenem Gleichgewicht miteinander. Ein sehr schöner Wein, den man aufheben kann, wenn man die Geduld dafür aufbringt.

EARL Marc et Laurent Maillet, 101, rue de la Vallée-Coquette, 37210 Vouvray, Tel. 02.47.52.76.46, Fax 02.47.52.63.06 ☑ Y tägl. 9h–19h; Gruppen n. V.

MARECHAL Brut 1997*

○ 1 ha 5 519 ▮ 5à8€

Ein alte Vouvray-Firma, die sich im Vallée Coquette befindet, im Herzen des Anbaugebiets. Die Keller sind großzügig dimensioniert und gut geschnitten; die Verantwortlichen haben einen feinen Gaumen. Das ist mehr als genug, um erfolgreiche Cuvées zusammenzustellen und schöne Schaumweine zu präsentieren. Dieser Vouvray verführt durch seine Sanftheit und seine Fruchtigkeit. Die goldene Farbe und die feinen Bläschen sind unbestreitbar ein Vorzug. Ein schöner Wein, der den Appetit anregt.

SARL Maréchal, 36, vallée Coquette, BP 1, 37210 Vouvray, Tel. 02.47.52.71.21, Fax 02.47.52.61.05

DOM. DU MARGALLEAU Brut 1998*

○ 3 ha 20 000 ▮ 5à8€

Der Großvater gründete den Betrieb 1938. Seine beiden Söhne folgten ihm 1955 nach; zwei Enkel übernahmen 1995 die Leitung. Heute führen die Letztgenannten dieses Gut, dessen 25 Hektar sich auf die Hänge des Vaux-Tals verteilen. Sie präsentieren eine Méthode traditionnelle, die aufgrund ihrer aromatischen Qualitäten und ihrer Eleganz von der Jury günstig aufgenommen wurde. Der gut ausbalancierte, lang anhaltende Schaumwein strahlt außerdem eine sympathische Jugendlichkeit aus. Der **halbtrockene 99er Vouvray,** ein Stillwein, wird lobend erwähnt.

GAEC Bruno et Jean-Michel Pieaux, Vallée de Vaux, rue du Clos-Baglin, 37210 Chançay, Tel. 06.08.62.54.92, Fax 02.47.52.25.51 ☑ Y n. V.

METIVIER ET FILS
Brut Cuvée Vincent 1996*

○ k. A. 3 000 ▮ 5à8€

Mutter und Sohn beweisen ihr Können auf diesem Gut, dessen fast vierzehn Hektar sich an den Hängen über dem Hochwasserbett der Loire befinden. Sie präsentieren hier einen sehr sanften, eleganten Schaumwein, der reich an Quitten- und Haselnussnoten ist. Feine Bläschen steigen in einem strahlenden Strohgelb langsam auf. Es fällt schwer, einer solchen Aufforderung zu widerstehen!

GAEC Métivier, 51, rue Neuve, 37210 Vernou-sur-Brenne, Tel. 02.47.52.01.95, Fax 02.47.52.06.01 ☑ Y n. V.

MAISON MIRAULT Brut

○ k. A. 20 000 ▮ 5à8€

Diese traditionelle Firma legt in gut ausgerüsteten Kellern Wert auf die Auswahl der Moste und der Weine und ihre Zusammenstellung. Zu ihrer Spezialität hat sie die Produktion von Schaumwein gemacht. Ihr recht lebhafter Brut-Vouvray besitzt eine erfrischende Seite. Die Aromen von Apfel, getrockneten Früchten und sogar Zitrusfrüchten sorgen für eine angenehme Empfindung. Ebenfalls lobend erwähnt wird der **halbtrockene Vouvray-Schaumwein,** der nach reifen Früchten duftet.

Maison Mirault, 15, av. Brûlé, 37210 Vouvray, Tel. 02.47.52.71.62, Fax 02.47.52.60.90, E-Mail maison.mirault@wanadoo.fr ☑ Y Mo–Sa 8h–12h 14h–18h30; So n. V.

CH. MONCONTOUR Demi-sec 1999

☐ k. A. 40 000 ▮ 5à8€

Château Moncontour präsentiert einen halbtrockenen Wein von großer Feinheit. Die Honig- und Wachsaromen, die im Schlussgeschmack zum Vorschein kommen, halten angenehm lang an. Ein wenig Lebhaftigkeit in der Ansprache ist gleichbedeutend mit Leichtigkeit. Für einen schwierigen Jahrgang ein gelungener Wein.

🔑 Ch. Moncontour, 37210 Vouvray,
Tel. 02.47.52.60.77, Fax 02.47.52.65.50,
E-Mail info@moncontour.com
Y tägl. 10h–18h
🔑 Herr und Frau Feray

MONMOUSSEAU Brut 1997*

○ 24,5 ha 173 701 ▮ 5à8€

Die 1886 gegründete Firma Monmousseau, die lange in Familienbesitz blieb, gehört heute der luxemburgischen Gruppe Bernard Massard. Das Können von Vouvray bleibt in dieser Firma lebendig, was dieser Schaumwein der Méthode traditionnelle beweist. Feine Bläschen steigen gleichmäßig vor einem strahlenden Hintergrund auf. Der zuerst blumige Duft geht dann in Richtung weiße Steinfrüchte, wobei zum Schluss eine Vanillenote zum Vorschein kommt. Im Geschmack zeigen sich die gleichen Aromen innerhalb eines sanften, ausgewogenen Stoffs. Ein gut gemachter Wein, der vollauf zufrieden stellt.

🔑 SA Monmousseau, BP 25, 71, rte de Vierzon, 41401 Montrichard Cedex 01,
Tel. 02.54.71.66.66, Fax 02.54.32.56.09,
E-Mail monmousseau@monmousseau.com
☑ Y tägl. 10h–18h; Gruppen n. V.;
1. Nov. bis 31. März Sa, So geschlossen
🔑 Bernard Massard

CH. DE MONTFORT Demi-sec 1999*

□ 8,2 ha 62 000 ▮🌡 3à5€

Das Weingut von Château de Montfort umfasst 23 Hektar auf dem wunderschönen Plateau Les Quarts, in der Gemeinde Chançay. Der Boden ist hier an der Oberfläche sehr steinig, mit einem tonigen Untergrund, der es den Rebstöcken ermöglicht, Reserven anzusammeln. Dieser ausgewogene, fette halbtrockene Wein entfaltet sich im Geschmack mit Honigaromen. Er ist für eine kürzere Lagerung bestimmt.

🔑 SC Ch. de Montfort, Les Quarts,
37210 Chançay, Tel. 02.47.52.14.57,
Fax 02.47.52.06.09 Y n. V.
🔑 SA Blanc Foussy

DOM. D'ORFEUILLES Brut 1997**

○ 3 ha 20 000 ▮🌡 5à8€

Der Sitz des Betriebs befindet sich in den Nebengebäuden eines mittelalterlichen Schlosses, das nicht mehr existiert, von dem aber der Name übrig geblieben ist. Der umgebende Weinberg umfasst heute siebzehn Hektar und bildet ein schönes Gut, das Bernard Hérivault meisterlich führt. Die Gemeinde Reugny, deren Böden an der Oberfläche überaus feuersteinhaltig sind, scheint für die Erzeugung von erstklassigen Grundweinen für die Schaumweinherstellung bestimmt zu sein. Den Beweis dafür liefert dieser Brut mit dem intensiven Duft von Blüten und Früchten. In seinem vollen, reichen Geschmack stellt sich die Ausgewogenheit zwischen Frische und Fruchtigkeit ganz von selbst ein. Dieser 97er kann als Aperitif eine festliche Stimmung hervorrufen. Ein Pluspunkt auch für den **halbtrockenen 99er Vouvray Les Coudraies**, der von der Jury lobend erwähnt wurde.

🔑 EARL Bernard Hérivault,
La Croix-Blanche, 37380 Reugny,
Tel. 02.47.52.91.85, Fax 02.47.52.25.01,
E-Mail earl.herivault@france-vin.com
☑ Y n. V.

VINCENT PELTIER Brut 1997*

○ 1 ha 6 500 ▮🌡 5à8€

Vincent Peltier legte Wert darauf, einen zweckmäßigen Vinifizierungskeller zu errichten, der direkt an den Hang gebaut ist; die in den Felsen gegrabenen Keller für die Reifung der Weine bilden seine Verlängerung. Dieser schönen Ausrüstung verdankt der Erzeuger bestimmt auch den Erfolg seines Brut-Schaumweins. Der an Hefebrot erinnernde Geruch dieses Weins enthüllt blumige Geißblattnoten. Der runde, fruchtige Geschmack endet zwar ein wenig lebhaft, hinterlässt aber einen delikaten Eindruck von Sanftheit. Der **halbtrockene 97er Vouvray-Perlwein** erhält ebenfalls einen Stern.

🔑 Vincent Peltier, 41 bis, rue de la Mairie,
37210 Chançay, Tel. 02.47.52.93.34,
Fax 02.47.52.96.96
☑ Y Mo–Sa 8h–12h30 14h–19h30

CLOS DU PETIT MONT Moelleux 1999**

□ 2 ha 5 000 ⦀ 5à8€

Daniel Allias, zwei Amtsperioden lang oberster Verwaltungsbeamter der Stadt, hat sich entschlossen, das Amt nicht mehr länger auszuüben. Er kehrt zu seiner ersten Leidenschaft zurück, dem Weinbau, um seinen Sohn Dominique zu unterstützen, der dieses schöne, zwölf Hektar große Gut auf den Anhöhen des Vallée Coquette schwungvoll führt. Eine Rückkehr, die bestimmt mit diesem ausgewogenen lieblichen Wein gefeiert wird, dessen Aromen von Edelfäule und kandierten Früchten allgegenwärtig sind. Ein körperreicher Wein, der wegen seines anspruchsvollen Traubenguts bemerkenswert ist. Er garantiert eine sichere Entwicklung.

🔑 GAEC Allias Père et Fils,
106, rue de la Vallée-Coquette, 37210 Vouvray,
Tel. 02.47.52.74.95, Fax 02.47.52.66.38
☑ Y Mo–Sa 8h–12h 14h–19h

VINCENT RAIMBAULT Doux 1999

□ 1 ha 2 000 ▮🌡 8à11€

Vincent Raimbault bewirtschaftet seit mehr als zwanzig Jahren 16 ha Reben an den Hängen am Rande der Brenne, eines Nebenflusses der Loire. Sein Weinberg profitiert von den Auswirkungen des Flusses, die die Reifung der Trauben begünstigen. Dieser liebliche Vouvray, der 48 g/l Restzucker enthält, präsentiert sich wie ein Süßwein. Er bietet in der Ansprache eine leichte Lebhaftigkeit und im Abgang einen mineralischen Anklang. Dieser 99er muss sich entwickeln, damit seine Harmonie vollenden kann.

🔑 Vincent Raimbault, 9, rue des Violettes,
37210 Chançay, Tel. 02.47.52.92.13,
Fax 02.47.52.24.90
☑ Y Mo–Sa 9h30–12h30 14h–19h

DOM. PIERRE DE RONSARD Brut

○ k. A. 40 000 5à8€

Raoul Diard, der alte Besitzer dieses 18 ha großen Weinguts, war eine markante Persönlichkeit im Gebiet von Vouvray. Sein überaus angesehener Weinberg befindet sich jetzt im Besitz der Familie Dumange, die auf die Produktion von Weinen der Méthode traditionnelle spezialisiert ist. Dieser strahlend blassgelbe Vouvray-Schaumwein mit dem sehr blumigen Duft zeigt im Geschmack eine gute Ausgewogenheit. Ein leichte Lebhaftigkeit in der Ansprache verleiht ihm eine gewisse Frische.

🔑 Eve Dumange, Dom. Pierre de Ronsard, Les Maisons, 37210 Rochecorbon, Tel. 02.47.52.54.85, Fax 02.47.52.82.05

CHRISTIAN THIERRY Brut réserve 1997

○ 1 ha 2 500 5à8€

Christian Thierry bewirtschaftet seit 1982 zehn Hektar, die sich auf die Hänge des Cousse-Tals verteilen; besonderen Wert legt er darauf, seine Ausrüstung zu perfektionieren, wobei er aber gleichzeitig den traditionellen Methoden die Treue hält. Dieser Vouvray-Schaumwein, ein Brut, bietet einen sehr eleganten Duft von geröstetem Brot. Sein Geschmack ist zwar in der Ansprache lebhaft, aber voller Frucht und hält ziemlich lang an; er hinterlässt einen jugendlichen Gesamteindruck. Dieser Wein sollte noch im Keller lagern, damit er sich besser durchsetzt.

🔑 Christian Thierry, 37, rue Jean-Jaurès, la Vallée-de-Cousse, 37210 Vernou-sur-Brenne, Tel. 02.47.52.18.95, Fax 02.47.52.13.23, E-Mail christianthierry-vins@wanadoo.fr ☑ Y Mo–Sa 10h–12h 14h–19h; So u. Gruppen n. V., Ende Aug. geschlossen

CHRISTOPHE THORIGNY*

○ 2 ha 12 000 5à8€

Das 1989 auf einer kleinen Fläche entstandene Gut umfasst heute acht Hektar mit relativ jungen Reben, die aber schöne Grundweine hervorbringen können. Dieser Vouvray mit den leichten, feinen Bläschen entfaltet einen Quitten- und Pfirsichduft. Der in erster Linie blumige Geschmack bietet leichte Noten von geröstetem Brot. Ein Wein von guter Beschaffenheit, der zum Aperitif bestimmt ist.

🔑 Christophe Thorigny, 30, rue des Auvannes, 37210 Parçay-Meslay, Tel. 02.47.29.13.33, Fax 02.47.29.13.33 ☑ Y Mo–Sa 9h–12h 14h–19h

DOM. DE VAUGONDY Sec 1999*

□ 4 ha 18 000 5à8€

Das Tal von Vaugondy mündet in das Tal der Brenne, das wiederum zur Loire führt. Das Weinbaugebiet der Touraine besteht somit aus einer Vielzahl von Tälern mit steinigen Hängen, die oft eine gute Lage besitzen und für die Einflüsse der Loire offen stehen. Hier hat der Boden seinen Stempel hinterlassen: ein lebhafter trockener Vouvray mit ausgeprägtem mineralischem Charakter. Das Ganze ist leicht, überdeckt aber nicht die aromatische Stärke mit ihren Anklängen an grünen Apfel, frisch gemähtes Heu und Thymian. Nach einer zweijährigen Lagerung wird dieser Wein mehr Liebenswürdigkeit besitzen.

🔑 EARL Perdriaux, 3, Les Glandiers, 37210 Vernou-sur-Brenne, Tel. 02.47.52.02.26, Fax 02.47.52.04.81 ☑ Y n. V.

DOM. DU VIEUX VAUVERT Brut Tête de Cuvée 1999*

○ k. A. 40 000 5à8€

Diese Firma, die sich seit 1966 in Vouvray befindet und heute fast 25 Hektar besitzt, hat sich auf die Herstellung von Schaumweinen nach der Méthode traditionnelle spezialisiert. Sie verfügt über riesige Keller, die sich für diesen Weintyp eignen. Dieser stroh- bis goldgelbe 99er Brut entwickelt feine, leichte Bläschen. Während der Geruchseindruck zurückhaltend ist, erinnert der Geschmack an exotische Früchte. Er ist weinig und besitzt eine gute Länge. Ein gut gebauter Wein, der seinem Terroir entspricht.

🔑 SCA du Vieux Vauvert, 8, rue Vauvert, 37210 Rochecorbon, Tel. 02.47.52.54.85, Fax 02.47.52.82.05

DOM. VIGNEAU-CHEVREAU Moelleux 1999**

□ 10 ha 20 000 5à8€

Fünf Generationen waren daran beteiligt, dieses schöne, 26 ha große Weingut aufzubauen und zu erweitern. Die letzte Maßnahme bisher ist die von Michel Vigneau durchgeführte Wiederbestockung einer Parzelle, die sich innerhalb der Mauern der Abtei Marmoutier befindet. Der Legende nach soll der hl. Martin im Jahre 372 die erste Rebe des späteren Weinbaugebiets Vouvray angepflanzt haben. Bei diesem 99er wird man sich den entfalteten Geschmack merken, in dem sich Quitte, Lindenblüte und Honig um die Hauptrolle streiten und der eine leichte Nuance von Terroir-Charakter enthält, die keineswegs unangenehm ist. Die Länge beweist überdies, dass der Stoff reichhaltig ist. Diese Flasche kann in aller Ruhe altern. Vom selben Erzeuger wurden zwei Weine als sehr gelungen beurteilt: ein **lieblicher 99er Vouvray,** der mit seinen 45 g/l Restzucker fast süß ist und im Holzfass ausgebaut wurde, und ein **trockener 99er Vouvray Clos de Rougemont,** der im Tank ausgebaut wurde.

🔑 EARL Vigneau-Chevreau, 4, rue du Clos-Baglin, 37210 Chançay, Tel. 02.47.52.93.22, Fax 02.47.52.23.04 ☑ Y n. V.

🔑 J.-M. Vigneau

Cheverny

Die 1973 entstandene VDQS-Appellation Cheverny wurde 1993 zur AOC erhoben. In dieser Appellation (über 2 000 Hektar sind abgegrenzt, 400 Hektar stehen im Ertrag), deren vorwiegend sandiges Anbaugebiet (Sand über

Sologne-Ton auf den Loire-Terrassen) sich entlang dem linken Flussufer erstreckt, vom Sologne-Getreideanbaugebiet bis zum Rand der Region von Orléans, werden zahlreiche Rebsorten verwendet. Die Erzeuger haben es geschafft, sie so miteinander zu verschneiden, dass ein eigener «Cheverny-Stil» entstanden ist, wobei der Anteil der einzelnen Sorten je nach Terroir ein wenig variiert. Die Rotweine (12 563 hl im Jahre 2000), die aus Gamay und Pinot noir erzeugt werden, sind in ihrer Jugend fruchtig und erwerben, wenn sie reifen, animalische Aromen, die zum Image dieser Region als Jagdgebiet passen. Die aus Gamay erzeugten Roséweine sind trocken und duftig. Die Weißweine (8 887 hl), bei denen Sauvignon mit etwas Chardonnay kombiniert wird, sind blumig und fein.

PASCAL BELLIER Cuvée Prestige 2000**

■ 6 ha 27 000 5à8 €

Für diese Cuvée aus Gamay, Pinot und Cabernet hat der Winzer die 40 % Pinot noir und die 10 % Cabernet vier Monate lang im neuen Holzfass ausgebaut. Seinem Können verdanken wir diesen schönen Wein, dessen dunkelrote Farbe fast schwarz ist und der durch seinen feinen, eleganten Duft bezaubert. Er ist fleischig und füllt den Mund gut aus. Nach Aromen von sehr reifen roten Früchten klingt er mit einer Holznote aus.

Dom. Pascal Bellier, 3, rue Reculée, 41350 Vineuil, Tel. 02.54.20.64.31, Fax 02.54.20.58.19
☑ Y Mo, Mi, Fr 14h–19h; Sa 9h–12h 14h–19h

ERIC CHAPUZET Cuvée Les Souchettes 2000*

□ 5 ha k. A. 3à5 €

Diese *longère* (lang gestrecktes, niedriges Bauernhaus), ein ehemaliges Gehöft, das früher zum Schloss von Fougères-sur-Bièvre gehörte, beherbergt heute die Familie Chapuzet. Die Jury sagte diesem weißen Cheverny mit den intensiven Aromen von Zitrusfrüchten und sauren Drops und mit dem leichten, fruchtigen Geschmack eine schöne Zukunft voraus. Die kirschrote **2000er Cuvée Mont-Crochet,** die weich und angenehm schmeckt, kann man schon in diesem Sommer trinken. Sie wird lobend erwähnt.

Eric Chapuzet, La Gardette, 41120 Fougères-sur-Bièvre, Tel. 02.54.20.27.21, Fax 02.54.20.28.34, E-Mail e.chapuzet@wanadoo.fr ☑ Y n. V.

CHESNEAU ET FILS 2000**

◪ 0,52 ha 4 000 3à5 €

Ein Erfolg für dieses Gut, das hier einen reizvollen Wein erzeugt hat, der für die Appellation sehr repräsentativ ist: Dieser Rosé von schönem Orangerot entfaltet Aromen von Blüten und gerösteten Mandeln. Dieser prächtige Cheverny, der im Geschmack ausgewogen ist und eine gute Länge besitzt, kann vorteilhaft Grill- und Wurstgerichte begleiten. Lobend erwähnt wird der **2000er Rotwein** wegen seiner kirschroten Farbe, seiner überraschenden würzigen Seite im Duft und seiner guten Ausgewogenheit im Geschmack.

EARL Chesneau et Fils, 26, rue Sainte-Neomoise, 41120 Sambin, Tel. 02.54.20.20.15, Fax 02.54.33.21.91
☑ Y n. V.

MICHEL CONTOUR 2000

◪ 0,28 ha 1 800 3à5 €

1984 bestockte Michel Contour seinen Weinberg mit erstklassigen Rebsorten neu. In diesem Verschnitt ist Pinot noir zwar gleichgewichtig mit Gamay vertreten, verleiht diesem Rosé aber seine hübsche Struktur. Er ist trinkreif und kann mit Grillgerichten kombiniert werden.

Michel Contour, 7, rue La Boissière, 41120 Cellettes, Tel. 02.54.70.40.03, Fax 02.54.70.36.68
☑ Y tägl. 8h30–13h 14h–19h; Gruppen n. V.

DOM. DU CROC DU MERLE 2000

□ 4 ha 10 000 3à5 €

Das Gut mit dem beziehungsreichen Namen erhielt eine Liebeserklärung für einen 98er Rotwein. Dieser Cheverny, dessen blasses Weißgelb grüne Reflexe zeigt, verdient eine lobende Erwähnung. Er ist ein sehr sympathischer, klarer und lebhafter Wein.

Patrice et Anne-Marie Hahusseau, Dom. du Croc du Merle, 38, rue de La Chaumette, 41500 Muides-sur-Loire, Tel. 02.54.87.58.65, Fax 02.54.87.02.85
☑ Y Mo–Sa 9h–19h30; So 9h–12h

MICHEL DRONNE 2000

■ 3,11 ha 9 300 5à8 €

Bei diesem leichten roten Cheverny mit dem fruchtigen Geschmack und dem angenehmen Abgang dominiert Gamay (60 %) über Pinot noir. Man sollte ihn leicht gekühlt mit Freunden trinken.

Michel Dronne, 1, voie des Perraudières, Cave l'Ebat, 41700 Cheverny, Tel. 02.54.79.92.15, Fax 02.54.79.92.15
☑ Y n. V.

MICHEL GENDRIER Le Pressoir 2000

■ k. A. 20 000 5à8 €

Das Gut von Michel Gendrier stellt sich gerade auf biodynamische Anbauprinzipien um. Es präsentiert einen Rotwein, der 20 % Gamay mit 80 % Pinot noir kombiniert. Er trägt den Stempel der dominierenden Rebsorte, in der Nase ebenso wie im Mund. Man kann ihn schon jetzt trinken.

Jocelyne et Michel Gendrier, Les Huards, 41700 Cour-Cheverny, Tel. 02.54.79.97.90, Fax 02.54.79.26.82
☑ Y Mo–Sa 9h–12h 14h–19h; So n. V.

HUGUET 2000**

■ 5 ha 16 000 3à5€

Während der **2000er Weißwein** wegen seines sehr kräftigen Dufts, in dem Buchsbaumgerüche dominieren, lobend erwähnt wird, hat dieser Rotwein die Herzen fast hochhüpfen lassen. Im Duft sind die Aromen von roten Früchten komplex und delikat. Die Ansprache ist klar und mild; die samtigen Tannine bezaubern bis hin zum Abgang. Er setzt Maßstäbe für den Cheverny-Wein und hat nur um zwei Fingerbreit eine Liebeserklärung verfehlt.

GAEC Huguet, 12, rue de la Franchetière, 41350 Saint-Claude-de-Diray, Tel. 02.54.20.57.36, Fax 02.54.20.58.57
n. V.

DOM. DE LA DESOUCHERIE 2000**

■ 9 ha 35 000 5à8€

Das Gut fährt mit drei Cheverny-Weinen seine Ernte an Sternen ein. Der **2000er Rosé,** der eine kräftige Farbe besitzt, ist im Duft intensiv und delikat; er ist im Geschmack recht lang und wohl ausgewogen und erhält einen Stern. Der **weiße 2000er Christian Tessier** «liebkost Ihren Gaumen», wie es eines der Jurymitglieder ausdrückte: Er stammt von vollreifen Trauben und ist nach einer klaren, deutlichen Ansprache im Geschmack sehr rund. Aber es ist die rote Cuvée, die die Herzen entflammt hat: zuerst durch eine schöne rubinrote Farbe mit violetten Reflexen und durch einen intensiven Duft, in dem die Aromen von sehr reifen schwarzen Früchten dominieren, und danach durch einen öligen Geschmack, der sehr weich und elegant ist.

Christian Tessier, Dom. de La Désoucherie, 41700 Cour-Cheverny, Tel. 02.54.79.90.08, Fax 02.54.79.22.48, E-Mail christian.tessier@waika9.com
n. V.

DOM. DE LA GAUDRONNIERE Cuvée Laëtitia 2000**

□ 5,14 ha 19 000 5à8€

Wenn Sie Ihre Besichtigung von Château de Beauregard, das eine wunderschöne Sammlung von holländischen Fayencefliesen besitzt, beendet haben, sollten Sie bei Christian Dorléans Station machen. Seine Cuvée Laëtitia besitzt alles, um zu gefallen: von ihrem sehr komplexen Duft mit den Aromen von weißen Blüten und Früchten, die eine Hefebrotnote verstärkt, bis zur sanften Ansprache, die einen Geschmack von vollkommener Ausgewogenheit einleitet.

Christian Dorléans, Dom. de La Gaudronnière, 41120 Cellettes, Tel. 02.54.70.40.41, Fax 02.54.70.38.83 n. V.

DOM. DE L'AUMONIERE 2000*

□ 3,94 ha 10 000 5à8€

Das 17 ha große Gut gehört seit 1836 der Familie von Gérard Givierge. Sein hübscher Wein, dessen blassgelbe Farbe golden schimmert, zeigt sich kräftig und zugleich elegant: gute Länge, gute Ausgewogenheit. Eine Flasche, die man jetzt zu Fisch genießen kann.

Gérard Givierge, Dom. de l'Aumonière, 41700 Cour-Cheverny, Tel. 02.54.79.25.49, Fax 02.54.79.27.06
Mo–Sa 8h–12h 14h–19h30

LE PETIT CHAMBORD 2000

□ 5 ha 30 000 5à8€

François Cazin leitet das 18 ha große Familiengut, das zwei Kilometer vom Schloss von Cheverny, «einem der vollendetsten Beispiele der Baukunst unter Ludwig XIII.», entfernt liegt. Dieser Wein mit der hübschen, blassen Farbe und den blumigen Aromen überrascht auf angenehme Weise durch seine Rundheit im Geschmack.

François Cazin, Le Petit Chambord, 41700 Cheverny, Tel. 02.54.79.93.75, Fax 02.54.79.27.89 n. V.

DOM. LE PORTAIL 2000

□ 8 ha 40 000 3à5€

Dieser sympathische, recht Cheverny-typische Wein ist das Ergebnis eines klassischen Verschnitts von 85 % Sauvignon und 15 % Chardonnay. Er ist interessant aufgrund seiner Buchsbaumnoten und seiner Rundheit im Geschmack.

Michel Cadoux, Le Portail, 41700 Cheverny, Tel. 02.54.79.91.25, Fax 02.54.79.28.03
n. V.

DOM. MAISON PERE ET FILS 2000*

□ 20 ha 25 000 5à8€

Die ersten Reben wurden hier 1906 angepflanzt. Chardonnay macht 40 % des Verschnitts in diesem Weißwein von strahlender, blasser Farbe aus, der in der Nase Düfte von weißen Blüten und schwarzer Johannisbeere bietet. Er ist im Geschmack frisch und wird zu Fisch sehr angenehm munden. Der lobend erwähnte **2000er Rosé** (Preisgruppe: 20 bis 29 F), der noch schüchtern und sehr sanft ist, wird bei Erscheinen unseres Weinführers trinkreif sein.

Dom. Maison Père et Fils, 22, rue de la Roche, 41120 Sambin, Tel. 02.54.20.22.87, Fax 02.54.20.22.91
tägl. 8h–19h
Jean-François Maison

JEROME MARCADET Cuvée de l'Orme 2000*

□ 2 ha 10 000 3à5€

Dieser Winzer hat die Jury in drei Farben verzaubert. Diese strohgelbe Cuvée verströmt in der Nase frühlingshafte Blütendüfte. Sein Perlen unterstreicht seine Jugendlichkeit und Frische. Der **2000er Rosé** ist mit seinem hochfeinen Duft, seinem runden Geschmack und seinem frischen Abgang nicht weniger gelungen. Die lobend erwähnte **rote 2000er Cuvée des Gourmets,** die noch in ihrer Jugendphase steckt, bietet Düfte von roten Früchten, bei denen Himbeere dominiert.

Jérôme Marcadet, L'Orme Favras, 41120 Feings, Tel. 02.54.20.28.42, Fax 02.54.20.28.42
Mo–Sa 8h–12h 14h–19h; So n. V.

DOM. DE MONTCY

Cuvée Louis de La Saussaye 2000*

■ 3,2 ha 19 000 5à8€

Das Gut erzeugt zwei Cheverny-Weine, die alles besitzen, um zu gefallen, und die jeder einen Stern erhalten. Dieser schöne Cheverny von rubinroter Farbe entfaltet einen eleganten, komplexen Duft; im Geschmack ist seine Struktur geschmeidig und sein Abgang tanninreich. Die **Cuvée des Cendres** aus dem gleichen Jahrgang besitzt viel Klasse und Ausgewogenheit und hat noch die ganze Zukunft vor sich.

R. et S. Simon, La Porte dorée,
32, rte de Fougères, 41700 Cheverny,
Tel. 02.54.44.20.00, Fax 02.54.44.20.50,
E-Mail domaine-de-montcy@wanadoo.com
☑ Y Mo–Fr 10h–12h 14h–18h; Sa n. V.;
26. Aug. bis 6. Sept. geschlossen

LES VIGNERONS DE MONT-PRES-CHAMBORD 2000***

■ 25 ha 180 000 5à8€

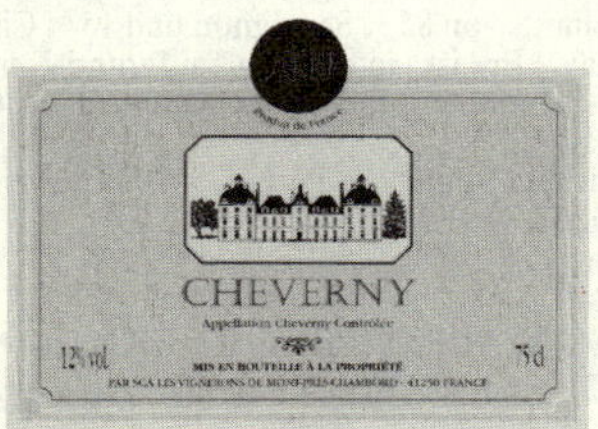

Die Kellerei feiert ihren 70. Geburtstag und bietet den allerschönsten Wein dazu an. Die Jury erkannte ihm für seine intensive Farbe zwischen Purpur- und Rubinrot und für seinen komplexen Duft, der Aromen von roten Früchten und mineralische Noten vereint, einstimmig eine Liebeserklärung zu. Reicher Stoff überzieht den Gaumen. Das ist mit Sicherheit ein Schmuckstück unter den Cheverny-Weinen. Die gleiche Genossenschaft präsentiert auch einen **2000er Rosé,** der wegen seiner überraschenden aromatischen Komplexität und seines Abgangs voller Frische lobend erwähnt wird.

Les Vignerons de Mont-près-Chambord,
816, la Petite-Rue,
41250 Mont-près-Chambord,
Tel. 02.54.70.71.15, Fax 02.54.70.70.65,
E-Mail cavemont@club-internet.fr
☑ Y tägl. 9h–12h 14h–18h

DOM. DU MOULIN 2000*

■ 4 ha 20 000 5à8€

Neben Château de Beauregard und der teilweise romanischen Kirche bietet der Marktflecken Cellettes den Liebhabern der frühen Industriegeschichte eine Wassermühle, die in gutem Zustand am Beuvron erhalten ist. Außerdem gibt es noch die Domaine du Moulin, die einen Wein mit Aromen von roten Früchten erzeugt hat, bei denen Brombeere und Kirsche dominieren. Die Tannine sind präsent und geschmeidig. Eine schöne Ausgewogenheit und ein Geschmack, der «gut läuft».

Hervé Villemade, Dom. du Moulin,
41120 Cellettes, Tel. 02.54.70.41.76,
Fax 02.54.70.37.41 ☑ Y n. V.

LES VIGNERONS DE OISLY ET THESEE 2000*

□ 6 ha 45 000 5à8€

Die Genossenschaft besteht seit 1961; sie präsentiert einen sehr gelungenen Weißwein, der klar und strahlend ist und blumige Nuancen bietet. Die Intensität der Aromen und die Ausgewogenheit im Geschmack machen den Reiz dieses sehr feinen Cheverny aus.

Confrérie des Vignerons de Oisly et Thésée,
Le Bourg, 41700 Oisly, Tel. 02.54.79.75.20,
Fax 02.54.79.75.29 ☑ Y n. V.

DOM. DU SALVARD 2000**

□ 12 ha 50 000 5à8€

Die beiden vorgestellten weißen Cheverny haben die Jury verführt. In stärkerem Maße vielleicht dieser Verschnitt von Chardonnay und Sauvignon, wobei letztere Rebsorte deutlich dominiert. Ein Wein, der voller Stärke und Eleganz zum Ausdruck kommt. Die **Cuvée L'Héritière** erstaunt durch ihre Stärke und ihre aromatische Komplexität. Sie hat eine schöne Ausgewogenheit und wird ihre Versprechen halten; sie bekommt einen Stern.

EARL Delaille, Le Salvard,
41120 Fougères-sur-Bièvre, Tel. 02.54.20.28.21,
Fax 02.54.20.22.54
☑ Y Mo–Fr 8h–12h 14h–18h30

DOM. SAUGER ET FILS 2000*

□ 4 ha 10 000 3à5€

In der Familie Sauger sind die Väter wie die Söhne seit 1970 Winzer, d. h., man kennt sich hier in der Kunst des Weins gut aus. Die drei vorgestellten Weine haben die Aufmerksamkeit der Jury erregt, wobei jedoch dieser weiße Cheverny mit dem intensiven Duft von weißen Blüten den Vorzug erhielt. Der Geschmack ist anmutig und wohl ausgewogen und besitzt eine gute Länge. Zwei Rotweine haben jeweils eine lobende Erwähnung erhalten: Der eine **rote Cheverny,** der von 25 Jahre alten Reben stammt und einen leichten Holzton aufweist, bietet im Geschmack eine gute Struktur; der zweite **rote Cheverny** (Preisgruppe: 30 bis 49 F) ist noch jung, aber elegant und verspricht schöne Zukunftsaussichten.

Dom. Sauger et Fils, Les Touches,
41700 Fresnes, Tel. 02.54.79.58.45,
Fax 02.54.79.03.35
☑ Y Mo–Sa 9h–12h 14h–18h;
15. Sept. bis 15. März n. V.

DOM. PHILIPPE TESSIER

Le Point du Jour 2000*

■ k. A. 11 000 5à8€

Philippe Tessier, der im vergangenen Jahr für den 99er eine Liebeserklärung erhielt, präsentiert im Jahrgang 2000 zwei Weine aus biologischem Anbau, die von der Jury gleichermaßen gewürdigt wurden. Dieser intensiv rote Cheverny überrascht durch die Mischung von blumigen Aromen und roten Früchten; die Ansprache ist

sanft, während im Abgang die Pinot-noir-Traube sehr deutlich zu spüren ist. Der **weiße 2000er La Charbonnerie** hat eine schöne goldene Farbe und verströmt Terroir-Aromen; im Geschmack ist er anmutig und gefällig.
EARL Philippe Tessier, 3, voie de la rue Colin, 41700 Cheverny, Tel. 02.54.44.23.82, Fax 02.54.44.21.71 n. V.

DANIEL TEVENOT 2000

☐ 1,3 ha 7 500 3à5€

Daniel Tévenot hat nicht nur eine Leidenschaft für den Wein; er interessiert sich auch für die Geschichte und das Erbe dieser Region im Norden der Sologne. Er ist der Verfasser eines Buchs über Candé und über Madon, einen kleinen Weiler, der schon in der Merowingerzeit bewohnt war. Das historische Interesse am Tal des Beuvron muss Sie nicht von dem ablenken, was den Reiz dieses Guts ausmacht: ein Wein, der dank der Qualität seiner Aromen, in dem schwarze Johannisbeere zu erkennen ist, und dank seiner Ausgewogenheit im Geschmack Ihre Tafel nicht verunzieren wird.
Daniel Tévenot, 4, rue du Moulin-à-Vent, Madon, 41120 Candé-sur-Beuvron, Tel. 02.54.79.44.24, Fax 02.54.79.44.24
n. V.

DOM. DU VIVIER 2000*

■ 3,15 ha 13 000 5à8€

Er navigierte in der Diplomatie, in der französischen und europäischen Spitzenpolitik, und danach auf den Weiten der Ozeane. Jean-François Deniau, der das Meer und die Literatur liebt und zahlreiche Aufsätze und Romane verfasst hat, liebt auch das Land, denn er hat diese Rebparzellen in der Nähe von Cheverny erworben. Eine Rückkehr zu den Ursprüngen: Väterlicherseits waren seine Vorfahren Winzer oder Förster in der Sologne. Der Winzer hier ist kein anderer als Michel Gendrier. Der Wein bietet alles, was man in der Appellation erwartet: Aromen von roten Früchten, Frische und Eleganz.
Jocelyne et Michel Gendrier, Les Huards, 41700 Cour-Cheverny, Tel. 02.54.79.97.90, Fax 02.54.79.26.82
Mo–Sa 9h–12h 14h–19h; So n. V.

Cour-Cheverny

Der Erlass vom 24. März 1993 hat die AOC Cour-Cheverny anerkannt. Diese ist Weißweinen vorbehalten, die von der Rebsorte Romorantin stammen und im Anbaubereich der alten AOS Cour-Cheverny Mont-Près-Chambord und in einigen Nachbargemeinden erzeugt werden, wo sich die Rebsorte erhalten hat. Der Boden ist für die Sologne typisch (Sand über Ton). 2000 betrug die Produktionsmenge 2 262 hl.

PASCAL BELLIER 1999

☐ 0,5 ha 4 100 5à8€

Bei Pascal Bellier beginnt die Lese im Monat November; bekanntlich ist der Romorantin eine spät reifende Rebsorte. Er findet hier daher eine schöne Ausdrucksstärke. Der Duft von Zitrusfrüchten und weißen Blüten mit einem Hauch von Hefebrot ist fein. Nach einer gefälligen Ansprache macht sich die noch lebhafte Struktur bemerkbar. Ein Flasche, die lagern muss.
Dom. Pascal Bellier, 3, rue Reculée, 41350 Vineuil, Tel. 02.54.20.64.31, Fax 02.54.20.58.19
Mo, Mi, Fr 14h–19h; Sa 9h–12h 14h–19h

DOM. DES HUARDS 1999

☐ k. A. 30 000 5à8€

Das Gut wird seit 1846 vom Vater auf den Sohn vererbt und stellt sich im Augenblick auf biodynamische Prinzipien um. Es erzeugt einen blumigen Cour-Cheverny, der elegant, frisch und angenehm ist. Diesen Wein kann man schon jetzt trinken.
Jocelyne et Michel Gendrier, Les Huards, 41700 Cour-Cheverny, Tel. 02.54.79.97.90, Fax 02.54.79.26.82
Mo–Sa 9h–12h 14h–19h; So n. V.

DOM. DE LA DESOUCHERIE 1999

☐ 3,4 ha 25 000 5à8€

Cour-Cheverny veranstaltet Rundgänge, die die Liebhaber von Weinen interessieren könnten, die dieses Gut nicht versäumen werden. Der goldfarbene 99er besitzt Volumen, «Fett» und eine schöne Ausgewogenheit im Geschmack. Der Kenner wird damit nicht fehlgehen.
Christian Tessier, Dom. de La Désoucherie, 41700 Cour-Cheverny, Tel. 02.54.79.90.08, Fax 02.54.79.22.48, E-Mail christian.tessier@waika9.com
n. V.

DOM. DE LA GAUDRONNIERE
Mûr de la Gaudronnière 1999*

☐ 1,45 ha 2 200 5à8€

Ende Oktober wurden die Trauben für diese Cuvée geerntet, die eine schöne strohgelbe Farbe und eine gute aromatische Stärke besitzt, wobei die Honig- und Akazienblütendüfte und die Röstnoten vollkommen harmonieren. Gute Ausgewogenheit im Geschmack. Ein Wein mit Zukunft.
Christian Dorléans, Dom. de La Gaudronnière, 41120 Cellettes, Tel. 02.54.70.40.41, Fax 02.54.70.38.83 n. V.

LE PETIT CHAMBORD 1999*

☐ 4,3 ha 25 000 5à8€

Romorantin ist die älteste auf diesem Gut angebaute Rebsorte. François Cazin ist ein 99er mit einer schönen goldgelben Farbe gelungen, die die sehr gute Reife der Trauben widerspiegelt. Der Geschmack ist füllig, der Abgang honigartig und mineralisch. Mit 9 g/l Restzucker

ist er ein halbtrockener Wein, den man im Keller lagern kann.
⊶ François Cazin, Le Petit Chambord, 41700 Cheverny, Tel. 02.54.79.93.75, Fax 02.54.79.27.89 ☒ Ῑ n. V.

PHILIPPE LOQUINEAU
Fleurs de Lis 1999

☐ 1,5 ha 6 000 ■ 5à8€

Dieser Wein stammt von Reben, die auf biologischen Anbau umgestellt werden. Er entfaltet in der Nase Lindenblütenaromen. Im Geschmack ist er sehr angenehm und zeigt eine gute Harmonie.
⊶ Philippe Loquineau, Dom. de La Plante d'Or, La Demalerie, 41700 Cheverny, Tel. 02.54.44.23.09, Fax 02.54.44.22.16 ☒ Ῑ n. V.

DOM. DE MONTCY 2000*

☐ 1,7 ha 5 200 ■ 5à8€

Vierzig Jahre alte Reben haben diesen sehr goldenen 2000er geliefert, der für die Appellation typisch ist. Seine exotischen (Mango) und blumigen Aromen und seine gute Gesamtharmonie werden den Weinfreund entzücken. Das Gut erhielt für den 98er eine Liebeserklärung.
⊶ R. et S. Simon, La Porte dorée, 32, rte de Fougères, 41700 Cheverny, Tel. 02.54.44.20.00, Fax 02.54.44.20.50, E-Mail domaine-de-montcy@wanadoo.com ☒ Ῑ Mo–Fr 10h–12h 14h–18h; Sa n. V.; 16. Aug. bis 6. Sept. geschlossen

LES VIGNERONS DE MONT-PRES-CHAMBORD 1999

☐ 9 ha 30 000 ■ 5à8€

Vierzig Jahre alte Reben haben einen Wein von schöner goldener Farbe hervorgebracht, der noch ein wenig verschlossen, aber im Geschmack sehr ausgewogen ist. Man muss ein paar Monate warten, damit man ihn voll würdigen kann.
⊶ Les Vignerons de Mont-près-Chambord, 816, la Petite-Rue, 41250 Mont-près-Chambord, Tel. 02.54.70.71.15, Fax 02.54.70.70.65, E-Mail cavemont@club-internet.fr ☒ Ῑ tägl. 9h–12h 14h–18h

PIERRE PARENT 1999

☐ 1,13 ha 4 400 ■ 5à8€

Dieser Wein ist im Duft freigebig und bietet Nuancen von Akazien- und Lindenblüte, die für die Romorantin-Traube charakteristisch ist. Im Geschmack ist er sehr frisch. Man kann ihn schon jetzt zu einem Süßwasserfisch, Hecht oder Zander, trinken.
⊶ Pierre Parent, 201, rue de Chancelée, 41250 Mont-près-Chambord, Tel. 02.54.70.73.57, Fax 02.54.70.89.72 ☒ Ῑ n. V.

DOM. PHILIPPE TESSIER 1999**

☐ 2 ha 10 000 ■ 5à8€

Le Point du Jour erhielt im letzten Jahr als 99er in der AOC Cheverny eine Liebeserklärung. Philippe Tessier, der hier seit 1988 tätig ist, hat im vorliegenden Weinführer erneut gesiegt. Dieser Cour-Cheverny, der aus biologischem Anbau stammt, besitzt alle Vorzüge, um zu gefallen. Die Jury konnte ihm nicht widerstehen. Vollreifes Traubengut machte es möglich, eine leicht bernsteingelbe Farbe zu erzielen. Seine Honig- und Akazienblütenaromen sind einschmeichelnd und besitzen eine gute Stärke. Im Geschmack ist er sehr ausgewogen. Dieser Wein hat eine schöne Zukunft vor sich.

⊶ EARL Philippe Tessier, 3, voie de la rue Colin, 41700 Cheverny, Tel. 02.54.44.23.82, Fax 02.54.44.21.71 ☒ Ῑ n. V.

Coteaux du Vendômois

Die Coteaux du Vendômois wurden 2001 als AOC anerkannt.

Die Besonderheit dieser zwischen Vendôme und Montoire erzeugten Appellation, die einmalig ist in Frankreich, ist der «graue Wein» von der Rebsorte Pineau d'Aunis. Seine Farbe muss sehr blass bleiben, das Aroma pfeffrige Noten entfalten. Wie in den benachbarten Appellationen Coteaux du Loir und Jasnières schätzt man auch hier, auf einem ähnlichen Terroir, einen Weißwein von der Chenin-Rebe.

Seit ein paar Jahren nimmt aufgrund der Nachfrage der Verbraucher die Produktion von Rotweinen zu. Die leicht würzige Nervigkeit der Rebsorte Pineau d'Aunis wird dabei durch die zurückhaltende Gamay-Rebe gedämpft und entweder durch Pinot noir hinsichtlich Feinheit oder durch Cabernet bezüglich des Tanningehalts verstärkt.

Die Produktion liegt durchschnittlich bei 10 000 hl. Der Tourist kann an den Ufern des Loir die Hänge bewundern, in denen sich zahlreiche Höhlenhäuser und in den Kreidetuff gegrabene Keller befinden.

DOM. DU CARROIR Tradition 2000*

■ 6 ha 10 000 3à5€

Ronsard spricht es in einem seiner epikureischen Lieder aus: Man muss wissen, «wo der gute Wein verkauft wird». Bestimmt gibt es davon einen besonders gelungenen auf diesem Gut, wie etwa diesen Verschnitt mit den Aromen roter Früchte. Die Ansprache ist fest; die Tannine sind vorhanden und seidig. Die Zukunft gehört ihm. Der großzügige **2000er Weißwein** wird wegen seiner Sanftheit und seines öligen Geschmacks lobend erwähnt. Ein Vendômois von eindeutiger Herkunft.

GAEC Jean et Benoît Brazilier, 17, rue des Ecoles, 41100 Thoré-la-Rochette, Tel. 02.54.72.81.72, Fax 02.54.72.77.13 n. V.

DOM. CHEVAIS 2000*

□ 0,34 ha 2 500 5à8€

Das Gut liegt einige Kilometer von einem der schönsten Dörfer des Vendômois entfernt, von Lavardin, dessen Kirche außergewöhnliche Wandmalereien enthält, von denen die ältesten aus dem 12. Jh. stammen. Dieser blassgelbe Wein bietet Düfte von weißem Pfirsich und Apfel. Er hat eine gute Ansprache und eine gute Länge und ist großzügig und elegant. Die Jury verschmähte auch nicht den **Vin gris** des Guts. Er zeigt eine typisches blasses Rosa und bezaubert durch seine Eleganz und seine Frische. Dieser Rosé erhält eine lobende Erwähnung.

GAEC Chevais Frères, Les Portes, 41800 Houssay, Tel. 02.54.85.30.34 n. V.

PATRICE COLIN Gris 2000*

6 ha 9 000 3à5€

Zuallererst ist es die Farbe dieses «grauen» Weins, die man anziehend findet: Rosa mit orangeroten Reflexen. Danach bestätigen eine gute aromatische Intensität, die für die Rebsorte Pineau d'Aunis typisch ist, und eine gute Ausgewogenheit das, was die Farbe aussagt. Die **rote 2000er Cuvée Pierre-François** wird lobend erwähnt wegen ihrer aromatischen Komplexität und ihrer Rundheit im Geschmack, die sie schon jetzt angenehm machen. Der **2000er Pentes des Coutis** (Preisgruppe: 30 bis 49 F) ist ein blassgelber Chenin, der im Duft noch schüchtern ist, aber eine verführerische Persönlichkeit besitzt.

Patrice Colin, Dom. Gaudetterie, 41100 Thoré-la-Rochette, Tel. 02.54.72.80.73, Fax 02.54.72.75.54 n. V.

DOM. DU FOUR A CHAUX 2000

□ 2 ha 9 000 3à5€

Auf dem Boden des Guts befindet sich ein Kalkofen, wie es in der Gegend von Thoré-la-Rochette viele davon gibt. Dieser hier ist wiederhergestellt worden und kann besichtigt werden. Das Gut ist auch noch in anderer Hinsicht interessant. Es präsentiert diesen strahlenden blassgelben Weißwein, der elegant ist und es verdient, dass man ihn ein Jahr aufhebt, damit er seine ganze Fülle entfalten kann. Von der Jury ebenfalls lobend erwähnt wurde ein **roter 2000er Coteaux du Vendômois** mit violetten Farbtönen, der den Gaumen umschmeichelt; er wurde als sympathisch beurteilt, muss aber ebenfalls lagern.

GAEC Dominique Norguet, Berger, 41100 Thoré-la-Rochette, Tel. 02.54.77.12.52, Fax 02.54.77.86.18 n. V.

CHARLES JUMERT 2000*

1,3 ha 4 000 3à5€

Von den drei Flaschen, die Charles Jumert vorgestellt hat, hat der Vin gris von der Jury den Vorzug erhalten. Mit seiner blassen, lachsrosa funkelnden Farbe ist er sehr charakteristisch und erstaunt durch seine Ausgewogenheit und Frische im Geschmack. Der lobend erwähnte **2000er Weißwein** ist frisch und ausgewogen; er sollte rasch getrunken werden. Der ebenfalls lobend erwähnte **2000er Rotwein** bietet Kirsch- und Heidelbeeraromen. Er ist sehr überraschend. Er schmeckt jung und ist bereits trinkreif.

Charles Jumert, 4, rue de la Berthelotière, 41100 Villiers-sur-Loir, Tel. 02.54.72.94.09, Fax 02.54.72.94.09 n. V.

DOM. DE LA CHARLOTTERIE Gris 2000*

0,75 ha 4 000 5à8€

Die Farbe ist in einem perfekten Rosarot gehalten. Der hochfeine Duft verströmt blumige Noten. Es mangelt ihm weder an Ausgewogenheit noch an Frische im Abgang, so dass er ein schönes Beispiel für die Coteaux du Vendômois abgibt. Der nicht weniger gelungene **rote 2000er Tradition,** der in der Ausgabe 1998 zum Lieblingswein gewählt wurde, bietet alle Erfolgstrümpfe für die Zukunft: seine schöne Farbe, Hinweis auf eine gute Reife der Trauben, seinen großzügigen Duft und seinen öligen Geschmack mit den noch jungen Tanninen. Er erhält ebenfalls einen Stern. Der **2000er Weißwein** wird wegen seiner Eleganz und seiner Großzügigkeit im Duft lobend erwähnt. Er ist trinkreif.

Dominique Houdebert, 2, rue du Bas-Bourg, 41100 Villiersfaux, Tel. 02.54.80.29.79, Fax 02.54.73.10.01 n. V.

DOM. J. MARTELLIERE Réserve Jean Vivien 2000*

■ 2 ha 6 000 3à5€

Das Gut stellt zwei interessante rote Cuvées vor. Diese hier bietet einschmeichelnde Aromen von kleinen roten Früchten, in der Nase ebenso wie am Gaumen. Der Geschmack ist rund, aber die noch jungen Tannine müssen sanfter werden. Man muss sie lagern, während die **Cuvée Balzac** aus dem gleichen Jahrgang, die im Anblick strahlend kirschrot und im Geschmack harmonisch ist, schon trinkreif ist. Sie wird lobend erwähnt, ebenso wie die **Cuvée Jasmine 2000,** ein Vin gris von der Pineau-d'Aunis-Traube, der – typisch für die Rebsorte – eine sehr blasse Farbe und pfeffrige Noten zeigt.

SCEA du Dom. J. Martellière, 46, rue de Fosse, 41800 Montoire-sur-le-Loir, Tel. 02.54.85.16.91, Fax 02.54.85.16.91 n. V.

CLAUDE MINIER 2000

■ k. A. k. A. 3à5€

Zwei lobend erwähnte Weine bei diesem Gut: ein angenehmer **2000er Rosé,** der in der Ansprache sanft und wohl ausgewogen ist, und dieser Rotwein, der im Geschmack sehr kräftig ist, mit Aromen roter Früchte, und verdient, ein paar Monate zu lagern, damit er zeigen kann, was in ihm steckt.

GAEC Claude Minier, Les Monts, 41360 Lunay, Tel. 02.54.72.02.36, Fax 02.54.72.18.52 n. V.

DOM. JACQUES NOURY
Rouge Tradition 2000*

■ 1,1 ha 6 000 3à5€

In der Nähe dieses sehr hübschen Dorfs findet man viele in den Hang gegrabene Keller, die früher als Höhlenwohnungen dienten. Die Jury mochte diesen Wein mit der hochroten Farbe und den intensiven Aromen von Sauerkirsche und schwarzer Johannisbeere. Seine gute Ausgewogenheit im Geschmack und seine noch spürbaren Tannine sagen ihm eine schöne Zukunft voraus. Der lobend erwähnte **2000er Weißwein** ist typisch für die Appellation und kann eine Platte mit Meeresfrüchten begleiten.

Dom. Jacques Noury, Montpot, 41800 Houssay, Tel. 02.54.85.36.04, Fax 02.54.85.19.30 n. V.

LES VIGNERONS DU VENDOMOIS
Gris 2000*

◩ 9 ha 60 000 3à5€

Die Wandmalereien der Kirche von Villiers-sur-Loir sind einen Besuch wert. Sie werden dort Szenen aus dem Leben des hl. Eligius und eine merkwürdige Darstellung der «drei Toten» und der «drei Lebenden» sehen, die ganz im Geiste des 16. Jh. gehalten ist. Dann sollten Sie, glücklich darüber, dass Sie zur zweiten Kategorie gehören, zur Kellerei der Vendômois-Winzer gehen. Sie präsentieren einen für die Rebsorten typischen Vin gris, der eine gute Ausgewogenheit im Geschmack und eine schöne Frische im Abgang besitzt – ein sehr schöner Wein. Oder wenn Sie es lieber wollen, wird der lobend erwähnte **2000er Weißwein** dank seiner leicht zitronenartigen Aromen und seines recht lang anhaltenden Geschmacks Ihren Durst stillen.

Cave des Vignerons du Vendômois, 60, av. du Petit-Thouars, 41100 Villiers-sur-Loir, Tel. 02.54.72.90.69, Fax 02.54.72.75.09 Di–Sa 9h–12h 14h–18h

Valençay AOVDQS

Am Rande des Berry, der Sologne und der Touraine wechselt der Weinbau mit Wäldern, Getreideanbau und Ziegenzucht. Die Böden bestehen vorwiegend aus kieselhaltigem oder schluffigem Ton. Das Weinbaugebiet umfasst über 300 Hektar, von denen die Hälfte als AOC Valençay angemeldet ist. Angebaut werden hier die klassischen Rebsorten des mittleren Loire-Tals. Zumeist trinkt man die Weine jung. Die Sauvignon-Rebe liefert aromatische Weine mit Noten von schwarzen Johannisbeeren oder Ginster; ergänzt wird sie durch Chardonnay. Die Rotweine kombinieren Gamay, die Cabernet-Sorten, Côt und Pinot noir. 2000 erreichte die Produktionsmenge 1 386 hl Weißwein und 3 330 hl Rotwein.

In dieser Region, durch die Talleyrand reiste, gibt es auch ein Gütezeichen für die Ziegenkäse: «Valençay de l'Indre». Diese «Pyramiden» passen, je nach Reifegrad, zu den Rotweinen oder den Weißweinen.

JACKY ET PHILIPPE AUGIS 2000*

□ 1,2 ha 8 000 3à5€

Dieser blasse Valençay mit den grünen Reflexen verströmt komplexe Aromen von weißen Früchten, Honig und Akazienblüte. Im Geschmack bietet er eine schöne Ansprache und klingt mit einer sehr erfrischenden Note aus. Vom gleichen Erzeuger erhält der **rote 2000er Valençay,** der eine intensive Farbe hat, im Duft klar und deutlich ist und im Geschmack eine gute Rundheit zeigt, eine lobende Erwähnung.

GAEC Jacky et Philippe Augis, Le Musa, rue des Vignes, 41130 Meusnes, Tel. 02.54.71.01.89, Fax 02.54.71.74.15, E-Mail paugis@net-up.com
Mo–Sa 8h–12h 14h–19h30; 15.–31. Aug. geschlossen

DOM. BARDON 2000*

■ 3 ha 15 000 5à8€

Zwei Valençay-Weine wurden vorgestellt, ein Rotwein und ein Weißwein; beide erhalten einen Stern. Der Erste hat eine hübsche Farbe mit violetten Reflexen und bietet in der Nase einen Korb roter Früchte. Er ist ein im Geschmack runder, einschmeichelnder Wein. Der **2000er Weißwein** zeigt eine goldgelbe Farbe, die eine schöne Reife verrät; er macht der Appellation Ehre.

Dom. Denis Bardon, 22, rue Paul-Couton, 41130 Meusnes, Tel. 02.54.71.01.10, Fax 02.54.71.75.20 n. V.

CLOS DU CHATEAU DE VALENÇAY 2000*

■ 1,5 ha 12 000 3à5€

Der Rotwein wie der Weißwein, beide aus dem gleichen Jahrgang, erhalten einen Stern. Der Rote zeigt einen noch schüchternen, aber viel versprechenden Duft. Im Mund bringt er die gesamte Harmonie des Terroir zum Ausdruck. Er ist ein leicht zu trinkender Wein, der zu einer ganzen Mahlzeit passt. Der **weiße Va-**

lençay entfaltet Aromen von sauren Drops. Er ist sehr lecker und besitzt einen erfrischenden Abgang.

SCEV Clos du Château de Valençay, Chez Hubert Sinson, 41130 Meusnes, Tel. 02.54.71.00.26, Fax 02.54.71.50.93 n. V.

DOM. FRANCK CHUET 2000

■ 0,5 ha 4 000 3à5€

Dieser Valençay von lebhafter Farbe ist interessant wegen seiner Aromen von roten Früchten, die eine karamellisierte Note begleitet. Man kann ihn unverzüglich trinken.

Dom. Franck Chuet, rue Debussy, 41130 Meusnes, Tel. 02.54.71.01.06 Mo–Sa 8h–12h 13h30–19h

CHANTAL ET PATRICK GIBAULT 2000★

■ 2 ha 12 000 3à5€

Der noch ein wenig jugendliche **2000er Weißwein** dieses Erzeugers wurde von unserer Jury lobend erwähnt, die ihn sehr viel versprechend fand. Diese Cuvée ist auf der ganzen Linie durch rote Früchte bestimmt. Sie ist ein Wein mit Terroir-Charakter, der durch seine Harmonie überrascht.

EARL Chantal et Patrick Gibault, 183, rue Gambetta, 41130 Meusnes, Tel. 02.54.71.02.63, Fax 02.54.71.58.92, E-Mail gibault.earl@wanadoo.fr Mo–Sa 8h–19h; So 10h–12h

FRANCIS JOURDAIN
Cuvée des Griottes 2000★

■ 1,5 ha 8 000 3à5€

Francis Jourdain, der im Hachette-Weinführer 2000 für den 98er eine Liebeserklärung erhielt, präsentiert in diesem Jahr drei Weine, die alle einen Stern erhalten. Die **weiße Cuvée Chèvrefeuille** bietet in der Nase die ganze Komplexität des Terroir; sie besitzt eine schöne Ausgewogenheit im Geschmack und klingt mit einer rauchigen Note aus. Die **rote Cuvée Terroir** stammt von einem Verschnitt von Gamay, Pinot noir und Côt; sie hat eine rubinrote Farbe und ist im Geschmack weich und seidig. Sie ist schon jetzt gefällig. Diese Cuvée hier zeigt eine kräftige Farbe; ihr großzügiger Geruchseindruck liefert Düfte von roten Früchten. Dieser im Geschmack sehr ausgewogene Wein besitzt ein gutes Lagerpotenzial.

Francis Jourdain, Les Moreaux, 36600 Lye, Tel. 02.54.41.01.45, Fax 02.54.41.07.56 n. V.

MONTBAIL 2000★

□ 2 ha 13 000 3à5€

Sauvignon und Chardonnay haben diesen Valençay mit der schönen blassen Farbe hervorgebracht. Während der Geruchseindruck ein wenig zurückhaltend erscheint, zeigt der Geschmack eine echte Großzügigkeit und Stärke. Ein trinkreifer Wein zu einem Fisch aus der Loire oder Weinbergschnecken in Blätterteig.

Dom. Garnier, 81, rue Eugène-Delacroix, Chamberlin, 41130 Meusnes, Tel. 02.54.00.10.06, Fax 02.54.05.13.36 n. V.

DOM. JACKY PREYS ET FILS
Cuvée princière 2000

■ k. A. k. A. 3à5€

Zwei Rotweine dieses Guts aus dem gleichen Jahrgang werden lobend erwähnt: die aus Gamay, Pinot noir und Côt erzeugte **Cuvée Prestige**, die sich für die kommenden Jahre verheißungsvoll ankündigt, und diese Cuvée princière, die in der Nase Rosendüfte entfaltet. Sie wirkt noch jugendlich, kann aber auf Tannine zählen, die ihr eine gute Langlebigkeit garantieren.

Dom. Jacky Preys et Fils, Bois Pontois, 41130 Meusnes, Tel. 02.54.71.00.34 n. V.

JEAN-FRANÇOIS ROY 1999★

■ 6 ha 48 000 3à5€

Dieser schöne Valençay, dessen Rubinrot leicht gelbrot verfärbt ist, stammt von einem feuersteinhaltigen Tonboden und kombiniert 50 % Gamay, 35 % Pinot noir und 15 % Côt. Er bietet im Duft die ganze Feinheit der Pinot-noir-Traube. Seine schöne Ausgewogenheit im Geschmack und seine Harmonie in den fruchtigen Nuancen machen ihn zu einem Erfolg. Der ebenfalls mit einem Stern belohnte **weiße 2000er Valençay** wurde wegen seiner aromatischen Stärke, seiner klaren Ansprache und seines einschmeichelnden Geschmacks mit den Zitrusnuancen geschätzt.

Jean-François Roy, 3, rue des Acacias, 36600 Lye, Tel. 02.54.41.00.39, Fax 02.54.41.06.89 n. V.

HUBERT SINSON ET FILS
Prestige 2000★

■ 6 ha 15 000 3à5€

Das Gut ist jetzt im Besitz der vierten Winzergeneration und erzeugt Weine, die wissen, wie man sich beliebt macht. Drei Cuvées aus dem gleichen Jahrgang beweisen es. Zunächst einmal dieser rote Valençay (je 40 % Pinot noir und Gamay, ergänzt durch 20 % Côt) mit dem kräftigen, eleganten Duft, der einem harmonischen, rassigen Geschmack Platz macht. Die Tannine von der Côt-Traube, die man im Abgang spürt, garantieren ihm eine lange Lebensdauer. Der **weiße Valençay** besitzt die ganze Eleganz eines jungen Weißweins und erhält ebenfalls einen Stern. Die **rote Cuvée Michel Denisot** wird wegen ihrer Fruchtaromen (wobei Brombeere dominiert), ihres harmonischen Geschmacks und ihres tanninbetonten Abgangs lobend erwähnt.

GAEC Hubert Sinson et Fils, 1397, rue des Vignes, 41130 Meusnes, Tel. 02.54.71.00.26, Fax 02.54.71.50.93 Mo–Sa 8h–12h 14h–18h; So n. V.; 15.–31. Aug. geschlossen

CAVE DES VIGNERONS REUNIS DE VALENÇAY Terroir 2000

□ 3,7 ha 29 000 3à5€

Die 1964 gegründete Genossenschaft stellt zwei Weine her, die beide eine lobende Erwähnung erhalten: diesen sympathischen weißen Valençay, der von vollreifen Trauben stammt und aufgrund seiner Ehrlichkeit und Frische gefällt, und die **rote Cuvée Terroir,** die sich in ihrem Rubinrot süffig zeigt. Ein Wein, den man leicht gekühlt trinken sollte.

Cave des Vignerons réunis de Valençay, 36600 Fontguenand, Tel. 02.54.00.16.11, Fax 02.54.00.05.55, E-Mail vigneronvalençay@aol.com
Mo–Sa 8h–12h 14h–18h; Gruppen n. V.

Poitou

Haut-Poitou AOVDQS

Dr. Guyot schrieb 1865 in seinem Bericht, dass das Weinbaugebiet von Vienne 33 560 ha umfasse. Doch heute sind außer dem Anbaugebiet im Norden des Departements, das dem Saumurois zugerechnet wird, nur mehr die Weinberge in den Kantonen Neuville und Mirebeau von Bedeutung! Marigny-Brizay ist die Gemeinde mit den meisten unabhängigen Weinbauern. Die übrigen haben sich zur Genossenschaftskellerei Neuville-de-Poitou zusammengeschlossen. 2000 erzeugten die Weine des Haut-Poitou 28 324 hl, davon 14 320 hl Weißwein.

Die Böden der Hochfläche im Gebiet von Neuville, die sich auf hartem Kalkstein und Marigny-Kreide sowie Mergel entwickelt haben, sind günstig für die verschiedenen Rebsorten der Appellation. Die bekannteste Rebe ist hier Sauvignon (blanc).

CAVE DU HAUT-POITOU 2000

■ 10 ha 95 000 3à5€

Die Cave du Haut-Poitou wurde 1948 gegründet. Sie vinifiziert rund 90 % der Weine dieser Appellation. Diese Cuvée ist das Ergebnis eines Verschnitts von drei Rebsorten der Appellation: Gamay, Pinot noir und Cabernet franc. Sie besitzt die Leichtigkeit und den aromatischen Ausdruck der Rotweine aus dem Loire-Tal (Noten von roten Früchten wie etwa Erdbeere und Himbeere) mit einer Empfindung von Lebhaftigkeit im Geschmack. Trinken sollte man ihn im Laufe des Jahres.

SA Cave du Haut-Poitou, 32, rue Alphonse-Plault, 86170 Neuville-de-Poitou, Tel. 05.49.51.21.65, Fax 05.49.51.16.07, E-Mail c-h.p@wanadoo.fr n. V.

DOM. DE LA GRANDE MAISON 2000★

■ 1 ha 7 200 3à5€

Marigny-Brizay befindet sich auf einem Kalksteinhügel, der in diesem Anbaugebiet berühmt ist. Das 3 km vom Park des Futuroscope entfernt liegende Gut präsentiert einen Wein von der Cabernet-Traube, der Stoff besitzt und leicht zu trinken bleibt. Intensives Granatrot, blumige und pflanzliche Aromen und Nuancen von roten Früchten. Der Geschmack ist ausgewogen und harmonisch, mit einem leicht tanninbetonten Abgang.

GAEC Grassien Lassale, Saint-Léger-la-Palu, 86380 Marigny-Brizay, Tel. 05.49.52.08.73, Fax 05.49.62.33.73
Mo–Fr 9h–19h

DOM. DE LA ROTISSERIE Cabernet 2000★

■ 3,5 ha 10 000 3à5€

Vor der Anerkennung des Weinbaugebiets Haut-Poitou als VDQS hieß dieses Gut Domaine des Coteaux de Marigny. Der Keller ist in den Kreidetuff gegraben. Zwei 2000er Rotweine erhalten jeder einen Stern. Dieser hier stammt von der Cabernet-Traube und besitzt eine lebhafte rote Farbe, intensive Aromen von frischen Früchten und einen angenehmen, frischen Geschmack, der im Abgang ein wenig streng ist. Der **Gamay** bietet ausdrucksvolle Düfte von roten Früchten mit ein paar animalischen Noten und einen kräftigen Geschmack, der ein begrüßenswertes Streben nach Stoff zum Ausdruck bringt.

Jacques Baudon, 35, rue de l'Habit-d'Or, 86380 Marigny-Brizay, Tel. 05.49.52.09.02, Fax 05.49.37.11.44
Mo–Fr 8h–12h 13h30–19h

DOM. DE LA TOUR SIGNY Cuvée Poitevine 2000★★

■ 6 ha 15 000 3à5€

Das 15 ha große Gut stellt einen Wein vor, der einen Verschnitt von Cabernet- (40 %) und Gamay-Trauben (60 %) darstellt. Er ist bemerkenswert aufgrund seiner Ausgewogenheit und Feinheit. Eine granatrote Farbe, komplexe Aromen von roten Früchten, Gewürzen und Vanille und ein reicher, lebhafter, strukturierter Geschmack machen ihn zu einem für dieses Anbaugebiet typischen Produkt.

Christophe Croux, Dom. de La Tour Signy, 2, rue de Tue-Loup, 86380 Marigny-Brizay, Tel. 05.49.55.31.21, Fax 05.49.62.36.82
n. V.

DOM. DES LISES Cabernet 2000

■ 1,2 ha 4 000 3à5€

Pascale Bonneau, ein ausgebildeter Önologe, hat das väterliche Gut 1995 übernommen und 1996 einen Vinifizierungskeller errichtet. Dieser befindet sich am Ortseingang des mittelalterlichen Städtchens Mirebeau, im Schlossviertel. Sein Wein besitzt Stoff und hinterlässt im Schlussgeschmack eine leicht adstringierende Empfindung. Eine kräftige rote Farbe, intensive Aromen von Früchten und Gewürzen und ein angenehmer, fruchtiger erster Geschmackseindruck. Ein Erzeugnis und ein Weinbaubetrieb, die man entdecken sollte.

Pascale Bonneau, pl. du Champ-de-Foire, 86110 Mirebeau, Tel. 05.49.50.53.66, Fax 05.49.50.90.50, E-Mail pascale.bonneau@libertysurf.fr

Mo–Fr 18h–19h30; Sa 9h30–19h

Die mittelfranzösischen Weingebiete

Von den Hängen des Forez bis zum Orléanais nehmen die wichtigsten Weinbaugebiete des *Centre* (Mittelfrankreich) die besten Lagen der Hänge oder Hochflächen ein, die die Loire und ihre Nebenflüsse, der Allier und der Cher, im Laufe der Erdgeschichte geformt haben. Die Anbaugebiete, die in den Côtes d'Auvergne, zu einem Teil in Saint-Pourçain oder in Châteaumeillant an den Ost- und Nordhängen des Zentralmassivs liegen, bleiben dennoch zum Becken der Loire hin offen.

Die für den Weinbau genutzten Böden dieser Gebiete, die kieselig oder kalkhaltig sind und stets eine gute Ausrichtung besitzen, tragen im Allgemeinen eine begrenzte Anzahl von Rebsorten, von denen bei den Rot- und Roséweinen vor allem die Gamay-Rebe und bei den Weißweinen die Sauvignon-Rebe herausragen. Hier und dort tauchen einige spezielle Rebsorten auf: Tressallier in Saint-Pourçain und Chasselas in Pouilly-sur-Loire für Weißweine, Pinot noir in Sancerre, Menetou-Salon und Reuilly für Rot- und Roséweine, außerdem die zarte Rebsorte Pinot gris im zuletzt genannten Anbaugebiet, und schließlich noch die Rebsorte Pinot meunier, die in der Nähe von Orléans den originellen «Gris meunier» liefert. Insgesamt eine sehr selektive Bestockung.

Alle Weine, die in diesen Anbaugebieten von den genannten Rebsorten erzeugt werden, haben Leichtigkeit, Frische und Fruchtigkeit gemeinsam, die sie besonders reizvoll, angenehm und gut verträglich machen. Und wie sehr sie doch mit den gastronomischen Spezialitäten der heimischen Küche harmonieren! Die Winzer, gleichgültig ob aus der Auvergne, dem Bourbonnais, dem Nivernais, dem Berry oder dem Orléanais, grünen, friedlichen Regionen mit weiten Horizonten und abwechslungsreichen Landschaften, schaffen es alle, dass ihre Weine, die oft aus kleinen Weinbaubetrieben in Familienbesitz stammen, zu Recht geschätzt werden.

Châteaumeillant AOVDQS

Die Gamay-Rebe findet hier Terroirs, für die sie eine Vorliebe hat, in einem sehr alten Weinbaugebiet, das 84 ha umfasst, bei einer Produktion von 4 770 hl im Jahre 2000.

Das Ansehen von Châteaumeillant beruht auf seinem berühmten «Grauen», einem Wein, den man durch unmittelbares Keltern der Gamay-Trauben erhält. Sein Charakter, seine Frische und seine Fruchtigkeit sind bemerkenswert. Die Rotweine (die man jung und gekühlt trinkt) kommen von Böden mit Eruptivgesteinen; sie verbinden Leichtigkeit, Bouquet und Süffigkeit.

DOM. DU CHAILLOT 2000*

■ 3,5 ha 30 000 5à8€

Dieser Châteaumeillant, der von einem Terroir mit Glimmerschiefer und Ablagerungen aus dem Tertiär kommt, riecht nach schwarzer Johannisbeere und Trester von frischen Trauben. Die Tannine schaffen es fast, ihre Anwesenheit vergessen zu lassen, sind aber dennoch vorhanden. Er ist zurückhaltend und gehört zu denen, die sich nicht in den Vordergrund drängen, aber «sichere Werte» verkörpern.

Dom. du Chaillot, pl. de la Tournoise, 18130 Dun-sur-Auron, Tel. 02.48.59.57.69, Fax 02.48.59.58.78, E-Mail pierre.picot@wanadoo.fr n. V.

Pierre Picot

VALERIE ET FREDERIC DALLOT
Tradition 1999

■ 3 ha 7 000 3à5€

Der bernsteinfarbene Schimmer in diesem leichten Rubinrot erinnert uns daran, dass es sich um einen 99er handelt. Die Fruchtigkeit beweist Eleganz und bestätigt durch Noten von Kirschkonfitüre die Entwicklung. Der Geschmack ist leicht und klingt mit diskreten, verschmolzenen Tanninen aus.

Frédéric et Valérie Dallot, 42, rue Saint-Genest, 18370 Châteaumeillant, Tel. 02.48.56.31.84 n. V.

DOM. GEOFFRENET MORVAL
Cuvée Jeanne Vieilles vignes 2000*

■ 0,5 ha 3 000 5à8€

Laure und Fabien Geoffrenet sind neue Winzer, die sich 2000 auf einem alten Weingut niedergelassen haben. Ihre erste Cuvée stammt von über fünfzig Jahre alten Reben; sie ist durch ihre Beifuß- und Kirschnoten geprägt. Die seidigen Tannine sind zusammen mit einem bitteren Hauch und einer animalischen Tendenz Hinweise auf ein gutes Potenzial. Man muss diesen 2000er lagern, bevor man ihn zu Geflügel serviert.

EARL Geoffrenet Morval, 2, rue de La Fontaine, 18190 Venesmes, Tel. 02.48.60.50.15, Fax 02.48.24.62.91 n. V.

DOM. LANOIX 2000

◪ 3 ha 18 000 3à5€

Der Stil kann anfangs verwirren. Dieser zwiebelschalenfarbene Wein bietet Noten von gekochter Pflaume und Kern. Er ist rund, weich und warm und kann sicherlich schon bei Erscheinen unseres Weinführers getrunken werden.

EARL Dom. Patrick Lanoix, Beaumerle, 18370 Châteaumeillant, Tel. 02.48.61.39.59, Fax 02.48.61.42.19 n. V.

Die mittelfranzösischen Weine

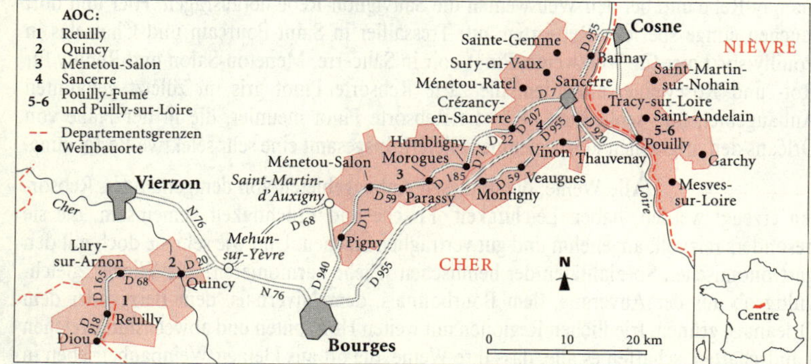

LEGIER DE LA CHASSAIGNE 2000*

■ 6,2 ha 43 000 3à5€

Dieser von der Genossenschaft erzeugte Wein trägt den Namen des Mannes, der hier im Jahre 1753 ein Gewächs aus Lyon einführte. Die intensive rubin- bis granatrote Farbe zeigt eine schwarze Nuance. Erdbeer- und Himbeerdüfte, die sich in ein leicht rauchiges Aroma einhüllen, wecken die Geschmacksknospen auf. Die noch ein wenig stürmischen Tannine werden sich mit der Zeit beherrschen. Servieren kann man ihn zu rotem Fleisch mit Sauce.

Cave du Tivoli, rte de Culan, 18370 Châteaumeillant, Tel. 02.48.61.33.55, Fax 02.48.61.44.92, E-Mail chateaumeillant@wanadoo.fr Mo–Sa 8h–12h 13h30–17h30; Mai bis Juli auch So

DOM. DES TANNERIES 2000*

■ 5 ha 25 000 5à8€

Nohant, die Heimat von George Sand, ist nur 18 km von diesem Weingut in Châteaumeillant entfernt. Bei der sehr ausgeprägten würzigen Seite dieses 2000er mit seinen pfeffrigen und rauchigen Noten könnte man fast glauben, man säße an einem Feuer, in dem die kleinen Spieße braten. Heitere Tannine, die nach ein paar Augenblicken ihren jugendlichen, rebellischen Charakter zeigen. Ein gut gemachter Wein.

Raffinat et Fils, Dom. des Tanneries, 18370 Châteaumeillant, Tel. 02.48.61.35.16, Fax 02.48.61.44.27 n. V.

Côtes d'Auvergne AOVDQS

Gleichgültig, ob sie aus bergigen Anbaugebieten, wie in der Limagne, oder von den Bergkuppen am Ostrand des Zentralmassivs kommen – die guten Weine der Auvergne stammen alle von der Gamay-Rebe, die hier seit uralten Zeiten angebaut wird. Sie haben seit 1977 Anspruch auf die Bezeichnung AOVDQS und werden auf einer Anbaufläche von 374 ha erzeugt. Die schelmischen Roséweine und die gefälligen Rotweine (zwei Drittel der Produktion) passen besonders gut zu den berühmten einheimischen Wurstgerichten oder zu den bekannten Gerichten dieser Region. In den Einzellagen können sie überraschend viel Charakter, Fülle und Persönlichkeit gewinnen. 2000 wurden 17 360 hl erzeugt, davon 496 hl Weißwein.

JACQUES ABONNAT Boudes 2000

■ 2,5 ha 9 000 5à8€

Dieses Gut liegt in Chalus, einem ehemaligen strategisch wichtigen Posten, der den Lembron bewachte. Es erzeugt einen lebhaft und strahlend roten Wein, der jung und großzügig ist. Er muss ein wenig lagern.

Jacques Abonnat, 63340 Chalus, Tel. 04.73.96.45.95, Fax 04.73.96.45.95 n. V.

MICHEL BLOT
Boudes Cuvée d'Antan 2000*

■ 0,3 ha 1 700 5à8€

Die sehr schöne tiefrote Farbe dieser Cuvée verrät eine perfekte Reifung. Ein würziger Duft und ein großzügiger, öliger Geschmack, der mit einer warmen Note ausklingt, vervollständigen das Bild. Die deutlich vorhandenen Tannine sind seidig. Man hat uns hier einen sehr hübschen Wein vorgestellt.

Michel Blot, 63340 Boudes, Tel. 04.73.96.41.42, Fax 04.73.96.58.34, E-Mail sauvat@terre-net.fr Mo–Sa 9h–12h 14h–19h

HENRI BOURCHEIX-OLLIER
Chanturgue 2000

■ 1,3 ha 6 600 5à8€

Diese Cuvée zeigt sich auf der ganzen Linie «kirschig», von der Farbe bis zum Duft. Eine säuerliche Note im Abgang macht diesen Côtes d'Auvergne erfrischend.

Henri Bourcheix, 4, rue Saint-Marc, 63170 Aubière, Tel. 04.73.26.04.52, Fax 04.73.27.96.46 n. V.

NOEL BRESSOULALY 2000**

■ 2 ha 10 000 5à8€

Noël Bressoulaly hat auf seinem Gut ein «Konservatorium» der alten Reben der Auvergne eingerichtet. Von den Rebsorten Gamay und Pinot noir erzeugt er diesen purpurroten Côtes d'Auvergne mit violetten Reflexen, der aufgrund der Qualität seines Geruchseindrucks bemerkenswert ist. Die würzigen Noten verbinden sich eng mit den Weichselaromen und finden sich in der Nase ebenso wie am Gaumen. Dieser im Geschmack sehr ausgewogene Wein ist wegen seiner Tonalität interessant.

Noël Bressoulaly, chem. des Pales, 63114 Authezat, Tel. 04.73.24.18.01, Fax 04.73.24.18.01 n. V.

CHARMENSAT
Boudes Cuvée Grandes Vignes Elevé en fût de chêne 2000

■ 0,2 ha 1000 5à8€

Boudes hat einige Überreste seines alten Forts sowie eine romanische Kirche bewahrt, deren Glockenturm auf dem Etikett dieser Cuvée erscheint. In der Nase bietet sie Tabaknoten. Im Geschmack ist dieser Wein frisch und leicht säuerlich. Er kann einen Teller mit regionalen Käsesorten begleiten.

GAEC Charmensat, rue du Coufin, 63340 Boudes, Tel. 04.73.96.44.75, Fax 04.73.96.58.04, E-Mail charmensat@lokace-online.com
n. V.

PIERRE GOIGOUX Châteaugay 2000**

1,7 ha 11 000 3à5€

Das Gut liegt 500 m von dem Schloss von Châteaugay entfernt, das im 14. Jh. erbaut wurde und einen zinnenbewehrten Turm besitzt. Es hat einen Wein von klarem Lachsrosa erzeugt. Die Aromen von sehr reifen roten Früchten dominieren in der Nase. Der Geschmack zeigt eine gute Ausgewogenheit und eine schöne Harmonie. Ein Maßstab für die Region. Von der Jury lobend erwähnt wurde ein **roter 2000er Côtes d'Auvergne** des gleichen Guts, der eine kirschrote Farbe besitzt, nach roten Früchten duftet und angenehm schmeckt.

GAEC Pierre Goigoux, 22, rue des Caves, 63119 Châteaugay, Tel. 04.73.87.67.51, Fax 04.73.78.02.70
tägl. 10h–11h30 15h–18h30; 15. Sept. bis 15. April n. V.

ODETTE ET GILLES MIOLANNE Volcane 2000**

1,15 ha 5 000 5à8€

Bei diesem Rosé mit dem schönen lachsrosa Farbton ist die Kombination von Gamay und Pinot noir besonders gelungen. Die Aromen sind verschmolzen; die Ausgewogenheit im Geschmack ist gut gesichert. Diese Flasche macht der Appellation Ehre.

EARL de La Sardissère, 17, rte de Coudes, 63320 Neschers, Tel. 04.73.96.72.45, Fax 04.73.96.25.79, E-Mail gilles.miolanne@wanadoo.fr n. V.
Odette und Gilles Miolanne

GILLES PERSILIER Gergovia 2000**

1 ha 4 000 5à8€

Wie der Name dieser Cuvée (ein gallisches Oppidum, das der gallische Anführer 52 v. Chr. erfolgreich gegen Cäsar verteidigte) unterstreicht, hat das Gut Vercingetorix zu seiner Symbolfigur gemacht. Und bestimmt trägt es einen kleinen Sieg mit diesem zitronengelben Wein davon, der in der Nase durch die Intensität seiner Aromen überrascht, bei denen sich Zitrusnoten mit Haselnuss vermischen. Im Geschmack ist er sehr weich. Ein eleganter, rassiger Wein.

Gilles Persilier, 27, rue Jean-Jaurès, 63670 Gergovie, Tel. 04.73.79.44.42, Fax 04.73.87.56.95 n. V.

YOHANNA ET BENOIT PORTEILLA Cuvée de la Louve 2000

1 ha 4 500 5à8€

Diese Cuvée stammt von einem Basaltboden in der Nähe des kleinen Winzerdorfs Dallet. Sie hat eine sehr kräftige Granatfarbe. Die Ausgewogenheit des Geschmacks ist interessant. Man muss noch warten, bis man alle Reize dieses Weins voll würdigen kann.

Porteilla, Caveau de Loup, 4, imp. de la Halle, 63111 Dallet, Tel. 04.73.83.05.21, Fax 04.73.23.05.21, E-Mail caveaudeloup@wanadoo.fr
Mo–Sa 10h–18h; So 10h–13h; Gruppen n. V.; 1.–15. Sept. geschlossen

JEAN-PIERRE ET MARC PRADIER Rouge Tradition 2000**

3 ha 12 000 3à5€

Dieser kirschrote, violett schimmernde Wein hat einmütige Zustimmung gefunden. Der Duft ist stark von vollreifen roten Früchten sowie ein paar Pentanolnoten geprägt. Im Geschmack ist alles Milde und Feinheit. Die seidigen Tannine begleiten einen lang anhaltenden Abgang, der an die Aromen in der Nase erinnert. Einen Stern erkannte die Jury dem **2000er Weißwein** des gleichen Guts zu. Der **2000er Rosé 2000 Cru Corent,** der eine schöne blassrosa Farbe («Œil-de-perdrix) hat, erhält eine lobende Erwähnung.

Jean-Pierre et Marc Pradier, 9, rue Saint-Jean-Baptiste, 63730 Les Martres-de-Veyre, Tel. 04.73.39.86.41, Fax 04.73.39.88.17
n. V.

CHRISTOPHE ROMEUF 2000*

3,5 ha k. A. 3à5€

Dieser 2000er, der eine sehr schöne granatrote Farbe mit orangeroten Nuancen besitzt, ist im Duft freigebig und setzt sich mit einer guten Ausgewogenheit im Geschmack fort. Die seidigen Tannine sind im Abgang deutlich zu spüren.

Christophe Romeuf, 1 bis, rue du Couvent, 63670 Orcet, Tel. 06.08.85.01.69, Fax 06.73.84.07.83 n. V.

DOM. ROUGEYRON Châteaugay Cuvée Bousset d'or 2000*

1,7 ha 13 300 5à8€

In den kleinen Limagnes besitzt fast jede Kirche eine Statue des hl. Verny (Werner), des Schutzpatrons der Winzer. Gewöhnlich wird er zusammen mit seinen Attributen dargestellt: einer Rebe, einem Quersack, einer kleinen Hacke und einem Fässchen. Dieses «Fässchen» hier enthält einen Wein von strahlender strohgelber Farbe, die von der großartig gemeisterten Vinifizierung zeugt. In der Nase nimmt man Mandelnoten wahr. Der Geschmack ist warm, ölig und kräftig.

🔑 Michel et Roland Rougeyron,
27, rue de La Crouzette, 63119 Châteaugay,
Tel. 04.73.87.24.45, Fax 04.73.87.23.55,
E-Mail domainerougeyron@terre-net.fr
☑ Ῑ n. V.

CAVE SAINT-VERNY
Première Cuvée 2000**

■ 35 ha 60 000 ▮🌡 3à5€

Die Kellerei, die sich unter den Schutz des hl. Verny, des Schutzpatrons der Winzer, gestellt hat, präsentiert drei schöne Cuvées: Diese hier zeigt ein kräftiges Kirschrot und überrascht durch ihre jugendlichen Aromen und ihre aromatische Frische. Im Geschmack verbinden sich die seidigen Tannine mit der Rundheit des Abgangs. Der **2000er Rosé Cru Corent** (ein Stern), der nach weißen Blüten und Zitrusfrüchten duftet, und ein lobend erwähnter **roter 99er Côtes d'Auvergne Privilège** (Preisgruppe: 30 bis 49 F), der zwölf Monate im Fass ausgebaut wurde, sind ebenfalls von der Jury ausgewählt worden.
🔑 Cave Saint-Verny, rte d'Issoire,
63960 Veyre-Monton, Tel. 04.73.69.60.11,
Fax 04.73.69.65.22,
E-Mail saint.verny@wanadoo.fr ☑ Ῑ n. V.

SAUVAT
Boudes Prestige Elevage bois 1999**

□ 1,5 ha 4 000 ▮▮ 8à11€

Nicht weit vom «Tal der Heiligen» entfernt, wo die Erosion in den roten Ton fremdartig wirkende Figuren hineingeschnitten hat, präsentiert das Gut diese Cuvée von gelber, leicht goldener Farbe. Der intensive, komplexe Geruchseindruck bietet Zitrus- und Vanillearomen. Die Ansprache ist sanft und delikat, der Geschmack ölig. Eine Holznote verleiht dem Abgang eine schöne Komplexität. Die **im Holzfass ausgebaute rote 99er Cuvée Prestige Boudes** erhält einen Stern, ebenso wie der **rote 2000er Demoiselles oubliées du Donazat Boudes** (Preisgruppe: 30 bis 49 F).
🔑 Claude et Annie Sauvat, 63340 Boudes,
Tel. 04.73.96.41.42, Fax 04.73.96.58.34,
E-Mail sauvat@terre-net.fr
☑ Ῑ Mo–Sa 9h–12h 14h–19h; So 15h–19h

Côtes du Forez

Der Fortbestand dieses schönen und guten Weinbaugebiets (181 ha), das sich auf 21 Gemeinden rund um Boën-sur-Lignon (Departement Loire) erstreckt, ist den vereinten umsichtigen und hartnäckigen Anstrengungen zu verdanken.

Fast sämtliche der ausgezeichneten Rosé- und Rotweine, die ausschließlich von der Rebsorte Gamay erzeugt werden und trocken und lebhaft sind, stammen von Böden aus dem Tertiär im Norden und aus dem Erdaltertum im Süden. Sie werden hauptsächlich von einer guten Genossenschaftskellerei hergestellt. Man trinkt diese seit 2000 als AOC eingestuften Weine jung.

GILLES BONNEFOY La Madone 2000**

◪ 0,4 ha 2 000 ▮🌡 3à5€

In Champdieu können Sie bei der im Auvergne-Stil errichteten romanischen Benediktinerkirche einen Halt einlegen und dann dieses zwischen 1997 und 1999 entstandene Gut besuchen, von dem ein Teil der Reben an den Hängen des Pic de Purchon angebaut wird, auf dessen Gipfel eine Madonnenstatue steht. Der Rosé, der von dort stammt, zeigt ein hübsches Rosa und bietet schöne, feine Düfte von Zitrusfrüchten, Maracuja, Lindenblüte und Weißdorn. Der füllige, kräftige Geschmack bleibt zart und leicht säuerlich. Diesen einschmeichelnden, ausgewogenen, eleganten Wein kann man im Laufe des Jahres zu Grillgerichten genießen.
🔑 Gilles Bonnefoy, Le Pizet,
42600 Champdieu, Tel. 04.77.97.07.33,
Fax 04.77.97.17.76 ☑ Ῑ n. V.

LES VIGNERONS FOREZIENS
Cuvée Dellenbach 2000

■ 3,5 ha 10 000 ▮🌡 5à8€

Die Vignerons Foréziens spielten eine wichtige Rolle bei der Erhebung der Côtes du Forez zur AOC im Jahre 2000. Sie erinnern gern daran, dass dieses Anbaugebiet bis 980 zurückreicht. Diese Cuvée von klarem, strahlendem Purpurrot entfaltet spontan sehr deutliche Traubendüfte, verbunden mit Himbeer- und Gewürznelkennoten, die sich in Richtung Lakritze entwickeln. Elegante mineralische Noten, die an ihre vulkanischen Ursprünge erinnern, ergeben zusammen mit einer lebhaften, anhaltenden Fruchtigkeit einen rassigen Wein, den man im Laufe des Jahres trinken kann. Die **2000er Cuvée Tradition** (Preisgruppe: 20 bis 29 F) ist von der Jury ebenfalls lobend erwähnt worden.
🔑 Les Vignerons Foréziens, Le Pont-Rompu,
42130 Trelins, Tel. 04.77.24.00.12,
Fax 04.77.24.01.76 ☑ Ῑ n. V.

DOM. DE LA PIERRE NOIRE 2000*

■ 1,5 ha 9 000 ▮🌡 3à5€

Die jüngsten Reben (acht Jahre alt) haben eine **2000er Cuvée Jeunes vignes** hervorgebracht, die von der Jury lobend erwähnt wurde, während die ältesten Reben (sechzig Jahre) für eine als sehr gelungen beurteilte **99er Cuvée spéciale** reserviert sind. Die Reben für diese Cuvée hier stehen in der Blüte ihrer Jahre (zwanzig Jahre); sie wachsen auf Migmatiten und haben einen intensiv purpurroten Wein mit entfalteten, feinen Düften von roter Johannisbeere und Himbeere geliefert. Seine sehr frische Fruchtigkeit, die den Gaumen erfüllt, wird von dichten, eleganten Tanninen unterstützt. Dieser sehr ausgewogene, typische Genießerwein ergibt eine Flasche, die man in den nächsten beiden Jahren trinken kann, beispielsweise zu einem Rollbraten.

Christian Gachet, Dom. de la Pierre Noire, chem. de l'Abreuvoir, 42610 Saint-Georges-Hauteville, Tel. 04.77.76.08.54
Mo–Sa 9h–12h

DOM. DU POYET 2000

4 ha 30 000 3à5€

Marcilly-le-Châtel ist für seine Volerie du Forez bekannt, ein Gehege mit Greifvögeln, wo Falken abgerichtet werden. Nach einem Besuch des Château Sainte-Anne können Sie, einen Kilometer davon entfernt, diesen 1995 entstandenen Weinbaubetrieb kennen lernen. Sein rubinroter Wein entfaltet einen sehr intensiven Himbeerduft, den Noten von schwarzer Johannisbeere und Erdbeere begleiten. Er ist weich und süffig und ist von sehr ausgeprägten Aromen roter Früchte erfüllt, aber dennoch mangelt es ihm nicht an Körper. Dieser gefällige 2000er ist dafür gemacht, dass man ihn im Laufe des Jahres trinkt.

Jean-François Arnaud, Dom. du Poyet, au Bourg, 42130 Marcilly-le-Châtel, Tel. 04.77.97.48.54, Fax 04.77.97.48.71
tägl. 8h–20h; Gruppen n. V.

O. VERDIER ET J. LOGEL
La Volcanique 2000★★

3 ha 10 000 3à5€

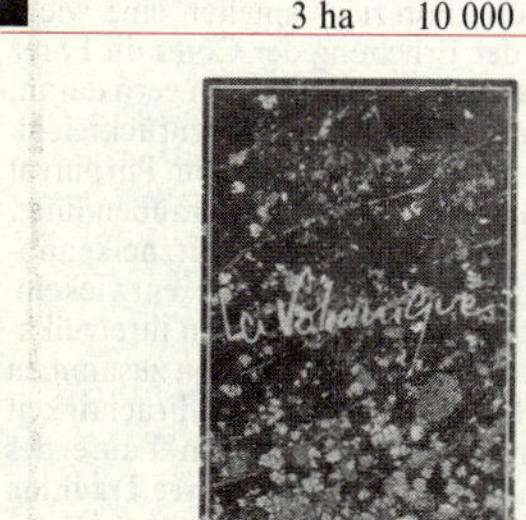

Einige Kilometer von Château de la Bastie d'Urfé entfernt, einem architektonischen Meisterwerk der Renaissance, das im 17. Jh. als Rahmen für Honoré d'Urfés Schäferroman *L'Astrée* diente, können Sie Odile Verdier und Jacky Logel besuchen, die den Familienbetrieb 1992 übernommen haben. Auf Basalt angepflanzte Reben haben diese Cuvée geliefert, die erstmals als AOC-Wein hergestellt worden ist; sie ist einstimmig zum Lieblingswein gewählt worden. Sie hat eine schöne tiefrote Farbe und bietet intensive, feine Düfte von Himbeere und sehr reifer Kirsche. Nach einer runden Ansprache füllt sein hübsches, aromatisches «Fleisch», das dichte, fette Tannine unterstützen, den Gaumen aus. Diesen konzentrierten, harmonischen Wein, der einen sehr typischen Charakter zeigt, kann man in den nächsten beiden Jahren zu rotem Fleisch trinken.

Odile Verdier et Jacky Logel, La Côte, 42130 Marcilly-le-Châtel, Tel. 04.77.97.41.95, Fax 04.77.97.48.80, E-Mail cave.verdierlogel@wanadoo.fr
Mo–Sa 9h–12h 14h–19h; So n. V.

Coteaux du Giennois

An den seit langer Zeit berühmten Hängen der Loire, im Departement Nièvre ebenso wie im Departement Loiret, breiten sich kiesel- oder kalkhaltige Böden aus. Drei traditionelle Rebsorten, Gamay, Pinot und Sauvignon, liefern 6 947 hl (im Jahre 2000), davon 2 923 hl Weißweine, die leicht und fruchtig sind. Die tanninarmen Weine sind der unverfälschte Ausdruck eines eigenständigen Anbaugebiets. Man kann sie bis zu einem Alter von fünf Jahren zu allen Fleischgerichten trinken.

Die Anpflanzungen gehen im Departement Nièvre immer noch voran, aber sie machen auch im Departement Loiret Fortschritte; dies beweist die gute Gesundheit dieses Anbaugebiets, das 148 ha erreicht. Die Coteaux du Giennois wurden 1998 als AOC eingestuft.

JOSEPH BALLAND-CHAPUIS 2000

7,5 ha 60 000 5à8€

Ein schönes, 20 ha großes Gut, das seit 1998 Jean-Louis Saget gehört. Dieser 2000er lädt zu einem Ausflug ins Grüne ein: Er ist klar, mit Primäraromen vom pflanzlichen Typ beim ersten Riechen, und entfaltet danach eine interessante Fruchtigkeit. Leichtigkeit, Sanftheit und Rundheit charakterisieren den Geschmack. Servieren kann man ihn zu Rohkost oder Wurstgerichten.

SCEA Dom. Balland-Chapuis, 6, allée des Soupirs, 45420 Bonny-sur-Loire, Tel. 02.38.31.55.12, Fax 02.48.54.07.97
n. V.
Jean-Louis Saget

DOM. DES BEAUROIS 2000

2,2 ha 15 000 5à8€

Die Domaine des Beaurois, 10 km von der Baustelle von Guédelon entfernt, wo seit 1998 in einem Steinbruch mitten im Wald eine mittelalterliche Burg mit den damaligen technischen Mitteln errichtet und voraussichtlich 2023 fertig gestellt wird, ist aus einer Umstellung im Jahre 1998 entstanden. Von Kieselböden kommt ein weißer 2000er mit einer betonten Säuerlichkeit und blumigen Düften, zu denen sich ein

paar pflanzliche Unterholznoten gesellen. Als Begleitung zu gemischtem Salat.
Anne-Marie Marty, Dom. des Beaurois, 89170 Lavau, Tel. 03.86.74.16.09, Fax 03.86.74.16.09
tägl. 11h–12h30 16h–19h

LYCEE AGRICOLE DE COSNE-SUR-LOIRE 2000

□ 1,59 ha 3 400 3à5€

Hier ist ein Weg, den die Schüler der landwirtschaftlichen Fachoberschule von Cosne-sur-Loire als künftige Winzer beschreiten können. Der Geruchseindruck beginnt sich zu öffnen und bietet ein paar schöne blumige und fruchtige Düfte. Der Geschmack beweist Sanftheit und Ausgewogenheit. Diesen frischen, aromatischen Wein kann man zu Spargel servieren.
Lycée agricole de Cosne-sur-Loire, 66, rue Jean-Monnet, BP 132, 58206 Cosne-sur-Loire, Tel. 03.86.26.99.84, Fax 03.86.26.99.84
Mo–Fr 8h–12h30 13h30–17h30

CH. DE LA CHAISE 2000*

■ 4 ha 20 000 3à5€

Die Intensität des Geruchseindrucks ist noch diskret, aber schon komplex: Noten von gekochten Früchten, danach grasige Aromen beim einen, würzige Noten und Orangenschale beim anderen. Dieser jetzt angenehme Wein kann lagern. Der weiche, gefällige **2000er Weißwein** (Preisgruppe: 30 bis 49 F) erhält eine lobende Erwähnung.
Philippe Auchère, 36, rue de Venoire, 18300 Bué, Tel. 02.48.78.05.15, Fax 02.48.78.05.15, E-Mail philippe.auchere@vinsdesancerre.com
n. V.

MICHEL LANGLOIS 1999

◪ 1,2 ha 8 000 5à8€

Catherine und Michel Langlois gehören zu den jungen Weinbau- und Weinbegeisterten in der AOC Coteaux du Giennois. Dieser 99er Rosé hat eine schöne, helle Farbe mit einigen orangeroten Reflexen und ist im Duft diskret und fein, mit Nuancen von roter Johannisbeere und weißen Blüten. Er kleidet den ganzen Gaumen aus und erscheint wohl schmeckend. Servieren kann man ihn zu Wurstgerichten oder fernöstlichen Gerichten.
Michel Langlois, 58200 Pougny, Tel. 03.86.28.06.52, Fax 03.86.28.59.29
Mo–Sa 9h–13h 15h–19h

ALAIN PAULAT Les Têtes de Chats 1999**

■ 1,2 ha k. A. 5à8€

Alain Paulats Wahlspruch «Leidenschaft – Respekt – Tradition» trifft ganz auf diesen schönen Wein zu. Die ersten Gerüche, animalisch, ein wenig vanilleartig, werden nach der Belüftung durch hübsche würzige Noten ersetzt. Die Tannine sind konzentriert. Ein Coteaux du Giennois, der sich abrunden und entfalten muss. Die **rote 99er Cuvée Les Belles Fornasses** erhält eine lobende Erwähnung.
Alain Paulat, Villemoison, 58200 Saint-Père, Tel. 03.86.26.75.57, Fax 03.86.28.06.78
n. V.

POUPAT ET FILS Rivotte 2000*

□ 2,03 ha 17 000 5à8€

Philippe Poupat, der regelmäßig in unserem Weinführer vertreten ist, wird beim Jahrgang 2000 mit seinen drei Weinen ausgewählt. Der Weißwein, der eine leichte Struktur besitzt und im ersten Eindruck frisch ist, kann in der zweiten Hälfte «Fett» entfalten und bietet im Abgang eine gute Länge. Seine reichen Aromen von Weinbergspfirsich und Zitrusfrüchten stimmen fröhlich und überzeugen am Ende. Die Jury schätzte auch den **2000er Rosé Cuvée Trocadéro** (ein Stern).
Poupat et Fils, Rivotte, 45250 Briare, Tel. 02.38.31.39.76, Fax 02.38.31.39.76
n. V.

DOM. DES RATAS Les Ratas 2000*

□ 0,3 ha 1 700 5à8€

Emile Balland, Nachkomme einer Familie von berühmten Winzern, ist der Kellermeister der Domaine des Ratas. Seine Weine sind sehr gelungen. Diese Cuvée Les Ratas, die im Holzfass ausgebaut worden ist, wird dank ihrer intensiven Fruchtigkeit, ihres «Fetts» und ihres lang anhaltenden Geschmacks mit Geflügel in Rahmsauce perfekt harmonieren. Sie ist warm und strukturiert und besitzt alles, um zu gefallen. Die **Cuvée Domaine** wird ohne Stern lobend erwähnt.
SCEA Dom. des Ratas, Les Ratas, RN 7, 45420 Bonny-sur-Loire, Tel. 02.38.85.31.52, Fax 02.38.98.16.61 n. V.

SEBASTIEN TREUILLET 2000

◪ k. A. 2 500 3à5€

Eine strahlende Erscheinung von blassem Lachsrot mit leicht ziegelrotem Schimmer. Die Aromen benötigen eine Belüftung, um sich zu entfalten, wobei die blumigen Noten (Pfingstrose) dominieren. Der Geschmack ist ohne Lebhaftigkeit gefällig, weil er klar und rund ist. Der lobend erwähnte **2000er Rotwein** gefällt aufgrund der Sanftheit seiner Tannine.
Sébastien Treuillet, Fontenille, 58150 Tracy-sur-Loire, Tel. 03.86.26.17.06, Fax 03.86.26.17.06 tägl. 8h–12h 13h–19h

DOM. DE VILLARGEAU 2000**

□ 4,1 ha 32 000 5à8€

Die Familie Thibault vinifiziert erfolgreich in ihrem neuen Keller, der den Ausmaßen, die das Gut erreicht hat, besser angepasst ist. Nach dem 99er ist es diesmal der 2000er, der als bemerkenswert beurteilt worden ist. Der Duft ist kräftig und sehr Sauvignon-typisch in seiner Variante von Ginster über einem fruchtigen Aroma. Der ausgewogene Geschmack entwickelt sich sehr gut zwischen Sanftheit und Frische. Die Gesamtharmonie ist gut, so dass ihm die begeisterte Jury eine Liebeserklärung zuerkannte. Der **rote 2000er Les Licotes** erhält eine lobende Erwähnung.

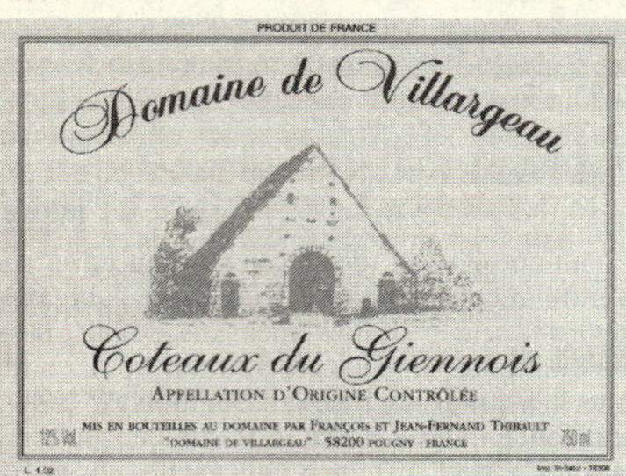

GAEC Thibault, Villargeau, 58200 Pougny, Tel. 03.86.28.23.24, Fax 03.86.28.47.00, E-Mail fthibault@wanadoo.fr ☑ Y n. V.

DOM. DE VILLEGEAI 2000*

☐ 0,72 ha 6 000 5à8€

Er erregt Aufmerksamkeit durch eine ziemlich kräftige goldene Farbe, die deutlich jugendliche Reflexe zeigt. Die blumigen Anklänge gefallen in der Nase. Die Struktur und die Gesamtausgewogenheit stellen den Gaumen zufrieden. Sie können auch den **roten 99er Terre des Violettes** wählen, der eine lobende Erwähnung erhält.

SCEA Quintin Frères, Villegeai, 58200 Cosne-Cours-sur-Loire, Tel. 03.86.28.31.77, Fax 03.86.28.20.27 ☑ Y n. V.

Saint-Pourçain AOVDQS

Das friedliche, fruchtbare Bourbonnais besitzt auf dem Gebiet von neunzehn Gemeinden ebenfalls ein schönes, 521 ha großes Weinbaugebiet, das südwestlich von Moulins liegt und 32 680 hl im Jahre 2000 erzeugt hat.

Die Hänge und die Hochflächen mit Kalkstein- oder Kiesböden säumen die bezaubernde Sioule oder liegen in ihrer Nähe. In erster Linie verleiht die Kombination der aus Gamay und Pinot noir erzeugten Weine den Rot- und Roséweinen ihren fruchtigen Reiz.

Die bemerkenswerten Weißweine begründeten einst das Ansehen dieses Weinbaugebiets. Tressallier, eine lokale Rebsorte, wird mit Chardonnay und Sauvignon verschnitten, was diesen Weinen eine große aromatische Originalität verleiht.

ATLANTIS 2000*

☐ k. A. 40 000 3à5€

Dieser Weißwein mit der hübschen strohgelben Farbe, die leicht graue Reflexe zeigt, ist ein schöner Wein mit einem viel sagenden Namen. Sein Duft ist sehr blumig. Die sanfte Ansprache verlängert sich in einer schönen Öligkeit. Im Abgang findet man elegante Zitrusfrüchte. Dieser Saint-Pourçain kann Süßwasserfische begleiten.

Union des vignerons de Saint-Pourçain, rue de la Ronde, 03500 Saint-Pourçain-sur-Sioule, Tel. 04.70.45.42.82, Fax 04.70.45.99.34, E-Mail udv.stpourcain@wanadoo.fr ☑ Y tägl. 8h30–12h30 13h30–18h30; Gruppen n. V.

DOM. DE BELLEVUE
Grande Réserve 2000*

☐ 4,9 ha 30 000 3à5€

Jean-Louis Pétillat, der Enkel, führt das Werk seines Großvaters Marc fort, und er macht es sehr gut. Er erzeugt drei Weine, darunter diese Grande Réserve von ansprechender blassgelber Farbe, die in der Nase Blüten- und Zitrusaromen bietet. Die Ansprache ist freimütig, fast lebhaft. Im Geschmack findet man eine schöne Ausgewogenheit. Ein Wein zum Genießen. Die **rote 2000er Grande Réserve** wird lobend erwähnt.

Jean-Louis Pétillat, Bellevue, 03500 Meillard, Tel. 04.70.42.05.56, Fax 04.70.42.09.75 ☑ Y n. V.

DOM. DE CHINIERE 2000*

☐ 5,3 ha 30 000 3à5€

Wenn Sie durch Saulcet kommen, wo man die romanische Kirche besichtigt, die bedeutende Wandgemälde bewahrt, können Sie dieses Gut entdecken. Es präsentiert einen blassgelben Wein mit grünen Nuancen, der die Jury nicht gleichgültig gelassen hat. Während die aromatische Stärke nur mittel ist, entfaltet sich dieser Saint-Pourçain im Mund in schöner Ausgewogenheit und bietet im Abgang Aromen von weißen Früchten, bei denen Pfirsich dominiert.

Philippe Chérillat, Chinière, 03500 Saulcet, Tel. 04.70.45.45.66, Fax 04.70.45.43.16

CAVE COURTINAT 2000*

☐ 1,5 ha 8 000 3à5€

Dieses Gut, ein ehemaliges Kloster aus dem 14. Jh., das von einem Turm und einem für das Bourbonnais typischen Taubenhaus flankiert wird, gibt seit mehreren Jahren seiner Weinbautätigkeit den Vorzug. Und das gelingt ihm, denn nach einem ausgezeichneten 99er erhält es einen Stern. Der 2000er von sehr hübscher strohgelber Farbe kombiniert 90 % Chardonnay mit Tressalier. Er bietet einen komplexen Geruchseindruck, in dem sich fruchtige Düfte und pflanzliche Noten mischen. Seine schöne Ausgewogenheit und seine Sanftheit überraschen auf angenehme Weise.

Cave Courtinat, Venteuil, 03500 Saulcet, Tel. 04.70.45.44.84, Fax 04.70.45.80.13 ☑ Y tägl. 8h–12h30 14h–20h

BERNARD GARDIEN ET FILS
Nectar des Fées 2000*

□ 5 ha 30 000 3à5€

Bernard Gardien und seine Söhne haben im letzten Jahr in unserem Weinführer mit zwei Weinen überrascht, die zu Lieblingsweinen gewählt wurden. Auch beim 2000er erweist sich ihr «Feennektar» nicht als unwürdig. Dieser strahlend gelbe Wein mit den grau schimmernden Reflexen bietet in der Nase fruchtige Aromen. Die sanfte Ansprache setzt sich in einem fülligen Geschmack fort, in dem man Noten von weißem Pfirsich wahrnimmt. Der Abgang verstärkt über einer guten Ausgewogenheit die Frische.

⊶ Dom. Gardien, Chassignolles, 03210 Besson, Tel. 04.70.42.80.11, Fax 04.70.42.80.99, E-Mail c.gardien@03.sideral.fr
☑ Y Mo–Sa 8h–12h 14h–19h

DOM. GROSBOT-BARBARA
Le Vin d'Alon 2000*

□ 1,2 ha 9 600 3à5€

Erneut zwei schöne Erfolge für das Gut in diesem Jahr. Das Können von zwei Winzern, Elie Groslot und Denis Barbara, die sich vor fünf Jahren zusammenschlossen, hat die Produktion dieser beiden Weißweine ermöglicht. Dieser hier hat eine blasse Farbe mit grünen Reflexen und verströmt großzügig Düfte von frischen Zitrusfrüchten. Im Geschmack ist er sehr sanft; seine leichte Säure im Abgang verstärkt seine Frische. Die **2000er Cuvée La Vreladière,** die eine schöne Ausgewogenheit und eine gute Länge besitzt, ist sehr viel versprechend.

⊶ Dom. Grosbot-Barbara, Montjournal, rte de Montluçon, 03500 Cesset, Tel. 04.70.45.26.66, Fax 04.70.45.54.95
☑ Y tägl. 10h–12h 14h–19h

DOM. HAUT DE BRIAILLES 2000*

■ 2 ha 13 000 5à8€

Eine Kapelle wirkt wie eingepasst zwischen die Reben des Guts. Außer der **weißen 2000er Réserve de la Chapelle,** die wegen ihres großzügigen Geschmacks lobend erwähnt wurde, hat die Jury diesen Wein mit der kräftigen roten Farbe und den violetten Nuancen gewürdigt. Der Geruchseindruck bietet Düfte von roten Früchten. Im Geschmack gut ausbalanciert, im Abgang ein wenig tanninbetont. Man kann ihn schon jetzt trinken.

⊶ Jean Meunier, Dom. Haut de Briailles, 03500 Saint-Pourcain-sur-Sioule, Tel. 04.70.45.38.88, Fax 04.70.45.60.07, E-Mail jeanmeunier@freesbee.fr ☑ Y n. V.

DOM. DE LA CROIX D'OR 2000*

□ 3,5 ha 20 000 3à5€

Chemilly bildet den Eingang zum Weinbaugebiet von Saint-Pourçain und den Beginn einer Weinstraße, die durch ein Logo markiert ist. Außerdem gibt es in der Gemeinde nicht weniger als fünf Châteaus, von denen vier unter Denkmalschutz stehen. Dieses Gut hat einen Wein von schöner strohgelber Farbe erzeugt, mit einem komplexen Geruchseindruck, der Düfte von weißen Blüten und Aprikose verbindet. Eine sanfte Ansprache geht einem großzügigen, wohl ausgewogenen Geschmack voraus. Der säuerliche Abgang verstärkt die Frische dieses Weins.

⊶ Jean-François Colas, La Croix d'Or, 03210 Chemilly, Tel. 04.70.45.42.82, Fax 04.70.45.99.34 ☑

LAURENT Cuvée Prestige 1999*

■ 3 ha 12 000 5à8€

Dieses Gut in Familienbesitz befindet sich seit mehreren Jahrhunderten in Saulcet. Bekanntlich ist das Weingut von Saint-Pourçain eines der ältesten in Frankreich; seine Weine genossen die Gunst der fürstlichen Tafeln. Dieser 99er hat die Jury durch seine Komplexität im Geruch, in dem Himbeer- und Karamelldüfte dominieren, und durch eine schöne Ausgewogenheit im Geschmack verführt.

⊶ Famille Laurent, Montifaud, 03500 Saulcet, Tel. 04.70.45.45.13, Fax 04.70.45.60.18, E-Mail cave.laurent@wanadoo.fr
☑ Y Mo–Sa 8h–12h 14h–18h30

NEBOUT Cuvée de la Malgarnie 1999**

■ 3 ha 15 000 5à8€

In der Nase verbinden sich die Düfte von weißen Blüten mit den Aromen vollreifer Früchte. Im Mund ist dieser Wein einschmeichelnd und zeigt eine sehr gute Länge. Er ist zwar schon jetzt trinkreif, kann aber zwei bis drei Jahre lagern. Der von der Gamay-Rebe dominierte **rote 2000er Saint-Pourçain** (Preisgruppe: 20 bis 29 F) ist ein Verführer; er erhält einen Stern für seine leicht orangerote Farbe, die das Vorhandensein von Pinot noir erkennen lässt, seine Noten von roten Früchten und seine Röstnuancen. Der Geschmack enthüllt eine gute Ausgewogenheit und im Abgang Frische.

⊶ EARL Nebout, rte de Montluçon, 03500 Saint-Pourçain-sur-Sioule, Tel. 04.70.45.31.70, Fax 04.70.45.55.85
☑ Y Mo–Sa 8h–19h

FRANÇOIS RAY Cuvée des Gaumes 2000

■ 2,53 ha 16 000 5à8€

Ein sympathischer Wein von kirschroter Farbe, der lecker und sehr sanft ist und eine gute Gesamtharmonie besitzt. Trinken sollte man ihn zu Käse aus der Auvergne.

⊶ Cave François Ray, Venteuil, 03500 Saulcet, Tel. 04.70.45.35.46, Fax 04.70.45.64.96
☑ Y Mo–Sa 9h–12h 14h–19h; Gruppen n. V.

LES VIGNERONS DE SAINT-POURÇAIN Vin gris 2000*

◪ k. A. 40 000 3à5€

Ein schönes Beispiel für einen Roséwein. Er hat eine blassrosa Farbe, die auch als Œil-deperdrix bezeichnet wird, und zeigt sich in der Nase sehr blumig, mit allen Vorzügen eines Sommerweins: Sanftheit, Frische, Ausgewogenheit. Die lobend erwähnte **rote 2000er Réserve spéciale** trinkt sich leicht und ist im Geschmack gefällig.

🔑 Union des vignerons de Saint-Pourçain, rue de la Ronde, 03500 Saint-Pourçain-sur-Sioule, Tel. 04.70.45.42.82, Fax 04.70.45.99.34, E-Mail udv.stpourcain@wanadoo.fr
☑ Ỳ tägl. 8h30–12h30 13h30–18h30; Gruppen n. V.

Côte Roannaise

Böden mit Eruptivgestein nehmen die Ost-, Süd- und Südwestlagen auf den Hängen eines Tals ein, das die Loire gegraben hat, als sie noch jung war. Das sind natürliche Voraussetzungen, die ebenfalls nach der Gamay-Rebe verlangen.

Vierzehn Gemeinden (183 ha), die auf dem linken Ufer des Flusses liegen, erzeugen ausgezeichnete Rotweine und seltener frische Roséweine. Selbstständige Winzer kümmern sich gewissenhaft um ihre Vinifizierung (11 344 hl im Jahre 2000); sie stellen originelle, charaktervolle Weine her, für die sich sogar die angesehensten Küchenchefs der Region interessieren. Die Erinnerung an die Weinbautradition in diesem Gebiet hält das Forez-Museum in Ambierle wach.

Die Anbaufläche vergrößert sich langsam, aber beständig. Doch am bemerkenswertesten ist das Interesse, das der Handel und der Vertrieb den Weinen der Côtes Roannaises entgegenbringen – eine Bestätigung der Eigenständigkeit und Qualität des Anbaugebiets.

In einigen Parzellen, wenn auch sehr zaghaft, wird die Chardonnay-Rebe angebaut, die hier durchaus passable Weine hervorbringt, die als Vin de pays d'Urfé eingestuft sind.

ALAIN BAILLON Montplaisir 2000**

■ 1,7 ha 9 000 ▮ 5à8€

Ambierle, ein historischer Ort, dessen Benediktinerabtei dem hl. Martin geweiht war, ist eine Hochburg des Fremdenverkehrs, aber auch ein Weinbauort. Diese dunkelgranatrote Cuvée von alten Reben, die von der Oberjury mit einer Liebeserklärung gekrönt wurde, entfaltet *crescendo* schöne Düfte auf der Basis von sehr reifen Früchten, von schwarzer Johannisbeere, aber auch von Veilchen, weißem Pfeffer und Zimt. Ihr reicher, harmonischer Stoff, in dem noch junge, viel versprechende Tannine und nachhaltige Aromen hervortreten, sind Ausdruck einer guten Meisterung der Vinifikation. Diese Flasche kann schon jetzt rotes Fleisch oder Fleisch mit Sauce begleiten, aber auch noch zwei bis drei Jahre länger warten.

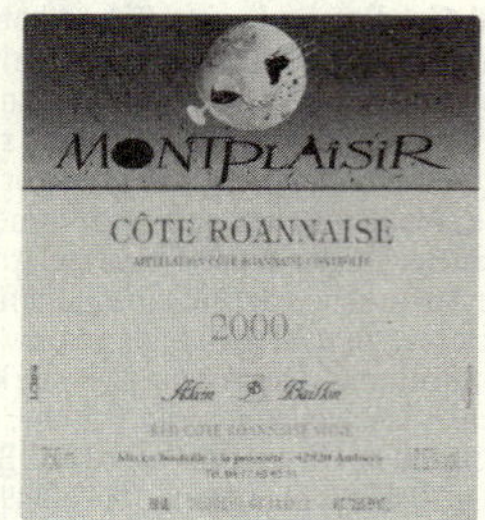

🔑 Alain Baillon, Montplaisir, 42820 Ambierle, Tel. 04.77.65.65.51, Fax 04.77.65.65.65
☑ Ỳ n. V.

JEAN-PIERRE BENETIERE
Cuvée Vieilles vignes 2000

■ 1,4 ha 9 000 ▮🌡 5à8€

Die kleine Korbflechterei ist nicht die Hauptaktivität dieses Weinguts, aber sie ist recht interessant, ebenso wie diese Cuvée Vieilles vignes mit der kräftigen rubinroten Farbe und den entfalteten, komplexen Düften von Pfingstrose und Unterholz. Sie schmeckt weich und hinterlässt am Gaumen angenehme Pfeffer- und Lakritzeempfindungen. Diesen gefälligen, eleganten 2000er kann man im Laufe des Jahres zu Wurstgerichten trinken.

🔑 Jean-Pierre et Paul Bénétière, pl. de la Mairie, 42155 Villemontais, Tel. 04.77.63.18.29, Fax 04.77.63.18.29
☑ Ỳ n. V.

CH. DE CHAMPAGNY
Grande Réserve 2000**

■ 1,5 ha 8 000 ▮🌡 3à5€

Saint-Haon-le-Vieux liegt ganz nahe bei dem mittelalterlichen Ort Saint-Haon-le-Châtel. Nachdem Sie die Gassen des letztgenannten Orts durchwandert haben, legen Sie die zwei Kilometer zurück, die ihn von diesem Gut trennen. Die Jury hat ihm einen Stern für den **2000er Château de Champagny** zuerkannt, der von jüngeren Reben stammt, und zwei Sterne für diese dunkelrote Grande Réserve, die nach vollreifen roten Früchten und schwarzer Johannisbeere duftet, verbunden mit Gewürz- und Holznoten. Im Geschmack ist er füllig, fleischig und kräftig. Diesen öligen, warmen Wein mit den typischen mineralischen Noten kann man im Laufe der nächsten zwei bis drei Jahre zu rotem Fleisch oder Fleisch mit Sauce trinken.

🔑 André et Frédéric Villeneuve, Champagny, 42370 Saint-Haon-le-Vieux, Tel. 04.77.64.42.88, Fax 04.77.62.12.55 ☑ Ỳ n. V.

DOM. DE LA PAROISSE 2000

■ 4 ha 15 000 ▮🌡 3à5€

Nach der Besichtigung von Saint-Haon-le-Châtel, einem reichen mittelalterlichen Dorf mit Stadtmauern aus rosa Porphyr, können Sie dieses Gut erkunden, das auf das Jahr 1610 zurück-

geht und von unserem Weinführer regelmäßig ausgewählt wird. In diesem Jahr wurde es lobend erwähnt für eine **2000er Cuvée à «l'ancienne»** und für diesen intensiv rubinroten Wein mit ziemlich kräftigen, angenehmen Düften von roten Früchten, schwarzer Johannisbeere und Gewürzen. Die sanfte, fruchtige Ansprache entwickelt sich zu etwas rustikalen Tanninen hin, die durch originelle Noten von Wildbeeren ergänzt werden. Er zeigt «Akzente des Terroir». Man kann ihn in den nächsten zwei Jahren zu Wurstgerichten trinken.
Jean-Claude Chaucesse, La Paroisse, 42370 Renaison, Tel. 04.77.64.26.10, Fax 04.77.62.13.84 n. V.

MICHEL ET LIONEL MONTROUSSIER Cuvée La Baude 2000*

4 ha 20 000 3à5€

Die Gemeinde Saint-André-d'Apchon bietet mit ihrem Schloss, das auf das 15. Jh. zurückgeht, und einer Kirche in spätgotischem Stil mit Glasfenstern aus dem 16. Jh. touristische Attraktionen. Seit dem Mittelalter ist sie auch ein Weinbaudorf. Die Geschichte dieses Weinbaubetriebs begann 1680. Im Jahre 1999 schlossen sich der Sohn und der Vater zu einer GAEC zusammen. Im gleichen Jahr haben sie eine lobend erwähnte **Cuvée de Bouthéran** und diese granatrote Cuvée La Baude vinifiziert, die recht kräftige und komplexe Düfte von roten Früchten und schwarzer Johannisbeere entfaltet, bereichert um Zimt- und Pfingstrosennoten. Der stattliche, strukturierte Geschmack mit Tanninen von schöner Qualität hat Kraft. Dieser reiche, solide Wein kann zwei bis drei Jahre lagern.
GAEC Michel et Lionel Montroussier, La Baude, 42370 Saint-André-d'Apchon, Tel. 04.77.65.92.76, Fax 04.77.65.92.76 n. V.

DOM. DU PAVILLON 2000**

7 ha 40 000 5à8€

Unweit der Abtei Ambierle, wo man ein Polyptichon von Rogier van der Weyden bewundern kann, und des Handwerksmuseums hat dieses Gut einen intensiv granatroten Wein mit ausdrucksvollen Düften von Früchten und Blüten erzeugt, mit denen sich eine mineralische Note und Gewürze vermischen. Dieser reichhaltige Repräsentant der Appellation, der den Mund vollständig mit samtigen Empfindungen und anhaltenden Gewürz- und Blütenaromen erfüllt, ist ausgewogen und typisch. Er wird für die nächsten zwei bis drei Jahre empfohlen.
Maurice Lutz, GAEC Dom. du Pavillon, 42820 Ambierle, Tel. 04.77.65.64.35, Fax 04.77.65.69.69 n. V.

JACQUES PLASSE Bouthéran 2000

2,1 ha 19 000 3à5€

Jacques de Saint-André, Marschall von Frankreich und Ratgeber von König Heinrich II. (16. Jh.), baute das Schloss um, von dem ein Turm und ein Wohntrakt den Umweg wert sind. Das Gut ebenfalls. Jacques Plasse, der den Betrieb seit 1999 leitet, hat einen Wein von kräftigem Rubinrot hergestellt, dessen mittelstarker Duft an rote Waldfrüchte und Gewürze erinnert. Dieser zarte, weiche, fruchtige Bouthéran, der eine passable Länge besitzt, sollte im Laufe des Jahres getrunken werden.
Jacques Plasse, Bel-Air, 42370 Saint-André-d'Apchon, Tel. 04.77.65.84.31 n. V.

ROBERT SEROL ET FILS
Les Vieilles vignes 2000

5 ha 30 000 3à5€

Für den Jahrgang 2000 hat das Gut seine Etiketten modernisiert. 45 Jahre alte Reben haben diese Cuvée Vieilles vignes von kräftigem Rubinrot hervorgebracht, deren recht intensive Düfte an Himbeere, Walderdbeere und deutlicher an schwarze Johannisbeere erinnern. Ihre schöne, ausgewogene Struktur, die sich auf recht runde, frische Tannine stützt, sorgt zusammen mit einer echten Lebhaftigkeit dafür, dass man sie in den nächsten beiden Jahren mit Genuss trinken kann. Ein anderer Wein des Guts mit dem Namen **Les Originelles** wurde von der Jury ebenfalls lobend erwähnt. Erinnert sei noch an die Liebeserklärung für den 99er im letzten Jahr.
Robert Sérol et Fils, Les Estinaudes, 42370 Renaison, Tel. 04.77.64.44.04, Fax 04.77.62.10.87
Mo–Sa 8h30–12h30 13h30–19h; So n. V.

PHILIPPE ET JEAN-MARIE VIAL 2000

1 ha 6 000 5à8€

Auf Quarzsand angepflanzte Reben haben diese klare hellrosa Cuvée hervorgebracht, die sich zu Noten von getrockneten Blumen und Kirschwasser entfaltet. Der angenehme fruchtige Geschmack besitzt eine gute Lebhaftigkeit und bleibt ausgewogen. Dieser säuerliche Wein ist dafür gemacht, den Durst zu löschen; er kann im nächsten Jahr ein Grillfest begleiten.
GAEC Vial, Bel-Air, 42370 Saint-André-d'Apchon, Tel. 04.77.65.81.04, Fax 04.77.65.91.99 n. V.

Orléanais AOVDQS

Von den «französischen Weinen» hatten die Weine aus Orléans ihre Glanzzeit im Mittelalter. Neben den berühmten Gärten, Baumschulen und Obstpflanzungen gedeiht auch der Wein (auf 107 ha, die 2000 in Anspruch genommen wurden). Die Tradition wird hier auf den Kiessandterrassen des Südufers der Loire zwischen Olivet und Cléry aufrechterhalten, dessen Basilika das Grabmal von Ludwig XI. birgt.

Die Rot- und Roséweine gewinnen ihre Originalität von der Rebsorte Pinot meunier, die vorwiegend in der Champagne angebaut wird. Die manchmal als «graue Weine» bezeichneten Rosés sind geschmeidig.

Die Winzer konnten Rebsorten adaptieren, von denen man seit dem 10. Jh. behauptete, sie stammten aus der Auvergne, die aber in Wirklichkeit mit denen aus Burgund indentisch sind: Auvernat rouge (Pinot noir), Auvernat blanc (Chardonnay) und Gris meunier; zu diesen ist noch die Cabernet-Rebe (auch Breton genannt) hinzugekommen, deren Bouquet an rote und schwarze Johannisbeere erinnert. Man muss sie zu gebratenem Rebhuhn oder Fasan, zu Wildschweinpastete aus der benachbarten Sologne und zu in Asche gereiftem Käse aus dem Gâtinais trinken. 2000 erreichte die Rotweinproduktion 4 628 hl; die Weißweine werden weiterhin nur in geringer Menge erzeugt (1 050 hl).

VIGNOBLE DU CHANT D'OISEAUX
Gris Meunier 2000**

◪ 0,5 ha 3 000 ■ 🌡 3à5€

Der Jahrgang 2000 scheint Jacky Legroux inspiriert zu haben, der einen sehr schönen lachsroten Rosé mit dem angenehmen, fruchtigen Geschmack präsentiert, dessen lebhafte Ansprache seine Jugendlichkeit erkennen lässt. Dieser Wein hat die Juroren durch seinen Reichtum und gleichzeitig durch seine Frische überrascht. Der rubinrote **2000er Rotwein** mit dem ausgewogenen Geschmack, den eine klare Ansprache und ein leicht tanninbetonter Abgang umrahmen, erhält einen Stern.

🔑 Jacky Legroux, 315, rue des Muids, 45370 Mareau-aux-Prés, Tel. 02.38.45.60.31, Fax 02.38.45.62.35 ☑ Y n. V.

SAINT AVIT 2000*

◪ 0,58 ha 4 000 ■ 🌡 3à5€

Dieser Wein von schöner, leichter rosa Farbe ist im Geruchseindruck noch schüchtern, aber im Geschmack ist er rund und recht angenehm. Zwei Rotweine werden lobend erwähnt: ein **Cabernet** wegen seiner charakeristischen Paprikaschotenaromen, die man im Geschmack wiederfindet, und ein **Pinot meunier und Pinot noir,** der angenehm und süffig und im Abgang erfrischend ist.

🔑 Javoy Père et Fils, 450, rue du Buisson, 45370 Mézières-lez-Cléry, Tel. 02.38.45.66.95, Fax 02.38.45.69.77

☑ Y Mo–Sa 8h–12h 14h–19h

CLOS SAINT-FIACRE 2000**

■ 6,02 ha 45 000 ■ 🌡 5à8€

Mit Bénédicte und ihrem Ehemann Hubert Piel übernimmt eine neue Generation das Gut und stellt zugleich die Nachfolge sicher. Lassen wir ihnen Zeit, sich einzugewöhnen, und probieren wir diesen schönen Wein, dessen Feinheit in der Nase in Aromen von roten Früchten zum Ausdruck kommt, verbunden mit Kakao und Gewürzen. Im Geschmack ist er sehr ausgewogen; dank seiner runden Tannine kann man ihn schon jetzt trinken. Ein weiterer Rotwein des Guts, ein **2000er Cabernet,** erhält einen Stern. Sein Duft bietet Aromen von schwarzer Johannisbeere; nach einer guten Ansprache zeigt sich der Geschmack ausgewogen. Er ist ein Wein, den man lagern kann. Einen Stern bekommt auch der **2000er Rosé,** der elegant und im Geschmack rassig ist.

🔑 GAEC Clos Saint-Fiacre, 560, rue Saint-Fiacre, 45370 Mareau-aux-Prés, Tel. 02.38.45.61.55, Fax 02.38.45.66.58

☑ Y n. V.

🔑 Montigny-Piel

Menetou-Salon

Menetou-Salon verdankt seinen Ursprung als Weinbaugebiet der Nähe zu Bourges, das im Mittelalter eine bedeutende Metropole war. Der einflussreiche Kaufmann Jacques Cœur besaß hier im 15. Jh. Weinberge. Im Gegensatz zu vielen einst berühmten Anbaugebieten ist diese Region dem Weinbau treu geblieben; ihr 374 ha großes Anbaugebiet ist erstklassig.

An Hängen mit guter Lage teilt sich Menetou-Salon mit seinem berühmten Nachbarn Sancerre günstige Böden und edle Rebsorten: Sauvignon blanc und Pinot noir. Das erklärt seine frischen, würzigen Weißweine, seine zarten, fruchtigen Roséweine und seine harmonischen, bouquetreichen Rotweine, die man jung trinkt. Sie sind der Stolz des Weinbaus im Berry und passen wundervoll zu einer klassischen, aber schmackhaften Küche (die Weißweine als Aperitif und zu warmen Vorspeisen, die Rotweine zu Fisch, Kaninchen und Wurstgerichten); sie sollten gekühlt serviert werden. 2000 erreichte die Produktion 24 511 hl, davon 15 447 hl Weißweine.

DOM. DE CHATENOY 2000

■ 8 ha 70 000 ■ 🌡 8à11€

Dieses Gut soll bis 1709 zurückreichen, eines der schlimmsten Jahre der «kleinen Eiszeit», mit einem arktischen Winter, in dem angeblich der Wein in den Gläsern gefror! Es ist im Hachette-Weinführer seit der ersten Ausgabe zuverlässig vertreten und erhielt sogar eine Liebeserklärung (für einen 91er Weißwein). Dieser Wein zieht sofort durch sein dunkles Rubinrot mit violetten Reflexen die Aufmerksamkeit auf sich. Der Geruchseindruck bietet bereits rote Früchte (schwarze Johannisbeere, Himbeere, Brombeere), muss sich aber noch öffnen. Und der Geschmack mit seinen noch ein wenig nervigen Tanninen sollte noch sein Ungestüm zügeln! Ein gelungener Wein, der aber lagern muss.

SCEA B. Clément et Fils, Dom. de Chatenoy, BP 12, 18510 Menetou-Salon, Tel. 02.48.66.68.70, Fax 02.48.66.68.71 n. V.

G. CHAVET ET FILS 2000*

☐ 9,34 ha 75 000 5 à 8 €

Dieser 20 ha große Familienbetrieb, der in unserem Weinführer seit der ersten Ausgabe vertreten ist, hat mehr als nur eine Liebeserklärung erhalten. Er zeichnet sich hier erneut aus, denn sein Jahrgang 2000 wird in allen drei Farben ausgewählt. Dieser Weißwein bietet einen Duft, der zwar zurückhaltend ist, aber durch angenehme Lakritze- und Aprikosennoten schon seine Komplexität beweist. Im Geschmack steht die Rundheit der Frische in nichts nach. Die gleiche Note bekommt der ausgewogene, fruchtige **Rosé,** der in dieser Appellation am besten bewertete Roséwein. Der **Rotwein** schließlich erhält eine lobende Erwähnung.

G. Chavet et Fils, GAEC des Brangers, 18510 Menetou-Salon, Tel. 02.48.64.80.87, Fax 02.48.64.84.78, E-Mail contact@chavet-vins.fr Mo–Sa 8h–12h 14h–18h

DOM. DE COQUIN 2000

■ 3 ha 25 000 5 à 8 €

Francis Audiot hat den zehn Hektar großen Familienbetrieb 1993 übernommen und den Direktverkauf auf dem Gut erweitert. Er wird seit vier Jahren regelmäßig ausgewählt und hat im letzten Jahr in unserer Ausgabe 2001 eine Liebeserklärung für einen Weißwein erhalten. Dieses Jahr präsentiert er einen guten 2000er Rotwein. Die Farbe ist hübsch, ein kräftiges Rubinrot. Der Duft ist intensiv, benötigt aber eine Belüftung, damit man ihn voll würdigen kann. Dieser ausgewogene Wein von interessanter Länge ist recht typisch für einen Menetou-Salon.

Francis Audiot, Dom. de Coquin, 18510 Menetou-Salon, Tel. 02.48.64.80.46, Fax 02.48.64.84.51 n. V.

DOM. GILBERT 2000***

■ 13,4 ha 108 000 8 à 11 €

Das Gut ist hundert Jahre alt, aber die Familie baut schon seit 1768 Wein an! Die letzte Generation ist hier seit 1998 tätig. Dieser Wein, der seinen Parcours ohne Fehler absolviert hat, wurde zweifellos von der Natur begünstigt, zeugt aber auch von einer perfekt gemeisterten Vinifizierung. Die Fruchtigkeit ist intensiv und erinnert an Brombeere, schwarze Johannisbeere und Kirsche. Die Tannine sind sehr geschmeidig und verschmolzen. Zu diesen wunderbaren Empfindungen kommen eine schöne Ausgewogenheit und eine lange Nachhaltigkeit hinzu. Die Jury spendete einstimmig Beifall. Von den gleichen Erzeugern haben der **2000er Weißwein** und der im Holzfass ausgebaute **rote 99er Les Renardières** eine lobende Erwähnung erhalten.

Dom. Gilbert, Les Faucards, 18510 Menetou-Salon, Tel. 02.48.66.65.90, Fax 02.48.66.65.99 n. V.

LA TOUR SAINT-MARTIN
Morogues 2000**

☐ 6,3 ha 55 000 5 à 8 €

Bertrand Minchin, der das Gut 1987 übernahm, bestätigte sich schon im Jahrzehnt darauf als einer der «sicheren Werte» der Appellation. Sein Großvater, der in den 30er Jahren Winzer war, wäre bestimmt auf ihn stolz, denn er erhält zum dritten Mal eine Liebeserklärung. In diesem Weißwein scheint das reife Lesegut durch, schöne goldfarbene Trauben. Der Geschmack besitzt ein Volumen und eine Fülle, die vornehme Aromen von Blüten und Früchten unterstützen und lang anhaltend fortsetzen. Vollständig, komplex und großartig.

Albane et Bertrand Minchin, EARL La tour Saint-Martin, 18340 Crosses, Tel. 02.48.25.02.95, Fax 02.48.25.05.03, E-Mail tour.saint.martin@wanadoo.fr n. V.

LE PRIEURE DE SAINT-CEOLS
Cuvée des Bénédictins 1999

☐ 1 ha 8 000 5 à 8 €

Pierre Jacolin wohnt in einem sehr schönen Gebäude, einem ehemaligen Benediktinerpriorat, das zur Abtei La Charité-sur-Loire gehörte, die selbst wiederum von Cluny gegründet worden war. Der Weinberg ist neu, denn Pierre Jacolin hat ihn 1986 angelegt. Dieser in seiner Arbeit beständige, gewissenhafte Winzer ist im Hachette-Weinführer oft vertreten, insbesondere mit seiner Cuvée des Bénédictins, die von den besten Parzellen stammt. Dieser mit seinen mineralischen Noten und seinen Nuancen von getrockneten Früchten im Geruchseindruck nüchterne 99er zeichnet sich durch sein anhaltendes «Fett» aus, das durch das richtige Maß an Frische aufgelockert wird. Der **2000er Rotwein** des Guts erhält eine lobende Erwähnung.

Pierre Jacolin, Le Prieuré de Saint-Céols, 18220 Saint-Céols, Tel. 02.48.64.40.75, Fax 02.48.64.41.15, E-Mail sarl-jacolin@libertysurf.fr
Mo–Sa 8h–19h; So n. V.

DOM. HENRY PELLE Les Cris 2000**

3 ha 22 000 11 à 15 €

Die Pellés setzen sich seit den 50er Jahren für die Appellation Menetou-Salon ein und sind im Hachette-Weinführer seit der ersten Ausgabe vertreten. Seit 1995 bestimmen Anne Pellé und ihr Önologe Julien Zernott die Geschicke des Betriebs. Von den drei beim Jahrgang 2000 ausgewählten Weinen des Guts ragt der Rotwein deutlich heraus. Er kombiniert zu gleichen Teilen im Tank und im Holzfass ausgebaute Weine und schafft eine harmonische Vereinigung zwischen der intensiven Fruchtigkeit des Weins und dem Holzton, eine Verbindung zwischen der Stärke und der Feinheit. Der **weiße Morogues** erhält einen Stern, während der **Clos des Blanchais** (der als 98er zum Lieblingswein gewählt wurde) lobend erwähnt wird.

Dom. Henry Pellé, rte d'Aubinges, 18220 Morogues, Tel. 02.48.64.42.48, Fax 02.48.64.36.88
Mo–Fr 8h–12h 13h30–17h30; 15. Aug. bis 1. Sept. geschlossen

DOM. DU PRIEURE 2000*

8,86 ha 50 000 5 à 8 €

Das rund 19 ha große Gut stellt einen schwungvollen Wein vor: Gewürze und Pfeffer wetteifern mit Erdbeere und Sauerkirsche. Der Geschmack ist so sanft, dass die Tannine zu schweigen scheinen, in einem Maße, dass man sie vergisst. Der **2000er Weißwein** des Guts wird lobend erwähnt.

SCEA du Prieuré, 14, rte de la Gare, 18510 Menetou-Salon, Tel. 02.48.64.88.39, Fax 02.48.64.85.95, E-Mail gogue-prieure@terre-net.fr n. V.

DOM. JEAN TEILLER 2000*

7 ha 48 000 5 à 8 €

Ein roter 85er erhielt in einer der ersten Ausgaben des Hachette-Weinführers eine Liebeserklärung. Seitdem sind die Weine Jean-Jacques Teillers und seiner Frau Monique bei uns regelmäßig vertreten. Dieser hier besitzt Charakter und Originalität; er ist recht kräftig gebaut, zeigt einen Hauch von Vanille und ist auch durch Buchsbaum und Schwarze-Johannisbeer-Knospe geprägt. Der **2000er Rosé** hat die gleiche Note erhalten.

Dom. Jean Teiller, 13, rte de la Gare, 18510 Menetou-Salon, Tel. 02.48.64.80.71, Fax 02.48.64.86.92, E-Mail domaine-teiller@wanadoo.fr
Mo–Sa 8h30–12h 14h–18h

CHRISTOPHE ET GUY TURPIN Morogues 1999

5 ha 3 000 5 à 8 €

Eine lange Gärung nach dem direkten Pressen der Trauben und danach ein Ausbau auf der Hefe ergeben diesen schönen Rosé mit den lachsroten und goldenen Reflexen. Seine milden, sanften Tannine sind vorwiegend fruchtig. Die Ausgewogenheit zwischen «Fett» und notwendiger Säure ist gelungen. Ein gefälliger Wein. Der leichte, süffige **rote 99er Morogues** hat die gleiche Note erhalten.

GAEC Turpin Père et Fils, 11, pl. de l'Eglise, 18220 Morogues, Tel. 02.48.64.32.24, Fax 02.48.64.32.24
n. V.

Pouilly-Fumé und Pouilly-sur-Loire

Das erfolgreiche Anbaugebiet der trockenen Weißweine von Pouilly-sur-Loire ist ein Werk von Mönchen, in erster Linie von Benediktinern! Die Loire stößt hier auf ein Vorgebirge aus Kalkstein, das sie dazu zwingt, nach Nordwesten zu fließen; doch sein Boden, der dennoch weniger kalkhaltig als in Sancerre ist, dient als günstige Grundlage für das nach Südsüdosten liegende Weinbaugebiet. Man findet dort die Rebsorte Sauvignon «Blanc-Fumé», die bald die Chasselas-Rebe vollständig verdrängt haben wird. Trotzdem ist die letztgenannte Rebsorte historisch eng mit Pouilly verbunden und bringt einen Wein hervor, der nicht ohne Reiz ist, wenn die Rebe auf kieselhaltigen Böden angepflanzt wird. Der Pouilly-sur-Loire wird auf einer Anbaufläche von 38 Hektar erzeugt, während der Pouilly-Fumé ein 1 078 ha großes Anbaugebiet besitzt. Beide Gebiete zusammen erzeugen 72 603 hl (im Jahre 2000) von einem Wein, der die in Kalksteinböden verborgenen Qualitäten gut zum Ausdruck bringt: eine Frische, die eine gewisse Festigkeit nicht ausschließt, und eine Reihe von Aromen, die für die Rebsorte eigentümlich sind und durch das Anbaugebiet und die Bedingungen bei der Vergärung des Traubenmostes verfeinert werden.

Auch hier fügen sich die Rebflächen harmonisch in die wunderschönen Landschaften der Loire ein. Die bezaubernden Namen der Reblagen, wie etwa «les Cornets» (Hörner), «les Loges» (Logen) oder «le Calvaire (Kalvarienberg) de Saint-Andelain», lassen bereits die Qualität ihrer Weine erahnen. Sie passen zu getrocknetem Käse und Meeresfrüchten, sind aber ebenso verführerisch als Aperitif, wenn man sie gut gekühlt serviert.

Pouilly-Fumé

MICHEL BAILLY ET FILS
Les Bines 1999*

□ 1 ha 7 000 5à8€

Bines ist der örtliche Name für die Zikaden, die man auf Les Loges zirpen hören kann. Pflanzliche Gerüche (Buchsbaum und Ginster) bilden die aromatische Hauptkomponente dieses 99ers. Die Ausgewogenheit entsteht aus einer Lebhaftigkeit, die durch die Rundheit gut kompensiert wird. Die ziemlich alten Rebstöcke und der lange Ausbau auf der Hefe sorgen für «Fett». Ein insgesamt sehr angenehmer Wein.

Dom. Michel Bailly et Fils, Les Loges, 58150 Pouilly-sur-Loire, Tel. 03.86.39.04.78, Fax 03.86.39.05.25, E-Mail domaine.michel.bailly@wanadoo.fr n. V.

CEDRICK BARDIN
Cuvée des Bernadats 2000**

□ 1 ha 6 000 8à11€

Seit nunmehr zehn Jahren leitet Cédrick Bardin den Familienbetrieb, dessen Weinberge ebenso in der Region von Sancerre wie rund um Pouilly liegen. 2000 wird für ihn als Glücksjahr in die Annalen eingehen, denn seine beiden Pouilly-Fumé-Weine ernteten viele Komplimente, vor allem diese Cuvée des Bernadats, die von einem außergewöhnlich günstigen Terroir mit Mergelboden kommt. Geprägt wird sie durch eine intensive Fruchtigkeit, Fleischigkeit und eine ausgezeichnete Haltung im Geschmack. Ein Wein von bemerkenswerter Stärke. Nicht vernachlässigen wird man auch die **Hauptcuvée,** die für ihren mineralischen Charakter einen Stern erhält.

Cédrick Bardin, 12, rue Waldeck-Rousseau, 58150 Pouilly-sur-Loire, Tel. 03.86.39.11.24, Fax 03.86.39.16.50 n. V.

DOM. BARILLOT 2000

□ 4 ha 28 000 5à8€

Dieser Pouilly-Fumé verführt sofort durch die Intensität und den Umfang seiner Aromen, bei denen unbestreitbar das berühmte Feuersteinaroma dominiert. Die klare Ansprache setzt sich in einer deutlichen Nervigkeit fort, die zweifellos auf die Jugend zurückgeht. Man sollte ihn zu Krustentieren trinken.

Barillot Père et Fils, Le Bouchot, 58150 Pouilly-sur-Loire, Tel. 03.86.39.15.29, Fax 03.86.39.09.52 Mo–Sa 9h–12h30 13h30–19h; Gruppen n. V.

FRANCIS BLANCHET 2000

□ 4,7 ha 17 000 5à8€

Das Auge verweilt einen Augenblick auf dem deutlichen grünen Funkeln, das innerhalb der goldenen Farbe erstrahlt. Danach genießt die Nase recht intensive Düfte, die Frucht und frisch gespaltenes Akazienholz verbinden. Dieser in der Ansprache ausgewogene Wein lässt noch im Abgang eine subtile Bitternote erkennen. Er verträgt mühelos eine zwei- bis dreijährige Lagerung.

EARL Francis Blanchet, Le Bouchot, 58150 Pouilly-sur-Loire, Tel. 03.86.39.05.90, Fax 03.86.39.13.19 n. V.

GILLES BLANCHET 2000*

□ 4,6 ha 25 000 5à8€

Gilles Blanchet, der im Hachette-Weinführer regelmäßig erwähnt wird (mit einer Liebeserklärung für den 96er), stellt seinen zehnten Jahrgang vor. Der zuerst zurückhaltende Geruchseindruck öffnet sich zu einer Fruchtigkeit, die an kandierte Früchte erinnert, bevor er Zitronennuancen entfaltet. Im Geschmack steht die Rundheit einer leichten Säuerlichkeit gegenüber. Eine gute Nachhaltigkeit krönt das Ganze.

Gilles Blanchet, Le Bourg, 58150 Saint-Andelain, Tel. 03.86.39.14.03, Fax 03.86.39.14.03 n. V.

BRUNO BLONDELET 2000*

□ 10,3 ha 60 000 5à8€

Mit seiner Ansprache, die zugleich füllig und säuerlich ist, pflegt er das Widersprüchliche, um sich besser ins Gedächtnis einzuprägen. Die Belüftung weckt und enthüllt ihn. Stachelbeer- und Aprikosenaromen entfalten sich und fesseln uns von Anfang bis Ende. Ein viel versprechender Wein.

Bruno Blondelet, Cave des Criots, Le Bouchot, 58150 Pouilly-sur-Loire, Tel. 03.86.39.18.75, Fax 03.86.39.06.65 n. V.

BOUCHIE-CHATELLIER
Premier millésimé 2000**

□ 1,3 ha 10 000 11à15€

Um 1939 rodete der Großvater den Wald, jagte Füchse und pflanzte auf dem feuersteinhaltigen Tonboden Reben an. Rund sechzig Jahre später besitzt Bernard Bouchié ein dreizehn Hektar großes Gut, das auf das Tal der Loire blickt; er kann die wunderbare Sauvignon-Rebe optimal nutzen. Nehmen Sie diese Cuvée, die von 45 Jahre alten Rebstöcken stammt und nur knapp eine Liebeserklärung verfehlt hat. Der Duft verführt durch blumige Noten und sehr frische Nuancen (Moos und grüner Apfel). Der feste, komplexe, reiche Geschmack setzt sich mit Narzissen und Nachthyazinthen fort. Ein großer Wein, der lagern muss. In der Preisgruppe darunter sind die Cuvées **La Chatellière** und **La**

Renardière 2000 ohne Stern lobend erwähnt worden.
EARL Bouchié-Chatellier, Dom. La Renardière, 58150 Saint-Andelain, Tel. 03.86.39.14.01, Fax 03.86.39.05.18, E-Mail pouilly.fume.bouchie.chatellier@wanadoo. ☑ n. V.

DOM. DU BOUCHOT 2000**

☐ 8,5 ha 55 000 5à8€

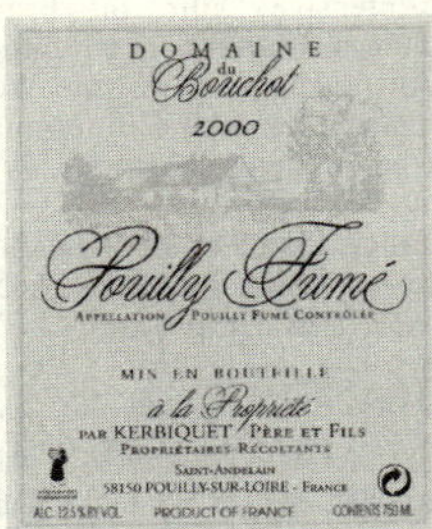

Das 1968 von der Familie Kerbiquet übernommene Gut umfasst neun Hektar Reben, die auf Ton- und Kalksteinböden wachsen. Mit diesem 2000er erringt sie einen großen Erfolg. Der Duft entwickelt sich zu zahlreichen Gerüchen, von reifer Zitrone bis zu Noten von Konfitüre, von weißen Früchten bis zu Buchsbaum. Der hübsche, feine, füllige Geschmack wird von einer Bitternote unterstützt. Ein bemerkenswerter Pouilly-Fumé, den man schon jetzt, aber auch in ein paar Jahren trinken kann. Die Cuvée **Prestige 2000** in der Preisgruppe darüber hat eine lobende Erwähnung erhalten.
Dom. du Bouchot, BP 31, 58150 Saint-Andelain, Tel. 03.86.39.13.95, Fax 03.86.39.05.92 ☑ n. V.
Kerbiquet

HENRI BOURGEOIS
La Demoiselle de Bourgeois 2000**

☐ 3,8 ha 26 000 11à15€

Henri Bourgeois bewirtschaftet 65 ha Reben rund um Pouilly und im Gebiet von Sancerre. Diese Demoiselle de Bourgeois, die erneut ihre Verabredung mit unserem Weinführer einhält, besitzt Anmut und Klasse. Der komplexe Duft verbindet Blüten und reife Früchte sowie mineralische Nuancen. Die warme Ansprache wird durch eine genussvolle Frische ausgeglichen. Der Geschmack ist lang und füllig. Eine bemerkenswerte Cuvée, die ihren vollen Ausdruck erst in zwei bis drei Jahren erreichen wird.
Dom. Henri Bourgeois, Chavignol, 18300 Sancerre, Tel. 02.48.78.53.20, Fax 02.48.54.14.24, E-Mail domaine@bourgeois-sancerre.com ☑ n. V.

HENRY BROCHARD Sélection 2000**

☐ k. A. 25 000 8à11€

Kann er Sie bezaubern? Zweifellos, wenn Sie warten können. Denn auch wenn der Geruchseindruck noch verschlossen ist, bringt er schon eine bemerkenswerte Feinheit zum Ausdruck. Rundheit und «Fett» hüllen den Geschmack über einem reichen, fruchtigen Aroma ein. Ja, diese «Auslese» ist überaus viel versprechend!
Dom. Henry Brochard, Chavignol, 18300 Sancerre, Tel. 02.48.78.20.10, Fax 02.48.78.20.19, E-Mail lesvins-henrybrochard@wanadoo.fr ☑

DOM. A. CAILBOURDIN
Les Cornets 2000

☐ 2,5 ha 16 000 8à11€

Dieser im Hachette-Weinführer regelmäßig vertretene Weinbaubetrieb vinifiziert seine Cuvées nach dem Terroir. Der Cornets etwa stammt von tonigen Kalksteinböden (Kimmeridge-Mergel). Sie haben einen Wein von schöner Goldfarbe mit metallischen Reflexen hervorgebracht, dessen subtiler Duft an Quitte erinnert. Eine harmonische Abfolge von Empfindungen bildet den Geschmack. Dieser 2000er, der noch eine leichte Bitterkeit zeigt, wird in einem Jahr seine Fähigkeiten unter Beweis stellen. Die Cuvée **Les Cris 2000,** die von einem Kalksteinhang kommt, wird lobend erwähnt.
EARL Alain Cailbourdin, Maltaverne, 58150 Tracy-sur-Loire, Tel. 03.86.26.17.73, Fax 03.86.26.14.73 ☑ n. V.

DOM. CHAMPEAU 2000

☐ 14,4 ha 80 000 5à8€

Die an gelbe Blüten und Bittermandel erinnernden Aromen bieten sich zurückhaltend dar. Der Geschmack ist sehr rund und von einer solchen Sanftheit, dass man darüber fast vergisst, dass der Wein Säure besitzt. In ein paar Monaten dürfte diese Flasche gut zu weißem Fleisch passen.
SCEA Dom. Guy et Franck Champeau, Le Bourg, 58150 Saint-Andelain, Tel. 03.86.39.15.61, Fax 03.86.39.19.44, E-Mail domaine.champeau@wanadoo.fr ☑ n. V.

JEAN-CLAUDE CHATELAIN 2000*

☐ 19 ha 150 000 8à11€

Jean-Claude Chatelain repräsentiert die elfte Winzergeneration auf diesem 1630 gegründeten Gut. Mit dem Eintritt seines Sohns Vincent in den Betrieb ist die Nachfolge gesichert. Beim Jahrgang 2000 erhielt den Vorzug eine Cuvée, die in einer alles andere als kleinen Stückzahl produziert wird. Ihre Aromen sind stark von Ginster und Buchsbaum geprägt und enthalten zusätzlich blumige Noten. Ihr Geschmack erweist sich als lang und harmonisch.
SA Dom. Chatelain, Les Berthiers, 58150 Saint-Andelain, Tel. 03.86.39.17.46, Fax 03.86.39.01.13, E-Mail jean-claude.chatelain@wanadoo.fr ☑ n. V.

DOM. CHAUVEAU La Charmette 2000

☐ 7 ha 30 000 8à11€

Benoît Chauveau, der den Familienbetrieb vor drei Jahren übernahm, ist in unserem Weinführer zum dritten Mal vertreten. Der Stil dieses Weins ist klassisch, mit einem recht intensiven pflanzlichen Duft, der auch durch Zitrusfrüchte geprägt ist, und einem lebhaften Geschmack, der im Abgang noch nicht sehr gesprächig ist.

EARL dom. Chauveau, Les Cassiers, 58150 Saint-Andelain, Tel. 03.86.39.15.42, Fax 03.86.39.19.46, E-Mail pouillychauveau@aol.com
☑ Y tägl. 9h–12h 14h–20h

GILLES CHOLLET 2000*

☐ 3 ha 25 000 5 à 8 €

Die ausgeprägte Goldfarbe dieses 2000ers weist auf eine schöne Reife hin. Der Duft mischt weiße Blüten und Zitrusfrüchte. Im Geschmack findet man viel «Fett», verbunden mit einer schelmischen Lebhaftigkeit, und Lakritze- und Anisnoten. Ein sehr verführerischer Wein.

Gilles Chollet, 6 bis, rue Joseph-Renaud, Le Bouchot, 58150 Pouilly-sur-Loire, Tel. 03.86.39.02.19, Fax 03.86.39.06.13
☑ Y Mo–Sa 9h30–19h; So 9h30–13h

PATRICK COULBOIS Les Cocques 2000

☐ 8 ha 35 000 5 à 8 €

Das 8,7ha große Gut ist in erster Linie auf den feuersteinhaltigen Tonhängen von Saint-Andelain angelegt. Dieses Jahr treffen wir wieder auf seine Cuvée Les Cocques, die im Hachette-Weinführer sehr oft vertreten ist. Von ihr gehen sehr ausgeprägte Düfte von Blutorange aus, die ein Hauch von Lindenblüte ergänzt. Der runde, weiche Geschmack ist durch eine sehr reife Fruchtigkeit mit Noten von exotischen Früchten und Pflaumenkompott geprägt. Ein leicht zugänglicher Wein.

Patrick Coulbois, Les Berthiers, 58150 Saint-Andelain, Tel. 03.86.39.15.69, Fax 03.86.39.12.14 ☑ Y n. V.

DIDIER DAGUENEAU
En Chailloux 1999*

☐ 5 ha k. A. 15 à 23 €

Die in neuen Eichenfässern durchgeführte Vergärung und der Ausbau im Tank bringen den Ausdruck eines schönen Terroir zur Geltung, mit mineralischen Aromen, die Feuersteinnoten enthalten, einer lebhaften Ansprache und einer runden Entfaltung, die auf der Frucht lang anhält. Der Inbegriff des guten Weins, den man heute trinken oder mehrere Jahre aufheben kann.

Didier Dagueneau, Le Bourg, 58150 Saint-Andelain, Tel. 03.86.39.15.62, Fax 03.86.39.07.61, E-Mail Silex@wanadoo.fr
☑ Y n. V.

JEAN-CLAUDE DAGUENEAU
Cuvée d'Eve Vieilles vignes 1999

☐ 2,5 ha 15 000 8 à 11 €

Die Cuvée d'Eve ist eine Auswahl der besten Cuvées der Domaine des Berthiers. Ein teilweise im Eichenfass ausgebauter Wein. Man wird deshalb nicht überrascht sein, wenn man beim ersten Riechen empyreumatische Noten (geröstetes Brot) entdeckt. Die Fruchtigkeit entfaltet sich danach auf intensive Weise. Dieser leichte, aber typische Pouilly-Fumé gefällt schon jetzt.

SCEA Dom. des Berthiers, Les Berthiers, BP 30, 58150 Saint-Andelain, Tel. 03.86.39.12.85, Fax 03.86.39.12.94, E-Mail claude@fournier-pere-fils.fr
☑ Y Mo–Fr 9h–17h; Sa, So n. V.

MARC DESCHAMPS Vieilles vignes 2000

☐ 1,6 ha 10 000 8 à 11 €

Als Marc Deschamps dieses Gut 1992 übernahm, war er bereits ein erfahrener Winzer. Dieser Wein von fünfzig Jahre alten Reben ist gut gebaut mit seinen Ananas- und Zitrusaromen. Die Lebhaftigkeit ist zwar im Augenblick im Abgang sehr deutlich zu spüren, aber das dürfte nach einer klugen Reifung alles in Ordnung kommen.

Marc Deschamps, Les Loges, 58150 Pouilly-sur-Loire, Tel. 03.86.69.16.43, Fax 03.86.39.06.90 ☑ Y n. V.

Colette Figeat

JEAN DUMONT
Les Coques Vieilles 2000*

☐ 12 ha 100 000 8 à 11 €

Der Reichtum der Aromen macht den ganzen Charme dieser Cuvée aus. Der tonige Kalksteinboden kommt in einem Bouquet von weißen Blüten, die von pflanzlichen Gerüchen (Ginster, Stechginster) begleitet werden, zum Ausdruck. Im Geschmack entfalten sich Zitronen- und Ananasnoten. Ein für die Appellation typischer Cru. Einen Stern erhält auch die Cuvée **Le Grand Plateau 2000.**

Jean Dumont, RN 7, La Castille, 58150 Pouilly-sur-Loire, Tel. 03.86.39.56.60, Fax 03.86.39.08.30 Y n. V.

CH. FAVRAY 2000*

☐ 14 ha 95 000 8 à 11 €

Château Favray bewahrt die Erinnerung an eine Hofdame von Königin Margot. Sein von der Reblaus zerstörter Weinberg wurde von Quentin David ab 1981 wiederhergestellt. Der Kalkboden hat einen eigentümlichen Wein geliefert, dessen Duft blumig ist, mit einem leicht pflanzlichen Ton. Seine jugendliche Lebhaftigkeit entwickelt sich zu Frische hin. Interessant und originell.

Ch. Favray, 58150 Saint-Martin-sur-Nohain, Tel. 03.86.26.19.05, Fax 03.86.26.11.59
☑ Y n. V.

ANDRE ET EDMOND FIGEAT
Côte du Nozet 2000*

☐ 2 ha 10 000 8 à 11 €

André und Edmond Figeat sind die Nachfolger von fünf Winzergenerationen. Das Foto ihrer Vorfahren Louis und Ferdinand an der Traubenpresse, das einen Ehrenplatz einnimmt, zeigt ihre Verbundenheit mit der Tradition. Ihre 2000er Cuvée mit ihren intensiven Nuancen von exotischen Früchten und Iriswurzel würde sicherlich die Zustimmung ihrer Vorfahren erhalten. Der Geschmack lässt sich aufgrund seiner Festigkeit noch schwierig würdigen. Wir haben es hier mit einem «stoffigen», temperamentvollen Wein zu tun, den die Zeit zu unserer Zufriedenheit zähmen muss.

André et Edmond Figeat, Côte du Nozet, 58150 Pouilly-sur-Loire, Tel. 03.86.39.19.39, Fax 03.86.39.19.00 n. V.

DOM. DES FINES CAILLOTTES 2000*

15 ha 132 000 8 à 11 €

Das aus mehr als zwanzig Parzellen bestehende Gut hat seinen Namen von den weißen Kalksteinen, die örtlich als *«caillottes»* bezeichnet werden und auf tonig-kalkigen Böden im Übermaß vorkommen. Alain Pabiot konnte seine Trauben bei extremer Reife ernten, was in dieser Cuvée zum Ausdruck kommt: Sie bietet intensive blumige und fruchtige Aromen, die schon von Honig- und Lakritzearomen begleitet werden. Der sehr runde, weiche Geschmack, der keinerlei Rauheit enthält, enthüllt viel «Fett», fast einen lieblichen Charakter. Ein Stil, der zu Fisch oder Geflügel mit Rahmsauce passen dürfte.

Jean Pabiot et Fils, 9, rue de la Treille, Les Loges, 58150 Pouilly-sur-Loire, Tel. 03.86.39.10.25, Fax 03.86.39.10.12 Mo–Fr 8h–12h 14h–18h; Sa, So n. V.

FOUCHER-LEBRUN
Les Deux Collines 2000

k. A. 4 600 8 à 11 €

Diese Handelsfirma, die 1921 von einem Küfer, Paulin Lebrun, gegründet wurde, wird heute von Jacky Foucher geleitet. Sein 2000er Pouilly-Fumé mit seinem Buchsbaum- und Efeugeruch, der auch eine gewisse mineralische Note enthält, ist gelungen. Das Fehlen von Lebhaftigkeit macht diesen Wein sehr süffig. Bei Erscheinen des Weinführers wird er trinkreif sein.

Foucher-Lebrun, 29, rte de Bouhy, 58200 Alligny, Tel. 03.86.26.87.27, Fax 03.86.26.87.20

DOM. DE LA MARNIERE 2000

5 ha 40 000 8 à 11 €

Dieser blassgoldene Pouilly-Fumé mit den charakteristischen grünen Reflexen bietet einen intensiven Geruch, den Sauvignon-typische pflanzliche Noten beherrschen. Er ist im Geschmack klar und lebhaft und wird mit Krustentieren oder Spargel harmonieren.

Loiret Frères, 44330 Le Pallet, Tel. 02.40.80.40.27, Fax 02.40.80.41.32
Maurice Parizot

LA MOYNERIE 1999

26 ha 250 000 8 à 11 €

Die Zitrusaromen zeugen von einer sorgfältigen Vinifizierung. Die pflanzlichen Noten (Minze) sorgen für Ausdruck des Terroir in diesem Jahrgang. Freimütigkeit und Lebhaftigkeit beeindrucken den Gaumen. Ein Wein, der sich unauffällig in den Stil der Appellation einfügt.

SA Michel Redde et Fils, La Moynerie, 58150 Pouilly-sur-Loire, Tel. 03.86.39.14.72, Fax 03.86.39.04.36, E-Mail thierry.redde@michel-redde.fr n. V.
Thierry Redde

LES VIEILLOTTES 2000***

6 ha 40 000 8 à 11 €

Die 1948 gegründeten Caves de Pouilly-sur-Loire sind ein großer Erzeuger in diesem Weinbaugebiet. Sie haben sich gerade die Dienste eines neuen Önologen gesichert, Frédéric Jacquet. Der feuersteinhaltige Tonboden, von dem die Cuvée Les Vieillottes kommt, zeigt sich in mineralischen Noten und einer delikaten Pfirsich- und Quittenfruchtigkeit. Ihre Stärke spiegelt eine optimale Reife wider. Ein großer Wein, der sich noch verfeinern kann. Ein weiterer «sicherer Wert» der Kellerei, die **2000er Cuvée Les Moulins à vent,** erhält einen Stern.

Caves de Pouilly-sur-Loire, Les Moulins à vent, BP 9, 58150 Pouilly-sur-Loire, Tel. 03.86.39.10.99, Fax 03.86.39.02.28, E-Mail caves.pouilly.loire@wanadoo.fr n. V.

JACQUES MARCHAND 2000

k. A. k. A. 8 à 11 €

Die Fruchtigkeit ist der rote Faden der Verkostung, in der Nase ebenso wie am Gaumen. Eine reife Fruchtigkeit, die vor allem an Zitrusfrüchte (Orange, Pampelmuse), aber auch – im Hintergrund – an Birne erinnert. Der gut gebaute Geschmack ist genussvoll und in der Ansprache ziemlich rund. Angenehmer Gesamteindruck.

SARL Jacques Marchand, Les Loges, rue Francs-Bourgeois, 58150 Pouilly-sur-Loire, Tel. 02.48.78.05.01, Fax 02.48.78.54.55 n. V.

PIERRE MARCHAND ET FILS 2000

2,4 ha 20 000 5 à 8 €

Pierre Marchand, Erbe einer Winzerfamilie, die bis 1650 zurückreicht, konnte seine Leidenschaft an seine beiden Söhne weitergeben, die zusammen mit ihm vierzehn Hektar Reben bewirtschaften. Ihrem Pouilly-Fumé mangelt es nicht an Reizen. Der erste Geruchseindruck liefert Gärungsaromen (Bananen, schwarze Johannisbeere); danach entwickelt sich der Duft in Richtung blumige Nuancen. Dieser weiche Wein, der sich leicht trinken lässt, klingt mit einer Pampelmusennote aus.

EARL Pierre Marchand et Fils, Les Loges, 9, rue des Pressoirs, 58150 Pouilly-sur-Loire, Tel. 03.86.39.14.61, Fax 03.86.39.17.21 tägl. 9h–12h30 14h–19h30

JOSEPH MELLOT Le Troncsec 2000

k. A. 84 000 8 à 11 €

Buchsbaum und weiße Blüten sind die dominierenden Aromen dieses sehr Sauvignon-typischen Weins. Der Geschmack lässt ein leichtes Prickeln und im Abgang eine Bitternote erkennen (was durchaus kein Fehler ist).

Vignobles Joseph Mellot Père et Fils, rte de Ménétréol, BP 13, 18300 Sancerre, Tel. 02.48.78.54.54, Fax 02.48.78.54.55, E-Mail alexandre@joseph-mellot.fr Mo–Fr 8h–12h 13h30–17h30; Sa, So n. V.

JEAN-PAUL MOLLET 2000*

☐ k. A. 9 733 8à11€

Der erste erzeugte Jahrgang für Jean-Paul Mollet, der gerade dieses alte Familiengut übernommen hat – und der Erfolg stellt sich auch schon ein. Die sehr subtilen Aromen dieses 2000ers verbinden Blüten und Früchte mit weißem Fruchtfleisch. Der Wein füllt den Mund gut aus. Ein vornehmer Pouilly-Fumé, der nach einem Flussfisch verlangt, beispielsweise einem Hecht.

SCEV des Renardières, 11, rue des Ecoles, Boisgibault, 58150 Tracy-sur-Loire, Tel. 02.48.54.02.26, Fax 02.48.54.02.26 ☑

DOM. DIDIER PABIOT 2000

☐ 12 ha 100 000 8à11€

Vom Eingang seines Kellers bietet Ihnen Didier Pabiot einen unverbaubaren Ausblick auf das Tal der Loire. Im Inneren lässt er Sie einen Pouilly-Fumé mit einem unaufdringlichen Duft nach Wachs, Brot und Orange und mit einem weichen Geschmack probieren, der mit Noten von Pampelmusenschale ausklingt. Alles, was notwendig ist, um einen Ziegenkäse zu begleiten.

Didier Pabiot, Les Loges, BP 5, 58150 Pouilly-sur-Loire, Tel. 03.86.39.01.32, Fax 03.86.39.03.27 ☑ Y n. V.

DOM. ROGER PABIOT ET SES FILS
Silex de Tracy 1999**

☐ 1,75 ha 15 000 8à11€

Dieser Wein, der von den feuersteinhaltigen Böden von Tracy stammt und das Ergebnis eines geduldigen achtzehnmonatigen Ausbaus ist, hat alles von einem Verführer an sich. Die Rundheit und das «Fett» werden von einem leichten Prickeln belebt. Der Abgang hält lang an, mit einer Fruchtigkeit von Pfirsich und Backpflaume. Eine ausgezeichnete Cuvée. Weisen wir vom selben Gut auf den **2000er Pouilly-Fumé Coteau des Girarmes** hin, der mit einem Stern ausgewählt worden ist.

Dom. Roger Pabiot et ses Fils, 13, rte de Pouilly, Boisgibault, 58150 Tracy-sur-Loire, Tel. 03.86.26.18.41, Fax 03.86.26.19.89, E-Mail domainerogerpabiot@wanadoo.fr ☑ Y n. V.

DOM. RAIMBAULT-PINEAU
La Montée des Lumeaux 2000*

☐ 1,64 ha 13 000 8à11€

Von Pierre-Alexandre, 1701 geboren, bis Lucien, 1990 geboren, zählt man zehn Generationen auf dem Gut. Die meisterliche Beherrschung des Berufs kommt in dieser sehr gut gemachten Cuvée zum Ausdruck: Ein einschmeichelnder Zitrusduft erinnert an das Fruchtfleisch von Orangen. Der weiche, volle Geschmack von guter Länge endet mit einer schönen Rückkehr der Aromen. Ein wohl ausgewogener Wein.

Dom. Raimbault-Pineau, rte de Sancerre, 18300 Sury-en-Vaux, Tel. 02.48.79.33.04, Fax 02.48.79.33.04 ☑ Y Mo–Sa 9h–12h 14h–18h; So n. V.; 1.–15. Aug. geschlossen

DOM. DE RIAUX 2000

☐ 9 ha 55 000 5à8€

Diese von einem feuersteinhaltigen Tonboden stammende Cuvée ist deutlich von ihrem Ursprung geprägt. Sie ist zurückhaltend, zuerst schüchtern mit ihrem mineralischen Geruch, der Feuersteinnoten enthält, und ihrem festen, leicht empyreumatischen Geschmack. Man muss Geduld haben, damit sie sich entwickeln kann; Sie werden nicht enttäuscht werden.

GAEC Jeannot Père et Fils, Dom. de Riaux, 58150 Saint-Andelain, Tel. 03.86.39.11.37, Fax 03.86.39.06.21 ☑ Y n. V.

GUY SAGET Les Chantalouettes 2000*

☐ 4 ha 30 000 8à11€

Pflanzliches (Fenchel, Minze) trifft voller Anmut auf Fruchtiges (Birne). Der Geschmack steht dem in nichts nach. Er hat eine schöne Haltung und wird durch eine Nervigkeit aufgelockert, die Noten von grünem Apfel und weißem Pfirsich enthält. Insgesamt ein gemischtes Bild, das recht wirkungsvoll ist! Die in unserem Weinführer oft vertretene Cuvée **Les Logères 2000** wird lobend erwähnt.

Guy Saget, La Castille, 58150 Pouilly-sur-Loire, Tel. 03.86.39.57.75, Fax 03.86.39.08.30, E-Mail saget@guy-saget.com Y n. V.

J.-L. Saget

DOM. TABORDET 2000*

☐ 5,9 ha 50 000 8à11€

Der offene, einschmeichelnde Geruchseindruck bildet mit seinen Düften von kandierten Zitronen und sehr reifen Früchten eine angenehme Einleitung. Diese aromatischen Empfindungen findet man auch im Geschmack wieder. Ein wenig Lebhaftigkeit verleiht diesem recht sanften Wein Einprägsamkeit und eine sympathische Note. Ein Stil, der eine klassische Eleganz und Nüchternheit besitzt.

Yvon et Pascal Tabordet, Chaudoux, 18300 Verdigny, Tel. 02.48.79.34.01, Fax 02.48.79.32.69 ☑ Y n. V.

DOM. THIBAULT 2000*

☐ 12,51 ha 87 000 8à11€

Was für köstliche Empfindungen von weißen Honigblüten (Akazie, Holunder) und Fruchtigkeit (schwarze Johannisbeere, Mirabelle)! Der Geschmack ist frisch, sanft und süffig. Er setzt mehr auf Feinheit als auf Stärke und besitzt ein gutes Rückaroma. Ein sehr jovialer Pouilly-Fumé.

SCEV André Dezat et Fils, Chaudoux, 18300 Verdigny, Tel. 02.48.79.38.82, Fax 02.48.79.38.24 ☑ Y n. V.

F. TINEL-BLONDELET
L'Arret Buffatte 2000*

☐ 3,5 ha 28 000 ▮🌡 8 à 11 €

Annick Tinel-Blondelet präsentiert einen jener Weine, die «sichere Werte» der Appellation sind, denn sie sind klar, sauber und typisch. Der intensive Geruchseindruck erinnert an Feuerstein und Buchsbaum. Die Geschmacksempfindungen sind dafür, dass sie leicht sind, trotzdem ausgezeichnet (Blüten und weiße Früchte). Insgesamt ein sehr eleganter Wein.

⊶ Dom. Tinel-Blondelet, La Croix-Canat, 58150 Pouilly-sur-Loire, Tel. 03.86.39.13.83, Fax 03.86.39.02.94 ☒ Y n. V.

SEBASTIEN TREUILLET 2000*

☐ 1 ha 8 000 ▮ 5 à 8 €

Diese Cuvée, die von einem tonig-schluffigen Boden stammt, offenbart einen jugendlichen Charakter. Der Duft entfaltet sich an der Luft zu Räucheraroma und Mandarine. Die noch vorhandene Kohlensäure verleiht dem Abgang eine zitronenartige Säuerlichkeit. Bei Erscheinen des Hachette-Weinführers wird dieser Wein trinkreif sein; er eignet sich für eine ein- bis zweijährige Lagerung.

⊶ Sébastien Treuillet, Fontenille, 58150 Tracy-sur-Loire, Tel. 03.86.26.17.06, Fax 03.86.26.17.06 ☒ Y tägl. 8h–12h 13h–19h

Pouilly-sur-Loire

DOM. DE BEL AIR 2000*

☐ 0,6 ha 2 500 ▮ 3 à 5 €

Die Domaine de Bel Air umfasst dreizehn Hektar. Sie war mit ihrem 2000er Pouilly-sur-Loire besonders erfolgreich. Die Reife der Chasselas-Trauben liefert hier feine fruchtige Düfte (Apfel), aber vor allem typische Mandelnoten. Die Balance des Geschmacks ist harmonisch, wobei sich Frische und Fülle vollkommen vereinigen.

⊶ EARL Mauroy-Gauliez, Dom. de Bel Air, Le Bouchot, 58150 Pouilly-sur-Loire, Tel. 03.86.39.15.85, Fax 03.86.39.19.52, E-Mail mauroygauliez@aol.com
☒ Y tägl. 8h30–12h30 13h30–18h30

DOM. CHAMPEAU 2000

☐ 1,8 ha 10 000 ▮ 5 à 8 €

Gegenüber der Kirche von Saint-Andelain finden Sie das Gut, das diesen gelungenen Wein vorstellt. Die Aromen bleiben leicht, bieten aber eine für einen Pouilly-sur-Loire seltene Komplexität: exotische Früchte, Gewürze, Vanille. Er ist frisch und fein und stammt von dreißig Jahre alten Reben, wie das beim Chasselas oft der Fall ist. Dieser 2000er ist trinkreif.

⊶ SCEA Dom. Guy et Franck Champeau, Le Bourg, 58150 Saint-Andelain, Tel. 03.86.39.15.61, Fax 03.86.39.19.44, E-Mail domaine.champeau@wanadoo.fr
☒ Y n. V.

LA MOYNERIE 1999*

☐ 1 ha 6 500 ▮ 8 à 11 €

Graubraune Reflexe in einer leichten Goldfarbe, intensiver Ausdruck von Lindenblüte und frischer Haselnuss. Dieser runde, volle Pouilly-sur-Loire überrascht sehr angenehm durch seine korpulente Struktur und seine Eleganz. Ein kühner Wein, der besondere Aufmerksamkeit verdient.

⊶ SA Michel Redde et Fils, La Moynerie, 58150 Pouilly-sur-Loire, Tel. 03.86.39.14.72, Fax 03.86.39.04.36, E-Mail thierry.redde@michel-redde.fr
☒ Y n. V.
⊶ Thierry Redde

DOM. ROGER PABIOT ET SES FILS 2000*

☐ 0,4 ha 3 000 ▮🌡 5 à 8 €

Roger Pabiot und seine Söhne haben es gut verstanden, die Möglichkeiten des Terroir von Tracy auszuschöpfen, um gute Weine von der Chasselas-Rebe zu erzeugen. Die Aromen sind hier besonders ausdrucksvoll und elegant; sie erinnern an Quitte und vollreifen Apfel. Frische und Ausgewogenheit machen diesen Wein zu einem klassischen Wein, der ganz dem Typ der Appellation entspricht. Er wird zu einer leichten Mahlzeit vom Aperitif bis zum Käse gut passen.

⊶ Dom. Roger Pabiot et ses Fils, 13, rte de Pouilly, Boisgibault, 58150 Tracy-sur-Loire, Tel. 03.86.26.18.41, Fax 03.86.26.19.89, E-Mail domainerogerpabiot@wanadoo.fr
☒ Y n. V.

DOM. DE RIAUX 2000*

☐ 0,4 ha 1 500 ▮🌡 5 à 8 €

Rund fünfzig Jahre alte Reben haben diesen schönen Pouilly-sur-Loire hervorgebracht. Die aromatische Feinheit, die an weiße Blüten und Unterholz im Frühjahr erinnert, wurde von den Verkostern geschätzt. Der Geschmack ist rund, mit einem fetten Abgang. Ein charmanter Wein.

⊶ GAEC Jeannot Père et Fils, Dom. de Riaux, 58150 Saint-Andelain, Tel. 03.86.39.11.37, Fax 03.86.39.06.21 ☒ Y n. V.

Quincy

An den Ufern des Cher, unweit von Bourges und nahe bei Mehun-sur-Yèvre, Orten, die reich sind an historischen Zeugnissen aus dem 16. Jh., erstrecken sich die Weinbaugebiete von Quincy und Brinay auf 171 ha. Sie liegen auf Hochflächen, die mit Sand und altem Kies bedeckt sind.

Die einzige hier angebaute Rebsorte Sauvignon blanc liefert die Weine von Quincy (10 288 hl im Jahre 2000), die in einem frischen, fruchtigen Typ eine große Leichtigkeit, eine gewisse Feinheit und Vornehmheit bieten.

Selbst wenn die Rebsorte das Anbaugebiet überdeckt, wie Dr. Guyot im letzten Jahrhundert schrieb, beweist Quincy doch, dass ein und dieselbe Rebsorte in der gleichen Region in unterschiedlichen Weinen zum Ausdruck kommen kann, je nachdem wie der Boden beschaffen ist. Umso besser für den Weinliebhaber, der hier einen der elegantesten Weine der Loire findet. Man kann ihn ebenso gut zu Fisch und Meeresfrüchten wie zu Ziegenkäse trinken.

SYLVAIN BAILLY
Les Grands Cœurs 2000*

☐ 4 ha 30 000 5 à 8 €

Diese Cuvée Les Grands Cœurs öffnet sich weit und entfaltet freigebig intensive fruchtige Aromen. Sie ist rund und zeigt eine gewisse Festigkeit (Zitronennote im Abgang). Dieser ausgewogene Wein beschert Vergnügen.

Sylvain Bailly, 71, rue de Venoize, 18300 Bué, Tel. 02.48.54.02.75, Fax 02.48.54.28.41 Mo–Sa 8h–12h 14h–18h; So n. V.

HENRI BOURGEOIS 2000*

☐ 7 ha 55 000 5 à 8 €

Die Domaine Henri Bourgeois, die ihre Ursprünge im Sancerre-Gebiet hat, präsentiert hier einen sehr gelungenen Quincy, der das Ergebnis einer guten Auswahl und einer sorgfältigen Vinifizierung ist. Dieser weiche, fette Wein erfüllt den Mund vollständig mit fruchtigen Aromen, bei denen Pfirsich dominiert. Sehr elegant.

Dom. Henri Bourgeois, Chavignol, 18300 Sancerre, Tel. 02.48.78.53.20, Fax 02.48.54.14.24, E-Mail domaine@bourgeois-sancerre.com n. V.

DOM. DES BRUNIERS 2000

☐ 10 ha 50 000 5 à 8 €

Im Anblick eine sehr helle Goldfarbe mit besonders ausgeprägten grünen Reflexen. Im Mund beobachtet man eine gute Kontinuität. Aromen von Früchten und Blüten prägen das Bild. Ein klassischer Quincy.

Jérôme de La Chaise, Les Bruniers, 18120 Quincy, Tel. 02.48.51.34.10, Fax 02.48.51.34.10 n. V.

DOM. DES CAVES 2000

☐ 4,3 ha 35 000 5 à 8 €

Bruno Lecomte gehört zu den vielen Winzern, die den Weg eines Weinbaus mit integriertem Pflanzenschutz gewählt haben. Sein in der Nase intensiver Quincy bietet empyreumatische Noten. Der angenehme Geschmack lässt trotzdem noch eine bittere Nuance erkennen. Er muss reifen, um sich zu bestätigen.

Bruno Lecomte, 105, rue Saint-Exupéry, 18520 Avord, Tel. 02.48.69.27.14, Fax 02.48.69.16.42, E-Mail bruno.lecomte@wanadoo.fr n. V.

DOM. DE CHAMP MARTIN 2000

☐ 4 ha 30 000 5 à 8 €

Didier Rassat präsentiert einen 2000er Quincy, der durch eine ungewöhnliche Farbe, ein sattes Golden, sofort den Blick auf sich zieht. Zweifellos hat dieser Wein seinen eigenen Charakter. Er besitzt sogar Charakter mit seinen intensiven Aromen und seiner ausbalancierten Struktur, die Sanftheit und Lebhaftigkeit verbinden kann.

Didier Rassat, Champ Martin, 18120 Cerbois, Tel. 02.48.51.70.19, Fax 02.48.51.79.27 tägl. 9h–12h 15h–19h

DOM. DES COUDEREAUX 2000

☐ 8 ha 60 000 5 à 8 €

Dieser Quincy, der von einem zehn Jahre alten Weinberg stammt, ist vom tonig-schluffigen Boden seines Ursprungs geprägt. Der Geruchseindruck fällt deutlich unter den mineralischen Charakter der Sauvignon-Traube. Die Empfindungen im Geschmack sind zwar in ihrer Dichte etwas leicht, aber sie sind dennoch in ihrer Qualität sehr angenehm.

SCEA Les Coudereaux, 34, rte de Bourges, 18510 Menetou-Salon, Tel. 02.48.64.88.88, Fax 02.48.64.87.97 n. V.

DOM. DES CROIX 2000

☐ 1,25 ha 8 000 5 à 8 €

Sylvie Rouzé-Lavault war die erste Frau, die sich in dieser Appellation als Winzerin niederließ. Ihr ist ein 2000er gelungen, den Ginster und Buchsbaum prägen. Er stützt sich auf eine jugendliche Nervigkeit, die an Pampelmuse erinnert. Das Ganze ist recht angenehm.

Rouzé-Lavault, rte de Lury, 18120 Quincy, Tel. 02.48.51.08.51, Fax 02.48.51.05.00 n. V.

LES VIGNERONS DU DUC DE BERRY 2000*

☐ 8 ha 60 000 5 à 8 €

Die Reife kommt in fruchtigen Noten zum Ausdruck, die sich lang fortsetzen. Dennoch ist sein Charakter lebhaft und sogar schneidend, mit Biss. Ein Stil, der zu Meeresfrüchten und Schalentieren passt.

SICA Vignerons du Duc de Berry, 34, rte de Bourges, 18510 Menetou-Salon, Tel. 02.48.64.88.88, Fax 02.48.64.87.97 n. V.

PIERRE DURET 2000**

☐ k. A. k. A. 5 à 8 €

Dieses Weingut, das den Namen seines alten Besitzers trägt, gehört der Firma Joseph Mellot. Sein 2000er ist sehr reizvoll: Außer feinen, fruchtigen Aromen umschmeicheln eine Rundheit und eine Fülligkeit, die die Lebhaftigkeit wunderbar umhüllen, die Geschmacksknospen. Kurz gesagt ein reicher Wein.

SARL Pierre Duret, rte de Lury, 18120 Quincy, Tel. 02.48.78.05.01, Fax 02.48.78.54.55 n. V.
Alexandre Mellot

DOM. DU GRAND ROSIERES 2000

3,8 ha 15 000 5 à 8 €

Seitdem Jacques Siret das Gut 1994 übernommen hat, erweitert er klug die Anbaufläche. Von der sanften Ansprache bis zum lebhaften Abgang ist sein Wein ausgewogen. Man kann ihn als Aperitif servieren.

Jacques Siret, Dom. du Grand Rosières, 18400 Lunery, Tel. 02.48.68.90.34, Fax 02.48.68.03.71 n. V.

DOM. DE LA COMMANDERIE 2000

2,95 ha 25 000 5 à 8 €

Diese Cuvée, die Ginster- und Zitrusnoten verbindet, ist gekennzeichnet durch eine klare Ansprache sowie eine Leichtigkeit und Sanftheit, die ihm die Fröhlichkeit der Jugend verleihen. Man sollte ihn zu einer Pastete mit Kartoffeln versuchen.

EARL Jean-Charles Borgnat, 27, rue de Jacques-au-Bois, 18120 Preuilly, Tel. 02.48.51.30.16, Fax 02.48.51.32.94, E-Mail jcborgnat@aol.com n. V.

DOM. MARDON 2000

11 ha k. A. 5 à 8 €

Der noch verschlossene Geruchseindruck lässt Nuancen von Blumen (Veilchen) und Früchten (Litschi, Pfirsich) erkennen. Der in der Ansprache klare Geschmack zeigt danach das richtige Maß an Sanftheit. Das Ganze besitzt ein gutes Volumen. Man muss diesen Wein aufheben, um alle seine Qualitäten genießen zu können.

Dom. Mardon, 40, rte de Reuilly, 18120 Quincy, Tel. 02.48.51.31.60, Fax 02.48.51.35.55 n. V.

JOSEPH MELLOT Le Rimonet 1999*

10 ha 80 000 5 à 8 €

Dieser blasse goldgrüne 99er hat viel von seiner Jugendlichkeit bewahrt. Der frische Duft erinnert an Passionsfrucht. Im Geschmack findet man eine schöne Säure. Danach kommen Empfindungen von kandierten Früchten zum Vorschein, die die auf das Alter zurückzuführende Reife verraten. Diesen harmonischen, vollständigen Wein kann man im Laufe des Jahres 2002 trinken.

SA Joseph Mellot, rte de Ménétréol, BP 13, 18300 Sancerre, Tel. 02.48.78.54.54, Fax 02.48.78.54.55, E-Mail alexandre@joseph-mellot.fr
Mo–Fr 8h–12h 13h30–17h30

DOM. ANDRE PIGEAT 2000*

2,45 ha 5 000 3 à 5 €

1999 legte sich die Domaine André Pigeat einen zweckmäßigen, modern ausgestatteten Keller zu. Das Ergebnis ist sehr zufrieden stellend bei diesem Jahrgang: Der Wein verführt durch seine Frische mit Anklängen an Pampelmuse und Zitrone und durch seinen strukturierten Geschmack. Er dürfte zu Fisch mit Sauce passen.

Dom. André Pigeat, 18, rte de Cerbois, 18120 Quincy, Tel. 02.48.51.31.90, Fax 02.48.51.31.90 n. V.

PHILIPPE PORTIER 2000*

9 ha 70 000 5 à 8 €

Ein Weinberg auf Kiesböden mit tonigem Untergrund, wie sie die Sauvignon-Rebe liebt, ein gewissenhafter, kreativer Winzer und eine erstklassige Produktion. Der 98er erhielt eine Liebeserklärung. Der 2000er verbindet Efeu- und Maracujagerüche, die durch Röstnoten gewürzt werden. Gute Gesamtstruktur. Ein origineller Quincy.

EARL Philippe Portier, Bois-Gy-Moreau, 18120 Brinay, Tel. 02.48.51.09.02, Fax 02.48.51.00.96 n. V.

JACQUES SALLE Silice 1998*

4 ha 15 000 11 à 15 €

1996 entschloss sich Jacques Sallé, nachdem er viel über Wein geschrieben hatte, zur praktischen Arbeit überzugehen. Er kaufte zehn Parzellen mit alten Rebstöcken und entschied sich für einen biologischen Anbau. Seine Cuvée Silice ist von ihrem neunmonatigen Ausbau im Holzfass mit wöchentlichem Aufrühren des Hefesatzes geprägt: Die Toast-, Vanille- und Butternoten dominieren. Der entwickelte Stil wird im Geschmack durch eine angenehme Frische ausbalanciert. Für erfahrene Weinliebhaber.

Jacques Sallé, Chem. des Vignes, 18120 Quincy, Tel. 02.54.04.04.48, E-Mail jacquessalle@aol.com n. V.

JEAN-MICHEL SORBE 2000*

2,5 ha 20 000 5 à 8 €

Zunächst zeigen sich Gärungsaromen mit Nuancen von Brot. Eine Belüftung weckt die Trauben auf; die Sauvignon-Rebe kommt dann auf intensive Weise zum Ausdruck. Die Verkostung klingt mit einer recht nachhaltigen Note von reifer Zitrone aus. Trinken kann man ihn zu Krustentieren.

SARL Jean-Michel Sorbe, La Quervée, 18120 Preuilly, Tel. 02.48.51.99.43, Fax 02.48.51.35.47 n. V.

DOM. DU TONKIN 2000

3,25 ha 25 000 5 à 8 €

Nach und nach hat sich Jacques Massons bescheidener Weinbaubetrieb vergrößert und umfasst heute 3,25 Hektar. Sein Quincy wird von pflanzlichen Nuancen dominiert, die intensiv zum Ausdruck kommen, ergänzt durch fruchtige und mineralische Noten. Der Abgang ist durch eine leichte Trockenheit geprägt, die dem Gesamteindruck nicht schadet.

Dom. du Tonkin, Le Tonkin, 18120 Brinay, Tel. 02.48.51.09.72, Fax 02.48.51.11.67
n. V.
Jacques Masson

DOM. DU TREMBLAY
Cuvée Nouzats-Coudereaux 2000*

☐ 3,5 ha 25 000 5à8€

Jean Tatin, der die Domaine du Tremblay (7,5 ha) seit 1993 leitet, kann Ihnen etwas über die Terroirs der Appellation erzählen. Seine Cuvée Nouzats-Coudereaux vereinigt auf glückliche Weise zwei Parzellen, die sich in den Gemeinden Quincy und Brinay befinden. Rundheit und Ausgewogenheit bilden eine gute Unterstützung für Aromen, die noch nicht alles gezeigt haben, was in ihnen steckt.
Jean Tatin, Le Tremblay, 18120 Brinay, Tel. 02.48.75.20.09, Fax 02.48.75.70.50, E-Mail jeantatinviticulteur@hotmail.com
n. V.

DOM. TROTEREAU 2000**

☐ k. A. 45 000 5à8€

Pierre Ragon erfreut uns einmal mehr mit dem sehr persönlichen Stil, den er seinen Weinen aufdrücken kann – und das auf dem höchsten Ausdrucksniveau. Dieser 2000er verführt durch eine milde Fruchtigkeit von Mango, die pflanzliche und blumige Nuancen bereichern. Man findet darin Körper sowie eine Rundheit und eine Fülle, die an «Fett» grenzen. Ein echter Wein mit Terroir-Charakter, der einmütige Zustimmung erfahren hat.
Pierre Ragon, rte de Lury, 18120 Quincy, Tel. 02.48.51.37.37, Fax 02.48.26.82.58
n. V.

DOM. DE VILLALIN 2000*

☐ 3 ha 16 000 5à8€

Als zweiter Jahrgang ist der Domaine de Villalin eine schöne Cuvée gelungen, die ihr den Einzug in den Hachette-Weinführer eröffnet. Der Auftakt ist zurückhaltend, mit einem subtilen Geruchseindruck. Der Geschmack beeindruckt durch Präsenz und Länge. Ein Hauch von Säure und Bitterkeit macht uns optimistisch hinsichtlich der Beständigkeit und der Entwicklung dieses Weins.
Dom. de Villalin, Le Grand Villalin, 18120 Quincy, Tel. 02.48.51.34.98, Fax 02.48.51.34.98 n. V.
Marchand

Reuilly

Dank seiner steilen, sonnenreichen Hänge und seiner bemerkenswerten Böden war Reuilly wie geschaffen dafür, dass hier Reben angepflanzt wurden.

Die Appellation umfasst auf einer Anbaufläche von 138 ha sieben Gemeinden, die in den Departements Indre und Cher liegen, in einer zauberhaften Region, durch die sich die grünen Täler des Cher, des Arnon und des Théols ziehen. 2000 erzeugte sie 4 606 hl Wein.

Sauvignon blanc erzeugt den größten Teil der Reuilly-Weine; es sind trockene, fruchtige Weißweine, die hier eine bemerkenswerte Fülle gewinnen. Pinot gris liefert an einigen Orten einen Roséwein, der durch unmittelbares Keltern der Trauben hergestellt wird und sehr zart, fein und sehr vornehm ist. Diese Rebsorte läuft aber Gefahr, bald zu verschwinden, weil sie von der Pinot-noir-Rebe verdrängt wird. Aus ihr erzeugt man ebenfalls ausgezeichnete Roséweine, die farbintensiver, frisch und süffig sind, aber vor allem Rotweine, die voll, korpulent und immer leicht sind und eine ausgeprägte Fruchtigkeit besitzen.

BERNARD AUJARD 2000**

■ 1,7 ha 12 000 5à8€

Eine schöne Ernte für Bernard Aujard, der nach einer Liebeserklärung im letzten Jahr für einen Rosé dieses Jahr eine für einen Rotwein erhält! Was für angenehme Düfte er verströmt! Gewürze, Zimt und Pfeffer, aber auch Birne. Die Tannine sind noch ein wenig streng, einfach, um uns zu sagen, dass wir zwei bis drei Jahre warten müssen, bevor wir ihn trinken. Der **weiße 2000er** verdient für seine mineralische Note, auf die ein Hauch von Zitrusfrüchten folgt, eine lobende Erwähnung.
Bernard Aujard, 2, rue du Bas-Bourg, 18120 Lazenay, Tel. 02.48.51.73.69, Fax 02.48.51.73.69 n. V.

LES BERRYCURIENS
Les Chatillons 2000

◪ 0,5 ha 3 000 8 à 11 €

Die Leidenschaft für guten Wein führt weit und bisweilen sogar dazu, seinen eigenen Wein zu erzeugen. Das ist seit 1995 die gesamte Geschichte der BerryCuriens. Die Farbe dieses Weins, der von Pinot-gris-Reben stammt, angepflanzt auf Anschwemmungen in Hanglage, erinnert an helle Pfingstrosen. Die anderen Empfindungen bieten Variationen von Fruchtigkeit: zu Kompott verarbeitete Früchte in der Nase, frische Früchte im Mund, Früchte in Alkohol für die Rundheit. Ausgewogen und angenehm.

SCEV des BerryCuriens, 9, rte de Boisgissons, 18120 Preuilly, Tel. 02.48.51.30.17, Fax 02.48.51.35.47 n. V.

DOM. HENRI BEURDIN ET FILS 2000

☐ 7,25 ha 50 000 5 à 8 €

Das Gut, das 5 km von der Abtei Manzay-Limeux entfernt liegt, hat im letzten Jahr eine Liebeserklärung für den 99er Weißwein erhalten. Dieses Jahr mangelt es dem Wein nicht an Kraft, wie die Lebhaftigkeit seiner Bitternote zeigt, die einen angenehm öligen Geschmack verlängert. Der Duft, Blüten und Zitrusfrüchte, ist delikat. Ein origineller Wein, der seinen Charme hat.

SCEV Henri Beurdin et Fils, 14, Le Carroir, 18120 Preuilly, Tel. 02.48.51.30.78, Fax 02.48.51.34.81 n. V.

DOM. DU BOURDONNAT 2000

◪ 1,5 ha 8 000 5 à 8 €

Dieser blassrosa, leicht silbern schimmernde Wein besitzt einen frischen Duft von weißem Pfirsich und Zitrusfrüchten. In der Ansprache dominiert mit Fruchtaromen ein süßer Eindruck, aber im Abgang stellt sich die Frische ein, die nur ganz leicht würzig ist. Ein angenehmer Rosé von der Rebsorte Pinot gris.

François Charpentier, Dom. du Bourdonnat, 36260 Reuilly, Tel. 02.54.49.20.18, Fax 02.54.49.29.91 n. V.

CHANTAL ET MICHEL CORDAILLAT 2000

☐ 1,7 ha 12 000 5 à 8 €

Ausgehend von einer Parzelle, die er 1995 erwarb, baute Michel Cordaillat nach und nach ein Gut auf – und einen Namen. Sein weißer 2000er präsentiert sich offenherzig: gelbe bis blassgoldene Farbe, delikate blumige und pflanzliche Aromen. Er zeigt danach Freimütigkeit und Festigkeit und intensiviert sich zum Schluss mit Zitronennoten.

Chantal et Michel Cordaillat, Le Montet, 18120 Méreau, Tel. 02.48.52.83.48, Fax 02.48.52.83.09 Mo–Sa 16h–19h

DOM. DES COUDEREAUX 2000*

☐ 0,72 ha 6 000 5 à 8 €

«Das ist eine unvollendete Skulptur», schrieb ein Verkoster, der Önologe ist: Die Aromen sind noch durch Zitrusfrüchte bestimmt, aber blumige Noten beginnen sich bemerkbar zu machen. Die Jury versicherte, dass sich im Herbst Ausgewogenheit und ein schöner Reichtum entfalten werden. Ein für den Jahrgang 2000 recht typischer Wein, dem man vertrauen kann.

SCEA Les Coudereaux, 34, rte de Bourges, 18510 Menetou-Salon, Tel. 02.48.64.88.88, Fax 02.48.64.87.97 n. V.

Jean-Paul Godinat

PASCAL DESROCHES
Clos des Varennes 2000*

☐ 3,8 ha 30 000 5 à 8 €

Ein auf seiner Feinhefe ausgebauter Clos des Varennes, der sehr gelungen ist. Ein intensiver Duft von Blumen, die sich mit Gewürzen mischen, ruft einen warmen, reichen Eindruck hervor. Der Geschmack stimmt damit überein, durch seidige, fette und – wie einer der Juroren schrieb – «behagliche» Empfindungen. Die Säure ist vorhanden, aber nicht im Übermaß. In diesem weißen Reuilly findet man Großzügigkeit. Probieren Sie auch den **2000er Rosé Clos des Lignis,** der einen Stern erhält.

Pascal Desroches, 13, rte de Charost, 18120 Lazenay, Tel. 02.48.51.71.60, Fax 02.48.51.71.60 n. V.

JEAN-SYLVAIN GUILLEMAIN 2000

☐ 0,8 ha 7 000 5 à 8 €

Acht Jahre alte Reben haben diesen weißen Reuilly auf einem jungen, 1992 angelegten Gut hervorgebracht. Natürlich sind seine Aromen vom Typ Gärungsaromen, aber dahinter entdeckt man ein paar Wiesenblumen. Er ist schon recht fein und verspricht eine gute Entwicklung, die das Volumen und die Rundheit klarer ausbilden und entfalten dürfte. Ein gut gearbeiteter Wein.

Jean-Sylvain Guillemain, Palleau, 18120 Lury-sur-Arnon, Tel. 02.48.52.99.01, Fax 02.48.52.99.09 n. V.

CLAUDE LAFOND La Raie 2000**

☐ 7 ha 59 500 5 à 8 €

Claude Lafond ehrt die Appellation Reuilly durch die Qualität seiner 2000er. Ehre, wem Ehre gebührt: Der weiße La Raie besitzt Aromen, die wie bei einem Vulkanausbruch hochschießen

(Weinbergspfirsich, Hefebrot und Butter sowie eine pflanzliche Nuance). Rund, fett und zart zugleich, über einer fein säuerlichen Basis – das ist der Lieblingswein. Aus dem gleichen Jahrgang ist der **rote Les Grandes Vignes** mit einem Stern ausgewählt worden.
SARL Claude Lafond, Le Bois-Saint-Denis, 36260 Reuilly, Tel. 02.54.49.22.17, Fax 02.54.49.26.64, E-Mail claude.lafond@wanadoo.fr ☑ Y n. V.

ALAIN MABILLOT 2000**

■ 1 ha 6 000 5à8€

Alain Mabillot, der im letzten Jahr mit einer Liebeserklärung ausgezeichnet wurde, führt dieses Gut seit 1990. Dieser zehnte Jahrgang bestätigt die Qualität seiner Produktion. Das Auge bemerkt das tiefe Rubinrot und die deutlichen Tränen, die sich am Glas abzeichnen. Der erste Geruchseindruck ist animalisch; dann entwickelt sich eine intensive Fruchtigkeit von schwarzer Johannisbeere. Dieser im Geschmackseindruck noch sehr verschlossene Reuilly besitzt genug Körper und Dichte, um einer langen Lagerung zu trotzen.
Alain Mabillot, Villiers-les-Roses, 36260 Sainte-Lizaigne, Tel. 02.54.04.02.09, Fax 02.54.04.01.33 ☑ Y n. V.

GUY MALBETE 2000

■ 3 ha 20 000 5à8€

Bei Guy Malbète werden die roten Trauben mit der Hand gelesen und entrappt. Wir entdecken in seinem 2000er die zum Pflanzlichen tendierenden Aromen der Pinot-noir-Traube, zusammen mit Gewürzen. Im Geschmack unterstreichen noch junge Tannine die Kirsch- und Unterholzaromen, aber im Herbst werden sie verschmolzen sein und einen süffigen Reuilly ergeben.
EARL Guy Malbète, 16, chem. du Boulanger, Bois-Saint-Denis, 36260 Reuilly, Tel. 02.54.49.25.09, Fax 02.54.49.27.49 ☑ Y n. V.

JOSEPH MELLOT Les Milets 1999

□ k. A. k. A. 5à8€

Alexandre Mellot erinnert auf seinen Etiketten daran, dass seine Firma 1513 entstand. Mit diesem 99er erleben wir schon entwickelte Aromen, kandierte Früchte, Pflaume, Wachs. Passend dazu bemächtigt sich eine angenehme Süße des Gaumens. Eine gewisse Lebhaftigkeit verleiht ihm Frische und zeigt sein gutes Niveau. Man kann ihn ohne weitere Wartezeit trinken.
SA Joseph Mellot, rte de Ménétréol, BP 13, 18300 Sancerre, Tel. 02.48.78.54.54, Fax 02.48.78.54.55, E-Mail alexandre@joseph-mellot.fr
☑ Y Mo–Fr 8h–12h 13h30–17h30

DOM. VALERY RENAUDAT 2000*

□ 0,7 ha 3 500 5à8€

Valéry Renaudat, der sich hier erst vor kurzem (1999) niedergelassen hat, bietet uns eine schöne Fülle von Aromen, weiße Blüten, Ginster und Zitrusfrüchte. Die Geschmacksempfindungen zeigen viel Sanftheit und Volumen. Ein charmanter Wein mit starkem Potenzial.
Valéry Renaudat, Seresnes, 36260 Diou, Tel. 02.54.49.21.44, Fax 02.54.49.30.42
☑ Y n. V.

JACQUES RENAUDAT 2000**

■ 3,12 ha 18 000 5à8€

Ein restauriertes altes Haus erwartet Sie mit diesem prächtigen Reuilly von intensiver purpurroter bis rotvioletter Farbe, deren Reflexe an schwarze Kirschen erinnern. Der reiche, sehr fruchtige Duft (Brombeere, schwarze Johannisbeere) entfaltet sich nach der Belüftung. Die verschmolzenen Tannine sorgen für Fülle und «Fett». Alles an diesem Wein wirkt zusammen. Man muss ihn für ein paar Jahre vergessen.
Jacques Renaudat, Seresnes, 36260 Diou, Tel. 02.54.49.21.44, Fax 02.54.49.30.42
☑ Y Mo–Sa 8h–12h 14h–19h; So n. V.

DOM. DE REUILLY 2000*

■ 3,7 ha 30 000 5à8€

Rubinrot in seiner Farbe und rot durch die Früchte, an die er erinnert, zeigt er auch einen winzigen violetten Schimmer und eine diskrete Veilchennote. Die Tannine sind noch nervig. Dieser gut vinifizierte Reuilly wird sich im Laufe des Ausbaus verfeinern. Die weißen 2000er könnten Ihr Interesse erregen: die **Cuvée Domaine** (ein Stern) und die lobend erwähnte **Cuvée Les Pierres Plates.**
SCE Dom. de Reuilly, chem. des Petites-Fontaines, 36260 Reuilly, Tel. 02.38.66.16.74, Fax 02.38.66.74.69, E-Mail denis.jamain@wanadoo.fr
☑ Y tägl. 8h–18h
Jamain

JEAN-MICHEL SORBE 2000**

◪ 3 ha 20 000 5à8€

Schon im Anblick – ein kräftiges, strahlendes Lachsrot – wirkt er verführerisch. Die Aromen sind bezaubernd; sie tanzen auf Rosen und gelbem Pfirsich. Der volle, anhaltende Geschmack vermittelt das Gefühl, als würde man in frische, knackige Früchte beißen. Genießen kann man ihn zu einem Eisdessert. Der **weiße 2000er Reuilly** ist gelungen und wird ohne Stern lobend erwähnt.
SARL Jean-Michel Sorbe, La Quervée, 18120 Preuilly, Tel. 02.48.51.99.43, Fax 02.48.51.35.47 ☑ Y n. V.

JACQUES VINCENT 2000*

□ 2,5 ha 18 000 5à8€

Zwar gelingt es dem Roséwein regelmäßig, beim Publikum anzukommen (der **2000er Rosé** erhält einmal mehr für seine nachhaltigen Aromen eine lobende Erwähnung), aber dieses Jahr hat der Weißwein mehr verführt. Der goldene Farbton ist kaum ausgeprägt, aber die Düfte von Schwarze-Johannisbeer-Knospe sind kräftig. Vermutlich werden sie sich im Laufe des Ausbaus verflüchtigen und blumigen und würzigen Noten Platz machen. Der Geschmack ist sanft, ausgewogen und sehr heiter.

⊶ Jacques Vincent, 11, chem. des Caves,
18120 Lazenay, Tel. 02.48.51.73.55,
Fax 02.48.51.14.96
☑ Y Mo–Sa 9h–12h 14h–19h; So n. V.

Sancerre

Sancerre ist vor allem ein prädestinierter Ort, der über der Loire aufragt. Auf dem Gebiet von elf Gemeinden gibt es eine großartige Kette von Hügeln, die sich perfekt für den Weinbau eignen, mit guten, geschützten Lagen, deren kalk- oder kieselhaltige Böden für die Reben günstig sind und zur Qualität der Weine beitragen. 2 541 Hektar sind bestockt und erzeugen 162 632 hl (2000), davon 129 774 hl Weißwein.

Zwei Rebsorten dominieren in Sancerre: Sauvignon blanc und Pinot noir, beides äußerst edle Rebsorten, die im Stande sind, den Geist des Anbaugebiets und der Reblage zur Geltung zu bringen und am besten die Qualitäten der Böden auszudrücken, die sich in frischen, jungen und fruchtigen Weißweinen (der größte Teil der Produktion), in zarten, feinen Roséweinen und in leichten, duftigen und korpulenten Rotweinen entfalten.

Aber Sancerre ist auch ein Landstrich, in dem besonders interessante Menschen leben. Es ist nämlich nicht einfach, aus der Rebsorte Sauvignon einen großen Wein zu erzeugen, denn diese Rebe reift eher spät und wächst hier nicht weit von der nördlichen Grenze der Weinbauzone entfernt, in Höhen von 200 bis 300 m, die das örtliche Klima zusätzlich beeinflussen, und auf Böden, die zu den abschüssigsten in Frankreich zählen. Zudem laufen die Gärvorgänge unter schwierigen Umständen am Ende des Jahres ab!

Der weiße Sancerre-Wein wird besonders geschätzt zu getrocknetem Ziegenkäse, wie etwa dem berühmten «Crottin» aus Chavignol, einem Dorf, das selbst Wein erzeugt, aber auch zu Fisch oder zu warmen, wenig gewürzten Vorspeisen. Die Rotweine passen zu Geflügel und lokalen Fleischgerichten.

DOM. AUCHERE 2000*

☐ 2 ha 15 000 ▮ 8à11€

Das Gut in Familienbesitz ist in einen natürlichen Talkessel eingebettet, in dem die Reben gut gedeihen. Diese Cuvée von alten Rebstöcken bietet Zitrus- und Akazienaromen. Ihre Lebhaftigkeit und ihre Länge bringen eine Platte mit Meeresfrüchten zur Geltung.

⊶ Jean-Jacques Auchère, 18, rue de l'Abbaye,
18300 Bué, Tel. 02.48.54.15.77,
Fax 02.48.78.03.46 ☑ Y n. V.

B. BAILLY-REVERDY 1999*

■ 5 ha 27 000 ⦀ 5à8€

Zwölf Monate Fassreifung für diesen 99er, den eine schöne rubinrote Farbe mit ziegelroten Reflexen schmückt. Er duftet fruchtig (Pflaume) und pfeffrig. Der Geschmack ist kräftig, aber rund und weich und wird durch Aromen von Früchten (Kirsche) und Veilchen belebt. Ein Wein, den man schon bei Erscheinen des Hachette-Weinführers zu weißem Fleisch trinken kann.

⊶ SA Bailly-Reverdy, 43, rue de Vénoize,
18300 Bué, Tel. 02.48.54.18.38,
Fax 02.48.78.04.70 ☑ Y n. V.

DOM. JEAN-PAUL BALLAND 1999*

■ 4,5 ha 30 000 ▮⦀ 8à11€

Dieser Rotwein, der von manuell gelesenen Trauben stammt und teilweise im Holzfass vinifiziert worden ist, gilt im Gebiet von Sancerre als «sicherer Wert». Sein Ausbau verleiht ihm Vanille- und Röstnoten, die sich mit roten Früchten vereinigen. Im Mund entwickelt er sich zu Moschus hin. Trinken kann man ihn zu Wild. Lobend erwähnt wird die **weiße 99er Grande Cuvée** (Preisgruppe: 70 bis 99 F): Ihre sehr alten Reben kommen in der Frucht und in ihrer Ausgewogenheit zum Ausdruck.

⊶ Dom. Jean-Paul Balland,
chem. de Marloup, 18300 Bué,
Tel. 02.48.54.07.29, Fax 02.48.54.20.94,
E-Mail balland.jean.paul@wanadoo.fr
☑ Y n. V.

PASCAL BALLAND 1999*

☐ 7,5 ha 50 000 ▮♁ 5à8€

Seit 1984 führt Pascal Balland das jahrhundertealte Werk der Familie fort. Er war sehr erfolgreich mit diesem 99er, der einen kräftigen und zugleich feinen Duft besitzt, wobei fruchtige, blumige (Geißblatt), empyreumatische und leicht mineralische Noten seine Aromenpalette bilden. Der lebhafte und vor allem sehr füllige Geschmack setzt auf Zitrusfrüchte und Pfeffer.

⊶ EARL Pascal Balland, 18300 Bué,
Tel. 02.48.54.22.19, Fax 02.48.78.08.59
☑ Y Mo–Sa 8h–19h; So14h–19h

JOSEPH BALLAND-CHAPUIS
Le Chatillet 2000**

☐ 4 ha 32 000 ▮♁ 5à8€

Das Weingut Joseph Balland-Chapuis zeichnet sich auch dieses Jahr durch zwei schöne 2000er Cuvées aus. Der Chatillet mit den Butter- und Kaffeearomen wird Sie durch seinen Reichtum und seine Komplexität überraschen. Im Ge-

schmack folgen Röstnoten auf die Frische von Zitrusfrüchten. Dieser Wein ist untypisch, aber dennoch bemerkenswert. Probieren! Der **weiße Vallon** (Preisgruppe: 50 bis 69 F; ein Stern) bietet herrlich mineralische und fruchtige Noten. Seine Lebhaftigkeit und seine Rundheit machen ihn zu einem für den Jahrgang typischen Wein.
SARL Joseph Balland-Chapuis, La Croix-Saint-Laurent, 18300 Bué, Tel. 02.48.54.06.67, Fax 02.48.54.07.97 ☑ Y n. V.

CEDRICK BARDIN 2000*

☐ 3,2 ha 25 000 8 à 11 €

Die Weinberge der Familie breiten sich an beiden Ufern der Loire aus: im Norden auf dem Boden der Appellation Pouilly-sur-Loire, im Süden an den Hängen des Gebiets von Sancerre. Dieser 2000er, den man diesen Winter trinken kann, ist besonders blumig und enthält noch einige pflanzliche Noten. Seine lebhafte Ansprache wird rasch von Rundheit abgelöst. Der Gesamteindruck ist bezaubernd.
Cédrick Bardin, 12, rue Waldeck-Rousseau, 58150 Pouilly-sur-Loire, Tel. 03.86.39.11.24, Fax 03.86.39.16.50 ☑ Y n. V.

ROGER BONTEMPS ET FILLES
Cuvée Josyane Bontemps 2000

☐ 0,3 ha 1 600 8 à 11 €

Der Weinbaubetrieb ist seit 1852 im Besitz der Familie Bontemps. Dieser Wein ist durch Noten geprägt, die für die Sauvignon-Traube typisch sind: Ginster und Zitrusfrüchte. Der Geschmack ist kräftig und robust; man findet im Mund die Aromen der Nase wieder, zusammen mit Gerüchen von feuchtem Heu.
Roger Bontemps et Filles, rte de Sancerre, 18300 Ménétréol-sous-Sancerre, Tel. 02.48.54.25.41, Fax 02.48.54.07.63
☑ Y tägl. 8h–12h 14h–18h

HENRI BOURGEOIS
La Côte des Monts Damnés 2000**

☐ 3,1 ha 18 000 11 à 15 €

Die große Domaine Henri Bourgeois umfasst 65 Hektar. Sie ist einer der Stützpfeiler des Sancerre-Gebiets und stellt zwei sehr schöne weiße Sancerre-Weine vor, die beide von den tonigen Kalksteinböden der Monts Damnés stammen. Was gab es Neues im Jahre 2000? Ein Rundkeller, der die Schwerkraft ausnutzt, wurde in Betrieb genommen. Die Cuvée La Côte des Monts Damnés präsentiert sich zuerst mit der Feinheit ihres Dufts, in dem sich Pfirsich und Pampelmuse vermischen, und dann mit ihrer Frische und Lebhaftigkeit, die durch die Fruchtigkeit und das Mentholaroma verstärkt werden. Die ebenfalls sehr gelungene **Grande Réserve** (Preisgruppe: 50 bis 69 F) ist ihrem Terroir näher, wie die mineralischen Noten dieses Weins zeigen, der weißes Fleisch begleiten kann.
Dom. Henri Bourgeois, Chavignol, 18300 Sancerre, Tel. 02.48.78.53.20, Fax 02.48.54.14.24, E-Mail domaine@bourgeois-sancerre.com
☑ Y n. V.

DOM. HUBERT BROCHARD 2000**

☐ 25 ha 200 000 8 à 11 €

Der Weinberg dieses Guts erstreckt sich auf die besten Terroirs des Sancerre-Gebiets. Die Hauptcuvée, die für die Appellation typisch ist, bringt eine schöne Harmonie zum Ausdruck. Ihr trockener, fruchtiger Charakter wird durch eine gute Ausgewogenheit und mineralische Noten verstärkt. Sichere Zukunftsaussichten. Die lobend erwähnte **Cuvée Silex** (Preisgruppe: 70 bis 99 F), die von alten Rebstöcken auf Feuersteinböden stammt, verströmt bis in einen lang anhaltenden Abgang hinein Aromen von exotischen Früchten und Feuerstein.
Dom. Henry Brochard, Chavignol, 18300 Sancerre, Tel. 02.48.78.20.10, Fax 02.48.78.20.19, E-Mail domaine-hubertbrochard@wanadoo.fr
☑

DOM. DES BUISSONNES 2000

■ 1,85 ha 8 000 8 à 11 €

Sury-en-Vaux, das westlich der Wälder von Charmes liegt, bietet den Wanderbegeisterten Rundwege. Diese Kellerei präsentiert einen Wein zum Lagern: schöne dunkelrubinrote Farbe, intensiver Duft von roten und schwarzen Früchten (Sauerkirsche, Brombeere, Walderdbeere) und reicher, gut strukturierter Geschmack, der aber den Fehler seiner Jugend zeigt: ein wenig zu strenge Tannine.
Cave Roger Naudet, SCEA des Buissonnes, Maison Sallé, 18300 Sury-en-Vaux, Tel. 02.48.79.34.68, Fax 02.48.79.34.68
☑ Y tägl. 8h30–12h 14h–18h

ROGER CHAMPAULT Les Pierris 2000

■ 7 ha 55 000 8 à 11 €

Für die Verkostung dieser Flasche werden Sie in einem schönen Taubenhaus aus dem 16. Jh. empfangen. Les Pierris ist ein Wein, der von einem tonigen Kalksteinboden stammt und einen fruchtig-animalischen Geruchseindruck und einen stattlichen Körper ohne Aggressivität besitzt. Servieren kann man ihn zu weißem Fleisch.
Roger Champault et Fils, Champtin, 18300 Crézancy-en-Sancerre, Tel. 02.48.79.00.03, Fax 02.48.79.09.17
☑ Y n. V.

DANIEL CHOTARD 2000**

◪ 0,64 ha 5 000 8 à 11 €

Die Vorfahren von Daniel Chotard waren schon lang vor 1789 Winzer. Er ist musikbegeistert, spielt Akkordeon und Gitarre und veranstaltet im Keller musikalische Treffen, bei denen er auch seine Produktion vorstellt. Dieser harmonische Rosé vereint auf sehr ausdrucksvolle Weise Feinheit, Frische und «Fett». Seine Erdbeernoten harmonieren mit exotischen Salaten. Der sehr gelungene **99er Rotwein** bringt auf köstliche Weise die Pinot-noir-Traube zum Ausdruck. Er stammt von vollreifem Traubengut und ist ganz durch rote Früchte bestimmt, mit einem Hauch von Vanille.

Daniel Chotard, Hameau de Reigny, 18300 Crézancy-en-Sancerre, Tel. 02.48.79.08.12, Fax 02.48.79.09.21, E-Mail daniel.chotard@wanadoo.fr n. V.

COMTE DE LA PERRIERE 2000*

5 ha 35 000 8à11€

Ein Drittel der Parzellen dieses Guts (10 von 30 ha) befindet sich auf Feuersteinböden. Dieser Wein bringt sein Terroir mit mineralischen Noten zum Ausdruck. Seine Lebhaftigkeit und seine Rundheit machen ihn zu einem ausgezeichneten Begleiter für Fisch mit Sauce und gut gereifte Käse. Probieren sollte man auch die **99er Cuvée Mégalithe** (Preisgruppe: 79 bis 99 F) mit dem komplexen Duft und der interessanten Ausgewogenheit zwischen Holz und Fruchtigkeit.

SA Pierre Archambault, Caves de la Perrière, 18300 Verdigny, Tel. 02.48.54.16.93, Fax 02.48.54.11.54 n. V.

J.-L. Saget

ROBERT ET DOM. MARIE-SOLANGE CROCHET 2000*

0,6 ha 4 800 5à8€

Dieser Rosé verführt durch eine schöne rosa bis gelbrote Farbe und durch seine Aromen von roten Früchten (u. a. Erdbeere). Seine Ausgewogenheit und seine Länge sind sehr gelungen. Die **weiße Cuvée Le Chêne Marchand** (Preisgruppe: 50 bis 69 F) und die **weiße Hauptcuvée** (Preisgruppe: 30 bis 49 F) werden lobend erwähnt; die erste duftet nach Birne und Zitrusfrüchten, während die zweite mineralischer ist. Beide bezeugen die Gewissenhaftigkeit des Erzeugers.

Robert et Marie-Solange Crochet, Marcigoué, 18300 Bué-en-Sancerre, Tel. 02.48.54.21.77, Fax 02.48.54.25.10 Mo–Sa 9h–19h; So n. V.

DANIEL CROCHET 2000

2,5 ha 20 000 5à8€

Strahlende blassgoldene Farbe. Angenehmer Duft mit Nuancen von weißen Blüten und Rhabarber. Sanftes, reiches Blütenbouquet. Das ist das Porträt dieses Weins, der auf *caillottes* (weißer Kalkstein) entstanden ist. Probieren Sie ihn zum Aperitif.

Daniel Crochet, 61, rue de Venoize, 18300 Bué, Tel. 02.48.54.07.83, Fax 02.48.54.27.36 tägl. 9h–12h 14h–19h

DOM. DOMINIQUE ET JANINE CROCHET 2000

2,5 ha 15 000 8à11€

Dieser Rotwein besitzt ein gewisses Potenzial, wie seine schöne rubinrote Farbe nahe legt. Es braucht jedoch noch ein wenig Geduld, bis er besser zum Ausdruck kommt. Er verströmt bereits Kirsch- und Himbeeraromen. Der Geschmack ist ausgewogen und kräftig gebaut und offenbart sich nicht sehr stark. Bis zum Frühjahr 2002 aufheben.

Dom. Dominique et Janine Crochet, 64, rue de Venoize, 18300 Bué-en-Sancerre, Tel. 02.48.54.19.56, Fax 02.48.54.12.61 tägl. 8h–12h 14h–19h

DOM. DAULNY
Le Clos de Chaudenay 1999*

1 ha 7 500 8à11€

Die blassgold funkelnde **2000er Hauptcuvée** (Preisgruppe: 30 bis 49 F; ein Stern), die von alten Reben auf tonigem Kalkstein stammt, wird die Liebhaber des Sancerre durch ihren intensiven, fruchtigen Duft verführen, der sich im Mund mit einer schönen Ausgewogenheit fortsetzt. Diese sehr gelungene 99er Cuvée Clos de Chaudenay kommt von alten Reben, die auf Kimmeridge-Mergel angepflanzt sind. Eine herrliche goldene Farbe, ein komplexer Duft, der weiße Blüten, Pfirsich und Wachs verbindet, und zum Schluss ein fülliger, sehr angenehmer Geschmack kennzeichnen einen sehr guten Wein.

Etienne Daulny, Chaudenay, 18300 Verdigny, Tel. 02.48.79.33.96, Fax 02.48.79.33.39 n. V.

DOM. VINCENT DELAPORTE ET FILS
Vieilles vignes Fût de chêne Cuvée Maxime 2000*

1 ha 5 000 8à11€

Das Dorf Chavignol ist zauberhaft; es ist ebenso bekannt für den Crottin, einen AOC-Ziegenkäse von seltener Feinheit, wie für die Weinberge, die es umgeben, angelegt an wunderschönen Hängen. Diese im Holzfass ausgebaute Cuvée bietet einen intensiven, vorwiegend empyreumatischen Geruchseindruck mit Vanillenote, wobei sich exotische Früchte zart bemerkbar machen. Sein Geschmack ist fein und wohl ausgewogen. Man sollte sie zwei Jahre aufheben, bevor man sie zu Hummer mit Gewürzen trinkt. Die nicht im Holzfass ausgebaute **Hauptcuvée** (Preisgruppe: 30 bis 49 F) zeichnet sich durch ihre blumigen und muskatellerartigen Noten aus, die lang anhalten. Er erhält einen Stern. Sie können ihn schon diesen Herbst ihren Freuden servieren, damit sie den Sancerre entdecken.

SCEV Vincent Delaporte et Fils, Chavignol, 18300 Sancerre, Tel. 02.48.78.03.32, Fax 02.48.78.02.62 n. V.

DOM. DOUDEAU-LEGER 2000**

0,09 ha 700 5à8€

Sury verdient einen Umweg, wegen der umgebenden Landschaft ebenso wie wegen des Marktfleckens selbst und seiner Kirche. Dieser Rosé, den man zu herbstlichen Grillgerichten trinken kann, duftet intensiv nach Erdbeere und zeichnet sich im Geschmack durch seine Fülle, seine Ausdrucksstärke und seine Ausgewogenheit aus. Ebenfalls sehr gelungen ist der **2000er Weißwein** mit sehr feinen Aromen von weißen Blüten und Birne. Er ist in der Ansprache lebhaft und wird dann auf elegante Weise rund.

Dom. Doudeau-Léger, Les Giraults, 18300 Sury-en-Vaux, Tel. 02.48.79.32.26, Fax 02.48.79.29.80 n. V.

Pascal Doudeau

GERARD FIOU
La Cabarette Cuvée Silex 1999

☐ 0,3 ha 1 500 11 à 15 €

Auf dem Etikett sieht man eine hoch gewachsene Frau im Frack, wie sie auf der Bühne salutiert: La Cabarette ist eine Einladung zu einer Verkostung unter Freunden. Diese Cuvée, ein Verschnitt von im Edelstahltank vinifizierten und von achtzehn Monate im Eichenfass auf der Feinhefe ausgebauten Weinen, kann noch altern, damit sich der Holzton einfügen kann, aber es kommen schon pflanzliche und mineralische Noten zum Vorschein. Der Geschmack ist recht kräftig gebaut und rund.

Gérard Fiou, 13-15, rue Hilaire-Amagat, 18300 Saint-Satur, Tel. 02.48.54.16.17, Fax 02.48.54.36.89 n. V.

CH. DE FONTAINE-AUDON 2000*

☐ 8,36 ha 70 000 8 à 11 €

Der Weinberg, der vollständig um das Château herum liegt, befindet sich in halber Höhe auf dem Hang, in voller Südlage in Sainte-Gemme, im Norden des Sancerre-Gebiets. Die Sauvignon-Reben sind auf einem kieseligen Tonboden mit Feuerstein angepflanzt, der in diesem Wein in Form von mineralischen Noten zum Ausdruck kommt. Dieser hat eine blassgelbe Farbe mit grünen Reflexen und bietet einen komplexen Duft, in dem sich weiße Blüten, mineralische und pflanzliche Nuancen mischen. Die Ansprache ist lebhaft und klar. Seine Säure macht ihn zu einem guten Begleiter für Krustentiere.

Langlois-Chateau, 3, rue Léopold-Palustre, 49400 Saint-Hilaire-Saint-Florent, Tel. 02.41.40.21.40, Fax 02.41.40.21.49, E-Mail langlois.chateau@wanadoo.fr tägl. 10h–12h30 14h30–18h30; Jan. geschlossen

FOURNIER 2000*

☐ 15,57 ha 120 000 5 à 8 €

Der Weiler Chaudoux liegt an der D 134, nördlich von Verdigny. Die Familie Fournier präsentiert hier eine sehr harmonische Cuvée, die sich mit einer schönen blassgoldenen Farbe schmückt. Sie werden ihre komplexe Aromenpalette mögen, die in der Nase und im Mund weiße Blüten, Früchte (Ananas) und vor allem eine Zitronennote bietet, die gut zu Meeresfrüchten und Loire-Fischen passen wird.

Fournier Père et Fils, Chaudoux, BP 7, 18300 Verdigny, Tel. 02.48.79.35.24, Fax 02.48.79.30.41, E-Mail claude@fournier-père-fils.fr Mo–Fr 8h–18h30; Sa, So n. V.
GFA Chanvrières

DOM. MICHEL GIRARD ET FILS 2000**

◪ 0,65 ha 5 000 8 à 11 €

Dieses dreizehn Hektar große Gut gehört seit sieben Generationen den Girards. Es stellt hier einen aus Pinot-noir-Trauben erzeugten Rosé vor, der ganz im Stil der Appellation gehalten ist: rosa bis orangerote Farbe, feine, fruchtige Aromen (Erdbeere, Himbeere), ebenfalls fruchtiger Geschmack (Erdbeere, Zitrusfrüchte), der reich und anhaltend ist. Der **rote 2000er Sancerre** des Guts erhält eine lobende Erwähnung: Er hat eine schöne rubinrote Farbe und verströmt pflanzliche Nuancen und Kirschnoten. Seine Leichtigkeit und fruchtige Aromen im Geschmack machen ihn zu einem Wein, der unverzüglich Spaß macht.

Dom. Michel Girard et Fils, Chaudoux, 18300 Verdigny, Tel. 02.48.79.33.36, Fax 02.48.79.33.66 n. V.

DOM. DES GRANDES PERRIERES
Vieilles vignes 2000

☐ 1 ha 7 000 8 à 11 €

Diese Cuvée stammt von über 25 Jahre alten Reben. Ein Duft von weißen Blüten und Zitrusfrüchten und ein lebhafter, fetter Geschmack, in dem man die Aromen der Nase wiederfindet, ergeben einen harmonischen Wein, den man zu weißem Fleisch servieren kann.

Jérôme Gueneau, Dom. des Grandes-Perrières, 18300 Sury-en-Vaux, Tel. 02.48.79.39.31, Fax 02.48.79.40.27 n. V.

PASCAL JOLIVET La Grande Cuvée 1998

☐ 1,7 ha 9 000 15 à 23 €

Diese junge Handelsfirma, die 1986 gegründet wurde, hat sich 1999 mit einem neuen Gärkeller ausgerüstet. Nach einer Liebeserklärung im letzten Jahr für den 98er erhält der **weiße 99er Le Chêne Marchand** (Preisgruppe: 70 bis 99 F) eine lobende Erwähnung, ebenso wie diese goldfarbene Grande Cuvée, deren Duft trotz des Vorhandenseins von blumigen Aromen ziemlich entwickelt erscheint. Sie ist ausgewogen, mit einer spürbaren Säure, die ihr im Geschmack eine schöne Frische verleiht, und kann schon jetzt getrunken werden.

Pascal Jolivet, rte de Chavignol, 18300 Sancerre, Tel. 02.48.27.28.29, Fax 02.48.27.28.20, E-Mail info@pascal-jolivet.com Mo–Fr 9h–12h 14h–17h

DOM. DE LA GARENNE 2000*

☐ 6,5 ha 52 000 8 à 11 €

Als die Cuvée Domaine de la Garenne 1978 kreiert wurde, war sie ausschließlich für den Export bestimmt. Heute kann man sie auch in Frankreich selbst finden. Sie bietet einen intensiven, feinen Duft, den exotische Früchte und Zitrusfrüchte prägen. Nach einer lebhaften Ansprache zeigt sie sich reich, ausgewogen und lang.

Bernard-Noël Reverdy, Dom. de la Garenne, 18300 Verdigny-en-Sancerre, Tel. 02.48.79.35.79, Fax 02.48.79.32.82 n. V.

SERGE LALOUE
Silex Cuvée réservée 2000*

☐ 2 ha 13 000 8 à 11 €

Serge und Franck Laloue herrschen über achtzehn Hektar Reben, die auf einem vorwiegend kieseligen Tonboden angepflanzt sind. Dort holen sie die Essenz ihrer Cuvée Silex heraus. Sie hat eine blassgoldene Farbe und zeigt sich dank sehr feiner Aromen in der Nase zu-

rückhaltend: Falscher Jasmin, Orange, pflanzliche Noten. Der im Geschmack frische, lebhafte Wein wird noch besser, wenn er sich mit der Zeit entfaltet. Lobend erwähnt werden soll auch der **99er Rotwein,** ein nicht filtrierter Wein mit sehr einschmeichelndem Duft, der aus empyreumatischen Noten, Unterholz und Lakritze besteht.
🔑 Serge Laloue, Thauvenay, 18300 Sancerre,
Tel. 02.48.79.94.10, Fax 02.48.79.92.48,
E-Mail laloue@terre-net.fr ☑ Y n. V.

DOM. LA MOUSSIERE 2000*

☐ 25 ha 150 000 ▮ 8à11€

Alphonse Mellot führt ein 48 ha großes Gut. Hier ist ihm eine schöne Vinifizierung gelungen. Von diesem Wein, dessen blassgoldene Farbe goldene Reflexe zeigt, gehen Zitrusfrüchte, Anis und Lakritze aus. Großzügigkeit und Ausgewogenheit charakterisieren den Geschmack, in dem die Zitrusfrüchte wieder auftauchen. Und als Erinnerung an den letzten Jahrgang der **99er La Génération XIX** (Preisgruppe: 100 bis 149 F) mit den mineralischen, empyreumatischen und vanilleartigen Noten; die Tannine vom Holz fügen sich gut in einen Geschmack ein, der in der Ansprache lebhaft und im Abgang rund ist.
🔑 Alphonse Mellot, Dom. La Moussière,
18300 Sancerre, Tel. 02.48.54.07.41,
Fax 02.48.54.07.62, E-Mail mellot@sfiedi.com
☑ Y n. V.

DOM. DE LA PERRIERE 2000*

☐ 7 ha 55 000 ▮ 🌡 8à11€

Dieser Wein bringt mit seinen Aromen von Zitrusfrüchten, Spargel, Buchsbaum, weißen Blüten und exotischen Früchten seine Rebsorte zum Ausdruck: den Sauvignon. Er ist elegant, fruchtig, komplex und ausgewogen und kann zu allen Gelegenheiten serviert werden: als Aperitif, zu Zander mit einem würzigen Sabayon (Schaumsauce mit konzentriertem Sud und Butter).
🔑 Dom. de la Perrière, Cave de la Perrière,
18300 Verdigny, Tel. 02.48.54.16.93,
Fax 02.48.54.11.54 ☑ Y n. V.
🔑 SA Pierre Archambault

DOM. SERGE LAPORTE 1999

☐ 2,5 ha 16 000 ▮ 8à11€

Der Keller befindet sich mitten in dem Dorf Chavignol. Dieser Wein von einem tonigen Kalkboden mit weißen Kalksteinen bietet einen eleganten, komplexen Duft, der sich aus pflanzlichen Noten, Zitrusfrüchten, Ingwer und Süßmandel zusammensetzt, und hat seine ganze Frische bewahrt. Die Zitronennoten und die mineralischen Nuancen halten lang an.
🔑 Dom. Serge Laporte, Chavignol,
18300 Sancerre, Tel. 02.48.54.30.10,
Fax 02.48.54.28.91 ☑ Y n. V.

DOM. LES GRANDS GROUX 2000

☐ 8,03 ha 35 000 ▮ 🌡 8à11€

2000 ist Benoît Fouassier in den Betrieb seiner Großeltern eingetreten. Diese Cuvée zieht die Aufmerksamkeit durch ihren intensiven Duft von weißen Früchten, die sich mit einer Prise Gewürzen und vor allem mit Zitrusfrüchten (Zitrone, Pampelmuse) vermischen, auf sich. Der Geschmack ist weich und ziemlich lebhaft, der Abgang zitronenartig. Lobend erwähnt sei auch der **weiße 2000er Le Clos de Bannon,** der sich durch seine kräftigen Aromen und seine Struktur auszeichnet.
🔑 SA Fouassier Père et Fils,
180, av. de Verdun, 18300 Sancerre,
Tel. 02.48.54.02.34, Fax 02.48.54.35.61,
E-Mail fouassier@terre-net.fr
☑ Y tägl. 9h–12h 14h–18h

DOM. RENE MALLERON 2000*

◪ 0,86 ha 7 400 ▮ 11à15€

Champtin, ein mit Crézancy verbundener Weiler, ist sehr ansprechend. Ziegen und Mischkultur existieren neben den Reben, die hier einen Rosé von schöner Qualität geliefert haben. Nur einer von den dreizehn Hektar des Familienbetriebs ist für diesen Wein bestimmt, dessen Trauben mit der Hand gelesen werden. Er hat eine Zwiebelschalenfarbe; die Stärke und der Körper behindern die Fruchtigkeit und die Feinheit nicht.
🔑 Dom. René Malleron, Champtin,
18300 Crézancy-en-Sancerre,
Tel. 02.48.79.06.90, Fax 02.48.79.42.18
☑ Y n. V.

THIERRY MERLIN-CHERRIER
Le Chêne Marchand 1999

☐ 0,8 ha 2 000 ▮ 8à11€

Auf dem Grund seines kleinen Tals liegt Bué 5 km südwestlich von Sancerre. Sie finden dort diesen Keller, der dazu einlädt, mit recht repräsentativen Weinen den Jahrgang 1999 wiederzuentdecken. Zunächst mit diesem Weißwein, der von einem Kalksteinboden stammt. Er erscheint blassgolden im Glas und entfaltet etwas entwickelte Aromen von Pfirsich und anderen Früchten. Der Geschmack ist in der Ansprache lebhaft und wird danach rund. Der **99er Rotwein** des Guts zeigt sich klassisch und bietet die Merkmale eines Pinot noir von einem tonigen Kalksteinboden; das leicht ziegelrot verfärbte Rubinrot weist auf sein Alter hin. Aromen von vollreifen roten Früchten begleiten einen leichten Geschmack. Trinken kann man ihn diesen Herbst.
🔑 Thierry Merlin-Cherrier,
43, rue Saint-Vincent, 18300 Bué,
Tel. 02.48.54.06.31, Fax 02.48.54.01.78
Y Mo–Sa 9h–12h 14h–18h; 15.–31. Aug. geschlossen

DOM. PAUL MILLERIOUX 2000

☐ 13,5 ha 90 000 ▮ 🌡 8à11€

Paul Millerioux ist von seinem Beruf begeistert; er wird Ihnen gern die Geschichte der Appellation erzählen. Er lässt Sie auch diesen reintönigen Wein mit dem Sancerre-typischen Duft und dem anhaltenden, in der Ansprache lebhaften Geschmack probieren, der Buchsbaum- und Ginsternoten bietet und mit Anis ausklingt.

Paul Millerioux, Champtin, 18300 Crézancy-en-Sancerre, Tel. 02.48.79.07.12, Fax 02.48.79.07.63, E-Mail millerio@terre-net.fr
☑ Mo–Sa 8h–12h 14h–20h; So n. V.

DOM. FRANCK MILLET 2000*

■ 2 ha 15 000 8à11€

Franck Millet, Star einer Reportage in einer Nachrichtensendung des Fernsehsenders France 2, sagte uns, er habe nur sympathische Kunden. Sie, lieber Leser, sollten dazugehören: Dieser Wein erstrahlt in einem dunklen Rubinrot, das die Reife der Trauben enthüllt. Die roten Früchte springen förmlich in die Nase und sind auch im Mund zu finden. Der wohl ausgewogene Geschmack ist rund und fein zugleich und besitzt gut verschmolzene Tannine. Trinken Sie ihn je nach Lust und Laune zu Fleisch oder Wurstgerichten.

Franck Millet, rue Saint-Vincent, 18300 Bué, Tel. 02.48.54.25.26, Fax 02.48.54.39.85, E-Mail franck.millet@wanadoo.fr ☑ n. V.

DOM. GERARD MILLET 2000*

□ 12,5 ha 109 000 8à11€

Gérard Millet, der im Hachette-Weinführer 2000 eine Liebeserklärung erhielt, präsentiert Ihnen diesen sehr feinen Wein. Seine unaufdringliche blassgelbe Farbe mit grünen Reflexen verlockt. Seine delikaten Düfte von Wiesenblumen im Frühling verführen. Sein lang anhaltender Geschmack verwöhnt den Gaumen. Seine Lebhaftigkeit verstärkt die Nachhaltigkeit der Aromen.

Gérard Millet, rte de Bourges, 18300 Bué, Tel. 02.48.54.38.62, Fax 02.48.54.13.50, E-Mail gmillet@terre-net.fr ☑ n. V.

FLORIAN MOLLET 2000**

□ k. A. 16 000 8à11€

Die erste Ernte für Florian Mollet, das Debüt im Hachette-Weinführer! Sein Sancerre zeichnet sich durch seine Intensität aus: Der fruchtige, leicht muskatellerartige Duft findet ein schönes Echo im Geschmack, der in der Ansprache lebhaft und danach angenehm rund, nachhaltig und ziemlich warm ist. Ebenfalls probierenswert ist die **weiße Cuvée Le Roc de l'Abbaye** mit einer mineralischen Note, die ihren feuersteinhaltigen Tonboden zum Ausdruck bringt, sowie Pampelmusennuancen.

EARL Clos du Roc, 84, av. de Fontenay, 18300 Saint-Satur, Tel. 02.48.54.02.26, Fax 02.48.54.02.26
☑ Mo–Sa 9h–12h 14h–18h; So n. V.

ROGER MOREUX
Les Monts Damnés 1999*

□ 1 ha 6 000 8à11€

Roger Moreux ist ein schöner Wein gelungen, der die Seele seines Terroir, der berühmten Reblage les Monts Damnés, enthüllt. Dieser 99er ist in der Nase sehr intensiv und sehr komplex; im Glas drängt sich alles: Blüten, weiße Früchte (Pfirsich), exotische Früchte (Litschi, Mango), Mineralisches, Vanille. Einen echten Cocktail findet man auch im Geschmack, wo sich nach einer lebhaften Ansprache die aromatische Stärke entfaltet.

Roger Moreux, Chavignol, 18300 Sancerre, Tel. 02.48.54.05.79, Fax 02.48.54.09.55, E-Mail moreux912@aol.com
☑ Mo–Sa 8h–12h 14h–19h; So 8h–12h

MOULIN DES VRILLERES
Perle blanche 1999*

□ k. A. 6 000 5à8€

Dieser Wein, dessen Farbe nicht sehr intensiv ist, überrascht stärker durch seine sehr feinen Aromen: mineralische Noten und Akazienblüte mit Farnkraut- und Buchsbaumnuancen. Im Geschmack lässt er durch seinen sehr mineralischen Charakter seine Herkunft erkennen. Er ist lebhaft und gut ausbalanciert.

Christian Lauvergeat, SCEA Moulin des Vrillères, 18300 Sury-en-Vaux, Tel. 02.48.79.38.28, Fax 02.48.79.39.49, E-Mail lauvergeatchristian@wanadoo.fr
☑ n. V.

DOM. DU NOZAY 2000**

□ 6 ha 45 000 5à8€

Das Weingut von Philippe de Benoist befindet sich in einem Stück in einem großen Talkessel. Er gehört einer Familie mit langer militärischer Tradition an, entschied sich aber vor dreißig Jahren für die Weinbaukarriere und ließ sich in einem Château aus dem 18. Jh. nieder. Seine beiden Cuvées wurden ausgewählt. Die eine, der **weiße 2000er Château du Nozay** (Preisgruppe: 50 bis 69 F), wird von dem Weinhändler Pascal Jolivet vertrieben, der selbst die Zusammenstellung ausgesucht hat. Sie ist prächtig und teuer: ein echter trockener Sancerre. Die andere ist vielleicht mehr für die Engländer gemacht: 2,8 g/l Restzucker. Dieser runde, volle Wein bietet einen schönen Ausdruck des Terroir und der Trauben. Seine Aromenpalette mischt Mirabelle, Quitte und weiße Blüten (Akazie). Er hat Charakter.

Philippe de Benoist, Dom. du Nozay, Ch. du Nozay, 18240 Sainte-Gemme-en-Sancerrois, Tel. 02.48.79.30.23, Fax 02.48.79.36.64, E-Mail nozay@aol.com
☑ n. V.

PAUL PRIEUR ET FILS 2000**

□ 9,28 ha 80 000 8à11€

Diese Familie hat ihre Wurzeln in Verdigny, wo sich ein Winzermuseum befindet. Paul, Didier und Philippe Prieur haben drei Weine vorgestellt, die alle ausgewählt worden sind. Der Favorit ist dieser bemerkenswerte Weißwein mit den grünen Reflexen und dem komplexen, eleganten Duft (Lilie, Pfirsich, Litschi, Ginster, Pampelmuse). Im Geschmack zeigt er eine schöne Ausgewogenheit und Lebhaftigkeit, die durch Zitrusfrüchte verstärkt wird. Zur Liebeserklärung fehlte nur wenig. Der sehr gelungene **99er Rotwein** (ein Stern) ist sehr fruchtig und gut strukturiert. Der feine, fruchtige **2000er Rosé** schließlich erhält eine lobende Erwähnung.

Dom. Paul Prieur et Fils,
rte des Monts-Damnés, 18300 Verdigny,
Tel. 02.48.79.35.86, Fax 02.48.79.38.85
Mo–Sa 9h–12h 14h–18h; So n. V.

DOM. DU P'TIT ROY 2000**

2 ha 10 000 8à11€

Dieser Wein wird aus Pinot-noir-Trauben erzeugt, die auf den berühmten weißen Kalksteinen *(«caillottes»)* des Sancerre-Gebiets wachsen. Seine angenehm intensive kirschrote Farbe mit bläulich roten Reflexen zeugt von einer guten Reife, die auch die Aromen von Sauerkirsche und schwarzer Johannisbeere bestätigen. Der Geschmack verführt durch seine Rundheit, seine Ausgewogenheit und seine gut eingefügten Tannine. Ein sehr eleganter Wein.

Pierre et Alain Dezat, Maimbray,
18300 Sury-en-Vaux, Tel. 02.48.79.34.16,
Fax 02.48.79.35.81 n. V.

NOEL ET JEAN-LUC RAIMBAULT
Les Chailloux 2000*

1,5 ha 13 300 5à8€

Den Raimbaults ist ein schöner Jahrgang 2000 gelungen. Zunächst einmal dank dieser Cuvée, die sich mit einer intensiven Aromenpalette präsentiert, die aus pflanzlichen Noten (Buchsbaum, Ginster), Zitrusfrüchten und mineralischen Nuancen besteht und die man auch im Geschmack findet. Die Ansprache ist sanft; danach kommt die Lebhaftigkeit zum Vorschein. Ein Wein, der ganz dem Jahrgang entspricht. Die **rote 2000er Cuvée Les Cotelins**, die ein gutes Potenzial besitzt, das auf eine schöne Reife der Trauben zurückgeht, erhält wegen ihres hübschen Dufts von eingemachten kleinen Früchten und Gewürzen, die sich *mezzo voce* ausdrücken, eine lobende Erwähnung.

Noël et Jean-Luc Raimbault,
Lieu-dit Chambre, 18300 Sury-en-Vaux,
Tel. 02.48.79.36.56, Fax 02.48.79.36.56
n. V.

DOM. HIPPOLYTE REVERDY 2000*

10 ha 65 000 8à11€

Eleganz und Komplexität sind die beiden Trümpfe dieses Weins. Seine Aromen erinnern an Pfirsich, Orangenschale, Zitrone, Lilie und Anis. Die Ansprache ist klar und lebhaft, der Körper geschmeidig und fruchtig, der Abgang lang. Probieren Sie dazu einen Eintopf aus Schalentieren. Ebenfalls probierenswert ist der sehr gelungene **2000er Rotwein** mit seinem dunklen Kirschrot. Die Reife der Trauben bei der Lese verleiht ihm Charakter: Noten von roten und schwarzen Früchten, spürbare, aber feine Tannine, gute Länge.

Dom. Hippolyte Reverdy, Chaudoux,
18300 Verdigny-en-Sancerre,
Tel. 02.48.79.36.16, Fax 02.48.79.36.65
n. V.

PASCAL ET NICOLAS REVERDY
2000**

7 ha 55 000 5à8€

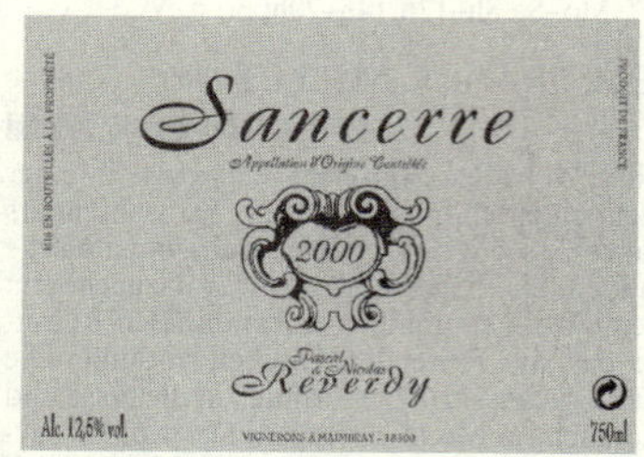

Die Reverdys, die bereits für einen roten 95er Sancerre eine Liebeserklärung erhielten, schaffen die gleiche Leistung diesmal mit einem Weißwein. Dieser blassgelbe 2000er hat die Jury durch seinen sehr intensiven Duft, in dem Zitrusfrüchte (Pampelmuse), Ginster und Buchsbaum dominieren, angenehm überrascht. Der Geschmack ist sehr ausgewogen und ebenso genussvoll wie der Geruchseindruck. Die Ansprache ist klar, der Abgang sehr lang und fruchtig. «Wagen Sie die Kombination mit einer Seezunge mit kandierten Orangenschalen», schlug ein Verkoster vor. Die **sechs Monate im Holzfass ausgebaute rote Cuvée 2000** hat ebenfalls zwei Sterne erhalten. Sie hat eine sehr dunkle Farbe. Die Aromen von vollreifen Früchten (Himbeere, schwarze Johannisbeere, Backpflaume) und Veilchen teilen sich den Duft und den Geschmack. Am Gaumen bestätigt der Wein seinen Charakter mit feinen, aber spürbaren Tanninen, die eine Lagerung von einem Jahr erfordern.

Pascal et Nicolas Reverdy, Maimbray,
18300 Sury-en-Vaux, Tel. 02.48.79.37.31,
Fax 02.48.79.41.48 Mo–Sa 14h30–19h

DOM. BERNARD REVERDY ET FILS
2000**

0,83 ha 6 000 8à11€

Dieser Rosé aus direkt gepressten Trauben, der als einer der raren Kandidaten für eine Liebeserklärung der Oberjury vorgestellt wurde, zeigt das ganze Können der Reverdys: Er ist sehr schön und präsentiert sich in einer hellen, fast bonbonrosa Farbe; er äußert sich in sehr fruchtigen Noten, die in Richtung Konfitüre gehen. Im Geschmack ist er trocken, fett, freimütig und ebenfalls sehr fruchtig. Er kann Ihre herbstliche Mahlzeit oder einen Weichkäse begleiten. Der **weiße 2000er Sancerre,** der nach Zitrusfrüchten und Banane duftet, ist rund und gefällig; er erhält einen Stern und ist für weißes Fleisch bestimmt.

Dom. Bernard Reverdy et Fils,
rte des Petites-Perrières, Chaudoux,
18300 Verdigny, Tel. 02.48.79.33.08,
Fax 02.48.79.37.93 n. V.

JEAN REVERDY ET FILS
La Reine Blanche 2000*

9 ha 60 000 8à11€

Diese Reine Blanche erhielt im letzten Jahr als 99er eine Liebeserklärung. Sie stammt von einem Kalkstein- und Feuersteinboden und zeigt beim Jahrgang 2000 eine schöne blassgelbe Farbe mit goldenen Reflexen. Der intensive Duft setzt vor einem Honighintergrund auf Zitrusfrüchte. Seine Lebhaftigkeit in der Ansprache gerät dank der extremen Rundheit seiner Entfaltung im Geschmack in Vergessenheit.

Jean Reverdy et Fils, 18300 Verdigny,
Tel. 02.48.79.31.48, Fax 02.48.79.32.44
☑ Y n. V.

CLAUDE RIFFAULT La Noue 2000

■ 2,3 ha 18 000 5 à 8 €

Die Cuvée La Noue bietet eine intensive, strahlende rubinrote Farbe. Der Duft liefert pflanzliche Noten und entfaltet sich dann zu roten Früchten, darunter auch Walderdbeere. Die Ansprache ist klar; die Tannine sind verschmolzen, und die Frucht prägt auch den Geschmack. Dieser noch junge Wein hat Potenzial. Servieren kann man ihn zu Hähnchen, in Sancerre-Wein zubereitet.

SCEV Claude Riffault, Maison-Sallé,
18300 Sury-en-Vaux, Tel. 02.48.79.38.22,
Fax 02.48.79.36.22
☑ Y Mo–Sa 8h–12h 14h–19h; So n. V.

DOM. DU ROCHOY 2000★★

□ 8,2 ha 60 000 8 à 11 €

Eine schöne goldene Farbe, ein von Orangenschale beherrschter Duft und ein lebhafter, runder, anhaltender Geschmack, der an den Eindruck in der Nase erinnert: Dieser sehr ausgewogene, für die Appellation typische Wein wird Ihre gegrillten Fische zur Geltung bringen. Der sehr gelungene **weiße 2000er La Cresle de Laporte,** der von Reben stammt, die auf *«caillottes»* (wie man hier den Kalkstein nennt) angepflanzt sind, verführt durch seine Noten von weißen Blüten.

Laporte, Cave de la Cresle,
rte de Sury-en-Vaux, 18300 Saint-Satur,
Tel. 02.48.78.54.20, Fax 02.48.54.34.33
☑ Y n. V.

DOM. DE SAINT-PIERRE
Cuvée Maréchal Prieur 1999★★★

■ k. A. 4 400 11 à 15 €

Pierre Prieur und seine Söhne bewirtschaften Parzellen in den besten Terroirs des Sancerre-Gebiets. Diese ein Jahr lang im Holzfass ausgebaute Cuvée hat die Jury erobert, die sie einstimmig zum Lieblingswein wählte. Sie zeigt ein intensives, sehr jugendliches Rubinrot und bietet einen Duft, der zur gleichen Zeit blumig, animalisch, vanilleartig und fruchtig ist, repräsentativ für einen Sancerre. Der Geschmack ist komplex und fein, konzentriert und ausgewogen. Dieser Wein bringt die perfekte Vermählung von Pinot-noir-Traube, Holz und Können der Winzer zum Ausdruck.

SA Pierre Prieur et Fils,
Dom. de Saint-Pierre,
18300 Verdigny-en-Sancerre,
Tel. 02.48.79.31.70, Fax 02.48.79.38.87
☑ Y Mo–Sa 8h30–12h 14h–18h

DOM. DE SAINT-ROMBLE 2000★

□ 7,5 ha 30 000 5 à 8 €

Eine schöne blasse Farbe bei diesem noch sehr jungen Wein, der sich noch nicht entfaltet. Der Geschmack lässt eine schöne Zukunft vorhersagen: Er besitzt «Fett», viel Fett und eine schöne Länge. Geduld also! Lobend erwähnt sei noch der **99er Rotwein** des Guts, der fruchtig, leicht und sanft ist. Vertrieben werden diese Weine von Fournier in Verdigny, der dieses Gut seit 1996 bewirtschaftet.

SARL Paul Vattan, Dom. de Saint-Romble,
Maimbray, BP 45, 18300 Sury-en-Vaux,
Tel. 02.48.79.30.36, Fax 02.48.79.30.41,
E-Mail claude@fournier-pere-fils.fr
☑ Y Mo–Fr 9h–12h 14h–18h; Sa, So n. V.

DOM. CHRISTIAN SALMON 1999★★

■ 3,33 ha 26 666 8 à 11 €

Die Weinberge von Christian Salmon erstrecken sich auf die tonigen Kalksteinhänge der Gemeinde Bué. Welcher ist dieses Jahr sein bester Wein? Dieser achtzehn Monate im Holzfass ausgebaute Sancerre, der jetzt seine ganze Fülle findet. Aromen von vollreifen Früchten und Röst- und Vanillenoten, ein gut ausbalancierter Geschmack, der in Richtung Frucht und Kakao geht, Tannine, die sich in eine sehr schöne Vereinigung zwischen Wein und Holz gut eingefügt haben. Lobend erwähnt werden der lebhafte, fruchtige **2000er Rosé** und der **2000er Weißwein,** der mit den Blüten- und Zitrusaromen elegant wirkt.

SA Christian Salmon, Le Carroir,
18300 Bué, Tel. 02.48.54.20.54,
Fax 02.48.54.30.36 ☑

CAVE DES VINS DE SANCERRE
Cuvée réservée 2000

□ k. A. 13 300 5 à 8 €

Die 1963 gegründete Genossenschaft hat dieses Jahr ihren Sitz verlegt. Sie präsentiert einen Wein, der dank seines intensiven, von pflanzlichen Aromen (Buchsbaum) dominierten Dufts mit mineralischen und fruchtigen Noten recht typisch für seine Appellation ist. Nach einer lebhaften, frischen Ansprache zeigt sich der Körper rund, mit einem Hauch von Gewürzen im Abgang.

Cave des vins de Sancerre, av. de Verdun,
18300 Sancerre, Tel. 02.48.54.19.24,
Fax 02.48.54.16.44,
E-Mail infos@vins-sancerre.com ☑ Y n. V.

GERARD ET HUBERT THIROT
Elevé en fût de chêne Cuvée Pierre 1999*

■ 0,5 ha 3 000 8à11€

Die Thirots sind hier seit drei Jahrhunderten Winzer. Aber wer ist der besagte Pierre dieser Cuvée? Sein Ausbau im Eichenfass verleiht ihm Vanille-, Kaffee- und Kakaonoten, die die Frucht begleiten. Im Geschmack ist die Ansprache sanft, aber die Tannine sind noch deutlich zu spüren; sie müssen verschmelzen.

Gérard et Hubert Thirot, allée du Chatiller, 18300 Bué, Tel. 02.48.54.16.14, Fax 02.48.54.00.42 n. V.

DOM. THOMAS Le Pierrier 2000*

□ 11,5 ha 70 000 8à11€

Das im 17. Jh. entstandene Gut machte Sancerre Anfang des 20. Jh. in Paris bekannt. Dieser beim ersten Riechen mineralische Wein entfaltet danach einen delikaten Birnenduft. Der Geschmack ist füllig, rund, kräftig und ausgewogen. Die leichte Bitterkeit wird sich mit der Zeit verflüchtigen. Die **rote 99er Cuvée Terres Blanches** wird lobend erwähnt: Der Ausbau im Holzfass hat die Fruchtigkeit der Trauben respektiert.

Dom. Thomas et Fils, Verdigny, 18300 Sancerre, Tel. 02.48.79.38.71, Fax 02.48.79.38.14 Mo–Sa 9h–12h 14h–19h; So n. V.

CLAUDE ET FLORENCE THOMAS-LABAILLE
Les Aristides Vieilles vignes 2000*

□ 1,5 ha 7 500 8à11€

Ein originelles Etikett lädt Sie ein, Les Aristides zu probieren. Der Duft ist diskret, fein und angenehm, mit fruchtigen und mineralischen Noten. Der runde Geschmack, der eine schöne Stärke und eine echte Feinheit besitzt, passt gut zum berühmten lokalen Käse Crottin de Chavignol. Die Cuvée **L'Authentique 2000** verdient, dass man ebenfalls bei ihr verweilt; sie ist mineralischer und lebhaft und wurde nicht im Holzfass ausgebaut.

Claude et Florence Thomas-Labaille, Chavignol, 18300 Sancerre, Tel. 02.48.54.06.95, Fax 02.48.54.07.80 n. V.

DOM. DES TROIS NOYERS 2000*

□ 7 ha 30 000 8à11€

Ein Wein von schöner blassgoldener Farbe, mit einem feinen, eleganten Duft, der von Zitrone und Pampelmuse dominiert wird. Der gut ausbalancierte, lebhafte Geschmack ist vollkommen im Einklang mit dem Geruchseindruck. Empfehlen kann man ihn zu marinierten Miesmuscheln. Der vom gleichen Gut erzeugte **rote 2000er Domaine des Trois Noyers** erhält einen Stern. Im Geschmack dominieren Früchte (Kirsche, Himbeere), auch wenn die Tannine noch ein wenig hart sind. Ein wenig aufheben.

Reverdy-Cadet et Fils, rte de la Perrière, Chaudoux, 18300 Verdigny, Tel. 02.48.79.38.54, Fax 02.48.79.35.25 n. V.

DOM. VACHERON 1999**

■ 11 ha 50 000 8à11€

Die Domaine Vacheron, ein Stammgast in unserem Weinführer, befindet sich auf dem berühmten Berggipfel von Sancerre. Dieser Wein ist ein Jahr im Holzfass ausgebaut worden, was ihm Vanille-, Kaffee- und Röstnoten verleiht. Er wird fülliger im Geschmack, in dem sich die Aromen von gekochten und schwarzen Früchten entladen. «Fett», Stoff und eine große Nachhaltigkeit.

Dom. Vacheron, rue du Puits-Poulton, 18300 Sancerre, Tel. 02.48.54.09.93, Fax 02.48.54.01.74 n. V.

DOM. ANDRE VATAN Maulin Bèle 2000

◪ 0,45 ha 3 900 8à11€

Ein Sancerre, den man zu Gebäck servieren kann. Er hat eine schöne Zwiebelschalenfarbe und entfaltet kräftige Aromen von exotischen Früchten. Die ebenfalls lobend erwähnte **weiße 2000er Cuvée Les Charmes** besitzt eine gelbe Farbe mit grünen Reflexen und bringt die Sauvignon-Traube gut zum Ausdruck: Aromen von Buchsbaum, Ginster und Zitrusfrüchten. Der Geschmack wird von weißen Blüten dominiert. Ein feiner, lebhafter Wein.

André Vatan, Chaudoux, 18300 Verdigny, Tel. 02.48.79.33.07, Fax 02.48.79.36.30 n. V.

DOM. DU VIEUX PRECHE 2000**

■ 0,5 ha 4 700 8à11€

Eine sehr kleine Cuvée, aber ein großer Wein: Dieser zum Lieblingswein gewählte Sancerre bezaubert sofort durch sein klares Rot mit den purpurroten Tönen. Die Früchte von vollreifen roten Früchten (Himbeere, schwarze Johannisbeere, Kirsche) und Kakao halten im Geschmack lang an. Dieser ist weich, fest und ausgewogen und lässt eine schöne Zukunft vorhersagen.

SCEV Robert Planchon et Fils, Dom. du Vieux Prêche, 3, rue Porte-Serrure, 18300 Sancerre, Tel. 02.48.54.22.22, Fax 02.48.54.09.31 n. V.

TAL DER RHONE

Wild und ungestüm schießt die Rhône in Richtung Südfrankreich, der Sonne zu. An ihren Ufern, in Landstrichen, die der Strom mehr verbindet, als dass er sie trennen würde, liegen Weinbaugebiete, die zu den ältesten von Frankreich gehören und hier einen guten Ruf haben, während sie weiter entfernt verkannt sind. Das Rhône-Tal ist hinsichtlich der Produktionsmenge nach dem Bordelais das zweitgrößte französische Anbaugebiet für Qualitätsweine; auch qualitativ können einige seiner Crus durchaus mithalten und erregen bei den Weinkennern ebenso großes Interesse wie einige der berühmtesten Bordeaux- oder Burgunderweine.

Doch lange Zeit wurde der Côtes du Rhône gering geschätzt: Er galt als netter, ein wenig volkstümlicher Zechwein und tauchte nur höchst selten in den eleganten Restaurants auf. Als «Wein einer Nacht», dem eine sehr kurze Gärdauer einen leichten, fruchtigen und tanninarmen Charakter verlieh, hatte er Ähnlichkeit mit dem Beaujolais in den *«bouchons»*, den Weinlokalen von Lyon. Aber die wahren Weinfreunde schätzten trotzdem die großen Gewächse und genossen einen Hermitage mit der ganzen Hochachtung, die man den größten Weinen schuldet. Heute hat sich das Image der Côtes-du-Rhône-Weine angesichts einer ständigen Verbesserung der Qualität erholt; zu verdanken ist dies den Anstrengungen von 12 000 Winzern und ihren Berufsverbänden. Zwar werden sie auch weiterhin fröhlich an der Kneipentheke getrunken, aber sie nehmen einen immer größeren Platz in den besten Restaurants ein. Und da ihre Vielfalt ihren Reichtum ausmacht, werden sie künftig wieder den Erfolg haben, den sie schon einmal in der Vergangenheit hatten.

Wenige Weinbaugebiete können sich nämlich auf eine so glorreiche Vergangenheit berufen. Von Vienne bis Avignon gibt es kein Dorf, das nicht ein paar höchst denkwürdige Episoden aus der Geschichte Frankreichs schildern könnte. Zudem erhebt man in der Umgebung von Vienne Anspruch darauf, eines der ältesten Weinbaugebiete des Landes zu besitzen: Es wurde von den Römern erweitert, nachdem es von den griechischen Phokäern, die von Marseille aus das Rhône-Tal hinaufzogen, angelegt worden war. Um das 4. Jh. v. Chr. gab es nachweislich Weinberge im Gebiet der heutigen Appellationen Hermitage und Côte-Rôtie, während man in der Gegend von Die ab dem Beginn der christlichen Zeitrechnung Wein anbaute. Die Tempelritter pflanzten im 12. Jh. die ersten Reben von Châteauneuf-du-Pape an; zwei Jahrhunderte später führte Papst Johannes XXII. ihr Werk fort. Im 17. und 18. Jh. waren die Weine der «Côte du Rhône Gardoise» sehr beliebt.

Heute steht das mittelalterliche Schloss Suze-la-Rousse, das im südlichen Abschnitt des Rhône-Tals auf dem linken Flussufer liegt, ganz im Dienste des Weins: Die «Weinuniversität» hat hier ihren Sitz und führt Kurse, eine Berufsausbildung und verschiedene Veranstaltungen durch.

Im gesamten Tal der Rhône werden auf beiden Ufern Weine erzeugt, aber manche Experten trennen dennoch die Weine vom linken Ufer, die schwerer und alkoholreicher sind, von denen des rechten Ufers, die leichter ausfallen. Allgemeiner unterscheidet man zwei große Abschnitte, die deutlich gegeneinander abgegrenzt sind: das Weinbaugebiet der nördlichen Côtes du Rhône nördlich von Valence und das der südlichen Côtes du Rhône südlich von Montélimar; sie werden durch eine etwa 50 km breite Zone, in der es keinen Weinbau gibt, voneinander getrennt.

Nicht vergessen darf man auch die Appellationen, die sich in der Nähe des Rhône-Tals befinden; sie sind zwar der breiten Öffentlichkeit weniger bekannt, erzeugen aber ebenfalls eigenständige, hochwertige Weine. Es handelt sich dabei um Coteaux du Tricastin im Norden, Côtes du Ventoux und Côtes du Lubéron im Osten sowie Côtes du Vivarais im Nordwesten. Etwas abseits vom eigentlichen Rhône-Tal liegen drei weitere Appellationen: Clairette de Die und Châtillon-en-Diois im Tal der Drôme, am Rande des Vercors, und Coteaux de Pierrevert im Departement Alpes-de-Haute-Provence. Erwähnen sollte man zum Schluss noch die beiden Appellationen für Vins doux naturels im Departement Vaucluse: Muscat de Beaumes-de-Venise und Rasteau (siehe dazu das Kapitel, das den VDN gewidmet ist).

Hinsichtlich der Boden- und Klimaunterschiede lässt sich das riesige Gebiet des Rhône-Tals in drei Bereiche einteilen. Nördlich von Valence ist das Klima gemäßigt mit kontinentalem Einfluss; die Böden bestehen zumeist aus Granit oder Schiefer und befinden sich an sehr steilen Hängen. Die Rotweine werden hier ausschließlich aus der Rebsorte Syrah erzeugt, die Weißweine aus Marsanne und Roussanne; die Viognier-Rebe bringt den Château-Grillet und den Condrieu hervor. Im Diois, dem Gebiet von Die, wird das Klima durch die bergige Oberflächengestalt beeinflusst; die kalkhaltigen Böden bestehen aus Geröll vom Fuß der Abhänge. Die Rebsorten Clairette und Muscat haben sich an diese natürlichen Voraussetzungen gut angepasst. Südlich von Montélimar ist das Klima mediterran. Die sehr vielfältigen Böden verteilen sich auf einen Kalksteinuntergrund (Terrassen mit Geröll, rote sandig-tonige Böden, Molassen und Sand). Dort wird hauptsächlich die Rebsorte Grenache angebaut, aber die klimatischen Schwankungen zwingen die Winzer dazu, mehrere Rebsorten zu verwenden, damit sie völlig ausgewogene Weine erhalten: Syrah, Mourvèdre, Cinsaut, Clairette, Bourboulenc und Roussanne.

Nachdem die bestockte Anbaufläche im 19. Jh. deutlich zurückgegangen war, ist das Weinbaugebiet des Rhône-Tals wieder gewachsen und dehnt sich heute weiter aus. Es umfasst insgesamt 59 000 ha, die im Durchschnitt 2,9 Mio. hl pro Jahr erzeugen; fast 50 % der Produktion werden im nördlichen Abschnitt vom Weinhandel vertrieben, während im südlichen Abschnitt 70 % von Genossenschaften verkauft werden.

Côtes du Rhône

Die regionale Appellation Côtes du Rhône wurde 1937 durch Erlass festgelegt. 1996 modifizierte ein neuerlicher Erlass die neuen Bedingungen für die Bestockung, die ab 2004 angewendet werden müssen: Bei den roten Rebsorten muss die Grenache-Rebe dann einen Mindestanteil von 40% haben, während Syrah und Mourvèdre ihren Anteil beibehalten sollen. Diese Bedingung gilt natürlich nur für die Anbaugebiete im südlichen Abschnitt, die südlich von Montélimar liegen. Die Möglichkeit, weiße Rebsorten beizumischen, wird nur noch für die Roséweine bestehen. Die AOC erstreckt sich auf sechs Departements: Gard, Ardèche, Drôme, Vaucluse, Loire und Rhône. Auf einer Anbaufläche von 41 000 ha, die sich fast vollständig im südlichen Abschnitt befinden, werden 2,2 Mio. hl erzeugt. Den Hauptteil der Produktion machen mit 96 % die Rotweine aus; Rosé- und Weißweine haben jeweils 2 % Anteil. 10 000 Winzer verteilen sich auf 1 610 Privatkellereien (35 % der Produktionsmenge) und 70 Genossenschaftskellereien (65 % der Produktion). Von den 300 Millionen Flaschen, die jedes Jahr in den Handel gelangen, werden 40 % zu Hause und 30 % in Restaurants getrunken sowie 30 % exportiert.

Dank der Unterschiede im Mikroklima und dank der Vielfalt der Böden und Rebsorten bringen diese Weinberge Weine hervor, die jeden Gaumen erfreuen können: lagerfähige Rotweine, gehaltvoll, tanninreich und großzügig, die zu rotem Fleisch passen und in den wärmsten Anbauzonen auf Böden aus der alpinen Eiszeit erzeugt werden (Domazan, Estezargues, Courthézon, Orange usw.); leichtere Rotweine, die fruchtiger und nerviger sind und von leichteren Böden stammen (Puymeras, Nyons, Sabran, Bourg-Saint-Andéol usw.); schließlich fruchtige, süffige «Primeur»-Weine (rund 15 Mio. Flaschen), die man sehr jung trinkt, ab dem dritten Donnerstag im November, und die einen nicht nachlassenden wachsenden Erfolg erleben.

Tal der Rhône (nördlicher Abschnitt)

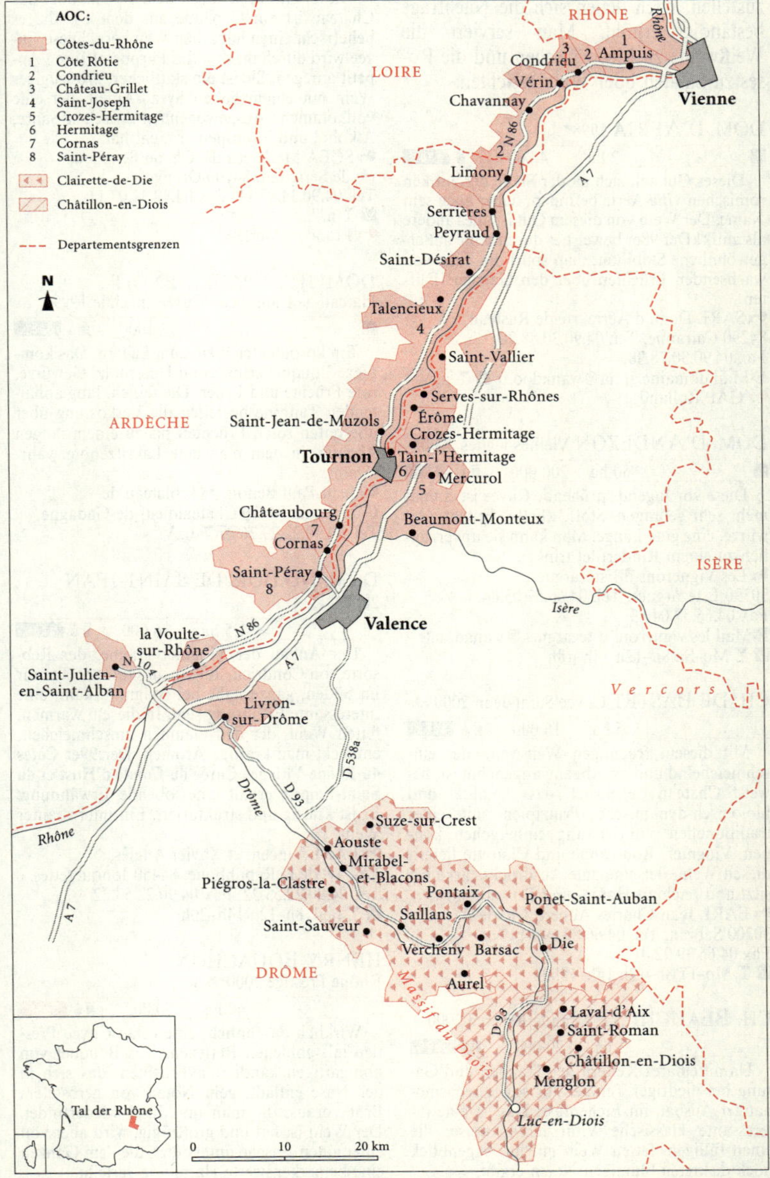

Die Wärme im Sommer stattet die Weiß- und Roséweine mit einer Struktur aus, die durch Ausgewogenheit und Rundheit gekennzeichnet ist. Die Sorgfalt der Erzeuger und die Gewissenhaftigkeit der Önologen ermöglichen es, ein Höchstmaß an Aromastoffen zu extrahieren und frische, delikate Weine herzustellen, nach denen sich die Nachfrage beständig erhöht. Man serviert die Weißweine zu Meeresfischen und die Rosés zu Salaten oder Wurstgerichten.

DOM. D'AERIA 1998*

■ 2 ha 4 000 5à8€

Dieses Gut soll sich an der Stelle der antiken römischen *villa* Aeria befinden, daher auch sein Name. Der Wein von diesem Gut ist alles andere als antik! Der 98er beweist es durch seine außergewöhnliche Stabilität; man spürt die Fülle von wachsenden Früchten über den Garrigue-Düften.

SARL Dom. d'Aéria, rte de Rasteau, 84290 Cairanne, Tel. 04.90.30.88.78, Fax 04.90.30.78.38, E-Mail domaine.aéria@wanadoo.fr n. V.
GAP Rolland

DOM. D'ANDEZON Vieilles vignes 2000*

■ 50 ha 200 000 5à8€

Diese vor Jugend sprühende Cuvée ist einmal mehr sehr gelungen. Stoff, «Fett», Frucht, Gewürze, eine gute Länge. Man kann sie unverzüglich zu einem Rinderfilet trinken.

Les Vignerons d'Estézargues, 30390 Estézargues, Tel. 04.66.57.03.64, Fax 04.66.57.04.83, E-Mail les.vignerons.estezargues@wanadoo.fr
Mo–Sa 8h–12h 14h–18h

CH. DE BASTET Cuvée Saint-Jean 2000

□ 5 ha 16 000 5à8€

Mit diesem fruchtigen Weißwein, der einschmeichelnd und im Abgang angenehm ist, beweist Château de Bastet, dass Qualität und biologisch-dynamische Prinzipien mit einer traditionellen Vinifizierung einhergehen können. Viognier, Roussanne und Clairette liefern diesen Wein, der eine gute Ausdrucksstärke besitzt und reich an Honig- und Röstnoten ist.

EARL Jean-Charles Aubert, Ch. de Bastet, 30200 Sabran, Tel. 04.66.89.69.14, Fax 04.66.39.92.01
Mo–Fr 8h–12h 14h–18h30

CH. BEAUCHENE Grande Réserve 2000

□ 3 ha 20 000 5à8€

Unmittelbares Keltern der Trauben und Gärung bei niedriger Temperatur sowie sechsmonatiger Ausbau im Eichenfass: Das ist eine interessante klassische Vinifizierungsweise, die einen fülligen, fetten Wein mit im Augenblick noch diskreten blumigen Noten ergibt.

Michel Bernard, ch. Beauchêne, rte de Beauchêne, 84420 Piolenc, Tel. 04.90.51.75.87, Fax 04.90.51.73.36, E-Mail chateaubeauchene@worldonline.fr
Mo–Fr 8h–12h 13h30–17h30

CH. DE BEAULIEU
Cuvée Prestige 1998**

■ 2 ha 10 000 5à8€

Dieses Gut besteht seit dem 14. Jh., aber das Château ist ein Gebäude aus dem 18. Jh.; es beherrscht einen hübschen Weinberg. Diese Cuvée wird durch ihr dunkles Purpurrot Ihren Appetit anregen. Sie ist ein stattlicher, großzügiger Wein mit einem hohen Syrah-Anteil, der eine vollkommene Ausgewogenheit zwischen Säure, Alkohol und Tanninen erreicht hat.

SCEA Merle et Fils, Ch. de Beaulieu, rte de Sérignan, 84100 Orange, Tel. 04.90.34.07.11, Fax 04.90.34.07.11
n. V.
François Merle

DOM. JEAN-PAUL BENOIT
Plateau de Campbeau Cuvée spéciale 1999*

■ k. A. 1000 5à8€

Ein korpulenter Wein zum Lagern. Das komplexe Bouquet erinnert an Unterholz, Gewürze, rote Früchte und Leder. Die feinen, lang anhaltenden Tannine begleiten die Verkostung über überreifen roten Früchten bis zu einem langen Abgang, in dem man eine Lakritzenote wahrnimmt.

Jean-Paul Benoît, 584, plateau de Campbeau, 84470 Châteauneuf-de-Gadagne, Tel. 04.90.22.29.76 n. V.

DOM. DU BOIS DE SAINT-JEAN 2000*

□ 1,5 ha 6 000 5à8€

Der Anbau der Viognier-Traube, der Rebsorte von Condrieu, auf einem sandigen Terroir im Süden, ganze nahe bei Avignon, kann eine interessante Erfahrung sein. In diesem warmen, fetten Wein, der den Gaumen umschmeichelt, entdeckt man kräftige Aromen. Der **99er Côtes du Rhône-Villages Cuvée du Comte d'Hust et du Saint-Empire** erhält eine lobende Erwähnung. Er ist kräftig und strukturiert. Ein interessanter Wein.

EARL Vincent et Xavier Anglès, 126, av. de la République, 84450 Jonquerettes, Tel. 04.90.22.53.22, Fax 04.90.22.53.22
tägl. 8h–12h 14h–20h

HENRY BOUACHON
Rhône Prestige 2000**

□ 40 ha 50 000 5à8€

Wirklich ansehnlich, eine echte Cuvée Prestige mit goldenen Reflexen. Das Bouquet von honigartigen kandierten Früchten, das sich in der Nase entlädt, geht Noten von geröstetem Brot voraus, die man im Mund wiederfindet. Der Wein ist fett und großzügig, wird aber von einer guten Frische unterstützt, die dem Ganzen eine bemerkenswerte Harmonie verleiht.

Henry Bouachon, BP 5,
84230 Châteauneuf-du-Pape,
Tel. 04.90.83.58.35, Fax 04.90.83.77.23
n. V.

DOM. BOUCHE La Truffière 1999**

■ 5 ha 26 000 8à11€

Ein mittels Ganztraubenvinifizierung (von den Rebsorten Grenache und Syrah) hergestellter Wein, der alle Arten von rotem Fleisch begleiten kann. Schwarze Johannisbeere und Kirsche umschmeicheln die Nase. Der Stoff, der im Augenblick im Mund noch ein wenig rau ist, wird sehr bald verschmelzen und einen bemerkenswert hamonischen Tropfen ergeben.

Dominique Bouche, chem. d'Avignon,
84850 Camaret-sur-Aigues, Tel. 04.90.37.27.19,
Fax 04.90.37.74.17 n. V.

DOM. DES BOUMIANES 2000*

■ 13 ha 4 000 3à5€

Aus Respekt vor den Rebsorten vinifiziert das Gut die einzelnen Sorten getrennt. Je nach Jahrgang wird die Zusammenstellung genau darauf abgestimmt. Dieser 2000er, der durch seine mit Noten von Paprikaschote und gekochten Früchten vermischten Mentholnuancen überrascht, entwickelt sich zu feinen, verschmolzenen Tanninen, die gut ausbalanciert sind. Der Abgang zieht das Kakaoregister.

GAEC des Boumianes,
chem. des Bohémiennes, 30390 Domazan,
Tel. 04.66.57.29.35, Fax 04.66.57.09.48
Mo–Fr 9h–12h 14h–18h
Philippe Meger

CH. DE BOUSSARGUES 2000*

◪ 2 ha k. A. 3à5€

27 Hektar erstrecken sich zu Füßen eines sehr schönen Gebäudes, einer alten Komturei der Tempelritter, aus der ein Weinschloss geworden ist. Dieser Rosé besitzt eine kräftige Farbe. Der sehr feine Zitronenduft kündigt einen nervigen, frischen Geschmack an. Seine aromatischen Noten verstärken sich im Geschmack langsam und entwickeln sich zu einem hübschen Abgang hin. Zu einer Gemüsesuppe mit Pistou (Würzpaste aus Basilikum, Knoblauch, Kräutern und Olivenöl).

Chantal Malabre, Ch. de Boussargues
Colombier, 30200 Sabran, Tel. 04.66.89.32.20,
Fax 04.66.79.81.64 tägl. 9h–19h

CH. DE BRUTHEL 1999*

■ 1,1 ha 8 500 5à8€

Dieses Château entstand Ende des 17. Jh. Es hat diesen 99er sechs Monate im großen Holzfass ausgebaut. Er ist ein warmer und trotzdem ausgewogener Wein, der wegen seiner spürbaren Tannine unter die lagerfähigen Weine eingereiht wird. Rote Früchte in Alkohol und leicht vanilleartige Noten teilen sich die Aromen. Man muss ihn zwei bis drei Jahre im Keller vergessen, damit man ihn auf seinem Höhepunkt trinken kann.

Christian Reynold de Seresin,
Ch. de Bruthel, 30200 Sabran,
Tel. 04.66.79.96.24, Fax 04.66.39.80.88
Mo–Sa 9h–12h 14h–17h

CH. CARBONEL 2000*

■ 15 ha 90 000 3à5€

Rotwein oder **Rosé?** Eine Wahl ohne Risiko beim 2000er, der als Rotwein sehr jugendlich und sehr fruchtig ist und ein paar schöne würzige Noten enthält, während der Roséwein die Feinheit wählt. Er hat die Farbe von Rosenblütenblättern und ist im Hinblick auf Eleganz und Zartheit vinifiziert worden. «Eine Vergärung mit Fingerspitzengefühl», kommentierte die Jury. In der gleichen AOC erhält der **weiße 2000er Château Joanny Cuvée Prestige** (Preisgruppe: 30 bis 49 F) ebenso wie sein **2000er Rosé** eine lobende Erwähnung.

Famille Dupond, Ch. Carbonel,
rte de Piolenc, 84830 Sérignan-du-Comtat,
Tel. 04.90.70.00.10, Fax 04.90.70.09.21,
E-Mail info@bracdelaperriere.com
Mo, Mi–So 8h–12h 14h–18h

LES VIGNERONS DU CASTELAS 2000**

□ 40 ha 15 000 3à5€

Diese 1951 gegründete Genossenschaft vereinigt 650 ha Reben. Sie präsentiert einen weißen Côtes du Rhône, der in perfektester Schlichtheit zum Ausdruck kommt. Er ist sehr aromatisch, vorzugsweise blumig, und zeigt sich fein und harmonisch. Erwähnen sollte man von der gleichen Kellerei noch den **im Holzfass gereiften 2000er Weißwein** (Preisgruppe: 30 bis 49 F), bei dem der Stoff mit dem Holz zusammentrifft; er erhält eine lobende Erwähnung.

Les Vignerons du Castelas, rte de Nîmes,
30650 Rochefort-du-Gard, Tel. 04.90.31.72.10,
Fax 04.90.26.62.64, E-Mail ncha@free.fr
Mo–Sa 8h30–12h 14h–18h

DOM. DE CHANABAS 1998*

■ 1 ha 6 000 3à5€

Eine schöne Station mit einem Probierkeller, der täglich geöffnet ist, damit man die Weine dieses 25 ha großen Guts und sein Museum mit alten Werkzeugen kennen lernen kann. Dieser Wein, ein klassischer Côtes-du-Rhône-Verschnitt, verdient allein schon den Umweg. Er ist füllig und feurig zugleich und erinnert durch seine würzigen Düfte an die Garrigue. Probieren Sie in diesem Jahrgang auch den sortenreinen **Grenache,** der sanft und körperreich ist und eine lobende Erwähnung erhält.

Robert Champ, Dom. de Chanabas,
84420 Piolenc, Tel. 04.90.29.63.59,
Fax 04.90.29.55.67,
E-Mail domaine-chanabas@wanadoo.fr
n. V.

DOM. CHAPOTON 1999**

■ 15 ha 20 000 5à8€

Man muss zwischen Ente und Bœuf bourguignon (in Rotwein geschmortes Rinderragout) wählen, um diesen Wein zu bereichern, der schon heute für sich allein zufrieden stellen könnte. Seine animalische Seite mit schwarzen Früchten bestätigt die Schönheit seiner Farbe. Alles ist umhüllt; seine Länge im Geschmack spricht ebenfalls für seine sehr schöne Qualität.

Serge Remusan, rte du Moulin, 26790 Rochegude, Tel. 04.75.98.22.46, Fax 04.75.98.22.46
Mo–Sa 10h–12h30 15h–18h; Jan., Febr. geschlossen

CELLIER DES CHARTREUX 2000*

k. A. 21 000 5à8€

Dieser Weißwein mit den grünen und goldenen Reflexen im Glas bietet einen kräftigen Zitrusduft; der Geschmack überrascht durch seine Harmonie. Die perfekte Meisterung des erstklassigen Traubenguts lässt gute Ergebnisse erhoffen, wenn diese 1929 gegründete Kellerei in die neuen Kellergebäude umgezogen ist, die sie für den Jahrgang 2001 errichtet.

SCA Cellier des Chartreux, 216, chem. des Vignerons, 30150 Sauveterre, Tel. 04.66.82.53.53, Fax 04.66.82.89.07
n. V.

DOM. CHARVIN 1999

13 ha 34 000 5à8€

Eine gute Keule mit Knoblauch empfiehlt sich, damit man diesen Wein, der vorwiegend aus Grenache (85 %) erzeugt worden ist, voll würdigen kann. Er ist kräftig und rustikal und erscheint leicht entwickelt, was ihn schon jetzt sehr angenehm macht und ihm intensive, würzige Aromen beschert. Trinken kann man ihn in den nächsten beiden Jahren.

EARL Gérard Charvin et Fils, Dom. Charvin, chem. de Maucoil, 84100 Orange, Tel. 04.90.34.41.10, Fax 04.90.51.65.59, E-Mail domaine.charvin@free.com n. V.

CH. CHEVALIER BRIGAND 1999

6 ha 15 000 5à8€

Jean-Marie Sauts Familie übt den wunderschönen Winzerberuf seit 1609 aus. Der Leser kennt die Anforderungen, die diese Tätigkeit verlangt, denn man muss jeden Rebstock im Auge behalten: Davon hängt die Qualität des Weins ab. Dieser hier ist stark von der Rebsorte Syrah (60 % des Verschnitts) geprägt. Sie verleiht ihm einen sehr animalischen Geruchseindruck. Die Grenache-Rebe bringt die südliche Wärme.

Jean-Marie Saut, Le Pont de Codolet, 30200 Codolet, Tel. 04.66.90.18.64, Fax 04.66.90.11.57
Mo–Fr 9h–12h 14h–18h30

DOM. CLAVEL 2000

1,93 ha 13 000 3à5€

Viel Sorgfalt und viel Aufmerksamkeit werden gleichmäßig auf die Erzeugnisse des Guts verwendet. Dieses Jahr ragt der mittels Saignée-Verfahren (Abstich nach kurzer Maischung) hergestellte Rosé hervor. Er ist im Anblick, im Duft und im Geschmack sehr angenehm.

Denis Clavel, rue du Pigeonnier, 30200 Saint-Gervais, Tel. 04.66.82.78.90, Fax 04.66.82.74.30
Mo–Sa 9h–12h 14h–18h

CAVE COSTES ROUSSES
Cuvée réservée 2000*

30 ha 7 848 3à5€

Bernard Roustand, ein angesehener Önologe, hat 1998 die Leitung dieser Kellerei übernommen. Er hat diesen Rosé hergestellt, der mit einem Hauch von Lebhaftigkeit fruchtig und elegant bleibt. Dieser Wein passt zu allen Arten von Wurstgerichten.

SCA Cave Costes Rousses, 2, av. des Alpes, 26790 Tulette, Tel. 04.75.97.23.18, Fax 04.75.98.38.61 n. V.

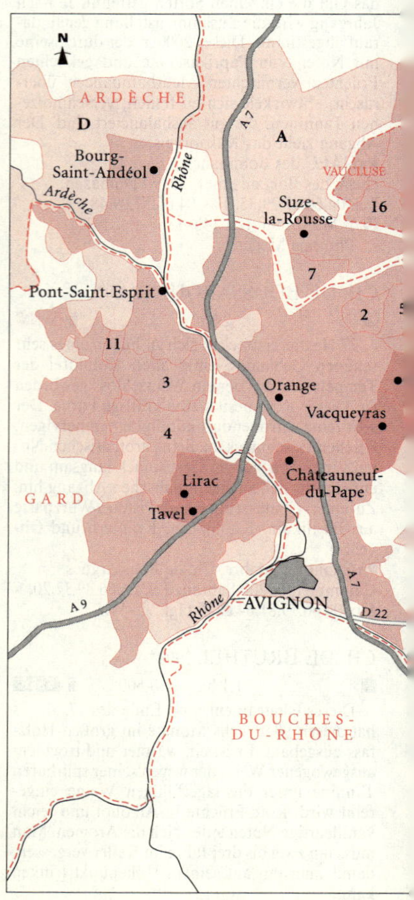

DOM. COULANGE
Cuvée Rochelette 1999★★

■ 5 ha 1 660 ▮ 5à8€

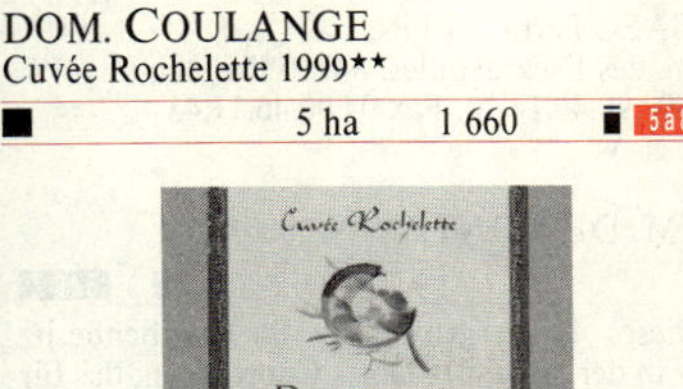

Was für ein prächtiger Botschafter für das Departement Ardèche! Zwei Sterne für die **99er Cuvée Mistral** bestätigen die Qualität des Jahrgangs 1999 auf diesem Gut, das für seine Cuvée Rochelette eine Liebeserklärung erhält. Der Wein hat eine kräftige Farbe und entlädt sich in einer Kaskade von fruchtigen Düften, die man im Rachen wiederfindet. Er bereitet sehr großes Vergnügen und hat viel Lob hervorgerufen: präsent, weich, nachhaltig, kräftig, lakritzeartig, würzig – um nur einige Komplimente aufzuzählen.

🔑 Maurice et Christelle Coulange, quartier Saint-Ferréol, 07700 Bourg-Saint-Andéol, Tel. 04.75.54.56.26, Fax 04.75.54.56.26, E-Mail domaine.coulange@free.fr ☑ Y n. V.

DOM. NICOLAS CROZE
Cuvée Notre Dame de Mélinas 1999★★★

■ k. A. 10 000 3à5€

Diese Cuvée hat nur ganz knapp eine Liebeserklärung verpasst, so brillant ist sie. Von einem großen Modeschöpfer eingekleidet, hat sie die besten Düfte ausgewählt, die Früchte und Gewürze verbinden. Sie ist ausgewogen, komplex und lang anhaltend und wird drei bis vier Jahre lang köstlich schmecken. Die **im Holzfass ge-**

Tal der Rhône (südlicher Abschnitt)

reifte rote Cuvée erhält einen Stern: Sie ist samtig und reich und lässt einen gut dosierten Holzton erkennen. Die **weiße 99er Cuvée fleurie**, ein sortenreiner Viognier, bereitet allmählich das ganze Vergnügen, zu dem diese großartige Rebsorte des Rhône-Tals fähig ist. Sie ist aromatisch und ausgewogen und kann jetzt getrunken werden. Die beiden letztgenannten Cuvées kosten zwischen 30 und 49 Franc.

Maurice et Nicolas Croze, 1, rue Max-Ernst, 07700 Saint-Martin-d'Ardèche, Tel. 04.75.04.67.11, Fax 04.75.04.62.28 n. V.

CELLIER DES DAUPHINS
Cuvée Grand Millésime 1998

■ 140 ha 500 000 3à5€

Diese Genossenschaftsvereinigung, eine riesige Kellerei im Rhône-Tal, präsentiert mit dieser Cuvée einen recht typischen, fruchtigen Wein, der sich auf ausgewogene Tannine stützt, so dass man sie schon jetzt trinken kann.

Cellier des Dauphins, BP 16, 26790 Tulette, Tel. 04.75.96.20.47, Fax 04.75.96.20.22, E-Mail cellier.des.dauphins@wanadoo.fr

DOM. JEAN DAVID 1999*

■ 10 ha 14 000 5à8€

Ein Wein von Trauben aus biologischem Anbau, bei denen Grenache über die fünf anderen südlichen Rebsorten dominiert. Er ist sehr gelungen, denn der Geruchseindruck ist kräftig, mit Düften von roten Früchten. Im Geschmack ist er bereits harmonisch. Es ist überflüssig, dass man ihn altern lässt.

Dom. Jean David, quartier Le Jas, 84110 Séguret, Tel. 04.90.46.95.02, Fax 04.90.46.86.21 Mo–Sa 9h–19h; Nov. geschlossen

DOM. DES FILLES DURMA 1999**

■ k. A. 12 000 5à8€

Der sehr traditionelle 99er des Guts bietet eine sehr intensive bläulich rote farbe. Sein fruchtiger Duft kommt sehr früh wieder im Mund zum Vorschein und verbindet sich dort mit dem «Fett» und der Wärme dieses Weins, der sich auf spürbare Tannine stützt, die ein bis drei Jahre brauchen, um zu verschmelzen.

EARL Durma Sœurs, quartier Hautes-Rives, 26110 Vinsobres, Tel. 04.75.27.64.71, Fax 04.75.27.64.50 n. V.

DOM. DES ESCARAVAILLES 1999*

■ k. A. 10 000 3à5€

Im Okzitanischen bedeutet der Name dieses Guts «Skarabäus»: Das war der Beiname für die Schwarzen Büßer, deren Bruderschaft dieses Land besaß. Die gleichen Parzellen liefern heute einen hübschen, runden, aromatischen Wein, der im Geschmack einige erstaunliche Honignoten enthüllt. Der **99er Côtes du Rhône-Villages Rasteau** (Preisgruppe: 30 bis 49 F) erhält eine lobende Erwähnung; er ist ein für seine AOC sehr repräsentativer Wein.

GAEC Ferran et Fils, Dom. des Escaravailles, 84110 Rasteau, Tel. 04.90.46.14.20, Fax 04.90.46.11.45 n. V.

DOM. DE FONTAVIN 2000*

◪ 1 ha 6 000 5à8€

Dieses 42 ha große Gut in Familienbesitz ganz in der Nähe des Dorfs Courthézon, das für seine vielen Quellen berühmt ist, beweist – falls das noch notwendig wäre –, dass die Frauen ihren berechtigten Platz im Winzergewerbe haben. Hélène Chouvet, eine ausgebildete Önologin, hat diesen sehr hübschen Wein hergestellt. «Diesen Wein mag man schon, wenn man an ihm riecht», sagte uns ein Mitglied der Jury. Der umfangreiche, lang anhaltende Abgang belehrte ihn keines Besseren. Der **2000er Weißwein** des Guts erhält eine lobende Erwähnung. Er ist lebhaft und frisch, was bei den weißen Côtes du Rhône im Süden selten vorkommt. Er kann Schalentiere begleiten.

EARL Hélène et Michel Chouvet, Dom. de Fontavin, 1468, rte de la Plaine, 84350 Courthézon, Tel. 04.90.70.72.14, Fax 04.90.70.79.39, E-Mail helene-chouvet@fontavin.com Mo–Sa 9h–12h30 14h–18h30; im Sommer 9h–19h

GALLIFFET 2000*

□ 4 ha 5 300 15à23€

Bei jeder Präsidentenwahl taucht die alte Frage wieder auf: Ist die Domaine de La Présidente, die diesen Wein hergestellt hat, die Privatresidenz der Frau des französischen Staatspräsidenten? Nein! Die Qualitäten der Ehefrau des Parlamentspräsidenten der Provence haben dem Gut zu seinem Ruhm verholfen. Dieser von der Viognier-Rebe geprägte Weißwein bietet viel «Fett», Aromen von reifen Früchten und einige Mandelnoten. Weisen wir noch darauf hin, dass die Hauptcuvée des Guts, der **2000er Rosé Domaine de La Présidente** (Preisgruppe: 50 bis 69 F), die gleiche Note erhält. Er ist frisch, delikat und sehr elegant.

SCEA Max Aubert, Dom. de La Présidente, 84290 Sainte-Cécile-les-Vignes, Tel. 04.90.30.79.73, Fax 04.90.30.72.93, E-Mail aubert@presidente.fr n. V.

CH. GIGOGNAN Vigne du Prieuré 2000*

◪ 0,5 ha 3 300 5à8€

Der «Klassiker» unter den Roséweinen des Rhône-Tals: Dieser Verschnitt aus Grenache und Cinsault, die eine Rebsorte für die Wärme und die andere für seine Düfte, das Ganze mittels Abstich nach kurzer Maischung vinifiziert, zeigt sich sehr ausgewogen. Seine Aromen, sein «Fett» und seine Feinheit sind tadellos. Eine hübsche Kombination, die man zu Geflügel in Betracht ziehen sollte.

Ch. Gigognan, chem. du Castillon, 84700 Sorgues, Tel. 04.90.39.57.46, Fax 04.90.39.15.28, E-Mail info@chateau-gigognan.fr Mo–Sa 10h–12h 14h–18h; So n. V.

Callet

DOM. DES GIRASOLS
Cuvée bienveillante 1998*

■ 1,5 ha 10 200 ▮ 8à11€

Aus dem angesehenen Terroir von Rasteau hat die Domaine des Girasols einen bezaubernden Jahrgang 1998 herausgeholt. Die lobend erwähnte Cuvée **Vieilles vignes** verbindet Grenache mit 10 % Cinsault: Eingemachte rote Früchte dominieren, aber man nimmt leichte Schokoladennoten wahr. Diese klassischere Cuvée ist im Duft würzig und blumig und im Geschmack füllig, strukturiert und noch sehr jugendlich. Einen Stern erhält auch der **98er Côtes du Rhône-Villages Rasteau;** Tannine, die in voller Blüte stehen, verleihen dem Ganzen eine gute Ausgewogenheit.

Famille Paul Joyet, Dom. des Girasols, 84110 Rasteau, Tel. 04.90.46.11.70, Fax 04.90.46.16.82, E-Mail domaine@girasols.com
☑ Y tägl. 8h–12h 14h–19h

DOM. DES GRANDS DEVERS 1999*

■ 2,81 ha 15 000 ▮ 5à8€

Im Herzen der Enklave der Päpste nimmt dieses Gut Hänge ein, an denen neben den Grenache-Reben manchmal Trüffel wachsen! Dieser Wein vom nördlichen Typ, zu 100 % von der Syrah-Rebe erzeugt, hat die Jury durch seine Aromen von Früchten und danach von Blumen (Veilchen) bezaubert. Seine gut umhüllte Ansprache ist sanft und rund; danach halten die sehr feinen Tannine bis zu einem sehr angenehmen Abgang an.

Paul-Henri Bouchard et ses Frères, Dom. des Grands-Devers, 84600 Valréas, Tel. 04.90.35.15.98, Fax 04.90.34.49.56, E-Mail phbouchard@grandsdevers.com
☑ Y n. V.

DOM. DU GROS PATA
Cuvée Sabine Vieilli en fût de chêne 1999*

■ 1,53 ha 10 666 ▮ ◍ 🌡 5à8€

Soll dieses Etikett an den Raub der Sabinerinnen durch Romulus erinnern? Die Abbildung könnte auf einen solchen Gedanken bringen. Der Name des Guts erinnert an die Entrichtung des Zolls an das nahe Vaison-la-Romaine. Wir sind hier mitten in der Geschichte. Dieser 99er zeigt eine schöne Ausgewogenheit und kann ein paar Monate altern, ohne eine seiner Qualitäten einzubüßen.

Gérald Garagnon, Dom. du Gros-Pata, 84110 Vaison-la-Romaine, Tel. 04.90.36.23.75, Fax 04.90.28.77.05 ☑ Y n. V.

DOM. JAUME 1999**

■ 23 ha 150 000 ▮ 🌡 3à5€

Weine in allen drei Farben sind hier beim Côtes du Rhône ausgewählt worden: Der lobend erwähnte **2000er Rosé,** der warm und angenehm ist, kann Wurstgerichte begleiten; der **2000er Weißwein** mit den intensiven, sogar kräftigen Düften ist ein richtiger Blumengarten. Er erhält einen Stern. Dieser 99er Rotwein, der eine solide Struktur besitzt, entfaltet Aromen von frischen Früchten, die sich mit hübschen Lakritzenoten vermischen. Sein Abgang ist großartig.

Dom. Jaume, 24, rue Reynarde, 26110 Vinsobres, Tel. 04.75.27.61.01, Fax 04.75.27.68.40
☑ Y Mo–Sa 8h–12h 13h30–19h

LA BASTIDE SAINT-DOMINIQUE
1999

■ 4 ha 21 000 ▮ 🌡 5à8€

Das Unterstoßen des Tresterhuts, eine heute bei den Côtes du Rhône weit verbreitete Methode, erbringt oft gute Ergebnisse, wenn das Ausgangsmaterial tadellos ist. Das gilt für dieses Gut, das einen Wein mit deutlich umhüllten Tanninen und hübschen Noten von eingemachten Früchten bietet.

Gérard Bonnet, La Bastide-Saint-Dominique, 84350 Courthézon, Tel. 04.90.70.85.32, Fax 04.90.70.76.64, E-Mail contact@bastide-st-dominique.com
☑ Y Mo–Sa 9h–12h 13h30–18h30; So n. V.

LA CABOTTE 1999*

■ 27 ha 50 000 ▮ 🌡 5à8€

45 Hektar in einem Stück im Herzen des Massivs von Uchaux – mehr brauchte es nicht, um Marie-Pierre Plumet 1981 zu verführen. Sie erwarb unverzüglich den Grund. Dieser Wein mit der schlichten Farbe, der zu Kaninchen mit Backpflaumen empfohlen wird, bleibt in der Nase sehr zurückhaltend; im Mund jedoch kommen die Früchte zum Vorschein, wobei man einen ausgewogenen, öligen, anhaltenden Geschmack entdeckt.

Marie-Pierre Plumet, La Cabotte, 84430 Mondragon, Tel. 04.90.40.60.29, Fax 04.90.40.60.62 ☑ Y n. V.

DOM. LA CHARADE Vieilli en fût 1999*

■ 22 ha k. A. ◍ 5à8€

Dieser mit großer Sorgfalt hergestellte Wein ist im Eichenfass ausgebaut worden; dank seiner kräftigen Struktur erwirbt er einen Stern. Die vom gleichen Gut lobend erwähnte **nicht fassgereifte Cuvée** (Preisgruppe: 20 bis 29 F) ist sehr freimütig.

M. et L. Jullien, Dom. La Charade de Peyrolas, 30760 Saint-Julien-de-Peyrolas, Tel. 04.66.82.18.21, Fax 04.66.82.33.03
☑ Y Mo–Sa 9h–12h 14h–19h

DOM. DE LA CHARITE 1999***

■ 16 ha 100 000 ▮ 🌡 3à5€

Die Oberjury stimmte einmütig für diesen Wein, der nach allen Regeln der Kunst aus einem Verschnitt hergestellt worden ist, bei dem

Grenache (60 %) und Syrah (30 %) mit Carignan kombiniert wurden. Der Winzer und sein Önologe Noël Rabot haben aus diesem Terroir mit tonigem Kalksteinboden einen außergewöhnlichen Côtes du Rhône herausgeholt: Seiner dunklen Farbe kommt nur noch sein Duft gleich, in dem sich (eingemachte) schwarze und rote Johannisbeeren mit Lakritze verbinden. Der voluminöse, ölige Geschmack stützt sich auf kräftige, aber umhüllte Tannine. Er ist bereits prächtig und lässt sich gut lagern. Der **weiße 2000er Domaine de La Charité** erhält eine lobende Erwähnung: Er besitzt alle Merkmale der südlichen Weißweine, wobei die Grenache-Traube (70 %) erkennbar über die Rebsorte Viognier dominiert.

⊶ EARL Valentin et Coste,
5, chem. des Issarts, 30650 Saze,
Tel. 04.90.31.73.55, Fax 04.90.26.92.50,
E-Mail earlvc@club-internet.fr
☑ Ῑ Mo–Sa 14h–19h

DOM. DE LA CHARTREUSE DE VALBONNE
Cuvée de La Font des Dames 1999★★

■ 1,6 ha 12 000 ▮⫰ 5à8€

Die «Kartause», ein architektonisches Schmuckstück, das sich auf dem Grund eines kleinen Tals befindet, war bis zur Französischen Revolution ein Kloster und ist heute eine Einrichtung des Centre d'Aide par le Travail, das sich um die Wiedereingliederung von Behinderten in die Gesellschaft durch eine reguläre Arbeit bemüht. Auf einem abgelegenen, sehr eigentümlichen Terroir sind seine Weine oft originell. Dieser hier ist intensiv; Veilchen und Gewürze treffen fröhlich auf Waldfrüchte. Im Geschmack ist die Verkostung bemerkenswert: Harmonie, Struktur, Komplexität und Länge sind vorhanden, so dass man den Wein in den nächsten drei Jahren zu einem Lamm aus Nîmes trinken kann.

⊶ ASVMT, Dom. de La Chartreuse
de Valbonne, 30130 Saint-Paulet-de-Caisson,
Tel. 04.66.90.41.24, Fax 04.66.90.41.23,
E-Mail chartreuse.de.valbonne@wanadoo.fr
☑ Ῑ n. V.

DOM. DE LA CROIX-BLANCHE 1999★

■ 0,3 ha 2 000 ⏀ 5à8€

Im kühlen Schatten der Steinmauern, mitten in diesem wunderschönen Dorf der Ardèche, können Sie eine breite Palette erstklassiger Weine kennen lernen, insbesondere diesen hier. Er hat eine kräftige Farbe und bietet einen intensiven Geruchseindruck mit Aromen von geräuchertem Holz. Er ist wohl ausgewogen und lässt sich richtig würdigen, wenn man ihn zu Wild serviert.

⊶ Daniel Archambault, Dom. de La
Croix-Blanche, 07700 Saint-Martin-d'Ardèche,
Tel. 04.75.04.65.07, Fax 04.75.98.77.25,
E-Mail daniel.archambault@free.fr ☑ Ῑ n. V.

CH. LA CROIX CHABRIERE 2000★

□ k. A. 9 000 ▮⫰ 5à8€

Bollène mangelt es nicht an Reizen; seine größte Attraktion ist dabei die im 11. Jh. errichtete Stiftskirche Saint-Martin. Dieses 34 ha große Gut, das nicht weit davon entfernt liegt, präsentiert mit dem **98er La Festivalière** und dem **99er Terre Nette** zwei Rotweine, die beide einen Stern erhalten, sowie diesen weißen Château La Croix Chabrière, der zu gleichen Teilen von der Grenache-Traube sowie von den Rebsorten Roussanne und Marsanne stammt. Er ist sanft und strukturiert und besitzt hübsche Zitrusdüfte und eine sehr gepflegte Erscheinung. Trinken kann man ihn zu Goldbrassenfilets.

⊶ Ch. La Croix Chabrière,
rte de Saint-Restitut, 84500 Bollène,
Tel. 04.90.40.00.89, Fax 04.90.40.19.93
☑ Ῑ Mo–Sa 9h–12h 14h–18h; So 9h–12h;
Gruppen n. V.
⊶ Patrick Daniel

CH. LA DECELLE 1999★

□ 3 ha 5 000 ▮⫰ 5à8€

Château La Decelle, das ganz in der Nähe des Dorfs Le Barry mit seinen Höhlenwohnungen liegt, erzeugt einen Weißwein, den man zum Essen trinken kann. Dieser kluge Verschnitt von Marsanne und Viognier, der im Geschmack intensiver erscheint als im Duft, ist kraftvoll. Er gibt einen guten Begleiter für Seeteufel auf amerikanische Art ab.

⊶ Ch. La Décelle, rte de Pierrelatte, D 59,
26130 Saint-Paul-Trois-Châteaux,
Tel. 04.75.04.71.33, Fax 04.75.04.56.98,
E-Mail anne-marie.seroin@wanadoo.fr
☑ Ῑ tägl. 9h–12h 14h30–18h30; Gruppen n. V.
⊶ Seroin

LA DEVEZE 1999

■ 6,5 ha 8 928 ▮⫰ 3à5€

Er ist trinkreif für Grillgerichte. Sein frischer, würziger Duft erweckt einen Eindruck von Stärke, aber die schon seidigen Tannine reizen dazu, dass man ihn im Laufe des Jahres trinkt.

⊶ EARL Dionysos, 28 *bis*, av. F.-Mistral,
BP 18, 84101 Orange, Tel. 04.90.34.06.07,
Fax 04.90.34.79.85 ☑ Ῑ n. V.
⊶ Farjon

DOM. LA FAVETTE 2000★

■ 6 ha 23 000 ▮ 3à5€

Philippe Faure, der vor kurzem den Familienbetrieb übernommen hat, zeigt deutlich seine Ambitionen. Er präsentiert uns seinen tieffarbenen 2000er. Der Duft ist durch in Alkohol eingelegte rote Früchte geprägt. Er hält lang an, wird durch feine Tannine gut ausbalanciert und ist sehr interessant. Die im Holzfass ausgebaute Cuvée **Roche-Sauve 1999** (Preisgruppe: 50 bis 69 F) besitzt ein interessantes Potenzial; sie bekommt eine lobende Erwähnung.

⊶ Philippe Faure, Dom. La Favette,
rte des Gorges, 07700 Saint-Just-d'Ardèche,
Tel. 04.75.04.61.14, Fax 04.75.98.74.56
☑ Ῑ n. V.

DOM. DE LA FAVIERE 1999★

□ 0,2 ha 1 300 ▮⫰ 11à15€

Dieser Viognier, der von einem vorwiegend granithaltigen Boden kommt, lässt eine bemerkenswerte Lagerfähigkeit erkennen. Dank seines entfalteten Dufts und seines ausgewogenen, fei-

nen, aromatischen Geschmacks, der lang anhält, kann man ihn auch schon jetzt zu dem Rigotte-Ziegenkäse aus Condrieu trinken.
🔑 Pierre Boucher, Dom. de La Favière, 42520 Malleval, Tel. 04.74.87.15.25, Fax 04.74.87.15.25, E-Mail domainedelafaviere@.com ☑ 🍷 n. V.

DOM. LAFOND ROC EPINE 1999*

■ 17 ha 125 000 5à8€

Im Lande der großen Roséweine können auch schöne Rotweine entstehen, wie dieser hier, der sehr fein ist. Nach einer ausgewogenen Ansprache lässt er seine Frische erkennen und zeigt eine sehr angenehme Harmonie, eingehüllt in eine ideale Farbe. Ein hübscher Côtes du Rhône.
🔑 Dom. Lafond, rte des Vignobles, 30126 Tavel, Tel. 04.66.50.24.59, Fax 04.66.50.12.42, E-Mail lafondrocepine@wanadoo.fr ☑ 🍷 n. V.

DOM. LA FOURMENTE 2000*

■ 6 ha 12 000 5à8€

Purpurviolette Reflexe in einer reintönigen Farbe, ein Duft von frischen roten Früchten und ein strukturierter, aber feiner, fruchtiger, eleganter Geschmack: Ein Weinkellner, der Mitglied der Jury war, empfahl ihn zu einer Nachspeise mit roten Früchten oder in einem Jahr, nach einer leichten Entwicklung, zu gekochtem Fleisch mit Obst. Der **Rosé** erhält dank seiner Stärke und seiner aromatischen Komplexität die gleiche Note; er ist von großer Zartheit.
🔑 Jean-Louis Pouizin, Grange-Neuve, 84820 Visan, Tel. 04.90.41.91.87, Fax 04.90.41.91.87, E-Mail domainelafourmente@wanadoo.fr
☑ 🍷 Mo–Sa 10h–12h 14h–19h

LA GAILLARDE Cuvée Pied Vaurias 2000

◪ 10 ha 12 600 3à5€

Die Genossenschaft von Valréas vinifiziert 1 660 ha Reben. Sie präsentiert einen mittels Saignée-Verfahren (Abstich nach kurzer Maischung) hergestellten Rosé mit feinen blumigen Aromen und einem lebhaften, frischen Geschmack. Er ist für Eingangsgerichte bestimmt.
🔑 Coop. vinicole La Gaillarde, av. de l'Enclave-des-Papes, BP 95, 84602 Valréas Cedex, Tel. 04.90.35.00.66, Fax 04.90.35.11.38 ☑ 🍷 n. V.

DOM. DE LA GRAND'RIBE
Les Garrigues d'Eric Beaumard et Christophe Lambert 1999**

■ 11 ha 70 000 8à11€

Zwei Sterne für diese sehr schöne Cuvée, die zwölf Monate im Holzfass ausgebaut worden ist. Der sehr diskrete Holzton sorgt mit hübschen Röstnoten für Feinheit und Eleganz. Die dennoch deutlich zu spürende Struktur ist trotzdem ausgewogen. Man kann sie zwei bis drei Jahre lang zu Kalbskotelett mit Pfifferlingen servieren.
🔑 Jérôme Muratori, Dom. de La Grand'Ribe, rte de Bollène, 84290 Sainte-Cécile-les-Vignes, Tel. 04.90.30.83.75, Fax 04.90.30.76.12
☑ 🍷 Mo–Fr 9h–12h 14h–18h
🔑 Abel Sahuc

DOM. DE LA GUICHARDE
Cuvée Ninon Vieilli en fût de chêne 1999*

■ k. A. 3 000 8à11€

Ein schöner Jahrgang 1999 für dieses Gut, von dem die Jury zwei Cuvées ausgewählt hat. Die Cuvée Ninon, deren Aromen an Unterholz, Gewürze und interessante Röst- und Räuchernoten erinnern, die sich in einem fülligen Geschmack entfalten, kann man schon bald zu einem Wildkaninchenragout mit Waldpilzen servieren. **Le Vin rouge d'Isabelle** ist ein sortenreiner Rotwein von der Grenache-Rebe, der fruchtig ist und ein paar Feuersteinnoten enthält. Seine Ansprache ist freimütig und ölig; die reifen Früchte entdeckt man auch im Mund wieder. Man kann ihn früher als die Cuvé Ninon trinken.
🔑 Arnaud et Isabelle Guichard, Dom. de La Guicharde, Derboux, 84430 Mondragon, Tel. 04.90.30.17.84, Fax 04.90.40.05.69
☑ 🍷 Mo–Sa 10h–18h

DOM. DE LA JANASSE 2000*

□ 1,5 ha 6 000 8à11€

Auf dem Gut liest man die Trauben mit der Hand und setzt sehr erfolgreich eine gezielte Schädlingsbekämpfung ein, mit Verzicht auf chemische Mittel, wenn sie nicht abolut unerlässlich sind, um den vollen Ausdruck der Traubensorte Grenache blanc zu erhalten. Diese Rebsorte ist zwar launisch, aber überaus elegant. Um die Rebsorten Clairette und Bourboulenc bereichert, bietet dieser Wein den ganzen typischen Charakter eines weißen Côtes du Rhône.
🔑 EARL Aimé Sabon, 27, chem. du Moulin, 84350 Courthézon, Tel. 04.90.70.86.29, Fax 04.90.70.75.93
☑ 🍷 Mo–Fr 8h–12h 14h–19h; Sa, So n. V.

DOM. DE L'AMANDINE 2000*

□ 1 ha k. A. 5à8€

Ein 1973 entstandenes, 50 ha großes Gut, das – an einen Hügel geschmiegt – in Séguret, einem unter Denkmalschutz stehenden Dorf, liegt und sehr viele Künstler empfängt. Der in einer Stückzahl von 250 000 Flaschen produzierte **rote 2000er L'Amandine** erhält eine lobende Erwähnung. Die Zustimmung der Jury fand auch dieser Weißwein. Roussanne und Viognier zu gleichen Teilen liefern Zitrus- und Zitronengrasaromen, die in einem lebhaften, frischen Geschmack anhalten, wie geschaffen für Schalentiere.
🔑 Jean-Pierre Verdeau, rte de Roaix, 84110 Séguret, Tel. 04.90.46.12.39, Fax 04.90.46.16.64, E-Mail domaine.amandine@wanadoo.fr
☑ 🍷 Mo–Sa 9h–12h 14h–18h

DOM. DE LA MORDOREE
La Dame rousse 2000*

■ k. A. k. A. 5à8€

Aus dem Departement Gard, von einem Terroir, auf dem der Tavel-Rosé entsteht, kommt hier ein Rotwein, den ein ausgezeichnetes Gut vorgestellt hat. Die Cuvée La Dame rousse besitzt eine tiefe Farbe mit hübschen bläulich roten Reflexen und intensive Qualitäten von reifen Früchten und Kirschkonfitüre im Geruch. Sie ist warm; ihre Tannine sind samtig. Eine Verbindung von Stärke und Eleganz – das ist ein «sicherer Wert».

Dom. de La Mordorée, chem. des Oliviers, 30126 Tavel, Tel. 04.66.50.00.75, Fax 04.66.50.47.39 tägl. 8h–12h 14h–17h30

Delorme

DOM. LA REMEJEANNE
Les Arbousiers 2000*

■ 5,5 ha 40 000 5à8€

Zwei Cuvées, die unter den großen Côtes-du-Rhône-Weinen immer vertreten sind. Jede hat ihre Vorzüge und gehört zu einem Angebot von sehr edler Provenienz. Dieser Arbousiers aus Grenache (60 %) und Syrah gelangt ohne Umweg zum Ziel. Der intensive Geschmack bringt reife Früchte und Quittenkonfitüre zur Geltung. Die Cuvée **Les Chèvrefeuilles** ist zurückhaltender, aber trotzdem von roten Früchten stark geprägt.

EARL Ouahi et Rémy Klein, Dom. La Réméjeanne, Cadignac, 30200 Sabran, Tel. 04.66.89.44.51, Fax 04.66.89.64.22, E-Mail remejeanne@wanadoo.fr n. V.

LE CLOS DE LASCAMP 2000**

■ 15 ha 20 000 5à8€

Fruchtig, strukturiert, ausgewogen, im Geschmack lang anhaltend, mit ein paar Pentanolnoten: Das sind ein paar Beschreibungen, die über diesen Wein viel aussagen. Der **2000er Weißwein** des Guts (Preisgruppe: 20 bis 29 F) wird lobend erwähnt: Die perfekt gemeisterte Vereinigung von Viognier und Grenache macht es möglich, von jeder Rebsorte die Quintessenz zu bieten. Der Wein ist reich und kräftig und wirkt aufgrund der Aromen von Blüten und weißem Pfirsich einschmeichelnd.

EARL Clos de Lascamp, Cadignac, 30200 Sabran, Tel. 04.66.89.69.28, Fax 04.66.89.62.44 n. V.

Imbert

DOM. DES LAUSES Vieilles vignes 1999*

■ 3 ha 14 000 5à8€

Auf einem Sandsteinboden entsteht die Cuvée Vieilles vignes des Guts. Die Duftnuancen sind intensiv und vielfältig; Holznoten umhüllen das Ganze perfekt. Das Vorhandensein von Gewürzen (Pfeffer und Vanille) entzückt den Gaumen schon beim ersten Schluck.

Dom. des Lauses, quartier des Pessades, 84830 Sérignan-du-Comtat, Tel. 04.90.70.09.13, Fax 04.90.70.09.13 n. V.

Gilbert Raoux

DOM. DE LA VERDE 1999*

■ 10 ha 60 000 3à5€

Die Absicht der Erzeugerin, bei der Vinifizierung viel Stoff zu extrahieren, wurde von den Verkostern deutlich wahrgenommen. Die Jury, die nicht wusste, dass dieser Wein von einem Terroir kommt, über das der Mistral fegt (denn die Verkostung ist eine Blindprobe), mochte den «gesunden Stoff» und die schöne Präsenz im Geschmack, wo die Fruchtigkeit und die Gewürze einen liebenswürdigen Dialog führen. Empfohlen wird er zu Geflügel.

Dom. de La Verde, La Grand-Comtadine, 84190 Vacqueyras, Tel. 04.90.65.85.91, Fax 04.90.65.89.23 n. V.

Annie Camalonga

LA VIGNERONNE
Cuvée des Templiers 2000

◪ k. A. 15 000 3à5€

Die Cuvée des Templiers ehrt die Mitglieder dieser Genossenschaftskellerei, die diesen Wein erzeugt, einen Verschnitt von Grenache und Syrah zu gleichen Teilen, was die überdurchschnittlich kräftige Farbe erklärt und diesem Wein zu einer hübschen Struktur verhilft, die mild und angenehm wirkt.

Cave La Vigneronne, 84110 Villedieu, Tel. 04.90.28.92.37, Fax 04.90.28.93.00 n. V.

LE CLOS DU CAILLOU
Bouquet des garrigues 2000**

□ 2 ha 10 000 5à8€

Dieser Wein von einem Sand- und Kiesgeröllboden ist durstlöschend. Seine funkelnde, leicht goldene Farbe lädt dazu ein, bei seinem fruchtigen, milden Charakter zu verweilen. Er ist beruhigend und besitzt eine seltene Komplexität; die Länge in seinem sehr feinen Geschmack wird Sie überraschen.

Jean-Denis Vacheron, Clos du Caillou, 84350 Courthézon, Tel. 04.90.70.73.05, Fax 04.90.70.76.47 Mo–Sa 8h30–12h 13h30–17h30

DOM. LE COUROULU 1999

■ 3 ha 21 000 5à8€

Das 1930 entstandene Gut verfügt über zwanzig Hektar. Dieser Côtes du Rhône aus Vacqueyras ist sechs Monate im Holzfass ausgebaut worden. Obwohl das Traubengut entrappt wurde, sind die Tannine noch leicht aggressiv, aber in einem Jahr dürften sie sich eingefügt haben. Die Verkostung setzt auf rote Früchte, in der Nase ebenso wie im Mund.

Guy Ricard, Dom. Le Couroulu, La Pousterle, 84190 Vacqueyras, Tel. 04.90.65.84.83, Fax 04.90.65.81.25 n. V.

DOM. LE PUY DU MAUPAS
Cuvée Isabelle Elevé en fût de chêne 1999*

□ 1 ha 3 200 8à11€

Puyméras, das in der Nähe von Vaison-la-Romaine liegt, besitzt die Ruinen eines während der Französischen Revolution 1789 zerstörten Schlosses. Die Domaine Le Puy du Maupas, die vor etwas weniger als zwanzig Jahren renoviert wurde, liefert hübsche Weine wie diese im Eichenfass ausgebaute Cuvée. Der Holzton hat sich eingefügt, während der Geschmack viel Feinheit und Ausgewogenheit zeigt. Die in der Nase deutlich wahrnehmbaren Aromen findet man auch im Abgang wieder. Diese sehr interessante Cuvée, die aber in recht kleiner Stückzahl erzeugt wird, kann man in den kommenden beiden Jahren zu einem Fisch mit hellem Fleisch in Rahmsauce trinken.

Christian Sauvayre, Dom. Le Puy du Maupas, 84110 Puyméras, Tel. 04.90.46.47.43, Fax 04.90.46.48.51 tägl. 9h–12h 14h–19h

CH. LES AMOUREUSES

La Barbare 2000*

■ 1 ha 4 000 8à11€

Das Gut, das im letzten Jahr eine Liebeserklärung erhielt, präsentiert einen Verschnitt aus Syrah- (70 %) und Grenache-Trauben, die von einem sehr sonnenreichen Terroir mit tonigem Kalkboden kommen. Eine manuelle Traubenlese und Reben, die mittels gezielter Schädlingsbekämpfung ohne überflüssigen Einsatz von Agrochemikalien angebaut werden, sind alles Trümpfe bei diesem sehr typischen, fetten, lang anhaltenden Wein, unter dessen komplexen Aromen man Schokolade und Steinfrüchte wahrnimmt. Ein bis zwei Jahre aufheben.

Alain Grangaud, chem. de Vinsas, 07700 Bourg-Saint-Andéol, Tel. 04.75.54.51.85, Fax 04.75.54.66.38, E-Mail alain.grangaud@wanadoo.fr n. V.

LES BROTTIERS Prestige 1998*

■ 12 ha 60 000 5à8€

Dieser noch sehr jugendliche 98er zeigt ein tiefes Rubinrot mit bläulich roten Reflexen. Der Geruchseindruck ist reif, mit feinem Holzton (Lakritze, Vanille und Toastnoten). Der füllige, großzügige Geschmack erweist sich auch als komplex und ausgewogen. Ein Wein, den man drei Jahre lang zu Wild trinken kann.

Laurent-Charles Brotte, Le Clos, BP 1, 84231 Châteauneuf-du-Pape, Tel. 04.90.83.70.07, Fax 04.90.83.74.34, E-Mail brotte@wanadoo.fr
tägl. 9h30–12h 14h–18h

DOM. DE L'OLIVIER 2000*

□ 1,9 ha 12 000 3à5€

Dieser charaktervolle Wein ist bestimmt einem sehr gepflegten Weinberg und einer perfekt ausgerüsteten Kellerei zu verdanken. Feine, komplexe Aromen, eine volle Ansprache, eine ausgewogene Struktur und eine mehr als nur beachtliche Länge: ein sehr hübscher Repräsentant der Appellation. Einen Stern erhält außerdem der **rote 99er L'Olivier**, der die Jury durch seine leicht würzigen Aromen und durch seinen ziemlich animalischen Charakter bezauberte; er muss sich mit den Jahren noch entfalten.

Eric Bastide, EARL Dom. de L'Olivier, 1, rue de la Clastre, 30210 Saint-Hilaire-d'Ozilhan, Tel. 04.66.37.08.04, Fax 04.66.37.00.46
n. V.

DOM. DE LUMIAN 1998

■ 5 ha 35 000 5à8€

Unter einer leicht orangerot schimmernden Farbe entdeckt man einen warmen, würzigen, pfeffrigen Wein, der nach den Antillen duftet. Im Geschmack erkennt man richtige Schokoladearomen. Trinken kann man ihn in diesem Herbst.

Gilles Phétisson, Dom. de Lumian, 84600 Valréas, Tel. 04.90.35.09.70, Fax 04.90.35.18.38, E-Mail domainedelumian@terre-net.fr
tägl. 8h–20h

CH. MALIJAY

Les Genévriers Réserve du château 1999*

■ 100 ha 200 000 3à5€

Dieses Château, ein echtes historisches Denkmal der Region seit dem 11. Jh., wurde 1989 von der Compagnie des Salins du Midi gekauft. Der im Jahrgang 2000 erzeugte Wein ist sehr gelungen; er hat eine leichte Farbe und entfaltet Aromen von Früchten mit weißem Fruchtfleisch. Er ist aromatisch, süffig und sehr angenehm.

Ch. Malijay, 84150 Jonquières, Tel. 04.90.70.33.44, Fax 04.90.70.36.07
n. V.

DOM. MARIE-BLANCHE 1999*

■ 10 ha 30 000 3à5€

Jean-Jacques Delorme ist praktisch verpflichtet, dass seine Cuvée jedes Jahr gelingt, denn er hat ihr den Vornamen seiner Frau gegeben. Bei diesem 99er besteht kein Grund zur Besorgnis: Der Wein ist lecker, sehr fein und sehr rund und schon trinkreif.

Jean-Jacques Delorme, Dom. Marie-Blanche, 30650 Saze, Tel. 04.90.31.77.26, Fax 04.90.26.94.48
n. V.

CH. DE MARJOLET 2000*

□ 3 ha 17 000 3à5€

Die Erfahrung, die dieser Erzeuger auf dem Gebiet der Aromen erworben hat, seine Spezialität, wird bei dieser sehr ausdrucksvollen Cuvée sichtbar, bei der die Nachhaltigkeit im Geschmack das deutlich vorhandene «Fett» unterstützt. Beachtenswert ist sein ausgezeichnetes Preis-Leistungs-Verhältnis.

Bernard Pontaud, Vignobles de Marjolet, 30330 Gaujac, Tel. 04.66.82.00.93, Fax 04.66.82.92.58, E-Mail marjolet@fr.pachardbell.org n. V.

CLOS DES MIRAN 1999**

■ 15,15 ha 9 000 3à5€

Romain Flésia hat Überreste eines römischen Gehöfts entdeckt, auf einer Parzelle des Guts, das er 1998 unweit der Ardèche kaufte. Während die **rote 99er Cuvée des Proxumes** (Preisgruppe: 30 bis 49 F) für ihre gute Stärke und ihren klaren Holzton mit einem Stern belohnt wird, erhält die traditionelle Cuvée für ihre bemerkenswerte Struktur und ihren großen aromatischen Reichtum (kandierte schwarze Früchte, Gewürze, getrocknete Früchte) zwei Sterne. Ein bis zwei Jahre aufheben.

🔑 Romain Flésia, clos des Miran, plaine de mas Conil, 30130 Pont-Saint-Esprit, Tel. 04.66.82.76.94, Fax 04.20.78.77.21
☑ 🍷 n. V.

CH. MONGIN 1999*

■ 4 ha 20 000 3à5€

Eine sehr schöne Visitenkarte für diese Fachoberschule: Dieser harmonische Wein mit Unterholz- und Lederaromen, das Ergebnis einer dank einer zweckmäßigen Kellerei gut gemeisterten Vinifizierung, besitzt ein großes Lagerpotenzial.
🔑 Lycée viticole d'Orange, Ch. Mongin, 2260, rte du Grès, 84100 Orange, Tel. 04.90.51.48.04, Fax 04.90.51.11.92 ☑ 🍷 n. V.

CH. DE MONTFAUCON 1999**

■ 5 ha 30 000 5à8€

Das Château ist zwar in der Appellation noch jung, aber schon bekannt, anerkannt und beachtet. Nicht nur wegen seiner Architektur, einer Nachahmung des mittelalterlichen Baustils aus dem 19. Jh., sondern auch wegen seiner Weine. Dieser hier ist bemerkenswert. Kräftige Wildbretaromen vor einem Hintergrund von überreifen Früchten zeigen sich in der Nase ebenso wie im Mund. Seine schöne Struktur mit viel «Fett» und Nachhaltigkeit reiht ihn einmal mehr unter die großen Côtes du Rhône ein.
🔑 Rodolphe de Pins, Ch. de Montfaucon, 30150 Montfaucon, Tel. 04.66.50.37.19, Fax 04.66.50.62.19
☑ 🍷 Mo–Fr 14h–18h; Gruppen n. V.

DOM. DU MOULIN 2000**

□ 2 ha 5 000 5à8€

Dank beständiger umfangreicher Investitionen behauptet dieses Gut einen schönen Platz unter den Côtes du Rhône. Eine Hülsenmaischung und sanftes Pressen der Trauben gehen der Gärung mit Wärmeregulierung voraus, um einen bemerkenswerten Wein herzustellen: angenehme Ansprache, viel Feinheit, gute Struktur und anhaltender Abgang. Schalentiere und geräucherte Fische werden dazu passen.
🔑 Denis Vinson, Dom. du Moulin, 26110 Vinsobres, Tel. 04.75.27.65.59, Fax 04.75.27.63.92
☑ 🍷 Mo–Sa 8h–12h 13h30–19h

DOM. MOULIN DU POURPRE 1998

■ 4,5 ha 32 666 3à5€

Syrah und Grenache zu gleichen Teilen: ein klassischer, aber zuverlässiger Verschnitt. Françoise Simon hat die Vinifizierung gut gemeistert. Der Geruchseindruck dieses Weins ist zwar im Augenblick zurückhaltend, aber im Mund entfalten sich seine Aromen. Der runde, gut gebaute Geschmack ist bereit für einen Braten.
🔑 Françoise Simon, Colombier, 30200 Sabran, Tel. 04.66.89.73.98, Fax 04.66.89.73.98
☑ 🍷 tägl. 8h–20h

CH. DE PANERY 2000

◪ 1 ha 5 000 3à5€

Das Weingut, ein ehemaliges Gehöft von Château de Pouzilhac (mit 528 Hektar eines der größten Güter im Departement Gard), präsentiert uns einen sehr gut gemachten Rosé, dessen Aromen auf die Reichhaltigkeit eines Korbes von roten Früchten und Pentanolnoten setzen.
🔑 SCEA Ch. de Panery, rte d'Uzès, 30210 Pouzilhac, Tel. 04.66.37.04.44, Fax 04.66.37.62.38, E-Mail chateaudepanery@wanadoo.fr
☑ 🍷 tägl. 10h–18h
🔑 Roger Gryseels

DOM. DU PARC SAINT-CHARLES
Cuvée Saint-Charles 1998*

■ 3 ha 3 850 5à8€

Dieses Gut liegt ganz im Süden der Côtes du Rhône, auf dem rechten Flussufer, auf einer wunderschönen steinigen Hochfläche. Die Weinliebhaber werden sich darin nicht täuschen und diese Cuvée wegen der subtilen Ausgewogenheit ihrer Komponenten schätzen. Der **im Holzfass ausgebaute rote 98er Côtes du Rhône** (Preisgruppe: 50 bis 69 F) erhält eine lobende Erwähnung; er ist bereits trinkreif.
🔑 SCEA du Parc Saint-Charles, Dom. du Parc Saint-Charles, 30490 Montfrin, Tel. 04.66.57.22.82, Fax 04.66.57.54.41, E-Mail florent.combe@wanadoo.fr ☑ 🍷 n. V.
🔑 Combe Frères

DOM. PELAQUIE 2000

□ 5 ha 15 000 5à8€

Das Gut, an dem die Liebhaber südlicher Weißweine nicht vorbeikommen, präsentiert dieses Jahr einen einschmeichelnden Wein, der erneut sehr kräftig ist, mit blumigem Aroma. Diesmal handelt es sich um einen Verschnitt von Roussanne, Grenache blanc und Clairette. Dass er für das Terroir sehr typisch ist, stellt keine Überraschung dar. Der **99er Rotwein** wird ebenfalls lobend erwähnt; ausgewählt wurde er wegen seiner intensiven, leicht würzigen Noten. Man kann ihn zu Koteletts oder zu Lammbaron (Rücken mit beiden Keulen in einem Stück gebraten) servieren.
🔑 Dom. Pélaquié, 7, rue du Vernet, 30290 Saint-Victor-la-Coste, Tel. 04.66.50.06.04, Fax 04.66.50.33.32, E-Mail domaine@pelaquie.com
☑ 🍷 Mo–Sa 9h–12h 14h–18h
🔑 GFA du Grand Canet

DOM. ROGER PERRIN
Prestige blanc 2000*

□ 1 ha 4 000 5à8€

Dieser Weißwein wird auf seiner Feinhefe ausgebaut. Seine Aromen sind intensiv und komplex; sein Geschmack ist ausgewogen und harmonisch. Seine Rundheit legt nahe, dass man ihn zu hellem Fleisch serviert.
🔑 Dom. Roger Perrin, rte de Châteauneuf-du-Pape, 84100 Orange, Tel. 04.90.34.25.64, Fax 04.90.34.88.37
☑ 🍷 Mo–Sa 8h30–12h 14h–19h
🔑 Luc Perrin

CLOS PETITE BELLANE 2000*

■ 3,5 ha 24 260 5à8€

Eine entschieden moderne Kellerei, die eine sechstägige Gärung für diesen Wein verwendet, der Feinheit und fruchtiges Gerüst verbindet. Zu seiner Komplexität kommt ein Bouquet von schwarzen und roten Johannisbeeren sowie Waldfrüchten hinzu. Beachten sollte man auch den lobend erwähnten **Weißwein,** der aus ebenso viel Roussanne wie Viognier besteht, wobei die Reben auf einem warmen, sonnenreichen Terroir mit tonigem Kalkstein wachsen. Dieser Wein, der Volumen besitzt, bietet über intensiven Fruchtaromen eine Empfindung von Wärme.

SARL sté nouvelle Petite Bellane, rte de Vinsobres, chem. de Sainte-Croix, 84600 Valréas, Tel. 04.90.35.22.64, Fax 04.90.35.19.27 ☑ Ｙ n. V.
Olivier Peuchot

DOM. PHILIPPE PLANTEVIN 1998**

■ 0,8 ha 4 000 5à8€

Von diesem 98er, der das Ergebnis eines Verschnitts von Grenache (65 %), Syrah (30 %) und Carignan ist, geht eine bemerkenswerte Harmonie aus. Diese edlen Rebsorten liefern einen tiefen, ausgewogenen Wein; er ist auf traditionelle Weise vinifiziert worden, mit einem zwölfmonatigen Ausbau im Holzfass, und erreicht jetzt seinen Höhepunkt. Er verdient kleines Federwild, kann aber auch während einer gesamten Mahlzeit serviert werden.

EARL Plantevin Père et Fils, La Daurelle, 84290 Cairanne, Tel. 04.90.30.71.05, Fax 04.90.30.77.75 ☑ Ｙ n. V.

DOM. RIGOT Jean-Baptiste Rigot 2000**

■ 8 ha 10 000 5à8€

Der 99er feierte das hundertjährige Bestehen dieses Guts. Die Cuvée 2000, ebenfalls dem Gründer gewidmet, ist bemerkenswert. Grenache und Syrah zu gleichen Teilen sind vom Erzeuger perfekt genutzt worden. Eine schöne Extraktion hat eine purpurrote Farbe mit purpurvioletten Reflexen ergeben. Eine warme, samtige Öligkeit kleidet den Gaumen aus, ohne dass man darüber die angenehmen Düfte von reifen Früchten vergessen würde, die in der Nase wahrzunehmen sind. Eine schöne kulinarische Entsprechung zu einem Heidelbeerkuchen.

Camille Rigot, Les Hauts Débats, 84150 Jonquières, Tel. 04.90.37.25.19, Fax 04.90.37.29.19 ☑ Ｙ n. V.

CH. ROCHECOLOMBE 1999**

■ 8 ha 40 000 3à5€

Die von einem belgischen Komponisten und Texter angepflanzten Reben (heute führen seine Tochter und sein Enkel das Gut) haben an den sonnenreichen Hängen von Bourg-Saint-Andéol im Departement Ardèche drei hübsche Weine hervorgebracht: einen **weißen 2000er Rochecolombe,** der – was bei den Côtes du Rhône selten ist – zu 100 % von der Clairette-Rebe stammt und wegen seines intensiven Dufts und seines Potenzials lobend erwähnt wird, einen runden, fetten, aromatischen **2000er Rosé Rochecolombe** (einen Stern) und diesen stattlichen, strukturierten Rotwein, dessen an Burlat-Kirschen erinnernde Farbe mauve schimmert – Hinweis auf eine schöne Vinifizierung. Der Rest folgt in einem wunderschönen Register nach: von pürierten roten Früchten bis zu Gewürzen.

EARL G. Herberigs, Ch. Rochecolombe, 07700 Bourg-Saint-Andéol, Tel. 04.75.54.50.47, Fax 04.75.54.80.03 ☑ Ｙ tägl. 9h–12h 14h–19h

CAVE DE ROCHEGUDE 2000*

□ 2 ha 8 000 3à5€

Der hohe Anteil der Rebsorte Viognier (85 %) prägt diesen Wein in seinem Umfang. Während der gesamten Verkostung entfalten sich Früchte. Er ist ausgewogen und zeigt sich kräftig und zugleich elegant, was somit kein Widerspruch ist.

Cave des Vignerons de Rochegude, 26790 Rochegude, Tel. 04.75.04.81.84, Fax 04.75.04.84.80 ☑ Ｙ tägl. 9h–12h 14h–18h

DOM. DE ROCHEMOND Fût de chêne 1999**

■ 2 ha 10 000 5à8€

Zwei Cuvées von großer Qualität hat dieses 85 ha große Gut vorgestellt: die Hauptcuvée, den **roten 2000er Rochemond** (Preisgruppe: 20 bis 29 F), der mit seiner rubinroten Farbe, die an die Kirschsorte «Cœur de pigeon» erinnert, sehr jugendlich wirkt und eine fruchtige Seite mit hübschen pflanzlichen Noten verbindet, das Ganze über stark verschmolzenen Tanninen. Er erhält einen Stern. Diese Cuvée hier, ein im Barriquefass ausgebauter 99er mit intensivem Duft von weißer Feige, ist kräftig und ölig. Ihre Holznoten sind perfekt eingebunden; die Länge im Geschmack ist bemerkenswert. Sie verdient Wild; wer die Jagd nicht mag, kann auch Rebhuhn mit Trauben dazu wählen.

EARL Philip-Ladet, Eric Philip, Dom. Rochemond, 1, chem. des Cyprès, 30200 Sabran, Tel. 04.66.79.04.42, Fax 04.66.79.04.42 ☑ Ｙ n. V.

DOM. DES ROCHES FORTES 1999*

■ 2 ha 12 000 5à8€

Das Gut erhielt im Hachette-Weinführer 2000 eine Liebeserklärung für den 97er Jahrgang der sortenrein aus Syrah erzeugten Cuvée. Die **99er Cuvée Prestige** erhält eine lobende Erwähnung: Sie zeigt ein weißes Etikett und bietet einen typischen Charakter; der Holzton ist gut eingebunden (hübsche Lakritzenote). Dieser Wein hier trägt ein goldenes Etikett und schmückt sich mit einer leichten, aber strahlenden Farbe. Er gibt sich angenehm fruchtig und süffig. Der Gesamteindruck ist elegant.

EARL Brunel et Fils, Dom. des Roches Fortes, quartier Le Château, 84110 Vaison-la-Romaine, Tel. 04.90.36.03.03, Fax 04.90.28.77.14
☑ Ｙ Mo–Sa 10h30–12h 13h30–18h30

CH. SAINT-ESTEVE D'UCHAUX

Jeunes vignes 1999*

☐ 2 ha 8 000 5 à 8 €

Die D 11, auf der man, von Orange her kommend, nach Uchaux gelangt, benutzt die Trasse der Römerstraße, die bereits damals das Kalksteinmassiv des Bergwaldes durchquerte. Auf einem mageren, nicht sehr tiefen Boden kommen die jungen Viognier-Reben, die mittels integriertem Anbau kultiviert werden, sehr gut zur Geltung: Die aromatische Stärke im Geruch findet sich im Geschmack über einer fülligen, feinen, großzügigen Ausgewogenheit wieder. Eine andere Cuvée, der **99er Vionysos** (Preisgruppe: 70 bis 99 F), ein sortenreiner Viognier, erhält ebenfalls einen Stern. Sie ist blumig und fruchtig, wobei sie Lindenblüte und Honig mischt, und ölig und zugleich frisch. Ihre Länge beeindruckt.

Ch. Saint-Estève d'Uchaux, 84100 Uchaux, Tel. 04.90.40.62.38, Fax 04.90.40.63.49

☑ Mo–Sa 9h–12h 14h–18h

Gérard und Marc Français

CH. SAINT-NABOR 2000

☐ 2 ha 25 000 3 à 5 €

An den Hängen des wunderschönen Dorfs Cornillon gut gereifte Roussanne-Trauben (90 %) haben zusammen mit ein wenig Grenache blanc und Clairette einen Wein mit Aromen von exotischen Früchten und Zitrusfrüchten geliefert, die ihm eine große Frische verleihen.

Gérard Castor, EARL Vignobles Saint-Nabor, 30630 Cornillon, Tel. 04.66.82.24.26, Fax 04.66.82.31.40 ☑ tägl. 8h–12h 14h–18h

DOM. DE SERVANS 2000***

☐ 0,53 ha 1 200 8 à 11 €

Dieser in kleiner Stückzahl hergestellte Wein, der im Barriquefass vinifiziert und ausgebaut worden ist, stammt ausschließlich von der Rebsorte Viognier. Er zeigt sich der größten Weine der nördlichen Rhône würdig. Die Oberjury spendete diesem Können vorbehaltlos Beifall, so makellos ist dieser Wein. Was für eine nuancenreiche Komplexität der Aromen: Man findet Honig, getrocknete Früchte und Blüten, danach Früchte, vor allem hübsche Aprikosennoten. Ein Wein für Gebäck. Es wird wenige Auserwählte geben, aber sie werden darüber glücklich sein.

Pierre et Philippe Granier, av. de Provence, 26790 Tulette, Tel. 04.75.98.31.47, Fax 04.75.98.31.47, E-Mail domainedeservans@wanadoo.fr

☑ n. V.

CH. SIMIAN

Saint Martin de Jocundaz 2000**

☐ 0,8 ha 2 000 11 à 15 €

Auf diesem außergewöhnlichen, vor dem Mistral gut geschützten Terroir an den Südhängen des Massivs von Uchaux vollbringen die Serguiers Glanztaten: Alle drei Farben wurden gut benotet. Dieser Weißwein, ein sortenreiner Viognier, der von einem «Villages-»Terroir kommt, ist blumig und nachhaltig. Der durch *Saignée* (Abstich nach kurzer Maischung) hergestellte **2000er Rosé** (Preisgruppe: 30 bis 49 F), der fett und fruchtig ist, erhält einen Stern. Der mit zwei Sternen bedachte **99er Rotwein** ist kräftig und rund und zeigt einen noch sehr jugendlichen Charakter; für ihn empfiehlt sich eine Lagerung von zwei bis fünf Jahren.

Jean-Pierre Serguier, Ch. Simian, 84420 Piolenc, Tel. 04.90.29.50.67, Fax 04.90.29.62.33, E-Mail chateau-simian@wanadoo.fr

☑ tägl. 9h–19h30

DOM. DU SOLEIL ROMAIN

Dame Laurence 2000

☐ 1 ha 2 000 5 à 8 €

In dieser Flasche findet man Exotik und Wärme. Die Intensität der Ananasaromen stützt sich auf eine einschmeichelnde Ausgewogenheit. Die Jury schlug vor, ihn mit gegrilltem Fisch oder – warum nicht – einem Zitronenkuchen zu kombinieren. Ebenfalls lobend erwähnt wird der **2000er Rosé**, der im Geschmack fett und voll ist und eine schöne Struktur besitzt.

GAEC Giely et Fils, quartier Saint-Martin, 84110 Vaison-la-Romaine, Tel. 04.90.36.12.69, Fax 04.90.28.71.89 ☑ n. V.

DOM. SOLEYRADE

Cuvée Champaneö 1999*

■ 4 ha 5 500 5 à 8 €

Der Großvater, der im Dorf den Beinamen «Champaneö» hatte, hat seinen Namen dieser Cuvée hinterlassen, die alle Verkoster als subtil bezeichnet haben. Nach ihrer klaren, frischen Ansprache entlädt sich eine ganze Aromenpalette roter Früchte, vor allem im Abgang. Ein ausgewogener, eleganter Wein, der ein provenzalisches Schmorgericht und auch alle Braten begleiten kann.

Denis Raymond, quartier La Combe, 84830 Sérignan-du-Comtat, Tel. 04.90.70.07.79, Fax 04.90.70.07.79

☑ Mo–Sa 9h–13h 15h–20h; So n. V.

DOM. DES TAMARIS 1998

■ 20 ha 10 000 5 à 8 €

Die Côtes du Rhône aus dem Departement Ardèche sind dieses Jahr in unserem Weinführer stark vertreten. Die qualitativen Anstrengungen dieses ganzen Sektors findet man bei fast allen Erzeugern bestätigt. Hier haben wir es mit einem Wein zu tun, der Grenache und Syrah kombiniert. Er ist leicht entwickelt, bietet Schokoladennoten und bleibt sehr wohl schmeckend. Obwohl er trinkreif ist, kann er noch gut zwei Jahre lagern.

🔑 EARL Faure-Paulat, Dom. des Tamaris, rte des Gorges, 07700 Saint-Just-d'Ardèche, Tel. 04.75.98.79.16, Fax 04.75.98.74.68
☑ Y n. V.
🔑 Bernadette Faure

DOM. DE VAL FRAIS 1998*

■ k. A. 7 000 ▮◖◗ 5à8€

«Der Grenache, wie man ihn liebt.» Die Rebsorte, die in dieser Cuvée mit den leicht entwickelten Noten mit 80 % vertreten ist, entfaltet Aromen von reifen Früchten und Backpflaume. Ihr fülliger, großzügiger Geschmack, der auch an Kakao erinnert, und ihr würziger Abgang sind warm. «Ein sehr sinnlicher Wein», notierte ein Verkoster zum Schluss.
🔑 SCEA André Vaque, Dom. de Val-Frais, 84350 Courthézon, Tel. 04.90.70.84.33, Fax 04.90.70.73.61
☑ Y Mo–Sa 9h–12h 14h–18h

DOM. DU VIEUX CHENE
Cuvée de la Haie aux Grives 1999*

■ 10 ha 40 000 ▮ 5à8€

Jean-Claude Bouche, der Ausbildung nach Önologe, ließ sich 1978 auf diesem sehr schönen Gut nieder, wo er biologischen Anbau betreibt. Seine Cuvées haben im Laufe der Ausgaben unseres Weinführers gute Noten erhalten. Im schwierigen Jahrgang 1999 zeichnet er sich mit dieser Cuvée aus, deren hübscher Name («Cuvée der Drosselhecke) nahe legt, dass Sie ihn zu Federwild probieren und würdigen könnten. Sie ist das Ergebnis einer ausgewählten Zusammenstellung, ein stattlicher Wein von beachtlicher Rundheit, der schon auf den ersten Blick dank seiner tiefen Farbe sehr harmonisch wirkt. Sie besitzt eine große Alterungsfähigkeit (drei bis fünf Jahre). Der 86er erhielt eine Liebeserklärung.
🔑 Jean-Claude et Béatrice Bouché, rte de Vaison-la-Romaine, rue Buisseron, 84850 Camaret-sur-Aigues, Tel. 04.90.37.25.07, Fax 04.90.37.76.84, E-Mail contact@bouche-duvieuxchene.com
☑ Y Mo–Sa 9h–12h 14h–18h

DOM. DU VIEUX COLOMBIER 1999**

■ 6 ha 30 000 ▮🌡 5à8€

Das Etikett dieser **Cuvée du XXes** erinnert an einige der technischen Projekte, die die letzten hundert Jahre markierten. Der Inhalt der Flasche wird den Leser interessieren. Obwohl sie mit einem Stern belohnt wurde, ist sie von dieser Grundcuvée übertroffen worden, die bei der Verkostung wegen ihrer Stärke, ihrer aromatischen Komplexität, ihrer feinen Tannine und ihrer hübschen purpurvioletten Farbe besser bewertet wurde. Dieser Wein hinterlässt im Abgang einen Eindruck von vollkommenem Vergnügen. Der Winzer und sein Önologe Bruno Sabatier haben gut gearbeitet!
🔑 Jacques Barrière et Fils, Dom. du Vieux Colombier, 30200 Sabran, Tel. 04.66.89.98.94, Fax 04.66.89.98.94 ☑ Y n. V.

Côtes du Rhône-Villages

Innerhalb des Anbaubereichs der Appellation Côtes du Rhône haben einige Gemeinden dank ihrer Reblagen eine guten Ruf erworben; sie erzeugen rund 184 000 hl Weine, deren typischer Charakter und Qualität einmütig anerkannt und gewürdigt werden. Die Produktionsbedingungen dieser Weine unterliegen insbesondere hinsichtlich der Abgrenzung des Anbaugebiets, des Ertrags und des Alkoholgehalts strengeren Kriterien, als sie für die Côtes du Rhône gelten.

Man unterscheidet dabei zum einen die Côtes du Rhône-Villages, die einen Ortsnamen angeben dürfen; sechzehn Namen sind historisch anerkannt: Chusclan, Laudun und Saint-Gervais im Departement Gard, Beaumes-de-Venise, Cairanne, Sablet, Séguret, Rasteau, Roaix, Valréas und Visan im Departement Vaucluse sowie Rochegude, Rousset-les-Vignes, Saint-Maurice, Saint-Pantaléon-les-Vignes und Vinsobres im Departement Drôme. Sie umfassen 25 Gemeinden mit einer angemeldeten Anbaufläche von 4 787 ha (2000), die 192 773 hl erzeugt haben.

Auf der anderen Seite befinden sich die Côtes du Rhône-Villages ohne Ortsname, deren Abgrenzung in den restlichen Gemeinden der Departements Gard, Vaucluse und Drôme innerhalb der Anbaufläche der Côtes du Rhône vor kurzem abgeschlossen wurde.

Berücksichtigt worden sind 70 Gemeinden. Ein erstes Ziel dieser Abgrenzung war die Erzeugung von begrenzt lagerfähigen Weinen. Im Jahre 2000 umfasste die angemeldete Anbaufläche 3 239 ha mit einer Produktion von 143 376 hl.

DOM. AMIDO 1999

■ 5,25 ha 30 000 ▮◖◗🌡 5à8€

Dieses Gut, das auch Tavel-Roséweine erzeugt, präsentiert einen recht typischen 99er Côtes du Rhône-Villages. Seine Fruchtigkeit, seine Gewürze, seine feinen Tannine, seine Ausgewogenheit und seine aromatische Nachhaltigkeit machen ihn zu einem hübschen Wein.
🔑 Christian Amido, rue des Carrières, 30126 Tavel, Tel. 04.66.50.04.41, Fax 04.66.50.04.41 ☑ Y n. V.

DOM. DE BEAUMALRIC
Beaumes de Venise 1999*

■ 5 ha 25 000 5à8€

Ein gut gemachter Wein, der sich typisch zeigt, indem er mit seinen animalischen Gerüchen und seinen Unterholznoten eine gewisse Persönlichkeit beweist. Der ausgewogene Geschmack entfaltet seine Aromen von roten Früchten auf elegante Weise. Die rubinrote Farbe bewahrt ihre ganze Jugendlichkeit.

EARL Begouaussel, Dom. de Beaumalric, BP 15, 84190 Beaumes-de-Venise, Tel. 04.90.65.01.77, Fax 04.90.62.97.28
n. V.

DOM. BEAU MISTRAL
Rasteau Sélection du Terroir 2000*

◪ 3 ha 6 000 5à8€

Die Reben sind hier dem Mistral ausgesetzt, der für die Trauben eine günstige Rolle spielt. Davon kommt bestimmt auch der Name dieses Guts, dessen nach kurzer Maischung abgestochener Rosé durch eine strahlende Farbe von Rosenblütenblättern und durch die Feinheit eines Dufts verführt, in dem sich Anis, Menthol und rote Früchte mischen. Letztere Aromen findet man in einem Geschmack von großer Frische wieder.

Jean-Marc Brun, Le Village, rte d'Orange, 84110 Rasteau, Tel. 04.90.46.16.90, Fax 04.90.46.17.30 n. V.

DOM. DE BEAURENARD Rasteau 1999

■ 4 ha 50 000 5à8€

Ein Villages aus Châteauneuf-du-Pape, der im Geruch an Holz und rote Früchte erinnert. Rote Früchte, aber diesmal in Alkohol eingelegt, entdeckt man auch im tanninreichen Geschmack, der sich mit der Zeit verfeinern dürfte. Daran erkennt man die Auswirkungen einer langen Gärdauer und eines monatelangen Ausbaus im Holzfass. Ein Wein, der in seinem Granatrot einschmeichelnd wirkt.

SCEA Paul Coulon et Fils, Dom. de Beaurenard, av. Pierre-de-Luxembourg, 84231 Châteauneuf-du-Pape, Tel. 04.90.83.71.79, Fax 04.90.83.78.06, E-Mail paul.coulon@beaurenard.fr
Mo–Sa 9h–12h 13h30–17h30; Gruppen n. V.

DOM. DE BELLE-FEUILLE 1999*

■ 3 ha 18 000 5à8€

Das Gut hat in gewaltigem Umfang in das Material für die Vinifizierung und den Ausbau investiert: Die Früchte dafür erntet es mit dieser Cuvée, die man lagern sollte, um sie besser würdigen zu können. Die Farbe ist tiefgranatrot. Der komplexe Duft geht von Gewürzen zu Moschusnoten über. Nach einer klaren Ansprache entdeckt man einen ausgewogenen Geschmack, der ein gutes Alterungspotenzial offenbart. Für den **weißen 99er Côtes du Rhône** (Preisgruppe: 20 bis 29 F) erhält Gilbert Louche einen Stern: ein frischer, komplexer, lang anhaltender Wein für Fisch mit hellem Fleisch.

Gilbert Louche, Dom. de Belle-Feuille, 30200 Vénéjan, Tel. 04.66.79.27.33, Fax 04.66.79.22.82
Mo–Sa 8h–12h 13h–18h30

LOUIS BERNARD 2000*

■ k. A. 300 000 5à8€

Nach einem Duft, den Walderdbeere beherrscht, entdeckt man einen angenehm langen Geschmack, in dem die Tannine ziemlich lang anhalten. Der **2000er Domaine Sarrelon** ist lobend erwähnt worden.

Les Domaines Bernard, rte de Sérignan, 84100 Orange, Tel. 04.90.11.86.86, Fax 04.90.34.87.30, E-Mail sagon@domaines-bernard.fr

DOM. BOISSON Cairanne 1999

■ 8 ha 35 000 5à8€

Ein Gut, das 1945 acht Hektar umfasste und jetzt vierzig Hektar besitzt. Beim 99er sollten wir uns zwei Cuvées merken: Der **Clos de la Brussière** (Preisgruppe: 50 bis 69 F), der aufgrund seiner lakritzeartigen Geschmacksnoten angenehm ist, erhält eine lobende Erwähnung. Der Cairanne, der dank seiner Pfeffer-, Gewürz- und Ledernoten typischer wirkt, zeigt eine gute Ausgewogenheit und anhaltende Aromen.

Régis Boisson, Les Sablières, 84290 Cairanne, Tel. 04.90.30.70.01, Fax 04.90.30.89.03
Mo–Sa 9h30–12h 14h–19h30; Gruppen n. V.

DOM. BRESSY-MASSON
Cuvée la Souco d'or Rasteau 1999**

■ 2 ha 6 000 8à11€

Mit zwei seiner Cuvées konnte dieses Gut Liebeserklärungen erringen! Die Oberjury bekundete eine leichte Vorliebe für die Cuvée la Souco d'or mit ihrem Iris-, Kakao- und Gewürzduft. Ihre Harmonie prägen schwarze Früchte (schwarze Johannisbeere, Brombeere, Heidelbeere), die am Ende der Verkostung zurückkehren. Vor allem aber entdeckt man im Geschmack solide Tannine, einen gut eingefügten Holzton und einen runden, blühenden, sehr würzigen Abgang mit einer dominierenden Pfeffernote. Die **99er Cuvée Paul-Emile** erweist sich als ebenso angenehm.

⊶ Marie-France Masson,
Dom. Bressy-Masson, rte d'Orange,
84110 Rasteau, Tel. 04.90.46.10.45,
Fax 04.90.46.17.78
☑ Ⲯ tägl. 9h–12h 14h–19h; Gruppen n. V.

DOM. BRUSSET

Cairanne Coteaux des Travers 2000

□ 2 ha 4 000 5 à 8 €

Ein großes Gut (87 ha), das nach Laurent Brusset benannt ist und in der Ausgabe 2000 für eine andere Cuvée eine Liebeserklärung erhielt. In der Fülle und im Reichtum dieses 2000er spürt man die sehr reifen Trauben. Er ist in der Nase blumig und entfaltet im weiteren Verlauf der Verkostung Aromen von Gewürznelke und weißen Früchten, unterstützt von einer guten Säure, die den Schlussgeschmack angenehm verstärkt.

⊶ Dom. Brusset, 84290 Cairanne,
Tel. 04.90.30.82.16, Fax 04.90.30.73.31
☑ Ⲯ n. V.

CAVE DE CAIRANNE

Cuvée antique 1998*

■ 80 ha 65 000 8 à 11 €

Voller Stärke und viel versprechend: So präsentiert sich diese Spitzencuvée mit dem intensiven, fruchtigen Duft, der zusätzlich Leder und animalische Noten enthält. Die feinen Tannine bringen im Geschmack ihre Komplexität mit ein und beschließen die sehr große Harmonie dieses 98ers. Zu Tournedos Rossini (Lendenschnitte auf geröstetem Weißbrot mit Gänseleber- und Trüffelscheiben sowie Madeirasauce).

⊶ Cave de Cairanne, 84290 Cairanne,
Tel. 04.90.30.82.05, Fax 04.90.30.74.03
☑ Ⲯ n. V.

CASTEL MIREIO

Cairanne Prestige Elevé en fût de chêne neuf 1999*

■ 5 ha 15 000 8 à 11 €

Diese Cuvée mit dem hübschen provenzalischen Namen kommt von einem 24 ha großen Gut. Der intensive Duft verbindet animalische Noten und rote Früchte mit einem Hauch von Gewürzen und Holz im Abgang. Man würdigt sein Gerüst und seine Aromen von kandierten roten Früchten. Die Tannine sind verschmolzen und schmecken nach Lakritze.

⊶ Dom. Michel et André Berthet-Rayne,
rte d'Orange, 84290 Cairanne,
Tel. 04.90.30.88.15, Fax 04.90.30.83.17
☑ Ⲯ n. V.

DOM. DIDIER CHARAVIN

Rasteau Les Parpaïouns 1999*

■ 2 ha 7 000 8 à 11 €

«Die Verkörperung der AOC schlechthin», meinte die Jury. Ein Wein mit anhaltenden Aromen von roten Früchten, den man mit seiner schönen Struktur, seiner geschmacklichen Länge, seinen feinen Tanninen und vor allem seinen Gewürzen (Pfeffer) zwei Jahre aufheben muss. Die lobend erwähnte **rote 99er Hauptcuvée** (Preisgruppe: 30 bis 49 F) lässt mit ihrem Duft und ihrem Geschmack, die animalische Noten zeigen, und mit ihren verschmolzenen Tanninen die an den Hängen von Rasteau gut gereiften Grenache- und Syrah-Trauben erkennen.

⊶ Didier Charavin, rte de Vaison,
84110 Rasteau, Tel. 04.90.46.15.63,
Fax 04.90.46.16.22 ☑ Ⲯ tägl. 9h–12h 14h–18h

DOM. CHAUME-ARNAUD

Vinsobres Cuvée La Cadène 1999*

■ 2 ha 8 800 11 à 15 €

Man entdeckt hier sofort die Aromen der drei Hauptrebsorten der AOC. Brombeere und Heidelbeere im Geruch, verschmolzene Tannine im Mund: Dieser Wein glänzt aufgrund seines ausgewogenen Geschmacks, in dem rote Früchte dominieren. Der **2000er Weißwein** des Guts, der in der Nase kräftig und blumig und im Geschmack fett und fruchtig ist, belegt mit seiner hübschen Goldfarbe eine gut gemeisterte Vinifizierung. Er erhält eine lobende Erwähnung, ebenso wie der **2000er Rosé,** der sich genauso angenehm trinkt. Beide liegen in der Preisgruppe zwischen 30 und 49 Franc.

⊶ EARL Chaume-Arnaud, Les Paluds,
26110 Vinsobres, Tel. 04.75.27.66.85,
Fax 04.75.27.69.66 ☑ Ⲯ n. V.

DOM. DU CORIANCON

Vinsobres Le Haut des Côtes 1999

■ 3 ha 5 000 11 à 15 €

Coriançon, ein großes Familiengut, das seit 1976 von François Vallot geführt wird, erzeugt eine Sondercuvée, die für diesen Jahrgang 80 % Grenache mit 15 % Syrah und 5 % Mourvèdre kombiniert. Eine dreißigtägige Maischegärung hat es ermöglicht, eine tiefe Farbe und schon verschmolzene Tannine zu extrahieren. Die an kandierte Früchte und Gewürze erinnernden Aromen sind klar und deutlich. Ein Wein, den man zwei Jahre aufheben muss, damit sich der Holzton einfügt.

⊶ François Vallot, Dom. du Coriançon,
26110 Vinsobres, Tel. 04.75.26.03.24,
Fax 04.75.26.44.67,
E-Mail francois.vallot@wanadoo.fr
☑ Ⲯ Mo–Sa 9h–12h 14h–19h

DOM. DES COTEAUX DES TRAVERS

Rasteau Cuvée Prestige 1999**

■ k. A. 14 000 8 à 11 €

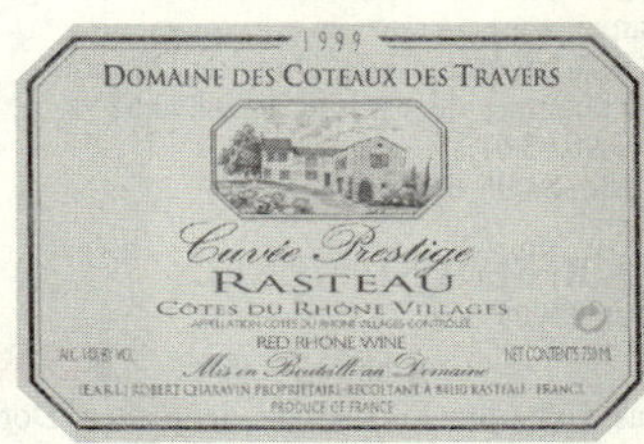

Ein sehr schöner Wein von tiefroter Farbe. Er ist im Geruch intensiv und kraftvoll und zeichnet sich durch seine Ansprache im Geschmack aus, auf die sehr kräftige Aromen von roten Früchten und Unterholz folgen. Harmonische Tannine unterstützten das Ganze. Er wird gut

zu Ihren festlichen Mahlzeiten passen. Zwei Sterne hat auch der **Cairanne** (Preisgruppe: 50 bis 69 F) vom gleichen Erzeuger erhalten.
🔑 Robert Charavin, Dom. des Coteaux des Travers, BP 5, 84110 Rasteau, Tel. 04.90.46.13.69, Fax 04.90.46.15.81, E-Mail robert.charavin@wanadoo.fr ☑ 🍷 n. V.

CH. COURAC Laudun 1999**

■ 9,64 ha 53 000 🍾 5à8€

Ein Château, das auf den Anhöhen von Tresques von seinem Weinberg umgeben ist. Die jungen Besitzer haben einen Probierkeller eingerichtet, in dem Sie diesen Villages mit der tiefen, dunklen Farbe verkosten können. Der Geruchseindruck ist kräftig: animalisch, reich an Nuancen von frischen Früchten und Lorbeer. Der Geschmack ist voll und reif; die schöne Struktur seiner milden, seidigen Tannine verbindet sich mit anhaltenden Aromen von kandierter schwarzer Pflaume.
🔑 SCEA Frédéric Arnaud, Ch. Courac, 30330 Tresques, Tel. 04.66.82.90.51, Fax 04.66.82.94.27 ☑ 🍷 n. V.

DU PELOUX 1998*

■ k. A. k. A. 5à8€

Ein mit seinem tiefen Granatrot sehr ansprechender Wein. Der leicht verschlossene Geruchseindruck entwickelt sich in Richtung kleine rote Früchte. Im Mund entdeckt man ein schönes Gerüst. Die animalischen Noten und die Unterholzaromen erweisen sich als recht lang.
🔑 Vignobles Du Peloux, quartier Barrade, RN 7, 84350 Courthézon, Tel. 04.90.70.42.00, Fax 04.90.70.42.15 ☑ 🍷 n. V.

DOM. DE DURBAN Beaumes-de-Venise 1999*

■ 17,74 ha 67 000 🍾🌡 5à8€

Dank des Rundblicks, den er über die Gegend bietet, ist der Spaziergang zu dem Gut ein wunderschönes Erlebnis. Und das Angebot von Weinen, das man dort bei der Ankunft entdeckt, enttäuscht nicht: so etwa dieser Villages, der an recht sonnigen Hängen gereift ist. Sein Duft erzählt von Früchten und Gewürzen, während sein angenehm ausgewogener Geschmack rund ist; feine Tannine führen zu einem fruchtigen Abgang.
🔑 SCEA Leydier et Fils, Dom. de Durban, 84190 Beaumes-de-Venise, Tel. 04.90.62.94.26, Fax 04.90.65.01.85
☑ 🍷 Mo–Sa 9h–12h 14h–17h30

DOM. REMY ESTOURNEL Laudun 2000*

□ 1 ha 3 000 🍾 5à8€

Das Gut, das 150 m von dem alten Dorf entfernt liegt, ist den Lesern gut bekannt. Dieser Wein aus dem Departement Gard ist sehr hübsch mit seiner hellgelben, golden funkelnden Farbe. Er ist im Duft kräftig und blumig und erinnert auch an weißfleischige Früchte und Aprikose. Im Geschmack findet man eine schöne Ausgewogenheit sowie «Fett» und viel Frische.
Der **weiße 2000er Côtes du Rhône** ist typisch für die südlichen Weißweine; er erhält einen Stern.
🔑 Rémy Estournel, 13, rue de Plaineautier, 30290 Saint-Victor-la-Coste, Tel. 04.66.50.01.73, Fax 04.66.50.21.85
☑ 🍷 n. V.

DOM. DE FENOUILLET Beaumes-de-Venise Cuvée des Générations 1999**

■ 1,5 ha 4 000 🛢 8à11€

Was für eine großartige Cuvée, die Frucht und Holz vereint! Im Augenblick dominiert Letzteres, aber nicht ohne Feinheit, mit Gewürz- und Vanillenuancen, doch die roten Früchte fehlen nicht. Ein Wein, den man in seinem Keller vergessen muss. Hingegen sollten Sie schon jetzt die **99er Cuvée Yvon Soard** servieren, die einen Stern erhält.
🔑 GAEC Patrick et Vincent Soard, Dom. de Fenouillet, allée Saint-Roch, 84190 Beaumes-de-Venise, Tel. 04.90.62.95.61, Fax 04.90.62.90.67, E-Mail pv.soard@freesbee.fr ☑ 🍷 n. V.

FERDINAND DELAYE Visan 1999*

■ 17 ha 90 000 🍾🌡 5à8€

Die von der Kellerei der Visan-Hänge präsentierte Cuvée ist interessant. Die Jury bezeichnete sie als rustikal und solide. Die Aromen reifer Früchte entfalten sich darin über einer guten Tanningrundlage. Ein ausgewogener Wein, der von einer schönen Reife zeugt.
🔑 Cave Les Coteaux, B.P. 22, 84820 Visan, Tel. 04.90.28.50.80, Fax 04.90.28.50.81, E-Mail cave@coteaux-de-visan.fr 🍷 n. V.

DOM. FOND CROZE 1998**

■ 3 ha 8 600 🍾🌡 5à8€

Fond Croze, ein ganz junges Weingut mit einem Weinberg, der bislang für eine Genossenschaftskellerei bestellt wurde, ist ein brillanter 98er von angenehmer Fruchtigkeit (kandierte und schwarze Früchte) gelungen. Der Geschmack ist ausschließlich Harmonie, Stärke, Rundheit und Ausgewogenheit. Wir wünschen diesen beiden Brüdern noch viele weitere Erfolge.
🔑 Dom. Fond Croze, Le Village, 84290 Saint-Roman-de-Malegarde, Tel. 04.90.28.94.30, Fax 04.90.28.97.07, E-Mail fondcroze@hotmail.com ☑ 🍷 n. V.
🔑 Bruno und Daniel Long

DOM. DU GOURGET Rochegude 2000*

□ 1 ha 3 200 🍾 8à11€

Was für eine Frische in diesem Wein ist! Sein Duft zeigt eine unauffällige Eleganz. Im Geschmack bewundert man die Ausgewogenheit zwischen Alkohol und Säure. Aromen von Honig und weißfleischigen Früchten. Dieser Rochegude kann sehr gut weißes Fleisch mit Sauce oder Fisch begleiten.
🔑 Mme Tourtin-Sansone, Dom. du Gourget, 26790 Rochegude, Tel. 04.75.04.80.35, Fax 04.75.98.21.21 ☑ 🍷 n. V.

CH. DU GRAND MOULAS
Cuvée de l'Ecu Grande Réserve 1999★

■ 2 ha k. A. 8 à 11 €

Syrah (95 %) und ein toniger Kalksteinboden haben diese Cuvée hervorgebracht, die sich mit einer tiefen Farbe schmückt. Schwarze-Johannisbeer-Blätter und rote Früchte kommen in der Nase und im Mund zum Ausdruck. Der gut ausbalancierte Geschmack lässt im Abgang eine pfeffrige Note erkennen.

Marc Ryckwaert, Ch. du Grand Moulas, 84550 Mornas, Tel. 04.90.37.00.13, Fax 04.90.37.05.89, E-Mail ryckwaert@grand.moulas.com
n. V.

DOM. GRAND NICOLET
Rasteau 1999★★★

■ 5 ha 15 000 5 à 8 €

Ein für die Appellation ungeheuer typischer Rasteau, der im Wesentlichen von der Rebsorte Grenache stammt, ergänzt durch 20 % Syrah: Das Ergebnis ist außergewöhnlich. Die granatrote Farbe und der intensive Kakao- und Gewürzduft bilden das Vorspiel zu einem Geschmack, der aufgrund seiner feinen, seidigen Tannine großartig ist. Der Kakao kehrt am Ende der Verkostung zurück, verbunden mit schwarzen Früchten, wobei das Ganze eine große aromatische Nachhaltigkeit besitzt.

Jean-Pierre Bertrand, quartier Petit-Paris, 84110 Rasteau, Tel. 04.90.46.12.40, Fax 04.90.46.11.37, E-Mail cave-nicolet-leyraud@wanadoo.fr
n. V.

DOM. JAUME Vinsobres 1999★★

■ 4 ha 25 000 5 à 8 €

Der Urgroßvater des heutigen Besitzers wirkte 1937 an der Anerkennung von Vinsobres als Villages mit. Heute stellen seine Nachkommen einen Wein von tiefer, satter Farbe vor. Der kräftige Duft ist von Blüten- und Lebkuchennoten geprägt. Im runden, verschmolzenen Geschmack beobachtet man eine dauerhafte Vereinigung zwischen vanilleartigen Tanninen und roten Früchten. Das Holz und die Trauben verbinden sich auf elegante Weise. Ein ausgewogener Wein, den man vier bis fünf Jahre aufheben kann.

Dom. Jaume, 24, rue Reynarde, 26110 Vinsobres, Tel. 04.75.27.61.01, Fax 04.75.27.68.40
Mo–Sa 8h–12h 13h30–19h

CH. JOANNY 1999★

■ 7 ha 35 000 5 à 8 €

Das Können dieses Weinbaubetriebs ermisst man an der Eleganz dieses gut vinifizierten Rotweins. Seine Farbe ist purpurrot; sein Duft erinnert an Waldfrüchte, die im Geschmack wieder auftauchen. Ausgewogenheit und Feinheit – das Ganze ist vereinigt und ergibt einen schönen Tropfen. Der **99er Château La Renjardière** ist der Händlerwein der Firma Pierre Dupond in Villefranche; er erhält die gleiche Note.

Famille Dupond, Ch. Carbonel, rte de Piolenc, 84830 Sérignan-du-Comtat, Tel. 04.90.70.00.10, Fax 04.90.70.09.21, E-Mail info@bracdelaperriere.com
Mo, Mi–So 8h–12h 14h–18h

DOM. DE LA CHARTREUSE DE VALBONNE
Cuvée Terrasses de Montalivet 2000

□ 1,3 ha 5 000 8 à 11 €

Diese in ein wunderschönes Grün eingebettete «Kartause» ruft mit ihren glasierten Ziegeln die Liebesbeziehung in Erinnerung, die Burgund von jeher mit dem Rhône-Tal unterhielt. Ihr 2000er Weißwein, der ausschließlich von der Rebsorte Viognier stammt, präsentiert sich in einer blassen Farbe mit grünen Reflexen. Der Duft erzählt von Blüten und weißen Früchten und macht dann einem ausgewogenen Geschmack voller «Fett» und Reife Platz. Eine schöne Flasche.

ASVMT, Dom. de La Chartreuse de Valbonne, 30130 Saint-Paulet-de-Caisson, Tel. 04.66.90.41.24, Fax 04.66.90.41.23, E-Mail chartreuse.de.valbonne@wanadoo.fr
n. V.

DOM. LA COMBE JULLIERE
Rasteau 2000

■ 3,5 ha 16 000 5 à 8 €

Eine mit ihrem rubinrot funkelnden Granatrot und ihrem sehr feinen Duft von Gewürzen und vor allem Pfeffer noch junge Cuvée. Die Tannine sind präsent; die Aromen von roten Früchten halten an. Eine Lagerung von einem Jahr wird diesem Wein die ganze gewünschte Reife bringen.

EARL Le Bouquet, 84110 Rasteau, Tel. 04.90.12.32.42, Fax 04.90.12.32.49
M. Laurent

LA FONT D'ESTEVENAS
Cairanne 1999★

■ 2 ha 8 000 8 à 11 €

Der Stammbaum der Alarys reicht bis 1692 zurück, einem Zeitpunkt, als diese Familie hier schon ansässig war. Diese auf Grenache und Syrah basierende Cuvée ist sehr angenehm mit ihrer Farbe, die sich zwischen Granat- und Rubinrot bewegt. Der sehr konzentrierte Duft erinnert an kandierte rote Früchte, die man in einem Geschmack mit deutlich spürbaren Tanninen wiederfindet. Ein lagerfähiger Wein.

Dom. Daniel et Denis Alary, La Font d'Estévenas, rte de Rasteau, 84290 Cairanne, Tel. 04.90.30.82.32, Fax 04.90.30.74.71
Mo–Sa 8h–12h 14h–19h

DOM. DE LA MONTAGNE D'OR
Séguret 1999

■ 3 ha 10 000 5 à 8 €

Unter einem Kirschrot mit bläulich roten Reflexen entdeckt man Düfte von kleinen roten Früchten, mit Pfeffer bestreut. Der Geschmack, den leichte Tannine ausgleichen, klingt mit einer würzigen Note aus. Ein schon trinkreifer Wein.

🔑 Alain Mahinc, La Combe, 84110 Vaison-la-Romaine, Tel. 04.90.36.22.42, Fax 04.90.36.22.42 ☑ Ῑ tägl. 8h–12h 14h–18h

DOM. LA REMEJEANNE
Les Eglantiers 2000*

■ 1 ha 4 800 ⫴ 11à15€

Die Cuvée Les Eglantiers erhielt als 98er eine Liebeserklärung, in der AOC Côtes du Rhône im Hachette-Weinführer 2000. Hier haben wir einen Villages, der sehr jung, aber auch sehr viel versprechend ist. Zunächst aufgrund seiner Komplexität: Sein noch verschlossener Geruchseindruck ist bereits recht konzentriert und erinnert an schwarze Früchte. Danach verbindet die Tanninstruktur im Geschmack den Holzton und eine Grundlage von großer Reife. Frucht und Gewürze sind vorhanden: Jetzt liegt es an Ihnen, dass Sie die Geduld aufbringen, ihn bis März 2002 aufzuheben.

🔑 EARL Ouahi et Rémy Klein, Dom. La Réméjeanne, Cadignac, 30200 Sabran, Tel. 04.66.89.44.51, Fax 04.66.89.64.22, E-Mail remejeanne@wanadoo.fr ☑ Ῑ n. V.

DOM. DE LA RENJARDE
Réserve de Cassagne 1999**

■ 10 ha 20 000 ⫴ 8à11€

Das Gut befindet sich auf dem Boden eines alten römischen *oppidum*. Seine Lage nach Süden, sein Anbau auf Terrassen und die Beschaffenheit seiner Böden ergeben sehr großzügige Weine von großer Qualität. Den Beweis dafür liefern die beiden 99er Cuvées, von denen die Réserve de Cassagne ausschließlich aus Grenache- und Mourvèdre-Trauben erzeugt worden ist. Sie zeigt ein tiefes Granatrot und entfaltet einen komplexen Geruchseindruck von Röstung, Vanille, Harz, Gewürzen und Lakritze. Die Ansprache im Geschmack ist klar; danach zeigt sich eine schöne Dichte, die sich aus gekochten Früchten, Tabak und einem Hauch von Kaffee zusammensetzt. Die Cuvée **Domaine de la Renjarde** (Preisgruppe: 30 bis 49 F), ebenfalls ein 99er, wurde als sehr gelungen beurteilt.

🔑 Dom. de La Renjarde, rte d'Uchaux, 84830 Sérignan-du-Comtat, Tel. 04.90.83.70.11, Fax 04.90.83.79.69, E-Mail alaindugas@chateau-la-nerthe.com ☑ Ῑ n. V.

DOM. LA SOUMADE
Rasteau Prestige 1999

■ 8 ha 30 000 ⫴ 11à15€

Der erste Eindruck ist warm und großzügig: Man spürt hier die Präsenz vollreifer Grenache-Trauben, der im Süden dominierenden Rebsorte. Der Duft führt uns von Erdbeere zu Lorbeer; der komplexe Geschmack mit den verschmolzenen Tanninen und den Unterholzaromen zeigt sich ausgewogen.

🔑 André Romero et Fils, 84110 Rasteau, Tel. 04.90.46.11.26, Fax 04.90.46.11.69 ☑ Ῑ Mo–Sa 9h–11h30 14h–18h

LAURUS Cairanne 1999**

■ 2 ha 3 000 ⫴ 8à11€

Laurus, die Spitzenmarke dieses Weinhändlers, präsentiert einen bemerkenswert harmonischen Cairanne, bei dem die Gärung und der Ausbau gleichermaßen sorgfältig durchgeführt worden sind. Der Holzton darin ist sehr fein, mit Vanille- und Röstaromen und einer Grundlage aus fein ziselierten Tanninen. Der **2000er Château La Diffre Séguret** (Preisgruppe: 30 bis 49 F), ein Gutswein, erhält zwei Sterne; er ist ganz durch wilde Früchte und Gewürze bestimmt.

🔑 Gabriel Meffre, Le Village, 84190 Gigondas, Tel. 04.90.12.30.22, Fax 04.90.12.30.29, E-Mail gabriel-meffre@meffre.com ☑ Ῑ n. V.

DOM. DE LA VALERIANE 1999*

■ 2 ha 3 500 ▮⫴🌡 5à8€

Ein paar Kilometer von Avignon entfernt reifen Grenache und Syrah auf ganz nach Süden liegenden Kiesgeröllterrassen: Das ist die Wiege dieses lagerfähigen Weins von bläulich roter Farbe. Der kräftige Duft besteht aus Gewürzen, Lakritze und Röstung. Mit was für Vergnügen findet man im Abgang die Gewürze und die Lakritze wieder. Der **weiße 2000er Côtes du Rhône** (Preisgruppe: 20 bis 29 F), ein Wein zu Schalentieren, erhält eine lobende Erwähnung.

🔑 Mesmin Castan, rte d'Estézargues, 30390 Domazan, Tel. 04.66.57.04.84, Fax 04.66.57.04.84 ☑ Ῑ n. V.

LA VINSOBRAISE Vinsobres 1999

■ 4 ha 13 000 ▮⫴🌡 5à8€

Die Genossenschaftskellerei von Vinsobres und ihre Winzer stellen einen 99er von strahlendem Rubinrot vor. Sein kräftiger, würziger Duft geht einem angenehmen, leicht würzigen Geschmack voraus. Diese Cuvée ist trinkreif.

🔑 Cave La Vinsobraise, 26110 Vinsobres, Tel. 04.75.27.64.22, Fax 04.75.27.66.59 ☑ Ῑ tägl. 8h–12h 14h–18h

DOM. LE CLOS DU BAILLY 2000*

◪ 2 ha 7 000 ▮🌡 3à5€

Nachdem Sie den Pont du Gard besichtigt haben, sollten Sie auf dem Gut Station machen, um dort diesen sehr hübschen Rosé von lachsroter Farbe zu probieren. Der rauchige Duft bietet Noten von Jasmin und verblühten Rosen sowie roten Früchten; Letztere findet man auch im Geschmack zusammen mit viel Feinheit und Frische. Ein großes Vergnügen zu minimalem Preis.

🔑 Richard Soulier, 17, rue d'Avignon, 30210 Remoulins, Tel. 04.66.37.12.23, Fax 04.66.37.38.44 ☑ Ῑ n. V.

DOM. LES HAUTES CANCES

Cairanne Cuvée Col du Débat 1998*

■ 2,85 ha 7 600 8à11€

Eine hübsche Leistung dieses Winzers, der entschieden auf den biologischen Anbau gesetzt hat. Ein tiefes Granatrot und ein Geruchseindruck mit Holznoten, die sich mit getrockneten Früchten mischen, eröffnen die Verkostung dieser Cuvée. Der Geschmack entfaltet danach Aromen von Lakritze, Süßmandel und Vanille über einem Teppich von Tanninen, die zu einem schönen Gerüst beitragen.

SCEA Achiary-Astart, quartier Les Travers, 84290 Cairanne, Tel. 04.90.30.76.14, Fax 04.90.38.65.02, E-Mail contact@hautescances.com n. V.

LES QUATRE-CHEMINS Laudun 2000*

□ 5 ha 20 000 3à5€

Pierre Pappalardo, der Direktor, erfreut unsere Sinne mit sehr hübschen Weißweinen, auf deren Herstellung sich die Kellerei seit ihrer Gründung spezialisiert hat. Dieser hier macht durch einen Duft von Pampelmuse und weißen Blüten auf sich aufmerksam, bevor er uns zu den reiferen Zitrusfrüchten des Geschmacks führt. Ausgewogenheit und Eleganz – alles ist darin vorhanden.

Cave des Quatre-Chemins, 30290 Laudun, Tel. 04.66.82.00.22, Fax 04.66.82.44.26
Mo–Sa 8h–12h 14h–18h

CH. LES QUATRE-FILLES

Cairanne Elevé en fût de chêne 1999*

■ 5 ha 4 200 8à11€

Dieses Gut, das gerade dabei ist, sich auf biologischen Anbau umzustellen, präsentiert eine Sondercuvée. Eine lange Gärdauer und eine neunmonatige Reifung im Holzfass haben einen lagerfähigen Wein von dunkelkarminroter Farbe hervorgebracht. Der Duft entfaltet sich in Aromen von kandierten Früchten und verbranntem Eichenholz, die man zusammen mit Trüffelnoten im Mund wieder entdeckt. Seine Tannine werden sich mit der Zeit verfeinern.

Roger Flesia, Ch. Les Quatre-Filles, rte de Lagarde-Paréol, 84290 Sainte-Cécile-les-Vignes, Tel. 04.90.30.84.12, Fax 04.90.30.86.15, E-Mail 4filles@worldonline.fr
tägl. 8h–20h

DOM. DE L'ORATOIRE SAINT-MARTIN

Cairanne Réserve des Seigneurs 1999**

■ 10 ha 40 000 8à11€

Das 25 ha große Gut, das im letzten Jahr eine Liebeserklärung erhielt, trägt den Namen einer Hauskapelle, die 1948 mit Hilfe von alten Steinen und Hohlziegeln erbaut wurde. Grenache, Mourvèdre und Syrah, die drei Rebsorten der AOC schlechthin, die auf dem großartigen Terroir von Cairanne angepflanzt sind, mussten einfach einen bemerkenswerten Wein liefern! Die Feinheit roter Früchte verbindet sich mit blumiger Eleganz. Im Geschmack sind die noch spürbaren Tannine trotzdem verschmolzen. Dieser schon trinkreife Wein kann drei bis vier Jahre lagern.

Frédéric et François Alary, Dom. l'Oratoire St-Martin, rte de Saint-Roman, 84290 Cairanne, Tel. 04.90.30.82.07, Fax 04.90.30.74.27
Mo, Di, Do–Sa 8h–12h 14h–19h

MARQUIS DE LA CHARCE

Saint Maurice Cuvée Prestige 1998**

■ 4 ha 8 000 5à8€

Diese Cuvée mit dem kräftigen Duft von kandierten schwarzen Früchten ist ein sehr hübsches Erzeugnis: Ihr schönes Gerüst stützt sich auf Tannine, die sehr ausgewogen zum Ausdruck kommen, ohne je die Frucht zu überdecken.

Cave des Coteaux de Saint-Maurice, 26110 Saint-Maurice-sur-Eygues, Tel. 04.75.27.63.44, Fax 04.75.27.67.32
n. V.

MAS DE LIBIAN 1999*

■ 3 ha 15 000 8à11€

Von den Hängen von Saint-Marcel-d'Ardèche, die eine gute Ausrichtung besitzen, erreicht uns diese granatrote Cuvée. Der feine, elegante Duft ist ganz von roten Früchten erfüllt. Rote Früchte findet man auch im Geschmack, zusammen mit einer Lakritzenote im Abgang. Ein stattlicher, gut gebauter Wein von schönem Reichtum.

Thibon, Mas de Libian, 07700 Saint-Marcel-d'Ardèche, Tel. 04.75.04.66.22, Fax 04.75.98.66.38
n. V.

DOM. DU MOULIN

Vinsobres Cuvée Charles Joseph 1998*

■ 1,5 ha 5 500 8à11€

Der zweite Keller des Guts, unterirdisch angelegt und für die Lagerung bestimmt, ist fertig gestellt. Sie können dort diesen 98er probieren: Die Juroren begrüßten einmütig seine Eleganz. In einem tiefen Rubinrot bietet er einen pfeffrigen, animalischen Geruchseindruck, in dem man Veilchen wahrnimmt. Er weist mit seinen schönen Tanninen auf ein großartiges Alterungspotenzial hin. Der **99er Domaine du Moulin** (Preisgruppe: 30 bis 49 F) erhält für seine anhaltenden Lakritze- und Kernaromen einen Stern. Der **2000er Weißwein** wird bei Erscheinen des Weinführers trinkreif sein. Sein sehr fruchtiger (Zitrusfrüchte) und muskatellerartiger Duft und sein ausgewogener Geschmack, den frische Früchte erfüllen, bringen ihm eine lobende Erwähnung ein.

Denis Vinson, Dom. du Moulin, 26110 Vinsobres, Tel. 04.75.27.65.59, Fax 04.75.27.63.92
Mo–Sa 8h–12h 13h30–19h

DOM. DE MOURCHON

Séguret Grande Réserve 1999*

■ 3 ha 18 000 8à11€

Zwei Drittel Grenache- und ein Drittel Syrah-Trauben, an den Hängen des wunderschönen Dorfs Séguret gut gereift: Das ist die Grundlage für diese Cuvée, die aufgrund ihres Dufts von

Gewürzen und eingemachten schwarzen Früchten viel versprechend ist. Der Geschmack ist jung und füllig; erneut Gewürze und schwarze Johannisbeere vertragen sich darin gut und entfalten recht konzentrierte Noten. Aussicht auf eine schöne Zukunft.
⊶ Dom. de Mourchon, 84110 Séguret, Tel. 04.90.46.70.30, Fax 04.90.46.70.31, E-Mail mourchon@free.fr ☑ Y n. V.

DOM. DU PETIT BARBARAS
Sélection 1999

■ 7 ha 6 000 ⫼ 5à8€

Die purpurrote Farbe dieses 99ers ist schön; der Duft entwickelt sich zu Sekundäraromen. Dann entdeckt man einen Geschmack, der bis zu seinem holzbetonten Abgang intensiv ist. Ein angenehmer, eleganter Wein, der rotes Fleisch und Grillgerichte begleiten kann.
⊶ SCEA Feschet Père et Fils, Dom. du Petit-Barbaras, 26790 Bouchet, Tel. 04.75.04.80.02, Fax 04.75.04.84.70 ☑ Y Mo–Sa 9h–12h 14h–18h; Gruppen n. V.

CLOS PETITE BELLANE
Valréas Les Echalas 2000*

■ 1,5 ha 6 300 ⫼ 8à11€

Valréas, die Stadt der Enklave der Päpste, verdient wegen seiner zauberhaften Bauwerke und seiner Weinbautätigkeit, dass man hier im Urlaub Station macht. Dieses in neuerer Zeit entstandene Gut präsentiert eine sortenreine Syrah-Cuvée, die die Aufmerksamkeit unserer Verkoster erregt hat. Sie ist tiefrot mit bläulich rotem Schimmer und entfaltet Düfte von roten Früchten. Die Früchte findet man auch im Geschmack über seidigen Tanninen.
⊶ SARL sté nouvelle Petite Bellane, rte de Vinsobres, chem. de Sainte-Croix, 84600 Valréas, Tel. 04.90.35.22.64, Fax 04.90.35.19.27 ☑ Y n. V.
⊶ Olivier Peuchot

DOM. DE PIAUGIER
Sablet Montmartel 1999*

■ 2 ha k. A. ▮⫼🌡 11à15€

Nach zwei bis drei Jahren im Keller wird er trinkreif sein. Im Augenblick dominiert das Fass, aber was für ein Vergnügen ist es, allein schon diesen hübschen Duft von gekochten Früchten (Backpflaume) und Lakritze einzuatmen. Der Geschmack wird von festen Tanninen strukturiert, die allmählich verschmelzen; er klingt mit Noten von erneut Lakritze und Gewürzen aus, die einen holzigen Eindruck hinterlassen.
⊶ Jean-Marc Autran, Dom. de Piaugier, 3, rte de Gigondas, 84110 Sablet, Tel. 04.90.46.96.49, Fax 04.90.46.99.48, E-Mail piaugier@wanadoo.fr ☑ Y n. V.

DOM. DU POURRA
Séguret La Combe 1999*

■ 7,5 ha 34 700 ▮ 5à8€

Das Jahr 1997 markiert die Übernahme dieses Familienguts durch J.-C. Mayordome. Dieser kirschrote Wein, für den die Trauben auf dem Boden von Séguret angebaut und in Sablet vinifiziert worden sind, ist sehr angenehm aufgrund seines Dufts von roten Früchten. Im Mund ist die Struktur gut; man findet darin über einem Kakaoaroma «Fett» und Rundheit. Eine Flasche, die man bis 2003 zum Essen servieren kann.
⊶ J.-C. Mayordome, SCEA Dom. du Pourra, rte de Vaison, 84110 Sablet, Tel. 04.90.46.93.59, Fax 04.90.46.98.71 ☑ Y Mo–Fr 8h–17h30

CAVE DE RASTEAU
Rasteau Tradition 2000*

■ 250 ha 300 000 ▮🌡 5à8€

65 % der Appellation Rasteau sollen heute von der Genossenschaftskellerei vinifiziert werden. Ein angenehm intensives Granatrot schmückt diesen Wein mit dem kräftigen Duft, der an Eingemachtes erinnert und Gewürz- und Feigennoten enthält. Der klare, warme Geschmack wird noch von Tanninen geprägt, deren Länge man schätzt.
⊶ Cave de Rasteau, rte des Princes-d'Orange, 84110 Rasteau, Tel. 04.90.10.90.10, Fax 04.90.46.16.65, E-Mail rasteau@rasteau.com ☑ Y n. V.

DOM. ROC FOLASSIERE
Elevé en fût de chêne 1999

■ 4,5 ha 25 200 ⫼ 5à8€

Die Spitzencuvée einer Genossenschaft, die 700 Hektar vinifiziert. Grenache und Syrah sind gleichgewichtig in diesem Wein vertreten, dessen dunkle Farbe violette Töne zeigt. Die Tannine sind recht präsent. Ein eleganter Holzton begleitet in einem ausgewogenen Geschmack Noten von kandierten Früchten.
⊶ Les Vignerons producteurs de Saint-Hilaire-d'Ozilhan, av. Paul-Blisson, 30210 Saint-Hilaire-d'Ozilhan, Tel. 04.66.37.16.47, Fax 04.66.37.35.12, E-Mail contact@cotesdurhone-wine.com ☑ Y Mo–Sa 9h–12h30 14h–18h30

DOM. ROCHE-AUDRAN Visan 1998**

■ 4 ha 12 000 ⫼ 5à8€

Wir haben es hier mit einem sehr schönen 98er zu tun, der dank seiner Feinheit und Eleganz bemerkenswert ist. Seine granatrote Farbe ist noch lebhaft; sein komplexer Duft erinnert an rote Früchte und schwarze Johannisbeere. Der sehr anmutige und sehr runde Geschmack balanciert sich über feinen Tanninen aus; seine anhaltenden Aromen klingen mit Noten von Trüffel und kandierten Früchten aus.
⊶ Vincent Rochette, Dom. Roche-Audran, 84110 Buisson, Tel. 04.90.28.96.49, Fax 04.90.28.90.96, E-Mail vincent.rochette@mnet.fr ☑ Y n. V.

DOMINIQUE ROCHER Cairanne 1999**

■ 4,72 ha 25 150 ▮ 8à11€

Es handelt sich um ein 1996 entstandenes Gut, dessen Besitzer große Gewissenhaftigkeit bewiesen haben muss, um diesen schönen Erfolg zu erzielen. Der kräftige Duft von schwarzer Johannisbeere macht einem konzentrierten, anhaltenden Geschmack Platz, in dem die Ausgewogenheit zwischen Frucht und verschmolzenen

Tanninen zustande kommt. Ein sehr schöner Villages, den man mehrere Jahre lagern kann. Die im Holzfass ausgebaute Cuvée **Monsieur Paul** (Preisgruppe: 70 bis 99 F) erhält einen Stern. Ihre Tannine bleiben ein wenig zu deutlich präsent, dürften aber nach und nach mit der Frucht harmonieren.

Dominique Rocher, rte de Saint-Roman, 84290 Cairanne, Tel. 04.90.30.87.44, Fax 04.90.30.80.62, E-Mail contact@rochervin.com
☑ Y Mo–Sa 8h–12h 14h–19h

DOM. DES ROMARINS 1998*

■ 5 ha 12 000 5à8€

Diese 98er Cuvée von Grenache- und Syrah-Trauben, die auf Geröll gereift sind, ist noch sehr animalisch und wild. Aber sie ist viel versprechend und verdient, in Ihrem Keller ganz hinten zu lagern.

SARL Dom. des Romarins, rte d'Estézargues, 30390 Domazan, Tel. 04.66.57.05.84, Fax 04.66.57.14.87, E-Mail domromarin@aol.com
☑ Y Mi, Fr, Sa 15h–19h
Francis Fabre

DOM. ROUGE GARANCE
Rouge Garance 1999

■ 5 ha 20 000 5à8€

Wenn Sie vom Pont du Gard zurückkehren, sollten Sie auf diesem Gut, das mit Jean-Louis Trintignant verbunden ist, Station machen. Die Flasche schmückt sich mit einem schönen Etikett, das der aus Jugoslawien stammende Comiczeichner Enki Bilal gestaltet hat. Dieser dunkle Wein mit den Aromen von verbranntem Holz, geröstetem Kaffee und Kakao zeigt sich fleischig; seine Tannine verleihen ihm alle Merkmale eines lagerfähigen Weins.

SCEA Dom. Rouge Garance, chem. de Massacan, 30210 Saint-Hilaire-d'Ozilhan, Tel. 06.14.41.52.88, Fax 06.66.37.06.92, E-Mail rougegarance@waika9.com ☑ Y n. V.

DOM. SAINTE-ANNE
Saint-Gervais 1999***

■ 2 ha 10 000 8à11€

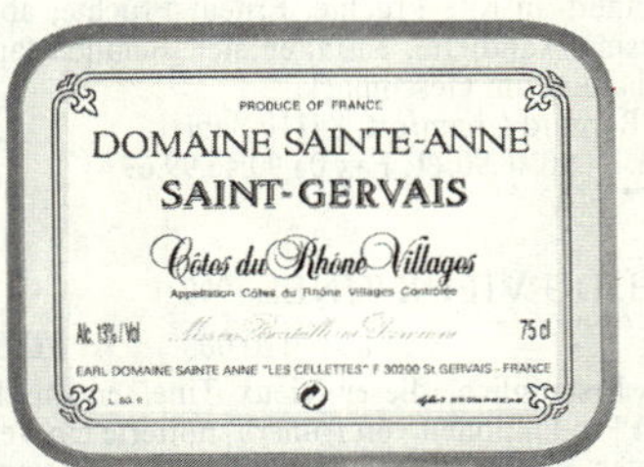

Hier ist eines der Güter, die zu dem sehr exklusiven Kreis der Weingüter gehören, die seit siebzehn Jahren eine Vielzahl von Liebeserklärungen erhalten haben. Neben seiner **99er Cuvée Notre-Dame des Cellettes** (ein Stern), die auf Grenache und Syrah basiert, hat die Jury diesem Saint-Gervais Beifall gespendet. Leder, Lakritze, Noten von Garrigue, Gewürzen und gekochten Früchten: Das sind die Aromen, die er beim Riechen bietet und die man in einem von samtigen Tanninen umhüllten Geschmack wiederfindet. Erneut sind es Mourvèdre und Grenache, die sich darin vereinigen und einen großen Wein ergeben, der eine schöne Lagerfähigkeit verspricht.

EARL Dom. Sainte-Anne, Les Cellettes, 30200 Saint-Gervais, Tel. 04.66.82.77.41, Fax 04.66.82.74.57
☑ Y Mo–Fr 14h–18h; vorm. (9h–11h) n. V.
Steinmaier

DOM. SAINT-ETIENNE
Les Galets 2000**

■ k. A. k. A. 5à8€

Dieser Galets ist bemerkenswert aufgrund seiner Fruchtigkeit: Kirsche und schwarze Johannisbeere führen einen eleganten Dialog. Der ausgewogene, runde Geschmack zeigt auch viel Frische. Bei Erscheinen des Hachette-Weinführers wird sich dieser Wein stärker offenbaren. Der rote **2000er Côtes du Rhône Les Albizzias** (Preisgruppe: 20 bis 29 F) erhält einen Stern. Der im Duft feine, blumige Wein ist ausgewogen und bietet einen hübschen, fruchtigen Abgang (Kirsche und Himbeere).

Michel Coullomb, Dom. Saint-Etienne, fg du Pont, 30490 Montfrin, Tel. 04.66.57.50.20, Fax 04.66.57.22.78
☑ Y n. V.

DOM. DE SAINT-GEORGES
Chusclan 1998*

■ 7,5 ha 40 000 8à11€

Das Gut zeichnet sich mit dieser Cuvée aus, die verdient, dass sie ein schönes Stück Wild begleitet. Sie hat eine entwickelte, leicht orangerote Farbe und entfaltet einen intensiven, wilden Duft von reifen Früchten und Leder. Im Geschmack ist sie animalisch, erinnert aber auch an gekochte Früchte und zeigt eine gute aromatische Nachhaltigkeit.

André Vignal, Dom. de Saint-Georges, 30200 Vénéjan, Tel. 04.66.79.23.14, Fax 04.66.79.20.26 ☑ Y n. V.

CAVE DES VIGNERONS DE SAINT-GERVAIS
Saint-Gervais Cuvée spéciale SG 1999*

■ 15 ha 10 000 5à8€

Unsere Verkoster beschäftigten sich lang mit dieser Cuvée spéciale, die einen sehr einschmeichelnden Duft nach Trüffel, Gewürzen und Unterholz bietet. Diese Gerüche machen roten Früchten und Tanninen Platz, die sich in einem schönen Geschmack entwickeln. Die ohne Stern ausgewählte **99er Cuvée Prestige** kann man zum gleichen Preis erwerben.

Cave des Vignerons de Saint-Gervais, Le Village, 30200 Saint-Gervais, Tel. 04.66.82.77.05, Fax 04.66.82.78.85, E-Mail cave@saint-gervais.com.fr
☑ Y Mo–Fr 8h30–12h 14h30–18h

DOM. SAINT-LUC 1999★

■ 15 ha 36 000 5à8€

Ein junges Rebhuhn, dazu ein Knoblauchpüree mit einem Spritzer Olivenöl, kann diesen gut gemachten Wein mit den seidigen Tanninen und den anhaltenden Aromen von roten Früchten begleiten. Eine frische, elegante Cuvée.
Ludovic Cornillon, Dom. Saint-Luc, 26790 La Baume-de-Transit, Tel. 04.75.98.11.51, Fax 04.75.98.19.22 n. V.

CH. SAINT-MAURICE L'ARDOISE Laudun Vieilles vignes Elevé en fût de chêne 1999★

■ 5 ha 21 000 8à11€

Christophe Valat bewirtschaftet etwa hundert Hektar. Diese Cuvée von fünfzig Jahre alten Reben gefällt durch ihre Aromen von roten Früchten und Vanille. Im Geschmack ist die Ansprache gut, während leicht holzige Tannine die Ausgewogenheit sicherstellen.
Christophe Valat, Ch. Saint-Maurice, L'Ardoise, 30290 Laudun, Tel. 04.66.50.29.31, Fax 04.66.50.40.91 n. V.

CH. SAINT-NABOR Clos de Roman 1998

■ 2 ha 10 000 5à8€

Dieser noch junge 98er spielt seine Partitur mit Veilchen und roten Früchten. Im Geschmack sind seine Tannine seidig; seine feine Struktur verbindet Holz, Schwarzkirsche und Vanille. Diesen Wein kann man im Keller des Châteaus verkosten, wo Sie ein recht angenehmer, familiärer Empfang erwartet.
Gérard Castor, EARL Vignobles Saint-Nabor, 30630 Cornillon, Tel. 04.66.82.24.26, Fax 04.66.82.31.40 tägl. 8h–12h 14h–18h

DOM. DU SEIGNEUR Laudun 1999★★

■ 16 ha 80 000 5à8€

An der Straße nach Saint-Victor-la-Coste finden Sie dieses hübsche Gut, das von seinen in guter, sonnenreicher Lage wachsenden Reben umgeben ist. Das erklärt auch diesen bemerkenswerten 99er von intensivem Dunkelrot. Intensiv ist auch sein Duft von schwarzer Johannisbeere und Gewürzen – Aromen, die man im Geschmack mit langer Nachhaltigkeit wiederfindet. Vollkommene Ausgewogenheit. «Ein Wein von großer Qualität», fasste es die Jury zusammen.
Fréderic Duseigneur, rte de Saint-Victor, 30126 Saint-Laurent-des-Arbres, Tel. 04.66.50.02.57, Fax 04.66.50.02.57, E-Mail freduseigneur@infonie.fr n. V.

DOM. DU SERRE-BIAU Laudun 2000

□ 2 ha 2 600 5à8€

Ein galloromanischer Aquädukt befindet sich ganz in der Nähe dieses Guts. Grenache und Clairette, auf einem sandigen Boden angebaut, geben diesem Weißwein die ganze erwünschte Feinheit und Harmonie. Der Duft erinnert an weiße Früchte und entwickelte Gewürze. Der Geschmack ist fett und ausgewogen; man findet darin Aromen von weißfleischigen Früchten wieder, die Zitrusfrüchte ergänzen. Servieren sollte man ihn zu Seeteufel (ohne Kopf) auf provenzalische Art (mit gedünsteten Tomaten, mit geschmorten Zwiebeln und Knoblauch gefüllt, gedünsteten Champignons und Oliven).
Faraud et Fils, 4, chem. des Cadinières, 30290 Saint-Victor-la-Coste, Tel. 04.66.50.04.20, Fax 04.66.50.04.20 Mo–Sa 9h–12h 14h–19h; So n. V.

DOM. DU TERME Sablet 2000★

□ 1 ha 4 000 5à8€

Ein Weißwein, den man in dem Probierkeller auf dem kleinen Platz von Gigondas verkosten kann. Erzeugt je zur Hälfte aus Roussanne- und Viognier-Trauben, die dank einer günstigen Lage gut gereift sind, ein hübscher hellgelber Wein mit grünen Reflexen, der intensiv nach weißen Früchten duftet. Der Geschmack ist durch recht nachhaltige Pfirsicharomen und im Abgang durch eine echte Bitterkeit geprägt, die für Frische steht.
Rolland Gaudin, Dom. du Terme, 84190 Gigondas, Tel. 04.90.65.86.75, Fax 04.90.65.80.29 n. V.

TERROIR DU TRIAS Beaumes de Venise 1999★

■ 73 ha 80 000 8à11€

Die Winzerkellerei von Beaumes-de-Venise ist in erster Linie für ihren berühmten Muscat berühmt, aber ihre anderen Produktionen sind ebenfalls einen Umweg wert. So etwa dieser 99er von sehr tiefem Granatrot. Er wirkt aufgrund seines Dufts von gekochten Früchten mit wilden Noten kräftig und ist im Geschmack füllig und großzügig, wobei er den Tanninen die Hauptrolle überlässt, aber diese sind gut verschmolzen.
Cave des Vignerons de Beaumes-de-Venise, quartier Ravel, 84190 Beaumes-de-Venise, Tel. 04.90.12.41.00, Fax 04.90.65.02.05, E-Mail vignerons@beaumes-de-venise.com n. V.

DOM. DE VERQUIERE Sablet 1997★

■ 5 ha 16 000 8à11€

Das Hauptgebäude stammt hier aus dem 17. Jh. Dieser Villages ist bereits vier Jahre alt; dank seiner Ausgewogenheit bleibt er noch präsent. Der immer noch frische und lebhafte Duft erinnert an rote Früchte. Erneut Früchte, aber diesmal kandierte, entfalten sich ziemlich lang anhaltend im Geschmack.
Bernard Chamfort, 84110 Sablet, Tel. 04.90.46.90.11, Fax 04.90.46.99.69 n. V.

CH. DU VIEUX TINEL 1999

■ 27 ha 120 000 3à5€

«Erstaunlich, dieser Vieux Tinel entspricht den Produktionen von früher», notierte ein Verkoster. Er erscheint ganz schwarz, ist eckig und wuchtig und zeigt eine gewisse Rustikalität. Er ist für die Weintrinker bestimmt, die vollmundige Weine lieben.
La Compagnie Rhodanienne, Chemin-Neuf, 30210 Castillon-du-Gard, Tel. 04.66.37.49.50, Fax 04.66.37.49.51 n. V.

DOM. VIRET
Saint-Maurice Maréotis 1999**

■ 3 ha 8 500 11 à 15 €

Dieser Winzer ist ein Anhänger einer Anbauweise, die den kosmischen Hintergrund berücksichtigt. Sein Keller wurde mit Hilfe von drei bis sechs Tonnen schweren Steinen erbaut, die aus den Steinbrüchen im Departement Gard kommen. Seine Cuvée Maréotis präsentiert sich in einem tiefen, konzentrierten Granatrot. Sein intensiver, sehr feiner Duft wird von Veilchen und danach von reifen Früchten und Gewürzen dominiert. Fruchtige Aromen kommen nochmals in dem ausgewogenen Geschmack zum Vorschein, in dem die Tannine harmonisch wirken. Aussicht auf eine schöne Zukunft.

Dom. Philippe Viret, EARL
Clos du Paradis, quart. les Escoulenches, 26110 Saint-Maurice, Tel. 04.75.27.62.77, Fax 04.75.27.62.31 n. V.

Côte Rôtie

Die in Vienne am rechten Ufer des Flusses gelegene Côte Rôtie ist das älteste Weinbaugebiet des Rhône-Tals. Ihre im Ertrag stehende Anbaufläche umfasst 200 ha, die sich auf die Gemeinden Ampuis, Saint-Cyr-sur-Rhône und Tupins-Sémons verteilen; 2000 wurden 8 591 hl erzeugt. Die Reben werden auf sehr steilen, fast Schwindel erregenden Hängen angebaut. Wenn man hier die Côte Blonde von der Côte Brune unterscheiden kann, so geschieht dies im Andenken an einen gewissen Herrn von Maugiron, der seine Ländereien im Testament zwischen seinen beiden Töchtern, von denen die eine blond und die andere braun war, aufgeteilt haben soll. Weisen wir noch darauf hin, dass die Weine von der Côte Brune die körperreicheren und die von der Côte Blonde die feineren sind.

Der Boden ist der schieferhaltigste der gesamten Region. Hier werden ausschließlich Rotweine erzeugt, die von der Rebsorte Syrah, aber auch von der Viognier-Rebe (Höchstanteil 20 %) stammen. Der Wein der Côte Rôtie hat eine tiefrote Farbe und ein zartes, feines Bouquet, in dem Himbeere und Gewürze dominieren und ein Hauch von Veilchen zum Vorschein kommt. Er ist gut strukturiert, tanninreich und im Geschmack sehr lang anhaltend. Der Côte Rôtie nimmt unbestreitbar einen Spitzenplatz unter den Weinen von der Rhône ein und passt hervorragend zu den Gerichten, zu denen man große Rotweine trinkt.

CH. D'AMPUIS 1997

■ 6 ha 25 000 30 à 38 €

Das Etikett, ein Kupferstich, zeigt das Schloss von Ampuis, ein schönes Anwesen, das zum Sitz von Marcel Guigals Firma und seinen Weingütern geworden ist. Dieser schwierige Jahrgang, der dritte unter seinem Namen, schmückt sich mit einer bernsteinroten Farbe und ist stark von dem Fass geprägt, in dem er 38 Monate gereift ist. Das Holz hat sich noch nicht eingefügt, aber der Gehalt wirkt recht ehrlich. Warten wir darauf, dass sich der Holzton besänftigt.

E. Guigal, Ch. d'Ampuis, 69420 Ampuis, Tel. 04.74.56.10.22, Fax 04.74.56.18.76, E-Mail contac@guigal.com n. V.

DE BOISSEYT-CHOL Côte blonde 1999

■ 0,6 ha 3 000 23 à 30 €

Wenn dieser Wein auffällt, so geschieht dies durch seine sehr feine Kirschnote in der Nase. Der Geschmack besitzt keine große Konzentration, wobei die Rundheit in hohem Maße dominiert. Trinken kann man ihn schon bei Erscheinen unseres Weinführers.

De Boisseyt-Chol, RN 86, 42410 Chavanay, Tel. 04.74.87.23.45, Fax 04.74.87.07.36, E-Mail deboisseyt.chol@net-up.com
Mo–Sa 9h–12h 14h–18h; 15. Aug. bis 15. Sept. geschlossen
Didier Chol

DOM. DE BONSERINE 1999***

■ 7 ha 23 000 15 à 23 €

Dieses ausgezeichnete Gut hat großartige Weine vorgestellt. Die Hauptcuvée hier kann es mit allen erlesensten Sondercuvées aufnehmen! Sie verfügt über ein ungeheures Potenzial, was bereits ihre an einen Kardinalspurpur erinnernde Farbe bestätigt. Der noch sehr junge Duft entfaltet sich zu schwarzen Früchten und Vanillenoten. Im Geschmack findet man «Fett», kräftige Tannine, Länge und einen Holzton, der sich auflösen dürfte. Man kann ihn zehn Jahre im Keller aufheben.

Dom. de Bonserine, 2, chem. de la Viallière, 69420 Ampuis, Tel. 04.74.56.14.27, Fax 04.74.56.18.13
Mo–Fr 9h–18h; Sa, So n. V.

DOM. DE BONSERINE
Les Moutonnes 1999***

■ k. A. k. A. 🛢 38 à 46 €

Während die Hauptcuvée 3 % Viognier enthält, ist diese Cuvée hier ein sortenreines Erzeugnis von der Syrah-Traube, erzeugt auf einem außergewöhnlichen Terroir. Das Fass hat ihr einen im Augenblick strengen Geruchseindruck verliehen, aber der sehr vollständige Geschmack, der das «Fett» und den Alkohol perfekt ausbalanciert, kann sich bei fünf bis zehn Jahren Lagerung nur noch wunderbar entwickeln. Die **99er Cuvée La Garde** ist bemerkenswert.

🔑 Dom. de Bonserine, 2, chem. de la Viallière, 69420 Ampuis, Tel. 04.74.56.14.27, Fax 04.74.56.18.13
☑ 🍷 Mo–Fr 9h–18h; Sa, So n. V.

BERNARD BURGAUD 1999*

■ 4 ha 20 000 🛢 15 à 23 €

Ein dunkler, granatrot schimmernder Wein, der nach Veilchen, schwarzer Johannisbeere, gekochten Früchten und Gewürzen duftet, wie man ihn liebt! Der Geschmack ist gut ausbalanciert, jugendlich, lebhaft und aromatisch. Dieser 99er hat die ganze Zukunft vor sich.

🔑 Bernard Burgaud, Le Champin, 69420 Ampuis, Tel. 04.74.56.11.86, Fax 04.74.56.13.03 ☑ 🍷 n. V.

CAVES DES PAPES La Serine 1999

■ k. A. 6 000 🛢 15 à 23 €

Eine große Gruppe, die aus der Fusion von Händlermarken entstanden ist. Zwölf Monate Ausbau im Fass für diesen ausgewogenen Wein ohne jegliche Aggressivität, der angenehme Empfindungen von Leder und Gewürzen bietet. Er ist ganz im Stil der 99er gehalten. Drei bis vier Jahre lagerfähig.

🔑 Ogier-Caves des Papes, 10, bd Pasteur, 84230 Châteauneuf-du-Pape, Tel. 04.90.39.32.32, Fax 04.90.83.72.51, E-Mail ogier.caves.des.papes@ogier.fr
☑ 🍷 Mo–Fr 8h–17h

M. CHAPOUTIER La Mordorée 1999**

■ 3 ha 7 000 🛢 +76 €

Eine Starcuvée beim Côte Rôtie, die man einmal in seinem Leben probiert haben muss. Wenn der Preis Sie zögern lässt, wählen Sie die Cuvée **Les Bécasses 1998** (Preisgruppe: 200 bis 249 F), die einen Stern erhält und ihre Aufgabe auf harmonische Weise erfüllen wird. Aber sie hat alles, um mindestens zehn Jahre zu halten: einen sehr schönen Stoff und einen hervorragend gemeisterten Holzton, was die Tannine äußerst seidig macht. Die beiden Weine sind für Federwild (Wasservögel) bestimmt.

🔑 M. Chapoutier, 18, av. du Dr-Paul-Durand, 26600 Tain-l'Hermitage, Tel. 04.75.08.28.65, Fax 04.75.08.81.70, E-Mail chapoutier@chapoutier.com ☑ 🍷 n. V.

EDMOND ET DAVID DUCLAUX
1999***

■ 4,5 ha 20 000 🛢 23 à 30 €

Das Gut, das sich im Regionalpark des Pilat befindet, bestätigt die Liebeserklärung, die es im letzten Jahr erhielt, denn mit diesem 99er gehört es zur Aristokratie der AOC. Er braucht ein wenig Zeit, damit sich der Holzton vollständig mit dem Wein vereinigt. Dieser besitzt alle Trümpfe («Fett», Ausgewogenheit) und zusätzlich eine Länge, bei der man die Mischung aus Gewürzen und roten Früchten genießt.

🔑 Edmond et David Duclaux, RN 86, 69420 Tupin-Semons, Tel. 04.74.59.56.30, Fax 04.74.56.64.09 ☑ 🍷 n. V.

DOM. ANDRE FRANÇOIS 1999*

■ 3 ha 10 000 🛢 15 à 23 €

Ein einschmeichelnder Wein, den man lagern muss. Auch wenn er mit einer leichten Bitternote endet, weil seine Tannine noch lebhaft sind, ist er viel versprechend. «Alles ist da», notierte die Jury. Der Holzton ist elegant; die Komplexität der Aromen verbindet Kaffee, Lakritze und rote Früchte. Eine schöne Palette von Empfindungen.

🔑 André François, Mornas, 69420 Ampuis, Tel. 04.74.56.13.80, Fax 04.74.56.19.69
☑ 🍷 n. V.

PIERRE GAILLARD 1999**

■ 2,5 ha 10 000 🛢 15 à 23 €

Pierre Gaillard exportiert bereits 50 % seiner Produktion. Man muss sich deshalb beeilen, um einige Flaschen von diesem kräftigen, lang anhaltenden Wein zu bekommen, der dank einer guten Meisterung des Ausbaus im Holzfass rund wirkt und schon die Frucht zum Vorschein kommen lässt. Die Cuvée **Rose pourpre 1999** (Preisgruppe: 200 bis 249 F) – spielt der Name auf Woody Allens großartigen Film *«The Purple Rose Of Cairo»* an? – erhält einen Stern für seinen hübschen Duft von Backpflaumen in Alkohol, seine Fülle, seinen gut eingebundenen Holzton und seine Länge.

🔑 Pierre Gaillard, lieu-dit Chez Favier, 42520 Malleval, Tel. 04.74.87.13.10, Fax 04.74.87.17.66, E-Mail vinsp.gaillard@wanadoo.fr ☑ 🍷 n. V.

JEAN-MICHEL GERIN
Champin le Seigneur 1999***

■ 5 ha 25 000 🛢 23 à 30 €

Diese Cuvée von Jean-Michel Gerin ist für die früheren Jahrgänge mit Sternen überhäuft worden. Der 99er erntete nur Komplimente: «großartig, ein sehr großer Wein, eine ausgezeichnete Flasche ...» Sein Duft, der an eingemachte schwarze Früchte erinnert, die sich mit Zucker vollgesogen haben, weist auf schönes Traubengut hin. Im Geschmack hüllt ein gut eingebundener Holzton das «Fett» ein. Man kann ihn über zehn Jahre aufheben – wenn Sie so lang warten können.

🔑 Jean-Michel Gerin, 19, rue de Montmain, Vérenay, 69420 Ampuis, Tel. 04.74.56.16.56, Fax 04.74.56.11.37, E-Mail gerin.jm@wanadoo.fr ☑ 🍷 n. V.

LAURUS 1999*

■ 1 ha 3 600 ⏸ 23 à 30 €

Eine lange Gärung und achtzehn Monate Ausbau im Holzfass für diese strahlend tiefrote Cuvée Laurus mit bläulich roten Reflexen. Der Unterholzgeruch mit Vanillenote ist komplex. Der Geschmack ist von vollreifen Früchten, Trüffel und gutem Kaffee erfüllt und wird von spürbaren Tanninen unterstützt, die überaus angenehm sind.

🔑 Gabriel Meffre, Le Village, 84190 Gigondas, Tel. 04.90.12.30.22, Fax 04.90.12.30.29, E-Mail gabriel-meffre@meffre.com 🍷 n. V.

B. LEVET 1998*

■ 3,5 ha 15 000 ⏸ 15 à 23 €

Bernard Levet hat 1983 die Nachfolge seiner Schwiegereltern angetreten. Sein im Halbstückfass (einem Eichenfass mit 450 l Inhalt) ausgebauter Côte Rôtie bietet im Anblick eine große Intensität (ein fast schwarzes Purpurrot). In einem bemerkenswerten Geruchseindruck konkurriert Röstaroma mit Veilchen. Der trotzdem wuchtige Geschmack hat seine Ausgewogenheit noch nicht erreicht. Man muss zwischen drei und fünf Jahren warten, damit die Tannine sanfter werden.

🔑 Bernard Levet, 26, bd des Allées, 69420 Ampuis, Tel. 04.74.56.15.39, Fax 04.74.56.19.75 ☑ 🍷 n. V.

MARQUIS DES TOURNELLES 1999

■ k. A. 12 000 ⏸ 15 à 23 €

Ein Händlerwein aus dem südlichen Abschnitt der Rhône (Châteauneuf-du-Pape) in dieser nördlichen AOC: Die Farbe ist nicht sehr intensiv; der diskrete, blumige Duft bewegt sich im gleichen Register. Trotzdem machen ihn die seidigen, geschmeidigen, nicht aggressiven Tannine zu einem Wein, den man viel früher als die anderen aufmachen kann.

🔑 Caves Saint-Pierre, BP 5, 84230 Châteauneuf-du-Pape, Tel. 04.90.83.58.35, Fax 04.90.83.77.23 ☑ 🍷 Mo–Sa 9h–12h 14h–17h

MONTEILLET 1999

■ 0,4 ha 1 800 ⏸ 38 à 46 €

Zunächst eine einwöchige Kaltmaischung, danach drei Wochen Warmmaischung. Hundertprozentiges Entrappen des Weinguts. Ausbau ausschließlich in neuen Holzfässern. Im Augenblick dominiert das Holz: Der Geruchseindruck ist verschlossen, aber man spürt einen schönen Stoff in diesem Wein, den man vier bis fünf Jahre lagern kann.

🔑 Vignobles Antoine et Stéphane Montez, Le Monteillet, 42410 Chavanay, Tel. 04.74.87.24.57, Fax 04.74.87.06.89, E-Mail stephane.montez@worldonline.fr ☑ 🍷 n. V.

ANDRE ET JEAN-CLAUDE MOUTON 1999*

■ 0,5 ha 2 100 ⏸ 15 à 23 €

Vater und Sohn haben sich zusammengetan, um Ihnen einen 99er von schöner Beschaffenheit zu präsentieren. Das Auge bewundert eine jugendliche, lebhafte Farbe. Der Duft setzt in einem eleganten Gesamteindruck auf Lakritze, konzentrierte rote Früchte und einen Holzton. Der im Abgang animalische Wein entfaltet eine große Konzentration und ein schönes Potenzial. Man muss fünf Jahre warten, damit er sein Ungestüm dämpft.

🔑 André et Jean-Claude Mouton, Le Rozay, 69420 Condrieu, Tel. 04.74.87.82.36, Fax 04.74.87.84.55 ☑ 🍷 tägl. 9h–12h 14h–18h; Gruppen n. V.

DOM. DE ROSIERS 1999*

■ 7 ha 35 000 ⏸ 15 à 23 €

Liebeserklärung für seinen 97er – dieser Erzeuger ist ein «sicherer Wert». «Solide und elegant», schrieb ein Verkoster über diesen noch zurückhaltenden Wein. «Ein bisschen steif», meinte ein anderer Juror. In seiner kräftigen, tiefen, strahlenden Farbe bietet er eine schöne Klarheit. Seine viel versprechende Struktur und seine blumige Nachhaltigkeit zeigen ihre Trümpfe für eine dreijährige oder noch längere Lagerung.

🔑 Louis Drevon, 3, rue des Moutonnes, 69420 Ampuis, Tel. 04.74.56.11.38, Fax 04.74.56.13.00, E-Mail idrevon@terre-net.fr ☑ 🍷 n. V.

SAINT-COSME 1999

■ k. A. 6 000 ⏸ 15 à 23 €

Louis und Cherry Barruol haben ihre kleine Handelsfirma 1997 eröffnet. Dieser tiefrubinrote Wein mit granatroten Reflexen lässt einen dominierenden Holzton zum Vorschein kommen, von dem er sich befreien muss. Er besitzt Frische. Zwei bis drei Jahre aufheben.

🔑 EARL Louis Barruol, Ch. de Saint-Cosme, 84190 Gigondas, Tel. 04.90.65.80.80, Fax 04.90.65.81.05 ☑ 🍷 n. V.

DANIEL ET ROLAND VERNAY 1998

■ 4,47 ha 10 000 ⏸ 15 à 23 €

Ein Wein, der die Jury verwirrt hat. Er ist in technischer Hinsicht gelungen und hält sich nicht an alle Regeln der Appellation: Er zeigt sich während der gesamten Verkostung sanft und fruchtig. Außerdem bietet er als Kuriosität eine exotische Fruchtigkeit. Aufmachen kann man ihn in einem Jahr.

GAEC Daniel et Roland Vernay, Le Plany, 69560 Saint-Cyr-sur-Rhône, Tel. 04.74.53.18.26, Fax 04.74.53.63.95 n. V.

DOM. GEORGES VERNAY
Maison rouge 1998

■ 0,5 ha 4 000 23 à 30 €

Georges Vernay, ein großartiger Winzer aus Condrieu, stellt hier einen Côte Rôtie von schöner Machart vor. Er hat bestimmt die Zartheit eines eleganten Baus auf soliden Fundamenten angestrebt: Die Frucht ist recht deutlich zu spüren in diesem Wein, in dem 10 % Viognier die Syrah-Rebe unterstützen. Man kann ihn in zwei Jahren und dann fünf Jahre lang zu Haarwild aufmachen.
Dom. Georges Vernay, 1, rte Nationale, 69420 Condrieu, Tel. 04.74.56.81.81, Fax 04.74.56.60.98 n. V.

DOM. J. VIDAL-FLEURY
La Chatillonne Côte Blonde 1998★★

■ 0,8 ha 3 500 30 à 38 €

Das Lob der Jury ließ an dieser «Côte Blonde» keinen Zweifel: «Der Perfektion nahe» und «Eine Flasche, die der Weinliebhaber unbedingt haben muss». Dem bemerkenswerten Ausdruck der Aromen von Muskat und sehr reifen roten Früchten ebenbürtig ist nur noch die Ausgewogenheit zwischen den Geschmacksnoten und den Tanninen. Man muss ihn fünf Jahre aufheben und kann ihn dann zehn Jahre lang trinken. Die Hauptcuvée von Vidal-Fleury, **Côtes Brune et Blonde 1998** (Preisgruppe: 100 bis 149 F), erhält einen Stern. Sie ist ein Wein zum unmittelbaren Genießen, der fünf bis acht Jahre lagern kann.
J. Vidal-Fleury, 19, rte de la Roche, 69420 Ampuis, Tel. 04.74.56.10.18, Fax 04.74.56.19.19 n. V.

Condrieu

Das Weinbaugebiet liegt 11 km südlich von Vienne auf dem rechten Ufer der Rhône. Nur die Weine, die ausschließlich aus der Rebsorte Viognier erzeugt werden, dürfen diese Appellation in Anspruch nehmen. Die Anbaufläche, die sich auf sieben Gemeinden in drei Departements verteilt, ist nur 102 ha groß. Dies trägt dazu bei, dass der Condrieu den Ruf eines sehr seltenen Weins hat, zumal davon im Jahre 2000 nur 4 222 hl erzeugt wurden. Er ist ein alkoholreicher, fetter und weicher Weißwein, der aber Frische besitzt. Er ist sehr duftig und verströmt blumige Aromen, wobei Veilchen dominiert, und Aprikosennoten. Ein einzigartiger, außergewöhnlicher und unvergesslicher Wein, den man jung trinkt (zu Fischgerichten aller Art), der sich aber entfalten kann, wenn er altert. Seit kurzer Zeit gibt es auch eine Spätlese mit mehrmaligem Aussortieren der Beeren (manchmal bis zu acht Auslesedurchgänge pro Ernte).

GILLES BARGE 1999★

□ 1 ha 4 000 15 à 23 €

Gilles Barge, der in den nördlichen Appellationen der Rhône fest verwurzelt ist, wird eher beim Côte Rôtie erwartet, wo er sein Gut in Ampuis hat. Dennoch ist er seit zwanzig Jahren in der AOC Condrieu vertreten. Es ist somit nicht erstaunlich, dass er hier mit diesem weichen, runden, leicht fruchtigen Wein ausgewählt worden ist, der keinerlei Unmäßigkeit zeigt. Alles ist richtig bemessen; der Ausbau im Holzfass ist perfekt dosiert und sorgt für eine gelungene Eleganz.
Gilles Barge, 8, bd des Allées, 69420 Ampuis, Tel. 04.74.56.13.90, Fax 04.74.56.10.98
Mo–Sa 9h–12h 14h–18h

CAVE DE CHANTE-PERDRIX 1999★

□ 1 ha 4 500 15 à 23 €

Wir erinnern uns daran, dass Chante-Perdrix für seinen 97er Condrieu eine Liebeserklärung erhielt. Beim 99er ergibt eine subtile Kombination zwischen Tank und Holzfass (30 %) diesen sehr runden Wein mit dem spürbaren, aber gut eingefügten Holzton. Der fette, ausgewogene Wein muss ein bis zwei Jahre lagern, bevor er voll zum Ausdruck kommen kann. Wählen Sie dazu einen Gemüseauflauf mit weißem Fleisch.
Philippe Verzier, Izeras, La Madone, 42410 Chavanay, Tel. 04.74.87.06.36, Fax 04.74.87.07.77, E-Mail chanteperdrix.verzi@free.fr n. V.

DOM. FARJON
Les Graines dorées 1999★★★

□ 0,35 ha 600 23 à 30 €

Eine Produktion, die nur für einen ganz kleinen Kreis bestimmt ist, Ausdruck einer vollendeten Kunstfertigkeit: Diesem edelsüßen Wein fehlt es an nichts. Die Überreife der Trauben wurde erreicht. Alle Superlative können aufgeboten werden; keiner davon ist nicht anwendbar auf diese prächtige Cuvée, ein Feuerwerk typi-

scher Aromen (milde Gewürze, kandierte Früchte) von vollkommener Ausgewogenheit.
🔑 Thierry Farjon, Morzelas, 42520 Malleval, Tel. 04.74.87.16.84, Fax 04.74.87.16.84
☑ 🍷 n. V.

PHILIPPE FAURY La Berne 2000

☐ 0,5 ha 3 000 23 à 30 €

Dieser zu früh verkostete Wein ist auf der Feinhefe ausgebaut worden und gibt nur wenige Geheimnisse preis. Dennoch fand seine fleischige Struktur die Zustimmung der Jury, ebenso wie seine kräftige goldene Farbe mit dem grünen Schimmer, die sehr viel versprechend ist. Lassen Sie ihn vier bis fünf Jahre im Keller altern.
🔑 EARL Philippe Faury, La Ribaudy, 42410 Chavanay, Tel. 04.74.87.26.00, Fax 04.74.87.05.01 ☑ 🍷 n. V.

PIERRE GAILLARD 2000**

☐ 2 ha 8 000 15 à 23 €

Ein trockener und ein edelsüßer Condrieu: Beide sind großartig und verdienen Ihr Interesse. Der zweite, der **2000er Fleurs d'automne** (Preisgruppe: 150 bis 199 F), ist seidig, lang anhaltend und ölig, voller exotischer und kandierter Noten; er ist kräftig, aber nicht im Übermaß, schon gefällig, aber im Stande, dass er über zehn Jahre alt wird. Dieser 2000er, der nur sechs Monate im Holzfass verbracht hat und eine kräftige goldene Farbe zeigt, bietet einen konzentrierten Duft, in dem das leichte Röstaroma mit reifen Früchten (Aprikose und Pfirsich) wechselt. Der Geschmack folgt im gleichen Register in vollkommener Ausgewogenheit nach. Erinnern wir noch daran, dass der 99er im letzten Jahr zum Lieblingswein gewählt wurde.
🔑 Pierre Gaillard, lieu-dit Chez Favier, 42520 Malleval, Tel. 04.74.87.13.10, Fax 04.74.87.17.66, E-Mail vinsp.gaillard@wanadoo.fr ☑ 🍷 n. V.

LA GALOPINE 1999*

☐ k. A. 13 000 15 à 23 €

Die Jury scheint großen Spaß daran gehabt zu haben, diesen Wein zu probieren: Seine Farbe funkelt und weist auf die Stärke eines Dufts hin, in dem sich Pampelmuse, Mandarine und Honig mischen. All das findet man im Geschmack wieder, zusammen mit einer Note von kandierter Aprikose. Fett, ölig und sehr nachhaltig – ein 99er in seiner ganzen Fülle.
🔑 Delas Frères, ZA de l'Olivet, 07302 Tournon-sur-Rhône, Tel. 04.75.08.60.30, Fax 04.75.08.53.67, E-Mail jacques-grange@delas.com ☑ 🍷 n. V.

DOM. DU MONTEILLET 1999**

☐ 1,6 ha 5 000 15 à 23 €

Die Viognier-Rebe, die seit Jahrhunderten auf diesen unfruchtbaren Terrassen angebaut und heute auch in Anpflanzungen jenseits des Atlantiks oder in Australien ausprobiert wird, findet hier ihren schönsten Ausdruck. Selbst wenn der Wein mittels Hülsenmaischung hergestellt wird und fünfzehn Tage lang bei 0 °C auf der Maische steht, bewahrt er mit seinen Aprikose- und Lakritzenoten den gesamten typischen Charakter eines Condrieu. Der volle, fette und sehr runde Geschmack sorgt dafür, dass er seinen Namen zu Recht trägt.
🔑 Vignobles Antoine et Stéphane Montez, Le Monteillet, 42410 Chavanay, Tel. 04.74.87.24.57, Fax 04.74.87.06.89, E-Mail stephane.montez@worldonline.fr
☑ 🍷 n. V.

ANDRE ET JEAN-CLAUDE MOUTON Côte Châtillon 2000*

☐ 0,7 ha 1 900 15 à 23 €

Côte Châtillon kombiniert 40 % im Tank und 60 % im Holzfass ausgebaute Weine, während der **2000er Côte Bonnette** 40 % Fass- und 60 % Tankweine enthält. Beide bekommen einen Stern. Der erste erscheint voller. Ein delikater Holzton unterstützt das sehr offene blumige Bouquet. Ein interessanter Reichtum zeigt sich in einem ausgewogenen Geschmack, in dem man einen guten mineralischen Charakter feststellt.
🔑 André et Jean-Claude Mouton, Le Rozay, 69420 Condrieu, Tel. 04.74.87.82.36, Fax 04.74.87.84.55
☑ 🍷 tägl. 9h–12h 14h–18h; Gruppen n. V.

ANDRE PERRET Chery 1999**

☐ 3 ha 8 000 23 à 30 €

André Perret ist Biologe. In den 80er Jahren entschied er sich dafür, den Weinbaubereich des Familienguts auszuweiten. Auf zehn Hektar gestützt, präsentiert er schöne Cuvées, darunter diese hier, die eine Kombination von zu zwei Dritteln im Barriquefass und zu einem Drittel im Tank ausgebauten Weinen darstellt und eine malolaktische Gärung durchlaufen hat. Dieser 99er, dessen strohgelbe Farbe im Anblick sehr angenehm ist, bietet eine große aromatische Komplexität, bei der getrocknete Aprikose und Gewürze dominieren. Dieser harmonische Wein von bemerkenswerter Länge kann Krebse im Kochsud begleiten.
🔑 André Perret, Verlieu, 42410 Chavanay, Tel. 04.74.87.24.74, Fax 04.74.87.05.26
☑ 🍷 n. V.

CHRISTOPHE PICHON 2000*

☐ 4 ha 17 000 15 à 23 €

Ein elfenbeinweißes Etikett für den trockenen Condrieu, ein grünes Etikett für den **lieblichen Condrieu 2000.** Der zweite ist noch zu jung, um seine Aromen von Überreife preiszugeben; er wird lobend erwähnt, denn er ist viel versprechend. Den Vorzug erhält der trockene Wein,

auch wenn er ebenfalls noch verschlossen ist, aber seine geschmeidige, leichte Struktur zeigt eine große Harmonie. Seine Frische und seine Feinheit machen ihn zu einem Genießerwein.
🔑 Christophe Pichon, Le Grand Val, Verlieu, 42410 Chavanay, Tel. 04.74.87.06.78, Fax 04.74.87.07.27, E-Mail christophe.pichon@terre-net.fr
☑ Y n. V.

DOM. DE PIERRE BLANCHE 1999

☐ 0,7 ha 3 000 15 à 23 €

Michel und Xavier Mourier legten ihren Weinberg 1990 an diesen steilen Hängen an. Dieser vollständig im Eichenfass mit Aufrühren des Hefesatzes vinifizierte Condrieu trägt ein Etikett, das die Qualität des Weins gut widerspiegelt: eine naive Malerei, von saftigem Grün umrahmt. Der blumige 99er bringt viel Frische; der Holzton kommt bei der Verkostung nicht zum Vorschein, so gut ist er gemeistert worden. Interessanter Stoff. Man sollte ihn für Süßwasserfische reservieren, in ein bis zwei Jahren.
🔑 Xavier Mourier, RN 86, Verlieu, 42410 Chavanay, Tel. 04.74.87.04.07, Fax 04.74.87.04.07 ☑ Y n. V.

CAVE DE SAINT-DESIRAT 2000*

☐ 2 ha 8 000 15 à 23 €

Die 1961 gegründete Genossenschaft hat in einen Barriquekeller investiert. Ihre Vinifizierungsanlagen sind es wert, dass man hier einen Halt einlegt. Der Wein rechtfertigt den Umweg ebenfalls: Er hat eine beachtliche Zukunftserwartung. Er ist sehr aromatisch und besitzt einen schönen Stoff. Trinken kann man ihn zum berühmten Rigotte-Käse von Condrieu.
🔑 Cave de Saint-Désirat, 07340 Saint-Désirat, Tel. 04.75.34.22.05, Fax 04.75.34.30.10
☑ Y n. V.

DOM. GEORGES VERNAY
Les Chaillées de l'Enfer 1999**

☐ 1 ha 4 000 23 à 30 €

Das Gut präsentiert in diesem Jahrgang erneut großartige Cuvées: Der **99er Coteau de Vernon** (Preisgruppe: 200 bis 249 F) bekommt einen Stern (Ausgewogenheit und Aromen, die perfekt zusammenwirken), ebenso wie der **99er Les Terrasses de l'Empire** (Preisgruppe: 100 bis 149 F), der im Holzfass vinifiziert worden ist. Den Vorzug erhält dieser Chaillées, der uns entgegen seinem Namen nicht in die Hölle, sondern in den Himmel bringt, und das ohne Fegefeuer: Alles an ihm ist Großzügigkeit und Rundheit. Aprikose, Lakritze und Wacholder begleiten eine vollmundige, reichhaltige Süße. Seine Länge trägt dazu bei, dass er ausgewählt wurde.
🔑 Dom. Georges Vernay, 1, rte Nationale, 69420 Condrieu, Tel. 04.74.56.81.81, Fax 04.74.56.60.98 ☑ Y n. V.

FRANÇOIS VILLARD
Quintessence 1999*

☐ 1 ha 3 500 30 à 38 €

Condrieu präsentiert immer häufiger edelsüße Weine. Diese «Quintessenz» stammt von Auslesedurchgängen, von denen der erste am 10. Oktober begann. Der Wein wurde im Holzfass vinifiziert und ausgebaut. Er besitzt 110 g/l Restzucker und wird den Weinfreund durch seine sehr intensiven Aromen erfreuen. Das Auge bewundert bereits eine goldene Kupferfarbe «wie die Sonne». Intensität schließt hier Feinheit nicht aus. Ein Wein voller Frische, die sich mit Noten kandierter exotischer Früchte vermischt.
🔑 François Villard, Montjoux, 42410 Saint-Michel-sur-Rhône, Tel. 04.74.56.83.60, Fax 04.74.56.87.78
☑ Y n. V.

Saint-Joseph

Die auf dem rechten Ufer der Rhône im Departement Ardèche gelegene Appellation Saint-Joseph erstreckt sich auf 26 Gemeinden der Departements Ardèche und Loire und umfasst insgesamt 900 ha. Die Weinberge bestehen aus schroffen Granithängen, die eine schöne Aussicht auf die Alpen, den Mont Pilat und die Schlucht des Doux bieten. Die roten Saint-Joseph-Weine (34 972 hl im Jahre 2000), die aus der Syrah-Rebe erzeugt werden, sind elegant, fein, relativ leicht und zart und entfalten hochfeine Aromen von Himbeere, Pfeffer und schwarzer Johannisbeere, die vor allem zu gebratenem Geflügel oder bestimmten Käsesorten zur Geltung kommen. Die Weißweine, die von den Rebsorten Roussanne und Marsanne stammen, erinnern an die Hermitage-Weine. Sie sind fett und duften zart nach Blüten, Früchten und Honig. Es empfiehlt sich, sie ziemlich jung zu trinken.

GABRIEL ALIGNE 1999*

■ 1 ha 4 000 8 à 11 €

Eine echte «Offensive» der Weinhändler aus dem Beaujolais auf die Appellationen des Rhône-Tals, die mit diesem noch sehr jungen Saint-

Joseph ein gelungener Vorstoß ist. Sehr intensive, reife rote Früchte kommen in der Nase und im Mund zum Ausdruck. Der kräftige Geschmack sorgt für eine schöne Fülle.
Les Vins Gabriel Aligne, La Chevalière, 69430 Beaujeu, Tel. 04.74.04.84.36, Fax 04.74.69.29.87
Mo–Fr 8h–12h 14h–18h

DOM. DES AMPHORES
Les Mésanges 1999*

■ 0,5 ha 2 500 8 à 11 €

Wenn Sie Chavanay besuchen und dabei die Pélussinois-Rundstrecke durch den Regionalpark des Pilat nehmen, sollten Sie nicht die mittelalterlichen Ruinen und seine Häuser aus dem 16. und 17. Jh. versäumen. Nicht weit davon entfernt präsentiert dieses Gut einen Wein von ausgezeichnetem typischem Charakter. Er ist voll und stützt sich auf feine Tannine; Früchte (schwarze Johannisbeere) entfalten sich bis hin zu einem lang anhaltenden Abgang, in dem man Gewürznelke und andere Gewürze des Geruchseindrucks wiederfindet.
Véronique et Philippe Grenier, Dom. des Amphores, Richagnieux, 42410 Chavanay, Tel. 04.74.87.65.32, Fax 04.74.87.65.32 n. V.

DE BOISSEYT-CHOL 1999

■ 5 ha 25 000 11 à 15 €

Die Familie Chol, unter dem Ancien Régime Halbpächter, erwarb 1797 das Weingut de Boissie. So entstand dieses Gut, das Didier Chol seit 1988 leitet. Ein Wein von 35 Jahre alten Syrah-Reben, dessen jugendliche, wilde Seite zum Zeitpunkt der Verkostung dominierte. Er ist sehr konzentriert, strukturiert und tanninreich und hat einen animalischen, lakritzeartigen Geruch. Er braucht Zeit, damit er gezähmt wird.
De Boisseyt-Chol, RN 86, 42410 Chavanay, Tel. 04.74.87.23.45, Fax 04.74.87.07.36, E-Mail deboisseyt.chol@net-up.com
Mo–Sa 9h–12h 14h–18h; 15. Aug. bis 15. Sept. geschlossen
Didier Chol

BOUCHER Cuvée panoramique 1999

■ 0,6 ha 2 500 8 à 11 €

Ein trinkreifer Saint-Joseph, der zum sonntäglichen Braten passt. Er hat eine schöne, intensive Farbe und erweist sich dank seiner Aromen von frischen roten Früchten und dank seiner schon verschmolzenen Tannine als angenehm.
GAEC Michel et Gérard Boucher, Vintabrin, 42410 Chavanay, Tel. 04.74.87.23.38, Fax 04.74.87.08.36 n. V.

CALVET
Cuvée JM Calvet Elevé en fût de chêne 1999*

■ k. A. 20 000 8 à 11 €

Die große Fima aus Bordeaux bei der Arbeit im Rhône-Tal. Dieser Wein besitzt Eleganz und Schlichtheit: Er hüllt sich in eine sehr dunkle, fast schwarze Farbe und bietet einen Duft von roten Früchten und Kakao. Der Geschmack ist ebenfalls schokoladig; die Tannine sind deutlich zu spüren, aber stark verschmolzen und lang anhaltend. Zwei bis drei Jahre aufheben.
Calvet, 75, cours du Médoc, BP 11, 33028 Bordeaux Cedex, Tel. 05.56.43.59.00, Fax 05.56.43.17.78, E-Mail calvet@calvet.com

M. CHAPOUTIER Les Granits 1999

■ 2 ha 5 000 38 à 46 €

Der **weiße 2000er Les Granits** und dieser 99er Rotwein erhalten die gleiche Bewertung. Sie sind sehr jung und besitzen beide ein starkes Potenzial, das zum Zeitpunkt der Verkostung nicht ausgeschöpft war. Der edle Stoff verbindet «Fett» und noch jugendliche Tannine. Man muss warten, bis sie verschmelzen und die Frucht über den würzigen Holzton dominiert, der jetzt zum Ausdruck kommt.
M. Chapoutier, 18, av. du Dr-Paul-Durand, 26600 Tain-l'Hermitage, Tel. 04.75.08.28.65, Fax 04.75.08.81.70, E-Mail chapoutier@chapoutier.com n. V.

DOM. DU CHENE 1999*

□ 1,5 ha 4 000 8 à 11 €

Das schon auf drei Kontinenten vertretene Gut präsentiert zwei sehr schöne Cuvées: den **roten 98er Anaïs** (Preisgruppe: 70 bis 99 F), der achtzehn Monate im Holzfass ausgebaut worden ist und bis 2003 lagern muss, und diese Hauptcuvée mit dem hübschen Duft von ein wenig überreifen Pfirsichen und Aprikosen. Diese Überreife ist sehr reizvoll, obwohl der Wein noch ziemlich verschlossen erscheint; doch man spürt seine große Länge und seine Eleganz.
Marc et Dominique Rouvière, Le Pêcher, 42410 Chavanay, Tel. 04.74.87.27.34, Fax 04.74.87.02.70 n. V.

CLOS DE CUMINAILLE 1999**

■ 4 ha 13 000 11 à 15 €

Diesem sehr schönen Clos fehlte nur wenig zu einer Liebeserklärung! Ein guter Beitrag des Holzfasses verleiht ihm eine bemerkenswerte Komplexität. Rote Früchte und Gewürze teilen sich einen intensiven, jugendlichen Duft. Der Geschmack ist groß und klar, tanninreich und röstartig, aber die Frucht fehlt ebenfalls nicht. Großes Lagerpotenzial. Die leicht holzbetonte **weiße 2000er Hauptcuvée** erhält einen Stern, ebenso wie die sehr würzige **rote 99er Cuvée Les Pierres** (Preisgruppe: 100 bis 149 F), die drei Jahre lagern sollte.
Pierre Gaillard, lieu-dit Chez Favier, 42520 Malleval, Tel. 04.74.87.13.10, Fax 04.74.87.17.66, E-Mail vinsp.gaillard@wanadoo.fr n. V.

DOM. DU CORNILHAC 1999*

■ 2 ha 8 000 11 à 15 €

Die drei Salette-Kinder haben sich seit 1997 auf biologisch-dynamische Anbauprinzipien umgestellt. Nach dem Frost, der sie 1998 heimsuchte, finden wir sie hier mit dem 99er Jahrgang wieder, dessen Trauben bei guter Reife geerntet wurden, vielleicht sogar in überreifem Zustand, wenn man den Noten von gekochten Früchten und Zimt glauben darf, die einen sehr konzentrierten Stoff begleiten. Dieser wird von

guten Tanninen strukturiert, die zu verschmelzen beginnen.
🔑 SCEA Salette, Dom. du Cornilhac, Le Cornilhac, 07300 Tournon, Tel. 04.75.08.02.80, Fax 04.75.82.95.08
☑ Ý n. V.

DOM. COURBIS Les Royes 1999**

■ 5 ha 19 000 ⏺ 15 à 23 €

Hier der Saint-Joseph! Er besitzt einen sehr schönen Stoff, in dem eine kluge Ausgewogenheit zwischen Aromen und Struktur zu spüren ist. Letztere sorgt auch für eine schöne Balance zwischen den seidigen Tanninen und der fleischigen Rundheit. Dieser Wein strebt nicht nach Stärke, sondern nach Komplexität. Beachten Sie die Schönheit des Dufts, in dem sehr reife schwarze Früchte mit Gewürznelken, Pfeffer und Vanille wechseln. Die Hauptcuvée, der **rote 99er Domaine de Courbis** (Preisgruppe: 70 bis 99 F), erhält einen Stern; sie ist ein sehr schöner Wein.
🔑 Dom. Courbis, rte de Saint-Romain, 07130 Châteaubourg, Tel. 04.75.81.81.60, Fax 04.75.40.25.39, E-Mail domaine-courbis@wanadoo.fr
☑ Ý n. V.

PIERRE COURSODON
Le Paradis Saint-Pierre 1999**

☐ 0,8 ha 2 400 ⏺ 15 à 23 €

Pierre Coursodon und sein Sohn Jérôme haben diese Marke eintragen lassen, eine kleine, zu 100 % von der Marsanne-Rebe erzeugte Cuvée, deren Trauben der Mensch auf seinem Rücken transportiert, weil die Hänge so steil sind, dass keine Erntemaschine eingesetzt werden kann. Das Traubengut dürfte bei diesem Jahrgang prächtig gewesen sein, wenn man den lobenden Kommentaren der Verkoster glauben will. Ein sehr hübscher Wein mit einem guten Alterungspotenzial. Er ist sehr klar und sehr elegant und entlädt seine Frische ebenso in der Nase wie im Mund. Beim 99er Rotwein erhalten drei Cuvées jeweils einen Stern: **Le Paradis Saint-Pierre, L'Olivaie** und **La Sensonne** mit lang anhaltenden, seidigen Tanninen und einem Geruchseindruck, der Gewürze, Holzton und Wildnoten verbindet.
🔑 EARL Pierre Coursodon, pl. du Marché, 07300 Mauves, Tel. 04.75.08.18.29, Fax 04.75.08.75.72 ☑ Ý tägl. 8h–12h 14h–18h

DIASKOT Cuvée Prestige 1999*

■ k. A. 5 000 ▮ 8 à 11 €

Dieser Weinhändler hat es verstanden, gezielt anzukaufen, um diese fruchtige, kräftige, lang anhaltende Cuvée zu erzielen. Der Duft ist perfekt gelungen und bietet intensive Noten von roten und schwarzen Früchten. Seine Komplexität findet man in einem fleischigen Geschmack wieder, der zwei bis drei Jahre braucht, bevor er einen Fasan begleiten kann.
🔑 Etablissements Diaskot, 6, rue Yves-Farge, 69700 Givors, Tel. 04.72.49.50.20, Fax 04.78.73.16.87 ☑

ERIC ET JOEL DURAND
Les Coteaux 1999

■ 4 ha 16 000 ▮ ⏺ 🌡 11 à 15 €

Obwohl dieser 99er das Ergebnis eines Verschnitts von Weinen ist, die nur teilweise (70 %) im Holzfass ausgebaut worden sind, bleibt der Holzton sehr präsent. Doch die Struktur ist schon sanft, leicht, entfaltet und harmonisch. Man sollte ihn deshalb in den kommenden zwei bis drei Jahren genießen.
🔑 Eric et Joël Durand, imp. de la Fontaine, 07130 Châteaubourg, Tel. 04.75.40.46.78, Fax 04.75.40.29.77 ☑ Ý n. V.

DOM. FARJON 1999*

☐ 0,26 ha 1 300 ⏺ 8 à 11 €

Der zehnte Jahrgang von Thierry Farjon, sechs Monate lang im Barriquefass auf der Hefe ausgebaut, mit Aufrühren des Hefesatzes. Das scheint durch: Der Wein hat eine sehr gute Qualität; der Holzton ist einschmeichelnd und lässt zu, dass weißer Pfirsich, Veilchen, weiße Blüten und Gewürze zum Ausdruck kommen. Der runde, ausgewogene Geschmack ist gefällig und sehr mild.
🔑 Thierry Farjon, Morzelas, 42520 Malleval, Tel. 04.74.87.16.84, Fax 04.74.87.16.84
☑ Ý n. V.

PHILIPPE FAURY
La Gloriette Vieilles vignes 1999*

■ 1 ha 4 500 ⏺ 11 à 15 €

Der dritte Jahrgang dieser Sondercuvée von Philippe Faury, der seine elf Hektar seit 1979 bewirtschaftet, mit zahlreichen Erfolgen in unserem Weinführer. Diese Gloriette erweist sich schon als angenehm und wird in den kommenden zwei bis drei Jahren noch besser werden. Die sehr jugendliche und sehr strahlende Farbe lädt ein, diesen holzbetonten Wein zu probieren, der eine große aromatische Frische besitzt. Die feinen Tannine, die roten Früchte und das Holzaroma vom Ausbau lösen einander elegant ab. Versuchen Sie ihn zu weißem Fleisch.
🔑 EARL Philippe Faury, La Ribaudy, 42410 Chavanay, Tel. 04.74.87.26.00, Fax 04.74.87.05.01 ☑ Ý n. V.

PIERRE FINON Les Rocailles 1999**

■ 2 ha 5 000 ⏺ 11 à 15 €

Die Hauptcuvée, der **rote 99er Pierre Finon** (Preisgruppe: 50 bis 69 F), erhält einen Stern; man kann sie fünf Jahre lang servieren. Diese von älteren Rebstöcken erzeugte Cuvée zeichnet

sich durch ihre aromatische Komplexität (rote Früchte, Gewürze und blumige Noten) aus, die von spürbaren, aber gut eingefügten Tanninen abgelöst wird. Ein Wein von vollkommen typischem Charakter, der sehr elegant ist.
Pierre Finon, Picardel, 07340 Charnas, Tel. 04.75.34.08.75, Fax 04.75.34.06.78
n. V.

GILLES FLACHER Cuvée Prestige 1999

■ 1,5 ha 5 000 11 à 15 €

Am 30. März 2001 verkostet, war dieser Wein noch verschlossen und ließ sich schwierig beurteilen, denn der Holzton ist allgegenwärtig. Dennoch besitzt er Stoff und ist nur vierzehn Monate im Barriquefass gereift. Er ist gut strukturiert und hat eine herrliche Farbe. Deshalb vertraut die Jury dieser Flasche, die man vier bis fünf Jahre lagern sollte. Die **weiße 99er Hauptcuvée** (Preisgruppe: 50 bis 69 F) erhält die gleiche Note; sie ist rund und weich und setzt auf milde Gewürze und weiße Früchte.
Gilles Flacher, 07340 Charnas, Tel. 04.75.34.09.97, Fax 04.75.34.09.96
n. V.

DOM. FLORENTIN Clos de l'Arbalestrier 1998

■ 4 ha 16 000 11 à 15 €

Hier haben wir einen echten, von Mauern umgebenen Clos, dessen Ursprung ins 16. Jh. zurückreicht. Von fünfzig Jahre alten Rebstöcken bietet er eine trinkreife **weiße 99er Cuvée** und diesen Wein, dessen Farbe Anzeichen einer Entwicklung erkennen lässt. Er macht sich durch eine animalische Seite bemerkbar, die sich mit Backpflaumendüften verbindet. Die Tannine sind fein, benötigen aber noch ein paar Jahre Lagerung.
Dom. Florentin, 32, av. Saint-Joseph, 07300 Tournon, Tel. 04.75.08.60.97, Fax 04.75.08.60.96 n. V.

PIERRE GONON 1999★★

■ 5,5 ha 27 000 11 à 15 €

«Ein natürlicher Wein, der seine Qualitäten denen der Trauben verdankt», schrieb ein Verkoster, dem kein Kommentar der anderen genauso begeisterten Jurymitglieder widersprach. Wir haben es hier somit mit einem guten Erzeuger zu tun, der einen zukunftsreichen, noch verschlossenen Wein vorstellt, dessen tiefe Farbe aber auf den ersten Blick die Fülle und den Reichtum erkennen lässt. Der **weiße 99er Saint-Joseph Les Oliviers** erhält für sein hübsches Bouquet einen Stern. Man kann ihn zwei Jahre lang trinken.
Pierre Gonon, 11, rue des Launays, 07300 Mauves, Tel. 04.75.08.07.95, Fax 04.75.08.65.21 n. V.

BERNARD GRIPA 1999★

■ 6 ha 28 000 11 à 15 €

Bernard Gripa stützt sich auf eine dreißigjährige Erfahrung; er gehört zu den «sicheren Werten» der AOC. Dieser Wein ist noch vom Ausbau im Holzfass geprägt. Man muss vier bis fünf Jahre warten, bis die holzige Empfindung allmählich verschwindet. Im Augenblick ist der Geschmack komplexer als der Geruchseindruck, denn man entdeckt Gewürze, rote Früchte und eine sehr lang anhaltende Stärke der Tannine.
Bernard Gripa, 5, av. Ozier, 07300 Mauves, Tel. 04.75.08.14.96, Fax 04.75.07.06.81
n. V.

PASCAL JANET Côte Sud 1999

■ 0,5 ha 1 600 8 à 11 €

Pascal Janet absolvierte die Fachoberschule für Weinbau in Beaune und ließ sich 1992 hier nieder, um sein Gut aufzubauen. Von sehr jungen Reben (fünf Jahre alt), die auf Glimmerschiefer und Gneis angepflanzt sind, hat er diese erste Cuvée erzeugt, deren feiner Duft von Röstnoten dominiert wird. Er ist ziemlich leicht, so dass Sie ihn schon diesen Winter zu einem Schmorgericht servieren können, mit Kartoffelstückchen in Sauce.
Pascal Janet, RN 86, 07370 Arras-sur-Rhône, Tel. 04.75.07.09.61, Fax 04.75.07.09.61 n. V.

DOM. DE LA FAVIERE 1999★

□ 0,3 ha 1 600 8 à 11 €

Malleval, ein mittelalterliches Dorf, liegt im Regionalpark des Pilat. Seit 1970 führt Pierre Boucher dieses Gut. Während der **99er Rotwein** eine lobende Erwähnung erhält und ein paar Monate im Keller lagern muss, erweist sich diese in kleiner Stückzahl erzeugte weiße Cuvée als sehr gelungen. Sie ist ein klassischer Verschnitt von Marsanne (85 %) und Roussanne und nicht im Holzfass vinifiziert worden. Der blasse, strahlende Wein ist deutlich, frisch und rund und besitzt genug «Fett» und Nachhaltigkeit. In zwei bis drei Jahren dürfte er überdies besser zum Ausdruck kommen.
Pierre Boucher, Dom. de La Favière, 42520 Malleval, Tel. 04.74.87.15.25, Fax 04.74.87.15.25, E-Mail domainedelafaviere@.com n. V.

LES COMBAUD 1999★

■ 1,5 ha 8 000 11 à 15 €

Sylvain Bernard, der seit zwanzig Jahren Winzer ist, praktiziert biologischen Anbau. Mit dieser Cuvée bietet er einen vollständigen Wein mit einem kräftigen Duft von Veilchen und Waldfrüchten. Dieser ausgewogene, gut strukturierte und sehr nachhaltige 99er besitzt eine gute Lagerfähigkeit. Der **rote 99er Domaine de Fauterie** (Preisgruppe: 50 bis 69 F) wird aufgrund seines guten typischen Charakters lobend erwähnt.
Sylvain Bernard, Dom. de Fauterie, 07130 Saint-Péray, Tel. 04.75.40.46.17, Fax 04.75.81.06.60 n. V.

J. MARSANNE ET FILS 1999

□ 0,4 ha 1 800 8 à 11 €

Das Gut ist vor mehr als dreißig Jahren zum Direktverkauf übergegangen. Dieser Wein von klarer, strahlender Farbe stammt von einem Tonboden, der sich auf Quarzsand befindet. Er

bietet einen Honig-, Trockenfrucht- und Gewürzduft. Er ist freimütig, rund und ziemlich großzügig. Trinken kann man ihn in den nächsten beiden Jahren.
Jean Marsanne et Fils, 25, av. Ozier, 07300 Mauves, Tel. 04.75.08.86.26, Fax 04.75.08.49.37 n. V.

MAS DU PARADIS 1999

4 ha 10 000 8 à 11 €

Fünf Jahre sind nötig, um dieses «Paradies» zu erreichen, das mit seinen jungen Tanninen noch unförmig wirkt. Die tiefe Farbe kündigt den animalisch-würzigen Geruch an. Sie sollten wissen, dass es sich hier um einen von dem Weinhändler Gabriel Meffre abgefüllten Wein handelt.
André Morion, Epitalion, 42410 Chavanay, Tel. 04.90.12.32.42, Fax 04.90.12.32.49

DOM. DU MONTEILLET
Cuvée du Papy 1999**

2,5 ha 9 000 11 à 15 €

Die berühmte Cuvée du Papy, die von unserer Jury immer gut bewertet wird. Der ganze Saint-Joseph ist in diesem Wein verkörpert, dem nur eine Stimme zum Lieblingswein fehlte. Er ist kräftig und harmonisch zugleich, komplex und typisch für die großen Saint-Joseph-Weine, die sich über sanften, verschmolzenen, ausgewogenen Tanninen entfalten, die Garanten für eine gute Lagerfähigkeit sind. Ein Verkoster schrieb sogar: «Die Reifung im Keller muss sich fortsetzen, um den Stoff zu transzendieren.» Der **weiße 99er Domaine de Monteillet** (Preisgruppe: 50 bis 69 F) erhält einen Stern; er ist für Fisch in Rahmsauce bestimmt. Die **rote 99er Cuvée La Cabriole** muss ebenfalls lagern; sie bekommt einen Stern.
Vignobles Antoine et Stéphane Montez, Le Monteillet, 42410 Chavanay, Tel. 04.74.87.24.57, Fax 04.74.87.06.89, E-Mail stephane.montez@worldonline.fr
n. V.

DIDIER MORION Les Echets 1999*

0,4 ha 3 500 8 à 11 €

Schiefer bildet den bevorzugten Boden der Syrah-Rebe, die ihr Bestes gibt, wenn sie – wie hier – dreißig Jahre alt ist. Dieser sehr dunkelrote Wein mit violetten, fast schwarzen Reflexen ist sehr jung und noch vom Ausbau geprägt: Die Süßholz-, Lakritze- und Vanillenoten ergeben einen hübschen, komplexen Duft, dessen Merkmale man im Geschmack wiederfindet. Dieser zeigt sich klar und frisch, fleischig und lang; er braucht ein paar Jahre in einem guten Keller, um die Frucht zu enthüllen (mindestens drei Jahre).
Didier Morion, Epitaillon, 42410 Chavanay, Tel. 04.74.87.26.33, Fax 04.74.87.26.33
n. V.

ALAIN PARET 420 Nuits 1999*

2 ha 13 500 15 à 23 €

Der 98er erhielt im letzten Jahr von uns eine Liebeserklärung. Der 99er zeigt die Gewissenhaftigkeit der Arbeit des Winzers Alain Paret, der seinen Wein streng nach den Methoden ausbaut, die schon sein Großvater anwandte. Das Ergebnis ist ein sehr harmonischer Wein, dessen tiefe Farbe violette Reflexe zeigt. Der würzige, holzige Geruch vernachlässigt nicht die Früchte, die man im Geschmack wiederfindet. Pfeffer und Zimt entfalten sich bis in einen lang anhaltenden Abgang hinein, in dem verschmolzene Tannine das Traubengut zu Wort kommen lassen.
Alain Paret, pl. de l'Eglise, 42520 Saint-Pierre-de-Bœuf, Tel. 04.74.87.12.09, Fax 04.74.87.17.34 n. V.

CUVEE PARSIFAL 1999

9 ha 50 000 8 à 11 €

Bei einem solchen Namen hätte man einen wagnerischen Wein erwarten können. Das ist keineswegs der Fall, sondern der Genuss ähnelt mehr einem Werk von Debussy: Die Ouvertüre ist leicht und delikat; die Überleitung setzt auf Sanftheit und Öligkeit. Eine ausgewogene Cuvée, die man fünf Jahre lang zu kleinem Federwild trinken kann.
Les Vignerons de Rasteau et de Tain-l'Hermitage, rte des Princes-d'Orange, 84110 Rasteau, Tel. 04.90.10.90.10, Fax 04.90.10.90.36, E-Mail vrt@rasteau.com

ANDRE PERRET Les Grisières 1999*

1 ha 4 000 11 à 15 €

Nach einem Biologiestudium absolvierte André Perret eine Ausbildung in Weinbau und Önologie und trat in den Familienbetrieb ein. Seine Cuvée Les Grisières stammt von fünfzig Jahre alten Syrah-Reben. Sie ist achtzehn Monate im Barriquefass (20 % neue Fässer) ausgebaut worden und verbirgt nicht den dominierenden, aber erstklasigen Holzton. Weitere Vorzüge sind die wunderbar jugendliche Farbe vollreifer Kirschen mit purpurvioletten Reflexen und der lakritzeartige Duft, der sich mit animalischen Noten und Aromen schwarzer Früchte vermischt. Die lang anhaltenden, eleganten Tannine sind sehr viel versprechend.
André Perret, Verlieu, 42410 Chavanay, Tel. 04.74.87.24.74, Fax 04.74.87.05.26
n. V.

CAVE DES VIGNERONS RHODANIENS Cuvée réservée 1999

k. A. k. A. 8 à 11 €

Eine 1929 entstandene Genossenschaft, die sich 1970 auf die AOC umstellte. Hier wurde eine starke Extraktion angestrebt. Deshalb ist der Geschmack sehr tanninreich. Die Ansprache ist klar und lässt eine Öligkeit erkennen, die rasch zugunsten der Tannine verschwindet. Der kräftige, komplexe Duft (schwarze Johannisbeere, Trüffel, Gewürze) lässt einem das Wasser im Mund zusammenlaufen. Man muss diese Flasche deshalb drei bis fünf Jahre aufheben.
Cave des Vignerons Rhodaniens, 35, rue du Port-Vieux, 38550 Le Péage-de-Roussillon, Tel. 04.74.86.20.69, Fax 04.74.86.57.95, E-Mail vignerons.rhodaniens@wanadoo.fr

DOM. RICHARD Vieilles vignes 1999**

■ 1 ha 6 000 11 à 15 €

Hervé Richard hat das von seinem Großvater gegründete Gut 1989 übernommen. Diese in kleiner Stückzahl von 35 Jahre alten Syrah-Reben erzeugte Cuvée hat die Jury durch ihre Ausgewogenheit zwischen Frucht und wohl dosiertem Holz verführt. Die strahlende Farbe ist tief, fast schwarz mit violetten Reflexen. Der Geruchseindruck zeigt eine herrliche Komplexität, die rote Früchte mit schwarzer Johannisbeere, Leder, Gewürzen und sehr feinen animalischen Noten verbindet. Der Geschmack ist klar und von fleischigen Tanninen erfüllt, die der Holzton begleitet. Die **rote 99er Cuvée Tradition** (Preisgruppe: 50 bis 69 F) schafft die Qualifikationshöhe mit einer lobenden Erwähnung.

Hervé et Marie-Thérèse Richard, Verlieu, 42410 Chavanay, Tel. 04.74.87.07.75, Fax 04.74.87.05.09 n. V.

CAVE DE SAINT-DESIRAT 2000*

□ 15 ha 50 000 8 à 11 €

Diese Genossenschaft hat einen «pädagogischen Weinberg» angelegt, so etwas wie eine kleine Sammlung, die die in der Region angebauten Rebsorten bewahrt. Ihre Hauptcuvée vom Saint-Joseph bietet eine schöne Frische mit Noten von Haselnuss und Honig aller Blüten. Der Stoff zeigt einen fleischigen Charakter in einer schönen Ausgewogenheit zwischen «Fett» und Frische.

Cave de Saint-Désirat, 07340 Saint-Désirat, Tel. 04.75.34.22.05, Fax 04.75.34.30.10 n. V.

CAVE DE SARRAS
Cuvée Champtenaud Elevé en fût de chêne 1998*

■ 7 ha k. A. 8 à 11 €

Diese Kellerei, die im Haut-Vivarais am rechten Ufer der Rhône liegt, auf der Höhe von Saint-Vallier, war beim Jahrgang 1998 sehr erfolgreich mit drei roten Cuvées, die sich alle in der gleichen Preisgruppe befinden: **La Mandragore** und **Domaine de Bonarieux** sowie dieser Champtenaud, der stark von seinem Jahrgang geprägt ist. Er bietet feine, ausgewogene Tannine mit einem komplexen, reichen Aroma, in dem reife Früchte und Gewürze gemeinsam vertreten sind. Warten Sie bis 2004, bevor Sie diese drei Flaschen aufmachen.

Cave de Sarras, Le Village, 07370 Sarras, Tel. 04.75.23.14.81, Fax 04.75.23.38.36 n. V.

CAVE DE TAIN L'HERMITAGE
Nobles Rives 1999

■ k. A. k. A. 8 à 11 €

Die große Kellerei von Tain hat für diesen tieffarbenen Wein einen Ausbau im Barriquefass praktiziert. Er duftet nach Garrigue, um empyreumatische Noten bereichert. Nach einer frischen, klaren Ansprache zeigt sich der Geschmack harmonisch; er besitzt gut eingefügte Tannine, die eine drei- bis fünfjährige Alterung garantieren.

Cave de Tain-l'Hermitage, 22, rte de Larnage, BP 3, 26601 Tain-l'Hermitage Cedex, Tel. 04.75.08.20.87, Fax 04.75.07.15.16, E-Mail commercial.france@cave-tain-hermitage.co n. V.

DOM. DE VALLOUIT 1999*

□ 0,6 ha 2 300 11 à 15 €

Einer der Weine, die – natürlich als ältere Jahrgänge – im Elyséepalast zum 200. Jahrestag der Französischen Revolution serviert wurden. Zehn Jahre später bietet dieser Verschnitt von 70 % Marsanne und 30 % Roussanne, der im Eichenbarriquefass vinifiziert und ausgebaut worden ist, einen schönen Stoff. Der Holzton verbindet sich mit weißfleischigem Pfirsich, was eine Empfindung von Rundheit hervorruft, die eine Bienenwachsnote unterstreicht. Der ebenso gelungene **rote 99er Domaine de Vallouit** erhält einen Stern. Seine Jugend kommt in kräftigen Tanninen zum Ausdruck, die zwei bis fünf Jahre brauchen, um sich zu verfeinern.

Dom. de Vallouit, 24, av. Désiré-Valette, BP 61, 26240 Saint-Vallier, Tel. 04.75.23.10.11, Fax 04.75.23.05.58 n. V.

DOM. GEORGES VERNAY 1999

■ 1,5 ha 6 000 11 à 15 €

Zwölf Monate im Barriquefass (20 % neue Fässer) haben diesen gefälligen Wein ergeben, der ganz durch reife, sogar zu Kompott verarbeitete Früchte bestimmt ist. Die Ansprache ist klar und voller Frische. Der runde Geschmack erinnert an Früchte in Alkohol. Aufmachen kann man ihn in ein bis zwei Jahren.

Dom. Georges Vernay, 1, rte Nationale, 69420 Condrieu, Tel. 04.74.56.81.81, Fax 04.74.56.60.98 n. V.

Crozes-Hermitage

Diese Appellation, deren Reblagen nicht so schwierig zu bearbeiten sind wie die in der Appellation Hermitage, erstreckt sich auf elf Gemeinden in der Umgebung von Tain-l'Hermitage. Sie ist das größte Anbaugebiet der Appellationen im nördlichen Abschnitt: 1 238 ha für eine

Produktion von 57 628 hl (im Jahre 2000). Die Böden sind reicher als im Hermitage-Gebiet und liefern weniger kraftvolle, fruchtige Weine, die man jung trinkt. Die Rotweine sind recht weich und aromatisch. Die Weißweine sind trocken und frisch und haben eine leichte Farbe und ein Blütenaroma; wie die weißen Hermitage-Weine passen sie hervorragend zu Süßwasserfischen.

DOM. BERNARD ANGE
Rêve d'Ange 1998*

■ 0,8 ha 3 000 11 à 15 €

Bernard Ange, der seinen Sitz in einem ehemaligen Hotel am Ufer des Flusses hat, erhielt im letzten Jahr für diese Cuvée als 97er eine Liebeserklärung. Der 98er besitzt eine intensive Farbe und viel Frucht und zeigt eine gute, harmonische Präsenz der Tannine. Die **99er Hauptcuvée** (Preisgruppe: 50 bis 69 F) erweist sich als strenger; sie bekommt eine lobende Erwähnung.

Bernard Ange, Pont-de-l'Herbasse, 26260 Clérieux, Tel. 04.75.71.62.42, Fax 04.75.71.62.42 Mo–Sa 9h–19h

JEAN BARONNAT 1999*

■ k. A. k. A. 5 à 8 €

Eine Firma in Familienbesitz im Beaujolais, die von dem Enkel des Gründers geführt wird. Ihr Crozes-Hermitage zeigt sich ausgewogen und fein. Er hat schon in der Ansprache einen wohl schmeckenden Charakter; dann entfalten sich die feinen Tannine über schwarzen Kirschen (vollreife Burlat-Kirschen).

Maison Jean Baronnat, Les Bruyères, 491, rte de Lacenas, 69400 Gleizé, Tel. 04.74.68.59.20, Fax 04.74.62.19.21, E-Mail info@baronnat.com n. V.

BOIS FARDEAU 1999

■ 4 ha 20 000 5 à 8 €

Zwei Weine wurden hier gleich bewertet: der **rote 99er Les Murières** und dieser Bois Fardeau, die beide weniger auf Stärke als auf unmittelbare Harmonie in würzigen Düften setzen.

Gabriel Meffre, Le Village, 84190 Gigondas, Tel. 04.90.12.30.22, Fax 04.90.12.30.29, E-Mail gabriel-meffre@meffre.com n. V.

M. CHAPOUTIER Les Varonniers 1999**

■ 2,5 ha 5 300 38 à 46 €

«Sieben Jahre des Nachdenkens ...» Aber was für einen Genuss wird man dann haben! Dieser Wein, der auch der Oberjury vorgeschlagen wurde und um Haaresbreite erfolgreich gewesen wäre, ist groß. Von der intensiven Farbe über einen kräftigen Geschmack, der sich auf feine, dichte Tannine stützt, bis zum Abgang, in dem Zimt und Vanille mit schwarzen Früchten wechseln, verführt alles den Verkoster.

M. Chapoutier, 18, av. du Dr-Paul-Durand, 26600 Tain-l'Hermitage, Tel. 04.75.08.28.65, Fax 04.75.08.81.70, E-Mail chapoutier@chapoutier.com n. V.

DOM. BERNARD CHAVE
Tête de cuvée 1999***

■ 3,6 ha 16 670 11 à 15 €

Die Blindprobe widerlegte nicht die Logik, wonach die Tête de cuvée aus der Auseinandersetzung mit den anderen Weinen hoch erhobenen Haupts hervorgehen muss, darunter auch mit den übrigen Weinen dieses Guts, die sich dennoch nicht als unwürdig erweisen, der **roten 99er Cuvée traditionnelle** (Preisgruppe: 50 bis 69 F) und der gleichen **weißen 99er Cuvée** der Domaine Bernard Chave, die jede einen Stern erhalten. Der Lorbeerkranz wird somit für diese Spitzencuvée geflochten, deren strahlende Farbe fast schwarz ist und in deren Duft sich schwarze Früchte, Holznoten und Schokoladennuancen vereinigen. Der Geschmack steht dem in nichts nach; er ist füllig, voluminös und großzügig und besitzt eine große Konzentration und eine außergewöhnliche Länge, die nach einer langen Lagerung verlangt.

Yann Chave, La Burge, 26600 Mercurol, Tel. 04.75.07.42.11, Fax 04.75.07.47.34 n. V.

Bernard Chave

CAVE DES CLAIRMONTS 1999*

■ 18 ha 113 500 8 à 11 €

Die 1997 renovierte Firma stellt zwei Crozes-Hermitage-Weine vor, die beide die gleiche Note erhalten. Die im Holzfass ausgebaute **rote 99er Cuvée des Pionniers** besitzt eine größere Alterungsfähigkeit (fünf Jahre). Sie ist rund und kräftig und bietet rote und schwarze Früchte sowie Gewürze. Wenn Sie einen rascheren Genuss möchten, sollten Sie dieser Cuvée Cave des Clairmonts den Vorzug geben; sie ist sehr typisch für die Appellation.

SCA Cave des Clairmonts, Vignes-Vieilles, 26600 Beaumont-Monteux, Tel. 04.75.84.61.91, Fax 04.75.84.56.98
Mo–Sa 9h–12h 14h–18h; Gruppen n. V.

DOM. COLLONGE 1999

■ 30 ha 30 000 5 à 8 €

Ein 44 ha großes Gut und ein klassisches, elegantes Etikett für einen Wein, der noch auf der Suche nach sich ist (was in diesem Alter normal ist), aber viel verspricht. Er wird ganz durch Früchte bestimmt und ist nicht sehr kräftig; in ein bis zwei Jahren dürfte er trinkreif sein.

🔑 GAEC Collonge, La Négociale, 26600 Mercurol, Tel. 04.75.07.44.32, Fax 04.75.07.44.06
☑ Ὶ Mo–Sa 8h30–12h 13h30–18h30; So 9h30–12h; Gruppen n. V.

DOM. DU COLOMBIER
Cuvée Gaby 1999★★

■ k. A. 15 000 11 à 15 €

Die Cuvée Gaby, die Spitzencuvée dieses vierzehn Hektar großen Guts, wird ein Jahr lang im Holzfass ausgebaut. Sie hat die Jury bezaubert, die sie der Oberjury vorschlug. Somit gehört sie zu den schönsten Weinen. Empfindungen von Zimt und Gewürznelke, viel Stoff, eine ausgezeichnete Tanningrundlage: Ihm fehlt nur noch die Zeit der Alterung. Die **rote 99er Hauptcuvée der Domaine du Colombier** und der **2000er Weißwein** (Preisgruppe: 50 bis 69 F) erhalten einen Stern.

🔑 Dom. du Colombier, SCEA Viale, Mercurol, 26600 Tain-l'Hermitage, Tel. 04.75.07.44.07, Fax 04.75.07.41.43
☑ Ὶ n. V.
🔑 Viale

DOM. COMBIER 1999★

■ k. A. 30 000 8 à 11 €

Dieses Gut, das in seinen Weinbergen biologischen Anbau betreibt, präsentiert seine zehn Monate im Holzfass ausgebaute Hauptcuvée. Sie bietet eine schöne Ausgewogenheit und erweist sich als sehr typisch für die AOC, gestützt auf spürbare, aber seidige Tannine, die zulassen, dass die Frucht zum Vorschein kommt.

🔑 EARL Dom. Combier, RN 7, 26600 Pont-de-l'Isère, Tel. 04.75.84.61.56, Fax 04.75.84.53.43 ☑ Ὶ n. V.

CH. CURSON 1999★★

■ 7 ha 23 000 11 à 15 €

Das 18 ha große Gut stellt einen sehr gelungenen **weißen 2000er Crozes-Hermitage** vor, der noch vom Holz geprägt ist, aber eine große Frische hat (ein Stern), und diesen ebenfalls im Holzfass ausgebauten 99er, der ein bemerkenswertes Potenzial besitzt, wie sein reicher Stoff, seine Konzentration und seine verschmolzenen Tannine verraten.

🔑 Dom. Pochon, Ch. de Curson, 26600 Chanos-Curson, Tel. 04.75.07.34.60, Fax 04.75.07.30.27 ☑ Ὶ n. V.

DELAS Les Launes 1999★

■ k. A. 180 000 8 à 11 €

Ein neuer Gärkeller und eine Umgestaltung der Barriquekeller – der Direktor Frédéric Rosset scheut keine Mühen und Kosten, damit diese sehr alte Firma ein wichtiger Erzeuger der Region bleibt. Diese sehr dunkle Cuvée mit purpurvioletten Reflexen erweist sich als sehr angenehm, im Duft ebenso wie im Geschmack, in dem eine elegante Trüffelnote die verschmolzenen Tannine begleitet.

🔑 Delas Frères, ZA de l'Olivet, 07302 Tournon-sur-Rhône, Tel. 04.75.08.60.30, Fax 04.75.08.53.67, E-Mail jacques-grange@delas.com ☑ Ὶ n. V.

GUYOT Le Millepertuis 1999

■ 50 ha 55 000 8 à 11 €

Man findet Stärke und Festigkeit bei diesem Wein, der den Gaumen ein wenig rau behandelt mit seinen sehr deutlich spürbaren Tanninen, die sich nach ein paar Monaten im Keller besänftigen dürften. 30 % neue Barriquefässer können diese Empfindung erklären.

🔑 SA Guyot, montée de l'Eglise, 69440 Taluyers, Tel. 04.78.48.70.54, Fax 04.78.48.77.31, E-Mail guyotvin@vins-guyot.com
☑ Ὶ Do, Fr, Sa 8h30–12h 13h30–18h

LA CHASSELIERE 1998

■ k. A. 12 000 5 à 8 €

Das 45 ha große Gut wird seit vierzig Jahren von Robert Michelas geführt. Diesen sauberen, klassischen 98er mit den verschmolzenen Tanninen können Sie schon diesen Winter zu einer Wildschweinterrine mit Beerenfrüchten servieren.

🔑 Dom. Michelas Saint Jemms, Bellevue-les-Chassis, 26600 Mercurol, Tel. 04.75.07.86.70, Fax 04.75.08.69.80, E-Mail michelas.st.jemms@wanadoo.fr
☑ Ὶ n. V.

LA MAURELLE 1999★

■ 50 ha 40 000 8 à 11 €

Die Jury versicherte, dass zwei Jahre notwendig sind, um die volle Ausdruckskraft dieses Weins zu erhalten, der Noten von kandierten reifen Früchten bietet. Im Geschmack macht sich ein schönes Volumen bemerkbar, begleitet von schon verschmolzenen Tanninen.

🔑 Henry Bouachon, BP 5, 84230 Châteauneuf-du-Pape, Tel. 04.90.83.58.35, Fax 04.90.83.77.23
☑ Ὶ n. V.

LE GRAND COURTIL 1999★

■ 1,5 ha 6 000 15 à 23 €

Ein Wein von Trauben aus biologisch-dynamischem Anbau, mit einer Vinifizierung, die auf eine Entrappung verzichtet und in einem offenen Gärbehälter aus Holz durchgeführt wird, mit zweimaligem Umpumpen jeden Tag. Das Ergebnis ist ein lagerfähiger Wein (fünf Jahre oder noch länger), der noch sehr tanninreich, aber ausgewogen ist. Düfte von schwarzen Kirschen und Gewürzen und eine klare Ansprache. Dann legt das Lakritzearoma nahe, dass man ihn aufhebt.

🔑 Ferraton Père et Fils, 13, rue de la Sizeranne, 26600 Tain-l'Hermitage, Tel. 04.75.08.59.51, Fax 04.75.08.81.59, E-Mail ferraton.pereetfils@wanadoo.fr
☑ Ὶ n. V.

DOM. DU MURINAIS
Cuvée Vieilles vignes 1999★

■ 2,5 ha 12 000 8 à 11 €

Luc Tardy, der darauf brannte, sich in das große Abenteuer zu stürzen, übernahm 1998 den Familienbetrieb und errichtete eine Kellerei, um die Trauben nicht mehr an die Genossenchaft liefern zu müssen. Hier ist sein zweiter Jahrgang mit einer kleinen Cuvée, die ihre malolaktische Gärung im Barriquefass durchlaufen hat. Sie besitzt eine sehr tiefe Farbe mit violetten Reflexen. Der Duft von schwarzen Früchten und Gewürzen ist sehr angenehm. Der Geschmack bietet ein schönes Volumen mit einer Tanninstruktur, die im Hintergrund bleibt. Ein bis zwei Jahre aufheben, damit sie stärker zum Ausdruck kommt.

Luc Tardy, Champ-Bernard,
26600 Beaumont-Monteux, Tel. 04.75.07.34.76,
Fax 04.75.07.35.91 ☑ Y n. V.

LES ALLEGORIES D'ANTOINE OGIER 1999*

■ k. A. 6 000 8 à 11 €

Eine große Handelsfirma aus dem Süden bei ihrer Arbeit im nördlichen Rhône-Tal. Auch wenn wir Ihnen nicht genau sagen können, was diese «Allegorien» sind, und auch wenn es nur das Etikett ist, das eine Schale zeigt, die zwei kleine Engel halten, sind wir doch im Stande, Ihnen diese Cuvée mit den milden, seidigen Tanninen zu empfehlen, in der die Frucht zum Vorschein kommt. Die Cuvée **Oratorio 1999** ähnelt ihr.

Ogier-Caves des Papes, 10, bd Pasteur,
84230 Châteauneuf-du-Pape,
Tel. 04.90.39.32.32, Fax 04.90.83.72.51,
E-Mail ogier.caves.des.papes@ogier.fr
☑ Y Mo–Fr 8h–17h

DOM. PRADELLE 2000

■ 18 ha 100 000 8 à 11 €

Ein schöner violetter Schimmer durchzieht die viel versprechende dunkle Farbe. Der Geruchseindruck beginnt mit animalischen Noten; danach kommen schwarze Johannisbeere und Veilchen zum Vorschein – Empfindungen, die während der ganzen Verkostung spürbar bleiben. Dank der feinen Tannine kann man diesen Wein schon in diesem Winter servieren.

GAEC Pradelle, 26600 Chanos-Curson,
Tel. 04.75.07.31.00, Fax 04.75.07.35.34
☑ Y Mo–Sa 8h–12h 14h–18h

DOM. DES REMIZIERES
Cuvée Christophe 1999*

■ k. A. 12 000 11 à 15 €

Der hl. Christophorus, der Schutzheilige der Reisenden, hat bestimmt nichts mit dem Namen dieser Cuvée zu tun, aber das gibt uns die Möglichkeit, daran zu erinnern, dass man den Alkoholgenuss nie übertreiben darf. Dieser 99er, den man deshalb mit Mäßigung trinken sollte, wird Ihnen in drei bis vier Jahren nur Glücksgefühle bescheren. Das Auge wird von der kräftigen Farbe verführt, aber der Duft entfaltet sich noch nicht. Der dichte Geschmack erfordert, dass man den Wein dekantiert, denn an der Luft lässt er rote Früchte und Gewürze einen Dialog führen. Man stellt eine schöne Harmonie zwischen den Tanninen und den Früchten fest.

Cave Desmeure, rte de Romans,
26600 Mercurol, Tel. 04.75.07.44.28,
Fax 04.75.07.45.87 ☑ Y n. V.

MESSIRE LOUIS REVOL 1999

■ 2 ha 10 000 5 à 8 €

Ein Wein, der den Durst löscht, wenn man danach geht, dass auf allen Degustationszetteln das Wort «Frische» wiederholt wird. Rote Früchte (Kirsche) folgen auf eine klare, leichte Ansprache.

Léon Revol, 6, rue Yves-Farges,
69700 Givors, Tel. 04.72.49.50.29,
Fax 04.78.73.16.87 ☑

ERIC ROCHER Chaubayou 2000*

■ 1,4 ha 4 800 8 à 11 €

Dieser intensiv rote, violett schimmernde Wein hinterlässt aufgrund seiner Fruchtigkeit, die sich durch die gesamte Verkostung zieht, einen Eindruck von Frische. Eine Cuvée, die sich ausgewogen zeigt. Er sorgt für einen Augenblick des Vergnügens.

Eric Rocher, Dom. de Champal,
quartier Champal, 07370 Sarras,
Tel. 04.78.34.21.21, Fax 04.78.34.30.60,
E-Mail vignobles-rocher@wanadoo.fr
☑ Y n. V.

CAVE DE TAIN L'HERMITAGE
Nobles Rives 1999**

■ k. A. k. A. 8 à 11 €

Man muss dieser Kellerei applaudieren, der die seltene Leistung gelungen ist, dass sie von der Oberjury zwei Liebeserklärungen zuerkannt bekam: für den **roten 98er Les Hauts du Fief** mit den seidigen Tanninen, der schon trinkreif und gefällig ist, und diesen Nobles Rives, der eine große Lagerfähigkeit besitzt und sich nur noch entfalten muss. Im Augenblick ist alles gezügelte Stärke; die dichten Tannine erhöhen noch die Alterungsfähigkeit, aber der Stoff ist dicht, konzentriert, voluminös und prächtig und zeigt eine bemerkenswerte Länge.

Cave de Tain-l'Hermitage,
22, rte de Larnage, BP 3,
26601 Tain-l'Hermitage Cedex,
Tel. 04.75.08.20.87, Fax 04.75.07.15.16,
E-Mail
commercial.france@cave-tain-hermitage.co
☑ Y n. V.

CHARLES ET FRANÇOIS TARDY
Les Pends 1999*

□ 1 ha 5 000 11 à 15 €

Der Pends-Hang besteht aus tonigem Kalkstein. Marsanne macht 80 % des Rebsatzes aus und wird von Roussanne begleitet. Die Jury schätzte diese Cuvée sehr: Sie wurde gewissenhaft im Holzfass auf der Hefe vinifiziert; die Gärung dauerte über einen Monat. Das Ergebnis ist ein gut eingefügter Holzton innerhalb einer frischen Atmosphäre. Röst- und Aprikosennoten begleiten die Verkostung dieses Weins, den man zu weißem Fleisch oder gegrilltem Hummer servieren kann. Der **rote 99er Les Machonnières** erhält eine lobende Erwähnung.

Dom. des Entrefaux, quartier de la Beaume, 26600 Chanos-Curson, Tel. 04.75.07.33.38, Fax 04.75.07.35.27 Y n. V.

DOM. DE THALABERT 1999**

■ 40 ha k. A. 15 à 23 €

Michel, Philippe und Jacques Jaboulet stellen Cuvées her, die auf allen Kontinenten angesehen sind und die von unseren Jurys seit der ersten Ausgabe des Hachette-Weinführers (damals ein 83er) mit den besten Noten ausgezeichnet werden. Der 99er bildet keine Ausnahme. Die Tiefe der Farbe beeindruckt, so intensiv und schwarz ist sie; sie kündigt einen voluminösen Wein an. Konzentriert, fett und füllig, ein Cocktail aus Gewürzen, Holznoten und schwarzen Früchten, der lang anhält. Diese Flasche besitzt eine lange Lagerfähigkeit.

Paul Jaboulet Aîné, Les Jalets, BP 46, 26600 La Roche-de-Glun, Tel. 04.75.84.68.93, Fax 04.75.84.56.14, E-Mail info@jaboulet.com Y n. V.

THOMAS FRERES 1999*

■ k. A. 50 000 5 à 8 €

Dieser Wein von sehr intensivem Rot bietet einen sehr konzentrierten Duft, der ganz durch Brombeere, schwarze Johannisbeere und Früchtekompott bestimmt ist. Im Geschmack verbleibt er auf der Frucht, mit einem Eindruck von Überreife und Großzügigkeit.

Thomas Frères, BP 6, 21071 Nuits-Saint-Georges Cedex, Tel. 03.80.62.42.00, E-Mail thomasfrères@wanadoo.fr Y tägl. 10h–18h

Hermitage

Der Hermitage-Hügel, der eine sehr gute Südlage hat, befindet sich nordöstlich von Tain-l'Hermitage. Der Weinbau reicht zwar bis ins 4. Jh. v. Chr. zurück; doch den Namen der Appellation führt man auf den Ritter Gaspard de Sterimberg zurück, der nach der Rückkehr vom Kreuzzug gegen die Albigenser im Jahre 1224 beschloss, sich von der Welt zurückzuziehen. Er errichtete hier eine Einsiedelei (französisch «ermitage»), machte das Land urbar und pflanzte Reben an.

Die Anbaufläche der Appellation umfasst 131 ha. Das Bergmassiv von Tain besteht im Westen aus Quarzsand, einem idealen Boden für die Erzeugung von Rotweinen (Reblage les Bessards). Im östlichen und südlichen Teil des Hügels, wo Geröll und Löss die Böden bilden, liegen die Anbauzonen, die sich für die Erzeugung von Weißweinen eignen (les Rocoules, les Murets).

Der rote Hermitage (4 570 hl im Jahre 2000) ist ein sehr großer Wein, der tanninreich und äußerst aromatisch ist; er muss fünf bis zehn, teilweise sogar zwanzig Jahre altern, bevor er ein Bouquet von seltener Reichhaltigkeit und Qualität entfaltet. Es handelt sich somit um einen großen Wein zum Lagern, den man mit einer Temperatur von 16 bis 18 °C zu Wild oder rotem Fleisch mit kräftigem Geschmack serviert. Der weiße Hermitage (1 102 hl), der von den Rebsorten Roussanne und vor allem Marsanne stammt, ist ein sehr feiner Wein mit wenig Säure, der weich, fett und sehr duftig ist. Man kann ihn schon im ersten Jahr nach der Lese trinken, aber seine volle Entfaltung erreicht er erst nach fünf bis zehn Jahren. Doch die großen Jahrgänge, Weißweine ebenso wie Rotweine, können auch eine Lagerung von dreißig bis vierzig Jahren verkraften.

DOM. BERNARD CHAVE 1999**

■ 1,12 ha 5 970 30 à 38 €

Yann ist Bernard Chaves Sohn. Er arbeitet seit 1996 auf diesem Gut. Dieser sehr jugendliche Wein, der in Halbstückfässern ausgebaut worden ist, hat alles von dem verrückten Hund, der in alle Richtungen läuft, aber wenn er sich beruhigt hat, wird er ein ungeheures Potenzial enthüllen: Er wird laut den Verkostern (und diese gehören zu den Besten) großartig sein. An diesem 99er gibt es nichts Gewöhnliches. Alles ist kräftig: der Ledergeruch, die sehr reifen roten Früchte (Burlat-Kirschen), die eleganten, rassigen Tannine. Er muss mindestens vier Jahre in Ihrem Keller lagern. Dann sollten Sie ihn langsam trinken, denn die «letzte Flasche wird immer die beste sein».

Yann Chave, La Burge, 26600 Mercurol, Tel. 04.75.07.42.11, Fax 04.75.07.47.34 Y n. V.

Bernard Chave

DOM. JEAN-LOUIS CHAVE 1998***

□ 5 ha k. A. 46 à 76 €

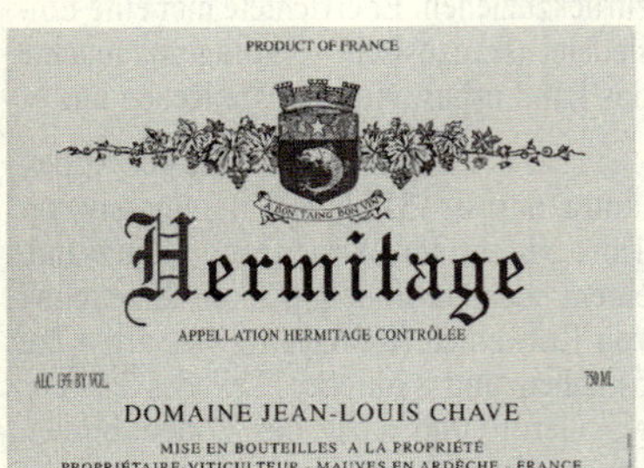

PRODUCT OF FRANCE
Hermitage
APPELLATION HERMITAGE CONTRÔLÉE
DOMAINE JEAN-LOUIS CHAVE
MISE EN BOUTEILLES A LA PROPRIÉTÉ
PROPRIÉTAIRE-VITICULTEUR - MAUVES EN ARDÈCHE - FRANCE

Dieser Hermitage, der eine wahnsinnige Eleganz besitzt, ist sehr fein und delikat. Freesiennoten kommen schon beim ersten Riechen zum Vorschein; danach entfaltet sich sehr schnell eine ebenfalls blumige Aromenpalette, die in einem ätherisch leichten Register aus tausend Nuancen besteht, im Stil des letzten Jahrgangs gehalten. Aber täuschen Sie sich nicht: Das ist – wie die großen Weißweine dieser Appellation – ein Wein von langer Lagerfähigkeit, denn seine Feinheit schließt «Fett» und Reichtum nicht aus. Diese perfekt bemessene Ausgewogenheit sorgt für intensiven Genuss.

Jean-Louis Chave, 37, av. du Saint-Joseph, 07300 Mauves, Tel. 04.75.08.24.63, Fax 04.75.07.14.21

DOM. JEAN-LOUIS CHAVE 1998***

■ 10 ha k. A. 46 à 76 €

Ein sehr erfahrener Verkoster beschloss seine Degustationsnotizen mit dem Satz: «Überfluss an Gütern schadet nicht.» Alle Juroren haben nämlich den großen Reichtum dieses tiefen, konzentrierten Weins mit ausgeprägtem Charakter beschrieben. Dieser perfekt ausgebaute Wein bietet ein intensives Bouquet. Er entwickelt sich zu seidigen Tanninen, die im Geschmack lang anhalten. Glücklich können sich diejenigen schätzen, die eine solche Flasche trinken dürfen.

Jean-Louis Chave, 37, av. du Saint-Joseph, 07300 Mauves, Tel. 04.75.08.24.63, Fax 04.75.07.14.21

DOM. DU COLOMBIER 1998

■ 1,5 ha 7 000 30 à 38 €

Überraschend, wie schwarze Johannisbeere diesen Hermitage dominiert, den man bereits zu rotem Fleisch servieren kann, so weich und ein wenig aufreizend ist er.

SCEA Viale, Dom. du Colombier, Mercurol, 26600 Tain-l'Hermitage, Tel. 04.75.07.44.07, Fax 04.75.07.41.43

n. V.

PAUL JABOULET AINE
Le Chevalier de Sterimberg 1999*

□ 5 ha k. A. 38 à 46 €

Eine der größten Firmen Frankreichs, aufgrund ihres Ansehens und ihres berühmten Etiketts, das zu einem Symbol für die AOC geworden ist. Dieser Ritter ist sehr ansehnlich in seinem strohgelben, grün schimmernden Gewand. Er ist sehr blumig (Weißdorn), begleitet von einem diskreten Holzton, und zeigt sich ausgewogen, rund, fett und recht harmonisch. Lassen Sie ihn vier Jahre in einer guten Einsiedelei ausharren, bevor Sie ihn zu einem großen Fisch servieren.

Paul Jaboulet Aîné, Les Jalets, BP 46, 26600 La Roche-de-Glun, Tel. 04.75.84.68.93, Fax 04.75.84.56.14, E-Mail info@jaboulet.com

n. V.

LES DIONNIERES 1999

■ k. A. 8 000 46 à 76 €

Das Gut arbeitet nach biologisch-dynamischen Prinzipien, betreibt aber auch einen Weinhandel. Dieser lebhaft rote Wein mit bläulich roten Reflexen verbindet Noten von gekochten und eingemachten Früchten mit Früchten in Alkohol. Er ist holzbetont, aber rund und fast verschmolzen. Er muss zwei bis drei Jahre lagern, damit der Abgang seine Harmonie findet.

Ferraton Père et Fils, 13, rue de la Sizeranne, 26600 Tain-l'Hermitage, Tel. 04.75.08.59.51, Fax 04.75.08.81.59, E-Mail ferraton.pereetfils@wanadoo.fr

n. V.

LES ALLEGORIES D'ANTOINE OGIER 1999*

■ k. A. 1000 23 à 30 €

Diese Firma in Châteauneuf-du-Pape präsentiert einen schönen 99er Hermitage, der sich an die Regeln seiner AOC hält. Gut strukturiert, mit schönem Stoff. Er ist noch sehr holzbetont und muss vier bis fünf Jahre lagern.

Ogier-Caves des Papes, 10, bd Pasteur, 84230 Châteauneuf-du-Pape, Tel. 04.90.39.32.32, Fax 04.90.83.72.51, E-Mail ogier.caves.des.papes@ogier.fr

Mo–Fr 8h–17h

DOM. DES REMIZIERES
Cuvée Emilie 1999***

■ k. A. 11 000 23 à 30 €

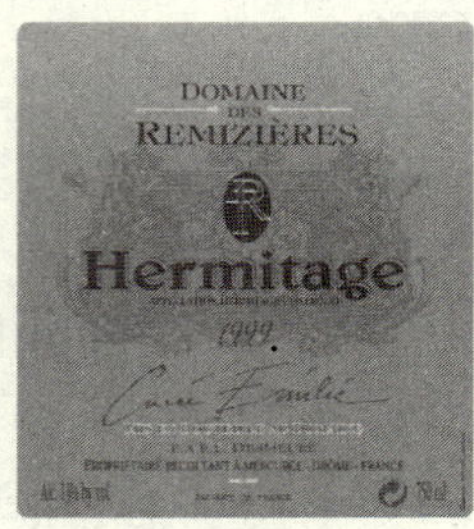

Eine einmonatige Gärung machte es möglich, den gesamten Stoff des Traubenguts zu extrahieren. Das Ergebnis ist dieser Wein von großer Rassigkeit. Seine fast schwarze Farbe ist strahlend. Der kräftige Stoff stützt sich auf Noten von Röstung und sehr reifen roten Früchten. Die Tannine von den Trauben und vom Holz sind gut abgeschliffen, aber spürbar; sie erfordern eine vierjährige Einkellerung. Dieser für die Appellation repräsentative Wein hat eine große Lagerfähigkeit. Die **weiße 99er Cuvée Emilie** erhält einen Stern.

Cave Desmeure, rte de Romans,
26600 Mercurol, Tel. 04.75.07.44.28,
Fax 04.75.07.45.87 Y n. V.

LES VIGNERONS REUNIS A TAIN L'HERMITAGE 1996

☐ 1,5 ha 6 000 11 à 15 €

Ein Wein, der bei Erscheinen des Hachette-Weinführers bestimmt trinkreif ist – es handelt sich um einen 96er – und Sie nicht kalt lassen wird: hübsche Farbe mit grünen Reflexen, schwerer Blütenduft (Akazie), der sich mit blumigen Noten fortsetzt. Zusätzlich besitzt er, was man nicht gering schätzen sollte, Frische und viel Rundheit.

Les Vignerons de Rasteau et de
Tain-l'Hermitage, rte des Princes-d'Orange,
84110 Rasteau, Tel. 04.90.10.90.10,
Fax 04.90.10.90.36, E-Mail vrt@rasteau.com

CAVE DE TAIN-L'HERMITAGE
Nobles Rives 1999★★

☐ 130 ha k. A. 15 à 23 €

Das ist ein schöner Wein, denn die Jury sagte es einstimmig! Er erweist sich als sehr reich, in seinem aromatischen Ausdruck ebenso wie in seiner Struktur. Seine Persönlichkeit zeigt sich in Noten von Aprikosen, Haselnüssen und Hefebrot mit Vanillearoma und in einem Geschmack, der «Fett» und Frische vereint.

Cave de Tain-l'Hermitage,
22, rte de Larnage, BP 3,
26601 Tain-l'Hermitage Cedex,
Tel. 04.75.08.20.87, Fax 04.75.07.15.16,
E-Mail
commercial.france@cave-tain-hermitage.co
Y n. V.

Cornas

Die Appellation (93 ha) erstreckt sich gegenüber von Valence ausschließlich auf die Gemeinde Cornas. Die an ziemlich steilen Hängen liegenden Böden bestehen aus Quarzsand und werden durch kleine Mauern vor dem Abrutschen geschützt. Der Cornas (4 233 hl im Jahre 2000) ist ein männlicher, kräftig gebauter Rotwein, der mindestens drei Jahre altern muss (aber manchmal viel länger lagern kann), damit er sein fruchtiges und würziges Aroma zu rotem Fleisch und Wild entfalten kann.

CHANTE-PERDRIX 1997★

■ k. A. 10 000 15 à 23 €

Die 1835 gegründete Firma gehört dem Champagnerhaus Deutz, das selbst wiederum Teil der Roederer-Gruppe ist. Diese Cuvée, die von guten Trauben stammt, erreicht ihre Reife. Auch wenn ihre Farbe mit ihren bläulich roten Noten noch sehr jugendlich wirkt, sind die Holztannine sehr fein: Vanille und Unterholz überdecken nicht die Frucht. Servieren Sie diese Flasche zu Wild, mit Waldpilzen als Beilage.

Delas Frères, ZA de l'Olivet,
07302 Tournon-sur-Rhône, Tel. 04.75.08.60.30,
Fax 04.75.08.53.67,
E-Mail jacques-grange@delas.com Y n. V.

DOM. CLAPE 1999★★★

■ 4 ha 18 000 23 à 30 €

Die dunkle, tiefe Farbe dieses 99ers ist beeindruckend. Noten von frischem Trester, mit Traubenmost getränkt, kommen beim ersten Riechen zum Vorschein, gefolgt von blumigen Anklängen (Iris und Veilchen), die lang anhalten. Im Mund macht sich dieser sehr jugendliche Wein kraftvoll, aber ohne Aggressivität bemerkbar. Seine Ausgewogenheit und seine Fülle sprechen für eine sehr lange Lagerung. Eine große Flasche, die Sie zehn Jahre einkellern können und bei den besten Weinfachhändlern ausfindig machen müssen. Sie verdient eine eifrige Suche.

SCEA Dom. Clape, 146, rte Nationale,
07130 Cornas, Tel. 04.75.40.33.64,
Fax 04.75.81.01.98 Y n. V.
A. und P. Clape

CHARLES DESPESSE Les Côtes 1999

■ 0,3 ha 1 500 11 à 15 €

Jérôme Despesse, ein Neuling in unserem Weinführer, präsentiert eine in kleiner Stückzahl erzeugte Cuvée, die die Aufmerksamkeit der Jury erregt hat. Fünfzig Jahre alte Rebstöcke haben diesen sehr schönen Cornas im alten Stil hervorgebracht, der vierzehn Monate lang im Eichenfass ausgebaut worden ist. Alles bringt perfekt den Granitboden zum Ausdruck, auf dem er entstanden ist: Dieser Wein ist in seiner Jugend rau und verschlossen und braucht Zeit, damit man ihn kennen lernt. Seine intensive Farbe und sein recht tanninreicher Geschmack sind verheißungsvoll: In fünf Jahren wird er sich entfaltet haben.

Jérôme Despesse, 10, Basses-Rues,
07130 Cornas, Tel. 04.75.80.03.54,
Fax 04.75.80.03.26 ☑ Y n. V.
Charles Despesse

DUMIEN-SERRETTE Vieilles vignes 1999

■ 1,8 ha 5 000 11 à 15 €

Ein Gut, das heute von der dritten Generation geleitet wird: Die Rebstöcke sind fünfzig Jahre alt. Dieser 99er ist recht typisch und seiner Appellation würdig. Eine sehr kräftige Farbe kündigt einen schönen Duft an, der sich noch zwischen Früchten und Blüten bewegt. Dieser Wein besitzt genug Fülle, damit er sich in zwei bis drei Jahren zufrieden stellend entwickelt.

Dumien-Serrette, 18, rue du Ruisseau,
07130 Cornas, Tel. 04.75.40.41.91,
Fax 04.75.40.41.91 ☑ Y n. V.

ERIC ET JOEL DURAND 1999**

■ 2,5 ha 13 200 15 à 23 €

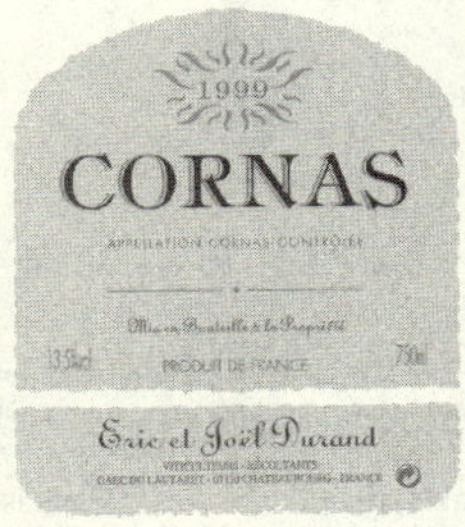

«Von der Rasse großer Herren», schrieb ein Verkoster, der die Vornehmheit dieses Weins bewunderte. Wir sagen, dass er ein schöner Athlet mit einem gut gebauten Körper ist, umhüllt von einem Stoff, der für Rundheit und zugleich für eine Struktur sorgt. Er schmückt sich mit einer herrlichen, intensiven, tiefen Farbe und bietet sehr ausdrucksvolle Aromen bis hin zu einem schönen Abgang von Brombeere und schwarzer Johannisbeere. Ein Wein, der alle Merkmale der AOC vereint.

Eric et Joël Durand, imp. de la Fontaine,
07130 Châteaubourg, Tel. 04.75.40.46.78,
Fax 04.75.40.29.77 ☑ Y n. V.

LES EYGATS 1999*

■ 1,5 ha 7 000 23 à 30 €

Die 24 ha große Domaine Courbis hat drei Cornas-Cuvées vorgestellt, die alle von einer anspruchsvollen Jury ausgewählt wurden, die 26 Weine der AOC prüfen musste. Der **99er La Sabarotte** (Preisgruppe: 200 bis 249 F) ist sechzehn Monate im Barriquefass ausgebaut worden. «Das ist ein Cornas, etwas Echtes», rief ein Verkoster aus, denn die Frucht wird nicht ausgelöscht. Der Geschmack ist strukturiert und komplex. Seine Eleganz bringt ihm einen Stern ein. Der **99er Champelros** (Preisgruppe: 100 bis 149 F) wirkt stärker geröstet, obwohl er weniger lang im Holzfass verbracht hat; er erhält eine lobende Erwähnung. Dieser Eygats ist zwar holzbetont, aber viel versprechend: ein Viertel Früchte, ein Viertel Gewürze (Süßholz), ein Viertel Komplexität und ein Viertel Eleganz – ein sehr gut gelungener Cocktail.

Dom. Courbis, rte de Saint-Romain,
07130 Châteaubourg, Tel. 04.75.81.81.60,
Fax 04.75.40.25.39,
E-Mail domaine-courbis@wanadoo.fr
☑ Y n. V.

JOHANN MICHEL 1999*

■ 2,5 ha 7 300 15 à 23 €

François Michel war der Mann, der die Anerkennung der AOC erreichte. Sein Enkel Johann setzt die Familientradition seit 1997 fort und führt gleichzeitig mit einem zwölfmonatigen Ausbau im Barriquefass modernen Fortschritt ein. Diese ergänzende Note verdirbt nicht die Seele der Appellation. Sie begleitet sie und bereichert sie noch: eine schöne Demonstration dafür, dass die AOC weder unbeweglich noch sklerotisch erstarrt ist. Die intensive Purpurfarbe kündigt einen schönen, ausgewogenen, lang anhaltenden Stoff an, der in zwei bis drei Jahren erwachen wird und dann rotes Fleisch oder Wild begleiten kann.

Johann Michel, 52, Grand-Rue,
07130 Cornas, Tel. 04.75.40.43.16,
Fax 04.75.40.43.16 ☑ Y tägl. 8h–12h 14h–18h

DOM. DE ROCHEPERTUIS 1999

■ 9 ha 20 000 11 à 15 €

45 Jahre alte Rebstöcke, ein zwölfmonatiger Ausbau im Barriquefass: Im Augenblick dominiert das Holz, das in Röst- und Mokkanoten zum Ausdruck kommt. Dennoch ist dieser 99er ausgewogen und viel versprechend. Vielleicht ist er nicht sehr Cornas-typisch, aber wenn sich alles gut vereinigt hat, wird er der Neuen Welt gefallen.

Jean Lionnet, 48, rue de Pied-la-Vigne,
07130 Cornas, Tel. 04.75.40.36.01,
Fax 04.75.81.00.62 ☑ Y n. V.

DOM. DU TUNNEL 1999*

■ 1 ha 3 693 11 à 15 €

Durch diesen Tunnel in der Gemeinde Saint-Péray fahren keine Dampfzüge mehr. Er ist von sehr alten Rebstöcken umgeben, die Stéphane Robert 1994 übernommen hat. Die Leser schätzen seine soliden, charaktervollen Cornas-Weine wie diesen hier. Er ist rubinrot mit purpurvioletten Nuancen und lässt einen Duft erkennen, in dem rote Früchte mit sehr kräftigen würzigen Noten (Pfeffer und Süßholz) wechseln. Der Geschmack spielt im gleichen Register mit reichen, edlen Tanninen. Drei Jahre aufheben. Die von fast hundertjährigen Rebstöcken erzeugte **99er Cuvée Prestige** (Preisgruppe: 150 bis 199 F) ist noch sehr verschlossen und zeigt einen schönen Holzton und einige Anklänge an schwarze Johannisbeere. Man sollte sie drei bis vier Jahre lagern.

Stéphane Robert, Dom. du Tunnel,
20, rue de la République, 07130 Saint-Péray,
Tel. 04.75.80.04.66, Fax 04.75.80.06.50
☑ Y tägl. 14h–20h

Saint-Péray

Das gegenüber von Valence gelegene Anbaugebiet von Saint-Péray (62 ha mit 2 600 hl im Jahre 2000) wird von den Ruinen der Burg Crussol überragt. Ein Mikroklima, das kühler als in der Umgebung ist, und Böden, die reicher als in der restlichen Region sind, begünstigen die Erzeugung trockener Weine, die mehr Säure und einen geringeren Alkoholgehalt besitzen und sich bemerkenswert gut für die Herstellung von Blanc-de-Blancs-Schaumweinen nach der traditionellen Methode (Flaschengärung) eignen. Diese Schaumweine machen übrigens den Hauptteil der Produktion der Appellation aus und gehören zu den besten Schaumweinen Frankreichs.

DOM. DARONA 1996*

○ 2,5 ha 15 000 5à8€

Ein von der Marsanne-Traube (93 %) dominierter Schaumwein. Er entwickelt feine Bläschen mit pflanzlichen Tanninen, bei denen Anis mit Lakritze konkurriert. Es gibt ein paar Entwicklungsnoten, die bei einem 96er ganz natürlich sind, aber eine schöne Ausgewogenheit und eine gute Länge nicht verhindern.

Dom. Darona, Les Faures, 07130 Saint-Péray, Tel. 04.75.40.34.11, Fax 04.75.81.05.70
Mo–Sa 8h30–12h30 14h–19h30

DOM. DE FAUTERIE 1999

□ 1 ha 5 000 5à8€

Ein Aperitifwein. Der Geruchseindruck setzt Kamille- und Eisenkrautaromen frei, die von Röstnoten und sehr delikaten Pfirsichnuancen ergänzt werden.

Sylvain Bernard, Dom. de Fauterie, 07130 Saint-Péray, Tel. 04.75.40.46.17, Fax 04.75.81.06.60 n. V.

BERNARD GRIPA 1999**

□ 2 ha 8 000 8à11€

Wenn der Duft ein wenig ausdrucksstärker gewesen wäre, hätte er sicherlich eine Liebeserklärung erhalten; aber er ist ein viel versprechender Wein. Er hält sich noch zurück. Die Ansprache ist leicht, mit blumigen Akazienaromen, die ein Hauch von Zitrusfrüchten (Pampelmuse, danach Zitrone im Schlussgeschmack) ergänzt. Empfohlen wird er zu Meerbarbenfilets.

Bernard Gripa, 5, av. Ozier, 07300 Mauves, Tel. 04.75.08.14.96, Fax 04.75.07.06.81
n. V.

CAVE DE TAIN-L'HERMITAGE
Nobles Rives 1999**

□ 65 ha k. A. 5à8€

Dieser Nobles Rives hat eine schöne, helle, klare Farbe. An solchen vornehmen Ufern würde man gern einen Halt einlegen, um dort seinen Durst zu löschen, und zwar mit dieser Cuvée, die alles von einem echten Saint-Péray hat: Nervigkeit und Frische, aber all das in einer schönen Ausgewogenheit. Die angenehmen Aromen von Akazienblüte und Zitrusfrüchten findet man in der Nase und im Mund. Ein Verkoster empfahl den Wein zu einer Jungkaninchenterrine.

Cave de Tain-l'Hermitage, 22, rte de Larnage, BP 3, 26601 Tain-l'Hermitage Cedex, Tel. 04.75.08.20.87, Fax 04.75.07.15.16, E-Mail commercial.france@cave-tain-hermitage.co
n. V.

JEAN-LOUIS ET FRANÇOISE THIERS Brut*

○ 4 ha 21 000 5à8€

Dieses Gut stellt zwei Cuvées vor, einen Schaumwein und einen Stillwein; beide erhalten einen Stern. Zunächst einmal dieser Brut: ein Wein für festliche Anlässe. Jugendlichkeit, Lebhaftigkeit und Zitronennoten. Weiße Blüten in der Ansprache: Der Geschmack zeigt sich frühlingshaft. Die zweite Cuvée, ein **99er Weißwein,** stammt von fünfzig Jahre alten Rebstöcken und ist ausschließlich aus Marsanne-Trauben hergestellt worden. Im Duft, in dem sich weißer Pfirsich, Gewürze und Zitrusfrüchte vermischen, tritt ein ausgeprägter mineralischer Charakter hervor. Wir neigen dazu, ihn vorzugsweise zu überbackenen lauwarmen Austern mit zarter Buttersauce vorzuschlagen.

Jean-Louis Thiers, EARL du Biguet, 07130 Toulaud, Tel. 04.75.40.49.44, Fax 04.75.40.33.03 n. V.

DOM. DU TUNNEL 2000

□ 0,8 ha 3 962 5à8€

Die Reben sind ganz um einen aus Bruchsteinen errichteten Tunnel herum angepflanzt, von dem das Gut seinen Namen hat. Obwohl die **Cuvée Prestige** (Preisgruppe: 50 bis 69 F), die zu 30 % im neuen Holzfass ausgebaut worden ist, und die traditionelle Cuvée, beide aus dem gleichen Jahrgang, dieselbe Note erhalten haben, scheint letztere für die Appellation repräsentativer zu sein. Sie besitzt eine gute Frische und eine schöne Ausgewogenheit und entfaltet Aromen von weißfleischigen Früchten (Pfirsichen) und Zitrusfrüchten.

Stéphane Robert, Dom. du Tunnel, 20, rue de la République, 07130 Saint-Péray, Tel. 04.75.80.04.66, Fax 04.75.80.06.50
tägl. 14h–20h

Gigondas

Das berühmte Weinbaugebiet von Gigondas, das am Fuße der erstaunlichen Dentelles de Montmirail liegt, umfasst lediglich die Gemeinde Gigondas; es wird von einer Reihe von Hügeln und kleinen Tälern gebildet. Der Weinbau ist hier sehr alt, aber seine eigentliche Entwicklung begann im 19. Jh. (Reblagen le Colombier und les Bosquets) auf Betreiben von Eugène Raspail. Gigondas wurde zunächst als Côtes du Rhône und danach 1966 als Côtes du Rhône-Villages eingestuft, ehe es 1971 eine eigene Appellation erhielt. Die AOC umfasst heute rund 1 250 ha.

Aufgrund der Besonderheiten der Bodenbeschaffenheit und des Klimas sind die Gigondas-Weine (44 316 hl im Jahre 2000) zum größten Teil Rotweine mit sehr hohem Alkoholgehalt, die kräftig, robust gebaut und wohl ausgewogen sind, dabei aber ein feines Aroma besitzen, in dem sich Lakritze, Gewürze und Steinobst vermischen. Die gut zu Wild passenden Weine reifen langsam und können ihre Qualitäten viele Jahre lang bewahren. Es gibt auch einige Roséweine, die stark und alkoholreich sind.

PIERRE AMADIEU
Romane-Machotte 1999

■ 60 ha 100 000 8 à 11 €

Auch wenn die Rebsorten Mourvèdre, Syrah und in geringerem Maße Cinsault erkennbar vertreten sind, ist dieser Wein stark von der Grenache-Traube geprägt. Sein Duft verbindet Frucht und Pflanzliches (Fenchel); danach lässt sein schon in der Ansprache runder Geschmack eine gute Ausgewogenheit erkennen. Trinken kann man ihn zu Niederwild.

Pierre Amadieu, 84190 Gigondas, Tel. 04.90.65.84.08, Fax 04.90.65.82.14, E-Mail pierre.amadieu@pierre-amadieu.com n. V.
Jean-Pierre Amadieu

HENRI BOUACHON
Grande Tradition Gourmet 1998*

■ 45 ha 30 000 8 à 11 €

Die Region hat in diesem dunklen, leicht bräunlichen Wein ihren Stempel hinterlassen. In einem kräftigen und dennoch hochfeinen Geruchseindruck nimmt man Garrigue-Düfte wahr. Die Aromen von reifen und kandierten schwarzen Früchten gehen mit einem runden, ausgewogenen Geschmack einher, der sich in Garrigue-Noten fortsetzt. Die **rote 98er Cuvée Duc de Montfort** (Preisgruppe: 70 bis 99 F) ist ebenfalls sehr gelungen: Ihr Geruchseindruck mit dem diskreten Holzton lässt Anflüge von roten Früchten erkennen. Der Abgang ist erstklassig.

Caves Saint-Pierre, BP 5, 84230 Châteauneuf-du-Pape, Tel. 04.90.83.58.35, Fax 04.90.83.77.23 Mo–Sa 9h–12h 14h–17h

DOM. DE CASSAN 1999

■ 7,5 ha k. A. 8 à 11 €

Dieser Wein zeigt einen originellen Charakter in seinen ein wenig balsamischen Aromen (Menthol), die ihre Fortsetzung in Noten von Rauch und Tabak finden. Der Stoff stützt sich auf dichte Tannine. Die Stärke macht diesen 99er nicht streng, sondern verleiht ihm ein Potenzial und einen Charakter, die sich nur noch mit der Zeit entfalten müssen.

Dom. de Cassan, SCIA Saint-Christophe, Lafare, 84190 Beaumes-de-Venise, Tel. 04.90.62.96.12, Fax 04.90.65.05.47, E-Mail domainedecassan@wanadoo.fr Mo–Sa 10h–12h 14h–18h
Familie Croset

DOM. DU CAYRON 1999*

■ 16 ha 60 000 8 à 11 €

Der mit einer animalischen Note verbundene Kirschduft setzt sich in einem zurückhaltenden Holzton fort. Der schon runde Geschmack macht umso mehr Spaß, als ihn erstklassige Tannine unterstützen, die dicht und seidig sind. Ein eleganter Wein zum Einkellern.

EARL Michel Faraud, Dom. du Cayron, 84190 Gigondas, Tel. 04.90.65.87.46, Fax 04.90.65.88.81 n. V.

CLOS DU JONCUAS 1999*

■ k. A. k. A. 11 à 15 €

Die ganze Fülle, die von alten Rebstöcken herrührt, kommt in diesem feurigen Wein zum Ausdruck. Vollreife Früchte entwickeln sich im Abgang in Richtung Kirschwasseraromen. Dieser stattliche, großzügige Gigondas deckt noch nicht alle seine Trümpfe auf. Man kann ihn ein bis zwei Jahre aufheben, aber nicht länger, sonst könnte man erleben, dass der Alkohol die Oberhand gewinnt.

Fernand Chastan, Clos du Joncuas, 84190 Gigondas, Tel. 04.90.65.86.86, Fax 04.90.65.83.68 Mo–Fr 8h–12h 14h–17h30

DOM. DES ESPIERS
Cuvée Tradition 1999

■ 2,5 ha 11 000 11 à 15 €

Gewürze, Lakritze, Muskatnuss. Trotzdem scheint sich dieser Wein noch zurückzuhalten. Er ist typisch für die Appellation, mit einer soliden Ansprache und schon recht gut verschmolzenen Tanninen. Seine «Beförderung» dürfte er erhalten, wenn er mehr Reife erwirbt.

Philippe Cartoux, rte de Jaison, 84190 Vacqueyras, Tel. 04.90.65.81.16, Fax 04.90.65.81.16 n. V.

DOM. DE FONTAVIN
Cuvée Les Terrasses 1999*

■ 2,5 ha 9 300 8à11€

Ein erster Versuch mit dieser Cuvée, in der sich Grenache und Mourvèdre verbinden. Der Duft bietet Aromen von Steinfrüchten, sehr reifen schwarzen Johannisbeeren und Leder, während der Geschmack einen Eindruck von Stärke und Fülle hinterlässt.

EARL Hélène et Michel Chouvet, Dom. de Fontavin, 1468, rte de la Plaine, 84350 Courthézon, Tel. 04.90.70.72.14, Fax 04.90.70.79.39, E-Mail helene-chouvet@fontavin.com
Mo–Sa 9h–12h30 14h–18h30; im Sommer 9h–19h

DOM. GIROUSSE 1999*

■ 1,36 ha 4 500 8à11€

Dieses ganz kleine Gut, dessen Reben im Tal des Trignon an Hängen angepflanzt sind, demonstriert hier, dass ein geringes Volumen gleichbedeutend mit Qualität ist. Der noch vom Holz dominierte Geruchseindruck bietet auch hübsche Noten von Lakritze und Rauch. Der runde, ausgewogene Geschmack stützt sich auf elegante, verschmolzene Tannine. Innerhalb kurzer Zeit wird dieser Wein ein Leckerbissen sein.

Girousse, Le Cours, 84410 Bédoin, Tel. 04.90.12.81.47, E-Mail benoit.girousse@free.fr n. V.

DOM. DU GRAND BOURJASSOT
Cuvée Cécile 1998*

■ 2 ha 4 000 11à15€

Diese Cuvée hat durch ihren kräftigen Duft von Lakritze und reifen schwarzen Früchten verführt, die eng miteinander verbunden sind. Sie ist ausgewogen und belegt ein gutes Terroir und eine erstklassige traditionelle Vinifizierung. Die **rote 99er Cuvée Goutte noire** (Preisgruppe: 150 bis 199 F) und der **2000er Rosé** (Preisgruppe: 50 bis 69 F) verdienen ebenfalls einen Stern.

Pierre Varenne, quartier Les Parties, 84190 Gigondas, Tel. 04.90.65.88.80, Fax 04.90.65.89.38
Mo–Sa 10h–12h 14h30–18h30

DOM. DU GRAND MONTMIRAIL
Cuvée Vieilles vignes Vieilli en fût de chêne 1999*

■ 5 ha 20 000 8à11€

Diese Cuvée von kräftiger Farbe lässt eine harmonische Vereinigung zwischen kandierten Früchten und Gewürzen erkennen. Sie zeigt eine gute Ausgewogenheit zwischen dem «Fett» und den Tanninen, die auf den Ausbau im Barriquefass zurückgehen. Man kann sie zwei bis drei Jahre aufheben.

Dom. du Grand-Montmirail, ferme du Grand-Montmirail, 84190 Gigondas, Tel. 04.90.65.00.22 n. V.

DOM. DU GRAPILLON D'OR 1999

■ 14 ha 55 000 11à15€

Die fast schwarze Farbe lässt ebenso wie der tiefe Duft von reifen Früchten, Leder und Tabak die Reife der Trauben erkennen. Der Geschmack bietet eine klare Ansprache und entfaltet danach einen warmen, kräftigen Stoff. Ein Wein, der lagern muss.

Bernard Chauvet, Le Péage, 84190 Gigondas, Tel. 04.90.65.86.37, Fax 04.90.65.82.99 tägl. 9h–12h 14h–17h30

LABASTIDE 1999*

■ 0,9 ha 6 000 15à23€

Das Dreigespann schwarze Johannisbeere, Lakritze und Gewürznelke, das man beim Riechen wahrnimmt, wird im Geschmack von einem merkwürdigen Aroma roter Früchte begleitet, die diesem ausgewogenen, gut vinifizierten Wein Frische bringen. Seinen Höhepunkt dürfte er in etwa fünf bis acht Jahren erreichen.

Gabriel Liogier, 21420 Aloxe-Corton, Tel. 03.80.26.44.25, Fax 03.80.26.43.57

LA BASTIDE SAINT VINCENT
Costevieille 1999**

■ 1 ha 4 000 11à15€

Ein Beispiel für einen sorgfältig ausgebauten Wein. Obwohl der Holzton beim ersten Riechen spürbar ist, entfaltet sich eine Palette anhaltender Aromen: Gewürze und vor allem schwarze Früchte (schwarze Johannisbeere, Brombeere, Heidelbeere). Die Verkoster beurteilten diesen Wein als seidig und zart und fanden seine Öligkeit und Harmonie bemerkenswert.

Guy Daniel, La Bastide Saint-Vincent, 84150 Violès, Tel. 04.90.70.94.13, Fax 04.90.70.96.13, E-Mail bastide.vincent@free.fr
tägl. 8h30–12h 14h30–19h; 1–15. Jan. geschlossen

DOM. LA BOUISSIERE 1999**

■ 5,1 ha 20 000 8à11€

Der Tiefe der Farbe kommt nur noch die Konzentration des Traubenguts gleich. Der intensive, komplexe Duft setzt auf ein Dreigespann aus Lakritze, schwarzer Johannisbeere und Vanille. Der Geschmack beeindruckte zum Schluss die Jury durch seine angenehme Dichte. Die Vinifizierung war bestimmt sehr gewissenhaft, um diesen Gigondas zu erreichen, der sich

der großen Cuvées von früher würdig erweist. Die im Holzfass ausgebaute **rote 99er Cuvée La Font de Tonin** (Preisgruppe: 100 bis 149 F) ist sehr gelungen und verdient, dass man sie noch aufhebt. Der **2000er Rosé** wird lobend erwähnt.
EARL Faravel, rue du Portail,
84190 Gigondas, Tel. 04.90.65.87.91,
Fax 04.90.65.82.16 ☑ Y n. V.

DOM. DE LA MAVETTE 1999

■ 6 ha 22 000 8 à 11 €

Die klassischen Aromen roter Früchte werden von Zistrosen-, Thymian- und Lorbeernoten begleitet, bevor zum Schluss ein mehr animalischer Charakter (vor allem Leder) zum Vorschein kommt. Länge kennzeichnet den fülligen, seidigen Geschmack. Dieser schon gefällige Wein verträgt sich mit rotem Fleisch.
EARL Lambert et Fils,
Dom. de La Mavette, 84190 Gigondas,
Tel. 04.90.65.85.29, Fax 04.90.65.87.41,
E-Mail mavette@club-internet.fr ☑ Y n. V.

DOM. DE LA TOURADE
Cuvée Morgan Fût de chêne 1999*

■ 1,45 ha 6 800 15 à 23 €

In der Nase entladen sich Aromen von kandierten Früchten, Lakritzenoten, Gewürzen, Honig, geröstetem Brot und Vanille. Die Tannine sind noch deutlich zu spüren, aber die Rundheit kündigt sich bereits an. Ein wenig Geduld!
EARL André Richard, Dom. de La Tourade, 84190 Gigondas, Tel. 04.90.70.91.09, Fax 04.90.70.96.31 ☑ Y tägl. 9h–19h

LAURUS 1999*

■ 6,5 ha 25 000 11 à 15 €

Die Marke Laurus entspricht den Spitzencuvées von Gabriel Meffre. Dieser Gigondas ist reich und voll und wird durch samtige Tannine strukturiert. Im Nasen-Rachen-Raum nimmt man lang anhaltend Aromen von roten Früchten (Kirsche) wahr, die von Trüffel und Unterholz begleitet werden. Der **rote 99er Domaine de La Daysse** von dem gleichnamigen Gut, das sich im Besitz von Jack Meffre befindet, ist ebenfalls sehr gelungen.
Gabriel Meffre, Le Village, 84190 Gigondas,
Tel. 04.90.12.30.22, Fax 04.90.12.30.29,
E-Mail gabriel-meffre@meffre.com ☑ Y n. V.

LES REINAGES 1999**

■ k. A. 20 000 11 à 15 €

Der Inbegriff der Appellation. Aromen von Weichsel, schwarzer Johannisbeere, vollreifer Schwarzkirsche, Holz und Gewürzen bilden die Duftpalette. Im Geschmack kommt dank sehr feiner Tannine die Ausgewogenheit zwischen Struktur und Rundheit zustande.
Delas Frères, ZA de l'Olivet,
07302 Tournon-sur-Rhône, Tel. 04.75.08.60.30,
Fax 04.75.08.53.67,
E-Mail jacques-grange@delas.com ☑ Y n. V.

L'OUSTAU FAUQUET
Cuvée Cigaloun 1999**

■ 4 ha 15 000 11 à 15 €

Blüten bilden den Auftakt zu einem hochfeinen, eleganten Bouquet, das aber auch kräftig und komplex ist (schwarze Früchte, Weißdorn, Gewürze, Wacholder). Da sich der Wert nicht nach der Zahl der Jahre bemisst, besitzt dieser Wein schon verschmolzene Tannine in einem fülligen, runden Geschmack. Doch wer die Geduld aufbringt, ihn ein paar Jahre aufzuheben, wird mit Sicherheit belohnt werden. Während dieser Zeit kann man die **99er Cuvée traditionnelle du Petit Montmirail** servieren; sie wird lobend erwähnt.
Roger Combe et Filles, Dom. La Fourmone, rte de Bollène, 84190 Vacqueyras,
Tel. 04.90.65.86.05, Fax 04.90.65.87.84
☑ Y tägl. 9h30–12h 14h–18h; Febr. geschlossen

MONTIRIUS 1999

■ 16 ha 30 000 11 à 15 €

Nach einem klaren, hochfeinen Duft verbindet der Geschmack rote Früchte mit Röst- und Gewürznoten, die auch im Abgang auftauchen. Dieser reife, körperreiche Wein besitzt das «Fett» und die Textur, die für einen trinkreifen Gigondas charakteristisch sind.
Christine et Eric Saurel, SARL Montirius, Le Deves, 84260 Sarrians, Tel. 04.90.65.38.28, Fax 04.90.65.38.28,
E-Mail montirius@wanadoo.fr ☑ Y n. V.

CH. DE MONTMIRAIL
Cuvée de Beauchamp 1999

■ 24 ha 100 000 8 à 11 €

Nehmen Sie sich die Zeit, seinen Duft zweioder dreimal einzuatmen, damit Sie die Entwicklung der Aromen genießen können: Früchte, Kirschwasser, danach Röstung. Die Tannine fügen sich in einen runden Geschmack, der mit drei Punkten endet ...
Archimbaud-Bouteiller, Ch. de Montmirail, cours Stassart, BP 12, 84190 Vacqueyras,
Tel. 04.90.65.86.72, Fax 04.90.65.81.31,
E-Mail chateau-montmirail@interlog.fr
☑ Y Mo–Sa 9h–12h 14h–18h30

MOULIN DE LA GARDETTE
Cuvée Ventabren 1998*

■ 2 ha 10 000 15 à 23 €

Eine Traubenreifung unter sengender Sonne hat den Charakter dieses Gigondas geprägt: So etwa enthüllt der Duft Aromen von Backpflaume und in Alkohol eingelegten Früchten, danach von Trüffel und Unterholz. Der ansteigende, warme Geschmack erinnert durch hochfeine Vanillenoten daran, dass ein Teil der Cuvée im Holzfass ausgebaut worden ist. Das Ganze ist ausgewogen. Die **rote 99er Cuvée Tradition** (Preisgruppe: 50 bis 69 F) wird lobend erwähnt: Sie ist ein solide gebauter Wein, der der Zeit trotzen kann.

Jean-Baptiste Meunier, moulin de la Gardette, pl. de la Mairie, 84190 Gigondas, Tel. 04.90.65.81.51, Fax 04.90.65.86.80 n. V.

DOM. NOTRE DAME DES PALLIERES Fût neuf 1999

■ 1 ha 2 700 11 à 15 €

Dieser Wein hat von einem gut gemeisterten einjährigen Ausbau im Holzfass profitiert. Der Einfluss des Fasses zeigt sich noch im Geruch wie auch im Geschmack mit Vanillenoten, aber die Harmonie ist schon beachtlich; man kann diese Flasche ein paar Jahre aufheben. Bereits jetzt trinken kann man den **2000er Rosé** (Preisgruppe: 50 bis 69 F), der säuerlich und zugleich subtil ist. Diese Feinheit stammt von der Cinsault-Traube, die den Verschnitt dominiert.

Jean-Pierre et Claude Roux, Dom. Notre-Dame des Pallières, chem. Tuileries, 84190 Gigondas, Tel. 04.90.65.83.03, Fax 04.90.65.83.03, E-Mail nd_pallieres@hotmail.com n. V.

DOM. DE PIAUGIER 1999*

■ 3,4 ha k. A. 11 à 15 €

Der Geruchseindruck ist zwar zurückhaltend, aber dennoch fein in seinem Ausdruck von Früchten und Gewürzen. Der warme Stoff kommt bereits zum Ausdruck, man muss zwei bis fünf Jahre warten, damit sich der leichte Hauch von Mourvèdre entfaltet und diesen Wein zu einem würdigen Vertreter der Appellation macht.

Jean-Marc Autran, Dom. de Piaugier, 3, rte de Gigondas, 84110 Sablet, Tel. 04.90.46.96.49, Fax 04.90.46.99.48, E-Mail piaugier@wanadoo.fr n. V.

PREFERENCE BOSQUETS 1999**

■ 2 ha 6 800 23 à 30 €

Reife rote Früchte machen rasch Röst-, Unterholz- und Pilzaromen Platz, so dass ein komplexes Bouquet entsteht. Der ausgewogene, voluminöse, gut strukturierte Geschmack, den spürbare, aber feine Tannine gut strukturieren, garantiert diesem Wein eine gute Entwicklung. Der **rote 99er Domaine des Bosquets** (Preisgruppe: 70 bis 99 F) wird aufgrund seines Dufts von roten Früchten, die sich mit Veilchen und Lakritze mischen, und seines runden Stoffs lobend erwähnt.

Dom. des Bosquets, 84190 Gigondas, Tel. 04.90.65.80.45, Fax 04.90.65.80.45 n. V.

CH. RASPAIL 1999**

■ 42 ha 20 000 8 à 11 €

Der komplexe Geruchseindruck bietet auf diskrete Weise empyreumatische, fruchtige und blumige Noten, die sehr viel versprechend sind. Die solide Tanninstruktur verschmilzt bereits und zeichnet eine sehr klare, lang anhaltende, harmonische Linie. Dieser typische Wein ist trotzdem weit davon entfernt, dass er alle seine Trümpfe aufgedeckt hätte; in fünf bis acht Jahren wird er voll zur Entfaltung kommen.

Christian Meffre, Ch. Raspail, 84190 Gigondas, Tel. 04.90.65.88.93, Fax 04.90.65.88.96, E-Mail chateau.raspail@wanadoo.fr Mo–Fr 8h–12h30 13h30–17h30; 15.–31. Aug. geschlossen

DOM. RASPAIL-AY 1998

■ 18 ha 50 000 8 à 11 €

Dieser Wein, das Ergebnis eines klassischen Verschnitts von Grenache (80 %), Syrah und Mourvèdre, zeigt einen eleganten, aromatischen Charakter. Er bietet einen schon runden Geschmack, der dazu einlädt, dass man ihn schon jetzt trinkt.

Dominique Ay, Dom. Raspail-Ay, 84190 Gigondas, Tel. 04.90.65.83.01, Fax 04.90.65.89.55 n. V.

CH. REDORTIER 1999

■ 5 ha 22 000 8 à 11 €

Volumen und Eleganz sind keine Widersprüche in diesem purpurroten Wein mit den violetten Reflexen. Der Duft entfaltet ländliche Aromen: Garrigue, Wacholder und Thymian, während der Geschmack einen Eindruck von Pfifferling- und Blutorangenaromen hinterlässt, verbunden mit kleinen roten Früchten.

EARL Ch. Redortier, 84190 Suzette, Tel. 04.90.62.96.43, Fax 04.90.65.03.38 n. V.

Etienne de Menthon

DOM. DU ROUCAS DE SAINT-PIERRE Le coteau de mon père 1999*

■ 1,3 ha 6 000 8 à 11 €

Dieser intensiv granatrote Wein entfaltet einen Geruch von Kakao, kandierten roten Früchten, Geröstetem, Lakritze und Rauch. Der ebenso aromatische Geschmack intensivierte, ohne etwas von seiner Ausgewogenheit einzubüßen. Der Abgang hält mit einer Schokoladennote an. Eine Flasche, die man im Keller altern lassen muss.

Dom. du Roucas de Saint-Pierre, 84190 Gigondas, Tel. 06.10.44.02.98 n. V.

Yves Chéron

CH. DE SAINT-COSME 1999*

■ 15 ha 60 000 8 à 11 €

Zwei vorgestellte Weine, zwei Erfolge. Dieser Gigondas ist wegen seiner Feinheit und seines dank seidiger Tannine liebenswürdigen Charakters aufgefallen. Die ebenfalls sehr gelungene **98er Cuvée Valbelle** (Preisgruppe: 70 bis 99 F)

muss lagern, damit sie ihr gesamtes Potenzial offenbaren kann.
🔑 EARL Louis Barruol, Ch. de Saint-Cosme, 84190 Gigondas, Tel. 04.90.65.80.80, Fax 04.90.65.81.05 ☑ Ῑ n. V.

DOM. SAINT-DAMIEN 1999

■ 4 ha 4 000 ▮◍ 8 à 11 €

Die Konzentration des Stoffs wirkte sich günstig für diese Cuvée aus Grenache und Mourvèdre aus. Aromen von gekochten Früchten und Leder gehen von ihr aus, während sich im Mund ihre kräftige Struktur mit üppigem «Fett» umhüllt. Die Tannine müssen sich während einer fünfjährigen Lagerung verfeinern.
🔑 SCEA Joël Saurel, Dom. Saint-Damien, 84190 Gigondas, Tel. 04.90.70.96.42, Fax 04.90.70.96.42 ☑ Ῑ n. V.

DOM. SAINT-GAYAN Fontmaria 1999★★

■ 1 ha 2 000 ◍ 15 à 23 €

Diese Cuvée macht sprachlos. Sie entfaltet Aromen von kandierten Früchten (Backpflaume, Feige), die eine seltene Stärke haben und die sie im Geschmack fortsetzt. Auf diese Weise belegt sie einen gut gemeisterten Ausbau. Der **rote 99er Domaine Saint Gayan** (Preisgruppe: 70 bis 99 F) ist bemerkenswert. Er wählt das Register von Lakritze und Zimt und besitzt einen öligen, ausgewogenen Charakter.
🔑 EARL Jean-Pierre et Martine Meffre, Dom. Saint-Gayan, 84190 Gigondas, Tel. 04.90.65.86.33, Fax 04.90.65.85.10 ☑ Ῑ n. V.

ANDEOL SALAVERT
Elevé en fût de chêne 1999

■ k. A. 30 000 ◍ 8 à 11 €

Originelle Noten von gerösteten Mandeln und Vanille verleihen diesem granatroten Wein Feinheit. Der gelungene Ausbau im Holzfass kommt in einem diskreten Holzton zum Ausdruck, der sich in einen verschmolzenen, lang anhaltenden Stoff gut eingefügt hat.
🔑 Caves Salavert, Les Mures, rte de Saint-Montan, 07700 Bourg-Saint-Andéol, Tel. 04.75.54.77.22, Fax 04.75.54.47.91, E-Mail caves.salavert@wanadoo.fr

DOM. DU TERME 2000

◪ 0,5 ha 3 000 ▮🌡 8 à 11 €

Dieser Wein, dessen strahlende Farbe kräftige Reflexe zeigt, besitzt einen zurückhaltenden, aber angenehmen Duft. Im Geschmack hinterlässt er einen warmen, recht nachhaltigen Eindruck. Ein trinkreifer Gigondas.
🔑 Rolland Gaudin, Dom. du Terme, 84190 Gigondas, Tel. 04.90.65.86.75, Fax 04.90.65.80.29 ☑ Ῑ n. V.

DOM. DES TOURELLES 1999★

■ 9 ha 30 800 ▮◍ 8 à 11 €

Der Duft erscheint schon reif und kräftig, aber er dürfte sich mit der Zeit stärker entfalten. Denn diese Cuvée, die von 45 Jahre alten Reben (hauptsächlich Grenache, ein wenig Syrah und ein geringer Anteil Mourvèdre und Cinsault) stammt, ist weit davon entfernt, dass sie ihren Höhepunkt erreicht hätte. Im Augenblick besitzt sie eine imposante Struktur und üppiges Fleisch, das die Tannine umhüllt.
🔑 Roger Cuillerat, SCEA Les Tourelles, le Village, 84190 Gigondas, Tel. 04.90.65.86.98, Fax 04.90.65.89.47, E-Mail domaine-des-tourelles@wanadoo.fr ☑ Ῑ n. V.

DOM. DES TROIS EVEQUES 1999★★

■ 1 ha 3 500 ▮🌡 8 à 11 €

Die von Mandel und Gewürzen beherrschte Aromenpalette dürfte mit der Zeit an Komplexität gewinnen und zu einem prächtigen Bouquet werden. Dieser Wein, der von den Tanninen geprägt wird, besitzt außerdem genug «Fett», um innerhalb von drei bis fünf Jahren eine vollständige Verschmelzung zu erreichen.
🔑 Jérôme Evesque, Quartier Cabassole, 84190 Vacqueyras, Tel. 04.90.65.80.58, Fax 04.90.65.87.10 ☑ Ῑ n. V.

DOM. VARENNE Vieux fût 1999★★

■ k. A. 6 000 ▮◍ 11 à 15 €

Stellt das Gut in den besagten alten Fässern seine besten Cuvées her? Dieser 99er scheint es zu belegen. Er bietet eine ländliche Aromenpalette, die aus Weichsel, Steinpilz, Unterholz und Vanille besteht. Er besitzt Körper und Harmonie bis zu seinem Abgang mit Kirsche, Himbeere und Waldfrüchten. Probieren sollte man auch den bemerkenswerten **2000er Rosé 2000** (Preisgruppe: 50 bis 69 F), dessen Geschmack intensiv und ausgewogen ist. Die **rote 99er Hauptcuvée du Domaine** (Preisgruppe: 50 bis 69 F) wird lobend erwähnt.
🔑 Dom. Varenne, Le village, 84190 Gigondas, Tel. 04.90.65.86.55, Fax 04.90.12.39.28 ☑ Ῑ tägl. 10h–12h 14h–18h; Jan. geschlossen

Vacqueyras

Die Produktionsbedingungen für die AOC Vacqueyras sind durch einen Erlass vom 9. August 1990 festgelegt worden. Sie ist damit die dreizehnte und jüngste der kommunalen Appellationen der Côtes du Rhône.

Sie befindet sich im Departement Vaucluse auf derselben Rangstufe wie Gigondas und Châteauneuf-du-Pape. Ihr Anbaugebiet, das zwischen Gigondas im Norden und Beaumes-de-Venise im Südosten liegt, erstreckt sich auf die beiden Gemeinden Vacqueyras und Sarrians. 1 236 ha Reben erzeugen 48 084 hl (im Jahre 2000), davon 628 hl Weißwein.

Insgesamt 23 Selbstabfüller, eine Genossenschaftskellerei und drei Weinhändler, die gleichzeitig junge Weine ausbauen, verkaufen 1,5 Millionen Flaschen Vacqueyras-Weine.

Die Rotweine (95 %), die von den Rebsorten Grenache, Syrah, Mourvèdre und Cinsault erzeugt werden, sind alterungsfähig (drei bis zehn Jahre). Für die Roséweine (4 %) wird ein ähnlicher Rebsatz verwendet. Weißweine gibt es lediglich in geringer Menge; als Rebsorten werden dafür Clairette, Grenache blanc, Bourboulenc und Roussanne verwendet.

DOM. DES AMELERAIES
Fût de chêne 1999*

■ 5,2 ha 24 000 5 à 8 €

Im Duft erreicht die Komplexität einen Höhepunkt: reife Erdbeeren, Lakritze, Lebkuchen und Röstnoten. Der Ausbau im Holzfass ist darin recht deutlich ausgeprägt. Im Geschmack verlängern hochfeine Karamell- und Lederaromen eine fleischige Ansprache und eine runde, fast sinnliche Entfaltung. Es sind noch ein paar Jahre notwendig, bevor man ganz oben angelangt ist.

La Compagnie rhodanienne, chemin Neuf, 30210 Castillon-du-Gard, Tel. 04.66.37.49.50, Fax 04.66.37.49.51 n. V.

LOUIS BERNARD 1999**

■ k. A. 20 000 5 à 8 €

Ein intensiver Duft von gekochten Früchten, Backpflaume, Weichsel und kandierten Früchten entfaltet sich schon beim ersten Riechen. Der noch spürbare Ausbau im Holzfass hat sich hier optimal ausgewirkt. Das Gerüst, das fast keine Rauheit besitzt, ist dem Volumen gewachsen. Die Tannine sind verschmolzen; der Geschmack ist frisch und füllig. Er vermittelt ein echtes Glücksgefühl, so dass man ihn fast sofort trinken könnte, aber es ist vernünftiger, wenn man ihn zwei bis drei Jahre aufhebt.

Les Domaines Bernard, rte de Sérignan, 84100 Orange, Tel. 04.90.11.86.86, Fax 04.90.34.87.30, E-Mail sagon@domaines-bernard.fr

DOM. CHAMFORT 1999**

■ 10 ha 40 000 5 à 8 €

Geröll auf einem tonigen Kalksteinuntergrund, dreißig Jahre alte Rebstöcke und ein gut durchgeführter Ausbau haben einen Wein geliefert, der gefällt und sich bei Tisch behaupten kann. Der kräftige Duft verbindet Garrigue, rote Früchte und Gewürze. Er ist zur gleichen Zeit verführerisch, einschmeichelnd und typisch. Die samtigen, eleganten Tannine sind vollauf an der ausgezeichneten Harmonie dieses 99ers beteiligt.

Denis Chamfort, La Pause, 84110 Sablet, Tel. 04.90.46.94.75, Fax 04.90.46.99.84, E-Mail denis.chamfort@wanadoo.fr n. V.

LA BASTIDE SAINT-VINCENT 1999*

■ 5 ha 24 000 5 à 8 €

Seit dem 18. Jh. besitzt Guy Daniels Familie dieses Gut, das mit seinen 21 Hektar zu den Weingütern gehört, an denen man nicht vorbeikommt. Sein 99er? Sauerkirsche und Kirschwasser. Rote Früchte, frische oder getrocknete, dominieren bis zu einem warmen Abgang. Dazwischen tragen hübsche Tannine zum typischen Charakter dieses Weins bei, der in einem traditionellen Stil gehalten ist.

Guy Daniel, La Bastide Saint-Vincent, 84150 Violès, Tel. 04.90.70.94.13, Fax 04.90.70.96.13, E-Mail bastide.vincent@free.fr tägl. 8h30–12h 14h30–19h; 1.–15. Jan. geschlossen

DOM. DE LA CHARBONNIERE 1999*

■ 4,33 ha 20 000 11 à 15 €

Eine Verkostung, die sich wie ein langer, ruhiger Fluss abspielt: Stromaufwärts beginnen sich recht intensive Früchte in Alkohol zu entfalten, belebt von ein paar pfeffrigen Noten. Fülle und «Fett» sorgen für Volumen; stromabwärts entdeckt man Wärme. Keine große Kaskade und auch kein Mäander: Alles ist angenehm und harmonisch.

Michel Maret, Dom. de La Charbonnière, 26, rte Courthézon, 84230 Châteauneuf-du-Pape, Tel. 04.90.83.74.59, Fax 04.90.83.53.46 n. V.

LA FONT DE PAPIER 1999*

■ k. A. k. A. 8 à 11 €

Reben aus biologischem Anbau haben diesen hübschen Wein geliefert, der frisch und fruchtig ist, bestimmt zum sofortigen Genuss. Auch wenn er nicht dafür geschaffen ist, Jahrzehnte zu überdauern, bietet er dennoch einen schönen, intensiven Geschmack, der über sehr angenehme, verschmolzene Tannine verfügt. Ein Wein, den man zum Vergnügen trinkt.

Fernand Chastan, Clos du Joncuas, 84190 Gigondas, Tel. 04.90.65.86.86, Fax 04.90.65.83.68 Mo–Fr 8h–12h 14h–17h30

DOM. LA FOURMONE

Trésor du Poète 1999**

■ 11 ha 20 000 8 à 11 €

Ein kompletter, komplexer Wein, wie es die meisten Cuvées dieses Guts sind, das zahlreiche Liebeserklärungen erhalten hat (siehe das Kapitel Gigondas). Die Aromen von getrockneten Früchten, Gewürzen und Garrigue sind fein; eine kleine Mentholnote fügt einen originellen Zug hinzu. Das Volumen und die Stärke sind imposant. Dieser runde, füllige «Schatz des Dichters» ist lyrisch; sein Nachruhm wird lang anhalten. Im Augenblick hinterlässt er einen Eindruck von großer Frische. Unbedingt probieren! Die feine, sehr gelungene **99er Cuvée des Ceps d'Or** (Preisgruppe: 70 bis 99 F) kann die anspruchsvollsten Gaumen verwöhnen.

Roger Combe et Filles, Dom. La Fourmone, rte de Bollène, 84190 Vacqueyras, Tel. 04.90.65.86.05, Fax 04.90.65.87.84 tägl. 9h30–12h 14h–18h; Febr. geschlossen

DOM. LA GARRIGUE

Cuvée de l'Hostellerie 1999**

■ 30,58 ha 12 000 5 à 8 €

Ein typisches provenzalisches Gut mit 65 Hektar, das seit 1850 im Besitz der Familie ist. Die animalischen (Leder) und Unterholznoten sind gut aufeinander abgestimmt, entsprechend der Garrigue, an die der Name des Guts erinnert. Der füllige, körperreiche Geschmack stützt sich auf eine feine Struktur. Die Wärme des Geschmacks, die verschmolzenen Tannine – alles trägt dazu bei, aus diesem Vacqueyras einen sehr schönen Wein zu machen, der unbesorgt lagern kann und seinen Höhepunkt in fünf bis zehn Jahren erreichen wird.

EARL A. Bernard et Fils, Dom. La Garrigue, 84190 Vacqueyras, Tel. 04.90.65.84.60, Fax 04.90.65.80.79 Mo–Sa 8h–12h 14h–19h30; So n. V.

DOM. LA MONARDIERE

Cuvée Vieilles vignes 1999**

■ 2,5 ha 9 500 11 à 15 €

Es sind wirklich alte Rebstöcke (sechzig Jahre), die diese Cuvée hervorgebracht haben, so dass ihr Name nicht angemaßt ist. Der Duft ist noch diskret, aber ausdrucksvoll. Der Ausbau im Holzfass prägt diesen Wein mit der sehr schönen Ausgewogenheit, der in einem eleganten Stil gehalten ist. Er ist für die Lagerung gebaut. Der beachtliche Mourvèdre-Anteil (20 %) hat noch nicht seine ganzen Schätze ausgebreitet. In der Zwischenzeit sollten Sie die **99er Réserve des deux Monardes** (Preisgruppe: 50 bis 69 F) probieren, deren Harzaromen und balsamische Noten die Neugier der Verkoster geweckt haben Die Ausgewogenheit im Geschmack ist in einem recht angenehmen, ja sogar sanften Stil gehalten.

Dom. La Monardière, Les Grès, 84190 Vacqueyras, Tel. 04.90.65.87.20, Fax 04.90.65.82.01, E-Mail monardiere@wanadoo.fr Mo–Sa 10h–12h 14h–19h

Christian Vache

DOM. LE CLOS DE CAVEAU

Cuvée Prestige 1998*

■ 2 ha 5 000 8 à 11 €

Das Gut, das seit 1989 biologische Anbaumethoden anwendet, bietet eine Ferienwohnung an. Sein 98er? Was für ein hübscher, kräftiger Duft, der dennoch mit seinen Noten von schwarzer Johannisbeere und Gewürzen (Süßholz) sehr klassisch ist. Dieser Vacqueyras, den eine dunkle Farbe schmückt, ist sehr harmonisch; sein solides Gerüst und seine dichten Tannine tragen zu seiner Ausgewogenheit und geschmacklichen Länge bei. «Präsenz und Nachhaltigkeit» könnte seine Devise sein.

SCA Dom. Le Clos de Caveau, rte de Montmirail, chem. de Caveau, 84190 Vacqueyras, Tel. 04.90.65.85.33, Fax 04.90.65.83.17 n. V.

H. Bungener

DOM. LE CLOS DES CAZAUX

Cuvée de Saint-Roch 1999**

■ 7 ha 30 000 5 à 8 €

Das Gut, das in der ersten Ausgabe unseres Weinführers 1986 einen Lieblingswein hatte, hat seinen Weinberg geduldig aufgebaut. Oft hat es die oberste Stufe des Siegerpodests erklommen; es fehlte nur wenig daran, dass es hier die gleiche Leistung geschafft hätte. Denn natürlich ist dieser 99er noch ein wenig verschlossen, aber man erahnt schon Unterholz, Pilze und Lakritze. Die Tannine sind dennoch vorhanden, wenn man nach seiner Fülle und der Ausgewogenheit zwischen Tanninen und Alkohol urteilt. Das Traubengut hatte ein hohes Niveau; es ruft ein Terroir von großer Ausdrucksstärke in Erinnerung.

EARL Archimbaud-Vache, Dom. Le Clos des Cazaux, 84190 Vacqueyras, Tel. 04.90.65.85.83, Fax 04.90.65.83.94 Mo–Fr 9h–11h 14h–18h

Maurice Vache

DOM. LE SANG DES CAILLOUX

Cuvée Doucinello 1999**

■ 4 ha 12 000 11 à 15 €

Das Gut, das eine historische Liebeserklärung in der ersten Ausgabe unseres Weinführers von 1986 erhielt, besitzt ein schönes Terroir mit Geröllböden über einem tonigen Kalksteinuntergrund. Dieser 99er befindet sich in der Tradition seiner großen Cuvées: Die Jury erwähnt noch den Duft von schwarzen Früchten, die mit anderen viel versprechenden Aromen verbunden sind. Die Tannine geben dem Schlussgeschmack ein zusätzliches Relief, während sich der Geschmack sehr harmonisch und sanft entfaltet. Dort kommen hübsche Noten von gerösteten Früchten zum Vorschein. Die solide Gesamtharmonie lässt eine schöne Entwicklung vorhersagen.

Dom. Le Sang des Cailloux, rte de Vacqueyras, 84260 Sarrians, Tel. 04.90.65.88.64, Fax 04.90.65.88.75, E-Mail le-sang-des-cailloux@wanadoo.fr n. V.

S. Férigoule

LES GRANDS CYPRES 1998

■ 25 ha 40 000 ▮🌡 5à8€

Die Parzellen, die am Fuße der Dentelles de Montmirail liegen, sind von Zypressen umgeben, die dieser Cuvée ihren Namen gegeben haben. Ihr hochfeiner Duft ist typisch für einen Vacqueyras; er dürfte sich recht bald entfalten. Der Geschmack von mittlerer Intensität ist recht harmonisch. Dieser warme Wein wird bei einer sonntäglichen Mahlzeit im Familienkreis eine gute Figur machen.

🔑Gabriel Meffre, Le Village, 84190 Gigondas, Tel. 04.90.12.32.42, Fax 04.90.12.32.49

DOM. DE L'ESPIGOUETTE 1999*

■ 3,5 ha 7 000 ▮◍🌡 5à8€

Kirschkonfitüre mit Zimt, gekochte Früchte mit Vanillearoma oder Lakritze geben den Ton an. Der füllige, runde Geschmack, den reife Früchte bestimmen, ist überaus angenehm. Dieser gut gebaute Vacqueyras ist kräftig und zugleich fein. Er dürfte perfekt zu einem jungen Rebhuhn oder anderem jungem Geflügel passen.

🔑Bernard Latour, EARL Dom. de L'Espigouette, 84150 Violès, Tel. 04.90.70.95.48, Fax 04.90.70.96.06 ☑ Y n. V.

GABRIEL LIOGIER Montpezat 1999*

■ 0,5 ha 2 000 ▮🌡 15à23€

Obwohl dieser Wein vier Rebsorten kombiniert, dominiert hier unbestreitbar die Grenache-Rebe; sie ergibt einen Stil, der ganz in der Tradition der Vacqueyras-Weine von früher gehalten ist. Er ist recht fruchtig, rund und angenehm und muss sich trotz allem noch ein wenig in der Flasche verfeinern, denn im Augenblick ist er noch zu ernst. Sie sollten bei ihm an Ente mit Oliven denken.

🔑Gabriel Liogier, 21420 Aloxe-Corton, Tel. 03.80.26.44.25, Fax 03.80.26.43.57

DOM. DE L'OISELET 1999*

■ k. A. k. A. ▮ 8à11€

In der Nase entfaltet sich eine große Reife von Aromen, die an Leder, vollreife Früchte, milde Gewürze und Mandel denken lassen. Die klare Ansprache und die allgemeine Harmonie gleichen die leichte aromatische Zurückhaltung im Geschmack aus. Die Verkoster waren überzeugt davon, dass die Zeit in zwei bis vier Jahren aus ihm einen Wein von sehr schöner Qualität machen wird.

🔑Vignobles du Peloux, quartier Barrade, RN 7, 84350 Courthézon, Tel. 04.90.70.42.00, Fax 04.90.70.42.15 ☑ Y n. V.

DOM. L'OUSTAU DES LECQUES Cuvée Bernardin 1999*

■ 2 ha 6 000 ▮◍🌡 5à8€

Bernard Chabran hat die Leitung des Familienguts 1996 in die Hand genommen. Seine gut vinifizierte Cuvée Bernardin zeigt eine klare Ansprache und eine feste Struktur. Einige empfanden ihn als streng; andere beschrieben ihn als «männlich», aber alle waren sich darin einig, dass er gelungen ist. Ein bis zwei Jahre aufheben.

🔑Dom. L'Oustau des Lecques, Les Lecques, 84190 Vacqueyras, Tel. 04.90.65.84.51, Fax 04.90.65.81.19, E-Mail oustau.des.lecques@wanadoo.fr ☑ Y n. V.
🔑Bernard Chabran

CLOS MONTIRIUS 1999

■ 8,5 ha 30 000 ▮◍ 8à11€

54 Hektar bilden das Gut, das seinen Wein nach biologisch-dynamischen Prinzipien anbaut. Dieser Weinberg lag vor elf Jahren brach. Jetzt liefert er diesen Wein mit einem Bouquet von intensiven Aromen, in denen rote Früchte und Gewürze auf Unterholznoten treffen. Der Geschmack hat noch nicht alles preisgegeben: Die Harmonie beginnt sich rhythmisch zu gliedern; die Tanninunterstützung, die Rundheit und die Länge werden bald unisono spielen, um Grillgerichte zu begleiten.

🔑Christine et Eric Saurel, SARL Montirius, Le Deves, 84260 Sarrians, Tel. 04.90.65.38.28, Fax 04.90.65.38.28, E-Mail montirius@wanadoo.fr ☑ Y n. V.

CH. DE MONTMIRAIL Cuvée des deux Frères 1999*

■ 10 ha 40 000 ▮🌡 8à11€

Das Musterbeispiel einer gelungenen Vereinigung zwischen Terroir und Rebsorten. Dieser sehr jugendliche, noch fruchtbetonte Wein lässt Garrigue-Noten erkennen. Er ist frisch, ausgewogen und rund und wurde als für seine Appellation sehr repräsentativ beurteilt. Die **99er Cuvée de l'Ermite** ist bereits trinkreif; sie erhält einen Stern.

🔑Archimbaud-Bouteiller, Ch. de Montmirail, cours Stassart, BP 12, 84190 Vacqueyras, Tel. 04.90.65.86.72, Fax 04.90.65.81.31, E-Mail chateau-montmirail@interlog.fr ☑ Y Mo–Sa 9h–12h 14h–18h30

DOM. DE MONTVAC 1999

■ 10 ha k. A. ▮ 5à8€

Rote Früchte und Unterholz dominieren in der Nase. Die Überraschung kommt im Geschmack, der zur gleichen Zeit frisch und füllig, leicht und lang anhaltend ist. Die Harmonie dürfte sich mit der Zeit einstellen.

🔑Cécile Dusserre, Dom. de Montvac, 84190 Vacqueyras, Tel. 04.90.65.85.51, Fax 04.90.65.82.38 ☑ Y Mo–Fr 9h–12h 14h–18h

OGIER-CAVES DES PAPES Les Truffiers 1999

■ k. A. 60 000 ◍ 5à8€

Dank seiner schönen Ausdrucksstärke kann man ihn schon jetzt genießen: Der komplexe Duft von Früchten, Gewürzen und animalischen Noten kündigt ein sehr kräftiges Bouquet an, das seinen Höhepunkt erreicht hat. Die Fülle und die Länge im Geschmack sind interessant. Vom Rebsatz bis zur Vinifizierung ist hier alles traditionell – und das ist auch gut so!

🔑 Ogier-Caves des Papes, 10, bd Pasteur, 84230 Châteauneuf-du-Pape, Tel. 04.90.39.32.32, Fax 04.90.83.72.51, E-Mail ogier.caves.des.papes@ogier.fr
☑ Y Mo–Fr 8h–17h

DOM. DES TROIS EVEQUES 1999

■ 8 ha 10 000 5 à 8 €

Die von bewaldeten Hügeln umgebene Gemeinde Vacqueyras gehört deutlich zur Provence. Dieses 12 ha große Gut präsentiert einen Wein, der aufgrund seiner Harzaromen im Geruch eigentümlich ist; auf die gleiche Weise zeichnet er sich durch seinen mineralischen Abgang aus. Er besitzt eine mönchische Strenge und sollte ein bis zwei Jahre im Keller ruhen.
🔑 Jérôme Evesque, Quartier Cabassole, 84190 Vacqueyras, Tel. 04.90.65.80.58, Fax 04.90.65.87.10 ☑ Y n. V.

DOM. DE VERQUIERE 2000

■ 2,5 ha 13 000 5 à 8 €

Grenache (75 %), Syrah und Cinsault, auf traditionelle Weise vinifiziert, haben diesen Wein hervorgebracht, der fleischig, elegant und großzügig ist – Qualitäten, die gut zu seiner Jugend passen. Rote Früchte sind ebenfalls vertreten. Die seidigen Tannine lassen eine erfolgreiche Entwicklung voraussagen.
🔑 Bernard Chamfort, 84110 Sablet, Tel. 04.90.46.90.11, Fax 04.90.46.99.69
☑ Y n. V.

Châteauneuf-du-Pape

Das Anbaugebiet der Appellation, die im Jahre 1931 als erste ihre Produktionsbedingungen gesetzlich festlegte, erstreckt sich fast auf die gesamte Gemeinde, von der sie ihren Namen hat, sowie auf einige Lagen mit der gleichen Bodenbeschaffenheit in den Nachbargemeinden Orange, Courthézon, Bédarrides und Sorgues (3 084 ha). Dieses Weinbaugebiet liegt auf dem linken Ufer der Rhône, etwa 15 km nördlich von Avignon. Sein eigenständiger Charakter rührt von seinem Boden her: in erster Linie weite, unterschiedlich hohe Terrassen, bedeckt mit rotem Ton, der mit viel Kiesgeröll vermischt ist. Hier wachsen sehr mannigfaltige Rebsorten, wobei Grenache, Syrah, Mourvèdre und Cinsault dominieren. Der Höchstertrag ist auf 35 hl/ha festgelegt.

Die Châteauneuf-du-Pape-Weine besitzen stets eine sehr intensive Farbe. Man kann sie besser würdigen, wenn sie etwas gereift sind, wobei die Alterungsdauer vom Jahrgang abhängt. Es handelt sich um stattliche, körperreiche und kräftig gebaute Weine, die ein intensives, komplexes Bouquet entfalten und gut zu rotem Fleisch, Wild und Edelpilzkäse passen. Die Weißweine, die nur in kleiner Menge erzeugt werden (7 266 hl im Jahre 2000), können ihre Stärke hinter ihrem angenehmen Geschmack und der Feinheit ihrer Aromen verbergen. 2000 erreichte die Gesamtproduktion 110 380 hl.

ANCIEN DOMAINE DES PONTIFES
Cuvée Elise 1999★

□ k. A. k. A. 11 à 15 €

Dieser Wein ist durch eine große Feinheit gekennzeichnet. Das Aufrühren des Hefesatzes im Fass hat ihn regelmäßig angereichert und ihm einen einschmeichelnden Charakter verliehen. Man kann bei ihm eine an Mandel und Haselnuss erinnernde Seite feststellen. In den nächsten drei Jahren kann man ihn zu Fisch mit Sauce trinken.
🔑 Françoise Granier, 13, rue de l'Escatillon, 30150 Roquemaure, Tel. 04.66.82.56.73, Fax 04.66.90.23.90 ☑ Y n. V.

DOM. PAUL AUTARD
Cuvée La Côte ronde 1999★

■ 12 ha k. A. 30 à 38 €

Grenache und Syrah zu gleichen Teilen haben diesen sehr kräftigen Wein geliefert, der Aromen von roten Früchten und Gewürzen besitzt. Die Länge ist zufrieden stellend, mit einem vanilleartigen Abgang, der auf einen achtzehnmonatigen Ausbau im Holzfass zurückgeht. Wenn Sie das Gut besuchen, sollten Sie nicht versäumen, den in den Hügel gegrabenen Keller zu besichtigen.
🔑 Dom. Paul Autard, rte de Châteauneuf-du-Pape, 84350 Courthézon, Tel. 04.90.70.73.15, Fax 04.90.70.29.59, E-Mail jean-paul.autard@wanadoo.fr
☑ Y Mo–Sa 9h–12h30 15h–18h30

CH. BEAUCHENE
Vignobles de La Serrière 1999★★

■ 4 ha 4 000 11 à 15 €

Dieses Château, das sich seit 1971 im Besitz Michel Bernards befindet, hat zwei bemerkenswerte Cuvées vorgestellt: den **roten 99er Domaine de La Serrière** und diesen Wein hier, dessen Name eine Vorrangstellung andeutet. Die beiden wurden von unseren Jurys gleichermaßen geschätzt: Sie sind gut ausgebaut, mit einem maßvollen Holzton, besitzen eine dunkle Farbe und entfalten sich mit schwarzen Früchten sowie einem Hauch von Vanille. Ausgewogen, mit schönem typischem Charakter. Man kann die beiden Weine fünf bis sechs Jahre aufheben und sollte sie für Hasenpfeffer reservieren.

Michel Bernard, ch. Beauchêne,
rte de Beauchêne, 84420 Piolenc,
Tel. 04.90.51.75.87, Fax 04.90.51.73.36,
E-Mail chateaubeauchene@worldonline.fr
Mo–Fr 8h–12h 13h30–17h30

DOM. DE BEAURENARD 1999***

23,73 ha 80 000 11 à 15 €

Es fehlte nur wenig, und die Oberjury hätte ihm eine Liebeserklärung zuerkannt, aber dennoch ist diese Cuvée außergewöhnlich. Außer ihrem aromatischen Reichtum kann man ihre kräftige, elegante Struktur und eine vollkommene geschmackliche Harmonie genießen. Sie ist ein Wein mit langer Lagerfähigkeit (fünf bis zehn Jahre). Die **99er Cuvée Boisrenard** (Preisgruppe: 150 bis 199 F), die durch einen längeren Ausbau im Holzfass charakterisiert ist, erhält einen Stern. Sie ist tanninreich und kräftig und muss noch verschmelzen.

SCEA Paul Coulon et Fils,
Dom. de Beaurenard,
av. Pierre-de-Luxembourg,
84231 Châteauneuf-du-Pape,
Tel. 04.90.83.71.79, Fax 04.90.83.78.06,
E-Mail paul.coulon@beaurenard.fr
Mo–Sa 9h–12h 13h30–17h30; Gruppen n. V.

DOM. BERTHET-RAYNE 1999**

k. A. 2 600 8 à 11 €

Courthézon bietet eine schöne Stadtmauer aus dem 12. Jh. Nach der Besichtigung des Marktfleckens nehmen Sie die D 72, westlich von der A 7, um zu diesem Gut zu fahren, das einen hübschen, reichen, komplexen Wein präsentiert. Die blumig-mentholartige Aromenpalette ist elegant. Der Geschmack ist wohl ausgewogen und lang anhaltend, mit einem schönen Ausdruck von getrockneten Früchten und Honig. Das ist eine Flasche, die man in seinem Keller haben kann und sich dabei sicher sein darf, dass man sich weder geirrt noch finanziell ruiniert hat. Wählen kann man auch die **im Eichenfass gereifte rote 99er Cuvée** (Preisgruppe: 70 bis 99 F); sie erhält einen Stern für ihren hübschen Duft, in dem sich reife Früchte und Holznoten mischen. Lassen Sie die Flasche drei bis vier Jahre im Keller ruhen.

Christian Berthet-Rayne,
2334, rte de Caderousse, 84350 Courthézon,
Tel. 04.90.70.74.14, Fax 04.90.70.77.85
Mo–Fr 8h–19h; Sa, So n. V.

MAS DE BOISLAUZON 2000*

1 ha 3 000 11 à 15 €

Nur 3 000 Flaschen gibt es von diesem sehr ausdrucksvollen, blumigen Wein. Der Geschmack ist im Auftakt lebhaft und rundet sich danach über reifen Früchten ab. Trinken kann man ihn beispielsweise als Aperitif.

Monique et Daniel Chaussy, quartier Boislauzon, 84100 Orange, Tel. 04.90.34.46.49,
Fax 04.90.34.46.61
Mo–Sa 10h–12h 13h–18h; Gruppen n. V.; 15.–30. Sept. geschlossen

BOSQUET DES PAPES 1999

2 ha 6 000 15 à 23 €

Auf dem Halsetikett muss «Cuvée Grenache» stehen, damit Sie diese Cuvée erkennen, die ein 300 m vom Schloss von Châteauneuf-du-Pape entfernt liegendes Gut erzeugt hat. Dieser Wein hat eine schöne, klare rote Farbe und einen Duft von roten Früchten. Der runde Geschmack mit den vollreifen Tanninen zeigt ein schönes Potenzial, das in drei bis vier Jahren seinen vollen Charakter erreichen dürfte.

Maurice Boiron, Dom. Bosquet des Papes,
18, rte d'Orange, 84230 Châteauneuf-du-Pape,
Tel. 04.90.83.72.33, Fax 04.90.83.50.52
n. V.

LAURENT-CHARLES BROTTE 1998

9 ha 40 000 15 à 23 €

Ein gut gemachter Wein mit einem frischen, fruchtigen Duft. Nach einer guten Ansprache im Mund genießt man die aromatische Kontinuität zwischen der Nase und dem sehr eleganten Geschmack. Man muss ihn fünf Jahre altern lassen, damit sich die Tannine abrunden können. Vom gleichen Händler erhält der **rote 98er Clos Bimard** eine lobende Erwähnung: Man sollte ihn in den kommenden beiden Jahren trinken. Der ebenfalls ausgewählte **rote 98er Gigondas** (Preisgruppe: 70 bis 99 F) bekommt auch eine lobende Erwähnung. Konfitüre von schwarzen Früchten, Pfeffer und Röstaroma vor einem Garrigue-Hintergrund verleihen diesem Wein, der sich fest auf seine Tannine gründet, einen echten Charakter.

Laurent-Charles Brotte, Le Clos,
BP 1, 84231 Châteauneuf-du-Pape,
Tel. 04.90.83.70.07, Fax 04.90.83.74.34,
E-Mail brotte@wanadoo.fr
tägl. 9h30–12h 14h–18h

DOM. DU CAILLOU 1999

6 ha k. A. 11 à 15 €

Ein Burgfried mit Dachreiter aus dem 17. Jh. zählt zu den vielen Sehenswürdigkeiten von Courthézon. Der Wein hier ist gelungen; das gilt für die sechzehn Monate im Holzfass ausgebaute **rote 99er Cuvée Réserve** (Preisgruppe: 150 bis 199 F) ebenso wie für die Hauptcuvée, die nur ein Jahr im Fass gereift ist. Letztere zeigt bereits einen entwickelten Charakter, der vom Ausbau herrührt. Die Farbe besitzt bräunliche Reflexe; das dominierende Aroma sind in Alkohol eingelegte Früchte. Dieser Wein ist charakteristisch für Vinifizierungen im alten Stil. Man kann ihn einige Jahre lang aufheben.

Jean-Denis Vacheron, Clos du Caillou,
84350 Courthézon, Tel. 04.90.70.73.05,
Fax 04.90.70.76.47
Mo–Sa 8h30–12h 13h30–17h30

DOM. CHANTE CIGALE 2000*

4,5 ha 21 000 8 à 11 €

Der Großvater von Monsieur Favier gründete 1930 dieses Gut, dessen hübscher Name an die Provence erinnert. Deren Düfte findet man auch in diesem Wein, der sich gerade entwickelt, aber schon sehr reich ist an Noten von Honig, kandierten Früchten und Weißdorn. Voll und angenehm lang anhaltend. Eine hübsche Flasche, die man fünf Jahre lang trinken kann.

Dom. Chante-Cigale, av. Louis-Pasteur, BP 46, 84230 Châteauneuf-du-Pape, Tel. 04.90.83.70.57, Fax 04.90.83.58.70
Mo–Sa 8h–18h
Favier

DOM. CHANTE PERDRIX 1999*

19 ha 60 000 8 à 11 €

Vater und Sohn führen dieses 1896 entstandene Gut, das westlich von Châteauneuf an der D 17 liegt. Ihr in einer Menge von 6 500 Flaschen produzierter **2000er Weißwein** (Preisgruppe: 70 bis 99 F) erhält einen Stern: Er ist großzügig und noch lebhaft und muss sich zwei bis drei Jahre lang abrunden. Diese rote Cuvée lässt mit ihren frischen Kirsch- und Erdbeernoten an den Frühling denken. Im Geschmack kommt der typische Charakter der Grenache-Rebe in ihren würzigen Noten zum Ausdruck. Der Ausbau im großen Fass wird die Weinliebhaber erfreuen, die gegen Barriquefässer «allergisch» sind. Ein Wein, den man klugerweise zwei Jahre einkellern sollte.

Guy et Frédéric Nicolet, Dom. Chante-Perdrix, BP 6, 84230 Châteauneuf-du-Pape, Tel. 04.90.83.71.86, Fax 04.90.83.53.14, E-Mail chante-perdrix@wanadoo.fr
Mo–Sa 9h–11h30 15h–19h; Sept. geschlossen

CLOS SAINT-MICHEL
Cuvée réservée 1998**

4 ha 15 000 15 à 23 €

Dieses 30 ha große Gut hat drei hübsche Weine vorgestellt. Zunächst einmal diese Cuvée, deren dunkle, fast schwarze Farbe sofort verführt. Der Duft steht dem in nichts nach: Er ist tief und entfaltet reife Früchte, Schokolade und Vanille. Der füllige Geschmack stützt sich auf volle Tannine; der Holzton ist harmonisch. Ein prächtiger, recht typischer Wein, den man fünf Jahre aufheben kann. Die Hauptcuvée, der **rote 99er Clos Saint-Michel** (Preisgruppe: 70 bis 99 F), ist weniger kräftig, aber recht angenehm. Sie erhält einen Stern, ebenso wie der **weiße 99er Clos Saint-Michel** (Preisgruppe: 70 bis 99 F), der äußerst blumig ist und zum Aperitif passt.

EARL Vignobles Guy Mousset et Fils, Le Clos Saint-Michel, rte de Châteauneuf, 84700 Sorgues, Tel. 04.90.83.56.05, Fax 04.90.83.56.06 tägl. 9h–18h

DOM. DE CRISTIA 1999*

10 ha 20 000 8 à 11 €

Ein gut gemachter Wein in voller Reife. Da er jetzt gut schmeckt, warum sollte man ihn dann noch aufheben! Genießen Sie seinen Duft von roten Früchten und die gute Ausgewogenheit seiner Struktur. Er kann Entenmagret (Brustfilet) begleiten, über einem Holzfeuer gegrillt.

Alain Grangeon, 33, fbg Saint-Georges, 84350 Courthézon, Tel. 04.90.70.89.15, Fax 04.90.70.77.43, E-Mail grangeonbaptiste@hotmail.com
n. V.

DIFFONTY Cuvée du Vatican 1999

20 ha 57 000 11 à 15 €

Dieser Wein ist traditionell ausgebaut worden: achtzehn Monate im großen Eichenfass, das für die Noten von Früchten in Alkohol sorgt. Eine Cuvée, die für die Liebhaber von Châteauneuf im alten Stil gemacht ist. Lagern Sie ihn mindestens fünf Jahre im Keller, bevor Sie ihn zu lang mariniertem Wild servieren.

SCEA Félicien Diffonty et Fils, 10, rte de Courthézon, BP 33, 84231 Châteauneuf-du-Pape Cedex, Tel. 04.90.83.70.51, Fax 04.90.83.50.36, E-Mail cuvée-du-vatican@mnet.fr n. V.

DOM. DURIEU 1999

20 ha k. A. 11 à 15 €

Dieser 99er ist den Freunden von sehr holzbetonten Weinen zu empfehlen, die einen guten Keller besitzen. Er braucht nämlich Zeit, um seine Tannine zu besänftigen (drei bis fünf Jahre). Seine animalischen Noten und sein kräftiger Stoff sprechen für eine kulinarische Kombination mit Hasenpfeffer.

Paul Durieu, 10, av. Baron-le-Roy, 84230 Châteauneuf-du-Pape, Tel. 04.90.37.28.14, Fax 04.90.37.76.05
n. V.

CH. DES FINES ROCHES 2000

4,5 ha 21 000 11 à 15 €

Der Großvater des heutigen Besitzers Louis Mousset erwarb dieses erstaunliche Château, das architektonisch vom Mittelalter inspiriert ist und das Etikett schmückt. Hier haben wir einen gelungenen, gefälligen Wein, der ideal als Aperitif oder zu Ziegenkäse passt. Der Duft ist nicht zu aufdringlich blumig; der ausgewogene Geschmack bietet Noten von Kiwi und Zitrusfrüchten. Man kann ihn bei jeder Gelegenheit servieren, ohne sich große Gedanken zu machen.

SCEA des Ch. des Fines Roches et du Bois de La Garde, 1, av. du Baron-Leroy, 84230 Châteauneuf-du-Pape, Tel. 04.90.83.51.73, Fax 04.90.83.52.77, E-Mail scea.chateau.des.fines.roches@libertysur
Mo–Sa 9h–19h; Jan., Febr. geschlossen
Robert Barrot

CH. FORTIA 1998

22 ha 80 000 11 à 15 €

Baron Le Roy war vor dem Zweiten Weltkrieg einer der großen Planer der Appellation d'origine und 1935 der Schöpfer des späteren INAO. Dieses Gut präsentiert heute einen hübschen, fruchtigen, frischen Wein, der eine Aromenpalette von roten Früchten bietet, bei denen Kirsche dominiert. Er ist elegant und kann schon in seiner Jugend getrunken werden, aber in einem guten Keller hält er sich ein paar Jahre. Trinken sollte man ihn zu gegrilltem Fleisch (Rippenstück vom Rind).

Bruno Le Roy, SARL Ch. Fortia, BP 13, 84231 Châteauneuf-du-Pape Cedex, Tel. 04.90.83.72.25, Fax 04.90.83.51.03
n. V.

DOM. DU GALET DES PAPES
Tradition 1999*

■ 9 ha 20 000 11 à 15 €

Dieses unter der Regierung von Napoleon III. entstandene Gut besitzt Parzellen, die auf verschiedene Terroirs verteilt sind. Die Zusammenstellung ergibt eine Cuvée Tradition von hübscher ziegelroter Farbe, mit Backpflaumen- und Gewürzaromen. Im Geschmack kann man seidige Tannine genießen. Ein Wein, den man innerhalb von drei bis fünf Jahren trinken kann.

Jean-Luc Mayard, Dom. Galet des Papes, 15, rte de Bédarrides, 84230 Châteauneuf-du-Pape, Tel. 04.90.83.73.67, Fax 04.90.83.50.22, E-Mail galet.des.papes@terre-net.fr
Mo–Sa 9h–12h 14h30–18h30

DOM. DU GRAND TINEL 1999**

□ 2 ha 9 000 11 à 15 €

Eine sorgfältige Gärung hat diesem Wein eine bemerkenswerte Qualität verliehen. Der Duft ist reich an blumigen Noten und getrockneten Früchten. Der Geschmack besitzt eine außergewöhnliche Länge, worin eine subtile Ausgewogenheit zwischen Säure und Rundheit zum Ausdruck kommt. Diese Flasche kann mühelos vier bis fünf Jahre im Keller reifen.

Les Vignobles Elie Jeune, rte de Bédarrides, 84230 Châteauneuf-du-Pape, Tel. 04.90.83.70.28, Fax 04.90.83.78.07, E-Mail eliejeun@terre-net.fr
Mo–Fr 9h–12h 14h–18h; Sa, So n. V.; Aug. geschlossen

DOM. GRAND VENEUR
La Fontaine 2000*

□ 40 ha k. A. 15 à 23 €

Orange und sein antikes Theater, in dem jedes Jahr die *Chorégies* (Treffen von Chören) stattfinden (in diesem Sommer feierten sie den 100. Todestag Verdis), liegen nur zehn Kilometer von Châteauneuf-du-Pape entfernt. Die Musikliebhaber sind oft auch anspruchsvolle Weinliebhaber; dieser Wein kann sie zufrieden stellen: Er ist stark von der Roussanne-Traube geprägt und verströmt Noten von weißen Blüten und Honig. Im Geschmack ist die Ausgewogenheit zwischen Frucht und vanilleartigem Holzton sehr gelungen. Eine Flasche, die man vier bis fünf Jahre lang servieren kann.

Alain Jaume, Dom. Grand Veneur, rte de Châteauneuf-du-Pape, 84100 Orange, Tel. 04.90.34.68.70, Fax 04.90.34.43.71, E-Mail jaume@domaine-grand-veneur.com
n. V.

LA BASTIDE-SAINT-DOMINIQUE
2000*

□ 1,8 ha 5 000 11 à 15 €

Ein ausgewogenes Dreigespann von Grenache blanc, Clairette und Roussanne hat diesen sanften, angenehmen Wein hervorgebracht. Der Duft ist reich an Zitrusfrüchten und weißen Blüten. Trinken sollte man ihn zu einem Salat mit warmem Ziegenkäse.

Gérard Bonnet, La Bastide-Saint-Dominique, 84350 Courthézon, Tel. 04.90.70.85.32, Fax 04.90.70.76.64, E-Mail contact@bastide-st-dominique.com
Mo–Sa 9h–12h 13h30–18h30; So n. V.

LA BELLE DU ROY 1999*

□ k. A. 15 000 8 à 11 €

Ein hübscher Händlerwein, der wegen seiner Qualität und wegen seines Preises einmütig geschätzt wurde. Sein Duft ist blumig, mit Akazie und Glyzinie, die Honig und Wachs verstärken. Im Geschmack entdeckt man reife Früchte und bekommt Lust, sich ein Glas davon zurückzuhalten. Eine Flasche, die man vier Jahre aufheben kann.

Caves Salavert, Les Mures, rte de Saint-Montan, 07700 Bourg-Saint-Andéol, Tel. 04.75.54.77.22, Fax 04.75.54.47.91, E-Mail caves.salavert@wanadoo.fr

DOM. LA BOUTINIERE 1999*

■ k. A. 10 000 11 à 15 €

Das Gut, das sich seit 1920 im Besitz der Familie befindet, verfügt über 9,5 Hektar. Sein Wein ist durch Eleganz und Leichtigkeit gekennzeichnet. Drängen Sie ihn nicht, seien Sie bedächtig und entdecken Sie seine frische, animalische Seite, die von Gewürzen und Menthol unterstützt wird. Man kann ihn zu einem delikaten Gericht trinken, das er nicht überdecken wird.

Gilbert Boutin, Dom. La Boutinière, 17, rte de Bédarrides, 84230 Châteauneuf-du-Pape, Tel. 04.90.83.75.78, Fax 04.90.83.76.29
n. V.

DOM. DE LA CHARBONNIERE
Cuvée Vieilles vignes 1999**

■ 1,3 ha 6 000 15 à 23 €

Die Parzellen dieses Guts befinden sich in idealer Lage auf der Hochfläche mit großen Geröllsteinen. Es hat einen **2000er Weißwein** (ein Stern) erzeugt, der eine schöne, leuchtende Farbe, einen interessanten Duft von Zitrusfrüchten, Honig und Vanille und einen fülligen, ausgewogenen Geschmack besitzt. Dieser noch besser gelungene Wein von tiefer Farbe, mit einem kräftigen, ganz durch reife Früchte bestimmten Duft und einem fülligen, komplexen Geschmack bietet eine solide, viel versprechende Tanninstruktur. Eine lagerfähige Flasche (fünf bis acht Jahre), die man zu Wild servieren kann.

Michel Maret, Dom. de La Charbonnière, 26, rte Courthézon, 84230 Châteauneuf-du-Pape, Tel. 04.90.83.74.59, Fax 04.90.83.53.46
n. V.

DOM. DE LA COTE DE L'ANGE
Cuvée Vieilles vignes 1999**

■ 0,6 ha 2 000 15 à 23 €

Eine Kapelle inmitten von Reben und ein Engel, der einen Kelch – oder ein Glas? – in der Hand hält, schmücken das Etikett dieser ausgezeichneten Cuvée Vieilles vignes. Man kann auf

einen langen Ausbau (ein Jahr) im Eichenfass hinweisen. Es handelt sich hier um einen animalischen Wein mit noch wilden Tanninen. Man muss es der Zeit überlassen, dass sie ihn ein wenig zähmt (fünf bis acht Jahre). Mit einem schönen Stück Wild dürfte er sich gut verstehen.
Jean-Claude Mestre et Yannick Gasparri, La-Font-du-Pape,
BP 79, 84230 Châteauneuf-du-Pape,
Tel. 04.90.83.72.24, Fax 04.90.83.54.88
tägl. 9h–12h 14h–19h

LA CRAU DE MA MERE 1999

8 ha 35 000 11 à 15 €

Diese Cuvée besitzt ein schönes, fast rustikales Tanningerüst. Die Aromen erinnern an schwarze Johannisbeere und in Alkohol eingelegte Kirschen. Ein Wein, der leicht drei bis vier Jahre lagern kann, was für eine hundert Jahre alte Parzelle nicht lang ist.
Dom. du Père Pape, 24, av. Baron-le-Roy, 84230 Châteauneuf-du-Pape,
Tel. 04.90.83.70.16, Fax 04.90.83.50.47
n. V.
Mayard

DOM. LA DESTINEE 1998

1 ha 3 000 11 à 15 €

Das 1997 erworbene Gut besitzt fünfzig Jahre alte Rebstöcke. Als zweite Vinifizierung hat es einen komplexen, vornehmen Wein hergestellt, der eine gute Lebhaftigkeit zeigt. Seine an Garrigue, rote Früchte und Mentholnoten erinnernden Aromen sind elegant. Dieser schon gefällige 98er kann auch zwei bis drei Jahre lagern.
Pierre Folliet, Ch. de La Gironde,
84100 Orange, Tel. 04.90.11.06.85,
Fax 04.90.11.06.85 n. V.

DOM. DE LA FONT DU ROI 1999*

16 ha 65 000 11 à 15 €

In diesem Wein, der Grenache (60 %), Cinsault und Syrah (jeweils 15 %) kombiniert, gibt es 10 % Muscardin, eine Rebsorte, die man nur in Châteauneuf findet und die Pierre Galet in seinem *Dictionnaire encyclopédique des cépages* beschrieben hat. Dieser Wein von großer Stabilität hat eine lange Lagerfähigkeit. Die Tannine sind spürbar, zeigen aber eine gute Qualität; sie müssen sich vier bis fünf Jahre entwickeln, damit sie verschmelzen. Dann kann man seine Aromen von schwarzen Früchten, Gewürzen und Unterholz genießen.
EARL Cyril et Jacques Mousset,
Ch. des Fines-Roches,
84230 Châteauneuf-du-Pape,
Tel. 04.90.83.73.10, Fax 04.90.83.50.78,
E-Mail domaines-mousset@enprovence.com
tägl. 10h–19h; Jan., Febr. geschlossen

CH. DE LA GARDINE 1999**

48 ha 200 000 15 à 23 €

Auf der steinigen Hochfläche, die charakteristisch ist für den Terroir-Typ der AOC, ist dieser große, reiche, freigebige Lagerwein entstanden. Im Augenblick schweigt er, aber das Tanninpotenzial ist großartig. Man kann diesen 99er in vier Jahren und dann zehn Jahre lang zu Wild empfehlen. Bitten Sie den Besitzer, Ihnen eines seiner Rezepte zu verraten: Sie werden nicht enttäuscht sein, wenn Sie sein Talent haben.
Brunel, Ch. de La Gardine,
rte de Roquemaure,
BP 35, 84230 Châteauneuf-du-Pape,
Tel. 04.90.83.73.20, Fax 04.90.83.77.24,
E-Mail chateau@gardine.com
Mo–Fr 8h30–12h 13h–18h

CH. DE LA GARDINE 2000*

5 ha 17 000 15 à 23 €

Dieser Wein bietet uns einen richtigen Einführungskurs, von den weißen Blüten über süße Geschmacksnoten (öliger Honig) bis zu Wachs. Nein, man hört hier zwar keine Biene summen, aber dennoch entdeckt man den Holzton vom Bienenstock. Spielen Sie die Rolle der Grille und probieren Sie ihn zu Fisch mit Sauce.
Brunel, Ch. de La Gardine,
rte de Roquemaure,
BP 35, 84230 Châteauneuf-du-Pape,
Tel. 04.90.83.73.20, Fax 04.90.83.77.24,
E-Mail chateau@gardine.com
Mo–Fr 8h30–12h 13h–18h

DOM. DE LA JANASSE 1999*

5 ha 12 000 15 à 23 €

Christophe Sabon hat sich seinem Vater 1991 auf diesem schönen Gut angeschlossen, auf dem 45 Jahre alte Rebstöcke auf Geröllböden wachsen. Dieser ein Jahr lang im kleinen (zu 20 %) und großen Holzfass (80 %) ausgebaute Wein wird von hübschen, fleischigen Tanninen gut strukturiert und bietet Noten von kleinen roten Früchten und Gewürzen. Die Länge ist bemerkenswert (sieben Caudalien). Man kann ihn jetzt in seinem fruchtigen Zustand trinken, aber auch fünf Jahre aufheben, damit sich komplexere Noten entfalten. Beachten sollte man bei diesem Gut noch die roten 99er Cuvées **Chaupin** (Preisgruppe: 150 bis 199 F) und **Vieilles vignes** (Preisgruppe: 200 bis 249 F).
EARL Aimé Sabon, 27, chem. du Moulin,
84350 Courthézon, Tel. 04.90.70.86.29,
Fax 04.90.70.75.93
Mo–Fr 8h–12h 14h–19h; Sa, So n. V.

DOM. DE LA JANASSE Prestige 1999**

0,5 ha 1000 30 à 38 €

Ein vierzehnmonatiger Ausbau im Holzfass hat diesen Wein mit viel Feinheit angereichert. Der Duft ist intensiv, zuerst Blüten, dann Röstgeruch. Die Geamtharmonie ist göttlich. Leider wurden von diesem Nektar nur 1000 Flaschen erzeugt. Ein Wein, den man fünf bis sechs Jahre aufheben und zu Bresse-Huhn trinken kann.
EARL Aimé Sabon, 27, chem. du Moulin,
84350 Courthézon, Tel. 04.90.70.86.29,
Fax 04.90.70.75.93
Mo–Fr 8h–12h 14h–19h; Sa, So n. V.

DOM. DE LA MORDOREE
Cuvée de la Reine des Bois 1999***

■ 3,5 ha 14 000 23 à 30 €

Eines der herausragenden Weingüter der AOC, das erneut eine Liebeserklärung erhalten hat! Diesmal ist die «Reine des Bois» gekrönt worden: eine sagenhafte Farbe, Purpurviolett und Purpurrot, ein herrlicher Duft von Sauerkirsche und reifen Früchten. Im Geschmack macht sich die Rundheit nach seiner sehr schönen Ansprache bis hin zu einem sehr kräftigen Abgang bemerkbar. Der Holzton ist unaufdringlich und gut eingefügt. Ein Wein von außergewöhnlicher aromatischer Länge, der noch fünf bis acht Jahre lagern muss, bevor man ihn zu Wild oder zu jedem anderen charaktervollen Fleisch serviert.

Dom. de La Mordorée, chem. des Oliviers, 30126 Tavel, Tel. 04.66.50.00.75, Fax 04.66.50.47.39 ☑ Y tägl. 8h–12h 14h–17h30

Delorme

CH. LA NERTHE 2000**

□ 6 ha 28 000 15 à 23 €

Der reisende Leser kennt dieses elegante Château. Und der önophil veranlagte Reisende wird mit Vergnügen diesen bemerkenswerten Wein entdecken, der mit äußerster Sorgfalt hergestellt worden ist: eine teilweise im Holzfass durchgeführte Gärung, gefolgt von einem Ausbau im Fass bei 30 % der Cuvée. Alain Dugas und Philippe Capelier haben auf diese Weise einen sehr gut eingefügten Holzton erhalten, der den Wein lange Jahre unterstützen kann; die Flaschenabfüllung wird sieben Monate nach der Lese vorgenommen. Eine Spitzencuvée, die man zu den delikatesten Fischgerichten servieren kann.

SCA Ch. La Nerthe, rte de Sorgues, 84230 Châteauneuf-du-Pape, Tel. 04.90.83.70.11, Fax 04.90.83.79.69, E-Mail la.nerthe@wanadoo.fr ☑ Y tägl. 9h–12h 14h–18h

Pierre Richard

CH. LA NERTHE
Cuvée des Cadettes 1998**

■ 3 ha 11 000 30 à 38 €

Diese «Cadettes» bilden die Spitzencuvée von La Nerthe. Ihre Originalität beruht auf dem sehr hohen Mourvèdre-Anteil (37 %), der für eine großartige Struktur sorgt. Klare, milde Ansprache, viel aromatische Feinheit, unvergleichliche Länge. Auch wenn sich das neue Holz gut eingefügt hat, besitzt der Wein dennoch eine große Lagerfähigkeit: mindestens fünf Jahre.

SCA Ch. La Nerthe, rte de Sorgues, 84230 Châteauneuf-du-Pape, Tel. 04.90.83.70.11, Fax 04.90.83.79.69, E-Mail la.nerthe@wanadoo.fr ☑ Y tägl. 9h–12h 14h–18h

DOM. DE LA SOLITUDE 1999*

■ 30 ha 100 000 11 à 15 €

Ein sehr kräftiges Rot umhüllt diesen Wein. Der Duft ist intensiv und enthält Frucht- und Veilchennoten. Der Geschmack mit den spürbaren Tanninen ist fleischig. Der fruchtige Abgang, den ein Hauch von Vanille verstärkt, hat eine gute Länge. Er kann zwei bis drei Jahre lagern. Servieren Sie ihn zu Fleisch mit Sauce.

SCEA Dom. Pierre Lançon, Dom. de La Solitude, BP 21, 84230 Châteauneuf-du-Pape, Tel. 04.90.83.71.45, Fax 04.90.83.51.34 ☑ Y tägl. 8h–18h

LA TIARE DU PAPE 1998*

■ 20 ha 30 000 15 à 23 €

Ein schöner Händlerwein, der sofort unter dem Zeichen der Dauerhaftigkeit steht. Er besitzt nämlich ein hohes Potenzial und wird erst nach einer vier- bis fünfjährigen Alterung in einem guten Keller zur Entfaltung gelangen. Seine tiefe Farbe mit purpurvioletten Reflexen, seine Aromen mit animalischen und würzigen Anklängen und seine solide Struktur sprechen für seine Zukunft. Reservieren sollte man ihn zu einem guten Wild oder zu Fleisch mit Sauce.

Henry Bouachon, BP 5, 84230 Châteauneuf-du-Pape, Tel. 04.90.83.58.35, Fax 04.90.83.77.23 ☑ Y n. V.

DOM. DE LA VIEILLE JULIENNE
Réservé 1999*

■ 2,1 ha 6 600 23 à 30 €

Ein 32 ha großes Gut und eine Cuvée réservée, die über die Mittel verfügt, vier bis fünf Jahre darauf zu warten, dass die Tannine sanfter werden. Dieser 99er zeigt eine gute Ausgewogenheit zwischen Alkohol und Säure; der Holzton ist nicht zu stark ausgeprägt. Der lakritzeartige Abgang ist viel versprechend. Eine Flasche für Waldschnepfe, mit jungem Gemüse als Beilage, in feine Streifen geschnitten.

🔑 EARL Daumen Père et Fils, Dom. de La Vieille Julienne, Le Grès, 84100 Orange, Tel. 04.90.34.20.10, Fax 04.90.34.10.20, E-Mail jpdaumen@club-internet.fr ☑ Y n. V.

DOM. LOU FREJAU 1999*

□ 1 ha 1 600 11 à 15 €

Man erzählte uns, dass «Lou Fréjau» in der Mundart die großen Geröllsteine bezeichnet. Man versteht leicht die Wahl dieses Namens. Hier haben wir einen mehr als nur anständigen Wein. Der Geruchseindruck ist fein, bereichert um Noten von getrockneten Früchten. Der runde Geschmack zeigt eine schöne Ausgewogenheit. Diese Flasche hält sich drei bis fünf Jahre.

🔑 SCEA Dom. Lou Fréjau, chem. de la Gironde, 84100 Orange, Tel. 04.90.34.83.00, Fax 04.90.34.48.78

🔑 Serge Chastan

MARQUIS ANSELME MATHIEU

Vignes centenaires 1998

■ 2,5 ha 11 500 15 à 23 €

Diese Cuvée ist achtzehn Monate im Holzfass ausgebaut worden. Der stark von der Grenache-Rebe geprägte Wein besitzt animalische und würzige Noten, die sich in Richtung Früchte in Alkohol entwickeln. Die Tannine sind verschmolzen, aber spürbar. Man kann ihn zwei bis drei Jahre lang servieren.

🔑 Dom. Mathieu, rte de Courthézon, 84230 Châteauneuf-du-Pape, Tel. 04.90.83.72.09, Fax 04.90.83.50.55, E-Mail dnemathieu@aol.com ☑ Y Mo–Fr 9h–12h 14h–18h; Sa, So n. V.; 1.–10. Dez. geschlossen

GABRIEL MEFFRE

Cuvée du Concordat 1999*

■ 4,5 ha 20 000 11 à 15 €

Die Cuvée du Concordat, ein Händlerwein, besitzt eine klare Ansprache und gut dosierte Tannine. Die Aromen erinnern an Früchte (Backpflaume) und Gewürze (Pfeffer und Koriander). Dieser ausgewogene Wein, der sich mindestens fünf Jahre lagern lässt, kann gebratenes Fleisch begleiten.

🔑 Gabriel Meffre, Le Village, 84190 Gigondas, Tel. 04.90.12.32.42, Fax 04.90.12.32.49

MOILLARD 1999*

■ k. A. 10 000 15 à 23 €

Wenn Sie die Kellerei dieses Händlers besuchen, sind Sie nicht in Châteauneuf, sondern in Nuits-Saint-Georges. Die Firmen in Burgund, die Weine in Flaschen abfüllten, kauften nämlich seit dem 19. Jh. Wein an und verkauften Flaschen mit Châteauneuf. Diese Cuvée ist großzügig, fruchtig, lakritzeartig und würzig und gründet sich auf elegante Tannine, die ein schönes Potenzial haben. Servieren kann man ihn beispielsweise zu Lammsattel.

🔑 Moillard, 2, rue François-Mignotte, 21700 Nuits-Saint-Georges, Tel. 03.80.62.42.22, Fax 03.80.61.28.13, E-Mail nuicave@wanadoo.fr ☑ Y tägl. 10h–18h; Jan. geschlossen

CH. MONGIN 1999

■ 2 ha 9 000 11 à 15 €

Alle Fachoberschulen für Weinbau verfügen über einen schönen Weinberg, wo der theoretische Unterricht der Lehrer in die Praxis umgesetzt wird. Die Fachoberschule von Orange, die die Absolventen dieses Studienzweigs ausbildet, besitzt Rebstöcke von beachtlichem Alter. Eine tiefe Farbe mit purpurviolettem Rand umhüllt diesen Wein mit dem intensiven, animalischen Geruch. Die Ansprache im Geschmack vollzieht sich auf Früchten und bleibt dabei! Es ist somit einfach, diesen Wein beispielsweise mit Fleisch in Sauce zu kombinieren.

🔑 Lycée viticole d'Orange, Ch. Mongin, 2260, rte du Grès, 84100 Orange, Tel. 04.90.51.48.04, Fax 04.90.51.11.92 ☑ Y n. V.

CH. MONT-REDON 1999

■ 84 ha 360 000 15 à 23 €

Anselme Mathieu, ein provenzalischer Dichter, war einer der Besitzer dieses sehr alten Weinguts, das seinen Stammbaum über sechs Jahrhunderte zurückverfolgen kann. Ein gut herausgearbeiteter Holzton unterstützt die hübsche Struktur dieses 99ers. Seine animalische Seite verlangt nach ein wenig Belüftung. Im Geschmack kann man die Aromen von roten Früchten genießen. Ein Wein, den man in den nächsten zwei bis drei Jahren trinken kann, wobei man ihn dekantieren sollte.

🔑 Famille Abeille-Fabre, Ch. Mont-Redon, BP 10, 84230 Châteauneuf-du-Pape, Tel. 04.90.83.72.75, Fax 04.90.83.77.20, E-Mail chateaumontredon@wanadoo.fr ☑ Y n. V.

DOM. MOULIN-TACUSSEL 1999**

■ 8,5 ha 15 000 11 à 15 €

Eine der Enkeltöchter des Gründers baut dieses Gut seit 1976 weiter aus. Sie präsentiert einen gut gebauten Wein, der eine imposante Tanninstruktur besitzt. Der Holzton, der von einem einjährigen Ausbau im Fass herrührt, ist gut eingebunden. Deshalb wird sich diese Cuvée noch entwickeln und ihre würzig-mentholartige Seite entfalten. Sie hat eine gute Lagerfähigkeit, so dass man sie für drei bis vier Jahre hinten im Keller vergessen muss.

🔑 Dom. Moulin-Tacussel, 10, av. des Bosquets, 84230 Châteauneuf-du-Pape, Tel. 04.90.83.70.09, Fax 04.90.83.50.92 ☑ Y n. V.

DOM. DE NALYS 2000**

□ 10 ha 40 000 11 à 15 €

Die im 18. Jh. geschaffene Domaine de Nalys besitzt 51 Hektar und gehört seit 1976 Groupama. Gekennzeichnet ist das Gut durch eine bemerkenswerte Qualität, die im Laufe der Jahre konstant geblieben ist, und durch Preise, die vernünftig bleiben. Entdecken Sie dann seinen Charme, der mit Noten von weißen Blüten die Sinne aufweckt. Der Geschmack wird von der Grenache-Rebe dominiert, die ihn sehr vollständig macht. Ein Wein, den man schon heute zu Krustentieren oder Fisch genießen kann: Pro-

bieren Sie ihn deshalb zu einer gegrillten Goldbrasse. Der **rote 99er Nalys** erhält eine lobende Erwähnung. Er ist ausgewogen und spielte eine Partitur von schwarzen Früchten, Gewürzen und empyreumatischen Noten.
Dom. de Nalys, rte de Courthézon, 84230 Châteauneuf-du-Pape, Tel. 04.90.83.72.52, Fax 04.90.83.51.15
Mo–Fr 8h–12h 13h30–18h; Sa n. V.
Groupama

DOM. DE PANISSE 1999*

■ 6 ha 8 000 11 à 15 €

Dominique de Panisse, 1498 Diener von König Ludwig XII., kam vermutlich selten hierher. Jean-Marie Olivier führt das 18 ha große Gut seit 1992. Und sein Wein? Eine dunkle Farbe mit vielen Tränen am Glas, aber das ist genau das Gegenteil einer Tragödie. Der Duft ist ganz durch schwarze Früchte und Brombeerpüree bestimmt. Dieser harmonische 99er, der eine gute Ausgewogenheit zwischen Alkohol und Tanninen zeigt, besitzt ein Alterungspotenzial von drei bis fünf Jahren.
Jean-Marie Olivier, Dom. de Panisse, 161, chem. de Panisse, 84350 Courthézon, Tel. 04.90.70.78.93, Fax 04.90.70.81.83, E-Mail panisse@viticulture.net
Mo–Sa 9h–12h 13h15–18h

DOM. DES RELAGNES
La Cuvée vigneronne 1999*

■ 2 ha 6 400 15 à 23 €

Eine schöne «Winzercuvée». Das Traubengut ist nicht entrappt worden und hat einen Ausbau auf der Feinhefe im Barriquefass durchlaufen. Die dominierenden Aromen erinnern an rote Früchte und Lakritze. Die Tanninstruktur ist deutlich zu spüren, zeigt aber eine schöne Harmonie. Man kann diesen Wein in den nächsten fünf Jahren trinken.
SCEA Dom. des Relagnes, rte de Bédarrides, 84230 Châteauneuf-du-Pape, Tel. 04.90.83.73.37, Fax 04.90.83.52.16
n. V.
Henri Boiron

DOM. SAINT-BENOIT
Soleil et Festins 1999*

■ 4 ha 19 000 15 à 23 €

Ein Gut, das sich auf seine Verkäufe im Export stützt und 1999 einen Weinhandel eröffnet hat. Die beiden Châteauneuf-Cuvées, diese hier und der **98er Truffière** (Preisgruppe: 150 bis 199 F), haben die gleiche Bewertung erhalten. Beide sind lagerfähig (mindestens fünf Jahre). Kaufen Sie beide Jahrgänge und versuchen Sie zwischen ihnen eine Entscheidung herbeizuführen.
Marc Cellier, EARL Saint-Benoît, rte de Sorgues, BP 72, 84232 Châteauneuf-du-Pape Cedex, Tel. 04.90.83.51.36, Fax 04.90.83.51.37
n. V.

DOM. SAINT-LAURENT 1999*

■ 3 ha k. A. 11 à 15 €

François Sinard gründete dieses Gut Ende des 19. Jh.; er belieferte den Erzbischof mit Messwein. Der Rotwein wurde der Jury vorgestellt. Seine Farbe geht in Richtung Blassrot. Sein Duft von schwarzen Früchten harmoniert mit einem ätherisch leichten Geschmack. Die aromatische Nachhaltigkeit ist einschmeichelnd. Man kann diesen Wein schon jetzt zu einem kleinen Drosselspieß trinken.
Robert-Henri Sinard, 1375, chem. Saint-Laurent, 84350 Courthézon, Tel. 04.90.70.87.92, Fax 04.90.70.78.49, E-Mail sinard@domaine.saint-laurent.com
n. V.

DOM. DES SENECHAUX 2000**

□ 3 ha 14 000 11 à 15 €

Ein eleganter Wein mit einem diskreten, feinen Duft, der an weiße Blüten erinnert. Der füllige, harmonische Geschmack hebt Trauben von großer Reife hervor. Hübsches Etikett. Ideal, um damit ein großes festliches Essen zu beginnen, beispielsweise als Begleitung zu Jakobsmuscheln. Man kann diesen Châteauneuf jetzt oder in vier Jahren trinken.
Pascal Roux, Dom. des Sénéchaux, 3, rue la Nouvelle-Poste, 84231 Châteauneuf-du-Pape, Tel. 04.90.83.73.52, Fax 04.90.83.52.88
Mo–Sa 8h30–12h30 13h30–19h; Gruppen n. V.

CH. SIMIAN 1999**

■ 3,35 ha 15 000 11 à 15 €

Château Simian baut seine Weine noch acht Monate im großen Eichenfass aus. Das Ergebnis ist ein Wein mit intensiven Aromen von Früchten in Alkohol, die man im Geschmack wiederfindet. Man kann ihn zu einem guten Wildpfeffer servieren, vom Hasen oder vom Wildschwein, denn er ist strukturiert und großzügig und besitzt ein schönes Volumen. Man kann ihn aber auch vier bis fünf Jahre aufheben.
Jean-Pierre Serguier, Ch. Simian, 84420 Piolenc, Tel. 04.90.29.50.67, Fax 04.90.29.62.33, E-Mail chateau-simian@wanadoo.fr
tägl. 9h–19h30

DOM. PIERRE USSEGLIO ET FILS 1999**

■ 15 ha 50 000 11 à 15 €

Ein für seine Gewissenhaftigkeit berühmtes Gut, das einen bemerkenswerten, lagerfähigen Wein erzeugt hat. Der erste Geruchseindruck ist durch Früchte bestimmt; der zweite entwickelt sich in Richtung Konfitüre. Der Geschmack ist reich und fett, der Abgang tanninreich; aber die reifen Tannine werden mit der Zeit verschmelzen. Ein solider Wein von großer geschmacklicher Ausgewogenheit, den man mindestens vier bis fünf Jahre aufheben kann. Eine hübsche Liebeserklärung.

Dom. Pierre Usseglio et Fils, rte d'Orange, 84230 Châteauneuf-du-Pape, Tel. 04.90.83.72.98, Fax 04.90.83.72.98
n. V.

DOM. RAYMOND USSEGLIO ET FILS 1999**

■ 10 ha 10 000 11 à 15 €

Die Nachfolge durch den einzigen Sohn, Stéphane Usseglio, ist seit 1998 gesichert. Seine prächtige 99er Cuvée entspricht genau dem, was sein Vater machte. Ein Wein von langer Lagerfähigkeit, der sehr ausgewogen ist und einen großen Charakter und seidige Tannine besitzt. Die Jury liebte seine Aromen von roten Früchten und Gewürzen.

Raymond Usseglio et Fils, 16, rte de Courthézon, BP 29, 84230 Châteauneuf-du-Pape, Tel. 04.90.83.71.85, Fax 04.90.83.50.42
Mo–Sa 9h–12h 13h30–19h

DOM. DE VAL FRAIS Cuvée Prestige 1998

■ 3 ha 3 600 15 à 23 €

In dieser Cuvée Prestige gibt es Gegensätze, denn sie ist ein großzügiger, warmer, aber auch zarter Wein. Achtzehn Monate im Holzfass haben für einen deutlich spürbaren Holzton gesorgt. Sie muss sich noch vier bis fünf Jahre entwickeln.

SCEA André Vaque, Dom. de Val-Frais, 84350 Courthézon, Tel. 04.90.70.84.33, Fax 04.90.70.73.61
Mo–Sa 9h–12h 14h–18h

CH. DE VAUDIEU 2000*

□ 10 ha 10 500 15 à 23 €

Da dieses Château aus dem 18. Jh. der Sitz des «Club des Belles Italiennes» (gemeint sind damit italienische Sportwagen) ist, war es unmöglich, in diesem Weißwein nicht eine luxuriöse Karosserie zu erkennen, die ein unvergleichlicher Konstrukteur geschaffen hat. Der Duft bietet eine reiche, komplexe Aromenpalette für einen Genuss, der sich dank einer subtilen Harmonie im Geschmack fortsetzt. Man kann ihn schon jetzt trinken, aber er wird sich in zwei bis drei Jahren entfalten.

Ch. de Vaudieu, 84230 Châteauneuf-du-Pape, Tel. 04.90.83.70.31, Fax 04.90.83.51.97
n. V.
Brechet

DOM. VERDA 1999*

■ 2 ha 3 000 11 à 15 €

Es gibt viel Fülle in diesem Wein mit den Aromen von Früchten und Gewürzen. Die Tannine sind dank einer langen Gärdauer deutlich zu spüren und mit wärmendem Alkohol verbunden. Man kann ihn ohne weitere Wartezeit zu einem Rippenstück vom Rind trinken.

Dom. André Verda, 2749, chem. de la Barotte, 30150 Roquemaure, Tel. 04.66.82.87.28, Fax 04.66.82.87.28
Mo–Sa 8h–12h 14h–18h

Lirac

Schon im 16. Jh. erzeugte Lirac hochwertige Weine, deren Unverfälschtheit die Magistratsbeamten von Roquemaure beglaubigten, indem sie die Buchstaben «C d R» mit einem glühenden Eisen auf die Fässer aufbrannten. Man findet hier nahezu dasselbe Klima und den gleichen Boden wie in Tavel, das weiter nördlich liegt. Das Anbaugebiet verteilt sich auf Lirac, Saint-Laurent-des-Arbres, Saint-Geniès-de-Comolas und Roquemaure. Seit der Erhebung von Vacqueyras zur AOC ist Lirac nicht mehr der einzige südliche Cru, der alle drei Weinfarben produziert. Auf einer Rebfläche von fast 700 ha erzeugt es 29 750 hl (im Jahre 2000). Die Appellation bietet drei Weintypen: Rosé- und Weißweine, die voller Anmut und sehr duftig sind, sich gut mit den Meeresfrüchten aus dem nahen Mittelmeer vertragen und jung und gekühlt getrunken werden, und Rotweine, die kräftig und großzügig sind, einen ausgeprägten Bodengeschmack haben und hervorragend zu rotem Fleisch passen.

DOM. AMIDO 1999**

■ 6 ha 30 000 5 à 8 €

Grenache, Syrah, Mourvèdre: Ein Dreigespann von Rebsorten setzt hier ein Höchstmaß an Aromen frei. Trüffel, Pfeffer, Aprikose, Backpflaume und Karamell – das ist bestimmt ein schöner, ausgewogener Wein mit verschmolzenen Tanninen, eingehüllt in ein intensives Rot mit braunen Reflexen. Und er ist lagerfähig.

Christian Amido, rue des Carrières, 30126 Tavel, Tel. 04.66.50.04.41, Fax 04.66.50.04.41 n. V.

CH. D'AQUERIA 1999

■ k. A. 66 000 🍷 8à11€

Dieser von Château d'Aquéria präsentierte 99er zeigt eine schöne Entwicklung. Er hat eine kräftige rote Farbe mit leicht ziegelroten Reflexen und entfaltet einen Leder- und Gewürzgeruch. Das Lederaroma findet man auch in einem großzügigen Geschmack wieder, den eine Tabaknote würzt. Trinkreif.

SCA Jean Olivier, Ch. d'Aquéria, 30126 Tavel, Tel. 04.66.50.04.56, Fax 04.66.50.18.46, E-Mail contact@aqueria.com

☑ Y Mo–Fr 8h–12h 14h–18h; Sa n. V.

V. de Bez

DOM. DE CASTEL OUALOU 2000

◪ 10 ha 60 000 8à11€

Seine Note von kandierten Früchten springt Ihnen förmlich in die Nase. Mit einer Mischung von Trester und Feigenkonfitüre kleidet dieser 2000er den Gaumen gut aus. Ein Rosé, der besser zum Essen als zum Aperitif passt: Trinken kann man ihn zu fernöstlichen Gerichten.

Assémat, 30150 Roquemaure, Tel. 04.66.82.65.65, Fax 04.66.82.86.76

☑ Y n. V.

DOM. DUSEIGNEUR 1999

■ 12,5 ha 70 000 8à11€

Der Gärkeller und der Probierkeller befinden sich mitten zwischen den Reben, die auf einem ehemaligen Garrigue-Boden angepflanzt worden sind. Sie werden dort herzlich empfangen werden, um diesen Wein von dunkler, bläulich schimmernder Farbe zu probieren. Ein Geruch, der ganz durch kandierte Früchte und aromatische Kräuter bestimmt ist, geht darin einem sehr angenehmen Geschmack voraus, der an Erdbeerkonfitüre und Räuchernoten erinnert, bevor er mit Gewürzen ausklingt.

Frédéric Duseigneur, rte de Saint-Victor, 30126 Saint-Laurent-des-Arbres, Tel. 04.66.50.02.57, Fax 04.66.50.02.57, E-Mail freduseigneur@infonie.fr ☑ Y n. V.

DOM. DU JONCIER 1999

■ 13 ha 55 000 5à8€

«Joncier» bedeutet im Provenzalischen Ginster. Dieser wuchs mitten zwischen den Erdbeerbäumen, bevor das Terroir 1970 für den Weinbau genutzt wurde. Hier ist ein lagerfähiger Wein mit animalischen Noten im Geruch. Er gefällt durch die Eleganz seiner deutlich spürbaren Tannine sowie durch eine Note von kandierter Orangenschale. Man muss ihn dennoch fünf Jahre aufheben, damit er sein Ungestüm dämpft.

Marine Roussel, rue de la Combe, 30126 Tavel, Tel. 04.66.50.27.70, Fax 04.66.50.34.07

☑ Y Mo–Fr 8h–12h 14h–18h; Sa n. V.

DOM. LAFOND ROC-EPINE 1999

■ 12 ha 50 000 8à11€

Eine zwanzigtägige Gärung und ein viermonatiger Ausbau im Holzfass haben dazu beigetragen, ein Höchstmaß an Aromen zu extrahieren, wie etwa von Aprikose, Kokosnuss und kandierten Früchten. Im Geschmack beobachtet man über Röst- und Kakaoaromen den gleichen Reichtum.

Dom. Lafond Roc-Epine, rte des Vignobles, 30126 Tavel, Tel. 04.66.50.24.59, Fax 04.66.50.12.42, E-Mail lafond.roc-epine@wanadoo.fr

☑ Y n. V.

DOM. LA GENESTIERE

Cuvée Raphaël 1999

■ 20 ha 40 000 5à8€

Die Verkoster schätzten, er würde Ende 2001 trinkreif sein: Dann werden die roten Früchte und die Steinfrüchte in der Nase noch intensiver sein. Der fette, runde, aber ausgewogene Geschmack ist bereits harmonisch.

Jean-Claude Garcin, Dom. La Genestière, 30126 Tavel, Tel. 04.66.50.07.03, Fax 04.66.50.27.03, E-Mail genestiere@paewan.fr

☑ Y Mo–Fr 8h–18h; Sa, So n. V.

DOM. DE LA MORDOREE

Cuvée de la Reine des Bois 2000*

□ k. A. k. A. 8à11€

Seine Farbe ist strahlend und klar, leicht golden, sein Duft intensiv und komplex, wobei Ananas dominiert. Diese Fruchtigkeit prägt auch den Geschmack, der eine schöne Ausgewogenheit, «Fett» und eine beachtliche Länge besitzt. Die ebenfalls mit einem Stern ausgezeichnete **rote 99er Cuvée de la Reine des Bois** (Preisgruppe: 70 bis 99 F) zeigt eine echte Jugendlichkeit; sie entfaltet im Geruch die ganze Frische von roten Früchten. Im Geschmack sind die Aromen von sehr feinen Tanninen umhüllt. Die Verkostung klingt mit delikaten Früchten in Alkohol aus.

Dom. de La Mordorée, chem. des Oliviers, 30126 Tavel, Tel. 04.66.50.00.75, Fax 04.66.50.47.39 ☑ Y tägl. 8h–12h 14h–17h30

Delorme

DOM. LA ROCALIERE 1999**

■ 3,7 ha 18 600 5à8€

Grenache, Mourvèdre und Syrah, auf einem sonnenreichen Kiesgeröllboden angebaut, liefern uns diesen großartigen Rotwein, dessen dunkle Farbe blaue Töne zeigt. Der Geruchseindruck mit den Aromen von Lakritze, Unterholz und reifen Früchten ist intensiv, der Geschmack dank der von seinen Tanninen gut umhüllten Struktur voller Schönheit. In diesem lagerfähigen Wein spürt man eine gute Reife.

Dom. La Rocalière, Le Palai-Nord, BP 21, 30126 Tavel, Tel. 04.66.50.12.60, Fax 04.66.50.23.45, E-Mail rocaliere@wanadoo.fr

☑ Y Mo–Fr 8h–12h 14h–18h; Sa, So n.V.

Borrelly-Maby

LAURUS 1999*

■ 3 ha 8 000 8à11€

Die Handelsfirma traf eine gute Wahl beim Ausbau dieses Lirac. Seine dunkle, leicht orangerote Farbe kündigt einen animalischen Geruch (Leder) an, den Röstnuancen und getrock-

nete Früchte begleiten. Im Geschmack entdeckt man Fülle, «Fett» und verschmolzene Tannine und danach einen Abgang mit kandierten Kirschen und Gewürzen.
Gabriel Meffre, Le Village, 84190 Gigondas, Tel. 04.90.12.30.22, Fax 04.90.12.30.29, E-Mail gabriel-meffre@meffre.com n. V.

CH. LE DEVOY MARTINE 2000

■ 30 ha 100 000 5à8€

Dieser im Augenblick sehr jugendliche Wein muss lagern, um all seine Aromen zu entfalten, die noch konzentriert oder – anders ausgedrückt – verschlossen bleiben. Die roten Früchte scheinen jedoch in einem Veilchenduft durch. Die Tannine sind deutlich vorhanden und sorgen für die Ausgewogenheit. Man sollte eine Alterung von zwei Jahren einplanen.
SCEA Lombardo, Ch. Le Devoy Martine, 30126 Saint-Laurent-des-Arbres, Tel. 04.66.50.01.23, Fax 04.66.50.43.58
tägl. 9h–12h 14h–17h

LES LAUZERAIES
Elevé en fût de chêne 1999

■ 10 ha 30 000 5à8€

Dieser Lauzeraies, eine im Eichenfass ausgebaute Cuvée, deren Rubinrot orangerote Reflexe besitzt, ist ein Erfolg. Der Duft von gekochten Früchten wird von einem leichten Holzton begleitet, den man auch im Geschmack findet. Stark verschmolzene Tannine und ein Vanille- und Zimtabgang – ein gut gemachter Wein.
Les Vignerons de Tavel, 30126 Tavel, Tel. 04.66.50.03.57, Fax 04.66.50.46.57, E-Mail tavel.cave@wanadoo.fr
tägl. 9h–12h 14h–18h

DOM. MABY La Fermade 1999

■ 20 ha 60 000 5à8€

Das 1995 umstrukturierte Gut hat hier einen Wein erzeugt, der mit seiner intensiven Farbe sehr hübsch ist. Der Duft von gekochten Früchten und Gewürzen ist erstklassig. Dank der Unterholznoten, die auf die Mourvèdre-Rebe zurückgehen, ist der kräftige Geschmack elegant. Ein lagerfähiger Wein, der viele glücklich machen wird.
Dom. Roger Maby, rue Saint-Vincent, 30126 Tavel, Tel. 04.66.50.03.40, Fax 04.66.50.43.12
Mo–Fr 8h–12h 13h30–17h30

CH. MONT-REDON 2000*

◪ k. A. 5 300 8à11€

Dieser Erzeuger muss nur die Rhône überqueren, um seinen Weinberg in der AOC Lirac zu bestellen; die Flaschenabfüllung geschieht im Château. Sein Rosé mit der klaren, strahlenden Farbe präsentiert sich im Geruch mit einer intensiven Aromenpalette von roten Früchten (Johannisbeere, Erdbeere). Seine Frische, sein «Fett» und seine Ausgewogenheit machen ihn zu einem schönen Wein, den man gut gekühlt trinken sollte. Im letzten Jahr erhielt der 99er eine Liebeserklärung.
Famille Abeille-Fabre, Ch. Mont-Redon, BP 10, 84230 Châteauneuf-du-Pape, Tel. 04.90.83.72.75, Fax 04.90.83.77.20, E-Mail chateaumontredon@wanadoo.fr
n. V.

DOM. DES MURETINS 1999

■ k. A. 8 000 8à11€

Trotz seiner acht Monate im Holzfass hat dieser 99er unter einem bläulich schimmernden Purpurrot seine ganze Frische bewahrt. Der Geruchseindruck ist kräftig, geprägt von Garrigue-, Buchsbaum- und Zistrosendüften. Der ausgewogene, nachhaltige Geschmack besitzt Charakter und Rundheit.
Les Domaines Bernard, rte de Sérignan, 84100 Orange, Tel. 04.90.11.86.86, Fax 04.90.34.87.30, E-Mail sagon@domaines-bernard.fr
J.-L. Roudil

DOM. PELAQUIE
Vitis Flora Le Prestige 1999*

■ 4 ha 6 000 8à11€

Ein Eindruck von großer Feinheit geht von diesem 99er aus, der mild nach einem gewürzten Kompott aus reifen Früchten duftet. Der Ausbau im Holzfass war wohl dosiert. Der Geschmack erweist sich als harmonisch, mit seidigen Tanninen. Eine Ausgewogenheit und eine Eleganz, die dazu reizen, dass man ihn schon jetzt trinkt.
Dom. Pélaquié, 7, rue du Vernet, 30290 Saint-Victor-la-Coste, Tel. 04.66.50.06.04, Fax 04.66.50.33.32, E-Mail domaine@pelaquie.com
Mo–Sa 9h–12h 14h–18h

CH. SAINT-ROCH
Cuvée confidentielle 2000**

□ 0,5 ha 2 500 11à15€

Diese großartige Cuvée aus Grenache- und Clairette-Trauben mit dem intensiven Duft von Früchten, weißen Blüten und Vanille bezeugt ein langjähriges Können. Die Vergärung im Barriquefass hat ihrer Ausgewogenheit nicht geschadet; ihr unaufdringlicher Holzton begleitet elegant ihre blumigen Aromen. Ein sehr schöner Wein. Die **rote 99er Cuvée confidentielle** erhält eine lobende Erwähnung; sie wird zu den Festen am Jahresende trinkreif sein. Ihre lakritzeartigen Düfte, ihr runder, strukturierter Geschmack und ihre aromatische Nachhaltigkeit mit Noten von eingemachten Früchten sprechen für eine gute Kombination mit langsam geschmortem Fleisch.
Maxime et Patrick Brunel, Ch. Saint-Roch, chem. de Lirac, 30150 Roquemaure, Tel. 04.66.82.82.59, Fax 04.66.82.83.00, E-Mail brunel@chateau-saint-roch.com
Mo–Fr 8h–12h 14h–17h

CELLIER SAINT-VALENTIN 2000

◪ 7,14 ha 40 000 5à8€

Ein Rosé von zarter Farbe, mit einem angenehmen, fruchtigen Duft. Der Geschmack, der eine schöne Ausgewogenheit besitzt, ist rund

und gleichzeitig lebhaft. Noten von Waldfrüchten begleiten den Abgang.

SCA Cellier Saint-Valentin,
1, rue des Vignerons, 30150 Roquemaure,
Tel. 04.66.82.82.01, Fax 04.66.82.67.28
n. V.

DOM. VERDA Cuvée de la Barotte 1999

3,5 ha 2 000 8à11€

Es handelt sich offensichtlich um sehr reifes Traubengut. Daher auch der kräftige Duft von Früchten in Alkohol, die ein Hauch von Menthol belebt. Im Geschmack kommt die überreife Frucht kraftvoll zurück, unterstützt von seidigen Tanninen.

Dom. André Verda,
2749, chem. de la Barotte, 30150 Roquemaure,
Tel. 04.66.82.87.28, Fax 04.66.82.87.28
Mo–Sa 8h–12h 14h–18h

Tavel

Dieser große Wein der Côtes du Rhône, den viele für den besten Roséwein Frankreichs halten, kommt aus einem Anbaugebiet, das auf dem rechten Flussufer im Departement Gard liegt. Als einzige Appellation des Rhône-Tals erzeugt Tavel auf Böden, die aus Sand, lehmigem Schwemmland oder Geröll bestehen, ausschließlich Roséweine; die 938 ha große Anbaufläche umfasst die Gemeinde Tavel sowie einige Parzellen in der Gemeinde Roquemaure. Die Produktionsmenge liegt bei 42 992 hl (im Jahre 2000). Der Tavel ist ein großzügiger Wein mit einem Bouquet, das zunächst blumig und dann fruchtig erscheint; er passt zu Fischgerichten mit Sauce, Wurstgerichten und weißem Fleisch.

BALAZU DES VAUSSIERES 2000**

3 ha 5 000 5à8€

Dieses kleine Weingut hat Christian Charmasson von seinem Großvater geerbt, der den Spitznamen «Balazu» hatte. Indem er Parzellen kaufte, konnte er drei Hektar Reben in der AOC Tavel aufbauen. Sein 2000er ist ein Rosé zum Essen. Er besitzt eine harmonische Farbe und entfaltet einen feinen, würzigen Duft, der einen Hauch von Pfefferminze enthält. Der warme Geschmack nimmt anhaltende Noten von kandierten Früchten an.

Dom. Christian et Nadia Charmasson,
chem. de la Vaussière, 30126 Tavel,
Tel. 04.66.50.44.22, Fax 04.66.50.44.22
tägl. 8h–21h

LOUIS BERNARD 2000**

k. A. 75 000 5à8€

Dieser Tavel von strahlendem Bonbonrosa bietet einen Erdbeer- und Karamellduft. Vollreife Früchte erfüllen den runden, fetten Geschmack. Die ausgewogene Struktur erlaubt, dass man ihn zu Fisch mit Sauce oder zu weißem Fleisch trinkt.

Les Domaines Bernard, rte de Sérignan,
84100 Orange, Tel. 04.90.11.86.86,
Fax 04.90.34.87.30,
E-Mail sagon@domaines-bernard.fr

DOM. LAFOND ROC-EPINE 2000**

38 ha 200 000 8à11€

Der Inbegriff der Appellation: Dieser elegante Wein, das Ergebnis eines Verschnitts von fünf Rebsorten (Grenache, Clairette, Cinsault, Syrah und Bourboulenc), entfaltet eine große blumige Feinheit, die Nuancen von kleinen roten Früchten enthält. Die angenehm frischen Aromen von Früchten halten im Geschmack an, wo Zimt und Lakritze sie begleiten. Das ausgewogene Gerüst vervollständigt die Gesamtharmonie.

Dom. Lafond Roc-Epine, rte des Vignobles,
30126 Tavel, Tel. 04.66.50.24.59,
Fax 04.66.50.12.42,
E-Mail lafond.roc-epine@wanadoo.fr
n. V.

LA FORCADIERE 2000**

18,51 ha 100 000 5à8€

Dieser alte Familienbetrieb ist für die Qualität seiner Tavel-Weine anerkannt. Sein 2000er hat eine strahlende Farbe mit leicht purpurviolettem Schimmer. Der feine Duft erinnert an rote Johannisbeere und Himbeere, während sich der Geschmack dank einer schönen Ausgewogenheit zwischen Wärme und Lebhaftigkeit elegant entfaltet. Noten von kleinen roten Früchten und Mandel sorgen im Nasen-Rachen-Raum für Frische.

Dom. Roger Maby, rue Saint-Vincent,
30126 Tavel, Tel. 04.66.50.03.40,
Fax 04.66.50.43.12
Mo–Fr 8h–12h 13h30–17h30
Roger Maby

DOM. LA ROCALIERE 2000*

23 ha 138 000 5à8€

Dieser korallenrote Wein besitzt einen mineralischen Geruch. In einem kräftigen, konzentrierten Geschmack entfaltet er auch Aromen von eingemachten Früchten. Die Ausgewogenheit ist erreicht.

Dom. La Rocalière, Le Palai-Nord, BP 21,
30126 Tavel, Tel. 04.66.50.12.60,
Fax 04.66.50.23.45,
E-Mail rocaliere@wanadoo.fr
Mo–Fr 8h–12h 14h–18h; Sa, So n. V.
Borrelly-Maby

LA ROUVIERE 2000*

28 ha 100 000 8à11€

Ein hübscher Rosé von strahlendem Kirschrot. Der Duft von roten Früchten und Haselnuss harmoniert mit einem lang anhaltenden Geschmack. Im Nasen-Rachen-Rauch nimmt man

eine würzige Nuance und im Abgang eine säuerliche Note wahr.
Henry Bouachon, BP 5, 84230 Châteauneuf-du-Pape, Tel. 04.90.83.58.35, Fax 04.90.83.77.23 n. V.

LES ESPERELLES 2000*

20 ha 100 000 5à8€

Dieser korallenrote Tavel mit violetten Reflexen entfaltet einen Duft von eingemachten roten Früchten. Der Geschmack besitzt Frische und eine gute Länge mit Kirscharomen.
Les Vignerons de Rasteau et de Tain-l'Hermitage, rte des Princes-d'Orange, 84110 Rasteau, Tel. 04.90.10.90.10, Fax 04.90.10.90.36, E-Mail vrt@rasteau.com

PRIEURE DE MONTEZARGUES 2000

34 ha 100 000 8à11€

Ein etwa 55 ha großer Weinberg umgibt das Priorat. Der dort erzeugte Tavel präsentiert sich mit einer kräftigen, strahlenden Farbe. Der Duft ist elegant und erinnert an Sauerkirsche und Himbeere. Der Geschmack lässt dank seiner mineralichen Noten Frische erkennen.
Allauzen Lucenet Gaff, Prieuré de Montézargues, 30126 Tavel, Tel. 04.66.50.04.48, Fax 04.66.50.30.41 n. V.

DOM. ROC DE L'OLIVET 2000**

2 ha 8 660 5à8€

Zwei Hektar mit dreißig Jahre alten Rebstöcken für 8 660 Flaschen von einem schönen lachsroten Wein. Der frische, fruchtige Duft enthüllt zusätzlich eine würzige Note, die voller Feinheit im Geschmack wieder auftaucht.
Thierry Valente, chem. de la Vaussière, 30126 Tavel, Tel. 04.66.50.37.87, Fax 04.66.50.37.87 n. V.

LES VIGNERONS DE TAVEL
Cuvée royale 2000*

12 ha 70 000 5à8€

Eine Zusammenstellung von sechs Rebsorten (Grenache, Cinsault, Syrah, Clairette, Bourboulenc und Carignan) hat diesen lachsroten Tavel hervorgebracht. Den fruchtigen Duft begleiten Mandel- und Gewürznoten. Nach einer klaren Ansprache bietet der Geschmack «Fett» und einen säuerlichen Abgang. Die **2000er Cuvée Tableau** erhält einen Stern.
Les Vignerons de Tavel, 30126 Tavel, Tel. 04.66.50.03.57, Fax 04.66.50.46.57, E-Mail tavel.cave@wanadoo.fr
tägl. 9h–12h 14h–18h

CH. DE TRINQUEVEDEL 2000**

30 ha 120 000 5à8€

Gérard Demoulin hat 30 ha Reben in der AOC Tavel. Er hat einen Wein erzeugt, dessen strahlende Farbe purpurviolette Töne zeigt. Seine Aromenpalette bietet Noten von roter Johannisbeere und gekochten Sauerkirschen. Der Geschmack lässt eine schöne Ausgewogenheit zwischen Rundheit und Frische erkennen, bevor er mit anhaltenden Aromen von roten Früchten ausklingt.
Ch. de Trinquevedel, 30126 Tavel, Tel. 04.66.50.04.04, Fax 04.66.50.31.66, E-Mail f30trinque@aol.com n. V.
Demoulin

DOM. VERDA 2000*

2,2 ha 4 000 5à8€

André Verda ist ein Neuling in der AOC Tavel. Für eine Premiere ist das ein Erfolg. Dieser strahlende Wein mit purpurvioletten Reflexen bietet einen frischen Duft von Himbeere und schwarzer Johannisbeere. Das Ganze ist ausgewogen und elegant.
Dom. André Verda, 2749, chem. de la Barotte, 30150 Roquemaure, Tel. 04.66.82.87.28, Fax 04.66.82.87.28
Mo–Sa 8h–12h 14h–18h

Clairette de Die

Clairette de Die gehört zu den am längsten bekannten Weinen der Welt. Das Anbaugebiet nimmt die Hänge am Mittellauf der Drôme zwischen Luc-en-Diois und Aouste-sur-Sye ein. Dieser Schaumwein wird hauptsächlich aus der Rebsorte Muscat (75 % Mindestanteil) hergestellt. Der Gärvorgang hört von selbst in der Flasche auf. Es wird kein «Tirage-Likör» hinzugefügt. Dies ist die «althergebrachte Methode» von Die. 2000 lag die Produktion bei 75 045 hl.

CAROD Tradition 1999*

35 ha 250 000 5à8€

Die Carods haben den Ehrgeiz, erstklassige Weine von sehr typischem Charakter zu erzeugen; sie sind auch darauf bedacht, diese Appellation und die Traditionen von Die des frühen 20. Jh. bekannt zu machen, und haben zu diesem Zweck ein Museum eröffnet. Diese Cuvée ist von drei Vierteln Muscat- und einem Viertel Clairette-Trauben mit kluger Dosage hergestellt worden. Letztere Rebsorte hat sich mit der Zeit durchgesetzt. Der Schaum ist extrem fein; der Muskat-Charakter bleibt zurückhaltend. Im Geschmack treten Pfirsich- und Aprikosenaromen hervor.
Carod Frères, RD 93, 26340 Vercheny, Tel. 04.75.21.73.77, Fax 04.75.21.75.22, E-Mail info@caves-carod.com
tägl. 8h–12h 14h–18h

DIDIER CORNILLON Tradition 1999*

10 ha 60 000 5à8€

Der feine, üppige Schaum entlädt sich schon, wenn man die Flasche aufmacht. Eine Harmonie in Weiß, die Früchte und Blüten verbindet, bringt eine schöne Ausgewogenheit zum Aus-

druck. Der Muscat-Anteil sorgt für einen Hauch von ätherischer Leichtigkeit.
Didier Cornillon, 26410 Saint-Roman, Tel. 04.75.21.81.79, Fax 04.75.21.84.44
tägl. 10h30–12h30 14h–19h; Okt. bis März n. V.

JAILLANCE Tradition*

○ 70 ha 540 000 5à8€

Diese Genossenschaft präsentiert ein schönes Trio von Clairette-de-Die-Weinen: die **Cuvée aus biologischem Anbau,** die **Cuvée impériale** und diese Cuvée Tradition. Alle drei wurden mit einem Stern ausgezeichnet: Die Impériale ist durch die Rebsorte Clairette (90 %) geprägt, die Bio-Cuvée durch Muscat (100 %), während diese hier Muscat (85 %) mit Clairette kombinieren konnte und einen klaren, deutlichen Muscat-Duft bietet, zu dem aber Litschi und Rose hinzukommen. Eine große Feinheit, die ihr schöner Abgang unterstreicht.
Cave coop. de Die Jaillance, 26150 Die, Tel. 04.75.22.30.00, Fax 04.75.22.21.06 n. V.

ALAIN POULET Tradition 1999

○ 12 ha 76 000 5à8€

Eine Clairette de Die zum Aperitif. Ein leichter Schaum, begleitet von feinen Tanninen, verleiht diesem Wein einen frühlingshaften Charakter. Frische und Leichtigkeit.
Alain Poulet, la Chapelle, 26150 Pontaix, Tel. 04.75.21.22.59, Fax 04.75.21.20.95
n. V.

RASPAIL Tradition 1999

○ 3,5 ha 23 000 5à8€

Dieses Gut versteht sich auf den Empfang von Besuchern. Ob man sich für die Ferienwohnung oder für den Wohnwagen entscheidet, man wird den direkten Kontakt zum Winzer und seine Geduld schätzen, mit der er sein Können erklärt. Eine sehr delikate Ansprache (Litschi und Rose) zeichnet diesen Clairette-Schaumwein aus. Im Mund entfalten sich Geschmacksnoten von kandierten weißen und exotischen Früchten. Sehr schöne Ausgewogenheit zwischen Aromen und Frische.
EARL Georges Raspail, rte du Camping municipal, La Roche, 26340 Aurel, Tel. 04.75.21.71.89, Fax 04.75.21.71.89
n. V.

JEAN-CLAUDE RASPAIL Tradition 1999**

○ k. A. 29 659 5à8€

Jean-Claude Raspail betreibt biologischen Anbau; er erzeugt eine bemerkenswerte Clairette. Ein schöner, feiner Schaum setzt Aromen von weißen Blüten und weißem Pfirsich frei. Ihr eleganter Muscat-Charakter und ihre sehr gute Länge machen sie zu einem Wein, den man nicht versäumen sollte.
Jean-Claude Raspail, Dom. de la Mûre, 26340 Saillans, Tel. 04.75.21.55.99, Fax 04.75.21.57.57
tägl. 9h–12h 14h–18h; 5.–31. Jan. geschlossen

SALABELLE Tradition Cuvée Adline 1999*

○ k. A. k. A. 5à8€

Das Gut stammt von 1845 und hat sich für die gezielte Schädlingsbekämpfung mit integriertem Pflanzenschutz entschieden. Sie erzeugt eine sehr gelungene Clairette. Dieser strohgelbe Wein mit grünen Reflexen bringt eine große Freimütigkeit zum Ausdruck. Auf Aromen von Pfirsich und rosa Grapefruit in der Ansprache folgen Mangonoten. Ein richtiger Früchtecocktail.
GAEC Salabelle, 26150 Barsac, Tel. 04.75.21.70.78, Fax 04.75.21.70.78
n. V.

Crémant de Die

Der Erlass vom 26. März 1993 erkannte die AOC Crémant de Die an. Dieser Schaumwein wird ausschließlich aus der Rebsorte Clairette nach der so genannten traditionellen Methode hergestellt, wobei die zweite Gärung in der Flasche abläuft.

CAROD 1998*

○ 3,5 ha 26 000 5à8€

Man entdeckt Unterholz- und Haselnussnoten in diesem Schaumwein, der während der gesamten Verkostung einen warmen Charakter beibehält. Ein sehr feines, beständiges Moussieren bereichert die blasse, grün schimmernde Farbe. Er kann weißes Fleisch begleiten.
Carod Frères, RD 93, 26340 Vercheny, Tel. 04.75.21.73.77, Fax 04.75.21.75.22, E-Mail info@caves-carod.com
tägl. 8h–12h 14h–18h

CHAMBERAN 1997

○ 2,8 ha 15 000 5à8€

Sieben Winzer haben sich zusammengetan, um ein 61 ha großes Gut zu schaffen, das sie gemeinsam führen, von der Arbeit im Weinberg bis zur Vermarktung (unter der Marke Chambéran). Der Weinberg am Fuße des Naturparks des Vercors befindet sich an steinigen Hängen, die schwierig zu bearbeiten, aber sonnenreich sind. Der 97er Crémant zeigt im Mund ein ausgeprägtes Moussieren. Seine Aromen erinnern auf diskrete Weise an weiße Blüten. Das Ganze ist ausgewogen und angenehm.
Union des Jeunes Viticulteurs récoltants, rte de Die, 26340 Vercheny, Tel. 04.75.21.70.88, Fax 04.75.21.73.73, E-Mail ujvr@terre-net.fr
tägl. 8h30–12h 14h–18h30

DIDIER CORNILLON
Brut absolu 1998★★★

○ 1 ha 5 000 5à8€

Bei der in dieser Appellation für die Wahl zum Lieblingswein zuständigen Oberjury ist er auf den zweiten Platz gekommen. Dieser füllige, fette Wein mit Butter- und Hefebrotnoten, die kein Ende zu nehmen scheinen, besitzt eine perfekte Ausgewogenheit. Er kann eine ganze Mahlzeit begleiten.

Didier Cornillon, 26410 Saint-Roman, Tel. 04.75.21.81.79, Fax 04.75.21.84.44
tägl. 10h30–12h30 14h–19h; Okt. bis März n. V.

JAILLANCE★★

○ 4 ha 26 000 5à8€

Diese zu 100 % aus Clairette-Trauben erzeugte Cuvée stammt aus biologischem Anbau. Feine Bläschen mit einer beständigen Schaumkrone durchziehen ein blasses Gelb mit hellen Reflexen. Das ist ein sehr fruchtiger Wein von guter Länge (reifer Apfel, weiße Früchte und Ananas). Beachten sollte man auch die **Cuvée traditionnelle,** die aufgrund ihrer Harmonie einen Stern erhält.

Cave coop. de Die Jaillance, 26150 Die, Tel. 04.75.22.30.00, Fax 04.75.22.21.06
n. V.

MARCEL MAILLEFAUD ET FILS
1997★★★

○ 0,75 ha 5 000 5à8€

«Ein Crémant, der eine ganze Mahlzeit begleiten kann», meinte ein Jurymitglied. Dieser Wein besitzt das «Fett» und die Fülle, die es ihm ermöglichen, lang zu halten. Er ist reich an Butter- und Röstnoten und besitzt eine außergewöhnliche Länge.

Marcel Maillefaud et Fils, GAEC des Adrets, 26150 Barsac, Tel. 04.75.21.71.77, Fax 04.75.21.75.24 tägl. 8h–12h 14h–18h

Châtillon-en-Diois

Das Weinbaugebiet von Châtillon-en-Diois umfasst 50 Hektar auf den Hängen des oberen Tals der Drôme, zwischen Luc-en-Diois (550 m hoch) und Pont-de-Quart (465 m). Die Appellation erzeugt Rotweine aus der Rebsorte Gamay, die leicht und fruchtig sind und jung getrunken werden sollten, und Weißweine aus Aligoté und Chardonnay, die ansprechend und nervig sind. Im Jahre 2000 betrug die Gesamtproduktion 3 288 hl.

CLOS DE BEYLIERE 1999★★

□ 0,5 ha 2 500 5à8€

Das Gut war dieses Jahr bemerkenswert erfolgreich mit seinen Weißweinen. Dieser weiße 99er erntete die Glückwünsche der Jury. Er besitzt Feinheit und Komplexität. Ananas, Birne und Aprikose, ein wahrer Korb von Früchten, der sich freigebig darbietet. Der **2000er Aligoté** des Guts (Preisgruppe: 20 bis 29 F) wurde wegen seiner intensiven fruchtigen Seite (Pampelmuse) als bemerkenswert beurteilt.

Didier Cornillon, 26410 Saint-Roman, Tel. 04.75.21.81.79, Fax 04.75.21.84.44
tägl. 10h30–12h30 14h–19h; Okt. bis März n. V.

DOM. DE LA GOUYARDE 2000

□ 1,57 ha 10 000 3à5€

Diese Genossenschaft präsentiert einen Aligoté, in dem die Jury ein interessantes Potenzial spürte, obwohl der Geruchseindruck noch leicht verschlossen ist. Er ist großzügig und bietet Sanftheit und Frische. Ein guter Wein zum Aperitif.

Cave coop. de Die Jaillance, 26150 Die, Tel. 04.75.22.30.00, Fax 04.75.22.21.06
n. V.

DOM. DE MAUPAS 2000★★

□ 1,4 ha 8 400 5à8€

Für bestimmte Arbeiten verwendet dieser Winzer noch *Percherons*, die großen, starken Zugpferde. Hingegen findet man keinerlei Schwere in diesem Wein, der sehr freimütig und lebhaftig ist. Köstliche Birnenaromen im Duft sorgen dafür, dass er gut zu Tarte Tatin (gestürzter Mürbeteigkuchen mit karamellisierten Äpfeln) passt.

Jérôme Cayol, Dom. de Maupas, 26410 Châtillon-en-Diois, Tel. 04.75.21.18.81, Fax 04.75.21.14.54, E-Mail domaine-de-maupas@wanadoo.fr
n. V.

Coteaux du Tricastin

Die Appellation umfasst 2 000 Hektar, die sich auf 22 Gemeinden auf dem linken Ufer der Rhône verteilen; das Anbaugebiet reicht von La Baume-de-Transit im Süden über Saint-Paul-Trois-Châteaux bis Les Granges-Gontardes im Norden. Alte, sehr steinige Schwemmlandböden und sandige Hänge, die an der Grenze zur mediterranen Klimazone liegen, erzeugen 121 634 hl Wein (im Jahre 2000). Die Appellation wurde vor kurzem abgegrenzt.

DOMAINES ANDRE AUBERT

Le Devoy Vieilli en fût de chêne 1998*

■ k. A. 4 500 5à8€

Eine in ziemlich kleiner Stückzahl produzierte Cuvée, deren Originalität auf einem blumigen Duft beruht, der sich mit Aromen von Kräutertee und frisch gemähtem Heu vermischt. Der Geschmack entfaltet sich harmonisch über hübschen Tanninen: Der Ausbau im Holzfass ist nicht wahrnehmbar. Trinken kann man ihn beispielsweise zu einem Picodon (Frischkäse aus Ziegenmilch).

GAEC Aubert Frères, Le Devoy, 26290 Donzère, Tel. 04.75.51.63.01, Fax 04.75.51.63.01 ☑ n. V.

DOM. DE GRANGENEUVE

Cuvée Vieilles vignes 1999*

■ 20 ha 100 000 5à8€

Die Reben haben Odette und Henri Bour auf den steinigen Terrassen angepflanzt, auf die auch die Garrigue und die Eichen vorgedrungen sind, in deren Nähe man Trüffel findet. Ihr Weinberg nimmt heute 65 Hektar ein. Ihre Cuvées wurden alle als gleich erfolgreich beurteilt. Dieser Wein, der von alten Reben stammt, ist so korpulent und strukturiert, dass man ihn schon jetzt mit Genuss trinken kann. Die **rote 99er Cuvée Tradition** bietet ein sehr gelungenes, klassisches Bouquet von Früchten und Pfeffer. Die Liebhaber von im Eichenfass ausgebauten Weinen werden die **rote 99er Cuvée de La Truffière** (Preisgruppe: 50 bis 69 F) bevorzugen, aber sie müssen sich ein bis zwei Jahre gedulden, bis sie diesen Wein trinken können.

Domaines Bour, Dom. de Grangeneuve, 26230 Roussas, Tel. 04.75.98.50.22, Fax 04.75.98.51.09, E-Mail domainesbour@wanadoo.fr ☑ n. V.

CH. LA CROIX CHABRIERE 2000*

■ 2 ha 14 000 3à5€

Ein spannender Gegensatz zwischen dem Reichtum der Aromen (Gewürze, Kern, Früchte) und dem schlichten, aber sehr angenehmen Charakter des Geschmacks. Der Grund dafür ist vielleicht der relativ hohe Cinsault-Anteil. Trinken sollte man ihn zusammen mit Freunden zu Rührei mit Trüffeln. Wählen Sie als Aperitif den **2000er Weißwein** (Preisgruppe: 30 bis 49 F), der ausgewogen und lang anhaltend ist, in der Nase durch das Duo Kokosnuss-Mango geprägt.

Ch. La Croix Chabrière, rte de Saint-Restitut, 84500 Bollène, Tel. 04.90.40.00.89, Fax 04.90.40.19.93 ☑ Mo–Sa 9h–12h 14h–18h; So 9h–12h; Gruppen n. V.

Patrick Daniel

CH. LA DECELLE 1999

■ 6 ha 20 000 5à8€

Die Aromen von zerdrückten Erdbeeren, zu denen sich andere Düfte hinzugesellen, machen den Reichtum des Bouquets aus. Der bezaubernde Duft ist bestimmt der Grund dafür, dass diese Cuvée den Vorzug erhielt. Aber vergessen Sie nicht die **rote 99er Cuvée S,** die von alten Reben stammt. Ihr Geruchseindruck ist noch kräftiger, in einem anderen Stil: animalische Noten (sogar Wild). Doch im Geschmack hält die Frucht an. Ein Wein, den man einige Zeit einkellern muss.

Ch. La Décelle, rte de Pierrelatte, D 59, 26130 Saint-Paul-Trois-Châteaux, Tel. 04.75.04.71.33, Fax 04.75.04.56.98, E-Mail anne-marie.seroin@wanadoo.fr ☑ tägl. 9h–12h 14h30–18h30; Gruppen n. V.

Seroin

LE DOME D'ELYSSAS

Cuvée des Echirouses 1999

■ 55 ha 11 000 3à5€

Garrigue-Düfte in Hülle und Fülle. Die **99er Cuvée du Gros Chêne** (Preisgruppe: 30 bis 49 F) bietet in ihrem warmen Geschmack bereits Rundheit; sie verdient eine lobende Erwähnung. Aber den Vorzug erhielt die Cuvée des Echirouses, die in einem kräftigeren, strukturierten Stil gehalten ist. Veilchenaromen mischen sich mit einer Prise Gewürze und bilden zusammen ein hochfeines Bouquet. Ein trinkreifer Wein, der aber lagern kann.

SARL d'Elyssas, quartier Combe d'Elyssas, 26290 Les Granges Gontardes, Tel. 04.75.98.61.55, Fax 04.75.98.63.12 ☑ Mo–Sa 9h–12h 15h–19h; Gruppen n. V.

DOM. DE MONTINE

Elevé en fût de chêne 1999**

■ 10 ha 20 000 5à8€

Dunkles Rubinrot, komplexer Geruchseindruck von Gewürzen, die mit intensiven animalischen und Vanillenoten verbunden sind. Klare Ansprache, harmonische Entwicklung, extreme Länge und Wohlgeschmack im Mund. Alles ist vorhanden. Die Struktur wird sehr bald samtig werden. Der sehr gelungene **98er Rotwein** zeichnet sich durch seinen Veilchenduft und eine beachtliche Nachhaltigkeit im Geschmack aus. Ein charaktervoller Wein.

Jean-Luc et Claude Monteillet, Dom. de Montine, GAEC de la Grande Tuilière, 26230 Grignan, Tel. 04.75.46.54.21, Fax 04.75.46.93.26, E-Mail domainedemontine@wanadoo.fr ☑ n. V.

RABASSIERE 1999

■ k. A. 26 000 🍷 3à5€

Dieser traditionelle Verschnitt hat einen gut bewältigten Ausbau im Holzfass hinter sich. Vanille verbindet sich harmonisch mit Aromen von Kern und Früchten in Alkohol. Die **2000er Cuvée Le Lutin** (Preisgruppe: unter 20 F) besitzt im Schlussgeschmack eine angenehme säuerliche Seite. Sie verdient ebenfalls eine lobende Erwähnung.

SCV La Suzienne, 26790 Suze-la-Rousse, Tel. 04.75.04.80.04, Fax 04.75.98.23.77 n. V.

DOM. RASPAIL
Réserve du Domaine 2000*

■ k. A. 80 000 3à5€

Stärke ist das Schlüsselwort der Verkostung. Die Aromen erinnern an konzentrierte Früchte und animalische Noten. Der Geschmack ist dementsprechend: intensiver Stoff und samtige Tannine. Das ist das Ergebnis einer fruchtbaren Arbeit zwischen Winzer und Weinmacher. Ebenfalls sehr gelungen ist die **rote 2000er Cuvée Louis Bernard.**

Les Domaines Bernard, rte de Sérignan, 84100 Orange, Tel. 04.90.11.86.86, Fax 04.90.34.87.30, E-Mail sagon@domaines-bernard.fr

DOM. DU VIEUX MICOCOULIER
1999*

■ 100 ha 250 000 5à8€

Das Ergebnis einer vollkommenen Reife: Die dunkle Farbe harmoniert mit den reifen Früchten und den intensiven Gewürzen. Die Wärme des Geröllbodens kommt in einem solide strukturierten, intensiven, nachhaltigen Geschmack zum Ausdruck. Die Tannine sind angenehm. Das Zusammenwirken von Terroir und Können des Winzers.

SCGEA Cave Vergobbi, Le Logis de Berre, 26290 Les Granges-Gontardes, Tel. 04.75.04.02.72, Fax 04.75.04.41.81 Mo–Sa 9h30–12h 14h30–18h30; So n. V.

Côtes du Ventoux

Am Fuße des Ventoux, eines 1 912 m hohen Kalksteinmassivs, das auch als «Riese des Vaucluse» bezeichnet wird, bilden Ablagerungen aus dem Tertiär die Böden für dieses 6 888 ha große Anbaugebiet, das sich auf 51 Gemeinden zwischen Vaison-la-Romaine im Norden und Apt im Süden erstreckt. Die hier erzeugten Weine sind in erster Linie Rot- und Roséweine. Das Klima, das kälter als das der Côtes du Rhône ist, hat eine spätere Reife der Trauben zur Folge. Die Rotweine haben einen niedrigeren Alkoholgehalt, sind aber in ihrer Jugend frisch und elegant; in den am weitesten westlich gelegenen Gemeinden (Caromb, Bédoin, Mormoiron) sind sie jedoch kräftiger gebaut. Die Roséweine sind gefällig und sollten jung getrunken werden. 2000 lag die Gesamtproduktion bei 307 850 hl.

DOM. AYMARD Prestige 1999*

■ 1 ha 4 000 5à8€

Die Familie Aymard, die sehr darauf bedacht ist, die Umwelt zu respektieren, betreibt in ihrem Weinberg gezielten Umweltschutz. Ihre Cuvée Prestige besitzt ein komplexes Bouquet, in dem sich ein gut eingebundener Holzton und einige Aromen von kandierten roten Früchten vermischen. Charme und Eleganz sind die Hauptmerkmale dieses 99ers, der noch zwei Jahre lagern muss.

Dom. Aymard, Les Galères, Serres, 84200 Carpentras, Tel. 04.90.63.35.32, Fax 04.90.67.02.79 n. V.

CAVE DE BEAUMONT DU VENTOUX Vieilli en fût de chêne 1999

■ 4 ha 20 000 5à8€

Ein hübscher Rotwein von strahlender, lebhafter Farbe mit granatroten Reflexen, mit einem recht kräftigen Duft von roten Früchten und schwarzer Johannisbeere, begleitet von animalischen Noten. Der Geschmack bietet in Alkohol eingelegte Früchte und einen gut ausbalancierten Holzton. Man muss ihm zwei oder drei Jahre Zeit lassen, damit er sich vollständig entfaltet.

Coopérative vinicole de Beaumont-du-Ventoux, rte de Carpentras, 84340 Malaucène, Tel. 04.90.65.11.78, Fax 04.90.12.69.88 n. V.

CH. BLANC 1999**

■ 10,18 ha 60 000 3à5€

Das Gut befindet sich in Roussillon, das mit seinen Ockerfelswänden als eines der schönsten Dörfer Frankreichs gilt. Doch die Farbe dieses 99ers erinnert nicht an Ocker, sondern an Granat. Er hat ein entfaltetes Bouquet von reifen Früchten (getrocknete Aprikose), mit würzigen Aromen, die mit einem Holzton ausklingen. Seine schöne, großzügige Struktur lässt eine hochfeine Eleganz erkennen. Er ist trinkreif.

SCEA Ch. Blanc, quartier Grimaud, 84220 Roussillon, Tel. 04.90.05.64.56, Fax 04.90.05.72.79 tägl. 8h–19h; Gruppen n. V.
Chasson

CAVE DE BONNIEUX
Elevé en fût de chêne 1999*

■ 5 ha 5 021 5à8€

Die älteste Genossenschaftskellerei im Departement Vaucluse präsentiert einen 99er von tiefem Purpurrot, mit einem noch verschlossenen Geruchseindruck, dessen Charakter aber in einem vollen, ausgewogenen Geschmack zum

Ausdruck kommt. Er zeigt eine schöne Harmonie und ist im Augenblick noch zurückhaltend, denn seine Tannine machen sich deutlich bemerkbar. Mit der Zeit werden sie sich jedoch verflüchtigen.

Cave vinicole de Bonnieux, quartier de la Gare, 84480 Bonnieux, Tel. 04.90.75.80.03, Fax 04.90.75.92.73, E-Mail vignerons-bonnieux@wanadoo.fr
Mo–Sa 9h–12h 14h–18h

DOM. DU BON REMEDE 2000

0,5 ha 2 400 3à5€

Eine strahlende Farbe mit rosaroten Reflexen, die ins Bläulichrote spielt. Ein Rosé mit einem intensiv fruchtigen Duft: Pampelmuse, Ananas, Erdbeere. Seine anhaltenden Aromen, seine Lebhaftigkeit und seine Nachhaltigkeit werden ihm mit der Zeit eine gute Beständigkeit verleihen, aber nichts verbietet, dass man ihn schon bald trinkt, zu Wurstgerichten oder kleinen Fleischspießen.

Frédéric Delay, 1248, rte de Malemort, 84380 Mazan, Tel. 04.90.69.69.76, Fax 04.90.69.69.76 n. V.

DOM. DE FENOUILLET 2000

0,6 ha 4 000 5à8€

Nachdem die Soards 150 Jahre lang Wein angebaut hatten, beschlossen sie 1989, die Trauben selbst zu vinifizieren. Ihr Rosé, ein Sommerwein, trinkt sich ohne jegliche Rauheit im Mund. Er ist rund und verschmolzen, was eine Note von roten Früchten und ein Hauch von exotischen Früchten verstärkt.

GAEC Patrick et Vincent Soard, Dom. de Fenouillet, allée Saint-Roch, 84190 Beaumes-de-Venise, Tel. 04.90.62.95.61, Fax 04.90.62.90.67, E-Mail pv.soard@freesbee.fr n. V.

DOM. DE FONDRECHE
Cuvée Persia 1999***

3 ha 6 000 8à11€

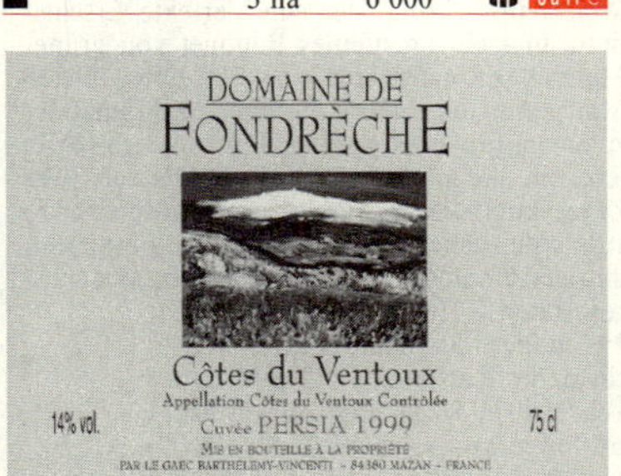

Aufbinden an Spalieren, Ausschneiden überflüssiger Triebe, Behangausdünnung durch «Grünlese»: Die Anstrengungen, die auf dem Gut im Dienste der Qualität unternommen werden, finden hier ihre Belohnung. Diese Cuvée Persia, deren intensives Granatrot das Auge bezaubert, besitzt einen kräftigen, reichen, konzentrierten, komplexen Duft, der blumig und zugleich fruchtig ist und aufgrund von kandierten und moschusartigen Noten würzig wirkt. Es mangelte nicht an Superlativen aus der Feder der Juroren: außergewöhnlich, herrlich, großartig, sehr elegant. Verführt erkannten sie ihr einstimmig eine Liebeserklärung zu. Die **weiße 2000er Cuvée Persia** zeugt von einer ausgezeichneten Vereinigung zwischen dem Wein und dem Holz. Seine Röstaromen verbergen nicht die fruchtige Seite, die sie charakterisiert. Ein Pot-au-feu (Eintopf) vom Kapaun mit Trüffeln wird ihren beiden Sternen angemessen sein. Die gleiche Note erhält die **rote 99er Cuvée Nadal** (Preisgruppe: 30 bis 49 F): Brombeere, Heidelbeere, Sauerkirsche und ein noch solides Gerüst. In zwei bis drei Jahren kann man sie zu Hasen- oder Wildschweinpfeffer genießen.

Dom. de Fondrèche, quartier Fondrèche, 84380 Mazan, Tel. 04.90.69.61.42, Fax 04.90.69.61.18 n. V.
Vincenti und Barthélémy

DOM. DES HAUTES-ROCHES
Cuvée Les Pourrats 1999

11 ha 60 000 5à8€

Ein Neuankömmling im Hachette-Weinführer, und das aus gutem Grund: Das Gut entstand im April 1999. Man kommt mit seinem ebenfalls lobend erwähnten **2000er Rosé Pourrats** auf den Geschmack, doch die Seele des Guts entdeckt man mit dieser Cuvée: Ihr noch verschlossener Geruchseindruck lässt schwere Aromen von Schlehe und Blumen erkennen. Der Geschmack ist schlichter und traditioneller.

SCEA Bourgue-Hardoin, Dom. des Hautes-Roches, Roquefure, 84400 Apt, Tel. 04.90.74.19.65, Fax 04.90.74.19.65, E-Mail sceabourguehardoin@free.fr
tägl. 9h–12h30 15h–19h
Lionel Bourgue

DOM. DE LA BASTIDONNE
Elevé en fût de chêne 1999**

k. A. 10 000 5à8€

Dieses Familiengut liegt an der an touristischen Sehenswürdigkeiten reichen Straße, die Fontaine-de-Vaucluse und Gordes verbindet. Eine lange Maischegärung und danach ein einjähriger Ausbau im Barriquefass haben einen 99er von tiefer, lebhafter bläulich roter Farbe mit schwärzlichen Reflexen ergeben. Auf Düfte von Früchten in Alkohol folgt ein holzbetonter Geschmack, der eine Vanillenote enthält. Ein etwas untypischer, aber wirklich gefälliger Wein, der gut zu einem Hauptgericht passt. Der sehr gelungene **2000er Rosé** zeigt sich ausdrucksvoll und lässt sich während einer ganzen Mahlzeit mit Genuss trinken.

SCEA Dom. de La Bastidonne, 84220 Cabrières-d'Avignon, Tel. 04.90.76.70.00, Fax 04.90.76.74.34
Mo–Sa 9h–12h 14h–18h
Gérard Marreau

CH. DE LA BOISSIERE 1999*

k. A. 20 000 3à5€

Monsieur Rambaud, dem Direktor der Kellerei, ist diese Cuvée mit den ansprechenden Aromen von sehr reifen Früchten gelungen. Sie ist recht repräsentativ für die Appellation und

wird schon bei Erscheinen des Hachette-Weinführers zu einem provenzalischen Gericht oder zu rotem Fleisch angenehm munden.
Cave La Montagne Rouge, 84570 Villes-sur-Auzon, Tel. 04.90.61.82.08, Fax 04.90.61.89.94
Mo–Sa 8h–12h 14h–18h

DOM. DE LA COQUILLADE 2000*

□ 1 ha 4 000 3 à 5 €

La Coquillade ist ein Weiler aus dem 13. Jh., in der Nähe des Pont Julien, der ältesten römischen Brücke von Frankreich, und von Roussillon, einer für seinen Ocker berühmten Gemeinde. Die schönen goldenen Reflexe des hier erzeugten Weißweins umhüllen einen sehr feinen Duft von weißen Blüten und danach von Zitrusaromen, die von Holz- und Vanillenoten begleitet werden. Er ist ein harmonischer Wein, der sich sehr günstig entwickeln dürfte. Einen Stern erhält auch der im Eichenfass ausgebaute **99er Rotwein** (Preisgruppe: 30 bis 49 F), über den ein Juror eloquent schrieb: «Struktur in allen Stadien der Verkostung.»
Dom. de La Coquillade, Hameau de La Coquillade, 84400 Gargas, Tel. 04.90.74.54.67, Fax 04.90.74.71.86
Mo–Sa 10h–12h 15h–19h; Dez., Febr. geschlossen
M. und W. Pluck

LA COURTOISE Cuvée le Courtois 2000*

■ k. A. 50 000 -3 €

Ein schöne Purpurfarbe umhüllt diesen Wein mit dem intensiven Duft von schwarzer Johannisbeere und Brombeere, der über seidige Tannine verfügt. Er ist interessant und gefällig und besitzt eine große Harmonie. Man kann ihn zwei bis drei Jahre aufheben.
SCA La Courtoise, 84210 Saint-Didier, Tel. 04.90.66.01.15, Fax 04.90.66.13.19
n. V.

DOM. DE LA FERME SAINT-MARTIN Clos des Estaillades 1999

■ 1,3 ha 4 500 5 à 8 €

Eine schöne Erscheinung bietet dieser 99er mit den Geruchsnoten von Lakritze und schwarzer Johannisbeere, mit den würzig-pfeffrigen Aromen und den deutlich spürbaren Tanninen. Er muss zwei Jahre lagern, damit er sich wirklich entfaltet.
Guy Jullien, Dom. de la Ferme Saint-Martin, 84190 Suzette, Tel. 04.90.62.96.40, Fax 04.90.62.90.84 n. V.

DOM. DE LA VERRIERE Le Haut de la Jacotte Elevé en fût de chêne 1999*

■ 1,2 ha 6 930 5 à 8 €

Bekanntlich siedelte König René von der Provence auf diesem Gut Glasmacher aus Italien an, worauf der Name hindeutet. La Verrière, heute ein Weingut, präsentiert einen hübschen **2000er Rosé** (ein Stern) und diese ebenfalls sehr gelungene Cuvée, die vom Barriquefass geprägt ist, das aber kandierte rote Früchte angenehm begleiten. Dieser Wein besitzt einen sehr schönen Stoff, der seine Alterung garantiert.
Jacques Maubert, Dom. de La Verrière, 84220 Goult, Tel. 04.90.72.20.88, Fax 04.90.72.40.33, E-Mail laverriere2@wanadoo.fr
Mo–Sa 9h–12h 14h–18h

DOM. LES HERBES BLANCHES 2000**

■ k. A. 58 000 3 à 5 €

Ein sehr gutes Preis-Leistungs-Verhältnis bei diesem 2000er Rotwein mit dem sehr provenzalischen Thymian- und Bohnenkrautgeruch und den ansprechenden Pfeffer- und Wacholderaromen. Ein lagerfähiger Wein, der in drei oder sogar vier Jahren Wild oder Fleisch mit Sauce begeistern wird.
Les Domaines Bernard, rte de Sérignan, 84100 Orange, Tel. 04.90.11.86.86, Fax 04.90.34.87.30, E-Mail sagon@domaines-bernard.fr

LES ROCHES BLANCHES Vieilles vignes 2000**

■ k. A. k. A. 3 à 5 €

Dieser sehr intensiv granatrote Wein mit dem zunächst ein wenig verschlossenen Geruchseindruck öffnet sich danach zu mineralischen Noten und roten Früchten. Er bietet einen Geschmack von schöner Fülle und besitzt zur gleichen Zeit Stoff, Sanftheit und Rundheit.
Cave Les Roches blanches, 84570 Mormoiron, Tel. 04.90.61.80.07, Fax 04.90.61.97.23
Mo–Sa 8h–12h 14h–18h

DOM. LES TERRASSES D'EOLE 2000**

□ 2,5 ha 16 000 5 à 8 €

In der Gemeinde Mazan hat man vor kurzem eine galloromanische Weinamphore aus dem Jahr 40 v. Chr. entdeckt. Sie wäre dieses Weißweins würdig, der eine perfekte Erscheinung und ein hochfeines Bouquet von grüner Mandel, Zitrusfrüchten und Haselnuss bietet. Man kann ihn außerhalb einer Mahlzeit oder zu einem Früchtedessert trinken, um sich schon jetzt ein Vergnügen zu bereiten. Die **rote 99er Cuvée Lou Mistrau** (Preisgruppe: 50 bis 69 F) erhält die gleiche Note für ihren komplexen, duftigen Geruchseindruck: Unterholz, Moschus, gerösteter Kaffee und rote Früchte.
Claude et Stéphane Saurel, chem. des Rossignols, 84380 Mazan, Tel. 04.90.69.84.82, Fax 04.90.69.84.90, E-Mail terrasses.eole@online.fr n. V.

DOM. LE VAN 1999*

■ 5,5 ha 18 100 5 à 8 €

Das Gut entstand 1993 am Fuße des Mont Ventoux. Unter dem Ancien Régime war das Gehöft eine Kapelle Notre-Dame des Vents. Dieser rubinrote 99er zeigt sich schon ausdrucksvoll im Geruch, der von roten Früchten (Brombeere, Sauerkirsche) und «feinen Noten von sonniger Garrigue» – wie es ein begeisterter Juror ausdrückte – dominiert wird. Im Geschmack ist er rund und voluminös und klingt mit gut umhüllten Tanninen aus. Man kann ihn drei bis fünf Jahre lang zu einem Gericht mit Sauce trinken.

Mertens-Sax, SCEA Le Van, rte de Carpentras, 84410 Bédoin, Tel. 04.90.12.82.56, Fax 04.90.12.82.57, E-Mail domaine.levan@wanadoo.fr
tägl. 8h30–19h30; 1. Okt. bis 31. März n. V.

CAVE DE LUMIERES
Les Quatre Vents 2000*

10 ha 1 800 3à5€

Dieser Rosé, der nach kurzer Maischung abgestochen wurde, präsentiert sich in einem hübschen Hellrosa mit lebhaften Reflexen. Der Duft von Blüten und roten Früchten ist intensiv; den fülligen, runden Geschmack bereichern sehr feine Noten von Waldfrüchten. Empfehlen kann man ihn als Aperitif, in Begleitung von Wurstgerichten.

Cave de Lumières, 84220 Goult, Tel. 04.90.72.20.04, Fax 04.90.72.42.52, E-Mail info@cavedelumieres.com n. V.

MARQUIS DE SADE 1998*

8 ha 50 000 5à8€

Er ist trinkreif, dieser 98er mit dem Bouquet von roten Früchten, die von vollreifen schwarzen Johannisbeeren dominiert werden: Die sehr seidigen Tannine im Abgang weisen darauf hin. Die **weiße 2000er Cuvée Canteperdrix** (Preisgruppe: weniger als 20 F) erhält die gleiche Note: Sie präsentiert sich mit ihrer leuchtenden, grün schimmernden Farbe voller Stärke im Duft (reife Früchte); danach führt der Geschmack von sehr blumigen Aromen zu Aromen von gerade reifen Bananen. Trinken kann man sie zu Schalentieren oder gegrilltem Fisch. Vergessen wir auch nicht die **rote 98er Cuvée Prestige** (Preisgruppe: 20 bis 29 F), die für ihren reichlichen Stoff ebenfalls einen Stern bekommt. In zwei bis drei Jahren wird sie zu rotem Fleisch oder Wild voll zur Geltung kommen.

Les Vignerons de Canteperdrix, rte de Caromb, BP 15, 84380 Mazan, Tel. 04.90.69.70.31, Fax 04.90.69.87.41
Mo–Sa 8h–12h 14h–18h

DOM. PELISSON 2000

k. A. k. A. 5à8€

Diese Kellerei zu Füßen von Gordes wirkt verloren inmitten der hier angebauten Pflanzen. Der Erzeuger, ein unbedingter Anhänger des biologischen Anbaus, von den Reben bis zum Gemüse, präsentiert stets Weine von bemerkenswert intensiver Farbe. Dieser hier ist recht stark von der Syrah-Rebe geprägt und dürfte uns innerhalb von zwei Jahren überraschen.

Patrick Pelisson, 84220 Gordes, Tel. 04.90.72.28.49, Fax 04.90.72.23.91
n. V.

CH. PESQUIE Perle de rosée 2000*

0,6 ha 3 700 5à8€

Das heute bestehende Gebäude stammt zwar aus dem 18. Jh., aber Pesquié ist seit dem 13. Jh. bekannt. Er hat nicht darauf gewartet, bis der integrierte Anbau in Mode kam, um diese Anbaumethoden zu verwenden. Das schöne Château präsentiert einen großartigen Rosé, der sein Prunkgewand trägt: eine Flasche, die wie von Raureif überzogen wirkt, ein bestechendes Etikett und eine Farbe, die an die Blütenblätter von Rosen erinnert. Der frische Duft ist sehr blumig, der Geschmack ganz durch rote Früchte (schwarze und rote Johannisbeeren) bestimmt. Eine echte «Tauperle».

GAEC Ch. Pesquié, rte de Flassan, BP 6, 84570 Mormoiron, Tel. 04.90.61.94.08, Fax 04.90.61.94.13, E-Mail pesquier@infonie.fr
n. V.
Chaudière

CAVE SAINT-MARC 2000*

5,2 ha 35 000 3à5€

Der Empfang ist besonders sympathisch in diesem leuchtend hellen Probierkeller, der einen idealen Ort für Ausstellungen von Gemälden und alten landwirtschaftlichen Geräten bildet. Man kann dort diesen Wein verkosten, der voller Eleganz und Feinheit ist, sorgfältig hergestellt von Olivier Andrieu, dem Kellermeister. Er wirkt aufgrund seiner mineralischen und fruchtigen Aromen (Zitrusfrüchte) originell und ist trinkreif. Die **rote 99er Cuvée du Sénéchal** (Preisgruppe: 30 bis 49 F) erhält für ihren komplexen Geruchseindruck von Moschus, Humus und Trüffel mit dominierender animalischer Note ebenfalls einen Stern.

Cave Saint-Marc, 84330 Caromb, Tel. 04.90.62.40.24, Fax 04.90.62.48.83, E-Mail cave@st-marc.com
tägl. 8h–12h30 14h–19h

CH. SAINT-SAUVEUR 1998

1,1 ha 6 600 5à8€

Am Ortsausgang von Aubignan können Sie die romanische Kapelle aus dem 12. Jh. nicht verfehlen, die heute als Probierraum dient. Im Sommer ist es dort kühl, während der Empfang warm ist: entsprechend dem vorgestellten Wein, der angenehm ist und dazu reizt, sich der Abfolge seiner Aromen hinzugeben.

EARL les Héritiers de Marcel Rey, Ch. Saint-Sauveur, rte de Caromb, 84810 Aubignan, Tel. 04.90.62.60.39, Fax 04.90.62.60.46 n. V.
Guy Rey

DOM. DE TARA Hautes Pierres 1999*

1 ha 3 700 8à11€

Traditionell vinifizierte Syrah- (90 %) und Grenache-Trauben (10 %) ergeben einen 99er mit intensivem vanilleartig-würzigem Duft mit Geruchsnuancen von Mineralen und reifen Früchten (schwarze Johannisbeere, Heidelbeere). Sein stattlicher Stoff und seine noch jungen, eleganten Tannine machen ihn zu einem wohl ausgewogenen Wein, dessen würziger Abgang sehr angenehm ist. Man kann ihn zwei bis drei

Jahre lang zu gebratener Geflügelbrust, mit Steinpilzen gefüllt, empfehlen. Eine lobende Erwähnung geht an den **weißen 99er Hautes Pierres** (Preisgruppe: 50 bis 69 F) für seine runde Ansprache und seine Nachhaltigkeit.
Dom. de Tara, Les Rossignols, 84220 Roussillon, Tel. 04.90.05.74.87, Fax 04.90.05.71.35 Mo–Sa 14h–18h
Droux

TERRE DU LEVANT 2000**

k. A. k. A. 3 à 5 €

Dieser 2000er von schönem, intensivem Purpurot hat die Jury durch die Stärke seines Bouquets verführt, das von reifen roten Früchten dominiert wird, die mit der Zeit noch stärker zum Ausdruck kommen werden. Eine echte Fülle und sanfte Tannine, bei denen sich die Syrah-Traube wunderbar entfaltet, machen es möglich, dass man ihn drei bis vier Jahre lang zu Lammkarree mit Kräutern der Provence serviert.
Cellier de Marrenon, BP 13, 84240 La Tour d'Aygues, Tel. 04.90.07.40.65, Fax 04.90.07.30.77, E-Mail marrenon@marrenon.com
Mo–Sa 8h–12h 14h–18h (im Sommer 15h–19h); So 8h–12h

DOM. TROUSSEL 1999

2,5 ha 1 300 8 à 11 €

Diese Cuvée, die zu gleichen Teilen von den Rebsorten Grenache und Syrah stammt, ist ein hübscher Wein, bei dem die Traubentannine noch mit den Holztanninen verschmelzen müssen. Man kann ihn in zwei Jahren zu weißem Fleisch oder Käse empfehlen.
Dom. Troussel, 2059, av. Saint-Roch, 84200 Carpentras, Tel. 04.90.67.28.35, Fax 04.90.60.68.99 n. V.

DOM. DES YVES 2000**

15 ha k. A. 3 à 5 €

Grenache (70 %) und als Ergänzung dazu Syrah gehen in die Komposition dieser Cuvée ein, deren komplexes Bouquet aus seinen vorwiegend animalischen Noten eine gewisse Originalität gewinnt. Es handelt sich dabei um einen lagerfähigen Wein, den man in drei bis vier Jahren zu Wildpfeffer oder Fleisch mit Sauce trinken kann. Zwei Verkoster empfahlen, ihn zu dekantieren.
Cellier Val de Durance, Le Grand Jardin, 84360 Lauris, Tel. 04.90.08.26.36, Fax 04.90.08.28.27

Côtes du Luberon

Die Appellation Côtes du Luberon wurde durch Erlass vom 26. Februar 1988 zur AOC erhoben. Das 36 Gemeinden umfassende Anbaugebiet erstreckt sich auf die Nord- und Südhänge des Kalksteinmassivs des Luberon; es ist fast 3 000 ha groß und erzeugte 169 132 hl im Jahre 2000. Die Appellation liefert gute Rotweine, die durch einen erstklassigen Rebsatz (Grenache, Syrah) und ein eigenständiges Anbaugebiet gekennzeichnet sind. Das Klima, das kühler als im Rhône-Tal ist, und die später stattfindende Lese erklären den hohen Anteil von Weißweinen (25 %) wie auch ihre anerkannte und begehrte Qualität.

CAVE COOPERATIVE DE BONNIEUX Cuvée Prestige 2000*

5 ha 19 020 3 à 5 €

Diese Cuvée, die zu gleichen Teilen aus Syrah und Grenache besteht und durch Abstich nach kurzer Maischung hergestellt worden ist, präsentiert sich mit einer strahlenden Farbe, die an die Blütenblätter von Rosen erinnert. Sie verströmt sehr deutliche Aromen von exotischen (Mango) und roten Früchten (schwarze Johannisbeere). Trinken kann man sie zu einem Grillgericht. Die ebenfalls lobend erwähnte **weiße 2000er Cuvée Tradition** (Preisgruppe: weniger als 20 F) bietet viel Frische, eine gute Ausgewogenheit und eine schöne Nachhaltigkeit im Geschmack. Sie wird zu gegrilltem Fisch empfohlen.
Cave vinicole de Bonnieux, quartier de la Gare, 84480 Bonnieux, Tel. 04.90.75.80.03, Fax 04.90.75.92.73, E-Mail vignerons-bonnieux@wanadoo.fr
Mo–Sa 9h–12h 14h–18h

DOM. CHASSON Vitis Flora 1999

2 ha 3 000 8 à 11 €

Dieser 99er ist zu gleichen Teilen von den Rebsorten Grenache und Syrah erzeugt worden; das kommt jedoch im Augenblick kaum zum Ausdruck, denn während der gesamten Verkostung dominiert das Holz. Man muss ein bis zwei Jahre warten, damit es sich einfügt.
SCEA Ch. Blanc, quartier Grimaud, 84220 Roussillon, Tel. 04.90.05.64.56, Fax 04.90.05.72.79
tägl. 8h–19h; Gruppen n. V.

DOM. CHATEAU D'AIGUES 2000*

8 ha 40 000 3 à 5 €

Eine recht schöne rote Farbe, die an Burlat-Kirschen erinnert. Diese Cuvée bietet ein sehr intensives Bouquet, das durch Trüffel, Gewürze, Lorbeer und Thymian geprägt ist, zu denen noch Aromen roter Früchte hinzukommen. Ein sehr harmonischer Wein, der ein Jahr lagern kann, bevor man ihn zu rotem Fleisch mit Sauce serviert. Die gleiche Firma hat noch zwei lobende Erwähnungen erhalten: für den **roten 2000er Domaine de Messery** und den **roten 2000er Domaine de La Devention,** zwei sehr fruchtige Weine, die trinkreif sind.
Cellier Val de Durance, Le Grand Jardin, 84360 Lauris, Tel. 04.90.08.26.36, Fax 04.90.08.28.27

CH. DE CLAPIER Cuvée réservée 2000*

□ 1 ha 5 000 5à8€

Château de Clapier, ehemals im Besitz des Marquis de Mirabeau, gehört seit 1880 der Familie Montagne. 1995 hat Thomas Montagne die Leitung des Guts übernommen und es nach und nach modernisiert. Er hat allen Grund, stolz zu sein auf seine Cuvée réservée mit dem holzbetonten Geruchseindruck, der noch ein wenig verschlossen ist und von sehr angenehmen Vanillenoten geprägt wird. Ihre schöne Struktur und ihr milder Abgang machen sie zu einem sehr gelungenen Erzeugnis.

Thomas Montagne, Ch. de Clapier,
RN 96, 84120 Mirabeau, Tel. 04.90.77.01.03,
Fax 04.90.77.03.26,
E-Mail thomas.montagne@wanadoo.fr
Mo, Mi–Sa 9h–12h 13h30–17h30

CH. CONSTANTIN-CHEVALIER Cuvée des Fondateurs 2000**

□ 6 ha 4 500 5à8€

Der Aygues Brun fließt an dem Weingut Constantin vorbei. An seinen Ufern hat dieser Fluss, der das Tal von Lourmarin gegraben hat, eine Geröllschicht zurückgelassen. Neben dieser geologischen Besonderheit besitzt das Gut ein günstiges Mikroklima. Ein Abschluss der Gärung im Barriquefass und danach ein viermonatiger Ausbau haben diese Cuvée von sehr großer Frische ergeben. Sie entfaltet Noten von frischen Früchten, ist gut ausbalanciert und hält mit ihren Aromen besonders lang an. Ein bemerkenswerter Wein, der Krustentiere oder gegrillten Fisch begleiten kann.

EARL Constantin-Chevalier et Filles,
Ch. de Constantin, 84160 Lourmarin,
Tel. 04.90.68.38.99, Fax 04.90.68.37.37
n. V.

DOM. FAVEROT 1999

■ 3 ha 13 000 5à8€

Dieses Gut befindet sich in einem provenzalischen Gehöft aus dem 18. Jh., das sich in den 1920er Jahren auf Weinbau umstellte; es ist ein Neuling im Hachette-Weinführer – und das aus gutem Grund: Das ist der erste Jahrgang, den es unserem Weinführer vorstellt. Er ist übrigens recht gut gelungen, auch wenn man über die starke Präsenz der Carignan-Rebe in diesem Wein erstaunt sein könnte. Er bietet einen komplexen, wuchtigen Geruchseindruck, der Düfte von Garrigue, schwarzer Olive und Lakritzstange verströmt. Die Tannine sind verschmolzen und werden von Aromen kandierter Sauerkirsche begleitet.

Dom. Faverot, L'Allée,
BP 9, 84660 Maubec, Tel. 04.90.76.65.16,
Fax 04.90.76.65.16 n. V.

DOM. FONDACCI Cuvée spéciale 2000

◪ 10 ha 18 500 5à8€

Dieser süffige Rosé, der je zur Hälfte von einem Abstich nach kurzer Maischung und von direkt gekelterten Trauben stammt, bietet einschmeichelnde Aromen von Waldbeeren (Erdbeere, Himbeere), die eine Zitronennote belebt. «Das ist ein angenehmer Wein, den man gekühlt unter Lindenbäumen trinken sollte», schlug eines der Jurymitglieder vor.

Guy Fondacci, quartier La Sablière,
84580 Oppède, Tel. 04.90.71.40.38,
Fax 04.90.71.40.38 n. V.

DOM. DE GERBAUD 1999*

■ 2 ha 8 000 5à8€

Syrah und Grenache zu gleichen Teilen haben diesen 99er von intensiver bläulich roter Farbe hervorgebracht. Sein kräftiger Duft von sehr reifen schwarzen Früchten enthält Aromen von Kakao, Vanille und kandierten Früchten. Ein gut strukturierter, feuriger Wein, der zwei bis drei Jahre lagern kann.

SCA Cave de Lourmarin-Cadenet,
montée du Galinier, 84160 Lourmarin,
Tel. 04.90.68.06.21, Fax 04.90.68.25.84
Mo–Sa 8h–12h 14h–18h

GRANDE TOQUE 2000*

□ k. A. k. A. 3à5€

Der 1966 gegründete Cellier de Marrenon ist eine Vereinigung von dreizehn Genossenschaftskellereien. Er präsentiert unter dem gleichen Cuvée-Namen zwei Weine, die beide mit einem Stern belohnt worden sind. Der erste, in einem strahlenden, leicht goldenen Gelb, der von den Rebsorten Grenache blanc (60 %) und Vermentino (40 %) stammt, entfaltet intensive Noten von gelben Früchten (darunter auch Banane). Empfehlen kann man ihn zu Fisch mit hellem Fleisch oder zu einem Ziegenkäse. Der **2000er Rosé** hat eine prächtige rosa bis kirschrote Farbe und verströmt Düfte von roten Früchten (Himbeere, Kirsche, Brombeere). Zwischen Säure, «Fett» und Alkohol stellt sich eine schöne Ausgewogenheit ein. Ein harmonischer, eleganter Wein.

Cellier de Marrenon,
BP 13, 84240 La Tour d'Aygues,
Tel. 04.90.07.40.65, Fax 04.90.07.30.77,
E-Mail marrenon@marrenon.com
Mo–Sa 8h–12h 14h–18h
(im Sommer 15h–19h); So 8h–12h

CH. LA CANORGUE 2000*

□ 10 ha k. A. 5à8€

Das aus dem 17. Jh. stammende Château ist ein wunderschönes Gebäude. Jean-Pierre Margan, der das Gut leitet, hat sich vor fünfzehn Jahren für den biologischen Anbau entschieden. Er erzeugte zwei Weine, die von der Jury sehr geschätzt wurden: Dieser 2000er Weißwein von blassgelber Farbe mit strahlenden grünen Reflexen erweist sich als komplex und sehr fein. Er zeichnet sich durch eine große Nachhaltigkeit der Aromen von Früchten und weißen Blüten aus. Ein ausgewogener Wein, der Rotbarben aus dem Mittelmeer begleiten kann, ohne zu enttäuschen. Ebenfalls einen Stern erhält der **rote 99er Château La Canorgue** (Preisgruppe: 50 bis 69 F), der eine intensive bläulich rote Farbe zeigt; sein an Sauerkirsche und milde Gewürze erinnernder Geruchseindruck ist noch ein wenig verschlossen, besitzt aber ein echtes Entwicklungspotenzial. Pfeffer und Leder prägen den Geschmack; die Aromen haben eine große Komplexität. Er kann zwei bis drei Jahre lagern, damit er sich

wirklich entfaltet, vor allem bei einer Lammkeule in Salzkruste.
EARL Jean-Pierre et Martine Margan, Ch. La Canorgue, 84480 Bonnieux, Tel. 04.90.75.81.01, Fax 04.90.75.82.98, E-Mail chateaucanorgue.margan@wanadoo.fr
n. V.

DOM. DE LA CITADELLE
Cuvée Le Châtaignier 2000*

1,2 ha 8 000 5 à 8 €

Ménerbes, ein alter befestigter Ort aus dem 16. Jh., der oft mit einem Schiff verglichen wird, mit seiner Zitadelle als Galionsfigur, wartet auf die Eröffnung eines «Hauses der Trüffel und des Weins» im Jahre 2002. Das Gut präsentiert uns ihre Cuvée Le Châtaignier, deren sehr feiner Duft Aromen von Blüten, Bienenwachs und Honig bietet. Sie ist ausgewogen und sehr frisch und wird sehr gut zu Fisch in zarter Buttersauce passen. Die gleiche Cuvée erhält als **2000er Rosé** eine lobende Erwähnung; sie ist gut ausbalanciert und süffig und wird zu einem exotischen Gericht empfohlen.
Yves Rousset-Rouard, Dom. de La Citadelle, 84560 Ménerbes, Tel. 04.90.72.41.58, Fax 04.90.72.41.59, E-Mail citadelle@pacwan.fr
tägl. 9h–12h 14h–18h; im Winter So geschlossen

CH. LA DORGONNE
L'Expression du terroir 2000*

0,75 ha 2 500 5 à 8 €

Das Gut liegt ganz nahe bei La Tour-d'Aygues, einem großen landwirtschaftlichen Marktflecken; mitten in dem Ort stehen die Ruinen eines Schlosses aus dem 16. Jh. Es präsentiert eine Cuvée Expression du terroir, die nach der einstimmigen Meinung der Jury besonders gelungen ist. Sie ist blumig und zugleich fruchtig und verströmt Düfte von Apfel, reifer Birne und danach weißen Blüten. Empfohlen wird sie zu einem Mittelmeerfisch. Vom gleichen Gut erhält der **2000er Rosé,** der eine sehr blasse Farbe besitzt, eine lobende Erwähnung.
SCEA Dom. de La Dorgonne, rte de Mirabeau, 84240 La Tour d'Aygues, Tel. 04.90.07.50.18, Fax 04.90.07.56.55
tägl. 8h–20h

DOM. DE LA ROYERE
Cuvée spéciale 1999

3 ha 9 300 5 à 8 €

Anne Hugues führt ihr Gut als Hausherrin. Ihre Cuvée hat eine sehr schöne dunkelrote Farbe und bietet ein intensives Bouquet von reifen Früchten, Pfeffer, Leder und Garrigue. Sie ist ein Wein von schöner Harmonie, der ein gutes Potenzial besitzt. Man kann ihn zwei Jahre aufheben, um ihn dann zu Fleisch mit Sauce zu trinken. Die **weiße 2000er Cuvée spéciale** erhält die gleiche Note.
Anne Hugues, Dom. de La Royère, 84580 Oppède, Tel. 04.90.76.87.76, Fax 04.90.20.85.37, E-Mail info@royere.com
Mo–Sa 9h–12h 14h30–18h30; Dez. bis März geschlossen

LES BUGADELLES 2000

k. A. k. A. 3 à 5 €

Die blassgelbe Farbe ist strahlend. Dieser Händlerwein hat einen komplexen Duft, der blumig (Jasmin) und zugleich fruchtig (Weinbergspfirsich, Zitrusfrüchte) ist. Im Geschmack zeichnet er sich durch blumige Noten (Holunderblüte), Honig- und Zitronennuancen, eine gute Ausgewogenheit und eine achtbare Nachhaltigkeit aus.
Vignobles du Peloux, quartier Barrade, RN 7, 84350 Courthézon, Tel. 04.90.70.42.00, Fax 04.90.70.42.15 n. V.

DOM. LES VADONS 2000**

1 ha 7 000 3 à 5 €

Dieses Familiengut wurde 1998 von Louis-Michel Brémond übernommen, der einen Gärkeller errichtet hat. Das hat sich ausgezahlt, denn seine 2000er Cuvée ist bemerkenswert: purpurviolette Farbe, Düfte von roten Früchten und Schwarze-Johannisbeer-Konfitüre, sanfter, sehr angenehmer Geschmack. Ein Wein, den man zu Niederwild trinken sollte. Die **rote 2000er Cuvée Aquarelle** vom selben Gut wird lobend erwähnt: granatrote Farbe, feiner Duft von roten Früchten, seidiger, fülliger, öliger Geschmack. Sie wird zu einem Himbeer-Sabayon (Weinschaumcreme) passen.
EARL Dom. Les Vadons, La Resparine, 84160 Cucuron, Tel. 06.03.00.10.29, Fax 06.90.77.13.40, E-Mail vadonbreba@terre-net.fr n. V.
Louis-Michel Brémond

CH. DE L'ISOLETTE
Cuvée Prestige Vieilles vignes 1999

15 ha 60 000 8 à 11 €

Château de l'Isolette, das im Hachette-Weinführer oft vertreten ist, wurde an einem wilden Ort errichtet, an dem es zahlreiche Überreste aus alten Zeiten gibt; die Besiedlung durch den Menschen ist hier schon seit der Steinzeit belegt. Es hat einen Wein erzeugt, der im Holzfass ausgebaut worden ist und dies auch nicht verbirgt. Auch darin besteht die Kunstfertigkeit des Winzers. Diese Cuvée ist trinkreif; deshalb fordern die Verkoster dazu auf, unverzüglich die Öligkeit und die Fülle ihres Geschmacks und die Düfte von Minze, Pfeffer und anderen Gewürzen zu genießen.
Ch. de l'Isolette, rte de Bonnieux, 84400 Apt, Tel. 04.90.74.16.70, Fax 04.90.04.70.73
Mo–Sa 8h–12h 14h–17h30
EARL Luc Pinatel

DOM. DE MAYOL
Cuvée l'Antique 1998**

1,2 ha 3 000 11 à 15 €

Diesem Gut, das sich für den biologischen Anbau entschieden hat, fehlte nur ganz wenig zu einer Liebeserklärung. Dennoch brachte die Jury ihre Bewunderung für diesen 98er mit der sehr dunklen, fast schwarzen Farbe zum Ausdruck.

Der Geruchseindruck wird von roten Früchten (schwarze Johannisbeere) dominiert. Der sehr ausgewogene Geschmack klingt mit Lakritzenoten aus. Dieser Wein kann noch zwei bis drei Jahre lagern und wird dann zu Geflügel oder weißem Fleisch perfekt sein. Der **im Eichenfass gereifte 99er Rotwein** vom selben Gut (Preisgruppe: 50 bis 69 F) erhält dank seines komplexen Bouquets von gekochten schwarzen Früchten, Gewürzen und Leder einen Stern.

Bernard Viguier, Dom. de Mayol,
rte de Bonnieux, 84400 Apt, Tel. 04.90.74.12.80,
Fax 04.90.04.85.64,
E-Mail mayol@worldonline.fr
Mo–Sa 9h–12h 14h30–19h

CH. SAINT-ESTEVE DE NERI
Cuvée de garde 1999

■ 1 ha 6 000 5à8€

Das Gut liegt einen Kilometer von Ansouis entfernt, einem hoch gelegenen Dorf, dessen Häuser von den Terrassen des Schlosses überragt werden. Es präsentiert zwei Cuvées des gleichen Jahrgangs, die beide lobend erwähnt werden; dennoch siegt die Cuvée de Garde über die **im Eichenfass gereifte rote Cuvée Grande.** Der Wein ist sehr gut vinifiziert, aber er braucht ein wenig Zeit, bis er sich öffnet. Er setzt auf Röstaromen, Sauerkirsche und Himbeere.

SA Ch. Saint-Estève de Néri,
84240 Ansouis, Tel. 04.90.09.90.16,
Fax 04.90.09.89.65,
E-Mail saintestevedeneri@free.fr n. V.
Rousselliers

CH. SAINT-PIERRE DE MEJANS 2000

◪ 3,5 ha 5 300 5à8€

Dieses Gut, ein ehemaliges Benediktinerpriorat aus dem 12. Jh., das einen schönen Innenhof besitzt, hat einen Rosé von kräftiger Farbe erzeugt, der deutlich von der Cinsault-Rebe (60 %) beherrscht wird und weder «Fett» noch Stärke anstrebt. Seine fruchtige Seite (Himbeere und Walderdbeere) ruft einen Eindruck von Frische und Leichtigkeit hervor.

Laurence Doan de Champassak,
84160 Puyvert, Tel. 04.90.08.40.51,
Fax 04.90.08.41.96,
E-Mail bricedoan@yahoo.fr n. V.

CH. VAL JOANIS 2000

□ 10 ha 60 000 5à8€

Val Joanis, ein riesiges Gut (165 ha), befindet sich seit 1977 im Besitz der Chancels. Dieser blassgelbe, grün schimmernde Wein, der Grenache blanc und Roussanne zu gleichen Teilen kombiniert, verströmt einen intensiven blumigen Duft von weißen Blüten und Kamille. Er ist fett und lang und kann ebenso gut als Aperitif wie in Begleitung von einem Gericht mit zarter Buttersauce oder einem Fisch getrunken werden.

SC du Ch. Val Joanis, 84120 Pertuis,
Tel. 04.90.79.20.77, Fax 04.90.09.69.52,
E-Mail info.visites@val-joanis.com n. V.

DOM. DES VAUDOIS 2000*

□ 10 ha 10 000 3à5€

Das Gut ist ein ehemaliges waadtländisches Lehen, das der Familie seit dem 17. Jh. gehört. Es besitzt einen Gewölbekeller von 1604, der früher als Höhlenwohnung diente. Eine angenehme Frische, eine schöne Ausgewogenheit, eine gute Säure und eine hübsche Länge im Geschmack kennzeichnen diese sehr gelungene 2000er Cuvée mit dem sehr feinen Blütenbouquet, die durch ihre Eleganz verführt. Das gleiche Gut erhält eine lobende Erwähnung für ihren eleganten, fruchtigen **2000er Rosé,** den man zu einem südlichen Gericht servieren sollte.

François Aurouze, rue du Temple,
84240 Cabrières-d'Aigues, Tel. 04.90.77.60.87,
Fax 04.90.77.69.44 n. V.

Coteaux de Pierrevert

Der größte Teil der Weinberge, die insgesamt etwa 210 ha einnehmen, befindet sich im Departement Alpes-de-Haute-Provence an den Hängen des rechten Ufers der Durance (u. a. Corbières, Sainte-Tulle, Pierrevert, Manosque). Das schon raue Klima begrenzt den Weinbau auf zehn der 42 Gemeinden, die das Gebiet der Appellation offiziell umfasst. Die Rot-, Rosé- und Weißweine (17 896 hl im Jahre 2000) haben einen ziemlich geringen Alkoholgehalt und eine gute Nervigkeit; sie werden von den Reisenden geschätzt, die durch diese touristische Region hindurchkommen. Die Coteaux de Pierrevert wurden 1998 als AOC anerkannt.

DOM. LA BLAQUE Réserve 1998*

■ 5 ha 25 000 8à11€

Drei vorgestellte Weine, alle drei ausgewählt: Die **weiße 2000er Cuvée** (Preisgruppe: 30 bis 49 F) und die **rote 2000er Hauptcuvée** erhalten jeweils eine lobende Erwähnung. Diese Cuvée von intensivem Dunkelrot, die das Ergebnis einer langen Maischegärung sowie eines sich daran anschließenden einjährigen Ausbaus im Barriquefass ist, bietet einen komplexen Duft von schwarzen Früchten, Lakritze und Röstung. Im Geschmack sind die Karamell- und Vanillearomen besonders angenehm. Ein ausgewogener Wein mit deutlich vorhandenen, aber sanften Tanninen. Er kann zwei Jahre lagern.

Gilles Delsuc, Dom. de Châteauneuf,
04860 Pierrevert, Tel. 04.92.72.39.71,
Fax 04.92.72.81.26,
E-Mail domaine.lablaque@wanadoo.fr
n. V.

CH. DE ROUSSET 2000

◪ 6,5 ha k. A. 5à8€

Dieses schöne Château aus dem 17. Jh. präsentiert beim 2000er einen Rosé von kräftiger Farbe, der zu gleichen Teilen von den Rebsorten Grenache und Syrah stammt und durch Abstich nach kurzer Maischung hergestellt worden ist. Er besitzt ein stark durch Pentanolnoten geprägtes Bouquet, das an einen Primeur erinnert. Er ist süffig, angenehm und wohl ausgewogen und muss schon in diesem Herbst getrunken werden.

H. et R. Emery, Ch. de Rousset,
04800 Gréoux-les-Bains, Tel. 04.92.72.62.49,
Fax 04.92.72.66.50
Mo–Fr 14h–18h30; Sa n. V.

Côtes du Vivarais

Die Côtes du Vivarais, die sich an der Nordwestgrenze der südlichen Côtes du Rhône befinden, sind ein 577 ha großes Weinbaugebiet in den Departements Ardèche und Gard. Die Gemeinden Orgnac (berühmt durch ihre Karsthöhle), Saint-Remèze und Saint-Montan dürfen der Appellation ihren Namen hinzufügen. Die Weine, die auf Kalksteinböden erzeugt werden, sind in erster Linie Rotweine von den Rebsorten Grenache (Mindestanteil 30 %) und Syrah (Mindestanteil 30 %) sowie Roséweine, die durch ihre Frische gekennzeichnet sind und jung getrunken werden sollten. Diese VDQS wurde im Mai 1999 als AOC anerkannt; im Jahre 2000 erzeugte sie 26 980 hl.

BEAUMONT DES GRAS 1999*

■ k. A. 100 000 -3€

Diese Genossenschaft, die die Hälfte ihrer Produktion exportiert, stellt einen hübschen Wein vor, dessen Bouquet Früchte und Gewürze verbindet. Der Geschmack behält dank seiner samtigen Textur die gleiche Harmonie bei. Auch wenn sich dieser 2000er schon jetzt leicht trinken lässt, ist er trotzdem gehaltvoll.

Les Vignerons Ardéchois, quartier Chaussy,
07120 Ruoms, Tel. 04.75.39.98.00,
Fax 04.75.39.69.48, E-Mail vpc@uvica.fr
Mo–Sa 8h–12h 15h–19h

DOM. DU BELVEZET 1999*

■ 8 ha 8 000 3à5€

Die Weine dieses Guts finden Abnehmer in Frankreich ebenso wie in Deutschland und den Niederlanden. Diesen 99er kann man genießen. Ein wenig verschlossen? Vielleicht, aber er besitzt einen ausgewogenen Geschmack, strukturiert von soliden Tanninen, die eine gute Entwicklung vorhersagen lassen. Servieren sollte man ihn zu einem herbstlichen oder winterlichen Gericht.

René Brunel, rte de Vallon-Pont-d'Arc,
07700 Saint-Remèze, Tel. 04.75.04.05.87,
Fax 04.75.04.05.87,
E-Mail belvezet.brunel@wanadoo.fr n. V.

DOM. DE COMBELONGE 2000

□ k. A. 13 000 -3€

Weißweine sind nicht die Spezialität dieser Region, obwohl sie über recht weiße Böden mit Kalksteinschotter von allerdings minderwertiger Qualität verfügt. Dieser hier, ein Verschnitt von Grenache blanc und Marsanne, hat durch seine aromatische Intensität und seine Kraft die Aufmerksamkeit erregt. Er ist trinkreif.

Denis Manent, Dom. de Combelonge,
07110 Vinezac, Tel. 04.75.36.92.54,
Fax 04.75.36.99.59 n. V.

DOM. DE LA BOISSERELLE 1999

■ 4 ha 20 000 3à5€

Die Syrah-Traube, die in diesem Verschnitt mit 70 % über Grenache dominiert, prägt die tiefrote Farbe. Der Wein scheint den Stempel seines Terroirs bewahrt zu haben: einer Hochfläche mit trockenem, wechselhaftem Klima. Zusätzlich entfaltet er Düfte von Früchten, die ihm einen fröhlichen Charakter verleihen.

Richard Vigne, Dom. de La Boisserelle,
07700 Saint-Remèze, Tel. 04.75.04.24.37,
Fax 04.75.04.24.37,
E-Mail domainedelaboisserelle@wanadoo.fr
n. V.

UNION DES PRODUCTEURS
Réserve 1999

■ 60 ha 80 000 3à5€

Als Ouvertüre eine intensive Farbe und ein Konzentrat von Früchten. Der Geschmack folgt im gleichen Register ohne eine falsche Note nach. Der **2000er Rosé** wird aufgrund seiner Frische und Lebhaftigkeit ebenfalls zu örtlichen (oder anderweitigen) Wurstgerichten empfohlen.

Union des Producteurs,
07150 Orgnac l'Aven, Tel. 04.75.38.60.08,
Fax 04.75.38.65.90
Mo–Fr 8h–12h 14h–18h

LES VIGNERONS DE LA CAVE DE SAINT-MONTAN 2000

◪ 10 ha 13 000 -3€

Dieser Rosé wird von Grenache-Trauben dominiert, die von der Ardèche-Hochfläche stammen. Er lässt Stoff erkennen. Seine fruchtigen, leicht blumigen Aromen verbinden sich harmonisch miteinander. Der **rote 99er Côtes du Viva-**

rais verdient ebenfalls eine lobende Erwähnung: Er ist feurig und kann Grillgerichte begleiten.
SCA les Vignerons la Cave de Saint-Montan, Bas Viressac, 07220 Saint-Montan, Tel. 04.75.52.61.75, Fax 04.75.52.56.51, E-Mail cavesaintmontan@free.fr ☑ 🍷 n. V.

DOM. DE VIGIER Cuvée Prestige 1999

■ 2 ha 13 000 3à5€

Das Gut, das in der Nähe der Schlucht der Ardèche liegt, hat einen Rotwein mit animalischen Gerüchen erzeugt. Da er rund ist und gesellig wirkt, lädt er dazu ein, ihn zu einer Platte mit Wurstgerichten zu trinken. Vom gleichen Gut verdient der **weiße 2000er Côtes du Vivarais,** der von den Rebsorten Clairette, Grenache und Marsanne stammt, eine lobende Erwähnung für seine sehr frischen Aromen von Zitrusfrüchten. Man kann ihn nach einem Spaziergang im Tal der Ibie als Aperitif trinken.
Dupré et Fils, Dom. de Vigier, 07150 Lagorce, Tel. 04.75.88.01.18, Fax 04.75.37.18.79 ☑ 🍷 n. V.

BERNARD VIGNE 2000**

■ 2 ha 13 000 3à5€

Dieser Rotwein, der zu gleichen Teilen aus Grenache und Syrah erzeugt worden ist, bietet einen ausdrucksvollen Duft von Veilchen und schwarzer Johannisbeere. Diese aromatische Linie setzt sich im Geschmack fort. Er hat seine Ausgewogenheit erreicht, so dass man ihn schon jetzt trinken kann, lässt aber die Hoffnung zu, dass er mit der Zeit noch besser wird.
Bernard Vigne, Vallée de l'Ibie, 07150 Lagorce, Tel. 04.75.37.19.00 ☑ 🍷 n. V.

VINS DOUX NATURELS (GESPRITETE WEINE)

Seit jeher haben die Winzer im Roussillon likörartig süße Weine hergestellt, die hohes Ansehen genossen. Im 13. Jh. entdeckte Arnaldus de Villanova (Arnaud de Villeneuve) die wunderbare Vereinigung des «Traubenlikörs und seines Branntweins». Es handelt sich dabei um das Prinzip der Gärungsunterbrechung, d. h., in Gärung befindliche Rot- oder Weißweine werden mit Alkohol versetzt, wodurch der Gärvorgang gestoppt wird und eine gewisse Menge an unvergorenem Zucker erhalten bleibt.

Die *Vins doux naturels* mit kontrollierter Herkunftsbezeichnung, die zwar «natürlich süße Weine» heißen, aber eigentlich «gespritete», d. h. mit Alkohol versetzte Weine sind, verteilen sich in Südfrankreich auf die Departements Pyrénées-Orientales, Aude, Hérault, Vaucluse und Corse (Korsika), die alle nicht weit vom Mittelmeer entfernt liegen. Als Rebsorten verwendet werden Grenache (blanc, gris und noir), Maccabeu, Malvoisie du Roussillon, auch Tourbat genannt, Muscat à petits grains und Muscat d'Alexandrie. Für alle ist der kurze Rebschnitt vorgeschrieben.

Die Erträge sind gering; die Trauben müssen bei der Lese einen Zuckergehalt von mindestens 252 g pro Liter Most aufweisen. Die Freigabe für die Ernte erfolgt nach einer bestimmten Ausbauzeit, die je nach Appellation unterschiedlich lang ist. Ihre Zulassung erhalten die Weine nach einer chemischen Analyse; sie müssen einen tatsächlichen Alkoholgehalt von 15 bis 18°, einen Zuckergehalt von mindestens 45 g bis über 100 g bei bestimmten Muscats und einen Gesamtalkoholgehalt (tatsächlicher Alkoholgehalt plus theoretischer Alkoholgehalt des nicht vergorenen Restzuckers) von mindestens 21,5° besitzen. Einige (Muscat-Weine) gelangen frühzeitig in den Handel, andere erst nach einem dreißigmonatigen Ausbau. Wenn sie auf traditionelle Weise im Holz reifen, d. h. in Fässern ausgebaut werden, erwerben sie bisweilen nach einer langen Ausbaudauer überaus geschätzte Rancio-Noten. 2000 wurden 447 538 hl Vins doux naturels hergestellt.

Banyuls und Banyuls grand cru

Ein ganz außergewöhnliches Weinbaugebiet, wie es nur wenige in der Welt gibt: im äußersten Osten der Pyrenäen gelegen, mit steil zum Mittelmeer hin abfallenden Hängen. Lediglich die vier Gemeinden Collioure, Port-Vendres, Banyuls-sur-Mer und Cerbère kommen in den Genuss der Appellation. Die Reben (rund 1 400 ha Anbaufläche) klammern sich entlang von Terrassen fest, die auf Schieferböden angelegt sind; der felsige Untergrund ist bestenfalls von einer dünnen Schicht Erdreich bedeckt, wenn er nicht sogar offen zu Tage tritt. Der Boden ist deshalb arm und häufig sauer und lässt nur sehr robuste Rebsorten wie die Grenache-Rebe zu, die äußerst geringe Erträge liefert, oft weniger als 20 hl/ha: Die Produktion von Banyuls und Banyuls grand cru lag 2000 bei 29 289 hl.

Die Sonneneinstrahlung hingegen, begünstigt durch den Anbau der Reben auf Terrassen (eine schwierige Form des Anbaus, weil der Winzer die Terrassen in Handarbeit befestigen muss, um das Erdreich davor zu schützen, dass es der kleinste Gewitterregen fortschwemmt) und das Mikroklima, das von der Nähe zum Mittelmeer profitiert, sind zweifellos der Grund für die hohe Qualität der Trauben, die sich mit Zucker und Aromastoffen vollsaugen.

Als Rebsorte wird Grenache verwendet, wobei in den Weinbergen hauptsächlich alte Rebstöcke wachsen. Für die Herstellung des Weins werden die Trauben gemaischt. Die alkoholische Gärung wird manchmal schon auf der Traubenmaische unterbrochen, was eine lange, mehr als zehntägige Maischegärung ermöglicht; man bezeichnet das als Maischung unter Alkohol oder als Gärungsunterbrechung auf den Trauben.

Die Reifung spielt eine wesentliche Rolle. Zumeist versucht man beim Ausbau einen oxidativen Charakter des Weins zu fördern, entweder in großen Holzfässern (Fuder, Halbstück) oder in Glasballonflaschen, die auf den Dächern der Weinlager in der Sonne stehen. Der Kellermeister stellt aus den verschiedenen auf diese Weise ausgebauten Cuvées mit größter Sorgfalt die vielen Weintypen zusammen, die wir kennen. In bestimmten Fällen jedoch bemüht man sich ganz im Gegenteil, beim Ausbau die gesamte Fruchtigkeit des jungen Weins zu bewahren, indem man jegliche Oxidation verhindert; man erhält dann völlig andere Weine mit recht genau umrissenen organoleptischen Eigenschaften: die *«rimages»* (Auslesen von Weinen aus einem bestimmten, besonders gelungenen Jahrgang). Hinweisen muss man noch darauf, dass für die Appellation Grand cru eine 30 Monate lange Reifung im Holzfass vorgeschrieben ist.

Die Weine besitzen eine rubinrote bis rotbraune Farbe und ein Bouquet, das an Rosinen, gekochte Früchte, geröstete Mandeln, Kaffee und Pflaumenschnaps erinnert. Die Rimage-Weine hingegen bewahren ein Aroma von roten Früchten, Kirsche und Kirschwasser. Banyuls-Weine trinkt man, je nachdem wie alt sie sind, mit einer Temperatur zwischen 12 und 17 °C; man genießt sie als Aperitif, zum Dessert (gewisse Banyuls-Weine sind die einzigen Weine, die zu einer Schokoladenachspeise passen), zu Kaffee und einer Zigarre, aber auch zu Gänseleber, Ente mit Kirschen oder Feigen und bestimmten Käsesorten.

Vins doux naturels

Banyuls

BERTA-MAILLOL Rimage 1999

■ 4 ha 9 000 ▮🌡 8 à 11 €

Der Maler und Bildhauer Aristide Maillol, der 1861 in Banyuls geboren wurde, kam oft in das Dorf seiner Kindheit zurück. Dieses 1873 entstandene Gut gehörte ihm. Die geradlinig angelegten Terrassen hätten den berühmten Schöpfer von weiblichen Akten zwar nicht inspirieren können, doch vielleicht muss man in dem Modell für die fülligen Formen seiner Statuen eine Reminiszenz an die Rundheit, das «Fleisch» und die Frucht der Rimage-Weine von Banyuls sehen. Dieser hier hat eine tiefrote Farbe und erinnert an reife Frucht, frisches Traubengut und Unterholz. In einem sehr süßen Geschmack beißt man förmlich in Kirschen, begleitet von deutlich spürbaren Tanninen.

Yvon et Jean-Louis Berta-Maillol, mas Paroutet, 66650 Banyuls-sur-Mer, Tel. 04.68.88.00.54, Fax 04.68.88.36.96
n. V.

CORNET Rimage 1998***

■ k. A. 5 304 ▮ 11 à 15 €

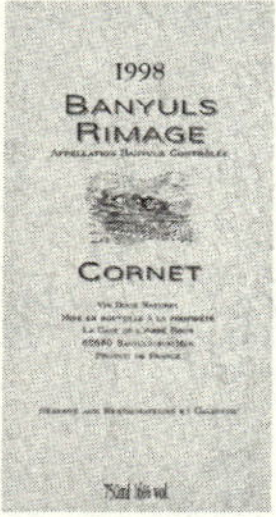

Cornet ist eine Marke der Cave de l'Abbé Rous, die das Andenken von François Rous, in den 1880er Jahren einer der Wegbereiter des Direktverkaufs, bewahrt. Sie verkauft nur an Kunden, die gewerblich mit Weinen zu tun haben (Weinfachhändler und Gastronomen); an diese muss man sich wenden, um den großartigen Rimage zu probieren. Dieser 98er zeigt seine Jugendlichkeit durch seine sehr kräftige Farbe ebenso wie in der Nase mit den intensiven Düften überreifer roter Früchte (Sauerkirsche) vor einem Hintergrund von Leder- und Unterholzgerüchen. Früchte und Gewürze treffen in einem fülligen, reichen Geschmack zusammen, der kräftig gebaut und dennoch samtig ist. Mit welchen Gerichten soll man ihn kombinieren? Überlassen wir die Entscheidung den großen Köchen! Die Kellerei ist auch mit einem Stern für einen **99er Rimage Cuvée Régis Boucabeille** ausgewählt worden.

La Cave de L'Abbé Rous, 56, av. Charles-de-Gaulle, 66650 Banyuls-sur-Mer, Tel. 04.68.88.72.72, Fax 04.68.88.30.57

CROIX-MILHAS**

■ k. A. 13 000 5 à 8 €

Ende des 19. Jh. machte die Familie Violet das mittelalterliche Städtchen Thuir zur Hauptstadt des Aperitifs, was Würzweine betrifft. Zeugnisse dieser Epoche sind die Keller und die 95 m lange, auf das Konstruktionsbüro Eiffel zurückgehende Bahnhofshalle, die bis 1989 dazu diente, die verschiedenen Erzeugnisse der Firma (die der Byrrh reich machte) auszuliefern. Die 1961 von Cusenier gekaufte Firma gehört heute zur Gruppe Pernod-Ricard. 13 000 Flaschen, das ist keine Kleinigkeit, aber nur ein Tropfen in diesem Tempel des Gigantismus, in dem der «größte Eichenbottich der Welt» eine Touristenattraktion bildet. Die ziegelrote Tönung dieses Banyuls verrät einen kurzen Ausbau, ebenso wie die Aromenpalette, in der man Backpflaume, kandierte Früchte und einen würzigen Hauch von altem großem Fass findet. Der füllige, fette, wohl ausgewogene Geschmack, in dem Röstaroma den fruchtigen Stoff des Weins auf angenehme Weise begleitet, mündet in einen bemerkenswerten Abgang mit Gewürz- und Tabaknoten.

Cusenier, 6, bd Violet, BP 1, 66300 Thuir, Tel. 04.68.53.05.42, Fax 04.68.53.31.00
tägl. 9h–11h45 14h30–17h45; 1.–15. Jan. geschlossen

DOMINICAIN
Vieilli en fût de chêne 1991**

■ k. A. 20 000 8 à 11 €

Collioure, der berühmte kleine Hafen an der Côte Vermeille, hat in architektonischer Hinsicht ein reiches Erbe bewahrt. Dem 1290 gegründeten Dominikanerkloster widerfuhr während der Französischen Revolution das Los vieler klösterlicher Einrichtungen: Es wurde verstaatlicht und danach für die Armee verwendet. 1926 kauften die Winzer der Gemeinde die noch erhaltenen Gebäude, die vor allem aus einer gotischen Kirche bestehen. Diese Kellerei, die im Süden des Städtchens liegt, an der Straße nach Port-Vendres, kann man das ganze Jahr über besichtigen. Probieren sollte man diesen ausgezeichneten Banyuls, dessen ziegelrote Farbe rotbraune Töne besitzt. Er verströmt Gerüche von Kaffee und warmem Schiefer. Der im Geschmack fette, süße, schmelzige 91er zeigt eine vollkommene Ausgewogenheit. Er ist durch Aromen von Backpflaume und kandierten Früchten geprägt, die im Abgang Röstnoten Platz machen.

Cave Le Dominicain, pl. Orfila, 66190 Collioure, Tel. 04.68.82.05.63, Fax 04.68.82.43.06, E-Mail le.dominicain@wanadoo.fr
tägl. 9h–12h 14h–18h

DOM. DE LA CASA BLANCA 1999*

□ 1 ha 2 000 ▮🌡 8 à 11 €

Das Gut, das in der letzten Ausgabe unseres Weinführers eine Liebeserklärung (für einen 97er) erhielt, ist dieses Jahr mit einem seltenen weißen Banyuls vertreten, der von achtzig Jahre alten Rebstöcken stammt. Dieser 99er kombiniert zu gleichen Teilen Grenache blanc und Grenache gris, eine Rebsorte, die ihre Beteiligung mit silbernen Reflexen unterstreicht. Ginster und Honigblumen der Macchia empfangen Sie. Danach enthüllt eine sanfte Ansprache die Frucht, zu der rasch Bittermandel hinzukommt. Die Verkostung klingt mit einem sehr frischen Abgang aus. Dieser Wein, der in seiner Ausbalanciertheit ein wenig trocken wirkt, bietet einen gelungenen bodentypischen Ausdruck.

Dom. de La Casa Blanca, rte des Mas, 66650 Banyuls-sur-Mer, Tel. 04.68.88.12.85, Fax 04.68.88.04.08 n. V.

Soufflet und Escapa

DOM. LA TOUR VIEILLE Vintage 1999*

■ 1 ha k. A. 11 à 15 €

Es ist keine Überraschung, dass man wieder auf das von Vincent Cantié und Christine Campadieu geführte Gut stößt, denn ihre Weine, ob es sich nun um trockene oder süße handelt, sind im Hachette-Weinführer regelmäßig vertreten. Außerdem gehört es zu den Weingütern, die einen Großteil ihrer Weine exportieren (40 % seiner Weine werden im Ausland geschätzt). Dieser junge Vintage von tiefroter Farbe ist stark durch reife Kirschen geprägt – ein Aroma, das man im Mund wiederfindet, vermischt mit Erdbeere. Er ist in der Ansprache mild und weich und enthüllt kräftige Tannine, die eine schöne, lange Lebensdauer voraussagen lassen.

Dom. La Tour Vieille, 3, av. du Mirador, 66190 Collioure, Tel. 04.68.82.44.82, Fax 04.68.82.38.42 n. V.

L'ETOILE
Cuvée spéciale 75ème anniversaire***

■ 3 ha 6 000 23 à 30 €

Diese Genossenschaft vinifiziert die Trauben von 140 ha Reben. Auf ihrer Habenseite verzeichnet sie zahlreiche Liebeserklärungen in unserem Weinführer für ihre Banyuls- und Banyuls-grand-cru-Weine, und dies schon seit der ersten Ausgabe. Von der vorgestellten Produktion wurden alle Weine ausgewählt: Der **88er «Extra-Vieux»** ist immer noch ebenso gut wie im letzten Jahr; im gleichen Stil gehalten ist der **89er Macéré tuilé,** ebenso wie diese Cuvée, die den 75. Geburtstag der Kellerei feiert. Ein überraschender Wein von aufgehellter kupferroter Farbe, mit einem Duft, der geröstete Haselnüsse mit Steinobstschnaps mischt. Der prächtige Geschmack, der stattlich und füllig ist und den Aromen von getrockneten Früchten und Geröstetem beherrschen, bietet einen nicht mehr enden wollenden Abgang mit Walnuss- und Rancio-Noten.

Sté coopérative L'Etoile, 26, av. du Puig-del-Mas, 66650 Banyuls-sur-Mer, Tel. 04.68.88.00.10, Fax 04.68.88.15.10 Mo–Fr 8h–12h 14h–18h

LES CLOS DE PAULILLES
Rimage mise tardive 1998

■ 2 ha 6 000 11 à 15 €

Dieser Weinberg, der sich an Schwindel erregend steilen Hängen in einer der reizvollsten Buchten der Côte Vermeille befindet, südlich von Cap Béar, bildet eines der Schmuckstücke unter den Weinbergen der Familie Dauré, die im Ausland recht bekannt ist (die Clos exportieren 60 % ihrer Produktion). Der Weinhersteller hat einen Banyuls erzeugt, der im Unterschied zum klassischen Rimage vor der Flaschenabfüllung einen kurzen Ausbau im Holzfass durchlaufen hat. Dieses Verfahren zielt darauf ab, eine gewisse Entwicklung zu erhalten, bewahrt aber gleichzeitig Fruchtigkeit und eine schöne Lebenserwartung. Das ergibt eine noch intensive rote Farbe und einen Duft, in dem Kirsche und Kirschwasser auf Gewürze treffen. Der warme, pfeffrige Geschmack mit Noten von Kirsche und säuerlichen kleinen Früchten besitzt einen tanninbetonten Charakter, der Garant für eine gute Zukunft ist.

Les Clos de Paulilles, baie de Paulilles, 66660 Port-Vendres, Tel. 04.68.38.90.10, Fax 04.68.38.91.33, E-Mail daure@wanadoo.fr tägl. 10h–23h; 1. Okt. bis 1. Juni geschlossen

Familie Dauré

DOM. PIETRI-GERAUD 1999*

□ 1 ha 3 000 11 à 15 €

Die weißen Banyuls-Weine machen knapp 10 % der Produktion der Appellation aus. Dennoch haben wir hier das zweite Exemplar davon, das in unserem Weinführer ausgewählt wurde und ebenfalls sehr gelungen ist. Präsentiert wird es von Maguy Piétri-Géraud und seiner Tochter Laetitia, die den Familienbetrieb (32 ha) führen; dieser entstand 1890 und hat seinen Sitz mitten in Collioure. Dieser 99er, der von sechzig Jahre alten Grenache-blanc-Rebstöcken stammt, kündigt sich mit einer goldenen Farbe an und bietet einen Duft von Honigblüten. Der harmonisch verschmolzene Geschmack, der fett und füllig ist, verbindet zu unserem größten Vergnügen einen Hauch von Geröstetem mit Lebkuchenaromen.

Maguy et Laetitia Piétri-Géraud, 22, rue Pasteur, 66190 Collioure, Tel. 04.68.82.07.42, Fax 04.68.98.02.58 tägl. 10h–12h30 15h30–18h30; in den Schulferien So, Mo geschlossen

CELLIER DES TEMPLIERS
Rimatge 1999

■ k. A. 106 900 11 à 15 €

Mit mehreren Liebeserklärungen (darunter einer für einen 85er Rimatge) in seiner Erfolgsliste gehört der Cellier des Templiers zu den «sicheren Werten» der Region. Die ganze Ausdrucksstärke der Grenache-noir-Traube entfaltet sich im Banyuls Rimatge (katalanisch für «Lese»), der ohne oxidativen Ausbau hergestellt wird, damit er seine Frucht behält. Dieser hier zeigt ein tiefes Rubinrot, das seine Jugendlichkeit verrät. Der gleiche jugendliche Charakter findet sich in der Lebhaftigkeit seiner Aromen von Kirsche, schwarzer Johannisbeere und frischem Traubengut, begleitet von Früchten in Alkohol und sehr würzigen Tanninen. Schöner Gesamteindruck.

Cellier des Templiers, rte du Mas-Reig, 66650 Banyuls-sur-Mer, Tel. 04.68.98.36.70, Fax 04.68.98.36.91 tägl. 10h–19h30

DOM. DU TRAGINER 1996*

■ 3 ha 6 000 11 à 15 €

Auf den schmalen Terrassen von Banyuls zwang die Arbeit im Weinberg lange Zeit zur Zusammenarbeit von Mensch und Maultier. Auf seinem der Fläche nach bescheidenen Weingut (etwas weniger als neun Hektar), das aber im Ausland sehr bekannt ist (es exportiert die Hälfte seiner Weine), hält Jean-François Deu bei den Bodenarbeiten dem alten, ländlichen Lasttier die Treue. Von daher kommt der Name seines Guts (*traginer* bedeutet im Katalanischen «Maultierführer»). Das Ergebnis dieser Verbindung von Kraft und Intelligenz ist dieser Banyuls, der auch die «Handschrift» des Winzers und den Beitrag der Rebsorte Grenache gris (30 % des Verschnitts) zeigt. Die Farbe bietet fahlrote Töne; die großen alten Fässer sorgen für Leder-, Wildbret- und Kakaonoten. Im Geschmack wirkt die Verschmolzenheit der Tannine mit einem Aroma von kandierten Früchten zusammen, zu dem überaus wirkungsvoll eine trockenere Empfindung von Kakao und braunem Tabak hinzukommt.

Dom. du Traginer, 56, av. du Puig-del-Mas, 66650 Banyuls-sur-Mer, Tel. 04.68.88.15.11, Fax 04.68.88.31.48 ☑ Y n. V.

Banyuls grand cru

LES VIGNERONS CATALANS 1995*

□ 4 ha 12 000 8 à 11 €

Für ihren Einstand in unserem Weinführer bei den Banyuls-Weinen haben die Vignerons Catalans auf den Grand cru und den Ausbau im Holzfass gesetzt. Sie bieten somit einen reifen Wein. Die Farbe zeigt ein schönes Ziegelrot; der Duft mischt Unterholz, Backpflaume, Gewürze und Tabak. Der weiche, samtige Geschmack lässt Röstnoten mit Kakaonuancen erkennen. Ein Wein, den man bereits zu einem Schokoladendessert servieren kann. (Flaschen mit 50 cl Inhalt.)

Vignerons Catalans, 1870, av. Julien-Panchot, 66011 Perpignan Cedex, Tel. 04.68.85.04.51, Fax 04.68.55.25.62, E-Mail vignerons.catalans@wanadoo.fr Y n. V.

CLOS CHATART 1990***

■ 0,5 ha 750 23 à 30 €

Neben einem als bemerkenswert beurteilten **98er Banyuls** hat Jacques Laverrière diese in kleiner Stückzahl erzeugte Cuvée präsentiert, die eine echte Beherrschung des Ausbaus belegt. Ein Wein mit einem warmen Ziegelrot und einer komplexen Aromenpalette, in der Leder, Torf, Kakao und getrocknete Früchte zusammenkommen. Er ist füllig, harmonisch und verschmolzen und klingt mit einer Röstnote aus. Trinken kann man ihn zu Schokolade, Kaffee oder einer Havanna.

Clos Chatart, 66650 Banyuls-sur-Mer, Tel. 04.68.88.12.58, Fax 04.68.88.51.51 ☑ Y n. V.

J. Laverrière

JEAN D'ESTAVEL Prestige*

■ k. A. k. A. 8 à 11 €

Während sich viele Banyuls-Erzeuger in Zukunft selbstständig machen, engagiert sich der lokale Weinhandel auch weiterhin in der Produktion. Die Firma Destavel stellt auf diese Weise einen sehr gelungenen Grand cru vor. Er ist noch reich an Farbstoffen und bietet Düfte von Backpflaume, Kakao und Röstung, die seinen dreißigmonatigen Ausbau im Holzfass hervorheben. Der füllige Geschmack zeigt Noten von Tabak, Torf, Schokolade und Früchten in Alkohol, die dazu einladen, ihn zu probieren.

SA Destavel, 7 *bis*, av. du Canigou, 66000 Perpignan, Tel. 04.68.68.36.00, Fax 04.68.54.03.54 ☑

LA CAVE DE L'ABBE ROUS Cuvée Christian Reynal 1993**

■ k. A. 5 387 30 à 38 €

Diese Filiale des GICB reserviert ihre Produktion für Gastronomen und Weinfachhändler. Mit einem **95er Cornet** (Preisgruppe: 100 bis 149 F), der sehr geschätzt wurde (mühelos ein Stern), und dieser Cuvée Christian Reynal, die einen mehr als bemerkenswerten Jahrgang geliefert hat, bietet sie etwas, um den Weinliebhaber vollauf zufrieden zu stellen Dieser sechs Jahre lang im Holzfass ausgebaute Wein zeigt eine ziegelrote Farbe, die einem Rancio nahe kommt. Die roten Früchte haben nämlich Hasel- und Walnüssen sowie Rosinen Platz gemacht. Der Geschmack bestätigt diese ersten Eindrücke: Man entdeckt darin Feige, Quitte und Gewürze, bevor man in einem vornehmen, sehr lang anhaltenden Abgang die Walnüsse wiederfindet.

La Cave de L'Abbé Rous, 56, av. Charles-de-Gaulle, 66650 Banyuls-sur-Mer, Tel. 04.68.88.72.72, Fax 04.68.88.30.57

L'ETOILE Doux paillé Hors d'âge***

■ 3 ha 6 700 23 à 30 €

Diese den Lesern unseres Weinführers wohl bekannte Genossenschaft dürfte noch weitere Sterne hinzugewinnen! Die neue Abfüllung von ihrem süßen «Paillé» ist nämlich ein wahres Wunderwerk. Ausbau im großen Holzfass, Umfüllen in Glasballons, die in der Sonne stehen,

und Lagerung im Tank, das gehört zu der sorgfältigen Behandlung, die Jean-Paul Ramio und sein Önologe Patrick Terrier dem Wein angedeihen lassen. Im Laufe der Zeit hat sich das Rot in eine schöne, glänzende Bernsteinfarbe verwandelt. Der Duft kommt kraftvoll und elegant zum Ausdruck und bietet Walnuss, hellen Tabak, Heu, Honig und getrocknete Aprikose. Letzteres Aroma findet man auch in einem erhabenen Geschmack, der füllig und großzügig ist und kandierte Früchte und Geröstetes vereint. Der Abgang fügt eine schier endlos anhaltende Rancio-Note hinzu.
Sté coopérative L'Etoile, 26, av. du Puig-del-Mas, 66650 Banyuls-sur-Mer, Tel. 04.68.88.00.10, Fax 04.68.88.15.10 Mo–Fr 8h–12h 14h–18h

CELLIER DES TEMPLIERS
Cuvée Président Henry Vidal 1988**

■ k. A. 57 500 23 à 30 €

Wenn Sie die Kellerei des Cellier des Templiers in Banyuls-sur-Mer besucht haben, erinnern Sie sich an die unterschiedlich geformten großen alten Fässer und Halbstückfässer, die in der Sonne reifen. Bestimmt sind Sie auch an den Fässern vorbeigegangen, in denen der prächtige **93er Mas de la Serra** (Preisgruppe: 70 bis 99 F; ein Stern) ausgebaut worden ist und an denen für diese Cuvée Président Henry Vidal deren im Hachette-Weinführer beschriebenen Jahrgänge als bemerkenswert bis außergewöhnlich bewertet wurden. Was soll man über diesen 88er sagen? Der Anblick ist sicherlich fehlerlos, der Duft verheißungsvoll, aber der Genuss liegt im Geschmack: sanft, elegant und sehr fein, aber deutlich zu spüren, wobei sich geröstete Haselnüsse, Tabak und Kakao mit kandierten Früchten vereinigen. Ein harmonischer Wein, den man bereits zu einem Schokoladendessert servieren oder zu Kaffee oder einer Havanna reichen kann.
Cellier des Templiers, rte du Mas-Reig, 66650 Banyuls-sur-Mer, Tel. 04.68.98.36.70, Fax 04.68.98.36.91 tägl. 10h–19h30

VIAL-MAGNERES
Cuvée André Magnères 1991**

■ 1,25 ha 4 000 15 à 23 €

Am häufigsten sind Monique und Bernard Sapéras mit ihren weißen Banyuls-Weinen vom Vintage-Typ und mit ihren alten Banyuls-Weinen in unserem Weinführer vertreten, aber wir erinnern uns daran, dass sie schon einmal beim Grand cru mit dieser Cuvée ausgewählt wurden, die als 88er eine Liebeserklärung erhielt. In seiner aufgehellten Farbe lässt dieser 91er eine Rancio-Note erkennen, die Düfte von Steinfrüchten, Branntwein und Geröstetem alsbald bestätigen. Der von Walnuss und einer öligen Rancio-Note beherrschte Geschmack überrascht auf angenehme Weise durch sein «Fett», seine Fülle und seinen samtigen Charakter. Ein bemerkenswerter Wein.
Dom. Vial-Magnères, Clos Saint-André, 14, rue Edouard-Herriot, 66650 Banyuls-sur-Mer, Tel. 04.68.88.31.04, Fax 04.68.55.01.06, E-Mail al.tragou@wanadoo.fr n. V.
M. und B. Sapéras

Rivesaltes

Der Produktionsmenge nach ist dies die größte VDN-Appellation, die 1995 auf einer Anbaufläche von 14 000 ha rund 264 000 hl erzeugte. Der Plan für Rivesaltes sah eine Umstrukturierung dieses Weinbaugebiets vor, das wirtschaftliche Probleme hatte. 1996 wurden fast 4 000 ha Reben aus der Produktion herausgenommen, so dass die Produktionsmenge damals auf weniger als 200 000 hl sank. 2000 wurden 131 532 hl erzeugt. Das Anbaugebiet befindet sich im Roussillon sowie zu einem ganz kleinen Teil in den Corbières, auf armen, trockenen, warmen Böden, die eine hervorragende Reifung begünstigen. Vier Rebsorten sind zugelassen: Grenache, Maccabéo, Malvoisie und Muscat. Allerdings spielen Malvoisie und Muscat bei der Herstellung dieser Erzeugnisse nur eine sehr kleine Rolle. Die Vinifikation wird im Allgemeinen wie bei Weißweinen durchgeführt, aber bei der Rebsorte Grenache noir maischt man die dunklen Trauben, um ein Höchstmaß an Farb- und Gerbstoffen zu erhalten.

Der Ausbau der Rivesaltes-Weine ist von grundlegender Bedeutung für die Festlegung der Qualität. Je nachdem, ob sie im Tank oder im Holzfass reifen, entfalten sie nämlich ein recht unterschiedliches Bouquet. Mit der Appellation «Grand Roussillon» besteht die Möglichkeit, die Weine herabzustufen.

Die Farbe der Weine reicht von Bernsteingelb bis Ziegelrot. Das Bouquet erinnert an Röstgeruch, Trockenfrüchte sowie Firngeruch (Rancio) bei den am stärksten Entwickelten. Die roten Rivesaltes-Weine haben in ihrer Jugend ein Aroma von roten Früchten: Kirsche, schwarze Johannisbeere und Brombeere. Man trinkt sie als Aperitif oder zu Nachspeisen; je nach Alter serviert man sie mit einer Temperatur von 11 bis 15 °C.

ARNAUD DE VILLENEUVE
Ambré Hors d'âge 1982**

□ k. A. 8 980 15 à 23 €

Am härtesten fällt es zum Schluss, fast zwanzig Jahre abzuwarten, bis die vollkommene Vereinigung der alten Ambrés (Muscat- und Grenache-Trauben) endlich erreicht ist. Hier hat sich die Bernsteinfarbe im Kontakt mit den alten

Fässern mit einer Patina überzogen und nimmt einen rotgelben Ton an. Kandierte Orangenschale dominiert über die exotische Kumquatnote und den rauchigen Firngeruch des Holztons. Der harmonisch verschmolzene, süße Geschmack, den die Frische des Alkohols unterstützt, ist füllig und voller Zitrusfrüchte, bevor er mit einem Abgang ausklingt, in dem Haselnuss die Röstnoten mildert.
⊶ Les Vignobles du Rivesaltais,
1, rue de la Roussillonnaise, 66602 Rivesaltes-Salses, Tel. 04.68.64.06.63, Fax 04.68.64.64.69,
E-Mail vignobles.rivesaltais@wanadoo.fr
☑ Ⲯ n. V.

CH. BELLOCH Vieux Hors d'âge**

□ 7 ha 5 000 ⏸ 8à11€

Zwischen Perpignan und dem Mittelmeer wachsen die Reben auf den letzten Terrassen der Têt bis zur Lagune, die dem Spaziergänger ein überaus reizvolles abgestuftes Blaugrün bietet. Das Holzfass hat diesen Wein bernsteingelb und rotgelb gefärbt. Die Noten von rosinierten Trauben, Früchten in Sirup, Zitrusfrüchten und Quittenbrot verraten sehr reifes Lesegut. Der Geschmack setzt diese Eindrücke fort; er ist reif und voll. Ein Hauch von Röstung und gerösteten Mandeln würzt auf angenehme Weise die kandierten Früchte.
⊶ Cibaud SA ch. Miraflors et Belloch,
rte de Canet, 66000 Perpignan,
Tel. 04.68.34.03.05, Fax 04.68.51.31.70,
E-Mail vins.cibaud@wanadoo.fr
☑ Ⲯ Mo–Sa 9h–13h 15h–19h
⊶ Cibaud

DOM. JOSEPH BORY 1999***

■ 10 ha 1 500 ▮ 5à8€

In Bages ist ein Besuch dieses Guts für jeden Weinfreund Pflicht: Architektur, Liebenswürdigkeit und Qualität des Weinangebots sind solide Trümpfe. Die Farbe dieses 99ers ist sehr kräftig, tief und reich. Danach folgt das Glücksgefühl von Düften, die vor einem Hintergrund aus Gewürzen reife Früchte, Kirschen mit prallem Fruchtfleisch und Erdbeeren vermengen. Der Geschmack ist dementsprechend: füllig, strukturiert und fruchtbetont, mit einer schon bemerkenswerten Verschmolzenheit. Die Ausgewogenheit ist vollkommmen.
⊶ Mme Andrée Verdeille, Dom. Joseph Bory,
6, av. Jean-Jaurès, 66670 Bages,
Tel. 04.68.21.71.07, Fax 04.68.21.71.07
☑ Ⲯ Mo–Sa 9h–12h 15h–18h

DOM. BOUDAU Sur grains 1999**

■ 5 ha 10 000 8à11€

Véronique Boudau ist die Kellermeisterin dieses 80 ha großen Guts. Man muss sie treffen und über ihre alten Grenache-Rebstöcke, die Böden mit Kiesgeröll, die Unterbrechung des Gärvorgangs auf den Trauben und die lange Maischung reden lassen. Lächelnd wird sie Ihnen dann die Frage stellen: «Nun, das gefällt Ihnen?» Wählen Sie unbedingt diesen 99er mit der tiefroten Farbe. Zuerst kommt die Frische von Kirschen und Brombeeren zum Ausdruck. Danach setzt sich über seidigen Tanninen die Frucht durch: Die Ausgewogenheit ist bemerkenswert.
⊶ Dom. Véronique et Pierre Boudau,
6, rue Marceau, 66600 Rivesaltes,
Tel. 04.68.64.45.37, Fax 04.68.64.46.26
☑ Ⲯ Mo–Sa 10h–12h 15h–19h (Juni bis Sept.)

CH. DE CALADROY
Tuilé Cuvée Bacchus

■ 5 ha 15 000 ⏸ 5à8€

Die Geschichte dieses Schlosses verliert sich im Dunkel der Zeit; errichtet wurde es an der ehemaligen Grenze, die das Roussillon vom Königreich Frankreich trennte. Das 1999 erworbene Gut bricht in ein neues Jahrtausend auf. Die Lagerung in großen alten Fässern verleiht ihrer Cuvée Bacchus ein schönes Ziegelrot, einen charakteristischen Duft nach Backpflaumen und eine lakritzeartige Süße. Kandierte Füchte konkurrieren im Geschmack mit Backpflaumen in Alkohol, bis zu einem erstaunlichen Abgang, in dem Zitrusfrüchte zu erkennen sind.
⊶ SCEA ch. de Caladroy, 66720 Bélesta,
Tel. 04.68.57.10.25, Fax 04.68.57.27.76,
E-Mail chateau.caladroy@wanadoo.fr
☑ Ⲯ Mo–Fr 8h–12h 13h30–17h30

CAVE DE CASES DE PENE
Vieux Hors d'âge Tuilé Vieilli en fût de chêne*

■ 7 ha 4 000 ⏸ 5à8€

Der fünf Jahre lang ausgebaute Rivesaltes kann die Bezeichnung «außergewöhnlich alt» für sich in Anspruch nehmen, aber dazu ist ein großes Können notwendig, bei den Trauben ebenso wie bei der Vinifizierung und beim Ausbau in großen alten Fässern. Das ist der Fall bei dieser Cuvée, deren orange getöntes Ziegelrot eine bernsteinfarbene Patina annimmt. Der Ausbau lässt intensive Backpflaumen-, Quitten- und Heunoten erkennen. Das Schlüsselwort danach ist «Ausgewogenheit»: zwischen der Fülle der Frucht und der Verschmolzenheit der Tannine, zwischen dem honigsüßen Tabak und der Bitternote des Kakaos. Dieser Wein ist trinkreif; die Nachspeise muss ihm gewachsen sein.
⊶ Ch. de Pena, 2, bd Mal-Joffre, 66600 Cases-de-Pène, Tel. 04.68.38.91.91, Fax 04.68.38.92.42,
E-Mail chateau-de-pena@wanadoo.fr
☑ Ⲯ Mo–Sa 8h–12h 14h–18h

DOM. CAZES Cuvée Aimé Cazes 1976***

□ 6,7 ha 10 000 ⏸ 46à76€

Bei den Cazes fällt die Auswahl schwer. Die Wahl der Jury fiel auf einen **95er Vintage** (ein Stern), den prächtigen **91er Ambré** (zwei Sterne), der sehr fein ist und ein ausgezeichnetes Preis-Leistungs-Verhältnis (Preisgruppe: 70 bis 99 F) besitzt, und diese unwiderstehliche 76er Cuvée Aimé Cazes, benannt zu Ehren des außergewöhnlichen Vaters, der vor kurzem starb. Nach 22 Jahren im Eichenfass zeigt die goldene Farbe kupferrote Reflexe. In der Nase vermischen sich Bitterorange und getrocknete Aprikose mit der milchigen Süße von Kokosnuss. Der Genuss kommt vor allem im Geschmack, wo die Ausgewogenheit vollkommen ist und sich der Wein als sanft, harmonisch verschmolzen und füllig zeigt. Honigsüßer Tabak und frisch gemähtes

Heu sind mit dabei, bevor eine Zitronennote einen großartigen Abgang belebt.

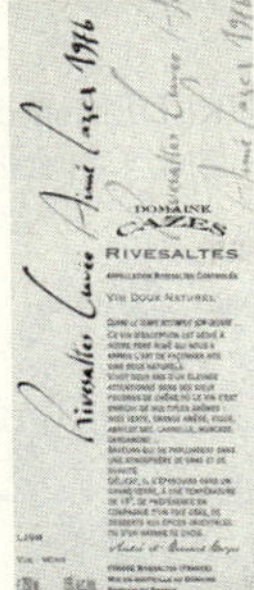

André et Bernard Cazes, 4, rue Francisco-Ferrer, BP 61, 66602 Rivesaltes, Tel. 04.68.64.08.26, Fax 04.68.64.69.79, E-Mail info@cazes-rivesaltes.com ☑ Ῑ n. V.

COLLECTION Ambré 1995★★

□ 4 ha 12 000 5à8€

Die Vignerons Catalans, Haupterzeuger in den Côtes du Roussillon, haben mit der «Collection» das Können der Genossenschaftskellerei bei den Rivesaltes-Weinen herausgestellt. Kumquat und getrocknete Aprikose gehen von einem kupferroten Bernsteingelb aus. Die Feinheit übertrifft hier die Fülle; der Wein ist delikat und seidig. Orange und Aprikose begleiten einen leichten Holzton. Trinken sollte man ihn zu Keksen. (Flaschen mit 50 cl Inhalt.)

Vignerons Catalans, 1870, av. Julien-Panchot, 66011 Perpignan Cedex, Tel. 04.68.85.04.51, Fax 04.68.55.25.62, E-Mail vignerons.catalans@wanadoo.fr Ῑ n. V.

CH. DE CORNEILLA Rubis 1989★★★

■ 2,5 ha 6 000 11à15€

Ein Schloss aus dem 12. Jh., ein Werk der Tempelritter, ein über 500 Jahre altes Familiengut und eine Familie, die bei internationalen Fecht- und Reitwettbewerben die französischen Farben trägt. Die Geschichte geht beim Weinbau weiter, nämlich mit diesem Wein, dessen Farbe sich zwischen Ziegelrot und Rotbraun bewegt. Die milchige Süße von Schokolade, die Seidigkeit der Tannine, die honigartigen Noten von hellem Tabak, das Röstaroma von Kakao und als Abschluss ein Hauch von Malz tragen zur Harmonie eines außergewöhnlichen Tropfens bei.

EARL Jonquères d'Oriola, Ch. de Corneilla, 66200 Corneilla-del-Vercol, Tel. 04.68.22.73.22, Fax 04.68.22.43.99, E-Mail chateaudecorneilla@hotmail.com ☑ Ῑ n. V.

Philippe Jonquères d'Oriola

LES VIGNERONS DES COTES D'AGLY

Tuilé Cuvée François Arago Vieilli en fût de chêne 1994★

■ 10 ha k. A. 8à11€

Das Herz des Agly-Tals schlägt in Estage, das zu Ehren von François Arago, einem Wissenschaftler und Politiker des 19. Jh., eine farbintensive Cuvée präsentiert. Dieser wilde rotbraune Wein lässt Aromen von Pflaume in Alkohol und von Havanna erkennen. Der solide Geschmack, der sich noch auf die Frucht stützt, kommt in Noten von Geräuchertem und frisch gemähtem Heu zum Ausdruck. Genießen kann man ihn zu einer Tasse Kaffee oder einer Havanna.

Les Vignerons des Côtes d'Agly, Cave coopérative, 66310 Estagel, Tel. 04.68.29.00.45, Fax 04.68.29.19.80, E-Mail agly@little-france.com ☑ Ῑ Mo–Fr 8h–12h 14h–18h

CROIX-MILHAS Ambré★

□ k. A. 50 000 5à8€

Die Firma Cusenie in Thuir ist ein Teil der Geschichte, an einem einzigartigen Ort, wo man die Architektur von Eiffel zusammen mit den ganz anderen Formen 800 Jahre alter großer Holzfässer unter einem Dach erlebt. Anschauen! Man kann dort auch diese Cuvée probieren: Die Arbeit des Weins äußert sich zuerst in einer altgoldenen Bernsteinfarbe, die klar und strahlend ist. Davon steigen die Honignote der Holzpatina, getrocknete Aprikose und ein Hauch von Zitrusfrüchten auf. Der Geschmack bestätigt diese Aromenpalette voller Rundheit und Weichheit. Das Finale bietet in Alkohol eingelegte Früchte.

Cusenier, 6, bd Violet, BP 1, 66300 Thuir, Tel. 04.68.53.05.42, Fax 04.68.53.31.00 ☑ Ῑ tägl. 9h–11h45 14h30–17h45; 1.–15. Jan. geschlossen

DOM BRIAL Ambré 1996★★★

□ k. A. 15 000 5à8€

Dieser gewitzte Mönch fühlt sich seit langem heimisch in unserem Weinführer, wobei er sich mehr mit der Miniaturmalerei der bernsteinfarbenen Vins doux naturels als mit dem Gold des bemerkenswerten Altaraufsatzes von Baixas beschäftigt. Die gelbrote Bernsteinfarbe dieses 96ers ist klar. Er entlädt sich in der Nase: Honig, Wachs, heller Tabak, frisch gemähtes Heu – was für ein Genuss! Der füllige, reiche Geschmack, der fein und frisch ist, verschmilzt. Kandierte Früchte und Röstaroma gleichen einander aus. Der harmonische Wein klingt mit Haselnussnoten aus.

Cave des Vignerons de Baixas, 14, av. Mal-Joffre, 66390 Baixas, Tel. 04.68.64.22.37, Fax 04.68.64.26.70, E-Mail baixas@smi-telecom.fr ☑ Y n. V.

DOM. ELS BARBATS Garance 1998***

■ 2 ha 1 866 8 à 11 €

Das 18 ha große Weingut, ein Nachbar der Versuchsstation der Roussillon-Weine, deren bemerkenswerte Arbeiten für die Winzer ein wertvolles Hilfsmittel bilden, stellt eine herrliche Cuvée Garance mit einem ansprechenden Anblick von ziegelroter Farbe und mit entwickelten Düften von Backpflaume, Leder und getrockneten Früchten vor. Der reiche, verschmolzene Geschmack wird von kandierten Früchten beherrscht, die Röstnoten würzen. Der röstartige Abgang verlangt nach Kaffee und Schokolade.

Paul Milhe Poutingon, Mas Els Barbats, 66300 Tresserre, Tel. 04.68.83.28.51, Fax 04.68.83.28.51 ☑ Y n. V.

DOM. JOLIETTE Vintage 1998

■ 2 ha 6 000 8 à 11 €

Ein wunderschönes Gut mit Ausblick auf das Meer und die Lagunen, wo das Rot des Tonbodens behutsam schwarzem Mergel Platz macht. Joliette – der Name ist nur ein schwacher Ausdruck dafür! Von dem tiefen Rot gehen wilde Düfte von Unterholz und danach von reifen Kirschen aus. Der solide, kräftige Stoff ist vorhanden; man muss es der Zeit überlassen, dass sie ihn milder macht. Dann wird dieser Wein der richtige Begleiter für Schokolade sein.

A. et Ph. Mercier, Dom. Joliette, rte de Vingrau, 66600 Espira-de-l'Agly, Tel. 04.68.64.50.60, Fax 04.68.64.18.82 ☑ Y n. V.

CH. LA CASENOVE Tuilé 1998

■ 20 ha 6 000 11 à 15 €

Am Rande des launischen Réart beherbergt das seit Jahrhunderten bestehende Bauwerk der Tempelritter heute einen überzeugten, begabten Winzer. Die Extraktion hat hier eine intensive rote Farbe und Düfte ergeben, die von Sauerkirsche und Brombeere beherrscht werden. Die schon in der Ansprache deutlich spürbaren Tannine begleiten die Frucht. Empfehlen kann man ihn zu einer Früchtekaltschale.

Ch. La Casenove, 66300 Trouillas, Tel. 04.68.21.66.33, Fax 04.68.21.77.81 ☑ Y Mo–Sa 10h–12h 16h–20h

Montes

DOM. DE LA MADELEINE Tuilé 1997*

■ 3 ha k. A. 8 à 11 €

Das Gut, das zwischen der Stadt und dem Meer liegt, an der alten Trasse der Via Domitia, wurde 1996 von Georges Assens übernommen, der hier erfolgreich seinen ersten Versuch als Winzer vorstellt. Das Ziegelrot lässt den Beginn einer Entwicklung erkennen, aber der Wein bleibt sehr fruchtig und fleischig. Backpflaume scheint durch, umgeben von seidigen Tanninen. Das Ganze ist harmonisch und trinkreif.

Dom. de La Madeleine, chem. de Charlemagne, 66000 Perpignan, Tel. 04.68.50.02.17, Fax 04.68.50.02.17 Y Mi, Sa 9h–13h

DOM. LA ROUREDE Hors d'âge***

□ 1 ha 1 500 15 à 23 €

Jean-Luc Pujol, ein charismatischer Führer in Sachen Weinbau, wollte ein wenig Abstand gewinnen und zu seinen Weinbergen und seinem Keller zurückfinden, wobei er die ganze Begeisterung bewahrt, die eine zu erwartende Rückkehr voraussagen lässt. Zehn Jahre Ausbau im Holzfass für diesen ins Gelbrote gehenden bernsteinfarbenen Wein, der reich an honigartigen Düften von Tabak, Gewürzen, Feige und Orangenschale ist. Der Geschmack verführt durch Fülle, «Fett» und harmonische Verschmolzenheit, das Vorhandensein von kandierter Aprikose und danach durch den Abgang, der ganz durch getrocknete Früchte und Röstaroma bestimmt ist.

Jean-Luc Pujol, EARL La Rourède, Dom. La Rourède, 66300 Fourques, Tel. 04.68.38.84.44, Fax 04.68.38.88.86, E-Mail vins-pujol@wanadoo.fr ☑ Y Mo–Sa 9h–12h 15h–18h30

CH. LES PINS Ambré 1995**

□ k. A. 5 000 11 à 15 €

Sonne, steinige Terrassen, alte Rebstöcke und sicherlich ein wenig Malvoisie, eine sagenumwobene Rebsorte, die auch Tourbat genannt wird: Das Rezept funktioniert. Man lasse ihn noch zwei Jahre in neuen Barriquefässern ruhen und erhält diesen altgoldenen Ambré, der intensiv nach kandierter Orange und hellem Tabak duftet und im Geschmack eine harmonische Ausgewogenheit mit einem Hauch von Exotik, dem Röstaroma des Holzes und einem zart mentholartigen Abgang bietet.

Cave des Vignerons de Baixas, 14, av. Mal-Joffre, 66390 Baixas, Tel. 04.68.64.22.37, Fax 04.68.64.26.70, E-Mail baixas@smi-telecom.fr ☑ Y n. V.

MAS CRISTINE 1997

□ 4 ha 13 000 11 à 15 €

Hier machen die Korkeichen den Reben und die Berge dem Meer Platz. Auf dem Mas Cristine befinden Sie sich am Anfang der wunderschönen Felsküste. Der Wein von heller Bernsteinfarbe zögert zwischen dem Honigduft von Lebkuchen und dem Röstgeruch von Mandeln. Im Mund vereinigen sich mit dem Ganzen noch

Zitrusfrüchte. Der Alkohol fügt Frische und Länge hinzu.
⊶ Mas Cristine, château de Jau, 66600 Cases-de-Pène, Tel. 04.68.38.90.10, Fax 04.68.38.91.33, E-Mail daure@wanadoo.fr
⊶ Familie Dauré

CH. MOSSE Hors d'âge 1967***

☐ 3 ha 4 000 46 à 76 €

Das Dorf ist ein Schmuckstück vor dem Hintergrund des Mittelmeers und des Canigou-Massivs. Dieser sehr alte Rivesaltes, dessen Anblick mit den Altersreflexen an Nussschalenbeize denken lässt, wirkt erhaben! Wenn man bedenkt, dass es sich ursprünglich um einen Weißwein handelt! Nussschnaps, altes Fass, Torf, brauner Tabak und Moschus – die Gerüche überschlagen sich förmlich. Der Geschmack ist unermesslich: Die ölige Verschmolzenheit, die für einen Rancio typisch ist, begleitet kandierte Feige, Fruchtfleisch von Backpflaumen und danach Lakritze, Tabak und Torf, die nicht mehr aufhören.
⊶ Jacques Mossé, Ch. Mossé, 66300 Sainte-Colombe-de-la-Commanderie, Tel. 04.68.53.08.89, Fax 04.68.53.35.13
☑ Ꮖ n. V.

CH. DE NOUVELLES Tuilé 1994*

■ 4 ha 4 000 8 à 11 €

Dieses alte Gut in Familienbesitz, das in der AOC Fitou einen Maßstab setzt, verdient einen Umweg: eine richtige Oase in den Corbières, wo es Spaß macht, zwischen den großen Fässern umherzugehen. Die Lagerung im Holzfass verleiht dem Wein eine rotbraune Farbe und schwere Noten von Heu, feuchtem Unterholz und Kakao. Der Geschmack ist samtig und weich. Früchte in Alkohol verbinden sich mit dem Röstaroma der Tannine; danach sorgen Tabak und Schokolade für einen leicht bitteren Hauch, der Länge bewirkt.
⊶ EARL R. Daurat-Fort, Ch. de Nouvelles, 11350 Tuchan, Tel. 04.68.45.40.03, Fax 04.68.45.49.21 ☑ Ꮖ n. V.

DOM. PAGES HURE Grenat 1998

■ 3 ha 8 000 8 à 11 €

Zehn Jahre nachdem Jean-Louis Pagès den Familienbetrieb, der auf zwei Jahrhunderte Weinbauerfahrung zurückschauen kann, im Haupterwerb übernommen hat, behält er noch seine ganze Begeisterung bei. Die Farbe dieser Cuvée ist sehr kräftig. Leder, Lakritze und Gewürze gehen einem weichen, sehr samtigen, feinen Geschmack voraus, dessen pfeffriger Abgang noch fest ist.
⊶ SCEA Pagès Huré, 2, allée des Moines, 66740 Saint-Génis-des-Fontaines, Tel. 04.68.89.82.62, Fax 04.68.89.82.62
☑ Ꮖ n. V.

LES VIGNERONS DE PEZILLA Hors d'âge***

☐ 250 ha 10 000 8 à 11 €

Vom Dorf aus bietet die Straße zum Donne-Pass die Möglichkeit, die Weinberge und gleichzeitig die Vielfalt der Terroirs im Roussillon kennen zu lernen. Der Wein kann sich nicht zwischen Bernsteingelb und Golden entscheiden. Die kandierte Orange ist allgegenwärtig: Nussschnaps versucht sie zu begleiten. Die Jury schätzte die Ausgewogenheit, die Fülle und die Vereinigung von Zitrusfrüchten und gerösteten Trockenfrüchten, wobei im Abgang Walnüsse zum Vorschein kommen.
⊶ Les Vignerons de Pézilla, 66370 Pézilla-la-Rivière, Tel. 04.68.92.00.09, Fax 04.68.92.49.91
☑ Ꮖ n. V.

DOM. DE RANCY Ambré 4 ans d'âge Elevé en fût de chêne**

☐ k. A. k. A. 8 à 11 €

Entgegen dem Modegeschmack bleibt J.-H. Verdaguer den Vins doux naturels treu und beweist weiterhin, dass man von seiner Passion leben kann. Noch ein Wein für Eingeweihte! Er macht mit einer Farbe zwischen Bernsteingelb und Rotbraun auf sich aufmerksam und lässt schroffe Noten von Leder und Tabak und danach von Nussschnaps erkennen. Zögern Sie nicht, wir sind hier im Reich der Rancio-Aromen, wobei kandierte Früchte, brauner Tabak, Malz und Backpflaume vor den unendlich lang anhaltenden Walnüssen zurücktreten.
⊶ Jean-Hubert Verdaguer, Dom. de Rancy, 11, rue Jean-Jaurès, 66720 Latour-de-France, Tel. 04.68.29.03.47, Fax 04.68.29.06.13
☑ Ꮖ n. V.

DOM. ROSSIGNOL Tuilé 1997*

■ 1 ha 2 000 11 à 15 €

Nach zwei Generationen als Genossenschaftsmitglieder träumt der Enkelsohn Pascal Rossignol von Unabhängigkeit. Seit 1995 stellt er seine Weine selbst her. Nach einem **96er Ambré** hier dieser 97er Tuilé, dessen noch jugendliche Farbe durch ihre Eleganz überrascht. Der Geschmack ist weich, verschmolzen und sehr fruchtig; der an Geröstetes und Milch erinnernde Abgang hinterlässt einen milden Eindruck von Haselnüssen.
⊶ Pascal Rossignol, rte de Villemolaque, 66300 Passa, Tel. 04.68.38.83.17, Fax 04.68.38.83.17
☑ Ꮖ Mo–Sa 10h30–12h30 16h30–19h30

DOM. ROZES Muté sur grain 1992**

■ k. A. 12 000 8 à 11 €

Das für seinen Muscat berühmte Gut zeichnet sich dieses Jahr mit seinem «auf den Beeren abgestoppten» 92er aus. Der erste Kontakt ist wild, aber schon wenn man ihn in den Mund nimmt, kommt der Wein perfekt zum Ausdruck, sanft und reichhaltig zugleich, stark an Kirschwasser erinnernd. Danach verblassen die Tannine und machen der Frucht Platz.
⊶ SCEA Tarquin – Dom. Rozès, 3, rue de Lorraine, 66600 Espira-de-l'Agly, Tel. 04.68.38.52.11, Fax 04.68.38.51.38, E-Mail rozes.domaine@wanadoo.fr ☑ Ꮖ n. V.

SIGNATURE RENE SAHONET
Ambré Elevage en fût 1997*

☐ 5 ha 4 000 8 à 11 €

Erst vor kurzem investierte René Sahonet, der einer sehr alten Winzerfamilie entstammt, kräftig in einen Probier- und Fasskeller. Sein noch fruchtbetonter 97er Ambré, der ganz in eine gelbrote Bernsteinfarbe gehüllt ist, entfaltet sich langsam zu einem honigsüßen Tabakduft. Zitrusfrüchte überraschen im geschmacklichen Auftakt; danach setzt sich über einem fleischigen Stoff Aprikose durch; leichte Tannine verleihen dem Wein eine beachtliche Stärke.

René Sahonet, 13, rue Saint-Exupéry, Clos de Bacchus, 66450 Pollestres, Tel. 06.60.87.60.12 n. V.

DOM. SARDA MALET La Carbasse 1999

■ 2 ha 3 000 11 à 15 €

Unweit der Stadt Perpignan, die in dem von den ersten Hügeln gebildeten Tal liegt, befindet sich dieses 48 ha große Gut, recht weit vom städtischen Getöse entfernt. Suzy Malet sagt gern, dass auf ihrem Boden der Geist von Bacchus atmet. Dieser schöne granatrote Wein, dessen klassischer Auftakt ganz von Kirschen bestimmt wird, ist in der Ansprache sehr weich und enthüllt dann seine Struktur und noch junge Tannine. Die schöne Flasche muss vier bis fünf Jahre lagern.

Dom. Sarda-Malet, Mas Saint-Michel, chem. de Sainte-Barbe, 66000 Perpignan, Tel. 04.68.56.72.38, Fax 04.68.56.47.60 n. V.

Suzy Malet

CH. DE SAU Ambré Hors d'âge**

☐ 2 ha 4 500 11 à 15 €

Zwischen Perpignan und Thuir besteht die Landwirtschaft aus Obstzucht oder Weinbau. Das Wasser für den einen Zweig, der Boden allein für den anderen. Hervé Passama hat sich entschieden, wie dieser bemerkenswerte Ambré beweist. Der Beginn eines Rancio-Charakters ist im Anblick zu erkennen und bestätigt sich in der Nase. Der Geschmack folgt nach, wobei Zitrusfrüchte und Pfirsich mit Honig auftauchen und voller Süße die Röst- und Torfnoten und einen Hauch von Zimt ausgleichen. Der Abgang wird von Walnuss geprägt.

Hervé Passama, Ch. de Saü, 66300 Thuir, Tel. 04.68.53.21.74, Fax 04.68.53.29.07, E-Mail chateaudesau@aol.com n. V.

CAVE DE TAUTAVEL Tuilé 1983*

■ 75 ha 12 000 8 à 11 €

Tautavel ist eine Hochburg der Vorgeschichte. Es ist auch ein Gebiet mit einem wunderbaren Potenzial für Weinbau; genutzt wird es von der Genossenschaft, die sehr schöne Erzeugnisse präsentiert. Der Fassausbau dieses Tuilé hat für Firngerüche von großen alten Fässern gesorgt, die sich mit Noten von Wachs und altem Armagnac vermischen. Der füllige, runde Geschmack präsentiert sich vor einem Gewürzhintergrund in einer Abfolge von kandierten bis zu getrockneten Früchten, bevor er mit einer Note von Herrenschokolade ausklingt.

Les Maîtres Vignerons de Tautavel, 24, av. Jean-Badia, 66720 Tautavel, Tel. 04.68.29.12.03, Fax 04.68.29.41.81, E-Mail vignerons.tautavel@wanadoo.fr tägl. 8h–12h 14h–18h; Gruppen n. V.

TERRASSOUS
Ambré Vinifié en fût de chêne 1995

☐ 5 ha 5 000 8 à 11 €

Terrats, das abseits von den großen Verkehrsachsen zwischen dem Canigou-Massiv und dem Mittelmeer liegt, ist das Herz der Aspres und schlägt nur für den Wein. Sein 95er Ambré ist weich, die Entwicklung noch leicht. Das Abstoppen der alkoholischen Gärung in Barrique-Fässern verleiht ihm einen Hauch von «Cointreau», ohne jedoch eine überraschende blumige Note zu überdecken. Dieser feine, delikate Wein, der ganz durch Honigblüten geprägt wird, steht als Aperitif bereit, den Trockenfrüchte begleiten können.

SCV Les Vignerons de Terrats, BP 32, 66302 Terrats, Tel. 04.68.53.02.50, Fax 04.68.53.23.06, E-Mail scv-terrats@wanadoo.fr Mo–Sa 8h–12h 14h–18h

TERRE ARDENTE**

■ k. A. 10 000 5 à 8 €

Das Anbaugebiet von Fitou eignet sich für die Herstellung schöner Rivesaltes-Weine. Das Rot der tonig-kalkigen Böden und die Glut der Sonne rechtfertigen hier den Namen der Cuvée («brennende Erde»), aber wenn man dann erst die Arbeit des Menschen bedenkt! Dieser Wein hat eine sehr schöne Erscheinung: Das Rotbraun seiner Farbe harmoniert mit den Aromen von Gewürzen, Backpflaume, Leder und Röstung. Der samtige Geschmack ist ausgewogen; das Röstaroma der Tannine und eine Kakaonote verlangen nach Nachspeisen.

Vignerons de La Méditerranée, ZI Plaisance,12, rue du Rec-de-Veyret, BP 414, 11104 Narbonne Cedex, Tel. 04.68.42.75.00, Fax 04.68.42.75.01, E-Mail rhirtz@listel.fr n. V.

VAQUER Post scriptum 1995*

■ k. A. 3 000 11 à 15 €

Ein wenig Humor beim Namen dieses Weins, der fünf Jahre lang im Tank «vergessen» wurde und eine neue Seite in das Winzerkapitel der Familie Vaquer schreibt. Die Erscheinung ist ansprechend; sie setzt sich zusammen aus einem schönen Ziegelrot sowie Unterholz- und Lederdüften, die sich mit gekochten Früchten vereinigen. Im Mund warten Feige und kandierte Früchte auf den Tabak. Das Ganze würzt eine feine Bitternote, die den Geschmack verlängert. (Flaschen mit 50 cl Inhalt.)

Dom. Bernard Vaquer, 1, rue des Ecoles, 66300 Tresserre, Tel. 04.68.38.89.53, Fax 04.68.38.84.42 n. V.

DOM. DU VIEUX CHENE Vieux 1989*

□ 10 ha 16 000 15 à 23 €

Die «Alte Eiche» nimmt eine einzigartige Lage ein; die Schönheit der Reblagen lässt sich nur noch mit der Schönheit der Umgebung vergleichen, die eine herrliche Aussicht auf das Roussillon bietet. Aber das Wichtige für den Leser, der nicht die Möglichkeit hat, diese wunderschöne Region selbst kennen zu lernen, ist auch die Qualität von Weinen wie diesem hier. Die gelbrote Bernsteinfarbe nimmt aprikosenfarbene Töne an. Die Fruchtigkeit wirkt kandiert; der Geschmack ist füllig und großzügig. Die Aromenpalette, die eine große Harmonie besitzt, vereint getrocknetes Heu, Gewürze und Tabak und bietet im Abgang Bitterorange.

Dom. du Vieux Chêne, Mas Kilo, 66600 Espira-de-l'Agly, Tel. 04.68.38.92.01, Fax 04.68.38.95.79 ☑ Y n. V.

Denis Sarda

Maury

Das Anbaugebiet (1 700 ha) umfasst die Gemeinde Maury, nördlich des Agly gelegen, und einen Teil der Nachbargemeinden. An steilen Hügeln, die mit unterschiedlich stark verwittertem Schiefer der Apt-Stufe bedeckt sind, wurden 2000 von der Rebsorte Grenache noir 32 094 hl erzeugt. Bei der Vinifizierung verwendet man oft eine lange Maischegärung; die Reifung trägt zur Verfeinerung der bemerkenswerten Cuvées bei.

Wenn die Weine jung sind, haben sie eine granatrote Farbe; später nehmen sie eine rotbraune Färbung an. Das Bouquet ist zunächst sehr aromatisch und erinnert an kleine rote Früchte. Bei den stärker entwickelten Weinen denkt man an Kakao, gekochte Früchte und Kaffee. Maury-Weine trinkt man vorzugsweise als Aperitif und zum Dessert, aber sie eignen sich auch zu würzigen und süßen Gerichten.

CHABERT DE BARBERA 1983**

■ 1,85 ha 5 000 30 à 38 €

Vom Chabert der Maury-Winzer kann man nicht genug bekommen. Ein überraschender erster Kontakt, gelbrote Bernsteinfarbe und Düfte von Haselnuss, honigsüßem Tabak und kandierter Feige, ein draufgängerischer Geschmack von kandierten Früchten, Gewürzen und Geröstetem vor einem Hintergrund von halb reifen Walnusskernen: Dieser 83er sorgt dafür, dass man ihn nicht vergisst. Havanna, Schwarzwälder Kirschtorte, Nusskuchen – alles ist erlaubt ...

SCAV Les Vignerons de Maury, 128, av. Jean-Jaurès, 66460 Maury, Tel. 04.68.59.00.95, Fax 04.68.59.02.88 ☑ Y n. V.

DOM. DE LA COUME DU ROY Cuvée Agnès 1998*

■ 19,3 ha 20 000 11 à 15 €

Dieses alte Gut, das seit fünf Generationen im Besitz der gleichen Familie ist, birgt in seinen Kellern sehr alte Jahrgänge. Ein Wein mit weiblichem Charakter: Nach Paule de Volontat führt jetzt Agnès de Volontat-Bachelet das Gut, zusammen mit Hélène Grau, die für die önologischen Aufgaben zuständig ist. Diese tiefrote Cuvée Agnès bietet intensive Kirsch- und Gewürzdüfte, die sich im Mund fortsetzen; um solide Tannine herum beißt man förmlich in die Frucht. Servieren wird man diesen Wein zu einer Früchtekaltschale, sofern man nicht länger warten kann.

Agnès Bachelet, Dom. de la Coume du Roy, 5, rue Emile-Zola, 66460 Maury, Tel. 04.68.59.67.58, Fax 04.68.59.67.58, E-Mail de.volontat.bachelet@wanadoo.fr ☑ Y n. V.

CAVE JEAN-LOUIS LAFAGE Prestige Vieilli en fût de chêne 1988**

■ 0,42 ha 1 250 11 à 15 €

Ein **sechs Jahre im Holzfass ausgebauter 92er Rancio** wurde von der Jury sehr geschätzt (ein Stern), doch die höchste Auszeichnung hat Jean-Louis Lafage mit diesem 88er errungen, der im großen Eichenfass ausgebaut wurde. Die Farbe zeigt ein noch kräftiges Ziegelrot. Gekochte Früchte und geröstetes Holz vor einem Hintergrund sommerlicher Garrigue teilen sich den Geruchseindruck; danach lässt die Frucht dem Röstaroma von Kakao den Vortritt. Dieser Wein erhielt auch als 86er eine Liebeserklärung.

Jean-Louis Lafage, 13, rue Dr-Pougault, 66460 Maury, Tel. 04.68.59.12.66, Fax 04.68.59.13.14 ☑ Y n. V.

MAS AMIEL 1980**

■ 10 ha 40 000 30 à 38 €

Mas Amiel hat 1999 den Besitzer gewechselt. Wir werden aufmerksam die Entwicklung dieses Guts verfolgen, das die Farben der Appellation hoch gehalten hat. Es ist in unserem Weinführer schon seit der ersten Ausgabe vertreten und hat im Laufe der letzten zehn Jahre nicht weniger als fünf Lieblingsweine und acht als außergewöhnlich beurteilte Weine hervorgebracht. Die in diesem Jahr vorgestellten Weine sind noch vom alten Besitzer hergestellt worden: ein **zehn Jahre alter Maury** (Preisgruppe: 70 bis 99 F), der große Beachtung fand (ein Stern), und dieser herrliche, zwanzig Jahre alte Wein. Er hat eine noch sehr kräftige Farbe und kommt an der Luft in Noten von Leder, Kakao und braunem Tabak zum Ausdruck. Der Geschmack ist intensiv, füllig, großzügig und samtig. Die Süße der Frucht begleitet darin Tabak und Kakao. Ein bemerkenswertes Finale mit Rancio-Aroma beschließt die Verkostung.

Dom. du Mas Amiel, 66460 Maury, Tel. 04.68.29.01.02, Fax 04.68.29.17.82 tägl. 10h–12h 14h–17h30

O. Decelle

DOM. POUDEROUX Hors d'âge**

2 ha 2 000 11 à 15 €

Ob es sich um den stark beachteten **99er** vom jugendlichen Typ (ein Stern) oder um diesen sehr harmonisch verschmolzenen «Hors d'âge» handelt, R. Pouderoux ermöglicht es uns, die gesamte Palette eines Grenache noir kennen zu lernen. Dieser Wein, dessen rotbraune Farbe stark aufgehellt ist, erinnert zunächst an Unterholz und entwickelt sich dann an der Luft zu Noten von Backpflaume und braunem Tabak hin. Der sanfte, feine, ausgewogene Geschmack mit den seidigen Tanninen klingt mit einem lang anhaltenden Abgang mit Kakaonoten aus.

Dom. Pouderoux, 2, rue Emile-Zola, 66460 Maury, Tel. 04.68.57.22.02, Fax 04.68.57.11.63 n. V.

DOM. DES SCHISTES La Cerisaie 1999

3 ha 4 000 11 à 15 €

Dieses Gut hat uns mit sehr schönen Rivesaltes-Weinen und Côtes du Roussillon-Villages bekannt gemacht. Man wundert sich deshalb auch nicht, hier einen Maury zu finden: Bildet Schiefer nicht den Lieblingsboden für diesen Vin doux naturel? Sehr alte Rebstöcke (fünfzig Jahre), eine lange Maischegärung unter Alkohol und eine kurze Lagerung im Holzfass haben einen 99er von tiefroter Farbe ergeben, den unter der Holzpatina schon Backpflaume prägt. Das «Fleisch» der Frucht, das eine schöne Verschmolzenheit zeigt, begleitet die Gewürze bis zu einem leicht kakaoartigen Abgang.

Jacques Sire, 1, av. Jean-Lurçat, 66310 Estagel, Tel. 04.68.29.11.25, Fax 04.68.29.47.17 n. V.

Muscat de Rivesaltes

Wenn die Bestockung zu 100 % aus Muscat-Reben besteht, darf der Winzer im gesamten Anbaugebiet der Rivesaltes-, Maury- und Banyuls-Weine Muscat de Rivesaltes herstellen. Das Anbaugebiet hat eine Rebfläche von mehr als 4 000 ha und erzeugte 49 215 hl im Jahre 2000. Die beiden zugelassenen Rebsorten sind Muscat à petits grains und Muscat d'Alexandrie. Die erstgenannte Rebsorte, die oft Muscat blanc oder Muscat de Rivesaltes genannt wird, reift frühzeitig und gedeiht in relativ kühlen Gebieten, deren Böden nach Möglichkeit kalkhaltig sein sollten. Die andere Sorte, die man auch als Muscat romain bezeichnet, wird später reif und ist sehr widerstandsfähig gegenüber Trockenheit.

Bei der Weinherstellung werden die Trauben entweder unmittelbar gepresst oder gären mehr oder weniger lang auf der Maische. Der Ausbau muss in einer reduktiven Umgebung stattfinden, um zu verhindern, dass die primären Aromastoffe oxidieren.

Die Weine sind likörartig süß und enthalten mindestens 100 g Zucker pro Liter. Man sollte sie jung trinken, mit einer Temperatur von 9 bis 10 °C. Sie passen hervorragend zu Nachspeisen, Zitronen-, Apfel- oder Erdbeerkuchen, Sorbets, Eis, Obst, Mandelkonfekt mit Früchten und Marzipan sowie zu Roquefort.

DOM. AMOUROUX 1999**

10 ha 5 000 5 à 8 €

Die Domaine Amouroux (70 ha), die sich im Herzen der Aspres befindet, hat sich dieses Jahr besonders mit ihrem altgoldenen 99er ausgezeichnet, der subtile Entwicklungsnoten zeigt. Die komplexen Aromen erinnern an exotische Früchte, überreife Trauben und kandierte Orange. Der Geschmack ist sehr füllig und nachhaltig. Ein sehr schönes Erzeugnis im entwickelten Stil, den man in der Verkaufsstelle (mit Probiermöglichkeit) des Guts in Argelès-sur-Mer kennen lernen kann.

Dom. Jean Amouroux, 15, rue du Pla-del-Rey, 66300 Tresserre, Tel. 04.68.38.87.54, Fax 04.68.38.89.90 n. V.

DOM. D'AUBERMESNIL Cuvée Apinae 1999*

15 ha 28 000 5 à 8 €

Das Dorf Leucate, eine Anlegestation der griechischen Seeleute im Altertum, hat seinen Namen von der weißen Farbe (der griechische Name *leucos* bedeutet «weiß») seiner steilen Klippe, die das Meer überragt. Der Kalksteinboden hier ist besonders günstig für den Anbau der Rebsorte Muscat à petits grains. Dieser 99er ist typisch für diese Traubensorte, wenn sie eine gute Reife erreicht hat. Er hat eine strahlende altgoldene Farbe und bietet Aromen von über-

reifen Trauben mit Zitrus- und Honignuancen. Ein schöner Muscat-Dessertwein, der fett, kräftig und lang anhaltend ist.
🔑 Vignerons de La Méditerranée, ZI Plaisance,12, rue du Rec-de-Veyret, BP 414, 11104 Narbonne Cedex, Tel. 04.68.42.75.00, Fax 04.68.42.75.01, E-Mail rhirtz@listel.fr ☑ Y n. V.

CH. AYMERICH 2000

☐ 2,15 ha 6 000 8à11€

Das Familiengut hat seinen Sitz in Estagel, einer großen Weinbaugemeinde in den Fenouillèdes. Sein 2000er Muscat zeigt eine strahlende blassgoldene Farbe mit silbernen Reflexen. Der Duft mischt leichte blumige Noten mit Nuancen von Zitrusfrüchten (Zitrone, Pampelmuse) und frischen Früchten (Pfirsich). Auf die angenehme Ansprache mit Noten von Pfirsich in Sirup folgt ein ausgewogener, anhaltender Geschmack.
🔑 Jean-Pierre et Catherine Grau-Aymerich, Ch. Aymerich, 52, av. Dr-Torreilles, 66310 Estagel, Tel. 04.68.29.45.45, Fax 04.68.29.10.35, E-Mail aymerich-grau-vins@wanadoo.fr ☑ Y n. V.

CH. BELLOCH 2000

☐ 9,5 ha 3 000 5à8€

Dieses 25 ha große Gut widmet sich der Produktion von Vins doux naturels. Sein 2000er Muscat bietet einen ansprechenden Anblick, der klar und frisch wirkt. Seine Aromen sind süß, zitronenartig mit Noten exotischer Früchte (Passionsfrüchte, Ananas, Banane). Der gut ausbalancierte Geschmack klingt mit einer reizvollen lebhaften Note aus.
🔑 SA Cibaud-Ch. Miraflors et Belloch, rte de Canet, 66000 Perpignan, Tel. 04.68.34.03.05, Fax 04.68.51.31.70, E-Mail vins.cibaud@wanadoo.fr ☑ Y Mo–Sa 9h–13h 15h–19h

DOM. BERTRAND-BERGE 2000**

☐ 2 ha 5 300 8à11€

Die Domaine Bertrand-Bergé fügt sich in eine wunderschöne Landschaft ein, unweit der Katharerburgen Quéribus und Peyrepertuse. Ihr 2000er Muscat hat die Jury erobert, denn er vereint Stärke und Leichtigkeit. Die Farbe ist sehr blassgolden; der feine Zitronen- und Blütenduft erinnert an Ginster und Akazie. Der Geschmack lässt eine schöne Fülle sowie eine außergewöhnliche Aromenpalette erkennen, die Rosen, Honig, Eisenkraut, Zitronenblüte und exotische Früchte verbindet. All das verdient bestimmt eine Liebeserklärung!
🔑 Dom. Bertrand-Bergé, av. du Roussillon, 11350 Paziols, Tel. 04.68.45.41.73, Fax 04.68.45.41.73 ☑ Y tägl. 8h–12h 13h30–19h

DOM. DE BESOMBES SINGLA
Vieilles vignes 2000

☐ 0,7 ha 4 000 8à11€

Dieses sehr alte Gut in der Nähe von Salses befindet sich seit 1760 im Besitz der Familie. Die Arbeit der neuen Generation wird mit diesem kraftvollen Wein belohnt, der eine intensive goldene Farbe hat. Die Aromen erinnern an reife Trauben und Zitrusfrüchte, mit Noten von Orangenmarmelade und kandierter Zitrone im Mund. Ein schöner traditioneller Muscat.
🔑 Dom. de Besombes-Singla, 4, rue de Rivoli, 66250 Saint-Laurent-de-la-Salanque, Tel. 04.68.28.30.68, Fax 04.68.28.30.68, E-Mail ddbs@libertysurf.fr ☑ Y n. V.

DOM. BONZOMS 2000

☐ 5 ha 2 500 5à8€

Das Dorf Tautavel, das in den Fenouillèdes liegt, mitten in einem Talzirkus, den Berge mit ausgedörrten Böden bilden, ist wegen seiner bedeutenden prähistorischen Fundstätte weltweit bekannt. Das Terroir erzeugt eine kommunale Appellation der Côtes du Roussillon-Villages. Die Muscat-Weine haben hier ebenfalls eine ausgezeichnete Beschaffenheit. Dieser hier zeigt eine schöne strohgoldene Farbe und mischt in der Nase weiße Blüten und grünen Tee. Der Geschmack entfaltet sich mit Nuancen von Zitrusfrüchten und frischen Trauben innerhalb einer eleganten Ausgewogenheit, die Frische und Öligkeit kennzeichnen.
🔑 EARL Dom. Bonzoms, 2, pl. de la République, 66720 Tautavel, Tel. 04.68.29.40.15, E-Mail domaine.bonzoms@clubinternet.fr ☑ Y tägl. 10h–12h30 15h–19h; 1. Okt. bis 31. März geschlossen

DOM. BOUDAU 2000*

☐ 6 ha 20 000 8à11€

Seit mehreren Jahren rüsten Pierre und Véronique Boudau ihre Kellerei so aus, dass sie die verschiedenen Reblagen ihres riesigen Guts (80 Hektar) besser zur Geltung bringen. Die Leser unseres Weinführers konnten prächtige auf dem Gut hergestellte Cuvées (95er, 97er, 98er ...) erleben. Hier haben wir erneut einen Muscat von schöner Ausdrucksstärke, in dem sich frische Aprikose, gekochter gelber Pfirsich und exotische Früchte harmonisch mischen. Der wohl ausgewogene Geschmack verbindet Frische und Öligkeit.
🔑 Dom. Véronique et Pierre Boudau, 6, rue Marceau, 66600 Rivesaltes, Tel. 04.68.64.45.37, Fax 04.68.64.46.26 ☑ Y Mo–Sa 10h–12h 15h–19h (Juni bis Sept.)

DOM. CAZES 2000*

☐ 35 ha 140 000 🍾🌡 11 à 15 €

Das Gut gehört zu den größten (160 ha) und berühmtesten Weingütern der Region, denn es bietet eine vielfältige, erstklassige Produktion in großer Stückzahl. Sein 2000er Muscat, dessen hellgoldene Farbe klar und strahlend ist, zeichnet sich durch die Feinheit und die Eleganz seiner Aromen von exotischen Früchten (Mango, Ananas) und reifen Trauben aus, die eine Anisnote und ein Hauch von frischen Veilchen begleiten. Der blumig-zitronenartige Geschmack zeigt einen sehr schönen Umfang. Ein neuerliches Dankeschön den Cazes für ihre Beständigkeit in der Kunst des Winzerhandwerks.

🔑 André et Bernard Cazes,
4, rue Francisco-Ferrer, BP 61, 66602 Rivesaltes, Tel. 04.68.64.08.26, Fax 04.68.64.69.79,
E-Mail info@cazes-rivesaltes.com ☑ 🍷 n. V.

LES VIGNERONS DES COTES D'AGLY 2000*

☐ 80 ha 30 000 🍾🌡 5 à 8 €

Diese Genossenschaft vinifiziert die Produktion von 1 250 ha Reben. Ihr Muscat, dessen schönes Blassgelb mit grünen Reflexen überaus leuchtend ist, vereint exotische Früchte, Zitrone und Rosen. Der in der Ansprache frische und danach runde und likörartig süße Geschmack zeichnet sich durch seine Ausgewogenheit aus. Der Abgang ist durch eine delikate Aprikosennote geprägt.

🔑 Les Vignerons des Côtes d'Agly, Cave coopérative, 66310 Estagel, Tel. 04.68.29.00.45, Fax 04.68.29.19.80, E-Mail agly@little-france.com ☑ 🍷 Mo–Fr 8h–12h 14h–18h

HENRI DESBŒUFS Le Vieux Bailli 2000*

☐ 2 ha 2 000 🍾🌡 8 à 11 €

Das in der Nähe von Rivesaltes liegende Espira-de-l'Agly hat sich um ein Priorat herum ausgebreitet, das im 12. Jh. gegründet wurde und von dem noch eine schöne romanische Wehrkirche besteht. In dieser Gemeinde bewirtschaftet Henri Desbœufs 25 ha Reben. Sein Muscat bietet eine bemerkenswerte Konstanz in der Qualität. Der 2000er hat eine schöne goldene bis strohgelbe Farbe. Seine intensiven, leicht entwickelten Aromen erinnern an kandierte Orangenschale, Rosinen und Honig. Der Geschmack ist ölig, füllig und anhaltend.

🔑 Henri Desbœufs, 39, rue du 4-Septembre, 66600 Espira-de-l'Agly, Tel. 04.68.64.11.73, Fax 04.68.38.56.34 ☑ 🍷 n. V.

DOM BRIAL 2000**

☐ k. A. 70 000 🍾🌡 5 à 8 €

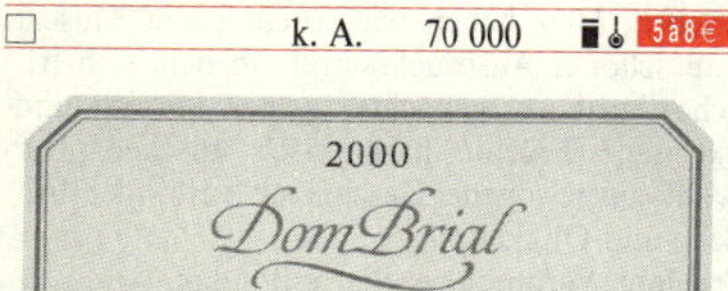

2000
Dom Brial
MUSCAT DE RIVESALTES
VIN DOUX NATUREL

Unweit von Perpignan hat das Dorf Baixas einen Großteil seiner Stadtmauer und seiner befestigten Tore bewahrt. Die Winzerkellerei von Baixas, die die Trauben von 2 100 ha Reben vinifiziert, gehört zu den Haupterzeugern von Muscat im Roussillon. In diesem wunderschönen Ort reimt sich Quantität auf Qualität. Beweis dafür ist dieser prächtige 2000er Muscat, der alle Qualitäten vereint: strahlende Farbe, goldgelb mit grünen Reflexen; Feinheit, Komplexität und Eleganz der Aromenpalette, ein Bouquet aus Blumen (Rosen, Mimosen) und Früchten (Passionsfrucht, Ananas, Mango und Zitrone); bemerkenswerte Ausgewogenheit, die durch Öligkeit und Frische bestimmt ist. «Der Muscat, wie wir ihn lieben», um die Jury zu zitieren, die ihm ohne Zögern diese Liebeserklärung zuerkannte.

🔑 Cave des Vignerons de Baixas,
14, av. Mal-Joffre, 66390 Baixas,
Tel. 04.68.64.22.37, Fax 04.68.64.26.70,
E-Mail baixas@smi-telecom.fr ☑ 🍷 n. V.

LES VIGNERONS D'ELNE
Passion de Pyrène 2000

☐ 4 ha 5 000 🍾🌡 8 à 11 €

Elne ist das alte Illibéris der Iberer. Man muss hier einen Halt einlegen, um seine romanische Kathedrale mit dem herrlichen Glockenturm zu besichtigen. Bei dieser Gelegenheit kann man auch diesen hübschen Muscat der Genossenschaft probieren, der eine leichte, strahlende hellgoldene Farbe mit grünen Reflexen besitzt. Der feine, komplexe Duft verbindet frische Früchte (weißer Pfirsich, Birne), Zitrusfrüchte (kandierte Zitrone) und Eisenkrautnoten. Die Ausgewogenheit im Geschmack ist angenehm, ölig und warm.

🔑 Les Vignerons d'Elne, 67, av. Paul-Reig, 66200 Elne, Tel. 04.68.22.06.51,
Fax 04.68.22.83.31
☑ 🍷 Mo–Fr 8h–12h 14h–18h; Sa 8h–12h

LES VIGNERONS DE FOURQUES 2000

☐ 20 ha k. A. 🍾🌡 8 à 11 €

Das in den Aspres gelegene Dorf Fourques hat Überreste seiner Stadtmauer bewahrt. Die Genossenschaft vinifiziert das Traubengut von 420 ha Reben. Ihr 2000er Muscat zeigt eine strahlende goldgelbe Farbe mit grünen Reflexen. Seine klaren, intensiven Aromen lassen an eine Welt aus Blumen (Kapuzinerkresse, Rosen, Nelken, Akazien) und frischen Früchten (Litschi, Kumquat, Birne) denken. Im Mund gleichen sich Säure, «Fleisch» und Öligkeit gut aus.

🔑 SCV les Vignerons de Fourques,
1, rue des Taste-Vin, 66300 Fourques,
Tel. 04.68.38.80.51, Fax 04.68.38.89.65
☑ 🍷 n. V.

CH. DE JAU 2000

☐ 10 ha 40 000 🍾🌡 8 à 11 €

Dieses riesige Gut (134 ha) in Cases-de-Pène, in den Fenouillèdes (zwischen Corbières und Roussillon), ist ein Stammgast im Hachette-Weinführer. Auch in seiner neuen Präsentationsform (Flasche mit 50 cl Inhalt) bleibt der

2000er Muscat ein guter Klassiker der Appellation. Er hat eine strahlende goldgelbe Farbe mit grünen Tönen und bietet klare, feine, komplexe Aromen: reife Trauben, weiße Früchte, Zitronengras, Ingwer und Reneklode. Ein schöner Dessertwein, den man zu Zitronen- oder Pflaumenkuchen servieren kann.
Ch. de Jau, 66600 Cases-de-Pène,
Tel. 04.68.38.90.10, Fax 04.68.38.91.33,
E-Mail daure@wanadoo.fr ☑ Y n. V.
Familie Dauré

CELLIER DE LA BARNEDE
Cuvée du 3e Millénaire 2000

☐ 23 ha 10 000 8 à 11 €

In dieser großen Kellerei der Aspres-Region wurden die «grünen Weine» des Roussillon geboren, die Vorläufer der AOC Côtes du Roussillon blanc. Die Kellerei vinifiziert die Ernte von 500 ha Reben und erzeugt etwa 25 000 hl pro Jahr. Ihre Cuvée du Troisième Millénaire wird von Aromen weißfleischiger Früchte (Birne, Pfirsich) beherrscht. Der Geschmack ist fleischig und besitzt eine sehr angenehme Ausgewogenheit und eine gute Länge.
SCV Les Producteurs de La Barnède,
66670 Bages, Tel. 04.68.21.60.30,
Fax 04.68.37.50.13 ☑ Y n. V.

DOM. LAFAGE 2000*

☐ 15 ha 40 800 8 à 11 €

Jean-Marc und Eliane Lafage, junge Önologen, haben dieses 72 ha große Gut 1995 übernommen und sind gerade dabei, sein Ansehen zu festigen. Die Jury wählte ihren 2000er Muscat aufgrund der Qualität seiner Aromen (Birne, kandierte Orange, Banane, frische Trauben) und wegen seiner Struktur aus, die füllig und likörartig wirkt und keinerlei Schwere aufweist. Ein kraftvoller Wein.
SCEA Dom. Lafage, mas Llaro,
rte de Canet, 66100 Perpignan,
Tel. 04.68.67.12.47, Fax 04.68.62.10.99,
E-Mail enofool@aol.com ☑ Y n. V.

CH. LES FENALS 2000

☐ 5,26 ha 7 000 8 à 11 €

Voltaires Neffe, Verwalter des Schlosses, belieferte den Hof Ludwigs XV. mit seinem «Likör vom Cap de Salses». Das Gut umfasst heute 17,5 Hektar. Übernommen wurde es von einer Hebamme, die in den Beruf der Winzerin überwechselte und im Jahre 2000 diesen bezaubernden Muscat zur Welt brachte. Das Baby ist goldfarben, lebhaft und muskulös. Es riecht zwar nach frischer Minze und Zitrone, kann sich aber auch rund und liebenswürdig zeigen.
Roustan Fontanel, Les Fenals, 11510 Fitou,
Tel. 04.68.45.71.94, Fax 04.68.45.60.57
☑ Y Mo–Sa 9h–12h 14h30–18h30; außerhalb der Saison nachm. geschlossen

DOM. LES MILLE VIGNES 2000*

☐ 0,5 ha 3 000 11 à 15 €

Warum der Name «Die tausend Reben»? Weil dieses kleine Gut, das am Nordufer des Strandsees von Leucate liegt, 1979 mit tausend Rebstöcken gegründet wurde! Zwischen Lagune und Garrigue eingezwängt, besitzt es einen ganz eigentümlichen Charme. In seiner Flasche mit 50 cl Inhalt bietet der 2000er Muscat einen schönen, strahlenden Anblick mit goldgelben Nuancen. Der Duft entfaltet sich zu Noten von frischen Früchten (Birne, weißer Pfirsich, Banane) und Pfefferminzbonbons. Der Geschmack, in dem man Rosen- und Pampelmusennuancen entdeckt, hat viel «Fett» und Öligkeit. Harmonischer Gesamteindruck.
J. et G. Guérin, Dom. Les Mille Vignes,
24, av. Saint-Pancrace, 11480 La Palme,
Tel. 04.68.48.57.14, Fax 04.68.48.57.14
☑ Y n. V.

CAVE DE LESQUERDE 2000*

☐ 7,5 ha 30 000 5 à 8 €

Die Kellerei von Lesquerde ist vor allem für ihre Produktion von Côtes du Roussillon-Villages Lesquerde berühmt. Aber sie hat uns mehr als nur einmal mit einem Muscat von schöner Feinheit verwöhnt. Wie etwa mit diesem hier, der eine strahlende hellgoldene Farbe zeigt. Im Duft wird er von Zitrusfrüchten (Zitrone, Limette, Orangenschale) beherrscht, während der sehr ausgewogene Geschmack exotische Ananas- und Ingwernoten enthält. Probieren.
SCV Lesquerde, rue du Grand-Capitoul,
66220 Lesquerde, Tel. 04.68.59.02.62,
Fax 04.68.59.08.17
☑ Y Mo–Sa 8h–12h 14h–18h

CH. L'HOSPITALET 1999**

☐ 1,5 ha 9 900 8 à 11 €

Das Gut (heute 1 000 ha, davon 60 ha Reben) wurde 1561 von den Hospitalitermönchen auf dem Massiv La Clape angelegt. Der Besucher kann dort eine in kultureller und gastronomischer Hinsicht angenehme Rast einlegen. Er kann hier auch diesen bemerkenswerten 99er von hellgoldener Farbe probieren, dessen Duft überreifes Traubengut, Feuerstein, Schwarze-Johannisbeer-Knospe und Orangenblüte verbindet. Ein origineller, ein wenig untypischer Wein, der aber eine sehr große Komplexität besitzt.
Dom. de L'Hospitalet, 11100 Narbonne,
Tel. 04.68.45.27.10, Fax 04.68.45.27.17,
E-Mail info@domaine.hospitalet.com
☑ Y n. V.

DOM. DU MAS CREMAT 2000*

☐ 4 ha 9 000 8 à 11 €

Der Hof hat seinen Namen von den schwarzen Schieferböden, die wie verbrannt wirken. Auf diesem außergewöhnlichen Terroir konnte Jean-Marc Jeannin stets Weine von schöner Ausdrucksstärke erzeugen. Betrachten Sie diesen 2000er Muscat, den eine strahlend goldene Farbe mit grünen Reflexen voller Eleganz und Feinheit schmückt. Seine Aromen erinnern an Lindenblüte, weiße Blüten und Zitrusfrüchte sowie einen Hauch von Eukalyptus. Der Geschmack ist ausgewogen und lang anhaltend.
Jeannin-Mongeard, Dom. du Mas Cremat,
66600 Espira-de-l'Agly, Tel. 04.68.38.92.06,
Fax 04.68.38.92.23 ☑ Y n. V.

CH. MOSSE 1998**

☐ k. A. 23 000 8 à 11 €

Die blassgoldene Farbe ist extrem jugendlich geblieben; die Aromen hingegen zeigen den Beginn einer interessanten Entwicklung mit Noten von Lindenblüten, Weingeist aus Muscat-Trauben und getrockneter Aprikose. Der intensive, frische, likörartig süße Geschmack zeigt außerdem eine sehr gute Länge.

SA Destavel, 7 *bis*, av. du Canigou, 66000 Perpignan, Tel. 04.68.68.36.00, Fax 04.68.54.03.54 ☑

DOM. PARCE 2000

☐ 4,6 ha 6 300 5 à 8 €

Dieses Gut in Familienbesitz orientierte sich 1982 in Richtung Qualität, als es beschloss, die Rebsorten mit hohen Erträgen durch bessere Traubensorten zu ersetzen und den Wein auf dem Gut abzufüllen. Sein 2000er Muscat, dessen strahlendes Blassgold grüne Reflexe zeigt, bietet zart mentholartige Aromen, die auch an weiße Früchte (Pfirsich), Zitrone und Lindenblüte erinnern. Der füllige, frische, gut ausbalancierte Geschmack präsentiert einen angenehmen Abgang.

EARL A. Parcé, 21 *ter*, rue du 14-Juillet, 66670 Bages, Tel. 04.68.21.80.45, Fax 04.68.21.69.40

☑ Y Mo–Sa 9h30–12h15 16h–19h30

LES VIGNERONS DE PEZILLA
Cuvée Prestige 2000*

☐ k. A. 5 000 5 à 8 €

Die 1935 gegründete Kellerei von Pézilla vinifiziert 800 ha Reben in der Region. Ihre Cuvée Prestige von schöner, strahlender blassgoldener Farbe, die feine pflanzliche (Eisenkraut, Lindenblüte) und blumige Düfte verströmt, fand Beachtung. Der Geschmack, der mit dem Geruchseindruck harmoniert, lässt außerdem einen exotischen Hauch erkennen. Das Ganze ist wohl ausgewogen, lang anhaltend und fett.

Les Vignerons de Pézilla, 66370 Pézilla-la-Rivière, Tel. 04.68.92.00.09, Fax 04.68.92.49.91

☑ Y n. V.

DOM. PIETRI-GERAUD 2000

☐ 3,2 ha 4 000 8 à 11 €

Das Weingut (32 ha) entstand in den 1890er Jahren. Gegenwärtig wird es von Maguy Piétri-Géraud und seiner Tochter Laetitia geführt. Ihren Keller finden Sie in einer der schattigen Straßen des berühmten Städtchens Collioure. Ihr 2000er Muscat, der eine sehr blasse Goldfarbe mit grünen Reflexen besitzt, verströmt frische Düfte von Orangenblüten und frisch geschnittener Minze. Im Mund enthüllt er eine große Süße. Dank eines Abgangs mit delikater Zitronennote bleibt die Ausgewogenheit erhalten.

Maguy et Laetitia Piétri-Géraud, 22, rue Pasteur, 66190 Collioure, Tel. 04.68.82.07.42, Fax 04.68.98.02.58

☑ Y tägl. 10h–12h30 15h30–18h30; außerhalb der Schulferien So, Mo geschlossen

DOM. PIQUEMAL
Coup de Foudre 1997**

☐ 1 ha 4 000 15 à 23 €

Pierre und Franck Piquemal bewirtschaften 60 Hektar. Sie sind alte Bekannte in unserem Weinführer und stellen dieses Jahr eine seltene Cuvée von einem alten Wein vor, der zwei Jahre im großen Eichenfass ausgebaut wurde. Sie hat eine strohgelbe Farbe und bietet eine Aromenpalette von schöner Komplexität, die kandierte Früchte, Zimt, Vanille, Karamell und Kardamom verbindet. Der ausgewogene Geschmack ist likörartig süß und sehr harmonisch verschmolzen. Ein reicher, origineller Wein. Die **2000er Hauptcuvée** (Preisgruppe: 50 bis 69 F; ein Stern) verführt ebenfalls durch ihre Komplexität: exotische Früchte, Birne und weißer Pfirsich, die sich mit Honig und Gewürzen (Muskatblüte, kandierter Ingwer) vereinen. Der Wein ist kräftig; der lang anhaltende Abgang legt nahe, ihn mit Gerichten mit blaugrün marmoriertem Edelpilzkäse (Blätterteig mit Roquefort) zu kombinieren.

Dom. Pierre et Franck Piquemal, 1, rue Pierre-Lefranc, 66600 Espira-de-l'Agly, Tel. 04.68.64.09.14, Fax 04.68.38.52.94, E-Mail contact@domaine-piquemal.com

☑ Y n. V.

CH. PRADAL 2000

☐ 8 ha 30 000 5 à 8 €

Ein 1810 entstandenes Weingut der «Unbeugsamen», das der Ausbreitung der Stadt Perpignan widersteht (es liegt heute unweit des Bahnhofs). Mit diesem 2000er präsentiert es einen hellgoldenen Wein mit intensiven Aromen von reifen Früchten (Banane) und in Alkohol eingelegten Früchten. Der Geschmack ist ölig und likörartig süß, mit Nuancen von kandierter Zitrone und Mimose.

André Coll-Escluse, Ch. Pradal, 58, rue Pépinière-Robin, 66000 Perpignan, Tel. 04.68.85.04.73, Fax 04.68.56.80.49

☑ Y Mo–Sa 10h–12h30 17h–19h30

RIERE CADENE 2000**

☐ 5 ha 5 000 5 à 8 €

Das 40 ha große Gut, das von der vierten Generation bewirtschaftet wird, hat sich dieses Jahr mit seinem strahlend goldenen, grün schimmernden Muscat besonders ausgezeichnet. Die komplexe Aromenpalette verbindet exotische Früchte, überreife Früchte (Trauben, Aprikose), Zitronenschale und Saft vom nordamerikanischen Tulpenbaum. Die harzige Note findet man im Mund wieder, unterstützt von einer vollkommenen Ausgewogenheit zwischen Frische und Öligkeit.

Laurence et Jean-François Rière, Mas Bel-Air, chem. Saint-Genis-de-Tanyères, 66000 Perpignan, Tel. 04.68.63.87.29, Fax 04.68.63.87.29, E-Mail riere@club-internet.fr

☑ Y Mo–Fr 9h–12h 14h–18h

ROC DU GOUVERNEUR 2000

☐ k. A. 15 000 ▮🌡 8à11€

Diese Genossenschaft vinifiziert das Traubengut von 3 000 Hektar. Roc du Gouverneur ist eine ihrer beiden Marken. Der 2000er zeigt eine strahlende Farbe: blassgelb mit grünen Reflexen. Der Duft mit feinem Muskatellercharakter mischt weiße Blüten, Früchte mit weißem Fruchtfleisch (Birne), exotische Früchte (Litschi) und leicht pflanzliche Noten. Der Geschmack erscheint mit einer sanften Ansprache, viel Fülle und «Fett» sowie einem frischen Abgang gut ausbalanciert.

🔑 Les Vignobles du Rivesaltais, 1, rue de la Roussillonnaise, 66602 Rivesaltes-Salses, Tel. 04.68.64.06.63, Fax 04.68.64.64.69, E-Mail vignobles.rivesaltais@wanadoo.fr ☑ 🍷 n. V.

RENE SAHONET 2000

☐ 4 ha 9 000 ▮🌡 5à8€

Schon 1662 baute die Familie Sahonet Wein an. Ihr Gut, das in Pollestres liegt, an der «Straße der Aspre-Weine», umfasst zwölf Hektar. 1999 wurde der Betrieb mit einem riesigen Lagerraum und einem Barriquekeller ausgerüstet, der für den Ausbau der Vins doux naturels bestimmt ist. Sein 2000er Muscat, der ein schönes, strahlendes Hellgolden zeigt, belegt die sorgfältige Vinifizierung. Seine Aromen sind fein, leicht blumig, mit Nuancen von reifen Früchten (Birne, Apfel, Ananas) und Zitrusfrüchten. Die Gesamtausgewogenheit ist sehr angenehm.

🔑 René Sahonet, 13, rue Saint-Exupéry, Clos de Bacchus, 66450 Pollestres, Tel. 06.60.87.60.12 ☑ 🍷 n. V.

DOM. SALVAT 2000*

☐ 6 ha 10 000 ▮🌡 8à11€

Von 1258 bis 1659 markierte Saint-Paul-de-Fenouillet die Grenze des Königreichs Frankreich. Das Städtchen in den Fenouillèdes liegt in der Nähe der Galamus-Schlucht, die der Fluss Agly geformt hat. Die Salvats bewirtschaften 70 ha Reben in der Umgebung. Sie präsentieren einen recht hübschen Muscat, den eine helle, glänzende Farbe mit grünen Reflexen schmückt. Der intensive Duft wird durch Blüten-, Zitronen- und Mentholnoten geprägt. Der Geschmack ist dementsprechend: leicht, lebhaft und von sehr guter Länge. Angenehmer Eindruck von Frische.

🔑 Dom. J.-Ph. Salvat, 8, av. Jean-Moulin, 66220 Saint-Paul-de-Fenouillet, Tel. 04.68.59.29.00, Fax 04.68.59.20.44, E-Mail salvat.jp@wanadoo.fr ☑ 🍷 n. V.

DOM. SAN MARTI Muscat de Noël 2000*

☐ 1,5 ha 4 600 ▮🌡 8à11€

Das 31 ha große Gut, das 1914 entstand, verwendet heute biologische Anbaumethoden. Sein goldgelber, silbern funkelnder Muscat de Noël bietet einen intensiven Duft von Zitrusfrüchten (Zitronenschale, Pampelmuse), Ananas und reifer Banane. Nach einer klaren, frischen Ansprache entdeckt man einen ausgewogenen Geschmack mit pfeffrigen Geranien- und Ingweraromen, der im Abgang auf harmonische Weise likörartig süß ist.

🔑 Clos Saint-Martin, 20, av. Lamartine, 66430 Bompas, Tel. 04.68.63.26.09, Fax 04.68.63.14.04, E-Mail domaine-sanmarti@free.fr ☑ 🍷 n. V.

🔑 Coronat

CH. VALFON 2000

☐ 1,17 ha 4 000 ▮🌡 5à8€

Die Domaine Valfon (28 ha) entstand 2000 aus der Vereinigung von zwei Weingütern. Die Farbe ihres 2000ers ist strahlend: hellgolden mit grünen Tönen. Der reintönige, lebhafte Duft bietet blumige (Geißblatt, Jasmin) und fruchtige Noten (Trauben, Weinbergspfirsich, Birne). Der wohl ausgewogene Geschmack von schöner Frische harmoniert mit dem Geruchseindruck.

🔑 Denis Valette, 11, rue des Rosiers, 66300 Ponteilla, Tel. 06.22.08.03.56, Fax 06.68.53.06.74 ☑ 🍷 n. V.

Muscat de Frontignan

Bei der Appellation Frontignan muss man darauf hinweisen, dass sie die Herstellung von Likörweinen erlaubt, wobei der Traubenmost vor der Gärung mit Alkohol versetzt wird. Auf diese Weise entstehen viel zuckerreichere Weine (rund 125 g/l). Bisweilen führt der Ausbau der Muscats in alten großen Holzfässern zu einer leichten Oxidation, die dem Wein einen eigentümlichen rosinenartigen Geschmack verleiht.

CH. DE LA PEYRADE Solstice 2000

☐ 26 ha 4 000 ▮🌡 8à11€

Viel Originalität und Frische in dieser Cuvée mit der besonders hellen Farbe, die grüne Reflexe zeigt. Die Aromen sind dementsprechend, mit Noten von Feuerstein und roter Johannisbeere. Der diskrete Geschmack ist fein säuerlich. Trinken sollte man ihn als Aperitif.

🔑 Yves Pastourel et Fils, Ch. de La Peyrade, 34110 Frontignan, Tel. 04.67.48.61.19, Fax 04.67.43.03.31 ☑ 🍷 n. V.

CH. DE LA PEYRADE Cuvée Prestige 2000**

☐ 26 ha 30 000 ▮🌡 8à11€

Château de La Peyrade knüpft dieses Jahr an die Liebeserklärungen an: Zum fünften Mal erhält es diese Auszeichnung, nach den sehr schönen Jahrgängen 1991, 1993 und 1995 (gar nicht zu reden von den als außergewöhnlich beurteilten Weinen in den Jahrgängen 1987, 1988, 1990, 1994 und 1996!). Wie gewohnt zieht die Familie Pastourel das Register der Eleganz. Die 2000er Cuvée Prestige, die sich in ein sehr blasses Golden mit grünen Reflexen hüllt, bietet Aromen von großer Frische: Birne, exotische Früchte (Ananas) und Steinlorbeer vermischen sich auf angenehme Weise. Der fleischige, lebhafte Geschmack lässt Anis- und Pampelmusennoten erkennen.

🔑 Yves Pastourel et Fils, Ch. de La Peyrade, 34110 Frontignan, Tel. 04.67.48.61.19, Fax 04.67.43.03.31 ☑ Y n. V.

DOM. DU MAS ROUGE 1999*

☐ 4,5 ha 16 000 ▮🌡 5 à 8 €

Die strohgelbe Farbe ist strahlend. Der sehr frische Duft verbindet pflanzliche Nuancen, Pampelmuse und Zitronengras, während im Mund kandierte Noten von Orangenschale zum Vorschein kommen. Der sehr ölige, fette Geschmack wird auf angenehme Weise durch ein leichtes Prickeln belebt.

🔑 Anne-Marie Jeanjean, Dom. du Mas Rouge, 34110 Vic-la-Gardiole, Tel. 04.67.88.80.01, Fax 04.67.96.65.67

CH. DE SIX TERRES 2000*

☐ k. A. 37 000 ▮🌡 8 à 11 €

Das Gut, das gegenüber der Stadt Sète über der Lagune von Thau liegt, lässt seine Trauben von der Genossenschaftskellerei vinifizieren. Sein 2000er, der eine kräftige goldgelbe Farbe besitzt, bietet kandierte Aromen mit Nuancen von Geleefrüchten, Sirup und Eisenkraut. Im Mund entdeckt man reife Birne und kandierte Orange. Der ausgewogene Geschmack, der likörartig süß ist, wird auf zarte Weise von einer leichten Lebhaftigkeit unterstützt. Ein schöner Klassiker der Appellation.

🔑 SCA Coop. de Frontignan, 14, av. du Muscat, 34110 Frontignan, Tel. 04.67.48.12.26, Fax 04.67.43.07.17 ☑ Y tägl. 9h–12h 14h–18h30; Gruppen n. V.

Muscat de Beaumes-de-Venise

Die Landschaft, die sich nördlich von Carpentras am Fuße der beeindruckenden Dentelles de Montmirail ausbreitet, verdankt ihr Aussehen dem grauen Kalkstein und dem roten Mergel. Ein Teil der Böden besteht aus Sand, Mergel und Sandstein, während andere Böden zerklüftet sind und Verwerfungen aus der Trias- und Juraformation aufweisen. Auch hier wird als einzige Rebsorte Muscat à petits grains angebaut; doch in einigen Parzellen liefert eine Mutation davon rosa oder rote Trauben. Die Weine (13 929 hl im Jahre 2000) müssen mindestens 110 g Zucker pro Liter Traubenmost aufweisen. Sie sind aromatisch, fruchtig und fein und passen perfekt als Aperitif oder zu bestimmten Käsesorten.

DOM. DE BEAUMALRIC 2000*

☐ 7,83 ha 31 000 ▮🌡 8 à 11 €

Ein Gut, das in unserem Weinführer häufig vertreten ist. Sein hellgoldener, grün funkelnder 2000er Muscat zeichnet sich durch die Feinheit seines Dufts aus, der pflanzliche und exotische Nuancen sowie grüne Birne verbindet. Im Mund kommt ein Hauch von Zitronengras zum Vorschein. Die Ansprache ist füllig, während der ausgewogene Geschmack frisch und ölig erscheint.

🔑 EARL Begouaussel, Dom. de Beaumalric, BP 15, 84190 Beaumes-de-Venise, Tel. 04.90.65.01.77, Fax 04.90.62.97.28 ☑ Y n. V.

BOIS DORE 1998**

☐ 50 ha 20 000 ⏸ 11 à 15 €

Die Farbe ist kräftig; die Aromen von kandierten Früchten, Lindenblüte und Eisenkrautlikör, die unglaublich intensiv sind, harmonieren mit starken Vanillenoten. Die Verkostung klingt mit Noten von geröstetem Kaffee aus, die lang andauern.

🔑 Cave des Vignerons de Beaumes-de-Venise, quartier Ravel, 84190 Beaumes-de-Venise, Tel. 04.90.12.41.00, Fax 04.90.65.02.05, E-Mail vignerons@beaumes-de-venise.com ☑ Y n. V.

HENRY BOUACHON

☐ 50 ha 10 000 ▮🌡 11 à 15 €

Er ist Balsam für die Seele! Man findet darin zwar eine schwere Note, aber auch viel Öligkeit. Einen dicken Samt, der den Muscat-Charakter einhüllt. Keine Überschwänglichkeit, eine gewisse Zurückhaltung, die aber dennoch Tiefe enthält.

🔑 Henry Bouachon, BP 5, 84230 Châteauneuf-du-Pape, Tel. 04.90.83.58.35, Fax 04.90.83.77.23 ☑ Y n. V.

DOM. BOULETIN 2000*

☐ 6 ha 24 000 ▮🌡 8 à 11 €

Dieser Muscat von hellem Strohgelb zeigt eine große Frische. Der Duft erinnert an frische Früchte (Birne, Aprikose, grüner Pfirsich) und Lindenblüten. Den fülligen Geschmack mit Nuancen von Mandarinenlikör belebt im Abgang ein leichtes Prickeln.

🔑 EARL Bouletin et Fils, quartier Les Plantades, 84190 Beaumes-de-Venise, Tel. 04.90.62.95.10, Fax 04.90.62.98.23
☑ 🍷 n. V.

DOM. DE FONTAVIN 2000★★

☐ 3,59 ha 7 500 8 à 11 €

Ein Muscat, der an einem Ort mit dazu gerade prädestiniertem Flurnamen erzeugt wird: Costebelle. Der vorangegangene Jahrgang erhielt eine Liebeserklärung. Dieser hier, strahlend goldgelb, liegt auf der gleichen Linie. Mit den sehr frischen Aromen von Zitronenschale vermischen sich im Mund Nuancen vom duftigen Holz des Tulpenbaums und von Konfitüre aus Zitronatzitronen. Trinken sollte man ihn mit Genuss zu Frischkäse.

🔑 EARL Hélène et Michel Chouvet, Dom. de Fontavin, 1468, rte de la Plaine, 84350 Courthézon, Tel. 04.90.70.72.14, Fax 04.90.70.79.39, E-Mail helene-chouvet@fontavin.com
☑ 🍷 Mo–Sa 9h–12h30 14h–18h30; im Sommer 9h–19h

DOM. DE LA PIGEADE 2000★★

☐ 23 ha 92 000 8 à 11 €

Dieser fünfte Jahrgang seit der Gründung des Guts ist einstimmig zum Lieblingswein gewählt worden. Das Terroir und die Kunstfertigkeit eines jungen Winzers verhelfen uns zu einem hellgoldenen Wein, dessen Duft außergewöhnlich intensiv ist. Die komplexe Aromenpalette verbindet Rosenwasser – dominierend – mit Birne und exotischen Früchten. Trinken sollte man ihn zu orientalischem Gebäck.

🔑 Thierry Vaute, Dom. de La Pigeade, 84190 Beaumes-de-Venise, Tel. 04.90.62.90.00, Fax 04.90.62.90.90, E-Mail th.vaute@lapigeade.fr ☑ 🍷 n. V.

LES MUSCADIERES 1998★

☐ 2 ha 8 000 8 à 11 €

Das Traubengut wurde sorgfältig behandelt: Tisch zum Aussortieren der Beeren, Hülsenmaischung, Abkühlung vor dem Beginn der Gärung, die bei 18 °C durchgeführt wurde. Das ergibt einen blassgelben Wein, der sich in der Nase förmlich entlädt und dennoch auf delikate Weise Veilchen mit Harznoten verbindet und einen gut eingefügten Muscat-Charakter besitzt. Er macht durch seine Eleganz auf sich aufmerksam.

🔑 Pascal, rte de Gigondas, 84190 Vacqueyras, Tel. 04.90.65.85.91, Fax 04.90.65.89.23
☑ 🍷 n. V.

DOM. DES RICHARDS 1999

☐ k. A. 30 000 11 à 15 €

Diese Cuvée, die eine schöne altgoldene Erscheinung mit strahlenden Reflexen bietet, vereint Zitrone, Mandarine und Quittenbrot. Im Mund kommt über einem likörartig süßen und zugleich leicht säuerlichen Untergrund kandierte Orangenschale zum Vorschein. Sehr angenehme Ausgewogenheit.

🔑 Gabriel Meffre, Le Village, 84190 Gigondas, Tel. 04.90.12.32.42, Fax 04.90.12.32.49, E-Mail gabriel-meffre@meffe.com 🍷 n. V.

RESERVE J. VIDAL-FLEURY 2000★

☐ 3 ha 12 000 11 à 15 €

Diese 1781 gegründete Handelsfirma brüstet sich, die Älteste im Rhône-Tal zu sein und Thomas Jefferson während seiner Rundreise durch Europa empfangen zu haben. Ihr letzter Jahrgang, der eine kräftige goldene Farbe hat, bietet einen Duft, den Reife mit Entwicklungsnoten prägt, die an kandierte Aprikose und reife Ananas denken lassen. Im Geschmack unterstützen Nuancen von verblühten Rosen einen besonders aromatischen Abgang.

🔑 J. Vidal-Fleury, 19, rte de la Roche, 69420 Ampuis, Tel. 04.74.56.10.18, Fax 04.74.56.19.19 ☑ 🍷 n. V.

Muscat de Lunel

Das Anbaugebiet, das um Lunel herum liegt, ist durch rote Schotterböden gekennzeichnet, die sich auf Schwemmlandschichten ausbreiten. Es handelt sich um eine klassische Geröllandschaft auf roten Tonböden, wobei die Weinberge ganz oben auf den Hügeln zu finden sind. Auch hier wird ausschließlich die Rebsorte Muscat à petits grains verwendet. Die Weine müssen mindestens 125 g Zucker pro Liter enthalten. Beim Jahrgang 2000 wurden 10 191 hl bewilligt.

CLOS BELLEVUE
Cuvée Vieilles vignes 2000★

☐ 5 ha 13 000 11 à 15 €

Seit zehn Jahren im Hachette-Weinführer vertreten, zwei Liebeserklärungen und eine Fülle von Sternen: Francis Lacoste ist zu einem Meister in der Kunst der Herstellung von sehr feinen Muscat-Weinen geworden. Der 2000er ist ganz in diesem Stil gehalten, mit seiner hellgoldenen, silbern glänzenden Farbe und seinen leichten Aromen von Rote-Johannisbeer-Strauch und sauren Drops. Die geschmackliche Ausgewo-

genheit ist dementsprechend: lebhaft, fleischig und leicht.
Francis Lacoste, Dom. de Bellevue, rte de Sommières, 34400 Lunel, Tel. 04.67.83.24.83, Fax 04.67.71.48.23, E-Mail muscatlacoste@wanadoo.fr
Mo–Sa 9h–19h; Gruppen n. V.

CH. GRES SAINT-PAUL Sévillane 1999*

8,15 ha 15 000 8à11€

Eine charaktervolle Cuvée von prächtiger altgoldener Farbe. Seine Aromen zeigen Entwicklungsnuancen: getrocknete Rosen, kandierte Aprikose, Pampelmusen- und Orangenschale. Im Mund lockert eine schöne Lebhaftigkeit das «Fleisch» auf. Für die Liebhaber von reifen Weinen.
Ch. Grès Saint-Paul, rte de Restinclières, 34400 Lunel, Tel. 04.67.71.27.90, Fax 04.67.71.73.76, E-Mail contact@gres-saint-paul.com Mo–Sa 10h–12h 15h–19h

DOM. DE SAINT-PIERRE DE PARADIS Vendanges d'Automne 1999**

k. A. 5 200 8à11€

Diese originelle Cuvée ist durch Reife und eine gewisse Entwicklung geprägt mit ihrer bernsteingelben Farbe und ihrem Duft, der Kampfer-, Pilz- und Vanillenoten vereint. Der fein röstartige Geschmack klingt mit Kaffee- und Enziannoten aus. Ein harmonischer Holzton und eine sehr gute Fülle ergänzen die Ausgewogenheit.
Les Vignerons du Muscat de Lunel, rte de Lunel-Viel, 34400 Vérargues, Tel. 04.67.86.00.09, Fax 04.67.86.07.52
n. V.

CH. TOUR DE FARGES 1999**

k. A. 2 400 5à8€

Die Trauben dieses Weinguts, des ältesten Guts in der Appellation, werden heute von der Genossenschaft vinifiziert. Sein 99er, der eine schöne, kräftige, strahlende Goldfarbe besitzt, fand einmütige Zustimmung. Die Aromen sind bemerkenswert wegen ihrer Intensität und Komplexität: Reife Muscat-Trauben, Aprikose und kandierte Orange mischen sich mit pflanzlichen Minze- und Eisenkrautnuancen. Der Geschmack zeigt sich lebhaft und likörartig süß und hat eine sehr gute Länge.
Les Vignerons du Muscat de Lunel, rte de Lunel-Viel, 34400 Vérargues, Tel. 04.67.86.00.09, Fax 04.67.86.07.52
n. V.

Muscat de Mireval

Dieses Weinbaugebiet liegt zwischen Sète und Montpellier, auf dem Südhang des Gardiole-Massivs, und wird durch den Etang de Vic, einen Strandsee, begrenzt. Die Böden stammen aus der Juraformation und bestehen aus alten Geröllanschwemmungen, hauptsächlich Kalkstein. Als einzige Rebsorte wird Muscat à petits grains verwendet; 2000 lieferte sie 7 343 hl Vins doux naturels.

Der Gärvorgang wird ziemlich früh unterbrochen, denn die Weine müssen mindestens 125 g Zucker pro Liter enthalten. Sie sind lieblich, fruchtig und likörartig.

DOM. DU MAS NEUF 2000**

68,4 ha 77 000 5à8€

Die Flasche, blau wie das ganz nahe Mittelalter, erinnert an die Fläschchen mit Orangenblütenwasser. Die Cuvée von B.-P. Jeanjean, die in dieser originellen Verpackung daherkommt, ist bemerkenswert jugendlich und elegant. Die Farbe ist strahlend: hellgolden mit grünen Nuancen. Grün wirkt auch der Geruchseindruck mit einem Hauch von Schwarze-Johannisbeer-Knospe. Die ganze Komplexität dieses Muscat kommt im Mund zum Ausdruck, wobei sich exotische Früchte, weiße Blüte, Harz und Pampelmusenschale mischen. Eine Verkostung, die *crescendo* geht und nach einer Liebeserklärung verlangt. Der 94er erhielt die gleiche Auszeichnung.
Bernard-Pierre Jeanjean, Mas neuf des Aresquiers, 34110 Vic-la-Gardiole, Tel. 04.67.78.37.44, Fax 04.67.78.37.46

DOM. DU MOULINAS 1999

☐ 16 ha k. A. 5 à 8 €

Das helle Strohgelb ist strahlend. Die intensiven Aromen lassen Entwicklungsnuancen erkennen: kandierte Frucht, Aprikose, Eisenkrautlikör. Letzteres Aroma dominiert im Geschmack, belebt durch einen Hauch von grüner Zitrone. Gut ausbalanciert zwischen Fleischigkeit und Lebhaftigkeit, ein guter Klassiker.
SCA Les Fils Aymes, Dom. du Moulinas, 24, av. du Poilu, BP 1, 34114 Mireval, Tel. 04.67.78.13.97, Fax 04.67.78.57.78
n. V.

Muscat de Saint-Jean de Minervois

Dieser Muscat stammt aus einem 200 m hoch gelegenen Weinbaugebiet, dessen Parzellen sich inmitten einer klassischen Garrigue-Landschaft befinden. Das hat eine späte Traubenlese zur Folge, fast drei Wochen nach den übrigen Muscat-Appellationen. Einige Reben befinden sich auf schieferhaltigen Böden aus dem Erdaltertum, aber die meisten Rebstöcke wachsen auf Kalksteinböden, die der Ton an manchen Stellen rot färbt. Auch hier ist allein die Rebsorte Muscat à petits grains zugelassen. Die daraus erzeugten Weine müssen mindestens 125 g Zucker pro Liter enthalten. Sie sind sehr aromatisch und besitzen viel Feinheit und charakteristische Blütennoten. Mit einer Produktion von 4 808 hl (2000) ist dies die kleinste Muscat-AOC auf dem Festland.

DOM. DE BARROUBIO 1999*

☐ 1 ha 5 000 5 à 8 €

Ein Gut in Familienbesitz, das man nicht mehr eigens vorstellen muss: Hat es nicht schon drei Liebeserklärungen in den vorangegangenen Ausgaben erhalten? Dieser in ein helles Goldgelb gekleidete 99er bietet einen hübschen Duft nach reifen Trauben und Lindenblüten. Der Geschmack erinnert an kandierte Aprikose, Orangenschale und Eisenkrautblätter. Ein schöner Klassiker. (Flaschen mit 50 cl Inhalt.)
Raymond Miquel, Dom. de Barroubio, 34360 Saint-Jean-de-Minervois, Tel. 04.67.38.14.06, Fax 04.67.38.14.06
tägl. 9h30–12h 15h–19h

DOM. DE BARROUBIO
Vieilles vignes Cuvée Nicolas 1999*

☐ k. A. 5 000 15 à 23 €

Diese Sondercuvée wird in Flaschen mit 50 cl Inhalt angeboten. Sie hat eine schöne rotgoldene, leicht ins Bernsteingelbe gehende Farbe und liefert äußerst originelle Aromen mit Nuancen von in Alkohol eingelegten Früchten. Pflaume in Alkohol prägt auch den Geschmack, der sich über einer warmen Ausgewogenheit entfaltet und mit einem angenehm bitteren Abgang ausklingt.
Raymond Miquel, Dom. de Barroubio, 34360 Saint-Jean-de-Minervois, Tel. 04.67.38.14.06, Fax 04.67.38.14.06
tägl. 9h30–12h 15h–19h

LES VIGNERONS DE SEPTIMANIE
Petit Grain

☐ 30 ha 60 000 8 à 11 €

Die altgoldene Farbe lässt bereits an Reife denken, ebenso wie die Aromenpalette mit den Nuancen von Quitte, kandierter Mandarine und gekochtem Pfirsich. Pflanzliche Noten und Eindrücke von Trockenblumen kommen im Mund zum Vorschein. Ein Hauch von köstlicher Bitterkeit würzt den Abgang.
Vignerons de La Méditerranée, ZI Plaisance,12, rue du Rec-de-Veyret, BP 414, 11104 Narbonne Cedex, Tel. 04.68.42.75.00, Fax 04.68.42.75.01, E-Mail rhirtz@listel.fr n. V.

Rasteau

Dieses ganz im Norden des Departements Vaucluse gelegene Weinbaugebiet breitet sich auf zwei unterschiedlichen Formationen aus: Böden aus Sand, Mergel und Kies im Norden und Terrassen aus alten Anschwemmungen der Rhône (Quartär), die Kiesgeröll enthalten, im Süden. Hier wird überall die Rebsorte Grenache verwendet. Sie liefert Weißweine (189 hl im Jahre 2000) und Rotweine (876,53 hl).

DOM. BEAU MISTRAL
Vieilli en fût de chêne 1999*

☐ 2 ha 4 000 5 à 8 €

Dieser ein Jahr im Holzfass ausgebaute Rasteau stammt von alten Grenache-Rebstöcken (fünfzig Jahre), die hier auf ihrem bevorzugten Boden wachsen. Er kann sich nicht zwischen Rotbraun und rotgelber Bernsteinfarbe entscheiden. Ein Wein, der ganz von getrockneten Früchten geprägt ist, über einem Röstaroma, in dem Mandel und Trauben in Alkohol dem überraschenden Beginn eines Rancio-Aromas vorausgehen.

🔑 Jean-Marc Brun, Le Village, rte d'Orange, 84110 Rasteau, Tel. 04.90.46.16.90, Fax 04.90.46.17.30 ☑ 🍷 tägl. 9h–12h 14h–18h

DOM. BRESSY MASSON 1999*

■ k. A. 4 000 🍾🌡 8 à 11 €

Das für seinen Rancio bekannte Gut zeichnet sich dieses Jahr durch einen roten Rasteau aus, der mittels Maischegärung erzeugt wurde und kräftig, intensiv und großzügig ist. Der Geschmack, der vor einem Hintergrund von Gewürzen stark durch rote Früchte geprägt ist, erinnert an Kirsche. Dieser füllige, kraftvolle Wein mit festen Tanninen ist schon angenehm, lässt sich aber auch gut lagern.

🔑 Marie-France Masson, Dom. Bressy-Masson, 84110 Rasteau, Tel. 04.90.46.10.45, Fax 04.90.46.17.78 ☑ 🍷 tägl. 9h–12h 14h–19h

CAVE DE RASTEAU Signature 1995

■ 3 ha 10 500 🍾🌡 8 à 11 €

Die Winzer von Rasteau, die sich 1925 zu einer Genossenschaft vereinigten, haben es verstanden, der Rebsorte Grenache noir ihre beste Ausdrucksstärke zu verleihen, beim trockenen Wein ebenso wie beim süßen Wein. Dieser strahlend tiefrote 95er entfaltet Kirschdüfte. Am Gaumen ist er weich und samtig, aber kräftig. Die Frucht ist allgegenwärtig. Ein Wein, der sich noch entwickelt.

🔑 Cave de Rasteau, rte des Princes-d'Orange, 84110 Rasteau, Tel. 04.90.10.90.10, Fax 04.90.46.16.65, E-Mail rasteau@rasteau.com ☑ 🍷 n. V.

Muscat du Cap Corse

Die Appellation Muscat du Cap Corse wurde am 26. März 1993 durch einen Erlass anerkannt. Dieser Erfolg ist den langjährigen Anstrengungen einer Hand voll Winzer zu verdanken, die sich auf den Kalksteinböden von Patrimonio und auf den Schieferböden der AOC Vin de Corse-Coteaux du Cap Corse, d. h. in 17 Gemeinden im äußersten Norden der Insel Korsika, zusammengetan haben; die Rebfläche lag im Jahre 2000 bei 84 Hektar.

Künftig können nur die Weine, die von der Rebsorte Muscat blanc à petits grains erzeugt werden, den Produktionsbestimmungen der Vins doux naturels entsprechen und mindestens 95 g Restzucker pro Liter enthalten, die Appellation in Anspruch nehmen.

CLOS DE BERNARDI 2000

□ 5 ha 2 000 8 à 11 €

Der Clos besteht seit 1884. Der Vater von Jean-Laurent de Bernardi war ein großer Verfechter der korsischen Appellationen, insbesondere des Patrimonio. Der 2000er des Guts zeigt eine hübsche goldene Farbe. Der Duft mit den recht ausgeprägten Muscat-Noten ist angenehm; der Geschmack erscheint ausgewogen. Ein sicherer Wert.

🔑 Jean-Laurent de Bernardi, 20253 Patrimonio, Tel. 04.95.37.01.09, Fax 04.95.32.07.66 🍷 n. V.

DOM. DE CATARELLI 2000*

□ 2 ha 6 000 🍾🌡 11 à 15 €

Die Domaine de Catarelli ist ein sehr schönes Gut mit elf Hektar, das auf dem Boden der Gemeinde Farinole liegt, auf der Westseite des Cap Corse. Sein 2000er Muscat verführt durch seine Aromenpalette, die durch exotische Früchte geprägt ist, und seinen ausgewogenen Geschmack. Man muss ihn zu frischer Gänseleber mit Morcheln probieren. Dieser Muscat kann im Keller brav auf den Anlass einer großen Mahlzeit warten.

🔑 EARL Dom. de Catarelli, marine de Farinole, 20253 Patrimonio, Tel. 04.95.37.02.84, Fax 04.95.37.18.72 ☑ 🍷 Mo–Sa 9h–12h 15h–18h
🔑 Le Stunff

DOM. GENTILE 2000

□ 3,5 ha 16 000 🍾🌡 11 à 15 €

Der Muscat von Dominique Gentile zeichnet sich dieses Jahr erneut durch seine Intensität und seinen Charakter aus. Die Farbe zeigt ein hübsches Strohgelb; der Duft entfaltet Zitrusnoten, die man in einem kräftigen Geschmack wiederfindet. Ein traditioneller Stil.

🔑 Dom. Gentile, Olzo, 20217 Saint-Florent, Tel. 04.95.37.01.54, Fax 04.95.37.16.69 ☑ 🍷 Mo–Sa 9h–12h 14h30–18h30; außerhalb der Saison n. V.

DOM. GIUDICELLI 2000*

□ 5,17 ha 16 000 🍾🌡 8 à 11 €

Schöne Regelmäßigkeit bei dieser jungen Winzerin aus Patrimonio, die sich hier 1997 niederließ. Dieses Jahr präsentiert Muriel Giudicelli einen sehr aromatischen Muscat, das Ergebnis einer Vinifizierung, die Tradition und modernen Fortschritt verbindet. Ihr strohgelber bis goldener Wein bietet originelle Rosenlokum- (orientalisches Feingebäck) und Kokosnussnoten. Der Geschmack ist ebenso elegant. Diesen Wein kann man zum Aperitif und dann nochmals zu einer Nachspeise mit exotischen Früchten servieren.

🔑 Muriel Giudicelli, Paese Novu, 20213 Penta di Casinca, Tel. 04.95.36.45.10, Fax 04.95.36.45.10 ☑ 🍷 n. V.

DOM. LECCIA 2000*

□ 3 ha 10 000 🍾🌡 11 à 15 €

Bei trockenen wie auch bei süßen Weinen ist das Ansehen der Domaine Leccia allgemein bekannt. Sie ist schon seit den Anfängen der Ap-

pellation in unserem Weinführer vertreten und hat oft bemerkenswerte Muscat-Weine vorgestellt. Dieser hier orientiert sich in seiner goldenen Farbe mit den strohgelben Reflexen in Richtung Tradition. Der komplexe Duft entfaltet Muscat-Noten, die von Trockenfrucht- und Mandelnoten begleitet werden. Der sehr süße Geschmack zeigt eine große Länge.
🔑 Dom. Leccia, 20232 Poggio-d'Oletta,
Tel. 04.95.37.11.35, Fax 04.95.37.17.03
☑ 🍷 n. V.

CLOS MARFISI 2000*

☐ 3,5 ha 10 000 🍾🌡 11 à 15 €

Toussaint Marfisi, seit 1956 Winzer in Patrimonio, achtete stets auf die Qualität des Traubenguts. Er präsentiert einen Muscat von heller, strahlender Farbe. Ein Wein voller Süße und Eleganz. Muscat-typische Aromen, die einige Mentholnoten bereichern, kleiden den Mund aus. Diesen Wein kann man ohne weitere Lagerzeit zu Feigen trinken, eingelegt in Wein, natürlich von Muscat-Trauben!
🔑 Toussaint Marfisi, Clos Marfisi,
av. Jules-Yentre, 20253 Patrimonio,
Tel. 04.95.37.01.16, Fax 04.95.37.06.37
☑ 🍷 Mo–Sa 9h–19h; 1. Dez. bis 31. März geschlossen

CLOS MONTEMAGNI
Cuvée Prestige du Menhir 2000**

☐ 7 ha 10 000 🍾🌡 8 à 11 €

Korsika ist berühmt für seine prähistorischen Menhire, von denen einer in der Nähe von Patrimonio entdeckt wurde. Eine Empfehlung aus alter Zeit für diesen modernen Wein mit der sehr blassen Farbe und dem blumigen Duft, den auch Honig und Aprikose prägen. Im Geschmack ist die sehr schwer zu erzielende Ausgewogenheit zwischen Restzucker und Alkohol vollkommen. Eine Cuvée, die die Wahl zum Lieblingswein knapp verfehlt hat.
🔑 SCEA Montemagni, 20253 Patrimonio,
Tel. 04.95.37.14.46, Fax 04.95.37.17.15
☑ 🍷 tägl. 8h–12h 14h–18h

ORENGA DE GAFFORY 2000**

☐ 7,56 ha k. A. 🍾🌡 11 à 15 €

Das Weingut Orenga de Gaffory erhält hier seine vierte Liebeserklärung in dieser Appellation! Die Auszeichnung gilt einem Muscat, der von einem tonigen Kalksteinboden kommt. Ein absolut moderner Wein. Seine reiche Aromenpalette voller Nuancen erinnert an weiße Blüten und Affodillhonig. Die Ausgewogenheit zwischen Zucker und Alkohol ist perfekt, durch Süße und Stärke bestimmt. Ein Wein, den man zu gegrilltem weißem Fleisch oder einem schlichten Obstsalat aus frischen Früchten servieren kann. Man kann ihn auch ein paar Monate einkellern, bevor man ihn gekühlt, aber nicht eiskalt trinkt.

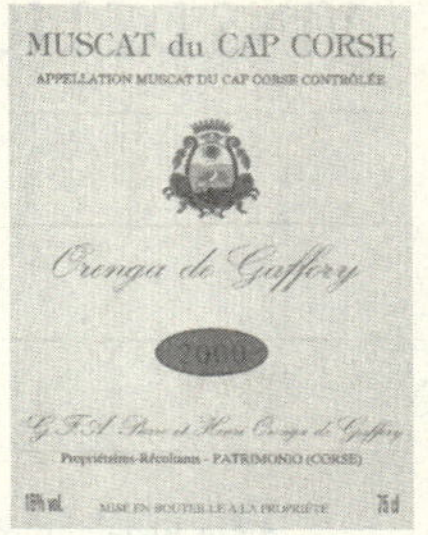

🔑 GFA Orenga de Gaffory, Morta-Majo,
20253 Patrimonio, Tel. 04.95.37.45.00,
Fax 04.95.37.14.25, E-Mail orenga.de.gaffory@wanadoo.fr ☑ 🍷 n. V.
🔑 H. Orenga und P. de Gaffory

DOM. PIERETTI 2000*

☐ 0,75 ha 3 200 🍾🌡 11 à 15 €

Der alte Keller stammt aus dem 17. Jh. Bis 1992 wurde die Vinifizierung hier wie in der guten alten Zeit durchgeführt, indem man die Trauben mit den Füßen stampfte. Lina Pieretti Venturi, die sich hier 1991 niederließ, hat den modernen Fortschritt eingeführt. Sie pflanzte einen Teil ihrer Muscat-Reben in Pietracorbara an, auf einer Parzelle, die im Einflussbereich der Westwinde liegt und wo die Trauben sehr früh reifen. Hier ihr dritter Jahrgang. Es handelt sich um einen hellen Wein mit zurückhaltendem, aber feinem Duft. Im Mund mischen sich einige Nuancen von getrockneten Früchten mit den sortentypischen Aromen. Man sollte ihn zu einem blaugrün geäderten Edelpilzkäse probieren.
🔑 Lina Pieretti Venturi, Santa-Severa,
20228 Luri, Tel. 04.95.35.01.03,
Fax 04.95.35.01.03 ☑ 🍷 n. V.

DOM. SAN QUILICO 2000*

☐ k. A. k. A. 🍾🌡 8 à 11 €

Die Domaine San Quilico, ein sehr schönes Gut in einem Stück, wird von Henri Orenga de Gaffory geführt. In den letzten Jahren hat er uns herrliche Muscat-Weine vorgestellt (von denen ein 98er zum Lieblingswein gewählt wurde). Dieser hier, dessen kristallklare Farbe ein paar zitronengelbe Reflexe beleben, ist in einem modernen Stil gehalten. Der sehr offene Geruchseindruck bietet Röst- und Vanilledüfte, die man wiederfindet, wenn man den Wein in den Mund nimmt. Er kann auf sehr angenehme Weise eine Schale mit frischen Früchten begleiten. Außerdem gibt er einen guten Begleiter zu Beginn einer Abendgesellschaft ab.
🔑 EARL Dom. San Quilico, Morta Majo,
20253 Patrimonio, Tel. 04.95.37.45.00,
Fax 04.95.37.14.25 🍷 n. V.

VINS DE LIQUEUR (LIKÖRWEINE)

Die Bezeichnung «Vin de liqueur» (EU-Bezeichnung VLQPRD) galt mit der sehr seltenen Ausnahme einiger Frontignan-Weine als kontrollierte Ursprungsbezeichnung nur für Pineau des Charentes; zu dieser Likörwein-Appellation kamen am 27. November 1990 Floc de Gascogne und am 14. November 1991 Macvin du Jura hinzu. Für ein solches Erzeugnis wird in Gärung befindlicher Traubenmost mit Alkohol gemischt, der aus einem Weindestillat hergestellt worden ist. In jedem Fall haben die auf diese Weise erzeugten Likörweine einen Gesamtalkoholgehalt zwischen 16 und 22 Vol.-%. Der Zusatz von Branntwein zum Most, um die Gärung zu unterbrechen, wird im Französischen als *«mutage»* bezeichnet; Branntwein und Traubenmost stammen dabei jeweils aus demselben Betrieb.

Pineau des Charentes

Pineau des Charentes wird in der Region von Cognac hergestellt; dieses Gebiet bildet eine weite, von Osten nach Westen hin abfallende Ebene, deren maximale Höhe 180 m beträgt und die sich zum Atlantik hin allmählich absenkt. Die Oberflächengestalt ist nicht sehr ausgeprägt. Das Klima, vom Typ her maritim, ist durch eine beachtliche Sonneneinstrahlung und geringe Temperaturunterschiede gekennzeichnet, die eine langsame Reifung der Trauben begünstigen.

Das Weinbaugebiet, das von der Charente durchflossen wird, befindet sich an Hängen mit vorwiegend kalkhaltigem Boden. Es umfasst 83 000 Hektar, deren Trauben hauptsächlich für die Herstellung von Cognac bestimmt sind. Der Cognac ist später auch der «(Wein-)Geist» des Pineau des Charentes: Dieser Likörwein ist nämlich das Ergebnis der Kombination von teilvergorenen Traubenmosten aus den Charente-Departementen mit Cognac.

Der Legende nach machte ein leicht zerstreuter Winzer im 16. Jh. zufällig den Fehler, ein kleines Fass, das noch etwas Cognac enthielt, mit Traubenmost aufzufüllen. Als er feststellte, dass in diesem Fass keine Gärung einsetzte, stellte er es in den hintersten Winkel des Kellers. Ein paar Jahre später wollte er das Fass ausleeren und entdeckte dabei eine klare, delikate Flüssigkeit, die süß und fruchtig schmeckte: Auf diese Weise soll der Pineau des Charentes entstanden sein. Man greift noch heute auf diese Mischung zurück, bei jeder Traubenlese auf die gleiche handwerkliche Weise, denn der Pineau des Charentes darf nur von Winzern hergestellt werden. Sein Ansehen blieb lange Zeit auf die Region beschränkt, bevor es sich nach und nach in ganz Frankreich und dann auch über die französischen Grenzen hinweg verbreitete.

Die Traubenmoste stammen hauptsächlich von den Rebsorten Ugni blanc, Colombard, Montils und Sémillon für den weißen Pineau des Charentes und von Cabernet franc, Cabernet Sauvignon und Merlot für den Rosé. Die Rebstöcke müssen im kurzen Rebschnitt erzogen werden; für den Anbau darf kein Stickstoffdünger verwendet werden. Die Trauben müssen einen Most liefern, dessen potenzieller Alkoholgehalt über 10° liegt. Pineau des Charentes reift mindestens ein Jahr lang im Eichenfass.

Er darf sein Herkunftsgebiet nur auf Flaschen abgefüllt verlassen. Ähnlich wie beim Cognac ist es nicht üblich, auf dem Etikett den Jahrgang anzugeben. Dafür findet man häufig eine Altersbezeichnung. Die Angabe «Vieux Pineau» besagt, dass der betreffende Pineau über fünf Jahre alt sein muss; «Très vieux Pineau» ist für einen Pineau vorbehalten, der älter als zehn Jahre ist. In beiden Fällen darf er ausschließlich im Barriquefass reifen; außerdem muss die Qualität dieses Reifungsprozesses von einer Prüfungskommission durch Verkosten bescheinigt werden. Der Alkoholgehalt muss zwischen 17 und 18° liegen, während der vorgeschriebene Gehalt an unvergorenem Zucker von 125 bis 150 g reicht. Der Rosé ist von Natur aus zumeist süßer und fruchtiger als der weiße Pineau, der nerviger und trockener ausfällt. Durchschnittlich werden pro Jahr mehr als 100 000 hl davon hergestellt: 55 % weißer Pineau und 45 % Rosé. 500 selbstständige Winzer und sieben Genossenschaften erzeugen und verkaufen Pineau des Charentes. 100 Weinhändler machen über 40 % des Verkaufs über den Einzelhandel aus.

Pineau des Charentes, ein Nektar aus Honig und Feuer, hinter dessen wunderbarer Süße sich eine gewisse Heimtücke verbirgt, kann man jung trinken (ab zwei Jahre); dann entfaltet er sein gesamtes fruchtiges Aroma, das beim Rosé in noch reicherem Maße vorhanden ist. Mit dem Alter nimmt er sehr eigentümliche Rancio- oder Firngerüche an. Traditionell trinkt man ihn als Aperitif oder zu Nachspeisen; doch zahlreiche Gastronomen haben darauf hingewiesen, dass seine Rundheit zu Gänseleber und Roquefort passt und dass sein lieblicher Charakter den Geschmack und die Süße bestimmter Früchte, insbesondere von Melonen (aus der Charente), Erdbeeren und Himbeeren, verstärkt. Er wird auch in der Küche zur Zubereitung regionaltypischer Gerichte (Mouclades, d. h. Muscheln in Weißweinsud mit Rahmsauce) verwendet.

ANDRE ARDOUIN*

☐ 4 ha k. A. 8 à 11 €

Dieses Gut, seit sechs Generationen ein Weinbaubetrieb, besitzt mit der romanischen Kirche von Aulnay (4 km entfernt) in seiner Umgebung eine außerordentliche Sehenswürdigkeit für Touristen; es liegt im Norden des Departements Charente-Maritime. Die Farbe zeigt zwar ein überaus strahlendes Golden, aber der Geruchseindruck ist nicht sehr intensiv, dafür jedoch elegant und fein. Der fruchtige Geschmack mit einem Hauch von Säure ist wohl ausgewogen.

André Ardouin, 6, rue des Anges, 17470 Villemorin, Tel. 05.46.33.12.52, Fax 05.46.33.14.47 n. V.

CLAUDE AUDEBERT Vieux*

☐ 6 ha 5 000 15 à 23 €

Romanische Kirchen und ein Theater aus galloromanischer Zeit findet man in der nahen Umgebung dieses Guts, das mit seinen Steingebäuden und seinem Portalvorbau aus dem 18. Jh. im traditionellen Charente-Stil gehalten ist. Die elegante Bernsteinfarbe mit den goldenen Reflexen kündigt einen Duft an, der aus Noten von getrockneten Früchten und Haselnüssen besteht und – aber auf ansprechende Weise – vom Holz dominiert wird. Der Geschmack ist rund und aromatisch; die Aromen getrockneter Früchte sind hier ebenfalls zu spüren, begleitet von einem gut eingefügten Rancio-Aroma und einem feinen Holzton.

Claude Audebert, Les Villairs, 16170 Rouillac, Tel. 05.45.21.76.86, Fax 05.45.96.81.36, E-Mail erclaude@wanadoo.fr
tägl. 7h30–13h 14h–20h

BARBEAU ET FILS Sélection

◪ 0,95 ha 10 000 8 à 11 €

Seit mehr als einem Jahrhundert vererbt sich bei den Barbeaus ein Können, das sich bewährt hat. In einem dunklen Rosarot mit gelbroten Reflexen entfalten sich Noten von schwarzer und roter Johannisbeere sowie Himbeere. Dieser sehr füllige, ölige Pineau bietet im Abgang eine gewisse Frische, die recht angenehm ist.

Maison Barbeau et Fils, Les Vignes, 17160 Sonnac, Tel. 05.46.58.55.85, Fax 05.46.58.53.62 n. V.

MICHEL BARON Vieux 1990**

☐ 2 ha 4 000 11 à 15 €

Das 5 km von Cognac entfernt liegende Logis du Coudret fügt sich in die Weinberge der Borderies ein. Es gehört der Familie Baron seit 1851. Dieser weiße «alte» Pineau zeigt ein helles, funkelndes Strohgelb. Der leichte Geruchseindruck mit schwacher Rancio-Note bietet Nuancen von Zitrone und exotischen Früchten. Der sehr runde Geschmack ist reich an komplexen Aromen; Honig mildert die Zitronen- und Gewürznoten. Er hat eine sehr gute Länge und besitzt ein harmonisch eingebundenes, delikates Rancio-Aroma. Eine neuerliche Liebeserkärung für einen Erzeuger, der bereits einen Lieblingswein hatte.

🔑 Michel Baron, Logis du Coudret, 16370 Cherves-Richemont, Tel. 05.45.83.16.27, Fax 05.45.83.18.67, E-Mail veuvebaron@wanadoo.fr ☑ 🍷 Mo–Sa 14h–18h30

RAYMOND BOSSIS 1998*

◪ 4 ha 6 000 ▮ 8 à 11 €

Raymond Bossis, ein Stammgast in unserem Weinführer, der im letzten Jahr eine Liebeserklärung erhielt, übergab die Verantwortung 1993 seinem Sohn Jean-Luc. Einmal mehr gelangt der Rosé in die strenge Auswahl unserer Jury. In seinem intensiven Rubinrot, das klar und strahlend ist, entfaltet er Kirsch- und Veilchenaromen. Nach einer weichen, runden Ansprache hinterlässt der lang anhaltende, füllige Geschmack Empfindungen von kandierten Früchten.

🔑 SCEA Les Groies, 17150 Saint-Bonnet-sur-Gironde, Tel. 05.46.86.02.19, Fax 05.46.70.66.85 ☑ 🍷 tägl. 9h–12h 14h–19h

🔑 Raymond Bossis

BRARD BLANCHARD 1997**

☐ 1,31 ha 24 000 ◧ 8 à 11 €

Ein Weinberg, der auf Hängen mit Ton- und Kalksteinböden über der Charente liegt, in der Nähe von Cognac. Der originelle Rebsatz (Ugni blanc, Colombard und Montils) und der biologische Anbau ergeben einen sehr typischen, eigenwilligen Pineau. Hinter einer sehr schönen blassgelben Farbe, die zart und klar ist und goldene Reflexe zeigt, erweist sich der Duft als komplex und mischt weiße Früchte, sehr reife Weinbergspfirsiche, exotische Früchte und getrocknete Früchte. Er entwickelt sich füllig und reich. Im Nasen-Rachen-Raum bieten die Aromen Zitrusnoten (Mandarine, Kumquat). Der Geschmack ist sehr hübsch: große aromatische Nachhaltigkeit mit getrockneten Früchten (Feigen), Banane und Aprikose. Ein weißer Pineau von ausgezeichneter Beschaffenheit.

🔑 GAEC Brard-Blanchard, 1, chem. de Routreau, Boutiers, 16100 Cognac, Tel. 05.45.32.19.58, Fax 05.45.36.53.21 ☑ 🍷 Mo–Sa 9h–12h 14h–18h; 15. Aug. bis 1. Sept. geschlossen

FREDDY BRUN*

☐ 2 ha 4 000 ◧ 5 à 8 €

Dieser Pineau, eine originelle Zusammenstellung aus Colombard (50 %), Sémillon (30 %) und Ugni blanc (20 %) von dreißig Jahre alten Rebstöcken, die auf Ton- und Kalksteinböden angepflanzt sind, hat eine strahlende Farbe mit goldgelben Reflexen und einen reichen, komplexen Duft, in dem sich entwickelte Nuancen und ein recht maßvoller Holzton mischen. Im Geschmack ist er ziemlich kräftig und absolviert einen hübschen Parcours mit fruchtigen Noten und Honigaromen.

🔑 Freddy Brun, Chez Babœuf, 16300 Barret, Tel. 05.45.78.00.73, Fax 05.45.78.98.81 ☑ 🍷 n. V.

CALISINAC Extra vieux*

☐ 50 ha 2 500 8 à 11 €

Die 1953 Genossenschaftskellerei Le Liboreau vinifiziert das Traubengut, das etwa hundert Erzeuger auf einer Rebfläche von rund 230 Hektar ernten. Sie produziert Cognac, Pineau und Vins de pays. Dieser Pineau, dessen schöne altgoldene Farbe mit zahlreichen Reflexen vollkommen klar ist, besitzt einen sehr feinen Duft mit Noten von Orangenblüte, Honig und Walnuss sowie einem überaus geschätzten Firngeruch. Im öligen Geschmack, der recht lang anhält, dominiert innerhalb einer vollkommenen Harmonie die Rundheit.

🔑 SCA Cave du Liboreau, 18, rue de l'Océan, 17490 Siecq, Tel. 05.46.26.61.86, Fax 05.46.26.68.01, E-Mail cave.du.liboreau@wanadoo.fr ☑ 🍷 n. V.

JEAN-NOEL COLLIN 1997

◪ 3 ha 3 000 ◧ 8 à 11 €

Der Weinberg, der in der Grande Champagne auf tonigen Kalksteinböden liegt, wurde 1850 angelegt. Dieser klare, sehr strahlende Pineau von rosaroter Farbe mit gelbroten Reflexen bietet sehr subtile, anhaltende Aromen von Erdbeere und roter Johannisbeere, die man auch im Mund deutlich wahrnimmt. Der Geschmack ist ölig, wobei sich Noten roter Früchte mit einer überaus geschätzten Lebhaftigkeit vereinigen. Trinken sollte man ihn zu einem Schokoladendessert.

🔑 Jean-Noël Collin, La Font-Bourreau, 16130 Salles-d'Angles, Tel. 05.45.83.70.77, Fax 05.45.83.66.89, E-Mail jean-noel.collin@wanadoo.fr ☑ 🍷 tägl. 8h–20h

RICHARD DELISLE*

☐ k. A. 15 000 ◧ 8 à 11 €

Eine Handelsfirma in der Grande Champagne, in der Nähe des Schlosses von Bourg-Charente und der Kirche Saint Jean-Baptiste. Die goldene Farbe spielt in ein leicht ziegelrot getöntes Kupferrot. Der intensive Duft von Blüten und Feigennoten enthält einen ausgewogenen Holzton. Im Mund dominiert die Süße mit einem Geschmack nach getrockneten Früchten und Feige sowie einem gut strukturierten Rancio-Aroma.

🔑 SARL Hawkins Distribution, Moulineuf, 16200 Bourg-Charente, Tel. 05.45.81.11.30, Fax 05.45.81.11.31, E-Mail contact@hawkins-distribution.com ☑

DROUET ET FILS Vieux X'Cep*

☐ 1 ha 2 000 ◧ 15 à 23 €

Dieser Likörwein, eine gelungene Mischung von Colombard (25 %) und Ugni blanc (75 %), ist das Produkt eines traditionellen Anbaus mit begrenzter Düngung und integriertem Pflanzenschutz bei der Schädlingsbekämpfung. Er hat weder eine Schönung noch eine Filtrierung durchlaufen. Er hat eine Bernsteinfarbe mit feuerroten Reflexen und bietet inmitten von Nuancen getrockneter Früchte einen leichen Firngeruch und einen ausgewogenen Holzton. Im Geschmack hält er sehr lang an und bleibt leicht, dank einer angenehmen Säure, die mit dem Holzton und dem Rancio-Aroma völlig harmoniert. Aromen exotischer Früchte verleihen diesem sorgfältig hergestellten Pineau einen typischen Charakter.

Patrick et Stéphanie Drouet, 1, rte du Maine-Neuf, 16130 Salles-d'Angles, Tel. 05.45.83.63.13, Fax 05.45.83.65.48 Mo–Sa 9h–19h; So n. V.

DUPUY Très Vieux*

☐ k. A. k. A. 8 à 11 €

Der 1852 gegründete Familienbetrieb, der seinen Sitz in der Altstadt von Cognac hat, stellt mit traditionellen Methoden Cognac und Pineau her. In seinem Altgolden mit vielen leicht orangeroten Reflexen bietet dieser weiße «sehr alte» Pineau sehr schöne Aromen von Orangenschale, Aprikose und Honig. Stark entfaltete Empfindungen von kandierten Früchten begleiten im Geschmack eine gute Ausgewogenheit.

A. Edmond Dupuy, 32, rue de Boston, BP 62, 16102 Cognac Cedex, Tel. 05.45.32.07.45, Fax 05.45.32.52.47, E-Mail c-b-g@cognac-dupuy.com

HENRI GEFFARD 1996**

☐ 1 ha 9 000 8 à 11 €

Dieser Weinbaubetrieb in Familienbesitz liegt in der Nähe der Vallée du Né, wo der Film «Va savoir» mit Gérard Klein gedreht wurde. Diesen Pineau muss man unbedingt kennen lernen: intensive, sehr klare leuchtend rote Farbe. Feiner, blumiger Geruchseindruck mit Düften von Zitrusfrüchten, Zitrone, Honig und Lindenblüten. Die Ansprache im Mund ist weich, mit begrenzter Stärke, aber rasch kommen sehr nachhaltige Pfirsich- und Pampelmusenaromen zum Vorschein, die im Abgang eine leicht säuerliche Note begleitet, die gefällig und erfrischend ist.

Henri Geffard, La Chambre, 16130 Verrières, Tel. 05.45.83.02.74, Fax 05.45.83.01.82 tägl. 8h–12h15 13h30–19h

GUILLON-PAINTURAUD Extra Vieux*

◪ 0,61 ha 1000 15 à 23 €

Der 1610 entstandene Familienbetrieb liegt im Herzen der Grande Champagne, dem Kerngebiet der Cognac-Region. Während der Sommerzeit finden hier viele Veranstaltungen statt. Seine rosarote Farbe mit ziegelroten Reflexen hat dieser Pineau im Laufe langer Jahre erworben. Er entfaltet Noten von Orangenkonfitüre und Holz sowie einen sehr kräftigen Firngeruch. Die Jury schätzte seine fruchtigen Nuancen, die im Mund in der perfekten Ausgewogenheit seiner Geschmacksnoten sehr deutlich zu spüren sind.

Guillon-Painturaud, Biard, 16130 Ségonzac, Tel. 05.45.83.41.95, Fax 05.45.83.34.42, E-Mail guillon-painturaudepicuria@wanadoo.fr n. V.

DOM. DE LA PETITE FONT VIEILLE*

☐ 0,5 ha 3 000 5 à 8 €

Das Gut, bis Ende der 70er Jahre ein landwirtschaftlicher Betrieb mit Mischkultur, der sich dem Weinbau und der Milchproduktion widmete, baut jetzt ausschließlich Wein an und hat zusätzlich einen Destillierkolben erworben. Dieser Likörwein aus Ugni-blanc-Trauben, dessen schöne, klare, funkelnde Farbe butterblumengelb ist, bietet einen einschmeichelnden Duft mit Entwicklungsnoten. Er zeigt sich ausgewogen und fruchtig: ein guter Pineau, der klassisch und harmonisch ist.

Eric et Carole Aiguillon, 10, rue Grimard, 17520 Jarnac Champagne, Tel. 05.46.49.55.54, Fax 05.46.49.55.54 n. V.

DOM. DE LA VILLE**

◪ k. A. 1000 5 à 8 €

Das 1934 entstandene Weingut, das sich an den Hängen über dem Ästuar der Gironde befindet, wurde auf Ton- und Kalksteinböden angelegt. Dieser Rosé-Pineau lässt in seinem überaus strahlenden, dunklen Rubinrot mit den karminroten Reflexen Aromen von vollkommen reifen Trauben erkennen. Die Jury schätzte seine Erdbeer- und Himbeeraromen und die Süße des sehr angenehmen, sehr öligen Geschmacks. Die fruchtigen Noten verstärken sich im Abgang, in dem sich seine vollkommene Harmonie bestätigt.

SA Dom. de La Ville, 17150 Saint-Thomas-de-Cognac, Tel. 05.46.86.03.33, Fax 05.46.70.67.00, E-Mail domainedelaville@voila.fr n. V.

CH. DE L'OISELLERIE Gerfaut rubis 1998

◪ 5 ha 2 000 8 à 11 €

Der französische Hof ließ hier Falken abrichten; als Franz I. von Charles Quint befreit wurde, wohnte er in diesem Schloss bei seiner Schwester Marguerite d'Angoulême und ging der Falkenjagd nach. Die Oisellerie, heute eine Fachoberschule für Landwirtschaft, erzeugt diesen Pineau, dessen schön rosarote Farbe mit gelbroten Reflexen klar und strahlend ist. Seine Aromen von Erdbeere und roter Johannisbeere sind sehr subtil. Der gut ausbalancierte Geschmack bietet Noten roter Früchte und einen lebhaften Abgang.

Lycée agricole Oisellerie, 16400 La Couronne, Tel. 05.45.67.36.89, Fax 05.45.67.16.51, E-Mail expl.legta-angouleme@educagri.fr n. V.

MARQUIS DE DIDONNE*

☐ 50 ha 80 000 8 à 11 €

Der Marquis de Didonne zeichnet sich einmal mehr aus! Er ist das Ergebnis einer Kombination von Ugni blanc und Colombard, von den Mitgliedern dieser Genossenschaft in der Nähe von Royan auf kalkarmen Lehmböden mit Kieselsteinen angepflanzt. Seine hübsche strohgelbe Farbe zeigt kupferrote Reflexe. Die Frucht dominiert mit Quitten- und Feigendüften, einem Hauch von Erdbeere und stärker entwickelten

Noten. Gute Länge im Geschmack, wo der Holzton die Fruchtnoten beherrscht.
🔑 Vignerons des Côtes de Saintonge, B.P. 5, Fontbedeau, 17200 Saint-Sulpice-de-Royan, Tel. 05.46.06.01.01, Fax 05.46.06.92.72, E-Mail info@didonne.com ☑ Ῑ n. V.

MENARD*

◪ k. A. 20 000 ⫼ 8 à 11 €

Seit 1946 genießt die Familie Ménard in den Charente-Departements einen legendären Ruf, ein Ansehen, das die Ausgaben unseres Weinführers unterstreichen. Dieses Jahr lässt der Rosé, der in seiner lachsrot schimmernden Farbe sehr klar erscheint, Aromen von schwarzer Johannisbeere, Brombeere und in Branntwein eingelegten Kirschen erkennen. Nach einer guten Ansprache zeigt er sich ölig und angenehm; die fruchtigen Noten treten im Geschmack mit einer Länge, die sehr gewürdigt wurde, deutlich zu Tage. Der **weiße «sehr alte» Pineau** (Preisgruppe: 100 bis 149 F) mit den Aromen von Honig und getrockneten Früchten erhält ebenfalls einen Stern.
🔑 J.-P. Ménard et Fils, 2, rue de la Cure, BP 16, 16720 Saint-Même-les-Carrières, Tel. 05.45.81.90.26, Fax 05.45.81.98.22, E-Mail menard@cognac-menard.com
☑ Ῑ Mo–Fr 8h–12h 14h–18h

J.Y. ET F. MOINE Très Vieux*

☐ 2 ha 4 000 15 à 23 €

Die beiden Brüder haben den Familienbetrieb 1970 übernommen. Schon 1990 ersannen sie den «Eichenrundweg», der für Touristen den Besuch ihrer Brennerei, einer Küferei und einer Werkstatt, die Daubenholz spaltet, bietet. Von seinem Goldgelb mit den überaus strahlenden orangeroten Reflexen gehen vanilleartige Holznoten aus, die mit kandierten Früchten verbunden sind. Im Mund zeigt er eine deutliche, ölige Präsenz mit viel Weichheit und Rundheit, die die vollkommene Harmonie der Aromen bestätigen.
🔑 Jean-Yves et François Moine, Villeneuve, 16200 Chassors, Tel. 05.45.80.98.91, Fax 05.45.80.96.01, E-Mail lesfreres.moine@wanadoo.fr ☑ Ῑ n. V.

LISCA MONT*

☐ 0,5 ha 750 ⫼ 8 à 11 €

Junge Winzer, die seit 1994 in der Petite Champagne wohnen, in der Nähe von Pons, wo man das Château des Enigmes und den Bergfried von Pons besichtigen kann. Ihr Pineau hat eine klare, sehr helle Goldfarbe mit safrangelben Reflexen. Der kräftige Duft ist blumig, begleitet von Honig- und Teenoten. Der fruchtige Geschmack mischt Walnuss, Honig und ein sehr deutlich wahrnehmbares Rancio-Aroma.
🔑 Lisca Mont, 8, rue de la Mare, 17800 Biron, Tel. 05.46.91.36.49, Fax 05.46.91.36.49, E-Mail cognac.mont@cognac.fr
☑ Ῑ tägl. 9h–20h

DOM. DE MONTLAMBERT**

☐ 0,31 ha 2 676 ⫼ 11 à 15 €

Dieser Weinbaubetrieb gehört der Familie Tourny seit 1850. Nach dem Tod ihres Großvaters Rémy Tourny schuf Marie-Laure Saint-Martin die Marke Montlambert. Ihr Pineau von sehr klarer altgoldener Farbe ist bemerkenswert. Der Duft ist deutlich, recht kräftig und reich an Aromen von Früchten mit weißem Fruchtfleisch. Der weiche, wohl ausgewogene Geschmack besitzt die notwendige Lebhaftigkeit und Entwicklungsnoten.
🔑 SARL de Montlambert, Dom. de Montlambert, 16100 Louzac-Saint-André, Tel. 05.45.82.27.86, Fax 05.45.82.91.32, E-Mail remytourny@wanadoo.fr ☑ Ῑ n. V.

GERARD PAUTIER*

◪ 1,32 ha 2 000 ⫼ 8 à 11 €

Ein prächtiges Gut am Rande der Charente, deren Treidelweg friedliche Spaziergänge entlang dem Ufer ermöglicht. Der Weinberg hat einen hübschen Rosé-Pineau geliefert, dessen kräftige Farbe granatrote Reflexe von schöner Klarheit bietet. Noten von schwarzer und roter Johannisbeere sowie Himbeere findet man in der Nase wie auch im Mund. Der Geschmack erweist sich als ölig, rund und lang anhaltend.
🔑 Gérard Pautier, SCA de la Romède, Veillard, 16200 Bourg-Charente, Tel. 05.45.81.24.89, Fax 05.45.81.04.44
☑ Ῑ tägl. 9h–18h

ROBERT POUILLOUX ET SES FILS Rubis 1998

◪ 4 ha k. A. 8 à 11 €

Die Reblagen mit Kalksteinböden, die seit 1764 von der gleichen Familie genutzt werden, haben einen Pineau von intensivem Rosarot mit karminroten Reflexen hervorgebracht. Noten von schwarzer Johannisbeere, Heidelbeere und Konfitüre aus roten Früchten überraschen auf sehr angenehme Weise. Er ist ölig, weich und großzügig, mit viel Charakter, und hinterlässt einen schönen Eindruck.
🔑 EARL Robert Pouilloux et ses Fils, Peugrignoux, 17800 Pérignac, Tel. 05.46.96.41.41, Fax 05.46.96.35.04 ☑ Ῑ tägl. 8h–20h

DAVID RAMNOUX*

☐ 1 ha 3 600 ⫼ 8 à 11 €

Das 1946 entstandene Weingut Ramnoux verwendet seit 1993 biologisch-dynamische Anbaumethoden. Dieser Pineau ist das erste Zeugnis davon, das Ergebnis einer Kombination der Traubenlesen 1997 und 1998. Die Farbe ist ein strahlendes Goldgelb. Der entwickelte Geruchseindruck wird von Blüten- und Honigdüften beherrscht. Der wohl ausgewogene Geschmack bietet im Abgang eine echte Frische, die mit der Frucht und dem Honig perfekt harmoniert.
🔑 David Ramnoux, Le bourg, 16170 Mareuil, Tel. 05.45.35.43.88, Fax 05.45.96.46.94, E-Mail david-ramnoux@hotmail.com
☑ Ῑ n. V.

REMY-MARTIN*

☐ 50 ha 80 000 8 à 11 €

Diese große Handelsfirma, die 1724 gegründet wurde, verkauft in alle Erdteile Cognacs aus der Grande und der Petite Champagne, aber auch Pineau. Dieser hier besitzt eine kräftige Farbe von reifem Stroh mit kupferroten Reflexen und bietet einen schon entwickelten Geruchseindruck mit einem beginnenden Firngeruch nach Walnuss sowie Blüten- und Holznoten. Im Geschmack ist er kräftig, wobei das Rancio-Aroma stark über die Fruchtigkeit dominiert. Er ist sehr gelungen und kann einen Roquefort begleiten.

Remy-Martin, 20, rue de la Société-Vinicole, B.P. 37, 16100 Cognac, Tel. 05.45.35.76.00, Fax 05.45.35.02.85 n. V.

ROUSSILLE Rosé spécial 1997*

3,35 ha 7 000 8 à 11 €

Der 6 km von Angoulême entfernt liegende Betrieb wird seit fast einem Jahrhundert von der gleichen Familie geführt. Ihr Pineau präsentiert sich in einem dunklen Rosarot oder sogar Rubinrot mit gelbroten Reflexen. Die Aromen von kandierten roten Früchten besitzen große Feinheit. Der Geschmack, der überraschend rund ist, zeigt sich sehr ölig und hinterlässt einen ausgezeichneten Eindruck.

SCA Pineau Roussille, 16730 Linars, Tel. 05.45.91.05.18, Fax 05.45.91.13.83 tägl. 9h–12h 13h–19h

Pascal Roussille

ANDRE THORIN Extra vieux*

☐ 2 ha 6 000 11 à 15 €

Ein Weingut in Familienbesitz, das sich in der Grande Champagne auf Ton- und Kalksteinböden befindet. Dieser «besonders alte» Pineau von hellem, strahlendem Strohgelb bietet einen leicht holzbetonten Duft, in dem Kirsche und reife Früchte dominieren. Er ist harmonisch verschmolzen und weich im Geschmack, wo sich ein leichtes Rancio-Aroma mit Kirscharomen und Gewürznoten vereint.

Claude Thorin, Chez Boujut, 16200 Mainxe, Tel. 05.45.83.33.46, Fax 05.45.83.38.93 Mo–Sa 9h30–19h

Floc de Gascogne

Erzeugt wird Floc de Gascogne im geografischen Appellationsgebiet Bas-Armagnac, Ténarèze und Haut-Armagnac sowie in allen Gemeinden, die den Bestimmungen des Dekrets vom 8. August 1936 entsprechen, die das geografische Gebiet der Appellation Armagnac festlegten. Dieses Weinbaugebiet gehört zu den Vorpyrenäen und verteilt sich auf drei Departements: Gers, Landes und Lot-et-Garonne. Um die Grundlagen ihrer Produktion zusätzlich zu verbessern, haben die Winzer des Floc de Gascogne ein neues Prinzip aufgestellt; dabei handelt es sich weder um eine Abgrenzung nach Parzellen, wie man sie bei den Weinen findet, noch um ein simples geografisches Anbaugebiet, wie es für die Branntweine gilt. Dies ist das Prinzip der Parzellenlisten, die jedes Jahr vom INAO genehmigt werden.

Die weißen Flocs de Gascogne stammen von den Rebsorten Colombard, Gros Manseng und Ugni, die zusammen mindestens 70 % des Rebsatzes ausmachen müssen; seit 1996 darf keine Rebsorte einen Anteil von 50 % übersteigen. Als zusätzliche Rebsorten werden hauptsächlich Baroque, Folle blanche, Petit Manseng, Mauzac, Sauvignon und Sémillon verwendet. Bei den Rosés sind es Cabernet franc und Cabernet Sauvignon, Cot, Fer Servadou, Merlot und Tannat; die letztgenannte Rebsorte darf nicht mehr als 50 % der Bestockung ausmachen.

Die von den Erzeugern aufgestellten Vorschriften für die Produktion sind streng: 3 300 Rebstöcke pro Hektar, die im Guyot- oder im Cordon-Schnitt erzogen werden; Beschränkung der angeschnittenen Augen pro Hektar auf weniger als 60 000; strenges Verbot einer künstlichen Bewässerung der Reben zu jeder Jahreszeit; Begrenzung des Grundertrags auf höchstens 60 hl/ha.

Jeder Winzer muss alljährlich die für das INAO bestimmte Absichtserklärung der Herstellung von Floc unterschreiben, damit das INAO die Produktionsbedingungen vor Ort tatsächlich überprüfen kann. Die erzeugten Traubenmoste dürfen nicht weniger als 170 g Zucker pro Liter enthalten. Das Traubengut wird entrappt und in einen Behälter gefüllt, wo der Most nach der Vorklärung zu gären beginnen kann. Erzeugnisse von außerhalb dürfen nicht hinzugefügt werden. Der Gärvorgang wird mit Armagnac gestoppt, der ein Mindestalter von 0 und einen Mindestalkohol von 52 Vol.-% haben muss. Die auf diese Weise hergestellte Mischung wird mindestens neun Monate in Ruhe gelassen. Sie darf die Keller nicht vor dem 1. September des Jahres nach der Traubenlese verlassen. Alle Weinpartien werden verkostet und analysiert. Wegen des uneinheitlichen Charakters, der bei diesem Weintyp stets zu befürchten ist, wird die Zulassung erst dem auf Flaschen abgefüllten Wein erteilt.

BAUT BARON*

◪ 1,33 ha 8 450 ■ 8 à 11 €

Von der Kirche Notre-Dame-des-Cyclistes aus muss man nur ein paar Male in die Pedale treten, um Labastide-d'Armagnac zu erreichen. Dort ist der Genossenschaft im Sprint ein schöner Erfolg gelungen, denn sie hat ihre beiden Flocs unter den Ersten platziert! Der Rosé ist sehr gelungen. Er hat eine strahlende dunkelrote Farbe und Aromen von überreifen Früchten und sorgt für eine kontrastreiche Empfindung von Süße und Säure, die harmonisch bleibt. Der **weiße Floc** wird wegen seiner Aromen von getrockneten Früchten und wegen seiner Rundheit, die ihn süffig macht, lobend erwähnt.

Cave coop. de vinification de Cazaubon, rte de Mont-de-Marsan, 32150 Cazaubon, Tel. 05.62.08.34.00, Fax 05.62.69.50.98

☑ Ῑ n. V.

DOM. DE BILE

☐ 1,84 ha 3 249 ■ 5 à 8 €

Die Domaine de Bilé bleibt einer der seltenen Weinbaubetriebe im Haut-Armagnac. Umso verdienstvoller ist es von der Familie Della-Vedove, dass sie einen weißen Floc in der reinsten Tradition präsentiert. Er ist strohgelb mit Noten von getrockneten Früchten (Mandeln) und durchläuft im Geschmack eine gute Entwicklung. Ein sympathisches Erzeugnis.

EARL Della-Vedove, Dom. de Bilé, 32320 Bassoues-d'Armagnac, Tel. 05.62.70.93.59, Fax 05.62.70.93.59

☑ Ῑ tägl. 8h–20h

BORDENEUVE-ENTRAS**

◪ 1,04 ha 13 500 ⬮⬮ 8 à 11 €

Das im Herzen der Ténarèze liegende Gut, das unter den Weinbaubetrieben anerkannt ist, stellt zwei Erzeugnisse von guter Beschaffenheit vor. Dieser bemerkenswerte Rosé von recht kräftiger, strahlender Farbe duftet stark nach kandierten Früchten. Er ist leicht holzbetont und sorgt am Gaumen für einen echten Genuss, dank seiner Rundheit, seiner Ausgewogenheit und einer gewissen Länge, die auf delikate Weise vom Armagnac geprägt ist. Der **weiße Floc** wird wegen seiner schönen Erscheinung mit dem kräftigen Strohgelb lobend erwähnt; er ist im Geruchseindruck ebenso gut strukturiert wie im Geschmack.

GAEC Bordeneuve-Entras, 32410 Ayguetinte, Tel. 05.62.68.11.41, Fax 05.62.68.15.32

☑ Ῑ tägl. 9h–18h (im Sommer bis 20h); Gruppen n. V.

Maestrojuan

DOM. DES CASSAGNOLES***

◪ 5 ha 6 200 5 à 8 €

Ein Rosé-Floc, der zum Lieblingswein gewählt wurde, das ist keine Überraschung, denn alle von der Familie Baumann hergestellten Erzeugnisse sind erstklassig. Er hat eine intensive, tiefe rote Farbe und bietet einen feinen, komplexen Duft, der durch schwarze Johannisbeere geprägt ist. Der Geschmack, der reich an roten Früchten ist, besitzt «Fett» und Rundheit; er ist vollkommen ausgewogen, hält lang an und bereitet sehr viel Vergnügen. Ein Erfolg, den auch ein sehr gelungener **weißer Floc** unterstreicht (kristallklare gelbe Farbe, feiner Duft mit Blütennoten und sehr harmonischer Geschmack voller Feinheit und Zartheit). Die gerechtfertigte Anerkennung eines perfekt gemeisterten Ausbaus mit der großen Qualität des Armagnac.

J. et G. Baumann, Dom. des Cassagnoles, EARL de la Ténarèze, 32330 Gondrin, Tel. 05.62.28.40.57, Fax 05.62.28.42.42

☑ Ῑ Mo–Sa 8h30–17h30; So n. V.

CH. DE CASSAIGNE*

☐ 15 ha 11 000 8 à 11 €

Das Schloss aus dem 13. Jh. gehört wegen seiner Küche aus dem 16. Jh. und seiner Keller, die sich im ehemaligen Fechtsaal befinden, zu den meistbesuchten Bauwerken im Departement Gers. Dieser Floc, strohgelb mit intensiven Reflexen, bietet in der Nase wie auch am Gaumen ein wenig schwere Aromen, die ihm eine leicht entwickelte Note verleihen, die aber in keiner Weise seine Eleganz schmälert. Trinken sollte man ihn zu Gänseleber – natürlich aus dem Departement Gers.

Ch. de Cassaigne, 32100 Cassaigne, Tel. 05.62.28.04.02, Fax 05.62.28.41.43, E-Mail chateaudecassaigne@teleparc.net

☑ Ῑ tägl. 10h–12h 14h–19h; Gruppen n. V.; Febr. geschlossen

DOM. DE CAZEAUX

☐ 10 ha 4 000 11 à 15 €

Es heißt, dass hier die erste Flasche Floc de Gascogne entstanden ist. Dieser hier schmückt sich mit einer hellgelben Farbe und besitzt einen fruchtigen Duft und Quittenaromen im Geschmack. Der **Rosé-Floc** mit den rubinroten Reflexen setzt stärker auf kandierte rote Früchte. Im Geschmack ist er rund, ohne schwer zu wir-

ken. Zwei Flocs in der Tradition der Familie Kauffer.
Eric Kauffer, Dom. de Cazeaux, 47170 Lannes, Tel. 05.53.65.73.03, Fax 05.53.65.88.95, E-Mail domaine.de.cazeaux@wanadoo.fr
tägl. 9h–18h; Gruppen n. V.

DOM. DE CHIROULET

5 ha 16 000 8à11€

Der *chiroulet* («Pfeife» im Gascognischen) der Familie Fezas ist nicht bereit zu verstummen: Er wird erneut lobend erwähnt wegen seines Rosé-Floc von satter, lebendiger Farbe, mit dem kräftigen, feinen, komplexen Duft von roten Früchten (Brombeere, Erdbeere, Himbeere). Dank einer guten Öligkeit erscheint er weich. Er ist angenehm.
EARL Famille Fezas, Dom. de Chiroulet, 32100 Larroque-sur-l'Osse, Tel. 05.62.28.02.21, Fax 05.62.28.41.56 n. V.

CAVE DES COTEAUX DU MEZINAIS**

0,1 ha 910 5à8€

Diese Genossenschaft, die sich im Norden der Ténarèze befindet, ist wie ein Familienbetrieb aufgebaut, denn ihre Mitglieder sind ganz eng an der Herstellung der Produkte beteiligt. Sie präsentiert zwei Flocs: diesen weißen Floc mit grünen Reflexen, der sehr elegant wirkt, in der Nase ebenso wie am Gaumen mit intensiven Blütenaromen. Der sehr gelungene **Rosé-Floc** erhält einen Stern: Er hat eine strahlende blassrosa Farbe und bietet einen Duft von reifen Früchten und einen süßen Geschmack. Zwei sehr ausgewogene Erzeugnisse, die für die AOC repräsentativ sind. Nicht versäumen sollte man einen Besuch des Korken- und Korkeichenmuseums, das 500 m von der Genossenschaft entfernt liegt.
Cave des Coteaux du Mézinais, 1, bd Colome, 47170 Mézin, Tel. 05.53.65.53.55, Fax 05.53.97.16.73, E-Mail ccm3@libertysurf.fr
Di–So 9h–12h30 15h–18h

CH. GARREAU*

12 ha 40 000 8à11€

Wer würde im Armagnac nicht Dr. Garreau kennen? Er kämpft ständig gegen die Macht der verschiedenen Verwaltungsbehörden, ist aber dennoch ein seriöser Winzer. Sein butterblumengelber Floc, der sehr blumig erscheint, bietet einen Geschmack, der aufgrund des Armagnac ein wenig warm ist. Trotzdem bewahrt er Nuancen von Honig und reifen Früchten. Ein verdienter Stern.
Ch. Garreau, Côtes de la Jeunesse, Ecomusée de L'Armagnac, 40240 Labastide-d'Armagnac, Tel. 05.58.44.84.35, Fax 05.58.44.87.07, E-Mail chateau.garreau@wanadoo.fr n. V.

CH. DE JULIAC**

35 ha k. A. 8à11€

Das auf den Ruinen einer alten Burg errichtete Schloss befindet sich im Bas-Armagnac, auf Böden, die als «fahlroter Sand« bezeichnet werden. Das Château hat die Jury auf angenehme Weise mit diesem Floc überrascht, der eine überaus strahlende blassgelbe Farbe besitzt und sehr aromatisch nach getrockneten Früchten duftet. Eindrücke, die man am Gaumen wiederfindet, verbunden mit einer guten Süße (Honig), Ausgewogenheit und Harmonie.
Pierre Cassagne, Dom. de Juliac, 40240 Betbezer-d'Armagnac, Tel. 05.58.44.88.64, Fax 05.58.44.81.16
tägl. 8h–18h

CH. DE LAUBADE

6 ha 18 000 5à8€

Château de Laubade, das für seinen Armagnac von großer Qualität aus dem Bas-Armagnac sehr bekannt ist, bietet unserem Gaumen einen gut strukturierten weißen Floc, der fein und delikat ist, mit einem guten «Armagnac-artigen» Abgang an.
SCA Ch. de Laubade, 32110 Sorbets, Tel. 05.62.09.06.02 n. V.
Lesgourgues

DOM. DE LAUROUX*

1,2 ha 5 000 8à11€

Rémy Fraisse, ein alter Bekannter in unserem Weinführer, wird einmal mehr belohnt. Sein überaus strahlender strohgelber Floc ist in der Nase blumig, lebhaft und frisch. Im Mund sind die Aromen leicht und ausgewogen. Ein Erzeugnis mit typischem Charakter. Lobend erwähnt wird der **Rosé-Floc** wegen seiner Erscheinung, seines Dufts und seines Geschmacks, die fein und subtil sind.
Rémy Fraisse, EARL de Lauroux, 32370 Manciet, Tel. 05.62.08.56.76, Fax 05.62.08.57.44 n. V.

CH. DE MONS***

1 ha 6 500 8à11€

Die Domaine de Mons, im Besitz der Landwirtschaftskammer des Departements Gers, ist auch der Sitz des technischen Zentrums für Weinbau und Wein. Sie spielt ihre Rolle in der AOC perfekt und präsentiert zwei Flocs, die beide berücksichtigt wurden. Der weiße Floc, der eine blassgelbe Farbe und einen frischen, sehr komplexen Duft besitzt, bietet einen sehr ausgewogenen, vorwiegend blumigen Geschmack von großer aromatischer Nachhaltigkeit. Kurz gesagt: Er hat Klasse. Der **Rosé-Floc** (ein Stern), der stark durch reife rote Früchte und eine deutliche Süße geprägt wird, ist trotz allem gut ausbalanciert und einschmeichelnd.
Dom. de Mons, Chambre d'agriculture du Gers, 32100 Caussens, Tel. 05.62.68.30.30, Fax 05.62.68.30.35, E-Mail chateau.mons.cda.32@wanadoo.fr n. V.

CH. DE PELLEHAUT*

1 ha k. A. 8à11€

Die Familie Béraut, die seit mehr als 300 Jahren in der Region ansässig ist, bewirtschaftet dieses Château aus dem 18. Jh., das sich in der Ténarèze an einer alten Römerstraße befindet. Sie konnte von Ton- und Kalksteinböden, die mit Ugni blanc und Colombard bestockt sind, einen strohgelben bis goldenen Floc erzeugen,

der einen komplexen Duft von Blütennoten, Honig und Haselnuss bietet. Er ist leicht vom Holz geprägt (Vanille) und sorgt im Geschmack für eine gute Süße, mit einem Abgang, den der Armagnac kennzeichnet. Ein sehr gelungenes Erzeugnis, das den Eingeweihten und denen vorbehalten ist, die das Abenteuer lieben.
SCV Béraut, Ch. de Pellehaut, 32250 Montréal-du-Gers, Tel. 05.62.29.48.79, Fax 05.62.29.49.90, E-Mail chateau@pellehaut.com ☑ Ῑ n. V.

DOM. DE POLIGNAC*

◪ 5 ha 12 000 5à8€

Die Domaine de Polignac liegt auf steinigen Ton- und Kalksteinböden. Sie hat zwei Flocs vorgestellt, die unsere Verkoster begeistert und jeder einen Stern erhalten haben. Dieser Rosé von schöner, reintöniger Farbe bietet Aromen von schwarzer Johannisbeere und Himbeere, die fein und kräftig zugleich sind. Der Geschmack, der eine klare Ansprache zeigt, ist ebenso aromatisch. Der **weiße Floc** von strahlendem, klarem Goldgelb, der blumige Aromen entfaltet, ist leicht vom Armagnac geprägt. Zwei Erzeugnisse, die man nur zum Vergnügen trinken sollte.
EARL Gratian, Dom. de Polignac, 32330 Gondrin, Tel. 05.62.28.54.74, Fax 05.62.28.54.86 ☑ Ῑ tägl. 10h–13h 15h–20h

DOM. SAN DE GUILHEM

☐ 3 ha 20 000 8à11€

Der Vorsitzende der Appellation erhält dieses Jahr zwei lobende Erwähnungen. Sein weißer Floc, der eine blassgelbe Farbe und Pfirsicharomen besitzt, wirkt im Geschmack ätherisch. Der **Rosé-Floc** mit den braunen Reflexen hat einen Duft und einen Geschmack von kandierten Früchten, die eine gute Länge zeigen. Zwei Flocs, die man trinken kann, ohne dass man sich lang den Kopf zerbrechen müsste.
Alain Lalanne, Dom. San de Guilhem, 32800 Ramouzens, Tel. 05.62.06.57.02, Fax 05.62.06.44.99, E-Mail domaine@sandeguilhem.com ☑ Ῑ Mo–Sa 8h–12h 14h–18h

CH. DU TARIQUET***

☐ k. A. k. A. 8à11€

Die Grassas, Besitzer dieses Schlosses aus dem 17. Jh., muss man nicht mehr eigens vorstellen, so bekannt sind ihre Erzeugnisse in aller Welt, denn Tariquet reimt sich im Französischen auf Qualität. Dieser Floc hat mit einer Liebeserklärung geflirtet, denn er ist außergewöhnlich: Er zeigt ein strahlendes Goldgelb und bietet einen sehr aromatischen Duft mit Blütennoten. In erster Linie ist er durch seinen reichen, leicht honigartigen Geschmack gekennzeichnet, der eine große Fülle besitzt und lang anhält. Die Qualität des Armagnac ist an diesem Erfolg nicht unbeteiligt.
SCV Ch. du Tariquet, 32800 Eauze, Tel. 05.62.09.87.82, Fax 05.62.09.89.49, E-Mail contact@tariquet.com ☑
Familie Grassa

TERRES DE GASCOGNE*

☐ k. A. 40 000 5à8€

Condom, die Hauptstadt der Ténarèze, besitzt in geschichtlicher Hinsicht eine reiche Vergangenheit. Damit die Erzeuger der Genossenschaftskellerei von den Auswirkungen des Fremdenverkehrs profitieren, sind sie es sich schuldig, erstklassige Produkte herzustellen. Und sie sind überaus erfolgreich darin, denn sie sind Stammgäste in unserem Weinführer. Dieses Jahr erhält ein weißer Floc einen Stern: Er hat eine blassgelbe Farbe mit grünen Reflexen und feine, fruchtige Aromen; er bietet eine klare, muntere Ansprache und sorgt danach während der gesamten Verkostung für eine Empfindung von Frische. Sehr Floc-typisch!
Cave coop. de Condom-en-Armagnac, 59, av. des Mousquetaires, 32100 Condom, Tel. 05.62.28.12.16, Fax 05.62.28.23.94

DOM. DE TOUADE*

☐ k. A. k. A. 5à8€

Ein Stern für den weißen Floc, den dieser neue Erzeuger präsentiert. Im Land des Rugby nennt man das einen Versuch, den man erzielen muss – im nächsten Jahr! Er hat eine blassgelbe Farbe mit goldenen Reflexen und zeigt sich in der Nase und im Mund komplex: Nach einer blumigen Ansprache entwickelt er sich zu würzigen Aromen. Ein lang anhaltender, milder Eindruck von Wärme.
GAEC de Touade, 32190 Mourède, Tel. 05.62.06.40.82, Fax 05.62.06.40.82 ☑ Ῑ n. V.

ISABELLE ZAGO*

☐ 1,5 ha 1 520 5à8€

Bei den Zagos geschieht alles traditionell. Sogar die Trauben für den Floc werden mit der Hand gelesen, was etwas heißt! Das ermöglicht eine bessere Qualität. Beweis dafür ist dieser sehr gelungene weiße Floc, der eine kräftige strohgelbe Farbe besitzt und Aromen von weißen Blüten und getrockneten Früchten (Haselnuss) verbindet. Der Geschmack zeigt eine gute Entwicklung, die durch Lebhaftigkeit und Länge gekennzeichnet ist. Zu einer Krustade (warmes, überbackenes Törtchen, das mit Gemüse, Pilzen, Fleisch oder Meeresfrüchten gefüllt ist) erleben Sie den vollen Genuss.
EARL de Cassagnaous, Au Cassagnaous, 32250 Montréal-du-Gers, Tel. 05.62.29.44.81, Fax 05.62.29.44.81, E-Mail isabelle.zago@freesbee.fr ☑ Ῑ n. V.
Isabelle Zago

Macvin du Jura

Er hätte ebenso gut Galant heißen können, denn dies ist der Name, den er im 14. Jh. trug, als ihn Margarete von Frankreich, Herzogin von Burgund und Gemahlin Philipps des Kühnen, zu ihrem Lieblingswein erkor.

Der Macvin, der wahrscheinlich auf ein Rezept der Äbtissinnen des Klosters Château-Chalon zurückgeht und früher «Maquevin» oder «Marc-vin» hieß, wurde am 14. November 1991 durch Dekret unter dem Namen Macvin du Jura als AOC anerkannt. Im Jahre 1976 unternahm der Weinbauverband zum ersten Mal einen Vorstoß, um die Anerkennung dieses sehr originellen Erzeugnisses als AOC zu erreichen. Die Enquete zog sich lang hin, weil man zu einer Übereinkunft über die Verwendung einer einzigen Herstellungsmethode kommen musste. Im Laufe der Zeit war nämlich der Macvin, zunächst ein gekochter Wein, dem Aromastoffe oder Gewürze zugesetzt worden waren, zu einer Mistella geworden, die man aus einem durch Hitze (Kochen) konzentrierten Most herstellte, danach zu einem Likörwein, der entweder mit Tresterbranntwein oder mit einem Branntwein aus der Franche-Comté in seiner Gärung abgestoppt wurde. Die am häufigsten verwendete Methode wurde schließlich beibehalten: Bei der AOC handelt es sich um einen Likörwein, hergestellt aus Traubenmost, der ganz leicht zu gären begonnen hat, und versetzt mit Tresterbranntwein aus der Franche-Comté mit Herkunftsbezeichnung, der aus demselben Winzerbetrieb wie die Moste stammt. Der Traubenmost muss von Rebsorten und aus einem Anbaugebiet kommen, die Anrecht auf die AOC haben. Der Branntwein muss «abgestanden» sein, d. h. mindestens 18 Monate im Eichenfass gereift sein.

Nach dieser letzten Vereinigung, die ohne Filtrierung vorgenommen wird, muss der Macvin ein Jahr lang im Eichenfass «ruhen», da er nicht vor dem 1. Oktober des Jahres nach der Lese verkauft werden darf.

Die Produktion, die sich weiter erhöht, liegt bei etwa 1 700 hl (bei einer Anbaufläche von 36 ha). Der Macvin du Jura entwickelt sich gut, denn er wird sehr geschätzt, vor allem in der Region. Ein Aperitif für Liebhaber, der – wenn er gut gelungen ist – an die stark vom Ursprungsgebiet beeinflussten Erzeugnisse des Jura erinnert. Er ergänzt das Angebot der Appellationen der Franche-Comté und passt perfekt zur einheimischen Küche.

CH. D'ARLAY

■ 0,25 ha 2 400 ▮▮ 11 à 15 €

Es gibt wenige rote Macvins. Der Comte de Laguiche bietet somit hier ein originelles Erzeugnis, das dennoch den Bestimmungen der Appellation entspricht. Die Rebsorte Pinot noir hat diesem Macvin eine sehr kräftige kirschrote Farbe verliehen, die durch purpurviolette Reflexe gekennzeichnet ist. Der Geruchseindruck ist sicherlich ungewöhnlich, aber die Palette von kleinen roten Früchten ist angenehm. Die Ansprache ist rund; der Geschmack folgt harmonisch der Aromenpalette der Nase. Überraschend, aber achtbar.

Alain de Laguiche, Ch. d'Arlay, rte de Saint-Germain, 39140 Arlay, Tel. 03.84.85.04.22, Fax 03.84.48.17.96, E-Mail chateau@arlay.com ☑ Y Mo–Sa 8h–12h 14h–18h

BERNARD BADOZ*

■ 0,06 ha 800 11 à 15 €

Der Poulsard ist eine für das Jura typische Rebsorte. Bernard Badoz hat ihn für seinen Macvin gewählt. Dieser Likörwein präsentiert sich uns in einem kräftigen Rosarot dar, das purpurviolette Reflexe schmücken. Der Geruchseindruck ist durch den Most und den Alkohol zugleich geprägt: eine subtile Mischung von roten Früchten und Tresterschnapsgerüchen. Der Geschmack ist vor einem fruchtigen Hintergrund harmonisch und ausgewogen. Ein aufgrund seiner Farbe origineller Macvin, der aber sehr gut gemacht ist.

Bernard Badoz, 15, rue du Collège, 39800 Poligny, Tel. 03.84.37.11.85, Fax 03.84.37.11.18 ☑ Y tägl. 8h–19h

DOM. BAUD PERE ET FILS 1998**

□ 0,5 ha 4 000 ▮▮ 11 à 15 €

Die Familie Baud hat in dieser Appellation bereits zwei Liebeserklärungen auf der Habenseite. 2000 hat sie ihren Probierkeller renoviert, damit Sie ihre Weine noch besser genießen können, wie etwa diesen Macvin mit dem fast idealen Duft zwischen Honig, Früchten in Alkohol und Korinthen. Er gleitet ganz harmonisch durch den Mund, auch wenn die Komplexität des Aromas am Gaumen weniger ausgeprägt ist. Ein trinkreifer Wein.

Dom. Baud Père et Fils, rte de Voiteur, 39210 Le Vernois, Tel. 03.84.25.31.41, Fax 03.84.25.30.09 ☑ Y n. V.

BERNARD FRERES 1994*

□ k. A. 1 200 ▮▮ 11 à 15 €

Der intensive, komplexe Duft verbindet Früchte in Alkohol, Lebkuchen, Rosinen und Trester. Die gleichen aromatischen Komponenten findet man im Mund wieder. Der gut eingefügte Alkohol hinterlässt einen angenehmen Nachgeschmack. In diesem Macvin gibt es eine

Note von altem Tresterbranntwein, die ein wenig verwirrend wirken kann. Zugegebenermaßen kennzeichnet ihn nicht die fruchtige Note, aber er hinterlässt einen sehr guten Gesamteindruck. Der Ausbau im Holzfass, der sechs Jahre gedauert hat, erklärt zweifellos diesen Charakter.
Bernard Frères, 15, rue Principale, 39570 Gevingey, Tel. 03.84.47.33.99 ☑ Y n. V.

CAVEAU DES BYARDS 1998*

☐ 0,5 ha 2 300 11 à 15 €

Der Traubenmost in dieser Mischung stammt von Chardonnay-Trauben. Der erste Geruchseindruck ist ein wenig vom Tresterbranntwein geprägt; danach entdeckt man Rosinen, Dörrfeigen und Karamell. Der Geschmack bietet eine gute Rundheit, auch wenn der Abgang ein wenig von der Süße dominiert wird. Ein schöner Macvin, der trinkreif ist, aber noch besser werden kann, wenn man ihn altern lässt. Trinken sollte man ihn zu einer Melone.
Caveau des Byards, 39210 Le Vernois, Tel. 03.84.25.33.52, Fax 03.84.25.38.02 ☑ Y n. V.

D. ET P. CHALANDARD 1999

■ 0,5 ha 1 500 11 à 15 €

Die roten Macvins werden zwar nicht in Unmengen erzeugt, aber es gibt sie. Daniel und Pascal Chalandard scheinen sie zu ihrer Spezialität gemacht zu haben. Dieser hier kombiniert den Tresterbranntwein mit Pinot noir. Er hat eine kirschrote Farbe und zeigt bläulich rote Reflexe. Der sehr feine Duft erinnert ein wenig an Sauerkirschkonfitüre. Der runde, sogar ein wenig warme Geschmack bietet Nuancen von Kirschwasser.
GAEC du Vieux Pressoir, rte de Voiteur, BP 30, 39210 Le Vernois, Tel. 03.84.25.31.15, Fax 03.84.25.37.62 ☑ Y n. V.

JEAN-MARIE COURBET 1998*

☐ 0,5 ha 2 500 11 à 15 €

Als Vorsitzender des Weinbauverbands des Jura weiß Jean-Marie Courbet, wie viel Zeit notwendig war, bis der – wie er ihn bezeichnet – «große, altüberlieferte Likör» als AOC anerkannt wurde. Aus Tresterbranntwein und dem Most von Savagnin-Trauben hat er einen Macvin von großer Provenienz hergestellt. Er ist im Geschmack rund und ausgewogen und kann bei der Alterung noch besser werden.
Jean-Marie Courbet, rue du Moulin, 39210 Nevy-sur-Seille, Tel. 03.84.85.28.70, Fax 03.84.44.68.88 ☑ Y n. V.

DOM. VICTOR CREDOZ*

☐ 0,5 ha 2 500 11 à 15 €

Der Traubenmost stammt hier von Savagnin-Trauben. Die strohgelbe Farbe ist nicht sehr klar, aber verführerisch. Der erste Geruchseindruck, der vorwiegend pflanzlich erscheint, entwickelt sich danach zu kandierten Früchten. Der runde Geschmack bietet eine schöne Ausgewogenheit zwischen Tresterbranntwein und Traubensaft. Besonders genießen wird man diesen harmonischen Macvin als Aperitif.
Dom. Victor Credoz, 39210 Menétru-le-Vignoble, Tel. 06.80.43.17.44, Fax 06.84.44.62.41 ☑ Y tägl. 8h–12h 13h–19h

DOM. GENELETTI*

☐ 0,3 ha 1 800 11 à 15 €

Der verwendete Ausdruck mag den Neulingen nicht gerade appetitanregend erscheinen, aber der Alkohol, der für die Herstellung des Macvin du Jura verwendet wird, muss «abgestanden» sein, d. h. mindestens achtzehn Monate lang gereift sein. Dieser Tresterbranntwein prägt übrigens auf recht intensive Weise den Macvin von Michel Geneletti, in der Nase ebenso wie im Mund. Dennoch ist die Feinheit vorhanden. Und was ist mit dem Most? Er stammt von Chardonnay-Trauben.
Dom. Michel et David Geneletti, 373, rue de L'Eglise, 39570 L'Etoile, Tel. 03.84.47.46.25, Fax 03.84.47.38.18 ☑ Y n. V.

DOM. GRAND FRERES*

☐ k. A. 7 000 11 à 15 €

Dieser Macvin wurde von alten Chardonnay-Rebstöcken (fünfzig Jahre) erzeugt. Seine Farbe ist hellgelb, aber sehr strahlend. Sein Duft wirkt konzentriert, im Register von Zitrusfrüchten, Mandel und getrockneten Früchten gehalten. Im Mund findet man den Zucker und den Alkohol, die notwendig sind, um Süße und Ausgewogenheit zu vereinen. Trotz einer leicht brandigen Note im Abgang hinterlässt er insgesamt einen Eindruck von Eleganz.
Dom. Grand Frères, rue du Savagnin, 39230 Passenans, Tel. 03.84.85.28.88, Fax 03.84.44.67.47 ☑ Y tägl. 9h–12h 14h–18h; Jan. u. Febr. Sa, So geschlossen

CH. GREA 1998**

☐ 0,2 ha 500 11 à 15 €

Dieser fast kupferfarbene, in jedem Fall sehr bernsteingelbe Macvin bietet sich dem Auge dar, wagt aber nicht, sich in der Nase zu entfalten. Er ist noch verschlossen, bietet aber dennoch ein paar sparsame Gewürz- und Karamellnoten. Der Geschmack ist rund, sogar seidig. Gewürze, Karamell und Vanille kennzeichnen eine hübsche Entfaltung des Aromas. Der Alkohol ist gut eingefügt; von diesem Macvin geht keinerlei Aggressivität aus. Er ist der Inbegriff von Milde, besitzt aber dennoch eine gute Persönlichkeit. Der Traubenmost, der für die Zusammenstellung dieses Macvin verwendet wurde, stammt ausschließlich von Savagnin, der Rebsorte für Vin jaune.
Nicolas Caire, Ch. Gréa, 39190 Rotalier, Tel. 06.81.83.67.80, Fax 06.84.25.05.47 ☑ Y n. V.

CAVEAU DES JACOBINS*

☐ 0,45 ha 5 200 11 à 15 €

Der Alkohol ist in der Nase stark zu spüren, aber ohne Aufdringlichkeit. Der im gleichen Stil gehaltene Geschmack ist rund, fast warm. Die Gesamtharmonie ist dennoch vorhanden, so

dass die Lust zum Widersprüchlichen erwacht: Warum sollte man ihn zu Eis probieren?
🔑 Caveau des Jacobins, rue Nicolas-Appert, 39800 Poligny, Tel. 03.84.37.01.37, Fax 03.84.37.30.47, E-Mail caveaudesjacobins@free.fr ☑ 🍷 tägl. 9h30–12h 14h–18h30

CLAUDE JOLY 1999**

☐ 0,5 ha 2 000 11 à 15 €

Im Jura, insbesondere im Süden des Revermont, wo Claude und Cédric Joly leben, stellen fast alle Weingüter Macvin her. Dieser hier zieht sofort durch seine Erscheinung die Aufmerksamkeit auf sich: mit einem kräftigen Strohgelb, das silberne Reflexe zeigt. Der intensive Duft weist auf eine gute Zusammenstellung hin; man findet darin kandierte Früchte, Aprikose und frische Trauben. Der Geschmack bietet innerhalb der Komplexität und der Ausgewogenheit eine herrliche Harmonie.
🔑 EARL Claude et Cédric Joly, chem. des Patarattes, 39190 Rotalier, Tel. 03.84.25.04.14, Fax 03.84.25.14.48 ☑ 🍷 n. V.

DOM. DE LA PINTE*

☐ 2 ha 3 000 ▮▮ 11 à 15 €

Auf diesem Gut, auf dem der Savagnin regiert, musste die Traubensorte des Vin jaune notwendigerweise eine Vorrangstellung bei der Herstellung von Macvin haben. Diese Sorte macht 80 % des Traubenmosts aus. Der Duft ist sehr klar, konzentriert und leicht vanilleartig. Die gleiche Vanillenote findet man in einem einheitlichen Geschmack wieder, in dem Feige die Sinne ebenfalls erheitert. «Auf ganzer Linie gut», fasste einer der Verkoster zusammen.
🔑 Dom. de La Pinte, rte de Lyon, 39600 Arbois, Tel. 03.84.66.06.47, Fax 03.84.66.24.58 ☑ 🍷 Mo–Sa 9h–12h 13h30–18h; So n. V.

DOM. DE LA TOURNELLE*

☐ 0,2 ha 2 500 11 à 15 €

Pascal Clairet hat sich dafür entschieden, Most aus Chardonnay-Trauben mit dem Tresterbranntwein zu kombinieren. Das Ergebnis ist ein hellgelber Macvin, der einige silberne Reflexe zeigt. Der Duft ist nicht sehr kräftig, harmoniert aber gut mit einem runden, recht ausgewogenen Geschmack.
🔑 Pascal Clairet, 5, Petite-Place, 39600 Arbois, Tel. 03.84.66.25.76, Fax 03.84.66.27.15 ☑ 🍷 Mo–Sa 10h–12h30 14h30–19h

CH. DE L'ETOILE**

☐ 0,5 ha 5 000 ▮▮ 11 à 15 €

So auffällig er mit seiner Kupferfarbe ist, so zurückhaltend ist er in der Nase. Noten von Lebkuchen, getrockneten Früchten, Feige, Karamell und kandierter Orange bilden dennoch eine reife Aromenpalette. Dieser Macvin, der im Geschmack gut gebaut ist und einen sehr angenehmen Eindruck hinterlässt, kann die einen beim Aperitif und die anderen beim Dessert bezaubern. Der mit dem Tresterbranntwein versetzte Most stammt von Chardonnay-Trauben.
🔑 Vandelle et Fils, Ch. de L'Etoile, 994, rue Bouillod, 39570 L'Etoile, Tel. 03.84.47.33.07, Fax 03.84.24.93.52 ☑ 🍷 n. V.

LIGIER PERE ET FILS**

☐ 0,5 ha 2 500 ▮▮ 11 à 15 €

Unsere belgischen und schweizerischen Freunde, die fast ein Viertel der Produktion des Guts kaufen, werden nichts Gegenteiliges sagen: Macvin und Mousse au chocolat, das ist gastronomisch gesehen eine sichere Bank. Vor allem dann, wenn der Macvin dieses Guts besonders gelungen ist. Der Tresterbranntwein ist sehr deutlich zu spüren, aber mit dem Most (der von Savagnin-Trauben stammt) gut verbunden. Keine falsche Note, in der Nase ebenso wenig wie im Mund. Feinheit, Ausgewogenheit, Länge und eine schöne aromatische Komplexität (getrocknete und geröstete Früchte). Der Inbegriff eines Weins für Verliebte.
🔑 Dom. Ligier Père et Fils, 7, rte de Poligny, 39380 Mont-sous-Vaudrey, Tel. 03.84.71.74.75, Fax 03.84.81.59.82, E-Mail ligier@netcourrier.com ☑ 🍷 n. V.

DOM. DE MONTBOURGEAU

☐ 0,5 ha k. A. ▮▮ 11 à 15 €

Der mit Tresterbranntwein versetzte Most stammt von Chardonnay-Trauben. Ein guter, Macvin-typischer Duft steigt aus dem Glas auf: Karamell, getrocknete Früchte, aber auch Branntwein. Auch wenn die Struktur im Geschmack ein wenig zusammenhanglos ist, scheinen die verwendeten Grundmaterialien von guter Qualität zu sein; das Ergebnis ist angenehm. Eine Flasche, die man zum Aperitif empfehlen kann.
🔑 Jean Gros, Dom. de Montbourgeau, 39570 L'Etoile, Tel. 03.84.47.32.96, Fax 03.84.24.41.44 ☑ 🍷 n. V.

DESIRE PETIT ET FILS

☐ 0,6 ha 5 800 ▮▮ 11 à 15 €

Weihnachten und Neujahr sind die beiden einzigen Tage, an denen der Keller von Gérard und Marcel Petit geschlossen ist. Es bleiben somit 363 Tage, um diesen Macvin mit der sehr einschmeichelnden Erscheinung zu probieren. Seine Bernsteinfarbe gefällt ebenso sehr wie der intensive Duft von Früchten in Alkohol. Er ist schon entwickelt und trinkreif.
🔑 Dom. Désiré Petit, rue du Ploussard, 39600 Pupillin, Tel. 03.84.66.01.20, Fax 03.84.66.26.59 ☑ 🍷 n. V.
🔑 Gérard und Marcel Petit

FRUITIERE VINICOLE DE PUPILLIN*

☐ 2 ha 10 000 ▮▮ 5 à 8 €

In dieser kleinen Genossenschaftskellerei, die mitten zwischen den Weinbergen liegt, verwendet man für den Macvin ausschließlich Chardonnay-Trauben. Dieser hier bietet eine goldgelbe Farbe mit einigen bernsteingelben Reflexen. Der Duft ist recht komplex, mit Noten von Aprikose, Lebkuchen und kandierten Früchten. Der Tresterbranntwein beherrscht

zwar noch den Geschmack, aber die Zusammenstellung ist erstklassig. Das Ganze hinterlässt einen guten Gesamteindruck, insbesondere dank seines anhaltenden Aromas.
🔑 Fruitière vinicole de Pupillin, 39600 Pupillin, Tel. 03.84.66.12.88, Fax 03.84.37.47.16
☑ 🍷 n. V.

XAVIER REVERCHON*

☐ 0,2 ha 1 500 🛢 11 à 15 €

In diesem Haus empfiehlt man Schokolade als kulinarische Begleitung zum Macvin. Eine gute Idee. Man findet Intensität in der strohgelben Farbe und im Duft, in dem sich der Alkohol bemerkbar macht. Die Ansprache im Mund ist rund, mit einer vom Branntwein geprägten Präsenz. Der Geschmack liefert uns noch ein paar Noten von Zitrusfrüchten (Zitrone, Pampelmuse) und die Gewissheit, dass dieses schöne Erzeugnis noch hinzugewinnt, wenn man es lagert.
🔑 Xavier Reverchon, EARL de Chantemerle, 2, rue de Clos, 39800 Poligny, Tel. 03.84.37.02.58, Fax 03.84.37.00.58
☑ 🍷 n. V.

PIERRE RICHARD**

☐ 0,5 ha 2 000 11 à 15 €

«Ich bin ganz für euch da», scheint er zu sagen, dieser Macvin mit seiner strahlenden, klaren strohgelben Farbe und seinem entfalteten Duft, in dem uns Rosinen, Honig und Gewürze voller Eleganz und Frische empfangen. Und der Geschmack? Eine lebhafte Ansprache, um die Sinne zu reizen, und danach eine willkommene Rundheit. Der Alkohol ist vorhanden, aber gut eingefügt und ohne jegliche Aggressivität. Dazu eine Ausgewogenheit und eine Leichtigkeit, die dieses Produkt hoch hinaufheben.
🔑 Dom. Pierre Richard, 39210 Le Vernois, Tel. 03.84.25.33.27, Fax 03.84.25.36.13
☑ 🍷 n. V.

ANDRE ET MIREILLE TISSOT*

☐ 1 ha 4 000 🛢 11 à 15 €

Das Gut, das sich seit 1999 auf biologischen Anbau umstellt, präsentiert einen Macvin, dessen Most zu gleichen Teilen von Poulsard- und Savagnin-Trauben stammt. Die Farbe ist ockergelb, leicht kupfergelb. Der Duft hinterlässt einen guten Eindruck: Mit dem Tresterbranntwein mischen sich Feigen, Karamell, Aprikose und Zimt. Der Alkohol macht sich im Geschmack recht deutlich bemerkbar, aber glücklicherweise hat er eine gute Qualität, was dem Ganzen einen harmonischen Charakter verleiht.
🔑 André et Mireille Tissot, 39600 Montigny-lès-Arsures, Tel. 03.84.66.08.27, Fax 03.84.66.25.08
☑ 🍷 n. V.
🔑 André und Stéphane Tissot

JACQUES TISSOT 1998*

☐ 2 ha 8 000 🛢 11 à 15 €

Savagnin-Trauben gehen in die Zusammenstellung dieses Macvin ein, der mit seiner goldgelben Farbe nicht unbemerkt bleibt. Tresterbranntwein, kandierte Früchte, Aprikose: Der Duft entfaltet eine interessante Aromenpalette. Im Geschmack dominiert der Tresterschnaps, weiß aber, wo er hingehört. Der Abgang hat eine gute Länge mit Rosinenaromen. Ein etwas harter Stil, der aber gefallen wird.
🔑 Jacques Tissot, 39, rue de Courcelles, 39600 Arbois, Tel. 03.84.66.14.27, Fax 03.84.66.24.88 ☑ 🍷 n. V.

JEAN TRESY ET FILS 1999*

☐ 0,3 ha 2 500 🛢 11 à 15 €

Für die Zusammenstellung wird Most aus Chardonnay-Trauben verwendet. Während die Farbe leicht erscheint, ist der Duft kräftig und komplex. Dieser Macvin bietet Frucht und Eleganz, auch wenn er ein wenig warm ist. Die Zeit dürfte die Dinge richten: Dann wird diese Flasche zum Aperitif perfekt sein.
🔑 Jean Trésy et Fils, rte des Longevernes, 39230 Passenans, Tel. 03.84.85.22.40, Fax 03.84.44.99.73, E-Mail tresy.vin@wanadoo.fr ☑ 🍷 n. V.

FRUITIERE VINICOLE DE VOITEUR 1999***

☐ 2 ha 12 000 🛢 11 à 15 €

Die Genossenschaftskellerei von Voiteur, die sich zu Füßen von Château-Chalon, des Tempels des Vin jaune, befindet, zeigt hier, dass sie auch beim Macvin erfolgreich ist. Dieser hier zeigt in der Nase einen großen aromatischen Reichtum (Honig, Gewürze, getrocknete Kräuter, Bienenwachs) und reizt dazu, sich von der Zuverlässigkeit der Zusammenstellung auch im Geschmack zu überzeugen. Wette gewonnen: Nach einem ersten erfrischenden Hauch von Zitrusfrüchten kommen am Gaumen Rosinen, Aprikose und Pfirsich zum Vorschein. Die Vereinigung von Zucker und Alkohol ist wunderbar ausgewogen. Ein anhaltender Geschmack, der auch einen großartigen Eindruck von Süße erweckt: ein «Damenwein»? Die Herren könnten ihm ebenso erliegen.
🔑 Fruitière vinicole de Voiteur, 60, rue de Nevy-sur-Seille, 39210 Voiteur, Tel. 03.84.85.21.29, Fax 03.84.85.27.67, E-Mail voiteur@fruitiere-vinicole-voiteur.fr
☑ 🍷 n. V.

VINS DE PAYS (LANDWEINE)

Der Begriff «Vin de pays» (Landwein) wird zwar seit 1930 verwendet, hat sich aber erst in jüngerer Zeit eingebürgert und bezeichnet offiziell bestimmte «Tafelweine, die die geografische Angabe des Bezirks, der Region oder des Departements tragen, aus dem sie stammen». Aufgrund des abgeänderten allgemeinen Erlasses vom 4. September 1979 haben nämlich spezielle Vorschriften ihre besonderen Produktionsbedingungen festgelegt, die vor allem die Verwendung bestimmter Rebsorten empfehlen und die Höchsterträge festsetzen. Außerdem wurden Normen für die chemische Analyse aufgestellt, wie etwa für den Alkoholgehalt, die flüchtige Säure oder die Menge erlaubter Zusätze, was es möglich macht, dem Verbraucher ein Qualitätsniveau zu garantieren, das die Landweine unter die besten französischen Tafelweine einreiht, und diese Qualität auch zu kontrollieren. Wie die AOC-Weine werden auch die Vins de pays einem strengen Zulassungsverfahren unterzogen, das durch eine spezielle Sinnenprüfung ergänzt wird. Doch während die AOC-Weine unter der Aufsicht des INAO stehen, ist für die Vins de pays das *Office interprofessionnel des vins* (ONIVINS) zuständig. Zusammen mit den zugelassenen Berufsverbänden und den Schutzverbänden für jeden Vin de pays ist das ONIVINS außerdem an der Förderung des Absatzes der Vins de pays beteiligt, in Frankreich ebenso wie auf den Auslandsmärkten, wo sie eine relativ bedeutende Stellung erobern konnten.

Es gibt drei Kategorien von Vins de pays, entsprechend der Ausdehnung des geografischen Bereichs, in dem sie erzeugt werden und der ihre Bezeichnung festlegt. Die Weine der ersten Gruppe werden mit dem Namen des Departements bezeichnet, in dem sie produziert werden, mit Ausnahme natürlich der Departements, deren Name auch der einer AOC ist (Jura, Savoyen oder Korsika). Die zweite Gruppe umfasst die Vins de pays einer Anbauzone. Die Weine der dritten Gruppe werden «regionale» Vins de pays genannt; sie stammen aus vier großen Bezirken, die mehrere Departements zusammenfassen. Bei ihnen sind Verschnitte zugelassen, um einen gleich bleibenden Charakter sicherzustellen. Es handelt sich dabei um den Vin de pays du Jardin de la France (Loire-Tal), den Vin de pays du Comté Tolosan, den Vin de pays d'Oc und den Vin de pays des Comtés Rhodaniens. Jede Gruppe der Vins de pays unterliegt den allgemeinen Produktionsbedingungen, die durch den Erlass von 1979 festgelegt wurden. Aber für jeden Vin de pays aus einer Anbauzone und für jeden regionalen Vin de pays gibt es zusätzlich einen speziellen Erlass, der die strengeren Produktionsbedingungen für diese Weine aufführt.

Die Vins de pays, von denen 7,8 Mio. hl erzeugt werden dürfen, werden in erster Linie von Genossenschaften hergestellt. Zwischen 1980 und 1992 hat sich die bewilligte Produktionsmenge praktisch verdoppelt (von 4 auf 7,8 Mio. hl). Die Vins de pays, die als «Primeur» oder «Nouveau» auf den Markt kommen dürfen, machen heute 200 000 bis 250 000 hl aus. Die Herstellung von sortenreinen Weinen gewinnt ebenfalls stark an Bedeutung. Der größte Teil der Weine (85 %) stammt aus südfranzösischen Anbaugebieten. Es sind schlichte, aber charaktervolle Weine, die keinen anderen Ehrgeiz haben, als ein angenehmes Getränk zu den täglichen Mahlzeiten abzugeben. Oder sie gehören zu den Entdeckungen, die man auf seinen Reiseetappen macht, wenn man in die Gegenden kommt, woher sie stammen; dort trinkt man sie traditionell je nach Weintyp zu bestimmten Gerichten. Die nachfolgende Darstellung des Gesamtgebiets der Anbauzonen folgt der regionalen Einteilung, wie sie die für die Bezeichnungen der Landweine zuständige Gesetzgebung vorgenommen hat; diese entspricht nicht der Einteilung der AOC- oder AOVDQS-Gebiete. Beachten Sie außerdem, dass der Erlass vom 4. Mai 1995 die Departements Rhône, Bas-Rhin, Haut-Rhin, Gironde, Côte-d'Or und Marne von den Anbauzonen ausgeschlossen hat, die Vins de pays erzeugen dürfen.

1 Vin de pays des Coteaux de Coiffy
2 Vin de pays de Franche-Comté
3 Vin de pays des Coteaux de l'Auxois
4 Vin de pays de Sainte-Marie-la-Blanche
5 Vin de pays des Coteaux du Cher et de l'Arnon
6 Vin de pays des Coteaux charitois
7 Vin de pays du Bourbonnais
8 Vin de pays d'Allobrogie
9 Vin de pays d'Urfé
10 Vin de pays des Balmes dauphinoises
11 Vin de pays des Coteaux du Grésivaudan
12 Vin de pays des Coteaux de l'Ardèche
13 Vin de pays des Collines rhodaniennes
14 Vin de pays des Coteaux des Baronnies
15 Vin de pays du Comté de Grignan
16 Vin de pays des Coteaux du Verdon
17 Vin de pays de Mont-Caume
18 Vin de pays des Maures
19 Vin de pays d'Argens
20 Vin de pays de la Petite Crau
21 Vin de pays d'Aigues
22 Vin de pays de la Principauté d'Orange
23 Vin de pays des Sables du Golfe du Lion
24 Vin de pays du Duché d'Uzès
25 Vin de pays des Cévennes
26 Vin de pays de la Vistrenque
27 Vin de pays des Côtes du Vidourle
28 Vin de pays de la Vaunage
29 Vin de pays des Coteaux de Cèze
30 Vin de pays des Coteaux du Pont du Gard
31 Vin de pays des Coteaux Flaviens
32 Vin de pays du Val de Montferrand
33 Vin de pays du Mont Baudile
34 Vin de pays des Côtes du Ceressou
35 Vin de pays des Monts de la Grage
36 Vin de pays des Coteaux d'Enserune
37 Vin de pays des Coteaux du Libron
38 Vin de pays de Pézenas
39 Vin de pays des Coteaux de Murviel
40 Vin de pays des Coteaux de Laurens
41 Vin de pays des Côtes de Thongue
42 Vin de pays de la Bénovie
43 Vin de pays de Cassan
44 Vin de pays de la Haute Vallée de l'Orb
45 Vin de pays des Gorges de l'Hérault
46 Vin de pays des Coteaux de Bessilles
47 Vin de pays de l'Ardailhou
48 Vin de pays des Côtes du Brian
49 Vin de pays de Cessenon
50 Vin de pays des Coteaux du Salagou
51 Vin de pays de la Vicomté d'Aumelas
52 Vin de pays des Collines de la Moure
53 Vin de pays de Caux
54 Vin de pays des Coteaux de Fontcaude
55 Vin de pays de Bessan
56 Vin de pays de Bérange
57 Vin de pays des Côtes de Thau
58 Vin de pays des Coteaux de Peyriac
59 Vin de pays de la Haute Vallée de l'Aude
60 Vin de pays des Coteaux de Narbonne
61 Vin de pays des Côtes de Prouilhe
62 Vin de pays de la Cité de Carcassonne
63 Vin de pays de Cucugnan
64 Vin de pays du Val de Dagne
65 Vin de pays des Coteaux du Littoral audois
66 Vin de pays des Côtes de Pérignan
67 Vin de pays des Coteaux de la Cabrerisse
68 Vin de pays des Hauts de Badens
69 Vin de pays du Torgan
70 Vin de pays des Côtes de Lastours
71 Vin de pays du Val de Cesse
72 Vin de pays de la Vallée du Paradis
73 Vin de pays des Coteaux de Miramont
74 Vin de pays d'Hauterive
75 Vin de pays des Vals d'Agly
76 Vin de pays des Coteaux des Fenouillèdes
SARTHE
LOIRE-ET-CHER
LOIRE-ATLANTIQUE
MAINE-ET-LOIRE
INDRE-ET-LOIRE
5
VIN DE PAYS DU JARDIN DE LA FRANCE
VENDÉE
INDRE
DEUX-SÈVRES
VIENNE
CREUS
CHARENTE-MARITIME
HAUTE-VIENNE
80
CHARENTE
CORRÈZE
DORDOGNE
81
Garonne
LOT-ET-GARONNE
LOT
83
82
84
85
TARN-ET-GARONNE
LANDES
86
VIN DE PAYS DU COMTÉ TOLOSAN
GERS
87
89
90
91
HAUTE-GARONNE
PYRÉNÉES-ATLANTIQUES
92
88
HAUTES-PYRÉNÉES
ARIÈGE

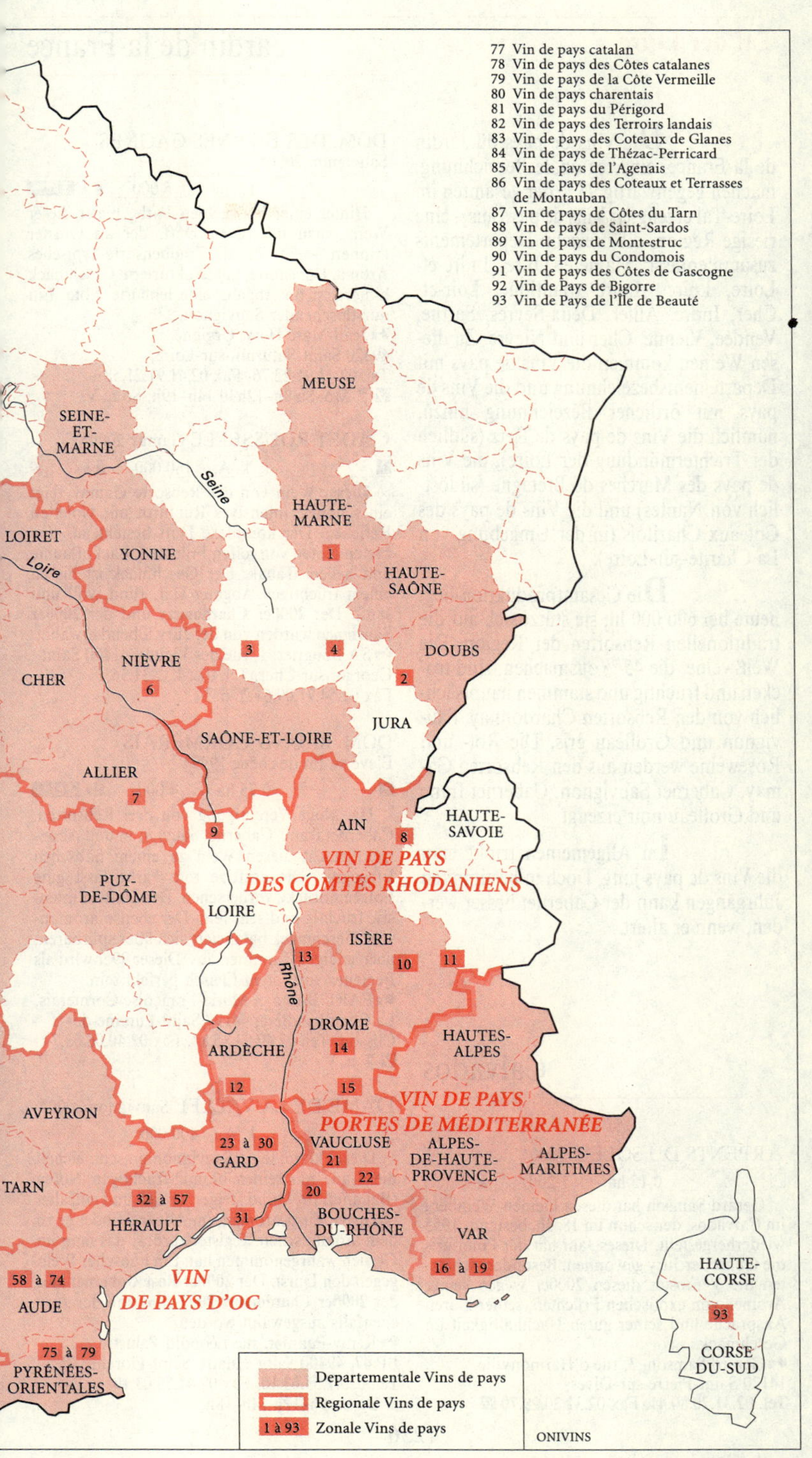
77 Vin de pays catalan
78 Vin de pays des Côtes catalanes
79 Vin de pays de la Côte Vermeille
80 Vin de pays charentais
81 Vin de pays du Périgord
82 Vin de pays des Terroirs landais
83 Vin de pays des Coteaux de Glanes
84 Vin de pays de Thézac-Perricard
85 Vin de pays de l'Agenais
86 Vin de pays des Coteaux et Terrasses de Montauban
87 Vin de pays de Côtes du Tarn
88 Vin de pays de Saint-Sardos
89 Vin de pays de Montestruc
90 Vin de pays du Condomois
91 Vin de pays des Côtes de Gascogne
92 Vin de Pays de Bigorre
93 Vin de Pays de l'Île de Beauté
MEUSE
SEINE-ET-MARNE
Seine
HAUTE-MARNE
LOIRET
Loire
YONNE
HAUTE-SAÔNE
DOUBS
NIÈVRE
CHER
JURA
SAÔNE-ET-LOIRE
ALLIER
HAUTE-SAVOIE
AIN
VIN DE PAYS DES COMTÉS RHODANIENS
PUY-DE-DÔME
LOIRE
ISÈRE
Rhône
DRÔME
HAUTES-ALPES
ARDÈCHE
VIN DE PAYS PORTES DE MÉDITERRANÉE
AVEYRON
23 à 30
GARD
VAUCLUSE
ALPES-DE-HAUTE-PROVENCE
ALPES-MARITIMES
TARN
32 à 57
HÉRAULT
BOUCHES-DU-RHÔNE
VAR
16 à 19
HAUTE-CORSE
58 à 74
AUDE
VIN DE PAYS D'OC
75 à 79
PYRÉNÉES-ORIENTALES
CORSE DU-SUD
Departementale Vins de pays
Regionale Vins de pays
1 à 93 Zonale Vins de pays
ONIVINS

Jardin de la France

Die Vins de pays du Jardin de la France, eine regionale Bezeichnung, machen gegenwärtig 95 % der gesamten im Loire-Tal erzeugten Vins de pays aus – eine riesige Region, die dreizehn Departements zusammenfasst: Maine-et-Loire, Indre-et-Loire, Loiret, Loire-Atlantique, Loir-et-Cher, Indre, Allier, Deux-Sèvres, Sarthe, Vendée, Vienne, Cher und Nièvre. Zu diesen Weinen kommen die Vins de pays mit Departementsbezeichnung und die Vins de pays mit örtlicher Bezeichnung hinzu, nämlich die Vins de pays de Retz (südlich der Trichtermündung der Loire), die Vins de pays des Marches de Bretagne (südöstlich von Nantes) und die Vins de pays des Coteaux Charitois (in der Umgebung von La Charité-sur-Loire).

Die Gesamtproduktion liegt heute bei 600 000 hl; sie stützt sich auf die traditionellen Rebsorten der Region. Die Weißweine, die 45 % ausmachen, sind trocken und fruchtig und stammen hauptsächlich von den Rebsorten Chardonnay, Sauvignon und Grolleau gris. Die Rot- und Roséweine werden aus den Rebsorten Gamay, Cabernet Sauvignon, Cabernet franc und Grolleau noir erzeugt.

Im Allgemeinen trinkt man die Vins de pays jung. Doch in bestimmten Jahrgängen kann der Cabernet besser werden, wenn er altert.

DOM. DES BONNES GAGNES
Sauvignon 2000★

☐ 1,7 ha 5 000 5 à 8 €

Hinter einer blassgelben Farbe bietet dieser Wein einen intensiven Duft, der an Ginster erinnert – ein für die Traubensorte typisches Aroma. Der sanfte, gut strukturierte Geschmack hinterlässt im Abgang eine lebhafte Note. Ein durstlöschender Sauvignon.

Jean-Marc Héry, Orgigné, 49320 Saint-Saturnin-sur-Loire, Tel. 02.41.91.22.76, Fax 02.41.91.21.58
Mo–Sa 9h–12h30 14h–19h; So n. V.

CADET ROUSSELLE Gamay 2000★★

■ k. A. 160 000 -3 €

Dieser Wein von der Rebsorte Gamay zeigt ein schönes, intensives Rubinrot mit violetten Reflexen. Der komplexe Duft besteht aus diskreten Noten von reifen Früchten, Backpflaume und hellem Tabak. Der Geschmack ist bis zu einem fruchtigen Abgang klar, rund, voll und sanft. Der **2000er Chardonnay** und der **2000er Sauvignon** wurden von der Jury lobend erwähnt.

SA Bougrier, 1, rue des Vignes, 41400 Saint-Georges-sur-Cher, Tel. 02.54.32.31.36, Fax 02.54.71.09.61 n. V.

DOM. BRUNO CORMERAIS
Elevé en fût de chêne 1999★

■ 0,75 ha 4 000 5 à 8 €

Die kluge Vereinigung von drei Rebsorten, Cabernet franc, Cabernet Sauvignon und Abouriou, macht diesen Wein zu einem hübschen Erzeugnis. Die kräftige rote Farbe lässt gute Folgeeindrücke vorhersehen. Der Duft ist intensiv, fruchtig und sehr fein. Der ebenso aromatische Geschmack balanciert sich über spürbaren, aber seidigen Tanninen aus. Dieser 99er wird als Begleiter von rotem Fleisch perfekt sein.

EARL Bruno et Marie-Françoise Cormerais, La Chambaudière, 44190 Saint-Lumine-de-Clisson, Tel. 02.40.03.85.84, Fax 02.40.06.68.74
n. V.

DAME DE LA VALLEE Sauvignon 2000★

☐ k. A. 400 000 -3 €

Dieser klare, feine Sauvignon umschmeichelt die Sinne mit seinen blumig-fruchtigen Noten (Banane). Im Mund steigert er sich und entfaltet intensive Zitrusaromen; im Abgang findet er zu dem aromatischen Register zurück, das man im Geruch wahrgenommen hat. Ein hübscher Wein gegen den Durst. Der **2000er Rosé Cabernet** und der **2000er Chardonnay 2000** sind von der Jury ebenfalls ausgewählt worden.

Rémy-Pannier, rue Léopold-Palustre, BP 47, 49400 Saint-Hilaire-Saint-Florent, Tel. 02.41.53.03.10, Fax 02.41.53.03.19
Di–Sa 9h–12h 14h–18h

Calvados

ARPENTS DU SOLEIL 2000★

☐ 0,15 ha 1 200 5 à 8 €

Gérard Samson hat diesen kleinen Weinberg im Calvados, der schon im 18. Jh. bestand, 1955 wiederhergestellt. Dieses Jahr hat der Pinot gris die Gunst der Jury gewonnen. Besonders schätzten die Verkoster diesen 2000er wegen seiner Aromen von exotischen Früchten, seiner klaren Ansprache und seiner guten Nachhaltigkeit im Geschmack.

Gérard Samson, 3, rue d'Harmonville, 14170 Saint-Pierre-sur-Dives, Tel. 02.31.20.80.41, Fax 02.31.20.29.70

DE PREVILLE Chardonnay 2000*

☐ 6,5 ha k. A. -3€

Dieser Wein mit graugrünen Reflexen bleibt in der Nase mit Röstnoten diskret, aber sehr fein. Im Mund, den Haselnussaromen erfüllen, ist er lebhaft, freimütig und harmonisch. Der **2000er Sauvignon blanc De Préville** erhält ebenfalls einen Stern.

SA Lacheteau, ZI La Saulaie, 282, rue Lavoisier, 49700 Doué-la-Fontaine, Tel. 02.41.59.26.26, Fax 02.41.59.01.94

DESTINEA Sauvignon 2000***

☐ k. A. 80 000 5à8€

Dieser Wein von der Sauvignon-Traube, der «Letztgeborene» einer im Weinbaugebiet von Sancerre sehr bekannten Firma, muss seinen großen Bruder, die AOC Sancerre, in keiner Weise beneiden. Er hat keine Minderwertigkeitskomplexe, ist aber bescheiden und enthüllt seine Trümpfe. Er zeigt ein helles Gelb mit strohgelben Reflexen, das eine Krone aus sommerlichen Düften schmückt. Durch seine Präsenz, seinen Sinn für Ausgewogenheit und seine Feinheit im Ausdruck offenbart dieser harmonische Wein seine Seelengröße.

SA Joseph Mellot, rte de Ménétréol, BP 13, 18300 Sancerre, Tel. 02.48.78.54.54, Fax 02.48.78.54.55, E-Mail alexandre@joseph-mellot.fr
☑ Y Mo–Fr 8h–12h 13h30–17h30; Sa, So n. V.

DOM. DES DEUX MOULINS
Chardonnay 2000*

☐ 0,33 ha 2 500 3à5€

Dieser blassgelbe, leicht golden getönte Chardonnay bietet einen klaren Duft von reifen Früchten und Blüten. Er ist ein leichter, angenehmer Wein, der dank eines Abgangs mit Zitrusfrüchten temperamentvoll ist. Ein Wein gegen den Durst, den man als Aperitif servieren sollte.

Dom. des Deux Moulins, 20, rte de Martigneau, 49610 Juigné-sur-Loire, Tel. 02.41.54.36.05, Fax 02.41.54.67.94, E-Mail les.deux.moulins@wanadoo.fr
☑ Y n. V.
Macault

PRIVILEGE DE DROUET
Chardonnay Cuvée Prestige 2000**

☐ 20 ha 35 000 3à5€

Dieser sehr helle goldgrüne Chardonnay bietet einen intensiven Duft. Die pflanzlichen Nuancen, die man wahrnimmt, wenn man den Wein ein wenig im Glas schwenkt, machen nach und nach komplexeren Aromen Platz, die blumige Noten mit Nuancen von reifen Früchten (Banane) und Hefegebäck (Brioche) verbinden. Der ausgewogene Geschmack besitzt viel Rundheit, die im Abgang ein leichter Holzton hervorhebt. Ein eleganter Wein, den man mindestens ein Jahr lagern muss.

SA Drouet Frères, 8, bd du Luxembourg, 44330 Vallet, Tel. 02.40.36.65.20, Fax 02.40.33.99.78, E-Mail drouetsa@club-internet.fr ☑ Y n. V.

DOM. DE FLINES Grolleau 2000***

■ 10 ha 4 800 3à5€

Dieser Wein von kräftiger Farbe entwickelt einen intensiven Duft von roten Früchten. Er ist harmonisch und besitzt einen runden, fülligen, anhaltenden Geschmack. Aromen von reifen Früchten begleiten gut verschmolzene Tannine.

Dom. de Flines, 102, rue d'Anjou, 49540 Martigné-Briand, Tel. 02.41.59.42.78, Fax 02.41.59.45.60 ☑ Y n. V.
C. Motheron

DOM. DES HAUTS DE SEYR
Le Montaillant Pinot noir 1999*

■ 2,5 ha 25 000 5à8€

1991 stellte dieser Erzeuger einen alten Weinberg wieder her, der durch die Kriege zerstört worden war; in seinem Ursprung reicht er in das 4. Jh. zurück und war später im Besitz der Abtei Cluny und des Priorats La Charité-sur-Loire. Sein Pinot noir zeigt einen intensiven Duft von roten Früchten und Blüten. Der strukturierte, ausgewogene Geschmack hält lang an. Trinkreif.

Dom. des Hauts de Seyr, Le Bourg, 58350 Chasnay, Tel. 03.86.69.20.93, Fax 03.86.69.28.57 ☑ Y Mo–Fr 14h–18h

HUTEAU-HALLEREAU Gamay 2000*

■ 1,33 ha 12 000 3à5€

Ein gefälliger Gamay mit einer rubinroten Farbe, die leichte granatrote Reflexe erkennen lässt. Der diskrete Duft enthüllt Aromen von vollreifen kleinen roten Früchten. Der Ge-

schmack ist klar, gut strukturiert und aromatisch. Ein nachhaltiger Wein, der trinkreif ist.
EARL Huteau-Hallereau,
41, rue Saint-Vincent, 44330 Vallet,
Tel. 02.40.33.93.05, Fax 02.40.36.29.26
n. V.

DOM. DE LA COCHE
Grolleau gris Pays de Retz 2000*

0,5 ha 2 000 -3€

Dieser Weißwein von sehr heller Farbe funkelt mit leicht gelben Reflexen. Der Duft ist lebhaft, mit diskreten Noten von grüner Zitrone. Im Geschmack dominiert die Frische. Man entdeckt darin die grüne Zitrone wieder, auf feine Weise mit aromatischen Noten verbunden, die an Pampelmuse erinnern. Ein ausgewogener, trinkreifer Grolleau.
Emmanuel Guitteny, La Coche,
44680 Sainte-Pazanne, Tel. 02.40.02.44.43,
Fax 02.40.02.44.43, E-Mail eguitteny@aol.com
n. V.

DOM. DE LA COUCHETIERE
Grolleau 2000*

2 ha 18 000 -3€

In ein intensives Rot mit bläulich roten Reflexen gehüllt, überlässt dieser Grolleau die Hauptrolle den Früchten, vor allem vollreifen Kirschen. Der ausgewogene, füllige Geschmack liefert mit einer guten Nachhaltigkeit den Widerhall für die Duftnuancen der Nase. Ein sympathischer Wein, den man zu Fleisch- und Wurstgerichten trinken kann: in Schmalz geschmorte Schweinefleischwürfel mit Schwarte, Schweinsfüße usw.
GAEC Brault Père et Fils,
Dom. de La Couchetière,
49380 Notre-Dame-d'Allençon,
Tel. 02.41.54.30.26, Fax 02.41.54.40.98
Mo–Sa 8h30–12h30 14h–19h

DOM. DE LA COUPERIE
Cabernet 2000*

2,5 ha 10 000 3à5€

Dieser Wein von den Rebsorten Cabernet franc (85 %) und Cabernet Sauvignon besitzt eine intensive, komplexe Aromenpalette. Der Geschmack steht dem in nichts nach, so geschmeidig und strukturiert ist er. Ein schon großzügiger Wein, der im Laufe der Monate noch besser wird.
EARL Claude Cogné, La Couperie,
49270 Saint-Christophe-la-Couperie,
Tel. 02.40.83.73.16, Fax 02.40.83.76.71
n. V.

LA DIVA Sauvignon 2000**

k. A. 100 000 5à8€

Dieser Sauvignon mit den blassgelben Tönen besitzt einen klaren, recht intensiven Duft von Zitrusfrüchten und getrockneten Früchten (Mandel, Haselnuss). Der strukturierte, geschmeidige Geschmack entwickelt sich zu einem delikaten, anhaltenden Abgang hin. Der **2000er Chardonnay La Diva** hat eine lobende Erwähnung erhalten.
Donatien-Bahuaud, La Loge, BP 1,
44330 La Chapelle-Heulin, Tel. 02.40.06.70.05,
Fax 02.40.06.77.11

DOM. DE LA GRETONNELLE
Sauvignon 2000*

0,8 ha 2 000 3à5€

Die Domaine de La Gretonnelle umfasst 25 Hektar in Bouillé-Loretz, einer kleinen Gemeinde im Departement Deux-Sèvres, im äußersten Süden der Anjou-Weinbaugebiete. Sie präsentiert einen blassgelben Sauvignon mit grünen Reflexen. Der intensive Duft bietet blumige Nuancen; danach entfaltet sich der Geschmack harmonisch bis zu einem lang anhaltenden Abgang. Ein trinkreifer Wein.
EARL Charruault-Schmale, Les Landes,
79290 Bouillé-Loretz, Tel. 05.49.67.04.49,
Fax 05.49.67.12.52 n. V.

DOM. DE LA GUENIPIERE
Cabernet Vieilli en fût de chêne 2000*

0,88 ha 5 300 -3€

Die Familie Suteau wohnt seit 1972 in Le Landreau; sie baut jetzt 17 ha Reben an. Ihr granatroter Cabernet Sauvignon bietet einen sehr feinen, komplexen Duft mit roten Früchten und Gewürzen. Im Geschmack sorgen die verschmolzenen Tannine für eine gute Sanftheit. Ein insgesamt harmonischer Wein, den man ohne weitere Wartezeit trinken kann.
Patrick Suteau, Dom. de La Guenipière,
44690 Le Landreau, Tel. 02.40.06.42.08,
Fax 02.40.06.47.63 n. V.

DOM. LA PRAIRIE DE LA MOINE
Gamay 2000*

1,5 ha 2 000 -3€

Dieser Roséwein aus Gamay-Trauben ist der Archetyp des gefälligen, freundlichen Vin de pays. Die Jury schätzte die Fruchtigkeit (Kirsche) in der Nase ebenso wie im Mund und den leichten, süffigen Charakter. Zögern Sie nicht, ihn im Freundeskreis zu einem Grillgericht zu trinken.
Hubert Chapeleau, La Garnière,
49230 Saint-Crespin-sur-Moine,
Tel. 02.41.70.41.55, Fax 02.41.70.49.44
n. V.

DOM. DE LA ROCHERIE
Cabernet Vieilli en fût de chêne 1999**

1 ha 6 000 -3€

Dieser sortenreine Cabernet ist zwölf Monate im Eichenfass gereift. Die Nase verbindet deshalb in einem sehr feinen Geruchseindruck kandierte rote Früchte und einen leichten Holzton. Danach folgt ein gut strukturierter, ausgewogener Geschmack, bei dem verschmolzene Tannine den Gaumen überziehen. Im Stoff kann man Vanillearomen wahrnehmen.
Daniel Gratas, La Rocherie,
44430 Le Landreau, Tel. 02.40.06.41.55,
Fax 02.40.06.48.92 Mo–Sa 8h-20h

DOM. DE LA ROULIERE
Chardonnay 2000*

☐ 7 ha 80 000 -3€

Dieser strahlende gelbgrüne Chardonnay entfaltet in der Nase frühlingshafte Aromen, die mit Noten exotischer Früchte verbunden sind. Der frische, fruchtige Geschmack hält voller Ausgewogenheit an. Man kann ihn trinken oder ein Jahr aufheben.

René Erraud, Ch. de La Roulière, 44310 Saint-Colomban, Tel. 02.40.05.80.24, Fax 02.40.05.53.89 ☑ Y n. V.

HUBERT LEGRAND Gamay 2000*

■ k. A. 150 000 3à5€

Dieser Wein von dunkelroter Farbe mit purpurroten Früchten bringt den typischen Charakter der Rebsorte gut zum Ausdruck. Er besitzt Aromen von roten Früchten, die sich zu Unterholznoten hin entwickeln. Nach einer klaren Ansprache bringt der Geschmack seine Frucht zum Vorschein. Die Tannine sind spürbar, aber gut verschmolzen. Der Wein ist schon trinkreif.

Hubert Legrand, 58150 Pouilly-sur-Loire, Tel. 03.86.39.57.75, Fax 03.86.39.08.30

LE MOULIN DE LA TOUCHE
Pays de Retz Chardonnay 2000***

☐ k. A. 12 000 3à5€

Erinnern Sie sich: In der letztjährigen Ausgabe unseres Weinführers präsentierten wir den Chardonnay de Joël Herissé als «sicheren Wert». Der 2000er Chardonnay bestätigt es, indem er die höchste Bewertung der Jury erhält. Der intensive Duft mit erstaunlichen Geißblatt- und Pampelmusennuancen lädt dazu ein, einen vor Frische strotzenden, sehr ausgewogenen Geschmack zu entdecken. Im Abgang bezaubern Zitrusaromen den Gaumen. Der **2000er Vin de pays de Retz Sauvignon** erhält einen Stern.

Joël Hérissé, Le Moulin de la Touche, 44580 Bourgneuf-en-Retz, Tel. 02.40.21.47.89, Fax 02.40.21.47.89 ☑ Y n. V.

DOM. DE L'EPINAY
Cabernet Elevé en fût de chêne 1999*

■ 1,1 ha 6 000 5à8€

Das Gut baut 28 Hektar in der Nähe des mittelalterlichen Städtchens Clisson an. Sein dunkelrubinroter Cabernet-Wein bietet einen intensiven Duft. Im Geschmack ist er ebenfalls sehr gut strukturiert.

EARL Albert Paquereau, Dom. de L'Epinay, 44190 Clisson, Tel. 02.40.36.13.57, Fax 02.40.36.13.57 ☑ Y n. V.

DOM. DE L'ERRIERE Cabernet 2000**

■ 1,98 ha 6 000 -3€

Dieser sattrote Cabernet mit bläulich roten Reflexen entfaltet einen intensiven Duft mit Noten von roten Früchten (Erdbeere, schwarze Johannisbeere). Der harmonische Geschmack besitzt seidige Tannine und Fruchtaromen, die an die Aromen des Geruchseindrucks erinnern. Ein gut gemachter Wein, der für seine Kategorie repräsentativ ist. Man kann ihn schon jetzt trinken oder ein bis zwei Jahre lagern.

GAEC Madeleineau Père et Fils, Dom. de L'Errière, 44430 Le Landreau, Tel. 02.40.06.43.94, Fax 02.40.06.48.82 ☑ Y n. V.

DOM. DE L'IMBARDIERE
Chardonnay 2000*

☐ 1,7 ha 4 000 -3€

Dieser harmonische, wohl ausgewogene Chardonnay entfaltet sich in Nuancen von weißen Blüten. Nach einer guten Ansprache lässt der lebhafte Geschmack an delikate, frühlingshafte Aromen denken.

Joseph Abline, L'Imbardière, 49270 Saint-Christophe-la-Couperie, Tel. 02.40.83.90.62, Fax 02.40.83.74.02 ☑ Y n. V.

MARQUIS DE GOULAINE
Chardonnay 2000**

☐ 20 ha 50 000 -3€

Dieser harmonische Wein von blasser, grün schimmernder Farbe bietet feine Lindenblüten- und Pampelmusennoten. Sein Geschmack ist auf intensive Weise aromatisch und hinterlässt einen delikaten Gesamteindruck.

Vinival, La Sablette, 44330 Mouzillon, Tel. 02.40.36.66.00, Fax 02.40.33.95.81

DOM. DE MONTGILET Grolleau 2000*

■ 6 ha 15 000 3à5€

Der intensive Duft von roten Früchten (Brombeere, Kirsche, Heidelbeere) wird von hochfeinen pflanzlichen und animalischen Nuancen begleitet. Der füllige, fleischige Geschmack bewegt sich im gleichen fruchtigen Register. Seine Struktur sorgt für Ausgewogenheit und Länge.

Victor et Vincent Lebreton, SCEA Dom. de Montgilet, 49610 Juigné-sur-Loire, Tel. 02.41.91.90.48, Fax 02.41.54.64.25, E-Mail montgilet@terre-net.fr ☑ Y Mo–Sa 9h–12h 14h–19h

DOM. DU PETIT VAL Grolleau 2000**

■ 0,5 ha 6 000 -3€

Eine gute Beherrschung der Vinifikation, die im Laufe der Zeit erworben wurde, und kluge Investitionen in die Ausrüstung haben es ermöglicht, einen Grolleau von großem Charakter zu erhalten. Dieser sehr intensive, fruchtige Wein kann auf erstklassige Tannine zählen, damit er mit der Zeit noch besser wird.

EARL Denis Goizil, Dom. du Petit-Val, 49380 Chavagnes, Tel. 02.41.54.31.14, Fax 02.41.54.03.48 ☑ Y n. V.

DOM. DES PRIES
Pays de Retz Grolleau 2000*

◪ 2,25 ha 10 000 3à5€

Die Spezialisten beschreiben die Farbe dieses Weins durch den Vergleich mit der Farbe des Auges eines Fisches: «Rotauge». Man muss das blasse Rosa sehen, das typisch ist für die Roséweine von der Grolleau-Rebe im Pays de Retz.

Der Duft lässt fruchtige Aromen mit komplexen Nuancen von kleinen Waldfrüchten, roter Johannisbeere und Zitrusfrüchten (Pampelmuse) erkennen. Im Geschmack fallen die Frische der Ansprache, die Ausgewogenheit und die Nachhaltigkeit der Aromen auf.
Gérard Padiou, Les Priés, 44580 Bourgneuf-en-Retz, Tel. 02.40.21.45.16, Fax 02.40.21.47.48 n. V.

DOM. DU PRIEURE
Rouge du Prieuré 2000*

1,14 ha 2 000 -3 €

Dieser sehr farbintensive Wein aus Grolleau- (80 %) und Gamay-Trauben bietet einen kräftigen, feinen Duft. Der klare Geschmack bewahrt ausgeprägte Weichselaromen, die lang anhalten.
Franck Brossaud, 1 *bis*, pl. du Prieuré, 49610 Mozé-sur-Louet, Tel. 02.41.45.30.74, Fax 02.41.45.30.74 n. V.

DOM. DES QUATRE ROUTES
Gamay 2000*

0,69 ha k. A. 3 à 5 €

Henri Poiron und seine Söhne besitzen zwei Güter, die insgesamt 36 Hektar umfassen: Le Manoir und Les Quatre Routes. Letzteres Weingut hat diesen Wein mit dem feinen, diskreten Duft erzeugt. Der sanfte Geschmack entfaltet sich voller Fruchtigkeit und Rundheit. Dieser Rosé kann eine ganze Mahlzeit begleiten.
SA Henri Poiron et Fils, Les Quatre-Routes, 44690 Maisdon-sur-Sèvre, Tel. 02.40.54.60.58, Fax 02.40.54.62.05, E-Mail poiron.henri@online.fr n. V.

CLOS SAINT-FIACRE Gamay 2000**

2,67 ha 30 000 3 à 5 €

Dieser Wein von intensiver Farbe bietet in erster Linie animalische Noten. Er ist im Geschmack gut strukturiert, wird von verschmolzenen Tanninen unterstützt und erweckt einen Eindruck von Rundheit.
GAEC Clos Saint-Fiacre, 560, rue Saint-Fiacre, 45370 Mareau-aux-Prés, Tel. 02.38.45.61.55, Fax 02.38.45.66.58 n. V.
Montigny-Piel

YVONNICK ET THIERRY SAUVETRE
Marches de Bretagne Gamay 2000**

1,5 ha 6 000 -3 €

Dieser Wein von Gamay-Reben hat aufgrund seines typischen Ausdrucks großen Anklang gefunden. Er zeichnet sich durch seine Feinheit und seine Eleganz aus. In der Nase entdeckt der Weinfreund Nuancen von Brombeere, schwarzer Johannisbeere und Backpflaume. Im Mund umgibt ein hübscher Stoff verschmolzene, feine Tannine.
Yves Sauvêtre et Fils, La Landelle, 90, rue de la Durandière, 44430 Le Loroux-Bottereau, Tel. 02.40.33.81.48, Fax 02.40.33.87.67 n. V.

Vienne

AMPELIDÆ Le K 1999**

2 ha 10 000 11 à 15 €

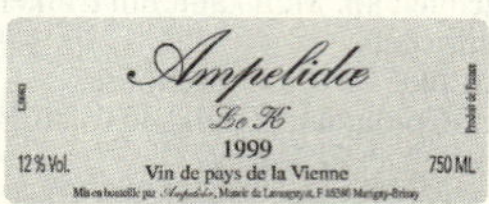

Der Weinberg, der sich an den Gipfel der Hänge von Marigny-Brizay klammert, einer Gemeinde im Weinbaugebiet des Departements Vienne, wird seit 1995 von der Familie Brochet bewirtschaftet. Der rote 99er «Le K» Ampelidæ zeugt von einer großen Reife des Traubenguts und von einem perfekt gemeisterten Ausbau: Feinheit der Aromen, Rundheit, Ausgewogenheit, Sinnlichkeit der Tannine. Dieser Wein verlangt eine Lagerung zwischen einem und zwei Jahren, bevor man ihn zu Rindfleisch oder einem Stück Wild servieren kann.
Brochet, Manoir de Lavauguyot, 86380 Marigny-Brizay, Tel. 05.49.88.18.18, Fax 05.49.88.18.85, E-Mail ampelidae@amplelidae.com tägl. 9h–12h30 14h–18h

Nièvre

JEAN TREUILLET Sauvignon 1999

2 ha 10 000 3 à 5 €

Buttrige Aromen beherrschen die Palette dieses Sauvignon-Weins, der sich auch fein fruchtig zeigen kann. Der Geschmack beginnt sehr mild, bevor er im Abgang lebhaften Schwung gewinnt. Noten von getrockneten Früchten und Zitrusfrüchten beschließen die Verkostung.
Madeleine Treuillet, 58150 Tracy-sur-Loire, Tel. 03.86.26.17.06, Fax 03.86.26.17.06 tägl. 8h–12h 13h–19h

Aquitaine und Charentes

Diese von den Departements Charente und Charente-Maritime, Gironde, Landes, Dordogne und Lot-et-Garonne gebildete Anbauregion umgibt weitläufig das Bordelais. Die Produktion erreicht hier 60 000 hl; der größte Teil davon wird in der Region Aquitaine erzeugt. Es handelt sich um geschmeidige, duftige Rotweine, die von den im Bordelais gebräuchlichen Rebsorten stammen, ergänzt durch einige rustikalere einheimische Rebsorten (Tannat, Abouriou, Bouchalès, Fer). Die Charente-Departements und die Dordogne liefern hauptsächlich weiße Vins de pays, die leicht und fein (Ugni blanc und Colombard), rund (Sémillon, mit anderen Rebsorten verschnitten) oder körperreich (Baroque) sind. Charentais, Agenais, Terroirs Landais und Thézac-Perricard sind die subregionalen Bezeichnungen; Dordogne, Gironde und Landes bilden die departementalen Bezeichnungen.

Charentais

HENRI DE BLAINVILLE 2000*

◪ 10 ha 15 000 -3€

Das in den 50er Jahren entstandene Gut widmete sich anfangs der Herstellung von Cognac, danach von Pineau des Charentes. In den 80er Jahren wandte es sich der Erzeugung von Vins de pays zu. Sein Rosé bietet einen Stoff, der rund und zugleich frisch ist und ihn besonders süffig macht. Er wird einen idealen Begleiter zu leichten Gerichten abgeben.

SCA Cave du Liboreau, 18, rue de l'Océan, 17490 Siecq, Tel. 05.46.26.61.86, Fax 05.46.26.68.01, E-Mail cave.du.liboreau@wanadoo.fr
☑ Y n. V.

BRARD BLANCHARD 2000*

☐ 1,56 ha 16 000 3à5€

Von diesem lebhaften Weißwein gehen Aromen von säuerlichen Bonbons aus. Der leichte, feine Geschmack entwickelt sich zu einem frischen, recht lang anhaltenden Abgang hin. Dieser Wein kann wunderbar kalte Gerichte und Meeresfrüchte begleiten.

GAEC Brard Blanchard, 1, chem. de Routreau, Boutiers, 16100 Cognac, Tel. 05.45.32.19.58, Fax 05.45.36.53.21
☑ Y Mo–Sa 9h–12h 14h–18h; 15. Aug. bis 1. Sept. geschlossen

DOM. DU BREUIL Sauvignon 2000*

☐ 0,6 ha 4 800 -3€

Dieser goldgelbe Wein aus Sauvignon-Trauben hat einen zweimonatigen Ausbau auf der Hefe hinter sich. Er entfaltet einen fülligen, fetten Geschmack und hält im Abgang recht lang an. Fischgerichte und Krustentiere werden gut zu ihm passen.

Guy et Jean-Pierre Morandière, Le Breuil, 17150 Saint-Georges-des-Agoûts, Tel. 05.46.86.02.76, Fax 05.46.70.63.11
☑ Y tägl. 9h–19h

DOM. BRUNEAU Merlot 2000*

■ 6 ha 10 000 3à5€

Seit zwanzig Jahren hat das Gut die Mischkultur zugunsten des Weinbaus aufgegeben. Mit Erfolg, wenn man nach diesem Wein von reintöniger Farbe urteilt, dessen fruchtiger Charakter sich ebenso im Duft wie im Geschmack zeigt. Ein süffiger Merlot.

Alain Pillet, Chez Bruneau, 17130 Rouffignac, Tel. 05.46.49.04.82
☑ Y n. V.

COULON ET FILS
Ile d'Oléron Sauvignon 2000

☐ 2,4 ha 14 000 3à5€

Dieser Erzeuger auf der Insel Oléron baut dreißig Hektar an. Seine Sauvignon-Rebstöcke sind erst sechs Jahre alt, aber sie haben einen blassgelben Wein von schöner Erscheinung hervorgebracht. Auf den diskreten Geruchseindruck folgt ein sanfter, fruchtiger Geschmack, dessen Abgang interessant ist.

EARL Coulon et Fils, Saint-Gilles, 17310 Saint-Pierre-d'Oléron, Tel. 05.46.47.02.71, Fax 05.46.75.09.74
☑ Y n. V.

DOM. GARDRAT Colombard 2000*

☐ 2 ha 20 000 3à5€

Dieser Erzeuger verkauft 20 % seiner Produktion nach Deutschland. Er präsentiert hier einen blassgelben Wein von der Colombard-Traube, mit einem intensiven, feinen Duft, der sortentypisch ist. Nach einer sanften Ansprache entfaltet sich der Geschmack voller Rundheit, bevor er dank eines lebhaften Abgangs Schwung gewinnt.

Jean-Pierre Gardrat, La Touche, 17120 Cozes, Tel. 05.46.90.86.94, Fax 05.46.90.95.22, E-Mail lionel.gardrat@wanadoo.fr ☑ Y n. V.

THIERRY JULLION 2000*

■ 4 ha 40 000 3à5€

Thierry Jullion baut auf diesem Gut, das sich seit fünf Generationen im Besitz der Familie befindet, mehr als 31 ha Reben an. Sein Wein von den Rebsorten Merlot (75 %) und Cabernet Sauvignon besitzt Frucht und einen warmen Charakter. Der weiche Geschmack macht ihn zu einem trinkreifen Wein.

Thierry Jullion, Montizeau, 17520 Saint-Maigrin, Tel. 05.46.70.00.73, Fax 05.46.70.02.60
☑ Y Mo–Fr 14h–19h

DOM. DE LA CHAUVILLIERE
Chardonnay 2000*

☐ 9,5 ha 45 000 3à5€

Dieser Erzeuger hat sich dafür entschieden, Weine herzustellen, die schon in ihrer Jugend liebenswürdig sind. Sein Chardonnay entspricht dieser Ausrichtung. Nach einer angenehmen Ansprache entladen sich die Aromen im Geschmack, der seine aromatische Linie bis hinein in einen lang anhaltenden Abgang beibehält. Gute Lebhaftigkeit.

EARL Hauselmann et Fils, Dom. de La Chauvillière, 17600 Sablonceaux, Tel. 05.46.94.44.40, Fax 05.46.94.44.63 ☒ n. V.

DOM. LE PETIT COUSINAUD

Chardonnay 2000*

□ 2 ha 6 000 5à8€

Dieser strohgelbe Chardonnay bietet angenehme Blütenaromen. Sein lebhafter Stoff füllt den Mund aus und hinterlässt dort eine pflanzliche Empfindung. Der Abgang hält an. Ein Wein, der für Fischgerichte oder Meeresfrüchte bestimmt ist.

Maurice Denis, Le petit Cousinaud, 16480 Guizengeard, Tel. 05.45.98.72.68, Fax 05.45.98.45.20 ☒ n. V.

MOULIN DE MERIENNE Merlot 1999

■ 6 ha 20 000 3à5€

Die Merlot-Reben auf diesem Gut, dessen Wahrzeichen eine Mühle aus dem 18. Jh. ist, sind zwanzig Jahre alt. Sie haben einen Wein hervorgebracht, der fruchtig (Kirsche, überreife Früchte) ist und viel Stoff enthält. Ein leicht pflanzlicher Charakter kommt noch zum Vorschein, bringt das Ganze aber nicht aus dem Gleichgewicht. Dieser trinkreife 99er kann ein paar Monate im Keller lagern.

SCA du Clos de Mérienne, 1, chemin du Clos de Mérienne, BP 87, 16200 Gondeville, Tel. 05.45.81.13.27, Fax 05.45.81.74.30, E-Mail cognac-charpentron@hotmail.com ☒ n. V.

Charpentron

DOM. PIERRIERE GONTHIER 2000*

■ 2,5 ha 16 000 3à5€

Die ersten Rebstöcke mit roten Trauben wurden auf diesem 21 ha großen Gut 1993 angepflanzt. Wir mussten bis 1996 warten, um den ersten Jahrgang davon zu erleben. Beim 2000er bringt der Verschnitt von Merlot und Cabernet Sauvignon kräftige animalische Noten und Kaffeearomen zum Ausdruck. Sein strukturierter Geschmack verspricht eine gute Beständigkeit bei der Lagerung.

Pascal Gonthier, Nigronde, 16170 Saint-Amant-de-Nouère, Tel. 05.45.96.42.79, Fax 05.45.96.42.79 ☒ n. V.

ROSE DES DUNES Ile de Ré 2000*

◪ 75 ha 300 000 -3€

Seinen Namen verdankt dieser Wein den Dünen, die die Insel Ré bedecken und auf denen Kiefern und Tamarisken wachsen. Er hat eine elegante Farbe und ist bei der Verkostung schwungvoll. Eine pflanzliche Note erfrischt den Geruchseindruck, während der Geschmack angenehm lang anhält.

Coop. des Vignerons de L'île de Ré, 17580 Le Bois-Plage-en-Ré, Tel. 05.46.09.23.09, Fax 05.46.09.09.26 ☒ n. V.

SORNIN Cabernet 2000*

■ 15 ha 40 000 -3€

Dieser Cabernet verdient, dass er noch ein wenig altert, aber er erweist sich schon als sortentypisch. Er zeigt eine schöne Struktur und einen ausgeprägten Charakter, der zur Charente-Küche passt. Die **rote 99er Cuvée Privilège** erhält ebenfalls einen Stern.

SCA Cave de Saint-Sornin, Les Combes, 16220 Saint-Sornin, Tel. 05.45.23.92.22, Fax 05.45.23.11.61, E-Mail contact@cavesaintsornin.com ☒ n. V.

Agenais

DOM. DE CAMPET

Moelleux Vin de Novembre 2000*

□ 2,4 ha 2 400 5à8€

Diese Cuvée stammt von Gros-Manseng-Trauben, die am 10. November 2000 gelesen wurden, und kann Gänseleber begleiten. Ein schönes Strohgelb mit goldenen Reflexen, das strahlend und klar ist. Ein Wein mit feinen, diskreten Düften, in dem Honig auf Birne in Sirup und Quitte trifft. Die Birne findet man auch im Geschmack, der sich fett und rund zeigt und sich auf eine schöne Ausgewogenheit zwischen Säure und Zucker stützt.

SCEA du dom. de Campet, 47170 Sos, Tel. 05.53.65.63.60, Fax 05.53.65.36.79, E-Mail domainecampet@club-internet.fr ☒ n. V.

COTES DES OLIVIERS 2000*

■ 2 ha 7 300 3à5€

Das Gut produziert auch Agen-Backpflaumen und Walnüsse, aber in der Nase nimmt man rote Früchte und Paprikaschote wahr, in einem Umfeld von reifen Trauben. Im Mund ist die Ansprache sanft; danach entdeckt man einen reichen, konzentrierten Wein mit einem langen, aber noch ein wenig tanninreichen Abgang. Schönes, dunkles Purpurrot.

Jean-Pierre Richarte, Les Oliviers, 47140 Auradou, Tel. 05.53.41.28.59, Fax 05.53.49.38.89 ☒ tägl. 9h–12h 14h–19h

LOU GAILLOT Prestige 2000*

■ 4 ha 8 000 3à5€

Ein mit hundert Jahre alten großen Eichenfässern ausgestattetes Gut, das der Sohn Gilles 1999 übernommen hat. Diese Cuvée Prestige wird ausschließlich von Merlot-Trauben hergestellt. Er ist strahlend rubinrot und entfaltet Düfte von Gewürzen, Vanille und reifen Früchten (kandiert oder in Alkohol eingelegt). Die Ausgewogenheit zwischen Alkohol, Säure und Tanninen ist gelungen. Voller Sanftheit und Rundheit, mit viel Umfang und einem öligen Abgang, der lang anhält: ein Wein zu Braten. Für Entenmagret (dünne Scheiben vom Brustfilet, rosa gebraten) sollten Sie die **99er Cuvée Réserve** (Preisgruppe: 30 bis 49 F) wählen, die

neun Monate im Barriquefass ausgebaut wurde; sie erhält einen Stern.
Gilles Pons, Les Gaillots, 47440 Casseneuil, Tel. 05.53.41.04.66, Fax 05.53.01.13.89
tägl. 9h–12h30 14h–19h30; Gruppen n. V.

CAVE DES SEPT MONTS
Sauvignon Instant choisi 2000*

□ 5 ha 32 000 3à5€

Eine in den 60er Jahren entstandene Genossenschaft, die heute 10 000 hl erzeugt. Diese Cuvée präsentiert sich mit einer blassgoldenen Farbe, die kristallklar ist. Der Duft ist fein und zitronenartig und enthält blumige und exotische Noten. Ein Hauch von Buchsbaum würzt den Sauvignon im Geschmack, in dem sich die Sanftheit mit «Fett» und Rundheit verbindet. Ein «Augenblick», der sich lang hinzieht.
Cave des Sept Monts, ZAC de Mondésir, 47150 Monflanquin, Tel. 05.53.36.33.40, Fax 05.53.36.44.11
tägl. 9h–12h30 15h–18h30

DOM. DU SERBAT Cuvée Orival 2000*

■ 0,4 ha 2 933 3à5€

Das Gut, eine Einrichtung des Centre d'Aide par le Travail, das Behinderte durch eine reguläre Beschäftigung (hier im Weinbau) in die Gesellschaft einzugliedern versucht, hat ein schönes Etikett ausgewählt, um diese Cuvée zu schmücken: einen sortenreinen Merlot von schöner, tiefer Farbe, die sich zwischen Purpur- und Granatrot bewegt. Sein durch Pentanol- und Blütennoten geprägter Duft erinnert auch an Früchte in Alkohol, rote Früchte und schwarze Johannisbeere. Dieser Wein mit schon runden Tanninen kann bereits einen Braten begleiten.
CAT Lamothe-Poulin, Dom. du Serbat, 47340 Laroque-Timbaut, Tel. 05.53.95.71.07, Fax 05.53.95.79.61, E-Mail domaine-serbat@wanadoo.fr
Mo–Fr 8h30–17h30; Sa 8h30–12h

Thézac-Perricard

VIN DU TSAR Le Bouquet 1999*

■ 4 ha 34 000 3à5€

Der französische Staatspräsident Armand Fallières (1906–1913) soll Zar Nikolaus II. mit den Weinen des Agenais bekannt gemacht haben. Dieser 99er präsentiert sich in einem schönen, leicht ziegelrot verfärbten Granatrot, von dem ein Duft von Gewürzen und exotischen Früchten ausgeht. Ausgewogenheit und Rundheit zeigen sich im Geschmack zusammen mit kräftigen Aromen roter Früchte. Im Abgang findet man die Gewürze wieder, außerdem Tannine, die sanfter werden sollten.
Les Vignerons de Thézac-Perricard, Plaisance, 47370 Thézac, Tel. 05.53.40.72.76, Fax 05.53.40.78.76, E-Mail info@vin-du-tsar.tm.fr
Mo–Sa 8h15–12h15 14h–18h; So 14h–18h

Périgord

LE RELAIS DE KREUSIGNAC 1998*

■ 0,5 ha 3 400 11à15€

60 % Merlot, 30 % Cabernet Sauvignon und 10 % Cabernet franc finden Eingang in diesen 98er von strahlendem, tiefem Rubinrot. Er ist im Geruchseindruck holzbetont, mit Aromen von Vanille und reifen Früchten, und entfaltet sich im Mund mit einer sanften Ansprache; danach macht sich das kräftige Gerüst bemerkbar. Die Präsenz des Holzes fügt sich in die Gesamtharmonie ein. Noch aufheben.
SCEA Dom. de Kreusignac, Pommier, 24380 Creyssensac-et-Pissot, Tel. 05.53.80.09.85, Fax 05.53.80.14.72

Terroirs Landais

GAILANDE 2000*

□ 10 ha 40 000 -3€

Ähnlich wie die Pinienwälder im Departement Landes, die man auf seinem Etikett sieht, ist dieser 2000er unter seiner schönen, kräftigen Farbe reich an Aromen (weiße Blüten). Er stammt von reifem Traubengut und bietet eine gute Nachhaltigkeit. Trinken. Eine andere Cuvée der Genossenschaft, der **2000er Rotwein Fleur des Landes,** der von Cabernet- und Tannat-Trauben erzeugt worden ist, erhält eine lobende Erwähnung für seine leichte Fruchtigkeit.
Les Vignerons Landais Tursan-Chalosse, 40320 Geaune, Tel. 05.58.44.51.25, Fax 05.58.44.40.22 n. V.

MICHEL GUERARD 2000*

■ k. A. k. A. 5à8€

Seit 1983 stellt Michel Guérard, der großartige Koch von Eugénie-les-Bains, das Weingut Bachen wieder her. Er hat diesen Wein vorgestellt, der zu 100 % von der Rebsorte Merlot noir stammt. Der Geruchseindruck ist leicht röstartig; der fruchtige Geschmack erzählt uns etwas über reifes Traubengut. Im Mund weich, rund und lang anhaltend. Er ist trinkreif.
Michel Guérard, Cie hôtelière et fermière d'Eugénie-les-Bains, 40800 Duhort-Bachen, Tel. 05.58.71.76.76, Fax 05.58.71.77.77 n. V.

DOM. DE HAUBET 2000

□ 14 ha k. A. -3€

Dieses Gut im Herzen des Armagnac-Landes befindet sich in einer Gemeinde, die sieben Kirchen zählt. Der Wein des Guts, der 1994 als 92er eine Liebeserklärung erhielt, wiederholt zwar diese Leistung nicht, wird aber aufgrund seiner schönen, blassen Farbe, seiner Frische und seiner Lebhaftigkeit im Geschmack einen angenehmen Begleiter für Meeresfrüchte abgeben.

Philippe Gudolle, EARL de Haubet, 40310 Parleboscq, Tel. 05.58.44.95.99, Fax 05.58.44.95.99 n. V.

DOM. DE LABAIGT 2000*

2 ha 14 000 3 à 5 €

Ein im Anblick lebhafter Weißwein, dessen sehr feiner Duft Aromen von exotischen Früchten, insbesondere Ananas, entfaltet. «Zart», notierte ein Verkoster, der damit an die sanfte Ansprache und die Ausgewogenheit des Geschmacks erinnerte. Trinkreif.

Dominique Lanot, Dom. de Labaigt, 40290 Mouscardès, Tel. 05.58.98.02.42, Fax 05.58.98.80.75
Mo–Sa 8h30–12h 14h–18h30

DOM. DE LABALLE Sables fauves 2000*

17 ha 110 000 -3 €

In Familienbesitz seit 1820, als sich Jean-Dominique Laudet nach einer Karriere als Kaufmann auf den Antillen hier niederließ. Heute präsentiert uns das Gut einen hübschen Wein mit einer schönen Farbe, die blass und strahlend ist und zitronengelbe Reflexe zeigt. Der diskrete, aber ausgewogene Duft eröffnet eine Verkostung, die mit Noten von reifen Früchten (Fruchtfleisch von Nektarinen) in einer guten Nachhaltigkeit ausklingt.

Noël Laudet, Le Moulin de Laballe, 40310 Parleboscq, Tel. 05.58.44.33.39, Fax 05.58.44.92.61, E-Mail n.laudet@wanadoo.fr
tägl. 9h–12h 14h–17h

LA FLEUR D'ESPERANCE Tradition 2000*

15 ha 13 000 -3 €

Ein bis ins 17. Jh. zurückreichendes Gut, das lange Zeit Armagnac erzeugte und heute Kochseminare veranstaltet, die von berühmten Küchenchefs geleitet werden. Der unserer Jury vorgestellte Weißwein, der zu gleichen Teilen Ugni blanc, Colombard, Sauvignon und Gros Manseng vereint, kündigt sich mit einer schönen, strahlenden, klaren, blassen Farbe an. Auf einen feinen Blütenduft, der sehr harmonisch ist, folgt ein ausgewogener Geschmack von guter Länge.

Claire de Montesquieu, Dom. d'Espérance, 40240 Mauvezin-d'Armagnac, Tel. 05.58.44.89.93, Fax 05.58.44.85.93, E-Mail info@esperance.com.fr n. V.

DOM. PERCHADE 2000*

0,9 ha 9 800 3 à 5 €

40 % Cabernet, ebenso viel Sauvignon sowie 20 % Tannat sind an der Herstellung dieses Weins beteiligt, der eine satte Farbe, einen jugendlichen, fruchtigen Duft und einen kräftigen, lang anhaltenden Geschmack besitzt. Rundheit, Sanftheit: Er ist trinkreif.

EARL Dulucq, Château de Perchade, 40320 Payros-Cazautets, Tel. 05.58.44.50.68, Fax 05.58.44.57.75
Mo–Sa 8h–13h 14h30–19h

SABLOCEAN Sables de l'Océan 2000*

k. A. k. A. 3 à 5 €

Es handelt sich hierbei um die Wiederherstellung eines berühmten Weinguts, das mindestens bis 1691 zurückreicht und zwischen Wäldern und Ozean auf reinem Sand angelegt ist. Sein 2000er Rosé von strahlender Farbe kündigt sich mit einem diskreten, feinen Duft an, der aufgrund seiner Noten von roten Früchten elegant wirkt. Die Ansprache ist geschmeidig, frisch und gehaltvoll; darauf folgt ein Abgang, der harmonisch verschmolzen ist und gleichzeitig eine durstlöschende Lebhaftigkeit besitzt.

Les vignes du Chemin de Camentron, Camentron, 40660 Messanges, Tel. 05.58.48.99.08
M. Dutirou

DOM. DU TASTET Coteaux de Chalosse Elevé en fût de chêne 2000*

0,5 ha 4 000 3 à 5 €

Das Gut stammt von 1648. Sein zuletzt erzeugter Wein ist ein tiefrubinroter 2000er mit kräftigen Düften, in der Nase ebenso wie im Mund. Man erkennt darin die starke Präsenz der Tannat-Traube (80 % des Verschnitts), deren Tannine eine günstige Entwicklung während des Ausbaus sichergestellt haben und Garant für die Zukunft sein werden.

EARL J.-C. Romain et Fils, Dom. du Tastet, 2350, chem. d'Aymont, 40350 Pouillon, Tel. 05.58.98.28.27, Fax 05.58.98.27.63, E-Mail domaine-tastet@voila.fr
Mo–Sa 8h–19h; So 8h–12h30

Pays de la Garonne

Diese Region, deren Mittelpunkt Toulouse ist, fasst unter der Bezeichnung «Vin de pays du Comté Tolosan» (Grafschaft Toulouse) die Departements Ariège, Aveyron, Haute-Garonne, Gers, Lot, Lot-et-Garonne, Pyrénées-Atlantiques und Hautes-Pyrénées, Tarn und Tarn-et-Garonne zusammen. Die subregionalen bzw. örtlichen Bezeichnungen sind: Côtes du Tarn, Coteaux de Glanes (Haut-Quercy, nördlich des Lot; Rotweine, die altern können), Coteaux du Quercy (südlich von Cahors; kräftig gebaute Rotweine), Saint-Sardos (linkes Ufer der Garonne), Coteaux et Terrasses de Montauban (leichte Rotweine), Côtes de Gascogne einschließlich Côtes du Condomois und Côtes de Montestruc (Produktionsgebiet des Armagnac im Departement Gers; hauptsächlich Weißweine) und Bigorre. Die departementalen Bezeichnungen sind Haute-Garonne, Tarn-et-Garonne, Pyrénées-Atlantiques, Lot, Aveyron und Gers.

Das Gesamtgebiet, das äußerst vielfältig ist, erzeugt rund 200 000 hl Rot- und Roséweine sowie 400 000 hl Weißweine in Gers und Tarn. Die Vielfalt der Böden und der klimatischen Bedingungen an der Atlantikküste südlich des Zentralmassivs reizen zusammen mit einer besonders breiten Palette von Rebsorten dazu, einen Verschnittwein herzustellen, der einen gleich bleibenden Charakter besitzt. Darum bemüht sich seit 1982 der Vin de pays du Comté Tolosan; aber seine Produktion ist noch beschränkt: 40 000 hl in einem Anbaugebiet, das etwa fünfzehnmal so viel produziert.

Comté Tolosan

TOUR DES CASTELLANES 2000★★

■ 12 ha 100 000 -3€

Wer rote Vins de pays mag, die jung, lebhaft, fast «lecker» sind, wird hier nicht enttäuscht. Die Aromen dringen in die Nase ein, während der runde, sanfte Geschmack, der trotzdem lebhaft bleibt, seine Nuancen von kleinen roten Früchten mit einbringt. Ohne dass die diskreten, verschmolzenen Tannine die Rundheit in irgendeiner Weise beeinträchtigen würden, sorgen sie für einen lang anhaltenden Abgang.

Ets Nicolas, 4, imp. Abbé-Arnoult, 31620 Fronton, Tel. 05.62.22.97.40, Fax 05.62.22.97.49

LIBRA 2000★

□ 250 ha 200 000 3à5€

Dieser Comté Tolosan kombiniert zwei der aromareichen Hauptrebsorten der Gascogne: Colombard und Gros Manseng. Das Ergebnis ist tadellos, mit der notwendigen Nervigkeit und Fülle. Ein schöner Anlass, um die Gascogne kennen zu lernen.

Producteurs Plaimont, 32400 Saint-Mont, Tel. 05.62.69.62.87, Fax 05.62.69.61.68
n. V.

Côtes du Tarn

COSTE BLANCHE 2000★★

■ 8,24 ha 90 000 -3€

Die Gewürze, die der Duft liefert, können nicht gleichgültig lassen: Sie sind kräftig und fein. Den gleichen Charakter findet man im Geschmack wieder, in dem sich die Gewürze mit Aromen vollreifer roter Früchte mischen und die Tannine fein und harmonisch sind.

David, Les Fortis, 81310 Lisle-sur-Tarn, Tel. 05.63.40.47.80, Fax 05.63.40.45.08, E-Mail clement-termes@wanadoo.fr n. V.

DOM. DE LA BELLE Muscadelle 2000★

□ 2 ha 15 000 3à5€

Die Muscadelle ist eine Rebsorte, die sich schwer nutzen lässt, denn sie ist zurückhaltend, fein und nuanciert. Pascale Roc-Fonvielle hat es verstanden, der Traube ihre ganze Vornehmheit zu verleihen. Man unterscheidet darin Aromen von Orangenblüte und Heckenrose. Im Mund ist er wie Seide, würde man fast sagen. Schöne Arbeit.

Pascale Roc-Fonvieille, Saint-Salvy, 81310 Lisle-sur-Tarn, Tel. 05.63.40.47.46, Fax 05.63.40.31.93, E-Mail borie-vieille.pascale@wanadoo.fr
Mo–Fr 9h–12h 14h–18h; Sa, So n. V.

LES PASTELIERS 2000★★

◪ 25 ha 250 000 -3€

Die Kellerei von Rabastens vinifiziert eine ganze Reihe von farbintensiven Weinen. Sanftheit, Rundheit und Ausgewogenheit beschreiben am besten diesen Rosé mit der hübschen rosa bis lachsroten Farbe. Die Pentanolnote des Geruchseindrucks, die man auch im Mund wahrnimmt, dominiert inmitten von kräftigen Aromen. Der **Gamay,** der das Ergebnis einer besonders gelungenen Vinifizierung ist, verdient ebenfalls Lob.

Cave de Rabastens, 33, rte d'Albi, 81800 Rabastens, Tel. 05.63.33.73.80, Fax 05.63.33.85.82, E-Mail rabastens@vins-du-sud-ouest.com
tägl. 9h–12h30 14h30–19h

LES RIALS 2000★

□ 4,1 ha 36 000 3à5€

In diesem Rials findet man viele Vorzüge. Seine blassgelbe Farbe lädt dazu ein, ihn zu verkosten. Der feine, komplexe Duft ist blumig und fruchtig zugleich. Den gleichen Reichtum an Aromen, bei denen Birne und Pfirsich dominieren, entdeckt man im Geschmack.

SCEA Dom. de La Chanade, 81170 Souel, Tel. 05.63.56.31.10, Fax 05.63.56.31.10
tägl. 9h–12h 14h–19h
Hollevoet

Saint-Sardos

CAVE DES VIGNERONS DE SAINT-SARDOS
Cuvée Pech de Boisgrand 1996★★

■ 3,5 ha 7 800 5à8€

Der Saint-Sardos besaß immer Charakter. Dieser 96er bildet keine Ausnahme. Obwohl er fünf Jahre alt ist, befindet er sich noch in der Blüte seiner Jahre. Die feinen, aber kräftigen

Tannine sind in der Nase ebenso präsent wie im Mund. Der Geschmack hört fast nicht mehr auf, den Verkoster zu verwöhnen: «Fett», Volumen, Sanftheit sowie eine Länge, die von der Stärke seiner Aromen zeugt. Sie sollten ihn nicht versäumen.

🔑 Cave des vignerons de Saint-Sardos, Le Bourg, 82600 Saint-Sardos, Tel. 05.63.02.52.44, Fax 05.63.02.62.19 ☑ Ỿ n. V.

Côtes de Gascogne

DOM. DE BRACHIES Tannat 1998*

■ k. A. 20 000 3à5€

Einen Tannat als Vin de pays vinifizieren ist nicht leicht: Man muss seinen Charakter zum Ausdruck bringen, ohne dass er aggressiv wirkt. Jean-Claude Fontan ist es gelungen: Die Aromen von schwarzer Johannisbeere und Gewürzen kommen darin gut zur Geltung. Die feinen, verschmolzenen Tannine verleihen ihm Umfang, «Fett» und Länge.

🔑 Jean-Claude Fontan, Dom. de Maubet, allée du Colombard, 32800 Noulens, Tel. 05.62.08.55.28, Fax 05.62.08.58.94, E-Mail alinefontan@wanadoo.fr ☑ Ỿ n. V.

LA GASCOGNE PAR ALAIN BRUMONT
Gros Manseng-Sauvignon 2000*

□ 25 ha 266 666 3à5€

Alain Brumont kann eine ganze Reihe von Rebsorten nutzen. Ob sortenrein oder aus zwei Traubensorten hergestellt, ob im Holzfass ausgebaut oder nicht fassgereift – seine Vins de pays, wie etwa dieser Gros Manseng-Sauvignon, beweisen den Reichtum dieses Weinguts an den Grenzen der Gascogne und des Departements Pyrénées-Atlantiques. Zitrusduft. Ein lang anhaltender Geschmack, in dem man die Aromen exotischer Früchte von einer rauchigen Note begleitet findet. Ein schönes Beispiel aus der großen Fülle von Vins de pays, die dieses Gut zu bieten hat.

🔑 SA Dom. et Ch. d'Alain Brumont, Ch. Bouscassé, 32400 Maumusson, Tel. 05.62.69.74.67, Fax 05.62.69.70.46 ☑ Ỿ tägl. 9h–12h 14h–19h

DOM. DES CASSAGNOLES 2000*

■ 3 ha 22 000 -3€

Die Domaine des Cassagnoles vinifiziert Vins de pays, die alle Charakter besitzen. Dieser Wein mit der intensiven Farbe und dem offenherzigen, kräftigen Duft bietet einen üppigen Geschmack mit ausgeprägten Paprikaaromen. Er ist süffig, rund und geschmeidig. Charakter!

🔑 J. et G. Baumann, EARL de la Ténarèze, 32330 Gondrin, Tel. 05.62.28.40.57, Fax 05.62.28.42.42, E-Mail tenareze@club-internet.fr ☑ Ỿ Mo–Sa 8h30–17h30; So n. V.

CAPRICE DE COLOMBELLE 2000*

□ 400 ha 450 000 3à5€

Zwar macht der Colombelle-Primeur auch dieses Jahr weiterhin das Ansehen von Plaimont aus, aber der Caprice de Colombelle verleugnet nicht seine Herkunft. Er besitzt noch mehr Charakter, mit Zitrusaromen, die in die Nase und den Mund eindringen.

🔑 Producteurs Plaimont, 32400 Saint-Mont, Tel. 05.62.69.62.87, Fax 05.62.69.61.68 ☑ Ỿ n. V.

DOM. DE LA HIGUERE
Cuvée boisée 1999*

■ 15 ha 18 000 5à8€

La Higuère hat seit langem seinen Platz unter den Weingütern, die gut gemachte rote Vins de pays präsentieren. Dieser Verschnitt von Cabernet Sauvignon und Merlot, der ein kräftiges Granatrot und einen komplexen Duft besitzt, zeigt im Geschmack Noten von Rauch und roten Früchten. Er ist rund und hat Umfang. Der Ausbau im Holzfass, diskret und gut durchgeführt, trägt dazu bei, das «Fett» und die Struktur zu bestätigen, lässt aber gleichzeitig den Primäraromen der Rebsorten die Möglichkeit, sich zu entfalten.

🔑 Paul et David Esquiro, Dom. de la Higuère, 32390 Mirepoix, Tel. 05.62.65.18.05, Fax 05.62.65.13.80, E-Mail esquiro@free.fr ☑ Ỿ n. V.

DOM. DE MONLUC Moelleux 1999***

□ 15 ha 55 000 3à5€

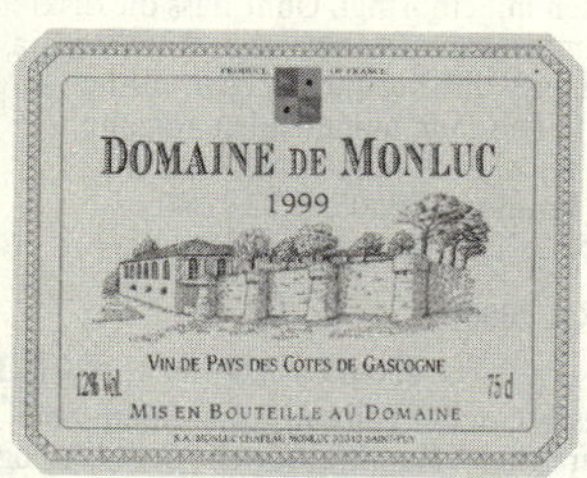

Wirklich ein Wunder! Mit einem lieblichen Wein erfolgreich zu sein und ihm gleichzeitig den Charakter der Rebsorten der Gascogne zu verleihen, das kommt selten vor. Dennoch ist das der Domaine de Monluc mit diesem Gros Manseng gelungen.

🔑 Dom. de Monluc, Ch. de Monluc, 32310 Saint-Puy, Tel. 05.62.28.94.00, Fax 05.62.28.55.70, E-Mail monluc-sa-office@wanadoo.fr ☑ Ỿ Mo–Sa 10h–12h 15h–19h; So 10h–12h; Jan. geschlossen

DOM. DE SAINT-LANNES 2000**

□ 31,75 ha 200 000 3à5€

Dieses Gut setzt mit seinen großartig gebauten Weinen Maßstäbe in der Gascogne. Es konnte stets die gascognischen Rebsorten zur Geltung bringen. Dieser 2000er bildet keine Ausnahme: Ein Geschmack, der auch füllig, komplex und fruchtig ist, entspricht ganz dem

Stil der Vins de pays, die das Ansehen der Côtes de Gascogne begründet haben.
Michel Duffour, Dom. de Saint-Lannes, 32330 Lagraulet-du-Gers, Tel. 05.62.29.11.93, Fax 05.62.29.12.71, E-Mail duffour.michel@wanadoo.fr n. V.

DOM. DU TARIQUET Sauvignon 2000**

38 ha 445 000 5à8€

Was für eine Stärke, was für eine Intensität, was für ein typischer Charakter bei diesem Sauvignon mit den leicht zitronenartigen Buchsbaumaromen! Er wird auf diese Weise zum Botschafter für eine ganze Reihe von sortenreinen Vins de pays, die die Domaine de Tariquet seit langem anbietet.
SCV Ch. du Tariquet, Saint Amand, 32800 Eauze, Tel. 05.62.09.87.82, Fax 05.62.09.89.49, E-Mail contact@tariquet.com
Familie Grassa

Lot

LE GRAVIS 2000*

4 ha 12 000 3à5€

Ein sehr schönes, blasses Rosa mit einem leicht bläulich roten Ton. Der Duft ist lebhaft. Im Geschmack zeigt er «Fett», Umfang und die nötige Nervigkeit. Zwar dominieren die Blütenaromen, aber sie vermischen sich mit Bananenaromen.
Maradenne-Guitard, EARL de Nozières, 46700 Vire-sur-Lot, Tel. 05.65.36.52.73
Mo–Sa 8h–12h 14h–18h; So n. V.

Coteaux de Glanes

LES VIGNERONS DU HAUT-QUERCY Cuvée des Fondateurs 2000**

3 ha 21 000 5à8€

Diese Winzergenossenschaft im Norden des Departements Lot fügt der Schönheit der Landschaft einen wirklich bezaubernden Vin de pays hinzu. Nach einem kräftigen, würzigen Duft beginnt der Geschmack mit einer warmen Ansprache. Dann erwachen nach und nach die Tannine und unterstützen einen lang anhaltenden Abgang. Das bietet die Gelegenheit, ein Weinbaugebiet zu entdecken, dem es nicht an Reizen mangelt.
Les Vignerons du Haut-Quercy, 46130 Glanes, Tel. 05.65.39.75.42, Fax 05.65.38.68.68 n. V.

Corrèze

MILLE ET UNE PIERRES Elevé en fût de chêne 1999**

11,5 ha 80 000 5à8€

Dieser 99er kombiniert Merlot mit 80 % Cabernet franc. In seinem satten Granatrot, das strahlend und hell ist und violette Reflexe zeigt, entfaltet er einen komplexen Duft, in dem rote Früchte, reifes Traubengut und das Vanillearoma vom Holz auf ein paar animalische Noten (Leder und Wild) treffen. Danach bietet er eine sanfte Ansprache und entwickelt sich in einem runden, fetten Geschmack mit Stoff und Nachhaltigkeit sowie einem Holzton, der seine Harmonie beschließt. Ein Wein, der eine Omelette mit Trüffeln verdient.
Cave viticole de Branceilles, Le Bourg, 19500 Branceilles, Tel. 05.55.84.09.01, Fax 05.55.25.33.01
Mo–Sa 10h–12h 15h–18h

Côtes du Condomois

COROLLE 2000*

30 ha 100 000 3à5€

Die Côtes du Condomois, eine kleine Insel roter Reben unter den Weißen des Gers, bieten hier einen jugendlichen, fruchtigen Vin de pays mit Aromen von schwarzer Johannisbeere. Seine unaufdringlichen, diskreten Tannine sorgen für einen angenehmen Abgang. Man kann ihn zu allen Gelegenheiten trinken.
Les producteurs de la Cave de Condom, 59, av. des Mousquetaires, 32100 Condom, Tel. 05.62.28.12.16, Fax 05.62.28.23.94 n. V.

Coteaux und Terrasses de Montauban

DOM. DU BIARNES 2000**

1,6 ha 3 000 3à5€

Ein prächtiges, strahlendes Blassrosa. Auch wenn sein Duft intensiv und komplex ist, schätzt man doch vor allem im Geschmack den Reichtum, die Intensität und zugleich die Komplexität der Aromen. Dieser Wein ist rund und geschmeidig, mit Volumen und der nervigen Note, die man in einem Rosé sucht. Ein sehr schöner Erfolg. Aus dem gleichen Keller kommt ein **2000er Rotwein,** der ebenso reizvoll und verheißungsvoll ist.

🔑 Léo Béteille, Dom. du Biarnès, 82230 La Salvetat-Belmontet, Tel. 05.63.30.42.43, Fax 05.63.30.42.43 ☑ 🍷 n. V.

DOM. DE MONTELS 2000*

■ 2 ha 6 000 3à5€

Dieser nuancenreiche liebliche Wein ist durch die Ausgewogenheit zwischen Süße und Lebhaftigkeit gekennzeichnet, was ihm seine ganze Harmonie verleiht. Außerdem entfalten sich darin noch Honigaromen.

🔑 Philippe et Thierry Romain, Dom. de Montels, 82350 Albias, Tel. 05.63.31.02.82, Fax 05.63.31.07.94 ☑ 🍷 Mo–Sa 8h–12h 14h–19h

Pyrénées-Atlantiques

CABIDOS Petit Manseng 2000

□ 3 ha 13 000 ⅠⅠⅠ 5à8€

Die Pyrénées-Atlantiques bieten uns seltene Vins de pays, die aber deswegen nicht weniger typisch sind! Dieser Cabidos mit seiner schönen goldenen Farbe verströmt Mentholaromen, die man in der Nase ebenso wahrnimmt wie im Mund. Er lohnte eine Entdeckung.

🔑 Vivien de Nazelle, Ch. de Cabidos, 64410 Cabidos, Tel. 05.59.04.43.41, Fax 05.59.04.43.41 ☑ 🍷 Mo–Fr 8h–12h 14h–17h30

Languedoc und Roussillon

Die Region Languedoc-Roussillon, ein riesiges natürliches Amphitheater, das zum Mittelmeer hin offen ist, besitzt Anbaugebiete von der Rhône bis zu den katalanischen Pyrenäen. Mit einer Produktion von fast 80 % der Vins de pays steht diese Region unter den französischen Weinbaugebieten an erster Stelle. Die Departements Aude, Gard, Hérault und Pyrénées-Orientales bilden die vier departementalen Bezeichnungen. Innerhalb davon gibt es sehr viele Weine, die sich auf eine eingeschränktere Anbauzone beziehen. Diese beiden ersten Gruppen machen fast 5,5 Mio. hl aus. Die regionale Bezeichnung «Vin de pays d'Oc» setzt ihr Wachstum fort. Die Produktion lag 1996/97 bei 2,6 Mio. hl (60 % Rotweine, 16 % Roséweine und 24 % Weißweine).

Die Vins de pays aus der Region Languedoc-Roussillon, die durch eine getrennte Vinifizierung von ausgewähltem Traubengut hergestellt werden, stammen nicht nur von traditionellen Rebsorten (Carignan, Cinsaut, Grenache und Syrah für Rotweine und Clairette, Grenache blanc und Macabeu für Weißweine), sondern auch von nicht südfranzösischen Rebsorten: Cabernet Sauvignon, Merlot oder Pinot noir für Rotweine und Chardonnay, Sauvignon und Viognier für Weißweine.

Oc

ARNAUD DE VILLENEUVE
Chardonnay Elevé en barrique de chêne 2000*

□ k. A. 20 000 ⅠⅠⅠ 5à8€

Der Name des mittelalterlichen katalanischen Alchimisten Arnaldus de Villanova, dem wir die Vins doux naturels verdanken, passt zu diesem Wein mit der reintönigen goldenen Farbe. Der angenehm holzbetonte Geruchseindruck besitzt Feinheit; der sehr gut strukturierte Geschmack ist nachhaltig und ebenso füllig wie lebhaft.

🔑 Les Vignobles du Rivesaltais, 1, rue de la Roussillonnaise, 66602 Rivesaltes, Tel. 04.68.64.06.63, Fax 04.68.64.64.69, E-Mail vignobles.rivesaltais@wanadoo.fr ☑ 🍷 n. V.

DOM. DE BACHELLERY Merlot 2000*

■ 10 ha 15 000 Ⅰ🌡 -3€

Ein Gut an der Straße, die die Trasse der Via Domitia benutzt. Hier haben wir einen im großen Holzfass ausgebauten Merlot, der ein strahlendes, kräftiges Granatrot zeigt. Sein feiner, fruchtiger Duft vergisst nicht die Gewürze. Der ausgewogene Geschmack besitzt Fülle; man findet die gleichen Aromen innerhalb einer sehr zufrieden stellenden Länge wieder. Wenn man will, kann man ihn ein wenig altern lassen.

🔑 Bernard Julien, Dom. de Bachellery, rte de Bessan, 34500 Béziers, Tel. 04.67.62.36.15, Fax 04.67.35.19.38, E-Mail vinbj@club-internet.fr ☑

DOM. DE BAUBIAC
Viognier-Roussanne 1999*

□ 0,97 ha 2 100 ⅠⅠⅠⅠ🌡 5à8€

Junge Reben (vier Jahre alt) haben diesen Vin de pays geliefert: Die beiden Rebsorten teilen sich gleichgewichtig den Verschnitt. Eine schöne goldene Farbe und ein Geruchseindruck mit feinem, rauchigem Holzton leiten einen fülligen, ausgewogenen Geschmack ein, der seidig ist.

🔑 SCEA Philip Frères, Dom. de Baubiac, 30260 Brouzet-lès-Quissac, Tel. 04.66.77.33.45, Fax 04.66.77.33.45, E-Mail philip@dstu.univ-montp2.fr ☑ 🍷 n. V.

DOM. BELOT Viognier 2000**

☐ 1 ha 3 700 5 à 8 €

Karine und Lionel Belot, zwei Kinder des Gründers, haben die Leitung dieses Weinbaubetriebs übernommen, der sich in einem ehemaligen königlichen Jagdhaus aus dem 17. Jh. befindet. Sie haben einen Wein von leichter, golden funkelnder Farbe erzeugt, der sich dennoch schon im Geruchseindruck kräftig ankündigt. Dieser intensiv blumige 2000er entfaltet einen stattlichen, ausgewogenen Geschmack von guter Länge. Er verbindet Stärke mit Eleganz.

Karine et Lionel Belot, rte de Cazedarnes, 34360 Pierrerue, Tel. 04.67.38.08.96, Fax 04.67.38.14.14

tägl. 9h–12h30 13h30–19h; Jan. geschlossen

VIGNERONS DU BERANGE
Merlot 2000*

■ k. A. 11 000 -3 €

Sie ist recht hübsch, die mit violetten Reflexen strahlende purpurrote Farbe dieses Weins, den die Genossenschaft von Bérange hergestellt hat. Der fruchtige, elegante Duft geht einem sehr sanften Geschmack voraus. Das Ganze ist ebenso harmonisch wie süffig.

Groupement de producteurs Gres, 19, rue de la Coopérative, 34740 Vendargues, Tel. 04.67.87.68.68, Fax 04.67.87.68.69

Mo–Sa 9h–12h 14h–18h

DOM. BOIS BORIES
Chardonnay Les Peyrades Elevé en fût de chêne 2000**

☐ 2,18 ha 6 500 5 à 8 €

Seit 1919 wird das Weingut von den Raymonds bewirtschaftet. Es präsentiert eine bemerkenswerte Cuvée von strahlender Farbe. Der Geruchseindruck ist aromatisch und dank seiner Zitrusnoten voller Frische. Der sehr elegante Geschmack zeigt einen delikaten Holzton sowie würzige und blumige Nuancen von guter Nachhaltigkeit.

SCEA Paul Raymond et Fils, Les Bories, 34800 Clermont-L'Hérault, Tel. 04.67.96.98.03, Fax 04.67.96.98.03 n. V.

DOM. DU BOSQUET
Cabernet Sauvignon 2000*

■ 13,57 ha 148 000 3 à 5 €

Die Traubenlese findet in der Nacht statt, berichtete man uns, um der sommerlichen Hitze im Languedoc zu entgehen. Dieser von der Gruppe Virginie in Béziers abgefüllte Wein ist sehr gelungen. Lebhaft rot und hell im Anblick, rote Früchte in einem Duft voller Feinheit und Zurückhaltung. Der Geschmack ist angenehm und wohl ausgewogen.

SCI Dom. du Bosquet, Dom. La Grangette, 34440 Nissan-les-Enserune, Tel. 04.67.11.88.00, Fax 04.67.49.38.39

CALVET DE CALVET Chardonnay 2000*

☐ k. A. 65 000 3 à 5 €

Dieser im Anblick strahlende, sehr helle Weißwein erinnert auf zarte Weise an Honig und weiße Blüten. Im Geschmack ist er ausgewogen und frisch; seine Aromen besitzen die ganze notwendige Länge.

Calvet, 75, cours du Médoc, BP 11, 33028 Bordeaux Cedex, Tel. 05.56.43.59.00, Fax 05.56.43.17.78, E-Mail calvet@calvet.com

DOM. CAMPRADEL 2000*

■ k. A. 100 000 3 à 5 €

Ein tiefes Granatrot umhüllt diesen in der Nase unaufdringlichen Wein, in dem man rauchige Noten wahrnimmt. Er ist rund und kräftig gebaut, mit Aromen von reifen roten Früchten. Man kann ihn trinken oder einige Zeit lagern.

Les Domaines Bernard, rte de Sérignan, 84100 Orange, Tel. 04.90.11.86.86, Fax 04.90.34.87.30, E-Mail sagon@domaines-bernard.fr

DOM. CAZAL-VIEL Cuvée Finesse 2000*

☐ 8 ha 20 000 5 à 8 €

Außer seinem ebenfalls sehr gelungenen **2000er Viognier** stellt Henri Miquel eine Cuvée Finesse vor, die ihren Namen nicht zu Unrecht trägt: leichte, strahlende Farbe, blumige Düfte mit Muscat-Noten (diese Rebsorte ist zu einem Viertel an der subtilen Kombination beteiligt, die zu je einem Viertel auch Sauvignon, Viognier und Chardonnay vereinigt). Eine schöne Ausgewogenheit zwischen Aromen und Frische kennzeichnet die nachfolgende Verkostung.

Ch. Cazal-Viel, Hameau Cazal-Viel, 34460 Cessenon-sur-Orb, Tel. 04.67.89.63.15, Fax 04.67.89.65.17

Mo–Fr 9h–12h30 14h–18h; Sa, So n. V.

Henri Miquel

CIGALUS 2000**

☐ k. A. 12 000 23 à 30 €

Chardonnay (70 %), Viognier (25 %) und Sauvignon wurden acht Monate im Holzfass ausgebaut: Dieser goldene Wein mit warmen Reflexen zeigt schon im Geruch einen gut eingefügten Holzton mit Vanillenoten, die mit Nuancen gekochter Früchte verbunden sind. Der fette, samtige Geschmack, der sehr harmonisch ist, entfaltet danach Aromen von guter Nachhaltigkeit.

Gérard Bertrand, Dom. Cigalus, 11100 Bizanet, Tel. 04.68.42.68.68 n. V.

DOM. COSTEPLANE
Cuvée Terroir 2000*

■ 3,3 ha 13 300 5 à 8 €

Eine 500 Jahre alte Steineiche steht neben diesem noch älteren Gut, das biologischen Anbau praktiziert. Diese Cuvée, die zu gleichen Teilen Grenache und Syrah vereint, duftet in ihrem schönen, intensiven Granatrot nach Garrigue. Diese Stärke bestätigt sich in einem runden, fülligen Geschmack, der gut strukturiert und würzig ist und mit einem warmen Abgang ausklingt. Erstklassige Tannine sind die Garanten für ihre Harmonie sowie eine mögliche Alterung, wenn man nicht den Wunsch hat, sie schon jetzt zu trinken.

Françoise et Vincent Coste, Mas Costeplane, 30260 Cannes-et-Clairan, Tel. 04.66.77.85.02, Fax 04.66.77.85.47, E-Mail vetf.coste@free.fr n. V.

DOM. DE COUDOULET
Muscat sec de petits grains 2000**

☐ 1 ha 6 600 5à8€

Dieses schöne, 43 ha große Gut im Minervois wird von Pierre-André und Jean-Yves Ournac geführt. Man erkennt die Muscat-Traube (100 %) nur am intensiven, sehr intensiven Bouquet dieses Weins. Unter seiner schönen, blassen Farbe mit goldenen Reflexen entdeckt man danach einen lebhaften, frischen Geschmack, der eine gute Ausgewogenheit und eine schöne Länge besitzt. Trinkreif.

GAEC Dom. de Coudoulet, chem. de Minerve, 34210 Cesseras, Tel. 04.68.91.15.70, Fax 04.68.91.15.78 Y n. V.

DOM. COUSTELLIER
Rosé de syrah 2000*

◪ 1,6 ha 9 000 -3€

In das Geburtsdorf zurückzukommen war der Traum von Roland Coustellier. Seine erste Rebparzelle kaufte er 1967. Die neue Generation hat die Leitung übernommen. Hier ist ihr Rosé: Er zeigt eine schöne, strahlende Farbe, ein kräftiges Zinnoberrot. Der recht intensive Duft ist köstlich mit seinen Noten von roten Früchten. Dieser im Geschmack nervige und zugleich füllige Wein ist harmonisch und gut ausbalanciert.

GAEC Coustellier, 16, rue Gal-Montbrun, 34510 Florensac, Tel. 04.67.77.01.42, Fax 04.67.77.94.39, E-Mail gaec.coustellier@wanadoo.fr ☑ Y n. V.

DOM. DES CROZES-SENACQ
Merlot Elevé en fût de chêne 1999*

■ 5 ha 40 000 5à8€

Die Weinberge von Euzet, in der Nähe von Alès, gehören zum schönen Gebiet der Cevennen. Dieser von der Genossenschaft erzeugte Wein von klarem, strahlendem Granatrot bietet einen feinen Duft, den Noten von Früchten dominieren. Der füllige, runde, fette Geschmack wird von einem gut eingefügten Holzton unterstützt, der es ihm erlaubt, weißes Fleisch zu begleiten.

Cave d'Euzet-les-Bains, rte d'Alès, 30360 Euzet, Tel. 04.66.83.51.16, Fax 04.66.83.68.33 ☑ Y tägl. 9h–12h 14h–19h

DOM. ELLUL-FERRIERES
Vieilles vignes 1998*

■ 3 ha 12 000 5à8€

Sein erster Jahrgang, der 97er, hielt mit einem Stern in den Hachette-Weinführer Einzug. Hier nun ist der Zweite mit dieser sortenreinen Cuvée von der Grenache-Rebe. Dieser 98er, der mit seinem kräftigen Rubinrot einschmeichelnd wirkt, erinnert intensiv an überreife oder getrocknete Früchte. Der Geschmack ist gut strukturiert und zur gleichen Zeit füllig, frisch und seidig. Eine schöne Harmonie.

Dom. Ellul-Ferrières, 151, rue Jacques Bounin, 34070 Montpellier, Tel. 06.15.38.45.01, Fax 04.67.16.04.49, E-Mail ellulferrieres@aol.com ☑ Y tägl. 17h–19h

LOUIS FABRE Sauvignon 2000**

☐ 3 ha 26 000 3à5€

«Venezianisches Gold» – so beschrieb ihn ein Verkoster bewundernd. Und die Jury wurde auch nicht von seinem Geruchseindruck enttäuscht, der konzentriert und komplex ist, mit Düften von exotischen und kandierten Früchten. Der lebhafte, stattliche Geschmack lässt Struktur, «Fett» und recht nachhaltige Aromen erkennen.

Louis Fabre, rue du Château, 11200 Luc-sur-Orbieu, Tel. 04.68.27.10.80, Fax 04.68.27.38.19, E-Mail chateau.luc@aol.com ☑ Y n. V.

DOM. DE FLORIAN
Les Chênes blancs 1998**

■ k. A. 3 000 5à8€

Einst im Besitz des Schriftstellers Jean-Pierre Claris de Florian, Mitglied der Akademie und Großneffe von Voltaire. Man mag diesen Wein mit dem schönen, sehr dunklen Rubinrot, das violette Töne beleben. Der hochfeine Duft erinnert auf intensive Weise an Gewürze, Früchte und Garrigue. Der füllige, schwere Geschmack sichert dem Ganzen aufgrund seiner Struktur eine große Harmonie.

SCEA Dom. de Florian, rte d'Anduze, 30610 Logrian, Tel. 04.66.77.48.22, Fax 04.66.77.48.22 ☑ Y Mo–Sa 9h–12h 13h30–18h30

Louis Rico

DOM. GALETIS
Cabernet Sauvignon 2000**

■ 10 ha 120 000 -3€

Dieses Gut, das seit 1855 in Familienbesitz ist, präsentiert beim 2000er einen Wein von schöner, strahlender purpurroter Farbe. Der intensive Duft entfaltet kraftvoll seine Gewürznoten, während der Geschmack lebhaft, aber aufgrund anhaltender Aromen wohl ausgewogen erscheint. Auf Flaschen abgefüllt wird er von der Gruppe Virginie.

SCI du Dom. Galetis, 11170 Moussoulens, Tel. 04.67.11.88.00, Fax 04.67.49.38.39 ☑

DOM. DU GRAND CRES 1999**

☐ 2 ha 8 000 8à11€

Le Grand Crès, ein schönes Gut in den Corbières, hat die Jury mit dieser Cuvée begeistert, die 35 % Viognier, 60 % Roussanne und 5 % Muscat kombiniert und mittels Hülsenmaischung hergestellt worden ist. Ganz einfach bemerkenswert durch ihre goldene Farbe, die grüne Töne verstärken. Ihr Duft ist fein und komplex mit ihren Noten von Früchten und Blüten. Auf die erstklassige Ansprache im Geschmack folgt eine ausgewogene Entfaltung, die die Eleganz des Weins bestätigt.

Hervé et Pascaline Leferrer, Dom. du Grand Crès, 40, av. de la Mer, 11200 Ferrals-les-Corbières, Tel. 04.68.43.69.08, Fax 04.68.43.58.99 ☑ Y n. V.

GRANGE DES ROUQUETTE
Agrippa 2000**

■ 2 ha 8 000 5à8€

Die Rouquettes sind ein Zweig der Familie, während die «Scheune» ein Gebäude ist, das früher den Keller, die Ölmühle und den Schafstall enthielt. Der Wein besitzt eine schöne, dunkle, fast schwarze Farbe mit bläulich roten Reflexen. Der intensive Duft erinnert an reife Früchte. Sanftheit und Reichtum: Der Geschmack ist ausgewogen; seine Aromen haben eine gute Länge. Ein sehr eleganter Wein.

Vignobles Boudinaud, 30210 Fournes, Tel. 04.66.37.27.23, Fax 04.66.37.27.23, E-Mail boudinaud@infonie.fr n. V.

DOM. DE LA BAUME 1998*

■ 8,1 ha 22 680 8à11€

Ein Verschnitt von Merlot und Carbernet Sauvignon zu gleichen Teilen, rubinrot im Anblick, kräftig und komplex im Geruch, wobei er einen Holzton und Noten von Früchten verbindet – das ist wirklich ein Wein von guter Präsenz. Er bestätigt es im Geschmack mit einer schönen Ausgewogenheit, warmen, fleischigen Tanninen und einer hübschen Entfaltung der Aromen. Die gleiche Note wurde dem **98er Weißwein** dieses Guts zuerkannt.

Dom. de La Baume, rte de Pezenas, 34290 Servian, Tel. 04.67.39.29.49, Fax 04.67.39.29.40, E-Mail charlotte-habit@labaume.com n. V.

LA CHAPELLE DES PENITENTS
Chardonnay Viognier 1999**

□ k. A. 13 600 15à23€

Eine Marke des Weinhändlers Daniel Bessière. Dieser strohgelbe Wein mit goldenen Reflexen kündigt sich mit einem konzentrierten, komplexen Duft an, der Butter- und Honignoten enthält. Diese Eleganz bestätigt sich in einem fülligen, fleischigen, runden Geschmack, den eine gute Frische ausgleicht. Eine sehr harmonische Flasche, die man sogar noch ein wenig lagern kann.

SA Bessière, 40, rue du Port, 34140 Mèze, Tel. 04.67.18.40.40, Fax 04.67.43.77.03

DOM. LA CONDAMINE BERTRAND
Cabernet Sauvignon Cuvée Promesse 1999**

■ 0,5 ha 2 000 23à30€

Er ist einschmeichelnd in seinem dunklen Purpurrot mit bräunlichen Reflexen. Sein Duft versteht es, sich mit Noten von Gewürzen, reifen Früchten und Unterholz reich und komplex zu zeigen. Der aromatische, anhaltende Geschmack balanciert sich über gut verschmolzenen Tanninen aus. Dank eines schönen Gerüsts kann man diesen 99er noch einige Zeit aufheben.

Bertrand Jany et Fils, Ch. Condamine Bertrand, 34230 Paulhan, Tel. 04.67.25.27.96, Fax 04.67.25.07.55, E-Mail chateau.condamineber@free.fr n. V.

DOM. DE LA DEVEZE
Viognier Elevé en barrique de chêne 2000**

□ 0,7 ha k. A. 8à11€

La Devèze, ein 30 ha großes Gut, liegt mitten in der Verwerfungszonne der Cevennen, auf einem geschichtsträchtigen Boden. Eine schöne goldene Farbe umhüllt diesen Wein mit dem feinen, an intensiven Blütendüften reichen Aroma. Der holzbetonte Geschmack ist elegant und gut strukturiert. Seine Aromen halten bemerkenswert lang an.

Marcel Damais, GAEC du Dom. de la Devèze, 34190 Montoulieu, Tel. 04.67.73.70.21, Fax 04.67.73.32.40, E-Mail domaine@deveze.com n. V.

DOM. DE LA FERRANDIERE
Grenache gris 2000*

◪ 6 ha 60 000 3à5€

Das Anfang des 20. Jh. entstandene Gut hat 70 ha Reben und 25 ha Apfelbäume. Dieser Grenache gris, dessen Farbe an rosiges Fleisch erinnert, entfaltet sich im Duft voller Feinheit und Eleganz. Der Geschmack ist lebhaft, frisch und wohl ausgewogen. Servieren sollte man ihn zu Wurstgerichten.

SARL Les Ferrandières, 11800 Aigues-Vives, Tel. 04.68.79.29.30, Fax 04.68.79.29.39, E-Mail fergau@terre-net.fr Mo–Fr 8h–12h 14h–18h

DOM. LALANDE
Cabernet Sauvignon 2000**

■ 10,03 ha 60 000 -3€

Der Canal du Midi führt am Fuße der Hänge des Guts vorbei, das 3 km von Carcassonne entfernt liegt. Hier haben wir einen schönen 2000er von strahlendem Kirschrot, der einen feinen Gewürzduft bietet. Der füllige, ausgewogene Geschmack ist kräftig gebaut; seine Aromen besitzen Länge. Eine Lagerung wird ihn perfekt machen.

SCEA Ch. Lalande, Dom. Lalande, 11610 Pennautier, Tel. 04.67.37.22.36 n. V.
B. Montariol

DOM. LALAURIE Merlot 1999*

■ 12 ha 15 000 5à8€

Die neunte Winzergeneration auf dem Gut: eine schöne Treue. Dieser Wein von tiefem Granatrot, der zu 70 % im Holzfass ausgebaut worden ist, entfaltet einen komplexen, holzbetonten Geruchseindruck mit Leder- und Unterholznoten. Gute Tannine sorgen im Geschmack für das Gerüst. Ein sehr harmonischer Wein, der trinkreif ist, zu Niederwild oder Braten.

Jean-Charles Lalaurie, 2, rue Le-Pelletier-de-Saint-Fargeau, 11590 Ouveillan, Tel. 04.68.46.84.96, Fax 04.68.46.93.92, E-Mail jean-charles.lalaurie@libertysurf.fr n. V.

DOM. LAMARGUE Merlot 2000*

■ 2,33 ha 10 000 8à11€

Die Jury schätzte gleichermaßen den **2000er Syrah** des Guts und diesen Merlot, der sich in einem kräftigen Granatrot präsentiert. Der Duft, der zusammen mit fruchtigen Noten einen fei-

nen Holzton enthält, geht einem kräftigen, fülligen Geschmack voraus, der sich auf eine gute Tanninstruktur ohne Rauheit stützt. Man kann ihn trinken oder aufheben.
SCI du Dom. de Lamargue, rte de Vauvert, 30800 Saint-Gilles, Tel. 04.66.87.31.89, Fax 04.66.87.41.87, E-Mail domaine.de.lamargue@wanadoo.fr
n. V.
C. Bonomi

DOM. DE LA VALMALE
Cuvée Alphonse 2000*

5 ha 25 000 -3€

Seit 1994 führen die Enkel des Gründers das 76 ha große Gut. Diese Cuvée vereint Grenache (60 %), Syrah (25 %) und Merlot. Hinter dem schönen, strahlenden Purpurrot mit violetten Reflexen verbirgt sich ein strukturierter Wein. Der intensive Geruchseindruck wird von der sehr reifen Frucht beherrscht; der schon gefällige Geschmack enthüllt Aromen, die lang anhalten.
Alain Clarou, Dom. de la Valmale, 34550 Bessan, Tel. 01.43.54.42.49, Fax 01.40.46.89.01 n. V.

DOM. LE CLAUD
Cuvée sélectionnée comtesse Louis de Boisgelin 1999*

k. A. 5 600 5à8€

Vor den Toren von Montpellier (4 km entfernt) liegt dieses Gut in einem Dorf, das Zeugnisse besitzt, dass der Mensch hier seit einer Million Jahren lebt. Der Weinberg ist hier unendlich viel jünger; 1976 wurde er völlig neu bestockt. In einem Purpurrot mit bräunlichen Reflexen sehen wir hier einen 99er, der in der Nase einen feinen Holzton erkennen lässt. Der Geschmack ist angenehm aufgrund seiner harmonischen Ausgewogenheit und seiner Aromen, die er lang andauern lässt.
SCEA de Boisgelin, Dom. Le Claud, 12, rue Georges-Clemenceau, 34430 Saint-Jean-de-Védas, Tel. 04.67.27.63.37, Fax 04.67.47.28.72 n. V.

LE CORDON DE ROYAT Syrah 2000*

k. A. k. A. 3à5€

Thierry Boudinaud, der für die Vinifizierungen dieses riesigen Guts (mit Sitz in Gigondas) verantwortlich ist, hat diesen Markenwein vorgestellt. Ein intensives, tiefes Purpurrot umhüllt diesen 2000er mit dem aromatischen Duft, der an rote Früchte und Veilchen erinnert. Der ausgewogene Geschmack ist rund und sanft. Ein sehr harmonischer Wein.
Domaines du Soleil, Ch. Canet, 11800 Rustiques, Tel. 04.90.12.32.42, Fax 04.90.12.32.49

LES COLLINES DU BOURDIC
Muscat 2000**

5 ha 27 000 3à5€

Dieser im Anblick helle, strahlende Wein, der auf den Mergelböden der Hänge von Bourdic, im Departement Gard, entstanden ist, erweist sich von Anfang bis Ende als Muscat: im sehr intensiven Duft ebenso wie im Geschmack, in dem man Frische und Ausgewogenheit findet. Außerdem erkannte die Jury dem **2000er Chardonnay** und dem **2000er Cabernet Sauvignon** der Genossenschaft je einen Stern zu.
SCA Les Collines du Bourdic, chem. de la Gare, 30190 Bourdic, Tel. 04.66.81.20.82, Fax 04.66.81.23.20
n. V.

LES JAMELLES Sauvignon 2000*

10,5 ha 70 000 5à8€

Dieser Wein von der Rebsorte Sauvignon, der von einem burgundischen Ehepaar aus dem Departement Côte-d'Or vinifiziert und im Departement Saône-et-Loire abgefüllt wird, zeigt eine blassgelbe Farbe mit grünen Reflexen und einen intensiv blumigen Duft. Der lebhafte, frische Geschmack erweist sich als ausgewogen und nachhaltig.
Badet Clément et Cie, 39, rte de Beaune, 21220 L'Etang-Vergy, Tel. 03.80.61.46.31, Fax 03.80.61.42.19, E-Mail contact@badetclement.com
Mo–Fr 9h–12h 14h–17h

LES QUATRE CLOCHERS
Cabernet Sauvignon Vieilles vignes Elevé en fût de chêne 1999*

k. A. k. A. 8à11€

Diese Genossenschaftskellerei vor den Toren von Limoux gehört zu den größten Erzeugern im französischen Weinbau. Sie ist eine große Spezialistin für Weißwein, aber hier erleben wir sie mit einem Rotwein: In seinem intensiven Purpurrot duftet dieser 99er nach Gewürzen und Holz. Im Geschmack ist er ausgewogen und gut strukturiert und lässt das Vorhandensein erstklassiger Tannine erkennen. Man kann ihn schon trinken oder noch aufheben.
Aimery-Sieur d'Arques, av. de Carcassonne, BP 30, 11303 Limoux Cedex, Tel. 04.68.74.63.00, Fax 04.68.74.63.12, E-Mail servico@sieurdarques.com n. V.

DOM. LES YEUSES Chardonnay 2000*

3 ha 10 000 5à8€

Die Steineichen, auf die sich der Name bezieht, bedeckten sehr wohl dieses Gut bis zum 18. Jh., bevor es sich auf den Weinbau umstellte. Die Umstellung zahlte sich aus, mit diesem Weißwein, der im Anblick an reines Gold erinnert. Der intensive, blumige Duft eröffnet kraftvoll eine Verkostung, die sich im Geschmack mit einer Ausgewogenheit fortsetzt, die durch Fülle und «Fett» bestimmt ist. Schöne Gesamtharmonie.
Jean-Paul et Michel Dardé, Dom. Les Yeuses, rte de Marseillan, 34140 Mèze, Tel. 04.67.43.80.20, Fax 04.67.43.59.32, E-Mail jp.darde@worldonline.fr
Mo–Sa 9h–12h 15h–19h

DOM. DE MAIRAN Chasan 2000*

5 ha 30 000 3à5€

Das Gut, das an der Stelle einer römischen *villa* (Landgut) liegt, erzeugt einen «Chasan» (eine Rebsorte, die durch Kreuzung von Listan und Chardonnay gezüchtet wurde und gewöhn-

lich nicht sehr alkoholreiche Weine hervorbringt, was hier nicht der Fall ist, denn diese Cuvée hat einen Alkoholgehalt von 13 Vol.-%). Seine helle, glänzende Farbe wird durch grüne Reflexe belebt. Die dominierenden Zitrusfrüchte prägen den Geruchseindruck, während sich der Geschmack als gut strukturiert und trinkreif zeigt. Die gleiche Note entfiel auf den **98er Cabernet Sauvignon** vom selben Erzeuger.
Jean Peitavy, Dom. de Mairan, 34620 Puisserguier, Tel. 04.67.93.74.20, Fax 04.67.93.83.05 tägl. 9h–12h 14h–19h

DOM. DE MALAVIEILLE Merlot 2000*

■ 2 ha 6 000 3à5€

Ein Herr de Malavieille, der nach Louisiana flüchtete, ließ sein Gut brachliegen, das damals ein ferner Vorfahr der heutigen Besitzerin kaufte. Ihr Merlot? Ein schönes Rubinrot mit einem röstartigen und blumigen Duft, der einen feinen Holzton enthält. Gewürze und lang anhaltende Aromen bilden einen runden, süffigen Geschmack.
Mireille Bertrand, Malavieille, 34800 Mérifons, Tel. 04.67.96.34.67, Fax 04.67.96.32.21 n. V.

DOM. PAUL MAS Cabernet Sauvignon Merlot 2000**

■ 18,2 ha 27 000 5à8€

Die 1985 renovierte Kapelle von Château de Cornas verdient einen Besuch, ebenso wie der Keller des Guts, in dem die Weine seit 1995 ausgebaut werden. Ein dunkles Purpurrot mit bräunlichen Reflexen kündigt einen reichen, komplexen Duft (würzige Noten) an. Die Stärke findet man auch im Geschmack wieder. Er ist gut ausbalanciert und erweist sich als aromatisch und lang anhaltend.
Dom. Paul Mas, Ch. de Conas, 34210 Pezenas, Tel. 04.67.90.16.10, Fax 04.67.98.00.60, E-Mail info@paulmas.com n. V.

DOM. DU MAS DE PIQUET Chardonnay 2000**

□ 3,34 ha k. A. 3à5€

Strahlend, sehr klar, leicht perlend: So präsentiert sich der Chardonnay von der Fachoberschule für Landwirtschaft. Mit seiner schönen Aromenpalette (Blüten, Früchte, Gewürznoten) enttäuscht der Duft nicht, ebenso wenig wie der seidige, ausgewogene Geschmack, der voller Eleganz und Lebhaftigkeit ist.
Lycée Agropolis, Dom. du Mas de Piquet, rte de Ganges, 34790 Grabels, Tel. 04.67.52.26.59, Fax 04.67.52.26.59, E-Mail piquet-dom@educagri.fr
Mo–Fr 9h–12h 15h–19h; Sa 9h–13h

MAS MEYRAC 1999*

■ 16,5 ha 20 000 8à11€

Das im Juli 2000 erworbene Gut investierte sechs Millionen Francs in die Modernisierung der Keller. Dieser Jahrgang stammt somit aus der Zeit davor. Mit seiner schönen Farbe, granatrot mit bräunlichen Reflexen, ist das ein Wein, der intensiv nach Früchten duftet: rote Steinfrüchte, kandierte Früchte. Der Geschmack ist füllig, rund und sehr angenehm.
Ch. Capendu, pl. de la Mairie, 11700 Capendu, Tel. 04.68.79.00.61, Fax 04.68.79.08.61 n. V.

MAS MONTEL Cuvée Jéricho 1999*

■ 3 ha 15 000 5à8€

Dieser Wein von strahlendem, kräftigem Rubinrot entfaltet ein reiches Bouquet von Gewürzen, Garrigue und Eukalyptus. Eine Komplexität, die man in den anhaltenden Aromen des fülligen, ausgewogenen Geschmacks wiederfindet.
EARL Granier, Mas Montel, 30250 Aspères, Tel. 04.66.80.01.21, Fax 04.66.80.01.87, E-Mail montel@wanadoo.fr
Mo–Sa 9h–12h 14h–19h

DOM. DE MOLINES Sauvignon Réserve 2000*

□ 2 ha 15 000 5à8€

Michel Gassier bedauert, dass das Terroir von Molines nicht als AOC eingestuft wurde, aber er träumt davon, hier große Weine zu erzeugen. Er hat eine nördliche Rebsorte gewählt, den Sauvignon. Der strohgelbe Wein mit goldenen Reflexen strahlt im Glas ebenso wie in der Nase, in der Blüten und Dill zum Ausdruck kommen. Die gleichen Aromen findet man auch im Mund zusammen mit «Fett» und Reichtum.
Vignobles Michel Gassier, Ch. de Nages, chem. des Canaux, 30132 Caissargues, Tel. 04.66.38.44.30, Fax 04.66.38.44.21, E-Mail m.gassier@chateaudenages.com
n. V.

OPUS TERRA Merlot et Syrah 2000*

■ 12 ha 100 000 3à5€

Kennen Sie das Weingut Orpailleur in Quebec? Es wurde von Hervé Durand angelegt. Hier haben wir seinen Languedoc-Wein. Das schöne, strahlende Purpurrot harmoniert mit seinem feinen, eleganten, fruchtigen Bouquet. Der wohl ausgewogene Geschmack enthüllt elegante Aromen. «Ein Wein mit unleugbarem Charme», beobachtete ein Verkoster. Er ist trinkreif und kann auch lagern.
Hervé et Guilhem Durand, 30300 Beaucaire, Tel. 04.66.59.19.72, Fax 04.66.59.50.80
n. V.

LE BLANC D'ORMESSON 2000*

□ 4 ha 10 000 5à8€

Ein erstaunlicher Verschnitt von Sauvignon (30 %), Roussanne (30 %), Viognier (20 %) und Petit Manseng. Die leichte, strahlende Farbe dieses Weins entspricht dem Duft, der mit seinen Noten von weißen Blüten sehr fein ist. Der nervige, frische Geschmack ist sehr aromatisch. Ebenfalls lobend erwähnt wurden der **2000er Sauvignon** und der **99er Cabernet Sauvignon** des gleichen Guts.
Jérôme d'Ormesson, Le Château, 34120 Lézignan-la-Cèbe, Tel. 04.67.98.29.33, Fax 04.67.98.29.32 tägl. 9h–12h 14h–18h

DOM. DE PANERY 2000*

■ 2 ha 10 000 3 à 5 €

Dieser Wein, der von einem der riesigen Güter im Departement Gard kommt, kombiniert 70 % Merlot mit Syrah. In ein tiefes Purpurrot gehüllt, erwacht er und bietet uns einen Duft von Gewürzen (Pfeffer mit einer Vanillenote). Der ausgewogene Geschmack ist füllig, rund und harmonisch.

SCEA Ch. de Panery, rte d'Uzès, 30210 Pouzilhac, Tel. 04.66.37.04.44, Fax 04.66.37.62.38, E-Mail chateaudepanery@wanadoo.fr tägl. 10h–18h
Roger Gryseels

PAVILLON DU BOSC
Cabernet franc 2000*

2 ha 4 000 5 à 8 €

Zwei Weine wurden von diesem Erzeuger ausgewählt: der **rote 2000er Moulin du Domaine du Bosc** (ein Stern) und dieser Rosé mit der schönen lachsroten Farbe. Nach einem intensiven Geruchseindruck, der vorwiegend pflanzlich und leicht lakritzeartig ist, zeigt er sich im Geschmack rund, warm und sehr aromatisch. Ein Wein voller Eleganz.

SICA Delta Domaines, Dom. du Bosc, 34450 Vias, Tel. 04.67.21.73.54, Fax 04.67.21.68.38 n. V.

LES VIGNERONS DU PIC
Sauvignon 2000**

□ k. A. 10 000 3 à 5 €

Es ist ein Vergnügen, diesen Weißwein mit der leichten, strahlenden, grün schimmernden Farbe zu betrachten. Ein fröhlicher, feiner Duft mit Noten von weißen Blüten, Akazie und weißfleischigem Pfirsich geht einem Geschmack voraus, in dem man die gleichen intensiven, nachhaltigen Aromen wiederfindet. Schöne Ausgewogenheit zwischen Fülle und Nervigkeit.

Les Vignerons du Pic, 285, av. de Sainte-Croix, 34820 Assas, Tel. 04.67.59.62.55, Fax 04.67.59.56.39 Di–So 9h–12h 14h–18h; Gruppen n. V.

DOM. DE POUSSAN LE HAUT
Chardonnay 2000*

□ k. A. 26 000 5 à 8 €

Eine leichte, strahlende Farbe mit grünen Reflexen – das ist die Erscheinung dieses Weins mit dem feinen, kräftigen Duft, der reich an blumigen und fruchtigen Aromen ist. Der lebhafte und zugleich runde Geschmack erweist sich seinerseits als aromatisch und ausgewogen und zeigt eine gute Nachhaltigkeit. Beachten Sie auch die von der gleichen Genossenschaftsvereinigung im selben Jahrgang vorgestellten Weine: **Domaine des Rosiers Syrah** und **Domaine de La Barrère Syrah** (lobende Erwähnung) sowie **Domaine des Guillardes Chardonnay** und **Cuvée Mythique** (jeweils ein Stern).

Vignerons de La Méditerranée, ZI Plaisance,12, rue du Rec-de-Veyret, BP 414, 11104 Narbonne Cedex, Tel. 04.68.42.75.00, Fax 04.68.42.75.01, E-Mail rhirtz@listel.fr n. V.

DOM. REYNAUD Chardonnay 2000*

□ 2,75 ha 4 000 3 à 5 €

Eine helle, funkelnde Farbe schmückt diesen Wein mit dem delikaten, fein aromatischen Duft. Der frische, runde Geschmack entfaltet eine wohl ausgewogene Fruchtigkeit. Erwähnt sei auch der **2000er Merlot** vom gleichen Erzeuger.

EARL Reynaud, Dom. Reynaud, 30700 Saint-Siffret, Tel. 04.66.03.18.20, Fax 04.66.03.12.95 Mo–Sa 10h–12h 16h–18h

DOM. SAINT JEAN DE CONQUES
2000*

1 ha 8 000 3 à 5 €

Ein hübsches Rosarot mit purpurviolettem Ton, ein feiner Duft mit Aromen von Trockenfrüchten, roten Früchten und Gewürzen: ein gefälliger Auftakt für diesen Rosé, der dank seiner Rundheit im Geschmack und seiner schönen abschließenden Frische auch danach nicht missfällt.

François-Régis Boussagol, Dom. Saint-Jean de Conques, 34310 Quarante, Tel. 04.67.89.34.18, Fax 04.67.89.35.46 n. V.

DOM. SAINT MARTIN DE LA GARRIGUE Chardonnay 1999**

□ 2,08 ha 13 000 8 à 11 €

Eine Kapelle aus dem 9. Jh. und ein Schloss, dem jede Epoche ihren besonderen Charakter hinzufügte: Das ist der Rahmen, in dem dieser bemerkenswerte Wein mit der schönen strohgelben, golden schimmernden Farbe entstanden ist. Der intensive Duft bietet Noten von Blüten und kandierten Früchten. Struktur und Ausgewogenheit im Geschmack, in dem man die Aromen mit einer guten Nachhaltigkeit wiederfindet.

SCEA Saint-Martin de la Garrigue, 34530 Montagnac, Tel. 04.67.24.00.40, Fax 04.67.24.16.15, E-Mail jczabalia@stmartingarrigue.com Mo–Fr 8h–12h 13h–17h; Sa, So n. V.

F. DE SKALLI Merlot 1998*

■ k. A. 28 000 15 à 23 €

Einer der größten Erzeuger von Vins de pays, dessen Sitz sich in der Stadt befindet, in der der Schriftsteller Paul Valéry geboren wurde. Diese achtzehn Monate im Holzfass ausgebaute Cuvée schmückt sich mit einem funkelnden Granatrot. Der Geruchseindruck ist stark holzbetont; der sehr kräftig gebaute Geschmack erweist sich als warm, aber gut ausbalanciert.

Les vins Skalli, 278, av. du mal.-Juin, BP 376, 34204 Sète Cedex, Tel. 04.67.46.70.00, Fax 04.67.46.71.99, E-Mail info@vinskalli.com n. V. außer Juli u. Aug. 10h–13h 14h–18h

SYRCAB Comte cathare 1999★

■ k. A. 10 000 11 à 15 €

Was bedeutet der Name dieses Weins? Er stammt ganz einfach von der Zusammenziehung der Namen der Rebsorten Syrah und Cabernet (80 %), die ihn ergeben. Sein schönes, kräftiges Granatrot beginnt auf angenehme Weise eine Verkostung, die danach von der Reichhaltigkeit eines Dufts geprägt wird, der komplex, frisch und zugleich holzbetont ist. Der ausgewogene, anhaltende Geschmack enthält Stoff – einen Stoff, der es erlaubt, dass man diese Flasche schon jetzt trinkt oder noch aufhebt.

Grands Vignobles en Méditerranée, La Tuilerie, 34210 La Livinière, Tel. 04.68.91.42.63, Fax 04.68.91.62.15, E-Mail franboissier@compuserve.com

n. V.

TERRE D'AMANDIERS 1998★★

□ k. A. 50 000 11 à 15 €

Philippe Maurel und Stéphane Vadeau leiten eine Handelsfirma, die 90 % ihrer Produktion exportiert. Dieser sortenrein von der Chardonnay-Traube erzeugte Wein ist von Anfang bis Ende harmonisch aufgrund seiner strohgelben Farbe mit goldenen Reflexen, seines sehr feinen und sehr intensiven Dufts mit komplexen Noten von Früchten und Blüten und seines Geschmacks schließlich, der Frische und Fülle vereint und Aromen von guter Länge entfaltet.

Maurel Vedeau, ZI La Baume, 34290 Servian, Tel. 04.67.39.21.20, Fax 04.67.39.22.13

DOM. DE TERRE MEGERE Merlot 1999★★

■ 3 ha 30 000 3 à 5 €

Dieser strahlend purpurrote Merlot mit bräunlichen Reflexen zeigt sich in der Nase reich und komplex. Danach entdeckt man einen sanften Geschmack mit vollkommen verschmolzenen Tanninen.

Michel Moreau, Dom. de Terre Mégère, Cœur de Village, 34660 Cournonsec, Tel. 04.67.85.42.85, Fax 04.67.85.25.12, E-Mail terremegere@wanadoo.fr

Mo–Fr 15h–19h; Sa 9h–12h30

TERRES BLANCHES Muscat sec 2000★

□ 22,5 ha 100 000 5 à 8 €

Die Genossenschaft von Frontignan vinifiziert 630 Hektar. Neben ihrem Vin doux naturel stellt sie einen interessanten trockenen Muscat her. Unter seiner schönen goldenen Farbe bietet dieser 2000er einen Duft mit feinen, blumigen Gerüchen, die für die Rebsorte typisch sind. Der frische, aromatische Geschmack, der eine schöne Nachhaltigkeit zeigt, ist sehr elegant.

SCA Coop. de Frontignan, 14, av. du Muscat, 34110 Frontignan, Tel. 04.67.48.12.26, Fax 04.67.43.07.17

tägl. 9h–12h 14h–18h30; Gruppen n. V.

VERMEIL DU CRES Chardonnay 2000★

□ 3 ha 20 000 3 à 5 €

Die leichte Farbe dieses Chardonnay ist keineswegs leuchtend rot, wie der Name anzudeuten scheint, sondern strahlend und wird von grünen Tönen belebt. Darunter enthüllt er feine Fruchtnoten. Der lebhafte, füllige Geschmack besitzt Ausgewogenheit und Harmonie.

SCAV les Vignerons de Sérignan, av. Roger-Audoux, 34410 Sérignan, Tel. 04.67.32.23.26, Fax 04.67.32.59.66

Mo–Sa 9h–12h 15h–18h

EXCELLENCE DE VIRGINIE n° 10 2000★

■ k. A. 100 000 -3 €

Hier nummeriert man die Cuvées, wie es Chanel mit seinen Parfüms macht! Diese «Nummer 10» nun präsentiert sich mit einer dunkelroten Farbe. Sie kombiniert Syrah (50 %), Cabernet Sauvignon (20 %), Merlot (20 %) und Grenache. Ihr Duft mit dem feinen Holzton bietet Röst- und Gewürznoten. Der füllige, aromatische Geschmack besitzt eine Struktur voller Eleganz. Man kann diesen Wein schon trinken oder noch lagern.

Les domaines Virginie, av. Jean-Foucault, ZI du Capiscol, 34500 Béziers, Tel. 04.67.11.88.00, Fax 04.67.49.38.39

Sables du Golfe du Lion

DOM. DU PETIT CHAUMONT 2000★

■ 5 ha 35 000 3 à 5 €

Ein Weinberg, der seit fünf Generationen von der gleichen Familie bewirtschaftet wird und ab 1973 mit «edlen» Rebsorten neu bestockt worden ist. Was ist mit seinem 2000er Rotwein? Tiefes Purpurrot, in der Nase an Gewürze und rote Früchte erinnernd. Er gefällt aufgrund seines ausgewogenen, eleganten Geschmacks mit anhaltenden Aromen. Trinkreif.

GAEC Bruel, Dom. du petit Chaumont, 30220 Aigues-Mortes, Tel. 04.66.53.60.63, Fax 04.66.53.64.31, E-Mail chaumont@caves-particulieres.com

Mo–Sa 9h–12h 15h–18h30; Gruppen n. V.

Gard

DOM. DE TAVERNEL 2000★★

□ 10,58 ha 30 000 3 à 5 €

Das Gut gehörte früher der Familie des okzitanischen Dichters Frédéric Mistral. Dieser Wein von den Rebsorten Vermentino und Muscat ist zweifellos inspiriert. Unter seiner schönen, sehr leichten, aber glänzenden Farbe entdeckt man ein hübsches, blumiges Bouquet voller Feinheit und Komplexität und danach

einen nervigen, feinen, ausgewogenen Geschmack. Anhaltende Aromen beschließen die Harmonie.
🔑 GFA Dom. de Tavernel, rte de Fourques, 30300 Beaucaire, Tel. 04.66.58.57.01, Fax 04.66.59.38.30, E-Mail tavernel.domaine@libertysurf.fr
☑ 🍷 Mo–Fr 10h–18h; Sa n. V.
🔑 M. Amphoux

Côtes de Thongue

DOM. BOURDIC Grenache 1999**

■ 0,85 ha 3 800 5à8€

Die Besitzer dieses Guts, Verfechter des biologischen Anbaus, verbinden moderne und traditionelle Methoden. Die Jury begrüßte die Ausgewogenheit und die Harmonie ihres Weins. In einem schönen Purpurrot mit bräunlichen Reflexen entfaltet dieser 99er einen typischen Duft mit feinem Holzton. Der seidige, aromatische Geschmack ist sehr angenehm. Man kann ihn schon jetzt trinken.
🔑 Christa Vogel et Hans Hürlimann, Dom. Bourdic, 34290 Alignan-du-Vent, Tel. 04.67.24.98.08, Fax 04.67.24.98.96, E-Mail bourdic2@wanadoo.fr ☑ 🍷 n. V.

DOM. LA CROIX BELLE N° 7 1998**

■ 3,5 ha 13 000 11à15€

Nicht weniger als sechs Rebsorten gehen in diesen Verschnitt ein, in dem Syrah dominiert. Dieser Wein von tiefer, schillernder Farbe zeigt eine große Feinheit im Geruch, in dem man Holznoten entdeckt. Der hervorragend strukturierte Geschmack bietet eine ausgezeichnete Nachhaltigkeit. «Ein Erzeugnis von sehr hohem Niveau», jubelte ein Verkoster.
🔑 Jacques et Françoise Boyer, Dom. La Croix-Belle, 34480 Puissalicon, Tel. 04.67.36.27.23, Fax 04.67.36.60.45 ☑ 🍷 n. V.

DOM. DE L'ARJOLLE Paradoxe 1999*

■ 4 ha 15 000 15à23€

In seinem kräftigen Granatrot sehen wir hier einen Wein mit feinem Vanilleduft. Syrah, Cabernet franc und Merlot haben einen kräftig gebauten Wein geliefert, den sechzehn Monate Ausbau im Holzfass noch streng erscheinen lassen. Dieser 99er, der dennoch gut ausbalanciert ist, wird erleben, wie seine Tannine verschmelzen, und in ein paar Monaten einen hübschen Tropfen abgeben.
🔑 Dom. de L'Arjolle, 6, rue de la Côte, 34480 Pouzolles, Tel. 04.67.24.81.18, Fax 04.67.24.81.90
☑ 🍷 Mo–Sa 9h–12h30 14h–18h

LES VIGNERONS DE MONTBLANC Chardonnay 2000**

□ 29 ha 30 000 3à5€

Ein harmonischer, eleganter Wein. Er funkelt mit seiner klaren Farbe und entfaltet einen komplexen Duft, der aufgrund seiner Noten von Zitrusfrüchten, exotischen Früchten und weißen Blüten sehr angenehm ist. Der Geschmack ist frisch, ausgewogen und aromatisch; seine Länge lässt nichts zu wünschen übrig.
🔑 Les Vignerons de Montblanc, av. d'Agde, 34290 Montblanc, Tel. 04.67.98.50.26, Fax 04.67.98.61.00 ☑

DOM. DE MONT D'HORTES Cabernet Sauvignon 2000*

■ 5,5 ha 40 000 3à5€

Dieser dunkle Wein mit bräunlichen Reflexen verströmt einen feinen Duft voller überreifer und kandierter Früchte. Stärke, Länge und Ausgewogenheit kennzeichnen den Geschmack, in dem ein Hauch von Lakritze zum Vorschein kommt. Diesen harmonischen, angenehmen 2000er kann man schon jetzt trinken.
🔑 Dom. de Mont d'Hortes, 34630 Saint-Thibéry, Tel. 04.67.77.88.08, Fax 04.67.30.17.57
☑ 🍷 n. V.
🔑 J. Anglade

DOM. MONTROSE Les Lézards 2000**

■ 3 ha 17 000 5à8€

In einem Schwarz mit violetten Reflexen zeichnet sich dieser 2000er durch seinen komplexen, intensiven Duft von reifen Früchten aus. Er ist im Geschmack füllig und schwer und erweist sich dank seines aromatischen Reichtums als verführerisch. Ebenfalls erwähnt sei hier der **2000er Rosé** des gleichen Guts.
🔑 Bernard Coste, Dom. Montrose, RN 9, 34120 Tourbes, Tel. 04.67.98.63.33, Fax 04.67.98.65.27 ☑ 🍷 n. V.

DOM. SAINT-GEORGES D'IBRY Chardonnay 1999***

□ 3,62 ha 3 000 8à11€

Auf diesem 1860 entstandenen Gut wird in Zukunft der rationale Landbau praktiziert. Die Jury zögerte nicht: Liebeserklärung für diesen herrlichen Wein von strohgelber Farbe mit goldenen Reflexen. Sein feiner, eleganter Geruchseindruck verbindet diskrete Holznoten und intensive Blütendüfte. Danach entfaltet sich der Geschmack lang anhaltend, füllig und ausgewogen. Warten Sie nicht, um diese schöne Gesamtharmonie zu genießen.
🔑 Michel Cros, Dom. Saint-Georges-d'Ibry, rte d'Espondeilhan, 34290 Abeilhan, Tel. 04.67.39.19.18, Fax 04.67.39.07.44, E-Mail st-georges-ibry@worldonline.fr 🍷 n. V.

Coteaux de Murviel

DOM. DE RAVANES
Les Gravières du Taurou Grande Réserve 1998**

■ 1,18 ha 5 500 15à23€

Es soll sich um eine alte galloromanische *villa* handeln, die sich dem Weinbau widmete. Viele Jahrhunderte später folgt dieser 98er mit der schönen, intensiven Farbe und dem kräftigen, komplexen Duft, der Frucht und Holzton (Vanille) verbindet. Der strukturierte Geschmack setzt auf gut verschmolzene Tannine und anhaltende Aromen. Man kann ihn servieren.

Guy et Marc Benin, Dom. de Ravanès, 34490 Thézan-les-Béziers, Tel. 04.67.36.00.02, Fax 04.67.36.35.64, E-Mail ravanes@wanadoo.fr n. V.

Côtes de Thau

RESSAC Le Muscat des Garrigues 2000**

□ 20 ha 10 000 5à8€

Dieser strohgelbe Wein mit goldenen Reflexen, der zu 100 % von der Muscat-Rebe stammt, entfaltet sich kraftvoll mit Noten weißer Blüten. Der ausgewogene, sanfte, frische Geschmack ist durch anhaltende Aromen gekennzeichnet. Der **2000er Cabernet Sauvignon,** ein weiteres Erzeugnis der Genossenschaftskellerei von Florensac, erhält einen Stern.

Cave coopérative de Florensac, BP 9, 34510 Florensac, Tel. 04.67.77.00.20, Fax 04.67.77.79.66 n. V.

Hérault

LE ROUGE DE L'ABBAYE DU FENOUILLET Cuvée Barroque 1999*

■ 5,5 ha 20 000 11à15€

Diese ehemalige Abtei befindet sich an einem Ort, der erstmals im Jahre 1293 erwähnt wurde. An ihrer «Cuvée Barroque», die in Barriquefässern (20 % aus amerikanischer Eiche hergestellt) ausgebaut worden ist, schätzt man die dunkle Farbe mit purpurroten Reflexen und den intensiven Duft, in dem Noten von Toast, Röstung und schwarzen Früchten dominieren. Der Geschmack ist kräftig gebaut, füllig und aromatisch: ein harmonischer Wein.

Toni Schuler, SARL Abbaye du Fenouillet, 34270 Vacquières, Tel. 04.67.59.03.15, Fax 04.67.59.03.15, E-Mail toni.schuler@schuler.ch n. V.

DOM. LA FADEZE Sauvignon 2000*

□ 4,8 ha 30 000 5à8€

Dieser helle, strahlende Sauvignon, der mittels Hülsenmaischung hergestellt wurde, bietet Noten von Früchten und Feuerstein. Der Geschmack ist lebhaft und ausgewogen, der Gesamteindruck harmonisch. Servieren sollte man ihn zu Meeresfrüchten.

GAEC Dom. La Fadèze, 34340 Marseillan, Tel. 04.67.77.26.42, Fax 04.67.77.20.92 Mo–Sa 9h–12h 14h–19h

DOM. DE MOULINES Merlot 2000*

■ 10,8 ha 110 000 3à5€

Das Gut gehört der Familie seit 1914 und hat sich im Laufe der drei aufeinander folgenden Generationen vergrößert. Ihr Merlot präsentiert sich in einem tiefen Purpurrot. Der kräftige, ausdrucksvolle Duft äußert sich mit reifen Früchten und reizt dazu, weiterzumachen. Die Folgeeindrücke enttäuschen nicht: Nach einer schönen Ansprache enthüllt der Geschmack sein Gerüst und seine anhaltenden Aromen.

Michel Saumade, GFA Mas de Moulines, 34130 Mudaison, Tel. 04.67.70.20.48, Fax 04.67.87.50.05 Mo–Sa 9h–12h 14h–19h

DOM. DE PETIT ROUBIE
L'Arbre blanc 1999*

■ 1,5 ha 10 000 8à11€

Olivier Azan, seit zwanzig Jahren Besitzer dieses Guts, wendet die Regeln des biologischen Anbaus an. Unter seinem schönen, dunklen Purpurrot kündigt sich dieser sortenreine Syrah-Wein mit seinem Duft von Unterholz und Gewürzen (Vanille, Zimt) reich und komplex an. Der Geschmack besitzt dank seidiger Tannine eine gute Ausgewogenheit.

Olivier Azan, EARL Les dom. de Petit Roubié, BP 4, 34850 Pinet, Tel. 04.67.77.09.28, Fax 04.67.77.76.26, E-Mail roubie@club-internet.fr n. V.

DOM. DU POUJOL La Bête noire 1998*

■ 2 ha 9 000 8à11€

Dieser Jahrgang kombiniert 50 % Carignan mit Cabernet Sauvignon. Der Wein ist sechzehn Monate im Eichenholz gereift. Er ist intensiv und strahlend rubinrot und entfaltet komplexe Düfte von reifen Früchten und Unterholz. Der recht kräftig gebaute, lang anhaltende Geschmack verführt durch seine Ausgewogenheit. Man kann ihn schon jetzt trinken oder ein wenig aufheben.

Dom. du Poujol, rte de Grabels, 34570 Vailhauquès, Tel. 04.67.84.47.57, Fax 04.67.84.43.50, E-Mail cripps.poujol@wanadoo.fr n. V.

Hauterive

DOM. DE CRUSCADES 1999*

■ 3 ha 20 000 5à8€

Das Gut wurde vor ganz kurzer Zeit von einem Diplomlandwirt übernommen, der aus der Volksrepublik China zurückkehrte. Wir können uns dazu nur beglückwünschen, wenn man nach seinem 99er Rotwein (der erste erzeugte Jahrgang) urteilt. Er zeigt ein dunkles Rubinrot mit violetten Reflexen und ist durch einen Duft von Blüten und kleinen roten Früchten gekennzeichnet. Im Mund Struktur und ein gutes Gerüst: Alles kommt zusammen, um einen ausgewogenen Wein zu ergeben.

Régis Loevenbruck, 2, rue de la République, 11200 Cruscades, Tel. 04.68.27.68.88, Fax 04.68.27.16.56, E-Mail loevenbruck@terre-net.fr n. V.

José Pujol, Dom. du Mas Rous, 66740 Montesquieu-des-Albères, Tel. 04.68.89.64.91, Fax 04.68.89.80.88 n. V.

DOM. MOSSE Carignan 1998*

■ 3,25 ha 5 000 8à11€

Ein granatroter Carignan mit violetten Reflexen. Der Duft erinnert an reife rote Früchte und ist leicht würzig, während der Geschmack ausgewogen und harmonisch ist. Begrüßen wir die Sanftheit der Tannine.

Jacques Mossé, Ch. Mossé, BP 8, 66301 Ste-Colombe-de-la-Commanderie, Tel. 04.68.53.08.89, Fax 04.68.53.35.13, E-Mail chateau.mosse@worldonline.fr n. V.

Coteaux des Fenouillèdes

DOM. SALVAT Fenouill 2000**

■ 15 ha 48 000 3à5€

Merlot (50 %), Syrah (40 %) und Grenache ergeben gemeinsam diesen Landwein aus dem Katharerland. Er ist im Anblick strahlend rubinrot und besitzt einen kräftigen, reichen Duft, der aufgrund seiner Garrigue- und Karamellnoten komplex ist. Die gleiche Ausdrucksstärke findet man in einem Geschmack wieder, der ein intensives Aroma entfaltet. Dieser 2000er ist trinkreif.

Dom. J.-Ph. Salvat, 8, av. Jean-Moulin, 66220 Saint-Paul-de-Fenouillet, Tel. 04.68.59.29.00, Fax 04.68.59.20.44, E-Mail salvat.jp@wanadoo.fr Mo–Fr 10h–12h 14h–18h

Côtes Catalanes

DOM. BOUDAU Le Petit Closi 2000**

◪ 4 ha 15 000 3à5€

Véronique und Pierre Boudau, Bruder und Schwester, sind die dritte Generation, die dieses Gut führt. Ihr strahlend fleischfarbener Wein entfaltet einen fruchtigen Duft und einen ausgewogenen Geschmack, der lebhaft und füllig zugleich ist. Das Ganze wirkt sehr elegant.

Dom. Véronique et Pierre Boudau, 6, rue Marceau, BP 60, 66602 Rivesaltes, Tel. 04.68.64.45.37, Fax 04.68.64.46.26 Mo–Sa 10h–12h 15h–19h (Juni bis Mitte Sept.)

Catalan

DOM. DU MAS ROUS Cabernet Sauvignon Elevé en fût de chêne 1998*

■ 2,5 ha 14 000 5à8€

Der Urgroßvater des heutigen Besitzers war blond, im Katalanischen *«rou»*. Daher der Gutsname «el Mas del ros», woraus im Französischen «le Mas du rous» und später «le Mas Rous» wurde. Bei dem Cabernet Sauvignon, den das Gut 1998 erzeugt hat, lässt der Anblick eher an Purpurrot denken. Mit seinen Aromen von reifen roten Früchten und seinem warmen Charakter im Geschmack ist er ein schöner, ausgewogener Wein.

Aude

DOM. DE MARTINOLLES Pinot noir Grande Réserve 1999*

■ 1,3 ha 4 300 8à11€

In seinem schönen Rubinrot lässt dieser Pinot noir im Geruch feine Noten von reifen roten Früchten erkennen. Der ausgewogene, warme Geschmack enthüllt gut verschmolzene Tannine. Ein harmonischer Wein.

Vignobles Vergnes, Dom. de Martinolles, 11250 Saint-Hilaire, Tel. 04.68.69.41.93, Fax 04.68.69.45.97, E-Mail martinolles@wanadoo.fr Mo–Fr 8h–12h 13h30–18h30; Gruppen n. V.

Cévennes

DOM. DE BARUEL
Cuvée Fontanilles 1998**

■ 1,5 ha 4 000 15 à 23 €

Das für seine Trüffeln berühmte Gut soll seit der Zeit der Kamisarden bestehen. Eine lange Tradition somit, deren bisheriger Endpunkt dieser dunkle 98er mit schillernden Reflexen ist. Der Geruchseindruck ist noch ein wenig verschlossen, kündigt sich aber mit seinen animalischen und fruchtigen Noten komplex und reich an. Im Geschmack bilden eine bemerkenswerte Struktur, Fülle und Dichte einen sehr harmonischen Gesamteindruck. Man kann ihn noch ein paar Jahre länger altern lassen.

SCEA Baruel, Dom. de Baruel, 30140 Tornac, Tel. 04.66.77.54.03, Fax 04.66.77.58.52 n. V.

Coudene

DOM. DE GOURNIER
Chardonnay 2000*

□ 5 ha 35 000 3 à 5 €

Ein Chardonnay, dessen helle Farbe ein grüner Ton belebt und der nach Honig und weißen Blüten duftet. Im Geschmack erweist er sich als wohl ausgewogen, mit einem feinen Holzton und anhaltenden Aromen. Der **99er Sauvignon** des gleichen Guts erhält dieselbe Note.

SCEA Barnouin, Dom. de Gournier, 30190 Sainte-Anastasie, Tel. 04.66.81.20.28, Fax 04.66.81.22.43 n. V.

Coteaux d'Ensérune

PUECH AURIOL 2000*

◪ 0,5 ha 1 600 3 à 5 €

Ein Kalksteinhügel, der reich an fossilen Austern ist und sich vor den Toren von Béziers erhebt: Das ist der Rahmen, in dem die Grenache- (30 %) und Carignan-Reben (20 %) gereift sind, um diesen strahlenden Roséwein hervorzubringen. Die fruchtigen Aromen begleiten die gesamte Verkostung. Der frische Geschmack bietet eine echte Harmonie.

Stéphane Yerle, La Courtade, rte de Capestang, 34500 Béziers, Tel. 06.14.03.21.83, Fax 04.67.28.30.68, E-Mail la-cepa@wanadoo.fr n. V.

Cassan

DOM. SAINTE MARTHE
Syrah Elevé en fût 2000*

■ k. A. k. A. 3 à 5 €

Dieser intensiv granatrote Wein kündigt sich schon beim Riechen als kräftig an, mit Holznoten, die ins Röstartige gehen. Der füllige Geschmack, der eine gute Länge zeigt, ist wie das Gerüst einer romanischen Kirche gebaut. Es empfiehlt sich, ihn noch ein wenig lagern zu lassen.

Olivier Bonfils, Dom. de Sainte-Marthe, rte Pouzolles, 34320 Roujan, Tel. 04.67.93.10.10, Fax 04.67.93.10.05

Coteaux du Libron

DOM. LA COLOMBETTE
Lledoner Pelut 1998*

■ 3 ha 10 000 11 à 15 €

Lledoner Pelut ist eine aus Spanien stammende Rebsorte (Garnacha Peluda), die in Frankreich selten vorkommt. Dieser 98er ist sehr harmonisch. Die dunkelrote Farbe mit bräunlichen Reflexen weist auf die Eleganz eines feinen, unaufdringlichen Dufts mit röst- und vanilleartigen Holznoten hin. Struktur und Komplexität vereinen sich zu einem Geschmack von schöner Länge. Man kann ihn trinken oder aufheben.

François Pugibet, Dom. de La Colombette, anc. rte de Bédarieux, 34500 Béziers, Tel. 04.67.31.05.53, Fax 04.67.30.46.65 tägl. 8h–12h 14h–19h

Provence, unteres Tal der Rhône, Korsika

Die meisten Rotweine in dieser riesigen Anbauzone, nämlich 70 % der insgesamt 700 000 hl, werden in den Departements der Verwaltungsregion Provence-Alpes-Côte d'Azur erzeugt. Die Roséweine (25 %) stammen in erster Linie aus dem Departement Var, die Weißweine aus dem Departement Vaucluse und dem Nordteil des Departements Bouches-du-Rhône. In diesen Anbaugebieten findet man die Vielfalt der südfranzösischen Rebsorten, aber diese Reben werden selten sortenrein verwendet. Je nach klimatischen Bedingungen und Bodenbeschaffenheit werden sie in unterschiedlichen Anteilen mit originelleren Rebsorten verschnitten, die hier entweder bereits seit alten Zeiten angebaut werden oder aus anderen Anbaugebieten eingeführt worden sind. Counoise und Roussanne aus dem Var sind Beispiele für die erste Gruppe, während Cabernet Sauvignon oder Merlot als Rebsorten aus dem Bordelais die zweite repräsentieren. Hinzu kommt die aus dem Rhône-Tal stammende Syrah-Rebe. Die departementalen Bezeichnungen betreffen Vaucluse, Bouches-du-Rhône, Var, Alpes-de-Haute-Provence, Alpes-Maritimes und Hautes-Alpes. Es gibt sieben subregionale bzw. örtliche Bezeichnungen: Principauté d'Orange, Petite Crau (südöstlich von Avignon), Mont Caumes (westlich von Toulon), Argens (zwischen Brignoles und Draguignan im Departement Var), Maures, Coteaux du Verdon (im Departement Var), Aigues (im Departement Vaucluse, vor kurzem anerkannt) und Ile de Beauté (Korsika).

Ile de Beauté

DOM. AGJHE VECCHIE
Vecchio Chardonnay 2000★★★

☐ 0,83 ha 2 000 5à8€

Dieser Wein hat einen neunmonatigen Ausbau im Holzfass hinter sich. Auch wenn er ein bis zwei Jahre lagern kann, um seinen vollen Charakter zu erreichen, bietet er schon viel Anmut. Goldene Reflexe beleben seine Farbe; dann werden intensive Aromen frei, die an Haselnuss erinnern. Der Geschmack zeigt sich kräftig und lang anhaltend. Der **2000er Pinot noir Vecchio** verdient für seine typischen Weichselnoten einen Stern.

Jacques Giudicelli, 20230 Canale di Verde, Tel. 06.09.50.73.36, Fax 04.95.38.03.37, E-Mail jerome.girard@attglobal.net ☑ Y n. V.

A TORRA 2000★★

◪ 50 ha 30 000 -3€

Dieser Rosé von leicht lachsroter Farbe zeigt in seinem fruchtig-würzigen Ausdruck viel Eleganz. Seine Aromen halten in einem ausgewogenen, klaren Geschmack an.

Cavec coop. d'Aghione, Samuletto, 20270 Aghione, Tel. 04.95.56.60.20, Fax 04.95.56.61.27
☑ Y Mo–Fr 8h–12h 14h–18h

GASPA MORA 2000★

■ 20 ha 200 000 -3€

Die Marke Gaspa Mora der Genossenschaftskellerei zeichnet sich beim **2000er Rosé** mit einer lobenden Erwähnung aus. Doch ihre Beförderung verdient sie sich beim Rotwein. Er ist intensiv granatrot und bietet einen zart fruchtigen Duft. Sein ausgewogener, strukturierter Geschmack hält recht lang an.

Coop. Saint-Antoine, 20240 Ghisonaccia, Tel. 04.95.56.61.00, Fax 04.95.56.61.60
☑ Y n. V.

DOM. DE LISCHETTO
Chardonnay 2000★★★

☐ 60 ha 140 000 5à8€

Die Domaine de Lischetto, die von der Genossenschaftskellerei La Marana bewirtschaftet wird, umfasst etwa sechzig Hektar auf Ton- und Schieferböden. Der 99er Chardonnay erhielt zwar eine Liebeserklärung, aber der 2000er erweist sich ebenfalls als nicht unwürdig. Dieser Wein hat eine klare strohgelbe Farbe und bietet mit guter Stärke die Chardonnay-typischen Aromen von Butter und Sahne. Der Geschmack ist wohl ausgewogen und klar.

Cave coop. de La Marana, Rasignani, 20290 Borgo, Tel. 04.95.58.44.00, Fax 04.95.38.38.10, E-Mail uval.sica@wanadoo.fr
☑ Y Mo–Sa 9h–12h 15h–19h

MODERATO 2000

☐ 33 ha 104 000 8à11€

Diese originelle Cuvée stammt von der Traubensorte Muscat à petits grains, wobei der Most teilvergoren wurde; sie enthält 100 g/l Restzucker. Natürlich hat sie einen öligen Geschmack und bietet sortentypische Honig- und Fruchtaromen.

Jean-Bernardin Casablanca, 20230 Bravone, Tel. 04.95.38.81.91, Fax 04.95.38.81.91 Y n. V.

MONTE E MARE 2000★★

■ 20 ha 210 000 -3€

Niellucciu (Hauptanteil) ergibt zusammen mit 20 % Merlot diesen rubinroten Wein. Der fruchtige Duft, der eine gute Intensität besitzt, harmoniert mit den Aromen des Geschmacks. Die Ansprache ist sanft; die Tannine sind fein.

Coop. Saint-Antoine, 20240 Ghisonaccia, Tel. 04.95.56.61.00, Fax 04.95.56.61.60
☑ Y n. V.

DOM. DU MONT SAINT-JEAN
Aleatico 2000*

■ 7 ha 30 000 3à5€

Aleatico ist eine italienische Rebsorte, die auf Korsika ziemlich selten vorkommt. Ihre leicht moschusartigen Trauben, die man auch essen kann, haben einen hellen, klaren Wein mit Blüten- und Fruchtaromen hervorgebracht. Der saubere Geschmack besitzt feine, leichte Tannine.

SCA du Mont Saint-Jean, Campo Quercio, 20270 Aléria, Tel. 04.95.38.59.96, Fax 04.95.38.50.29, E-Mail roger-pouyau@wanadoo.fr n. V.
Roger Pouyau

VIGNERONS DES PIEVE
Cabernet Sauvignon Terra Mariana 2000**

■ 100 ha 150 000 -3€

Zwei Rotweine der Reihe Terra Mariana haben die Aufmerksamkeit der Jury erregt. Der **2000er Merlot Terra Mariana** erhält einen Stern. Es handelt sich dabei um einen hübschen Wein, der im Geruchseindruck noch diskret, aber wohl ausgewogen ist. Dieser intensiv granatrote Cabernet Sauvignon erweist sich als kräftig und fruchtig. Sein ausgewogener, aromatischer Geschmack hinterlässt einen Eindruck von Sanftheit.

Uval, Rasignani, 20290 Borgo, Tel. 04.95.58.44.00, Fax 04.95.38.38.10, E-Mail uval.sica@wanadoo.fr n. V.

VIGNERONS DES PIEVE
Cabernet Sauvignon Cuvée San Michelone 1999**

■ 50 ha 50 000 5à8€

Dieser acht Monate im Holzfass ausgebaute Wein lässt seine Konzentration schon während der ersten Etappe der Verkostung erkennen: Seine Farbe ist tiefrubinrot. Der kräftige Duft entfaltet Aromen von schwarzen Früchten und Gewürzen. Die Versprechen bestätigen sich in einem lang anhaltenden Geschmack, der konzentriert und gleichzeitig sanft ist.

Uval, Rasignani, 20290 Borgo, Tel. 04.95.58.44.00, Fax 04.95.38.38.10, E-Mail uval.sica@wanadoo.fr n. V.

PRATICCIOLI 2000*

■ 6 ha k. A. -3€

Das auf Quarzsand angelegte Gut umfasst vierzehn Hektar. Sein Wein von leichtem Granatrot erscheint noch ein wenig jugendlich, aber er ist dennoch angenehm.

GFA de Praticcioli, Linguizzetta, 20230 San Nicolao, Tel. 04.95.38.86.38, Fax 04.95.38.94.71 n. V.
Poli

TERRA VECCHIA Vermentino 2000***

□ k. A. k. A. 3à5€

Dieser Wein liefert eine schöne Ausdrucksform der Vermentino-Traube, der für Korsika und Sardinien typischen Rebsorte. Er bietet einen charakteristischen Duft von weißen Blüten, dessen Noten man auch im Nasen-Rachen-Raum wahrnimmt. Der ausgewogene Geschmack hinterlässt einen Eindruck von Fülle.

SICA Coteaux de Diana, Les vins Skalli, Dom. Terra Vecchia, 20270 Tallone, Tel. 04.95.57.20.30, Fax 04.95.57.08.98

DOM. TERRA VECCHIA 2000***

□ k. A. k. A. 8à11€

Die Domaine Terra Vecchia zeichnet sich in den drei Farben aus. Der **2000er Terra Vecchia Merlot** (Preisgruppe: 20 bis 29 F) und der **2000er Rosé** (Preisgruppe: 20 bis 29 F) erhalten jeder einen Stern. Die beste Note kommt diesem Verschnitt von Chardonnay und Vermentino zu, dessen blumige Aromen kräftig und zugleich delikat sind. Dieser Wein offenbart sich vollständig in einem ausgewogenen, lang anhaltenden, fülligen Geschmack. Servieren Sie ihn zu Meeresfrüchten.

SICA Coteaux de Diana, Les vins Skalli, Dom. Terra Vecchia, 20270 Tallone, Tel. 04.95.57.20.30, Fax 04.95.57.08.98

Portes de Méditerranée

DOM. LA BLAQUE Viognier 2000**

□ 6 ha 28 000 5à8€

Ein Viognier, dessen blumige Veilchennoten in der Nase wie auch im Mund anhalten. Dieser Wein behält seine Eleganz von Anfang bis Ende der Verkostung bei. Er wird den Gaumen als Aperitif kitzeln oder kann exotische süß-salzige Gerichte begleiten.

Gilles Delsuc, Dom. de Châteauneuf, 04860 Pierrevert, Tel. 04.92.72.39.71, Fax 04.92.72.81.26, E-Mail domaine.lablaque@wanadoo.fr n. V.

LE VIOGNIER DU PESQUIE 2000

□ 3,5 ha 14 000 5à8€

Château Pesquié hat sein Angebot erweitert, indem es unter dieser neuen regionalen Bezeichnung, die 1999 geschaffen wurde, einen sortenreinen Viognier präsentiert. Das Ergebnis verdiente die Beachtung der Jury. Dieser blassgelbe 2000er mit grünen Reflexen besitzt einen intensiven Aprikosenduft. Im Mittelbereich des Ge-

schmacks ist er ebenso fruchtig und schafft eine gute Ausgewogenheit zwischen mildem und lebhaftem Charakter, ehe er sich zu einem würzigen Abgang hin entwickelt.
GAEC Ch. Pesquié, rte de Flassan, BP 6, 84570 Mormoiron, Tel. 04.90.61.94.08, Fax 04.90.61.94.13, E-Mail pesquier@infonie.fr
n. V.
Chaudière Bastide

Principauté d'Orange

DOM. DANIEL ET DENIS ALARY
La Grange 2000*

5 ha 30 000 5à8€

Ausgewogenheit und Eleganz fassen die Verkostung dieses Weins zusammen, der von einem Boden stammt, der reich an Kieselsteinen ist. Er zeigt ein kräftiges Granatrot, das malvenfarbene Reflexe beleben, und bietet Aromen von eingemachten roten Früchten, bevor er den Mund mit einem fruchtig-würzigen Stoff ausfüllt, der lang anhält. Die Tannine sind schon verschmolzen.
Dom. Daniel et Denis Alary, La Font d'Estévenas, rte de Rasteau, 84290 Cairanne, Tel. 04.90.30.82.32, Fax 04.90.30.74.71
Mo–Sa 8h–12h 14h–19h

Petite Crau

CAPRICE DE LAURE 2000**

k. A. 66 000 -3€

Merlot und Cabernet Sauvignon ergeben diese tiefrote Cuvée. Kandierte und röstartige Noten steigen in die Nase, während der Geschmack bis zu einem schönen Abgang einen fülligen, gut strukturierten Stoff entfaltet. Eine einjährige Lagerung wird es diesem Wein ermöglichen, sich zu verfeinern, damit er noch mehr Vergnügen bereitet. Zwei weitere Cuvées wurden als bemerkenswert beurteilt: die **rote 2000er Cuvée d'Amour** und die acht Monate im Holzfass ausgebaute **rote 99er Cuvée Prestige** (Preisgruppe: 30 bis 49 F).
SCA Cellier de Laure, 1, av. agricol-Viala, 13550 Noves, Tel. 04.90.94.01.30, Fax 04.90.92.94.85
Mo–Sa 8h–12h 14h–18h

Mont-Caume

DOM. DU PEY-NEUF 2000*

2 ha 12 000 3à5€

Unterstützt von Clairette und Ugni blanc, macht die Rebsorte Rolle (Vermentino) 30 % dieses Weins von hübscher Ausdrucksstärke aus. Er ist hellgelb mit grünen Reflexen und bietet seine fruchtigen Noten von Quitte, Birne und Aprikose, in der Nase ebenso wie im Mund. Ein zarter, leckerer 2000er. Der im Tank und im Holzfass ausgebaute **rote 99er Domaine du Pey-Neuf** erhält eine lobende Erwähnung.
Guy Arnaud, Dom. du Pey-Neuf, 367, rte de Sainte-Anne, 83740 La Cadière-d'Azur, Tel. 04.94.90.14.55, Fax 04.94.26.13.89
n. V.

Maures

DOM. DE L'ANGLADE 2000

4 ha 12 500 5à8€

Ein blassfarbener Rosé von zwei Rebsorten (Cinsault und Grenache). Der Duft von mittlerer Stärke bietet recht ausgeprägte Noten von roten Früchten, die ein paar Pentanolaromen unterstreichen. Diese Fruchtigkeit hält im Mund an und begleitet dort eine warme Empfindung. Der **2000er Merlot** der Domaine de l'Anglade, ein im Tank ausgebauter Rotwein, erhält ebenfalls eine lobende Erwähnung.
Bernard Van Doren, Dom. de l'Anglade, av. Vincent-Auriol, 83980 Le Lavandou, Tel. 04.94.71.10.89, Fax 04.94.15.15.88
n. V.

DOM. DE L'ESPARRON Syrah 2000

2 ha 10 000 -3€

Die Weine von der Syrah-Traube sind bei den Verkostungen der Vins de pays in geringer Zahl vertreten, denn diese Rebe ist im Departement Var oft für die Herstellung von Verschnittweinen bestimmt. Dieser hier hat die Aufmerksamkeit der Jury erregt, so getreulich bringt er die Merkmale der Rebsorte aus dem Rhône-Tal zum Ausdruck: Lakritzearomen, schönes Gerüst, umhüllte Tannine. Der **2000er Cabernet Sauvignon** dieses Guts verdient ebenfalls eine lobende Erwähnung.
EARL Migliore, Dom. de l'Esparron, 83590 Gonfaron, Tel. 04.94.78.32.23, Fax 04.94.78.24.85
tägl. 8h–12h 13h30–19h30

DOM. DE REILLANNE
Plan Genet 2000*

7 ha 60 000 -3€

Dieser Vin de pays stammt von den Rebsorten Cinsault und Tibouren. Der Legende nach soll die letztere Rebsorte Ende des 18. Jh. am

Golf von Saint-Tropez angepflanzt worden sein, nachdem sie ein Kapitän der Handelsmarine namens Antiboul mitgebracht hatte. Sie ist heute noch berühmt wegen der Feinheit, die sie den Roséweinen verleiht. Ein Ruf, der nicht zu Unrecht besteht: Der Duft wie auch der Geschmack dieses 2000ers bewegen sich im blumigen Register und hinterlassen beim Verkosten einen Eindruck von Eleganz.

Comte G. de Chevron Villette, Ch. Reillanne, rte de Saint-Tropez, 83340 Le Cannet-des-Maures, Tel. 04.94.50.11.70, Fax 04.94.47.92.06 ☑ Y Mo–Fr 8h–12h 14h–17h

Vaucluse

CANORGUE Chardonnay 2000

☐ 1 ha 2 600 8 à 11 €

Die Verkoster hatten keine Gelegenheit, die Flasche mit dem eleganten Etikett dieses Weins zu bewundern. Das erlaubt die Blindverkostung nicht! Aber die Qualitäten dieses recht frischen Chardonnay erweckten ihre Aufmerksamkeit. Der Duft bietet weiße Blüten, während der füllige Geschmack in Richtung weißfleischige Früchte geht und diesen aromatischen Charakter lang bewahrt.

EARL Jean-Pierre et Martine Margan, Ch. La Canorgue, 84480 Bonnieux, Tel. 04.90.75.81.01, Fax 04.90.75.82.98, E-Mail chateaucanorgue.margan@wanadoo.fr ☑ Y n. V.

DOM. DE COMBEBELLE 2000

◪ 4 ha 2 500 3 à 5 €

Dieses Gut hat einen Fuß im Departement Vaucluse, was es seinem Besitzer ermöglicht, diesen liebenswürdigen Wein von blassem Rosarot zu präsentieren. In der Nase sind recht deutlich rote Früchte zu spüren, begleitet von Dillnoten. Der Stoff gleitet über die Geschmacksknospen, so rund ist er. Eine Flasche für Grillgerichte und Lammkoteletts.

Eric Sauvan, EARL Dom. de Combebelle, 26110 Piegon, Tel. 04.75.27.18.96, Fax 04.75.27.15.62 ☑ Y Mo–Sa 9h–12h15 14h–19h

DORE DE FENOUILLET Muscat à petits grains 2000

☐ 0,5 ha 5 600 5 à 8 €

Dieser goldene Wein kann nur von der Rebsorte Muscat à petits grains stammen. Er ist auf moderne Weise vinifiziert worden und verströmt freimütig die Aromen der Trauben. Er entfaltet einen fleischigen Geschmack, dessen Abgang sehr mild ist. Reservieren Sie ihn für eine Nachspeise.

GAEC Patrick et Vincent Soard, Dom. de Fenouillet, allée Saint-Roch, 84190 Beaumes-de-Venise, Tel. 04.90.62.95.61, Fax 04.90.62.90.67, E-Mail pv.soard@freesbee.fr ☑ Y n. V.

DOM. DE LA BASTIDONNE Viognier 2000*

☐ 1,5 ha 3 000 5 à 8 €

Zugegeben, die strohgoldene Farbe ist schön, und die blumigen Noten riechen köstlich. Aber der Genuss steigert sich noch im Geschmack, so füllig ist der Stoff, geprägt von Aprikosen- und Nektarinenaromen. Ein typischer Wein, der gut vinifiziert worden ist.

SCEA Dom. de La Bastidonne, 84220 Cabrières-d'Avignon, Tel. 04.90.76.70.00, Fax 04.90.76.74.34 ☑ Y Mo–Sa 9h–12h 14h–18h

Gérard Marreau

DOM. DE LA CITADELLE Chardonnay 2000*

☐ 1,3 ha 8 000 5 à 8 €

Dieser Chardonnay verführt durch seinen blumigen, leicht pentanolartigen Duft. Der seidige Geschmack mischt Bananennoten mit den Aromen kleiner Blüten. Die Domaine de La Citadelle hat auch einen sehr gelungenen **2000er Viognier** (Preisgruppe: 50 bis 69 F) erzeugt: Dieser im Geruch blumige Wein bietet einen öligen Stoff, den Aprikose prägt.

Yves Rousset-Rouard, Dom. de La Citadelle, 84560 Paris, Tel. 04.90.72.41.58, Fax 04.90.72.41.59, E-Mail citadelle@pacwan.fr ☑ Y tägl. 9h–12h 14h–18h; im Winter So geschlossen

DOM. DE LA VERRIERE Viognier Elevé en fût de chêne 2000

☐ 1,3 ha 4 400 5 à 8 €

Zitrusaromen prägen den Duft dieses Viognier, der eine leichte Vanillenuance enthält: Erbe eines sechsmonatigen Ausbaus im Holzfass. Der Geschmack ist ölig, durchsetzt mit typischen Noten von Lakritze und kandierter Aprikose. Seinen Platz wird dieser Wein bei einer dicken Scheibe Lachs finden, gegrillt und mit einem Löffel Kristallzucker karamellisiert.

Jacques Maubert, Dom. de La Verrière, 84220 Goult, Tel. 04.90.72.20.88, Fax 04.90.72.40.33, E-Mail laverriere2@wanadoo.fr ☑ Y Mo–Sa 9h–12h 14h–18h

DOM. LES CONQUES-SOULIERE Chardonnay 2000*

☐ 1,6 ha 1000 3 à 5 €

Der stark durch Pentanolaromen geprägte Chardonnay konnte die Jury verführen: Aromen von vollreifer Banane in der Nase und ein öliger Geschmack, der mit seinen Kompottnoten (Apfel, Banane) fast sinnlich wirkt. Zu dieser Verführungskraft kommt eine köstliche Lebhaftigkeit hinzu. Gegrillter Fisch wird die Vermählung dabei nicht verschmähen.

GAEC Lanchier-Degioanni, bd du nord, 84160 Cucuron, Tel. 04.90.77.20.87, Fax 04.90.77.15.29 ☑

DOM. DE MAROTTE 2000

☐ 5,8 ha 24 000 5à8€

Ein hübsches Blassgelb bei diesem Wein, der von drei Rebsorten des Rhône-Tals (Grenache blanc, Viognier, Roussanne) stammt. Während sich in der Nase blumige Aromen (Hyazinthe) durchsetzen, dominieren im Mund Noten von Früchten mit weißem Fruchtfleisch. Der ölige Geschmack lädt dazu ein, ihn mit Fisch oder weißem Geflügelfleisch zu verbinden.

EARL La Reynarde, Dom. de Marotte, petit chem. de Serres, 84200 Carpentras, Tel. 04.90.63.43.27, Fax 04.90.67.15.28, E-Mail marotte@wanadoo.fr ☑ Y n. V.

Van Dykman

DOM. MEILLAN-PAGES Viognier 2000*

☐ 0,34 ha 3 000 5à8€

Nach einem dank einer Liebeserklärung eindrucksvollen Debüt im Hachette-Weinführer 2001 stellt Jean-Pierre Pagès einen ausdrucksvollen Viognier vor, dessen strohgelbe Farbe goldene Reflexe beleben. Der intensive Duft von Blüten und getrockneter Aprikose hinterlässt einen Eindruck von Eleganz. In einem fleischigen Geschmack zeigt sich die gleiche Aromenpalette und verstärkt so die allgemeine Harmonie. Im Abgang kommt eine Note von kandiertem Ingwer zum Vorschein. Ein trinkreifer Wein.

Jean-Pierre Pagès, Quartier La Garrigue, 84580 Oppède, Tel. 04.90.76.94.78, Fax 04.90.76.94.78 ☑ Y tägl. 10h–20h

DOM. DU VIEUX CHENE
Cuvée de la Dame Vieille 2000

■ 2 ha 13 000 5à8€

Alte Grenache-Reben haben diese Cuvée hervorgebracht, wobei sie die organoleptischen Merkmale prägen. Der Geruchseindruck ist komplex mit seinen Anklängen an Leder, Gewürze und Backpflaume. Der Geschmack zeigt noch recht deutlich spürbare Tannine, die in den kommenden zwölf Monaten verschmelzen dürften. Ein Wein, den man zu einem Kotelett servieren kann.

Jean-Claude et Béatrice Bouché, rte de Vaison-la-Romaine, rue Buisseron, 84850 Camaret-sur-Aigues, Tel. 04.90.37.25.07, Fax 04.90.37.76.84, E-Mail contact@bouche-duvieuxchene.com ☑ Y Mo–Sa 9h–12h 14h–18h

Bouches-du-Rhône

DOM. DE BEAULIEU Syrah 2000*

◪ 10 ha 80 000 -3€

Mehr als die kräftige rosarote Farbe erstaunt bei diesem Wein die Stärke seiner blumigen Aromen (Rose). Der intensive, warme Geschmack entfaltet sich lang anhaltend und ausgewogen. Servieren kann man ihn zu einem Gemüseauflauf oder als Aperitif in Begleitung von Toast mit Tapenade (Würzpaste aus Anschovis, schwarzen Oliven und Kapern mit Öl und Zitronensaft) oder einem Püree von gebackenen Auberginen mit Knoblauch und schwarzen Oliven.

Ch. de Beaulieu, 13840 Rognes, Tel. 04.42.50.13.72, Fax 04.42.50.19.53 ☑ Y Di–Sa 9h–12h 14h–17h

DOM. HOUCHART Syrah-Cabernet 2000*

■ 3 ha 15 000 -3€

Dieser Wein bietet eine schöne Erscheinung mit seiner tiefroten Farbe, die bläulich rote Reflexe zeigt. Er ist im Geruchseindruck noch ein wenig schüchtern, verspricht aber, sich im Laufe des Jahres zu öffnen. Nach einer sanften Ansprache bietet sein Geschmack einen dichten, eleganten Charakter und eine beachtliche Länge. Eine schöne Allianz zwischen Cabernet Sauvignon und Syrah, die man zu überbackenen Gerichten oder gegrilltem Fleisch genießen kann.

Vignobles Jérôme Quiot, av. Baron-Le-Roy, 84231 Châteauneuf-du-Pape, Tel. 04.90.83.73.55, Fax 04.90.83.78.48, E-Mail vignobles@jeromequiot.com ☑ Y n. V.

DOM. LA MICHELLE 2000

◪ 1,5 ha 8 000 5à8€

Der 2000er ist der erste Jahrgang, der auf dem Gut vinifiziert wurde. Er kommt in einem Rosé zum Ausdruck, der sortenrein von der Grenache-Traube stammt. Blasse Farbe, fruchtiger Duft, milder Geschmack: Dieser Wein scheint den Attributen des Femininen zu entsprechen. Er ist trinkreif und passt zu leichten Gerichten.

Les Vignerons du Garlaban, 8, chem. Saint-Pierre, 13390 Auriol, Tel. 04.42.04.70.70, Fax 04.42.72.89.49 ☑ Y n. V.

DOM. DE L'ILE SAINT-PIERRE 2000

☐ 30 ha 30 000 -3€

Dieser blassgoldene 2000er mit grünen Reflexen entfaltet sich elegant zu Blüten und exotischen Früchten, mit einer subtilen Muscat-Note (die Muscat-Traube ist mit 15 % am Verschnitt beteiligt, in dem Chardonnay und Sauvignon dominieren). Der Geschmack offenbart Komplexität und hüllt sich in gutes Fleisch ein. Der warme Abgang verrät den südlichen Charakter des Weins, ist aber ohne jegliche Schwere. Gegrillter Fisch wird einen guten Begleiter für diese Flasche abgeben.

Marie-Cécile et Patrick Henry, Dom. de l'Isle-Saint-Pierre, 13104 Mas Thibert, Tel. 04.90.98.70.30, Fax 04.90.98.74.93 ☑ Y n. V.

DOM. L'OPPIDUM DES CAUVINS
Cassus 2000*

■ k. A. 25 000 -3€

Grenache, Syrah und Cabernet Sauvignon ergeben diesen ausgewogenen Wein. Purpurrote Reflexe bestimmen die Farbe. Der Duft von roten Früchten harmoniert gut mit dem Ge-

schmack, dessen Stoff schon verschmolzene Tannine umhüllen. Der **2000er Sauvignon** verdient ebenfalls einen Stern.
Rémy Ravaute, Dom. l'Oppidum des Cauvins, 13840 Rognes, Tel. 04.42.50.13.85, Fax 04.42.50.29.40 n. V.

DOM. DE LUNARD
Cabernet Sauvignon 1999*

■ 3,5 ha 15 000 5à8€

Dieser zwölf Monate im Holzfass ausgebaute Cabernet Sauvignon zeigt eine leicht ziegelrote Farbe. Der Geruchseindruck ist durch Leder- und Unterholzaromen geprägt, während im Geschmack ein diskreter Holzton kandierte Noten hervorhebt. Ein warmer Stoff entfaltet sich darin. Der **2000er Rosé Sélection,** ein Wein, der auf zwei Rebsorten (Caladoc und Grenache) basiert, ist ebenfalls als sehr gelungen beurteilt worden.
EARL Dom. de Lunard, 13140 Miramas, Tel. 04.90.50.93.44, Fax 04.90.50.73.27
tägl. 9h–12h 15h–19h

MAS DE LONGCHAMP 2000*

◪ 22 ha 40 000 -3€

Eine sehr kräftige Farbe schmückt diesen Wein, der sich im Geschmack durch seine Rundheit auszeichnet. Der Geruchseindruck ist zwar noch diskret, aber die Harmonie ist schon zu spüren. Die Versuchung, diese Flasche zu einem provenzalischen Gericht zu begleiten, ist groß.
SCIEV, Quartier de la Gare, BP 17, 13940 Molleges, Tel. 04.90.95.19.06, Fax 04.90.95.42.00
Mo–Sa 9h–12h 14h–18h

MAS DE REY Caladoc 2000*

◪ 10 ha 20 000 5à8€

Der Caladoc, eine Kreuzung von Grenache noir und Cot, verdankt seinen Namen der Kombination von Galabert (Etang des Bouches-du-Rhône) und Languedoc. Die Rebe bringt elegante Roséweine hervor, wie etwa diesen 2000er von reintönigem Rosa. Er zeigt in der Nase leichte Pentanolnoten und entfaltet sich im Mund sanft und lang anhaltend. Beachten sollte man auch den **weißen 2000er Chasan,** der wegen seiner Komplexität und seiner originellen exotischen Noten ebenfalls als sehr gelungen beurteilt wurde.
M. Mazzoleni, SCA Mas de Rey, Trinquetaille, 13200 Arles, Tel. 04.90.96.11.84, Fax 04.90.96.59.44, E-Mail mas.de.rey@provnet.fr
tägl. 9h–12h 14h–19h; Nov. bis März So geschlossen

LES VIGNERONS DE MISTRAL
Cuvée Notre Dame 2000*

■ 50 ha k. A. 3à5€

Eine schöne allgemeine Ausgewogenheit kommt beim Verkosten dieses Weins zur Geltung. Dieser 2000er, die Frucht eines Verschnitts von Caladoc- (70 %) und Syrah-Trauben (30 %), die getrennt vinifiziert worden sind, bietet in der Nase Aromen von roten Früchten und im Mund Sanftheit. Servieren kann man ihn zu Gardiane (Schafskäse aus der Provence).
Les Vignerons de Mistral, av. de Sylvanes, 13130 Berre l'Etang, Tel. 04.42.85.40.11, Fax 04.42.74.12.55
Mo–Sa 9h–12h 14h–18h

LES VIGNERONS DU ROY RENE
Cabernet Sauvignon 2000

■ 5 ha 20 000 -3€

Die kirschrote, bläulich rot schimmernde Farbe dieses Weins ist reizvoll. In der Nase kommen sofort Wildbretaromen zum Vorschein; der in der Ansprache sanfte Geschmack zeigt rasch seine Struktur. Im Nasen-Rachen-Raum nimmt man Noten von schwarzer Johannisbeere wahr. Eine Flasche, die für ein Grillfest bestimmt ist.
Les Vignerons du Roy René, RN 7, 13410 Lambesc, Tel. 04.42.57.00.20, Fax 04.42.92.91.52 n. V.

DOM. DE VALDITION
Tête de cuvée 2000*

□ 4 ha 7 000 3à5€

Dieser blassgoldene Wein von den Rebsorten Macabéo und Chasan verführt durch seine delikate Aromenpalette, die aus milden Unterholznoten besteht. Die gleiche Feinheit findet man im Geschmack schon in der Ansprache wieder. Er ist komplex, reich und ausgewogen. Im Abgang kommen einige mineralische Aromen zum Vorschein und laden zu einer Kombination mit Meeresfrüchten ein.
GFA Valdition, Dom. de Valdition, rte d'Eygalières, 13660 Orgon, Tel. 04.90.73.08.12, Fax 04.90.73.05.95, E-Mail valdition@wanadoo.fr
Mo–Sa 9h–17h30

Var

LES CAVES DU COMMANDEUR
Cabernet 2000**

■ 30 ha 26 000 5à8€

Noch stärker als der **2000er Merlot** (Preisgruppe: 20 bis 29 F), der als sehr gelungen beurteilt wurde, hat dieser Wein von der Traubensorte Cabernet Sauvignon die Aufmerksamkeit der Jury auf sich gezogen. Die Intensität der Farbe (schwarz wie Tinte), die hochfeine Aromenpalette von Kakao, Ginster und Lakritze sowie die Struktur des Geschmacks haben die Verkostung geprägt. Diese Flasche besitzt ein drei- bis fünfjähriges Lagerpotenzial, aber man kann sie schon jetzt zu gegrilltem Rindfleisch trinken.
Les caves du Commandeur, 19, Grand-Rue, 83570 Montfort-sur-Argens, Tel. 04.94.59.59.02, Fax 04.94.59.53.71 n. V.

LE MAS DES ESCARAVATIERS 2000*

■ 4,41 ha 30 000 -3€

Ein eleganter Vin de pays, der zu 70 % aus Cabernet Sauvignon und zu 30 % aus Carignan erzeugt worden ist. Jede der beiden Rebsorten sorgt für Struktur und Stoff. Deshalb hält dieser harmonische Wein, der sich auf dichte, feine

Tannine stützt, im Mund lang an. Die Aromenpalette ist zudem komplex: schwarze Früchte, reife Früchte und Gewürze.
SCEA Domaines B.-M. Costamagna, Dom. des Escaravatiers, 83480 Puget-sur-Argens, Tel. 04.94.19.88.22, Fax 04.94.45.59.83, E-Mail costam@wanadoo.fr n. V.

DOM. DE GARBELLE 2000

□ 0,75 ha 2 600 5 à 8 €

Sortenreine Cuvées von der Vermentino-Traube gibt es nicht viele. Diese hier zeigt eine hellgelbe Farbe, bevor sie ihre blumigen Ginster- und Weißdornaromen entfaltet. Der Geschmack findet zu einer guten Ausgewogenheit und klingt mit Zitrusnoten aus. Ein Wein, der zum Aperitif oder für gegrillten Fisch bestimmt ist.
Mathieu Gambini, Dom. de Garbelle, Vieux chemin de Brignoles, 83136 Garéoult, Tel. 04.94.04.86.30, Fax 04.94.04.86.30
tägl. 8h30–12h 14h–18h30 (im Sommer bis 19h)

CELLIER DE LA CRAU Merlot 2000**

■ 10 ha 10 000 -3 €

Ein ganz schwarzer Merlot, der ein langes Band von Gewürznelken-, Pfeffer-, Gewürz- und Garrigue-Aromen ausrollt. Im Geschmack ist der Stoff reich und konzentriert. Dieser Wein lässt den **2000er Cabernet Sauvignon** nicht vergessen, der ebenfalls bemerkenswert ist, sowie den **2000er Vin de pays des Maures Cellier de la Crau,** einen sehr gelungenen Verschnitt von Merlot und Carignan.
Cellier de La Crau, 35, av. de Toulon, 83260 La Crau, Tel. 04.94.66.73.03, Fax 04.94.66.17.63 n. V.

DOM. DE LA GAYOLLE Chardonnay 2000*

□ 3 ha 12 000 5 à 8 €

Dieser Chardonnay von der Domaine de La Gayolle ist ein ausdrucksvoller Wein. Die Aromenpalette wird von Zitrusfrüchten (vor allem Pampelmuse und Zitrone) dominiert, in der Nase ebenso wie im Mund. Die Ausgewogenheit zwischen Lebhaftigkeit und Rundheit ist gelungen. Kombinieren kann man ihn mit Gambas oder einer Seezunge nach Müllerinart.
Jacques Paul, Dom. de La Gayolle, RN 7, 83170 Brignoles, Tel. 04.94.59.10.88, Fax 04.94.72.04.34, E-Mail gayolle@wanadoo.fr
tägl. 9h30–12h30 14h30–19h (im Sommer)

DOM. DE LA LIEUE Chardonnay 2000

□ 4 ha 20 000 5 à 8 €

Dieses fast 80 ha große Gut praktiziert biologischen Anbau. Seine Chardonnay-Cuvée zeigt in der Nase einen fruchtig-blumigen Ausdruck. Der stärker von Früchten geprägte Geschmack ist deutlich und ohne Schwere. Die Ausgewogenheit zwischen Rundheit und Frische ist gelungen.
Jean-Louis Vial, Ch. La Lieue, rte de Cabasse, 83170 Brignoles, Tel. 04.94.69.00.12, Fax 04.94.69.47.68, E-Mail chateau.la.lieue@wanadoo.fr
tägl. 9h–12h30 14h–19h

LES VIGNERONS DE LA SAINTE-BAUME Chardonnay 2000*

□ 5 ha 15 000 3 à 5 €

Die beiden von dieser Genossenschaft vorgestellten Sortenweine wurden von der Jury als sehr gelungen beurteilt. Dieser strahlend goldfarbene Chardonnay enthüllt Noten von Zitrusblüten. Der in der Ansprache lebhafte Geschmack hinterlässt rasch einen Eindruck von Strukturiertheit und Ausgewogenheit, ohne etwas von seiner Feinheit einzubüßen. Die **2000er Syrah** ist ein runder, genussvoller Rosé mit Pentanolaromen.
Les Vignerons de La Sainte-Baume, rte de Brignoles, 83170 Rougiers, Tel. 04.94.80.42.47, Fax 04.94.80.40.85
n. V.

DOM. DE L'ESCARELLE Cuvée Frédéric Mistral Chardonnay 2000*

□ k. A. 10 000 5 à 8 €

Außer seiner hellgelben Farbe bietet dieser Chardonnay einen sehr feinen Duft mit Zitrusnoten, mit denen sich ein paar Röstnuancen vermischen. Im Geschmack genießt man die Struktur und die Ausgewogenheit. Röstartige, sogar würzige Aromen vervollständigen diesen interessanten Wein, dessen Länge beachtlich ist. Perfekt als Aperitif oder für eine Fischterrine.
Dom. de L'Escarelle, 83170 La Celle, Tel. 04.94.69.09.98, Fax 04.94.69.55.06, E-Mail l'escarelle@free.fr n. V.

THUERRY L'Exception Cabernet Sauvignon 2000*

■ 2,5 ha 11 000 8 à 11 €

Das Ergebnis einer guten Arbeit von der Rebsorte Cabernet Sauvignon. Der Duft erinnert an Gewürze und reife Früchte (Brombeeren), die ein Hauch von Vanille – Ergebnis eines zehnmonatigen Ausbaus im Holzfass – betont. Der füllige, kräftige Stoff stützt sich auf reife Tannine, die zur allgemeinen Harmonie beitragen. Man sollte ihn mit Wild verbinden.
SCEA Les Abeillons, Ch. Thuerry, 83690 Villecroze, Tel. 04.94.70.63.02, Fax 04.94.70.67.03 n. V.
Croquet

DOM. DE TRIENNES
Sainte Fleur 2000**

☐ 5,11 ha k. A. 8 à 11 €

Stärke und Ausgewogenheit sind die Qualitäten dieses Viognier. Der schon von Aprikose und getrockneten Früchten geprägte Geruchseindruck wird sich in ein paar Monaten stärker entfalten. Im Mund entladen sich bereits in der Ansprache Aromen von weißfleischigen Früchten. Der Abgang besitzt eine schöne Länge. Diese Flasche wird eine schöne Kombination mit weißem Fleisch bilden. Probierenswert ist auch der **2000er Domaine de Triennes Vin gris** (Preisgruppe: 30 bis 49 F), ein Rosé von der Rebsorte Cinsault, der einen Stern erhält.
Dom. de Triennes, RN 560,
83860 Nans-les-Pins, Tel. 04.94.78.91.46,
Fax 04.94.78.65.04,
E-Mail triennes@triennes.com n. V.
J. Seysses

VAL D'IRIS Cabernet Sauvignon 2000**

■ 3,35 ha 6 500 5 à 8 €

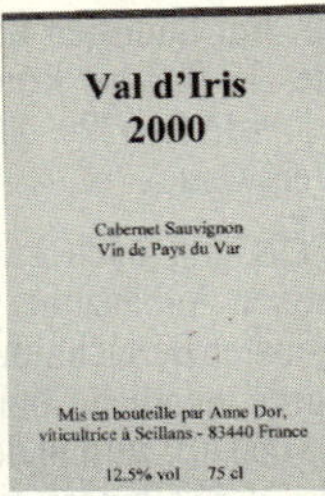

Die Verkoster waren sich bei diesem reichen, komplexen Wein einig. Die tiefe bläulich rote Farbe lädt dazu ein, einen Duft kennen zu lernen, der aus Gewürzen, Paprikaschote und schwarzen Früchten besteht. Der Geschmack besitzt Stoff und samtige Tannine und hinterlässt insgesamt einen Eindruck von Großzügigkeit. Ein Cabernet Sauvignon, den man zwei bis drei Jahre lagern kann.
Anne Dor, Val d'Iris, chem. de la Combe,
83440 Seillans, Tel. 04.94.76.97.66,
Fax 04.94.76.89.83,
E-Mail valdiris@wanadoo.fr n. V.

Hautes-Alpes

DOM. ALLEMAND 2000

☐ 2 ha 12 000 3 à 5 €

Obwohl das Etikett die Namen der vinifizierten Rebsorten nicht angibt, stammt diese Flasche ausschließlich von der Traubensorte Muscat à petits grains. Den leichten Muskatellernoten des Dufts entspricht ein eher blumiger Geschmack. Dieser runde Wein wird als Aperitif gefallen.
EARL Allemand et Fils, La Plaine
de Théus, 05190 Théus, Tel. 04.92.54.40.20,
Fax 04.92.54.41.50
Mo–Sa 9h–12h 14h–18h

LA VALSERROISE 2000

■ 10 ha 14 000 -3 €

Mollard ist eine für das Departement Hautes-Alpes typische dunkle Traubensorte, die aber bei der Bestockung deutlich zurückgeht. Er ist mit 10 % an diesem Verschnitt beteiligt, der von Cabernet Sauvignon und Merlot dominiert wird. Der bläulich rot schimmernde Rotwein ist durch einen kräftigen, deutlichen Duft gekennzeichnet. Der Geschmack behält einen jugendlichen Charakter. Servieren Sie ihn zu montanen Wurstgerichten.
Cave La Valserroise, 05130 Valserres,
Tel. 04.92.54.33.02, Fax 04.92.54.31.34
n. V.

Alpes-de-Haute-Provence

LA MADELEINE
Cabernet Sauvignon 2000**

■ 1,5 ha 10 000 3 à 5 €

Der tonige Kalksteinboden dieses Guts eignet sich perfekt für die Rebsorte Cabernet Sauvignon fern von ihrer Heimat im Bordelais. Das intensive, klare, strahlende Rot dieses Weins ist wohltuend für das Auge; die Aromen von roten Früchten schmeicheln der Nase. Der Geschmack zeigt zwar Stärke, bewahrt aber seine Feinheit und verlängert den Genuss durch einen

Eindruck von Verschmolzenheit. Der ebenso bemerkenswerte **2000er Merlot,** der im Tank ausgebaut wurde, ist probierenswert.
🔑 Pierre Bousquet, Cave de la Madeleine, 04130 Volx, Tel. 04.92.72.13.91
☑ 🍷 Mo–Sa 9h–12h 14h–18h30

DOM. DE REGUSSE
Muscat blanc Moelleux 2000***

☐	15 ha	30 000	🍾	5 à 8 €

Ein lieblicher Wein, der mit seinen feinen Muskatelleraromen intensiv wirkt. Dieser Muscat vereint alles Lob auf sich: elegant, fein, ausgewogen. Sein Charakter reizt dazu, ihn zu einem Roquefort zu trinken. Der **im Eichenfass gereifte 2000er Chardonnay** des Guts hat ebenfalls die Aufmerksamkeit der Verkoster erregt.
🔑 M. Dieudonné, Dom. de Régusse, rte de Bastide-des-Jourdans, 04860 Pierrevert, Tel. 04.92.72.30.44, Fax 04.92.72.69.08
☑ 🍷 tägl. 8h–12h 14h–19h

DOM. DE ROUSSET Viognier 2000**

☐	1 ha	5 000	🍾	5 à 8 €

Dieser klare, strahlende Viognier erinnert an Veilchen und Aprikose – sortentypische Aromen schlechthin. Diese Aromenpalette greift ein fetter, lang anhaltender, stets harmonischer Geschmack wieder auf. Ein Wein, den man als Aperitif oder zu Fisch mit Sauce servieren kann.
🔑 Ch. de Rousset, 04800 Gréoux-les-Bains, Tel. 04.92.72.62.49, Fax 04.92.72.66.50
☑ 🍷 Mo–Fr 14h–18h30; Sa n. V.
🔑 H. und R. Emery

Alpen und Rhône-Gebiet

Diese von der Auvergne bis zu den Alpen reichende Region fasst die acht Departements der Verwaltungsregion Rhône-Alpes und das Departement Puy-de-Dôme zusammen. Die Vielfalt der Böden ist hier somit außergewöhnlich und findet sich im Spektrum der regionalen Weine wieder. Die burgundischen Rebsorten (Pinot, Gamay, Chardonnay) und die südfranzösischen Rebsorten (Grenache, Cinsault, Clairette) treffen aufeinander. Sie wachsen neben den einheimischen Sorten, wie etwa Syrah, Roussanne und Marsanne im Rhône-Tal, aber auch Mondeuse, Jacquère und Chasselas in Savoyen oder auch noch Etraire de la Dui und Verdesse, Kuriositäten aus dem Tal der Isère. Die Verwendung von Rebsorten aus dem Bordelais (Merlot, Cabernet, Sauvignon) nimmt ebenfalls zu und bereichert das Weinangebot.

Bei einer weiter steigenden Gesamtproduktion von 450 000 hl tragen vor allem die Departements Ardèche und Drôme dazu bei, dass die Rotweine überwiegen. Überall geht die Entwicklung dahin, sortenreine Weine herzustellen. Ain, Ardèche, Drôme, Isère und Puy-de-Dôme sind die fünf departementalen Bezeichnungen. Außerdem findet man acht subregionale Bezeichnungen: Allobrogie (Savoie und Ain, 7 000 hl, zum größten Teil Weißweine), Coteaux du Grésivaudan (mittleres Isère-Tal, 2 000 hl), Balmes Dauphinoises (Isère, 1 000 hl), Urfé (Loire-Tal zwischen Forez und Roannais, 2 000 hl), Collines Rhodaniennes (10 000 hl, hauptsächlich Rotweine), Comté de Grignan (im Südwesten des Departements Drôme, 25 000 hl, vor allem Rotweine), Coteaux des Baronnies (im Südosten des Departements Drôme, 35 000 hl, Rotweine) und Coteaux de l'Ardèche (320 000 hl, Rot-, Rosé- und Weißweine).

Es gibt auch zwei Vins de pays einer großen Anbauzone. Ein Vin de pays mit regionaler Bezeichnung, der 1989 eingeführt wurde, nämlich Comtés Rhodaniens (rund 25 000 hl), wird in den acht Departements der Verwaltungsregion Rhône-Alpes (Ain, Ardèche, Drôme, Isère, Loire, Rhône, Savoie und Haute-Savoie) erzeugt. Ein 1999 geschaffener Vin de pays, der Portes de Méditerranée heißt, wird in sieben Departements (Alpes-de-Haute-Provence, Hautes-Alpes, Alpes-Maritimes, Ardèche, Drôme, Var und Vaucluse) produziert.

Allobrogie

LE CELLIER DE JOUDIN
Jacquère 2000*

☐ 4 ha 40 000 -3€

Dieses Gut in Familienbesitz beweist in der Produktion seiner Weine eine große Regelmäßigkeit. Wenn Sie Freunde der Rebsorte Jacquère sind, werden Sie von diesem 2000er verwöhnt werden. Der funkelnd blassgelbe Wein ist durch einen mineralischen Geruchseindruck mit Nuancen von blühendem Wein und Rhabarber gekennzeichnet. Er ist lebhaft und leicht prickelnd und wird zu Alse mit Sauerampfer oder – schlichter – zu einer Raclette passen.

Pierre Demeure, Le Cellier de Joudin, Dom. Demeure-Pinet, 73240 Saint-Genix-sur-Guiers, Tel. 04.76.31.61.74, Fax 04.76.31.61.74
Mo–Sa 9h–12h 14h–18h; So 9h–12h

Comté de Grignan

DOM. ROCHE BUISSIERE 2000*

■ 1 ha 6 000 5à8€

Im Weinberg dieser Privatkellerei werden seit mehr als zwanzig Jahren biologische Anbaumethoden angewendet; ganz besonders kümmert man sich um die Vinifizierung. Für diesen Wein, der zu 90 % von der Rebsorte Cabernet Sauvignon und zu 10 % von der Grenache-Rebe stammt, wurde das Traubengut sorgfältig ausgelesen und durch Ausnutzung der Schwerkraft in die offenen Gärbehälter gefüllt, die ein Unterstoßen des Tresterhuts ermöglichen. Das Ergebnis ist ein farbintensiver Wein mit komplexem Duft. Die Leder-, Pilz- und sogar Wildbretaromen finden einen schönen Widerhall in einem warmen, fülligen Geschmack, den die Tannine gut unterstützen. Man kann ihn in einiger Zeit zu geräuchertem Wildschweinschinken oder einem alten Gouda trinken.

Antoine Joly, rte de Vaison, 84110 Faucon, Tel. 04.90.46.49.14, Fax 04.90.46.49.11
tägl. 10h–12h 15h30–19h30; Nov. bis April geschlossen

Coteaux des Baronnies

DOM. LA ROSIERE Viognier 1999

☐ 3,5 ha 10 000 5à8€

Serge Liotaud und sein Sohn Valéry, ein ausgebildeter Önologe, erzeugen regelmäßig ausdrucksvolle Weine. Dieser vier Monate im Holzfass ausgebaute Viognier besitzt eine hübsche goldgelbe Farbe. Der Geruchseindruck ist intensiv: getrocknete Aprikose, geröstete Mandel mit ein paar Nuancen von Schwarze-Johannisbeer-Knospe. Dieser sanfte 99er lässt sich gern als Aperitif oder zu frischem Ziegenkäse trinken.

EARL Serge Liotaud et Fils, Dom. La Rosière, 26110 Sainte-Jalle, Tel. 04.75.27.30.36, Fax 04.75.27.33.69, E-Mail vliotaud@yahoo.fr tägl. 9h–19h

DOM. ROCHE BUISSIERE 2000*

■ 4 ha 5 000 5à8€

Diese Cuvée basiert auf Trauben, die aus biologischem Anbau stammen; sie ist ein Verschnitt von Grenache und Syrah. Der frische Duft von kleinen roten Früchten und Paprikaschote ist ausdrucksvoll. Im Geschmack sind die Tannine spürbar, aber das Ganze bleibt angenehm. Man sollte ihn zu Tapenade (Würzpaste aus schwarzen Oliven, Anschovis, Kapern, Olivenöl und Zitronensaft) probieren.

Antoine Joly, rte de Vaison, 84110 Faucon, Tel. 04.90.46.49.14, Fax 04.90.46.49.11
tägl. 10h–12h 15h30–19h30; Nov. bis April geschlossen

Collines Rhodaniennes

EMMANUEL BAROU
Syrah Cuvée des Vernes 2000*

■ 1 ha 4 000 5à8€

Emmanuel Barou praktiziert biologischen Anbau und erzeugt charaktervolle Weine. Eine traditionelle Vinifizierung verleiht dieser Cuvée eine tiefe purpurrote Farbe, einen Duft von roten Früchten, der eine Ledernote enthält, und einen sanften Geschmack. Trinken sollte man ihn zu Vorspeisen.

Emmanuel Barou, Picardel, 07340 Charnas, Tel. 04.75.34.02.13, Fax 04.75.34.02.13, E-Mail e-barou@club-internet.fr n. V.

DOM. POCHON 2000**

■ 4 ha 28 000 3à5€

Ein schöner Erfolg für diesen 2000er, der das Ergebnis eines Verschnitts von Syrah und Merlot ist. Die Verkoster wurden durch die kräftige Purpurfarbe und die Aromen von zu Kompott verarbeiteten kleinen roten Früchten, Kakao und hellem Tabak verführt. Der fleischige Geschmack ist ebenso einschmeichelnd. Es gibt viel Fülle und Reichweite in diesem harmonischen Wein, den man zu einer Geflügelleberpastete und gebratenen Paprikaschoten trinken kann.

Dom. Pochon, Ch. de Curson, 26600 Chanos-Curson, Tel. 04.75.07.34.60, Fax 04.75.07.30.27 n. V.

Coteaux de l'Ardèche

CAVE COOP. D'ALBA Pinot noir 2000*

■ 33 ha 75 000 5 à 8 €

Diese Genossenschaftskellerei ist eine von 27 Kellereien der Vignerons ardéchois, deren Ansehen außer Frage steht. Ihr Pinot noir, der von mit der Hand gelesenen, vollständig entrappten Trauben stammt, lässt eine granatrote Farbe mit braunen Reflexen erkennen und enthüllt einen intensiven Weichsel- und Vanilleduft. Die gleichen Aromen findet man in einem sanften, fleischigen Geschmack wieder, den verschmolzene Tannine unterstützen. Diese zu 35 % im Eichenfass ausgebaute Cuvée wird zu Wurstgerichten aus der Ardèche ihre ganze Harmonie entfalten.

Cave coop. d'Alba, La Planchette, 07400 Alba-la-Romaine, Tel. 04.75.52.40.23, Fax 04.75.52.48.76, E-Mail cave.alb@free.fr Mo–Sa 9h–12h 13h30–18h

LES VIGNERONS ARDECHOIS
Syrah Cuvée Prestige 1999**

■ k. A. 40 000 3 à 5 €

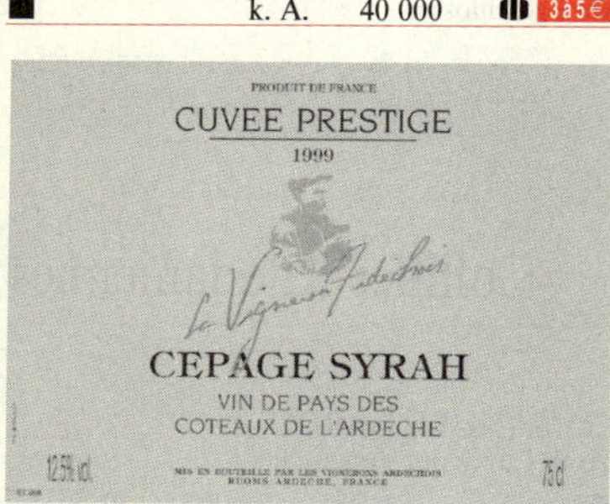

PRODUIT DE FRANCE
CUVEE PRESTIGE
1999
CEPAGE SYRAH
VIN DE PAYS DES
COTEAUX DE L'ARDECHE
12,5% vol.
75 cl

Hier haben wir einen erneuten Beweis – falls noch einer nötig war – für die Qualitätspolitik, mit der diese Vereinigung, die 27 Genossenschaftskellereien im Süden des Departements Ardèche umfasst, vor mehr als dreißig Jahren begonnen hat. Der 99er Syrah-Wein, den man schon jetzt trinken kann, hat die Jury begeistert und eine Liebeserklärung erhalten. Ein fleischiger, strukturierter Geschmack begleitet Aromen von kandierten Früchten, Kakao, Gewürzen und Vanille. Zwei andere schöne Erfolge sind der **99er Merlot Cuvée Paysage** mit Noten von gekochten roten Früchten, Backpflaume, Gewürzen und Trüffel (zwei Sterne) und der recht tanninreiche **99er Prestige,** das Ergebnis eines Verschnitts von Merlot, Syrah und Cabernet Sauvignon; sie sind ideale Begleiter für Rührei und provenzalische Schmorgerichte.

Les Vignerons Ardéchois, quartier Chaussy, 07120 Ruoms, Tel. 04.75.39.98.00, Fax 04.75.39.69.48, E-Mail vpc@uvica.fr Mo–Sa 8h–12h 15h–19h

DOM. DE CHAZALIS Merlot 2000*

■ 1,5 ha 5 000 3 à 5 €

Gérard Champetier, der die Familientradition achtet, stellt diesen eleganten Merlot von granatroter Farbe her, dessen hochfeine Aromen an rote Früchte und Rose erinnern. Der Geschmack ist rund und harmonisch. Trinken kann man ihn zu einem Geflügelragout (junge Tauben) mit brauner Sauce.

Champetier, Dom. de Chazalis, 07460 Beaulieu, Tel. 04.75.39.32.09, Fax 04.75.39.38.81, E-Mail chazalis@terre-net.fr n. V.

DOM. DE COMBELONGE
Cuvée des Pérèdes 2000**

■ k. A. 9 500 3 à 5 €

Wie üblich bietet uns dieses Gut, dessen Reben an den Hängen von Vinezac wachsen, einen gepflegten Wein. Diese sortenrein aus Cabernet Sauvignon erzeugte Cuvée, für die das Traubengut mit der Hand gelesen wurde, besitzt eine granatrote Farbe. Der kräftige Duft besteht aus Aromen von gekochten roten Früchten, Zimt und Vanille. Der damit übereinstimmende Geschmack ist füllig und rassig. Man kann ihn in den nächsten beiden Jahren zu Wildschweinwurst und geschmortem Fleisch trinken.

Denis Manent, Dom. de Combelonge, 07110 Vinezac, Tel. 04.75.36.92.54, Fax 04.75.36.99.59 n. V.

GEORGES DUBŒUF
Viognier Or blanc 2000*

□ k. A. 40 000 5 à 8 €

Der «Hameau en Beaujolais» von Georges Dubœuf ist zu einer Adresse geworden, an der die Weinliebhaber nicht vorbei kommen. Neben AOC-Weinen stellt der Händler diesen sehr frischen Viognier vor. Die Zitrus-, Pfirsich- und Aprikosennoten machen ihn zu einem angenehmen Wein, der zu Vorspeisen und Pélardon (Ziegenmilchkäse ohne Rinde) passen wird.

SA Les Vins Georges Dubœuf, quartier de la Gare, BP 12, 71570 Romanèche-Thorins, Tel. 03.85.35.34.20, Fax 03.85.35.34.25, E-Mail mcvgd@csi.com tägl. 9h–18h im Hameau en Beaujolais; 1.–15. Jan. geschlossen

CAVE LA CEVENOLE
Chatus Cuvée Monnaie d'or 1999*

■ 10 ha 8 000 5 à 8 €

Die Genossenschaftskellerei von Rosières bemüht sich seit 1989 darum, den guten Ruf der Chatus-Rebe, der traditionellen roten Traubensorte der Cevennen in der Ardèche, die schon 1599 von Olivier de Serres beschrieben wurde, wiederherzustellen. Der 2000er repräsentiert perfekt den typischen Charakter dieser Rebsorte. Der Duft von roten Früchten in Alkohol, Lebkuchen und Röstnoten ist kräftig. Der strukturierte, körperreiche Geschmack lässt Gewürzaromen mit Vanillenuancen erkennen, die von einem sechzehnmonatigen Ausbau im Eichenfass herrühren. Die noch sehr deutlich spürbaren Tannine fordern dazu auf, diesen Wein in drei bis vier Jahren zu Wildschweinpfeffer zu trinken.

🔑 Cave coop. La Cévenole, Le Grillou, 07260 Rosières, Tel. 04.75.39.52.09, Fax 04.75.39.92.30 ☑ 🍷 n. V.

LOUIS LATOUR

Chardonnay Grand Ardèche 1999★★

☐ 50 ha 250 000 🛢 8à11€

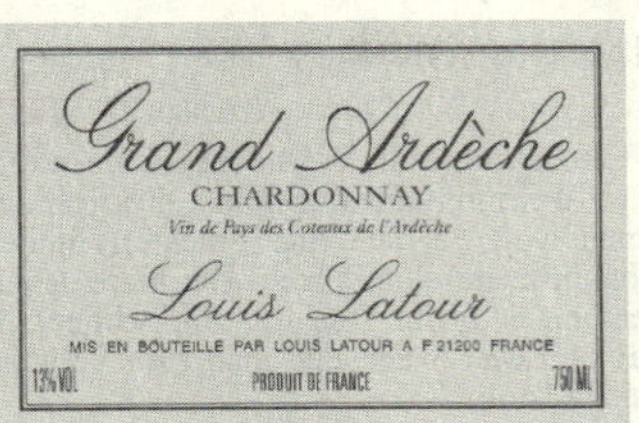

Grand Ardèche
CHARDONNAY
Vin de Pays des Coteaux de l'Ardèche
Louis Latour
MIS EN BOUTEILLE PAR LOUIS LATOUR A F 21200 FRANCE
13% VOL
PRODUIT DE FRANCE
750 ML

Die berühmte burgundische Firma Louis Latour, die seit 1979 im Departement Ardèche vertreten ist, verführte unsere Verkoster einmal mehr, in einem Maße sogar, dass sie eine Liebeserklärung erhielt. Dieser zehn Monate lang im Eichenfass ausgebaute Chardonnay bietet eine klare goldgelbe Farbe und einen kräftigen, feinen Duft, den subtile Noten von Gewürzen, Vanille, exotischen Früchten und Honig unterstützen. Der runde, äußerst fleischige Geschmack bestätigt den Geruchseindruck: Honig- und Lebkuchenaromen erfüllen den Gaumen und tragen zu einem lang anhaltenden, eleganten Abgang bei. Dieser harmonische, rassige Wein, der die Ausgewogenheit zwischen dem Holz und der Chardonnay-Traube verkörpert, kann zwei Jahre lagern, bevor man ihn zu Steinbuttfilet in Blätterteig oder – origineller – zu gebratenem Geflügel trinkt.

🔑 Maison Louis Latour, La Téoule, 07400 Alba-la-Romaine, Tel. 04.75.52.45.66, Fax 04.75.52.87.99 ☑ 🍷 n. V.

MAS DE BAGNOLS

Cuvée Marjorie 2000★

■ 2 ha 14 000 3à5€

Seit 1999 hat das Gut in Familienbesitz einen neuen Keller. Diese Cuvée, in der Merlot dominiert, zeigt eine tiefrote Farbe. Einem Jurymitglied fiel der Duft von reifen Früchten, Kakao und sogar Erdbeerkonfitüre auf. Der Geschmack ist kräftig und fleischig; die Tannine sind gut verschmolzen. Die Cuvée Marjorie ist ein gelungener, harmonischer Wein, der eine langsam geschmorte 7-Stunden-Lammkeule oder geröstetes Entenmagret begleiten kann.

🔑 Pierre Mollier, Mas de Bagnols, 07110 Vinezac, Tel. 04.75.36.83.10, Fax 04.75.36.98.04 ☑ 🍷 Mo–Sa 8h–12h 14h–18h

LES CHAIS DU PONT D'ARC

Chardonnay 2000★

☐ 3 ha 4 000 🌡 5à8€

Diese Genossenschaftskellerei, die sich etwa 10 km von der berühmten Chauvet-Höhle entfernt befindet, präsentiert einen Wein von strahlendem Strohgelb, der alle von der Hülsenmaischung herrührenden Aromen bietet: Pampelmuse, Pfirsich, Mango. Dieser frische, runde, sanfte 2000er wird den perfekten Begleiter für kleine Flussfische und lokale Ziegenkäse bilden.

🔑 SCA Les Chais du Pont d'Arc, rte de Ruoms, 07150 Vallon-Pont-d'Arc, Tel. 04.75.88.02.16, Fax 04.75.88.11.50 ☑ 🍷 n. V.

CAVE DE VALVIGNERES

Viognier 2000★

☐ 60 ha 25 000 🌡 5à8€

Viel Frische und Fruchtigkeit bei diesem 2000er Viognier, dessen Reben im Herzen eines wunderschönen Tals wachsen. Die Zitrus-, Pfirsich- und Aprikosennoten machen ihn zu einem angenehmen Wein, der zu Vorspeisen und Pélardon passt.

🔑 Cave coop. de Valvignères, quartier Auvergne, 07400 Valvignères, Tel. 04.75.52.60.60, Fax 04.75.52.60.33, E-Mail cavevalvigneres@free.fr ☑ 🍷 Mo–Sa 9h–12h 13h30–18h

DOM. DE VIGIER Syrah 2000★

■ 4 ha 32 000 🛢 5à8€

Dieser sortenreine Wein von der Syrah-Rebe, der acht Monate im Eichenfass ausgebaut wurde, ist ein würdiger Repräsentant der 1789 entstandenen Domaine de Vigier. Dunkelrot mit bläulichen Reflexen, intensiver Duft von schwarzen Früchten und Rosenholz, sanfter Geschmack nach schwarzer Johannisbeere, Lakritze und Vanille. Das Gut vinifiziert auch die **2000er Cuvée Thomas,** die das Ergebnis eines Verschnitts von Cabernet Sauvignon und Merlot ist und im Eichenfass ausgebaut wurde; sie hat noch junge Tannine.

🔑 Dupré et Fils, Dom. de Vigier, 07150 Lagorce, Tel. 04.75.88.01.18, Fax 04.75.37.18.79 ☑ 🍷 n. V.

Drôme

CAVE DE LA VALDAINE Syrah 2000★★

■ k. A. 6 900 🌡 -3€

SYRAH
Vin de Pays de la Drôme
Mis en Bouteille à la Propriété SCA CAVE DE LA VALDAINE
26160 SAINT-GERVAIS-SUR-ROUBION - DRÔME - FRANCE
75 cl

Krönung in diesem Jahr mit einer Liebeserklärung für diese Genossenschaftskellerei, die sich in der Nähe von Montélimar befindet. Die in unserem Weinführer regelmäßig vertretene

Cave de La Valdaine erntet hier die Frucht langer Jahre, die sie dazu nutzte, ihre Weinberge und ihre Vinifizierungsmethoden zu verbessern. Die funkelnde Farbe dieses Syrah-Weins ist ein tiefes, dunkles Granatrot. Der sicherlich noch ein wenig verschlossene Geruchseindruck lässt Aromen von roten Früchten, Veilchen und Pfingstrose erkennen. Im Geschmack befreit sich dieser Wein: Die Ansprache ist klar, die Struktur kräftig; alle blumigen Aromen entladen sich im Mund. Dieser 2000er mit den spürbaren Tanninen wird zu einem auf Rebholz gegrillten Entrecote oder zu einem Hammelschmorbraten wunderbar schmecken. Beachten sollte man auch den feinen, eleganten **2000er Rosé,** der auf Cabernet Sauvignon basiert.

⊶ Cave de La Valdaine, rue Marx-Dormoy, 26160 Saint-Gervais-sur-Roubion, Tel. 04.75.53.80.08, Fax 04.75.53.93.90
☑ Y n. V.

Ostfrankreich

Man findet hier originelle Weine in sehr bescheidener Menge. Es sind die Überreste von Weinbaugebieten, die durch die Reblaus vernichtet wurden, aber ihre eigene Blütezeit hatten und dabei von der prestigereichen Nachbarschaft zu Burgund und Champagne profitierten. Übrigens findet man hier die Rebsorten dieser Regionen wieder, zusammen mit Rebsorten aus dem Elsass und dem Jura. Sie werden zumeist einzeln vinifiziert, so dass die Weine den Charakter ihrer Rebsorte haben: Chardonnay, Pinot noir, Gamay oder Pinot gris (für Roséweine). Bei den Verschnittweinen kombiniert man sie bisweilen mit Auxerrois.

Vin de pays de Franche-Comté, Vin de pays de la Meuse oder Vin de pays de l'Yonne – alle sind zumeist fein, leicht, angenehm, frisch und duftig. Die Produktion, die sich vor allem bei den Weißweinen erhöht, beträgt bislang erst 3 000 hl.

Saône-et-Loire

VIN DES FOSSILES Chardonnay 1999*

☐ k. A. k. A. 3à5€

Ein Wein, der die Jury zuerst durch seine Erscheinung (ein sattes Gelb mit dunklen Reflexen) verführt hat. Er ist im Geruch intensiv, klar und dennoch elegant und bietet Düfte von reifen Früchten. Der Geschmack offenbart eine schöne Komplexität der Aromen und erweist sich als frisch und füllig. Der **99er Gamay Vieilles vignes** erhält eine lobende Erwähnung; er ist ein gelungener, großzügiger Wein.

⊶ Jean-Claude Berthillot, Les Chavannes, 71340 Mailly, Tel. 03.85.84.01.23 ☑

HAUT-BRIONNAIS 2000*

■ 2,37 ha 16 800 3à5€

Fünfzig Jahre alte Rebstöcke für einen rubinroten Wein mit einem ziemlich diskreten, aber feinen Duft, in dem rote Früchte (Himbeere, Johannisbeere) dominieren. Der klare, lebhafte Geschmack bleibt fruchtig. Ein schöner, Gamay-typischer Wein, den man zum Vergnügen trinken kann.

⊶ Les Coteaux du Brionnais, 71340 Mailly, Tel. 03.85.84.19.21, Fax 03.85.84.19.21
☑ Y Sa 9h–12h

Franche-Comté

VIGNOBLE GUILLAUME
Pinot noir Vieilles vignes 1999***

■ 3 ha 18 000 5à8€

Heben wir die Beständigkeit in der Qualität dieser Firma hervor. Dieser Pinot noir Vieilles vignes wurde von der Jury einstimmig zum Lieblingswein gewählt. Er hat eine sehr schöne, tiefe, klare Farbe von reintönigem Rot und liefert uns einen bemerkenswert intensiven Duft, in dem die sortentypischen roten Früchte sowie animalische Noten zum Ausdruck kommen. Der Geschmack entspricht dem Bouquet: rund und freimütig in der Ansprache, ebenfalls fruchtig mit einer seidigen Textur und einem Abgang, in dem wertvolle Tannine verschmelzen. Der von jüngeren Reben stammende **99er Pinot noir** erhält für seine Ausgewogenheit und seine feinen, verschmolzenen Tannine einen Stern. Der **99er Chardonnay Vieilles vignes** bekommt zwei Sterne: Der kräftige, fette, füllige Wein verbindet sich mit einem hamonischen Holzton.

⊶ Vignoble Guillaume, 70700 Charcenne, Tel. 03.84.32.80.55, Fax 03.84.32.84.06
☑ Y n. V.

Meuse

E. ET PH. ANTOINE Gris 2000*

◪ 2 ha 20 000 ▮ 3à5€

Die drei von diesem Gut vorgestellten Weine wurden ausgewählt. Den Vorzug erhielt dieser «graue» Wein, ein sehr heller Roséwein, der von 75 % Gamay und 25 % Auxerrois stammt und auf Frische und Lebhaftigkeit setzt. Der **2000er Weißwein** ist ebenfalls sehr gelungen: Er ist ein Verschnitt von Chardonnay und Auxerrois zu gleichen Teilen und bietet einen intensiven Duft von exotischen Früchten und Zitrusfrüchten; sein Geschmack ist sanft und ausgewogen. Der **99er Rotwein** (Preisgruppe: 30 bis 49 F) schließlich verdient eine lobende Erwähnung. Dieser Pinot noir besitzt eine geschmeidige Struktur, die dazu einlädt, ihn schon jetzt zu trinken.

🔑 Philippe Antoine, 6, rue de l'Eglise, 55210 Saint-Maurice, Tel. 03.29.89.38.31, Fax 03.29.90.01.80 ☒ Y n. V.

DOM. DE COUSTILLE Chardonnay 2000

□ 1,5 ha 4 500 ▮🌡 3à5€

Dieser Chardonnay von gelber Farbe mit grünen Reflexen liefert blumige Aromen, die von Haselnussnoten betont werden. Im Geschmack verbindet er auf angenehme Weise Sanftheit und Lebhaftigkeit. Ein Wein, den man in seiner Jugend trinken sollte.

🔑 SCEA de Coustille, 23, Grand-Rue, 55300 Buxerulles, Tel. 03.29.89.33.81, Fax 03.29.90.01.88 ☒ Y n. V.

🔑 Philippe

LAURENT DEGENEVE Gris 2000

◪ 1,25 ha 10 000 ▮🌡 -3€

Laurent Degenève besitzt einen drei Hektar großen Weinberg, produziert aber auch die berühmten lothringischen Mirabellen. Sein «grauer» Wein von lachsrosa Farbe lässt im Geruch Früchte erkennen. Sein leichter Geschmack greift die Aromen von roten Früchten auf.

🔑 Laurent Degenève, 7, rue des Lavoirs, 55210 Creuë, Tel. 03.29.89.30.67, Fax 03.29.89.30.67 ☒ Y tägl. 8h–12h 13h30–19h

L'AUMONIERE Chardonnay 2000

□ 2,3 ha 7 000 ▮🌡 -3€

Dieser Chardonnay bietet eine gute Intensität im Anblick und in der Nase. Nach einer angenehmen, ausgewogenen Ansprache geht der Geschmack in Richtung Entwicklungsnoten. Ein trinkreifer Wein.

🔑 GAEC de L'Aumonière, Viéville-sous-les-Côtes, 55210 Vigneulles-les-Hattonchâtel, Tel. 03.29.89.31.64, Fax 03.29.90.00.92 ☒ Y tägl. 8h–20h

DOM. DE MONTGRIGNON 2000

□ 1 ha 5 800 ▮ -3€

Die Brüder Pierson bauen an den tonig-kalkigen Steilhängen der Hänge der Maas sechs Hektar an. Ihr blassgelber Pinot gris besitzt einen Duft von mittlerer Stärke, der sich im fruchtigen und blumigen Register bewegt. Der in der Ansprache frische Geschmack hält mit diesem Eindruck von Lebhaftigkeit an.

🔑 GAEC de Montgrignon Pierson Frères, 9, rue des Vignes, 55210 Billy-sous-les-Côtes, Tel. 03.29.89.58.02, Fax 03.29.90.01.04 ☒ Y n. V.

DOM. DE MUZY Pinot noir 1999**

■ k. A. 8 000 ⦀ 5à8€

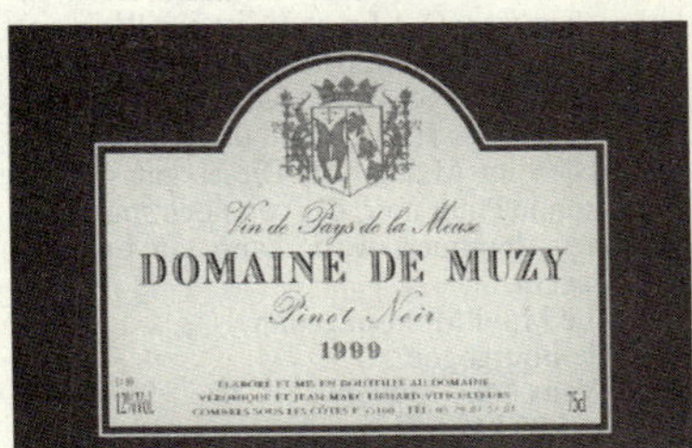

Die Domaine de Muzy erhält nicht weniger als zwei Liebeserklärungen. Dieser Pinot noir von recht kräftigem Kirschrot findet dank seiner intensiven Aromen und seines ausgewogenen, strukturierten Geschmacks einmütige Zustimmung. Auch wenn er sich schon mit Genuss trinken lässt, kann er noch zwei Jahre lagern. Der **2000er Vin gris** (Preisgruppe: 20 bis 29 F), der auf 70 % Gamay, 20 % Auxerrois und 10 % Pinot noir basiert, ist ebenso bemerkenswert. Er bietet einen Himbeerduft und danach einen weichen, lang anhaltenden Geschmack.

🔑 Véronique et Jean-Marc Liénard, Dom. de Muzy, 3, rue de Muzy, 55160 Combres-sous-les-Côtes, Tel. 03.29.87.37.81, Fax 03.29.87.35.00 ☒ Y n. V.

Coteaux de Coiffy

FLORENCE PELLETIER Pinot noir Vieilli en fût de chêne 1999

■ 1 ha 4 290 ⦀ 5à8€

Ein Weinberg, der vor nunmehr fünf Jahren mutig neu bestockt wurde und hier seine ersten Früchte liefert. Dieser Wein mit dem fruchtigen Duft bleibt im Geschmack diskret. Dennoch besitzt er Sanftheit und Rundheit, aber er klingt mit einem tanninreicheren Abgang aus.

🔑 Florence Pelletier, Caves de Coiffy, 52400 Coiffy-le-Haut, Tel. 03.25.90.21.12, Fax 03.25.84.48.69, E-Mail caves-de-coiffy@wanadoo.fr ☒ Y n. V.

Haute-Marne

LE MUID MONTSAUGEONNAIS
Pinot noir Elevé en fût de chêne 1999*

■ 1,3 ha 10 200 5 à 8 €

Der Weinberg wurde vor ein paar Jahren wiederhergestellt, nach einem Jahrhundert, in dem der Weinbau aufgrund der Reblausinvasion unterbrochen war. Das Ergebnis ist ein Wein von tiefer, dichter Farbe, der einen zuerst röstartigen und dann fruchtigen Duft (Kirsche) mit Ledernoten bietet. Der Holzton und das Kirscharoma setzen sich im Mund fort. Dieser gut strukturierte, runde Pinot noir, der von noch spürbaren Tanninen dominiert wird, kann ein bis zwei Jahre lagern.

SA Le Muid Montsaugeonnais, 2, av. de Bourgogne, 52190 Vaux-sous-Aubigny, Tel. 03.25.90.04.65, Fax 03.25.90.04.65 n. V.

Yonne

DOM. LA FONTAINE AUX MUSES
Pinot noir 2000*

■ 0,5 ha 2 000 3 à 5 €

La Fontaine aux muses, ein altes Gebäude von 1670, das in den 60er Jahren des 20. Jahrhunderts restauriert wurde, ist ein angesehenes Hotel mit Restaurant und auch ein Weingut. Sein Pinot noir, der mit seiner tiefen, einheitlichen Farbe schön anzusehen ist, zeigt einen intensiven Duft mit würzigen Noten. Der Geschmack ist gut gebaut, konzentriert und füllig, mit einem noch tanninreichen Abgang. Zwei Jahre aufheben, damit dieser Wein liebenswürdiger wird.

Vincent Pointeau-Langevin, La Fontaine aux Muses, 89116 La Celle-Saint-Cyr, Tel. 03.86.73.40.22, Fax 03.86.73.48.66 Di–So 10h–22h

Coteaux de l'Auxois

DEVILLAINES LES PREVOTES ET VISERNY Pinot noir 2000*

■ 1 ha 6 000 5 à 8 €

Zwei Drittel im Tank ausgebaut, ein Drittel zehn Monate lang im Holzfass: Dieser Pinot noir präsentiert sich mit einer bläulich roten Farbe. Danach machen sich die roten Früchte (Kirsche) bemerkbar, in der Nase ebenso wie im Mund. Ein leichter, sanfter Wein, den man ein wenig gekühlt trinken sollte, beispielsweise zu einem Grillgericht.

SA des Coteaux Villaines-les-Prévôtes Viserny, 21500 Villaines-les-Prévôtes, Tel. 03.80.96.71.95, Fax 03.80.96.71.95 Mo–Fr 14h–18h; Sa 9h–13h

VIGNOBLE DE FLAVIGNY
Pinot noir Fût de chêne 1999*

■ 2,34 ha 6 000 5 à 8 €

2 km von der keltischen Siedlung Alesia entfernt hat dieser Weinberg beim 99er einen gefälligen Wein erzeugt. Er bewegt sich zwischen Rot und Schwarz mit bläulich roten Reflexen und lässt im Duft eine gute Intensität erkennen: Kirsche, Brombeere, gekochte Früchte, Leder ... Auf diese Aromenreihe folgen ein fetter, milder Geschmack, Vollmundigkeit, kräftige, dennoch verschmolzene Tannine und Länge. Diese originelle Verbindung zwischen Stärke und Feinheit kommt bei einem Gericht mit Sauce zur Geltung.

SCEA Vignoble de Flavigny, Dom. du Pont Laizan, 21150 Flavigny-sur-Ozerain, Tel. 03.80.96.25.63, Fax 03.80.96.25.63 n. V.

Vermeere

Sainte-Marie-la-Blanche

LES CAVES DE LA VERVELLE
Melon 2000

□ 0,33 ha 3 400 3 à 5 €

Ein Wein von der Rebsorte Melon, der eine strahlend blassgelbe Farbe hat. Der klare, deutliche, sehr feine Duft zeigt eine dominierende Fruchtigkeit (Zitrusfrüchte). Nach einer freimütigen Ansprache erweist sich der Geschmack als rund und frisch zugleich. Seine Ausgewogenheit verführte die Jury ebenso wie seine aromatische Nachhaltigkeit. Der **2000er Pinot noir** erhält ebenfalls eine lobende Erwähnung: Man muss ihn ein bis zwei Jahre aufheben, damit seine Tannine verschmelzen.

Caves de La Vervelle, rte de Verdun, 21200 Sainte-Marie-la-Blanche, Tel. 03.80.26.60.60, Fax 03.80.26.54.47 Mo–Sa 8h–12h 14h–18h

LUXEMBURGISCHE WEINE

Das Großherzogtum Luxemburg, ein kleiner, wohlhabender Staat im Herzen der EU, an der Nahtstelle zwischen germanischer und romanischer Welt gelegen, ist ein vollwertiges Weinbauland. Der Weinkonsum dort ähnelt dem in Frankreich und Italien. Das Weinbaugebiet breitet sich entlang dem gewundenen Lauf der Mosel aus, deren Hänge seit dem Altertum Reben tragen. Die Weinberge liefern trockene Weißweine, die lebhaft und aromatisch sind.

Entsprechend seiner bescheidenen Anbaufläche (1 350 ha) ist die Weinbauproduktion des Großherzogtums klein (160 000 hl). Dennoch wird der Wein ernst genommen in diesem Land, das einen Minister für Landwirtschaft und Weinbau besitzt und in dem man seit dem Altertum berühmte Weine erzeugt.

Es ist bekannt, welche Bedeutung der Weinbau an der Mosel im 4. Jh. gewann, als Trier (das ganz nahe der heutigen Grenze des Großherzogtums liegt) kaiserliche Residenz und eine der vier Hauptstädte des römischen Imperiums wurde. Heute bilden die Hänge am linken Ufer der Mosel von Schengen bis Wasserbillig ein ununterbrochenes Band von Weinbergen in den Kantonen Remich und Grevenmacher. Die nach Süden und Südosten gehenden Weinberge profitieren von der günstigen Wirkung des Flusses, der die von Norden und Osten her kommenden kalten Luftströmungen mäßigt und die Hitze der Sommersonne mildert. Aufgrund ihres nördlichen Breitengrads (49. Grad nördlicher Breite) erzeugen sie fast ausschließlich Weißweine. Fast 35 % davon stammen von der Rebsorte Rivaner (oder Müller-Thurgau). Der Elbling, eine für Luxemburg typische Rebsorte (12 % der Rebfläche), liefert einen leichten, erfrischenden Wein. Die gesuchtesten Weine kommen von den Rebsorten Auxerrois, Riesling, Pinot blanc, Chardonnay, Pinot gris, Pinot noir und Gewürztraminer. Die Genossenschaften machen mehr als zwei Drittel der Rebfläche aus. Remich ist der Sitz eines Forschungsinstituts und der offiziellen Weinbauorganisation.

Die 1935 geschaffene nationale Marke «Vins de la Moselle luxembourgeoise» (Weine der luxemburgischen Mosel) soll die Qualität fördern und es dem Verbraucher ermöglichen, dass er seine Auswahl mit der offiziellen Garantie des Staates trifft. 1985 kam die kontrollierte Herkunftsbezeichnung «Moselle luxembourgeoise» auf. Es gibt auch eine Hierarchie der Weine: Marque nationale, Appellation contrôlée, Vin classé, Premier cru, Grand premier cru. Die Originalität der Klassifizierung der Weine, die sich nach ihrer Bewertung bei jeder Zulassung richtet, verdient es, eigens herausgestellt zu werden: Die Weine, die zwischen 18 und 20 Punkte erhalten haben, werden als Grand premier cru eingestuft, zwischen 16 und 17,9 als Premier cru, zwischen 14 und 15,9 als Vin classé, zwischen 12 und 13,9 als Vin de qualité (Qualitätswein) ohne Prädikat und die unter 12 Punkten als einfacher Vin de table (Tafelwein). 1991 entstand die Appellation Crémant du Luxembourg.

Moselle luxembourgeoise

CEP D'OR

Stadtbredimus Primerberg Pinot gris 1999★★

☐ Gd 1er cru 0,8 ha 4 000 8à11€

Das von der Familie Vesque geführte Gut, das schon im letzten Jahr mit einer Liebeserklärung für seinen Crémant ausgezeichnet wurde, erntet weiter Lob. Sein gelbgrüner Pinot gris zeigt einen recht ausgeprägten, sehr feinen Duft von großer Stärke mit fruchtigen und blumigen Aromen. Im Geschmack behält er diese Stärke bei, bleibt aber mit Zitronengrasnuancen elegant. Dieser Wein, der im Mund eine sehr gute Länge besitzt, ist ausgewogen und harmonisch. Der **Crémant de Luxembourg** des Guts wird lobend erwähnt: Ein beständiger, feiner Schaum begleitet einen diskreten Duft, der erstaunlich elegant ist. Im Mund lassen eine klare Ansprache

und ein recht deutliches Moussieren die rassige Seite dieses Crémant erkennen.
SA Cep d'Or, 15, rte du Vin, 5429 Hëttermillen, Tel. 76.83.83, Fax 76.91.91, E-Mail cepdor@pt.lu n. V.
Familie Vesque

DOM. CLOS DES ROCHERS

Domaine et tradition Riesling 1999

0,75 ha 4 831 5 à 8 €

Im Glas zeigt das Goldgelb mit grünlichen Reflexen eine klare, glänzende Oberfläche. Der Duft vereint blumige und fruchtige Nuancen (Zitrusfrüchte). Der Geschmack ist nach einer nervigen Ansprache süffig und leicht. Im Nasen-Rachen-Raum kommen Noten säuerlicher Früchte zum Vorschein. Diesem recht ausgewogenen Wein mangelt es nicht an Frische.
Dom. Clos des Rochers, 8, rue du Pont, 6773 Grevenmacher, Tel. 75.05.45, Fax 75.06.06, E-Mail bermas@pt.lu
Mo–Sa 9h30–18h; 1. Nov. bis 1. April geschlossen

DOM. CHARLES DECKER

Remerschen Kreitzberg Riesling Aiswäin 1999★★

k. A. k. A. 23 à 30 €

Charles Decker bietet mit diesem Eiswein etwas Kostbares. Topasfarbene Reflexe blitzen in dem Gelb auf, das im Glas eine kristallklare, glänzende Oberfläche hat. Die Nase bietet prächtige Aromen von stark duftendem Honig, getrockneten Früchten und Korinthen. Der Geschmack verleiht dem Bild die abschließende Tonalität: füllig, elegant, rund und fleischig, mit einem Hauch von kandierter Aprikose ganz zum Schluss.
Dom. Charles Decker, 7, rte de Mondorf, 5441 Remerschen, Tel. 60.95.10, Fax 60.95.20, E-Mail deckerch@pt.lu n. V.

DOM. MME ALY DUHR

Ahn Hohfels Pinot gris 1999

2 ha 6 000 8 à 11 €

Dieser gelbgrüne Pinot gris wird von glänzenden Reflexen belebt. Der kräftige und zugleich elegante Duft bietet sehr komplexe Blütennuancen. Ein kräftiger Stoff und sortentypische mineralische Aromen überziehen den Gaumen. Der Geschmack ist voluminös. Der ebenfalls lobend erwähnte **99er Riesling Wormeldange Nussbaum** ist intensiv und komplex mit seinen Aromen von kandierten Früchten in einem entfalteten Geruchseindruck. Eine schöne Ansprache leitet einen lang anhaltenden, konzentrierten Geschmack ein.
Dom. Mme Aly Duhr, 9, rue Aly-Duhr, 5401 Ahn, Tel. 76.00.43, Fax 76.05.47

DOM. GALES

Domaines et tradition Auxerrois 1999★★

0,33 ha 2 000 5 à 8 €

Heute wird das Gut, das hauptsächlich mit Riesling und Pinot gris bestockt ist, von Marc Gales, dem Enkel des Gründers, geführt. Thomas Hein unterstützt ihn als Önologe bei der Herstellung dieses blassgelben Auxerrois, der die Jury durch die Komplexität seiner Honig-, Zitronen- und Rosinenaromen bezaubert hat, die den teilweise überreifen Trauben zu verdanken sind. Dieser opulente, wunderbar ausgewogene Wein hat eine gewisse Frische bewahrt. Man empfindet Bedauern, wenn er in einem Abgang mit Karamellnote endet; der Eindruck von Eleganz und Harmonie hält lang an, ehe er sich auflöst. Er kann lang altern.
Caves Gales, BP 49, 5501 Remich, Tel. 69.90.93, Fax 69.94.34 n. V.

A. GLODEN ET FILS

Schengen Markusberg Gewurztraminer 1999★

Gd 1er cru 0,14 ha 1 900 5 à 8 €

Ein Doppelerfolg für dieses Gut, das wir zuerst zu diesem Gewürztraminer von goldgelber Farbe beglückwünschen, dessen angenehm intensiver Duft aufgrund seiner Aromenpalette von Gewürzen (Kümmel) und Blumen (gelbe Rosen) reizvoll ist. Der Geschmack erscheint kräftig und körperreich, harmonisch und anhaltend. Dieser Wein braucht zwei Jahre, bis er seine optimale Qualität erreicht. Die gleichen Komplimente (ein Stern) für einen **99er Riesling Schengen Markusberg,** dessen entfalteter Duft Zitrus- und Ananasnoten mit Nuancen von Überreife verbindet. Im Geschmack ist er füllig. Ein reicher, komplexer Wein, der schöne Zukunftsaussichten verspricht.
A. Gloden et Fils, 2, Albaach, 5471 Wellenstein, Tel. 69.83.24, Fax 69.81.32, E-Mail a.gloden-fils@village.uunet.lu
n. V.
Jules Gloden

CAVES DE GREIVELDANGE

Greiveldange Herrenberg Auxerrois 2000★

Gd 1er cru 5,39 ha 20 000 5 à 8 €

Er zeigt die ganze Originalität der Rebsorte Auxerrois. Er hat eine einschmeichelnde goldgelbe Farbe und entfaltet einen erstaunlichen aromatischen Reichtum mit Apfel- und Birnennoten. Dieses schöne Potenzial bestätigt sich in einem harmonisch verschmolzenen Geschmack mit viel «Fett». Der **99er Pinot blanc 99 Greiveldange Primerberg Grand premier cru** wird lobend erwähnt.
Les domaines de Vinsmoselle, Cave de Greiveldange, 1, Hamersgaase, 5427 Stradtbredimus, Tel. 69.83.14

CAVES DE GREVENMACHER

Grevenmacher Riesling Vin de glace 1999★★

Gd 1er cru 1,1 ha 900 15 à 23 €

Die kristallklare Oberfläche dieses Eisweins schillert mit goldenen Reflexen, die eine schöne Intensität haben. Die Handlese der Trauben begann am 21. Dezember 1999, was in den außergewöhnlich komplexen Aromen durchscheint, die sich in der Nase entfalten: getrocknete Früchte, kandierte Trauben, Honig, Aprikose und Pfirsich. Der füllige, fruchtige, elegante, rassige Geschmack zeigt sich dem Thema gewachsen; ein lebhafter, säuerlicher Abgang folgt auf den fleischigen, fülligen Mittelbereich. Dieser harmonische Wein mit der guten Ausgewogenheit zwischen Zucker und Säure kann, um einmal von der üblichen Gänseleber wegzukommen, ein Aprikosendessert begleiten. Aber Sie können sich Zeit lassen: zwei bis vier Jahre.

🔑 Les domaines de Vinsmoselle, Caves de Grevenmacher, 6718 Grevenmacher, Tel. 75.01.75, Fax 75.95.13, E-Mail info@vinsmoselle.lu

☑ 🍷 Mo–Sa 10h–17h; 1. Sept. bis 30. April n. V.

DOM. ALICE HARTMANN

Wormeldange Koeppchen Riesling 1999★★★

☐ 0,6 ha 3 500 ▮ 8 à 11 €

Das Gut umfasst drei Hektar, die in erster Linie mit alten Rieslingrebstöcken bepflanzt sind, in einer terrassierten Reblage, in der noch keine Flurbereinigung durchgeführt wurde. Dieser 99er hat bei der Jury Begeisterung hervorgerufen. Unter einem schönen Glanz nimmt die Nase Zitrusdüfte (Zitrone, Pampelmuse) wahr. Auf die frische, lebhafte, leichte Ansprache folgt ein sehr feiner Geschmack. Von diesem Wein geht viel Eleganz und Frische aus.

🔑 SA Dom. Alice Hartmann, rue Principale 72-74, 5480 Wormeldange, Tel. 76.00.02, Fax 76.04.60 ☑

DOM. R. KOHLL-LEUCK

Rousemen Pinot gris 2000★★★

☐ Gd 1er cru k. A. 2 000 ▮🌡 5 à 8 €

Dieses Gut in Familienbesitz besteht seit dem Ende des 19. Jh. Raymond und Marie-Cécile leiten es seit 29 Jahren und denken an die Nachfolge, die ihr Sohn bald antreten muss. Während sie darauf warten, bieten sie hier einen Ausnahmewein. Die Lobreden finden kein Ende: ansprechende Farbe, Frische und Feinheit der blumigen Aromen, Sanftheit einer sehr feinen Ansprache, Gesamtharmonie. In zwei bis drei Jahren wird dieser Pinot gris in seiner ganzen Pracht erscheinen. Eine lobende Erwähnung erhält das gleiche Gut für seinen **Crémant de Luxembourg Cuvée Gust Kohll** (Preisgruppe: 50 bis 69 F) mit den Aromen von getrockneten Früchten und Karamell, die ein beständiger Schaum begleitet. Nach einer guten Ansprache zeigt sich der Geschmack harmonisch und sehr fruchtig.

🔑 Dom. viticole Raymond Kohll-Leuck, 4, an der Borreg, Ehnen, 5419 Wormeldange, Tel. 76.02.42, Fax 76.90.40 ☑

Luxemburg

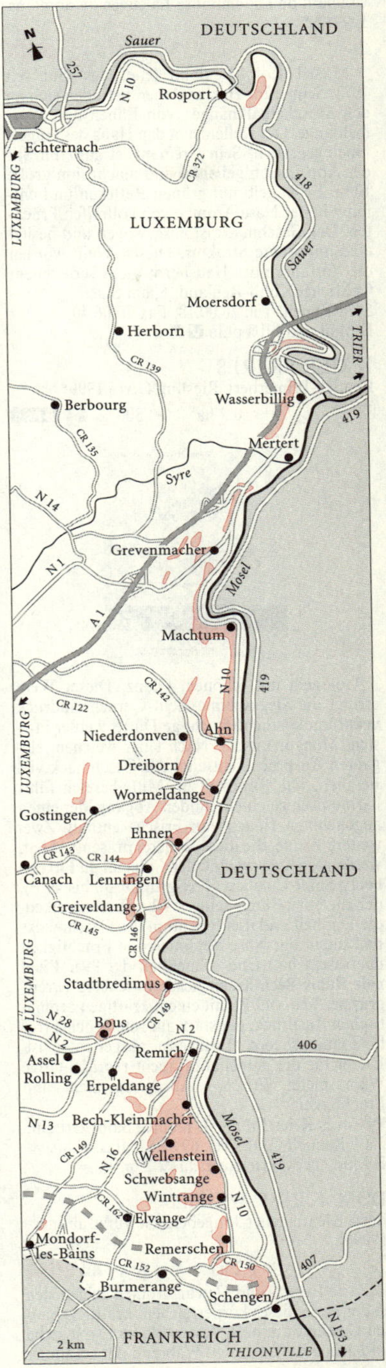

DEUTSCHLAND
Sauer
Rosport
Echternach
LUXEMBURG
Moersdorf
Herborn
TRIER
Wasserbillig
Berbourg
Mertert
Syre
Grevenmacher
Mosel
Machtum
Niederdonven
Ahn
Dreiborn
Wormeldange
Gostingen
Ehnen
Canach
Lenningen
DEUTSCHLAND
Greiveldange
Stadtbredimus
Bous
Remich
Assel
Rolling
Erpeldange
Bech-Kleinmacher
Wellenstein
Schwebsange
Wintrange
Elvange
Mondorf-les-Bains
Remerschen
Burmerange
Schengen
FRANKREICH
THIONVILLE
2 km

DOM. MICHEL KOHLL-REULAND

Crémant de Luxembourg La cuvée du domaine 1999★★★

○ k. A. k. A. 5 à 8 €

Michel Kohll-Reuland leitet das Gut seit 1973. Seine fünf Hektar Reben befinden sich an den Muschelkalkhängen von Ehnen und Wormeldange. Der Keller ist in den Hang des Hügels hineingegraben. Sein Crémant ist ganz im Stil der Appellation gehalten und macht ihm große Ehre. Er ist gelb mit grünen Reflexen und entfaltet in der Nase Aromen von vollreifen Früchten. Der Geschmack ist ausgewogen und besitzt eine imposante Struktur. Diesen Wein würden die Vorfahren des Hausherrn nicht verleugnen.

Michel Kohll-Reuland, 5, am Stach, 5418 Ehnen, Tel. 76.00.18, Fax 76.06.40, E-Mail mkohll@pt.lu ☑ Y n. V.

KRIER FRERES

Remich-Primerberg Riesling Givré 1999★★★

□ 0,2 ha 800 38 à 46 €

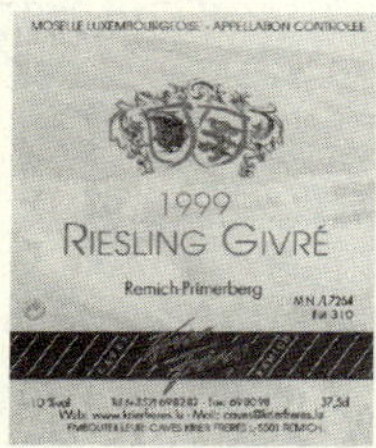

Goldgelb mit schönem Glanz. Dieser Wein erringt die Siegespalme. Sein Geruchseindruck verströmt köstliche fruchtige Düfte: weißer Pfirsich, Mango, Litschi. Nach einer weichen, eleganten Ansprache entfaltet der Geschmack viel Feinheit. Die Rundheit im Mittelbereich führt harmonisch zu einem milden Abgang, der einen angenehmen Hauch von Frische enthält. Zwei weitere Weine, die diese Kellerei präsentiert hat, werden lobend erwähnt: der **Crémant du Luxembourg Saint-Cunibert** (Preisgruppe: 30 bis 49 F), der die Jury durch seine starke Persönlichkeit, die Feinheit und den Reichtum des Geschmacks und die in der Nase dominierende Fruchtigkeit überrascht hat. Und schließlich der **99er Pinot noir Rubis Bech-Kleinmacher Enschberg** (Preisgruppe: 30 bis 49 F) mit einem kräftigen aromatischen Ausdruck, der stark auf rote Früchte (rote Johannisbeere, Erdbeere) ausgerichtet ist. Dieser für die Appellation recht repräsentative Wein bietet Frische, Ausgewogenheit und Fruchtigkeit.

Caves Krier Frères, 1, montée Saint-Urbain, 5501 Remich GDL, Tel. 69.82.82, Fax 69.80.98, E-Mail cave@krierfreres.lu ☑ Y n. V.

DOM. KRIER-WELBES

Bech-Kleinmacher Jongeberg Gewurztraminer 1999★

□ 0,2 ha k. A. 5 à 8 €

Zarte Rosen- und Gewürzaromen zeigen sich in der Nase dieses körperreichen, kräftig gebauten Gewürztraminers, dessen blasse Farbe gelbe und grüne Reflexe zeigt. Während der gesamten Verkostung entfaltet sich der Wein voller Feinheit über einer schönen Ausgewogenheit zwischen Alkohol, Zucker und Säure, die ihm seinen Charme verleiht. Am besten wird er zu einem charaktervollen Käse oder zu einem kräftig gewürzten exotischen Gericht zur Geltung kommen. Vom gleichen Gut ist der **2000er Pinot gris Grand premier cru Wellenstein Foulschette** von der Jury lobend erwähnt worden; er zeichnet sich durch seine intensiven Aromen von reifen Trauben aus. Seine elegante, feine Säure, seine schöne Länge und seine Ausgewogenheit machen ihn zu einem Wein mit guter Struktur. In einem Jahr wird er seinen vollen Charakter entfalten.

Dom. viticole Krier-Welbes, 3, rue de la Gare, 5690 Ellange-Gare, Tel. 67.71.84, Fax 66.19.31, E-Mail guykrier@pt.lu ☑ Y n. V.

Guy Krier

LAURENT BENOIT

Crémant de Luxembourg★

○ 0,5 ha 7 000 5 à 8 €

Dieses Gut erhält eine lobende Erwähnung für seinen **2000er Riesling Grand premier cru Kolteschberg** (Preisgruppe: 50 bis 69 F) mit den für die Rebsorte typischen Aromen von Zitrusfrüchten und weißen Früchten. Ein lebhafter, ausgewogener, lang anhaltender und harmonischer Wein, dem die Jury eine schöne Zukunft voraussagt. Diesen Crémant machen sein intensives, anhaltendes Moussieren und seine feinen Bläschen zu einem sehr gelungenen Wein. Im Mund umgibt eine Struktur von angenehmer Lebhaftigkeit subtile Geschmacksnoten.

Laurent et Benoît Kox, 6A, rue des Prés, 5561 Remich, Tel. 69.84.94, Fax 69.81.01, E-Mail kox@pt.lu ☑ Y n. V.

CAVES LEGILL

Schengen Markusberg Pinot blanc 1999

□ Gd 1er cru 0,28 ha 2 700 5 à 8 €

Die Legills sind seit sechs Generationen Winzer. Beim Jahrgang 1999 stellt das Gut zwei schöne Weine vor, der eine weiß und der andere rot. Dieser Grand premier cru, der von der Rebsorte Pinot blanc stammt, ist ein harmonischer Wein mit sortentypischen Aromen; der Geschmack stützt sich auf eine leichte, aber elegante Struktur und hinterlässt einen Eindruck von Frische. Der zweite Wein, ein **Pinot noir Coteaux de Schengen** (Preisgruppe: 50 bis 69 F), wird lobend erwähnt wegen der schönen Intensität seiner dunkelrubinroten Farbe mit den bläulich roten Reflexen, die einen Duft von kleinen roten Früchten (Kirsche) umhüllt. Der Geschmack ist ebenfalls gefällig und komplex. Servieren sollte man ihn in drei bis vier Jahren zu rotem Fleisch.

Caves Legill et Fils, 27, rte du Vin, 5445 Schengen, Tel. 66.40.38, Fax 60.90.97 ☑ Y n. V.

DOM. JEAN LINDEN-HEINISCH

Ehnen Wousselt Riesling 1999

□ Gd 1er cru 0,4 ha 4 500 5 à 8 €

Diesem Wein mangelt es nicht an Reizen. Die Farbe ist klar und strahlend. Die Rebsorte äußert sich in Zitrus- und Honigaromen mit

einer mineralischen Note. Die Verkostung vollzieht sich in größter Ausgewogenheit: Der Geschmack zeigt sich in der Ansprache füllig, lebhaft und elegant und wird dann sehr rund, bevor er mit einem gut verschmolzenen Abgang endet.
Jean Linden-Heinisch, 8, rue Isidore-Cones, Ehnen, 5417 Wormeldange, Tel. 76.06.61, Fax 76.91.29 n. V.

MATHES ET CIE

Crémant de Luxembourg Sélection 2000

○ 2,64 ha 21 500 11 à 15 €

Feiner, üppiger Schaum, goldgelbe Farbe. Ein großzügiger, körperreicher Crémant von schöner Harmonie. Wir haben hier eine Flasche, die eine lobende Erwähnung verdient.
Dom. Mathes, BP 3, 5507 Wormeldange, Tel. 76.93.93, Fax 76.93.90, E-Mail mathes@pt.lu n. V.

POLL-FABAIRE

Crémant de Luxembourg**

○ 5 ha 50 000 5 à 8 €

Die Domaines de Vinsmoselle bilden eine Vereinigung von sechs Genossenschaftskellereien, die auf die gesamte luxemburgische Mosel verteilt sind. Gemeinsam haben sie die Verwendung der Marke Poll-Fabaire. Der Crémant der Kellerei in Wormeldange zeigt in einer klaren, strahlenden Farbe strohgelbe Reflexe. Seine Aromen kommen auf subtile Weise mit Nuancen von weißen Blüten und Pfirsich zum Ausdruck. Der Geschmack enthüllt die ganze Feinheit und die Ausgewogenheit eines rassigen Weins. Die Kellerei von **Grevenmacher** liefert ebenfalls einen sehr gelungenen **Crémant de Luxembourg Poll-Fabaire,** der in der Nase Aromen von Karamell und weißen Blüten verbindet, bevor er eine frische Harmonie entfaltet. Eine lobende Erwähnung verdienen die **Crémants de Luxembourg Poll-Fabaire** der Kellereien von **Stadtbredimus** und **Wellenstein.**
Les Domaines de Vinsmoselle, 115, rte du Vin, 5481 Wormeldange, Tel. 76.82.11, Fax 76.82.15, E-Mail info@vinsmoselle.lu n. V.

CAVES DU SUD REMERSCHEN

Schengen Markusberg Pinot gris 1999

☐ Gd 1er cru 17,11 ha 27 593 5 à 8 €

Von den rund 210 Hektar, die diese Genossenschaftskellerei vinifiziert, sind siebzehn Hektar für diesen Wein bestimmt, der zu 100 % von der Rebsorte Pinot gris stammt. Er ist gelb mit grünen Reflexen und lässt in der Nase recht ausgeprägte und sehr angenehme blumige und fruchtige Aromen erkennen. Der Geschmack besitzt einen kräftigen, ausgewogenen Stoff mit öligen Honignoten. Dieser Wein erweckt einen Eindruck von Harmonie, die Lust macht, sie mit anderen zu teilen.
Les Domaines de Vinsmoselle, Caves du sud Remerschen, 32, rte du Vin, 5440 Remerschen, Tel. 66.41.65, Fax 66.41.66, E-Mail info@vinsmoselle.lu n. V.

CAVES HENRI RUPPERT

Schengen Markusberg Pinot blanc 1999**

☐ 0,2 ha 1 350 5 à 8 €

Das nicht ganz fünf Hektar große Gut besteht seit 1920. Das im Laufe der Generationen erworbene Können findet sich in diesem Pinot blanc wieder. Die Jury würdigte seinen sehr fruchtigen Duft mit den Nuancen von Zitrusfrüchten und Waldfrüchten. Nach einer weichen Ansprache bietet der Geschmack, dazu passend, über einer guten Ausgewogenheit fruchtige Noten. Eine elegante Säuerlichkeit kennzeichnet den schönen Abgang. Vom gleichen Gut wird ein **99er Auxerrois** wegen seiner blumigen (Flieder) und fruchtigen (Ananas, Apfel) Nuancen lobend erwähnt. Er ist warm, hat eine gute Länge und entfaltet Feinheit und Harmonie. Seinen Höhepunkt wird er in drei bis fünf Jahren erreichen, aber er ist bereits angenehm.
Henri Ruppert, rte du Vin, 100, 5445 Schengen, Tel. 66.42.30, Fax 66.44.83 n. V.

CAVES SAINT-REMY-DESOM

Remich Primerberg Pinot gris 2000*

☐ Gd 1er cru 0,85 ha 8 000 5 à 8 €

Diese seit 1922 bestehende Handelsfirma nimmt Gebäude aus dem 18. Jh. ein; im Laufe der Jahre sind die Keller vergrößert worden. Ihr Pinot gris wurde sehr geschätzt; unter einer schönen, hellen Farbe mit grünen Reflexen kommt ein frischer Duft von kandierten Früchten und Pfirsich mit einer leichten Räuchernote zum Vorschein. Eine schöne Ausgewogenheit zwischen Alkohol, Zucker und Säure verleiht diesem Wein seinen ganzen Charme. Der kräftig gebaute, runde, lang anhaltende, opulente Geschmack bietet ein charakteristisches Aroma, das zu Entenmagret (rosa gebratenes Brustfilet) passt. Lobend erwähnt wird ein **2000er Pinot blanc Grand premier cru Remich Primerberg** (Preisgruppe: 20 bis 29 F) wegen der vollkommenen Reife seiner Trauben, seines lebhaften, großzügigen Geschmacks und seines Abgangs, der Zitronennoten und blumige Nuancen verbindet.
Caves Saint-Rémy-Desom, 9, rue Dicks, 5521 Remich, Tel. 69.93.47, Fax 69.93.47 n. V.

CAVES JEAN SCHLINK-HOFFELD

Cuvée personnelle Wormeldange Heiligenhäuschen Pinot gris 2000

☐ Gd 1er cru 0,15 ha 1 200 5 à 8 €

Das von René und Jean-Paul Schlink seit 1993 geführte Gut präsentiert einen strahlenden, klaren Pinot gris von schöner goldgelber Farbe, dessen ausdrucksvoller Duft Zitrusfrüchte und weißen Pfirsich mit einer rauchigen Note bietet. Dieser alkoholreiche, opulente, körperreiche Wein stützt sich auf eine gute Struktur. Der Abgang ist lang, fein und subtil. Ein Schweinefilet mit jungem Gemüse wird perfekt dazu passen.
Caves Jean Schlink-Hoffeld, 1, rue de l'Eglise, 6841 Machtum, Tel. 75.84.68, Fax 75.92.62, E-Mail cschlink@pt.lu Mo–Sa 8h–18h; Gruppen n. V.

SCHMIT-FOHL

Ahn Goellebour Gewurztraminer 2000*

☐ 0,5 ha 2 000 5à8€

Ein blassgelber Gewürztraminer mit leichten grünen Reflexen. Der anfangs verschlossene Geruchseindruck entfaltet sich im Laufe der Verkostung zu frischen Noten von Blumen (Rose) und Gewürzen. Der recht typische Geschmack ist harmonisch in seinem aromatischen Ausdruck und in seiner Struktur. Heben wir ihn zwei bis drei Jahre auf, denn dieser Wein wird seine Versprechen halten.

Maison viticole Schmit-Fohl, 8, rue de Niederdonven, 5401 Ahn, Tel. 76.02.31, Fax 76.91.46, E-Mail hsf@pt.lu n. V.

Armand Schmit

DOM. PIERRE SCHUMACHER-LETHAL ET FILS

Wormeldange Heiligenhäuschen Pinot blanc 2000

☐ Gd 1er cru k. A. 3 500 5à8€

Dieser 2000er Pinot blanc schmückt sich mit blassgrünen Reflexen, die gut zum Duft passen, der von ausgesuchter Feinheit und Eleganz ist. Sehr feine blumige Nuancen überziehen den Gaumen. Der aufgrund seines Stoffs fett wirkende Wein verführt durch seine Ausgewogenheit, so dass man ihn recht gern in seinem Keller hätte.

Dom. Schumacher-Lethal et Fils, 114, rue Principale, 5450 Wormeldange, Tel. 76.01.34, Fax 76.85.04 n. V.

CAVES DE STADTBREDIMUS

Stadtbredimus Dieffert Pinot blanc 1999*

☐ Gd 1er cru 3,33 ha 6 600 5à8€

Die Nase bietet sehr feine Aromen mit Melonen- und Honignoten. Eine diskrete Säuerlichkeit verleiht diesem Wein eine angenehme Frische. Wie ein Widerhall des Geruchseindrucks erscheint der Geschmack: ganz Honig und Frucht.

Les domaines de Vinsmoselle, Caves de Stadtbredimus, Kellereiswe, 5450 Stadtbredimus, Tel. 69.83.14, Fax 69.91.89 n. V.

DOM. THILL FRERES

Crémant de Luxembourg Cuvée Victor Hugo 1998***

○ 1 ha k. A. 5à8€

Das Gut erhielt im letzten Jahr eine Liebeserklärung für einen Pinot blanc. Dieses Jahr beurteilte die Jury diesen Crémant als außergewöhnlich; er trägt den Namen des Schöpfers der Zeichnung, die sein Etikett ziert: Victor Hugo. Der Duft, den ein schöner, beständiger Schaum begleitet, kommt mit großem aromatischem Reichtum zum Ausdruck. Darauf folgt ein nerviger Geschmack von guter Weinigkeit. Eine elegante, ausgewogene, gehaltvolle Cuvée, die dem Namen, den sie trägt, Ehre macht.

Dom. Thill Frères, 39, rte du Vin, 5445 Schengen, Tel. 75.05.45, Fax 75.06.06, E-Mail bermas@pt.lu n. V.

CAVES DE WELLENSTEIN

Bech-Kleinmacher Naumberg Sélection des vignerons Pinot gris 1999*

☐ Gd 1er cru 30,87 ha 1000 8à11€

Etwas mehr als dreißig Hektar sind für diesen Grand premier cru bestimmt. Die Jury mochte seine blassgelbe Erscheinung mit den grünen Reflexen, die den Auftakt zu einem Duft mit recht ausgeprägten blumigen Aromen bildet. In einem ausgewogenen, weichen Geschmack kommen komplexe Noten von reifen Früchten zum Vorschein. Ein Wein, der der Harmonie überaus nahe kommt. (Flaschen mit 50 cl Inhalt.)

Les domaines de Vinsmoselle, Caves de Wellenstein, 13, rue des Caves, 5471 Wellenstein, Tel. 66.93.21, Fax 69.76.54, E-Mail info@vinsmoselle.lu n. V.

CAVES DE WORMELDANGE

Wormeldange Mohrberg Pinot blanc 2000**

☐ Gd 1er cru 3 ha 25 000 5à8€

Dieser Pinot blanc, der sich mit einer schönen, kräftigen Farbe mit gelben Reflexen schmückt, bietet in der Nase einen Korb exotischer Früchte. Im Geschmack ist alles Stärke und Konzentration. Ein Wein, der die Jury, die ihn schon bei einem Fischgericht mit Sauce stehen sieht, schwach werden ließ.

Les Domaines de Vinsmoselle, 115, rte du Vin, 5481 Wormeldange, Tel. 76.82.11, Fax 76.82.15, E-Mail info@vinsmoselle.lu n. V.

SCHWEIZER WEINE

Im Vergleich zu seinen europäischen Nachbarn ist das Schweizer Weinbaugebiet mit seinen rund 15 000 ha Anbaufläche bescheiden. Es erstreckt sich auf den Beginn von drei großen Flusstälern, die Oberläufe der Rhône im Westen der Alpen, des Rheins im Norden und des Po im Süden dieser Gebirgskette. Deshalb besitzt es eine große Vielfalt an Böden und Klimas, die ebenso viele Anbaugebiete bilden, obwohl sie relativ nahe beieinander liegen. Der Wein, der traditionell auf sonnenreichen Hügeln angebaut wird, an sehr steilen Hängen oder auf Terrassen, formt die Landschaft mit. Nach den Sprachräumen unterscheidet man drei Weinbauregionen: die Westschweiz, die Ostschweiz und das Tessin. Im Westen umfasst das Weinbaugebiet der französischsprachigen Schweiz über drei Viertel der Rebfläche des Landes. Es erstreckt sich von Genf bis in das Alpeninnere im Kanton Wallis und verläuft im Kanton Waadt entlang den Ufern des Genfersees. Weiter nördlich nimmt es auf den Ausläufern des Jura die Ufer des Neuenburgersees, des Murtensees und des Bielersees (Kanton Bern) in Besitz. Das wesentlich stärker aufgesplitterte Weinbaugebiet der deutschsprachigen Schweiz umfasst 17 % der Rebfläche. Es breitet sich das gesamte Rheintal entlang aus, wobei es dem Flusslauf ab Basel stromaufwärts bis in den Osten des Landes folgt.

Weingeografisch ist die Ostschweiz deckungsgleich mit der Deutschschweiz. Lediglich das deutschsprachige Oberwallis wird noch der Westschweiz zugerechnet. Die Ostschweiz ist das «Land der Landweine». Ihre Geschichte zeigt in mancher Hinsicht Parallelen zu jener Süd- und Mitteldeutschlands: Vom ausgehenden Mittelalter bis ins letzte Jahrhundert betrug die Rebfläche ein Mehrfaches des heutigen Bestandes. Da die Eidgenossenschaft mit Ausnahme des Kantons Graubünden allerdings vom Dreißigjährigen Krieg verschont geblieben war, setzte die große, klimatisch durch die «Kleine Eiszeit» von 1600 bis 1850 bedingte Flurbereinigung erst später ein als in Deutschland, wo viele der verwüsteten oder brachliegenden Weinberge nach dem Westfälischen Frieden von 1648 nicht wieder mit Reben bestockt wurden. In der Ostschweiz waren es vielmehr die zunehmende Verstädterung, die Mehltau- und die Reblaus-Invasion, die vor allem Ende des 19. Jh. und zu Beginn des 20. Jh. zu einem bedeutenden Rückgang der Rebfläche führten.

Große zusammenhängende Weinberge fehlen in der Ostschweiz weitgehend. Die Region präsentiert sich als ein Flickenteppich mit eingewobenen Rebparzellen in den tieferen Lagen des Mittellandes und an den Eingängen der Jura- und Alpentäler, wobei nur die günstigen Süd-, Südost- und Südwesthänge in Flusstälern und an Seen für den Anbau in Frage kommen. Bei den Rebsorten herrscht in der Ostschweiz eine gewisse Monokultur. Zu etwa 70 % sind die Rebflächen mit Blauburgunder bepflanzt. Bei den 30 % für weiße Sorten überwiegt der Müller-Thurgau, in der Schweiz fälschlicherweise oft noch Riesling × Silvaner genannt. Immer mehr sichern sich Spezialitäten ihren Anteil, so der Räuschling, der mit seiner feinnervigen Säure wieder vermehrt Anklang findet und vorwiegend im Kanton Zürich den Riesling × Silvaner etwas zurückdrängt. Die roten Ostschweizer Gewächse werden als Landweine bezeichnet und in der Mehrzahl entsprechend gekeltert: fruchtig, hell, mitunter leicht prickelnd, eher leicht, mit wenig Extrakt und ohne Barriqueausbau. Ambitionierte Winzer vinifizieren regelmäßig gehaltvolle Blauburgunder nach burgundischem Vorbild. Für den Barriqueausbau geeignet sind allerdings nur Trauben von besten Lagen und strenger Mengenbegrenzung. Wenn es die Witterung zulässt und sich ein kalter Winter abzeichnet, lassen sich immer mehr Winzer auf das Wagnis ein, einen kleinen Teil der Ernte am Stock zu lassen, und hoffen auf Winternächte mit mindestens –8 °C, damit sie gefrorene Trauben für Eisweine lesen können.

Der Weinbau stößt auch weit ins Landesinnere vor, wobei sich die besten Lagen an den Hängen entlang von Flussläufen oder an Seeufern befinden. In der italienischsprachigen Schweiz konzentriert sich der Weinbau auf die südlichen Täler des Tessins und das Misox (Mesolcina), wo sich die natürlichen Bedingungen an der Südseite der Alpen deutlich von denen der anderen Weinbaugebiete unterscheiden. Neben einer ganzen Reihe von «Spezialitäten» bevorzugen die Winzer in der französischsprachigen Schweiz die weiße Rebsorte Chasselas. Pinot noir ist hier die am häufigsten angebaute rote Rebsorte, gefolgt von Gamay. Pinot noir oder Blauburgunder dominiert auch in der deutschsprachigen Schweiz, wo er neben der weißen Müller-Thurgau-Rebe und verschiedenen einheimischen Rebsorten wächst, die bei Weinfreunden sehr begehrt sind. In der italienischsprachigen Schweiz beruht das Ansehen der Weine auf dem Merlot; weiße Rebsorten sind dort nur in geringem Maße vertreten. Das bedeutendste Ereignis in der Welt des Schweizer Weins ist das Winzerfest in Vevey. Diese prächtige Veranstaltung, die bis ins 17. Jh. zurückreicht und nur alle 25 Jahre abgehalten wird, vereint alle Winzer und feiert ihre Arbeit im Weinberg. Das bislang letzte Fest fand im August 1999 statt; das nächste wird zwischen 2021 und 2023 abgehalten.

Kanton Waadt (Vaud)

Im Mittelalter rodeten die Zisterziensermönche einen Großteil dieser Region der Schweiz und begründeten das Weinbaugebiet des Waadtlands. Um die Mitte des letzten Jahrhunderts war das Waadtland zwar der wichtigste Wein erzeugende Kanton vor dem Weinbaugebiet von Zürich, aber die Verwüstungen durch die Reblaus zwangen zu einer vollständigen Wiederherstellung. Heute steht der Kanton Waadt mit 3 870 ha an zweiter Stelle hinter dem Wallis.

Seit mehr als 450 Jahren besitzt das Anbaugebiet der Waadt eine echte Weinbautradition, die ebenso sehr auf seinen Châteaus – es gibt fast fünfzig davon – wie auf der Erfahrung der großen Winzer- und Händlerfamilien beruht.

Die klimatischen Bedingungen legen vier große Anbauzonen fest: Die Ufer des Neuenburgersees und die Ufer der Orbe und des Murtensees liefern süffige, spritzige Weine mit zartem Aroma. An den Ufern des Lac Léman zwischen Genf und Lausanne – durch den Jura vor Nordwinden geschützt und von der wär-

meregulierenden Wirkung des Sees begünstigt – wachsen die sehr feinen Weine von der La Côte. Die Weinberge des Lavaux, zwischen Lausanne und Montreux gelegen, mit den terrassierten Weinbergen des Dézaley im Zentrum, profitieren sowohl von der Wärme, die von den kleinen Mauern gespeichert wird, als auch vom Sonnenlicht, das der See zurückwirft; sie bringen strukturierte, komplexe Weine hervor, die sich oft durch Honignoten und Röstaromen auszeichnen. Die Weinberge des Chablais schließlich befinden sich nordöstlich des Genfersees und ziehen sich am rechten Ufer das Rhône-Tal hinauf. Die Reblagen sind durch steinige Böden und ein sehr stark durch den Föhn geprägtes Klima gekennzeichnet; die Weine sind kräftig und haben ein Feuersteinaroma.

Eine Besonderheit des Waadtländer Weinbaugebiets ist seine Bestockung. Es ist das Lieblingsgebiet der Chasselas-Rebe (68 % des Rebsortenbestands), die hier ihre schönsten Ergebnisse hervorbringt.

Die roten Rebsorten machen weniger als ein Drittel aus (13 % Pinot noir und 14 % Gamay). Diese beiden Rebsorten werden oft miteinander verschnitten; der Verschnitt kann als Salvagnin vermarktet werden.

Die übrigen Rebsorten haben einen Anteil von 5 % an der Weinproduktion: Pinot blanc, Pinot gris, Gewürztraminer, Muscat blanc, Johannisberg (Grüner Silvaner), Auxerrois,Charmont, Mondeuse, Plant Robert, Syrah, Merlot, Gamaret, Garanoir usw.

Schweiz

ANTAGNES
Ollon Vieilli en fût de chêne 1997★★

■ 0,3 ha 1 170 8 à 11 €

Diese Assemblage aus Pinot noir und Gamay hat eine Farbe von mittlerer Intensität mit ein paar schwarzen Reflexen. Der intensive Duft bewegt sich im Register roter Früchte (Himbeere, Erdbeere und Kirsche). Ergänzt wird das durch einen leicht kandiert wirkenden Charakter und einen subtilen Hauch von Vanille und Röstaromen, was auf den zwölfmonatigen Ausbau im kleinen Holzfass zurückzuführen ist. Der Wein hat trotz seines Alters eine schöne Frische bewahren können: Er erfüllt den Mund mit einer sehr deutlich spürbaren Fruchtigkeit, während Tannine voller Schmelz für seine Struktur sorgen. Der elegante Abgang hält gut an.

Hugues Baud, av. du Chamossaire 14, 1860 Aigle, Tel. 024.466.47.27, Fax 024.466.47.27 n. V.

DOM. DE BEAU-SOLEIL
Mont-sur-Rolle Chasselas 2000★★

□ 5 ha 55 000 5 à 8 €

Dieses 6 ha große Gut bietet eine wunderschöne Aussicht auf den Genfersee und die Alpen. Die Chasselas-Traube findet hier einen exotischen Ausdruck, wobei Zitrone und Ananas leicht über den blumigen Charakter dominieren. Im Gaumen präsentiert sich der Wein aromatisch und samtig mit einer salzigen Note, bevor er mit einem frischen Abgang ausklingt.

Thierry Durand, rte de la Noyère 5, 1185 Mont-sur-Rolle, Tel. 021.825.49.21, Fax 021.825.49.21, E-Mail t.durand@bluewin.ch n. V.

DOM. DES BIOLLES
Founex Chasselas 2000★★

□ 3 ha 25 000 5 à 8 €

Dieser angenehm frische Chasselas eignet sich als Aperitif. Seine Zitrusaromen (Zitrone und Pampelmuse) setzen sich im Mund fort, wo sich die Lebhaftigkeit mit einem samtigen Stoff verbindet. Der Abgang ist noch ein wenig streng, dürfte sich aber innerhalb eines Jahres einfügen und den aromatischen, süffigen Charakter verstärken.

Jean-Pierre Debluë, rue du Vieux-Pressoir 2, Chataigneriaz, 1297 Founex, Tel. 079.632.58.58, Fax 079.776.05.43 n. V.

DOM. BOVY
Saint-Saphorin Chasselas 2000★★

□ 3 ha 18 000 8 à 11 €

Große Eichenfässer, die mit Malereien verziert sind, nehmen den Keller dieses 7 ha großen Guts ein. Dieser Chasselas, der ebenfalls im großen Holzfass gereift ist, offenbart den typischen Charakter des lehmigen Kalksteinbodens. Die Aromen bewegen sich zwischen Lindenblüte und Pfirsich, im Gaumen präsentiert der Wein einen zarten, samtigen Stoff. Der kräftige, anhaltende Abgang zeigt eine charakteristische Bitternote. Der **2000er Saint-Saphorin Chasselas Vieilles vignes** ist ebenso bemerkenswert.

Dom. Bovy, rue du Bourg-de-Plaît 15, 1071 Chexbres, Tel. 021.946.51.25, Fax 021.946.51.26, E-Mail info@domainebovy.ch Mo–Fr 9h–18h; Sa 9h–12h

DOM. DES CAILLATTES
Tartegnin Chasselas 2000★★

□ Gd cru 1,5 ha 13 000 5 à 8 €

Lindenblütenaromen ergeben zusammen mit einer leicht zitronenartigen Note einen klaren, frischen Duft. Im Gaumen gleicht die Samtigkeit des Stoffs die leichte Lebhaftigkeit bis zu einem fruchtbetonten Abgang vollkommen aus. Somit zeigt dieser Wein ein elegantes Profil.

SA Hammel, Les Cruz, 1180 Rolle, Tel. 021.825.11.41, Fax 021.825.47.47, E-Mail hammel@span.ch n. V.

CHANT DES RESSES
Yvorne Chasselas 2000★

□ 6,6 ha 90 000 5 à 8 €

Gewürz- und Pfefferaromen ergänzen die Palette dieses Weins, der auch mineralisch, blumig (Lindenblüte) und fruchtig (Ananas) ist. Der köstliche Geschmack entfaltet sich im gleichen Register, zeigt aber gleichzeitig im Abgang einen leicht bitteren Charakter.

Association viticole d'Yvorne, Les Maisons Neuves, case postale 95, 1853 Yvorne, Tel. 024.466.23.44, Fax 024.466.59.19, E-Mail avy@span.ch n. V.

ALEXANDRE CHAPPUIS ET FILS
Saint-Saphorin En Lavaux Chasselas 2000★★

□ 2 ha 15 000 8 à 11 €

Dieser blumig-mineralische Chasselas offenbart im Gaumen eine sehr zarte Persönlichkeit. Er ist nämlich voller Schmelz und gut strukturiert, wirkt aber nie schwer. Die Bitternote im Abgang belegt außerdem seine Treue gegenüber dem Terroir.

Alexandre Chappuis et Fils, Bons-Voisins, 1812 Rivaz, Tel. 021.946.13.06, Fax 021.946.13.06, E-Mail info@vins-chappuis.ch n. V.

HENRI CHOLLET
Villette Plant Robert 1999★★★

■ 0,5 ha 5 000 8 à 11 €

Dieser rubinrote Wein mit schwarzen Reflexen bietet fruchtige Aromen, die an Backpflaume und Schwarzkirsche denken lassen. Gewürze (Pfeffer und Zimt) vervollständigen die Aromenpalette. Im Gaumen ist der Wein füllig und zeigt eine gute Ausgewogenheit; die Tannine sind fein und dicht. Der anhaltende, elegante Abgang beschließt die Verkostung dieses lagerfähigen Weins.

Henri et Vincent Chollet, Dom. du Graboz, 1091 Villette, Tel. 021.799.24.85 n. V.

CLOS DE LA GEORGE

Yvorne Chasselas 2000**

☐ Gd cru 4 ha 25 000 11 à 15 €

Dieser alte Weinberg umfasst heute über sechs Hektar an einem Steilhang in einer Höhe zwischen 380 und 500 m. Die von Mauern umschlossenen Reben profitieren vom Schutz, den das Tal vor den Winden bietet. Die Böden bestehen aus Kies- und tonigem Kalksteingeröll. Auf diesem Terroir wächst ein komplexer, reicher Chasselas. Hinter seiner blassen Farbe bietet er einen mineralischen (Feuerstein) und fruchtigen Duft (Zitrusfrüchte). Er ist füllig, voller Schmelz und strukturiert sich um eine köstliche Lebhaftigkeit herum, die ihn zu einem typischen mineralischen Abgang führt.

Clos de la George, 1852 Versvey-Roche, Tel. 021.825.11.41, Fax 021.825.47.47 n. V.

Familie Rolaz-Thorens

CLOS DU ROCHER

Yvorne Chasselas 2000**

☐ Gd cru 10 ha 80 000 11 à 15 €

Zehn Hektar, die auf gut geschützten Terrassen angelegt sind, bilden dieses Gut, dessen Chasselas hier vorgestellt wird. Der *brûlon*, der an Verbranntes erinnernde Feuersteingeruch, dominiert die Aromenpalette, die auch reich an Ananas- und Lindenblütenaromen ist. Die Zartheit des Stoffs wird durch eine gute Bitternote ausgeglichen, die dem Wein Persönlichkeit verleiht. Auch wenn es schwierig ist, die Entwicklung eines Chasselas-Weins vorherzusagen, dürfte sich dieser für eine ein- bis fünfjährige Lagerung eignen.

SA Obrist, av. Reller 26, 1800 Vevey, Tel. 021.925.99.25, Fax 021.925.99.15, E-Mail obrist@obrist.ch n. V.

DOM. DE CROCHET

Mont-sur-Rolle Merlot 1999**

■ Gd cru 0,25 ha 700 15 à 23 €

Dieses Gut zeichnet sich durch zwei bemerkenswerte Rotweine aus. Der eine ist ein Verschnitt von Syrah, Cabernet franc, Cabernet Sauvignon, Merlot und Viognier. Dabei handelt es sich um den **Grand cru Mont-sur-Rolle Cuvée Charles Auguste,** der zwölf Monate in der Barrique ausgebaut wurde. Der andere ist ein eleganter Merlot, dessen Duft voller Feinheit an Schlehe und Zimt erinnert. Die feinen, dichten Tannine verschmelzen mit einem runden, aromatischen Stoff, den das gerade richtige Maß an Frische perfekt ausbalanciert. Ein anhaltender Abgang beschließt diesen fleischigen Merlot.

Michel Rolaz, chem. Porchat 4, 1180 Rolle, Tel. 021.825.11.41, Fax 021.818.25.11 n. V.

HENRI CRUCHON

Morges Chardonnay Cuvée gourmande 1999***

☐ 4 ha 16 000 11 à 15 €

Dieser neun Monate in der Barrique ausgebaute Chardonnay hüllt sich in eine goldene Farbe. Er bietet intensive Aromen von Zitrusfrüchten, Vanille, Pfirsich und Feuerstein. Der nachhaltige Geschmack findet ein schönes Gleichgewicht zwischen Reichtum und Frische. Er enthüllt die Aromen von vollreifem Traubengut mit all den Nuancen, die man in der Nase wahrgenommen hat.

Henri Cruchon, Cave du Village SA, 1112 Echichens, Tel. 021.801.17.92, Fax 021.803.33.18

Mo–Fr 10h–12h 14h–18h; Sa 8h–12h

DOM. DU DALEY

Villette Chasselas Réserve du domaine 2000**

☐ Gd cru 4,7 ha 10 000 8 à 11 €

Dieses Gut war über fünf Jahrhunderte lang im Besitz der Mönche des Klosterkapitels Saint-Nicolas in Fribourg. 1937 nahm die Familie Bujard sein Schicksal in die Hand. Der Chasselas zeigt einen typischen Lindenblütenduft, den Pfirsicharomen begleiten. Der sehr milde Geschmack besitzt eine diskrete Lebhaftigkeit, die ihn noch köstlicher macht, während der Abgang die charakteristische Bitternote erkennen lässt. Die **rote 99er Réserve du Domaine Barrique Assemblage** (Preisgruppe: 70 bis 99 F) erhält ebenfalls zwei Sterne: Sie vereint Gamaret, Garanoir und Pinot noir.

Dom. du Daley, chem. des Moines, 1095 Lutry, Tel. 021.791.15.94, Fax 021.791.58.61 n. V.

Paul Bujard

CHRISTIAN DUGON

Côtes de l'Orbe Gamaret 1999**

■ 0,4 ha 3 000 5 à 8 €

Der Gamaret ist eine neue Schweizer Rebsorte, die durch Kreuzung von Gamay und Reichensteiner gezüchtet wurde. Sie ist berühmt dafür, dass sie farbintensive, tanninreiche Weine hervorbringt. Dieser hier zeigt tatsächlich eine kräftige Farbe und einen runden Geschmack, den feine, umhüllte Tannine unterstützen. Die anhaltenden Aromen erinnern an Brombeere und Zimt mit einem Hauch von Veilchen. Christian Dugon präsentiert außerdem einen bemerkenswerten **roten 99er Côte de l'Orbe** (Preisgruppe: 50 bis 69 F).

Christian Dugon, La Grande-Ouche, 1353 Bofflens, Tel. 024.441.35.01, Fax 024.441.35.36 n. V.

ES EMBLEYRES

Dézaley Chasselas 2000**

☐ 1,2 ha 12 000 11 à 15 €

Die 3,7 ha Reben, die dieses Gut umfasst, sind zu 90 % mit Chasselas bestockt. Die Verbindung von Dézelay-Terroir mit der Chasselas-Traube findet hier eine schöne Ausdrucksform: helle Farbe, blumig-mineralischer Duft und ein runder und zugleich lebhafter Geschmack, der sich auf der gleichen aromatischen Linie bewegt. Ist dieser Wein noch zurückhaltend? Vielleicht, aber in den kommenden fünf Jahren dürfte er sich deutlicher offenbaren.

Jean-François Chevalley, Dom. de la Chenalettaz, 1096 Le Treytorrens-en-Dézaley, Tel. 021.799.13.00, Fax 021.799.39.21, E-Mail jf.chevalley@lavaux.ch n. V.

DENIS FAUQUEX

Epesses Chasselas 2000**

□ 0,41 ha 4 200 ▮ 8 à 11 €

Die Weine von Epesses sind in der Regel lagerfähig. Auch wenn dieser Chasselas verdient, dass man ihn aufhebt, wird er doch rasch seine Persönlichkeit enthüllen. Er ist schon jetzt blumig und intensiv mineralisch und entfaltet im Gaumen viel Schmelz und die für das Terroir typische Bitternote.

Denis Fauquex, rte de la Corniche 17, 1097 Riex, Tel. 021.799.11.49, Fax 021.799.11.49, E-Mail denis-fauquex@bluewin.ch ☑ Y n. V.

GROGNUZ FRERES ET FILS

Saint-Saphorin Syrah 1999***

■ 0,12 ha 1000 15 à 23 €

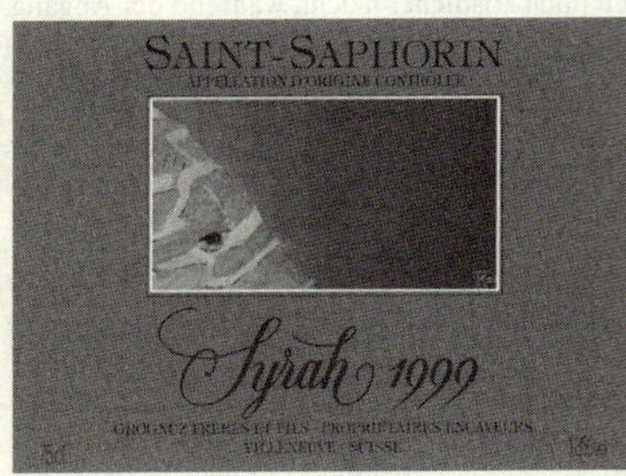

Dieser Syrah-Wein von kräftiger Farbe mit schwarzen Reflexen hat die Jury verführt. Er ist sehr ausdrucksvoll und typisch im Duft und bietet Pfeffer-, Veilchen- und Zimtaromen. Die gleiche Komplexität zeigt er im Gaumen samtig und mit gut umhüllten Tanninen. Der Abgang hält besonders lang an. Dieser schöne Stoff eignet sich für eine Lagerung von zehn Jahren. Probierenswert ist auch der **2000er Chasselas Chez les Rois** (Preisgruppe: 50 bis 69 F), der einen Stern erhält.

Grognuz Frères et Fils, chem. des Bulesses 91, 1814 La Tour-de-Peilz, Tel. 021.944.41.28, Fax 021.944.41.28 ☑ Y n. V.

DOM. DE LA CAPITE

Luins Chasselas 2000***

□ 4 ha 20 000 ▮ 5 à 8 €

Eine salzige Note ergänzt eine diskret mineralische, blumige und fruchtige Aromenpalette: Lindenblüte, Pfirsich und Zitrone. Sie kommt im Mund in einer guten Ausgewogenheit zwischen Schmelz und Frische erneut zum Vorschein. Die dichte Struktur, die keinerlei Schwere besitzt, dürfte eine fünf bis sieben Jahre dauernde Lagerung zulassen.

Claude Berthet, La Capite-Luins, 1268 Begnins, Tel. 022.366.11.16, Fax 022.366.11.16 ☑ Y n. V.

LA CELESTE Vinzel Chasselas 2000**

□ 1,5 ha 10 000 ▮ 5 à 8 €

«La Céleste» ist der Name einer 1998 erschaffenen Linie von Weißweinen. Die Rebsorten Sauvignon und Chasselas sind ihre Stars. Ein schönes gelbrotes und goldenes Etikett, das einen Rebstock zeigt, lädt dazu ein, diesen noch zurückhaltenden Chasselas kennen zu lernen, der zitronenartig und blumig duftet. Im Gaumen strukturiert, stützt sich der Wein auf eine gute Ausgewogenheit zwischen Rundheit und Frische. Die Zitronen- und Ananasaromen verbinden sich mit einem milden Stoff, bevor sie einer angenehmen Bitternote Platz machen.

Gustave et Yann Menthonnex, Dom. Delaharpe, La Tourelle, 1183 Bursins, Tel. 021.824.22.30, Fax 021.824.22.30, E-Mail menthonnex@hotmail.com ☑ Y n. V.

DOM. LA COLOMBE

Mont-sur-Rolle Petit Clos Chasselas 2000**

□ 1,5 ha 10 000 ▮ 8 à 11 €

Eine Taube erscheint auf dem Wappen der Familie Paccot und gibt diesem Gut seinen Namen. Vom Petit Clos, einer 500 m hoch gelegenen Parzelle, stammt dieser Chasselas. Er ist leicht salzig und erinnert an Blüten, Weinbergspfirsich und eine diskrete Zitronennote. Der köstliche Geschmack greift die gleichen Aromen in vollkommener Harmonie wieder auf. Ein Wein zum Aperitif und zum Essen.

Raymond Paccot, Dom. La Colombe, 1173 Féchy, Tel. 021.808.66.48, Fax 021.808.52.84, E-Mail raypaccot@freesurf.ch ☑ Y n. V.

LA MAISON DU LEZARD

Yvorne Pinot noir Vinifié et élevé en barrique de chêne 1999**

■ 1 ha 9 510 15 à 23 €

Das Gut räumt auf den Kalksteinböden von Aigle, Ollon und Yvorne der Pinot-noir-Rebe einen besonderen Platz ein. Das letztgenannte Terroir hat einen Rotwein mit schwarzen Reflexen hervorgebracht, der ganz von Fruchtaromen dominiert ist: Erdbeere, Himbeere und Kirsche. Die Barriquenoten bleiben diskret im Hintergrund. Der typische Pinot-Geschmack strukturiert sich rund um gut eingebettete Tannine und entfaltet eine frische Fruchtigkeit. Die Vanille taucht voller Feinheit in einem anhaltenden Abgang auf.

Henri Badoux, av. du Chamossaire 18, 1860 Aigle, Tel. 024.468.68.88, Fax 024.468.68.89, E-Mail badoux.vins@bluewin.ch ☑ Y n. V.

LA TRINQUETTE

Epesses Chasselas 2000**

□ 1,05 ha 7 500 ▮ 8 à 11 €

Goldene Reflexe beleben die Farbe dieses Chasselas. Der noch zurückhaltende Geruchseindruck lässt dennoch den typischen mineralischen Charakter und eine blumige Seite erkennen. Der von Zartheit erfüllte Gaumen bietet Feuersteinaromen, hinter denen sich Lindenblütennoten zeigen. Trinken kann man den Wein schon im Herbst und dann mindestens drei Jahre lang.

Pascal Fonjallaz-Spicher, La Place, 1098 Epesses, Tel. 021.799.37.56, Fax 021.799.37.56, E-Mail pascal.fonjallaz@urbanet.ch ☑ Y n. V.

LE CAVISTE Ollon Chasselas 2000**

☐ 15 ha 100 000 8 à 11 €

Lindenblüte prägt die Aromenpalette dieses Chasselas, die noch eine leichte, auf das Terroir zurückgehende Feuersteinnote enthält. Rundheit und Frische gleichen einander aus und erzeugen einen harmonischen Gesamteindruck. Der Inbegriff eines Aperitifweins.

Association viticole d'Ollon, rue Demesse, 1867 Ollon, Tel. 024.499.11.77, Fax 024.499.24.48, E-Mail info@avollon.ch ☑ Y n. V.

LES BLASSINGES
Saint-Saphorin Chasselas 2000**

☐ 1,2 ha 12 000 8 à 11 €

Die Chasselas-Trauben wachsen hier auf Terrassen, die mit Trockensteinmauern abgestützt sind; sie sind zu vollkommener Reife gelangt. Der goldfarbene Wein bietet fruchtige Aromen sowie die erwarteten Lindenblütennoten. Eine leicht mineralische Nuance unterstreicht die Aromenpalette. Im Gaumen rund und fein, mit Aromen von Ananas und Weinbergspfirsich und einem Hauch von Pfeffer. Der Abgang hält gut an.

Pierre-Luc Leyvraz, chem. de Baulet 4, 1071 Chexbres, Tel. 021.946.19.40, Fax 021.946.19.45, E-Mail pl.leyvraz@freesurf.ch ☑ Y n. V.

LE SENDEY
Blonay Montreux Chasselas 2000**

☐ 0,6 ha 6 500 8 à 11 €

Dieser sanfte Chasselas wird aufgrund seiner Aromen von Schwarzem-Johannisbeer-Gelee und Lindenblüten den Appetit anregen. Seine Milde und seine leichte Bitterkeit machen ihn zu einem Wein mit Terroir-Charakter. Man kann ihn in den kommenden zwei bis drei Jahren trinken.

Henri et François Montet, Chaucey 14, 1807 Blonay, Tel. 021.943.53.35, Fax 021.943.53.35 ☑ Y n. V.

LES FOSSES
Saint-Saphorin Chasselas 2000***

☐ k. A. 30 000 8 à 11 €

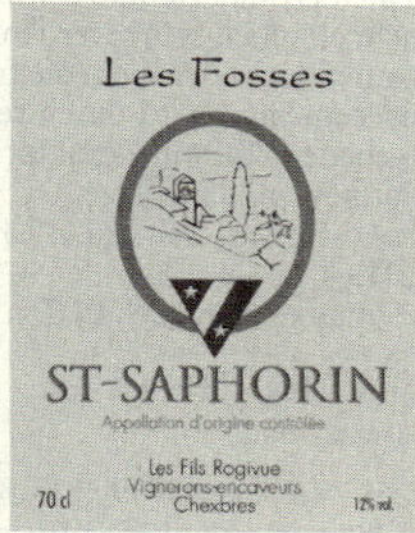

Dieser Chasselas ist zwar schon trinkreif, verfügt aber auch über ein gutes Lagerpotenzial. Er hat eine helle Farbe und hinterlässt intensive Blütendüfte, die ein eleganter mineralischer Anklang betont. Im Mund wird er dank dieser leicht würzigen aromatischen Linie zart und wohl schmeckend. Die Ausgewogenheit hält in einem nachhaltigen Finale an, das die für das Terroir typische Bitternote enthält.

Les Fils Rogivue, rue Cotterd 6, 1071 Chexbres, Tel. 021.946.17.39, Fax 021.946.32.83, E-Mail info@rogivue.ch ☑ Y n. V.

CH. DE LUINS
Luins Chasselas Réserve du propriétaire 1998***

☐ 10,08 ha k. A. 5 à 8 €

Dieser ganz goldene Chasselas hat von seinem Ausbau im großen Holzfass Aromen von Gewürzen, Pfeffer und Zimt geerbt, die sich mit der blumig-fruchtigen Duftpalette (Pfirsich, Aprikose) vereinigen. Im Gaumen ist er reich und aromatisch. Zudem besitzt er eine verhaltene Lebhaftigkeit, die bis zum Abgang die Aromen unterstützt. Ein Beispiel für eine abgeschlossene Entwicklung bei diesem Wein, der seine ganze Aromenpalette entfaltet.

Rémi Baechtold, Ch. de Luins, 1184 Luins, Tel. 021.824.13.84, E-Mail lbaechto@worldcom.ch ☑ Y n. V.

CH. MAISON BLANCHE
Yvorne Chasselas 2000***

☐ Gd cru 6,44 ha 70 000 8 à 11 €

Das Terroir von Yvorne liegt auf einem tiefen Kies- und Kalksteinboden. Das Dorf wurde nämlich 1584 von einem Bergrutsch zerstört, der das ganze Gebiet unter sich begrub. Diese Erdrutsche tragen den Namen *«ovaille»*, was im Altfranzösischen so viel wie Katastrophe bedeutet. Die Chasselas-Rebe findet hier eine ihrer schönsten Ausdrucksformen. Eine mineralisch-blumig-fruchtige Aromenpalette leitet diesen zarten 2000er mit viel Schmelz ein, der im Nasen-Rachen-Raum eine schöne Pfirsichfruchtigkeit bietet. Der mineralische Charakter und die bittere Schlussnote zeugen von seiner Herkunft.

SA ch. Maison Blanche, CP 76, 1180 Rolle, Tel. 021.822.02.02, Fax 021.822.03.99 ☑ Y n. V.

DOM. DE MARCELIN
Morges Chasselas 2000**

☐ 2,42 ha 12 500 5 à 8 €

Die Domaine de Marcelin (7,47 ha) gehört der Schule für Landwirtschaft und Weinbau in Morges. Sie hat einen Chasselas erzeugt, der klare Anklänge an Lindenblüte aufweist. Im Gaumen zeigt er die gleiche blumige Frische; er findet ein Gleichgewicht zwischen Rundheit und Lebhaftigkeit. Ein Wein, den man mit einem Hartkäse kombinieren kann.

Dom. de Marcelin, av. Marcelin, 1110 Morges, Tel. 021.803.08.33, Fax 021.803.08.36 ☑ Y n. V.

DOM. DU MARTHERAY
Féchy Chasselas 2000**

☐ Gd cru 13,85 ha 100 000 5 à 8 €

Dieser helle, strahlende Chasselas bietet einen recht kräftigen Duft. Feuerstein verbindet sich mit Pfirsich, Ananas und Lindenblüte. Im Gaumen ist er herrlich rund und von angenehmer

Lebhaftigkeit. Er balanciert sich auf diese Weise mit fruchtigen und mineralischen Aromen aus, bis zu einer hübschen Bitternote zum Schluss. Ein nachhaltiger, für das Terroir typischer Wein, den ein Vacherin-Käse (Halbweichkäse aus Kuhmilch) gern begleiten würde.
SA dom. du Martheray, CP 76, 1180 Rolle, Tel. 021.822.02.02, Fax 021.822.03.99 n. V.

LE CELLIER DU MAS

Tartegnin Pinot-Gamay 2000*

■ 1 ha 6 000 8 à 11 €

Eine Assemblage aus 60 % Pinot noir und 40 % Gamay kommt im Glas in einem rubinroten Wein zum Ausdruck, der intensiv und frisch ist. In der Nase mischen sich Schwarzkirsche und Veilchen, im Gaumen entfaltet der Wein über einer guten Tanninunterstützung volle Fruchtigkeit. Eine diskrete Lebhaftigkeit vereinigt sich mit dem Stoff. Der Abgang ist noch von den Tanninen geprägt, aber diese dürften bis Ende 2002 verschmolzen sein.
Blanchard Frères, Le Cellier-du-Mas, 1185 Mont-sur-Rolle, Tel. 021.825.19.22, Fax 021.825.49.03, E-Mail fblanchard@blue-win.ch n. V.
Fernand Blanchard

P.A. MEYLAN

Ollon Gamaret Elevé en barrique 2000**

■ 0,65 ha 3 000 23 à 30 €

Der 4,2 ha große Weinberg breitet sich rund um ein savoyardisches Haus aus dem 18. Jh. aus. 85 % Gamaret und 15 % Garanoir ergeben einen sehr runden Wein. Die Aromen von Brombeere, schwarzer Kirsche und Pfeffer vermischen sich mit einem spürbaren, aber nie aufdringlichen Vanillearoma. Der reiche Geschmack entfaltet sich über umhüllten Tanninen bis zu einem recht nachhaltigen Abgang.
Meylan et Cavé, Le Raisin, 1867 Ollon, Tel. 024.499.37.07, Fax 024.499.37.08, E-Mail chapellelaroche@bluewin.ch n. V.

PIERRE MONACHON

Saint-Saphorin Merlot 1999***

■ 0,1 ha 600 15 à 23 €

Gewölbekeller aus dem 18. Jh. haben diesen rotschwarzen Merlot ein Jahr lang beherbergt. Die komplexe, feine Aromenpalette erinnert an Tabak, Zimt, Rauch, Pflaume und schwarze Kirsche. Im Gaumen präsentiert er sich samtig und wird von dichten Tanninen unterstützt, die viel Schmelz haben. Der fruchtbetonte Abgang beschließt die Verkostung dieses reifen, perfekt vinifizierten Weins, den man fünf bis acht Jahre lang genießen kann.
Pierre Monachon, Cave de Dereyjeu, 1812 Rivaz, Tel. 021.946.15.97, Fax 021.946.37.91 n. V.

PARFUM DE VIGNE

Coteau de Vincy Grain noir 2000**

■ 0,4 ha 3 500 11 à 15 €

In diesem Wein findet man (fast) alle roten Traubensorten des Waadtlands wieder: Gamaret, Garanoir, Diolinoir und Pinot noir. Sie vereinigen sich zu einem Wein von kräftiger Farbe mit leicht bläulich roter Oberfläche – ein Kennzeichen der Jugend. Die ausdrucksvollen Aromen erinnern an rote und schwarze Früchte wie etwa Himbeere, Brombeere und Kirsche. Hinzu kommt ein Hauch von Veilchen und Pfeffer. Der fleischige Körper ist im Auftakt durch die Tannine geprägt, entwickelt sich dann aber zu einer samtigen Empfindung hin. Man sollte den Wein ein Jahr lagern, damit die Tannine verschmelzen können.
Jean-Jacques Steiner, Sous-Les-Vignes, 1195 Dully, Tel. 021.824.11.22, Fax 021.824.23.38, E-Mail jjcsteiner@smartfree.ch n. V.

PONNAZ ET FILS

Calamin Chasselin 2000**

□ Gd cru 0,5 ha 5 000 8 à 11 €

Die goldene Farbe weist auf die Opulenz dieses Chasselas hin: Pfirsich, Aprikose, Mango und Lindenblüte. Exotik! Im Gaumen gelingt dem aromatischen Wein eine Harmonie zwischen seiner leichten Milde und einer köstlichen Lebhaftigkeit. Auf die fruchtig-blumigen Aromen folgt die leicht bittere Schlussnote, die für das Terroir charakteristisch ist.
Ponnaz et Fils, rte de Vevey 7, 1096 Cully, Tel. 021.799.13.18, Fax 021.799.13.26, E-Mail ponnaz-et-fils@bluewin.ch n. V.

RESERVE DU PATRON

Vully Pinot noir Elevé en barrique de chêne 2000*

■ 0,25 ha 1 700 11 à 15 €

Schwarze Reflexe zeichnen sich im leichten Rot dieses Weins ab. Dem intensiven Duft von kleinen Früchten (Himbeere und schwarze Kirsche) entspricht ein noch spürbarer Holzton. Im stoffigen Gaumen greift der Wein die fruchtigen Aromen wieder auf und wird durch recht kräftige, gut eingebettete Tannine strukturiert.
Daniel Matthey, pl. du Village, 1586 Vallamand-Dessus, Tel. 026.677.13.30, Fax 026.677.31.64, E-Mail info@mattheydaniel.ch n. V.

ROBIN DES VIGNES

Villette Chasselas 2000*

□ 2,5 ha 25 000 8 à 11 €

Düfte von kleinem Weinbergspfirsich begleiten die typischen Lindenblütenaromen. Die goldene Farbe weist auf einen reifen Wein hin, dessen Milde sich mit einer angenehmen Lebhaftigkeit ausgleicht. Die typische Bitternote stellt sich im Abgang ein.

Association viticole de Lutry, Chem. Culturaz 21, 1095 Lutry, Tel. 021.791.24.66, Fax 021.791.67.24, E-Mail avl@i-net.ch
Mo–Fr 8h30–12h 13h30–18h; Sa 8h–12h.; Gruppen n. V.

LOUIS-PHILIPPE ROUGE ET FILS
Epesses Chasselas La Réserve du Vigneron 2000★★★

☐ 1 ha 6 000 15 à 23 €

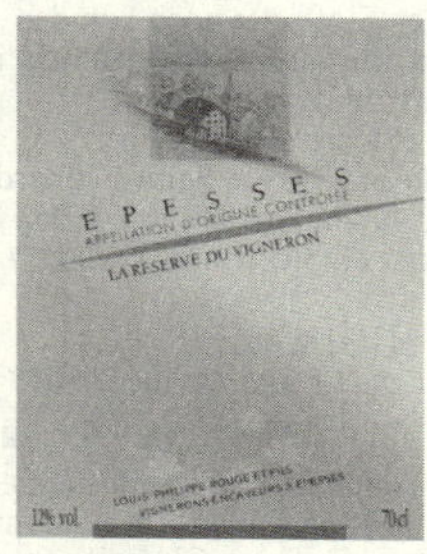

Blüten, eine mineralische Note, auch Frucht. All das ist vorhanden, um einen fülligen, reichen Wein zu komponieren. Der köstliche Geschmack entfaltet sich lang anhaltend über Aromen von Lindenblüte, Pfirsich, Gewürzen und Feuerstein. Sicherlich ein Wein für den Aperitif, aber auch zum Essen, denn Fischgerichte, weißes Fleisch und Käse werden gut zu ihm passen.

Louis-Philippe et Philippe Rouge, cave de la Cornalle, 1098 Epesses, Tel. 021.799.41.22, Fax 021.799.26.64 n. V.

DOM. SERREAUX-DESSUS
Luins Chasselas 2000★★★

☐ Gd cru 6,5 ha 20 000 8 à 11 €

Er ist fein, sehr fein und so harmonisch! Dieser Chasselas von blasser Farbe ruft durch seine Lindenblütenaromen und seine mineralischen und salzigen Noten ein großartiges Terroir in Erinnerung. Lebhaftigkeit und Rundheit verbinden sich zu einer lang gestreckten Struktur, die im Abgang anhält. Schönes Lagerpotenzial.

Hoirie Matringe, Serreaux-Dessus, 1268 Begnins, Tel. 022.366.29.47, Fax 022.366.28.57, E-Mail serreauxdessus@bluemail.ch n. V.

SYMPHONIE DOREE Epesses 2000★★

☐ 0,2 ha 700 15 à 23 €

Der Silvaner leistet in diesem goldenen Wein seinen Beitrag (10 %) zur «goldenen Sinfonie» der Chasselas-Traube. In der Nase Anklänge von Pfirsich, Aprikose und Mandarine sowie ein leicht kandierter Charakter. Der äußerst edelsüße Geschmack stützt sich auf das richtige Maß an Lebhaftigkeit, um seinen Reichtum bis zu einem anhaltenden Abgang auszugleichen.

Michel Blanche, Dom. d'Aucrêt, 1091 Bahyse-sur-Cully, Tel. 021.799.36.75, Fax 021.799.38.14, E-Mail cave.aucret@worldcom.ch
tägl. 8h–12h 13h30–18h

TRIADE Réserve Elevé en barrique 1999★★

■ 0,2 ha 2 100 11 à 15 €

Pinot noir, Gamaret und Garanoir bilden dieses bemerkenswerte Dreigespann. Der Wein hat eine intensive Farbe mit schwarzen Reflexen und bietet Aromen von Pfeffer, Zimt und kleinen Früchten, die ein leichter Holzton hervorhebt. Er füllt den Mund mit einem runden, von dichten Tanninen unterstützten Stoff aus. Eine Flasche, die sich für eine Lagerung von mindestens fünf Jahren eignet.

Association vinicole de Corseaux, rue du Village 20, 1802 Corseaux, Tel. 021.921.31.85, Fax 021.821.31.10, E-Mail info@avc-vins.ch n. V.

VALLON DE L'AUBANNE
Lavigny Chasselas Elevé sur lie 2000★★

☐ 0,5 ha 4 100 8 à 11 €

Ein Chasselas zum Essen, der sehr gut zu Fisch mit Sauce passen sollte. Er hat eine goldene Farbe und bietet eine blumige Aromenpalette, die eine salzige Nuance enthält. Der köstliche, frische Geschmack hinterlässt einen Eindruck von Rundheit. Dieser Wein dürfte sich in den kommenden fünf Jahren gut entwickeln.

Jacques et Stéphane Schmidt, cave du Vallon, 1175 Lavigny, Tel. 021.808.61.92, Fax 021.808.61.92, E-Mail info@caveduvallon.ch n. V.

DOM. DE VILLAROSE
Vully Chardonnay Fleur de vigne 2000★

☐ 0,3 ha k. A. 8 à 11 €

Dieser angenehm goldfarbene Chardonnay entfaltet sich zu frischen Zitrus- und Pfirsicharomen. Im Gaumen weist er denselben fruchtigen Charakter auf, den eine köstliche Lebhaftigkeit noch zusätzlich unterstreicht. Der Abgang lässt eine gewisse Rundheit und eine gute Nachhaltigkeit erkennen. Ein Wein, den man in seiner Frische trinken sollte.

Alain Besse, Dom. de Villarose, 1787 Mur, Tel. 026.673.12.40, Fax 026.673.14.95, E-Mail p.a.besse@bluewin.ch n. V.

CH. DE VINZEL Vinzel Chasselas 2000★★

☐ Gd cru 8,34 ha 70 000 5 à 8 €

Der Weinberg von Château de Vinzel, der bis zum 18. Jh. zusammen mit seinem Nachbarn Château La Bâtie nur ein einziges Gut bildete, umfasst heute 8,34 ha. Sein Chasselas besitzt in seiner Palette von Lindenblüte und Weinbergspfirsich einen mineralischen, leicht salzigen Charakter. Er ist zart, voller Schmelz und verdankt seinen typischen Charakter der unvermeidlichen Bitternote, die das Waadtländer Terroir kennzeichnet.

SA Ch. de Vinzel, CP 76, 1180 Rolle, Tel. 021.822.02.02, Fax 021.822.03.99 n. V.

Kanton Wallis (Valais)

Das Tal der oberen Rhône, das im Laufe der Jahrtausende durch den Rückzug der Gletscher geformt wurde, ist ein Gebiet der Gegensätze. Die Weinberge wurden an Hängen angelegt, die oft terrassiert sind.

Das Wallis wirkt ein wenig wie die Provence, obwohl es mitten in den Alpen liegt: die Nähe zum ewigen Schnee, die Reben, die neben Aprikosenbäumen und Spargel wachsen. Rund fünfzig Rebsorten werden im Wallis angebaut; einige davon findet man nirgendwo sonst, wie etwa Petite Arvine und Humagne, Amigne und Cornalin. Der Chasselas heißt hier Fendant; in einer glücklichen Verbindung ergeben Pinot noir und Gamay blanc (und weitere rote Sorten) den Dôle – beides AOC-Weine, die sich je nach den verschiedenartigen Lagen durch ihre Fruchtigkeit oder ihre Vornehmheit auszeichnen.

Das Wallis ist in den Bergen das niederschlagsreichste und im Tal das trockenste Gebiet der Schweiz. Seit Jahrhunderten wird der Wasserreichtum in Kanälen auf die Felder und Rebberge an den unteren Berghängen und auf die Gemüseplantagen im Tal geleitet.

Entlang den *«bisses»* (wie die Bewässerungskanäle hier genannt werden) stößt der Wanderer auf Mandelbäume und Adonisröschen, Kastanienbäume und Kakteen, Gottesanbeterinnen, Zikaden und Skorpione; er kann an den Mauern Wermutkraut und Beifuß, Ysop und Thymian finden.

ARDEVINE Chamoson 1999*

■ 1 ha 6 000 11 à 15 €

Diese ein Jahr lang im Holzfass ausgebaute Assemblage von Cabernet Sauvignon, Syrah, Humagne rouge und Merlot entfaltet einen intensiven, aber feinen Duft mit würzigen Noten. Der fleischige, seidige Geschmack trägt im Abgang noch den Stempel der Tannine; dennoch kündigt sich eine schöne Harmonie in zwei Jahren an.

Michel Boven, Latigny 4, 1955 Chamoson, Tel. 027.306.28.36, Fax 027.306.74.00, E-Mail michel.boven@revaz.com n. V.

ANTOINE ET CHRISTOPHE BETRISEY

Saint-Léonard Pinot noir Elevé en fût de chêne 1999*

■ 0,3 ha 3 000 11 à 15 €

Dieser Pinot von einem leichten, kiesigen Kalksteinboden mit hohem Schieferanteil präsentiert sich in einem intensiven Rubinrot. Seine Aromen verraten einen zehnmonatigen Ausbau im Holzfass: Röst-, Toast- und Vanillenoten. Schöne Tannine umgeben einen stattlichen, strukturierten Stoff, der noch von den Holzaromen geprägt wird. Ein Wein, den man in ein bis drei Jahren trinken sollte.

Antoine et Christophe Bétrisey, rue du Château 12, 1958 Saint-Léonard, Tel. 027.203.11.26, Fax 027.203.40.26, E-Mail betrisey@bluewin.ch n. V.

ALBERT BIOLLAZ

Belle Provinciale Petite Arvine 2000**

□ 0,2 ha 3 000 11 à 15 €

Diese «Schöne Provinzlerin» trägt ein gelbes Kleid, das golden schimmert, und hinterlässt einen blumigen Duft mit Glyziniennoten. Sie ist im Auftakt lebhaft und freimütig und präsentiert sich frisch und gut strukturiert. Die **2000er Cuvée Renaissance Humagne rouge** erhält einen Stern.

Les Hoirs Albert Biollaz, rue du Prieuré 5, 1956 Saint-Pierre-de-Clages, Tel. 027.306.28.86, Fax 027.306.62.50, E-Mail info@biollaz-vins.ch n. V.

CHARLES BONVIN FILS

Humagne blanche 1999**

□ k. A. 2 000 15 à 23 €

1992 vereinigte sich die Firma Charles Bonvin, deren Geschichte Ende des 18. Jh. beginnt, mit der Firma Varone in Champsec. Auch wenn man sich so die Einrichtungen teilt, bewahrt jede ihre Autonomie. Dieser trockene Wein, der blassgelb mit grauen Reflexen ist und zart blumig duftet, bietet einen frischen Geschmack. Im Abgang machen die fruchtigen Pfirsich- und Aprikosenaromen einer eleganten Bitternote Platz. Die Jury erkannte zwei Weinen einen Stern zu: dem **2000er Heida,** einem trockenen Weißwein, der Stärke und Frische verbindet, und dem **2000er Dôle du Château Cuvée réservée.**

Charles Bonvin Fils, Grand Champsec 30, 1950 Sion 4, Tel. 027.203.41.31, Fax 027.203.47.07, E-Mail info@charlesbonvin.ch Mo–Sa 10h–12h 14h–18h30

CAPRICE DU TEMPS

Coteaux de Sierre Chardonnay 2000*

□ 0,23 ha 2 000 8 à 11 €

Die Zeit wird das nach Süden liegende Terroir mit Kalksteinboden und die Chardonnay-Rebe unterstützen, die diesen schon jetzt angenehmen Wein hervorgebracht haben. Er wird in seinem Blassgelb von dichten Reflexen belebt, in der Nase bietet er blumige Noten, im Gaumen anhaltende Zitrusnoten. Ein konzentrierter Wein, den ein Hauch von Frische gut unterstützt.

Hugues Clavien et Fils, Cave Caprice du Temps, rte la Coin-du-Carro, 3972 Miège, Tel. 027.455.76.40, Fax 027.455.76.40, E-Mail clavien@capricedutemps.com ☑ Y n. V.

CHAMPORTAY Martigny Dôle 2000**

■ k. A. k. A. 8 à 11 €

Trockensteinmauern stützen diesen 14 ha großen Weinberg ab, der in terrassierter Form auf dem Hang von Martigny angelegt ist. Dieser tiefrote Dôle mit bläulich roten Reflexen bietet Aromen von reifen Früchten (Erdbeere, schwarze Johannisbeere und Himbeere), bevor er den Gaumen mit einem runden Stoff erfüllt, den spürbar vorhandene, aber umhüllte Tannine strukturieren. Die Harmonie ist schon erreicht, aber man kann diese Flasche trotzdem noch gut drei Jahre lang mit Genuss trinken. Der **2000er Champortay Gamay** ist ebenso bemerkenswert.

Gérald et Patricia Besse, Les Rappes, 1921 Martigny-Combe, Tel. 027.722.78.81, Fax 027.723.21.94 ☑ Y n. V.

CAVE CHANTEVIGNE
Petite Arvine 2000*

□ 0,1 ha 700 8 à 11 €

Raphaël Vergère hat diese Familienkellerei 1984 gegründet. Im Hinblick auf die Rebsorten ist er ein Spezialist, denn er übt auch den Beruf eines Rebschulisten aus. Sein Wein aus der Traubensorte Petite Arvine, der von einem tonigen schwarzen Schieferboden stammt, glänzt mit goldenen Reflexen und bietet dann exotische Früchte und Zitrusfrüchte. Er ist zunächst lebhaft und freimütig und hinterlässt im Mittelbereich des Gaumens einen Eindruck von Vollmundigkeit und Struktur. Im Abgang machen seine Pampelmusen- und Zitronenaromen einer typischen salzigen Note Platz.

Raphaël Vergère, Cave de Chantevigne, rue de Conthey 25, 1963 Vétroz, Tel. 027.346.34.48, E-Mail r.vergere@netplus.ch ☑ Y n. V.

THIERRY CONSTANTIN
Johannisberg Larme de décembre 1999***

□ 0,28 ha 900 15 à 23 €

LARME DE DÉCEMBRE
AOC VALAIS
JOHANNISBERG
surmaturé sur souche
50cl 1999 14% vol.

Im April 2001 hat Thierry Constantin einen Degustationsraum auf diesem 5,5 ha großen Gut eröffnet. Er präsentiert dort diesen edelsüßen Wein aus der Traubensorte Johannisberg (Grüner Silvaner). Die goldene Farbe mit strohgelben Reflexen lädt dazu ein, eine intensive Aromenpalette zu entdecken, die sich aus Unterholz, kandierter Birne und Kastanie zusammensetzt. Im Gaumen voller Schmelz, fast ölig und mit deutlich vorhandenen Noten von Edelfäule (schmeichelnder Wein). Eine Flasche (mit 50 cl Inhalt), die man drei Jahre aufheben sollte. Zwei Sterne erkannte die Jury einem anderen edelsüßen Wein zu: dem **99er Larme d'or Petite Arvine** (Preisgruppe: 70 bis 99 F; Flaschen mit 37,5 cl Inhalt).

Thierry Constantin, rte de Savoie, 1962 Pont-de-la-Morge, Tel. 079.433.16.81, Fax 077.346.60.20, E-Mail tyconstantin@tvsznet.ch ☑ Y n. V.

CAVE CORBASSIERE
Saillon Malvoisie 2000**

□ 0,3 ha 3 000 11 à 15 €

Goldene Reflexe kündigen die stattliche Erscheinung dieses edelsüßen Weins mit den Aromen von Rosinen und Quitte an. Sein zwischen Süße und Frische ausbalancierter Gaumen hält mit Haselnussnoten lange an. Dieser 2000er verdient, dass man ihn zwei Jahre lagert. Während dieser Zeit können Sie den sehr gelungenen **2000er Saillon Johannisberg** (Preisgruppe: 50 bis 69 F) genießen, einen trockenen Weißwein, der sehr rund ist und eine Empfindung von gerösteten Mandeln und Orangenblüte hinterlässt.

Cave Corbassière, rte de Traux, 1913 Saillon, Tel. 027.744.14.03, Fax 027.744.39.20, E-Mail info@cave-corbassière.ch ☑ Y n. V.

CORNULUS Cornalin Antica 1999***

■ 0,6 ha 2 500 15 à 23 €

Der Cornalin, der auch *Alter Landroter* genannt wird, ist eine typische Schweizer Rebsorte, die ihren Ursprung im Alpenraum hat. Sein Name taucht im Register von Anniviers des Jahres 1313 auf. Die Traubensorte, die vor Jahrzehnten fast ausgestorben wäre, mittlerweile aber als charaktervolle Spezialität gehegt und gepflegt wird, findet in dieser Cuvée eine wunderbare Ausdrucksform. Der intensiv rubinrote Wein mit bläulich roten Reflexen bietet in der Nase Sauerkirsche, rote Früchte, Gewürze und mineralische Noten. Eine sehr schöne würzige Frucht zeigt sich im reichen, kräftigen Gaumen, den deutlich vorhandene Tannine perfekt strukturieren. Die Domaine Cornulus präsentiert auch einen bemerkenswerten **99er Octoglaive Hermitage Grain noble** (Preisgruppe: 150 bis 199 F) und einen sehr gelungenen **2000er Clos des Corbassières Chasselas Vieilles vignes** (Preisgruppe: 50 bis 69 F).

Dom. Cornulus, Stéphane Reynard et Dany Varone, 1965 Savièse, Tel. 027.395.25.45, Fax 027.395.25.45, E-Mail cornulus@bluewin.ch ☑ Y n. V.

PIERRE-ANTOINE CRETTENAND
Gamaret 2000*

■ 0,3 ha 1000 15 à 23 €

Die auf den Schieferböden dieses Guts geernteten Gamaret-Trauben haben einen intensiven Rotwein hervorgebracht, der würzig duftet. Der Auftakt ist lebhaft, aber im Mittelbereich des Gaumens kommt ein voluminöser Körper zum Vorschein, den schöne Tannine unterstützen. Der Abgang hält lang an.

Pierre-Antoine Crettenand, rte de Tobrouk, 1913 Saillon, Tel. 027.744.29.60, Fax 027.744.29.60 n. V.

JEAN-YVES CRETTENAND

Saillon Humagne rouge 2000*

■ k. A. 1000 8 à 11 €

Violette Reflexe zeigen die Jugend dieses Weins an, der dennoch einen intensiven Duft mit Anklängen an blühenden Efeu aufweist. Der zunächst lebhafte Geschmack setzt sich dank einer guten Struktur in Unterholz- und Veilchenaromen fort. Eine zwei- bis fünfjährige Lagerung wird es den Tanninen erlauben, vollständig zu verschmelzen.

Jean-Yves Crettenand, 1913 Saillon, Tel. 027.744.12.73, Fax 027.744.21.08 n. V.

PHILIPPE DARIOLY

Ermitage Grains nobles 1999*

□ 0,13 ha 900 23 à 30 €

Ermitage ist nichts anderes als die Rebsorte Marsanne, eine für das Rhône-Tal charakteristische Sorte. Ihre edelfaulen Beeren haben einen goldenen bis bernsteinfarbenen Wein erzeugt, der nach weißer Trüffel, Himbeerlikör, Unterholz und kandierter Orange duftet. Der likörartig süße Auftakt weist auf einen kräftigen, kandiert wirkenden Wein hin, den aber eine gewisse Frische ausgleicht. Der Abgang hat eine gute Länge.

Philippe Darioly, Fusion 160, 1920 Martigny, Tel. 027.723.27.66 n. V.

DESFAYES-CETTENAND

Leytron Syrah 2000**

■ 1 ha 6 000 11 à 15 €

Ein Syrah-Wein von den Schieferböden von Leytron, der eine schöne Jugendlichkeit zeigt. Er ist von intensiver Farbe mit violetten Reflexen und bietet ein Gewürzbouquet (vor allem Pfeffer). Im Gaumen erscheint er schon vollkommen ausgewogen; seine spürbaren Tannine dürften diesem Wein im Laufe der kommenden vier Jahre eine gute Alterung garantieren.

Desfayes-Cettenand, 1912 Leytron, Tel. 027.306.28.07, Fax 027.306.28.84 n. V.

GILBERT DEVAYES

Leytron Petite Arvine 2000*

□ 0,5 ha 2 700 11 à 15 €

Alte Gewölbekeller aus dem 18. Jh. beherbergen die Weine dieses Guts in Familienbesitz. Sie haben die Geburt eines gelben, grün schimmernden Weins aus der Petite-Arvine-Traube miterlebt, dessen Aromen intensiv an exotische Früchte und Zitrusfrüchte erinnern. Der schon im Auftakt frische Wein liefert im Gaumen das Echo zu den fruchtigen Noten (Pfirsich und Brombeer), bevor er mit einer salzigen Note ausklingt. Der **2000er Leytron Fendant** (Preisgruppe: 20 bis 39 F) erhält ebenfalls einen Stern.

Gilbert Devayes, Cave La Dôle Blanche, ruelle de la Cotze, 1912 Leytron, Tel. 027.306.25.96, Fax 027.306.63.46 n. V.

BLAISE DUBUIS Lentine Fendant 2000*

□ 0,25 ha k. A. 8 à 11 €

Ein Lindenblütenduft geht von diesem blassgelben Wein aus, der einen angenehmen Eindruck von Frische hinterlässt. Im Gaumen verbindet sich ein fruchtiger Charakter mit anhaltenden mineralischen Noten. Die Gesamtharmonie ist sehr gelungen.

Blaise Dubuis, rte de Drône, 1965 Savièse, Tel. 079.606.52.46 n. V.

HENRI DUMOULIN

Savièse Fendant 2000*

□ 0,5 ha 5 000 5 à 8 €

Ein recht fruchtiger, typischer Chasselas, den man für Gerichte mit Käse und Fisch reservieren kann. Der blassgelbe Wein hat ein Bouquet mit intensiven Aromen von Lindenblüten. Dieser im Auftakt klare und lebhafte Wein ist sehr süffig.

Henri Dumoulin, rte de Zambotte, 1965 Savièse, Tel. 027.395.10.60, Fax 027.395.10.69, E-Mail eddydumoulin@bluewin.ch n. V.

SIMON FAVRE-BERCLAZ

Humagne rouge 1999**

■ 0,45 ha 2 900 8 à 11 €

Leicht animalische Ledernoten prägen diesen dunkelroten Wein mit den bläulich roten Reflexen. Die gleichen kräftigen Aromen zeigen sich im Gaumen, den spürbare Tannine strukturieren. Ein wilder, aber typischer Wein, bei dem es sich empfiehlt, ihn vier bis fünf Jahre zu lagern. Die Geduldigsten unter Ihnen werden ein Jahrzehnt über den **98er Chardonnay Grain noble** (Preisgruppe: 100 bis 149 F) wachen, der Ende Januar 1999 gelesen wurde. Dieser in seinem aromatischen Ausdruck kräftige, in der Barrique ausgebaute Wein ist bemerkenswert.

Simon Favre-Berclaz, Cave d'Anchettes, 3973 Venthône, Tel. 027.455.14.57, Fax 027.455.14.57 n. V.

HERVE FONTANNAZ

Amigne de Vétroz 2000*

□ Gd cru 0,5 ha 2 800 11 à 15 €

Mandarinenschale und kandierte Marine in der Nase. Aromen vollreifer Ananas im kräftigen Gaumen, dessen leichte Süße auf die 4 g/l Restzucker zurückgeht. Intensiver Abgang, den subtile Tannine prägen. Dieser Amigne-Wein kann Entenmagret (dünne Scheiben vom Brustfilet, rosa gebraten) mit Honigsauce begleiten.

Hervé Fontannaz, chem. du Repos 8, 1963 Vétroz, Tel. 027.346.47.47, Fax 027.346.47.47, E-Mail info@cavelatine.ch Mo 13h30–18h; Di–Fr 8h–12h 13h30-18h; Sa 8h–12h

JO GAUDARD

Leytron Humagne blanc 2000*

□ 0,1 ha 800 8 à 11 €

Auch wenn die Rebsorte Humagne blanc schon im 12. Jh. existierte, ist sie heute selten geworden und wird im Kanton Wallis auf nur mehr zehn Hektar angepflanzt. Dieser blassgelbe Wein mit goldenen Reflexen ist ein guter Repräsentant dafür. Er ist in der Nase aufgrund seiner Aromen von Lindenblüten ausdrucksvoll und hinterlässt im Mund hochfeine Harznoten, gefolgt von fruchtigen Nuancen, die eine angenehme Frische begleitet.

Jo Gaudard, rte de Chamoson, 1912 Leytron, Tel. 027.306.60.69, Fax 027.306.72.18, E-Mail jogaudard@bluewin.ch n. V.

MAURICE GAY Dôle les Mazots 2000**

■ 3 ha 25 000 8 à 11 €

In der Reihe Les Mazots haben drei Weine die Aufmerksamkeit der Jury erregt. Ein Stern wurde so der **99er Petite Arvine Les Mazots** (Preisgruppe: 70 bis 99 F) zuerkannt, einem trockenen Weißwein, der im Holzfass ausgebaut worden ist und über einem Toast- und Vanillearoma seine ganze Fruchtigkeit bewahrt. Ebenso dem **2000er Sion Fendant Les Mazots** (Preisgruppe: 30 bis 49 F). Den Vorzug erhielt der Dôle wegen seines ausdrucksstarken, harmonischen Ausdrucks. Er bietet einen köstlichen, konzentrierten Duft von kleinen roten Früchten und präsentiert sich im Gaumen klar und frisch. Man kann ihn schon jetzt trinken.

SA Maurice Gay, Vignoble de Ravanay, 1955 Chamoson, Tel. 027.306.53.53, Fax 027.306.53.88, E-Mail mauricegay@mauricegay.ch Mo–Fr 8h–17h; 23. Juli bis 10. Aug. geschlossen

ROBERT GILLIARD Syrah 1999**

■ 2 ha 15 000 15 à 23 €

Auf Schiefer- und Sandsteinboden baut Robert Gilliard 40 ha Reben an, von denen eine Parzelle, die Domaine de la Cotzette, von einer 20 m hohen Mauer aus Bruchsteinen abgestützt wird. Sein Syrah-Wein bietet blumige Aromen, die von Waldbeeren und Gewürzen begleitet werden. Der komplexe, strukturierte Stoff ist ebenso blumig; diese intensiven, typischen Aromen halten angenehm lang an. Der **99er Vendémiaire Pinot noir** (Preisgruppe: 70 bis 99 F) und die **rote 98er Cuvée Antarès** (Preisgruppe: 70 bis 99 F), zwei ebenfalls in der Barrique gereifte Weine, erhalten jeweils einen Stern.

SA Robert Gilliard, rue de Loèche 70, 1950 Sion, Tel. 027.329.89.29, Fax 027.329.89.27, E-Mail vins@gilliard.ch n. V.

MAURICE ET XAVIER GIROUD-POMMAR

Chamoson Fendant 2000*

□ 0,5 ha 4 500 5 à 8 €

Ganz Lindenblüten und mineralische Noten, wie es sich gehört. Dieser Chasselas findet seine Originalität in einem fruchtigen Geschmack mit Ananas- und Zitronenaromen, die lang anhalten. Die Ausgewogenheit zwischen Rundheit und Lebhaftigkeit ist gelungen.

Maurice et Xavier Giroud-Pommar, Pommey 21, cave la Siseranche, 1955 Chamoson, Tel. 027.306.44.52, Fax 027.306.90.19 n. V.

DOM. DU GRAND-BRULE

Petite Arvine 2000*

□ 0,58 ha 2 400 11 à 15 €

Die Kantonsregierung des Wallis hat dieses Terroir mit einem kiesigen Kalksteinboden, bedeckt von Sträuchern und Niederwald mit Föhren, ausgewählt, um ein Versuchsgut anzulegen. Die Petite Arvine gehört zu den 24 Rebsorten, die hier angebaut werden. Die Sorte hat hier einen komplexen Wein mit Blüten- und Pampelmusenaromen erzeugt. Der lebhafte, freimütige Wein betont im Gaumen mit einer würzigen Noten eine anhaltende Abfolge von fruchtigen Nuancen.

Vignoble de l'Etat du Valais, 1912 Leytron, Tel. 027.306.21.05, Fax 027.306.36.05 n. V.

GRANDGOUSIER Fendant 2000**

□ 6 ha 35 000 5 à 8 €

Eine strahlende Farbe mit goldenen Reflexen umhüllt diesen blumig-fruchtigen Fendant, dessen Lindenblütennoten sich zurückhaltend geben. Im Gaumen ist er elegant und köstlich. Das ist das Ergebnis einer erfolgreichen Vereinigung zwischen der Rebsorte und dem Kalkstein- und Schieferboden dieses Guts.

SA Les Fils Maye, rte des Caves, 1908 Riddes, Tel. 027.305.15.00, Fax 027.305.15.01 n. V.

O. HUGENTOBLER

Le Préféré Pinot noir 2000*

■ 1 ha 25 000 8 à 11 €

Dieser Pinot noir wird vielleicht schon in diesem Herbst Ihr bevorzugter Wein sein, um rotes Fleisch oder einen Käseteller zu begleiten. Unter seinem intensiven Rubinrot wählt er das Register kleiner roter Früchte. Seine spürbaren, aber gut eingesetzten Tannine sichern ihm bereits eine schöne Harmonie.

Vins O. Hugentobler, Varenstr. 50, 3970 Salgesch, Tel. 027.455.18.62, Fax 027.455.18.56 n. V.

IMESCH VINS SIERRE

Petite Arvine 2000**

□ 2 ha k. A. 15 à 23 €

Seit Ende des 19. Jh. bewirtschaftet die Familie Imesch Weinberge im Kanton Wallis. Ihr Weingut umfasst heute 50 Hektar, davon zehn im Gebiet von Sierre. Ihr gelbgrüner Petite-Arvine-Wein mit strahlenden Reflexen zeigt eine Palette von exotischen Früchten (Ananas) mit einem mineralischen und jodartigen Hauch. Er ist im Auftakt frisch und kräftig, bewahrt seine Fruchtigkeit bis in den Abgang hinein und beweist seinen typischen Charakter mit einer salzigen Note. Der ebenfalls bemerkenswerte **99er Marsanne Noble cépage** besitzt viel Schmelz und Kraft. Der **2000er Pinot noir Les Communes Soleil de Sierre** (Preisgruppe: 70 bis 99 F) ist sehr gelungen.

SA Imesch Vins Sierre, place Beaulieu 8, 3960 Sierre, Tel. 027.452.36.80, Fax 027.452.36.89, E-Mail imesch.vins@swissonline.ch n. V.

CAVE LABACHOLLE

Chamoson Humagne rouge 2000

■ 0,3 ha 2 000 8 à 11 €

Bläulich rote Reflexe prägen noch die dunkelrote Farbe. Animalische Noten verbinden sich mit roten Früchten zu einem konzentrierten Bouquet. Im Gaumen dominiert die Fruchtigkeit. Die Tannine sind zwar noch spürbar, sind aber gut eingebettet und haben viel Schmelz. Ein bis zwei Jahre aufheben.

Jacques Remondeulaz et Fils, chem. neuf 11, 1955 Chamoson, Tel. 079.332.12.44, Fax 077.306.51.44 Y n. V.

CAVE DE LA COMBE

Chamoson Johannisberg 2000*

□ 0,2 ha 2 000 5 à 8 €

Bertrand Gaillard hat das Familiengut 2000 übernommen. Er präsentiert hier seinen ersten Jahrgang und hält dank dieses harmonischen Weins Einzug in unseren Weinführer. Dieser gelbe Johannisberg mit goldgrünen Reflexen duftet nach Früchten und Bittermandel. Er entfaltet sich voller Frische im gleichen aromatischen Register, bevor er mit einer charakteristischen Bitternote ausklingt. Diesen Wein kann man schon mit Genuss trinken.

Bertrand Gaillard, Cave de La Combe, rue de la Combe, 1957 Ardon, Tel. 027.306.13.33, Fax 027.306.59.87 Y n. V.

CAVE DE LA CRETTAZ

Venthône Humagne blanche 2000*

□ 0,1 ha 830 11 à 15 €

Die Reblage La Crettaz, die nicht einmal einen Kilometer vom Schloss von Venthône entfernt liegt, zeichnet sich durch ihren Anbau der Rebsorte Humagne blanche aus. Dieser hellgelbe 2000er entfaltet Honigaromenund mineralische Noten. Feuersteinnoten findet man auch im Gaumen wieder. Ein Wein, den man bereits zu einem Thunfisch-Carpaccio mit Sojabohnen in Sesamöl trinken kann.

Guy Berclaz, chem. de Fontanay, 3973 Venthône, Tel. 027.456.16.32, Fax 027.456.16.32, E-Mail guyberclaz@bluewin.ch Y n. V.

CAVE LA MADELEINE

Amigne de Vétroz 2000**

□ Gd cru 0,4 ha 2 000 11 à 15 €

Auf den Schieferterrassen von Vétroz entwickelt die Amigne-Rebe intensive mineralische Noten, die sie in diesem 2000er mit Mandarinenaromen verbindet. Der klare, runde Wein besitzt im Gaumen eine gute Struktur und Nachhaltigkeit. Ein trinkreifer Wein. Der **2000er Fendant de Vétroz** (Preisgruppe: 30 bis 49 F) erhält ebenfalls zwei Sterne.

André Fontannaz, Cave La Madeleine, 1963 Vétroz, Tel. 027.346.45.54, Fax 027.346.45.54 Y n. V.

CAVE DE L'ANGELUS

Lacrima Grain noble Confidentiel 1996*

□ k. A. 2 700 23 à 30 €

Pinot gris, Ermitage (Marsanne) und Johannisberg (Grüner Silvaner) komponieren diesen edelsüßen Wein, der den Qualitätsanforderungen für Weine mit der Bezeichnung «Grain noble confidentiel» (Rebstöcke mit einem Mindestalter von fünfzehn Jahren, Mindestgehalt an natürlichem Traubenzucker bei der Lese, zwölfmonatiger Ausbau in der Barrique usw.) entspricht. Intensive orangerote bis ockergelbe Reflexe funkeln in der Robe und kündigen eine konzentrierte Aromenpalette von Honig, Walnuss und Aprikose an. Den Gaumen erfüllen Aromen von schwarzer Schokolade, Rosinen und Karamell. Der Wein hat viel Schmelz und ist lang anhaltend; seine Ausgewogenheit verdankt er einer willkommenen frischen Note.

G. Liand et Fils, cave de L'Angélus, rte de Bonse, 1965 Savièse, Tel. 027.395.12.33, Fax 027.395.12.06, E-Mail guyliand@bluewin.ch Y n. V.

LA TORNALE

Chamoson Chasselas 2000**

□ k. A. 15 000 5 à 8 €

Grüne Reflexe beleben die helle Farbe dieses fruchtig-mineralischen Weins. Schon im Auftakt spürt man die Frische, die im Mittelbereich des Gaumens eine prickelnde Note betont. Zum Schluss taucht wieder eine hübsche Fruchtigkeit auf.

Vincent Favre – La Tornale, rue des Plantys 22, 1955 Chamoson, Tel. 027.306.22.65, Fax 027.306.64.43, E-Mail jd.favre@bluewin.ch Y n. V.

LA TOURMENTE

Chamoson Humagne rouge 1998***

■ k. A. 1 800 11 à 15 €

Auf den Schieferböden dieses ganz nach Süden ausgerichteten Weinbergs, auf dem vor mehr als 5 000 Jahren entstandenen Sedimentfächer von Chamoson gelegen, ist dieser Wein von beispielhaftem typischem Charakter gewachsen. Dieser rotschwarze 98er mit bläulichen Reflexen verströmt eine für die Traubensorte charakteristische Fruchtigkeit, die Veilchen- und Tabaknoten unterstützen. Er ist voll und reich und besitzt eine angenehme Frische sowie gut eingesetzte Tannine, die ihm Eleganz verleihen. Zwei bis fünf Jahre aufheben. Die Jury erkannte dem **98er Chamoson Syrah** zwei Sterne zu.

Bernard Coudray et Fils, Cave La Tourmente, Tsavez 6, 1955 Chamoson, Tel. 027.306.18.32, Fax 027.306.34.56, E-Mail tourmente.cave@bluewin.ch Y n. V.

LE BOSSET Humagne rouge 2000*

■ 0,6 ha 4 000 11 à 15 €

1999 übernahm Romaine Blaser-Michellod allein das Gut, das sie seit zehn Jahren zusammen mit ihrem Vater geführt hatte. Sie stellt einen Wein vor, den schon seidige Tannine unterstützen. Die Aromen von Schwarzkirsche, die man im Bouquet wahrnimmt, werden von den Aromen von Wildbeeren, Schokolade und Gewürzen abgelöst.

Michellod et Romaine Blaser, Cave Le Bosset, chem. des Ecoliers, 1912 Leytron, Tel. 027.306.18.80, Fax 027.306.18.80 n. V.

LES FUMEROLLES Fendant 2000*

□ 1 ha 10 000 8 à 11 €

Das Gut befindet sich auf dem Montorge-Hügel, der vom Einfluss eines kleinen Sees profitiert. Dieser Chasselas spiegelt die Harmonie der Landschaft gut wider. Er ist blassgelb mit grünen Reflexen und bietet im Bouquet Lindenblüten- und Zitrusaromen, bevor er im Nasen-Rachen-Raum den Platz für mineralische Noten frei macht. Der frische Geschmack ist ebenfalls gut strukturiert und hält lang an.

SA Cave de Montorge, La Muraz, 1950 Sion, Tel. 027.327.50.60, Fax 027.395.13.60 Mo–Fr 8h–12h 13h30–17h45

LEUKERSONNE
Pinot gris Strohwein 2000*

□ 0,15 ha 415 15 à 23 €

Auf einem Bett aus Stroh getrocknete Beeren haben diesen intensiv goldenen Wein hervorgebracht. Ein kräftiger Honig- und Quittenduft steigt aus dem Glas auf. Im Gaumen zeigt er eine schöne Ausgewogenheit zwischen Süße und Frische und hält lang an. Diesen Wein kann man in drei Jahren und dann zehn Jahre lang voll genießen.

Weinkellerei Leukersonne – R. Seewer und Söhne, Sportplatzstr. 5, 3952 Susten, Tel. 027.473.20.35, Fax 027.473.40.15, E-Mail info@leukersonne.ch n. V.
René Seewer

L'ORMY Chasselas 2000***

□ 0,3 ha 3 000 8 à 11 €

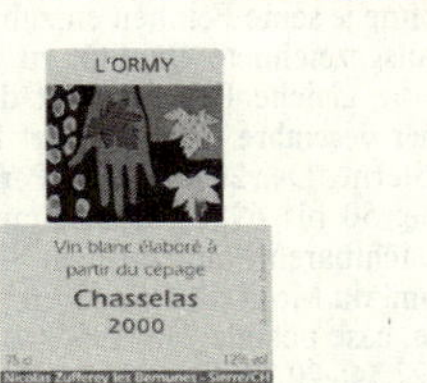

Dieser blassgelbe Chasselas mit grünen Reflexen, der sehr typisch ist, bietet intensive Bananen- und Zitrusaromen. Die Fruchtigkeit kommt im Mund schon im Auftakt zum Vorschein; die Ausgewogenheit zwischen Lebhaftigkeit und Rundheit ist überaus gelungen. Ein trinkreifer Wein, der im Abgang einen gefälligen, dauerhaften Eindruck von Frische hinterlässt.

Nicolas Zufferey, rte des Bernunes, 3960 Sierre, Tel. 027.656.51.41, Fax 027.456.51.10 n. V.

L'ORPAILLEUR Petite Arvine 2000*

□ 0,1 ha 750 8 à 11 €

Seit nunmehr drei Jahren übt Frédéric Dumoulin den Winzerberuf aus, parallel zu seiner Tätigkeit als Önologe in einer Kellerei. Er baut fast drei Hektar an, die ihm selbst gehören oder gepachtet sind. Sein Wein aus der Rebsorte Petite Arvine zeigt hinter seiner gelben, grün funkelnden Farbe einen schönen typischen Charakter und Noten exotischer Früchte (Ananas) und Zitrusfrüchte. Im Gaumen ist er füllig, hat viel Schmelz und zeigt zarte Anklänge an Glyzinie und Pampelmuse. Der Abgang ist frisch und elegant.

Frédéric Dumoulin, rue du Chemin de Fer 140, 1958 Uvrier, Tel. 079.640.90.21, Fax 077.203.37.10, E-Mail orpailleur@bluewin.ch n. V.

MABILLARD-FUCHS
Venthône Gamay 2000*

■ 0,22 ha 1 800 5 à 8 €

Ein Gamay, wie er sein muss: bläulich rot, intensiv nach schwarzen Früchten und Brombeere duftend, im Gaumen frisch und fruchtig, von spürbaren, aber geschmeidigen Tanninen begleitet. Er besitzt die gewünschte Ausgewogenheit, um Wurst- oder Grillgerichte begleiten zu können. Der **Venthône Chasselas** ist dank seiner Harmonie zwischen Frische und Rundheit und dank seiner eleganten Lindenblütenaromen ebenso gelungen.

Madeleine et Jean-Yves Mabillard-Fuchs, 3973 Venthône, Tel. 027.455.34.76, Fax 027.456.34.00 n. V.

MAJOR ROUGE
Salquenen Pinot noir 1998*

■ 0,4 ha 2 500 8 à 11 €

Dieser kleine Familienbetrieb wurde 1959 von Arthur Schmid gegründet. Heute wird er von den Brüdern Reinhard und Christian Schmid geführt. Der 98er Pinot noir besitzt viel Charakter. Er ist sehr fruchtig, in der Nase ebenso wie im Mund; er wird von guten Tanninen unterstützt und versteht es, durch seine Rundheit und Sanftheit gefällig zu wirken.

Familie Arthur Schmid, Weinschmiede, Tschuetrigstr. 27, 3970 Salgesch, Tel. 079.329.21.65, Fax 077.322.80.61, E-Mail chris.family3@bluewin.ch n. V.

ADRIAN MATHIER Cornalin 1999**

■ k. A. 2 500 15 à 23 €

Die auf Kalksteingeröll angepflanzten Cornalin-Reben haben diesen rubinroten Wein mit bläulich roten Reflexen hervorgebracht. Auf Gewürze (Gewürznelke) folgt im Nasen-Rachen-Raum eine muntere Fruchtigkeit. Die geschmeidigen Tannine runden den eleganten, lang anhaltenden Wein ab. Merken Sie sich auch den **2000er Johannisberg Weidmannstrunk** (Preisgruppe: 50 bis 69 F) und den **2000er Pinot noir Œil-de-Perdrix La Matze** (Preisgruppe: 50 bis

69 F): einen trockenen Weißwein und einen Rosé, die sehr gelungen sind.
Adrian Mathier, Nouveau Salquenen SA, Bahnofstrasse 50, 3970 Salgesch, Tel. 027.455.75.75, Fax 027.456.24.13, E-Mail info@mathier.com n. V.
Yvo Mathier

SIMON MAYE ET FILS

Chamoson Syrah 2000★★★

■	1,5 ha	7 000	8 à 11 €

Saint-Pierre-de-Clages ist ein hübsches Dorf, das stolz ist auf seine romanische Kirche aus dem 11. Jh. und seine auf Kies- und Kalksteinböden angelegten Weinberge. Dieser Syrah-Wein ist für seinen Erzeuger ebenfalls ein Grund, Stolz zu empfinden. Er hat eine tiefe Farbe und bietet einen anhaltenden Duft mit Nuancen von Kirsche, schwarzer Johannisbeere und Gewürznelke. Seine großartige Struktur unterstützt einen reifen Stoff, der spürbare, aber verschmolzene Tannine enthält. Im Gaumen ist er ebenso sanft und harmonisch wie in der Nase. Ein Wein, den man in drei Jahren trinken kann. Der **2000er Chamoson Humagne rouge** (Preisgruppe: 70 bis 99 F) wurde als bemerkenswert beurteilt.
Simon Maye et Fils, Collombey 3, 1956 Saint-Pierre-de-Clages, Tel. 027.306.85.82, Fax 027.306.80.02, E-Mail simon.maye@swissonline.ch n. V.

BERNARD MERMOUD

Petite Arvine 2000★★

□	0,1 ha	800	5 à 8 €

Goldene Reflexe lassen diesen lieblichen Wein im Glas erstrahlen. Zitrusfrüchte und exotische Früchte prägen das Bouquet, während sich im Mund die Pampelmusenaromen deutlicher zeigen. Die Harmonie hält bis zu einer salzigen Note an, die für die Traubensorte Petite Arvine typisch ist. Diesen 2000er kann man schon jetzt und in den nächsten sechs Jahren trinken. (Flaschen mit 50 cl Inhalt.)
Bernard Mermoud, Cave l'Or du Vent, chem. des Vendanges, 3968 Veyras, Tel. 027.455.88.20, Fax 027.455.88.20, E-Mail bernardmermoud@swissonline.ch n. V.

MITIS

Amigne de Vétroz Grains nobles confidentiel 1998★★★

□	k. A.	k. A.	15 à 23 €

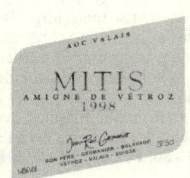

Die Amigne-Traube ist eine alte römische Rebsorte, die heute nur mehr 24 Hektar einnimmt, davon 18 Hektar im Weinbaugebiet von Vétroz. Dieser edelsüße Wein wird zu ihrem Bannerträger. Er ist intensiv gelb mit goldenen und grünen Reflexen und enthüllt einen intensiven, fruchtigen Duft, der Birne, kandierte Aprikose und Safran mischt. Hinzu kommen leichte Röstaromen. Der schon im Auftakt reiche Wein zeigt eine schöne Ausgewogenheit zwischen Süße und Frische. Im Abgang hält er lang an. Dieser Produzent zeichnet sich auch durch zwei weitere bemerkenswerte Weine aus: den **roten 99er Gally,** einen Verschnitt von Gamay und Diolinoir, und den **99er Humagne rouge.** Der **2000er Fendant de Vétroz** (Preisgruppe: 30 bis 49 F) erhält einen Stern.
SA Germanier Bon Père Balavaud, 1963 Vétroz, Tel. 027.346.12.16, Fax 027.346.51.32, E-Mail wine@bonpere.com n. V.
Jean-René Germanier

DOM. DU MONT D'OR

Saint-Martin Johannisberg 1999★★★

□	2 ha	3 500	15 à 23 €

Die Johannisberg-Reben werden seit 1870 auf diesem schieferhaltigen Kalkstein- und Sandsteinboden angepflanzt. Auf diese Vergangenheit gestützt, bieten sie zu Beginn des neuen Jahrtausends einen ganz goldenen Wein, der intensiv duftet: Korinthen, kandierte Früchte. Er ist füllig und sinnlich und füllt den Mund lang anhaltend mit Aromen kandierter Trauben aus, ohne je seine Feinheit einzubüßen. Und um ihre ausgezeichnete Qualität zu bestätigen, erringt die gleiche Rebsorte mit der **99er Cuvée Premier décembre** (Preisgruppe: 150 bis 199 F) zwei Sterne. Der **2000er Dôle Perle Noir** (Preisgruppe: 50 bis 69 F) schafft mit einem Stern einen achtbaren Platz auf dem Siegerpodest.
Dom. du Mont d'Or SA-Sion, Pont-de-la-Morge, case postale 240, 1964 Conthey 1, Tel. 027.346.20.32, Fax 027.346.51.78, E-Mail montdor@montdor-wine.ch n. V.

OPALINE Petite Arvine 2000★

□	6 ha	6 000	11 à 15 €

Ein *carnotzet* ist ein umgebauter unterirdischer Stollen. Louis-Bernard Emery besitzt einen davon in Saint-Léonard, direkt unter dem Weinberg; er hat daraus einen hübschen Probierkeller gemacht. Man kann dort eine Petite

Arvine von goldener Farbe kennen lernen, deren Duft Aromen von Honig und frischer Walnuss mischt. Dieser im Auftakt frische Wein entfaltet eine großzügige Kraft voller Rundheit, bevor er mit einer für die Rebsorte typischen salzigen Note ausklingt.

Cave Emery, Argnou, 1966 Ayent, Tel. 079.221.10.86, Fax 077.398.14.68, E-Mail louis.bernard.emery@span.ch n. V.

Louis Emery

CAVE DU PARADOU Gamay 2000*

0,2 ha 1 500 5 à 8 €

In den Paradou-Weinbergen wachsen in 1 200 m Höhe im Tal von Hérens fünfzehn Rebsorten, darunter Gamay. Dieser Wein zeigt eine ausdrucksvolle Fruchtigkeit (Sauerkirsche), mit der sich Pfingstrose und Gewürze verbinden. Die erstklassige Struktur unterstützt dank seidiger Tannine die Entfaltung der Aromen.

Cave du Paradou, La Villettaz, 1973 Nax, Tel. 027.203.23.59, Fax 027.203.60.13 n. V.

PERLES DU SOLEIL
Coteaux de Sierre Fût de chêne 1999*

0,5 ha 1 600 15 à 23 €

Die 4,5 Hektar Reben, die an den sehr kalkreichen Hängen von Sierre angepflanzt sind, wachsen in einer sehr sonnigen Lage. Die Rebsorten Chardonnay und Petite Arvine sind hier für eine harmonische Assemblage genutzt worden. Dieser goldgelbe Wein bietet freiheraus Zitrusfrüchte und exotische Früchte und im Gaumen die für die Petite Arvine charakteristische salzige Note. Seine Ausgewogenheit garantiert ihm ein Lagerpotenzial von zehn Jahren. Der **Coteaux de Sierre Fendant** (Preisgruppe: 30 bis 49 F) erhält ebenfalls einen Stern.

Claudy Clavien, Les Champs, 3972 Miège, Tel. 027.455.24.23, Fax 027.455.24.23 n. V.

LES FRERES PHILIPPOZ
Leytron Marsanne 1999***

0,4 ha 2 000 11 à 15 €

Der 99er ist bei den Philippoz ein denkwürdiger Jahrgang. Dieser goldgelbe Marsanne-Wein mit glänzenden Reflexen entfaltet auf intensive Weise Aromen von weißen Trüffeln und Himbeerschnaps. Im Gaumen ist er füllig, mit viel Schmelz, und von subtiler Ausgewogenheit; er lässt die ganze Komplexität der Rebsorte erkennen. Ein Wein von großer Feinheit. Ebenfalls außergewöhnlich ist der **99er Leytron Malvoisie flétrie** (Preisgruppe: 200 bis 249 F): Dieser edelsüße Wein, der achtzehn Monate in der Barrique – gemäß den Bestimmungen der Charta «Grains nobles confidentiel», die 1996 gegründet wurde, um die Qualität dieser Beerenauslesen sicher zu stellen – gereift ist, fügt einen delikaten Holzton in einen dichten, komplexen Stoff ein. Die **99er Leytron Petite Arvine flétrie Grains nobles** (Preisgruppe: 200 bis 249 F) erweist sich ebenfalls nicht als unwürdig und erhält zwei Sterne.

Philippoz Frères, rte de Riddes 13, 1912 Leytron, Tel. 027.306.30.16, Fax 027.306.71.33 n. V.

PLANCHE-BILLON Petite Arvine 2000*

0,36 ha 2 100 11 à 15 €

1928 begann Oswald Valloton sein Gut aufzubauen, indem er die Weinberge la Combe d'Enfer, les Claives und Planche-Billon kaufte. Von diesem letzten Weinberg mit seinem Gneisboden stammt ein hellgelber Wein mit grünen Reflexen, dessen Düfte an ein Spalier mit Glyzinien und einen Korb Zitrusfrüchte erinnern. Die Ausgewogenheit zwischen Süße und Frische ist gelungen; sie verlängert das Vergnügen der Pampelmusenaromen, die von salzigen Noten betont werden.

Henri Valloton, rue Morin, 1926 Fully, Tel. 027.746.28.89, Fax 027.746.28.38, E-Mail vallotonhenri@bluewin.ch n. V.

LA CAVE A POLYTE
Chamoson Pinot blanc 2000*

0,1 ha 700 11 à 15 €

Haselnuss und eine exotische Note prägen diesen blassen, grün funkelnden Wein. Im Gaumen sehr mild, mit viel Schmelz, lebhafter Ausdruck im Finale.

Jacques Disner, La Cave à Polyte SA, 5, rue de la Place, 1955 Chamoson, Tel. 079.220.35.11, Fax 077.306.26.66, E-Mail info@polyte.ch n. V.

PRIMUS CLASSICUS Cornalin 2000***

2 ha 10 000 15 à 23 €

Bemerkenswert im Jahrgang 1999, außergewöhnlich beim 2000er: eine schöne Steigerung für den Cornalin der Caves Orsat. Er zeigt ein intensives Rot, das bläulich rote Reflexe erhellen, und enthüllt das Bouquet von Gewürzen, Sauerkirsche, Schwarzkirsche und Himbeere, das seine Liebhaber gut kennen. Im Gaumen gut strukturiert, füllig und mit milden Tanninen, die ihm eine sehr feine Entfaltung garantieren. Ein Wein, den man schon genießen kann, der aber auch zu altern vermag. Der **2000er Primus Classicus Petite Arvine** (Preisgruppe: 70 bis 99 F) erhält für seinen frischen, aromatischen Charakter zwei Sterne.

SA Caves Orsat, rte du Levant 99, 1920 Martigny, Tel. 027.721.01.01, Fax 027.721.01.03, E-Mail info@cavesorsat.ch n. V.

PROVINS VALAIS
Corbassières Fendant 2000*

1 ha 5 000 5 à 8 €

Dieser zwei Hektar große Weinberg, der auf Schiefer angelegt ist, hat einen Chasselas hervorgebracht, der rund und zugleich frisch ist und eine schöne Nachhaltigkeit zeigt. Die Lindenblütenaromen und die mineralischen Noten sind an der Gesamtharmonie beteiligt.

Provins Valais, rue de l'Industrie 22, 1950 Sion, Tel. 027.328.66.66, Fax 027.328.66.60, E-Mail madeleine.cay@provins.ch n. V.

PIERRE-LUC REMONDEULAZ Chardonnay 2000*

□ 0,12 ha 950 8 à 11 €

Dieser goldgelbe Wein, der blumig und fruchtig ist, entfaltet eine angenehme Frische. Zitrusaromen verlängern das Vergnügen an einem harmonischen Wein, den man zu einem Seezungenfilet oder einem Reblochon (milder Butterkäse aus Alpenkuhmilch) trinken kann.

Pierre-Luc Remondeulaz, rue de Latigny 27, cellier de la Dzaquette, 1955 Chamoson, Tel. 027.306.55.68, Fax 027.307.14.08 n. V.

CAVE DES REMPARTS Muscat 2000*

□ 0,2 ha 1 500 8 à 11 €

Ein hübscher, blasser Muscat mit goldenen Reflexen, dessen an Rosen erinnernde Aromen kräftig und zugleich fein sind. Im Gaumen präsentiert er sich klar, kraftvoll und voller Feinheit. Er besitzt viel Schmelz, der Abgang ist lang anhaltend.

Yvon Cheseaux, Cave des Remparts, 1913 Saillon, Tel. 027.744.33.76, Fax 027.744.33.76, E-Mail cavedesremparts@bluewin.ch n. V.

JEAN-MARIE REYNARD Dôle 2000*

■ 0,3 ha 2 100 8 à 11 €

Pinot noir, Diolinoir und Gamay ergeben diesen intensiv roten Dôle. Rote Früchte und schwarze Johannisbeere zeigen sich im Bouquet und tauchen gut strukturiert im Gaumen zuverlässig wieder auf. Die recht deutlich präsenten, aber geschmeidigen Tannine erlauben schon jetzt eine Verkostung.

Jean-Marie Reynard, 1965 Romaz/Savièse, Tel. 027.395.24.23 n. V.

RIVES DU BISSE Cornalin Fût de chêne 2000***

■ 1 ha 8 500 15 à 23 €

Die Cornalin-Trauben wachsen auf Kalksteinböden entlang dem Entwässerungskanal des Dorfs Ardon. Sie haben einen Wein von kräftiger Farbe erzeugt. Die Aromen, die von einem achtmonatigen Ausbau in der Barrique stammen, verbinden sich mit roten Früchten. Die Eleganz des Weins ist das Ergebnis eines fruchtig-würzigen Geschmacks, einer guten Länge, eines reichhaltigen, kräftigen Stoffs und strukturierter Tannine. Die **2000er Petite Arvine** (Preisgruppe: 50 bis 69 F) und die **2000er Humagne rouge** (Preisgruppe: 70 bis 99 F), zwei im Tank ausgebaute Weine, wurden als bemerkenswert beurteilt.

SA Gaby Delaloye et Fils, Vins Rives du Bisse, rue de la Fonderie 5, 1957 Ardon, Tel. 027.306.13.15, Fax 027.306.64.20 n. V.

ELOI ET GERARD RODUIT Fully Humagne blanche 2000*

□ 0,3 ha 1 500 11 à 15 €

Das Familiengut in Fully ist stark zerstückelt; seine sieben Hektar liegen bis zu einer Höhe von 800 m verstreut. Die Humagne blanche bewegt sich im Bouquet in einem blumigen Register und bietet danach im Gaumen Frische und Zitronennoten. Ein trinkreifer Wein, der zu Fischgerichten passt.

Eloi et Gérard Roduit, chem. de Liaudise 31, 1926 Fully, Tel. 027.746.28.10, Fax 027.746.28.10 n. V.

SERGE ROH Cornalin 2000**

■ 0,15 ha 1 800 11 à 15 €

Sauerkirsche, sogar Schwarzkirsche: Das ist die Farbe, das sind die Aromen dieses strukturierten, kräftigen Weins. Dieser schon harmonische Wein wird im Laufe der nächsten vier Jahre noch besser werden. Der **99er in der Barrique ausgebaute Syrah** (Preisgruppe: 100 bis 149 F) ist ebenfalls bemerkenswert und lagerfähig.

Serge Roh, Cave Les Ruinettes, rue de Conthey 43, 1963 Vétroz, Tel. 027.346.13.63, Fax 027.346.50.53, E-Mail serge.roh@bluewin.ch n. V.

ROUGE D'ENFER Cuvée du Maître de chais 1999***

■ 10 ha 10 000 15 à 23 €

Diese 1930 gegründete Genossenschaft sieht ihre Produktion im Hachette-Weinführer regelmäßig ausgezeichnet. Ihr Rouge d'Enfer ist eine Assemblage aus Cornalin, Syrah und Pinot noir. Unter einem dunklen Rubinrot entfalten sich intensive Aromen von kleinen roten Früchten. Der kräftige Auftakt kündigt einen strukturierten, komplexen Wein an. Der reichhaltige Stoff dehnt sich auf anhaltende Weise aus. Eine Flasche, die man fünf bis acht Jahre aufheben kann. Merken Sie sich den **99er Vétroz Amigne** (Preisgruppe: 70 bis 99 F), einen bemerkenswerten trockenen Weißwein, sowie drei sehr gelungene Weine: die **99er Cuvée Tourbillon Vin de l'Evêché** (Preisgruppe: 200 bis 249 F), einen edelsüßen Weißwein von der Marsanne-Traube, die **2000er Fully Petite Arvine** (Preisgruppe: 70 bis 99 F) und den **2000er Chamoson Johannisberg** (Preisgruppe: 70 bis 99 F).

Provins Valais, rue de l'Industrie 22, 1950 Sion, Tel. 027.328.66.66, Fax 027.328.66.60, E-Mail madeleine.cay@provins.ch n. V.

ROUVINEZ Johannisberg 2000***

□ 0,7 ha 7 600 8 à 11 €

Auf dem rechten Ufer der Rhône wie auch auf den Hügeln, die sich in die Ebene einfügen, baut die Familie Rouvinez etwa vierzig Hektar an. Ihr Johannisberg, der von einem leichten

Granitboden stammt, schmückt sich mit einer hellgelben Farbe und bietet Ananasaromen, die ein Mandelduft hervorhebt. Er gewinnt durch eine leichte Fülle einen zarten Charakter und setzt sich mit Geschmacksnoten reifer Früchte fort. Der **rote 2000er Château Lichten** (Preisgruppe: 70 bis 99 F) und die **2000er Château Lichten Petite Arvine** (Preisgruppe: 70 bis 99 F) erhalten zwei Sterne, während der **2000er Rosé Dôle** als sehr gelungen beurteilt wurde.
Vins Rouvinez, Colline de Géronde, 3960 Sierre, Tel. 027.452.22.52, Fax 027.452.22.44, E-Mail info@rouvinez.com
n. V.

SAINTE-ANNE Humagne rouge 2000*

■ 0,3 ha 4 000 8 à 11 €

Drei Güter gehören zu dieser Kellerei, das eine in Molignon, das zweite in Crêtalonza und das dritte in Chamoson. Ihren Namen haben diese Weine, die alle als sehr gelungen beurteilt wurden, von der Kapelle Sainte-Anne in Molignon. Neben dem **2000er Johannisberg Sainte-Anne** und dem **2000er Pinot noir Sainte-Anne** wurde dieser Humagne rouge sehr geschätzt: wegen seiner strahlenden dunkelroten Erscheinung und seiner Zimt- und Schwarzkirschenaromen, die eine für die Traubensorte typische leichte Efeunote unterstreicht. Der Wein strukturiert sich im Gaumen um geschmeidige Tannine herum, die einen Eindruck von Seidigkeit hinterlassen.
SA Cave Héritier et Favre, av. Saint-François 2, case postale, 1950 Sion 2 Nord, Tel. 027.322.24.35, Fax 027.322.92.21, E-Mail heritierfavre@swissonline.ch n. V.

SOLEIL NOIR 2000*

■ 0,5 ha 3 000 8 à 11 €

Die «Schwarze Sonne» wird aus Pinot-noir, Diolinoir und Syrah gekeltert, die auf dem Gérande-Hügel angebaut werden. Der Wein ist würzig und wird durch spürbare Tannine strukturiert. Er versteht es, den Genuss der Verkostung zu verlängern, und kann schon jetzt Ihr Essen begleiten.
Frédéric Zufferey, rue de Fond-Villa 16, 3965 Chippis, Tel. 029.213.26.80, Fax 027.455.19.31, E-Mail zuffereyfredericvins@netplus.ch
n. V.

FREDERIC VARONE
Petite Arvine 2000***

□ 1,5 ha 10 000 11 à 15 €

Ein Schieferboden trägt die Rebstöcke von der Traubensorte Petite Arvine. Dieser kräftige, strahlend goldene Wein erinnert im Bouquet an Früchte, Rhabarber und Pampelmuse. Im Gaumen ausgewogen kommen leichte mineralische Noten zum Vorschein, begleitet von feinen salzigen Nuancen, die im Abgang anhalten. Der gelungene Ausdruck des sortentypischen Charakters. Der **2000er Cornalin** (Preisgruppe: 100 bis 149 F) und der **2000er Valroc Pinot noir** verdienen zwei Sterne.

Vins Frédéric Varone, av. Grand Champsec 30, 1950 Sion 4, Tel. 027.203.56.83, Fax 027.203.47.07, E-Mail info@varone.ch
Mo–Sa 10h–12h 14h–18h30

VERTIGES Fendant 2000*

□ 1 ha 10 000 5 à 8 €

Jean-Louis Mathieus Weingut nimmt auf elf Hektar drei Bergrücken mit tonigen Kalksteinböden ein. Die Chasselas-Rebe findet dort einen typischen Ausdruck. Der Wein zeigt einen hellgrünen Farbton und entfaltet in der Nase die charakteristische Aromenpalette von Lindenblüte und Zitrone. Im Gaumen verbindet der Wein exotische Fruchtigkeit mit einem frischen mineralischen Hauch.
Jean-Louis Mathieu, rte du Téléphérique, 3966 Chalais-Sierre, Tel. 027.458.27.63, Fax 027.458.42.44, E-Mail je.matieu@bluewin.ch n. V.

CAVE DE VIDOMNE
Chamoson Fendant 2000*

□ 1 ha 10 000 5 à 8 €

Eine Raclette oder ein Fondue, eingenommen im Freundeskreis, könnte ohne diesen blumig-fruchtigen Chasselas nicht als gelungen gelten. Eine Feuersteinnote belebt das Bouquet, während eine schöne Struktur für eine gute Entfaltung im Mund sorgt. Frische, anhaltende Aromen im Abgang. Das Ganze ist komplett.
Albert Gaillard et Fils, Cave du Vidômne, rue du prieuré 8, 1956 Saint-Pierre-de-Clages, Tel. 027.306.27.80, Fax 027.306.27.02 n. V.

CAVE VILLA SOLARIS
Chamoson Pinot gris 2000**

□ 0,09 ha 600 15 à 23 €

Dieses Familiengut, das sich am Eingang von Saint-Pierre-de-Clages befindet, präsentiert einen lieblichen Wein mit delikaten, sehr frischen Noten von Moos. Der fruchtig-zitronenartige Geschmack hält dank einer guten Ausgewogenheit der Aromen im Mund an.
Sylvio-Gérald Magliocco, Villa Solaris, rte de Bessoni, 1956 Saint-Pierre-de-Clages, Tel. 027.306.64.45, Fax 027.306.64.29, E-Mail s-g.magliocco@chamoson.ch
Do/Fr 17h–21h; Sa/So 11h–21h

Kanton Genf (Genève)

Der Wein, der schon vor der christlichen Zeitrechnung auf dem Boden von Genf wuchs, hat die Widrigkeiten der Geschichte überlebt und entfaltet sich voll seit dem Ende der 60er Jahre des 20. Jh.

Mit einem Klima, das durch die Nähe des Sees gemildert wird, einer sehr guten Sonneneinstrahlung und einem günstigen Boden verteilt sich das Weinbaugebiet von Genf auf die drei Regionen Mandement (rechtes Seeufer), die Zone zwischen Arve und See sowie das Gebiet zwischen Arve und Rhône. Die Anstrengungen, die man unternommen hat, um das Potenzial der Genfer Weine durch umweltschonende Anbaumethoden zu verbessern, und die Wahl von Rebsorten, die weniger ertragreich sind und sich für einen zumeist durch einen hohen Kalkgehalt gekennzeichneten Boden eignen, machen es möglich, dem Verbaucher einen Wein von hohem Niveau zu garantieren. Die in den Gesetzestexten enthaltenen Anforderungen bringen ebenso den Willen der Behörden wie auch die Absicht der Berufsverbände zum Ausdruck, Weine auf den Markt zu bringen, die den Vorschriften der AOCs genügen.

Die Palette der Rebsorten hat sich mit der Hinzunahme von Spezialitäten erweitert. Neben den Hauptgewächsen, die bei den Weißweinen vom Chasselas und beim Rotwein von den Rebsorten Gamay und Pinot noir stammen, feiern die so genannten Spezialitäten wie Chardonnay, Pinot blanc, Aligoté, Gamaret und Cabernet Erfolge beim erfahrenen Weinliebhaber. Ihr Anteil an der Rebfläche steigt von Jahr zu Jahr.

DOM. DES ABEILLES D'OR
Chouilly Chasselas 2000*

☐ 11 ha 6 000 5 à 8 €

Das Gut verdankt seinen Namen («Die goldenen Bienen») dem Wappen der Desbaillets, einer alten Genfer Familie. Seit 1999 ist der 21-jährige Laurent Desbaillet für die Vinifizierung zuständig. Diesem feinfruchtigen Wein nach zu urteilen, beherrscht er sein Handwerk schon meisterlich und besitzt Stil. Der leichte, aromatische Wein hinterlässt einen köstlichen Eindruck. Dieser Chasselas kann ein Fondue oder eine Raclette begleiten.

Dom. des Abeilles d'Or,
3, rte du Moulin-Fabry, 1242 Satigny,
Tel. 022.753.16.37, Fax 022.753.80.20,
E-Mail abeillesdor@geneva.link.ch n. V.
René Desbaillets

DOM. DES ALOUETTES
Satigny Chasselas 2000

☐ 6,64 ha 9 000 5 à 8 €

Bourdigny ist ein Weinbaudorf, das mit Satigny, der größten Weinbaugemeinde der Schweiz, verbunden ist. Es gehört zu einem riesigen Gebiet, das als Mandement bezeichnet wird und Erbe der bischöflichen Güter des Mittelalters ist. Die Domaine des Alouettes baut hier siebzehn Hektar an; sie hat einen feinfruchtigen Chasselas erzeugt, der ausgewogen und rund ist.

Jean-Daniel Ramu,
36, chem. de la Vieille-Servette, 1242 Satigny,
Tel. 022.753.13.70, Fax 022.753.13.70 n. V.

ANCIENNE PROPRIETE AUBERJONOIS
Tartegnin Chasselas 2000*

☐ 1 ha 8 000 5 à 8 €

Ein hübsches Gemälde, das ein Traubenpflückerpaar zeigt, schmückt das Etikett dieser Flasche. Es ist ein Werk von René Auberjonois (1872–1957), dem Sohn des alten Besitzers des Guts. Einen ebenso harmonischen Chasselas entdeckt man im Glas. Er ist schon recht entwickelt und bietet blumige (Lindenblüte) und fruchtige Aromen (Pfirsich, Aprikose). Im Gaumen ist er sehr mild und wird durch eine diskrete Säure ausbalanciert. Nach fruchtigen und mineralischen Aromen hinterlässt der Abgang eine leicht bittere Empfindung.

SA Marcel Berthaudin, 11, rue Ferrier,
1202 Genève, Tel. 022.732.06.26,
Fax 022.732.84.60,
E-Mail info@berthaudin.ch n. V.
Alfred Maréchal

J. ET C. BOCQUET-THONNEY
Sézenove Chardonnay Elevé en barrique 1999

☐ 0,45 ha 3 000 8 à 11 €

Dieser in der Barrique ausgebaute Wein bietet eine elegante Aromenpalette. Die Rebsorte kommt im fülligen Gaumen, der zwischen Lebhaftigkeit und Rundheit ausgewogen ist, voll zum Ausdruck. Ein trinkreifer 99er, den man aber ein bis zwei Jahre lagern kann.

Jacques et Claude Bocquet-Thonney,
9, chem. des Grands-Buissons, 1233 Bernex,
Tel. 022.757.45.63, Fax 022.757.45.63 n. V.

DOM. DE CHAMPVIGNY
Chardonnay Elevé en fût de chêne 1999*

☐ 0,3 ha 1 500 5 à 8 €

Satigny bietet zahlreiche architektonische Kuriositäten: einen Tempel, der auf einer mittelalterlichen Kirche errichtet worden ist, ein befestigtes Haus aus dem 16. Jh. Es ist auch der Ausgangspunkt für einen Weg in die historische Region des Mandement. Dieses Gut präsentiert einen Wein, dessen Ausbau im Eichenfass in keiner Weise den typischen Charakter der Chardonnay-Traube überdeckt. Ein paar Toastnoten kommen in der Nase zum Vorschein, während sich der Wein im Gaumen leicht und zart präsentiert.

Raymond Meister, 29, rte de Champvigny,
1242 Satigny, Tel. 022.753.01.35,
Fax 022.753.01.78,
E-Mail champvigny@capp.ch n. V.

DOM. DES CHARMES
Peissy Les Crécelles Chasselas 2000**

☐ 0,88 ha 8 000 5 à 8 €

Dieses Gut oberhalb von Satigny umfasst zehn Hektar Reben am Hang von Peissy. Seine Kellerei ist in einem alten Gehöft aus dem 17. Jh. untergebracht. Der Chasselas ist eine von acht Rebsorten, die hier angebaut werden, und

wächst in der Parzelle namens La Moraine. Der 2000er zeigt seine Reife durch einen blumigen Charakter und einen runden Körper mit viel Schmelz, den das gerade richtige Maß an Frische ausgleicht. Der Abgang hält lang an.
Anne et Bernard Conne,
Dom. des Charmes, 11, rte de Credery, Peissy,
1242 Satigny, Tel. 022.753.22.16,
Fax 022.753.18.45
Mi–Fr 11h–12h 17h–18h; Sa 9h–13h

CLOS DES PINS
Dardagny Chasselas 2000**

☐ 2 ha 10 000 5 à 8 €

Dardagny besitzt ein unter Denkmalschutz stehendes Schloss aus dem 17. Jh., dessen mit Trompe-l'œil-Bildern aus dem 18. Jh. geschmückten Mauern bemerkenswert sind. Der Clos des Pins baut neun Hektar in der Nähe des Dorfs an. Sein Chasselas enthüllt einen ausgeprägten mineralischen Charakter, der mit dem Terroir zusammenhängt, sowie eine angenehme Fruchtigkeit. Er besitzt außerdem diese süffige Seite, die man von Weinen dieser Traubensorte erwartet.
Marc Ramu, Clos des Pins,
rte du Mandement 458, 1282 Dardagny,
Tel. 022.754.14.57, Fax 022.754.17.23 n. V.

DOM. DU CREST
Jussy Chasselas 2000***

☐ 3 ha 30 000 8 à 11 €

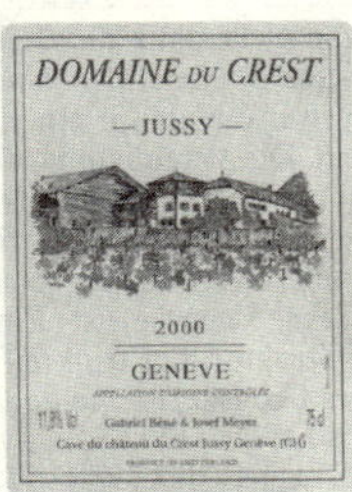

Die Familie Micheli besitzt dieses Gut seit 1637; der Weinberg vergrößerte sich im Laufe der Generationen, bis er zwölf Hektar erreichte. Die Weine werden im alten Gewölbekeller ausgebaut, der 1832 gegraben und vor sieben Jahren renoviert wurde. Dieser typische Chasselas mit dem fruchtigen Duft (Ananas) zeigt eine schöne Reife. Er beweist Ausgewogenheit zwischen Rundheit und Frische und hält lang an.
G. Béné et J. Meyer, Ch. du Crest,
1254 Jussy, Tel. 022.759.06.11,
Fax 022.759.11.22 n. V.

RESERVE DES FAUNES
Dardagny Chardonnay 2000

☐ 3 ha 15 000 8 à 11 €

Die Domaine des Faunes mit ihren zehn Hektar überragt Dardagny und liegt mitten in einer grünen Umgebung, die zum Spazieren einlädt. Ihr Chardonnay ist ein feiner Wein mit Zitrusaromen. Er ist füllig und zeigt eine gute Rundheit, so dass man ihn mit Käse (beispielsweise mit einem Vacherin) kombinieren kann.
Gilbert et Danielle Mistral-Monnier,
Dom. Les Faunes, 1282 Dardagny,
Tel. 022.754.14.46, Fax 022.754.19.46,
E-Mail info@les-faunes.ch
Mo–Fr 16h–18h; Sa 8h–12h

LA CAVE DE GENEVE
Côtes de Russin 2000

■ 1,25 ha 10 600 5 à 8 €

Russin befindet sich an der Grenze der Region Mandement, zwischen Dardagny und Peney. Die Cave de Genève erzeugt auf lehmhaltigen Kalksteinhängen einen fruchtigen Gamay (schwarze Johannisbeere und Sauerkirsche). Im Gaumen besitzt der Wein spürbare, aber geschmeidige Tannine, die das Ganze strukturieren und im Abgang würzige Aromen hinterlassen.
SA La cave de Genève,
140, rte du Mandement, 1242 Satigny,
Tel. 022.753.11.33, Fax 022.753.21.10 n. V.

GRAND'COUR
Peissy Kerner Sauvignon 2000*

☐ 0,52 ha 3 400 11 à 15 €

Zwischen dem 15. und dem 17. Jh. entstand dieses Weingut, das sich auf dem Gipfel des Hangs von Peissy befindet. Ein mit Kieselsteinen gepflasterter Hof, den eine Arkade mit Rundbogen abschließt und um den herum die Gebäude angeordnet sind, hat dem Gut seinen Namen gegeben. Diese Assemblage bietet ein intensives Bouquet mit einem Duft von Cassisblüten. Der Wein ist füllig, voller Schmelz und erfüllt den Mund mit Aromen exotischer Früchte. Er könnte sehr gut fernöstliche Küche begleiten.
Jean-Pierre Pellegrin, 1242 Satigny,
Tel. 022.753.15.00, Fax 022.753.15.00 n. V.

LE CLOS DE CELIGNY
La Côte-Céligny Chasselas 2000*

☐ 2,55 ha 30 000 5 à 8 €

Der Clos de Céligny, der zum Genfersee und zu den Alpen hin liegt, fügt sich in die Landschaften des Waadtländer Ufers ein, zwischen Wäldern und Wiesen. Hier wächst ein typischer Chasselas mit Noten des Molassebodens, der die Genfer Küche begleiten kann. Der ausgewogene, runde Wein besitzt eine Länge, die ausreicht, um das Vergnügen andauern zu lassen.
H. Schütz et R. Moser, Le Clos de Céligny,
rte de Céligny 38, 1298 Céligny,
Tel. 022.776.32.05, Fax 022.776.07.85,
E-Mail moser@clos-de-celigny.ch n. V.

LE CRET 2000**

■ 1 ha 2 500 11 à 15 €

Pinot noir vereinigt sich zu gleichen Teilen mit Gamaret und Garanoir zu dieser Cuvée. Der Gamaret ist eine Kreuzung zwischen Gamay und Reichensteiner, die für Farbe und Tanninreichtum sorgt, während der Garanoir, der aus den gleichen Rebsorten gezüchtet wurde, dem Wein Fruchtigkeit verleiht. Daraus geht ein an Fruchtaromen freigebiger Wein hervor, dessen Reife in seinem fülligen, runden Körper zum Ausdruck kommt, unterstützt von noch spürba-

ren Tanninen. Auch wenn dieser 99er schon angenehm ist, kann er ein bis zwei Jahre altern.
SA Marcel Berthaudin, 11, rue Ferrier, 1202 Genève, Tel. 022.732.06.26, Fax 022.732.84.60, E-Mail info@berthaudin.ch Y n. V.

LES PERRIERES
Peissy Chardonnay Elevé en fût de chêne 1999

☐ k. A. k. A. 8 à 11 €

Dieser Chardonnay, der auf dem Ton- und Molasseboden von Peissy gewachsen ist, zeigt im Duft eine gute Reife, bewahrt aber gleichzeitig mit Vanillearomen die Erinnerung an seinen Ausbau im Holzfass. Der ausgewogene Körper besitzt viel Schmelz.
Bernard et Brigitte Rochaix, 54, rte de Peissy, 1242 Satigny, Tel. 022.753.90.00, Fax 022.753.90.00 Y n. V.

LE VIEUX CLOCHER
Peissy Pinot noir 2000**

■ 5 ha 30 000 8 à 11 €

1971 haben zwei Cousins dieses Gut übernommen, der eine mit einer Ausbildung als Bankkaufmann und folglich für die Verwaltung zuständig, der andere ein Diplomlandwirt. Die 47,3 ha Reben, die fast in einem Stück zusammenhängen, werden nach biologischen Anbaumethoden kultiviert. Diese Cuvée, deren Name sich auf den Kirchturm von Peissy (11. Jh.) bezieht, stammt von dem Pinot noir Oberlin, einem in der eidgenössischen Forschungsanstalt in Changins gezüchteten Pinot-Klon. Der Duft mit seinen Weichsel- und Himbeernoten ist sehr sortentypisch. Der von feinen Tanninen strukturierte Körper ist voll und stattlich.
Leyvraz et Stevens, 27, rte de Maison rouge, 1242 Peissy, Tel. 022.753.11.60, E-Mail bossons@infonie.ch ☑ Y n. V.

DOM. DU PARADIS
Satigny Pinot blanc 2000**

☐ 4 ha 9 000 8 à 11 €

Die Domaine du Paradis sagt gern von sich, dass sie «höllische Weine» erzeugt! Sehen Sie sich bloß das Etikett an: Hinter dem Flügel eines Engels versteckt sich ein kleiner Teufel. Dieser 2000er verführt durch seinen feinen, typischen Duft: Weißfleischiger Pfirsich mischt sich mit leicht rauchigen Noten. Im Gaumen bietet er bis zu einem lang anhaltenden Abgang viel Schmelz und Rundheit.
Roger Burgdorfer, 275, rte du Mandement, 1242 Satigny, Tel. 022.753.18.55, Fax 022.753.18.55, E-Mail info@domaine-du-paradis.ch ☑ Y Sa 9h–12h 13h–17h; Okt. geschlossen

DOM. DES PENDUS
Coteaux de Peney Cuvée Victoria Syrah Elevé en fût de chêne 1999**

■ 1er cru 0,45 ha 3 600 11 à 15 €

Das Gut verdankt seinen Namen der tragischen Geschichte, deren Schauplatz das Château de Peney, ein katholisches Lehen, im Jahre 1534 war, als die reformierten Genfer an den Bäumen der Umgebung aufgehängt wurden, nachdem sie versucht hatten, das Schloss zu belagern. Heute befindet sich ein 7 ha großes Gut auf diesem Land am Ufer der Rhône. Dieser Syrah bietet mit seinen Gewürzaromen ein typisches Bouquet. Der strukturierte, füllige, lang anhaltende Wein stützt sich auf sehr deutlich spürbare Tannine, die ihm eine gute Lagerfähigkeit garantieren.
Christian Sossauer, 1, rte de Peney-Dessus, 1242 Satigny, Tel. 022.753.19.61, Fax 022.753.19.61, E-Mail csossauer@domaine-des-pendus.ch Y n. V.

DOM. DES TROIS ETOILES
Peissy Chardonnay Elevé en fût de chêne 1999**

☐ 1 ha 6 233 8 à 11 €

Es sind zwar nicht ganz die drei Sterne im Namen, die dieses Gut belohnen, aber immerhin eine bemerkenswerte Note für einen perfekt vinifizierten Wein. Die Vereinigung zwischen dem Holz und dem Stoff ist vollendet. Den Vanille- und Toastnoten des Bouquets entspricht ein fülliger Körper voller Schmelz, der stark durch die Chardonnay-Traube geprägt ist. Ein Wein mit einer schönen Struktur, der trinkreif ist.
Jean-Charles Crousaz, 41, rte de Peissy, Dom. des Trois Etoiles, 1242 Satigny, Tel. 022.753.16.14, Fax 022.753.41.55, E-Mail info@trois-etoiles.ch ☑ Y n. V.

Kanton Neuenburg (Neuchâtel)

An den Ufern des Neuenburgersees, der das Sonnenlicht zurückwirft, und an die ersten Ausläufer des Jura geschmiegt, die ihm eine günstige Ausrichtung ermöglichen, erstreckt sich das Weinbaugebiet von Neuenburg auf einem schmalen, 40 km langen Band zwischen Le Landeron und Vaumarcus. Das trockene, sonnenreiche Klima dieser Region eignet sich ebenso wie die hier überwiegenden Kalksteinböden aus der Juraformation gut für den Weinbau. Das bestätigen auch die Historiker, die uns berichten, dass die ersten Reben hier offiziell im Jahre 998 angepflanzt wurden. In Neuenburg ist der Wein somit über tausend Jahre alt.

In diesem kleinen Weinbaugebiet (605 ha) dominieren Chasselas und Pinot noir; es gibt auch einige «Spezialitäten» (Pinot gris, Chardonnay, Gewürztraminer und Riesling × Silvaner), aber sie nehmen kaum 6 % der Anbaufläche ein. Hinter dieser scheinbar beschränkten Bestockung verbirgt sich in Wirklichkeit eine sehr breite Palette von Weinen und Geschmacksnoten, was dem Können der Winzer und der Vielfalt der Böden zu verdanken ist.

Man wird mit Vergnügen Rotweine probieren, die aus der Rebsorte Pinot noir gekeltert wurden, elegante und fruchtige, oft rassige und lagerfähige Weine, aber auch den sehr typischen Œil-de-Perdrix, diesen unnachahmlichen Rosé, der ursprünglich aus dem Neuenburger Anbaugebiet stammt, sowie die Perdrix Blanche, die man durch sofortiges Pressen der Beeren (ohne Maischestandzeit) erhält. Einige Kellereien stellen sogar einen Schaumwein her.

Die Komplexität der Böden des Kantons sowie die persönlichen Stile der Weinmacher sind für eine große Vielfalt an Geschmacksnoten und Aromen der Weißweine von der Chasselas-Rebe verantwortlich, die dem neugierigen Weinfreund so manche interessante Entdeckung ermöglichen. Zusätzlich findet man noch zwei lokale Spezialitäten: den «Nichtfiltrierten», einen Primeur-Wein, der nicht vor dem dritten Mittwoch im Januar verkauft werden darf, und auf der Hefe ausgebaute Chasselas-Weine.

Jeder der achtzehn Weinbauorte besitzt eine eigene Appellation, während die übergeordnete Appellation Neuenburg für die gesamte Produktion des Kantons (für Weine der ersten Kategorie) verwendet werden darf.

CH. D'AUVERNIER
Pinot noir Elevé en barrique 1999*

■ 1 ha 4 000 15 à 23 €

Auvernier, ein mit seinen Winzerhäusern aus dem 16. und 17. Jh. typisches Weinbaudorf, ist einen Besuch wert. Im Schatten der uralten Bäume des Schlossparks werden die Weinliebhaber von Thierry Grosjean empfangen, dem Hausherrn, der sich entschloss, diesen Pinot noir in der Barrique auszubauen – im Jahrgang 1999 eine heikle Entscheidung. Der Erfolg dieses Weins ist umso schöner. Ein delikater Vanillehauch sorgt für eine besondere Anmut, ohne die Ausgewogenheit dieses Pinot noir zu stören, der für die Appellation charakteristisch und schon recht entwickelt ist.

Ch. d'Auvernier, 2012 Auvernier, Tel. 032.731.21.15, Fax 032.730.30.03, E-Mail wine@chateau-auvernier.ch n. V.

DOM. DU CHATEAU Vaumarcus 2000**

□ 4 ha 26 000 8 à 11 €

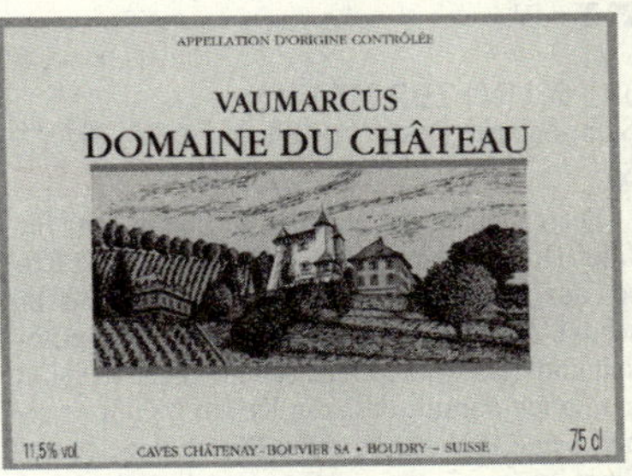

APPELLATION D'ORIGINE CONTRÔLÉE
VAUMARCUS
DOMAINE DU CHÂTEAU
11,5% vol
CAVES CHÂTENAY-BOUVIER SA • BOUDRY – SUISSE
75 cl

Die Domaine du Château Vaumarcus, im Besitz der Caves Châtenay-Bouvier in Boudry, liegt zwischen Felswänden, die von der Sonne und vom Neuenburgersee aufgeheizt werden; sie steht in einer zweihundertjährigen Tradition. Die Jury wurde durch diesen reichen, komplexen, strukturierten Chasselas verführt, den sie zu einem ihrer Lieblingsweine erkor. Ein trotz seiner Kraft eleganter Wein, der vollendet und reif ist und lang anhält. Hinter einem schönen Reichtum bietet er eine aromatische Komplexität, die ihn eher zu einem Essensbegleiter als zu einem Aperitifwein macht.

SA Caves Châtenay-Bouvier, rte du Vignoble 27, 2017 Boudry, Tel. 032.842.23.33, Fax 032.842.54.71, E-Mail chatenay@worldcom.ch n. V.

ALAIN GERBER Œil-de-Perdrix 2000*

◪ 1,2 ha 9 000 8 à 11 €

Alain Gerber, der das 7 ha große Gut seit drei Jahren leitet, hat der Jury einen Œil-de-Perdrix vorgeschlagen, dessen Eleganz verführerisch ist. Sein Wein ist durch kräftige Quittennoten und einen lebhaften Auftakt gekennzeichnet. Er ist ätherisch leicht und wird die Liebhaber der klassischen Neuenburger Roséweine begeistern.

Alain Gerber, imp. Alphonse-Albert 8, 2068 Hauterive, Tel. 032.753.27.53, Fax 032.753.02.41 n. V.

GRILLETTE Chasselas 2000**

☐ 2 ha 15 000 8 à 11 €

Die Domaine de Grillette, die sich seit 1884 mitten im Dorf Cressier befindet, gehört zum Weinbauerbe von Neuenburg. Unter dem neuen Impuls von Thierry Lüthi, dem Direktor, und von Jean-Claude Martin, dem Önologen, wird dieser Familienbetrieb im zweiten Jahr hintereinander in unserem Weinführer vorgestellt. Dieser Wein ist bemerkenswert fein und blumig; er zeichnet sich durch Weißdorn- und Lindenblütenaromen aus, die für die Chasselas-Reben, die auf den kalkigen Böden von Cressier wachsen, charakteristisch sind. Der Auftakt ist lebhaft, aber dank seines Reichtums bleibt der Wein im Gaumen vollkommen ausgewogen. Dieser 2000er kann die Fischspezialitäten der Region vorteilhaft begleiten oder als Aperitif getrunken werden.

Grillette Dom. de Cressier, rue Molondin 2, 2088 Cressier, Tel. 032.758.85.29, Fax 032.758.85.21, E-Mail info@grillette.ch
n. V.

J.C. KUNTZER ET FILS
Saint-Sébaste Pinot noir Œil-de-Perdrix 2000**

◪ 4 ha 25 000 8 à 11 €

Dieser kleine Familienbetrieb bleibt Jahr für Jahr herausragend. Dieser rassige, elegante Rosé, aus Pinot noir gekeltert, bietet eine sehr schöne Ausgewogenheit zwischen der Lebhaftigkeit und dem Alkoholreichtum. Hinweisen sollte man auch darauf, dass die Kellerei Kuntzer einen bemerkenswerten **roten 99er Saint-Sébaste Pinot noir** präsentiert. Es handelt sich dabei um einen trinkreifen 2000er, der den Liebhabern weicher Weine große Befriedigung schenken wird.

Jean-Pierre Kuntzer, Daniel-Dardel 11, 2072 Saint-Blaise, Tel. 032.753.14.23, Fax 032.753.14.57, E-Mail info@kuntzer.ch
n. V.

DOM. DE L'ETAT DE NEUCHATEL
Auvernier 1999*

■ 2,2 ha 16 000 11 à 15 €

Die in Auvernier vor etwas mehr als einem halben Jahrhundert, zur Zeit der Reblausinvasion, gegründete Versuchsanstalt für Weinbau betreibt Forschungen und übernimmt auch Verwaltungsaufgaben, weil sie gleichzeitig die kantonale Dienststelle für Weinbau ist. Ihr Direktor, Eric Beuret, leitet die staatliche Kellerei. Dieser strukturierte Wein offenbart noch nicht alle seine Geheimnisse, besitzt aber schon eine komplexe Aromenpalette und elegante Tannine und bringt den typischen Charakter der Rebsorte gut zum Ausdruck. Man kann ihn ein paar Jahre lagern.

Encavage de l'Etat de Neuchâtel, Fontenettes 37, 2012 Auvernier, Tel. 032.846.29.17, Fax 032.730.24.39, E-Mail eric.beuret@ne.ch
n. V.

DOM. E. DE MONTMOLLIN FILS
Auvernier Goutte d'or 2000**

☐ 2 ha 10 000 5 à 8 €

Die Familie Montmollin beschäftigt sich seit dem 16. Jh. mit Weinbau; das im Laufe der Jahrhunderte aufgebaute Weingut ist mit 47 Hektar Reben, deren Trauben in Auvernier, im Herzen des Dorfs, verarbeitet werden, zum größten Gut des Neuenburger Weinbaugebiets geworden. Ein komplexer Duft von exotischen Früchten, Zitrusfrüchten und Zitronengras unterstreicht die Frische dieses Weins. Im Glas elegant perlende Bläschen verführen mit ihrem Prickeln die Geschmacksknospen.

Dom. E. de Montmollin Fils, Grand-Rue 3, 2012 Auvernier, Tel. 032.731.21.59, Fax 032.731.88.06, E-Mail info@montmollinwine.ch n. V.

A. PORRET Cortaillod Pinot noir 1999**

■ 3,5 ha k. A. 8 à 11 €

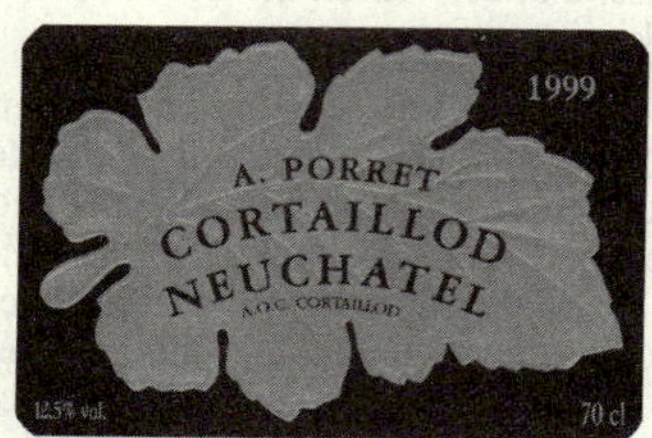

Bei einem Spaziergang in Cortaillod werden Sie die Domaine des Cèdres entdecken, die über dem Neuenburgersee thront; Sie können diese Gelegenheit auch dazu nutzen, das Schloss und das Weinmuseum in Boudry zu besichtigen. Die Familie Porret hat sich seit 1858 der Weinbautradition verschrieben. Die Jury hat diesem Pinot noir eine Liebeserklärung zuerkannt. Die sanften, seidigen Tannine, die für große Pinot-Weine charakteristische Note von Rauch und der Unterholzduft – nichts fehlt, um die Weinliebhaber zu verführen.

A. Porret et Fils, Dom. des Cèdres, Goutte d'Or 20, 2016 Cortaillod, Tel. 032.842.10.52, Fax 032.842.18.41
Sa 8h–12h; während der Woche n. V.

Kanton Bern

Das Weinbaugebiet Berns bildet ein Band, das sich entlang dem linken Ufer des Bielersees, am Fuße des Jura, erstreckt. Die Reben klammern sich an den Hang und umgeben die Dörfer, deren Architektur an eine Lebensweise und eine Tradition erinnert, die die Jahrhunderte überdauern konnten. 55 % der Rebfläche nimmt die Chasselas-Rebe ein, 35 % der Pinot noir; die restlichen 10 % entfallen auf Spezialitäten wie Pinot gris, Riesling × Silvaner, Chardonnay, Gewürztraminer usw. Das vom See gemilderte Klima und der Kalkgehalt des Bodens, der in der Regel nicht sehr tief ist, verleihen den Weinen Feinheit und Charakter. Der Chasselas ist ein leichter, prickelnder Weißwein, der sich ideal als Aperitif eignet oder ein Felchenfilet aus dem See begleiten kann. Der Pinot noir ist ein leichter, eleganter, fruchtiger Wein. Die Weingüter sind Familienbetriebe, deren Anbaufläche zwischen 2 und 7 ha umfasst; Tradition und moderner Fortschritt harmonieren dort vollkommen.

In den übrigen Weinbaukantonen der Deutschschweiz wachsen die Reben in recht nördlichen Breiten. Trotz des strengen Klimas erzeugen diese Regionen vornehmlich Rotweine. Diese basieren oft auf Pinot noir und machen 70 % der Produktion aus. Grundlage für die Weißweine ist in erster Linie der Müller-Thurgau; zunehmend erfreuen sich aber auch Spezialitäten großer Beliebtheit.

AUBERSON ET FILS
Neuveville Pinot blanc 2000*

☐ 0,9 ha 2 500 11 à 15 €

Dieses Familiengut überblickt die Dächer des alten Marktfleckens La Neuveville. Es präsentiert einen Pinot blanc, der aufgrund seiner delikaten Lindenblütennoten erstaunlich elegant und fein ist. Der Wein entfaltet einen fülligen Stoff, der dazu einlädt, ihn zu Weichkäse mit Schimmelrinde zu trinken.

Auberson et Fils, Tirage 25,
2520 La Neuveville, Tel. 032.751.18.30,
Fax 032.751.53.83 n. V.

REBGUT DER STADT BERN
Schafiser Chasselas 2000**

☐ 12 ha 80 000 8 à 11 €

Diese Domäne, die der Stadt Bern gehört und von der Familie Louis geführt wird, ist mit 21 Hektar das größte Gut am Bielersee. Der alte Keller wurde in einen Empfangsraum umgewandelt. Die Jury wurde verführt durch diesen sehr blumigen Chasselas, der im Glas feine Perlenschnüre entwickelt. Nach einem lebhaften Auftakt balanciert er sich zwischen Lebhaftigkeit und Reichtum gut aus. Gegenüber der Sankt-Petersinsel, die Rousseau so liebte, können Sie diese Flasche zu einem Eglifilet oder einem Tête-de-Moine, einer Käsespezialität aus dem Jura (Halbhartkäse aus Kuhmilch), genießen.

Rebgut der Stadt Bern, 2520 La Neuveville,
Tel. 032.751.21.75, Fax 032.751.58.03 n. V.
H. Louis

DOM. DE L'HOPITAL DE SOLEURE
Schafiser Chasselas 2000**

☐ 2 ha 6 000 8 à 11 €

Das Weingut des Hôpital de Soleure gehört zu den ältesten der Schweiz. Die Bürger der Stadt Solothurn erwarben die ersten Rebparzellen um 1350. Das Hospital wurde durch eine testamentarische Schenkung im Jahre 1466 gegründet. Seit vier Jahren ist ein junger Winzer für die Vinifizierung verantwortlich. Er präsentiert diesen zarten, perlenden Wein, der mit seinem Herkunftsgebiet vollkommen übereinstimmt. Eine Flasche, die als Aperitif wie auch zu einem Fischgericht verführen wird.

Dom. de l'Hôpital de Soleure, Russie 8,
2525 Le Landeron, Tel. 032.751.46.01,
Fax 032.751.46.01 n. V.

HEINZ TEUTSCH
Schafiser Schlössliwy Pinot noir 2000*

■ 2 ha 15 000 8 à 11 €

Der Ursprung dieses Guts reicht zwar bis 1570 zurück, aber der Familie Teutsch gehört es seit 1830. Vor fünfzehn Jahren wurde der Keller wunderschön renoviert, um Eichenfässer aufzunehmen. Dieser rubinrote Pinot noir ist repräsentativ für das Terroir. Mit den Blüten verbinden sich Kirscharomen. Im Gaumen besitzt er eine gute Säure, die es ermöglicht, diesen Wein ein bis zwei Jahre aufzuheben, bevor man ihn zu einer Lammkeule serviert.

Heinz Teutsch, Im Schlössli, 2514 Schafis,
Tel. 032.315.21.70, Fax 032.315.22.79,
E-Mail teutsch@rebgut-schloessli.ch n. V.

Kanton Aargau

Was für die Ostschweiz allgemein gilt, trifft auf den Kanton Aargau ganz besonders zu: Die Rebfläche von insgesamt 395 ha verteilt sich auf viele Gemeinden, Lagen und Parzellen. Die besten Weine kommen von Steilhängen an den Flüssen Aare und Limmat sowie aus den kleinen Seitentälern des Tafeljura. Die Jurakalkböden lassen vor allem den Blauburgunder gut gedeihen. In manchen Jahren erreicht der hier nicht vertretene

Blauburgunder aus der Lage Kloster Sion in Klingnau Spitzenwerte nicht nur beim Mostgewicht, sondern ebenso bei der Bewertung durch Weinexperten.

BAUMGARTNER
Tegerfelden Pinot noir Edelblut Barrique 1998*

■ 0,6 ha 2 000 11 à 15 €

Seit 1875 widmet sich dieser Familienbetrieb, der von Vater und Sohn geführt wird, ausschließlich dem Weinbau und der Weinherstellung. Der 98er zeugt von viel Berufserfahrung: Der Duft setzt auf gefällige Weise auf die Fruchtigkeit und das Holz. Und im Gaumen besitzt er alles, was notwendig ist: einen gut eingebundenen Holzton und eine schöne Milde. All das deutet auf ein ausgezeichnetes Alterungspotenzial hin.

Baumgartner Weinbau, Dorfstrasse 37, 5306 Tegerfelden, Tel. 056.245.28.01, Fax 056.245.17.00, E-Mail baumgartner.weinbau@pop.agri.ch
Sa 9h–12h 13h–16h

CHALMBERGER Kerner 2000**

□ 0,17 ha 700 8 à 11 €

Das fast 7 ha große Gut wird seit 1990 von Konrad und Sonja Zimmermann geführt. Dieser gelbe Wein entfaltet einen intensiven Duft mit Muskateller- und Minzenoten. Der runde, voluminöse Körper bietet eine gute Ausgewogenheit zwischen Zucker und Säure.

Chalmberger Weinbau, Rebbergstrasse 24, 5108 Oberflachs, Tel. 052.443.26.39, Fax 056.443.06.81, E-Mail zimmermann@chalmberger.ch
n. V.
K. und S. Zimmermann

E. UND D. FÜRST
Hornusser Federweiss Fürstlicher 2000**

◪ 0,5 ha 3 000 8 à 11 €

Das Gut, das etwas mehr als drei Hektar Reben umfasst, baut Blauburgunder und Weißburgunder, Müller-Thurgau und Dornfelder an. Daher rührt ein breites Angebot von Weinen. Dieser Rosé entfaltet unter seiner hellrosa Farbe einen klassischen, rassigen Duft und danach im Gaumen viel Fleisch und Süße. «Wie es sein muss», fasste ein Verkoster zusammen. Die **weiße 99er Cuvée Création Désirée,** die aus der Rebsorte Riesling × Silvaner stammt, erhält einen Stern: Ihr zunächst zurückhaltendes Bouquet lässt fruchtige und blumige Aromen erkennen. Im Gaumen bietet sie eine schöne Ausgewogenheit zwischen der Säure und der Süße. Die gelungene **99er Blauburgunder Spätlese** (gleiche Preisgruppe) besitzt typische, fruchtige Aromen von Kirschen und Beeren.

Daniel und Erika Fürst, Fürstliche Weinkultur, 5075 Hornussen, Tel. 062.871.55.61, Fax 062.871.85.66 n. V.

HARTMANN
Sommerhalder Blauburgunder Spätlese Elevé en fût de chêne 1999

■ 1,2 ha 7 000 11 à 15 €

Dieser Familienbetrieb, der Umweltfreundlichkeit gross schreibt, vinifiziert seit 1985. Sein 99er Pinot noir stammt von spät gelesenen Trauben mit einem Mostgewicht von mehr als 90 ° Oechsle: Das Ergebnis ist ein Wein mit einem jugendlichen Duft, der aber am Gaumen eine gute Fülle erkennen lässt.

Bruno Hartmann, Rinikerstrasse 17, 5236 Remigen, Tel. 056.284.27.43, Fax 056.284.27.28, E-Mail weinbau.hartmann@pop.agri.ch
n. V.

IM LEE Döttingen Pinot noir Malbec 1999**

■ k. A. 1 200 11 à 15 €

Sieben Hektar, die seit 1828 nach alter Familientradition angebaut werden und einheimische Rebsorten, klassische, internationale Sorten und neue Entdeckungen kombinieren: Dieses Gut ist zugleich eine Rebschule und besitzt ein Speiselokal. Dieser 99er von schöner, intensiver Farbe zeichnet sich durch einen reichen, aromatischen Duft sowie durch seinen gehaltvollen Körper aus. Ein Stern für den **2000er Weißwein,** der aus Sauvignon blanc gekeltert wurde. Die Jury schätzte seine Holunderaromen; er ist eher opulent als lebhaft.

Andreas Meier & Co, Weingut zum Sternen, Rebschulweg 2, 5303 Würenlingen, Tel. 056.297.10.02, Fax 056.297.10.01, E-Mail office@weingut-sternen.ch n. V.

NAUER Tegerfelder Räuschling 2000*

□ 0,5 ha 600 8 à 11 €

Eine schöne Gesamtharmonie bei diesem hellgelben, grün schimmernden Wein mit dem fruchtigen (Zitrone), honigartigen Duft. Er besitzt Körper und einen rassigen Charakter. Seine Frische wird von einer nervigen Säure getragen.

Gebrüder Nauer AG, Postfach, 5620 Bremgarten 2, Tel. 056.648.27.27, Fax 056.648.27.17
Di–Sa 9h–12h 14h–18h

Kanton Basel-Land

Die 99 Hektar Rebparzellen von Basel-Land verteilen sich auf einige Gemeinden südlich der Stadt Basel und liegen auf den Kalkböden des Tafeljura, der zum Rhein hin abfällt.

SIEBE-DUPF-KELLEREI
Prattler Blauburgunder 2000★★

■ 1,4 ha 13 000 8 à 11 €

1875 kaufte Johannes Schwob das Haus und richtete darin die Familienkellerei ein, die heute von Paul Schwob geleitet wird. Zwei Weine werden uns dieses Jahr präsentiert: Dieser Blauburgunder von jugendlichem Purpurrot, der durch seine feinen, klassischen Aromen und durch eine diskrete Veilchennote gefällt. Seine Harmonie hat die Jury verführt, die nicht zögerte, ihm eine Liebeserklärung zuzuerkennen. Der **2000er Sissacher Kerner** wird lobend erwähnt. Er besitzt eine strahlend hellgelbe Farbe und duftet fruchtig und blumig. Im Gaumen ist er delikat und ausgewogen.

Siebe-Dupf-Kellerei, Kasernenstrasse 25, 4410 Liestal, Tel. 061.921.13.33, Fax 061.921.13.32 ☑ Ⲧ n. V.

Kanton Graubünden

Ein kleiner Teil der Bündner Rebfläche entfällt auf das südbündnerische Misox und taucht in der Statistik unter der Südschweiz auf. Der überwiegende Teil der 370 ha liegt in der Bündner Herrschaft nördlich der Kantonshauptstadt Chur in den vier Gemeinden Malans, Maienfeld, Jenins und Fläsch. Auch hier überwiegt der Blauburgunder bei weitem. Er wurde während der «Bündner Wirren» im Dreißigjährigen Krieg von dem französischen Herzog Rohan in die Region gebracht, als dieser die Herrschaft besetzte. Das südliche Eingangstor zu Nordbünden war damals der Handelsplatz und Verkehrsknotenpunkt Chiavenna am Fuße der Alpenpässe Maloja und Splügen. Nach ihm wurde die Traube später als Klevner oder Chlävner bezeichnet. In der Bündner Herrschaft erreichen die Trauben regelmäßig die höchsten Mostgewichte der Ostschweiz, der Blauburgunder fast immer im Durchschnitt über 100 °Oechsle und einzelne weiße Spezialitäten wie der seltene Completer mitunter 120 °Oechsle. Das verdanken sie dem Föhn, der sich als Fallwind um mehr als ein Grad Celsius pro hundert Meter erwärmt und vorwiegend im Herbst als «Traubenkocher» die Mostgewichte um ein Grad Oechsle pro Tag hoch treibt.

COTTINELLI Malanser 1999★

□ k. A. k. A. 11 à 15 €

Er zeigt eine schöne helle Farbe und einen fruchtigen, leicht vanilleartigen Duft. Im Gaumen ist er reich, voll, rund und gut strukturiert.

Weinhaus Cottinelli, Karlihof, 7208 Malans, Tel. 081.300.00.30, Fax 081.300.00.40 Ⲧ n. V.

GRENDELMEIER-BANNWART
Zizerser Blauburgunder Auslese 1999★

■ 0,5 ha 3 500 8 à 11 €

Liebeserklärung im letzten Jahr für den 98er. Dieses Gut in Familienbesitz wurde 1992 gegründet. Dieser Blauburgunder stammt von Traubengut, das am 29. Oktober gelesen wurde, und ist neun Monate in der Barrique ausgebaut worden. Das Bouquet ist elegant und zart duftig, mit Röstnoten, die eine leichte Fruchtigkeit begleitet. Ein gut ausbalancierter, voller, reicher Wein, der für eine längere Lagerung bestimmt ist.

Weinbau Grendelmeier-Bannwart, 7205 Zizers, Tel. 081.322.62.58, Fax 081.322.92.66 ☑ Ⲧ n. V.

LEVANTI Pinot noir 1998★

■ 1,5 ha 5 500 11 à 15 €

Sehr schöne bläuliche Reflexe beleben die tiefrote Farbe dieses jugendlich gebliebenen Pinot noir. Der intensive Duft mischt rote Früchte in Alkohol mit dem Holzton der Barrique. Im Gaumen zeigt er sich reich und typisch. Ein unverfälschter Wein.

Elli Süsstrunk, Hindergasse 62 B, 7603 Fläsch, Tel. 081.302.78.28, Fax 081.302.28.78 ☑ Ⲧ n. V.

LIESCH
Malanser Blauburgunder Barrique 1999★★★

■ 0,7 ha 3 500 11 à 15 €

Zunächst kommen Brombeeren zum Vorschein, in der Farbe dieses Weins ebenso wie in seinem komplexen, balsamischen Duft, der eine breite Aromenpalette enthüllt, die aus Holunder, Tee und Minze besteht. Im Gaumen ist er intensiv, gut strukturiert und jugendlich; dank guter Tannine kann er reifen. Die **99er Blauburgunder Auslese** bietet eine schöne Gesamtharmonie. Es handelt sich um einen Blauburgunder von spät gelesenen Trauben: Der Duft ist weniger typisch als der des vorangegangenen Jahrgangs, der im letzten Jahr eine Liebeserklärung erhielt, aber der Wein ist sehr zufrieden stellend.

Ueli und Jürg Liesch, Treib, 7208 Malans, Tel. 081.322.12.25, Fax 081.330.05.85 n. V.

WEGELIN UND BARGÄHR

Blauburgunder Elevé en fût 1999**

■ 1 ha 3 000 15à23€

Dieser vierzehn Monate im Holzfass ausgebaute Blauburgunder enthüllt intensive Holzaromen, die trotzdem nicht die Noten von Konfitüre aus roten Früchten verbergen. Ein voller, lang anhaltender Wein, der noch jung ist, so dass man ihn in den Keller legen muss. Der ebenfalls bemerkenswerte **weiße 98er Silvestri** (Preisgruppe: 150 bis 199 F) ist ein edelsüßer Wein, für den die Trauben am 1. November gelesen wurden; er ist reich und ausgewogen.

Peter Wegelin und Silvia Bargähr, Scadenagut, 7208 Malans, Tel. 081.322.11.64, Fax 081.322.11.64 n. V.

Kanton Schaffhausen

Schaffhausen ist mit seinen rund 500 Hektar hinter Zürich der zweitgrößte Weinbaukanton der Ostschweiz. Die Reben wachsen in und um die Stadt Schaffhausen, im Klettgau (wo man bei Hallau das größte zusammenhängende Rebareal der Deutschschweiz bewundern kann), im Oberklettgau, im lauschigen Rheinstädtchen Stein am Rhein sowie in den idyllisch am Rheinknie gelegenen Bauerndörfern Buchberg und Rüdlingen. Die mit 80 % völlig dominierende Rebsorte ist der Blauburgunder, der fruchtbetonte, elegante Weine hervorbringt.

GRAF VON SPIEGELBERG

Hallauer Blanc de Pinot noir 2000*

□ 3 ha k. A. 8à11€

Bestimmt ist es jener berühmte Graf von Spiegelberg, der in seiner Rüstung auf dem Etikett prangt. War er ebenso gesprächig wie der Wein, der seinen Namen trägt? Letzterer ist typisch und ausdrucksvoll und spricht von Früchten und Bonbons; im Gaumen erinnert er voller Milde an Bergamotte und Mirabelle. Seine Rundheit zieht die Aufmerksamkeit der Jury auf sich.

Rimuss-Kellerei Rahm, 8215 Hallau, Tel. 052.681.31.44, Fax 052.681.40.14 n. V.

STAMM

Cuvée Stoffler Elevé en barrique de chêne 1999

■ 1 ha k. A. 15à23€

Merlot (50 %), kombiniert mit Pinot noir und Gamay × Reichensteiner, wobei die beiden letzten Rebsorten zu gleichen Teilen vertreten sind, hat diesen sehr jugendlichen Wein ergeben, den eine dunkelrote Farbe mit blauen Reflexen schmückt. Die Nase erinnert an schwarze Früchte in Alkohol und zeigt deutliche Barriquenoten. Im Gaumen hat der Wein eine gute Säure und ist gehaltvoll.

Thomas und Mariann Stamm, Aeckerlistrasse 20, 8240 Thayngen, Tel. 052.649.24.15, Fax 052.649.25.16, E-Mail stammson@datacomm.ch n. V.

Kanton Thurgau

Das Schwergewicht der 275 ha Rebfläche liegt im Thurtal in der weiteren Umgebung von Weinfelden. Die Weinberge an den Hängen des Seerückens sind fast genau nach Süden ausgerichtet und profitieren so mehr von der Sonne als vom Föhn. Eine der besten Ostschweizer Lagen überhaupt ist die Trottenhalde bei Neuforn, deren Blauburgunder im Hachette-Weinführer 1998 gewürdigt wurde.

DER ANDERE N° 3

Schlossgut Pinot noir 1999**

■ 0,7 ha 3 000 15à23€

H.-U. Kesselring, Nachfahre einer Familie, die seit 1784 das Schloss Bachtobel besitzt, stellt stets originelle Cuvées vor. Dieser 99er Pinot noir beweist es: Zusammen mit seinem komplexen Duft von schwarzen Beeren und einer leichten Holznote bietet er einen jugendlichen, aber gut gebauten und vollen Körper. Er besitzt eine große Harmonie und verspricht, lange zu altern.

Hans Ulrich Kesselring, Bachtobel, 8561 Ottoberg, Tel. 071.622.54.07, Fax 071.622.76.07 n. V.

ESCHENZ Müller-Thurgau 2000*

□ 0,3 ha 2 754 8à11€

Dieser aus vollreifen Trauben gekelterte Wein ist keine Spätlese, hat aber trotzdem einen ähnlichen Charakter. Er ist alkoholreich, voll und besitzt eine gute Lagerfähigkeit.

Johannes Hanhart, Hauptstrasse 10, 8265 Mammern, Tel. 052.741.24.74, Fax 052.741.23.87 n. V.

A. UND A. SAXER

Nussbaumen Pinot gris 2000**

□ 0,25 ha 1 120 8à11€

Dieses Gut in Nussbaumen bewirtschaftet etwa acht Hektar Reben, in der Hauptsache Pinot noir und Müller-Thurgau (Riesling × Silvaner). Den Vorzug erhielt dennoch dieser Pinot gris wegen seiner schönen Ausgewogenheit sowie wegen seines süßen, lieblichen Geschmacks. Die sehr gelungene **rote 2000er Assemblage N° 13** bietet ein Bouquet von Cassislikör, Erdbeere, Kirsche und schwarzem Tee. Im Gaumen steht er diesem mit seinem lang anhaltenden Abgang in nichts nach. Die **weiße**

2000er Assemblage N° 11 wurde wegen ihres Dufts, der an säuerliche Bonbons mit Holunder- und Fruchtnoten erinnert, als reizvoll beurteilt. Der rassige, jugendliche Wein ist wohl ausgewogen.

🔑 A. und A. Saxer, St-Anna-Kellerei, Stammheimerstrasse 9, 8537 Nussbaumen, Tel. 052.745.23.51, Fax 052.745.27.34 ☑ Y n. V.

Kanton Zürich

Die Region Zürich besitzt mit 645 ha die größte Rebfläche aller Ostschweizer Kantone. Im vergangenen Jahrhundert war Zürich sogar der bedeutendste Schweizer Weinbaukanton nach der Waadt und noch vor dem Wallis. Für den Rückgang sind in erster Linie das starke Wachstum der Stadt Zürich und der Wohngemeinden an der «Goldküste» am rechten Zürichseeufer verantwortlich; wie überall waren die besten Reblagen auch die begehrtesten Wohnlagen. Heute entwickeln viele Gemeinden den Ehrgeiz, wieder eigenen Wein zu keltern, und so nehmen die Rebflächen allmählich zu. Ihr Schwergewicht liegt am Zürichsee, im «Weinland» zwischen Winterthur und Schaffhausen, im Limmattal zwischen Zürich und Baden und in der Umgebung der Stadt Winterthur und des Rheinstädtchens Eglisau.

PANKRAZ Pinot noir Prestige 1998**

■ 2 ha 12 000 11 à 15 €

Das Gut, ein im Mittelalter gegründetes Kloster, wurde 1862 von der Stadt Zürich übernommen. Der berühmte Schriftsteller und Weinliebhaber Gottfried Keller stellte als Staatsschreiber die Dokumente aus, die die Säkularisierung Rheinaus amtlich bestätigten. Hier haben wir unter einem eleganten Etikett einen Pinot noir mit einem komplexen Duft von Früchten. Im Gaumen ist er reich und gut strukturiert, durch Noten von zu Kompott verarbeiteten Früchten geprägt.

🔑 Caves Mövenpick SA, Staatskellerei Zürich, Klosterplatz, 8462 Rheinau, Tel. 052.319.29.10, Fax 052.319.31.82 ☑ Y n. V.

AUGUST PÜNTER
Sternenhalde Stäfa Rubin 1999**

■ 0,2 ha 1 500 8 à 11 €

Pinot noir (80 %), Malbec und Diolinoir (die letztgenannte Rebsorte wurde 1970 in der Schweiz in der Forschungsanstalt von Changins im Kanton Waadt gezüchtet) – drei Rebsorten, die diesem Wein seine Alterungsfähigkeit verleihen. Dank seiner Farbe verdient er den Namen «Rubin». Der intensiv fruchtige Duft bietet eine ganze Palette von Beeren. Im Gaumen ist er rundum gelungen, mit diskreten, feinen Tanninen und einer schönen Struktur, die die Harmonie des Ganzen beschließt.

🔑 August Pünter, Glärnischstrasse 53, 8712 Stäfa, Tel. 1.926.12.24, Fax 1.796.36.24 ☑ Y n. V.

JÜRG SAXER'S
Neftenbach Nobler Weisser 2000*

□ 1,8 ha 5 000 11 à 15 €

Der Gärkeller des Weinguts Bruppach ist ganz neu und steht bereit, um das neue Lesegut aufzunehmen. Dieser 2000er, der nach frischen Früchten und Zitrusfrüchten duftet, ist ein rassiger Wein, der im Gaumen durch seine Ehrlichkeit und eine angenehme Lebhaftigkeit auf sich aufmerksam macht.

🔑 Jürg Saxer, Weingut Bruppach, 8413 Neftenbach, Tel. 052.315.32.00, Fax 052.315.32.30 ☑ Y Fr 16h–19h, Sa 11h–16h

Kanton Tessin (Ticino)

Das Weinbaugebiet des Tessins erstreckt sich von Giornico im Norden bis Chiasso im Süden und umfasst eine Rebfläche von rund 960 ha. Ein Großteil der 4 000 Winzer des Kantons besitzt kleine Parzellen, denen sie ihre ganze Freizeit widmen. Die in diesem Kanton dominierende Rebsorte ist der aus dem Bordelais stammende Merlot, der zu Beginn des 20. Jh. im Tessin eingeführt wurde. Gegenwärtig nimmt die Merlot-Rebe 85 % der Anbaufläche des Kantons ein. Merlot ist eine vielseitige Rebsorte, aus der man mehrere Weintypen erzeugen kann: Weiß-, Rosé- und Rotwein. Der rote Merlot, der sicherlich am meisten verbreitet ist, kann je nach Gärdauer leicht oder recht körperreich und alterungsfähig sein. Die besten werden nach dem Vorbild des Bordelais in der Barrique ausgebaut und reifen zu großen, lagerfähigen Gewächsen.

AMPELIO Merlot del Sopraceneri 1998*

■ k. A. k. A. 15 à 23 €

Ein Erzeuger, der sich auch bei den Weiß- und Roséweinen auszeichnet. Diesmal halten wir uns an seinen Ampelio, dessen hübsche rubinrote Farbe einen frischen, intensiven Eindruck macht. Die Nase ist geprägt von Aromen von trockenem Holz, Frucht und Moschus. Schade, dass das Ganze noch ein wenig verschlossen bleibt, aber der Körper zeigt eine gute Struktur.

SA Vinicola Carlevaro, via San Gottardo 123, 6500 Bellinzona, Tel. 091.829.10.44, Fax 091.829.14.56, E-Mail carlevaro@unitbox.ch ☑ 🍷 n. V.

CAMORINO

Merlot Affinato in barrique 1997*

■ k. A. 5 200 15 à 23 €

Dieser Merlot besitzt mit seiner noch jugendlichen, lebhaften Farbe eine schöne Robe. Ein voluminöser Körper, eine Säure, die eine gute Alterung garantiert, ein feines, komplexes Bouquet, das leicht entwickelt und elegant ist.

SA Cagi-Cantina Giubiasco, via Linoleum 11, 6512 Giubiasco, Tel. 091.857.25.31, Fax 091.857.79.12, E-Mail cagi@ticino.com ☑ 🍷 n. V.

FATTORIA MONCUCCHETTO

Merlot Lugano Riserva 1999*

■ k. A. 2 500 15 à 23 €

35 Jahre alte Rebstöcke, ein Ausbau in der Barrique, den man in der Nase deutlich spürt, mit einer starken Toastung des Holzes. Guter Auftakt im Gaumen, beachtliche Ausgewogenheit, die aber keine übermäßige Länge zeigt. Ein in seinem dunklen Rubinrot gut gelungener 99er, der rotes Fleisch, Wild oder einen Käse begleiten kann.

Niccolo e Lisetta Lucchini, via Crivelli 30, 6900 Lugano, Tel. 091.966.73.63, Fax 091.922.71.77, E-Mail niluc@bluewin.ch ☑ 🍷 n. V.

PURPURATUM Riserva 1998***

■ k. A. k. A. 15 à 23 €

Der leuchtende Wappenschild des Etiketts steht nicht im Widerspruch zum Inhalt, der eine tiefe, intensive Farbe besitzt. Komplexe Düfte von Gewürzen und Teer, ein reicher, sanfter, voluminöser, harmonischer Körper ... Den Verkostern fehlte es nicht an Adjektiven für diesen schönen Wein, dessen Entwicklung viel versprechend ist.

SA La Cappellaccia, Strada Regina 1, 6928 Manno, Tel. 091.605.44.76, Fax 091.604.64.71

ROMPIDEE Affinato in barrique 1997**

■ k. A. 13 000 15 à 23 €

Zu 100 % aus Merlot-Trauben gekeltert und traditionell vinifiziert ist dieser Merlot von Fabio Arnaboldi. Er zeigt eine intensive rubinrote Farbe. Der würzige Duft gibt sich leicht pflanzlich, mit blumigen Noten. Im Mund verleihen spürbare Tannine dem Ganzen eine gewisse Persönlichkeit.

SA Cantina Chiodi, via Delta 24, 6612 Ascona, Tel. 091.791.16.82, Fax 091.791.03.93 ☑ 🍷 n. V.

SASSI GROSSI Merlot 1998**

■ 0,3 ha 20 000 23 à 30 €

Ein schöner Erfolg ist dieser Rotwein, dessen Eleganz sich vom Bouquet bis zum Finale bestätigt. Die intensive, leicht entwickelte Farbe passt zum holzbetonten, würzigen Duft. Der Körper ist gut strukturiert und hält lang an.

SA Casa Vinicola Gialdi, via Vignoo 3, 6850 Mendrisio, Tel. 091.646.40.21, Fax 091.646.67.06 ☑ 🍷 n. V.

SINFONIA

Merlot del Ticino Barrique 1998*

■ 4 ha 12 000 15 à 23 €

Ein auf sandigen Böden gewachsener Rotwein, der sich mit einer intensiven Farbe präsentiert, die ein paar Anzeichen von Entwicklung erkennen lässt. Die Nase ist fruchtig; ein Verkoster fühlte sich an Kirschen in Alkohol erinnert. Und dann spürt man den Schmelz und die Länge eines komplexen Weins, in dem die Tannine ihren Platz haben.

SA Chiericati vini, Via Convento 10, casella postale 1214, 6501 Bellinzona, Tel. 091.825.13.07, Fax 091.826.40.07, E-Mail chiericati@freesurf.ch ☑ 🍷 n. V.

Angelo Cavalli

SOTTOBOSCO – TENIMENTO DELL'OR Rosso del Ticino 1997***

■ 3 ha 10 000 15 à 23 €

Ein Weingut, dessen Archive seine Existenz seit dem 17. Jh. belegen. Zweifellos muss eine so lange Erfahrung Früchte tragen – und sie sind ausgezeichnet. Intensives, sehr dunkles Rubinrot. Dieser 97er gefällt mit Holznoten und komplexem Bouquet. Im Gaumen riecht er zwar noch recht jung, aber er hält schon lang an und verspricht ein starkes Alterungspotenzial.

SA Agriloro, Tenimento Dell'Or, 6864 Arzo, Tel. 091.646.74.03, Fax 091.640.54.55, E-Mail clinicasantalucia@bluewin.ch ☑ 🍷 n. V.

M. C. Perler

TENUTA MONTALBANO
Merlot Riserva 1998*

■ 1,35 ha 5 760 15 à 23 €

Supermoderne Anlagen und eine traditionelle Vinifizierung mit Barriqueausbau. Das Ergebnis ist ein 98er, der von alten Rebstöcken stammt, mit einem nicht sehr intensiven, leicht entwickelten Rubinrot. Er gefällt durch seine lakritzeartigen und animalischen Noten in der Nase. Sanftheit und Ausgewogenheit treffen zusammen. Ein Tournedos Rossini (Filetscheibe vom Rind auf geröstetem Weißbrot mit Gänseleber- und Trüffelscheiben und Madeirasauce) kann ihn bis 2003 begleiten.

Cantina sociale Mendrisio,
Via Bernasconi 22, 6850 Mendrisio,
Tel. 091.646.46.21, Fax 091.646.43.64 n. V.

TERA CREDA Merlot Riserva 1999*

■ 0,2 ha 2 000 23 à 30 €

Eine Vinifizierung nach dem Vorbild von Bordeaux für diesen 99er von recht lebhafter Farbe. Die Jury mochte die mentholartige Frische seines Bouquets und seinen Körper, auch wenn sie bedauerte, dass der Alkohol ein wenig dominiert.

Tenuta Vitivinicola Trapletti, via Mola 34,
6877 Coldrerio, Tel. 091.646.45.08,
E-Mail 105486@ticino.com
n. V.

VIGNA D'ANTAN Rosso Ticinese 1999**

■ 1,5 ha 15 000 15 à 23 €

Der in den Felsen gegrabene Keller stammt von 1900. Die Jury schätzte die Intensität dieses 99ers, sowohl in der Robe mit ihren bläulich roten Reflexen als auch in der Nase, wo er sich angenehm würzig zeigt. Dies ist den 30 % Cabernet franc zu verdanken. Im Gaumen verführt er durch seinen Auftakt, die harmonische Präsenz seiner Tannine und seine Länge.

SA I Vini di Guido Brivio, Via Vignoo 8,
6850 Mendrisio, Tel. 091.646.07.57,
Fax 091.646.08.05, E-Mail brivio@brivio.ch
n. V.

INDEX DER APPELLATIONEN

Agenais, 1262
Ajaccio, 905
Allobrogie, 1289
Aloxe-Corton, 576
Alpes-de-Haute-Provence, 1287
Alsace Gewurztraminer, 96
Alsace grand cru Altenberg de Bergbieten, 120
Alsace grand cru Altenberg de Bergheim, 120
Alsace grand cru Altenberg de Wolxheim, 121
Alsace grand cru Brand, 121
Alsace grand cru Bruderthal, 122
Alsace grand cru Eichberg, 123
Alsace grand cru Florimont, 123
Alsace grand cru Frankstein, 124
Alsace grand cru Furstentum, 124
Alsace grand cru Geisberg, 125
Alsace grand cru Gloeckelberg, 125
Alsace grand cru Goldert, 125
Alsace grand cru Hatschbourg, 126
Alsace grand cru Hengst, 126
Alsace grand cru Kastelberg, 127
Alsace grand cru Kirchberg de Barr, 127
Alsace grand cru Mambourg, 128
Alsace grand cru Mandelberg, 128
Alsace grand cru Marckrain, 128
Alsace grand cru Moenchberg, 129
Alsace grand cru Muenchberg, 129
Alsace grand cru Ollwiller, 129
Alsace grand cru Osterberg, 129
Alsace grand cru Pfersigberg, 130
Alsace grand cru Pfingstberg, 131
Alsace grand cru Praelatenberg, 131
Alsace grand cru Rangen de Thann, 131
Alsace grand cru Rosacker, 132
Alsace grand cru Saering, 132
Alsace grand cru Schlossberg, 133
Alsace grand cru Schoenenbourg, 134
Alsace grand cru Sommerberg, 135
Alsace grand cru Sonnenglanz, 135
Alsace grand cru Spiegel, 136
Alsace grand cru Sporen, 136
Alsace grand cru Steinert, 136
Alsace grand cru Steingrübler, 137
Alsace grand cru Wiebelsberg, 137
Alsace grand cru Wineck-Schlossberg, 137
Alsace grand cru Winzenberg, 138
Alsace grand cru Zinnkoepflé, 138
Alsace grand cru Zotzenberg, 139
Alsace Klevener de Heiligenstein, 80
Alsace Muscat, 95
Alsace Pinot noir, 113
Alsace Pinot oder Klevner, 83
Alsace Riesling, 86
Alsace Sylvaner, 81
Alsace Tokay-Pinot gris, 108
Anjou, 1003
Anjou-Coteaux de la Loire, 1020
Anjou-Gamay, 1009
Anjou-Villages, 1010
Anjou-Villages-Brissac, 1013
Arbois, 772
Aude, 1278
Auxey-Duresses, 619
Bandol, 885
Banyuls, 1218
Banyuls grand cru, 1220
Barsac, 446
Bâtard-Montrachet, 635
Béarn, 935
Beaujolais, 152
Beaujolais-Villages, 160
Beaune, 597
Bellet, 883
Bergerac, 949
Bergerac rosé, 954
Bergerac sec, 955
Bienvenues-Bâtard-Montrachet, 635
Blagny, 630
Blanquette de Limoux und Blanquette Méthode ancestrale, 804
Bonnes-Mares, 550
Bonnezeaux, 1033
Bordeaux, 205
Bordeaux Clairet, 219
Bordeaux Côtes de Francs, 343
Bordeaux Rosé, 227
Bordeaux sec, 220
Bordeaux Supérieur, 230
Bouches-du-Rhône, 1284
Bourgogne, 461
Bourgogne Aligoté, 477
Bourgogne Côte Chalonnaise, 655
Bourgogne grand ordinaire, 476
Bourgogne Hautes-Côtes de Beaune, 490
Bourgogne Hautes-Côtes de Nuits, 486
Bourgogne Passetoutgrain, 484
Bourgueil, 1061
Bouzeron, 658
Brouilly, 167
Bugey AOVDQS, 797
Buzet, 926
Cabardès, 849
Cabernet d'Anjou, 1016
Cabernet de Saumur, 1042
Cadillac, 441
Cahors, 911
Calvados, 1256
Canon-Fronsac, 259
Cassan, 1279
Cassis, 882
Catalan, 1278
Cérons, 446
Cévennes, 1279
Chablis, 505
Chablis grand cru, 517
Chablis premier cru, 511
Chambertin, 536
Chambertin-Clos de Bèze, 537
Chambolle-Musigny, 547
Champagne, 699
Chapelle-Chambertin, 539
Charentais, 1261
Charmes-Chambertin, 539
Chassagne-Montrachet, 636
Château-Chalon, 779
Châteaumeillant AOVDQS, 1104
Châteauneuf-du-Pape, 1190
Châtillon-en-Diois, 1204
Chénas, 174
Chevalier-Montrachet, 634
Cheverny, 1093
Chinon, 1072
Chiroubles, 176
Chorey-lès-Beaune, 595
Clairette de Bellegarde, 807
Clairette de Die, 1202
Clairette du Languedoc, 807
Clos de la Roche, 545
Clos des Lambrays, 546
Clos de Tart, 546
Clos de Vougeot, 552
Clos Saint-Denis, 546
Collines Rhodaniennes, 1289
Collioure, 862
Comté de Grignan, 1289
Comté Tolosan, 1265
Condrieu, 1166
Corbières, 808
Cornas, 1179
Corrèze, 1267
Corton, 581
Corton-Charlemagne, 586
Costières de Nîmes, 814
Coteaux Champenois, 767
Coteaux d'Aix-en-Provence, 890
Coteaux d'Ancenis AOVDQS, 1001
Coteaux d'Ensérune, 1279
Coteaux de Coiffy, 1293
Coteaux de Glanes, 1267
Coteaux de l'Ardèche, 1290
Coteaux de l'Aubance, 1019
Coteaux de l'Auxois, 1294
Coteaux de Murviel, 1277
Coteaux de Pierrevert, 1213
Coteaux de Saumur, 1042
Coteaux des Baronnies, 1289
Coteaux des Fenouillèdes, 1278
Coteaux du Giennois, 1108
Coteaux du Languedoc, 819
Coteaux du Layon, 1024
Coteaux du Libron, 1279
Coteaux du Loir, 1080
Coteaux du Lyonnais, 196
Coteaux du Quercy AOVDQS, 918
Coteaux du Tricastin, 1205
Coteaux du Vendômois, 1098
Coteaux und Terrasses de Montauban, 1267
Coteaux Varois, 896
Côte de Beaune, 603
Côte de Beaune-Villages, 654
Côte de Brouilly, 171
Côte de Nuits-Villages, 568
Côte Roannaise, 1112

Côte Rôtie, 1163
Côtes Catalanes, 1278
Côtes d'Auvergne AOVDQS, 1105
Côtes de Bergerac, 957
Côtes de Bergerac moelleux, 960
Côtes de Blaye, 246
Côtes de Bordeaux Saint-Macaire, 360
Côtes de Bourg, 252
Côtes de Castillon, 336
Côtes de Duras, 968
Côtes de Gascogne, 1266
Côtes de la Malepère AOVDQS, 850
Côtes de Millau AOVDQS, 934
Côtes de Montravel, 963
Côtes de Provence, 866
Côtes de Saint-Mont AOVDQS, 947
Côtes de Thau, 1277
Côtes de Thongue, 1276
Côtes de Toul, 144
Côtes du Brulhois AOVDQS, 931
Côtes du Condomois, 1267
Côtes du Forez, 1107
Côtes du Frontonnais, 927
Côtes du Jura, 780
Côtes du Luberon, 1210
Côtes du Marmandais, 931
Côtes du Rhône, 1138
Côtes du Rhône-Villages, 1153
Côtes du Roussillon, 853
Côtes du Roussillon-Villages, 858
Côtes du Tarn, 1265
Côtes du Ventoux, 1206
Côtes du Vivarais, 1214
Cour-Cheverny, 1097
Crémant d'Alsace, 140
Crémant de Bordeaux, 244
Crémant de Bourgogne, 495
Crémant de Die, 1203
Crémant de Limoux, 805
Crémant de Loire, 977
Crémant du Jura, 786
Crépy, 790
Criots-Bâtard-Montrachet, 636
Crozes-Hermitage, 1173
Drôme, 1291
Echézeaux, 555
Entre-Deux-Mers, 345
Faugères, 835
Fiefs Vendéens AOVDQS, 1000
Fitou, 837
Fixin, 527
Fleurie, 178
Floc de Gascogne, 1245
Franche-Comté, 1292
Fronsac, 262
Gaillac, 919
Gard, 1275
Gevrey-Chambertin, 529
Gigondas, 1182
Givry, 668
Grands-Echézeaux, 558
Graves, 361
Graves de Vayres, 350
Graves Supérieures, 373
Griotte-Chambertin, 541
Gros-Plant AOVDQS, 997
Haute-Marne, 1294
Hauterive, 1278
Hautes-Alpes, 1287
Haut-Médoc, 399
Haut-Montravel, 964
Haut-Poitou AOVDQS, 1102
Hérault, 1277
Hermitage, 1177
Ile de Beauté, 1280
Irancy, 520
Irouléguy, 935
Jardin de la France, 1256
Jasnières, 1081
Juliénas, 180
Jurançon, 937
Jurançon sec, 940
Kanton Aargau, 1325
Kanton Basel-Land, 1326
Kanton Bern, 1324
Kanton Genf (Genève), 1319
Kanton Graubünden, 1327
Kanton Neuenburg (Neuchâtel), 1322
Kanton Schaffhausen, 1328
Kanton Tessin (Ticino), 1329
Kanton Thurgau, 1328
Kanton Waadt (Vaud), 1302
Kanton Wallis (Valais), 1310
Kanton Zürich, 1329
L'Etoile, 788
Ladoix, 572
La Grande Rue, 563
Lalande de Pomerol, 280
La Tâche, 563
Latricières-Chambertin, 538
Lavilledieu AOVDQS, 931
Les Baux-de-Provence, 895
Limoux, 806
Lirac, 1198
Listrac-Médoc, 411
Lot, 1267
Loupiac, 442
Lussac Saint-Emilion, 323
Mâcon, 672
Mâcon Supérieur, 676
Mâcon-Villages, 676
Macvin du Jura, 1248
Madiran, 942
Maranges, 652
Marcillac, 934
Margaux, 414
Marsannay, 524
Maures, 1282
Maury, 1227
Mazis-Chambertin, 541
Mazoyères-Chambertin, 542
Médoc, 386
Menetou-Salon, 1114
Mercurey, 663
Meursault, 625
Meuse, 1293
Minervois, 839
Minervois la Livinière, 843
Monbazillac, 960
Montagne Saint-Emilion, 327
Montagny, 670
Mont-Caume, 1282
Monthélie, 617
Montlouis, 1082
Montrachet, 634
Montravel, 963
Morey-Saint-Denis, 543
Morgon, 183
Moselle AOVDQS, 145
Moselle luxembourgeoise, 1295
Moulin-à-Vent, 187
Moulis-en-Médoc, 421
Muscadet Côtes de Grand Lieu, 997
Muscadet des Coteaux de la Loire sur lie, 983
Muscadet Sèvre-et-Maine, 984
Muscat de Beaumes-de-Venise, 1234
Muscat de Frontignan, 1233
Muscat de Lunel, 1235
Muscat de Mireval, 1236
Muscat de Rivesaltes, 1228
Muscat de Saint-Jean de Minervois, 1237
Muscat du Cap Corse, 1238
Nièvre, 1260
Nuits-Saint-Georges, 564
Oc, 1268
Orléanais AOVDQS, 1113
Pacherenc du Vic-Bilh, 945
Palette, 889
Patrimonio, 906
Pauillac, 424
Pécharmant, 964
Périgord, 1263
Pernand-Vergelesses, 579
Pessac-Léognan, 374
Petit Chablis, 501
Petite Crau, 1282
Pineau des Charentes, 1240
Pomerol, 267
Pommard, 604
Portes de Méditerranée, 1281
Pouilly-Fuissé, 683
Pouilly-Fumé, 1117
Pouilly Loché, 688
Pouilly-sur-Loire, 1122
Pouilly Vinzelles, 689
Premières Côtes de Blaye, 246
Premières Côtes de Bordeaux, 354
Principauté d'Orange, 1282
Puisseguin Saint-Emilion, 332
Puligny-Montrachet, 630
Pyrénées-Atlantiques, 1268
Quarts de Chaume, 1034
Quincy, 1122
Rasteau, 1237
Régnié, 191
Reuilly, 1125
Richebourg, 562
Rivesaltes, 1221
Romanée-Saint-Vivant, 562
Rosé d'Anjou, 1015
Rosé de Loire, 975
Rosé des Riceys, 769
Rosette, 966
Roussette de Savoie, 795
Ruchottes-Chambertin, 542
Rully, 659
Sables du Golfe du Lion, 1275
Saint-Amour, 193
Saint-Aubin, 642
Saint-Chinian, 844
Sainte-Croix-du-Mont, 444
Sainte-Foy-Bordeaux, 352
Sainte-Marie-la-Blanche, 1294
Saint-Emilion, 285
Saint-Emilion grand cru, 293
Saint-Estèphe, 431
Saint-Georges Saint-Emilion, 335
Saint-Joseph, 1168
Saint-Julien, 436
Saint-Nicolas-de-Bourgueil, 1067
Saint-Péray, 1181
Saint-Pourçain AOVDQS, 1110
Saint-Romain, 623
Saint-Sardos, 1265
Saint-Véran, 690
Sancerre, 1128
Santenay, 646
Saône-et-Loire, 1292
Saumur, 1035

Saumur-Champigny, 1043
Saussignac, 966
Sauternes, 447
Sauvignon de Saint-Bris AOVDQS, 522
Savennières, 1021
Savennières Coulée-de-Serrant, 1024
Savennières Roche-aux-Moines, 1024
Savigny-lès-Beaune, 589
Seyssel, 797
Tavel, 1201
Terroirs Landais, 1263
Thézac-Perricard, 1263
Touraine, 1050
Touraine-Amboise, 1058
Touraine-Azay-le-Rideau, 1059
Touraine-Mesland, 1060
Touraine Noble-Joué, 1057
Tursan AOVDQS, 947
Vacqueyras, 1186
Valençay AOVDQS, 1100
Var, 1285
Vaucluse, 1283
Vienne, 1260
Vin de Savoie, 790
Vins d'Entraygues et du Fel AOVDQS, 933
Vins d'Estaing AOVDQS, 933
Vins de Corse, 900
Viré-Clessé, 682
Volnay, 612
Vosne-Romanée, 558
Vougeot, 551
Vouvray, 1085
Yonne, 1294

INDEX DER GEMEINDEN

han, 1276
, 938
c, 277 282 327
lay, 463
an, 807
one, 1280
1296 1300
, 1304 1306
efeuille-sur-Maine, 998
es-Mortes, 1275
es-Vives, 840 1271
s, 211
en-Provence, 892 893
-la-Romaine, 1290 1291
s, 913 914
as, 1268
ia, 902 903 1281
nan-du-Vent, 835 1276
mant, 757
gny, 1120
e-Corton, 189 470 530 546 553
2 577 584 585 586 587 588 594
5 600 614 616 620 633 1183
189
ze, 658 667
bierle, 1112 1113
bonnay, 705 720 721 746 758
61 769
merschwihr, 84 88 89 94 97 99
01 104 105 106 108 113 116 118
41
puis, 1163 1164 1165 1166 1235
enis, 979 992 997
cy-sur-Moselle, 146
dillac, 921
illau, 111 127
glade, 248 249 250
iane, 827
souis, 1213
remont, 792 795
t, 1207 1212 1213
agon, 849
oin, 793 795
bis, 225 349
bois, 773 774 775 776 777 778
779 784 785 786 787 788 1251
1252
cenant, 490
cins, 400
conville, 728
don, 1314 1318
lay, 780 1249
les, 1285
nas, 157
quettes-en-Val, 810
ras-sur-Rhône, 1171
rentières, 712
rsac, 244 418 419 421 423
rtiguelouve, 941
rveyres, 240 351 352
rzens, 850
rzo, 1330
r-
bois, 1251
scona, 1330
spères, 824 1273

Assas, 821 1274
Assignan, 848
Aubertin, 940
Aubière, 1105
Aubignan, 426 438 1209
Aubigné-sur-Layon, 1007 1029
Auradou, 1262
Aurel, 1203
Auriol, 1284
Auriolles, 210 229 346
Aurions-Idernes, 945
Authezat, 1105
Autignac, 836 837
Auvernier, 1323 1324
Auxerre, 474
Auxey-Duresses, 493 499 619 620
621 622 624 625 629 641 651
Avenay-Val-d'Or, 727 750
Avensan, 403 407
Avirey-Lingey, 712 731 747
Avize, 702 706 708 710 713 723 730
738 741 752 757 760 764 767
Avon-les-Roches, 1077
Avord, 1123
Aÿ, 703 707 708 710 716 721 731
732 734 748 768
Aydie, 942 944
Ayent, 1317
Ayguemorte-les-Graves, 369
Ayguetinte, 1246
Azay-le-Rideau, 1060
Azé, 679
Azille, 842
Babeau-Bouldoux, 845
Badens, 840 841
Bagas, 213
Bagat-en-Quercy, 918
Bages, 853 854 1222 1231 1232
Bagnoles, 840
Bahyse-sur-Cully, 1309
Baixas, 854 861 1224 1230
Balbronn, 87
Banyuls-sur-Mer, 862 863 864 1218
1219 1220 1221
Barbechat, 983 989
Barizey, 656 670
Baron, 216 245 270 279 309 346
Baroville, 726 727
Barr, 81 86 94 95 106 107 127
Barret, 1242
Barsac, 222 366 372 446 447 448
449 450 452 453 454 1203 1204
Bar-sur-Seine, 765
Baslieux-sous-Châtillon, 743
Bassoues-d'Armagnac, 1246
Bassuet, 743
Baurech, 356 358
Baye, 717 735
Bayon-sur-Gironde, 253 255
Beaucaire, 817 818 1273 1276
Beaufort, 840
Beaujeu, 162 163 164 180 192 195
1169
Beaulieu, 1290
Beaulieu-sur-Layon, 1004 1011
1022 1025 1031 1032 1035

Beaumes-de-Venise, 1154 1156
1162 1182 1207 1234 1235 1283
Beaumont-en-Véron, 1073 1074
1078
Beaumont-Monteux, 1174 1176
Beaumont-sur-Vesle, 756
Beaune, 182 465 474 483 487 489
493 498 510 513 518 528 532 534
544 547 554 558 559 562 563 565
572 577 578 579 580 581 583 585
586 587 588 589 590 594 595 596
598 599 600 601 602 603 604 608
609 610 611 613 614 618 621 624
626 627 629 634 635 637 638 639
641 644 647 649 658 659 660 661
663 667 671 677 686 691
Beaune Cedex, 466
Beautiran, 364 368 373
Beauvoisin, 814 816
Beblenheim, 83 91 97 128 135 136
Bédoin, 1183 1209
Bégadan, 388 390 392 393 394 397
398 399
Begnins, 1306 1309
Béguey, 214 227 355 358 360 365
442
Beine, 502 504 508 509 510
Bélesta, 859 1222
Bellegarde, 807 815 816
Belleville, 173
Belleville-sur-Saône, 173
Bellinzona, 1330
Belvès-de-Castillon, 334 337 338
339 340 341
Benais, 1062 1063 1064
Bennwihr, 87 129 140 141
Bergerac, 954 961 964 965 966
Bergheim, 91 103 121 141
Bergholtz, 132 133 136
Berg-sur-Moselle, 146
Berlou, 844 848
Bernex, 1320
Berre l'Etang, 893 1285
Berson, 209 249 251 255 257
Berzé-
la-Ville, 677
Bessan, 1272
Besson, 1111
Betbezer-d'Armagnac, 1247
Bethon, 740 741
Beychac-et-Caillau, 235 351 352
Béziers, 1268 1275 1279
Bezouce, 817
Billy-sous-les-Côtes, 1293
Biron, 1244
Bisseuil, 704 730
Bissey-sous-Cruchaud, 480 496 497
658 672
Bizanet, 808 1269
Blacé, 161 162
Blaignan, 390 391 392 397 399
Blanquefort, 359 366 389 399 400
403 409 431
Blanquefort Cedex, 220 241
Blasimon, 224 232
Blaye, 250

Bléré, 1050
Blienschwiller, 86 107 116 119 138 143
Bligny, 706 720
Bligny-lès-Beaune, 470 471 472 481 485 509 575 577 592 593 609 610 614 615 621 628 662
Blonay, 1307
Boersch, 117
Bofflens, 1305
Boisse, 957
Bollène, 1146 1205
Bommes, 448 451 452
Bompas, 1233
Bonneil, 746
Bonnieux, 1207 1210 1212 1283
Bonny-sur-Loire, 1108 1109
Bordeaux, 207 209 214 221 222 224 288 307 312 318 359 365 367 373 389 400 409 412 417 419 423 425 427 435 439 442 451 453 1169 1269
Bordeaux Cedex, 349 965
Borgo, 901 904 1280 1281
Bormes-les-Mimosas, 874 880
Bossay-sur-Claise, 981 1057
Bouaye, 997 998
Bouchet, 1160
Boudes, 1105 1106 1107
Boudry, 1323
Bouillé-Loretz, 1005 1258
Bouillé-Saint-Paul, 976
Bouloc, 929
Bourdic, 1272
Bourg-Charente, 1242 1244
Bourgneuf-en-Retz, 1259 1260
Bourg-Saint-Andéol, 1143 1149 1151 1186 1193
Bourg-sur-Gironde, 244 253 255
Bourgueil, 1061 1063 1064 1065 1066 1067 1068 1070 1071 1075
Boursault, 742 743 761
Boutenac, 809 810 811 812
Bouze-lès-Beaune, 479 493 598 608
Bouzeron, 656 658 659 662 664
Bouzy, 703 704 705 710 716 719 738 746 760 763 765 768 769
Boyeux-Saint-Jérôme, 799
Branceilles, 1267
Bras, 897
Bravone, 901 1280
Bray, 674
Bremgarten 2, 1326
Brem-sur-Mer, 1001
Brens, 924
Brézé, 1037 1040
Briare, 1109
Brigné-sur-Layon, 1004 1015 1016
Brignoles, 877 897 898 899 1286
Brinay, 1124 1125
Brissac, 1014 1017 1034 1035
Brissac-Quincé, 977 978 981 1005 1006 1013 1014 1015 1019 1020
Brossay, 976 1040 1046
Brouillet, 702
Brouzet-lès-Quissac, 1268
Bruley, 145
Budos, 364 365 374 454
Bué, 1109 1123 1128 1129 1130 1132 1133 1135 1136
Bué-en-Sancerre, 1130
Buisson, 1160
Bully, 153 155
Bursins, 1306
Bussières, 675 679
Buxerulles, 1293
Buxeuil, 717 732 751
Buxy, 464 655 671
Buzet-sur-Baïse, 926 927
Cabasse, 871 878
Cabidos, 1268
Cabrerolles, 836 837
Cabrials, 828
Cabrières, 821
Cabrières-d'Aigues, 1213
Cabrières-d'Avignon, 1207 1283
Cadalen, 925
Cadaujac, 375
Cadillac, 222 224 233 367 370 441
Cadillac-en-Fronsadais, 231 367
Cahuzac-sur-Vère, 922 924 925
Caillac, 915
Cairanne, 1140 1151 1154 1155 1157 1159 1161 1282
Caissargues, 816 818 1273
Calenzana, 901
Calvi, 902
Camaret-sur-Aigues, 1141 1153 1284
Camarsac, 231
Cambes, 356 357 358
Camblanes, 355
Campa-gnac, 923
Camprond, 280 284
Campsas, 928 930
Canale di Verde, 1280
Candé-sur-Beuvron, 981 1097
Canéjan, 383
Canet-en-Roussillon, 857
Cangey, 980 1052
Cannes-et-Clairan, 1269
Cannet, 944 946
Cantenac, 226 231 415 416 417 419 420 421
Capendu, 1273
Capian, 222 223 356 357 359 360
Caplong, 354
Caramany, 859
Carbon-Blanc, 221 328 399 404
Carcès, 879
Cardesse, 938
Carignan-de-Bordeaux, 207 209 216 223 355 358 370
Carnas, 822
Carnoules, 870 876
Caromb, 1209
Carpentras, 1206 1210 1284
Cars, 246 248 251 255
Carsac-de-Gurson, 956
Casalabriva, 905
Cascastel, 839
Cases-de-Pène, 860 1222 1225 1231
Cassagnes, 859
Cassaigne, 1246
Casseneuil, 1263
Cassis, 882 883
Castanet, 922
Castelnau-d'Estretefonds, 929 931
Castelnau-de-Guers, 827 828
Castelnau-de-Lévis, 925
Castelnau-Montratier, 919
Castelviel, 213
Castillon-du-Gard, 817 818 1162 1187
Castillon-la-Bataille, 342
Castres, 366 370
Castres-Gironde, 372
Castres-sur-Gironde, 364
Cas-tries, 833
Caudrot, 223
Caunes-Minervois, 843
Cauro, 905 906
Causse-de-la-Selle, 820
Caussens, 1247
Causses-et-Veyran, 847 849
Caussiniojouls, 835 836
Caux, 820 823
Cazaubon, 1246
Cazaugitat, 221 226
Céligny, 1321
Celles-sur-Ource, 714 715 718 727 728 729 734 742 744 766 769
Cellettes, 1094 1095 1096 1097
Cepie, 806
Cerbois, 1123
Cercié-en-Beaujolais, 168 169 170 171 172 173
Cérons, 363 372 446
Cersay, 977 1018
Cessenon, 849
Cessenon-sur-Orb, 845 1269
Cesseras, 840 1270
Cesset, 1111
Chablis, 463 471 479 501 502 503 504 505 506 507 508 509 510 511 512 513 514 515 516 517 518 519 520 523
Chacé, 1038 1043 1044
Chagny, 662
Chahaignes, 1081
Chaintré, 674 679 680 685 686 689 690 691 692
Chalais-Sierre, 1319
Chalonnes-sur-Loire, 1017 1027
Châlons-en-Champagne, 740 754
Chalus, 1105
Chambœuf, 481 488 559
Chambolle-Musigny, 469 545 548 549 550 551 554 555 560 562 563 567
Chamelet, 157
Chamery, 708 737 754
Chamoson, 1310 1313 1314 1317 1318
Champdieu, 1107
Champignol-les-Mondeville, 723
Champillon, 703
Champlay, 472
Champ-sur-Layon, 975 976 1010 1011 1018 1028 1029 1035
Chançay, 1056 1090 1091 1092 1093
Chânes, 165 194
Change, 494 495 500 651 652 654
Changey-Echevronne, 481 488 580
Chanos-Curson, 1175 1176 1177 1289
Chapareillan, 792 793 794 795
Chapelle-Saint-Florent, 992
Charcenne, 1292
Charentay, 163 165 167 171 172
Chargé, 1053 1059
Charly-sur-Marne, 704 724
Charnas, 1171 1289
Charnay, 154 156
Charnay-lès-Mâcon, 189 471 673 675 677 678 680 683 686 690 692
Chasnay, 1257
Chassagne-Montrachet, 473 478 482 607 627 632 635 636 637 638 639 640 641 643 644 648 650
Chasselas, 676
Chasselay, 197
Chassey-le-Camp, 498 628 662 667
Chassors, 1244
Châteaubourg, 1170 1180

au-Chalon, 779 781
augay, 1106 1107
aumeillant, 1104 1105
auneuf-de-Gadagne, 1140
auneuf-du-Pape, 1141 1149
4 1164 1165 1175 1176 1178
2 1187 1190 1191 1192 1193
4 1195 1196 1197 1198 1200
2 1234 1284
au-Thébaud, 985 990 996 998
eau-Thierry, 753
auvert, 899
eauvieux, 1051
enois, 89
illon-d'Azergues, 159
llon-en-Diois, 1204
llon-sur-Marne, 726
defonds-sur-Layon, 1004 1010
2 1013 1015 1017 1025 1028
31
mont-le-Bois, 496
muzy, 760
agnes, 1030 1259
agnes-les-Eaux, 1026
anay, 1163 1165 1166 1167
58 1169 1170 1172 1173
llé, 1060
lly-lès-Maranges, 491 492 495
6 647 653 660 664
lly-
s-Maranges, 653
milly, 1111
nas, 175 188 189 190
nay, 718
nonceaux, 1051
rves-Richemont, 1242
verny, 979 1094 1095 1096 1097
98
xbres, 1304 1307
chée, 505 511 515
gnin, 793 794 795 796
gny-les-Roses, 712 723 728 740
47 755 763
non, 1073 1074 1075 1076 1078
080
non Cedex, 1076
ppis, 1319
roubles, 159 176 177 178 179
85
try, 476
try-le-Fort, 465 468 474 477 479
30 506
orey-lès-Beaune, 467 482 574
75 576 577 578 582 584 589 590
91 593 595 596 597 599 601 610
28
ouilly, 718 729 732 734 742 761
64 767
urac, 914
ey-lès-Nolay, 601
sac, 404
sac-Médoc, 401 403 406 408 411
rac-en-Médoc, 386 388 390 392
396 397
vray-de-Touraine, 1056
airvaux, 934
aret, 824 835
éebourg, 82 99
éré-sur-Layon, 980 1007 1025
érieux, 1174
ermont-L'Hérault, 1269
essé, 676 680 682
isson, 995 1259
cumont, 932 933
dolet, 1142
gnac, 1242 1243 1245 1261

Cognocoli, 905
Cognocoli-Monticchi, 906
Cogny, 153 159
Cogolin, 871 873 880
Coiffy-le-Haut, 1293
Coldrerio, 1331
Collan, 502
Collioure, 863 864 1218 1219 1232
Colmar, 88 131
Colombé-le-Sec, 715
Colombier, 951 956
Combertault, 644
Comblanchien, 468 565 566 570 584
Combres-sous-les-Côtes, 1293
Comps, 253
Concourson-sur-Layon, 976 1006 1008 1010 1015 1018 1032 1041
Condom, 1248 1267
Condrieu, 1165 1166 1167 1168 1173
Congy, 709 715
Conilhac-Corbières, 814
Conne-de-Labarde, 954 960
Conques-sur-Orbiel, 850
Conthey 1, 1316
Contz-les-Bains, 146
Corcelles-les-Arts, 620
Corconne, 835
Corcoué-sur-Logne, 999
Corgoloin, 480 482 483 489 568 570 571 572 574 659
Cormoyeux, 749
Cornas, 1179 1180
Corneilla-del-Vercol, 854 1223
Corneilla-la-Rivière, 859 862
Cornillon, 1152 1162
Correns, 867
Corseaux, 1309
Cortaillod, 1324
Cosne-Cours-sur-Loire, 1110
Cosne-sur-Loire, 1109
Couches, 485
Couchey, 528
Couddes, 1052
Coudoux, 894
Couffy, 1054 1057
Coulanges-la-Vineuse, 463 472
Couquèques, 395
Cour-Cheverny, 980 1094 1095 1097
Courgis, 503 514 515
Cournonsec, 834 1275
Cournonterral, 832
Courteron, 726
Courthézon, 1144 1145 1147 1148 1153 1156 1183 1189 1190 1191 1192 1193 1194 1197 1198 1212 1235
Cozes, 1261
Cramant, 708 729 739 741 743 754 762
Crançot, 779 782 786
Cravant-les-Coteaux, 1072 1073 1075 1076 1077 1078 1079 1080
Crèches-sur-Saône, 188 676 687 689 693
Créon, 220
Cressier, 1324
Creuë, 1293
Creysse, 966
Creyssensac-et-Pissot, 965 1263
Crézancy, 718
Crézancy-en-Sancerre, 1129 1130 1132 1133
Crosses, 1115

Crouseilles, 944 945
Crouttes-sur-Marne, 705
Crouzilles, 1073 1074
Cruet, 793 796
Cruscades, 809 1278
Cruzy, 846
Cubnezais, 248 250
Cuchery, 720
Cucugnan, 813
Cucuron, 1212 1284
Cuers, 867 878 881
Cuis, 729 740 748 764
Cully, 1308
Culoz, 798
Cumières, 724 766
Cuqueron, 940
Cussac-Fort-Médoc, 401 403 405 406 408 409 410 411
Daignac, 220 349
Dallet, 1106
Dambach-la-Ville, 82 83 88 92 93 98 110 111 124
Damery, 725 732 733 743 756 762
Dampierre-sur-Loire, 1038 1043 1044 1045 1046
Dannemoine, 471
Dardagny, 1321
Dareizé, 157
Davayé, 673 674 678 680 682 691 692 693 694
Demigny, 491 623 625 660
Denée, 1003
Denicé, 153 155 156 158 160
Dezize-lès-Maranges, 491 492 648 652 653 654
Die, 1203 1204
Diou, 1127
Distré, 1038
Diusse, 944
Dizy, 706 709 715 735
Domazan, 1141 1158 1161
Donnazac, 920
Donzac, 348 357 441 931
Donzère, 1205
Dorlisheim, 85 90 114
Doué-la-Fontaine, 1009 1015 1038 1257
Dracy-le-Fort, 497
Dracy-lès-Couches, 608
Drain, 983
Duhort-Bachen, 947 1263
Dully, 1308
Dunes, 931
Dun-sur-Auron, 1104
Duras, 968 969 970
Durban, 810
Eauze, 1248 1267
Echevronne, 481 544 571 592
Echichens, 1305
Ecueil, 710 720 745
Eguilles, 891
Eguisheim, 84 86 87 96 100 111 123 124 130 132 142 143
Ehnen, 1298
Eichhoffen, 102 142
Ellange-Gare, 1298
Elne, 1230
Embres-et-Castelmaure, 809
Emeringes, 161 163 182 185
Entraygues, 934
Epernay, 704 705 707 712 719 720 724 728 731 733 736 741 745 746 748 749 752 755 756 757 759 764 767 768
Epernay Cedex, 724
Epesses, 1306 1309

Epfig, 81 87 91
Epineuil, 470 473
Ergersheim, 141
Escales, 810
Esclottes, 969 970
Escolives-Sainte-Camille, 463
Escoussans, 218 229 239 290 357 451
Espiet, 228 243
Espira-de-l'Agly, 855 857 858 860 861 862 1224 1225 1227 1230 1231 1232
Estagel, 858 859 861 862 1223 1228 1229 1230
Estaing, 933
Estézargues, 1140
Esvres-sur-Indre, 1057 1058
Etrigny, 673
Euzet, 1270
Eygalières, 892
Eyguières, 892
Eynesse, 354
Fabas, 928
Faleyras, 346
Fargues-de-Langon, 450 453
Far-gues, 912
Faucon, 1289
Faugères, 836
Faveraye-Machelles, 1005
Faye-d'Anjou, 977 1004 1007 1008 1018 1027 1028 1030 1034
Féchy, 1306
Feings, 1095
Feliceto, 902 903
Félines-Minervois, 840
Ferrals-les-Corbières, 810 811 1270
Ferrals-les-Corbières, 812
Festigny, 726 728 744
Figari, 904
Fitou, 838 1231
Fixin, 482 485 528 529
Fläsch, 1327
Flassans, 870 881
Flaugnac, 919
Flavigny-sur-Ozerain, 1294
Fleurie, 179
Fleurie, 177 178 179 180 182 189 498
Fleurieux-sur-l'Arbresle, 197
Fleury-d'Aude, 823 825 827 830 832 834
Fleury-la-Rivière, 745
Fleys, 507 508 513 514
Florensac, 1270 1277
Floressas, 913
Floure, 809
Fontaines, 481 656 665
Fontanès, 827 829
Fontcouverte, 811
Fontenay-près-Chablis, 504 509 512 515 517 518
Fontès, 829
Fontette, 717 761
Fontguenand, 1102
Fos, 837
Fougères-sur-Bièvre, 1094 1096
Fougueyrolles, 949 963
Founex, 1304
Fournes, 1271
Fourques, 857 1224 1230
Fours, 247 248
Francs, 340 343 344
Franquevaux, 815
Frausseilles, 923
Fréjus, 870
Fresnes, 1096
Fréterive, 793 795 796 797
Fronsac, 208 234 235 259 260 261 262 263 264 265 266
Frontenac, 215
Frontenas, 156
Frontignan, 1233 1234 1275
Fronton, 928 929 930 1265
Fuissé, 673 677 681 682 684 685 686 687 688 689 690 691
Fully, 1317 1318
Gabarnac, 209 211 228 445
Gabian, 822
Gageac-Rouillac, 955 967
Gaillac, 921 923 924 925 926
Gaillan, 395
Galgon, 207 227 240 242 265 326
Gan, 935 939 941
Gardegan, 338 340 341
Garéoult, 897 898 1286
Gargas, 1208
Garrigues, 832
Gassin, 875 877
Gaujac, 1149
Géanges, 574
Geaune, 947 1263
Générac, 818
Genève, 1320 1322
Génissac, 206 220 221 226 227 230 240
Genouilly, 477 655
Gensac, 353
Gergovie, 1106
Gerland, 480
Germolles, 472 668
Gertwiller, 86
Gevingey, 781 1250
Gevrey-Chambertin, 465 469 486 488 526 529 530 532 533 534 535 536 537 538 539 540 541 542 543 544 546 548 549 551 553 555 556 566 583 603
Ghisonaccia, 901 904 1280
Gignac-la-Nerthe, 893
Gigondas, 1158 1162 1165 1174 1182 1183 1184 1185 1186 1187 1189 1196 1200 1235
Gilly-lès-Cîteaux, 550
Gironde-sur-Dropt, 208 216 327 329 332 334 354 371 957
Giubiasco, 1330
Givors, 1170 1176
Givry, 597 668 669 670
Glanes, 1267
Gleizé, 167 676 1174
Gondeville, 1262
Gondrin, 1246 1248 1266
Gonfaron, 876 878 1282
Gordes, 1209
Gorges, 985 994 995 996 999
Gornac, 346
Goult, 1208 1209 1283
Goutrens, 934
Grabels, 1273
Grauves, 722 747
Graves-sur-Anse, 155
Gréoux-les-Bains, 1214 1288
Grevenmacher, 1296 1297
Grézillac, 206 210 223 345 347 350 376 379 383
Grézillé, 1008
Grignan, 1205
Grimaud, 882
Groslée, 798 799
Gruissan, 808
Gueberschwihr, 85 89 96 101 102 104 125 126
Guebwiller, 133 136
Guizengeard, 1262
Gyé-sur-Seine, 715 725 726 736
Hallau, 1328
Hattstatt, 92 103 118
Hauterive, 1323
Hautvillers, 730 763 768
Haux, 224 245
Heiligenstein, 80 81 112 141
Hëttermillen, 1296
Hornussen, 1326
Houssay, 1099 1100
Huismes, 1073 1079
Hunawihr, 88 95 105 107 117 132 135 141
Husseren-les-Châteaux, 84 85 86 102 105 118 119 123 130 142
Hyères, 867
Hyères-les-Palmiers, 874
Igé, 469 470 498 673 677
Ile-de-Porquerolles, 873
Illats, 362 364 447 449
Ingersheim, 99 106 113 115
Ingrandes-de-Touraine, 1065 1066
Ingrandes-de-Touraine, 1065
Irancy, 521 522
Irouléguy, 936
Ispoure, 935
Issy-les-Moulineaux, 152
Itterswiller, 88 101 102
Izon, 210
Jambles, 654 670
Janvry, 740 756
Jarnac Champagne, 1243
Jarnioux, 153 159
Jau-Dignac-et-Loirac, 391 393 394 395 396 397
Joigny, 472
Jongieux, 792 793 796
Jonquerettes, 1140
Jonquières, 821 1149 1151
Jonquières-Saint-Vincent, 815
Jouques, 894
Jouy-lès-Reims, 702
Juliénas, 166
Juigné-sur-Loire, 979 1014 1020 1257 1259
Juliénas, 173 175 181
Juliénas, 167 175 180 181 182 183 189 190 194 669
Jullié, 163 181 182 183
Junas, 825
Junay, 470
Jurançon, 939 940 941
Jussy, 1321
Katzenthal, 90 91 94 98 102 106 123 137 138
Kaysersberg, 107 108 111 125 133 134 140
Kientzheim, 101 109 115 124 133
Kintzheim, 90
L'Etang-Vergy, 1272
L'Etoile, 787 788 789 1250 1251
L'Ile-Bouchard, 1077
Labarde, 405 410 417 421
Labarde-Margaux, 416
Labarthète, 948
Labastide-d'Armagnac, 1247
Labastide-Marnhac, 919
Labastide-Saint-Pierre, 929 931
La Baume-de-Transit, 1162
La Brède, 362 365 366 368 369

adière-d'Azur, 867 882 886
888 889 1282
aunette, 840
elle, 899 1286
elle-Saint-Cyr, 1294
elle-sur-Chantemerle, 735
aas, 159
hapelle-de-Guinchay, 161 174
5 176 181 182 183 188 193 194
5 466 676 679 690
hapelle-Heulin, 985 987 988
9 994 995 1258
hapelle-Saint-Florent, 1001
hapelle-Vaupelteigne, 506 507
ouronne, 1243
rau, 873 874 876 877 1286
roix-Valmer, 869
ux, 213 331 345
igne d'Aval, 806
oix-Serrigny, 474 487 491 553
6 573 574 575 576 577 578 579
2 583 585 587 588 593
Garde, 866
Garde-Freinet, 876
orce, 1215 1291
asse, 808 812 813
aulet-du-Gers, 1267
ave, 920 924
Haye-Fouassière, 984 991 992
95 996 997
ande-de-Fronsac, 205 263
ande-de-Pomerol, 280 281 283
84
Limouzinière, 999
Livinière, 839 842 844 1275
Londe-les-Maures, 868 871 872
76 877 879 880
marque, 402 404 405 407
nbesc, 891 894 1285
Mole, 881
nothe-Montravel, 963
Motte, 870
cié, 162 164 165
içon-de-Provence, 891 892 895
nderrouat, 206 216 217 234 236
44 354
ndiras, 362 367 372
ndreville, 723 736 759
Neuveville, 1325
Neuville-aux-Larris, 708
ngoiran, 355
ngon, 214 217 219 221 363 368
369 371 374 412 449 454
ngon Cedex, 364
nnes, 1247
nsac, 253 256 258
ntignié, 161 192
ntignié, 160 161 164 166
n-
glade, 827
Palme, 838 1231
Pommeraye, 975 1007 1008
1012 1021
Possonnière, 1022
Réole, 241
Rivière, 236 264 266
Roche-de-Glun, 1177 1178
Rochepot, 494 495 619 642 646
650
Roche-Vineuse, 678
aroin, 941
aroque, 360 442 449
Roquebrussanne, 898 899
aroque-Timbaut, 1263
Roquille, 218
arroque-sur-l'Osse, 1247

Laruscade, 210
La Salvetat-Belmontet, 1268
La Sauve, 217 219 227 243 356 441
Lasserre, 946
Lasseube, 937 938 940
La Tour d'Aygues, 1210 1211 1212
Latour-de-France, 1225
La Tour-de-Peilz, 1306
Laudun, 1159 1162
Laure-Minervois, 841
Laurens, 836 837
Lauret, 821 822
Lauris, 876 1210
La Vacquerie, 825
La Varenne, 983
Lavau, 1109
**Lave-
rune**, 828
Lavigny, 782 785 1309
La Ville-aux-Dames, 1085
Lavilledieu-du-Temple, 919 931
Lazenay, 1125 1126 1128
Le Beausset, 869 885 886 888 889
Le Bois-d'Oingt, 155
Le Bois-Plage-en-Ré, 1262
Le Bosc, 820 826
Le Boulvé, 914
Le Bouscat, 955
Le Breuil, 154 157 748 751
Le Brûlat, 888
Le Bugue, 956
Le Cailar, 818
Le Camp-du-Castellet, 887
Le Cannet-des-Maures, 867 868 872 878 879 881 1283
Le Castellet, 885 888 889
Le Cellier, 1001
Le Chateley, 784
Le Landeron, 1325
Le Landreau, 984 985 989 990 991 998 999 1000 1258 1259
Le Lavandou, 1282
Le Loroux-Bottereau, 986 990 991 992 993 996 1260
Le Luc, 874
Le Luc-en-Provence, 878
Le Mesnil-sur-Oger, 712 713 719 730 735 736 749 753 754 758 760 764
Léognan, 375 376 377 378 379 380 381 382
Le Pallet, 984 986 987 989 990 992 993 994 998 1120
Le Péage-de-Roussillon, 1172
Le Perréon, 164 166 186
Le Pian-Médoc, 409
Le Pian-sur-Garonne, 361
Le Plan-du-Castellet, 888
Le Puy-Notre-Dame, 1036 1038 1039 1040 1041
Les Arcs, 880 881
Les Arcs-sur-Argens, 871 876 880
Les Arsures, 774
Les Artigues-de-Lussac, 235 239 244 274 280 284 303 317 324 325 328 329 334
Les Baux-de-Provence, 894 896
Les Eglisottes, 231
Les Esseintes, 245
Les Granges-Gontardes, 1205 1206
Les Lèves-et-Thoumeyragues, 353
Les Marches, 792 793 796
Les Martres-de-Veyre, 1106
Les Mesneux, 735
Lesparre, 399
Lesparre-Médoc, 390

Lesquerde, 861 1231
Les Riceys, 705 719 738 750 768 770
Les Salles-de-Castillon, 337 340
Lestiac-sur-Garonne, 212 219 358
Les Verchers-sur-Layon, 1007 1017 1027
Le Taillan-Médoc, 410
Le Tholonet, 889
Le Thoronet, 872
Létra, 154 155 156
Le Treytorrens-en-Dézaley, 1305
Leucate, 838
Leuvrigny, 709
Le Val, 899
Le Vernois, 781 782 783 785 786 1249 1250 1252
Leygues, 915
Leynes, 158 677 680 693 694 777 785
Leytron, 1312 1313 1315 1317
Lézignan-Corbières, 810
Lézignan-la-Cèbe, 1273
Lhomme, 1081 1082
Lhuis, 799
Libourne, 259 261 264 268 269 272 273 274 276 277 278 279 283 290 291 292 294 297 301 303 305 306 309 313 323 325 330 336
Libourne Cedex, 271
Liergues, 158
Liestal, 1327
Lignan-de-Bordeaux, 242 355
Lignières-de-Touraine, 1059 1060
Lignorelles, 502 503 504 508 509 514
Ligny-le-Châtel, 503 507 513
Ligré, 1074 1076 1078
Ligueux, 232
Limeray, 978 1055 1058 1059
Limoux, 804 805 806 807 1272
Linars, 1245
Lisle-sur-Tarn, 923 1265
Listrac-Médoc, 222 405 409 412 413 414 422 423 424
Loché-Mâcon, 500 675 688 689
Loches-sur-Ource, 718
Logrian, 1270
Loisin, 790
Lons-le-Saunier, 788
Lorgues, 867 874 875 879
Loubès-Bernac, 968
Loupiac, 210 370 443 444
Lourmarin, 1211
Louvigny, 644
Louvois, 713 725 728 747 755
Louzac-Saint-André, 1244
Lucenay, 152
Lucq-de-Béarn, 939
Luc-sur-Orbieu, 812 813 1270
Ludes, 706 707 711 726 728 736 750 755
Ludon-Médoc, 243 400 404 405 408 423
Lugano, 1330
Lugasson, 227
Lugny, 498 679 681
Lugon, 228 230 232 264
Luins, 1307
Lumio, 901
Lunay, 1100
Lunel, 824 1236
Lunery, 1124
Luri, 903 1239
Lury-sur-Arnon, 1126
Lussac, 324 325 326 332

Lussac-Saint-Emilion, 292 324 325 326
Lussault-sur-Loire, 1051 1084 1085
Lutry, 1305 1309
Luzech, 912 914 918
Lye, 1057 1101
Macau, 230 237 239 241 327 402 404 407 408
Macau-en-Médoc, 232
Machtum, 1299
Madiran, 944
Magalas, 837
Magny-lès-Villers, 482 488 489 493 494 497 572 574
Magrie, 805
Mailly, 1292
Mailly-Champagne, 745
Mainxe, 1245
Maisdon-sur-Sèvre, 986 987 988 989 995 1260
Malans, 1327 1328
Malaucène, 1206
Maligny, 505 509 510 515 516
Mallemort, 894
Malleval, 1147 1164 1167 1169 1170 1171
Malves-Minervois, 842
Mammern, 1328
Manciet, 1247
Mancy, 729 754
Manduel, 816 817
Manno, 1330
Mantry, 783
Maransin, 215
Marcenais, 246
Marcillac, 252
Marcilly-le-Châtel, 1108
Marçon, 1081 1082
Mardeuil, 711 728
Mareau-aux-Prés, 1114 1260
Mareuil, 1244
Mareuil-le-Port, 719
Mareuil-sur-Aÿ, 705 706 733 755 756 769
Mareuil-sur-Cher, 1055
Mareuil-sur-Lay, 1001
Marey-lès-Fussey, 475 489 499
Margaux, 226 415 416 418 419 420
Margueron, 226 241 353
Marieulles-Vezon, 146
Marigny-Brizay, 1102 1260
Marmande, 932 933
Marsannay-la-Côte, 464 466 477 524 525 526 528 529 530 532 536 537 542 543 548 551 554 559 570 591 646
Marseillan, 1277
Marssac-sur-Tarn, 922 924
Martigné-Briand, 978 1003 1005 1006 1007 1009 1010 1011 1012 1016 1017 1019 1029 1033 1257
Martigny, 1312 1317
Martigny-Combe, 1311
Martillac, 367 375 377 379 380 381 384
Massangis, 473
Massugas, 226
Mas Thibert, 1284
Mathenay, 778
Maubec, 1211
Maumusson, 946 1266
Maumusson-Laguian, 942 943 944 945 946
Mauroux, 916
Maury, 1227 1228
Mauves, 1170 1171 1172 1178 1181
Mauvezin-d'Armagnac, 1264
Mazan, 1207 1208 1209
Mazères, 362 366 371
Mazion, 219 246 252
Meillard, 1110
Mellecey, 482 667
Meloisey, 492 494 590 594 602 606 611 615 620 624
Mendrisio, 1330 1331
Ménerbes, 1212
Menetou-Salon, 1115 1116 1123 1126
Ménétréol-sous-Sancerre, 1129
Menétru-le-Vignoble, 779 780 783 787 1250
Merceuil, 558 570 595 612 631
Mercurey, 465 468 469 484 535 540 557 561 567 568 584 587 619 629 633 641 659 661 663 664 665 666 667 668 669
Mercurol, 1174 1175 1176 1177 1179
Méreau, 1126
Merfy, 713
Mérifons, 1273
Mérignac, 383
Merrey-sur-Arce, 734 737
Mescoulès, 950 951
Mesland, 1060 1061
Mesnay, 776
Messanges, 1264
Mesterrieux, 231
Meuilley, 482
Meursault, 464 466 467 471 474 475 479 481 485 492 496 497 554 558 576 587 590 591 597 598 599 601 602 604 605 606 608 610 611 613 614 615 617 618 619 620 622 625 626 627 628 629 630 631 632 633 638 641 654 662 663
Meurville, 724
Meusnes, 1050 1052 1056 1100 1101
Meyrargues, 895
Meyreuil, 890
Mèze, 822 823 828 830 1271 1272
Mézières-lez-Cléry, 1114
Mézin, 1247
Mezzavia, 906
Miège, 1311 1317
Migé, 481
Milhaud, 816
Millas, 860
Millery, 197
Milly, 503 513
Milly-Chablis, 512
Minerve, 843
Mirabeau, 1211
Miramas, 1285
Mirebeau, 1103
Mirepoix, 1266
Mireval, 1237
Mittelbergheim, 82 85 92 96 112 116 129 137 139 140
Mittelwihr, 98 100 105 108 109 112 116 125 128 134 136
Moiré, 153
Molamboz, 775
Molleges, 1285
Molosmes, 463 464 469
Molsheim, 122 123
Mombrier, 255 258
Monbadon, 338
Monbazillac, 955 956 957 961 962 963
Mondragon, 1145 1147
Monein, 937 938 939 940 941
Monestier, 953 954 957 967
Monfaucon, 959
Monflanquin, 1263
Monnières, 987 988 990 991 995
Monprimblanc, 223 356 360 370 442 443 451
Montagnac, 831 832 833 1274
Montagne, 271 272 274 275 282 284 296 327 328 329 330 331 332 335 336
Monta-gnieu, 799
Montagny, 671
Montagny-lès-Beaune, 487 492
Montaigu, 785
Montallery-Venoy, 502
Montalzat, 919
Montans, 922
Montauban, 929
Montazeau, 958
Montblanc, 1276
Montbrun-des-Corbières, 812
Montcaret, 950 955
Monteaux, 979 1061
Montesquieu-des-Albères, 856 1278
Montfaucon, 1150
Montfort-sur-Argens, 1285
Montfrin, 819 1150 1161
Montgenost, 716 717
Montgueux, 721 722 762
Monthélie, 463 480 484 598 607 613 615 617 618 627 631 663
Monthou-sur-Bièvre, 1054
Monthou-sur-Cher, 1057
Montigny-la-Resle, 509
Montigny-lès-Arsures, 773 774 776 777 778 779 787 1252
Montigny-sous-Châtillon, 713 737
Montjean-sur-Loire, 979
Mont-le-Vignoble, 145
Montlouis-sur-Loire, 1083 1084 1085 1090
Montmelas, 162
Montmirail, 725
Montmort-Lucy, 744
Montoire-sur-le-Loir, 1082 1099
Montoulieu, 826 1271
Montpellier, 823 1270
Montpeyroux, 828 832 834
Montpezat-de-Quercy, 919
Mont-près-Chambord, 1096 1098
Montréal-de-l'Aude, 850
Montréal-du-Gers, 1248
Montreuil-Bellay, 980 1039 1041
Montrichard Cedex, 978
Montrichard Cedex 01, 1056 1092
Montséret, 811
Montsoreau, 1045
Mont-sous-Vaudrey, 775 776 787 1251
Mont-sur-Rolle, 1304 1308
Montussan, 233 240
Morancé, 157
Morey-Saint-Denis, 485 486 530 532 534 536 537 538 539 540 541 542 543 544 545 546 547 548 549 550 551 556
Morges, 1307
Morizès, 453 941
Mormoiron, 1208 1209 1282
Mornas, 1157
Moroges, 467 483 656 658
Morogues, 1116
Mosnes, 979 1058 1059
Mouillac, 273

eydier, 952
is-en-Médoc, 407 411 422 423
4
lon, 208 212 236
rède, 1248
rens, 367
riès, 895
scardès, 1264
ssoulens, 1270
ssy, 718 759
zillon, 986 992 993 994 996
9 1018 1037 1259
é-sur-Louet, 981 1008 1014
20 1260
aison, 1277
des-sur-Loire, 1094
, 1309
viel-lès-Béziers, 824 845
viel-lès-Montpellier, 820
ns, 795
s-les-Pins, 1287
toux, 468 485 492 613 618
bonne, 819 821 829 831 832 835
231
bonne Cedex, 814 841 842 843
55 1226 1229 1237 1274
jan-et-Postiac, 206 214 216 218
19 221 227 230 243 345 347 348
viale, 934
, 1317
celles-Négron, 1058
c, 208 266 271 279 280 281 282
83 284 329
fiès, 820
tenbach, 1329
rigean, 235
schers, 1106
uville-de-Poitou, 1102
uville-sur-Seine, 716 734
vian, 813
vy-sur-Seille, 780 783 1250
ce, 884
edermorschwihr, 119 121 135
mes, 817 826
ssan-les-Enserune, 1269
ssan-lez-Enserune, 828
é-les-Mallets, 717 765
lay, 483 651
rdheim, 85
thalten, 83 84 100 115 129
tre-Dame-d'Allençon, 1028
1034 1258
ulens, 1266
ves, 1282
yers-sur-Cher, 980 1051 1054
1055 1057
eil-sur-Layon, 977 1016 1040
its-Saint-Georges, 465 466 476
478 480 487 488 489 495 496 497
530 532 540 541 544 546 548 550
553 554 556 560 564 565 566 567
568 570 571 572 574 576 578 580
583 586 589 600 604 610 611 624
625 629 633 639 648 655 661 664
666 1196
its-Saint-Georges Cedex, 1177
ussbaumen, 1329
yls-Ponteilla, 855
berflachs, 1326
bermorschwihr, 90 94 96 97 100
bernai, 112 119 120
cton, 822
denas, 168 169 170 171 172 173
190
uilly, 743 762
ger, 749 764

Oingt, 158
Oisly, 978 1054 1055 1056 1096
Ollon, 1307 1308
Olmeto, 904
Omet, 357 442 443 453
Onzain, 1061
Oppède, 1211 1212 1284
Orange, 815 817 1140 1142 1146
1150 1154 1187 1191 1193 1194
1196 1200 1201 1206 1208 1269
Orcet, 1106
Ordonnac, 390 396 397
Orgnac l'Aven, 1214
Orgon, 1285
Ornaisons, 810 813
Orschwihr, 85 89 92 95 103 107 109
110 111 113 131
Orschwiller, 82 87 91 95 98 115 131
Ostheim, 130
Ottoberg, 1328
Ottrott, 84
Ouveillan, 1271
Ozenay, 638 664
Padern, 813
Paillet, 355 441
Panzoult, 1072 1074 1075 1077
1079 1080
Parçay-Meslay, 1090 1091 1093
Pardaillan, 970
Parempuyre, 208 220 332 365 379
389 401 403 405 416 434 436
Paris, 224 619 1283
Paris-l'Hôpital, 493 495 650
Parleboscq, 1264
Parnac, 912 914 915 917
Parnay, 1040 1043 1047
Paroy-sur-Tholon, 476
Passa, 1225
Passavant-sur-Layon, 977 1019
Passenans, 783 786 787 1250 1252
Passy Grigny, 702 753 758
Passy-sur-Marne, 761
Patrimonio, 906 907 908 909 1238
1239
Pauillac, 225 352 396 425 426 427
428 429 430 431 432 448
Paulhan, 822 833 1271
Payros-Cazautets, 947 1264
Paziols, 838 1229
Pécharmant, 951 965
Peissy, 1322
Pellegrue, 238
Pennautier, 850 1271
Penta di Casinca, 907 1238
Pépieux, 843
Pérignac, 1244
Pernand-Vergelesses, 478 479 483
497 571 576 577 579 580 581 582
584 585 586 587 588 589 594 595
596 602
Péronne, 498 508 666 672 690
Perpignan, 854 855 856 858 860
1220 1222 1224 1226 1229 1231
1232
Perpignan Cedex, 859 1220 1223
Pertuis, 1213
Pescadoires, 916
Pessac, 374 378 380 381 383
Petit-Palais, 208 325
Peyriac-Minervois, 843
Pezenas, 823 830 831 1273
Pézilla-la-Rivière, 853 861 1225
1232
Pfaffenheim, 95 99 102 103 104 110
112 113 115 137
Piegon, 1283

Pierreclos, 679
Pierrefeu, 873
Pierrefeu-du-Var, 873 875
Pierrerue, 847 1269
Pierrevert, 1214 1281 1288
Pierry, 703 708 729 745 748
Pieusse, 805
Pignan, 825
Pignans, 873 879
Pinet, 829 831 1277
Pineuilh, 209 241 353
Piolenc, 1140 1141 1152 1191 1197
Pissotte, 1000
**Pi-
gnan**, 827
Plaisance, 953
Plan-de-la-Tour, 878
Plassac, 251 254
Pocé-sur-Cisse, 1059
Podensac, 364 369
Poggio-d'Oletta, 908 1239
Poligny, 781 784 785 787 788 1249
1251 1252
Polisy, 726 750
Pollestres, 1226 1233
Pomerol, 262 268 269 270 271 272
273 274 275 276 277 278 279 281
282 283 284 311 318
Pomérols, 820
Pommard, 462 466 470 473 474 481
491 548 556 560 562 574 575 591
597 601 602 604 605 607 608 609
610 611 612 616 624 643 650
Pommiers, 152 154
Pomport, 951 957 958 960 961 962
Poncin, 799
Pondaurat, 220
Pontaix, 1203
Pontanevaux, 194 687
Pont-de-l'Isère, 1175
Pont-de-la-Morge, 1311
Ponteilla, 1233
Ponte-Leccia, 905
Pontevès, 897 898
Pont-Saint-Esprit, 1150
Port-à-Binson, 732
Portel-des-Corbières, 811 813
Portets, 362 363 365 366 368 369
371 373 452
Porticcio, 905
Porto-Vecchio, 904
Port-Sainte-Foy, 963 964
Port-Vendres, 864 1219
Pougny, 1109 1110
Pouillé, 1052 1054 1055
Pouillon, 1264
Pouilly-sur-Loire, 1117 1119 1120
1121 1122 1129 1259
Pourcieux, 871 874 878
Pourrières, 872 874 877 881
Pouzilhac, 1150 1274
Pouzolles, 1276
Prades-sur-Vernazobre, 846
Prayssac, 916 917
Préhy, 473 474 504 505 517 523
Preignac, 369 371 372 374 442 446
448 450 451 452 453
Premeaux, 568
Premeaux-Prissey, 462 478 486 489
490 493 549 552 565 568 570 571
577 582 584 593 597 623 642
Preuilly, 1124 1126 1127
Prignac-en-Médoc, 389 391 392
393 399
Prignac-et-Marcamps, 255
Prigonrieux, 958 966

Prissé, 464 485 499 680 692 693
Prouilly, 718
Prusly-sur-Ource, 497
Pruzilly, 182
Puget-sur-Argens, 870 882 1286
Puget-Ville, 870 875 876 878
Pugnac, 248 254 256
Puissalicon, 1276
Puisseguin, 211 326 327 333 334 335 342
Puisserguier, 845 847 1273
Pujols, 225
Pujols-sur-Ciron, 374 448
Pujols-sur-Dordogne, 207
Puligny-Montrachet, 184 465 466 479 484 496 553 564 579 599 620 621 624 627 628 629 630 631 632 634 635 636 640 643 645 660 671 672
Pupillin, 773 775 776 777 780 788 1251 1252
Puyguilhem, 952 959
Puy-l'Evêque, 915 917 918
Puylaroque, 918
Puyloubier, 867 877 879 881
Puyméras, 1149
Puyricard, 892 894
Puyvert, 1213
Quarante, 1274
Quenne, 476
Queyrac, 398
Quincié-en-Beaujolais, 165 166 169 170 174 192 193 473 650 675
Quincy, 1123 1124 1125
Quinsac, 357 360
Rabastens, 922 925 1265
Rablay-sur-Layon, 1026
Ramatuelle, 875 877
Ramouzens, 1248
Rasiguères, 861
Rasteau, 1144 1145 1154 1155 1156 1157 1158 1160 1172 1179 1202 1238
Rauzan, 210 211 215 244 349
Razac-de-Saussignac, 952 954 955 958 967
Régnié-Durette, 163 169 170 177 184 191 192 193
Reichsfeld, 114
Reignac, 246
Reims, 712 717 720 733 735 737 739 746 750 751 752 755 756 758 759 762 765
Remerschen, 1296 1299
Remich, 1296 1298 1299
Remich GDL, 1298
Remigen, 1326
Remigny, 462 480 485 646 648 652 661
Remoulins, 1158
Renaison, 1113
Restigné, 1062 1063 1064 1065 1066
Reugny, 1092
Reuil, 722 735
Reuilly, 1126 1127
Reulle-Vergy, 484
Rheinau, 1329
Rians, 893 894 895
Ribagnac, 949 953 954
Ribaute, 813
Ribeauvillé, 84 88 94 106 113 119 125
Rieux-Minervois, 842
Riex, 1306
Rilly-la-Montagne, 706 714 719 723 724 734 753 766
Rions, 223 355 359 442
Riquewihr, 90 95 103 109 122 134 142
Riscle, 943 945 946 948
Rivarennes, 1056 1060 1079
Rivaz, 1304 1308
Rivesaltes, 854 857 1222 1229 1268 1278
Rivesaltes-Salses, 853 861 1222 1233
Rive-saltes, 1223 1230
Rivière, 1073
Rivière-sur-Tarn, 934
Rivolet, 156 159
Roaillan, 368
Rochecorbon, 1086 1087 1088 1089 1090 1093
Rochefort-du-Gard, 1141
Rochefort-sur-Loire, 978 981 1004 1011 1023 1028 1031 1035
Rochegude, 1142 1151 1156
Rodern, 125
Rognes, 890 893 1284 1285
Rolle, 1304 1305 1307 1308 1309
Romagne, 228 346
Romanèche-Thorins, 162 188 189 190 1290
Romaz/Savièse, 1318
Romery, 763
Roquebrun, 846 847 848
Roquebrune, 238
Roquebrune-sur-Argens, 872
Roquefort-des-Corbières, 809
Roquefort-la-Bédoule, 867 883
Roquemaure, 1190 1198 1199 1200 1201 1202
Roquessels, 835
Roquetaillade, 806
Rorschwihr, 110 112 118
Rosenwiller, 110
Rosheim, 114 143
Rosières, 1291
Rosnay, 1000 1001
Rotalier, 784 1250 1251
Roubia, 842
Rouffach, 117 142
Rouffiac d'Aude, 850
Rouffignac, 1261
Rouffignac-de-Sigoulès, 959
Rougiers, 1286
Rouillac, 1241
Roujan, 1279
Roussas, 1205
Rousset, 879 890
Roussillon, 1206 1210
Routier, 851
Ruch, 232
Ruillé-sur-Loir, 1081 1082
Rully, 497 499 500 631 659 660 661 662 663 666 667
Ruoms, 1214 1290
Rustiques, 1272
Sablet, 1160 1162 1185 1187 1190
Sablonceaux, 1262
Sabran, 1140 1141 1148 1150 1151 1153 1158
Sacy, 714
Sadirac, 219 236 237
Saillans, 206 242 262 263 264 265 266 267 1203
Saillon, 1311 1312 1318
Sain-Bel, 196
Saint-Aignan, 265 283 1053
Saint-Aignan-de-Grand-Lieu, 998
Saint-Alban, 798
Saint-Amant-de-Nouère, 1262
Saint-Amour-Bellevue, 194
Saint-Andelain, 1117 1118 1119 1121 1122
Saint-André-d'Apchon, 1113
Saint-André-de-Cubzac, 215 323
Saint-André-de-Roquelongue, 808 814
Saint-André-de-Sangonis, 822 824 826
Saint-André-du-Bois, 205 212 219 229 235 239 361
Saint-André-et-Appelles, 353
Saint-Androny, 250
Saint-Antoine-de-Breuilh, 953 964
Saint-Antoine du Queyret, 211 235 346 348
Saint-Astier-de-Duras, 970
Saint-Aubin, 482 552 626 628 632 633 636 638 640 642 643 644 645 646 647 650
Saint-Aubin-de-Blaye, 237
Saint-Aubin-de-Cadelech, 957
Saint-Aubin-de-Luigné, 1003 1012 1016 1025 1026 1027 1029 1035
Saint-Baldoph, 796
Saint-Blaise, 1324
Saint-Bonnet-sur-Gironde, 1242
Saint-Brice, 243
Saint-Bris-le-Vineux, 467 468 470 475 476 478 479 480 481 483 484 486 495 503 505 507 510 521 522 523
Saint-Cannat, 891 892 893
Saint-Caprais-de-Blaye, 246
Saint-Caprais-de-Bordeaux, 358 359 360
Saint-Céols, 1116
Saint-Cernin-de-Labarde, 958
Saint-Chinian, 845 846 847 848
Saint-Christol, 824 825 826
Saint-Christoly-de-Blaye, 248 255
Saint-Christoly-Médoc, 388 389 391 395 398
Saint-Christophe-des-Bardes, 292 293 295 297 298 300 302 310 311 314 316 320 322 329 340
Saint-Christophe-la-Couperie, 1258 1259
Saint-Cibard, 340 343 344
Saint-Ciers-d'Abzac, 234
Saint-Ciers-de-Canesse, 211 250 252 254 255 256 257
Saint-Ciers-sur-Gironde, 248 250 251
Saint-Claude-de-Diray, 979 1095
Saint-Clément-de-Rivière, 831
Saint-Colomban, 1259
Saint-Crespin-sur-Moine, 985 1258
Saint-Cyr-en-Bourg, 979 980 981 1039 1041 1044 1045 1046
Saint-Cyr-les-Colons, 469 522
Saint-Cyr-sur-Mer, 885 886
Saint-Cyr-sur-Rhône, 1166
Saint-Denis-de-Pile, 281 328 330
Saint-Désert, 655 656 658 669 672
Saint-Désirat, 1168 1173
Saint-Didier, 1208
Saint-Drézéry, 832
Sainte-Anastasie, 1279
Sainte-Anne-d'Evenos, 887 889
Sainte-Anne-du-Castellet, 885 886
Sainte-Cécile-les-Vignes, 1144 1147 1159

e-Colombe, 224 338 339 340
e-Colombe-de-Duras, 969
e-Colombe-de-la-Commande- 1225
e-Colombe-en-Bruilhois, 927
e-Croix, 921
e-Croix-du-Mont, 208 212 5 222 229 354 356 370 443 444 5 452
e-Eulalie, 359
e-Foy-la-Grande, 213 214 225 952 959
e-Foy-la-Longue, 227
e-Gemme-en-Sancerrois, 1133
e-Jalle, 1289
e-Lizaigne, 1127
e-Marie-la-Blanche, 494 498 8 579 596 602 607 668 1294
t-Emilion, 217 218 225 233 261 9 270 275 276 277 281 282 286 8 289 290 291 292 293 294 295 6 297 298 299 300 301 302 303 4 305 306 307 308 309 310 311 2 313 314 315 316 318 319 320 1 322 323 324 327 328 332 339 2 950
te-Pazanne, 1258
te-Radegonde, 213 348
t-Estèphe, 406 431 432 433 434 5 436
te-Terre, 242 270 271 294 321
t-Etienne-de-Baïgorry, 936
t-Etienne-de-Lisse, 286 289 1 295 301 302 307 308 313 317 7 339
nt-Etienne-des-Oullières, 152 3 163 173 195
nt-Etienne-la-Varenne, 161 167 72
nte-Verge, 976 1018
nt-Félix-de-Foncaude, 215 217
nt-Félix-de-Lodez, 825 834 836 48 858
nt-Fiacre, 994
nt-Fiacre-sur-Maine, 988 990 94 995
nt-Florent, 907 909 1238
nt-Florent-le-Vieil, 976 1005
nt-Genès-de-Blaye, 209 250 251 52
nt-Genès-de-Fronsac, 205
nt-Genès-de-Lombaud, 348 350
nt-Geniès-de-Fontedit, 837
nt-Génis-des-Fontaines, 856 225
nt-Genis-du-Bois, 215 240
nt-Genix-sur-Guiers, 1289
nt-Georges-de-Reneins, 158 169
nt-Georges-des-Agoûts, 1261
nt-Georges-Hauteville, 1108
nt-Georges-sur-Cher, 1054 1256
nt-Géréon, 984
int-Germain-d'Esteuil, 388
int-Germain-du-Puch, 213 233 238 268 272 340 348 351
int-Germain-la-Rivière, 230 266
int-Germain-le-Arlay, 781
int-Germain-sur-L'Arbresle, 160
int-Gervais, 232 1142 1161
int-Gervais-sur-Roubion, 1292
int-Gilles, 816 817 818 819 1272
int-Girons-d'Aiguevives, 250
int-Haon-le-Vieux, 1112
int-Hilaire, 1278

Saint-Hilaire-d'Ozilhan, 1149 1160 1161
Saint-Hilaire-de-Clisson, 987
Saint-Hilaire-Saint-Florent, 980 1036 1039 1042 1048 1131 1256
Saint-Hippolyte, 90 101 109 114 300 301 314 321
Saint-Jean-d'Ardières, 155 157 159 168 171 179 185 187
Saint-Jean-de-Blaignac, 221 228 231
Saint-Jean-de-Buèges, 833
Saint-Jean-de-Chevelu, 794
Saint-Jean-de-Cuculles, 830
Saint-Jean-de-Duras, 970
Saint-Jean-de-la-Blaquière, 827 833
Saint-Jean-de-Minervois, 1237
Saint-Jean-des-Mauvrets, 1009 1014 1015 1020
Saint-Jean-des-Vignes, 196
Saint-Jean-de-Vaux, 465 655
Saint-Jean-de-Védas, 1272
Saint-Jean-Lasseille, 857
Saint-Jean-Pied-de-Port, 936 938
Saint-Jean-Pla-de-Corts, 853
Saint-Julien, 153 166 168
Saint-Julien-Beychevelle, 401 428 437 438 439 440
Saint-Julien-d'Eymet, 949 952
Saint-Julien-de-Concelles, 984 991
Saint-Julien-de-Peyrolas, 1145
Saint-Just-d'Ardèche, 1146 1153
Saint-Just-sur-Dive, 1038 1041
Saint-Lager, 157 167 168 169 170 171 172 174
Saint-Lambert-du-Lattay, 975 1004 1005 1006 1009 1011 1012 1013 1016 1017 1025 1026 1027 1028 1030 1032
Saint-Lambert-du-Lattay, 1008 1013 1031
Saint-Laurent-d'Oingt, 154
Saint-Laurent-de-la-Salanque, 1229
Saint-Laurent-des-Arbres, 1162 1199 1200
Saint-Laurent-des-Combes, 294 306 308 310 317 318 319 321
Saint-Laurent-des-Vignes, 961 962
Saint-Laurent-du-Bois, 227
Saint-Laurent-Médoc, 397 400 402 406 429 438
Saint-Laurent-de-la-Cabrerisse, 809 811
Saint-Léonard, 1310
Saint-Loubès, 221 225 230 237 242 342 357 407
Saint-Lumine-de-Clisson, 987 988 1256
Saint-Magne-de-Castillon, 217 286 305 306 320 337 338 339 341
Saint-Magnes-de-Castillon, 342
Saint-Maigrin, 1261
Saint-Maixant, 358 359 442 444
Saint-Marcel-d'Ardèche, 1159
Saint-Mariens, 248 249
Saint-Martial, 208 232
Saint-Martin-d'Ablois, 721 736 757
Saint-Martin-d'Ardèche, 1144 1146
Saint-Martin-de-Londres, 825
Saint-Martin-de-Villereglan, 851
Saint-Martin-du-Bois, 224
Saint-Martin-du-Puy, 229 238

Saint-Martin-Lacaussade, 247 248 249
Saint-Martin-le-Beau, 978 1082 1083 1084
Saint-Martin-sous-Montaigu, 486 603 658 668 670
Saint-Martin-sur-Nohain, 1119
Saint-Mathieu-de-Tréviers, 823 828
Saint-Maurice, 1163 1293
Saint-Maurice-lès-Couches, 471
Saint-Maurice-sur-Eygues, 1159
Saint-Maurice-la-Fougereuse, 1018
Saint-Maximin, 897 899
Saint-Méard-de-Gurçon, 949 951 963
Saint-Médard-de-Guizières, 238
Saint-Melaine-sur-Aubance, 1020
Saint-Même-les-Carrières, 1244
Saint-Michel-de-Fronsac, 260 261 262 263 266
Saint-Michel-de-Lapujade, 237 239 932
Saint-Michel-de-Montaigne, 951
Saint-Michel-sur-Rhône, 1168
Saint-Mont, 943 948 1265 1266
Saint-Montan, 1215
Saint-Morillon, 364 370 373
Saint-Nazaire-de-Ladarez, 846
Saint-Nexans, 958 959
Saint-Nicolas-de-Bourgueil, 1067 1068 1069 1070 1071 1072
Saint-Nicolas-de-Bourgueil, 1065 1068 1069
Saint-Palais, 249
Saint-Patrice, 1066
Saint-Paul-de-Blaye, 229 246
Saint-Paul-de-Fenouillet, 858 1233 1278
Saint-Paulet-de-Caisson, 1146 1157
Saint-Paul-Trois-Châteaux, 1146 1205
Saint-Paul-de-Fenouillet, 862
Saint-Péray, 1171 1180 1181
Saint-Père, 469 1109
Saint-Pey-d'Armens, 288 289 290 307 312 320
Saint-Pey-de-Castets, 207 214
Saint-Philbert-de-Bouaine, 997
Saint-Philbert-de-Grand-Lieu, 1000
Saint-Philippe-d'Aiguilhe, 338 339 342 344
Saint-Philippe-du-Seignal, 223
Saint-Pierre, 87
Saint-Pierre-d'Albigny, 792 797
Saint-Pierre-d'Oléron, 1261
Saint-Pierre-de-Bœuf, 1172
Saint-Pierre-de-Clages, 1310 1316 1319
Saint-Pierre-de-Mons, 371
Saint-Pierre-sur-Dives, 1256
Saint-Pourçain-sur-Sioule, 1110 1111 1112
Saint-Puy, 1266
Saint-Quentin-de-Baron, 350
Saint-Quentin-de-Caplong, 213 353
Saint-Remèze, 1214
Saint-Rémy-de-Provence, 896
Saint-Romain, 464 483 491 582 589 623 624 625

Saint-Romain-la-Virvée, 228 236
Saint-Romain-sur-Cher, 1051 1052 1053 1055
Saint-Roman, 1203 1204
Saint-Roman-de-Malegarde, 1156
Saint-Sardos, 1266
Saint-Satur, 1131 1133 1135
Saint-Saturnin-de-Lucian, 834
Saint-Saturnin-sur-Loire, 975 1010 1256
Saint-Sauveur, 401 405 408 409 429
Saint-Sauveur-de-Bergerac, 966
Saint-Sauveur-de-Meilhan, 932
Saint-Sauveur-de-Puynormand, 234 241
Saint-Sauveur-Médoc, 407
Saint-Savin, 249
Saint-Sernin-de-Duras, 968
Saint-Sernin-du-Plain, 485 653
Saint-Seurin-de-Bourg, 228 242
Saint-Seurin-de-Cadourne, 400 401 402 403 404 408 409 410 411
Saint-Seurin-de-Cursac, 251
Saint-Siffret, 1274
Saint-Sornin, 1262
Saint-Sulpice, 307
Saint-Sulpice-de-Faleyrens, 210 244 286 288 289 290 291 293 299 303 309 310 312 313 314 315 317 318 336 337
Saint-Sulpice-de-Royan, 1244
Saint-Thibéry, 1276
Saint-Thomas-de-Cognac, 1243
Saint-Trojan, 256 257
Saint-Tropez, 881
Saint-Vallier, 1173
Saint-Vérand, 153 156 157 496 693
Saint-Victor-la-Coste, 1150 1156 1162 1200
Saint-Vincent-de-Pertignas, 237
Saint-Vincent-Rive-d'Olt, 917
Saint-Vivien, 951
Saint-Vivien-de-Blaye, 250
Saint-Vivien-de-Médoc, 389
Saint-Yzans-de-Médoc, 229 388 390 393 395 396
Saix, 1036 1038 1043
Salgesch, 1313 1315 1316
Salies-de-Béarn, 935
Salignac, 238
Sallebœuf, 212 234
Salles-Arbuissonnas, 160 165
Salles-d'Angles, 1242 1243
Salles-d'Aude, 831
Sambin, 979 1094 1095
Samonac, 252 254 256
Sampigny-lès-Maranges, 654
Sancerre, 1118 1120 1123 1124 1127 1129 1130 1131 1132 1133 1135 1136 1257
San Nicolao, 903 1281
Santenay, 464 479 491 494 578 582 588 593 600 602 604 612 615 621 632 635 636 637 639 640 643 645 646 647 648 649 650 651 652 653 654 686
Santo-Pietro-di-Tenda, 909
Sarcey, 154
Sari d'Orcino, 905
Sarras, 1173 1176
Sarrians, 1184 1188 1189
Sartène, 903 904
Sassagny, 651
Sassay, 1056
Satigny, 1320 1321 1322
Saulcet, 1110 1111
Saulchery, 716 725
Saumur, 1036 1047
Saussignac, 952 956
Sauternes, 365 450 451 454
Sauveterre, 1142
Sauveterre-de-Guyenne, 206 207 212 239 345 348
Sauvian, 829
Saux, 913
Sauzet, 917
Savennières, 1021 1022 1023 1024
Savièse, 1311 1312 1314
Savignac-de-l'Isle, 233
Savigny-en-Véron, 1077 1078 1079
Savigny-lès-Beaune, 483 492 533 550 579 580 581 583 584 587 590 591 592 593 594 595 599 613 614 630 665
Saze, 1146 1149
Sazilly, 1075
Schafis, 1325
Schengen, 1298 1299 1300
Scherwiller, 89 93 99 115 142
Ségonzac, 1243
Séguret, 1144 1147 1160
Seigy, 1055
Seillans, 1287
Seillonnaz, 798
Semerville, 473
Sennecey-le-Grand, 486 499
Senouillac, 925
Sérignan, 834 1275
Sérignan-du-Comtat, 1141 1148 1152 1157 1158
Sermiers, 727
Serrières, 673 674
Servian, 1271 1275
Serzy-et-Prin, 720
Sète, 1274
Seyssel, 797
Siecq, 1242 1261
Sierre, 1313 1315 1319
Signes, 897
Sigolsheim, 93 96 105 118 128
Sigoulès, 954 960
Sillery, 727 761
Sion, 1313 1315 1317 1318
Sion 2 Nord, 1319
Sion 4, 1310 1319
Siran, 841 844
Solutré-Pouilly, 676 677 678 679 681 683 684 685 686 687 691 692
Sonnac, 1241
Sorbets, 1247
Sorgues, 1144 1192
Sos, 1262
Soturac, 912 915 916
Souel, 922 923 1265
Soulaines-sur-Aubance, 1015
Soulignac, 346 347
Soultzmatt, 82 94 101 110 111 138 139 143
Soultz-Wuenheim, 85 129
Soussac, 217
Soussans, 241 397 410 416 417 418 421
Souzay-Champigny, 1039 1040 1042 1045 1048
Stadtbredimus, 1300
Stäfa, 1329
Ste-Colombe-de-la-Commanderie, 856 1278
Stradtbredimus, 1296
St-Sulpice-de-Pommiers, 218
Sury-en-Vaux, 1121 1129 1130 1131 1133 1134 1135
Susten, 1315
Suze-la-Rousse, 1206
Suzette, 1185 1208
Tabanac, 357
Tain-l'Hermitage, 1164 1169 1173 1174 1175 1176 1178 1179 1181
Taissy, 763
Tallone, 1281
Taluyers, 196 197 1175
Taradeau, 878 880
Targon, 212 218 234 350
Tauriac, 253 254 256 257 293
Tautavel, 860 862 1226 1229
Tauxières, 744
Tavant, 1074
Tavel, 1147 1148 1153 1195 1198 1199 1200 1201 1202
Tayac, 344
Técou, 922
Tegerfelden, 1326
Ternand, 155
Terrats, 854 1226
Teuillac, 254 256 257 258
Thayngen, 1328
Theizé, 152 155 156 159
Thénac, 949 954 955 956 960
Thenay, 980 1053 1056
Thésée, 1052
Théus, 1287
Thézac, 1263
Thézan-des-Corbières, 808
Thézan-les-Béziers, 1277
Thoré-la-Rochette, 1099
Thouarcé, 975 1005 1006 1012 1013 1018 1019 1023 1029 1030 1033 1034 1035 1082
Thuir, 858 1218 1223 1226
Tigné, 1004 1011 1016 1017 1028
Tillières, 987 992 998
Tizac-de-Curton, 349
Tonnerre, 466 467
Tornac, 1279
Toulaud, 1181
Toulenne, 373
Toulon, 886
Tourbes, 821 1276
Tournon, 1170 1171
Tournon-sur-Rhône, 1167 1175 1179 1184
Tournus, 472 674
Tours-sur-Marne, 714 732 738 740
Tourves, 898
Tracy-sur-Loire, 1109 1118 1121 1122 1260
Traenheim, 92 120
Trelins, 1107
Trélou-sur-Marne, 742
Trémont, 975 977 1018 1019
Trépail, 757
Tresques, 1156
Tresserre, 856 1224 1226 1228
Tresses, 214 236
Trets, 868 870 871 875
Trigny, 707
Trois-Puits, 763
Troissy, 752
Trouillas, 855 1224
Tuchan, 838 839 1225
Tulette, 1142 1144 1152
Tupin-Semons, 1164
Turckheim, 86 98 116 122
Turquant, 1037 1041 1042 1043 1044 1047
Uchaux, 1152
Uchizy, 681
Urville, 722 754

r, 1315
eyras, 1148 1182 1184 1186
88 1189 1190 1235
uières, 827 1277
uiers, 930
ns, 774
auquès, 1277
on-la-Romaine, 1145 1151
52 1158
dy, 934
yrac, 386 391 393 394 395 396
8
aunès, 820 824 826
amand-Dessus, 1308
ères, 1053
et, 985 986 987 988 989 990 991
92 993 994 995 996 997 998 999
257 1258
on-Pont-d'Arc, 1291
éas, 1145 1147 1149 1151 1160
erres, 1287
vignères, 1291
aunès, 829
dières, 720 739 750 753 760 769
rains, 1037 1042 1045 1046
047 1048
ciennes, 744
delnay, 977 1037 1039 1042
uvert, 815
ux, 146 467 480
ux-en-Beaujolais, 156 162 164
66
ux-en-Bugey, 799
uxrenard, 162 164 165 190
ux-sous-Aubigny, 1294
yres, 225 351 352 812
laux, 891
lines, 950
ndargues, 1269
ndres, 830
néjan, 1154 1161
nesmes, 1104
noy, 473
nsac, 389 394
ntenac-Cabardès, 850
nteuil, 703 732 746 757
nthône, 1312 1314 1315
enzolasca, 901
érargues, 1236
ercheny, 1202 1203
erdelais, 358 443 445
erdigny, 1121 1130 1131 1132
1134 1135 1136
erdigny-en-Sancerre, 1131 1134
1135
Vergisson, 675 678 681 685 687 688
694
Vernègues, 891
Verneuil, 742
Vernou-sur-Brenne, 1059 1086
1087 1088 1089 1090 1091 1093
Verrières, 1243
Versvey-Roche, 1305
Vertheuil, 389 396 407 411
Vertou, 986 991 996
Vertus, 709 721 722 724 725 730
739 751 759 766 768
Verzé, 472 674 680
Verzenay, 702 710 711 714 730 733
753 758 759
Verzy, 709 721 727 739 751 759
Vestric-et-Candiac, 816
Vétroz, 1311 1312 1314 1316 1318
Vevey, 1305
Veyras, 1316
Veyre-Monton, 1107
Vézelay, 476
Vias, 1274
Vic-la-Gardiole, 1234 1236
Vic-le-Fesq, 830
Vic-sur-Seille, 145
Vidauban, 871 872 877 880 882
Viella, 942 943 944 945 947
Vieussan, 845
Vieux, 921
Vigneulles-les-Hattonchâtel, 1293
Vignonet, 211 236 289 291 296 305
308 311 315 317 320 322
Villaines-les-Prévôtes, 1294
Villalier, 841
Villars-Fontaine, 488
Villecroze, 898 900 1286
Villedieu, 1148
Villedommange, 704
Villefranche-en-Beaujolais, 169
Villefranche-sur-Saône, 186 684
691
Villemontais, 1112
Villemorin, 1241
Villemur-sur-Tarn, 930
Villenave-d'Ornon, 373 375 383
Villenave-de-Rions, 356 358
Villeneuve, 232 253 843
Villeneuve-d'Ascq, 161 188
Villeneuve-de-Duras, 968 969
Villeneuve-les-Bouloc, 929
Villeneuve-les-Corbières, 838
Villers-la-Faye, 478 490
Villers-Marmery, 709 733 746
Villers-sous-Châtillon, 713 716 743
Villes-sur-Auzon, 1208
Ville-sur-Arce, 713 747
Villette, 1304
Villette-lès-Arbois, 773 779
Villeveyrac, 819
Villié-Morgon, 164 178 183 184
185 186 187 192
Villiersfaux, 1099
Villiers-sur-Loir, 1099 1100
Villy, 506
Vinassan, 829
Vinay, 710
Vincelles, 707
Vineuil, 1094 1097
Vinezac, 1214 1290 1291
Vingrau, 854 860
Vinsobres, 1144 1145 1150 1155
1157 1158 1159
Vinzelles, 678 688 689
Violès, 1183 1187 1189
Viré, 465 682 683
Vire-sur-Lot, 913 914 1267
Virsac, 237
Visan, 1147 1156
Vix, 1000
Voegtlinshoffen, 83 88 89 91 94 100
112 113 126 140
Voiteur, 780 786 1252
Volnay, 491 494 496 581 598 603
604 606 607 608 610 611 612 613
614 615 616
Volx, 1288
Vongnes, 798
Vosne-Romanée, 474 477 486 488
529 533 544 547 549 550 553 555
556 557 558 559 560 561 562 563
564 567 568 577 592 596 634
Vougeot, 552 554 556 559 600
Vouvray, 1086 1087 1088 1089 1090
1091 1092
Vrigny, 718 742
Wellenstein, 1296 1300
Westhalten, 91 92 98 114 133 138
139
Westhoffen, 108 122
Wettolsheim, 84 91 93 96 97 99 105
107 111 117 121 124 126 127 137
141
Wihr-au-Val, 93
Wintzenheim, 106 117 122 142
Wolxheim, 104 110 121 143
Wormeldange, 1297 1299 1300
Würenlingen, 1326
Yvorne, 1304
Yvrac, 360
Zellenberg, 96 101 104 135
Zilia, 901
Zizers, 1327

INDEX DER WEINERZEUGER

SARL **Aba,** 929
D. **Abadie,** 372
Sté André **Abart et Fils,** 929
Dom. Comte J.C. **Abbatucci,** 905
Famille **Abeille-Fabre,** 1196 1200
Dom. des **Abeilles d'Or,** 1320
Joseph **Abline,** 1259
Jacques **Abonnat,** 1105
Patrice **Achard,** 1025
SCEA **Achiary-Astart,** 1159
Achille Princier, 757
Laurance **Ackerman,** 1036
Achille **Acquaviva,** 901
Pierre **Acquaviva,** 901
Dom. Pierre **Adam,** 97 108
Jean-Baptiste **Adam,** 97
EARL Christian **Adine,** 503 514
SCEA **Adoue Bel-Air,** 333
EARL d' **Adrina,** 964
Jean-Luc **Aegerter,** 550 586 664
SARL Dom. d' **Aéria,** 1140
SCA du Ch. d' **Agassac,** 400
Cavec coop. d' **Aghione,** 1280
EARL **Agrapart et Fils,** 702
SA **Agriloro, 1330**
Pierre **Aguilas,** 1004 1028
Eric et Carole **Aiguillon,** 1243
Aimery-Sieur d'Arques, 804 805 806 **807** 807 1272
Dom. Des **Airelles,** 505 511
SCEA des **Airelles,** 809
Pascal **Alain,** 886
SCEA **Alard,** 962
Dom. Daniel et Denis **Alary,** 1157 1282
Frédéric et François **Alary,** 1159
Cave coop. d' **Alba,** 1290
EARL B. et J. **Albert,** 977 1042
Jean-Paul **Albert,** 922
Pascal **Albertini,** 905
GAEC des Vignobles **Albucher,** 223 356 443
Dom. **Alexandre Père et Fils,** 462 646 652
Denis **Alibert,** 893
Les Vins Gabriel **Aligne,** 1169
François d' **Allaines,** 623 625 660
Philippe d' **Allaines,** 819
Gilles **Allait,** 702
Allauzen Lucenet Gaff, 1202
EARL **Allemand et Fils,** 1287
SCE Dom. Charles **Allexant et Fils,** 558 570 595 612 631
Alliance des vins fins, 669
GAEC **Allias Père et Fils,** 1092
Allimant-Laugner, 87 131
Pierre **Alquier,** 853
Dom. des **Alysses,** 897
Pierre **Amadieu,** 1182
Amart, 331
Joseph **Ambach,** 404
Yves **Amberg,** 87
Maison Bertrand **Ambroise,** 462 478 552 570 582 597 623 642
Christian **Amido,** 1153 1198
Dom. Pierre **Amiot et Fils,** 543
GAEC Guy **Amiot et Fils,** 637
Jean-Marie **Amirault,** 1062
Thierry **Amirault,** 1070
Yannick **Amirault,** 1061 1068
Dom. Jean **Amouroux,** 1228
EARL André **Ancel,** 108 140
Coopérative des **Anciens Elèves du lycée** 760
Cave vinicole d' **Andlau et environs,** 81
Comtes d' **Andlau-Hombourg,** 87
Danielle **André,** 307
Pierre **André,** 189 530 553
Christian **Andrieu,** 336
Frères **Andrieu,** 842
Bernard **Ange,** 1174
EARL **Angelliaume,** 1072
Jean-Claude **Anger,** 1041 1047
SCEA ch. des **Anglades,** 866
EARL Vincent et Xavier **Anglès,** 1140
SCE du Ch. des **Annereaux,** 280
Vignobles Jean **Anney,** 436
EARL **Anstotz et Fils,** 87
Gérard **Antoine,** 849
Philippe **Antoine,** 1293
Jean-Marie **Appert,** 179
EARL **Appollot,** 299 328
Jean-Claude **Arbeau,** 929
Arbo, 340 343 344
EARL Frédéric **Arbogast,** 108 122
Fruitière vinicole d' **Arbois,** 773 786
Jean-Michel **Arcaute,** 272
Michel **Arcelain,** 462
Daniel **Archambault,** 1146
SA Pierre **Archambault,** 1130
Archimbaud-Bouteiller, 1184 1189
EARL **Archimbaud-Vache,** 1188
Les Vignerons **Ardéchois,** 1214 1290
SCEA Ch. d' **Ardennes,** 362
Dom. d' **Ardhuy,** 572
SCEA des Vignobles **Ardoin,** 247
André **Ardouin,** 1241
Henri **Ardurats et Fils,** 369
Françoise d' **Arfeuille,** 262
Guy d' **Arfeuille,** 297
Luc d' **Arfeuille,** 311
Jean-Antoine **Ariston,** 702
Rémi **Ariston,** 702
SCEA Dom. **Arlaud Père et Fils,** 530 539 543 545 546 547 551
Ch. d' **Armailhac,** 425
Yves **Armand,** 354 445
Robert **Armellin,** 238
Guy **Arnaud,** 888 1282
Jean-François **Arnaud,** 1108
Jean-Yves **Arnaud,** 209 211 228
SARL **Arnaud,** 435
SCEA Frédéric **Arnaud,** 1156
SCEV **Arnaud,** 924
GAEC **Arnaud Frères,** 258
Simonne **Arnaud-Gaujal,** 831
Pascal et Corinne **Arnaud-Pont,** 619
Pierre **Arnold,** 83
Michel **Arnould et Fils,** 702
Arnoux Père et Fils, 582 589 595 597
Dom. **Arnoux Père et Fils,** 671
EARL Vignobles G. **Arpin,** 270
Ghislaine **Arrat,** 946
GAEC **Artaud et Fils,** 364
SCEA Dom. d' **Artois,** 1060
Assémat, 1199
Alain et Claude **Asséo,** 286 302
Carlos **Asseretto,** 371
ASVMT, 1146 1157
EARL **Athimon et ses Enfants,** 1001
Patricia **Atkinson,** 967
Auberson et Fils, 1325
Alain **Aubert,** 217 306 339
EARL Dom. Claude **Aubert,** 1072
EARL Jean-Charles **Aubert,** 1140
Jean-Claude et Didier **Aubert,** 1086
SCEA Max **Aubert,** 1144
Vignobles **Aubert,** 217 218 282 308 332
GAEC **Aubert Frères,** 1205
Union **Auboise des prod. de vin de Champagne,** 765
Jean **Aubron,** 988
SCEV Champagne L. **Aubry Fils,** 702
Auchan, 161 188
Jean-Jacques **Auchère,** 1128
Philippe **Auchère,** 1109
Dom. **Aucœur,** 183
Claude **Audebert,** 1241
Hubert **Audebert,** 1062
Dom. **Audebert et Fils,** 1068
Michel **Audibert,** 891
Audibert-Beaufour, 893
Odile **Audier,** 298
Laurent **Audigay,** 244
Pascal **Audio,** 1029
Francis **Audiot,** 1115
Dom. Charles **Audoin,** 524
EARL Joseph **Audouin,** 999
SCE Dom. **Audoy,** 432
SCE Domaines **Audoy,** 433
Anne-Marie **Audy-Arcaute,** 268
Pascal **Aufranc,** 175
Vignoble **Auger,** 1062
GAEC Jacky et Philippe **Augis,** 1050 1100
Christophe **Auguste,** 463
Bernard **Aujard,** 1125
GAEC Jean et Benoît **Aujas,** 180
Muriel et Gilles **Aujogues,** 168
SC **Aulanier,** 999
Christian **Auney,** 368
EARL Henri **Aupy et Fils,** 1039
Jacques et Bernard **Auque,** 924
Mas d' **Aurel,** 920
SCEA Ch. d' **Aurilhac et La Fagotte,** 400
François **Aurouze,** 1213
Dom. Paul **Autard,** 1190

Jean-Marc **Autran,** 1160 1185
Champagne **Autréau-Lasnot,** 703
Ch. d' **Auvernier,** 1323
André **Auvigue,** 683
Vins **Auvigue,** 683 690
SICA du Vignoble **Auxerrois,** 478 495
Lucien **Aviet et Fils,** 773
SCEA Vignobles **Avril,** 240
Dominique **Ay,** 1185
Champagne **Ayala,** 703
Dom. **Aymard,** 1206
Ch. **Aymerich,** 858
SCA Les Fils **Aymes,** 1237
Olivier **Azan,** 1277
Agnès **Bachelet,** 1227
Jean-Claude **Bachelet,** 636
Dom. Bernard **Bachelet et Fils,** 652
Dom. **Bachelet-Ramonet Père et Fils,** 635 636 637
Dom. **Bachelier,** 506
Christiane **Bachey-Legros,** 491 637 646
Bader-Mimeur, 478
Badet Clément et Cie, 1272
Henri **Badoux,** 1306
Bernard **Badoz,** 781 1249
Rémi **Baechtold, 1307**
Champagne **Bagnost Père et Fils,** 703
Alain **Baillon,** 1112
Guy **Bailly,** 394
Sylvain **Bailly,** 1123
Dom. Michel **Bailly et Fils,** 1117
SA **Bailly-Reverdy,** 1128
Cave des Vignerons de **Baixas,** 854 861 **1224** 1224 1230
EARL Denis **Balaran,** 921
Baldès et Fils, 918
Dom. Jean-Paul **Balland,** 1128
EARL Pascal **Balland,** 1128
SARL Joseph **Balland-Chapuis,** 1129
SCEA Dom. **Balland-Chapuis,** 1108
Héritiers André **Ballande,** 375
Jean-Louis **Ballarin,** 245
Balleau, G. de Mour et Fils, 410
Ballot-Millot et Fils, 597 604 626
Guy **Balotte,** 303
Christian **Bannière,** 703
Laurent **Bannwarth et Fils,** 97
D. **Bantégnies et Fils,** 250
Les vignerons du **Baou,** 874
Champagne Paul **Bara,** 703
EARL Dom. **Barat,** 511
Sté Fermière Ch. **Barateau,** 400
Barat Sigaud, 916
GAEC Ch. **Barbanau,** 867 883
Jean-Christophe **Barbe,** 374
Maison **Barbeau et Fils,** 1241
SCE Ch. de **Barbe-Blanche,** 324
SCEA **Barbe-Caillette,** 815
Dom. **Barbier et Fils,** 487 589
Jean-Michel **Barbot,** 356
Vignobles **Barde,** 963
SC Ch. **Barde-Haut,** 293
SCEA des Vignobles **Bardet,** 322
SCEA vignobles **Bardet – Grands Vins de Gironde,** 342
Cédrick **Bardin,** 1117 1129
Dom. Denis **Bardon,** 1100
Pascal **Bardoux,** 704
Gilles **Barge,** 1166
Barillot Père et Fils, 1117
Georges **Barjot,** 168
Raymond **Barlet et Fils,** 796
Dom. **Barmès-Buecher,** 97 137
Champagne Edmond **Barnaut,** 704
SCEA **Barnouin,** 1279
Michel **Baron,** 1242
Champagne **Baron Albert,** 704
Union de producteurs **Baron d'Espiet,** 228 243
SICA **Baron de Hoen,** 97 135
SCI du Dom. **Baron de l'Ecluse,** 171
Champagne **Baron-Fuenté,** 704
Maison Jean **Baronnat,** 167 676 1174
Emmanuel **Barou,** 1289
SCEA des Vignobles Denis **Barraud,** 289
Didier **Barré,** 943
Paul et Pascale **Barre,** 261 264
Jean-Claude **Barreau, 921**
Mme **Barreau-Badar,** 269
EARL Vignobles C. **Barreau et Fils,** 223
Barré Frères, 994
SCEA **Barréjats,** 448
SC Ch. **Barreyre,** 230
Jacques **Barrière et Fils,** 1153
EARL Louis **Barruol,** 1165 1186
Adeline de **Barry,** 880
Bernard **Barse,** 955
Dom. **Bart,** 524 528 551 646
SCA Vignobles Claude **Barthe,** 219 347
SCEA Michel **Barthe,** 218
Vignobles Ph. **Barthe,** 220 349
Monique **Barthès,** 885
Anthony **Barton,** 439
Barton et Guestier, 220 241
SCEA **Baruel,** 1279
Philippe **Bassereau,** 255
GAEC Le Clos des Motèles **Basset-Baron,** 976 1018
GAEC **Basso Frères,** 353
Eric **Bastide,** 1149
GAEC Christian **Bastide Père et Fils,** 923
SCEA Vignobles **Bastor et Saint-Robert,** 372 448
SCEA Dom. de **Bastorre,** 243
Sylvie **Bataillard,** 193
EARL Pascal **Batard,** 989
Sté **Bauchet Frères,** 704
Hugues **Baud,** 1304
EARL **Baude,** 898
Vignobles Michel **Baudet,** 251
Jacques **Baudon,** 1102
Cédric **Baudouin,** 253
Patrick **Baudouin,** 1010 1025
Dom. **Baud Père et Fils,** 781 1249
Christophe **Baudry,** 1077
Champagne **Bauget-Jouette,** 704
Dom. **Baumann,** 109
J. et G. **Baumann, 1246** 1266
EARL **Baumann-Zirgel, 98**
Florent **Baumard,** 978
Baumgartner Weinbau, 1326
A. L. **Baur,** 83 140
Charles **Baur, 123** 130
Jean-Louis **Baur,** 87 130
François **Baur Petit-Fils,** 98
EARL René **Bauser,** 705 770
Manuel **Bautista,** 668
SC Vignobles Michel **Baylet,** 219 236
Jean-Noël **Bazin,** 619 642
SCEA Ch. **Beaubois,** 815
Paul **Beaudet,** 194 687
Ch. **Beauferan,** 891
Champagne **Beaufort,** 705 768
Jacques **Beaufort,** 705
SCEA Ch. de **Beaufort,** 840
Cellier du **Beaujardin,** 1050
SICAREX **Beaujolais,** 158
Ch. de **Beaulieu,** 1284
Cave des Vignerons de **Beaumes-de-Venise,** 1162 1234
Champagne **Beaumet,** 705
Dom. Des **Beaumont,** 530 543
SCE Ch. **Beaumont,** 401
Champagne **Beaumont des Crayères,** 705
Coopérative vinicole de **Beaumont-du-Ventoux,** 1206
Les Vignerons de **Beaupuy,** 932 933
EARL **Beauquin et Fils,** 989
SCEA Ch. **Beauregard,** 268
SCEV **Beauregard,** 731
SCEA **Beau-Séjour Bécot,** 294
SA Ch. de **Beau-Site,** 362
Cave du **Beau Vallon,** 152
SCA Les Vignerons de **Beauvoisin,** 816
EARL Pierre et Eliane **Bébin,** 1009
Cave vinicole de **Beblenheim,** 136
Béatrice **Becamel, 816**
EARL Vignobles **Bécheau,** 342
Jean-Yves **Béchet,** 253
Michèle **Béchet,** 318
Pierre et Frédéric **Becht,** 114
Beck, Dom. du Rempart, 98
SA Jean **Becker,** 135
G. et D. **Bécot,** 309
Champagne Françoise **Bédel,** 705
Michel **Bedouet,** 984
Dom. Charles **Béduneau,** 1025
EARL **Begouaussel,** 1154 1234
Dom. **Bégude,** 806
Jean-Michel **Bègue,** 928
André et Pierre-Michel **Beheity,** 944
Christian **Beigner,** 951
GFA **Beillard,** 167
Jean **Bel,** 914
Cave des Vignerons de **Bel-Air,** 171
SCEA du Ch. **Bel Air,** 432
SCI Vignoble de **Bel-Air,** 168
SCA Ch. de **Belcier,** 337
Dom. **Belin-Rapet,** 478 595
GAEC **Bélis et Fils,** 369
SCEA du Dom. de **Bellair,** 337
Dom. Roger **Belland,** 604 612 636 637 647 653
Jean-Claude **Belland,** 582 637 646
Dom. Christian **Bellang et Fils,** 613
SCI **Bellefont-Belcier,** 294
SCEA Ch. **Bellerive-Perrin,** 386
Ch. **Belles Eaux,** 820
Dom. Christian **Belleville,** 660
SCEA Ch. **Bellevue,** 345
Ch. **Bellevue la Forêt,** 928
Dom. Pascal **Bellier,** 1094 1097
Vincent **Bellivier,** 1073
EARL Vignobles **Belloc-Rochet,** 219 363
GAEC **Belon et Fils,** 918
Gisèle et Jacques **Belot,** 848
Karine et Lionel **Belot,** 1269
Champagne L. **Bénard-Pitois,** 705
Frédéric **Bénat,** 182

J. et M. **Benau,** 822
M. et Mme Franck **Benazeth, 843**
G. **Béné et J. Meyer, 1321**
Jean-Pierre et Paul **Bénétière,** 1112
Guy et Marc **Benin,** 1277
Philippe de **Benoist,** 1133
Jean-Paul **Benoît,** 1140
Paul **Benoit,** 773
Dom. Emile **Benon,** 1021
GAEC Michel et Rémi **Benon,** 174
Philippe **Bérard,** 394 689
Vignoble **Béraud,** 263
SCV **Béraut,** 1248
Guy **Berclaz,** 1314
Champagne **Berèche et Fils,** 706
Jean **Bérerd et Fils,** 164
Christian **Béréziat,** 171
SCEA Jean-Jacques **Béréziat,** 169
Bernard **Berger,** 245
EARL Claude **Berger,** 152
SCA Ch. **Berger,** 362
Berger Frères, 978 1084
GAEC Jean-François et Pierre **Bergeron,** 182
Dom. Gérard **Berger-Rive et Fils,** 491 495 660
Denis **Bergey,** 388 395
SCEA Vignobles Michel **Bergey,** 227
Juha **Berglund,** 355
Gilles **Bergon,** 253
Robert **Beringuier,** 929
Rebgut der Stadt **Bern,** 1325
Olivier **Bernadet,** 454
Philippe **Bernaert,** 463
Régis **Bernaleau,** 419 423
EARL **Bernard,** 423
Jacky **Bernard,** 254
Jean **Bernard,** 158 693
Les Domaines **Bernard,** 815 817 1154 1187 1200 1201 1206 1208 1269
Michel **Bernard,** 1140 1191
SARL Christian **Bernard,** 179
SCEA Domaines **Bernard,** 450
Sylvain **Bernard,** 1171 1181
EARL A. **Bernard et Fils,** 1188
Bernard Frères, 781 1250
Jean-Laurent de **Bernardi,** 906 1238
Claude **Bernardin,** 152
Ch. de **Berne,** 867
SCEA vignoble J. et H. **Berneaud,** 252
Domaine Jean-Marc **Bernhard,** 98 137
François **Beroujon,** 160
Dom. **Berrod,** 179
Jean-Claude **Berrouet,** 332
SCEV des **BerryCuriens,** 1126
Dom. **Bersan et Fils,** 475
Dom. **Bertagna,** 552
Yvon et Jean-Louis **Berta-Maillol,** 1218
SA Marcel **Berthaudin,** 1320 1322
Vincent et Denis **Berthaut,** 528
Christian **Berthelot,** 706
SARL Paul **Berthelot,** 706
Claude **Berthet, 1306**
Dom. **Berthet-Bondet,** 779 781
Christian **Berthet-Rayne,** 1191
Dom. Michel et André **Berthet-Rayne,** 1155
SCEA Dom. des **Berthiers,** 1119
Jean-Claude **Berthillot,** 1292
Denis et Didier **Berthollier,** 793 796
SCEA **Bertin et Fils,** 328
Dom. Gérard **Bertrand,** 814 **844**
Gérard **Bertrand,** 1269
Jean-Pierre **Bertrand, 1157**
Mireille **Bertrand,** 1273
SCEA Vignobles Jacques **Bertrand,** 297
SCE Jean-Michel **Bertrand,** 280 328
Dom. **Bertrand-Bergé, 838** 1229
Dom. des **Bertrands,** 867
Thierry **Besard,** 1059
Thierry **Besnard,** 990
Dom. de **Besombes-Singla,** 1229
Alain **Besse,** 1309
Gérald et Patricia **Besse,** 1311
SA Christian **Besserat Père et Fils,** 748
Charles et Pierre du **Besset,** 655 671
EARL Alice et Jean-Paul **Bessette,** 244 354
EARL André **Bessette,** 236
SA **Bessière,** 828 1271
Bessières, 915
Jean-Claude **Bessin,** 517
SA Vignobles **Bessineau,** 334 338
Dom. Guillemette et Xavier **Besson,** 597 668
EARL Dom. Alain **Besson,** 506 517
SCEA **Besson Père et Fils,** 165
Vignobles **Bessou,** 327
Cave de **Bestheim-Bennwihr,** 87 141
Léo **Béteille,** 1268
Jean-Jacques de **Bethmann,** 382
Antoine et Christophe **Bétrisey,** 1310
SCEV Henri **Beurdin et Fils,** 1126
SC Ch. **Beychevelle,** 401 437
Emile **Beyer,** 130
Patrick **Beyer,** 81
EARL les vignobles **Beylat,** 949
SCA **Beyney,** 298
Jérôme **Bézios,** 924
J.-M. et M.-J. **Bezios,** 922
SCEA Ch. du **Biac,** 355
Jacques **Bianchetti,** 905
Jean-Pierre **Biard et Johanna Van der Spek, 812**
Nicole **Biarnès,** 447 449
Vignobles **Biau,** 959
GFA **Bibey,** 392
Héritiers du Baron **Bich,** 301
Maison Albert **Bichot,** 547 647
EARL Caves **Bienvenu,** 521
Georges **Bigaud,** 309
Marc **Bighetti de Flogny,** 949
Claudie et Bruno **Bilancini, 963**
Daniel **Billard,** 491 653
SCEA Dom. Gabriel **Billard,** 597 604
Dom. **Billard et Fils,** 495
Dom. **Billard-Gonnet,** 605
Dom. **Billaud-Simon,** 501 **511** 517
Champagne **Billecart-Salmon,** 706
Jean-Yves **Billet,** 1063
Claude **Billot,** 207
Franck et Ingrid **Bimont,** 1038
Champagne **Binet,** 706
Les Hoirs Albert **Biollaz,** 1310
Jean-Claude **Biot,** 468 480
Bernard **Bireaud,** 970
GAEC Luc **Biscarlet Père et Fils, 820**
Cave des Vignerons de **Bissey,** 496
EARL Ch. **Biston-Brillette,** 422
SCEA **Bizard-Litzow,** 1022
Christophe **Blanc,** 305 830
Jean **Blanc,** 339
J.L. **Blanc,** 966
SCEA Ch. **Blanc,** 1206 1210
Dom. Gilbert **Blanc et Fils,** 796
SCEA Francis et Monique **Blanchard,** 968
Blanchard Frères, 1308
Michel **Blanche,** 1309
Christian **Blanchet,** 251
EARL Francis **Blanchet,** 1117
Gilles **Blanchet,** 1117
Blancheton Frères, 969
EARL André **Blanck et Fils,** 109 133
Nathalie **Blanc-Mares,** 807 815 816
Didier **Blanlœil,** 995
Lycée agricole de **Blanquefort,** 403
EARL Georges de **Blanquet,** 891
EARL **Blard et Fils,** 792
Cave coop. du **Blayais,** 251
Dom. Claude **Bléger,** 98
François **Bléger,** 114
Henri **Bléger,** 109
Ch. de **Bligny,** 706
Ch. De **Bligny-lès-Beaune,** 471 509 609 615
SC Champagne H. **Blin et Cie,** 707
R. **Blin et Fils,** 707
Dom. **Blondeau et Fils,** 779
Th. **Blondel,** 707
Bruno **Blondelet,** 1117
Michel **Blot,** 1105
Dom. Michel **Blouin,** 1016 1025
Laurent **Blouin,** 975
GAEC **BM,** 1086
Guy **Bocard,** 617 620 626
Jacques et Claude **Bocquet-Thonney,** 1320
Denis **Bocquier,** 930
SCEA Ch. **Bodet,** 261
SCEA **Bodet-Lhériau,** 980 1039
Jean-Claude **Bodin,** 1052
SCEA Vignobles André **Bodin,** 963
Dom. **Bodineau,** 1017
Emile **Boeckel,** 82 137 139
Dom. Léon **Boesch,** 114 138
Bernard **Bohn,** 114
François **Bohn,** 115
Jean-Noël **Boidron,** 225 269
Eric **Boigelot,** 605 613 617
Jacques **Boigelot,** 617
Dom. Luc et Sylvie **Boilley,** 781
SCE du Dom. Albert **Boillot,** 496 606
Maurice **Boiron,** 1191
GFA du **Bois de la Gorge,** 153
EARL **Bois de la Gravette,** 422
SCEA de **Boisgelin,** 1272
Boisseaux-Estivant, 474 572 589
Jean-Claude **Boisset,** 465 478 530 564
De **Boisseyt-Chol,** 1163 1169
Bertrand de **Boissieu,** 158
Régis **Boisson,** 1154
Gérard **Boissonneau,** 348
Vignobles **Boissonneau,** 237 239 932
Jean-Pierre **Boistard,** 1086
Jean **Boivert,** 395
Vincent **Boivert,** 390

Champagne **Boizel**, 707
Christian **Bolliet**, 798
Bollinger, 707 708
Mylène et Maurice **Bon**, 238
Pierre **Bonastre**, 404
EARL Jean **Boncheau**, 326
Olivier **Bonfils**, 1279
Dom. André **Bonhomme**, 682
SCE Ch. **Bonhomme**, 840
Pierre **Boniface**, 793
SARL Pascal **Bonnac**, 955
Jean-Louis **Bonnaire**, 708
Catherine et Patrick **Bonnamy**, 213
GAEC **Bonnard Fils**, 798
Etienne et Pascale de **Bonnaventure**, 1074
Pascale **Bonneau**,, 1103
EARL Famille **Bonneau**, 995
EARL Joël **Bonneau**, 248
Dom. **Bonneau du Martray**, 582 586
EARL **Bonneau et Fils**, 1045
Gilles **Bonnefoy**, 1107
Gérard **Bonnet**, 1145 1193
SA vignobles Alexandre **Bonnet**, 770
SCEA Vignobles Franck **Bonnet**, 371
SCEA Vignobles Pierre **Bonnet**, 368
Thierry **Bonnet**, 708
Vignobles Jean **Bonnet**, 248
Maurice **Bonnetain**, 171
Olivier **Bonneteau-Guesselin**, 984
EARL **Bonnet et Fils**, 254
Bonnet-Walther, 1080
Cave vinicole de **Bonnieux**, 1207 1210
Philippe **Bonnin**, 324
SCEA **Bonnin et Fils**, 1005 1011 1017 1033
Dom. De **Bonserine**, **1163 1164**
Roger **Bontemps et Filles**, 1129
Champagne Franck **Bonville**, 708
Charles **Bonvin Fils**, 1310
EARL Dom. **Bonzoms**, 1229
SCEA Vignobles **Bord**, 444
SCEA vignobles Lionel **Bord**, 210
Alain **Borda**, 837
Bordeaux Vins Sélection, 288 365
Gisèle **Bordenave**, 937
Sylvain **Bordenave**, 248
Bordenave-Coustarret, 937
Gérard **Bordenave-Montesquieu**, 939
GAEC **Bordeneuve-Entras**, 1246
EARL Jean-Pierre **Borderie**, 238
Vignobles Paul **Bordes**, 235 324 334
Jacky **Bordet**, 996
EARL **Boré**, 975
GAEC **Boret**, 1018 1029
EARL Dom. Benjamin **Borgnat**, 463
EARL Jean-Charles **Borgnat**, 1124
Mme J.-E. **Borie**, 412
Paul-Henry **Borie**, 470 673
SA Jean-Eugène **Borie**, 428 437 438 439
Xavier **Borliachon**, 337
de **Bortoli**, 408
Alain **Bortolussi**, **947**
Michel **Bortolussi**, 313
SCI Dom. du **Bosquet**, 1269
Dom. des **Bosquets**, 1185
SCEA Comte de **Bosredon**, 960
Gilbert **Bossard**, 985
Guy **Bossard**, 998
Jean **Bosseau**, 986
Laurent **Bossis**, 990
Ch. du **Bost**, 161
Henry **Bouachon**, 1141 1175 1195 1202 1234
Hubert de **Boüard de Laforest**, 282
Régis **Boucabeille**, 859
Thierry **Boucard**, 1063
Daniel et Françoise **Bouchacourt**, 176
Roland **Bouchacourt**, 181
Dom. Gabriel **Bouchard**, 598
Jean **Bouchard**, 487 637
Pascal **Bouchard**, 463 501 506 511
Philippe **Bouchard**, 586
Bouchard Aîné et Fils, 638 660
Paul-Henri **Bouchard et ses Frères**, 1145
SCEA **Bouchard-Guy**, 835
Bouchard Père et Fils, 483 565 586 598 613 626 **634** 647 658 671
Dominique **Bouchaud**, 996
Henri et Laurent **Bouchaud**, 984
Dominique **Bouche**, 1141
Françoise **Bouché**, 964
Jean-Claude et Béatrice **Bouché**, 1153 1284
SCEA Vignobles **Bouche**, 369
Champagne **Bouché Père et Fils**, 708
GAEC Michel et Gérard **Boucher**, 1169
Pierre **Boucher**, 1147 1171
Gilbert **Bouchez**, 796
EARL **Bouchié-Chatellier**, 1118
Dom. du **Bouchot**, 1118
Céline **Boudard-Coté**, 463
Dom. Véronique et Pierre **Boudau**, 854 1222 1229 1278
Vignobles **Boudinaud**, 1271
SCA Vignoble **Boudon**, 346
Eric **Bouet**, 830
Gilles **Bouffard**, 985
Gérard **Bougès**, 405
SA **Bougrier**, 1256
Sylvain **Bouhélier**, 496
GAEC Jean-Claude **Bouhey et Fils**, 478
EARL **Bouin-Jacquet**, 998
Raymond **Bouland**, 184
Champagne Raymond **Boulard**, 708
Jean-Marie **Bouldy**, 268
EARL **Bouletin et Fils**, 1235
Pascal **Bouley**, 491 598
Boullault et Fils, 993
Paul-Emmanuel **Boulmé**, 252
Georges **Boulon**, 177
Jean-Paul **Boulonnais**, 709
Bouloumié et Fils, 916
GAEC des **Boumianes**, 1141
Domaines **Bour**, 1205
Henri **Bourcheix**, 1105
Geneviève **Bourdel**, 813
Raymond **Bourdelois**, 709
Ch. **Bourdicotte**, 226
EARL **Bourdin**, 1042
François **Bourdon**, 676 684
Claude **Boureau**, 1082
Dom. Henri **Bourgeois**, 1118 1123 1129
Champagne **Bourgeois-Boulonnais**, 709
Nadia et Cyril **Bourgne**, 846
Cave de **Bourg-Tauriac**, 257
SCEA **Bourgue-Hardoin**, 1207
Dom. **Bourillon-Dorléans**, 1086
Henri **Bourlon**, 334
Comtesse de **Bournazel**, 369 452
SA Pierre **Bourotte**, 268 283 325
Pascal **Bourrigaud**, 339
SCEA **Bourrigaud et Fils**, 297 322
Christiane **Bourseau**, 237
Ch. **Bouscaut**, 375
Christophe **Bousquet**, 831
Jean-Jacques **Bousquet**, 919
Pierre **Bousquet**, 1288
SCEA Christian et Jean-Louis **Bousquet**, 842
François-Régis **Boussagol**, 1274
Dom. Denis **Boussey**, 463 613 617
Bouteille Frères, 196
Francis **Boutemy**, 378
Michel **Boutet**, 316 323
Dom. Marc **Bouthenet**, 653
Jean-François **Bouthenet**, 653
Bouthenet Père et Fils, 485
Champagne **Boutillez-Guer**, 709
G. **Boutillez-Vignon**, 709
Gilbert **Boutin**, 1193
Jack **Boutin**, 827
Boutinot, 1051 1084
SCE Dom. **Boutisse**, 295
Gilles **Bouton**, 626 638 642
Dom. G. et G. **Bouvet**, 792
Bouvet-Ladubay, 980 1036
EARL René **Bouvier**, 525 528 530 570
Régis **Bouvier**, 464 524 543
Laurent **Bouy**, 709
Christian **Bouyer**, 298 314
SC Vignobles **Bouyge-Barthe**, 260 263
Christine **Bouyre**, 441
Bernard **Bouyssou**, 912 919
EARL **Bouyx**, 362
Dom. **Bouzerand-Dujardin**, 484 617
Dom. Jean-Marie **Bouzereau**, 496
Dom. Philippe **Bouzereau**, 599 620 627 638
EARL Robert et Pierre **Bouzereau**, 189
Michel **Bouzereau et Fils**, 464 606 626 631
Hubert **Bouzereau-Gruère**, 626 638
Michel **Boven**, 1310
Dom. **Bovy**, 1304
Albert **Boxler**, 121 135
SCE Ch. **Boyd-Cantenac et Pouget**, 415 420
Jacques et Françoise **Boyer**, 1276
Michel **Boyer**, 206 227 230
SA Vignobles M. **Boyer**, 370 443
Yves et Daniel **Boyer**, 963
Boyer de La Giroday, 213
Paul **Boyreau**, 370
Loïc **Brac de La Perrière**, 170
EARL Simone et Guy **Braillon**, 190
Etienne **Brana**, 938
Jean et Adrienne **Brana**, 936
SAE du Ch. **Branaire-Ducru**, 437
Cave viticole de **Branceilles**, 1267
Vignoble **Branchereau**, 1027 1035
Maxime **Brand**, 141
SC Ch. du **Branda**, **333**
SCA des Ch. de **Branda et de Cadillac**, 367
EARL Ch. **Brande-Bergère**, 231

SA J.-F. **Brando,** 883
SCEA du Ch. **Brane-Cantenac,** 415
Branger et Fils, 991
GAEC **Brard Blanchard,** 1242 1261
Dominique **Brateau,** 709
EARL **Brault,** 977
GAEC **Brault Père et Fils,** 1028 1258
Camille **Braun,** 95 109
Christophe **Braymand,** 157
GAEC Jean et Benoît **Brazilier,** 1099
Les vins Jean-Jacques **Bréban,** 877
Charles **Bréchard,** 157
Jean **Brecq,** 1069
Marc **Brédif,** 1087
André-Michel **Brégeon,** 985
Jean-Claude **Brelière,** 660
Dom. Pierre **Bresson,** 653
Noël **Bressoulaly,** 1105
Jean-Yves **Brétaudeau,** 987
Pierre et Catherine **Breton,** 1062
Roselyne et Bruno **Breton,** 1062
SCEV **Breton Fils,** 709
Ch. du **Breuil,** 1025
GAEC Yves et Denis **Breussin,** 1087
Ch. de **Briacé,** 985
Ch. de **Briante,** 167
Jean-Paul **Brice,** 710
SA Champagne **Bricout et Koch,** 710
Dom. Michel **Briday,** 660
Jean-Marc et Marie-Jo **Bridet,** 364
SA Ch. **Brillette,** 422
Dom. Luc **Brintet,** 664
Philippe **Brisebarre,** 1087
Sandrine **Britès-Girardin,** 729
SA I Vini di Guido **Brivio,** 1331
Jean-Marc **Brocard,** 474 505 517 523
Jean **Brocard-Grivot,** 484
Dom. Henry **Brochard,** 1118 1129
GAEC **Brochard-Cahier,** 391
Brochet, 719 1260
Brochet-Hervieux, 710
Francis **Brochot,** 710
Marc **Brocot,** 525
Philippe **Brocourt,** 1073
GAEC **Brondel Père et Fils,** 155
EARL **Bronzo,** 885 886
Franck **Brossaud,** 1008 1260
Robert **Brosseau,** 995
Jean-Claude **Brossette,** 155
J.-J. et A.-C. **Brossolette,** 464
Laurent-Charles **Brotte,** 1149 1191
SA **Brouette Petit-Fils,** 244
SCF Ch. des **Brousteras,** 388
Ch. **Brown,** 375
Bernard **Broyer,** 181
Dom. **Bru-Baché,** 938
GAEC **Bruel,** 1275
EARL Champagne **Brugnon,** 710
Guilhem **Bruguière,** 820
Vignerons du **Brulhois,** 931
Dom. De **Brully,** 642 647
Alain **Brumont,** 943 946
Jacques **Brumont,** 945
SA Dom. et Ch. d'Alain **Brumont,** 1266
Christian **Brun,** 406
Freddy **Brun,** 1242
Jean-Marc **Brun,** 1154 1238
SCEA vignoble Yvan **Brun,** 210
GAEC **Brun-Craveris,** 875
Yvan **Bruneau,** 1068
EARL **Bruneau-Dupuy,** 1068
Brunel, 1194
Maxime et Patrick **Brunel,** 1200
René **Brunel,** 1214
EARL **Brunel et Fils,** 1151
Dom. Georges **Brunet,** 1087
GAEC du Dom. de **Brunet,** 820
Michel **Brunet,** 1090
Edouard **Brun et Cie,** 710
EARL Louis **Brun et Fils,** 923
SCEA J.-B. **Brunot et Fils,** 316
Brusina-Brandler, 417 439
Dom. **Brusset,** 1155
G. **Brzezinski,** 491 643
Maison Joseph de **Bucy,** 626
Jean-Claude **Buecher,** 141
Paul **Buecher,** 121
Buecher-Fix, 126
Dom. François **Buffet,** 613
SCEA Vignobles **Buffeteau,** 346
Le Caveau **Bugiste,** 798
Jean **Buiron,** 182
SA Paul **Buisse,** 978
Christophe **Buisson,** 464 491 589 623
Dom. Henri et Gilles **Buisson,** 582 623
EARL Dom. du **Buisson,** 1001
Claude et Colette **Bulabois,** 773
Noël **Bulliat,** 184
Cave beaujolaise de **Bully,** 153
Domaines **Bunan,** 867 887
Jacques **Buratti,** 255
Jean-Luc **Burc,** 917
Pierre **Burel,** 897
Bernard **Burgaud,** 1164
Jean-Marc **Burgaud,** 184
Roger **Burgdorfer,** 1322
Dom. **Burghart-Spettel,** 109
Buri et Fils, 916
Frédéric **Burriel,** 341
Joseph **Burrier, 684** 685
Christian **Busin,** 710
Jacques **Busin,** 711
Jacques **Bussier,** 261
GFA Ch. de **Bussy,** 153
Philippe **Butin, 782**
SICA Les Vignerons réunis à **Buxy,** 464 671
Les Vignerons de **Buzet,** 926 927
Caveau des **Byards, 782** 786 1250
SCEA du Ch. **Cabannieux,** 363
SCV Les Celliers du **Cabardès,** 849
Dom. de **Cabarrouy,** 940
Cave des Vignerons de **Cabrières,** 821
Dom. **Cachat-Ocquidant et Fils,** 487 573 576 579 582
Jacques **Cacheux et Fils,** 556 559 564
Cadart Père et Fils, 1056
Champagne Guy **Cadel,** 711
Michel **Cadoux,** 1095
Dom. **Cady,** 1026
SCEA Dom. de **Cagueloup,** 885
EARL de **Cahuzac,** 928
EARL Alain **Cailbourdin,** 1118
GAEC Ch. **Caillavel,** 958
Alain **Caillé,** 995
François **Caillé,** 1077
Vincent **Caillé,** 991
Pascal **Cailleau,** 1013 1032
GAEC Dom. **Caillot,** 464 606 627 631
SARL Ch. Du **Caillou,** 363 446
Dom. des **Cailloutis,** 921
Cave de **Cairanne,** 1155
Nicolas **Caire,** 784 1250
SCEA ch. de **Caladroy, 859** 1222
Ch. **Calissanne,** 891
SCEA Ch. **Calon-Ségur,** 432
SCEA François et Jean **Calot,** 184
Calvet, 207 221 1169 1269
Benoît et Valérie **Calvet,** 209
SCEA **Camarset,** 364
André **Cambriel,** 810
Ch. **Camensac,** 402
EARL dom. de **Campaucels,** 833
SCEA du dom. de **Campet,** 1262
Fabrice **Camus,** 961
Lucien **Camus-Bruchon,** 590
SCEA Dom. **Camus Père et Fils,** 536
Bernard et Josiane **Canard,** 161
Thierry **Canard,** 152
SCEV **Canard-Aubinel,** 464
Canard-Duchêne, 711
Claude **Candia,** 920
SC Ch. **Canon,** 296
EARL Vignobles Pierre **Cante,** 366
GFA du Ch. **Cantegric,** 388
SC Ch. **Cantegrive,** 338
SC Ch. **Cantemerle,** 402
SFV de **Cantenac,** 417
Les Vignerons de **Canteperdrix,** 1209
Bernard **Cantin,** 521
SCEA **Capdemourlin,** 296
Didier **Capdevielle,** 938
Linette **Capdevielle,** 427
Ch. **Capendu,** 1273
Maison **Capitain-Gagnerot,** 491 553 556 573 576 583
Ch. de **Capitoul,** 821
Les vignerons du **Cap Leucate,** 838
Denis **Capmartin,** 942
Guy **Capmartin,** 943
John **Capuano,** 464 479
Capuano-Ferreri et Fils, 647
SCV de **Caramany,** 859
Claude et Michel **Carayol, 849**
Ch. **Carbon d'Artigues,** 367
Lise **Carbonne,** 824
GAEC **Cardarelli,** 226
Alexandre **Carl,** 83
Michael et Gert **Carl,** 242
Pierre **Carle,** 967
SCEV Ch. de **Carles,** 263
SCEA I. **Carles et F. Pascal,** 950
SA Vinicola **Carlevaro,** 1330
Jean-Yves de **Carlini,** 711
SCA Les Vignerons de **Carnas,** 822
Carod Frères, 1202 1203
Denis **Carré,** 492 590 606 620 **624**
Gilles **Carreau,** 153
Philippe et Janine **Carreau-Gaschereau,** 892
François et Eric **Carrel,** 792
EARL Vignobles **Carrère,** 330
Dom. **Carrière-Audier,** 845
Jean-François **Carrille,**, 233 296 324 327
Denis **Carron,** 156
Michel **Carron,** 153
SC du Dom. du **Carrubier,** 868
EARL C. et D. **Cartereau,** 1081 1082
Gaston **Cartereau,** 1081
SCEA Patrick **Carteyron,** 226 240
Bruno **Cartier,** 792
François **Cartier,** 1052

Michel et Mireille **Cartier,** 792
Mme Nicolas **Cartier et ses Fils,** 895
Philippe **Cartoux,** 1182
Jean-Bernardin **Casabianca,** 901
Jean-Bernardin **Casablanca,** 1280
Les Maîtres Vignerons de **Cascastel,** 839
EARL Franck **Caslot,** 1063
Pierre **Caslot, 1064**
EARL de **Cassagnaous,** 1248
Pierre **Cassagne,** 1247
SCV Les Vignerons de **Cassagnes-Bélesta,** 859
Ch. de **Cassaigne,** 1246
Dom. de **Cassan,** 1182
GFA P. **Cassat et Fils,** 314
SCEA Vignoble **Cassignard,** 351
Mesmin **Castan,** 1158
Emile **Castéja,** 430
Héritiers **Castéja,** 426 432
Indivision **Castéja-Preben-Hansen,** 275 295 322
Les Vignerons du **Castelas,** 1141
GAEC Rémy **Castel et Fils,** 253
Castel Frères, 366 399 400
Alexandre **Castell, 886**
Champagne de **Castellane,** 712
SCV Cellier **Castell Réal,** 859
SCV **Castelmaure,** 809
Cave coop. de **Castelnau-de-Guers,** 828
SNC Ch. **Castéra,** 388
René **Castets,** 944
Gérard **Castor,** 1152 1162
Vignerons **Catalans,** 859 1220 1223
EARL Dom. De **Catarelli,** 907 1238
Marie-Thérèse **Cathal,** 962
EARL Philippe **Cathala,** 357
SARL D. **Cathiard,** 384
SARL Daniel **Cathiard,** 375
Sylvain **Cathiard,** 547 559 564
Cattier, 712
Joseph **Cattin,** 88 126
GAEC de **Cauquelle,** 919
Line **Cauquil,** 845
Michel et Marcelle **Causse,** 829
Christian **Caussèque,** 386
Nathalie et Guillaume **Cauty,** 976
Dom. **Cauvard,** 598
Alain **Cavaillès,** 805
Jean-Benoît **Cavalier,** 827
Gilles **Cavayé,** 810
Caveau des Grands Crus, 639 **648**
Jérôme **Cayol,** 1204
GAEC de **Cazaillan,** 392
SCEA Dom. de **Cazalis,** 225
Champagne Claude **Cazals,** 712
Ch. **Cazal-Viel,** 845 1269
Charles de **Cazanove,** 712 768
SCEA des domaines **Cazat-Beauchêne,** 208
Cave coop. de vinification de **Cazaubon,** 1246
SCI Domaines **Cazeau et Perey,** 207
SCEA Yvette **Cazenave-Mahé,** 351
Louis de **Cazenove,** 232
André et Bernard **Cazes, 1223** 1230
Jean-Michel **Cazes,** 225 373 426 **430** 434
François **Cazin,** 979 1095 1098
Gino et Florent **Cecchini,** 393
Marc **Cellier,** 1197
Olivier de **Cenival,** 1003
Guy **Cenni,** 230
Centre d'Aide par le Travail, 811
SA **Cep d'Or,** 1296
Les Domaines **CGR,** 390 392 397
Gérard **Chabbert,** 840
Gilles **Chabbert,** 844
EARL André **Chabbert et Fils,** 836
SCI Ch. des **Chaberts, 897**
GFA **Chabiran,** 266
EARL Vignobles **Chabrol,** 957
Patricia **Chabrol,** 288
EARL Janine **Chaffanjon,** 185
Jean **Chagny,** 693
Vignobles **Chaigne et Fils,** 227
Dom. du **Chaillot,** 1104
F. **Chainier,** 1088
SCA Dom. **Chainier,** 1053
Cave de **Chaintré,** 691
SA Dom. vinicole de **Chaintres,** 1043
SCEA Dom. **Chaintreuil,** 178
Jean-Marie **Chaland,** 683
Jean-Noël **Chaland,** 465 682
Chalmberger Weinbau, 1326
Mme Edmond **Chalmeau,** 465 479 506
SCEA **Chaloupin-Lambrot,** 369
Bernard **Chamfort,** 1162 1190
Denis **Chamfort,** 1187
Robert **Champ,** 1141
EARL du Dom. **Champagnon,** 188
Didier et Catherine **Champalou,** 1088
EARL **Champart,** 847
Roger **Champault et Fils,** 1129
GFA **Champ de Cour,** 188
SCEA Dom. Guy et Franck **Champeau,** 1118 1122
SARL Vignobles **Champenois,** 703
Champetier, 1290
Charles **Champier,** 171
GAEC **Champion,** 1087
Jean-Pierre **Champseix,** 284
SCEA Dom. de **Champteloup,** 1015
SCEA **Champteloup La Forchetière,** 999
Maison **Champy,** 465 579 587 598 624 677
Pierre **Chanau,** 484
Dom. des **Chandelles,** 809
Dom. **Chandon de Briailles,** 579 583 590
SCEA **Chanet et Fils,** 335
Dom. **Changarnier,,** 617
Dom. **Changarnier,** 598 627
Champagne **Chanoine Frères,** 712
Nicole **Chanrion,** 173
Dom. **Chante-Cigale,** 1192
Ch. **Chantelys,** 389
SCEA de **Chantemerle,** 506
J. **Chanut,** 167
Daniel **Chanzy,** 664
Hubert **Chapeleau,** 1258
Ph. **Chapelle et Fils,** 648
M. **Chapoutier,** 1164 1169 1174
Alexandre **Chappuis et Fils,** 1304
Maurice **Chapuis,** 587 595
Champagne Jacques **Chaput,** 712
Gérard **Chapuy,** 176
Eric **Chapuzet,** 1094
Charache-Bergeret, 479 598
Didier **Charavin,** 1155
Robert **Charavin,** 1156
EARL Christian **Charbonnier,** 1073
GAEC **Charbonnier,** 1051
Jacques **Chardat,** 249
Roland **Chardin,** 712
Claude et Yves **Chardon,** 421
Thierry **Chardon,** 1054
Dom. du **Chardonnay,** 512
Michel et Lionel **Chardonnet,** 713
SCEA **Charier Barillot,** 1036 1043
Guy **Charlemagne,** 713
EARL François **Charles et Fils,** 492 613
Jacques **Charlet,** 161 188 679
EARL Maurice **Charleux et Fils,** 653
Champagne **Charlier et Fils,** 713
Patrick **Charlin, 799**
Philippe **Charlopin,** 465 526 **530** 540 541 543 546 548 553 556
Philippe **Charlopin-Baron,** 536
Pierre **Charlot,** 353
Dom. Christian et Nadia **Charmasson,** 1201
GAEC **Charmensat,** 1106
Pierre **Charmet,** 154
Jacques **Charmetant,,** 154
Jean-Louis **Charmolüe,** 435
Ghislain de **Charnacé,** 884
Cave de **Charnay,** 673
Cave de **Charnay-lès-Mâcon,** 677
François **Charpentier,** 1126
Guillaume **Charpentier, 991**
Jacky **Charpentier,** 713
Jean **Charpentier,** 424
Charpentier Fils, 994
GAEC **Charpentier-Fleurance,** 990
GAEC **Charpentier Père et Fils,** 991
Fabien **Charron, 959**
Charruau et Fils, 1047
EARL **Charruault-Schmale,** 1005 1258
Philippe **Chartogne-Taillet,** 713
Jean-Pierre **Charton,** 465 664
C. **Charton Fils,** 528
SCA Cellier des **Chartreux,** 1142
Dom. Jean **Chartron,** 479 496 631 635 643
Chartron et Trébuchet, 564 579 636 671
EARL Gérard **Charvin et Fils,** 1142
Ch. de **Chassagne-Montrachet,** 643
GAEC Vignobles **Chassagnol,** 445
Xavier **Chassagnoux,** 266
Champagne **Chassenay d'Arce,** 713
Champagne Guy de **Chassey,** 713
Fernand **Chastan,** 1182 1187
Françoise et Benoît **Chastel,** 165
SCEA **Chastel-Labat,** 352
Clos **Chatart, 1220**
Bernard **Château,** 418
Dom. du **Château de Davenay,** 671
Dom. Du **Château de Meursault,** 598 606 629
SCEA Dom. Du **Château de Puligny-Montrachet,** 465 624 627 631 643
SCEV Clos du **Château de Valençay,** 1101
GFA Domaines du **Château Royal, 862**
SA Dom. **Chatelain,** 1118

EARL du **Châtel Delacour,** 289 308
Jean-Michel **Chatelier,** 351
Louis **Chatellier et Fils,** 988
Pascal **Chatelus,** 154
SA Caves **Châtenay-Bouvier,** 1323
Ch. **Chatenoud et Fils,** 324
GFA J. et A. **Chatonnet,** 281
Jean-Claude **Chaucesse,** 1113
Dom. Odile **Chaudat,** 574
SCEA Jean-Pierre **Chaudet,** 232
Champagne **Chaudron,** 714
EARL **Chaume-Arnaud,** 1155
Vignobles **Chaumet,** 283
Dom. **Chaumont Père et Fils,** 465 655
Ch. de **Chausse,** 869
Monique et Daniel **Chaussy,** 1191
Dom. Daniel **Chauveau,** 1073
EARL dom. **Chauveau,** 1119
Gérard et David **Chauveau,** 1072
F. **Chauvenet,** 487 540 548
SCE Dom. Jean **Chauvenet,** 565
Chauvenet-Chopin, 565 570
Bernard **Chauvet,** 1183
Champagne **Chauvet,** 714
Champagne Marc **Chauvet,** 714
Damien **Chauvet,** 714
Dom. Pierre **Chauvin,** 1026
SCEA Ch. **Chauvin,** 297
SCEA Jean-Bernard **Chauvin,** 1004 1017 1026
André **Chavanis,** 161
Jean-Louis **Chave, 1178**
Yann **Chave, 1174** 1177
G. **Chavet et Fils,** 1115
Franck **Chavy,** 184
Henri **Chavy,** 184
Louis **Chavy,** 184 620 660
Philippe **Chavy,** 479
Paul de **Chefdebien,** 819
Champagne André **Chemin,** 714
EARL Philippe **Chénard,** 987
Ch. de **Chénas,** 190
Dom. **Chêne,** 677
SA **Chenonceau-Expansion,** 1051
Cécile **Chenu-Repolt,** 601 609 624
Bernard **Chéreau,** 986
Philippe **Chérillat,** 1110
Dominique **Chermette,** 154
Yvon **Cheseaux,** 1318
EARL **Chesneau et Fils,** 979 1094
Philippe et Christophe **Chéty,** 257
Arnaud de **Cheurlin,** 714
Richard **Cheurlin,** 715
Champagne **Cheurlin-Dangin,** 715
Champagne **Cheurlin et Fils,** 715
GAEC **Chevais Frères,** 1099
SC du **Cheval Blanc,** 297
Chevalier, 496
Roland **Chevalier,** 976 1005
SC Dom. de **Chevalier,** 376 380
Sylvaine et Bruno **Chevalier,** 160
SCE **Chevalier Père et Fils,** 574 587
Jean-François **Chevalley,** 1305
Dom. **Chevallier,** 502
EARL Bernard **Chevallier,** 792
SCA **Chevallier, 1042 1048**
Cheval-Quancard, 221 328 399 404
Denis **Chevassu,** 783 787
Dom. Michel **Cheveau,** 684
Comte G. de **Chevron Villette,** 878 1283
Catherine et Fernand **Chevrot,** 492 496 653
EARL François **Chidaine,** 1083
Yves **Chidaine,** 1083
SA **Chiericati vini,** 1330
EARL **Chiffre Charrier,** 946
Michel **Chignard,** 179
Centre viti-vinicole de **Chinon,** 1078
SA Cantina **Chiodi,** 1330
Gaston **Chiquet,** 715
La Maison des Vignerons de **Chiroubles,** 185
Luc et Jérôme **Choblet,** 997
Michel et Hervé **Choblet,** 998
Dom. **Chofflet-Valdenaire,** 669
Christian **Cholet,** 620
Chollet, 1061
Gilles **Chollet,** 1119
Henri et Vincent **Chollet, 1304**
Jean-Jacques **Chollet,** 280 284
SARL Gilbert **Chon,** 991
François **Choné,** 473
Dom. A. **Chopin et Fils,** 565 570
Daniel **Chotard,** 1130
Pierre **Choukroun,** 273
Vignobles Hervé **Chouvac,** 215 370 **445** 452
EARL Hélène et Michel **Chouvet,** 1144 1183 1235
Dom. **Christophe et Fils,** 507
Dom. Franck **Chuet,** 1101
SCEA Dom. **Chupin,** 975 1010 1011
SCEA Vignobles Dominique **Chupin,** 340
SA **Cibaud-Ch. Miraflors et Belloch,** 856 1229
GAEC **Cigana-Boudat,** 367
Franck **Cinquin,** 191
Paul **Cinquin,** 168 191
GAEC de **Circofoul-Pelvillain,** 913
Dom. Michel **Clair,** 648
Françoise et Denis **Clair,** 643 **648**
Pascal **Clairet,** 775 787 1251
SCA Cave des **Clairmonts,** 1174
Michel **Claparède,** 847
SCEA Dom. **Clape, 1179**
Alain **Clarou,** 1272
Denis **Clavel,** 1142
Claudy **Clavien,** 1317
Hugues **Clavien et Fils,** 1311
Jacky **Clée,** 1041
Cave vinicole de **Cléebourg,** 82 99
SCV Champagne Charles **Clément, 715**
GAEC Champagne **Clément et Fils,** 715
SCEA B. **Clément et Fils,** 1115
Champagne **Clérambault,** 716
Elisabeth **Clerc,** 783
Dom. Henri **Clerc et Fils,** 466 553 599 630 636
Ch. **Clerc Milon,** 426
Christian **Clerget,** 552 556 559
Dom. Y. **Clerget,** 606
Raoul **Clerget,** 487 492
S. F. du Ch. **Climens,** 446
Clos de la George, 1305
EARL du Ch. **Clos de Salles,** 269
Dom. **Clos des Rochers,** 1296
SC **Clos du Clocher,** 269
EARL **Clos du Roc,** 1133
Closerie d'Estiac, 239 952
SC **Clos Fourtet,** 298
SA du **Clos La Madeleine,** 298 313
EARL du Ch. **Clos Mignon,** 929
GAEC du **Clos Saint-Marc,** 196
SC du **Clos Saint-Vincent,** 299
Dom. du **Clos Salomon,** 669
Joël **Closson,** 716
SCEA **Clot Dou Baile,** 884
Paul **Clouet,** 716 768
Cochard et Fils, 1007
EARL Alain **Coche-Bizouard,** 606 627
Dom. **Cocteaux,** 1052
Michel **Cocteaux,** 716
Cave de **Cocumont,** 932 933
SA Domaines **Codem,** 390
EARL Claude **Cogné,** 1258
Pierre **Cogny et David Dépres,** 659 662
Pierre **Coillard,** 191
Bernard **Coillot Père et Fils,** 526 570
Xavier **Coirier,** 1000
Jean-François **Colas,** 1111
Comte Bernard de **Colbert,** 409 1037
Domaines de **Colbert,** 868
Henri de **Colbert,** 823
Patrice **Colin,** 1099
Bernard **Colin et Fils,** 638 643
Marc **Colin et Fils,** 638 643
Anita et Jean-Pierre **Colinot,** 521
François **Collard,** 817 818
EARL **Collard-Chardelle,** 716
Champagne **Collard-Picard,** 716
André **Coll-Escluse,** 1232
Champagne Raoul **Collet,** 716
Dom. Jean **Collet et Fils,** 502 518
Champagne Charles **Collin,** 717
Daniel **Collin,** 717
Jean-Noël **Collin,** 1242
Philippe **Collin,** 466
Collin-Bourisset Vins Fins, 188 676 687
Dom. **Collin-Rosier,** 805 806
Bernard **Collonge,** 192
GAEC **Collonge,** 1175
Dom. **Collotte,** 466
Dom. viticole de la ville de **Colmar,** 88
Dom. Du **Colombier,** 512 518 1175
EARL Dom. des **Colombiers,** 496
Dom. André **Colonge et Fils,** 162
Roger **Combe et Filles,** 1184 1188
Philippe **Combes,** 822
EARL de **Combet,** 956
EARL Dom. **Combier,** 1175
Jean-Michel **Combier,** 673
GFA de **Combrillac,** 958
Claude **Comin,** 211 235
Les caves du **Commandeur,** 1285
Corinne **Comme,** 352
SCEA Claude **Compagnet,** 394
Chantal et Pierre-Yves **Comte,** 817
François et Thierry **Condemine,** 181
Serge **Condemine-Pillet,** 187
Les producteurs de la Cave de **Condom,** 1267
Cave coop. de **Condom-en-Armagnac,** 1248
François **Confuron-Gindre,** 559
Jean de **Coninck,** 336
La Cave du **Connaisseur,** 479 507 512
Anne et Bernard **Conne,** 1321
Guy **Constantin,** 404
Thierry **Constantin, 1311**
EARL **Constantin-Chevalier et Filles,** 1211

EARL Yvon **Contat-Grangé,** 492 648 653
EARL François de **Conti,** 960
SCEA de **Conti,** 953
Michel **Contour,** 1094
SARL Famille L. **Cooreman,** 401
Jacques **Copinet,** 717
Guy **Coquard,** 548
Nathalie **Coquelle,** 897
Christian **Coquillette,** 759
Dominique **Coraleau,** 989
Cave **Corbassière,** 1311
Dom. de **Corbeton,** 466
Bruno de **Corbiac,** 964
SC Ch. **Corbin,** 299
Chantal et Michel **Cordaillat,** 1126
Champagne **Cordeuil,** 717
Domaines **Cordier,** 307 359 451
Ets D. **Cordier,** 359 389
Cordier-Mestrezat et Domaines, 224
Dom. **Cordier Père et Fils,** 673 684 688 **691**
EARL François **Cordonnier,** 423
SCEA Pierre **Cordonnier,** 422
SCEA **Cormeil-Figeac,** 299 313
Dom. Gildas **Cormerais,** 987
EARL Bruno et Marie-Françoise **Cormerais,** 987 1256
Didier **Cornillon,** 1203 **1204** 1204
Ludovic **Cornillon,** 1162
Dominique **Cornin,** 679 685 692
Dom. **Cornu,** 497 574
Roland **Cornu,** 154
Dom. **Cornulus, 1311**
Association vinicole de **Corseaux,** 1309
Dom. **Corsin,** 691
Lycée agricole de **Cosne-sur-Loire,** 1109
Rémi **Cosson,** 1057
SCEA Domaines B.-M. **Costamagna,** 870 1286
Bernard **Coste,** 1276
Damien **Coste,** 820
Françoise et Vincent **Coste,** 1269
SCE du dom. **Coste-Caumartin,** 607
Serge et Martine **Costes,** 912
Dom. des **Costes Rouges,** 934
SCA Cave **Costes Rousses,** 1142
SCA **Costières et Soleil,** 818
Michel **Cosyns,** 254
Cave des **Coteaux de Buèges,** 833
Cave des **Coteaux de Saint-Maurice,** 1159
Cave des **Coteaux du Mézinais,** 1247
Les Vignerons des **Coteaux Romanais,** 1051
SA des **Coteaux Villaines-les-Prévôtes** 1294
Chantal **Côte et Guy Cinquin,** 666
Les Vignerons des **Côtes d'Agly,** 859 861 1223 1230
Côtes d'Olt, 914
Vignerons des **Côtes de Saintonge,** 1244
EARL Dom. **Coton,** 1074
Weinhaus **Cottinelli,** 1327
JLC **Coubris,** 423
EARL Champagne **Couche,** 717
EARL **Coudert-Appert,** 177
SC du Ch. de **Coudot,** 403
GAEC Dom. de **Coudoulet,** 1270
Bernard **Coudray et Fils, 1314**
SCEA du Ch. **Coudreau,** 281
Michel **Coudroy,** 272 282 331
SCA Ch. **Coufran,** 403
Jean-Claude **Couillaud,** 1000
Les Frères **Couillaud,** 987
Maurice et Christelle **Coulange,** 1143
Patrick **Coulbois,** 1119
Michel **Coullomb,** 819 1161
Eric **Coulon,** 718
EARL **Coulon et Fils,** 1261
SCEA Paul **Coulon et Fils,** 1154 **1191**
SCA **Couly-Dutheil Père et Fils,** 1074
Jean-Marie **Courbet,** 780 **783** 1250
Dom. **Courbis,** 1170 1180
Dom. De **Courcel,** 466 607
Alain **Coureau,** 249
EARL vignobles **Coureau,** 288
EARL de **Cournuaud,** 261
Alain **Courrèges,** 905
Francine et Francis **Courrèges,** 359
Jean et Isabelle **Courrèges,** 906
Philippe **Courrian,** 399
Sté des Vignobles Francis **Courselle,** 217 243 356
Sté Vignobles Francis **Courselle,** 441
EARL Pierre **Coursodon,,** 1170
Jean-Claude **Courtault,** 502
Dom. de **Courteillac,** 232
Frédéric **Courtemanche,** 1083
SCEA **Courtey,** 208 232
Cave **Courtinat,** 1110
EARL Arlette et Virginie **Courty,** 509
GAEC **Cousseau Frères,** 992
Isabelle **Coustal,** 844
GAEC **Coustellier,** 1270
SCEA de **Coustille,** 1293
Bernard **Cousy,** 965
EARL **Coutreau,** 389
Caves du **Couvent des Cordeliers,** 599 644
Alain **Couvreur,** 718
SCVM **COVAMA,** 753
SCA de **Crain,** 346
Jean **Crampes,** 223
Catherine **Craveia-Goyaud,** 447
Pierrette **Cravero,** 846
SCEA Ch. **Cravignac,** 308
Dom. Victor **Credoz,** 783 787 1250
SCEA Ch. de **Crémat,** 884
Jean-Pierre **Crespin,** 167 1074
Arnaud **Crété,** 395
Dominique **Crété,** 718
Jean-Yves **Crettenand,** 1312
Pierre-Antoine **Crettenand,** 1312
Lycée agricole et viticole de **Crézancy,** 718
Crocé Spinelli, 880
Daniel **Crochet,** 1130
Dom. Dominique et Janine **Crochet,** 1130
Robert et Marie-Solange **Crochet,** 1130
Bernard **Croisard,** 1081
Michel **Cros, 1276**
Pierre **Cros, 840**
SCEA Ch. **Cros-Figeac,** 300
Jean-Charles **Crousaz,** 1322
Cave de **Crouseilles,** 944 945
Christophe **Croux,** 1102
Maurice et Nicolas **Croze, 1144**
Henri **Cruchon, 1305**
SCEA FJDN **Cruse,** 250
Roger **Cuillerat,** 1186
Catherine et Guy **Cuisset,** 967
Gérard **Cuisset,** 952
Jean-Guy **Cupillard-Ch. de Roux,** 879
Cusenier, 1218 1223
Didier **Cuvelier,** 439
Domaines **Cuvelier,** 434
Dom. **Cyrot-Buthiau,** 607
Pierre **Dabadie,** 944
Didier **Dagueneau,** 1119
Pierre **Dahéron,** 999
SCA **Daheuiller et Fils,** 1047
Valérie **Dalais,** 172
Dom. du **Daley,** 1305
Frédéric et Valérie **Dallot,** 1104
Damais, 826
Marcel **Damais,** 1271
Michel et Agnès **Dameron,** 954
Dom. Pierre **Damoy,** 532 537 538 539
Comte Audoin de **Dampierre,** 718
Dom. Daniel **Dampt,** 512
EARL Hervé **Dampt,** 502
Eric **Dampt,** 502
Vincent **Dancer,** 607 627
Jean-Francis **Daney,** 448
Xavier **Dangin,** 211 236
SCEV Paul **Dangin et Fils,** 718
Patrick **Danglade,** 266
Guy **Daniel,** 1183 1187
SCEA **Dansault-Baudeau,** 1085
Guilhem **Dardé,** 822
Jean-Paul et Michel **Dardé,** 1272
Jean-Christophe **Dardeau,** 1084
Dardé Fils, 816
Philippe **Darioly,** 1312
Dom. **Darnat,** 466 479
Dom. **Darona,** 1181
SCE des Vignobles **Darribéhaude,** 321
SC Jean **Darriet,** 370 443
EARL **Darriet-Lescoutra,** 413
Bernard **Darroman,** 445
EARL **Dartier et Fils,** 246
Jean-Luc **Dartiguenave,** 395
Bertrand **Darviot,** 471 601
Yves **Darviot,** 599
SARL Ch. **Dassault,** 288 301
François **Daubert,** 930
Thierry **Daulhiac,** 952
Etienne **Daulny,** 1130
EARL **Daumen Père et Fils,** 1196
Cellier des **Dauphins,** 1144
EARL R. **Daurat-Fort,** 838 1225
Dauriac, 301
Dautel-Cadot, 718
Caves Jean **Dauvissat,** 512
EARL Agnès et Didier **Dauvissat,** 502
GAEC René et Vincent **Dauvissat,** 502 512 518
GAEC Jean et Vincent **Daux,** 662
Sté d'exploitation du Ch. **Dauzac,** 416
Davanture, 669
Daniel **Davanture et Fils,** 655
Jacques et Viviane **Davau,** 264
SCEA **Daviau,** 978 1013 1014 **1019 1020**
Philippe **Daviaux-Quinet,** 718
David, 1265
Bernard **David,** 1069
Dom. Armand **David,** 1037
Dom. Jean **David,** 1144

EARL Hubert **David,** 1069
Guy **David,** 449
J. **David,** 372 452
Jean-Luc **David,** 453
SCEA **David-Lecomte,** 977
André **Davy,** 1029
Jean-Lou **Debart,** 207
Jean-Pierre **Debluë,** 1304
Patrice **de Bortoli,** 239
Bruno **Debourg,** 157
Pierre **Decamps,** 893
Marcel **Dechaume,** 607
Dom. Charles **Decker,** 1296
Decrenisse Père et Fils, 197
EARL **Dedieu-Benoit,** 403
Daniel-Etienne **Defaix,** 512
Dom. Bernard **Defaix,** 507
EARL Sylvie et Jean-François **Deffarge-Danger,** 953
Raymond et Hubert **Deffois,** 1025
Jacques **Defrance,** 719
Philippe **Defrance,** 479 522
Marie-José **Degas,** 233 351
Laurent **Degenève,** 1293
Amédée **Degrange,** 175
Champagne **Dehours et Fils,** 719
André **Delagouttière,** 1068
Dom. Henri **Delagrange et Fils,** 607 613
EARL **Delaille,** 1096
EARL Christian et Robert **Delalande,** 1077
Fabrice **Delalande,** 1077
Patrick **Delalande,** 1079
Jean-François **Delaleu, 1087**
Roger **Delaloge,** 521
SA Gaby **Delaloye et Fils, 1318**
Champagne **Delamotte,** 719
Guy **Delanoue,** 1066
Dom. **Delaplace,** 354
SCEV Vincent **Delaporte et Fils,** 1130
Patrice **Delarue,** 1069
Delas Frères, 1167 1175 1179 1184
EARL Thierry et Joël **Delaunay,** 1052
Pascal **Delaunay,** 1008
Yves et Jacqueline **Delaunay,** 996
Delaunay Père et Fils, 1064
Dom. **Delaunay Père et Fils,** 979
SCE André **Delaunois,** 719
Delavenne Père et Fils, 719
Frédéric **Delay,** 1207
SC **Delayat-Chemin,** 392
Alain **Delaye,** 688
Champagne **Delbeck,** 720
SCEA **Delbos-Bouteiller,** 406
Philippe **Delesvaux,** 1027
EARL **Deletang,** 1083
Joël **Delgoulet,** 913
Michel **Delhommeau,** 987
SCEA Marc et Luc **Delhumeau,** 978 **1003**
Dom. **Deliance,** 497
EARL **Della-Vedove,** 1246
EARL Vignobles Yves **Delol,** 297 305
SCEA Guy **Delon et Fils,** 436 439
André **Delorme,** 497 659 662 666
Jean-Jacques **Delorme,** 1149
Champagne **Delouvin-Nowack,** 720
Yves **Delozanne,** 720
Gilles **Delsuc,** 1214 1281
SICA **Delta Domaines,** 1274
Gabriel **Demangeot et Fils,** 495 500 652
SARL **Demessey,** 638 664
Pierre **Demeure,** 1289
Serge **Demière,** 720
Gérard **Demilly,** 720
SCV Cellier des **Demoiselles,** 809
J.-F. **Demont,** 1065
Dom. Rodolphe **Demougeot,** 466 492 590 599 618
Alain **Démule,** 193
Bernard **Denéchaud,** 249
A. **Denechère et F. Geffard,** 1018 1029 1033
Michel **Deniau,** 1091
A. et J.-N. **Denis,** 980 1007
Isabelle et Philippe **Denis,** 993
Maurice **Denis,** 1262
Dom. **Denis Père et Fils,** 479 497 579
Dom. Christian et Bruno **Denizot,** 480 497
Jacques **Dépagneux,** 173
André **Depardon,** 677
Olivier **Depardon,** 186
Bernard **Déramé,** 995
Derey Frères, 528
Michel **Dervin,** 720
SARL **Dervin,** 806
De Rycke, 1082
Henri **Desbœufs,** 1230
Famille **Desbois, 336**
Marie-Christine **Desbordes,** 720
Rémi **Desbourdes,** 1077
Renaud **Desbourdes,** 1074
Christophe **Deschamps,** 1062
Marc **Deschamps,** 1119
Philippe **Deschamps,** 162
EARL Joëlle et Gérard **Descombes,** 182
Jean et Michael **Descroix,** 155
René **Désert,** 374
Dom. **Desertaux-Ferrand,** 570
Desfayes-Cettenand, 1312
Georges et Guy **Desfossés,** 992
François et Monique **Désigaud,** 192
Francine **Desmet,** 1009
Cave **Desmeure,** 1176 **1179**
Champagne A. **Desmoulins et Cie,** 720
SCEA Vignobles Jean-Paul **Deson,** 329
SCEA Vignobles **Despagne,** 218 227 243
SCEV Consorts **Despagne,** 292 304
Vignobles **Despagne-Rapin,** 274
Bernard **Desperrier,** 161
Jérôme **Despesse,** 1180
GFA **Desplace Frères,** 177
Guy **Desplat,** 333
EARL Georges **Després,** 153
Jean-Marc **Després,** 179
SARL **Desprès et Fils,** 961
SCEA Francis **Desqueyroux et Fils,** 364 374 454
Pascal **Desroches,** 1126
M.-A. et J.-C. **Dessendre,** 471
EARL Vignoble **Dessèvre,** 1011 1017 1028
SA **Destavel,** 854 860 1220 1232
EARL Didier **Desvignes,** 178
Maison **Desvignes,** 181 466
Propriété **Desvignes,** 669
Paul **Déthune,** 721
Champagne **Deutz,** 721
Dom. Des **Deux Moulins,** 1020 1257
Dom. Des **Deux Roches,** 673 691
EARL Vignobles D. et C. **Devaud,** 239 317 325 329
Jean-Gabriel **Devay,** 155
Gilbert **Devayes,** 1312
Jean-Yves **Devevey,** 491
Henri **Devillaire,** 346
B. et C. **Devillard,** 557 561 567
SCEA **Devillers-Quenehen,** 813
Dom. **Devois du Claus,** 823
Pierre et Alain **Dezat,** 1134
SCEV André **Dezat et Fils,** 1121
Jean-Yves **Dézé,** 1040
Laurent **Dézé,** 1045
Thierry **Dézé,** 1039 1045
Dhommé, 1027
SICA Coteaux de **Diana, 1281**
Etablissements **Diaskot,** 1170
Jean-François **Diconne,** 480 648
Jean-Pierre **Diconne,** 620
Pierre **Dideron,** 816
Dom. Guy **Didier,** 655
Jean **Didier,** 721
Cave coop. de **Die Jaillance,** 1203 1204
Jean **Dietrich,** 133
Michel **Dietrich,** 83 88 223
M. **Dieudonné, 1288**
SCEA Félicien **Diffonty et Fils,** 1192
Philippe **Dignac,** 275
SA Dom. Clarence **Dillon,** 374 **378** 378 380 381
Maison Yvan **Dinand,** 230
EARL **Dionysos,** 1146
SCEA **Di Placido,** 899
Dom. **Diringer,** 138
EARL **Dirler-Cadé,** 132
Jacques **Disner,** 1317
Dom. **Dittière,** 1014 1017
Ch. de **Diusse,** 944
Laurence **Doan de Champassak,** 1213
André et Christian **Dock,** 80 81 141
Paul **Dock,** 81
Gérard **Dolder, 82**
Domaine de Sansac, 952
Domainie de Sansac, 213 225
Marthe **Domec,** 421
André **Donat,** 467 480
Donatien-Bahuaud, 985 987 1258
Cave de **Donzac,** 931
SA **Dopff au Moulin,** 122 134
Dopff et Irion, 109
Doquet-Jeanmaire, 721
Anne **Dor,** 1287
Joseph **Dorbon,** 774
Gérard **Doreau,** 480 607
Christian **Dorléans,** 1095 1097
SCEA **Dorneau,** 261
Sylvain et Nathalie **Dory,** 165
Christian **Double,** 891
Bernard et Dominique **Doublet,** 373
B. et D. **Doublet,** 350
Dom. **Doudeau-Léger,** 1130
Doudet-Naudin, 492 590 599 613 **665**
Didier **Doué,** 721
Etienne **Doué,** 722
Jean **Douet,** 1008 1032 **1032** 1041
Philippe **Douillard,** 993
Dourdon-Vieillard, 722
Nicole **Dournel,** 965

Dourthe, 208 220 332 365 389 416 434 436
Dourthe, Ch. Belgrave, 401
Cave des Vignerons du **Doury,** 155
Yves **Doussau,** 942
EARL **Dousseau,** 946
Champagne Robert **Doyard et Fils,** 722
Philippe **Doyard-Mahé,** 722 768
GAEC **Doyen et Fils,** 255
SCEA du **Doyenné,** 358
Dom. **Dozon,** 1074
SCA Ch. de **Dracy,** 608
Champagne **Drappier,** 722
Philippe **Dray,** 886
Maurice **Dreux,** 970
Louis **Drevon,** 1165
GAEC Robert **Dreyer et Fils,** 84
Jacques **Driant,** 722
Vignobles **Drode,** 257
Dom. Jean-Paul **Droin,** 502 513 **518**
Michel **Dronne,** 1094
Patrick et Stéphanie **Drouet,** 1243
SA **Drouet Frères,** 1257
SA Les Vins **Drouet Frères,** 993
Joseph **Drouhin,** 510 513 518 558 583 595 599 603 627 661 691
Dom. **Drouhin-Laroze,** 532 538 544 551 553
Jean-Michel **Drouin,** 678 685
EARL Yves **Drouineau,** 1043 1044 1046
EARL Vignobles Florent **Dubard,** 344
Vignobles **Dubard,** 951
SA Les Vins Georges **Dubœuf,** 162 1290
Dom. Michel et Jean-Claude **Dubois,** 979 1044
Gérard **Dubois,** 723
Gilbert **Dubois,** 338 339
Hervé **Dubois,** 723
Jean-Jacques **Dubois,** 260
Jean-Pierre **Dubois,** 576
Michel **Dubois,** 274
Richard **Dubois,** 286 315 337
Serge **Dubois,** 1062
Dom. **Dubois-Cachat,** 595
Dom. **Dubois d'Orgeval,** 467 599
Dom. Bernard **Dubois et Fils,** 590
Dom. R. **Dubois et Fils,** 493 565 571
EARL Vignobles **Dubois et Fils,** 246
EARL du Rédempteur **Dubois Père et Fils,** 757
Henri **Duboscq et Fils,** 432 **434**
SARL L. **Dubost,** 283
Denis et Florence **Dubourdieu,** 227 360 365 442
EARL Vignobles P. et D. **Dubourdieu,** 222 449
Hervé **Dubourdieu, 447**
SARL Famille **Dubourdieu,** 362
Vignobles **Dubourg,** 357
Ch. **Dubraud,** 248
Michel **Dubray,** 1088
EARL Vignobles **Dubreuil,** 325
Philippe **Dubreuil,** 590
Rémi **Dubreuil,** 1052
Dom. **Dubreuil-Fontaine Père et Fils,** 576 580 587
Blaise **Dubuis,** 1312
Dom. des **Duc,** 194
SICA Vignerons du **Duc de Berry,** 1123
Edmond et David **Duclaux, 1164**
Xavier **Duclert,** 596
Pierre **Ducolomb,** 799
Patrick **Ducournau,** 943
SCEA Vignobles **Ducourt,** 345
Fabrice **Ducroux,** 168
SARL **Dudon,** 356
SCE du Ch. **Dudon,** 449
Yvonne **Dufaitre,** 168
GAEC **Dufau Père et Fils,** 948
Eric **Duffau,** 206 221
Joël **Duffau,** 212
SAS Gérard **Duffort,** 869 888
Michel **Duffour,** 1267
Dom. Guy **Dufouleur,** 565 648
Dom. Loïs **Dufouleur,** 590 600 603
Dom. Yvan **Dufouleur,** 480 487
Dufouleur Père et Fils, 544 576 580 583 600 661
EARL **Dufour,** 372 447
EARL Robert **Dufour,** 723
Florence **Dufour,** 1004
SCI Lionel **Dufour,** 576
Vignobles **Dufourg,** 218
Daniel **Dugois,** 774
Christian **Dugon,** 1305
Michel **Dugoua,** 368
Christine et Bruno **Duhamel,** 256
Ch. **Duhart-Milon,** 427
Dom. Mme Aly **Duhr,** 1296
Dom. **Dujac,** 540 545 556
SCEA Y. **Dulac et J. Séraphon,** 443
Michel **Dulon,** 347
Hervé **Duloquet,** 1027
EARL **Dulucq,** 947 1264
Pascal et Caroline **Dulugat,** 365
Christian **Dumange,** 1088
Eve **Dumange,** 1093
Jacky **Dumangin Fils,** 723
Bernard **Dumas,** 155
Duménil, 723
SCEA Pierre **Dumeynieu,** 236 266
Dumien-Serrette, 1180
Eric **Dumon,** 874
Les Vignobles **Dumon,** 448
Daniel **Dumont,** 723
EARL André-Gabriel **Dumont,** 1078
Jean **Dumont,** 1119
R. **Dumont et Fils,** 723
Frédéric **Dumoulin,** 1315
Henri **Dumoulin,** 1312
SCEA **Dumoutier,** 888
Vignobles **Du Peloux,** 1156
Emmanuelle **Dupéré Barrera,** 886
SCA **Duperrier-Adam,** 639 644
Pierre **Dupleich,** 224 367 441
EARL Caves **Duplessis,** 513
Famille **Dupond,** 1141 1157
Pierre **Dupond,** 186 684 691
Dupond d'Halluin, 169
Michel **Dupont-Fahn,** 631
GAEC **Dupont-Tisserandot,** 532 566 583
Maison **Duport,** 798
Dupré et Fils, 1215 1291
Gilles et Stéphane **Dupuch,** 350
A. Edmond **Dupuy,** 1243
Christine **Dupuy,** 944
EARL Antoine **Dupuy,** 1057
Joël **Dupuy,** 255
Armand **Durand,** 823
Dom. Christine et Jean-Marc **Durand,** 493 608
Eric et Joël **Durand,** 1170 1180
Gilles **Durand,** 467
Guy **Durand,** 1058
Hervé et Guilhem **Durand,** 1273
Pierre et André **Durand,** 332
Thierry **Durand,** 1304
Yves **Durand,** 170
Jacques et Barbara **Durand-Perron,** 780
Pierre et Paul **Durdilly,** 155
Jean-Yves **Duret,** 834
SARL Pierre **Duret,** 1124
Raymond **Dureuil-Janthial,** 631 661
Vincent **Dureuil-Janthial,** 661
SCEA Ch. **Durfort,** 416
Paul **Durieu,** 1192
Louis **Durieu de Lacarelle,** 163
EARL **Durma Sœurs,** 1144
Durou et Fils, 914
Roger et Andrée **Duroux,** 278
SA Jean **Durup Père et Fils,** 509 515
Bernard **Dury,** 467 497
Frédéric **Duseigneur,** 1162 1199
Cécile **Dusserre,** 1189
Sylvain **Dussort,** 467
Dom. André **Dussourt,** 115
Dom. **Dutertre,** 1058
Dutheil de La Rochère, 889
EARL Denis **Dutron,** 688
Champagne **Duval-Leroy,** 724
GAEC Dominique et Alain **Duveau,** 1046
GAEC **Duveau-Coulon et Fils,** 1067 1071
SCEA **Duveau Frères,** 1039 1045
Dom. **Duvernay,** 661
SCEA Ch. **Duvivier,** 897
Duwer, 253
Maurice **Ecard et Fils,** 591
Claude **Echallier,** 170
Echansonnerie du Goût Vinage, 644
SCEA **Echeverria,** 213
Jean-Paul **Ecklé et Fils,** 138
EARL François **Edel et Fils,** 109
Norbert **Egreteau,** 269
Henri **Ehrhart,** 88
André **Ehrhart et Fils,** 84 99
Nicolas **Einhart,** 110
Philippe **Elliau,** 1039
Champagne Charles **Ellner,** 724
Dom. **Ellul-Ferrières,** 1270
Les Vignerons d' **Elne,** 1230
Jean-Yves **Eloy,** 677
SARL d' **Elyssas,** 1205
Cave **Emery,** 1317
H. et R. **Emery,** 1214
Jean-Louis **Emmanuel,** 818
Dom. Christian et Hubert **Engel,** 115 131
GAEC Fernand **Engel et Fils,** 110
Dom. des **Entrefaux,** 1177
EARL Dom. d' **Eole,** 892
Gérard **Epiard,** 997
Patrick **Erésué,** 342
Didier **Erker,** 669
David **Ermel,** 88 141
René **Erraud,** 1259
Jean-Claude **Errecart,** 935
GAEC Michel **Escande, 840**
Franck **Escoffier,** 574
SCEA du Ch. d' **Escot,** 390
Pierre **Escudié,** 856
SCEA Héritiers **Escure,** 294
Michel d' **Espagnet,** 878

Paul et David **Esquiro,** 1266
Marcel et Marielle **Establet,** 958
Jean-Pierre **Estager,** 330
G. **Estager et Fils,** 433
Champagne **Esterlin,** 724
Jean-Claude **Estève,** 835
Les Vignerons d' **Estézargues,** 1140
SCEA **Estienne,** 887
Julien et Christiane **Estoueigt,** 939
Rémy **Estournel,** 1156
Les Vignobles Philippe **Estournet,** 255
EARL Ch. d' **Eternes,** 1038
Etienne, 724
Christian **Etienne,** 724
Ch. **Eugénie,** 914
Cave d' **Euzet-les-Bains,** 1270
Jérôme **Evesque,** 1186 1190
EARL vignobles **Eymas et Fils,** 249
Jean-Marie **Fabre, 838**
Louis **Fabre,** 812 1270
SCEA des Dom. **Fabre,** 873
EARL vignobles **Fagard,** 325
SA Ch. **Fage,** 351
SARL François **Fagot,** 724
Paul **Fahrer,** 82
Bourgognes **Faiveley,** 541 553 556 583
Dom. **Faiveley,** 532 566
SCE du Ch. **Faizeau,** 329
André **Faller,** 88
Robert **Faller et Fils,** 88
Fallet-Dart, 724
SCEA Vignobles **Falxa,** 212
Faniel-Filaine, 725
SCEA Philippe **Faniest,** 318
Hubert et Pierric de **Faramond,** 923
EARL Michel **Faraud,** 1182
Faraud et Fils, 1162
EARL **Faravel,** 1184
Dom. Chantal **Fardeau,** 1015 1017
SCEA **Fardeau,** 1027
Thierry **Farjon, 1167** 1170
Rémy **Fauchey,** 393
Cave Coop. **Faugères,** 836
Denis **Fauquex,** 1306
Bernard **Faure,** 205
Philippe **Faure,** 289 1146
SCEA vignobles **Faure,** 286
Vignobles Alain **Faure,** 211 250 252
GFA **Faure-Barraud,** 304
EARL **Faure-Paulat,** 1153
EARL Philippe **Faury,** 1167 1170
Faussié, 843
Laurent **Fauvy,** 1063
Dom. **Faverot,** 1211
Ch. **Favray,** 1119
EARL Gérald **Favre,** 677
Simon **Favre-Berclaz,** 1312
Jean-Luc **Favretto,** 950
Vincent **Favre – La Tornale,** 1314
Guillaume **Fayard,** 871
Jean-Pierre **Fayard,** 880
Clément **Fayat,** 277 308 319 403
Serge **Faye,** 725
SCEA ch. **Fayolle,** 949
EARL Denis **Fédieu,** 408
Feigel et Ribeton, 837
Feillon Frères et Fils, 228 242
GAEC Henri **Felettig,** 548
Dom. Hervé **Félix,** 467 503 523
Emmanuel **Fellot,** 159
Pascal **Férat,** 725
Dom. des **Féraud,** 871
Martine **Féraud-Paillet, 875**
Michelle **Férier,** 798
Ch. **Ferran,** 377
Ferrand, 301
Pierre **Ferrand,** 1078
SCE du Ch. **Ferrand,** 272
GAEC **Ferran et Fils,** 1144
SCEA Dom. de **Ferrant,** 969
Christophe **Ferrari,** 522
Ferraton Père et Fils, 1175 1178
Pierre **Ferraud et Fils,** 173
Dom. Denis et Bruno **Ferrer Ribière,** 854
Patrick et Martine **Ferret,** 674
EARL **Ferri Arnaud,** 823
SCEA de **Ferrier de Montal,** 829
H. et F. **Ferté,** 954
Dom. Jean **Fery et Fils,** 544 571
SCEA **Feschet Père et Fils,** 1160
Henry **Fessy,** 155 179
Champagne Nicolas **Feuillatte,** 725
Dom. William **Fèvre,** 513 **518** 519
SA Champagne Jean-Marie **Février,** 725
Georgette **Feytit,** 321
EARL Famille **Fezas,** 1247
Dom. **Fichet,** 677
SA Ch. De **Fieuzal,** 377 **377**
André et Edmond **Figeat,** 1120
EARL Bernard et Eric **Figuet,** 725
SCEA du Ch. **Filhot,** 450
Toussaint **Filippi,** 901
SCEA **Filippi-Gillet,** 231
SCEA des Ch. des **Fines Roches et du Bois de La Garde,** 1192
Pierre **Finon,** 1171
Gérard **Fiou,** 1131
Daniel **Fisselle,** 1083
Gilles **Flacher,** 1171
Claude **Flavard,** 824
SCEA Vignoble de **Flavigny,** 1294
René **Fleck et Fille,** 110 138
Dom. **Fleischer,** 115
René **Fleith-Eschard,** 99
Dr Thomas **Flensberg,** 867
Roger **Flesia,** 1159
Romain **Flésia,** 1150
Claude **Fleurance,** 988
Charles **Fleurance-Hallereau,** 986
Caveau des **Fleurières,** 566 574
Champagne **Fleury,** 726
Dom. de **Flines, 1257**
Cave coopérative de **Florensac,** 1277
Dom. **Florentin,** 1171
SCEA Dom. de **Florian,** 1270
Pierre **Folliet,** 1194
Dom. **Follin-Arbelet,** 562 577 584
SA Ch. **Fombrauge,** 302
SCA Ch. **Fonchereau,** 233
Guy **Fondacci,** 1211
Dom. **Fond Croze,** 1156
Dom. de **Fondrèche, 1207**
SARL de **Fongaban,** 333
Pascal **Fonjallaz-Spicher,** 1306
Antoine **Fonné,** 99 141
Dom. Michel **Fonné,** 129 140
Ch. **Fonréaud,** 222 412 422
EARL **Fonta et Fils,** 368 374
Michel **Fontaine,** 1075
Jean-Claude **Fontan,** 1266
Dom. **Fontanel, 860**
André **Fontannaz,** 1314
Hervé **Fontannaz,** 1312
J.-L. de **Fontenay,** 338
Roland **Fonteneau,** 428
SC Ch. de **Fontenille,** 219
EARL **Forest,** 1015
Dom. **Foret,** 774
Dom. **Forey Père et Fils,** 553 556
Les Vignerons **Foréziens,** 1107
Grands Vins **Forgeot,** 544 609
Forget-Brimont, 726
Champagne **Forget-Chemin,** 726
Didier **Fornerol,** 480
EARL Jean-Michel **Fortineau,** 1089
SCA les Viticulteurs du **Fort-Médoc,** 403
SA **Fouassier Père et Fils,** 1132
SCE Y. **Foucard et Fils,** 333
Foucher-Lebrun, 1120
Fouet, 1044
Dom. **Fougeray de Beauclair,** 548 551 559 591
SCEA du dom. **Foulaquier,** 824
Bernard **Fouquet,** 1086
SCA Ch. **Fourcas-Dumont,** 413
Ch. **Fourcas Dupré,** 412
SC du Ch. **Fourcas-Hosten,** 413
Fourcroy, 303
Josette **Fourès,** 360
Jean-Pierre **Fourgadet,** 236
Denis **Fourloubey,** 328
Daniel **Fournaise,** 726
Fournier, 241
Claire et Gabriel **Fournier, 470** 577 592 609 628
Denis **Fournier,** 817
Dom. Jean **Fournier,** 526 532
SCEA Vignobles **Fournier,** 221 228 231
SEV **Fournier,** 303
Thierry **Fournier,** 726
Fournier-Castéja, 355
Fournier Père et Fils, 1131
Champagne Veuve **Fourny et Fils,** 766
SCV les Vignerons de **Fourques,** 1230
GFA V. et P. **Fourreau,** 208
Dom. **Fourrey et Fils,** 503
Champagne Philippe **Fourrier,** 726
SCA **Fourrier et Fils,** 1038
GAEC **Fourtout et Fils,** 960
Rémy **Fraisse,** 1247
André **François,** 1164
François-Brossolette, 726
SCEA Ch. de **Francs,** 343
Dom. de **Frégate,** 886
Marie-Odile **Frérot et Daniel Dyon,** 673
Jean-Pierre **Freslier,** 1088
Benjamin de **Fresne,** 872
Champagne René **Fresne,** 727
François **Fresneau,** 1081 1082
Fresnet-Baudot, 727
Champagne **Fresnet-Juillet,** 727
Robert **Freudenreich et Fils,** 99 110
EARL Charles et Dominique **Frey,** 82
Marcel **Freyburger,** 89
Dom. Louis **Freyburger et Fils,** 141
Frey-Sohler, 89 99
Xavier **Frissant,** 979 1059
Frissant Le Calvez, 840
EARL Joseph **Fritsch,** 115 124 133
Fritz-Schmitt, 84
EARL Fernand **Froehlich et Fils,** 130
André et Michèle **Froissard,** 348

Maison Jean-Claude **Fromont,** 503 513
SCA Coop. de **Frontignan,** 1234 1275
Cave de **Fronton,** 929
SC Ch. de **Fuissé,** 684
EARL Raphaël **Fumey et Adeline Chatelain,** 774
Champagne Michel **Furdyna,** 727
Daniel und Erika **Fürst,** 1326
EARL François **Gabard,** 227
Vignobles Véronique **Gaboriaud,** 314
SARL Vignobles Véronique **Gaboriaud-Bernard,** 280
Pascal **Gabriel,** 727
Christian **Gachet,** 1108
Dom. **Gachot-Monot,** 480
Gadais Père et Fils, 994
Dom. **Gaget,** 185
Jean-François **Gaget,** 168
Jean **Gagnerot,** 614 620
Michel **Gahier,** 774
Luc **Gaidoz,** 728
Gaidoz-Forget, 728
Bertrand **Gaillard,** 1314
Ch. **Gaillard,** 1060
Mme **Gaillard,** 169
Pierre **Gaillard,** 1164 1167 1169
Albert **Gaillard et Fils,** 1319
Gaillard-Girot, 728
Jean **Galand,** 234
Caves **Gales,** 1296
SCI du Dom. **Galetis,** 1270
SCEA Martine **Galhaud,** 315
SCEA du Ch. **Galland-Dast,** 356
GAEC des **Galloires,** 983
Dominique **Gallois,** 540
Ch. du **Galoupet,** 871
EURL maison Alex **Gambal,** 532 559 639
Paul **Gambier et Fils,** 1066
Gambini, 898
Mathieu **Gambini,** 1286
EARL **Gandon,** 1058
GAEC des **Ganfards Haute-Fonrousse,** 956
Gérard **Gangneux,** 1088
Gilbert **Ganichaud et Fils,** 986
SCEA Lucien **Gantzer,** 89
Gérald **Garagnon,** 1145
Paul **Garaudet,** 618
Chantal et Serge **Garcia,** 897
José **Garcia,** 871
Jean-Claude **Garcin,** 1199
Sylviane **Garcin-Cathiard,** 275 378
SCEA **Garde-Lasserre,** 276 278
Gardet, 728
Dom. **Gardien,** 1111
Dom. **Gardiés,** 854 **860**
Jean-Pierre **Gardrat,** 1261
Les Vignerons du **Garlaban,** 1284
Jean-François **Garlon,** 156
Dom. **Garnier,** 1101
GAEC **Garnier,** 867
Dom. **Garnier et Fils,** 507
Ch. **Garreau,** 1247
SCEA Ch. **Garreau,** 254
EARL Vignobles **Garzaro,** 245 270 309
EARL Vignobles Elisabeth **Garzaro,** 216 279
Vignoble de **Gascogne,** 943 945 946 948
Pascal **Gasné,** 1078
Fabrice **Gass,** 725
Antony **Gassier,** 867
Vignobles Michel **Gassier,** 818 1273
Yves **Gastou,** 841
Champagne **Gatinois,** 768
Any et Jacques **Gauch,** 830
Bernard **Gaucher,** 728
Sébastien **Gaucher,** 262 266
Jo **Gaudard,** 1313
Rolland **Gaudin,** 1162 1186
Gaudinat-Boivin, 728
Ch. **Gaudrelle,** 1088
Jean-Claude **Gaudrie,** 267
Serge **Gaudriller,** 728
EARL Dom. Sylvain **Gaudron,** 1089
Philippe **Gaultier,** 1087
SCEA **Gaury-Dubos,** 327
SCEA **Gaury et Fils,** 311
Jean-Pierre **Gaussen,** 886
Alain **Gautheron,** 513
François **Gautherot,** 728
Alain et Georges **Gauthier,** 185
Christian **Gauthier,** 987
Claude **Gauthier,** 145
EARL Jean-Paul et Hervé **Gauthier,** 164
Gérard **Gauthier,** 164
Jacky **Gauthier,** 161
Benoît **Gautier,** 1089
SCEA Jean **Gautreau, 410**
Ch. des **Gavelles,** 892
Dom. Philippe **Gavignet,** 566 571
Pierre et Roselyne **Gavoty,** 871
Catherine et Maurice **Gay,** 188
EARL François **Gay,** 574 577 591 596
Michel **Gay,** 591 596
SA Maurice **Gay,** 1313
GAEC **Gayet Frères,** 252
Vignobles Philippe **Gayrel,** 926
Claire et Fabio **Gazeau-Montrasi,** 686
SCEA Ch. **Gazin,** 271
SCEA Ch. **Gazin Rocquencourt,** 377
Champagne **G. de Barfontarc,** 727
Henri **Geffard,** 1243
Geisweiler, 488
Dom. Pierre **Gelin,** 485 528
EARL **Gelin,** 165
EARL Vignoble **Gélineau,** 976
Nicolas **Gélis,** 929
Jocelyne et Michel **Gendrier,** 1094 1097
Philippe **Gendron,** 1089
Dom. Michel et David **Geneletti,** 1250
Dom. Michel **Geneletti et Fils,** 788
Alain et Christophe **Geneste,** 959
Michel **Genet,** 729
SA La cave de **Genève,** 1321
EARL Dom. des **Genèves,** 507
Genevey, 310
SCEA **Genevois,** 898
Cave coop. vinicole de **Génissac,** 220
SCEV Ch. **Génot-Boulanger,** 554 587 591 608 614 631
Cave des vignerons de **Genouilly,** 477 655
André **Genoux,** 793
Mme Alexis **Genoux,** 793
Génovési, 882
Dom. **Gentile,** 907 1238
GAEC Vignoble Daniel **Gentreau,** 1000
Gérard **Genty,** 161
Claude **Geoffray,** 173
EARL Claude **Geoffray,** 172
EARL **Geoffrenet Morval,** 1104
GFA **Geoffrion,** 300
EARL **Geoffroy,** 970
Louise **Geoffroy,** 185
GAEC Jean **Georges et Fils,** 175
Chantal et Patrick **Gérardin,** 967
Gilles **Gérault,** 966
Pierre **Gerbais,** 729
Alain **Gerber,** 1323
Jean-Michel **Gerin, 1165**
Dom. Jean-Félix **Germain,** 156
Philippe **Germain,** 468 485 618
Thierry **Germain,** 1046
Vignobles **Germain et Associés,** 251 257
Vignobles **Germain et Associés Loire,** 1006 1023 1033
EARL Dom. **Germain Père et Fils,** 624
SA Germanier Bon Père Balavaud, 1316
Xavier et Valérie **Germe,** 360
Coop. vinicole de **Germigny-Janvry-Rosnay,** 740 756
GAEC Jérôme **Geschickt et Fils,** 84
Dom. Roland **Geyer,** 115
Christian **Giacometti,** 907
SA Casa Vinicola **Gialdi,** 1330
EARL **Gianesini,** 850
EARL Chantal et Patrick **Gibault,** 1052 1101
Emmanuel **Giboulot,** 604
Jean-Michel **Giboulot,** 591
GAEC **Giely et Fils,** 1152
Ch. **Gigognan,** 1144
EARL Philippe **Gilardeau,** 1033
Dom. **Gilbert, 1115**
SCEA **Gilet,** 1090
Dom. Armand **Gilg et Fils,** 129
Dom. Anne-Marie **Gille,** 468 566 584
Patrick **Gillet,** 398
Vignobles Anne-Marie **Gillet,** 357 442 443
SA Robert **Gilliard,** 1313
SAS des **Gillières,** 997
Walter **Gilpin,** 888
Jean-Luc **Gimonnet,** 729
Pierre **Gimonnet et Fils,** 729
Gimonnet-Gonet, 729
Renée-Marie et Charles **Giner,** 832
EARL Dom. de **Gineste,** 922
SA Maison **Ginestet,** 207 209 216 223 358 370
Paul **Ginglinger,** 100
Amalia **Gipoulou,** 365
EARL Alain **Giran,** 814
Christian **Girard,** 1053
Dom. Jean-Jacques **Girard,** 580
Dom. Philippe **Girard,** 591
Dom. Michel **Girard et Fils,** 1131
Dom. Yves **Girardin,** 639
André **Giraud,** 275 311
EARL Vignobles Robert **Giraud,** 402
SCA Vignobles Robert **Giraud,** 323
EARL Dominique **Girault,** 1051
J. et F. **Girault,** 1061

Gérard **Giresse,** 254
GAEC Henri et Bernard **Girin,** 156
Maurice et Xavier **Giroud-Pommar,** 1313
Girousse, 1183
Dom. Yves **Giroux,** 685 688
SAE Ch. **Giscours,** 405 417
Willy **Gisselbrecht et Fils,** 110
SA Cagi-Cantina **Giubiasco,** 1330
Jacques **Giudicelli, 1280**
Muriel **Giudicelli,** 907 1238
Franck **Givaudin,** 521
Gérard **Givierge,** 1095
SCE Bernard et Louis **Glantenay,** 614
Dom. **Glantenet Père et Fils,** 488 493
SAS **Glauges des Alpilles,** 892
A. **Gloden et Fils,** 1296
Paul **Glotin,** 351
David **Gobet,** 163
Gobet-Jeannet, 177
Paul **Gobillard,** 729
Champagne J.-M. **Gobillard et Fils,** 730 768
Robert **Godeau,** 1056
Godineau Père et Fils, 1008 1030 1034
Champagne **Godmé Père et Fils,** 730
Champagne Paul **Goerg,** 730
Michel **Goettelmann,** 89
Mathieu **Goetz,** 110
SCEA Vignobles **Goffre-Viaud,** 424
GAEC Pierre **Goigoux,** 1106
Chantal et Yves **Goislot,** 989
Ghislaine et Jean-Hugues **Goisot,** 468 480 **523**
EARL Denis **Goizil,** 1030 1259
J. **Gonard et Fils,** 189
Champagne Philippe **Gonet,** 730
François **Gonet,** 730
Xavier **Gonet,** 730
SCEV Michel **Gonet et Fils,** 351 352 730
Paul **Gonfrier,** 212
SCEA **Gonfrier Frères,** 219 358
Charles **Gonnet,** 793
Dom. **Gonon,** 678
Pierre **Gonon,** 1171
Pascal **Gonthier,** 1262
SARL Andrew **Gordon,** 969 **969**
Vincent **Gorny,** 145
Jean-Pierre et Cédric **Gorphe,** 256
Champagne **Gosset,** 731
Laurent et Sylvie **Gosset,** 1076
Gosset-Brabant, 731
Dom. Michel **Goubard et Fils,** 656
Michel et Jocelyne **Goudal,** 291
Dom. **Gouffier,** 481 656 665
Dom. Henri **Gouges,** 566
Jean-Pierre **Gouillon,** 174
Arlette **Gouin,** 360 442
GFA Pierre **Goujon,** 263
Hervé **Goumain,** 1040
EARL Franck **Gourdon,** 1010
SCEA Alain **Gourdon,** 1036
GAEC **Gouron,** 1075
EARL **Gourraud,** 339
Goussard et Dauphin, 731
René **Goutorbe,** 731
Jean **Goyon,** 685
Bruno et Jean-Paul **Gracia,** 848
SCEA du Ch. du **Grand Bos,** 366
Ch. du **Grand Briand,** 209
EARL Dom. du **Grand Cros,** 876
GAEC **Grandeau et Fils,** 236
SC des **Grandes Graves,** 376 380
Dom. **Grand Frères,** 783 787 1250
SC Vignobles **Grandillon,** 256
Dom. du **Grand-Montmirail,** 1183
Christophe-Jean **Grandmougin,** 663
GAEC du **Grand Moulin,** 237
Ch. **Grand Ormeau,** 281 **281**
Ch. **Grand-Pontet,** 305
SC du Ch. **Grand-Puy Ducasse,** 425 427
Ch. **Grand-Puy-Lacoste,** 427
Dom. **Grand Roche,** 481 521
Cave des **Grands Crus blancs,** 678 688 689
Grands Vignobles en Méditerranée, 1275
Grands Vins de Gironde, 230
Cie des **Grands Vins du Jura,** 779 782 786
Alain **Grangaud,** 1149
Cave coop. de **Grangeneuve,** 228
Alain **Grangeon,** 1192
Germaine **Granger,** 175
EARL **Granier,** 824 1273
Françoise **Granier,** 1190
Pierre et Philippe **Granier, 1152**
Anne-Marie de **Granvilliers-Quellien,** 369
GAEC **Grassien Lassale,** 1102
Daniel **Gratas,** 999 1258
EARL **Gratian,** 1248
Champagne Alfred **Gratien,** 731
Jean-Pierre et Catherine **Grau-Aymerich,** 1229
Robert et Catherine **Gravegeal,** 832
Cédric **Gravier,** 887
Christiane **Greffe,** 1089
Marc **Greffet,** 678 692
EARL François **Greffier,** 210 229 346
EARL Vincent **Grégoire,** 1063
Gilles **Gremen,** 218
Weinbau **Grendelmeier-Bannwart,** 1327
Benoît et Florence **Grenetier,** 994
Véronique et Philippe **Grenier,** 1169
Groupement de producteurs **Gres,** 1269
Ch. **Grès Saint-Paul,** 824 1236
Dom. André et Rémy **Gresser,** 127
Ch. **Grézan,** 836
EARL **Griffe,** 468
Grillette Dom. de Cressier, 1324
Luc **Grimbert,** 389
Bernard **Gripa,** 1171 1181
Françoise et Alain **Gripon,** 989
Jean-Pierre et Philippe **Grisard,** 793 796
Dom. Robert et Serge **Groffier,** 538
SARL Robert **Groffier Père et Fils,** 485 532 548 551
Grognuz Frères et Fils, 1306
Gromand d'Evry, 405
Christian **Gros,** 571 577 584
Dom. A.-F. **Gros,** 548 556 560 562 591
Dom. Michel **Gros,** 560
Henri **Gros,** 481 488 559
Jean **Gros,** 787 789 1251
Jacques **Grosbois,** 1075
Dom. **Grosbot-Barbara,** 1111
SCE **Gros et Fils,** 332
SCE **Gros Frère et Sœur,** 488 560
Serge **Grosset,** 1004 1028
EARL Henri **Gross et Fils,** 125
Corinne et Jean-Pierre **Grossot,** 514
Mas de **Grouze,** 922
Ch. **Gruaud-Larose,** 438
SARL Champagne **Gruet,** 732
Dominique **Gruhier,** 470
Guy **Grumier,** 732
Dom. **Gruss, 142**
Jean-Marc **Grussaute,** 939
Joseph **Gsell,** 89 110
Christophe **Gualco,** 813
Henri **Gualco,** 809
Philippe **Gudolle,** 1264
Philippe **Gué,** 732
Yves **Guégniard,** 1028 1035
Jérôme **Gueneau,** 1131
SCEA Hubert **Guéneau et Fils,** 977 1019
Michel **Guérard,** 947 1263
Franck **Guérin,** 494
Jean-Marc **Guérin,** 999
J. et G. **Guérin,** 838 1231
Mme René **Guérin,** 685
Philippe **Guérin,** 190 989
SARL H.-G. **Guérin,** 372
Michel **Guerre,** 732
SC du Ch. **Guerry,** 254
Gérard **Guertin ,** 1089
Dom. **Gueugnon-Remond,** 678 692
EARL **Guiberteau,** 1038
Arnaud et Isabelle **Guichard,** 1147
SCE Baronne **Guichard,** 279
E. **Guigal,** 1163
GAEC Philippe et Jacques **Guignard,** 365 451
GAEC **Guignard Frères,** 371
EARL Anne et Pascal **Guignet,** 182
Bernard **Guignier,** 164
Guilbaud Frères, 994
Guilbaud-Moulin, 993
SC **Guillard,** 533
SCEA Ch. **Guillaume,** 223
Vignoble **Guillaume, 1292**
Jean-Sylvain **Guillemain,** 1126
Dom. **Guillemard-Clerc,** 636
SCE du Dom. Pierre **Guillemot,** 592
Daniel **Guillet,** 168
Christophe **Guillo,** 644
Jean-Michel **Guillon,** 533 542
Guillon-Painturaud, 1243
Amélie **Guillot,** 775
Dom. Patrick **Guillot,** 469 659 665
Claude **Guimberteau,** 330
Dom. **Guinand,** 824
Sylvie et Jacques **Guinaudeau,** 273
Marjorie **Guinet et Bernard Rondeau,** 799
Maison **Guinot,** 805
GFA Ch. **Guiot,** 816
SCA du Ch. **Guiraud,** 450
Jean **Guirouilh,** 938
GFA C. et P. **Guisez,** 301 338
Champagne Romain **Guistel,** 732
Dom. Jean **Guiton,** 481 592 614
Emmanuel **Guitteny,** 1258
Véronique **Günther-Chéreau,** 988
Christophe **Guntz,** 89
Alain **Guyard,** 526

Jean-Pierre et Eric **Guyard,** 529 536
Vignerons de **Guyenne,** 224
Dom. Antonin **Guyon,** 533 584 587 614
Dom. Dominique **Guyon,** 580
EARL Dom. **Guyon,** 533 557 560 567 577 592 596
Jean **Guyon,** 398
Dom. Olivier **Guyot,** 528
SA **Guyot,** 1175
Jean-Marie **Haag,** 82 139
Dom. Robert **Haag et Fils,** 115
Dom. Henri **Haeffelin,** 111
Vignoble Daniel **Haeffelin,** 111
Dom. Materne **Haegelin et ses Filles,** 111
Bernard et Daniel **Haegi,** 96 139
Patrice et Anne-Marie **Hahusseau,** 1094
Dom. Thierry **Hamelin, 508**
EARL Thierry **Hamelin,** 503 514
Champagne **Hamm,** 732
SA **Hammel,** 1304
Hans-Y. et Brigitte **Handtmann,** 876
Johannes **Hanhart,** 1328
Emile **Hanique,** 620
SA Ch. **Hanteillan,** 404
Maurice et Mickael **Hardouin,** 1037
Harlin, 732
Harlin Père et Fils, 732
Dom. **Harmand-Geoffroy,** 469 533 542
André **Hartmann,** 89 100
Bruno **Hartmann,** 1326
SA Dom. Alice **Hartmann, 1297**
Jean-Paul et Frank **Hartweg,** 128 136
Alain **Hasard,** 485
Gilbert **Hassenforder,** 100
Jean-Noël **Haton,** 733
Ludovic **Hatté,** 733
J. **Hauller et Fils,** 111
EARL **Hauselmann et Fils,** 1262
SCA du Ch. **Haut-Bailly,** 377
SCEA **Haut-Balirac,** 391
SCEA Ch. **Haut Breton Larigaudière,** 417
SCEA Ch. **Haut Brisey,** 391
SCEA Ch. **Haut-Brisson,** 305
SARL du Ch. **Haut-Canteloup,** 391
SC Ch. **Haut-Corbin,** 306
SICA des Vignerons de **Haute-Bourgogne,** 497
Les Caves des **Hautes-Côtes,** 493 498 608
Cave coop. des coteaux des **Hautes Garri-** 825
Ch. **Haut-Gléon,** 810
SCEA **Haut Gros Caillou,** 289
SCEA Ch. **Haut-Mazeris,** 260 263
SCEA Ch. **Haut-Nadeau,** 234
SA Cave du **Haut-Poitou,** 1102
Ch. **Haut Pougnan,** 348
GFA du **Haut-Saint-Georges,** 311
Sté d'Exploitation du Ch. **Haut-Sarpe,** 291 305 306 323
Cave des **Hauts de Gironde,** 252
Dom. des **Hauts de Seyr,** 1257
SCA Ch. **Haut Veyrac,** 289
Dominique **Haverlan,** 373
Patrice **Haverlan,** 368 452
SARL **Hawkins Distribution,** 1242
SCE Vignobles du **Hayot,** 448 450 453
HDV Distribution, 182 558 667
Marc **Hébrart,** 733
Yvonne **Hegoburu,** 941
Piet et Annelies **Heide,** 968
Heidsieck & Co Monopole, 733
EARL d' **Heilly-Huberdeau,** 656
Heimbourger Père et Fils, 522
Léon **Heitzmann, 116**
SARL des Vignobles J.-P. **Hembise,** 962
D. **Henriet-Bazin,** 733
SCEA Prince **Henrik,** 912
Champagne **Henriot,** 733
J.-P. **Henriquès, 860**
Marie-Cécile et Patrick **Henry,** 1284
Cave **Henry de Vézelay,** 469
GAEC **Henry Frères,** 469
Champagne Paul **Hérard,** 734
SARL **Hérard et Fluteau,** 726
EARL **Hérault,** 1075
Brice **Herbeau,** 890
EARL G. **Herberigs,** 1151
Didier **Herbert,** 734
Stéphane **Herbert,** 734
Dom. **Heresztyn,** 533 544 546 549
Dom. **Hering,** 127
Joël **Hérissé, 1259**
SA Cave **Héritier et Favre,** 1319
EARL Bernard **Hérivault,** 1092
Philippe **Hermouet,** 206 242 262
Guy **Hersard,** 1069
Albert **Hertz,** 100 130
Bruno **Hertz,** 100
EARL Sylvain **Hertzog,** 90 96
Jean-Noël **Hervé,** 266
Hervouet et Bes de Berc, 1000
Jean-Marc **Héry,** 975 1010 1256
Emile **Herzog,** 116
Dominique **Hessel,** 424
Stéphane **Heurlier,** 219
Roger **Heyberger et Fils,** 100
Jean-Jacques **Hias,** 359
Joseph et Marianne **Hillau,** 936
GAEC **Hirissou,** 924
GAEC Jean **Hirtz et Fils,** 82
SCEA Henning **Hoesch,** 879
SCEA Dom. d' **Homs,** 913
Ernest **Horcher et Fils,** 100 116
Sophie et Patrick **Horst,** 877
Jean-Marie **Hortala,** 825
Hospices de Dijon, 493
Paul **Hostein,** 414
Ch. **Hostens-Picant,** 353
M. **Hostomme et Fils,** 734
Dom. Jean-Luc **Houblin,** 481
Dominique **Houdebert,** 1099
Charles **Hours,** 940
B. et G. **Hubau,** 263
SCEA **Huber et Bléger,** 90
Jean-Luc **Hubert,** 255
Dom. **Huber-Verdereau,** 608
Yves **Huchet,** 990
Joël **Hudelot-Baillet,** 469
Alain **Hudelot-Noëllat,** 554 560 **562** 563 567
Gilles **Hue,** 391
Laurent **Huet,** 682
Vins O. **Hugentobler,** 1313
Patrick **Hugot,** 469
Romuald **Hugot,** 510
SCEA Jacques **Hugot et Jean Michaut,** 504
Benoît **Huguenot,** 734
Huguenot Père et Fils, 526
Anne **Hugues,** 1212
GAEC **Huguet,** 979 1095
Dom. **Humbert Frères,** 533 540
EARL Claude et Georges **Humbrecht,** 101
B. **Hummel et ses Filles, L'Ancien Monastère, 117**
Cave vinicole de **Hunawihr,** 132
EARL Bruno **Hunold,** 142
Jean-Marie **Huré,** 967
Armand **Hurst,** 116 122
EARL **Huteau-Hallereau,** 1258
Jean **Huttard,** 101
Jean-Christophe **Icard,** 215
Laurent **Icard,** 825
Cave coop. des vignerons d' **Igé,** 469 498 673
Jacques **Iltis et Fils,** 90
Christian **Imbert,** 904
SA **Imesch Vins Sierre,** 1313
Institut Pasteur, 169
Jean-Guy **Issard,** 213
Champagne **Ivernel,** 734
Paul **Jaboulet Aîné,** 1177 1178
Maison **Jaboulet-Vercherre,** 528 600
Champagne R. **Jacob,** 734
Dom. Lucien **Jacob,** 592
Dom. Robert et Raymond **Jacob,** 574 577
Frédéric **Jacob,** 481 488 580
Dom. **Jacob-Girard,** 592
Caveau des **Jacobins,** 784 787 1251
Hubert **Jacob-Mauclair,** 481
Pierre **Jacolin,** 1116
Dom. de **Jacourette,** 872
SA **Jacquart,** 735
André **Jacquart et Fils,** 735
Champagne Yves **Jacques,** 735
Ch. des **Jacques,** 189
SCEA du Ch. **Jacques-Blanc,** 307
Champagne **Jacquesson et Fils,** 735
Marc **Jacquet,** 816
Jacquinet-Dumez, 735
Edmond **Jacquin et Fils,** 793 796
Maison Louis **Jadot,** 534 554 641 649
Jaeger-Ligneul, 735
Jaffelin, 580 614 621 644
André **Jaffre,** 163
Yves **Jalliet,** 808
EARL Pierre **Jamain,** 735
E. **Jamart et Cie,** 736
Bruno **Jambon,** 161
Dominique **Jambon,** 192
Gabriel **Jambon,** 171
Laurent **Jambon,** 166
Francis **Jamet,** 1072
Guy **Jamet,** 1078
SCE Les Vignobles **Jander,** 413
EARL **Jane et Sylvain,** 534
Pascal **Janet,** 1171
Michel **Janin,** 181
SCEV **Janisson-Baradon,** 736
Sté Pierre **Janny,** 498 508 666 690
François **Janoueix,** 271
Bertrand **Jany,** 822
Bertrand **Jany et Fils,** 1271
Jard, 1001
Elisabeth et Benoît **Jardin,** 1081
SCEV Champagne René **Jardin,** 736
Ch. De **Jau,** 860 1231
Vignobles **Jaubert-Noury, 857** 857

Sylvette **Jauffret,** 894
GAEC **Jauffrineau-Boulanger,** 997
Alain **Jaume,** 1193
Dom. **Jaume,** 1145 1157
Javoy Père et Fils, 1114
Michel **Jean,** 321
Dom. Guy-Pierre **Jean et Fils,** 470
Jean Gagnerot, 600
Jeanjean, 836
Anne-Marie **Jeanjean,** 1234
Bernard-Pierre **Jeanjean,** 1236
Gérard **Jeanjean,** 824
Philippe et Frédéric **Jeanjean,** 828
Champagne **Jeanmaire,** 736
Christophe **Jeannet,** 177
Jeannin-Mongeard, 855 1231
GAEC **Jeannot Père et Fils,** 1121 1122
Olivier **Jeantet,** 825
SCEA du Ch. **Jean Voisin,** 307
De **Jerphanion,** 283 329
Mesdames de **Jessey,** 1022
Dom. **Jessiaume Père et Fils,** 600 621 649
Les Vignobles Elie **Jeune,** 1193
Dom. Emile **Jobard,** 628
Dom. Rémi **Jobard,** 481 485
SCEA Charles **Joguet, 1075**
Jean-Luc **Joillot,** 481 608
SCEV **Joinaud-Borde,** 300
EARL **Joliet père et fils,** 528
Jean-Marc **Jolivet,** 217
Pascal **Jolivet,** 1131
Hervé **Jolly,** 736
Joly, 765
Antoine **Joly,** 1289
EARL Claude et Cédric **Joly,** 784 1251
Fabienne **Joly,** 874
Nicolas **Joly,** 1022 1024
Pierre et Jean-Michel **Jomard,** 197
Jean-Hervé **Jonnier,** 498
EARL **Jonquères d'Oriola,** 854 **1223**
SCA Les Vignerons de **Jonquières,** 815
Frédéric **Jordy,** 826
EARL Bertrand **Jorez,** 736
EARL Michel et Mickaël **Joselon,** 1026
EARL M.-C. et D. **Joseph,** 175
Michel **Joseph,** 1044
SA **Josmeyer et Fils,** 122
Jean-Pierre **Josselin,** 736
Dom. Vincent et François **Jouard,** 639
EARL Dom. Gabriel **Jouard Père et Fils,** 639 650
Cave Françoise et Philippe **Jouby,** 470
Alain **Jougla,** 846
Philippe **Joulin,** 1038
Francis **Jourdain,** 1101
GAEC **Jourdan,** 885
Gilles **Jourdan,** 482 571
SCEA **Jousset et Fils,** 976 1006 1018
Mme **Jouve-Férec,** 887
J. **Jouves et Fils,** 917
EARL **Joyet,** 154
Famille Paul **Joyet,** 1145
SC Vignobles **Jugla,** 426
Anne-Marie **Juillard,** 168
Dom. Michel et Laurent **Juillot,** 584 587 665
Diane **Julhiet,** 173
Bernard **Julien,** 1268
Eric **Julien,** 261
Marcel **Julien,** 843
Xavier **Julien,** 474
Julien de Savignac, 956
Henri **Jullian,** 197
Guy **Jullien,** 1208
Jean-Pierre **Jullien,** 821
M. et L. **Jullien,** 1145
Thierry **Jullion,** 1261
Charles **Jumert,** 1099
SARL Roger **Jung et Fils,** 90 **134**
Daniel **Junot,** 470
Cave des producteurs de **Jurançon,** 935 939 941
Eric **Kauffer,** 1247
Hans Ulrich **Kesselring,** 1328
SCEA Vignoble famille **Khayat,** 260
Jean-Charles **Kieffer,** 101
René **Kientz Fils,** 116
Cave de **Kientzheim-Kaysersberg,** 101
André **Kientzler,** 84 125
Philippe **Kirmann,** 114
Pierre **Kirschner,** 124
Peter **Kjellberg,** 312
EARL Jean **Klack et Fils,** 134
EARL Henri **Klée et Fils,** 90 138
EARL Ouahi et Rémy **Klein,** 1148 1158
Joseph et Jacky **Klein,** 94 143
Klein-Brand, 111
André **Kleinknecht,** 116
Françoise et Jean-Marie **Klein – Aux Vieux Remparts,** 101
GAEC René et Michel **Koch,** 129
Pierre et François **Koch,** 84
Koeberlé Kreyer, 125
Jean-Marie **Koehly,** 90
Dom. viticole Raymond **Kohll-Leuck, 1297**
Michel **Kohll-Reuland, 1298**
Jan de **Kok,** 452
Laurent et Benoît **Kox,** 1298
Laurent **Kraft,** 1090
Kressmann, 405
Domaines **Kressmann,** 367 379 380 381
SCEA Dom. de **Kreusignac,** 1263
Elke **Kreutzfeld,** 836
Dom. Marc **Kreydenweiss,** 111 127
EARL Hubert **Krick,** 117 142
Caves **Krier Frères, 1298**
Dom. viticole **Krier-Welbes,** 1298
Krug Vins fins de Champagne, 737
EARL Paul **Kubler,** 101 139
Kuehn SA, 101
R. **Kuentz et Fils,** 137
Jean-Pierre **Kuntzer,** 1324
La Cave de **L'Abbé Rous,** 863 864 **1218** 1220
Dom. de **L'Aigle,** 806
SCA Ch. de **L'Amarine,** 817
Michel **L'Amouller,** 248
Dom. de **L'Arjolle,** 1276
Dom. de **L'Arlot,** 567
Ch. **L'Arnaude,** 875
GAEC de **L'Aumonière,** 1293
SCI de **L'Ecluse,** 172
Dom. de **L'Ecole,** 117
SCEA Ch. **L'Enclos,** 353
SCEA du Ch. **L'Enclos,** 275 281
SCEA du Ch. de **L'Engarran,** 828
Arnaud **L'Epine,** 831
Dom. de **L'Escarelle,** 1286
SCEA Ch. **L'Escart,** 237
Ch. **L'Etampe,** 313
Encavage de **l'Etat de Neuchâtel,** 1324
Dom. de **l'Eté,** 976
Sté coopérative **L'Etoile,** 863 **1219 1221**
Dom. De **L'Hospitalet,** 829 1231
Union de Vignerons de **L'Ile de Beauté,** 903
Coop. des Vignerons de **L'île de Ré,** 1262
Ch. de **l'Isolette,** 1212
Cave de **L'Ormarine,** 829
Dom. de **L'Orme,** 504
Dom. **L'Oustau des Lecques,** 1189
Coopérative vinicole **L'Union,** 739
Mas de **La Barben,** 826
SARL de **Labarde,** 958
SCV Les Producteurs de **La Barnède,** 854 1231
Claude de **Labarre,** 310
Pascal **Labasse, 937**
SCEA **La Bassonnerie,** 272
Cellier de **La Bastide,** 206 212 239 348
Ch. **La Bastide,** 810
Cave de **Labastide de Lévis,** 922 924
SCEA Dom. de **La Bastide Neuve,** 872
SCEA Dom. De **La Bastidonne,** 1207 1283
Marc **Labat,** 940
EARL des Vignobles **Labat-Lapouge,** 444
Dom. de **La Baume,** 1271
Champagne Michel **Labbé et Fils,** 737
SCEA du Ch. **Labégorce-Zédé,** 417
Lisette **Labeille,** 352
Pierrette et Christian **Labeille,** 351
SCEA **La Berrière,** 989
Alain **Labet,**, 784 **784**
Dom. Pierre **Labet,** 600
SA Ch. **La Bienfaisance,** 320
EARL ch. de **La Boitaudière,** 998
SE Ch. de **La Botinière,** 990
SEP **Laboucarié,** 809
EARL Ch. **La Bougerelle,** 892
Alain **Labourdette,** 938
Labouré-Roi, 639
SCA **La Braulterie-Morisset,** 249
Ch. **La Brie,** 956
Roger et Marie-Hélène **Labruyère,** 191
Dom. André et Bernard **Labry,** 493
Vignobles **Labuzan,** 366
SCV **La Cadiérenne,** 887
SA **La Cappellaccia, 1330**
Cave coopérative **La Carignano,** 822
Dom. De **La Casa Blanca,** 863 1219
Ch. **La Casenove,** 855 1224
Cave coop. **La Cévenole,** 1291
La Chablisienne, 506 514 519
Jérôme de **La Chaise,** 1123
SCEA Dom. De **La Chanade,** 922 1265
SCEA du Ch. **La Chapelle,** 329
Dom. de **La Chapelle de Vâtre,** 163
Ch. **La Chapelle Maillard,** 353
Dom. **Lacharme et Fils,** 678
SA **Lacheteau,** 1015 1038 1257
SCEA Ch. **La Chèze,** 357

Cave coop. **La Clairette d'Adissan,** 807
SARL Direct Wines Ch. **La Clarière** 224 339
Rémi **Lacombe,** 386
SC Ch. **Lacombe Noaillac,** 393
EARL Ch. **La Commanderie,** 434
La Compagnie rhodanienne, 817 818 1187
Dominique **Lacondemine,** 173
Roger **Lacondemine,** 166
Vincent **Lacondemine,** 164
Hervé **Lacoque,** 186
Noël **Lacoque,** 186
Dom. de **La Coquillade,** 1208
Francis **Lacoste,** 1236
Jean-Louis **Lacoste,** 941
Dom. de **La Courtade,** 873
SCA **La Courtoise,** 1208
Cellier de **La Crau,** 873 1286
SCEA Dom. de **La Crémade,** 889
GFA Dom. de **La Cressonnière,** 873
Champagne Jean **Lacroix,** 737
SC Ch. **La Croix,** 272 273 276
Ch. **La Croix Chabrière,** 1146 1205
SCEA Ch. **La Croix de Mouchet,** 335
Dom. **La Croix de Pez,** 431
Dom. De **La Croix Jacquelet,** 661 666
SA **La Croix Merlin,** 215
GAEC dom. de **La Croix Saunier,** 164
Lacroix-Triaulaire, 737
Mas de **La Dame,** 896
Ch. **La Décelle,** 1146 1205
Ch. **Ladesvignes,** 961
SARL de **La Diligence,** 284
Cellier de **La Dona,** 859
SCEA Dom. de **La Dorgonne,** 1212
EARL Ch. **La Dournie,** 846
EARL **La Ducquerie,** 1028
Philippe **Laduguie,** 931
P.-H. de **La Fabrègue,** 857
GAEC Dom. **La Fadèze,** 1277
Jean-Louis **Lafage,** 1227
SCEA Dom. **Lafage,** 855 1231
SCE Ch. **la Fagnouse,** 308
Henri **Lafarge,** 674
Claude **Lafaye,** 958
Dom. de **La Ferme Blanche,** 883
Hubert **Laferrère,** 681
Dom. de **La Feuillata,** 157
Jean-Marc **Laffitte,** 946
Vignobles **Laffourcade,** 1023 1035
de **La Filolie,** 310
Ch. **Lafite Rothschild, 428** 428
Charles **Lafitte,** 738
SCE Ch. **La Fleur Milon,** 428
SC du Ch. **La Fleur-Pétrus,** 273
Dom. de **La Folie,** 662
Dom. de **La Foliette,** 991
EARL Pierre **Lafon,** 212 235
Vignobles Denis **Lafon,** 248
Dom. **Lafond,** 1147
EARL Dom. **Lafond,** 157
SARL Claude **Lafond,** 1127
Dom. **Lafond Roc-Epine,** 1199 1201
SCF Ch. **Lafon-Rochet,** 434
EARL **Lafont,** 160
EARL des Vignobles **Lafont,** 961
SCEA **La Font du Roc,** 967
Cave coop. **La Fontesole,** 829
Jean-Marc **Laforest,** 169
SCEA Ch. **La Forêt,** 358
Dominique **Lafosse,** 363
SCS Vignobles **Lafragette,** 369 383
SCEA Ch. **La Franchaie,** 1022
SC de **La Frérie,** 341
Coop. vinicole **La Gaillarde,** 1147
SC du Ch. **La Garde (Dourthe),** 379
EARL Roland **Lagarde,** 813
SCEA **Lagarde Père et Fils,** 255
SCEV **Lagardère,** 331
EARL de **La Gérade,** 873
SC de **La Gironville,** 404
EARL Dom. de **La Giscle,** 873
Didier **Lagneau,** 192
Gérard et Jeannine **Lagneau,** 192
SCEA **Lagneaux-Blaton,** 435
SCE du Ch. **La Grande-Barde,** 330 336
SCEA **La Grande Pleyssade,** 950
Ch. **Lagrange,** 438
EARL Vignobles **Lagrange,** 240
La Grappe de Gurson, 956
SCA Dom. **La Grave,** 367
SCA **La Gravette,** 835
SCEA **La Grenobloise,** 871
Alain de **Laguiche,** 780 1249
EARL Dom. de **La Haute Olive,** 1076
Benoît **Lahaye,** 738
Michel **Lahaye,** 601
Lahaye Père et Fils, 609
Jean-Pierre **Lahiteau,** 451
Jean-Pierre **Laisement,** 1090
SCIR Dom. de **La Jeannette,** 874
J. et A. **Lajonie,** 952
SCEA **Lajonie D.A.J.,** 961
GAEC de **La Jousselinière,** 984
SARL **La Julienne,** 949
Ch. **La Lagune,** 405
SCEA Ch. **Lalande,** 1271
SCEA **Lalande de Gravelongue,** 393
EARL **Lalande et Fils,** 366
Alain **Lalanne,** 1248
Jean-Charles **Lalaurie,** 1271
SARL Dom. de **La Lauzade,** 874
Dom. **Laleure-Piot,** 571 577 580 584 587 596
Ch. de **La Liquière,** 837
Cave coop. de **La Livinière,** 844
Champagne **Lallement-Deville,** 721
Les Caves de **La Loire,** 1005 1006
Serge **Laloue,** 1132
Dom. De **La Madeleine,** 855 1224
EARL Dom. de **La Madone,** 172
Cave **La Malepère,** 850
Ch. de **La Maltroye,** 640
Michel **Lamanthe,** 644
Cave coop. de **La Marana,** 904 **1280**
Dom. François **Lamarche,** 557 563
SCI du Dom. De **Lamargue,** 817 1272
SCEA Ch. **Lamartine,** 915
Ch. **La Martinette,** 874
Bruno de **Lambert,** 278
Frédéric **Lambert,** 784
Pascal **Lambert, 1076**
Yves **Lambert,** 1041
EARL **Lambert et Fils,** 1184
Lamblin et Fils, 514
Dom. des **Lambrays,** 547
Vignerons de **La Méditerranée, 814** 841 **841** 842 843 855 1226 1229 1237 1274
SARL Dom. **La Métairie en Pécharmant,** 965
Dom. **La Monardière,** 1188
Cave **La Montagne Rouge,** 1208
Dom. De **La Mordorée,** 1148 **1195** 1199
Hervé et Patrick **Lamothe,** 446 450
SC Ch. **Lamothe,** 406
CAT **Lamothe-Poulin,** 1263
SCEA Dom. De **La Motte,** 504 508
Jean-Jacques **Lamoureux,** 738 770
Vincent **Lamoureux,** 738 768 770
Dom. de **La Moutonne,** 519
Dom. Hubert **Lamy,** 632 640 644 650
Dom. **Lamy-Pillot,** 482 644
SCEA Ch. de **La Nauve,** 310
Fondation **La Navarre,** 874
Lancelot-Goussard, 738
EARL P. **Lancelot-Royer,** 739
GAEC **Lanchier-Degioanni,** 1284
SCEA Dom. Pierre **Lançon,** 1195
GAEC de **Lancyre,** 826
François **Landais,** 224
GFA de **Landeron,** 216
SCA Vignerons **Landerrouat-Duras,** 968
EARL des vignobles des **Landes,** 325
Dom. du **Landeyran,** 846
Armand **Landmann, 83**
Seppi **Landmann,** 139
Joseph **Landron,** 992
EARL **Landry,** 372
Jean-Marc **Landureau,** 390 392
SCEA Ch. de **La Négly,** 827
SCA Ch. **La Nerthe,** 1195
Ch. **Langlade,** 827
Michel **Langlois,** 1109
Langlois-Chateau, 1039 1048 1131
Sylvain **Langoureau,** 628 632 645
Sté Alain **Lanneau,** 391
Les Vignerons de **La Noëlle,** 979 992 997
EARL Dom. Patrick **Lanoix,** 1104
Dominique **Lanot,** 1264
Lanson, 739
J.-S. de **Lanversin,** 897
EARL **La P'tiote Cave,** 628 662 667
Ch. **La Palme,** 930
EARL dom. de **La Patience,** 817
Dom. De **La Perrière,** 470 1132
EARL Pascal **Lapeyre,** 935
SCEA **Lapeyronie,** 340 343
Dom. Michel **Lapierre,** 679
Hubert **Lapierre,** 175
Yves **Lapierre,** 894
Dom. De **La Pinte,** 775 1251
GAEC Vignobles **Laplace,** 942
SCE Ch. **La Pointe-Pomerol, 274**
Jean **Laponche,** 872
Laporte, 1135
Dom. Serge **Laporte,** 1132
Olivier **Laporte,** 328 330
Roger et Marie-Véronique **Laporte,** 412
Bruno **Laporte-Bayard,** 297
Henri **Lapouble-Laplace,** 940
Dom. de **La Poulette,** 571
Dom. de **La Pousse d'Or,** 614
Les Maîtres vignerons de **La Presqu'île** 875

Dom. de **La Prévôté,** 1058
SC du Ch. **La Prioulette,** 358
Ch. **La Pujade,** 811
EARL Ch. **La Rayre,** 951
SARL Cave de **Larchevesque,** 261 290
Champagne P. **Lardennois,** 739
Dom. de **La Renjarde,** 1158
La Réserve des Domaines, 194
EARL **La Reynarde,** 1284
SCEA Dom. de **La Reynardière,** 837
SCEA Ch. **La Reyne,** 915
Armand **Large,** 162
Jean-Louis **Large,** 154
Michel **Large,** 173
Michel et Alain **Large,** 350
Daniel **Largeot,** 482 577 593 596 601
SCEA **La Rivalerie,** 229
SA Ch. de **La Rivière,** 264
SCE du Ch. **Larmande,** 310
EARL Champagne Guy **Larmandier,** 739
Champagne **Larmandier-Bernier,** 739
Larmandier Père et Fils, 740
SARL Ch. **La Robertie,** 959
Dom. **La Rocalière,** 1199 1201
Chantal et Claude **Laroche,** 508
Ch. de **La Roche,** 1060
Michel **Laroche,** 471 508 519
Dom. de **La Roche Honneur,** 1077
Dom. **Larochette-Manciat,** 679 686
SC du Dom. De **La Romanée-Conti, 557 563 634**
Marc **Laroppe,** 145
Marcel et Michel **Laroppe,** 145
Cave de **La Roque,** 887
La Rose Pauillac, 429
SA Ch. **Larose-Trintaudon,** 406 429
Dom. de **La Rouillère,** 875
Jean-Bernard **Larrieu, 941**
SCEA du Ch. **Larrivet-Haut-Brion,** 380
SCEA Vignobles **Larroque,** 355 441
Ch. **Larroze,** 922
Bernard **Lartigue,** 413 424
GAEC **Lartigue,** 405
Jean-Claude **Lartigue,** 919
Ind. **Lartigue-Coulary,** 408
Dom. **Larue,** 482 632 640 645
Les Vignerons de **La Sainte-Baume,** 1286
SCEA Ch. de **La Salle,** 250
EARL de **La Sardissère,** 1106
SCEA Dom. de **La Sauveuse,** 875
EARL Clos de **Lascamp,** 1148
Eric **Lascombes,** 954
SV de Ch. **Lascombes,** 418
Coop. **La Siranaise,** 841
Jean-Pierre **Lassalle,** 157
Champagne P. **Lassalle-Hanin,** 740
SCV **La Suzienne,** 1206
Dom. De **La Taille aux Loups,** 1084 1090
Laurence **Lataste,** 367
Claude **Lateyron,** 330
Bruno **Latil,** 899
SARL Ch. **La Tilleraie,** 951 965
Eric et Bernard **Latouche,** 256
Bernard **Latour,** 1189
Ch. de **La Tour,** 554
Dom. Louis **Latour,** 563 583 588 635
Maison **Latour,** 577 609 659
Maison Louis **Latour,** 618 1291
SCEA Dom. de **La Tour,** 514
SCV de Ch. **Latour, 429** 429
Les caves de **La Tourangelle,** 1054
Ch. **La Tour Blanche,** 452
SCEA Ch. **La Tour Carnet,** 406
SCE Ch. de **La Tour de l'Ange,** 471
SCEA Ch. **La Tour de Mons,** 418
Dom. de **La Tour du Bon,** 888
Henri **Latour et Fils,** 621
Jean **Latour-Labille et Fils,** 471 628
Dom. **La Tour Vieille, 863** 1219
Sté des Domaines **Latrille,** 939
SCEA Dom. **Latrille-Bonnin,** 366
La Truffière Beauportail, 964
Roland **Lattaud,** 181
EARL Ch. **Latuc,** 916
Lisa **Latz,** 867
SCA Ch. de **Laubade,** 1247
Noël **Laudet,** 1264
SCEA Ch. **Laulan Ducos,** 394
Dom. Raymond **Launay,** 574 609 650
Cellier **Lauran Cabaret,** 841
Philippe **Laure,** 998
SCA Cellier de **Laure,** 1282
Famille **Laurent,** 1111
Paul **Laurent,** 740
Champagne **Laurent-Perrier,** 740
SA Ch. des **Laurets,** 334
Dom. des **Lauriers,** 827
Dom. des **Lauses,** 1148
Christian **Lauvergeat,** 1133
SCEA Famille **Laval,** 271 277
Cave de **La Valdaine,** 1292
Erick **Lavallée,** 468 507 523
Cave **La Valserroise,** 1287
M. et Mme **Lavanceau,** 404
Ch. **La Varière,** 1034 1035
Lavau, 295
EARL Christophe et Marie-Jo **Lavau,** 342
Pierre **Lavau,** 316
Pierre et Philippe **Lavau,** 300
GAEC **Jean Lavau et Fils,** 340
Dom. de **La Verde,** 1148
Caves de **La Vervelle,** 1294
Les caves de **La Vervelle,** 662
Laviale, 326
Coop. Vinicole **La Vidaubanaise,** 872
SCEA de **La Vieille Croix,** 265
SNC Ch. **La Vieille Cure,** 265
Cellier de **La Vieille Grange,** 498
Dom. **Lavigne,** 1046
SCEA **Lavigne,** 339
Cave **La Vigneronne,** 1148
EARL du Ch. **Laville,** 452
SA Dom. de **La Ville,** 1243
Cave de **Lavilledieu-du-Temple,** 919 931
Cave **La Vinsobraise,** 1158
SCE **La Voie des Loups,** 747
Cellier de **La Weiss,** 111
Bernard **Laydis,** 331
GAEC de la Cave **Lazzarini,** 907
Dominique **Léandre-Chevalier,** 250
P. **Le Bigot,** 882
EARL Jean-Claude **Leblanc et Fils, 1027**
EARL **Le Bouquet,** 1157
SC Ch. **Le Bourdieu,** 411
SC Ch. **Le Bourdieu-Vertheuil,** 407
J.-Y. A. **Lebreton,** 1015
Victor et Vincent **Lebreton,** 1014 **1020** 1259
Pierre **Lebreuil,** 593
SCV Albert **Le Brun,** 740
Champagne **Le Brun de Neuville,** 741
EARL **Le Brun-Servenay,** 741
Dom. **Le Capitaine,** 1090
Dom. **Leccia,** 908 1239
EARL **Lechat et Fils,** 993
Dom. France **Léchenault,** 656
François **Leclair,** 1054
Dom. des Champagnes **Leclaire,** 741
Champagne **Leclerc-Briant,** 741
Champagne **Leclerc-Mondet,** 742
SCA Dom. **Le Clos de Caveau,** 1188
Bruno **Lecomte,** 1123
SA **Leda,** 231
Le Diascorn, 442
Cave **Le Dominicain,** 1218
Yves et Marie-Paule **Leduc,** 977 1007
SCEA Dom. **Leduc-Frouin,** 1006 1016 1029
André **Leenhardt, 821**
Hervé et Pascaline **Leferrer,** 810 1270
Olivier **Leflaive,,** 634 645 672
Olivier **Leflaive,** 628 640
SC Ch. **Le Fournas,** 401
EARL **Le Frègne,** 213
EARL Philippe **Léger,** 1007 1019
Patrick **Léger,** 1053
B. **Léger-Plumet,** 691
Caves **Legill et Fils,** 1298
Bernard **Légland,** 473 504
Eric **Léglise,** 418
Champagne **Legouge-Copin,** 742
Eric **Legrand,** 742
Hubert **Legrand,** 1259
René-Noël **Legrand,** 1046
Champagne R. et L. **Legras,** 742
Ph. et A. **Legrix de La Salle,** 237
Jacky **Legroux,** 1114
Dom. **Lejeune,** 609
SCEA **Le Joncal,** 952
Alain **Lelarge,** 1084
Dominique **Lelarge,** 742
SCEA **Le Lys,** 888
Jacques **Lemaigre,** 471
Patrice **Lemaire,** 742
Philippe **Lemaire,** 743
SCEV **Lemaire-Rasselet,** 743
Vins **Le Manoir,** 106 113
Le Manoir murisaltien, 662
Marthe et François **Lemarié,** 808
SCEA Ch. **Le Mas,** 876
SCEA Ch. **Le Mayne,** 213
SA **Le Muid Montsaugeonnais,** 1294
Ginette **Lenier,** 334
J.-M. **Lenier,** 335
Champagne **Lenoble,** 743
EARL **Lenoir Fils,** 169
Eric **Lenormand,** 307
Famille Patrick **Léon,** 265
Serge **Lepage,** 472
Louis **Lequin,** 588 635 640
EARL René **Lequin-Colin,** 635 640 650
Bruno **Le Roy,** 1192

Jean-Michel **Leroy,** 1029
SCEA Vignoble Bruno **Le Roy,** 236
Dom. **Lerys,** 838
SCEA **Les Abeillons,** 898 1286
Dom. **Le Sang des Cailloux,** 1188
GFA des Ch. **Le Sartre et Bois Martin,** 381
EURL **Lescalle,** 237
Ch. **Les Carmes Haut-Brion,** 381
Patrice **Lescarret,** 921
EARL Geneviève et Alain **Lescaut,** 970
Les Celliers de Bordeaux Benauge, 331
GFA **Les Charmes-Godard,** 343
SCA **Les Collines du Bourdic,** 1272
Cave **Les Costières de Pomérols,** 820
Cave **Les Coteaux,** 1156
SCEA **Les Coteaux de Bellet,** 884
SCAV **Les Coteaux de Laurens,** 837
Les Coteaux du Brionnais, 1292
SCA **Les Coteaux du Pic,** 828
SCEA **Les Coudereaux,** 1123 1126
EARL J.C. **Lescoutras et Fils,** 346
C.A.T. Ch. **Lescure,** 358 445
Dom. Chantal **Lescure,** 560 604 610
Jean-Luc **Lescure,** 955
SCEA **Les Ducs d'Aquitaine,** 234 241
SARL **Les Ferrandières,** 1271
GFA **Les Grandes Murailles,** 299 300 312
Les Grands Caveaux de France, 1018
SARL Ch. **Les Grands Chênes,** 395
SC **Les Grands Crus Réunis,** 411 422
SCEA **Les Groies,** 1242
SARL **Les Hauts de Palette,** 214
Lésineau, 837
Ch. **Les Palais,** 811
GFA **Les Pillets,** 187
H. et J. **Lespinasse,** 175
Jean-Claude **Lespinasse,** 175
Jean-François **Lespinasse,** 362
Dom. **Les Prévelières,** 158
Patrick de **Lesquen,** 295
SCV **Lesquerde,** 861 1231
Cave **Les Roches blanches,** 1208
Dom. **Les Salesses,** 921
Ch. **Lestage,** 413
Les Terroirs du Vertige, 813
Les Treilles de Cézanne, 894
SCA **Les Trois Collines,** 223 360
EARL Dom. **Les Vadons,** 1212
Cave **Les Vieux Colombiers,** 399
Les Vignerons du Haut-Quercy, 1267
Les Vignerons Landais Tursan-Chalosse, 1263
Les Vignes Blanches, 495
Les vignes du Chemin de Camentron, 1264
SA **Les Vignobles Réunis,** 312 320
Ch. **Le Thil Comte Clary,** 382
GFA du Ch. **Le Tuquet,** 368
Weinkellerei **Leukersonne – R. Seewer** 1315
Claude **Levasseur,** 1084
Yves et Catherine **Léveillé,** 467
Dom. Luc **Lévêque,** 1054
GFA Françoise et Henri **Lévêque,** 364
Guy **Lévêque,** 1053
Dom. **Levert-Barault,** 666
Bernard **Levet,** 1165
Joël **Lévi,** 1040
SC Ch. **Le Virou,** 250
GAF **Ley,** 951
SCEA des vignobles **Leydet,** 279
SCEA **Leydier et Fils,** 1156
Charles **Leymarie et Fils,** 268
Pierre-Luc **Leyvraz,** 1307
Leyvraz et Stevens, 1322
Sté viticole du Dom. de **Lézin,** 340
SC du Ch. **Lezongars,** 358
André **Lhéritier,** 662
Lhuillier, 210
EARL Joël et Jean-Louis **Lhumeau,** 1004 1016
G. **Liand et Fils,** 1314
Michel **Libeau,** 992
SCA Cave du **Liboreau,** 1242 1261
Lycée viticole de **Libourne-Montagne,** 284 329
Dom. François **Lichtlé, 84** 102 130
Liébart-Régnier, 743
Véronique et Jean-Marc **Liénard,** 1293
Cave des Vignerons de **Liergues,** 158
Ueli und Jürg **Liesch, 1328**
Pierre et Chantal **Lieubeau,** 990
Ch. **Lieujean,** 407
Dom. **Ligier Père et Fils,** 775 **776** 787 1251
Suzette **Lignères,** 811
Dom. **Lignier-Michelot,** 534 544 549
Georges **Lilbert,** 743
Ch. **Lilian Ladouys,** 434
Jean **Linden-Heinisch,** 1299
Jacques **Lindenlaub,** 90
Gabriel **Liogier,** 1183 1189
Jean **Lionnet,** 1180
EARL Serge **Liotaud et Fils,** 1289
François **Lipp et fils,** 102
Domaines **Listel,** 873
Cave de vinification de **Listrac,** 423
Cave de vinification de **Listrac-Médoc,** 413
Jean-Jacques **Litaud,** 688 694
SCEA Ch. **Liversan,** 407
Françoise **Lladères,** 322
Joseph **Loberger,** 133 **136**
Régis **Loevenbruck,** 1278
SCA Ch. **Loirac,** 396
Vincent **Loiret,** 993
Loiret Frères, 1120
EARL **Loiseau-Jouvault,** 1073
SCEA **Lombardo,** 1200
Bernard **Lonclas,** 743
Cave des vignerons **Londais,** 877
Ch. **Long-Depaquit,** 509 514
Dom. de **Longueroche,** 808
EARL Gérard **Lopez,** 238
Philippe **Loquineau,** 1098
SCEV Michel **Lorain,** 472
Gustave **Lorentz,** 121
Jérôme **Lorentz,** 91
Dom. Bruno **Lorenzon, 666**
Loriene SA, 295
EARL Pascal et Alain **Lorieux,** 1070
Michel et Joëlle **Lorieux,** 1065 1070
Gérard **Loriot,** 744
Joseph **Loriot,** 744
Michel **Loriot,** 744
Frédéric **Lornet,** 776 787
EARL Jacques et Annie **Loron,** 189
Ets **Loron et Fils,** 194 676 690
SA Louis **Loron et Fils,** 498
Gilbert **Louche,** 1154
SCS Ch. **Loudenne,** 229 396
Mme Jacqueline **Louet,** 1054
EARL Dom. **Louet-Arcourt,** 1054
GAEC **Louet Gaudefroy,** 1055
SCEA Dom. **Lou Fréjau,** 1196
Michel **Louison,** 836
SCE de **Loumède,** 250
Jean-Louis **Loup,** 1073
SCA Cave de **Lourmarin-Cadenet,** 1211
Yves **Louvet,** 744
Loyaux-Goret, 744
Catherine de **Loze,** 442
Champagne Philippe de **Lozey,** 744
Les Vignerons du **Luc,** 878
Lucas Carton, 744
Niccolo e Lisetta **Lucchini,** 1330
Henri **Lüddecke,** 229 361
SCV Cave de **Lugny,** 498 679
Union de producteurs de **Lugon,** 228
Cave de **Lumières,** 1209
EARL Dom. de **Lunard,** 1285
Christophe **Luneau,** 990
Rémy **Luneau,** 991
Pierre **Luneau-Papin,** 984
Lupé-Cholet, 554
SCEA Vignobles **Luquot,** 272 301
Comte Alexandre de **Lur-Saluces,** 450 **454**
Béatrice **Lurton,** 210 347
Bérénice **Lurton,** 231
Jacques et François **Lurton,** 225 812
Pierre **Lurton,** 349
SCEA Vignobles André **Lurton,** 206 345 376 379 383
EARL **Lusoli,** 969
SCEA Dom. de **Lusqueneau,** 1061
Laurent **Lusseau,** 313
Raymonde **Lusseau,** 286
Association viticole de **Lutry,** 1309
Maurice **Lutz,** 1113
A. de **Luze et Fils,** 225 357
Lycée Agropolis, 1273
Lycée viticole d'Orange, 1150
Dom. Du **Lycée viticole de Beaune,** 493 601
Lycée viticole de Mâcon-Davayé, 693
Michel **Lydoire,** 337
SNC Michel **Lynch,** 225 396
GFA de **Lyon,** 214
Dom. Laurent **Mabileau,** 1065
EARL Jacques et Vincent **Mabileau,** 1070
EARL Jean-Paul **Mabileau,** 1068
Frédéric **Mabileau,** 1070
GAEC Lysiane et Guy **Mabileau,** 1070
EARL Jean-Claude **Mabileau et Didier** 1069
Madeleine et Jean-Yves **Mabillard-Fuchs,** 1315
Francis **Mabille,** 1091
Pierre **Mabille,** 1090

Vignobles **Mabille,** 232
Alain **Mabillot,** 1127
Dom. Roger **Maby,** 1200 1201
Bertrand **Machard de Gramont,** 560 567
SCE Dom. **Machard de Gramont,** 549 593
Gaëlle **Maclou,** 877
Hubert **Macquigneau,** 1001
GAEC **Madeleineau Père et Fils,** 1259
Jean-Luc **Mader, 117**
Magdeleine, 253 256
Sylvio-Gérald **Magliocco,** 1319
SCEA Vignobles **Magnaudeix,** 322 323
Michel **Magne,** 793
Jean-Claude **Magnien,** 823
Jean-Paul **Magnien,** 549
EARL Michel **Magnien et Fils,** 534 544
Bernard **Magrez,** 383
Alain **Mahinc,** 1158
SA **Mähler-Besse,** 214 312 400 412 435
Alain **Mahmoudi,** 931
André et Marie-France **Mahuziès,** 825
Jean-Jacques **Mailhac,** 846
Christophe **Maillard,** 992
Dom. **Maillard,** 482 610
Dom. **Maillard Père et Fils,** 575 578 584 593 596 601 628
Michel **Maillart,** 745
Marcel **Maillefaud et Fils, 1204**
Dom. Nicolas **Maillet,** 472 674 680
EARL Marc et Laurent **Maillet,** 1091
Jean-Jacques **Maillet,** 1082
Champagne **Mailly Grand Cru,** 745
SCEA Ch. **Maïme,** 876
SCV des domaines Henri **Maire, 778** 779
Henri **Maire SA,** 784
SA ch. **Maison Blanche, 1307**
Dom. **Maison Père et Fils,** 1095
Chantal **Malabre,** 1141
Dom. Des **Malandes,** 504 509 515 519
Ch. **Malartic-Lagravière,** 382
EARL Guy **Malbète,** 1127
Françoise **Maldant,** 584
Ch. **Malescasse,** 407
SCEA Ch. **Malescot Saint-Exupéry,** 418
Léo de **Malet Roquefort,** 309 320
EARL Michel **Malidain,** 999
Jean-Claude **Malidain,** 999
Ch. **Malijay,** 1149
Danièle **Mallard,** 218 229 239 290 451
EARL Dom. Michel **Mallard et Fils,** 575 578 585 593
SCEA du Ch. de **Malleret, 407**
Dom. René **Malleron,** 1132
Jean et Bernard **Mallet,** 254
Malromé, 219 239
Dom. Jean-Pierre **Maltoff,** 472
Jonathan **Maltus,** 320
Cave des vignerons de **Mancey,** 472
Dom. **Manciat-Poncet,** 680 686
Jean-Christophe **Mandard,** 1055
Champagne Henri **Mandois,** 745
Denis **Manent,** 1214 1290
Ch. **Manieu,** 208 265
Dom. Albert **Mann,** 117 124
EARL Jean-Louis **Mann,** 130
EARL **Manoir l'Emmeillé,** 923
SCEA Famille **Manoncourt,** 302
Gaston **Mansanné,** 939
Champagne **Mansard-Baillet,** 745
SCEA **Manzagol-Billard,** 1076
Maradenne-Guitard, 1267
Dom. **Maratray-Dubreuil,** 588
Didier **Marc,** 745
Patrice **Marc,** 745
EARL Alain **Marcadet,** 1051
Jérôme **Marcadet,** 1095
Dom. de **Marcelin,** 1307
Patrice **Marchais,** 986
SCEA B. **Marchal-Grossat,** 1011
Maison Jean-Philippe **Marchand,** 488
René **Marchand,** 159
SARL Jacques **Marchand,** 1120
EARL Pierre **Marchand et Fils,** 1120
Dom. **Marchand Frères,** 534 541
EARL **Marchesseau Fils,** 1067
R. et D. De **Marcillac,** 340
Dom. **Mardon,** 1124
Guy et Jean-Luc **Mardon,** 1055
EARL Catherine et Claude **Maréchal,** 472 575 610 621
SARL **Maréchal,** 1091
Bernard **Maréchal-Caillot,** 485 575 593
EARL du Ch. **Mareil,** 396
Cyril **Marès,** 816
Michel **Maret,** 1187 1193
Jean-Luc **Marette,** 309
Dom. **Marey,** 482
EARL Pierre **Marey et Fils,** 580 588
Toussaint **Marfisi,** 908 1239
Champagne A. **Margaine,** 746
EARL Jean-Pierre et Martine **Margan,** 1212 1283
SC du Ch. **Margaux, 226 418** 420
Denise et Francis **Margerand,** 175
Gérard et Nathalie **Margerand,** 194
Jean-Pierre **Margerand,** 182
Dom. des **Margotières,** 624
SCEA Ch. **Marguerite,** 930
Marguet-Bonnerave, 746
Jean-Pierre **Marie,** 402
Champagne **Marie-Stuart,** 746
SCEA **Marin Audra,** 281
SCEA Vignobles Louis **Marinier,** 209 255
Marinot-Verdun, 653
Alain **Mariotto,** 969
Marne et Champagne, 728
Dom. **Maroslavac-Léger,** 629 632 645
Marquis de Saint-Estèphe, 435
SCA Ch. **Marquis de Terme,** 419
Cellier de **Marrenon,** 1210 1211
SC du Ch. **Marsac-Séguineau,** 419
SCEA **Marsalette,** 382
Ch. De **Marsannay,** 526 537 542 554
Jean **Marsanne et Fils,** 1172
Ch. **Marsau,** 344
SCEV **Marsaux-Donze,** 256
SCEA de **Marsoif,** 473
Jacky **Marteau,** 1055
José **Marteau,** 980 1056
Joël **Marteaux,** 746
Champagne G.H. **Martel,** 746
SCEA du Dom. J. **Martellière,** 1082 1099
SCEA Ch. **Martet,** 354
SA dom. du **Martheray,** 1308
Bernard **Martin,** 157
Cédric **Martin,** 165
Champagne Paul-Louis **Martin,** 746
Charles **Martin,** 955
Domaines **Martin,** 438 440
Dominique **Martin,** 1040
GAEC Luc et Fabrice **Martin,** 1012
Gérard **Martin,** 693
Jean-Claude **Martin,** 515
Jean-Jacques **Martin,** 194
Patrice **Martin,** 165
Richard et Stéphane **Martin,** 674 692
Robert **Martin,** 678 692
SCEA **Martin-Comps,** 845
Dom. **Martin-Dufour,** 575
Sté Fermière du Ch. **Martinens,** 419
Dom. **Martin-Faudot,** 776
Martin-Luneau, 994
EARL Daniel et Annie **Martinot,** 675
Martin-Pierrat, 825
Laurent **Martray,** 170
Anne-Marie **Marty,** 1109
Marie-Odile **Marty,** 876
Champagne **Marx-Barbier et Fils,** 746
Jean-Luc et Jean-Albert **Mary,** 1045
Nelly **Marzelleau,** 994
GAEC **Marzolf,** 102
Dom. Paul **Mas,** 1273
Dom. du **Mas Amiel,** 1228
Dom. **Mas Bécha,** 855
EARL du **Mas Bleu,** 893
SARL Ch. **Masburel,** 959
Mas Cristine, 1225
GAEC **Massa,** 884
Sylvain **Massa,** 871
Dom. **Masse Père et Fils,** 656 670
Yves **Massicot,** 1018
Dominique **Massin,** 747
Thierry **Massin,** 747
Champagne Rémy **Massin et Fils,** 747
Jérôme **Masson,** 650
Marie-France **Masson,** 1155 1238
Marie-Gabrielle **Masson,** 319
Michel-Pierre **Massonie,** 283
Jean-Luc **Matha,** 934
Dom. **Mathes,** 1299
Alain **Mathias,** 473
Béatrice et Gilles **Mathias, 674** 689
Adrian **Mathier,** 1316
Champagne Serge **Mathieu,** 747
Dom. **Mathieu,** 1196
Jean-Louis **Mathieu,** 1319
SARL champagne **Mathieu-Princet,** 747
SCEA Bernard **Mathon,** 187
EARL Yves **Matignon,** 1019
Dom. Des **Matines,** 976 1040 1046
Bruno **Matray,** 178
Denis **Matray,** 193
GAEC Daniel et Lilian **Matray,** 183
Hoirie **Matringe, 1309**
Daniel **Matthey,,** 1308

Matton-Farnet, 877
GFA Dom. **Mau,** 208
SA Yvon **Mau,** 216 241 327 329 332 334 354 371 957
Jacques **Maubert,** 1208 1283
Ch. **Maucaillou,** 423 424
Ch. **Maucamps,** 407
Prosper **Maufoux,,** 632 686
Jean et Alain **Maufras,** 383
Jean-Paul **Mauler,** 128
André **Mauler et successeurs,** 91
GAEC **Maulin et Fils,** 233
Benoît **Maulun et Nicole Dupuy,** 346
Philippe et Thérèse **Maurel,** 847
SARL Vignobles Alain **Maurel,** 850
Maurel Vedeau, 1275
Albert **Maurer,** 102 142
Héritiers **Maurèze,** 328
Jean-Michel **Maurice,** 594
Michel **Maurice,** 146
EARL **Mauroy-Gauliez,** 1122
SCAV Les Vignerons de **Maury,** 1227
Louis **Max,** 554 666
Champagne **Maxim's,** 717
Jean-Luc **Mayard,** 1193
SA Les Fils **Maye,** 1313
Simon **Maye et Fils, 1316**
Marlène et Alain **Mayet,** 954
Maymil, 812
Ch. **Mayne-Guyon,** 251
SCEA du **Mayne-Vieil,** 207 265
J.-C. **Mayordome,** 1160
Benjamin **Mazeau,** 212
Pascal **Mazet,** 747
Anne **Mazille,** 197
Dom. **Mazoyer,** 658
M. **Mazzoleni,** 1285
Jean-Pierre **Méchineau,** 984
Serge **Méchineau,** 985
Christian **Médeville,** 371
SCEA Jean **Médeville et Fils,** 222 233 370 441
Méditerroirs, 855
Compagnie **Médocaine des Grands Crus,** 431
Christian **Meffre,** 1185
EARL Jean-Pierre et Martine **Meffre,** 1186
Gabriel **Meffre,** 1158 1165 1174 1184 1189 1196 1200 1235
Vignobles **Meffre,** 426 438
Vignobles **Méhaye,** 398
Béatrice **Méhaye et Lucas Schutte,** 923
Andreas **Meier & Co,** 1326
Raymond **Meister,** 1320
Michel **Meistermann,** 112
Dom. du **Meix-Foulot,** 667
Françoise et Nicolas **Melin,** 686
Jean-Jacques et Liliane **Melinand,** 182
Pascal **Mellenotte,** 482
Alphonse **Mellot,** 1132
SA Joseph **Mellot,** 1124 1127 **1257**
Vignobles Joseph **Mellot Père et Fils,** 1120
Dom. L. **Menand Père et Fils,** 667
Hervé **Ménard,** 1065
SCEA Vignobles **Ménard,** 359 442 444
J.-P. **Ménard et Fils,** 1244
Cantina sociale **Mendrisio,** 1331
SCEA des Vignobles **Menguin,** 349
Gustave et Yann **Menthonnex,** 1306
Ch. De **Mercey,** 647 664
A. et Ph. **Mercier,** 860 1224
Champagne **Mercier,** 748
Vignobles **Mercier Frères,** 1000
SCEA de **Mercurio,** 818
SCA du Clos de **Mérienne,** 1262
SCV les vignerons **Mérinvillois,** 842
Antoine **Merlaut,** 403
Claude **Merle,** 184
Eric **Merle,** 258
SCEA **Merle et Fils,** 1140
SCEA des Vignobles Francis **Merlet,** 281
Thierry **Merlin-Cherrier,** 1132
Bernard **Mermoud,** 1316
Mertens-Sax, 1209
Dom. **Mesliand,** 1055 1059
Guy **Meslin,** 311
Robert **Meslin,** 522
Jean-Claude **Mestre et Yannick Gasparri,** 1194
Brigitte **Mestreguilhem,** 211
GAEC **Mestreguilhem,** 317
Mestre Père et Fils, 650
Hermine, Daniel et Lionel **Métaireau, 988**
Les domaines Louis **Métaireau G.I.E,** 995
GAEC **Métivier,** 1091
Jacques **Métral,** 790
Bernard **Métrat,** 179
Sylvain **Métrat,** 172
Dom. Gérard **Metz,** 102
Hubert **Metz,** 138
Metz-Geiger, 91
Olivier **Metzinger,** 359
Didier **Meuneveaux,** 585
Corinne et Max **Meunier, 1055**
Jean **Meunier,** 1111
Jean-Baptiste **Meunier,** 1185
Vincent **Meunier,** 667
Benoît **Meyer,** 232
Denis **Meyer,** 91
Gilbert **Meyer,** 112
Jean-Luc **Meyer,** 96
EARL Dom. René **Meyer et Fils,** 102 **123**
Meyer-Fonné, 91
Meylan et Cavé, 1308
SCEA des vignobles **Meynard,** 342
SCEA **Meynard et Fils,** 221 230
SCEA Vignobles Alain **Meyre,** 405 412
Ch. **Meyre SA,** 407
Gilles **Méziat,** 178
GAEC **Méziat-Belouze,** 159
Méziat Père et Fils, 177
Vignobles E. F. **Miailhe,** 410
Annabelle **Michaud,** 1056
EARL **Michaud,** 980 1055
René **Micheau-Maillou,** 300
Bruno **Michel,** 748
Johann **Michel,** 1180
SARL champagne Paul **Michel,** 748
Dom. **Michelas Saint Jemms,** 1175
SCEV champagne Guy **Michel et Fils,** 748
Dom. René **Michel et ses Fils,** 680 682
Jean-Louis **Michelland,** 893
Michellod et Romaine Blaser, 1315
Dom. **Michelot Mère et Fille,** 629
M.-J. **Michon et Fils,** 1001
EARL **Migliore,** 876 1282
Michel **Migné,** 253
Charles **Mignon,** 748
Pierre **Mignon,** 748
Jean-Paul **Migot,** 955
Champagne **Milan,** 749
SARL **Milens,** 321
SCEV Jean **Milhade,** 242 326
Xavier **Milhade,** 233
Ch. **Milhau-Lacugue,** 847
Paul **Milhe Poutingon, 1224**
Jean-Yves **Millaire,** 260
Paul **Millerioux,** 1133
Franck **Millet,** 1133
Gérard **Millet,** 1133
M. et X. **Million-Rousseau,** 794
EARL Bernard **Millot,** 632
Albane et Bertrand **Minchin,** 1115
GAEC Claude **Minier,** 1100
Ch. de **Minière,** 1065
Dom. Christian **Miolane,** 165
Raymond **Miquel,** 1237
Cibaud SA ch. **Miraflors et Belloch,** 1222
SCEA Vignobles **Mirande,** 342
Maison **Mirault,** 1091
SA Ch. **Miraval,** 899
Ch. **Mire L'Etang,** 830
Nicolas **Mirouze,** 808
Les Vignerons de **Mistral,** 893 1285
Gilbert et Danielle **Mistral-Monnier,** 1321
Frédéric **Mochel,** 120
SCEA Jos. **Moellinger et Fils,** 91 126 137
Champagne **Moët et Chandon,** 749
Moillard, 1196
Dom. **Moillard,** 488 629
Jean-Yves et François **Moine,** 1244
SCE **Moine Vieux,** 314
Moingeon, 497
EARL Elie **Moirin,** 1043
Dom. Des **Moirots,** 658 672
Dom. **Moissenet-Bonnard,** 473 610
EARL Armelle et Jean-Michel **Molin,** 482 529
SCEA **Molinari et Fils,** 371
Bernard **Molle,** 957
Dom. Maison **Mollex,** 797
Pierre **Mollier,** 1291
Dom. Antoine **Moltès et Fils,** 102
Mommessin, 165 473 546 650
Pierre **Monachon, 1308**
SA Ch. **Monbousquet,** 314
Ch. **Moncontour,** 1092
Champagne Pierre **Moncuit,** 749
Champagne **Mondet,** 749
SCEA **Monestier La Tour,** 953
Dom. **Mongeard-Mugneret,** 529 557 558 561
Patrick **Monjanel,** 381
Dom. de **Monluc, 1266**
Jean-Guy **Monmarthe,** 750
SA **Monmousseau,** 1056 1092
Dom. René **Monnier,** 601 610 618 654
SCEA du dom. **Monrozier,** 180
Dom. de **Mons, 1247**
SC Ch. de **Mons,** 355
Lisca **Mont,** 1244
Cave coopérative de **Montagnac,** 832
Thomas **Montagne,** 1211
Champagne **Montaudon,** 750

SCI Dom. de **Montauzan**, 159
Les Vignerons de **Montblanc**, 1276
Dom. de **Mont d'Hortes**, 1276
Dom. du **Mont d'Or SA-Sion, 1316**
Gérard **Monteil**, 172
Jean de **Monteil**, 291 337
Jean-Luc et Claude **Monteillet**, 1205
SCEA Dom. de **Monteils**, 452
Bruno **Montels**, 923
SCEA **Montemagni**, 908 1239
Claire de **Montesquieu**, 1264
SCEA des vignobles **Montesquieu**, 366
Pierre **Montessuy**, 159
Henri et François **Montet**, 1307
Vignobles Antoine et Stéphane **Montez**, 1165 1167 1172
SC Ch. De **Montfort**, 1056 1092
Dom. de **Montgenas**, 180
SCEA Ch. De **Montguéret**, 977 1016 1040
Hubert de **Montille**, 610 615
SARL de **Montlambert**, 1244
Cave Coop. des Producteurs de **Montlouis-sur-Loire**, 1085
Dom. de **Montmain**, 488
Dom. E. de **Montmollin Fils**, 1324
SA Cave de **Montorge**, 1315
SCEA de **Mont-Pérat**, 222 356 **359**
Cave de **Montpeyroux**, 828
Les Vignerons de **Mont-près-Chambord, 1096** 1098
Cave **Montravel Sigoulès**, 954 960
SCEA Baronne Philippe de **Montremy**, 898
Lycée prof. agricole de **Montreuil-Bellay**, 1041
GAEC Michel et Lionel **Montroussier**, 1113
SCA du **Mont Saint-Jean**, 902 1281
Les Producteurs du **Mont Tauch**, 839
Vignerons du **Mont Tenarel d'Octaviana**, 813
SCA du Ch. **Montviel**, 276
Guy et Jean-Pierre **Morandière**, 1261
Gérôme et Dolorès **Morand-Monteil**, 966
Guillaume **Mordacq**, 1035
Béatrice et Patrice **Moreau**, 1076
Catherine **Moreau**, 980
Daniel **Moreau**, 750 **769**
Dominique **Moreau**, 1065
EARL **Moreau**, 327
GAEC **Moreau**, 996
Louis **Moreau**, 509
Michel **Moreau**, 834 1275
SCEV **Moreau**, 277
J. **Moreau et Fils**, 515 523
GAEC **Moreau-Naudet et Fils**, 515 519
Dominique **Morel**, 163 185
Pascal **Morel Père et Fils**, 750 770
Dom. **Morel-Thibaut**, 785
Roger **Moreux**, 1133
Dom. Michel **Morey-Coffinet**, 473 641
Eric **Morgat**, 1022
SCEA Vignobles **Moriau**, 389
Albert **Morin**, 830
Eric **Morin**, 177
Guy **Morin**, 177 178 264
Jean-Paul **Morin**, 1064
Michel **Morin**, 486 499
Olivier **Morin**, 474 477
Raymond **Morin**, 1005 1011
Morin Père et Fils, 578
André **Morion**, 1172
Didier **Morion**, 1172
Morize Père et Fils, 750
Champagne Pierre **Morlet**, 750
Régis **Moro**, 344
Thierry **Moro**, 340
Daniel et Jean-Yves **Moron**, 979 1014
EARL **Moron**, 1006 1016
Morot-Gaudry, 493 650
Dom. Thierry **Mortet**, 535 549
J.J. **Mortier et Cie**, 222
GAEC du mas de **Mortiès, 830**
de **Mortillet**, 827
Sylvain **Mosnier**, 504
GAEC Daniel et Thierry **Mosny**, 1083
Jacques **Mossé, 856 1225** 1278
Isabelle **Motte**, 279
EARL Dom. de **Motte Charette**, **995**
Ets Jean-Pierre **Moueix**, 259 264 273 274 303 313
Jean-Michel **Moueix**, 269 270
Nathalie et Marie-José **Moueix**, 276 302
Ch. du **Moulin à Vent**, 190
SCEA du **Moulin Blanc**, 292
GAEC du **Moulin Borgne**, 246
SCEA **Moulin de Sanxet**, 957
SC Ch. du **Moulin Noir**, 327
Dom. **Moulin-Tacussel**, 1196
SCEA Philippe **Mounet**, 333
Jean et Jérémie **Mourat**, 1001
Dom. de **Mourchon**, 1160
Marceau **Moureau et Fils**, 843
Xavier **Mourier**, 1168
Patrick **Mourlan**, 898
EARL Cyril et Jacques **Mousset**, 1194
EARL Vignobles Guy **Mousset et Fils**, 1192
Corinne **Moutard**, 750
Champagne **Moutard-Diligent**, 751
Champagne Jean **Moutardier**, 751
André et Jean-Claude **Mouton**, 1165 1167
SCEA Gérard **Mouton**, 670
Ch. **Mouton Rothschild**, **430**
SCEA **Moutoue Fardet**, 944
SCEA Daniel **Mouty**, 242 270 271 294 321
Yvon **Mouzon**, 751
EARL **Mouzon-Leroux**, 751
Caves **Mövenpick SA**, 1329
Dominique **Moyer**, 1085
EARL Hubert et Renaud **Moyne**, 778
Luc et Elisabeth **Moynier**, 826
SCEA Patrick et Sylvie **Moze-Berthon**, 271 331
Jean **Muchada**, 940
Denis et Dominique **Mugneret**, 555 557 561 562 567
Jacques-Frédéric **Mugnier**, 549
Vignobles François **Muhlberger**, 121
Jules **Muller**, 103
G.-H. **Mumm et Cie**, 751
Jérôme **Muratori**, 1147
Francis **Muré**, 91 139
Régis **Mureau**, 1065
SCA de **Muret**, 408
Les Vignerons du **Muscat de Lunel**, 1236
EARL des Vignobles J.-F. **Musset**, 291
Jacques-Charles de **Musset**, 361
Vignobles Jean-Pierre **Musset**, 280
Vignoble **Musset-Roullier**, 1007 1021
Jean et Geno **Musso**, 651
Vignobles **Mussotte**, 453
Lucien **Muzard et Fils**, 651
Jean-Marie **Nadau**, 210
Pierre **Naigeon**, 535
Ch. **Nairac**, 447
Dom. de **Nalys**, 1197
Champagne **Napoléon**, 751
Michelle **Nasles**, 891
Cave Roger **Naudet**, 1129
Dom. Henri **Naudin-Ferrand**, 482 489 494 **572**
Gebrüder **Nauer AG**, 1326
GAEC **Nau Frères**, 1065
Thierry **Navarre**, 847
Philippe de **Nays**, 939
Vivien de **Nazelle**, 1268
SCEA Régis **Neau**, 980 1046
EARL **Nebout**, 1111
Nebout et Fils, 278
Néel et Chombart, 224
Cave coop. de **Neffiès**, 820
Guy **Négrel**, 868
Michel **Nesme**, 163
Dom. Gérard **Neumeyer**, 122
Jean-François **Nevers**, 776
Christian et Philippe **Neys**, 360
Ets **Nicolas**, 1265
SC Héritiers L. **Nicolas**, 272
SCA **Nicolas et Fils**, 1044
EARL du dom. **Nicolas Père et Fils**, 483 651
Guy et Frédéric **Nicolet**, 1192
Pascal **Nigay**, 164
Ch. **Noaillac**, 396
GAEC du **Noble Cep**, 912
SCEA Dom. Michel **Noëllat et Fils**, 544 549 555 561 567
SCEA **Noël Père et Fils**, 259 262
EARL Charles **Noll**, 112 125 **128**
GFA Jean-Pierre **Nony**, 312
GAEC Dominique **Norguet**, 1099
Jean-Claude et Pierre-Yves **Nouet**, 998
Alain **Nouhant**, 411
SCEA Ch. **Nouret**, 396
Dom. Jacques **Noury**, 1100
EARL Dom. Claude **Nouveau**, 651 654
SCEA Vignobles J.-J. **Nouvel**, 299 304
SCA Ch. des **Noyers**, 1012
Dom. **Nudant**, 474 575 578 585
Benoît de **Nyvenheim**, **Arnaud Laroque**, 234
Cave vinicole d' **Obernai**, 120
Dom. des **Obiers**, 610
SA **Obrist**, 1305
Vincent **Ogereau**, 1012 **1030**
Ogier-Caves des Papes, 1164 1176 1178 1190
Lycée agricole **Oisellerie**, 1243
Confrérie des Vignerons de **Oisly et Thésée**, 1054 1096

Confrérie des Vignerons de **Oisly-Thésée,** 978
GAEC De **Oliveira Lecestre,** 504 509 515
EARL Alain **Olivier,** 995
EARL Dom. **Olivier,** 1071
Jean-Marie **Olivier,** 1197
SCA Jean **Olivier,** 1199
Dom. **Olivier-Gard,** 489
Olivier Père et Fils, 593 651
Ollet-Fourreau, 271 282
Dom. **Ollier-Taillefer,** 837
Marc **Ollivier,** 986
Association viticole d' **Ollon,** 1307
Les Vignerons d' **Olt,** 933
Alain **Omasson,** 1066
Bernard **Omasson,** 1066
Gérard **Opérie,** 442
Lycée viticole d' **Orange,** 1196
Champagne Charles **Orban,** 752
GFA **Orenga de Gaffory,** 908 1239
Jean **Orliac,** 829
Jérôme d' **Ormesson,** 1273
Jean-Pierre et Jean-François **Orosquette,** 841
SA Caves **Orsat, 1317**
Ch. d' **Orschwihr,** 103
Cave vinicole d' **Orschwiller-Kintzheim,** 91
François **Orsucci,** 902
Patricia **Ortelli,** 898
EARL Jean-François **Ossard,** 209
SA Dom. **Ott,** 889
Dom. François **Otter et Fils,** 92 103 **118**
Dom. **Oudin,** 515
Champagne **Oudinot,** 752
Alain **Oulié,** 945
Pascal **Oury,** 146
Pierre **Overnoy,** 776
Didier **Pabiot,** 1121
Jean Pabiot et Fils, 1120
Dom. Roger **Pabiot et ses Fils,** 1121 1122
Pacaud-Chaptal, 826
Raymond **Paccot,** 1306
Gérard **Padiou,** 1260
Jean-Louis **Page,** 1078
Alexandre **Pagès,** 833
Jean-Pierre **Pagès,** 1284
Marc **Pagès,** 394 850
SCEA **Pagès Huré,** 856 1225
EARL James **Paget,** 1056 1060 1079
Champagne Bruno **Paillard,** 752
Pierre **Paillard,** 769
EARL Dom. Charles **Pain,** 1079
Martine **Palau,** 358
Ch. **Palmer,** 419
Champagne **Palmer et C,** 752
SA Ch. **Paloumey,** 408 423
Ch. de **Pampelonne,** 877
SCEA Ch. De **Panery,** 1150 1274
Jean **Panis,** 840
Louis **Panis,** 814
Eric **Pansiot,** 483 489
Thierry **Pantaléon,** 1071
Fabien et Cathy **Paolini,** 902
Claude **Papin,** 1022 1031 1035
EARL Agnès et Christian **Papin,** 1020
Catherine **Papon-Nouvel,** 341
EARL Albert **Paquereau,** 1259
Paques et Fils, 753
Jean-Paul **Paquet,** 146 677 685 689
Maison François **Paquet,** 186
Michel **Paquet,** 682 694
Paquette, 870
Cave du **Paradou,** 1317
SCE Vignobles **Parage,** 365
EARL A. **Parcé,** 1232
SCA **Parcé et Fils,** 863
SCEA du **Parc Saint-Charles,** 1150
François de **Pardieu,** 256
Pardon et Fils, 180 192
Chantal **Parent,** 618
Dom. **Parent,** 575 611
Dom. Annick **Parent,** 615
François **Parent,** 562 600 608
Pierre **Parent,** 1098
Alain **Paret,** 1172
Bernadette **Paret,** 330
Chantal **Pargade,** 290
Dom. **Parigot Père et Fils,** 494 594 602 611 615
Christophe **Paris,** 163
Gérard et Laurent **Parize,** 670
Pascal, 486 1235
EARL **Pascal,** 888
SARL Dom. Jean **Pascal et Fils,** 621 632
Michel **Pascaud,** 449
Laurence et Marc **Pasquet,** 304
Marc **Pasquet,** 254
Patrick **Pasquier,** 1043
Ph. **Pasquier-Meunier, 812**
Hervé **Passama,** 858 1226
Bertrand de **Passemar,** 962
Bernard et Monique **Passot,** 186
Yves **Pastourel et Fils,** 1233 1234
GAEC **Pastricciola,** 908
SA **Patache d'Aux,** 397
Sylvain **Pataille,** 477
Denis **Patoux,** 753
Patriarche Père et Fils, 594 686
EARL Jean **Pauchard et Fils,** 601
Arnaud **Pauchet,** 237
Pascal **Pauget,** 674
Jacques **Paul,** 898 1286
Alain **Paulat,** 1109
Les Clos de **Paulilles,** 864 1219
Gérard **Pautier,** 1244
Alain **Pautré,** 509
Guy **Pauvert,** 968
Pascal **Pauvert,** 983
SCEA Jean-Pierre **Pauvif,** 250
EARL Dom. Régis et Luc **Pavelot,** 483 581
Jean-Marc **Pavelot,** 581 594
SCA **Pavie-Decesse,** 316
SCEA Ch. **Pavie Macquin,** 316
Dom. Du **Pavillon,** 578 585 **588**
SCEA Ch. du **Pavillon,** 443
SCAV **Pavillon de Bellevue,** 397
Les Vignerons du **Pays Basque,** 936
SC Ch. **Pech-Latt,** 812
GAEC de **Pécoula,** 962
SCEA Ch. **Pédesclaux,** 430
Pehu-Simonet, 753
Robert **Peigneaux,** 156
Franck **Peillot,** 799
Jean **Peitavy,** 1273
Dom. **Pélaquié,** 1150 1200
SCEA **Pélépol Père et Fils,** 879
Michel **Pelissie,** 229
Patrick **Pelisson,** 1209
Dom. Henry **Pellé,** 1116
Jean-Pierre **Pellegrin,** 1321
Ets **Pellerin,** 158
Florence **Pelletier,** 1293
Jean-Christophe **Pelletier,** 1073
Jean-Michel **Pelletier,** 753
J. **Pélotier et Fille,** 278
Vignobles du **Peloux,** 1189 1212
Philippe **Peltier,** 780
Vincent **Peltier,** 1092
Ch. de **Pena,** 1222
Patrick **Penaud,** 246
Annick **Penet,** 1066
SCEA Ch. de **Pennautier,** 850
François **Péquin,** 978 1058
Vincent **Péquin,** 1059
SCEA Dom. **Percher,** 1007
EARL **Perdriaux,** 1059 1093
Dom. du **Père Guillot,** 818
Dom. du **Père Pape,** 1194
Jean-Baptiste de **Peretti della Rocca,** 904
Gilles **Perez,** 159
Ch. **Périn de Naudine,** 370
Périnet et Renoud-Grappin, 679
Champagne Jean **Pernet,** 753
Pernet-Lebrun, 754
Frédéric **Pérol,** 159
GFA de **Perponcher,** 206 221 230 345
Jacques **Perrachon,** 181
Pierre-Yves **Perrachon,** 174 188
Dom. René **Perraton,** 680 690
Georges et Monique **Perraud,** 190
Jean-François **Perraud,** 183
Stéphane et Vincent **Perraud,** 995
André **Perret,** 1167 1172
Catherine **Perret,** 211
Marcel **Perret,** 686
SA Champagne Joseph **Perrier,** 754
Jean **Perrier et Fils,** 796
Alain-Dominique **Perrin, 915**
Christian **Perrin,** 578
Dom. Roger **Perrin,** 1150
EARL Champagne Daniel **Perrin,** 754
Jean-Charles **Perrin,** 156
Philibert **Perrin,** 379
Vincent **Perrin,** 611
EARL Jacques et Guillaume **Perromat,** 448
Jacques **Perromat,** 362
Henri **Perrot-Minot,** 540 542
Robert **Perroud,** 170
Ch. de **Persanges, 789**
Gérard **Perse,** 315
Isabelle et Benoist **Perseval,** 754
Gilles **Persilier,** 1106
Dominique **Pertois,** 754
GAEC Ch. **Pesquié,** 1209 1282
EARL Philippe **Pétard,** 993
Champagne Pierre **Peters,** 754
Jean-Louis **Pétillat,** 1110
Camille **Petit,** 1064
Dom. Désiré **Petit, 777** 1251
Franc **Petit,** 872
Gérard et Marcel **Petit,** 780 788
Jack **Petit,** 1004
James **Petit,** 1063
Jean-Michel **Petit,** 775
Vignobles Jean **Petit,** 313 339
Vignobles Marcel **Petit,** 341
EARL **Petiteau-Gaubert,** 999
SARL sté nouvelle **Petite Bellane,** 1151 1160
SCE Ch. **Petit-Gravet,** 316
Petitjean-Pienne, 754
EARL Dom. du **Petit Paris,** 955
SC du Ch. **Petrus, 277**
SARL Ch. **Peyrabon,** 408 429

SA **Peyraud,** 889
F. Guy et S. **Peyre,** 845
EARL Dom. du **Peyrie,** 916
SCEA des Domaines **Peyronie,** 427
Christophe **Peyrus,** 822
EARL Vignobles **Peyruse,** 398
Alain **Peytel,** 166
Les Vignerons de **Pézilla,** 853 861 **1225** 1232
Cave de **Pfaffenheim,** 103
Ch. **Phélan Ségur,** 435
Gilles **Phétisson,** 1149
SCEA **Philip Frères,** 1268
EARL **Philip-Ladet, Eric Philip,** 1151
Maurice **Philippart,** 755
SA Champagne **Philipponnat,** 755
Philippoz Frères, 1317
SCEA du **Pialentou,** 924
Piat, 232
GAEC **Piazzetta,** 952
EARL Pascal **Pibaleau,** 1060
Les Vignerons du **Pic,** 1274
Louis **Picamelot,** 499 667
Michel **Picard,** 153
Jean-Christophe **Piccinini,** 842
EARL Jean-Marc **Pichet,** 1066
Christophe **Pichon,** 1168
Ch. **Pichon-Bellevue,** 352
SCI Ch. **Pichon-Longueville** 431
SCEA Daniel **Picot,** 451
GFA Ch. **Picque Caillou,** 383
Jean-Marie **Pidault,** 679
GAEC Bruno et Jean-Michel **Pieaux,** 1091
Ch. **Piéguë,** 981
GFA Philippe **Pieraerts,** 355
Lina **Pieretti Venturi, 903** 1239
EARL Ch. **Pierrail,** 226 241
Jean-Michel et Marie-Josée **Pierre,** 449
SA **Pierrel et Associés,** 749 755
Dom. des **Pierres Rouges,** 676
François **Pierson-Cuvelier,** 755
GAEC de Montgrignon **Pierson Frères,** 1293
Maguy et Laetitia **Piétri-Géraud,** 864 1219 1232
Dom. André **Pigeat,** 1124
Guy **Pignard,** 157
Jean-Claude **Pigneret,** 672
Dom. **Pignier,** 785
SCA Ch. **Pigoudet,** 894
Max et Anne-Marye **Piguet-Chouet,** 621
SCE **Piguet-Girardin,** 621 629 641 651
Alain **Pillet,** 1261
Fernand et Laurent **Pillot,** 632 641
EARL Vignobles **Pilotte-Audier,** 310
SCA Dom. de **Pimpéan,** 1008
GAEC Michel et Damien **Pinon,** 1090
Thierry **Pinquier,** 474 602 619
Rodolphe de **Pins,** 1150
SCEA Dom. **Pinson,** 515 520
GAEC Georges et Thierry **Pinte,** 483 594
Piper-Heidsieck, 755
Dom. Pierre et Franck **Piquemal,** 857 861 1232
SNC Ch. **Pique-Sègue,** 963
Dominique **Piron,** 186
François **Pironneau,** 979
Auguste **Pirou,** 785
SCEA Edouard **Pisani-Ferry,** 1047
Pitault-Landry et Fils, 1064
Jean-Luc **Piva,** 217
SCEA Dom. Château de **Pizay,** 187
Sté des vins de **Pizay,** 164
EARL Robert **Plageoles et Fils,** 924
Producteurs **Plaimont,** 943 948 1265 1266
EARL de **Plaisance,** 930
SCEA ch. **Plaisance,** 241 317
SCEV Robert **Planchon et Fils,** 1136
Les Vignerons de **Planèzes-Rasiguères, 861**
GAEC **Plantade Père et Fils,** 379
EARL **Plantevin Père et Fils,** 1151
Jacques **Plasse,** 1113
EARL **Plou et Fils,** 1059
Champagne **Ployez-Jacquemart,** 755
Marie-Pierre **Plumet,** 1145
Nadine **Pocci-Le Menn,** 335
Dom. **Pochon,** 1175 1289
Dom. du **Point du Jour,** 180
Vincent **Pointeau-Langevin,** 1294
Jean-Michel **Poiron,** 998
SA Henri **Poiron et Fils,** 988 1260
EARL **Poitevin,** 397
EARL André **Poitevin,** 194
SCEA Vignobles Guy **Poitou,** 334
Philippe **Poivey,** 955
Ange **Poli,** 903
Marie-Brigitte **Poli-Juillard,** 909
SA **Pol Roger,** 756
SCEA du Ch. **Pomeaux,** 277
Jean-François **Pommeraud,** 249
Pommery, 756
Denis **Pommier,** 504
EARL Gaëtan **Poncé et Fils,** 827
Philippe Edmond **Poniatowski,** 1086
Ponnaz et Fils, 1308
Albert **Ponnelle,** 581 602 611 663
Gilles **Pons,** 1263
Jacques **Pons,** 836
Ponsard-Chevalier, 494 615 651 654
SCEA **Pons-Massenot,** 876
Dom. **Ponsot,** 541 545
Vincent **Pont,** 619 621
Jacques de **Pontac,** 453
Bernard **Pontaud,** 1149
SCA Les Chais du **Pont d'Arc,** 1291
Philippe **Pontié,** 916
Dom. **Pontonnier,** 1067 1071
GFA Henri **Ponz,** 246
A. **Porret et Fils,** 1324
EARL Dom. Marc **Portaz,** 794
Porteilla, 1106
EARL Philippe **Portier,** 1124
SARL Virgile **Portier,** 756
Union de viticulteurs de **Port-Sainte-Foy,** 964
Dom. **Pouderoux,** 1228
Roger **Pouillon et Fils,** 756 769
EARL Robert **Pouilloux et ses Fils,** 1244
Caves de **Pouilly-sur-Loire, 1120**
Jean-Louis **Pouizin,** 1147
Dom. du **Poujol,** 1277
Alain **Poulet,** 1203
Poulet Père et Fils, 466 546 624
Dom. **Poulleau Père et Fils,** 604 615
GFA de **Poulvère et Barses,** 962
GAEC **Poupard et Maury,** 1009 1019
Poupat et Fils, 1109
EARL Dom. du **Pourpre,** 190
SCEA Vignobles **Pourreau,** 395
Dom. **Pouverel,** 878
Marcel **Poux,** 777
GAEC **Pradelle,** 1176
Jean-Pierre et Marc **Pradier,** 1106
Frédéric **Prain,** 503 513
GFA de **Praticcioli,** 1281
Domaines **Prats,** 432 433 435
Ernest **Preiss,** 103
SARL **Preiss-Zimmer,** 103 142
Dom. Du Ch. De **Premeaux,** 489 568
GFA Ch. de **Pressac,** 317
Jean-Charles **Prévosteau,** 396
Yannick **Prévoteau,** 756
Dom. Jacky **Preys et Fils,** 1101
Dom. Jacques **Prieur,** 558 602 615
Dom. **Prieur-Brunet,** 615 651
Les Vignerons du **Prieuré,** 190
SCEA du **Prieuré,** 1116
Ch. **Prieuré-Lichine,** 226 **420**
SCA Ch. **Prieuré Malesan,** 251
Dom. Paul **Prieur et Fils,** 1134
SA Pierre **Prieur et Fils, 1135**
Primo Palatum, 453 941
Dom. **Prin,** 576 585
Champagne **Prin Père et Fils,** 757
Cave de **Prissé-Sologny-Verzé,** 499 680 693
Eric **Prissette,** 319
Prodiffu, 206 216 217 234
Producta SA, 349 965
Union des **Producteurs,** 1214
EARL **Proffit-Longuet,** 1010 1015
Jean-Luc **Prolange,** 193
F. Protheau et Fils, 468 665
Christian **Provin,** 1071
Provins Valais, 1317 **1318**
Bernard **Prudhon,** 645
Henri **Prudhon et Fils,** 645
Dom. Jean-Pierre et Laurent **Prunier,** 619 621
Michel **Prunier,** 499
Vincent **Prunier,** 624 641
Dom. Pascal **Prunier-Bonheur,** 622 625
Philippe **Prunier-Damy,** 619 622 625
GAEC Dom. **Puech,** 831
SCEA Ch. **Puech-Haut,** 832
GAEC **Pueyo Frères,** 290 294
Jacques **Puffeney,** 777
SCEA Ch. du **Puget,** 878
François **Pugibet,** 1279
Union de producteurs de **Pugnac,** 248
Didier **Puillat,** 156
EARL du Ch. de **Puisseguin-Curat,** 335
Les producteurs réunis de **Puisseguin et Lussac-Saint-Emilion,** 327
Les producteurs réunis de **Puisseguin** 211
Jean-Luc **Pujol,** 857 **1224**
José **Pujol, 856** 1278
Bernard **Pujol et Hubert de Bouard,** 389
August **Pünter,** 1329

Fruitière vinicole de **Pupillin,** 777 788 1252
EARL Ch. de **Putille,** 1021
SC Ch. de **Puygueraud,** 344
SCEA Ch. **Puy Guilhem,** 266
GAEC **Puyol,** 291
GAEC Jean **Puyol et Fils,** 286 950
SCEA **Puy-Servain,** 964
Jacques **Py,** 863
Roger **Quartironi,** 847
Cave des **Quatre-Chemins,** 1159
Vignoble des **Quatre Roues,** 1059
SARL Dom. de **Quattre,** 918
André et Michel **Quénard, 794** 794
Dom. J.-Pierre et J.-François **Quénard,** 794
Les Fils de René **Quénard,** 795
F. **Quentin,** 307
GFA du Ch. **Quercy,** 317
Vignerons du château de **Quéribus,** 813
Michel **Querre,** 315
Jean-Michel **Queyron,** 235
Jean-Michel **Quié,** 401 426
Cave beaujolaise de **Quincié,** 170
SCEA Vignobles **Quinney,** 220
SCEA **Quintin Frères,** 1110
Vignobles Jérôme **Quiot,** 1284
Gérard **Quivy,** 535
Cave de **Rabastens,** 925 1265
EARL Vignobles **Rabiller,** 406 434
Pierre **Rabouy,** 214
Vignobles **Raby-Saugeon,** 318
Denis **Race,** 516 520
EARL Jean-Maurice **Raffault,** 1079
Julien **Raffault,** 1079
Marie-Pierre **Raffault,** 1076
Raffinat et Fils, 1105
Pierre **Ragon,** 1125
Noël et Jean-Luc **Raimbault,** 1134
Vincent **Raimbault,** 1092
Dom. **Raimbault-Pineau,** 1121
Didier **Raimond,** 757
SCI Ch. **Ramage La Batisse,** 409
David **Ramnoux,** 1244
Henri **Ramonteu,** 938 940
Jean-Daniel **Ramu,** 1320
Marc **Ramu,** 1321
Michel **Raoust,** 902
Philippe **Raoux,** 244
Dom. **Rapet Père et Fils,** 581 585 588 594 602
Jean **Rapp,** 85
Olivier **Raquillet,** 667
EARL Georges **Raspail,** 1203
Jean-Claude **Raspail,** 1203
Ch. **Rasque,** 878
Didier **Rassat,** 1123
Cave de **Rasteau,** 1160 1238
Les Vignerons de **Rasteau et de Tain-l'Hermitage,** 1172 1202
Les Vignerons de **Rasteau et de** 1179
SCEA Dom. des **Ratas,** 1109
SCEA Ch. **Ratouin,** 277
Marius **Rault,** 1085
SCI du **Raux,** 409
Union de producteurs de **Rauzan,** 210 215 244 349
SCI Ch. **Rauzan-Gassies,** 420
Ch. **Rauzan-Ségla, 420** 420
Ravaille, 823
Rémy **Ravaute,** 893 1285
EARL Alain **Ravier,** 167
EARL Olivier **Ravier,** 173
Philippe **Ravier,** 795
Cave François **Ray,** 1111
Denis **Raymond,** 1152
Yves **Raymond,** 414
SCEA Paul **Raymond et Fils,** 1269
SC du Ch. de **Rayne Vigneau,** 453
Cave du **Razès, 851**
SCEA Ch. **Réal d'Or,** 878
Laurent **Rebes,** 390
Michel **Rebourgeon,** 611
Daniel **Rebourgeon-Mure,** 474 602 611 **616**
NSE Dom. Henri **Rebourseau,** 535 537 542 555
SA Michel **Redde et Fils,** 1120 1122
Alain **Reder,** 832
Pascal **Redon,** 757
EARL Ch. **Redortier,** 1185
Famille **Reggio,** 894
André **Regin,** 121
Bernard **Réglat,** 451
EARL Vignobles Laurent **Réglat,** 360 370 442
Guillaume **Réglat,** 451
SCEA Yvan **Réglat,** 443
Régnard, 510 516 520
François **Regnard,** 975 1018
Bernard **Regnaudot,** 652 654
Jean-Claude **Regnaudot,** 652 654
GAEC des vignobles **Reich,** 393
EARL Henri **Reich et Fils,** 397
SCI Ch. de **Reignac,** 242
Reine Pédauque, 546 588 594 616 633
Pierre **Reinhart,** 92 103
Maison Paul **Reitz,** 659
SCEA Dom. des **Relagnes,** 1197
GAEC du **Relais Jourdan,** 823
Pierre-Luc **Remondeulaz,** 1318
Jacques **Remondeulaz et Fils,** 1314
SCE Henri et Gilles **Remoriquet,** 568
Dom. des **Remparts,** 522
Serge **Remusan,** 1142
Bernard **Rémy,** 757
Dom. Louis **Remy,** 537 538
SCEA Roger et Joël **Rémy,** 578 596 602
Remy-Martin, 1245
Rémy-Pannier, 1256
Jacky **Renard,** 483 505 523
SCEV des **Renardières,** 1121
Jacques **Renaudat,** 1127
Valéry **Renaudat,** 1127
EARL Raymond **Renck,** 135
SCEA René **Renon,** 417
Claude **Renou,** 1071
René **Renou,** 1034 1082
Pascal **Renoud-Grappin,** 694
GAEC Joseph **Renou et Fils,** 1012
Renou Frères, 983
EARL Dom. Edmond **Rentz,** 96 104
Bernard **Renucci, 903**
Ch. **Réquier,** 878
EARL Clos **Rességuier,** 917
Resses et Fils, 915
Denis **Retailleau,** 1025
Réthoré, 1016
EARL **Rétiveau-Rétif,** 1037 1043
Otto **Rettenmaier,** 311
Vincent **Reuiller,** 1005
SCE Dom. de **Reuilly,** 1127
SCEA **Reulet,** 810
Damien **Reulier,** 975 1005
Ch. **Revelette,** 894
Xavier **Reverchon,** 785 788 1252
Bernard-Noël **Reverdy,** 1131
Dom. Hippolyte **Reverdy,** 1134
Pascal et Nicolas **Reverdy,** 1134
Patrick **Reverdy,** 811
Reverdy-Cadet et Fils, 1136
Dom. Bernard **Reverdy et Fils,** 1134
Jean **Reverdy et Fils,** 1135
Léon **Revol,** 1176
EARL **Revollat,** 179
EARL les Héritiers de Marcel **Rey,** 1209
Simon **Rey et Fils,** 248
Jean-Marie **Reynard,** 1318
EARL **Reynaud,** 1274
Christian **Reynold de Seresin,** 1141
Guillaume **Reynouard,** 1040
EARL Hubert **Reyser,** 85
SARL du Ch. **Reysson,** 409
La Compagnie **Rhodanienne,** 1162
Cave des Vignerons **Rhodaniens,** 1172
Famille **Ribes,** 930
Jean-Marc **Ribet,** 828
Guy **Ricard,** 1148
SCEA des Vignobles **Ricard,** 229
Ch. **Ricardelle,** 832
SCEA Vignobles Y. **Ricaud-Lafosse,** 446
Dom. Pierre **Richard,** 785 1252
EARL André **Richard,** 1184
GAEC A. **Richard,** 1009 1032
Hervé et Marie-Thérèse **Richard,** 1173
Jean-Pierre **Richard,** 1001
Philippe **Richard,** 1079
SCEA Dominique **Richard,** 989
SCEA Pierre **Richard,** 808
SCE Henri **Richard,** 535 542
SARL Fabienne **Richard de Tournay,** 990
Pierre **Richarme,** 903
Jean-Pierre **Richarte,** 1262
EARL Ch. **Richelieu,** 266
Dom. **Richou,** 1020
GAEC D. et D. **Richou,** 981 1008 1014
Thierry **Richoux,** 522
Lucas et André **Rieffel,** 85
Laurence et Jean-François **Rière,** 1232
Pierre et Jean-Pierre **Rietsch,** 92 112
Les Coteaux du **Rieu Berlou,** 844
Ch. **Rieussec,** 453
Dom. René **Rieux, 925**
SCEV Claude **Riffault,** 1135
EARL Vignobles **Rigal,** 954
Marie **Rigaud,** 835
Champagne Marc **Rigolot,** 757
Rigord, 870
Camille **Rigot,** 1151
SARL **Rijckaert,** 777 785 680
SA Dom. de **Rimauresq, 879**
Jean-Marie **Rimbert,** 848
Rimuss-Kellerei Rahm, 1328
Damien **Rineau,** 996
Ringenbach-Moser, 118
Dom. Armelle et Bernard **Rion,** 474 477 568
Dom. Daniel **Rion et Fils,** 568
Thérèse et Michel **Riouspeyrous,** 936
Michel **Ripoche,** 996
Dom. **De Ris,** 981 1057

Bernard **Rivals,** 314
Ch. **Rivat,** 925
Les Vignobles du **Rivesaltais,** 853 861 1222 1233 1268
François **Rivière,** 986
SCEA VM et Ph. **Rivière,** 364
SCEV Pierre **Rivière,** 298
Vignobles **Rivière-Junquas,** 282
Champagne André **Robert,** 758
EARL Michel **Robert,** 881
EARL Vignobles **Robert,** 227
GFA **Robert,** 805
Stéphane **Robert,** 1180 1181
Fujiko et John **Robertson,** 394
Patrick **Robichon,** 1019
Ch. **Robin,** 341
Jean-Loup **Robin, 333**
Vignobles **Robin-Bretault, 1004** 1028
Dom. Jean-Louis **Robin-Diot,** 1013 1031
Louis **Robineau,** 1013
Michel **Robineau,** 1008 1013 1031
Guy **Robin et Fils,** 516
Caves **Rocbère,** 813
SARL **Roc de Boissac,** 326 335
SCEA du Ch. **Roc de Boisseaux,** 318
Pascale **Roc-Fonvieille,** 1265
Guy **Rochais,** 1023 1031 1035
Bernard et Brigitte **Rochaix,** 1322
Christian **Roche,** 951
SCEA **Roche,** 235
SCEA des Dom. **Roche,** 913
Cave des Vignerons de **Rochegude,** 1151
Dominique **Rocher,** 1161
Eric **Rocher,** 1176
Jean-Claude **Rocher,** 332
SC **Rocher Bellevue Figeac,** 318
SCEA vignoble **Rocher Cap de Rive,** 951
SCEA Vignobles **Rocher Cap de Rive 1,** 305 320 331 335
SCE du Ch. **Rocher Corbin,** 331
Michel et Didier **Roches,** 965
Vincent **Rochette,** 1160
Antonin **Rodet,** 535 540 568 619 629 633 641 669
GFA **Rodet Recapet,** 253 293
Eric **Rodez,** 758
SARL vignobles **Rodrigues-Lalande,** 364
Eloi et Gérard **Roduit,** 1318
Champagne Louis **Roederer,** 758
Lucien **Rogé,** 839
Frédéric **Roger,** 810
SARL Vignobles **Roger,** 847
SCEV **Rogge Cereser,** 758
Les Fils **Rogivue, 1307**
Serge **Roh,** 1318
Jean-Noël **Roi,** 324
La cave du **Roi Dagobert,** 92 120
Rolandeau SA, 998
Ch. **Roland La Garde,** 251
Michel **Rolaz,** 1305
SCEA **Rolet Jarbin,** 221
Dom. **Rolet Père et Fils,** 777
Francis **Rolland,** 1060
Michel et Dany **Rolland,** 262
SCEA Fermière des domaines **Rolland, 275** 318
Willy **Rolli-Edel,** 112
Rollin Père et Fils, 581 589
Rolly Gassmann, 118
Philippe et Thierry **Romain,** 1268
EARL J.-C. **Romain et Fils,** 1264
SCEA Ch. **Romanin,** 896
SARL Dom. des **Romarins,** 1161
André **Romero et Fils,** 1158
Christophe **Romeuf,** 1106
Eric **Rominger,** 133
Jean-Pierre **Rompillon,** 1009 1032
Dom. du **Roncée,** 1080
Gilbert et Kathy **Rondonnier,** 949
EARL Claudius **Rongier et Fils,** 676
Ropiteau Frères, 630 633 641
Cave Les Vins de **Roquebrun,** 848
Geoffroy de **Roquefeuil,** 220
SCE du Ch. **Roquefort,** 227
SCEA Ch. **Roquevieille,** 342
Dominique **Rossi,** 909
Georges **Rossi,** 176
Nicolas **Rossignol,** 581 603 611 616
Pascal **Rossignol,** 1225
Régis **Rossignol,** 616
EARL **Rossignol-Février,** 494 603 616
Ch. **Rossignol-Jeanniard,** 581 616
Dom. **Rossignol-Trapet,** 537 539 603
Cie vinicole Edmond de **Rothschild,** 409 412 423
Domaines Barons de **Rothschild Lafite** 224
Baron Philippe de **Rothschild SA,** 425 448
Dom. **Rotier, 925**
Dom. de **Rotisson,** 160
Noë **Rouballay,** 1056
Pierre **Roubineau,** 350
Dom. du **Roucas de Saint-Pierre,** 1185
Dom. des **Rouet,** 1080
Cave coop. de **Rouffiac d'Aude,** 850
Louis-Philippe et Philippe **Rouge, 1309**
SCEA Dom. **Rouge Garance,** 1161
Ch. **Rouget SGVP,** 278
Michel et Roland **Rougeyron,** 1107
René **Rougier,** 890
EARL **Rouiller,** 1045
Jean-Pierre **Roulet,** 957
EARL Jean-Louis **Roumage,** 238 348
Odile **Roumazeilles-Cameleyre,** 450
Dom. Laurent **Roumier,** 549 551 555
EARL Ch. **Rouquette,** 917
Dom. du **Roure de Paulin,** 681
Dom. Armand **Rousseau,** 537 542
EARL Christian et Anne **Rousseau,** 1033
Jean-Marie **Rousseau,** 282
SCE Vignobles **Rousseau,** 327
Stéphanie **Rousseau,** 277
Vignobles **Rousseaud Père et Fils,** 246
Jacques **Rousseaux,** 758
Rousseaux-Batteux, 758
Jean-Brice **Rousseaux-Fresnet,** 759
Marine **Roussel,** 1199
EARL du Ch. de **Rousselet,** 257
Ch. **Rousselle,** 257
Rémy **Rousselot,** 265 283
Claude **Rousselot-Pailley,** 785
Cave de **Rousset,** 879 890
Ch. de **Rousset,** 1288
Daniel **Rousset,** 672
Yves **Rousset-Rouard,** 1212 1283
Jean-Pierre **Roussille,** 215
SCA Pineau **Roussille,** 1245
Marquise de **Roussy de Sales,** 169
Roustan Fontanel, 1231
Marc et Dominique **Rouvière,** 1169
SARL **Rouvière-Plane,** 899
Vins **Rouvinez, 1319**
Françoise **Roux,** 260 262
GFA Vignobles Alain **Roux,** 260 262
Gilles et Cécile **Roux,** 192
Jean-Pierre et Claude **Roux,** 1185
Pascal **Roux,** 1197
SCEA Yvan **Roux,** 393
Dom. **Roux Père et Fils,** 552 633 642 645
Rouzé-Lavault, 1123
Jean-Marie **Rouzier,** 1067
Jeannine **Rouzier-Meslet,** 1063 1075
Alain **Roy,** 671
Jean-François **Roy,** 1057 1101
Champagne **Royer Père et Fils,** 759
Dom. Georges **Roy et Fils,** 597
GFA **Roylland,** 319
Les Vignerons du **Roy René,** 894 1285
Roy-Trocard, 263
EARL **Roy-Vittaut,** 340
Jean-Pierre **Rozan,** 892
Paul de **Rozières,** 392
Michel **Ruelle-Pertois,** 759
Dom. **Ruet,** 170
Dom. Daniel **Ruff,** 81 112
Ruhlmann, 92 124
Ruhlmann-Dirringer, 92
Gilbert **Ruhlmann Fils,** 142
Champagne **Ruinart, 759**
Philippe **Rullaud,** 357
Michel **Rullier,** 264
Dom. du Ch. de **Rully,** 663
Dom. de **Rully Saint-Michel,** 663
Dom. François **Runner et Fils,** 104
Henri **Ruppert,** 1299
M. et Mme Thierry **Rustmann,** 409
Champagne René **Rutat,** 759
Marc **Ryckwaert,** 1157
SA **Ryman,** 956
GAEC **Sabaté-Zavan,** 338
Jean-Marie **Sabatier,** 821
EARL Aimé **Sabon,** 1147 1194
EARL Vignobles Jean-Bernard **Saby et Fils,** 306 319
GAEC du **Sacré-Cœur,** 848
Champagne Louis de **Sacy,** 759
Vignobles Pierre **Sadoux,** 967
Guy **Saget,** 1121
René **Sahonet,** 1226 1233
Dom. **Saint-André de Figuière,** 879
Coop. **Saint-Antoine,** 1280
Coop. de **Saint-Antoine,** 901 904
SCEA **Saint-Benézet,** 819
Cave **Saint-Brice,** 390 393
SCE des Dom. **Saint-Charles,** 172
Cave des Vignerons de **Saint-Chinian,** 848
Cave de **Saint-Désirat,** 1168 1173
SCEA Ch. **Saint-Didier-Parnac,** 917
Dom. De **Sainte-Anne,** 981 1015
EARL Dom. **Sainte-Anne, 1161**
Clos **Sainte-Apolline,** 92
Ch. **Sainte-Béatrice,** 879
GFA Mas **Sainte-Berthe,** 894 896
SA Dom. de **Sainte-Marie,** 880

Cave de **Sainte-Marie-la-Blanche,** 494 498 579 668
Union de producteurs de **Saint-Emilion,** 288 289 292 293 294 296 300 301 302 304 306 310 312 315
Sté vinicole **Sainte-Odile,** 112
C.C. Viticulteurs réunis de **Sainte-Radegonde,** 348
SCEA Abbaye de **Sainte-Radegonde,** 996
SCEA Ch. **Sainte-Roseline,** 880
Ch. **Saint-Estève d'Uchaux,** 1152
SA Ch. **Saint-Estève de Néri,** 1213
Cellier des **Saint-Etienne,** 173
Comtesse F. de **Saint-Exupéry,** 966
Jacques de **Saint-Exupéry,** 831
SCA vignerons de **Saint-Félix,** 825
GAEC Clos **Saint-Fiacre,** 1114 1260
Les Caves **Saint-Florent,** 992
Etienne **Saint-Germain,** 797
Cave des Vignerons de **Saint-Gervais,** 1161
Les Vignerons producteurs **Saint-Hilaire-d'Ozilhan,** 1160
Cave **Saint-Jean,** 398
EARL **Saint-Jean-de-l'Arbousier,** 833
SCAV Les vignerons de **Saint-Jean-de-la-Blaquière,** 833
SA **Saint-Jean du Noviciat,** 831
GAEC Dom. **Saint-Jean-le-Vieux,** 899
Cave coopérative de **Saint-Julien,** 166
EARL Dom. **Saint-Julien,** 899
GAEC **Saint-Julien,** 919
Ch. de **Saint-Julien d'Aille,** 880
Le Cellier de **Saint-Louis,** 899
Cave **Saint-Marc,** 1209
Claude **Saint-Marc,** 449
SCEA dom. Ch. **Saint-Marc,** 880
Clos **Saint-Martin,** 1233
SCEA **Saint-Martin de la Garrigue,** 833 1274
SCA les Vignerons la Cave de **Saint-Montan,** 1215
Bruno **Saintout,** 397 402 438
SC du Ch. **Saint-Paul,** 409
SCV Les Vignerons de **Saint-Paul,** 862
Caves **Saint-Pierre,** 1165 1182
Les Fouleurs de **Saint-Pons,** 878
Union des vignerons de **Saint-Pourçain,** 1110 1112
Caves **Saint-Rémy-Desom,** 1299
Cave de **Saint-Roch-les-Vignes,** 881
Cave des vignerons de **Saint-Sardos,** 1266
Les Vins de **Saint-Saturnin, 834**
Dom. de **Saint-Ser,** 881
Cellier **Saint-Sidoine,** 870
SCA Cave de **Saint-Sornin,** 1262
La Cave de **Saint-Tropez,** 881
SCA Cellier **Saint-Valentin,** 1201
Cave beaujolaise de **Saint-Vérand,** 153
Cave **Saint-Verny,** 1107
Eric de **Saint-Victor,** 889
Les viticulteurs réunis de **Saint-Vivien-et-Bonneville,** 951
GAEC **Salabelle,** 1203
SCEA Famille **Salamanca,** 356
Caves **Salavert,** 1186 1193
SCEA **Salette,** 1170
SCEV Ch. de **Salettes,** 925
Jacques **Sallé,** 1124
EARL Raphaël et Gérard **Sallet,** 681
Uldaric **Sallier,** 895
EARL Champagne **Salmon,** 760
SA Christian **Salmon,** 1135
Denis **Salomon,** 760
Champagne **Salon,** 760
Dom. J.-Ph. **Salvat,** 858 1233 1278
Jean-Denis **Salvert,** 296
Salzmann-Thomann, 133
Jean-Noël **Sambardier,** 158
Fabrice **Samson,** 1064
Gérard **Samson,** 1256
EARL **San Armetto,** 904
Cave des vins de **Sancerre,** 1135
Daniel **Sanfourche,** 444
EARL Vignobles **Sanfourche,** 348 357
Roger **Sanlaville,** 162
EARL Dom. **San-Michele,** 904
EARL Dom. **San Quilico,** 909 1239
Ch. **Sansonnet,** 320
Bernard **Santé,** 183
Ch. De **Santenay,** 494 578 602 645
Jean-Pierre **Santini,** 883
Didier **Sanzay,** 1042 1047
Saouliak, 129
René de **Saqui de Sannes,** 886
Jean-Jacques **Sard,** 1058
Dom. **Sarda-Malet,** 858 1226
Sareh Bonne Terre, 821
Cave de **Sarras,** 1173
Michel **Sarrazin et Fils,** 654 **670**
Bernard **Sartron,** 215
EARL Jacques **Sartron,** 205
Pierre **Saubot,** 941
Dom. **Sauger et Fils,** 1096
Marco **Saulnier,** 104
Michel **Saumade,** 1277
Guy **Saumaize,** 680 693
Roger et Christine **Saumaize,** 681
Dom. Roger et Christine **Saumaize-Michelin, 675** 687 694
Cave des Vignerons de **Saumur,** 981 1041
Christine et Eric **Saurel,** 1184 1189
Claude et Stéphane **Saurel,** 1208
SCEA Joël **Saurel,** 1186
Sylvaine **Sauron,** 881
Jean-Marie **Saut,** 1142
Sautanier-Goumard, 235
Jacques **Sautarel,** 286
SA Marcel **Sautejeau,** 994
Hervé **Sauvaire,** 833
Eric **Sauvan,** 1283
Claude et Annie **Sauvat,** 1107
Christian **Sauvayre,** 1149
Dom. Vincent **Sauvestre,** 475 611
Dom. **Sauvète,** 1057
Jean-Michel **Sauvêtre,** 989
Yves **Sauvêtre et Fils,** 996 1260
SA **Sauvion et Fils,** 986
Francine et Olivier **Savary,** 505 510 516
Camille **Savès,** 760
Yves **Savoye,** 162
A. und A. **Saxer,** 1329
Jürg **Saxer,** 1329
SCAMARK, 152
Schaeffer-Woerly, 93
SARL Martin **Schaetzel,** 104
Dom. Joseph **Scharsch,** 104
EARL Joseph et André **Scherb,** 96 126
Michel **Scherb,** 104
Vignoble A. **Scherer,** 105
EARL Paul **Scherer et Fils,** 118
Pierre **Schillé et Fils,** 105
EARL Emile **Schillinger,** 85
Caves Jean **Schlink-Hoffeld,** 1299
Domaines **Schlumberger,** 133 136
Familie Arthur **Schmid,** 1315
Jacques et Stéphane **Schmidt,** 1309
Maison viticole **Schmit-Fohl,** 1300
Cave François **Schmitt,** 85
Jean-Paul **Schmitt,** 93
Paul **Schneider et Fils,** 123 142
Dom. Maurice **Schoech,** 118
Henri **Schoenheitz,** 93
EARL Jean-Louis **Schoepfer,** 96 105
Dom. **Schoffit,** 131
Maison **Schröder et Schýler,** 417
Dom. Pierre **Schueller,** 85
EARL Maurice **Schueller,** 126
Toni **Schuler,** 1277
Robert et Agnès **Schulte,** 932
Dom. **Schumacher-Lethal et Fils,** 1300
Jean-Victor **Schutz,** 93
H. Schütz et R. Moser, 1321
Dom. François **Schwach et Fils,** 132 135
EARL Emile **Schwartz et Fils,** 118 142
Françoise **Sciard,** 295
SCIEV, 1285
Isabelle **Sécher,** 1012
Jérôme et Rémy **Sécher,** 991
SCEA J.Y. **Sécher et Associés,** 985
François **Secondé,** 761
Bruno **Secret,** 388
Christian **Seely,** 231 276 416 429 430
Bruno **Segond,** 396
Josiane **Segondy,** 832
SCEA Ch. **Ségonzac,** 209 252
Claude et Thomas **Seguin,** 475
Gérard **Seguin,** 535
Rémi **Seguin,** 550
SC Dom. de **Seguin,** 383
Dom. **Seguin-Manuel,** 594
Daniel **Seguinot,** 516
Roger **Séguinot-Bordet,** 510
Dom. des **Seigneurs,** 1057
Robert **Seize,** 326
EARL Pierre **Selle,** 928
Bruno **Sellier de Brugière,** 353
EARL Fernand **Seltz et Fils,** 140
SCE du Dom. Comte **Senard,** 585
EARL Hubert **Sendra,** 815
Champagne Cristian **Senez,** 761
Cave des **Sept Monts,** 1263
Sylvie et Claude **Sergenton,** 958
Alain et Josy **Sergenton et leurs enfants,** 961
Joseph **Sergi et Roland Sicardi,** 884
Jean-Pierre **Serguier,** 1152 1197
SCAV les Vignerons de **Sérignan,** 834 1275
Robert **Sérol et Fils,** 1113
Serge **Serris,** 842
Michel **Serveau,** 494 646
Pascal **Serveaux,** 761
SCE Dom. **Servin,** 516 520
Vignobles R. **Sessacq,** 445
Ch. du **Seuil,** 372
Jean-Pierre **Sève,** 681

Olivier **Sèze,** 402
Maison **Sichel-Coste,** 214 217 221 368 412
Siebe-Dupf-Kellerei, 1327
EARL Jean **Siegler Père et Fils,** 105
Bernard **Sierra,** 292 320
SCEA Dom. **Siffert,** 131
Ch. **Sigalas-Rabaud,** 454
Hervé **Sigaut,** 545 550
SCEA Vignobles **Signé,** 225
La Cave de **Sigolsheim,** 105
SCEA Vignobles **Silvestrini,** 324 332
Cathy et Alain **Silvy,** 881
Pascal **Simart,** 761
Simon, 845
Françoise **Simon,** 1150
J. **Simon,** 240
Paul et Colette **Simon,** 475 489
R. et S. **Simon,** 1096 1098
Guy **Simon et Fils,** 489
Jeanne **Simon-Hollerich,** 146
Dom. **Simonin,** 675 681 687
René et Etienne **Simonis,** 105
EARL Jean-Paul **Simonis et Fils,** 118
Simonnet-Febvre, 505 516 520
Robert-Henri **Sinard,** 1197
GAEC Hubert **Sinson et Fils,** 1101
Dom. du **Siorac,** 957
Dom. Jean **Sipp,** 119
Dom. **Sipp-Mack,** 105
SC du Ch. **Siran,** 410 421
Pascal **Sirat,** 240 352
Jacques **Sire,** 862 1228
Jacques **Siret,** 1124
Françoise **Siri,** 428
Robert **Sirugue,** 486 550 561
Philippe et Cathy **Sisqueille,** 857
Dom. Patrick **Size,** 668
Dom. Robert **Size et Fils,** 658 668
Les vins **Skalli,** 1274
GAEC Patrick et Vincent **Soard,** 1156 1207 1283
Soizeau, 449
GFA Bernard **Solane et Fils,** 208 222 356 444
Domaines du **Soleil,** 1272
Dom. de l'Hôpital de **Soleure,** 1325
SARL Jean-Michel **Sorbe,** 1124 1127
Dom. Bruno **Sorg,** 124 143
EARL des Vignobles Jean **Sorge,** 416
Gilles **Sorin, 1011**
Madame Jean-Pierre **Sorin,** 476
Marylène et Philippe **Sorin,** 470 476
Sorin-Coquard, 475 483
Dom. **Sorine et Fils,** 652
Noël et Christophe **Sornay,** 185 186
EARL **Sornay-Aucœur,** 187
Christian **Sossauer,** 1322
Jean-Luc **Soubie,** 214
EARL Pierre **Soulez,** 1023 1024 **1024**
Aurore et Rémy **Soulié,** 848
Richard **Soulier,** 1158
Albert **Sounit, 499** 663
SCEA Dom. Roland **Sounit,** 663
Pierre **Sourdais,** 1080
Serge et Bruno **Sourdais,** 1078
Albert de **Sousa-Bouley,** 630
Patrick **Soutiran,** 769
Soutiran-Pelletier, 761
SCEA Dom. de **Souviou,** 889
Guilhem **Souyris,** 834
SARL **SOVIFA,** 290
Vincent **Spannagel,** 106
Eugène **Spannagel et Fils,** 93
Paul **Spannagel et Fils,** 106
SA Pierre **Sparr et ses Fils,** 93 128
Dom. **Spelty,** 1078
Dom. J. **Sperry-Kobloth,** 119
Pierre **Speyer,** 944
Spitz et Fils, 86 143
Jean **Spizzo,** 884
Michael et Susan **Spring,** 914
EARL Bernard **Staehlé,** 106
Thomas und Mariann **Stamm,** 1328
Jean-Jacques **Steiner,** 1308
André **Stentz,** 93 137
Dom. Aimé **Stentz et Fils,** 127
EARL **Stéphane et Fils,** 761
EARL Gérard **Stintzi,** 86
Fabien **Stirn,** 96
Michèle et Jean-Luc **Stoecklé,** 94
Dom. Martine et Vincent **Stoeffler,** 94 106
Antoine **Stoffel,** 86 143
GAEC François **Stoll,** 134
Jean-Marie **Straub,** 119
Hugues **Strohm,** 119
André **Struss et Fils,** 94
SA Antoine **Subileau,** 996
Champagne **Sugot-Feneuil,** 762
Vignobles **Sulzer,** 289 307
Famille Elie **Sumeire,** 870
EARL Jacky **Supligeau,** 1085
François-Xavier **Surbezy,** 811
EARL Eric de **Suremain,** 618 663
Elli **Süsstrunk,** 1327
Patrick **Suteau,** 1258
EARL **Suteau-Ollivier,** 983
Etienne **Suzzoni,** 901
Hubert et Jean-Paul **Tabit,** 522
Yvon et Pascal **Tabordet,** 1121
SCEA Ch. du **Taillan,** 410
Dom. Eric **Taillandier,** 1023
GAF du **Taillanet,** 388
GAF Dom. du **Taillanet, G. de Mour et Fils,** 397
EARL **Tailleurguet,** 945
Cave de **Tain-l'Hermitage,** 1173 1176 1179 1181
Taittinger, 762
J. **Taïx,** 335
Ch. **Talbot,** 440
EARL **Taluau-Foltzenlogel,** 1072
Vignobles Raymond **Tapon,** 282 329
Dom. de **Tara,** 1210
Claude **Tardy,** 795
Gilbert **Tardy,** 795
Luc **Tardy,** 1176
Michel **Tardy, 792**
Dom. René **Tardy et Fils,** 568 633
Guillaume **Tari,** 887
SCV Ch. Du **Tariquet, 1248** 1267
Champagne **Tarlant,** 762
SCEA **Tarquin – Dom. Rozès,** 857 1225
Emmanuel **Tassin,** 769
SCEA des Vignobles de **Taste et Barrié,** 258
Jean **Tatin,** 1125
Jeanne **Tatoux,** 171
EARL Jean **Tatraux et Fils,** 670
Pierre **Taupenot,** 483 623 625
Jean **Taupenot-Merme,** 486 536 541 550
Les Maîtres Vignerons de **Tautavel,** 862 1226
Indivision **Tauzin,** 382
Les Vignerons de **Tavel,** 1200 1202
GFA Dom. de **Tavernel,** 1276
Antoine **Tavernier,** 938
SC Ch. **Tayac,** 241 421
Jean **Téchenet,** 234
Cave de **Técou,** 921
Dom. Jean **Teiller,** 1116
Jean-Pierre **Teissèdre,** 195
Champagne J. de **Telmont,** 762
Jean-Yves **Templier,** 998
Cellier des **Templiers,** 862 **863** 863 864 1219 1221
François **Tereygeol,** 409
Laurent **Ternynck,** 473
SCV Les Vignerons de **Terrats,** 1226
Dom. de **Terrebonne,** 881
Dom. de **Terrebrune,** 1034
Dom. des **Terregelesses,** 589
GAEC des **Terres Noires,** 1061
SCEA du Ch. **Terrey Gros Cailloux,** 440
GAEC **Terrigeol et Fils,** 250
SEV Ch. du **Tertre,** 421
Alfred **Tesseron,** 431
Christian **Tessier,** 980 1095 1097
EARL Philippe **Tessier,** 1097 1098
SCEA Michel **Tessier,** 1030
Michel **Tête,** 181
Philippe **Teulier,** 934
Philippe **Teulon,** 819
Heinz **Teutsch,** 1325
Daniel **Tévenot,** 981 1097
Daniel **Texier,** 162
Ch. **Teynac,** 440
EARL Gilles **Teyssier,** 303
GFA **Theallet-Piton,** 280
SCEA **Theil-Roggy,** 400
Jean **Theil SA,** 424
Dom. **Thénard,** 670
Bernard **Thérasse,** 927
Vignobles **Thérèse,** 350
SCEA Dom. du **Théron,** 917
SCEA **Théron-Portets,** 371
Jacky **Therrey,** 762
EARL N. et J.-C. **Theulot,** 665
Florence et Martial **Thévenot,** 658
Dom. **Thévenot-Le Brun et Fils,** 489 499
Les Vignerons de **Thézac-Perricard,** 1263
Jean-Pierre **Thézard,** 326
GAEC **Thibault,** 1110
Jean-Baptiste **Thibaut,** 476
Jean-Marc **Thibert,** 689 693
Pierre **Thibert,** 568
GAEC Dom. **Thibert Père et Fils,** 682 687 690
Thibon, 1159
Jean-Claude **Thiellin,** 1085
Dom. **Thiély,** 581 595
Alain **Thiénot,** 371 763
Christian **Thierry,** 1093
Jean-François **Thierry,** 970
Jean-Louis **Thiers,** 1181
Dom. **Thill Frères, 1300**
EARL Thomas **Thiou,** 330
Gérard et Hubert **Thirot,** 1136
Robert et Patrice **Thollet,** 197
Dom. **Thomas,** 476

Gérard **Thomas,** 646
Lucien **Thomas,** 485 692
SCEA Vignobles Christian **Thomas,** 414
Dom. **Thomas et Fils,** 1136
EARL André **Thomas et Fils,** 94 106 113
Thomas Frères, 1177
Claude et Florence **Thomas-Labaille,** 1136
Thomas La Chevalière, 195
GAEC **Thomassin,** 953
SA Bernard **Thomassin,** 377
Laurent **Thomières,** 925
Christophe **Thorigny,** 1093
Claude **Thorin,** 1245
Maison **Thorin,** 192 675
Jean-Baptiste **Thouet-Bosseau,** 1067
Jeanne **Thouraud,** 270
Le Cellier des **Tiercelines,** 775
EARL **Tijou et Fils,** 1003
P.-Y. **Tijou et Fils,** 1032
Dom. **Tinel-Blondelet,** 1122
EARL Vignoble **Tinon,** 212
Jean-Marie **Tinon,** 445
Ph. et F. **Tiollier,** 793
Toussaint **Tirroloni,** 906
Jean-Luc **Tissier,** 694
André et Mireille **Tissot,** 778 **778** 1252
Jacques **Tissot,** 788 1252
Jean-Louis **Tissot,** 778 779
Jean-Pierre **Tissot,** 799
Cave du **Tivoli,** 1105
Champagne Michel **Tixier,** 763
Tobias Frères, 892
SCEA **Tobler et Fils,** 228
Laetitia **Tola,** 905
Dom. du **Tonkin,** 1124
Michel **Torné,** 877
Lars **Torstensson,** 870
Dom. **Tortochot,** 536 541 555
GAEC de **Touade,** 1248
Jean-Claude **Toublanc,** 984
EARL Eric **Toulmé,** 1060
Les Vignerons du **Toulois,** 145
SCEA Ch. **Tour Baladoz,** 308 321
SVA Ch. **Tour Blanche,** 398
SC Ch. **Tour de Gilet,** 243
SA Ch. **Tour de Pez,** 436
SCEA Ch. **Tour du Haut-Moulin,** 410
SCEA Ch. **Tour du Moulin,** 267
Michèle et Patrick **Touret,** 257
Gilles **Tournant,** 743
Jean-Pierre **Tournier,** 292
SCEA Ch. du **Tourte,** 373
SC du Ch. **Tourteau Chollet,** 373
Mme **Tourtin-Sansone,** 1156
Dom. Du **Traginer,** 864 1220
EARL Les Magnolias des **Trahan,** 977 1018
GAEC **Tranchand,** 189
Dom. **Trapet Père et Fils,** 526 537 539
Tenuta Vitivinicola **Trapletti,** 1331
SA **Travers,** 259
Philippe **Trébignaud,** 679
EARL Vignobles **Trejaut,** 205
Bernard **Tremblay,** 507
Gérard **Tremblay,** 503 508 514 519
Dom. **Trémeaux Père et Fils,** 668
Trénel Fils, 189
Philippe **Tressol,** 408
Jean **Trésy et Fils,** 786 1252
Madeleine **Treuillet,** 1260
Sébastien **Treuillet,** 1109 1122
Jean-Louis **Treuvey,** 779
Champagne G. **Tribaut,** 763
Tribaut-Schlœsser, 763
Dom. Benoît **Trichard,** 190
Georges **Trichard,** 195
Jacques **Trichard,** 186
SARL Pierre **Trichet,** 763
Olivier **Tricon,** 508
Dom. de **Triennes,** 1287
GFA du Ch. **Trigant,** 373
F.E. **Trimbach,** 94 106 113
Ch. de **Trinquevedel,** 1202
Céline et Laurent **Tripoz,** 500 675 689
Didier **Tripoz,** 675
Alfred **Tritant,** 763
SCEA des Vignobles **Trocard,** 244 **274** 284 303 325
Thierry **Troccon,** 799
SCEA Les Fils de Charles **Trosset,** 795
SC du Ch. **Trotanoy,** 278
GAEC **Trotignon et Fils,** 1051
Dom. Des **Trottières,** 1013 1019
Pascal **Trouche,** 923
Dom. **Troussel,** 1210
Jean-Pierre **Truchetet,** 486 490 568
Jean-Marc **Truchot,** 156
Cave de **Turckheim,** 86 **122**
Jean-Claude **Turetti,** 851
GAEC **Turpin Père et Fils,** 1116
Les Vignerons de **Tursan,** 947
Patrice **Turtaut,** 218
Guy **Tyrel de Poix,** 906
EARL Adrien et Fabienne **Uijttewaal,** 398
EARL Rémy **Ulmer,** 143
Uni-Médoc, 395
Union Champagne, 752 760
Union des Jeunes Viticulteurs récoltants, 1203
Univitis, 214
Dom. Pierre **Usseglio et Fils,** 1198
Raymond **Usseglio et Fils,** 1198
Uval, 1281
SICA **Uval,** 901
Dom. **Vacheron,** 1136
Jean-Denis **Vacheron,** 1148 1191
EARL Patrick **Vadé,** 1047
GAEC **Vaillant,** 1006 1012 1030 1034
Gilles **Vaillard,** 529
André **Vaisse,** 180
EARL P.L. **Valade,** 339
Vignoble de l'Etat du **Valais,** 1313
Christophe **Valat,** 1162
Dom. de **Valcolombe,** 900
Cellier **Val de Durance,** 876 1210
SARL Dom. du **Val de Gilly,** 882
Dom. du Ch. du **Val de Mercy,** 476
GFA **Valdition,** 1285
SCEA du **Val du Lel,** 770
Cave des Vignerons réunis de **Valençay,** 1102
Thierry **Valente,** 1202
Famille **Valentin,** 871
EARL **Valentin et Coste, 1146**
Christine **Valette,** 322
Denis **Valette,** 1233
EARL Thierry **Valette,** 341
Marc **Valette,** 845
SC du Ch. **Val Joanis,** 1213
Jean-François **Vallat,** 834
Gérald **Vallée,** 1069
Jean-Claude **Vallois,** 764
Les Vignerons du **Vallon,** 934
François **Vallot,** 1155
Henri **Valloton,** 1317
Dom. de **Vallouit,** 1173
Michel **Valton,** 940
Cave coop. de **Valvignères,** 1291
Vandelle et Fils, 788 1251
Bernard **Van Doren,** 1282
Guy **Vanlancker,** 844
Ch. **Vannières,** 882
Jean-Yves **Vantey,** 654
Jean-Yves **Vapillon,** 788
SCEA André **Vaque,** 1153 1198
Dom. Bernard **Vaquer,** 1226
Dom. **Varenne,** 1186
Pierre **Varenne,** 1183
SCI Ch. de **Varennes,** 166
Champagne **Varnier-Fannière,** 764
SCI Dom. des **Varoilles,** 536
Vins Frédéric **Varone, 1319**
André **Vatan,** 1136
Philippe et Georges **Vatan, 1038 1045**
SARL Paul **Vattan,** 1135
Vaucher Père et Fils, 495 611 633
Ch. de **Vaudieu,** 1198
Christophe **Vaudoisey,** 616
Vaudoisey-Creusefond, 612
SCEA Ch. de **Vaugaudry,** 1080
SCEA Dom. De **Vauroux,** 510 516
Thierry **Vaute,** 1235
Famille **Vauthier, 293** 315
Frédéric **Vauthier,** 326
Champagne **Vauversin,** 764
Michel **Vauvy,** 1057
Xavier **Vayron,** 269
Dom. de **Vayssette,** 925
Champagne **Vazart-Coquart,** 764
SA Maurice **Velge,** 432
Cave des Vignerons du **Vendômois,** 1100
Champagne de **Venoge,** 764
GAEC **Venot,** 483 658
Venture, 827
Dom. André **Verda,** 1198 1201 1202
Jean-Hubert **Verdaguer,** 1225
Jean-Pierre **Verdeau,** 1147
Mme Andrée **Verdeille,** 853 **1222**
Alain **Verdet,** 490
Denise et Cécile **Verdier,** 355
Odile **Verdier et Jacky Logel,** 1108
EARL **Verdier Père et Fils,** 1009
SC Ch. **Verdignan,** 411
Ch. **Vérez,** 882
Robert **Verger,** 174
Raphaël **Vergère,** 1311
GAEC **Verger Fils,** 286 337
EARL Denise **Vergès,** 870
François-Joseph **Vergez,** 404
Vignobles **Vergnes,** 1278
SCEV J.-L. **Vergnon,** 764
SCGEA Cave **Vergobbi,** 1206
Verhaeghe, 913
Jacques et Yannick de **Vermont,** 166
Dom. Georges **Vernay,** 1166 1168 1173
GAEC Daniel et Roland **Vernay,** 1166
SCA du Ch. **Vernous,** 399
Armand **Vernus,** 170
Laurent **Verot,** 472 668
Dom. **Verret,** 484 486 510
Christophe **Verronneau, 1053**

Philippe **Verzier,** 1166
Georges **Vesselle,** 765 769
Maurice **Vesselle,** 765 769
Dom. **Vessigaud Père et Fils,** 687
Denis **Vessot,** 656
SA **Veuve Ambal,** 500
Veuve Amiot, 1042
Veuve Clicquot-Ponsardin, 765
Veuve Henri Moroni, 484 635
Veuve Maître-Geoffroy, 766
Jacques **Veux,** 1061
Chantal **Veyry,** 290
Eric **Vezain,** 247
SCEV Champagne Marcel **Vézien et Fils,** 766
GAEC **Vial,** 1113
Jean-Louis **Vial,** 1286
Vialard, 401 403
SCEA **Viale,** 1178
GAEC Dom. **Viallet,** 795
Dom. **Vial-Magnères,** 864 1221
Champagne Florent **Viard,** 766
Champagne **Viard Rogué,** 766
Dom. de **Viaud,** 256
SAS Ch. de **Viaud,** 284
Dom. **Vico,** 905
Jean-Philippe **Victor,** 881
Dominique **Vidal,** 961
J. **Vidal-Fleury,** 1166 1235
Françoise **Vidal-Leguénédal,** 248
Cave vinicole du **Vieil-Armand,** 85 129
Vieilles Caves de Bourgogne & de Bordeaux, 489
R. **Viemont-D. Maître-Gadaix,** 1067
Charles **Viénot,** 572 625
Alain **Vies,** 843
Dom. du **Vieux Bourg,** 1048
SC du **Vieux Château Certan, 279**
Dom. Du **Vieux Chêne,** 858 862 1227
SC du ch. **Vieux Lartigue,** 293
Dom. du **Vieux Noyer,** 934
GAEC du **Vieux Pressoir,** 782 **783** 786 1250
SCE Ch. **Vieux Robin,** 399
SCA du **Vieux Vauvert,** 1093
Alain **Vigier,** 283
André **Vignal,** 1161
Bernard **Vigne,** 1215
Richard **Vigne,** 1214
EARL **Vigneau-Chevreau,** 1093
Ch. **Vignelaure,** 895
GAEC des **Vignerons,** 485 661
Vignerons et Passions, 848 858
Cave de **Vignerons réunis,** 196
GAEC du dom. des **Vignes sous Les Ouches,** 667
SA Champagne **Vignier-Lebrun,** 741
Alain **Vignot,** 476
Dom. Fabrice **Vigot,** 558
GFA Georges **Vigouroux,** 914
Bernard **Viguier,** 1213
Jean-Marc **Viguier,** 934
A. et P. de **Villaine,** 658 659
GAEC des **Villains,** 1006 1011
Dom. de **Villalin,** 1125
Ch. de **Villambis,** 411
SA Henri de **Villamont,** 550 595 630
François **Villard,** 1168
Claire **Villars,** 416 418 **428**
Céline **Villars-Foubet,** 407 422
Hervé **Villemade,** 1096
Jean-Marc **Villemaine,** 1052
André et Frédéric **Villeneuve,** 1112
Xavier de **Villeneuve-Bargemon,** 876
GAEC **Villeneuve et Fils,** 215
SC **villeneuvoise,** 232
Ch. de **Villers-la-Faye,** 490
Elise **Villiers,** 476
Champagne **Vilmart et Cie,** 766
Michel **Vincens,** 918
Jacques **Vincent,** 1128
Jean-Marc **Vincent,** 652
Daniel et Gérard **Vinet,** 997
Vinival, 992 1018 1037 1259
Cie des **Vins d'Autrefois,** 610 629
Vins et Vignobles, 169
Les Domaines de **Vinsmoselle,** 1296 1297 1299 1300
Denis **Vinson,** 1150 1159
Paul-Hervé **Vintrou,** 1014 1020
SA Ch. de **Vinzel,** 1309
Georges **Viornery,** 171
GFA de **Viranel,** 849
SCEA Ch. **Virant,** 895
SCA Cave de **Viré,** 683
GFA du Dom. de **Vires,** 835
Dom. Philippe **Viret,** 1163
Les domaines **Virginie,** 1275
Alain **Viromeau,** 238
SCEA des Vignobles **Visage,** 289 336
EARL **Visonneau,** 970
Gérard **Vitteaut-Alberti,** 500
Christian **Vivier-Merle,** 159
Emile **Voarick,** 486 603 670
SCEA Michel **Voarick,** 586
Dom. Yvon **Vocoret,** 505
Dom. **Vocoret et Fils,** 510 516 520
Christa **Vogel et Hans Hürlimann,** 1276
EARL Laurent **Vogt,** 143
Dom. Joseph **Voillot,** 612 616
SCEV **Voirin-Desmoulins,** 767
Michel et Olivier **Voisine,** 1017
Fruitière vinicole de **Voiteur,** 780 786 **1252**
Laurent **Vonderheyden,** 419
Jean-Pierre **Vorburger et Fils,** 94 113
Didier **Vordy,** 843
Vranken, 767
Dom. **Vrignaud,** 517
EARL Jean **Vullien et Fils,** 795 797
Guy **Wach, 127**
Pascal **Walczak,** 770
Bernard **Walter,** 113
Charles **Wantz,** 86 107
Waris-Larmandier, 767
GAEC Jean-Paul **Wassler,** 107
Bernard **Weber,** 123
GAEC Odile et Danielle **Weber,** 143
Peter **Wegelin und Silvia Bargähr,** 1328
Maurice **Wehrlé,** 119 123
Dom. **Weinbach-Colette Faller et ses Filles,** 107
Dom. **Weinbach – Colette Faller et ses Filles,** 125
V. P. **Weindel,** 875
Jean **Weingand,** 113
Gérard **Weinzorn et Fils,** 119 135
Alain de **Welle,** 877
EARL dom. Jean-Michel **Welty,** 107
Bernadette **Welty et Fils,** 113
Nadine **Wendling,** 389
Bestheim – Cave de **Westhalten,** 98
Sylvie et Werner **Wichelhaus,** 956
SCEA **Wiehle,** 83 136
Alsace **Willm,** 95
Ronald **Wilmot,** 264
Albert **Winter,** 107 132
EARL André **Wittmann et Fils,** 140
de **Woillemont,** 829
Cave vinicole **Wolfberger, 132**
Wunsch et Mann, 107
Bernard **Wurtz,** 136
Willy **Wurtz et Fils,** 128
Vignobles Florence et Alain **Xans,** 291 309
SCEA Vignobles Daniel **Ybert,** 322
Stéphane **Yerle,** 1279
Consorts **Yerles,** 338
SCEA Charles **Yung et Fils,** 358
SCEA Pierre **Yung et Fils,** 357
Association viticole d' **Yvorne,** 1304
Yannick **Zausa,** 365
E. et N. **Zecchi,** 208
G. **Zeyssolff,** 86
Albert **Ziegler,** 131
Jean **Ziegler,** 95
EARL Fernand **Ziegler et Fils,** 95
Jean-Jacques **Ziegler-Mauler Fils,** 108 134
EARL A. **Zimmermann Fils,** 95
SARL Paul **Zinck,** 123
Pierre-Paul **Zink,** 95
EARL Maison **Zoeller, 121**
Mario **Zorzetto,** 954
Frédéric **Zufferey,** 1319
Nicolas **Zufferey, 1315**
Zumbaum-Tomasi, 835

INDEX DER WEINE

DOM. COMTE **ABBATUCCI,** Ajaccio, 905
ABBAYE DES MONGES, Coteaux du Languedoc, 819
ABBAYE DE THOLOMIES, Minervois, 839
ABBAYE DE VALBONNE, Collioure, 862
ABBAYE DE VALMAGNE, Coteaux du Languedoc, 819
LE ROUGE DE L' **ABBAYE DU FENOUILLET,** Hérault, 1277
ABBAYE SILVA PLANA, Faugères, 835
DOM. DES **ABEILLES D'OR,** Kanton Genf (Genève), 1320
CH. DES **ABELLES,** Collioure, 862
JACQUES **ABONNAT,** Côtes d'Auvergne AOVDQS, 1105
DOM. **ABOTIA,** Irouléguy, 935
DOM. **ACERBIS,** Saint-Véran, 690
ACKERMAN, Saumur, 1036
DOM. PIERRE **ADAM,**
• Alsace Gewurztraminer, 97
• Alsace Tokay-Pinot gris, 108
J.-B. **ADAM,** Alsace Gewurztraminer, 97
LA CLAIRETTE D' **ADISSAN,** Clairette du Languedoc, 807
CH. DES **ADOUZES,** Faugères, 835
JEAN-LUC **AEGERTER,**
• Bonnes-Mares, 550
• Corton-Charlemagne, 586
• Mercurey, 664
DOM. D' **AERIA,** Côtes du Rhône, 1140
CH. D' **AGASSAC,** Haut-Médoc, 400
DOM. **AGJHE VECCHIE,** Ile de Beauté, 1280
AGRAPART ET FILS, Champagne, 702
AIGLE BLANC, Vouvray, 1086
CH. **AIGUILLOUX,** Corbières, 808
AIMERY,
• Blanquette de Limoux und Blanquette Méthode ancestrale, 804
• Crémant de Limoux, 805
DOM. DES **AIRELLES,**
• Chablis, 505
• Chablis premier cru, 511
DOM. DANIEL ET DENIS **ALARY,** Principauté d'Orange, 1282
CAVE COOP. D' **ALBA,** Coteaux de l'Ardèche, 1290
CH. DES **ALBIERES,** Saint-Chinian, 844
DOM. **ALEXANDRE,**
• Bourgogne, 462
• Santenay, 646
DOM. **ALEXANDRE PERE ET FILS,** Maranges, 652
VIGNOBLE D' **ALFRED,** Bordeaux Côtes de Francs, 343
GABRIEL **ALIGNE,** Saint-Joseph, 1168
FRANÇOIS D' **ALLAINES,**
• Saint-Romain, 623
• Meursault, 625
• Rully, 659
GILLES **ALLAIT,** Champagne, 702
CLOS DES **ALLEES,** Muscadet Sèvre-et-Maine, 984
DOM. DES **ALLEGRETS,** Côtes de Duras, 968
DOM. **ALLEMAND,** Hautes-Alpes, 1287
DOM. CHARLES **ALLEXANT ET FILS,**
• Vosne-Romanée, 558
• Côte de Nuits-Villages, 570
• Chorey-lès-Beaune, 595
• Volnay, 612
• Puligny-Montrachet, 630
ALLIMANT-LAUGNER, Alsace Riesling, 87
DOM. **ALLIMANT-LAUGNER,** Alsace grand cru Praelatenberg, 131
DOM. DES **ALOUETTES,** Kanton Genf (Genève), 1320
DOM. **ALQUIER,** Côtes du Roussillon, 853
DOM. DES **ALYSSES,** Coteaux Varois, 896
CLOS D' **ALZETO,** Ajaccio, 905
DOM. D' **ALZIPRATU,** Vins de Corse, 901
PIERRE **AMADIEU,** Gigondas, 1182
DOM. YVES **AMBERG,** Alsace Riesling, 87
DOM. **AMBLARD,** Côtes de Duras, 968
CLOS **AMBRION,** Bordeaux, 205
BERTRAND **AMBROISE,**
• Bourgogne, 462
• Bourgogne Aligoté, 478
• Clos de Vougeot, 552
• Côte de Nuits-Villages, 570
• Corton, 582
• Beaune, 597
• Saint-Romain, 623
• Saint-Aubin, 642
DOM. DES **AMELERAIES,** Vacqueyras, 1187
DOM. **AMIDO,**
• Côtes du Rhône-Villages, 1153
• Lirac, 1198
DOM. GUY **AMIOT ET FILS,** Chassagne-Montrachet, 637
DOM. PIERRE **AMIOT ET FILS,** Morey-Saint-Denis, 543
JEAN-MARIE **AMIRAULT,** Bourgueil, 1061
YANNICK **AMIRAULT,**
• Bourgueil, 1061
• Saint-Nicolas- de-Bourgueil, 1068
DOM. **AMOUROUX,** Muscat de Rivesaltes, 1228
AMPELID, Vienne, 1260
AMPELIO, Kanton Tessin (Ticino), 1329
DOM. DES **AMPHORES,** Saint-Joseph, 1169
CH. **AMPHOUX,** Costières de Nîmes, 814
CH. D' **AMPUIS,** Côte Rôtie, 1163
ANDRE **ANCEL,**
• Alsace Tokay-Pinot gris, 108
• Crémant d'Alsace, 140
ANCIEN DOMAINE DES PONTIFES, Châteauneuf-du-Pape, 1190
DOM. D' **ANDEZON,** Côtes du Rhône, 1140
CAVE VINICOLE D' **ANDLAU-BARR,** Alsace Sylvaner, 81
COMTE D' **ANDLAU-HOMBOURG,** Alsace Riesling, 87
CH. **ANDOYSE DU HAYOT,** Sauternes, 448
PIERRE **ANDRE,**
• Gevrey-Chambertin, 530
• Clos de Vougeot, 552
CH. **ANDRON BLANQUET,** Saint-Estèphe, 432
DOM. BERNARD **ANGE,** Crozes-Hermitage, 1174
G. ET M. **ANGELLIAUME,** Chinon, 1072
CH. **ANGLADE,** Faugères, 835
CH. DES **ANGLADES,** Côtes de Provence, 866
CH. DES **ANNEREAUX,** Lalande de Pomerol, 280
DOM. DES **ANNIBALS,** Coteaux Varois, 897
MARC **ANSTOTZ,** Alsace Riesling, 87
ANTAGNES, Kanton Waadt (Vaud), 1304
CH. **ANTHONIC,** Moulis-en-Médoc, 422
E. ET PH. **ANTOINE,** Meuse, 1293
CH. DES **ANTONINS,** Bordeaux sec, 220
CH. D' **AQUERIA,** Lirac, 1199
FREDERIC **ARBOGAST,** Alsace grand cru Bruderthal, 122
VIGNOBLE FREDERIC **ARBOGAST,** Alsace Tokay-Pinot gris, 108

FRUITIERE VINICOLE D' **ARBOIS**,
• Arbois, 772
• Crémant du Jura, 786
MICHEL **ARCELAIN**, Bourgogne, 462
CH. D' **ARCHAMBEAU**, Graves, 361
CH. D' **ARCHE**, Haut-Médoc, 400
CRU D' **ARCHE-PUGNEAU**, Sauternes, 448
CH. D' **ARCIE**, Saint-Emilion grand cru, 293
LES VIGNERONS **ARDECHOIS**, Coteaux de l'Ardèche, 1290
CH. D' **ARDENNES**, Graves, 362
ARDEVINE, Kanton Wallis (Valais), 1310
DOM. D' **ARDHUY**, Ladoix, 572
ANDRE **ARDOUIN**, Pineau des Charentes, 1241
DOM. D' **ARIES**, Coteaux du Quercy AOVDQS, 918
JEAN-ANTOINE **ARISTON**, Champagne, 702
ARISTON FILS, Champagne, 702
DOM. **ARLAUD**,
• Charmes-Chambertin, 539
• Clos de la Roche, 545
• Clos Saint-Denis, 546
• Bonnes-Mares, 551
DOM. **ARLAUD PERE ET FILS**,
• Gevrey-Chambertin, 530
• Morey-Saint-Denis, 543
• Chambolle-Musigny, 547
CH. D' **ARLAY**,
• Côtes du Jura, 780
• Macvin du Jura, 1249
CH. D' **ARMAILHAC**, Pauillac, 425
CH. D' **ARMAJAN DES ORMES**, Sauternes, 448
CH. **ARMANDIERE**, Cahors, 911
DOM. DES **ARMASSONS**, Costières de Nîmes, 815
ARNAUD DE NEFFIEZ, Coteaux du Languedoc, 820
ARNAUD DE VILLENEUVE,
• Côtes du Roussillon, 853
• Rivesaltes, 1221
• Oc, 1268
CORINNE ET PASCAL **ARNAUD-PONT**, Auxey-Duresses, 619
CH. **ARNAULD**, Haut-Médoc, 400
CH. **ARNEAU-BOUCHER**, Bordeaux, 205
PIERRE **ARNOLD**, Alsace Pinot oder Klevner, 83
MICHEL **ARNOULD ET FILS**, Champagne, 702
ARNOUX PERE ET FILS,
• Corton, 582
• Savigny-lès-Beaune, 589
• Chorey-lès-Beaune, 595
• Beaune, 597
DOM. **ARNOUX PERE ET FILS**, Montagny, 671
ARPENTS DU SOLEIL, Calvados, 1256
DOM. **ARRETXEA**, Irouléguy, 936
CH. D' **ARRICAUD**, Graves, 362
CH. DES **ARROUCATS**, Sainte-Croix-du-Mont, 444
ARTHUS, Côtes de Castillon, 336
CH. **ARTIGUES ARNAUD**, Pauillac, 425
DOM. D' **ARTOIS**, Touraine-Mesland, 1060
CH. D' **ARVOUET**, Montagne Saint-Emilion, 327
DOM. DES **ASPRAS**, Côtes de Provence, 866
ATLANTIS, Saint-Pourçain AOVDQS, 1110
A TORRA, Ile de Beauté, 1280
ANCIENNE PROPRIETE **AUBERJONOIS**, Kanton Genf (Genève), 1320
DOM. D' **AUBERMESNIL**, Muscat de Rivesaltes, 1228
AUBERSON ET FILS, Kanton Bern, 1325
DOMAINES ANDRE **AUBERT**, Coteaux du Tricastin, 1205
DOM. CLAUDE **AUBERT**, Chinon, 1072
JEAN-CLAUDE ET DIDIER **AUBERT**, Vouvray, 1086
NICOLAS FRANÇOIS **AUBRY**, Champagne, 702
DOM. DES **AUBUISIERES**, Vouvray, 1086
DOM. **AUCHERE**, Sancerre, 1128
DOM. **AUCŒUR**, Morgon, 183
CLAUDE **AUDEBERT**, Pineau des Charentes, 1241
HUBERT **AUDEBERT**, Bourgueil, 1062
DOM. **AUDEBERT ET FILS**, Saint-Nicolas- de-Bourgueil, 1068
DOM. CHARLES **AUDOIN**, Marsannay, 524
DOM. HONORE **AUDRAN**, Coteaux du Languedoc, 820
VIGNOBLE **AUGER**, Bourgueil, 1062
JACKY ET PHILIPPE **AUGIS**,
• Touraine, 1050
• Valençay AOVDQS, 1100
CHRISTOPHE **AUGUSTE**, Bourgogne, 463
BERNARD **AUJARD**, Reuilly, 1125
JEAN ET BENOIT **AUJAS**, Juliénas, 180
MAS D' **AUREL**, Gaillac, 920
CH. D' **AURILHAC**, Haut-Médoc, 400
CH. **AUSONE**, Saint-Emilion grand cru, 293
DOM. PAUL **AUTARD**, Châteauneuf-du-Pape, 1190
AUTREAU DE CHAMPILLON, Champagne, 703
AUTREAU-LASNOT, Champagne, 703
CH. D' **AUVERNIER**, Kanton Neuenburg (Neuchâtel), 1323
AUVIGUE,
• Pouilly-Fuissé, 683
• Saint-Véran, 690
ANDRE **AUVIGUE**, Pouilly-Fuissé, 683
CH. DES **AUZINES**, Corbières, 808
CH. DES **AVEYLANS**, Costières de Nîmes, 815
LUCIEN **AVIET**, Arbois, 773
AYALA, Champagne, 703
CH. D' **AYDIE**, Madiran, 942
DOM. **AYMARD**, Côtes du Ventoux, 1206
CH. **AYMERICH**,
• Côtes du Roussillon-Villages, 858
• Muscat de Rivesaltes, 1229
DOM. DE **BABLUT**,
• Crémant de Loire, 978
• Anjou-Villages-Brissac, 1013
• Coteaux de l'Aubance, 1019
DOM. **BACHELET**, Maranges, 652
JEAN-CLAUDE **BACHELET**, Bienvenues-Bâtard-Montrachet, 635
DOM. **BACHELET-RAMONET**,
• Bâtard-Montrachet, 635
• Bienvenues-Bâtard-Montrachet, 636
• Chassagne-Montrachet, 637
DOM. **BACHELIER**, Chablis, 506
DOM. DE **BACHELLERY**, Oc, 1268
BARON DE **BACHEN**, Tursan AOVDQS, 947
DOM. **BACHEY-LEGROS ET FILS**,
• Bourgogne Hautes-Côtes de Beaune, 491
• Chassagne-Montrachet, 637
• Santenay, 646
CH. **BADER-MIMEUR**, Bourgogne Aligoté, 478
BERNARD **BADOZ**,
• Côtes du Jura, 780 781
• Macvin du Jura, 1249
DOM. DU **BAGNOL**, Cassis, 882
CH. DE **BAGNOLS**, Brouilly, 167
BAGNOST PERE ET FILS, Champagne, 703
DOM. DES **BAGUIERS**, Bandol, 885
CH. **BAHANS HAUT-BRION**, Pessac-Léognan, 374
DOM. DE **BAILLAURY**, Collioure, 863
ALAIN **BAILLON**, Côte Roannaise, 1112
CAVES DE **BAILLY**, Bourgogne Aligoté, 478
SYLVAIN **BAILLY**, Quincy, 1123
MICHEL **BAILLY ET FILS**, Pouilly-Fumé, 1117
BAILLY-LAPIERRE, Crémant de Bourgogne, 495
B. **BAILLY-REVERDY**, Sancerre, 1128
DOM. DE **BALAGES**, Gaillac, 920
BALAZU DES VAUSSIERES, Tavel, 1201
DOM. JEAN-PAUL **BALLAND**, Sancerre, 1128
PASCAL **BALLAND**, Sancerre, 1128
JOSEPH **BALLAND-CHAPUIS**,
• Coteaux du Giennois, 1108
• Sancerre, 1128
DOM. DU **BALLAT**, Bordeaux, 205

BALLOT-MILLOT ET FILS,
- Beaune, 597
- Pommard, 604
- Meursault, 625

BANCET, Bugey AOVDQS, 798
CHRISTIAN **BANNIERE,** Champagne, 703
LAURENT **BANNWARTH,** Alsace Gewurztraminer, 97
DOM. DE **BAPTISTE,** Coteaux du Lyonnais, 196
PAUL **BARA,** Champagne, 703
DOM. **BARAT,** Chablis premier cru, 511
CH. **BARATEAU,** Haut-Médoc, 400
CH. **BARBANAU,** Côtes de Provence, 867
BARBEAU ET FILS, Pineau des Charentes, 1241
CH. **BARBEBELLE,** Coteaux d'Aix-en-Provence, 890
CH. DE **BARBE-BLANCHE,** Lussac Saint-Emilion, 323
DOM. **BARBE-CAILLETTE,** Costières de Nîmes, 815
CH. **BARBEROUSSE,** Saint-Emilion, 285
DOM. **BARBIER ET FILS,**
- Bourgogne Hautes-Côtes de Nuits, 487
- Savigny-lès-Beaune, 589

CH. **BARDE-HAUT,** Saint-Emilion grand cru, 293
CEDRICK **BARDIN,**
- Pouilly-Fumé, 1117
- Sancerre, 1129

DOM. **BARDON,** Valençay AOVDQS, 1100
BARDOUX PERE ET FILS, Champagne, 703
CH. **BARET,** Pessac-Léognan, 374
GILLES **BARGE,** Condrieu, 1166
DOM. **BARILLOT,** Pouilly-Fumé, 1117
DOM. **BARMES BUECHER,**
- Alsace Gewurztraminer, 97
- Alsace grand cru Steingrübler, 137

E. **BARNAUT,** Champagne, 704
MICHEL **BARON,** Pineau des Charentes, 1241
BARON ALBERT, Champagne, 704
CUVEE DU **BARON CHARLES,** Graves de Vayres, 350
BARON COPESTAING, Côtes du Marmandais, 932
BARON D'ARDEUIL, Buzet, 926
BARON DE GRAVELINES, Premières Côtes de Bordeaux, 354
BARON DE HOEN,
- Alsace Gewurztraminer, 97
- Alsace grand cru Sonnenglanz, 135

DOM. **BARON DE L'ECLUSE,** Côte de Brouilly, 171
BARON-FUENTE, Champagne, 704
CH. **BARON GASSIER,** Côtes de Provence, 867
BARON KIRMANN, Alsace Pinot noir, 114
JEAN **BARONNAT,**
- Brouilly, 167
- Mâcon-Villages, 676
- Crozes-Hermitage, 1174

BARON NATHANIEL, Pauillac, 425
CH. **BARONNE MATHILDE,** Sauternes, 448
BARONNIE D'AIGNAN, Crémant de Loire, 978
EMMANUEL **BAROU,** Collines Rhodaniennes, 1289
CH. **BARRABAQUE,**
- Canon-Fronsac, 259
- Fronsac, 262

DOM. DU **BARRAIL,** Premières Côtes de Bordeaux, 354
CH. **BARRAIL-DESTIEU,** Saint-Emilion, 286
DOM. **BARREAU,** Gaillac, 920
CH. **BARRE GENTILLOT,** Graves de Vayres, 351
CH. **BARREJAT,** Madiran, 942
CRU **BARREJATS,** Sauternes, 448
DOM. DES **BARRES,** Coteaux du Layon, 1024
CH. **BARREYRE,** Bordeaux Supérieur, 230
CH. **BARREYRES,** Haut-Médoc, 400
ANTOINE **BARRIER,** Beaujolais, 152
DOM. DE **BARROUBIO,** Muscat de Saint-Jean de Minervois, 1237
CH. DU **BARRY,** Saint-Emilion grand cru, 293
DOM. **BART,**
- Marsannay, 524
- Fixin, 527
- Bonnes-Mares, 551
- Santenay, 646

RENE **BARTH,**
- Alsace grand cru Marckrain, 128
- Crémant d'Alsace, 140

DOM. **BARTHES,** Bandol, 885
BARTON ET GUESTIER, Bordeaux sec, 220
DOM. DE **BARUEL,** Cévennes, 1279
CH. **BAS,** Coteaux d'Aix-en-Provence, 890
CH. DU **BASQUE,** Saint-Emilion grand cru, 294
CH. DE **BASTET,** Côtes du Rhône, 1140
CH. **BASTIDIERE,** Côtes de Provence, 867
CH. **BASTOR-LAMONTAGNE,** Sauternes, 448
CH. **BATAILLEY,** Pauillac, 426
DOM. DE **BAUBIAC,** Oc, 1268
BAUCHET PERE ET FILS, Champagne, 704
DOM. PATRICK **BAUDOUIN,**
- Anjou-Villages, 1010
- Coteaux du Layon, 1025

BAUD PERE ET FILS, Côtes du Jura, 781
DOM. **BAUD PERE ET FILS,** Macvin du Jura, 1249
CH. **BAUDUC,** Bordeaux sec, 220
BAUGET-JOUETTE, Champagne, 704
CH. **BAULOS LA VERGNE,** Bordeaux Supérieur, 230
DOM. **BAUMANN,** Alsace Tokay-Pinot gris, 109
BAUMANN ZIRGEL, Alsace Gewurztraminer, 98
DOM. DES **BAUMARD,** Crémant de Loire, 978
CH. DES **BAUMELLES,** Bandol, 885
BAUMGARTNER, Kanton Aargau, 1326
A. L. **BAUR,**
- Alsace Pinot oder Klevner, 83
- Crémant d'Alsace, 140

CHARLES **BAUR,**
- Alsace grand cru Eichberg, 123
- Alsace grand cru Pfersigberg, 130

FRANÇOIS **BAUR,** Alsace Gewurztraminer, 98
LEON **BAUR,**
- Alsace Riesling, 87
- Alsace grand cru Pfersigberg, 130

BAUSER,
- Champagne, 704
- Rosé des Riceys, 770

BAUT BARON, Floc de Gascogne, 1246
JEAN-NOEL **BAZIN,**
- Auxey-Duresses, 619
- Saint-Aubin, 642

CH. **BEAUBOIS,** Costières de Nîmes, 815
CH. **BEAUCHENE,**
- Pomerol, 268
- Côtes du Rhône, 1140
- Châteauneuf-du-Pape, 1190

CH. **BEAUFERAN,** Coteaux d'Aix-en-Provence, 891
ANDRE **BEAUFORT,** Champagne, 705
CH. DE **BEAUFORT,** Minervois, 839
HERBERT **BEAUFORT,**
- Champagne, 705
- Coteaux Champenois, 767

CELLIER DU **BEAUJARDIN,** Touraine, 1050
CH. DE **BEAULIEU,**
- Bordeaux, 205
- Côtes du Marmandais, 932
- Côtes du Rhône, 1140

DOM. DE **BEAULIEU,** Bouches-du-Rhône, 1284
DOM. DE **BEAUMALRIC,**
- Côtes du Rhône-Villages, 1154
- Muscat de Beaumes-de-Venise, 1234

BEAU MAYNE, Bordeaux sec, 220
BEAUMET, Champagne, 705
DOM. **BEAU MISTRAL,**
- Côtes du Rhône-Villages, 1154
- Rasteau, 1237

CAVE DE **BEAUMONT,** Côtes du Ventoux, 1206
CH. **BEAUMONT,** Haut-Médoc, 400
DOM. DES **BEAUMONT,**
- Gevrey-Chambertin, 530
- Morey-Saint-Denis, 543

BEAUMONT DES CRAYERES, Champagne, 705
BEAUMONT DES GRAS, Côtes du Vivarais, 1214

CH. **BEAUPORTAIL,** Pécharmant, 964
CH. DE **BEAUPRE,** Coteaux d'Aix-en-Provence, 891
PRESTIGE DE **BEAUPUY,** Côtes du Marmandais, 932
CH. **BEAUREGARD,** Pomerol, 268
CH. DE **BEAUREGARD,**
• Pouilly-Fuissé, 683
• Saumur, 1036
CH. **BEAUREGARD-DUCASSE,** Graves, 362
CH. DE **BEAUREGARD-DUCOURT,** Entre-Deux-Mers, 345
CH. **BEAUREGARD MIROUZE,** Corbières, 808
DOM. DE **BEAURENARD,**
• Côtes du Rhône-Villages, 1154
• Châteauneuf-du-Pape, 1191
DOM. DES **BEAUROIS,** Coteaux du Giennois, 1108
CH. **BEAUSEJOUR,** Côtes de Castillon, 337
DOM. **BEAUSEJOUR,** Touraine, 1050 1051
DOM. DE **BEAUSEJOUR,** Chinon, 1072
CH. **BEAU-SEJOUR BECOT,** Saint-Emilion grand cru, 294
CH. **BEAU-SITE,** Saint-Estèphe, 432
CH. DE **BEAU-SITE,** Graves, 362
CH. **BEAU SOLEIL,** Pomerol, 268
DOM. DE **BEAU-SOLEIL,** Kanton Waadt (Vaud), 1304
CH. **BEAU-VAILLART,** Bordeaux, 206
BEAU VALLON, Béarn, 935
CAVE DU **BEAU VALLON,** Beaujolais, 152
CH. **BECHEREAU,**
• Lalande de Pomerol, 280
• Montagne Saint-Emilion, 327
• Sauternes, 448
PIERRE **BECHT,** Alsace Pinot noir, 114
JEAN **BECKER,** Alsace grand cru Sonnenglanz, 135
BECK – DOM. DU REMPART, Alsace Gewurztraminer, 98
FRANÇOISE **BEDEL,** Champagne, 705
L'ORIGINAL DE **BEDOUET,** Muscadet Sèvre-et-Maine, 984
CHARLES **BEDUNEAU,** Coteaux du Layon, 1025
DOM. DES **BEGAUDIERES,** Gros-Plant AOVDQS, 997
DOM. DE **BEGROLLES,** Muscadet Sèvre-et-Maine, 984
DOM. **BEGUDE,** Limoux, 806
DOM. DES **BEGUINERIES,** Chinon, 1072
CH. **BEILLARD,** Brouilly, 167
CAVE **BEL-AIR,** Bordeaux sec, 220
CAVE DES VIGNERONS DE **BEL-AIR,** Côte de Brouilly, 171
CELLIER DE **BEL AIR,** Bugey AOVDQS, 798
CH. **BEL-AIR,**
• Côtes de Bourg, 252
• Lussac Saint-Emilion, 324
• Puisseguin Saint-Emilion, 332
• Côtes de Castillon, 337
• Entre-Deux-Mers, 345
• Saint-Estèphe, 432
CH. DE **BEL-AIR,** Lalande de Pomerol, 280
DOM. DE **BEL AIR,**
• Beaujolais-Villages, 160
• Gros-Plant AOVDQS, 998
• Chinon, 1073
• Pouilly-sur-Loire, 1122
CH. **BELAIR-COUBET,** Côtes de Bourg, 252
CH. **BEL AIR PERPONCHER,**
• Bordeaux, 206
• Bordeaux sec, 221
• Bordeaux Supérieur, 230
CH. **BELAIR SAINT-GEORGES,** Saint-Georges Saint-Emilion, 335
LE PIN DE **BELCIER,** Côtes de Castillon, 337
CH. DE **BELESTA,** Côtes du Roussillon-Villages, 858
CH. **BEL-EVEQUE,** Corbières, 808
CH. **BELGRAVE,** Haut-Médoc, 401
CH. **BELINGARD,** Monbazillac, 960
DOM. **BELIN-RAPET,**
• Bourgogne Aligoté, 478
• Chorey-lès-Beaune, 595
JEAN-CLAUDE **BELLAND,**
• Corton, 582
• Chassagne-Montrachet, 637
• Santenay, 646
ROGER **BELLAND,**
• Pommard, 604
• Volnay, 612
• Criots-Bâtard-Montrachet, 636
• Chassagne-Montrachet, 637
• Santenay, 647
• Maranges, 652
CHRISTIAN **BELLANG,** Volnay, 612
DOM. DE **BELLE-FEUILLE,** Côtes du Rhône-Villages, 1154
CH. **BELLE FILLE,** Côtes de Bergerac moelleux, 960
CH. **BELLEFONT-BELCIER,** Saint-Emilion grand cru, 294
CH. **BELLE-GARDE,**
• Bordeaux, 206
• Bordeaux sec, 221
DOM. **BELLEGARDE,** Jurançon, 937
CH. **BELLEGRAVE,**
• Pomerol, 268
• Médoc, 386
• Pauillac, 426
CH. **BELLERIVE,** Médoc, 386
CH. **BELLES EAUX,** Coteaux du Languedoc, 820
CH. **BELLES-GRAVES,** Lalande de Pomerol, 280
DOM. **BELLES PIERRES,** Coteaux du Languedoc, 820
CH. DE **BELLET,** Bellet, 883
CH. DE **BELLEVERNE,** Saint-Amour, 193
DOM. CHRISTIAN **BELLEVILLE,** Rully, 660
CH. **BELLEVUE,**
• Côtes de Castillon, 337
• Entre-Deux-Mers, 345
CH. DE **BELLEVUE,**
• Lussac Saint-Emilion, 324
• Anjou, 1003
CLOS **BELLEVUE,**
• Jurançon sec, 940
• Muscat de Lunel, 1235
DOM. DE **BELLEVUE,**
• Gros-Plant AOVDQS, 998
• Saint-Pourçain AOVDQS, 1110
CH. **BELLEVUE LA FORET,** Côtes du Frontonnais, 928
CH. **BELLEVUE LA MONGIE,**
• Bordeaux Rosé, 227
• Bordeaux Supérieur, 230
PASCAL **BELLIER,**
• Cheverny, 1094
• Cour-Cheverny, 1097
CH. **BELLISLE MONDOTTE,** Saint-Emilion grand cru, 294
VINCENT **BELLIVIER,** Chinon, 1073
CH. **BELLOCH,**
• Rivesaltes, 1222
• Muscat de Rivesaltes, 1229
CH. **BELLOY,** Canon-Fronsac, 259
CH. **BEL ORME,** Haut-Médoc, 401
DOM. **BELOT,** Oc, 1269
DOM. DE **BELOUVE,** Côtes de Provence, 867
CH. **BELREGARD-FIGEAC,** Saint-Emilion grand cru, 294
DOM. DU **BELVEZET,** Côtes du Vivarais, 1214
L. **BENARD-PITOIS,** Champagne, 705
JEAN-PIERRE **BENETIERE,** Côte Roannaise, 1112
DOM. JEAN-PAUL **BENOIT,** Côtes du Rhône, 1140
PAUL **BENOIT,** Arbois, 773
DOM. EMILE **BENON,** Savennières, 1021
MICHEL ET REMI **BENON,** Chénas, 174
VIGNERONS DU **BERANGE,** Oc, 1269
CH. **BERANGER,** Coteaux du Languedoc, 820
BERECHE ET FILS, Champagne, 705
CH. **BERGAT,** Saint-Emilion grand cru, 295
DOM. DES **BERGEONNIERES,** Saint-Nicolas- de-Bourgueil, 1068
CH. **BERGER,** Graves, 362
CLAUDE **BERGER,** Beaujolais, 152
BERGER FRERES, Crémant de Loire, 978
DOM. **BERGER-RIVE,**
• Bourgogne Hautes-Côtes de Beaune, 491
• Crémant de Bourgogne, 495
• Rully, 660
CH. **BERLIQUET,** Saint-Emilion grand cru, 295
REBGUT DER STADT **BERN,** Kanton Bern, 1325
CH. **BERNADOTTE,** Haut-Médoc, 401

DOM. **BERNAERT,** Bourgogne, 463
LOUIS **BERNARD,**
• Costières de Nîmes, 815
• Côtes du Rhône-Villages, 1154
• Vacqueyras, 1187
• Tavel, 1201
BERNARD FRERES,
• Côtes du Jura, 781
• Macvin du Jura, 1249
CLOS DE **BERNARDI,**
• Patrimonio, 906
• Muscat du Cap Corse, 1238
CLAUDE **BERNARDIN,** Beaujolais, 152
CH. **BERNATEAU,** Saint-Emilion grand cru, 295
CH. DE **BERNE,** Côtes de Provence, 867
DOM. **BERNET,** Madiran, 942
DOM. JEAN-MARC **BERNHARD,** Alsace Gewurztraminer, 98
JEAN-MARC **BERNHARD,** Alsace grand cru Wineck-Schlossberg, 137
DOM. FRANÇOIS **BEROUJON,** Beaujolais-Villages, 160
LES **BERRYCURIENS,** Reuilly, 1126
DOM. **BERTAGNA,** Vougeot, 552
BERTA-MAILLOL, Banyuls, 1218
PASCAL **BERTEAU ET VINCENT MABILLE,** Vouvray, 1086
VINCENT ET DENIS **BERTHAUT,** Fixin, 528
CH. **BERTHELOT,** Champagne, 706
PAUL **BERTHELOT,** Champagne, 706
CH. **BERTHENON,** Premières Côtes de Blaye, 246
DOM. **BERTHET-BONDET,**
• Château-Chalon, 779
• Côtes du Jura, 781
DOM. **BERTHET-RAYNE,** Châteauneuf-du-Pape, 1191
DOM. **BERTHOUMIEU,** Madiran, 942
BERTICOT, Côtes de Duras, 968
HAUTS DE **BERTICOT,** Côtes de Duras, 968
CH. **BERTINAT LARTIGUE,** Saint-Emilion, 286
CH. **BERTRAND,** Corbières, 808
DOM. **BERTRAND-BERGE,**
• Fitou, 838
• Muscat de Rivesaltes, 1229
CH. **BERTRAND BRANEYRE,** Haut-Médoc, 401
BASTIDE DES **BERTRANDS,** Côtes de Provence, 867
NECTAR DES **BERTRANDS,** Premières Côtes de Blaye, 246
THIERRY **BESARD,** Touraine-Azay-le-Rideau, 1059
DOM. DE **BESOMBES SINGLA,** Muscat de Rivesaltes, 1229
CH. **BESSAN SEGUR,** Médoc, 386
JEAN-CLAUDE **BESSIN,** Chablis grand cru, 517
DOM. **BESSON,**
• Chablis, 506
• Chablis grand cru, 517
GUILLEMETTE ET XAVIER **BESSON,**
• Beaune, 597
• Givry, 668
DOM. DES **BESSONS,**
• Crémant de Loire, 978
• Touraine-Amboise, 1058
BESTHEIM,
• Alsace Riesling, 87
• Alsace Gewurztraminer, 98
• Crémant d'Alsace, 140
ANTOINE ET CHRISTOPHE **BETRISEY,** Kanton Wallis (Valais), 1310
DOM. HENRI **BEURDIN ET FILS,** Reuilly, 1126
AMIRAL DE **BEYCHEVELLE,** Saint-Julien, 437
CH. **BEYCHEVELLE,** Saint-Julien, 437
LES BRULIERES DE **BEYCHEVELLE,** Haut-Médoc, 401
EMILE **BEYER,** Alsace grand cru Pfersigberg, 130
PATRICK **BEYER,** Alsace Sylvaner, 81
CH. **BEYLAT,** Bergerac, 949
CLOS DE **BEYLIERE,** Châtillon-en-Diois, 1204
CH. **BEYNAT,** Côtes de Castillon, 337
CH. **BEZINEAU,** Saint-Emilion, 286
CH. DU **BIAC,** Premières Côtes de Bordeaux, 355
DOM. DU **BIARNES,** Coteaux und Terrasses de Montauban, 1267
DOM. DU **BICHERON,** Mâcon, 672
CH. **BICHON CASSIGNOLS,** Graves, 362
ALBERT **BICHOT,**
• Chambolle-Musigny, 547
• Santenay, 647
CAVES **BIENVENU,** Irancy, 521
DOM. DE **BILE,** Floc de Gascogne, 1246
DANIEL **BILLARD,**
• Bourgogne Hautes-Côtes de Beaune, 491
• Maranges, 653
DOM. GABRIEL **BILLARD,**
• Beaune, 597
• Pommard, 604
DOM. **BILLARD ET FILS,** Crémant de Bourgogne, 495
DOM. **BILLARD-GONNET,** Pommard, 604
DOM. DES **BILLARDS,** Saint-Amour, 194
DOM. **BILLAUD-SIMON,**
• Petit Chablis, 501
• Chablis premier cru, 511
• Chablis grand cru, 517
BILLECART-SALMON, Champagne, 706
BINET, Champagne, 706
ALBERT **BIOLLAZ,** Kanton Wallis (Valais), 1310
DOM. DES **BIOLLES,** Kanton Waadt (Vaud), 1304
CH. DE **BIROT,** Premières Côtes de Bordeaux, 355
CAVE DES VIGNERONS DE **BISSEY,** Crémant de Bourgogne, 495
CH. **BISTON-BRILLETTE,** Moulis-en-Médoc, 422
CH. DE **BLACERET-ROY,** Beaujolais, 152
HENRI DE **BLAINVILLE,** Charentais, 1261
CH. **BLANC,** Côtes du Ventoux, 1206
CH. PAUL **BLANC,** Costières de Nîmes, 815
DOM. G. **BLANC ET FILS,** Roussette de Savoie, 796
FRANCIS **BLANCHET,** Pouilly-Fumé, 1117
GILLES **BLANCHET,** Pouilly-Fumé, 1117
ANDRE **BLANCK,** Alsace grand cru Schlossberg, 133
ANDRE **BLANCK ET SES FILS,** Alsace Tokay-Pinot gris, 109
CH. DE **BLANES,** Côtes du Roussillon, 853
BLARD ET FILS, Vin de Savoie, 792
BLASONS DE BOURGOGNE, Chablis, 506
CH. DE **BLASSAN,** Bordeaux Supérieur, 230
DOM. CLAUDE **BLEGER,** Alsace Gewurztraminer, 98
FRANOIS **BLEGER,** Alsace Pinot noir, 114
HENRI **BLEGER,** Alsace Tokay-Pinot gris, 109
DOM. DES **BLEUCES,**
• Anjou-Villages, 1010
• Rosé d'Anjou, 1015
CH. DE **BLIGNY,** Champagne, 706
H. **BLIN ET CIE,** Champagne, 706
R. **BLIN ET FILS,** Champagne, 707
BLONDEAU ET FILS, Château-Chalon, 779
TH. **BLONDEL,** Champagne, 707
BRUNO **BLONDELET,** Pouilly-Fumé, 1117
MICHEL **BLOT,** Côtes d'Auvergne AOVDQS, 1105
DOM. MICHEL **BLOUIN,**
• Cabernet d'Anjou, 1016
• Coteaux du Layon, 1025
DOM. GUY **BOCARD,**
• Monthélie, 617
• Auxey-Duresses, 619
• Meursault, 626
J. ET C. **BOCQUET-THONNEY,** Kanton Genf (Genève), 1320
DOM. **BODINEAU,** Cabernet d'Anjou, 1016
BOECKEL,
• Alsace grand cru Wiebelsberg, 137
• Alsace grand cru Zotzenberg, 139
E. **BOECKEL,** Alsace Sylvaner, 81
DOM. LEON **BOESCH,**
• Alsace Pinot noir, 114
• Alsace grand cru Zinnkoepflé, 138

BOHN, Alsace Pinot noir, 114
FRANÇOIS **BOHN,** Alsace Pinot noir, 114
DOM. DES **BOHUES,** Coteaux du Layon, 1025
ERIC **BOIGELOT,**
• Pommard, 605
• Volnay, 613
• Monthélie, 617
JACQUES **BOIGELOT,** Monthélie, 617
DOM. LUC ET SYLVIE **BOILLEY,** Côtes du Jura, 781
DOM. ALBERT **BOILLOT,**
• Crémant de Bourgogne, 496
• Pommard, 605
DOM. DES **BOIS,** Régnié, 191
DOM. **BOIS BORIES,** Oc, 1269
CH. **BOIS CARDINAL,** Saint-Emilion, 286
DOM. DU **BOIS DE LA BOSSE,** Beaujolais, 153
DOM. DU **BOIS DE LA GORGE,** Beaujolais, 153
CH. **BOIS DE LA GRAVETTE,** Moulis-en-Médoc, 422
DOM. DU **BOIS DE LA SALLE,** Juliénas, 180
DOM. DU **BOIS DE POURQUIE,** Bergerac rosé, 954
CH. **BOIS DE ROC,** Médoc, 388
DOM. DU **BOIS DE SAINT-JEAN,** Côtes du Rhône, 1140
BOIS DORE, Muscat de Beaumes-de-Venise, 1234
DOM. DU **BOIS DU JOUR,** Beaujolais, 153
BOIS FARDEAU, Crozes-Hermitage, 1174
CH. **BOIS GROULEY,** Saint-Emilion, 286
DOM. DU **BOIS GUILLAUME,** Bourgogne Hautes-Côtes de Beaune, 491
DOM. DU **BOIS-JOLY,** Muscadet Sèvre-et-Maine, 984
MAS DE **BOISLAUZON,** Châteauneuf-du-Pape, 1191
DOM. DU **BOIS MALINGE,** Muscadet Sèvre-et-Maine, 984
CH. **BOIS-MALOT,**
• Bordeaux sec, 221
• Bordeaux Supérieur, 230
DOM. DU **BOIS MIGNON,**
• Saumur, 1036
• Saumur-Champigny, 1043
DOM. DU **BOIS MOZE PASQUIER,** Saumur-Champigny, 1043
BOISSEAUX-ESTIVANT,
• Ladoix, 572
• Savigny-lès-Beaune, 589
JEAN-CLAUDE **BOISSET,**
• Bourgogne Aligoté, 478
• Gevrey-Chambertin, 530
• Nuits-Saint-Georges, 564
DE **BOISSEYT-CHOL,**
• Côte Rôtie, 1163
• Saint-Joseph, 1169
DOM. **BOISSON,** Côtes du Rhône-Villages, 1154
JEAN-PIERRE **BOISTARD,** Vouvray, 1086
CH. **BOIS-VERT,** Premières Côtes de Blaye, 246
BOIZEL, Champagne, 707
CH. **BOLCHET,** Costières de Nîmes, 815
CHRISTIAN **BOLLIET,** Bugey AOVDQS, 798
BOLLINGER, Champagne, 707
CH. **BONALGUE,** Pomerol, 268
CH. **BONFORT,** Montagne Saint-Emilion, 328
CH. **BONHOMME,** Minervois, 840
DOM. ANDRE **BONHOMME,** Viré-Clessé, 682
CH. DE **BONHOSTE,**
• Bordeaux sec, 221
• Bordeaux Rosé, 228
• Bordeaux Supérieur, 231
CH. **BONIERES,** Montravel, 963
BONNAIRE, Champagne, 708
BONNARD FILS, Bugey AOVDQS, 798
BONNEAU DU MARTRAY, Corton, 582
DOM. **BONNEAU DU MARTRAY,** Corton-Charlemagne, 586
GILLES **BONNEFOY,** Côtes du Forez, 1107
CH. **BONNEMET,** Bordeaux, 206
DOM. DES **BONNES GAGNES,**
• Rosé de Loire, 975
• Anjou-Gamay, 1010
• Jardin de la France, 1256
ALEXANDRE **BONNET,** Rosé des Riceys, 770
CH. **BONNET,**
• Chénas, 174
• Moulin-à-Vent, 188
• Bordeaux, 206
• Entre-Deux-Mers, 345
M. **BONNETAIN,** Côte de Brouilly, 171
DOM. **BONNETEAU-GUESSELIN,** Muscadet Sèvre-et-Maine, 984
BONNET-PONSON, Champagne, 708
CAVE COOPERATIVE DE **BONNIEUX,** Côtes du Luberon, 1210
CAVE DE **BONNIEUX,** Côtes du Ventoux, 1206
CH. **BONNIN,** Lussac Saint-Emilion, 324
DOM. DU **BON REMEDE,** Côtes du Ventoux, 1207
DOM. DE **BONSERINE,** Côte Rôtie, 1163 1164
ROGER **BONTEMPS ET FILLES,** Sancerre, 1129
FRANCK **BONVILLE,** Champagne, 708
CHARLES **BONVIN FILS,** Kanton Wallis (Valais), 1310
DOM. **BONZOMS,** Muscat de Rivesaltes, 1229
DOM. **BORDENAVE,** Jurançon, 937
BORDENAVE-COUSTARRET, Jurançon, 937
BORDENEUVE-ENTRAS, Floc de Gascogne, 1246
CHAI DE **BORDES,** Bordeaux sec, 221
CH. DE **BORDES,** Lussac Saint-Emilion, 324
DOM. **BORGNAT,** Bourgogne, 463
DOM. **BORIE DE MAUREL,** Minervois, 840
MAS DES **BORRELS,** Côtes de Provence, 867
DOM. JOSEPH **BORY,**
• Côtes du Roussillon, 853
• Rivesaltes, 1222
DOM. DU **BOSQUET,** Oc, 1269
BOSQUET DES PAPES, Châteauneuf-du-Pape, 1191
DOM. GILBERT **BOSSARD,** Muscadet Sèvre-et-Maine, 984
DOM. GUY **BOSSARD,** Gros-Plant AOVDQS, 998
RAYMOND **BOSSIS,** Pineau des Charentes, 1242
CH. DU **BOST,** Beaujolais-Villages, 161
HENRI **BOUACHON,** Gigondas, 1182
HENRY **BOUACHON,**
• Côtes du Rhône, 1140
• Muscat de Beaumes-de-Venise, 1234
DOM. REGIS **BOUCABEILLE,** Côtes du Roussillon-Villages, 859
DOM. GABRIEL **BOUCHARD,** Beaune, 597
JEAN **BOUCHARD,**
• Bourgogne Hautes-Côtes de Nuits, 487
• Chassagne-Montrachet, 637
PASCAL **BOUCHARD,**
• Bourgogne, 463
• Petit Chablis, 501
• Chablis, 506
• Chablis premier cru, 511
PHILIPPE **BOUCHARD,** Corton-Charlemagne, 586
BOUCHARD AINE ET FILS,
• Chassagne-Montrachet, 637
• Rully, 660
BOUCHARD PERE ET FILS,
• Meursault, 626
• Santenay, 647
• Bouzeron, 658
• Montagny, 671
DOM. **BOUCHARD PERE ET FILS,**
• Corton-Charlemagne, 586
• Beaune, 598
• Volnay, 613
• Chevalier-Montrachet, 634
DOM. **BOUCHE,** Côtes du Rhône, 1141
BOUCHE PERE ET FILS, Champagne, 708
BOUCHER, Saint-Joseph, 1169
CH. DU **BOUCHET,** Buzet, 926
GILBERT **BOUCHEZ,** Roussette de Savoie, 796
BOUCHIE-CHATELLIER, Pouilly-Fumé, 1117
DOM. DU **BOUCHOT,** Pouilly-Fumé, 1118
CELINE **BOUDARD-COTE,** Bourgogne, 463

DOM. **BOUDAU,**
• Côtes du Roussillon, 853
• Rivesaltes, 1222
• Muscat de Rivesaltes, 1229
• Côtes Catalanes, 1278
DOM. GILLES **BOUFFARD,** Muscadet Sèvre-et-Maine, 985
SYLVAIN **BOUHELIER,** Crémant de Bourgogne, 496
JEAN-CLAUDE **BOUHEY ET FILS,** Bourgogne Aligoté, 478
CH. **BOUISSEL,** Côtes du Frontonnais, 928
RAYMOND **BOULAND,** Morgon, 183
RAYMOND **BOULARD,** Champagne, 708
DOM. **BOULETIN,** Muscat de Beaumes-de-Venise, 1234
PASCAL **BOULEY,** Bourgogne Hautes-Côtes de Beaune, 491
REYANE ET PASCAL **BOULEY,** Beaune, 598
JEAN-PAUL **BOULONNAIS,** Champagne, 708
DOM. DES **BOUMIANES,** Côtes du Rhône, 1141
CH. **BOUQUET DE VIOLETTES,** Lalande de Pomerol, 280
HENRI **BOURCHEIX-OLLIER,** Côtes d'Auvergne AOVDQS, 1105
R. **BOURDELOIS,** Champagne, 709
DOM. **BOURDIC,** Côtes de Thongue, 1276
CH. **BOURDICOTTE,** Bordeaux sec, 221
DOM. DU **BOURDIEU,** Entre-Deux-Mers, 346
CH. **BOURDIEU LA VALADE,** Fronsac, 262
BOURDIN, Cabernet de Saumur, 1042
FRANÇOIS **BOURDON,**
• Mâcon-Villages, 676
• Pouilly-Fuissé, 684
DOM. DU **BOURDONNAT,** Reuilly, 1126
CLAUDE **BOUREAU,** Montlouis, 1082
CH. DU **BOURG,** Fleurie, 178
DOM. DU **BOURG,** Saint-Nicolas- de-Bourgueil, 1068
CLOS **BOURGELAT,** Graves, 362
HENRI **BOURGEOIS,**
• Pouilly-Fumé, 1118
• Quincy, 1123
• Sancerre, 1129
BOURGEOIS-BOULONNAIS, Champagne, 709
CH. **BOURGNEUF-VAYRON,** Pomerol, 268
CLOS DES **BOURGUIGNONS,** Muscadet Sèvre-et-Maine, 985
DOM. **BOURILLON-DORLEANS,** Vouvray, 1086
DOM. **BOURISSET,** Moulin-à-Vent, 188
BOURLINGUET, Muscadet Sèvre-et-Maine, 985
CH. **BOURNAC,** Médoc, 388
CH. **BOURSEAU,** Lalande de Pomerol, 280
CH. **BOUSCASSE,** Madiran, 943
CH. **BOUSCAUT,** Pessac-Léognan, 375
CH. DE **BOUSSARGUES,** Côtes du Rhône, 1141
DOM. DENIS **BOUSSEY,**
• Bourgogne, 463
• Volnay, 613
• Monthélie, 617
DOM. JEAN-FRANÇOIS **BOUTHENET,** Maranges, 653
DOM. MARC **BOUTHENET,** Maranges, 653
BOUTILLEZ-GUER, Champagne, 709
G. **BOUTILLEZ-VIGNON,** Champagne, 709
CH. **BOUTILLON,** Bordeaux Supérieur, 231
CH. **BOUTISSE,** Saint-Emilion grand cru, 295
GILLES **BOUTON,**
• Meursault, 626
• Chassagne-Montrachet, 638
• Saint-Aubin, 642
DOM. G. ET G. **BOUVET,** Vin de Savoie, 792
BOUVET LADUBAY, Saumur, 1036
DOM. REGIS **BOUVIER,** Bourgogne, 463
REGIS **BOUVIER,**
• Marsannay, 524
• Morey-Saint-Denis, 543
RENE **BOUVIER,**
• Marsannay, 524
• Fixin, 528
• Gevrey-Chambertin, 530
• Côte de Nuits-Villages, 570
DOM. DU **BOUXHOF,** Alsace Tokay-Pinot gris, 109
LAURENT **BOUY,** Champagne, 709
DOM. **BOUZERAND-DUJARDIN,**
• Bourgogne Passetoutgrain, 484
• Monthélie, 617
DOM. HUBERT **BOUZEREAU-,** Meursault, 626
DOM. JEAN-MARIE **BOUZEREAU,** Crémant de Bourgogne, 496
MICHEL **BOUZEREAU,** Puligny-Montrachet, 631
MICHEL **BOUZEREAU ET FILS,**
• Bourgogne, 464
• Pommard, 606
• Meursault, 626
DOM. HUBERT **BOUZEREAU-GRUERE,** Chassagne-Montrachet, 638
DOM. **BOVY,** Kanton Waadt (Vaud), 1304
ALBERT **BOXLER,** Alsace grand cru Sommerberg, 135
DOM. ALBERT **BOXLER,** Alsace grand cru Brand, 121
CH. **BOYD-CANTENAC,** Margaux, 415
DOM. DE **BRACHIES,** Côtes de Gascogne, 1266
CH. **BRAIRON,** Muscadet Sèvre-et-Maine, 985
DOM. **BRANA,** Irouléguy, 936
ETIENNE **BRANA,** Jurançon, 937
CH. **BRANAIRE,** Saint-Julien, 437
MAXIME **BRAND,** Crémant d'Alsace, 141
CH. **BRANDA,** Puisseguin Saint-Emilion, 333
LES SENS DE **BRANDA,** Bordeaux Supérieur, 231
CH. **BRANDEAU,** Bordeaux, 206
CH. **BRANDE-BERGERE,** Bordeaux Supérieur, 231
CH. **BRANE-CANTENAC,** Margaux, 415
BRARD BLANCHARD,
• Pineau des Charentes, 1242
• Charentais, 1261
CH. **BRAS D'ARGENT,** Bordeaux Clairet, 219
BRATEAU-MOREAUX, Champagne, 709
CAMILLE **BRAUN,**
• Alsace Muscat, 95
• Alsace Tokay-Pinot gris, 109
DOM. DES **BRAVES,** Régnié, 191
MARC **BREDIF,** Vouvray, 1087
ANDRE-MICHEL **BREGEON,** Muscadet Sèvre-et-Maine, 985
CH. **BREHAT,** Côtes de Castillon, 337
CH. DU **BREL,** Cahors, 912
JEAN-CLAUDE **BRELIERE,** Rully, 660
MAS DES **BRESSADES,** Costières de Nîmes, 816
PIERRE **BRESSON,** Maranges, 653
NOEL **BRESSOULALY,** Côtes d'Auvergne AOVDQS, 1105
DOM. **BRESSY MASSON,**
• Côtes du Rhône-Villages, 1154
• Rasteau, 1238
CH. **BRETHOUS,** Premières Côtes de Bordeaux, 355
BRUNO ET ROSELYNE **BRETON,** Bourgueil, 1062
CATHERINE ET PIERRE **BRETON,** Bourgueil, 1062
BRETON FILS, Champagne, 709
CH. DU **BREUIL,**
• Haut-Médoc, 401
• Coteaux du Layon, 1025
DOM. DU **BREUIL,** Charentais, 1261
CH. **BREUILH,** Médoc, 388
YVES **BREUSSIN,** Vouvray, 1087
CH. DE **BRIACE,** Muscadet Sèvre-et-Maine, 985
CH. **BRIAND,** Bergerac, 949
CH. DE **BRIANTE,** Brouilly, 167
BRICE, Champagne, 710
BRICOUT, Champagne, 710
DOM. MICHEL **BRIDAY,** Rully, 660
CH. **BRILLETTE,** Moulis-en-Médoc, 422
DOM. **BRINTET,** Mercurey, 664
CLOS DES **BRIORDS,** Muscadet Sèvre-et-Maine, 985
VIGNOBLES **BRISEBARRE,** Vouvray, 1087
CH. DE **BRISSAC,** Anjou-Villages-Brissac, 1013

DOM. DE **BRIZE,**
• Crémant de Loire, 978
• Anjou, 1003
JEAN-MARC **BROCARD,** Chablis grand cru, 517
JEAN **BROCARD-GRIVOT,** Bourgogne Passetoutgrain, 484
DOM. HUBERT **BROCHARD,** Sancerre, 1129
HENRY **BROCHARD,** Pouilly-Fumé, 1118
DOM. DU **BROCHET,** Muscadet Sèvre-et-Maine, 986
BROCHET-HERVIEUX, Champagne, 710
ANDRE **BROCHOT,** Champagne, 710
MARC **BROCOT,** Marsannay, 525
CH. **BRONDELLE,** Graves, 363
CH. DE **BROSSAY,** Coteaux du Layon, 1025
BROSSOLETTE, Bourgogne, 464
LAURENT-CHARLES **BROTTE,** Châteauneuf-du-Pape, 1191
BROUETTE PETIT-FILS, Crémant de Bordeaux, 244
CH. DES **BROUSTERAS,** Médoc, 388
CH. **BROWN,** Pessac-Léognan, 375
CH. **BROWN-LAMARTINE,** Bordeaux Supérieur, 231
BERNARD **BROYER,** Juliénas, 181
DOM. **BRU-BACHE,** Jurançon, 938
BRUGNON, Champagne, 710
MAS **BRUGUIERE,** Coteaux du Languedoc, 820
CH. **BRULESECAILLE,** Côtes de Bourg, 252
DOM. DE **BRULLY,**
• Saint-Aubin, 642
• Santenay, 647
BRUMES, Gaillac, 921
LA GASCOGNE PAR ALAIN **BRUMONT,** Côtes de Gascogne, 1266
FREDDY **BRUN,** Pineau des Charentes, 1242
DOM. **BRUNEAU,** Charentais, 1261
CAVE **BRUNEAU DUPUY,** Saint-Nicolas- de-Bourgueil, 1068
DOM. GEORGES **BRUNET,** Vouvray, 1087
MAS **BRUNET,** Coteaux du Languedoc, 820
EDOUARD **BRUN ET CIE,** Champagne, 710
DOM. DES **BRUNIERS,** Quincy, 1123
DOM. **BRUSSET,** Côtes du Rhône-Villages, 1155
CH. DE **BRUTHEL,** Côtes du Rhône, 1141
CH. DES **BRUYERES,** Côtes de Duras, 968
G. **BRZEZINSKI,**
• Bourgogne Hautes-Côtes de Beaune, 491
• Saint-Aubin, 642
JOSEPH DE **BUCY,** Meursault, 626
JEAN-CLAUDE **BUECHER,** Crémant d'Alsace, 141
PAUL **BUECHER,** Alsace grand cru Brand, 121
BUECHER-FIX, Alsace grand cru Hatschbourg, 126
DOM. FRANÇOIS **BUFFET,** Volnay, 613
LE CAVEAU **BUGISTE,** Bugey AOVDQS, 798
PAUL **BUISSE,** Crémant de Loire, 978
CHRISTOPHE **BUISSON,**
• Bourgogne, 464
• Bourgogne Hautes-Côtes de Beaune, 491
• Savigny-lès-Beaune, 589
• Saint-Romain, 623
DOM. DU **BUISSON,** Coteaux d'Ancenis AOVDQS, 1001
DOM. HENRI ET GILLES **BUISSON,**
• Corton, 582
• Saint-Romain, 623
CH. **BUISSON DE FLOGNY,** Bergerac, 949
DOM. DES **BUISSONNES,** Sancerre, 1129
CH. **BUISSON-REDON,** Bordeaux, 207
COLETTE ET CLAUDE **BULABOIS,** Arbois, 773
NOEL **BULLIAT,** Morgon, 184
LES VIGNERONS DE LA CAVE DE **BULLY,** Beaujolais, 153
DOM. DES **BURDINES,** Mâcon-Villages, 676
BERNARD **BURGAUD,** Côte Rôtie, 1164
JEAN-MARC **BURGAUD,** Morgon, 184
DOM. **BURGHART-SPETTEL,** Alsace Tokay-Pinot gris, 109
CHRISTIAN **BUSIN,** Champagne, 710
JACQUES **BUSIN,** Champagne, 711
CH. **BUSSAC,** Graves de Vayres, 351
CH. DE **BUSSY,** Beaujolais, 153
PHILIPPE **BUTIN,** Côtes du Jura, 782
LES VIGNERONS DE **BUXY,** Bourgogne, 464
LES VIGNERONS REUNIS A **BUXY,** Montagny, 671
DOM. DES **BUYATS,** Régnié, 191
LES VIGNERONS DE **BUZET,** Buzet, 926
CAVEAU DES **BYARDS,**
• Côtes du Jura, 782
• Crémant du Jura, 786
• Macvin du Jura, 1250
CH. **CABANNIEUX,** Graves, 363
LES CELLIERS DU **CABARDES,** Cabardès, 849
DOM. DE **CABARROUY,** Jurançon sec, 940
MARCEL **CABELIER,**
• Château-Chalon, 779
• Côtes du Jura, 782
• Crémant du Jura, 786
CABIDOS, Pyrénées-Atlantiques, 1268
PRESTIGE DE CH. **CABLANC,** Bordeaux, 207
LES VIGNERONS DE **CABRIERES,** Coteaux du Languedoc, 821
DOM. DE **CABROL,** Cabardès, 849
DOM. **CACHAT-OCQUIDANT,**
• Bourgogne Hautes-Côtes de Nuits, 487
• Ladoix, 572
• Aloxe-Corton, 576
• Pernand-Vergelesses, 579
DOM. **CACHAT-OCQUIDANT ET FILS,** Corton, 582
JACQUES **CACHEUX ET FILS,**
• Echézeaux, 555
• Vosne-Romanée, 559
• Nuits-Saint-Georges, 564
GUY **CADEL,** Champagne, 711
MAS DE **CADENET,** Côtes de Provence, 867
CH. **CADENETTE,** Costières de Nîmes, 816
CH. **CADET-BON,** Saint-Emilion grand cru, 295
CH. **CADET-PEYCHEZ,** Saint-Emilion grand cru, 295
CADET ROUSSELLE, Jardin de la France, 1256
DOM. **CADY,** Coteaux du Layon, 1026
DOM. DU **CAGUELOUP,** Bandol, 885
CH. **CAHUZAC,** Côtes du Frontonnais, 928
DOM. A. **CAILBOURDIN,** Pouilly-Fumé, 1118
DOM. DES **CAILLATTES,** Kanton Waadt (Vaud), 1304
CH. **CAILLAVEL,** Côtes de Bergerac, 957
CH. **CAILLETEAU BERGERON,** Premières Côtes de Blaye, 246
DOM. **CAILLOT,**
• Bourgogne, 464
• Pommard, 606
• Meursault, 626
• Puligny-Montrachet, 631
DOM. DES **CAILLOTS,** Touraine, 1051
CH. **CAILLOU,** Sauternes, 448
CH. DU **CAILLOU,**
• Graves, 363
• Cérons, 446
DOM. DU **CAILLOU,** Châteauneuf-du-Pape, 1191
CH. **CAILLOU D'ARTHUS,** Saint-Emilion grand cru, 295
CH. **CAILLOU LES MARTINS,** Lussac Saint-Emilion, 324
DOM. DES **CAILLOUTIS,** Gaillac, 921
DOM. DES **CAILLOUX,** Entre-Deux-Mers, 346
CAVE DE **CAIRANNE,** Côtes du Rhône-Villages, 1155
CH. DE **CAIX,** Cahors, 912
CH. DE **CALADROY,**
• Côtes du Roussillon-Villages, 859
• Rivesaltes, 1222
CH. DE **CALAVON,** Coteaux d'Aix-en-Provence, 891
MAS **CAL DEMOURA,** Coteaux du Languedoc, 821

CH. **CALENS,** Graves, 364
CALISINAC, Pineau des Charentes, 1242
CH. **CALISSANNE,** Coteaux d'Aix-en-Provence, 891
CALISTA, Bergerac sec, 955
CH. DE **CALLAC,** Graves, 364
CH. **CALON-SEGUR,** Saint-Estèphe, 432
DOM. **CALOT,** Morgon, 184
DOM. DU **CALVAIRE DE ROCHE GRES,** Fleurie, 178
CALVET, Saint-Joseph, 1169
CALVET DE CALVET, Oc, 1269
CALVET RESERVE,
• Bordeaux, 207
• Bordeaux sec, 221
DOM. **CAMAISSETTE,** Coteaux d'Aix-en-Provence, 891
CH. DE **CAMARSAC,** Bordeaux Supérieur, 231
CH. **CAMARSET,** Graves, 364
CH. **CAMBON LA PELOUSE,** Haut-Médoc, 401
CH. **CAMENSAC,** Haut-Médoc, 402
CAMORINO, Kanton Tessin (Ticino), 1330
DOM. DE **CAMPAGNOL,** Costières de Nîmes, 816
DOM. DE **CAMPET,** Agenais, 1262
DOM. **CAMPI,** Collioure, 863
DOM. **CAMPRADEL,** Oc, 1269
DOM. HUBERT **CAMUS,** Chambertin, 536
DOM. **CAMUS-BRUCHON,** Savigny-lès-Beaune, 589
CANARD-DUCHENE, Champagne, 711
MARIE-THERESE **CANARD ET JEAN-MICHEL AUBINEL,** Bourgogne, 464
CH. DE **CANCERILLES,** Coteaux Varois, 897
CH. **CANDELEY,** Entre-Deux-Mers, 346
CANET VALETTE, Saint-Chinian, 844
CH. **CANEVAULT,** Bordeaux Supérieur, 231
CH. **CANNET,** Côtes de Provence, 868
CH. **CANON,**
• Canon-Fronsac, 259
• Saint-Emilion grand cru, 296
CLOS **CANON,** Saint-Emilion grand cru, 296
CH. **CANON CHAIGNEAU,** Lalande de Pomerol, 280
CH. **CANON DE BREM,** Canon-Fronsac, 259
CH. **CANON SAINT-MICHEL,** Canon-Fronsac, 260
CANORGUE, Vaucluse, 1283
CH. **CANTEGRIC,** Médoc, 388
CH. **CANTEGRIVE,** Côtes de Castillon, 338
CH. **CANTELAUDETTE,** Graves de Vayres, 351
CH. **CANTELAUZE,** Pomerol, 269
CH. **CANTELOUP,** Premières Côtes de Blaye, 246
CH. **CANTELYS,** Pessac-Léognan, 375
CH. **CANTEMERLE,** Haut-Médoc, 402
DOM. DE **CANTEMERLE,** Bordeaux Supérieur, 232
CH. **CANTENAC-BROWN,** Margaux, 415
CANTE PEYRAGUT, Madiran, 943
BERNARD **CANTIN,** Irancy, 521
DOM. DES **CANTREAUX,** Muscadet Sèvre-et-Maine, 986
CH. **CAP D'OR,** Saint-Georges Saint-Emilion, 335
CH. **CAP DE FAUGERES,** Côtes de Castillon, 338
CH. **CAP DE MOURLIN,** Saint-Emilion grand cru, 296
DOM. **CAPDEVIELLE,** Jurançon, 938
CH. **CAPET DUVERGER,** Saint-Emilion grand cru, 296
DOM. FRANÇOIS **CAPITAIN ET FILS,** Echézeaux, 556
CAPITAIN-GAGNEROT,
• Bourgogne Hautes-Côtes de Beaune, 491
• Clos de Vougeot, 553
• Ladoix, 573
• Aloxe-Corton, 576
• Corton, 583
CLOS **CAPITORO,** Ajaccio, 905
CH. DE **CAPITOUL,** Coteaux du Languedoc, 821
CH. **CAPLANE,** Sauternes, 449
CH. **CAP LEON VEYRIN,** Listrac-Médoc, 411
DOM. **CAPMARTIN,** Madiran, 943
CAPRICE DE LAURE, Petite Crau, 1282
CAPRICE DU TEMPS, Kanton Wallis (Valais), 1310
CH. **CAP SAINT-MARTIN,** Premières Côtes de Blaye, 247
DOM. **CAPUANO-FERRERI ET FILS,**
• Bourgogne, 464
• Bourgogne Aligoté, 478
• Santenay, 647
CH. **CAPULLE,** Bergerac sec, 955
LES VIGNERONS DE **CARAMANY,** Côtes du Roussillon-Villages, 859
CH. **CARBONEL,** Côtes du Rhône, 1141
CH. **CARBONNIEUX,** Pessac-Léognan, 375 376
CH. **CARDINAL,** Montagne Saint-Emilion, 328
CARDINAL RICHARD, Muscadet Sèvre-et-Maine, 986
CH. **CARDINAL-VILLEMAURINE,** Saint-Emilion grand cru, 296
CH. **CARIGNAN,** Premières Côtes de Bordeaux, 355
DOM. DU **CARJOT,** Saint-Amour, 194
AIME **CARL,** Alsace Pinot oder Klevner, 83
CH. DE **CARLES,** Sauternes, 449
JEAN-YVES DE **CARLINI,** Champagne, 711
MAS **CARLOT,**
• Clairette de Bellegarde, 807
• Costières de Nîmes, 816
CAROD,
• Clairette de Die, 1202
• Crémant de Die, 1203
CH. DU **CARRE,** Beaujolais-Villages, 161
DENIS **CARRE,**
• Bourgogne Hautes-Côtes de Beaune, 492
• Savigny-lès-Beaune, 590
• Pommard, 606
• Auxey-Duresses, 620
• Saint-Romain, 623
CARREFOUR, Bordeaux, 207
FRANOIS **CARREL ET FILS,** Vin de Savoie, 792
CARRELOT DES AMANTS, Côtes du Brulhois AOVDQS, 931
DOM. **CARRIERE-AUDIER,** Saint-Chinian, 845
DOM. DU **CARROIR,** Coteaux du Vendômois, 1099
MICHEL **CARRON,** Beaujolais, 153
CH. DU **CARRUBIER,** Côtes de Provence, 868
CH. **CARSIN,** Premières Côtes de Bordeaux, 355
CH. **CARTEAU COTES DAUGAY,** Saint-Emilion grand cru, 296
GASTON **CARTEREAU,** Jasnières, 1081
CATHERINE ET BRUNO **CARTIER,** Vin de Savoie, 792
MICHEL ET MIREILLE **CARTIER,** Vin de Savoie, 792
CH. DU **CARTILLON,** Haut-Médoc, 402
DOM. DE **CARTUJAC,** Haut-Médoc, 402
CH. DE **CARY POTET,**
• Bourgogne Côte Chalonnaise, 655
• Montagny, 671
JEAN-BERNARDIN **CASABIANCA,** Vins de Corse, 901
CASANOVA, Bergerac, 949
CAVE DE **CASES DE PENE,** Rivesaltes, 1222
CASONE, Vins de Corse, 901
CH. **CASSAGNE HAUT-CANON,** Canon-Fronsac, 260
DOM. DE **CASSAGNOLE,** Coteaux du Languedoc, 821
DOM. DES **CASSAGNOLES,**
• Floc de Gascogne, 1246
• Côtes de Gascogne, 1266
CH. DE **CASSAIGNE,** Floc de Gascogne, 1246
DOM. DE **CASSAN,** Gigondas, 1182
CH. **CASTEGENS,** Côtes de Castillon, 338
LES VIGNERONS DU **CASTELAS,** Côtes du Rhône, 1141
DOM. DE **CASTELL,** Côtes du Roussillon-Villages, 859
CASTELLANE, Champagne, 711

TOUR DES **CASTELLANES,** Comté Tolosan, 1265
CH. **CASTEL LA ROSE,** Côtes de Bourg, 253
DOM. DU **CASTELLAT,** Bergerac sec, 955
DOM. **CASTELL-REYNOARD,** Bandol, 885
CASTELMAURE, Corbières, 809
CASTEL MIREIO, Côtes du Rhône-Villages, 1155
DOM. DE **CASTEL OUALOU,** Lirac, 1199
CH. **CASTENET-GREFFIER,** Entre-Deux-Mers, 346
CH. **CASTERA,** Médoc, 388
CLOS **CASTET,** Jurançon, 938
CH. DE **CASTILLON,** Bandol, 886
CH. DE **CASTRES,** Graves, 364
LES VIGNERONS **CATALANS,** Banyuls grand cru, 1220
VIGNERONS **CATALANS,** Côtes du Roussillon-Villages, 859
DOM. DE **CATARELLI,**
• Patrimonio, 906
• Muscat du Cap Corse, 1238
RESERVE **CATHERINE DE RYE,** Château-Chalon, 779
SYLVAIN **CATHIARD,**
• Chambolle-Musigny, 547
• Vosne-Romanée, 559
• Nuits-Saint-Georges, 564
CATTIER, Champagne, 712
DOM. JOSEPH **CATTIN,** Alsace grand cru Hatschbourg, 126
JOSEPH **CATTIN,** Alsace Riesling, 87
DOM. **CAUHAPE,**
• Jurançon, 938
• Jurançon sec, 940
DOM. DE **CAUQUELLE,** Coteaux du Quercy AOVDQS, 918
DOM. DE **CAUSE,** Cahors, 912
DOM. DE **CAUSSE MARINES,** Gaillac, 921
CH. **CAUSSINIOJOULS,** Faugères, 835
DOM. **CAUVARD,** Beaune, 598
CH. DU **CAUZE,** Saint-Emilion grand cru, 297
CAVE DE SAIN-BEL, Coteaux du Lyonnais, 196
DOM. DES **CAVES,** Quincy, 1123
CAVES DES PAPES, Côte Rôtie, 1164
DOM. DU **CAYRON,** Gigondas, 1182
CH. **CAZALIS,** Bordeaux, 207
CLAUDE **CAZALS,** Champagne, 712
CH. **CAZAL VIEL,** Saint-Chinian, 845
DOM. **CAZAL-VIEL,** Oc, 1269
CHARLES DE **CAZANOVE,**
• Champagne, 712
• Coteaux Champenois, 768
CH. **CAZEAU,** Bordeaux, 207
DOM. DE **CAZEAUX,** Floc de Gascogne, 1246
CH. **CAZEBONNE,** Graves, 364
CH. **CAZELON,** Montagne Saint-Emilion, 328
CH. DE **CAZENEUVE,** Coteaux du Languedoc, 821
CH. DE **CAZENOVE,** Bordeaux Supérieur, 232
DOM. **CAZES,**
• Rivesaltes, 1222
• Muscat de Rivesaltes, 1230
FRANÇOIS **CAZIN,** Crémant de Loire, 979
CH. DU **CEDRE,** Cahors, 912
CH. DES **CEDRES,**
• Premières Côtes de Bordeaux, 355
• Cadillac, 441
CH. DE **CENAC,** Cahors, 913
DOM. DU **CENSY,** Muscadet Sèvre-et-Maine, 986
CEP D'OR, Moselle luxembourgeoise, 1295
CH. DE **CERCY,** Beaujolais, 153
CH. **CERTAN DE MAY DE CERTAN,** Pomerol, 269
DOM. DE **CEZIN,**
• Coteaux du Loir, 1080
• Jasnières, 1081
DOM. **CHABBERT-FAUZAN,** Minervois, 840
CHABERT DE BARBERA, Maury, 1227
CH. DES **CHABERTS,** Coteaux Varois, 897
CLOS DE **CHAILLEMONT,** Vouvray, 1087
DOM. DU **CHAILLOT,** Châteaumeillant AOVDQS, 1104
CAVE DE **CHAINTRE,** Saint-Véran, 690
CH. DE **CHAINTRES,** Saumur-Champigny, 1043
DOM. **CHAINTREUIL,** Fleurie, 178
DANIEL ET PASCAL **CHALANDARD,**
• Côtes du Jura, 782
• Crémant du Jura, 786
D. ET P. **CHALANDARD,** Macvin du Jura, 1250
DOM. DU **CHALET POUILLY,** Saint-Véran, 691
CHALMBERGER, Kanton Aargau, 1326
MADAME EDMOND **CHALMEAU,**
• Bourgogne, 464
• Bourgogne Aligoté, 479
• Chablis, 506
CHAMBERAN, Crémant de Die, 1203
CH. DE **CHAMBERT,** Cahors, 913
CH. **CHAMBERT-MARBUZET,** Saint-Estèphe, 432
CH. DE **CHAMBOUREAU,** Savennières Roche-aux-Moines, 1024
DOM. **CHAMFORT,** Vacqueyras, 1187
DOM. **CHAMPAGNON,** Moulin-à-Vent, 188
CH. DE **CHAMPAGNY,** Côte Roannaise, 1112
CH. **CHAMPAREL,** Pécharmant, 964
ROGER **CHAMPAULT,** Sancerre, 1129
DOM. DU **CHAMP CHAPRON,** Muscadet des Coteaux de la Loire sur lie, 983
DOM. DE **CHAMP DE COUR,** Moulin-à-Vent, 188
CH. DU **CHAMP DES TREILLES,** Sainte-Foy-Bordeaux, 352
DOM. **CHAMPEAU,**
• Pouilly-Fumé, 1118
• Pouilly-sur-Loire, 1122
CH. **CHAMPION,** Saint-Emilion grand cru, 297
DOM. **CHAMPION,** Vouvray, 1087
DOM. DE **CHAMP MARTIN,** Quincy, 1123
CRU **CHAMPON,** Loupiac, 443
CHAMPORTAY, Kanton Wallis (Valais), 1311
DOM. DES **CHAMPS FLEURIS,**
• Saumur, 1036
• Saumur-Champigny, 1043
CH. DE **CHAMPTELOUP,**
• Rosé d'Anjou, 1015
• Saumur, 1037
DOM. DE **CHAMPVIGNY,** Kanton Genf (Genève), 1320
CHAMPY, Corton-Charlemagne, 586
CHAMPY ET CIE, Mâcon-Villages, 676
CHAMPY PERE ET CIE,
• Bourgogne, 465
• Pernand-Vergelesses, 579
• Beaune, 598
• Saint-Romain, 624
A. **CHAMVERMEIL,** Crémant de Bordeaux, 244
DOM. DE **CHANABAS,** Côtes du Rhône, 1141
PIERRE **CHANAU,**
• Beaujolais-Villages, 161
• Brouilly, 167
• Moulin-à-Vent, 188
• Bourgogne Passetoutgrain, 484
DE **CHANCENY,** Crémant de Loire, 979
DOM. DES **CHANDELLES,** Corbières, 809
DOM. **CHANDON DE BRIAILLES,**
• Pernand-Vergelesses, 579
• Corton, 583
• Savigny-lès-Beaune, 590
DOM. **CHANGARNIER,**
• Beaune, 598
• Monthélie, 617
• Meursault, 627
CHANOINE, Champagne, 712
VIGNOBLE DU **CHANT D'OISEAUX,** Orléanais AOVDQS, 1114
CHANT DES RESSES, Kanton Waadt (Vaud), 1304
CH. **CHANTE ALOUETTE,** Saint-Emilion grand cru, 297
DOM. **CHANTE ALOUETTE CORMEIL,** Saint-Emilion grand cru, 297
DOM. **CHANTE CIGALE,** Châteauneuf-du-Pape, 1191
CH. DE **CHANTEGRIVE,** Graves, 364
DOM. DE **CHANTEGROLLE,** Gros-Plant AOVDQS, 998

CH. **CHANTELOUVE,** Entre-Deux-Mers, 346
CH. **CHANTELYS,** Médoc, 388
DOM. DE **CHANTEMERLE,**
• Morgon, 184
• Chablis, 506
CHANTE-PERDRIX, Cornas, 1179
CAVE DE **CHANTE-PERDRIX,** Condrieu, 1166
DOM. **CHANTE PERDRIX,** Châteauneuf-du-Pape, 1192
CAVE **CHANTEVIGNE,** Kanton Wallis (Valais), 1311
CHANUT FRERES, Givry, 669
CH. DE **CHANZE,** Beaujolais, 153
DOM. **CHANZY,** Mercurey, 664
DOM. DU **CHAPELAIN,** Lalande de Pomerol, 281
CH. DES **CHAPELAINS,** Sainte-Foy-Bordeaux, 352
CHAPELLE DE BARBE, Bordeaux Supérieur, 232
CHAPELLE LENCLOS, Madiran, 943
DOM. **CHAPELLE SAINT-ROCH,** Chiroubles, 176
CH. **CHAPELLE SAINT-SAUVEUR,** Bordeaux, 207
DOM. DU **CHAPITAL,** Beaujolais-Villages, 161
DOM. **CHAPOTON,** Côtes du Rhône, 1141
M. **CHAPOUTIER,**
• Côte Rôtie, 1164
• Saint-Joseph, 1169
• Crozes-Hermitage, 1174
ALEXANDRE **CHAPPUIS ET FILS,** Kanton Waadt (Vaud), 1304
MAURICE **CHAPUIS,** Chorey-lès-Beaune, 595
MAURICE ET ANNE-MARIE **CHAPUIS,** Corton-Charlemagne, 587
JACQUES **CHAPUT,** Champagne, 712
ERIC **CHAPUZET,** Cheverny, 1094
DOM. **CHARACHE-BERGERET,**
• Bourgogne Aligoté, 479
• Beaune, 598
DOM. DIDIER **CHARAVIN,** Côtes du Rhône-Villages, 1155
CHRISTIAN **CHARBONNIER,** Chinon, 1073
DOM. **CHARBONNIER,** Touraine, 1051
DOM. DES **CHARBOTIERES,**
• Anjou-Villages-Brissac, 1014
• Coteaux de l'Aubance, 1020
ROLAND **CHARDIN,** Champagne, 712
DOM. DU **Chardonnay,** Chablis premier cru, 511
DOM. DES **CHARDONNERETS,** Montlouis, 1082
CHARDONNET ET FILS, Champagne, 713
GUY **CHARLEMAGNE,** Champagne, 713
CHARLES DE FRANCE, Bourgogne, 465
DOM. FRANÇOIS **CHARLES ET FILS,**
• Bourgogne Hautes-Côtes de Beaune, 492
• Volnay, 613
JACQUES **CHARLET,** Moulin-à-Vent, 188
DOM. MAURICE **CHARLEUX,** Maranges, 653
CHARLIER ET FILS, Champagne, 713
P. **CHARLIN,** Bugey AOVDQS, 798
DOM. PHILIPPE **CHARLOPIN,**
• Bourgogne, 465
• Marsannay, 525
• Gevrey-Chambertin, 530
• Charmes-Chambertin, 539
• Mazis-Chambertin, 541
• Morey-Saint-Denis, 543
• Clos Saint-Denis, 546
• Clos de Vougeot, 553
• Echézeaux, 556
DOM. PHILIPPE **CHARLOPIN-PARIZOT,** Chambolle-Musigny, 547
PHILIPPE **CHARLOPIN POUR MADAME BARON,** Chambertin, 536
CH. **CHARMAIL,** Haut-Médoc, 402
CHARMENSAT, Côtes d'Auvergne AOVDQS, 1105
DOM. DES **CHARMES,** Kanton Genf (Genève), 1320
PIERRE **CHARMET,** Beaujolais, 154
JACQUES **CHARMETANT,** Beaujolais, 154
DOM. DES **CHARMEUSES,** Beaujolais-Villages, 161
CAVE DE **CHARNAY-LES-MACON,**
• Mâcon, 672
• Mâcon-Villages, 677
J. **CHARPENTIER,** Champagne, 713
CHARTOGNE-TAILLET, Champagne, 713
JEAN-PIERRE **CHARTON,**
• Bourgogne, 465
• Mercurey, 664
C. **CHARTON FILS,** Fixin, 528
DOM. **CHARTREUSE DE MOUGERES,** Coteaux du Languedoc, 821
CELLIER DES **CHARTREUX,** Côtes du Rhône, 1142
DOM. JEAN **CHARTRON,**
• Bourgogne Aligoté, 479
• Crémant de Bourgogne, 496
• Puligny-Montrachet, 631
• Chevalier-Montrachet, 634
• Saint-Aubin, 643
CHARTRON ET TREBUCHET,
• Nuits-Saint-Georges, 564
• Pernand-Vergelesses, 579
• Bienvenues-Bâtard-Montrachet, 636
• Montagny, 671
DOM. **CHARVIN,** Côtes du Rhône, 1142
CH. DE **CHASSAGNE-,** Saint-Aubin, 643
CH. DE **CHASSELOIR,** Muscadet Sèvre-et-Maine, 986
CHASSENAY D'ARCE, Champagne, 713
CH. **CHASSE-SPLEEN,** Moulis-en-Médoc, 422
GUY DE **CHASSEY,** Champagne, 713
DOM. **CHASSON,** Côtes du Luberon, 1210
CLOS **CHATART,** Banyuls grand cru, 1220
CLOS DU **CHATEAU,** Bourgogne, 465
DOM. DU **CHATEAU,**
• Saint-Aubin, 643
• Kanton Neuenburg (Neuchâtel), 1323
DOM. **CHATEAU D'AIGUES,** Côtes du Luberon, 1210
DOM. DU **CHATEAU DE LA VALETTE,** Brouilly, 167
DOM. DU **CHATEAU DE MERCEY,**
• Santenay, 647
• Mercurey, 664
DOM. DU **CHATEAU DE MEURSAULT,**
• Beaune, 598
• Pommard, 606
DOM. DU **CHATEAU DE PULIGNY-MONTRACHET,**
• Saint-Romain, 624
• Meursault, 627
• Puligny-Montrachet, 631
VIGNOBLE DU **CHATEAU DES ROIS,** Muscadet Sèvre-et-Maine, 986
CLOS DU **CHATEAU DE VALENÇAY,** Valençay AOVDQS, 1100
JEAN-CLAUDE **CHATELAIN,** Pouilly-Fumé, 1118
DOM. **CHATELUS DE LA ROCHE,** Beaujolais, 154
DOM. DE **CHATENOY,** Menetou-Salon, 1114
DOM. **CHAUDAT,** Ladoix, 573
CHAUDRON ET FILS, Champagne, 714
DOM. **CHAUME-ARNAUD,** Côtes du Rhône-Villages, 1155
DOM. **CHAUMONT PERE ET FILS,**
• Bourgogne, 465
• Bourgogne Côte Chalonnaise, 655
CH. DE **CHAUSSE,** Côtes de Provence, 869
DOM. DES **CHAUSSELIERES,** Muscadet Sèvre-et-Maine, 986
DOM. **CHAUVEAU,** Pouilly-Fumé, 1118
DOM. DANIEL **CHAUVEAU,** Chinon, 1073
DOM. JEAN **CHAUVENET,** Nuits-Saint-Georges, 565
F. **CHAUVENET,**
• Bourgogne Hautes-Côtes de Nuits, 487
• Charmes-Chambertin, 540
• Chambolle-Musigny, 548
CHAUVENET-CHOPIN,
• Nuits-Saint-Georges, 565
• Côte de Nuits-Villages, 570
A. **CHAUVET,** Champagne, 714

MARC **CHAUVET,** Champagne, 714
HENRI **CHAUVET ET FILS,** Champagne, 714
CH. **CHAUVIN,** Saint-Emilion grand cru, 297
DOM. PIERRE **CHAUVIN,** Coteaux du Layon, 1026
DOM. BERNARD **CHAVE,**
• Crozes-Hermitage, 1174
• Hermitage, 1177
DOM. JEAN-LOUIS **CHAVE,** Hermitage, 1178
G. **CHAVET ET FILS,** Menetou-Salon, 1115
FRANCK **CHAVY,** Morgon, 184
LOUIS **CHAVY,**
• Morgon, 184
• Auxey-Duresses, 620
• Rully, 660
PHILIPPE **CHAVY,** Bourgogne Aligoté, 479
CH. DU **CHAYLARD,** Beaujolais-Villages, 161
DOM. DE **CHAZALIS,** Coteaux de l'Ardèche, 1290
DOM. DU **CHAZELAY,** Morgon, 184
DOM. DES **CHAZELLES,**
• Bourgogne, 465
• Viré-Clessé, 682
ANDRE **CHEMIN,** Champagne, 714
DOM. DU **CHEMIN DE RONDE,** Côte de Brouilly, 171
CH. **CHEMIN ROYAL,** Moulis-en-Médoc, 422
CH. **CHENAIE,** Faugères, 836
PHILIPPE **CHENARD,** Muscadet Sèvre-et-Maine, 987
DOM. **CHENE,** Mâcon-Villages, 677
DOM. DU **CHENE,** Saint-Joseph, 1169
DOM. DU **CHENE ARRAULT,** Bourgueil, 1062
DOM. DES **CHENEVIERES,** Chablis, 506
CH. **CHENE-VIEUX,** Puisseguin Saint-Emilion, 333
CH. DE **CHENONCEAU,** Touraine, 1051
CH. **CHERCHY-DESQUEYROUX,**
• Graves, 364
• Graves Supérieures, 373
CH. **CHEREAU,** Lussac Saint-Emilion, 324
CH. **CHERET-PITRES,** Graves, 364
DOMINIQUE **CHERMETTE,** Beaujolais, 154
RECOLTE **CHERMIEUX,** Beaujolais-Villages, 161
DOM. DES **CHESNAIES,** Anjou, 1003
CHESNEAU ET FILS,
• Crémant de Loire, 979
• Cheverny, 1094
ARNAUD DE **CHEURLIN,** Champagne, 714
RICHARD **CHEURLIN,** Champagne, 714
CHEURLIN DANGIN, Champagne, 715
CHEURLIN ET FILS, Champagne, 715
DOM. **CHEVAIS,** Coteaux du Vendômois, 1099
CH. **CHEVAL BLANC,** Saint-Emilion grand cru, 297
CHEVALIER, Crémant de Bourgogne, 496
DOM. DE **CHEVALIER,** Pessac-Léognan, 376
CH. **CHEVALIER BRIGAND,** Côtes du Rhône, 1142
DOM. **CHEVALIER-METRAT,** Côte de Brouilly, 172
CHEVALIER PERE ET FILS,
• Ladoix, 574
• Corton-Charlemagne, 587
CH. **CHEVALIER SAINT-GEORGES,** Montagne Saint-Emilion, 328
DOM. **CHEVALIERS D'HOMS,** Cahors, 913
CHEVALIERS DU ROI SOLEIL, Haut-Médoc, 402
BERNARD ET CHANTAL **CHEVALLIER,** Vin de Savoie, 792
DOM. **CHEVALLIER,** Petit Chablis, 501
DENIS **CHEVASSU,** Crémant du Jura, 787
DENIS ET MARIE **CHEVASSU,** Côtes du Jura, 783
DOM. MICHEL **CHEVEAU,** Pouilly-Fuissé, 684
DOM. **CHEVROT,**
• Bourgogne Hautes-Côtes de Beaune, 492
• Crémant de Bourgogne, 496
• Maranges, 653
DOM. DES **CHEZELLES,** Touraine, 1051
FRANÇOIS **CHIDAINE,** Montlouis, 1083
YVES **CHIDAINE,** Montlouis, 1083
DOM. **CHIGNARD,** Fleurie, 178
MAS DES **CHIMERES,** Coteaux du Languedoc, 822
DOM. DE **CHINIERE,** Saint-Pourçain AOVDQS, 1110
GASTON **CHIQUET,** Champagne, 715
LA MAISON DES VIGNERONS DE **CHIROUBLES,** Morgon, 184
DOM. DE **CHIROULET,** Floc de Gascogne, 1247
DOM. **CHOFFLET-VALDENAIRE,** Givry, 669
CHRISTIAN **CHOLET-PELLETIER,** Auxey-Duresses, 620
GILLES **CHOLLET,** Pouilly-Fumé, 1119
HENRI **CHOLLET,** Kanton Waadt (Vaud), 1304
A. **CHOPIN ET FILS,** Nuits-Saint-Georges, 565
DOM. A. **CHOPIN ET FILS,** Côte de Nuits-Villages, 570
CHORUS, Bordeaux sec, 221
DANIEL **CHOTARD,** Sancerre, 1129
DOM. **CHRISTOPHE ET FILS,** Chablis, 507
DOM. FRANCK **CHUET,** Valençay AOVDQS, 1101
DOM. **CHUPIN,**
• Rosé de Loire, 975
• Anjou-Gamay, 1010
• Anjou-Villages, 1010
CIGALUS, Oc, 1269
DOM. DU **CINQUAU,** Jurançon sec, 941
PAUL **CINQUIN,** Brouilly, 167
CH. **CISSAC,** Haut-Médoc, 403
CH. DE **CITEAUX,**
• Beaune, 598
• Auxey-Duresses, 620
• Meursault, 627
• Chassagne-Montrachet, 638
CH. **CITRAN,** Haut-Médoc, 403
FRANÇOISE ET DENIS **CLAIR,**
• Saint-Aubin, 643
• Santenay, 647
MICHEL **CLAIR,** Santenay, 648
DOM. DE **CLAIRANDRE,** Beaujolais-Villages, 161
CH. **CLAIRE ABBAYE,** Sainte-Foy-Bordeaux, 353
CAVE DES **CLAIRMONTS,** Crozes-Hermitage, 1174
CH. **CLAMENS,** Côtes du Frontonnais, 928
DOM. **CLAPE,** Cornas, 1179
CH. DE **CLAPIER,** Côtes du Luberon, 1211
DOM. DE **CLAPIERS,** Coteaux Varois, 897
CH. **CLARKE,** Listrac-Médoc, 412
CH. **CLAUZET,** Saint-Estèphe, 432
DOM. **CLAVEL,** Côtes du Rhône, 1142
DOM. DE **CLAYOU,**
• Anjou, 1003
• Cabernet d'Anjou, 1017
• Coteaux du Layon, 1026
CAVE DE **CLEEBOURG,**
• Alsace Sylvaner, 82
• Alsace Gewurztraminer, 99
CHARLES **CLEMENT,** Champagne, 715
CLEMENT ET FILS, Champagne, 715
CH. **CLEMENT-PICHON,** Haut-Médoc, 403
CLERAMBAULT, Champagne, 715
ELISABETH ET BERNARD **CLERC,** Côtes du Jura, 783
DOM. HENRI **CLERC ET FILS,**
• Bourgogne, 465
• Clos de Vougeot, 553
• Beaune, 599
• Blagny, 630
• Bienvenues-Bâtard-Montrachet, 636
CH. **CLERC MILON,** Pauillac, 426
CHRISTIAN **CLERGET,**
• Vougeot, 552
• Echézeaux, 556
• Vosne-Romanée, 559
DOM. Y. **CLERGET,** Pommard, 606

RAOUL **CLERGET,**
• Bourgogne Hautes-Côtes de Nuits, 487
• Bourgogne Hautes-Côtes de Beaune, 492
CH. **CLIMENS,** Barsac, 446
CLOS BAGATELLE, Saint-Chinian, 845
CLOS BEAUREGARD, Pomerol, 269
CLOS BELLEVUE, Médoc, 389
CLOS DE CUMINAILLE, Saint-Joseph, 1169
DOM. DU **CLOS DE L'EPAISSE,** Saint-Nicolas-de-Bourgueil, 1068
CLOS DE LA BIERLE, Bugey AOVDQS, 799
CLOS DE LA BROSSE, Saint-Amour, 194
CLOS DE LA CURE, Saint-Emilion grand cru, 298
CLOS DE LA GEORGE, Kanton Waadt (Vaud), 1305
CH. **CLOS DE MONS,** Premières Côtes de Bordeaux, 355
CH. **CLOS DE SALLES,** Pomerol, 269
CH. **CLOS DE SARPE,** Saint-Emilion grand cru, 298
DOM. DU **CLOS DES AUMONES,** Vouvray, 1087
CLOS DES CABANES, Monbazillac, 960
CLOS DES CAPUCINS, Bordeaux sec, 222
DOM. DU **CLOS DES GOHARDS,** Coteaux du Layon, 1026
CLOS DES GRANDS FERS, Fleurie, 179
CLOS DES MENUTS, Saint-Emilion grand cru, 298
CLOS DES PINS, Kanton Genf (Genève), 1321
DOM. **CLOS DES ROCHERS,** Moselle luxembourgeoise, 1296
CLOS DES ROSIERS, Gros-Plant AOVDQS, 998
CLOS DES TUILERIES, Lalande de Pomerol, 281
CLOS DES VIEUX MARRONNIERS, Beaujolais, 154
CH. **CLOS DU BOURG,** Bordeaux, 208
CLOS DU CLOCHER, Pomerol, 269
DOM. DU **CLOS DU FIEF,** Juliénas, 181
CLOS DU HEZ, Graves, 365
CLOS DU JONCUAS, Gigondas, 1182
CLOS DU MOINE, Premières Côtes de Bordeaux, 356
CLOS DU MOULIN AUX MOINES, Auxey-Duresses, 620
CLOS DU PELERIN, Pomerol, 269
CLOS DU PORTAIL, Vouvray, 1088
CLOS DU ROCHER, Kanton Waadt (Vaud), 1305
CLOS DU ROY, Fronsac, 262
DOM. DU **CLOSEL,** Savennières, 1021
CLOS FLORIDENE, Graves, 365
CLOS FONTAINE, Sauternes, 449
CLOS FOURTET, Saint-Emilion grand cru, 298
DOM. **CLOS GAILLARD,** Mâcon-Villages, 677
DOM. DES **CLOS GODEAUX,** Chinon, 1073
DOM. DES **CLOSIERS,** Saumur-Champigny, 1043
CH. **CLOSIOT,** Sauternes, 449
CH. **CLOS JEAN VOISIN,** Saint-Emilion, 286
CH. **CLOS LA GRACE DIEU,** Saint-Emilion grand cru, 298
CLOS LA MADELEINE, Saint-Emilion grand cru, 298
CLOS LE BREGNET, Saint-Emilion, 286
CLOS LES FOUGERAILLES, Lalande de Pomerol, 281
CLOS MALABUT, Médoc, 389
CLOS MARIE, Coteaux du Languedoc, 822
DOM. DES **CLOS MAURICE,** Saumur, 1037
CH. **CLOS MIGNON,** Côtes du Frontonnais, 928
CLOS SAINT-ANDRE, Pomerol, 270
CLOS SAINTE-ANNE,
• Premières Côtes de Bordeaux, 356
• Cadillac, 441
CLOS SAINT-JULIEN, Saint-Emilion grand cru, 299
DOM. DU **CLOS SAINT MARC,**
• Coteaux du Lyonnais, 196
• Nuits-Saint-Georges, 565
CLOS SAINT-MARTIN, Saint-Emilion grand cru, 299
CLOS SAINT-MICHEL, Châteauneuf-du-Pape, 1192
DOM. DE **CLOS SAINT-PAUL,** Morgon, 185
CLOS SAINT-VINCENT, Saint-Emilion grand cru, 299
DOM. DU **CLOS SALOMON,** Givry, 669
DOM. DES **CLOSSERONS,** Coteaux du Layon, 1026
JOEL **CLOSSON,** Champagne, 716
CLOS TOULIFAUT, Pomerol, 270
CLOS TOUMALIN, Canon-Fronsac, 260
CLOS TRIMOULET, Saint-Emilion grand cru, 299
DOM. DU **CLOS VERDY,** Chiroubles, 176
CLOT DOU BAILE, Bellet, 884
PAUL **CLOUET,**
• Champagne, 716
• Coteaux Champenois, 768
CLUB DES SOMMELIERS, Blanquette de Limoux und Blanquette Méthode ancestrale, 804
ALAIN **COCHE-BIZOUARD,**
• Pommard, 606
• Meursault, 627
MICHEL **COCTEAUX,** Champagne, 716
CŒUR DE TERRE FORTE, Côtes de Provence, 869
PIERRE **COGNY ET DAVID DEPRES,** Bouzeron, 658
BERNARD **COILLOT PERE ET FILS,**
• Marsannay, 526
• Côte de Nuits-Villages, 570
XAVIER **COIRIER,** Fiefs Vendéens AOVDQS, 1000
CH. **COLBERT,** Côtes de Bourg, 253
DOM. DE **COLETTE,** Beaujolais-Villages, 161
PATRICE **COLIN,** Coteaux du Vendômois, 1099
BERNARD **COLIN ET FILS,**
• Chassagne-Montrachet, 638
• Saint-Aubin, 643
DOM. MARC **COLIN ET FILS,**
• Chassagne-Montrachet, 638
• Saint-Aubin, 643
ANITA ET JEAN-PIERRE **COLINOT,** Irancy, 521
COLLARD-CHARDELLE, Champagne, 716
COLLARD-PICARD, Champagne, 716
COLLECTION, Rivesaltes, 1223
RAOUL **COLLET,** Champagne, 716
COLLET DE BOVIS, Bellet, 884
DOM. JEAN **COLLET ET FILS,**
• Petit Chablis, 502
• Chablis grand cru, 517
CHARLES **COLLIN,** Champagne, 717
DANIEL **COLLIN,** Champagne, 717
DOM. **COLLIN,** Blanquette de Limoux und Blanquette Méthode ancestrale, 804
DOM. FRANÇOIS **COLLIN,** Bourgogne, 466
JEAN-NOEL **COLLIN,** Pineau des Charentes, 1242
DOM. **COLLONGE,** Crozes-Hermitage, 1174
DOM. **COLLOTTE,** Bourgogne, 466
DOM. VITICOLE DE LA VILLE DE **COLMAR,** Alsace Riesling, 88
CAPRICE DE **COLOMBELLE,** Côtes de Gascogne, 1266
CH. **COLOMBE PEYLANDE,** Haut-Médoc, 403
DOM. DU **COLOMBIER,**
• Chablis premier cru, 512
• Chablis grand cru, 518
• Vin de Savoie, 792
• Muscadet Sèvre-et-Maine, 987
• Chinon, 1073
• Crozes-Hermitage, 1175
• Hermitage, 1178
CH. **COLOMBIER-MONPELOU,** Pauillac, 426
DOM. DES **COLOMBIERS,** Crémant de Bourgogne, 496
DOM. DE **COLONAT,** Régnié, 192
DOM. ANDRE **COLONGE ET FILS,** Beaujolais-Villages, 162

DOM. DE **COMBEBELLE,** Vaucluse, 1283
DOM. DE **COMBELONGE,**
• Côtes du Vivarais, 1214
• Coteaux de l'Ardèche, 1290
DOM. PHILIPPE **COMBES,** Coteaux du Languedoc, 822
DOM. DE **COMBET,** Bergerac sec, 956
DOM. **COMBIER,** Crozes-Hermitage, 1175
JEAN-MICHEL **COMBIER,** Mâcon, 673
DOM. DES **COMBIERS,** Beaujolais-Villages, 162
CH. **COMBRILLAC,** Côtes de Bergerac, 958
COMMANDERIE DE LA BARGEMONE, Coteaux d'Aix-en-Provence, 891
COMMANDERIE DE PEYRASSOL, Côtes de Provence, 870
LES CAVES DU **COMMANDEUR,** Var, 1285
DOM. **COMPS,** Saint-Chinian, 845
CH. **COMTE,** Canon-Fronsac, 260
COMTE DE COLBERT, Saumur, 1037
COMTE DE LA PERRIERE, Sancerre, 1130
COMTE DE MIGIEU, Bourgogne, 466
COMTE DE NEGRET, Côtes du Frontonnais, 929
COMTE DE NOIRON, Champagne, 717
CH. **CONDAMINE BERTRAND,** Coteaux du Languedoc, 822
FRANÇOIS **CONFURON-GINDRE,** Vosne-Romanée, 559
LA CAVE DU **CONNAISSEUR,**
• Bourgogne Aligoté, 479
• Chablis, 507
• Chablis premier cru, 512
DOM. DE **CONROY,** Côte de Brouilly, 172
THIERRY **CONSTANTIN,** Kanton Wallis (Valais), 1311
CH. **CONSTANTIN-CHEVALIER,** Côtes du Luberon, 1211
Y. ET C. **CONTAT-GRANGE,**
• Bourgogne Hautes-Côtes de Beaune, 492
• Santenay, 648
• Maranges, 653
MICHEL **CONTOUR,** Cheverny, 1094
JACQUES **COPINET,** Champagne, 717
GUY **COQUARD,** Chambolle-Musigny, 548
DOM. DES **COQUERIES,** Bonnezeaux, 1033
DOM. DE **COQUIN,** Menetou-Salon, 1115
CAVE **CORBASSIERE,** Kanton Wallis (Valais), 1311
DOM. DE **CORBETON,** Bourgogne, 466
CH. **CORBIAC,** Pécharmant, 964
CH. **CORBIN,** Saint-Emilion grand cru, 299
CHANTAL ET MICHEL **CORDAILLAT,** Reuilly, 1126
CH. **CORDEILLAN-BAGES,** Pauillac, 426
CORDEUIL PERE ET FILS, Champagne, 717
COLLECTION PRIVEE D. **CORDIER,** Médoc, 389
DOM. **CORDIER PERE ET FILS,**
• Mâcon, 673
• Pouilly-Fuissé, 684
• Pouilly Loché, 688
• Saint-Véran, 691
DOM. DU **CORIANCON,** Côtes du Rhône-Villages, 1155
CH. **CORMEIL-FIGEAC,** Saint-Emilion grand cru, 299
DOM. BRUNO **CORMERAIS,**
• Muscadet Sèvre-et-Maine, 987
• Jardin de la France, 1256
GILDAS **CORMERAIS,** Muscadet Sèvre-et-Maine, 987
CH. DE **CORNEILLA,**
• Côtes du Roussillon, 854
• Rivesaltes, 1223
CORNET, Banyuls, 1218
DOM. DU **CORNILHAC,** Saint-Joseph, 1169
DIDIER **CORNILLON,**
• Clairette de Die, 1202
• Crémant de Die, 1204
DOM. **CORNU,**
• Crémant de Bourgogne, 496
• Ladoix, 574
ROLAND **CORNU,** Beaujolais, 154
CORNULUS, Kanton Wallis (Valais), 1311
COROLLE, Côtes du Condomois, 1267
CH. **CORPS DE LOUP,** Premières Côtes de Blaye, 247
CORSICAN, Vins de Corse, 901
DOM. **CORSIN,** Saint-Véran, 691
CH. **CORTON GRANCEY,** Cortón, 583
LES PAGODES DE **COS,** Saint-Estèphe, 433
COS D'ESTOURNEL, Saint-Estèphe, 432
CH. **COS LABORY,** Saint-Estèphe, 433
LYCEE AGRICOLE DE **COSNE-SUR-LOIRE,** Coteaux du Giennois, 1109
REMI **COSSON,** Touraine Noble-Joué, 1057
COSTE BLANCHE, Côtes du Tarn, 1265
COSTE BRULADE, Côtes de Provence, 870
DOM. **COSTE-CAUMARTIN,** Pommard, 606
DOM. **COSTEPLANE,** Oc, 1269
DOM. **COSTE ROUGE,** Coteaux du Languedoc, 822
DOM. DES **COSTES,** Pécharmant, 965
DOM. DES **COSTES ROUGES,** Marcillac, 934
CAVE **COSTES ROUSSES,** Côtes du Rhône, 1142
DOM. **COTEAU DE BEL-AIR,** Fleurie, 179
DOM. DU **COTEAU DES FOUILLOUSES,** Juliénas, 181
COTEAU SAINT-VINCENT, Cabernet d'Anjou, 1017
DOM. DES **COTEAUX DE LA ROCHE,** Beaujolais, 154
DOM. DES **COTEAUX DES TRAVERS,** Côtes du Rhône-Villages, 1155
CAVE DES **COTEAUX DU MEZINAIS,** Floc de Gascogne, 1247
LES VIGNERONS DES **COTEAUX ROMANAIS,** Touraine, 1051
CH. **COTE DE BALEAU,** Saint-Emilion grand cru, 299
CH. **COTE MONTPEZAT,** Côtes de Castillon, 338
LES VIGNERONS DES **COTES D'AGLY,**
• Côtes du Roussillon-Villages, 859
• Rivesaltes, 1223
• Muscat de Rivesaltes, 1230
COTES DES OLIVIERS, Agenais, 1262
COTES ROCHEUSES, Saint-Emilion grand cru, 300
DOM. **COTON,** Chinon, 1074
CH. DE **COTS,** Côtes de Bourg, 253
COTTINELLI, Kanton Graubünden, 1327
CH. **COUBET,** Côtes de Bourg, 253
COUCHE PERE ET FILS, Champagne, 717
CH. **COUCY,** Montagne Saint-Emilion, 328
DOM. DES **COUDEREAUX,**
• Quincy, 1123
• Reuilly, 1126
CH. **COUDERT-PELLETAN,** Saint-Emilion grand cru, 300
CH. DE **COUDOT,** Haut-Médoc, 403
DOM. DE **COUDOULET,** Oc, 1270
CH. **COUFRAN,** Haut-Médoc, 403
CH. **COUHINS-LURTON,** Pessac-Léognan, 376
COLLECTION PRIVEE DES FRERES **COUILLAUD,** Muscadet Sèvre-et-Maine, 987
CH. **COUJAN,** Saint-Chinian, 845
CH. DE **COULAINE,** Chinon, 1074
CLOS DE **COULAINE,** Savennières, 1022
DOM. **COULANGE,** Côtes du Rhône, 1143
PATRICK **COULBOIS,** Pouilly-Fumé, 1119
ROGER **COULON,** Champagne, 717
COULON ET FILS, Charentais, 1261
COULY-DUTHEIL, Chinon, 1074
CH. **COUPE ROSES,** Minervois, 840

DOM. DE **COUQUEREAU,** Graves, 365
CH. **COURAC,** Côtes du Rhône-Villages, 1156
JEAN-MARIE **COURBET,**
• Château-Chalon, 780
• Côtes du Jura, 783
• Macvin du Jura, 1250
DOM. **COURBIS,** Saint-Joseph, 1170
DOM. DE **COURCEL,**
• Bourgogne, 466
• Pommard, 607
CH. DU **COURLAT,** Lussac Saint-Emilion, 325
CH. **COURONNEAU,** Bordeaux Supérieur, 232
DOM. ALAIN **COURREGES,** Ajaccio, 905
DOM. DES **COURS,** Côtes de Duras, 968
COURSAC, Coteaux du Languedoc, 822
PIERRE **COURSODON,** Saint-Joseph, 1170
DOM. JEAN-CLAUDE **COURTAULT,** Petit Chablis, 502
DOM. DE **COURTEILLAC,** Bordeaux Supérieur, 232
FREDERIC **COURTEMANCHE,** Montlouis, 1083
COURTET LAPERRE, Madiran, 943
CH. **COURTEY,**
• Bordeaux, 208
• Bordeaux Supérieur, 232
CAVE **COURTINAT,** Saint-Pourçain AOVDQS, 1110
CH. **COUSSIN SAINTE VICTOIRE,** Côtes de Provence, 870
DOM. **COUSTELLIER,** Oc, 1270
DOM. DE **COUSTILLE,** Meuse, 1293
CH. **COUSTOLLE,** Canon-Fronsac, 260
CH. **COUTELIN-MERVILLE,** Saint-Estèphe, 433
CH. **COUTINEL,** Côtes du Frontonnais, 929
DOM. DES **COUTURES,** Saumur-Champigny, 1044
COUVENT DES CORDELIERS,
• Beaune, 599
• Saint-Aubin, 643
COUVENT DES JACOBINS, Saint-Emilion grand cru, 300
ALAIN **COUVREUR,** Champagne, 718
CH. DU **COY,** Sauternes, 449
CH. **CRABITAN-BELLEVUE,**
• Bordeaux, 208
• Bordeaux sec, 222
• Premières Côtes de Bordeaux, 356
• Sainte-Croix-du-Mont, 444
CH. DE **CRAIN,** Entre-Deux-Mers, 346
DOM. DU **CRAMPILH,** Pacherenc du Vic-Bilh, 945
DOM. DE **CRAY,** Touraine, 1051
DOM. VICTOR **CREDOZ,**
• Côtes du Jura, 783
• Crémant du Jura, 787
• Macvin du Jura, 1250
CH. **CREMADE,** Palette, 889
CH. DE **CREMAT,** Bellet, 884
JEAN-PIERRE **CRESPIN,** Chinon, 1074
DOM. DU **CREST,** Kanton Genf (Genève), 1321
DOM. DU **CRET DES BRUYERES,** Chiroubles, 177
DOM. **CRET DES GARANCHES,** Brouilly, 168
DOMINIQUE **CRETE ET FILS,** Champagne, 718
DOM. DES **CRETES,** Beaujolais, 155
JEAN-YVES **CRETTENAND,** Kanton Wallis (Valais), 1312
PIERRE-ANTOINE **CRETTENAND,** Kanton Wallis (Valais), 1311
CH. **CREYSSELS,** Coteaux du Languedoc, 822
LYCEE AGRICOLE DE **CREZANCY,** Champagne, 718
DOM. DE **CRISTIA,** Châteauneuf-du-Pape, 1192
DOM. DU **CROC DU MERLE,** Cheverny, 1094
DANIEL **CROCHET,** Sancerre, 1130
DOM. DE **CROCHET,** Kanton Waadt (Vaud), 1305
DOM. DOMINIQUE ET JANINE **CROCHET,** Sancerre, 1130
ROBERT ET DOM. MARIE-SOLANGE **CROCHET,** Sancerre, 1130
BERNARD **CROISARD,** Coteaux du Loir, 1081
DOM. DES **CROIX,** Quincy, 1123
CH. **CROIX BEAUSEJOUR,** Montagne Saint-Emilion, 328
CH. **CROIX DE RAMBEAU,** Lussac Saint-Emilion, 325
CH. **CROIX DE VIGNOT,** Saint-Emilion grand cru, 300
CROIX-MILHAS,
• Banyuls, 1218
• Rivesaltes, 1223
CH. **CROIZET-BAGES,** Pauillac, 426
CH. **CROQUE MICHOTTE,** Saint-Emilion grand cru, 300
CH. DU **CROS,** Loupiac, 443
DOM. **CROS,** Minervois, 840
DOM. DU **CROS,** Marcillac, 934
CH. **CROS-FIGEAC,** Saint-Emilion grand cru, 300
CAVE DE **CROUSEILLES,** Madiran, 944
CH. **CROUTE-CHARLUS,** Côtes de Bourg, 253
DOM. NICOLAS **CROZE,** Côtes du Rhône, 1143
CH. **CROZE DE PYS,** Cahors, 913
DOM. DES **CROZES-SENACQ,** Oc, 1270
HENRI **CRUCHON,** Kanton Waadt (Vaud), 1305
DOM. DE **CRUIX,** Beaujolais, 155
DOM. DE **CRUSCADES,** Hauterive, 1278
CH. **CRUZEAU,** Saint-Emilion grand cru, 300
CH. DE **CRUZEAU,** Pessac-Léognan, 376
CH. **CUCHOUS,** Côtes du Roussillon-Villages, 859
CH. DE **CUGAT,** Bordeaux Supérieur, 232
CLOS **CULOMBU,** Vins de Corse, 901
DOM. DE **CUREBEASSE,** Côtes de Provence, 870
CH. **CURSON,** Crozes-Hermitage, 1175
DOM. **CYROT-BUTHIAU,** Pommard, 607
DIDIER **DAGUENEAU,** Pouilly-Fumé, 1119
JEAN-CLAUDE **DAGUENEAU,** Pouilly-Fumé, 1119
VALERIE **DALAIS,** Côte de Brouilly, 172
DOM. DU **DALEY,** Kanton Waadt (Vaud), 1305
VALERIE ET FREDERIC **DALLOT,** Châteaumeillant AOVDQS, 1104
CH. **DAMASE,** Bordeaux Supérieur, 233
CH. DE **DAMBERT,** Entre-Deux-Mers, 346
DAME DE LA VALLEE, Jardin de la France, 1256
DOM. DES **DAMES,** Fiefs Vendéens AOVDQS, 1000
DOM. **DAMIENS,** Madiran, 944
DOM. PIERRE **DAMOY,**
• Gevrey-Chambertin, 530
• Chambertin, 536
• Chambertin-Clos de Bèze, 538
• Chapelle-Chambertin, 539
COMTE AUDOIN DE **DAMPIERRE,** Champagne, 718
DOM. DANIEL **DAMPT,** Chablis premier cru, 512
DOM. ERIC **DAMPT,** Petit Chablis, 502
DOM. HERVE **DAMPT,** Petit Chablis, 502
VINCENT **DANCER,**
• Pommard, 607
• Meursault, 627
PAUL **DANGIN ET FILS,** Champagne, 718
PHILIPPE **DARIOLY,** Kanton Wallis (Valais), 1312
DOM. **DARNAT,**
• Bourgogne, 466
• Bourgogne Aligoté, 479
DOM. **DARONA,** Saint-Péray, 1181
YVES **DARVIOT,** Beaune, 599
CH. **DARZAC,** Bordeaux Clairet, 219
CH. **DASSAULT,** Saint-Emilion grand cru, 301
LE D DE **DASSAULT,** Saint-Emilion, 288
DOM. **DAULNY,** Sancerre, 1130
CH. **DAUPHINE RONDILLON,** Loupiac, 443
CELLIER DES **DAUPHINS,** Côtes du Rhône, 1144

DAUTEL-CADOT, Champagne, 718
AGNES ET DIDIER **DAUVISSAT,** Petit Chablis, 502
JEAN **DAUVISSAT,** Chablis premier cru, 512
RENE ET VINCENT **DAUVISSAT,**
• Petit Chablis, 502
• Chablis premier cru, 512
• Chablis grand cru, 518
CH. **DAUZAC,** Margaux, 416
CH. **DAUZAN LA VERGNE,** Montravel, 963
DANIEL **DAVANTURE ET FILS,**
• Bourgogne Côte Chalonnaise, 655
• Givry, 669
CH. DE **DAVENAY,** Montagny, 671
PH. **DAVIAUX-QUINET,** Champagne, 718
BERNARD **DAVID,** Saint-Nicolas- de-Bourgueil, 1069
CH. **DAVID,** Médoc, 389
DOM. ARMAND **DAVID,** Saumur, 1037
DOM. JEAN **DAVID,** Côtes du Rhône, 1144
MARCEL **DECHAUME,** Pommard, 607
DOM. CHARLES **DECKER,** Moselle luxembourgeoise, 1296
DOM. BERNARD **DEFAIX,** Chablis, 507
DOM. DANIEL-ETIENNE **DEFAIX-AU VIEUX CHATEAU,** Chablis premier cru, 512
CH. **DEFFENDS,** Côtes de Provence, 870
DOM. DU **DEFFENDS,** Coteaux Varois, 897
JACQUES **DEFRANCE,** Champagne, 719
JOCELYNE ET PHILIPPE **DEFRANCE,** Bourgogne Aligoté, 479
PHILIPPE **DEFRANCE,** Sauvignon de Saint-Bris AOVDQS, 522
CH. **DEGAS,** Bordeaux Supérieur, 233
LAURENT **DEGENEVE,** Meuse, 1293
AMEDEE **DEGRANGE,** Chénas, 174
DEHOURS, Champagne, 719
HENRI **DELAGRANGE ET FILS,**
• Pommard, 607
• Volnay, 613
DELAHAIE, Champagne, 719
ROGER **DELALOGE,** Irancy, 521
DELAMOTTE, Champagne, 719
DOM. VINCENT **DELAPORTE,** Sancerre, 1130
PATRICE **DELARUE,** Saint-Nicolas- de-Bourgueil, 1069
DELAS, Crozes-Hermitage, 1175
DOM. JOEL **DELAUNAY,** Touraine, 1052
DELAUNAY PERE ET FILS, Crémant de Loire, 979
ANDRE **DELAUNOIS,** Champagne, 719
DELAVENNE PERE ET FILS, Champagne, 719
ALAIN **DELAYE,** Pouilly Loché, 688
DELBECK, Champagne, 719
DOM. PHILIPPE **DELESVAUX,** Coteaux du Layon, 1027
DELETANG, Montlouis, 1083
MICHEL **DELHOMMEAU,** Muscadet Sèvre-et-Maine, 987
DELIANCE PERE ET FILS, Crémant de Bourgogne, 497
RICHARD **DELISLE,** Pineau des Charentes, 1242
ANDRE **DELORME,** Crémant de Bourgogne, 497
DELOUVIN NOWACK, Champagne, 720
YVES **DELOZANNE,** Champagne, 720
CH. **DELTOUR,** Pomerol, 270
DEMESSEY,
• Chassagne-Montrachet, 638
• Mercurey, 664
SERGE **DEMIERE,** Champagne, 720
DEMILLY DE BAERE, Champagne, 720
BLANC DE BLANCS DES **DEMOISELLES,** Corbières, 809
RODOLPHE **DEMOUGEOT,**
• Bourgogne, 466
• Bourgogne Hautes-Côtes de Beaune, 492
• Savigny-lès-Beaune, 590
• Beaune, 599
• Monthélie, 617
DOM. **DENIS PERE ET FILS,**
• Bourgogne Aligoté, 479
• Crémant de Bourgogne, 497
• Pernand-Vergelesses, 579
DOM. **DENIZOT,**
• Bourgogne Aligoté, 480
• Crémant de Bourgogne, 497
ANDRE **DEPARDON,** Mâcon-Villages, 677
DE PREVILLE, Jardin de la France, 1257
DER ANDERE N3, Kanton Thurgau, 1328
DOM. **DEREY FRERES,** Fixin, 528
MICHEL **DERVIN,** Champagne, 720
DE RYCKE, Jasnières, 1082
HENRI **DESBŒUFS,** Muscat de Rivesaltes, 1230
DESBORDES-AMIAUD, Champagne, 720
RENAUD **DESBOURDES,** Chinon, 1074
MARC **DESCHAMPS,** Pouilly-Fumé, 1119
PHILIPPE **DESCHAMPS,** Beaujolais-Villages, 162
JEAN **DESCROIX,** Beaujolais, 155
DESERTAUX-FERRAND, Côte de Nuits-Villages, 570
DESFAYES-CETTENAND, Kanton Wallis (Valais), 1312
FRANÇOIS ET MONIQUE **DESIGAUD,** Régnié, 192
DOM. **DESLINES,** Saint-Chinian, 845
A. **DESMOULINS ET CIE,** Champagne, 720
CHARLES **DESPESSE,** Cornas, 1179
PASCAL **DESROCHES,** Reuilly, 1126
DOM. **DESSUS BON BOIRE,** Bourgogne Aligoté, 480
CH. **DESTIEUX,** Saint-Emilion grand cru, 301
CH. **DESTIEUX BERGER,** Saint-Emilion grand cru, 301
DESTINEA, Jardin de la France, 1257
DESVIGNES, Bourgogne, 466
MAISON **DESVIGNES,** Juliénas, 181
PROPRIETE **DESVIGNES,** Givry, 669
PAUL **DETHUNE,** Champagne, 721
DEUTZ, Champagne, 721
CH. DES **DEUX MOULINS,** Médoc, 389
DOM. DES **DEUX MOULINS,**
• Coteaux de l'Aubance, 1020
• Jardin de la France, 1257
DOM. DES **DEUX ROCHES,**
• Mâcon, 673
• Saint-Véran, 691
JEAN-GABRIEL **DEVAY,** Beaujolais, 155
GILBERT **DEVAYES,** Kanton Wallis (Valais), 1312
CH. **DEVES,** Côtes du Frontonnais, 929
DEVILLAINES LES PREVOTES, Coteaux de l'Auxois, 1294
DOM. **DEVOIS DU CLAUS,** Coteaux du Languedoc, 822
CH. **DEYREM VALENTIN,** Margaux, 416
DOM. **DHOMME,** Coteaux du Layon, 1027
DIASKOT, Saint-Joseph, 1170
DOM. JEAN-PIERRE **DICONNE,** Auxey-Duresses, 620
JEAN-FRANÇOIS **DICONNE,**
• Bourgogne Aligoté, 480
• Santenay, 648
DOM. GUY **DIDIER,** Côte de Beaune-Villages, 655
DIDIER-DESTREZ, Champagne, 721
JEAN **DIETRICH,** Alsace grand cru Schlossberg, 133
MICHEL **DIETRICH,**
• Alsace Pinot oder Klevner, 83
• Alsace Riesling, 88
DIFFONTY, Châteauneuf-du-Pape, 1192
CH. **DILLON,** Haut-Médoc, 403
DIRINGER, Alsace grand cru Zinnkoepflé, 138
DIRLER, Alsace grand cru Saering, 132
DOM. **DIT BARRON,** Brouilly, 168
DOM. **DITTIERE,**
• Anjou-Villages-Brissac, 1014
• Cabernet d'Anjou, 1017

CH. DE **DIUSSE,** Madiran, 944
CH. **DIVON,** Saint-Georges Saint-Emilion, 336
ANDRE **DOCK,** Alsace Klevener de Heiligenstein, 80
DOM. **DOCK,**
• Alsace Klevener de Heiligenstein, 80
• Crémant d'Alsace, 141
PAUL **DOCK,** Alsace Klevener de Heiligenstein, 81
DOM. **DOHIN LE ROY,** Corbières, 809
CH. **DOISY DAENE,**
• Bordeaux sec, 222
• Sauternes, 449
GERARD **DOLDER,** Alsace Sylvaner, 82
DOM BASLE, Champagne, 721
DOM BRIAL,
• Côtes du Roussillon, 854
• Rivesaltes, 1223
• Muscat de Rivesaltes, 1230
DOMINICAIN, Banyuls, 1218
CH. **DOMS,** Graves, 365
CH. **DONA BAISSAS,** Côtes du Roussillon-Villages, 859
ANTOINE **DONAT ET FILS,** Bourgogne, 466
DONATIEN-BAHUAUD, Muscadet Sèvre-et-Maine, 987
CH. **DONISSAN,** Listrac-Médoc, 412
CH. DU **DONJON,** Minervois, 840
DOPFF AU MOULIN,
• Alsace grand cru Brand, 122
• Alsace grand cru Schoenenbourg, 134
DOPFF ET IRION, Alsace Tokay-Pinot gris, 109
DOQUET-JEANMAIRE, Champagne, 721
JOSEPH **DORBON,** Arbois, 773
GERARD **DOREAU,**
• Bourgogne Aligoté, 480
• Pommard, 607
DORE DE FENOUILLET, Vaucluse, 1283
DOM. **DOUDEAU-LEGER,** Sancerre, 1130
DOUDET-NAUDIN,
• Bourgogne Hautes-Côtes de Beaune, 492
• Savigny-lès-Beaune, 590
• Beaune, 599
• Volnay, 613
• Mercurey, 664
DIDIER **DOUE,** Champagne, 721
ETIENNE **DOUE,** Champagne, 721
DOURDON-VIEILLARD, Champagne, 722
DOURTHE, Bordeaux, 208
LA GRANDE CUVEE DE **DOURTHE,**
• Graves, 365
• Médoc, 389
• Margaux, 416
LES VIGNERONS DU **DOURY,** Beaujolais, 155
R. **DOYARD ET FILS,** Champagne, 722
DOYARD-MAHE,
• Champagne, 722
• Coteaux Champenois, 768
DOM. **DOZON,** Chinon, 1074
CH. DE **DRACY,** Pommard, 607
DRAPPIER, Champagne, 722
DREYER, Alsace Pinot oder Klevner, 84
DRIANT-VALENTIN, Champagne, 722
JEAN-PAUL **DROIN,**
• Petit Chablis, 502
• Chablis premier cru, 512
• Chablis grand cru, 518
MICHEL **DRONNE,** Cheverny, 1094
PRIVILEGE DE **DROUET,** Jardin de la France, 1257
DROUET ET FILS, Pineau des Charentes, 1242
JOSEPH **DROUHIN,**
• Chablis premier cru, 513
• Chablis grand cru, 518
• Grands-Echézeaux, 558
• Corton, 583
• Chorey-lès-Beaune, 595
• Beaune, 599
• Côte de Beaune, 603
• Meursault, 627
• Rully, 660
• Saint-Véran, 691
DOM. **DROUHIN-LAROZE,**
• Gevrey-Chambertin, 532
• Chambertin-Clos de Bèze, 538
• Morey-Saint-Denis, 543
• Bonnes-Mares, 551
• Clos de Vougeot, 553
YVES **DROUINEAU,** Saumur-Champigny, 1044
GEORGES **DUBŒUF,**
• Beaujolais-Villages, 162
• Coteaux de l'Ardèche, 1290
DOM. **DUBOIS,**
• Crémant de Loire, 979
• Saumur-Champigny, 1044
GERARD **DUBOIS,** Champagne, 722
HERVE **DUBOIS,** Champagne, 723
SERGE **DUBOIS,** Bourgueil, 1062
DOM. **DUBOIS-CACHAT,**
• Aloxe-Corton, 576
• Chorey-lès-Beaune, 595
DOM. **DUBOIS D'ORGEVAL,**
• Bourgogne, 467
• Beaune, 599
BERNARD **DUBOIS ET FILS,** Savigny-lès-Beaune, 590
DOM. R. **DUBOIS ET FILS,** Bourgogne Hautes-Côtes de Beaune, 492
R. **DUBOIS ET FILS,**
• Nuits-Saint-Georges, 565
• Côte de Nuits-Villages, 570
CH. **DUBOIS-GRIMON,** Côtes de Castillon, 338
GRAND VIN DE CH. **DUBRAUD,** Premières Côtes de Blaye, 248
MICHEL **DUBRAY,** Vouvray, 1088
VIGNOBLE **DUBREUIL,** Touraine, 1052
PHILIPPE **DUBREUIL-CORDIER,** Savigny-lès-Beaune, 590
DOM. **DUBREUIL-FONTAINE,** Corton-Charlemagne, 587
DOM. P. **DUBREUIL-FONTAINE PERE ET FILS,** Pernand-Vergelesses, 579
P. **DUBREUIL-FONTAINE PERE ET FILS,** Aloxe-Corton, 576
BLAISE **DUBUIS,** Kanton Wallis (Valais), 1312
DOM. DES **DUC,** Saint-Amour, 194
LES VIGNERONS DU **DUC**, Quincy, 1123
DUC DE MEZIERE, Haut-Montravel, 964
CH. **DUCLA,** Bordeaux, 208
EDMOND ET DAVID **DUCLAUX,** Côte Rôtie, 1164
XAVIER **DUCLERT,** Chorey-lès-Beaune, 596
CH. **DUCLUZEAU,** Listrac-Médoc, 412
DUCOLOMB, Bugey AOVDQS, 799
FABRICE **DUCROUX,** Brouilly, 168
CH. **DUCRU-BEAUCAILLOU,** Saint-Julien, 437
CH. **DUDON,**
• Premières Côtes de Bordeaux, 356
• Sauternes, 449
DOM. GUY **DUFOULEUR,**
• Nuits-Saint-Georges, 565
• Santenay, 648
DOM. LOIS **DUFOULEUR,**
• Savigny-lès-Beaune, 590
• Beaune, 600
• Côte de Beaune, 603
DOM. YVAN **DUFOULEUR,**
• Bourgogne Aligoté, 480
• Bourgogne Hautes-Côtes de Nuits, 487
DUFOULEUR PERE ET FILS,
• Morey-Saint-Denis, 544
• Aloxe-Corton, 576
• Pernand-Vergelesses, 580
• Corton, 583
• Beaune, 600
• Rully, 661
DOM. LIONEL **DUFOUR,** Aloxe-Corton, 576
ROBERT **DUFOUR ET FILS,** Champagne, 723
DOM. **DUFOUX,** Chiroubles, 177
DANIEL **DUGOIS,** Arbois, 774
CHRISTIAN **DUGON,** Kanton Waadt (Vaud), 1305
CH. **DUHART-MILON,** Pauillac, 426
DOM. MME ALY **DUHR,** Moselle luxembourgeoise, 1296
DOM. **DUJAC,**
• Charmes-Chambertin, 540
• Clos de la Roche, 545
• Echézeaux, 556
DOM. **DULOQUET,** Coteaux du Layon, 1027
CH. **DULUC,** Saint-Julien, 437
J. **DUMANGIN FILS,** Champagne, 723

BERNARD **DUMAS,** Beaujolais, 155
DUMENIL, Champagne, 723
DUMIEN-SERRETTE, Cornas, 1180
DANIEL **DUMONT,** Champagne, 723
JEAN **DUMONT,** Pouilly-Fumé, 1119
R. **DUMONT ET FILS,** Champagne, 723
HENRI **DUMOULIN,** Kanton Wallis (Valais), 1312
DU PELOUX, Côtes du Rhône-Villages, 1156
DUPERE-BARRERA, Bandol, 886
DUPERRIER-ADAM,
• Chassagne-Montrachet, 639
• Saint-Aubin, 644
CH. **DUPLESSIS,** Moulis-en-Médoc, 422
GERARD **DUPLESSIS,** Chablis premier cru, 513
CH. **DUPLESSIS FABRE,** Moulis-en-Médoc, 422
PIERRE **DUPOND,**
• Pouilly-Fuissé, 684
• Saint-Véran, 691
DOM. **DUPONT-FAHN,** Puligny-Montrachet, 631
DOM. **DUPONT-TISSERANDOT,**
• Gevrey-Chambertin, 532
• Nuits-Saint-Georges, 565
• Corton, 583
DUPUY, Pineau des Charentes, 1243
ANTOINE **DUPUY,** Touraine Noble-Joué, 1057
DOM. C. ET J.-M. **DURAND,** Bourgogne Hautes-Côtes de Beaune, 493
DOM. CHRISTINE ET JEAN-MARC **DURAND,** Pommard, 608
ERIC ET JOEL **DURAND,**
• Saint-Joseph, 1170
• Cornas, 1180
GILLES **DURAND,** Bourgogne, 467
GUY **DURAND,** Touraine-Amboise, 1058
CH. **DURAND-BAYLE,** Graves de Vayres, 351
DOM. **DURAND-CAMILLO,** Coteaux du Languedoc, 823
J. ET B. **DURAND-PERRON,** Château-Chalon, 780
DOM. DE **DURBAN,** Côtes du Rhône-Villages, 1156
PIERRE ET PAUL **DURDILLY,** Beaujolais, 155
CHARLES **DURET,** Crémant de Bourgogne, 497
PIERRE **DURET,** Quincy, 1123
RAYMOND **DUREUIL-JANTHIAL,**
• Puligny-Montrachet, 631
• Rully, 661
VINCENT **DUREUIL-JANTHIAL,** Rully, 661
CH. **DURFORT-VIVENS,** Margaux, 416
DOM. **DURIEU,** Châteauneuf-du-Pape, 1192
DOM. DES FILLES **DURMA,** Côtes du Rhône, 1144
BERNARD **DURY,**
• Bourgogne, 467
• Crémant de Bourgogne, 497
DOM. **DUSEIGNEUR,** Lirac, 1199
SYLVAIN **DUSSORT,** Bourgogne, 467
ANDRE **DUSSOURT,** Alsace Pinot noir, 115
DOM. **DUTERTRE,** Touraine-Amboise, 1058
CH. **DUTRUCH GRAND-POUJEAUX,** Moulis-en-Médoc, 423
DUVAL-LEROY, Champagne, 723
CH. **DUVERGER,** Graves, 365
DUVERNAY PERE ET FILS, Rully, 661
CH. **DUVIVIER,** Coteaux Varois, 897
MAURICE **ECARD ET FILS,** Savigny-lès-Beaune, 590
ECHANSONNERIE , Saint-Aubin, 644
JEAN-PAUL **ECKLE,** Alsace grand cru Wineck-Schlossberg, 137
DOM. ANDRE **EHRHART,** Alsace Pinot oder Klevner, 84
HENRI **EHRHART,** Alsace Riesling, 88
DOM. ANDRE **EHRHART ET FILS,** Alsace Gewurztraminer, 99
EINHART, Alsace Tokay-Pinot gris, 110
DOM. D' **ELISE,**
• Petit Chablis, 503
• Chablis premier cru, 513
CH. **ELISEE,** Pomerol, 270
CHARLES **ELLNER,** Champagne, 724
DOM. **ELLUL-FERRIERES,** Oc, 1270
LES VIGNERONS D' **ELNE,** Muscat de Rivesaltes, 1230
DOM. **ELOY,** Mâcon-Villages, 677
DOM. **ELS BARBATS,** Rivesaltes, 1224
DOM. **ENGEL,** Alsace Pinot noir, 115
FERNAND **ENGEL ET FILS,** Alsace Tokay-Pinot gris, 110
DOM. **ENGEL FRERES,** Alsace grand cru Praelatenberg, 131
DOM. D' **EOLE,** Coteaux d'Aix-en-Provence, 892
EPICURE,
• Saint-Emilion, 288
• Graves, 365
• Médoc, 389
DOM. DES **EPINAUDIERES,** Coteaux du Layon, 1027
CH. D' **EPIRE,** Savennières, 1022
DIDIER **ERKER,** Givry, 669
DAVID **ERMEL,**
• Alsace Riesling, 88
• Crémant d'Alsace, 141
ERMITAGE DU PIC SAINT-LOUP, Coteaux du Languedoc, 823
DOM. DES **ESCARAVAILLES,** Côtes du Rhône, 1144
CH. **ESCARAVATIERS,** Côtes de Provence, 870
LE MAS DES **ESCARAVATIERS,** Var, 1285
DOM. D' **ESCAUSSES,** Gaillac, 921
ESCHENZ, Kanton Thurgau, 1328
CH. D' **ESCLANS,** Côtes de Provence, 870
DOM. **ESCOFFIER,** Ladoix, 574
CH. D' **ESCOT,** Médoc, 390
CH. D' **ESCURAC,** Médoc, 390
ES EMBLEYRES, Kanton Waadt (Vaud), 1305
DOM. DES **ESPIERS,** Gigondas, 1182
CH. DES **ESTANILLES,** Faugères, 836
ESTERLIN, Champagne, 724
DOM. REMY **ESTOURNEL,** Côtes du Rhône-Villages, 1156
CH. **ETANG DES COLOMBES,** Corbières, 809
CH. D' **ETERNES,** Saumur, 1037
CHRISTIAN **ETIENNE,** Champagne, 724
JEAN-MARIE **ETIENNE,** Champagne, 724
CH. D' **ETROYES,** Mercurey, 665
DOM. **ETXEGARAYA,** Irouléguy, 936
CH. **EUGENIE,** Cahors, 913
LOUIS **FABRE,** Oc, 1270
CH. **FAGE,** Graves de Vayres, 351
DOM. DE **FAGES,** Cahors, 914
FRANÇOIS **FAGOT,** Champagne, 724
PAUL **FAHRER,** Alsace Sylvaner, 82
FAIVELEY,
• Gevrey-Chambertin, 532
• Mazis-Chambertin, 541
• Clos de Vougeot, 553
• Echézeaux, 556
• Nuits-Saint-Georges, 566
CLOS DES CORTONS **FAIVELEY,** Corton, 583
CH. **FAIZEAU,** Montagne Saint-Emilion, 328
ANDRE **FALLER,** Alsace Riesling, 88
ROBERT **FALLER ET FILS,** Alsace Riesling, 88
FALLET-DART, Champagne, 724
FANIEL-FILAINE, Champagne, 725
DOM. **FAOUQUET,** Côtes du Frontonnais, 929
CHANTAL **FARDEAU,** Rosé d'Anjou, 1015
DOM. **FARDEAU,** Cabernet d'Anjou, 1017
CLOS **FARDET,** Madiran, 944
CH. DE **FARGUES,** Sauternes, 449
DOM. **FARJON,**
• Condrieu, 1166
• Saint-Joseph, 1170
CH. **FARLURET,** Barsac, 446
FASCINATION, Gaillac, 921

CH. **FAUCHEY,** Premières Côtes de Bordeaux, 356
CH. **FAUGERES,** Saint-Emilion grand cru, 301
RESERVE DES **FAUNES,** Kanton Genf (Genève), 1321
DENIS **FAUQUEX,** Kanton Waadt (Vaud), 1306
CH. **FAURET,** Bordeaux, 208
PHILIPPE **FAURY,**
• Condrieu, 1167
• Saint-Joseph, 1170
DOM. DE **FAUTERIE,** Saint-Péray, 1181
LAURENT **FAUVY,** Bourgueil, 1062
DOM. **FAVEROT,** Côtes du Luberon, 1211
CH. **FAVRAY,** Pouilly-Fumé, 1119
SIMON **FAVRE-BERCLAZ,** Kanton Wallis (Valais), 1312
CH. **FAYAN,** Puisseguin Saint-Emilion, 333
CH. **FAYARD,** Côtes de Bordeaux Saint-Macaire, 360
CH. **FAYAU,**
• Bordeaux Supérieur, 233
• Cadillac, 441
SERGE **FAYE,** Champagne, 725
CH. **FAYOLLE-LUZAC,** Bergerac, 949
FEILLON FRERES ET FILS, Bordeaux Rosé, 228
HENRI **FELETTIG,** Chambolle-Musigny, 548
DOM. **FELINES JOURDAN,** Coteaux du Languedoc, 823
DOM. **FELIX,**
• Bourgogne, 467
• Petit Chablis, 503
• Sauvignon de Saint-Bris AOVDQS, 523
DOM. DE **FENOUILLET,**
• Faugères, 836
• Côtes du Rhône-Villages, 1156
• Côtes du Ventoux, 1207
M. **FERAT ET FILS,** Champagne, 725
DOM. DES **FERAUD,** Côtes de Provence, 870
FERDINAND DELAYE, Côtes du Rhône-Villages, 1156
CH. DES **FERRAGES,** Côtes de Provence, 871
CH. **FERRAN,**
• Pessac-Léognan, 377
• Côtes du Frontonnais, 929
CH. DE **FERRAND,** Saint-Emilion grand cru, 301
CH. **FERRANDE,** Graves, 365
CH. **FERRAND-LARTIGUE,** Saint-Emilion grand cru, 301
DOM. DE **FERRANT,** Côtes de Duras, 969
DOM. **FERRER RIBIERE,** Côtes du Roussillon, 854
DOM. **FERRI ARNAUD,** Coteaux du Languedoc, 823
CH. **FERRIERE,** Margaux, 416
DOM. JEAN **FERY ET FILS,**
• Morey-Saint-Denis, 544
• Côte de Nuits-Villages, 571
CH. DE **FESLES,** Bonnezeaux, 1033
HENRY **FESSY,**
• Beaujolais, 155
• Brouilly, 168
• Fleurie, 179
NICOLAS **FEUILLATTE,** Champagne, 725
DOM. WILLIAM **FEVRE,** Chablis grand cru, 518
WILLIAM **FEVRE,** Chablis premier cru, 513
JEAN-MARIE **FEVRIER,** Champagne, 725
DOM. **FICHET,** Mâcon-Villages, 677
DOM. DU **FIEF GUERIN,** Muscadet Côtes de Grand Lieu, 997
CH. DE **FIEUZAL,** Pessac-Léognan, 377
CH. **FIGEAC,** Saint-Emilion grand cru, 302
ANDRE ET EDMOND **FIGEAT,** Pouilly-Fumé, 1119
BERNARD **FIGUET,** Champagne, 725
ALEXANDRE **FILAINE,** Champagne, 725
DOM. DU **FILH,** Cadillac, 441
CH. **FILHOT,** Sauternes, 450
DOM. **FILIPPI,** Vins de Corse, 901
DOM. DES **FINES CAILLOTTES,** Pouilly-Fumé, 1120
CH. DES **FINES ROCHES,** Châteauneuf-du-Pape, 1192
PIERRE **FINON,** Saint-Joseph, 1170
GERARD **FIOU,** Sancerre, 1131
DANIEL **FISSELLE,** Montlouis, 1083
DOM. DE **FISSEY,** Bourgogne, 467
CH. DE **FITERE,** Madiran, 944
GILLES **FLACHER,** Saint-Joseph, 1171
FLANERIE DE LOIRE, Rosé d'Anjou, 1015
CH. DE **FLAUGERGUES,** Coteaux du Languedoc, 823
VIGNOBLE DE **FLAVIGNY,** Coteaux de l'Auxois, 1294
RENE **FLECK,**
• Alsace Tokay-Pinot gris, 110
• Alsace grand cru Zinnkoepflé, 138
DOM. **FLEISCHER,** Alsace Pinot noir, 115
RENE **FLEITH-ESCHARD,** Alsace Gewurztraminer, 99
DOM. DE **FLEURAY,** Touraine, 1052
CH. **FLEUR BADON,** Saint-Emilion, 288
CH. **FLEUR CARDINALE,** Saint-Emilion grand cru, 302
CAVEAU DES **FLEURIERES,**
• Nuits-Saint-Georges, 566
• Ladoix, 574
CH. **FLEUR LARTIGUE,** Saint-Emilion grand cru, 302
CH. **FLEUR SAINT-ESPERIT,** Bordeaux, 208
FLEURY PERE ET FILS, Champagne, 725
DOM. DE **FLINES,** Jardin de la France, 1257
DOM. **FLORENTIN,** Saint-Joseph, 1171
DOM. DE **FLORIAN,** Oc, 1270
DOM. **FLORIMOND-LA-BREDE,** Bordeaux, 208
G. **FLUTEAU,** Champagne, 726
FOLIE DE ROI, Pacherenc du Vic-Bilh, 945
DOM. **FOLLIN-ARBELET,**
• Romanée-Saint-Vivant, 562
• Aloxe-Corton, 576
• Corton, 584
CH. **FOMBRAUGE,** Saint-Emilion grand cru, 302
CH. **FONBADET,** Pauillac, 427
CH. **FONCHEREAU,** Bordeaux Supérieur, 233
DOM. **FONDACCI,** Côtes du Luberon, 1211
CH. **FONDARZAC,** Entre-Deux-Mers, 346
DOM. **FOND CROZE,** Côtes du Rhône-Villages, 1156
CH. **FONDOUCE,** Coteaux du Languedoc, 823
DOM. DE **FONDRECHE,** Côtes du Ventoux, 1207
CH. **FONGABAN,** Puisseguin Saint-Emilion, 333
CH. **FONMOURGUES,** Monbazillac, 961
ANTOINE **FONNE,**
• Alsace Gewurztraminer, 99
• Crémant d'Alsace, 141
CH. **FONPLEGADE,** Saint-Emilion grand cru, 302
CH. **FONRAZADE,** Saint-Emilion grand cru, 303
CH. **FONREAUD,**
• Bordeaux sec, 222
• Listrac-Médoc, 412
GRAND L DU CHATEAU **FONREAUD,** Listrac-Médoc, 412
CH. **FONROQUE,** Saint-Emilion grand cru, 303
CH. DE **FONTAINE-AUDON,** Sancerre, 1131
DOM. **FONTAINE DE LA VIERGE,**
• Bourgogne, 467
• Bourgogne Aligoté, 480
CH. **FONTAINE DES GRIVES,** Bergerac rosé, 954
GUY **FONTAINE ET JACKY VION,**
• Bourgogne Passetoutgrain, 484
• Rully, 661
DOM. **FONTANEL,** Côtes du Roussillon-Villages, 860
HERVE **FONTANNAZ,** Kanton Wallis (Valais), 1312
DOM. DE **FONTAVIN,**
• Côtes du Rhône, 1144
• Gigondas, 1183
• Muscat de Beaumes-de-Venise, 1235
CH. **FONTBAUDE,** Côtes de Castillon, 338
CH. DE **FONTCREUSE,** Cassis, 883
CH. **FONT DU BROC,** Côtes de Provence, 871

CH. **FONTENIL,** Fronsac, 262
CH. DE **FONTENILLE,** Bordeaux Clairet, 219
CH. **FONTIS,** Médoc, 390
DOM. **FONTLADE,** Coteaux Varois, 897
DOM. DE **FONTSAINTE,** Corbières, 809
DOM. DE **FONT-VIVE,** Bandol, 886
CH. **FONVIEILLE,** Côtes du Frontonnais, 929
LES HAUTS DE **FORCA REAL,** Côtes du Roussillon-Villages, 860
DOM. **FORET,** Arbois, 774
DOM. **FOREY PERE ET FILS,**
• Clos de Vougeot, 553
• Echézeaux, 556
GUY DE **FOREZ,** Rosé des Riceys, 770
LES VIGNERONS **FOREZIENS,** Côtes du Forez, 1107
FORGEOT, Morey-Saint-Denis, 544
DOM. DES **FORGES,**
• Coteaux du Layon, 1027
• Quarts de Chaume, 1034
• Bourgueil, 1063
FORGET-BRIMONT, Champagne, 726
FORGET-CHEMIN, Champagne, 726
DIDIER **FORNEROL,** Bourgogne Aligoté, 480
CH. **FORTIA,** Châteauneuf-du-Pape, 1192
DOM. DES **FORTIERES,** Beaujolais-Villages, 162
VIN DES **FOSSILES,** Saône-et-Loire, 1292
DOM. DE **FOUCAULD,** Côtes de la Malepère AOVDQS, 850
CH. **FOUCHE,** Premières Côtes de Blaye, 248
FOUCHER-LEBRUN, Pouilly-Fumé, 1120
DOM. DES **FOUDRES,** Beaujolais-Villages, 162
DOM. **FOUET,** Saumur-Champigny, 1044
CH. **FOUGAS,** Côtes de Bourg, 253
DOM. **FOUGERAY DE BEAUCLAIR,**
• Chambolle-Musigny, 548
• Bonnes-Mares, 551
• Vosne-Romanée, 559
• Savigny-lès-Beaune, 591
CH. DES **FOUGERES,** Graves, 366
FOULAQUIER, Coteaux du Languedoc, 823
LOUIS **FOULON,** Saumur, 1038
DOM. DU **FOUR A CHAUX,** Coteaux du Vendômois, 1099
DOM. DU **FOUR A PAIN,** Côte de Brouilly, 172
CH. **FOURCAS-DUMONT,** Listrac-Médoc, 412
CH. **FOURCAS DUPRE,** Listrac-Médoc, 412
CH. **FOURCAS HOSTEN,** Listrac-Médoc, 412
FOURNAISE-THIBAUT, Champagne, 726
MAS DE **FOURNEL,** Coteaux du Languedoc, 824
FOURNIER, Sancerre, 1131
DOM. JEAN **FOURNIER,**
• Marsannay, 526
• Gevrey-Chambertin, 532
TH. **FOURNIER,** Champagne, 726
LES VIGNERONS DE **FOURQUES,** Muscat de Rivesaltes, 1230
DOM. **FOURREY ET FILS,** Petit Chablis, 503
PHILIPPE **FOURRIER,** Champagne, 726
DOM. DU **FRAISSE,** Faugères, 836
CH. **FRANC BIGAROUX,** Saint-Emilion grand cru, 303
CH. DE **FRANCE,** Pessac-Léognan, 377
CH. **FRANC GRACE-DIEU,** Saint-Emilion grand cru, 303
CH. **FRANC LA ROSE,** Saint-Emilion grand cru, 303
CH. **FRANC-MAILLET,** Pomerol, 270
CH. **FRANC-MAYNE,** Saint-Emilion grand cru, 303
DOM. ANDRE **FRANÇOIS,** Côte Rôtie, 1164
FRANÇOIS-BROSSOLETTE, Champagne, 726
FRANÇOIS VILLON, Vouvray, 1088
CH. **FRANC PATARABET,** Saint-Emilion grand cru, 304
CH. **FRANC-PERAT,**
• Bordeaux sec, 222
• Premières Côtes de Bordeaux, 356
CH. DE **FRANCS,** Bordeaux Côtes de Francs, 343
CH. **FRANCS BORIES,** Saint-Emilion, 288
CH. **FRAPPE PEYROT,** Bordeaux, 209
CH. **FREDIGNAC,** Premières Côtes de Blaye, 248
DOM. DE **FREGATE,** Bandol, 886
MARIE-ODILE **FREROT ET DANIEL DYON,** Mâcon, 673
DOM. DU **FRESCHE,** Rosé de Loire, 975
JEAN-PIERRE **FRESLIER,** Vouvray, 1088
CH. DU **FRESNE,**
• Anjou, 1004
• Coteaux du Layon, 1027
RENE **FRESNE,** Champagne, 727
FRESNET-BAUDOT, Champagne, 727
FRESNET-JUILLET, Champagne, 727
ROBERT **FREUDENREICH,** Alsace Tokay-Pinot gris, 110
ROBERT **FREUDENREICH ET FILS,** Alsace Gewurztraminer, 99
CHARLES **FREY,** Alsace Sylvaner, 82
MARCEL **FREYBURGER,** Alsace Riesling, 89
LOUIS **FREYBURGER ET FILS,** Crémant d'Alsace, 141
CH. **FREYNEAU,** Bordeaux Supérieur, 233
FREY-SOHLER,
• Alsace Riesling, 89
• Alsace Gewurztraminer, 99
XAVIER **FRISSANT,** Crémant de Loire, 979
J. **FRITSCH,** Alsace Pinot noir, 115
JOSEPH **FRITSCH,**
• Alsace grand cru Furstentum, 124
• Alsace grand cru Schlossberg, 133
FRITZ, Alsace Pinot oder Klevner, 84
FERNAND **FROEHLICH ET FILS,** Alsace grand cru Osterberg, 129
DOM. DES **FROGERES,** Saumur-Champigny, 1044
DOM. DES **FROMANGES,** Bourgogne, 468
JEAN-CLAUDE **FROMONT,** Chablis premier cru, 513
MAISON JEAN-CLAUDE **FROMONT,** Petit Chablis, 503
CH. **FUISSE,** Pouilly-Fuissé, 684
RAPHAEL **FUMEY ET ADELINE CHATELAIN,** Arbois, 774
MICHEL **FURDYNA,** Champagne, 727
E. UND D. **FU..RST,** Kanton Aargau, 1326
DOM. DE **FUSSIACUS,**
• Mâcon-Villages, 677
• Pouilly-Fuissé, 684
• Pouilly Vinzelles, 689
CH. DE **FUSSIGNAC,** Bordeaux Supérieur, 233
DOM. DE **GABELAS,** Saint-Chinian, 845
GABRIEL-PAGIN ET FILS, Champagne, 727
CH. DU **GABY,** Canon-Fronsac, 260
CH. DE **GACHE,** Buzet, 927
GACHOT-MONOT, Bourgogne Aligoté, 480
DOM. **GAGET,** Morgon, 185
JEAN-FRANÇOIS **GAGET,** Brouilly, 168
CH. **GAGNARD,** Fronsac, 262
DOM. DE **GAGNEBERT,**
• Crémant de Loire, 979
• Anjou-Villages-Brissac, 1014
DOM. DES **GAGNERIES,** Bonnezeaux, 1033
JEAN **GAGNEROT,**
• Volnay, 613
• Auxey-Duresses, 620
MICHEL **GAHIER,** Arbois, 774
LUC **GAIDOZ,** Champagne, 727
GAIDOZ-FORGET, Champagne, 728
GAILANDE, Terroirs Landais, 1263
CH. **GAILLARD,**
• Saint-Emilion grand cru, 304
• Touraine-Mesland, 1060

PIERRE **GAILLARD,**
• Côte Rôtie, 1164
• Condrieu, 1167
GAILLARD-GIROT, Champagne, 728
CLOS DU **GAIMONT,** Vouvray, 1088
CH. **GALAND,** Bordeaux Supérieur, 233
CH. **GALAU,** Côtes de Bourg, 253
DOM. **GALES,** Moselle luxembourgeoise, 1296
DOM. DU **GALET DES PAPES,** Châteauneuf-du-Pape, 1193
DOM. **GALETIS,** Oc, 1270
GALIUS, Saint-Emilion grand cru, 304
CH. **GALLAND-DAST,** Premières Côtes de Bordeaux, 356
GALLIFFET, Côtes du Rhône, 1144
DOM. DES **GALLOIRES,** Muscadet des Coteaux de la Loire sur lie, 983
DOM. DOMINIQUE **GALLOIS,** Charmes-Chambertin, 540
DOM. DES **GALLUCHES,** Bourgueil, 1063
CH. DU **GALOUPET,** Côtes de Provence, 871
DOM. **GALTIER,** Coteaux du Languedoc, 824
ALEX **GAMBAL,**
• Gevrey-Chambertin, 532
• Vosne-Romanée, 559
• Chassagne-Montrachet, 639
CH. DES **GANFARDS,** Bergerac sec, 956
DOM. **GANGNEUX,** Vouvray, 1088
LUCIEN **GANTZER,** Alsace Riesling, 89
CH. **GARANCE HAUT GRENAT,** Médoc, 390
PAUL **GARAUDET,** Monthélie, 618
DOM. DE **GARBELLE,**
• Coteaux Varois, 898
• Var, 1286
CH. DES **GARCINIERES,** Côtes de Provence, 871
CH. **GARDEROSE,** Montagne Saint-Emilion, 329
GARDET, Champagne, 728
BERNARD **GARDIEN ET FILS,** Saint-Pourçain AOVDQS, 1111
DOM. **GARDIES,**
• Côtes du Roussillon, 854
• Côtes du Roussillon-Villages, 860
DOM. **GARDRAT,** Charentais, 1261
DOM. DU **GARINET,** Cahors, 914
JEAN-FRANÇOIS **GARLON,** Beaujolais, 155
DOM. JOSEPH ET XAVIER **GARNIER,** Chablis, 507
CH. **GARREAU,**
• Côtes de Bourg, 253
• Floc de Gascogne, 1247
GASPA MORA, Ile de Beauté, 1280
CLOS **GASSIOT,** Jurançon, 938
YVES **GASTOU,** Minervois, 841
DOM. DE **GATINES,**
• Anjou-Villages, 1011
• Cabernet d'Anjou, 1017
• Coteaux du Layon, 1028
GATINOIS, Coteaux Champenois, 768
CH. **GAUBERT,** Corbières, 809
BERNARD **GAUCHER,** Champagne, 728
DOM. **GAUDARD,**
• Anjou, 1004
• Coteaux du Layon, 1028
JO **GAUDARD,** Kanton Wallis (Valais), 1312
DOM. DES **GAUDETS,** Morgon, 185
CH. **GAUDIN,** Pauillac, 427
GAUDINAT-BOIVIN, Champagne, 728
CH. DE **GAUDOU,** Cahors, 914
CH. **GAUDRELLE,** Vouvray, 1088
SERGE **GAUDRILLER,** Champagne, 728
DOM. SYLVAIN **GAUDRON,** Vouvray, 1088
CH. JEAN-PIERRE **GAUSSEN,** Bandol, 886
DOM. ALAIN **GAUTHERON,** Chablis premier cru, 513
GAUTHEROT, Champagne, 728
GAUTHIER,
• Moselle AOVDQS, 145
• Champagne, 728
ALAIN ET GEORGES **GAUTHIER,** Morgon, 185
CH. **GAUTHIER,** Premières Côtes de Blaye, 248
SELECTION CHRISTIAN **GAUTHIER,** Muscadet Sèvre-et-Maine, 987
CH. DES **GAUTRONNIERES,** Muscadet Sèvre-et-Maine, 988
CH. DES **GAVELLES,** Coteaux d'Aix-en-Provence, 892
PHILIPPE **GAVIGNET,**
• Nuits-Saint-Georges, 566
• Côte de Nuits-Villages, 571
DOM. **GAVOTY,** Côtes de Provence, 871
FRANÇOIS **GAY,**
• Ladoix, 574
• Aloxe-Corton, 577
• Savigny-lès-Beaune, 591
• Chorey-lès-Beaune, 596
MAURICE **GAY,** Kanton Wallis (Valais), 1313
MICHEL **GAY,**
• Savigny-lès-Beaune, 591
• Chorey-lès-Beaune, 596
DOM. **GAY-COPERET,** Moulin-à-Vent, 188
CH. **GAY MOULINS,** Montagne Saint-Emilion, 329
CH. **GAYON,** Bordeaux sec, 222
CH. **GAZIN,** Pomerol, 270
CH. **GAZIN ROCQUENCOURT,** Pessac-Léognan, 377
G. DE BARFONTARC, Champagne, 727
DOM. DES **GEAIS,** Côtes du Marmandais, 932
HENRI **GEFFARD,** Pineau des Charentes, 1243
GEISWEILER, Bourgogne Hautes-Côtes de Nuits, 487
DOM. DES **GELERIES,**
• Bourgueil, 1063
• Chinon, 1074
DOM. PIERRE **GELIN,**
• Bourgogne Passetoutgrain, 485
• Fixin, 528
DOM. DES **GENAUDIERES,** Coteaux d'Ancenis AOVDQS, 1001
MICHEL **GENDRIER,** Cheverny, 1094
DOM. **GENDRON,** Vouvray, 1089
DOM. **GENELETTI,**
• L'Etoile, 788
• Macvin du Jura, 1250
MICHEL **GENET,** Champagne, 728
LA CAVE DE **GENEVE,** Kanton Genf (Genève), 1321
DOM. DES **GENEVES,** Chablis, 507
CH. **GENLAIRE,** Bordeaux Supérieur, 234
CH. **GENOT-BOULANGER,**
• Clos de Vougeot, 553
• Corton-Charlemagne, 587
• Savigny-lès-Beaune, 591
• Pommard, 608
• Volnay, 614
• Puligny-Montrachet, 631
CAVE DES VIGNERONS DE **GENOUILLY,**
• Bourgogne grand ordinaire, 477
• Bourgogne Côte Chalonnaise, 655
ANDRE **GENOUX,** Vin de Savoie, 793
MADAME ALEXIS **GENOUX,** Vin de Savoie, 792
DOM. **GENTILE,**
• Patrimonio, 907
• Muscat du Cap Corse, 1238
DOM. **GEOFFRENET MORVAL,** Châteaumeillant AOVDQS, 1104
MADAME ARTHUR **GEOFFROY,** Morgon, 185
JEAN **GEORGES ET FILS,** Chénas, 175
PIERRE **GERBAIS,** Champagne, 729
CH. **GERBAUD,** Saint-Emilion, 288
DOM. DE **GERBAUD,** Côtes du Luberon, 1211
CH. **GERBAY,** Côtes de Castillon, 338
DOM. DES **GERBEAUX,**
• Mâcon-Villages, 677
• Pouilly-Fuissé, 685
ALAIN **GERBER,** Kanton Neuenburg (Neuchâtel), 1323
JEAN-MICHEL **GERIN,** Côte Rôtie, 1164
DOM. JEAN-FELIX **GERMAIN,** Beaujolais, 156
GILBERT ET PHILIPPE **GERMAIN,**
• Bourgogne, 468
• Bourgogne Passetoutgrain, 485
• Monthélie, 618
GERMAIN PERE ET FILS, Saint-Romain, 624
CH. **GERMAN,** Côtes de Castillon, 338

CH. **GEROME LAMBERTIE,** Bordeaux, 209
DOM. DES **GESLETS,** Bourgueil, 1063
GEYER, Alsace Pinot noir, 115
DOM. **GIACOMETTI,** Patrimonio, 907
CHANTAL ET PATRICK **GIBAULT,**
• Touraine, 1052
• Valençay AOVDQS, 1101
EMMANUEL **GIBOULOT,** Côte de Beaune, 604
JEAN-MICHEL **GIBOULOT,** Savigny-lès-Beaune, 591
CH. **GIGOGNAN,** Côtes du Rhône, 1144
DOM. **GILBERT,** Menetou-Salon, 1115
ARMAND **GILG,** Alsace grand cru Moenchberg, 129
DOM. ANNE-MARIE **GILLE,**
• Bourgogne, 468
• Nuits-Saint-Georges, 566
• Corton, 584
ROBERT **GILLIARD,** Kanton Wallis (Valais), 1313
DOM. DE **GIMELANDE,** Beaujolais-Villages, 162
PIERRE **GIMONNET ET FILS,** Champagne, 729
GIMONNET-GONET, Champagne, 729
GIMONNET-OGER, Champagne, 729
DOM. DE **GINESTE,** Gaillac, 921
GINESTET, Bordeaux sec, 223
G. DE **GINESTET,** Bordeaux, 209
PAUL **GINGLINGER,** Alsace Gewurztraminer, 100
DOM. JEAN-JACQUES **GIRARD,** Pernand-Vergelesses, 580
DOM. PHILIPPE **GIRARD,** Savigny-lès-Beaune, 591
DOM. MICHEL **GIRARD ET FILS,** Sancerre, 1131
BERNARD **GIRARDIN,** Champagne, 729
DOM. VINCENT **GIRARDIN,** Santenay, 648
VINCENT **GIRARDIN,** Chassagne-Montrachet, 639
DOM. DES **GIRASOLS,** Côtes du Rhône, 1145
HENRI ET BERNARD **GIRIN,** Beaujolais, 156
CH. DE **GIRONVILLE,** Haut-Médoc, 404
MAURICE ET XAVIER **GIROUD-POMMAR,** Kanton Wallis (Valais), 1313
DOM. **GIROUSSE,** Gigondas, 1183
DOM. **GIROUX,** Pouilly Loché, 688
YVES **GIROUX,** Pouilly-Fuissé, 685
CH. **GIRUNDIA,** Bordeaux, 209
CH. **GISCOURS,** Margaux, 416
W. **GISSELBRECHT,** Alsace Tokay-Pinot gris, 110
DOM. **GIUDICELLI,**
• Patrimonio, 907
• Muscat du Cap Corse, 1238
FRANCK **GIVAUDIN,** Irancy, 521
BERNARD ET LOUIS **GLANTENAY,** Volnay, 614
DOM. **GLANTENET,**
• Bourgogne Hautes-Côtes de Nuits, 488
• Bourgogne Hautes-Côtes de Beaune, 493
DOM. DES **GLAUGES,** Coteaux d'Aix-en-Provence, 892
A. **GLODEN ET FILS,** Moselle luxembourgeoise, 1296
CH. **GLORIA,** Saint-Julien, 438
DAVID **GOBET,** Beaujolais-Villages, 162
DOM. **GOBET,** Chiroubles, 177
PAUL **GOBILLARD,** Champagne, 729
J.-M. **GOBILLARD ET FILS,**
• Champagne, 729
• Coteaux Champenois, 768
CH. **GODARD BELLEVUE,** Bordeaux Côtes de Francs, 343
GODME PERE ET FILS, Champagne, 730
PAUL **GOERG,** Champagne, 730
MICHEL **GOETTELMANN,** Alsace Riesling, 89
GOETZ, Alsace Tokay-Pinot gris, 110
PIERRE **GOIGOUX,** Côtes d'Auvergne AOVDQS, 1106
GHISLAINE ET JEAN-HUGUES **GOISOT,**
• Bourgogne, 468
• Sauvignon de Saint-Bris AOVDQS, 523
JEAN-HUGUES ET GHISLAINE **GOISOT,** Bourgogne Aligoté, 480
CH. **GOMBAUDE-GUILLOT,** Pomerol, 271
J. **GONARD ET FILS,** Moulin-à-Vent, 189
FRANÇOIS **GONET,** Champagne, 730
MICHEL **GONET,** Champagne, 730
PHILIPPE **GONET,** Champagne, 730
GONET-MEDEVILLE, Champagne, 730
GONET SULCOVA, Champagne, 730
CHARLES **GONNET,** Vin de Savoie, 793
DOM. **GONON,** Mâcon-Villages, 678
PIERRE **GONON,** Saint-Joseph, 1171
CH. **GONTET,** Puisseguin Saint-Emilion, 333
CH. **GONTEY,** Saint-Emilion grand cru, 304
VINCENT **GORNY,** Côtes de Toul, 144
GOSSET, Champagne, 731
GOSSET-BRABANT, Champagne, 731
DOM. MICHEL **GOUBARD ET FILS,** Bourgogne Côte Chalonnaise, 656
CH. **GOUDICHAUD,** Graves de Vayres, 351
DOM. **GOUFFIER,**
• Bourgogne Aligoté, 481
• Bourgogne Côte Chalonnaise, 656
• Mercurey, 665
DOM. HENRI **GOUGES,** Nuits-Saint-Georges, 566
CH. **GOUPRIE,** Pomerol, 271
DOM. DU **GOURGET,** Côtes du Rhône-Villages, 1156
MAS DE **GOURGONNIER,** Les Baux-de-Provence, 895
DOM. DE **GOURNIER,** Cévennes, 1279
GOURON ET FILS, Chinon, 1075
GOUSSARD ET DAUPHIN, Champagne, 731
GOUTORBE, Champagne, 731
DOM. JEAN **GOYON,** Pouilly-Fuissé, 685
GRAF VON SPIEGELBERG, Kanton Schaffhausen, 1328
CH. **GRAND'BOISE,** Côtes de Provence, 871
GRAND'COUR, Kanton Genf (Genève), 1321
CH. **GRAND BARAIL,**
• Fronsac, 263
• Montagne Saint-Emilion, 329
CH. **GRAND BARIL,** Montagne Saint-Emilion, 329
CH. DU **GRAND BARRAIL,** Premières Côtes de Blaye, 248
CH. **GRAND BEAUSEJOUR,** Pomerol, 271
CH. DU **GRAND BOS,** Graves, 366
DOM. DU **GRAND BOURJASSOT,** Gigondas, 1183
DOM. DU **GRAND-BRULE,** Kanton Wallis (Valais), 1313
CH. **GRAND CHENE,** Côtes du Brulhois AOVDQS, 931
DOM. DU **GRAND CHENE,** Beaujolais-Villages, 163
CH. **GRAND-CORBIN-DESPAGNE,** Saint-Emilion grand cru, 304
DOM. DU **GRAND COTE,** Palette, 889
DOM. DU **GRAND CRES,**
• Corbières, 810
• Oc, 1270
CH. **GRANDE CASSAGNE,** Costières de Nîmes, 816
GRANDE MAISON, Monbazillac, 961
CH. DES **GRANDES NOELLES,** Muscadet Sèvre-et-Maine, 988
DOM. DES **GRANDES PERRIERES,** Sancerre, 1131
GRANDES VERSANNES, Bordeaux Rosé, 228
DOM. DES **GRANDES VIGNES,** Muscadet Sèvre-et-Maine, 988
GRANDE TOQUE, Côtes du Luberon, 1211
GRAND FIEF DE L'AUDIGERE, Muscadet Sèvre-et-Maine, 988
GRAND FIEF DE LA CLAVELIERE, Muscadet Sèvre-et-Maine, 988

GRAND FIEF DE LA CORMERAIE, Muscadet Sèvre-et-Maine, 988
DOM. **GRAND FRERES,**
• Côtes du Jura, 783
• Crémant du Jura, 787
• Macvin du Jura, 1250
GRANDGOUSIER, Kanton Wallis (Valais), 1313
CH. **GRANDIS,** Haut-Médoc, 404
CH. **GRAND-JEAN,** Entre-Deux-Mers, 347
DOM. **GRAND LAFONT,** Haut-Médoc, 404
CH. **GRAND LAUNAY,** Côtes de Bourg, 254
GRAND LISTRAC, Listrac-Médoc, 413
DOM. DU **GRAND MAYNE,** Côtes de Duras, 969
CH. **GRAND MONTEIL,** Bordeaux Supérieur, 234
DOM. DU **GRAND MONTMIRAIL,** Gigondas, 1183
CH. DU **GRAND-MOUEYS,** Bordeaux sec, 223
CH. DU **GRAND MOULAS,** Côtes du Rhône-Villages, 1157
CH. **GRAND MOULINET,** Pomerol, 271
CH. **GRAND MOUTA,** Graves, 366
DOM. **GRAND NICOLET,** Côtes du Rhône-Villages, 1157
CH. **GRAND ORMEAU,** Lalande de Pomerol, 281
CH. DU **GRAND PLANTIER,**
• Bordeaux sec, 223
• Premières Côtes de Bordeaux, 356
• Loupiac, 443
CH. **GRAND-PONTET,** Saint-Emilion grand cru, 304
CH. **GRAND-PUY DUCASSE,** Pauillac, 427
CH. **GRAND-PUY-LACOSTE,** Pauillac, 427
CH. **GRAND RIGAUD,** Puisseguin Saint-Emilion, 333
DOM. **GRAND ROCHE,**
• Bourgogne, 468
• Bourgogne Aligoté, 481
• Chablis, 507
• Irancy, 521
• Sauvignon de Saint-Bris AOVDQS, 523
DOM. DU **GRAND ROSIERES,** Quincy, 1124
GRAND SAINT-BRICE, Médoc, 390
CH. DES **GRANDS BRIANDS,** Bordeaux, 209
CH. **GRANDS CHAMPS,** Saint-Emilion grand cru, 305
CAVE DES **GRANDS CRUS BLANCS,**
• Mâcon-Villages, 678
• Pouilly Loché, 688
• Pouilly Vinzelles, 689
DOM. DES **GRANDS DEVERS,** Côtes du Rhône, 1145
CH. **GRAND SEUIL,** Coteaux d'Aix-en-Provence, 892
CH. **GRANDS SILLONS GABACHOT,** Pomerol, 271
CH. DU **GRAND TALANCE,** Beaujolais, 156
GRAND TERROIR, Minervois la Livinière, 843
DOM. DU **GRAND TINEL,** Châteauneuf-du-Pape, 1193
CH. **GRAND TUILLAC,** Côtes de Castillon, 339
DOM. **GRAND VENEUR,** Châteauneuf-du-Pape, 1193
CH. DU **GRAND VERNAY,** Côte de Brouilly, 172
GRAND VOYAGEUR, Bordeaux, 209
GRANGE DES ROUQUETTE, Oc, 1271
GRANGENEUVE, Bordeaux Rosé, 228
DOM. DE **GRANGENEUVE,** Coteaux du Tricastin, 1205
VIGNOBLE **GRANGE-NEUVE,** Beaujolais, 156
PASCAL **GRANGER,** Chénas, 175
MAS **GRANIER,** Coteaux du Languedoc, 824
DOM. DE **GRANOUPIAC,** Coteaux du Languedoc, 824
DOM. DU **GRAPILLON D'OR,** Gigondas, 1183
ALFRED **GRATIEN,** Champagne, 731
CH. **GRAVAS,** Sauternes, 450
DOM. DES **GRAVES D'ARDONNEAU,** Premières Côtes de Blaye, 248
CH. **GRAVETTES-SAMONAC,** Côtes de Bourg, 254
CH. **GRAVEYRON,** Graves, 366
CH. DES **GRAVIERES,** Graves, 366
DOM. DES **GRAVIERS,** Saint-Nicolas- de-Bourgueil, 1069
CH. **GREA,**
• Côtes du Jura, 784
• Macvin du Jura, 1250
CH. **GREE-LAROQUE,** Bordeaux Supérieur, 234
CHRISTIANE **GREFFE,** Vouvray, 1089
DOM. MARC **GREFFET,**
• Mâcon-Villages, 678
• Saint-Véran, 692
DOM. DU **GREFFEUR,** Chénas, 175
CAVES DE **GREIVELDANGE,** Moselle luxembourgeoise, 1296
GRENDELMEIER-BANN-WART, Kanton Graubünden, 1327
CH. **GRES SAINT-PAUL,**
• Coteaux du Languedoc, 824
• Muscat de Lunel, 1236
ANDRE ET REMY **GRESSER,** Alsace grand cru Kastelberg, 127
CAVES DE **GREVENMACHER,** Moselle luxembourgeoise, 1296
CH. **GREYSAC,** Médoc, 390
CH. **GREZAN,** Faugères, 836
GRIFFE, Bourgogne, 468
GRILLETTE, Kanton Neuenburg (Neuchâtel), 1324
DOM. DE **GRIMARDY,** Côtes de Bergerac, 958
CH. **GRIMON,** Côtes de Castillon, 339
CH. **GRIMONT,** Premières Côtes de Bordeaux, 356
CH. **GRINOU,** Saussignac, 966
BERNARD **GRIPA,**
• Saint-Joseph, 1171
• Saint-Péray, 1181
ALAIN ET FRANÇOISE **GRIPON,** Muscadet Sèvre-et-Maine, 988
JEAN-PIERRE ET PHILIPPE **GRISARD,**
• Vin de Savoie, 793
• Roussette de Savoie, 796
CH. **GRIVIERE,** Médoc, 390
DOM. ROBERT **GROFFIER,** Gevrey-Chambertin, 532
ROBERT **GROFFIER ET FILS,** Bourgogne Passetoutgrain, 485
DOM. **GROFFIER PERE ET FILS,** Chambertin-Clos de Bèze, 538
ROBERT **GROFFIER PERE ET FILS,**
• Chambolle-Musigny, 548
• Bonnes-Mares, 551
GROGNUZ FRERES ET FILS, Kanton Waadt (Vaud), 1306
DOM. DU **GROLLAY,** Saint-Nicolas- de-Bourgueil, 1069
DOM. DU **GROS'NORE,** Bandol, 886
BLANCHE ET HENRI **GROS,**
• Bourgogne Aligoté, 481
• Bourgogne Hautes-Côtes de Nuits, 488
• Vosne-Romanée, 559
CHRISTIAN **GROS,**
• Côte de Nuits-Villages, 571
• Aloxe-Corton, 577
• Corton, 584
DOM. A.-F. **GROS,**
• Chambolle-Musigny, 548
• Echézeaux, 556
• Vosne-Romanée, 559
• Richebourg, 562
• Savigny-lès-Beaune, 591
MICHEL **GROS,** Vosne-Romanée, 560
VIGNOBLE **GROSBOIS,** Chinon, 1075
DOM. **GROSBOT-BARBARA,** Saint-Pourçain AOVDQS, 1111
DOM. **GROS FRERE ET SŒUR,**
• Bourgogne Hautes-Côtes de Nuits, 488
• Vosne-Romanée, 560
DOM. DU **GROS PATA,** Côtes du Rhône, 1145
GROSS, Alsace grand cru Goldert, 125
DOM. **GROSSET,**
• Anjou, 1004
• Coteaux du Layon, 1028
CH. **GROSSOMBRE,**
• Bordeaux, 210
• Entre-Deux-Mers, 347
JEAN-PIERRE **GROSSOT,** Chablis premier cru, 513
MAS DE **GROUZE,** Gaillac, 922
CH. **GRUAUD-LAROSE,** Saint-Julien, 438
GRUET, Champagne, 731

MAURICE **GRUMIER,** Champagne, 732
JOSEPH **GRUSS ET FILS,** Crémant d'Alsace, 141
DOM. DE **GRY-SABLON,**
• Beaujolais-Villages, 163
• Morgon, 185
JOSEPH **GSELL,**
• Alsace Riesling, 89
• Alsace Tokay-Pinot gris, 110
CH. **GUADET-PLAISANCE,** Montagne Saint-Emilion, 329
RENE **GUE,** Champagne, 732
DOM. DU **GUELET,** Beaujolais, 156
MICHEL **GUERARD,** Terroirs Landais, 1263
MME RENE **GUERIN,** Pouilly-Fuissé, 685
PHILIPPE **GUERIN,** Muscadet Sèvre-et-Maine, 989
P. **GUERRE ET FILS,** Champagne, 732
CH. **GUERRY,** Côtes de Bourg, 254
DOM. **GUERTIN BRUNET,** Vouvray, 1089
CH. DES **GUETTES,**
• Romanée-Saint-Vivant, 562
• Beaune, 600
• Pommard, 608
DOM. **GUEUGNON-REMOND,**
• Mâcon-Villages, 678
• Saint-Véran, 692
CH. **GUEYROSSE,** Saint-Emilion grand cru, 305
CH. DE **GUEYZE,** Buzet, 927
DOM. **GUIBERTEAU,** Saumur, 1038
CH. **GUIBOT LA FOURVIEILLE,** Puisseguin Saint-Emilion, 333
CH. **GUICHOT,** Entre-Deux-Mers, 347
GUILLARD, Gevrey-Chambertin, 532
DOM. DE **GUILLAU,** Coteaux du Quercy AOVDQS, 919
VIGNOBLE **GUILLAUME,** Franche-Comté, 1292
CH. **GUILLAUME BLANC,** Bordeaux sec, 223
JEAN-SYLVAIN **GUILLEMAIN,** Reuilly, 1126
DOM. **GUILLEMARD-CLERC,** Bienvenues-Bâtard-Montrachet, 636
DOM. PIERRE **GUILLEMOT,** Savigny-lès-Beaune, 592
DANIEL **GUILLET,** Brouilly, 168
CHRISTOPHE **GUILLO,** Saint-Aubin, 644
JEAN-MICHEL **GUILLON,**
• Gevrey-Chambertin, 533
• Mazis-Chambertin, 541
GUILLON-PAINTURAUD, Pineau des Charentes, 1243
CH. **GUILLOT,** Pomerol, 271
DOM. AMELIE **GUILLOT,** Arbois, 774
DOM. PATRICK **GUILLOT,**
• Bourgogne, 469
• Bouzeron, 659
• Mercurey, 665
DOM. **GUINAND,** Coteaux du Languedoc, 824
MARJORIE **GUINET ET BERNARD RONDEAU,** Bugey AOVDQS, 799
GUINOT,
• Blanquette de Limoux und Blanquette Méthode ancestrale, 805
• Crémant de Limoux, 805
CH. **GUIOT,** Costières de Nîmes, 816
CH. **GUIRAUD,**
• Côtes de Bourg, 254
• Sauternes, 450
CLOS **GUIROUILH,** Jurançon, 938
ROMAIN **GUISTEL,** Champagne, 732
CH. **GUITERONDE DU HAYOT,** Sauternes, 450
CH. **GUITIGNAN,** Moulis-en-Médoc, 423
DOM. JEAN **GUITON,**
• Bourgogne Aligoté, 481
• Savigny-lès-Beaune, 592
JEAN **GUITON,** Volnay, 614
DOM. **GUITONNIERE,** Muscadet Sèvre-et-Maine, 989
CH. **GUITTOT-FELLONNEAU,** Haut-Médoc, 404
DOM. **GUNTZ,** Alsace Riesling, 89
ALAIN **GUYARD,** Marsannay, 526
DOM. **GUYON,**
• Gevrey-Chambertin, 533
• Echézeaux, 557
• Vosne-Romanée, 560
• Nuits-Saint-Georges, 566
• Aloxe-Corton, 577
• Savigny-lès-Beaune, 592
• Chorey-lès-Beaune, 596
DOM. ANTONIN **GUYON,**
• Gevrey-Chambertin, 533
• Corton, 584
• Corton-Charlemagne, 587
• Volnay, 614
DOM. DOMINIQUE **GUYON,** Pernand-Vergelesses, 580
DOM. DES **GUYONS,** Saumur, 1038
GUYOT, Crozes-Hermitage, 1175
DOM. OLIVIER **GUYOT,** Fixin, 528
JEAN-MARIE **HAAG,**
• Alsace Sylvaner, 82
• Alsace grand cru Zinnkoepflé, 138
DOM. ROBERT **HAAG ET FILS,** Alsace Pinot noir, 115
DOM. HENRI **HAEFFELIN ET FILS,** Alsace Tokay-Pinot gris, 111
JEAN-PAUL **HAEFFELIN ET FILS,** Alsace Tokay-Pinot gris, 110
DOM. MATERNE **HAEGELIN ET SES FILLES,** Alsace Tokay-Pinot gris, 111
BERNARD ET DANIEL **HAEGI,** Alsace grand cru Zotzenberg, 139
DOM. BERNARD ET DANIEL **HAEGI,** Alsace Muscat, 96
CH. DU **HALLAY,** Muscadet Sèvre-et-Maine, 989
DOM. **HAMELIN,**
• Petit Chablis, 503
• Chablis premier cru, 514
THIERRY **HAMELIN,** Chablis, 507
HAMM, Champagne, 732
CH. **HANTEILLAN,** Haut-Médoc, 404
HARLIN, Champagne, 732
HARLIN PERE ET FILS, Champagne, 732
DOM. **HARMAND-GEOFFROY,**
• Bourgogne, 469
• Gevrey-Chambertin, 533
• Mazis-Chambertin, 542
HARTMANN, Kanton Aargau, 1326
ANDRE **HARTMANN,**
• Alsace Riesling, 89
• Alsace Gewurztraminer, 100
DOM. ALICE **HARTMANN,** Moselle luxembourgeoise, 1297
HARTWEG, Alsace grand cru Mandelberg, 128
JEAN-PAUL ET FRANK **HARTWEG,** Alsace grand cru Sonnenglanz, 135
HASSENFORDER, Alsace Gewurztraminer, 100
JEAN-NOEL **HATON,** Champagne, 732
LUDOVIC **HATTE,** Champagne, 733
DOM. DE **HAUBET,** Terroirs Landais, 1263
HAULLER, Alsace Tokay-Pinot gris, 111
DOM. DU **HAURET LALANDE,** Graves, 366
CH. **HAUT-BADETTE,** Saint-Emilion grand cru, 305
CH. **HAUT-BAGES LIBERAL,** Pauillac, 427
CH. **HAUT-BAILLY,** Pessac-Léognan, 377
CH. **HAUT-BALIRAC,** Médoc, 391
CH. **HAUT-BATAILLEY,** Pauillac, 428
CH. **HAUT-BERGERON,** Sauternes, 450
CH. **HAUT-BERGEY,** Pessac-Léognan, 378
CH. **HAUT-BERNAT,** Puisseguin Saint-Emilion, 334
CH. **HAUT BLAIGNAN,** Médoc, 391
DOM. DU **HAUT BOURG,** Gros-Plant AOVDQS, 998
CH. **HAUT-BREGA,** Haut-Médoc, 404
CH. **HAUT BRETON LARIGAUDIERE,** Margaux, 417
CH. **HAUT-BRION,** Pessac-Léognan, 378
LES PLANTIERS DU **HAUT-BRION,** Pessac-Léognan, 378
HAUT-BRIONNAIS, Saône-et-Loire, 1292
CH. **HAUT BRISEY,** Médoc, 391
CH. **HAUT-BRISSON,** Saint-Emilion grand cru, 305

MAS **HAUT-BUIS,** Coteaux du Languedoc, 824
CH. **HAUT-CADET,** Saint-Emilion grand cru, 305
CH. **HAUT-CANTELOUP,**
• Premières Côtes de Blaye, 248
• Médoc, 391
HAUT-CARLES, Fronsac, 263
CH. **HAUT-CASTENET,** Bordeaux, 210
CH. **HAUT-CHAIGNEAU,** Lalande de Pomerol, 281
CH. **HAUT-CHATAIN,** Lalande de Pomerol, 282
DOM. DU **HAUT CHESNEAU,** Touraine, 1052
CH. **HAUT-CHRISTIN,** Coteaux du Languedoc, 825
CH. **HAUT-CORBIN,** Saint-Emilion grand cru, 305
CH. **HAUT D'ARZAC,** Entre-Deux-Mers, 348
DOM. **HAUT DE BRIAILLES,** Saint-Pourçain AOVDQS, 1111
LES VIGNERONS DE **HAUTE BOURGOGNE,** Crémant de Bourgogne, 497
HAUTE-COUR DE LA DEBAUDIERE, Muscadet Sèvre-et-Maine, 989
CH. **HAUTE-NAUVE,** Saint-Emilion grand cru, 306
DOM. DE **HAUTE PERCHE,** Coteaux de l'Aubance, 1020
CH. **HAUTERIVE LE HAUT,** Corbières, 810
CH. **HAUTERIVE LE VIEUX,** Corbières, 810
DOM. DES **HAUTES CORNIERES,** Santenay, 648
LES CAVES DES **HAUTES-COTES,**
• Bourgogne Hautes-Côtes de Beaune, 493
• Crémant de Bourgogne, 497
CH. DE **HAUTE-SERRE,** Cahors, 914
LES COTEAUX DES **HAUTES GARRIGUES,** Coteaux du Languedoc, 825
DOM. DES **HAUTES OUCHES,**
• Anjou, 1004
• Rosé d'Anjou, 1016
DOM. DES **HAUTES-ROCHES,** Côtes du Ventoux, 1207
CH. **HAUTES VERSANNES,** Saint-Emilion, 288
DOM. DES **HAUTES VIGNES,** Saumur, 1038
CH. **HAUTE TERRASSE,** Côtes de Castillon, 339
CH. **HAUT-FAYAN,** Puisseguin Saint-Emilion, 334
CH. **HAUT-FERRAND,** Pomerol, 272
CH. **HAUT-FONGRIVE,** Bergerac sec, 956
DOM. DU **HAUT FRESNE,** Muscadet des Coteaux de la Loire sur lie, 983
CH. **HAUT-GARIN,** Médoc, 391
CH. **HAUT-GARRIGA,** Bordeaux sec, 223
CH. **HAUT GAUDIN,** Premières Côtes de Bordeaux, 357
CH. **HAUT-GAUSSENS,** Bordeaux, 210
CH. **HAUT-GAYAT,** Graves de Vayres, 351
CH. **HAUT-GLEON,** Corbières, 810
CH. **HAUT-GRAMONS,** Graves, 367
CH. **HAUT-GRAVAT,** Médoc, 391
CH. **HAUT-GRAVET,** Saint-Emilion grand cru, 306
CH. **HAUT-GRELOT,** Premières Côtes de Blaye, 248
CH. **HAUT-GRILLON,** Sauternes, 450
CH. **HAUT GROS CAILLOU,** Saint-Emilion, 288
CH. DU **HAUT-GUERIN,** Premières Côtes de Blaye, 249
CH. **HAUT-GUIRAUD,** Côtes de Bourg, 254
CH. **HAUT LA GRACE DIEU,** Saint-Emilion grand cru, 306
CH. **HAUT LAGRANGE,** Pessac-Léognan, 378
CH. **HAUT LARIVEAU,** Fronsac, 263
CH. **HAUT LIGNIERES,** Faugères, 836
CH. **HAUT-LOGAT,** Haut-Médoc, 404
CH. **HAUT-MACO,** Côtes de Bourg, 254
CH. **HAUT-MARBUZET,** Saint-Estèphe, 433
CH. **HAUT MAURIN,**
• Entre-Deux-Mers, 348
• Premières Côtes de Bordeaux, 357
CH. **HAUT-MAZERIS,**
• Canon-Fronsac, 260
• Fronsac, 263
CH. **HAUT-MAZIERES,** Bordeaux, 210
CH. **HAUT-MONDESIR,** Côtes de Bourg, 254
CH. **HAUT-MONTIL,** Saint-Emilion grand cru, 306
DOM. DU **HAUT-MONTLONG,** Monbazillac, 961
HAUT MOULIN D'EOLE, Costières de Nîmes, 816
CH. **HAUT-MYLES,** Médoc, 392
CH. **HAUT-NADEAU,** Bordeaux Supérieur, 234
CH. **HAUT-NIVELLE,** Bordeaux Supérieur, 234
CH. **HAUT PARABELLE,** Bordeaux, 210
DOM. DU **HAUT PECHARMANT,** Pécharmant, 965
CH. **HAUT-PLANTADE,** Pessac-Léognan, 379
DOM. DU **HAUT PLATEAU,** Costières de Nîmes, 816
CAVE DU **HAUT-POITOU,** Haut-Poitou AOVDQS, 1102
DOM. DU **HAUT-PONCIE,** Moulin-à-Vent, 189
CH. **HAUT POUGNAN,** Entre-Deux-Mers, 348
LES VIGNERONS DU **HAUT-QUERCY,** Coteaux de Glanes, 1267
CH. **HAUT-RENAISSANCE,** Saint-Emilion, 289
CH. **HAUT RIAN,** Bordeaux sec, 223
CH. **HAUT-SAINT-GEORGES,** Saint-Georges Saint-Emilion, 336
CH. **HAUT-SARPE,** Saint-Emilion grand cru, 306
DOM. DES **HAUTS BUYON,** Beaujolais-Villages, 163
DOM. DES **HAUTS DE SEYR,** Jardin de la France, 1257
CH. **HAUT-SEGOTTES,** Saint-Emilion grand cru, 306
CH. **HAUT SELVE,** Graves, 367
CH. **HAUTS-MOUREAUX,** Saint-Emilion, 289
CH. **HAUT-SURGET,** Lalande de Pomerol, 282
CH. **HAUT-TERRIER,** Premières Côtes de Blaye, 249
CH. **HAUT-TROPCHAUD,** Pomerol, 272
CH. **HAUT VEYRAC,** Saint-Emilion, 289
CH. **HAUT VILLET,** Saint-Emilion grand cru, 307
MARC **HEBRART,** Champagne, 733
HEIDSIECK & CO MONOPOLE, Champagne, 733
PIERRE D' **HEILLY ET MARTINE HUBERDEAU,** Bourgogne Côte Chalonnaise, 656
HEIMBERGER, Alsace grand cru Sonnenglanz, 136
DOM. **HEIMBOURGER,** Irancy, 521
LEON **HEITZMANN,** Alsace Pinot noir, 115
CH. **HENNEBELLE,** Haut-Médoc, 404
D. **HENRIET-BAZIN,** Champagne, 733
HENRIOT, Champagne, 733
DOM. **HENRI PERROT-MINOT,** Mazoyères-Chambertin, 542
CUVEE **HENRY DE VEZELAY,** Bourgogne, 469
HENRY FRERES, Bourgogne, 469
PAUL **HERARD,** Champagne, 733
DOM. **HERAULT,** Chinon, 1075
DIDIER **HERBERT,** Champagne, 734
STEPHANE **HERBERT,** Champagne, 734
DOM. **HERESZTYN,**
• Gevrey-Chambertin, 533
• Morey-Saint-Denis, 544
• Clos Saint-Denis, 546
• Chambolle-Musigny, 548
DOM. **HERING,** Alsace grand cru Kirchberg de Barr, 127
DOM. DES **HERITIERES,** Chablis, 508
HERMITAGE SAINT-MARTIN, Côtes de Provence, 871
DOM. GUY **HERSARD,** Saint-Nicolas- de-Bourgueil, 1069

ALBERT **HERTZ,**
• Alsace Gewurztraminer, 100
• Alsace grand cru Pfersigberg, 130
BRUNO **HERTZ,** Alsace Gewurztraminer, 100
HERTZOG,
• Alsace Riesling, 89
• Alsace Muscat, 96
EMILE **HERZOG,** Alsace Pinot noir, 116
DOM. ROGER **HEYBERGER,** Alsace Gewurztraminer, 100
JEAN **HIRTZ ET FILS,** Alsace Sylvaner, 82
HORCHER,
• Alsace Gewurztraminer, 100
• Alsace Pinot noir, 116
DOM. **HORTALA,** Coteaux du Languedoc, 825
HOSPICES DE BEAUJEU, Régnié, 192
HOSPICES DE BEAUNE, Pommard, 608
HOSPICES DE DIJON, Bourgogne Hautes-Côtes de Beaune, 493
CH. DES **HOSPITALIERS,** Coteaux du Languedoc, 825
CH. **HOSTENS-PICANT,** Sainte-Foy-Bordeaux, 353
M. **HOSTOMME,** Champagne, 734
JEAN-LUC **HOUBLIN,** Bourgogne Aligoté, 481
DOM. **HOUCHART,** Bouches-du-Rhône, 1284
CH. **HOURBANON,** Médoc, 392
DOM. DES **HUARDS,** Cour-Cheverny, 1097
HUBER ET BLEGER, Alsace Riesling, 90
DOM. **HUBERT,** Bourgueil, 1063
DOM. **HUBER-VERDEREAU,** Pommard, 608
JOEL **HUDELOT-BAILLET,** Bourgogne, 469
HUDELOT-NOELLAT, Vosne-Romanée, 560
ALAIN **HUDELOT-NOELLAT,**
• Clos de Vougeot, 554
• Richebourg, 562
• Romanée-Saint-Vivant, 562
• Nuits-Saint-Georges, 567
LAURENT **HUET,** Viré-Clessé, 682
O. **HUGENTOBLER,** Kanton Wallis (Valais), 1313
CH. **HUGON,** Pécharmant, 965
PATRICK **HUGOT,** Bourgogne, 469
DOM. **HUGUENOT PERE ET FILS,** Marsannay, 526
HUGUENOT-TASSIN, Champagne, 734
HUGUET, Cheverny, 1095
FRANCIS ET PATRICK **HUGUET,** Crémant de Loire, 979
CH. DES **HUGUETS,** Bordeaux Supérieur, 234
DOM. **HUMBERT FRERES,**
• Gevrey-Chambertin, 533
• Charmes-Chambertin, 540
CLAUDE ET GEORGES **HUMBRECHT,** Alsace Gewurztraminer, 100
CAVE VINICOLE DE **HUNAWIHR,** Alsace grand cru Rosacker, 132
HUNOLD, Crémant d'Alsace, 142
CH. **HURADIN,** Cérons, 446
CH. DU **HUREAU,**
• Saumur, 1038
• Saumur-Champigny, 1044
ARMAND **HURST,**
• Alsace Pinot noir, 116
• Alsace grand cru Brand, 122
HUTEAU-HALLEREAU, Jardin de la France, 1257
JEAN **HUTTARD,** Alsace Gewurztraminer, 101
CH. **ICARD,** Coteaux du Languedoc, 825
LES VIGNERONS D' **IGE,**
• Bourgogne, 469
• Crémant de Bourgogne, 498
• Mâcon, 673
DOM. DES **ILES,**
• Petit Chablis, 503
• Chablis, 508
• Chablis premier cru, 514
• Chablis grand cru, 519
JACQUES **ILTIS,** Alsace Riesling, 90
IMESCH VINS SIERRE, Kanton Wallis (Valais), 1313
IM LEE, Kanton Aargau, 1326
IMPERNAL, Cahors, 914
DOM. DES **IRIS,** Anjou, 1004
DOM. **IRIS DU GAYON,** Pauillac, 428
CH. D' **ISSAN,** Margaux, 417
IVERNEL, Champagne, 734
CH. DE **JABASTAS,** Bordeaux, 210
PAUL **JABOULET AINE,** Hermitage, 1178
JABOULET-VERCHERRE, Fixin, 528
DOMAINES **JABOULET-VERCHERRE,** Beaune, 600
DOM. LUCIEN **JACOB,** Savigny-lès-Beaune, 592
DOM. ROBERT ET RAYMOND **JACOB,**
• Ladoix, 574
• Aloxe-Corton, 577
FREDERIC **JACOB,**
• Bourgogne Aligoté, 481
• Bourgogne Hautes-Côtes de Nuits, 488
ROBERT **JACOB,** Champagne, 734
JACOB-FREREBEAU, Pernand-Vergelesses, 580
DOM. PATRICK **JACOB-GIRARD,** Savigny-lès-Beaune, 592
CAVEAU DES **JACOBINS,**
• Côtes du Jura, 784
• Crémant du Jura, 787
• Macvin du Jura, 1250
HUBERT **JACOB-MAUCLAIR,** Bourgogne Aligoté, 481
DOM. DE **JACOURETTE,** Côtes de Provence, 872
JACQUART, Champagne, 734
ANDRE **JACQUART ET FILS,** Champagne, 735
CH. DES **JACQUES,** Moulin-à-Vent, 189
YVES **JACQUES,** Champagne, 735
CUVEE **JACQUES ARNAL,** Coteaux du Languedoc, 825
CH. **JACQUES-BLANC,** Saint-Emilion grand cru, 307
JACQUES DE BRION, Coteaux du Quercy AOVDQS, 919
JACQUESSON ET FILS, Champagne, 735
JACQUINET-DUMEZ, Champagne, 735
EDMOND **JACQUIN ET FILS,**
• Vin de Savoie, 793
• Roussette de Savoie, 796
DOM. LOUIS **JADOT,**
• Gevrey-Chambertin, 534
• Santenay, 648
LOUIS **JADOT,** Clos de Vougeot, 554
JAEGER-LIGNEUL, Champagne, 735
JAFFELIN, Volnay, 614
LES VILLAGES DE **JAFFELIN,**
• Pernand-Vergelesses, 580
• Auxey-Duresses, 620
• Saint-Aubin, 644
JAILLANCE,
• Clairette de Die, 1203
• Crémant de Die, 1204
PIERRE **JAMAIN,** Champagne, 735
E. **JAMART ET CIE,** Champagne, 735
DOM. DOMINIQUE **JAMBON,** Régnié, 192
CH. **JANDER,** Listrac-Médoc, 413
JANE ET SYLVAIN, Gevrey-Chambertin, 534
PASCAL **JANET,** Saint-Joseph, 1171
JANISSON-BARADON ET FILS, Champagne, 736
PIERRE **JANNY,**
• Crémant de Bourgogne, 498
• Chablis, 508
RENE **JARDIN,** Champagne, 736
DOM. DE **JASSERON,** Brouilly, 168
CH. DE **JASSON,** Côtes de Provence, 872
CH. DE **JAU,**
• Côtes du Roussillon-Villages, 860
• Muscat de Rivesaltes, 1230
DOM. **JAUME,**
• Côtes du Rhône, 1145
• Côtes du Rhône-Villages, 1157
DOM. DE **JAVERNIERE,** Morgon, 185 186
CLOS **JEAN,** Bordeaux, 210
JEAN D'ESTAVEL,
• Côtes du Roussillon, 854
• Côtes du Roussillon-Villages, 860
• Banyuls grand cru, 1220
CH. **JEAN DE GUE,** Lalande de Pomerol, 282
CH. **JEANDEMAN,** Fronsac, 263
DOM. GUY-PIERRE **JEAN ET FILS,** Bourgogne, 469
JEAN GAGNEROT, Beaune, 600
JEANMAIRE, Champagne, 736
CH. **JEAN VOISIN,** Saint-Emilion grand cru, 307

DOM. **JESSIAUME PERE ET FILS,**
• Beaune, 600
• Auxey-Duresses, 621
• Santenay, 649
CH. **JOANNY,** Côtes du Rhône-Villages, 1157
DOM. EMILE **JOBARD,** Meursault, 628
DOM. REMI **JOBARD,**
• Bourgogne Aligoté, 481
• Bourgogne Passetoutgrain, 485
DOM. CHARLES **JOGUET,** Chinon, 1075
JEAN-LUC **JOILLOT,**
• Bourgogne Aligoté, 481
• Pommard, 608
CH. **JOININ,** Bordeaux, 211
CH. **JOLIET,** Côtes du Frontonnais, 930
JOLIET PERE ET FILS, Fixin, 528
DOM. **JOLIETTE,**
• Côtes du Roussillon-Villages, 860
• Rivesaltes, 1224
PASCAL **JOLIVET,** Sancerre, 1131
RENE **JOLLY,** Champagne, 736
CLAUDE **JOLY,**
• Côtes du Jura, 784
• Macvin du Jura, 1251
NICOLAS **JOLY,**
• Savennières, 1022
• Savennières Roche-aux-Moines, 1024
• Savennières Coulée-de-Serrant, 1024
CH. **JOLYS,** Jurançon, 938
PIERRE ET JEAN-MICHEL **JOMARD,** Coteaux du Lyonnais, 197
CH. **JONC-BLANC,** Bergerac, 949
CH. **JONCHET,** Premières Côtes de Bordeaux, 357
DOM. DU **JONCIER,** Lirac, 1199
JEAN-HERVE **JONNIER,** Crémant de Bourgogne, 498
DOM. **JORDY,** Coteaux du Languedoc, 826
BERTRAND **JOREZ,** Champagne, 736
JOSMEYER, Alsace grand cru Brand, 122
JEAN **JOSSELIN,** Champagne, 736
DOM. VINCENT ET FRANÇOIS **JOUARD,** Chassagne-Montrachet, 639
GABRIEL **JOUARD,**
• Chassagne-Montrachet, 639
• Santenay, 649
PHILIPPE ET FRANÇOISE **JOUBY,** Bourgogne, 470
CH. **JOUCLARY,** Cabardès, 849
LE CELLIER DE **JOUDIN,** Allobrogie, 1289
DOM. DES **JOUGLA,** Saint-Chinian, 846
DOM. **JOULIN,** Saumur, 1038
FRANCIS **JOURDAIN,** Valençay AOVDQS, 1101
CH. **JOURDAN,** Premières Côtes de Bordeaux, 357
GILLES **JOURDAN,**
• Bourgogne Aligoté, 482
• Côte de Nuits-Villages, 571
CH. DU **JUGE,**
• Bordeaux sec, 223
• Cadillac, 441
ANNE-MARIE **JUILLARD,** Brouilly, 168
DOM. EMILE **JUILLOT,** Mercurey, 665
DOM. MICHEL **JUILLOT,** Corton-Charlemagne, 587
DOM. MICHEL ET LAURENT **JUILLOT,**
• Corton, 584
• Mercurey, 665
CH. DE **JULIAC,** Floc de Gascogne, 1247
CH. **JULIEN,** Haut-Médoc, 404
CH. DE **JULIENAS,** Juliénas, 181
JULIEN DE SAVIGNAC, Bergerac sec, 956
JULIUS CAESAR, Bourgogne, 470
THIERRY **JULLION,** Charentais, 1261
CHARLES **JUMERT,** Coteaux du Vendômois, 1099
ROGER **JUNG ET FILS,**
• Alsace Riesling, 90
• Alsace grand cru Schoenenbourg, 134
DOM. DANIEL **JUNOT,** Bourgogne, 470
CH. **JUPILLE CARILLON,** Saint-Emilion, 289
CAVE DES PRODUCTEURS DE **JURANON,** Jurançon, 939
JEAN-CHARLES **KIEFFER,** Alsace Gewurztraminer, 101
KIENTZ, Alsace Pinot noir, 116
CAVE DE **KIENTZHEIM-KAYSERSBERG,** Alsace Gewurztraminer, 101
KIENTZLER,
• Alsace Pinot oder Klevner, 84
• Alsace grand cru Geisberg, 125
P. **KIRSCHNER ET FILS,** Alsace grand cru Frankstein, 124
CH. **KIRWAN,** Margaux, 417
JEAN **KLACK,** Alsace grand cru Schoenenbourg, 134
HENRI **KLEE,**
• Alsace Riesling, 90
• Alsace grand cru Wineck-Schlossberg, 138
KLEIN AUX VIEUX REMPARTS, Alsace Gewurztraminer, 101
KLEIN-BRAND, Alsace Tokay-Pinot gris, 111
ANDRE **KLEINKNECHT,** Alsace Pinot noir, 116
PIERRE **KOCH ET FILS,** Alsace Pinot oder Klevner, 84
RENE **KOCH ET FILS,** Alsace grand cru Muenchberg, 129
KOEBERLE KREYER, Alsace grand cru Gloeckelberg, 125
KOEHLY, Alsace Riesling, 90
DOM. R. **KOHLL-LEUCK,** Moselle luxembourgeoise, 1297
DOM. MICHEL **KOHLL-REULAND,** Moselle luxembourgeoise, 1298
KRESSMANN GRANDE RESERVE, Haut-Médoc, 405
LE RELAIS DE **KREUSIGNAC,** Périgord, 1263
MARC **KREYDENWEISS,**
• Alsace Tokay-Pinot gris, 111
• Alsace grand cru Kastelberg, 127
HUBERT **KRICK,**
• Alsace Pinot noir, 116
• Crémant d'Alsace, 142
KRIER FRERES, Moselle luxembourgeoise, 1298
DOM. **KRIER-WELBES,** Moselle luxembourgeoise, 1298
KRUG, Champagne, 737
PAUL **KUBLER,**
• Alsace Gewurztraminer, 101
• Alsace grand cru Zinnkoepflé, 139
KUEHN, Alsace Gewurztraminer, 101
KUENTZ, Alsace grand cru Steinert, 136
J.C. **KUNTZER ET FILS,** Kanton Neuenburg (Neuchâtel), 1324
CLOS DE **L'ABBAYE,** Saumur, 1038
DOM. DE **L'ABBAYE,**
• Côtes de Provence, 872
• Chinon, 1075
DOM. DE **L'ABBAYE DU PETIT QUINCY,** Bourgogne, 470
LA CAVE DE **L'ABBE ROUS,** Banyuls grand cru, 1220
L'ACHENEAU, Muscadet Côtes de Grand Lieu, 997
CH. **L'AGNET LA CARRIERE,** Sauternes, 451
DOM. DE **L'AIGLE,** Limoux, 806
LES VIGNES DE **L'ALMA,** Anjou, 1005
DOM. DE **L'AMANDINE,** Côtes du Rhône, 1147
CH. DE **L'AMARINE,** Costières de Nîmes, 817
DOM. DE **L'ANCIEN MONASTERE,** Alsace Pinot noir, 117
CH. **L'ANCIENNE CITADELLE,** Bergerac, 950
DOM. DE **L'ANCIENNE CURE,** Bergerac, 950
DOM. DE **L'ANCIEN RELAIS,** Saint-Amour, 194
DOM. DE **L'ANGELIERE,**
• Cabernet d'Anjou, 1017
• Coteaux du Layon, 1029
CAVE DE **L'ANGELUS,** Kanton Wallis (Valais), 1314
DOM. DE **L'ANGLADE,** Maures, 1282
DOM. DE **L'ANGUEIROUN,** Côtes de Provence, 874
DOM. DE **L'ANTENET,** Cahors, 915
DOM. DE **L'ANTICAILLE,** Côtes de Provence, 874
CH. **L'APOLLINE,** Saint-Emilion grand cru, 310
DOM. DE **L'ARBOUTE,** Cabernet d'Anjou, 1018
DOM. DE **L'ARBRE SACRE,** Costières de Nîmes, 817
VIGNOBLE DE **L'ARCISON,**
• Rosé de Loire, 975
• Anjou, 1005

DE **L'ARGENTAINE,** Champagne, 739
CH. **L'ARGENTEYRE,** Médoc, 393
DOM. DE **L'ARJOLLE,** Côtes de Thongue, 1276
DOM. DE **L'ARLOT,** Nuits-Saint-Georges, 567
CH. **L'ARNAUDE,** Côtes de Provence, 875
DOM. DE **L'AUBINERIE,** Gros-Plant AOVDQS, 999
CH. DE **L'AUCHE,** Champagne, 740
DOM. DE **L'AUMONIER,** Touraine, 1054
L'AUMONIERE, Meuse, 1293
DOM. DE **L'AUMONIERE,** Cheverny, 1095
DOM. DE **L'AURIS,** Côtes du Roussillon, 855
L'AYAL, Coteaux du Languedoc, 828
DOM. DE **L'ECETTE,** Rully, 662
CH. DE **L'ECHARDERIE,** Quarts de Chaume, 1035
CH. DE **L'ECLAIR,** Beaujolais, 158
DOM. DE **L'ECOLE,** Alsace Pinot noir, 117
DOM. DE **L'EGLANTIERE,** Chablis, 509
CH. DU DOM. DE **L'EGLISE,** Pomerol, 275
ESPRIT DE **L'EGLISE,** Pomerol, 275
CH. **L'ENCLOS,**
• Pomerol, 275
• Sainte-Foy-Bordeaux, 353
CH. DE **L'ENCLOS,** Bordeaux sec, 224
CH. DE **L'ENGARRAN,** Coteaux du Languedoc, 828
DOM. DE **L'ENTRE-CŒURS,** Montlouis, 1084
DOM. DE **L'EPINAY,** Jardin de la France, 1259
L'ERMITAGE DE CHASSE-SPLEEN, Haut-Médoc, 407
DOM. **L'ERMITE DE SAINT-VERAN,** Saint-Véran, 693
DOM. DE **L'ERRIERE,** Jardin de la France, 1259
CLOS DE **L'ESCANDIL,** Minervois la Livinière, 844
DOM. DE **L'ESCARELLE,** Var, 1286
CH. **L'ESCART,** Bordeaux Supérieur, 237
DOM. DE **L'ESCOUACH,** Bordeaux, 214
DOM. DE **L'ESPARRON,**
• Côtes de Provence, 876
• Maures, 1282
CH. DE **L'ESPERANCE,** Bordeaux sec, 224
DOM. DE **L'ESPIGOUETTE,** Vacqueyras, 1189
CH. DE **L'ESPINGLET,** Premières Côtes de Bordeaux, 358
CLOS **L'ESQUIROL,** Minervois, 841
CH. **L'ETAMPE,** Saint-Emilion grand cru, 312
DOM. DE **L'ETAT DE NEUCHATEL,** Kanton Neuenburg (Neuchâtel), 1324
DOM. DE **L'ETE,** Rosé de Loire, 976
L'ETENDARD, Médoc, 395
L'ETOILE,
• Collioure, 863
• Banyuls, 1219
• Banyuls grand cru, 1220
CH. **L'ETOILE,** Graves, 368
CH. DE **L'ETOILE,**
• L'Etoile, 788
• Macvin du Jura, 1251
DOM. DE **L'EUROPE,** Mercurey, 666
CH. **L'EUZIERE,** Coteaux du Languedoc, 829
CH. DE **L'EVECHE,** Lalande de Pomerol, 283
DOM. DE **L'HERMINETTE,** Morgon, 186
CH. DE **L'HERMITAGE,** Bordeaux Supérieur, 238
DOM. DE **L'HERMITAGE,** Bandol, 888
CH. DE **L'HORTE,** Corbières, 811
DOM. DE **L'HORTUS,** Coteaux du Languedoc, 829
CH. **L'HOSANNE,** Graves de Vayres, 352
CH. **L'HOSPITAL,** Côtes de Bourg, 256
CH. DE **L'HOSPITAL,** Graves, 368
CH. **L'HOSPITALET,** Muscat de Rivesaltes, 1231
CH. DE **L'HOSPITALET,** Coteaux du Languedoc, 829
DOM. DE **L'HYVERNIERE,** Muscadet Sèvre-et-Maine, 994
DOM. DE **L'IDYLLE,** Vin de Savoie, 793
DOM. DE **L'ILE SAINT-PIERRE,** Bouches-du-Rhône, 1284
DOM. DE **L'IMBARDIERE,** Jardin de la France, 1259
CH. DE **L'ISOLETTE,** Côtes du Luberon, 1212
DOM. DE **L'OISELET,** Vacqueyras, 1189
CH. DE **L'OISELINIERE,** Gros-Plant AOVDQS, 999
CH. DE **L'OISELLERIE,** Pineau des Charentes, 1243
DOM. DE **L'OLIVETTE,** Bandol, 888
DOM. DE **L'OLIVIER,** Côtes du Rhône, 1149
DOM. **L'OPPIDUM DES CAUVINS,**
• Coteaux d'Aix-en-Provence, 893
• Bouches-du-Rhône, 1284
CH. DE **L'ORANGERIE,** Bordeaux, 215
DOM. DE **L'ORATOIRE SAINT-MARTIN,** Côtes du Rhône-Villages, 1159
CH. DE **L'ORDONNANCE,** Graves, 369
L'OREE DES FRESNES, Touraine-Amboise, 1059
L'ORMARINE, Coteaux du Languedoc, 829
DOM. DE **L'ORME,** Petit Chablis, 504
L'ORMEOLE, Coteaux de Saumur, 1042
L'ORMY, Kanton Wallis (Valais), 1315
L'ORPAILLEUR, Kanton Wallis (Valais), 1315
DOM. DE **L'OUCHE GAILLARD,** Montlouis, 1084
DOM. **L'OUSTAU DES LECQUES,** Vacqueyras, 1189
L'OUSTAU FAUQUET, Gigondas, 1184
CAVE **LABACHOLLE,** Kanton Wallis (Valais), 1314
CH. **LABADIE,**
• Côtes de Bourg, 254
• Médoc, 392
DOM. DE **LABAIGT,** Terroirs Landais, 1264
DOM. DE **LABALLE,** Terroirs Landais, 1264
MAS DE **LA BARBEN,** Coteaux du Languedoc, 826
CH. **LA BARDE-LES TENDOUX,** Côtes de Bergerac, 958
CH. **LA BARDONNE,** Bordeaux, 211
CELLIER DE **LA BARNEDE,** Muscat de Rivesaltes, 1231
LE CELLIER DE **LA BARNEDE,** Côtes du Roussillon, 854
DOM. DE **LABARTHE,** Gaillac, 922
CH. **LA BASSANNE,** Bordeaux, 211
CH. **LA BASSONNERIE,** Pomerol, 272
LABASTIDE, Gigondas, 1183
CH. **LABASTIDE,**
• Corbières, 810
• Gaillac, 922
LA BASTIDE BLANCHE, Bandol, 886
DOM. **LA BASTIDE DES OLIVIERS,** Coteaux Varois, 898
LA BASTIDE DU CURE, Côtes de Provence, 872
CH. **LA BASTIDE MONGIRON,** Bordeaux Supérieur, 235
DOM. DE **LA BASTIDE NEUVE,** Côtes de Provence, 872
LA BASTIDE-SAINT-DOMINIQUE,
• Côtes du Rhône, 1145
• Châteauneuf-du-Pape, 1193
LA BASTIDE SAINT-VINCENT,
• Gigondas, 1183
• Vacqueyras, 1187
CH. **LA BASTIDETTE,** Montagne Saint-Emilion, 329
DOM. DE **LA BASTIDONNE,**
• Côtes du Ventoux, 1207
• Vaucluse, 1283
DOM. DE **LA BAUME,** Oc, 1271
DOM. DE **LA BAZILLIERE,** Muscadet Sèvre-et-Maine, 989
MICHEL **LABBE ET FILS,** Champagne, 737

DOM. DE **LA BEAUCARNE,** Beaujolais-Villages, 163
CH. **LA BECASSE,** Pauillac, 428
DOM. DE **LA BECHE,** Morgon, 186
CH. **LABEGORCE-ZEDE,** Margaux, 417
DOM. DE **LA BEGUDE,** Bandol, 886
DOM. DE **LA BELLE,** Côtes du Tarn, 1265
DOM. DE **LA BELLE ANGEVINE,** Anjou, 1004
LA BELLE DU ROY, Châteauneuf-du-Pape, 1193
MANOIR DE **LA BELLONNIERE,** Chinon, 1075
DOM. DE **LA BERGEONNIERE,** Touraine, 1052
DOM. DE **LA BERGERIE,**
• Coteaux du Layon, 1028
• Quarts de Chaume, 1035
• Touraine, 1052
LA BERLANDE, Margaux, 417
DOM. DE **LA BERNARDIERE,** Muscadet Sèvre-et-Maine, 989
CH. **LA BERRIERE,** Muscadet Sèvre-et-Maine, 989
CH. **LA BERTRANDE,**
• Premières Côtes de Bordeaux, 357
• Cadillac, 441
• Loupiac, 443
DOM. DE **LA BESNERIE,** Crémant de Loire, 979
DOM. DE **LA BESSIERE,**
• Saumur, 1039
• Saumur-Champigny, 1045
ALAIN **LABET,** Côtes du Jura, 784
DOM. **LABET,** Côtes du Jura, 784
DOM. PIERRE **LABET,** Beaune, 600
DOM. DE **LA BIGOTIERE,** Muscadet Sèvre-et-Maine, 989
DOM. DE **LA BLANCHETIERE,** Muscadet Sèvre-et-Maine, 990
DOM. **LA BLAQUE,**
• Coteaux de Pierrevert, 1213
• Portes de Méditerranée, 1281
DOM. DE **LA BLOTIERE,** Vouvray, 1089
DOM. DE **LA BOISSERELLE,** Côtes du Vivarais, 1214
CH. DE **LA BOISSIERE,** Côtes du Ventoux, 1207
CH. DE **LA BOITAUDIERE,** Gros-Plant AOVDQS, 998
DOM. **LA BONNELIERE,** Saumur-Champigny, 1045
CH. **LA BONNELLE,** Saint-Emilion grand cru, 307
CH. DE **LABORDE,** Bordeaux Rosé, 228
CH. **LA BORDERIE-MONDESIR,** Lalande de Pomerol, 282
CH. DE **LA BOTINIERE,** Muscadet Sèvre-et-Maine, 990
LABOTTIERE, Bordeaux sec, 224
CH. DE **LA BOTTIERE,** Juliénas, 181
DOM. DE **LA BOTTIERE-PAVILLON,** Juliénas, 181
CH. **LA BOUGERELLE,** Coteaux d'Aix-en-Provence, 892
DOM. **LA BOUISSIERE,** Gigondas, 1183
CH. DE **LA BOURDINIERE,** Muscadet Sèvre-et-Maine, 990
LABOURE-ROI, Chassagne-Montrachet, 639
DOM. **LA BOUTINIERE,** Châteauneuf-du-Pape, 1193
DOM. DE **LA BOUVERIE,** Côtes de Provence, 872
DOM. **LABRANCHE LAFFONT,** Madiran, 944
CH. **LA BRANDE,**
• Fronsac, 263
• Côtes de Castillon, 339
CH. **LA BRAULTERIE,** Premières Côtes de Blaye, 249
CH. **LA BRETONNIERE,** Bordeaux Clairet, 219
DOM. DE **LA BRETONNIERE,** Muscadet Sèvre-et-Maine, 990
CH. **LA BRIDANE,** Saint-Julien, 438
CLOS DE **LA BRIDERIE,** Touraine-Mesland, 1060
CH. **LA BRIE,** Bergerac sec, 956
CH. DE **LA BRUNETTE,** Côtes de Bourg, 255
LA BRUYERE, Moulin-à-Vent, 189
CH. DE **LA BRUYERE,**
• Bourgogne, 470
• Mâcon, 673
DOM. A. ET B. **LABRY,** Bourgogne Hautes-Côtes de Beaune, 493
LA CABOTTE, Côtes du Rhône, 1145
DOM. **LA CADENIERE,** Coteaux d'Aix-en-Provence, 892
CH. **LA CADERIE,** Bordeaux sec, 224
LES VIGNERONS DE **LA CADIERENNE,** Bandol, 887
CH. **LA CALISSE,** Coteaux Varois, 898
CH. **LA CAMINADE,** Cahors, 915
CH. **LA CANORGUE,** Côtes du Luberon, 1211
CH. DE **LA CANTRIE,** Muscadet Sèvre-et-Maine, 990
DOM. DE **LA CAPITE,** Kanton Waadt (Vaud), 1306
CH. **LA CARDONNE,** Médoc, 392
CH. DE **LACARELLE,** Beaujolais-Villages, 163
DOM. DE **LA CARESSE,** Côtes de Castillon, 339
DOM. DE **LA CASA BLANCA,**
• Collioure, 863
• Banyuls, 1218
LA CASENOVE, Côtes du Roussillon, 854
CH. **LA CASENOVE,** Rivesaltes, 1224
CH. **LACAUSSADE SAINT-MARTIN,** Premières Côtes de Blaye, 249
LA CAVE DE LA REINE JEANNE, Arbois, 775
LA CAVE DU PRIEURE, Roussette de Savoie, 796
CH. **LA CAZE BELLEVUE,** Saint-Emilion, 289
LA CELESTE, Kanton Waadt (Vaud), 1306
CAVE **LA CEVENOLE,** Coteaux de l'Ardèche, 1290
LA CHABLISIENNE, Chablis grand cru, 519
LES DOMAINES **LA CHABLISIENNE,** Chablis premier cru, 514
DOM. DE **LA CHAIGNEE,** Fiefs Vendéens AOVDQS, 1000
CH. DE **LA CHAISE,** Coteaux du Giennois, 1109
CH. DE **LA CHAIZE,** Brouilly, 168
DOM. DE **LA CHAMBARDE,** Beaujolais, 156
DOM. DE **LA CHANADE,** Gaillac, 922
DOM. DE **LA CHANAISE,** Morgon, 186
CH. **LA CHANDELLIERE,** Médoc, 392
DOM. DE **LA CHANTELEUSERIE,** Bourgueil, 1063
CH. **LA CHAPELLE,** Montagne Saint-Emilion, 329
DOM. DE **LA CHAPELLE,** Bourgogne Passetoutgrain, 485
CH. **LA CHAPELLE BELLEVUE,** Graves de Vayres, 351
LA CHAPELLE DE CRAY, Montlouis, 1083
DOM. DE **LA CHAPELLE DES BOIS,** Chiroubles, 177
LA CHAPELLE DES PENITENTS, Oc, 1271
DOM. DE **LA CHAPELLE DE VATRE,** Beaujolais-Villages, 163
CH. **LA CHAPELLE-LESCOURS,** Saint-Emilion grand cru, 307
CH. **LA CHAPELLE MAILLARD,** Sainte-Foy-Bordeaux, 353
DOM. **LA CHARADE,** Côtes du Rhône, 1145
DOM. DE **LA CHARBONNIERE,**
• Vacqueyras, 1187
• Châteauneuf-du-Pape, 1193
DOM. DE **LA CHARITE,** Côtes du Rhône, 1145
DOM. DE **LA CHARLOTTERIE,** Coteaux du Vendômois, 1099
DOM. DE **LA CHARMEE,** Mercurey, 665
DOM. **LACHARME ET FILS,** Mâcon-Villages, 678
CH. DE **LA CHARRIERE,** Chassagne-Montrachet, 639
DOM. DE **LA CHARTREUSE ,**
• Côtes du Rhône, 1146
• Côtes du Rhône-Villages, 1157
LA CHASSELIERE, Crozes-Hermitage, 1175
DOM. DE **LA CHATAIGNERAIE,** Vouvray, 1089
LA CHATELIERE, Gros-Plant AOVDQS, 998

DOM. DE **LA CHAUVILLIERE,** Charentais, 1261
DOM. DE **LA CHAUVINIERE,** Muscadet Sèvre-et-Maine, 990
DOM. DE **LA CHENERAIE,** Côtes de Duras, 969
DOM. DE **LA CHEVALERIE,** Bourgueil, 1064
CH. **LA CHEZE,** Premières Côtes de Bordeaux, 357
DOM. DE **LA CITADELLE,**
- Côtes du Luberon, 1212
- Vaucluse, 1283

CH. **LA CLARE,** Médoc, 392
CH. **LA CLARIERE LAITHWAITE,** Côtes de Castillon, 339
CH. **LACLAVERIE,** Bordeaux Côtes de Francs, 343
LA CLOSIERE DE MAY, Graves, 367
CH. **LA CLYDE,** Premières Côtes de Bordeaux, 357
DOM. DE **LA COCHE,** Jardin de la France, 1258
DOM. DE **LA COGNARDIERE,**
- Muscadet Sèvre-et-Maine, 990
- Gros-Plant AOVDQS, 998

DOM. **LA COLOMBE,** Kanton Waadt (Vaud), 1306
DOM. **LA COLOMBETTE,** Coteaux du Libron, 1279
DOM. DE **LA COLOMBINE,** Bordeaux, 211
CAVE DE **LA COMBE,** Kanton Wallis (Valais), 1314
DOM. DE **LA COMBE,** Côtes de Bergerac, 958
DOM. DE **LA COMBE AU LOUP,** Chiroubles, 177
DOM. **LA COMBE BLANCHE,** Minervois la Livinière, 844
DOM. DE **LA COMBE-DARROUX,** Juliénas, 181
DOM. DE **LA COMBE DE BRAY,** Mâcon, 673
DOM. DE **LA COMBE DES FEES,** Beaujolais, 156
DOM. **LA COMBE DES GRAND'VIGNES,** Vin de Savoie, 793
DOM. **LA COMBE DES GRAND VIGNES,** Roussette de Savoie, 796
DOM. **LA COMBE JULLIERE,** Côtes du Rhône-Villages, 1157
CH. **LACOMBE NOAILLAC,** Médoc, 392
CH. **LA COMMANDERIE,**
- Bordeaux, 211
- Bordeaux Supérieur, 235
- Saint-Emilion grand cru, 307
- Saint-Estèphe, 434

DOM. DE **LA COMMANDERIE,** Quincy, 1124
DOM. DE **LA CONCIERGERIE,**
- Petit Chablis, 503
- Chablis premier cru, 514

DOM. **LA CONDAMINE BERTRAND,** Oc, 1271
VINCENT **LACONDEMINE,** Beaujolais-Villages, 163
DOM. DE **LA CONFRERIE,** Beaune, 600
CH. **LA CONSEILLANTE,** Pomerol, 272
DOM. DE **LA COQUILLADE,** Côtes du Ventoux, 1208
CH. DE **LA CORMERAIS,** Muscadet Sèvre-et-Maine, 990
DOM. DE **LA COSTE,** Coteaux du Languedoc, 826
DOM. DE **LA COTE DE BESSAY,** Juliénas, 182
DOM. DE **LA COTE DE CHEVENAL,** Juliénas, 182
DOM. DE **LA COTE DE L'ANGE,** Châteauneuf-du-Pape, 1193
DOM. DE **LA COTE DES CHARMES,** Morgon, 186
DOM. DE **LA COTELLERAIE-,** Saint-Nicolas- de-Bourgueil, 1069
DOM. DE **LA COUCHETIERE,**
- Coteaux du Layon, 1028
- Jardin de la France, 1258

DOM. DE **LA COUME DU ROY,** Maury, 1227
DOM. DE **LA COUPERIE,** Jardin de la France, 1258
CH. DE **LA COUR,**
- Saint-Emilion, 289
- Saint-Emilion grand cru, 308

CH. **LA COURBADE,** Costières de Nîmes, 817
DOM. DE **LA COUR DU CHATEAU DE LA POMMERAIE,** Muscadet Sèvre-et-Maine, 990
CH. **LACOUR JACQUET,** Haut-Médoc, 405
CH. **LA COUROLLE,** Montagne Saint-Emilion, 330
CH. **LA COURONNE,** Montagne Saint-Emilion, 330
DOM. DE **LA COUR PROFONDE,** Fleurie, 179
DOM. DE **LA COURTADE,** Côtes de Provence, 872
LA COURTOISE, Côtes du Ventoux, 1208
CH. **LA COUSPAUDE,** Saint-Emilion grand cru, 308
CH. **LA COUTELIERE,** Côtes du Frontonnais, 930
CELLIER DE **LA CRAU,**
- Côtes de Provence, 873
- Var, 1286

LA CRAU DE MA MERE, Châteauneuf-du-Pape, 1194
DOM. DE **LA CREA,**
- Beaune, 601
- Pommard, 608
- Saint-Romain, 624

DOM. DE **LA CRESSONNIERE,** Côtes de Provence, 873
CAVE DE **LA CRETTAZ,** Kanton Wallis (Valais), 1314
LACROIX, Champagne, 737
CH. **LA CROIX,** Pomerol, 272
DOM. DE **LA CROIX,**
- Bordeaux, 211
- Bordeaux Rosé, 228
- Buzet, 927

DOM. **LA CROIX BELLE,** Côtes de Thongue, 1276
DOM. DE **LA CROIX-BLANCHE,** Côtes du Rhône, 1146
CH. **LA CROIX BONNELLE,** Saint-Emilion, 289
DOM. DE **LA CROIX BOUQUIE,** Touraine, 1053
CH. **LA CROIX CANON,** Canon-Fronsac, 260
CH. **LA CROIX CHABRIERE,**
- Côtes du Rhône, 1146
- Coteaux du Tricastin, 1205

DOM. **LA CROIX CHAPTAL,** Coteaux du Languedoc, 826
CLOS **LA CROIX D'ARRIAILH,** Montagne Saint-Emilion, 330
DOM. DE **LA CROIX D'OR,** Saint-Pourçain AOVDQS, 1111
LA CROIX DE BEAUCAILLOU, Saint-Julien, 438
CH. **LA CROIX DE NAUZE,** Bordeaux, 211
CH. **LA CROIX DE SAINT-GEORGES,** Saint-Georges Saint-Emilion, 336
DOM. **LA CROIX DES LOGES,**
- Cabernet d'Anjou, 1017
- Bonnezeaux, 1033

DOM. DE **LA CROIX DES LOGES,**
- Anjou, 1005
- Anjou-Villages, 1011

DOM. **LA CROIX DES MARCHANDS,** Gaillac, 922
CH. **LA CROIX DU CASSE,** Pomerol, 272
CH. **LA CROIX FOURCHE MALLARD,** Saint-Emilion, 290
CH. **LA CROIX GUILLOTIN,** Puisseguin Saint-Emilion, 334
DOM. DE **LA CROIX JACQUELET,**
- Rully, 661
- Mercurey, 666

CH. **LA CROIX LAROQUE,** Fronsac, 264
DOM. DE **LA CROIX MORTE,** Bourgueil, 1064
LA CROIX-PARDON, Pouilly-Fuissé, 685
CH. **LA CROIX SAINT GEORGES,** Pomerol, 273
CH. **LA CROIX SAINT-JEAN,** Lalande de Pomerol, 282
DOM. DE **LA CROIX SAUNIER,** Beaujolais-Villages, 164
DOM. DE **LA CROIX SENAILLET,**
- Mâcon, 674
- Saint-Véran, 692

LACROIX-TRIAULAIRE ET FILS, Champagne, 737
CH. **LA CROIZILLE,** Saint-Emilion grand cru, 308
DOM. DE **LA CUNE,** Saumur-Champigny, 1045
CH. DE **LA DAUPHINE,** Fronsac, 264
CH. **LA DECELLE,**
- Côtes du Rhône, 1146
- Coteaux du Tricastin, 1205

CH. DE **LA DEIDIERE,** Côtes de Provence, 873
DOM. DE **LA DENANTE,**
- Mâcon-Villages, 678
- Saint-Véran, 692

DOM. DE **LA DESOUCHERIE,**
• Crémant de Loire, 979
• Cheverny, 1095
• Cour-Cheverny, 1097
DOM. **LA DESTINEE,** Châteauneuf-du-Pape, 1194
CH. **LADESVIGNES,** Monbazillac, 961
LA DEVEZE, Côtes du Rhône, 1146
DOM. DE **LA DEVEZE,** Oc, 1271
CH. DE **LA DEVEZE MONNIER,** Coteaux du Languedoc, 826
LA DIVA, Jardin de la France, 1258
CH. **LA DOMEQUE,** Corbières, 810
CH. **LA DOMINIQUE,** Saint-Emilion grand cru, 308
CH. **LA DORGONNE,** Côtes du Luberon, 1212
CH. **LA DOURNIE,** Saint-Chinian, 846
MLLE **LADUBAY,** Crémant de Loire, 980
LA DUCQUERIE, Coteaux du Layon, 1028
CH. DE **LA DURANDIERE,**
• Crémant de Loire, 980
• Saumur, 1039
DOM. **LA FADEZE,** Hérault, 1277
CAVE JEAN-LOUIS **LAFAGE,** Maury, 1227
DOM. **LAFAGE,**
• Côtes du Roussillon, 855
• Muscat de Rivesaltes, 1231
DOM. DE **LAFAGE,** Coteaux du Quercy AOVDQS, 919
CH. **LA FAGNOUSE,** Saint-Emilion grand cru, 308
CH. **LA FAUCONNERIE,** Montagne Saint-Emilion, 330
CH. **LAFAURIE,** Puisseguin Saint-Emilion, 334
CH. **LA FAURIE MAISON NEUVE,** Lalande de Pomerol, 282
CH. **LAFAURIE-PEYRAGUEY,** Sauternes, 450
DOM. **LA FAVETTE,** Côtes du Rhône, 1146
DOM. DE **LA FAVIERE,**
• Côtes du Rhône, 1146
• Saint-Joseph, 1171
DOM. **LA FERME BLANCHE,** Cassis, 883
DOM. DE **LA FERME SAINT-MARTIN,** Côtes du Ventoux, 1208
DOM. DE **LA FERRANDIERE,** Oc, 1271
CH. DE **LA FERTE,** Muscadet Sèvre-et-Maine, 991
DOM. DE **LA FERTE,** Givry, 669
DOM. DE **LA FEUILLARDE,**
• Bourgogne Passetoutgrain, 485
• Saint-Véran, 692
DOM. DE **LA FEUILLATA,** Beaujolais, 156
CLOS DE **LA FEVRIE,** Muscadet Sèvre-et-Maine, 991
CH. **LAFFITTE-TESTON,** Pacherenc du Vic-Bilh, 945
DOM. **LAFFONT,** Madiran, 944
DOM. DE **LA FIGARELLA,** Vins de Corse, 901
MANOIR DE **LA FIRETIERE,** Muscadet Sèvre-et-Maine, 991
CARRUADES DE **LAFITE,** Pauillac, 428
CH. **LAFITE ROTHSCHILD,** Pauillac, 428
CHARLES **LAFITTE,** Champagne, 738
CH. **LAFLEUR,** Pomerol, 273
LA FLEUR CAILLEAU, Canon-Fronsac, 261
CH. **LA FLEUR CLEMENCE,** Graves, 367
CH. **LA FLEUR CRAVIGNAC,** Saint-Emilion grand cru, 308
LA FLEUR D'ESPERANCE, Terroirs Landais, 1264
LA FLEUR DE BOUARD, Lalande de Pomerol, 282
CH. **LA FLEUR DE JAUGUE,** Saint-Emilion grand cru, 308
CH. **LA FLEUR DE PLINCE,** Pomerol, 273
CH. **LA FLEUR DU CASSE,** Saint-Emilion grand cru, 309
CH. **LA FLEUR GARDEROSE,** Saint-Emilion, 290
CH. **LAFLEUR-GAZIN,** Pomerol, 273
CH. **LAFLEUR GRANDS-LANDES,** Montagne Saint-Emilion, 330
CH. **LA FLEUR JONQUET,** Graves, 367
CH. **LA FLEUR MILON,** Pauillac, 428
CH. **LA FLEUR PEREY,** Saint-Emilion grand cru, 309
CH. **LA FLEUR-PETRUS,** Pomerol, 273
CH. **LA FLEUR PEYRABON,** Pauillac, 428
DOM. DE **LA FOLIE,** Rully, 661
DOM. DE **LA FOLIETTE,** Muscadet Sèvre-et-Maine, 991
CH. **LAFON,** Médoc, 393
CLAUDE **LAFOND,** Reuilly, 1126
DOM. **LAFOND,** Beaujolais, 157
DOM. **LAFOND ROC-EPINE,**
• Côtes du Rhône, 1147
• Lirac, 1199
• Tavel, 1201
CH. **LA FON DU BERGER,** Haut-Médoc, 405
LAFON FERRAN, Côtes du Marmandais, 932
CH. **LAFON-ROCHET,** Saint-Estèphe, 434
DOM. **LA FONTAINE AUX MUSES,** Yonne, 1294
LA FONT D'ESTEVENAS, Côtes du Rhône-Villages, 1157
LA FONT DE PAPIER, Vacqueyras, 1187
DOM. DE **LA FONT DU ROI,** Châteauneuf-du-Pape, 1194
VIGNOBLE **LA FONTENELLE,** Chiroubles, 177
CH. **LAFONT MENAUT,** Pessac-Léognan, 379
LA FORCADIERE, Tavel, 1201
CH. **LA FORCHETIERE,** Gros-Plant AOVDQS, 999
JEAN-MARC **LAFOREST,** Brouilly, 169
CH. **LA FORET,** Premières Côtes de Bordeaux, 357
DOM. **LA FOURMENTE,** Côtes du Rhône, 1147
DOM. **LA FOURMONE,** Vacqueyras, 1188
CH. **LAFOUX,** Coteaux Varois, 898
CH. **LA FRANCHAIE,** Savennières, 1022
DOM. **LAFRAN-VEYROLLES,** Bandol, 887
DOM. DE **LA FUYE,** Saumur, 1039
DOM. **LA GABETTERIE,** Anjou, 1005
CH. **LA GAFFELIERE,** Saint-Emilion grand cru, 309
LA GAILLARDE, Côtes du Rhône, 1147
CH. **LA GALIANE,** Margaux, 417
DOM. DE **LA GALOPIERE,**
• Bourgogne, 470
• Aloxe-Corton, 577
• Savigny-lès-Beaune, 592
• Pommard, 609
• Meursault, 628
LA GALOPINE, Condrieu, 1167
CH. **LA GANNE,** Pomerol, 273
CH. **LA GARDE,**
• Fronsac, 264
• Pessac-Léognan, 379
DOM. DE **LA GARDE,** Coteaux du Quercy AOVDQS, 919
CH. **LAGARDE BELLEVUE,** Saint-Emilion, 290
CH. DE **LA GARDINE,** Châteauneuf-du-Pape, 1194
CH. **LA GARELLE,** Saint-Emilion grand cru, 309
DOM. DE **LA GARENNE,**
• Mâcon-Villages, 678
• Sancerre, 1131
CH. **LAGARERE,** Bordeaux, 211
CH. **LA GARRICQ,** Moulis-en-Médoc, 423
DOM. **LA GARRIGUE,** Vacqueyras, 1188
CH. DE **LA GAUDE,** Coteaux d'Aix-en-Provence, 893
DOM. DE **LA GAUDINIERE,**
• Coteaux du Loir, 1081
• Jasnières, 1082
DOM. DE **LA GAUDRONNIERE,**
• Cheverny, 1095
• Cour-Cheverny, 1097
DOM. DE **LA GAYOLLE,**
• Coteaux Varois, 898
• Var, 1286
DOM. **LA GENESTIERE,** Lirac, 1199
MAS DE **LA GERADE,** Côtes de Provence, 873
DOM. DE **LA GIRARDIERE,** Touraine, 1053
DOM. DE **LA GISCLE,** Côtes de Provence, 873
DIDIER **LAGNEAU,** Régnié, 192
GERARD ET JEANNINE **LAGNEAU,** Régnié, 192
CH. **LA GOMERIE,** Saint-Emilion grand cru, 309

CH. DE **LAGORCE,** Bordeaux, 212
CH. **LA GORDONNE,** Côtes de Provence, 873
DOM. DE **LA GOUYARDE,** Châtillon-en-Diois, 1204
CH. **LA GRACE-DIEU-LES-MENUTS,** Saint-Emilion grand cru, 309
DOM. DE **LA GRAND'RIBE,** Côtes du Rhône, 1147
CH. **LA GRANDE BARDE,** Montagne Saint-Emilion, 330
CH. **LA GRANDE BORIE,** Côtes de Bergerac, 958
DOM. DE **LA GRANDE MAISON,** Haut-Poitou AOVDQS, 1102
CH. **LA GRANDE MAYE,** Côtes de Castillon, 339
CH. **LA GRANDE PLEYSSADE,** Bergerac, 950
CH. **LAGRANGE,** Saint-Julien, 438
LE GRAND R DE **LA GRANGE,** Muscadet Sèvre-et-Maine, 991
LES FIEFS DE **LAGRANGE,** Saint-Julien, 438
DOM. DE **LA GRANGE CHARTON,** Régnié, 192
DOM. DE **LA GRANGE MENARD,** Beaujolais, 157
PRESTIGE DE **LA GRAPPE DE GURSON,** Bergerac sec, 956
CH. **LA GRAVE,**
• Bordeaux, 212
• Fronsac, 264
• Sainte-Croix-du-Mont, 444
• Minervois, 841
CH. DE **LA GRAVE,** Côtes de Bourg, 255
DOM. DE **LA GRAVE,** Bordeaux Supérieur, 235
CH. **LAGRAVE-MARTILLAC,** Pessac-Léognan, 379
CH. **LAGRAVE PARAN,**
• Bordeaux, 212
• Bordeaux Supérieur, 235
CH. **LA GRAVE TRIGANT,** Pomerol, 274
MANOIR DE **LA GRELIERE,** Muscadet Sèvre-et-Maine, 991
CH. DE **LA GRENIERE,** Lussac Saint-Emilion, 325
DOM. DE **LA GRENOUILLERE,** Beaujolais, 157
DOM. DE **LA GRETONNELLE,**
• Anjou, 1005
• Jardin de la France, 1258
CH. **LAGREZETTE,** Cahors, 915
CH. DE **LA GRILLE,** Chinon, 1076
CLOS DE **LA GRILLE,** Chinon, 1076
CH. **LA GROLET,** Côtes de Bourg, 255
DOM. DE **LA GUENIPIERE,** Jardin de la France, 1258
DOM. DE **LA GUICHARDE,** Côtes du Rhône, 1147
DOM. DE **LA GUICHE,** Montagny, 671
LA GUIGNIERE, Rosé de Loire, 975
DOM. DE **LA GUILLAUDIERE,** Muscadet Côtes de Grand Lieu, 997
DOM. DE **LA GUILLOTERIE,**
• Saumur, 1039
• Saumur-Champigny, 1045
DOM. DE **LA GUINGUETTE,** Côtes de Provence, 874
CH. DE **LA GUIPIERE,** Muscadet Sèvre-et-Maine, 991
CH. **LA GURGUE,** Margaux, 417
LA FLEUR DU CLOS DE **LA HAUTE CARIZIERE,** Muscadet Sèvre-et-Maine, 991
CH. **LA HAUTE CLAYMORE,** Lussac Saint-Emilion, 325
DOM. DE **LA HAUTE OLIVE,** Chinon, 1076
BENOIT **LAHAYE,** Champagne, 738
MICHEL **LAHAYE,** Beaune, 601
DOM. **LAHAYE PERE ET FILS,** Pommard, 609
LAHAYE-WAROQUIER, Champagne, 738
LA HERPINIERE, Touraine, 1053
DOM. DE **LA HIGUERE,** Côtes de Gascogne, 1266
CH. **LA HOURCADE,** Médoc, 393
CH. **LA HOURINGUE,** Haut-Médoc, 405
CH. DE **LA HUSTE,** Fronsac, 264
JEAN-PIERRE **LAISEMENT,** Vouvray, 1089
LAITHWAITE, Bordeaux sec, 224
DOM. DE **LA JANASSE,**
• Côtes du Rhône, 1147
• Châteauneuf-du-Pape, 1194
VIGNOBLE DE **LA JARNOTERIE,** Saint-Nicolas-de-Bourgueil, 1069
CH. DE **LA JAUBERTIE,** Bergerac sec, 956
DOM. DE **LA JEANNETTE,** Côtes de Provence, 874
RESERVE **LAJONIE,** Monbazillac, 961
CH. **LA JORINE,** Lussac Saint-Emilion, 325
CH. **LA LAGUNE,** Haut-Médoc, 405
DOM. DE **LA LAIDIERE,** Bandol, 887
CH. **LALANDE,**
• Listrac-Médoc, 413
• Saint-Julien, 438
DOM. **LALANDE,** Oc, 1271
DOM. DE **LA LANDE,**
• Mâcon-Villages, 679
• Pouilly-Fuissé, 685
• Saint-Véran, 692
• Monbazillac, 961
• Bourgueil, 1064
CH. **LALANDE-BORIE,** Saint-Julien, 439
CH. **LALANDE DE GRAVELONGUE,** Médoc, 393
CH. **LALANDE-LABATUT,** Bordeaux, 212
DOM. DE **LA LANDELLE,** Muscadet Sèvre-et-Maine, 992
CH. **LALAUDEY,** Moulis-en-Médoc, 423
DOM. **LALAURIE,** Oc, 1271
DOM. DE **LA LAUZADE,** Côtes de Provence, 874
DOM. **LALEURE-PIOT,**
• Côte de Nuits-Villages, 571
• Aloxe-Corton, 577
• Pernand-Vergelesses, 580
• Corton, 584
• Corton-Charlemagne, 587
• Chorey-lès-Beaune, 596
DOM. DE **LA LIEUE,** Var, 1286
DOM. DE **LA LINOTTE,** Côtes de Toul, 145
CH. DE **LA LIQUIERE,** Faugères, 836
LES CAVES DE **LA LOIRE,** Anjou, 1005
SERGE **LALOUE,** Sancerre, 1131
DOM. DE **LA LOUVETRIE,** Muscadet Sèvre-et-Maine, 992
CH. **LA LOUVIERE,** Pessac-Léognan, 379
DOM DE **LA MABILLIERE,** Vouvray, 1090
LA MADELEINE, Alpes-de-Haute-Provence, 1287
CAVE **LA MADELEINE,** Kanton Wallis (Valais), 1314
DOM. DE **LA MADELEINE,**
• Côtes du Roussillon, 855
• Rivesaltes, 1224
DOM. DE **LA MADONE,**
• Beaujolais-Villages, 164
• Côte de Brouilly, 172
• Fleurie, 179
DOM. **LA MADURA,** Saint-Chinian, 846
DOM. **LA MAISON,** Saint-Véran, 692
LA MAISON DU LEZARD, Kanton Waadt (Vaud), 1306
LA MAISON VIEILLE, Muscadet Sèvre-et-Maine, 992
CH. **LA MALATIE,** Bordeaux Supérieur, 235
DOM. **LA MALONNIERE,** Muscadet Sèvre-et-Maine, 992
CH. DE **LA MALTROYE,** Chassagne-Montrachet, 640
VIGNOBLE **LA MANTELLIERE,** Beaujolais, 157
MICHEL **LAMANTHE,** Saint-Aubin, 644
DOM. **LA MARCHE,** Mercurey, 666
DOM. FRANÇOIS **LAMARCHE,**
• Echézeaux, 557
• La Grande Rue, 563
CH. **LAMARCHE CANON,** Canon-Fronsac, 261
CH. **LA MARECHALE,** Bordeaux Supérieur, 235
CH. **LAMARGUE,** Costières de Nîmes, 817
DOM. **LAMARGUE,** Oc, 1271
DOM. DE **LA MARNIERE,** Pouilly-Fumé, 1120
CH. **LAMARQUE,** Sainte-Croix-du-Mont, 445
CH. DE **LAMARQUE,** Haut-Médoc, 405
DOM. DE **LA MARQUISE,** Collioure, 863
LA MARQUISIERE, Muscadet Sèvre-et-Maine, 992

CH. **LAMARTINE,** Cahors, 915
EXCELLENCE DE **LAMARTINE,** Côtes de Castillon, 339
CH. **LA MARTINETTE,** Côtes de Provence, 874
CH. **LAMARTRE,** Saint-Emilion grand cru, 310
LA MAURELLE, Crozes-Hermitage, 1175
CH. **LA MAURIGNE,** Saussignac, 967
DOM. DE **LA MAVETTE,** Gigondas, 1184
CH. **LA MAZETTE,** Bordeaux Supérieur, 236
BEATRICE ET PASCAL **LAMBERT,** Chinon, 1076
FREDERIC **LAMBERT,** Côtes du Jura, 784
LAMBLIN ET FILS, Chablis premier cru, 514
DOM. DES **LAMBRAYS,** Clos des Lambrays, 546
LA MERLATIERE, Beaujolais-Villages, 164
DOM. **LA METAIRIE,** Pécharmant, 965
DOM. DE **LA MEULIERE,** Chablis, 508
CH. **LA MICHELIERE,** Bordeaux Rosé, 228
DOM. **LA MICHELLE,** Bouches-du-Rhône, 1284
DOM. DE **LA MILLETIERE,** Montlouis, 1084
CH. **LA MIRANDELLE,**
• Bordeaux, 212
• Entre-Deux-Mers, 348
CH. **LA MISSION HAUT-BRION,** Pessac-Léognan, 379
DOM. DE **LA MOMENIERE,** Gros-Plant AOVDQS, 999
DOM. **LA MONARDIERE,** Vacqueyras, 1188
DOM. DE **LA MONNAIE,** Savennières, 1022
DOM. DE **LA MONTAGNE D'OR,** Côtes du Rhône-Villages, 1157
DOM. DE **LA MORDOREE,**
• Côtes du Rhône, 1148
• Châteauneuf-du-Pape, 1195
• Lirac, 1199
CH. **LAMOTHE BELAIR,** Bergerac, 950
CH. **LAMOTHE-CISSAC,** Haut-Médoc, 405
CH. **LAMOTHE DE HAUX,** Bordeaux sec, 224
CH. **LA MOTHE DU BARRY,** Bordeaux, 212
CH. **LAMOTHE GUIGNARD,** Sauternes, 451
CH. DE **LA MOTTE,** Pacherenc du Vic-Bilh, 946
DOM. DE **LA MOTTE,**
• Petit Chablis, 503
• Chablis, 508
• Anjou-Villages, 1011
CH. **LA MOULIERE,** Côtes de Duras, 969
CH. **LA MOULINE,** Moulis-en-Médoc, 423
JEAN-JACQUES **LAMOUREUX,**
• Champagne, 738
• Rosé des Riceys, 770
VINCENT **LAMOUREUX,**
• Champagne, 738
• Coteaux Champenois, 768
• Rosé des Riceys, 770
DOM. **LA MOUSSIERE,** Sancerre, 1132
CUVEE DE **LA MOUTONNIERE,** Beaujolais-Villages, 164
LA MOYNERIE,
• Pouilly-Fumé, 1120
• Pouilly-sur-Loire, 1122
CH. DE **LA MULONNIERE,** Anjou-Villages, 1011
DOM. HUBERT **LAMY,**
• Puligny-Montrachet, 632
• Chassagne-Montrachet, 640
• Saint-Aubin, 644
• Santenay, 650
DOM. **LAMY-PILLOT,**
• Bourgogne Aligoté, 482
• Saint-Aubin, 644
CH. DE **LA NAUVE,** Saint-Emilion grand cru, 310
CH. DE **LA NAUZE,** Bordeaux Supérieur, 236
DOM. DE **LA NAVARRE,** Côtes de Provence, 874
LANCELOT-GOUSSARD, Champagne, 738
P. **LANCELOT-ROYER,** Champagne, 738
CH. DE **LANCYRE,** Coteaux du Languedoc, 826
CH. **LANDEREAU,**
• Bordeaux Clairet, 219
• Bordeaux Supérieur, 236
CH. DES **LANDES,** Lussac Saint-Emilion, 325
DOM. **LANDES DES CHABOISSIERES,** Muscadet Sèvre-et-Maine, 992
DOM. DU **LANDEYRAN,** Saint-Chinian, 846
CH. DE **LANDIRAS,** Graves, 367
LANDMANN, Alsace Sylvaner, 82
SEPPI **LANDMANN,** Alsace grand cru Zinnkoepflé, 139
DOM. DU **LANDREAU,**
• Anjou, 1005
• Anjou-Villages, 1011
CLOS **LANDRY,** Vins de Corse, 902
CH. DE **LA NEGLY,** Coteaux du Languedoc, 826
CH. **LA NERE,** Loupiac, 443
CH. **LA NERTHE,** Châteauneuf-du-Pape, 1195
CH. **LANESSAN,** Haut-Médoc, 406
CLOS **LA NEUVE,** Côtes de Provence, 874
CH. **LANGE,** Sauternes, 451
CH. **LANGE-REGLAT,** Sauternes, 451
CH. **LANGLADE,** Coteaux du Languedoc, 827
CH. **LANGLET,** Graves, 367
MICHEL **LANGLOIS,** Coteaux du Giennois, 1109
DOM. **LANGLOIS-CHATEAU,** Saumur, 1039
CH. **LANGOA BARTON,** Saint-Julien, 439
SYLVAIN **LANGOUREAU,**
• Meursault, 628
• Puligny-Montrachet, 632
• Saint-Aubin, 645
CH. **LANIOTE,** Saint-Emilion grand cru, 310
DOM. DE **LA NOBLAIE,** Chinon, 1076
CH. DE **LA NOBLE,** Côtes de Bergerac, 958
DOM. DE **LA NOISERAIE,** Beaujolais, 157
DOM. **LANOIX,** Châteaumeillant AOVDQS, 1104
DOM. DE **LA NOUZILLETTE,** Côtes de Blaye, 246
LANSON, Champagne, 739
DOM. **LAOUGUE,** Madiran, 944
LA P'TIOTE CAVE, Meursault, 628
DOM. DE **LA PALEINE,** Saumur, 1039
CH. **LA PALME,** Côtes du Frontonnais, 930
CH. **LA PAPETERIE,** Montagne Saint-Emilion, 330
DOM. DE **LA PAPINIERE,** Muscadet Sèvre-et-Maine, 992
DOM. DE **LA PAROISSE,** Côte Roannaise, 1112
DOM. DE **LA PATIENCE,** Costières de Nîmes, 817
DOM. DE **LA PERDRIELLE,** Touraine-Amboise, 1058
CH. **LA PERRIERE,** Muscadet Sèvre-et-Maine, 992
DOM. DE **LA PERRIERE,**
• Bourgogne, 470
• Chinon, 1076
• Sancerre, 1132
DOM. DE **LA PERRUCHE,** Saumur-Champigny, 1045
CH. **LA PETITE BERTRANDE,** Côtes de Duras, 969
DOM. DE **LA PETITE CHAPELLE,** Saumur-Champigny, 1045
LA PETITE CHARDONNE, Côtes de Bourg, 255
DOM. DE **LA PETITE CROIX,**
• Cabernet d'Anjou, 1018
• Coteaux du Layon, 1029
• Bonnezeaux, 1033
DOM. DE **LA PETITE FONT VIEILLE,** Pineau des Charentes, 1243
DOM. DE **LA PETITE GALLEE,** Coteaux du Lyonnais, 197
CH. DE **LA PEYRADE,** Muscat de Frontignan, 1233
CH. **LA PEYRE,**
• Haut-Médoc, 406
• Saint-Estèphe, 434
CLOS **LAPEYRE,** Jurançon sec, 941
DOM. **LAPEYRE,** Béarn, 935
CH. **LAPEYRONIE,** Côtes de Castillon, 339
DOM. MICHEL **LAPIERRE,** Mâcon-Villages, 679
HUBERT **LAPIERRE,** Chénas, 175

DOM. DE **LA PIERRE BLANCHE,** Muscadet Côtes de Grand Lieu, 997
DOM. DE **LA PIERRE BLEUE,** Côte de Brouilly, 172
DOM. DE **LA PIERRE NOIRE,** Côtes du Forez, 1107
CH. **LA PIERRIERE,** Côtes de Castillon, 340
DOM. DE **LA PIGEADE,** Muscat de Beaumes-de-Venise, 1235
CH. DE **LA PINGOSSIERE,** Muscadet Sèvre-et-Maine, 993
DOM. DE **LA PINTE,**
• Arbois, 775
• Macvin du Jura, 1251
CH. **LA PIROUETTE,** Médoc, 393
DOM. DE **LA PISSEVIEILLE,** Brouilly, 169
CH. **LAPLAGNOTTE-BELLEVUE,** Saint-Emilion grand cru, 310
DOM. DE **LA PLAIGNE,** Régnié, 192
VIGNOBLE DE **LA POELERIE,** Chinon, 1077
CH. **LA POINTE,** Pomerol, 274
DOM. SERGE **LAPORTE,** Sancerre, 1132
DOM. DE **LA POTERIE,** Quarts de Chaume, 1035
DOM. DE **LA POTERNE,** Chinon, 1077
DOM. DE **LA POULETTE,** Côte de Nuits-Villages, 571
DOM. DE **LA POULTIERE,** Vouvray, 1090
DOM. **LA POUSSE D'OR,** Volnay, 614
DOM. **LA PRADE MARI,** Minervois, 841
DOM. **LA PRAIRIE DE LA MOINE,** Jardin de la France, 1258
LES MAITRES VIGNERONS DE **LA PRESQU'ILE DE SAINT-TROPEZ,** Côtes de Provence, 875
DOM. DE **LA PREVOTE,** Touraine-Amboise, 1058
CH. **LA PRIOULETTE,** Premières Côtes de Bordeaux, 358
DOM. DE **LA PROSE,** Coteaux du Languedoc, 827
CH. **LA PUJADE,** Corbières, 810
DOM. DE **LA RAGLE,** Bandol, 887
CH. **LA RAME,** Sainte-Croix-du-Mont, 445
CH. **LA RAYRE,** Bergerac, 951
CH. **LA RAZ CAMAN,** Premières Côtes de Blaye, 249
CH. **LARCHEVESQUE,** Canon-Fronsac, 261
P. **LARDENNOIS,** Champagne, 739
DOM. DE **LA REALTIERE,** Coteaux d'Aix-en-Provence, 893
DOM. **LA REMEJEANNE,**
• Côtes du Rhône, 1148
• Côtes du Rhône-Villages, 1158
DOM. DE **LA RENARDE,**
• Bouzeron, 659
• Rully, 662
• Mercurey, 666
DOM. DE **LA RENARDIERE,** Arbois, 775
DOM. DE **LA RENJARDE,** Côtes du Rhône-Villages, 1158
DOM. DE **LA RENNE,** Touraine, 1053
DOM. DE **LA REVOL,** Beaujolais, 157
DOM. DE **LA REYNARDIERE,** Faugères, 837
CH. **LA REYNE,** Cahors, 915
DOM. J. **LARGE,** Côte de Brouilly, 173
DANIEL **LARGEOT,**
• Bourgogne Aligoté, 482
• Aloxe-Corton, 577
• Savigny-lès-Beaune, 592
• Chorey-lès-Beaune, 596
• Beaune, 601
CH. **LARIBOTTE,** Sauternes, 451
CH. **LA RIVALERIE,** Bordeaux Rosé, 228
DOM. DE **LA RIVAUDIERE,** Touraine-Amboise, 1058
CH. **LA RIVIERE,** Sauternes, 451
CH. DE **LA RIVIERE,** Fronsac, 264
CH. **LARMANDE,** Saint-Emilion grand cru, 310
GUY **LARMANDIER,** Champagne, 739
LARMANDIER-BERNIER, Champagne, 739
LARMANDIER PERE ET FILS, Champagne, 739
CH. **LA ROBERTIE,** Côtes de Bergerac, 959
DOM. **LA ROCALIERE,**
• Lirac, 1199
• Tavel, 1201
CH. **LAROCHE,** Premières Côtes de Bordeaux, 358
CH. DE **LA ROCHE,**
• Touraine, 1053
• Touraine-Azay-le-Rideau, 1059
DOM. **LAROCHE,** Chablis, 508
L DE **LAROCHE,** Chablis grand cru, 519
«L» DE MICHEL **LAROCHE,** Bourgogne, 471
DOM. DE **LA ROCHE AIRAULT,** Coteaux du Layon, 1029
DOM. DE **LA ROCHE BLANCHE,** Muscadet Sèvre-et-Maine, 993
CH. DE **LA ROCHE BOUSSEAU,**
• Rosé de Loire, 975
• Cabernet d'Anjou, 1018
DOM. DE **LA ROCHE FLEURIE,** Vouvray, 1090
DOM. DE **LA ROCHE HONNEUR,** Chinon, 1077
DOM. DE **LA ROCHELIERRE,** Fitou, 838
DOM. DE **LA ROCHE MAROT,** Côtes de Montravel, 963
DOM. DE **LA ROCHE MOREAU,** Coteaux du Layon, 1029
DOM. **LA ROCHE RENARD,** Muscadet Sèvre-et-Maine, 993
DOM. DE **LA ROCHERIE,**
• Gros-Plant AOVDQS, 999
• Jardin de la France, 1258
DOM. DE **LA ROCHE SAINT MARTIN,** Brouilly, 169
DOM. DE **LA ROCHE THULON,** Beaujolais-Villages, 164
DOM. DE **LA ROCHETTE,** Touraine, 1054
DOM. **LAROCHETTE-MANCIAT,**
• Mâcon-Villages, 679
• Pouilly-Fuissé, 685
DOM. DE **LA ROMANEE-CONTI,**
• Echézeaux, 557
• Romanée-Saint-Vivant, 563
• La Tâche, 563
• Montrachet, 634
CH. **LA RONCHERAIE TERRASSON,** Côtes de Castillon, 340
MARCEL ET MICHEL **LAROPPE,** Côtes de Toul, 145
CH. **LA ROQUE,** Coteaux du Languedoc, 827
CH. **LA ROSE BELLEVUE,** Premières Côtes de Blaye, 249
LA ROSE CASTENET, Bordeaux Rosé, 229
DOM. **LA ROSE DES VENTS,** Coteaux Varois, 898
CH. **LA ROSE FIGEAC,** Pomerol, 274
LA ROSE PAUILLAC, Pauillac, 429
CH. **LAROSE-TRINTAUDON,** Haut-Médoc, 406
DOM. **LA ROSIERE,** Coteaux des Baronnies, 1289
DOM. DE **LA ROTISSERIE,** Haut-Poitou AOVDQS, 1102
DOM. DE **LA ROUILLERE,** Côtes de Provence, 875
CH. DE **LA ROULERIE,** Anjou, 1005
DOM. DE **LA ROULETIERE,** Vouvray, 1090
DOM. DE **LA ROULIERE,** Jardin de la France, 1259
DOM. **LA ROUREDE,** Rivesaltes, 1224
CH. **LA ROUSSELLE,** Fronsac, 264
LA ROUVIERE, Tavel, 1201
CH. **LA ROUVIERE,** Bandol, 887
CLOS **LA ROYAUTE,** Savennières, 1022
DOM. DE **LA ROYERE,** Côtes du Luberon, 1212
CH. **LAROZE,** Saint-Emilion grand cru, 311
DOM. **LARREDYA,** Jurançon, 939
CH. **LARRIVET-HAUT-BRION,** Pessac-Léognan, 380
CH. **LARROQUE,** Bordeaux, 212
DOM. **LARROUDE,** Jurançon, 939
CH. **LARROZE,** Gaillac, 922
CH. **LARRUAU,** Margaux, 418

DOM. **LARUE,**
• Bourgogne Aligoté, 482
• Puligny-Montrachet, 632
• Chassagne-Montrachet, 640
• Saint-Aubin, 645
DOM. DE **LA SAIGNE,** Brouilly, 169
LES VIGNERONS DE **LA SAINTE-BAUME,** Var, 1286
CH. **LA SALAGRE,** Bergerac, 951
CH. **LA SALARGUE,** Bordeaux Supérieur, 236
CAVES DE **LA SALLE,** Chinon, 1077
CH. DE **LA SALLE,** Premières Côtes de Blaye, 249
LA SANCIVE, Muscadet Sèvre-et-Maine, 993
DOM. DE **LA SARAZINIERE,** Mâcon-Villages, 679
CH. DE **LA SAULE,** Montagny, 671
LA SAULERAIE, Givry, 669
CH. **LA SAUVAGEONNE,** Coteaux du Languedoc, 827
DOM. DE **LA SAUVEUSE,** Côtes de Provence, 875
LE CLOS DE **LASCAMP,** Côtes du Rhône, 1148
CH. DE **LASCAUX,** Coteaux du Languedoc, 827
CH. **LASCOMBES,** Margaux, 418
LA SEIGNERE, Saumur-Champigny, 1045
CLOS **LA SELMONIE,** Bergerac, 951
DOM. DE **LA SEMELLERIE,** Chinon, 1077
CH. **LA SENTINELLE,** Côtes de Castillon, 340
MAS DE **LA SERANNE,** Coteaux du Languedoc, 827
CH. **LA SERRE,** Saint-Emilion grand cru, 311
DOM. DE **LA SERVE DES VIGNES,** Morgon, 186
DOM. DE **LA SINNE,** Alsace Pinot oder Klevner, 84
DOM. DE **LA SOLITUDE,**
• Pessac-Léognan, 380
• Châteauneuf-du-Pape, 1195
DOM. DE **LA SOLLE,** Côtes de Duras, 970
DOM. **LA SOUFRANDISE,** Pouilly-Fuissé, 686
DOM. **LA SOUMADE,** Côtes du Rhône-Villages, 1158
DOM. **LASSALLE,** Beaujolais, 157
DOM. DE **LASSALLE,** Côtes de la Malepère AOVDQS, 850
P. **LASSALLE-HANIN,** Champagne, 740
DOM. **LASSERRE,** Minervois, 841
LA STELE, Les Baux-de-Provence, 896
CH. **LASTOURS,** Gaillac, 922
CH. DE **LASTOURS,** Corbières, 811
DOM. **LA SUFFRENE,** Bandol, 887
DOM. **LAS VALS,** Corbières, 811
LA TACCONNIERE, Seyssel, 797
DOM. DE **LA TAILLE AUX LOUPS,**
• Montlouis, 1084
• Vouvray, 1090
DOM. DE **LA TEPPE,** Moulin-à-Vent, 189
DOM. DE **LA THEBAUDIERE,** Muscadet Sèvre-et-Maine, 993
LA TIARE DU PAPE, Châteauneuf-du-Pape, 1195
CH. **LA TILLE CAMELON,** Médoc, 393
CH. **LA TILLERAIE,**
• Bergerac, 951
• Pécharmant, 965
DOM. DE **LA TONNELLERIE,** Touraine-Amboise, 1059
LA TORNALE, Kanton Wallis (Valais), 1314
CH. **LA TOUCHE,** Muscadet Sèvre-et-Maine, 993
CH. **LATOUR,** Pauillac, 429
CH. DE **LA TOUR,** Clos de Vougeot, 554
DOM. DE **LA TOUR,**
• Chablis premier cru, 514
• Chinon, 1077
DOM. LOUIS **LATOUR,** Aloxe-Corton, 577
LES FORTS DE **LATOUR,** Pauillac, 429
LOUIS **LATOUR,**
• Romanée-Saint-Vivant, 563
• Corton-Charlemagne, 587
• Pommard, 609
• Monthélie, 618
• Chevalier-Montrachet, 635
• Bouzeron, 659
• Coteaux de l'Ardèche, 1291
DOM. DE **LA TOURADE,** Gigondas, 1184
CAVES DE **LA TOURANGELLE,** Touraine, 1054
CH. **LATOUR A POMEROL,** Pomerol, 274
DOM. DE **LA TOUR BAJOLE,** Bourgogne, 471
CH. **LA TOUR BLANCHE,** Sauternes, 451
LA TOUR BLONDEAU, Pommard, 609
CH. **LA TOUR CALON,** Montagne Saint-Emilion, 330
CH. **LA TOUR CARNET,** Haut-Médoc, 406
LA TOUR D'ASPE, Côtes du Marmandais, 932
CH. **LA TOUR DE BERAUD,** Costières de Nîmes, 817
CH. **LA TOUR DE BY,** Médoc, 394
CH. DE **LA TOUR DE L'ANGE,** Bourgogne, 471
CH. **LA TOUR DE MONS,** Margaux, 418
DOM. DE **LA TOUR DES BOURRONS,** Beaujolais-Villages, 164
DOM. **LA TOUR DES VIDAUX,** Côtes de Provence, 875
DOM. DE **LA TOUR DU BIEF,** Moulin-à-Vent, 189
DOM. DE **LA TOUR DU BON,** Bandol, 888
LA TOUR DU FERRE, Muscadet Sèvre-et-Maine, 993
CH. **LA TOUR DU PIN FIGEAC,** Saint-Emilion grand cru, 311
HENRI **LATOUR ET FILS,** Auxey-Duresses, 621
CH. **LA TOURETTE,** Pauillac, 429
CH. **LA TOUR-FIGEAC,** Saint-Emilion grand cru, 311
CH. **LATOUR HAUT-BRION,** Pessac-Léognan, 380
JEAN **LATOUR-LABILLE ET FILS,** Meursault, 628
DOM. DE **LA TOURLAUDIERE,** Gros-Plant AOVDQS, 999
CH. **LA TOUR LEOGNAN,** Pessac-Léognan, 380
LATOUR-MABILLE, Bourgogne, 471
DOM. DE **LA TOURMALINE,** Muscadet Sèvre-et-Maine, 993
CH. **LATOUR-MARTILLAC,** Pessac-Léognan, 380
LA TOURMENTE, Kanton Wallis (Valais), 1314
DOM. DE **LA TOURNELLE,**
• Arbois, 775
• Crémant du Jura, 787
• Macvin du Jura, 1251
CH. DE **LA TOUR PENET,** Mâcon-Villages, 679
DOM. **LA TOURRAQUE,** Côtes de Provence, 875
LA TOUR SAINT-MARTIN, Menetou-Salon, 1115
LA TOUR SAINT-VIVIEN, Bergerac, 951
DOM. DE **LA TOUR SIGNY,** Haut-Poitou AOVDQS, 1102
DOM. DE **LA TOUR VAYON,** Mâcon-Villages, 679
DOM. **LA TOUR VIEILLE,**
• Collioure, 863
• Banyuls, 1219
DOM. DE **LA TRANCHEE,** Chinon, 1078
DOM. DE **LA TREILLE,** Beaujolais-Villages, 164
CH. **LATREZOTTE,** Sauternes, 452
LA TRINQUETTE, Kanton Waadt (Vaud), 1306
CH. **LATUC,** Cahors, 916
CH. DE **LA TUILERIE,** Costières de Nîmes, 817
CH. **LA TUILIERE,** Côtes de Bourg, 255
DOM. **LA TUILIERE,** Bergerac sec, 957
DOM. **LA TUQUE BEL-AIR,** Côtes de Castillon, 340
CH. DE **LAUBADE,** Floc de Gascogne, 1247
CH. DES **LAUDES,** Saint-Emilion grand cru, 311
CH. **LAUDUC,** Bordeaux Supérieur, 236
CH. DE **LAUGA,** Haut-Médoc, 406
DOM. DE **LAULAN,** Côtes de Duras, 970
CH. **LAULAN DUCOS,** Médoc, 394
CH. **LAULERIE,** Bergerac, 951

DOM. RAYMOND **LAUNAY,**
• Ladoix, 574
• Pommard, 609
• Santenay, 650
CH. DES **LAUNES,** Côtes de Provence, 875
LAURAN CABARET, Minervois, 841
J. **LAURENS,** Crémant de Limoux, 806
LAURENT, Saint-Pourçain AOVDQS, 1111
PAUL **LAURENT,** Champagne, 740
LAURENT BENOIT, Moselle luxembourgeoise, 1298
LAURENT-PERRIER, Champagne, 740
CH. DES **LAURETS,** Puisseguin Saint-Emilion, 334
DOM. DES **LAURIERS,**
• Coteaux du Languedoc, 827
• Vouvray, 1090
DOM. DE **LAUROUX,** Floc de Gascogne, 1247
LAURUS,
• Côtes du Rhône-Villages, 1158
• Côte Rôtie, 1165
• Gigondas, 1184
• Lirac, 1199
DOM. DES **LAUSES,** Côtes du Rhône, 1148
CAVE DE **LA VALDAINE,** Drôme, 1291
DOM. DE **LA VALERIANE,** Côtes du Rhône-Villages, 1158
DOM. DE **LA VALETTE,** Brouilly, 169
CH. **LAVALLADE,** Saint-Emilion grand cru, 311
PRESTIGE DE **LA VALLEE DES ROIS,** Touraine, 1054
CH. **LA VALLIERE,** Lalande de Pomerol, 283
DOM. DE **LA VALMALE,** Oc, 1272
LA VALSERROISE, Hautes-Alpes, 1287
LA VANDAME, Brouilly, 169
CH. DE **LA VARENNE,** Muscadet des Coteaux de la Loire sur lie, 983
CH. **LA VARIERE,**
• Bonnezeaux, 1034
• Quarts de Chaume, 1035
CH. DE **LA VELLE,**
• Bourgogne, 471
• Beaune, 601
DOM. DE **LA VERDE,** Côtes du Rhône, 1148
CH. **LAVERGNE,** Côtes de Castillon, 340
CH. **LA VERNEDE,** Coteaux du Languedoc, 827
DOM. DE **LA VERNELLERIE,** Bourgueil, 1064
CH. DE **LAVERNETTE,** Beaujolais, 158
CH. **LA VERRIERE,** Bordeaux Supérieur, 236
DOM. DE **LA VERRIERE,**
• Côtes du Ventoux, 1208
• Vaucluse, 1283
LES CAVES DE **LA VERVELLE,**
• Bourgogne, 471
• Crémant de Bourgogne, 498
• Chablis, 508
• Pommard, 609
• Volnay, 614
• Rully, 662
• Sainte-Marie-la-Blanche, 1294
CH. DE **LA VIAUDIERE,** Rosé de Loire, 976
CH. **LA VIEILLE CROIX,** Fronsac, 264
CH. **LA VIEILLE CURE,** Fronsac, 265
LA VIEILLE EGLISE, Bordeaux, 213
CLOS DE **LA VIEILLE EGLISE,** Pomerol, 274
LA VIEILLE FONTAINE, Rully, 662
DOM. DE **LA VIEILLE FORGE,**
• Alsace Sylvaner, 83
• Alsace grand cru Sporen, 136
CH. **LA VIEILLE FRANCE,** Graves, 367
CELLIER DE **LA VIEILLE GRANGE,** Crémant de Bourgogne, 498
DOM. DE **LA VIEILLE JULIENNE,** Châteauneuf-du-Pape, 1195
DOM. DE **LA VIEILLE RIBOULERIE,** Fiefs Vendéens AOVDQS, 1000
CH. DE **LA VIEILLE TOUR,** Bordeaux Supérieur, 236
DOM. **LAVIGNE,** Saumur-Champigny, 1046
LA VIGNE NOIRE, Rosé de Loire, 976
LA VIGNERONNE, Côtes du Rhône, 1148
LA VIGNIERE, Côtes du Jura, 784
DOM. DE **LA VILLAINE,**
• Anjou, 1006
• Anjou-Villages, 1011
CH. **LAVILLE,** Sauternes, 452
DOM. DE **LA VILLE,** Pineau des Charentes, 1243
CH. **LAVILLE HAUT-BRION,** Pessac-Léognan, 381
LA VINSOBRAISE, Côtes du Rhône-Villages, 1158
DOM. DE **LA VIVONNE,** Bandol, 888
CH. **LA VOULTE-GASPARETS,** Corbières, 811
DOM. DE **LA VOUTE DES CROZES,** Côte de Brouilly, 173
CELLIER DE **LA WEISS,** Alsace Tokay-Pinot gris, 111
DOM. **LAZZARINI,** Patrimonio, 907
CH. **LE BERNARDOT,** Médoc, 394
CH. **LE BONDIEU,** Haut-Montravel, 964
CH. **LE BON PASTEUR,** Pomerol, 275
CH. **LE BOSCQ,** Saint-Estèphe, 434
LE BOSSET, Kanton Wallis (Valais), 1315
CH. **LE BOURDIEU,** Médoc, 394
CH. **LE BOURDIEU VERTHEUIL,** Haut-Médoc, 406
CH. **LE BOURDILLOT,** Graves, 368
CH. **LE BREUIL,** Côtes de Bourg, 255
CH. **LE BREUIL RENAISSANCE,** Médoc, 394
ALBERT **LE BRUN,** Champagne, 740
PAUL **LEBRUN,** Champagne, 740
LE BRUN DE NEUVILLE, Champagne, 741
LE BRUN-SERVENAY, Champagne, 741
CH. **LE CAILLOU,** Pomerol, 275
DOM. **LE CAPITAINE,** Vouvray, 1090
CH. **LE CASTELLOT,** Bergerac, 951
LE CAVISTE, Kanton Waadt (Vaud), 1307
DOM. **LE CAZAL,** Minervois, 841
DOM. **LECCIA,**
• Patrimonio, 907 908
• Muscat du Cap Corse, 1238
CH. **LE CHABRIER,** Saussignac, 967
DOM. **LE CHALET,** Crépy, 790
DOM. **LE CHAPON,** Juliénas, 182
CH. **LE CHEC,** Graves, 368
DOM. FRANCE **LECHENAULT,** Bourgogne Côte Chalonnaise, 656
LECLAIRE-THIEFAINE, Champagne, 741
DOM. **LE CLAUD,** Oc, 1272
LECLERC BRIANT, Champagne, 741
LECLERC-MONDET, Champagne, 741
DOM. **LE CLOS DE CAVEAU,** Vacqueyras, 1188
LE CLOS DE CELIGNY, Kanton Genf (Genève), 1321
DOM. **LE CLOS DES CAZAUX,** Vacqueyras, 1188
LE CLOS DES MOTELES,
• Rosé de Loire, 976
• Cabernet d'Anjou, 1018
DOM. **LE CLOS DU BAILLY,** Côtes du Rhône-Villages, 1158
LE CLOS DU CAILLOU, Côtes du Rhône, 1148
LE CORDON DE ROYAT, Oc, 1272
CH. **LE COTEAU,** Margaux, 418
DOM. **LE COTOYON,** Juliénas, 182
LE COUDRAY LA LANDE, Bourgueil, 1064
DOM. **LE COUROULU,** Côtes du Rhône, 1148
LE CRET, Kanton Genf (Genève), 1321
CH. **LE CROCK,** Saint-Estèphe, 434
LE DEMI-BŒUF, Gros-Plant AOVDQS, 999
CH. **LE DEVOY MARTINE,** Lirac, 1200

LE DOME D'ELYSSAS, Coteaux du Tricastin, 1205
CH. **LE DOYENNE,** Premières Côtes de Bordeaux, 358
CH. **LE DROT,** Bordeaux, 213
LEDUC-FROUIN, Anjou, 1006
DOM. **LEDUC-FROUIN,**
• Rosé d'Anjou, 1016
• Coteaux du Layon, 1029
LE FER, Saint-Emilion grand cru, 311
OLIVIER **LEFLAIVE,**
• Meursault, 628
• Montrachet, 634
• Chassagne-Montrachet, 640
• Saint-Aubin, 645
• Montagny, 672
DOM. **LE FORT,** Côtes de la Malepère AOVDQS, 850
CH. **LE FREGNE,** Bordeaux, 213
LE GALANTIN, Bandol, 888
LEGENDE R, Bordeaux sec, 224
LEGIER DE LA CHASSAIGNE, Châteaumeillant AOVDQS, 1105
CAVES **LEGILL,** Moselle luxembourgeoise, 1298
LEGOUGE-COPIN, Champagne, 742
ERIC **LEGRAND,** Champagne, 742
HUBERT **LEGRAND,** Jardin de la France, 1259
RENE-NOEL **LEGRAND,** Saumur-Champigny, 1046
CH. **LE GRAND BESSAL,** Bordeaux, 213
CH. **LE GRAND BOIS,** Lussac Saint-Emilion, 325
CH. **LE GRAND CHEMIN,** Bordeaux Supérieur, 237
LE GRAND COURTIL, Crozes-Hermitage, 1175
LE GRAND CROS, Côtes de Provence, 876
CH. **LE GRAND MOULIN,** Bordeaux Supérieur, 237
CH. **LE GRAND VERDUS,** Bordeaux Supérieur, 237
R. ET L. **LEGRAS,** Champagne, 742
LE GRAVIS, Lot, 1267
CH. **LEHOUL,**
• Graves, 368
• Graves Supérieures, 374
LE JARDIN DES RAVATYS, Brouilly, 169
DOM. **LEJEUNE,** Pommard, 609
LELARGE-PUGEOT, Champagne, 742
LE LOGIS DE LA BOUCHARDIERE, Chinon, 1078
LE LOGIS DE PREUIL, Cabernet d'Anjou, 1018
LE LOGIS DU PRIEURE,
• Rosé de Loire, 976
• Anjou, 1006
• Cabernet d'Anjou, 1018
CH. **LE LOUP,** Saint-Emilion grand cru, 312
LE MAGISTRAL DES VIGNERONS, Coteaux d'Aix-en-Provence, 893
JACQUES **LEMAIGRE,** Bourgogne, 471
CH. **LE MAINE,** Saint-Emilion, 290
PATRICE **LEMAIRE,** Champagne, 742
PHILIPPE **LEMAIRE,** Champagne, 742
R.C. **LEMAIRE,** Champagne, 743
LEMAIRE-RASSELET, Champagne, 743
LE MANOIR MURISALTIEN, Rully, 662
LE MARITIME, Fitou, 838
CH. **LE MAS,** Côtes de Provence, 876
CH. **LE MAYNE,** Bordeaux, 213
CH. **LE MENAUDAT,** Premières Côtes de Blaye, 250
CH. **LE MERLE,** Saint-Emilion grand cru, 312
LE MOULIN DE LA TOUCHE, Jardin de la France, 1259
CH. **LE MOULIN DU ROULET,** Bordeaux, 213
LE MUID MONTSAUGEONNAIS, Haute-Marne, 1294
A. R. **LENOBLE,** Champagne, 743
CH. **LE NOBLE,** Bordeaux, 213
CH. **LEOVILLE-BARTON,** Saint-Julien, 439
CH. **LEOVILLE POYFERRE,** Saint-Julien, 439
SERGE **LEPAGE,** Bourgogne, 471
CH. **LE PAPE,** Pessac-Léognan, 381
LE PASSE AUTHENTIQUE, Côtes de Saint-Mont AOVDQS, 947
CH. **LE PAVILLON DE BOYREIN,** Graves, 368
CH. **LE PAYRAL,** Bergerac, 952
LE PAYSSEL, Gaillac, 923
LE PERE LA GROLLE, Beaujolais, 158
LE PETIT CHAMBORD,
• Cheverny, 1095
• Cour-Cheverny, 1097
DOM. **LE PETIT COUSINAUD,** Charentais, 1262
CH. **LE PEY,** Médoc, 394
CH. **LE PIN BEAUSOLEIL,** Bordeaux Supérieur, 237
DOM. **LE POINT DU JOUR,** Rosé d'Anjou, 1016
DOM. **LE PORTAIL,** Cheverny, 1095
LE PRIEURE DE SAINT-CEOLS, Menetou-Salon, 1115
DOM. **LE PUY DU MAUPAS,** Côtes du Rhône, 1148
CH. **LE QUEYROUX,** Premières Côtes de Blaye, 250
LOUIS **LEQUIN,**
• Corton-Charlemagne, 588
• Bâtard-Montrachet, 635
• Chassagne-Montrachet, 640
RENE **LEQUIN-COLIN,**
• Bâtard-Montrachet, 635
• Chassagne-Montrachet, 640
• Santenay, 650
CH. **LE RAZ,** Montravel, 963
LE ROC, Côtes du Frontonnais, 930
CH. **LE ROC DE TROQUARD,** Saint-Georges Saint-Emilion, 336
DOM. **LEROY,** Coteaux du Layon, 1029
DOM. **LERYS,** Fitou, 838
LES ABEILLONS DE TOURTOUR, Coteaux Varois, 898
CH. **LE SABLARD,** Côtes de Bourg, 255
CH. **LE SABLE,** Saint-Emilion, 290
CH. **LES AMOUREUSES,** Côtes du Rhône, 1149
DOM. **LE SANG DES CAILLOUX,** Vacqueyras, 1188
CH. **LE SARTRE,** Pessac-Léognan, 381
CH. **LES AVENEAUX,** Muscadet Sèvre-et-Maine, 994
LES BARONS, Coteaux du Languedoc, 828
CH. **LES BAS-MONTS,** Sainte-Foy-Bordeaux, 353
LES BLASSINGES, Kanton Waadt (Vaud), 1307
DOM. **LES BRANDEAUX,** Bergerac, 952
LES BROTTIERS, Côtes du Rhône, 1149
LES BUGADELLES, Côtes du Luberon, 1212
CH. **LES CABANNES,** Saint-Emilion grand cru, 312
CH. **LESCALLE,** Bordeaux Supérieur, 237
CH. **LES CARMES HAUT-BRION,** Pessac-Léognan, 381
LES CHAMPS DE L'ABBAYE, Bourgogne Passetoutgrain, 485
CH. **LES CHARMES-GODARD,** Bordeaux Côtes de Francs, 343
LES CHARMILLES DES HAUTS , Bordeaux, 214
CH. **LES CHAUMES,** Lalande de Pomerol, 283
DOM. **LES COINS,** Gros-Plant AOVDQS, 999
LES COLLINES DU BOURDIC, Oc, 1272
LES COMBAUD, Saint-Joseph, 1171
DOM. **LES CONQUES-SOULIERE,** Vaucluse, 1283
LES COTEAUX DE BELLET, Bellet, 884
LES COTEAUX DU PIC, Coteaux du Languedoc, 828
DOM. **LES COTES DE LA ROCHE,** Juliénas, 182
CH. **LESCOUR,** Côtes du Marmandais, 932
CH. **LES COUZINS,** Lussac Saint-Emilion, 326
CH. **LESCURE,**
• Premières Côtes de Bordeaux, 358
• Sainte-Croix-du-Mont, 445

DOM. CHANTAL **LESCURE,**
• Vosne-Romanée, 560
• Côte de Beaune, 604
• Pommard, 609
DOM. **LES DAVIGNOLLES,** Bourgogne Côte Chalonnaise, 656
LES DIONNIERES, Hermitage, 1178
LE SENDEY, Kanton Waadt (Vaud), 1307
LES ESPERELLES, Tavel, 1202
LES EYGATS, Cornas, 1180
CH. **LES FENALS,** Muscat de Rivesaltes, 1231
DOM. **LES FERRAGERES,** Coteaux du Languedoc, 828
LES FOSSES, Kanton Waadt (Vaud), 1307
LES FUMEROLLES, Kanton Wallis (Valais), 1315
CH. **LES GRANDES MURAILLES,** Saint-Emilion grand cru, 312
DOM. **LES GRANDES VIGNES,**
• Anjou, 1006
• Anjou-Villages, 1012
• Coteaux du Layon, 1029
• Bonnezeaux, 1034
LES GRANDS CAVEAUX, Cabernet d'Anjou, 1018
CH. **LES GRANDS CHENES,** Médoc, 394
LES GRANDS CYPRES, Vacqueyras, 1189
DOM. **LES GRANDS GROUX,** Sancerre, 1132
LES GRANDS PRESBYTERES, Muscadet Sèvre-et-Maine, 994
CH. **LES GRANDS SILLONS,** Pomerol, 275
CH. **LES GRAUZILS,** Cahors, 916
CH. **LES GRAVES,** Premières Côtes de Blaye, 250
DOM. **LES GRAVES,** Bergerac rosé, 954
CH. **LES GRAVES DE VIAUD,** Côtes de Bourg, 256
CH. **LES GRAVIERES,** Bordeaux Supérieur, 237
DOM. **LES GUETTOTTES,** Savigny-lès-Beaune, 593
DOM. **LES HAUTES CANCES,** Côtes du Rhône-Villages, 1159
CH. **LES HAUTS-CONSEILLANTS,** Lalande de Pomerol, 283
CH. **LES HAUTS DE FONTARABIE,** Premières Côtes de Blaye, 250
LES HAUTS DE LUNES, Coteaux du Languedoc, 828
CH. **LES HAUTS DE PALETTE,** Premières Côtes de Bordeaux, 358
DOM. **LES HERBES BLANCHES,** Côtes du Ventoux, 1208
CH. **LES IFS,** Cahors, 916
LES JAMELLES, Oc, 1272
LES JARDINS DE CYRANO, Bergerac rosé, 955
DOM. **LES JARDINS DE LA MENARDIERE,** Muscadet Sèvre-et-Maine, 994
LES LAUZERAIES, Lirac, 1200
DOM. **LES LUQUETTES,** Bandol, 888
LES MAISONS ROUGES, Coteaux du Loir, 1081
CH. **LES MARNIERES,** Côtes de Bergerac, 959
CH. **LES MAUBATS,** Bordeaux Supérieur, 238
CH. **LES MAURINS,** Saint-Emilion, 290
DOM. **LES MERIBELLES,** Saumur, 1040
CH. **LES MERLES,** Bergerac, 952
CH. **LES MESCLANCES,** Côtes de Provence, 876
DOM. **LES MILLE VIGNES,**
• Fitou, 838
• Muscat de Rivesaltes, 1231
CH. **LES MOINES,** Médoc, 395
LES MOULINS DE COUSSILLON, Côtes de Castillon, 340
LES MUSCADIERES, Muscat de Beaumes-de-Venise, 1235
LE SOLEIL NANTAIS, Muscadet Sèvre-et-Maine, 994
CH. **LES OLLIEUX,** Corbières, 811
CH. **LES ORMES DE PEZ,** Saint-Estèphe, 434
CH. **LES ORMES SORBET,** Médoc, 395
CH. **LES PALAIS,** Corbières, 811
GRAND VIN DU CH. **LESPARRE,** Graves de Vayres, 352
LES PASTELIERS, Côtes du Tarn, 1265
CH. **LESPAULT,** Pessac-Léognan, 381
LES PERRIERES, Kanton Genf (Genève), 1322
LES PIERRELEES, Bourgogne, 472
CH. **LES PINS,**
• Côtes du Roussillon-Villages, 861
• Rivesaltes, 1224
DOM. **LES PINS,** Bourgueil, 1064
LES PLANTES DU MAYNE, Saint-Emilion grand cru, 312
DOM. **LES PREVELIERES,** Beaujolais, 158
LES PRINTANIERES, Muscadet Sèvre-et-Maine, 994
LES QUARTERONS, Saint-Nicolas- de-Bourgueil, 1069
LES QUATRE-CHEMINS, Côtes du Rhône-Villages, 1159
LES QUATRE CLOCHERS, Oc, 1272
CH. **LES QUATRE-FILLES,** Côtes du Rhône-Villages, 1159
CAVE DE **LESQUERDE,**
• Côtes du Roussillon-Villages, 861
• Muscat de Rivesaltes, 1231
LES REINAGES, Gigondas, 1184
LES RIALS, Côtes du Tarn, 1265
CH. **LES RIGALETS,** Cahors, 916
LES ROCAILLES, Vin de Savoie, 793
LES ROCHES BLANCHES, Côtes du Ventoux, 1208
DOM. **LES ROCHES BLEUES,** Côte de Brouilly, 173
CH. **LES ROCHES DE FERRAND,** Fronsac, 265
DOM. **LES ROCHES DU VIVIER,** Fleurie, 179
CH. **LES ROQUES,** Loupiac, 443
CH. **LES SAVIGNATTES,** Côtes de Duras, 970
CH. **LESTAGE,** Listrac-Médoc, 413
CH. **LESTAGE-DARQUIER,** Moulis-en-Médoc, 423
LES TEPPES MARIUS, Mâcon Supérieur, 676
DOM. **LES TERRASSES D'EOLE,** Côtes du Ventoux, 1208
DOM. **LES TERRASSES DE L'ARRADOY,** Irouléguy, 936
LES TERRES DE SAINT-LOUIS, Coteaux Varois, 899
LES TERRIADES, Anjou, 1006
CH. DE **LESTIAC,** Premières Côtes de Bordeaux, 358
DOM. **LES TOULONS,** Coteaux d'Aix-en-Provence, 893
LES TOURELLES DE LONGUEVILLE, Pauillac, 429
CH. **LESTRILLE,** Entre-Deux-Mers, 348
CH. **LESTRILLE CAPMARTIN,** Bordeaux Supérieur, 238
CH. **LES TROIS CROIX,** Fronsac, 265
CH. **LES TUILERIES,** Médoc, 395
DOM. **LES VADONS,** Côtes du Luberon, 1212
CH. **LES VALENTINES,** Côtes de Provence, 876
CH. **LES VERGNES,** Bordeaux, 214
LES VEYRIERS, Entre-Deux-Mers, 348
CH. **LES VIEILLES TUILERIES,** Entre-Deux-Mers, 348
LES VIEILLOTTES, Pouilly-Fumé, 1120
CH. **LES VIEUX MAURINS,** Saint-Emilion, 290 291
LES VIGNES DE L'ALMA, Rosé de Loire, 976
DOM. **LES YEUSES,** Oc, 1272
CH. **LE TEMPLE,** Médoc, 395
CH. **LE TERTRE DE LEYLE,** Côtes de Bourg, 256
CH. **LE THIL COMTE CLARY,** Pessac-Léognan, 381
CH. **LE THOU,** Coteaux du Languedoc, 829
LE TREBUCHET, Crémant de Bordeaux, 244
CH. **LE TUQUET,** Graves, 368
LEUKERSONNE, Kanton Wallis (Valais), 1315
DOM. **LE VAN,** Côtes du Ventoux, 1208
LEVANTI, Kanton Graubünden, 1327
CLAUDE **LEVASSEUR,** Montlouis, 1084
DOM. **LEVEQUE,** Touraine, 1054

DOM. **LEVERT-BARAULT,** Mercurey, 666
B. **LEVET,** Côte Rôtie, 1165
LE VIALA, Minervois la Livinière, 844
LE VIEUX CLOCHER, Kanton Genf (Genève), 1322
LE VIEUX DOMAINE, Chénas, 175
LE VIEUX MOULIN, Bordeaux, 214
CH. **LE VIROU,** Premières Côtes de Blaye, 250
CH. **DE LEYNES,**
• Beaujolais, 158
• Saint-Véran, 693
CH. **LEZONGARS,** Premières Côtes de Bordeaux, 358
DOM. ANDRE **LHERITIER,** Rully, 662
DOM. DES **LIARDS,** Montlouis, 1084
LIBRA, Comté Tolosan, 1265
FRANÇOIS **LICHTLE,**
• Alsace Pinot oder Klevner, 84
• Alsace Gewurztraminer, 101
• Alsace grand cru Pfersigberg, 130
LIEBART-REGNIER, Champagne, 743
CAVE DES VIGNERONS DE **LIERGUES,** Beaujolais, 158
LIESCH, Kanton Graubünden, 1327
CH. **LIEUJEAN,** Haut-Médoc, 407
LIGIER PERE ET FILS, Macvin du Jura, 1251
DOM. **LIGIER PERE ET FILS,**
• Arbois, 775
• Crémant du Jura, 787
LIGNIER-MICHELOT,
• Gevrey-Chambertin, 534
• Morey-Saint-Denis, 544
• Chambolle-Musigny, 549
DOM. **LIGNON,** Minervois, 842
CH. DE **LIGRE,** Chinon, 1078
LILBERT-FILS, Champagne, 743
CH. **LILIAN LADOUYS,** Saint-Estèphe, 434
DOM. JEAN **LINDEN-HEINISCH,** Moselle luxembourgeoise, 1298
JACQUES **LINDENLAUB,** Alsace Riesling, 90
GABRIEL **LIOGIER,** Vacqueyras, 1189
CH. **LION BEAULIEU,** Bordeaux, 214
CH. **LION PERRUCHON,** Lussac Saint-Emilion, 326
CH. **LIOT,** Sauternes, 452
FRANÇOIS **LIPP,** Alsace Gewurztraminer, 102
DOM. DE **LISCHETTO,** Ile de Beauté, 1280
LES VINS DE **LISENNES,** Bordeaux, 214
DOM. DES **LISES,** Haut-Poitou AOVDQS, 1103
CH. **LISTRAN,** Médoc, 395
CLOS DES **LITANIES,** Pomerol, 276
CH. **LIVERSAN,** Haut-Médoc, 407
LOBERGER, Alsace grand cru Spiegel, 136
JOSEPH **LOBERGER,** Alsace grand cru Saering, 132
DOM. DES **LOCQUETS,** Vouvray, 1091
CH. **LOIRAC,** Médoc, 396
BERNARD **LONCLAS,** Champagne, 743
DOM. **LONG-DEPAQUIT,**
• Chablis, 509
• Chablis premier cru, 514
• Chablis grand cru, 519
DOM. DE **LONG PECH,** Gaillac, 923
DOM. DU **LOOU,** Coteaux Varois, 899
PHILIPPE **LOQUINEAU,** Cour-Cheverny, 1098
MICHEL **LORAIN,** Bourgogne, 472
GUSTAVE **LORENTZ,** Alsace grand cru Altenberg de Bergheim, 120
JEROME **LORENTZ,** Alsace Riesling, 90
DOM. **LORENZON,** Mercurey, 666
MICHEL ET JOELLE **LORIEUX,**
• Bourgueil, 1064
• Saint-Nicolas- de-Bourgueil, 1070
PASCAL **LORIEUX,** Saint-Nicolas- de-Bourgueil, 1070
GERARD **LORIOT,** Champagne, 744
MICHEL **LORIOT,** Champagne, 744
JOSEPH **LORIOT-PAGEL,** Champagne, 744
FREDERIC **LORNET,**
• Arbois, 776
• Crémant du Jura, 787
DOM. JACQUES ET ANNIE **LORON,** Moulin-à-Vent, 189
LOUIS **LORON,** Crémant de Bourgogne, 498
LORON ET FILS, Mâcon Supérieur, 676
CH. DE **LOS,** Bordeaux sec, 225
CH. **LOUDENNE,** Médoc, 396
LA ROSE DE **LOUDENNE,** Bordeaux Rosé, 229
CAVE PIERRE **LOUET,** Touraine, 1054
DOM. **LOUET-ARCOURT,** Touraine, 1054
LOUET GAUDEFROY, Touraine, 1055
DOM. **LOU FREJAU,** Châteauneuf-du-Pape, 1196
LOU GAILLOT, Agenais, 1262
CH. **LOUMEDE,** Premières Côtes de Blaye, 250
CH. DE **LOUPIAC,** Loupiac, 444
CH. **LOUSTEAUNEUF,** Médoc, 396
CH. **LOUSTEAU-VIEIL,** Sainte-Croix-du-Mont, 445
YVES **LOUVET,** Champagne, 744
LOYAUX-GORET, Champagne, 744
PHILIPPE DE **LOZEY,** Champagne, 744
CH. DE **LUC,** Corbières, 812
CH. **LUCAS,** Lussac Saint-Emilion, 326
LUCAS CARTON, Champagne, 744
CH. **LUCIE,** Saint-Emilion grand cru, 313
CH. **LUDEMAN LA COTE,** Graves, 369
CH. DE **LUGAGNAC,** Bordeaux Supérieur, 238
CAVE DE **LUGNY,**
• Crémant de Bourgogne, 498
• Mâcon-Villages, 679
CH. DE **LUINS,** Kanton Waadt (Vaud), 1307
DOM. DE **LUMIAN,** Côtes du Rhône, 1149
CAVE DE **LUMIERES,** Côtes du Ventoux, 1209
DOM. DE **LUNARD,** Bouches-du-Rhône, 1285
LUPE-CHOLET, Clos de Vougeot, 554
JACQUES ET FRANÇOIS **LURTON,** Bordeaux sec, 225
DOM. DE **LUSQUENEAU,** Touraine-Mesland, 1061
CH. DE **LUSSAC,** Lussac Saint-Emilion, 326
CH. **LUSSEAU,**
• Saint-Emilion grand cru, 313
• Graves, 369
DOM. DU **LUX EN ROC,** Fiefs Vendéens AOVDQS, 1001
FLEUR DE **LUZE,** Bordeaux sec, 225
LYCEE VITICOLE DE BEAUNE,
• Bourgogne Hautes-Côtes de Beaune, 493
• Beaune, 601
MICHEL **LYNCH,**
• Bordeaux sec, 225
• Médoc, 396
BLANC DE **LYNCH-BAGES,** Bordeaux sec, 225
CH. **LYNCH-BAGES,** Pauillac, 429
CH. **LYNCH-MOUSSAS,** Pauillac, 430
CH. **LYONNAT,** Lussac Saint-Emilion, 326
DOM. LAURENT **MABILEAU,** Bourgueil, 1065
FREDERIC **MABILEAU,** Saint-Nicolas- de-Bourgueil, 1070
JACQUES ET VINCENT **MABILEAU,** Saint-Nicolas- de-Bourgueil, 1070
LYSIANE ET GUY **MABILEAU,** Saint-Nicolas- de-Bourgueil, 1070
MABILLARD-FUCHS, Kanton Wallis (Valais), 1315
FRANCIS **MABILLE,** Vouvray, 1091
ALAIN **MABILLOT,** Reuilly, 1127
DOM. **MABY,** Lirac, 1200
CH. **MACALAN,** Premières Côtes de Bordeaux, 359
CH. **MACAY,** Côtes de Bourg, 256
BERTRAND **MACHARD,** Nuits-Saint-Georges, 567

BERTRAND **MACHARD DE GRAMONT,** Vosne-Romanée, 560
DOM. **MACHARD DE GRAMONT,**
• Chambolle-Musigny, 549
• Savigny-lès-Beaune, 593
JEAN-LUC **MADER,** Alsace Pinot noir, 117
DOM. **MAESTRACCI,** Vins de Corse, 902
CH. **MAGDELAINE,** Saint-Emilion grand cru, 313
CH. **MAGDELEINE-BOUHOU,** Côtes de Blaye, 246
DOM. DU DUC DE **MAGENTA,** Chassagne-Montrachet, 640
CH. **MAGNAN,** Saint-Emilion grand cru, 313
CH. **MAGNAN LA GAFFELIERE,** Saint-Emilion grand cru, 313
DOM. MICHEL **MAGNE,** Vin de Savoie, 793
CH. **MAGNEAU,** Graves, 369
JEAN-PAUL **MAGNIEN,** Chambolle-Musigny, 549
DOM. MICHEL **MAGNIEN ET FILS,**
• Gevrey-Chambertin, 534
• Morey-Saint-Denis, 544
DOM. **MAILLARD PERE ET FILS,**
• Bourgogne Aligoté, 482
• Ladoix, 574
• Aloxe-Corton, 578
• Corton, 584
• Savigny-lès-Beaune, 593
• Chorey-lès-Beaune, 596
• Beaune, 601
• Pommard, 610
• Meursault, 628
M. **MAILLART,** Champagne, 745
MARCEL **MAILLEFAUD ET FILS,** Crémant de Die, 1204
DOM. NICOLAS **MAILLET,**
• Bourgogne, 472
• Mâcon, 674
• Mâcon-Villages, 680
JEAN-JACQUES **MAILLET,** Jasnières, 1082
MARC ET LAURENT **MAILLET,** Vouvray, 1091
DOM. DES **MAILLETTES,**
• Mâcon-Villages, 680
• Saint-Véran, 693
DOM. DES **MAILLOCHES,** Bourgueil, 1065
MAILLY GRAND CRU, Champagne, 745
CH. **MAIME,** Côtes de Provence, 876
MAINE-BRILLAND, Entre-Deux-Mers, 349
CH. **MAINE-PASCAUD,** Premières Côtes de Bordeaux, 359
DOM. DE **MAIRAN,** Oc, 1272
CH. **MAISON BLANCHE,** Kanton Waadt (Vaud), 1307
L'ART DE **MAISON NEUVE,** Montagne Saint-Emilion, 330
CH. **MAISON NOBLE,** Bordeaux, 215
CH. **MAISON NOBLE SAINT-MARTIN,** Bordeaux Rosé, 229
DOM. **MAISON PERE ET FILS,** Cheverny, 1095
MAISTRE DES TEMPLIERS, Lavilledieu AOVDQS, 931
MAJOR ROUGE, Kanton Wallis (Valais), 1315
CH. **MAJUREAU-SERCILLAN,** Bordeaux Supérieur, 238
CH. **MALAGAR,** Premières Côtes de Bordeaux, 359
DOM. DES **MALANDES,**
• Petit Chablis, 504
• Chablis, 509
• Chablis premier cru, 514
• Chablis grand cru, 519
DOM. DE **MALARRODE,** Jurançon, 939
CH. **MALARTIC-LAGRAVIERE,** Pessac-Léognan, 382
DOM. DE **MALAVIEILLE,** Oc, 1273
GUY **MALBETE,** Reuilly, 1127
FRANÇOISE **MALDANT,** Corton, 584
CH. **MALESCASSE,** Haut-Médoc, 407
CH. **MALESCOT SAINT-EXUPERY,** Margaux, 418
CH. **MALFOURAT,** Bergerac sec, 957
CH. DE **MALIGNY,** Chablis premier cru, 515
CH. **MALIJAY,** Côtes du Rhône, 1149
DOM. MICHEL **MALLARD ET FILS,**
• Ladoix, 575
• Aloxe-Corton, 578
• Corton, 585
• Savigny-lès-Beaune, 593
CH. DE **MALLE,** Sauternes, 452
M. DE **MALLE,** Graves, 369
CH. DE **MALLERET,** Haut-Médoc, 407
DOM. RENE **MALLERON,** Sancerre, 1132
MALLEVIEILLE, Côtes de Bergerac, 959
CH. **MALMAISON,** Moulis-en-Médoc, 423
CH. **MALROME,** Bordeaux Clairet, 219
L'ESPRIT DE **MALROME,** Bordeaux Supérieur, 238
MALTOFF, Bourgogne, 472
CH. **MALVES-BOUSQUET,** Minervois, 842
CAVE DES VIGNERONS DE **MANCEY,** Bourgogne, 472
DOM. **MANCIAT-PONCET,**
• Mâcon-Villages, 680
• Pouilly-Fuissé, 686
JEAN-CHRISTOPHE **MANDARD,** Touraine, 1055
HENRI **MANDOIS,** Champagne, 745
CH. **MANGOT,** Saint-Emilion grand cru, 313
CH. **MANIEU,** Fronsac, 265
ALBERT **MANN,**
• Alsace Pinot noir, 117
• Alsace grand cru Furstentum, 124
JEAN-LOUIS ET FABIENNE **MANN,** Alsace grand cru Pfersigberg, 130
MANOIR DE L'EMMEILLE, Gaillac, 923
MANOIR DE LA TETE ROUGE, Saumur, 1040
DOM. **MANOIR DU CARRA,** Beaujolais, 158
MANON, Côtes de Provence, 876
CH. DE **MANON,** Premières Côtes de Blaye, 250
MANSARD, Champagne, 745
DOM. DE **MAOURIES,** Côtes de Saint-Mont AOVDQS, 948
DOM. **MARATRAY-DUBREUIL,** Corton-Charlemagne, 588
CH. **MARBUZET,** Saint-Estèphe, 435
DIDIER **MARC,** Champagne, 745
PATRICE **MARC,** Champagne, 745
JEROME **MARCADET,** Cheverny, 1095
CH. **MARCEAU,** Entre-Deux-Mers, 349
DOM. DE **MARCELIN,** Kanton Waadt (Vaud), 1307
DENIS **MARCHAIS,** Cabernet d'Anjou, 1018
JACQUES **MARCHAND,** Pouilly-Fumé, 1120
JEAN-PHILIPPE **MARCHAND,** Bourgogne Hautes-Côtes de Nuits, 488
RENE **MARCHAND,** Beaujolais, 159
PIERRE **MARCHAND ET FILS,** Pouilly-Fumé, 1120
DOM. **MARCHAND FRERES,**
• Gevrey-Chambertin, 534
• Griotte-Chambertin, 541
CH. DU **MARCONNAY,** Saumur, 1040
DOM. **MARDON,** Quincy, 1124
GUY **MARDON,** Touraine, 1055
MARECHAL, Vouvray, 1091
CATHERINE ET CLAUDE **MARECHAL,**
• Bourgogne, 472
• Ladoix, 575
• Pommard, 610
• Auxey-Duresses, 621
GHISLAINE ET BERNARD **MARECHAL-CAILLOT,**
• Bourgogne Passetoutgrain, 485
• Ladoix, 575
• Savigny-lès-Beaune, 593
CH. **MAREIL,** Médoc, 396
CH. **MARESQUE,** Gaillac, 923
DOM. DE **MAREUIL,** Graves Supérieures, 374
DOM. **MAREY,** Bourgogne Aligoté, 482
PIERRE **MAREY ET FILS,**
• Pernand-Vergelesses, 580
• Corton-Charlemagne, 588
CLOS **MARFISI,**
• Patrimonio, 908
• Muscat du Cap Corse, 1239

A. **MARGAINE,** Champagne, 745
DOM. DU **MARGALLEAU,** Vouvray, 1091
CH. **MARGAUX,** Margaux, 418
DOM. JEAN-PIERRE **MARGERAND,** Juliénas, 182
GERARD ET NATHALIE **MARGERAND,** Saint-Amour, 194
DOM. DES **MARGOTIERES,** Saint-Romain, 624
CH. **MARGOTON,** Premières Côtes de Bordeaux, 359
CH. **MARGUERITE,** Côtes du Frontonnais, 930
MARGUET-BONNERAVE, Champagne, 746
DOM. DU **MARGUILLIER,** Morgon, 186
DOM. **MARIE-BLANCHE,** Côtes du Rhône, 1149
CH. **MARIE DU FOU,** Fiefs Vendéens AOVDQS, 1001
MARIE STUART, Champagne, 746
MARINOT-VERDUN, Maranges, 653
CH. DE **MARJOLET,** Côtes du Rhône, 1149
CH. **MARJOSSE,** Entre-Deux-Mers, 349
CH. DE **MARMORIERES,** Coteaux du Languedoc, 829
DOM. **MAROSLAVAC-LEGER,**
• Meursault, 628
• Saint-Aubin, 645
ROLAND **MAROSLAVAC-LEGER,** Puligny-Montrachet, 632
DOM. DE **MAROTTE,** Vaucluse, 1284
CH. **MAROUINE,** Côtes de Provence, 876
MARQUIS D'ABEYLIE, Bordeaux Supérieur, 239
MARQUIS DE DIDONNE, Pineau des Charentes, 1243
MARQUIS DE GOULAINE, Jardin de la France, 1259
MARQUIS DE LA CHARCE, Côtes du Rhône-Villages, 1159
MARQUIS DE SADE, Côtes du Ventoux, 1209
MARQUIS DE SAINT-ESTEPHE, Saint-Estèphe, 435
MARQUIS DES TOURNELLES, Côte Rôtie, 1165
CH. **MARQUIS DE TERME,** Margaux, 419
DOM. **MARQUISE DES MURES,** Saint-Chinian, 846
DOM. DU **MARQUISON,** Beaujolais, 159
DOM. DES **MARRANS,** Juliénas, 182
DOM. DU **MARRONNIER ROSE,** Beaujolais-Villages, 165
DOM. DES **MARRONNIERS,**
• Bourgogne, 472
• Petit Chablis, 504
CH. **MARSAC SEGUINEAU,** Margaux, 419
CLOS **MARSALETTE,** Pessac-Léognan, 382
CH. DE **MARSAN,** Bordeaux Clairet, 219
CH. DE **MARSANNAY,**
• Marsannay, 526
• Chambertin, 537
• Ruchottes-Chambertin, 542
• Clos de Vougeot, 554
J. **MARSANNE ET FILS,** Saint-Joseph, 1171
CH. **MARSAU,** Bordeaux Côtes de Francs, 343
DOM. DE **MARSOIF,** Bourgogne, 473
DOM. JACKY **MARTEAU,** Touraine, 1055
JOSE **MARTEAU,** Crémant de Loire, 980
MARTEAUX-GUYARD, Champagne, 746
G. H. **MARTEL & C,** Champagne, 746
DOM. J. **MARTELLIERE,**
• Jasnières, 1082
• Coteaux du Vendômois, 1099
DOM. F. **MARTENOT,** Grands-Echézeaux, 558
MAISON FRANÇOIS **MARTENOT,** Mercurey, 666
CH. **MARTET,** Sainte-Foy-Bordeaux, 353
DOM. DU **MARTHERAY,** Kanton Waadt (Vaud), 1307
CEDRIC **MARTIN,** Beaujolais-Villages, 165
DOMINIQUE **MARTIN,** Saumur, 1040
DOM. JEAN-CLAUDE **MARTIN,** Chablis premier cru, 515
JEAN-JACQUES ET SYLVAINE **MARTIN,** Saint-Amour, 194
LUC ET FABRICE **MARTIN,** Anjou-Villages, 1012
PATRICE **MARTIN,** Beaujolais-Villages, 165
P. LOUIS **MARTIN,** Champagne, 746
CH. **MARTINAT,** Côtes de Bourg, 256
DOM. **MARTIN-DUFOUR,** Ladoix, 575
CH. **MARTINENS,** Margaux, 419
DOM. **MARTIN FAUDOT,** Arbois, 776
DOM. **MARTIN-LUNEAU,** Muscadet Sèvre-et-Maine, 994
DOM. DE **MARTINOLLES,** Aude, 1278
LAURENT **MARTRAY,** Brouilly, 169
MARX-BARBIER ET FILS, Champagne, 746
MARZOLF, Alsace Gewurztraminer, 102
DOM. PAUL **MAS,** Oc, 1273
LE CELLIER DU **MAS,** Kanton Waadt (Vaud), 1308
MAS AMIEL, Maury, 1227
DOM. DU **MAS BECHA,** Côtes du Roussillon, 855
DOM. DU **MAS BLANC,** Collioure, 863
DOM. DU **MAS BLEU,** Coteaux d'Aix-en-Provence, 893
LADY **MASBUREL,** Côtes de Bergerac, 959
MAS CHAMPART, Saint-Chinian, 846
MAS CORINNE, Costières de Nîmes, 817
MAS CORNET, Collioure, 864
DOM. DU **MAS CREMAT,**
• Côtes du Roussillon, 855
• Muscat de Rivesaltes, 1231
MAS CRISTINE, Rivesaltes, 1224
MAS D'EN BADIE, Côtes du Roussillon, 855
MAS DE BAGNOLS, Coteaux de l'Ardèche, 1291
MAS DE LIBIAN, Côtes du Rhône-Villages, 1159
MAS DE LONGCHAMP, Bouches-du-Rhône, 1285
DOM. DU **MAS DE PIQUET,** Oc, 1273
MAS DE REY, Bouches-du-Rhône, 1285
MAS DU PARADIS, Saint-Joseph, 1172
MAS MEYRAC, Oc, 1273
MAS MONTEL, Oc, 1273
DOM. DU **MAS NEUF,** Muscat de Mireval, 1236
DOM. DU **MAS ROUGE,** Muscat de Frontignan, 1234
DOM. DU **MAS ROUS,**
• Côtes du Roussillon, 856
• Catalan, 1278
MASSA, Bellet, 884
DOM. **MASSE PERE ET FILS,**
• Bourgogne Côte Chalonnaise, 656
• Givry, 670
D. **MASSIN,** Champagne, 746
THIERRY **MASSIN,** Champagne, 747
REMY **MASSIN ET FILS,** Champagne, 747
JEROME **MASSON,** Santenay, 650
CH. DES **MATARDS,** Premières Côtes de Blaye, 250
JEAN-LUC **MATHA,** Marcillac, 934
MATHES ET CIE, Moselle luxembourgeoise, 1299
DOM. **MATHIAS,**
• Bourgogne, 473
• Mâcon, 674
• Pouilly Vinzelles, 689
ADRIAN **MATHIER,** Kanton Wallis (Valais), 1315
MARQUIS ANSELME **MATHIEU,** Châteauneuf-du-Pape, 1196
SERGE **MATHIEU,** Champagne, 747
MATHIEU-PRINCET, Champagne, 747
DOM. DE **MATIBAT,** Côtes de la Malepère AOVDQS, 850
DOM. **MATIGNON,** Cabernet d'Anjou, 1019
DOM. DU **MATINAL,** Moulin-à-Vent, 189
DOM. DES **MATINES,**
• Rosé de Loire, 976
• Saumur, 1040
• Saumur-Champigny, 1046

CH. **MATRAS,** Saint-Emilion grand cru, 314
DENIS ET VALERIE **MATRAY,** Régnié, 193
DOM. **MATRAY,** Juliénas, 183
CH. **MAUCAILLOU,** Moulis-en-Médoc, 423
CH. **MAUCAMPS,** Haut-Médoc, 407
PROSPER **MAUFOUX,**
• Puligny-Montrachet, 632
• Pouilly-Fuissé, 686
ANDRE **MAULER,** Alsace Riesling, 91
JEAN-PAUL **MAULER,** Alsace grand cru Mandelberg, 128
DOM. DE **MAUPAS,** Châtillon-en-Diois, 1204
DOM. DU **MAUPAS,** Chénas, 175
DOM. DE **MAUPERTHUIS,** Bourgogne, 473
CH. **MAUREL FONSALADE,** Saint-Chinian, 847
ALBERT **MAURER,**
• Alsace Gewurztraminer, 102
• Crémant d'Alsace, 142
MICHEL **MAURICE,** Moselle AOVDQS, 145
DOM. DES **MAURIERES,**
• Anjou, 1006
• Rosé d'Anjou, 1016
CH. **MAURINE,** Bordeaux, 215
DOM. DE **MAUVAN,** Côtes de Provence, 877
CH. **MAUVEZIN,** Saint-Emilion grand cru, 314
LOUIS **MAX,** Clos de Vougeot, 554
SIMON **MAYE ET FILS,** Kanton Wallis (Valais), 1316
CH. **MAYLANDIE,** Corbières, 812
CH. **MAYNE BLANC,** Lussac Saint-Emilion, 326
CH. **MAYNE-CABANOT,** Entre-Deux-Mers, 349
CH. **MAYNE D'IMBERT,** Graves, 369
MAYNE D'OLIVET, Bordeaux sec, 225
CH. **MAYNE DU CROS,** Graves, 369
CH. **MAYNE GRAND PEY,** Bergerac, 952
CH. **MAYNE-GUYON,** Premières Côtes de Blaye, 251
CH. **MAYNE LALANDE,** Listrac-Médoc, 413
MAYNE SANSAC, Bordeaux sec, 225
CH. **MAYNE-VIEIL,** Fronsac, 265
DOM. DE **MAYOL,** Côtes du Luberon, 1212
CH. **MAZERIS,** Canon-Fronsac, 261
CH. **MAZERIS-BELLEVUE,** Canon-Fronsac, 261
CH. **MAZERS,** Coteaux du Languedoc, 829
PASCAL **MAZET,** Champagne, 747
ANNE **MAZILLE,** Coteaux du Lyonnais, 197
DOM. **MAZOYER,** Bourgogne Côte Chalonnaise, 656
GUY **MEA,** Champagne, 747
GABRIEL **MEFFRE,** Châteauneuf-du-Pape, 1196
DOM. **MEILLAN-PAGES,** Vaucluse, 1284
MEISTERMANN, Alsace Tokay-Pinot gris, 112
DOM. DU **MEIX-FOULOT,** Mercurey, 667
PASCAL **MELLENOTTE,** Bourgogne Aligoté, 482
JOSEPH **MELLOT,**
• Pouilly-Fumé, 1120
• Quincy, 1124
• Reuilly, 1127
CH. **MEMOIRES,**
• Premières Côtes de Bordeaux, 359
• Cadillac, 442
• Loupiac, 444
DOM. L. **MENAND PERE ET FILS,** Mercurey, 667
MENARD, Pineau des Charentes, 1244
HERVE **MENARD,** Bourgueil, 1065
MERCIER, Champagne, 747
DE **MERIC,** Champagne, 748
CH. DE **MERINVILLE,** Minervois, 842
DOM. DU **MERLE,**
• Bourgogne Passetoutgrain, 486
• Crémant de Bourgogne, 498
DOM. DE **MERLET,** Pessac-Léognan, 382
THIERRY **MERLIN-CHERRIER,** Sancerre, 1132
CH. **MERLIN FRONTENAC,** Bordeaux, 215
BERNARD **MERMOUD,** Kanton Wallis (Valais), 1316
CH. **MERVILLE,** Corbières, 812
DOM. **MESLIAND,**
• Touraine, 1055
• Touraine-Amboise, 1059
CH. **MESLIERE,** Muscadet des Coteaux de la Loire sur lie, 983
ROBERT **MESLIN,** Irancy, 522
MESTRE PERE ET FILS, Santenay, 650
LOUIS **METAIREAU,** Muscadet Sèvre-et-Maine, 994
METAIRIE GRANDE DU THERON, Cahors, 916
CH. **METAIRIE HAUTE,** Pécharmant, 965
METIVIER ET FILS, Vouvray, 1091
DOM. **METRAT ET FILS,** Fleurie, 179
GERARD **METZ,** Alsace Gewurztraminer, 102
HUBERT **METZ,** Alsace grand cru Winzenberg, 138
METZ-GEIGER, Alsace Riesling, 91
D. **MEUNEVEAUX,** Corton, 585
DOM. MAX **MEUNIER,** Touraine, 1055
DOM. VINCENT **MEUNIER,** Mercurey, 667
CH. **MEUNIER SAINT-LOUIS,** Corbières, 812
CH. DE **MEURSAULT,** Meursault, 629
DENIS **MEYER,** Alsace Riesling, 91
DOM. RENE **MEYER,** Alsace Gewurztraminer, 102
GILBERT **MEYER,** Alsace Tokay-Pinot gris, 112
JEAN-LUC **MEYER,** Alsace Muscat, 96
RENE **MEYER,** Alsace grand cru Florimont, 123
MEYER-FONNE, Alsace Riesling, 91
P.A. **MEYLAN,** Kanton Waadt (Vaud), 1308
CH. **MEYRE,** Haut-Médoc, 407
MEZIAT-BELOUZE, Beaujolais, 159
L'INSPIRATION DES **MIAUDOUX,** Bergerac, 952
CH. **MICALET,** Haut-Médoc, 408
DOM. **MICHAUD,**
• Crémant de Loire, 980
• Touraine, 1055
CH. DES **MICHAUDS,** Moulin-à-Vent, 190
DOM. **MICHEL,** Mâcon-Villages, 680
J.B. **MICHEL,** Champagne, 748
JOHANN **MICHEL,** Cornas, 1180
PAUL **MICHEL,** Champagne, 748
DOM. RENE **MICHEL ET FILS,** Viré-Clessé, 682
GUY **MICHEL ET FILS,** Champagne, 748
DOM. **MICHELOT MERE ET FILLE,** Meursault, 629
DOM. DE **MIGNABERRY,** Irouléguy, 936
CHARLES **MIGNON,** Champagne, 748
PIERRE **MIGNON,** Champagne, 748
MIGNON ET PIERREL, Champagne, 748
DOM. DE **MIHOUDY,** Anjou, 1007
MILADY, Crémant de Bordeaux, 245
JEAN **MILAN,** Champagne, 749
CH. **MILHAU-LACUGUE,** Saint-Chinian, 847
DOM. DES **MILLARGES,** Chinon, 1078
MILLE ET UNE PIERRES, Corrèze, 1267
DOM. PAUL **MILLERIOUX,** Sancerre, 1132
DOM. FRANCK **MILLET,** Sancerre, 1133
DOM. GERARD **MILLET,** Sancerre, 1133
M. ET X. **MILLION-ROUSSEAU,** Vin de Savoie, 794
DOM. BERNARD **MILLOT,** Puligny-Montrachet, 632
CH. **MILON,** Saint-Emilion grand cru, 314
CH. **MILOUCA,** Haut-Médoc, 408
CLAUDE **MINIER,** Coteaux du Vendômois, 1100

CH. DE **MINIERE**, Bourgueil, 1065
CH. **MINUTY**, Côtes de Provence, 877
DOM. CHRISTIAN **MIOLANE**, Beaujolais-Villages, 165
ODETTE ET GILLES **MIOLANNE**, Côtes d'Auvergne AOVDQS, 1106
CH. **MIRAFLORS**, Côtes du Roussillon, 856
MIRAGE DU JONCAL, Bergerac, 952
CH. **MIRAMOND**, Gaillac, 923
CLOS DES **MIRAN**, Côtes du Rhône, 1149
MAISON **MIRAULT**, Vouvray, 1091
CH. **MIRAVAL**, Coteaux Varois, 899
CH. **MIRE L'ETANG**, Coteaux du Languedoc, 829
LES VIGNERONS DE **MISTRAL**, Bouches-du-Rhône, 1285
MITIS, Kanton Wallis (Valais), 1316
FREDERIC **MOCHEL**, Alsace grand cru Altenberg de Bergbieten, 120
MODERATO, Ile de Beauté, 1280
MOELLINGER, Alsace grand cru Hengst, 126
JOS. **MOELLINGER ET FILS**,
• Alsace Riesling, 91
• Alsace grand cru Steingrübler, 137
MOET ET CHANDON, Champagne, 749
MOILLARD,
• Meursault, 629
• Châteauneuf-du-Pape, 1196
DOM. **MOILLARD**, Bourgogne Hautes-Côtes de Nuits, 488
J.Y. ET F. **MOINE**, Pineau des Charentes, 1244
CH. **MOINE VIEUX**, Saint-Emilion grand cru, 314
DOM. DES **MOIROTS**,
• Bourgogne Côte Chalonnaise, 658
• Montagny, 672
DOM. **MOISSENET-BONNARD**,
• Bourgogne, 473
• Pommard, 610
CH. DE **MOLE**, Puisseguin Saint-Emilion, 334
CLOS **MOLEON**, Graves, 370
DOM. DES **MOLIERES**, Jasnières, 1082
ARMELLE ET JEAN-MICHEL **MOLIN**,
• Bourgogne Aligoté, 482
• Fixin, 529
DOM. DE **MOLINES**, Oc, 1273
FLORIAN **MOLLET**, Sancerre, 1133
JEAN-PAUL **MOLLET**, Pouilly-Fumé, 1121
MAISON **MOLLEX**, Seyssel, 797
DOM. **MOLTES**, Alsace Gewurztraminer, 102
MOMMESSIN,
• Beaujolais-Villages, 165
• Bourgogne, 473
• Clos de Tart, 546
• Santenay, 650
PIERRE **MONACHON**, Kanton Waadt (Vaud), 1308
CH. **MONBOUSQUET**, Saint-Emilion grand cru, 314
DOM. **MONBRIAND**, Côte de Brouilly, 173
CH. **MONBRISON**, Margaux, 419
BERTRAND DE **MONCENY**,
• Pommard, 610
• Meursault, 629
CH. **MONCETS**, Lalande de Pomerol, 283
CH. **MONCONSEIL GAZIN**, Premières Côtes de Blaye, 251
CH. **MONCONTOUR**, Vouvray, 1091
FATTORIA **MONCUCCHETTO**, Kanton Tessin (Ticino), 1330
PIERRE **MONCUIT**, Champagne, 749
CH. **MONDESIR**, Bergerac, 952
MONDET, Champagne, 749
CH. **MONESTIER LA TOUR**, Bergerac, 953
CH. **MONET**, Sauternes, 452
MONGEARD-MUGNERET, Echézeaux, 557
DOM. **MONGEARD-MUGNERET**,
• Fixin, 529
• Grands-Echézeaux, 558
• Vosne-Romanée, 560
CH. **MONGIN**,
• Côtes du Rhône, 1150
• Châteauneuf-du-Pape, 1196
CH. **MONGRAVEY**, Margaux, 419
CH. **MONIER LA FRAISSE**, Bordeaux Supérieur, 239
CH. **MONLOT CAPET**, Saint-Emilion grand cru, 314
DOM. DE **MONLUC**, Côtes de Gascogne, 1266
ERNEST **MONMARTHE**, Champagne, 749
MONMOUSSEAU,
• Touraine, 1056
• Vouvray, 1092
DOM. RENE **MONNIER**,
• Beaune, 601
• Pommard, 610
• Monthélie, 618
• Maranges, 654
DOM. DE **MONREPOS**, Bordeaux Supérieur, 239
DOM. **MONROZIER**, Fleurie, 179
CH. DE **MONS**,
• Premières Côtes de Bordeaux, 359
• Floc de Gascogne, 1247
CH. DU **MONT**,
• Bordeaux, 215
• Graves, 370
• Sainte-Croix-du-Mont, 445
• Sauternes, 452
LISCA **MONT**, Pineau des Charentes, 1244
CH. **MONTAIGUILLON**, Montagne Saint-Emilion, 331
CH. **MONTAIGUT**, Côtes de Bourg, 256
MONTAUDON, Champagne, 750
CH. **MONTAUNOIR**, Bordeaux Rosé, 229
CH. **MONTAURONE**, Coteaux d'Aix-en-Provence, 893
CH. DE **MONTAUZAN**, Beaujolais, 159
MONTBAIL, Valençay AOVDQS, 1101
CH. **MONTBENAULT**,
• Rosé de Loire, 977
• Anjou, 1007
LES VIGNERONS DE **MONTBLANC**, Côtes de Thongue, 1276
DOM. DE **MONTBOURGEAU**,
• Crémant du Jura, 787
• L'Etoile, 788 789
• Macvin du Jura, 1251
CH. **MONTCLAR**, Côtes de la Malepère AOVDQS, 851
DOM. DE **MONTCY**,
• Cheverny, 1096
• Cour-Cheverny, 1098
DOM. DE **MONT D'HORTES**, Côtes de Thongue, 1276
DOM. DU **MONT D'OR**, Kanton Wallis (Valais), 1316
CH. **MONTDOYEN**, Monbazillac, 962
MONTE E MARE, Ile de Beauté, 1280
MONTEILLET, Côte Rôtie, 1165
DOM. DU **MONTEILLET**,
• Condrieu, 1167
• Saint-Joseph, 1172
DOM. DE **MONTEILS**, Sauternes, 452
CH. **MONTELS**, Gaillac, 923
DOM. DE **MONTELS**, Coteaux und Terrasses de Montauban, 1268
CLOS **MONTEMAGNI**,
• Patrimonio, 908
• Muscat du Cap Corse, 1239
DOM. LOUIS **MONTEMAGNI**, Patrimonio, 908
DOM. DE **MONTERRAIN**, Mâcon, 674
DOM. DE **MONTESQUIOU**, Jurançon, 939
PIERRE **MONTESSUY**, Beaujolais, 159
CH. DE **MONTFAUCON**, Côtes du Rhône, 1150
CH. **MONTFOLLET**, Premières Côtes de Blaye, 251
CH. DE **MONTFORT**,
• Touraine, 1056
• Vouvray, 1092
DOM. DE **MONTGENAS**, Fleurie, 180
DOM. DE **MONTGILET**,
• Anjou-Villages-Brissac, 1014
• Coteaux de l'Aubance, 1020
• Jardin de la France, 1259
DOM. DE **MONTGRIGNON**, Meuse, 1293
CH. DE **MONTGUERET**,
• Rosé de Loire, 977
• Rosé d'Anjou, 1016
• Saumur, 1040

CH. DE **MONTHELIE,** Monthélie, 618
DOM. DE **MONTIGNY,** Touraine, 1056
DOM. DE **MONTILLE,** Pommard, 610
HUBERT DE **MONTILLE,** Volnay, 615
DOM. DE **MONTINE,** Coteaux du Tricastin, 1205
MONTIRIUS, Gigondas, 1184
CLOS **MONTIRIUS,** Vacqueyras, 1189
DOM. DE **MONTLAMBERT,** Pineau des Charentes, 1244
CAVE DE **MONTLOUIS-SUR-LOIRE,** Montlouis, 1085
DOM. DE **MONTMAIN,** Bourgogne Hautes-Côtes de Nuits, 488
CH. DE **MONTMIRAIL,**
• Gigondas, 1184
• Vacqueyras, 1189
DOM. E. DE **MONTMOLLIN FILS,** Kanton Neuenburg (Neuchâtel), 1324
CH. **MONTNER,** Côtes du Roussillon-Villages, 861
CH. **MONT-PERAT,** Premières Côtes de Bordeaux, 359
CH. DE **MONTPEZAT,** Coteaux du Languedoc, 830
DOM. DE **MONTPIERREUX,** Bourgogne, 473
CH. **MONTPLAISIR,** Rosette, 966
LES VIGNERONS DE **MONT-PRES-CHAMBORD,** Cheverny, 1096
LES VIGNERONS DE **MONT-PRES-CHAMBORD,** Cour-Cheverny, 1098
CH. **MONT-REDON,**
• Châteauneuf-du-Pape, 1196
• Lirac, 1200
DOM. DE **MONT REDON,** Côtes de Provence, 877
CH. **MONTREMBLANT,** Saint-Emilion, 291
LYCEE VITICOLE DE **MONTREUIL-BELLAY,** Saumur, 1040
CH. **MONTROSE,** Saint-Estèphe, 435
DOM. **MONTROSE,** Côtes de Thongue, 1276
MICHEL ET LIONEL **MONTROUSSIER,** Côte Roannaise, 1113
DOM. DU **MONT SAINT-JEAN,**
• Vins de Corse, 902
• Ile de Beauté, 1281
CH. **MONTUS,** Pacherenc du Vic-Bilh, 946
DOM. DE **MONTVAC,** Vacqueyras, 1189
CH. **MONTVIEL,** Pomerol, 276
CH. DE **MONVALLON,** Beaujolais-Villages, 165
DANIEL **MOREAU,**
• Champagne, 750
• Coteaux Champenois, 768
DOM. **MOREAU,** Crémant de Loire, 980
DOMINIQUE **MOREAU,** Bourgueil, 1065
DOM. LOUIS **MOREAU,** Chablis, 509
J. **MOREAU ET FILS,**
• Chablis premier cru, 515
• Sauvignon de Saint-Bris AOVDQS, 523
MOREAU-NAUDET ET FILS,
• Chablis premier cru, 515
• Chablis grand cru, 519
MOREL PERE ET FILS,
• Champagne, 750
• Rosé des Riceys, 770
DOM. **MOREL THIBAUT,** Côtes du Jura, 785
ROGER **MOREUX,** Sancerre, 1133
MICHEL **MOREY-COFFINET,**
• Bourgogne, 473
• Chassagne-Montrachet, 641
DOM. DU **MORILLY,** Chinon, 1078
DOM. **MORIN,** Chiroubles, 177
ERIC **MORIN,** Chiroubles, 177
OLIVIER **MORIN,**
• Bourgogne, 474
• Bourgogne grand ordinaire, 477
DOM. DE **MORIN-LANGARAN,** Coteaux du Languedoc, 830
MORIN PERE ET FILS, Aloxe-Corton, 578
DIDIER **MORION,** Saint-Joseph, 1172
MORIZE PERE ET FILS, Champagne, 750
PIERRE **MORLET,** Champagne, 750
CH. **MOROT-GAUDRY,**
• Bourgogne Hautes-Côtes de Beaune, 493
• Santenay, 650
DOM. THIERRY **MORTET,**
• Gevrey-Chambertin, 534
• Chambolle-Musigny, 549
DOM. DES **MORTIERS GOBIN,** Muscadet Sèvre-et-Maine, 995
MORTIES, Coteaux du Languedoc, 830
SYLVAIN **MOSNIER,** Petit Chablis, 504
CH. **MOSSE,**
• Côtes du Roussillon, 856
• Rivesaltes, 1225
• Muscat de Rivesaltes, 1232
DOM. **MOSSE,** Catalan, 1278
DOM. DE **MOTTE CHARETTE,** Muscadet Sèvre-et-Maine, 995
CH. **MOTTE MAUCOURT,** Bordeaux, 215
CH. **MOUCHET,** Puisseguin Saint-Emilion, 334
DOM. DU **MOULIE,** Pacherenc du Vic-Bilh, 946
CH. DU **MOULIN,** Puisseguin Saint-Emilion, 335
DOM. DU **MOULIN,**
• Gaillac, 924
• Muscadet Sèvre-et-Maine, 995
• Cheverny, 1096
• Côtes du Rhône, 1150
• Côtes du Rhône-Villages, 1159
DOM. DU **MOULINAS,** Muscat de Mireval, 1237
CH. **MOULIN A VENT,** Moulis-en-Médoc, 424
CH. DU **MOULIN A VENT,** Moulin-à-Vent, 190
CH. **MOULIN CARESSE,** Bergerac, 953
DOM. DU **MOULIN D'EOLE,** Moulin-à-Vent, 190
DOM. DU **MOULIN DAVID,** Muscadet Sèvre-et-Maine, 995
MOULIN DE CIFFRE, Faugères, 837
CH. **MOULIN DE CLAIRAC,** Graves, 370
CH. **MOULIN DE CLOTTE,** Côtes de Castillon, 340
CH. **MOULIN DE FERRAND,** Bordeaux Supérieur, 239
DOM. DU **MOULIN DE L'HORIZON,** Saumur, 1041
MOULIN DE LA GARDETTE, Gigondas, 1184
CH. **MOULIN DE LA ROSE,** Saint-Julien, 439
MOULIN DE MERIENNE, Charentais, 1262
CH. **MOULIN DE PILLARDOT,** Bordeaux sec, 226
CH. **MOULIN DE PONCET,**
• Bordeaux Clairet, 220
• Entre-Deux-Mers, 349
MOULIN DE SARPE, Saint-Emilion, 291
MOULIN DES DAMES, Bergerac, 953
CH. **MOULIN DES GRAVES,** Saint-Emilion, 291
MOULIN DES NONNES, Minervois, 842
MOULIN DES VRILLERES, Sancerre, 1133
CH. **MOULIN DU BOURG,** Listrac-Médoc, 413
DOM. **MOULIN DU POURPRE,** Côtes du Rhône, 1150
DOM. DE **MOULINES,** Hérault, 1277
CH. **MOULINET,** Pomerol, 276
CH. **MOULINET-LASSERRE,** Pomerol, 276
DOM. DU **MOULIN FAVRE,** Brouilly, 170
CH. **MOULIN GALHAUD,** Saint-Emilion grand cru, 314
CH. **MOULIN HAUT-LAROQUE,** Fronsac, 265
CH. DU **MOULIN NOIR,** Lussac Saint-Emilion, 326
CH. **MOULIN RICHE,** Saint-Julien, 439
CH. DES **MOULINS,** Médoc, 396
CH. **MOULIN SAINT-GEORGES,** Saint-Emilion grand cru, 315
MOULINS DE BOISSE, Bergerac sec, 957
DOM. **MOULIN-TACUSSEL,** Châteauneuf-du-Pape, 1196
CH. DU **MOULIN-VIEUX,** Côtes de Bourg, 256
DOM. DE **MOURCHON,** Côtes du Rhône-Villages, 1159

CH. **MOURESSE,** Côtes de Provence, 877
CH. DU **MOURET,** Graves, 370
CH. **MOURGUES DU GRES,** Costières de Nîmes, 818
MAS **MOURIES,** Coteaux du Languedoc, 830
CORINNE **MOUTARD,** Champagne, 750
JEAN **MOUTARDIER,** Champagne, 751
MOUTARD PERE ET FILS, Champagne, 751
CH. **MOUTIN,** Graves, 370
ANDRE ET JEAN-CLAUDE **MOUTON,**
• Côte Rôtie, 1165
• Condrieu, 1167
GERARD **MOUTON,** Givry, 670
CH. **MOUTON ROTHSCHILD,** Pauillac, 430
CH. **MOUTTE BLANC,**
• Bordeaux Supérieur, 239
• Haut-Médoc, 408
Y. **MOUZON LECLERE,** Champagne, 751
PH. **MOUZON-LEROUX,** Champagne, 751
DOMINIQUE **MOYER,** Montlouis, 1085
DENIS **MUGNERET ET FILS,**
• Clos de Vougeot, 554
• Echézeaux, 557
• Vosne-Romanée, 561
• Richebourg, 562
• Nuits-Saint-Georges, 567
JACQUES-FREDERIC **MUGNIER,** Chambolle-Musigny, 549
MUGNIER PERE ET FILS,
• Rully, 662
• Mercurey, 667
MUHLBERGER, Alsace grand cru Altenberg de Wolxheim, 121
JULES **MULLER,** Alsace Gewurztraminer, 102
G.H. **MUMM ET CIE,** Champagne, 751
DOM. **MUR DU CLOITRE,** Moselle AOVDQS, 146
FRANCIS **MURE,**
• Alsace Riesling, 91
• Alsace grand cru Zinnkoepflé, 139
DOM. REGIS **MUREAU,** Bourgueil, 1065
CH. **MURET,** Haut-Médoc, 408
DOM. DES **MURETINS,** Lirac, 1200
DOM. DU **MURINAIS,** Crozes-Hermitage, 1175
GILLES **MUSSET ET SERGE ROULLIER,**
• Anjou, 1007
• Anjou-Coteaux de la Loire, 1021
DOM. JEAN ET GENO **MUSSO,** Santenay, 650
LUCIEN **MUZARD ET FILS,** Santenay, 651
DOM. DE **MUZY,** Meuse, 1293
CH. **MYLORD,** Entre-Deux-Mers, 349
CH. **MYON DE L'ENCLOS,** Moulis-en-Médoc, 424
CH. DE **MYRAT,** Sauternes, 453
CH. DE **NAGES,** Costières de Nîmes, 818
PIERRE **NAIGEON,** Gevrey-Chambertin, 535
CH. **NAIRAC,** Barsac, 446
DOM. DE **NALYS,** Châteauneuf-du-Pape, 1196
NAPOLEON, Champagne, 751
CH. **NARDIQUE LA GRAVIERE,** Entre-Deux-Mers, 350
CH. **NARDOU,** Bordeaux Côtes de Francs, 344
DOM. HENRI **NAUDIN-FERRAND,**
• Bourgogne Aligoté, 482
• Bourgogne Hautes-Côtes de Nuits, 488
• Bourgogne Hautes-Côtes de Beaune, 493
• Côte de Nuits-Villages, 571
CH. **NAUDONNET-PLAISANCE,**
• Bordeaux Rosé, 229
• Bordeaux Supérieur, 239
NAUER, Kanton Aargau, 1326
NAU FRERES, Bourgueil, 1065
DOM. **NAVARRE,** Saint-Chinian, 847
DOM. DE **NAYS-LABASSERE,** Jurançon, 939
DOM. DES **NAZINS,** Brouilly, 170
NEBOUT, Saint-Pourçain AOVDQS, 1111
NEMROD, Saumur, 1041
DOM. DE **NERLEUX,**
• Crémant de Loire, 980
• Saumur-Champigny, 1046
CLOS DE **NEUILLY,** Chinon, 1078
GERARD **NEUMEYER,** Alsace grand cru Bruderthal, 122
JEAN-FRANCOIS **NEVERS,** Arbois, 776
NICOLAS PERE ET FILS,
• Bourgogne Aligoté, 483
• Santenay, 651
DOM. DE **NIDOLERES,** Côtes du Roussillon, 856
DOM. **NIGRI,** Jurançon sec, 941
CH. **NINON,** Entre-Deux-Mers, 350
CH. **NOAILLAC,** Médoc, 396
CH. **NODOZ,** Côtes de Bourg, 256
DOM. MICHEL **NOELLAT ET FILS,**
• Morey-Saint-Denis, 544
• Chambolle-Musigny, 549
• Clos de Vougeot, 555
• Vosne-Romanée, 561
• Nuits-Saint-Georges, 567
CHARLES **NOLL,**
• Alsace Tokay-Pinot gris, 112
• Alsace grand cru Gloeckelberg, 125
• Alsace grand cru Mandelberg, 128
DOM. **NOTRE DAME DES PALLIERES,** Gigondas, 1185
CH. **NOURET,** Médoc, 396
DOM. JACQUES **NOURY,** Coteaux du Vendômois, 1100
DOM. CLAUDE **NOUVEAU,**
• Santenay, 651
• Maranges, 654
DOM. DU **NOUVEAU MONDE,** Coteaux du Languedoc, 830
CH. DE **NOUVELLES,**
• Fitou, 838
• Rivesaltes, 1225
NOVI, Coteaux du Languedoc, 830
CH. DES **NOYERS,** Anjou-Villages, 1012
DOM. DU **NOZAY,** Sancerre, 1133
ANDRE ET JEAN-RENE **NUDANT,** Bourgogne, 474
DOM. **NUDANT,**
• Ladoix, 575
• Aloxe-Corton, 578
• Corton, 585
DOM. DES **NUGUES,** Beaujolais-Villages, 165
CAVE D' **OBERNAI,** Alsace grand cru Altenberg de Bergbieten, 120
DOM. DES **OBIERS,** Pommard, 610
DOM. **OCTAVIE,** Touraine, 1056
DOM. **OGEREAU,**
• Anjou-Villages, 1012
• Coteaux du Layon, 1030
LES ALLEGORIES D'ANTOINE **OGIER,**
• Crozes-Hermitage, 1176
• Hermitage, 1178
OGIER-CAVES DES PAPES, Vacqueyras, 1189
CH. **OGIER DE GOURGUE,** Premières Côtes de Bordeaux, 359
LES VIGNERONS DE **OISLY ,** Cheverny, 1096
DE **OLIVEIRA LECESTRE,**
• Petit Chablis, 504
• Chablis, 509
• Chablis premier cru, 515
ALAIN **OLIVIER,** Muscadet Sèvre-et-Maine, 995
CH. **OLIVIER,** Pessac-Léognan, 382
DOM. **OLIVIER,** Saint-Nicolas-de-Bourgueil, 1070
MICHEL **OLIVIER,** Crémant de Limoux, 806
OLIVIER-GARD, Bourgogne Hautes-Côtes de Nuits, 489
OLIVIER PERE ET FILS,
• Savigny-lès-Beaune, 593
• Santenay, 651
DOM. **OLLIER-TAILLEFER,** Faugères, 837
CH. **OLLWILLER,** Alsace Pinot oder Klevner, 85
LES VIGNERONS D' **OLT,** Vins d'Estaing AOVDQS, 933
ALAIN **OMASSON,** Bourgueil, 1065
BERNARD **OMASSON,** Bourgueil, 1066
OPALINE, Kanton Wallis (Valais), 1316
OPUS TERRA, Oc, 1273
CHARLES **ORBAN,** Champagne, 752

ORENGA DE GAFFORY,
• Patrimonio, 908
• Muscat du Cap Corse, 1239
DOM. D' **ORFEUILLES,** Vouvray, 1092
CH. **ORISSE DU CASSE,** Saint-Emilion grand cru, 315
CLOS D' **ORLEA,** Vins de Corse, 902
LE BLANC D' **ORMESSON,** Oc, 1273
CLOS **ORNASCA,** Ajaccio, 905
CUVEE **ORPALE,** Champagne, 752
CH. D' **ORSCHWIHR,** Alsace Gewurztraminer, 103
CAVE VINICOLE D' **ORSCHWILLER-KINTZHEIM,** Alsace Riesling, 91
CH. D' **OSMOND,** Haut-Médoc, 408
OTTER,
• Alsace Riesling, 92
• Alsace Gewurztraminer, 103
• Alsace Pinot noir, 117
DOM. DES **OUCHES,** Bourgueil, 1066
CHRISTIANE ET JEAN-CLAUDE **OUDIN,** Chablis premier cru, 515
OUDINOT, Champagne, 752
DOM. DES **OULLIERES,** Coteaux d'Aix-en-Provence, 893
OURY-SCHREIBER, Moselle AOVDQS, 146
PIERRE **OVERNOY,** Arbois, 776
DOM. DU **P'TIT PARADIS,** Chénas, 175
DOM. DU **P'TIT ROY,** Sancerre, 1134
DOM. DIDIER **PABIOT,** Pouilly-Fumé, 1121
DOM. ROGER **PABIOT ET SES FILS,**
• Pouilly-Fumé, 1121
• Pouilly-sur-Loire, 1122
CH. DE **PADERE,** Buzet, 927
J.-L. **PAGE,** Chinon, 1078
DOM. **PAGES HURE,**
• Côtes du Roussillon, 856
• Rivesaltes, 1225
JAMES **PAGET,**
• Touraine, 1056
• Touraine-Azay-le-Rideau, 1060
• Chinon, 1079
BRUNO **PAILLARD,** Champagne, 752
PIERRE **PAILLARD,** Coteaux Champenois, 769
DOM. DE **PAIMPARE,** Coteaux du Layon, 1030
DOM. CHARLES **PAIN,** Chinon, 1079
AMAZONE DE **PALMER,** Champagne, 752
CH. **PALMER,** Margaux, 419
CH. **PALOUMEY,** Haut-Médoc, 408
CH. **PALVIE,** Gaillac, 924
CH. DE **PAMPELONNE,** Côtes de Provence, 877
CH. **PANCHILLE,** Bordeaux Supérieur, 239
CH. DE **PANERY,** Côtes du Rhône, 1150
DOM. DE **PANERY,** Oc, 1274
DOM. DE **PANISSE,** Châteauneuf-du-Pape, 1197
PANKRAZ, Kanton Zürich, 1329
PANNIER, Champagne, 752
CH. **PANSARD,** Côtes de Provence, 877
ERIC **PANSIOT,**
• Bourgogne Aligoté, 483
• Bourgogne Hautes-Côtes de Nuits, 489
THIERRY **PANTALEON,** Saint-Nicolas- de-Bourgueil, 1071
CH. **PAPE CLEMENT,** Pessac-Léognan, 382
CLEMENTIN DU **PAPE CLEMENT,** Pessac-Léognan, 383
CLOS DU **PAPILLON,** Savennières, 1023
PAQUES ET FILS, Champagne, 753
DOM. DU **PARADIS,**
• Muscadet Sèvre-et-Maine, 995
• Kanton Genf (Genève), 1322
CAVE DU **PARADOU,** Kanton Wallis (Valais), 1317
CH. **PARAN JUSTICE,** Saint-Emilion grand cru, 315
CH. DU **PARC,** Coteaux du Languedoc, 831
DOM. DU **PARC,** Gros-Plant AOVDQS, 999
DOM. **PARCE,** Muscat de Rivesaltes, 1232
DOM. DU **PARC SAINT-CHARLES,** Côtes du Rhône, 1150
DOM. **PARDON,** Fleurie, 180
DOM. **PARENT,**
• Ladoix, 575
• Pommard, 610
DOM. ANNICK **PARENT,** Volnay, 615
DOM. J. **PARENT,** Monthélie, 618
PIERRE **PARENT,** Cour-Cheverny, 1098
ALAIN **PARET,** Saint-Joseph, 1172
PARFUM DE VIGNE, Kanton Waadt (Vaud), 1308
DOM. **PARIGOT PERE ET FILS,**
• Bourgogne Hautes-Côtes de Beaune, 494
• Savigny-lès-Beaune, 593
• Beaune, 602
• Pommard, 611
• Volnay, 615
DOM. DE **PARIS,** Côtes de Provence, 877
DOM. DES **PARISES,** Gaillac, 924
CUVEE **PARSIFAL,** Saint-Joseph, 1172
PASCAL, Bourgogne Passetoutgrain, 486
DOM. JEAN **PASCAL ET FILS,**
• Auxey-Duresses, 621
• Puligny-Montrachet, 632
CH. **PASCAUD,** Bordeaux Supérieur, 240
CH. DE **PASSAVANT,** Rosé de Loire, 977
DOM. **PASSOT-COLLONGE,** Morgon, 186
DOM. **PASTRICCIOLA,** Patrimonio, 908
CH. **PATACHE D'AUX,** Médoc, 397
DOM. SYLVAIN **PATAILLE,** Bourgogne grand ordinaire, 477
DOM. DU **PATERNEL,** Cassis, 883
DENIS **PATOUX,** Champagne, 753
PATRIARCHE PERE ET FILS,
• Savigny-lès-Beaune, 594
• Pouilly-Fuissé, 686
CH. **PATRIS,** Saint-Emilion grand cru, 315
PASCAL **PAUGET,** Mâcon, 674
ALAIN **PAULAT,** Coteaux du Giennois, 1109
LES CLOS DE **PAULILLES,**
• Collioure, 864
• Banyuls, 1219
GERARD **PAUTIER,** Pineau des Charentes, 1244
DOM. ALAIN **PAUTRE,** Chablis, 509
DOM. **PAVELOT,**
• Bourgogne Aligoté, 483
• Pernand-Vergelesses, 580
JEAN-MARC **PAVELOT,**
• Pernand-Vergelesses, 581
• Savigny-lès-Beaune, 594
CH. **PAVIE,** Saint-Emilion grand cru, 315
CH. **PAVIE DECESSE,** Saint-Emilion grand cru, 315
CH. **PAVIE MACQUIN,** Saint-Emilion grand cru, 316
DOM. DU **PAVILLON,**
• Aloxe-Corton, 578
• Corton, 585
• Corton-Charlemagne, 588
• Côte Roannaise, 1113
PAVILLON BLANC DU CHATEAU MARGAUX, Bordeaux sec, 226
PAVILLON DE BELLEVUE, Médoc, 397
PAVILLON DU BOSC, Oc, 1274
PAVILLON DU HAUT ROCHER, Saint-Emilion, 291
PAVILLON ROUGE, Margaux, 419
CLOS DU **PECH BESSOU,** Bergerac, 953
CH. **PECH-CELEYRAN,** Coteaux du Languedoc, 831
CH. **PECH-LATT,** Corbières, 812
CH. **PECH REDON,** Coteaux du Languedoc, 831
DOM. DE **PECOULA,** Monbazillac, 962
CH. **PEDESCLAUX,** Pauillac, 430
PEHU-SIMONET, Champagne, 753
FRANCK **PEILLOT,** Bugey AOVDQS, 799
PELAN, Bordeaux Côtes de Francs, 344
DOM. **PELAQUIE,**
• Côtes du Rhône, 1150
• Lirac, 1200
DOM. **PELISSON,** Côtes du Ventoux, 1209

DOM. HENRY **PELLE**, Menetou-Salon, 1116
CH. DE **PELLEHAUT**, Floc de Gascogne, 1247
FLORENCE **PELLETIER**, Coteaux de Coiffy, 1293
JEAN-MICHEL **PELLETIER**, Champagne, 753
PHILIPPE **PELTIER**, Château-Chalon, 780
VINCENT **PELTIER**, Vouvray, 1092
DOM. DES **PENDUS**, Kanton Genf (Genève), 1322
ANNICK **PENET**, Bourgueil, 1066
CH. **PENIN**,
• Bordeaux sec, 226
• Bordeaux Supérieur, 240
DOM. DU **PENLOIS**, Beaujolais-Villages, 165
CH. DE **PENNAUTIER**, Cabardès, 850
DOM. COMTE **PERALDI**, Ajaccio, 906
CH. **PERAYNE**,
• Bordeaux Rosé, 229
• Côtes de Bordeaux Saint-Macaire, 361
CH. DE **PERCHADE**, Tursan AOVDQS, 947
DOM. **PERCHADE**, Terroirs Landais, 1264
DOM. **PERCHER**, Anjou, 1007
DOM. DES **PERDRIX**,
• Echézeaux, 557
• Vosne-Romanée, 561
• Nuits-Saint-Georges, 567
DOM. DE **PERDRYCOURT**, Chablis, 509
CAVES DU **PERE AUGUSTE**, Touraine, 1056
DOM. DU **PERE GUILLOT**, Costières de Nîmes, 818
DOM. DES **PERELLES**,
• Pouilly Vinzelles, 689
• Saint-Véran, 693
CH. **PEREY-GROULEY**, Saint-Emilion, 291
CH. DU **PERIER**, Médoc, 397
CH. **PERIN DE NAUDINE**, Graves, 370
PERLE D'AMOUR, Gaillac, 924
PERLES DU SOLEIL, Kanton Wallis (Valais), 1317
JEAN **PERNET**, Champagne, 753
PERNET-LEBRUN, Champagne, 753
DOM. **PEROL**, Beaujolais, 159
DOM. **PERO-LONGO**, Vins de Corse, 902
DOM. RENE **PERRATON**,
• Mâcon-Villages, 680
• Pouilly Vinzelles, 690
GEORGES ET MONIQUE **PERRAUD**, Moulin-à-Vent, 190
JEAN-FRANOIS **PERRAUD**, Juliénas, 183
STEPHANE ET VINCENT **PERRAUD**, Muscadet Sèvre-et-Maine, 995
ANDRE **PERRET**,
• Condrieu, 1167
• Saint-Joseph, 1172
MARCEL **PERRET**, Pouilly-Fuissé, 686
JOSEPH **PERRIER**, Champagne, 754
DOM. DES **PERRIERES**, Bourgueil, 1066
JEAN **PERRIER ET FILS**, Roussette de Savoie, 796
DANIEL **PERRIN**, Champagne, 754
DOM. CHRISTIAN **PERRIN**, Aloxe-Corton, 578
DOM. DU **PERRIN**, Beaujolais-Villages, 166
DOM. ROGER **PERRIN**, Côtes du Rhône, 1150
VINCENT ET MARIE-CHRISTINE **PERRIN**, Pommard, 611
CH. **PERRON**, Lalande de Pomerol, 283
DOM. HENRI **PERROT-MINOT**, Charmes-Chambertin, 540
DOM. ROBERT **PERROUD**, Brouilly, 170
CH. DE **PERSANGES**, L'Etoile, 789
PERSEVAL-FARGE, Champagne, 754
GILLES **PERSILIER**, Côtes d'Auvergne AOVDQS, 1106
CH. **PERTHUS**, Côtes de Bourg, 257
PERTOIS-MORISET, Champagne, 754
CH. **PERVENCHE-PUY ARNAUD**, Côtes de Castillon, 341
CH. **PESQUIE**, Côtes du Ventoux, 1209
LE VIOGNIER DU **PESQUIE**, Portes de Méditerranée, 1281
PIERRE **PETERS**, Champagne, 754
DESIRE **PETIT**, Crémant du Jura, 788
DOM. DU **PETIT BARBARAS**, Côtes du Rhône-Villages, 1160
CH. **PETIT BOCQ**, Saint-Estèphe, 435
DOM. DU **PETIT BONDIEU**, Bourgueil, 1066
DOM. DU **PETIT CHAUMONT**, Sables du Golfe du Lion, 1275
DOM. DU **PETIT CLOCHER**,
• Crémant de Loire, 980
• Anjou, 1007
PETIT CORBIN-DESPAGNE, Saint-Emilion, 292
CLOS **PETITE BELLANE**,
• Côtes du Rhône, 1151
• Côtes du Rhône-Villages, 1160
CH. **PETITE BORIE**, Saussignac, 967
DOM. DES **PETITES COSSARDIERES**, Gros-Plant AOVDQS, 1000
DOM. DES **PETITES GROUAS**,
• Anjou, 1007
• Cabernet d'Anjou, 1019
DESIRE **PETIT ET FILS**,
• Arbois, 776
• Château-Chalon, 780
• Macvin du Jura, 1251
CH. **PETIT FOMBRAUGE**, Saint-Emilion grand cru, 316
CH. **PETIT-FREYLON**, Bordeaux Supérieur, 240
DOM. DE **PETIT FROMENTIN**, Coteaux du Lyonnais, 197
CH. **PETIT-GRAVET**, Saint-Emilion grand cru, 316
PETITJEAN-PIENNE, Champagne, 754
DOM. DU **PETIT MALROME**, Côtes de Duras, 970
DOM. DU **PETIT MARSALET**, Monbazillac, 962
DOM. DU **PETIT METRIS**, Anjou-Villages, 1012
CLOS DU **PETIT MONT**, Vouvray, 1092
DOM. DU **PETIT PARIS**, Bergerac rosé, 955
DOM. DU **PETIT PUITS**, Chiroubles, 178
DOM. DE **PETIT ROUBIE**, Hérault, 1277
DOM. DES **PETITS QUARTS**,
• Anjou, 1007
• Coteaux du Layon, 1030
• Bonnezeaux, 1034
CH. **PETIT VAL**, Saint-Emilion grand cru, 316
DOM. DU **PETIT VAL**,
• Coteaux du Layon, 1030
• Jardin de la France, 1259
CH. **PETIT VILLAGE**, Pomerol, 276
CH. **PETRARQUE**, Fronsac, 266
PETRUS, Pomerol, 276
CH. **PEY BERLAND**, Moulis-en-Médoc, 424
CH. **PEYBRUN**, Cadillac, 442
CH. **PEYCHAUD**, Côtes de Bourg, 257
CH. **PEY DE PONT**, Médoc, 397
DOM. DU **PEY-NEUF**,
• Bandol, 888
• Mont-Caume, 1282
CH. **PEYRABON**, Haut-Médoc, 408
CH. CRU **PEYRAGUEY**, Sauternes, 453
CH. **PEYREDON LAGRAVETTE**, Listrac-Médoc, 414
CH. **PEYREDOULLE**, Premières Côtes de Blaye, 251
CH. **PEYRE-LEBADE**, Haut-Médoc, 408
DOM. DU **PEYRIE**, Cahors, 916
CH. **PEYRILLAC**, Bordeaux, 215
CH. **PEYRON SIMON**, Bordeaux Supérieur, 240
CH. **PEYROT-MARGES**, Sainte-Croix-du-Mont, 445
CH. **PEYROU**, Côtes de Castillon, 341
DOM. DU **PEYROU**, Madiran, 945
CH. **PEYROUQUET**, Saint-Emilion, 292
ALAIN **PEYTEL**, Beaujolais-Villages, 166

LES VIGNERONS DE **PEZILLA,**
• Côtes du Roussillon-Villages, 861
• Rivesaltes, 1225
• Muscat de Rivesaltes, 1232
LES VIGNERONS DE **PFAFFENHEIM ET GUEBERSCHWIHR,** Alsace Gewurztraminer, 103
CH. **PHELAN SEGUR,** Saint-Estèphe, 435
MAURICE **PHILIPPART,** Champagne, 754
CH. **PHILIPPE-LE-HARDI,**
• Bourgogne Hautes-Côtes de Beaune, 494
• Aloxe-Corton, 578
• Beaune, 602
• Saint-Aubin, 645
PHILIPPONNAT, Champagne, 755
LES FRERES **PHILIPPOZ,** Kanton Wallis (Valais), 1317
DOM. DE **PIALENTOU,** Gaillac, 924
DOM. DE **PIANA,** Vins de Corse, 903
CLOS DU **PIAT,** Côtes de Bourg, 257
DOM. DE **PIAUGIER,**
• Côtes du Rhône-Villages, 1160
• Gigondas, 1185
PASCAL **PIBALEAU,** Touraine-Azay-le-Rideau, 1060
CH. DE **PIBARNON,** Bandol, 888
CH. **PIBRAN,** Pauillac, 430
LES VIGNERONS DU **PIC,** Oc, 1274
PICAMELOT, Crémant de Bourgogne, 499
LOUIS **PICAMELOT,** Mercurey, 667
CH. **PICARD,** Saint-Estèphe, 435
PICARD PERE ET FILS, Mercurey, 667
DOM. **PICCININI,** Minervois, 842
CHRISTOPHE **PICHON,** Condrieu, 1167
CH. **PICHON-BELLEVUE,** Graves de Vayres, 352
CH. **PICHON-LONGUEVILLE BARON,** Pauillac, 430
CH. **PICHON-LONGUEVILLE COMTESSE DE LALANDE,** Pauillac, 431
CH. **PICQUE CAILLOU,** Pessac-Léognan, 383
DOM. **PIED FLOND,** Anjou-Gamay, 1010
CH. **PIEGUE,** Crémant de Loire, 981
DOM. **PIERETTI,**
• Vins de Corse, 903
• Muscat du Cap Corse, 1239
CH. **PIERRAIL,**
• Bordeaux sec, 226
• Bordeaux Supérieur, 240
CH. **PIERRE-BISE,**
• Coteaux du Layon, 1031
• Quarts de Chaume, 1035
DOM. DE **PIERRE BLANCHE,** Condrieu, 1168
DOM. DE **PIERREFAIT,** Brouilly, 170
DOM. DE **PIERRE-FILANT,** Beaujolais, 159
PIERREL, Champagne, 755
DOM. DES **PIERRES,** Saint-Amour, 194
DOM. DES **PIERRES ROUGES,** Mâcon Supérieur, 676
DOM. **PIERRIERE GONTHIER,** Charentais, 1262
CH. **PIERRON,** Bordeaux sec, 226
CH. **PIERROUSSELLE,** Bordeaux, 215
PIERSON-CUVELIER, Champagne, 755
DOM. DE **PIETRELLA,** Ajaccio, 906
DOM. **PIETRI-GERAUD,**
• Collioure, 864
• Banyuls, 1219
• Muscat de Rivesaltes, 1232
VIGNERONS DES **PIEVE,** Ile de Beauté, 1281
CH. **PIGANEAU,** Saint-Emilion grand cru, 316
CH. **PIGAUD,** Médoc, 397
DOM. ANDRE **PIGEAT,** Quincy, 1124
JEAN-CLAUDE **PIGNERET,** Montagny, 672
DOM. **PIGNIER,** Côtes du Jura, 785
MAS **PIGNOU,** Gaillac, 924
CH. **PIGOUDET,** Coteaux d'Aix-en-Provence, 894
DOM. **PIGUET-CHOUET,** Auxey-Duresses, 621
PIGUET-GIRARDIN,
• Auxey-Duresses, 621
• Meursault, 629
• Chassagne-Montrachet, 641
• Santenay, 651
CH. **PILLEBOIS,** Côtes de Castillon, 341
DOM. DES **PILLETS,** Morgon, 187
FERNAND ET LAURENT **PILLOT,**
• Puligny-Montrachet, 632
• Chassagne-Montrachet, 641
CH. **PILOT LES MARTINS,** Lussac Saint-Emilion, 327
CH. DE **PIMPEAN,** Anjou, 1008
DOM. **PINCHINAT,** Côtes de Provence, 877
CH. **PINERAIE,** Cahors, 916
CH. DE **PINET,** Coteaux du Languedoc, 831
PINQUIER-BROVELLI, Bourgogne, 474
DOM. **PINQUIER-BROVELLI,** Monthélie, 618
THIERRY **PINQUIER-BROVELLI,** Beaune, 602
DOM. DES **PINS,** Chénas, 175
DOM. **PINSON,**
• Chablis premier cru, 515
• Chablis grand cru, 519
GEORGES ET THIERRY **PINTE,**
• Bourgogne Aligoté, 483
• Savigny-lès-Beaune, 594
CH. DE **PINTRAY,** Montlouis, 1085
CH. **PIOT-DAVID,** Sauternes, 453
CH. **PIPEAU,** Saint-Emilion grand cru, 316
PIPER-HEIDSIECK, Champagne, 755
DOM. **PIQUEMAL,**
• Côtes du Roussillon, 856
• Côtes du Roussillon-Villages, 861
• Muscat de Rivesaltes, 1232
CH. **PIQUE-PERLOU,** Minervois, 842
CH. DU **PIRAS,** Premières Côtes de Bordeaux, 360
CH. **PIRON,** Graves, 370
AUGUSTE **PIROU,** Côtes du Jura, 785
DOM. DE **PISSE-LOUP,**
• Petit Chablis, 504
• Chablis, 510
CH. DE **PITRAY,** Côtes de Castillon, 341
CH. DE **PIZAY,** Morgon, 187
RESERVE DU MAITRE DE CHAIS DE **PIZAY,** Beaujolais, 159
VIN D'AUTAN DE ROBERT **PLAGEOLES ET FILS,** Gaillac, 924
CH. **PLAISANCE,**
• Bordeaux Supérieur, 241
• Saint-Emilion grand cru, 317
• Montagne Saint-Emilion, 331
• Côtes du Frontonnais, 930
CH. DE **PLAISANCE,**
• Savennières, 1023
• Coteaux du Layon, 1031
• Quarts de Chaume, 1035
PLANCHE-BILLON, Kanton Wallis (Valais), 1317
CH. **PLANERES,** Côtes du Roussillon, 857
LES VIGNERONS DE **PLANEZES-RASIGUERES,** Côtes du Roussillon-Villages, 861
DOM. PHILIPPE **PLANTEVIN,** Côtes du Rhône, 1151
JACQUES **PLASSE,** Côte Roannaise, 1113
LES CAVES DU **PLESSIS,** Saint-Nicolas- de-Bourgueil, 1071
CH. **PLINCE,** Pomerol, 277
CLOS **PLINCE,** Pomerol, 277
CH. **PLO DU ROY,** Minervois, 842
ROLAND **PLOU ET SES FILS,** Touraine-Amboise, 1059
PLOYEZ-JACQUEMART, Champagne, 755
DOM. **POCHON,** Collines Rhodaniennes, 1289
DOM. DU **POINT DU JOUR,** Fleurie, 180
DOM. DE **POLIGNAC,** Floc de Gascogne, 1248
POLL-FABAIRE, Moselle luxembourgeoise, 1299
POL ROGER, Champagne, 755
LA CAVE A **POLYTE,** Kanton Wallis (Valais), 1317
POMARIN, Côtes de Provence, 877
CH. **POMEAUX,** Pomerol, 277

POMMERY, Champagne, 756
DENIS **POMMIER,** Petit Chablis, 504
CH. **POMYS,** Saint-Estèphe, 435
DOM. DES **PONCETYS,** Saint-Véran, 693
CH. **PONCHARAC,** Bordeaux Supérieur, 241
CH. **PONCHEMIN,** Bordeaux, 216
DOM. DE **PONCHON,** Brouilly, 170
PONNAZ ET FILS, Kanton Waadt (Vaud), 1308
ALBERT **PONNELLE,**
• Pernand-Vergelesses, 581
• Beaune, 602
• Pommard, 611
• Rully, 662
DOM. **PONSARD-CHEVALIER,**
• Bourgogne Hautes-Côtes de Beaune, 494
• Volnay, 615
• Santenay, 651
• Maranges, 654
DOM. **PONSOT,**
• Griotte-Chambertin, 541
• Clos de la Roche, 545
VINCENT **PONT,**
• Monthélie, 619
• Auxey-Duresses, 621
CH. **PONTAC MONPLAISIR,** Pessac-Léognan, 383
CH. **PONT-CLOQUET,** Pomerol, 277
LES CHAIS DU **PONT D'ARC,** Coteaux de l'Ardèche, 1291
CH. **PONT DE BRION,** Graves, 370
DOM. **PONT DE GUESTRES,** Lalande de Pomerol, 283
CH. **PONT DE PIERRE,** Lussac Saint-Emilion, 327
CH. **PONTET-CANET,** Pauillac, 431
CH. **PONTOISE-CABARRUS,** Haut-Médoc, 409
DOM. **PONTONNIER,**
• Bourgueil, 1067
• Saint-Nicolas- de-Bourgueil, 1071
DOM. DU **PONT ROUGE,** Bordeaux Supérieur, 241
CH. **PONT-ROYAL,** Coteaux d'Aix-en-Provence, 894
A. **PORRET,** Kanton Neuenburg (Neuchâtel), 1324
DOM. MARC **PORTAZ,** Vin de Savoie, 794
PORT CAILLAVET, Saint-Julien, 439
YOHANNA ET BENOIT **PORTEILLA,** Côtes d'Auvergne AOVDQS, 1106
CH. DE **PORTETS,** Graves, 371
PHILIPPE **PORTIER,** Quincy, 1124
VIRGILE **PORTIER,** Champagne, 756
DOM. **POUDEROUX,** Maury, 1228
CH. **POUGET,** Margaux, 420
ROGER **POUILLON ET FILS,**
• Champagne, 756
• Coteaux Champenois, 769
ROBERT **POUILLOUX ET SES FILS,** Pineau des Charentes, 1244
DOM. DE **POUILLY-LE-CHATEL,** Beaujolais, 160
CH. **POUJEAUX,** Moulis-en-Médoc, 424
DOM. DU **POUJOL,** Hérault, 1277
ALAIN **POULET,** Clairette de Die, 1203
POULET PERE ET FILS,
• Clos de la Roche, 546
• Saint-Romain, 624
DOM. **POULLEAU PERE ET FILS,**
• Côte de Beaune, 604
• Volnay, 615
CH. **POULVERE,** Monbazillac, 962
CH. **POUMEY,** Pessac-Léognan, 383
POUPAT ET FILS, Coteaux du Giennois, 1109
CH. DE **POURCIEUX,** Côtes de Provence, 878
DOM. DU **POURPRE,** Moulin-à-Vent, 190
DOM. DU **POURRA,** Côtes du Rhône-Villages, 1160
DOM. DE **POUSSAN LE HAUT,** Oc, 1274
DOM. **POUVEREL,** Côtes de Provence, 878
MARCEL **POUX,** Arbois, 777
CH. DU **POYET,** Muscadet Sèvre-et-Maine, 995
DOM. DU **POYET,** Côtes du Forez, 1108
CH. **PRADAL,** Muscat de Rivesaltes, 1232
DOM. **PRADELLE,** Crozes-Hermitage, 1176
DOM. DES **PRADELS,** Saint-Chinian, 847
JEAN-PIERRE ET MARC **PRADIER,** Côtes d'Auvergne AOVDQS, 1106
DOM. DE **PRAPIN,** Coteaux du Lyonnais, 197
DOM. DE **PRATAVONE,** Ajaccio, 906
PRATICCIOLI, Ile de Beauté, 1281
PREFERENCE, Costières de Nîmes, 818
PREFERENCE BOSQUETS, Gigondas, 1185
ERNEST **PREISS,** Alsace Gewurztraminer, 103
PREISS-ZIMMER,
• Alsace Gewurztraminer, 103
• Crémant d'Alsace, 142
PRE-LEVERON, Arbois, 777
CH. DE **PREMEAUX,**
• Bourgogne Hautes-Côtes de Nuits, 489
• Nuits-Saint-Georges, 567
PREMIUS, Bordeaux, 216
DOM. DES **PRES-LASSES,** Faugères, 837
CH. DE **PRESSAC,** Saint-Emilion grand cru, 317
PRESTIGE DE L'HERMITAGE, Muscadet Sèvre-et-Maine, 996
PRESTIGE DES SACRES, Champagne, 756
PRESTIGE DU PRESIDENT, Vins de Corse, 903
PRESTIGE DU VIEUX PAYS, Pacherenc du Vic-Bilh, 946
CH. **PREVOST,** Bordeaux, 216
YANNICK **PREVOTEAU,** Champagne, 756
DOM. JACKY **PREYS ET FILS,** Valençay AOVDQS, 1101
DOM. DES **PRIES,** Jardin de la France, 1259
DOM. JACQUES **PRIEUR,**
• Echézeaux, 557
• Beaune, 602
• Volnay, 615
DU **PRIEUR,** Crémant de Bordeaux, 245
DOM. **PRIEUR-BRUNET,**
• Volnay, 615
• Santenay, 651
DOM. DU **PRIEURE,**
• Savigny-lès-Beaune, 594
• Anjou, 1008
• Menetou-Salon, 1116
• Jardin de la France, 1260
LES VIGNERONS DU **PRIEURE,** Moulin-à-Vent, 190
CH. **PRIEURE BORDE-ROUGE,** Corbières, 812
CH. **PRIEURE CANTELOUP,** Premières Côtes de Bordeaux, 360
PRIEURE DE MONTEZARGUES, Tavel, 1202
CH. DU **PRIEURE DES MOURGUES,** Saint-Chinian, 847
CH. **PRIEURE-LICHINE,** Margaux, 420
LE BLANC DU CHATEAU **PRIEURE-LICHINE,** Bordeaux sec, 226
CH. **PRIEURE MALESAN,** Premières Côtes de Blaye, 251
PRIEURE SAINT-ANDRE, Saint-Chinian, 847
PAUL **PRIEUR ET FILS,** Sancerre, 1133
CH. **PRIEURS ,** Pomerol, 277
PRIMO PALATUM,
• Sauternes, 453
• Jurançon sec, 941
PRIMUS CLASSICUS, Kanton Wallis (Valais), 1317
DOM. **PRIN,**
• Ladoix, 575
• Corton, 585
DOM. DU **PRINCE,** Cahors, 917
PRINCE NOIR, Bordeaux Supérieur, 241
ACHILLE **PRINCIER,** Champagne, 757
PRIN PERE ET FILS, Champagne, 757
CAVE DE **PRISSE-SOLOGNY-VERZE,**
• Crémant de Bourgogne, 499
• Mâcon-Villages, 680
• Saint-Véran, 693
UNION DES **PRODUCTEURS,** Côtes du Vivarais, 1214
JEAN-LUC **PROLANGE,** Régnié, 193

CH. **PROMS-BELLEVUE,** Graves, 371
DOM. CHRISTIAN **PROVIN,** Saint-Nicolas- de-Bourgueil, 1071
PROVINS VALAIS, Kanton Wallis (Valais), 1317
BERNARD **PRUDHON,** Saint-Aubin, 645
HENRI **PRUDHON,** Saint-Aubin, 645
DOM. JEAN-PIERRE ET LAURENT **PRUNIER,**
• Monthélie, 619
• Auxey-Duresses, 621
DOM. MICHEL **PRUNIER,** Crémant de Bourgogne, 499
DOM. VINCENT **PRUNIER,**
• Saint-Romain, 624
• Chassagne-Montrachet, 641
PASCAL **PRUNIER,**
• Auxey-Duresses, 622
• Saint-Romain, 624
PRUNIER-DAMY,
• Monthélie, 619
• Auxey-Duresses, 622
• Saint-Romain, 625
TAUPENOT **PRUNIER-DAMY,** Auxey-Duresses, 623
DOM. **PUECH,** Coteaux du Languedoc, 831
PUECH AURIOL, Coteaux d'Ensérune, 1279
CH. **PUECH-HAUT,** Coteaux du Languedoc, 831
JACQUES **PUFFENEY,** Arbois, 777
CH. DU **PUGET,** Côtes de Provence, 878
CH. DE **PUISSEGUIN CURAT,** Puisseguin Saint-Emilion, 335
PUJOL, Côtes du Roussillon, 857
AUGUST **PU..NTER,** Kanton Zürich, 1329
FRUITIERE VINICOLE DE **PUPILLIN,**
• Arbois, 777
• Crémant du Jura, 788
FRUITIERE VINICOLE DE **PUPILLIN,** Macvin du Jura, 1251
PURPURATUM, Kanton Tessin (Ticino), 1330
CH. DE **PUTILLE,**
• Anjou, 1008
• Anjou-Coteaux de la Loire, 1021
DOM. DE **PUTILLE,** Anjou-Villages, 1012
DOM. DU **PUY,** Chinon, 1079
CH. **PUYANCHE,** Bordeaux Côtes de Francs, 344
CH. **PUY-FAVEREAU,** Bordeaux Supérieur, 241
CH. **PUY GARANCE,** Côtes de Castillon, 341
CH. **PUYGUERAUD,** Bordeaux Côtes de Francs, 344
CH. **PUY GUILHEM,** Fronsac, 266
CH. **PUY MOUTON,** Saint-Emilion grand cru, 317
CH. **PUY-SERVAIN,** Haut-Montravel, 964
VIGNOBLE DES **QUATRE ROUES,** Touraine-Amboise, 1059
DOM. DES **QUATRE ROUTES,** Jardin de la France, 1260
DOM. DES **QUATRE VENTS,** Touraine, 1056
ANDRE ET MICHEL **QUENARD,** Vin de Savoie, 794
DOM. J.-PIERRE ET J.-FRANOIS **QUENARD,** Vin de Savoie, 794
LES FILS DE RENE **QUENARD,** Vin de Savoie, 795
CH. **QUERCY,** Saint-Emilion grand cru, 317
SEIGNEUR DE **QUERIBUS,** Corbières, 813
CH. **QUEYRON PATARABET,** Saint-Emilion, 292
CH. **QUINCARNON,** Graves, 371
CH. DE **QUINCAY,** Touraine, 1056
CAVE BEAUJOLAISE DE **QUINCIE,** Brouilly, 170
GERARD **QUIVY,** Gevrey-Chambertin, 535
RABASSIERE, Coteaux du Tricastin, 1206
DOM. DE **RABELAIS,** Touraine-Mesland, 1061
CH. DE **RABOUCHET,** Bordeaux Supérieur, 241
CH. **RABY-JEAN VOISIN,** Saint-Emilion grand cru, 317
DENIS **RACE,**
• Chablis premier cru, 515
• Chablis grand cru, 520
DOM. DU **RAFFAULT,** Chinon, 1079
JEAN-MAURICE **RAFFAULT,** Chinon, 1079
DOM. DES **RAGUENIERES,** Bourgueil, 1067
CH. **RAHOUL,** Graves, 371
NOEL ET JEAN-LUC **RAIMBAULT,** Sancerre, 1134
VINCENT **RAIMBAULT,** Vouvray, 1092
RAIMBAULT DES VIGNES, Gaillac, 924
DOM. **RAIMBAULT-PINEAU,** Pouilly-Fumé, 1121
DIDIER **RAIMOND,** Champagne, 757
CH. **RAMAFORT,** Médoc, 397
CH. **RAMAGE LA BATISSE,** Haut-Médoc, 409
DOM. DE **RAMATUELLE,** Coteaux Varois, 899
CH. **RAMBAUD,** Bordeaux Supérieur, 241
DAVID **RAMNOUX,** Pineau des Charentes, 1244
DOM. DE **RANCY,** Rivesaltes, 1225
DOM. **RAPET PERE ET FILS,**
• Pernand-Vergelesses, 581
• Corton, 585
• Corton-Charlemagne, 588
• Savigny-lès-Beaune, 594
• Beaune, 602
JEAN **RAPP,** Alsace Pinot oder Klevner, 85
OLIVIER **RAQUILLET,** Mercurey, 667
RASPAIL, Clairette de Die, 1203
CH. **RASPAIL,** Gigondas, 1185
DOM. **RASPAIL,** Coteaux du Tricastin, 1206
JEAN-CLAUDE **RASPAIL,** Clairette de Die, 1203
DOM. **RASPAIL-AY,** Gigondas, 1185
CH. DE **RASQUE,** Côtes de Provence, 878
CAVE DE **RASTEAU,**
• Côtes du Rhône-Villages, 1160
• Rasteau, 1238
DOM. DES **RATAS,** Coteaux du Giennois, 1109
CLOS DES **RATELLES,** Muscadet Sèvre-et-Maine, 996
CH. **RATOUIN,** Pomerol, 277
CH. DE **RATY,** Costières de Nîmes, 818
CH. DU **RAUX,** Haut-Médoc, 409
CH. **RAUZAN DESPAGNE,** Bordeaux, 216
CH. **RAUZAN-GASSIES,** Margaux, 420
CH. **RAUZAN-SEGLA,** Margaux, 420
DOM. DE **RAVANES,** Coteaux de Murviel, 1277
PHILIPPE **RAVIER,** Vin de Savoie, 795
FRANÇOIS **RAY,** Saint-Pourçain AOVDQS, 1111
CH. DE **RAYNE VIGNEAU,** Sauternes, 453
CH. **REAL-CAILLOU,** Lalande de Pomerol, 284
CH. **REAL D'OR,** Côtes de Provence, 878
MICHEL **REBOURGEON,** Pommard, 611
REBOURGEON-MURE, Bourgogne, 474
DOM. **REBOURGEON-MURE,**
• Beaune, 602
• Pommard, 611
• Volnay, 615
DOM. HENRI **REBOURSEAU,**
• Gevrey-Chambertin, 535
• Chambertin, 537
• Mazis-Chambertin, 542
• Clos de Vougeot, 555
CH. **RECOUGNE,** Bordeaux Supérieur, 242
CUVEE DU **REDEMPTEUR,** Champagne, 757
PASCAL **REDON,** Champagne, 757
CH. **REDORTIER,** Gigondas, 1185
ANDRE **REGIN,** Alsace grand cru Altenberg de Wolxheim, 121
REGNARD,
• Chablis, 510
• Chablis premier cru, 516
• Chablis grand cru, 520
BERNARD **REGNAUDOT,**
• Santenay, 652
• Maranges, 654
JEAN-CLAUDE **REGNAUDOT,**
• Santenay, 651
• Maranges, 654
DOM. DE **REGUSSE,** Alpes-de-Haute-Provence, 1288
REIGNAC, Bordeaux Supérieur, 242
CH. **REILLANNE,** Côtes de Provence, 878

DOM. DE **REILLANNE,** Maures, 1282
REINE PEDAUQUE,
• Clos Saint-Denis, 546
• Corton-Charlemagne, 588
• Savigny-lès-Beaune, 594
• Volnay, 616
• Puligny-Montrachet, 632
VIGNOBLES **REINHART,**
• Alsace Riesling, 92
• Alsace Gewurztraminer, 103
PAUL **REITZ,** Bouzeron, 659
DOM. DES **RELAGNES,** Châteauneuf-du-Pape, 1197
RELAIS DE LA POSTE, Côtes de Bourg, 257
CAVES DU SUD **REMERSCHEN,** Moselle luxembourgeoise, 1299
DOM. DES **REMIZIERES,**
• Crozes-Hermitage, 1176
• Hermitage, 1178
PIERRE-LUC **REMONDEULAZ,** Kanton Wallis (Valais), 1318
HENRI ET GILLES **REMORIQUET,** Nuits-Saint-Georges, 568
CAVE DES **REMPARTS,** Kanton Wallis (Valais), 1318
DOM. DES **REMPARTS,** Irancy, 522
BERNARD **REMY,** Champagne, 757
DOM. LOUIS **REMY,**
• Chambertin, 537
• Latricières-Chambertin, 538
ROGER ET JOEL **REMY,**
• Aloxe-Corton, 578
• Chorey-lès-Beaune, 596
• Beaune, 602
REMY-MARTIN, Pineau des Charentes, 1245
DOM. JACKY **RENARD,**
• Bourgogne Aligoté, 483
• Petit Chablis, 505
• Sauvignon de Saint-Bris AOVDQS, 523
CH. **RENARD MONDESIR,** Fronsac, 266
DOM. VALERY **RENAUDAT,** Reuilly, 1127
JACQUES **RENAUDAT,** Reuilly, 1127
RAYMOND **RENCK,** Alsace grand cru Schoenenbourg, 134
CLOS **RENE,** Pomerol, 278
CH. **RENE GEORGES,** Médoc, 397
DOM. RENE **RENOU,** Bonnezeaux, 1034
PASCAL **RENOUD-GRAPPIN,** Saint-Véran, 694
DOM. EDMOND **RENTZ,** Alsace Gewurztraminer, 103
EDMOND **RENTZ,** Alsace Muscat, 96
DOM. **RENUCCI,** Vins de Corse, 903
CH. **REPENTY,** Bergerac sec, 957
CH. **REPIMPLET,** Côtes de Bourg, 257
CH. **REQUIER,** Côtes de Provence, 878
RESERVE DE LA COMTESSE, Pauillac, 431
RESERVE DES VINTIMILLE, Côtes de Provence, 878
RESERVE DU PATRON, Kanton Waadt (Vaud), 1308
CH. DE **RESPIDE,** Graves, 371
DAME DE **RESPIDE,** Graves, 371
RESSAC, Côtes de Thau, 1277
CLOS **RESSEGUIER,** Cahors, 917
DOM. DE **REUILLY,** Reuilly, 1127
CH. **REVELETTE,** Coteaux d'Aix-en-Provence, 894
XAVIER **REVERCHON,**
• Côtes du Jura, 785
• Crémant du Jura, 788
• Macvin du Jura, 1252
CH. **REVERDI,** Listrac-Médoc, 414
DOM. HIPPOLYTE **REVERDY,** Sancerre, 1134
PASCAL ET NICOLAS **REVERDY,** Sancerre, 1134
DOM. BERNARD **REVERDY ET FILS,** Sancerre, 1134
JEAN **REVERDY ET FILS,** Sancerre, 1134
MESSIRE LOUIS **REVOL,** Crozes-Hermitage, 1176
CH. DE **REY,** Côtes du Roussillon, 857
JEAN-MARIE **REYNARD,** Kanton Wallis (Valais), 1318
DOM. **REYNAUD,** Oc, 1274
CH. **REYNON,**
• Bordeaux sec, 226
• Premières Côtes de Bordeaux, 360
• Cadillac, 442
HUBERT **REYSER,** Alsace Pinot oder Klevner, 85
CH. **REYSSON,** Haut-Médoc, 409
CAVE DES VIGNERONS **RHODANIENS,** Saint-Joseph, 1172
DOM. DE **RIAUX,**
• Pouilly-Fumé, 1121
• Pouilly-sur-Loire, 1122
CH. DE **RIBEBON,** Bordeaux, 216
CH. **RICARDELLE,** Coteaux du Languedoc, 832
DOM. DE **RICAUD,** Bordeaux sec, 227
DOM. **RICHARD,** Saint-Joseph, 1173
DOM. HENRI **RICHARD,**
• Gevrey-Chambertin, 535
• Mazoyères-Chambertin, 542
PHILIPPE **RICHARD,** Chinon, 1079
PIERRE **RICHARD,**
• Côtes du Jura, 785
• Macvin du Jura, 1252
DOM. DES **RICHARDS,** Muscat de Beaumes-de-Venise, 1235
DOM. **RICHEAUME,** Côtes de Provence, 879
CH. **RICHELIEU,** Fronsac, 266
DOM. **RICHOU,**
• Crémant de Loire, 981
• Anjou, 1008
• Anjou-Villages-Brissac, 1014
• Coteaux de l'Aubance, 1020
THIERRY **RICHOUX,** Irancy, 522
LUCAS ET ANDRE **RIEFFEL,** Alsace Pinot oder Klevner, 85
RIERE CADENE, Muscat de Rivesaltes, 1232
PIERRE ET JEAN-PIERRE **RIETSCH,**
• Alsace Riesling, 92
• Alsace Tokay-Pinot gris, 112
CH. **RIEUSSEC,** Sauternes, 453
DOM. RENE **RIEUX,** Gaillac, 925
CLAUDE **RIFFAULT,** Sancerre, 1135
CH. **RIGAUD,** Puisseguin Saint-Emilion, 335
MARC **RIGOLOT,** Champagne, 757
DOM. **RIGOT,** Côtes du Rhône, 1151
RIJCKAERT, Mâcon-Villages, 680
JEAN **RIJCKAERT,** Côtes du Jura, 785
RIMAURESQ, Côtes de Provence, 879
DOM. **RIMBERT,** Saint-Chinian, 847
DOM. DAMIEN **RINEAU,** Muscadet Sèvre-et-Maine, 996
RINGENBACH-MOSER, Alsace Pinot noir, 118
ARMELLE ET BERNARD **RION,** Bourgogne, 474
DOM. ARMELLE ET BERNARD **RION,**
• Bourgogne grand ordinaire, 477
• Nuits-Saint-Georges, 568
DOM. DANIEL **RION ET FILS,** Nuits-Saint-Georges, 568
CH. **RIOU DE THAILLAS,** Saint-Emilion grand cru, 318
DOM. DE **RIS,** Crémant de Loire, 981
SEIGNEUR CLEMENT DU DOM. DE **RIS,** Touraine, 1057
CH. **RIVAT,** Gaillac, 925
RIVES DU BISSE, Kanton Wallis (Valais), 1318
CH. **RIVIERE LE HAUT,** Coteaux du Languedoc, 832
ROBERT, Blanquette de Limoux und Blanquette Méthode ancestrale, 805
BERTRAND **ROBERT,** Champagne, 758
CH. **ROBIN,** Côtes de Castillon, 341
ROBIN DES VIGNES, Kanton Waadt (Vaud), 1308
DOM. JEAN-LOUIS **ROBIN-DIOT,**
• Anjou-Villages, 1013
• Coteaux du Layon, 1031
MICHEL **ROBINEAU,**
• Anjou, 1008
• Anjou-Villages, 1013
• Coteaux du Layon, 1031
DOM. **ROBINEAU CHRISLOU,** Anjou-Villages, 1013
DOM. GUY **ROBIN ET FILS,** Chablis premier cru, 516
VIGNOBLE DES **ROBINIERES,** Bourgueil, 1067

DOM. DU **ROC**,
• Cadillac, 442
• Minervois, 843
DOM. DU **ROC BLANC**, Coteaux du Languedoc, 832
CH. **ROC DE BERNON**, Puisseguin Saint-Emilion, 335
CH. **ROC DE BOISSAC**, Puisseguin Saint-Emilion, 335
CH. **ROC DE BOISSEAUX**, Saint-Emilion grand cru, 318
CH. **ROC DE CALON**, Montagne Saint-Emilion, 331
CH. **ROC DE JOANIN**, Côtes de Castillon, 341
DOM. **ROC DE L'OLIVET**, Tavel, 1202
ROC DE LUSSAC, Lussac Saint-Emilion, 327
ROC DU GOUVERNEUR,
• Côtes du Roussillon-Villages, 861
• Muscat de Rivesaltes, 1233
DOM. **ROC FOLASSIERE**, Côtes du Rhône-Villages, 1160
DOM. DE **ROCHAMBEAU**, Anjou-Villages-Brissac, 1014
DOM. **ROCHE-AUDRAN**, Côtes du Rhône-Villages, 1160
CH. **ROCHEBELLE**, Saint-Emilion grand cru, 318
DOM. **ROCHE BUISSIERE**,
• Coteaux des Baronnies, 1289
• Comté de Grignan, 1289
CH. **ROCHECOLOMBE**, Côtes du Rhône, 1151
CH. DE **ROCHEFORT**, Graves Supérieures, 374
CAVE DE **ROCHEGUDE**, Côtes du Rhône, 1151
DOM. DES **ROCHELLES**, Anjou-Villages-Brissac, 1015
DOM. DE **ROCHEMOND**, Côtes du Rhône, 1151
CH. DE **ROCHEMORIN**, Pessac-Léognan, 383
DOM. DE **ROCHEPERTUIS**, Cornas, 1180
CH. DU **ROCHER**, Gros-Plant AOVDQS, 1000
DOMINIQUE **ROCHER**, Côtes du Rhône-Villages, 1160
ERIC **ROCHER**, Crozes-Hermitage, 1176
CH. **ROCHER BELLEVUE FIGEAC**, Saint-Emilion grand cru, 318
CH. **ROCHER CALON**, Montagne Saint-Emilion, 331
CH. **ROCHER CORBIN**, Montagne Saint-Emilion, 331
CH. **ROCHER-FIGEAC**, Saint-Emilion, 292
CH. **ROCHER-GARDAT**, Montagne Saint-Emilion, 331
CH. **ROCHER LIDEYRE**, Côtes de Castillon, 342
CH. DES **ROCHERS**, Lussac Saint-Emilion, 327
DOM. DE **ROCHE SAINT JEAN**, Morgon, 187
DOM. DES **ROCHES FORTES**, Côtes du Rhône, 1151
DOM. DES **ROCHES NEUVES**, Saumur-Champigny, 1046
CH. DES **ROCHETTES**,
• Anjou, 1008
• Coteaux du Layon, 1031 1032
DOM. DU **ROCHOUARD**,
• Bourgueil, 1067
• Saint-Nicolas- de-Bourgueil, 1071
DOM. DU **ROCHOY**, Sancerre, 1135
CH. **ROC MEYNARD**, Bordeaux Supérieur, 242
CH. DES **ROCS**, Bordeaux sec, 227
ANTONIN **RODET**, Chassagne-Montrachet, 641
CAVE PRIVEE D'ANTONIN **RODET**,
• Gevrey-Chambertin, 535
• Charmes-Chambertin, 540
• Nuits-Saint-Georges, 568
• Monthélie, 619
• Meursault, 629
• Puligny-Montrachet, 633
ERIC **RODEZ**, Champagne, 758
ELOI ET GERARD **RODUIT**, Kanton Wallis (Valais), 1318
LOUIS **ROEDERER**, Champagne, 758
ROGGE CERESER, Champagne, 758
SERGE **ROH**, Kanton Wallis (Valais), 1318
LA CAVE DU **ROI DAGOBERT**,
• Alsace Riesling, 92
• Alsace grand cru Altenberg de Bergbieten, 120
CH. **ROLAND LA GARDE**, Premières Côtes de Blaye, 251
ROLET PERE ET FILS, Arbois, 777
DOM. **ROLET PERE ET FILS**, Arbois, 777
DOM. **ROLLAND**, Côte de Brouilly, 173
FRANÇOIS **ROLLAND**, Touraine-Azay-le-Rideau, 1060
CH. **ROLLAN DE BY**, Médoc, 398
CH. **ROLLAND-MAILLET**, Saint-Emilion grand cru, 318
WILLY **ROLLI-EDEL**, Alsace Tokay-Pinot gris, 112
DOM. **ROLLIN PERE ET FILS**,
• Pernand-Vergelesses, 581
• Corton-Charlemagne, 588
ROLLY GASSMANN, Alsace Pinot noir, 118
CH. **ROL VALENTIN**, Saint-Emilion grand cru, 318
CH. **ROMANIN**, Les Baux-de-Provence, 896
DOM. DES **ROMARINS**, Côtes du Rhône-Villages, 1161
CH. **ROMASSAN-DOMAINES OTT**, Bandol, 889
CH. **ROMBEAU**, Côtes du Roussillon, 857
CH. **ROMER DU HAYOT**, Sauternes, 453
CHRISTOPHE **ROMEUF**, Côtes d'Auvergne AOVDQS, 1106
ERIC **ROMINGER**, Alsace grand cru Saering, 133
ROMPIDEE, Kanton Tessin (Ticino), 1330
DOM. **ROMPILLON**,
• Anjou, 1008
• Coteaux du Layon, 1032
DOM. DU **RONCEE**, Chinon, 1079
CH. **RONDILLON**, Loupiac, 444
DOM. **RONGIER**, Mâcon Supérieur, 676
DOM. PIERRE DE **RONSARD**, Vouvray, 1093
CH. DES **RONTETS**, Pouilly-Fuissé, 686
CH. DU **ROOY**, Pécharmant, 966
ROPITEAU,
• Meursault, 629
• Puligny-Montrachet, 633
• Chassagne-Montrachet, 641
CH. **ROQUEBERT**, Premières Côtes de Bordeaux, 360
LES VINS DE **ROQUEBRUN**, Saint-Chinian, 848
CH. **ROQUEFORT**, Bordeaux sec, 227
CH. **ROQUEHORT**, Jurançon sec, 941
CH. **ROQUE LE MAYNE**, Côtes de Castillon, 342
ROQUE SESTIERE, Corbières, 813
CH. **ROQUETAILLADE LA GRANGE**, Graves, 371
CH. **ROQUEVIEILLE**, Côtes de Castillon, 342
ROSE DES DUNES, Charentais, 1262
ROSEE D'OCTOBRE, Corbières, 813
DOM. DE **ROSIERS**, Côte Rôtie, 1165
DOM. DES **ROSIERS**, Premières Côtes de Blaye, 251
CH. DE **ROSNAY**, Fiefs Vendéens AOVDQS, 1001
DOM. ALISO **ROSSI**, Patrimonio, 908
GEORGES **ROSSI**, Chénas, 176
DOM. **ROSSIGNOL**, Rivesaltes, 1225
DOM. NICOLAS **ROSSIGNOL**,
• Pernand-Vergelesses, 581
• Beaune, 603
• Pommard, 611
DOM. REGIS **ROSSIGNOL-**, Volnay, 616
NICOLAS **ROSSIGNOL**, Volnay, 616
DOM. **ROSSIGNOL-FEVRIER**,
• Bourgogne Hautes-Côtes de Beaune, 494
• Volnay, 616
DOM. **ROSSIGNOL-FEVRIER PERE ET FILS**, Beaune, 603
CH. **ROSSIGNOL-JEANNIARD**,
• Pernand-Vergelesses, 581
• Volnay, 616
DOM. **ROSSIGNOL-TRAPET**,
• Chambertin, 537
• Latricières-Chambertin, 539
• Chapelle-Chambertin, 539
• Beaune, 603
DOM. **ROTIER**, Gaillac, 925
DOM. DE **ROTISSON**, Beaujolais, 160
DOM. DES **ROUAUDIERES**, Muscadet Sèvre-et-Maine, 996

ROUCAILLAT, Coteaux du Languedoc, 832
DOM. DU **ROUCAS** , Gigondas, 1185
CH. **ROUET,** Fronsac, 266
DOM. DES **ROUET,** Chinon, 1080
ROUGE D'ENFER, Kanton Wallis (Valais), 1318
LOUIS-PHILIPPE **ROUGE ET FILS,** Kanton Waadt (Vaud), 1309
DOM. **ROUGE GARANCE,** Côtes du Rhône-Villages, 1161
DOM. DU **ROUGE GORGE,** Faugères, 837
CH. DE **ROUGEON,** Bourgogne Aligoté, 483
DOM. DES **ROUGES-QUEUES,** Maranges, 654
CH. **ROUGET,** Pomerol, 278
DOM. **ROUGEYRON,** Côtes d'Auvergne AOVDQS, 1106
CH. DE **ROUILLAC,** Pessac-Léognan, 383
DOM. **ROUIRE-SEGUR,** Corbières, 813
CH. **ROULLET,** Canon-Fronsac, 261
CH. **ROUMAGNAC LA MARECHALE,** Fronsac, 266
DOM. DU **ROUMANI,** Collioure, 864
CH. **ROUMANIERES,** Coteaux du Languedoc, 832
LAURENT **ROUMIER,**
• Chambolle-Musigny, 549
• Bonnes-Mares, 551
• Clos de Vougeot, 555
CH. **ROUMIEU,**
• Barsac, 447
• Sauternes, 454
CH. **ROUMIEU-LACOSTE,** Barsac, 447
CH. **ROUQUETTE,** Cahors, 917
DOM. DU **ROURE DE PAULIN,** Mâcon-Villages, 680
CH. DE **ROUSSE,** Jurançon, 940
DOM. ARMAND **ROUSSEAU,**
• Chambertin, 537
• Ruchottes-Chambertin, 542
JACQUES **ROUSSEAUX,** Champagne, 758
ROUSSEAUX-BATTEUX, Champagne, 758
ROUSSEAUX-FRESNET, Champagne, 758
CH. DE **ROUSSELET,** Côtes de Bourg, 257
CH. **ROUSSELLE,** Côtes de Bourg, 257
CAVE DE **ROUSSET,** Côtes de Provence, 879
CH. DE **ROUSSET,** Coteaux de Pierrevert, 1214
DOM. DE **ROUSSET,** Alpes-de-Haute-Provence, 1288
ROUSSILLE, Pineau des Charentes, 1245
CH. **ROUTAS,** Coteaux Varois, 899
ROUVINEZ, Kanton Wallis (Valais), 1318
DOM. DU **ROUVRE,** Côtes du Roussillon-Villages, 861
CH. DE **ROUX,** Côtes de Provence, 879
DOM. **ROUX PERE ET FILS,**
• Vougeot, 552
• Puligny-Montrachet, 633
• Chassagne-Montrachet, 642
• Saint-Aubin, 645
JEAN-MARIE **ROUZIER,** Bourgueil, 1067
JEAN-FRANÇOIS **ROY,**
• Touraine, 1057
• Valençay AOVDQS, 1101
ROYER PERE ET FILS, Champagne, 759
DOM. GEORGES **ROY ET FILS,** Chorey-lès-Beaune, 596
CH. **ROYLLAND,** Saint-Emilion grand cru, 319
LES VIGNERONS DU **ROY RENE,**
• Coteaux d'Aix-en-Provence, 894
• Bouches-du-Rhône, 1285
DOM. **ROZES,**
• Côtes du Roussillon, 857
• Rivesaltes, 1225
CH. **ROZIER,** Saint-Emilion grand cru, 319
CH. **RUAT PETIT POUJEAUX,** Moulis-en-Médoc, 424
RUELLE-PERTOIS, Champagne, 759
DOM. **RUET,** Brouilly, 170
DANIEL **RUFF,**
• Alsace Klevener de Heiligenstein, 81
• Alsace Tokay-Pinot gris, 112
RUHLMANN,
• Alsace Riesling, 92
• Alsace grand cru Frankstein, 124
• Crémant d'Alsace, 142
RUHLMANN-DIRRINGER, Alsace Riesling, 92
DOM. **RUINART,** Champagne, 759
CH. **RUINE DE BELAIR,** Bergerac, 953
CH. DE **RULLY,** Rully, 663
DOM. DE **RULLY SAINT-MICHEL,** Rully, 663
DOM. FRANÇOIS **RUNNER ET FILS,** Alsace Gewurztraminer, 104
CAVES HENRI **RUPPERT,** Moselle luxembourgeoise, 1299
RENE **RUTAT,** Champagne, 759
CH. DE **SABAZAN,** Côtes de Saint-Mont AOVDQS, 948
DOM. DES **SABLES VERTS,** Saumur-Champigny, 1046
SABLOCEAN, Terroirs Landais, 1264
DOM. DES **SABLONNIERES,** Anjou, 1009
DOM. DU **SACRE-CŒUR,** Saint-Chinian, 848
LOUIS DE **SACY,** Champagne, 759
GUY **SAGET,** Pouilly-Fumé, 1121
RENE **SAHONET,** Muscat de Rivesaltes, 1233
SIGNATURE RENE **SAHONET,** Rivesaltes, 1226
CH. **SAINT-AGREVES,** Graves, 372
CH. **SAINT-AHON,** Haut-Médoc, 409
DOM. **SAINT-ANDRE DE FIGUIERE,** Côtes de Provence, 879
DOM. **SAINT-ANDRIEU,** Coteaux du Languedoc, 832
CH. **SAINT-ANTOINE,** Bordeaux, 217
DOM. **SAINT-ANTOINE,**
• Bourgogne Hautes-Côtes de Beaune, 494
• Costières de Nîmes, 818
DOM. **SAINT-ARNOUL,**
• Anjou, 1009
• Cabernet d'Anjou, 1019
CH. **SAINT-AULAYE,** Premières Côtes de Blaye, 251
SAINT AVIT, Orléanais AOVDQS, 1114
CH. **SAINT-BENAZIT,** Madiran, 945
DOM. **SAINT-BENOIT,** Châteauneuf-du-Pape, 1197
CH. **SAINT-BERNARD,** Canon-Fronsac, 262
SAINT-CHAMANT, Champagne, 759
CH. **SAINT-CHRISTOPHE,** Médoc, 398
SAINT-COSME, Côte Rôtie, 1165
CH. DE **SAINT-COSME,** Gigondas, 1185
CH. **SAINT-CYRGUES,** Costières de Nîmes, 818
DOM. **SAINT-DAMIEN,** Gigondas, 1186
DOM. **SAINT-DENIS,** Mâcon-Villages, 681
CAVE DE **SAINT-DESIRAT,**
• Condrieu, 1168
• Saint-Joseph, 1173
CH. **SAINT DIDIER-PARNAC,** Cahors, 917
SAINT DOMINGUE, Saint-Emilion grand cru, 319
SAINTE-ANNE, Kanton Wallis (Valais), 1319
CH. **SAINTE ANNE,**
• Pauillac, 431
• Bandol, 889
DOM. **SAINTE-ANNE,** Côtes du Rhône-Villages, 1161
DOM. DE **SAINTE-ANNE,**
• Rosé de Loire, 977
• Crémant de Loire, 981
• Anjou-Villages-Brissac, 1015
CLOS **SAINTE-APOLLINE,** Alsace Riesling, 92
DOM. **SAINTE-BARBE,**
• Viré-Clessé, 682
• Côtes du Roussillon, 857
CH. **SAINTE-BEATRICE,** Côtes de Provence, 879
MAS **SAINTE BERTHE,**
• Coteaux d'Aix-en-Provence, 894
• Les Baux-de-Provence, 896
CLOS **SAINTE-CAMELLE,** Coteaux du Languedoc, 832
DOM. **SAINTE CLAIRE,**
• Bourgogne, 474
• Petit Chablis, 505
• Sauvignon de Saint-Bris AOVDQS, 523
DOM. **SAINTE-CROIX,** Côtes de Provence, 879
CH. **SAINTE-EULALIE,** Minervois la Livinière, 844

CH. **SAINTE-MARGUERITE,** Côtes de Provence, 880
CAVE DE **SAINTE-MARIE-,**
• Bourgogne Hautes-Côtes de Beaune, 494
• Mercurey, 667
CH. **SAINTE-MARIE,**
• Pomerol, 278
• Entre-Deux-Mers, 350
DOM. DE **SAINTE MARIE,** Côtes de Provence, 880
CAVE DE **SAINTE-MARIE-LA-BLANCHE,** Aloxe-Corton, 579
DOM. **SAINTE MARTHE,** Cassan, 1279
DOM. DE **SAINT-ENNEMOND,** Brouilly, 170
CLOS **SAINTE-ODILE,** Alsace Tokay-Pinot gris, 112
CLOS **SAINTE-PAULINE,** Coteaux du Languedoc, 833
DOM. DE L'ABBAYE DE **SAINTE-RADEGONDE,** Muscadet Sèvre-et-Maine, 996
CH. **SAINTE-ROSELINE,** Côtes de Provence, 880
DOM. DU **SAINT-ESPRIT,** Côtes de Provence, 880
CH. **SAINT-ESTEVE D'UCHAUX,** Côtes du Rhône, 1152
CH. **SAINT-ESTEVE DE NERI,** Côtes du Luberon, 1213
CELLIER DES **SAINT-ETIENNE,** Côte de Brouilly, 173
DOM. **SAINT-ETIENNE,**
• Costières de Nîmes, 819
• Côtes du Rhône-Villages, 1161
CLOS **SAINT-FIACRE,**
• Orléanais AOVDQS, 1114
• Jardin de la France, 1260
CH. **SAINT-FLORIN,** Bordeaux, 217
DE **SAINT-GALL,** Champagne, 760
DOM. **SAINT-GAYAN,** Gigondas, 1186
CH. **SAINT-GEORGES,** Saint-Georges Saint-Emilion, 336
DOM. DE **SAINT-GEORGES,** Côtes du Rhône-Villages, 1161
CH. **SAINT-GEORGES COTE PAVIE,** Saint-Emilion grand cru, 319
DOM. **SAINT-GEORGES D'IBRY,** Côtes de Thongue, 1276
DOM. **SAINT-GERMAIN,** Irancy, 522
ETIENNE **SAINT-GERMAIN,** Roussette de Savoie, 797
CAVE DES VIGNERONS DE **SAINT-GERVAIS,** Côtes du Rhône-Villages, 1161
CH. **SAINT-GO,** Côtes de Saint-Mont AOVDQS, 948
DOM. DE **SAINT-GUILHEM,** Côtes du Frontonnais, 930
CH. **SAINT-HILAIRE,**
• Graves, 372
• Médoc, 398
DOM. **SAINT-HILAIRE,** Coteaux d'Aix-en-Provence, 894
SAINT-HUBERT, Bourgogne, 474
CH. **SAINT-IGNAN,** Bordeaux Supérieur, 242
DOM. **SAINT-JACQUES,** Rully, 663
CH. **SAINT-JAMES,** Corbières, 813
CAVE **SAINT-JEAN,** Médoc, 398
CH. **SAINT-JEAN,** Coteaux du Languedoc, 833
DOM. **SAINT-JEAN,**
• Saumur, 1041
• Saumur-Champigny, 1046
CH. **SAINT-JEAN DE BUEGES,** Coteaux du Languedoc, 833
DOM. **SAINT JEAN DE CONQUES,** Oc, 1274
DOM. **SAINT-JEAN DE L'ARBOUSIER,** Coteaux du Languedoc, 833
CH. **SAINT-JEAN-DES-GRAVES,** Graves, 372
DOM. DE **SAINT-JEAN LE VIEUX,** Coteaux Varois, 899
DOM. DE **SAINT-JEROME,** Montlouis, 1085
CAVE COOPERATIVE DE **SAINT-JULIEN,** Beaujolais-Villages, 166
CH. **SAINT-JULIEN,** Coteaux Varois, 899
DOM. **SAINT-JULIEN,** Coteaux du Quercy AOVDQS, 919
CH. DE **SAINT-JULIEN D'AILLE,** Côtes de Provence, 880
DOM. DE **SAINT JULIEN LES VIGNES,** Coteaux d'Aix-en-Provence, 894
DOM. DE **SAINT-JUST,** Saumur, 1041
DOM. DE **SAINT-LANNES,** Côtes de Gascogne, 1266
DOM. **SAINT-LAURENT,** Châteauneuf-du-Pape, 1197
CH. **SAINT-LO,** Saint-Emilion grand cru, 319
CH. DE **SAINT-LOUAND,** Chinon, 1080
CH. **SAINT-LOUIS,** Côtes du Frontonnais, 931
DOM. **SAINT-LUC,** Côtes du Rhône-Villages, 1162
CAVE **SAINT-MARC,** Côtes du Ventoux, 1209
DOM. DE **SAINT-MARC,** Côtes de Provence, 880
CH. **SAINT-MARTIN-,** Coteaux du Languedoc, 833
CH. DE **SAINT-MARTIN,** Côtes de Provence, 880
LES VIGNERONS DE **SAINT-MARTIN,** Bordeaux Clairet, 220
DOM. **SAINT MARTIN DE LA GARRIGUE,** Oc, 1274
CH. **SAINT-MAURICE L'ARDOISE,** Côtes du Rhône-Villages, 1162
LES VIGNERONS DE LA CAVE DE **SAINT-MONTAN,** Côtes du Vivarais, 1214
CH. **SAINT-NABOR,**
• Côtes du Rhône, 1152
• Côtes du Rhône-Villages, 1162
DOM. **SAINT-NICOLAS,** Fiefs Vendéens AOVDQS, 1001
DOM. **SAINT-PANCRACE,** Bourgogne, 474
CH. **SAINT-PAUL,** Haut-Médoc, 409
LES VIGNERONS DE **SAINT-PAUL,** Côtes du Roussillon-Villages, 862
DOM. **SAINT-PHILIBERT,** Pouilly Loché, 688
CH. DE **SAINT-PHILIPPE,** Côtes de Castillon, 342
CH. **SAINT-PIERRE,**
• Saint-Julien, 439
• Côtes de Provence, 881
DOM. DE **SAINT-PIERRE,**
• Arbois, 778
• Sancerre, 1135
CH. **SAINT-PIERRE DE MEJANS,** Côtes du Luberon, 1213
DOM. DE **SAINT-PIERRE DE PARADIS,** Muscat de Lunel, 1236
LES VIGNERONS DE **SAINT-POURAIN,** Saint-Pourçain AOVDQS, 1111
DOM. **SAINT-PRIX,** Bourgogne, 475
CAVES **SAINT-REMY-DESOM,** Moselle luxembourgeoise, 1299
CH. **SAINT-ROBERT,** Graves, 372
CH. **SAINT-ROCH,** Lirac, 1200
SAINT-ROCH-LES-VIGNES, Côtes de Provence, 881
DOM. DE **SAINT-ROMBLE,** Sancerre, 1135
CAVE DES VIGNERONS DE **SAINT-SARDOS,** Saint-Sardos, 1265
DOM. **SAINT-SATURNIN,** Bourgogne Hautes-Côtes de Nuits, 489
CH. **SAINT-SAUVEUR,** Côtes du Ventoux, 1209
DOM. DE **SAINT-SER,** Côtes de Provence, 881
CLOS **SAINT-THEOBALD,** Alsace grand cru Rangen de Thann, 131
CAVE DE **SAINT-TROPEZ,** Côtes de Provence, 881
CELLIER **SAINT-VALENTIN,** Lirac, 1200
CAVE **SAINT-VERNY,** Côtes d'Auvergne AOVDQS, 1107
CH. **SAINT-VINCENT,** Sauternes, 454
CLOS **SAINT-VINCENT,** Bellet, 884
DOM. **SAINT-VINCENT,** Saumur-Champigny, 1047
SALABELLE, Clairette de Die, 1203
ANDEOL **SALAVERT,** Gigondas, 1186
CH. DE **SALES,** Pomerol, 278
CH. DE **SALETTES,** Gaillac, 925

JACQUES **SALLE,** Quincy, 1124
RAPHAEL ET GERARD **SALLET,** Mâcon-Villages, 681
SALMON, Champagne, 760
DOM. CHRISTIAN **SALMON,** Sancerre, 1135
DENIS **SALOMON,** Champagne, 760
SALON, Champagne, 760
DOM. DU **SALVARD,** Cheverny, 1096
DOM. **SALVAT,**
• Côtes du Roussillon, 858
• Muscat de Rivesaltes, 1233
• Coteaux des Fenouillèdes, 1278
SALZMANN, Alsace grand cru Schlossberg, 133
CH. **SAMION,** Montagne Saint-Emilion, 331
DOM. **SAN'ARMETTO,** Vins de Corse, 903
CAVE DES VINS DE **SANCERRE,** Sancerre, 1135
DOM. DU **SANCILLON,** Brouilly, 171
SANCTUS, Saint-Emilion grand cru, 320
DOM. **SAN DE GUILHEM,** Floc de Gascogne, 1248
SANGER, Champagne, 760
DOM. **SAN MARTI,** Muscat de Rivesaltes, 1233
DOM. DE **SAN-MICHELE,** Vins de Corse, 904
DOM. **SAN QUILICO,**
• Patrimonio, 909
• Muscat du Cap Corse, 1239
CH. DE **SANSARIC,** Graves, 372
CH. **SANSONNET,** Saint-Emilion grand cru, 320
SANT'ANTONE, Vins de Corse, 904
BERNARD **SANTE,** Juliénas, 183
CH. DE **SANXET,** Monbazillac, 962
DOM. DES **SANZAY,**
• Cabernet de Saumur, 1042
• Saumur-Champigny, 1047
SAOULIAK, Alsace grand cru Muenchberg, 129
CH. **SARANSOT-DUPRE,** Listrac-Médoc, 414
JEAN-JACQUES **SARD,** Touraine Noble-Joué, 1057
DOM. **SARDA MALET,**
• Côtes du Roussillon, 858
• Rivesaltes, 1226
CAVE DE **SARRAS,** Saint-Joseph, 1173
CH. **SARRAZIERE,** Côtes du Marmandais, 933
MICHEL **SARRAZIN,** Givry, 670
MICHEL **SARRAZIN ET FILS,** Maranges, 654
SASSI GROSSI, Kanton Tessin (Ticino), 1330
CH. DE **SAU,**
• Côtes du Roussillon, 858
• Rivesaltes, 1226
DOM. **SAUGER ET FILS,** Cheverny, 1096
SAULNIER, Alsace Gewurztraminer, 104
DOM. **SAUMAIZE-MICHELIN,**
• Mâcon, 674
• Mâcon-Villages, 681
• Pouilly-Fuissé, 686
• Saint-Véran, 694
CAVE DES VIGNERONS DE **SAUMUR,** Crémant de Loire, 981
CAVE DES VIGNERONS DE **SAUMUR,** Saumur, 1041
CH. DU **SAUT DU LOUP,** Muscadet Sèvre-et-Maine, 996
CH. **SAUVAGNERES,** Buzet, 927
DOM. DES **SAUVAIRE,** Coteaux du Languedoc, 833
SAUVAT, Côtes d'Auvergne AOVDQS, 1107
DOM. DE **SAUVEPLAINE,** Faugères, 837
SAUVEROY,
• Anjou-Villages, 1013
• Coteaux du Layon, 1032
DOM. VINCENT **SAUVESTRE,**
• Bourgogne, 475
• Pommard, 611
DOM. **SAUVETE,** Touraine, 1057
DOM. YVES **SAUVETRE,** Muscadet Sèvre-et-Maine, 996
YVONNICK ET THIERRY **SAUVETRE,** Jardin de la France, 1260
DOM. DE **SAVAGNY,** Côtes du Jura, 785
FRANCINE ET OLIVIER **SAVARY,**
• Petit Chablis, 505
• Chablis, 510
• Chablis premier cru, 516
CAMILLE **SAVES,** Champagne, 760
JU..RG **SAXER'S,** Kanton Zürich, 1329
A. UND A. **SAXER,** Kanton Thurgau, 1328
SCHAEFFER-WOERLY, Alsace Riesling, 93
MARTIN **SCHAETZEL,** Alsace Gewurztraminer, 104
DOM. JOSEPH **SCHARSCH,** Alsace Gewurztraminer, 104
SCHERB, Alsace Gewurztraminer, 104
LOUIS **SCHERB ET FILS,**
• Alsace Muscat, 96
• Alsace grand cru Goldert, 126
A. **SCHERER,** Alsace Gewurztraminer, 105
PAUL **SCHERER,** Alsace Pinot noir, 118
DOM. PIERRE **SCHILLE,** Alsace Gewurztraminer, 105
EMILE **SCHILLINGER,** Alsace Pinot oder Klevner, 85
DOM. DES **SCHISTES,**
• Côtes du Roussillon-Villages, 862
• Maury, 1228
CAVES JEAN **SCHLINK-HOFFELD,** Moselle luxembourgeoise, 1299
DOM. **SCHLUMBERGER,** Alsace grand cru Spiegel, 136
DOMAINES **SCHLUMBERGER,** Alsace grand cru Saering, 133
SCHMIT-FOHL, Moselle luxembourgeoise, 1300
CAVE FRANÇOIS **SCHMITT,** Alsace Pinot oder Klevner, 85
JEAN-PAUL **SCHMITT,** Alsace Riesling, 93
PAUL **SCHNEIDER,**
• Alsace grand cru Eichberg, 123
• Crémant d'Alsace, 142
DOM. MAURICE **SCHOECH,** Alsace Pinot noir, 118
SCHOENHEITZ, Alsace Riesling, 93
JEAN-LOUIS **SCHOEPFER,**
• Alsace Muscat, 96
• Alsace Gewurztraminer, 105
MAURICE **SCHUELLER,** Alsace grand cru Goldert, 126
PIERRE **SCHUELLER ET FILS,** Alsace Pinot oder Klevner, 85
DOM. PIERRE **SCHUMACHER-LETHAL ET FILS,** Moselle luxembourgeoise, 1300
JEAN-VICTOR **SCHUTZ,** Alsace Riesling, 93
FRANÇOIS **SCHWACH ET FILS,**
• Alsace grand cru Rosacker, 132
• Alsace grand cru Schoenenbourg, 135
EMILE **SCHWARTZ,** Crémant d'Alsace, 142
EMILE **SCHWARTZ ET FILS,** Alsace Pinot noir, 118
FRANÇOIS **SECONDE,** Champagne, 761
SEGLA, Margaux, 420
CH. **SEGONZAC,** Premières Côtes de Blaye, 252
CH. **SEGONZAC LA FORET,** Bordeaux Rosé, 229
CH. **SEGUIN,** Pessac-Léognan, 383
CH. DE **SEGUIN,** Bordeaux Supérieur, 242
CLAUDE ET THOMAS **SEGUIN,** Bourgogne, 475
GERARD **SEGUIN,** Gevrey-Chambertin, 535
REMI **SEGUIN,** Chambolle-Musigny, 550
SEGUIN-MANUEL, Savigny-lès-Beaune, 594
DANIEL **SEGUINOT,** Chablis premier cru, 516
DOM. **SEGUINOT-BORDET,** Chablis, 510
CH. **SEGUR DE CABANAC,** Saint-Estèphe, 435
CH. DE **SEGURE,** Fitou, 839
DOM. DU **SEIGNEUR,** Côtes du Rhône-Villages, 1162
CH. DU **SEIGNEUR D'ARSE,** Fitou, 839
SEIGNEUR DES DEUX VIERGES, Coteaux du Languedoc, 833
SEIGNEUR DES ORMES, Bordeaux Supérieur, 243
CH. DES **SEIGNEURS,** Bordeaux, 217
DOM. DES **SEIGNEURS,** Touraine, 1057
SEIGNEURS DE BERGERAC, Bergerac sec, 957

FERNAND **SELTZ ET FILS,** Alsace grand cru Zotzenberg, 139
DOM. DU **SEME,** Saint-Emilion, 292
COMTE **SENARD,** Corton, 585
DOM. DES **SENECHAUX,** Châteauneuf-du-Pape, 1197
CH. **SENEJAC,** Haut-Médoc, 409
CRISTIAN **SENEZ,** Champagne, 761
LES VIGNERONS DE **SEPTIMANIE,** Muscat de Saint-Jean de Minervois, 1237
CAVE DES **SEPT MONTS,** Agenais, 1263
DOM. DU **SERBAT,** Agenais, 1263
DOM. **SERGENT,** Pacherenc du Vic-Bilh, 946
ROBERT **SEROL ET FILS,** Côte Roannaise, 1113
DOM. **SERREAUX-DESSUS,** Kanton Waadt (Vaud), 1309
DOM. DU **SERRE-BIAU,** Côtes du Rhône-Villages, 1162
DOM. DE **SERVANS,** Côtes du Rhône, 1152
MICHEL **SERVEAU,**
• Bourgogne Hautes-Côtes de Beaune, 494
• Saint-Aubin, 646
SERVEAUX FILS, Champagne, 761
DOM. **SERVIN,**
• Chablis premier cru, 516
• Chablis grand cru, 520
CH. DU **SEUIL,** Graves, 372
SEVE, Mâcon-Villages, 681
SEXTANT SEDUCTION, Corbières, 813
DOM. **SICARD,** Minervois, 843
SIEBE-DUPF-KELLEREI, Kanton Basel-Land, 1327
J. **SIEGLER,** Alsace Gewurztraminer, 105
SIEUR D'ARQUES, Crémant de Limoux, 806
SIFFERT, Alsace grand cru Praelatenberg, 131
CH. **SIGALAS RABAUD,** Sauternes, 454
DOM. HERVE **SIGAUT,** Morey-Saint-Denis, 545
DOM. HERVE **SIGNAUT,** Chambolle-Musigny, 550
LES VIGNERONS DE **SIGOLSHEIM,** Alsace Gewurztraminer, 105
LES VIGNERONS DE **SIGOULES,**
• Bergerac, 954
• Côtes de Bergerac moelleux, 960
CH. **SILEX,** Costières de Nîmes, 819
DOM. **SILVY,** Côtes de Provence, 881
SIMART-MOREAU, Champagne, 761
CH. **SIMIAN,**
• Côtes du Rhône, 1152
• Châteauneuf-du-Pape, 1197
CH. **SIMON,**
• Graves, 372
• Barsac, 447
PAUL ET COLETTE **SIMON,**
• Bourgogne, 475
• Bourgogne Hautes-Côtes de Nuits, 489
CH. **SIMONE,** Palette, 890
GUY **SIMON ET FILS,** Bourgogne Hautes-Côtes de Nuits, 489
J. **SIMON-HOLLERICH,** Moselle AOVDQS, 146
DOM. **SIMONIN,**
• Mâcon, 675
• Mâcon-Villages, 681
• Pouilly-Fuissé, 687
JEAN-PAUL **SIMONIS,** Alsace Pinot noir, 118
RENE **SIMONIS,** Alsace Gewurztraminer, 105
DOM. **SIMONNET,** Chablis grand cru, 520
SIMONNET-FEBVRE,
• Petit Chablis, 505
• Chablis premier cru, 516
SINFONIA, Kanton Tessin (Ticino), 1330
HUBERT **SINSON ET FILS,** Valençay AOVDQS, 1101
DOM. DU **SIORAC,** Bergerac sec, 957
DOM. **SIOUVETTE,** Côtes de Provence, 881
CH. **SIPIAN,** Médoc, 398
JEAN **SIPP,** Alsace Pinot noir, 118
SIPP-MACK, Alsace Gewurztraminer, 105
CH. **SIRAN,** Margaux, 421
LA BASTIDE DE **SIRAN,** Haut-Médoc, 410
SIRIUS, Bordeaux, 217
DOM. ROBERT **SIRUGUE,**
• Chambolle-Musigny, 550
• Vosne-Romanée, 561
ROBERT **SIRUGUE,** Bourgogne Passetoutgrain, 486
CH. DE **SIX TERRES,** Muscat de Frontignan, 1234
DOM. PATRICK **SIZE,** Mercurey, 668
DOM. ROBERT **SIZE ET FILS,**
• Bourgogne Côte Chalonnaise, 658
• Mercurey, 668
F. DE **SKALLI,** Oc, 1274
LES HAUTS DE **SMITH,** Pessac-Léognan, 383
CH. **SMITH HAUT LAFITTE,** Pessac-Léognan, 384
CH. **SOCIANDO-MALLET,** Haut-Médoc, 410
SOLEIL NOIR, Kanton Wallis (Valais), 1319
DOM. DU **SOLEIL ROMAIN,** Côtes du Rhône, 1152
DOM. DE L'HOPITAL DE **SOLEURE,** Kanton Bern, 1325
DOM. **SOLEYRADE,** Côtes du Rhône, 1152
JEAN-MICHEL **SORBE,**
• Quincy, 1124
• Reuilly, 1127
DOM. DU **SORBIEF,** Arbois, 778
BRUNO **SORG,**
• Alsace grand cru Florimont, 124
• Crémant d'Alsace, 142
CHRISTINE ET PASCAL **SORIN,** Bourgogne, 475
JEAN-PIERRE **SORIN,** Bourgogne, 475
MARYLENE ET PHILIPPE **SORIN,** Bourgogne, 476
PASCAL **SORIN,** Bourgogne Aligoté, 483
DOM. **SORIN DE FRANCE,** Sauvignon de Saint-Bris AOVDQS, 523
SORINE ET FILS, Santenay, 652
MONIQUE ET MAURICE **SORNAY,** Morgon, 187
SORNIN, Charentais, 1262
DOM. **SORTEILHO,** Saint-Chinian, 848
SOTTOBOSCO – TENIMENTO DELL'OR, Kanton Tessin (Ticino), 1330
DOM. DE **SOUCH,** Jurançon sec, 941
CH. **SOUCHERIE,** Coteaux du Layon, 1032
DOM. DES **SOUCHONS,** Morgon, 187
CH. **SOUDARS,** Haut-Médoc, 410
DOM. DES **SOULIE,** Saint-Chinian, 848
DOM. DU **SOULIER,** Côte de Brouilly, 173
ALBERT **SOUNIT,**
• Crémant de Bourgogne, 499
• Rully, 663
DOM. ROLAND **SOUNIT,** Rully, 663
PIERRE **SOURDAIS,** Chinon, 1080
DE **SOUSA-BOULEY,** Meursault, 630
PATRICK **SOUTIRAN,** Coteaux Champenois, 769
A. **SOUTIRAN-PELLETIER,** Champagne, 761
DOM. DE **SOUVIOU,** Bandol, 889
DOM. **SOUYRIS,** Coteaux du Languedoc, 834
DOM. DE **SOUZONS,** Beaujolais-Villages, 166
PAUL **SPANNAGEL,** Alsace Gewurztraminer, 106
VINCENT **SPANNAGEL,** Alsace Gewurztraminer, 106
E. **SPANNAGEL ET FILS,** Alsace Riesling, 93
PIERRE **SPARR,**
• Alsace Riesling, 93
• Alsace grand cru Mambourg, 128
DOM. J. **SPERRY-KOBLOTH,** Alsace Pinot noir, 119
SPITZ ET FILS,
• Alsace Pinot oder Klevner, 85
• Crémant d'Alsace, 143
CAVES DE **STADTBREDIMUS,** Moselle luxembourgeoise, 1300
BERNARD **STAEHLE,** Alsace Gewurztraminer, 106
STAMM, Kanton Schaffhausen, 1328
ANDRE **STENTZ,**
• Alsace Riesling, 93
• Alsace grand cru Steingrübler, 137

DOM. AIME **STENTZ,** Alsace grand cru Hengst, 126
DOM. AIME **STENTZ ET FILS,** Alsace grand cru Hengst, 127
STEPHANE ET FILS, Champagne, 761
CH. **STEVAL,** Fronsac, 266
GERARD **STINTZI,** Alsace Pinot oder Klevner, 86
DOM. **STIRN,** Alsace Muscat, 96
MICHELE ET JEAN-LUC **STOECKLE,** Alsace Riesling, 93
DOM. **STOEFFLER,**
• Alsace Riesling, 94
• Alsace Gewurztraminer, 106
STOFFEL, Crémant d'Alsace, 143
ANTOINE **STOFFEL,** Alsace Pinot oder Klevner, 86
FRANÇOIS **STOLL,** Alsace grand cru Schlossberg, 134
JEAN-MARIE **STRAUB,** Alsace Pinot noir, 119
HUGUES **STROHM,** Alsace Pinot noir, 119
STRUSS, Alsace Riesling, 94
CH. **SUAU,** Barsac, 447
ANTOINE **SUBILEAU,** Muscadet Sèvre-et-Maine, 996
SUGOT-FENEUIL, Champagne, 761
ERIC DE **SUREMAIN,** Rully, 663
SYMPHONIE DOREE, Kanton Waadt (Vaud), 1309
SYRCAB, Oc, 1275
DOM. DU **TABATAU,** Saint-Chinian, 848
HUBERT ET JEAN-PAUL **TABIT,** Irancy, 522
DOM. **TABORDET,** Pouilly-Fumé, 1121
CH. DE **TABUTEAU,** Lussac Saint-Emilion, 327
TAILHAN-CAVAILLES, Blanquette de Limoux und Blanquette Méthode ancestrale, 805
CH. DU **TAILHAS,** Pomerol, 278
CH. DU **TAILLAN,** Haut-Médoc, 410
DOM. **TAILLANDIER,** Savennières, 1023
DOM. **TAILLEURGUET,** Madiran, 945
CAVE DE **TAIN-L'HERMITAGE,**
• Saint-Joseph, 1173
• Crozes-Hermitage, 1176
• Hermitage, 1179
• Saint-Péray, 1181
LES VIGNERONS REUNIS A **TAIN L'HERMITAGE,** Hermitage, 1179
TAITTINGER, Champagne, 762
CH. **TALBOT,** Saint-Julien, 440
CH. **TALMONT,** Bordeaux, 217
JOEL **TALUAU,** Saint-Nicolas-de-Bourgueil, 1071
DOM. DES **TAMARIS,** Côtes du Rhône, 1152
DOM. DE **TANELLA,** Vins de Corse, 904
DOM. DES **TANNERIES,** Châteaumeillant AOVDQS, 1105
TAP D'E PERBOS, Côtes du Marmandais, 933
DOM. DE **TARA,** Côtes du Ventoux, 1209
CH. DE **TARAILHAN,** Coteaux du Languedoc, 834
CHARLES ET FRANÇOIS **TARDY,** Crozes-Hermitage, 1177
CLAUDE **TARDY,** Vin de Savoie, 795
GILBERT **TARDY,** Vin de Savoie, 795
RENE **TARDY,** Nuits-Saint-Georges, 568
RENE **TARDY ET FILS,** Puligny-Montrachet, 633
CH. DE **TARGE,** Saumur-Champigny, 1047
CH. DU **TARIQUET,** Floc de Gascogne, 1248
DOM. DU **TARIQUET,** Côtes de Gascogne, 1267
TARLANT, Champagne, 762
EMMANUEL **TASSIN,** Coteaux Champenois, 769
CH. DE **TASTE,** Côtes de Bourg, 258
DOM. DU **TASTET,** Terroirs Landais, 1264
DOM. JEANNE **TATOUX,** Brouilly, 171
JEAN **TATRAUX ET FILS,** Givry, 670
DOM. DU **TAUCH,** Fitou, 839
PIERRE **TAUPENOT,**
• Bourgogne Aligoté, 483
• Saint-Romain, 625
DOM. **TAUPENOT-MERME,**
• Bourgogne Passetoutgrain, 486
• Gevrey-Chambertin, 535
• Charmes-Chambertin, 540
• Chambolle-Musigny, 550
CAVE DE **TAUTAVEL,** Rivesaltes, 1226
LES MAITRES VIGNERONS DE **TAUTAVEL,** Côtes du Roussillon-Villages, 862
LES VIGNERONS DE **TAVEL,** Tavel, 1202
DOM. DE **TAVERNEL,** Gard, 1275
CH. **TAYAC,** Margaux, 421
CLOS **TEDDI,** Patrimonio, 909
DOM. JEAN **TEILLER,** Menetou-Salon, 1116
JEAN-PIERRE **TEISSEDRE,** Saint-Amour, 195
J. DE **TELMONT,** Champagne, 762
DOM. **TEMPIER,** Bandol, 889
CELLIER DES **TEMPLIERS,**
• Collioure, 864
• Banyuls, 1219
• Banyuls grand cru, 1221
CH. **TENDON,** Saint-Chinian, 848
TENUTA MONTALBANO, Kanton Tessin (Ticino), 1331
TERA CREDA, Kanton Tessin (Ticino), 1331
DOM. DU **TERME,**
• Côtes du Rhône-Villages, 1162
• Gigondas, 1186
TERRA NOSTRA, Vins de Corse, 904
CH. **TERRASSON,** Côtes de Castillon, 342
TERRASSOUS, Rivesaltes, 1226
TERRA VECCHIA, Ile de Beauté, 1281
DOM. **TERRA VECCHIA,** Ile de Beauté, 1281
TERRA VINEA, Corbières, 813
TERRE ARDENTE, Rivesaltes, 1226
CH. **TERRE-BLANQUE,** Premières Côtes de Blaye, 252
CH. **TERREBONNE,** Côtes de Provence, 881
DOM. DE **TERREBRUNE,** Bonnezeaux, 1034
TERRE D'AMANDIERS, Oc, 1275
TERRE DU LEVANT, Côtes du Ventoux, 1210
DOM. DES **TERREGELESSES,** Corton-Charlemagne, 589
DOM. DE **TERRE MEGERE,**
• Coteaux du Languedoc, 834
• Oc, 1275
TERRES BLANCHES, Oc, 1275
TERRES DE GASCOGNE, Floc de Gascogne, 1248
DOM. DES **TERRES NOIRES,** Touraine-Mesland, 1061
CH. **TERRE VIEILLE,** Pécharmant, 966
CH. **TERREY GROS CAILLOUX,** Saint-Julien, 440
DOM. DU **TERROIR DE JOCELYN,** Mâcon, 675
TERROIR DU TRIAS, Côtes du Rhône-Villages, 1162
TERSAC, Côtes du Marmandais, 933
CH. DU **TERTRE,** Margaux, 421
CH. **TERTRE CABARON,** Bordeaux Supérieur, 243
CH. **TERTRE DAUGAY,** Saint-Emilion grand cru, 320
DOM. PHILIPPE **TESSIER,**
• Cheverny, 1096
• Cour-Cheverny, 1098
CH. DE **TESTE,**
• Premières Côtes de Bordeaux, 360
• Cadillac, 442
HEINZ **TEUTSCH,** Kanton Bern, 1325
DANIEL **TEVENOT,**
• Crémant de Loire, 981
• Cheverny, 1097
CH. **TEYNAC,** Saint-Julien, 440
CH. **TEYSSIER,**
• Saint-Emilion grand cru, 320
• Montagne Saint-Emilion, 331
DOM. DE **THALABERT,** Crozes-Hermitage, 1177
DOM. **THENARD,** Givry, 670
DOM. DES **THERMES,** Côtes de Provence, 881
DOM. DU **THERON,** Cahors, 917
DOM. LES **THERONS,** Coteaux du Languedoc, 834
JACKY **THERREY,** Champagne, 762
CH. **THEULET,** Monbazillac, 962
FLORENCE ET MARTIAL **THEVENOT,** Bourgogne Côte Chalonnaise, 658

DOM. **THEVENOT-LE BRUN,** Crémant de Bourgogne, 499
DOM. **THEVENOT-LE BRUN ET FILS,** Bourgogne Hautes-Côtes de Nuits, 489
DOM. **THIBAULT,** Pouilly-Fumé, 1121
JEAN-BAPTISTE **THIBAUT,** Bourgogne, 476
CH. DES **THIBEAUD,** Sainte-Foy-Bordeaux, 354
CH. **THIBEAUD-MAILLET,** Pomerol, 278
PIERRE **THIBERT,** Nuits-Saint-Georges, 568
DOM. **THIBERT PERE ET FILS,**
• Mâcon-Villages, 681
• Pouilly-Fuissé, 687
• Pouilly Vinzelles, 690
J.-C. **THIELLIN,** Montlouis, 1085
DOM. **THIELY,**
• Pernand-Vergelesses, 581
• Savigny-lès-Beaune, 594
ALAIN **THIENOT,** Champagne, 762
CHRISTIAN **THIERRY,** Vouvray, 1093
JEAN-LOUIS ET FRANÇOISE **THIERS,** Saint-Péray, 1181
CH. **THIEULEY,**
• Bordeaux, 217
• Bordeaux Supérieur, 243
DOM. **THILL FRERES,** Moselle luxembourgeoise, 1300
GERARD ET HUBERT **THIROT,** Sancerre, 1136
CH. **THIVIN,** Côte de Brouilly, 173
THOMANN,
• Alsace Gewurztraminer, 106
• Alsace Tokay-Pinot gris, 112
DOM. **THOMAS,**
• Bourgogne, 476
• Sancerre, 1136
GERARD **THOMAS,** Saint-Aubin, 646
ANDRE **THOMAS ET FILS,**
• Alsace Riesling, 94
• Alsace Gewurztraminer, 106
• Alsace Tokay-Pinot gris, 113
THOMAS FRERES, Crozes-Hermitage, 1177
CLAUDE ET FLORENCE **THOMAS-LABAILLE,** Sancerre, 1136
THOMAS LA CHEVALIERE, Saint-Amour, 195
BARON **THOMIERES,** Gaillac, 925
CHRISTOPHE **THORIGNY,** Vouvray, 1093
THORIN, Mâcon, 675
ANDRE **THORIN,** Pineau des Charentes, 1245
CLOS **THOU,** Jurançon, 940
DOM. **THOUET-BOSSEAU,** Bourgueil, 1067
THUERRY, Var, 1286
F. **TINEL-BLONDELET,** Pouilly-Fumé, 1122
CH. **TIRECUL LA GRAVIERE,** Monbazillac, 962
CH. DE **TIREGAND,** Pécharmant, 966
JEAN-LUC **TISSIER,** Saint-Véran, 694
ANDRE ET MIREILLE **TISSOT,**
• Arbois, 778
• Macvin du Jura, 1252
JACQUES **TISSOT,**
• Crémant du Jura, 788
• Macvin du Jura, 1252
JEAN-LOUIS **TISSOT,** Arbois, 778
JEAN-PIERRE **TISSOT,** Bugey AOVDQS, 799
MICHEL **TIXIER,** Champagne, 763
CH. **TOINET FOMBRAUGE,**
• Saint-Emilion, 292
• Saint-Emilion grand cru, 320
DOM. DU **TONKIN,** Quincy, 1124
TOQUES ET CLOCHERS, Limoux, 806 807
DOM. DE **TORRACCIA,** Vins de Corse, 904
DOM. **TORTOCHOT,**
• Gevrey-Chambertin, 536
• Charmes-Chambertin, 541
• Clos de Vougeot, 555
DOM. DE **TOUADE,** Floc de Gascogne, 1248
CH. **TOUDENAC,** Bordeaux, 218
ERIC **TOULME,** Touraine-Azay-le-Rideau, 1060
LES VIGNERONS DU **TOULOIS,** Côtes de Toul, 145
CH. **TOUMALIN,** Canon-Fronsac, 262
CH. **TOURANS,** Saint-Emilion grand cru, 320
CH. **TOUR BALADOZ,** Saint-Emilion grand cru, 320
CH. **TOUR BLANCHE,** Médoc, 398
CH. **TOUR CASTILLON,** Médoc, 398
CH. **TOUR D'ARFON,** Bergerac, 954
CH. **TOUR DE BIOT,** Bordeaux, 218
CH. **TOUR DE CALENS,** Graves, 373
CH. **TOUR DE FARGES,** Muscat de Lunel, 1236
CH. **TOUR DE GILET,** Bordeaux Supérieur, 243
CH. **TOUR DE GUEYRON,** Graves de Vayres, 352
CH. **TOUR DE MARCHESSEAU,** Lalande de Pomerol, 284
CH. **TOUR DE MIRAMBEAU,**
• Bordeaux, 218
• Bordeaux sec, 227
• Bordeaux Supérieur, 243
CH. **TOUR DE PEZ,** Saint-Estèphe, 436
CH. **TOUR DES COMBES,** Saint-Emilion grand cru, 321
CH. **TOUR DES GRAVES,**
• Côtes de Bourg, 258
• Haut-Médoc, 410
CH. **TOUR DES TERMES,** Saint-Estèphe, 436
CH. **TOUR DU HAUT-MOULIN,** Haut-Médoc, 410
CH. **TOUR DU MOULIN,** Fronsac, 267
TOUR DU SEME, Saint-Emilion grand cru, 321
DOM. DES **TOURELLES,** Gigondas, 1186
CH. **TOUR FAUGAS,** Cadillac, 442
CH. **TOUR GRAND FAURIE,** Saint-Emilion grand cru, 321
CH. **TOUR HAUT-CAUSSAN,** Médoc, 398
CH. **TOURMENTINE,** Saussignac, 967
CH. **TOUR MONTBRUN,** Bergerac rosé, 955
CH. **TOUR PIBRAN,** Pauillac, 431
CH. **TOUR PRIGNAC,** Médoc, 399
CH. **TOUR RENAISSANCE,** Saint-Emilion grand cru, 321
L'EXCELLENCE DU CH. **TOURS DES VERDOTS,** Côtes de Bergerac, 959
CH. DU **TOURTE,** Graves, 373
CH. **TOURTEAU CHOLLET,** Graves, 373
TRADITION DES COLOMBIERS, Médoc, 399
DOM. DU **TRAGINER,**
• Collioure, 864
• Banyuls, 1220
DOM. DES **TRAHAN,** Rosé de Loire, 977
DOM. **TRANCHAND,** Pouilly-Fuissé, 687
DOM. **TRAPET,** Latricières-Chambertin, 539
DOM. **TRAPET PERE ET FILS,**
• Marsannay, 526
• Chambertin, 537
• Chapelle-Chambertin, 539
CH. **TREILLES,** Cahors, 917
DOM. DU **TREMBLAY,** Quincy, 1125
DOM. **TREMEAUX PERE ET FILS,** Mercurey, 668
DOM. DE **TREMONT,** Chénas, 176
JEAN **TRESY ET FILS,**
• Côtes du Jura, 785
• Macvin du Jura, 1252
JEAN **TREUILLET,** Nièvre, 1260
SEBASTIEN **TREUILLET,**
• Coteaux du Giennois, 1109
• Pouilly-Fumé, 1122
DOM. **TREUVEY,** Arbois, 779
TRIADE, Kanton Waadt (Vaud), 1309
DOM. DE **TRIANON,** Saint-Chinian, 848
G. **TRIBAUT,** Champagne, 763
TRIBAUT-SCHLŒSSER, Champagne, 763
DOM. BENOIT **TRICHARD,** Moulin-à-Vent, 190
TRICHET-DIDIER, Champagne, 763
DOM. DE **TRIENNES,** Var, 1287
CH. **TRIGANT,** Graves, 373
CLOS **TRIGUEDINA,** Cahors, 918
TRIMBACH,
• Alsace Riesling, 94
• Alsace Gewurztraminer, 106
• Alsace Tokay-Pinot gris, 113

CH. **TRIMOULET,** Saint-Emilion grand cru, 321
CH. DE **TRINQUEVEDEL,** Tavel, 1202
CECILE ET LAURENT **TRIPOZ,** Crémant de Bourgogne, 499
CELINE ET LAURENT **TRIPOZ,**
• Mâcon, 675
• Pouilly Loché, 689
DIDIER **TRIPOZ,** Mâcon, 675
ALFRED **TRITANT,** Champagne, 763
CH. **TROCARD,** Bordeaux Supérieur, 243
CH. DES **TROIS CHARDONS,** Margaux, 421
DOM. DES **TROIS ETOILES,** Kanton Genf (Genève), 1322
DOM. DES **TROIS EVEQUES,**
• Gigondas, 1186
• Vacqueyras, 1190
DOM. DES **TROIS MONTS,**
• Rosé de Loire, 977
• Cabernet d'Anjou, 1019
DOM. DES **TROIS NOYERS,** Sancerre, 1136
DOM. DES **TROIS TILLEULS,** Pouilly-Fuissé, 687
CH. **TRONQUOY LALANDE,** Saint-Estèphe, 436
CH. **TROPLONG-MONDOT,** Saint-Emilion grand cru, 321
LES FILS DE CHARLES **TROSSET,** Vin de Savoie, 795
CH. **TROTANOY,** Pomerol, 278
DOM. **TROTEREAU,** Quincy, 1125
CH. **TROTTEVIEILLE,** Saint-Emilion grand cru, 322
DOM. DES **TROTTIERES,**
• Anjou-Villages, 1013
• Cabernet d'Anjou, 1019
DOM. **TROUSSEL,** Côtes du Ventoux, 1210
DOM. JEAN-PIERRE **TRUCHETET,** Nuits-Saint-Georges, 568
JEAN-PIERRE **TRUCHETET,**
• Bourgogne Passetoutgrain, 486
• Bourgogne Hautes-Côtes de Nuits, 490
DOM. DU **TUNNEL,**
• Cornas, 1180
• Saint-Péray, 1181
DOM. **TUPINIER-BAUTISTA,** Mercurey, 668
CH. DU **TUQUET DE BERGERAC,** Bergerac, 954
CH. **TURCAUD,** Bordeaux sec, 227
CAVE DE **TURCKHEIM,**
• Alsace Pinot oder Klevner, 86
• Alsace grand cru Brand, 122
CHRISTOPHE ET GUY **TURPIN,** Menetou-Salon, 1116
LES VIGNERONS DE **TURSAN,** Tursan AOVDQS, 947
EXCELLENCE DE **TUTIAC,** Premières Côtes de Blaye, 252
ULMER, Crémant d'Alsace, 143
UROULAT, Jurançon, 940
DOM. RAYMOND **USSEGLIO,** Châteauneuf-du-Pape, 1198
DOM. PIERRE **USSEGLIO ET FILS,** Châteauneuf-du-Pape, 1197
DOM. **VACHERON,** Sancerre, 1136
DOM. DU **VADOT,** Côte de Brouilly, 174
GILLES **VAILLARD,** Fixin, 529
ANDRE **VAISSE,** Fleurie, 180
DOM. DES **VALANGES,**
• Mâcon-Villages, 682
• Saint-Véran, 694
DOM. DU **VAL BRUN,** Saumur-Champigny, 1047
CLOS **VAL BRUYERE,** Cassis, 883
DOM. DE **VALCOLOMBE,** Coteaux Varois, 899
VAL D'IRIS, Var, 1287
CH. DU **VAL D'OR,** Saint-Emilion grand cru, 322
DOM. DU **VAL DE GILLY,** Côtes de Provence, 882
CH. DU **VAL DE MERCY,** Bourgogne, 476
DOM. DE **VALDITION,** Bouches-du-Rhône, 1285
CAVE DES VIGNERONS REUNIS DE **VALENÇAY,** Valençay AOVDQS, 1102
DOM. DU **VAL-FLEURI,** Muscadet Sèvre-et-Maine, 996
CH. **VALFON,** Muscat de Rivesaltes, 1233
DOM. DE **VAL FRAIS,**
• Côtes du Rhône, 1153
• Châteauneuf-du-Pape, 1198
CH. **VAL JOANIS,** Côtes du Luberon, 1213
DOM. DES **VALLETTES,** Saint-Nicolas- de-Bourgueil, 1072
JEAN-CLAUDE **VALLOIS,** Champagne, 763
LES VIGNERONS DU **VALLON,** Marcillac, 934
VALLON DE L'AUBANNE, Kanton Waadt (Vaud), 1309
DOM. DE **VALLOUIT,** Saint-Joseph, 1173
VALMY DUBOURDIEU LANGE, Côtes de Castillon, 342
CH. DE **VALOIS,** Pomerol, 279
CH. **VALROSE,** Bordeaux, 218
CAVE DE **VALVIGNERES,** Coteaux de l'Ardèche, 1291
CH. **VANNIERES,** Côtes de Provence, 882
JEAN-YVES **VAPILLON,** Crémant du Jura, 788
VAQUER, Rivesaltes, 1226
DOM. **VARENNE,** Gigondas, 1186
CH. DE **VARENNES,**
• Beaujolais-Villages, 166
• Savennières, 1023
DOM. DES **VARENNES,**
• Anjou, 1009
• Coteaux du Layon, 1032
DOM. DES **VARINELLES,** Saumur-Champigny, 1047
VARNIER-FANNIERE, Champagne, 764
DOM. DES **VAROILLES,** Gevrey-Chambertin, 536
FREDERIC **VARONE,** Kanton Wallis (Valais), 1319
CH. DE **VARRAINS,** Saumur-Champigny, 1047
DOM. ANDRE **VATAN,** Sancerre, 1136
VAUCHER PERE ET FILS,
• Bourgogne Hautes-Côtes de Beaune, 494
• Pommard, 611
• Puligny-Montrachet, 633
CH. DE **VAUCLAIRE,** Coteaux d'Aix-en-Provence, 895
CH. DE **VAUCOULEURS,** Côtes de Provence, 882
CH. DE **VAUDIEU,** Châteauneuf-du-Pape, 1198
DOM. DES **VAUDOIS,** Côtes du Luberon, 1213
CHRISTOPHE **VAUDOISEY,** Volnay, 616
VAUDOISEY-CREUSEFOND, Pommard, 612
DOM. DE **VAUDON,** Chablis, 510
CH. DE **VAUGAUDRY,** Chinon, 1080
DOM. DE **VAUGONDY,** Vouvray, 1093
DOM. DE **VAUROUX,**
• Chablis, 510
• Chablis premier cru, 516
F. **VAUVERSIN,** Champagne, 764
DOM. MICHEL **VAUVY,** Touraine, 1057
CH. DE **VAUX,**
• Moselle AOVDQS, 146
• Beaujolais-Villages, 166
DOM. DE **VAYSSETTE,** Gaillac, 925
VAZART-COQUART ET FILS, Champagne, 764
LES VIGNERONS DU **VENDOMOIS,** Coteaux du Vendômois, 1100
DE **VENOGE,** Champagne, 764
VENOT,
• Bourgogne Aligoté, 483
• Bourgogne Côte Chalonnaise, 658
CH. **VENTENAC,** Cabardès, 850
DOM. **VERDA,**
• Châteauneuf-du-Pape, 1198
• Lirac, 1201
• Tavel, 1202
DOM. ALAIN **VERDET,** Bourgogne Hautes-Côtes de Nuits, 490
DOM. **VERDIER,** Anjou, 1009
O. **VERDIER ET J. LOGEL,** Côtes du Forez, 1108
CH. **VERDIGNAN,** Haut-Médoc, 410
CH. **VERDU,** Lussac Saint-Emilion, 327
CH. **VEREZ,** Côtes de Provence, 882
ROBERT **VERGER,** Côte de Brouilly, 174
J.-L. **VERGNON,** Champagne, 764
RESERVE **VERMEIL,** Coteaux du Languedoc, 834
VERMEIL DU CRES, Oc, 1275
CH. **VERMONT,** Bordeaux, 218

DANIEL ET ROLAND **VERNAY,** Côte Rôtie, 1165
DOM. GEORGES **VERNAY,**
• Côte Rôtie, 1166
• Condrieu, 1168
• Saint-Joseph, 1173
CH. **VERNOUS,** Médoc, 399
DOM. DE **VERNUS,** Régnié, 193
DOM. LAURENT **VEROT,** Mercurey, 668
DOM. DE **VERQUIERE,**
• Côtes du Rhône-Villages, 1162
• Vacqueyras, 1190
DOM. **VERRET,**
• Bourgogne Aligoté, 483
• Bourgogne Passetoutgrain, 486
• Chablis, 510
CH. **VERRIERE BELLEVUE,**
• Bordeaux Supérieur, 244
• Sainte-Foy-Bordeaux, 354
MANOIR DE **VERSILLE,** Anjou, 1009
VERTIGES, Kanton Wallis (Valais), 1319
B. **VESSELLE,** Coteaux Champenois, 769
GEORGES **VESSELLE,** Champagne, 764
MAURICE **VESSELLE,**
• Champagne, 765
• Coteaux Champenois, 769
CH. **VESSIERE,** Costières de Nîmes, 819
VESSIGAUD, Pouilly-Fuissé, 687
VEUVE A. DEVAUX, Champagne, 765
VEUVE AMBAL, Crémant de Bourgogne, 500
VEUVE AMIOT, Saumur, 1042
VEUVE CLICQUOT PONSARDIN, Champagne, 765
VEUVE DOUSSOT, Champagne, 765
VEUVE FOURNY ET FILS, Champagne, 765
VEUVE HENRI MORONI,
• Bourgogne Aligoté, 484
• Bâtard-Montrachet, 635
VEUVE MAITRE-GEOFFROY, Champagne, 766
JACQUES **VEUX,** Touraine-Mesland, 1061
CH. **VEYRAN,** Saint-Chinian, 849
CH. **VEYRINES,** Bergerac, 954
MARCEL **VEZIEN,** Champagne, 766
PHILIPPE ET JEAN-MARIE **VIAL,** Côte Roannaise, 1113
DOM. **VIALLET,** Vin de Savoie, 795
CH. **VIALLET-NOUHANT,** Haut-Médoc, 411
VIAL-MAGNERES, Banyuls grand cru, 1221
DOM. **VIAL-MAGNERES,** Collioure, 864
FLORENT **VIARD,** Champagne, 766
VIARD ROGUE, Champagne, 766
CH. DE **VIAUD,** Lalande de Pomerol, 284
ENCLOS DE **VIAUD,** Lalande de Pomerol, 284
DOM. **VICO,** Vins de Corse, 904
CH. **VICTORIA,** Haut-Médoc, 411
DOM. J. **VIDAL-FLEURY,** Côte Rôtie, 1166
RESERVE J. **VIDAL-FLEURY,** Muscat de Beaumes-de-Venise, 1235
CAVE DE **VIDOMNE,** Kanton Wallis (Valais), 1319
VIEIL ARMAND, Alsace grand cru Ollwiller, 129
DOM. DES **VIEILLES PIERRES,**
• Pouilly-Fuissé, 687
• Saint-Véran, 694
CH. **VIEILLE TOUR,**
• Premières Côtes de Bordeaux, 360
• Cadillac, 442
CH. **VIEILLE TOUR LA ROSE,** Saint-Emilion grand cru, 322
CH. **VIEILLE TOUR MONTAGNE,** Montagne Saint-Emilion, 332
CH. DE **VIELLA,** Pacherenc du Vic-Bilh, 946
CHARLES **VIENOT,**
• Côte de Nuits-Villages, 572
• Saint-Romain, 625
CH. DE **VIENS,** Côtes de Bourg, 258
CH. **VIEUX BELLE-RIVE,** Bordeaux Supérieur, 244
DOM. DU **VIEUX BOURG,**
• Côtes de Duras, 970
• Saumur-Champigny, 1048
CH. **VIEUX CARREFOUR,** Bordeaux sec, 227
VIEUX CHATEAU CALON, Montagne Saint-Emilion, 332
VIEUX CHATEAU CERTAN, Pomerol, 279
VIEUX CHATEAU DES ROCHERS, Montagne Saint-Emilion, 332
VIEUX CHATEAU FERRON, Pomerol, 279
VIEUX CHATEAU GAUBERT, Graves, 373
VIEUX CHATEAU L'ABBAYE, Saint-Emilion grand cru, 322
VIEUX CHATEAU NEGRIT, Montagne Saint-Emilion, 332
VIEUX CHATEAU PELLETAN, Saint-Emilion grand cru, 322
VIEUX CHATEAU RENAISSANCE, Bordeaux, 218
VIEUX CHATEAU SAINT-ANDRE, Montagne Saint-Emilion, 332
DOM. DU **VIEUX CHENE,**
• Côtes du Roussillon, 858
• Côtes du Roussillon-Villages, 862
• Côtes du Rhône, 1153
• Rivesaltes, 1227
• Vaucluse, 1284
CH. **VIEUX CHEVROL,** Lalande de Pomerol, 284
VIEUX CLOS CHAMBRUN, Lalande de Pomerol, 284
DOM. DU **VIEUX COLLEGE,**
• Fixin, 529
• Gevrey-Chambertin, 536
DOM. DU **VIEUX COLOMBIER,** Côtes du Rhône, 1153
CH. **VIEUX GRAND FAURIE,** Saint-Emilion grand cru, 322
CH. **VIEUX LABARTHE,** Saint-Emilion, 292
CH. **VIEUX LARMANDE,** Saint-Emilion grand cru, 323
CH. **VIEUX LARTIGUE,** Saint-Emilion, 293
CH. **VIEUX LIRON,** Bordeaux, 218
CH. **VIEUX MAILLET,** Pomerol, 279
CH. **VIEUX MESSILE CASSAT,** Montagne Saint-Emilion, 332
DOM. DU **VIEUX MICOCOULIER,** Coteaux du Tricastin, 1206
CH. **VIEUX MOULINS DE CHEREAU,** Montagne Saint-Emilion, 332
DOM. DU **VIEUX NOYER,** Côtes de Millau AOVDQS, 934
CH. DU **VIEUX PARC,** Corbières, 813
CH. **VIEUX POURRET,** Saint-Emilion grand cru, 323
DOM. DU **VIEUX PRECHE,** Sancerre, 1136
DOM. DU **VIEUX PRESSOIR,**
• Rosé de Loire, 977
• Saumur, 1042
CH. **VIEUX PREZAT,** Médoc, 399
CH. **VIEUX ROBIN,** Médoc, 399
CH. **VIEUX SARPE,** Saint-Emilion grand cru, 323
CH. DU **VIEUX TINEL,** Côtes du Rhône-Villages, 1162
DOM. DU **VIEUX VAUVERT,** Vouvray, 1093
DOM. DE **VIGIER,**
• Côtes du Vivarais, 1215
• Coteaux de l'Ardèche, 1291
CH. DES **VIGIERS,** Saussignac, 967
VIGNA D'ANTAN, Kanton Tessin (Ticino), 1331
DOM. **VIGNAU LA JUSCLE,** Jurançon, 940
BERNARD **VIGNE,** Côtes du Vivarais, 1215
DOM. DU **VIGNEAU,** Cabernet d'Anjou, 1019
DOM. **VIGNEAU-CHEVREAU,** Vouvray, 1093
CH. **VIGNELAURE,** Coteaux d'Aix-en-Provence, 895
CH. **VIGNE-LOURAC,** Gaillac, 926
DOM. DES **VIGNES BLANCHES,** Bourgogne Hautes-Côtes de Beaune, 495
DOM. DES **VIGNES DES DEMOISELLES,**
• Bourgogne Hautes-Côtes de Beaune, 495
• Crémant de Bourgogne, 500
• Santenay, 652
DOM. DES **VIGNES HAUTES,** Coteaux du Languedoc, 834
CH. **VIGNOL,** Entre-Deux-Mers, 350

ALAIN **VIGNOT,** Bourgogne, 476
DOM. FABRICE **VIGOT,** Echézeaux, 558
JEAN-MARC **VIGUIER,** Vins d'Entraygues et du Fel AOVDQS, 934
CH. **VILLA BEL-AIR,** Graves, 373
A. ET P. DE **VILLAINE,**
• Bourgogne Côte Chalonnaise, 658
• Bouzeron, 659
DOM. DE **VILLALIN,** Quincy, 1125
CH. DE **VILLAMBIS,** Haut-Médoc, 411
HENRI DE **VILLAMONT,**
• Chambolle-Musigny, 550
• Savigny-lès-Beaune, 595
• Meursault, 630
FRANÇOIS **VILLARD,** Condrieu, 1168
DOM. DE **VILLARGEAU,** Coteaux du Giennois, 1109
DOM. DE **VILLAROSE,** Kanton Waadt (Vaud), 1309
CH. **VILLARS,** Fronsac, 267
CAVE **VILLA SOLARIS,** Kanton Wallis (Valais), 1319
DOM. DE **VILLEGEAI,** Coteaux du Giennois, 1110
CH. DE **VILLEGEORGE,** Haut-Médoc, 411
LE BLANC DU DOMAINE DE **VILLEMAJOU,** Corbières, 814
CH. **VILLEMAURINE,** Saint-Emilion grand cru, 323
CH. DE **VILLENEUVE,**
• Saumur, 1042
• Saumur-Champigny, 1048
CH. DE **VILLENOUVETTE,** Corbières, 814
CH. **VILLERAMBERT JULIEN,** Minervois, 843
CH. DE **VILLERAMBERT MOUREAU,** Minervois, 843
CH. DE **VILLERS-LA-FAYE,** Bourgogne Hautes-Côtes de Nuits, 490
DOM. ELISE **VILLIERS,** Bourgogne, 476
VILMART, Champagne, 766
CH. **VINCENS,** Cahors, 918
CH. **VINCENT,** Margaux, 421
JACQUES **VINCENT,** Reuilly, 1127
JEAN-MARC **VINCENT,** Santenay, 652
CH. **VINCY,** Bordeaux Supérieur, 244
VIN DU TSAR, Thézac-Perricard, 1263
DANIEL ET GERARD **VINET,** Muscadet Sèvre-et-Maine, 997
CH. DE **VINZEL,** Kanton Waadt (Vaud), 1309
CH. DE **VINZELLES,** Pouilly Vinzelles, 690
CH. DE **VIOLET,** Minervois, 843
GEORGES **VIORNERY,** Brouilly, 171
CH. **VIRANEL,** Saint-Chinian, 849
CH. **VIRANT,** Coteaux d'Aix-en-Provence, 895
CAVE DE **VIRE,** Viré-Clessé, 683
CH. DE **VIRES,** Coteaux du Languedoc, 835
DOM. **VIRET,** Côtes du Rhône-Villages, 1163
EXCELLENCE DE **VIRGINIE,** Oc, 1275
CH. **VITALLIS,** Pouilly-Fuissé, 688
L. **VITTEAUT-ALBERTI,** Crémant de Bourgogne, 500
DOM. DU **VIVIER,** Cheverny, 1097
DOM. **VOARICK,**
• Bourgogne Passetoutgrain, 486
• Beaune, 603
• Givry, 670
DOM. MICHEL **VOARICK,** Corton, 586
DOM. YVON **VOCORET,** Petit Chablis, 505
DOM. **VOCORET ET FILS,**
• Chablis, 510
• Chablis premier cru, 516
• Chablis grand cru, 520
LAURENT **VOGT,** Crémant d'Alsace, 143
JOSEPH **VOILLOT,**
• Pommard, 612
• Volnay, 616
VOIRIN-DESMOULINS, Champagne, 766
FRUITIERE VINICOLE DE **VOITEUR,**
• Château-Chalon, 780
• Côtes du Jura, 786
• Macvin du Jura, 1252
VORBURGER,
• Alsace Riesling, 94
• Alsace Tokay-Pinot gris, 113
DOM. **VORDY MAYRANNE,** Minervois, 843
CH. **VRAI CANON BOUCHE,** Canon-Fronsac, 262
VRANKEN, Champagne, 767
CH. **VRAY CROIX DE GAY,** Pomerol, 279
DOM. **VRIGNAUD,** Chablis premier cru, 517
JEAN **VULLIEN ET FILS,**
• Vin de Savoie, 795
• Roussette de Savoie, 797
DOM. DE **VURIL,** Brouilly, 171
GUY **WACH,** Alsace grand cru Kastelberg, 127
CH. **WAGENBOURG,**
• Alsace Riesling, 94
• Crémant d'Alsace, 143
PASCAL **WALCZAK,** Rosé des Riceys, 770
LOUIS **WALTER,** Alsace Tokay-Pinot gris, 113
CHARLES **WANTZ,**
• Alsace Pinot oder Klevner, 86
• Alsace Gewurztraminer, 107
WARIS-LARMANDIER, Champagne, 767
JEAN-PAUL **WASSLER,** Alsace Gewurztraminer, 107
BERNARD **WEBER,** Alsace grand cru Bruderthal, 122
ODILE ET DANIELLE **WEBER,** Crémant d'Alsace, 143
WEGELIN UND BARGÄHR, Kanton Graubünden, 1328
WEHRLE, Alsace Pinot noir, 119
MAURICE **WEHRLE,** Alsace grand cru Eichberg, 123
DOM. **WEINBACH,**
• Alsace Gewurztraminer, 107
• Alsace grand cru Furstentum, 125
JEAN **WEINGAND,** Alsace Tokay-Pinot gris, 113
GERARD **WEINZORN,**
• Alsace Pinot noir, 119
• Alsace grand cru Sommerberg, 135
CAVES DE **WELLENSTEIN,** Moselle luxembourgeoise, 1300
JEAN-MICHEL **WELTY,** Alsace Gewurztraminer, 107
BERNADETTE **WELTY ET FILS,** Alsace Tokay-Pinot gris, 113
WILLM, Alsace Riesling, 94
WINTER, Alsace Gewurztraminer, 107
ALBERT **WINTER,** Alsace grand cru Rosacker, 132
A. **WITTMANN FILS,** Alsace grand cru Zotzenberg, 140
WOLFBERGER, Alsace grand cru Rangen de Thann, 132
CAVES DE **WORMELDANGE,** Moselle luxembourgeoise, 1300
WUNSCH & MANN, Alsace Gewurztraminer, 107
BERNARD **WURTZ,** Alsace grand cru Sonnenglanz, 136
W. **WURTZ,** Alsace grand cru Mandelberg, 128
CH. **YON SAINT-CHRISTOPHE,** Saint-Emilion, 293
CH. D' **YQUEM,** Sauternes, 454
DOM. DES **YVES,** Côtes du Ventoux, 1210
CLOS D' **YVIGNE,** Saussignac, 967
ISABELLE **ZAGO,** Floc de Gascogne, 1248
ZEYSSOLFF, Alsace Pinot oder Klevner, 86
ALBERT **ZIEGLER,** Alsace grand cru Pfingstberg, 131
FERNAND **ZIEGLER,** Alsace Riesling, 95
JEAN **ZIEGLER,** Alsace Riesling, 95
ZIEGLER-MAULER,
• Alsace Gewurztraminer, 108
• Alsace grand cru Schlossberg, 134
ZIMMERMANN, Alsace Riesling, 95
PAUL **ZINCK,** Alsace grand cru Eichberg, 123
PIERRE-PAUL **ZINK,** Alsace Riesling, 95
ZOELLER, Alsace grand cru Altenberg de Wolxheim, 121
DOM. **ZUMBAUM-TOMASI,** Coteaux du Languedoc, 835

Projektleitung des Weinführers Frankreich 2002: Catherine Montalbetti

Zu diesem Buch haben beigetragen:
Christian Asselin, INRA, *Unité de recherche vigne et vin;* Jean-François Bazin; Claude Bérenguer; Richard Bertin, *Önologe;* Pierre Bidan, *Professor an der ENSA von Montpellier;* Jean Bisson, ehemaliger Direktor der Weinbaustation am INRA; Jean-Pierre Callède, *Önologe;* Pierre Casamayor; *Studienleiter an der Faculté des Scienes von Toulouse;* Béatrice de Chabert, *Önologin;* Robert Cordonnier, *Forschungsleiter am INRA;* Jean-Pierre Deroudille; Michel Dovaz; Michel Feuillat, *Professor an der Faculté des Sciences von Dijon;* Pierre Huglin, *Forschungsleiter am INRA;* Robert Lala, *Önologe;* Antoine Lebègue; Michel Le Seac'h; Jean-Pierre Martinez, *Chambre d'agriculture de Loir-et-Cher;* Mariska Pezzutto, *Önologin;* Jacques Puisais, *Ehrenpräsident der Union française des œnologues;* Pascal Ribéreau-Gayon, *ehemaliger Direktor am Institut d'œnologie de l'université de Bordeaux II;* André Roth, *Landwirtschaftsingenieur;* Alex Schaeffer, INRA, *Leiter der Station recherche vigne et vin;* Anne Seguin; Erick Stonestreet; Bernard Thévenet, *Landwirtschaftsingenieur;* Pierre Torrès, *Leiter der Station vitivinicole en Roussillon.*

Zudem: Patricia Abbou, Elisabeth Bonvarlet; Sylvie Chambadal; Isabelle Chotel; Nicole Crémer; Sylvie Hano; Micheline Martel; François Meveilleau; Diane Meur; Evelyne Werth.

Redaktionelle Mitarbeit: Christine Cuperly.

Redaktionssekretariat der französischen Ausgabe: Anne Le Meur.

Verlagsinformatik: Marie-Line Gros-Desormeaux; Sylvie Clochez; Martine Lavergne.

Hachette dankt verbindlich: den 900 Mitgliedern der Verkostungskommissionen, die sich eigens für die Ausarbeitung dieses Buch konstituiert haben und die traditionsgemäß in der Anonymität verbleiben. Dank gebührt auch den Gremien, die dieses Werk unterstützt oder Beiträge zu seinen Dokumentationen geliefert haben: dem *Institut National des Appellations d'Origine, INAO;* dem *Institut National de la Recherche Agronomique, INRA;* der *Direction de la Consommation et de la Répression des Fraudes;* dem *Office National interprofessionnel des Vins* und seinen regionalen Delegationen, *ONIVINS;* dem *CFCE;* der *DGDD;* den *Comités, Conseils, Fédérations et Unions interprofessionnels;* dem *Institut des Produits de la Vigne de Montpellier* und dem *ENSAM;* der Universität Paul Sabatier von Toulouse; den Weinbaugenossenschaften und Weinbauvereinigungen; den *Unions et Fédérations de Grands Crus;* den *Syndicats des Maisons de négoce;* den Landwirtschaftskammern; den departementalen Analyselabors, den Landwirtschaftschulen von Amboise, Avize, Blanquefort, Bommes, Montagne-Saint-Emilion; Montreuil-Bellay und Nîmes-Rodilhan; den Hotelfachschulen von Bastia und Tain l'Hermitage, dem *CFPPA* von Hyères; dem Institut Rhodanien; der *Union française des œnologues* und den *Fédérations régionales d'œnologues;* den *Syndicats des Courtiers de vins;* der *Union de la Sommellerie française* und den *Associations régionales de Sommeliers;* für das Kapitel «Schweiz» dem Bundesamt für Landwirtschaft, der Eidgenössischen Kommission für die Kontrolle des Weinhandels sowie den Verantwortlichen der kantonalen Weinbauämter, den Institutionen OVV, OPAV und OPAGE; und für das Kapitel «Luxemburg» dem *Institut viti-vinicole luxembourgeois;* der *Marque nationale du vin luxembourgeois* und dem Solidaritätsfonds.

Bildnachweis: Fotos S. 20: © C. Sarramon; S. 25: © Scope / J.-L. Barde; S. 29 © Bruno Bachelet

ÄRMELKANAL
ATLANTISCHER OZEAN
Seine
Orléa
SARTHE
VALLÉE DE LA LOIRE
LOIRE-ATLANTIQUE
Angers
LOIR-ET-CHER
Loire
Ancenis
MAINE-ET-LOIRE
Nantes
Tours
INDRE-ET-LOIRE
VENDÉE
DEUX-SÈVRES
VIENNE
Poitiers
Vienne
INDRE
Creuse
CHARENTE-MARITIME
COGNAC
Cognac
CHARENTE
DORDOGNE
Isle
BORDELAIS
GIRONDE
Libourne
Bergerac
Bordeaux
Langon
Garonne
LOT
SUD-OUEST
LOT-ET-GARONNE
Cahors
TARN-ET-GARONNE
LANDES
Baïse
SUD-OUEST
ARMAGNAC
GERS
Toulouse
Tarn
Gailla
HAUTE-GARONNE
Jurançon
PYRÉNÉES-ATLANTIQUES
HAUTES-PYRÉNÉES
Garonne
0
50
100 km

GARD Wein erzeugende Departements
Weinbauorte
Orientierungspunkte
AOC und VDQS
AISNE
Aisne
Oise
Reims
Épernay
MARNE
SEINE-ET-MARNE
CHAMPAGNE
Seine
AUBE
Aube
Marne
Troyes
les Riceys
HAUTE-MARNE
YONNE
Auxerre
Chablis
Seine
BOURGOGNE (BURGUND)
CÔTE-D'OR
Dijon
Saône
MOSELLE
EST
MEURTHE-ET-MOSELLE
Toul
BAS-RHIN
Straßburg
ALSACE (ELSASS)
Colmar
HAUT-RHIN
Besançon
Sancerre
Beaune
NIÈVRE
CHER
VALLÉE
LA LOIRE
Loire
BOURGOGNE (BURGUND)
Arbois
JURA
JURA
SAÔNE-ET-LOIRE
ALLIER
Saint-Pourçain-sur-Sioule
Mâcon
AIN
Villefranche-sur-Saône
HAUTE-SAVOIE
Rhône
Annecy
Roanne
BEAUJOLAIS
RHÔNE
SAVOIE
Clermont-Ferrand
CENTRE
PUY-DE-DÔME
LOIRE
Lyon
Vienne
Chambéry
SAVOIE
VALLÉE
Allier
Loire
Rhône
Valence
DU
Die
ARDÈCHE
DRÔME
Montélimar
Lot
RHÔNE
Durance
AVEYRON
Orange
ALPES-DE-HAUTE-PROVENCE
ALPES-MARITIMES
VAUCLUSE
GARD
Avignon
Nîmes
PROVENCE
Nice
LANGUEDOC
BOUCHES-DU-RHÔNE
Draguignan
Montpellier
HÉRAULT
Aix-en-Provence
VAR
Marseille
Toulon
Perpignan
Banyuls
MITTELMEER
Patrimonio
Bastia
HAUTE-CORSE
Ajaccio
CORSE (KORSIKA)
CORSE DU-SUD